Hümmerich/Boecken/Düwell

AnwaltKommentar Arbeitsrecht

AnwaltKommentar

Arbeitsrecht
Band 2

2. Auflage 2010

Herausgegeben von

Rechtsanwalt und Fachanwalt
für Arbeitsrecht und Verwaltungsrecht
Prof. Dr. Klaus Hümmerich (†), Bonn

Prof. Dr. Winfried Boecken, LL.M. (EHI), Konstanz

Vorsitzender Richter am BAG
Franz Josef Düwell, Erfurt

DeutscherAnwaltVerlag

Zitiervorschlag:
AnwK-ArbR/*Bearbeiter*, § 611 BGB Rn 1

Copyright 2010 by Deutscher Anwaltverlag, Bonn
Satz: Reemers Publishing Services GmbH, Krefeld
Druck: Kösel GmbH & Co. KG, Krugzell
Umschlaggestaltung: gentura, Holger Neumann, Bochum
ISBN 978-3-8240-1009-7

Bibliografische Information der Deutschen Bibliothek
Die Deutsche Bibliothek verzeichnet diese Publikation in der Deutschen Nationalbibliografie; detaillierte bibliografische Daten sind im Internet über http://dnb.ddb.de abrufbar.

Inhaltsübersicht

Seite

Band 1

Autorenverzeichnis		XI
Bearbeiterverzeichnis		XV
Abkürzungsverzeichnis		XXV
Allgemeines Literaturverzeichnis		LIII

AEntG	Gesetz über zwingende Arbeitsbedingungen bei grenzüberschreitenden Dienstleistungen (Arbeitnehmer-Entsendegesetz)	1
AGG	Allgemeines Gleichbehandlungsgesetz (Auszug) §§ 1–18, 22, 23, 25–30, 31–33	75
AktienG	Aktiengesetz (Auszug) §§ 84, 87, 88, 93	135
AltersteilzeitG	Altersteilzeitgesetz	179
ArbGG	Arbeitsgerichtsgesetz (Auszug)	219
ArbnErfG	Gesetz über Arbeitnehmererfindungen	759
ArbPlSchG	Gesetz über den Schutz des Arbeitsplatzes bei Einberufung zum Wehrdienst (Arbeitsplatzschutzgesetz)	804
ArbSchG	Gesetz über die Durchführung von Maßnahmen des Arbeitsschutzes zur Verbesserung der Sicherheit und des Gesundheitsschutzes der Beschäftigten bei der Arbeit (Arbeitsschutzgesetz)	822
ArbZG	Arbeitszeitgesetz	864
ASiG	Gesetz über Betriebsärzte, Sicherheitsingenieure und andere Fachkräfte für Arbeitssicherheit (Arbeitssicherheitsgesetz)	977
AÜG	Gesetz zur Regelung der gewerbsmäßigen Arbeitnehmerüberlassung (Arbeitnehmerüberlassungsgesetz)	1018
BBiG	Berufsbildungsgesetz (Auszug) §§ 1–3, 10–23, 53–63	1110
BDSG	Bundesdatenschutzgesetz (Auszug) §§ 1–12, 27–29, 31, 33–35, 38, 38a, 41, 43, 44	1145
BEEG	Gesetz zum Elterngeld und zur Elternzeit (Bundeselterngeld- und Elternzeitgesetz) (Auszug) §§ 15–21	1227
BetrAVG	Gesetz zur Verbesserung der betrieblichen Altersversorgung (Betriebsrentengesetz) (Auszug) §§ 1–18a, 26–32	1261
BetrVG	Betriebsverfassungsgesetz	1450
BGB	Bürgerliches Gesetzbuch (Auszug) §§ 13, 14, 104–115, 125–127, 194–218, 288, 305–310, 312, 313, 315, 317–319, 339–345, 611–630	2064

Inhaltsübersicht

Band 2

BPersVG	Bundespersonalvertretungsgesetz (Auszug) §§ 6, 7, 12, 32, 53, 55, 69, 72, 77, 79, 82, 108	2709
BUrlG	Mindesturlaubsgesetz für Arbeitnehmer (Bundesurlaubsgesetz)	2731
DrittelbG	Gesetz über die Drittelbeteiligung der Arbeitnehmer im Aufsichtsrat (Drittelbeteiligungsgesetz)	2867
DrittelbGWO	Wahlordnung zum Gesetz über die Drittelbeteiligung der Arbeitnehmer im Aufsichtsrat (Drittelbeteiligungsgesetz)	2879
EBRG	Gesetz über Europäische Betriebsräte	2903
EFZG	Gesetz über die Zahlung des Arbeitsentgelts an Feiertagen und im Krankheitsfall (Entgeltfortzahlungsgesetz)	2930
EGBGB	Einführungsgesetz zum Bürgerlichen Gesetzbuche (Auszug) Art. 6, 27, 30, 34, Länderberichte	3019
EG-Recht	EG-rechtlich bedeutsame Vorschriften für das Arbeitsrecht (Auszug), Art. 39, 141 EGV, diverse Richtlinien	3102
EStG	Einkommensteuergesetz (Auszug) §§ 3, 8, 19, 24, 34, 37b, 38–39c, 40–42f	3178
GewO	Gewerbeordnung (Auszug) §§ 6, 105–110	3272
GG	Grundgesetz für die Bundesrepublik Deutschland (Auszug) Art. 1, 2, 3, 9, 12	3343
GKG/RVG	Gerichtskostengesetz/Gesetz über die Vergütung der Rechtsanwältinnen und Rechtsanwälte (Rechtsanwaltsvergütungsgesetz) (Auszug Gesetzestext)	3406
GmbHG	Gesetz betreffend die Gesellschaften mit beschränkter Haftung (Auszug) §§ 38, 43	3408
HGB	Handelsgesetzbuch (Auszug) §§ 48, 54, 59–65, 74–75h, 82a–92c	3429
InsO	Insolvenzordnung (Auszug) §§ 38, 55, 108, 113, 114, 120–128	3508
JArbSchG	Gesetz zum Schutz der arbeitenden Jugend (Jugendarbeitsschutzgesetz)	3580
KSchG	Kündigungsschutzgesetz	3643
MgVG	Gesetz über die Mitbestimmung der Arbeitnehmer bei einer grenzüberschreitenden Verschmelzung	3991
MiArbG	Gesetz über die Festsetzung von Mindestarbeitsbedingungen (Mindestarbeitsbedingungsgesetz)	4024
MitbestG	Gesetz über die Mitbestimmung der Arbeitnehmer (Mitbestimmungsgesetz)	4041
MontanMitbestG	Gesetz über die Mitbestimmung der Arbeitnehmer in den Aufsichtsräten und Vorständen der Unternehmen des Bergbaus und der Eisen und Stahl erzeugenden Industrie	4104
MontanMitbestErgG	Gesetz zur Ergänzung des Gesetzes über die Mitbestimmung der Arbeitnehmer in den Aufsichtsräten und Vorständen der Unternehmen des Bergbaus und der Eisen und Stahl erzeugenden Industrie	4120
MuSchG	Gesetz zum Schutz der erwerbstätigen Mutter (Mutterschutzgesetz)	4134
NachwG	Gesetz über den Nachweis der für ein Arbeitsverhältnis geltenden wesentlichen Bedingungen (Nachweisgesetz)	4247
PflegezeitG	Gesetz über die Pflegezeit (Pflegezeitgesetz)	4273

SCEAG	Gesetz zur Ausführung der Verordnung (EG) Nr. 1435/2003 des Rates vom 22. Juli 2003 über das Statut der Europäischen Genossenschaft (SCE) (SCE-Ausführungsgesetz)	4289
SCEBG	Gesetz über die Beteiligung über die Beteiligung der Arbeitnehmer und Arbeitnehmerinnen in einer Europäischen Genossenschaft (SCE-Beteiligungsgesetz)	4300
SEAG	Gesetz zur Ausführung der Verordnung (EG) Nr. 2157/2001 des Rates vom 8. Oktober 2001 über das Statut der Europäischen Gesellschaft (SE)	4319
SEBG	Gesetz über die Beteiligung der Arbeitnehmer in einer Europäischen Gesellschaft	4342
SGB III	Sozialgesetzbuch Drittes Buch – Arbeitsförderung (Auszug) §§ 38, 143, 143a, 144, 183–189a	4371
SGB IV	Sozialgesetzbuch Viertes Buch – Gemeinsame Vorschriften für die Sozialversicherung (Auszug) §§ 7, 8, 8a, 14–17, 26–28, 28a, 28d–h, 28o, 28p	4437
SGB V	Sozialgesetzbuch Fünftes Buch – Gesetzliche Krankenversicherung (Auszug) §§ 44, 45, 49	4519
SGB VI	Sozialgesetzbuch Sechstes Buch – Gesetzliche Rentenversicherung (Auszug) §§ 2, 3, 34, 96a	4531
SGB VII	Sozialgesetzbuch Siebtes Buch – Gesetzliche Unfallversicherung (Auszug) §§ 104–113	4552
SGB IX	Sozialgesetzbuch Neuntes Buch – Rehabilitation und Teilhabe behinderter Menschen (Auszug) §§ 68, 69, 71–77, 81, 82, 84–92, 124, 125	4596
SGB X	Sozialgesetzbuch Zehntes Buch – Sozialverwaltungsverfahren und Sozialdatenschutz (Auszug) §§ 39–42, 44–48, 50, 52, 63, 98, 115, 116	4633
SGG	Sozialgerichtsgesetz (Auszug) §§ 86a, 86b	4663
SprAuG	Gesetz über Sprecherausschüsse der leitenden Angestellten (Sprecherausschußgesetz)	4670
TVG	Tarifvertragsgesetz	4693
TzBfG	Gesetz über Teilzeitarbeit und befristete Arbeitsverträge (Teilzeit- und Befristungsgesetz)	4783
UmwG	Umwandlungsgesetz (Auszug) §§ 322–325	4898
UrhG	Gesetz über Urheberrecht und verwandte Schutzrechte (Urheberrechtsgesetz) (Auszug) §§ 31, 32, 32a, 40, 43, 69b	4924
ZPO	Zivilprozessordnung (Auszug) §§ 850–850k	4951
Stichwortverzeichnis		4965

Bundespersonalvertretungsgesetz (BPersVG)

Vom 15.3.1974, BGBl I S. 693, BGBl III 2035-4

Zuletzt geändert durch Gesetz zur Neuordnung und Modernisierung des Bundesdienstrechts (Dienstrechtsneuordnungsgesetz – DNeuG) vom 5.2.2009, BGBl I S. 160, 245

– Auszug –

§ 6

(1) Dienststellen im Sinne dieses Gesetzes sind die einzelnen Behörden, Verwaltungsstellen und Betriebe der in § 1 genannten Verwaltungen sowie die Gerichte.
(2) ¹Die einer Behörde der Mittelstufe unmittelbar nachgeordnete Behörde bildet mit den ihr nachgeordneten Stellen eine Dienststelle; dies gilt nicht, soweit auch die weiter nachgeordneten Stellen im Verwaltungsaufbau nach Aufgabenbereich und Organisation selbständig sind. ²Behörden der Mittelstufe im Sinne dieses Gesetzes sind die der obersten Dienstbehörde unmittelbar nachgeordneten Behörden, denen andere Dienststellen nachgeordnet sind.
(3) ¹Nebenstellen und Teile einer Dienststelle, die räumlich weit von dieser entfernt liegen, gelten als selbständige Dienststellen, wenn die Mehrheit ihrer wahlberechtigten Beschäftigten dies in geheimer Abstimmung beschließt. ²Der Beschluß ist für die folgende Wahl und die Amtszeit der aus ihr hervorgehenden Personalvertretung wirksam.
(4) Bei gemeinsamen Dienststellen des Bundes und anderer Körperschaften gelten nur die im Bundesdienst Beschäftigten als zur Dienststelle gehörig.

§ 7

¹Für die Dienststelle handelt ihr Leiter. ²Er kann sich bei Verhinderung durch seinen ständigen Vertreter vertreten lassen. ³Bei obersten Dienstbehörden kann er auch den Leiter der Abteilung für Personal- und Verwaltungsangelegenheiten, bei Bundesoberbehörden ohne nachgeordnete Dienststellen und bei Behörden der Mittelstufe auch den jeweils entsprechenden Abteilungsleiter zu seinem Vertreter bestimmen. ⁴Das gleiche gilt für sonstige Beauftragte, sofern der Personalrat sich mit dieser Beauftragung einverstanden erklärt.

§ 12

(1) In allen Dienststellen, die in der Regel mindestens fünf Wahlberechtigte beschäftigen, von denen drei wählbar sind, werden Personalräte gebildet.
(2) Dienststellen, bei denen die Voraussetzungen des Absatzes 1 nicht gegeben sind, werden von der übergeordneten Dienststelle im Einvernehmen mit der Stufenvertretung einer benachbarten Dienststelle zugeteilt.

§ 32

(1) ¹Der Personalrat bildet aus seiner Mitte den Vorstand. ²Diesem muß ein Mitglied jeder im Personalrat vertretenen Gruppe angehören. ³Die Vertreter jeder Gruppe wählen das auf sie entfallende Vorstandsmitglied. ⁴Der Vorstand führt die laufenden Geschäfte.
(2) ¹Der Personalrat bestimmt mit einfacher Mehrheit, welches Vorstandsmitglied den Vorsitz übernimmt. ²Er bestimmt zugleich die Vertretung des Vorsitzenden durch seine Stellvertreter. ³Dabei sind die Gruppen zu berücksichtigen, denen der Vorsitzende nicht angehört, es sei denn, daß die Vertreter dieser Gruppen darauf verzichten.
(3) ¹Der Vorsitzende vertritt den Personalrat im Rahmen der von diesem gefaßten Beschlüsse. ²In Angelegenheiten, die nur eine Gruppe betreffen, vertritt der Vorsitzende, wenn er nicht selbst dieser Gruppe angehört, gemeinsam mit einem der Gruppe angehörenden Vorstandsmitglied den Personalrat.

§ 53

(1) Für den Geschäftsbereich mehrstufiger Verwaltungen werden bei den Behörden der Mittelstufe Bezirkspersonalräte, bei den obersten Dienstbehörden Hauptpersonalräte gebildet.

(2) Die Mitglieder des Bezirkspersonalrates werden von den zum Geschäftsbereich der Behörde der Mittelstufe, die Mitglieder des Hauptpersonalrates von den zum Geschäftsbereich der obersten Dienstbehörde gehörenden Beschäftigten gewählt.

(3) [1]Die §§ 12 bis 16, § 17 Abs. 1, 2, 6 und 7, §§ 18 bis 21 und 23 bis 25 gelten entsprechend. [2]§ 14 Abs. 3 gilt nur für die Beschäftigten der Dienststelle, bei der die Stufenvertretung zu errichten ist. [3]Eine Personalversammlung zur Bestellung des Bezirks- oder Hauptwahlvorstandes findet nicht statt. [4]An ihrer Stelle übt der Leiter der Dienststelle, bei der die Stufenvertretung zu errichten ist, die Befugnis zur Bestellung des Wahlvorstandes nach § 20 Abs. 2, §§ 21 und 23 aus.

(4) Werden in einer Verwaltung die Personalräte und Stufenvertretungen gleichzeitig gewählt, so führen die bei den Dienststellen bestehenden Wahlvorstände die Wahlen der Stufenvertretungen im Auftrage des Bezirks- oder Hauptwahlvorstandes durch; andernfalls bestellen auf sein Ersuchen die Personalräte oder, wenn solche nicht bestehen, die Leiter der Dienststellen die örtlichen Wahlvorstände für die Wahl der Stufenvertretungen.

(5) [1]In den Stufenvertretungen erhält jede Gruppe mindestens einen Vertreter. [2]Besteht die Stufenvertretung aus mehr als neun Mitgliedern, erhält jede Gruppe mindestens zwei Vertreter. [3]§ 17 Abs. 5 gilt entsprechend.

§ 55

In den Fällen des § 6 Abs. 3 wird neben den einzelnen Personalräten ein Gesamtpersonalrat gebildet.

§ 69

(1) Soweit eine Maßnahme der Mitbestimmung des Personalrates unterliegt, kann sie nur mit seiner Zustimmung getroffen werden.

(2) [1]Der Leiter der Dienststelle unterrichtet den Personalrat von der beabsichtigten Maßnahme und beantragt seine Zustimmung. [2]Der Personalrat kann verlangen, daß der Leiter der Dienststelle die beabsichtigte Maßnahme begründet; der Personalrat kann außer in Personalangelegenheiten auch eine schriftliche Begründung verlangen. [3]Der Beschluß des Personalrates über die beantragte Zustimmung ist dem Leiter der Dienststelle innerhalb von zehn Arbeitstagen mitzuteilen. [4]In dringenden Fällen kann der Leiter der Dienststelle diese Frist auf drei Arbeitstage abkürzen. [5]Die Maßnahme gilt als gebilligt, wenn nicht der Personalrat innerhalb der genannten Frist die Zustimmung unter Angabe der Gründe schriftlich verweigert. [6]Soweit dabei Beschwerden oder Behauptungen tatsächlicher Art vorgetragen werden, die für einen Beschäftigten ungünstig sind oder ihm nachteilig werden können, ist dem Beschäftigten Gelegenheit zur Äußerung zu geben; die Äußerung ist aktenkundig zu machen.

(3) [1]Kommt eine Einigung nicht zustande, so kann der Leiter der Dienststelle oder der Personalrat die Angelegenheit binnen sechs Arbeitstagen auf dem Dienstwege den übergeordneten Dienststellen, bei denen Stufenvertretungen bestehen, vorlegen. [2]In Körperschaften, Anstalten oder Stiftungen des öffentlichen Rechts ist als oberste Dienstbehörde das in ihrer Verfassung für die Geschäftsführung vorgesehene oberste Organ anzurufen. [3]In Zweifelsfällen bestimmt die zuständige oberste Bundesbehörde die anzurufende Stelle. [4]Absatz 2 gilt entsprechend. [5]Legt der Leiter der Dienststelle die Angelegenheit nach Satz 1 der übergeordneten Dienststelle vor, teilt er dies dem Personalrat unter Angabe der Gründe mit.

(4) [1]Ergibt sich zwischen der obersten Dienstbehörde und der bei ihr bestehenden zuständigen Personalvertretung keine Einigung, so entscheidet die Einigungsstelle (§ 71); in den Fällen des § 77 Abs. 2 stellt sie fest, ob ein Grund zur Verweigerung der Zustimmung vorliegt. [2]Die Einigungsstelle soll binnen zwei Monaten nach der Erklärung eines Beteiligten, die Entscheidung der Einigungsstelle herbeiführen zu wollen, entscheiden. [3]In den Fällen der §§ 76, 85 Abs. 1 Nr. 7 beschließt die Einigungsstelle, wenn sie sich nicht der Auffassung der obersten Dienstbehörde anschließt, eine Empfehlung an diese. [4]Die oberste Dienstbehörde entscheidet sodann endgültig.

(5) [1]Der Leiter der Dienststelle kann bei Maßnahmen, die der Natur der Sache nach keinen Aufschub dulden, bis zur endgültigen Entscheidung vorläufige Regelungen treffen. [2]Er hat dem Personalrat die vorläufige Regelung mitzuteilen und zu begründen und unverzüglich das Verfahren nach den Absätzen 2 bis 4 einzuleiten oder fortzusetzen.

§ 72

(1) Soweit der Personalrat an Entscheidungen mitwirkt, ist die beabsichtigte Maßnahme vor der Durchführung mit dem Ziele einer Verständigung rechtzeitig und eingehend mit ihm zu erörtern.

(2) ¹Äußert sich der Personalrat nicht innerhalb von zehn Arbeitstagen oder hält er bei Erörterung seine Einwendungen oder Vorschläge nicht aufrecht, so gilt die beabsichtigte Maßnahme als gebilligt. ²Erhebt der Personalrat Einwendungen, so hat er dem Leiter der Dienststelle die Gründe mitzuteilen. ³§ 69 Abs. 2 Satz 6 gilt entsprechend.

(3) Entspricht die Dienststelle den Einwendungen des Personalrates nicht oder nicht in vollem Umfange, so teilt sie dem Personalrat ihre Entscheidung unter Angabe der Gründe schriftlich mit.

(4) ¹Der Personalrat einer nachgeordneten Dienststelle kann die Angelegenheit binnen drei Arbeitstagen nach Zugang der Mitteilung auf dem Dienstwege den übergeordneten Dienststellen, bei denen Stufenvertretungen bestehen, mit dem Antrag auf Entscheidung vorlegen. ²Diese entscheiden nach Verhandlung mit der bei ihnen bestehenden Stufenvertretung. ³§ 69 Abs. 3 Sätze 2, 3 gilt entsprechend. ⁴Eine Abschrift seines Antrags leitet der Personalrat seiner Dienststelle zu.

(5) Ist ein Antrag gemäß Absatz 4 gestellt, so ist die beabsichtigte Maßnahme bis zur Entscheidung der angerufenen Dienststelle auszusetzen.

(6) § 69 Abs. 5 gilt entsprechend.

§ 77

(1) ¹In Personalangelegenheiten der in § 14 Abs. 3 bezeichneten Beschäftigten, der Beamten auf Zeit, der Beschäftigten mit überwiegend wissenschaftlicher oder künstlerischer Tätigkeit bestimmt der Personalrat nach § 75 Abs. 1, § 76 Abs. 1 nur mit, wenn sie es beantragen. ²§ 75 Abs. 1 und 3 Nr. 14, § 76 Abs. 1 gelten nicht für die in § 54 Abs. 1 des Bundesbeamtengesetzes bezeichneten Beamten und für Beamtenstellen von der Besoldungsgruppe A 16 an aufwärts.

(2) Der Personalrat kann in den Fällen des § 75 Abs. 1 und des § 76 Abs. 1 seine Zustimmung verweigern, wenn

1. die Maßnahme gegen ein Gesetz, eine Verordnung, eine Bestimmung in einem Tarifvertrag, eine gerichtliche Entscheidung, den Frauenförderplan oder eine Verwaltungsanordnung oder gegen eine Richtlinie im Sinne des § 76 Abs. 2 Nr. 8 verstößt oder
2. die durch Tatsachen begründete Besorgnis besteht, daß durch die Maßnahme der betroffene Beschäftigte oder andere Beschäftigte benachteiligt werden, ohne daß dies aus dienstlichen oder persönlichen Gründen gerechtfertigt ist, oder
3. die durch Tatsachen begründete Besorgnis besteht, daß der Beschäftigte oder Bewerber den Frieden in der Dienststelle durch unsoziales oder gesetzwidriges Verhalten stören werde.

§ 79

(1) ¹Der Personalrat wirkt bei der ordentlichen Kündigung durch den Arbeitgeber mit. ²§ 77 Abs. 1 Satz 2 gilt entsprechend. ³Der Personalrat kann gegen die Kündigung Einwendungen erheben, wenn nach seiner Ansicht

1. bei der Auswahl des zu kündigenden Arbeitnehmers soziale Gesichtspunkte nicht oder nicht ausreichend berücksichtigt worden sind,
2. die Kündigung gegen eine Richtlinie im Sinne des § 76 Abs. 2 Nr. 8 verstößt,
3. der zu kündigende Arbeitnehmer an einem anderen Arbeitsplatz in derselben Dienststelle oder in einer anderen Dienststelle desselben Verwaltungszweiges an demselben Dienstort einschließlich seines Einzugsgebietes weiterbeschäftigt werden kann,
4. die Weiterbeschäftigung des Arbeitnehmers nach zumutbaren Umschulungs- oder Fortbildungsmaßnahmen möglich ist oder
5. die Weiterbeschäftigung des Arbeitnehmers unter geänderten Vertragsbedingungen möglich ist und der Arbeitnehmer sein Einverständnis hiermit erklärt.

Wird dem Arbeitnehmer gekündigt, obwohl der Personalrat nach Satz 3 Einwendungen gegen die Kündigung erhoben hat, so ist dem Arbeitnehmer mit der Kündigung eine Abschrift der Stellungnahme des Personalrates zuzuleiten, es sei denn, daß die Stufenvertretung in der Verhandlung nach § 72 Abs. 4 Satz 2 die Einwendungen nicht aufrechterhalten hat.

(2) ¹Hat der Arbeitnehmer im Falle des Absatzes 1 Satz 4 nach dem Kündigungsschutzgesetz Klage auf Feststellung erhoben, daß das Arbeitsverhältnis durch die Kündigung nicht aufgelöst ist, so muß der Arbeitgeber auf Verlangen des Arbeitnehmers diesen nach Ablauf der Kündigungsfrist bis zum rechtskräftigen Abschluß des Rechtsstreits bei unveränderten Arbeitsbedingungen weiterbeschäftigen. ²Auf Antrag des Arbeitgebers kann das Arbeitsgericht ihn durch einstweilige Verfügung von der Verpflichtung zur Weiterbeschäftigung nach Satz 1 entbinden, wenn

1. die Klage des Arbeitnehmers keine hinreichende Aussicht auf Erfolg bietet oder mutwillig erscheint oder
2. die Weiterbeschäftigung des Arbeitnehmers zu einer unzumutbaren wirtschaftlichen Belastung des Arbeitgebers führen würde oder
3. der Widerspruch des Personalrates offensichtlich unbegründet war.

(3) ¹Vor fristlosen Entlassungen und außerordentlichen Kündigungen ist der Personalrat anzuhören. ²Der Dienststellenleiter hat die beabsichtigte Maßnahme zu begründen. ³Hat der Personalrat Bedenken, so hat er sie unter Angabe der Gründe dem Dienststellenleiter unverzüglich, spätestens innerhalb von drei Arbeitstagen schriftlich mitzuteilen.

(4) Eine Kündigung ist unwirksam, wenn der Personalrat nicht beteiligt worden ist.

§ 82

(1) In Angelegenheiten, in denen die Dienststelle nicht zur Entscheidung befugt ist, ist an Stelle des Personalrates die bei der zuständigen Dienststelle gebildete Stufenvertretung zu beteiligen.

(2) ¹Vor einem Beschluß in Angelegenheiten, die einzelne Beschäftigte oder Dienststellen betreffen, gibt die Stufenvertretung dem Personalrat Gelegenheit zur Äußerung. ²In diesem Fall verdoppeln sich die Fristen der §§ 69 und 72.

(3) Die Absätze 1 und 2 gelten entsprechend für die Verteilung der Zuständigkeit zwischen Personalrat und Gesamtpersonalrat.

(4) Für die Befugnisse und Pflichten der Stufenvertretungen und des Gesamtpersonalrates gelten die §§ 69 bis 81 entsprechend.

(5) Werden im Geschäftsbereich mehrstufiger Verwaltungen personelle oder soziale Maßnahmen von einer Dienststelle getroffen, bei der keine für eine Beteiligung an diesen Maßnahmen zuständige Personalvertretung vorgesehen ist, so ist die Stufenvertretung bei der nächsthöheren Dienststelle, zu deren Geschäftsbereich die entscheidende Dienststelle und die von der Entscheidung Betroffenen gehören, zu beteiligen.

§ 108

(1) ¹Die außerordentliche Kündigung von Mitgliedern der Personalvertretungen, der Jugendvertretungen oder der Jugend- und Auszubildendenvertretungen, der Wahlvorstände sowie von Wahlbewerbern, die in einem Arbeitsverhältnis stehen, bedarf der Zustimmung der zuständigen Personalvertretung. ²Verweigert die zuständige Personalvertretung ihre Zustimmung oder äußert sie sich nicht innerhalb von drei Arbeitstagen nach Eingang des Antrags, so kann das Verwaltungsgericht sie auf Antrag des Dienststellenleiters ersetzen, wenn die außerordentliche Kündigung unter Berücksichtigung aller Umstände gerechtfertigt ist. ³In dem Verfahren vor dem Verwaltungsgericht ist der betroffene Arbeitnehmer Beteiligter.

(2) Eine durch den Arbeitgeber ausgesprochene Kündigung des Arbeitsverhältnisses eines Beschäftigten ist unwirksam, wenn die Personalvertretung nicht beteiligt worden ist.

Literatur: *Lorenzen/Etzel/Gerhold/Schlatmann/Rehak/Faber*, Bundespersonalvertretungsgesetz, 2008

1. Teil: Beteiligung des Personalrats an ordentlichen Kündigungen nach dem BPersVG ... 1
A. Allgemeines ... 1
B. Regelungsgehalt ... 2
   I. Mitwirkungsrecht des Personalrats ... 2
   II. Geschützter Personenkreis ... 9
   III. Unwirksamkeit der Kündigung ... 10
      1. Einleitung durch einen unzuständigen Vertreter der Dienststelle ... 13
         a) Vertreter der Dienststelle ... 13
         b) Auswirkung der Verletzung der Regelungen in § 7 ... 17
      2. Einleitung gegenüber einem unzuständigen Personalratsmitglied ... 20
         a) Keine ausdrückliche gesetzliche Regelung zur Vertretung des Personalrats ... 20
         b) Folgerung zur Vertretung des Personalrats aus § 32 ... 22
         c) Beispiel ... 26
      3. Einleitung gegenüber einem unzuständigen Personalrat ... 27
         a) Abgrenzung der Zuständigkeit Hauspersonalrat/Stufenvertretung/Gesamtpersonalrat ... 27
         b) Unwirksamkeit bei Beteiligung des unzuständigen Personalrats ... 32
      4. Unzureichende Mitteilung der Kündigungsgründe gegenüber dem Personalrat ... 33
         a) Pflicht zur Mitteilung der Kündigungsgründe ... 34
         b) Umfang der Unterrichtungspflicht der Dienststelle ... 35
         c) Geltung derselben Grundsätze wie nach § 102 Abs. 1 S. 2 BetrVG ... 37
         d) Mündliche Unterrichtung ausreichend ... 38
         e) Rechtzeitige Unterrichtung ... 39
      5. Kündigung ohne vorherige Beteiligung des Personalrats ... 40
         a) Vorläufige Regelungen nach § 69 Abs. 5 ... 40
         b) Keine Geltung des § 69 Abs. 5 bei arbeitgeberseitigen Kündigungen ... 41
      6. Kündigung vor dem Ablauf der Äußerungsfrist ... 42
         a) Kündigungsausspruch nur bei abschließender Stellungnahme des Personalrats ... 42
         b) Rechtswirksames Vorliegen einer abschließenden Stellungnahme des Personalrats ... 44
      7. Unvollständige Mitteilung der maßgebenden Kündigungstatsachen ... 49
         a) Mitteilung der Kündigungsgründe ... 49
         b) Subjektive Determinierung der Kündigungsgründe ... 51
            aa) Mitteilung der für den Dienststellenleiter maßgebenden Kündigungsgründe ... 52
            bb) Beispiel ... 53
            cc) Bewusste irreführende Mitteilung der Kündigungsgründe ... 54
            dd) Beispiel ... 55
      8. Fehler im Bereich des Personalrats ... 56
         a) Grds. keine Unwirksamkeit der Kündigung ... 56
         b) Ausnahmen ... 57
   IV. Konsequenzen der Mitwirkung ... 58
      1. Reaktionsmöglichkeiten des Personalrats ... 58
      2. Erörterung nach § 72 Abs. 1 ... 62
      3. Reaktionsmöglichkeit des Personalrats nach Durchführung der Erörterung ... 63
      4. Ausspruch der ordentlichen Kündigung bei Einwendungen des Personalrats nach der Erörterung ... 66
         a) Fehlen übergeordneter Dienststellen ... 66
         b) Vorhandene übergeordnete Dienststellen und dort gebildete Stufenvertretungen ... 67
      5. Einwendungen, die einen Weiterbeschäftigungsanspruch begründen ... 70
      6. Vorläufige Weiterbeschäftigung während des Kündigungsschutzverfahrens ... 74
C. Verbindung zu anderen Rechtsgebieten und zum Prozessrecht ... 76
   I. Vergleich zum BetrVG ... 76
      1. Keine Mitbestimmung – nur Mitwirkung ... 76
      2. Unwirksamkeit bei Nichtbeteiligung des Personalrats ... 77
   II. Verbindung zum Prozessrecht ... 78
D. Beraterhinweise ... 79
2. Teil: Beteiligung des Personalrats an außerordentlichen Kündigungen nach dem BPersVG ... 80
A. Allgemeines ... 80
B. Regelungsgehalt ... 81
   I. Anhörungsrecht des Personalrats ... 81
   II. Zweck der vorherigen Anhörung des Personalrats nach § 79 Abs. 3 ... 83
   III. Der nach § 79 Abs. 3 S. 1 geschützte Personenkreis ... 84
   IV. Unwirksamkeit der Kündigung ... 85
      1. Unwirksamkeit bei Nichtbeteiligung des Personalrats ... 85
      2. Anhörung des Personalrats auf Vorrat ... 86
         a) Vorratskündigung ... 86
         b) Beispiel ... 87
      3. Fehlerhafte Personalratsanhörung aus sonstigen Gründen ... 88
   V. Durchführung des Anhörungsverfahrens gemäß § 79 Abs. 3 ... 90
      1. Keine Erörterung, keine Vorlage an die übergeordnete Dienststelle ... 90
      2. Schriftliches Vorbringen von Bedenken innerhalb von spätestens drei Arbeitstagen ... 92
   VI. Zwei-Wochen-Frist des § 626 Abs. 2 BGB und Anhörungsrecht des Personalrats nach § 79 Abs. 3 ... 94
   VII. Beteiligung des Personalrats bei ordentlicher Unkündbarkeit ... 95
      1. Ordentliche Unkündbarkeit ... 95
      2. Mitwirkungsrecht des Personalrats nach § 79 Abs. 1 S. 1 ... 96
      3. Zwei-Wochen-Frist des § 626 Abs. 2 BGB und Mitwirkungsrecht des Personalrats nach § 79 Abs. 1 S. 1 ... 98
      4. Beraterhinweise ... 99
   VIII. Umdeutung einer außerordentlichen in eine ordentliche Kündigung ... 100
C. Verbindung zu anderen Rechtsgebieten und zum Prozessrecht ... 101
   I. Verbindung zum BetrVG ... 101
   II. Klagefrist nach § 4 S. 1 KSchG ... 104
D. Beraterhinweise ... 105
3. Teil: Beteiligung des Personalrats nach den Personalvertretungsgesetzen der Länder ... 106
A. Allgemeines ... 106
B. Keine Vorgaben durch das Grundgesetz an die Landesgesetzgeber ... 107
C. Keine Vorgaben in den Rahmenvorschriften der §§ 107 f. an die Landesgesetzgeber ... 108
D. Das Letztentscheidungsrecht der Einigungsstelle bei arbeitgeberseitig beabsichtigten Kündigungen ... 112
   I. Letztentscheidungsrecht ... 112
   II. Empfehlungsrecht der Einigungsstelle ... 113
4. Teil: Synopse zur Beteiligung des Personalrats bei Kündigungen in den Landespersonalvertretungsgesetzen ... 115

Spreer

1. Teil: Beteiligung des Personalrats an ordentlichen Kündigungen nach dem BPersVG

A. Allgemeines

1 Bei dem Arbeitsrecht des öffentlichen Dienstes handelt es sich um öffentliches Recht. Das Personalvertretungsrecht steht in „**inhaltlicher Nähe zum kollektiven Arbeitsrecht**".[1] Arb und Ang des öffentlichen Dienstes werden durch den PR vertreten, Dienststellenleiter und Leiter von öffentlichen Einrichtungen füllen die AG-Funktion aus. Bei arbeitgeberseitigen Künd steht dem PR ein Beteiligungsrecht zu.

Eine ordentliche Künd ist die Künd eines Arbverh unter **Einhaltung** der **maßgebenden Künd-Frist**.

B. Regelungsgehalt

I. Mitwirkungsrecht des Personalrats

2 Gem. § 79 Abs. 1 S. 1 steht dem PR bei Ausspruch jeder **ordentlichen Künd**, d.h. sowohl bei der **Beendigungs-** als auch der **Änderungs-Künd** eines Ang und Arb, einschl. einer Künd während der **Probezeit** durch den öffentlichen AG, ein **Mitwirkungsrecht** zu.

3 § 72 regelt das **Verfahren der Mitwirkung**. Soweit der PR an Entscheidungen mitwirkt, ist gem. § 72 Abs. 1 die von dem Dienstherrn beabsichtigte Maßnahme vor der Durchführung mit dem Ziele einer **Verständigung** rechtzeitig und eingehend mit dem PR **zu erörtern**. Gem. § 79 Abs. 1 S. 1 zählt die **ordentliche Künd** zu den mitwirkungspflichtigen Maßnahmen.

4 Gem. §§ 72, 79 **unterrichtet** der Dienststellenleiter den zuständigen PR **vollständig** unter Angabe des Sachverhalts und der ihn bestimmenden Gründe. Der PR kann in Kenntnis dessen die Künd billigen oder eine Erörterung verlangen und Einwendungen vorbringen. Äußert sich der PR nicht innerhalb von **zehn Arbeitstagen** oder hält er bei der Erörterung seine Einwendungen oder Vorschläge nicht aufrecht, so gilt die beabsichtigte Maßnahme nach § 72 Abs. 1 als **gebilligt**.

5 In anderem Fall hat der öffentliche AG vor Ausspruch der Künd, soweit er den Einwendungen des PR nicht in vollem Umfang entspricht, seine Entscheidung unter Angabe der Gründe schriftlich mitzuteilen. Er muss vor Ausspruch außerdem die folgenden **drei Arbeitstage** abwarten, ob der PR die übergeordnete Dienststelle mit der Entscheidung betraut, soweit diese eine Stufenvertretung hat.

6 Wird die übergeordnete Dienststelle nicht mit der Entscheidung betraut, kann die untergeordnete Dienststelle ihre Entscheidung vollziehen. Wird die Künd der übergeordneten Dienststelle, bei der eine Stufenvertretung bestehen muss (vgl. Rn 66) gem. § 72 Abs. 4 mit dem Antrag auf Entscheidung vorgelegt, darf diese dann ihrerseits auch erst nach **vorheriger Verhandlung** mit der bei ihr gebildeten Stufenvertretung entscheiden. Hat der PR einer nachgeordneten Dienststelle die mitwirkungsbedürftige Angelegenheit gem. § 72 Abs. 4 der übergeordneten Dienststelle vorgelegt, muss der öffentliche AG/Dienstherr vor Ort seine beabsichtigte Maßnahme, also auch eine von ihm beabsichtigte ordentliche Künd, bis **zur Entscheidung** durch die übergeordnete Dienststelle gem. § 72 Abs. 5 **aussetzen**.

7 Der PR kann i.E. den arbeitgeberseitigen Ausspruch einer ordentlichen Künd **nicht verhindern**. Allerdings kann die übergeordnete Dienststelle eine von der nachgeordneten Dienststelle abweichende, aber für diese **bindende Entscheidung** treffen. Die nachgeordnete Dienststelle muss die Maßnahme ggf. nach Maßgabe der übergeordneten Dienststelle durchführen oder die vorgesehene Maßnahme sogar unterlassen.[2]

8 Das in § 79 Abs. 1 S. 1 vorgesehene Mitwirkungsrecht unterscheidet sich von einem Mitbestimmungsrecht. Denn Maßnahmen, die der **Mitbestimmung** des PR unterliegen, können gem. § 69 Abs. 1 nur **mit vorheriger Zustimmung** des PR durch den öffentlichen AG/Dienstherrn getroffen werden. Auch nur hinsichtlich dieser Maßnahmen, für die das BPersVG dem PR ein Mitbestimmungsrecht einräumt, hat die **Einigungsstelle** gem. § 69 Abs. 4 zu entscheiden.

II. Geschützter Personenkreis

9 Grds. steht dem PR das Mitwirkungsrecht gem. § 79 Abs. 1 S. 1 bei **ordentlichen Künd** in Bezug auf **alle AN** in den Verwaltungen des Bundes und der bundesunmittelbaren Körperschaften, Anstalten und Stiftungen des öffentlichen Rechts sowie in den Gerichten des Bundes zu. Eine **Ausnahme** besteht gem. § 79 Abs. 1 S. 2 i.V.m. § 77 Abs. 1 S. 2 bei **ordentlichen Künd** gegenüber den Ang, die auf einer Beamtenstelle von der Besoldungsgruppe A 16 aufwärts beschäftigt sind oder eine Stelle bekleiden, die einer Beamtenstelle ab der Besoldungsgruppe A 16 entspricht.[3] Im Bereich des BAT entsprach die **Vergütungsgruppe I** der Anlage 1a zum BAT der Besoldungsgruppe A 16. Der TVöD sieht diese Gehaltsgruppe nicht mehr vor – insoweit handelt es sich jetzt um außertarifliche Verträge –, für Altverträge entspricht dies der Entgeltgruppe 15 Ü (§ 17 Abs. 1 TVÜ). Die **ordentlichen Künd** von Inhabern **leitender Funktionen** unterfallen nicht der der **Mitwirkung des PR** gem. § 79 Abs. 1 S. 1.

---

[1] BVerwG 28.3.2001 – 6 P 4/00 – ZTR 2001, 376.
[2] Lorenzen u.a./*Gerhold*, § 72 Rn 34.
[3] BAG 16.3.2000 – 2 AZR 138/99 – AP § 68 LPVG Sachsen-Anhalt Nr. 1 = NZA 2001, 739.

III. Unwirksamkeit der Kündigung

Die ordentliche Künd eines AN durch den öffentlichen AG gem. § 79 Abs. 4 ist **unwirksam**, wenn der PR von dem öffentlichen AG **überhaupt nicht** nach § 79 Abs. 1 S. 1 beteiligt worden ist. Das gilt für die ordentliche Beendigungs-, Änderungs- und Probezeit-Künd.

Die Künd ist auch dann gem. § 79 Abs. 4 BPersVG unwirksam, wenn der öffentliche AG das Mitwirkungsverfahren nach § 79 Abs. 1 S. 1 i.V.m. § 72 **nicht ordnungsgemäß durchgeführt** hat.[4]

Folgende **Fehler** im Rahmen des Mitwirkungsverfahrens führen zur **Unwirksamkeit** der Künd:

1. Einleitung durch einen unzuständigen Vertreter der Dienststelle. a) Vertreter der Dienststelle. Für die Dienststelle handelt gem. § 7 ihr **Leiter**. Im Gegensatz zum BetrVG ist dies in § 7 ausdrücklich bestimmt. Nur bei Verhinderung kann sich der Dienststellenleiter durch seinen ständigen Vertreter vertreten lassen.

Bei obersten Dienstbehörden kann der Dienststellenleiter auch den **Leiter der Abteilung für Personal- und Verwaltungsangelegenheiten** und bei Bundesoberbehörden ohne nachgeordnete Dienststellen sowie bei Behörden der Mittelstufe jeweils den entsprechenden **Abteilungsleiter** zu seinem Vertreter bestimmen. Das Gleiche gilt für sonstige Beauftragte, sofern der PR sich mit dieser Beauftragung einverstanden erklärt (§ 7 S. 2, 3).

Die Regelungen des § 7 sind vor dem rechtlichen Hintergrund zu sehen, dass, anders als private AG, die Kraft eigenen Rechts ihren Betrieb selbst repräsentieren, und daher nicht AN ihres eigenen Betriebs sind, jeder Leiter einer Dienststelle des öffentlichen Rechts selbst Beschäftigter dieser Dienststelle und lediglich Repräsentant des jeweiligen öffentlichen AG/Dienstherrn ist.[5] Durch die ausdrücklichen gesetzlichen Bestimmungen in § 7 ist **zwingend** festgelegt, **wer berufen ist**, u.a. auch in allen Künd-Angelegenheiten **gegenüber dem PR rechtswirksam zu handeln**.

Nicht geregelt ist in § 7, wer Leiter der Dienststelle, wer ständiger Vertreter des Leiters der Dienststelle, wer Leiter der Abteilung für Personal- und Verwaltungsangelegenheiten etc. ist. Aus **der Organisation der jeweiligen Dienststelle und/oder dem Behördenaufbau** ergibt sich, wer welche der in § 7 genannten Funktionen innehat. Die Regelung des § 7 ist eng auszulegen, die Verlagerung der Personalkompetenz auf eine nachgelagerte Ebene soll ersichtlich eine Ausnahme bleiben.[6]

b) Auswirkung der Verletzung der Regelungen in § 7. Eine **Verletzung** der Regelungen in § 7 führt dazu, dass das Mitwirkungsverfahren **nicht ordnungsgemäß** eingeleitet wurde. Der PR muss die Verletzung **innerhalb der Äußerungsfrist rügen**, damit sie sich auf den Fehler gegenüber der Dienststelle berufen kann. Rügt er den Fehler nicht fristgerecht, ist dieser **unbeachtlich**, auch für den gekündigten AN.

Das **BVerwG**[7] hatte bereits im Hinblick auf eine Zustimmung des PR zu einer Versetzung eines Beamten entschieden, dass die Versetzung nur dann rechtswidrig sei, wenn der PR den von der Dienststelle zu verantwortenden Mangel bei der Einleitung des Mitbestimmungsverfahrens binnen der Frist für die Einleitung des Beteiligungsverfahrens rüge. Das personalvertretungsrechtliche Mitbestimmungsrecht des PR diene nicht in erster Linie den Individualinteressen eines Beschäftigten. Das Wohl aller Beschäftigten und die Verhältnisse in der Dienststelle als Ganzes seien die Richtschnur jeden personalvertretungsrechtlichen Handelns des PR. Die ordnungsgemäße Einleitung des Mitbestimmungsverfahrens gem. § 7 durch den Dienststellenleiter gegenüber dem PR bezwecke dabei, die Bedeutung des PR hervorzuheben und zu verdeutlichen. Daher könnten durch die vom PR gegenüber der Dienststelle nicht beanstandeten formellen Mängel bei der Einleitung des Mitbestimmungsverfahrens **nicht Rechte des einzelnen Beschäftigten berührt werden**. Dieses gelte jedenfalls dann, wenn sich diese Mängel nicht auf die erteilte Zustimmung durch den PR auswirken würden.

Unter **ausdrücklicher Aufgabe** seiner früheren Rspr. geht auch das **BAG** mit Urteil vom 26.10.1995[8] jetzt davon aus, dass ein Verstoß der Dienststelle gegen § 7 bei ihrer Einleitung des personalvertretungsrechtlichen Beteiligungsverfahrens dann rechtlich **unbeachtlich sei**, wenn der PR in diesem Beteiligungsverfahren **nicht** fristgerecht ausdrücklich **gerügt habe**, dass die Dienststelle das Beteiligungsverfahren nicht ordnungsgemäß nach § 7 eingeleitet habe.[9] Der PR kann den etwaigen Mangel der Vertretung des Dienststellenleiters nicht nur sofort erkennen, sondern ist auch verfahrensrechtlich in der Lage, den Mangel unverzüglich zu rügen, wenn er ihn beanstanden will. Unterlässt der PR dies, so verliert er sein Rügerecht und kann den Mangel im weiteren Verlauf des Mitbestimmungsverfahrens nicht mehr beanstanden. Dieser Mangel ist dann nicht nur im Verhältnis zwischen Dienststelle und PR, sondern auch **im Außenverhältnis unbeachtlich**.[10]

---

4 BAG 27.4.2006 – 2 AZR 462/05 – EzA § 1 KSchG Personenbedingte Kündigung Nr. 19; BAG 23.11.2004 – 2 AZR 38/04 – BAGE 112, 361.
5 Lorenzen u.a./*Faber*, § 7 Rn 4.
6 BAG 29.10.1998 – 2 AZR 61/98 – BAGE 90, 91 = EzA § 79 BPersVG Nr. 1 = NZA 1999, 429.
7 BVerwG 23.2.1989 – 2 C 8.88 – BVerwGE 81, 288 = PersR 1989, 229 = PersV 1989, 528.
8 BAG 26.10.1995 – 2 AZR 743/94 – AP § 79 BPersVG Nr. 8 = DB 1996, 992 = BB 1996, 540.
9 BAG 9.5.1996 – 2 AZR 128/95 – juris; BAG 13.6.1996 – 2 AZR 402/95 – AP § 67 LPVG Sachsen-Anhalt Nr. 1 = NZA 1997, 545; BAG 25.2.1998 – 2 AZR 226/97 – BAGE 88, 125 = AP § 72a LPVG NW Nr. 2 = NZA 1999, 88.
10 BAG 9.5.1996 – 2 AZR 128/95 – juris; BAG 19.4.2007 – 2 AZR 180/06 – AP § 174 BGB Nr. 20.

20 **2. Einleitung gegenüber einem unzuständigen Personalratsmitglied. a) Keine ausdrückliche gesetzliche Regelung zur Vertretung des Personalrats.** Im BPersVG gibt es keine ausdrückliche Regelung, wer den PR vertritt. Eine Regelung wie in § 26 Abs. 2 S. 2 BetrVG, wonach zur Entgegennahme von Erklärungen, die dem BR gegenüber abzugeben sind, der Vorsitzende des BR oder im Fall seiner Verhinderung sein Stellvertreter berechtigt ist, fehlt.

21 In § 32 Abs. 1 ist geregelt, dass der PR aus seiner Mitte den **Vorstand** bildet und dass diesem Vorstand ein Mitglied jeder im PR vertretenen Gruppe angehören muss. Gem. § 32 Abs. 2 bestimmt der PR, welches Vorstandsmitglied den Vorsitz übernimmt und welches Vorstandsmitglied den Vorsitzenden des PR vertritt. § 32 Abs. 3 S. 1 regelt, dass der Vorsitzende des PR im Rahmen der von diesem gefassten Beschlüsse vertritt. Gem. § 32 Abs. 3 S. 2 vertritt in Angelegenheiten, die nur eine Gruppe betreffen, der Vorsitzende, wenn er nicht selbst dieser Gruppe angehört, gemeinsam mit einem der Gruppe angehörenden Vorstandsmitglied den PR.[11]

22 **b) Folgerung zur Vertretung des Personalrats aus § 32.** Grds. ist **der Vorsitzende** des PR **allein** zur Entgegennahme von Erklärungen, die die Dienststelle gegenüber dem PR zu der von ihr beabsichtigten Künd abgibt, berechtigt. **Stellvertreter** des PR-Vorsitzenden sind nur im Falle **seiner Verhinderung** zur Entgegennahme von Erklärungen der Dienststelle zur beabsichtigten Künd dem PR gegenüber berechtigt.

23 In den Fällen, in denen die von der Dienststelle beabsichtigten Künd nur eine Gruppe (entweder lediglich Ang oder nur Arb) betrifft und bei denen der PR-Vorsitzende dieser Gruppe nicht selbst angehört, kann die Dienststelle ihre Erklärungen sowohl gegenüber dem **PR-Vorsitzenden** als auch gegenüber dem **Vorstandsmitglied des PR, das dieser Gruppe angehört**, abgeben.[12]

24 Der PR kann in Einzelfällen **ein PR-Mitglied** in einer bestimmten Künd-Angelegenheit **ausdrücklich bevollmächtigen**, den PR konkret für diese Künd-Angelegenheit zu vertreten. In dieser Künd-Angelegenheit besteht die Vertretungsbefugnis für dieses Mitglied neben dem PR-Vorsitzenden und/oder neben dem Gruppenvorstandsmitglied des PR, Erklärungen der Dienststelle entgegenzunehmen.

25 Geben hingegen der Dienststellenleiter oder einer seiner nach § 7 berechtigten Vertreter zu einer beabsichtigten ordentlichen Künd gegenüber einem für den PR **nicht empfangsberechtigten PR-Mitglied** Erklärungen ab, so ist dieses PR-Mitglied hinsichtlich dieser Erklärungen lediglich **Erklärungsbote** des Dienststellenleiters oder seines nach § 7 berechtigten Vertreters gegenüber dem PR. Dies hat rechtlich zur Folge, dass die vorstehenden Erklärungen dem PR erst in dem Zeitpunkt zugehen, in dem das PR-Mitglied die Erklärungen einem der nach § 32 **empfangsberechtigten Mitglieder des PR übermittelt**. Die Vertreter der Dienststelle tragen das **vollständige Übermittlungsrisiko**. Der Vertreter der Dienststelle trägt die Verantwortung dafür, zu klären, ob außer dem PR-Vorsitzenden bzw. dem Gruppenvorstandsmitglied des PR noch ein weiteres PR-Mitglied zur Entgegennahme von Erklärungen der Dienststelle gegenüber dem PR berechtigt ist. Deshalb besteht umgekehrt auch **keine Hinweispflicht** des PR gegenüber den Vertretern der Dienststelle, dass das von den Vertretern der Dienststelle angegangene PR-Mitglied beim PR nicht für die Entgegennahme von Erklärungen der Dienststelle gegenüber dem PR berechtigt ist.[13]

26 **c) Beispiel.** Nach § 72 Abs. 2 S. 1 gilt in dem Fall, in dem sich der PR nicht innerhalb von zehn Arbeitstagen gegenüber der Dienststelle zu der ihm von der Dienststelle mitgeteilten ordentlichen Künd äußert, die seitens der Dienststelle beabsichtigte ordentliche Künd als vom PR gebilligt. Im Beispielsfall hat die Dienststelle, in der von montags bis freitags gearbeitet wird, über die von ihr beabsichtigte ordentliche Künd das **einfache PR-Mitglied A** am Montag informiert. Dieses einfache PR-Mitglied A hat die Informationen der Dienststelle erst am Dienstag **dem PR-Vorsitzenden** mitgeteilt. Der PR konnte damit gem. § 72 Abs. 2 S. 1 i.V.m. §§ 187 Abs. 1, 188 Abs. 1 BGB zu der von der Dienststelle beabsichtigten ordentlichen Künd bis zum Ablauf des 14 Tage späteren Dienstag gegenüber der Dienststelle Stellung nehmen. Tatsächlich spricht jedoch die Dienststelle ihre ordentliche Künd bereits am Vormittag des 14 Tage späteren Dienstag aus, obwohl bis dahin bei ihr hierzu noch keine Stellungnahme seitens des PR eingegangen war. Die Dienststelle war davon ausgegangen, dass die in § 72 Abs. 2 S. 1 für den PR aufgenommene Stellungnahmefrist von zehn Arbeitstagen bereits mit dem Ablauf des 14 Tage späteren Montag geendet habe, weil das einfache PR-Mitglied A schon am Montag informiert wurde. Das Mitwirkungsverfahren wurde damit nicht ordnungsgemäß durchgeführt.

27 **3. Einleitung gegenüber einem unzuständigen Personalrat. a) Abgrenzung der Zuständigkeit Hauspersonalrat/Stufenvertretung/Gesamtpersonalrat.** Grds. ist gem. § 12 Abs. 1 in allen Dienststellen nur ein sog. örtlicher PR oder **Haus-PR**, zu wählen. Gem. §§ 6 Abs. 3, 55 sind in den Fällen, bei denen eine Dienststelle im personalvertretungsrechtlichen Sinne aus mehreren Einzeldienststellen besteht, bei jeder dieser Einzeldienststellen ein **gesonderter Haus-PR** und zusätzlich für die gemeinsame Dienststelle ein **Gesamt-PR** zu wählen. Die Verwaltun-

---

11 BAG 13.10.1982 – 7 AZR 617/80 – PersV 1991, 479; LAG Niedersachsen 27.6.2003 – 16 Sa 1755/02 – juris; BVerwG 18.10.2007 – 1 WB 20/07 – PersV 2008, 419.

12 Lorenzen u.a./*Etzel*, § 79 Rn 50.

13 Lorenzen u.a./*Etzel*, § 79 Rn 52 a.A. Richardi/*Thüsing*, § 102 Rn 80.

gen des Bundes und auch die meisten bundesunmittelbaren Körperschaften, Anstalten sowie Stiftungen des öffentlichen Rechts haben den klassischen dreistufigen Aufbau mit Unter-, Mittel- und obersten Behörden.

In § 53 Abs. 1 ist bestimmt, dass für den Geschäftsbereich mehrstufiger Verwaltungen bei jeder Behörde der Mittelstufe **zusätzlich** zu dem dortigen **Haus-PR** ein **Bezirks-PR** und bei jeder obersten Dienstbehörde **zusätzlich** zu dem dortigen **Haus-PR** ein **Haupt-PR** gebildet werden. **28**

Gem. § 82 Abs. 1 ist in Angelegenheiten, in denen **die Dienststelle nicht zur Entscheidung befugt ist, anstelle des Haus-PR** die bei der zuständigen Dienststelle gebildete **Stufenvertretung** zu beteiligen. Gem. § 82 Abs. 3 gilt § 82 Abs. 1 auch entsprechend **für die Verteilung der Zuständigkeit zwischen Haus- und Gesamt-PR**. Durch das System der Stufenvertretung neben den jeweiligen örtlichen Personalvertretungen ist sichergestellt, dass in allen Fällen, in denen das BPersVG ein Beteiligungsrecht vorsieht, dessen Ausübung in sämtlichen Teilen der Verwaltung gewährleistet ist.[14] **29**

Maßgebend ist nicht, welcher Dienststelle der betroffene AN angehört, sondern allein, **welche Dienststelle** zur **Entscheidung mit Außenwirkung** befugt ist.[15] Die Entscheidungskompetenz der Dienststelle ihrerseits ergibt sich aus den Gesetzen, Rechts-VO, Verwaltungsvorschriften und Einzelverfügungen. Trifft danach eine übergeordnete Dienststelle die Entscheidung, ist die bei ihr bestehende Stufenvertretung zu beteiligen. Das gilt auch, wenn die übergeordnete Dienststelle eine Angelegenheit in zulässiger Weise an sich zieht.[16] **30**

Dagegen bleibt die **unterste Dienststelle** für konkrete Einzelmaßnahmen in den Fällen **allein entscheidungsbefugt**, bei denen entweder die Entscheidung der untersten Dienststelle von der übergeordneten Dienststelle **lediglich vorbereitet** worden ist oder die übergeordnete Dienststelle der untersten Dienststelle **die Anweisung** gegeben hat, **selbst** die konkrete Einzelmaßnahme durchzuführen. **Allein entscheidungsbefugt** ist die unterste Dienststelle auch dann, wenn die übergeordnete Dienststelle lediglich der konkreten Einzelmaßnahme seitens der untersten Dienststelle gegenüber der untersten Dienststelle **zustimmen muss**.[17] In allen vorstehenden Fällen verbleibt es also bei beteiligungspflichtigen Maßnahmen bei der **originären Zuständigkeit** des bei der **untersten Dienststelle** gebildeten **Haus-PR**. **31**

b) Unwirksamkeit bei Beteiligung des unzuständigen Personalrats. Nach der Rspr. des BAG ist die ordentliche Künd für den von der Dienststelle gekündigten AN von vornherein **gem. § 79 Abs. 4 unwirksam**, wenn die Dienststelle zu dieser Künd zuvor **nicht** den hierfür nach den Bestimmungen des BPersVG **zuständigen PR** gem. § 79 Abs. 1 S. 1 **beteiligt hat**. Denn die Beteiligung eines für die seitens der Dienststelle beabsichtigte Künd personalvertretungsrechtlich unzuständigen PR durch die Dienststelle gehört zu den in den **Verantwortungsbereich der Dienststelle** fallenden Mängeln des personalvertretungsrechtlichen Beteiligungsverfahrens.[18] **32**

4. Unzureichende Mitteilung der Kündigungsgründe gegenüber dem Personalrat. Das Mitwirkungsverfahren des PR zu allen von der Dienststelle beabsichtigten ordentlichen Künd gem. § 79 Abs. 1 S. 1 richtet sich nach den Vorschriften des § 72 BPersVG. **33**

a) Pflicht zur Mitteilung der Kündigungsgründe. Die Dienststelle hat dem PR die **Gründe** für die von ihr beabsichtigten ordentlichen Künd mitzuteilen. Dies ist zwar nicht in § 72 Abs. 1 geregelt - anders als in § 102 Abs. 1 BetrVG. § 69, der das Verfahren zur Mitbestimmung festlegt, sieht jedoch unter Abs. 2 S. 1 vor, dass der Leiter der Dienststelle den PR von der **beabsichtigten Maßnahme unterrichtet**. Die Dienststelle hat **schon bei Einleitung** des Mitwirkungsverfahrens gem. § 72 gegenüber dem PR die Gründe für die von ihr beabsichtigte ordentliche Künd von sich aus mitzuteilen. Nur bei vollständiger Unterrichtung beginnt auch die Frist des § 72 Abs. 2 S. 1 zu laufen.[19] Denn nur bei vollständiger Unterrichtung kann der PR entscheiden, ob er eine Erörterung für notwendig erachtet.[20] In § 72 Abs. 1 heißt es zudem, dass – soweit der PR an Entscheidungen mitwirkt – die beabsichtigte Maßnahme vor der Durchführung mit dem Ziel einer Verständigung rechtzeitig und eingehend mit ihm zu **erörtern** ist. Diese eingehende Erörterung soll zwar dem Ziel einer Verständigung mit dem PR dienen, soll aber auch dem PR Gelegenheit zur Prüfung geben, ob er der von der Dienststelle beabsichtigten Maßnahme widersprechen will. Dafür muss der PR in Kenntnis **sämtlicher Umstände** die Rechtmäßigkeit der von der Dienststelle beabsichtigten Maßnahme überprüfen.[21] **34**

---

14 BAG 9.2.1993 – 1 ABR 33/92 – BAGE 72, 211 = AP Art. 56 ZA-Nato-Truppenstatut Nr. 16; BAG 22.8.1996 – 2 AZR 5/96 – BAGE 84, 29 = AP § 82 BPersVG Nr. 4 = NZA 1997, 170.
15 BAG 22.8.1996 – 2 AZR 5/96 – BAGE 84, 29 = AP § 82 BPersVG Nr. 4 = NZA 1997, 170.
16 BAG 14.12.1994 – 7 ABR 14/94 – AP § 82 BPersVG Nr. 1.
17 Lorenzen u.a./*Lorenzen*, § 82 Rn 11.
18 BAG 27.8.1974 – 1 AZR 505/73 – AP § 72 PersVG Niedersachsen Nr. 1; BAG 3.2.1982 – 7 AZR 791/79 – AP Art. 77 LPVG Bayern Nr. 1; BAG 22.8.1996 – 2 AZR 5/96 – BAGE 84, 29 = AP § 82 BPersVG Nr. 4 = NZA 1997, 170.
19 BVerwG 27.1.1995 – 6 P 22/92 – BVerwGE 97, 249.
20 LAG Nürnberg 9.9.2008 – 2 Sa 83/07 – n. rkr. – juris.
21 Lorenzen u.a./*Etzel*, § 79 Rn 33.

35 **b) Umfang der Unterrichtungspflicht der Dienststelle.** Hinsichtlich des Umfangs der Unterrichtungspflicht der Dienststelle gegenüber dem PR sind bei ordentlichen Künd nach der st. Rspr. des BAG die gleichen Anforderungen zu stellen, wie an die Unterrichtungspflicht des privaten AG gegenüber dem BR.[22]

36 Die Dienststelle ist bei der Einleitung des Mitwirkungsverfahrens gem. § 72 verpflichtet, den PR umfassend zu informieren. Er hat über die **personellen Daten** des AN (Alter, Familienstand, Beschäftigungsdauer, Unterhaltsverpflichtungen u.a.), über die **Art der Künd** (z.B. Beendigungs- oder Änderungs-Künd), den Zeitpunkt, zu dem gekündigt werden soll, und die **Künd-Gründe** von sich aus zu unterrichten. Auch hierbei reichen bloße Werturteile oder nur eine pauschale, schlagwort- oder stichwortartige Bezeichnung des Künd-Grundes nicht aus.[23]

37 **c) Geltung derselben Grundsätze wie nach § 102 Abs. 1 S. 2 BetrVG.** I.E. gelten für die ordnungsgemäße inhaltliche Unterrichtung des PR durch die Dienststelle bei der Einleitung des Mitwirkungsverfahrens nach §§ 79 Abs. 1 S. 1, 72 dieselben Grundsätze wie für die ordnungsgemäße inhaltliche Unterrichtung des BR durch den privaten AG bei der Einleitung des Anhörungsverfahrens des BR nach § 102 Abs. 1 S. 2 BetrVG.[24] Der AG muss die für die Künd maßgeblichen Umstände so genau und umfassend darlegen, dass die Betriebsvertretung **ohne zusätzliche eigene Nachforschungen** in der Lage ist, selbst die Stichhaltigkeit der Künd-Gründe zu prüfen und sich über die Stellungnahme schlüssig zu werden.[25] Es wird ergänzend auf die Ausführungen zur ordnungsgemäßen inhaltlichen Unterrichtung des BR durch den privaten AG gem. § 102 Abs. 1 S. 2 BetrVG verwiesen (vgl. § 102 BetrVG Rn 23 ff.).

38 **d) Mündliche Unterrichtung ausreichend.** Bei der Unterrichtung des PR durch die Dienststelle zur ordentlichen Künd auch nach §§ 79 Abs. 1 S. 1, 72 – wie gem. § 102 Abs. 1 S. 2 BetrVG – gibt es keine besonderen Anforderungen an die Form. Die Unterrichtung des PR durch die Dienststelle kann gem. §§ 79 Abs. 1 S. 1, 72 – wie gem. § 102 Abs. 1 S. 2 BetrVG – **mündlich erfolgen**. Eine **schriftliche Unterrichtung** ist allerdings aus Gründen der **Beweisbarkeit** zu empfehlen.

39 **e) Rechtzeitige Unterrichtung.** Die Unterrichtung des PR über die beabsichtigte ordentliche Künd gem. §§ 79 Abs. 1 S. 1, 72 muss **rechtzeitig** erfolgen, d.h. zu einem Zeitpunkt, der dem PR die Möglichkeit gibt, seine Auff. gegenüber der Dienststelle auszuführen und damit **Einfluss** zu nehmen. Die Dienststelle darf noch keine Entscheidung getroffen haben. Der PR ist an der Entscheidung, einschl. der vorbereitenden Entscheidungen i.S.v. §§ 79 Abs. 1 S. 1, 72, zu beteiligen.[26] Der PR darf weder durch die Künd-Entscheidung selber noch durch andere Maßnahmen (bspw. eine Bekanntgabe in der Presse) vor vollendete Tatsachen gestellt werden.

40 **5. Kündigung ohne vorherige Beteiligung des Personalrats. a) Vorläufige Regelungen nach § 69 Abs. 5.** In § 72 Abs. 6 i.V.m. § 69 Abs. 5 ist dem Dienststellenleiter grds. die Befugnis eingeräumt, bereits vor dem Abschluss des Mitwirkungsverfahrens des PR bei Maßnahmen, die der Natur der Sache nach keinen Aufschub dulden, bis zur endgültigen Entscheidung **vorläufige Regelungen** treffen zu können.

41 **b) Keine Geltung des § 69 Abs. 5 bei arbeitgeberseitigen Kündigungen.** Diese Vorschriften in §§ 72 Abs. 6, 69 Abs. 5 umfassen nicht das Recht des Dienststellenleiters, vor Abschluss des Mitwirkungsverfahrens des PR zu einer vom Dienststellenleiter beabsichtigten ordentlichen Künd nach §§ 79 Abs. 1 S. 1, 72 eine ordentliche Künd aussprechen zu können. Denn eine **vorläufige Regelung** i.S.d. § 69 Abs. 5 darf **keinen endgültigen Zustand** herstellen, der **nicht umkehrbar ist**.[27] Bei Ausspruch der ordentlichen Künd handelt es sich um die Ausübung eines Gestaltungsrechts, das gem. § 130 Abs. 1 BGB in dem Zeitpunkt des Zugangs rechtsgestaltend wirksam wird und nicht widerrufbar ist. Als **vorläufige Regelung** i.S.d. § 69 Abs. 5 kann vor Abschluss des Mitwirkungsverfahrens der AN allenfalls von seiner weiteren Arbeitsleistung durch den Dienststellenleiter suspendiert werden.[28]

42 **6. Kündigung vor dem Ablauf der Äußerungsfrist. a) Kündigungsausspruch nur bei abschließender Stellungnahme des Personalrats.** Eine ordentliche Beendigungs- bzw. Änderungs-Künd, die vor Ablauf der in § 72 Abs. 2 S. 1 für den PR aufgenommenen Äußerungsfrist von zehn Arbeitstagen ausgesprochen wurde, ist nur dann wirksam, wenn der PR vor dem Ablauf der für ihn in § 72 Abs. 2 S. 1 aufgenommenen Äußerungsfrist der Dienststelle eine das Mitwirkungsverfahren des PR **abschließende Stellungnahme** übermittelt hat.[29]

---

22 BAG 5.2.1981 – 2 AZR 1135/78 – AP § 72 LPVG NW Nr. 1; BAG 4.3.1981 – 7 AZR 104/79 – AP § 77 LPVG Baden-Württemberg Nr. 1; BAG 12.3.1986 – 7 AZR 20/83 – AP Art. 33 Abs. 2 GG Nr. 23.
23 BAG 4.3.1981 – 7 AZR 104/79 – AP § 77 LPVG Baden-Württemberg Nr. 1; BAG 21.7.2005 – 6 AZR 498/04 – AP § 72a LPVG NW Nr. 5.
24 BAG 21.7.2005 – 6 AZR 498/04 – AP § 72a LPVG NW Nr. 5.
25 BAG 14.1.1993 – 2 AZR 387/92 – AP Art. 56 ZA-Nato-Truppenstatut Nr. 15; BAG 28.11.2007 – 5 AZR 952/06 – NZA RR 2008, 344.
26 Lorenzen u.a./*Gerhold*, § 72 Rn 12 ff.
27 BVerwG 14.3.1989 – 6 p 4.86 – PersR 89, 230; LAG Berlin-Brandenburg 8.11.2007 – 26 Sa 1226/07 – juris.
28 Lorenzen u.a./*Etzel*, § 79 Rn 18 m.V.a. *Fitting* u.a., § 102 Rn 20.
29 Vgl. BAG 14.3.1979 – 4 AZR 538/77 – BAGE 31, 343 = AP § 74 LPVG NW Nr. 1.

Ob eine solche **Stellungnahme abschließend** ist, hängt u.a. davon ab, ob sie aufgrund der Einhaltung der Vertretungsbestimmungen wirksam abgegeben wurde. Dies ist unter Berücksichtigung des § 32 zu beurteilen (vgl. Rn 21). Nach § 32 Abs. 3 S. 1 vertritt der Vorsitzende des PR diesen im Rahmen der von ihm gefassten Beschlüsse. Gem. § 32 Abs. 3 S. 2 vertritt der PR-Vorsitzende in Angelegenheiten, die nur eine Gruppe betreffen, falls er nicht dieser Gruppe angehört, den PR nur gemeinsam mit einem dieser Gruppe angehörenden Vorstandsmitglied des PR.[30] Die Stellungnahme muss dann von beiden gemeinsam abgegeben werden, um wirksam zu sein und abschließende Wirkung zu entfalten.

b) Rechtswirksames Vorliegen einer abschließenden Stellungnahme des Personalrats. Ausgehend von diesen gesetzlichen Regelungen in § 32 Abs. 3 zur Außenvertretung des PR ist in Bezug darauf, ob personalvertretungsrechtlich eine abschließende Stellungnahme des PR gegenüber der Dienststelle vor dem Ablauf der personalvertretungsrechtlichen Äußerungsfrist für den PR von zehn Arbeitstagen ordnungsgemäß erfolgt ist, wie folgt zu unterscheiden:

Wenn die Dienststelle das Mitwirkungsverfahren zur Künd gem. §§ 79 Abs. 1, 72 ordnungsgemäß eingeleitet hat, darf sie darauf **vertrauen**, dass eine abschließende Stellungnahme vorliegt, wenn

a) der **PR-Vorsitzende** in Vertretung des PR die Mitteilung abgegeben hat, dass der PR der **Künd zustimmt** oder gegen diese Künd keine Bedenken hat und

b) der **Vorsitzende selbst zu der Gruppe von AN zählt**, zu der der zu Kündigende gehört (Ang oder Arb).

Die Dienststelle durfte dann schon vor Ablauf der personalvertretungsrechtlichen Äußerungsfrist von zehn Arbeitstagen dem AN die ordentliche Künd erklären.

Soweit in manchen LPersVG neben dem PR-Vorsitzenden stets ein Vertreter der Gruppe zu unterzeichen hat, kann dies problematisch sein.[31]

Auf die ordnungsgemäße Durchführung des Mitwirkungsverfahrens vertrauen darf die Dienststelle weiterhin, wenn sie das Mitwirkungsverfahren ordnungsgemäß eingeleitet hat und vor dem Ablauf der personalvertretungsrechtlichen Äußerungsfrist von zehn Arbeitstagen

a) der **PR-Vorsitzende**, der nicht selbst der Gruppe des seitens der Dienststelle zu kündigenden AN angehört hat, und

b) **das Vorstandsmitglied des PR, das dieser Gruppe angehört hat, gemeinsam** gegenüber der Dienststelle mündlich oder schriftlich die Mitteilung wie im Vorstehenden abgegeben haben.

Hat der **PR-Vorsitzende**

a) **nicht der Gruppe der AN** angehört,

b) und trotzdem **ohne das Vorstandsmitglied des PR, das dieser Gruppe angehört** hat, die Mitteilung abgegeben, kann die Dienststelle die Künd dennoch aussprechen.

Auch dies ist im Mitwirkungsverfahren **im Ergebnis unerheblich**. Die Dienststelle hat trotz des Umstandes, dass der PR-Vorsitzende nicht der Gruppe der AN, der der zu kündigende AN zugehörig war, angehört hat, ebenfalls darauf **vertrauen dürfen**, dass es sich bei der ihr gegenüber abgegebenen **Erklärung des PR-Vorsitzenden um eine abschließende Stellungnahme** des PR gehandelt hat. Deshalb durfte sie vor Ablauf der personalvertretungsrechtlichen Äußerungsfrist dem AN die Künd erklären. Denn der Fehler liegt in der Sphäre des PR (vgl. Rn 56).

Anderes soll gelten (str.), wenn die Stellungnahme des PR nur eine statt zwei Unterschriften (die des Vorsitzenden oder des Gruppenvertreters) trägt, aber bekannt ist, dass die Stellungnahme zwingend zwei Unterschriften tragen muss. Dann ist der Fehler offenkundig.[32]

Erheblich sind Fehler in der Sphäre des BR immer dann, wenn der AG durch unsachgemäßes Verhalten Mängel bei der Beteiligung des PR veranlasst oder sonst in unzulässiger Weise auf die Entscheidung des PR Einfluss genommen hat.[33]

Abweichendes gilt, wenn dem PR nicht nur ein Anhörungs- oder Mitwirkungsrecht, sondern ein **Mitbestimmungsrecht** zusteht. Dann ist nach Rspr. des BAG trotz der Mitteilung des PR-Vorsitzenden gegenüber der Dienststelle die nach der Mitteilung, aber vor Ablauf der personalvertretungsrechtlichen Äußerungsfrist erklärte Künd im Verhältnis der Dienststelle zum gekündigten AN schon aus personalvertretungsrechtlichen Gründen unwirksam. Der PR-Vorsitzende kann gegenüber der Dienststelle die personalvertretungsrechtlich erforderliche vorherige Zustimmung des PR zu dieser Künd allein nicht wirksam abgeben.[34]

---

30 BAG 13.10.1982 – 7 AZR 617/80 – PersV 1991, 479; LAG Niedersachsen 27.6.2003 – 16 Sa 1755/02 – juris; BVerwG 18.10.2007 – 1 WB 20/07 – PersV 2008, 419.

31 BAG 18.8.2001 – 2 AZR 616/99 – AP § 28 LPVG Niedersachsen Nr. 1.

32 LAG Niedersachsen 28.4.2008 – 16 Sa 777/07 – juris; vgl. auch BAG v. 18.1.2001 – 2 AZR 616/99 – AP § 28 LPVG Niedersachsen Nr. 1.

33 BAG 13.6.1996 – 2 AZR 402/95 – AP § 67 LPVG Sachsen-Anhalt Nr. 1.

34 BAG 24.4.1979 – 6 AZR 409/77 – AP § 87 LPVG Berlin Nr. 1.

49 **7. Unvollständige Mitteilung der maßgebenden Kündigungstatsachen. a) Mitteilung der Kündigungsgründe.** Sowohl die betriebsverfassungs- als auch personalvertretungsrechtlich vorgeschriebene vorherige Beteiligung des BR/PR durch den privaten/öffentlichen AG zu einer beabsichtigten ordentlichen Künd zielt nicht darauf ab, dass der BR/PR die **Wirksamkeit** der beabsichtigten Künd wie ein ArbG **überprüft**. Die Beteiligung beschränkt sich darauf, dass der BR/PR im Vorfeld dieser Künd auf die Willensbildung des privaten/öffentlichen AG Einfluss nehmen kann.

50 Daher sind an die **Mitteilungspflicht** des AG im Beteiligungsverfahren nicht dieselben Anforderungen zu stellen wie an die **Darlegungslast** des privaten/öffentlichen AG in einem nachfolgenden Künd-Schutzprozess.

51 **b) Subjektive Determinierung der Kündigungsgründe.** Für die dem AG obliegende Mitteilungspflicht gilt der Grundsatz der sog. subjektiven Determinierung, d.h. der PR ist vom öffentlichen AG immer schon dann ordnungsgemäß beteiligt worden, wenn der AG ihm **die aus seiner Sicht tragenden Umstände** unterbreitet hat.[35]

52 **aa) Mitteilung der für den Dienststellenleiter maßgebenden Kündigungsgründe.** Teilt der AG dem PR objektiv kündigungsrechtlich erhebliche Tatsachen deswegen nicht mit, weil er entweder die von ihm beabsichtigte Künd hierauf (zunächst) nicht stützen will oder sie bei seinem Künd-Entschluss dafür unerheblich oder entbehrlich hält, ist die Beteiligung des PR ordnungsgemäß. Die in objektiver Hinsicht unvollständige Unterrichtung des PR kann lediglich „mittelbar" die individualrechtliche Unwirksamkeit der arbeitgeberseitigen ordentlichen Künd zur Folge haben. Das gilt dann, wenn der mitgeteilte Sachverhalt zur individualrechtlichen sozialen Rechtfertigung der arbeitgeberseitigen ordentlichen Künd nach § 1 Abs. 2 und 3 KSchG nicht ausreicht. Dem AG ist es aus personalvertretungsrechtlichen Gründen verwehrt, im Künd-Schutzprozess Künd-Gründe nachzuschieben, die nicht Gegenstand der Beteiligung des PR zu der vom AG beabsichtigten ordentlichen Künd gewesen sind.[36]

53 **bb) Beispiel.** Dem Dienststellenleiter ist bekannt, dass der AN der Dienststelle seinen Vorgesetzten schwerwiegend beleidigt und einen anderen AN der Dienststelle niedergeschlagen hat. Der Dienststellenleiter hat dem bei der Dienststelle gebildeten PR gem. §§ 79 Abs. 1 S. 1, 72 Abs. 1 lediglich mitgeteilt, dass er den vorstehenden AN wegen des Niederschlagens des anderen AN ordentlich kündigen will. Dazu hat der PR gegenüber dem Dienststellenleiter seine Zustimmung erteilt und der vorstehende AN wurde durch den Dienststellenleiter ordentlich gekündigt. Im Künd-Schutzprozess des vorstehenden AN gegen die Dienststelle ergibt nun die dortige gerichtliche Beweisaufnahme, dass der AN den anderen AN der Dienststelle ausschließlich aus Notwehr niedergeschlagen, dagegen seinen Vorgesetzten ohne jegliche Veranlassung schwerwiegend beleidigt hat. In diesem Fall ist es dem Dienststellenleiter aus personalvertretungsrechtlichen Gründen verwehrt, im Künd-Schutzprozess seine ordentliche Künd des AN nunmehr damit zu begründen, dass der AN seinen Vorgesetzten ohne jegliche Veranlassung schwerwiegend beleidigt hat.

54 **cc) Bewusste irreführende Mitteilung der Kündigungsgründe.** Nicht nur um eine Frage der sog. subjektiven Determinierung handelt es sich, wenn der AG im Rahmen der Beteiligung des PR zu der von ihm beabsichtigten ordentlichen Künd den **Sachverhalt bewusst irreführend** schildert, um die Künd-Gründe als möglichst überzeugend darzustellen. Eine solche bewusst und gewollt unrichtige oder unvollständige Mitteilung der für den Künd-Entschluss maßgebenden Künd-Gründe ist **wie eine Nichtinformation** des PR zu behandeln. In diesem Fall ist die ordentliche Künd des Dienststellenleiters **bereits gem. § 79 Abs. 4 unwirksam**.[37]

55 **dd) Beispiel.** Im obigen Beispielsfall (siehe Rn 53) ist dem Dienststellenleiter von Beginn an bekannt gewesen, dass der AN den anderen AN ausschließlich aus Notwehr niedergeschlagen hat. Gleichwohl hat der Dienststellenleiter dieses dem PR nicht mitgeteilt. In diesem Fall ist die ordentliche Künd des Dienststellenleiters schon nach § 79 Abs. 4 unwirksam.

56 **8. Fehler im Bereich des Personalrats. a) Grds. keine Unwirksamkeit der Kündigung.** Mängel, die in den Zuständigkeits- und Verantwortungsbereich des PR fallen, berühren die Wirksamkeit des Mitwirkungsverfahrens gem. §§ 79 Abs. 1 S. 1, 72 und damit der ordentlichen Künd nicht.[38] Das ist grds. auch dann der Fall, wenn der Dienststellenleiter weiß oder vermuten kann, dass das Verfahren beim PR nicht fehlerfrei verlaufen ist (z.B. fehlerhafte Besetzung des PR bei seiner Beschlussfassung).[39]

---

[35] BAG 21.7.2005 – 6 AZR 498/04 – PersR 2006, 86; BAG 24.6.2004 – 8 AZR 22/03 – juris; BAG 12.3.2009 – 2 AZR 251/07 – juris.

[36] Vgl. BAG 22.9.1994 – 2 AZR 31/94 – BAGE 78, 39 = AP § 102 BetrVG 1972 Nr. 68 = NZA 1995, 363.

[37] BAG 31.8.1989 – 2 AZR 453/88 – AP § 77 LPVG Schleswig-Holstein Nr. 1 = NZA 1990, 658; BAG 22.9.1994 – 2 AZR 31/94 – BAGE 78, 39 = AP § 102 BetrVG 1972 Nr. 68 = NZA 1995, 363.

[38] BAG 3.2.1982 – 7 AZR 907/79 – BAGE 37, 387 = AP § 72 BPersVG Nr. 1 = NJW 1982, 2791.

[39] BAG 24.6.2004 – 2 AZR 461/03 – AP § 620 BGB Kündigungserklärung Nr. 22; Lorenzen u.a./*Etzel*, § 79 Rn 143.

b) Ausnahmen. Ein Mangel im Bereich des PR wirkt sich ausnahmsweise auf die Wirksamkeit der Künd aus, wenn der **Dienststellenleiter** durch **unsachgemäßes Verhalten** den Mangel des PR veranlasst hat.[40] Das ist z.B. der Fall, wenn der Dienststellenleiter den PR-Vorsitzenden ausdrücklich bittet, die Stellungnahme des PR im Umlaufverfahren herbeizuführen, und der PR diesem Wunsch des Dienststellenleiters tatsächlich nachkommt.[41] Die ordentliche Künd ist dann gem. § 79 Abs. 4 **unwirksam**.

IV. Konsequenzen der Mitwirkung

1. Reaktionsmöglichkeiten des Personalrats. Nach Zugang der Mitteilung gegenüber dem PR, dass und aus welchen Künd-Gründen die Dienststelle den Ausspruch einer ordentlichen Künd beabsichtigt, hat der PR gem. § 72 Abs. 2 S. 1 binnen **zehn Arbeitstagen** Zeit zu reagieren.[42]

Der PR fasst gem. §§ 37, 38 den Beschluss, der von der Dienststelle beabsichtigten ordentlichen Künd zuzustimmen, und teilt dann diesen Beschluss der Dienststelle binnen der zehn Arbeitstage mit. Dies kann **mündlich** oder **schriftlich** erfolgen. Liegt die Zustimmung vor, kann der Leiter der Dienststelle die ordentliche Künd aussprechen, ohne dass er vorher noch eine Erörterung mit dem PR durchführen muss. Die Erörterung muss nur auf Wunsch des PR stattfinden. Der PR entscheidet, ob und wie er tätig werden will.[43]

Es steht dem **PR frei**, sich innerhalb von zehn Arbeitstagen seit dem Zugang der Mitteilung der Dienststelle **überhaupt nicht zu äußern**. Dann gilt gem. § 72 Abs. 2 S. 1 die von der Dienststelle beabsichtigte ordentliche Künd jetzt **kraft gesetzlicher Fiktion** als vom PR **gebilligt**. In diesem Fall kann der Leiter der Dienststelle nach Ablauf der zehn Arbeitstage ohne eine vorherige Erörterung mit dem PR ordentlich kündigen.[44]

Der PR kann innerhalb der **zehn Arbeitstage** nach Zugang der Mitteilung, dass eine Künd beabsichtigt ist, von der Dienststelle eine **Erörterung** wünschen. Er kann auch gegenüber der Dienststelle Einwendungen erheben. Dafür ist gesetzlich ebenfalls **keine Form** vorgeschrieben. Verlangt der PR von der Dienststelle eine Erörterung oder erhebt er Einwendungen gegenüber der Dienststelle hat gem. § 72 Abs. 1 eine **Erörterung zu erfolgen**.

2. Erörterung nach § 72 Abs. 1. Zwar ist für die Erörterung gem. § 72 Abs. 1 gesetzlich **keine Form** vorgeschrieben. Bei dieser Erörterung steht das Abwägen des Für und Wider der von der Dienststelle beabsichtigten ordentlichen Künd und der Austausch von Argumenten im Vordergrund. Deshalb hat die Erörterung im Rahmen einer **mündlichen Besprechung** zu erfolgen. Etwas anderes ist möglich, wenn beide Seiten damit einverstanden sind.[45] **Inhaltlich** gelten für die Erörterung **keine Beschränkungen**. Der PR kann alles erörtern, was ihm sachdienlich erscheint und alle Argumente vortragen, die gegen die von der Dienststelle beabsichtigte ordentliche Künd sprechen. Da die Erörterung auch innerhalb der Zehn-Tages-Frist zu erfolgen hat, muss sie noch am gleichen Tag stattfinden, wenn die Erörterung erst am letzten Tag der Frist verlangt wird.[46]

3. Reaktionsmöglichkeit des Personalrats nach Durchführung der Erörterung. Nach der Erörterung hat der PR einen Beschluss gem. §§ 37, 38 darüber zu fassen, ob er von den erhobenen Einwendungen Abstand nimmt oder an diesen, unter Angabe der Gründe, festhält.

Hält der PR die Einwendungen nach Erörterung nicht mehr aufrecht, gilt die Maßnahme als gebilligt und der Dienststellenleiter kann die Künd aussprechen.

Hält der PR an den Einwendungen nach Erörterung fest oder erhebt er neue Einwendungen oder Gegenvorstellungen, muss dies gem. § 72 Abs. 2 S. 2 **unter Angabe von Gründen** gegenüber der Dienststelle erfolgen. Der Dienststellenleiter hat unter Berücksichtigung der Auff. des PR zu entscheiden, ob er den Einwendungen entspricht. Dies kann dadurch geschehen, dass er auf die beabsichtigte Maßnahme verzichtet oder sie in geänderter Form, den Forderungen des PR entsprechend, durchsetzt.

Soweit der **Dienststellenleiter** den Einwendungen nicht oder nicht in vollem Umfang entspricht, hat er dem PR gem. § 72 Abs. 3 seine **Entscheidung schriftlich**, unter Angabe der Gründe, **mitzuteilen**. Eine gesetzliche **Frist** ist **nicht** vorgegeben.

4. Ausspruch der ordentlichen Kündigung bei Einwendungen des Personalrats nach der Erörterung. a) Fehlen übergeordneter Dienststellen. Bestehen keine übergeordneten Dienststellen oder sind dort keine Stufenvertretungen gebildet, ist mit der schriftlichen Mitteilung des Dienststellenleiters an den PR gem. § 72 Abs. 3 das Mitwirkungsverfahren des PR zu der von der Dienststelle konkret beabsichtigten ordentlichen

---

40 BAG 16.1.2003 – 2 AZR 707/01 – AP § 102 BetrVG 1972 Nr. 129.
41 Vgl. KR/*Etzel*, § 102 BetrVG Rn 117.
42 BVerwG 27.1.1995 – 6 P 22/92 – BVerwGE 97, 349.
43 BAG 3.2.1982 – 7 AZR 907/79 – BAGE 37, 387 = AP § 72 BPersVG Nr. 1 = NJW 1982, 2791.
44 BAG 15.8.2006 – 9 AZR 571/05 – PersR 2007, 164.
45 Lorenzen u.a./*Gerhold*, § 72 Rn 24.
46 BVerwG 27.1.1995 – 6 P 22/92 – BVerwGE 97, 349; Lorenzen u.a./*Etzel*, § 79 Rn 59.

Künd nach §§ 79 Abs. 1 S. 1, 72 **endgültig beendet**. Der Dienststellenleiter kann die ordentliche Künd gegenüber dem hiervon betroffenen AN aus personalvertretungsrechtlicher Sicht aussprechen.

67 **b) Vorhandene übergeordnete Dienststellen und dort gebildete Stufenvertretungen.** Besteht dagegen eine übergeordnete Dienststelle und ist dort eine Stufenvertretung gebildet, kann der **PR der nachgeordneten Dienststelle** sich an die nächst übergeordnete Dienststelle wenden. Gem. § 72 Abs. 4 kann er die vom Leiter dieser nachgeordneten Dienststelle beabsichtigte ordentliche Künd dem **Leiter der nächstübergeordneten Dienststelle** binnen **drei Arbeitstagen** nach **Zugang** der schriftlichen Entscheidung **nach § 72 Abs. 3** auf dem Dienstwege mit dem **Antrag auf Entscheidung schriftlich** vorlegen. Die Dienststelle sollte sich das Datum des Zugangs bestätigen lassen. Die Frist beginnt am ersten Arbeitstag nach dem Zugang zu laufen, § 187 Abs. 1 BGB. Der PR hat den Dienstweg einzuhalten. Dem Dienststellenleiter der Dienststelle, bei dem der PR besteht, ist eine Abschrift des Antrages an die nächst höhere Dienststelle zuzuleiten. Der **Dienststellenleiter** muss die beabsichtigte Maßnahme bis zur Entscheidung der angerufenen Dienststelle **aussetzen**, § 72 Abs. 5. Vor Ablauf der Frist darf er die Maßnahme nicht durchführen.[47]

68 Der Leiter der nächstübergeordneten Dienststelle hat nach der Vorlage über die vom Leiter der nachgeordneten Dienststelle beabsichtigte ordentliche Künd mit der bei dieser **nächstübergeordneten Dienststelle gebildeten Stufenvertretung** gem. § 66 Abs. 1 S. 3 mit dem ernsten Willen zur Einigung zu verhandeln. Nach dieser Verhandlung entscheidet der Leiter der nächstübergeordneten Dienststelle **nach** pflichtgemäßem Ermessen. Handelt es sich hierbei nur um einen **zweistufigen Verwaltungsaufbau**, so ist mit dieser Entscheidung des Leiters der nächstübergeordneten Dienststelle das Mitwirkungsverfahren nach §§ 79 Abs. 1 S. 1, 72 **endgültig beendet**. Billigt der Leiter der nächstübergeordneten Dienststelle die vom Leiter der nachgeordneten Dienststelle **beabsichtigte ordentliche Künd**, kann erst jetzt gem. § 72 Abs. 5 der Leiter der nachgeordneten Dienststelle die ordentliche Künd gegenüber dem hiervon betroffenen AN aussprechen. Entscheidet dagegen der Leiter der nächstübergeordneten Dienststelle, dass die vom Leiter der nachgeordneten Dienststelle beabsichtigte ordentliche Künd **nicht auszusprechen ist**, so verpflichtet dies den Leiter der nachgeordneten Dienststelle, die von ihm beabsichtigte ordentliche Künd **endgültig zu unterlassen**.

69 Im **dreistufigen Verwaltungsaufbau** kann der **Leiter der Mittelbehörde** nach Vorlage durch den PR der untersten Behörde sowie nach Verhandlung mit der bei der Mittelbehörde gebildeten Stufenvertretung die vom **Leiter der untersten Behörde** beabsichtigte ordentliche Künd **billigen**. Dann kann die bei der Mittelbehörde gebildete Stufenvertretung ebenfalls binnen **drei Arbeitstagen** nach Zugang der schriftlich begründeten Billigungsentscheidung des Leiters der Mittelbehörde gem. § 72 Abs. 3 die von dem Leiter der untersten Behörde beabsichtigte ordentliche Künd nach § 72 Abs. 4 dem **Leiter der obersten Dienstbehörde** auf dem Dienstwege mit dem Antrag auf dessen Entscheidung schriftlich vorlegen. Der Leiter der obersten Dienstbehörde entscheidet erst nach vorheriger Verhandlung mit der bei der obersten Dienstbehörde gebildeten Stufenvertretung (Haupt-PR) endgültig über die vom Leiter der untersten Behörde beabsichtigte ordentliche Künd, wobei der Leiter der untersten Behörde ebenfalls an diese Entscheidung des **Leiters der obersten Behörde gebunden ist**.

70 **5. Einwendungen, die einen Weiterbeschäftigungsanspruch begründen.** Der PR kann im Rahmen des Mitwirkungsverfahrens nach §§ 79 Abs. 1 S. 1, 72 gegenüber den von der Dienststelle beabsichtigten ordentlichen Künd grds. **jede Art von Einwendungen** erheben.[48] Hat der PR gegen die vom Dienststellenleiter beabsichtigte ordentliche Künd Einwendungen frist- und ordnungsgemäß vorgebracht und begründet, darf der Dienststellenleiter die von ihm beabsichtigte ordentliche Künd erst dann aussprechen, wenn er zuvor dem PR gem. § 72 Abs. 3 schriftlich mitgeteilt hat, warum er trotz der Einwendungen des PR weiterhin ordentlich kündigen will. Jede vom Dienststellenleiter bereits vor seiner schriftlichen Mitteilung an den PR nach § 72 Abs. 3 ausgesprochene ordentliche Künd ist gem. § 79 Abs. 4 unwirksam.

71 Soll eine Einwendung des PR einen **Weiterbeschäftigungsanspruch** i.S.v. § 79 Abs. 1 S. 3 begründen, muss sie sich unter einen der **Tatbestände des S. 3 Nr. 1 bis 5** subsumieren lassen. Nur wenn diese Einwendungen innerhalb der zehntägigen Äußerungsfrist des § 72 Abs. 2 S. 1 erhoben wurden, entfalten sie die Wirkung eines Widerspruchsgrundes, der einen Weiterbeschäftigungsanspruch begründen kann. Nach Ablauf der Äußerungsfrist nachgeschobene Widerspruchsgründe entfalten keine entsprechende Wirkung mehr.

72 Die in § 79 Abs. 1 S. 3 Nr. 1 bis 5 aufgeführten qualifizierten Einwendungen des PR werden als **Widerspruch** bezeichnet, weil sie mit den in § 102 Abs. 3 BetrVG für den BR aufgenommenen Widerspruchsgründen fast wörtlich übereinstimmen und weil § 79 Abs. 2 Nr. 3 selbst vom „Widerspruch des Personalrats" spricht.[49]

---

47 Vgl. *Altvater* u.a., § 72 Rn 19.
48 BAG 27.10.2005 – 6 AZR 27/05 – EzBAT § 53 BAT Beteiligung des Personalrats Nr. 29; BAG 29.9.1983 – 2 AZR 179/82 – AP § 79 BPersVG Nr. 1 = PersV 1985, 293.

49 Lorenzen u.a./*Etzel*, § 79 Rn 73.

Ob ein wirksamer Widerspruch des PR i.S.d. § 79 Abs. 1 S. 3 Nr. 1 bis 5 vorliegt, richtet sich nach den gleichen rechtlichen Wertungen wie bei § 102 Abs. 3 BetrVG. Insoweit wird auf die Ausführungen zum wirksamen Widerspruch des BR i.S.d. § 102 Abs. 3 BetrVG verwiesen (vgl. § 102 BetrVG Rn 59). Unter einem Verstoß gegen eine Auswahl-RL gem. § 79 Abs. 1 S. 3 Nr. 2 ist hier der Verstoß gegen die nach § 76 Abs. 2 Nr. 8 aufgestellten RL über die personelle Auswahl bei Künd zu verstehen. 73

6. Vorläufige Weiterbeschäftigung während des Kündigungsschutzverfahrens. Hat der PR der beabsichtigten ordentlichen Künd aus Gründen, die sich unter einen der Tatbestände des **§ 79 Abs. 1 S. 3 Nr. 1 bis 5** subsumieren lassen, innerhalb der Äußerungsfrist des § 72 Abs. 2 S. 1 von zehn Arbeitstagen schriftlich widersprochen und hat der gekündigte AN gem. § 4 S. 1 KSchG eine Künd-Schutzklage erhoben, so muss auch der öffentliche AG nach § 79 Abs. 2 S. 1 wie der private AG gem. § 102 Abs. 5 S. 1 BetrVG, den von ihm ordentlich gekündigten AN auf dessen Verlangen bis zum rechtskräftigen Abschluss des Künd-Schutzrechtsstreits bei unveränderten Arbeitsbedingungen tatsächlich **weiterbeschäftigen** (vgl. § 102 BetrVG Rn 83 ff.). 74

Dabei kann der öffentliche AG gem. § 79 Abs. 2 S. 2 wie der private AG gem. § 102 Abs. 5 S. 2 BetrVG, unter denselben Voraussetzungen beim ArbG eine **einstweilige Verfügung** erwirken, die ihn von dieser Verpflichtung zur tatsächlichen Weiterbeschäftigung entbindet. Daher sind auch hier die Ausführungen zu § 102 Abs. 5 S. 2 BetrVG einschlägig (vgl. § 102 BetrVG Rn 89 ff.). 75

C. Verbindung zu anderen Rechtsgebieten und zum Prozessrecht

I. Vergleich zum BetrVG

1. Keine Mitbestimmung – nur Mitwirkung. Der PR hat gem. § 79 Abs. 1 S. 1 bei ordentlichen Künd des öffentlichen AG wie auch der BR gem. § 102 Abs. 1 S. 1 BetrVG im privatrechtlichen Bereich, **kein Mitbestimmungsrecht**. § 79 Abs. 1 S. 1 sieht allerdings ein **Mitwirkungsrecht** des PR vor. Das Mitwirkungsrecht ist eine **stärkere Form der Beteiligung** als das **Anhörungsrecht**, das dem BR gem. § 102 Abs. 1 S. 1 BetrVG bei Ausspruch einer Künd durch den privaten AG eingeräumt wird. Im Rahmen des Anhörungsverfahrens steht dem BR lediglich das Recht zu, seine Bedenken unter Angabe der Gründe dem privaten AG spätestens innerhalb einer Woche schriftlich mitzuteilen. Unabhängig von der Äußerung dieser Bedenken kann der private AG nach Ablauf der Wochenfrist die ordentliche Künd aussprechen. 76

2. Unwirksamkeit bei Nichtbeteiligung des Personalrats. Wird der PR vor Ausspruch einer Künd **nicht oder nicht ordnungsgemäß beteiligt**, ist jede vom öffentlichen AG ausgesprochene ordentliche Künd gem. § 79 Abs. 4 – wie auch gem. § 102 Abs. 1 S. 3 BetrVG bei Künd durch private AG – **unwirksam**. Nicht beteiligt werden muss der PR wie auch der BR, bei Künd seitens des AN, bei der Beendigung von befristeten oder auflösend bedingten Arbverh und der Aufhebung des Arbeitsvertrages in gegenseitigem Einvernehmen.[50] 77

II. Verbindung zum Prozessrecht

Gem. § 4 S. 1 KSchG muss ein AN, der geltend machen will, dass eine Künd sozial ungerechtfertigt oder **aus anderen Gründen rechtsunwirksam** ist, innerhalb von **drei Wochen** nach Zugang der schriftlichen Künd Klage beim ArbG auf Feststellung erheben. Der AN, der geltend machen will, dass die ihm von seinem öffentlichen AG erklärte ordentliche Künd **bereits nach § 79 Abs. 4 unwirksam ist**, muss daher bei der Geltendmachung die Drei-Wochen-Frist gem. § 4 S. 1 KSchG beachten und im Rahmen der Künd-Schutzklage auf diesen Verstoß hinweisen. 78

D. Beraterhinweise

Bei einer nach § 79 Abs. 4 BPersVG unwirksamen Künd muss gem. § 4 S. 1 KSchG innerhalb von drei Wochen nach Zugang der Künd Künd-Schutzklage bei dem zuständigen ArbG erhoben werden. Der AN muss im Verfahren **ausdrücklich** vortragen, dass die arbeitgeberseitige ordentliche Künd bereits **wegen Nichtbeteiligung** oder **wegen nicht ordnungsgemäßer Beteiligung** des PR nach § 79 Abs. 4 BPersVG unwirksam ist. 79

2. Teil: Beteiligung des Personalrats an außerordentlichen Kündigungen nach dem BPersVG

A. Allgemeines

Dem PR steht gem. § 79 Abs. 3 S. 1 bei der arbeitgeberseitigen **außerordentlichen Künd** von AN nur ein **Anhörungsrecht** zu. Der PR kann zur beabsichtigten außerordentlichen Künd Bedenken äußern. Diese Bedenken hat die Dienststelle bei der Entscheidungsfindung auch zu berücksichtigen. Für die **Wirksamkeit** der Künd bleiben die Bedenken aber **bedeutungslos**. 80

---

50 Vgl. *Altvater u.a.*, § 79 Rn 5.

B. Regelungsgehalt

I. Anhörungsrecht des Personalrats

81 § 79 Abs. 3 S. 1 räumt dem PR bei jeder arbeitgeberseitigen außerordentlichen **Beendigungs- oder Änderungs-Künd** von Ang und Arb nur **ein Anhörungsrecht**, die schwächste Beteiligungsform, ein. Die außerordentliche Künd ist die einseitige, empfangsbedürftige, rechtsgestaltende Willenserklärung, durch die das Arbverh **aus wichtigem Grund** ohne Bindung an die für die ordentliche Künd geltenden Fristen beendet wird.[51] Dass eine außerordentliche Künd aus wichtigem Grund erklärt werden soll, muss für den Gekündigten zweifelsfrei erkennbar sein. Die Gewährung einer Auslauffrist aus sozialen oder anderen Gründen schließt das Vorliegen einer außerordentlichen Künd nicht aus.

82 Wenn allerdings gesetzlich, tariflich oder einzelvertraglich vorgesehen ist, dass eine ordentliche Künd ohne Einhaltung einer Frist ausgesprochen werden darf (z.B. § 22 Abs. 1 BBiG), richtet sich die Beteiligung des PR nicht nach § 79 Abs. 3, sondern nach **§ 79 Abs. 1**.[52] Gleiches gilt für eine außerordentliche Künd mit sozialer Auslauffrist bei einem ordentlichen Unkündbaren (vgl. Rn 96).[53] Gem. § 79 Abs. 1 S. 1 hat der PR ein Mitwirkungsrecht.

II. Zweck der vorherigen Anhörung des Personalrats nach § 79 Abs. 3

83 Zweck der vorherigen Anhörung des PR zu einer vom öffentlichen AG beabsichtigten **außerordentlichen Künd** gem. § 79 Abs. 3 ist, die Interessen des von der Künd betroffenen AN, aber auch die Interessen der der Dienststelle angehörenden übrigen Beschäftigten zu wahren. Im Rahmen der Anhörung kann sich der PR mit den Argumenten, die der AG für eine außerordentliche Künd darlegt, auseinander setzen und durch eigene (Gegen-)Argumente **Einfluss** nehmen. Das ist aber nur möglich, wenn die Anhörung tatsächlich stattfindet. Findet sie **nicht** oder **nicht ordnungsgemäß** statt, ist die **Künd unwirksam**.

III. Der nach § 79 Abs. 3 S. 1 geschützte Personenkreis

84 Von § 79 Abs. 3 S. 1 werden alle AN des öffentlichen Dienstes geschützt, d.h. alle Arb und alle Ang. § 79 Abs. 3 verweist anders als § 79 Abs. 1 S. 2 **nicht** auf **§ 77 Abs. 1 S. 2**. Daher hat der PR anders als bei der ordentlichen Künd, bei außerordentlichen Künd von **Ang**, die auf einer Beamtenstelle von der Besoldungsgruppe A 16 aufwärts beschäftigt sind oder eine Stelle bekleiden, die jener Beamtenstelle ab der Besoldungsgruppe A 16 entspricht, ein Anhörungsrecht.[54]

IV. Unwirksamkeit der Kündigung

85 **1. Unwirksamkeit bei Nichtbeteiligung des Personalrats.** Gem. § 79 Abs. 4 ist jede außerordentliche Beendigungs- oder Änderungs-Künd des Arbverh durch den öffentlichen AG schon dann **unwirksam**, wenn der PR vom öffentlichen AG **nicht zuvor nach § 79 Abs. 3 beteiligt worden ist**.

86 **2. Anhörung des Personalrats auf Vorrat. a) Vorratskündigung.** In **§ 79 Abs. 3 S. 2** ist, im Gegensatz zu § 79 Abs. 1, **ausdrücklich geregelt,** dass der Dienststellenleiter **schon bei Einleitung** des Anhörungsverfahrens die von ihm **beabsichtigte außerordentliche Künd zu begründen hat**. Hieraus folgt, dass **bei der Einleitung** des Anhörungsverfahrens nach § 79 Abs. 3 S. 1 der Dienststellenleiter bereits ein **aktueller Künd-Entschluss vorliegen muss**. Eine Anhörung des PR zu einer außerordentlichen Künd, die der Dienststellenleiter **auf Vorrat** vornimmt, ist unzulässig; wie auch die Anhörung des BR durch den privaten AG zu einer außerordentlichen Künd **auf Vorrat** rechtlich **unzulässig** ist. Folge ist, dass die arbeitgeberseitige **außerordentliche Künd von vornherein gem. § 79 Abs. 4 unwirksam** ist.[55]

87 **b) Beispiel.** Ein AN kündigt an, er werde an einem bestimmten Tag in der Zukunft auch ohne Genehmigung seines öffentlichen AG nicht zur Arbeit erscheinen. In diesem Fall kann der öffentliche AG nicht schon aufgrund der Ankündigung des AN das Anhörungsverfahren nach § 79 Abs. 3 S. 1 wegen seines erst in der Zukunft beabsichtigten unentschuldigten Fehlens an seinem Arbeitsplatz zur außerordentlichen Künd rechtswirksam einleiten. Vielmehr muss der öffentliche AG abwarten, ob dieser AN tatsächlich unerlaubt der Arbeit fern bleiben wird, und kann erst dann das Anhörungsverfahren gegenüber dem PR gem. § 79 Abs. 3 S. 1 rechtswirksam einleiten.

88 **3. Fehlerhafte Personalratsanhörung aus sonstigen Gründen.** Eine fehlerhafte Anhörung kommt bei der außerordentlichen Künd wie auch bei der ordentlichen Künd aus **verschiedenen Gründen** in Betracht. **Unwirksamkeitsgründe** liegen vor, wenn aufseiten der Dienststelle das Anhörungsverfahren gem. § 79 Abs. 3 gegenüber dem

---

51 Vgl. BAG 2.3.2006 – 2 AZR 53/05 – juris.
52 BVerwG 5.7.1984 – 6 P 27.82 – BVerwGE 69, 340.
53 BAG 18.10.2000 – 2 AZR 627/99 – AP § 626 BGB Krankheit Nr. 9; BAG 9.9.1992 – 2 AZR 190/92 – NZA 1993, 589; vgl. BAG 12.1.2006 – 2 AZR 242/05 – AP § 626 BGB Nr. 13; a.A. LAG Hessen 8.3.2002 – 12 Sa 251/00 – ZTR 2001, 532.
54 Lorenzen u.a./*Etzel*, § 79 Rn 5.
55 BAG 19.1.1983 – 7 AZR 514/80 – AP § 102 BetrVG 1972 Nr. 28; LAG Sachsen 10.10.2001 – 2 Sa 744/00 – NZA 2002, 905.

PR durch einen **unzuständigen Vertreter** eingeleitet wurde. Unwirksam ist das Anhörungsverfahren, wenn es gegenüber einem **unzuständigen PR-Mitglied** eingeleitet wurde oder gegenüber dem hierfür **unzuständigen PR**. Dem PR müssen zu der beabsichtigten außerordentlichen Künd gem. § 79 Abs. 3 S. 2 die **maßgeblichen Künd-Gründe** umfassend mitgeteilt werden, ansonsten ist die Künd unwirksam. Unwirksam ist die Künd auch, wenn sie ohne vorherige Beteiligung des PR oder **vor Ablauf der Anhörungsfrist** erfolgt.

Insoweit gelten für die außerordentlichen Künd **dieselben Grundsätze wie bei dem Mitwirkungsverfahren** des PR zu einer **ordentlichen Künd gem. § 79 Abs. 1 S. 1**. Auf die Ausführungen **unter B. III. zur Beteiligung des PR bei ordentlichen Künd** wird verwiesen (vgl. Rn 10 ff.). 89

V. Durchführung des Anhörungsverfahrens gemäß § 79 Abs. 3

1. Keine Erörterung, keine Vorlage an die übergeordnete Dienststelle. Anders als beim Mitwirkungsverfahren des PR zur ordentlichen Künd gem. §§ 72, 79 Abs. 1 S. 1 ist beim **Anhörungsverfahren** des PR zu einer außerordentlichen Künd in § 79 Abs. 3 **keine Erörterung** zwischen dem Dienststellenleiter sowie dem PR **vorgesehen**. Eine solche folgt allenfalls auf Wunsch des PR aus dem Gebot der vertrauensvollen Zusammenarbeit.[56] 90

Der Dienststellenleiter hat dem PR im Rahmen des **Anhörungsverfahrens** nach § 79 Abs. 3 **nicht** – wie gem. § 72 Abs. 3 – schriftlich mitzuteilen, dass er den schriftlichen Einwendungen des PR gegen die von ihm beabsichtigte außerordentliche Künd **nicht** oder **nicht in vollem Umfang entsprechen will**. Der PR hat keine Möglichkeit, den Ausspruch der Künd zu verzögern oder zu verhindern. Er kann nicht beantragen, dass die beabsichtigte Künd dem Leiter der übergeordneten Stelle zur Entscheidung vorgelegt wird. 91

2. Schriftliches Vorbringen von Bedenken innerhalb von spätestens drei Arbeitstagen. Der PR hat im Rahmen des **Anhörungsverfahrens** zu einer beabsichtigten **außerordentlichen Künd** gem. § 79 Abs. 3 nach der ordnungsgemäßen Einleitung des Anhörungsverfahrens durch den Dienststellenleiter die Möglichkeit, **unverzüglich, spätestens innerhalb von drei Arbeitstagen schriftlich** Bedenken dem Dienststellenleiter mitzuteilen. Die Äußerungsfrist von drei Arbeitstagen kann nicht verlängert werden. Die Fristberechnung richtet sich nach §§ 187 Abs. 1, 188 Abs. 1 BGB, so dass die Frist am Tage nach der Unterrichtung des PR zu laufen beginnt. 92

Stimmt der PR der beabsichtigten außerordentlichen Künd vor Ablauf der dreitägigen Äußerungsfrist gegenüber dem Dienststellenleiter **ausdrücklich zu**, ist das **Anhörungsverfahren abgeschlossen**. Verzichtet der PR auf eine Stellungnahme, dann ist das Anhörungsverfahren **nach Ablauf der Äußerungsfrist** von drei Arbeitstagen **beendet**. 93

Will der PR gegen die außerordentliche Künd Bedenken erheben, hat er diese dem Dienststellenleiter gem. § 79 Abs. 3 S. 3 binnen drei Arbeitstagen **schriftlich** mitzuteilen. Der PR ist nicht – wie nach § 79 Abs. 1 S. 3 – auf bestimmte Widerspruchsgründe beschränkt. Seine Bedenken hat der Dienststellenleiter zwar bei seiner Entscheidung mit zu erwägen. Auf die Wirksamkeit der vom Dienststellenleiter ausgesprochenen außerordentlichen Künd haben die Bedenken des PR aber **keinen Einfluss**. Auch können Bedenken des PR gegen eine außerordentliche Künd, ebenso wie die des BR nach § 102 Abs. 2 S. 3 BetrVG, **keinen Weiterbeschäftigungsanspruch** des arbeitgeberseitig außerordentlich gekündigten AN während des Künd-Schutzprozesses begründen.

VI. Zwei-Wochen-Frist des § 626 Abs. 2 BGB und Anhörungsrecht des Personalrats nach § 79 Abs. 3

Bei der außerordentlichen Künd hat der AG die Zwei-Wochen-Frist des § 626 Abs. 2 BGB einzuhalten. Er muss innerhalb von zwei Wochen die beabsichtigte **außerordentliche Künd** gegenüber dem AN **erklärt haben**. Diese Zwei-Wochen-Frist wird durch das Anhörungsverfahren des PR nach § 79 Abs. 3 wie durch das Anhörungsverfahren des BR gem. § 102 Abs. 1 BetrVG **weder unterbrochen noch** um die Äußerungsfrist für den PR von drei Arbeitstagen **verlängert**. Vielmehr muss der öffentliche AG den PR wie auch der private AG den BR, zu der von ihm beabsichtigten **außerordentlichen Künd so rechtzeitig unterrichten, dass nach Beendigung** des Anhörungsverfahrens des PR gem. § 79 Abs. 3 noch **innerhalb der Zwei-Wochen-Frist** des § 626 Abs. 2 BGB die **außerordentliche Künd** gegenüber dem AN **erklären kann**.[57] 94

VII. Beteiligung des Personalrats bei ordentlicher Unkündbarkeit

1. Ordentliche Unkündbarkeit. Ist ein Ang oder Arb durch seinen öffentlichen AG tarifrechtlich (z.B. gem. § 34 Abs. 2 TVÖD – zuvor § 53 Abs. 3 BAT) oder aufgrund einer Dienstvereinbarung oder aufgrund einer einzelvertraglichen Vereinbarung **nicht mehr ordentlich**, sondern nur noch **außerordentlich kündbar**, kann der öffentliche AG, wenn auch nur unter strengeren Voraussetzungen **außerordentlich** kündigen.[58] Der AG ist individualrechtlich ge- 95

---

56 Lorenzen u.a./*Etzel*, § 79 Rn 129.
57 Lorenzen u.a./*Etzel*, § 79 Rn 127.
58 BAG 18.10.2000 – 2 AZR 627/99 – AP § 626 BGB Krankheit Nr. 9; BAG 5.2.1998 – 2 AZR 227/97 – BAGE 88, 10

= AP § 626 BGB Nr. 143 = EzA BGB § 626 Unkündbarkeit Nr. 2; LAG Köln 19.6.2008 – 13 Sa 1540/07 – juris.

halten, seine jeweilige außerordentliche Künd **unter Einhaltung einer sozialen Auslauffrist**, die der jeweils längsten Künd-Frist für eine arbeitgeberseitige ordentliche Künd dieses Ang bzw. Arb entsprechen muss, auszusprechen.

96 **2. Mitwirkungsrecht des Personalrats nach § 79 Abs. 1 S. 1.** Nach der Rspr. des BAG[59] steht dem PR bei ordentlich **Unkündbaren nicht nur das Anhörungsrecht** nach § 79 Abs. 3, **sondern das Mitwirkungsrecht gem. § 79 Abs. 1 S. 1** zu. Ansonsten würde der nicht mehr ordentlich kündbare Ang oder Arb personalvertretungsrechtlich gegenüber den noch ordentlich kündbaren Ang oder Arb ohne sachlichen Grund **schlechter gestellt**.

97 Daher ist jede außerordentliche Künd, gegenüber einem **ordentlich Unkündbaren von vornherein** in dem Fall gem. § 79 Abs. 4 unwirksam, bei dem der öffentliche AG zu dieser außerordentlichen Künd den PR **nicht nach § 79 Abs. 1**, sondern lediglich gem. § 79 Abs. 3 beteiligt hat. Eine Umdeutung ist bei unzutreffender PR-Beteiligung nicht möglich.

98 **3. Zwei-Wochen-Frist des § 626 Abs. 2 BGB und Mitwirkungsrecht des Personalrats nach § 79 Abs. 1 S. 1.** Der PR hat nach der Einleitung des Mitwirkungsverfahrens gem. §§ 72 Abs. 1, 79 Abs. 1 S. 1 zu einer außerordentlichen Künd eines **nicht mehr ordentlich kündbaren AN** gem. § 72 Abs. 2 S. 1 die Möglichkeit, binnen **zehn Arbeitstagen** vom Dienststellenleiter hierzu eine Erörterung zu wünschen. Der PR kann innerhalb der zehn Arbeitstage der beabsichtigten vorstehenden außerordentlichen Künd schriftlich widersprechen.[60] Da der Dienststellenleiter nach § 79 Abs. 4 die von ihm beabsichtigte vorstehende außerordentliche Künd erst **nach dem Abschluss** des Mitwirkungsverfahrens des PR gem. §§ 72, 79 Abs. 1 S. 1 **rechtswirksam erklären kann**, ist es dem Dienststellenleiter **häufig nicht möglich**, die von ihm beabsichtigte außerordentliche Künd **binnen der Zwei-Wochen-Frist** des § 626 Abs. 2 BGB **rechtswirksam auszusprechen**. Der AG sollte alles dafür tun, die Zwei-Wochen-Frist einzuhalten. Gelingt ihm dies in einer solchen Konstellation nicht, muss er jedenfalls nach Abschluss des Mitwirkungsverfahrens unverzüglich die Künd aussprechen. Der AG, der bei einer außerordentlichen Künd eines nicht mehr ordentlich kündbaren AN das Mitwirkungsrecht nach §§ 72, 79 Abs. 1 S. 1 einhalten muss und binnen der Zwei-Wochen-Frist des § 626 Abs. 2 BGB beim PR einleitet, wahrt nach hier vertretener Ansicht auch dann die Frist, wenn er in **entsprechender Anwendung des § 91 Abs. 5 SGB IX**, nach Abschluss des Mitwirkungsverfahrens die außerordentliche Künd gegenüber dem betroffenen AN **unverzüglich** ausspricht.[61]

99 **4. Beraterhinweise.** Im Rahmen der Künd-Schutzklage gegen eine **außerordentliche Künd mit sozialer Auslauffrist** eines ordentlich Unkündbaren, ist **ausdrücklich** auf die Unwirksamkeit gem. § 79 Abs. 4 hinzuweisen, wenn der AG den PR **nicht** zur ordentlichen Künd gem. § 79 Abs. 1 S. 1, sondern zur außerordentlichen Künd **gem. § 79 Abs. 2 angehört hat**.

VIII. Umdeutung einer außerordentlichen in eine ordentliche Kündigung

100 Bei jeder arbeitgeberseitig beabsichtigten **außerordentlichen Künd** kommt dem PR grds. gem. § 79 Abs. 3 S. 1 lediglich ein **Anhörungsrecht** zu. Bei einer arbeitgeberseitig beabsichtigten **ordentlichen Künd** steht ihm ausnahmslos ein **Mitwirkungsrecht** gem. § 79 Abs. 1 S. 1 zu. Deshalb kann eine individualrechtlich **unwirksame außerordentliche Künd** durch die ArbG i.d.R. **nicht umgedeutet** werden. Eine **Umdeutung** gem. § 140 BGB in eine arbeitgeberseitige individualrechtlich wirksame ordentliche Künd kommt nur dann in Betracht, wenn zumindest **hilfsweise auch das Mitwirkungsverfahren** nach §§ 72, 79 Abs. 1 S. 1 **durchgeführt worden ist**.[62] Gleiches gilt, wenn der PR im Rahmen des **Anhörungsverfahrens** gem. § 79 Abs. 3 der beabsichtigten **außerordentlichen Künd** ausdrücklich und vorbehaltlos zugestimmt hat.[63]

---

[59] BAG 5.2.1998 – 2 AZR 227/97 – BAGE 88, 10 = AP § 626 BGB Nr. 143 = NZA 1998, 771 = EzA § 626 BGB Unkündbarkeit Nr. 2; BAG 18.10.2000 – 2 AZR 627/99 – BAGE 96, 65 = AP § 626 BGB Krankheit Nr. 9 = NZA 2001, 219 = EzA § 626 BGB Krankheit Nr. 3; BAG 18.1.2001 – 2 AZR 616/99 – AP § 28 LPVG Niedersachsen Nr. 1; BAG 12.1.2006 – 2 AZR 242/05 – AP § 626 BGB Krankheit Nr. 13; a.A. LAG Hessen 8.3.2002 – 12 Sa 251/00 – ZTR 2001, 532.

[60] BVerwG 27.1.1995 – 6 P 22/92 – BVerwGE 97, 349.

[61] Vgl. BAG 21.10.1983 – 7 AZR 281/82 – AP § 626 BGB Ausschlussfrist Nr. 16; BAG 8.6.2000 – 2 AZR 375/99 – AP § 626 BGB Nr. 164; BAG 2.2.2006 – 2 AZR 57/05 – PersV 2006, 270.

[62] BAG 3.12.1981 – 2 AZR 679/79 – juris; BAG 20.9.1984 – 2 AZR 633/82 – AP § 626 BGB Nr. 80 = EzA § 626 BGB n.F. Nr. 91.

[63] Lorenzen u.a./Etzel, § 79 Rn 150; LAG Hamm 15.2.2007 – 17 Sa 1543/06 – m.V.a. BAG 16.3.1978 – 2 AZR 424/76 – BAGE 30, 176; BAG 20.9.1984 – 2 AZR 633/82 – NZA 1985, 286; a.A. LAG Hamm 19.12.2006 – 5 Sa 642/06 – juris, n. rkr.; BAG anhängig – 2 AZR 388/07 –, wenn Beteiligungsrechte bei ordentlicher und außerordentlicher Kündigung unterschiedlich ausgestaltet sind und bei ordentlicher Kündigung ein (volles) Mitbestimmungsrecht besteht. Dann sei Umdeutung nicht möglich.

C. Verbindung zu anderen Rechtsgebieten und zum Prozessrecht

I. Verbindung zum BetrVG

Der PR hat gem. § 79 Abs. 3 S. 1 bei außerordentlichen Künd eines öffentlichen AG ein Anhörungsrecht wie der BR gem. § 102 Abs. 1 S. 1 BetrVG bei außerordentlichen Künd des privaten AG. Gem. § 79 Abs. 4 ist jede **außerordentliche Künd** durch den öffentlichen AG **ohne vorherige Anhörung des PR** von vornherein **unwirksam**, ebenso wie dies gem. § 102 Abs. 1 S. 3 BetrVG für jede **außerordentliche Künd** durch den privaten AG **ohne vorherige Anhörung des BR** der Fall ist. 101

Die **Stellungnahmefrist** für **den PR** beträgt für die schriftliche Stellungnahme zu der vom öffentlichen AG beabsichtigten außerordentlichen Künd nach § 79 Abs. 3 S. 3 **drei Arbeitstage**. Sie ist damit **länger** als die Stellungnahmefrist für **den BR** bezüglich einer schriftlichen Stellungnahme zu einer vom privaten AG beabsichtigten außerordentlichen Künd. Gem. § 102 Abs. 2 S. 3 BetrVG beträgt diese nur **drei Kalendertage**. 102

Da sowohl dem PR nach § 79 Abs. 3 S. 1 als auch dem BR gem. § 102 Abs. 1 S. 1 BetrVG zu jeder arbeitgeberseitig beabsichtigten außerordentlichen Künd lediglich ein Anhörungsrecht zusteht, können weder der PR noch der BR i.E. den tatsächlichen arbeitgeberseitigen Ausspruch einer außerordentlichen Künd verhindern. 103

II. Klagefrist nach § 4 S. 1 KSchG

Gem. § 4 S. 1 KSchG muss ein AN, der geltend machen will, dass eine Künd auch **aus anderen Gründen als Sozialwidrigkeit rechtsunwirksam** ist, **innerhalb von drei Wochen** nach Zugang der Künd Künd-Schutzklage beim AG erheben. Gem. § 13 Abs. 1 S. 2 KSchG kann die Rechtsunwirksamkeit einer **außerordentlichen Künd** auch nur nach Maßgabe des § 4 S. 1 KSchG geltend gemacht werden. Daher muss der AN, der geltend machen will, dass die ihm von seinem öffentlichen AG erklärte **außerordentliche Künd** bereits **nach § 79 Abs. 4 unwirksam ist**, gem. § 13 Abs. 1 S. 2 i.V.m. § 4 S. 1 KSchG **innerhalb von drei Wochen** Klage beim ArbG erheben. 104

D. Beraterhinweise

Innerhalb der Drei-Wochen-Frist muss auch der **außerordentlich** gekündigte AN **ausdrücklich** vortragen, dass die arbeitgeberseitige **außerordentliche Künd** bereits wegen **Nichtbeteiligung** oder wegen **nicht ordnungsgemäßer Beteiligung** des PR **nach § 79 Abs. 4 unwirksam ist**. 105

3. Teil: Beteiligung des Personalrats nach den Personalvertretungsgesetzen der Bundesländer

A. Allgemeines

In **§ 130 BetrVG** ist ausdrücklich geregelt, dass **das BetrVG keine Anwendung** auf Verwaltungen und Betriebe des Bundes, der Länder, der Gemeinden und sonstigen Körperschaften, Anstalten und Stiftungen des öffentlichen Rechts **findet**. So finden bei Ausspruch von Künd durch die Dienststellen der Länder, der Gemeinden, der Gemeindeverbände und der sonstigen der Aufsicht der Länder unterstehenden Körperschaften, Anstalten und Stiftungen des öffentlichen Rechts u.a. nicht die Bestimmungen **des BetrVG Anwendung**. Es gelten die jeweiligen Regelungen **des Personalvertretungsgesetzes des Landes**, in dem die jeweilige Gemeinde, der jeweilige Gemeindeverband und die jeweilige der Aufsicht des Landes unterstehende Körperschaft, Stiftung oder Anstalt des öffentlichen Rechts ihren jeweiligen **Hauptsitz** haben. 106

B. Keine Vorgaben durch das Grundgesetz an die Landesgesetzgeber

Das GG lässt Raum für eine PR-Beteiligung, gibt den Landesgesetzgebern aber nicht vor, wie sie die Beteiligung auszugestalten haben. Grenzen ergeben sich aus dem Erfordernis hinreichender demokratischer Legitimation. Maßnahmen, mit denen Staatsgewalt ausgeübt wird, dürfen in keinem Fall ohne die mind. mitentscheidende Beteiligung verantwortlicher Amtsträger erlassen werden.[64] 107

C. Keine Vorgaben in den Rahmenvorschriften der §§ 107 f. an die Landesgesetzgeber

Durch die **Änderungen des Grundgesetzes zum 1.9.2006** im Rahmen der Föderalismusreform ist die **Rahmengesetzgebung** des Bundes nach **Art. 75 GG abgeschafft** worden. Darunter fielen u.a. „die Rechtsverhältnisse der im öffentlichen Dienste der Länder, Gemeinden und anderen Körperschaften des öffentlichen Rechts stehenden Personen". Art. 125b GG wurde wie folgt gefasst: Recht, das aufgrund des Art. 75 GG in der bis zum 1.9.2006 geltenden 108

---

[64] BVerfG 24.5.1995 – 2 BvF 1/92 – BGBl I S. 1502 = BVerfGE 93/37 = PersR 1995, 483 = PersV 1995, 553.

Fassung erlassen worden ist und das auch nach diesem Zeitpunkt als Bundesrecht erlassen werden könnte, gilt als Bundesrecht fort. Befugnisse und Verpflichtungen der Länder zur Gesetzgebung bleiben insoweit bestehen.

109 Das Personalvertretungsrecht in den Ländern fällt damit in die **Gesetzgebungskompetenz der Länder**. Daraus folgt nicht automatisch, dass das ursprünglich kompetenzgemäß erlassene BPersVG unwirksam wird, weil es bei der jetzigen Gesetzgebungskompetenzverteilung nicht mehr hätte erlassen werden können. Die Staatspraxis handhabt diese Fälle so, dass das „kompetenzwidrige" Gesetz **bis zu einer Neuregelung** durch den neuen Kompetenzträger zunächst **wirksam** fortbesteht und erst dann abgelöst wird. Gleichzeitig wird es dem neuen Träger der Gesetzgebungskompetenz ermöglicht, die Wirksamkeit des bisherigen Rechts durch **Ersetzung** zu beseitigen.[65]

110 Die §§ 107 f. waren als Rahmenvorschriften für die Länder der Bundesrepublik Deutschland **unmittelbares Recht**.[66] Mit Inkrafttreten der Föderalismusreform entfalten die unmittelbar geltenden Regelungen (nur) noch solange Bindungswirkung, solange der Landesgesetzgeber von seinem Abweichungsrecht keinen Gebrauch macht.

111 Es gilt, dass die Künd des Arbverh eines Beschäftigten durch die Dienststelle eines Landes, einer Gemeinde, eines Gemeindeverbandes oder einer der Aufsicht des Landes unterstehenden Körperschaft, Anstalt oder Stiftung des öffentlichen Rechts **wegen vorheriger Nichtbeteiligung** oder **wegen vorheriger nicht ordnungsgemäßer Beteiligung** des PR gem. § 108 Abs. 2 unwirksam ist, wenn zu dieser Künd durch die Dienststelle der jeweils zuständige Landesgesetzgeber in seinem Personalvertretungsgesetz dem PR **ein Beteiligungsrecht** eingeräumt hat[67] und **ein PR besteht**. Die Regelung des § 108 fällt aber zugleich unter die konkurrierende Gesetzgebungskompetenz des Bundes gem. Art. 74 Abs. 1 Nr. 12 GG, so dass hier Grenzen der Gesetzgebungskompetenz der Länder bestehen.[68] Gem. Art. 125b Abs. 1 S. 1 GG gilt die Norm als Bundesrecht fort, ohne durch Landesrecht ersetzt werden zu können.

D. Das Letztentscheidungsrecht der Einigungsstelle bei arbeitgeberseitig beabsichtigten Kündigungen

I. Letztentscheidungsrecht verwehrt

112 Das BVerfG hat mit Beschluss vom 24.5.1995[69] entschieden, dass es **verfassungsrechtlich** den Landesgesetzgebern **verwehrt sei**, in ihren Personalvertretungsgesetzen **der Einigungsstelle** im Hinblick auf die von der Dienststelle beabsichtigten Künd ein **Letztentscheidungsrecht** einzuräumen. Verfassungsrechtlich dürften die Landesgesetzgeber in ihren Personalvertretungsgesetzen der **Einigungsstelle**, u.a. auch im Hinblick auf alle von der Dienststelle beabsichtigten Künd, nur ein **Empfehlungsrecht** an die in diesen Fällen **endgültig** entscheidenden Stellen **vorsehen**.

II. Empfehlungsrecht der Einigungsstelle

113 Das BVerwG hat in seinem Beschluss vom 18.6.2002[70] festgestellt, dass, soweit einem **LPersVG** entgegen dem Beschluss des BVerfG vom 24.5.1995 **der Einigungsstelle** in Bezug auf die von der Dienststelle gegenüber Ang und/ oder Arb beabsichtigten ordentlichen und/oder außerordentlichen **Künd**, ein **Letztentscheidungsrecht** eingeräumt ist, eine solche Bestimmung aufgrund des Beschlusses des BVerfG vom 24.5.1995 durch die Fachgerichte, also ebenfalls durch die ArbG, **verfassungskonform** auszulegen sei. Trotz des an sich eindeutigen Wortlauts im konkreten Landespersonalvertretungsgesetz komme **der Einigungsstelle** gleichwohl nur **ein Empfehlungsrecht** an die in diesen Fällen **endgültig** entscheidenden Stellen **zu**.

114 Ob diese Auslegung beizubehalten sein wird, ist zweifelhaft, da seit der Entscheidung des BVerwG mehr als zehn Jahre vergangen sind und viele **Landesgesetzgeber die LPVG nicht angepasst** haben. Das LAG Köln[71] hatte daher die Ansicht vertreten, dass das unterlassene Handeln des Gesetzgebers in NRW nicht richterrechtlich korrigiert werden könne. Der Einigungsstelle stehe aus diesem Grund das ihr gesetzlich eingeräumte **Letztentscheidungsrecht** und nicht nur ein Empfehlungsrecht zu. Das Land NRW hat aber m.W.v. 17.10.2007 das LPVG angepasst und u.a. das Letztentscheidungsrecht der Einigungsstelle mit Hinweis auf die Entscheidung des BVerfG abgeschafft.[72]

---

[65] V. Mangoldt/Klein/Starck/*Wolff*, Art. 125a Rn 13.
[66] BAG 14.3.1979 – 4 AZR 538/77 – BAGE 31, 343 = AP § 74 LPVG NW Nr. 1 = BB 1979, 1197 = DB 1979, 1514; BAG 16.3.2000 – 2 AZR 828/98 – AP § 67 LPVG Sachsen-Anhalt Nr. 2 = DB 2000, 1871 = NZA 2000, 1337.
[67] BAG 16.3.2000 – 2 AZR 828/98 – AP § 67 LPVG Sachsen-Anhalt Nr. 2 = DB 2000, 1871 = NZA 2000, 1337 = ZTR 2000, 517.
[68] Lorenzen u.a./*Rehak*, § 94 Rn 7; *Altvater u.a.*, § 94 Rn 11.
[69] BVerfG 24.5.1995 – 2 BvF 1/92 – BGBl I S. 1502 = BVerfGE 93/37 = PersR 1995, 483 = PersV 1995, 553.
[70] BVerwG 18.6.2002 – 6 P 12.01 – PersR 2002, 467 = ZTR 2002, 323.
[71] LAG Köln 13.3.2006 – 14 (10) Sa 17/06 – juris.
[72] GV.NRW, S. 394.

4. Teil: Synopse zur Beteiligung des Personalrats bei Kündigungen in den Landespersonalvertretungsgesetzen

Land	Ordentliche Künd/ Beteiligungsform	Außerordentliche Künd/ Beteiligungsform	Entscheidungsrecht der Einigungsstelle
Baden-Württemberg	§§ 72, 77 Abs. 1 S. 1 PersVG BaWü: **Mitwirkungsrecht**	§ 77 Abs. 3 S. 1 PersVG BaWü: **Anhörungsrecht**	./.
Bayern	Art. 72, 77 Abs. 1 S. 1 PersVG Bay: **Mitwirkungsrecht**	Art. 77 Abs. 3 S. 1 PersVG Bay: **Anhörungsrecht**	./.
Berlin	§§ 79, 87 Nr. 8 PersVG Bln: **Mitbestimmungsrecht**	§§ 79, 87 Nr. 8 PersVG Bln: **Mitbestimmungsrecht**	§ 83 PersVG Bln: **Letztentscheidungsrecht** der Einigungsstelle
Brandenburg	§§ 61, 63 Abs. 1 Nr. 17 PersVG Bbg: **Mitbestimmungsrecht**	§§ 67, 68 Abs. 1 Nr. 2 PersVG Bbg: **Mitwirkungsrecht**	§ 72 PersVG Bbg: **Letztentscheidungsrecht** der Einigungsstelle
Bremen	§§ 58, 65 Abs. 1c PersVG Bre: **Mitbestimmungsrecht**	§§ 58, 65 Abs. 1c PersVG Bre: **Mitbestimmungsrecht**	§ 61 PersVG Bre: **Letztentscheidungsrecht** der Einigungsstelle
Hamburg	§§ 79, 87 Abs. 1 Nr. 14 PersVG Hmb: **Mitbestimmungsrecht**	§ 87 Abs. 3 PersVG Hmb: **Anhörungsrecht**	§ 81 PersVG Hmb: **Letztentscheidungsrecht** der Einigungsstelle
Hessen	§§ 69, 77 Abs. 1 Nr. 2 i) PersVG He: **Mitbestimmungsrecht**	§ 78 Abs. 2 PersVG He: **Anhörungsrecht**	§ 71 Abs. 4 S. 2 PersVG He: nur **Empfehlungsrecht** der Einigungsstelle bei § 77 PersVG He
Mecklenburg-Vorpommern	§§ 62, 68 Abs. 1 Nr. 2 PersVG Meckl.-Vorp: **Mitbestimmungsrecht**	§§ 62, 68 Abs. 1 Nr. 2 PersVG Meckl.-Vorp: **Mitbestimmungsrecht**	§ 64 PersVG Meckl.-Vorp: **Letztentscheidungsrecht** der Einigungsstelle
Niedersachsen	§§ 65 Abs. 2 Nr. 9, 68 NPersVG: **Mitbestimmungsrecht**	§§ 75 Abs. 1 Nr. 3, 76 NPersVG: **Herstellung des Benehmens**	§ 72 Abs. 4 NPersVG: nur **Empfehlungsrecht** der Einigungsstelle bei
Nordrhein-Westfalen	§ 74 Abs. 1 LPVG NRW: **Mitwirkungsrecht**	§ 74 Abs. 4 LPVG NRW: **Anhörungsrecht**	
Rheinland-Pfalz	§§ 82 Abs. 1 S. 1, 83 PersVG RP: **Mitwirkungsrecht**	§ 82 Abs. 3 S. 1 PersVG RP: **Anhörungsrecht**	./.
Saarland	§§ 73, 80 Abs. 1b Nr. 10 PersVG S: **Mitbestimmungsrecht**	§ 80 Abs. 3 S. 1 PersVG S: **Anhörungsrecht**	§ 75 PersVG S: **Letztentscheidungsrecht** der Einigungsstelle
Sachsen	§§ 76, 78 Abs. 1 S. 1 Sächs PersVG: **Mitwirkungsrecht**	§ 73 Abs. 6 S. 1 Sächs PersVG: **Anhörungsrecht**	./.

Land	Ordentliche Künd/ Beteiligungsform	Außerordentliche Künd/ Beteiligungsform	Entscheidungsrecht der Einigungsstelle
Sachsen-Anhalt	§§ 61, 67 Abs. 1 Nr. 8 PersVG LSA: **Mitbestimmungsrecht**	§ 67 Abs. 2 S. 1 PersVG LSA: **Anhörungsrecht**	§ 62 Abs. 7 S. 1 PersVG LSA: nur **Empfehlungsrecht** der Einigungsstelle bei § 67 PersVG LSA
Schleswig-Holstein	§§ 51 Abs. 1, 52 MBG SH: **Mitbestimmungsrecht**	§§ 51 Abs. 1, 52 MBG SH: **Mitbestimmungsrecht**	§ 54 Abs. 4 S. 4 MBG SH: nur **Empfehlungsrecht** der Einigungsstelle bei § 51 Abs. 1 MBG SH
Thüringen	§§ 69a, 78 Abs. 1 S. 1 Thür PersVG: **Mitwirkungsrecht**	§ 78 Abs. 3 S. 1 Thür PersVG: **Anhörungsrecht**	./.

Mindesturlaubsgesetz für Arbeitnehmer (Bundesurlaubsgesetz)

Vom 8.1.1963, BGBl I S. 2, BGBl III 800-4

Zuletzt geändert durch Post- und telekommunikationsrechtliches Bereinigungsgesetz vom 7.5.2002, BGBl I S. 1529, 1530

§ 1 Urlaubsanspruch

Jeder Arbeitnehmer hat in jedem Kalenderjahr Anspruch auf bezahlten Erholungsurlaub.

Literatur: Bährle, Gerüstet für den Urlaub?, AuA 2004, Nr. 4, 8; *Bauer/Arnold*, EuGH kippt deutsches Urlaubsrecht, NJW 2009, 631; *Düwell*, Unbezahlter Urlaub im „Ein-Euro-Job"?, FA 2006, 2; *ders.*, Urlaub und krankheitsbedingte Arbeitsunfähigkeit, dbr 2009, 9; *Fenski*, Urlaubsrecht im Umbruch?, DB 2007, 686; *Haase*, Der Erholungsurlaub des Geschäftsführers einer GmbH aus rechtlicher Sicht, GmbHR 2005, 265; *Heilmann*, Juristischer Check up von der Planung bis zum Rückruf, AuA 2002, 436; *Ilbertz*, Urlaub für freigestellte Betriebsratsmitglieder, ZBVR 2003, 101; *Klimpe-Auerbach*, Urlaubszeit als schönste Zeit des Jahres, PersR 2009, 180; *Kloppenburg*, Unverfallbarkeit von krankheitsbedingt nicht realisierten Urlaubsansprüchen („Schultz-Hoff"), jurisPR-ArbR 5/2009 Anm. 1; *Klumpp*, Allgemeines Urlaubsrecht – Überblick, AR-Blattei SD 1640.1; *Kohte*, Urlaubsrechtliche Reminiszenzen und organisationsvertragliche Perspektiven, in: FS Peter Schwerdtner zum 65. Geburtstag, 2003, S. 99; *Kohte/Beetz*; Neue Rechtsprechung des BAG zum Urlaubsrecht, jurisPR-ArbR 25/2009 Anm. 1; *Leinemann*, Die neue Rechtsprechung des Bundesarbeitsgerichts zum Urlaubsrecht, NZA 1985, 137; *Methfessel*, Urlaub Langzeiterkrankter, AuA 2009, 276; *Tödtmann/Schauer*, Grundzüge des Urlaubsrechts, AiB 2004, 545; *Winkel*, Urlaub und Arbeitsrecht, AiB 2006, 334

A. Allgemeines 1	2. Tageweise Befreiung von der Arbeitspflicht . 24
I. Normgeschichte und Normzweck 1	II. Der Freistellungsanspruch 25
1. Der Begriff „Urlaub" 1	1. Freistellung als Nebenpflicht 25
2. BGB und GG als Rechtsquellen 2	2. Kein Synallagma 26
3. Das BUrlG als Teilkodifikation 3	3. Erholungszweck 27
4. Überblick über den Inhalt der Teilkodifikation 4	4. Erfüllbarkeit des Freistellungsanspruchs 28
5. Die Abkehr der Rechtsprechung von Billigkeitserwägungen 6	5. Keine Akzessorietät von Freistellung und Entgeltfortzahlung 29
II. Urlaubsansprüche außerhalb des BUrlG 7	III. Entstehensvoraussetzungen des Freistellungsanspruchs 30
III. Das BUrlG als Akt zur Umsetzung Europäischen Rechts 16	1. Gesetzlicher Mindesturlaub 30
1. Die Arbeitszeit-Richtlinie 16	2. Fälligkeit 31
2. Die Auslegung der RL durch den EuGH 17	3. Besonderheiten bei Teilzeitarbeit 33
a) Vorabentscheidungen zu Art. 7 Abs. 1 RL 18	4. Kalenderjahresbezug 34
b) Vorabentscheidung zu Art. 7 Abs. 2 RL .. 19	5. Übergesetzlicher arbeitsvertraglicher Urlaub . 35
c) Die Umsetzung der Vorabentscheidungen durch das BAG 20	6. Tariflicher Mehrurlaub 36
IV. Urlaubsanspruch als soziales Grundrecht 21	7. Betrieblicher Treueurlaub 38
V. Das BUrlG als Akt zur Umsetzung des Übereinkommens Nr. 132 der Internationalen Arbeitsorganisation 22	C. Verbindung zu anderen Rechtsgebieten 39
	I. Bildungsurlaubsgesetze 39
	II. Sonderurlaub 41
B. Regelungsgehalt 23	III. Sonstige Freistellungsansprüche 43
I. Inhalt des Urlaubsanspruchs 23	IV. Kollision mit Arbeitsbefreiungsanlässen 44
1. Freistellungstheorie versus Einheitstheorie ... 23	D. Beraterhinweise 45

A. Allgemeines

I. Normgeschichte und Normzweck

1. Der Begriff „Urlaub" Das althochdeutsche Wort **Urlaub** bedeutete in früheren Zeiten die Erlaubnis, sich vom Dienst zu entfernen. Die Wortfolge **Urlaub gewähren** findet sich u.a. in § 7 Abs. 2: „Der Urlaub ist zusammenhängend **zu gewähren**" und in § 7 Abs. 3 S. 1: „der Urlaub muss im laufenden Kalenderjahr **gewährt** und genommen werden". Diese Wortfolge zeigt deutlich die Herkunft des Urlaubs aus einer Zeit, in welcher der Herr seinem Diener die Erlaubnis gewährte, sich vom Dienst zu entfernen. Heute verstehen wir arbeitsrechtlich unter Urlaub gewähren, dass ein AG den AN an einer bestimmten Anzahl von Tagen mit Arbeitspflicht von seiner vertraglich geschuldeten Arbeitspflicht befreit, um den Anspruch des AN auf Erholungs- oder sonstigen Urlaub zu erfüllen. Dieses Verständ-

1

nis ist vom damals zuständigen Berichterstatter des 6. Senats des BAG entwickelt worden. Es geht auf dessen Formulierung zurück: „Der Urlaubsanspruch ist ein Anspruch des Arbeitnehmers, von den nach dem Arbeitsverhältnis entstehenden Arbeitspflichten befreit zu werden."[1]

2. BGB und GG als Rechtsquellen. Vor dem Inkrafttreten des BUrlG wurde in der Fürsorgepflicht des AG eine Rechtsgrundlage für den Anspruch auf Urlaub gesehen.[2] Erst nach 1945 begann eine Kodifikationswelle. Die Länder gestalteten den Urlaubsanspruch in Landesurlaubsgesetzen. In den Gesetzesbegründungen wurde davon ausgegangen, der bezahlte Erholungsurlaub sei dem Arbverh immanent. Soweit keine landesgesetzliche Regelung bestand, wurde ein Urlaubsanspruch aus § 242 BGB abgeleitet. So hat das BAG in einem Urteil vom 20.4.1956[3] ausgeführt: „Nach deutschem Arbeitsrecht steht auch ohne ausdrückliche gesetzliche oder tarifliche oder auf Betriebsvereinbarung oder Arbeitsvertrag beruhende Bestimmung jedem Arbeitnehmer ein Urlaubsanspruch zu, dessen Höhe nach den §§ 612, 315 BGB zu ermitteln ist. (...) Der Anspruch wurzelt (...) in den Prinzipien des sozialen Rechtsstaats, die in den Art. 20 und 28 des Grundgesetzes festgelegt sind und schließlich in der allgemeinen Rechtsüberzeugung und dem Rechtsgeltungswillen des Volkes einschließlich der beiden Sozialpartner". Das entsprach damals der völlig h.M. Der 1. Senat legte die Landesurlaubsgesetze dem BVerfG vor, weil er die Gesetzgebungskompetenz der Länder bezweifelte. Zur Begründung gab das BAG an, das Urlaubsrecht sei im BGB mit geregelt, von daher seien die Länderurlaubsgesetze nicht mit dem Vorrang des Bundesrechts nach Art. 33 GG vereinbar. Denn mit dem BGB habe der Bund die konkurrierende Gesetzgebung für das bürgerliche Recht (Art. 74 Abs. 1 Nr. 1 GG) ausgeschöpft.[4] Dem ist das BVerfG nicht gefolgt.[5] Es hat die Länderurlaubsgesetze für verfassungskonform erklärt: Das BGB enthalte hinsichtlich des Arbeitsvertragsrechts nur eine bescheidene Teilregelung. Die bereits mit der Reichstagsresolution von 1896 und später in Art. 157 WRV angekündigte Kodifikation des Arbeitsvertragsrechts stehe immer noch aus. I.Ü. könne dem BGB schon deshalb keine abschließende Regelung des Urlaubsrechts entnommen werden, weil es jedenfalls keine Regelungen zur Höhe des Urlaubs enthalte. Das arbeitsrechtliche Schrifttum kritisierte heftig die Rechtszersplitterung.[6]

3. Das BUrlG als Teilkodifikation. Die heftig kritisierte Entscheidung des BVerfG war Anlass für den Rechtsfortschritt. Nachdem die SPD-Opposition 1959 den Entwurf eines Bundesgesetzes über den Urlaub eingebracht hatte,[7] zog die gemeinsame Fraktion der Regierungsparteien CDU/CSU im Jahre 1962 nach.[8] So kam es, dass rückwirkend zum 1.1.1963 das Gesetz über den Mindesturlaub für AN (Bundesurlaubsgesetz – BUrlG) vom 8.1.1963[9] in Kraft getreten ist.

4. Überblick über den Inhalt der Teilkodifikation. Das BUrlG ist ein schlankes Gesetz. Anders als ursprünglich angelegt, ist es nur eine Teilkodifikation des in § 1 sog. Anspruch(s) auf bezahlten Erholungsurlaub. In § 1 ist der zwingende Bezug des Anspruchs auf das Kalenderjahr geregelt. Daraus folgt letztlich dessen Befristung, die in § 7 Abs. 3 S. 1 noch einmal verdeutlicht wird. „muss im laufenden Kalenderjahr gewährt und genommen werden".

In § 2 sind als Anspruchsberechtigte aufgeführt: AN, Arbeitnehmerähnliche und Heimarbeiter. Für letztere gelten allerdings die Sonderregelungen in § 12.

§ 3 Abs. 1 bestimmt die Dauer des vollen Mindesturlaubs mit 24 Werktagen. § 3 Abs. 2 enthält die Bestimmung, nach der bei Verteilung der Arbeitspflicht auf fünf Arbeitstage der auf sechs Tage mit Arbeitspflicht bezogene Mindesturlaub im Verhältnis 5:6 auf 20 Urlaubstage umzurechnen ist.

§ 4 regelt, dass der volle Urlaubsanspruch erst nach Ablauf der sechsmonatigen Wartezeit entsteht. § 5 stellt die verschiedenen Fallkonstellationen des nicht vollen Anspruchs, des sog. Teilurlaubs, dar. In § 6 wird die Höhe des Urlaubsanspruches bei Wechsel des AG durch Anrechnung begrenzt.

§ 7 Abs. 1 sichert dem AG trotz seiner Position als Schuldner das Recht, Beginn und Ende des Urlaubs zeitlich festzulegen. § 7 Abs. 2 postuliert den Grundsatz des zusammenhängenden Urlaubs. § 7 Abs. 3 regelt die Befristung des Urlaubsanspruchs und dessen begrenzte Übertragbarkeit auf das erste Quartal des Folgejahres. Die Urlaubsabgeltung ist in § 7 Abs. 4 nur für den Fall der Beendigung des Arbverh zugelassen.

§§ 8, 9, 10 regeln den zeitlichen Zusammenfall von anderweitiger Erwerbstätigkeit, Krankheit und Rehabilitation. Von Bedeutung ist, dass bei ärztlich bescheinigter krankheitsbedingter Arbeitsunfähigkeit und medizinisch indizierter Rehabilitation keine Anrechung auf den Urlaubsanspruch stattfindet.

---

1 Vgl. die grundlegende Klärung in der Rspr. seit: BAG 13.5.1982 – 6 AZR 360/80 – BAGE 39, 53 und dessen Erläuterung durch *Leinemann*, NZA 1985, 137.
2 Vgl. *Hueck*, in: FS Hedemann, 1938, S. 325.
3 BAG 20.4.1956 – 1 AZR 476/54 – BAGE 2, 23; Anm. *Neumann*, DB 1957, 68.
4 Vgl. BAG 26.10.1955 – 26.10.1955 – AP § 1 Urlaubsgesetz Hamburg Nr. 1.
5 BVerfG 22.4.1958 – 2 BvL 32/56, 2 BvL 34/56, 2 BvL 35/56 – AP § 1 Urlaubsgesetz Hamburg Nr. 2.
6 *Neumann/Fenski*, Einl. Rn 16; *Leinemann/Linck*, Einl. BUrlG Rn 15.
7 BT-Drucks III/1376 abgedr. RdA 1960, 17.
8 BT-Drucks IV/172 abgedr. RdA 1962, 143.
9 BGBl I S. 2.

§ 11 ist eine häufig missverstandene Vorschrift. Sein Abs. 1 enthält ein differenziertes Berechnungssystem, mit dessen Hilfe die Höhe der Vergütung (sog. Geldfaktor) für die während des Urlaubs ausfallende Arbeitszeit (sog. Zeitfaktor) bemessen werden soll. Dass die ausfallende Arbeitszeit zu vergüten ist, ergibt sich aus § 1 „bezahlte" Freistellung. Abs. 2 verlegt die Fälligkeit abweichend von § 614 BGB auf den Urlaubsbeginn.

§ 12 enthält die Sonderregelungen für die Heimarbeit. Diese beruhen darauf, dass die in Heimarbeit Beschäftigten keine AN sondern Gewerbetreibende sind.

In § 13 Abs. 1 ist die Unabdingbarkeit des in §§ 1, 2 und 3 Abs. 1 geregelten bezahlten Mindesturlaubs für AN und Arbeitnehmerähnliche sowie die Unabdingbarkeit des Postulats des zusammenhängenden Urlaubs von mind. 12 Werktagen (§ 7 Abs. 2 S. 2) angeordnet. Die TV-Parteien sind ermächtigt, von den übrigen Bestimmungen auch zu Ungunsten der AN abzuweichen. § 13 Abs. 2 enthält die Ermächtigung für die Durchführung des Urlaubskassenverfahrens in der Bauwirtschaft. Abs. 3 lässt für die Post- und Bahnnachfolgeunternehmen zu, dass diese im Rahmen von TV vom Grundsatz des Kalenderjahrs als Urlaubsjahr abweichen dürfen.

5. Die Abkehr der Rechtsprechung von Billigkeitserwägungen. Die an Treu und Glauben orientierte Rspr. in urlaubsrechtlichen Fragen ist nach Inkrafttreten des BUrlG zunächst fortgesetzt worden. Zwar war der 5. Senat in Anwendung des § 7 Abs. 3 davon ausgegangen, dass der gesetzliche Urlaubsanspruch grds. auf das Kalenderjahr und bei Vorliegen von Übertragungstatbeständen bis zum 31.3. des Folgejahres befristet sei.[10] Er hat aber den Grundsatz aufgestellt, dass der Urlaub bei lang andauernder Krankheit „kraft der gegebenen Umstände unvermeidbar und damit automatisch (…) auf einen späteren Zeitraum" übertragen wird.[11] Die sich an den Vorstellungen eines personenrechtlichen Gemeinschaftsverhältnisses anknüpfende Rspr. sprach nach Billigkeitserwägungen Ansprüche zu oder ab: „Der Senat hält auch nach dem Inkrafttreten des Bundesurlaubsgesetzes an den bisherigen Rechtsgrundsätzen für die Beurteilung der Frage fest, ob einem Urlaubsverlangen der Einwand des Rechtsmissbrauchs entgegensteht (…). Es kommt (…) entscheidend darauf an, ob nach den gesamten Umständen des jeweiligen Einzelfalls ein Urlaubsbedürfnis des Arbeitnehmers anzuerkennen sei".[12] Nachdem 1978 die Zuständigkeit für Urlaubsrechtsfragen aufgrund einer Änderung des richterlichen Geschäftsverteilungsplans dem Sechsten Senat zugeteilt worden war, kam es im Jahre 1982 zu einer Kehrtwendung in der Rspr. des BAG. Zunächst hat der 6. Senat die Rechtsmissbräuchlichkeit von Urlaubsbegehren verneint, wenn der AN infolge Krankheit nur eine geringe Arbeitsleistung erbracht hatte.[13] Wenig später erkannte dann der 6. Senat im Urteil vom 13.5.1982,[14] dass der Urlaubsanspruch nach § 7 Abs. 3 befristet und auch bei lang andauernder Krankheit nicht über den 31.3. des Folgejahres hinaus übertragen wird. Damit war eine Wende in der Urlaubs-Rspr. eingeleitet. Diese war zunächst heftig umstr. Sie ist trotz mehrfacher Zuständigkeitswechsel zunächst vom 8. Senat und seit 1992 von dem auch noch derzeit für das Urlaubsrecht zuständigen 9. Senat fortgeführt worden. Inzwischen ist sie allg. anerkannt. Die geringe Zahl der beim 9. Senat in Urlaubssachen eingehenden Revisionen lässt das Urlaubsrecht als „befriedet" erscheinen.[15]

II. Urlaubsansprüche außerhalb des BUrlG

Zu den Regelungen sind im BUrlG im Laufe der Zeit andere hinzugekommen. So enthält § 19 JArbSchG den **Jugendurlaub**, der degressiv nach Lebensalter gestaffelt ist und länger dauert als der Urlaub nach § 3 Abs. 1.

§ 4 Abs. 1 und Abs. 4 **ArbPlSchG** enthalten anteilige Kürzungsrechte des AG für die Kalendermonate des Wehrdienstes und für zu viel vor der Einberufung gewährten Urlaub. Abs. 2 des Gesetzes sichert den Resturlaub vor dem Verfall. Abs. 3 regelt die Abgeltung bei Beendigung des Arbverh während des Wehrdienstes.

Häufig übersehen wird, dass in § 17 des Gesetzes **zum Elterngeld und zur Elternzeit (BEEG – vordem inhaltsgleich § 17 BErzGG)** wie im Arbeitsplatzschutzgesetz eine weitere das BUrlG ergänzende Regelung des Erholungsurlaubs getroffen worden ist. Nach § 17 Abs. 1 BEEG kann der AG den Erholungsurlaub für jeden vollen Kalendermonat, für den ein AN Elternzeit in Anspruch nimmt, um 1/12 kürzen. Hat ein AN vor Beginn der Elternzeit mehr Urlaub erhalten, als ihm nach Abs. 1 zusteht, kann der AG den nach dem Ende der Elternzeit zustehenden Urlaub entsprechend kürzen (§ 17 Abs. 4 BEEG). Nach § 17 Abs. 2 wird der Verfall von Resturlaub hinausgeschoben: bis auf das nächste Jahr nach Beendigung der Elternzeit. In § 17 Abs. 3 BEEG ist eine besondere Abgeltungsvorschrift für den Resturlaub, der wegen Beendigung des Arbverh während der Elternzeit nicht in Anspruch genommen werden kann.

Mit dem 2. Gesetz zur Änderung des Mutterschutzrechts vom 16.6.2002[16] sind vergleichbare Sonderregelungen für die Zeit der Mutterschutzfristen eingeführt worden. So ist in § 17 S. 1 **MuschG** klargestellt, dass die Ausfallzeiten wegen mutterschutzrechtlicher Beschäftigungsverbote für den Anspruch auf bezahlten Erholungsurlaub als Beschäftigungszeiten gelten. Es darf demnach keine anteilige Kürzung des Urlaubsanspruchs für Zeiten der Nichtbeschäf-

---

10 BAG 26.6.1969 – 5 AZR 393/68 – BAGE 22, 85; NJW 1969, 1981.
11 BAG 13.11.1969 – 5 AZR 82/69 – BAGE 22, 211.
12 BAG 23.6.1966 – 5 AZR 541/65 – AP § 3 BUrlG Rechtsmissbrauch Nr. 2.
13 BAG 28.1.1982 – 6 AZR 571/79 – BAGE 37, 382.
14 6 AZR 360/80 – BAGE 39, 54.
15 Siehe dazu: *Düwell*, in: FS Leinemann, 2006, S. 2.
16 BGBl I S. 1812.

tigung vorgenommen werden. Die Kürzungsregeln des § 17 Abs. 1 BEEG oder § 4 Abs. 1 ArbPlSchG sind gesetzlich ausdrücklich ausgeschlossen. Neues Recht hat auch die Übertragungsregelung in § 17 S. 2 MuSchG gebracht. Nach Ablauf der Zeiten des Beschäftigungsverbots, also insb. der Schutzfrist vor und nach der Entbindung, kann der Urlaub auch noch dann in Anspruch genommen werden, wenn er nach § 7 mit Ablauf der Übertragungsfrist am 31.3. des Folgejahres verfallen wäre. Der Urlaub kann dann bis zum Ende des auf das Urlaubsjahr folgenden Kalenderjahres beansprucht werden. Hier wird ähnlich wie § 17 Abs. 2 BEEG und § 4 Abs. 2 ArbPlSchG die Verfallfrist für den Resturlaub verlängert.

10 Weitere Urlaubsregelungen finden sich in § 6 des Gesetzes über den Einfluss von Eignungsübungen der Streitkräfte auf Vertragsverhältnisse der Arbeitnehmer und Handelsvertreter sowie auf Beamtenverhältnisse (**Eignungsübungsgesetz**) sowie in §§ 35, 78 des **Zivildienstgesetzes** für Zivildienstleistende.

11 Die Gesetze zur Förderung eines **freiwilligen sozialen Jahres**[17] und zur Förderung eines **freiwilligen ökologischen Jahres**[18] enthalten in ihrem § 8 jeweils Bestimmungen, die auf die Regelungen des BUrlG verweisen.

12 Als neuartiges Förderinstrument für Langzeitarbeitslose und andere erwerbsfähige Hilfebedürftige sind 2005 im Rahmen der Grundsicherung für Arbeitssuchende „**Ein-Euro-Jobs**" eingeführt worden. Dem liegt die in § 16 Abs. 3 SGB II geregelte Verpflichtung der BA und anderer Leistungsträger zugrunde, für diesen Personenkreis Arbeitsgelegenheiten zu schaffen. Dazu ist in § 16 Abs. 3 S. 2 SGB II geregelt: „Diese Arbeiten begründen kein Arbeitsverhältnis im Sinne des Arbeitsrechts; die Vorschriften über (…) das Bundesurlaubsgesetz sind entsprechend anzuwenden".

In den §§ 53 bis 61 des **Seemannsgesetzes** ist eine eigenständige Gesamtregelung enthalten. Die Besonderheiten der Seefahrt sind dort berücksichtigt.

13 § 125 SGB IX regelt bundeseinheitlich den Anspruch auf Zusatzurlaub für schwerbehinderte Menschen, die in einem Arbverh oder einem sonstigen Beschäftigungsverhältnis stehen.

14 In § 87 Abs. 1 Nr. 5 **BetrVG** ist geregelt, dass der BR bei der Aufstellung allg. Urlaubsgrundsätze und des Urlaubsplans mitzubestimmen hat. Allg. Urlaubsgrundsätze sind allg. RL, nach denen dem AN vom AG im Einzelfall Urlaub zu gewähren ist. Dazu gehören etwa Regelungen über geteilten oder ungeteilten Urlaub, über die Verteilung des Urlaubs innerhalb des Kalenderjahres, Regelungen über den Ausgleich paralleler Urlaubswünsche, die Aufstellung von Prioritätskriterien für Urlaub während der Schulferien, Notwendigkeit und Lage von Betriebsferien, Regelungen über eine Urlaubssperre wegen erhöhten Arbeitsanfalls oder Regelungen der Urlaubsvertretung. Zu den allg. Urlaubsgrundsätzen gehören insb. Regelungen über das bei der Bewilligung von Urlaub einzuhaltende Verfahren. Abweichend vom Grundsatz, dass der Einzelne sich um die Durchsetzung seines Rechts selbst zu kümmern hat, ist dem BR auch die Befugnis eingeräumt worden, die Festlegung der zeitlichen Lage des Urlaubs für einzelne AN notfalls durch Anrufung der Einigungsstelle zu erzwingen. Der BR soll dazu beitragen, die Freistellungswünsche der einzelnen AN untereinander zu harmonisieren und einen Ausgleich zwischen AN-Wünschen und dem betrieblichen Interesse an der Kontinuität des Betriebsablaufs sicherstellen. Grund für diese Mitbestimmung ist letztlich hier auch ein Bedürfnis nach einer kollektiven Regelung (vgl. § 629 BGB Rn 24 f.).

15 Als landesrechtliches Urlaubsgesetz ist noch für eine Übergangszeit bedeutsam, das **Saarländische Gesetz Nr. 186** betreffend die Regelung des Zusatzurlaubs für kriegs- und unfallbeschädigte Arbeitnehmer in der Privatwirtschaft vom 22.6.1950 in der Fassung vom 30.6.1951 (ZUrlG SL).[19] Dort war geregelt, dass Beschädigte mit einer Minderung der Erwerbsfähigkeit von 25 v.H. bis ausschließlich 50 v.H. drei Arbeitstage Zusatzurlaub erhielten. Mit dem Gesetz Nr. 1436 zur Änderung des Gesetzes betreffend Regelung des Zusatzurlaubs für kriegs- und unfallbeschädigte Arbeitnehmer in der Privatwirtschaft vom 23.6.1999[20] ist diese Regelung ab 1.1.2000 außer Kraft gesetzt worden. § 2 des Gesetzes Nr. 1436 bestimmt jedoch, dass Anspruchsberechtigte, die nach dem ZUrlG SL bis zum Inkrafttreten des Gesetzes Nr. 1436 am 1.1.2000 Anspruch auf Zusatzurlaub hatten, diesen auch weiterhin erhalten. Die gegen die Geltung dieser Besitzstandswahrungsklausel erhobenen Bedenken hat das BAG zurückgewiesen.[21] Die von den AG der Privatwirtschaft geltend gemachte Ungleichbehandlung gegenüber den AG des öffentlichen Dienstes hat es verneint. Der Saarländische Landesgesetzgeber konnte davon ausgehen, dass im öffentlichen Dienst, anders als in allen Bereichen der Privatwirtschaft, eine den gesetzlichen Mindesturlaub weit übersteigende Erholungsurlaubsdauer gesichert ist, die einen dreitägigen Zusatzurlaub entbehrlich macht. Das hat das BVerfG bestätigt.[22] In einem Folgeprozess hat das BAG auch die Reichweite der Besitzstandswahrung geklärt. Zur Privatwirtschaft gehören danach alle nicht dem öffentlichen Dienst zuzurechnenden Unternehmen und Betriebe.

---

17 Gesetz zur Förderung eines freiwilligen sozialen Jahres (SozDiG) i.d.F. der Bekanntmachung vom 15.7.2002 (BGBl I S. 2596), zuletzt geändert durch Gesetz vom 9.12.2004 (BGBl I S. 3242).
18 Gesetz zur Förderung eines freiwilligen ökologischen Jahres (FÖJFG) i.d.F. der Bekanntmachung vom 15.7.2002 (BGBl I S. 2600), zuletzt geändert durch Gesetz vom 9.12.2004 (BGBl I S. 3242).
19 ABl S. 979.
20 ABl S. 1263.
21 BAG 5.9.2002 – 9 AZR 355/01 – BAGE 102, 294 = NZA 2003, 1400.
22 BVerfG 13.2.2003 – 1 BvR 2375/02 – n.v.

Dabei ist es unerheblich, ob Gesellschafter oder Anteilseigner des privatrechtlich organisierten Unternehmers ganz oder überwiegend öffentlich-rechtliche Körperschaften sind. Der Anspruch wird auch nicht dadurch ausgeschlossen, dass ein in privatrechtlicher Rechtsform organisierter AG den BAT anwendet.[23]

III. Das BUrlG als Akt zur Umsetzung Europäischen Rechts

1. Die Arbeitszeit-Richtlinie. Die RL des Rates über bestimmte Aspekte der Arbeitsgestaltung vom 23.11.1993 (RL 93/104/EG) kurz: Arbeitszeit-RL, zuletzt neu gefasst durch RL 2003/88/EG des Europäischen Parlaments und des Rates vom 4. November 2003,[24] enthält in Art. 5 und 6 Vorgaben für tägliche und wöchentliche Arbeitspausen sowie in Art. 7 für die jährliche Unterbrechung der Arbeit. Nach Art. 7 Abs. 1 treffen die Mitgliedsstaaten die erforderlichen Maßnahmen, damit jeder Arbeitnehmer einen bezahlten Mindestjahresurlaub von vier Wochen nach Maßgabe der Bedingungen für die Inanspruchnahme und die Gewährung erhält, die in den einzelstaatlichen Rechtsvorschriften und/oder nach den einzelstaatlichen Gepflogenheiten vorgesehen sind. Nach Art. 7 Abs. 2 der RL darf der bezahlte Mindestjahresurlaub außer bei Beendigung des Arbverh nicht durch eine finanzielle Vergütung ersetzt werden. Nach Art. 17 der RL ist für die Mitgliedsstaaten keine Ausnahme oder Abweichung zugelassen. Die Vorgabe zum Umfang des Mindesturlaubs ist durch die mit dem Arbeitszeitgesetz vom 6.6.1994 verbundene Änderung des BUrlG in das deutsche Recht umgesetzt worden. Seitdem beträgt der gesetzliche Mindesturlaubsanspruch in § 3 Abs. 1 bundeseinheitlich 24 Werktage. Ein weitergehender Umsetzungsbedarf wurde 1994 nicht erkannt. Da bei der Neufassung durch die Richtlinie 2003/88/EG des Europäischen Parlaments und des Rates vom 4.11.2003 Art. 7 unberührt blieb, gab es 2003 keine Prüfung eines Umsetzungsbedarfs. **16**

2. Die Auslegung der RL durch den EuGH. Die Entscheidungen des EuGH, die im Verfahren der Vorabentscheidung auf Vorlage der Gerichte der Mitgliedsstaaten ergehen, legen den Inhalt der RL nach Art. 234 EGV verbindlich fest. **17**

a) Vorabentscheidungen zu Art. 7 Abs. 1 RL. Der Rspr. des EuGH zur Auslegung der RL wurde bis zur Entscheidung in der Sache Schultz-Hoff[25] kein Umsetzungsdefizit entnommen. Nach dem 2006 im Fall C.D. Robinson-Steele entschiedenen Vorabentscheidungsersuchen schließt Art. 7 Abs. 1 der RL es aus, das Urlaubsentgelt mit den regelmäßigen Bezügen abzudecken. Vorschussweise darf Urlaubsentgelt nur gewährt werden, wenn das transparent ausgewiesen wird und der AN eine Leistung erhält, die zusätzlich zum Entgelt für geleistete Arbeit gewährt wird.[26] Auch das entspricht der deutschen Rechtslage. Ebenso ist die einmonatige Wartezeit für den Teilurlaub, der sich aus § 5 Abs. 1 ergibt, unbedenklich; denn nach der 2002 ergangenen Entscheidung in der Sache BECTU verbietet Art. 7 Abs. 1 der RL es einem Mitgliedsstaat nicht, eine nationale Regelung zu erlassen, nach der ein AN einen Anspruch auf bezahlten Jahresurlaub erst dann erwirbt, wenn er eine ununterbrochene Mindestbeschäftigungszeit von 13 Wochen bei demselben AG zurückgelegt hat.[27] In den verbundenen Sachen Stringer und Schultz-Hoff[28] hat der EuGH teils eine Vereinbarkeit und teils die Unvereinbarkeit festgestellt. Der Gerichtshof sieht es weiter danach als zulässig an, dass das nationale Recht eine Befreiung von der Arbeitspflicht durch den Jahresurlaub als unmöglich im Sinne von nicht erfüllbar ansieht, solange AN gesundheitlich nicht in der Lage sind, ihre vertragliche Arbeitspflicht zu erfüllen. Er hat es in Beantwortung des englischen Ersuchens nicht beanstandet, dass nach englischem Recht eine arbeitsunfähige AN während ihres mehrere Monate langen „Krankheitsurlaubs" nicht berechtigt ist, bezahlten Mindesturlaub in Anspruch zu nehmen. In der Vorabentscheidung Vicente Pereda hat der Gerichtshof weiter gehend erkannt, dass einem während des Urlaubs erkrankten AN nach Wiedererlangung der Arbeitsfähigkeit das Recht eingeräumt werden muss, den ausgefallenen Urlaub in Anspruch zu nehmen.[29] Damit sind die deutschen Regelungen der Nichtanrechnung von Krankheitszeiten auf Urlaubsansprüche in §§ 9,10 BUrlG europarechtlich nicht nur nicht unbedenklich, sondern sogar zwingend geboten. Entgegen der Vorlagefrage des deutschen Ersuchens in der Sache „Schultz-Hoff" hat der Gerichtshof die Befristung des Urlaubsanspruchs in § 7 Abs. 3 mit der Rechtsfolge des Verfalls als „grds." mit Art. 7 Abs. 1 der RL als vereinbar angesehen. Der Regelungszweck, den AN durch den drohenden Verlust anzuhalten, möglichst den Urlaub als Unterbrechung der Arbeit im laufenden Jahr zu nehmen ist gebilligt worden. Die Befristung ist jedoch für den Fall „Krankschreibung während des gesamten Bezugszeitraums, die bei Ablauf dieses Zeitraums und/oder eines Übertragungszeitraums fortbesteht" als unvereinbar beurteilt worden. Der AN, dessen Anspruch auf bezahlten Jahresurlaub erlöschen soll, müsse zuvor „tatsächlich die Möglichkeit" gehabt haben, „den ihm mit der RL verliehenen Anspruch auszuüben". Das soll sich nach Rn 38 der Entscheidung aus den in dem sechsten Erwägungsgrund der RL in Bezug genommenen Grundsätzen der IAO sowie aus dem Charakter des Urlaubs als „besonders bedeutsamer Grundsatz des Sozialrechts der Gemeinschaft"[30] ergeben. Entgegen dem Vor- **18**

---

23 BAG 15.11.2005 – 9 AZR 633/04 – juris.
24 ABl EG Nr. L 299 2003 S. 9.
25 EuGH 20.1.2009 – C-350/06 und C-520/06 NJW 2009, 495.
26 EuGH 16.3.2006 – C-131/04 – NZA 2006, 481.
27 EuGH 26.6.2001 – C-179/99 – DVBl 2001, 1507.
28 EuGH 20.1.2009 – C-350/06 und C-520/06 – NJW 2009, 495 „Schultz-Hoff" und „Stringer".
29 EuGH 10.9.2009 C-277/08 „Vicente Pereda" EzA-SD 2009, Nr. 21, 7.
30 Kritisch dazu *Subatzus*, DB 2009, 510.

lagebeschluss des LAG Düsseldorf[31] setzt der Erwerb und die Inanspruchnahme von Urlaub auch nicht voraus, dass der AN ein bestimmtes Mindestmaß an Arbeitsleistung erbracht haben muss. Der EuGH hat in Verneinung der dritten Vorlagefrage entscheiden, das der in Art. 7 Abs. 1 der RL enthaltene Anspruch auf bezahlten Jahresurlaub bei ordnungsgemäß krankgeschriebenen AN nicht von der Voraussetzung abhängig machen kann, dass sie während des von diesem Staat festgelegten Bezugszeitraums tatsächlich gearbeitet haben.[32]

19 **b) Vorabentscheidung zu Art. 7 Abs. 2 RL.** In der 2006 im Fall des niederländischen Gewerkschaftsbundes Federatie Nederlandse Vakbeweging ergangenen Vorabentscheidung hat der EuGH Art. 7 Abs. 2 der RL übereinstimmend mit § 7 Abs. 4 BUrlG so ausgelegt, dass eine nationale Rechtsvorschrift während der Dauer des Arbeitsvertrags nicht erlauben darf, dass die Tage eines Jahresurlaubs, die nicht in einem bestimmten Jahr genommen werden, durch eine finanzielle Vergütung in einem späteren Jahr ersetzt werden.[33] In der Sache Schultz-Hoff hat der Gerichtshof Art. 7 Abs. 2 der RL als Garantie einer Vergütung in Geld verstanden. Der arbeitsunfähige AN sei so zu stellen, „als hätte er diesen Anspruch (d.h. den Urlaubsanspruch) während der Dauer seines Arbeitsverhältnisses ausgeübt".[34] Insoweit hat der Gerichtshof der vorlegenden 12. Kammer des LAG Düsseldorf zugestimmt, dass in Art. 7 Abs. 2 der RL auch für dauerhaft arbeitsunfähig ausscheidende AN eine Geldentschädigung für nicht genommenen Urlaub zu gewähren sei.

20 **c) Die Umsetzung der Vorabentscheidungen durch das BAG.** Der EuGH ist als das Gericht, das nach Art. 234 EGV die RL verbindlich auslegt, für das in der Vorlagesache letztinstanzlich entscheidende Gericht der gesetzliche Richter i.S.v. Art. 101 Abs. 1 Satz 2 GG. Das BAG ist jedoch nach Art. 234 Abs. 3 EGV auch außerhalb dieses Prozessrechtsverhältnisses an das Ergebnis der Auslegung gebunden.[35] Im Hinblick auf diese Bindung hat das BAG am 24.3.2009, ohne den Eingang der Revision in der vom LAG Düsseldorf[36] dem EuGH vorgelegten Sache „Schultz-Hoff" abwarten zu können, in dem bereits anstehenden Revisionsverfahren „carpe diem" seine bisherige Auslegung von § 7 Abs. 3 und Abs. 4 aufgegeben. Entgegen der Aufforderung der arbeitgebernahen Anwaltschaft[37] durfte das BAG nicht auf eine Umsetzung des EuGH-Urteils durch den Gesetzgeber[38] warten, denn ein Abwarten liefe der gemeinschaftsrechtlichen Verpflichtung der nationalen Gerichte zuwider, innerhalb der Grenzen des Wortlauts und des gesetzgeberischen Willens die volle Wirkung des Gemeinschaftsrechts sicherzustellen.[39] Nunmehr geht das BAG allein wegen seiner gemeinschaftsrechtlichen Bindung, ohne sich die Begründung des EuGH zu Eigen zu machen, in gemeinschaftsrechtskonformer Auslegung der Bestimmungen in § 7 Abs. 3 S. 2 und 3 davon aus, dass der Anspruch auf Abgeltung gesetzlichen Voll- oder Teilurlaubs nicht erlischt, wenn der AN bis zum Ende des Urlaubsjahres und/oder des Übertragungszeitraums erkrankt und deshalb arbeitsunfähig ist.[40] Zusätzlich musste die zur Auslegung des § 7 Abs. 4 entwickelte Surrogationstheorie[41] aufgegeben werden. Inhalt dieser Theorie war, dass der Anspruch auf Abgeltung i.S.v. § 7 Abs. 4 nicht auf eine bloße Geldzahlung gerichtet sei, sondern als Ersatzanspruch die Voraussetzung des zu ersetzenden urlaubsrechtlichen Freistellungsanspruchs erfüllen müsse: Ein AN dürfe nicht besser gestellt werden, wenn er aus dem Arbvern ausscheide, gegenüber demjenigen, der mangels Arbeitsfähigkeit im weiter bestehenden Beschäftigungsverhältnis nicht von seiner Arbeitspflicht befreit werden könne. Da der EuGH diesen Erwägungen keine Bedeutung zugemessen und ausdrücklich Art. 7 Abs. 2 der RL so ausgelegt hat, dass jedem – auch dem fortlaufend arbeitsunfähig – ausscheidenden AN, der keinen Urlaub erhalten habe, ersatzweise die entsprechende Vergütung zu gewähren sei,[42] war das BAG gehalten, seine bisherige Einschränkung des Anspruchs auf Abgeltung nach § 7 Abs. 4 aufzugeben.[43] Nach diesen Vorgaben des EuGH besteht die Gefahr, dass die dem Gesundheitsschutz dienende Arbeitsunterbrechungsfunktion der Ruhepausen, die Art. 5 bezogen auf den Arbeitstag, Art. 6 bezogen auf die Woche und Art. 7 der RL bezogen auf das Jahr sichern soll, verloren geht. Letztlich wird der Urlaub aus diesem arbeitsschutzrechtlichen System herausgelöst und zu einem geldwerten „sozialen" Freizeitanspruch umgewandelt.

---

31 LAG Düsseldorf 2.8.2006 – 12 Sa 486/06 beim EuGH Geschäftszeichen C 350/06, veröffentlicht in ABl EU 2006, Nr. C 281, 21.
32 EuGH 20.1.2009 – C-350/06 und C-520/06 – NJW 2009, 495 „Schultz-Hoff" und „Stringer"Rn 41.
33 EuGH 6.4.2006 – C-124/05 – NZA 2006, 719.
34 EuGH 20.1.2009 – C- 350/06 und C- 520/06 – NJW 2009, 495 „Schultz-Hoff" und „Stringer" Rn 61.
35 Vgl. nur BVerfG 22.10.1986 – 2 BvR 197/83 – BVerfGE 73, 339 (Solange II) zu B.I.1a. der Gründe,; BVerwG 10.11.2000 – 3 C 3.00 – BVerwGE 112, 166 zu 3.1 der Gründe.
36 LAG Düsseldorf 2.8.2006 – 12 Sa 486/06 beim EuGH Geschäftszeichen C 350/06, veröffentlicht in ABl EU 2006, Nr. C 281, 21.
37 *Bauer/Arnold*, NJW 2009, 631, 633.
38 Nach Erkundigung des Autors im zuständigen BMAS bestanden dazu auch keine Pläne.
39 Vgl. EuGH 5.10.2004 – C 397/01 bis C-403/01 – Slg. 2004, I-8835 „Pfeiffer ua." Rn 111 und 115.
40 BAG 24.3.2009 – 9 AZR 983/07 – BAG Pressemitteilung Nr. 31/09 = NZA 2009, 538.
41 Vgl. BAG 27.5.2003 – 9 AZR 366/02 – EzA § 7 BUrlG Abgeltung Nr. 9; BAG 5.12.1995 – 9 AZR 871/94 – BAGE 81, 339 = NZA 1996, 594.
42 Kritisch dazu Leinemann, Gastkommentar „die Deformierung der Urlaubsabgeltung durch den EuGH", DB Heft 8/2009.
43 EuGH 20.1.2009 – C- 350/06 und C- 520/06 – NZA 2009, 135 „Schultz-Hoff" und „Stringer".

IV. Urlaubsanspruch als soziales Grundrecht

Art. 31 Abs. 2 der Charta der Grundrechte der Europäischen Union, proklamiert am 7.12.2000 in Nizza,[44] bestimmt, dass „jede Arbeitnehmerin und jeder Arbeitnehmer das Recht auf eine Begrenzung der Höchstarbeitszeit, auf tägliche und wöchentliche Ruhezeiten sowie auf bezahlten Jahresurlaub hat". Seit der BECTU Vorabentscheidung bezeichnet der EuGH deshalb den Urlaubsanspruch als einen besonders wichtigen Grundsatz des Sozialrechts der Gemeinschaft.[45] Die Generalanwältin Trstenjak hat in ihren Schlussanträgen in der Sache Schultz-Hoff einen weitergehenden Standpunkt vertreten, der den Anspruch auf bezahlten Jahresurlaub zum Bestandteil des gemeinschaftsrechtlich unmittelbar geltenden Primärrechts machen soll.[46] Sie verwies darauf, dieser Anspruch habe durch die Aufnahme in die Charta der Grundrechte der Europäischen Union wohl die „qualifizierteste und endgültige Bestätigung für dessen Grundrechtscharakter" erfahren. Sie stützt sich dazu auf Eichenhofer, der ausdrücklich als von einem in der Gemeinschaftscharta enthaltenen „sozialen Grundrecht" spricht.[47] Auch wenn weder der Charta der Grundrechte der Europäischen Union vom 7.12.2000 noch ihrer Vorgängerin, der Gemeinschaftscharta der sozialen Rechte der Arbeitnehmer vom 9.12.1989 normative Wirkungen zukommen, so kann an Hand dieser grundlegenden politischen Erklärungen der Gemeinschaft dennoch eine Konkretisierung gemeinsamer europäischer Grundwerte stattfinden.[48] Dieser Gedanke liegt wohl der vom EuGH verwandten Formulierung „besonders wichtiger Grundsatz des Sozialrechts der Gemeinschaft"[49] zugrunde. Die weitergehende Ansicht, der bezahlte Urlaub sei ein unmittelbar geltendes Grundrecht, das aufgrund der gemeinsamen Verfassungsüberlieferungen der Mitgliedstaaten zu beachten sei, hat der EuGH mit seiner abschwächenden Formulierung zurückgewiesen. Das ist von eminenter Bedeutung, denn wäre der Anspruch auf bezahlten Urlaub als Grundrecht Bestandteil der allgemeinen Grundsätze des Gemeinschaftsrechts, so würde es nach Art. 6 Abs. 2 EU unmittelbar gelten und der nationale Richter wäre wie in der Rechtssache Mangold[50] verpflichtet, widersprechende nationale Bestimmungen unangewendet zu lassen.[51] Diese Rechtslage tritt erst ein, wenn nach Inkrafttreten des Vertrags von Lissabon die Charta der Grundrechte normative Wirkung erhält. Für die Kontrolle der Einhaltung der Grundrechte des GG gilt dann nach der Lissabon-Entscheidung des Zweiten Senats des BVerfG vom 30.6.2009,[52] dass entsprechend dem Grundsatz der Europarechtsfreundlichkeit des GG das BVerfG sich auf die Prüfung beschränkt, ob die Rechtsakte der Gemeinschaft und der EuGH sich an den Grenzen der ihnen im Wege der begrenzten Einzelermächtigung eingeräumten Hoheitsrechte halten und ob der unantastbare Kerngehalt der Verfassungsidentität des Grundgesetzes nach Art. 23 Abs. 1 S. 3 i.V.m. Art. 79 Abs. 3 GG gewahrt bleibt.

V. Das BUrlG als Akt zur Umsetzung des Übereinkommens Nr. 132 der Internationalen Arbeitsorganisation

Den internationalen Mindeststandard setzt das Übereinkommen Nr. 132 der internationalen Arbeitsorganisation vom 24.6.1970, das von der Bundesrepublik Deutschland mit Gesetz vom 30.4.1975[53] ratifiziert worden ist. Eine unmittelbare Anwendung der völkervertragsrechtlichen Bestimmungen („self-executing") haben die Vertragspartner nicht vorgesehen. Damit sind nur die Gesetzgebungsorgane der BRD verpflichtet worden, dieses Übereinkommen zu erfüllen.[54] Der Bundesgesetzgeber ist der Meinung, diese Verpflichtung durch die Änderung des BUrlG in Art. 2 des Heimarbeitsänderungsgesetz vom 29.10.1974[55] bereits vor Erlass des Zustimmungsgesetzes vom 30.4.1975 erfüllt zu haben. Die Änderung bestand im Wesentlichen in der Aufstockung des Mindesturlaubs in § 3 Abs. 1 auf 18 Werktage, der Einfügung des Gebots eines zusammenhängenden Urlaubs von mindestens 12 Werktagen in § 7 Abs. 2 S. 2 und in der Streichung des § 7 Abs. 4 S. 2, der die Urlaubsabgeltung bei Kündigung aus wichtigem Grund ausgeschlossen hatte. Die Bestimmungen des Übereinkommens haben durch die Bezugnahme des EuGH auf deren Inhalt als verbindlichen Mindeststandard an Bedeutung gewonnen. Allerdings hat der EuGH nur selektiv vom Inhalt des Übereinkommens Kenntnis genommen. Die vom Gerichtshof herangezogene Nichtanrechnungsbestimmung von Zeiten der Arbeitsunfähigkeit in Art. 5 gilt nur für die Wartezeit. Sie hat keine Bedeutung für die Frage, wann ein Urlaubsanspruch verfallen kann. Dafür ist die Dauer des Übertragungszeitraums maßgeblich. Diese ist in Art. 9 des Übereinkommens mit höchstens 18 Monaten geregelt. Der Gerichtshof ist darauf nicht eingegangen. Entweder hat er die Bestimmung übersehen oder für die Beantwortung der gestellten Vorlagefragen als unerheblich angesehen. Hier besteht Klärungsbedarf.

---

44 ABl C 364, S. 1.
45 EuGH 26.6.2001 C-173/99 Rn 43, NZA 2001, 827.
46 EuGH Schlussanträge 24.1.2008 C-350/06 Rn 32 ff.
47 *Eichenhofer*, in Handbuch des EU-Wirtschaftsrechts (hrsg. von Dauses), München 2004, Band 1 D. III. Rn 38, 39.
48 *T. Schmitz*, „Die Charta der Grundrechte der Europäischen Union als Konkretisierung der gemeinsamen europäischen Werte", in: „Die Europäische Union als Wertegemeinschaft", Berlin 2005, S. 85.
49 EuGH 20.1.2009 – C-350/06 und C-520/06 „Schultz-Hoff" und „Stringer" Rn 22.
50 EuGH 22.11.2005 – C-144/04 – ABl EU 2006 Nr. C 36, 10 = BB 2005, 2748.
51 BAG 26.4.2006 – 7 AZR 500/04 – BB 2006, 1858.
52 BVerfG 30.6.2009 – 2 BvE 2/08, 2 BvE 5/08, 2 BvR 1010/08, 2 BvR 1022/08, 2 BvR 1259/08 und 2 BvR 182/09 – NJW 2009, 2267.
53 BGBl II, 745.
54 BAG 7.12.1993 – 9 AZR 683/92 – NZA 1994, 802.
55 BGBl I S. 2879.

B. Regelungsgehalt

I. Inhalt des Urlaubsanspruchs

23 **1. Freistellungstheorie versus Einheitstheorie.** Nach der Einheitstheorie[56] wurde der Urlaubsanspruch als ein Anspruch angesehen, der aus zwei Wesenselementen, nämlich Freizeit und Vergütung, bestand.[57] Diese Vorstellung ist überholt. Nach der st. Rspr. des BAG beinhaltet der Urlaubsanspruch das Recht des AN, von dem AG zu fordern, ihn tageweise von den nach dem Arbverh entstehenden Arbeitspflichten zu befreien, ohne dass die Pflicht zur Zahlung des Arbeitsentgelts aus § 611 BGB aufgehoben wird.[58] In der neueren Rspr. wird das verkürzt so ausgedrückt: „Der Urlaubsanspruch ein gesetzlich oder (soweit die gesetzliche Mindestdauer überschritten wird) tarifvertraglich bedingter Anspruch auf Befreiung von den Arbeitspflichten, ohne dass der Vergütungsanspruch für die Urlaubsdauer entfällt."[59] In Weiterführung der Einheitstheorie wird allerdings noch heute im Schrifttum die Auffassung vertreten, der Urlaubsvergütung sei „im Sinne eines Zwangsverbunds" mit dem Freistellungsanspruch eine eigene „rechtliche Qualität" beizumessen, die sie vom „normalen" Arbeitsentgelt unterscheide.[60] Diese Auffassung hätte zur Konsequenz, dass das Urlaubsentgelt nicht abgetreten werden könnte und unpfändbar wäre. Das wird sogar im selben Kommentar von einer jüngeren Autorin abgelehnt: „Rechtsgrundlage für die Fortzahlung der Arbeitsvergütung ist § 611 S. 1 BGB, weil der Anspruch auf Urlaubsentgelt mit dem Arbeitsentgeltanspruch identisch ist".[61] Das entspricht auch der Gesetzeslage: Nur das (zusätzliche) Urlaubsgeld ist nach § 850a Nr. 2 ZPO unpfändbar. Allerdings finden sich Formulierungen unter Rn 60 in der Vorabentscheidung Schultz-Hoff, die auf ein an der Einheitstheorie orientiertes Verständnis des Urlaubsanspruchs in Art. 7 Abs. 1 der Arbeitszeit-RL hindeuten: „…werden der Anspruch auf Jahresurlaub und der auf Zahlung des Urlaubsentgelts in der Richtlinie 2003/88 als zwei Aspekte eines einzigen Anspruchs behandelt…".[62] Weitergehend hatte die Generalanwältin Trstenjak in ihren Schlussanträgen vom 24.1.2008 in der Rs. C-350/06 Rn 72 „den Lohn- und Urlaubsabgeltungsanspruch …als untrennbaren Teil des Anspruchs auf bezahlten Mindestjahresurlaub" bezeichnet. Der EuGH ist dem im Ergebnis und nicht in der Begründung für die Voraussetzungslosigkeit der finanziellen Ersatzvergütung nach Art. 7 Abs. 2 der RL gefolgt. Würde er das Urlaubsentgelt „als untrennbaren Teil des Anspruchs auf bezahlten Mindestjahresurlaub" behandeln, so hätte das Auswirkung insbesondere auf die Erfüllung von Urlaubsansprüchen, denn dann träte Erfüllung nicht schon bei Arbeitsbefreiung sondern erst bei tatsächlich bezahlter Arbeitsbefreiung ein. Ob der EuGH diese vielfältigen Auswirkungen[63] überblickt, ist unklar.

24 **2. Tageweise Befreiung von der Arbeitspflicht.** Durch die vom AG geschuldete Freistellungserklärung entfällt die Arbeitspflicht an den Tagen, an denen ansonsten, d.h. ohne die Freistellung Arbeitspflichten, bestanden hätten. Von daher sind Tage, an denen nach der vertraglich vereinbarten oder durch TV oder BV bestimmten Verteilung der regelmäßigen Arbeitszeit auf die Wochentage nicht zu arbeiten ist, wie z.B. an gesetzlichen Feiertagen, an „freien" Tage im rollierenden System der Arbeitszeitverteilung auf fünf Tage bei sechstägiger Ladenöffnungszeit im Einzelhandel oder an Sonntagen keine Urlaubstage. Der AG kann nämlich die Freistellungserklärung als geschuldete Handlung mit der Rechtsfolge des Erlöschens nach § 362 Abs. 1 BGB nur bewirken, soweit für den Freistellungstag überhaupt eine Arbeitspflicht des AN besteht. Folglich kann, wenn am Sonntag aufgrund besonderer Vereinbarung, z.B. im Krankenhaus oder in der Gastronomie, Arbeitspflicht besteht, auch der Sonntag ein vom AN gewünschter und vom AG zu gewährender Urlaubstag sein. Aus § 3 Abs. 2 kann nichts anderes entnommen werden. Dort ist nur bestimmt, dass die in § 3 Abs. 1 vorgegebene Mindestdauer des Urlaubs zur Erreichung der in Art. 7 der RL 93/104/EG vorgegebenen Mindestdauer von vier Wochen Urlaub auf der Grundlage einer Arbeitspflicht von Montag bis Sonnabend zu berechnen ist.[64] Bei einer Verteilung der Arbeitspflicht auf sechs Werktage in der Woche wird so bei zusammenhängendem Urlaub an 24 Werktagen das von der RL vorgegebene Ziel einer vierwöchigen Freizeit erreicht. Besteht an mehr oder weniger Wochentagen Arbeitspflicht, so ist zur Erreichung des Ziels der vierwöchigen Freizeit die Anzahl der freizustellenden Tage mit Arbeitspflicht entsprechend umzurechnen.

II. Der Freistellungsanspruch

25 **1. Freistellung als Nebenpflicht.** Bei der Freistellungsverpflichtung, handelt es sich um eine vom AG zu erfüllende Nebenpflicht aus dem Arbverh, die den AG anhält, dem AN die Arbeit als Hauptpflicht für die gesetzliche Min-

---

56 Heute nur noch *Neumann/Fenski*, § 1 Rn 63.
57 So BAG 3.6.1960 – 1 AZR 251/59 – AP § 611 BGB Urlaubsrecht Nr. 73.
58 BAG 8.9.1998 – 9 AZR 161/97 – BAGE 89, 362; AP § 1 TVG Tarifverträge: Bau Nr. 216; BAG 13.5.1982 – 6 AZR 584/80 – juris.
59 BAG 24.6.2003 – 9 AZR 563/02 – BAGE 106, 368; AP § 1 TVG Tarifverträge: Gebäudereinigung Nr. 15.
60 Hk-BUrlG/*Hohmeister*, § 1 Rn 2; so auch *Neumann/Fenski*, BUrlG § 1 Rn 63 ff.
61 Hk-BUrlG/*Oppermann*. § 11 Rn 1.
62 EuGH 20.1.2009 – C-350/06 und C-520/06 – NZA 2009, 135 „Schultz-Hoff" und „Stringer"; ebenso EuGH 16.3.2006 – C-131/04 – NZA 2006, 481 „Robinson-Steele" Rn 58; zustimmend *Fenski*, DB 2007, 686, 690.
63 Erfk/*Dörner*, § 1 BUrlG Rn 8 weist zu Recht daraufhin, dass §§ 5, 7, 9, 11, 12 betroffen sein können.
64 *Düwell*, Arbeitsrecht der Gegenwart, Bd. 37, S. 87; zustimmend ErfK/*Dörner*, § 3 BUrlG Rn 21.

destdauer oder die vertraglich oder tarifvertraglich bestimmte längere Urlaubsdauer zu erlassen. Abweichend von § 397 BGB bedarf es dazu keines Erlassvertrags. Der AG ist nach § 7 Abs. 1 allein verfügungsberechtigt, die Tage, an den die Arbeitspflicht erlassen wird, festzulegen.

2. Kein Synallagma. Der Anspruch des AN ist nicht synallagmatisch i.S.v. §§ 320 ff. BGB; denn er ist nicht von einer Gegenleistung abhängig. Der Anspruch entsteht nach nämlich nach § 1 in jedem Kalenderjahr, ohne dass zuvor Arbeitsleistungen erbracht werden müssen.[65] Das heißt: Der Urlaub wird nicht verdient. Er ist also nicht auf eine Arbeitsleistung, sondern auf den Bestand des Arbverh bezogen. 26

3. Erholungszweck. Zwar wird in § 1 und in § 4a EFZG der Anspruch als „Anspruch auf Erholungsurlaub" bezeichnet; für das Entstehen des Urlaubsanspruchs kommt es aber weder auf ein konkretes Erholungsbedürfnis des AN noch auf die beabsichtigte Gestaltung seiner Freizeit an. Das nach früheren Entscheidungen des 5. Senats geforderte individuelle Erholungsbedürfnis als Voraussetzung von Urlaubs- und Urlaubsabgeltungsansprüchen ist bereits 1968 vom 5. Senat des BAG vom aufgegeben worden.[66] Das Gesetz geht unwiderlegbar davon aus, dass jeder AN bei Fälligkeit seines Anspruchs erholungsbedürftig ist.[67] Der AN darf in freier Selbstbestimmung festlegen, wie er seinen Urlaub zum Zwecke der Erholung gestaltet.[68] Der Erholungszweck ist dann nicht gewährleistet, wenn der AN trotz der Freistellung ständig damit rechnen muss, zur Arbeit abgerufen zu werden. Eine derartige Arbeitsbereitschaft lässt sich mit der Gewährung des gesetzlichen Erholungsurlaubs nicht vereinbaren. Der Anspruch des AN wird nach allg. Ansicht in diesem Fall nicht erfüllt.[69] Dieser Ansicht ist auch das BAG gefolgt.[70] Geht der AN einer erholungswidrigen und daher nach § 8 verbotenen Erwerbstätigkeit nach, so bleibt die Erfüllung des Urlaubsanspruchs davon unberührt.[71] Der AG hat im Unterschied zum Fall der Freistellung unter Vorbehalt des Rückrufs hier die ihm obliegende Erfüllungshandlung ordnungsgemäß bewirkt, so dass nach § 362 BGB mit Ablauf der festgesetzten Urlaubszeit der Erfüllungserfolg eintritt. Das hat – wenn auch noch nicht mit dieser Begründung – das BAG ebenso erkannt.[72] 27

4. Erfüllbarkeit des Freistellungsanspruchs. Der Urlaubsanspruch muss erfüllbar sein. Der Urlaubsanspruch kann daher nicht für eine Zeit wirksam geltend gemacht werden, zu welcher der AN arbeitsvertraglich oder gesetzlich nicht zur Arbeitsleistung verpflichtet ist. Dies gilt insb. für den Fall, dass der AN die geschuldete Arbeit wegen krankheitsbedingter Arbeitsunfähigkeit nicht erbringen kann.[73] 28

5. Keine Akzessorietät von Freistellung und Entgeltfortzahlung. Der Anspruch auf Urlaubsentgelt entsteht nicht zeitgleich mit dem Urlaubsanspruch. Das Urlaubsentgelt ist Arbeitsentgelt i.S.v. § 611 BGB. Es ist nach der Bemessungsvorschrift des § 11 Abs. 1 zu berechnen[74] und nach § 11 Abs. 2 bei Urlaubsantritt zu zahlen. Die Pflicht zur Fortzahlung der Vergütung (Urlaubsentgelt) ist daher von der Pflicht zur Urlaubserteilung zu unterscheiden.[75] Der Anspruch auf Urlaubsentgelt entsteht erst mit der Inanspruchnahme des Urlaubs. Von daher ist die Erfüllung der Freistellungsverpflichtung unabhängig davon zu beurteilen, ob der AG das Urlaubsentgelt zahlt oder nicht. 29

III. Entstehensvoraussetzungen des Freistellungsanspruchs

1. Gesetzlicher Mindesturlaub. Der gesetzliche Anspruch setzt voraus: 30
- Nach § 2: Ein bestehendes Arbverh oder ein Beschäftigungsverhältnis einer arbeitnehmerähnlichen Person.
- Nach §§ 1, 5 Abs. 1: Den Bestand des Rechtsverhältnisses mind. für einen vollen Monat im jeweiligen Kalenderjahr, damit ein Anspruch auf Teilurlaub entsteht.[76]
- Nach §§ 1, 4: Mind. einen Bestand des Rechtsverhältnisses für sechs Monate, damit ein voller Urlaubsanspruch entsteht.[77]

2. Fälligkeit. Anspruch ist nach der Legaldefinition des § 194 BGB das Recht, von einem anderen ein Tun oder Unterlassen verlangen zu können. Insoweit wird zwischen Entstehen und Fälligkeit unterschieden. Ein Anspruch entsteht, wenn die in der Vorschrift genannten Tatbestandsmerkmale erfüllt sind. Er wird fällig, wenn sich die Leis- 31

---

65 BAG 13.5.1982 – 6 AZR 360/80 – BAGE 39, 53 = AP § 7 BUrlG Übertragung Nr. 4.
66 BAG 6.6.1968 – 5 AZR 410/67 – AP § 3 BUrlG Rechtsmissbrauch Nr. 5 zu; dem folgend: BAG 28.1.1982 – 6 AZR 571/79 – AP § 3 BUrlG Rechtsmissbrauch Nr. 11; zuletzt: BAG 20.5.2008 – 9 AZR 219/07 – Rn 30 – AP BErzGG § 17 Nr. 12 = NZA 2008, 1237.
67 *Leinemann/Linck*, § 1 BUrlG Rn 5 und HWK/*Schinz*, § 1 BUrlG Rn 4 gehen von einer unwiderleglichen Vermutung aus.
68 BAG 20.6.2000 – 9 AZR 405/99 – BAGE 95, 104 = AP § 7 BUrlG Nr. 28.
69 Vgl. *Neumann/Fenski*, § 1 Rn 54; GK-BUrlG/*Bleistein*, § 3 Rn 19; Küttner/*Bauer*, Urlaubsgewährung Rn 5; *Schütz/Hauck*, § 1 Rn 95; *Natzel*, Bundesurlaubsrecht, § 1 Rn 11.
70 BAG 20.6.2000 – 9 AZR 405/99 – BAGE 95, 104 = AP § 7 BUrlG Nr. 28.
71 *Friese*, Rn 518.
72 BAG 25.2.1988 – 8 AZR 596/85 – BAGE 57, 366 = AP § 8 BUrlG Nr. 3.
73 BAG 24.6.2003 – 9 AZR 423/02 – AuA 2003, 45; 8.9.1998 – 9 AZR 161/57 – DB 1999, 694.
74 BAG 22.1.2002 – 9 AZR 602/00 – juris; BAG 20.6.2000 – 9 AZR 405/99 – BAGE 95, 104.
75 BAG 18.12.1986 – 8 AZR 481/84 – BAGE 54, 59.
76 Einzelheiten siehe § 5.
77 Einzelheiten siehe § 4.

tungspflicht des Schuldners aktualisiert. Im Zweifel fallen Entstehen und Fälligkeit zusammen, soweit nicht eine Zeit für die Leistung bestimmt oder aus den Umständen zu entnehmen ist (§ 271 Abs. 1 BGB). Da das BUrlG keine abweichende Regelung der Fälligkeit des Urlaubsanspruchs trifft, greift die allg. Regelung in § 271 Abs. 1 BGB ein. Somit kann der AN als Gläubiger die Leistung sofort nach ihrem Entstehen verlangen und der Schuldner sie dann sofort bewirken. Für den vollen Urlaubsanspruch bedeutet das:

- Der AN kann nach Ablauf der sechsmonatigen Wartezeit im ersten Beschäftigungsjahr den vollen Urlaub verlangen.
- Der AN kann, wenn bereits im Vorjahr die sechsmonatige Wartezeit abgelaufen ist, in den Folgejahren jeweils am ersten Arbeitstag den vollen Urlaub verlangen.[78]

32 Für den Teilurlaubsanspruch bedeutet das: Der AN kann den ersten Teilurlaub nach § 5 Abs. 1 Nr. 1 verlangen, sobald der erste volle Monat seit Bestand des Arbverh abgelaufen ist. Dabei ist ein voller Monat auch dann anzunehmen, wenn an dem vollen Monat nur ein Sonn- oder Feiertag fehlen, an dem nach den betrieblichen Gegebenheiten für den AN keine Arbeitspflicht bestanden hätte.[79]

33 **3. Besonderheiten bei Teilzeitarbeit.** Unerheblich ist, ob der AN in Vollzeit oder Teilzeit arbeitet. Da Urlaub tageweise zu gewähren ist, ist nur maßgebend, wie viel Tage mit Arbeitspflicht bestehen. Erst für die Höhe des fortzuzahlenden Entgelts kommt der sog. Zeitfaktor ins Spiel, der anzeigt, wie viel ausfallende Arbeitszeit pro Urlaubstag zu vergüten ist. Besondere Beachtung verdient dabei der Fall, dass sich im Verlauf eines Kalenderjahres die Verteilung der Arbeitszeit auf weniger oder auch auf mehr Arbeitstage einer Kalenderwoche verkürzt oder verlängert. Dann verringert oder vermehrt sich nämlich entsprechend die Anzahl der Urlaubstage, um die bei zusammenhängender Urlaubsnahme gleiche Dauer des dem AN zustehenden Urlaubs zu erzielen. Die Anzahl der notwendigen Freistellungstage ist dann jeweils unter Berücksichtigung der nunmehr für den AN maßgeblichen Verteilung seiner Arbeitszeit neu zu berechnen. Das trifft auch für einen auf das folgende Urlaubsjahr übertragenen Resturlaub zu, wenn der AN seit Beginn des folgenden Jahres in Teilzeit beschäftigt ist.[80]

34 **4. Kalenderjahresbezug.** Der gesetzliche Anspruch ist nach § 1 auf das Kalenderjahr bezogen. Das schließt die Urlaubsgewährung im Vorgriff auf folgende Kalenderjahre aus. Für eine Vorgriffsmöglichkeit bedürfte es einer Regelung, wie sie für den Bildungsurlaub z.B. in § 3 Abs. 1 S. 2 AWbG NW enthalten ist. Danach darf der AN die Ansprüche zweier Kalenderjahre zusammenfassen.[81] Der Kalenderjahresbezug wird nur bei der Übertragung nach § 7 Abs. 3 gesetzlich durchbrochen. Ziel des Kalenderjahresbezugs ist es, sicherzustellen dass der AN im Sinne seiner Erholung jedes Jahr Urlaub erhält. Damit ist die Kumulierung von gesetzlichen Urlaubsansprüchen nur im Rahmen der zugelassenen Übertragungstatbestände statthaft (wegen der Befristung des Urlaubsanspruchs siehe § 7 Rn 86 ff.).

35 **5. Übergesetzlicher arbeitsvertraglicher Urlaub.** Die Arbeitsvertragsparteien können zugunsten der AN über den gesetzlichen Mindestanspruch hinausgehende bezahlte Freistellungsansprüche zum Zwecke der Erholung begründen. Das ist in § 13 Abs. 1 nicht ausgeschlossen worden. Soweit keine besonderen Regelungen vereinbart werden, nimmt das BAG an, dass sich die Vertragsparteien für ihren übergesetzlichen Urlaub auf das Regelungswerk des BUrlG beziehen. Das ist schon deswegen zweckmäßig, weil ansonsten jeweils zwischen den unterschiedlichen Voraussetzungen und Erlöschenstatbeständen unterschieden werden müsste.

36 **6. Tariflicher Mehrurlaub.** Viele TV enthalten eine Urlaubsdauer, die über den gesetzlichen Mindesturlaub hinausgeht sowie besondere Leistungen, die das Urlaubsentgelt bis zu 150 % des normalen Arbeitsentgelts erhöhen, oder als sog. Urlaubsgeld zusätzlich während des Urlaub oder zu einem bestimmten Stichtag als saisonale Einmalzahlung erbracht werden. Diese Regelungen wirken nach § § 3, 4 Abs. 1 TVG normativ zwischen den beiderseits kongruent tarifgebundenen Arbeitsvertragsparteien.[82] Fehlt eine eigene tarifvertragliche Regelung oder ist sie auslegungsbedürftig, geht im Zweifel die Rspr. davon aus, dass auch für den tariflichen Mehrurlaub die gesetzliche Vorschrift uneingeschränkt anzuwenden ist. Da die TV-Parteien Bestimmungen mit Rechtsnormqualität vereinbaren, müssen sie ihren abweichenden Regelungswillen eindeutig im Wortlaut des TV zum Ausdruck bringen.[83]

37 Häufig wird von Außenseitern im Arbeitsvertrag für den Urlaub auf die Geltung tariflicher Regelungen Bezug genommen. Das ist regelmäßig als Bezugnahme auf den gesamten tariflichen Regelungskomplex „Urlaub" zu verstehen. Dazu gehört dann auch ein im Tarifvertrag geregeltes zusätzliches Urlaubsgeld. Auf eine solche Bezugnahmeklausel ist die Unklarheitenregel nach § 305c Abs. 2 BGB nicht anzuwenden. Die Regelung ist hinreichend klar. Auf

---

78 Zutreffend die h.M. vgl. Übersicht über den Meinungsstand bei ErfK/*Dörner*, § 1 BUrlG Rn 27 mit der auch das BAG übereinstimmt, vgl. BAG 14.12.2004 – 9 AZR 33/04 – ZTR 2005, 327.
79 BAG 22.2.1966 – 5 AZR 431/65 – BAGE 18, 167 = NJW 1966, 1380.
80 BAG 28.4.1998 – 9 AZR 314/97 – BAGE 88, 315 = AP § 3 BUrlG Nr. 7.

81 BAG 11.5.1993 – 9 AZR 126/89 – NZA 1993, 1986.
82 Vgl. BAG 23.91965 – 5 AZR 335/64 – BAGE 17, 289 = AP § 5 BUrlG Nr. 1.
83 Vgl. BAG 9.8.1994 – 9 AZR 346/92 – BAGE 77, 291; BAG 26.5.1992 – 9 AZR 172/91 – AP § 4 BUrlG Abgeltung Nr. 58 = EzA BUrlG § 7 Nr. 83; BAG 9.11.1999 – 9 AZR 797/98 – AP § 33 TVAL II Nr. 1.

die Unklarheitenregel darf nur zurückgegriffen werden, wenn trotz Ausschöpfung der anerkannten Auslegungsmethoden nicht behebbare Zweifel verbleiben.[84]

7. Betrieblicher Treueurlaub. Nach der Rspr. des BAG können die Betriebspartner im Rahmen einer freiwilligen BV (§ 88 BetrVG) einen zusätzlichen Urlaubsanspruch des AN als Gegenleistung für erwiesene Betriebstreue begründen (sog. Treueurlaub).[85]

C. Verbindung zu anderen Rechtsgebieten

I. Bildungsurlaubsgesetze

Landesgesetzliche Regelungen[86] eröffnen darüber hinaus Urlaubsansprüche zu Zwecken der AN-Weiterbildung, der Jugendpflege und Jugendwohlfahrt. Die in den hessischen und nordrhein-westfälischen Bildungsurlaubsgesetzen dem AG auferlegte Pflicht zur Vergütungsfortzahlung während des Bildungsurlaubs ist verfassungsgemäß.[87]

Nach dem niedersächsischem Gesetz über den Bildungsurlaub für Arbeitnehmer und Arbeitnehmerinnen (NBildUG) ist der AG verpflichtet, AN für Maßnahmen bezahlt freizustellen, die der politischen, beruflichen, allgemeinen und kulturellen Bildung dienen. Nach der Entscheidung des BAG[88] kann ein Verkäufer in einem Textilhaus nach § 2 i.V.m. § 5 NBildUG von seinem AG die bezahlte Freistellung für die Teilnahme an den Sprachkursen Schwedisch II und III verlangen. Diese Sprachkurse dienen der allg. Weiterbildung. Die Einbeziehung der allg. Bildung des AN in den vom niedersächsischen Gesetzgeber aufgestellten Positivkatalog zulässiger Bildungsveranstaltungen ist verfassungsrechtlich nicht zu beanstanden. Diese Verpflichtung greift zwar in die in Art. 12 Abs. 1 GG gewährleistete Berufsfreiheit der AG ein. Diese Beeinträchtigung ist jedoch durch Gründe des Gemeinwohls gerechtfertigt. Nach der Rspr. des BVerfG ist die Verpflichtung des AG, den AN nach Maßgabe landesrechtlicher Vorschriften für die Teilnahme an Veranstaltungen der beruflichen oder politischen Bildung freizustellen, mit dem GG vereinbar. Das BVerfG hat das Gemeinwohlinteresse an der Förderung der AN-Weiterbildung u.a. damit begründet, lebenslanges Lernen werde unter den Bedingungen fortwährenden und sich beschleunigenden technischen und sozialen Wandels zur Voraussetzung individueller Selbstbehauptung und gesellschaftlicher Anpassungsfähigkeit im Wechsel der Verhältnisse.[89] Diese Erwägungen des BVerfG treffen nach der Entscheidung des 9. Senats für die allg. Weiterbildung in gleicher Weise zu. Sie dient der Persönlichkeitsbildung des AN und kann zum Ziel gesetzgeberischer Maßnahmen gemacht werden. Die Allgemeinbildung des Beschäftigten steht nicht außerhalb der Verantwortungsbeziehung zum AG. Sie kommt ihm zumindest mittelbar zugute. Der Erwerb von Wissen im organisierten Lernprozess fördert die geistige Beweglichkeit der AN. Die für den AG eintretenden Belastungen hat der Gesetzgeber angemessen berücksichtigt, indem er u.a. die Inanspruchnahme bezahlter Freistellung für Veranstaltungen mit Freizeitwert ausgeschlossen hat.

II. Sonderurlaub

Der Sonderurlaub ist von dem im BUrlG geregelten Erholungsurlaub zu unterscheiden. Unter Sonderurlaub wird die einvernehmlich geregelte Freistellung von der Arbeitspflicht ohne Fortzahlung der Bezüge verstanden.[90]

In einigen TV ist ein Anspruch des AN auf Sonderurlaub geregelt. So war nach § 55 Abs. 2 Manteltarifvertrag für Arbeiter der Länder (MTArbL) und § 50 Abs. 2 BAT der AG verpflichtet, über den Antrag des Arbeiters oder Ang auf Sonderurlaub nach billigem Ermessen i.S.v. § 315 Abs. 1 BGB zu entscheiden, sofern der AN einen wichtigen Grund hat, der Arbeit für die Dauer des gewünschten Sonderurlaubs fernzubleiben und die betrieblichen oder dienstlichen Verhältnisse seine Abwesenheit gestatten.[91] Liegen die tatbestandlichen Voraussetzungen für die zu

---

84 BAG 17.1.2006 – 9 AZR 41/05 – AP § 1 TVG Bezugnahme auf Tarifvertrag Nr. 40.
85 BAG 27.6.1985 – 6 AZR 392/81 – EzA § 77 BetrVG 1972 Nr. 16; BAG 19.4.1994 – 9 AZR 478/92 – EzA § 3 BUrlG Nr. 19.
86 Bildungsurlaub: Berlin (24.10.1990, GVBl. S. 2209); Brandenburg (15.12.1993, GVBl. I S. 498); Bremen (18.6.1996, BremGBl S. 127); Hamburg (21.1.1974, GVBl. I S. 6, zuletzt geändert 16.4.1991, GVBl. I S. 113); Hessen (28.7.1998, GVBl. S. 269, zuletzt geändert 25.8.2001, GVBl. I S. 370); Niedersachsen (25.1.1991, GVBl. S. 29, zuletzt geändert 17.12.1999, GVBl. S. 430); Nordrhein-Westfalen (22.3.2000, GVBl. NW S. 361); Rheinland-Pfalz (30.3.1993, GVBl. S. 157, zuletzt geändert 17.11.1995 (GVBl. S. 454); Schleswig-Holstein (7.6.1990, GVOBl. Schl.-H. S. 364, zuletzt geändert 24.10.1996); Saarland (15.9.1994, ABl S. 1359); Sachsen-Anhalt (4.3.1998, GVBl. LSA S. 92); darüber hinaus gelten zahlreiche Sonderurlaubsregelungen für Tätigkeiten in der Jugendpflege und Jugendwohlfahrt in den Ländern Baden-Württemberg, Bayern, Bremen, Hamburg, Hessen, Niedersachsen, Nordrhein-Westfalen, Rheinland-Pfalz, Saarland, Sachsen und Schleswig-Holstein (Nachweise in HzA, Gruppe 4).
87 BVerfG 15.12.1987 – 1 BvR 563/85 – NJW 1988, 1989 = EzA § 7 AWbG NW Nr. 1.
88 BAG 15.3.2005 – 9 AZR 104/04 – AP § 1 BildungsurlaubsG Niedersachsen Nr. 1 = EzA Art. 12 GG Nr. 46; MDR 2005, 1358 f.; SAE 2005, 272 ff. Anm. *Joussen*.
89 BVerfG 15.12.1997 – 1 BvR 563/82 u.a. – BVerfGE 77, 308.
90 *Leinemann/Linck*, Einl. BUrlG Rn 4.
91 BAG 12.1.1989 – 8 AZR 251/88 – BAGE 60, 362; 25.1.1994 – 9 AZR 540/91 – AP § 50 BAT Nr. 16; BAG 8.5.2001 – 9 AZR 179/00 – ZTR 2002, 33.

treffende Ermessensentscheidung vor und hat der AG sein Ermessen nicht oder fehlerhaft ausgeübt, ist seine Entscheidung durch das Gericht zu ersetzen. Das BAG hat angenommen, § 50 Abs. 2 BAT enthalte eine sog. Bestimmungsklausel. Hiergegen sind im Schrifttum Bedenken erhoben worden.[92] Eine Bestimmungsklausel wird angenommen, wenn die TV-Parteien die Arbeitsbedingungen nicht abschließend regeln, sondern es einer der Arbeitsvertragsparteien überlassen, die Arbeitsbedingungen einseitig festzulegen.[93] Bei der Gewährung von Sonderurlaub werden auf Antrag des AN die beiderseitigen Hauptpflichten aus dem Arbverh suspendiert. Das geschieht durch Rechtsgeschäft. Ob der Begriff Bestimmungsklausel zutreffend ist, kann offen bleiben. Auf die hier vom AG zu treffende Ermessensentscheidung ist jedenfalls nach der Rspr. des BAG der Rechtsgedanke des § 315 BGB entsprechend anzuwenden.[94] Ob ein wichtiger Grund vorliegt, ist nach der Interessenlage des AN zu beurteilen. Nach der tariflichen Bestimmung soll nicht jedes persönliche Interesse geeignet sein, den Sonderurlaub mit Aussicht auf Erfolg beantragen zu können. Der Antragsgrund muss auch bei objektiver Betrachtung genügend gewichtig sein, der Arbeit fernzubleiben.[95] Die Aufnahme eines Studiums wird vom BAG als wichtiger Grund zur Erteilung des Sonderurlaubs angesehen: dies gilt insb., wenn auf dem zweiten Bildungsweg die Zulassung zum Fachhochschulstudium erworben wird und sich so dem AN die aus seiner Sicht einmalige Chance bietet, einen weiteren qualifizierten Bildungsabschluss zu erreichen. Dieses Interesse ist unter Berücksichtigung des durch Art. 12 GG vermittelten Schutzes der Berufsfreiheit und der Notwendigkeit „lebenslangen Lernens"[96] nicht nur subjektiv, sondern auch objektiv hinreichend gewichtig.[97]

III. Sonstige Freistellungsansprüche

43 Weitere gesetzliche Ansprüche auf bezahlte Freistellung enthalten: § 37, 65 BetrVG (BR und Mitglieder der JAV), §§ 46, 62 BPersVG (Personalräte und Mitglieder der JAV), § 96 Abs. 4 SGB IX (Vertrauenspersonen der schwerbehinderten Menschen), §§ 9, 43 JArbSchG (Berufsschulpflicht, ärztliche Untersuchung) § 16 MuSchG (ärztliche Untersuchung), § 14 ArbPlSchG (Erfassung Wehrpflichtiger), § 629 BGB (Stellensuche),[98] § 45 SGB V (Betreuung erkrankter Kinder) und § 26 ArbGG, § 20 SGG (ehrenamtliche Richtertätigkeit). Zusätzlich ist häufig in TV geregelt, dass in den von den TV-Parteien bestimmten Fällen der kurzzeitigen Verhinderung aus persönlichen Gründen der Anspruch auf Vergütung nach § 616 BGB nicht verloren geht. Dazu gehören insb. folgende Arbeitsbefreiungstatbestände:

– Eheschließung: 1 Arbeitstag,
– Niederkunft der Ehefrau: 1 Arbeitstag,
– Tod des Ehegatten, eines Kindes oder Elternteils: 2 Arbeitstage,
– Umzug aus dienstlichem oder betrieblichem Grund an einen anderen Ort: 1 Arbeitstag,
– 25-, 40- und 50-jähriges Arbeitsjubiläum: 1 Arbeitstag,
– schwere Erkrankung eines Angehörigen, soweit er in demselben Haushalt lebt: 1 Arbeitstag pro Kalenderjahr.

IV. Kollision mit Arbeitsbefreiungsanlässen

44 Zu beachten ist die in der Praxis nicht selten sich ereignende Überschneidung von Urlaub und sonstigem Freistellungsanspruch. Fehlt eine vorherige Zustimmung des AG für eine Arbeitsäumnis aus Anlass der Eheschließung, so ist eine spätere Genehmigung dieser Arbeitsäumnis dann aus Rechtsgründen nicht möglich, wenn der AN bereits wegen Urlaubs von der Arbeitspflicht freigestellt war.[99] Die Ansicht des BAG ist auf Kritik gestoßen. Ein AN soll danach bei sog. urlaubsstörenden Ereignissen auch außerhalb der §§ 9, 10 einen Anspruch auf Nachurlaub haben können. Die §§ 9, 10 enthielten keine abschließende Sonderregelung, sondern hätten lediglich exemplarischen Charakter. Trete ein Ereignis, das andernfalls zur bezahlten Freistellung führe, während des Urlaubs auf, so entstehe ein Anspruch auf Nachurlaub. Etwas anderes gelte nur für solche Sachverhalte, in denen der AN auf die Terminierung des Ereignisses langfristig vollständigen Einfluss habe, wie das z.B. hinsichtlich des Heiratstermins der Fall sei.[100] Das BAG ist dieser Kritik nicht gefolgt. Es lehnt die Nachgewährung von Urlaub und auch die Ausweitung der Nichtanrechnungsbestimmungen in §§ 9, 10 ab.[101] Allerdings kann zur Vermeidung einer Benachteiligung der AG verpflichtet sein, die Tage, an denen ein ehrenamtlicher Helfer des Technischen Hilfswerks (THW) während der Dauer seines Erholungsurlaubs zu einem Einsatz herangezogen wird, nicht auf den Urlaubsanspruch anzurechnen. Der herangezogene Helfer hat gegen seinen AG Anspruch auf erneute Gewährung. Das folgt aus § 3 Abs. 1 S. 1 THW-Hel-

---

92 *Fieberg*, in: Fürst GKÖD Stand April 2001 Bd. IV T § 50 Rn 33.
93 Vgl. BAG 16.11.1989 – 8 AZR 430/88 – n.v.; 15.1.1987 – 6 AZR 589/84 – AP § 75 BPersVG Nr. 21 = EzA § 4 TVG Rundfunk Nr. 14.
94 So auch BAG 29.11.1995 – 5 AZR 753/94 – BAGE 81, 323; *Fieberg*, in: Fürst GKÖD Stand April 2001 Bd. IV T § 50 Rn 33.
95 BAG 25.1.1994 – 9 AZR 540/91 – a.a.O.; 8.5.2001 – 9 AZR 179/00 – ZTR 2002, 33.
96 Vgl. BVerfG 15.12.1987 – 1 BvR 563/85 – BVerfGE 77, 308.
97 BAG 30.10.2001 – 9 AZR 426/00 – BAGE 99, 274 = MDR 2002, 829.
98 Siehe dazu die Kommentierung § 629 BGB – in diesem Werk.
99 BAG 17.10.1985 – 6 AZR 571/82 – NJW 1986, 1066.
100 *A. Stein*, AP § 18 BAT Nr. 1 (Anmerkung).
101 BAG 9.8.1994 – 9 AZR 384/92 – BAGE 77, 296 = AP § 7 BUrlG Nr. 19.

ferrechtsgesetz, der den allg. Grundsatz enthält, dass AN aus ihrer Verpflichtung zum Dienst im THW und aus diesem Dienst keine Nachteile im Arbverh erwachsen dürfen.[102]

D. Beraterhinweise

Ändert sich im Verlauf eines Kalenderjahres die Verteilung der Arbeitszeit auf weniger Arbeitstage einer Kalenderwoche, so verringert sich die Anzahl der zu Erreichung des gleichen zusammenhängenden Freizeitraums notwendigen Urlaubstage. Das ist häufig nachteilig, für den AN, weil er nicht nur die Verteilung der Arbeitszeit ändert sondern auch die Arbeitszeit verkürzt. Bei Arbeitszeitverkürzung durch den Übergang auf Teilzeitarbeit fällt die verringerte Anzahl der Urlaubstage mit einer Verkürzung der am Urlaubstag ausfallenden und deshalb zu vergütenden Arbeitszeit zusammen. Das bedeutet, der AN verliert effektiv durch die Verkürzung der Arbeitszeit einen Teil des nach seiner Laienansicht „verdienten" Urlaubsentgelts. Das kann verhindert werden, wenn der AN rechtzeitig vor Beginn der Arbeitszeitverkürzung seinen Urlaub antritt. Nimmt er dazu noch seinen vollen Urlaubsanspruch, so hat er sogar noch einen Vorteil; denn der nach Laienansicht noch nicht „verdiente" Urlaub wird auf der Grundlage der Vollzeit vergütet.

45

§ 2 Geltungsbereich

¹Arbeitnehmer im Sinne des Gesetzes sind Arbeiter und Angestellte sowie die zu ihrer Berufsausbildung Beschäftigten. ²Als Arbeitnehmer gelten auch Personen, die wegen ihrer wirtschaftlichen Unselbständigkeit als arbeitnehmerähnliche Personen anzusehen sind; für den Bereich der Heimarbeit gilt § 12.

Literatur: *Bauer*, Die Anwendung arbeitsrechtlicher Schutzvorschriften auf den Fremdgeschäftsführer der GmbH, DB 1979, 2178; *Bauschke*, Arbeitnehmerähnliche Personen, AR-Blattei SD 120; *Bickel*, Zur Frage der Berechnung des Urlaubsentgelts arbeitnehmerähnlicher Personen, Anmerkung aus AP § 11 BUrlG Nr. 12; *Bieback*, Arbeitsrechtlicher Schutz atypischer Arbeitsverhältnisse im englischen, australischen und deutschen Arbeitsrecht, Festschriftenbeitrag aus Arbeit und Recht, in: FS Gnade, 1992, 791; *v. Hase/Lembke*, Das Selbstbeurlaubungsrecht arbeitnehmerähnlicher Personen, BB 1997, 1095; *Hergenröder*, Mitarbeit von Familienangehörigen, AR-Blattei SD 700.1; *Hromadka*, Arbeitnehmerähnliche Personen, NZA 1997, 1249; *Mestwerdt*, Nachtwache als arbeitnehmerähnliche Person, Anmerkung aus jurisPR-ArbR 28/2006 Anm 4; *Seidel*, Die arbeitnehmerähnlichen Personen im Urlaubsrecht, BB 1970, 971; *Stuhr/Stuhr*, Anspruch der Studenten auf Urlaub und Entgelt für die Tätigkeit im praktischen Studiensemester, BB 1981, 916; *Willemsen/Müntefering*, Begriff und Rechtsstellung arbeitnehmerähnlicher Personen: Versuch einer Präzisierung, NZA 2008, 193; *Wolf, Manfred*, Zur Berechnung des Urlaubsentgelts arbeitnehmerähnlicher Personen, Anmerkung aus SAE 1976, 231

A. Allgemeines	1	IV. Schutzbedürftigkeit	9
I. Normgeschichte und Normzweck	1	V. Einzelfälle	10
II. Verhältnis zum BBiG	2	**D. Beraterhinweise zur Durchsetzung des Anspruchs**	14
B. Anspruchsberechtigte	3	I. Erfüllungseinwand des Auftraggebers	14
I. Arbeitnehmer	3	II. Urlaubsentgeltanspruch der arbeitnehmerähnlichen Person	15
II. Zur Berufsausbildung Beschäftigte	4	III. Ersatzurlaub	17
C. Arbeitnehmerähnliche Personen	6	IV. Urlaubsabgeltung	18
I. Begriff	6	V. Verwirkung	19
II. Abgrenzung	7		
III. Wirtschaftliche Abhängigkeit	8		

A. Allgemeines

I. Normgeschichte und Normzweck

Die Norm ist seit Inkrafttreten des BUrlG unverändert. Sie beschreibt den persönlichen Geltungsbereich. Erfasst werden alle AN einschließlich der leitenden Ang. Ausschlusstatbestände wie in § 12 KSchG und § 5 Abs. 3 BetrVG fehlen. Einbezogen sind, obwohl keine AN, die zu ihrer Berufsausbildung Beschäftigten und nach S. 2 die arbeitnehmerähnlichen Personen.

1

II. Verhältnis zum BBiG

Der Gesetzgeber hat bei der Reform des Rechts der beruflichen Bildung die Formulierung in § 2 S. 1 „sowie die zu ihrer Berufsausbildung Beschäftigten" übersehen. Das ist deshalb ein Problem, weil anders als die **Auszubildenden** i.S.v. § 10 BBiG diese Personen keine zu ihrer Berufsausbildung Beschäftigte sind. Sie gehören zu den Personen, die

2

---

102 BAG 10.5.2005 – 9 AZR 251/04 – AP § 8 BUrlG Nr. 4.

„andere Vertragsverhältnisse" i.S.v. § 26 BBiG abgeschlossen haben. Die Rechtsverhältnisse dieser Personen sind mit der Reform des BBiG durch das Gesetz vom 23.3.2005[1] in Abgrenzung zu dem Berufsausbildungsverhältnis besonders geregelt worden. Erfasst von dieser neuen Norm des BBiG werden Personen, die eingestellt werden, um berufliche Fertigkeiten, Kenntnisse Fähigkeiten oder Erfahrungen zu erwerben, ohne dass es sich um Berufsausbildung in einem geordneten Ausbildungsgang (§§ 1 Abs. 3, 4 BBiG) handelt. Unerheblich ist, dass die Begründung eines Arbverh nicht notwendige Voraussetzung für eine Beschäftigung zum Erwerb der Qualifikation im Rahmen eines anderen Vertragsverhältnisses i.S.v. § 26 BBiG ist; denn auch für das Berufsausbildungsverhältnis nach § 10 BBiG gilt, dass es kein Arbverh ist. Die seit 1963 unverändert gebliebene Norm des § 2 BUrlG ist auf diese neue Begrifflichkeit noch nicht zugeschnitten. Sie wollte alle der Berufsbildung i.S.v. § 1 Abs. 1 BBiG dienenden Beschäftigungsverhältnisse erfassen, soweit die Berufsbildung nicht in berufsbildenden Schulen durchgeführt wird. Deshalb gehören entgegen dem Wortlaut auch Personen in betrieblichen Beschäftigungsverhältnissen, die der Berufsbildungsvorbereitung (§ 1 Abs. 2 BBiG), der beruflichen Fortbildung (§ 1 Abs. 4 BBiG) sowie der beruflichen Umschulung (§ 1 Abs. 5 BBiG) dienen, zu dem Kreis der Anspruchsberechtigten i.S.v. § 2 S. 1 BUrlG. Dafür spricht i.Ü., dass nach § 26 BBiG die §§ 10 bis 23 und 25 mit den in § 26 BBiG vorgesehenen Modifikationen Anwendung finden, so dass über § 10 Abs. 2 BBiG auch das Arbeitsrecht gelten soll.

B. Anspruchsberechtigte

I. Arbeitnehmer

3 Wegen des allg. AN-Begriffs wird auf § 611 BGB verwiesen (s. § 611 BGB Rn 50 ff.). Entgegen einer weit verbreiteten Laiensicht haben AN nicht nur im Haupt-Arbverh sondern auch in nebenberuflich begründeten **Zweit- und Dritt-Arbverh** Anspruch auf Urlaub.[2] Unerheblich ist der Umfang der geschuldeten Arbeitspflicht. Von daher sind auch sog. **geringfügig Beschäftigte** i.S.v. § 8 SGB IV anspruchsberechtigt. Ausgenommen sollen nur die sog. **unregelmäßig Beschäftigten** sein, die nur jeweils ein befristetes Arbverh für einen Tag begründen und von daher nicht die erforderliche Mindestdauer des vollen Monats aus § 5 Abs. 1 erreichen. Wird **Arbeit auf Abruf** vereinbart (vgl. § 12 TzBfG Rn 1 ff.), so ist von einem einheitlichen Arbverh auszugehen, so dass diese AN nach einem Monat anspruchsberechtigt werden.[3]

II. Zur Berufsausbildung Beschäftigte

4 **Auszubildende** i.S.v. § 10 BBiG sind „als zu ihrer Berufsausbildung Beschäftigte" ausdrücklich in den Kreis der Anspruchsberechtigten einbezogen. Auch diejenigen, die außerhalb eines anerkannten, staatlich geordneten Ausbildungsgangs in einem Betrieb oder in einer Dienststelle zu ihrer beruflichen Bildung beschäftigt werden (s. Rn 2), sind anspruchsberechtigt. Das gilt insb. für Volontäre und Praktikanten, die schon unter der Geltung des alten BBiG, als Anspruchsberechtigte angesehen wurden.[4] **Praktikant** ist insb., wer sich einer bestimmten Tätigkeit und Ausbildung in einem Betrieb unterzieht, weil er entsprechende berufliche Erfahrungen, vor allem für die Zulassung zum Studium oder zur Führung einer Berufsbezeichnung, nachweisen muss.[5] **Volontär** ist, wer sich für ein bestimmtes Gebiet und für eine gewisse Zeit einem Betrieb zur Verfügung stellt, um bei diesem Fähigkeiten zu erlernen und Erfahrungen zu gewinnen, ohne dass der Betrieb eine geordnete Fachausbildung organisiert.[6] Die entgegenstehende Legaldefinition des § 82a HGB, wonach Volontärtätigkeit unentgeltlich erfolgt, ist durch das BBiG überholt: Von daher kann auch eine bezahlte Freistellung nach § 1 BUrlG stattfinden. Nur soweit der „Volontär" jederzeit wegbleiben kann und nicht zur Arbeitsleistung verpflichtet ist, besteht keine Vergütungspflicht nach §§ 26, 17 BBiG, so dass bezahlter Urlaub dann ausscheiden muss.

5 Wenn **Lernpfleger und Lernschwestern** an einer Krankenpflegeschule sowohl theoretisch wie praktisch ausgebildet werden und dabei die praktische Ausbildung überwiegt, galten sie nach altem Berufsbildungsrecht als zur Berufsausbildung Beschäftigte[7] und waren damit auch Anspruchsberechtigte i.S.v. 2.[8] Nach neuem Recht werden sie im Rahmen eines anderen Vertragsverhältnisses nach § 26 BBiG beschäftigt und sind ebenfalls anspruchsberechtigt.

C. Arbeitnehmerähnliche Personen

I. Begriff

6 In § 2 S. 2 wird der Begriff „arbeitnehmerähnliche Person" nicht selbstständig definiert. Er knüpft an die herkömmliche Abgrenzung zum AN an. Arbeitnehmerähnliche Personen sind **Selbstständige**, die wegen fehlender oder wegen gegenüber AN geringerer Weisungsgebundenheit oder oft auch wegen fehlender oder geringerer Eingliederung

---

1 BGBl I S. 931.
2 ErfK/*Dörner*, § 1 BUrlG Rn 24.
3 ErfK/*Dörner*, BUrlG § 1 Rn 23.
4 *Leinemann/Linck*, § 2 BUrlG Rn 17.
5 BAG 5.8.1965 – 2 AZR 439/64 – AP § 21 KSchG Nr. 2; so auch *Schaub*, Arbeitsrechts-Handbuch, § 16 IV 1.
6 *Wohlgemuth*, BBiG, § 19 Rn 4.
7 BAG 16.12.1976 – 3 AZR 556/75 – BAGE 28, 269.
8 *Leinemann/Linck*, § 2 BUrlG Rn 17.

in eine betriebliche Organisation im Vergleich zu AN in einem Arbverh in wesentlich geringerem Maße persönlich abhängig sind. An die Stelle der persönlichen Abhängigkeit tritt die wirtschaftliche Abhängigkeit.

II. Abgrenzung

Die Abgrenzung zwischen arbeitnehmerähnlicher Person i.S.v. § 2 S. 2 und einem Selbstständigen bestimmt sich nach den **allg. Merkmalen**. § 12a TVG ist nicht unmittelbar heranzuziehen. Die Vorschrift enthält keine gesetzliche Definition für alle arbeitsrechtlichen Vorschriften, die auf das Rechtsverhältnis einer arbeitnehmerähnlichen Person anzuwenden sind.[9] Das schließt nicht aus, die in § 12a Abs. 1 Nr. 1 Buchst. a und Buchst. b TVG genannten Zeit- und Verdienstrelationen heranzuziehen.[10]

III. Wirtschaftliche Abhängigkeit

Wirtschaftliche Abhängigkeit ist regelmäßig gegeben, wenn der Betroffene auf die Verwertung seiner Arbeitskraft und die Einkünfte aus der Dienstleistung zur Sicherung seiner **Existenzgrundlage** angewiesen ist.[11] Insb. bei der Tätigkeit für nur einen Auftraggeber kann das der Fall sein. Vorausgesetzt wird weiter eine gewisse Dauerbeziehung.[12] Der Beschäftigte muss außerdem seiner gesamten sozialen Stellung nach einem AN vergleichbar schutzbedürftig sein (st. Rspr.)[13] Das ist gegeben, wenn das Maß der Abhängigkeit nach der Verkehrsanschauung einen solchen Grad erreicht, wie er im Allg. nur in einem Arbverh vorkommt und die geleisteten Dienste nach ihrer soziologischen Typik mit denen eines AN vergleichbar sind.[14] Maßgebend ist eine Gesamtwürdigung aller Umstände des Einzelfalls.[15]

IV. Schutzbedürftigkeit

Der wirtschaftlich Abhängige muss seiner gesamten sozialen Stellung nach in vergleichbarer Weise wie ein AN schutzbedürftig sein[16] und die geleisteten Dienste müssen nach ihrer **soziologischen Typik** denen eines AN ähnlich sein.[17] Die wirtschaftliche Abhängigkeit und die einem AN vergleichbare Schutzbedürftigkeit kann insb. dann vorliegen, wenn der Vertragspartner aufgrund eines Dienstvertrages überwiegend für eine Person tätig ist, die geschuldete Leistung persönlich und im Wesentlichen ohne Mitarbeit von AN erbringt.[18]

V. Einzelfälle

Hinsichtlich der Statusbestimmung für **Handelsvertreter, Journalisten** oder **Rundfunk- und Fernsehmitarbeiter** als arbeitnehmerähnliche Personen vgl. die Erläuterungen zu § 611 BGB Rn 82 und § 12a TVG Rn 6 ff.

Die Voraussetzungen, die an ein arbeitnehmerähnliches Dienstvertragsverhältnis zu stellen sind, hat eine nebenberuflich **für Malkurse tätige Volkshochschuldozentin** erfüllt. Diese stand in einem Rechtsverhältnis einer arbeitnehmerähnlichen Person, weil sie wirtschaftlich von der Verwertung ihrer Arbeitskraft bei einer VHS abhängig war. Dabei spielte nach Auffassung des BAG der zeitliche Umfang der Tätigkeit bei der Feststellung der wirtschaftlichen Abhängigkeit keine Rolle; denn die angebotene Dienstleistung war außerhalb einer VHS realistisch nicht zu vermarkten.[19] Sie war nach Meinung des BAG auch deshalb einer AN vergleichbar sozial schutzbedürftig. Dem stand nicht entgegen, dass Volkshochschuldozenten regelmäßig keine AN sind. Damit ist lediglich geklärt, dass sie vom Auftraggeber nicht im gleichen Grad persönlich abhängig sind. Wer, wie es für einen AN typisch ist, seine Dienste in Person zu erbringen und vergleichbar einem angestellten VHS-Dozenten für seine Unterrichtstätigkeit von der Unterrichtsplanung und der Raumzuweisung abhängig ist, ist auch vergleichbar schutzbedürftig.

Ebenso hat das BAG eine **in einer Privatklinik als Nachtwache** Tätige wenn schon nicht als AN so doch zumindest als arbeitnehmerähnliche Person beurteilt.[20] Zugrunde lag folgender Sachverhalt: Der Nachtbereitschaftsdienst dauerte jeweils von 19.30 Uhr bis 7.30 Uhr. Die Auftraggeberin beschäftigte hierfür – z.T. im Rahmen von Nebentätigkeiten – Medizinstudenten, Krankenschwestern, Arzthelferinnen und andere medizinische Fachkräfte. Den monatlichen Nachtwachendienstplan erstellten die Nachtwachen weitgehend selbst. Es war jeder Nachtwache überlassen, sich nach Absprache in den Dienstplan einzutragen, wobei regelmäßig derjenige den Vorrang hatte, der sich als Erster eintrug. Für die Klägerin verblieben regelmäßig Wochenenddienste. Im Einzelnen leistete sie im Jahr 2002 im Februar elf Dienste, im März 14 Dienste, im April 15 Dienste, im Mai 18 Dienste, im Juni und Juli jeweils 16 Dienste, im

---

9 So schon BAG 15.3.1978 – 5 AZR 819/76 – BAGE 30, 163.
10 Vgl. Germelmann u.a./*Müller-Glöge*, § 5 Rn 21; ErfK/*Dörner*, § 2 BUrlG Rn 4.
11 BAG 26.9.2002 – 5 AZB 19/01 – BAGE 103, 20.
12 Vgl. BAG 6.12.1974 – 5 AZR 418/74 – AP § 611 BGB Abhängigkeit Nr. 14.
13 Vgl. nur BAG 30.8.2000 – 5 AZB 12/00 – AP § 2 1979 ArbGG Nr. 75 = EzA § 2 ArbGG 1979 Nr. 51.
14 BAG 2.10.1990 – 4 AZR 106/90 – BAGE 66, 95; 13.12.1962 – 2 AZR 128/62 – BAGE 14, 17.
15 BAG 17.1.2006 – 9 AZR 61/05 – DB 2006, 1502.
16 BAG 16.7.1997 – 5 AZB 29/96 – AP § 5 ArbGG 1979 Nr. 37.
17 Vgl. *Schaub*, Arbeitsrechts-Handbuch, § 9 I Rn 2.
18 BAG 15.4.1993 – 2 AZB 32/92 – NZA 1993, 789; so auch ErfK/*Preis*, § 611 BGB Rn 133.
19 BAG 17.1.2006 – 9 AZR 61/05 – DB 2006, 1502.
20 BAG 15.11.2005 – 9 AZR 626/04 – AP § 611 BGB Arbeitnehmerähnlichkeit Nr. 12.

August 17 Dienste, im September zehn Dienste, im Oktober 15 und im November 13 Dienste von jeweils zwölf Stunden, damit zwischen 120 und 216 Stunden monatlich. Das BAG hat die wirtschaftliche Abhängigkeit aus der Dauer der Beschäftigung und der Häufigkeit der geleisteten Nachtdienste hergeleitet. Schon der zeitliche Umfang von zehn bis 18 Diensten monatlich mit einer Stundenzahl zwischen 120 und 216 ließ eine Tätigkeit für einen anderen Vertragspartner nicht zu. Schon wegen der Art der in der Privatklinik geleisteten Dienste lag ein vergleichbares Schutzbedürfnis wie bei einer angestellten Pflegekraft auf der Hand.

13 Ebenfalls als arbeitnehmerähnliche Person ist eine **im Telefonmarketing Tätige** angesehen worden, die monatlich Provisionen mit einer Mindestgarantie in Höhe von 1.500 EUR erhalten hat.[21] Es handelte sich dabei um Tätigkeiten, die auch im Rahmen eines Arbverh geleistet werden können. Die Preise und Konditionen waren ihr von der Beklagten vorgegeben. Nach dem Vortrag der Beklagten nutzte sie für die Ausführung ihrer Tätigkeiten die Büros der Auftraggeberin. Ob und in welchem Umfang sie dabei in eine betriebliche Organisation eingebunden war und ob sie feste Arbeitszeiten zu beachten hatte, ist vom LAG offen gelassen worden.

D. Beraterhinweise zur Durchsetzung des Anspruchs

I. Erfüllungseinwand des Auftraggebers

14 Der Auftraggeber kann die Erfüllung des Urlaubsanspruchs durch Freistellung einwenden, wenn er die arbeitnehmerähnliche Person freigestellt hat. Dazu muss der Erklärung hinreichend klar zu entnehmen sein, dass er Dienstgeber zur Erfüllung des Urlaubsanspruchs für einen bestimmten oder zumindest bestimmbaren Zeitraum eine bezahlte Freistellung von Aufträgen gewähren will.[22] Die Festlegung des Freistellungszeitraums durch den Dienstgeber ist jedoch nicht zwingend notwendig. Angesichts der Erbringung der Dienste in persönlich weitgehend freier Organisation ist es ausreichend, wenn die arbeitnehmerähnliche Person aufgrund einer generellen Absprache zu bestimmten Zeiten mit der Dienstleistung aussetzt, ohne dass andere Gründe wie Erkrankung, pflichtwidriges Nichterscheinen gegeben sind.[23] Die Vereinbarung, die arbeitsfreie Zeit solle unbezahlt bleiben, ist unwirksam; denn § 1 ist nach § 13 Abs. 1 S. 1 nicht abdingbar.

II. Urlaubsentgeltanspruch der arbeitnehmerähnlichen Person

15 Macht die arbeitnehmerähnliche Person einen Anspruch auf Urlaubsentgelt geltend, muss sie darlegen, dass Urlaub durch **Aussetzen von Aufträgen** oder **Verlängerung von Ablieferungsfristen**[24] gewährt wurde. Besteht mit dem Auftraggeber eine einvernehmliche Festlegung oder hat dieser seinerseits einseitig die Urlaubszeit festgelegt, ist das kein Problem. Mag auch das Festlegungsrecht des Auftraggebers zweifelhaft sein (siehe Rn 16), so muss er sich doch an seine Erklärung festhalten lassen.

16 Die arbeitnehmerähnliche Person kann sich für die Forderung auf Urlaubsentgelt auch auf die Selbstfestlegung des Urlaubszeitraums berufen. Es werden dazu beachtliche Argumente vertreten, dass es insoweit ein Selbstbeurlaubungsrecht gebe.[25] Zutreffend ist, dass im Verhältnis zum arbeitnehmerähnlichen Selbstständigen dem Auftraggeber kein arbeitsvertragliches Direktionsrecht i.S.v. § 106 GewO zusteht. Daraus wird gefolgert, dass dem Auftraggeber auch das als Spiegelbild zum Weisungsrecht zu verstehende einseitige **Urlaubsbestimmungsrecht** (§ 7 Abs. 1 S. 1) nicht zustehen könne.[26] Ein solches Urlaubsbestimmungsrecht des Auftraggebers würde der persönlichen Unabhängigkeit widersprechen, aufgrund derer ein arbeitnehmerähnlicher Selbstständiger seine Arbeitszeit und somit auch seine freie Zeit selbst festlegen kann. Macht der arbeitnehmerähnliche Selbstständige von seinem Selbstbeurlaubungsrecht Gebrauch, so muss er dem Auftraggeber zuvor eine entsprechende Gestaltungserklärung zukommen lassen. Streiten sich Auftraggeber und Arbeitnehmerähnliche um Urlaubsentgeltansprüche, muss der Arbeitnehmerähnliche nur nachweisen, dass er den Urlaub rechtzeitig angezeigt hat. Die Unbilligkeit der Ausübung nach § 315 BGB hat demgegenüber der Auftraggeber darzulegen und ggf. zu beweisen.[27] Bestreitet der Auftraggeber das Recht zur Selbstbeurlaubung, so sollte aus Gründen der anwaltlichen Vorsorge dem Auftraggeber eine Frist gesetzt werden, innerhalb derer er die Festlegung entsprechend dem Wunsch der arbeitnehmerähnlichen Person gemäß § 7 Abs. 1 S. 1 erklären soll. So wird unabhängig von der Entscheidung der Rechtsfrage der ersatzlose Verfall des Anspruchs durch Verzug verhindert.

III. Ersatzurlaub

17 Die arbeitnehmerähnliche Person kann Ersatzurlaub verlangen, wenn der AG mit der Urlaubsgewährung vor Ablauf des Urlaubsjahres in Verzug geraten und infolge dessen der Anspruch untergegangen ist.[28]

---

21 LAG Hamm 19.5.2006 – 2 Ta 476/05 – juris.
22 LAG Hamm 21.2.2007 – 18 Sa 1539/06 – juris.
23 LAG Köln 28.11.2005 – 2 Sa 238/05 – ArbuR 2006, 210.
24 Vgl. ErfK/*Dörner*, § 12 BurlG Rn 16; *Leinemann/Linck*, § 12 BurlG Rn 26; a.A. *v. Hase/Lembke*, BB 1997, 1095, 1097.
25 *v. Hase/Lembke*, BB 1997, 1095, 1097; a.A. ErfK/*Dörner*, § 12 BurlG Rn 16; *Leinemann/Linck*, § 12 BUrlG Rn 26.
26 *v. Hase/Lembke*, BB 1997, 1095, 1097.
27 *v. Hase/Lembke*, BB 1997, 1095, 1099.
28 LAG Hamm 21.2.2007 – 18 Sa 1539/06 – juris.

IV. Urlaubsabgeltung

Die von § 2 S. 2 angeordnete entsprechende Anwendung des § 7 Abs. 4 begründet nicht bei der Beendigung eines jeden einzelnen Auftrags einen Urlaubsabgeltungsanspruch. Sinnvollerweise ist auf eine natürliche Betrachtung des Gesamtablaufs der geschäftlichen Beziehungen oder auf einen ausdrücklich oder konkludent geschlossenen Rahmenvertrag abzustellen.[29] Solange weitere Aufträge ins Auge gefasst sind, scheidet eine Urlaubsabgeltung aus.[30]

18

V. Verwirkung

Ein Problem der Praxis ist, dass der Urlaubsanspruch der arbeitnehmerähnlichen Person weitgehend unbekannt ist. Fordert eine arbeitnehmerähnliche Person erstmalig Urlaub, so wird nicht selten der Auftraggeber einwenden, die Forderung stelle ein rechtsmissbräuchliches Verhalten (venire contra factum proprium) dar, weil man in den Jahren zuvor einvernehmlich von einem freien Mitarbeiterverhältnis ausgegangen und niemals über Urlaubsansprüche gesprochen worden sei. Diesen Einwand lässt das BAG nicht zu. Selbst wenn seit Beginn einer langjährigen Tätigkeit keine Urlaubsansprüche geltend gemacht worden seien, könne das Verhalten, für das letzte Jahr der Zusammenarbeit Urlaub zu verlangen, nicht als rechtsmissbräuchlich erscheinen.[31] Es könne nämlich ein treuwidriges Verhalten ist nicht bereits dann vorliegen, wenn jemand seine Rechtsansichten ändere und sein Verhalten danach ausrichte.

19

---

§ 3 Dauer des Urlaubs

(1) Der Urlaub beträgt jährlich mindestens 24 Werktage.
(2) Als Werktage gelten alle Kalendertage, die nicht Sonn- oder gesetzliche Feiertage sind.

Literatur: *Busch*, Urlaubsdauer und -vergütung bei Änderungen der vertraglich geschuldeten Arbeitszeitdauer, NZA 1996, 1246; *Danne*, Urlaubsdauer bei unterschiedlicher Tagesarbeitszeit. DB 1990, 1965; *Düwell*, Überblick über die aktuelle Rechtsprechung des Neunten Senats des Bundesarbeitsgerichts, JbArbR 37, 87–116 (2000); *Gutzeit*, Das arbeitsrechtliche System der Lohnfortzahlung, Berlin 2000; *Hohmeister*, Der arbeitsfreie Samstag im Urlaubsrecht, NB 1999, 2296; *Leinemann/Linck*, Berechnung der Urlaubsdauer bei regelmäßig und unregelmäßig verteilter Arbeitszeit, DB 1999, 1498; *Vetter*, Urlaubsdauer – Abhängigkeit von der Zahl der Wochenarbeitstage, AP § 3 BUrlG Nr. 7 Anm.

A. Allgemeines 1	4. Änderungen der Arbeitszeitverteilung im laufenden Kalenderjahr 30
I. Normgeschichte 1	5. Auswirkungen von Arbeitskampf und Kurzarbeit 30a
II. Verhältnis zum Jugendurlaub 3	
III. Normzweck des gesetzlichen Urlaubs 4	6. Umrechnung bei Änderung der Arbeitszeit im Folgejahr 31
IV. Unabdingbarkeit 5	
V. Normzweck des übergesetzlichen Tarifurlaubs ... 6	7. Höchstgrenze bei der Berechnung der Urlaubsdauer 33
B. Regelungsgehalt 7	VII. Teilzeitbeschäftigte 34
I. Nominalwert mit Bezug auf Werk- oder Arbeitstage 7	VIII. Arbeit auf Abruf 35
II. Urlaub an Sonnabenden, Sonntagen und Feiertagen ... 8	IX. Bindung an fehlerhaft zu lang berechnete Urlaubsdauer? 36
III. Die Umrechnung der auf Werktage bezogenen Urlaubsdauer 9	X. Zusatzurlaub 38
IV. Die Umrechnung der auf Arbeitstage bezogenen Urlaubsdauer 13	C. Verbindung zu anderen Rechtsgebieten 41
V. Auf- und Abrundung 16	D. Beraterhinweise 47
VI. Umrechnung bei nicht gleich bleibender Arbeitswoche 17	I. Kürzung 47
1. Referenzzeitraum Doppelwoche 18	II. Verzicht 48
2. Auswirkungen der Arbeitszeitflexibilisierung . 20	III. Streit über Urlaubsdauer 49
3. Rolltage und Freischichten 25	IV. Anrechnung von Sonderurlaub und Abwesenheitszeiten 50

A. Allgemeines

I. Normgeschichte

Die Fassung des § 3 Abs. 1 war im Gesetzgebungsverfahren (Einzelheiten zur Normgeschichte siehe § 1 Rn 3) heftig umstr. Der SPD-Entwurf sah eine Urlaubsdauer von 18 Arbeitstagen vor, während der Entwurf der Fraktionsgemeinschaft von CDU/CSU den Grundurlaub auf **15 Werktage** festlegen wollte und erst ab Vollendung des 35. Lebensjahres eine Aufstockung auf 18 Werktage vorsah. Das wurde Gesetz.

1

---

29 v. *Hase/Lembke*, BB 1997, 1095, 1100.
30 *Seidel*, BB 1970, 971, 974.

31 BAG 7.11.1995 – 9 AZR 541/94 – juris.

2 Mit dem Heimarbeitsänderungsgesetz vom 29.10.1974[1] fand eine erste Änderung des § 3 Abs. 1 statt. Der Mindestanspruch wurde vereinheitlicht. Unabhängig vom Alter sollte der Mindesturlaub einheitlich auf **18 Werktage**, zusammenhängend drei Wochen, betragen. Am 1.1.1995 trat die jetzige Gesetzesfassung des § 3 Abs. 1 mit dem Anspruch auf **24 Werktage** Urlaub in Kraft. Diese zweite Änderung des § 3 Abs. 1 ist durch das Gesetz zur Vereinheitlichung und Flexibilisierung des Arbeitszeitrechts vom 6.4.1994[2] erfolgt. Die **erneute Aufstockung** war erforderlich zur Umsetzung der Vorgabe in Art. 7 der Arbeitszeit-RL 93/104, die eine vierwöchige Freizeit ermöglichen soll (Einzelheiten siehe § 1 Rn 16).

II. Verhältnis zum Jugendurlaub

3 Eine längere Urlaubsdauer ist § 19 JArbSchG für Jugendliche geregelt. Jugendlichen AN unter 18 Jahren steht, degressiv nach Lebensalter gestaffelt, zwischen **25 und 30 Werktagen** Erholungsurlaub zu (Einzelheiten siehe § 19 JArbSchG Rn 2).

III. Normzweck des gesetzlichen Urlaubs

4 Die Dauer des jährlichen Mindesturlaubs richtet sich nach der vom Stand der gesellschaftlichen Entwicklung abhängigen Vorstellung der gesetzgebenden Körperschaften, wie viel zusammenhängende Freizeit nötig und angemessen sein soll, um den arbeitenden Menschen eine „Erholung", d.h. eine Wiederauffrischung der Arbeitskraft zu ermöglichen.[3] Zugleich wird mit der Festlegung der Dauer des Mindesturlaubs auch ein Ziel des Arbeitsschutzes, genauer der Gesundheitsprävention, verfolgt. Das zeigt die Herkunft der 24 Werktage-Regelung aus Art. 7 der Europäischen Arbeitszeit-RL.

IV. Unabdingbarkeit

5 Der Mindesturlaubsanspruch nach § 3 kann weder durch TV noch durch einzelvertragliche Vereinbarung unterschritten werden (§ 13 Abs. 1 S. 1). Es ist nur eine Aufstockung zugunsten des AN zulässig. Damit ist auch eine Aufdrängung von unbezahltem oder schlecht (unterhalb des Entgeltfortzahlungsprinzips des § 1) bezahlten (Zwangs-)Urlaub ausgeschlossen; denn bei derartig vorformulierten Arbeitsvertragsklauseln, die dem Zweck dienen, Annahmeverzugsrisiken des AG zu mindern, kommt die richterliche Inhaltskontrolle nach § 307 Abs. 2 Nr. 1 BGB zu dem Ergebnis, dass eine unangemessene Abweichung von den wesentlichen Grundgedanken des Urlaubsrechts vorliegt.

V. Normzweck des übergesetzlichen Tarifurlaubs

6 Soweit weitergehende vertragliche und tarifliche Urlaubsregelungen vereinbart werden, liegt ihnen zumeist nicht die Vorstellung zugrunde, wegen der Besonderheiten der Arbeitsbedingungen müsse abweichend vom Gesetz aus Gründen der Gesundheitsprävention eine längere Urlaubsdauer festgelegt werden. Ziel der Ausweitung ist es regelmäßig, das Verhältnis von Arbeitspflicht und Freizeit in Richtung selbst bestimmter Freizeit zu verschieben. Insoweit sind die Regeln, die im BUrlG für den aus Gründen der Gesundheitsprävention geschaffenen Mindesturlaub gelten, wie z.B. der Grundsatz der zusammenhängenden Gewährung oder die Befristung des Urlaubs auf das Kalenderjahr für den übergesetzlichen Urlaub, nicht immer zielführend. Deshalb bestünden keine durchgreifenden Bedenken dagegen, wenn die TV-Parteien es den AN überließen, den übergesetzlichen Teil des Tarifurlaubs für mehrere Jahre im Rückgriff zusammen zu ziehen („anzusparen") und für ein **Sabbatjahr** oder zur **Verkürzung der Lebensarbeitszeit** zu nutzen. Allerdings haben die tariflichen Regelungswerke von diesen Möglichkeiten bisher noch keinen Gebrauch gemacht. Sie orientieren sich eng am Vorbild des im BUrlG geregelten Erholungsurlaubs. I.Ü. ist es einfacher, sich die vom Gesetzgeber aufgebaute Ordnung zu nutze zu machen, als selbst eigene Regeln aufzustellen. Nur soweit die Übertragungsdauer über die in § 7 Abs. 3 S. 3 bestimmte Begrenzung auf ein Vierteljahr hinaus verlängert werden soll, hat die Tarifpraxis bisher in nennenswerter Anzahl ein Bedürfnis für eine eigenständige Regelung erkannt (siehe § 7 Rn 121 ff.).

B. Regelungsgehalt

I. Nominalwert mit Bezug auf Werk- oder Arbeitstage

7 Die Mindestdauer des Urlaubs nach § 3 Abs. 1 beträgt **24 Werktage**. Abs. 2 definiert sie als „alle Kalendertage, die nicht Sonn- oder gesetzliche Feiertage sind". TV stocken den Mindesturlaub meist auf 30 Werk- oder 30 Arbeitstage auf. Als **Arbeitstage** werden definiert Werktage unter Ausschluss der Sonnabende, also Montag bis Freitag. Der Unterschied zwischen der Berechnung nach Arbeits- oder Werktagen erscheint erheblich. 24 Werktage sind zusammenhängend vier Wochen, 24 Arbeitstage sind demgegenüber vier Wochen und vier Werktage. Dieser Unterschied hat jedoch keine rechtliche Bedeutung. Denn wird mit der Rspr. Urlaub als Befreiung von der Arbeitspflicht verstanden, dann zählen alle Kalendertage (einschließlich Sonn- und Feiertage), an denen eine Arbeitspflicht besteht. Die Definition der Urlaubstage als Werktage sagt nur etwas über die Vorstellung, von welcher Verteilung der Arbeitszeit auf

---

1 BGBl I S. 2879.
2 BGBl I S. 1170.

3 Zutreffend ErfK/*Dörner*, § 3 BUrlG Rn 6.

die Wochentage der Gesetzgeber ausgegangen ist: Er hat unterstellt, dass die Arbeitspflicht auf sechs Tage in der Woche verteilt ist.

II. Urlaub an Sonnabenden, Sonntagen und Feiertagen
Die Definition in § 3 Abs. 2 steht nicht einer Urlaubsgewährung an Sonn- und Feiertagen entgegen. Sofern an diesen Tagen Arbeitspflicht besteht, sind diese Tage urlaubsrechtlich wie Werktage zu behandeln.[4] Beträgt die Arbeitsverpflichtung in der Woche sieben Tage, so erhöht sich der Umfang der Arbeitsbefreiung (s. Rn 11).

III. Die Umrechnung der auf Werktage bezogenen Urlaubsdauer
Arbeitet ein AN – anders als § 3 voraussetzt – nicht von Montag bis Sonnabend, also nicht an allen sechs Werktagen einer Woche, so kann für ihn die in § 3 Abs. 1 genannte Anzahl von 24 Tagen, an dem ihm der AG die Arbeitspflicht zu erlassen hat, nicht gelten. Die für ihn maßgebliche Anzahl der Urlaubstage ist durch eine entsprechende Umrechnung zu ermitteln. Sie beträgt: 20.

$$\text{Urlaubsanspruch} = \frac{\text{Nominale Zahl der Urlaubstage} \times \text{Zahl der Pflichtarbeitstage je Woche}}{6 \text{ Werktage}}$$

Ziel der Umrechnung ist **keine Kürzung**, sondern allen AN unabhängig von der Verteilung ihrer Arbeitszeit auf die Wochentage eine hinsichtlich der Freizeit **gleichwertige Urlaubsdauer** zu sichern. Das bedeutet, dass bei einer Pflicht, an weniger als sechs Werktagen zu arbeiten, sich der Freistellungsanspruch entsprechend verringert und bei einer Arbeitspflicht an mehr als sechs Kalendertagen in der Woche sich die Anzahl der Urlaubstage entsprechend erhöht.

Beispiele: 1. Hat der AN sieben Tage in der Woche zu arbeiten, so erhöht sich die Anzahl seiner Urlaubstage auf 28. Die Gegenprobe beweist, dass bei sieben Tagen Arbeitspflicht auch in diesem Fall der AN nur eine vierwöchige zusammenhängende Urlaubsdauer erhält.

2. Hat der AN vier Tage in der Woche zu arbeiten, so vermindert sich die Anzahl der Urlaubstage auf 16 Urlaubstage. Die Gegenprobe beweist, dass bei vier Tagen Arbeitspflicht auch in diesem Fall der AN eine vierwöchige zusammenhängende Urlaubsdauer erhält.

Diese allgemeingültige, an das Prinzip der kommunizierenden Röhren erinnernde Regel hat der Gesetzgeber bei dem Problem, wie die Anzahl der Urlaubstage für die Sicherstellung des einwöchigen Zusatzurlaub der Schwerbehinderten zu berechnen ist, in § 47 S. 1 Hs. 2 SchwbG erstmals ausdrücklich formuliert und im Jahr 2001 mit § 125 S. 1 Hs. 2 SGB IX erneuert.[5]

IV. Die Umrechnung der auf Arbeitstage bezogenen Urlaubsdauer
Ist in einem TV die Urlaubsdauer nicht wie im Gesetz nach Werktagen, sondern nominal in **Arbeitstagen** festgelegt, wird von der Verteilung der Arbeitszeit auf fünf Tage in der Woche ausgegangen. Solange nichts Gegenteiliges bestimmt ist, gilt auch für den tarifvertraglich geregelten Urlaub das in § 125 SGB IX zum Ausdruck gebrachte Prinzip der kommunizierenden Röhren: Zu Gunsten des AN erhöht sich die Anzahl der Urlaubstage mit Freistellung von der Arbeitspflicht, wenn abweichend von der tarifvertraglichen Definition die regelmäßige tarifliche Wochenarbeitszeit dieses AN auf sechs oder sieben Kalendertage in der Woche verteilt wird.

$$\text{Urlaubsanspruch} = \frac{\text{Nominale Zahl der Urlaubstage} \times \text{Zahl der Pflichtarbeitstage je Woche}}{5 \text{ Arbeitstage}}$$

Beispiele für den Fall, dass der TV 30 Arbeitstage (= sechs Wochen zusammenhängender Urlaub) Urlaub festlegt:
1. Hat der AN sechs Tage in der Woche zu arbeiten, so erhöht sich die Anzahl seiner Urlaubstage auf 36. Die Gegenprobe beweist, dass bei sechs Tagen Arbeitspflicht auch in diesem Fall der AN nur eine sechswöchige zusammenhängende Urlaubsdauer erhält.

2. Hat der AN vier Tage in der Woche zu arbeiten, so vermindert ich die Anzahl der Urlaubstage auf 24 Urlaubstage. Die Gegenprobe beweist, dass bei vier Tagen Arbeitspflicht auch in diesem Fall der AN eine sechswöchige zusammenhängende Urlaubsdauer erhält.

3. Arbeitet ein AN nur an einem Tag in der Woche, steht ihm nur 1/5 von 30, das sind sechs Tage Urlaub zu. Die Gegenprobe beweist, dass ihm auch in diesem Fall eine sechswöchige zusammenhängende Urlaubsdauer gesichert ist.

Das Beispiel 3 zeigt deutlich auf, dass die bisweilen vertretene Gegenansicht, was nominal mit 30 Urlaubstagen festgelegt sei, dürfe nicht gekürzt werden, absurd ist. Wäre diese Auffassung richtig, dann hätte dieser AN einen Anspruch auf einen zusammenhängende Urlaubsdauer von 30 Wochen!

---

4 BAG 11.8.1998 – 9 AZR 111/97 – juris unter Bezug auf Leinemann/Linck, § 3 BUrlG Rn 27.

5 Düwell, LPK SGB IX, § 125 Rn 5.

Setzt ein TV die Urlaubsdauer sowohl in **Werktagen** als auch in **Arbeitstagen** fest, erübrigt sich eine Umrechnung von Werk- und Arbeitstagen. Die TV-Parteien haben dann selbst klargestellt, wie viele Arbeitstage Urlaub bei einer regelmäßigen Fünf-Tage-Woche und wie viele Werktage Urlaub in der Sechs-Tage-Woche zu gewähren sind.[6]

V. Auf- und Abrundung

16 Ergeben sich bei der Umrechnung Bruchteile von Arbeitstagen, hat der AN Anspruch auf Gewährung in diesem Umfang. Die Aufrundungsregel des § 5 Abs. 2 erstreckt sich nach der Rspr. des BAG nur auf Bruchteile von Teilurlaubsansprüchen nach § 5 Abs. 1 und nicht auf Bruchteile von Vollurlaubstagen.[7] Bruchteile von Urlaubstagen, die nicht nach § 5 Abs. 2 aufgerundet werden müssen, sind entsprechend ihrem Umfang dem AN durch Befreiung von der Arbeitspflicht zu gewähren oder nach dem Ausscheiden aus dem Arbverh abzugelten.[8] Für den Tarifurlaub kann durch tarifliche Regelung und bei einem betrieblichen Treueurlaub durch BV eine über § 5 Abs. 2 hinausgehende Aufrundungsregel vorgesehen werden.[9] Die Abrundung des gesetzlichen Mindestanspruchs ist nach § 13 Abs. 1 S. 1 ausgeschlossen.[10]

VI. Umrechnung bei nicht gleich bleibender Arbeitswoche

17 Dieses Prinzip der kommunizierenden Röhren von Arbeitspflicht und Urlaub i.S.v. Freistellung hat universelle Geltung. Geht die Festlegung einer tariflichen Urlaubsdauer von einer bestimmten Verteilung der Arbeitspflicht auf einzelne Wochentage als Regelfall aus und unterscheidet sich die Verteilung der Arbeitszeit des betroffenen AN von diesem Regelfall, so ist stets eine einzelfallbezogene Umrechnung der nominalen Regelurlaubsdauer erforderlich. Das gilt auch für den Tarifurlaub. Soweit sie nichts anderes zum Ausdruck gebracht haben, gehen die TV-Parteien bei einer Festlegung der Dauer des Erholungsurlaubs in Werk- oder Arbeitstagen von einer gleichmäßigen Verteilung der Arbeit des AN auf Werk- oder Arbeitstage einer Woche aus.[11] Die Umrechnung erfolgt dann in der Weise, dass die Anzahl der Tage mit Arbeitspflicht mit der Anzahl der Urlaubstage zueinander ins Verhältnis gesetzt wird. Diese Umrechnung ist auch für die Berechnung der Freistellungstage nach § 42 Abs. 2 StVollzG für Strafgefangene übernommen worden.[12]

18 **1. Referenzzeitraum Doppelwoche.** Komplizierter wird die Berechnung der Urlaubsdauer, wenn der gesetzliche Bezugszeitraum der Woche verlassen wird. Das zeigt der Fall, dass der AN nicht an einer gleichmäßigen Zahl von Tagen in einer Woche, sondern an neun Tagen in der sog. **Doppelwoche** zu arbeiten hat und der maßgebliche TV[13] die Urlaubsdauer von 30 Arbeitstagen vorsieht, wobei der TV die Arbeitszeit auf die Fünftagewoche verteilt. Damit hat der AN weniger als fünf Tage in jeder Woche Arbeitspflicht. Folglich ist umzurechnen.[14] Dazu ist auf den Zeitraum abzustellen, in dem der Durchschnitt der regelmäßigen wöchentlichen Arbeitszeit erreicht wird. Hier ist das die Doppelwoche. Es sind dann die zehn Arbeitstage, die bei der Regelverteilung der Arbeitszeit auf die Fünftagewoche anfallen, und die neun Arbeitstage, die im Betrieb in der Doppelwoche davon abweichend anfallen, zueinander ins Verhältnis zu setzen:

$$\frac{30 \text{ Urlaubstage} \times 9 \text{ Arbeitstage in der Doppelwoche}}{10 \text{ Arbeitstage in zwei Fünftagewochen}}$$

19 Das ergibt 27 Arbeitstage Urlaub im Jahr. Das Ergebnis ist auch sachgerecht. Denn der in der Doppelwoche mit neun Tagen arbeitende AN erhält bei der Freistellung an 27 Tagen mit Arbeitspflicht ebenso sechs Wochen Urlaub wie der in der Fünf-Tage-Woche arbeitende Kollege, der für 30 Tage von der Arbeitspflicht freigestellt ist.

20 **2. Auswirkungen der Arbeitszeitflexibilisierung.** Haben die TV-Parteien, um die Verteilung der Arbeitszeit flexibler gestalten zu können, keinen festen Referenzzeitraum bestimmt, so ist für die dann anzustellende Verhältnismäßigkeitsrechnung auf den Zeitabschnitt abzustellen, in dem im Durchschnitt die regelmäßige wöchentliche Arbeitszeit erreicht wird. Ist nur eine Jahresarbeitszeit festgelegt, und haben die TV-Parteien die Festsetzung der Urlaubsdauer auf Werktage bezogen, so ist bei der Verhältnismäßigkeitsrechnung von 312 Werktagen auszugehen.

---

6 BAG 20.8.2002 – 9 AZR 261/01 – BAGE 102, 251.
7 BAG 9.8.1994 – 9 AZR 384/92 – BAGE 77, 296 = AP § 7 BUrlG Nr. 19.
8 Aufgabe von BAG 28.11.1968 – 5 AZR 133/68 – BAGE 21, 230 = AP § 5 BUrlG Nr. 6 und BAG 17.3.1970 – 5 AZR 540/69 = AP § 5 BUrlG Nr. 8; BAG 26.1.1989 – 8 AZR 730/87 – BAGE 61, 52 = AP § 5 BUrlG Nr. 13.
9 BAG 14.2.1991 – 8 AZR 97/90 – NZA 1991, 777 = EzA § 13 BUrlG Nr. 50.
10 BAG 22.10.1991 – 9 AZR 621/90 – BAGE 68, 377 = AP § 3 BUrlG Nr. 6.
11 BAG 20.8.2002 – 9 AZR 261/01 – BAGE 102, 251.
12 OLG Celle 19.6.2008 – 1 Ws 254/08 – FS 2009, 39.
13 Das war im hier entschiedenen Fall der Rahmen-TV für die Poliere des Baugewerbes im Gebiet der Bundesrepublik Deutschland.
14 BAG 8.9.1998 – 9 AZR 161/97 – BAGE 89, 362 = EzA § 4 TVG Bauindustrie Nr. 93; BAG 30.10.2001 – 9 AZR 314/00 – EzA § 3 BUrlG Nr. 23.

So ist zu verfahren, weil § 11 Abs. 1 S. 1 abweichend von der Definition in § 191 BGB davon ausgeht, ein Vierteljahr sei aus Gründen der Vereinfachung mit 13 Wochen zu bemessen.[15] Haben die TV-Parteien die Urlaubsdauer auf Arbeitstage bezogen, so ist bei der Verhältnismäßigkeitsrechnung von 260 Arbeitstagen (= 52 Wochen mal fünf Tage) auszugehen und zu der zu erwartenden abweichenden Anzahl von Arbeitstagen der geringer oder mehr Arbeitenden in Verhältnis zu setzen.[16]

Bei der Umrechnungsformel sind die gesetzlichen Feiertage ohne Belang. Das ergibt sich daraus, dass die rechtliche Behandlung der Feiertage gesondert in den §§ 9 bis 13 ArbZG und in § 2 EFZG geregelt ist. Urlaubsrechtlich sind die Feiertage nur dadurch von Bedeutung, dass dann, wenn die übliche Arbeitszeit schon durch einen Feiertag ausfällt und deshalb das Arbeitsentgelt fortzuzahlen ist, dieser Tag für die Urlaubsgewährung nicht mehr zur Verfügung steht.[17]

Die Formel des BAG im Fall der Urlaubsdauer in der chemischen Industrie lautete:

$$\frac{33 \text{ Urlaubstage} \times 175{,}74 \text{ Schichten der geringer Arbeitenden}}{260 \text{ Arbeitstage in der Fünftagewoche}} = 22{,}3 \text{ Urlaubstage}$$

Eine gesetzliche Abrundungsvorschrift fehlt. Obwohl in § 3 Abs. 1 die Urlaubsdauer in der Zeiteinheit Tage ausgedrückt wird, sind nach der Rspr. Bruchteile von gesetzlichen Urlaubstagen zu gewähren, soweit sie nicht mind. einen halben Tag ergeben. Ergeben sie mind. einen halben Tag, sind sie entsprechend § 5 Abs. 2 auf einen ganzen Tag aufzurunden.[18]

Ist die mit § 11 Abs. 1 S. 1 verfolgte Pauschalisierung nicht anwendbar, weil die TV-Parteien ein Jahr als Bezugszeitraum vereinbart haben, so ist § 191 BGB anzuwenden. Dann tritt ein weiterer Werktag hinzu. Dann ist das Jahr mit 365 Kalendertagen zugrunde zu legen ist.[19]

3. Rolltage und Freischichten. Die aufgrund des im Einzelhandel üblichen rollierenden Systems **ausfallenden Arbeitstage** sind bei der Verhältnismäßigkeitsrechnung ebenso von der Anzahl der Tage mit Arbeitspflicht abzuziehen.

Das Gleiche gilt für die im Schichtsystem üblichen **Freischichten**.[20] Denn die geringere Anzahl von Tagen mit Arbeitspflicht ist in das Verhältnis zu der Anzahl der Arbeitstage zu setzen, die bei dem zur Bezugsgröße genommenen AN mit gleichmäßiger Verteilung der Arbeit auf fünf oder sechs Wochentage anfallen. Etwas anderes kann nur dann gelten, wenn die arbeitsfreien Tage nicht aus Gründen der systematischen Verteilung der Arbeitszeit anfallen, sondern weil die TV-Parteien eine **Kompensation für die ungünstige Lage der Arbeitszeit** gewähren wollen.

Das hat das BAG zum MTV Chemie bestätigt.[21] Danach bezieht sich die tarifliche Urlaubsdauer von 30 Tagen gem. § 12 Abschnitt II Ziff. 1. MTV Chemie nur auf das tarifliche Grundmodell der Fünf-Tage-Woche. Verteilt sich die Arbeitszeit auf mehr oder weniger als fünf Werktage in der Woche, ist der Urlaubsanspruch gem. § 12 Abschnitt II Ziff. 4 Abs. 3 oder Abs. 4 MTV Chemie mit dem Ziel einer gleichwertigen Urlaubsdauer umzurechnen. Dazu sind die vom AN jährlich zu leistenden Jahres-Soll-Schichten mit der Zahl der Jahres-Soll-Arbeitstage der Bezugsgruppe der AN, deren regelmäßige wöchentliche Arbeitszeit auf fünf Tage verteilt ist, ins Verhältnis zu setzen. Bei der Berechnung der Jahres-Soll-Schichten sind die 34 Freischichten des § 5 Abschnitt II Ziff. 1 Abs. 2 MTV Chemie in Abzug zu bringen. Denn Freischichttage sind keine Arbeitstage. An Freischichttagen schuldet der AN keine Arbeitsleistung. Sie dienen dazu, trotz täglicher oder wöchentlicher Überschreitung der tariflich regelmäßigen Arbeitszeit im Verteilzeitraum, die regelmäßige tarifliche Arbeitszeit zu wahren. Sie verringern deshalb rechnerisch die dem AN zu gewährenden Urlaubstage.

Im entschiedenen Fall ist daher folgende Umrechnungsformel angewandt worden:

$$\frac{(208{,}7 \text{ Schichten des Klägers} - 34 \text{ Freischichten}) \times 33 \text{ Urlaubstage}}{261 \text{ Jahressollarbeitstage}} = 22{,}08 \text{ Urlaubstage}$$

---

15 BAG 20.8.2002 – 9 AZR 261/01 – Bestätigung von BAG 22.10.1991 – 9 AZR 621/90 – BAGE 68, 377; BAG 8.9.1998 – 9 AZR161/97 – BAGE 89, 362 = EzA § 4 TVG Bauindustrie Nr. 93; BAG 30.10.2001 – 9 AZR 314/00 – EzA § 3 BUrlG Nr. 23.
16 BAG 18.2.1997 – 9AZR 738/95 – AP § 1 TVG Tarifverträge: Chemie Nr. 13 = NZA 1997, 1123.
17 BAG 22.10.1991 – 9 AZR 621/90 – BAGE 68, 377; BAG 5.11.2002 – 9 AZR 470/01 – AP § 1 TVG Tarifverträge: Chemie Nr. 15.
18 BAG 26.1.1989 – 8 AZR 730/87 – BAGE 61, 52 AP Nr. 13 zu § 5 BUrlG = NZA 1989, 756.
19 BAG 20.8.2002 – 9 AZR 261/01 – BAGE 102, 251 in Abgrenzung zu BAG 14.1.1992 – 9 AZR 148/91 – EzA § 13 BUrlG Nr. 52 = AP § 3 BUrlG Nr. 5.
20 BAG 20.8.2002 – 9 AZR 261/01 – BAGE 102, 251.
21 BAG 9.9.2003 – 9 AZR 468/02 – EzA § 4 TVG Chemische Industrie Nr. 6.

29 Es war im Divisor ein weiterer Arbeitstag zu (5 × 52 =) 260 hinzurechnen, weil nach dem Chemie MTV das Jahr mit 365 Kalendertagen zugrunde zu legen ist.[22] Das ist eine Abweichung zum BUrlG, das nach § 11 Abs. 1 von 4 × 13 × 5 = 260 möglichen Arbeitstagen ausgeht.

30 **4. Änderungen der Arbeitszeitverteilung im laufenden Kalenderjahr.** Änderungen der Verteilung der Arbeitszeit innerhalb des jeweiligen Bezugszeitraums sind zu berücksichtigen. U.U. muss die Urlaubsdauer mehrfach berechnet werden.[23] Die Neuberechnung kann aufzeigen, dass einem AN zu viel Urlaub gewährt wurde. Zur Rückabwicklung von zu viel erhaltenem Urlaub siehe § 5 Rn 31 ff.

30a **5. Auswirkungen von Arbeitskampf und Kurzarbeit.** Zeiten, in denen der AN an Arbeitskämpfen teilnimmt, sind Zeiten, in denen die Arbeitspflicht ruht. Dementsprechend verringert sich, auf das Urlaubsjahr bezogen, die Zahl der Arbeitstage. Dennoch fließt die Zahl der wegen Arbeitskämpfe arbeitsfreien Tage nicht in die Berechnung der Zahl der Urlaubstage ein. Der Ausgangswert von sechs oder fünf Wochentagen oder hilfsweise von 250 oder 312 Jahresarbeitstagen wird nicht verändert.[24] Anders ist bei Kurzarbeit zu verfahren, sofern diese zu Tagen mit „Nullarbeit" führt. Die Tage ohne Arbeitspflicht sind dann ebenso zu behandeln wie jede andere Absenkung der Arbeitsverpflichtung.[25]

31 **6. Umrechnung bei Änderung der Arbeitszeit im Folgejahr.** Wird ein Urlaubsanspruch auf das nächste Kalenderjahr übertragen, stellt sich das Problem: Wird der „verdiente" Urlaub im Besitzstand unabhängig von der Verteilung der Arbeit im Urlaubsjahr erhalten oder geht er als Übertrag über, der in die Berechnungsgrundlage zur Ermittlung der Anzahl der urlaubsrechtlichen Freistellungstage des laufenden Urlaubsjahres einbezogen wird?

32 In dem Urteil vom 28.4.1998[26] hatte sich der 9. Senat mit dieser Frage auseinanderzusetzen. In dem entschiedenen Fall einer Krankenschwester hatte sich mit dem Wechsel des Kalenderjahres auch die Dauer der Arbeitszeit ermäßigt und die Anzahl der Arbeitstage pro Woche verringert. Da sich der Urlaubsanspruch als Freistellungsanspruch nach der Zahl der gearbeiteten Kalendertage pro Woche richtet, hat der Senat entschieden, dass auch der übertragene Urlaubsanspruch in diesen Fällen wie ein Vortrag auf neue Rechnung entsprechend umzurechnen ist. Entscheidend ist die nunmehr für den AN maßgebliche Verteilung seiner Arbeitszeit. Das trifft für einen auf das folgende Urlaubsjahr übertragenen Resturlaub auch dann zu, wenn der AN seit Beginn des folgenden Jahres nur noch in Teilzeit beschäftigt ist. Das ist in dem vom BAG entschiedenen Fall in § 48 Abs. 4 Unterabs. 4 BAT-KF zwar nur ausdrücklich für die Notwendigkeit einer Neuberechnung eines Urlaubsanspruchs bei Wechsel von Vollzeit zu Teilzeit während des Kalenderjahres geregelt. Diese Regel ist aber allg. gültig. Immer wenn die Verteilung der Arbeitszeit dauerhaft geändert wird, ist die Dauer des dem AN zustehenden Urlaubs neu zu bestimmen, unabhängig davon, ob eine an wenigen Tagen ausgeübte Teilzeittätigkeit auf eine Vollzeittätigkeit aufgestockt oder eine Vollzeittätigkeit auf eine Teilzeittätigkeit mit Arbeitspflicht an wenigen Tagen reduziert wird. Der Grund dafür ist, dass je nach der verminderten oder erhöhten Anzahl der Arbeitstage für dieselbe Freistellungsdauer mehr oder weniger Arbeitsbefreiung erforderlich ist. Wer nur an einem Tag in der Woche arbeitet, braucht für sechs Wochen ununterbrochenen Urlaub nur sechs Tage Freistellung von der Arbeit. Wer an sieben Tagen in der Woche arbeiten muss, benötigt für dieselbe Urlaubsdauer 42 Tage Freistellung. Eine Besitzstandswahrung durch Festschreibung der Freistellungstage scheidet aus; denn nicht die Anzahl der Freistellungstage, die im Vorjahr zur Erreichung der für alle gleichen Urlaubsdauer bei der damals geltenden Arbeitszeit erforderlich war, sondern der Urlaubsanspruch wird übertragen. Als Freistellungsanspruch steht er stets in Bezug zu dem Umfang der Arbeitsverpflichtung im laufenden Urlaubsjahr. Die Gegenansicht geht von einem durch Arbeitsleistung erdienten fixen Zeitguthaben aus. Der Urlaubsanspruch ist aber nicht arbeitsbedingt.

33 **7. Höchstgrenze bei der Berechnung der Urlaubsdauer.** Nach § 10 I. Ziff. 4 S. 2 des Rahmen-TV für Floristikfachbetriebe und Blumen- und Kranzbindereien im Gebiet der Bundesrepublik Deutschland einschließlich Westberlin, ausgenommen die Bundesländer Mecklenburg-Vorpommern, Brandenburg, Sachsen-Anhalt, Thüringen, Sachsen und Ostberlin vom 23.2.1994 (RTV), haben AN bei Sechs-Tage-Woche einen Gesamturlaub (Grund- und Zusatzurlaub) von höchstens 32 Werktagen. Diese Höchstgrenze gilt auch für AN bei Fünf-Tage-Woche. Sie führt bei einer entsprechenden Umrechnung zu einem Urlaub von höchstens 27 Arbeitstagen.[27]

---

[22] BAG 20.8.2002 – 9 AZR 261/01 – BAGE 102, 251 in Abgrenzung zu BAG 14.1.1992 – 9 AZR 148/91 – EzA § 13 BUrlG Nr. 52 = AP § 3 BUrlG Nr. 5.

[23] BAG 28.4.1998 – 9 AZR 314/97 – BAGE 88, 315 = BB 1998, 1111; BAG 5.9.2002 – 9 AZR 244/01 – BAGE 102, 321.

[24] ErfK/*Dörner* § 3 BUrlG Rn 22; HWK/*Schinz* § 3 BUrlG Rn 42.

[25] ErfK/*Dörner* § 3 BUrlG Rn 23; ausf. Leinemann/*Linck* § 3 BUrlG Rn 62 bis 69.

[26] BAG 28.4.1998 – 9 AZR 314/97 – BAGE 88, 315 = BB 1998, 1111.

[27] BAG 8.5.2001 – 9 AZR 240/00 – AP § 1 TVG Tarifverträge: Blumenbinder Nr. 1.

VII. Teilzeitbeschäftigte

Für teilzeitbeschäftigte AN gelten keine Besonderheiten. Werden Sie nicht an allen Werktagen in jeder Woche beschäftigt, ist die Anzahl der Urlaubstage wie bei Vollzeitbeschäftigten zu ermitteln. Teilzeitbeschäftigte AN, die regelmäßig an weniger Arbeitstagen einer Woche als ein vollzeitbeschäftigter AN beschäftigt sind, haben entsprechend der Zahl der für sie maßgeblichen Arbeitstage ebenso Anspruch auf Erholungsurlaub wie vollzeitbeschäftigte AN. Enthält ein TV Regelungen zur Umwandlung des Urlaubsanspruchs eines vollzeitbeschäftigten in den eines teilzeitbeschäftigten AN, so haben diese Bestimmungen Vorrang.[28] Beträgt der Urlaub bei einer regelmäßig auf fünf Arbeitstage verteilten Arbeitszeit 30 Arbeitstage, ist für die Umrechnung des Urlaubs eines Teilzeitbeschäftigten, der mit dem AG eine Jahresarbeitszeit vereinbart hat, auf die im Kalenderjahr möglichen Arbeitstage abzustellen (vgl. Rn 20 ff.). Die Anzahl der Urlaubstage des Teilzeitbeschäftigten verringert sich entsprechend.

34

Wird die Arbeitszeit des Teilzeitbeschäftigten in einem Zeitkonto erfasst, so sind sämtliche aufgrund des gesetzlichen Urlaubs ausfallenden Arbeitsstunden als „Ist-Arbeitszeit" anzusetzen.[29]

VIII. Arbeit auf Abruf

Beim bedarfsabhängigen Arbverh, der sog. Arbeit auf Abruf (§ 12 TzBfG), ist die Berechnung der Urlaubsdauer nach den oben wiedergegebenen Umrechnungsformeln zwar möglich, aber besonders erschwert. Denn die Berechnung lässt sich regelmäßig erst mit der Feststellung der durch Abruf realisierten Arbeitspflicht am Ende des Kalenderjahres durchführen. Hinzu kommt, dass die Anzahl der im Vorjahr festgestellten Arbeitstage für das Folgejahr wegen der dem AG eingeräumten Freiheit des Abrufs nicht repräsentativ sein kann. Die Berechnung der Urlaubsdauer erst am Jahresende widerspricht dem Grundsatz, dass der Urlaub kalenderjahresbezogen (vgl. § 1 Rn 31) zu gewähren ist. Das Schrifttum schlägt daher vor, der AN sei unabhängig von seinem Arbeitszeitdeputat für die Dauer des gesetzlichen Mindesturlaubs von 24 Werktagen bzw. nach tariflichen Regelungen für die dort vorgesehene nominale Dauer von der Arbeit freizustellen.[30] Dem ist das BAG nicht gefolgt.[31] Eine pragmatische Lösung kann darin liegen, auf die Anzahl der Arbeitstage im Halbjahr abzustellen. Der Halbjahreszeitraum ist urlaubsrechtlich aus § 4 als Wartezeit für den Vollurlaubsanspruch bekannt. Nach der gesetzlichen Wertung ist dieser Zeitraum für die Gewährung des Vollurlaubs maßgebend. Deshalb sollte bei variabler Arbeitszeit, soweit keine abweichende Vereinbarung getroffen ist, auf diesen Zeitraum als Referenzzeitraum abgestellt werden. Damit ist dann sichergestellt, dass der AN seinen auf das Jahr befristeten Urlaubsanspruch noch rechtzeitig vor dem Jahresablauf geltend machen kann.

35

IX. Bindung an fehlerhaft zu lang berechnete Urlaubsdauer?

Hat der AG in der Vergangenheit über einen längeren Zeitraum die Dauer des Urlaubsanspruchs fehlerhaft zugunsten des AN berechnet, so kann der AN daraus regelmäßig keinen Anspruch herleiten. Denn aus einer fehlerhaft berechneten Zuvielleistung kann auch dann, wenn sie über einen sehr langen Zeitraum immer wieder gewährt worden ist, nicht ohne weiteres auf eine betriebliche Übung oder ein konkludentes Änderungsangebot des AG geschlossen werden.[32]

36

Ein Anspruch kommt nur dann in Betracht, wenn sich für den AN erkennbar aus allen Gesamtumständen ergeben musste, dass der AG sich auf Dauer außerhalb der bisher vereinbarten arbeitsvertraglichen Verpflichtungen darüber hinausgehend verpflichten wollte. Diese Möglichkeit scheidet regelmäßig schon deshalb aus, weil der AN in der Vergangenheit irrig davon ausgegangen war, der AG habe keine überobligatorische Leistung erbracht.

37

X. Zusatzurlaub

Die Dauer des gesetzlichen, tariflichen oder einzelvertraglichen Urlaubs kann sich um den Schwerbehindertenzusatzurlaub nach § 125 Abs. 1 SGB IX erhöhen (vgl. §§ 124, 125 SGB IX Rn 6). Dabei ist zu beachten, dass der Zusatzurlaub den Grundurlaub aufstockt. Das heißt: Er tritt zusätzlich zum jeweils gesetzlich, vertraglich oder tarifvertraglich geschuldeten Erholungsurlaub hinzu. Das ist in § 125 Abs. 2 S. 3 SGB IX seit Mai 2004 ausdrücklich klargestellt. Wegen dieses Verhältnisses spricht die Praxis auch häufig vom Erholungsurlaub als Grundurlaub. Eine Regelung, nach der Teile des Erholungsurlaubs auf den Zusatzurlaub angerechnet werden dürfen, ist unwirksam. Der Zusatzurlaub ist nicht dispositiv.

38

Ist wegen der nur nominal aber nicht effektiv festgelegten Urlaubsdauer bei nicht gleichmäßiger Verteilung der Arbeit eine Umrechnung aus den oben erläuterten Gründen vorzunehmen, so ist Sorgfalt angebracht; denn die Anzahl

39

---

28 BAG 14.2.1991 – 8 AZR 97/90 – NZA 1991, 777 = EzA § 13 BUrlG Nr. 50.
29 BAG 5.9.2002 – 9 AZR 244/01 – BAGE 102, 321 = EzA § 1 BUrlG Nr. 24.
30 GK-TzA/*Mikosch*, Art. 1 § 4 Rn 111.
31 BAG 5.9.2002 – 9 AZR 244/01 – BAGE 102, 321 = NZA 2003, 726.

32 BAG 26.5.1993 – 4 AZR 149/92 – EzA § 242 BGB Betriebliche Übung Nr. 28 = AP § 12 AVR Diakonisches Werk Nr. 2; daran anschließend: BAG 20.8.2002 – 9 AZR 261/01 – BAGE 102, 251 = AP § 38 BetrVG 1972 Nr. 27.

der Urlaubstage für den Grundurlaub und für den Zusatzurlaub sind getrennt zu berechnen.[33] Eine Gesamtrechnung könnte zu unzulässigen Rundungen führen.

40 Bruchteile eines gesetzlichen Zusatzurlaubs sind zu gewähren. Eine Auf- oder Abrundung kam vor der im Mai 2004 in Kraft getretenen Fassung des Zusatzurlaubs nicht in Betracht.[34] Diese Rspr. ist inzwischen durch die Ergänzung in § 125 Abs. 2 S. 2 SGB IX überholt. Inzwischen ist auch die Aufrundung für Teilzusatzurlaubsansprüche ab ½ Urlaubstag eingeführt. Diese Regel ist entsprechend anzuwenden.

C. Verbindung zu anderen Rechtsgebieten

41 Der Mindesturlaubsanspruch nach § 3 kann weder durch TV noch durch einzelvertragliche Vereinbarung unterschritten werden (§ 13 Abs. 1 S. 1). Die TV-Parteien sind in der Gestaltung des den gesetzlichen Mindesturlaub überschießenden tariflichen Urlaubsanspruchs frei. Sie dürfen daher auch auf die tariflich aufgestockte Urlaubsdauer nach dem Dienstplan dienstfreie Tage anrechnen.[35] Das muss jedoch deutlich im TV-Text zum Ausdruck kommen; denn das BAG geht von der Auslegungsregel aus, dass im Zweifel die gesetzliche Regelung zur Anwendung kommen soll.

42 Einen neuartigen Ansatz hat der Manteltarifvertrag für das Fleischerhandwerk Niedersachsen/Bremen vom 18.1.1996 verfolgt. In dessen § 7 Ziff. 2.1 S. 2 und 3 wird der den gesetzlichen Mindesturlaub überschreitende volle tarifliche Jahresurlaub für jeden Monat, in dem der AN nicht mehr als die Hälfte der festgelegten Arbeitstage tatsächlich gearbeitet hat, anteilig gekürzt. Für jeden vollen Monat, in dem das Arbverh bestanden hat und der AN nicht mehr als die Hälfte der für diesen Monat festgesetzten Arbeitstage tatsächlich gearbeitet hat, soll die Anzahl der Urlaubstage anteilig gekürzt werden. Dabei darf der gesetzliche Mindesturlaubsanspruch nicht unterschritten werden. Mit dieser Regelung wird erkennbar das Ziel verfolgt, die Belastung der Fleischereibetriebe durch Fehlzeiten einzuschränken. Längerfristig abwesenden AN soll bis zur Grenze des gesetzlichen Mindesturlaubs der tarifliche Anspruch gekürzt werden. Verfassungsrechtliche Bedenken greifen nicht durch. Die TV-Parteien sind zwar an den verfassungsrechtlichen Gleichheitssatz des Art. 3 Abs. 1 GG gebunden.[36] Nach Art. 9 Abs. 3 GG haben die T-Parteien aber eine weitgehende Gestaltungsfreiheit. Die Gerichte für Arbeitssachen können deshalb nicht prüfen, ob die tarifliche Regelung ihnen zweckmäßig erscheint. Sie können lediglich Verstöße gegen höherrangiges Recht beanstanden. Hier haben die TV-Parteien differenziert. Für AN mit erheblichen Fehlzeiten soll der tarifliche Mehrurlaub anteilig gekürzt werden. Ein Verstoß gegen den Gleichheitssatz liegt darin nur, wenn es dafür keine sachlich vertretbaren Gründe gibt. Das ist nicht der Fall. Denn es leuchtet ein, dass eine Kumulation von urlaubsbedingten und sonstigen Fehlzeiten zu besonderen Belastungen von Betrieben des Fleischerhandwerks führt. Das gewählte Mittel, bei hohen Fehlzeiten den Urlaub anteilig zu vermindern, ist geeignet, die Belastung in Grenzen zu halten.[37]

43 In TV kann wirksam vereinbart werden, dass Tage der Arbeitsunfähigkeit entgegen § 9 mit dem gesetzlichen und tariflichen Urlaub verrechnet werden, falls der AN seiner Pflicht, eine im Urlaub eingetretene Erkrankung unverzüglich dem AG anzuzeigen, nicht nachkommt.[38] Deshalb war die Bestimmung des § 23 Abs. 17 S. 1 TV für die Arbeiter der Deutschen Bundespost vom 6.1.1955, nach der ein Arbeiter seine im Urlaub aufgetretene Erkrankung unverzüglich anzeigen musste, wenn er erreichen will, dass die Tage der Arbeitsunfähigkeit nicht auf den Urlaub angerechnet werden, wirksam: Nach der Rspr. gilt das auch, wenn sich die Anzeigepflicht auf den gesetzlichen Mindesturlaub bezieht.[39]

44 Eine Tarifvorschrift, nach welcher der AN den übergesetzlichen Urlaubsanspruch verwirkt, wenn er das Arbverh unbegründet ohne Einhaltung der Künd-Frist auflöst, ist zulässig. Von dieser Regelung wird grds. auch der übertragene Urlaub erfasst.[40] Eine entsprechende Bestimmung ist in § 7 Ziff. 5.6 des allgemeinverbindlichen Mantel-TV für die ArbeitnehmerInnen im Gaststätten- und Hotelgewerbe des Landes Nordrhein-Westfalen (MTV) vom 23. März 1995 getroffen:

45 *„Verwirkung des Urlaubsanspruches: Bei unbegründeter Lösung des Arbeitsverhältnisses durch den/die ArbeitnehmerIn ohne Einhaltung der Kündigungsfrist, in Fällen berechtigter fristloser Entlassung durch den Arbeitgeber und in den Fällen der Ziff. 7.5.5 verwirkt der/die ArbeitnehmerIn den Urlaubsanspruch, soweit dieser den gesetzlichen Mindesturlaubsanspruch von 24 Werktagen (20 Arbeitstagen) pro Jahr übersteigt.“*

---

33 BAG 31.5.1990 – 8 AZR 296/89 – NZA 1991, 105 = EzA § 5 BUrlG Nr. 15.
34 So zu § 47 SchwbG: BAG 31.5.1990 – 8 AZR 296/89 – NZA 1991, 105 = EzA § 5 BUrlG Nr. 15.
35 BAG 17.11.1983 – 6 AZR 346/80 – EzA § 13 BUrlG Nr. 16.
36 Vgl. BAG 28.7.1992 – 9 AZR 308/90 – AP § 1 TVG Tarifverträge: Seniorität Nr. 10 = EzA § 2 VRG Bauindustrie Nr. 10; BAG 18.5.1999 – 9 AZR 419/98 – AP § 1 TVG Tarifverträge: Fleischerhandwerk Nr. 1.
37 BAG 18.5.1999 – 9 AZR 419/98 – AP § 1 TVG Tarifverträge: Fleischerhandwerk Nr. 1.
38 BAG 15.12.1987 – 8 AZR 647/86 – AP § 9 BUrlG Nr. 9 = EzA § 9 BUrlG Nr. 13.
39 BAG 15.12.1987 – 8 AZR 647/86 – AP § 9 BUrlG Nr. 9 = EzA § 9 BUrlG Nr. 13.
40 BAG 10.2.2004 – 9 AZR 116/03 – AP § 7 BUrlG Übertragung Nr. 27.

Diese tarifliche Regelung verstößt nicht gegen § 13 Abs. 1. Betroffen ist nämlich allein der Tarifurlaub, der über den gesetzlichen Mindesturlaub hinausgeht. Die in § 7 Ziff. 5.6 MTV geregelte Verwirkung erfasst auch den Resturlaubsanspruch der Klägerin aus dem Vorjahr. Zwar hat das BAG noch unter der Geltung des § 7 Abs. 4 S. 2[41] als geboten angesehen, vergleichbare tarifliche Verwirkungsklauseln „einschränkend anzuwenden".[42] Ebenso wie beim gesetzlichen Verfall der Abgeltung beschränke sich auch der tariflich geregelte Verfall der Abgeltung grds. auf den Urlaub des laufenden Kalenderjahres; aus dem Vorjahr übertragener Urlaub werde nicht erfasst. Der im jeweiligen Urlaubsjahr erworbene gesetzliche Urlaubsanspruch könne nur durch Ereignisse beeinflusst werden, die zeitlich in dieses Jahr fielen. Hieran hat der für das Urlaubsrecht allein zuständige 9. Senat nicht festgehalten. Der Bezug zum Kalenderjahr soll sicherstellen, dass Urlaub tatsächlich in zeitlichem Zusammenhang mit dem Jahr der Entstehung erteilt und genommen wird. Er trifft keine Aussage zum Inhalt eines übertragenen Urlaubsanspruchs.[43] Die Entscheidungen des früher für das Urlaubsrecht zuständigen 5. Senats beruhen auf der bereits aufgegebenen Rspr., der AN „erdiene" durch tägliche Arbeit den Urlaubsanspruch.[44] 46

D. Beraterhinweise

I. Kürzung

In gesetzlich geregelten Fällen ist es dem AG gestattet, den gesetzlichen, tariflichen oder einzelvertraglich zu gewährenden Erholungsurlaub zu kürzen. So ist er ohne Vorankündigung befugt, für jeden Kalendermonat, für den Elternzeit in Anspruch genommen wurde, den Erholungsurlaub um ein Zwölftel zu kürzen (§ 17 Abs. 1 BEEG). Nach der Rspr. ist der AG ist nicht verpflichtet, dem AN vor Antritt des Erziehungsurlaubs mitzuteilen, dass er den Erholungsurlaub anteilig kürzen will.[45] Dieses gesetzliche Kürzungsrecht kann nur durch eine ausdrückliche tarif- oder einzelvertragliche Regelung eingeschränkt werden.[46] Allerdings darf der AG den Erholungsurlaub nicht mindern, wenn der AN während des Erziehungsurlaubs bei ihm Teilzeitarbeit verrichtet (§§ 17 Abs. 1 S. 2, 15 Abs. 4 BEEG). In diesem Fall ist zu beachten, dass bei verringerter Anzahl von Wochenarbeitstagen auch eine entsprechend Umrechnung, d.h. Kürzung der Anzahl der Urlaubstage vorgenommen werden kann (siehe oben Rn 7 ff.). 47

II. Verzicht

Ein Verzicht des AN auf einen Teil seines gesetzlichen oder tariflichen Urlaubs scheitert regelmäßig an § 13 Abs. 1 S. 3, § 4 Abs. 4 S. 1 TVG.[47] Doch kann der AN seinen Urlaubsanspruch durch Zeitablauf verfallen lassen (siehe § 7 Rn 4, 93 ff.). Allerdings ist der AG nicht gehindert, auch verfallenen Urlaub zu gewähren. Hat sich der AG in einem Vergleich verpflichtet, nicht gewährte Urlaubstage ordnungsgemäß abzurechnen und auszubezahlen, so sind diese nicht von einer im Vergleich geregelten Ausgleichsklausel erfasst.[48] 48

III. Streit über Urlaubsdauer

Streiten AG und AN über die Höhe der zu gewährenden Urlaubstage, so kann die in einer Lohnabrechnung mitgeteilte Zahl der noch offenen Urlaubstage den AG binden.[49] Teilt der AG in einer Lohnabrechnung dem AN die Zahl der noch nicht gewährten Urlaubstage mit, so kann darin ein bestätigendes Schuldanerkenntnis liegen, durch das ihm verwehrt ist einzuwenden, er schulde den Urlaub in dieser Höhe nicht. Nach Ablauf des Urlaubsjahres oder des Übertragungszeitraumes ist hierdurch der AG allerdings nicht gehindert, sich auf das Erlöschen des Urlaubsanspruchs zu berufen. 49

Den AN trifft die Darlegungs- und Beweislast für die Vereinbarung einer übergesetzlich langen Urlaubsdauer und den AG die Darlegungs- und Beweislast für die Erfüllung des Urlaubsanspruchs (§ 362 BGB).

IV. Anrechnung von Sonderurlaub und Abwesenheitszeiten

Ein zunächst gewährter bezahlter Sonderurlaub kann nicht nachträglich auf den gesetzlichen und tariflichen Erholungsurlaub angerechnet werden.[50] Ein vor der Arbeitsbefreiung erklärter Vorbehalt des AG, der ihm ermöglichen soll, nach 50

---

41 Aufgehoben durch das Heimarbeitsänderungsgesetz vom 29.10.1974 mit Wirkung zum 1.11.1974.
42 BAG 18.9.1969 – 5 AZR 547/68 – EzA § 7 BUrlG Nr. 10 = AP § 7 BUrlG Abgeltung Nr. 6, mit abl. Anm. *Meisel*; BAG 4.7.1970 – 5 AZR 451/69 – EzA § 7 BUrlG Nr. 19 = AP § 7 BUrlG Abgeltung Nr. 7, mit abl. Anm. *Thiele*.
43 So schon BAG 28.4.1998 – 9 AZR 314/97 – BAGE 88, 315, zur Umrechnung eines übertragenen Urlaubs, wenn die Arbeitszeit im Übertragungszeitraum auf weniger Tage/Woche als im Vorjahr verteilt ist.
44 Vgl. BAG 28.1.1982 – 6 AZR 571/79 – BAGE 37, 382; BAG 8.3.1984 – 6 AZR 600/82 – BAGE 45, 184.
45 BAG 28.7.1992 – 9 AZR 340/91 – BAGE 71, 50 = EzA § 17 BErzGG Nr. 4.
46 BAG 24.4.1986 – 8 AZR 326/82 – AP § 8d MuSchG 1968 Nr. 2 = BB 1986, 2063 = DB 1986, 2339.
47 BAG 31.5.1990 – 8 AZR 132/89 – BAGE 65, 171 = EzA § 13 BUrlG Nr. 49.
48 LAG Hamm 10.1.2007 – 18 Sa 1382/06 – juris.
49 BAG 10.3.1987 – 8 AZR 610/84 – BAGE 54, 242 = NZA 1987, 557.
50 BAG 1.10.1991 – 9 AZR 290/90 – AP § 7 BUrlG Nr. 12 – BAGE 68, 308 = EzA § 10 BUrlG a.F. Nr. 2.

Gewährung eines bezahlten Sonderurlaubs (§ 50 Abs. 1 BAT) die Freistellung ggf. mit dem tariflichen Erholungsurlaub zu verrechnen, ist unwirksam. Entsprechendes gilt für die nachträgliche Anrechnung von Fehlzeiten.[51]

§ 4 Wartezeit

Der volle Urlaubsanspruch wird erstmalig nach sechsmonatigem Bestehen des Arbeitsverhältnisses erworben.

Literatur: *Dörner*, Der Erwerb des Urlaubsanspruchs, AR-Blattei Urlaub V; *Klumpp*, Allgemeines Urlaubsrecht – Überblick, AR-Blattei SD 1640.1; *Krasshöfer*, Der Anspruch des Arbeitnehmers auf Urlaub, AuA 1995, 299; *Preis/Kliemt/Ulrich*, Das Aushilfsarbeitsverhältnis, AR-Blattei SD 310; *Weber*, Die Ansprüche auf Urlaub, Urlaubsentgelt und Urlaubsabgeltung, RdA 1995, 229

A. Allgemeines	1	III. Wartezeit, Teilurlaub und Vollurlaub		10
B. Regelungsgehalt	2	IV. Einzelvertragliche Vereinbarungen zur Wartezeit		12
I. Berechnung der Wartezeit	2	V. Tarifvertragliche Vereinbarungen zur Wartezeit	.	13
II. Rechtlicher Bestand	6	VI. Bezugnahme auf tarifvertragliche Abweichungen		14

A. Allgemeines

1 § 4 ist seit 1963 unverändert geblieben. Der in ihm geregelte Grundsatz, dass der volle Urlaubsanspruch erst nach sechsmonatiger Wartezeit entsteht, war zuvor schon in den Länderurlaubsgesetzen enthalten.

Der vollständige Inhalt der Wartezeitregelung erschließt sich erst aus der Verbindung mit den Bestimmungen über den Teilurlaub nach § 5 Abs. 1 (siehe unten Rn 10).

§ 4 ist mit Art. 7 Abs. 1 der Arbeitszeit-RL (derzeitige Fassung: 2003/88/EG v. 4.11.2003)[1] vereinbar. Die RL verbietet nur eine Regelung, die das Entstehen eines jeden Urlaubsanspruchs vor Zurücklegen einer Mindestbeschäftigungszeit ausschließt. Nach §§ 4, 5 besteht vor erfüllter Wartezeit ein Teilurlaubsanspruch. Das ist eine Art der Regelung, wie sie zulässigerweise von den Mitgliedstaaten getroffen werden kann, um die Ausübung des Rechts auf Jahresurlaub im Einzelnen festzulegen.[2] Die deutsche Wartezeitbestimmung ist deshalb zulässig.[3] Das hat ausdrücklich die Generalanwältin in der Sache „Schultz-Hoff" erklärt.[4]

B. Regelungsgehalt

I. Berechnung der Wartezeit

2 Der volle gesetzliche Mindesturlaubsanspruch mit der Dauer von 24 Werktagen (§ 3 Abs. 1) entsteht erstmalig „nach" dem Ablauf der Wartezeit von sechs Monaten (§ 4). Sie beginnt regelmäßig mit dem Tag der vereinbarten Arbeitsaufnahme. Für die Fristberechnung gelten §§ 187 Abs. 2 S. 1, 188 Abs. 2 2. Alt. BGB. Die Frist kann sowohl an einem Sonn- oder Feiertag beginnen als auch enden. Es findet keine Fristverlängerung nach § 193 BGB statt. Gewöhnlich endet damit die sechsmonatige Frist mit Ablauf des Tages des sechsten Monats, der in seiner Zahl dem Tag des Beschäftigungsbeginns vorangegangen ist.[5]

3 **Beispiel 1:** Ist als Beginn des Arbverh der 1. April bestimmt, so endet am 30. September die sechsmonatige Frist. Der volle Urlaubsanspruch entsteht dann „nach" Fristablauf, d.h. am 1. Oktober.

Eine andere Fristberechnung ist anzuwenden, wenn die Vertragsparteien den Beginn des Arbverh von einem in den Verlauf des Tages fallenden Ereignis abhängig machen.

4 **Beispiel 2:** Der Beginn des Arbverh wird mit „spätestens" 15. Mai festgelegt. Dem AN wird die Möglichkeit eingeräumt, sobald er von seinem Haupt-AG die Zustimmung zur Aufnahme einer Nebentätigkeit erhält, diese entsprechend früher aufzunehmen. Der AN nimmt schon am 1. April die Arbeit auf.

5 Hier beginnt nach § 187 Abs. 1 BGB der Fristlauf ohne Berücksichtigung des Tages, 1. April, in welchen das Ereignis fällt. Folglich endet die Frist nach § 188 Abs. 2 Alt. 1 BGB mit dem Ablauf desjenigen Tages, welcher sechs Monate später durch seine Zahl dem Tag entspricht, in den das Ereignis fällt. Das ist der 1. Oktober. Daraus folgt, dass in dieser Fallkonstellation der volle Urlaubsanspruch am Tag danach (Vgl. § 4 „nach", d.h. am 2. Oktober) entsteht.

---

51 BAG 11.7.2006 – 9 AZR 535/05 – AuA 2007, 52.
1 Abl. 2003, L 299 S. 9.
2 Vgl. zum englischen Vorabentscheidungsersuchen in Sachen BECTU: EuGH 26.6.2001 – C-173/99 – AP Nr. 3 zu EWG-Richtlinie Nr. 93/104 Rn 47 ff., 53 = NZA 2001, 827.
3 Erfk/*Dörner* § 4 BUrlG Rn 1.
4 Schlussanträge der Generalanwältin *Trstenjak* Rs. C-350/06 Rn 44.
5 *Friese*, Rn 54.

II. Rechtlicher Bestand

Maßgeblich für die Erfüllung der Wartezeit ist allein der rechtliche Bestand des Arbverh. Es bedarf keiner Arbeitsleistung des AN. Trotz krankheitsbedingter Arbeitsunfähigkeit oder einer Erwerbsminderung kann ein Urlaubsanspruch entstehen.[6]

Dem Bestand eines Arbverh sind alle Zeiten gleich zu setzen, in denen der AN die sonstigen persönlichen Voraussetzungen des § 2 erfüllt hat:
- Zeiten des Bestehens eines Dienst- oder Werkvertrages als arbeitnehmerähnliche Person oder
- Zeiten eines Berufsausbildungs- oder eines sonstigen Beschäftigungsverhältnisses, das der beruflichen Bildung (siehe § 3 BBiG Rn 2 ff.) diente.

Wird das Arbverh oder das sonstige Beschäftigungsverhältnis eines Anspruchsberechtigten i.S.v. § 2 innerhalb der Wartezeit rechtlich unterbrochen, so beginnt diese von Anfang an – ohne Anrechnung – erneut.[7] Unerheblich ist die Dauer der Unterbrechung und wer sie veranlasst hat.[8]

Keine für die Wartezeit beachtliche Unterbrechung tritt ein, wenn:
- ein AN in einen anderen Betrieb versetzt wird[9]
- das Arbverh nach § 613a Abs. 1 S. 1 BGB auf den Betriebserwerber übergeht, weil das Arbverh fortbesteht und nur der AG wechselt[10]
- ein AN an einem Arbeitskampf (gleich ob Streik oder suspendierende Aussperrung) beteiligt ist[11]
- die Hauptpflichten wegen Beschäftigungsverboten nach dem MuSchG, während des Wehrdienstes oder infolge Elternzeit ruhen.[12]

III. Wartezeit, Teilurlaub und Vollurlaub

Nach erfüllter Wartezeit und weiterem Fortbestehen des Beschäftigungsverhältnisses hat der Anspruchsberechtigte i.S.v. § 2 den Anspruch auf den vollen Jahresurlaub, sog. **Vollurlaub**. In den Folgejahren entsteht der Anspruch jeweils mit dem ersten Tage eines Kalenderjahres, für das der Urlaub entsteht, in voller Höhe.[13] Er ist dann zu diesem Zeitpunkt auch fällig (siehe auch zu weiteren Einzelheiten § 1 Rn 31).[14]

Endet das Arbeits- oder sonstige Beschäftigungsverhältnis während oder mit dem Ablauf der Wartezeit, so reicht dies für das Entstehen eines Vollurlaubsanspruchs nicht aus. Es entsteht dann nur ein Anspruch auf Teilurlaub. Dabei ist zu unterscheiden zwischen dem **Teilurlaub** vor erfüllter Wartezeit, der in § 5 Abs. 1 lit. a und b geregelt ist, und dem sog. gekürzten Vollurlaub, der nach § 5 Abs. 1 lit. c vorliegt, wenn der Anspruchsberechtigte zwar nach erfüllter Wartezeit aber vor Beginn des zweiten Kalenderhalbjahres ausscheidet.

Beispiel 1: Das Arbverh besteht vom 15. März bis zum 14. September. Das Arbverh endet mit Ablauf der Wartezeit. Deshalb entsteht nur ein Anspruch auf Teilurlaub im Umfang von 6/12.

Beispiel 2: Das Arbverh besteht vom 15. März bis zum 31. Oktober. Da der AN nach erfüllter Wartezeit in der zweiten Hälfte des Kalenderjahres aus dem Arbverh ausscheidet, besteht der volle Anspruch und findet keine Zwölftelung des Urlaubsanspruchs nach § 5 statt (Umkehrschluss aus § 5 Abs. 1 Buchst. c).[15]

Beispiel 3: Das Arbverh besteht vom 1. September bis zum 15. April des Folgejahres. Zwar wäre insgesamt die Wartezeit mit 6 Monaten und 15 Tagen erfüllt, aber es ist der Urlaub nach dem Entstehen im jeweiligen Urlaubsjahr zu berechnen. Das ergibt sich insbesondere aus § 5 Abs. 1. Für das erste Jahr entsteht nach § 5 Abs. 1a ein Teilurlaubsanspruch im Umfang von 3/12. Zu Beginn des Folgejahres kann noch kein voller Anspruch entstehen, weil die Wartezeit noch nicht erfüllt. Bei Ausscheiden am 15. April ist die Wartezeit erfüllt, es kann jedoch kein voller Anspruch entstehen; denn dieser AN kann nicht besser stehen, als ein AN, bei dem zu Jahresbeginn der volle Anspruch entstanden ist. Jener müsste sich wegen des Ausscheidedatums innerhalb des ersten Halbjahres die Kürzung des vollen Urlaubsanspruchs bis auf den Teilurlaub gefallen lassen. Folglich hat der am 1. September eingetretene AN für das Folgejahr ebenfalls nur 3/12, zu denen nach Übertragung gemäß § 7 Abs. 3 S. 4 die im Vorjahr entstandenen weiteren 3/12 hinzutreten.

IV. Einzelvertragliche Vereinbarungen zur Wartezeit

Die Dauer der Wartezeit kann durch Einzelarbeitsvertrag oder durch eine nach §§ 77, 88 BetrVG zulässige freiwillige BV verkürzt werden. Es ist auch eine einzelvertragliche Regelung zulässig, nach der ein voller Urlaubsanspruch be-

---

6 BAG 26.5.1988 – 8 AZR 774/85 – BAGE 58, 304 = DB 1989, 182.
7 *Friese*, Rn 54.
8 ErfK/*Dörner*, § 4 BUrlG Rn 10; MünchArb/*Leinemann*, Bd. 1, § 89 Rn 41; a.A. *Neumann/Fenski*, § 4 Rn 43 ff.
9 ErfK/*Dörner*, § 4 BUrlG Rn 15.
10 ErfK/*Dörner*, § 4 BUrlG Rn 15; *Leinemann/Lipke*, DB 1988, 1217; *Leinemann/Linck*, § 4 BUrlG Rn 12.
11 ErfK/*Dörner*, § 4 BUrlG Rn 12.
12 ErfK/*Dörner*, § 4 BUrlG Rn 12; *Leinemann/Linck*, § 4 BUrlG Rn 12.
13 BAG 18.12.1986 – 8 AZR 502/84 – BAGE 54, 63 = DB 1987, 1362; a.M. *Weber*, RdA 1995, 229.
14 BAG 18.12.1986 – 8 AZR 502/84 – BAGE 54, 63 = DB 1987, 1362.
15 BAG 20.1.2009 – 9 AZR 650/07 – ArbRB 2009, 98.

reits mit Beginn des Arbverh entstehen soll.[16] Es kann auch die Anrechnung einer früheren Beschäftigung vereinbart werden.[17] Unzulässig ist die Verlängerung der Wartezeit für den vollen Anspruch auf den Mindesturlaub von 24 Werktagen. Denn das wäre eine nach § 13 Abs. 1 S. 3 unzulässige Abweichung zu Ungunsten des AN oder des sonstigen Berechtigten i.S.v. § 2. Allerdings wird nicht selten übersehen, dass das Verbot aus § 13 Abs. 1 S. 3 nur für den gesetzlichen Mindesturlaub, nicht aber für die übergesetzlich vereinbarten Urlaubsansprüche gilt.

V. Tarifvertragliche Vereinbarungen zur Wartezeit

13 Die TV-Parteien dürfen nach § 13 Abs. 1 S. 1 von § 4 auch zu Ungunsten der AN abweichen. Das heißt: Sie können sowohl die Wartezeit verkürzen oder verlängern. Allerdings darf die Wartezeit nicht übermäßig ausgedehnt werden. So wäre eine Verlängerung auf elf Monate oder mehr ein Verstoß gegen das nach § 13 Abs. 1 S. 1 als unabdingbar erklärte Prinzip des Urlaubs im Kalenderjahr; denn der Vollurlaub könnte dann nicht mehr im Kalenderjahr genommen werden.[18]

VI. Bezugnahme auf tarifvertragliche Abweichungen

14 Die abweichenden tariflichen Bestimmungen darf der AG arbeitsvertraglich in Bezug nehmen, wenn sie nach ihrem Geltungsbereich fachlich, räumlich und persönlich für das Arbverh einschlägig sind, § 13 Abs. 1 S. 2. Allerdings ist das „Rosinenpicken" ausgeschlossen. Wenn nicht schon der gesamte Inhalt des TV in Bezug genommen wird, so sollen doch zumindest die urlaubsrechtlichen Regeln des TV insg. und nicht nur die Abweichungen von der gesetzlichen Wartezeitregelung erstreckt werden. Das folgt aus dem Wortlaut des § 13 Abs. 1 S. 2 „die Anwendung der einschlägigen tariflichen Urlaubsregelung".[19]

§ 5 Teilurlaub

(1) Anspruch auf ein Zwölftel des Jahresurlaubs für jeden vollen Monat des Bestehens des Arbeitsverhältnisses hat der Arbeitnehmer
a) für Zeiten eines Kalenderjahrs, für die er wegen Nichterfüllung der Wartezeit in diesem Kalenderjahr keinen vollen Urlaubsanspruch erwirbt;
b) wenn er vor erfüllter Wartezeit aus dem Arbeitsverhältnis ausscheidet;
c) wenn er nach erfüllter Wartezeit in der ersten Hälfte eines Kalenderjahrs aus dem Arbeitsverhältnis ausscheidet.

(2) Bruchteile von Urlaubstagen, die mindestens einen halben Tag ergeben, sind auf volle Urlaubstage aufzurunden.

(3) Hat der Arbeitnehmer im Falle des Absatzes 1 Buchstabe c bereits Urlaub über den ihm zustehenden Umfang hinaus erhalten, so kann das dafür gezahlte Urlaubsentgelt nicht zurückgefordert werden.

Literatur: *Berger-Delhey*, Zum Urlaubsanspruch bei Bruchteilen von Urlaubstagen, EzA § 13 BUrlG Nr. 50; *Hausmann*, Urlaubszwölftelung – Zeitpunkt des Verfalls eines Urlaubsabgeltungsanspruchs, BetrR 1994, 70; *Krause*, Übertragung von Teilurlaub, SAE 2005, 14; *Mestwerdt*, Urlaubsabgeltung für unterjährig ausscheidende Mitarbeiter, jurisPR-ArbR 1/2009 Anm 6; *Rieble*, Zum Urlaubsanspruch bei Beendigung des Arbeitsverhältnisses im Verlauf des Kalenderjahres, EWiR 1996, 933

A. Allgemeines	1	VII.	Der Teilurlaub nach § 5 Abs. 1 lit. a „Jahresende vor erfüllter Wartezeit"	14
I. Normgeschichte	1		1. Berechnung	14
II. Normzweck	2		2. Entstehen und Fälligkeit	16
III. Abschließender Katalog	4		3. Arbeitsbeginn 1. Juli	17
B. Regelungsgehalt	5	VIII.	Der Teilurlaub nach § 5 Abs. 1 lit. b „Ausscheiden vor erfüllter Wartezeit"	18
I. Zwölftelung bezogen auf den Beschäftigungsmonat	5		1. Beendigungstatbestand als Entstehensvoraussetzung	19
II. Geringfügige Unterschreitung der Monatsfrist	7		2. Ausscheiden zur Jahresmitte	20
III. Gesetzliche Rundungsregel für Teilurlaubsansprüche	8		3. Streit über Beendigung	21
IV. Bruchteilsgewährung	11		4. Kalenderjahresübergreifende Zusammenrechnung	22
V. Allgemeine Rundungsregel	12	IX.	Konkurrenzen zwischen § 5 Abs. 1 lit. a und b	23
VI. Besondere Übertragungsregelung	13			

---

16 Neumann/Fenski, § 4 Rn 10.
17 Leinemann/Linck, § 4 BUrlG Rn 21; ErfK/Dörner, § 13 BUrlG Rn 58.
18 ErfK/Dörner, § 13 BUrlG Rn 23, der rechnerisch unrichtig den Verstoß erst ab zwölf Monaten annimmt.
19 ErfK/Dörner, § 13 BurlG Rn 54; Leinemann/Linck, § 13 BUrlG Rn 1.

X. Gekürzter Vollurlaubsanspruch	24	3. Tarifdispositivität	27
1. Nachträgliche Kürzung wegen Beendigung im ersten Halbjahr	24	4. Abdingbarkeit und Verzicht	28
		XI. Teilurlaubsabgeltung	30
2. Kürzungstatbestände	25	XII. Rückforderungsverbot und Kürzungsregel	31

A. Allgemeines

I. Normgeschichte

§ 5 enthält die Abkehr von dem früher gebräuchlichen Stichtagsprinzip. Er hat das **Zwölftelungsprinzip**, das schon in einigen Ländergesetzen und im JArbSchG enthalten war, bundesweit eingeführt. **1**

II. Normzweck

Nach § 5 Abs. 1 wird dem AN, dessen Arbverh im laufenden Kalenderjahr beginnt oder endet, Urlaub nur nach Maßgabe des Zwölftelungsprinzips bruchteilweise abhängig von der Anzahl der vollen Beschäftigungsmonate zuerkannt. Darin liegt entgegen der im Schrifttum verbreiteten Ansicht, nicht notwendigerweise ein geringerer[1] Urlaubsanspruch. Vielmehr verfolgt der Gesetzgeber mit der Regelung das Ziel, die Übererfüllung des nicht rückabwickelbaren Urlaubs und die Kumulation von Urlaubsansprüchen aus nacheinander bestehenden Arbverh zu vermeiden; denn hat ein AG bereits den vollen Urlaub gewährt, ist es trotz des Ausschlusses von Doppelansprüchen in § 6 in der Praxis schwierig zu verhindern, dass der AN nicht noch weiteren Urlaub im folgenden Arbverh beansprucht. Dass mit der Teilurlaubsregelung kein geringerer Anspruch verbunden ist, wird nachfolgend deutlich: **2**

Beispiel: Ein AN wird vom 1.1. bis 30.6. beschäftigt, dann erhält er nach § 5 Abs. 1 lit. a von diesem AG 6/12 des Vollurlaubs. Von dem nächsten AG, der ihn vom 1.7. bis 31.12. beschäftigt, erhält er nach § 5 Abs. 1 lit. b ebenfalls 6/12 des Vollurlaubs. Nur soweit im Kalenderjahr kein Arbverh sondern Arbeitslosigkeit besteht, kann eine Kürzung infolge der Teilurlaubsregelung eintreten. **3**

III. Abschließender Katalog

Das Zwölftelungsprinzip ist kein das Urlaubsrecht beherrschender Grundsatz. Es gilt nur in den Fällen, die ausdrücklich in § 5 Abs. 1 lit. a bis c geregelt sind. Eine Ausweitung auf andere Fallgestaltungen ist nicht zulässig.[2] **4**

B. Regelungsgehalt

I. Zwölftelung bezogen auf den Beschäftigungsmonat

Der gesetzliche **Teilurlaub** nach § 5 Abs. 1 lit. a bis c unterscheidet sich dem Inhalt nach nicht vom **Vollurlaub**. In allen drei unter a bis c aufgeführten Fällen erhält der AN Teilurlaub nach dem Zwölftelungsprinzip, d.h. für jeden vollen Monat des Bestehens des Arbverh ein Zwölftel des gesetzlichen Jahresurlaubs. Maßgeblich für den Urlaubsanspruch ist nicht der Kalendermonat, sondern der **Beschäftigungsmonat**.[3] **5**

Teilurlaubsansprüche nach § 5 Abs. 1 lit. a und b entstehen vor Erfüllung der Wartezeit nur für volle Monate des Bestehens eines Arbverh. **6**

II. Geringfügige Unterschreitung der Monatsfrist

Fehlen an einem vollen Monat nur wenige Tage, dann war nach der älteren Rspr. des 5. Senats maßgebend, ob an diesen Tagen Arbeitspflicht bestanden hätte. Das wird von der neueren Rspr. des 8. Senats abgelehnt. Danach entsteht der anteilige Anspruch nur für den Zeitraum, in dem das Arbverh rechtlich besteht. An der Vollendung eines Beschäftigungsmonats fehlende Tage sind auch dann beachtlich, wenn an diesen Tagen für den AN bei Fortbestehen des Arbverh keine Arbeitspflicht bestanden hätte.[4] In dem entschiedenen Fall hätte zur Vollendung eines weiteren Monats nach §§ 188 Abs. 2 Alt. 1, 187 Abs. 1 BGB das Arbverh bis zum Ablauf des 28.9.1986 bestehen müssen, um einen Urlaubsanspruch für zwei Monate zu begründen. Daran fehlte es, weil das Arbverh der Parteien bereits mit dem 26.9.1986 geendet hat. Unerheblich war, dass auch bei Fortbestehen des Arbverh an den beiden an den vollen Monat fehlenden Tage nicht hätte gearbeitet werden müssen, weil sie auf einen arbeitsfreien Sonnabend und Sonntag fielen. Das hat der 8. Senat zutreffend damit begründet, dass der Urlaubsanspruch durch den Bestand des Arbverh und nicht durch erbrachte Arbeitsleistung bedingt ist. **7**

---

1 So aber ErfK/*Dörner*, § 5 BUrlG Rn 1.
2 ErfK/*Dörner*, § 5 BUrlG Rn 3; *Leinemann/Linck*, § 5 BUrlG Rn 3.
3 BAG 13.10.2009 – 9 AZR 763/08 – juris; *Mestwerdt*, jurisPR-ArbR 1/2009 Anm. 6.
4 BAG 26.1.1989 – 8 AZR 730/87 – BAGE 61, 52 = NZA 1989, 756: Unter Aufgabe von BAG 22.2.1966 – 5 AZR 431/65 – BAGE 18, 167 = AP § 5 BUrlG Nr. 3.

III. Gesetzliche Rundungsregel für Teilurlaubsansprüche

8 Bei der Berechnung von Teilurlaubsansprüchen ergeben sich nicht selten Bruchteile eines Urlaubstages.

9 **Beispiel:** Ein AN war einen vollen Monat in der Fünf-Tage-Woche beschäftigt. Sein Urlaubsanspruch berechnet sich nach der Formel:

$$\text{Urlaubsanspruch} = \frac{\text{Nominal 24 Urlaubstage} \times 5 \text{ Pflichtarbeitstage je Woche} \times 1 \text{ Monat}}{6 \text{ Werktage} \times 12}$$

10 Die Auflösung ergibt: 20/12 = 1,66 Urlaubstage. Nach der Rundungsregel in § 5 Abs. 2 ist ab 0,5 auf volle Urlaubstage aufzurunden. Das ergibt hier: 2 Urlaubstage.

IV. Bruchteilsgewährung

11 In anderen Fällen können sich kleinere Bruchteile als 0,5 ergeben. Die ältere Rspr. hat angenommen, der Urlaubsanspruch sei dann auf einen vollen Urlaubstag **abzurunden**. Dieses sei zwar nicht ausdrücklich im Gesetz ausgesprochen, ergebe sich jedoch als Wille des Gesetzgebers bei einer den tragenden Grundgedanken des Urlaubsrechts berücksichtigenden Auslegung von § 5 Abs. 2, wonach Bruchteile von Urlaubstagen, die mind. einen halben Tag ergeben, auf volle Urlaubstage aufzurunden sind. Zu diesen Grundgedanken gehöre seit jeher die Bemessung des Urlaubs nach der zeitlichen Einheit des ganzen Tages, also nicht nach Bruchteilen (Stunden) eines Tages. Von diesem Ganztagsprinzip habe der Gesetzgeber auch nicht im Rahmen der Zwölftelung des Urlaubs nach § 5 abweichen wollen, anderenfalls wäre eine klare gegenteilige gesetzgeberische Aussage zu erwarten gewesen.[5] Dem ist die jüngere Rspr. zu Recht nicht gefolgt;[6] denn § 5 Abs. 2 enthält keinen Ausschlusstatbestand, nach dem Bruchteile eines Urlaubsanspruchs einem AN nicht zustehen, wenn sie die Voraussetzungen nach § 5 Abs. 2 nicht erreichen. Einer solchen Regelung hätte es aber gerade bedurft, um den Anspruch auszuschließen. Enthält das Gesetz somit keinen Ausschlusstatbestand, bleibt der (Bruchteils-)Urlaubsanspruch dem AN ebenso wie der Urlaubsanspruch i.Ü. erhalten, bis er erfüllt oder durch Zeitablauf erloschen ist. Dass dieser Zusammenhang im Gesetzgebungsverfahren nicht unbekannt war, ergibt sich aus § 5 Abs. 1 lit. c. Diese Regelung enthält einen gestuften Ausschlusstatbestand für den gesetzlichen Vollurlaubsanspruch, wenn der AN nach erfüllter Wartezeit in der ersten Hälfte eines Kalenderjahres aus dem Arbverh ausscheidet. Dagegen wird im Schrifttum formal mit dem **Ganztagsprinzip** argumentiert. Letztlich liegt dem aber die überholte Vorstellung zugrunde, ein Bruchteil könne „wegen Unvereinbarkeit mit dem Erholungszweck" nicht gewährt werden.[7]

V. Allgemeine Rundungsregel

12 Die **Aufrundungsregel** des § 5 Abs. 2 soll sich nach der Rspr. des BAG nur auf Bruchteile von Teilurlaubsansprüchen nach § 5 Abs. 1 erstrecken. Zur Begründung wird vorgebracht, die für den Teilurlaub in § 5 Abs. 2 geltende gesetzliche Aufrundungsregel sei weder auf Bruchteile von Vollurlaubstagen[8] noch auf Urlaubstage für den Schwerbehindertenzusatzurlaub[9] anwendbar. Mit denselben Erwägungen hat das BAG die Anwendung der Rundungsregel auf Bruchteile von **Zusatzurlaub für Betriebstreue** abgelehnt.[10] Das Schrifttum hat sich dem mit der Behauptung angeschlossen, § 5 Abs. 2 enthalte kein allg. Prinzip.[11] Diese Auffassung ist überprüfungsbedürftig. Bei der Novellierung des SGB IX zum 1.5.2004 ist in § 125 Abs. 2 SGB IX für den Zusatzurlaub eine inhaltsgleiche Aufrundungsregel eingeführt worden, die für Bruchteile anzuwenden ist, die sich bei der Quotelung des Zusatzurlaubs im Jahr der Feststellung des Schwerbehinderung und im Jahr des Auslaufens der Schwerbehinderung rechnerisch ergeben. Das deutet darauf hin, dass der Gesetzgeber das Ziel der Aufrundung auf volle Urlaubstage nicht auf den Teilurlaub nach § 5 Abs. 1 beschränkt wissen will. Allerdings ist *Dörner* zuzugeben, dass ein Hinweis auf die Anwendbarkeit der Aufrundungsregel als universelles Prinzip bei den Kürzungstatbeständen nach dem Zwölftelungsgrundsatz in § 17 BEEG und § 4 Abs. 1 ArbPlSchG fehlt. Das schließt jedoch nicht zwangsläufig die Annahme eines allg. Aufrundungsprinzips aus. Es kann sich dort auch um eine redaktionelle Nachlässigkeit gehandelt haben. Eine gesetzliche Klarstellung bei der Novellierung des BErzGG zugunsten des Ganztagsprinzips wäre im Zuge der Gesetzgebung zum Elterngeld angebracht gewesen. Das neue BEEG hat diesbezüglich jedoch keine Klarstellung gebracht.

---

5 BAG 28.11.1968 – 5 AZR 133/68 – BAGE 21, 230 = AP § 5 BUrlG Nr. 6; BAG 17.3.1970 – 5 AZR 540/69 – AP § 5 BUrlG Nr. 8.
6 BAG 26.1.1989 – 8 AZR 730/87 – BAGE 61, 52 = NZA 1989, 756.
7 Anm. v. *Berger-Delhey*, EzA § 13 BUrlG Nr. 50.
8 BAG 9.8.1994 – 9 AZR 384/92 – BAGE 77, 296 = AP § 7 BUrlG Nr. 19.
9 BAG 31.5.1990 – 8 AZR 296/89 – BAGE 65, 176 = AP § 5 BUrlG Nr. 14.
10 19.4.1994 – 9 AZR 478/92 – AP § 1 BUrlG Treueurlaub Nr. 3.
11 ErfK/*Dörner*, § 5 BUrlG Rn 37; *Leinemann/Linck*, § 5 BUrlG Rn 40.

VI. Besondere Übertragungsregelung

Der Teilurlaub nach § 5 Abs. 1 lit. a ist nach § 7 Abs. 3 S. 4 nach besonderen Regeln bis zum Ende des Folgejahres übertragbar. Will ein AN den entstandenen Teilurlaubsanspruch auf das nächste Kalenderjahr übertragen, muss er diesen noch im laufenden Urlaubsjahr verlangen. Dafür reicht jede Handlung des AN aus, mit der er für den AG deutlich macht, den Teilurlaub erst im nächsten Jahr nehmen zu wollen. Der bloße Verzicht auf einen Urlaubsantrag im Urlaubsjahr reicht nicht aus.[12] Diese Übertragungserleichterungen gelten nicht für den Teilurlaub nach § 5 Abs. 1 lit. b. Für diesen Kommt nur eine Übertragbarkeit nach den allg. Regeln i.S.v. § 7 Abs. 3 S. 2 und 3 bis zum Ende des ersten Vierteljahres des Folgejahres in Betracht.[13]

VII. Der Teilurlaub nach § 5 Abs. 1 lit. a „Jahresende vor erfüllter Wartezeit"

1. Berechnung. § 5 Abs. 1 lit. a regelt den Fall, dass der AN im laufenden Kalenderjahr wegen Nichterfüllung der Wartezeit keinen Vollurlaub erwerben kann.

Beispiel: Der AN tritt am 1.8. das Arbverh an. Es steht schon bei Beginn fest, dass der AN nicht länger als fünf Monate im Kalenderjahr beschäftigt werden kann. Das ist kürzer als die in § 4 vorausgesetzte Wartezeit „nach sechsmonatigem Bestehen". Der AN erfüllt die Voraussetzungen des § 5 Abs. 1 lit. a bereits bei Beginn des Arbverh; denn es ist erkennbar, dass der AN die Wartezeit für den Vollurlaub nicht erfüllen kann, sondern im laufenden Kalenderjahr nur den Teilurlaubsanspruch im Umfang von 5/12 des Vollurlaubs erwirbt.[14]

2. Entstehen und Fälligkeit. Dieser Teilurlaubsanspruch wird nicht sukzessive nach jeweligem Ablauf der vollen Beschäftigungsmonate für jeweils 1/12 begründet und fällig, sondern bereits mit Beginn des Arbverh vollständig,[15] d.h. im Beispielsfall: im Umfang von 5/12 des Vollurlaubs. Der Teilurlaubsanspruch wird mit Entstehen fällig. Das bedeutet: Der AN kann seinen Urlaubswunsch bereits ab Beginn des Arbverh äußern. Der AG hat nach § 7 Abs. 1 diesen Wunsch zu berücksichtigen, es sei denn es stehen betriebliche Belange oder vorrangige Wünsche anderer AN entgegen.

3. Arbeitsbeginn 1. Juli. Umstr. ist der Fall, in dem der AN im Verlauf des 1.7. oder am 1.7. das Arbverh beginnt. Nach zutreffender Ansicht ist das auch ein Fall des § 5 Abs. 1 lit. a; denn das Arbverh besteht am Jahresende zwar sechs Monate, erfüllt aber die Wartezeit dennoch nicht.[16] Der Vollanspruch soll nämlich nach § 4 erst „nach Ablauf sechsmonatigem Bestehen" entstehen. Unabhängig davon, ob die Wartezeit nach §§ 187 Abs. 2, 188 Abs. 2 Alt. 2 BGB (Mitzählung des Tags des Beginns) oder nach §§ 187 Abs. 1, 188 Abs. 2 Alt. 1 BGB (Nichtmitzählung des Tags des Beginns; zur Berechnungsweise siehe § 4 Rn 9 ff.) berechnet wird, der Vollurlaubsanspruch entsteht entweder am 1.[17] oder 2.1.[18] des Folgejahres.[19]

VIII. Der Teilurlaub nach § 5 Abs. 1 lit. b „Ausscheiden vor erfüllter Wartezeit"

Endet das Arbverh im Eintrittsjahr vor erfüllter Wartezeit, so liegt der gesetzlich in § 5 Abs. 1 lit. b geregelte Fall vor.

1. Beendigungstatbestand als Entstehensvoraussetzung. Der dort geregelte Teilurlaubsanspruch entsteht erst, wenn der AN „ausscheidet". Es besteht Übereinstimmung, dass Ausscheiden hier nicht die tatsächliche, sondern die rechtliche Beendigung meint.[20] Bei wörtlicher Anwendung könnte stets nur ein Abgeltungsanspruch nach § 7 Abs. 4 entstehen; denn ist das Arbverh beendet, kann der AG nicht mehr zur Erfüllung des Teilurlaubsanspruchs von der Arbeit freistellen. Folgerichtig muss hier der Anspruch schon entstehen, sobald der zur Beendigung führende Tatbestand gesetzt wird.[21] Bei einer wirksamen Befristung des Arbeitsvertrags entsteht der Anspruch somit bereits bei Beginn des Arbverh[22] und bei einer Entlassung bereits mit Zugang der Künd. Der Teilurlaubsanspruch wird mit Entstehen fällig. Das bedeutet: Der AN kann dann die Freistellung sofort verlangen.

2. Ausscheiden zur Jahresmitte. Endet das Arbverh mit Ablauf des 30.6. eines Kalenderjahres, hat der AN nach bisheriger Rspr. des BAG nur Anspruch auf den gekürzten Vollurlaub nach § 5 Abs. 1 lit. c.[23]

3. Streit über Beendigung. Wendet sich der AN gegen die Befristung oder gegen die Künd, ist auf die objektive Rechtslage abzustellen, die im Urteilsverfahren festgestellt wird. Von daher kann auch noch im Laufe der gerichtlichen Auseinandersetzung die Wartezeit erfüllt werden und ein Vollurlaubsanspruch entstehen. Der AN ist dann

---

12 BAG 29.7.2003 – 9 AZR 270/02 – EzA § 7 BUrlG Nr. 111.
13 ErfK/*Dörner*, § 5 BUrlG Rn 23.
14 ErfK/*Dörner*, § 5 BUrlG Rn 6; *Leinemann/Linck*, § 5 BUrlG Rn 6; a.A. *Neumann/Fenski*, § 5 Rn 10.
15 ErfK/*Dörner*, § 5 BUrlG Rn 8; *Leinemann/Linck*, § 5 BUrlG Rn 7; a.A. *Neumann/Fenski*, § 5 Rn 10.
16 ErfK/*Dörner*, § 5 BUrlG Rn 7; *Leinemann/Linck*, § 5 BUrlG Rn 22; a.A. *Neumann/Fenski*, § 5 Rn 22.
17 *Friese*, Rn 72, 54.
18 So: *Leinemann/Linck*, § 5 BUrlG Rn 22.
19 In der Erläuterung an dieser Stelle die Berechnungsweise offen gelassen: ErfK/*Dörner*, § 5 BUrlG Rn 7.
20 ErfK/*Dörner*, § 5 BUrlG Rn 19.
21 *Leinemann/Linck*, § 5 BUrlG Rn 36, 37.
22 ErfK/*Dörner*, § 5 BUrlG Rn 18.
23 BAG 16.6.1966 – 5 AZR 521/65 – EzA § 5 BUrlG Nr. 6.

im eigenen Interesse gehalten, diesen Vollanspruch rechtzeitig geltend zu machen, um einen ersatzlosen Verfall zu vermeiden (vgl. § 7 Rn 86 ff.).

22 **4. Kalenderjahresübergreifende Zusammenrechnung.** Im Gegensatz zu § 5 Abs. 1 lit. a und c, in denen ausdrücklich auf das Kalenderjahr Bezug genommen wird, ist in § 5 Abs. 1 lit. b für den Fall der Nichterfüllung der Wartezeit davon keine Rede. Der unter sechs Monaten liegende Beschäftigungszeitraum bildet eine in sich geschlossene zeitliche Einheit, auch wenn sie sich kalenderjahresübergreifend auf zwei Kalenderjahre erstreckt.[24] Das hat nicht nur dogmatische Bedeutung, sondern auch praktische Auswirkungen. Bewirkt der Jahreswechsel zugleich einen **Übergang vom Jugendlichen- zum Erwachsenenurlaub**, so wirkt sich das zum Nachteil des AN aus. Der Teilurlaub wird nach dem Lebensalter im Jahr des Ausscheidens berechnet. Ist der Urlaubsanspruch im Eintrittsjahr niedriger als im Austrittsjahr, weil z.B. eine nach Lebensalter progressiv gestaffelte tarifliche Regelung der Urlaubsdauer eingreift, so ist das für den AN vorteilhaft. Mit der **jahresüberschreitenden Betrachtung** wird schließlich auch eine Aufteilung der Beschäftigungsmonate nach Kalenderjahren vermieden. Besteht das Arbverh vom 4.12. bis 15.1., so ist zwar in keinem Kalenderjahr ein Beschäftigungsmonat voll, aber bei Zusammenrechnung beider Jahre sehr wohl.[25]

IX. Konkurrenzen zwischen § 5 Abs. 1 lit. a und b

23 Es kann nur ein Teilurlaubsanspruch entweder nach § 5 Abs. 1 lit. a oder lit. b entstehen. Eine Konkurrenz beider Normen scheidet aus; denn lit. a setzt den Fortbestand und lit. b die bevorstehende Beendigung voraus. Daher entsteht für ein Arbverh, das die Erfüllung und Überschreitung der Wartezeit im Kalenderjahr erwarten lässt, kein Teilurlaubs-, sondern ein Vollurlaubsanspruch.[26]

X. Gekürzter Vollurlaubsanspruch

24 **1. Nachträgliche Kürzung wegen Beendigung im ersten Halbjahr.** Im Fall des § 5 Abs. 1 lit. c hatte der AN bereits die Wartefrist nach § 4 erfüllt und deshalb war bereits ein Vollurlaubsanspruch entstanden, bevor nachträglich ein Beendigungstatbestand eintrat. Dieser Urlaubsanspruch unterscheidet sich von dem Vollurlaubsanspruch nach § 3 Abs. 1 dadurch, dass er nachträglich kraft Gesetzes in seiner Höhe beschränkt wird. Das wird mit der Formulierung ausgedrückt: Gekürzter Vollurlaubsanspruch. Einer Kürzungserklärung des AG bedarf es nicht. Die Kürzung vollzieht sich „automatisch" durch das Gesetz.[27]

25 **2. Kürzungstatbestände.** Voraussetzung für die nachträgliche Kürzung ist, dass das Arbverh nach erfüllter Wartezeit und noch in der ersten Hälfte des Kalenderjahres, d.h. bis zum 30.6. endet. Eine Beendigung im Verlaufe des 1.7. liegt bereits in der zweiten Jahreshälfte. Rechtsfolge ist, dass dann der Vollurlaubsanspruch entstanden ist. Alle Beteiligten sind deshalb zu Sorgfalt bei der Bezeichnung der Endtermine aufgerufen. Nicht selten liegt bei der Erklärung der Beendigung zum 1.7. ein Fehler im Ausdruck vor, weil tatsächlich von allen Beteiligten ein rechtliches Ende spätestens mit Ablauf des 30.6. gewollt war.

Kein nachträglicher Kürzungsfall liegt vor, wenn bereits am Beginn des Austrittsjahres die Beendigung innerhalb des ersten Halbjahres bekannt ist. Dann ist bereits bei Jahresbeginn nur ein Teilurlaubsanspruch entstanden.

26 **Beispiel:** Das Arbverh beginnt am 1.6.2006 und ist befristet auf den 31.3.2007. Zwar entsteht am 2.12. der volle Urlaubsanspruch für 2006 und am 1.1.2007 der Anspruch für 2007, aber der Anspruch für 2007 ist kein Vollanspruch. Er ist schon von vorneherein nach § 5 Abs. 1 lit. c auf $^3/_{12}$ gekürzt.

Fehlen an einem vollen Beschäftigungsmonat nur wenige Tage oder auch nur ein Tag, so entsteht für den nicht vollendeten Monat kein Urlaubsanspruch.[28] Das gilt auch dann, wenn an diesen Tagen für den AN keine Arbeitspflicht bestand oder bei Fortsetzung des Arbverh bestanden hätte.

Verwendet ein TV für die Berechnung des Urlaubsanspruches den Begriff „Tätigkeitsmonate", so ist das regelmäßig nur ein anderer Ausdruck dafür, dass anstatt auf Kalendermonate auf Beschäftigungsmonate abzustellen ist. Daraus kann nicht gefolgert werden, dass angebrochene Monate, in denen für Resttage keine Arbeitspflicht besteht, als volle Monate angerechnet werden sollen.[29]

27 **3. Tarifdispositivität.** Der gekürzte Vollurlaubsanspruch ist ein Anspruch aus § 3 und deshalb nach § 13 Abs. 1 S. 1 nicht tarifdispositiv.[30] Allerdings können die TV-Parteien für den übergesetzlichen Tarifurlaub eigenständige Kür-

---

24 BAG 9.10.1969 – 5 AZR 501/68 – AP § 5 BUrlG Nr. 7 = BB 1970, 36.
25 Leinemann/Linck, § 5 BUrlG Rn 27.
26 Leinemann/Linck, § 5 BUrlG Rn 20.
27 ErfK/Dörner, § 5 BUrlG Rn 27.
28 BAG 26.1.1989 – 8 AZR 730/87 – NZA 1989, 756.
29 LAG Baden-Württemberg 9.7.2008 – 20 Sa 15/08 – juris; zust.: *Mestwerdt*, jurisPR-ArbR 1/2009 Anm. 6.
30 BAG 18.6.1980 – 6 AZR 328/78 – AP § 13 BUrlG Unabdingbarkeit Nr. 6 = EzA § 13 BUrlG Nr. 14; BAG 9.6.1998 – 9 AZR 43/97 – EzA § 7 BUrlG Nr. 106.

zungsregelungen vereinbaren. So ist das in § 12 Nr. 2 MTV-Metall NRW vom 29.2.1988 geschehen: Danach hat der AN im Austrittsjahr nur so viele Zwölftel des ihm zustehenden Urlaubs zu beanspruchen, als er gearbeitet hat.[31] Die Kürzung ist nach unten begrenzt: „Der gesetzliche Mindesturlaubsanspruch muss davon unberührt bleiben". Eine weitere zulässige Abweichung enthält der Mantel-TV für die Metall- und Elektroindustrie in Hamburg und Umgebung sowie Schleswig-Holstein, im Unterwesergebiet und im Nordwestlichen Niedersachsen vom 18.5.1990. Dort ist für jeden Fall des vorzeitigen Ausscheidens aus dem Arbverh, also auch in der zweiten Jahreshälfte, bestimmt, dass sich der Jahresurlaub entsprechend verringert. Die tarifliche Regelung ist gleichwohl wirksam, soweit der nach § 13 Abs. 1 S. 1 unabdingbare gesetzliche Mindesturlaub von 24 Werktagen/20 Arbeitstagen (§ 3 Abs. 1) unberührt bleibt.[32]

4. Abdingbarkeit und Verzicht. Der Anspruch auf gekürzten Vollurlaub ist weder disponibel noch kann auf ihn verzichtet werden. Daher kann eine in einem Aufhebungsvertrag enthaltene Klausel, nach der alle gegenseitigen Forderungen erledigt sind, nicht das Erlöschen des gekürzten Vollurlaubsanspruchs nach § 5 Abs. 1 lit. c bewirken.[33] 28

In den Fällen des § 5 Abs. 1 lit. a und b ist ein Teilurlaubsanspruch geregelt, der nicht von dem Unabdingbarkeitsgebot in § 13 Abs. 1 S. 1 erfasst wird. Die TV-Parteien können daher auch zu Ungunsten der AN von § 5 Abs. 1 lit. a und b abweichen. So kann z.B. durch eine tarifvertragliche Regelung die Fälligkeit von Teilurlaubsansprüchen nach § 5 Abs. 1 lit. a und b für neu eintretende AN hinausgeschoben werden.[34] 29

XI. Teilurlaubsabgeltung

Die vorstehenden Erläuterungen gelten entsprechend für Teilurlaubsabgeltungsansprüche nach §§ 5 Abs. 1, 7 Abs. 4. Ansonsten sind Teilurlaubsansprüche unter den gleichen Voraussetzungen abzugelten wie Vollurlaubsansprüche.[35] Nur tarifvertragliche, nicht jedoch einzelvertragliche Regelungen können den gesetzlichen Teilurlaubsabgeltungsanspruch einschränken.[36] 30

XII. Rückforderungsverbot und Kürzungsregel

Hat der AN, der nach erfüllter Wartezeit in der ersten Hälfte eines Kalenderjahres ausscheidet, Urlaub über den ihm zustehenden Umfang, d.h. über den gekürzten Vollurlaub, hinaus erhalten, kann der AG weder die Nachholung der Arbeit verlangen, noch den auf den Urlaubsüberschuss entfallenden Anteil des fortgezahlten Arbeitsentgelts zurückfordern (§ 5 Abs. 3). 31

Beispiel: Kündigt ein AN sein Arbverh in der ersten Hälfte des Jahres, so verkürzt sich sein ursprünglich in voller Höhe entstandener Urlaubsanspruch nach § 5 Abs. 1 lit. c auf so viele Zwölftel des Jahresurlaubs, wie das Arbverh volle Monate in diesem Jahr besteht. 32

Die **nachträgliche Kürzung des Vollurlaubs** in § 5 Abs. 1 lit. c führt zu einer entsprechenden Kürzung des Anspruchs auf Urlaubsentgelt, solange es noch nicht ausgezahlt ist. Entsteht der Kürzungstatbestand zwischen Urlaub und Zahlung des Entgelts, so trägt somit der AN das Risiko, bestimmte Tage ohne Arbeitsentgelt frei gehabt zu haben.[37] Entsteht der Kürzungstatbestand vor Antritt des Urlaubs, so kann der AG die nicht mehr durch den Urlaubsanspruch gedeckte Freistellungserklärung mit der Folge nach § 812 BGB kondizieren, dass der AN zur Arbeit verpflichtet ist.[38] Aus § 5 Abs. 3 kann kein Argument gegen die Kürzung hergeleitet werden. Insoweit handelt es sich lediglich um eine Sondervorschrift des Bereicherungsrechts, die eine Rückforderung des AG aus § 812 Abs. 1 BGB in Bezug auf bereits rechtsgrundlos ausgezahltes Urlaubsentgelt ausschließt. Sie steht nicht der **Kürzung des noch auszuzahlenden Urlaubsentgelts** entgegen. Sie erspart dem AN nur, der Forderung des AG mit dem Einwand der Entreicherung begegnen zu müssen. 33

Hat der AG das Urlaubsentgelt schon vor Urlaubsantritt dem Konto des AN gutschreiben lassen und kündigt der AN noch vor Urlaubsbeginn zu einem Zeitpunkt innerhalb des ersten Halbjahres, so kann der AG das Entgelt das den gekürzten Vollurlaub überschießende Entgelt nach § 812 Abs. 1 S. 1 BGB kondizieren, weil er ohne Rechtsgrund 34

---

31 BAG 23.4.1996 – 9 AZR 317/95 – AP § 1 Tarifverträge: Metallindustrie Nr. 140 = EzA § 5 BUrlG Nr. 17 = BB 1996, 1890 = EWiR 1996, 933 f. (m. Anm. *Rieble*).
32 BAG 8.3.1984 – 6 AZR 442/83 – BAGE 45, 199 = AP § 13 BUrlG Nr. 15 = EzA § 13 BUrlG Nr. 18 zu 1b der Gründe; BAG 24.3.1992 – 9 AZR 7/91 – n.v., zu I 2 der Gründe; BAG 23.1.1996 – 9 AZR 554/93 – AP § 5 BUrlG Nr. 10 = EzA § 5 BUrlG Nr. 16, zu II 1b der Gründe; BAG 24.10.2000 – 9 AZR 610/99 – AP § 5 BUrlG Nr. 19 = NZA 2001, 663.
33 BAG 9.6.1998 – 9 AZR 43/97 – BAGE 89, 91 = AP § 7 BUrlG Nr. 23.
34 BAG 15.12.1973 – 6 AZR 606/80 – und BAG 25.10.1984 – 6 AZR 41/82 – EzA § 13 BUrlG Nr. 17, 20; BAG 27.6.1978 – 6 AZR 59/77 – AP § 13 BUrlG Nr. 12.
35 BAG 25.8.1987 – 8 AZR 118/86 – EzA § 7 BUrlG Nr. 57 = NZA 1988, 245.
36 BAG 5.4.1984– 6 AZR 443/81 – EzA § 13 BUrlG Nr. 19.
37 BAG 23.4.1996 – 9 AZR 317/95 – BAGE 83, 36 = AP Nr. 140 zu § 1 TVG Tarifverträge Metallindustrie = BB 1996, 1890 = EWiR 1996, 933 f. (m. Anm. *Rieble*).
38 BAG 23.4.1996 – 9 AZR 317/95 – BAGE 83, 36 = AP Nr. 140 zu § 1 TVG Tarifverträge Metallindustrie = BB 1996, 1890 = EWiR 1996, 933 f. (m. Anm. *Rieble*).

geleistet hat.[39] Technisch macht er dazu von seinem mit der Bank vereinbarten **Rückrufrecht** Gebrauch. Das Rückforderungsverbot steht dann nicht entgegen; denn es schützt nur vor Rückforderung nach genommenen Urlaub.

35 Die hier aufgewiesenen Rückforderungsmöglichkeiten gelten – soweit nichts anderes vereinbart ist – auch für tarifliche Urlaubsgeldzahlungen.[40] Will der AG ein zu viel gezahltes Urlaubsgeld bei der späteren Restlohnabrechnung einbehalten, so liegt darin eine Aufrechnung. Er muss dabei die Grenzen beachten, die sich aus § 394 BGB i.V.m. §§ 850 ZPO ergeben.[41] Nach § 850a Nr. 2 ZPO ist das für die Dauer eines Urlaubs über das Arbeitseinkommen hinaus gewährte Einkommen **unpfändbar**. Deshalb kann nicht gegen das Urlaubsgeld aufgerechnet werden. Gegen Urlaubsentgeltforderungen kann nur in Höhe dessen, was nach § 850c ZPO und der Anlage 2 der ZPO pfändbar ist aufgerechnet werden.

36 Das Rückzahlungsverbot ist tarifdispositiv.[42] Von daher kann es auch zu Ungunsten der AN durch TV ausgeschlossen werden. Eine abweichende Regelung durch den Einzelarbeitsvertrag ist nach § 13 Abs. 1 S. 3 unwirksam.

§ 6 Ausschluß von Doppelansprüchen

(1) Der Anspruch auf Urlaub besteht nicht, soweit dem Arbeitnehmer für das laufende Kalenderjahr bereits von einem früheren Arbeitgeber Urlaub gewährt worden ist.

(2) Der Arbeitgeber ist verpflichtet, bei Beendigung des Arbeitsverhältnisses dem Arbeitnehmer eine Bescheinigung über den im laufenden Kalenderjahr gewährten oder abgegoltenen Urlaub auszuhändigen.

Literatur: *Fahlbusch*, Urlaubsanspruch bei aufeinanderfolgenden Arbeitsverhältnissen, BetrR 1992, 22; *Fritz*, Neues Tarifrecht für den öffentlichen Dienst – Teil 3, ZTR 2006, 2; *Klumpp*, Allgemeines Urlaubsrecht – Überblick, AR-Blattei SD 1640.1; *Meisel*, Zur Anrechenbarkeit von bereits gewährtem Urlaub bei Arbeitgeberwechsel, SAE 1970, 159; *Nebendahl*, Aufeinanderfolgende Arbeitsverhältnisse – Urlaubsanspruch, SAE 1992, 47; *Neufeld/Beyer*, Der nachträgliche Widerspruch nach § 613a VI BGB und seine Folgen für das Arbeitsverhältnis, die betriebliche Altersversorgung und deren Insolvenzsicherung NZA 2008, 1157; *Söllner*, Zum Urlaubsanspruch bei aufeinanderfolgenden Arbeitsverhältnissen, AP § 6 BUrlG Nr. 1; *Zöllner*, In welchem Verhältnis stehen bei Arbeitsplatzwechsel die Urlaubsansprüche gegen den früheren und den späteren Arbeitgeber? AP § 5 BUrlG Nr. 2

A. Allgemeines 1	II. Teilurlaubsansprüche beim früheren und beim nachfolgenden Arbeitgeber 18
I. Normgeschichte 1	III. Teilurlaubsanspruch beim früheren und Vollurlaubsanspruch beim nachfolgenden Arbeitgeber ... 20
II. Normzweck und Norminhalt 2	IV. Unterschiedliche Dauer von Urlaubsansprüchen bei Kollision von Teilurlaub mit Vollurlaub ... 22
1. Ausschluss der Verdoppelung von Vollurlaubsansprüchen 2	1. Längere Urlaubsdauer beim Vorgänger 22
2. Ausschluss der Kumulation von Teil- und Vollurlaubsansprüchen 3	2. Kürzere Urlaubsdauer beim Vorgänger 24
3. Anrechnung von erfüllten Ansprüchen statt Anspruchsausschluss 4	V. Ungleichlanger Teilurlaub beim früheren und beim nachfolgenden Arbeitgeber 26
4. Praktische Relevanz der automatischen Anrechnung 6	VI. Rundungsgewinne bei Teilurlaub 28
a) Keine Anrechnungserklärung erforderlich ... 7	VII. Nicht gewährter und nicht abgegoltener Urlaub .. 29
b) Anrechnen auf den vollen Mindesturlaub . 8	VIII. Keine Kürzungsbefugnis des früheren Arbeitgebers 31
c) Anrechnen von aufgerundeten Urlaubstagen auf Vollurlaubsansprüche 10	IX. Urlaubsbescheinigung 32
5. Anwendung der Regeln des § 6 Abs. 1 bei Mehrurlaub 12	C. Verbindung zu anderen Rechtsgebieten 35
B. Regelungsgehalt 13	I. Zusatzurlaub für Schwerbehinderte nach dem SGB IX 35
I. Vom früheren Arbeitgeber erfüllter Vollurlaubsanspruch 13	II. Betriebsübergang nach § 613a Abs. 1 BGB und Umwandlung nach dem UmwG 36
1. Im Bereich des Mindesturlaubs nach dem BUrlG 13	1. Keine Anwendung des § 6 36
2. Sonderfall: Gekürzter Vollurlaubsanspruch nach § 5 Abs. 1 lit. c 14	2. Kein Gesamtschuldverhältnis 37
3. Gleichlanger übergesetzlicher Urlaub 15	3. Auswirkung des Widerspruchs mit ex tunc Wirkung 37a
4. Ungleichlanger Mehrurlaub 16	D. Beraterhinweise 38
	I. Prozessrecht 38
	II. Beratung 40

---

39 ErfK/*Dörner*, § 5 BUrlG Rn 31.
40 BAG 9.7.1964 – 5 AZR 463/63 – BAGE 16, 155.
41 BAG 9.7.1964 – 5 AZR 463/63 – BAGE 16, 155.

42 BAG 9.7.1964 – 5 AZR 463/63 – EzA § 13 BUrlG Nr. 1 = DB 1964, 1340 = BB 1964, 1083; BAG 23.1.1996 – 9 AZR 554/93 – EzA § 5 BUrlG Nr. 16.

A. Allgemeines

I. Normgeschichte

§ 6 regelt für den gesetzlichen Mindesturlaub das Entstehen von Ansprüchen bei aufeinander folgenden Arbverh. Diese Vorschrift modifiziert die in §§ 4, 5 aufgestellten Regeln über das Entstehen von Voll- und Teilurlaubsansprüchen. Sie gilt unverändert seit dem Inkrafttreten des BUrlG im Jahre 1963.

II. Normzweck und Norminhalt

1. Ausschluss der Verdoppelung von Vollurlaubsansprüchen. Der Zweck „Ausschluss von Doppelansprüchen" im Geltungsbereich des BUrlG ist schon in der amtlichen Überschrift zum Ausdruck gebracht. Nach der Begründung des Gesetzentwurfs soll verhindert werden, dass ein das Arbverh wechselnder AN **zweimal für denselben Zeitraum** Urlaub erhält.[1] Um nach dem Willen des Gesetzgeber unerwünschte Verdoppelungen von Ansprüchen auszuschließen, regelt dazu Abs. 1, dass ein Anspruch auf Urlaub „nicht besteht, soweit dem AN für das laufende Kalenderjahr bereits von einem früheren Arbeitgeber Urlaub gewährt worden ist". Daraus ergibt im Geltungsbereich des Mindesturlaubs die Rechtsfolge: In jedem Urlaubsjahr besteht **nur einmal** Anspruch auf den **vollen** Urlaub von 24 Werktagen.

2. Ausschluss der Kumulation von Teil- und Vollurlaubsansprüchen. Der Normzweck geht über den Ausschluss von mehrfachen Vollurlaubsansprüchen hinaus. Die Formulierung in der Überschrift „Ausschluss von Doppelansprüchen" ist nicht genau genug.[2] Die Bestimmung stellt eine Zeitkollisionsregel auf: Immer dann, wenn für denselben, also für aufeinander folgende AG deckungsgleichen, Zeitraum im laufenden Kalenderjahr Urlaubsansprüche entstehen, soll der spätere AG den in seinem Arbverh entstehenden Urlaubsanspruch nicht gewähren müssen, insoweit der frühere schon darauf Urlaubstage oder Urlaubsabgeltung gewährt hat. Verhindert werden soll nicht nur die Verdoppelung von Vollurlaubs- sondern auch die Kumulation von Vollurlaubs- und Teilurlaubsansprüchen. Das Regelungsziel des § 6 Abs. 1 soll somit sowohl den Vollurlaub (zu diesem Begriff siehe § 4 Rn 10) als auch den Teilurlaub (zu diesem Begriff siehe § 5 Rn 5) erfassen.[3] Notwendigerweise können davon die Bestimmungen in §§ 4, 5 Abs. 1, nach denen der AN in jedem im Verlauf eines Kalenderjahres bestehenden Arbverh einen selbstständigen Teil- und/oder Vollurlaubsanspruch erwirbt, nicht unberührt bleiben.[4] Denn aus der Formulierung „soweit (…) für das laufende Kalenderjahr (…) gewährt worden ist" folgt auch, dass im Umfang eines bereits gewährten Teilurlaubs das Entstehen des vollen Urlaubsanspruchs von 24 Werktagen verhindert werden soll, der ansonsten nach §§ 3 Abs. 1, 4 zwangsläufig bei Begründung des nachfolgenden Arbverh in der ersten Jahreshälfte entsteht.

3. Anrechnung von erfüllten Ansprüchen statt Anspruchausschluss. Bei konsequenter Umsetzung der von der h.M. im Schrifttum vertretenen dogmatischen Konstruktion der Rechtsverhinderung[5] müsste das Entstehen eines Vollanspruchs im nachfolgenden Arbverh schon dem Grunde nach ausgeschlossen sein. Es könnte abweichend von § 4 trotz erfüllter Wartezeit nur ein weiterer Teilurlaubsanspruch in entsprechender Anwendung von § 5 Abs. 1 lit. a, gequotelt für die Dauer des Arbverh, entstehen. Dem entsprechend wird auch in älterer Lit. und Rspr. formuliert, dass kein Urlaubsanspruch für Zeiten bestehe, für die der AN bereits von einem früheren AG Urlaub erhalten habe.[6] Das ist zu weitgehend, weil nicht mit dem Regelungsgehalt des § 4 und des § 6 Abs. 1 vereinbar; denn dort wird dem AN nicht das Risiko der Rechtsdurchsetzung gegenüber dem früheren AG zugewiesen. Nach § 4 entsteht dem Grunde und der Höhe nach bei erfüllter Wartezeit im nachfolgenden Arbverh der Vollurlaubsanspruch. Zur Erreichung des gesetzlich normierten Ziels, eine Kumulation von Urlaubsansprüchen, die auf deckungsgleiche Zeiten bezogen sind, zu verhindern, bedarf der entstehende Vollurlaubsanspruch keiner Einschränkung dem Grunde, sondern lediglich der Höhe nach. Der nach § 4 entstehende Anspruch gegenüber dem neuen AG wird um die Anzahl von Urlaubstagen gemindert, für die der AN bezogen auf die Dauer des Arbverh tatsächlich vom früheren AG Urlaubsfreistellung oder Urlaubsabgeltung erhalten hat. Der Halbsatz „soweit (…) gewährt worden ist" in § 6 Abs. 1 ist folglich so zu verstehen, dass der AN sich das, was ihm vom früheren AG für das laufende Kalenderjahr gewährt worden ist, anrechnen lassen muss.[7] Doppelansprüche werden deshalb allein zugunsten des Folge-AG ausgeschlossen.[8]

---

1 BT-Drucks IV S. 785.
2 Zutreffend *Friese*, Rn 556.
3 ErfK/*Dörner*, § 6 BUrlG Rn 2.
4 Zutreffend: *Friese*, Rn 551.
5 ErfK/*Dörner*, § 6 BUrlG Rn 2; *Leinemann/Linck*, § 6 BUrlG Rn 2, 36.
6 BAG 23.9.1965 – 5 AZR 335/64 – BAGE 17, 289 = AP § 5 BUrlG Nr. 1 m. insoweit zust. Anm. *Witting*.
7 Im Ergebnis – wenn auch ohne klare Begrifflichkeit – ebenso *Friese*, Rn 558; die jüngere BAG-Rspr. tendiert auch in diese Richtung, wenn sie gleichermaßen von einer tarifvertraglichen und sich aus § 6 Abs. 1 ergebenden Anrechnungsbefugnis spricht, vgl. BAG 28.2.1991 – 8 AZR 196/90 – Rn 24, 25 – BAGE 67, 283 = AP § 6 BUrlG Nr. 4.
8 LAG Berlin-Brandenburg 21.11.2008 – 6 Sa 1113/08 – ZTR 2009, 100.

5 § 6 Abs. 1 stellt für den Fall des Entstehens voll oder teilweiser deckungsgleicher Urlaubsansprüche eine Zeitkollisionsregel zugunsten des späteren AG auf, die in Form von Rechtssätzen formuliert werden kann:
- Der, der nach §§ 4, 5 Abs. 1 für deckungsgleiche Zeiten des laufenden Kalenderjahres in einem nachfolgenden Arbverh entsteht, wird von Gesetzes wegen gemindert: Die bereits vom früheren AG für den deckungsgleichen Zeitraum dem AN tatsächlich gewährte Anzahl von Urlaubstagen ist auf diesen Anspruch anzurechnen.
- Das gilt sowohl für den Fall, dass im früheren Arbverh wegen nicht erfüllter Wartezeit nur ein Teilurlaubsanspruch entstanden ist als auch für den Fall, dass zunächst Vollurlaub gewährt worden ist, und im folgenden Arbverh wegen nicht erfüllbarer Wartezeit nur noch ein Teilurlaubsanspruch entstehen kann.
- Anzurechnen sind sowohl Urlaubsfreistellung als auch Urlaubsabgeltung.

6 **4. Praktische Relevanz der automatischen Anrechnung.** Die Formulierung „anrechnen" ist angebracht; denn sie verdeutlicht, dass trotz der Begünstigung durch die oben vorgestellte Zeitkollisionsregel dem nachfolgenden AG gesetzlich das Risiko zugewiesen worden ist, dass der frühere AG tatsächlich den im eigenen Arbverh entstandenen Anspruch erfüllt.

7 **a) Keine Anrechnungserklärung erforderlich.** Das verwandte Verb „anrechnen" darf dabei nicht missverstanden werden. Es bedarf keiner Anrechnungserklärung. Die Anrechnung vollzieht sich automatisch. Sie begrenzt regelmäßig nur den Umfang des Anspruchs, kann jedoch auch bis zur Reduzierung auf Null führen.

8 **b) Anrechnen auf den vollen Mindesturlaub.** Im Geltungsbereich des BUrlG wirkt sich der Unterschied zwischen Anspruchsausschluss und Anrechnung v.a. in dem Fall aus, dass der frühere AG nicht vollständig erfüllt.

9 **Beispiel:** Der AN ist zunächst bei der Müller AG von Beginn des 1.1. bis Ablauf des 31.3. und danach mit Beginn des 1. April an bei der Meier AG beschäftigt. Die Müller AG gewährt nur fünf Tage Urlaub. Nach des Ausschlusstheorie ist, weil die Müller AG für das erste Quartal Urlaub gewährt hat, von der Meier AG trotz des Vorliegens der in §§ 3 Abs. 1, 4 genannten Voraussetzungen für einen Vollurlaub nur ein Teilurlaub entsprechend § 5 Abs. 1 lit. a im Umfang von 9/12 bezogen auf 24 Werktage = 18 Werktage zu gewähren. Nach der hier vertretenen Anrechnungstheorie ist dagegen rechnerisch vom Entstehen des Vollurlaubs von 24 Werktagen bei der Müller AG auszugehen. Darauf sind die gewährten fünf Tage anzurechnen. Daher sind von der Meier AG noch zu gewähren: 19 Werktage. Die Differenz beider Theorien macht also einen Urlaubstag aus.

10 **c) Anrechnen von aufgerundeten Urlaubstagen auf Vollurlaubsansprüche.** Nach dem Schrifttum soll der AN dann, wenn er durch Aufrundung des Teilurlaubsanspruchs bei seinem früheren AG begünstigt worden ist, stets diesen Vorteil behalten dürfen.[9] Das ist im Geltungsbereich des BUrlG mit dem Gesetzeswortlaut in § 6 Abs. 1 „soweit (…) gewährt worden ist" nicht vereinbar. Danach wird alles, was für den deckungsgleichen Zeitraum gewährt wird, angerechnet.

11 **Beispiel**: Der AN ist zunächst bei der Müller AG von Beginn des 1.1. bis Ablauf des 31.1. in der Fünf-Tage-Woche und danach mit Beginn des 1. Februar ebenfalls in der Fünf-Tage-Woche bei der Meier AG beschäftigt. Der auf 24 Werktage bezogene Anspruch nach § 3 Abs. 1 ist in 20 Arbeitstage umzurechnen (siehe § 3 Rn 9). Für den auf den vollen Monat Januar entfallenen Teilurlaub nach § 5 Abs. 1 lit. a ist davon 1/12 zu gewähren: Das sind rechnerisch: 1,6 Urlaubstage, die nach § 5 Abs. 2 auf 2 Tage aufgerundet werden. Die von der Müller AG gewährten 2 Tage Urlaub sind auf den von der Meier AG nach § 4 zu gewährenden Vollurlaub von 20 Tagen anzurechnen. Das ergibt für den AN einen Anspruch auf weitere 18 Tage. Es gibt keinen Anlass, dem AN einen Rundungsgewinn vorzuhalten. Das gilt umso mehr, als die nachfolgende AG auch verpflichtet ist, für den Fall der Nichtgewährung oder der zu geringen Gewährung durch den früheren AG einzutreten.

12 **5. Anwendung der Regeln des § 6 Abs. 1 bei Mehrurlaub.** Haben die Arbeitsvertragsparteien originär oder durch Bezugnahme auf einen TV (vgl. § 13 Abs. 1 S. 2) eine längere Urlaubsdauer als in § 3 Abs. 1 (sog. Mehrurlaub) vereinbart oder legen die Rechtsnormen eines TV kraft beiderseitiger Tarifbindung normativ (§§ 3 Abs. 1, 4 Abs. 1 TVG) einen übergesetzlichen Tarifurlaub fest, so findet § 6 Abs. 1 keine unmittelbare Anwendung.[10] Die ältere urlaubsrechtliche Rspr. des 5. Senats hat zwar § 6 Abs. 1 „im Grundsatz" auch dann angewandt, wenn Urlaubsansprüche aus aufeinander folgenden Arbverh auf verschiedenen Rechtsquellen beruhten und in der Höhe voneinander abwichen.[11] Das ist jedoch nur im Ergebnis richtig. Bezüglich des Mehrurlaubs sind die Vertragsparteien und TV-Parteien nicht an die Bestimmungen des BUrlG gebunden. Sie können daher, soweit sie nicht den gesetzlich § 3 Abs. 1 festgesetzten Mindesturlaub von 24 Werktagen für das Kalenderjahr unterschreiten, eigene Regeln zur Lösung des Kollisionsproblem bei aufeinander folgenden Arbverh aufstellen. Abweichungen von § 6 Abs. 1 sind

---

9 Schaub/*Linck*, Arbeitsrechts-Handbuch, § 102 II 4 b; dem folgend: Küttner/*Röller*, Urlaubsanspruch Rn 30.

10 *Leinemann*/*Linck*, § 6 BUrlG Rn 3; unklar: ErfK/*Dörner*, § 6 BUrlG Rn 1.

11 BAG 6.11.1969 – 5 AZR 29/69 – BAGE 22, 201 = AP § 6 BUrlG Nr. 1 m. krit. Anm. *Söllner*; zustimmend: *Meisel*, SAE 1970, 158.

selten. Häufig wiederholen Arbeits- und TV-Parteien die Vorschrift des § 6 Abs. 1.[12] Fehlt eine eigene Regelung oder ist sie auslegungsbedürftig, geht im Zweifel die Rspr. davon aus, dass Übereinstimmung besteht, auch für den Mehrurlaub die gesetzliche Vorschrift uneingeschränkt anzuwenden. Da die TV-Parteien Bestimmungen mit Rechtsnormqualität vereinbaren, müssen sie ihren abweichenden Regelungswillen eindeutig im Wortlaut des TV zum Ausdruck bringen.[13]

B. Regelungsgehalt
I. Vom früheren Arbeitgeber erfüllter Vollurlaubsanspruch

1. Im Bereich des Mindesturlaubs nach dem BUrlG. Ist der im früheren Arbverh entstandene Vollurlaubsanspruch i.S.v. § 3 Abs. 1 durch Gewährung restlos erfüllt worden, entsteht in jedem in demselben Kalenderjahr nachfolgenden Arbverh, sofern keine den Mindesturlaub überschreitende Urlaubsdauer vereinbart ist, kein neuer Urlaubsanspruch. Das gilt auch dann, wenn im nachfolgenden Arbverh die Voraussetzungen für das Entstehen eines Teilurlaubsanspruchs nach § 5 Abs. 1 lit. a erfüllt sind, weil das Arbverh im restlichen Kalenderjahr einen vollen Monat oder länger besteht. Abs. 1 ist ebenfalls anwendbar, wenn der Urlaub nicht durch Freistellung von der Arbeit gewährt, sondern i.S.v. § 7 Abs. 4 abgegolten worden ist. Das ergibt sich aus der Erwähnung des „abgegoltenen Urlaubs" in der Bescheinigung nach Abs. 2.[14] Ohne rechtliche Bedeutung ist, ob die Urlaubsabgeltung zulässig oder unzulässig (zur Aufgabe der Surrogatstheorie siehe § 7 Rn 134 ff.) war. Der AN muss sich stets die abgegoltenen Urlaubstage auf seinen Urlaubsanspruch bei dem neuen AG anrechnen lassen.[15]

2. Sonderfall: Gekürzter Vollurlaubsanspruch nach § 5 Abs. 1 lit. c. Scheidet der AN nach Erwerb des Vollanspruchs vor Überschreiten der Schwelle zur zweiten Jahreshälfte, also vor Beginn des 1. Juli (nähere Erläuterung siehe § 5 Rn 20 f.), aus dem Arbverh aus, so wird der Vollurlaubsanspruch nach § 5 Abs. 1 lit. c nach dem Zwölftelungsprinzip gekürzt. Hatte der AG schon den vollen gesetzlichen Urlaub gewährt, so ist diese Gewährung nach der Zeitkollisionsregel des § 6 Abs. 1 zugunsten des späteren AGs anzurechnen. Ist im nachfolgenden Arbverh keine längere als die gesetzliche Urlaubsdauer vereinbart, so kann gegenüber diesem AG dann kein Urlaubsanspruch mehr bestehen. Hatte der erste AG zwar die volle Freistellung für 24 Werktage erklärt, beschränkte er aber später die Zahlung des Urlaubsentgelts auf die Dauer des gekürzten Vollurlaubs, so vertritt *Friese* die Auff., § 6 Abs. 1 sei in diesem Fall einschränkend auszulegen, weil kein bezahlter Urlaub gewährt worden sei.[16] Dieser Begründung kann schon deshalb nicht zugestimmt werden; weil die Wirksamkeit der Urlaubsgewährung nicht von der Zahlung der Urlaubsvergütung abhängig ist.[17] Entgegen *Friese* ist schon kein Sonderfall gegeben, der im Lichte des von § 6 Abs. 1 verfolgten Ziels, die Kumulation von Urlaubsansprüchen zu verhindern, abweichend vom Wortlaut gelöst werden müsste. In § 6 Abs. 1 ist dem nachfolgenden AG nämlich nicht das **Risiko der nachträglichen Zahlung des Urlaubsentgelts** für den säumigen oder zahlungsunfähigen früheren AG auferlegt. I.Ü. zeigt die Analyse diese Sonderfalles, dass gewöhnlich der AN die Nichtzahlung des Urlaubsentgelts zu vertreten hat, weil er die rechtzeitige Kenntnis des AG vom Eintritt des Kürzungstatbestands verhindert, indem er eine Eigenkündigung erst so kurz vor Urlaubsantritt oder während des Urlaubs ausspricht, so dass der AG die Neufestsetzung des Urlaubs auf den gekürzten Umfang nicht mehr vornehmen kann. In den anderen Fällen, in denen der Kürzungstatbestand erst nach Urlaubsablauf eintritt, ist regelmäßig das Urlaubsentgelt schon gezahlt, so dass dann § 5 Abs. 3 dem AG die Rückforderung verbietet.

3. Gleichlanger übergesetzlicher Urlaub. Gilt kraft Vereinbarung oder normativ kraft TV für früheren und nachfolgenden AG die gleiche Dauer für den Mehrurlaub, und ist auch die gleiche Bezugsgröße in Werk- oder Arbeitstagen anwendbar, so besteht kein Problem. Hat der frühere AG restlos erfüllt, so braucht der nachfolgende AG nichts mehr zu gewähren.

4. Ungleichlanger Mehrurlaub. Gilt kraft Vereinbarung oder normativ kraft TV für den nachfolgenden AG eine längere Urlaubsdauer, zeigt sich die Auswirkung der Anrechnungsregel des § 6 Abs. 1: Der AG hat im nachfolgenden Arbverh die vertragliche oder tarifliche Überbietung der Urlaubsdauer des Vorgängers auch tatsächlich zu gewähren.[18] Diese Folge tritt nicht nur bei längerem Mehrurlaub ein, sondern auch wenn für das nachfolgende Arbverh erstmalig Mehrurlaub vereinbart ist. Ein in der Praxis nicht selten übersehener Fall des ungleichlangen Mehrurlaubs liegt vor, wenn der frühere und nachfolgende AG zwar eine identische Anzahl von Urlaubstagen vereinbart haben, die Bezugsgröße aber unterschiedlich ist.

---

12 Vgl. BAG 23.9.1965 – 5 AZR 335/64 – BAGE 17, 289 = AP § 5 BUrlG Nr. 1.
13 Vgl. BAG 9.8.1994 – 9 AZR 346/92 – BAGE 77, 291; BAG 26.5.1992 – 9 AZR 172/91 – AP § 4 BUrlG Abgeltung Nr. 58 = EzA § 7 BUrlG Nr. 83; BAG 9.11.1999 – 9 AZR 797/98 – AP § 33 TVAL II Nr. 1.
14 *Leinemann/Linck*, § 6 BUrlG Rn 10.
15 *Natzel*, BUrlG, § 6 Rn 16.
16 *Friese*, Rn 558.
17 BAG 19.9.2000 – AZR 504/99 – BAGE 95, 312 = AP § 13 BUrlG Nr. 46 = DZWIR 2001, 319 m. zust. Anm. *Wellensiek*.
18 Zutreffend HWK/*Schinz*, § 6 BUrlG Rn 14.

17 **Beispiel:** Der erste und der nachfolgende AG haben 30 Tage Urlaub vereinbart. Der erste aber bezogen auf Werktage und der nachfolgende bezogen auf Arbeitstage Montag bis Freitag. Wird in beiden Arbverh tatsächlich die Arbeit auf sechs Tage in der Woche verteilt, dann muss eine Umrechnung (s. dazu § 3 Rn 9 f.) stattfinden. Nach einheitlicher Bezugsgröße hat dann der spätere AG eine Anzahl von 36 Werktagen Urlaub zu gewähren. Nach Anrechnung der vom früheren AG gewährten 30 verbleiben dann noch sechs vom späteren AG zu gewährende Urlaubstage.

II. Teilurlaubsansprüche beim früheren und beim nachfolgenden Arbeitgeber

18 Erwirbt der AN sowohl im alten und neuen Arbverh nur Teilurlaubsansprüche nach § 5 Abs. 1. lit. a oder b, so kommt dann, wenn der vorherige AG den auf seine Zeit entfallenden Urlaubsanspruch erfüllt hat, kein Ausschluss des Entstehens von weiteren Teilurlaubsansprüchen in Betracht.[19] Es ist nämlich schon wegen des **Zwölftelungsgrundsatzes** (dazu siehe § 5 Rn 5) ausgeschlossen, dass der AN Urlaub „doppelt" erhält; denn er kann beim neuen AG ab Juli des Kalenderjahres nur einen Teilurlaubsanspruch für die Monate erwerben, in denen das Arbverh mit diesem bis zum Jahresende Bestand hat. § 6 Abs. 1 und damit inhaltlich übereinstimmende tarifvertragliche Bestimmungen über den Ausschluss von Doppelansprüchen haben keine Anwendungsmöglichkeit, wenn der AN in aufeinander folgenden Arbverh desselben Kalenderjahres Teilurlaub nach Maßgabe des Zwölftelungsprinzips entsprechend der Dauer des jeweiligen Arbverh erhält.[20] Das Prinzip des quotalen Entstehens von Teilurlaubsansprüchen erübrigt sowohl einen Ausschluss als auch eine Anrechnung.

19 **Grundbeispiel:** Bei der Müller-AG bestand ein Arbverh beginnend mit dem 1.1.2009 und endend mit Ablauf des 30.6.2009. Nach § 5 Abs. 1 lit. a wurde wegen Nichterreichens der Wartezeit (siehe § 4 Rn 2 ff.) für volle sechs Monate 6/12 des Mindesturlaubs gewährt. Beginnend mit dem 1.7.2009 wurde ein Arbverh mit der Meier AG begründet. Wegen Nichterreichens der Wartezeit entsteht im neuen Arbverh nach § 5 Abs. 1 lit. a ein weiterer Anspruch auf 6/12. Erfüllt der frühere AG für die Dauer seines Arbverh anteilig, also den auf ihn entfallenen Teilurlaubsanspruch, ist nicht zu besorgen, dass eine Verdoppelung von Urlaubsansprüchen eintritt.

III. Teilurlaubsanspruch beim früheren und Vollurlaubsanspruch beim nachfolgenden Arbeitgeber

20 Eine Überschneidung von Urlaubsgewährung für denselben Zeitraum, ein Fall der teilweisen Deckungsgleichheit, kommt in Betracht, wenn beim nachfolgenden AG die Voraussetzungen für das Entstehen eines Vollurlaubsanspruchs gegeben sind, weil bis zum Jahresende noch die Wartezeit nach § 4 erfüllt wird. Das ist immer dann möglich, wenn das nachfolgende Arbverh vor dem 1. Juli begründet wird. Zur Erreichung des Gesetzeszwecks, die doppelte Abdeckung eines Zeitabschnitts im laufenden Kalenderjahr mit Urlaubsansprüchen auszuschließen, genügt es, dass der AN sich den Urlaub, den er für die im vorangegangen Arbverh zurückgelegte Zeit erhalten hat, anrechnen lassen muss.

21 **Beispiel mit 1. Abwandlung:** AN hatte ein Arbverh bei der Müller-AG beginnend am 1.1.2009 endend mit Ablauf des 31.3.2009, danach ab 1.4.2009 ein neues Arbverh bei der Meier-AG. Bei Anwendung des Mindesturlaubs gewährt die Müller-AG 3/12 von 24 Werktagen = 6 Werktage Urlaub. Die Meier-AG hätte an sich, d.h. ohne Anwendung des § 6 Abs. 1, den Vollurlaub von 24 Werktagen zu gewähren. Der AN muss sich – soweit tatsächlich die Müller-AG die anteiligen sechs Urlaubstage gewährt oder abgegolten hat – in Anwendung des § 6 Abs. 1 diese anrechnen lassen. Ergebnis: Der nachfolgende AG hat 18 Werktage Urlaub zu gewähren. Insg. ist also der volle Mindesturlaub von 24 Werktagen gesichert.

IV. Unterschiedliche Dauer von Urlaubsansprüchen bei Kollision von Teilurlaub mit Vollurlaub

22 **1. Längere Urlaubsdauer beim Vorgänger.** War die vereinbarte Urlaubsdauer im früheren Arbverh länger als im neuen, so kann der neue AG nicht einfach die Anzahl der erhaltenen oder abgegoltenen Urlaubstage in Abzug bringen. Es ist der für den entstandenen Teilurlaubsanspruch verbrauchte Zeitraum maßgebend.[21] D.h., der AN muss sich so behandeln lassen, dass die vollen Beschäftigungsmonate, für die er vom früheren AG Teilurlaub erhalten hat, bei der Berechnung des Vollurlaubs durch den neuen AG anspruchsmindernd berücksichtigt werden.[22] Zur Berechnung des beim neuen AG entstehenden Anspruchs bedarf es somit stets der Anwendung des Zwölftelungsprinzips.

23 **Beispiel mit 2. Abwandlung:** AN hatte ein Arbverh bei der Müller-AG beginnend am 1.1.2009 endend mit Ablauf des 31.3.2009, danach ab 1.4.2009 ein neues Arbverh bei der Meier-AG. Bei der Müller-AG ist vereinbart worden: „Pro Jahr 30 Werktage Urlaub" und bei der Meier-AG „Pro Jahr 24 Werktage Urlaub". Hat vereinbarungsgemäß die Müller-AG für volle drei Monate 3/12 = 7,5 gerundet nach § 5 Abs. 2 auf acht Tage gewährt, dann darf die Meier-AG nicht diese acht Tage auf den von ihr an sich im Umfang von 24 Tagen zu erfüllenden Vollurlaubsanspruch so anrechnen, dass sie nur noch 16 Tage zu gewähren hat. Sie muss vielmehr nach § 6 Abs. 1 vom dem Vollurlaubs-

---

19 ErfK/*Dörner*, § 6 BUrlG Rn 7 und *Leinemann/Linck*, § 6 BUrlG Rn 22, die § 6 Abs. 1 für unanwendbar halten.
20 BAG 23.9.1965 – 5 AZR 335/64 – BAGE 17, 289 = AP § 5 BUrlG Nr. 1; ErfK/*Dörner*, § 6 BUrlG Rn 7.
21 ErfK/*Dörner*, § 6 BUrlG Rn 6.
22 *Leinemann/Linck*, § 6 BUrlG Rn 18.

anspruch im Umfang von 24 Tagen den Anteil auf die Monate Januar bis März entfallenen Teil des Urlaubsjahres im Umfang von $^{3}/_{12}$ des mit ihr vereinbarten Vollurlaubs (hier: 24 Tage × $^{3}/_{12}$) abziehen. Das stellt sich rechnerisch wie folgt dar: 24–6 = 18. Also kann AN von der Müller-AG 18 Urlaubstage verlangen. Der Unterschied der Berechnung macht zwei Urlaubstage aus.

2. Kürzere Urlaubsdauer beim Vorgänger. War die vereinbarte Urlaubsdauer im früheren Arbverh kürzer als im neuen, so hat der neue AG nicht anteilig den beim Vorgänger entstandenen Teilurlaubsanspruch aufzustocken. Zur Berechnung des beim neuen AG entstehenden Anspruchs bedarf es der Anwendung des Zwölftelungsprinzips.

Beispiel mit 3. Abwandlung: Im Arbverh bei der Müller-AG beginnend mit dem 1.1.2009 und endend mit Ablauf des 30.6.2009 galt die Abrede: „Urlaub wie im Gesetz = 24 Werktage". In dem im Anschluss daran beginnend mit dem 1.7.2009 begründeten Arbverh mit der Meier-AG ist zugesagt: „Jahresurlaub 30 Werktage". Ist in beiden Fällen die Sechs-Tage-Woche anwendbar, so hatte die Müller-AG $^{6}/_{12}$ von 24 = zwölf Tage Urlaub zu gewähren. Die Meier-AG hat dann $^{6}/_{12}$ von vereinbarten 30 = 15 Werktage zu gewähren. Sie muss nicht den Rest zum vertraglich mit 30 Werktagen vereinbarten Vollurlaub unter Abzug der von Müller gewährten zwölf Werktage mit 18 Werktagen „auffüllen".

V. Ungleichlanger Teilurlaub beim früheren und beim nachfolgenden Arbeitgeber

Entstehen nach § 5 Abs. 1 lit. a oder b sowohl gegenüber dem früheren als auch dem nachfolgenden AG nur Teilurlaubsansprüche, so liegt kein Fall vor, auf den § 6 Abs. 1 anzuwenden ist, weil es an einer Überschneidung von Zeiten fehlt, für die Urlaub zu gewähren ist.

Fallstudie mit 4. Abwandlung: Im Arbverh bei der Müller-AG beginnend mit dem 1.1.2009 und endend mit Ablauf des 30.6.2009 galt die Abrede: Urlaub 30 Werktage. In dem im Anschluss daran beginnend mit dem 1.7.2009 begründeten Arbverh mit der Meier-AG besteht keine über den gesetzlichen Urlaub hinausgehende Abrede. Ist in beiden Fällen die Sechs-Tage-Woche anwendbar, so hatte die Müller-AG $^{6}/_{12}$ von 30 = 15 Tage Urlaub zu gewähren. Die Meier-AG hat dann wiederum $^{6}/_{12}$ von 24 = zwölf Werktage zu gewähren. Sie darf sich nicht darauf beschränken, den Rest im Verhältnis zum gesetzlichen Vollurlaub zu gewähren. Daher wäre folgende, in der Praxis nicht selten anzutreffende Rechnung falsch: 24 Werktage Mindesturlaub abzüglich beim früheren AG erhaltener 15 Urlaubstage = neun noch zu gewährende Urlaubstage.

VI. Rundungsgewinne bei Teilurlaub

Soweit bei mehreren Teilurlaubsansprüchen zugunsten des AN Rundungsgewinne nach § 5 Abs. 2 auftreten, greift § 6 Abs. 1 nicht ein. Es fehlt die Anwendungsvoraussetzung, dass Urlaub für deckungsgleiche Zeiten gewährt wird.[23]

VII. Nicht gewährter und nicht abgegoltener Urlaub

Hat der AN im früheren Arbverh weder Urlaub durch Freistellung noch eine Urlaubsabgeltung erhalten, entsteht der Urlaubsanspruch im neuen Arbverh ungeschmälert. Der neue AG kann dann den Urlaubsanspruch nicht mit der Begründung verweigern, der AN soll seinen Abgeltungsanspruch gegenüber dem alten AG durchsetzen.[24] Letztlich ist dem AN das Recht eingeräumt, zwischen dem Abgeltungsanspruch gegen den bisherigen AG und dem Urlaubsanspruch gegen den neuen AG zu wählen, ohne dass dabei der frühere AG den AN auf den Urlaubsanspruch gegen den neuen AG verweisen kann. Entscheidet sich der AN für den Freizeitanspruch gegenüber dem neuen AG, so entfällt der Urlaubsabgeltungsanspruch aus dem alten Arbverh.

Sobald der AN seinen Abgeltungsanspruch gegen den alten AG durchgesetzt hat, entfällt nachträglich sein Urlaubsanspruch gegen den neuen AG. Das gilt allerdings nur, soweit sich konkurrierende Vollurlaubsansprüche auf dasselbe Urlaubsjahr und Teilurlaubsansprüche im laufenden Kalenderjahr sich auf überschneidende Monate beziehen. Ist im neuen Arbverh der Vollurlaub bereits gewährt, kann der AG den aus dem früheren Arbverh anrechenbaren und daher zu viel gewährten Urlaub nicht mehr rückgängig machen.[25] Die Arbeitspflicht kann wegen ihres Fixschuldcharakters nicht neu begründet werden.[26] Er kann allerdings das überzahlte Urlaubsentgelt nach §§ 812 ff. BGB zurückverlangen.[27] Der Ausschluss des Bereicherungsrechts in § 5 Abs. 3 für den gekürzten Vollurlaub ist hier nicht einschlägig.[28]

VIII. Keine Kürzungsbefugnis des früheren Arbeitgebers

Urlaubsabgeltungsansprüche aufgrund eines früheren Arbverh werden durch das Entstehen von Urlaubsansprüchen in einem nachfolgenden Arbverh nicht berührt. § 6 Abs. 1 schließt das Entstehen von Urlaubsansprüchen in nachfolgenden Arbverh im Wege der Anrechnung aus. Das kommt einer Kürzung zugunsten des nachfolgenden AG

---

23 *Leinemann/Linck*, § 6 BUrlG Rn 24.
24 BAG 28.2.1991 – 8 AZR 196/90 – BAGE 67, 283 = AP § 6 BUrlG Nr. 4.
25 *Friese*, Rn 313; *Leinemann/Linck*, § 5 BUrlG Rn 52.
26 ErfK/*Preis*, § 615 BGB Rn 3.
27 ErfK/*Dörner*, § 6 BUrlG Rn 12; *Friese*, Rn 566, 313.
28 ErfK/*Dörner*, § 6 BUrlG Rn 12.

gleich. Durch diese Regelung wird jedoch für den AG des vorangegangenen Arbverh keine Kürzungsbefugnis eröffnet, indem er die beim nachfolgenden AG möglichen oder tatsächlich erfüllten Urlaubsansprüche auf seine Schuld anrechnet.[29] Das BAG hat deshalb die Auff. abgelehnt, bei Zusammentreffen von Ansprüchen für denselben Zeitraum gegen den früheren und den späteren AG aus zwei aufeinander folgenden, sich überdeckenden Arbverh könne der frühere AG geltend machen, er könne kürzen, um einen von der Rechtsordnung nicht gebilligten Doppelbezug einer im Grundsatz dem AN nur einmal zustehenden Leistung zu vermeiden.[30] Die Anrechnungsbefugnis besteht für den zweiten AG, nicht aber für den früheren. Eine Anrechnungsbefugnis für den früheren AG folgt auch nicht aus § 11 KSchG und § 615 S. 2 BGB. Beide Regelungen haben nur die Anrechnung von Vergütungsansprüchen für Arbeitsleistungen zum Gegenstand, die ein AN in einem anderen Arbverh erworben hat oder hätte erwerben können. Der Urlaub ist keine Vergütung. Der Urlaubsanspruch entsteht vielmehr unabhängig von erbrachten Arbeitsleistungen und ist auf die Freistellung von Arbeitspflichten gerichtet. Daran ändert nichts, dass nach Beendigung des Arbverh aufgrund der Umwandlung des Urlaubsanspruchs in den Urlaubsabgeltungsanspruch der AG verpflichtet ist, an den AN einen Geldbetrag zu zahlen, der dem Entgelt entspricht, das an den AN während seines Urlaubs bei Fortbestehen des Arbverh zu zahlen gewesen wäre. Damit wird der Urlaubsabgeltungsanspruch nicht zum Vergütungsanspruch.

IX. Urlaubsbescheinigung

32 Um die nach § 6 Abs. 1 zu vermeidende Kumulation von deckungsgleichen Urlaubsansprüchen zu Lasten des nachfolgenden AG auszuschließen, hat der AG bei Beendigung des Arbverh dem AN eine Bescheinigung über gewährten oder abgegoltenen Urlaub auszuhändigen (§ 6 Abs. 2). Die Urlaubsbescheinigung muss die Identität des AN, die Dauer des Arbverh im laufenden Kalenderjahr sowie den im Kalenderjahr gewährten oder abgegoltenen Urlaub enthalten. Dabei ist nicht nur auf den gesetzlichen Mindesturlaub, sondern auch auf den Mehrurlaub aufgrund vertraglicher Vereinbarung oder kraft TV abzustellen. Die Urlaubsbescheinigung ist **schriftlich** zu erteilen. Die Verbindung mit einem qualifizierten Zeugnis ist nach allg. Ansicht unzulässig.[31] Die Verbindung mit einem einfachen Zeugnis wird zum Teil abgelehnt, weil der AN das einfache Zeugnis auf Dauer und nicht nur für den nächsten AG benötige.[32]

33 Weigert sich der AG die Urlaubsbescheinigung zu erteilen, kann er sich auch schadenersatzpflichtig machen. Ein Schaden tritt ein, wenn der AN keinen Urlaubsanspruch gegen den neuen AG durchsetzen kann.[33]

34 Der nachfolgende AG ist berechtigt, die Urlaubsgewährung solange zu verweigern, bis ihm der AN eine Urlaubsbescheinigung vorlegt.[34] Der AN kann auch den Umfang des gewährten oder abgegoltenen Urlaubs auf andere Weise nachweisen.[35] Der AN kann den neuen AG nicht an den alten verweisen. Der Nachweis des bereits erhaltenen Urlaubs ist Sache des AN.

C. Verbindung zu anderen Rechtsgebieten

I. Zusatzurlaub für Schwerbehinderte nach dem SGB IX

35 § 6 Abs. 1 und Abs. 2 gelten auch für den Zusatzurlaub der schwerbehinderten Menschen nach § 125 SGB IX.[36]

II. Betriebsübergang nach § 613a Abs. 1 BGB und Umwandlung nach dem UmwG

36 **1. Keine Anwendung des § 6.** Geht bei einem rechtsgeschäftlichen Betriebsübergang ein dem Betrieb zugeordnetes Arbverh nach § 613a Abs. 1 S. 1 BGB oder bei einer Rechtsträgerverschmelzung oder einer Rechtsträgerspaltung (siehe § 324 UmwG Rn 1) auch ein nicht betrieblich zugeordnetes Arbverh über,[37] tritt der aufnehmende AG in die Rechtsstellung des früheren AG ein. Er wird damit auch Schuldner des Urlaubsanspruchs des während der Dauer des Arbverh beim früheren AG begründeten Urlaubsanspruchs. Das Arbverh besteht trotz des AG-Wechsels fort. Es wird daher nicht unterbrochen. Von daher ist kein Raum für die Anwendung des § 6. Der Rechtsgedanke der Zeitkollisionsregel ist nicht übertragbar. Das ist einhellige Ansicht in Rspr.[38] und im Schrifttum.[39] Gehen die Partien in Verkennung der Rechtslage fälschlicherweise von einem AG-Wechsel infolge eines Betriebsübergangs aus und hat der vermeintlich in den Arbeitsvertrag eintretende Urlaub gewährt, so soll nach Auff. des Hessischen LAG § 6 Abs. 1 auch nicht entsprechend anwendbar sein. Die Leistungen des vermeintlichen AG sollen dann durch Rückzahlung des vom AN bezogenen Urlaubsentgelts bereicherungsrechtlich zurück abzuwickeln sein.[40]

---

29 BAG 28.2.1991 – 8 AZR 196/90 = BAGE 67, 283 = AP § 6 BUrlG Nr. 4 unter Aufgabe der gegenteiligen Ansicht aus BAG 25.11.1982 – 6 AZR 1254/79 = BAGE 40, 379 = AP § 6 BUrlG Nr. 3.
30 So im Ergebnis übereinstimmend: ErfK/*Dörner*, § 6 BUrlG Rn 10; *Leinemann/Linck*, § 6 BUrlG Rn 27.
31 ErfK/*Dörner*, § 6 BUrlG Rn 15.
32 Schaub/*Linck*, Arbeitsrecht-Handbuch, § 102 II 4 c; ebenso *Leinemann/Linck*, § 6 BUrlG Rn 39; a.A. ErfK/*Dörner*, § 6 BUrlG Rn 15; *Neumann/Fenski*, § 6 BUrlG Rn 17; *Friese*, Rn 568.
33 *Neumann/Fenski*, § 6 Rn 15.
34 ErfK/*Dörner*, § 6 BUrlG Rn 19.
35 *Neumann/Fenski*, § 6 Rn 14; Schaub/*Linck*, Arbeitsrechts-Handbuch, § 102 II 4 c.
36 ErfK/*Dörner*, § 6 BUrlG Rn 1.
37 Einzelheiten s. Beseler/Düwell/Göttling/*Düwell*, S. 289 ff.
38 Hessisches LAG 28.2.2003 – 12 Sa 28/02 – juris.
39 *Neumann/Fenski*, § 6 Rn 34; *Leinemann/Linck*, § 6 BUrlG Rn 11; MünchArb/*Leinemann*, Bd. 1, § 91 Rn 108; ErfK/*Dörner*, § 6 BUrlG Rn 4.
40 Hessisches LAG 28.2.2003 – 12 Sa 28/02 – juris.

2. Kein Gesamtschuldverhältnis. Nach der Rspr. des BGH soll ein Ausgleich zwischen den gesamtschuldnerisch haftenden AG bezüglich der Urlaubsansprüche stattfinden. Der bisherige AG schulde nach § 613a Abs. 2 BGB i.V.m. § 426 BGB dem neuen AG anteiligen Ausgleich in Geld für die vor dem **Betriebsübergang** entstandenen Ansprüche der AN auf Gewährung bezahlter Freizeit, die der neue AG erfüllt habe.[41] Die h.M. im arbeitsrechtlichen Schrifttum lehnt Ausgleichsansprüche der aufeinander folgenden AG untereinander generell ab. Das gilt für alle Fallkonstellationen.[42] Denn der Urlaubsanspruch ist als Arbeitsbefreiungsanspruch nicht gesamtschuldfähig.[43] Nur soweit Urlaubsentgeltansprüche vor dem Übergang fällig geworden sind, haften Erwerber und Veräußerer dem AN gegenüber als Gesamtschuldner.[44] Erfüllt der Erwerber den Anspruch, so hat er nach § 426 BGB einen Ausgleichsanspruch gegen den Veräußerer. Soweit nichts anderes vereinbart ist, soll eine Aufteilung 1:1 stattfinden.[45] Hier ist der Berater gefordert. Er muss bei der Gestaltung des Betriebsübergangs das Problem ansprechen.

3. Auswirkung des Widerspruchs mit ex tunc Wirkung. Da bei nicht ordnungsgemäßer Unterrichtung das Widerspruchsrecht auch noch längere Zeit nach dem Betriebsübergang ausgeübt werden kann und dem Widerspruch zum Schutze des Ausübungsbefugten Rückwirkung zukommt,[46] stellt sich bei Urlaubserteilung beim Erwerber für den Veräußerer ein Anrechnungsproblem. Zur Vermeidung der Anspruchsverdoppelung durch Urlaubsnahme vor dem Widerspruch beim Erwerber und nach dem Widerspruch beim Veräußerer kommt nach dem Wortlaut des § 6 Abs. 1 keine Anrechnung in Betracht. Dem steht nämlich entgegen, dass der Erwerber nicht „früherer AG" ist; denn kraft Rückwirkungsfiktion war allein der Veräußerer AG.[47] Bei urlaubserteilendem Erwerber bestand ein fehlerhaftes Arbverh.[48] Damit bestanden zur gleichen Zeit mehrere Arbverh. Für solche Doppel-Arbverh gilt § 6 nicht.[49] Zur Vermeidung von Wertungswidersprüchen käme nur eine analoge Anrechnung in Betracht. Das setzte voraus, dass die Lücke zugunsten dessen geschlossen werden müsste, der die Begründung des fehlerhaften Arbverh veranlasst hat. Das erscheint nicht geboten.

D. Beraterhinweise

I. Prozessrecht

Macht ein nachfolgender AG geltend, der AN fordere Urlaub „doppelt", so ist das eine rechtshindernde Einwendung. Der AG hat diese darzulegen und zu beweisen.[50] Dabei ist den Grundsätzen der abgestuften Darlegungs- und Beweislast Rechnung zu tragen. Danach hat der darlegungs- und beweisbelastete AG zunächst die Tatsachen vorzutragen, die den Tatbestand des § 6 Abs. 1 erfüllen. Legt der AN keine Urlaubsbescheinigung vor, kann sich der AG auf die Behauptung beschränken, dass entsprechend §§ 4, 5 Abs. 1 Urlaub gewährt worden sei. Der AN hat dann die Darlegungs- und Beweislast, wie viel Urlaub ihm tatsächlich gewährt worden ist.[51]

Weigert sich der AG die Urlaubsbescheinigung zu erteilen, so kann der AN Leistungsklage auf Ausstellung der Urlaubsbescheinigung erheben. Dazu bedarf es der Formulierung eines bestimmten Klageantrags. Der Wortlaut der gewünschten Bescheinigung muss im Antrag enthalten sein.[52]

II. Beratung

Eine Urlaubsbescheinigung könnte so formuliert werden:

Herr/Frau (...) war im Urlaubsjahr (...) von (...) bis (...) beschäftigt. Nach dem geltenden Tarifvertrag (...)/nach der vertraglichen Vereinbarung/nach dem BUrlG[53] beträgt der volle Urlaubsanspruch im Kalenderjahr (...) Arbeitstage/Werktage. Während der Beschäftigung war die Arbeitszeit regelmäßig auf (...) Tage in der Woche verteilt. Für das Urlaubsjahr 20 (...) wurden (...) Tage gewährt und (...) Arbeitstage/Werktage abgegolten. Das sind (...)/12 des gesamten Jahresurlaubs.

Ort des Betriebssitzes (...)/Datum (...)

Unterschrift AG

---

41 BGH 4.7.1985 – IX ZR 172/84 – AP § 613a BGB Nr. 50 = NJW 1985, 2643.
42 ErfK/*Dörner*, § 6 BUrlG Rn 13; *Friese*, Rn 549; *Leinemann/Linck*, § 6 BUrlG Rn 30; a.A. *Neumann/Fenski*, § 6 BUrlG Rn 31.
43 *Natzel*, BUrlG, § 6 Rn 29; *Leinemann/Lipke*, DB 1988, 1217.
44 *Friese*, Rn 549; *Leinemann/Lipke*, DB 1988, 1217.
45 *Friese*, Rn 549; *Leinemann/Lipke*, DB 1988, 1217.
46 Vgl. BAG 14.12.2006 – 8 AZR 763/05 – NZA 2007, 682, 686.
47 *Neufeld/Beyer*, NZA 2008, 1157, 1161.
48 BAG 7.6.1972 – 5 AZR 512/71 – AP Nr. 18 zu § 611 BGB Faktisches Arbeitsverhältnis.
49 So Leinemann/*Linck*, § BUrlG 6 Rn 11; Arnold/*Tillmanns*, BUrlG, 1. Aufl. (2006), § 6 Rn, 10.
50 ErfK/*Dörner*, § 6 BUrlG Rn 3; *Friese*, Rn 78, 551; *Leinemann/Linck*, § 6 BUrlG Rn 31; a.A. GK-BUrlG/*Bachmann*, § 6 Rn 19, der von einer negativen anspruchsbegründenden Tatsache ausgeht.
51 *Friese*, Rn 567.
52 *Leinemann/Linck*, § 6 BUrlG Rn 43; *Natzel*, BUrlG, § 6 Rn 65.
53 Nichtzutreffendes bitte streichen!

§ 7 Zeitpunkt, Übertragbarkeit und Abgeltung des Urlaubs

(1) ¹Bei der zeitlichen Festlegung des Urlaubs sind die Urlaubswünsche des Arbeitnehmers zu berücksichtigen, es sei denn, daß ihrer Berücksichtigung dringende betriebliche Belange oder Urlaubswünsche anderer Arbeitnehmer, die unter sozialen Gesichtspunkten den Vorrang verdienen, entgegenstehen. ²Der Urlaub ist zu gewähren, wenn der Arbeitnehmer dies im Anschluß an eine Maßnahme der medizinischen Vorsorge oder Rehabilitation verlangt.

(2) ¹Der Urlaub ist zusammenhängend zu gewähren, es sei denn, daß dringende betriebliche oder in der Person des Arbeitnehmers liegende Gründe eine Teilung des Urlaubs erforderlich machen. ²Kann der Urlaub aus diesen Gründen nicht zusammenhängend gewährt werden, und hat der Arbeitnehmer Anspruch auf Urlaub von mehr als zwölf Werktagen, so muß einer der Urlaubsteile mindestens zwölf aufeinanderfolgende Werktage umfassen.

(3) ¹Der Urlaub muß im laufenden Kalenderjahr gewährt und genommen werden. ²Eine Übertragung des Urlaubs auf das nächste Kalenderjahr ist nur statthaft, wenn dringende betriebliche oder in der Person des Arbeitnehmers liegende Gründe dies rechtfertigen. ³Im Fall der Übertragung muß der Urlaub in den ersten drei Monaten des folgenden Kalenderjahrs gewährt und genommen werden. ⁴Auf Verlangen des Arbeitnehmers ist ein nach § 5 Abs. 1 Buchstabe a entstehender Teilurlaub jedoch auf das nächste Kalenderjahr zu übertragen.

(4) Kann der Urlaub wegen Beendigung des Arbeitsverhältnisses ganz oder teilweise nicht mehr gewährt werden, so ist er abzugelten.

Literatur: *Bährle*, Urlaubsansprüche und deren Abgeltung, BuW 2001, 394; *Bauer/Arnold*, Urlaub und Freistellung bei Beendigung von Arbeitsverhältnissen, in Bewegtes Arbeitsrecht – Festschrift für Wolfgang Leinemann zum 70. Geburtstag, 2006, S. 155; *dies.*, EuGH kippt deutsches Urlaubsrecht, NJW 2009, 631; *Costa*, Urlaubsrückstellungen nach dem EuGH-Urteil vom 20.1.2009, BBK 2009, 394; *Dornbusch/Ahner*, Urlaubsansprüche und Urlaubsabgeltung bei fortdauernder Arbeitsunfähigkeit des Arbeitnehmers, NZA 2009, 180; *Düwell*, Änderungsbedarf beim Zusatzurlaub für schwerbehinderte Menschen?, FA 2003, 226; *Ders.*, Was ist, wenn? Urlaub und krankheitsbedingte Arbeitsunfähigkeit, dbr 2009 Heft 8, S. 9; *Düwell/Pulz*, Urlaubsansprüche in der Insolvenz, NZA 2008, 786; *Ernst*, Die Fristen des § 7 Abs. 3 BUrlG als „best-before-Daten"; BB 2008, 111; *Fenski*, Urlaubsrecht im Umbruch?, DB 2007, 686; *Fesenmeyer*, Die Freistellung des Arbeitnehmers von der Arbeit – Unter besonderer Berücksichtigung des Insolvenzfalles, Baden-Baden 2007; *Gaul/Josten/Strauf*, EuGH: Urlaubsanspruch trotz Dauerkrankheit, BB 2009, 497; *Gaul/Bonann/Ludwig*, Urlaubsanspruch trotz Langzeiterkrankung – Handlungsbedarf für die betriebliche Praxis!, DB 2009, 1013; *Genenger*, Urlaubsabgeltung nach Beendigung des Arbeitsverhältnisses, Anm. LAGE § 7 BUrlG Abgeltung Nr. 22; *Glaser/Lüders*, § 7 BUrlG auf dem Prüfstand des EuGH, Anmerkungen zu dem Vorlagebeschluss des LAG Düsseldorf, BB 2006, 2690, 2694; *Geyer*, Übertragung und Abgeltung von Urlaub bei Krankheit; ZTR 2009, 346; *Graue*, Das neue Mutterschutzrecht, AiB 2002, 589; *Grobys*, Urlaub und Krankheit – Die Karten sind neu gemischt!, NJW 2009, 2177; *Hänlein*, Abgeltung des Mindesturlaubs, ZESAR 2006, 263; *Hager*, Verwirkung des Tarifurlaubs bei vorzeitiger Auflösung des Arbeitsverhältnisses, SAE 2005, 160; *Herletzius*, Der Urlaubsanspruch als schuldrechtlicher Anspruch im Arbeitsverhältnis, 2000, Diss. Passau 1999; *Hiekel*, Die Durchsetzung des Urlaubsanspruchs, NZA 1990, Beilage 2, 32; *Hoß*, Der Urlaubsanspruch im Kündigungsschutzprozess, ArbRB 2004, 274; *Kamanabrou*, Urlaubsanspruch nach Langzeiterkrankung – ein Gebot des Gemeinschaftsrechts?, SAE 2009, 121; *Klette*, Urlaubsabgeltung und Kündigungsschutzklage, DStR 2000, 1883; *Kohte*, Kontinuität und Bewegung im Urlaubsrecht, BB 1984, 609; *Kohte/Beetz*, Neue Rechtsprechung des BAG zum Urlaubsrecht, jurisPR-ArbR 25/2009 Anm 1; *Krause*, Übertragung von Teilurlaub, SAE 2005, 14; *Krieger/Arnold*, Urlaub 1. + 2. Klasse – Das BAG folgt der Schultz-Hoff-Entscheidung des EuGH, NZA 2009, 530; *Künzl*, Befristung des Urlaubsanspruchs, BB 1991, 1630; *Leinemann*, Keine Schonzeiten für Arbeitnehmer, AuR 1995, 83; *ders.*, Die neue Rechtsprechung des Bundesarbeitsgerichts zum Urlaubsrecht, NZA 1985, 137; *Lepke*, Die nachträgliche Änderung bereits erteilten Erholungsurlaubs, DB 1990, 1131; *Lörcher*, Die Normen der Internationalen Arbeitsorganisation und des Europarats – Ihre Bedeutung für das Arbeitsrecht der Bundesrepublik, AuR 1991, 97; *Meier, Hans-Georg*, Freistellung als Urlaubsgewährung, NZA 2002, 873; *Meisel*, Zu Fragen der Festsetzung der zeitlichen Lage des Urlaubs, Anm. AP § 7 BUrlG Nr. 6; *Nägele*, Die Vergütungs- und Urlaubsansprüche in der Zeit der Freistellung, DB 1998, 518; *Rehwald*, Arbeitszeitgestaltung – Krankheitsurlaub – Abgeltung Jahresurlaub, ZESAR 2009, 342; *Reiter*, Vererbung arbeitsvertraglicher Ansprüche, BB 2006, 42; *Rummel*; Urlaubsabgeltung bei Arbeitsunfähigkeit, ArbuR 2009, 217; *Schmidt*, Urlaubsrückstellung: Was fließt alles in die Berechnung ein? Praxis des Rechnungswesens (PdR) Gruppe 6, 237; *Stein*, Schadensersatz oder Vererbung des Urlaubsanspruchs beim Tod des Arbeitnehmers, RdA 2000, 16; *Subatzus*; Übertragung von Urlaubsansprüchen bei Arbeitsunfähigkeit; DB 2009, 510; *Thüsing*; Das deutsche Urlaubsrecht in Luxemburger Rechtsfortbildung, FA 2009, 65; *Weiler/Rath*, Der Urlaub nach Ausspruch einer Kündigung, NZA 1987, 337; *Widera*, Zu den Möglichkeiten und Grenzen der Urlaubsübertragung, DB 1988, 756

A. Allgemeines 1
I. Norminhalt 1
II. Normgeschichte der Gesetzesänderungen 2
  1. Verwirkung der Urlaubsabgeltung 2
  2. Festlegung nach Rehabilitation 3
III. Schnittpunkte mit Internationalem Recht 4
  1. Verfall des Urlaubsanspruchs und IAO-Übereinkommen Nr. 132 4
  2. Vereinbarkeit des BUrlG und der BAG-Rspr. mit dem Europäischen Gemeinschaftsrecht 5
    a) Vorabentscheidung in der Sache Schultz-Hoff 5
    b) Die gemeinschaftsrechtskonforme Auslegung des BUrlG 9
B. Regelungsgehalt 10
I. Grundsätze der Urlaubsgewährung 10
II. Geltendmachung des befristeten Anspruchs 11
  1. Im unstreitig bestehenden Arbeitsverhältnis ... 11
  2. Bei streitigem Fortbestand des Arbeitsverhältnisses 12
III. Fälligkeit des Urlaubsanspruchs 13
  1. Fälligkeit nach BGB 13
  2. Fälligkeit des Vollurlaubsanspruchs 14
  3. Fälligkeit des Teilurlaubsanspruchs 15
  4. Übersicht über Entstehen und Fälligkeit von Teilurlaubsansprüchen 16
    a) Befristetes Arbeitsverhältnis 16
    b) Unbefristetes Arbeitsverhältnis mit nachträglich erfüllter Wartezeit 17
    c) Unbefristetes Arbeitsverhältnis ohne nachträglich erfüllte Wartezeit 18
    d) Unbefristetes Arbeitsverhältnis ohne Möglichkeit erfüllter Wartezeit 19
  5. Keine Abdingbarkeit der Fälligkeitsregelung . 20
IV. Zeitliche Festlegung und Freistellungserklärung .. 21
  1. Festlegung als zeitliche Konkretisierung 21
  2. Festlegung nach geäußertem Urlaubswunsch . 22
    a) Entgegenstehende dringende betriebliche Belange 23
    b) Vorrangige Wünsche anderer Arbeitnehmer 25
    c) Rechtsfolgen einer mangelnden Berücksichtigung des Urlaubswunsches 26
    d) Problem: Vorbehalt der Verlegung der Freistellung in die Kündigungsfrist? 27
    e) Beurteilungsspielraum 29
  3. Festlegung ohne geäußerten Urlaubswunsch .. 30
  4. Festlegung innerhalb der Ferienzeit 31
  5. Festlegung eines zusammenhängenden Urlaubs 32
    a) Das Gebot des zusammenhängenden Urlaubs 32
    b) Geltungsbereich des Gebots 33
    c) Zugelassene Urlaubsteilungsgründe 34
    d) Mindestdauer eines Urlaubsteils 35
    e) Rechtsfolgen bei Verstoß 36
  6. Urlaubsfestlegung durch Freistellungserklärung 37
    a) Konkludente Erklärung und Urlaubsliste . 38
    b) Freistellung durch mitbestimmten Urlaubsplan 39
    c) Freistellungserklärung als Willenserklärung? 40
      aa) Bindungswirkung 41
      bb) Inhaltliche Bestimmtheit der Erklärung 42
      cc) Meinungsfeindlichkeit 43
      dd) Endgültigkeit und Vorbehaltlosigkeit 44
      ee) Widerruf der Freistellung und Rückruf aus dem Urlaub 45
      ff) Anfechtung 48

      gg) Kürzung, Kondiktion und Neufestsetzung 49
      hh) Bindungswirkung bei vorzeitiger Beendigung 50
    d) Freistellungserklärung und Urlaubsentgelt 51
    e) Bestimmung des Tilgungszwecks in der Freistellungserklärung 52
    f) Tilgung von Mehr- oder Mindesturlaub bei fehlender Leistungsbestimmung 53
    g) Auslegung der Freistellungserklärung 54
      aa) Anrechnung auf Urlaub 55
      bb) Anrechnung auf „offenen" nicht konkretisierten Urlaub 56
      cc) Anrechnung auf Urlaub und andere Freistellungszwecke 57
      dd) Reihenfolge der Freistellungszwecke 58
      ee) Einvernehmliche Freistellung und spätere Urlaubsanrechnung 60
      ff) Einseitige Freistellung und spätere Urlaubsanrechnung 61
      gg) Anrechnung anderen Verdienstes in der Freistellungserklärung 62
    h) Keine nachträgliche Anrechnung auf Urlaubsansprüche 63
    i) Urlaubsfestlegung bei Ungewissheit des Fortbestands des Arbeitsverhältnisses 64
    j) Übertragung des Rechts zur Urlaubsfestlegung 65
    k) Aufgedrängter Urlaub 66
  7. Unzulässigkeit der Selbstbeurlaubung 67
  8. Betriebsferien 68
    a) Festlegung des Urlaubs durch Betriebsferien 69
    b) Betriebsferien und zusammenhängende Urlaubsgewährung 70
    c) Problemfälle 71
  9. Zeitpunkt der Vornahme der Festlegung 72
  10. Nachträgliche Abänderbarkeit der Festlegung 74
    a) Auf Veranlassung des Arbeitgebers 74
    b) Auf Veranlassung des Arbeitnehmers 75
V. Erfüllung und Erlöschen 76
  1. Erfüllungshandlung und Erfüllungserfolg 76
  2. Annahmeverweigerungsrecht 77
  3. Tageweise Erfüllbarkeit 78
  4. Erfüllungshindernisse 79
    a) Kurzarbeit Null 80
    b) Arbeitsunfähigkeit 81
    c) Mutterschutzrechtliche Beschäftigungsverbote 82
VI. Befristung und Verfall des Urlaubsanspruch 85
  1. Kalenderjahr als urlaubsrechtliche Bemessungsgrundlage 85
  2. Befristung der Erfüllbarkeit als Folge des Jahresbezugs 86
    a) Kein Urlaub im Vorgriff 87
    b) Keine Anrechnung zu viel erhaltenen Urlaubs aus dem Vorjahr 88
    c) Urlaubnahme im Folgejahr 89
    d) Kumulierung bei lang andauernder Arbeitsunfähigkeit 90
    e) Verjährung als Grenze für die Kumulierung? 91
    f) Begrenzung durch Verfall nach IAO Übereinkommen Nr. 132? 92
  3. Verfallbarkeit des befristeten Anspruchs 93
    a) Meinungsstreit um das Befristungsprinzip 93
    b) Urlaubnahme zur Vermeidung des Verfalls 94
    c) Ausnahme vom Verfall bei Arbeitsunfähigkeit 95
    d) Vom Arbeitgeber zu vertretender Verfall . 96

e)	Geschütztes Vertrauen des AG auf Verfall in Altfällen?	97	8. Verjährung der Abgeltung	142
VII. Übertragung		98	X. Übergesetzlicher Mehrurlaub	143
1. Übertragung von Teilurlaub auf Verlangen		98	**C Verbindung zu anderen Rechtsgebieten**	**144**
2. Automatischer Übertrag des Vollurlaubs		99	I. Steuerrecht	144
a) Besonderheiten des übertragenen Urlaubs		100	II. Betriebsverfassungsrecht	145
aa) Kein Leistungsverweigerungsrecht		102	1. Einschränkung der Arbeitgeberrechte	145
bb) Auswirkung der Änderung von Arbeitsumfang und deren Verteilung		103	2. Festlegung des Urlaubs für einzelne Arbeitnehmer	146
cc) Vorrangige Tilgung des übertragenen Urlaubsanspruchs		104	III. Prozessrecht und Durchsetzung	147
b) Übertragung wegen dringender betrieblicher Gründe		105	1. Durchsetzung des Urlaubsanspruchs im Wege der Mahnung	147
c) Übertragung wegen in der Person des Arbeitnehmers liegender Gründe		110	a) Geltendmachung mit konkretem Termin?	149
aa) Krankheitsbedingte Arbeitsunfähigkeit		111	b) Verlangen auf Gutschrift von Urlaubstagen	150
bb) Andauern des Grundes bis zum Jahresende		112	2. Gerichtliche Durchsetzung	151
cc) Bedeutung der Urlaubsplanung		115	a) Leistungsklage auf Urlaubsgewährung zu einem bestimmten Zeitraum	152
dd) Urlaubsplanung für das erste Quartal		116	b) Angabe der Urlaubstage im beantragten Freistellungszeitraum	155
d) Vereinbarte Übertragung		117	c) Erledigendes Ereignis	157
e) Übertragungsgründe außerhalb des BUrlG		118	d) Feststellungsklage	158
3. Übertragung in Tarifverträgen bei Krankheit		119	e) Zwangsvollstreckung	161
4. Schriftform für tarifliche Übertragung		120	f) Klage auf Urlaubsgewährung ohne bestimmten Zeitraum	162
5. Tarifliche Sonderregelung im Bereich des Öffentlichen Dienstes		121	3. Einstweilige Verfügung auf Urlaub	164
a) Übertragung in das erste Quartal		122	a) Keine letztinstanzliche Klärung	165
b) Übertragung bis Ende Mai		123	b) Keine Vorwegnahme der Hauptsache	166
6. Darlegungs- und Beweislast		124	c) Verfügungsgrund	167
7. Ausschlussfrist für Urlaubsansprüche		125	d) Sonderfall Widerruf einer Freistellungserklärung	168
VIII. Ersatzurlaub		126	**D. Beraterhinweise**	**169**
1. Ersatz für untergegangenen Urlaub		126	I. Häufige Fehlerquellen	169
2. Schadenersatzanspruch		127	1. Urlaubswünsche	169
3. Voraussetzung des Verzugs des Arbeitgebers		129	2. Urlaubsplanung	170
4. Ausschlussfrist für Ersatzurlaub		130	3. Freistellung	171
5. Verjährung		131	4. Verlängerung der Übertragungsdauer	172
6. Vertraglicher Ersatz für verfallenen Urlaub?		132	5. Rückruf aus dem Urlaub	173
IX. Abgeltung		133	6. Urlaub und Kündigung	174
1. Entstehen und Voraussetzungen		133	II. Formulierungshilfen für häufig auftauchende Fragen	176
2. Aufgabe der Surrogatstheorie und deren Folgen		134	1. Muster für die Festlegung des Vollurlaubs	176
3. Keine Abgeltung bei Betriebsübergang		135	2. Muster für Festlegung des Teilurlaubs	178
4. Unabdingbarkeit der Abgeltung		136	3. Muster für eine Vereinbarung über unbezahlten Sonderurlaub	179
a) Tarifliche Abfindungsfreiheit		137	4. Musterklausel für Ausschluss des Grundsatzes des zusammenhängenden Urlaubs für den Mehrurlaub	180
b) Abweichende tarifliche Abgeltungsregelungen		138	5. Musterklausel für Verfall des übergesetzlichen Urlaubs	181
5. Vorrang des Naturalurlaubs?		139	6. Musterklausel für eine Leistungsbestimmung zur vorrangigen Erfüllung des Mindesturlaubs	182
6. Keine Abgeltung im Blockmodell der Altersteilzeit		140		
7. Abgeltung für Erben		141		

A. Allgemeines

I. Norminhalt

1 § 7 enthält drei Regelungskomplexe, die sämtlich die Erfüllung von entstandenen Urlaubsansprüchen betreffen:
– Die Festlegung des Urlaubszeitpunkts unter Berücksichtigung der Wünsche der AN und der Belange des Betriebs (§ 7 Abs. 1, 2),
– Die Befristung des Urlaubsanspruchs, die aus der Bindung des Urlaubs an das Kalenderjahr (§ 7 Abs. 3) folgt, und
– Die Abgeltung von bei Beendigung des Arbverh noch offenen Urlaubsansprüchen (§ 7 Abs. 4).

II. Normgeschichte der Gesetzesänderungen

2 **1. Verwirkung der Urlaubsabgeltung.** § 7 Abs. 4 ist durch das HAG-Änderungsgesetz vom 29. Oktober 1974[1] mit Wirkung zum 1. November 1974 geändert worden. S. 2 sah ursprünglich für den Fall der verschuldeten fristlosen

---

[1] BGBl I S. 2879.

Entlassung die Verwirkung des Anspruchs auf Urlaubsabgeltung vor. Diese Norm ist weggefallen. Die Bundesrepublik hat mit der Änderung ihr Urlaubsrecht den Vorgaben des Übereinkommens Nr. 132 der Internationalen Arbeitsorganisation (IAO) vom 24. Juni 1970 über den bezahlten Jahresurlaub anpasst. Die Rspr. hat aus dem Wegfall des früheren § 7 Abs. 4 S. 2 gefolgert, dass der Gesetzgeber den gesetzlichen Urlaubsabgeltungsanspruch nunmehr in vollem Umfange ebenso wie den Mindesturlaubsanspruch nach § 1 als tariffest behandelt wissen wolle.[2] Da die Aufhebung einer tarifdispositiven Norm für sich allein noch keinen Wegfall der Tarifdisposition bewirkt, so überzeugt diese Überlegung nur, wenn die Unabdingbarkeit des gesetzlichen Mindesturlaubsanspruchs auch für den Abgeltungsanspruch nutzbar gemacht werden kann.[3] Davon konnte ohne weiteres ausgegangen werden, solange der Abgeltungsanspruch als Ersatz (Surrogat) für das während des Arbverh nicht erfüllten Urlaubsanspruch galt. Tarifpositivität bestand deshalb unter Geltung der Surrogatstheorie nur, soweit eine Tarifnorm über den übergesetzlichen Urlaubsanspruch verfügte, z.B. wenn der AN das Arbverh unbegründet ohne Einhaltung der Künd-Frist auflöste.[4] Die Tariffestigkeit des gesetzlichen Mindesturlaubs muss nach Aufgabe der Surrogatstheorie durch das BAG[5] neu überdacht werden (Einzelheiten siehe unten Rn 136 ff.). Dieses Problem hat das Schrifttum bislang vernachlässigt.[6]

2. Festlegung nach Rehabilitation. An § 7 Abs. 1 S. 1 ist S. 2 mit Wirkung ab Juni 1994 durch Art. 57 des Gesetzes vom 26. Mai 1994 im Zuge der Bemühungen, das Recht der Lohnfortzahlung bei Kuren besser mit dem Urlaubsrecht zu koordinieren, angehängt worden.[7] Danach soll die ausnahmsweise Berechtigung des AG, einen Urlaubswunsch nach S. 1 ablehnen zu dürfen, dann entfallen, wenn der AN die Festlegung des Urlaubs für die Zeit verlangt, die sich an eine Maßnahme der medizinischen Vorsorge oder Rehabilitation (zu den Begriffen siehe § 10 Rn 5) anschließt. Ziel der Gesetzgebung war es, Schonzeiten nach der Kur durch den Einsatz von Urlaubsansprüchen überflüssig zu machen und so den Wegfall der Lohnfortzahlung für Schonzeiten zu kompensieren.[8]

III. Schnittpunkte mit Internationalem Recht

1. Verfall des Urlaubsanspruchs und IAO-Übereinkommen Nr. 132. Soweit das BUrlG Normen zur Umsetzung des IAO-Übereinkommens enthält, ist das unter § 1 Rn 22 dargestellt. Gegen die Rspr. des BAG zur Befristung des Urlaubsanspruchs und zu dessen Verfall nach Ablauf der Übertragungsfrist nach § 7 Abs. 3 S. 3 wird vorgebracht,[9] sie stünde im Widerspruch zu Art. 9 Abs. 1 des Übereinkommens Nr. 132 der Internationalen Arbeitsorganisation (IAO) vom 24.6.1970 über den bezahlten Jahresurlaub.[10] Durch das Zustimmungsgesetz ist das Übereinkommen Nr. 132 nicht innerstaatliches Recht in dem Sinne geworden, dass seine Vorschriften normativ auf alle Arbverh in der Bundesrepublik Deutschland einwirken. Das folgt aus der Zielsetzung des Übereinkommens. Nur ein die Vorgaben des Übereinkommens ausführendes innerstaatliches Gesetz bindet die nationalen Gerichte bei der Rechtsanwendung. Allein durch ein derartiges Gesetz könnten subjektive Rechte und Pflichten einzelner begründet werden.[11] Art. 9 Abs. 1. des Übereinkommens Nr. 132 stellt zudem der nationalen Gesetzgebung lediglich einen Zeitrahmen zur Verfügung, innerhalb dessen der Urlaubsanspruch befristet werden darf. Ein unmittelbarer Anspruch des AN auf Bestand seines Urlaubs in dem in Art. 9 Abs. 1 genannten zeitlichen Rahmen folgt daraus nicht. Die Befristung des Urlaubsanspruchs nach §§ 1 und 7 Abs. 3 steht dem Gebot der völkerrechtsfreundlichen Auslegung des Art. 9 Abs. 1 nicht entgegen. Das BAG lehnt die Ansicht der 12. Kammer des LAG Düsseldorf[12] ab, nach der Art. 9 Abs. 1 des Übereinkommens den Ablauf von einem Jahr bzw. von 18 Monaten nach Ablauf des Urlaubsjahres als Mindestbedingung für den Verfall festlege; denn das LAG überliest in Art. 9 Abs. 1 des Übereinkommens die Verwendung des Adverbs „spätestens". Daraus folgt, dass es den Mitgliedstaaten unbenommen bleibt, einen früheren Verfall zu normieren. Auch aus der Verwendung des Wortes „für" im Wortlaut der deutschen Übersetzung von Art. 3 Abs. 3 und Art. 9 Abs. 1 des Übereinkommens kann kein anderes Auslegungsergebnis für §§ 1, 7 Abs. 3 hergeleitet werden. Nach Art. 3 Abs. 3 des Übereinkommens darf der Urlaub auf keinen Fall weniger als drei Wochen „für" ein Urlaubsjahr betragen. Die Vorschrift enthält damit eine Regelung über die Höhe des Urlaubsanspruchs, sagt aber nichts über dessen Bestand aus.[13] Die Formulierung in Art. 9 Abs. 1 „nach Ablauf des Jahres, „für" der der Urlaubsanspruch erworben wurde" legt den Beginn der Frist fest, innerhalb derer der Urlaubsanspruch zu erfüllen ist.

---

2 BAG 30.11.1977 – 5 AZR 667/76 – AP § 13 BUrlG Unabdingbarkeit Nr. 4 m. Anm. *Hinz*; m. zustimmender Anm. *Kittner*, EzA § 13 BUrlG Nr. 10.
3 BAG 18.6.1980 – 6 AZR 328/78 – AP § 13 BUrlG Unabdingbarkeit Nr. 6; BAG 26.5.1983 – 6 AZR 273/82 – AP § 7 BUrlG Abgeltung Nr. 12; BAG 24.11.1987 – 8 AZR 140/87 – NZA 1988, 243.
4 BAG 10.2.2004 – 9 AZR 116/03 – BAGE 109, 285 = AP § 7 BUrlG Übertragung Nr. 27.
5 BAG 24.3.2009 – 9 AZR 983/07 – NZA 2009, 538 Rn 59; zustimmend: *Kohte/Beetz*, jurisPR-ArbR 25/2009 Anm. 1; *Mestwerdt*, jurisPR-ArbR 27/2009 Anm. 2.
6 Vgl. ErfK/*Dörner* § 13 BUrlG Rn 5.

7 Einzelheiten zur Entstehungsgeschichte: *Neumann/Fenski*, § 7 Rn 17 a.
8 ErfK/*Dörner*, § 9 EFZG Rn 3; kritisch dazu *Leinemann*, AuR 1995, 83, 84.
9 GK-BUrlG/*Berscheid*, § 15 Rn 16; *Künzl*, BB 1991, 1630; *Lörcher*, AuR 1991, 97, 101.
10 Zustimmungsgesetz v. 30.4.1975, BGBl II 1975, S. 745.
11 BAG 7.12.1993 – 9 AZR 683/92 – BAGE 75, 171 = AP § 7 BUrlG Nr. 15.
12 LAG Düsseldorf 29.9.1992 – 6 (12) Sa 811/92 – LAGE § 7 BUrlG Abgeltung Nr. 2.
13 Entgegen *Kohte*, BB 1984, 609, 615 und *Künzl*, BB 1991, 1630, 1632.

Über den zeitlichen Bestand des Anspruchs sagt sie dagegen nichts aus. I.Ü. können aus der Verwendung des Wortes „für" schon deshalb keine rechtliche Folgen nicht abgeleitet werden, weil der gem. Art. 24 des Übereinkommens maßgebende französische und englische Wortlaut von Art. 9 Abs. 1 des Übereinkommens die Worte „pour" und „for" überhaupt nicht verwendet.

5 **2. Vereinbarkeit des BUrlG und der BAG-Rspr. mit dem Europäischen Gemeinschaftsrecht. a) Vorabentscheidung in der Sache Schultz-Hoff.** Auf das Vorabentscheidungsersuchen der 12. Kammer des LAG Düsseldorf[14] hat der EuGH über drei Vorlagefragen entschieden:

6 **1. Frage:** Ist Art. 7 Abs. 1 der RL 2003/88/EG (= Art. 7 der RL 93/104/EG) dahin zu verstehen, dass AN auf jeden Fall einen bezahlten Mindestjahresurlaub von vier Wochen erhalten müssen, insb. vom AN wegen Krankheit im Urlaubsjahr nicht genommener Urlaub zu einer späteren Zeit zu gewähren ist, oder kann durch einzelstaatliche Rechtsvorschriften vorgesehen werden, dass der Anspruch auf bezahlten Jahresurlaub erlischt, wenn AN im Urlaubsjahr vor der Urlaubsgewährung arbeitsunfähig erkranken und vor Ablauf des Urlaubsjahres bzw. des gesetzlich, kollektiv- oder einzelvertraglich festgelegten Übertragungszeitraums ihre Arbeitsfähigkeit nicht wiedererlangen? **Antwort:** Art. 7 Abs. 1 der RL ist dahin auszulegen, dass er einzelstaatlichen Rechtsvorschriften entgegensteht, nach denen der Anspruch auf bezahlten Jahresurlaub bei Ablauf des Bezugszeitraums und/oder eines im nationalen Recht festgelegten Übertragungszeitraums auch dann erlischt, wenn der AN während des gesamten Bezugszeitraums oder eines Teils davon krankgeschrieben war und seine Arbeitsunfähigkeit bis zum Ende seines Arbverh fortgedauert hat, weshalb er seinen Anspruch auf bezahlten Jahresurlaub nicht ausüben konnte.[15] Hier hat der EuGH die Vereinbarkeit der nationalen Regelung in § 7 Abs. 3 S. 2 und 3 für vereinbar erklärt: Urlaub, der nicht im Urlaubsjahr genommen wird, verfällt. Allerdings sind zwingend die Fälle vom Verfall auszunehmen, in denen der AN durch lang andauernde „Krankschreibung" infolge Arbeitsunfähigkeit gehindert ist, den Urlaub tatsächlich zu nehmen.

7 **2. Frage:** Ist Art. 7 Abs. 2 der RL dahin zu verstehen, dass AN bei Beendigung des Arbverh auf jeden Fall einen Anspruch auf finanzielle Vergütung als Ersatz für erworbenen und nicht genommenen Urlaub (Urlaubsabgeltung) zusteht oder können einzelstaatliche Rechtsvorschriften vorsehen, dass AN Urlaubsabgeltung nicht zusteht, wenn sie bis zum Ablauf des Urlaubsjahres bzw. des anschließenden Übertragungszeitraums arbeitsunfähig erkrankt sind und/ oder wenn sie nach Beendigung des Arbverh eine Rente wegen verminderter Erwerbsfähigkeit oder Invalidität beziehen? **Antwort:** Art. 7 Abs. 2 der RL ist dahin auszulegen, dass er einzelstaatlichen Rechtsvorschriften entgegensteht, nach denen für nicht genommenen Jahresurlaub am Ende des Arbverh keine finanzielle Vergütung gezahlt wird, wenn der Arbeitnehmer während des gesamten Bezugszeitraums und/oder Übertragungszeitraums oder eines Teils davon krankgeschrieben bzw. im Krankheitsurlaub war und deshalb seinen Anspruch auf bezahlten Jahresurlaub nicht ausüben konnte. Für die Berechnung der entsprechenden finanziellen Vergütung ist das gewöhnliche Arbeitsentgelt des Arbeitnehmers, das während der dem bezahlten Jahresurlaub entsprechenden Ruhezeit weiterzuzahlen ist, maßgebend.[16] Der für die Auslegung des § 7 Abs. 4 maßgebliche Rechtsgedanke, nach der ein Abgeltungsanspruch keine schlichte Vergütung beinhalte, sondern als Ersatz des Freistellungsanspruchs (Surrogat) nur erfüllbar sei, wenn der AN bei Fortsetzung des Arbverh von der Arbeitspflicht freigestellt werden könnte,[17] ist mit dieser Antwort unvereinbar.

8 **3. Frage:** Ist Art. 7 der RL dahin zu verstehen, dass der Anspruch auf Jahresurlaub oder auf finanziellen Ersatz voraussetzt, dass der AN tatsächlich im Urlaubsjahr gearbeitet hat, oder entsteht der Anspruch auch bei entschuldigtem Fehlen (wegen Krankheit) oder unentschuldigtem Fehlen im gesamten Urlaubsjahr? Der Gerichtshof hat **keine ausdrückliche Antwort** für notwendig erachtet. Er hat jedoch auf seine Rspr. verwiesen: Die Mitgliedsstaaten können die Entstehung dieses sich unmittelbar aus der RL ergebenden Anspruchs nicht von der Voraussetzung geleisteter Arbeit abhängig machen.[18] Das entspricht der ständigen Rspr. des BAG zu § 1.[19]

9 **b) Die gemeinschaftsrechtskonforme Auslegung des BUrlG.** Im Hinblick auf seine Bindung an die Rspr. des EuGH[20] hat das BAG, seine bisherige Auslegung der Abgeltungsbestimmung in § 7 Abs. 4 durch Aufgabe der Surrogatstheorie grundlegend und zu § 7 Abs. 3 S. 2 und 3 durch Zulassung einer Ausnahme für die Verfallsfrist bei Arbeitsunfähigkeit teilweise geändert (Einzelheiten dazu siehe § 1 Rn 20).Wegen der Auseinandersetzung mit den Argumenten des vorlegenden Gerichts und den Schlussanträgen der Generalanwältin Trstenjak wird auf die Vorauflage verwiesen.

---

14 Vorlagebeschluss 2.8.2006 – 12 Sa 486/06 – NZA-RR 2006, 628.
15 EuGH 20.1.2009 C- 350/06 Rn 52, NJW 2009, 495.
16 EuGH 20.1.2009 C- 350/06 Rn 62, NJW 2009, 495.
17 Grundlegend: BAG 13.5.1982 – 6 AZR 360/80 – BAGE 39, 53 zu II.4.b-e der Gründe; zuletzt: BAG 10.5.2005 – 9 AZR 253/04 – EzA BUrlG § 7 Abgeltung Nr. 13 zu III.2.a der Gründe.
18 EuGH 20.1.2009 C- 350/06 Rn 46, NJW 2009, 495 unter Bezugnahme auf EuGH 26.6.2001 – C-179/99 – BECTU, Rn 53, NZA 2001, 827 = DVBl 2001, 1507.
19 Seit BAG 28.1.1982 – 6 AZR 571/79 – BAGE 37, 382; BAG 18.3.2003 – 9 AZR 190/02 – AP Nr. 17 zu § 3 BUrlG Rechtsmissbrauch.
20 Vgl. dazu umfassend § 1 Rn 20.

B. Regelungsgehalt

I. Grundsätze der Urlaubsgewährung

Nach § 1 hat der AN, nach § 2 S. 1 auch der zur Berufsausbildung Beschäftigte und nach § 2 S. 2 ebenso die arbeitnehmerähnliche Person einen Anspruch auf Urlaub durch bezahlte Freistellung von der Arbeitspflicht. § 7 Abs. 1 und 2 regeln allein für das Arbverh, wer unter welchen Voraussetzungen die zeitliche Lage und die Dauer des Urlaubs festlegt. Danach legt der **AG** den Urlaub zeitlich unter Berücksichtigung des **Urlaubswunsches** des AN **möglichst zusammenhängend** fest. Diese Bestimmungen sind auf Berufsausbildungsverhältnisse voll übertragbar; denn nach § 10 Abs. 2 BBiG sind die für das Arbverh geltenden Rechtsvorschriften und Rechtsgrundsätze anzuwenden. Das gilt nicht gleichermaßen für arbeitnehmerähnliche Personen. Sie bedürfen keiner Arbeitsbefreiung. Sind sie keine scheinselbstständigen AN, sondern verrichten sie die vereinbarten Dienste oder Werkleistungen wirklich selbstständig, so sind sie selbst berechtigt, nach eigenem Belieben über ihre Arbeitszeit zu verfügen, und damit auch ihre Freizeit für die Urlaubnahme festzulegen.[21] Ist keine andere Abrede zwischen Auftraggeber und Auftragnehmer getroffen, genügt die Mitteilung an den Auftraggeber über die Zeit, in der die arbeitnehmerähnliche Person nicht für die vereinbarten Dienste zu Verfügung steht.[22] Die Festlegung des Urlaubszeitraumes obliegt grds. der arbeitnehmerähnlichen Person. Die Festlegung ist zur Berechnung des Urlaubsentgelts erforderlich.

II. Geltendmachung des befristeten Anspruchs

1. Im unstreitig bestehenden Arbeitsverhältnis. Die Rspr. fordert, dass der AN seinen Urlaubsanspruch innerhalb des jeweiligen Urlaubsjahrs geltend machen muss, ansonsten erlischt er ersatzlos mit Ablauf des Urlaubsjahrs; denn der AG ist ohne vorherige Geltendmachung nicht zur Erfüllung verpflichtet.[23] Allerdings erwirbt der AN nach den Vorschriften über den Schuldnerverzug (§§ 280 Abs. 1, 287 S. 2, 286 Abs. 1, 249 Abs. 1 BGB) einen Anspruch auf ersatzweise Freistellung, wenn der AN so **rechtzeitig** den Urlaub verlangt, dass der AG im laufenden Urlaubsjahr den Anspruch noch erfüllen könnte.[24] Diese Anforderung der Rspr. an eine rechtzeitige Geltendmachung ergibt sich aus dem Bezug des Urlaubsanspruchs in § 1 auf das Kalenderjahr und aus der Bestimmung in § 7 Abs. 3 S. 3, den Urlaub spätestens innerhalb des Übertragungszeitraums zu gewähren und zu nehmen,[25] sowie aus der weiteren Regelungssystematik des BUrlG. § 7 Abs. 1 geht nämlich davon aus, dass der Gläubiger „**Urlaubswünsche**" gegenüber dem AG äußert. Wobei der AG als Schuldner den Urlaub zeitlich entsprechend dem vorgebrachten Wunsch des Gläubigers festlegen soll, es sei denn, der gewünschten Festlegung stünden dringende betriebliche Belange oder Urlaubswünsche anderer AN entgegen (§ 7 Abs. 1 S. 1). Daraus folgt, dass der AG zwar zur Festlegung berechtigt ist, aber ohne Urlaubswunsch des AN nicht dazu verpflichtet ist. Ist ein dem AG mitgeteilter Wunsch somit nicht notwendige Voraussetzung, ist der AG demnach nicht gehindert, auch ohne geäußerten Wunsch oder anderweitige Geltendmachung die zeitliche Lage des Urlaubs festzulegen.[26] Er ist nicht verpflichtet, vorher den AN anzuhören oder dessen Urlaubswünsche zu erfragen.[27]

2. Bei streitigem Fortbestand des Arbeitsverhältnisses. Das Entstehen des Urlaubsanspruchs wird nicht während der Dauer eines Rechtsstreits über die Beendigung des Arbverh verhindert oder gehemmt. Obsiegt der AN, so hat er für den gesamten Zeitraum, auch ohne Arbeitsleistung erbracht zu haben, Anspruch auf Urlaub. In der Praxis wird häufig nicht gebührend beachtet, dass im Hinblick auf die Bindung des Urlaubsanspruchs an das Kalenderjahr und den Übertragungszeitraum der Anspruch zur Vermeidung des ersatzlosen Verfalls rechtzeitig geltend gemacht werden muss. Denn der Urlaubsanspruch erlischt auch, wenn noch über den Fortbestand des Arbverh ein Rechtsstreit geführt wird.[28] Die Erhebung einer Künd-Schutzklage hat regelmäßig nicht die Geltendmachung von Urlaubs- oder Urlaubsabgeltungsansprüchen zum Inhalt. Um den AG wegen der urlaubsrechtlichen Ansprüche des gekündigten AN in Verzug zu setzen, bedarf es der fristgerechten Geltendmachung des Urlaubs- oder Abgeltungsanspruchs.[29] Es empfiehlt sich daher, zeitgleich zur Künd-Schutz- oder Entfristungsklage auch den Urlaubsanspruch, hilfsweise

---

21 *Schaub*, Arbeitsrechts-Handbuch, § 102 Rn 137.
22 *Arnold/Ackermann/Rambach u.a.*, § 7 Rn 4.
23 BAG 26.6.1986 – 8 AZR 266/84 – NJW 1987, 1827 = NZA 1986, 833; BAG 28.1.1982 – 6 AZR 636/79 – BAGE 37, 379 = DB 1982, 1329.
24 BAG 6.9.2005 – 9 AZR 492/04 – jurisPR-ArbR 10/2006 m. Anm. 1 *Kohte*; Bestätigung von BAG 23.6.1992 – 9 AZR 57/91 – EzBAT § 48 BAT Nr. 8; BAG 15.3.2005 – 9 AZR 143/04 – DB 2005, 1858.
25 St. Rspr. seit BAG 26.6.1969 – 5 AZR 393/68 – AP § 7 BUrlG Urlaubsjahr Nr. 1= NJW 1969, 1981; BAG 9.5.1995 – 9 AZR 552/93 – AP § 7 BUrlG Übertragung Nr. 22; BAG 24.9.1996 – 9 AZR 364/95 – AP § 7 BUrlG Nr. 22 = SAE 1998, 157 mit zust. Anm. *Dütz/Dörrwächter*.
26 BAG 22.9.1992 – 9 AZR 483/91 – AP § 7 BUrlG Nr. 13 = EzA § 7 BUrlG Nr. 87; BAG 20.6.2000 – 9 AZR 261/99 – juris; BAG 23.1.2001 – 9 AZR 26/00 – BAGE 97, 18 = NJW 2001, 1964.
27 *Leinemann/Linck*, § 7 BUrlG Rn 34.
28 BAG 1.12.1983 – 6 AZR 299/80 – BAGE 44, 278 = AP § 7 BUrlG Abgeltung Nr. 15; BAG 17.1.1995 – 9 AZR 664/93 – BAGE 79, 92 = AP § 7 BUrlG Abgeltung Nr. 66; BAG 21.9.1999 – 9 AZR 705/98 – BAGE 92, 299 = AP § 7 BUrlG Abgeltung Nr. 77.
29 BAG 21.9.1999 – 9 AZR 705/98 – NZA 2000, 590; eingehend dazu: *Arnold/Ackermann/Rambach u.a.*, § 1 BUrlG Rn 33.

für den Fall des Unterliegens den Urlaubsabgeltungsanspruch geltend zu machen. Vorsicht ist geboten, diese Forderungen in der Klageschrift zu erheben; denn wer den AG im Bestandsschutzrechtsstreit vertritt, muss nicht empfangsbevollmächtigt zur Entgegennahme von Forderungsschreiben bezüglich anderer Angelegenheiten sein.

III. Fälligkeit des Urlaubsanspruchs

13 **1. Fälligkeit nach BGB.** Bei der Fälligkeit geht es nach §§ 271 Abs. 1, 362 Abs. 1 BGB zum einen um das Recht des Schuldners, den Leistungserfolg in zeitlicher Hinsicht herbeiführen zu dürfen, und zum anderen um das Recht des Gläubigers, die Bewirkung des Leistungserfolgs fordern zu dürfen. Der Leistungserfolg tritt im urlaubsrechtlichen Schuldverhältnis erst dann ein, wenn infolge der Freistellungserklärung des AG die nach § 611 BGB bestehende Arbeitspflicht entfällt (siehe § 1 Rn 24 ff.). Mit der **Freistellungserklärung** als der vom AG als Schuldner des Urlaubsanspruchs vorzunehmenden Leistungshandlung ist regelmäßig die zeitliche Festlegung der Freistellung gegenüber dem AN nach § 7 Abs. 1 S. 1 verbunden.[30] Mit der zeitlichen Festlegung tritt eine **Konkretisierung** i.S.v. § 243 BGB ein.[31] Ist der Urlaubsanspruch bereits konkretisiert, führt ein Erfüllungshindernis außerhalb der §§ 9, 10 dazu, dass der AG nach § 275 BGB frei wird (zu Einzelheiten siehe § 9 Rn 3 ff.). Der AN als Gläubiger darf die Freistellungserklärung erst dann fordern, wenn er auch den Leistungserfolg verlangen kann. Da weder § 7 Abs. 1 noch Abs. 2 eine Regelung über die Fälligkeit enthalten, ist auf die Regel des § 271 Abs. 1 BGB zurückzugreifen. Danach kann der Gläubiger sofort nach Entstehen seines Rechts die Leistung verlangen und der Schuldner sie sofort bewirken. Das gilt auch im Urlaubsrecht. Da der Urlaubsanspruch mit dem Entstehen fällig wird, kann der AN sofort dessen zeitliche Festlegung fordern und der AG den Urlaubszeitraum nach Maßgabe des § 7 Abs. 1 festlegen. Die teilweise vertretene Auff., der Urlaub werde erst mit der zeitlichen Festlegung des Urlaubszeitraums durch den AG[32] oder mit der Äußerung des Urlaubswunsches durch den AN[33] fällig, trennt nicht ausreichend zwischen Fälligkeit, Geltendmachung und Gewährung: Sie wird daher zu Recht abgelehnt.[34]

14 **2. Fälligkeit des Vollurlaubsanspruchs.** Der nach erfüllter Wartezeit (§ 4) entstehende volle Urlaubsanspruch, zu dem auch der nach § 5 Abs. 1 Buchst. c wegen Beendigung in der ersten Jahreshälfte zu kürzende Vollurlaubsanspruch gehört, wird mit Beginn der Arbeitspflicht eines AN im Kalenderjahr fällig, d.h. mit Beginn des Kalenderjahres. Seine Erfüllung kann von da an jederzeit mit den sich aus § 7 Abs. 1 und Abs. 3 S. 2 ergebenden Einschränkungen vom AN gefordert werden.[35] Die Geltendmachung eines Urlaubsanspruches vor seiner Fälligkeit begründet keinen Leistungsverzug. Ein Problem stellt sich am Jahresende. Will der AN zusammen mit Resturlaub den Urlaub des bevorstehenden neuen Urlaubsjahrs antreten, so ist ausnahmsweise auch die Geltendmachung vor Fälligkeit zulässig. Es muss möglich sein, den Resturlaub des alten und im unmittelbaren Anschluss daran den neuen Erholungsurlaub in Anspruch zu nehmen, wenn sich die beantragte Gesamturlaubszeit über die Jahreswende erstreckt.[36]

15 **3. Fälligkeit des Teilurlaubsanspruchs.** Der Irrtum ist weit verbreitet, dass Teilurlaub nach § 5 Abs. 1 nur sukzessive, jeweils Monat für Monat der Beschäftigung, mit jeweils einem Zwölftel der Vollurlaubsdauer entstünde.[37] Das BAG hat dieser Vorstellung schon frühzeitig eine Absage erteilt.[38] Es hat allerdings die Auff. vertreten, Teilurlaubsansprüche nach § 5 Abs. 1 gelangten im Regelfalle erst in dem Zeitpunkt zur Entstehung, in dem aus Inhalt oder Verlauf des Arbverh offenbar werde, dass die Wartezeit nicht erreicht werden und damit der volle Urlaubsanspruch nicht entstehen könne.[39] Dem kann nicht gefolgt werden; denn der Anspruch auf Arbeitsbefreiung entsteht bereits mit Beginn der Arbeitspflicht[40] und umfasst die gesamte Teilurlaubsdauer, die auf der Grundlage des **Zwölftelungsprinzips** nach bei Beginn des Arbverh zu erwartenden Dauer des Arbverh zu errechnen ist. Das gilt gleichermaßen für alle Teilurlaubsansprüche.[41] Dafür sprechen zwei Gründe. Erstens gilt auch für den Teilurlaub § 7 Abs. 2, nach dem der Urlaub zusammenhängend und nicht monatsweise in Form der Arbeitsbefreiung zu nehmen ist. Zweitens sollen auch Teilurlaubsansprüche dem AN die selbst bestimmte Erholung ermöglichen. Die dazu erforderliche Planbarkeit der Urlaubsnahme setzt voraus, dass die voraussichtliche Dauer des Urlaubs bestimmbar ist. Soweit mit der Rspr. des 5. Senats des BAG angenommen wird, die Fälligkeit hänge von der Gewissheit ab, ob tatsächlich die

---

30 *Hiekel*, NZA 1990, Beilage 2, 32 f.
31 BAG 15.6.1993 – 9 AZR 65/90 – DB 1993, 2237; BAG 9.8.1994 – 9 AZR 384/92 – BAGE 77, 296 = AP § 7 BUrlG Nr. 19, für nur entsprechende Anwendung des § 243 BGB: *Friese*, Rn 103.
32 *Neumann/Fenski*, § 7 Rn 3, die im Verhältnis zu den Vorauflagen auf einen vom BGB abweichenden eigenständigen Fälligkeitsbegriff abstellen.
33 *Weber*, RdA 1995, 229, 230.
34 *Arnold/Ackermann/Rambach u.a.*, § 7 Rn 7; ErfK/*Dörner*, § 1 BUrlG Rn 27; *Friese*, Rn 177; *Leinemann/Linck*, § 1 BUrlG Rn 77 ff.
35 BAG 28.11.1990 – 8 AZR 570/89 – BAGE 66, 288 = AP § 7 BUrlG Nr. 18 = NZA 1991, 423; ErfK/*Dörner*, § 1 Rn 27; *Leinemann/Linck*, § 1 BUrlG Rn 77 ff.; *Friese*, Rn 175.
36 BAG 11.4.2006 – 9 AZR 523/05 – EzA § 7 BUrlG Nr. 116.
37 So aber noch *Dersch/Neumann*, BUrlG 8. Aufl. 1997, § 5 Rn 10.
38 BAG 10.3.1966 – 5 AZR 498/65 – AP § 59 KO Nr. 2 m. zust. Anm. *Weber* = BB 1966, 580.
39 BAG 10.3.1966 – 5 AZR 498/65 – AP § 59 KO Nr. 2 m. zust. Anm. *Weber* = BB 1966, 580.
40 So allerdings nur für § 5 Abs. 1 Buchst. a: ErfK/*Dörner*, § 5 BUrlG Rn 7; *Leinemann/Linck*, § 5 BUrlG Rn 6; *Schütz/Hauck*, Rn 317.
41 Wie hier: *Friese*, Rn 69, 70.

Voraussetzung des § 5 Abs. 1 Buchst. a oder b (d.h. Nichterfüllung der Wartezeit des § 4) eintritt,[42] kann dem nicht zugestimmt werden. Das Entstehen eines Anspruchs kann nicht davon abhängen, was Schuldner und Gläubiger mit welcher Sicherheit wissen.[43] Das hätte nämlich die oben schon als gesetzlich unerwünscht ausgeschlossene Folge, dass wegen der ungewissen Dauer des Bestandes des Arbverh das Zwölftelungsprinzip auf dem Hinterwege bewirken würde, dass Teilurlaub doch nur jeweils für den zurückgelegten Beschäftigungsmonat entstünde.

4. Übersicht über Entstehen und Fälligkeit von Teilurlaubsansprüchen. a) Befristetes Arbeitsverhältnis. Ist ein befristetes Arbverh für die Zeit vom 1.4. bis 30.6. abgeschlossen, so entsteht nach § 5 Abs. 1 Buchst. a bereits mit Beginn des 1.4. ein Anspruch auf 3/12 der Vollurlaubsdauer. Wegen der Befristung ist von einem Ende des Arbverh zum Ablauf der Frist auszugehen. Wird die Befristung über den Oktober hinaus verlängert, ist zu beachten, dass nach Ablauf der sechsmonatigen Wartezeit in Umkehr der für den Vollurlaub geltenden Kürzungsregel des § 5 Abs. 1 Buchst. c sich der Teilurlaubsanspruch bei weiterem Bestand des Arbverh über den Oktober hinaus automatisch auf die Dauer des Vollurlaubs verlängert. Der so auf den Vollurlaub verlängerte Urlaubsanspruch entsteht erst am 1. November.

b) Unbefristetes Arbeitsverhältnis mit nachträglich erfüllter Wartezeit. Beginnt am 1. April ein unbefristetes Arbverh, so entsteht nach § 5 Abs. 1 Buchst. a ein Anspruch auf 9/12 der Vollurlaubsdauer, weil wegen des Fehlens einer Befristungsabrede von dem Bestand des Arbverh bis mind. zum Jahresende auszugehen ist. Unbeachtlich ist, dass nach § 1 Abs. 1 KSchG der AG innerhalb der kündigungsrechtlichen „Wartezeit" von sechs Monaten kündigen darf, ohne die Künd sozial rechtfertigen zu müssen.[44] Allerdings ist zu beachten, dass nach Ablauf der sechsmonatigen Wartezeit in Umkehr der für den Vollurlaub geltenden Kürzungsregel des § 5 Abs. 1 Buchst. c der Teilurlaub sich bei weiterem Bestand des Arbverh über den Oktober hinaus automatisch auf die Dauer des Vollurlaubs verlängert. Der so verlängerte Urlaubsanspruch entsteht erst am 1. November.

c) Unbefristetes Arbeitsverhältnis ohne nachträglich erfüllte Wartezeit. Beginnt am 1. April ein unbefristetes Arbverh, so entsteht bei Arbeitsbeginn ein Anspruch auf 9/12 der Vollurlaubsdauer. Endet das Arbverh unvorhergesehen bereits vor dem 1. November, so kürzt die Regelung in § 5 Abs. 1 Buchst. b nachträglich die Urlaubsdauer auf $^6/_{12}$ (mögliche Kurzbezeichnung: **gekürzter Teilurlaub**). In § 5 Abs. 3 ist dieser Kürzungsfall übersehen worden.

d) Unbefristetes Arbeitsverhältnis ohne Möglichkeit erfüllter Wartezeit. Beginnt in der zweiten Jahreshälfte ein unbefristetes Arbverh, z.B. am 1.8., so steht von Anfang an fest, dass kein Vollurlaubsanspruch entstehen kann. Nach § 5 Abs. 1 Buchst. a entsteht im Beispielsfall bei Beginn der Arbeitspflicht ein Anspruch auf 5/12 der Vollurlaubsdauer.

5. Keine Abdingbarkeit der Fälligkeitsregelung. Die Fälligkeitsregelung gehört zum einseitig zwingenden Recht. Sie kann nach § 13 Abs. 1 S. 1, 3 nicht zu Ungunsten der AN abgeändert werden. Es kann daher nicht einzelvertraglich vereinbart werden, dass die Urlaubsansprüche monatsweise gezwölftelt fällig werden.[45]

IV. Zeitliche Festlegung und Freistellungserklärung

1. Festlegung als zeitliche Konkretisierung. Da der Urlaubsanspruch nach § 1 ein auf das Urlaubsjahr bezogener Anspruch ist, der nur dazu berechtigt, eine nach Maßgabe von §§ 3 bis 5 zu berechnende Anzahl bezahlter Freistellungstage in Anspruch zu nehmen, bedarf es zur Erfüllung dieser Schuld einer zeitlichen Konkretisierung. Ob es sich insoweit um eine Gattungsschuld handelt, ist umstr.[46] Jedenfalls ist eine entsprechende Anwendung des § 243 Abs. 2 BGB angebracht.[47] Wie bei einer Gattungsschuld hat der Gesetzgeber die Konkretisierung dem Schuldner, das ist hier der AG, zugewiesen: Nach § 7 Abs. 1 S. 1 legt der AG den Urlaub fest. Hat der AG wirksam konkretisiert, so beschränkt sich der Anspruch des AN darauf, in dem festgesetzten Zeitraum von der Arbeitspflicht befreit zu sein. Zur Festlegung hat der AG in § 7 Abs. 1 und 2 gesetzliche Vorgaben erhalten. Umstr. ist, ob dort eine abschließende Regelung getroffen oder ob zusätzlich noch auf das allg. Schuldrecht zurückzugreifen ist. Das BAG hatte zunächst angenommen, die Festlegung erfolge in Ausübung des Direktionsrechts.[48] Dieser Ansicht hängt ein großer Teil des Schrifttums bis heute an.[49] *Friese* weist zutreffend darauf hin, dass diese Ansicht bereits von einem falschen Ansatz ausgeht.[50] Das Direktionsrecht ist ein Gläubigerrecht. Den Urlaubsanspruch hat der AG jedoch als Schuldner zu er-

---

42 ErfK/*Dörner*, § 5 BUrlG Rn 18.
43 Zutreffend *Friese*, Rn 70.
44 So im Ergebnis auch *Friese*, Rn 70.
45 *Arnold/Ackermann/Rambach u.a.*, § 7 Rn 10; *Friese*, Rn 178.
46 So BAG 15.6.1993 – 9 AZR 65/90 – BAGE 73, 221 = AP § 1 BildungsurlaubsG NRW Nr. 3; BAG 9.8.1994 – 9 AZR 384/92 – BAGE 77, 296 = AP § 7 BUrlG Nr. 19; ablehnend: *Herlitzius*, Der Urlaubsanspruch als schuldrechtlicher Anspruch im Arbeitsverhältnis, S. 165.
47 *Friese*, Rn 103; *Herlitzius*, a.a.O., S. 165.
48 BAG 12.1.1961 – 5 AZR 423/60 – NJW 1962, 268.
49 *Neumann/Fenski*, § 7 Rn 6; § 106 GewO; GK-BUrlG/*Bachmann*, § 7 Rn 4: sonstiges Leistungsbestimmungsrecht nach § 315 BGB.
50 *Friese*, Rn 181.

füllen. Bei der Erfüllung eigener Verbindlichkeiten, wozu auch die Urlaubsverbindlichkeit gehört, hat der AG weder ein Direktionsrecht i.S.v. § 106 GewO, noch kann er nach billigem Ermessen entsprechend § 315 BGB die Erfüllung bestimmen.[51] Dieser neueren Auff. des BAG hat sich auch die Rspr. der Instanzgerichte angeschlossen.[52] Danach regeln § 7 Abs. 1 und 2 die Art und Weise der Erfüllung des Urlaubsanspruchs abschließend. Der AG erfüllt den Urlaubsanspruch nur, wenn er bei der Erteilung dem Wunsch des AN nachkommt, es sei denn, er hat ein **Leistungsverweigerungsrecht**.[53] Das kann sich aus den in § 7 Abs. 1 S. 1 genannten Gründen ergeben.[54] Für eine analoge Anwendung der Auslegungsregel des § 315 BGB verbleibt kein Raum. Wie der AG sein Festlegungsrecht auszuüben hat, ist in § 7 Abs. 1 und 2 abschließend geregelt. Äußert der AN keinen Wunsch, so besteht kein Bedürfnis, die Ausübung des Festlegungsrechts einer Kontrolle zu unterziehen.[55] Zu beachten ist: Der AG ist bei der Festlegung der Lage des Urlaubs durch die dem BR nach § 87 Abs. 1 Nr. 5 BetrVG zustehenden Mitbestimmungsrechte (siehe § 87 BetrVG Rn 82) beschränkt.

22 **2. Festlegung nach geäußertem Urlaubswunsch.** Hat der AN einen Urlaubswunsch geäußert, so hat der AG ihn nach § 7 Abs. 1 S. 1 und S. 2 bei der zeitlichen Festlegung zu berücksichtigen. Nach S. 1 besteht ein Leistungsverweigerungsrecht („es sei denn"), wenn der AG entgegenstehende dringende betriebliche Belange oder vorrangige Urlaubswünsche anderer AN einwenden kann. Für diese Einwendungen ist der AG darlegungs- und beweispflichtig. Das Leistungsverweigerungsrecht ist nach S. 2 ausgeschlossen, sofern der AN im Anschluss an eine Maßnahme der medizinischen Vorsorge oder Rehabilitation (siehe zu Einzelheiten § 10 Rn 5) Urlaub wünscht. Ein Leistungsverweigerungsrecht besteht auch dann, wenn der AN entgegen dem Grundsatz des zusammenhängenden Urlaubs eine Stückelung wünscht, ohne dass die Teilung wegen dringender betrieblicher Gründe oder wegen in der Person des AN liegender Gründe erforderlich ist.

23 **a) Entgegenstehende dringende betriebliche Belange. Betriebliche Belange** stehen entgegen, wenn es wegen der gewünschten Freistellung zu nicht vermeidbaren Störungen des betrieblichen Ablaufs oder zu einer anderen Beeinträchtigung betrieblicher Interessen, z.B. der Sicherheit im Betrieb kommen wird. Zur Ausfüllung des Begriffes der entgegenstehenden betrieblichen Belange kann auf die beispielhafte Auflistung möglicher entgegenstehender betrieblicher Gründe in § 8 Abs. 4 S. 2 TzBfG (siehe § 8 TzBfG Rn 20 ff.) zurückgegriffen werden. Die entgegenstehenden Belange sind als **dringend** anzusehen, wenn zum Zeitpunkt der AG-Entscheidung schon greifbare Anhaltspunkte[56] für eine durch Tatsachen begründete Prognose über das Entgegenstehen gegeben sind. Da sich jede Abwesenheit eines AN zwangsläufig im betrieblichen Ablauf bemerkbar macht, hat der AG durch Maßnahmen der Organisation und Personalplanung vorausschauend Vorsorge zu treffen, damit den im Betrieb beschäftigten AN die Inanspruchnahme des Urlaubs grds. innerhalb des laufenden Kalenderjahres, spätestens aber bis zum Ende des ersten Quartals des Folgejahres (§ 7 Abs. 3 S. 2), ermöglicht wird. Eine personelle Unterbesetzung, welche der Urlaubnahme innerhalb dieser Fristen entgegensteht, kann daher schon im Grundsatz nicht geeignet sein, dem Urlaubswunsch des AN entgegen zu stehen. Ebenso wenig lässt sich mit der allg. Ungewissheit, wie sich die betrieblichen Verhältnisse bis zu der gewünschten Zeit entwickeln werden, die Ablehnung eines Urlaubswunsches rechtfertigen. In § 7 Abs. 1 S. 1 hat nämlich der Gesetzgeber die unternehmerische Freiheit, einen Betrieb ungeplant leiten zu dürfen, eingeschränkt. Der Unternehmer muss für das Maß an **Personalplanung** und Organisation sorgen, das erforderlich ist, um allen betriebsangehörigen AN die Inanspruchnahme des Erholungs- und Zusatzurlaubs vorausschauend zu ermöglichen. Eine personelle Unterdeckung kommt demnach als Ablehnungsgrund nur in Betracht, wenn sie vorübergehend ist, weil z.B. wegen saisonaler Einflüsse zu dem gewünschten Urlaubszeitraum ein erhöhter Arbeitsbedarf anfallen wird. Ob ein betrieblicher Belang, der dringend ist, weil er schon absehbar ist, auch noch gewichtig genug ist, um als „entgegenstehender" Belang den AG zu berechtigen, den Urlaubswunsch abzulehnen, ist in vielen Fällen nur nach einer Abwägung des betrieblichen Belanges im Verhältnis zu den für den Urlaubswunsch des AN sprechenden Gründen zu beurteilen.[57] Denn nicht jeder betriebliche Belang, der im Widerspruch zu dem Urlaubswunsch steht, ist gewichtig genug.[58] So ist es nahezu zwangsläufig, dass sich die urlaubsbedingte Abwesenheit eines fachlich kompetenten AN trotz einer Vertretungsregelung stets negativ auswirkt. Folglich bedarf es hier einer Interessenabwägung, ob gerade zu dem gewünschten Zeitpunkt eine so erhebliche Beeinträchtigung auftritt, die auch unter Berücksichtigung des grds. Vorrangs des AN-Wunsches den AG berechtigen soll, den AN auf die Möglichkeit einer anderen zeitlichen Festlegung zu verweisen.

---

51 BAG 18.12.1986 – 8 AZR 502/84 – BAGE 54, 63 = NZA 1987, 379 = AP § 7 BUrlG Nr. 10 m. abl. Anm. *Leipold*.
52 LAG Düsseldorf 20.6.2002 – 11 Sa 378/02 – BB 2003, 156 = LAGE § 7 BUrlG Nr. 40.
53 Zuerst darauf hinweisend: *Leinemann*, NZA 1985, 137, 141.
54 Heute h.M.: *Arnold/Ackermann/Rambach u.a.*, § 7 Rn 12; ErfK/*Dörner*, § 7 Rn 15; *Friese*, Rn 183; KDZ/*Litzig*, § 68 Rn 125.

55 *Friese*, Rn 183.
56 Vgl. zum zeitlichen Moment des dringenden betrieblichen Erfordernisses im Recht der betriebsbedingten Künd § 1 KSchG Rn 357 ff.
57 *Friese*, Rn 207.
58 *Friese*, Rn 207.

Beispiel: Ein Fachreferent eines Forschungsinstituts wünscht wegen der Schulferien seiner Kinder vom 15.8. bis zum 15.9. Urlaub zu machen. Vom 12. bis 15.9. findet ein internationaler Kongress zu einem für das Institut interessanten Themenkomplex statt, auf dem der AN als Fachmann Forschungsansätze des Instituts präsentieren soll. Der AG kann den AN für die Zeit der Überschneidung den Urlaubswunsch des AN ablehnen, weil ein dringendes betriebliches Interesse entgegensteht, das gewichtig genug ist, den Wunsch des AN zu verdrängen, mit seinen schulpflichtigen Kindern Urlaub zu machen.   24

b) Vorrangige Wünsche anderer Arbeitnehmer. Ein Leistungsverweigerungsrecht besteht nach § 7 Abs. 1 S. 1 auch dann, wenn Urlaubswünsche anderer AN unter sozialen Gesichtspunkten den Vorrang verdienen (Alt. 2). Es handelt sich insoweit um einen Unterfall des entgegenstehenden betrieblichen Belanges (Alt. 1).[59] Denn eigentlicher Ablehnungsgrund ist, dass aus betrieblichen Gründen nicht allen Wünschen der AN zum gleichen Zeitraum Rechnung getragen werden kann. Ergibt die Prüfung nach der Alt. 1, dass die vermeintlichen betrieblichen Gründe des AG den geäußerten Wünschen mehrerer AN zur gleichen Zeit überhaupt nicht entgegenstehen oder nicht hinreichend gewichtig sind, so besteht kein **Leistungsverweigerungsrecht**.[60] Für den Fall, dass anzuerkennende erhebliche dringende betriebliche Gründe dafür bestehen, dass nur eine begrenzte Anzahl der Urlaub wünschenden AN während der gewünschten Urlaubszeit entbehrt werden kann, regelt Alt. 2 die Auswahl unter den konkurrierenden Urlaubswünschen: Der AG hat abzuwägen, welcher Wunsch unter sozialen Gesichtspunkten vorzugswürdig ist.[61] Zur Ausfüllung des Begriffs „**soziale Gesichtspunkte**" ist der Rückgriff auf die Kriterien der Sozialauswahl nach § 1 Abs. 3 S. 1 KSchG nicht geeignet. Die Regelungsziele beider Normen sind zu unterschiedlich.[62] In Betracht kommen alle persönlichen Umstände, die für die Verwirklichung des Erholungsurlaubs bedeutsam sind. Dazu gehören insb.: Urlaubszeiten von Ehegatten oder Lebenspartnern, Schulferien der im Haushalt des AN lebenden Kinder, dringender Erholungsbedarf nach Krankheit oder nach starker beruflicher Beanspruchung.[63] Der AG hat auch zu berücksichtigen: 25
– Ob die Urlaubswünsche des AN bereits in den Vorjahren erfüllt wurden und jetzt im Sinne einer Verteilungsgerechtigkeit andere AN an der Reihe sind.[64]
– Ob ein bei ihm in Teilzeit beschäftigter AN, den Urlaub aus anderen Teilzeit-Arbverh koordinieren muss, weil er nur bei gleichzeitiger Freistellung den Urlaub zur Erholung sinnvoll nutzen kann.[65]

c) Rechtsfolgen einer mangelnden Berücksichtigung des Urlaubswunsches. Berücksichtigt der AG nicht den vom AN geäußerten Wunsch, ohne dass ihm ein Leistungsverweigerungsrecht zukommt, so hat er mit der abweichenden Festlegung den Urlaubsanspruch nicht wirksam i.S.v. § 243 BGB konkretisiert.[66] Rechtsfolge der mangelnden Konkretisierung ist, dass die mit dieser Festlegung verbundene Freistellungserklärung nicht die geschuldete Leistungshandlung ist und daher nicht geeignet ist, die Erfüllung nach § 362 BGB zu bewirken. Tritt der AN dennoch den so festgesetzten Urlaub widerspruchslos an, so liegt darin eine **Annahme an Erfüllungsstatt** (§ 364 BGB).[67] Der AN kann, um die Erfüllungswirkung nicht eintreten zu lassen, erklären, dass er den Antritt des Urlaubs verweigere. Das wird als Ausübung eines Annahmeverweigerungsrechts[68] bezeichnet. Weist der AG in Verkennung der Rechtslage dem AN keine Arbeit zu, so hat er nach § 615 S. 1 BGB für den Verzug der Annahme der Arbeit das Entgelt zu leisten,[69] ohne die Zeit des Annahmeverzugs auf den Urlaubsanspruch anrechnen zu können. Stand dem AG dagegen ein Leistungsverweigerungsrecht zu, das ihn berechtigte, vom Urlaubswunsch abzuweichen, so ist es unerheblich, ob der AN erklärt, den Urlaub nicht antreten zu wollen. Der wirksam **konkretisierte Urlaubsanspruch** geht mit dem Ablauf des Freistellungszeitraumes nach § 362 BGB unter.   26

d) Problem: Vorbehalt der Verlegung der Freistellung in die Kündigungsfrist? Ist die Künd-Frist so kurz, dass der auf den Wunsch des AN festgelegte Urlaub nicht mehr zu einer Freistellung führen kann, so soll der aus § 7 Abs. 4 entnommene Grundsatz des Vorrangs der Freistellung vor Abgeltung zur Anwendung kommen.[70] Der 5. Senat des BAG ging in seiner Rspr. davon aus, dass die Urlaubsfestlegung unter dem Vorbehalt stehe, das Arbverh werde zum festgesetzten Termin noch bestehen. Allerdings hat er eine Vereinbarung zugelassen, nach welcher der festgesetzte Urlaubstermin und die daran anknüpfende Urlaubsplanung des AN von einem im Zeitpunkt der Urlaubsfestlegung unvorhersehbaren Ablauf des Arbverh unberührt bleiben soll. Das beinhaltete eine Aufweichung des Grundsatzes des Vorrangs der Freistellung; denn unter der besonderen Bedingung, dass das Arbverh unvorhergesehen vor dem festgelegten Zeitpunkt endet, soll die Vereinbarung eine Festlegung in die Künd-Frist ausschließen und   27

---

59 ErfK/*Dörner*, § 7 BUrlG Rn 25.
60 *Leinemann/Linck*, § 7 BUrlG Rn 43.
61 *Friese*, Rn 208.
62 ErfK/*Dörner*, § 7 BUrlG Rn 26.
63 ErfK/*Dörner*, § 7 BUrlG Rn 26.
64 ErfK/*Dörner*, § 7 BUrlG Rn 26; *Friese*, Rn 209; *Leinemann/Linck*, § 7 BUrlG Rn 45.
65 *Friese*, Rn 209.
66 *Friese*, Rn 202.
67 ErfK/*Dörner*, § 7 BUrlG Rn 16; *Friese*, Rn 201; *Leinemann/Linck*, § 7 BUrlG Rn 34.
68 ErfK/*Dörner*, § 7 BUrlG Rn 17; MünchArb/*Leinemann*, Bd. 1, § 89 Rn 47, 83; kritisch zur Begriffsbildung: *Friese*, Rn 201.
69 *Friese*, Rn 202.
70 BAG 10.1.1974 – 5 AZR 208/73 – AP § 7 BUrlG Nr. 6 = EzA § 7 BUrlG Nr. 16; dem folgend: *Friese*, Rn 212.

so den Weg zur Abgeltung nach § 7 Abs. 4 frei machen. Es wurde gefordert, die Zulässigkeit einer solchen Vereinbarung nicht von der Frage der Vorhersehbarkeit abhängig zu machen, sondern sie generell für den Fall der Beendigung des Arbverh vor dem festgelegten Zeitraum zuzulassen.[71] Das urlaubsrechtliche Schrifttum hat unreflektiert die folgenden **Billigkeitserwägungen** übernommen. Sei keine Vereinbarung getroffen, so soll die arbeitgeberseitige erneute Festlegung, mit welcher der Urlaub dann in die Künd-Frist gelegt wird, entsprechend § 315 BGB nicht bindend sein, wenn sie für den AN unzumutbar ist.[72] Als Unzumutbarkeitsgründe werden angesehen:

- Der AN kann die Freistellung nicht zur Erholung nutzen, weil er ihrer zu Stellensuche bedarf.[73] Da ansonsten der Freistellungsanspruch aus § 629 BGB unterlaufen werden könnte, ist das BAG schon vor Inkrafttreten des BUrlG zu der Auff. gelangt, bei verhältnismäßig kurzen Künd-Fristen sei der AG verpflichtet, dem Wunsch des AN, den noch ausstehenden Urlaub nicht in die Künd-Frist zu legen, Rechnung zu tragen.
- Der AN hat bereits erhebliche Dispositionen getroffen, z.B. Buchung einer Urlaubsreise.[74]

28 Dieser Billigkeitserwägungen bedarf es nicht. Übersehen wird, dass der 5. Senat des BAG die Rechtsfolge der Unverbindlichkeit aus § 315 BGB abgeleitet hat. § 315 BGB ist jedoch auf die Festlegung nicht anwendbar (siehe Rn 21 ff.). Soweit geltend gemacht wird, die Festlegung sei nicht an dem Vorrang des AN-Wunsches nach Abs. 1, sondern an dem aus Abs. 4 entnommenen Grundsatz des Vorrangs der Freistellung vor Abgeltung zu messen,[75] mag das zutreffen. Es wird jedoch verkannt, dass hier die Frage vorgreiflich ist: Hat der AG, nachdem er bereits nach § 243 Abs. 2 BGB den Anspruch nach Maßgabe des Abs. 1 S. 1 konkretisiert hatte, wegen der vorzeitigen Beendigung die Befugnis zur erneuten Festlegung, weil sich die Verhältnisse nach der ersten Festlegung geändert haben? Das ist zu verneinen. Nachträgliche Änderungen der Verhältnisse können weder zur erneuten Konkretisierung berechtigen noch dazu verpflichten (siehe Rn 21 ff.). Eine andere Konkretisierung kann nur im beiderseitigen Einvernehmen von Gläubiger und Schuldner erfolgen. Daraus folgt: War vor der Künd der Urlaub nach Abs. 1 vom AG festgelegt, so kann der AG den Urlaub nicht einseitig in die Kündigungsfrist verlegen.

29 **e) Beurteilungsspielraum.** Es geht bei der Festlegung um die Anwendung unbestimmter Rechtsbegriffe. Dem Tatsachenrichter steht insb. bei der auch hier im Einzelfall gebotenen Interessenabwägung ein Beurteilungsspielraum zu. Das Revisionsgericht kann nur überprüfen, ob das LAG in dem angefochtenen Urteil die Rechtsbegriffe selbst verkannt hat, ob es bei der Unterordnung des Sachverhalts unter die Rechtsnormen des § 7 Abs. 1 oder 2 Denkgesetze oder allg. Erfahrungssätze verletzt hat, ob es bei der gebotenen Interessenabwägung alle wesentlichen Umstände berücksichtigt hat und ob das Urteil in sich widerspruchsfrei ist.[76]

30 **3. Festlegung ohne geäußerten Urlaubswunsch.** Der AG kann, solange der AN einverstanden ist oder zumindest keine Wünsche äußert, den Urlaub beliebig unter Beachtung des Grundsatzes des zusammenhängenden Urlaubs nach Abs. 2 festlegen. Das schließt auch das Recht ein, den Urlaub in die Künd-Frist zu legen.[77] Widerspricht der AN der einseitigen Festlegung des Urlaubs während der Dauer der Künd-Frist mit der Erklärung, der AG sei dazu nicht berechtigt, so liegt darin noch kein Urlaubswunsch i.S.v. § 7 Abs. 1 S. 1 Hs. 1.[78] Dieser setzt nämlich die Angabe des gewünschten Freistellungszeitraums voraus. Da in allen Entscheidungen bisher die Anforderungen an einen Urlaubswunsch i.S.v. § 7 Abs. 1 S. 1 Hs. 1 nicht erfüllt waren, hat das BAG es dahingestellt bleiben lassen, ob ein gekündigter AN überhaupt Urlaubswünsche für die Zeit nach Ablauf der Künd-Frist äußern kann oder nicht.

31 **4. Festlegung innerhalb der Ferienzeit.** Im Öffentlichen Dienst bestehen tarifvertragliche Vorschriften, die als den Zeitraum, in dem Urlaub in Anspruch genommen werden kann, für Lehrkräfte die Zeit der Schulferien bestimmen. Unter der Geltung des BAT galt das auch für Ang als Lehrkräfte an Musikschulen im Bereich der VKA (SR 2 l II). Derartige Bestimmungen verstoßen nach Auff. des BAG nicht gegen die Unabdingbarkeit nach § 13 Abs. 1. § 7 Abs. 1 S. 1 ist nämlich nach § 13 Abs. 1 S. 1 insoweit tariflich abänderbar.[79] Die Rspr. der ArbG kommt für Saisonbetriebe auch ohne tarifliche Sonderregelung zu einem vergleichbaren Ergebnis. Danach kann der Betreiber eines Vergnügungsparks, der nur von April bis Oktober für Publikumsverkehr geöffnet ist, im Allg. den Wunsch, innerhalb der Saison Urlaub zu nehmen, unter Hinweis auf dringende betriebliche Belange verweigern und den AN auf Zeiten außerhalb der Saison verweisen, in der interne Vorbereitungsarbeiten für die nächste Saison (Wartung, Reparatur) verrichtet werden.[80]

---

71 Anm. *Meisel*, AP § 7 BUrlG Nr. 6.
72 BAG 10.1.1974 – 5 AZR 208/73 – AP § 7 BUrlG Nr. 6 = EzA § 7 BUrlG Nr. 16; im Ergebnis ebenso: ErfK/*Dörner*, § 7 BUrlG Rn 20; MünchArb/*Leinemann*, Bd. 1, § 89 Rn 47.
73 BAG 26.10.1956 – 1 AZR 248/55 – BAGE 3, 215 = AP § 611 BGB Urlaubsrecht Nr. 14.
74 *Friese*, Rn 212.
75 So *Friese*, Rn 212.
76 St. Rspr. zu § 1 KSchG, vgl. BAG 26.9.1996 – 2 AZR 200/96 – BAGE 84, 209, 212; BAG 17.6.1999 – 2 AZR 522/98 – BAGE 92, 61.
77 BAG 20.6.2000 – 9 AZR 261/99 – AP § 611 BGB Arbeitspapiere Nr. 1 = ZIP 2001, 303 = NZI 2001, 222 = NZA 2001, 620.
78 BAG 22.9.1992 – 9 AZR 483/91 – AP § 7 BUrlG Nr. 13 = EzA § 7 BUrlG Nr. 87.
79 BAG 13.2.1996 – 9 AZR 79/95 – BAGE 82, 161 = DB 1996, 1345.
80 LAG Köln 17.3.1995 – 13 Sa 1282/94 – NZA 1995, 1200.

5. Festlegung eines zusammenhängenden Urlaubs. a) Das Gebot des zusammenhängenden Urlaubs. § 7 Abs. 2 enthält als gesundheitspolitische Zielsetzung das Gebot, den gesetzlichen Mindesturlaub zusammenhängend, d.h. aufeinander folgend, zu gewähren. In der betrieblichen Praxis wird das häufig nicht beachtet. Das ist bedenklich; denn das Gebot aus Abs. 2 S. 1 gehört nach § 13 Abs. 1 zum zwingenden, individualrechtlich nicht zu Ungunsten des AN abänderbaren Gesetzesrecht. Vereinbaren die Arbeitsvertrags- oder TV-Parteien einen über den gesetzlichen Mindesturlaub hinausgehenden Urlaub, so können sie über die zusätzlichen Urlaubstage ohne Beachtung des § 7 Abs. 2 S. 1 frei verfügen.[81] Allerdings ist für den übergesetzlich in TV vereinbarten Urlaub der Auslegungsgrundsatz zu beachten, dass bei Fehlen eigenständiger Bestimmungen auf die Normen des BUrlG zurückgegriffen werden soll.

b) Geltungsbereich des Gebots. Das Gebot, den Urlaub zusammenhängend festzulegen, gilt sowohl für den gesetzlichen Vollurlaubsanspruch i.S.v. § 3 Abs. 1, § 4, d.h. 24 Werktage aufeinander folgend, – als auch für jeden Teilurlaubsanspruch i.S.v. § 5 Abs. 1. Ist ein Teilurlaubsanspruch nach § 5 Abs. 1 Buchst. a auf Verlangen des AN nach § 7 Abs. 3 S. 4 auf das folgende Kalenderjahr übertragen worden, so ist er zusammenhängend mit dem im Folgejahr entstehenden Vollurlaubsanspruch festzulegen.[82] Wird ein Restanspruch aus dem Vorjahr nach § 7 Abs. 3 S. 3 auf das erste Quartal des Folgejahres übertragen, tritt der übertragene Urlaubsanspruch zwar dem des neuen Jahres hinzu. Die zeitliche Begrenzung des übertragenen Urlaubs steht aber der Geltung des Gebots entgegen. Der AN ist nicht gehalten, den übertragenen und den neuen Urlaubsanspruch zusammenhängend im ersten Quartal in Anspruch zu nehmen.[83]

c) Zugelassene Urlaubsteilungsgründe. Ausnahmsweise ist die Teilung des Urlaubs nach S. 1 nur zulässig, wenn entweder dringende betriebliche Gründe (siehe Rn 23) oder in der Person des AN liegende Gründe (siehe Rn 110 ff.) eine Teilung erforderlich machen. Der bloße Wunsch des AN berechtigt nicht zur Teilung, es müssen zusätzlich auch noch die Teilungsgründe nach S. 1 vorliegen.[84]

d) Mindestdauer eines Urlaubsteils. S. 2 legt den Grundsatz fest, dass bei einer nach Maßgabe des S. 1 zugelassenen Teilung ein Urlaubsteil mind. zwölf Werktage umfassen muss. Dieser Grundsatz ist allerdings nicht zwingend. Er ist nach § 13 Abs. 1 S. 3 auch individualrechtlich zu Ungunsten des AN abänderbar.

e) Rechtsfolgen bei Verstoß Wird der Urlaub vom AG entgegen Abs. 2 S. 1 nicht zusammenhängend festgelegt, ohne das ein Teilungsgrund vorliegt, so tritt keine wirksame Konkretisierung nach § 243 BGB ein. Lehnt der AN deswegen den Urlaubsantritt ab, so geht der Urlaubsanspruch nicht unter. Weist der AG keine Arbeit zu, befindet er sich mit der Rechtsfolge aus § 615 S. 1 BGB in Annahmeverzug. Der AN kann seinen Urlaub in zusammenhängender Form nachfordern. Es hat nämlich noch keine wirksame Konkretisierung stattgefunden. Das Nachforderungsrecht besteht auch dann, wenn der AN den Urlaubsteil angetreten hat.[85] Denn die gegen § 7 Abs. 1 S. 1 verstoßende Aufteilung kann keine Erfüllung des Anspruchs des AN auf den gesetzlichen Mindesturlaub bewirken. Da sich das Gebot des zusammenhängenden Urlaubs auch an den AN richtet, scheidet auch die Annahme an Erfüllung statt aus.[86] Unerheblich ist, dass diese Aufteilung des Urlaubs auf einer Vereinbarung zwischen AG und AN beruht.[87] Zu beachten ist, dass der AN den **gesamten gesetzlichen Mindesturlaubsanspruch** noch einmal fordern kann.[88] Der AG kann nach § 812 BGB die Rückzahlung des für die Vergangenheit ohne Rechtsgrund geleisteten Urlaubsentgelts verlangen, sieht sich jedoch regelmäßig dem Einwand der Entreicherung nach §§ 814, 817 S. 2 BGB ausgesetzt. Dem erneuten Urlaubsverlangen des AN kann nicht allein deshalb der Einwand des missbräuchlichen Verhaltens entgegen gehalten werden, weil der AN selbst entgegen § 7 Abs. 2 S. 1 Urlaub beantragt und erst nach Urlaubnahme den Verstoß reklamiert hat. Es ist Sache des AG, den gesetzlichen Mindesturlaub unter Beachtung des § 7 Abs. 2 festzulegen. Deshalb kann nur bei Annahme besonderer Umstände ein rechtsmissbräuchliches Verhalten des AN angenommen werden,[89] z.B. weil es zur Verfolgung eines rücksichtslosen Eigennutzes zum Nachteil des AG dient.[90] Soweit das LAG Düsseldorf die besonderen Umstände bereits darin sah, dass ein leitender Ang einige nicht zusammenhängende Urlaubstage innerhalb der Künd-Frist nutzen wollte, um wegen der arbeitgeberseitigen Künd Vorstellungs- und Anwaltsgespräche zu führen,[91] so ist das zweifelhaft; denn bei der für die Annahme eines Missbrauchs erforderlichen Beurteilung der Interessenlage ist die Freistellungspflicht des AG aus § 629 BGB nicht berücksichtigt worden.

---

81 LAG Düsseldorf 25.10.2004 – 10 Sa 1306/04 – LAGE § 7 BUrlG Nr. 41.
82 *Friese*, Rn 225; *Schütz/Hauck*, Rn 418.
83 *Friese*, Rn 225; *Leinemann/Linck*, § 7 BUrlG Rn 101; *Schütz/Hauck*, Rn 419.
84 So zu Recht: ErfK/*Dörner*, § 7 Rn 38; *Friese*, Rn 222; *Leinemann/Linck*, § 7 BUrlG Rn 106 m.w.N.
85 BAG 29.7.1965 – 5 AZR 380/64 – BAGE 17, 263 = AP § 7 BUrlG Nr. 1 m. zust. Anm. *Hueck* = EzA § 3 BUrlG Nr. 3; dem folgend: *Neumann/Fenski*, Rn 103; *Friese*, Rn 219, LAG Düsseldorf 25.10.2004 – 10 Sa 1306/04 – LAGE § 7 BUrlG Nr. 41.
86 *Schütz/Hauck*, Rn 421.
87 BAG 29.7.1965 – 5 AZR 380/64 – BAGE 17, 263, dem folgend: LAG Düsseldorf 25.10.2004 – 10 Sa 1306/04 – LAGE § 7 BUrlG Nr. 41.
88 *Friese*, Rn 224.
89 *Neumann/Fenksi*, § 7 BUrlG Rn 62; GK-BUrlG/*Bachmann*, § 7 BUrlG Rn 99 m.w.N.
90 Vgl. BAG 9.12.2003 – 9 AZR 328/02 – EzA § 242 BGB 2002 Rechtsmissbrauch Nr. 2.
91 LAG Düsseldorf 25.10.2004 – 10 Sa 1306/04 – LAGE § 7 BUrlG Nr. 41.

37 **6. Urlaubsfestlegung durch Freistellungserklärung.** Die Festlegung des Urlaubszeitpunkts erfolgt zugleich mit der zur Erfüllung des Urlaubsanspruchs nach § 362 BGB zu bewirkenden Leistungshandlung, der Freistellung von der Arbeitspflicht.[92] Diese erfolgt durch eine gegenüber dem AN abzugebende Erklärung des AG, dass er zum Zwecke des Erholungsurlaubs in der konkret festgelegten Zeit die Arbeitspflicht erlasse.[93] Eine derartige Erklärung wird als Freistellungserklärung bezeichnet. Sie ist eine empfangsbedürftige Willenserklärung.[94]

38 **a) Konkludente Erklärung und Urlaubsliste.** Nach dem BUrlG ist die Freistellung an keine Form gebunden, d.h. sie kann auch konkludent erklärt werden. Nimmt der AG einen Urlaubswunsch mündlich oder schriftlich entgegen oder trägt sich der AN in eine vom AG zur Abfrage von Urlaubswünschen ausgelegte Urlaubsliste[95] ein, so wird regelmäßig in der ausbleibenden Reaktion des AG noch keine stillschweigende Erklärung des AG liegen, dass er den Urlaub wie gewünscht festlegt.[96] Da die Urlaubsliste nur ein Planungsinstrument des AG ist, bedarf es noch einer ausdrücklichen Festlegung durch den AG.[97] Etwas anderes ist anzunehmen, wenn der AG zu erkennen gibt, dass – sofern er nicht binnen einer Frist widerspricht – der Urlaubswunsch als genehmigt gelten soll. Die ArbG gehen davon aus, dass der AG dann, wenn er zur Planung des Urlaubs im Betrieb Urlaubslisten auslegt, auch gehalten ist, innerhalb einer angemessenen Frist zu entscheiden, ob entsprechend den Eintragungen der AN verfahren werden kann. Macht der AG, entgegen einer Abrede oder einer Gepflogenheit, keine fristgerechten Einwendungen, so kann der AN i.d.R. davon ausgehen, dass der Urlaub wie beantragt bewilligt ist.[98] Besteht eine langjährige betriebliche Praxis, die Eintragungen der AN in der Urlaubsliste noch einmal nach persönlichen und betrieblichen Belangen abzustimmen, ohne dass im Anschluss daran vor Urlaubsantritt noch die Freistellung durch den AG erklärt wird, so muss der AG die nach der Abstimmung mit konkretem Beginn und Ende erfolgende Eintragung in eine Urlaubsplanung als Freistellungserklärung gegen sich gelten lassen.[99]

39 **b) Freistellung durch mitbestimmten Urlaubsplan.** Stellt der AG zusammen mit dem BR nach § 87 Abs. 1 Nr. 5 BetrVG einen Urlaubsplan auf, der nicht nur Regelungen zur Festlegung des Urlaubs, sondern schon eine endgültige, konkrete Festlegung des Beginns und Endes des Urlaubs der einzelnen AN enthält, dann bedarf es keiner gesonderten Freistellungserklärung durch den AG mehr.[100] Ebenso wie dessen Aufstellung ist auch dessen Änderung mitbestimmungspflichtig.[101] Die Änderung eines Urlaubsplans, die zu einem Widerruf eines bereits endgültig festgelegten Urlaubs führen soll, ist nur unter Wahrung individualrechtlichen Vorgaben des Urlaubsrechts wirksam,[102] d.h. sie bedarf der Zustimmung des Betroffenen (siehe Rn 44). Eine individuelle Abänderung der im Urlaubsplan festgelegten Urlaubszeit ist durch Vereinbarung zwischen AN und AG auch ohne Zustimmung des BR, wenn weder kollektive noch individuelle Interessen anderer AN betroffen sind, insb. wenn keine weitere Änderung des Urlaubsplans eintritt.[103]

40 **c) Freistellungserklärung als Willenserklärung.** Die Freistellungserklärung ist eine einseitige und **empfangsbedürftige** Willenserklärung, die erst mit dem Zugang beim AN wirksam wird (§ 130 Abs. 1 S. 1 BGB).[104] Für sie gelten die Vorschriften der §§ 104 ff. BGB.[105] Sie hat in Bezug auf die Arbeitspflicht des AN eine rechtsgestaltende Wirkung.[106] Die sich daraus ergebenden Rechtsfolgen sind für die urlaubsrechtliche Praxis bedeutsam:

1. Sie kann gem. § 130 Abs. 1 S. 2 BGB nach Zugang beim AN nicht mehr widerrufen werden.
2. Sie muss auf den Zweck Erfüllung des Urlaubsanspruchs gerichtet sein. Das ist nach §§ 133, 157 BGB aus der Sicht des verständigen Empfängers auszulegen.
3. Sie kann nicht unter einer aufschiebenden oder auflösenden Bedingung (§ 158 BGB) erklärt werden.
4. Sie muss, um die Erfüllung nach § 362 BGB bewirken zu können, endgültig, d.h. ohne Vorbehalt einer Überprüfung oder eines Widerrufs erklärt werden.
5. Sie ist als Willenserklärung wegen Irrtums nach § 119 BGB oder wegen arglistiger Täuschung nach § 123 BGB anfechtbar.

---

92 *Friese*, Rn 255.
93 *Leinemann/Linck*, § 7 BUrlG Rn 4.
94 ErfK/*Dörner*, § 7 BUrlG Rn 5.
95 Näher zu Urlaubslisten: *Leinemann/Linck*, § 7 BUrlG Rn 46.
96 ErfK/*Dörner*, § 7 BUrlG Rn 10; *Leinemann/Linck*, § 7 BUrlG Rn 16.
97 LAG Düsseldorf 21.3.1968 – 2 Sa 6/68 – BB 1968, 872.
98 LAG Berlin 9.12.1970 – 1 Sa 26/70 – ARST 1971, 186; LAG Düsseldorf 8.5.1970 – 3 Sa 89/70 – DB 1970, 1136.
99 Hessisches LAG 8.7.1996 – 11 Sa 966/95 – EzBAT § 47 BAT Erfüllung Nr. 12.
100 *Arnold/Ackermann/Rambach u.a.*, § 7 BUrlG Rn 89; *Leinemann/Linck*, § 7 BUrlG Rn 73; *Fitting* u.a., § 87 Rn 202.
101 GK-BetrVG/*Wiese*, § 87 Rn 467; *Fitting u.a.*, § 87 Rn 203.
102 *Fitting u.a.*, § 87 Rn 203; GK-BetrVG/*Wiese*, § 87 Rn 468.
103 Richardi/*Richardi*, § 87 Rn 454; GK-BetrVG/Wiese, § 87 Rn 468.
104 BAG 18.12.1986 – 8 AZR 481/84 – BAGE 54, 59, 62 = AP § 11 BUrlG Nr. 19, zu 2 b der Gründe; BAG 31.5.1990 – 8 AZR 132/89 – BAGE 65, 171, 173 = AP § 13 BUrlG Unabdingbarkeit Nr. 13, zu III 1 der Gründe; BAG 25.1.1994 – 9 AZR 312/92 – BAGE 75, 294, 297 = AP § 7 BUrlG Nr. 16, zu II 1 der Gründe BAG 23.1.1996 – 9 AZR 554/93 – AP § 5 BUrlG Nr. 10 = NZA 1996, 1101.
105 *Leinemann/Linck*, § 7 BUrlG Rn 4.
106 *Hiekel*, NZA 1990 Beilage 2, S. 32.

aa) Bindungswirkung. Hat der AG die Leistungszeit bestimmt, in der der Urlaubsanspruch des AN i.S.v. § 362 Abs. 1 BGB erfüllt werden soll, und sie dem AN auch mitgeteilt, hat er als Schuldner des Urlaubsanspruchs die für die Erfüllung dieses Anspruchs erforderliche Leistungshandlung i.S.v. § 7 Abs. 1 vorgenommen. An den Inhalt dieser Erklärung ist er gebunden.[107] Diese Bindung muss nicht durch eine gesonderte Erklärung der Unwiderruflichkeit deklaratorisch wiederholt werden.[108] Sie ist Voraussetzung einer wirksamen Urlaubserteilung. 41

bb) Inhaltliche Bestimmtheit der Erklärung. Die bloße Erklärung des AG, der AN könne zu Hause bleiben oder er sei von der Arbeitspflicht entbunden, reicht nicht aus, um das Erlöschen des Urlaubsanspruchs zu bewirken.[109] Für die Praxis bedeutsam ist daher der Inhalt der Erklärung insb. bei Freistellungserklärungen im Zusammenhang mit Künd und wenn mehrere Freistellungsmöglichkeiten alternativ oder kumulativ in Betracht kommen. Die zur Erfüllung des Anspruchs erforderliche Erklärung des AG muss aus der Sicht des Empfängers eindeutig erkennen lassen, dass eine Befreiung von der Arbeitspflicht zur Erfüllung des Anspruchs auf Urlaub gewährt wird. Andernfalls ist nicht bestimmbar, ob der AG als Schuldner des Urlaubsanspruchs die geschuldete Leistung bewirken (§ 362 Abs. 1 BGB) will. In Betracht kommen nämlich auch andere Leistungsmotive, z.B. den Beschäftigungsanspruch des AN zur besseren Wahrung von Geschäftsgeheimnissen auszuschließen, als Gläubiger der Arbeitsleistung auf deren Annahme zu verzichten (§ 615 BGB) oder andere Arbeitsbefreiungsansprüche zu erfüllen, z.B. Freizeitausgleich wegen Mehrarbeit oder wegen außerhalb der Arbeitszeit angefallener Betriebsratstätigkeit (§ 37 Abs. 3 S. 3 BetrVG) sowie Freistellung zum Besuch von Bildungsveranstaltungen nach den Bildungsurlaubsgesetzen der Länder, aus tarifvertraglich geregelten besonderen Anlässen oder zur Stellensuche (§ 629 BGB).[110] Es genügt, dass der AG den AN bis zur Beendigung des Arbverh „unter Anrechnung auf den Urlaubsanspruch" von der Arbeit freistellt.[111] Nicht selten wird „unter Anrechnung noch offener Urlaubsansprüche" bis zum Ablauf einer die Urlaubsdauer überschreitenden Künd-Frist freigestellt. Das muss der AN nach §§ 133, 157 BGB nicht so verstehen, dass die ersten, sich an den Beginn der Freistellung anschließenden Tage als „Urlaub" anzusehen sind und die folgenden Tage bis zur Beendigung des Arbverh als Freistellung „ohne Urlaub", z.B. wegen Mehrarbeit oder wegen Suspendierung gelten. Wer als AG, ohne auf Urlaubswünsche einzugehen, einen längeren Freistellungszeitraum auf den Urlaubsanspruch und auf Mehrarbeitsausgleich anrechnet, überlässt die Festlegung der zeitlichen Lage des Urlaubs innerhalb des Freistellungszeitraums dem AN.[112] Wird kein weiterer Anrechnungszweck genannt, kommt auch die Auslegung in Betracht, der AG wolle die gesamte Zeit der Künd-Frist als Urlaub gewähren. Hat der AN nicht mit dem Einwand des abweichenden Urlaubswunsches der Verlegung des Urlaubs in die Künd-Frist widersprochen (vgl. Rn 27 ff), so wird – soweit kein Nichtanrechnungstatbestand i.S.v. §§ 9, 10 auftritt – der Urlaubsanspruch erfüllt.[113] In beiden Auslegungsvarianten ist für den AN ohne Weiteres erkennbar, dass er während der restlichen Dauer seines Arbverh nicht mehr damit rechnen muss, eine Arbeitsleistung erbringen zu müssen.[114] Eine derartig weite Anrechnungserklärung ist für den AG risikobehaftet; denn tritt ein Nichtanrechnungstatbestand i.S.v. §§ 9,10 auf, so tritt keine Erfüllungswirkung ein, so dass zusätzlich zu der überlangen bezahlten Freistellung noch eine Urlaubsabgeltung für den nachzugewährenden Urlaub zu leisten ist. Klüger es ist, den Urlaub zeitlich festzulegen und bei Eintritt eines urlaubsstörenden Ereignisses i.S.v. §§ 9, 10 den nachzugewährenden Urlaub in die restliche Künd-Frist zu legen. 42

cc) Bedingungsfeindlichkeit. In der Praxis kommt es bisweilen vor, dass ein beklagter AG einen der Höhe nach umstr. Resturlaub im bestehenden Arbverh unter der auflösenden Bedingung (§ 158 BGB) gewährt, dass ein der Klage stattgebendes Urteil rechtskräftig wird. Davor ist zu warnen. Eine entsprechende Bedingung ist nicht geeignet, die Erfüllungswirkung der Urlaubsgewährung für den Fall zu verhindern, dass kein Anspruch auf die geltend gemachte Urlaubsdauer bestand.[115] Die Freistellung von der Arbeitspflicht ist kann nicht rückgängig gemacht werden.[116] Die Bedingungsfeindlichkeit der Festlegung des Urlaubszeitraums steht der Urlaubserteilung im Rahmen eines Rechtsstreits über den Bestand eines Arbverh nicht im Wege (siehe Rn 64). 43

dd) Endgültigkeit und Vorbehaltlosigkeit. Die Erfüllung von Urlaubsansprüchen durch den AG bedarf der unwiderruflichen Befreiung des AN von der Arbeitspflicht. Nur dann ist es dem AN möglich, anstelle der geschuldeten 44

---

107 BAG 20.6.2000 – 9 AZR 405/99 – AP § 7 BUrlG Nr. 28; BAG 4.3.2006 – AZR 11/05 – AP § 7 BUrlG Nr. 32 = NZA 2006, 1008.
108 BAG 4.3.2006 – AZR 11/05 – AP § 7 BUrlG Nr. 32 = NZA 2006, 1008.
109 25.1.1994 – 9 AZR 312/92 – BAGE 75, 294 m.w.N.
110 BAG 25.1.1994 – 9 AZR 312/92 – BAGE 75, 294 m.w.N.; dem folgend: *Arnold/Ackermann/Rambach u.a.*, § 7 Rn 19; *Friese*, Rn 188; *Leinemann/Linck*, § 7 BUrlG Rn 5; *Schütz/Hauck*, Rn 377; a.A. *Nägele*, DB 1998, 518; *Meier*, NZA 2002, 873, 874.
111 St. Rspr. des BAG seit 18.12.1986 – 8 AZR 481/84 – BAGE 54, 59.
112 BAG 19.3.2002 – 9 AZR 16/01 – EzA § 615 BGB Nr. 108 = ZTR 2003, 98 = ZIP 2002, 2188 m. Anm. *Castendiek* = ArbRB 2003, 134 m. Anm. *Kappelhoff* = NZA 2004, 576 Entscheidungsbesprechung *Klar*.
113 BAG 15.6.2004 – 9 AZR 431/03 – BAGE 111, 80.
114 BAG 4.3.2006 – AZR 11/05 – AP § 7 BUrlG Nr. 32 = NZA 2006, 1008.
115 BAG 16.3.1999 – 9 AZR 428/98 – AP § 7 BUrlG Übertragung Nr. 25 = BB 1999, 2086; zustimmend: *Friese*, Rn 185, wobei diese zu Recht darauf hinweist, dass in der Entscheidung fälschlich von Vorbehalt gesprochen wird.
116 BAG 1.10.1991 – 9 AZR 290/90 – BAGE 68, 308 = AP § 7 BUrlG Nr. 12.

Arbeitsleistung die ihm aufgrund des Urlaubsanspruchs zustehende Freizeit uneingeschränkt zu nutzen. Das ist nur dann gewährleistet, wenn der AN während der Freistellung nicht damit rechnen muss, zur Arbeit gerufen zu werden.[117] Das hat der urlaubsrechtliche Fachsenat in seiner jüngsten Rspr. bestätigt: Eine widerrufliche Freistellung des AN von der Arbeitspflicht ist zwar geeignet, einen Freizeitausgleichsanspruch nicht aber einen Urlaubsanspruch zu erfüllen.[118] Bei einer Freistellung für einen Freizeitausgleich handelt es sich nur um eine Weisung zur Verteilung der Arbeitszeit i.S.v. § 106 S. 1 GewO, bei der regelmäßig nicht angenommen werden kann, der AG wolle auf eine spätere Änderung der Weisung verzichten. Demgegenüber setzt eine Freistellung zur Erfüllung des Urlaubsanspruchs den Erlass der Arbeitspflicht nach § 7 Abs. 1 voraus, so dass kein Raum mehr für die Anwendung des Direktionsrechts verbleibt.

Zu beachten ist, dass eine Erklärung es AG, zzt. stehe dem Urlaubswunsch des AN nichts entgegen, noch keine Festlegung des Urlaubszeitraums i.S.v. § 7 Abs. 1 beinhaltet. Der AN hat dann Anspruch auf die Abgabe der noch fehlenden vorbehaltlosen, d.h. endgültige Festlegung.

45 ee) **Widerruf der Freistellung und Rückruf aus dem Urlaub.** Der AG hat sich vor Abgabe der Freistellungserklärung zu entscheiden. Danach kann er den AN weder aufgrund eines einseitigen Widerrufsvorbehalts noch aufgrund einer Vereinbarung aus dem Urlaub zurückrufen. Eine solche Abrede verstößt gegen zwingendes Urlaubsrecht und ist daher nach § 13 Abs. 1 rechtsunwirksam.[119] Diese mit der Bindungswirkung der abgegebenen Erklärung begründete schuldrechtliche Lösung gilt ohne Ausnahme. Sie gilt auch für Arbeitskämpfe. So kann der AG den erteilten Urlaub nicht deshalb widerrufen, um den AN auszusperren.[120] Diese strikte Bindung kann zu Ergebnissen führen, die im Einzelfall als unbillig erscheinen. Der seine Künd-Rspr. weitgehend an Interessenabwägungen orientierende 2. Senat des BAG hat in einem Künd-Schutzverfahren einmal die Auff. vertreten, der AG könne den einmal genehmigten Urlaub in einem Notfall widerrufen, soweit ein anderer Ausweg nicht möglich sei.[121]

46 Dazu sind einige Hinweise erforderlich: Der 2. Senat hatte diesen Rechtssatz aus einer älteren Entscheidung des damals für das Urlaubsrecht zuständigen 1. Senats[122] übernommen. Es wurde kein Notfall festgestellt. Die Widerruflichkeit des Urlaubs war daher objektiv nicht entscheidungserheblich. Die Entscheidung war nicht zur Veröffentlichung vorgesehen. Da der 2. Senat nach dem Geschäftsverteilungsplan nicht für das Urlaubsrecht zuständig ist, müsste er wenn er künftig an seiner Auff. aus dem Urteil von 1991 festhalten und von dem seit 1992 vom 9. Senat als zuständigen Fachsenat aufgestellten Rechtssatz[123] abweichen wollte, nach § 45 Abs. 2 ArbGG zur Vermeidung einer Divergenz den Großen Senat des BAG anrufen. Soweit im Schrifttum für den Ausnahmefall ein Rückrufrecht anerkannt wird, wird dies unterschiedlich begründet. Es wird die Auff. vertreten, es bestehe ein Anspruch auf Zustimmung zu einer einvernehmlichen Änderung des Urlaubszeitraums, weil dem Arbverh wie jedem Dauerschuldverhältnis die Pflicht zur Berücksichtigung der Interessen der Gegenseite immanent sei.[124] Restriktiver ist die Auff., eine Ausnahme nur für den Fall der gravierenden Störung der Geschäftsgrundlage zuzulassen.[125] Danach ist ein Widerruf zulässig, wenn das Festhalten an der Urlaubsgewährung für den AG schlechthin unzumutbar wäre.

47 **Beispiel:** Der AN ist eine Schlüsselkraft und wird wegen eines plötzlichen Notfalls gebraucht, weil ansonsten der Zusammenbruch des Unternehmens[126] oder der Untergang des Betriebs zu befürchten sei. In jedem Fall gilt als zusätzliche Bedingung: Der AN muss einen Rückruf nur akzeptieren, wenn eine verbindliche Zusage des AG vorliegt, die Mehrkosten zu tragen, die durch die Verschiebung des Urlaubs entstehen.[127]

48 ff) **Anfechtung.** Der AN erklärt bei Arbeitsantritt am 1.7., von seinem vorherigen AG nur den anteiligen Urlaub für das erste Halbjahr erhalten zu haben, und beantragt Teilurlaub. Tatsächlich hatte er jedoch den vollen ungekürzten Urlaub erhalten. Der neue AG erfährt nach Abgabe der Freistellungserklärung für den Teilurlaub, dass er arglistig getäuscht worden ist. Er erklärt nach § 123 BGB die Anfechtung der Freistellung. Ist die Anfechtung dem AN vor Urlaubsantritt zugegangen, so ist die gesamte Freistellung rückgängig gemacht. Tritt der AN seine Arbeit dennoch nicht an, so ist das eigenmächtiger Urlaubsantritt. Im Schrifttum wird die Ansicht vertreten, entgegen § 142 BGB wirke nach Urlaubsantritt eine Anfechtung nur noch für die Zukunft.[128] Daran ist zutreffend, dass soweit die Freistellung tatsächlich vollzogen ist, jeder Freistellungstag nicht mehr rückwirkend zu einem Tag mit Arbeitspflicht gemacht werden kann. Allerdings wird übersehen, dass auch noch nach Urlaubsende die Anfechtung Wirkungen hervorbringen kann. So entfällt der Rechtsgrund der Freistellung mit der Folge, dass die ohne Rechtsgrund geleistete Urlaubsvergütung nach § 812 BGB zurückgefordert werden kann.

---

117 BAG 4.3.2006 – AZR 11/05 – AP § 7 BUrlG Nr. 32 = NZA 2006, 1008.
118 BAG 19.5.2009 – 9 AZR 433/08 – juris Rn 17.
119 BAG 20.6.2000 – 9 AZR 405/99 – AP § 7 BUrlG Nr. 28.
120 BAG 31.5.1988 – 1 AZR 200/87 – NZA 1988, 887.
121 BAG 19.12.1991 – 2 AZR 367/91 – RzK I 6a Nr. 82.
122 BAG 29.1.1960 – 1 AZR 200/58 – AP § 123 GewO Nr. 12.
123 BAG 20.6.2000 – 9 AZR 405/99 – AP § 7 BUrlG Nr. 28.
124 GK-BUrlG/*Bachmann*, § 7 Rn 51; KassArbR/*Schütz*, 2.4. Rn 294; *Neumann/Fenski*, § 7 BUrlG Rn 38.
125 ErfK/*Dörner*, § 7 BUrlG Rn 43; *Leinemann/Linck*, § 7 BUrlG Rn 55.
126 So ausdrücklich ErfK/*Dörner*, § 7 BUrlG Rn 43.
127 *Neumann/Fenski*, § 7 BUrlG Rn 38.
128 *Arnold/Ackermann/Rambach u.a.*, § 7 Rn 17; GK-BUrlG/*Bachmann*, § 7 Rn 45.

gg) Kürzung, Kondiktion und Neufestsetzung. Die Bindungswirkung entfällt nur dann, wenn ein Kürzungstatbestand wie im Fall der gesetzlich normierten anteiligen Kürzung in § 5 Abs. 1 Buchst. c vor Antritt des erteilten Urlaubs entsteht. Dann kann der AG die nicht mehr durch den Urlaubsanspruch gedeckte Freistellungserklärung mit der Folge nach § 812 BGB **kondizieren**, dass der AN entgegen seinen ursprünglichen Wünschen zur Arbeit verpflichtet ist.[129] Das geschieht, indem der AG ab dem Zeitpunkt der Kürzung, den verringerten Urlaubsanspruch zeitlich verkürzt neu festsetzt. Wird das Arbverh durch eine Künd beendet, so ist in diesem Fall der maßgebende Zeitpunkt der Kürzung der Zeitpunkt des Zugangs der Künd. Das Gleiche gilt für den Fall, dass dem AG ein Recht zur Kürzung zukommt, wie für die die Monate der vollständigen Befreiung von der Arbeitspflicht durch Elternzeit in § 17 Abs. 1 S. 1 BEEG. Auch dann kann er den ungekürzt festgelegten Urlaub neu, diesmal gekürzt, festlegen.

hh) Bindungswirkung bei vorzeitiger Beendigung. Im Schrifttum wird die Bindungswirkung an eine Festlegung geleugnet. Ein auf Wunsch des AN festgelegte Urlaub könne im Falle der vorzeitigen Beendigung des Arbverh nicht mehr zu einer Freistellung führen (siehe Rn 28). Dem wird nicht zugestimmt. Der zur Begründung aus § 7 Abs. 4 entnommene Grundsatz des **Vorrangs der Freistellung vor Abgeltung** wird missverstanden. Dieser Grundsatz soll verhindern, dass der AG wegen dringender betrieblicher Belange dem AN in der Künd-Frist die Freistellung verweigern kann. Er enthält keinen Vorbehalt, der den AG berechtigt, von der nach § 7 Abs. 1 auf Wunsch des AN getroffenen Festlegung abzuweichen. Es kann nämlich im Interesse des AN liegen, zu dem vorgesehenen Zeitpunkt sich unter Nutzung der Urlaubsabgeltung zu erholen. Häufig tritt auch die Fehlvorstellung auf, eine fristlose Künd des AG mache eine zuvor bereits gewährte und noch andauernde Arbeitsbefreiung „hinfällig". Ein derartiger Rechtssatz besteht nicht.[130] Ist die Künd rechtswirksam, so endet das Arbverh und aus diesem Grund dann auch die bezahlte Freistellung. Freistellungsansprüche, die zu diesem Zeitpunkt nicht erfüllt sind, sind ggf. abzugelten (vgl. § 7 Abs. 4). Fehlt es hingegen am Beendigungstatbestand, besteht das Arbverh unverändert fort. Bis zum Ende des Freistellungszeitraumes kommen dann keine Annahmeverzugsansprüche in Betracht.

d) Freistellungserklärung und Urlaubsentgelt. Die Entgeltfortzahlung während des Erholungsurlaubs ist weder Inhalt der Pflicht zur Urlaubserteilung noch Wirksamkeitsvoraussetzung für die Erfüllung des urlaubsrechtlichen Freistellungsanspruchs.[131] Die Erklärung des AG, er werde dem AN keine Vergütung während seiner Freistellung zahlen, bewirkt lediglich, dass nach § 286 Abs. 2 Nr. 3 BGB bereits mit Fälligkeit des Anspruchs auf Urlaubsvergütung der Schuldnerverzug eintritt, ohne dass es einer Mahnung bedarf. Dies gilt insb. für die Fälle, in denen nach § 11 Abs. 2 oder nach entsprechenden tariflichen Bestimmungen das Urlaubsentgelt bereits vor Urlaubsantritt ausgezahlt werden muss.[132]

e) Bestimmung des Tilgungszwecks in der Freistellungserklärung. Der AG hat nach allg. Schuldrecht als Schuldner für die notwendige Klarheit zu sorgen, damit der Gläubiger erkennt, welche Schuld erlöschen soll. Nur wenn die bewirkte Leistung die allein geschuldete ist, weil daneben keine andere, gleichartige Schuld besteht, auf welche die Leistung daneben oder stattdessen erbracht worden sein könnte, hält die Rspr. der Zivilgerichte eine zusätzliche Tilgungsbestimmung des Schuldners für entbehrlich.[133] Da für die Freistellung von der Arbeitspflicht regelmäßig neben der Freistellung zur Erfüllung des Urlaubsanspruchs auch andere Freistellungszwecke wie insb. Arbeitsbefreiung für Bildungsurlaub, für tariflichen, betrieblichen oder gesetzlichen Zusatzurlaub, für Sonderurlaub, für verlangte Freizeit für Stellensuche nach § 629 BGB, zum Zwecke des Freizeitausgleichs für Mehrarbeit, wegen Suspendierung unter Schutz betrieblicher Interessen oder auch wegen des schlichten Verzichts auf die Anwesenheit des AN im Betrieb in Betracht kommen können, hat der AG nach §§ 362, 366 BGB in der Freistellungserklärung hinreichend klar zu bestimmen, zu welchem Zweck er Arbeitsbefreiung gewährt. Ansonsten wird die Erfüllung des Urlaubsanspruchs nicht bewirkt.[134] Nach der Rspr. des Urlaubssenats setzt daher die Urlaubsgewährung nach § 7 Abs. 1, 2 voraus, dass der AG hinreichend erkennbar macht, er befreie den AN von der Arbeitspflicht, um den Urlaubsanspruch zu erfüllen. Deshalb ist der Schluss unzulässig, dass mit einer im Aufhebungsvertrag vereinbarten Freistellung stets die Erfüllung des Urlaubsanspruchs verbunden sei.[135] Nur soweit es zwischen den Arbeitsvertragsparteien keinen Zweifel gibt, dass keine andere Arbeitsbefreiung als die zur Urlaubsgewährung geschuldet wird, kann eine zusätzliche Tilgungsbestimmung entbehrlich sein.

f) Tilgung von Mehr- oder Mindesturlaub bei fehlender Leistungsbestimmung. Ergibt sich aus der Freistellungserklärung hinreichend klar, dass der AG Urlaub gewähren will, so ist nach bisherigem Stand der BAG-Rspr. bei Fehlen einer abweichenden Bestimmung die festgelegte Urlaubsdauer grds. zunächst auf den gesetzlichen Mindest-

---

129 LAG Hamm 26.5.2004 – 18 Sa 964/04 – juris.
130 BAG 23.1.2001 – 9 AZR 26/00 – BAGE 97, 18 = NJW 2001, 1964 = AP § 615 BGB Nr. 93 m. zust. Anm. *Ramrath*.
131 BAG 18.12.1986 – 8 AZR 481/84 – BAGE 54, 59; BAG 20.2.2001 – 9 AZR 661/99 – BAGE 97, 71, 75; BAG 21.6.2005 – 9 AZR 295/04 – AP § 55 InsO Nr. 12.
132 BAG 1.12.1983 – 6 AZR 299/80 – BAGE 44, 278; BAG 18.12.1986 – 8 AZR 481/84 – BAGE 54, 59.
133 BGH 3.12.1990 – II ZR 215/89 – NJW 1991, 1294.
134 ErfK/*Dörner*, § 7 BUrlG Rn 9; *Friese*, Rn 187 f.; a.A. *Nägele*, DB 1998, 518; *Meier*, NZA 2002, 873.
135 BAG 9.6.1998 – 9 AZR 43/97 – BAGE 89, 91 = AP § 7 BUrlG Nr. 23.

urlaub anzurechnen.[136] Das folgt nicht aus der unmittelbaren Anwendung des § 366 Abs. 2 BGB. Dort ist nur für die Tilgung unterschiedlicher Forderungen eine Reihenfolge aufgestellt. Bei dem durch TV oder Arbeitsvertrag aufgestockten Urlaubsanspruch handelt es sich jedoch um einen einheitlichen Anspruch.[137] Der Vorrang des gesetzlichen Mindesturlaubs ergibt sich aus dem in § 366 Abs. 2 BGB enthaltenen verallgemeinerungsfähigen Rechtsgedanken, dass nach einem vernünftigen Parteiwillen die Tilgungsreihenfolge zu vermuten ist.[138] Wegen der Unabdingbarkeit des Mindesturlaubs ist danach von dessen **vorrangiger Tilgung** auszugehen.[139] Für die arbeitsrechtliche Praxis ist das bedeutsam; denn der den gesetzlichen Mindesturlaub übersteigende Urlaubsanspruch unterscheidet sich hinsichtlich seiner Voraussetzungen oder hinsichtlich seiner Vergütung vom Mindesturlaub. So hat der Gesetzgeber nur für den gesetzlichen Mindesturlaub garantiert, dass der dem AN zustehende Lohnanspruch von der Nichtleistung der Arbeit unberührt bleibt. Hinsichtlich des darüber hinausgehenden Urlaubs sind von § 1 abweichende Regelungen der TV- und auch der Arbeitsvertragsparteien grds. zulässig.[140] Ein weiterer Vorrang für die Tilgung hat für den aus dem Vorjahr übertragenen Urlaub zu gelten; denn er ist nach § 7 Abs. 3 S. 3 im ersten Quartal des neuen Urlaubsjahres zu gewähren. Nach der Fortentwicklung der Rspr. zum stärkeren Schutz des Mindesturlaubs vor Verfall wird auch eine **Änderung der Rspr. zur Tilgungsreihenfolge** verlangt.[141] Es wird geltend gemacht, nach der Tilgungsregel in § 366 Abs. 2 BGB sei zunächst der Anspruch auf den vertraglichen Mehrurlaub zu tilgen, weil dieser für den AN die geringere Sicherheit biete; denn im Unterschied zum gesetzlichen Mindesturlaub sei er nicht vor Verfall geschützt. Zutreffend ist, dass aus der maßgeblichen Sicht des Gläubigers des Urlaubsanspruchs, der übergesetzliche Teil des Urlaubs bei wirtschaftlicher Betrachtung derjenige ist, der die geringere Sicherheit bietet.

54 **g) Auslegung der Freistellungserklärung.** Eine Freistellungserklärung ist als empfangsbedürftige Willenserklärung nach §§ 157, 133 BGB aus der Sicht des Empfängers nach Treu und Glauben und unter Berücksichtigung der Verkehrssitte auszulegen. Besteht ein übereinstimmender Wille der Parteien, so ist dieser allein maßgeblich, selbst wenn er im Wortlaut einen falschen oder nur unvollkommenen Ausdruck gefunden hat.[142] Hat der AN einen Urlaubswunsch geäußert und gibt ihm der AG für die gewünschte Zeit „frei", so ist zwar diese Freistellungserklärung an sich zu unbestimmt, um eine Erfüllung des Urlaubsanspruchs bewirken zu können, aber es besteht nach dem vorangegangenen Wunsch des AN ein übereinstimmender Wille, dass für diese Zeit Urlaub festgelegt werden soll. Ansonsten gilt: Ist die Freistellungserklärung so formuliert, dass der AN nicht erkennen muss, der AG wolle den Urlaubsanspruch erfüllen, so erlischt der Urlaubsanspruch nicht.[143] Der AG trägt insoweit das **Risiko der mangelnden Klarheit** seiner eigenen Erklärung.

55 **aa) Anrechnung auf Urlaub.** Erklärt der AG, er stelle für einen bestimmten Zeitraum unter Anrechnung auf den Urlaub frei, so handelt es sich um eine nichttypische Willenserklärung. Die Auslegung solcher Erklärungen ist regelmäßig den Tatsachengerichten vorbehalten. Revisionsrechtlich ist die Auslegung nur eingeschränkt dahin gehend zu überprüfen, ob das LAG Auslegungsregeln (§§ 133, 157 BGB) verletzt, gegen Denkgesetze oder allg. Erfahrungsgesetze verstoßen oder Umstände, die für die Auslegung von Bedeutung sein können, außer Betracht gelassen hat.[144] Das BAG hat die Auslegung der Tatsachengerichte nicht beanstandet, dass der AN bei einer derartigen Erklärung regelmäßig erkennen muss, er solle zur Erfüllung des Urlaubsanspruchs von der Arbeit freigestellt werden.[145] Der Erfüllung des Urlaubsanspruchs steht dann auch nicht entgegen, wenn nicht ausdrücklich die Unwiderruflichkeit der Befreiung von der Arbeitspflicht hervorgehoben wird; denn schon die Erklärung der Freistellung unter Anrechnung auf den Urlaub bewirkt, dass für die Dauer der Freistellung die urlaubsrechtlichen Folgen eintreten, wie z.B. Urlaubsvergütung, zusätzliches Urlaubsgeld und Unwiderruflichkeit der Arbeitsbefreiung.[146]

56 **bb) Anrechnung auf „offenen" nicht konkretisierten Urlaub.** In der Praxis wird nicht selten bei einer Künd oder bei Auslaufen der Befristung erklärt: „Bis zur Beendigung des Anstellungsverhältnisses werden Sie unter Anrechnung noch offener Urlaubsansprüche von der Arbeitsleistung freigestellt." Auch in mit dem AN vereinbarten Aufhebungsverträgen finden sich vergleichbare Formulierungen, in denen keine kalendermäßige (Beispiel: vom 1.6. bis 20.6.) oder sonstige zeitliche (Beispiel: in den ersten vier Wochen der Freistellung) Festlegung des Urlaubs-

---

136 BAG 12.1.1989 – 8 AZR 404/87 – BAGE 61, 1 = BB 1989, 1698; BAG 22.1.2002 – 9 AZR 601/00 – BAGE 100, 189 = NZA 2002, 1041; dem folgend: *Leinemann/Linck*, § 7 BUrlG Rn 15 = AP § 11 BUrlG Nr. 55.
137 *Leinemann/Linck*, § 7 BUrlG Rn 15.
138 Vgl. Palandt/*Heinrichs*, § 366 Rn 7, 9.
139 *Leinemann/Linck*, § 7 BUrlG Rn 15.
140 BAG 26.5.1983 – 6 AZR 273/82 – AP § 7 BUrlG Abgeltung Nr. 12; BAG 25.2.1988 – 8 AZR 596/85 – DB 1988, 1554; BAG 12.1.1989 – 8 AZR 404/87 – AP § 47 BAT Nr. 13 = BB 1989, 1698.
141 Unter Berufung auf die nicht veröffentlichte Entscheidung ArbG Berlin 6.3.2009 – 28 Ca 21976/08; *Kohte/Beetz*, jurisPR-ArbR 27/2009 Anm. 1; a.A. Festhalten an bisheriger Rspr.: ArbG Berlin 22.4.2009 – 56 Ca 21280/08 – Rn 19, NZA-RR 2009, 411.
142 Palandt/*Heinrichs*, § 133 Rn 9.
143 BAG 25.1.1994 – 9 AZR 312/92 – BAGE 75, 294 m.w.N.; ErfK/*Dörner*, § 7 BUrlG Rn 8; *Leinemann/Linck*, § 7 BUrlG Rn 12.
144 BAG 9.11.1999 – 9 AZR 922/98 – juris.
145 St. Rspr. des BAG seit 18.12.1986 – 8 AZR 481/84 – BAGE 54, 59; bestätigt: BAG 21.6.2005 – 9 AZR 295/04 – AP § 55 InsO Nr. 12 = EzA § 209 InsO Nr. 5.
146 BAG 14.3.2006 – 9 AZR 11/05 – AP § 7 BUrlG Nr. 32 = EzA § 7 BUrlG Nr. 117.

zeitraums vorgenommen wird. Diese Klauseln sind so zu verstehen, dass der AG sich unter Verzicht auf die Arbeitsleistung vorbehaltlos zur Fortzahlung des Entgeltes im gesamten Freistellungszeitraum verpflichten will und der AN unabhängig von der Dauer des entstandenen Urlaubsanspruchs von der Arbeitspflicht befreit wird. Die Festlegung des konkreten Urlaubszeitraums innerhalb der gesamten Freistellungszeit bleibt dem AN überlassen. Denn generell gilt: Bei einer zeitlich nicht näher bestimmten Urlaubsfestlegung kann der AN regelmäßig entnehmen, dass entweder der AG die Urlaubsdauer überobligatorisch auf die gesamte Zeit bis zur Beendigung ausweiten oder es dem AN überlassen will, die zeitliche Lage seines Urlaubs innerhalb des Freistellungszeitraumes selbst festzulegen.[147] Das LAG Nürnberg vertritt demgegenüber die Ansicht, trotz fehlender datumsmäßiger Bestimmung beginne der Urlaub bei fehlender Festlegung ab sofort.[148] Zur Begründung wird auf den Rechtsgedanken des § 366 Abs. 2 BGB verwiesen, wonach bei Vorliegen mehrerer Verbindlichkeiten und einer beabsichtigten Erfüllung zunächst diejenige Verbindlichkeit erfüllt werden soll, die dem Gläubiger weniger Sicherheit biete. Da jede Urlaubsgewährung „unter der auflösenden Bedingung der nachfolgenden Erkrankung des Arbeitnehmers (§ 9)" stehe, biete es dem AG mehr Sicherheit, bei Freistellungen bis zum Ende der Künd-Frist sofort Urlaub zu gewähren, weil dann im Falle einer nachfolgenden Erkrankung noch die Möglichkeit bestehe, nach einer Genesung weiteren Urlaub einzubringen und so Abgeltungszahlungen zu vermeiden. Diese Auslegung berücksichtigt nicht, dass nach § 7 Abs. 1 **AN-Wünsche** bei der Festlegung vorrangig zu berücksichtigen sind und folglich bei einer Einräumung eines den Urlaubsanspruch überschreitenden Freistellungszeitraums von einer Übertragung der Konkretisierungsbefugnis auf den AN auszugehen ist.

cc) **Anrechnung auf Urlaub und andere Freistellungszwecke.** Kommt die Erfüllung mehrerer Ansprüche auf Arbeitsbefreiung in Betracht, so ergibt sich aus § 366 BGB nicht eine Reihenfolge der Tilgung in der Weise, dass die ersten, sich an den Beginn der Freistellung anschließenden Tage als „Urlaub" und die folgenden Tage bis zur Beendigung des Arbverh als Freistellung „ohne Urlaub" zur Abgeltung von Mehrarbeit anzusehen sind. Denn nach § 7 Abs. 1 hat der AG unter Berücksichtigung der Urlaubswünsche des AN den Urlaub zeitlich genau auf den Tag festzulegen. Wer, ohne auf Urlaubswünsche einzugehen, einen längeren Freistellungszeitraum unter Anrechnung auf den Urlaub gewährt, überlässt daher die Festlegung der zeitlichen Lage des Urlaubs innerhalb des Freistellungszeitraums dem AN.[149] Allerdings muss sich dann der AN erklären, welche Tage er als Urlaub in Anspruch nehmen will. An diesen vom AN bestimmten Urlaubstagen findet dann für nachgewiesene krankheitsbedingte Arbeitsunfähigkeitstage nach § 9 keine Anrechnung auf den Urlaub statt. Das ist das Risiko, das der eingeht, wer als AG nicht den Urlaub konkret festlegt

dd) **Reihenfolge der Freistellungszwecke.** Führt der AG verschiedene Freistellungsgründe hintereinander auf, kann der AN auch bei Fehlen einer ausdrücklichen zeitlichen Festlegung u.U. aus der vom AG angegebenen Reihenfolge der Freistellungsgründe den Willen des AG entsprechend §§ 133, 157 BGB entnehmen, in welcher Reihenfolge die Ansprüche nach § 362 BGB erfüllt werden sollen.[150]

Beispielsfall, dem vom BAG am 23.1.2001 entschiedenen Rechtsstreit entnommen:

„Bis zum Ablauf der Kündigungsfrist stehen Ihnen für die Urlaubsjahre 1997 und 1998 noch 10 Urlaubstage zu. Diesen Urlaub erteile ich Ihnen in der Kündigungsfrist. Ferner sind die aufgelaufenen Überstunden abzufeiern."

Aus der Reihenfolge und dem Hinweis auf die Abgeltung der Mehrarbeit ergibt sich noch hinreichend deutlich, dass in den ersten zehn Tagen nach dem letzten Arbeitstag der Urlaubsanspruch und danach der Anspruch auf Freizeitausgleich erfüllt werden sollte (§ 362 BGB).

ee) **Einvernehmliche Freistellung und spätere Urlaubsanrechnung.** Das Problem ist dem Praktiker geläufig: Ein AN will zu einem Wettbewerber wechseln. Häufig wird in dieser Situation vorschnell zum Schutz der betrieblichen Interessen eine „Freistellung bis zur Beendigung des Arbeitsverhältnisses" erklärt. Wird erst später festgestellt, dass noch offene Urlaubsansprüche zu erfüllen sind, so wird dann eine „Freistellung unter Anrechnung auf offene Urlaubsansprüche" nachgeschoben. Haben die Parteien die Freistellung in einem Aufhebungsvertrag oder einvernehmlich auf andere Weise geregelt, so liegt nach § 397 BGB darin ein Erlassvertrag über die Pflicht zur Arbeitsleistung. Der AG kann dann den AN nachträglich nicht mehr zum Zwecke der Erfüllung des Urlaubsanspruchs von der Arbeitsleistung freistellen. Dazu bedarf es der Änderung des Erlassvertrags.

ff) **Einseitige Freistellung und spätere Urlaubsanrechnung.** Kommt es in einem Fall, in dem z.B. wegen der Abwanderung zur Konkurrenz überwiegende schutzwerte Interessen des AG an der Nichtbeschäftigung bestehen,[151]

---

147 BAG 9.11.1999 – 9 AZR 922/98 – juris.
148 LAG Nürnberg 29.8.2006 – 7 Sa 676/05 – LAGE § 7 BUrlG Nr. 44 (Revision anhängig beim BAG unter Az. 9 AZR 934/06).
149 BAG 19.3.2002 – 9 AZR 16/01 – EzA § 615 BGB Nr. 108 = ZTR 2003, 98 = ZIP 2002, 2188 m. Anm. *Castendiek* = ArbRB 2003, 134 m. Anm. *Kappelhoff* = NZA 2004, 576 Entscheidungsbesprechung *Klar*.
150 BAG 23.1.2001 – 9 AZR 26/00 – BAGE 97, 18 = AP § 615 BGB Nr. 93 = NJW 2001, 1964.
151 BAG GS 27.2.1985 – GS 1/84 – AP § 611 BGB Beschäftigungspflicht Nr. 14.

zu einer vorschnell einseitig vom AG erklärten Freistellung, so hilft das LAG Nürnberg dem AG. Es hält dann eine nachfolgende zweite Freistellungserklärung „unter Anrechnung auf den Urlaub" für zulässig und geeignet, die Erfüllung der Urlaubsansprüche zu bewirken. Die erste „Freistellung" sei auslegungsbedürftig und auslegungsfähig. Da kein Beschäftigungsanspruch des AN in der Künd-Frist besteht, wenn überwiegende schutzwerte Interessen des AG an der Nichtbeschäftigung bestehen, soll in der zunächst erklärten Freistellung keine Willenserklärung des AG, sondern nur eine Wissenserklärung vorliegen. Der AG teile nur mit, die tatbestandlichen Voraussetzungen des allg. Beschäftigungsanspruchs seien nicht gegeben. Sei die Künd-Frist noch nicht verbraucht, verbleibe dem AG die Möglichkeit, den AN in der späteren wirklichen Freistellungserklärung zum Zwecke der Urlaubseinbringung von der Arbeitsleistung freizustellen.[152] Ist zum Zeitpunkt der zweiten Erklärung tatsächlich noch ausreichend Freistellungszeit für den offenen Urlaubsanspruch vorhanden, so wird eine unzulässige nachträgliche Anrechnung (siehe Rn 63) vermieden. Zutreffend ist, dass dem deutschen Recht der einseitige Verzicht auf schuldrechtliche Ansprüche fremd ist.[153] Dies bedeutet, dass eine einseitige „Freistellung" in der Weise, dass durch eine gestaltende Willenserklärung der bestehende Anspruch auf Arbeitsleistung vom AG nicht erlassen werden kann. Dazu bedarf es eines Erlassvertrags. Die Freistellungserklärung erschöpft sich deshalb nicht in der Mitteilung der Rechtsansicht, der AG gehe von einem Wegfall der Beschäftigungspflicht aus. Der AN muss in der an ihn gerichteten Erklärung ein Angebot auf Abschluss eines Vertrags über die Befreiung von der Arbeitspflicht unter Fortzahlung der Vergütung sehen. Nimmt er dieses Angebot an, so ist ein Erlassvertrag zustande gekommen, der ohne Zustimmung des AN eine nachträgliche Urlaubsanrechnung ausschließt. Von der Annahme des Angebots ist auszugehen, wenn der AN sich mit der Freistellung zeitnah einverstanden erklärt. Ob ein fehlender Widerspruch als Annahme zu deuten ist, kann nur nach den Umständen des Einzelfalls geklärt werden.

62 **gg) Anrechnung anderen Verdienstes in der Freistellungserklärung.** Stellt der AG den AN nach Ausspruch einer ordentlichen Künd für die Dauer der Künd-Frist unter Anrechnung bestehender Urlaubsansprüche von der Arbeit frei und bittet er den AN zugleich, ihm die Höhe des während der Freistellung erzielten Verdienstes mitzuteilen, überlässt der AG dem AN die zeitliche Festlegung der Urlaubszeit und gerät während der verbleibenden Zeit gem. § 293 BGB in Annahmeverzug.[154] Denn die einseitige Freistellung begründet regelmäßig keine vorübergehende Unmöglichkeit der Arbeitsleistung,[155] sondern Annahmeverzug. Zur Begründung des Annahmeverzugs bedarf es bei der unwiderruflichen Freistellung in der Künd-Erklärung keines wörtlichen Angebots der Arbeitsleistung des AN (§ 295 S. 1 BGB); denn der AG lässt erkennen, unter keinen Umständen zur Weiterbeschäftigung des AN bereit zu sein.[156] Der Beginn des Annahmeverzugs ist aufgrund der Freistellungserklärung und der zeitlichen Festlegung der Arbeitspflicht hinreichend klar bestimmt.[157] Folge des Annahmeverzugs ist gem. § 615 S. 2 BGB die Anrechnung des Verdienstes, den der AN infolge des Unterbleibens der Arbeitsleistung erwirbt. Bei einer unwiderruflichen Freistellung unter dem Vorbehalt der Anrechnung etwaigen anderweitigen Verdienstes kann der AN gem. § 157 BGB i.d.R. davon ausgehen, in der Verwertung seiner Arbeitsleistung frei und nicht mehr an vertragliche Wettbewerbsverbote (§ 60 HGB) gebunden zu sein. Da der AG mit der Freistellung den Annahmeverzug mit der Möglichkeit der Verdienstanrechnung herbeiführt, macht er deutlich, dass ihn Wettbewerbshandlungen des AN in der Zeit der Freistellung nicht stören. Einen abweichenden Willen muss der AG in der Freistellungserklärung zum Ausdruck zu bringen.[158]

63 **h) Keine nachträgliche Anrechnung auf Urlaubsansprüche.** Der AG kann nicht nachträglich den Grund für eine in der Vergangenheit gewährte Freistellung umwidmen oder austauschen. So hat das BAG die Erklärung eines AG, einen im Januar 2003 zu Unrecht in Anspruch genommenen tariflich zur allg. Verfügung vorgesehenen freien Tages zur Arbeitszeitverkürzung (sog. AZV-Tag) auf den Urlaubsanspruch des Jahres 2004 anzurechnen, als unter keinem rechtlichen Gesichtspunkt geeignet angesehen, den Urlaubsanspruch 2004 zu mindern.[159] Die Annahme der Erfüllungswirkung einer derartigen Anrechnungserklärung verstieße gegen den in §§ 1, 7 Abs. 3 enthaltenen Jahresbezug des Urlaubsanspruchs. Ein im Jahr 2004 entstandener Urlaubsanspruch kann nämlich nicht durch eine nachträgliche Befreiung von der Arbeitspflicht für einen Tag des Jahres 2003 erfüllt werden. Da der Urlaubsanspruch auf das Urlaubsjahr bezogen ist, kommt zur Erfüllung nur eine Urlaubsgewährung in Betracht, die im Urlaubsjahr oder im Übertragungsfall im gesetzlich oder tarifvertraglich zugelassenen Übertragungszeitraum für einen bestimmten zukünftigen Zeitraum zu einer Befreiung von der Arbeitspflicht führt.[160] Allg.: Eine Anrechnung des Urlaubs auf Freistellungszeiten für die Vergangenheit ist unzulässig.[161] Damit ist auch die nicht selten anzutreffende Praxis ausgeschlossen, Fehlzeiten nachträglich mit Urlaubsansprüchen zu verrechnen. Sowohl die einseitige nachträgliche An-

---

152 LAG Nürnberg 29.8.2006 – 7 Sa 676/05 – juris.
153 Palandt/*Heinrichs*, § 397 Rn 1.
154 BAG 6.9.2006 – 5 AZR 703/05 – DB 2006, 2583; erläuternd: *Schräder*, ArbRB 2007, 6.
155 Vgl. BAG 23.1.2001 – 9 AZR 26/00 – BAGE 97, 18, 19 f., zu I 1 der Gründe.
156 Vgl. BGH 9.10.2000 – II ZR 75/99 – AP § 615 BGB Nr. 88 = EzA § 615 BGB Nr. 100.
157 HWK/*Krause*, § 615 BGB Rn 39.
158 BAG 6.9.2006 – 5 AZR 703/05 – DB 2006, 2583; erläuternd: *Schräder*, ArbRB 2007, 6.
159 BAG 11.7.2006 – 9 AZR 535/05 – AuA 2007, 52.
160 So schon BAG 17.1.1974 – 5 AZR 380/73 – AP § 1 BUrlG Nr. 3; BAG 25.10.1994 – 9 AZR 339/93 – BAGE 78, 153.
161 LAG Nürnberg 29.8.2006 – 7 Sa 676/05 – juris; so Tschöpe/*Gross*, Arbeitsrecht, Teil 2 C Rn 54.

rechnung als auch die Vereinbarung als Erfüllung des gesetzlichen Urlaubsanspruchs scheidet aus.[162] Da der AN nicht auf den gesetzlichen oder tariflichen Urlaubsanspruch verzichten kann (zu Einzelheiten siehe § 13 Rn 5 ff.), bleibt er bis zum Verfall des Anspruchs infolge Fristablaufs berechtigt, dessen Erfüllung des Urlaubsanspruchs zu verlangen.

i) Urlaubsfestlegung bei Ungewissheit des Fortbestands des Arbeitsverhältnisses. Während eines laufenden Rechtsstreits über die Beendigung des Arbverh ist auch nach Ablauf der Künd-Frist die vorsorgliche Urlaubsgewährung zulässig.[163] Sie ist in ihrer Bedingtheit einer vorsorglichen Zweit-Künd vergleichbar, deren Zulässigkeit allg. anerkannt ist.[164] Die dagegen geäußerten Bedenken[165] überzeugen nicht. Die Rechtsnatur der zeitlichen Festlegung als Gestaltungsrecht wird nicht in Frage gestellt. Der Zeitpunkt wird verbindlich festgelegt. Offen bleibt lediglich die Frage, ob die Festlegung die Erfüllung bewirken kann, weil der Ausgang des Rechtsstreits über die Wirksamkeit der Künd oder der Befristung noch offen ist. Die Erfüllungswirkung setzt voraus, dass ohne Befreiungserklärung des AG eine Arbeitspflicht bestanden hätte. Diese wiederum hängt von der rechtskräftigen Entscheidung des Künd- oder Befristungsrechtsstreits ab. Bestand das Arbverh zum festgelegten Zeitpunkt, so tritt die Erfüllungswirkung ein. Ansonsten geht die Freistellung ins Leere. Ebenso wenig wie die Wirksamkeit der Urlaubsgewährung von der Zahlung des Urlaubsentgelts abhängig ist,[166] begründet eine in die Leere gehende Freistellung nach § 611 BGB, § 1 einen Anspruch auf Weiterzahlung des Entgelts für den festgelegten Zeitraum. Da zur Erfüllung des Urlaubsanspruchs dem AN uneingeschränkt zu ermöglichen ist, die ihm aufgrund des Urlaubs zustehende Freizeit selbstbestimmt zu nutzen, muss der AN von den Belastungen des § 615 S. 2 BGB freigestellt werden. Dies wird mit der vorsorglichen Freistellung erreicht: Sollte der Fortbestand des Arbverh festgestellt werden, kann der AG für die Zeit der Urlaubsgewährung z.B. nicht einwenden, der AN habe anderweitigen Erwerb böswillig unterlassen. Ex ante schafft die bedingte Urlaubsgewährung damit für den AN die notwendige Freiheit der Nutzung seiner Freizeit.[167] Was für die Urlaubsgewährung während eines Bestandsrechtsstreits gilt, muss auch für die vorsorgliche Urlaubserteilung anwendbar sein, die zusammen mit einer außerordentlichen Künd erklärt wird. Beide Fälle sind vergleichbar. Danach kann auch gleichzeitig mit der Künd für den Fall der Unwirksamkeit der Künd Urlaub festgelegt werden.[168]

j) Übertragung des Rechts zur Urlaubsfestlegung. Der AG kann den Urlaubsanspruch des AN dadurch erfüllen, dass er dem AN das Recht einräumt, die konkrete Lage des Urlaubs innerhalb eines bestimmten Zeitraums selbst zu bestimmen.[169]

k) Aufgedrängter Urlaub. Der AG kann dem AN keinen einseitig bestimmten Urlaub aufdrängen. § 7 Abs. 1 geht vom Vorrang des Urlaubswunsches des AN aus. Ist der AN mit der einseitig vorgenommenen Festlegung des Urlaubs nicht einverstanden, kann er nach der Rspr. des 5. Senats ein Annahmeverweigerungsrecht geltend machen.[170] Die Ausübung des Annahmeverweigerungsrechts hat der AN dem AG unverzüglich mitzuteilen. Unterbleibt eine solche Mitteilung, kann der AG davon ausgehen, der AN sei mit der Festlegung einverstanden. Das gilt entsprechend für den Fall, das der AG in einer Freistellung während der Künd-Frist, die die Dauer des Urlaubs überschreitet, dem AN die Festlegung des Urlaubszeitraums selbst überlässt. Ein nach Annahmeverweigerung vom AN erklärtes späteres Urlaubsabgeltungsverlangen kann sich dann als rechtsmissbräuchlich (§ 242 BGB) erweisen.[171] Nach der Rspr. des urlaubsrechtlichen Fachsenats wird der vom AG festgelegte Urlaub, ohne dass zuvor der AN einen Urlaubswunsch geäußert hat, gleichwohl wirksam, wenn der AN spätestens auf die Erklärung des AG hin keinen anderweitigen Urlaubswunsch äußert (zum sog. „Annahmeverweigerungsrecht" vgl. Rn 77).[172]

7. Unzulässigkeit der Selbstbeurlaubung. Da es nach § 7 Abs. 1 der Freistellungserklärung durch den AG bedarf, hat der AN kein Recht sich selbst zu beurlauben.[173] Selbst wenn der AG die Urlaubsgewährung ablehnt, ohne dass objektiv einer der in § 7 Abs. 1 S. 1 genannten Verweigerungsgründe vorliegt, darf der AN nicht zur Selbsthilfe greifen. Sowohl das Gebrauchmachen von einem Selbsthilferecht nach den §§ 229 ff. BGB als auch die Ausübung

---

162 BAG 25.10.1994 – 9 AZR 339/93 – AP § 7 BUrlG Nr. 20.
163 LAG Nürnberg 29.8.2006 – 7 Sa 676/05 – juris; *Leinemann* DB 1983, 989, 994; MünchArb/*Leinemann*, § 91 Rn 27; *Leinemann/Linck*, § 1 BUrlG Rn 75; *Weiler/Rath*, NZA 1987, 337, 340.
164 *Leinemann*, DB 1983, 994.
165 GK-BUrlG/*Bachmann*, § 7 Rn 38; LAG Berlin 7.3.2002 – 7 Sa 1648/01 – NZA-RR 2003, 130.
166 BAG 21.6.2005 – 9 AZR 295/04 – AP § 55 InsO Nr. 12.
167 LAG Nürnberg 29.8.2006 – 7 Sa 676/05 – juris.
168 LAG Nürnberg 29.8.2006 – 7 Sa 676/05 – juris; so Tschöpe/*Gross*, Arbeitsrecht, Teil 2 C Rn 55; a.A. GK-BUrlG/*Bachmann*, § 7 Rn 38; LAG Berlin 7.3.2002 – 7 Sa 1648/01 – NZA-RR 2003, 130.
169 BAG 14.3.2006 – 9 AZR 11/05 – EzA § 7 BUrlG Nr. 117, zu A I 4 der Gründe mit Anm. *Range-Ditz*, ArbRB 2006, 291; nachfolgend: BAG 6.9.2006 – 5 AZR 703/05 – DB 2006, 2583.
170 BAG 6.9.2006 – 5 AZR 703/05 – DB 2006, 2583 unter Bezug auf ErfK/*Dörner*, § 7 BUrlG Rn 20.
171 BAG 6.9.2006 – 5 AZR 703/05 – DB 2006, 2583.
172 BAG 31.1.2001 – 9 AZR 2/00 – n.v.; zustimmend: *Meier*, NZA 2002, 874.
173 BAG 25.10.1994 – 9 AZR 339/93 – AP § 7 BUrlG Nr. 20; BAG 23.1.2001 – 9 AZR 287/99 – NZA 2001, 1020; ErfK/*Dörner*, § 7 BUrlG Rn 12; *Schaub*, Arbeitsrecht-Handbuch, § 102 Rn 62.

eines Zurückbehaltungsrechts nach § 273 BGB durch den AN scheiden aus.[174] Das Zurückbehaltungsrecht ist schon deswegen ungeeignet, weil die Zurückhaltung der Arbeitsleistung nicht mit dem Erlass der Arbeitspflicht gleichzusetzen ist, so dass der AN zwar Freizeit aber keinen Anspruch auf Urlaubsentgelt nach § 1 hätte.[175] Der AN ist nicht schutzlos. Er wird durch die Rspr. des BAG zum Ersatzurlaub vor dem ersatzlosen Untergang seines Anspruchs geschützt (siehe Rn 126). Er kann auch seinen Urlaubsanspruch im Wege des einstweiligen Rechtsschutzes sichern (siehe Rn 164). Die Selbstbeurlaubung wird vom BAG in st. Rspr. als schwerwiegende Verletzung der vertraglichen Pflichten angesehen, die abhängig von den Umständen des Einzelfalls auch eine außerordentliche Künd rechtfertigen kann.[176]

68 **8. Betriebsferien.** Mit Betriebsferien wird der Zeitraum bezeichnet, in welchem der Betrieb oder einzelne seiner Teile vorübergehend stillgelegt werden, damit der Urlaub für die betriebsangehörigen AN einheitlich genommen werden kann.

69 **a) Festlegung des Urlaubs durch Betriebsferien.** Die Entscheidung, ob Betriebsferien festgelegt werden, ist ebenso nach § 87 Abs. 1 Nr. 5 BetrVG mitbestimmungspflichtig wie deren Lage und Dauer (zu weiteren Einzelheiten siehe § 87 BetrVG Rn 82 ff.).[177] AG und BR sind nicht gehalten, in jedem Jahr erneut zu entscheiden. Sie können Betriebsferien auch für mehrere Jahre vereinbaren.[178] Abweichende Urlaubswünsche einzelner AN müssen dann zurückweichen. Nach Ansicht des 1. Senats des BAG setzt die Festlegung von Betriebsferien nicht das Vorliegen dringender betrieblicher Belange voraus. Vielmehr soll die rechtswirksame Einführung von Betriebsferien betriebliche Belange i.S.v. § 7 Abs. 1 S. 1 begründen, so dass der AG unter Hinweis auf die festgelegten Betriebsferien berechtigt sei, abweichende individuelle Urlaubswünsche zurückzuweisen.[179] In Betrieben ohne BR kann der AG einseitig Betriebsferien einführen und der Lage festlegen. Die einseitige Einführung wird daran gemessen, ob die zugrunde liegende unternehmerische Entscheidung auch die Interessen der AN angemessen berücksichtigt.[180] Sind wirksam Betriebsferien festgelegt, so ist damit zugleich der Urlaub der erfassten AN konkretisiert. Der Interessenkonflikt entschärft sich, wenn noch weitere Urlaubstage zur individuellen Festlegung nach den Wünschen der AN verbleiben.

70 **b) Betriebsferien und zusammenhängende Urlaubsgewährung.** Auch bei der kollektiven Festlegung von Betriebsferien und der zusätzlichen individuellen Festlegung verbleibender Urlaubstage ist der Grundsatz der zusammenhängenden Urlaubsgewährung nach § 7 Abs. 2 S. 1 zu beachten. Das bedeutet, dass nach § 7 Abs. 2 S. 1, soweit nicht ein Ausnahmegrund vorliegt, der durch den Betriebsurlaub nicht verbrauchte Urlaub entweder unmittelbar vor oder nach dem Betriebsurlaub liegen muss. Der **Grundsatz der zusammenhängenden Urlaubsgewährung** steht auch der beliebten Praxis entgegen, Betriebsferien für Brückentage zwischen Feiertage insb. im Mai oder im Dezember festzulegen. Es kann bei den Mindesturlaub überschreitenden Ansprüchen, sog. Mehrurlaub, eine Kollision vermieden werden. Dabei ist zu verhindern, dass der Grundsatz der zusammenhängenden Urlaubsgewährung im Wege der Auslegung auch auf den Mehrurlaub ausgedehnt wird. Deshalb ist dringend ein entsprechender Ausschluss in Arbeits- und Tarifverträgen zu empfehlen (Muster hierzu siehe Rn 180). Ist ein tariflicher Mehrurlaub nur wegen einer Bezugnahmeklausel anzuwenden, so kann auch noch bei der Festlegung des Urlaubs mit dem AN eine entsprechende „Klarstellung" vereinbart werden. Gilt der TV normativ nach §§ 4, 5 TVG, so ist eine entsprechende individuelle Abrede nach § 4 Abs. 3 und 4 TVG unwirksam.

71 **c) Problemfälle.** Sind **Betriebsferien** eingeführt, so haben sie allein den Inhalt, den Urlaubszeitraum für alle urlaubsberechtigten Betriebsangehörigen einheitlich festzulegen. Sie heben das Erfordernis der Wartefrist für den Erwerb des vollen Urlaubsanspruchs nicht auf. Für die im ersten Halbjahr eingetretenen AN soll der AG zum Ausschluss von Annahmeverzugsansprüchen im Vorgriff nicht nur Teilurlaub, sondern auch im Vorgriff auf den nach Erfüllung der Wartezeit entstehenden vollen Urlaubsanspruch Urlaub gewähren können.[181] Bei vorzeitigem Ausscheiden scheidet nach dieser Rspr. die Rückforderung des zu viel gezahlten Urlaubsentgelts aus. Es ist auch zulässig, bei der Einstellung für die Zeit der anstehenden Betriebsferien einen **unbezahlten Sonderurlaub** zu vereinbaren. Wird kein unbezahlter Sonderurlaub vereinbart, so stellt sich für die im 2. Halbjahr neu eingestellten AN das Problem, dass hier unstreitig kein Urlaub im Vorgriff auf das Folgejahr erteilt werden kann. Arbeitsbereite AN, die während der Betriebsferien nicht beschäftigt werden, weil sie nicht genügend Urlaubsansprüche haben, können dann Entgeltzahlung unter dem Gesichtspunkt des Annahmeverzugs verlangen. Von dieser Regelung kann durch

---

174 *Arnold/Ackermann/Rambach u.a.*, § 7 Rn 24; ErfK/*Dörner*, § 7 BUrlG Rn 12; *Leinemann/Linck*, § 7 BUrlG Rn 19; a.A. *Neumann/Fenski*, § 7 Rn 42 ff.
175 So zutreffend: *Friese*, Rn 269.
176 BAG 20.1.1994 – 2 AZR 521/92 – AP § 7 BUrlG Nr. 20; BAG 16.3.2000 – 2 AZR 75/99 – AP § 102 BetrVG 1972 Nr. 114 = BB 2000, 1677.
177 *Fitting u.a.*, § 87 Rn 196.

178 BAG 28.7.1991 – 1 ABR 79/79 – BAGE 36, 14 = NJW 1982, 959.
179 BAG 28.7.1991 – 1 ABR 79/79 – BAGE 36, 14 = NJW 1982, 959; *Friese*, Rn 249; kritisch KassArbR/*Schütz*, 2.4 Rn 255.
180 *Neumann/Fenski*, § 7 Rn 32; *Kittner/Zwanziger/Lakies*, Arbeitsrecht Handbuch, § 68 Rn 141.
181 BAG 2.10.1974 – 5 AZR 507/73 – BAGE 26, 312 = AP § 87 BetrVG 1972 Nr. 2.

Parteivereinbarung abgewichen werden.[182] Vereinbarungen, die eine Lohnzahlung während der Betriebsferien in solchen Fällen ausschließen, setzen voraus, dass zuvor die beiderseitigen Interessen gehörig abgewogen werden.[183]

9. Zeitpunkt der Vornahme der Festlegung. Im BUrlG ist ungeregelt ist geblieben, wann der AG die Freistellungserklärung mit der Festlegung des Urlaubs abgeben muss. Der AN hat ein Interesse an einer frühzeitigen Festlegung, um mit seiner Familie unter Berücksichtigung der Katalogangebote von Reiseveranstaltern planen zu können. Der AG dagegen hat das Interesse, sich nicht zu früh festzulegen, um abzuwarten wie sich möglichst zeitnah zum Zeitpunkt der gewünschten Urlaubnahme die betrieblichen Verhältnisse darstellen. Auf den Zeitpunkt der Fälligkeit des Urlaubsanspruchs kann nicht abgestellt werden. Diese Fälligkeit hat nur Bedeutung für die Rechtsfrage, zu welchem Zeitpunkt der Gläubiger die Herbeiführung des Leistungserfolgs verlangen kann.[184]

Beispiel: Stellt der AN Anfang des Jahres einen Urlaubsantrag für den 2. bis 28. August, muss der AG die Freistellung von der Arbeit erst am 1. August erklären, um die Freistellungswirkung herbeiführen zu können. Aus der Nebenpflicht, auch die Interessen der AN zu berücksichtigen, ist abzuleiten, dass der AG den Urlaub in angemessener Zeit vor dem Urlaubsantritt festzulegen hat, damit dem AN genügend Zeit für seine Urlaubsplanung verbleibt.[185] Mehr Planungssicherheit für AN eines Betriebs ist erreichbar, wenn der BR entsprechend § 87 Abs. 1 Nr. 5 BetrVG mit dem AG verbindliche Regelungen über den Urlaubsplan trifft. I.Ü. kann im Konfliktfall der AN den BR einschalten, der über die Einigungsstelle eine Möglichkeit zur Erzwingung einer frühzeitigen Festlegung hat (siehe Rn 146).

10. Nachträgliche Abänderbarkeit der Festlegung. a) Auf Veranlassung des Arbeitgebers. Ist der Urlaub mit Zugang der empfangsbedürftigen Freistellungserklärung festgesetzt, so hat sich der AG **gebunden**. Das gilt auch, wenn er sachliche Gründe zur nachträglichen Änderung hat. Die einmal zugegangene Freistellungserklärung kann nicht widerrufen werden (vgl. Rn 45 f.). Es kommt mit Ausnahme der Störung der Geschäftsgrundlage wegen eines nicht vorhersehbaren Notfalls nur die **einvernehmliche** Verlegung oder Rückgängigmachung eines Urlaubs in Betracht. Der Abschluss einer derartigen Vereinbarung kann auch konkludent erfolgen.[186] Beruht die Änderung der festgelegten Urlaubszeit auf Veranlassung des AG, so hat der AG auch ohne ausdrückliche Zusage alle Mehrkosten zu ersetzen, die dem AN infolge der Änderung entstehen. Das soll sich aus einer entsprechenden Anwendung von § 670 BGB oder § 242 BGB ergeben.[187] Es wird auch vertreten, der AG habe die zusätzlichen Kosten für mitreisende Familienangehörige zu tragen, sofern es diesen unzumutbar sei, den Urlaub allein anzutreten.[188]

b) Auf Veranlassung des Arbeitnehmers. Ist dem AN die Freistellungserklärung des AG noch nicht zugegangen, so ist der AN berechtigt, seine Urlaubswünsche zu ändern oder zurückzunehmen. Mit Zugang der Erklärung beim AG ist auch der AN gebunden; es sei denn, die Festlegung des AG ist abweichend und AG hat keinen Grund zur abweichenden Festlegung nach § 7 Abs. 1 (vgl. Rn 23 ff.). Der wirksam festgelegte Urlaub kann nicht ohne Einverständnis des AG abgebrochen werden. Ist der AG über die eigenmächtige Arbeitsaufnahme informiert und nimmt er sie widerspruchslos hin, kann darin ein konkludentes Einverständnis mit der Rückgängigmachung der Urlaubsfestlegung gesehen werden.[189] Im Schrifttum wird die Auff. vertreten, es könne sich in Ausnahmefällen ein aus § 242 BGB abgeleiteter Anspruch auf Abschluss einer Änderungsvereinbarung ergeben, wenn der AN einen unabweisbaren Grund habe und der AG keinen der in § 7 Abs. 1 genannten Weigerungsgründe entgegenhalten könne.[190] Bei konsequenter Anwendung der vom BAG vertretenen Theorie der Bindungswirkung wird man weder für den AG noch den AN einen Anspruch auf Änderung bejahen können.[191] Daher liegt keine wirksame Änderung vor, wenn die AN untereinander ihren „Urlaub tauschen". Die Änderung bedarf der Zustimmung des AG. Diese kann auch konkludent erfolgen, wenn der AG von dem Tausch weiß und die AN annehmen dürfen, dass er ihn billigt.

V. Erfüllung und Erlöschen

1. Erfüllungshandlung und Erfüllungserfolg. Der Urlaubsanspruch des AN erlischt nach § 362 Abs. 1 BGB, wenn die Erfüllung eintritt, weil der AG die geschuldete Leistung bewirkt. Dazu wird der Erfüllungstatbestand in zwei Abschnitte aufgeteilt: 1. die Erfüllungshandlung und 2. den Erfüllungserfolg. Dem AG obliegt als Erfüllungshandlung die Abgabe der Freistellungserklärung gegenüber dem AN (siehe Rn 40 ff.). Nach *Dörner* soll der AN den Urlaub tatsächlich durch Fernbleiben von der Arbeit „nehmen" müssen. Erst dann trete der **Erfüllungserfolg** ein.[192] Dem kann nicht zugestimmt werden. Der Erfüllungserfolg tritt automatisch mit dem Beginn des jeweiligen Urlaubstags ein, an dem der AN infolge der Freistellungserklärung des AG objektiv von der Arbeitspflicht befreit wird. Einer

---

182 BAG 2.10.1974 – 5 AZR 507/73 – BAGE 26, 312 = AP § 87 BetrVG 1972 Nr. 2.
183 BAG 30.6.1976 – 5 AZR 246/75 – AP § 7 BUrlG Betriebsferien Nr. 3 = BB 1976, 1419.
184 *Friese*, Rn 193.
185 *Neumann/Fenski*, § 7 BUrlG Rn 19; *Friese*, Rn 194.
186 LAG Hamm 11.12.2002 – 18 Sa 1475/02 – NZA-RR 2003, 347.
187 *Arnold/Ackermann/Rambach u.a.*, § 7 Rn 84; GK-BUrlG/*Bachmann*, § 7 Rn 53.
188 *Lepke*, DB 1990, 1131.
189 *Arnold/Ackermann/Rambach u.a.*, § 7 Rn 85.
190 *Neumann/Fenski*, § 7 BUrlG Rn 39; GK-BUrlG/*Bachmann*, § 5 Rn 5.
191 *Arnold/Ackermann/Rambach u.a.*, § 7 Rn 85.
192 ErfK/*Dörner*, § 1 Rn 25.

Annahmehandlung des AN bedarf es nicht. Schleicht sich der AN ohne Wissen des AG in den Betrieb ein, um zu arbeiten, so tritt dennoch die Erfüllungswirkung ein.

77 **2. Annahmeverweigerungsrecht.** Der für das Recht des Arbeitsentgelts zuständige Fünfte Senat des BAG und *Dörner*[193] vertreten die Theorie des Annahmeverweigerungsrechts. Widerspreche der AN der Festlegung des Urlaubs durch den AG, so werde der Urlaub nicht wirksam gewährt und der Urlaubsanspruch des AN erlösche nicht. Dem kann nicht zugestimmt werden. Die schuldrechtliche Dogmatik geht nur dann von einem Annahmeverweigerungsrecht aus, wenn der Gläubiger eine nach dem Inhalt der Schuld erforderliche Annahme verweigert.[194] Nach dem Inhalt der Urlaubsschuld bedarf es keiner Annahme des Urlaubs durch den AN. Die Erfüllung wird durch die Abgabe der Freistellungserklärung des AG bewirkt (siehe Rn 76). Es bedarf keines Annahmeverweigerungsrechts; denn die Rspr. des urlaubsrechtlichen Fachsenats des BAG verhindert aufgedrängten Urlaub. Der AN muss nur dem AG entsprechend § 7 Abs. 1 S. 1. mitteilen, welchen anderen Urlaubzeitraum er wünsche. Demgegenüber lassen die Vertreter des Annahmeverweigerungsrechts es genügen, dass der Arbeitnehmer schlichtweg widerspricht, ohne einen anderen Zeitraum zu benennen.[195] Die Rspr. der LAG folgt dem Fachsenat.[196]

78 **3. Tageweise Erfüllbarkeit.** Grundsätzlich kann der Urlaubsanspruch nur durch die Festlegung der Arbeitsbefreiung bezogen auf ganze Kalendertage erfüllt werden.[197] Das Prinzip der tageweisen Urlaubsgewährung ist in § 3 Abs. 1 i.V.m. § 13 Abs. 1 S. 1 als unabdingbar geregelt. Eine Ausnahme gilt nur, soweit der AG einen Bruchteil infolge der Umrechnung bei einer vom Gesetz abweichenden Verteilung der Arbeit auf die Wochentage schuldet (vgl. § 3 Rn 16).[198]

79 **4. Erfüllungshindernisse.** Eine Freistellungserklärung ist nicht geeignet, die Freistellung des AN von der Arbeitspflicht zu bewirken, wenn bei Abgabe der Erklärung für den festgelegten Zeitraum z.B. gesetzlicher Feiertage keine Arbeitspflicht besteht oder wegen dauerhafter Arbeitsunfähigkeit keine Aussicht besteht, dass der AN die vertraglich geschuldete Leistung erbringen kann. Ist der AN infolge einer Krankheit arbeitsunfähig, so ist er von Gesetzes wegen von der Arbeitspflicht befreit (wegen der Einzelheiten siehe § 9 Rn 3). Der Urlaubsanspruch ist dann nicht erfüllbar[199] (zur Freistellungsmöglichkeit bei Teilarbeitsfähigkeit siehe Rn 81). Wird der Freistellungserfolg erst nachträglich unmöglich, geht der durch die Festlegung des AG konkretisierte Freistellungsanspruch dennoch nach §§ 243 Abs. 2, 275 Abs. 1 BGB unter.[200] Das Erlöschen der Urlaubsschuld wird in den Ausnahmefällen ausgeschlossen, in denen das Gesetz wie insb. §§ 9, 10 die „Nichtanrechnung" der Leistung (Sprachgebrauch der Tilgungsbestimmung § 366 BGB) anordnet. Der AG als Schuldner der nachträglich unmöglich gewordenen Leistung kann in den übrigen Fällen nach §§ 280, 283 BGB zum Ersatz des untergegangenen Anspruchs verpflichtet sein, denn nach § 283 S. 1 BGB hat der Gläubiger unter den Voraussetzungen des § 280 Abs. 1 BGB Anspruch auf Schadensersatz, wenn der Schuldner gemäß § 275 Abs. 1 BGB nicht zu leisten braucht. Die Haftung des AG ist nur ausgeschlossen, wenn er die Unmöglichkeit nach § 280 Abs. 1 S. 2 BGB nicht zu vertreten hat.

80 **a) Kurzarbeit Null.** Wird eine vom AG wegen Werftliegezeit eines Fährschiffes veranlasste Kurzarbeit „Null" durch Betriebsvereinbarung für den festgelegten Urlaubzeitraum eingeführt, so hat der AG die hierdurch nachträglich eingetretene Unmöglichkeit zu vertreten.[201]

81 **b) Arbeitsunfähigkeit.** Wenn es dem AG im Rahmen seines **Weisungsrechts nach § 106 GewO** möglich ist, dem AN eine andere Arbeit zuzuweisen, besteht noch eine Arbeitspflicht, die den Urlaubsanspruch erfüllbar macht.[202] Deshalb muss der AG prüfen, ob er in rechtlich zulässiger Weise die geschuldete Arbeitsleistung während der Dauer der Erkrankung des AN auf Teiltätigkeiten zurückführen und so die **Arbeitsunfähigkeit vermeiden** kann. Derartige Teiltätigkeiten müssen nach der Rspr. dem AN aber **zumutbar** sein. Die zugewiesene Leistung darf insb. nicht von untergeordneter Bedeutung sein und muss bei verständiger Betrachtung aus der Sicht sowohl des AG als auch des AN sinnvoll sein.[203] Nur soweit keine trotz Krankheit leistbare und zumutbare Teiltätigkeit zugewiesen ist, tritt die Arbeitsbefreiung nach dem EFZG ein. Für diesen Zeitraum kann dann kein Urlaub mehr gewährt werden; der Urlaubsanspruch ist dann nicht erfüllbar. Bisher noch nicht entschieden ist, ob das **Erfüllungshindernis Krankheit** auch schon der Festlegung des Urlaubs entgegensteht. Das dürfte nur dann zu bejahen sein, wenn schon absehbar ist, dass der AN zum gewünschten Urlaubstermin weiterhin arbeitsunfähig sein wird. Ansonsten kann auch der zurzeit

---

193 BAG 9.6.2006 – 5 AZR 703/05; ErfK/*Dörner*, § 7 BUrlG Rn 6, 7.
194 Palandt/*Heinrichs*, § 362 Rn 2.
195 So zutr. *Stuntz*, jurisPR-ArbR 30/2009 Anm. 3.
196 LAG Schleswig-Holstein 4.3.2009 – 3 Sa 457/08 – juris.
197 BAG 29.7.1965 – 5 AZR 380/64 – BAGE 17, 263 = NJW 1965, 2174.
198 Ebenso ErfK/*Dörner*, § 7 Rn 25.
199 BAG 24.6.2003 – 9 AZR 432/02 – AP § 60 Seemannsgesetz Nr. 5.
200 BAG 10.5.2005 – 9 AZR 251/04 – BAGE 114, 313 zu II.2.b der Gründe; BAG 16.12.2008 – 9 AZR 164/08 – NZA 2009, 689 Rn 38 dazu Anm. *Lunk*, BB 2009, 1984.
201 BAG 16.12.2008 – 9 AZR 164/08 – NZA 2009, 689 Rn 39 dazu Anm. *Lunk*, BB 2009, 1984.
202 Vgl. BAG 24.6.2003 – 9 AZR 423/02 – AP Nr. 5 zu § 60 SeemG
203 BAG 20.3.1985 – 5 AZR 260/83 – juris.

arbeitsunfähige AN die Festlegung seines Urlaubs für eine Zeit verlangen, zu der er mit der Wiederherstellung der Arbeitsfähigkeit rechnet. Eine Freistellungserklärung wird dann hinfällig, wenn der AN zu dem festgelegten Zeitraum nach ärztlichem Zeugnis arbeitsunfähig erkrankt. Dann greift eine Nichtanrechnungsregelung (§§ 9, 10) mit der Folge ein, dass der Urlaubsanspruch nicht untergeht und der AG zur Neufestsetzung des nicht anzurechnenden Urlaubs verpflichtet bleibt (siehe § 9 Rn 26 f.). Da der AG durch die Freistellungserklärung die ihm obliegende Erfüllungshandlung vorgenommen hat, wird er auch dann von der Leistungspflicht frei, wenn später ein Erfüllungshindernis auftritt und die Freistellung nachträglich unmöglich wird.[204] Grds. gilt: Urlaubsstörende Ereignisse fallen in die **Risikosphäre des AN**. Die für die ärztlich belegte Arbeitsunfähigkeit geltenden Bestimmungen der Nichtanrechnung nach §§ 9, 10 können nicht auf andere Ereignisse – auch nicht entsprechend – angewendet werden.[205]

c) Mutterschutzrechtliche Beschäftigungsverbote. Der Gesetzgeber hat mit dem Zweiten Gesetz zur Änderung des Mutterschutzrechts in § 17 S. 2 MuSchG eine neue urlaubsrechtliche Sondervorschrift für schwangere Frauen und Mütter geschaffen. Seit dem 20.6.2002 gelten danach für den Anspruch auf bezahlten Erholungsurlaub und für dessen Dauer Ausfallzeiten wegen mutterschutzrechtlicher Beschäftigungsverbote als Beschäftigungszeiten. Soweit die Frau ihren Urlaub vor Beginn der Beschäftigungsverbote nicht oder nicht vollständig erhalten hat, soll sie nach Ablauf der Fristen den Resturlaub im laufenden oder im nächsten Urlaubsjahr beanspruchen können. Daraus wird geschlossen, dass der Gesetzgeber den in Anwendung des Schuldrechts nach §§ 275 Abs. 1, 243 Abs. 2 BGB eintretenden Untergang des Urlaubsanspruchs bei allen mutterschutzrechtlichen Beschäftigungsverboten ausschließen und so die Anwendung des Leistungsstörungsrechts in der Rspr. des BAG auf schwangere und geschützte Mütter[206] korrigieren will.[207]

Beispiel 1: Anfang Januar wird auf Wunsch der AN der Jahresurlaub für einen Zeitraum im September festgelegt. Die AN wird schwanger. Die vorgeburtliche Schutzfrist nach § 3 Abs. 2 MuSchG beginnt am 30. August. Der festgelegte Urlaub fällt in das mutterschutzrechtliche Beschäftigungsverbot. Zum Zeitpunkt des Beginns des Beschäftigungsverbots hat die AN den Urlaub noch nicht „erhalten". Mit der Wortfolge „Urlaub erhalten hat" wird ein bestimmtes Ergebnis ausgedrückt. Der AG muss den Urlaub i.S.v. § 7 Abs. 1 S. 1 „festgelegt" und i.S.v. § 7 Abs. 3 S. 1 „erteilt" haben, d.h. kausal durch die Freistellungserklärung muss im festgelegten Urlaubszeitraum die Arbeitspflicht entfallen sein. Fällt der festgelegte Urlaub in einen Zeitraum, in dem die AN schon nach § 3 Abs. 2 MuSchG[208] (siehe § 3 MuSchG Rn 18 ff.) von der Beschäftigungspflicht von Gesetzes wegen befreit ist, kann diese Erfüllungswirkung nicht eintreten. Die AN kann folglich im festgelegten Urlaubszeitraum September keinen Urlaub „erhalten". Da § 17 S. 2 MuSchG allein auf den „erhaltenen" Urlaub abstellt, ist dies nach allg. Urlaubsrecht der AG mit der gegenüber der AN erklärten Konkretisierung des Urlaubs auf den September nach § 275 Abs. 1 BGB ohne Verpflichtung zur Neufestlegung gem. § 243 BGB von seiner urlaubsrechtlichen Verpflichtung frei wird,[209] weil er alles Erforderliche zur Erfüllung getan hat. Durch die Neufassung des § 17 S. 1 und 2 MuSchG hat der Gesetzgeber klargestellt, dass wegen eines mutterschutzrechtlichen Beschäftigungsverbots kein urlaubsrechtlicher Nachteil entstehen soll. § 17 S. 2 MuSchG ist folglich mehr als eine reine Übertragungsvorschrift. Hat der AG die Festlegung getroffen und die Freistellung erklärt, hat er zwar alles Erforderliche zur Erfüllung bewirkt und würde an sich nach § 275 Abs. 1 BGB frei. Da aber nach § 17 S. 2 MuSchG ein vor Beginn des Beschäftigungsverbots noch nicht untergegangener Urlaubsanspruch erhalten bleibt und auf spätere Urlaubsjahre übertragen wird, hat der AG erneut nach § 243 BGB den Urlaub im Übertragungszeitraum festzulegen. Das wird im Schrifttum[210] übersehen.

Beispiel 2: Im Januar wird auf Wunsch der AN der Jahresurlaub auf die Zeit 15.8. bis 15.9. festgelegt. Nach festgestellter Schwangerschaft wird ab Mai ein ärztliches Beschäftigungsverbot nach § 3 Abs. 1 MuSchG festgestellt. Die vorgeburtliche Schutzfrist nach § 3 Abs. 2 MuSchG beginnt am 30.8. Hier fällt nur ein Teil des festgelegten Urlaubs in die vorgeburtliche Schutzfrist nach § 3 Abs. 2 MuSchG, der andere Teil in ein Beschäftigungsverbot nach § 3 Abs. 1 MuSchG. Ein Bedürfnis zu differenzieren, besteht nur dann, wenn der AG durch Änderung der Beschäftigungsbedingungen oder der Arbeitspflicht vom 15. bis 31.8. die ärztliche Feststellung der Gefährdung von Mutter und Kind ausräumen kann. Denn dann besteht Arbeitspflicht, von der die AN durch die Freistellungserklärung des AG entbunden werden kann. Unerheblich ist, auf welchen Gründen das Beschäftigungsverbot beruht. § 17 MuSchG soll der Mutter den Urlaubsanspruch erhalten, der ansonsten in der Zeit des Beschäftigungsverbots unterginge.

VI. Befristung und Verfall des Urlaubsanspruch

1. Kalenderjahr als urlaubsrechtliche Bemessungsgrundlage. Nach § 1 hat der AN „in jedem Kalenderjahr" Anspruch auf Erholungsurlaub. Urlaubsrechtliche Bemessungsgrundlage ist damit nicht das Beschäftigungsjahr;

---

204 BAG 9.8.1994 – 9 AZR 384/92 – AP § 7 BUrlG Nr. 19.
205 So zutreffend: ErfK/*Dörner*, § 7 BUrlG Rn 36.
206 BAG 9.8.1994 – 9 AZR 384/92 – AP § 7 BUrlG Nr. 19.
207 *Graue*, AiB 2002, 589, 592.
208 Vgl. *Meisel/Sowka*, vor § 3 Rn 26.
209 BAG 9.8.1994 – 9 AZR 384/92 – AP § 7 BUrlG Nr. 19.
210 Vgl. *Arnold/Ackermann/Rambach u.a.*, § 7 Rn 76; *Friese*, Rn 689 ff.

Beispiel: Beginn am 1.7. und Ende am 30.6. des Folgejahres. Maßgebend ist vielmehr das Urlaubsjahr. Das ist, sieht man von den wenigen gesetzlich nach § 13 Abs. 3 zugelassen tariflichen Ausnahmen ab, das Kalenderjahr. So hat im ersten Kalenderjahr seiner Beschäftigung der AN im obigen Beispiel nach § 5 Abs. 1 Buchst. a Anspruch auf 6/12 des vollen Jahresurlaubsanspruchs. Im zweiten Kalenderjahr der Beschäftigung hat der AN nach § 5 Abs. 1 Buchst. c ebenfalls nur einen anteiligen Anspruch auf $^6/_{12}$ des vollen Jahresurlaubsanspruchs, weil er nach erfüllter Wartezeit in der ersten Jahreshälfte ausgeschieden ist (zu Einzelheiten siehe § 5 Rn 24 f.). Hätte das Arbverh bereits am 1. Juni begonnen, so hätte der AN im ersten Kalenderjahr bereits die Wartezeit nach § 4 (mehr als sechs Monate) erfüllt, und erhielte den vollen Urlaub. Bei Beginn des zweiten Kalenderjahres wäre dann der volle Urlaubsanspruch für dies neue Jahr entstanden, der bei Beendigung am 30. Juni allerdings nach § 5 Abs. 1 Buchst. c auf den anteiligen Urlaub gekürzt würde (zu Einzelheiten siehe § 5 Rn 25).

86 **2. Befristung der Erfüllbarkeit als Folge des Jahresbezugs.** Das Kalenderjahr ist nicht nur nach §§ 4, 5 urlaubsrechtliche Bemessungsgrundlage, sondern folgerichtig auch Erfüllungsvoraussetzung. Das wird schon durch den Wortlaut „in jedem Kalenderjahr" in § 1 verdeutlicht: Der Urlaubsanspruch besteht im Urlaubsjahr, nicht für das Urlaubsjahr.[211] Diese urlaubsrechtliche Bindung an das Kalenderjahr wird noch durch § 7 Abs. 3 S. 1 verstärkt. Danach muss der Urlaub „im laufenden Kalenderjahr gewährt und genommen werden". Daraus schließt der 9. Senat im Anschluss an die ältere Rspr. des BAG,[212] dass der Urlaubsanspruch befristet ist. Er ist jeweils zeitlich auf das Kalenderjahr, in dem er entstanden ist, beschränkt. Eine Erfüllung des Anspruchs ist damit außerhalb des Kalenderjahres ausgeschlossen.

87 **a) Kein Urlaub im Vorgriff.** Als Folge des Urlaubsjahresbezugs kann der Urlaubsanspruch des Folgejahres nicht im Vorgriff gewährt werden.[213] Da im Vorgriff gewährte Urlaubstage nicht die Erfüllung des Urlaubsanspruchs bewirken, kann der AN, ohne zur Rückgewähr des bereits im Vorgriff Erhaltenen verpflichtet zu sein, seinen im Urlaubsjahr entstandenen Anspruch in Anspruch nehmen.[214] Das hat das BAG für den Fall angenommen, bei dem in einer BV vom 27.12. bis 31.12. Betriebsferien festgelegt war und der AG für AN ohne ausreichenden Resturlaub Urlaubstage des folgenden Jahres anrechnete.[215] Die Rechtsfrage, ob dem AN, der Urlaub aus privaten Gründen im Vorgriff wünscht und entgegenkommender Weise von seinem AG auch erhält, die Einrede des Rechtsmissbrauchs entgegen gehalten werden kann, wenn er im Folgejahr die ungeminderten Urlaubsdauer verlangt, ist bisher noch nicht von der Rspr. geklärt.

88 **b) Keine Anrechnung zu viel erhaltenen Urlaubs aus dem Vorjahr.** So wenig wie eine Urlaubsgewährung im Vorgriff auf das nächste Urlaubsjahr zulässig ist, kann zu viel gewährter Urlaub des Vorjahres auf den Urlaubsanspruch des nächsten Jahres angerechnet werden. Diese Grundsätze gelten für den gesetzlichen Mindesturlaub und den an das Kalenderjahr gebundenen Tarifurlaub.[216] Die Erklärung des AG, dem AN für den vom ihm Vorjahr zu Unrecht in Anspruch genommenen freien Tages zur Arbeitszeitverkürzung (sog. AZV-Tag) Erholungsurlaub unter Anrechnung auf den Urlaubsanspruch des laufenden Jahres zu gewähren, ist unter keinem rechtlichen Gesichtspunkt geeignet, den Urlaubsanspruch zu mindern. Die Annahme einer Erfüllungswirkung verstößt gegen §§ 1, 7 Abs. 3. Der im laufenden Jahr entstandene Urlaubsanspruch kann nicht durch eine nachträgliche Befreiung von der Arbeitspflicht für einen Tag des Vorjahres erfüllt werden. Da der Urlaubsanspruch auf das Urlaubsjahr bezogen ist, kommt zur Erfüllung des Anspruchs aus dem laufenden Jahr nur eine Urlaubsgewährung in Betracht, die im laufenden Urlaubsjahr oder im Übertragungsfall im gesetzlich oder tarifvertraglich zugelassenen Übertragungszeitraum zu einer Befreiung von der Arbeitspflicht führt. Denn Urlaubsgewährung ist nach § 7 Abs. 1 die Befreiung von der Arbeitspflicht für einen bestimmten zukünftigen Zeitraum.[217]

89 **c) Urlaubnahme im Folgejahr.** Aus Jahresbezug und befristeter Erfüllbarkeit folgt die Befristung: Die Inanspruchnahme und Gewährung des Urlaubs ist zeitlich auf das Kalenderjahr befristet. Urlaubsjahr ist jeweils das Kalenderjahr, soweit nicht nach § 13 Abs. 3 tarifvertraglich für den Bereich der Deutschen Bahn und das Nachfolgeunternehmen der Deutschen Bundespost das Urlaubsjahr abweichend vom Kalenderjahr festgelegt ist. Zu dieser Ansicht ist auch das Schrifttum gelangt.[218] Allerdings ist der dazu aus der Rspr. übernommne Rechtssatz zu pauschal „Der Urlaubsanspruch entsteht mit Beginn des Kalenderjahres und endet mit Ende des Kalenderjahres."[219] Wie sich

---

211 BAG 28.11.1990 – 8 AZR 570/89 – BAGE 66, 288 = AP § 7 BUrlG Nr. 18.
212 BAG 26.6.1969 – 5 AZR 393/68 – AP § 7 BUrlG Urlaubsjahr Nr. 1; BAG 13.5.1982 – 6 AZR 360/80 – AP § 7 BUrlG Übertragung Nr. 4; BAG 15.12.1988 – 8 AZR 314/86 – juris; BAG 9.5.1995 – 9 AZR 552/93 – AP § 7 BUrlG Übertragung Nr. 22; BAG 24.9.1996 – 9 AZR 364/95 – AP § 64 ArbGG Nr. 25.
213 BAG 17.1.1974 – 5 AZR 380/73 – AP § 1 BUrlG Nr. 3; BAG 11.7.2006 – 9 AZR 535/05 – juris.
214 *Arnold/Ackermann/Rambach u.a.*, § 7 BUrlG Rn 106 unter Bezug auf BAG 17.1.1974 – 5 AZR 380/73 – AP § 1 BUrlG Nr. 3.
215 BAG 17.1.1974 – 5 AZR 380/73 – AP § 1 BUrlG Nr. 3.
216 BAG 11.7.2006 – 9 AZR 535/05 – juris.
217 BAG 25.101994 – 9 AZR 339/93 – BAGE 78, 153.
218 *Arnold/Ackermann/Rambach u.a.*, § 7 BUrlG Rn 104; ErfK/*Dörner*, § 7 BUrlG Rn 58.
219 *Arnold/Ackermann/Rambach u.a.*, § 7 BUrlG Rn 104; BAG 28.11.1990 – 8 AZR 570/89 – BAGE 66, 288 = AP § 7 BUrlG Nr. 18.

aus dem unter Rn 85 dargestellten Beispiel ergibt, gilt dieser Satz nicht uneingeschränkt. Er trifft hinsichtlich der Entstehungsvoraussetzungen nur auf Arbverh zu, in denen bereits zuvor, d.h. im ersten Jahr der Beschäftigung, die Wartezeit nach § 4 zurückgelegt worden ist. Der Anspruch des AN gegen den AG auf Gewährung von Erholungsurlaub besteht nur jeweils während des Urlaubsjahres sowie bei Vorliegen der Merkmale nach § 7 Abs. 3 S. 2 bis zum Ende des Übertragungszeitraums am 31.3. des Folgejahres. Daher kann im Folgejahr nicht ohne Weiteres der Resturlaubsanspruch aus den Vorjahren genommen werden. Nur bei Vorliegen weiterer in § 7 Abs. 3 S. 2 genannter Merkmale wird der im Vorjahr entstandene Vollurlaubsanspruch übertragen und auf weitere drei Monate des Folgejahres befristet. Ist der AN infolge krankheitsbedingter Arbeitsunfähigkeit tatsächlich gehindert, bis zum Ende des ersten Quartals den Urlaub in Anspruch zu nehmen, so wird der Anspruch auf bis zum Ende des Folgejahres übertragen.[220]

d) Kumulierung bei lang andauernder Arbeitsunfähigkeit. Da der zu übertragende Urlaub jeweils dem im Folgejahr entstehenden Urlaub hinzutritt, kann bei lang andauernder Arbeitsunfähigkeit durch eine Abfolge von perpetuierenden Übertragungen eine Kumulation von Mindesturlaubsansprüchen auftreten, die in mehreren Urlaubsjahren entstanden sind und auf eine sehr lange Urlaubsdauer anwachsen.

Beispiel: Ein AN ist vier Jahre ununterbrochen arbeitsunfähig, so wächst die Urlaubsdauer auf 4 × 24 Werktage = 96 Werktage an.

e) Verjährung als Grenze für die Kumulierung? Hinweise auf eine Begrenzung der Kumulation hat der EuGH in der Sache Schultz-Hoff nicht erteilt.[221] Das Problem wurde möglicherweise übersehen. Entgegen manchen Stimmen der Praxis greift auch die dreijährige Verjährung aus § 195 BGB nicht Anspruchs begrenzend ein, denn der jeweils entstehende Urlaubsanspruch geht entweder am Jahresende bzw. Ablauf des Übertragungszeitraums unter oder tritt kumulierend dem im nächsten Jahr neu entstehenden Anspruch hinzu. Solange die perpetuierende Übertragung stattfindet, ist kein Raum für die Anwendung der Verjährungsbestimmungen.[222] Soweit in der Wissenschaft *Grenger* in ihrer Anm. zum Urteil des LAG Düsseldorf vom 2.2.2009[223] die Auffassung vertritt, es sei „nur konsequent", sowohl den Urlaubs- als auch den Urlaubsabgeltungsanspruch der regelmäßigen Verjährung der §§ 195, 199 BGB zu unterwerfen, um eine unverhältnismäßig lange Bindung des Arbeitgebers zu verhindern", ist das zwar als Reaktion auf eine als sozialpolitisch kontraproduktiv empfundene Entscheidung des EuGH verständlich, aber schon im Hinblick auf die Unterschiede zwischen Freistellungs- und Abgeltungsanspruch zu pauschal. Die Verjährung greift wegen des eigenen Fristenregimes[224] nicht bei dem Urlaubsanspruch, sondern nur bei der Urlaubsabgeltung neuer Art, die als schlichte finanzielle Sondervergütung wie jeder andere Entgeltanspruch zu behandeln ist.

f) Begrenzung durch Verfall nach IAO Übereinkommen Nr. 132? Es ist zumindest „unklar", ob der EuGH bei ununterbrochener Arbeitsunfähigkeit eine vollständige Entfristung des Urlaubsanspruchs und eine unbegrenzte Kumulierung von Urlaubsansprüchen als Inhalt seines „besonders wichtigen Grundsatz des Sozialrechts der Gemeinschaft"[225] ansieht. Täte er das, so wäre das kontraproduktiv, denn die Bereitschaft von AG, die „altgediente" AN nicht entlassen, sondern deren seit mehreren Jahren ruhendes Arbverh „mitschleppen", nähme ab. Sie hätten wegen der auf sie bei Beendigung des Arbverh zukommenden Abgeltung der angesammelten Urlaubsansprüche einen hohen Preis für das Unterlassen von Krankheits-Künd zu zahlen. Diese Folgen der EuGH-Entscheidung werden für viele arbeitsrechtlich unerfahrene AG zumeist am Tag des Rentenbeginns des AN überraschend zu Tage treten. Hier ist zu prüfen, ob der vom EuGH nicht beachtete Art. 9 des IAO Übereinkommens 132 (vgl. § 1 Rn 21) mit der dort gesetzten Frist eingreift. Diese beträgt spätestens achtzehn Monate nach Ablauf des Jahres, in dem der Urlaubsanspruch entstanden ist. Die nur vom EuGH auflösbare Unklarheit hinsichtlich der Auslegung des Art. 7 Abs. 1 der Arbeitszeit-RL sollte in einem entscheidungserheblichen Fall zum Anlass für ein Vorabentscheidungsersuchen genommen werden.[226]

3. Verfallbarkeit des befristeten Anspruchs. a) Meinungsstreit um das Befristungsprinzip. An der von der Rspr. des BAG angenommenen Befristung des Urlaubsanspruchs wurde heftige Kritik von Teilen des Schrifttums[227] und in der Rspr. des LAG Düsseldorf[228] geübt. Insb. wurde gerügt, für die Annahme der Rechtsfolge des Verfalls des Anspruchs fehle es an einer gesetzlichen Regelung. Diese Kritik verkennt, dass es keiner Regelung des Untergangs des Urlaubsanspruchs im BUrlG bedarf, weil mit dem Fristende zugleich die Erfüllbarkeit entfällt (s. Rn 76). Folglich gilt: Nach Ablauf des Urlaubsjahrs geht der Anspruch ersatzlos unter, soweit er nicht auf das

---

220 BAG 24.3.2009 – 9 AZR 983/07 – BAG Pressemitteilung Nr. 31/09 = NZA 2009, 538.
221 EuGH 20.1.2009 – C- 350/06 und C- 520/06 – NJW 2009, 495 „Schultz-Hoff" und „Stringer" Rn 49.
222 *Düwell*, dbr 2009 Heft 8 S. 9, 11.
223 LAGE Anmerkung zum Urteil des LAG Düsseldorf vom 2.2.2009.
224 *Gaul/Bonanni/Ludwig*, DB 2009, 1013, 1315 unter Aufgabe der zuerst vertretenen Auffass. *Gaul/Josten/Strauf*, BB 2009, 497.
225 EuGH 26.6.2001 C-173/99 Rn 43, NZA 2001, 827.
226 So auch *Dornbusch/Ahner*, NZA 2009, 180; 182.
227 *Kohte*, BB 1984, 609; *Künzl*, BB 1991, 1630.
228 LAG Düsseldorf 20.9.1989 – 11 Sa 1262/88 – LAGE § 7 BUrlG Übertragung Nr. 1; LAG Düsseldorf 16.9.1993 – 12 Sa 969/93 – LAGE § 7 BUrlG Übertragung Nr. 5.

folgende Urlaubsjahr übertragen worden ist. Das LAG Düsseldorf hat sich in seinem Vorabentscheidungsersuchen in der Sache Schultz-Hoff erfolglos gegen diese dogmatische Konstruktion gewandt (vgl. oben Rn 5). Nur zugunsten der bis zum Ende des Urlaubsjahres und/oder des Übertragungszeitraums erkrankten und deshalb arbeitsunfähig „krankgeschriebenen" AN ist in gemeinschaftsrechtskonformer Auslegung des § 7 Abs. 3 S. 3 eine automatische Verlängerung der Übertragungsfrist bis zum Ende des Folgejahres geboten.[229]

94 **b) Urlaubnahme zur Vermeidung des Verfalls.** Wegen der Bindung an das Urlaubsjahr ist es zur Vermeidung des Verfalls erforderlich, dass der Urlaub im laufenden Urlaubsjahr bis zum 31.12. tatsächlich genommen und gewährt werden muss. Es genügt nicht die Äußerung des Urlaubswunsches, der in der Praxis gewöhnlich „Urlaubsantrag" genannt wird. Ebenso wenig genügt der Urlaubsantritt im Urlaubsjahr. Der letzte im Urlaubsjahr für eine Erfüllungswirkung in Betracht kommende Urlaubstag ist der letzte Tag des Jahres mit Arbeitspflicht. Allerdings können tarifvertragliche Bestimmungen abweichend regeln, dass der Urlaubsantritt am letzten Arbeitstag für die Gewährung einer längeren Urlaubsdauer ausreichend ist, so z.B. § 26 Abs. 2a TVöD.[230] Darin liegt dann eine konkludente Regelung der Übertragung der nach dem Urlaubsantritt noch offenen Resturlaubstage auf das Folgejahr. Die Verfallsdrohung soll gewährleisten, dass der AN in regelmäßigen Abständen den Urlaub auch tatsächlich in Anspruch nimmt, um sich von der Arbeit zu erholen. Eine Kumulation von Urlaubsansprüchen, sog. **Urlaubshortung**, soll so vermieden werden. Deshalb geht der Anspruch, von den in § 7 Abs. 3 vorgesehenen Ausnahmen abgesehen, mit dem Ende des Urlaubsjahres ersatzlos unter.

95 **c) Ausnahme vom Verfall bei Arbeitsunfähigkeit.** Die Rechtsfolge des Verfalls gilt nach der Änderung der Rspr. nicht ausnahmslos. Sie tritt nicht ein, wenn der AN wegen Krankheit den Urlaub nicht innerhalb des Urlaubsjahres oder des Übertragungszeitraums in Anspruch nehmen konnte.[231]

96 **d) Vom Arbeitgeber zu vertretender Verfall.** Ist der Urlaubsanspruch aus einem vom AG zu vertretenen Grund untergegangen, so wird ein **Ersatzurlaubsanspruch** begründet. Da es sich bei der Pflicht des AG, den Urlaub zu gewähren, nicht um eine relative oder absolute Fixschuld handelt, gerät der AG nicht bereits deswegen in Schuldnerverzug, weil er dem AN bis zum Ablauf des Kalenderjahres keinen Urlaub gewährt.[232] Für die Begründung eines Ersatzurlaubsanspruchs muss daher der AN den AG durch Mahnung, d.h. wenigstens durch rechtzeitiges Geltendmachen des Urlaubsanspruchs (zu Einzelheiten siehe Rn 152 ff.), in Verzug gesetzt haben.[233]

97 **e) Geschütztes Vertrauen des AG auf Verfall in Altfällen?** Der urlaubsrechtliche Fachsenat hat die Vorlage an den EuGH als eine Zäsur in der Rechtsentwicklung bezeichnet:[234] „Während der Senat die seiner Rspr. entgegenstehenden Entscheidungen der Zwölften Kammer des LAG Düsseldorf zuvor immer aufgehoben hatte, war nun ein anderes, das für Fragen des Gemeinschaftsrechts zuständige Gericht, angerufen. Deutsche AG mussten (von da an) damit rechnen, dass der EuGH die in dem Vorabentscheidungsersuchen neu gestellten Rechtsfragen abweichend von der Rspr. des Senats und der h.M. im Schrifttum beantworten könnte". Die Entscheidung des Neunten Senats, „zumindest seit Bekanntwerden des Vorabentscheidungsersuchens" könne kein Vertrauensschutz dafür in Anspruch genommen werden, dass die Rspr. zu § 7 Abs. 3 über den Verfall des in der Arbeitszeitrichtlinie verankerten Mindesturlaubs fortgesetzt werde, ist folgerichtig. Sie hat in der Wissenschaft Anerkennung gefunden,[235] wenn auch sie in dem arbeitgebernahen Schrifttum kritisiert worden ist.[236] Es wird bemängelt, die Vorgehensweise widerspräche der Rspr. des Zweiten, des Sechsten und des Achten Senats in den Junk-Folgeentscheidungen zur Massenentlassungsanzeige nach § 17 Abs. 1 Satz 1 KSchG.[237] Das trifft aus zwei Gründen nicht zu. Erstens fehlte – anders als bei den Bestandsschutzsenaten, die ausdrücklich die Vereinbarkeit der deutschen Norm mit dem Gemeinschaftsrecht bejaht hatten – eine entsprechende vertrauensbildende Rspr. des urlaubsrechtlichen Fachsenats zur Vereinbarkeit von § 7 Abs. 3 und 4 mit dem Gemeinschaftsrecht. Zweitens fehlte für den Vertrauensschutz ein wesentliches Moment, der AG musste sich im Massenentlassungsschutz zur Wahrung seines Rechts aktiv gegenüber einer Behörde betätigen. Damit erwarb er eine Position wie, in der er annehmen durfte, seine Pflicht gegenüber der Behörde erfüllt

---

229 BAG 24.3.2009 – 9 AZR 983/07 – BAG Pressemitteilung Nr. 31/09 = NZA 2009, 538.
230 *Arnold/Ackermann/Rambach u.a.*, § 7 BUrlG Rn 105.
231 BAG 24.3.2009 – 9 AZR 983/07 – BAG Pressemitteilung Nr. 31/09 = NZA 2009, 538.
232 A.A. LAG Düsseldorf 16.9.1993 – 12 Sa 969/93 – LAGE § 7 BUrlG Übertragung Nr. 5 m. Anm. *Kempff*, AiB 1994, 431: Der für die AN großzügigeren Rspr. werden allerdings Nachteile hinsichtlich der Überschaubarkeit und der Praktikabilität entgegen gehalten. Das Urteil des LAG ist auf die Revision des AG aufgehoben worden; BAG 21.3.1995 – 9 AZR 959/93 – juris.
233 BAG 11.4.2006 – 9 AZR 523/05 – juris; BAG 10.5.2005 – 9 AZR 251/04 – EzA § 7 BUrlG Nr. 113; BAG 21.3.1995 – 9 AZR 959/93 – juris; BAG 15.1.1987 – 8 AZR 174/85 – juris.
234 BAG 24.3.2009 – 9 AZR 983/07 – Rn 73 ff.– NZA 2009, 538.
235 *Schlachter*, Neuere Entwicklungen im Europäischen Arbeitsrecht, Beitrag gehalten auf dem Europarechtlichen Symposium 2009, S. 12.
236 *Kock*, BB 2009, 1181; *Krieger/Arnold*, NZA 2009, 530, 531 f.
237 BAG 23.03 2006 – 2 AZR 343/05 – Rn 32 ff., insb. Rn 42, BAGE 117, 281; BAG 22. AZR 499/05 – Rn 16 ff. – EzA KSchG § 17 Nr. 19; BAG 26.7.2007 – 8 AZR 769/06 – Rn 66 f. – AP BGB § 613a Nr. 324.

zu haben. Hier ist die Sachlage anders. Der AG kann nur einwenden, er habe angesichts der früheren Rspr. erwartet, er werde durch den Verfall von der Erfüllung des Anspruchs befreit. Eine gesicherte Rechtsposition war ihm durch aktives Tun nicht eingeräumt.

VII. Übertragung

1. Übertragung von Teilurlaub auf Verlangen. Zur Übertragung des im Urlaubsjahr entstandenen Anspruchs auf das folgende Jahr bedarf es lediglich im Fall des Teilurlaubsanspruchs i.S.v. § 5 Abs. 1a (zu Einzelheiten siehe § 5 Rn 14 ff.) einer Übertragungshandlung. Nach § 7 Abs. 3 S. 4 wird der anteilige Urlaub, der in der Zeit vor sechsmonatigem Bestehen des Arbverh erworben worden ist, nur „auf Verlangen des Arbeitnehmers" übertragen. Diese Regelung soll es dem AN ermöglichen, den übertragenen Teilurlaub zusammen mit dem entstehenden Vollurlaub zu nehmen.[238] Weitere Voraussetzungen als das Verlangen des AN fordert die Bestimmung für die Übertragung des Teilurlaubs nicht.[239] Das Verlangen ist bis zum Ablauf des Urlaubsjahres zu stellen. Ein mit dem Ablauf des Urlaubsjahres nicht genommener und nicht gewährter Urlaub geht nach der gesetzlichen Systematik unter. Für die Annahme des Übertragungsverlangens reicht jede Handlung des AN aus, mit der er für den AG deutlich macht, den Teilurlaub erst im nächsten Jahr nehmen zu wollen.[240] Nicht ausreichend ist es, dass der AN im Urlaubsjahr darauf verzichtet, einen Urlaubsantrag zu stellen. Er kann deshalb nicht mehr übertragen werden. Die dazu im Widerspruch stehende ältere Rspr. des BAG vom 10.3.1966[241] hat der für Urlaub zuständige Fachsenat aufgegeben.[242] Der Übertragungszeitraum umfasst hier das gesamte Folgejahr. Übertragener und laufender Urlaubsanspruch sind in diesem Fall synchron befristet. Für die Voraussetzungen des für ihn günstigen gesetzlichen Tatbestandsmerkmals „Verlangen" trägt der AN die Darlegungs- und Beweislast.[243]

2. Automatischer Übertrag des Vollurlaubs. Nach § 7 Abs. 3 S. 2, 3 findet die Übertragung des Urlaubsanspruchs „automatisch" statt. Für die Übertragung ist weder ein Antrag des AN erforderlich noch bedarf es einer Übertragungshandlung des AG im Sinne einer Genehmigung oder Billigung.[244] Für den arbeitsrechtlichen Normalfall, dass im Vorjahr schon die sechsmonatige Wartezeit für den Vollurlaubsanspruch zurückgelegt worden ist, trifft die Bezeichnung „Übertrag" besser die Rechtslage. Die gesetzliche Übertragung besteht darin, dass der noch nicht erfüllte Freistellungsanspruch aus dem Vorjahr mit dem Jahresende nicht untergeht, sondern zu dem mit dem neuen Kalenderjahr entstehenden neuen Anspruch hinzutritt.[245] Es findet dann wie bei einer Rechnung, wenn die erste Seite voll ist, ein Übertrag des letzten Standes der Rechnungsposten auf die Folgeseite statt.

a) Besonderheiten des übertragenen Urlaubs. Diese Übertragung ist nach dem Gesetz „nur statthaft", wenn „dringende betriebliche Gründe oder in der Person des Arbeitnehmers liegende Gründe" die Verschiebung der Urlaubsgewährung auf das Folgejahr rechtfertigen. Im Fall der Übertragung eines Teilurlaubsanspruchs kommt es auf diese materiellen Voraussetzungen nicht an. Die Übertragung erfolgt dort allein „auf Verlangen" des AN. Der Übertragungszeitraum umfasst dann zudem das gesamte Folgejahr. Übertragener und laufender Urlaubsanspruch sind nur in diesem Fall synchron befristet.

Der auf das Folgejahr übertragene Vollurlaubsanspruch unterscheidet sich durch eine andere Befristung und die stärkere Bedeutung des Urlaubswunsches des AN vom Anspruch aus dem laufenden Urlaubsjahr.

aa) Kein Leistungsverweigerungsrecht. Der übertragene Urlaub muss bis zum Ende des ersten Quartals des Folgejahres in Anspruch genommen und vom AG gewährt werden, ohne dass ein Leistungsverweigerungsrecht besteht (§ 7 Abs. 3 S. 3).[246] Denn im Übertragungszeitraum hat der AG kein Leistungsverweigerungsrecht nach § 7 Abs. 1.[247] Vom AN beantragter Urlaub ist somit spätestens bis zum Ende der Übertragungsfrist zu gewähren. Trotz Vorliegens dringender betrieblicher Belange entsteht hier bei Ablehnung ein Schadensersatzanspruch.[248]

bb) Auswirkung der Änderung von Arbeitsumfang und deren Verteilung. Ändert sich zum Jahresanfang oder im Übertragungszeitraum der Umfang der wöchentlichen Arbeitspflicht, ist auch der dem AN zustehende Resturlaub neu zu bestimmen.[249]

---

238 BAG 10.3.1966 – 5 AZR 498/65 – AP § 59 KO Nr. 2; *Leinemann/Linck*, § 7 BUrlG Rn 183; ErfK/*Dörner*, § 7 BUrlG Rn 75; *Neumann/Fenski*, § 7 Rn 90.
239 BAG 25.8.1987 – 8 AZR 118/86 – BAGE 56, 53.
240 *Friese*, Rn 159; ErfK/*Dörner*, § 7 BUrlG Rn 76; *Leinemann/Linck*, § 7 BUrlG Rn 180.
241 BAG 10.3.1966 – 5 AZR 498/65 – AP § 59 KO Nr. 2.
242 BAG 29.72003 – 9 AZR 270/02 – ArbN 2003, Nr. 6, 3.
243 BAG 29.7.2003 – 9 AZR 270/02 – ArbN 2003, Nr. 6, 3.
244 BAG 9.8.1994 – 9 AZR 384/92 – BAGE 77, 296 = AP § 7 BUrlG Nr. 19; BAG 23.6.1992 – 9 AZR 57/91 -AP § 1 BUrlG Nr. 22.
245 BAG 9.8.1994 – 9 AZR 384/92 – AP § 7 BUrlG Nr. 19.
246 So zutreffend *Arnold/Ackermann/Rambach u.a.*, § 7 Rn 132.
247 BAG 10.2.2004 – 9 AZR 116/03 – NZA 2004, 986.
248 So zutreffend *Arnold/Ackermann/Rambach u.a.*, § 7 Rn 111.
249 BAG 28.4.1998 – 9 AZR 314/97 – AP § 3 BUrlG Nr. 7; *Leinemann/Linck*, § 3 BUrlG Rn 54; a.A. ErfK/*Dörner*, § 7 BUrlG Rn 65; zur Berechnung näher *Arnold/Ackermann/Rambach u.a.*, § 3 Rn 12 ff.

104 **cc) Vorrangige Tilgung des übertragenen Urlaubsanspruchs.** Wird im Übertragungszeitraum Mindesturlaub gewährt, ohne dass eine Leistungsbestimmung nach § 366 Abs. 2 BGB getroffen ist, soll zunächst der übertragene Mindesturlaubsanspruch des Vorjahres als die ältere Schuld getilgt werden.[250]

105 **b) Übertragung wegen dringender betrieblicher Gründe.** Dringende betriebliche Gründe können der Gewährung des Urlaubs entgegenstehen. Diese Wortwahl knüpft an den Leistungsverweigerungsgrund in § 7 Abs. 1 S. 1 an.[251] Während § 7 Abs. 1 diesen Hinderungsgrund zur Rechtfertigung der Ablehnung eines gewünschten Urlaubszeitraums nennt, geht es in § 7 Abs. 3 jedoch um einen entgegenstehenden Grund für Urlaubsgewährung im gesamten laufenden Urlaubsjahr.[252] Das wird in der Praxis nicht immer beachtet.

106 **Beispiel:** Verweigert der AG wegen eines bis Ende Mai auszuführenden Terminauftrags einen im Monat April gewünschten einmonatigen Urlaub, so führt das noch nicht zur Übertragung nach § 7 Abs. 3 S. 2; denn der vom AG zur Urlaubsverweigerung geltend gemachte betriebliche Grund steht einer Urlaubsnahme ab Juni nicht entgegen. Eine Übertragung aus dringenden betrieblichen Gründen findet daher erst dann statt, wenn der AG aus dringenden betrieblichen Gründen auch die Urlaubswünsche ablehnt, die den verbleibenden Zeitraum vor dem Jahresende betreffen.

107 Dringende betriebliche Gründe liegen somit vor, wenn der ordnungsgemäße Betriebsablauf durch die Urlaubsgewährung während des Kalenderjahres gestört würde. An das Gewicht der betrieblichen Gründe dürfen keine überzogenen Anforderungen gestellt werden. Das Gesetz verlangt keine zwingenden Gründe.[253] Es muss daher nicht die Urlaubsgewährung unmöglich sein und auch keine „Urlaubssperre" rechtfertigen. Es genügt, dass der Gesichtspunkt des ungestörten Betriebsablaufs vor der Urlaubsnahme noch in diesem Jahr den Vorrang verdient.[254] Im Schrifttum werden als typische dringende betriebliche Gründe anerkannt:[255]
- termin- oder saisongebunden auszuführende Aufträge des Betriebs,
- technische oder verwaltungsmäßige Probleme im Betriebsablauf, die insb. durch krankheitsbedingte Ausfallzeiten anderer AN bedingt sein können.

108 Hinzu kommen noch zur Rechtfertigung einer Übertragung betriebliche Verteilungsprobleme, die dadurch entstehen, dass Urlaubswünsche anderer AN aus sozialen Gründen den Vorrang verdienen (siehe Rn 25).

109 Die Rspr. nimmt keine Vermutung betrieblicher Gründe an, wenn der AG im Kalenderjahr keinen Urlaub gewährt hat.[256] Daher hat der AN dafür die Tatsachen vorzutragen, dass betriebliche Gründe der Urlaubsnahme entgegenstanden. Wenn der AG Urlaubswünsche aus dringenden betrieblichen Gründen abgelehnt hat, bedarf es keiner weiteren Darlegung des AN, dass diese Begründung auch tatsächlich zutreffend war. Soweit im Schrifttum ein Mehr an Darlegung verlangt wird,[257] beruht das auf einer überzogenen Auffassung von der prozessualen Darlegungslast.

110 **c) Übertragung wegen in der Person des Arbeitnehmers liegender Gründe.** In der Person des AN liegende Gründe rechtfertigen nach Abs. 3 S. 2 die Übertragung. Sie müssen nach dem Wortlaut des Gesetzes nicht so „dringlich" sein wie die betrieblichen Gründe. Es genügen nach der h.M. daher sachliche Gründe.[258]

111 **aa) Krankheitsbedingte Arbeitsunfähigkeit.** Der klassische Schulfall für einen in der Person des AN liegenden Grund, der der Urlaubsnahme entgegensteht, ist die krankheitsbedingte Arbeitsunfähigkeit.[259] Es muss jedoch nicht notwendigerweise eine eigene Erkrankung des AN sein. Es genügt auch die der Urlaubsnahme entgegenstehende Erkrankung eines im gemeinsamen Haushalt lebenden Angehörigen. In Betracht kommen auch vergleichbare Verhinderungsgründe i.S.v. § 616 S. 1 BGB, z.B. Niederkunft und Schutzfrist der Ehefrau.[260] Soweit die Kommentarliteratur die Auff. vertritt, Übertragungsgrund und Annahmeverweigerungsrecht sei gleichzusetzen,[261] verursacht das Missverständnisse. Hatte der AN z.B. für den 1. bis 30.12. Urlaub gewünscht und erklärte darauf der AG die dem Wunsch entsprechende Festlegung, so hat der AG alles getan, um die urlaubsrechtliche Schuld zu erfüllen. Der AN trägt dann das Risiko, dass ein den Urlaub störendes Ereignis auftritt. Soweit überhaupt die Annahme eines „Annahmeverweigerungsgrundes"[262] erforderlich wäre (vgl. Rn 77), kann eine Annahmeverweigerung nur für den Fall der vom Wunsch abweichenden Festlegung des Urlaubs wirken.[263]

---

250 *Arnold/Ackermann/Rambach u.a.*, § 7 Rn 111.
251 *Leinemann/Linck*, § 7 BUrlG Rn 118; a.A. ErfK/*Dörner*, § 7 BUrlG Rn 68.
252 *Arnold/Ackermann/Rambach u.a.*, § 7 Rn 112.
253 *Friese*, Rn 147.
254 *Neumann/Fenski*, § 7 Rn 81.
255 *Friese*, Rn 147; *Leinemann/Linck*, § 7 BUrlG Rn 119; *Heilmann*, § 7 BUrlG Rn 18.
256 BAG 23.6.1992 – 9 AZR 57/91 – AP § 1 BUrlG Nr. 22.
257 ErfK/*Dörner*, § 7 BUrlG Rn 67; *Friese*, Rn 147.
258 *Heilmann*, § 7 BUrlG Rn 19; GK-BUrlG/*Bachmann*, § 7 Rn 128; a.A. *Neumann/Fenski*, § 7 Rn 83, der gewichtige Gründe verlangt.
259 BAG 23.6.1988 – 8 AZR 459/86 – AP § 7 BUrlG Übertragung Nr. 16; BAG 5.12.1995 – 9 AZR 871/94 – AP § 7 BUrlG Abgeltung Nr. 70.
260 Verneinend: ErfK/*Dörner*, § 7 BUrlG Rn 72; bejahend: HWK/*Schlinz*, § 7 BUrlG Rn 82; *Leinemann/Linck*, § 7 BUrlG Rn 120.
261 *Leinemann/Linck*, § 7 BUrlG Rn 120.
262 ErfK/*Dörner*, § 7 BUrlG Rn 18.
263 Ebenso MünchArb/*Leinemann*, Bd. 1, 2. Aufl. § 89 Rn 47.

bb) Andauern des Grundes bis zum Jahresende. Nicht selten wird übersehen, dass die Dauer des persönlichen Hinderungsgrundes bis zum Jahresende anhalten muss; denn ansonsten kann noch Urlaub im laufenden Jahr in Anspruch genommen werden.[264] Daran hat auch die Vorabentscheidung des EuGH in der Sache Schultz-Hoff nicht gerüttelt: Danach erlischt der Anspruch nur dann nicht, „wenn der Arbeitnehmer während des gesamten Bezugszeitraums oder eines Teils davon krankgeschrieben war und seine Arbeitsunfähigkeit bis zum Ende seines Arbeitsverhältnisses fortgedauert hat, weshalb er seinen Anspruch auf bezahlten Jahresurlaub nicht ausüben konnte".[265]

112

Beispiel: Der AN ist vom 2.7. bis 28.11. arbeitsunfähig erkrankt. Er verlangt am 2.1. des Folgejahres die Gewährung des Urlaubsanspruchs aus dem Vorjahr. Dieser Anspruch ist jedoch untergegangen, weil der AN nicht infolge der Arbeitsunfähigkeit gehindert war, ab 29.11. noch im laufenden Jahr den gesamten gesetzlichen Urlaub von 20 Arbeitstagen Urlaub zu nehmen. Der Anspruch war noch im Urlaubsjahr erfüllbar.

113

Wird der AN vor Ablauf des Urlaubsjahres wieder arbeitsfähig, kann oftmals der Urlaub zumindest z.T. noch im Urlaubsjahr genommen werden. Soweit der AG noch teilweise erfüllen kann, geht dieser Teil als an sich erfüllbarer Teil des Urlaubs unter. Nach § 7 Abs. 3 S. 2 geht der nicht mehr im Urlaubsjahr erfüllbare Rest auf den Übertragungszeitraum über.[266]

114

cc) Bedeutung der Urlaubsplanung. Im neueren Schrifttum wird zu Recht auf die Bedeutung der familiären Urlaubsplanung hingewiesen.[267] In vielen Fällen hängt die Übertragung davon ab, inwieweit Urlaubsplanungen als in der Person des AN liegende Gründe anerkannt werden. Nach allg. Ansicht genügt es nicht, den an sich erfüllbaren Urlaubsanspruch nur deshalb nicht in Anspruch zu nehmen, weil der AN den Urlaubsanspruch zu einer Urlaubsreise in einer bestimmten Zeit (nicht im Herbst, sondern im Sommer!) nutzen will.[268] Es wäre zu weitgehend, daraus zu schließen, mit der familiären Urlaubsplanung des AN könnte die Übertragung nicht begründet werden. Der Wunsch eines AN, den Urlaub zusammen mit dem Urlaub des darauf folgenden Kalenderjahres zu nehmen, wird als ausreichender Übertragungsgrund angesehen.[269]

115

dd) Urlaubsplanung für das erste Quartal. Weist der AG frühzeitig darauf hin, dass z.B. als Folge betrieblicher Umstrukturierungen im ersten Quartal des Folgejahres Urlaub nicht gewährt werden kann, so kann er auch damit nicht verhindern, dass Urlaubsansprüche, die aus in der Person des AN liegenden Gründen übertragen worden sind, nach § 7 Abs. 3 S. 3 zwingend von ihm im ersten Quartal zu erfüllen sind (siehe Rn 89). Nur gegen den Urlaubswunsch für die Inanspruchnahme der neu entstandenen Urlaubsansprüche des laufenden Urlaubsjahres kann der AG dringende betriebliche Gründe vorbringen. Diesen Verweigerungsgründen muss dann der AN bei seiner privaten Urlaubsplanung Rechnung tragen.[270]

116

d) Vereinbarte Übertragung. Die Ausnahmetatbestände vom Grundsatz der Urlaubsnahme im Kalenderjahr (§§ 1, 7 Abs. 3 S. 1) sind durch die Übertragungstatbestände in Abs. 3 S. 2 und S. 4 nicht abschließend geregelt. In einigen Schutzgesetzen sind weitere Übertragungstatbestände enthalten. Zudem sind nach § 13 Abs. 1 die TV-Parteien frei, abweichende Regelungen[271] oder für den Fall des § 7 Abs. 3 S. 2 auf die gesetzlichen Übertragungsvoraussetzungen zu verzichten.[272] In der Praxis wird nicht immer darauf geachtet, dass die erforderlichen gesetzlichen Voraussetzungen für eine Übertragung, d.h. dringende betriebliche oder in der Person des AN liegende Gründe, vorliegen. Da Vereinbarungen über die Übertragung offener Urlaubsansprüche in das erste Quartal des Folgejahres für zulässig gehalten werden,[273] ist bei Nichtvorliegen der gesetzlichen Übertragungstatbestände zu prüfen, ob der AG mit dem AN eine Übertragung vereinbart oder allg. im Betrieb zugesagt hat.

117

e) Übertragungsgründe außerhalb des BUrlG. Weitere gesetzliche Übertragungsgründe sind in § 4 Abs. 2 ArbPlSchG für die Einberufung zum Wehrdienst und in § 17 BEEG für die Dauer der Erziehungszeit vorgesehen. In diesen Fällen ist der nicht in Anspruch genommene Urlaub nach dem Ende des Wehrdienstes oder der Erziehungszeit in dem dann laufenden oder spätestens im darauf folgenden Kalenderjahr zu nehmen und zu gewähren. Diese schon sehr weitgehende Befristung, die eine Übertragung um vier Jahre ermöglicht, wird nicht durch das Hinzutreten eines zweiten Übertragungsgrundes verlängert.[274] Diesen Fall hat der Senat im Fall einer Mutter entschieden, die während des Erziehungsurlaubs ein weiteres Kind geboren und im Anschluss an den ersten Erziehungsurlaub

118

---

264 BAG 24.11.1992 – 9 AZR 549/91 – AP § 1 BUrlG Nr. 23.
265 EuGH 20.1.2009 – C- 350/06, C- 520/06 – NJW 2009, 495 „Schultz-Hoff" und „Stringer" Rn 49.
266 BAG 23.6.1988 – 8 AZR 459/86 – AP § 7 BUrlG Übertragung Nr. 16; BAG 5.12.1995 – 9 AZR 871/94 – AP § 7 BUrlG Abgeltung Nr. 70.
267 *Arnold/Ackermann/Rambach u.a.*, § 7 BUrlG Rn 115 ff.
268 Vgl. GK-BUrlG/*Bachmann*, § 7 Rn 128; *Leinemann/ Linck*, § 7 BUrlG Rn 121.
269 *Heilmann*, § 7 BUrlG Rn 19; *Arnold/Ackermann/Rambach u.a.*, § 7 Rn 116.
270 *Arnold/Ackermann/Rambach u.a.*, § 7 Rn 117 f.
271 BAG 19.1.1993 – 9 AZR 79/92 – BAGE 72, 153, 157 ff.; BAG 7.12.1993 – 9 AZR 683/92 – BAGE 75, 166.
272 BAG 9.5.1995 – 9 AZR 552/93 – AP § 7 BUrlG Übertragung Nr. 22.
273 BAG 9.5.1995 – 9 AZR 552/93 – AP § 7 BUrlG Übertragung Nr. 22.
274 BAG 23.4.1996 – 9AZR 165/95 – AP § 17 BErzGG Nr. 6.

nach Vollendung des dritten Lebensjahres ihres ersten Kindes den Erziehungsurlaub für ihr zweites Kind in Anspruch genommen hat. Ferner kann nach § 13 Abs. 1 S. 1 durch TV von den gesetzlichen Befristungs- und Übertragungsregelungen des § 7 Abs. 3 abgewichen werden. Die tariflichen Bestimmungen dürfen jedoch nicht den Grundsatz des Jahresbezugs des Mindesturlaubs sprengen; denn dieser ist nach §§ 1, 13 Abs. 1 S. 1 unabdingbar. Deshalb kann der gesetzliche Mindesturlaub nicht durch die TV-Parteien zur Ansparung für eine Verkürzung der Lebensarbeitszeit genutzt werden.

119 **3. Übertragung in Tarifverträgen bei Krankheit.** Kann infolge krankheitsbedingter Arbeitsunfähigkeit der Urlaub nicht genommen und gewährt werden, so wird der Anspruch nach § 7 Abs. 3 S. 2, 3 auf das erste Quartal des Folgejahres und soweit der AN objektiv gehindert war, auch im ersten Quartal den Urlaub infolge Krankheit tatsächlich in Anspruch zu nehmen, auch auf den Rest des Folgejahres[275] übertragen. In § 12 Nr. 7 des Mantel-TV für die Arb, Ang und Auszubildenden in der Eisen-, Metall-, Elektro- und Zentralheizungsindustrie Nordrhein-Westfalens (MTV-Metallindustrie NRW) vom 30.4.1980 und vom 29.2.1988 hatten nach der Auslegung des BAG die TV-Parteien eine vergleichbare Regelung getroffen.[276] Nach der inhaltsgleichen Fassung beider TV trat der wegen Krankheit nicht genommene Urlaub mit Ablauf des 31.3. des Folgejahres dem Urlaubsanspruch des dann laufenden Urlaubsjahres hinzu. Lag am 31.3. des Folgejahres erneut ein Leistungshindernis im Sinne dieser tariflichen Bestimmung vor, so wiederholte sich dieser Übertragungsvorgang.[277] Der Rspr. war es verwehrt, die sich perpetuierende Übertragung des Urlaubs zeitlich zu begrenzen. Denn weder wirtschaftliche Belastungen noch das Scheitern von geführten Tarifverhandlungen rechtfertigten einen richterlichen Eingriff in die Tarifautonomie. Später haben sich die TV-Parteien besonnen und in einer neuen Verhandlungsrunde die unbegrenzte Übertragungsmöglichkeit einvernehmlich aufgehoben. Die Altregelung zeigt, dass die Änderung der Rspr. des urlaubsrechtlichen Fachsenats vom 24.3.2009, nach der bei lang andauernder Arbeitsunfähigkeit eine Übertragung des Urlaubs auf das gesamte Folgejahr erfolgt,[278] für die Praxis kein Neuland ist.

120 **4. Schriftform für tarifliche Übertragung.** Im § 6 Nr. 14 des Bundes-Rahmen-TV für gewerbliche AN im Garten-, Landschafts- und Sportplatzbau in der Bundesrepublik vom 20.12.1995 (BRTV) haben die TV-Parteien vereinbart, dass der Urlaubsanspruch spätestens drei Monate nach Ablauf des Urlaubsjahres schriftlich geltend gemacht werden muss. Nach der Auslegung des 9. Senats des BAG gilt der Formzwang nicht für die Anmeldung von Urlaubswünschen für Urlaubszeiten bis zum 31.3. des Folgejahres.[279] Die Schriftform gilt ausschließlich für die in § 6 Nr. 9 BRTV zugelassene Übertragung des Urlaubs auf das gesamte folgende Urlaubsjahr. Diese Verlängerung des Übertragungszeitraums tritt nach der Regelung des BRTV ein, wenn außergewöhnliche betriebliche oder persönliche Gründe vorliegen. Die Schriftform der Geltendmachung ist dafür konstitutive Voraussetzung.

121 **5. Tarifliche Sonderregelung im Bereich des Öffentlichen Dienstes.** Abweichend vom abgelösten BAT sind die Übertragungsmöglichkeiten auf das nächste Urlaubsjahr im neuen TVöD wesentlich vereinfacht worden. Der einschlägige § 26 TVöD lautet:

TVöD § 26 – Erholungsurlaub

(1) Beschäftigte haben in jedem Kalenderjahr Anspruch auf Erholungsurlaub unter Fortzahlung des Entgelts (§ 21). Bei Verteilung der wöchentlichen Arbeitszeit auf fünf Tage in der Kalenderwoche beträgt der Urlaubsanspruch in jedem Kalenderjahr

bis zum vollendeten 30. Lebensjahr 26 Arbeitstage,

bis zum vollendeten 40. Lebensjahr 29 Arbeitstage und

nach dem vollendeten 40. Lebensjahr 30 Arbeitstage.

(…)

(2) Im Übrigen gilt das Bundesurlaubsgesetz mit folgenden Maßgaben:
a) Im Falle der Übertragung muss der Erholungsurlaub in den ersten drei Monaten des folgenden Kalenderjahres angetreten werden. Kann der Erholungsurlaub wegen Arbeitsunfähigkeit oder aus betrieblichen/dienstlichen Gründen nicht bis zum 31. März angetreten werden, ist er bis zum 31. Mai anzutreten
(…).

---

275 BAG 24.3.2009 – 9 AZR 983/07 – BAG Pressemitteilung Nr. 31/09 = NZA 2009, 538.
276 BAG 20.8.1996 – 9 AZR 22/95 – DB 1997, 830 im Anschluss an das Urteil des 6. Senats BAG 7.11.1985 – 6 AZR 62/84 – BAGE 50, 112.
277 Die TV-Parteien haben mittlerweile diese Regelung auf einmalige Übertragung begrenzt.
278 BAG 24.3.2009 – 9 AZR 983/07 – BAG Pressemitteilung Nr. 31/09 = NZA 2009, 538.
279 BAG 16.3.1999 – 9 AZR 428/98 – im Anschluss an das Senatsurteil v. 14.7.1994 – 9 AZR 284/93 – BAGE 77, 82, 84, 85 = AP § 7 BUrlG Übertragung Nr. 21.

a) Übertragung in das erste Quartal. Die Verweisung „im Übrigen" in Abs. 2 bedeutet, dass hinsichtlich der 122
nicht in Abs. 1 geregelten Fragen grds. die Bestimmungen des BUrlG anzuwenden sein sollen. Damit gilt auch im
Öffentlichen Dienst § 7 Abs. 3. Folglich muss der Urlaub auch hier im laufenden Kalenderjahr genommen werden.
Er wird nur bei Vorliegen bestimmter Merkmale in das nächste Jahr übertragen. Anders als es in § 47 Abs. 7 S. 1 BAT
zulässig war, den Urlaub noch am letzten Tag des Jahres oder der Übertragungsfrist „anzutreten", ist das heute unter
der Geltung des TVöD nicht mehr ausreichend. Es muss der Urlaub insg. im Urlaubsjahr abgewickelt werden. Ansonsten erlischt der Resturlaubsanspruch.[280] Etwas anderes gilt nur, wenn der Urlaub nach § 7 Abs. 3 S. 2 auf das erste
Quartal des Folgejahres übertragen worden ist. Dann ist es ausreichend, wenn der Resturlaub am 31.3. angetreten
wird, der Rest des festgelegten Urlaubszeitraums kann dann in den April hineinreichen.

b) Übertragung bis Ende Mai. Zur Vermeidung von Härtefällen besteht noch ein weiterer Aufschub des Verfalls. 123
Hat der AN kurz vor dem 31.3. wegen Krankheit oder eines betrieblichen Hindernisses den Urlaub nicht angetreten,
so wird der Verfall bis Ende Mai hinausgeschoben. Dieser Aufschub gilt jedoch nicht, wenn der übertragene Urlaub
bis zum 31.3. den Urlaub angetreten wird und erst danach ein Urlaub störendes Ereignis eintritt. Für die weitere Übertragung bis Ende Mai des Folgejahres haben die TV-Parteien eine Arbeitsunfähigkeit oder eine betriebliche Verhinderung vorausgesetzt, die bis zum 31.3. andauert.[281] Diese tarifliche Regelung darf jedoch nicht zum Verfall des
gemeinschaftsrechtlich besonders geschützten Mindesturlaubs führen. Dieser wird auf das gesamte Folgejahr übertragen.[282]

6. Darlegungs- und Beweislast. Der AN hat darzulegen, dass der Urlaub übertragen worden ist. Dazu sind die 124
tatsächlichen Voraussetzungen für das Vorliegen der gesetzlichen Übertragungsgründe zu schildern und im Streitfall
zu beweisen. Im Grundsatz gilt das auch, wenn der AN den Übertragungstatbestand der entgegenstehenden dringenden betrieblichen Gründe behauptet. Im Rahmen der abgestuften Darlegungs- und Beweislast hat hier jedoch der
sachnähere AG substantiiert zu den geltend gemachten betrieblichen Gründen Stellung zu beziehen. Ansonsten
gilt der Vortrag des AN nach § 138 Abs. 3 ZPO als zugestanden. Der AN genügt in jedem Fall seiner Darlegungslast,
wenn er vorbringt, dass der AG seinen Wunsch, den Urlaub bis zum Jahresende abzuwickeln, aus betrieblichen Gründen abgelehnt hat.[283] Ob diese Gründe tatsächlich vorlagen und ausreichend gewichtig waren, ist unerheblich. Der
AG, der das Leistungsverweigerungsrecht gegenüber dem AN geltend gemacht hat, handelt widersprüchlich i.S.v.
§ 242 BGB, wenn er im Prozess gegen die Übertragung einwendet, es habe kein objektiv gerechtfertigter Übertragungsgrund vorgelegen.

7. Ausschlussfrist für Urlaubsansprüche. Ausschlussfristen für die Geltendmachung des Urlaubsanspruchs 125
verändern den gesetzlich geregelten Mindesturlaub zu Ungunsten des AN. Sie sind daher nach § 13 Abs. 1 unzulässig.
Das hat der Senat für eine vertragliche Klausel entschieden, nach der alle Ansprüche innerhalb von zwei Monaten
nach ihrer Fälligkeit geltend gemacht werden müssen.[284] Das folgt zum einen aus der gesetzlichen Befristung des
Urlaubsanspruchs.[285] I.Ü. hat die ältere Rspr. schon überzeugend dargelegt, dass eine vertragliche Ausschlussfrist
den gesetzlichen Mindesturlaubsanspruch inhaltlich zu Ungunsten des AN verändern würde und von daher gegen
das Verbot der Unabdingbarkeit in § 13 Abs. 1 verstieße.[286] Denn durch eine Verfallfrist würde die Möglichkeit
des AN, Urlaub zu beanspruchen, auf zwei Monate nach Entstehen und Fälligkeit des Urlaubsanspruchs beschränkt.
Praktisch würde das bedeuten, dass nach Erfüllung der Wartezeit (§ 4) der AN in jedem darauf folgenden Urlaubsjahr
innerhalb von zwei Monaten nach Entstehen des Urlaubsanspruchs am Jahresbeginn den AG zur zeitlichen Festlegung des gesamten Urlaubs nach § 7 Abs. 1 auffordern müsste. Diese Klausel wäre schließlich im Zweifel auch
dann unwirksam, wenn sie nur den übergesetzlichen Urlaub beträfe; denn ohne klare Sonderregelung der „freien
Spitze", ist auch für den übergesetzlichen Urlaub die Fristenregelung des BUrlG anzuwenden.

VIII. Ersatzurlaub

1. Ersatz für untergegangenen Urlaub. Da nach der st. Rspr. des BAG der Urlaubsanspruch als Anspruch auf 126
Befreiung von der Arbeitspflicht auf das Urlaubsjahr und – im Fall der Übertragung – auf den Übertragungszeitraum
befristet ist (siehe Rn 85 ff.), erlischt er regelmäßig mit dem Ende der Erfüllbarkeit im Urlaubsjahr. Liegt eine der
gesetzlich vorgesehenen Übertragungsmöglichkeiten nicht vor, geht somit mit dem letzten Tag des Urlaubsjahres
auch der letzte bis dahin noch nicht genommene Urlaubstag unter; denn seine Erfüllung ist nach Ablauf des Kalenderjahres nicht mehr möglich. Diese Rechtsfolge tritt unabhängig davon ein, aus welchem Grund der Urlaubsanspruch
nicht erfüllt wurde. In der betrieblichen Praxis wird das nicht immer gedanklich nachvollzogen. Es wird übersehen,
dass die Rechtsfolge des Untergangs auch dann eintritt, wenn der AN rechtzeitig einen Urlaubsantrag für das Ur-

---

280 Zutreffend: *Arnold/Ackermann/Rambach u.a.*, § 7 Rn 120.
281 Zutreffend: *Arnold/Ackermann/Rambach u.a.*, § 7 Rn 122, 123.
282 BAG 24.3.2009 – 9 AZR 983/07 – BAG Pressemitteilung Nr. 31/09 = NZA 2009, 538.
283 ErfK/*Dörner*, § 7 BUrlG Rn 68.
284 BAG 18.11.2003 – 9 AZR 95/03 – BAGE 108, 357.
285 BAG 24.11.1992 – 9 AZR 459/01 – AP § 1 BUrlG Nr. 23; *Leinemann/Linck*, § 13 BUrlG Rn 41 bis 43.
286 BAG 5.4.1984 – 6 AZR 443/81 – BAGE 45, 314, 316 = AP § 13 BUrlG Nr. 16.

laubsjahr gestellt hat und dieser vom AG abgelehnt worden ist, obgleich kein Leistungsverweigerungsrecht nach § 7 Abs. 1 S. 1 bestand.[287] An die Stelle des untergegangenen Urlaubsanspruchs tritt jedoch in diesem Fall ein Schadensersatzanspruch.

127 **2. Schadenersatzanspruch.** Die Rspr. hat bereits frühzeitig dem AN einen gesetzlichen Ersatzurlaub zugebilligt, wenn der Urlaubsanspruch erloschen war, nachdem der AN den Urlaub verlangt hatte und dieser, ohne ein Leistungsverweigerungsrecht zu haben, abgelehnt hatte. Dann hat die Rspr. angenommen, der AN erwerbe nach den Vorschriften über den Schuldnerverzug (§§ 280 Abs. 1, 287 S. 2, 286 Abs. 1, 249 Abs. 1 BGB a.F.) einen Anspruch auf dem Unfang nach gleiche ersatzweise Freistellung. Der AG habe den zufälligen Untergang des Urlaubsanspruchs während des Verzugs nach §§ 286 Abs. 1, 287 S. 2 BGB a.F. zu vertreten.[288] Das gilt jedoch nur, sofern für den AG der Urlaubswunsch erfüllbar war und kein Leistungsverweigerungsrecht bestand. Der zu ersetzende Schaden besteht in der Nachholung der Urlaubsgewährung, § 249 S. 1 BGB.[289] Nur soweit das Arbvertr bereits beendet ist, besteht die Wiedergutmachung in Zahlung einer ersatzweisen Abgeltung.[290]

128 Daran hat sich nach Inkrafttreten des Schuldrechtsmodernisierungsgesetzes inhaltlich nichts geändert. An die Stelle von § 284 BGB a.F. treten jetzt §§ 281, 283 BGB n.F.[291] Nach der Neufassung des § 287 S. 2 BGB haftet der Schuldner während des Verzugs „wegen der Leistung auch für Zufall". Diese Änderung des Normtextes trägt dem neuen Leistungsstörungsrecht Rechnung. Sie stellt zugleich klar, dass die schuldunabhängige Haftung auf die eigentlichen Leistungspflichten beschränkt ist. Dagegen soll es hinsichtlich der Schutzpflichten (§ 241 Abs. 2 BGB) bei der Verschuldenshaftung bleiben.[292] Leistungspflichten sind betroffen, wenn ein AG die vom AN angemahnte Freistellung von der Arbeitspflicht verweigert. Der in Verzug befindliche AG haftet somit wie bisher für die Folgen der Nichterfüllung des Urlaubsanspruchs. Die Normenkette für den Anspruch auf Ersatzurlaub lautet nach dem modernisierten Schuldrecht: §§ 275 Abs. 1 und 4, 280 Abs. 1, 283 S. 1, 286 Abs. 1 S. 1, 249 Abs. 1 BGB.[293] Die Heranziehung der Zufallshaftung nach § 287 S. 2 BGB ist allerdings nach der neueren Rspr. entbehrlich; denn der Urlaubsanspruch geht am Ende des Jahres oder des Übertragungszeitraums nicht zufällig, sondern adäquat kausal wegen der Nichterfüllung durch den Schuldner unter.

129 **3. Voraussetzung des Verzugs des Arbeitgebers.** Anspruch auf Ersatzurlaub setzt voraus, dass der AN den Urlaub beim AG rechtzeitig unter Angabe der von ihm gewünschten zeitlichen Festlegung geltend gemacht hat[294] und die verlangte Freistellung auch tatsächlich hätte bewirkt werden können. Keine den Schuldnerverzug herbeiführende Geltendmachung liegt daher vor, wenn der AN aus in seiner Person liegenden Gründen (z.B. Arbeitsunfähigkeit infolge Krankheit oder öffentlich-rechtliches Beschäftigungsverbot) nicht in der Lage ist, die vertraglich geschuldete Arbeit zu verrichten. Ebenso wenig kann ein AN Urlaub für Zeiten verlangen, in denen er von der Arbeitspflicht suspendiert ist, weil er sich an einem gewerkschaftlichen Streik beteiligt.[295] In diesen Fällen ist der geltend gemachte Anspruch nicht erfüllbar; denn die verlangte Befreiung von der Arbeitspflicht ist schon erfolgt. Ist kein derartiges Erfüllungshindernis ersichtlich, so gerät dennoch der AG nicht bei jeder Geltendmachung eines Freistellungswunsches nach § 284 BGB in Schuldnerverzug. Denn der Verzug tritt nur ein, wenn der AN seinen Urlaubswunsch ordnungsgemäß geltend macht hat (siehe Rn 147 ff.) und der AG nicht berechtigt ist, nach § 7 Abs. 1 S. 1 die Urlaubsgewährung wegen entgegenstehender dringender betrieblicher Belange oder vorrangiger Urlaubswünsche anderer AN zu verweigern (siehe Rn 25 ff.).

130 **4. Ausschlussfrist für Ersatzurlaub.** Der Schadensersatzanspruch unterliegt keiner gesetzlichen Befristung.[296] Ihn können jedoch tarifvertragliche Ausschlussklauseln erfassen. Das gilt insb. für umfassende Klauseln, die bei Beendigung des Arbvertr die Geltendmachung aller noch offenen Ansprüche innerhalb bestimmter Fristen vorsehen. Dabei ist von einer wirtschaftlichen Betrachtung auszugehen. So erfasst die vom AN innerhalb der tariflichen Ausschlussfrist erhobene Klage auf Zahlung von entgangenem Urlaubsentgelt auch den erst nach Ablauf der Ausschluss-

---

287 Zutreffend der Hinweis von *Arnold/Ackermann/Rambach u.a.*, § 7 Rn 108.
288 Beginnend mit: BAG 5.9.1985 – 6 AZR 86/82 – BAGE 49, 299 = DB 1986, 811 = SAE 1987, 119 m. zust. Anm. *Wolf*; BAG 7.11.1985 – 6 AZR 62/84 – BAGE 50, 112 = DB 1986, 757; daran anschließend die st. Rspr. des 9. Senats des BAG 23.6.1992 – 9 AZR 57/91 – EzBAT § 48 BAT Nr. 8; BAG 16.3.1999 – 9 AZR 428/98 – AP § 7 BUrlG Übertragung Nr. 25; BAG 15.3.2005 – 9 AZR 143/04 – EzBAT TV Altersteilzeit Nr. 35.
289 Ablehnend zur Anwendbarkeit des § 249 BGB: *Friese*, Rn 311; zustimmend *Widera*, DB 1988, 756, 757.
290 BAG 20.1.1998 – 9 AZR 812/96 – AP § 13 BUrlG Nr. 45 = BB 1998, 1744.
291 BAG 6.9.2005 – 9 AZR 492/04 – AP § 49 BAT Nr. 8.
292 BT-Drucks 14/6040, S. 148.
293 BAG 10.5.2005 – 9 AZR 251/04 – EzA § 7 BUrlG Nr. 113; BAG 11.7.2006 – 9 AZR 535/05 – EzA-SD 2006 Nr. 18, 9.
294 BAG 7.11.1985 – 6 AZR 62/84 – BAGE 50, 112, 118 = AP § 7 BUrlG Übertragung Nr. 8; BAG 23.6.1988 – 8 AZR 456/86 – AP § 7 BUrlG Übertragung Nr. 16; BAG 25.6.1996 – 9 AZR 182/95 – AP § 47 SchwbG 1986 Nr. 11.
295 BAG 24.9.1995 – 9 AZR 364/95 – AP § 7 BUrlG Nr. 22 m. Anm. *Rüthers/Beninca*, EzA § 7 BUrlG Nr. 102 m. Anm. *Peterek*; BAG 7.12.1993 – 9 AZR 541 – n.v.
296 BAG 24.10.1995 – 9 AZR 547/94 – BAGE 81, 173; BAG 11.7.2006 – 9 AZR 535/05 – EzA-SD 2006 Nr. 18, 9.

frist im Rechtsstreit geltend gemachten Anspruch auf Urlaubsgewährung.[297] Grds. gilt: Ist ein Erfüllungsanspruch geltend gemacht, so erübrigt sich eine erneute Geltendmachung als Schadensersatzanspruch.[298] Zwar beruhen Ersatzurlaub und Ersatzurlaubsabgeltung auf einer anderen Anspruchsgrundlage als die originären Ansprüche auf Urlaub oder Urlaubsabgeltung.[299] Sie haben jedoch den gleichen Inhalt, nämlich die Freistellung von der Arbeit oder Zahlung einer bestimmten Geldsumme. Wird der Schuldner einmal gemahnt und damit darauf hingewiesen, dass er künftig mit einer Forderung rechnen muss, genügt die Mahnung auf Erfüllung von Urlaub den Anforderungen an tarifliche Ausschlussfristen auch im Bezug auf Ersatzansprüche.[300] Als unerheblich ist deshalb angesehen worden, dass zum Zeitpunkt der Klageerhebung der Anspruch des AN auf Zusatzurlaub wegen der schon beantragten aber noch ausstehenden Gleichstellung nach § 1 Abs. 2 ZUrlG SL noch nicht fällig war. Ebenso wie sich der beklagte AG nach § 242 BGB wegen ihrer endgültigen Ablehnung des Urlaubsanspruchs nicht auf das Erfordernis einer Mahnung nach § 284 Abs. 1 S. 1 BGB a.F. als Voraussetzung des Schuldnerverzugs berufen durfte, hat das BAG ihm im Streitfall auch eine Berufung darauf verwehrt, der Kläger habe seinen Urlaubsanspruch schon vor Fälligkeit geltend gemacht und daher die Ausschlussfrist des § 70 Abs. 1 BAT für die Geltendmachung seines Schadensersatzanspruchs nicht gewahrt.[301]

5. Verjährung. Auf den Ersatzurlaubsanspruch findet die regelmäßige Verjährungsfrist von drei Jahren, § 195 BGB, Anwendung.[302] Denn der Ersatzurlaub unterliegt keinem eigenständigen Fristenregime, weil er nicht befristet ist.

6. Vertraglicher Ersatz für verfallenen Urlaub? Bisher hatte das BAG noch keine Gelegenheit, über die Rechtsfolgen der in der arbeitsrechtlichen Praxis nicht unüblichen Handhabung der Arbeitsvertragsparteien zu entscheiden, abweichend von § 7 Abs. 3 die Übertragung von Erholungsurlaub zu vereinbaren. Die Abrede verstößt gegen § 13 Abs. 1 und ist daher nach § 134 BGB unwirksam. Der Urlaubsanspruch erlischt bei Fristablauf, ohne dass er durch die einzelvertragliche Vereinbarung gesichert werden kann. Allerdings ist stets zu prüfen, ob dem Rechtsgeschäft nach § 139 BGB noch ein wirksamer Teil entnommen werden muss. Das ist dann der Fall, wenn sich der AG unabhängig von der wegen Verbotsverstoßes unwirksamen Abrede, im Urlaubsjahr keinen Urlaub zu gewähren, verpflichten wollte, dem AN für den infolge Zeitablauf verfallenden Urlaubsanspruch im Folgejahr eine ersatzweise Freistellung zu gewähren. § 13 enthält insoweit keine Beschränkung der Vertragsfreiheit. Die Arbeitsvertragsparteien sind frei, Ersatzansprüche für untergegangenen gesetzlichen Mindesturlaub zu begründen.

IX. Abgeltung

1. Entstehen und Voraussetzungen. Ist der Urlaubsanspruch bei Beendigung des Arbverh noch nicht voll erfüllt, so entsteht nach § 7 Abs. 4 für die nicht mehr mögliche Urlaubsfreistellung ersatzweise der Anspruch auf Urlaubsabgeltung. Daraus hat die ständige Rspr. des urlaubsrechtlichen Fachsenats die sog. **Surrogatstheorie** entwickelt. Der AN soll keinen Verlust erleiden, weil er bis zur Beendigung den ihm zustehenden Freistellungsanspruch nicht erhalten hat. Er soll aber auch nicht besser gestellt werden. Er soll so gestellt werden, als ob das Arbverh fortgesetzt würde. Das bedeutet: Wenn im fortbestehenden Arbverh der Urlaubsanspruch wegen eines in der Person des AN liegenden Erfüllungshindernisses nicht erfüllbar wäre, dann soll er wegen der Beendigung des Arbverh keine Abgeltung erhalten; denn das wäre eine Besserstellung.[303] Der gesetzlich in § 7 Abs. 4 geregelte Urlaubsabgeltungsanspruch setzte daher nach der st. Rspr. des 9. Senats[304] voraus, dass der Urlaubsanspruch noch erfüllt werden könnte, wenn das Arbverh weiter bestünde. Der gesetzliche Anspruch entstehe nicht als Abfindungsanspruch, sondern als Ersatz für den wegen der Beendigung des Arbverh nicht mehr erfüllbaren Anspruch des AN auf Befreiung von der Arbeitspflicht. Daraus wurde geschlossen, der Abgeltungsanspruch sei – abgesehen von seiner Geldform – abgesehen vom Arbverh – an die gleichen Voraussetzungen gebunden wie der Freistellungsanspruch. Wie dieser erlösche er aufgrund seiner Befristung spätestens mit dem Ende des Übertragungszeitraums, wenn der Freistellungsanspruch wegen fortdauernder Arbeitsunfähigkeit nicht hätte erfüllt werden können. Sei der AN zurzeit der Beendigung arbeitsunfähig, hindere das die Entstehung des Urlaubsabgeltungsanspruchs nicht. Vielmehr werde der AG nur für die Dauer der Arbeitsunfähigkeit von der Schuld freigestellt; denn der Anspruch auf Zahlung der Urlaubsabgeltung sei ebenso wenig bei Arbeitsunfähigkeit erfüllbar wie der ursprüngliche Freistellungsanspruch. Endet nach Ausscheiden des AN aus dem Arbverh dessen Arbeitsunfähigkeit noch im Laufe des Urlaubsjahrs oder spätestens im Übertragungszeit-

---

297 BAG 16.3.1999 – 9 AZR 428/98 – AP § 7 BUrlG Übertragung Nr. 25.
298 BAG 24.11.1992 – 9 AZR 549/91 – AP § 1 BUrlG Nr. 23; BAG 18.11.2003 – 9 AZR 95/03 – AP § 113 InsO Nr. 17.
299 BAG 23.4.1996 – 9 AZR 165/95 – BAGE 83, 29.
300 BAG 24.11.1992 – 9 AZR 549/91 – AP § 1 BUrlG Nr. 23 = EzA § 4 TVG Ausschlussfristen Nr. 102.
301 BAG 15.11.2005 – 9 AZR 633/04 – NZA 2006, 879.
302 BAG 15.11.2005 – 9 AZR 633/04 – NZA 2006, 879.
303 BAG 5.9.1995 – 9 AZR 455/94 – ZTR 1996, 28; BAG 9.11.1999 – 9 AZR 99/98 – NZA 2000, 603.
304 BAG 20.1.1998 – 9 AZR 601/96 – n.v.; BAG 19.11.1996 – 9 AZR 376/95 und 5.12.1995 – 9 AZR 871/94 – AP § 7 BUrlG Abgeltung Nr. 1 und Nr. 70 = EzA § 7 BUrlG Abgeltung Nr. 1 und EzA § 7 BUrlG Nr. 101; BAG 27.5.1997 – 9 AZR 337/95 – AP § 7 BUrlG Abgeltung Nr. 74 = BB 1998, 374 = NZA 1998,106; zustimmend: ErfK/*Dörner*, § 7 BUrlG Rn 86 ff.; a.A. *Neumann/Fenski*, § 7 Rn 109; *Boldt/Röhsler*, § 7 BUrlG Rn 70.

raum so rechtzeitig, dass bei bestehendem Arbverh der Urlaub hätte verwirklicht werden können, müsse der AG dem AN die Urlaubsabgeltung nachgewähren. Bestehe dagegen die Arbeitsunfähigkeit fort, so sei der Urlaubsabgeltungsanspruch dauerhaft nicht erfüllbar.

134 **2. Aufgabe der Surrogatstheorie und deren Folgen.** Der EuGH hat das von der Rspr. entwickelte anspruchsvolle dogmatische Konzept des ersatzweisen Abgeltungsanspruchs nicht gewürdigt. Er geht ohne jede Begründung davon aus, Urlaub müsse „jedem AN unabhängig von seinem Gesundheitszustand gewährt" werden.[305] Er hat dabei vernachlässigt, dass er selbst unter Rn 29 seiner Entscheidung erkannt hat, das nationale Recht könne die Inanspruchnahme und Gewährung von Urlaub für den Zeitraum, in dem der AN wegen Krankheit von der Arbeitspflicht frei ist, verwehren. Dieser Begründungsmangel macht die EuGH-Entscheidung jedoch nicht unklar. Es kommt nicht darauf an, ob der EuGH überzeugend begründet, sondern allein darauf, ob er ein klares Auslegungsergebnis aufzeigt. Das ist der Fall. Deshalb war trotz aller berechtigten Kritik an Sprache und Argumentation des EuGH kein Raum für ein erneutes Vorabentscheidungsersuchen.[306] Der urlaubsrechtliche Fachsenat hat deshalb seine Surrogatstheorie aufgegeben.[307] Danach ist der dauerhaft arbeitsunfähig ausscheidende AN im Vorteil. Nach geänderter Rspr. erhält er sofort seine urlaubsrechtliche Abfindung, während der im Arbverh verbleibende AN auf die Wiederherstellung seiner Arbeitsfähigkeit als Voraussetzung der Erfüllbarkeit des Urlaubsanspruchs oder auf die Beendigung des Arbverh warten muss. Folgerichtig entfällt sowohl die nach der Surrogatstheorie notwendige Befristung des Urlaubsabgeltungsanspruchs als auch der sekundäre Anspruch auf Ersatz der verfallenen Urlaubsabgeltung. Das übersieht das Schrifttum, wenn sie die alte Rechtsprechungslinie fortführt.[308] Insoweit ist die Beobachtung von *Rummel* zutreffend, das BAG müsse zurück zur ursprünglichen Auslegung des § 7 Abs. 4 BUrlG,[309] die vor Begründung der Surrogatstheorie herrschte.[310]

135 **3. Keine Abgeltung bei Betriebsübergang.** Mit dem Betriebsübergang tritt der Betriebsnachfolger in die Rechte und Pflichten aus den zum Zeitpunkt des Überganges bestehenden Arbverh zwischen dem AN und dem früheren AG ein (§ 613a Abs. 1 S. 1 BGB). Das gilt auch für Urlaubsansprüche. Der Wechsel des AG durch Betriebsübergang stellt kein Ende des Arbverh zum Veräußerer dar, aufgrund dessen sich der Urlaubsanspruch gesetzlich nach § 7 Abs. 4[311] oder aufgrund vertraglicher Regelungen in einen Abgeltungsanspruch gegenüber dem Veräußerer umwandelt.[312]

136 **4. Unabdingbarkeit der Abgeltung.** Die in § 7 Abs. 4 enthaltene Regelung der ersatzweisen Abgeltung von nicht erfüllten gesetzlichen Urlaubsansprüchen ist von der bisherigen Rspr. auch für die TV-Parteien nach § 13 S. 1 als unabdingbar angesehen worden.[313] Das ist nach der Aufgabe der Surrogatstheorie zweifelhaft (vgl. § 13 Rn 14).

137 **a) Tarifliche Abfindungsfreiheit.** Tarifvertragliche Regelungen konnten abweichend von § 7 Abs. 4 bestimmen, dass im fortbestehenden Arbverh Urlaub, der nicht genommen werden konnte, nach Ablauf des Übertragungszeitraumes zugunsten des AN abzufinden ist.[314] Folgerichtig können die TV-Parteien nach der Änderung der Rspr. jetzt auch wirksam vereinbaren, das der übergesetzliche Mehrurlaub nur dann als Abgeltung zu gewähren ist, wenn der AN arbeitsfähig ist. So können die TV-Parteien die alte Surrogatstheorie für sich vereinnahmen.

138 **b) Abweichende tarifliche Abgeltungsregelungen.** Für die Annahme einer abweichenden Abgeltungsregel bedarf es nach der Rspr. des BAG eindeutiger, über den Wortlaut und über das Regelungsziel des § 7 Abs. 4 hinausgehender Bestimmungen.[315]

139 **5. Vorrang des Naturalurlaubs?** Bei einigen Gerichten und im Schrifttum wird die Ansicht vertreten, es bestehe ein Vorrang des sog. Naturalurlaubs. Bemühe sich ein während der Künd-Frist freigestellter AN nicht um Urlaub, obwohl ihm dies zumutbar sei, könne der Urlaubsanspruch in diesem Fall nicht wegen der Beendigung des Arbverh nicht mehr gewährt werden, sondern wegen der Untätigkeit des AN. Dann bestehe kein Abgeltungsanspruch.[316]

---

305 EuGH 20.1.2009 – C-350/06 und C-520/06 „Schultz-Hoff" und „Stringer" Rn 54.
306 Vgl. ErfK/*Dörner* § 7 BurlG Rn 59 ff.
307 BAG 24.3.2009 – 9 AZR 983/07 BAG Pressemitteilung Nr. 31/09 = NZA 2009, 538.
308 ErfK/*Dörner* § 7 BUrlG Rn 52 ff.
309 Vgl. BAG 18.2.1963 – 5 AZR 357/62- AP Nr. 88 zu § 611 BGB Urlaubsrecht = AuR 1963, 251; BAG 16.11.1968 – 5 AZR 90/68 – AP Nr. 5 zu § 3 BUrlG Rechtsmissbrauch = AuR 1968, 250.
310 *Rummel*, ArbuR 2009, 160, 164.
311 BAG 2.12.1999 – 8 AZR 774/98 – AP § 613a BGB Nr. 202 = EzA § 613a BGB Nr. 189; vgl. auch BSG 30.6.1997 – 10 Ar 4/95 – ZIP 1998, 493.
312 BAG 18.11.2003 – 9 AZR 95/03 – AP § 113 InsO Nr. 17.
313 BAG 5.12.1995 – 9 AZR 871/94 – AP § 7 BUrlG Nr. 70; BAG 27.5.1997 – 9 AZR 337/95 – AP § 7 BUrlG Abgeltung Nr. 74.
314 BAG 13.11.1986 – 8 AZR 68/83 – NZA 1987, 427 = EzA § 13 BUrlG Nr. 29; BAG 20.4.1989 – 8 AZR 475/87 – NZA 1989, 761; BAG 25.1.1990 – 8 AZR 12/89 – EzA § 7 BUrlG Nr. 70 = NZA 1990, 450; BAG 3.5.1994 – 9 AZR 522/92 – EzA § 7 BUrlG Nr. 94.
315 Vgl. BAG 20.1.1998 – 9 AZR 601/96 – n.v. und BAG 9.8.1994 – 9 AZR 346/92 – NZA 77, 291 und 26.5.1992 – 9 AZR 172/91 – AP § 4 BUrlG Abgeltung Nr. 58 = EzA § 7 BUrlG Nr. 83.
316 LAG Nürnberg 29.8.2006 – 7 Sa 676/05 – LAGE § 7 BUrlG Nr. 44 (Revision anhängig beim BAG unter Az 9 AZR 934/06).

Diese Ansicht steht in erkennbarem Widerspruch zum Gebot der Abgeltung wegen Beendigung des Arbverh. Der AN wird nicht durch Abgeltungsentzug bestraft, wenn er keinen Urlaub in der Künd-Frist haben will.

6. Keine Abgeltung im Blockmodell der Altersteilzeit. Nach § 7 Abs. 4 ist der Urlaub abzugelten, der wegen der Beendigung des Arbverh ganz oder teilweise nicht mehr gewährt werden kann. Unter Beendigung des Arbverh ist dessen rechtliche Beendigung zu verstehen. Das ergibt sich schon aus dem Begriff „Arbeitsverhältnis", mit dem die Rechtsbeziehungen zwischen AG und AN zusammenfassend bezeichnet werden und die regelmäßig durch einen Arbeitsvertrag begründet werden. Das Arbverh endet i.S.v. § 7 Abs. 4 daher erst mit der Beendigung des Arbeitsvertrags. Bei der Altersteilzeitarbeit im Blockmodell bewirkt der Übergang von der Arbeits- in die Freistellungsphase noch keine Beendigung des Arbverh i.S.d. § 7 Abs. 4. Ist das Arbverh ein Altersteilzeit-Arbverh, endet es zum vereinbarten Endtermin und nicht bereits mit dem Übergang von der Arbeitsphase in die Freistellungsphase. Der AG ist daher gesetzlich nicht verpflichtet, Resturlaub bei Beginn der Freistellungsphase abzugelten.[317] Bei der rechtlichen Beendigung noch offene Urlaubsansprüche sind daher nur abzugelten, wenn sie dann noch nicht verfallen sind und die in der Person des AN liegenden Voraussetzungen für die Urlaubsgewährung erfüllt sind.[318]

7. Abgeltung für Erben. Das BAG hat entschieden, dass ein Urlaubsabgeltungsanspruch zwar „höchstpersönlich" ist, er aber dennoch auf den Nachlass übergehen kann. Er hat unter der Geltung der Surrogatstheorie den Erben einen sekundären Abgeltungsanspruch (Schadensersatz) für die vergeblich vom Erblasser angemahnte, aber vom AG nicht gezahlte Urlaubsabgeltung zugesprochen[319] Zugrunde lag der Fall eines arbeitsfähigen AN, der nach Beendigung seines Arbverh die fällige Urlaubsabgeltung eingeklagt hatte, aber während des Rechtsstreits verstorben war. Zwar war zum maßgebenden Entscheidungszeitpunkt der unter Geltung der Surrogatstheorie befristete Abgeltungsanspruch infolge Zeitablaufs schon untergegangen, der AG befand sich aber zu diesem Zeitpunkt bereits im Schuldnerverzug. Er musste daher dem Nachlass den durch Untergang des Abgeltungsanspruchs entstandenen Vermögensschaden ersetzen. Dagegen hat das BAG die Klage der Witwe eines AN abgewiesen, dessen Arbverh gekündigt war. Der Erblasser starb in diesem Fall noch vor Ablauf der Künd-Frist. Hier war der Freistellungsanspruch bereits mit dem Tod des AN unerfüllbar geworden. Die Umwandlung des Freistellungsanspruchs in den Abgeltungsanspruch konnte nicht mehr zustande kommen, denn zum Zeitpunkt der Beendigung des Arbverh war der Freistellungsanspruch grundsätzlich nicht mehr erfüllbar. Ein Toter kann nicht mehr freigestellt werden. Deshalb hat in diesem Fall der 9. Senat den Übergang des Anspruchs auf die Erbin verneint.[320] Nach der Aufgabe der Surrogatstheorie muss diese Rspr. überdacht werden. Nach der verbindlichen Auslegung des Art. 7 Abs. 2 Arbeitszeit-RL ist der AN durch die finanzielle Vergütung „am Ende des Arbverh"[321] so zu stellen, als hätte er den Urlaubsanspruch „während der Dauer seines Arbverh ausgeübt".[322] Das spricht dafür, in gemeinschaftsrechtskonformer Auslegung des § 7 Abs. 4 die Abgeltung als eine Art finanzielle Abfindung für die Beendigung erfüllbare Urlaubsansprüche anzusehen. Damit wird es unerheblich, dass die Arbeitspflicht nach § 613 S. 1 BGB und folglich auch die Befreiung von ihr höchstpersönlicher Natur ist. Die Abgeltung fällt nach der Rspr.-Änderung des BAG vom 24.3.2009[323] als bloße Geldforderung ebenso wie der Anspruch auf Urlaubsentgelt in den Nachlass. Das entspricht auch einer verbreiteten Auffassung. So ist in § 8 Ziff. 9 BRTV Bau geregelt: „Bei Tod des Arbeitnehmers gehen dessen Ansprüche auf Urlaubsvergütung, Urlaubsabgeltung oder Entschädigung auf den Erben über."

8. Verjährung der Abgeltung. Der „neue" gemeinschaftsrechtskonforme Abgeltungsanspruch[324] unterliegt als reiner Geldanspruch der Verjährung des § 195 BGB. Maßgeblich für den Fristlauf ist nach § 199 Abs. 1 Nr. 1 BGB die Entstehung des Abgeltungsanspruchs mit der Beendigung des Arbeitsverhältnisses (wegen der Geltung von Ausschlussfristen siehe § 13 Rn 33).

X. Übergesetzlicher Mehrurlaub

Für den Mehrurlaub, der den gesetzlichen Mindesturlaub übersteigt, stellt sich in vielerlei Hinsicht die Frage, ob er eigenen Regeln folgt oder im Gleichlauf mit dem BUrlG ausgestaltet ist. Das bedeutet angesichts der Änderung der Rspr. vor allem: Verfällt im Falle einer dauernden Arbeitsunfähigkeit der Anspruch auf Mehrurlaub ebenso wenig wie der auf Mindesturlaub? Die Vertragsparteien müssen zumindest deutlich machen, dass und wie sie den vertraglichen Mehrurlaub vom Gesetzesrecht „abkoppeln" wollen. Bestehen keine abweichenden Regeln, so teilen Min-

---

[317] BAG 10.5.2005 – 9 AZR 196/04 – AP § 7 BUrlG Abgeltung Nr. 88.
[318] BAG 15.3.2005 – 9 AZR 143/04 – BAGE 114, 89 = AP § 7 BUrlG Nr. 31 = jurisPR-ArbR 48/2005 Anm. 1 *Thau*.
[319] BAG 19.11.1996 – 9 AZR 376/95 – BB 1997, 1901 m. Anm. *Hohmeister*, DB 1996, 2448; WiB 1997, 820 m. Anm. *Treber*; zustimmend: MünchArb/*Leinemann*, § 91 Rn 45; abl. ErfK/*Dörner*, § 7 BUrlG Rn 60; *Stein*, RdA 2000, 16, 22.
[320] BAG 20.1.1998 – 9 AZR 601/96 – n.v.
[321] EuGH 20.1.2009 – C- 350/06, C- 520/06 „Schultz-Hoff" und „Stringer" Rn 62.
[322] EuGH 20.1.2009 – C- 350/06, C- 520/06 „Schultz-Hoff" und „Stringer" Rn 61.
[323] BAG 24.3.2009 – 9 AZR 983/07 – BAG Pressemitteilung Nr. 31/09 = NZA 2009, 538.
[324] BAG 24.3.2009 – 9 AZR 983/07 – BAG Pressemitteilung Nr. 31/09 = NZA 2009, 538.

dest- und Mehrurlaub dasselbe Schicksal[325] (hierzu das Muster Rn 181). Bei einer unterschiedlichen Regelung des Verfalls von Mindest- und Mehrurlaub stellt sich ein neues Problem: Wird bei einer gestückelten Gewährung zunächst der gesetzliche Mindesturlaub oder der tarifliche Mehrurlaub erfüllt? Hierzu siehe das vorgeschlagene Muster einer ausdrücklichen Leistungsbestimmung des Schuldners (AG) unter Rn 182.

C Verbindung zu anderen Rechtsgebieten

I. Steuerrecht

144 Für einen nicht in Anspruch genommenen Urlaub des AN schuldet das Unternehmen am Bilanzstichtag das Entgelt. Für diese Verpflichtung ist eine Rückstellung zu bilden.[326] Die Urlaubsabgeltung ist als sonstiger Bezug nach § 39 Abs. 3 EStG einkommen- und lohnsteuerpflichtig.

II. Betriebsverfassungsrecht

145 **1. Einschränkung der Arbeitgeberrechte.** § 87 Abs. Nr. 5 BetrVG schränkt den AG bei der Festlegung der Lage des Urlaubs ein. Er wird durch die dem BR dort eingeräumten Mitbestimmungsrechte in seiner Handlungsfreiheit beschränkt; denn ohne Zustimmung des BR oder ohne den die Zustimmung ersetzenden Spruch der Einigungsstelle kann er nicht wirksam die Rechtsstellung der AN betreffende Handlungen durchführen. Diese Mitbestimmung erfasst die Mitgestaltung allg. Urlaubsgrundsätze, die Urlaubsplanung und im Streitfall auch die Festlegung der zeitlichen Lage des Urlaubs eines einzelnen AN (vgl. § 87 BetrVG Rn 82).

146 **2. Festlegung des Urlaubs für einzelne Arbeitnehmer.** Nur wenn und soweit ein Streit zwischen AG und beteiligten AN über die zeitliche Festlegung des Urlaubs nicht beigelegt werden kann, greift das Mitbestimmungsrecht ein. Das Mitbestimmungsrecht besteht dann für diesen Einzelfall.[327] Dabei ist der BR auch zur Mitbeurteilung der individuellen Rechtslage aufgerufen. Die Einigung bedarf keiner Form. Sie erfolgt gewöhnlich als Regelungsabrede zwischen AG und BR. Kommt es zu keiner Einigung, entscheidet nach § 87 Abs. 2 BetrVG die Einigungsstelle, wenn diese von AG oder BR angerufen wird. Einen Regelungsspielraum hat die Einigungsstelle nicht. Die Festlegung muss die Vorgaben des § 7 Abs. 1 und 2 umsetzen. Dabei besteht nur ein Beurteilungsspielraum.[328] Ein kollektiver Bezug liegt schon dann vor, wenn es um einen Urlaubswunsch geht, der mit anderen konkurriert. Das Mitbestimmungsrecht hindert den AN nicht, seinen Anspruch im arbeitsgerichtlichen Urteilsverfahren geltend zu machen.[329] Haben BR und AG oder die Einigungsstelle die Grundsätze des § 7 Abs. 1 nicht beachtet, ist die dennoch erfolgte Festlegung unverbindlich.

III. Prozessrecht und Durchsetzung

147 **1. Durchsetzung des Urlaubsanspruchs im Wege der Mahnung.** Verweigert der AG die Abgabe der erforderlichen Erklärung zur Festlegung des Urlaubs (siehe Rn 25), so hat der AN grds. kein Recht zur Selbstbeurlaubung (siehe Rn 37). Er muss dann zur Vermeidung des Verfalls (siehe Rn 94) wegen des nicht erfüllten Anspruchs den AG mahnen oder verklagen, § 286 Abs. 1 S. 1 BGB. Das muss so rechtzeitig geschehen, dass der AG noch vor Ablauf des Urlaubsjahres – bei Übertragung spätestens vor Ablauf des Übertragungszeitraums – zur Erfüllung des Urlaubsanspruchs noch von der Arbeit freistellen kann.

148 Beispiel: AN Müller hat Anspruch auf Resturlaub von 15 Arbeitstagen. Der AG will diese nicht gewähren. Müller muss die Festlegung des Resturlaubs so früh anmahnen, dass im Urlaubsjahr noch mind. 15 Arbeitstage anfallen. Fallen nur noch fünf Arbeitstage nach Eingang der Mahnung an, so sind zehn Urlaubstage schon verfallen.

149 **a) Geltendmachung mit konkretem Termin?** Die **Mahnung** setzt einen zurzeit durchsetzbaren Anspruch voraus.[330] Ist der AN zzt. der Mahnung oder der Klage für die von ihm gewünschte Zeit der Urlaubsnahme arbeitsunfähig infolge Krankheit, so ist der Anspruch nicht erfüllbar und damit nicht durchsetzbar.[331] An den Inhalt der Mahnung hat die Rspr. strenge Anforderungen im Sinne einer Forderung auf unverzügliche Festlegung des Urlaubsanspruchs zu einem vom AN bestimmten Zeitraum gestellt.[332] Die Zivilgerichtsbarkeit legt weniger strenge Maßstäbe an eine Mahnung an. Danach genügt es, wenn der Gläubiger zumindest konkludent zum Ausdruck bringt, dass er die geschuldete Leistung verlangt.[333] Ausreichend sollte es daher auch im Urlaubsrecht sein, wenn für den AG erkennbar zum Ausdruck kommt, dass die von ihm geschuldete Festlegung noch im Urlaubsjahr eine Freistellung von der Arbeitspflicht bewirken soll. Die von der Rspr. vertretene Ansicht, der AN müsse vom AG eine konkrete

---

325 BAG 24.3.2009 – 9 AZR 983/07 – BAG Pressemitteilung Nr. 31/09 = NZA 2009, 538.
326 *H. Schmidt*, PdR Gruppe 6, 237–245 (3/2003) mit Erläuterungen zu § 6 Abs. 1 Nr. 3a EStG 2002.
327 HaKo-BetrVG/*Düwell/Kohte*, § 87 Rn 65.
328 HaKo-BetrVG/*Düwell/Kohte*, § 87 Rn 65.
329 HaKo-BetrVG/*Düwell/Kohte*, § 87 Rn 65.

330 Palandt/*Heinrichs*, § 286 Rn 12.
331 BAG 19.4.1994 – 9 AZR 462/9 2 – AP § 74 SGB V Nr. 2.
332 BAG 26.6.1986 – 8 AZR 75/83 – BAGE 52, 254; BAG 24.8.1993 – 9 AZR 409/90 – juris; BAG 18.3.1997 – 9 AZR 794/95 – juris.
333 Palandt/*Heinrichs*, § 286 Rn 17, 18.

zeitlich festgelegte Befreiung von der Arbeitspflicht i.S.v. § 7 Abs. 1 verlangen, ist überzogen. Die Äußerung eines zeitlich konkretisierten Urlaubswunsches ist keine notwendige Mitwirkungshandlung des AN.[334] I.Ü. hat der AG ebenso wie die Gerichte[335] unpassende Formulierungen aus dem Kontext heraus sinnvoll auslegen. Nach § 133 BGB muss er sich zusätzlich sein Wissen zurechnen lassen, dass AN häufig nur auf eine zaghafte Art und Weise ihre Ansprüche gegenüber dem AG geltend machen. Das bedeutet: Der AG muss die Bitte, den „noch offen stehenden Resturlaub zu gewähren", als Mahnung verstehen, dass er noch vor Ablauf des Urlaubsjahres den gesamten im Urlaubskonto ausgewiesenen Resturlaub so festgelegen soll, dass kein Verfall eintritt.

b) Verlangen auf Gutschrift von Urlaubstagen. Wenn ein AN am 22.12. verlangt, ihm „für das Urlaubsjahr noch fünf Tage Erholungsurlaub gutzuschreiben", so ist nach der Rspr. darin noch keine Mahnung im Sinne eines bestimmten und eindeutigen Leistungsverlangens auf Urlaubsgewährung im Urlaubsjahr gesehen worden.[336] Da nach Ablauf der Wartezeit (§ 4) Urlaubsansprüche nach § 7 Abs. 3 S. 2 automatisch und nicht auf Verlangen übertragen werden, ist die vor Ende des Urlaubsjahres eingehende „Bitte" eines länger als sechs Monate beschäftigten AN, ihm fünf Tage Resturlaub gutzuschreiben, als Aufforderung zur gewillkürten Übertragung zu verstehen. Das ist nur möglich, wenn sich der AG rechtsgeschäftlich verpflichtet, im Umfang des verfallenen Resturlaubs im nächsten Jahr Ersatzurlaub zu gewähren. Das ist etwas anderes als die mahnweise Geltendmachung des im Urlaubsjahr zu erfüllenden Resturlaubsanspruchs und deshalb nicht geeignet, Verzugsansprüche zu begründen.

2. Gerichtliche Durchsetzung. Erklärt der AG trotz Äußerung des konkreten Urlaubswunsches und Mahnung nicht die Freistellung, bleibt dem AN zur Durchsetzung seines Urlaubsanspruchs nur die Klage oder wegen der Eilbedürftigkeit die Inanspruchnahme des einstweiligen Rechtsschutzes.

a) Leistungsklage auf Urlaubsgewährung zu einem bestimmten Zeitraum. Die Gestaltungsklage wäre nur dann die richtige Klageart, wenn die Bestimmung des Urlaubszeitpunkts in dem Ermessen des AG i.S.v. § 315 BGB läge. Das ist sie aber nicht.[337] Der AG ist als Schuldner des Urlaubsanspruchs verpflichtet, nach § 7 Abs. 1 Hs. 1 und S. 2 die Urlaubswünsche des AN zu berücksichtigen und daher auch den Urlaub für den vom AN angegebenen Termin festzusetzen, jedenfalls dann, wenn die Voraussetzungen nach § 7 Abs. 1 Hs. 2 nicht gegeben sind. Die Festlegung des Urlaubszeitpunkts ist damit eine Konkretisierung, die zwar dem AG obliegt, die aber durch den Wunsch des AN regelmäßig vorher bestimmt ist. Richtige Klageart ist daher die Leistungsklage.[338]
Beispiel: Der AN erhebt mit dem Antrag Klage, den Beklagten zu verurteilen, dem Kläger vom 8.10.2007 bis 23.10.2007 Erholungsurlaub zu gewähren.
Die dem AG zustehenden Leistungsverweigerungsrechte können nur auf Einrede des beklagten AG berücksichtigt werden. Sie stehen der Zulässigkeit einer Leistungsklage nicht entgegen.[339] Entsteht die Einrede erst nach der Verurteilung, ist sie im Zwangsvollstreckungsverfahren noch zu beachten.

b) Angabe der Urlaubstage im beantragten Freistellungszeitraum. Üblicherweise wird im Antragstenor auch die Anzahl der auf die zusammenhängende Freistellungszeit entfallenden Urlaubstage angegeben; denn dem Kläger ist nicht gleichgültig, wie viel Urlaubstage der AG auf den gewünschten Freistellungszeitraum anrechnet.
Beispiel: Der AN kann daher beantragen, den Beklagten zu verurteilen, dem Kläger für die Freistellung vom 8.10.2007 bis 23.10.2007 elf Tage Erholungsurlaub zu gewähren.
Um künftigen Streit über den offenen Resturlaubsanspruch zu vermeiden, kommt alternativ auch eine **Zwischenfeststellungsklage** über die Anzahl für den Freistellungszeitraum anzurechnenden Urlaubstage nach § 253 Abs. 2 ZPO in Betracht. Sie kann auch als **Zwischenfeststellungswiderklage** vom AG hilfsweise für den Fall des Unterliegens erhoben werden. Die Aufnahme der Anzahl der Urlaubstage in den Antrag sorgt für Klarheit und erspart ebenso den Folgestreit, über den Umfang des erloschenen oder dazu komplementär noch offenen Urlaubsanspruchs. Die Angabe im Tenor ist für die Feststellung dessen, was in Rechtskraft erwächst, nicht zwingend erforderlich. Es genügt, in der Antragsbegründung darzulegen, wie viel Urlaubstage mit der erstrebten Freistellung nach Ansicht des Klägers verbraucht werden. Ob diese Darstellung zutrifft, ist zumeist nur eine Rechtsfrage. Deren Beantwortung hängt von der Arbeitszeitverteilung ab, wie sie sich z.B. aus einer starren Fünf-Tage-Woche, einer Doppelwoche mit neun Arbeitstagen oder einem flexiblen Arbeitszeitmodell, geregelt im Arbeits-, TV und in der Betriebs- oder Dienstvereinbarung, ergibt. Bedeutung hat auch das Feiertagsrecht, soweit nach dem Arbeitsvertrag keine Feiertagsarbeit

---

334 BAG 22.9.1992 – 9 AZR 483/91 – AP § 7 BUrlG Nr. 13.
335 Vgl. zur Auslegung eines Antrags auf Gutschrift von Urlaubstagen in eine Geltendmachung des Fortbestands eines Urlaubsanspruchs BAG 9.5.1995 – 9 AZR 552/93 – AP § 7 BUrlG Übertragung Nr. 22.
336 BAG 18.3.1997 – 9 AZR 794/95 – juris.
337 BAG 18.12.1986 – 8 AZR 502/84 – BAGE 54, 63 = AP § 7 BUrlG Nr. 10.
338 BAG 18.12.1986 – 8 AZR 502/84 – BAGE 54, 63 = AP § 7 BUrlG Nr. 10; dieser Rspr. folgend: ErfK/*Dörner*, § 7 BUrlG Rn 48; *Friese*, Rn 276; *Arnold/Ackermann/Rambach u.a.*, § 7 Rn 96 allerdings mit falschem Az. der herangezogenen BAG-Entscheidung.
339 BAG 18.12.1986 – 8 AZR 502/84 – BAGE 54, 63 = AP § 7 BUrlG Nr. 10.

vereinbart ist. Maßgebend für den Umfang der Erfüllung ist die Anzahl der in dem gewünschten Zeitraum ohne Urlaubserteilung ansonsten anfallenden Kalendertage mit Arbeitspflicht. Bei nicht gerichtsbekannten **Modellen der unregelmäßigen Arbeitszeitverteilung** ist es ohne konkrete Angabe im Festlegungszeitraum liegender „freier Tage" für das Gericht nicht möglich, die Berechnung der Anzahl der einzubringenden Urlaubstage nachzuvollziehen. An sich gehört es daher zur Schlüssigkeit der Klage, auch die eingeschlossenen „freien" Tage darzulegen. In der Praxis wird jedoch gewöhnlich davon ausgegangen, der AG müsse der Darstellung des AN entgegentreten: Tue er das nicht, habe er als Folge der Rechtskraft zu erdulden, dass er später nur die in der Klage angegebene Anzahl von Urlaubstagen anrechnen dürfe, auch wenn sie objektiv zu niedrig sei. Widerspricht der AG der klägerischen Angabe hinsichtlich der einzubringenden Anzahl der Urlaubstage, so muss das Gericht auf eine sachgemäße Antragstellung hinweisen. Es kann im Beispiel nicht einfach, wenn es zur Abdeckung des gewünschten Freistellungszeitraums 8.10.2009 bis 23.10.2009 die Einbringung von zwölf Urlaubstagen für nötig hält, den AG zur Gewährung von zwölf Urlaubstagen verurteilen. Dem steht der Grundsatz „ne ultra petita" (§ 302 ZPO) entgegen. Es kann auch nicht ohne Weiteres den gewünschten Freistellungszeitraum wegen des seiner Ansicht nach fehlenden zwölften Urlaubstags auf den 22.10.2009 verkürzen. Das ist ohne entsprechende Erklärung des Klägers im Verhältnis zum Antrag kein Minus, sondern ein Aliud. Will der AN notfalls auch einen verkürzten Urlaub, so sollte er darauf hingewiesen werden, einen entsprechenden Hilfsantrag zu stellen. Will er unbedingt den gewünschten Freistellungszeitraum voll in Anspruch nehmen, so ist folgender Antrag angebracht:

Hilfsweise den Beklagten zu verurteilen, dem Kläger für die Freistellung vom 8.10.2009 bis 23.10.2009 zwölf Tage Erholungsurlaub zu gewähren.

157 **c) Erledigendes Ereignis.** Da der Urlaub auf das Kalenderjahr bezogen ist, kann der AN jedenfalls dann, wenn der AG Rechtsmittel einlegt, keine rechtskräftige Entscheidung bis zum Beginn des gewünschten Urlaubs erlangen. Nach der älteren Auff. des BAG wird mit Ablauf des gewünschten Urlaubstermins die Klage unzulässig; denn es fehle am Rechtsschutzinteresse, weil feststehe, dass sie auf eine inzwischen unmöglich gewordene Leistung gerichtet sei.[340] Der AN kann das Unterliegen im Rechtsstreit vermeiden, wenn er die Hauptsache mit der Kostenfolge aus § 91a ZPO für erledigt erklärt: Er kann die Erledigung der Hauptsache vermeiden, indem er auf eine Leistung ohne bestimmten Zeitraum klagt. Eine andere Möglichkeit, die sich auch noch in der Rechtsmittelinstanz bietet, ist es, die Leistungsklage auf eine Feststellungsklage umzustellen.[341] Der Vorteil im Verhältnis zu einer obsiegenden Kostenentscheidung nach § 91a ZPO liegt in der rechtskräftigen Feststellung des Urlaubsanspruchs.

158 **d) Feststellungsklage.** Für die Erhebung einer Feststellungsklage ist zu beachten, dass zum Zeitpunkt der Entscheidung noch ein alsbaldiges Rechtsschutzinteresse nach § 256 Abs. 1 ZPO vorhanden sein muss. Die Klage eines AN mit dem Antrag festzustellen, dass ihm für eine bestimmte Zeit Urlaub zu gewähren war, ist unzulässig, weil sich aus dieser vergangenheitsbezogenen Feststellung keine Rechtsfolgen für die Gegenwart oder Zukunft ergeben können.[342] Mit Ablauf des Urlaubsjahrs ist nämlich der Erfüllungsanspruch untergegangen. Anders ist die Rechtslage, wenn der Feststellungsantrag einen gegenwärtigen Anspruch verfolgt, nämlich Ersatz für den vom AG zu vertretenden Verfall des Urlaubsanspruchs. Für einen derartigen Feststellungsantrag besteht das Rechtsschutzbedürfnis.[343]

159 Formulierungsbeispiel:

Antrag auf Feststellung,
1. dass der AG dem Kläger für das Urlaubsjahr 2007 noch einen Tag Resturlaub zu gewähren hat,
2. oder wenn das Jahr abgelaufen ist: dass der AG dem Kläger für im Jahr 2007 verfallenen Urlaubstag einen Ersatzurlaubstag zu gewähren hat.

160 Das BAG war in der Vergangenheit bei der Zulässigkeit von Feststellungsklagen großzügig. Es hat Klagen auf Feststellung, dass dem AN für ein abgelaufenes Urlaubsjahr noch eine bestimmte Anzahl von Tagen Erholungsurlaub zustehe, als zulässig angesehen.[344] Das ist im Schrifttum zu Recht auf Bedenken gestoßen.[345]

Streiten die Parteien über Bestand oder Umfang des Urlaubsanspruchs im Urlaubsjahr, so besteht für eine Feststellungsklage, weil diese regelmäßig zu einer abschließenden oder doch prozesswirtschaftlich sinnvollen Entscheidung führt und die Vollstreckung eines Leistungsurteils problembehaftet ist, ein anzuerkennendes Interesse. Es ist aber genauer als bisher zu beachten, dass nach Ablauf des Urlaubsjahres nur Übertragung oder Ersatz in Betracht kommt.

161 **e) Zwangsvollstreckung.** Umstr. ist, wie Urteile auf Gewährung von Urlaub zu vollstrecken sind. Nach der wohl h.M. erübrigt sich eine Vollstreckung: sie erfolgt automatisch über § 894 ZPO. Danach gilt die Willenserklärung auf

---

340 BAG 18.12.1986 – 8 AZR 502/84 – BAGE 54, 63 = AP § 7 BUrlG Nr. 10; a.A. unbegründet ErfK/*Dörner*, § 7 BUrlG Rn 49 ebenso *Friese*, Rn 278.
341 BAG 18.3.1997 – 9 AZR 84/96 – BAGE 85, 306 = AP § 17 BErzGG Nr. 8 = NZA 1997, 1168.
342 BAG 8.12.1992 – 9 AZR 113/92 – AP § 256 ZPO 1977 Nr. 19.
343 BAG 18.5.1999 – 9 AZR 381/98 – BAGE 91, 336 = AP § 1 BildungsurlaubsG Hamburg Nr. 2.
344 BAG 27.11.1986 – 8 AZR 163/84 – NZA 1987, 84.
345 Vgl. *Friese*, Rn 286.

Freistellung für den bestimmten Urlaubszeitraum mit Rechtskraft als abgegeben. Für einen im Hauptsacheverfahren geführten Rechtsstreit kommt diese Wirkung spätestens bei Einlegung eines Rechtsmittels für den Urlaubsantritt zu spät. Dem AN verbleibt nur die Möglichkeit des einstweiligen Rechtsschutzes.

f) Klage auf Urlaubsgewährung ohne bestimmten Zeitraum. Im Schrifttum werden auch Klagen auf Urlaubsgewährung ohne Angabe eines bestimmten Urlaubszeitraums generell als zulässig angesehen.[346] Diese Antragstellung soll insb. dann in Betracht kommen, wenn auch über die Höhe des Urlaubsanspruchs Streit besteht. 162

Beispiel: Der Beklagte wird verurteilt, dem Kläger für 2009 weitere fünf Urlaubstage und ab 2010 jährlich 30 Urlaubstage zu gewähren.

Der zuständige Fachsenat des BAG hat dagegen keine Bedenken. Er hat daher folgenden Antrag als zulässig erachtet: *„Die Beklagte wird verurteilt, der Klägerin ab dem Jahr 1997 jährlich 2,5 Arbeitstage als Zusatzurlaub zu dem bereits bestehenden jährlichen Urlaubsanspruch zu gewähren."*[347]

Die Zulässigkeit der Klage auf Gewährung für zukünftige Urlaubsjahre ergibt sich aus § 259 ZPO. Bedenken bestehen wegen des Bestimmtheitsgebots aus § 253 ZPO und wegen der Zwangsvollstreckung nach § 894 ZPO.[348] Die vordringende Ansicht hält diese Bedenken jedoch nicht für durchgreifend. Die Vollstreckung eines Urteils auf Urlaubsgewährung ohne Angabe eines konkreten Urlaubszeitraums soll nach § 888 ZPO erfolgen.[349] (Dieses Urteil ist nach § 62 Abs. 1 S. 1 ArbGG vorläufig vollstreckbar. In Anwendung von § 888 ZPO können sofort nach Zustellung des mit Titel versehenen Urteils vom Gericht auf Antrag des AN Vollstreckungsmaßnahmen ergriffen werden. Die Zwangsvollstreckung setzt den an das ArbG als Vollstreckungsgericht gerichteten Antrag mit der Darlegung voraus, dass trotz der Verurteilung der AG nicht erfüllt. Um die Festlegung nicht in das Belieben des AG zu legen, kann der AN im Vollstreckungsverfahren beantragen, den AG anzuhalten, den Urlaub auf einen bestimmten Zeitraum festzulegen. Damit äußert der AN den bisher noch offenen Urlaubswunsch. Der AG kann gegen den zeitlichen Urlaubswunsch entsprechend § 7 Abs. 1 S. 1 auch noch im Vollstreckungsverfahren Einwendungen geltend machen. Hat der AG nach Verurteilung den Urlaub gewährt, so kann er den Einwand der Erfüllung erheben. Kommt es bei der Abfassung der Urteilsgründe zu Verzögerungen, vgl. hat das ArbG spätestens nach zwei Wochen eine abgekürzte Urteilsfassung der Geschäftsstelle zu übergeben (vgl. § 60 Abs. 4 S. 3 ArbGG). Für die Vollstreckung muss im Unterschied zu § 894 ZPO die Rechtskraft nicht abgewartet werden. Kritisch ist dazu anzumerken, dass auf diese Weise Streitigkeiten über die ordnungsgemäße Erfüllung ins Vollstreckungsrecht verlagert werden. Dies ist jedoch auch bei anderen Rechtsstreitigkeiten nicht immer zu vermeiden. Die sich anbietende Alternative ist die Feststellungsklage. Diese ist allerdings noch weniger hilfreich, denn ein auf diese Klage ergehendes Feststellungsurteil ist überhaupt nicht vollstreckbar. 163

3. Einstweilige Verfügung auf Urlaub. Nach h.M. ist trotz aller dogmatischen Begründungsprobleme der AN nach §§ 935, 940 ZPO berechtigt, seinen Urlaubsanspruch durch Freistellung im Wege der einstweiligen Verfügung durchzusetzen.[350] 164

a) Keine letztinstanzliche Klärung. Der für den Bestandsschutz zuständige 2. Senat des BAG sieht den eigenmächtigen Urlaubsantritt als wichtigen Grund für eine fristlose Künd nach § 626 BGB an. Er kommt nur zu der Annahme des wichtigen Grundes, weil er von einem umfassenden System des gerichtlichen Rechtsschutzes im Urlaubsrecht unter Einbezug der Möglichkeiten einer einstweiligen Verfügung ausgeht.[351] Da bei Rechtsmitteln gegen einstweilige Verfügungen der Zugang zum BAG nach § 542 Abs. 2 ZPO und § 62 Abs. 2 ArbGG versperrt ist, kommt eine Klärung der Rechtsfrage durch den zuständigen Fachsenat nicht in Betracht. 165

b) Keine Vorwegnahme der Hauptsache. Da bei Erlass einer einstweiligen Verfügung auf Urlaubsgewährung der Urlaubsanspruch nicht nur gesichert, sondern im Sinne einer Vorwegnahme der Hauptsache endgültig befriedigt wird, ist dem AN nur das Recht zu geben, in dem begehrten Zeitraum von der Arbeit fernzubleiben. Über die Pflicht zur Vergütungszahlung bedarf es erst im Hauptsacheverfahren einer Entscheidung.[352] 166

---

346 ErfK/*Dörner*, § 7 BUrlG Rn 50; *Arnold/Ackermann/Rambach u.a.*, § 7 Rn 97.
347 BAG 5.9.2002 – 9 AZR 355/01 – BAGE 102, 294 = AP § 1 SonderUrlG Saarland Nr. 2.
348 So BAG 12.10.1961 – 5 AZR 294/60 – AP § 611 BGB Urlaubsrecht Nr. 83.
349 *Arnold/Ackermann/Rambach u.a.*, § 7 BUrlG Rn 98; ErfK/*Dörner*, § 7 BUrlG Rn 50; *Leinemann/Linck*, § 7 BUrlG Rn 81 unter Aufgabe der Auff. der Vorlaufage; *Friese*, Rn 293.
350 BAG 22.1.1998 – 2 ABR 19/97 – NZA 1998, 708; LAG Köln 17.3.1995 – 13 Sa 1282/94 – AR-Blattei ES „Saisonarbeit" Nr. 2; LAG Hamburg 15.9.1989 – 3 Sa 17/89 – LAGE § 7 BUrlG Nr. 26; LAG Berlin 20.5.1985 – 9 Sa 38/85 – LAGE § 7 BUrlG Nr. 9; ErfK/*Dörner*, § 7 BUrlG Rn 55; a.A. *Leinemann/Linck*, § 7 BUrlG Rn 93 ff. mit einem Überblick über den Meinungsstand.
351 BAG 20.1.1994 – 2 AZR 531/92 – AP § 626 BGB Nr. 115; BAG 22.1.1998 – 2 ABR 19/97 – DB 1998, 1290.
352 *Corts*, NZA 1998, 357; *Leinemann/Linck*, § 7 BUrlG Rn 95.

Beispiel für eine gerichtliche Tenorierung: Der Verfügungsbeklagte wird verurteilt, die Verfügungsklägerin in der Zeit vom 9.10.2007 bis zum 20.10.2007 von der Arbeit freizustellen.[353]

Stellt sich dann im Hauptsacheverfahren heraus, dass der AG zu Recht von einem Leistungsverweigerungsrecht Gebrauch gemacht hat, so besteht kein Anspruch auf Urlaubsvergütung. Dann wäre der Urlaubsanspruch nicht infolge Erfüllung erloschen. Im Schrifttum wird allerdings auch vertreten, es müsse hier vom Grundsatz, dass die Abgabe von Willenserklärungen nicht durch einstweilige Verfügungen angeordnet werden dürfe, eine Ausnahme gemacht werden.[354] Das würde – wie häufig im gewerblichen Rechtsschutz – zur Vorwegnahme der Hauptsache führen.

167 **c) Verfügungsgrund.** Vor Erlass einer einstweiligen Verfügung muss stets der Verfügungsgrund geprüft werden. Es bedarf einer besonderen Eilbedürftigkeit. Schädlich ist es, wenn der AN den Eilbedarf selbst herbeigeführt hat. Der Wunsch des AN, vor Beginn der gewünschten Urlaubszeit quasi eine gerichtliche Genehmigung für den Urlaubsantritt zu erhalten, genügt nicht. Umstr. ist es, ob der Umstand, der AN sei aus familiären oder persönlichen Gründen an dem Termin gebunden, ausreicht.[355] Demgegenüber wird die Auff. vertreten, ein Verfügungsgrund sei anzunehmen, wenn der AN auf gemeinsamen Urlaub mit Ehegatten und Kindern in der Schulferienzeit angewiesen sei.[356] Auszugehen ist dabei von dem Grundgedanken, dass im Bereich der einstweiligen Verfügungen die Gesamtheit der rechtlichen Beziehungen zwischen den Parteien zu beachten ist und gleichzeitig eine Abwägung zwischen den Schadensmöglichkeiten und den Grenzen der einstweiligen Verfügung im Rahmen von § 940 ZPO stattzufinden hat.[357] Bedingung für die Annahme einer solchen Ausnahmesituation ist danach, dass ohne die einstweilige Verfügung für den Verfügungsgläubiger ein ganz wesentlicher Schaden oder ein Verlust des erbetenen Anspruchs eintreten würde. Ein Verfügungsgrund ist daher bejaht worden, wenn ansonsten eine Gewährung des Urlaubs aufgrund der bevorstehenden Beendigung des Arbverh nicht mehr möglich wäre.[358]

168 **d) Sonderfall Widerruf einer Freistellungserklärung.** In der Praxis werden als problematisch die Fälle empfunden, in denen er AG ursprünglich die Freistellung erklärt hatte, dann aber widerrief. An sich bedarf es keiner Entscheidung des ArbG. Nach der hier vertretenen Ansicht ist der Widerruf regelmäßig unwirksam (siehe Rn 45). Da der AN aufgrund der einmal erteilten Freistellungserklärung von der Arbeit fern bleiben darf, liefe eine einstweilige Verfügung auf ein reines Rechtsgutachten hinaus.[359]

D. Beraterhinweise

I. Häufige Fehlerquellen

169 **1. Urlaubswünsche.** Der AG ist nicht berechtigt, Urlaubswünsche zu Beginn des Jahres, z.B. für 2.1. bis 29.1., mit der Begründung abzulehnen, die Urlaubstage seien noch nicht „verdient". Der Urlaubsanspruch ist kein leistungsbezogener Anspruch, der erdient wird, sondern ein Freistellungsanspruch, der nach § 1 den Bestand des Arbverh und die Erfüllbarkeit der Freistellung von der Arbeitspflicht voraussetzt (siehe § 1 Rn 26).

170 **2. Urlaubsplanung.** Wird mit dem BR nach § 87 Abs. 1 Nr. 5 BetrVG nach Ermittlung der Urlaubswünsche in Form einer Urlaubsliste ein endgültiger Urlaubsplan aufgestellt, so ist zu bedenken, dass damit ein Verlust an Flexibilität verbunden ist. Das zeigt sich, wenn aus dringenden betrieblichen Gründen eine Planänderung mit anderer Festsetzung erforderlich wird. Zweckmäßig ist daher, im mitbestimmten Urlaubsplan klar zu stellen, dass es sich nur um eine vorläufige Planung handele und die endgültige individuelle Festlegung bis zum (…) vorbehalten bleibe, so dass es noch einer gegenüber dem einzelnen AN zu erklärenden Freistellungserklärung bedürfe. Die dringenden betrieblichen Gründe, die eine Abweichung vom vorläufigen Urlaubsplan zulassen, können mit dem BR vereinbart werden, z.B. nicht vorhersehbare und kurzfristig abzuarbeitende Auftragssteigerung.

171 **3. Freistellung.** Die einvernehmliche Freistellung zum Zwecke des Urlaubs führt auch bei längeren Freistellungszeiträumen und der Erklärung der unwiderruflichen Freistellung nicht zum Verlust des sozialversicherungsrechtlichen Schutzes. Die Auff. der Spitzenverbände der Krankenkassen, des Verbandes Deutscher Rentenversicherungsträger und der BA (Besprechungsergebnis der Spitzenverbände vom 5./6.7.2005), nach der mit der unwiderruflichen Freistellung das sozialversicherungsrechtliche Beschäftigungsverhältnis endet,[360] hat sich nicht durchgesetzt. Die Versicherungspflicht besteht auch in diesen Fällen nach der Rspr. des BSG bis zum Ende des Arbeitsverhältnisses fort.[361]

---

353 Vgl. LAG Hamm 9.6.2004 – 18 Sa 981/04 – juris.
354 *Friese*, Rn 290.
355 Ablehnend ErfK/*Dörner*, § 7 BUrlG Rn 55.
356 *Arnold/Ackermann/Rambach u.a.*, § 7 BUrlG Rn 102.
357 *Baumbach/Hartmann*, § 940 Anm. 2.
358 ArbG Bielefeld 24.2.1999 – 4 (3) Ga 3/99 – AiB 1999, 479.

359 *Corts*, NZA 1998, 357, 358.
360 Kritisch dazu *Schlegel*, NZA 2005, 972.
361 BSG 24.9.2009 – B 12 KR 22/07 R – NZA-RR 2009, 272; BSG 24.9.2009 – B 12 KR 27/07 R – NZA-RR 2009, 269; erläuternd: *Schmitt-Rolfes*, AuA 2009, 327.

4. Verlängerung der Übertragungsdauer. Bei einer zulässigerweise nach § 13 Abs. 1 S. 3 zugunsten des AN von § 7 Abs. 3 abweichend vereinbarten längeren Urlaubsübertragungsfrist muss derjenige, der sich auf diese Regelung beruft, diese auch beweisen. Der Praxis ist deshalb zu raten, Vereinbarungen über hinausgeschobenen Resturlaub schriftlich zu treffen.[362]

5. Rückruf aus dem Urlaub. Die Frage, ob es zulässig ist, einen AN aus einem festgesetzten und angetretenen Urlaub zurückzurufen, wird unterschiedlich beantwortet (siehe Rn 45). Ein wirksamer Rückruf setzt in jedem Fall die Zusage der **Kostenübernahme** voraus. Er kommt auch nur im echten **Notfall** in Betracht. Es muss sich stets um einen nicht vorhersehbaren und nicht anders lösbaren Ausnahmefall handeln. Es sollte vermieden werden, betriebliche Probleme zu Notfällen aufzubauschen. Vorgebrachte Notfälle werden von den Gerichten für Arbeitssachen skeptisch beurteilt. Es ist wegen des Maßstabes ein vergleichender Blick auf die Anforderungen an einen Notfall i.S.v. § 14 Abs. 1 ArbZG (siehe § 14 ArbZG Rn 4 f.) angebracht.[363] Da die Rspr. den AG an der einmal gegebenen Freistellungserklärung festhält und ein Rückrufrecht ablehnt,[364] ist der AG gut beraten, im Einzelfall eine vorzeitige Beendigung des Urlaubs mit dem AN zu vereinbaren. Von der Aufstellung vorformulierter Rückrufvereinbarungen wird abgeraten, weil sie nicht der Inhaltskontrolle nach § 307 BGB standhalten werden. Die vor Inkrafttreten der Schuldrechtsmodernisierung ergangene Rspr. hat Rückrufvereinbarungen wegen Verstoßes gegen § 13 Abs. 1 als rechtsunwirksam angesehen.[365] Um unzulässige Urlaubsrückrufe auszuschließen, vertritt die überwiegende Ansicht, dass AN nicht verpflichtet seien, ihre **Urlaubsanschrift** zu hinterlassen.[366]

6. Urlaub und Kündigung. Im laufenden Künd-Prozess wird häufig übersehen, dass sich nicht erst mit der gerichtlichen Feststellung oder mit der Behebung der Ungewissheit durch Vergleich, sondern bereits mit dem Datum der rechtlichen Beendigung eines Arbverh ein bis dahin noch nicht erfüllter Urlaubsanspruch des AN nach § 7 Abs. 4 in einen Abgeltungsanspruch umwandelt, ohne dass es weiterer Handlungen des AG oder des AN bedarf. Einigen sich die Parteien nach Erhebung einer Künd-Schutzklage des AN in einem Vergleich über eine rückwirkende Auflösung des Arbverh, so ist der Abgeltungsanspruch bereits mit dem vereinbarten Ende des Arbverh entstanden. Sofern die Parteien keine abweichende Regelung getroffen haben, bestehen keine Schadensersatzansprüche des AN für den infolge Fristablaufs erloschenen Urlaubsabgeltungsanspruch. Etwas anderes gilt nur, wenn der AN den AG zuvor gemahnt hatte und sich dieser mit der Gewährung des erfüllbaren Urlaubsanspruchs in Verzug befunden hatte (siehe Rn 126). Zu empfehlen ist, die Urlaubsabgeltung stets bereits im Vergleich zu regeln.

Nach der Rspr. des 9. Senats des BAG gelten für die Geltendmachung von Urlaubsansprüchen nach der Künd Besonderheiten. Mit der Künd-Schutzklage werden danach noch keine urlaubsrechtlichen Ansprüche geltend gemacht. Auch im gekündigten Arbverh obliegt es dem AN, die für die Festlegung des Urlaubs nach § 7 Abs. 1 S. 1 maßgeblichen Urlaubswünsche zu äußern.[367] Sind Urlaubsansprüche nach Maßgabe dieser Anforderungen gegenüber dem beklagten AG geltend gemacht, wird damit auch eine tarifliche Ausschlussfrist gewahrt, welche die schriftliche Geltendmachung dieser Ansprüche verlangt.[368] Eine schriftliche Mahnung des AN, ihm Urlaub zu gewähren, wahrt dabei tarifliche Ausschlussfristen. Sie erstreckt sich auch auf den nach Ablauf des Urlaubsjahres oder des Übertragungszeitraumes entstehenden Schadensersatzanspruch, der entweder auf Gewährung von Urlaub (Ersatzurlaubsanspruch) oder auf Zahlung gerichtet ist.[369] Entsprechendes gilt für den Abgeltungsanspruch.[370] Da nach der Rspr. des 9. Senats zur Wahrung von Ausschlussfristen für Urlaubsansprüche eine ausdrückliche Geltendmachung der Ansprüche durch den Kläger erforderlich ist, ist für den weiteren Lauf einer zweistufigen Ausschlussfrist dementsprechend auch eine ausdrückliche Ablehnung der Ansprüche durch den beklagten AG erforderlich. Diese kann nicht im Antrag gesehen werden, die Künd-Schutzklage abzuweisen.[371] Davon abweichend hat der 5. Senat für Annahmeverzugsansprüche in Änderung der bisherigen Rspr. entschieden, der Klageabweisungsantrag in einem Künd-Schutzprozess stelle zugleich die schriftliche Ablehnung der zuvor vom AN mit der Künd-Schutzklage geltend gemachter Vergütungsansprüche dar,[372] deren Bestehen von einem Obsiegen des AN im Künd-Schutzverfahren abhängt. Solche Ansprüche beruhen auf dem Annahmeverzug des AG. Für Fragen des Annahmeverzugs ist der 9. Senat nicht mehr zuständig. Wegen der vom 9. Senat betonten Besonderheiten des Urlaubsanspruchs können diese Grundsätze jedoch nicht auf Annahmeverzugsansprüche übertragen werden. Zu beachten ist, dass die Geltendmachung von urlaubsrechtlichen Ansprüchen, die Ausschlussfristen unterliegen, risikobehaftet ist; denn mit dem Zugang beim Prozessbevollmächtigten des AG ist nur dann auch ein Zugang zu Lasten des AG verbunden, wenn er auch bezüglich der

---

362 *Roßbruch*, PflR 2005, 559.
363 *Arnold/Ackermann/Rambach u.a.*, § 7 Rn 82.
364 BAG 20.6.2000 – 9 AZR 405/99 – AP § 7 BUrlG Nr. 28 = NJW 2001, 460.
365 BAG 20.6.2000 – 9 AZR 405/99 – AP § 7 BUrlG Nr. 28 = NJW 2001, 460.
366 *Leinemann/Linck*, § 7 BUrlG Rn 59; *Friese*, Rn 258; a.A. *Neumann/Fenski*, § 8 Rn 124.
367 BAG 21.9.1999 – 9 AZR 705/98 – BAGE 92, 299, 301 f., zu I 2 b und c der Gründe.
368 Zu tariflichen Ausschlussfristen und Urlaubsansprüchen vgl. BAG 25.8.1992 – 9 AZR 329/91 – AP § 7 BUrlG Abgeltung Nr. 60 = EzA § 4 TVG Ausschlussfristen Nr. 101.
369 BAG 24.11.1992 – 9 AZR 549/91 – AP § 1 BUrlG Nr. 23 = EzA § 4 TVG Ausschlussfristen Nr. 102, zu 6 der Gründe.
370 BAG 16.3.1999 – 9 AZR 428/98 – AP § 7 BUrlG Übertragung Nr. 25 = EzA § 7 BUrlG Nr. 107, zu II 3 der Gründe.
371 BAG 11.12.2001 – 9 AZR 510/00 – EzA § 4 TVG Ausschlussfristen Nr. 145.
372 BAG 26.4.2006 – 5 AZR 403/05 – NZA 2006, 845.

180 BUrlG § 7

Abwehr der urlaubsrechtlichen Ansprüche denjenigen bevollmächtigt hat, der für ihn den Künd-Schutzprozess führt. Es ist daher im Zweifel besser, Urlaubswünsche und Mahnungen direkt dem AG zu erklären.

II. Formulierungshilfen für häufig auftauchende Fragen

176 1. Muster für die Festlegung des Vollurlaubs.

> *Urlaubsschein für den Arbeitnehmer/die Arbeitnehmerin XYZ*
>
> Sehr geehrte(r) Frau/Herr (…), auf Ihren Antrag vom (…) werden (…) Tage Erholungsurlaub und (…) Tage Schwerbehindertenzusatzurlaub[373] gewährt. Entsprechend Ihrem Wunsch/Wegen vorrangiger dringender betrieblicher Belange[374] wird dieser Urlaub beginnend mit dem (…) und endend mit dem (…) festgelegt. Ihr Resturlaubsanpruch für das laufende Urlaubsjahr beträgt danach noch (…) Tage Erholungs- und (…) Tage Zusatzurlaub. Davon sind (…) Tage aus dem Vorjahr übertragener Erholungsurlaub und (…) Tage aus dem Vorjahr übertragener Schwerbehindertenzusatzurlaub, die nach der gesetzlichen Regelung bis zum 31. März genommen werden müssen.[375] Der im laufenden Kalenderjahr entstandene Anspruch muss vollständig bis zum Ende des Kalenderjahres genommen werden.[376]
>
> Hinweise:
>
> Ihr erster Arbeitstag nach dem Urlaub ist am (…). Erkranken Sie während des Urlaubs in der Weise, dass ein Arzt das Bestehen einer Arbeitsunfähigkeit bescheinigt, so müssen Sie die Erkrankung unverzüglich unter Beifügung der ärztlichen Bescheinigung gegenüber der Personalabteilung (*Postanschrift* …) schriftlich anzeigen und vorab telefonisch (*Telefonnummer* …) mitteilen. Dauert die Erkrankung länger als in der ärztlichen Bescheinigung angegeben, so ist eine weitere Meldung und Übersendung erforderlich. Der Urlaub verlängert sich nicht automatisch um die in der ärztlichen Bescheinigung angegebenen Tage. Vielmehr wird der Urlaub unterbrochen. Die zeitliche Festlegung von wegen Krankheit nicht anzurechnenden Urlaubstagen muss im Betrieb neu beantragt werden. Wird das Verfahren nicht eingehalten, sondern eigenmächtig der Urlaub verlängert, ist das ein wichtiger Grund, der den Arbeitgeber zur außerordentlichen Kündigung berechtigen kann.
>
> Ort des Betriebssitzes, Datum
>
> für Arbeitgeber i.V.
>
> Unterschrift

177 Es empfiehlt sich, den Urlaubsschein mit einer Kopie auszuhändigen und sich auf der Kopie wie folgt den Erhalt des Urlaubsscheins mit weiteren Angaben bestätigen zu lassen.[377]

> *Erklärung des Arbeitnehmers/der Arbeitnehmerin zur Festlegung des Urlaubs:*
> 1. Ich bestätige, den Urlaubsschein vom (…) mit den Hinweisen des Arbeitgebers erhalten zu haben.
> 2. Mit der dort vorgenommenen Stückelung des Urlaubs bin ich einverstanden/aus folgenden Gründen nicht einverstanden.[378]
> 3. Soweit der Urlaub von meinem Wunsch abweichend festgelegt worden ist, sind mir die vorrangigen betrieblichen Belange erläutert worden. Ich habe keine/folgende Einwände.[379]
>
> Ort des Betriebssitzes, Datum
>
> Unterschrift Arbeitnehmer

---

373 Nichtzutreffendes streichen! Es empfiehlt sich, zwischen Grund- und Zusatzurlaub zu unterscheiden, um Abrechnungsprobleme zu vermeiden. Mit der dieser Angabe bestimmt der AG, auf welche Ansprüche seine Urlaubsgewährung angerechnet wird!

374 Nichtzutreffendes streichen! Es empfiehlt sich, vor einer vom Wunsch abweichenden Festlegung des Urlaubs ein Einvernehmen mit dem AN herzustellen!

375 Nichtzutreffendes streichen! Es empfiehlt sich, so zu differenzieren, weil unnötiger Streit über die Zuordnung zum übertragenen oder neu entstanden Urlaub vermieden wird. Die gesetzliche Übertragungsfrist kann von den TV-Parteien über den 31.3. hinaus verlängert werden. Im Geltungsbereich eines entsprechenden TV ist eine entsprechende Anpassung der Endfrist geboten. Zu beachten ist auch, dass bei Mutterschutz und Elternzeit nach § 17 MuSchG und § 17 Abs. 2 BEEG eine Verlängerung der Übertragungsfrist auf das folgende Urlaubsjahr nach Ende der geschützten Stellung stattfindet.

376 Tarifvertraglich kann eine automatische Übertragung ohne Übertragungsvoraussetzungen geregelt werden, deshalb kann eine Anpassung des Formulars im Geltungsbereich eines derartigen TV angebracht sein.

377 So kann ein unnötiger Streit mit Beweisaufnahme über den Inhalt der Erklärung zur Urlaubserteilung vermieden werden.

378 Nichtzutreffendes streichen! Nach § 7 Abs. 2 S. 2 muss bei einer nicht zusammenhängenden Urlaubsgewährung einer der Urlaubsteile mind. zwölf Werktage umfassen. Eine Abweichung ist mit Einverständnis des AN zulässig. Das sollte ausdrücklich vom AN bestätigt werden.

379 Nichtzutreffendes streichen!

Von folgenden Klauseln ist abzuraten, weil sie schon nach altem Recht in einer gerichtlichen Auseinandersetzung keinen Bestand hatten und erst recht einer Inhaltskotrolle nach neuem Recht (§ 307 BGB) nicht standhalten:
„Erscheinen Sie am angegebenen Tage nicht am Arbeitsplatz, so gilt das Arbeitsverhältnis im beiderseitigen Einvernehmen als gelöst." oder
„Der Arbeitsvertrag gilt als auflösend für den Fall bedingt, dass Sie am angegebenen Tage nicht am Arbeitsplatz erscheinen."[380]

2. Muster für Festlegung des Teilurlaubs.

178

Teilurlaubsschein für den Arbeitnehmer/die Arbeitnehmerin XYZ

Sehr geehrte(r) Frau/Herr (...), auf Ihren Antrag vom (...) werden (...) Tage Erholungsurlaub und (...) Tage Schwerbehindertenzusatzurlaub[381] als Teilurlaub wegen nicht erfüllter Wartezeit im laufenden Urlaubsjahr gewährt. Entsprechend Ihrem Wunsch/Wegen vorrangiger dringender betrieblicher Belange[382] wird dieser Urlaub beginnend mit dem (...) und endend mit dem .... festgelegt. Wird das Arbeitsverhältnis fortgesetzt, so beträgt Ihr restlicher Anspruch auf Teilurlaub bis zum Jahresende noch (...) Tage Erholungs- und (...) Tage Zusatzurlaub. Auf Ihr Verlangen kann dieser Restanspruch übertragen und dann bis zum Ende des folgenden Kalenderjahres genommen werden.[383]

Hinweise:

Ihr erster Arbeitstag nach dem Urlaub ist am (...). Erkranken Sie während des Urlaubs in der Weise, dass ein Arzt das Bestehen einer Arbeitsunfähigkeit bescheinigt, so müssen Sie die Erkrankung unverzüglich unter Beifügung der ärztlichen Bescheinigung gegenüber der Personalabteilung (Postanschrift ...) schriftlich anzeigen und vorab telefonisch (Telefonnummer ...) mitteilen. Dauert die Erkrankung länger als in der ärztlichen Bescheinigung angegeben, so ist eine weitere Meldung und Übersendung erforderlich. Der Urlaub verlängert sich nicht automatisch um die in der ärztlichen Bescheinigung angegebenen Tage. Vielmehr wird der Urlaub unterbrochen. Die zeitliche Festlegung von wegen Krankheit nicht anzurechnenden Urlaubstagen muss im Betrieb neu beantragt werden. Wird das Verfahren nicht eingehalten, sondern eigenmächtig der Urlaub verlängert, ist das ein wichtiger Grund, der den Arbeitgeber zur außerordentlichen Kündigung berechtigen kann.

Ort des Betriebssitzes, Datum

für Arbeitgeber i.V.

Unterschrift

Es empfiehlt sich, den Urlaubsschein mit einer Kopie auszuhändigen und sich auf der Kopie wie folgt den Erhalt des Urlaubsscheins mit weiteren Angaben bestätigen zu lassen:[384]

Erklärung des Arbeitnehmers/der Arbeitnehmerin zur Festlegung des Urlaubs:

1. Ich bestätige, den Teilurlaubsschein vom (...) mit den Hinweisen des Arbeitgebers erhalten zu haben.
2. Mit der dort vorgenommenen Stückelung des Teilurlaubs bin ich einverstanden/aus folgenden Gründen nicht einverstanden.[385]
3. Soweit der Teilurlaub von meinem Wunsch abweichend festgelegt worden ist, sind mir die vorrangigen betrieblichen Belange erläutert worden. Ich habe keine/folgende Einwände.[386]
4. Ich verlange/verlange nicht[387] die Übertragung des restlichen Teilurlaubs auf das folgende Kalenderjahr.

Ort des Betriebssitzes, Datum

Unterschrift Arbeitnehmer

Will der AN Teilurlaub auf das nächste Kalenderjahr übertragen, muss er dies noch im Urlaubsjahr verlangen, ansonsten verfällt der Teilurlaubsanspruch (Einzelheiten siehe Rn 93 ff.).[388]

---

380 Unwirksam, weil dadurch der Künd-Schutz umgangen wird, vgl. BAG 13.12.1984 – 2 AZR 294/83 – AP § 620 BGB Bedingung Nr. 8; BAG 25.6.1987 – 2 AZR 541/86 – AP § 620 BGB Bedingung Nr. 14.
381 Nichtzutreffendes streichen! Es empfiehlt sich, zwischen Grund- und Zusatzurlaub zu unterscheiden, um Abrechnungsprobleme zu vermeiden. Mit der dieser Angabe bestimmt der AG, auf welche Ansprüche seine Urlaubsgewährung angerechnet wird!
382 Nichtzutreffendes streichen! Es empfiehlt sich, vor einer vom Wunsch abweichenden Festlegung des Urlaubs ein Einvernehmen mit dem AN herzustellen!
383 S. § 7 Abs. 3 S. 4.
384 So kann ein unnötiger Streit mit Beweisaufnahme über den Inhalt der Urlaubserteilung vermieden werden.
385 Nichtzutreffendes streichen! Nach § 7 Abs. 2 S. 2 muss bei einer nicht zusammenhängenden Urlaubsgewährung einer der Urlaubsteile mind. zwölf Werktage umfassen. Eine Abweichung ist mit Einverständnis des AN zulässig. Das sollte ausdrücklich vom AN bestätigt werden.
386 Nichtzutreffendes streichen!
387 Nichtzutreffendes streichen!
388 BAG 29.7.2003 – 9 AZR 270/02 – BAGE 107, 124 = AP § 7 BUrlG Übertragung Nr. 26.

179 3. Muster für eine Vereinbarung über unbezahlten Sonderurlaub.

> Zwischen
> (…) (Arbeitgeber)
> und
> Herrn/Frau (…) (Arbeitnehmer/Arbeitnehmerin)
> wird folgende Vereinbarung getroffen:
> Arbeitgeber und Arbeitnehmer/in sind sich darüber einig, dass beginnend mit dem (…) und endend mit dem (…) unbezahlter Sonderurlaub gewährt wird. Während des Sonderurlaubs ist der Arbeitnehmer/die Arbeitnehmerin von der Arbeitsleistung befreit und der Arbeitgeber nicht zur Zahlung einer Vergütung oder sonstigen Leistung verpflichtet. Das gilt auch für eine Erkrankung während des Sonderurlaubs. Der Arbeitnehmer/die Arbeitnehmerin hat für seine/ihre freiwillige Weiterversicherung in der Krankenversicherung selbst zu sorgen. Ein vorzeitiger Abbruch des Sonderurlaubs bedarf der Zustimmung des Arbeitgebers.
> Ort des Betriebssitzes, Datum
> Unterschrift für den Arbeitgeber Unterschrift Arbeitnehmer/in

Es soll klargestellt werden, dass der AG nicht zur Vergütungsfortzahlung im Krankheitsfalle verpflichtet wird, wenn der AN während des Sonderurlaubs erkrankt.[389]

180 4. Musterklausel für Ausschluss des Grundsatzes des zusammenhängenden Urlaubs für den Mehrurlaub. „Für den gesetzlichen Mindesturlaub gilt der Grundsatz der zusammenhängenden Urlaubsgewährung (§ 7 Abs. 2). Die Parteien stimmen überein, dass dieser Grundsatz auf den vereinbarten Mehrurlaub nicht angewendet werden soll. Zur Erfüllung des Anspruchs auf Mehrurlaub können auch einzelne Urlaubstage „gestückelt" gewährt und genommen werden."

181 5. Musterklausel für Verfall des übergesetzlichen Urlaubs. Soweit dem AN vertraglich den gesetzlichen Mindesturlaub übersteigende Urlaubsansprüche eingeräumt werden, sind diese Ansprüche jeweils bis zum Ende des Urlaubsjahres zu nehmen. Eine Übertragung auf einen Zeitraum nach dem 31. März des Folgejahres ist ausgeschlossen, gleich aus welchem Grund eine Übertragung geltend gemacht wird.

182 6. Musterklausel für eine Leistungsbestimmung zur vorrangigen Erfüllung des Mindesturlaubs. Der festgelegte Urlaub wird in der folgenden Weise auf die Erfüllung des Urlaubsanspruchs angerechnet: Zunächst soll aus dem Vorjahr übertragener Mindesturlaub erlöschen, dann der im Urlaubsjahr entstandene Anspruch auf Mindesturlaub, danach der übertragene übergesetzliche Urlabsanspruch und zuletzt der im laufenden Jahr entstandene übergesetzliche Urlaubsanspruch.

§ 8 Erwerbstätigkeit während des Urlaubs

Während des Urlaubs darf der Arbeitnehmer keine dem Urlaubszweck widersprechende Erwerbstätigkeit leisten.

Literatur: *Berger-Delhey*, Erwerbstätigkeit während des Urlaubs, ZTR 1989, 146; *Gaul/Khanian*, Zulässigkeit und Grenzen arbeitsrechtlicher Regelungen zur Beschränkung von Nebentätigkeiten, MDR 2006, 68; *Hunold*, Rechtsprechung zur Nebentätigkeit des Arbeitnehmers, NZA-RR 2002, 511; *Krasshöfer*, Die Erfüllung und Durchsetzung des Urlaubsanspruchs, AuA 1997, 181; *Neumann*, Verbotene Urlaubsarbeit, DB 1972, 2209; *Schulin*, Erwerbstätigkeit während des Urlaubs, EzA § 8 BUrlG Nr. 2; *Meier*, Freistellung als Urlaubsgewährung, NZA 2002, 875

A. Allgemeines 1	B. Regelungsgehalt 4
I. Normgeschichte und Normzweck 1	I. Keine Verbotsnorm 4
II. Norminhalt 2	II. Gesetzliche Rechtsfolge: Weder Wegfall noch Kürzung des Urlaubsentgelts 5
1. Erwerbstätigkeit 2	
2. Zweckwidrigkeit 3	III. Tarifvertraglich geregelte Rückzahlungsansprüche ... 8

---

[389] Vgl. dazu BAG 25.5.1983 – 5 AZR 236/80 – AP § 1 LohnFG Nr. 53.

A. Allgemeines

I. Normgeschichte und Normzweck

Die Norm gilt seit Inkrafttreten unverändert. Ihr Zweck ist es, den AN davon abzuhalten, während der Freizeit seine Arbeitskraft anderweitig zu vermarkten, anstatt seine Kräfte aufzufrischen.[1]

II. Norminhalt

1. Erwerbstätigkeit. Dem AN ist in § 8 eine gesetzlich bedingte Pflicht aus seinem Arbverh auferlegt, während des Urlaubs jedenfalls urlaubszweckwidrige Tätigkeiten gegen Entgelt zu unterlassen, gleichgültig, ob sie in einem Arbeits- oder einem anderen Vertragsverhältnis ausgeübt werden.[2] § 8 verbietet nicht, während des Urlaubs zu arbeiten. § 8 legt dem AN die Pflicht auf, Arbeit im Rahmen einer Erwerbstätigkeit zu unterlassen. Nicht als Erwerbstätigkeit werden angesehen: Tätigkeiten im Rahmen einer Aus- und Fortbildung. Das gilt auch dann, wenn eine Ausbildungsvergütung gezahlt wird.[3] Keine Erwerbstätigkeit ist auch die Arbeit, die zum eigenen oder zum familiären Nutzen vorgenommen wird, z.B. Hausbau, Gartenarbeit oder Landwirtschaft.[4]

2. Zweckwidrigkeit. Einer Erwerbstätigkeit darf während des Urlaubs nur dann nicht nachgegangen werden, soweit sie zweckwidrig ist. D.h.: Zweckwidrig ist die Erwerbstätigkeit, wenn sie die Auffrischung der Arbeitskräfte verhindert.[5] Das ist nach den objektiven und subjektiven Umständen des Einzelfalles unter Berücksichtigung des Rechts auf selbstbestimmte Erholung zu beurteilen. Dauer und Art der Tätigkeit sind maßgebend. So kann für einen Büroangestellten die gelegentliche Hilfe in der Garten- oder Landwirtschaft eine sinnvolle Ausgleichstätigkeit sein, die der Erholung nicht entgegensteht,[6] wohingegen die ganztägige Aushilfsbeschäftigung in einem Baubetrieb als zweckwidrig gilt.[7]

B. Regelungsgehalt

I. Keine Verbotsnorm

§ 8 ist kein gesetzliches Verbot i.S.v. § 134 BGB.[8] Nach Ansicht des BAG enthält § 8 nur eine Regelung über eine vertragliche Pflicht des AN, bestimmte Erwerbstätigkeiten während des Urlaubs zu unterlassen. Ein für die Urlaubsdauer pflichtwidrig vereinbartes Rechtsverhältnis zur Leistung zweckwidriger Erwerbstätigkeit ist daher nicht nach § 134 BGB nichtig.[9] § 8 steht daher auch nicht einem Honoraranspruch eines freigestellten BR-Mitglieds entgegen, das während seines Urlaubs als Einigungsstellenbeisitzer in einem anderen Betrieb des Unternehmens tätig geworden ist.[10]

II. Gesetzliche Rechtsfolge: Weder Wegfall noch Kürzung des Urlaubsentgelts

Handelt ein AN der Pflicht nach § 8 zuwider, während des gesetzlichen Mindesturlaubs keine dem Urlaubszweck widersprechende Erwerbstätigkeit zu leisten, begründet dies nach der neueren Rspr. weder ein Recht des AG, die Urlaubsvergütung zu kürzen, noch entfällt damit der Anspruch auf Urlaubsvergütung.[11] Für derartige Folgen enthalten weder der Wortlaut der Regelung noch ihr Zusammenhang mit den übrigen Bestimmungen des BUrlG einen Anhaltspunkt. Der mit der Vorschrift verfolgte gesetzgeberische Zweck kann nur darin gesehen werden, den AN dazu anzuhalten, die durch die Befreiung von der Arbeitspflicht erlangte Freizeit nicht zu anderweitiger Erwerbstätigkeit zu nutzen. Für die Erreichung dieses Ziels bedarf es keiner Rückzahlungsverpflichtung oder des Wegfalls des Anspruchs auf das Urlaubsentgelt. In Betracht kommen nach allg. Recht: Ansprüche des ArbG auf Schadenersatz,[12] auf Unterlassung der Erwerbstätigkeit sowie die Möglichkeit, ggf. wegen der Erwerbstätigkeit das Arbverh durch Künd zu beenden. Hätte der Gesetzgeber andere Rechtsfolgen vorsehen wollen, so hätte es dazu spezieller Regelungen bedurft. Denn die Pflichten des AG nach §§ 1, 3 zur Urlaubsgewährung und dementsprechend zur Fortzahlung der Vergütung während des Urlaubs stehen nicht unter der Einschränkung, dass der AN während des Urlaubs nicht erwerbstätig ist. Auch wenn der AN entgegen seiner Pflicht während seines Urlaubs zweckwidrig erwerbstätig wird,

---

1 BT-Drucks 4/785.
2 BAG 20.10.1983 – 6 AZR 590/80 – AP § 47 BAT Nr. 5 = DB 1984, 1306.
3 BAG 20.10.1983 – 6 AZR 590/80 – AP § 47 BAT Nr. 5 = DB 1984, 1306.
4 ErfK/*Dörner*, § 8 BUrlG Rn 3; *Friese*, Rn 509.
5 ErfK/*Dörner*, § 8 BUrlG Rn 5.
6 Zutreffend: *Friese*, Rn 512.
7 ErfK/*Dörner*, § 8 BUrlG Rn 7.
8 BAG 25.2.1988 – 8 AZR 596/85 – BAGE 57, 366 = AP § 8 BUrlG Nr. 3 = EzA § 8 BUrlG Nr. 2; ebenso: *Leinemann/Linck*, § 8 BUrlG Rn 11; unklar: ErfK/*Dörner*, § 8 BUrlG Rn 8, 10.
9 BAG 25.2.1988 – 8 AZR 596/85 – BAGE 57, 366 = AP § 8 BUrlG Nr. 3 = EzA § 8 BUrlG Nr. 2; BAG 21.6.1989 – 7 ABR 92/87 – BAGE 62, 129 = AP § 76 BetrVG 1972 Nr. 35.
10 BAG 21.6.1989 – 7 ABR 92/87 – BAGE 62, 129 = AP § 76 BetrVG 1972 Nr. 35.
11 BAG 25.2.1988 – 8 AZR 596/85 – BAGE 57, 366 = AP § 8 BUrlG Nr. 3 = EzA § 8 BUrlG Nr. 2 unter Aufgabe von Aufgabe von BAG 19.7.1973 – 5 AZR 73/73 – BAGE 25, 260 = AP § 8 BUrlG Nr. 1.
12 Die Voraussetzungen können kaum dargelegt werden vgl. BAG 25.1.1990 – 8 AZR 495/88 – juris.

entfällt dadurch weder sein Urlaubsanspruch noch die Grundlage für seinen Entgeltanspruch. Die entgegenstehende Auff. des 5. Senats des BAG[13] war davon ausgegangen, dass die Verletzung des § 8 den Anspruch des AN auf Gewährung von Urlaubsentgelt aufhebe bzw. einen Anspruch auf Rückzahlung gewährten Urlaubsentgelts auslöse. Die Ausübung unzulässiger Erwerbsarbeit mache eine urlaubsgerechte Gestaltung der Freizeit unmöglich. Die Freizeit sei daher im Rechtssinne kein Urlaub mehr. Dies führe angesichts der Einheit von Freizeit und Urlaubsentgelt dazu, dass für den Anspruch auf Gewährung von Urlaubsentgelt die Rechtsgrundlage entfallen sei. Gezahltes Urlaubsentgelt sei daher gem. § 812 Abs. 1 S. 2 BGB zurückzugewähren; der Anspruch auf noch nicht ausgezahltes Urlaubsentgelt entfalle. Nicht berücksichtigt hatte diese inzwischen aufgegebene Rspr., dass der Inhalt des Urlaubsanspruchs nicht die „urlaubsgerechte Gestaltung der Freizeit" umfasst. Inhalt des Urlaubsanspruchs ist vielmehr die Verpflichtung des AG, den AN für die Urlaubsdauer von den an sich geschuldeten Arbeitspflichten zu befreien. Die nach § 8 dem AN auferlegten Pflichten entstehen erst nachdem der AG die zur Erfüllung des Urlaubsanspruchs ihm obliegende Handlung bewirkt hat. Die vom 5. Senat vertretene Auff., der Urlaubsanspruch sei ein Einheitsanspruch, der aus Freizeitgewährung und Fortzahlung der Vergütung für die Urlaubszeit bestehe, haben bereits die von 1978 bis 1990 für das Urlaubsrecht zuständigen Fachsenate aufgegeben.[14]

6 Ist das Urlaubsentgelt nach § 11 Abs. 2 vor Antritt des Urlaubs ausgezahlt, erlischt die Verbindlichkeit. Ein Wegfall der Rechtsgrundlage für den Anspruch auf Urlaubsentgelt kommt dann nicht mehr in Betracht. Ein Anspruch des AG nach § 812 Abs. 1 S. 2 Alt. 1 BGB scheidet daher schon aus diesem Grunde aus.[15] Ein Anspruch nach § 812 Abs. 1 S. 2 Alt. 2 BGB, weil der „nach dem Inhalt des Rechtsgeschäfts bezweckte Erfolg" später nicht eingetreten sei, ist nur gegeben, wenn wenigstens eine tatsächliche Willensübereinstimmung der Beteiligten über den verfolgten Zweck vorliegt. Daran fehlt es, weil hierüber zwischen dem AG und dem AN keine Einigkeit besteht.

7 Kritisch ist damals eingewandt worden, es sei kein Grund ersichtlich, von der bisherigen in der Lit. ganz überwiegend vertretenen Meinung abzuweichen, wonach bei Verletzung des § 8 im ungekündigten Arbverh eine Pflicht des AN zur Rückzahlung des Urlaubsentgelts gegeben sei.[16] Der Rspr. des BAG sind die Instanzgerichte dennoch gefolgt. Danach ist heute anzunehmen, dass ein AN selbst dann Anspruch auf Urlaubsentgelt haben soll, wenn er von vornherein beabsichtigt, während des Urlaubs einer dem Urlaubszweck widersprechenden anderen Erwerbstätigkeit nachzugehen.[17] Diese Rspr. ist zu überprüfen, wenn der EuGH in einer Vorabentscheidung klärt, dass Art. 7 Abs. 1 der Arbeitszeit-RL den Mitgliedsstaaten für deren nationale Ausführungsmodalitäten die stete Einheit von Freistellung und Entgelt vorgibt. Die Formulierungen unter Rn 60 in der Vorabentscheidung Schultz-Hoff deuten auf ein derartiges Verständnis hin.[18]

III. Tarifvertraglich geregelte Rückzahlungsansprüche

8 Soweit eine Tarifvorschrift einen Rückzahlungsanspruch bei zweckwidriger Erwerbstätigkeit während des Urlaubs vorsieht, ist sie unwirksam, soweit der entstehende Rückzahlungsanspruch den gesetzlichen Urlaub betrifft.[19] Gegen Tarifbestimmungen, die den tariflichen Mehrurlaub regeln, bestehen keine rechtlichen Bedenken. Die TV-Parteien nicht gehindert, für einen tariflichen Urlaubsanspruch den Wegfall des Entgeltanspruchs vorzusehen, wenn wie hier der AN ohne Zustimmung des AG während des Urlaubs erwerbstätig wird.

§ 9 Erkrankung während des Urlaubs

Erkrankt ein Arbeitnehmer während des Urlaubs, so werden die durch ärztliches Zeugnis nachgewiesenen Tage der Arbeitsunfähigkeit auf den Jahresurlaub nicht angerechnet.

Literatur: *Herlitzius*, Der Urlaubsanspruch als schuldrechtlicher Anspruch im Arbeitsverhältnis, 1999; *Herschel*, Erkrankung während unbezahlten Sonderurlaubs, DB 1981, 2431; *ders.*, Lohnfortzahlung und unbezahlter Urlaub, Anm. aus AP § 1 LohnFG Nr. 53; *Kanzlsperger*, Nachgewährung vom Urlaub bei Krankheit, Schwangerschaft und Inanspruchnahme des Erziehungsurlaubs, AuR 1997, 192; *Linnenkohl*, Nachgewährung von Freischichten wegen Krankheit – Betriebsvereinbarung, Anm. AR-Blattei Arbeitszeit I Entsch 7; *Mareck*, Krank im Urlaub (In- und Ausland) – Welche Pflichten haben ArbN und ArbG?, AA 2009, 127; *Natzel, Benno*, Zur Urlaubsgewährung im Vorgriff auf den Urlaubsanspruch und zur Lohnfortzahlung im Krankheitsfall und versagten Urlaubsanrechnung, AP § 9 BUrlG Nr. 3; *Nöth*, Einfluss von Krankheiten und Maßnahmen der medizinischen Vorsorge oder Rehabilitation

---

13 BAG 19.7.1973 – 5 AZR 73/73 – BAGE 25, 260 = AP § 8 BUrlG Nr. 1.
14 BAG 14.5.1986 – 8 AZR 604/84 – AP § 7 BUrlG Abgeltung Nr. 26; BAG 13.5.1982 – 6 AZR 360/80 – AP § 7 BUrlG Übertragung Nr. 4.
15 BAG 25.2.1988 – 8 AZR 596/85 – BAGE 57, 366 = AP § 8 BUrlG Nr. 3 = EzA § 8 BUrlG Nr. 2.
16 Anm. *Schulin*, EzA § 8 BUrlG Nr. 2.
17 LAG Köln 20.2.1993 – 7 Sa 488/92 – DB 1993, 1931.
18 EuGH 20.1.2009 C- 350/06 und C- 520/06 „Schultz-Hoff" und „Stringer" NZA 2009, 135; ebenso EuGH 16.3.2006 C-131/04 „Robinson-Steele" Rn 58 NZA 2006, 481; zustimmend *Fenski* DB 2007, 686, 690.
19 BAG 25.2.1988 – 8 AZR 596/85 – BAGE 57, 366 = AP § 8 BUrlG Nr. 3 = EzA § 8 BUrlG Nr. 2.

auf den Urlaub, AR-Blattei SD 1640.4; *Wachter*, Der Nachurlaub wegen urlaubsstörender Ereignisse, AuR 1982, 306; *Wank*, Zur Höhe der Feiertagsvergütung im Freischichtenmodell bei Urlaub und Krankheit, Anm. AP § 1 FeiertagslohnzahlungsG Nr. 54; *Winkel*, Urlaub und Arbeitsrecht, AiB 2006, 334

A. Allgemeines	1
I. Normzweck	1
II. Kontext im BUrlG	2
III. Urlaub störende Arbeitsunfähigkeit	3
1. Arbeitsunfähigkeit als Erfüllungshindernis	3
2. Arbeitsunfähigkeit als Fortfall des Urlaubszwecks	5
a) Überblick	5
b) Zweckfortfall im BGB	6
c) Zweckfortfall im Urlaubsrecht	8
d) Schadenersatz bei Pflichtwidrigkeit des Arbeitgebers	9
e) Zulässigkeit des Freiwerdens nach Gemeinschaftsrecht	10
f) Neufestsetzung des Urlaubs nach §§ 9, 10	11
B. Regelungsgehalt	12
I. Voraussetzungen	12
1. Erkrankung	13
2. Arbeitsunfähigkeit	14
3. Sterilisation und Schwangerschaftsabbruch	15
4. Beschäftigungsverbote	16
5. Alkoholismus	19
6. Ärztliches Zeugnis	20
a) Arbeitsunfähigkeitsbescheinigung	20
b) Inhalt des ärztlichen Attests	21
c) Vorlage der Bescheinigung	23
7. Vor dem Urlaub	24
8. Während des Urlaubs	25
II. Rechtsfolgen	26
1. Anspruch auf Nachgewährung der AU-Tage	26
2. Anspruch auf Neufestlegung des gesamten Urlaubs	26a
3. Befristung des Anspruchs auf Nachgewährung	27
4. Kein Verlängerungsrecht	29
5. Entgeltfortzahlung	29a
III. Abdingbarkeit	30
C. Verbindung zu anderen Rechtsgebieten	31
I. Sonderurlaub	31
II. Tarifvertragsrecht	32
III. Arbeitsfreie Tage in Betriebsvereinbarungen	33
D. Beraterhinweise	36
I. Der Verzicht auf Nichtanrechnung und seine Folgen	36
II. Risiko der späten Urlaubsfestlegung im Übertragungszeitraum	38

A. Allgemeines

I. Normzweck

Mit der seit Inkrafttreten des BUrlG unverändert gebliebenen Norm wollte der Gesetzgeber verhindern, dass der AN durch nachweisbare krankheitsbedingte Arbeitsunfähigkeit, seinen Urlaubsanspruch ersatzlos verliert.[1] Der bereits festgesetzte Urlaub soll nicht als erfüllt gelten. Er darf „auf den Jahresurlaub nicht angerechnet" werden. Der AN soll unter den Voraussetzungen des § 9 gegenüber dem AG einen Anspruch auf erneute Festsetzung der Befreiung von der Arbeitspflicht, sog. Nachgewährung, haben. **1**

II. Kontext im BUrlG

Die Regelung war bereits vor der Schuldrechtsmodernisierung und ist auch noch nach deren Inkrafttreten notwendig. Unter den hier gesetzlich geregelten Voraussetzungen urlaubsstörender Arbeitsunfähigkeit sollen ausnahmsweise nachgewiesene Tage der Arbeitsunfähigkeit „nicht auf den Jahresurlaub angerechnet" werden. § 10 enthält eine vergleichbare Nichtanrechnungsregelung für die zeitliche Kollision von Urlaub mit Maßnahmen der medizinischen Vorsorge oder Rehabilitation. Für die nicht anzurechnenden Tage wird ein Anspruch auf Nachgewährung begründet.[2] Die h.M. sieht heute in den §§ 9, 10 nicht verallgemeinerungsfähige Ausnahmevorschriften.[3] Danach kann im Umkehrschluss gefolgert werden, dass der vom AG verbindlich festgesetzte Urlaub trotz einer Kollision mit den Urlaub störenden Ereignissen, soweit sie nicht in §§ 9, 10 geregelt sind, „auf den Jahresurlaub (…) angerechnet wird". Andere als in §§ 9, 10 aufgeführte urlaubsstörende Ereignisse fallen als Teil des persönlichen Lebensschicksals in das Risiko des AN.[4] **2**

III. Urlaub störende Arbeitsunfähigkeit

1. Arbeitsunfähigkeit als Erfüllungshindernis. Besteht Arbeitsunfähigkeit, so ist der Urlaubsanspruch als Anspruch auf Befreiung von der Arbeitspflicht regelmäßig nicht erfüllbar; denn die Befreiung von der vertraglich geschuldeten Arbeitspflicht zur Erfüllung des Urlaubsanspruchs ist nur möglich, wenn der AN zumindest für die Dauer **3**

---

1 BT-Drucks 4/785.
2 Im Ergebnis ebenso ErfK/*Dörner*, § 9 BUrlG Rn 1; *Leinemann/Linck*, § 9 BUrlG Rn 1.
3 BAG 9.8.1994 – 9 AZR 384/92 – BAGE 77, 296 = AP § 7 BUrlG Nr. 19; dem folgend *Arnold/Ackermann/Rambach u.a.*, § 9 BUrlG Rn 2; ErfK/*Dörner* § 9 BUrlG Rn 4; *Friese*, Rn 113; *Leinemann/Linck*, § 9 BUrlG Rn 2 u. § 10 BUrlG Rn 13; a.A. Autoren, die sich auf die überholte Rspr. zur Erholungsbedürftigkeit beziehen: *Herschel*, DB 1981, 2431; Anm. *Herschel*, AP § 1 LohnFG Nr. 53; *Kanzlsperger*, AuR 1997, 192.
4 BAG 9.8.1994 – 9 AZR 384/92 – BAGE 77, 296 = AP § 7 BUrlG Nr. 19; dem folgend: *Arnold/Ackermann/Rambach u.a.*, § 9 BUrlG Rn 1.

des Urlaubs noch eine ihm aus dem Arbverh obliegende Arbeitsleistung erbringen kann.[5] Die Arbeitsfähigkeit bestimmt sich dabei nicht zwingend nach dem zuletzt eingenommenen Arbeitsplatz. Der Urlaubsanspruch ist auch dann erfüllbar, wenn der AN andere Arbeitsleistungen hätte erbringen können, welche der AG nach dem Arbeitsvertrag als vertragsgemäß hätte annehmen müssen.[6]

4 Für die Erfüllbarkeit des Urlaubsanspruches trägt der AN die Darlegungs- und Beweislast.[7] Tritt eine Erkrankung in der Zeit auf, für die der AG gem. § 7 Abs. 1 die Arbeitsbefreiung erklärt hatte, und führt sie zur Unfähigkeit, die aus dem Arbverh obliegende Arbeitsleistung erbringen, so läuft die Arbeitsbefreiung leer. Der mit der Freistellungserklärung bezweckte Erfolg, den AN von der vertraglich geschuldeten Arbeitspflicht zu befreien, kann dann nicht mehr eintreten.

5 **2. Arbeitsunfähigkeit als Fortfall des Urlaubszwecks. a) Überblick.** Einem AN, der bereits gesetzlich infolge Krankheit von der Arbeitspflicht suspendiert ist, kann kein AG mehr die Arbeitspflicht durch Abgabe einer Freistellungserklärung erlassen. Hat der AG nach § 7 Abs. 1 die Urlaubsdauer kalendermäßig festgesetzt und mit der Übermittlung an den AN diesem die in diesem Zeitraum liegenden Tage die Arbeitspflicht erlassen, so verhindert eine später an diesen Tagen auftretende Arbeitsunfähigkeit den Erfüllungserfolg. Das ist ein Fall des nachträglichen Zweckfortfalls.

6 **b) Zweckfortfall im BGB.** Der Zweckfortfall aus einem in der Person des Gläubigers liegenden Grund ist im Bürgerlichen Recht nicht unbekannt.[8] Nach § 324 BGB hat der Besteller eines Werks die Vergütungsgefahr voll zu tragen. Allerdings soll nach den allg. Billigkeitserwägungen, wie sie in § 645 Abs. 1 S. 1 BGB das Risiko des Bestellers einschränken, der Besteller zu dem Nachteil, der ihm aus dem Untergang, der Verschlechterung oder der Unausführbarkeit des Werks infolge eines Mangels des Stoffes erwachsen ist, nicht noch zusätzlich den Schaden haben, dass er dem Unternehmer auch noch den entgangenen Gewinn aus den nicht auszuführenden Arbeiten ersetzen muss. Der Unternehmer soll aus dem „Unglück", das den Besteller getroffen hat, keinen Vorteil ziehen können. Er hat sich daher mit dem Entgelt für die von ihm bereits erbrachten Leistungen nebst Auslagenersatz zu begnügen. Diese Erwägungen treffen nach der Rspr. des BGH auch dann zu, wenn ein Werk unausführbar geworden ist, weil eine Person aus von ihr nicht zu vertretenden Gründen zu der erforderlichen Mitwirkung nicht mehr in der Lage ist.[9]

7 **Beispiel**: Fall des Reisenden, der sich wegen einer Krankheit der für den festgesetzten und vom Schuldner vorbereiteten Reiseantritt erforderlichen Schutzimpfung nicht unterziehen kann.[10]

8 **c) Zweckfortfall im Urlaubsrecht.** Die aus einem in der Person des Urlaubsgläubigers liegende Nichterfüllbarkeit der vom AG geschuldeten Arbeitsbefreiung führt nach der Rspr. zum Ausschluss der Leistungspflicht des Schuldners gem. § 275 Abs. 1 BGB. Diese Norm ist anwendbar, weil die Erfüllung des Urlaubsanspruchs nur im Rahmen einer einseitigen Verpflichtung erfolgt und nicht von einer Gegenleistung abhängig ist. Mit der Abgabe der Erklärung zur verbindlichen Festlegung des Urlaubszeitraums hat der AG als Schuldner des Urlaubsanspruchs gegenüber dem AN das Erforderliche nach § 7 Abs. 1 getan. Da er allein wegen eines in der Person des Gläubigers liegenden Grundes nicht den Erfolg bewirken kann, wird er – soweit kein Nichtanrechnungsfall i.S.v. §§ 9, 10 vorliegt – von der erneuten Verpflichtung zur Festsetzung des Urlaubs und Abgabe der Freistellungserklärung i.S.v. § 7 Abs. 1 frei.[11]

Zu beachten ist: Soweit die Regelung der Nichtanrechnung aus §§ 9,10 greift, kommt es zu keinem Erlöschen des Urlaubsanspruchs nach § 362 BGB. Die Schuld wird nicht getilgt.

9 **d) Schadenersatz bei Pflichtwidrigkeit des Arbeitgebers.** Soweit der AG die Unmöglichkeit der Erfüllung des Urlaubsanspruchs zu vertreten hat, ist der AN nach §§ 283, 280 Abs. 1 BGB berechtigt, Schadenersatz zu fordern. Dieser Ersatzanspruch kommt in der Form von Ersatzurlaub wegen der Nichtanrechnungsregel des § 9 bei nachweisbarer Arbeitsunfähigkeit nur dann in Betracht, wenn der AG die Arbeitsunfähigkeit pflichtwidrig, z.B. durch Verletzung von Arbeitsschutzbestimmungen, verursacht hat, und eine Nachgewährung wegen des Ablaufs der Übertragungsfrist des § 7 Abs. 4 S. 3 ausscheidet. Ein weiterer ausgleichsbedürftiger Vermögensschaden kann für die nicht auf den Urlaub anzurechnende Zeit auftreten, soweit in der mit der Urlaubsfestsetzung sich überschneidenden Zeit der AN keinen Anspruch auf Entgeltfortzahlung hat. Das kann in folgenden Fällen auftreten:

---

5 BAG 7.51997 – 9 AZR 337/95 – BAGE 86, 30; BAG 24.6.2003 – 9 AZR 423/02 – BAGE 106, 361 = AP § 60 SeemG Nr. 5; BAG 10.5.2005 – 9 AZR 253/04 – ZTR 2006, 204.
6 BAG 24.11.1987 – 8 AZR 140/87 – BAGE 56, 340; BAG 20.1.1998 – 9 AZR 812/96 – AP § 13 BUrlG Nr. 45 = EzA § 13 BUrlG Nr. 57.
7 BAG 10.5.2005 – 9 AZR 253/04 – ZTR 2006, 204.
8 Vgl. Palandt/*Heinrichs*, § 275 Rn 18, 19.
9 BGH 30.11.1972 – VII ZR 239/71 – BGHZ 60, 14 = JZ 1973, 368; dem folgend LG Frankfurt 19.11.1990 – 2/24 S 63/90 – NJW 1991, 498.
10 BGH 30.11.1972 – VII ZR 239/71 – BGHZ 60, 14 = JZ 1973, 368.
11 BAG 15.6.1993 – 9 AZR 65/90 – BAGE 73, 221 = AP § 1 BildungsurlaubsG NRW Nr. 3; BAG 9.6.1988 – 8 AZR 755/85 – AP § 9 Bundesurlaubsgesetz Nr. 10.

– Die Erkrankung, welche sich mit dem festgesetzten Urlaub überschneidet, dauert länger als sechs Wochen und verpflichtet auch nach den tariflichen Regelungen den AG nicht zur Entgeltfortzahlung, oder
– es handelt sich um eine nicht entgeltfortzahlungspflichtige Folgeerkrankung nach § 3 Abs. 1 S. 2 EFZG.

e) Zulässigkeit des Freiwerdens nach Gemeinschaftsrecht. Nach Art. 7 Abs. 1 der Arbeitszeit- RL haben die Mitgliedstaaten die erforderlichen Maßnahmen zu treffen, damit jeder AN einen bezahlten Mindestjahresurlaub von vier Wochen nach Maßgabe der Bedingungen für die Inanspruchnahme und die Gewährung erhält, die in den einzelstaatlichen Rechtsvorschriften und/oder nach den einzelstaatlichen Gepflogenheiten vorgesehen sind. Nach Art. 17 der RL sind Abweichungen nur zulässig, soweit tatsächlich Ausgleichsruhezeiten oder ein anderer angemessener Schutz gewährleistet werden.[12] Zu prüfen ist: Erlaubt die RL einem Mitgliedstaat, eine nationale Regelung zu erlassen, nach welcher der AN den zu gewährleistenden Mindesturlaub im laufenden Jahr nicht erhält, weil er zu dem zunächst vorgesehenen Urlaubstermin aus einem in seiner Person liegenden Grund nicht von der Arbeitspflicht freigestellt werden kann und eine Nachgewährung nicht in Betracht kommt, weil die Voraussetzungen der Nichtanrechnungsregeln der §§ 9, 10 nicht erfüllt sind? Aus der Vorabentscheidung in der Sache Schultz-Hoff ist zu entnehmen, dass kein Verfall eintreten darf bei einer „Krankschreibung während des gesamten Bezugszeitraums, die bei Ablauf dieses Zeitraums und/oder eines Übertragungszeitraums fortbesteht".[13] Damit ist der Gleichlauf mit den §§ 9,10 hergestellt, die für die Neufestsetzung nach dem Sprachgebrauch des EuGH ebenfalls eine „Krankschreibung"[14] voraussetzen, das ist eine ärztliche Bescheinigung i.S.v. § 5 Abs. 1 S. 2 EFZG. Allerdings ist zu beachten, dass die Antwort des EuGH nur speziell für einen „Arbeitnehmer, der wie Herr Schultz-Hoff ... krankgeschrieben wurde"[15] gegeben wurde. Aus den grundsätzlichen Erwägungen des EuGH ergibt sich jedoch, dass er davon ausgeht, dass „während des gesamten Bezugszeitraums (Urlaubsjahr) und ... im nationalen Recht festgelegten Übertragungszeitraum ... die Möglichkeit eröffnet wird, in den Genuss seines bezahlten Jahresurlaubs zu kommen ... und dass der Arbeitnehmer tatsächlich die Möglichkeit hatte, den ihm durch diese Richtlinie gewährten Anspruch auszuüben".[16] Das bedeutet, dass über die in §§ 9, 10 geregelten hinaus noch weitere urlaubsstörende Gründe, die vom AN nicht willentlich zu beeinflussen sind, berücksichtigt werden müssen. In Betracht kommen Kollisionen mit Ruhenszeiten oder Zeiten von Beschäftigungsverboten. Im Bereich des Mutterschutzes bestehen gemeinschaftsrechtlich geregelte Ruhenszeiten, für die der Begriff Mutterschaftsurlaub verwendet wird. Nach der Rspr. des EuGH darf der Anspruch auf einen anderen gemeinschaftsrechtlich gewährleisteten Urlaub nicht beeinträchtigt werden.[17] Im Urteil Merino Gómez ist ergänzend ausgeführt, dass Art. 7 Abs. 1 der RL dahin auszulegen ist, dass die Anforderungen dieser Richtlinie hinsichtlich des bezahlten Jahresurlaubs nicht als erfüllt angesehen werden können, wenn der Mutterschaftsurlaub einer AN zeitlich mit dem durch eine betriebliche Kollektivvereinbarung allgemein festgelegten Jahresurlaub für die gesamte Belegschaft zusammenfällt.[18] Damit wird der Katalog der Ausnahmen von der Regel, dass urlaubsstörende Ereignisse zur Risikosphäre des AN gehören, umfangreicher. Die Regel selbst wird jedoch nicht überflüssig, denn der vom EuGH gebildete Grundsatz, dass der AN die tatsächliche Möglichkeit der Inanspruchnahme des Urlaubs haben müsse, schließt, wie der Fall Merino Gómez zeigt, nur dann ein Zusammenfallen von Erholungsurlaub und einem anderen Zeitraum aus, soweit der andere Ruhenszeitraum von einer gemeinschaftsrechtlichen Regelung erfasst wird.[19] Fehlt eine gemeinschaftsrechtliche Regelung, ist der nationale Gesetzgeber in seiner Regelungsbefugnis frei.[20]

Die deutsche Regelung der Nichtgewährung von Urlaub während der Arbeitsunfähigkeit ist nicht nur gemeinschaftsrechtlich zulässig, sondern auch geboten. In der Vorlage des House of Lords betreffend *Stringer u.a. gegen Her Majesty's Revenue and Customs* ging es um die für deutsche Verhältnisse ungewöhnliche Frage, ob das Gemeinschaftsrecht so auszulegen ist, dass ein arbeitsunfähig erkrankter AN während ihres mehrere Monate langen „Krankheitsurlaubs" berechtigt ist, bezahlten Mindesturlaub in Anspruch zu nehmen. Diese Frage hat der Gerichtshof unter Nr. 1 seines Entscheidungsausspruchs ausdrücklich verneint.[21] In einem weiteren Urteil hat der Gerichtshof weiter gehend erkannt: Art. 7 Abs. 1 der RL (...) ist dahin gehend auszulegen, dass er nationalen Rechtsvorschriften oder TV entgegensteht, die vorsehen, dass ein AN, der sich während des im Urlaubsplan seines Unternehmens vorgesehenen Jahresurlaubs im Krankheitsurlaub befindet, nach Wiedererlangung der Arbeitsfähigkeit nicht berechtigt ist, seinen

---

12 EuGH 26.6.2001 – C-173/99 – BECTU – AP EWG-Richtlinie Nr. 93/104 Nr. 3.
13 EuGH 20.1.2009 – C-350/06 und C-520/06 „Schultz-Hoff" und „Stringer" Zwischenüberschrift vor Rn 50, NJW 2009, 495.
14 EuGH 20.1.2009 – C-350/06 und C-520/06 „Schultz-Hoff" und „Stringer" Rn 52, NJW 2009, 495.
15 EuGH 20.1.2009 – C-350/06 und C-520/06 – NJW 2009, 495 „Schultz-Hoff" und „Stringer" Rn 50.
16 EuGH 20.1.2009 – C-350/06 und C-520/06 „Schultz-Hoff" und „Stringer" Rn 44, 45.

17 EuGH 20.9.2007 – C-16/06 – Slg. 2007, I 7643 „Kiiski" Rn 56; EuGH 14.4.2005 – C-519/03 – Slg. 2005, I 3067 „Kommission/Luxemburg" Rn 33.
18 EuGH 18.3.2004 – C-342/01 – Slg. 2004, I-2605 „Merino Gómez" Rn 32 und 33.
19 EuGH 20.1.2009 – C-350/06 und C-520/06 – NJW 2009, 495 „Schultz-Hoff" und „Stringer" Rn 27.
20 So zum sog. Krankheitsurlaub EuGH 20.1.2009 – C-350/06 und C-520/06 – NJW 2009, 495 „Schultz-Hoff" und „Stringer" Rn 29 bis 31.
21 EuGH 20.1.2009 – C-350/06 und C-520/06 „Schultz-Hoff" und „Stringer" Rn 63

Jahresurlaub in einem anderen als dem ursprünglich festgelegten Zeitraum in Anspruch zu nehmen, der auch außerhalb des Bezugszeitraums liegen kann.[22] Damit sind die entsprechenden Regelungen der Nichtanrechnung von Krankheitszeiten auf Urlaubsansprüche in §§ 9,10 zwingend geboten.

11 **f) Neufestsetzung des Urlaubs nach §§ 9, 10.** In den Fällen der Arbeitsunfähigkeit i.S.v. §§ 9, 10 wird der AG gesetzlich verpflichtet, erneut den Urlaub festzulegen; denn die zuvor erfolgte Festlegung hat infolge der Nichtanrechnungsbestimmung aus §§ 9, 10 weder zum Erlöschen des Urlaubsanspruch nach § 362 BGB noch zum Untergang des Urlaubsanspruchs nach § 275 BGB geführt. Es kann offen bleiben, ob der jüngeren urlaubsrechtlichen Lit. zu folgen ist, welche die Auff. vertritt, die §§ 9, 10 enthalten keine Ausnahmevorschriften zu § 275 BGB, sondern zu § 243 BGB.[23] In jedem Fall wird erst durch die erneute Festlegung nach § 7 Abs. 1 die Gattungsschuld, den AN zum Zwecke des Urlaubs innerhalb des Urlaubsjahres freizustellen, auf die kalendermäßig festgesetzten Urlaubstage konkretisiert.

B. Regelungsgehalt

I. Voraussetzungen

12 Voraussetzungen für die Nichtanrechnung des Urlaubs sind, dass der AN
- während des Urlaubs erkrankt,
- er infolge der Erkrankung arbeitsunfähig ist,
- die Arbeitsunfähigkeit durch ärztliches Zeugnis nachgewiesen wird.

13 **1. Erkrankung.** Der Begriff der „Erkrankung" ist im BUrlG nicht definiert. Eine **Krankheit** wird ebenso wie im Anwendungsbereich des § 3 EFZG angenommen, wenn ein regelwidriger Körper- oder Geisteszustand vorliegt, welcher einer Heilbehandlung bedarf (siehe § 3 EFZG Rn 16 ff.).[24]

14 **2. Arbeitsunfähigkeit.** Der Begriff der Arbeitsunfähigkeit entspricht dem in § 3 EFZG. Danach ist ein AN arbeitsunfähig, wenn er seine vertraglich geschuldete Tätigkeit objektiv nicht ausüben kann oder objektiv nicht ausüben sollte, weil die Heilung nach ärztlicher Prognose verhindert oder verzögert wird (siehe § 3 EFZG Rn 59).[25] Unerheblich ist, ob sich der AN trotz der Krankheit erholen könnte.[26] Abweichend von § 3 Abs. 1 EFZG kommt es nicht auf die Frage des Verschuldens der Arbeitsunfähigkeit an. § 9 enthält keinen Hinweis, dass nur für die unverschuldete Arbeitsunfähigkeit bezahlter Urlaub nachgewährt werden soll.[27] Allerdings ist für die ursprünglich als Urlaub festgesetzte Zeit der verschuldeten Arbeitsunfähigkeit keine Entgeltfortzahlung nach dem EFZG zu leisten. Die urlaubsrechtliche Entgeltfortzahlungspflicht bezieht sich allein auf die Zeit des neu fest zu setzenden Urlaubs.

15 **3. Sterilisation und Schwangerschaftsabbruch.** Arbeitsverhinderung infolge einer nicht rechtswidrigen Sterilisation oder eines nicht rechtswidrigen Schwangerschaftsabbruchs gilt als Arbeitsunfähigkeit aufgrund Erkrankung.[28] Das folgt aus der Fiktion in § 3 Abs. 2 EFZG. Wird die Sterilisation oder der Schwangerschaftsabbruch im Urlaub vorgenommen, kann daher Nachgewährung des Urlaubs verlangt werden.

16 **4. Beschäftigungsverbote.** Wird die Beschäftigung nach Urlaubserteilung durch ein Beschäftigungsverbot unmöglich, besteht kein Anspruch auf Nachgewährung des Urlaubs.

17 Das gilt auch für die Beschäftigungsverbote nach §§ 3, 4 MuSchG. **Schwangerschaft** ist keine Krankheit, die zur Arbeitsunfähigkeit führt. Eine entsprechende Anwendung von § 9 scheidet aus, weil ein Beschäftigungsverbot nicht mit einer Krankheit vergleichbar ist.[29] *Kanzlsperger* vertritt demgegenüber die Ansicht, dass Urlaub auch dann nachzugewähren sei, wenn eine AN für die vorgesehene Urlaubszeit einem schwangerschaftsbedingten Beschäftigungsverbot i.S.v. §§ 3 ff. MuSchG unterliege.[30] Er befürchtet, diese Rspr. könne Schwangere dazu verleiten, möglichst die nach § 3 Abs. 1 oder § 4 Abs. 1 Nr. 6 MuSchG erforderliche ärztliche Feststellung einer Gefahr für Leben oder Gesundheit von Mutter und Kind zu vermeiden. *Kanzlsperger* bemüht auch in anderer Hinsicht das Gebot der verfassungskonformen Auslegung. Es könne nämlich nicht sein, dass für einen straflosen Schwangerschaftsabbruch Ur-

---

22 EuGH 10.9.2009 – C-277/08 „Vicente Pereda" EzA-SD 2009, Nr. 21, 7.
23 *Friese*, Rn 113; *Herlitzius*, S. 166.
24 BAG 7.8.1991 – 5 AZR 410/90 – BAGE 68, 196 = AP § 1 LohnFG Nr. 94.
25 BAG 7.8.1991 – 5 AZR 410/90 – BAGE 68, 196 = AP § 1 LohnFG Nr. 94.
26 So auch folgend *Arnold/Ackermann/Rambach u.a.*, § 9 BUrlG Rn 3; ErfK/*Dörner*, § 9 BUrlG Rn 10; MünchArb/*Leinemann*, Bd. 1, § 91 Rn 5; *Leinemann/Linck*, § 9 BUrlG Rn 9; a.A. GK-BUrlG/*Stahlhacke*, § 9 Rn 7, der von der veralteten Vorstellung ausgeht, das Erholungsbedürfnis sei zu prüfen.
27 ErfK/*Dörner*, § 9 BUrlG Rn 9; MünchArb/*Leinemann*, Bd. 1, § 91 Rn 4; *Leinemann/Linck*, § 9 BUrlG Rn 7; a.A. GK-BUrlG/*Stahlhacke*, § 9 Rn 10.
28 Folgend *Arnold/Ackermann/Rambach u.a.*, § 9 BUrlG Rn 3; ErfK/*Dörner*, § 9 BUrlG Rn 11.
29 BAG 9.8.1994 – 9 AZR 384/92 – BAGE 77, 296 = AP § 9 BUrlG Nr. 19.
30 *Kanzlsperger*, AuR 1997, 192.

laub nachzugewähren sei, während die Schwangere, die das Kind austrage, bei einem Beschäftigungsverbot keinen Anspruch auf Nachgewährung habe. Das sind rechtspolitisch beachtliche Erwägungen, auf die allerdings der Gesetzgeber bei den nach der Entscheidung des BAG von 1994 vorgenommenen Änderungen der urlaubsrechtlichen Vorschriften des MuSchG nicht ausdrücklich eingegangen ist.

Für die Praxis ist in diesem Zusammenhang bedeutsam, dass mit einem Beschäftigungsverbot nicht zwingend ein Erfüllungshindernis verbunden ist. Kann eine schwangere AN auch mit anderen als den verbotenen Tätigkeiten beschäftigt werden, so läuft die vor dem Beschäftigungsverbot erklärte Freistellung von der Arbeitspflicht nicht leer. Hier ist insb. zu beachten, dass der AG im Rahmen billigen Ermessens eine andere zumutbare Tätigkeit zuweisen darf.[31]

5. Alkoholismus. Alkoholabhängigkeit (Alkoholismus) galt schon unter der Geltung des § 1 Abs. 1 S. 1 LFZG als Krankheit.[32] Mit Inkrafttreten des EFZG hat sich daran nichts geändert. Bei allen mit Alkoholabhängigkeit zusammenhängenden Fragen der Entgeltfortzahlungspflicht im Krankheitsfalle des Arb spielt die Frage des Verschuldens in der Regel eine entscheidende Rolle. Der AN hat für die Entgeltfortzahlung auf Verlangen des AG „nach bestem Wissen" die für die Entstehung des krankhaften Alkoholismus erheblichen Umstände zu offenbaren.[33] Im Geltungsbereich des § 9 hat jedoch das Verschulden der Arbeitsunfähigkeit keine Bedeutung (s. Rn 14).

6. Ärztliches Zeugnis. a) Arbeitsunfähigkeitsbescheinigung. Krankheitstage sind auf den Jahresurlaub nur dann nicht anzurechnen, soweit der AN die Arbeitsunfähigkeit durch ärztliches Zeugnis nachweist. Dieses Zeugnis muss kein amtsärztliches Zeugnis sein. Es genügt die ärztliche Arbeitsunfähigkeitsbescheinigung i.S.d. EFZG. Während nach § 3 EFZG der AN den Nachweis einer krankheitsbedingten Arbeitsunfähigkeit auch durch andere Beweismittel als eine ärztliche Arbeitsunfähigkeitsbescheinigung erbringen kann, besteht diese Möglichkeit im Rahmen von § 9 nicht. Ohne Attest besteht kein Nachgewährungsanspruch.[34]

b) Inhalt des ärztlichen Attests. Die ärztliche Bescheinigung muss nicht nur die Dauer-Krankheit angeben, sie muss darüber hinaus erkennen lassen, dass der Arzt zwischen einer bloßen Erkrankung und einer mit Arbeitsunfähigkeit verbundenen Krankheit unterschieden und damit eine den Begriffen des deutschen Arbeits- und Sozialversicherungsrechts entsprechende Beurteilung vorgenommen hat.[35] Im Rahmen von § 9 kommt es nämlich nicht allein auf das Vorliegen einer Erkrankung im medizinischen Sinne an, sondern letztlich darauf, dass der AN seine konkret geschuldete Arbeitsverpflichtung nicht erfüllen kann.[36] Das ist nicht jedem, insb. nicht einem mit dem deutschen Recht nicht vertrauten ausländischen, Arzt bewusst. Beginnt die krankheitsbedingte Arbeitsunfähigkeit im Ausland, so sind zudem für den Nachweis besondere Regelungen zu beachten. Nach § 5 Abs. 2 S. 3, 4 EFZG hat der AN die Arbeitsunfähigkeit und deren voraussichtliche Dauer bzw. Fortdauer der deutschen Krankenkasse anzuzeigen. Abweichend hiervon bestimmen Art. 18 der VO Nr. 574/72/EWG und zwischenstaatliche Sozialversicherungsabkommen,[37] dass der AN vom Arzt eine Arbeitsunfähigkeitsbescheinigung auf einem Vordruck erhält und er sich an den ausländischen Sozialversicherungsträger zu wenden hat. Deutsche Krankenkassen können Entsprechendes festlegen (§ 5 Abs. 2 S. 5 EFZG).

Fallstudie:[38] Ein türkischer Arzt hat in der Türkei für einen in Deutschland arbeitenden AN, der den Sommerurlaub in der Türkei verbrachte, folgendes Attest ausgestellt:

„Herr I C geboren am 5.3.1932 (...) ist am 9.4.1984 bei mir untersucht worden. Es wurde an der linken Hand am Zeigefinger durch K T eine Quetschung und Prellung festgestellt. Nach der benötigten Behandlung wurde der Patient am 7.5.1984 zur weiteren Behandlung in das Krankenhaus der Sozialversicherungsanstalt nach Ankara in die chirurgische Abteilung überwiesen."

Diese Bescheinigung wurde vom BAG nicht als gehöriger Nachweis der Arbeitsunfähigkeit angesehen. Zwar kommt einer von einem ausländischen Arzt im Ausland ausgestellten Bescheinigung im Allg. der gleiche Beweiswert wie einer von einem deutschen Arzt ausgestellten zu, die muss aber erkennen lassen, dass der ausländische Arzt zwischen einer bloßen Erkrankung und einer mit Arbeitsunfähigkeit verbundenen Krankheit unterschieden und hat. Aus dem vorgelegten Attest hat das BAG nicht entnehmen können, welche Folgen die Quetschung und die Prellung am linken Zeigefinger für die Arbeitsfähigkeit des Klägers hatten.

---

31 BAG 15.11.2000 – 5 AZR 365/99 – BAGE 96, 228 = AP § 4 MuSchG 1968 Nr. 7.
32 BAG 1.6.1983 – 5 AZR 536/80 – BAGE 43, 54 = AP § 1 LohnFG Nr. 52.
33 BAG 7.8.1991 – 5 AZR 410/90 – BAGE 68, 196 = AP § 1 LohnFG Nr. 94.
34 *Arnold/Ackermann/Rambach u.a.*, § 9 BUrlG Rn 9; ErfK/*Dörner*, § 9 BUrlG Rn 13; *Leinemann/Linck*, § 9 BUrlG Rn 11; a.A. *Friese*, Rn 118.
35 BAG 1.10.1997 – 5 AZR 499/96 – AP § 5 EntgeltFG Nr. 4; BAG 1.10.1997 – 5 AZR 726/96 – BAGE 86, 357, 362; BAG 15.12.1987 – 8 AZR 647/86 – AP § 9 BUrlG Nr. 9.
36 BAG 15.12.1987 – 8 AZR 647/86 – AP § 9 BUrlG Nr. 9.
37 Abgedruckt in: *Plöger/Wortmann*, Deutsche Sozialversicherungsabkommen mit ausländischen Staaten.
38 Nachgebildet: BAG 15.12.1987 – 8 AZR 647/86 – AP § 9 BUrlG Nr. 9.

23 c) **Vorlage der Bescheinigung.** Solange die Bescheinigung nicht vorgelegt wird, braucht der AG nicht nachzugewähren. Der AN kann somit mittelbar auf die Nachgewährung verzichten, indem er keinen Nachweis vorlegt.[39] Eine Vorlagefrist ist gesetzlich nicht bestimmt. Die Regeln des EFZG gelten nicht entsprechend.[40] Wird die Bescheinigung erst nach Ablauf des Urlaubsjahrs vorgelegt, ist der Urlaubsanspruch erloschen. Etwas anderes gilt nur, soweit ein Fall der Übertragung stattfand (siehe § 7 Rn 98 ff.).

24 **7. Vor dem Urlaub.** Nicht von § 9 erfasst wird die Erkrankung, die auftritt, bevor der AG den Urlaub festgesetzt hat. Die Übertragungsregelung in § 7 Abs. 3 berücksichtigt auch diesen Fall. Danach wird der AG – abweichend vom allg. Grundsatz des § 275 Abs. 1 BGB – von seiner Pflicht zur Urlaubsgewährung frei, wenn der Urlaubsanspruch wegen Arbeitsunfähigkeit im Kalenderjahr nicht gewährt werden kann. Die Notwendigkeit der Vorlage eines ärztlichen Attests besteht in diesem Fall nicht. Der Nachweis der Arbeitsunfähigkeit richtet sich dann nach den allg. Regeln, insb. nach § 5 EFZG und den besonderen tariflichen Regelungen.[41]

25 **8. Während des Urlaubs.** Von der Nichtanrechnungsregel erfasst werden alle vom AG festgelegten Urlaubstage, die sich mit Arbeitsunfähigkeitstagen decken. Dazu ist keine vollständige Abdeckung des gesamten Urlaubs mit Krankheitstagen erforderlich. Erkrankt z.B. der AN vor dem Urlaubsbeginn und wird er vor Ende des Urlaubs wieder arbeitsfähig, so bleibt es bei der Festsetzung der übrigen Urlaubstage. Für die Nichtanrechnung der Krankheitstage bedarf es dann der ärztlichen Bescheinigung.

II. Rechtsfolgen

26 **1. Anspruch auf Nachgewährung der AU-Tage.** Sind vom AG festgelegte Urlaubstage wegen der nachgewiesenen Arbeitsunfähigkeit nicht auf den Urlaubsanspruch anzurechnen, so besteht ein Anspruch des AN auf Neu- oder Nachgewährung. Beide Formulierungen sind gleichermaßen geeignet, den identischen Tatbestand zu beschreiben: Der AG hat auf den Wunsch des AN hin, die nicht anzurechnenden Tage nach § 7 Abs. 1 erneut kalendermäßig festzulegen. Das gilt auch dann, wenn die Arbeitsunfähigkeit während der vom AG angeordneten Betriebs- oder Werksferien eintritt. Insb. kann sich der AG nicht darauf berufen, der Urlaub könne nur in den Betriebsferien genommen werden.

26a **2. Anspruch auf Neufestlegung des gesamten Urlaubs.** Ein Problem tritt auf, wenn der AN vor Urlaubsantritt erkrankt und absehbar ist, dass er nur einen Teil des festgelegten Zeitraums arbeitsunfähig sein wird. Dann möchten AN gerne, dass der Urlaubszeitraum insbesondere wegen der Planung einer Urlaubsreise insgesamt neu festgelegt werden soll. Dazu ist jedoch der AG nicht verpflichtet.[42] § 9 legt dem AG nur die Pflicht zur Nachgewährung der einzelnen nachgewiesenen Tage der Arbeitsunfähigkeit (AU) auf. Dass der AN eine Urlaubsplanung nicht mehr so verwirklichen kann, bleibt unberücksichtigt. Ausnahmsweise muss dem Wunsch nach vollständiger Neufestsetzung dann Rechnung getragen werden, wenn mit der Stückelung in festgesetzt bleibenden Urlaubstagen und nachzugewährenden AU-Tagen das Gebot des zusammenhängenden Urlaubs aus § 7 Abs. 2 S. 2 nicht erfüllt werden kann. Das vom Schrifttum für diesen Fall erfundene Annahmeverweigerungsrecht[43] ist entbehrlich. Die verbleibende nicht durch AU-Tage abgedeckte Restfestlegung wird nach § 7 Abs. 2 S. 2 unwirksam, wenn sie keine Urlaubsdauer von mindestens 12 aufeinanderfolgenden Werktagen beinhaltet und auch nicht vorher im Urlaubsjahr ein hinreichend langer Urlaub gewährt worden ist. Der AN kann dann, den Wunsch nach insgesamter Neufestsetzung äußern. Diesem Wunsch hat der AG nach Maßgabe des § 7 Abs. 1 Rechnung zu tragen. Einvernehmliche Neufestlegungen sind statthaft.

27 **3. Befristung des Anspruchs auf Nachgewährung.** Die Verpflichtung des AG besteht, solange der Urlaubsanspruch noch nicht durch Fristablauf erloschen ist.[44] Ist eine Nachgewährung im Urlaubsjahr nicht möglich, gelten die allg. Regeln der Übertragung und Übertragbarkeit nach § 7 Abs. 3. (siehe auch § 7 Rn 98 ff.). Danach kann der Anspruch auf Nachgewährung mit dem Ende des Übertragungszeitraums erlöschen.[45] § 9 enthält keine Ausnahme von der Befristung des Urlaubsanspruchs.[46]

Der Ablauf der Übertragungsfrist führt jedoch nicht immer zum Erlöschen des Anspruchs. Hier ist die durch die Vorabentscheidung des EuGH in der Sache Schultz-Hoff veranlasste Rechtsfortbildung des BAG[47] zu berücksichtigen. Danach wird nur dann die Übertragungsdauer bis zum Ende des Folgejahres verlängert, wenn der AN „tatsächlich

---

39 ErfK/*Dörner*, § 9 BUrlG Rn 14.
40 ErfK/*Dörner*, § 9 BUrlG Rn 16; *Leinemann/Linck*, § 9 BUrlG Rn 14; *Friese*, Rn 120.
41 *Arnold/Ackermann/Rambach u.a.*, § 9 BUrlG Rn 4, 5.
42 ErfK/*Dörner*, § 9 BUrlG Rn 8, *Friese*, Urlaubsrecht Rn 122; *Leinemann/Linck*, § 9 BUrlG Rn 5.
43 ErfK/*Dörner*, § 9 BUrlG Rn 8.
44 BAG 9.6.1988 – 8 AZR 755/85 – AP § 9 BUrlG Nr. 10.
45 BAG 9.6.1988 – 8 AZR 755/85 – AP § 9 BUrlG Nr. 10.
46 BAG 21.1.1997 – 9 AZR 791/95 – AP § 9 BUrlG Nr. 15.
47 BAG 24.3.2009 – 9 AZR 983/07 – BAG Pressemitteilung Nr. 31/09 = NZA 2009, 538.

keine Möglichkeit"[48] hatte, den Urlaubsanspruch vor Ablauf der vom Mitgliedsstaat zu bestimmenden Übertragungsdauer „auszuüben".[49]

Fallstudien:

1. Fall: Der übertragene Urlaub ist so festgelegt, dass er vom 19. Februar bis zum 15. März des Folgejahres andauert. Erkrankt der AN während des Urlaubs vom 22. bis 28. Februar, so hat der AG die Verpflichtung, die wegen nachgewiesener Arbeitsunfähigkeit nicht anzurechnenden 6 Werktage Urlaub nachzugewähren. In diesem Fall verfallen die wegen Arbeitsunfähigkeit nicht erfüllten Urlaubsansprüche nur dann, wenn der AN nicht bis zum 31. März die restlichen sechs Werktage Urlaub in Anspruch nimmt.
2. Fall: Der übertragene Urlaub ist so festgelegt, dass er bis zum 31. März andauert. Erkrankt der AN, so hat hier der AG für die nachgewiesenen AU-Tage die Verpflichtung, Urlaubstage bis zum Endes des Jahres nachzugewähren; denn der AN hatte, wie die nachgewiesene AU zeigt, nicht die tatsächliche Möglichkeit, bis zum Ende der Übertragungsdauer nach § 7 Abs. 3 S. 3 den Urlaubsanspruch „auszuüben". Deshalb verlängert sich nach der Rechtsfortbildung des BAG entsprechend § 7 Abs. 3 S. 4 die Übertragungsfrist bis zum Jahresende. Der dann nicht genommene Resturlaub verfällt, es sei denn ein Übertragungstatbestand i.S.v. § 7 Abs. 3 S. 2 greift ein.

4. Kein Verlängerungsrecht. Weist der AN die während des Urlaubs aufgetretene krankheitsbedingte Arbeitsunfähigkeit ordnungsgemäß nach, so dass diese Tage nicht auf den Urlaub angerechnet werden, so hat er kein Recht, den festgelegten Urlaub eigenmächtig um diese Tage zu verlängern. Es bleibt bei dem Recht des AG, den Urlaub nach Maßgabe des § 7 Abs. 1 festzulegen. Die eigenmächtige Verlängerung ist als unberechtigte Selbstbeurlaubung anzusehen.[50]

5. Entgeltfortzahlung. Für die durch ärztliches Zeugnis nachgewiesenen Tage der Arbeitsunfähigkeit ist anstelle des Urlaubsentgelts Entgeltfortzahlung im Krankheitsfall zu leisten.[51]

III. Abdingbarkeit

Von der Nichtanrechnungsbestimmung des § 9 kann für den tariflichen und vertraglichen Mehrurlaub abgewichen werden. Insoweit greift die Einschränkung der Abänderbarkeit in § 13 Abs. 1 nicht. Der gesetzliche Mindesturlaub nach § 3 darf jedoch in keinem Fall unterschritten werden (siehe § 13 Rn 23). Soweit das BAG erkannt hat, die Nichtanrechnungsbestimmung können weiter eingeschränkt werden,[52] ist das im Schrifttum zu Recht kritisiert worden.[53] Die dort als zulässig angesehene Frist für den Nachweis der Arbeitsunfähigkeit kann nämlich zum Verlust des gesamten Urlaubs einschließlich des Mindesturlaubs führen: Das wäre mit der Garantie des Mindesturlaubs in §§ 1, 13 Abs. 1 nicht vereinbar.

C. Verbindung zu anderen Rechtsgebieten

I. Sonderurlaub

§ 9 gilt nur für den gesetzlich garantierten Erholungsurlaub.[54] Eine entsprechende Anwendung des § 9 ist von der älteren Rspr. bejaht worden, wenn dem AN über den Erholungsurlaub hinaus zusätzliche Freizeit zu Erholungszwecken gewährt wurde. Im Zweifel sollte dann der Mehrurlaub durch die Arbeitsunfähigkeit des AN unterbrochen werden. Das sollte auch für einen an den Erholungsurlaub zeitlich anschließenden und zu Erholungszwecken gewährten unbezahlten Sonderurlaub gelten.[55] Diese Rspr. ist inzwischen überholt.[56]

II. Tarifvertragsrecht

Die TV-Parteien haben bei der Regelung der Dauer des Mehrurlaubs einen weiten Gestaltungsspielraum. Soweit der gesetzliche Mindesturlaub nicht berührt ist, können sie von dem Anrechnungsverbot des § 9 abweichen. Sie dürfen nach der Rspr. auch den Mehrurlaub für AN mit Fehltagen begrenzen. Das ist zu § 7 Ziff. 2.1 S. 2 und 3 des Mantel-TV für das Fleischerhandwerk Niedersachsen/Bremen vom 18.1.1996 entschieden. Nach diesen Tarifnormen wird der den gesetzlichen Mindesturlaub überschreitende tarifliche Jahresurlaub für jeden Monat, in dem der AN nicht mehr als die Hälfte der festgelegten Arbeitstage tatsächlich gearbeitet hat, anteilig gekürzt.[57] Die weitere in § 7 Ziff. 4 MTV enthaltene Regelung, dass nachgewiesene Tage der Erkrankung während des Urlaubs nicht auf den Urlaub an-

---

48 EuGH 20.1.2009 – C-350/06 und C-520/06 – NZA 2009, 135 „Schultz-Hoff" und „Stringer" Rn 43.
49 EuGH 20.1.2009 – C-350/06 und C- 520/06 – NZA 2009, 135 „Schultz-Hoff" und „Stringer" Rn 42.
50 ErfK/*Dörner*, § 9 BUrlG Rn 18.
51 ErfK/*Dörner*, § 3 EFZG Rn 15.
52 BAG 15.12.1987 – 8 AZR 647/86 – AP § 9 BUrlG Nr. 9.
53 Vgl. ErfK/*Dörner*, § 13 BUrlG Rn 42.
54 BAG 21.6.1968 – 5 AZR 408/67 – BAGE 21, 63, 64 = AP § 9 BUrlG Nr. 1, zu 1 der Gründe; BAG 17.11.1977 – 5 AZR 599/76 – AP § 9 BUrlG Nr. 8, zu 2 b der Gründe; BAG 2.12.1987 – 5 AZR 652/86 – EzA § 4 TVG Metallindustrie Nr. 37.
55 BAG 3.10.1972 – 5 AZR 209/72 – AP § 9 BUrlG Nr. 4.
56 BAG 9.8.1994 – 9 AZR 384/92 – BAGE 77, 296 = AP § 7 BUrlG Nr. 19.
57 BAG 18.5.1999 – 9 AZR 419/98 – AP § 1 TVG Tarifverträge: Fleischerhandwerk Nr. 1 = BB 2000, 207.

gerechnet werden, entspricht der gesetzlichen Regelung des § 9. Mit dieser Regelung wird die Nichtanrechnung von Krankheitstagen auf bereits entstandene und gewährte urlaubsrechtliche Freistellungsansprüche sichergestellt. Demgegenüber ist in § 7 Ziff. 2.1 S. 2 und 3 MTV die Höhe des Entstehens von Freistellungsansprüchen geregelt. Es liegen somit unterschiedliche und damit nicht vergleichbare Regelungsziele vor. Von daher hat das BAG keine sachlich ungerechtfertigte Benachteiligung von AN angenommen, die im Referenzzeitraum arbeitsunfähig erkranken.

III. Arbeitsfreie Tage in Betriebsvereinbarungen

33 Damit die Flexibilisierung der tariflichen Arbeitszeiten in den Betrieben und Verwaltungen praktisch umgesetzt werden kann, räumen die TV-Parteien den Betriebsparteien notwendigerweise Gestaltungsspielräume ein. Dies gilt v.a. für Schichtsysteme, in denen es der Festlegung von Ausgleichszeiträumen und arbeitsfreien Tage bedarf, um die Einhaltung der regelmäßigen Wochenarbeitszeit sicherzustellen. In diesem Zusammenhang taucht immer wieder die Rechtsfrage der Anwendbarkeit des § 9 auf, wenn ein AN an einem dieser arbeitsfreien Tage erkrankt. Die Rspr. des BAG hat die Anwendbarkeit abgelehnt.

34 **Beispielsfall:** Durch den Mantel-TV für die AN in der nordrhein-westfälischen Eisen-, Elektro- und Zentralheizungsindustrie vom 30.4.1980 i.d.F. des Änderungs-TV vom 3.7.1984 wurde die Betriebsnutzungszeit von 40 Stunden wöchentlich oder acht Stunden täglich beibehalten. Das ermöglichte eine Arbeitszeitgestaltung, nach welcher der Ausgleich zu einer festgelegten geringeren individuellen regelmäßigen wöchentlichen Arbeitszeit durch Freischichten erfolgte. Durch BV konnte geregelt werden, dass eine bereits zugeteilte Freischicht trotz krankheitsbedingter Arbeitsunfähigkeit verbraucht ist. Der Anspruch auf Gewährung einer Freischicht für den festgelegten Tag ist dann nach § 275 Abs. 1 BGB infolge Krankheit untergegangen. Durch den Krankheitsfall ist der mit der Freischicht bezweckte Erfolg, die Freistellung von der Arbeitsverpflichtung, unmöglich geworden und der Anspruch auf Freischicht ersatzlos erloschen.[58]

35 Das BAG hat eine andere Begründung gewählt. Der Freizeitausgleich im Rahmen der tariflichen Arbeitszeitverkürzung sei mit einer Urlaubsgewährung nicht vergleichbar. Der AN erhalte einen freien Tag nämlich nur dafür, dass er über den tariflichen Rahmen hinaus an anderen Tagen bereits Arbeitsleistungen erbracht und bezahlt erhalten habe. Dieser Freizeitausgleich diene nicht einem zusätzlichen Erholungsbedürfnis des AN, sondern der Einhaltung der tariflichen Arbeitszeit.

D. Beraterhinweise

I. Der Verzicht auf Nichtanrechnung und seine Folgen

36 Es kommt in der arbeitsrechtlichen Praxis vor, dass ein AN für die während des Urlaubs aufgetretenen Krankheitstage keine Arbeitsunfähigkeitsbescheinigung vorlegt und damit auf die Anwendung der Nichtanrechnungsregel des § 9 verzichtet. Das erscheint insb. zweckmäßig, wenn der AN für die Zeit der Erkrankung nach § 3 EFZG keinen Entgeltfortzahlungsanspruch hat, z.B. weil die Arbeitsunfähigkeit selbstverschuldet ist.[59] Soweit ersichtlich hat die Rspr. sich noch nicht zu den dann eintretenden Rechtsfolgen geäußert. Die Rechtslage ist schwierig und ungeklärt.[60] Wenn der mit der Freistellung bezweckte Erfolg nicht infolge Arbeitsunfähigkeit eintreten kann, liegt keine Urlaubsgewährung vor. Mangels wirksam erfolgter arbeitgeberseitiger Arbeitsbefreiung entsteht dann kein Anspruch auf das nach § 1 während des Urlaubs fortzuzahlende Entgelt. Nach der Rspr. des BGH soll derjenige, der wegen eines in der Person des anderen liegenden Grundes von der geschuldeten Leistung frei wird, aus dem „Unglück", das den anderen getroffen hat, keinen Vorteil ziehen.[61] Es erscheint von daher erwägenswert, den von der Verpflichtung zur erneuten Festsetzung nach § 275 Abs. 1 BGB frei werdenden AG daran festzuhalten, für die von ihm festgesetzten „Urlaubstage" das Urlaubsentgelt einschließlich Urlaubsgeld zu zahlen. Zu diesem Ergebnis gelangt man auch, wenn im Umkehrschluss zu §§ 9, 10 geschlossen wird, dass soweit nicht ein Fall der Nichtanrechnung vorliegt, die vom AG festgelegten Urlaubstage unabhängig von der Erfüllungswirkung nach § 362 BGB auf den Jahresurlaub anzurechnen sind.

37 Da bei Nichtvorlage des ärztlichen Nachweises die Voraussetzungen des § 9 nicht gegeben sind, liegt in einer individualvertraglichen Vereinbarung über die Zahlung des Urlaubsentgelts und der Anrechnung der festgesetzten Tage auf den Urlaubsanspruch keine nach § 13 Abs. 1 unzulässige Abweichung von § 9. Die Vereinbarung kann allerdings auch als Umgehungsgeschäft aufgefasst werden. Die Praxis löst diese Fälle zumeist in der Weise, dass die Arbeitsunfähigkeit dem AG nicht bekannt gegeben wird, so dass dieser auch nicht das den Urlaub störende Ereignis kennt und das Urlaubsentgelt bei Urlaubsantritt zahlt und nicht zurückfordert.

---

58 Anm. *Linnenkohl*, AR-Blattei Arbeitszeit I Entsch 7.

59 Vgl. insoweit ErfK/*Dörner*, § 9 BUrlG Rn 14, der wie hier einen Verzicht für zulässig hält, aber nichts zu den Rechtsfolgen ausführt.

60 Einzig *Arnold/Ackermann/Rambach u.a.*, § 9 BUrlG Rn 12 vertritt ausdrücklich die Auff., dass in allen Fällen der Anrechnung der AG das Urlaubsentgelt zahlen müsse, führt allerdings keine Begründung dafür an.

61 BGH 30.11.1972 – VII ZR 239/71 – BGHZ 60, 14 = JZ 1973, 368.

II. Risiko der späten Urlaubsfestlegung im Übertragungszeitraum

AN haben nicht selten das Risiko verkannt, das mit einer Festlegung des Urlaubs kurz vor Ende des Übertragungszeitraums verbunden war, weil nach der Rspr. der Anspruch auf Nachgewährung durch Fristablauf ohne Ausnahme erlöschen konnte.[62] Ihre Position hat sich jedoch infolge der Vorabentscheidung in der Rechtssache Schultz-Hoff verbessert (vgl. § 7 Rn 95 ff.). Nach der gemeinschaftsrechtlich erforderlichen Rechtsfortbildung des BAG erfolgt in den Fällen, in den bis zum Ablauf der Übertragungsfrist aus § 7 Abs. 3 S. 3 keine tatsächliche Möglichkeit der Urlaubnahme besteht, eine Verlängerung der Übertragungsfrist entsprechend § 7 Abs. 3 S. 4 bis zum Jahresende.

38

§ 10 Maßnahmen der medizinischen Vorsorge oder Rehabilitation

Maßnahmen der medizinischen Vorsorge oder Rehabilitation dürfen nicht auf den Urlaub angerechnet werden, soweit ein Anspruch auf Fortzahlung des Arbeitsentgelts nach den gesetzlichen Vorschriften über die Entgeltfortzahlung im Krankheitsfall besteht.

Literatur: *Dieterich*, Gesetzlicher Eingriff in tariflichen Urlaubsanspruch, AR-Blattei ES 1650, Nr. 21; *Gitter*, Anrechnung von „Kurtagen" auf den Tarifurlaub, SAE 2003, 69; *Volker Neumann*, Legislative Einschätzungsprärogative und gerichtliche Kontrolldichte bei Eingriffen in die Tarifautonomie, RdA 2007, 71; *Nöth*, Einfluß von Krankheiten und Maßnahmen der medizinischen Vorsorge oder Rehabilitation auf den Urlaub, AR-Blattei SD 1640.4

A. Allgemeines 1	III. Übersicht über mögliche Fallkonstellationen 10
I. Normgeschichte 1	1. Grundsatz 10
II. Normzweck 2	2. Festlegung des Urlaubs vor Bewilligung der Maßnahme 11
B. Regelungsgehalt 3	3. Bewilligung der Maßnahme nach Urlaubsantritt 12
I. Persönlicher Anwendungsbereich 3	
II. Nichtanrechnungsvoraussetzungen 4	4. Festlegung des Urlaubs nach Bewilligung der Maßnahme 13
1. Arbeitsfähigkeit während der Maßnahme ... 4	
2. Medizinische Vorsorge und Rehabilitation ... 5	5. Nachträgliche Urlaubsgewährung 14
3. Bewilligte Maßnahme eines Sozialversicherungsträgers 6	IV. Zulässigkeit abweichender Regelungen 15
4. Privat versicherter AN und ärztlich verordnete Maßnahme 7	C. Verbindung zu anderen Rechtsgebieten 16
	I. Jugendurlaub 16
5. Anspruch auf Entgeltfortzahlung 8	II. Schonungszeit nach der Maßnahme 17
6. Maßnahme zur Ausheilung einer über sechs Wochen andauernden Erkrankung 9	D. Beraterhinweise 18

A. Allgemeines

I. Normgeschichte

Der heute geltende Normtext hat eine bewegte Geschichte hinter sich. Die 1963 in Kraft getretene Gesetzesfassung ging auf die Rspr. des BAG zurück. Danach sollte der AG nicht ohne weiteres Kurzeiten mit Urlaub verrechnen dürfen, wenn einem Arb, der nicht arbeitsunfähig war, von dem Sozialversicherungsträger eine Kur nach näherer Maßgabe der RVO zur Erhaltung der Erwerbsfähigkeit gewährt wurde. Eine Anrechnung kam nicht in Betracht, soweit während der Kur die persönliche Freiheit des Arb und der unbeschwerte Lebensgenuss erheblich eingeschränkt waren.[1] Ab 1970 wurde die generelle Unvereinbarkeit von Kuren mit Entgeltfortzahlung im Krankheitsfall und Urlaub durch Art. 3 § 8 des Gesetzes vom 27.7.1969[2] klargestellt.[3] Ab Juni 1994 galt nach Art. 57 des Gesetzes vom 26.5.1994 eine Fassung, nach der Maßnahmen der medizinischen Vorsorge oder Rehabilitation nicht auf den Urlaub angerechnet werden durften, soweit ein Anspruch auf Fortzahlung des Arbeitsentgelts nach den gesetzlichen Vorschriften über die Entgeltfortzahlung im Krankheitsfall bestand. Mit dem Arbeitsrechtlichen Beschäftigungsförderungsgesetz vom 25.9.1996[4] erhielt § 10 für die Zeit vom 1.10.1996 bis 31.12.1998 eine Fassung, die den AG berechtigte, von je fünf Tagen, an denen der AN infolge einer Maßnahme der medizinischen Vorsorge oder Rehabilitation an seiner Arbeitsleistung verhindert war, die ersten zwei Tage auf den Erholungsurlaub anzurechnen. Nach dem Beschluss des 1. Senats des BVerfG vom 3.4.2001[5] war die Vorschrift für die Dauer ihrer Geltung mit dem Grundgesetz vereinbar. Die dem AG eingeräumte Anrechnungsbefugnis griff zwar in die den TV-Parteien nach

1

---

62 Vgl. BAG 21.1.1997 – 9 AZR 791/95 – AP § 9 BUrlG Nr. 15; BAG 9.6.1988 – 8 AZR 755/85 – AP § 9 BUrlG Nr. 10.
1 BAG 1.3.1962 – 5 AZR 191/61 – BAGE 12, 311 = RiA 1962, 121.
2 BGBl I S. 946.
3 BGBl I S. 1014, 1065.
4 BGBl I S. 1476.
5 BVerfG 3.4.2001 – 1 BvL 32/97 – BVerfGE 103, 293.

Art. 9 Abs. 3 GG gewährleistete Tarifautonomie ein. Die Regelung soll aber durch die mit ihr verfolgten Gemeinwohlinteressen gerechtfertigt, zur Bekämpfung der Arbeitslosigkeit geeignet und verhältnismäßig gewesen sein.[6] Das hat das BVerfG für alle Gerichte verbindlich (§ 31 Abs. 1 BVerfGG) festgestellt. Danach war kein Raum für die von einem Teil der Rspr.[7] geforderte verfassungsrechtlich gebotene einschränkende Auslegung des § 10 Abs. 1 S. 1 i.d.F. ArbBeschFG. Das Gesetz war deshalb auch auf TV anzuwenden, die zurzeit des Inkrafttretens des ArbBeschFG zum 1.10.1996 bereits bestanden.[8] Durch Art. 8 Nr. 1, 11 Abs. 1 des Gesetzes zu Korrekturen in der Sozialversicherung und zur Sicherung der Arbeitnehmerrechte vom 19.12.1998[9] ist mit Wirkung vom 1.1.1999 die bis zum 30.9.1996 geltende Fassung des § 10 wiederhergestellt worden. Sie gilt seitdem unverändert.

II. Normzweck

2   Die Vorschrift soll eine Gleichstellung der aufgeführten medizinischen Maßnahmen mit dem Anrechnungsverbot des § 9 bewirken.[10] Dazu normiert sie ein Anrechnungsverbot auf den Urlaub für solche Zeiten, in welchen sich der AN Maßnahmen der medizinischen Vorsorge oder Rehabilitation unterzieht, soweit er einen Anspruch auf Entgeltfortzahlung im Krankheitsfall hat. Sie lässt eine Besserstellung der AN zu. Von daher kann durch Vereinbarung auch die Nichtanrechnung von Kuren auf den Urlaub geregelt werden, die nicht die Anforderungen an medizinische Vorsorge- oder Rehabilitationsmaßnahmen erfüllen.

B. Regelungsgehalt

I. Persönlicher Anwendungsbereich

3   Die Vorschrift § 10 ist entsprechend der Geltungsbereichsbestimmung nach § 2 auf alle Arb und Ang sowie Auszubildende und solche Personen anzuwenden, welche wegen ihrer wirtschaftlichen Unselbstständigkeit als arbeitnehmerähnliche Personen anzusehen sind.

II. Nichtanrechnungsvoraussetzungen

4   **1. Arbeitsfähigkeit während der Maßnahme.** Die Teilnahme an Maßnahmen der medizinischen Vorsorge oder Rehabilitation stellt auch dann keinen Fall der Arbeitsunfähigkeit dar, selbst wenn ein Entgeltfortzahlungsanspruch nach § 9 EFZG begründet wird. Besteht während der Dauer der Maßnahmen krankheitsbedingte Arbeitsunfähigkeit, so gilt dann allein § 9. Insoweit ergänzt § 10 die Nichtanrechnungsregel des § 9 für den Fall, dass während der Teilnahme an Maßnahmen der medizinischen Vorsorge oder Rehabilitation der AN arbeitsfähig ist.[11]

5   **2. Medizinische Vorsorge und Rehabilitation.** Die Begriffe „Maßnahmen der medizinischen Vorsorge und der Rehabilitation" entstammen dem Sozialrecht, Einzelheiten dazu siehe bei §§ 23 f., 40 f. SGB V, §§ 9 ff. SGB VI, §§ 26 ff. SGB VII. Sie haben die bis Mai 1994 geltenden Begriffe Kur und Heilverfahren abgelöst. Maßnahmen der medizinischen Vorsorge oder Rehabilitation sind danach solche Maßnahmen, welche zur Abwendung einer Krankheit oder zur Förderung der Heilung im Anschluss an eine Krankheit durchgeführt werden.[12] Die neuen Begriffe entsprechen weitgehend dem, was im früheren Sprachgebrauch als **Kuren** bezeichnet wurde.[13]

6   **3. Bewilligte Maßnahme eines Sozialversicherungsträgers.** Ist der AN Mitglied einer gesetzlichen Krankenkasse, so findet § 9 Abs. 1 S. 1 EFZG Anwendung. Handelt es sich um eine Maßnahme, welche nach § 9 Abs. 1 S. 1 EFZG ein öffentlich-rechtlicher Sozialleistungsträger vor Beginn der Maßname bewilligt hat (zu den Einzelheiten von Bewilligungsmodalitäten siehe § 9 EFZG Rn 9) und die auch tatsächlich in einer Einrichtung der medizinischen Vorsorge oder in einer Einrichtung der Rehabilitation durchgeführt wird (zu den Einzelheiten der ordnungsgemäßen Durchführung siehe § 9 EFZG Rn 17), so gilt der AN für die Zeit der Maßnahme an der Arbeit als verhindert. Das bewirkt: Der mit der Urlaubsfestsetzung nach § 7 Abs. 1 verfolgte Erfolg Arbeitsbefreiung zum Zwecke des Urlaubs kann nicht mehr eintreten. Kraft der Verweisungsnorm des § 9 Abs. 1 S. 1 EFZG hat der AG gem. § 3 EFZG das Entgelt fortzuzahlen. Da dann die in § 10 aufgestellte weitere Voraussetzung Entgeltfortzahlungsanspruch vorliegt, greift die Nichtanrechnungsregel ein. Fehlt es an der für die Entgeltfortzahlungspflicht notwendige Bewilligung, etwa weil der AN eine nicht den Voraussetzungen des § 9 Abs. 1 EFZG unterfallende **„Badekur"** durchführen möchte, ist § 10 nicht anwendbar. Dem AN bleibt dann die Möglichkeit, hierfür Erholungsurlaub oder – soweit tariflich oder arbeitsvertraglich vorgesehen – Sonderurlaub in Anspruch zu nehmen.[14] *Dörner* weist zu Recht darauf hin: Die-

---

6 Zu Recht ablehnend: ErfK/*Dörner*, § 19 BUrlG Rn 1 m.w.N.
7 LAG Brandenburg 20.2.1998 – 4 Sa 817/97 – LAGE § 10 BUrlG Nr. 3.
8 BAG 28.5.2002 – 9 AZR 430/99 – AP § 10 BUrlG Kur Nr. 5 = NZA 2003, 10 = EzA § 10 BUrlG n.F. Nr. 4.
9 BGBl I S. 3843.
10 ErfK/*Dörner*, § 10 BUrlG Rn 3; MünchArb/*Leinemann*, Bd. 1, § 91 Rn 60.
11 ErfK/*Dörner*, § 10 BUrlG Rn 3; MünchArb/*Leinemann*, Bd. 1, § 91 Rn 60.
12 *Leinemann/Linck*, § 10 BUrlG Rn 18.
13 Beschlussempfehlung und Bericht des Ausschusses für Arbeit und Sozialordnung (11. Ausschuss) BT-Drucks 12/5798, S. 22.
14 Vgl. dazu: BAG 1.10.1991 – 9 AZR 290/90 – BAGE 68, 308 = AP § 7 BUrlG Nr. 12.

ser Fallkonstellation liegt keine Arbeitsverhinderung zugrunde. Deshalb kann der AG auch durch Abgabe der Freistellungserklärung nach § 7 Abs. 1 den Erfüllungserfolg herbeiführen.[15]

4. Privat versicherter AN und ärztlich verordnete Maßnahme. Ist der AN weder in der gesetzlichen Krankenversicherung noch in der gesetzlichen Rentenversicherung versichert, ist er nach § 9 Abs. 1 S. 2 EFZG dann an der Arbeit verhindert, wenn ein approbierter Arzt die Maßnahme verordnet (zu den Wirksamkeitsvoraussetzungen der ärztlichen Verordnung siehe § 9 EFZG Rn 27) und der AN die Maßnahme entsprechend durchführt. Ob die Maßnahme durch einen privaten Versicherungsträger oder etwa durch den AN selbst finanziert wird, ist unerheblich. Die Maßnahme der medizinischen Vorsorge oder Rehabilitation muss nicht in einer Einrichtung der medizinischen Vorsorge oder in einer Einrichtung der Rehabilitation durchgeführt werden, sie kann nach § 9 Abs. 1 S. 2 EZFG auch in einer den Einrichtungen der medizinischen Vorsorge oder Rehabilitation „vergleichbaren Einrichtung" stattfinden. Eine stationäre Aufnahme in einer entsprechenden Einrichtung wird seit der Streichung des Wortes „stationär" in § 9 Abs. 1 EFZG zum 1.7.2001 nicht mehr vorausgesetzt[16] (zu dem Problem des Untergangs des Urlaubsanspruchs trotz fehlender Erfüllungswirkung vgl. § 9 Rn 3 ff.). Da somit auch ambulante Maßnahmen die Entgeltfortzahlungspflicht auslösen können, ist das auf das Erfordernis der stationären Durchführung der Reha-Maßnahme abstellende Urteil des BAG vom 19.1.2000[17] überholt.

5. Anspruch auf Entgeltfortzahlung. Ist eine Maßnahme i.S.v. § 9 Abs. 1 S. 1, 2 EFZG bewilligt oder verordnet und auch entsprechend durchgeführt worden, sind die Vorschriften über die Entgeltfortzahlung (§§ 3 bis 4a und 6 bis 8 EFZG) anzuwenden. Der Anspruch auf Entgeltfortzahlung setzt nach § 3 EFZG auch voraus, dass die Notwendigkeit der Vorsorge- oder Rehabilitationsmaßnahme unverschuldet herbeigeführt worden ist. Weitere Voraussetzung ist, dass die Teilnahme an der Maßnahme die alleinige Ursache darstellt, weshalb der AN nicht seiner Arbeitspflicht nachkommen kann. Besteht Entgeltfortzahlungspflicht, so findet nach § 10 keine Anrechnung der Tage der Maßnahme auf den Urlaubsanspruch statt. Unerheblich ist dafür, ob der AN die Entgeltfortzahlung tatsächlich erhält.

6. Maßnahme zur Ausheilung einer über sechs Wochen andauernden Erkrankung. Während einer nach § 9 Abs. 1 S. 1, 2 EFZG bewilligten oder verordneten und tatsächlich durchgeführte Maßnahme gilt der AN auch dann als an der Arbeit verhindert, wenn er keinen Anspruch auf Entgeltfortzahlung hat. Die überwiegende Meinung vertritt die Auff., dass das Anrechnungsverbot hier dennoch greift.[18] Das Problem wird in der Praxis u.a. bedeutsam, wenn der Sechs-Wochen-Zeitraum des § 3 Abs. 1 S. 1 EFZG abgelaufen ist und der AN nach § 3 Abs. 1 S. 2 EFZG den Anspruch auf Entgeltfortzahlung „verliert". Soweit die Ansicht vertreten wird, es solle nur darauf ankommen, „ob ein Entgeltfortzahlungsanspruch dem Grunde nach besteht"[19] ist das in der Sache richtig, aber in der Formulierung zu wenig präzise. Führt der AN eine Kurmaßnahme durch, die zur Ausheilung einer über sechs Wochen andauernden Erkrankung dient, „verliert" er nach § 3 Abs. 1 S. 1, 2 EZFG den ohne diese Einschränkung bestehenden Entgeltfortzahlungsanspruch. In diesem Fall sollte § 10 so ausgelegt werden, dass die Überschreitung des Sechs-Wochen-Zeitraums unberücksichtigt bleibt. Dafür spricht, dass die am Gesetzgebungsverfahren Beteiligten offensichtlich die Rechtsfolgen nicht überschaut haben. Denn der AG wird, wenn er vor der Maßnahme Urlaub festgesetzt hat, wegen der Fiktion der Arbeitsverhinderung aus § 9 Abs. 1 S. 1, 2 EFZG nach § 275 Abs. 1 BGB von der erneuten Festsetzung des Urlaubs befreit, ohne dass er den Urlaubsanspruch erfüllt hat.[20] Der AN kann noch nicht einmal „freiwillig" den Urlaub Erholungsurlaub in Anspruch nehmen, denn die Arbeitsbefreiung ist dem AG unmöglich.[21] Als Ausweg bleibt nach der h.M. in diesem Fall nur unbezahlte Abwesenheit. Das ist für das Erreichen des mit § 9 Abs. 1 S. 1, 2 EFZG verfolgten gesundheitspolitischen Ziele der Prävention und Rehabilitation kontraproduktiv. Wenn schon keine Entgeltfortzahlung während der Maßnahme gezahlt wird, dann soll der AN nicht auch noch seinen Urlaubsanspruch einbüßen. Mit dieser sinnvollen Einschränkung der Anwendbarkeit des § 3 Abs. 1 S. 1, 2 EFZG wird auch das heftig umstr. Problem gelöst, ob auch dann § 10 eingreift, wenn die Entgeltfortzahlungspflicht nicht auf Gesetz, sondern auf einer Regelung im Einzelarbeits- oder TV beruht.[22]

III. Übersicht über mögliche Fallkonstellationen

1. Grundsatz. Ebenso wie § 9 stellt sich auch § 10 als eine Abweichung von §§ 243 Abs. 2, 275 Abs. 1 BGB dar. Solange eine bewilligte oder verordnete Maßnahme i.S.v. § 9 Abs. 1 EFZG durchgeführt wird, ist der AN daran gehindert, die Arbeitsleistung zu erbringen. Nach § 9 Abs. 1, § 3 Abs. 1 EFZG wird die Zeit der Durchführung der Arbeitsunfähigkeit gleichgestellt. Wird die Urlaubsgewährung infolge der Durchführung einer Maßnahme i.S.v. § 10

---

15 ErfK/*Dörner*, § 10 BUrlG Rn 16; Einzelheiten zum Urlaubseinsatz für Kuren: *Hock*, ZTR 1996, 201.
16 Einzelheiten ErfK/*Dörner*, § 9 EFZG Rn 17.
17 BAG 19.1.2000 – 5 AZR 685/98 – AP § 9 EntgeltFG Nr. 1.
18 ErfK/*Dörner*, § 10 BUrlG Rn 12; *Friese*, Rn 128; a.A. für den Fall des Ablaufs der Sechs-Wochen-Frist des § 3 EFZG: *Arnold/Ackermann/Rambach u.a.*, § 10 BUrlG Rn 10.
19 *Arnold/Ackermann/Rambach u.a.*, § 10 BUrlG Rn 10.
20 ErfK/*Dörner*, § 10 BUrlG Rn 12; *Friese*, Rn 128.
21 ErfK/*Dörner*, § 10 BUrlG Rn 12; *Friese*, Rn 128; *Leinemann/Linck*, § 10 BUrlG Rn 16.
22 Für Anwendung § 10 *Schütz/Hauck*, Rn 595; ablehnend: ErfK/*Dörner*, § 10 BUrlG Rn 11; *Friese*, Rn 128; MünchArb/*Leinemann*, Bd. 1, § 91 Rn 65.

nachträglich unmöglich, würde ohne die Rechtsfolgenanordnung in § 10 der Urlaubsanspruch nach § 275 Abs. 1 BGB erlöschen und der AG wäre nach § 243 Abs. 2 BGB nicht zur erneuten Festsetzung des Urlaubs verpflichtet. Für entgeltfortzahlungspflichtige Maßnahmen i.S.v. § 9 Abs. 1 EFZG wird dieses rechtlich unerwünschte Ergebnis durch § 10 verhindert.

Soweit infolge Überschreitens der Sechs-Wochen-Frist des § 3 Abs. 1 S. 1 EFZG (siehe Rn 9) kein Entgeltfortzahlungsanspruch mehr besteht, greift das Anrechnungsverbot aus § 10 nicht, weil dieses eine Entgeltfortzahlungspflicht aus § 9 Abs. 1 EFZG vorsieht. Der AN, dessen Anspruch nach § 9 Abs. 1 i.V.m. § 3 Abs. 1 S. 1 EFZG ausgelaufen ist, soll nach dem Schrifttum für die fortdauernde Maßnahme der medizinischen Vorsorge und Rehabilitation i.S.d. § 9 Abs. 1 EFZG seinen ihm noch zustehenden Erholungsurlaub nicht einsetzen können, denn zu dieser Zeit bestehe immer noch keine Arbeitspflicht, von welcher der AG den AN befreien könnte.[23] Das erscheint sozialpolitisch unsinnig und rechtlich zweifelhaft, denn schon aus dem Wortlaut des § 10 ergibt sich, dass in diesem Fall das Anrechnungsverbot nicht greifen soll. Der im Feld geführte Hinderungsgrund Fortdauer des arbeitsbefreienden Charakters der Maßnahme nach § 9 Abs. 1 EFZG ist zu überdenken. Der AN ist bei bestehender Arbeitsfähigkeit nicht gehindert, die Teilnahme an der nicht mehr die Entgeltfortzahlung vermittelnden Maßnahme abzubrechen und könnte deshalb auch von der Arbeitspflicht befreit werden. Das gibt der Begrenzung des Anrechnungsverbots in § 10 auf die entgeltfortzahlungspflichtige Teilnahme an Maßnahmen einen vernünftigen Sinn.

11 **2. Festlegung des Urlaubs vor Bewilligung der Maßnahme.** Die Nichtanrechnungsanordnung gilt auch für den Fall, dass der AG den Urlaub bereits für einen konkreten Zeitraum festgesetzt hat, der AN diesen aber noch nicht angetreten hat und die Maßnahme für einen sich mit dem Urlaub teilweise oder vollständig überschneidenden Zeitraum bewilligt wird.[24]

12 **3. Bewilligung der Maßnahme nach Urlaubsantritt.** Die Nichtanrechnungsanordnung erfasst auch den Fall, dass der AN den Urlaub bereits angetreten hat und erst danach die Kur für einen Zeitraum bewilligt und durchgeführt wird. Die Urlaubstage, die in den noch weiter laufenden Urlaub des AN fallen, dürfen nicht angerechnet werden. Sie sind nachzugewähren.[25]

13 **4. Festlegung des Urlaubs nach Bewilligung der Maßnahme.** Ist der AG bereits vor Gewährung des Urlaubs vom AN entsprechend § 9 Abs. 2 EFZG informiert worden, dass eine Maßnahme bewilligt worden ist, darf der AG für den fraglichen Zeitraum keinen Urlaub erteilen. Dies folgt nicht aus § 10, sondern daraus, dass eine Urlaubsgewährung an Tagen, an welchen der AN rechtlich an der Erbringung seiner Arbeitsleistung gehindert ist, unmöglich und daher unwirksam ist.[26]

14 **5. Nachträgliche Urlaubsgewährung.** Im älteren Schrifttum ist teilweise vertreten worden, der AG könne, wenn zweifelhaft sei, ob eine „Kur" den Anforderungen an eine Maßnahme i.S.v. § 10 genüge, zunächst unter Vorbehalt für die Kur freistellen und anschließend, wenn geklärt sei, dass die Kur nicht dem Maßstab des § 10 genüge, die unter Vorbehalt gewährte Freistellung auf den Urlaubsanspruch anrechnen.[27] Das BAG hat diese Auff. abgelehnt.[28] Dem ist im Ergebnis, nicht jedoch in der Begründung zuzustimmen. Zwar ist eine nachträgliche Urlaubserteilung nicht möglich. Aber darum geht es nicht; denn die Freistellungserklärung war erteilt und konnte auch nach § 362 das Erlöschen der Arbeitspflicht bewirken. Das, was nicht nachträglich einseitig geändert werden konnte, war die vom Schuldner ursprünglich zugunsten eines anderen Leistungszweckes getroffene Tilgungsbestimmung. Die Vertragsfreiheit gestattet jedoch dem Schuldner (AG), mit dem Gläubiger (AN) eine abweichende Vereinbarung zu treffen.[29] Deshalb kann durch eine Vereinbarung, dem Schuldner (AG) das Recht eingeräumt werden, den endgültigen Tilgungszweck später zu erklären. Das ermöglicht, praxisgerechte Lösungen zu finden. Sonst bliebe dem AG nur übrig hinsichtlich der ohne Rechtsgrund geleisteten Entgeltfortzahlung einen bereicherungsrechtlichen Anspruch gegen den AN geltend zu machen.[30]

IV. Zulässigkeit abweichender Regelungen

15 Die Nichtanrechnungsanordnung des § 10 ist abdingbar, solange der Mindesturlaub nach §§ 1, 3 nicht berührt wird. Das folgt aus § 13 Abs. 1.[31] Die TV-Parteien sind zur Anrechnung von Maßnahmetagen auf übergesetzliche Urlaubs-

---

23 ErfK/*Dörner*, § 10 BUrlG Rn 11.
24 *Leinemann/Linck*, § 10 BUrlG Rn 15.
25 *Leinemann/Linck*, § 10 BUrlG Rn 15.
26 *Leinemann/Linck*, § 10 BUrlG Rn 16; dem folgend *Arnold/Ackermann/Rambach u.a.*, § 10 BUrlG Rn 13.
27 GK-BUrlG/*Stahlhacke*, § 10 Rn 56; *Neumann/Fenski*, § 10 Rn 27; *Tautphäus*, HAS, § 13 B Rn 27.
28 BAG 1.10.1991 – 9 AZR 290/90 – BAGE 68, 308 = AP § 7 BUrlG Nr. 12 m. abl. Anm. *Rotter*, EzA § 10 BUrlG n.F. Nr. 2.
29 BGH 20.6.1984 – VIII ZR 337/82 – BGHZ 91, 375 = WM 1984, 1100.
30 *Arnold/Ackermann/Rambach u.a.*, § 10 BUrlG Rn 15; ErfK/*Dörner*, § 10 BUrlG Rn 15 m.w.N; MünchArb/*Leinemann*, Bd. 1, § 91 Rn 68.
31 *Arnold/Ackermann/Rambach u.a.*, § 13 BUrlG Rn 49; ErfK/*Dörner*, § 10 BUrlG, Rn 11.

ansprüche befugt.[32] Dies gilt nicht nur für tariflichen, sondern auch für aufgrund BV oder Individualvertrag gewährten zusätzlichen Urlaub.[33]

C. Verbindung zu anderen Rechtsgebieten

I. Jugendurlaub

Da § 19 Abs. 4 JArbSchG auf § 10 verweist, gilt diese Nichtanrechnungsregel auch für den Urlaub Jugendlicher. **16**

II. Schonungszeit nach der Maßnahme

Die im früheren § 7 Abs. 4 LFZG vorgesehene Schonzeit oder Nachkur, die vom Arzt verordnet wurde, um die Heilung zu stabilisieren, ist im EFZG nicht mehr enthalten. Dem AN ist stattdessen in § 7 Abs. 1 S. 2 das Recht eingeräumt worden, im Anschluss an eine Maßnahme der Rehabilitation oder Vorsorge Urlaub verlangen zu können.[34] Ob mit diesem neuen Recht auch der ersatzlose Wegfall der entgeltfortzahlungspflichtigen Schonzeit verbunden ist, wird von *Leinemann* bezweifelt.[35] Danach wird der Entgeltfortzahlungsanspruch auf § 616 BGB gestützt.[36] **17**

D. Beraterhinweise

Gesetzlich ist in § 10 nur die Nichtanrechnung geregelt. Es bedarf keiner Abgabe einer Erklärung des AG, er rechne die Zeiten der entgeltfortzahlungspflichtigen Teilnahme an der medizinischen Vorsorge oder Rehabilitation nicht an. Der AN muss die ihm zustehende Dauer des Urlaubs entsprechend § 7 Abs. 1 S. 1 durch das Äußern eines Festlegungswunsches (z.B. Urlaub vom 1.4. bis 28.4.) geltend machen. Bei Ablehnung des Wunsches, weil der AG unter Hinweis auf „Anrechnung von Kurzeiten" den Wunsch ablehnt, muss der AN seinen Anspruch einklagen: „die Beklagte zu verurteilen, dem Kläger im Jahre 2010 für die Dauer von 24 auf einander folgenden Werktagen Urlaub zu gewähren". **18**

Die Klage auf einen bestimmten Zeitraum zu richten, lohnt sich nicht, weil die Erledigung durch Zeitablauf vor gerichtlicher Entscheidung absehbar ist. *Dörner* weist zu Recht darauf hin, dass der Begriff „Anrechnung" hier zwar üblich,[37] aber verfehlt ist, denn der Sache nach macht der AG Erfüllung durch Freistellung für die Zeit der „Kur" geltend. Das dürfte bereits in einer Vielzahl von Fällen daran scheitern, das der AG überhaupt keine für das Erlöschen des Urlaubsanspruchs notwendige Freistellungserklärung zum Zwecke des Urlaubs nach § 7 Abs. 1 S. 1 abgegeben hat.

---

§ 11	Urlaubsentgelt

(1) ¹Das Urlaubsentgelt bemißt sich nach dem durchschnittlichen Arbeitsverdienst, das der Arbeitnehmer in den letzten dreizehn Wochen vor dem Beginn des Urlaubs erhalten hat, mit Ausnahme des zusätzlich für Überstunden gezahlten Arbeitsverdienstes. ²Bei Verdiensterhöhungen nicht nur vorübergehender Natur, die während des Berechnungszeitraums oder des Urlaubs eintreten, ist von dem erhöhten Verdienst auszugehen. ³Verdienstkürzungen, die im Berechnungszeitraum infolge von Kurzarbeit, Arbeitsausfällen oder unverschuldeter Arbeitsversäumnis eintreten, bleiben für die Berechnung des Urlaubsentgelts außer Betracht. ⁴Zum Arbeitsentgelt gehörende Sachbezüge, die während des Urlaubs nicht weitergewährt werden, sind für die Dauer des Urlaubs angemessen in bar abzugelten.

(2) Das Urlaubsentgelt ist vor Antritt des Urlaubs auszuzahlen.

Literatur: *Beetz*, Pfändbarkeit von Urlaubsvergütungen, ZVI 2008, 244; *Boemke*, Berechnung des Urlaubsentgelts, SAE 2001, 93; *Brömmekamp*, Berechnung des Urlaubsentgeltes im Profi-Fußball – Einbeziehung der Jahresprämie? SpuRt 1997, 50; *Buchner*, Mehrarbeit und Urlaubsvergütung – Tarifverträge der Metallindustrie, SAE 2001, 86; *Büchele*, Die Bilanzierung kurzfristiger Erfüllungsrückstände aus Vorleistungen bei Urlaubsverhältnissen, DB 1997, 2133; *Bühler*, Ist der Urlaubsentgeltanspruch von Profifußballern noch zeitgemäß? SpuRt 1998, 143; *Busch*, Urlaubsdauer und -vergütung bei Änderungen der vertraglich geschuldeten Arbeitszeitdauer, NZA 1996, 1246; *Didier*, Urlaubsabgeltung beim Ausscheiden von Mitarbeitern, AuA 2004, Nr. 3, 32; *Düwell*, Unbezahlter Urlaub im „Ein-Euro-Job"?, FA 2006, 2; *Düwell/Pulz*, Urlaubsansprüche in der Insolvenz, NZA 2008, 786; *Hamm*, Mehrarbeit und Überstunden, AiB 2006, 678; *Hromadka*, Zum Urlaubsanspruch des ausgeschiedenen Arbeitnehmers, EWiR 1998,

---

32 MünchArb/*Leinemann*, Bd. 1, § 91 Rn 73.
33 Arnold/Ackermann/Rambach u.a., § 10 BUrlG Rn 17; Neumann/Fenski, § 10 Rn 32 m.w.N.
34 Vgl. BT-Drucks 12/5798, S. 22.
35 *Leinemann/Linck*, § 10 BUrlG Rn 33 ff.; ablehnend: ErfK/ *Dörner*, § 10 BUrlG Rn 5 m.w.N.
36 *Leinemann/Linck*, § 10 BUrlG Rn 35; ablehnend: ErfK/ *Müller-Glöge*, § 611 BGB Rn 393; nach der weiten Auslegung der Unzumutbarkeit nicht ausgeschlossen: *Boecken*, § 616 BGB Rn 9.
37 Vgl. MüKo/*Müller-Glöge*, § 611 BGB Rn 393.

741; *Kohte*; Unpfändbarkeit von Urlaubsgeld, jurisPR-ArbR 9/2007 Anm 5; *Kossens*, Mehrarbeit und Überstunden: Was gilt es zu beachten? ZBVR 2005, 88; *Leinemann*, Der urlaubsrechtliche und der entgeltfortzahlungsrechtliche Freischichttag, BB 1998, 1414; *Mestwerdt*, Berechnung des Urlaubsentgelts, jurisPR-ArbR 42/2008 Anm 3; *Oetker*, Zur Pfändbarkeit des Urlaubsabgeltungsanspruchs, EWiR 2001, 1139; *Schmidt*, Urlaubsrückstellung: Was fließt alles in die Berechnung ein?, PdR Gruppe 6, 237 (3/2003)

A. Allgemeines 1	9. Prämien 46
I. Normgeschichte 1	a) Einmalige Prämien 46
1. Ursprungsfassung 1	b) Prämien mit Zusatzprovisionscharakter .. 47
2. Änderungen 2	c) Einsatzprämien im Sport 48
II. Normzweck 3	10. Provisionen 49
B. Regelungsgehalt 4	11. Sachbezüge 50
I. Entgeltfortzahlung 4	12. Zulagen 51
1. Urlaubsentgelt 4	III. Berechnung der Urlaubsabgeltung 52
a) Rechtsgrundlage 4	1. Berechnungsgrundsätze 52
b) Akzessorietät von Freistellung und Entgeltanspruch 5	2. Berücksichtigung von Ansprüchen der Sozialversicherung 53
c) Die Regelung der Bemessung in § 11 Abs. 1 .. 6	IV. Urlaubsgeld 54
2. Bemessung nach Produkt aus Geld- und Zeitfaktor 7	1. Außergesetzliche Sonderzahlung 54
a) Lebensstandardprinzip 8	2. Rechtsgrundlagen 55
b) Zeitfaktor 9	a) Arbeits- und Tarifvertrag 55
aa) Konstante Arbeitszeitverteilung 10	b) Betriebsvereinbarung 56
bb) Ungleiche Arbeitszeitverteilung 14	c) Gesamtzusage und betriebliche Übung ... 57
cc) Über- und Mehrarbeit 17	3. Akzessorietät von Urlaub und Urlaubsgeld 58
c) Geldfaktor 18	4. Urlaubsgeld und Zusatzurlaub 59
aa) Stundenlohn 19	V. Entstehen und Fälligkeit 61
bb) Tageweise Berechnung 20	1. Die besondere gesetzliche Fälligkeitsregel ... 61
cc) Variierende Arbeitszeit 22	2. Tarifvertragliche Regelungen 63
d) Durchschnitt aus erhaltenem Arbeitsverdienst 23	3. Betriebliche Fälligkeitsregelungen 64
	4. Verzugsfolgen 65
aa) Referenzprinzip 23	VI. Verzicht und Verwirkung 66
bb) Besonderheit Verdiensterhöhung 24	1. Erlass von Mindesturlaub 66
cc) Besonderheit Verdienstkürzung 25	2. Erlass tariflichen oder betrieblichen Mehr- oder Zusatzurlaubs 67
dd) Besonderheit Kurzarbeit und Arbeitsausfall 26	3. Verzicht auf Urlaubsentgelt 68
e) Schätzung der Bemessungsgrundlage 27	VII. Verfall und Verjährung 69
f) Maßgeblicher Zeitpunkt für Geltung der Bemessungsvorschriften 28	1. Ausschlussfristen 69
	a) Zahlungsansprüche 69
3. Reichweite der tariflichen Regelungsmacht ... 29	b) Rückzahlungsansprüche 70
a) Entgeltfortzahlungsprinzip 30	2. Verjährung 71
b) Grenzen des Gestaltungsspielraums 31	VIII. Rückforderung von Urlaubsentgelt 72
c) Verlängerung des Referenzzeitraums 33	IX. Schutz vor Pfändung und Aufrechnung 73
d) Übergehen zum reinen Lohnausfallprinzip .. 34	1. Urlaubsentgelt und Urlaubsabgeltung 73
e) Wahl der „passenden" Berechnungsmethode 35	2. Urlaubsgeld 75
	X. Abtretbarkeit und Vererbbarkeit 76
f) Bemessungsfreiheit für gesetzlich verfallenen Urlaub 36	1. Urlaubsentgelt und Urlaubsgeld 76
g) Eigenständige Regelung der Überstundenvergütung 37	2. Urlaubsabgeltung 77
	C. Verbindung zu anderen Rechtsgebieten 78
	I. Betriebsverfassungsrecht 78
II. Problemfälle bei der Berechnung 38	1. Mitbestimmte Bemessung nach § 87 Abs. 1 Nr. 10 BetrVG 78
1. Abrufarbeit 38	
2. Bezahlung der Pause beim Urlaubsentgelt 39	2. Tarifsperre für betriebliche Regelungen (§ 77 Abs. 3 BetrVG) 79
3. Einmalzahlungen 40	
4. Freigestellte Betriebsräte und Mehrarbeit 41	II. Urlaubsentgelt für Ein-Euro-Jobber 81
5. Irrtümlich gezahlte Mehrarbeitsvergütung 42	III. Insolvenzgeld für Urlaubsentgelt und Urlaubsgeld .. 82
6. Mehraufwandsentschädigung 43	**D. Beraterhinweise** 84
7. Kurzarbeit im Urlaubszeitraum 44	I. Urlaub und Urlaubsentgeltzahlung in Ruhezeiten .. 84
8. Urlaubsentgelt und Urlaubsgeld 45	II. Zusage „freiwilligen" Urlaubsgelds 86
	III. Vergleich über Beendigung mit Ausgleichsklausel .. 87

A. Allgemeines

I. Normgeschichte

1 **1. Ursprungsfassung.** Die Verfasser des Gesetzentwurfes sind von der Vorstellung ausgegangen, § 11 Abs. 1 enthalte kein Lohnausfall-, sondern nur ein modifiziertes Referenzprinzip.[1] Belege dafür, dass im weiteren Verlauf des Gesetzgebungsverfahrens diese Vorstellung in den Normtext Eingang gefunden hat, gibt es nicht.[2] Aus den Gesetzes-

---

1 BT-Drucks 4/287 S. 4. 2 Vgl. ErfK/*Dörner*, § 11 BUrlG Rn 2.

materialien ist nur zu entnehmen, dass § 11 Abs. 1 keine Anspruchsgrundlage, sondern nur eine Berechnungsvorschrift darstellen sollte.[3]

2. Änderungen. Abs. 1 ist zweimal geändert worden. Die erste Änderung ist durch Art. II § 2 Nr. 3 des Gesetzes zur Änderung des Heimarbeitsgesetzes und anderer arbeitsrechtlicher Vorschriften (Heimarbeitsänderungsgesetz) erfolgt.[4] Mit Wirkung zum 1.11.1974 ist als S. 4 in Abs. 1 eingefügt worden: „Zum Arbeitsentgelt gehörende Sachbezüge, die während des Urlaubs nicht weitergewährt werden, sind für die Dauer des Urlaubs angemessen in bar abzugelten." Durch Art. 2 Nr. 2 des Arbeitsrechtlichen Gesetzes zur Förderung von Wachstum und Beschäftigung (Arbeitsrechtliches Beschäftigungsförderungsgesetz) vom 25.9.1996[5] ist mit Wirkung zum 1.10.1996 in Abs. 1 S. 1 angehängt worden: „mit Ausnahme des zusätzlich für Überstunden gezahlten Arbeitsverdienstes."

II. Normzweck

Abs. 1 enthält Berechnungsanweisungen für die Bemessung des Urlaubsentgelts. Ein gesetzlicher Anspruch auf Zahlung eines zusätzlichen Urlaubsgelds ist weder dort noch anderswo geregelt. Abs. 2 enthält eine von § 614 BGB abweichende Vorverlagerung der Fälligkeit. Beide Bestimmungen dienen dazu, die sich bereits aus § 1 ergebenden Rechtsfolgen zu sichern: Der AN soll für die Dauer des Urlaubs bezahlt von der Arbeitspflicht frei gestellt werden und weiterhin das nach Vertrag oder Tarifvertrag geschuldete Arbeitsentgelt erhalten.[6] Das ist seit langem Stand der Rspr. Danach wird durch § 1 nicht nur bestimmt, dass der AN von seinen Arbeitspflichten für die Dauer des Urlaubs aufgrund des Urlaubsanspruchs freigestellt wird, sondern es wird auch sichergestellt, dass der dem AN zustehende Arbeitslohn trotz Nichtleistung der Arbeit während der Urlaubszeit weiterzuzahlen ist.[7]

B. Regelungsgehalt

I. Entgeltfortzahlung

1. Urlaubsentgelt. a) Rechtsgrundlage. Der Rechtsgrund für die Fortzahlung des Entgelts, allg. als „Urlaubsentgelt" bezeichnet, ist § 611 BGB. Während des Urlaubs hat der AG nämlich das Entgelt für die infolge der Freistellung ausgefallene Arbeit fortzuzahlen. Das sagt das Adjektiv „bezahlt" in § 1. Es greift in das in § 611 BGB geregelte Austauschverhältnis ein, das in der Leistung Arbeit gegen Entgelt besteht. Infolge der Freistellungserklärung des AG wird der AN von der Arbeitspflicht befreit (vgl. § 7 Rn 37), ohne dass der Vergütungsanspruch entfällt. Die st. Rspr. des 9. Sentats fasst das im folgenden Rechtssatz zusammen: „Die Anordnung des bezahlten Erholungsurlaubs in § 1 erhält dem Arbeitnehmer den Anspruch nach § 611 Abs. 1 BGB auf die vereinbarte Vergütung für die versprochenen Dienste auch dann, wenn er infolge der Freistellung die geschuldeten Dienste nicht leistet."[8]

b) Akzessorietät von Freistellung und Entgeltanspruch. Aus dem Synallagma des § 611 BGB folgt: Ein Anspruch auf Urlaubsentgelt kann nur entstehen, wenn der AN zu der Zeit, in der er ansonsten zur Arbeit verpflichtet ist, von dieser freigestellt wird.[9] Da Urlaub nach § 3 Abs. 1 tageweise gewährt wird, kann Urlaub nicht für Tage gewährt werden, während derer der AN nicht zur Arbeitsleistung verpflichtet ist. Gewährt der AG an Tagen, an denen keine Arbeitspflicht besteht, Urlaub, so geht weder der Anspruch auf Urlaub durch Erfüllung unter, noch entsteht ein Anspruch auf Urlaubsentgelt.[10]

c) Die Regelung der Bemessung in § 11 Abs. 1. Da die Entgeltfortzahlungspflicht schon durch §§ 1, 611 BGB geregelt ist, kommt den Bestimmungen in § 11 Abs. 1 nur die Funktion zu, die Höhe des Entgelts zu bemessen.[11] Die Berechnungsbestimmungen sind erforderlich, weil die Bemessung des Entgelts nicht immer einfach ist. Schwierigkeiten entstehen insb. bei ungleichmäßigen Bezügen oder bei der Frage, welche Arbeitszeit an dem Urlaubstag angefallen wäre, wenn keine Freistellung gewährt worden wäre. Während des Gesetzgebungsverfahrens sind diese Schwierigkeiten gesehen, der eingeschlagene Weg zur Problemlösung ist jedoch nicht dogmatisch klar benannt worden (siehe Rn 1). In der Sache hat man sich für ein gemischtes System aus Referenz- und Lohnausfallprinzip entschieden.[12] Dieses ist objektiv geeignet, alle Probleme der Praxis widerspruchsfrei zu lösen.

2. Bemessung nach Produkt aus Geld- und Zeitfaktor. Die Höhe des Anspruchs auf Urlaubsentgelt errechnet sich nach Elementen des Referenz- und Ausfallprinzips, einem gemischten System: Dem Produkt aus dem Zeit- und

---

3 Bericht des Ausschusses für Arbeit BT-Drucks IV/207.
4 BGBl I 1974 S. 2879.
5 BGBl I 1996 S. 1476.
6 So auch ErfK/*Dörner*, § 11 BUrlG Rn 1.
7 BAG 8.3.1984 – 6 AZR 600/82 – BAGE 45, 184, 188 = AP § 3 BUrlG Rechtsmissbrauch Nr. 14.
8 BAG 22.2.2000 – 9 AZR 107/99 – BAGE 93, 376 = AP § 1 TVG Tarifverträge: Metallindustrie Nr. 171.
9 BAG 19.4.1994 – 9 AZR 713/92 – BAGE 76, 244 = NZA 1994, 899.
10 BAG 19.4.1994 – 9 AZR 713/92 – BAGE 76, 244 = NZA 1994, 899; wegen der weitergehenden Rechtsfolgen insb. bereicherungsrechtlicher Art s. Beispielsfall unter Rn 85.
11 BAG 25.2.1988 – 8 AZR 596/85 – BAGE 57, 366 = AP § 8 BUrlG Nr. 3.
12 MünchArb/*Leinemann*, 2. Aufl. Bd. 1, § 90 Rn 3; MünchArb/*Düwell*, 3. Aufl. Bd. 1, § 79 Rn 14; ErfK/*Dörner*, § 11 BUrlG Rn 4.

dem Geldfaktor. Dabei wird der Geldfaktor im Grundsatz an Hand der Daten der Vergangenheit (Referenzprinzip) nach § 11 Abs. 1 errechnet. Das Referenzprinzip wird allerdings durch in § 11 Abs. 1 S. 1 bis 3 geregelte Ausnahmen modifiziert. Der Zeitfaktor veranschlagt die infolge der Freistellung für den Urlaub ausfallende und zu vergütende Arbeitszeit (Lohnausfallprinzip).

8 **a) Lebensstandardprinzip.** Die mit dem § 11 eingeführte Bemessung nach dem Produkt des Geld- und des Zeitfaktors hat das Lebensstandardprinzip verdrängt. Dieses Prinzip war vor dem Inkrafttreten des BUrlG richterrechtlich zur Bestimmung der Höhe des Urlaubsentgelts genutzt worden. Der 1. Senat des BAG hatte als Zweck des während der Urlaubszeit zu zahlenden Entgelts angenommen, dass der AN nicht besser, aber auch nicht schlechter gestellt sein solle, als er stehen würde, wenn er gearbeitet hätte. Das Urlaubsentgelt solle den AN in die Lage versetzen, die ihm zur Erholung gewährte Freizeit möglichst ohne Einschränkung seines bisherigen Lebenszuschnitts zu verbringen.[13] Das BAG hat nach Inkrafttreten des BUrlG die Fortführung dieses Prinzips zunächst offen gelassen,[14] dann aber aufgegeben.[15] Denn mit der gesetzlichen Regelung der Weiterzahlungspflicht in § 1 und der Festlegung der Berechnung in § 11 hat sich das Bedürfnis erledigt, das aus allg. Erwägungen gewonnene Lebensstandardprinzip als Beurteilungsmaßstab für die Bemessung des Urlaubsentgelts heranzuziehen.

9 **b) Zeitfaktor.** Mit dem Zeitfaktor errechnet sich die am jeweiligen Urlaubstag infolge der Freistellung ausfallende Arbeitszeit, für die das Urlaubsentgelt fortzuzahlen ist. Nach dem Zeitfaktor ist zu bemessen, mit wie viel Stunden Arbeitszeitausfall ein Urlaubstag zu berücksichtigen ist. Eine umfassende gesetzliche Regelung der Berechnung des Zeitfaktors fehlt. Mit der in § 1 getroffenen Regelung der Fortzahlung des Entgelts ohne Arbeitsleistung ist nach dem Lohnausfallprinzip der Grundsatz verbunden, dass die gesamte wegen des Urlaubs ausfallende Arbeitszeit vergütet wird.[16]

10 **aa) Konstante Arbeitszeitverteilung.** Sind Arbeitszeiten immer konstant, so ist die Berechnung des Zeitfaktors einfach.

11 **Beispielsfall**: Der AN arbeitet stets acht Stunden von Montags bis Freitags, insg. 40 Stunden in der Woche. Sein durchschnittlicher Bruttostundenverdienst (Monatsverdienst geteilt durch Anzahl der Arbeitsstunden im Monat) beträgt 20 EUR. Das ist der Geldfaktor (s. Rn 18). Wie hoch ist das Urlaubsentgelt, wenn der AN einen Urlaub von 20 Tagen antritt?

12 **Lösung**: Die für jeden Urlaubstag ausfallende Arbeitszeit beträgt acht Stunden. Der Zeitfaktor beträgt dann: 20 (Tage) × 8 Stunden = 160 Stunden.

13 Das Urlaubsentgelt wird als Produkt aus Zeit- und Geldfaktor berechnet: Das ist hier: 160 Stunden (Zeitfaktor) × 20 EUR (Geldfaktor) = 3.200 EUR.

14 **bb) Ungleiche Arbeitszeitverteilung.** Da bei ungleich verteilter Arbeit z.B. bei Arbeitszeitverkürzung im Freischichtmodell oder bei unterschiedlicher Arbeitszeit an verschiedenen Wochentagen kein konstanter Arbeitstag mit gleicher Arbeitszeit anfällt, muss zur Berechnung des Urlaubsentgelts erst noch der Zeitfaktor ermittelt werden. Das bedeutet: Es ist im Einzelfall festzustellen, wie viel Stunden nach § 11 Abs. 2 zu dem im Zeitpunkt des Urlaubsantritts maßgebenden Verhältnissen am jeweiligen Urlaubstag konkret ausfallen werden. Soweit keine besonderen vertraglichen oder tarifvertraglichen Regelungen getroffen sind und keine Rückschlüsse aus Einsatzplänen (insb. aus Schichtplänen) gezogen werden können, muss aus der Vergangenheit darauf geschlossen werden, ob hinreichende Anhaltspunkte für eine tatsächliche Heranziehung zur Überarbeit im Urlaubszeitraum vorhanden sind. Für eine regelmäßige Wiederholung der Heranziehung zu Mehrarbeit kann insb. aus den Verhältnissen der letzten 13 Wochen sprechen.

15 **Beispiel**: Steht fest, dass der AN in der Vergangenheit ständig die regelmäßige tarifliche Wochenarbeitszeit von 38,5 Stunden überschritten hat, so muss davon ausgegangen werden, dass der AN in der Urlaubszeit Mehrarbeit verrichtet hätte, wenn er nicht zur Erfüllung von Urlaubsansprüchen von der Arbeit freigestellt worden wäre.[17]

16 Die eine derartige Prognose rechtfertigenden Tatsachen hat der AN darzulegen.[18] Der AG hat dann die von der vermuteten Regelmäßigkeit der Überstunden abweichenden Gründe darzulegen. Der Tatrichter hat in Würdigung dieser Darlegungen und möglicher Beweiserhebung nach §§ 286, 287 ZPO festzustellen, wie viel Stunden Arbeit pro Urlaubstag als ausgefallen anzusehen und daher zu bezahlen sind.

---

13 BAG 22.6.1956 – 1 AZR 116/54 – BAGE 3, 52 = AP § 611 BGB Urlaubsrecht Nr. 11.
14 BAG 25.2.1988 – 8 AZR 596/85 – BAGE 57, 366 = AP § 8 BUrlG Nr. 3.
15 BAG 12.1.1989 – 8 AZR 404/87 – BAGE 61, 1 = AP § 47 BAT Nr. 13.
16 Inzwischen h.M. vgl. ErfK/*Dörner*, § 11 BUrlG Rn 5; *Friese*, Rn 334; *Leinemann/Linck*, § 11 BUrlG Rn 6 ff.
17 BAG 9.11.1999 – 9 AZR 771/98 – BAGE 92, 343 = EzA § 11 BUrlG Nr. 46 m. Anm. *Gutzeit*.
18 *Friese*, Rn 392.

cc) Über- und Mehrarbeit. Hätte der AN im Urlaubszeitraum, wenn er nicht von der Arbeitspflicht befreit worden wäre, Überstunden geleistet, so muss sich das nach dem Grundsatz des bezahlten Urlaubs aus § 1 im Zeitfaktor auswirken.[19] Zwar soll nach der Änderung des § 11 Abs. 1 S. 1 durch das arbeitsrechtliche Beschäftigungsförderungsgesetzes 1996 der „zusätzlich für Überstunden gezahlte(n) Arbeitsverdienst" ausgenommen werden. Das gilt jedoch nur für die Ermittlung des durchschnittlichen Arbeitsverdienstes. Das ist in der Rspr. des BAG einzig und allein: der Geldfaktor.[20] I.E. hat daher die Änderung der Berechnungsvorschrift in § 11 Abs. 1 S. 1 nur eine Minderung des Urlaubsentgelts um die Mehrarbeitszuschläge bewirkt.[21] Das beruht darauf, dass das Lohnausfallprinzip in § 1 unberührt geblieben ist. Die Arbeits- und TV-Parteien sind nicht an die mit dem arbeitsrechtlichen Beschäftigungsförderungsgesetz 1996 eingeführte Minderungsvorschrift gebunden. Sie können die Überstundenzuschläge weiterhin in die Bemessungsgrundlage einbeziehen.[22] Sie sind jedoch wegen der in § 13 Abs. 1 S. 1 geregelten Unabdingbarkeit des in § 1 enthaltenen Grundsatzes des bezahlten Arbeitsausfalls gehindert, Überstunden, die während des Urlaubs mit Sicherheit anfallen würden, auch hinsichtlich der darauf entfallenden Grundvergütung von der Bemessung des Urlaubsentgelts auszunehmen.

c) Geldfaktor. Der Geldfaktor bemisst den für die Ausfallzeit zugrunde zu legenden Durchschnittsverdienst. Seine Berechnung – und nicht etwa die Bemessung des Urlaubsentgelts als Produkt von Geld- und Zeitfaktor – ist in § 11 Abs. 1 geregelt.[23] Damit entscheidet bei AN, deren Entgelt nach geleisteten Arbeitsstunden bemessen wird, der Geldfaktor über die Frage: Wie viel Geld ist jede am Urlaubstag ausgefallene Stunde Arbeitszeit „wert"? Bei den anderen AN mit stetem Entgeltbezug stellt sich die Frage: Wie viel Geld ist der Urlaubstag „wert"? Die Bemessungsgrundlage für den Geldfaktor ist gem. § 11 Abs. 1 nach dem im Referenzzeitraum der letzten 13 Wochen erhaltenen Arbeitsverdienst festgelegt.

aa) Stundenlohn. Der Geldfaktor wird seit der Änderung des § 11 Abs. 1 S. 1 durch das arbeitsrechtliche Beschäftigungsförderungsgesetzes 1996 bei Arb, seltener auch bei Ang, deren Entgelt ohne festes Monatseinkommen nach erbrachten Arbeitsstunden abgerechnet wird, in der Weise berechnet, dass das durchschnittliche Stundenentgelt aus dem Gesamtverdienst des AN in dem betreffenden Zeitraum einschließlich aller Zuschläge, jedoch ohne Mehrarbeitsvergütung und Mehrarbeitszuschläge, ermittelt wird.[24] Unter Mehrarbeit ist hier nicht nur die Überschreitung der gesetzlichen Arbeitszeit i.S.v. § 3 ArbZG jede sonstige Überarbeit zu verstehen.[25] Zur Ermittlung des Durchschnittswerts bedarf es einer Addition des Verdienstes der letzten 13 Wochen (entspricht stets drei Monaten!). Davon sind alle Mehrarbeitsvergütungen (das sind Grundbetrag für die Mehrarbeitsstunde und darauf anfallende Zuschläge) in Abzug zu bringen und durch die Anzahl der ohne Mehrarbeit geleisteten Arbeitsstunden zu dividieren. Ob bei der Berechnung des durchschnittlichen Stundenlohns der bei der Mehrarbeit stets anfallende Grundlohn zu berücksichtigen ist,[26] ist letztlich unerheblich. Wenn ja, dann sind zur Bildung des richtigen Divisors alle geleisteten Arbeitsstunden einschließlich der Mehrarbeitsstunden zu berücksichtigen. Der in beiden Fällen ermittelte Durchschnittsstundenlohn ist nach den Regeln der Mathematik gleich.

bb) Tageweise Berechnung. Nach *Dörner*[27] soll der Durchschnittswert zwingend als Tagessatz ermittelt werden. *Friese* weist zutreffend darauf hin, dass das letztlich unerheblich ist; denn durch die Heranziehung der unterschiedliche Bezugsgrößen Stundenverdienst oder Tagesverdienst ändert sich das auf der Grundlage des Durchschnitts für alle Urlaubstage insgesamt zu bemessende Urlaubsentgelt nicht.[28] Auf welche Bezugsgröße der Durchschnittsverdienst zu beziehen ist, ergibt sich aus der arbeits- oder tarifvertraglich maßgebenden konstant bleibenden Bezugsgröße, nach der die Bemessung des Entgelts vereinbart ist. Im Zweifel ist von dem Entgelt auszugehen, das für eine Arbeitsstunde gezahlt werden soll.[29]

---

19 BAG 22.2.2000 – 9 AZR 107/99 – NZA 2001, 268; BAG 9.11.1999 – 9 AZR 771/98 – AP BUrlG § 11 Nr. 47; diesen folgend: LAG München 3.3.2009 – 8 Sa 864/08 – AA 2009, 152.

20 BAG 22.2.2000 – 9 AZR 107/99 – BAGE 93, 376 = AP § 1 TVG Tarifverträge: Metallindustrie Nr. 171 m. Anm. Buchner, SAE 2001, 86 und Boemke, SAE 2001, 93; BAG 22.2.2000 – 9 AZR 58/99 – juris; BAG 9.11.1999 – 9 AZR 771/98 – BAGE 92, 343 = EzA § 11 BUrlG Nr. 46 m. Anm. *Gutzeit*.

21 So klar und zutreffend darstellend *Friese*, Rn 339, 392; *Leinemann/Linck*, § 11 BUrlG Rn 45 f.; *Boemke*, SAE 2001, 91; denen letztlich folgend: ErfK/*Dörner*, § 11 BUrlG Rn 12.

22 ErfK/*Dörner*, § 11 BUrlG Rn 12.

23 Vgl. *Busch*, NZA 1996, 1246; ErfK/*Dörner*, § 11 BUrlG Rn 5; *Leinemann/Linck*, § 11 BUrlG Rn 22.

24 BAG 22.2.2000 – 9 AZR 107/99 – BAGE 93, 376 = AP § 1 TVG Tarifverträge: Metallindustrie Nr. 171 m. abl. Anm. Buchner, SAE 2001, 86 und zust. Anm. *Boemke*, SAE 2001, 93; BAG 22.2.2000 – 9 AZR 58/99 – juris; BAG 9.11.1999 – 9 AZR 771/98 – BAGE 92, 343 = EzA § 11 BUrlG Nr. 46 m. krit. Anm. *Gutzeit*.

25 *Friese*, Rn 339.

26 So *Leinemann/Linck*, § 11 BUrlG Rn 45.

27 ErfK/*Dörner*, § 11 BUrlG Rn 25.

28 *Friese*, Rn 376.

29 *Friese*, Rn 366; *Busch*, NZA 1996, 1246 ff.

21 **Beispiel:** Der AN hat eine wöchentliche Arbeitszeit von 35 Stunden. Sein Wochenverdienst beträgt 700 EUR. Die Arbeitszeit wird auf 40 Stunden erhöht. Der Wochenlohn steigt auf 800 EUR. Das bewirkt keine Erhöhung des Geldfaktors; denn der durchschnittliche Stundenlohn bleibt mit 20 EUR gleich. Es erhöht sich nur der Zeitfaktor, der die im Urlaub ausfallende Arbeitszeit misst.[30]

22 **cc) Variierende Arbeitszeit.** Die unterschiedliche Berechnungsweise nach Stunden- oder Tagesdurchschnitt macht sich insb. in den Fällen bemerkbar, in denen während des Urlaubs die an den einzelnen Urlaubstagen ausfallende Arbeitszeit variiert. Das ist insb. der Fall, wenn aufgrund flexibler Arbeitszeitgestaltung nicht an jedem Tag mit der gleichen Stundenzahl gearbeitet wird, z.B. Montag bis Donnerstag neun Stunden und Freitag vier Stunden. Daraus folgt, dass an den Urlaubstagen, die auf den Freitag fallen mit vier Durchschnittsstundenlöhnen weniger Urlaubsentgelt als einer Berechnung nach Tagesdurchschnitt zu zahlen ist. Wer in seinen Urlaubswunsch überproportional Tage mit geringerer Arbeitsstundenzahl wählt, muss insg. ein geringeres Urlaubsentgelt erhalten. Ein Rückgriff auf größere Zeiteinheiten führt zu einer Verfälschung des Ergebnisses.[31]

23 **d) Durchschnitt aus erhaltenem Arbeitsverdienst. aa) Referenzprinzip.** Nach § 11 Abs. 1 S. 1 soll für die Berechnung des Geldfaktors nur der Arbeitsverdienst maßgeblich sein, welchen der AN in den letzten dreizehn Wochen vor dem Beginn des Urlaubs „erhalten hat". Entgegen dem zu engen Wortlaut sind auch solche Bezüge zu berücksichtigen, die in dem Zeitraum vor dem Urlaub fällig waren, aber noch nicht ausbezahlt wurden.[32] Zahlungsverzögerungen mindern das Urlaubsentgelt nicht. Ist vereinbart, dass der AG auf die erwarteten Provisionen monatlich Vorschüsse leistet, richtet sich die Höhe des Urlaubsentgelts nach dem Betrag, der dem AN bei Anwendung der Fälligkeitsbestimmung des § 87a HGB zugestanden hätte. Die nach der endgültigen Abrechnung in den letzten drei vollen Kalendermonaten vor Urlaubsbeginn tatsächlich verdienten Provisionen sind daher zugrunde zu legen.[33]

24 **bb) Besonderheit Verdiensterhöhung.** Die Berechnungsvorschrift in § 11 Abs. 1 S. 2 weicht von dem Referenzprinzip ab. Sie stellt auf das Lohnausfallprinzip ab. Bei Verdiensterhöhungen soll anstelle des Durchschnittsverdiensts der Vergangenheit der nicht nur vorübergehend erhöhte Verdienst zugrunde zu legen sein. Dazu gehören jede Art von Entgelterhöhungen, seien sie auf Änderungs-TV, Aufstieg in eine höhere Vergütungsgruppe oder die Übernahme aus der Berufsausbildung in ein Arbverh als Facharbeiter zurückzuführen.[34] Erfasst werden auch Gewährung neuer Zulagen, soweit sie nicht Aufwendungsersatz sind,[35] und Steigerungen von Zuschlägen, wie Familien-, Kinder- und Ortszuschlägen, die durch Veränderungen im Familienstand oder des Wohnsitzes zur Grundvergütung hinzukommen.[36] Erhöht sich der Verdienst des AN während des Referenzzeitraums, ist die Berechnung so vorzunehmen, als ob sie mit Beginn des Bezugszeitraums eingetreten wäre.[37] Laufen bei Antritt des Urlaubs noch die Tarifverhandlungen und wird erst später eine Erhöhung vereinbart, die noch rückwirkend in den Referenzzeitraum fällt, so ist eine entsprechende Neuberechnung des Urlaubsentgelts vorzunehmen und der Mehrbetrag nachträglich zu zahlen.[38] Werden Verdiensterhöhungen während des Urlaubs wirksam, schlagen sie ebenfalls durch. Umstr. ist lediglich, ab wann. *Schütz* geht davon aus, die Erhöhung gelte für den gesamten Urlaubszeitraum, auch wenn die Erhöhung nur für den letzten Urlaubstag wirksam werde.[39] Zutreffend ist die Gegenmeinung, nach der erst von dem Tag an das erhöhte Entgelt auch ein erhöhtes Urlaubsentgelt bewirkt, an dem das erhöhte Entgelt bei Arbeitsleistung zu zahlen wäre.[40] Dafür spricht das Lohnausfallprinzip, welches das Referenzprinzip des § 11 Abs. 1 S. 1 modifiziert.[41]

25 **cc) Besonderheit Verdienstkürzung.** Kommt es im Berechnungszeitraums (= Referenzzeitraum nach Abs. 1 S. 1) infolge von Kurzarbeit, Arbeitsausfällen oder unverschuldeter Arbeitsversäumnis zu einer Verdienstkürzung, so hat diese für die Berechnung des Geldfaktors nach § 11 Abs. 1 S. 3 unberücksichtigt zu bleiben. Daraus wird gefolgert, dass sich auch sonstige Verdienstkürzungen innerhalb des Berechnungszeitraums, etwa die wirksame Absenkung der bisher geschuldeten Vergütung, nicht zu Lasten der AN auswirken sollen.[42] Von dieser im Urlaubsrecht

---

[30] *Friese*, Rn 366.
[31] *Friese*, Rn 395.
[32] BAG 11.4.2000 – 9 AZR 266/99 – AP § 11 BUrlG Nr. 48; dem folgend: *Arnold/Ackermann/Rambach u.a.*, § 11 BUrlG Rn 32; ErfK/*Dörner*, § 11 BUrlG Rn 8; *Neumann/Fenski*, § 11 Rn 9.
[33] BAG 11.4.2000 – 9 AZR 266/99 – AP § 11 BUrlG Nr. 48 = DB 2000, 2531.
[34] LAG Berlin 28.9.1962 – 3 Sa 68/62 – AP § 6 Erziehungsbeihilfen AO Nr. 4.
[35] ErfK/*Dörner*, § 11 BUrlG Rn 14.
[36] *Arnold/Ackermann/Rambach u.a.*, § 11 BUrlG Rn 41.
[37] *Arnold/Ackermann/Rambach u.a.*, § 11 BUrlG Rn 41; MünchArb/*Leinemann*, Bd. 1, § 90 Rn 23; *Neumann/Fenski*, § 11 Rn 14.
[38] *Arnold/Ackermann/Rambach u.a.*, § 11 BUrlG Rn 42; *Neumann/Fenski*, § 11 Rn 14.
[39] KassArbR/*Schütz*, 2.4. Rn 500.
[40] *Arnold/Ackermann/Rambach u.a.*, § 11 BUrlG Rn 42; *Neumann/Fenski*, § 11 Rn 15.
[41] *Arnold/Ackermann/Rambach u.a.*, § 11 BUrlG Rn 42.
[42] ErfK/*Dörner*, § 11 BUrlG Rn 36; MünchArb/*Leinemann*, Bd. 1, § 90 Rn 6.

h.A. ist die Rspr. des 5. Senats des BAG für die wortgleiche Berechnungsvorschrift nach § 11 Abs. 2 MuSchG wegen der unterschiedlichen Regelungsziele des BUrlG und des MuSchG abgewichen.[43] Den dort angestellten urlaubsrechtlichen Erwägungen des 5. Senats ist zuzustimmen. Das in § 11 Abs. 1 vorgesehene Referenzprinzip dient einer zeitnahen und einfachen Ermittlung des fortzuzahlenden Entgelts. Der Urlaub für das laufende Kalenderjahr wird häufig nicht schon zu dessen Beginn, sondern erst im Verlaufe des Jahres beansprucht. Deshalb ist dem 5. Senat zu folgen, dass selbst Verdienstkürzungen, die erst während des Urlaubs selbst eintreten, für die Berechnung des Urlaubsentgelts unberücksichtigt zu lassen sind.[44]

dd) Besonderheit Kurzarbeit und Arbeitsausfall. Unter Kurzarbeit wird verstanden, dass die betriebsübliche regelmäßige Arbeitszeit vorübergehend aus betrieblichen Gründen ohne Lohnausgleich herabgesetzt wird. § 11 Abs. 1 S. 3 modifiziert das in § 11 Abs. 1 S. 1 enthaltene Referenzprinzip zugunsten der AN. Ist im Referenzzeitraum Kurzarbeit geleistet worden, bleiben die sich daraus ergebenden Verdienstminderungen außer Ansatz. Der AN ist so zu stellen, als ob keine Kurzarbeit angeordnet worden wäre.[45] Höchstrichterlich ist noch nicht geklärt, wie die Berechnung des Urlaubsentgelts vorzunehmen ist, damit sich die Kurzarbeit mit den Entgeltminderungen und den Lohnersatzleistungen der AA auswirkt. Zutreffend ist, dass die Leistungen der AA nicht einbezogen werden dürfen.[46] Da *Dörner* den wegen der verkürzten Arbeitszeit entsprechend geminderten Tagesdurchschnitt zugrunde legt, schlägt er vor, die ausgefallenen Arbeitstage nicht vom Divisor abzuziehen, sondern den ausgefallenen (fiktiven) Lohnbetrag beim Dividenden einzustellen.[47] Fällt die Arbeit nicht durch Kurzarbeit 0 an bestimmten Tagen aus, sondern wird durchgehend mit weniger Stunden täglich gearbeitet, zeigt sich auch die Schwäche des Ansatzes eines Tagesdurchschnitts. Richtig ist die Übertragung der vorgeschlagenen Verfahrensweise auf den Stundendurchschnitt (siehe Rn 19). Entsprechendes gilt bei einem betrieblichen Arbeitsausfall, von dem der AN selbst betroffen war.[48]

e) Schätzung der Bemessungsgrundlage. Insb. bei der Bemessung des Urlaubsentgelts für Mitarbeiter mit Umsatzbeteiligung oder Provisionsabreden zeigen sich in der Praxis häufig Probleme. Die erhaltenen Bezüge können nämlich von Monat zu Monat erheblich in der Höhe voneinander abweichen. Das BAG hält zur Ermittlung der maßgebenden Tatsachen die LAG an, „unter Würdigung aller Umstände" nach § 287 Abs. 2 ZPO vorzugehen, soweit sich nicht mit Sicherheit feststellen lässt, welche umsatz- oder provisionspflichtigen Geschäfte der AN in der Zeit seiner Urlaubsabwesenheit hätte abschließen können oder welche zeitlichen Verzögerungen bei den Abschlüssen urlaubsbedingt eingetreten sind. Greifbare Anhaltspunkte dazu hat der AN vorzutragen.[49] Das LAG hat nach Maßgabe der in der Vergangenheit erzielten Umsätze und Provisionen die Höhe der neben dem Fixum anfallenden regelmäßig wiederkehrenden Vergütungen zu schätzen. Welche Zeitspannen dabei zum Vergleich herangezogen werden, ist Sache des Tatrichters. Der 5. Senat hat für die vergleichbare Problematik bei der Lohnfortzahlung im Krankheitsfall eine Zeitspanne von zwölf Monaten als geeignet angesehen.[50]

f) Maßgeblicher Zeitpunkt für Geltung der Bemessungsvorschriften. Maßgeblich für die Anwendung der Bestimmungen zur Bemessung des Urlaubsentgelts sind nicht die rechtlichen und tatsächlichen Verhältnisse zum Zeitpunkt, die bestanden haben, als der Urlaubsanspruch entstand. Abzustellen ist nach § 1 i.V.m. § 611 BGB auf die Verhältnisse, die bestehen, wenn der AN von der Arbeitspflicht befreit wird.[51] Das Entgelt ist folglich unter Anwendung der gesetzlichen, tariflichen oder vertraglichen Berechnungsvorschriften zu bemessen, die zu dem Zeitpunkt des Urlaubsantritts gelten.

3. Reichweite der tariflichen Regelungsmacht. Die Berechnungsvorschriften in § 11 Abs. 1 enthalten eine gesetzliche Grenze für die Auslegung des in § 1 enthaltenen Begriffes der „bezahlt(en)" Freistellung von der Arbeitspflicht.[52] Sie ist erforderlich, um zu verhindern, dass der Anspruch auf den gesetzlichen Mindesturlaub ausgehöhlt wird.

a) Entgeltfortzahlungsprinzip. Unerheblich ist, dass § 11 Abs. 1 nicht ausdrücklich im Katalog der unabdingbaren Bestimmungen in § 13 Abs. 1 S. 1 aufgeführt ist. Ausreichend ist, dass § 1 in diesem Katalog der unabdingbaren

---

[43] BAG 20.9.2000 – 5 AZR 924/98 – BAGE 95, 331 = NZA 2001, 657; das wird von vielen Autoren verkannt, so *Arnold/Ackermann/Rambach u.a.*, § 11 BUrlG Rn 43; unklar in seiner Stellungnahme ErfK/*Dörner*, § 11 BUrlG Rn 36.
[44] BAG 20.9.2000 – 5 AZR 924/98 – BAGE 95, 331 = NZA 2001, 657.
[45] BAG 27.6.1978 – 6 AZR 753/76 – AP § 11 BUrlG Nr. 15 = DB 1978, 1939.
[46] ErfK/*Dörner*, § 11 BUrlG Rn 38.
[47] ErfK/*Dörner*, § 11 BUrlG Rn 38.
[48] BAG 27.6.1978 – 6 AZR 753/76 – AP § 11 BUrlG Nr. 15 = DB 1978, 1939.
[49] BAG 19.9.1985 – 6 AZR 460/83 – BAGE 49, 370 = DB 1986, 699; BAG 14.12.1962 – 1 AZR 188/61 – AP § 287 ZPO Nr. 1; BGH 7.7.1970 – VI ZR 233/69 – NJW 1970, 1971.
[50] BAG 5.6.1985 – 5 AZR 459/83 – NJW 1986, 2906 zu I 1 b der Gründe m.w.N.
[51] BAG 16.3.1999 – 9 AZR 315/98 – AP § 1 TVG Tarifverträge: Großhandel Nr. 13; BAG 18.5.1999 – 9 AZR 515/98 – AP § 1 TVG Tarifverträge: Bau Nr. 223; BAG 22.2.2000 – 9 AZR 107/99 – BAGE 93, 376 = AP § 1 TVG Tarifverträge: Metallindustrie Nr. 171.
[52] BAG 25.2.1988 – 8 AZR 596/85 – BAGE 57, 366 = AP § 8 BUrlG Nr. 3.

Normen enthalten ist. Damit ist es den TV-Parteien verboten, für den gesetzlichen Mindesturlaub von dem Grundsatz der Entgeltfortzahlungszahlungspflicht abzuweichen. Tarifliche Regelungen, die von den in § 11 Abs. 1 geregelten Berechnungsvorschriften für den Geldfaktor zuungunsten der AN abweichen, müssen sich daran messen lassen, ob noch von einer Entgeltfortzahlung gesprochen werden kann. Die TV-Parteien sind damit nicht befugt, durch tarifliche Regelungen den für den Urlaubszeitraum nach dem BUrlG fortzuzahlenden Lohn einem AN völlig zu versagen.[53] Sie können ihn auch nicht durch gezielte Eingriffe das Urlaubentgelt kürzen: Regelungen mit dem Ziel der Kürzung des Urlaubsentgelts im Vergleich zum Arbeitsentgelt sind unzulässig.[54] Das entspricht der Entstehungsgeschichte des BUrlG.[55] Im Gesetzgebungsverfahren ist erklärt worden, die TV-Parteien sollten aber nur einen begrenzten „Spielraum" bei den „Einzelheiten der Gestaltung des Urlaubsrechts" haben. „Ausdrücklich ausgenommen" seien „von dieser Gestaltungsmöglichkeit jedoch die grundlegenden Bestimmungen über den Urlaubsanspruch selbst". Zu diesen grundlegenden Bestimmungen gehört die in § 1 geregelte Fortzahlung der durch die Freistellung ausfallenden Arbeitszeit.

31 **b) Grenzen des Gestaltungsspielraums.** Die Freiheit der TV-Parteien wird nicht beeinträchtigt, jede als angemessen erscheinende Berechnungsmethode für das während des Urlaubs fortzuzahlende Entgelt zu vereinbaren. Die Methode muss aber geeignet sein, ein Urlaubsentgelt sicherzustellen, wie es der AN bei Weiterarbeit ohne Freistellung voraussichtlich hätte erwarten können.[56] Zwar hat der Gesetzgeber durch die Änderung des § 11 Abs. 1 infolge des Arbeitsrechtlichen Beschäftigungsförderungsgesetzes vom 25.9.1996 (s. Rn 2) in dieses Prinzip des bezahlten Erholungsurlaubs eingegriffen. Er hat die zusätzliche Überstundenvergütung aus der Bemessung des Geldfaktors herausgenommen.[57] Damit war jedoch keine entsprechende Erweiterung der gesetzlich in § 13 Abs. 1 eingeschränkten tariflichen Regelungsbefugnis verbunden. Diese gesetzlich eingeschränkte Befugnis wird durch Berechnungsvorschriften überschritten, die zielgerichtet zum Zwecke der Kürzung des Entgelts solche Bestandteile aus der Berechnung herausnehmen, die ohne die urlaubsbedingte Freistellung von der Tätigkeit anfallen können. Das gilt insb. für:
– die Vergütung solcher Stunden, die voraussichtlich angefallen wären,[58]
– die Zuschläge für die Lage der Arbeitszeit, soweit damit nicht die Abgeltung eines besonderen Aufwands verbunden ist.[59]

32 Dieses Ergebnis ist mit der Tarifautonomie vereinbar.[60] Den TV-Parteien verbleibt für den gesetzlichen Mindesturlaub noch ein weiter Gestaltungsspielraum. Es steht ihnen z.B. frei, das Urlaubsentgelt entsprechend dem konkreten Lohnausfall zu berechnen[61] oder den gesetzlichen Referenzzeitraum zu erweitern.[62] Auch andere abweichende Regelungen, insb. zur Vereinfachung der Berechnung durch Pauschalierung von variablen Lohnbestandteilen sind zulässig. Dabei ist es unerheblich, ob im Einzelfall eine Verringerung des Entgeltanspruchs eintreten kann; denn die TV-Parteien dürfen typisieren und pauschalieren, um variable Lohnanteile für die Bemessung des Urlaubsentgelts zu verstetigen. Mit Ausnahme des gesetzlich besonders geregelten Falles der Nichteinbeziehung der zusätzlichen Mehrarbeitsvergütung in den Geldfaktor dürfen sie keine Vorschriften vereinbaren, bei der die AN bei Urlaubsnahme eine Entgeltminderung im Vergleich zum Arbeitsentgelt erleiden.

33 **c) Verlängerung des Referenzzeitraums.** Der betrieblichen Praxis bereitet v.a. die Berechnung der Entgeltbestandteile, die monatlich regelmäßig, aber nicht in gleicher Höhe anfallen (sog. variable Entgeltbestandteile) Probleme. Betriebe, in denen starke saisonale Schwankungen anfallen, sind interessiert, die Entgelthöhe statt nach dem Lohnausfallprinzip nach den durchschnittlichen Verhältnissen der letzten zwölf abgerechneten Kalendermonate und damit nach einem von § 11 Abs. 1 abweichenden längeren Referenzzeitraum zu berechnen. Ziel derartiger Regelungen ist eine Verstetigung, um saisonale Einflüsse auf die Höhe der Urlaubsvergütung auszuschließen. Das ist zulässig.[63] Zwar beträgt der Referenzzeitraum bei der Bestimmung des gegen die Berechnung des Urlaubsentgelts einzustellenden Geldfaktors 13 Wochen. Davon kann für den gesetzlichen Mindesturlaub nach § 13 Abs. 1 S. 1 durch TV abgewichen werden. Die Bestimmung eines Referenzzeitraums von zwölf Monaten ist nach der Rspr.

---

53 BAG 25.2.1988 – 8 AZR 596/85 – BAGE 57, 366 = AP § 8 BUrlG Nr. 3.
54 BAG 22.1.2002 – 9 AZR 601/00 – BAGE 100, 189 = AP § 11 BUrlG Nr. 55; BAG 12.1.1989 – 8 AZR 404/87 – BAGE 61, 1 = AP § 47 BAT Nr. 13 unter Aufgabe von BAG 8.10.1981 – 6 AZR 296/79 – AP BAT § 47 Nr. 3 = EzA § 13 BUrlG Nr. 15; *Leinemann/Linck*, § 13 BUrlG Rn 57; ErfK/*Dörner*, § 13 BUrlG Rn 46; *Neumann/Fenski*, § 13 Rn 16; *Schütz/Hauck*, Rn 910; a.A. GK-BUrlG/*Berscheid*, § 13 Rn 63.
55 Vgl. Bericht des Bundestagsausschusses für Arbeit BT-Drucks IV/785, S. 2, 4.
56 BAG 22.1.2002 – 9 AZR 601/00 – BAGE 100, 189 = AP § 11 BUrlG Nr. 55.
57 BAG 9.2.1999 – 9 AZR 771/98 – BAGE 93, 376 = AP § 1 TVG Tarifverträge: Metallindustrie Nr. 171 = EzA BUrlG § 11 Nr. 46 m. krit. Anm. *Gutzeit*.
58 BAG 22.2.2000 – 9 AZR 107/99 – zustimmend ErfK/*Dörner*, § 13 BUrlG Rn 47.
59 BAG 22.1.2002 – 9 AZR 601/00 – BAGE 100, 189 = AP § 11 BUrlG Nr. 55.
60 BAG 22.1.2002 – 9 AZR 601/00 – BAGE 100, 189 = AP § 11 BUrlG Nr. 55; a.A. Anm. *Buchner* zu BAG 22.2.2000 – 9 AZR 107/99 – SAE 2001, 82, 86.
61 BAG 19.9.1985 – 6 AZR 460/83 – BAGE 49, 370.
62 BAG 17.1.1991 – 8 AZR 644/89 – BAGE 67, 94 = AP § 11 BUrlG Nr. 30.
63 BAG 3.12.2002 – 9 AZR 535/01 – BAGE 104, 65 = AP § 11 BUrlG Nr. 57.

auch dann unbedenklich, wenn das für den gesetzlichen Mindesturlaub zu zahlende Entgelt betroffen ist.[64] Derartige Regelungen finden sich in vielen TV nicht nur für das Urlaubsentgelt sondern für alle Arten der Entgeltfortzahlung.[65]

d) Übergehen zum reinen Lohnausfallprinzip. Zulässig ist es auch, vom gesetzlichen gemischten System abzugehen und ein reines Lohnausfallprinzip für die Berechnung des Urlaubsentgelts tarifvertraglich zu vereinbaren.[66]

e) Wahl der „passenden" Berechnungsmethode. Tarifvertraglich kann auch dem einzelnen AG, um eine für seinen Betrieb passende, aber vom Regelfall des Flächen-TV abweichende Lösung zu wählen, ein Bestimmungsrecht für die Auswahl der Berechnungsmethode eingeräumt werden. Voraussetzung ist, dass alternativ verschiedene, von den TV-Parteien ausgestaltete Modelle zur Verfügung gestellt werden. In dem vom BAG entschiedenen Streitfall war ein reines Lohnausfallprinzip oder das Referenzprinzip mit einem zwölfmonatigen Referenzzeitraum vorgesehen. Die TV-Parteien hatten im Streitfall somit selbst den vom Gesetz abweichenden Referenzzeitraum als angemessen angesehen und als Regelungsalternative festgelegt. Mit der Ausübung des Wahlrechts durch den AG stand deshalb eine normative Regelung zur Berechnung des Urlaubsentgelts zur Verfügung. Zwar gewährt die Tariföffnungsklausel in § 13 Abs. 1 S. 1 den TV-Parteien kein Recht, ihre Abweichungsbefugnis auf Dritte zu übertragen.[67] Bei einem tarifvertraglich ausgestalteten Wahlrecht übertragen jedoch die TV-Parteien nicht ihre Regelungsmacht. Sie haben schon vor der Auswahlentscheidung von ihr Gebrauch gemacht.[68] Für die Auswahlentscheidung muss der AG das Mitbestimmungsrecht des BR nach § 87 Abs. 1 Nr. 10 BetrVG beachten. Wegen der Rechtsfolgen der Nichtbeachtung s. Rn 84.

f) Bemessungsfreiheit für gesetzlich verfallenen Urlaub. Eine tarifvertragliche Bestimmung, die den AN berechtigt, den Mindesturlaub auch nach Ablauf des gesetzlichen Übertragungszeitraums (§ 7 Abs. 3) in Anspruch zu nehmen, begünstigt den AN. Die TV-Parteien sind deshalb nach § 13 Abs. 1 S. 1 befugt, die Bemessung des Entgelts für diesen Urlaub frei zu regeln. Denn ohne diese tarifvertragliche Bestimmung wäre der Urlaubsanspruch untergegangen.[69]

g) Eigenständige Regelung der Überstundenvergütung. In zahlreichen TV wird nicht zur Bemessung auf § 11 Abs. 1 verwiesen, sondern es werden eigene Bemessungsbestimmungen wiedergegeben. Es stellt sich dann das Problem, ob deklaratorisch nur der Inhalt des § 11 Abs. 1 wiedergegeben wird oder eine eigenständige und abweichende Regelung gewollt ist. Zur Abgrenzung können die von der Rspr. des BAG für inzwischen abgelaufene TV entschiedenen Auslegungsfragen dienen. Danach hatte § 12 Nr. 2 des Mantel-TV für den Groß- und Außenhandel des Landes Hessen vom 18.6.1994 (MTV) eine konstitutive Bedeutung.[70] Die Herausnahme der zusätzlichen Überstundenvergütung schlug nicht durch. Den eigenständigen und abschließenden Regelungswillen hat der 9. Senat u.a. darin gesehen, dass abweichend von § 11 Abs. 1 S. 1 die TV-Parteien den für die Bemessung des Geldfaktors maßgeblichen Bezugszeitraum von 13 Wochen auf sechs Monate ausgeweitet und eine weitere Verlängerung durch die Betriebsparteien zugelassen haben. Ebenso enthielt § 11 Ziff. 5.1 S. 1 des Rahmen-TV für die Poliere des Baugewerbes im Gebiet der Bundesrepublik Deutschland und des Landes Berlin vom 12.6.1978 in der Fassung vom 19.5.1992 (RTV Poliere) eine eigenständige Regelung.[71] Denn die TV-Parteien hatten weder auf § 11 Abs. 1 Bezug genommen, noch dessen Regelungsinhalt unverändert übernommen. Sie hatten den Bezugszeitraum für die Bemessung des Geldfaktors vom Gesetz abweichend auf die letzten drei abgerechneten Kalendermonate festgelegt. Der 9. Senat hat den Einwand, diese Abweichung sei nur geringfügig und diene ausschließlich abrechnungstechnischen Zwecken, zurückgewiesen. Denn auch die Festlegung eines geringfügig abweichenden Bezugszeitraums wirkt sich auf die Höhe des während des Urlaubs fortzuzahlenden Entgelts aus. Für die Eigenständigkeit der tariflichen Bemessungsvorschrift sprachen auch Umfang und Dichte des in § 11 RTV Poliere vereinbarten Regelungskomplexes „Urlaub". Er umfasste in sechs Ziffern Urlaubsanspruch, Urlaubsdauer, zeitliche Festlegung des Urlaubs, Unterbrechung des Urlaubs, Urlaubsentgelt und zusätzliches Urlaubsgeld. Nach § 11 Ziff. 7 RTV Poliere sollten die gesetzlichen Vorschriften nur „ergänzend" zur Anwendung gelangen. Die TV-Parteien sind somit davon ausgegangen, dass sie ihren Gestaltungsspielraum für die sechs aufgeführten Regelungsbereiche ausgeschöpft hatten.

---

64 BAG 17.1.1991 – 8 AZR 644/89 – BAGE 67, 94.
65 In dem entschiedenen Rechtsstreit BAG 3.12.2002 – 9 AZR 535/01 – BAGE 104, 65 = AP § 11 BUrlG Nr. 57 waren das die Bestimmungen in § 12 III. Nr. 1 und in der Protokollnotiz I. 5 des Mantel-TV für die chemische Industrie für die Länder Baden-Württemberg, Bayern, Bremen, Hamburg, Hessen, Niedersachsen, Nordrhein-Westfalen, Rheinland-Pfalz, Saarland, Schleswig-Holstein und Berlin (West) vom 24. Juni 1992 in der Fassung vom 19. Dezember 1996.
66 BAG 3.12.2002 – 9 AZR 535/01 – BAGE 104, 65 = AP § 11 BUrlG Nr. 57.

67 *Leinemann/Linck*, § 13 BUrlG Rn 10; ErfK/*Dörner*, § 13 BUrlG Rn 60; *Neumann/Fenski*, § 11 Rn 84.
68 BAG 3.12.2002 – 9 AZR 535/0 1 – BAGE 104, 65 = AP § 11 BUrlG Nr. 57.
69 BAG 22.22000 – 9 AZR 107/99 – BAGE 93, 376 = AP § 1 TVG Tarifverträge: Metallindustrie Nr. 171.
70 S. BAG 14.2.1996 – 2 AZR 166/95 – AP § 1 TVG Tarifverträge: Textilindustrie Nr. 21.
71 BAG 18.5.1999 – 9 AZR 515/98 – AP § 1 TVG Tarifverträge: Bau Nr. 223 = NZA 2000, 155.

II. Problemfälle bei der Berechnung

38 **1. Abrufarbeit.** Bei Abrufarbeit (§ 12 TzBfG) werden mit der Konkretisierung der Arbeitszeit zugleich die Arbeitsstunden bestimmt, die der AG auch dann zu vergüten hat, wenn der AN zwar tatsächlich nicht arbeitet, die aber aufgrund der Bestimmungen in § 12 Abs. 1 S. 3 und 4 TzBfG als geleistet gelten. Hierzu gehören auch Urlaubszeiten; denn nach § 1 besteht ein Anspruch auf bezahlten Erholungsurlaub. Folglich sind in das Arbeitszeitkonto die infolge der Freistellung ausgefallenen Soll-Arbeitsstunden als „Ist-Stunden" einzustellen. Urlaubstage und -stunden sind Teil der effektiven Jahresarbeitszeit.[72] Werden Ausfallzeiten dem AN nicht gutgeschrieben, so wird ihm die hierfür zustehende Urlaubsvergütung vorenthalten.[73] Dem steht die Zahlung des auf der Grundlage der vereinbarten Jahresarbeitszeit ermittelten verstetigten Entgelts nicht entgegen. Diese Form der Auszahlung sichert dem AN lediglich trotz zeitweiser Nichtbeschäftigung gleichmäßig hohe Einkünfte. Maßgeblich ist daher das Arbeitszeitkonto. Es bringt den Vergütungsanspruch zum Ausdruck.[74] Andernfalls müsste der AN zusätzliche Stunden leisten, um ein ausgeglichenes Konto zu erreichen. Der AG muss somit sämtliche Urlaubsstunden im Arbeitszeitkonto anrechnen, so dass sich die Zahl der vom AN geschuldeten Arbeitsstunden entsprechend verringert.[75]

39 **2. Bezahlung der Pause beim Urlaubsentgelt.** Ruhepausen sind nach § 4 ArbZG nach spätestens sechs und neun Stunden Arbeit einzulegen. Nach dem Gesetz sind es unbezahlte Pausen. Manche TV enthalten bezahlte Pausen, so der Mantel-TV für die holz- und kunststoffverarbeitende Industrie Rheinland-Pfalz vom 17.3.1992 (MRP). Nach Nr. 43 MRP wird Entgelt nur für die Zeit gezahlt, für die Arbeit geleistet wird, es sei denn, tarifliche Vorschriften bestimmen etwas anderes. Eine derartige Regelung enthält Nr. 14 MRP, wonach AN im Dreischichtbetrieb eine Pause von mind. einer halben Stunde ohne Lohnabzug zu gewähren ist. Der für diese Zeit ohne Arbeitsleistung gezahlte Lohn ist als Arbeitsverdienst in die Bemessung des tariflichen Urlaubsentgelts und des Urlaubsgelds einzubeziehen.[76] Mit der bezahlten Arbeitspause werden nämlich die besonderen Belastungen der Schichtarbeiter honoriert.

40 **3. Einmalzahlungen.** Einmalleistungen, wie sie in Form von Gratifikationen, Tantiemen und Gewinnbeteiligungen, Jubiläumsgeldern sowie beihilfeähnliche Leistungen aus Anlass von Geburten etc. gewährt werden, sind außer Ansatz zu lassen. Sie sind kein „Arbeitsverdienst" i.S.d. § 11. Mit diesen Lohnbestandteilen soll nicht die Arbeitsleistung des AN während des Referenzzeitraums abgegolten werden. der AN erhält sie unabhängig davon, ob er Urlaub nimmt oder nicht.[77]

41 **4. Freigestellte Betriebsräte und Mehrarbeit.** Von der beruflichen Tätigkeit nach § 38 Abs. 1 BetrVG vollständig freigestellte BR-Mitglieder können nur Mehrarbeitsvergütungen beanspruchen, wenn sie entweder ohne Befreiung von der Arbeitspflicht geleistet hätten oder wenn nach § 37 Abs. 3 BetrVG die für die BR-Tätigkeit aufgewendete Zeit aus betriebsbedingten Gründen wie Mehrarbeit zu vergüten ist.[78]

42 **5. Irrtümlich gezahlte Mehrarbeitsvergütung.** Sind dem AN im Bezugszeitraum Mehrarbeitsvergütungen ohne Rechtsgrund gezahlt worden, so ist der AG berechtigt, dies bei der Bemessung des Urlaubsentgelts zu berücksichtigen.[79] Das gilt auch für die in § 12 Nr. 1a der Urlaubsvereinbarung für die Textilindustrie in den Ländern Hamburg und Schleswig-Holstein vom 12.5.1982 getroffene Regelung, nach der sich für geschlossene Urlaubswochen das tägliche Urlaubsentgelt nach dem durchschnittlichen Arbeitsverdienst einschließlich der Mehrarbeitsvergütungen bemisst, den der AN in den letzten 13 Wochen vor Beginn des Urlaubs erhalten hat.

43 **6. Mehraufwandsentschädigung.** Aufwendungsersatz ist kein „Arbeitsverdienst". Er ist bei der Bestimmung des Durchschnittsverdienstes nicht zu berücksichtigen. Das gilt auch für die bei Reise- und Montagetätigkeiten üblichen Nah- und Fernauslösungen. Dabei ist jedoch zu berücksichtigen, dass pauschalierte Nahauslösungen häufig mehr Vergütung als Aufwendungsersatz sind. Das BAG hat deshalb Nahauslösungen nach dem Bundes-TV für die besonderen Arbeitsbedingungen der Montagearbeiter in der Eisen-, Metall- und Elektroindustrie einschließlich des Fahrleitungs-, Freileitungs-, Ortsnetz- und Kabelbaues mit Anmerkungen vom 30.4.1980 in die Berechnung der Urlaubsvergütung einbezogen.[80]

44 **7. Kurzarbeit im Urlaubszeitraum.** Wird Kurzarbeit für eine Zeit eingeführt, zu der der Urlaub schon festgelegt ist, so bewirkt die Kurzarbeit Null, dass der Erfüllungserfolg nicht eintreten kann (siehe § 7 Rn 80).[81] Es besteht folg-

---

72 BAG 25.7.1989 – 1 ABR 46/88 – AP § 87 BetrVG 1972 Arbeitszeit Nr. 38 = EzA § 87 BetrVG 1972 Arbeitszeit Nr. 38.
73 BAG 5.9.2002 – 9 AZR 244/01 – BAGE 102, 321.
74 BAG 13.2.2002 – 5 AZR 470/00 – AP § 4 EntgeltFG Nr. 57 = EzA § 4 EntgeltFG Nr. 5.
75 BAG 13.2.2002 – 5 AZR 470/00 – AP § 4 EntgeltFG Nr. 57 = EzA § 4 EntgeltFG Nr. 5.
76 BAG 23.1.2001 – 9 AZR 4/00 – AP § 1 TVG Tarifverträge: Holz Nr. 22 = EzA § 11 BUrlG Nr. 49.
77 BAG 24.11.1992 – 9 AZR 564/9 – AP § 11 BUrlG Nr. 34 = NZA 1993, 750.
78 BAG 12.12.2000 – 9 AZR 508/99 – BAGE 96, 344 = DB 2001, 875.
79 BAG 12.12.2000 – 9 AZR 508/99 – BAGE 96, 344 = DB 2001, 875.
80 BAG 10.3.1988 – 8 AZR 188/85 – AP § 11 BUrlG Nr. 21.
81 BAG 16.12.2008 – 9 AZR 164/08 – NZA 2009, 689 mit Anm. *Ohle*, ArbRB 2009, 224; ebenso ErfK/*Dörner*, § 11 BUrlG Rn 39.

lich kein Anspruch auf Urlaubsentgelt. Grds. soll dieses urlaubsstörende Ereignis im Risikobereich des AN liegen, so dass es keiner Neufestsetzung für einen nachzugewährenden Urlaub bedarf.[82] Das erscheint zweifelhaft, weil der AG die Kurzarbeit selbst anordnet und sie deshalb seinem Risikobereich zuzuordnen ist. Das zeigt § 615 S. 3 BGB. Dort ist dem AG das Risiko des Arbeitsausfalls zugewiesen. Wird Kurzarbeit in der Weise durchgeführt, dass mit verminderter Arbeitszeit gearbeitet wird, bleibt der festgelegte Urlaub davon unberührt. Der AN soll jedoch entsprechend dem Zeitfaktor nur für die Stunden Urlaubsentgelt erhalten, an denen er ohne Urlaub gearbeitet hätte. Für die wegen Kurzarbeit ausfallende weitere Arbeitszeit erhält er von der AA Kurzarbeitergeld.[83]

8. Urlaubsentgelt und Urlaubsgeld. Urlaubsentgelt, das der AN in den letzten 13 Wochen vor seinem Urlaubsantritt bereits für einen vorangegangenen Urlaub erhalten hat, ist zur Berechnung des Durchschnittsverdienstes für den zweiten Urlaub zu berücksichtigen. Auch Urlaubsentgelt ist Arbeitsverdienst i.S.d. § 11. Soweit jedoch zusätzliches Urlaubsgeld gezahlt wurde, fließt dieses allerdings nicht mit ein.[84]   45

9. Prämien. a) Einmalige Prämien. Einmalige Prämien sind bei der Bemessung des Geldfaktors grds. nicht zu berücksichtigen. Zusätzlich zum Entgelt gezahlte Prämien, die – unabhängig von der auf einen bestimmten Zeitabschnitt bezogenen und bei urlaubsbedingter Abwesenheit ausfallenden Arbeitsleistung – einmalig gewährt werden, vergüten nämlich keine laufende Arbeitsleistung. Das gilt insb. für die häufig im Außendienst auf Erfüllung oder vorzeitige Erfüllung des „Solls" eines Vertriebsrepräsentanten innerhalb einer bestimmten längeren Zeitspanne – zumeist des Geschäftsjahrs – bezogenen Prämien.[85] Denn nach dem Lohnausfallprinzip kann nur die aufgrund der laufenden Arbeitsleistung normalerweise im Urlaubszeitraum erwirtschaftete Vergütung die Grundlage der Urlaubsentgeltberechnung bilden. Gegen die Vernachlässigung einmaliger Vergütungen bei der Berechnung des Urlaubsentgelts bestehen keine rechtlichen Bedenken wegen des Grundsatzes des bezahlten Urlaubs, § 1.[86]   46

b) Prämien mit Zusatzprovisionscharakter. Anders zu behandeln sind „Prämien", welche entgegen ihrer Bezeichnung den Charakter von Zusatzprovisionen haben (z.B. Gewinnung neuer Systemkunden, Großabschlüsse über mehrere Systeme, bei lizenzierten Software-Produkten und bei Verkaufswettbewerben für den ersten Systemabschluss bei Unternehmen der „Top-Liste"). Diese sind zu berücksichtigen.[87]   47

c) Einsatzprämien im Sport. Bei der Berechnung des einem Lizenzfußballspieler zu zahlenden Urlaubsentgeltes sind nach st. Rspr. auch die in den letzten 13 Wochen vor dem Urlaubsantritt gezahlten leistungsabhängigen Prämien einzubeziehen.[88] Denn derartige Einsatz- und Punktprämien sind Gegenleistungen für die Tätigkeit eines Lizenzfußballspielers.[89] Erfasst werden auch die in den letzten 13 Wochen vor Urlaubsbeginn gezahlten Teilbeträge einer gestaffelten Jahresprämie, die nach den vertraglichen Abmachungen der Parteien innerhalb des laufenden Vertragsjahres jeweils nach Erreichen einer bestimmten Anzahl von Meisterschaftsspielen auszuzahlen sind.[90] Das Abstellen auf den 13-Wochen-Zeitraum wird wegen Abhängigkeit von der Anzahl der absolvierten Spiele als manipulationsanfällig angesehen.[91] Zur Begrenzung urlaubsrechtlicher Ansprüche ist die Praxis kreativ in der Vertragsgestaltung. Da damals wegen der Bereichsausnahme für das Arbeitsrecht keine Inhaltskontrolle von Vertragsbedingungen stattfand, blieb 1998 eine Klausel unbeanstandet, nach der in einem monatlich gezahlten Gehalt von 12.000 DM ein Vorschuss auf das Urlaubsentgelt in Höhe von 3.000 DM enthalten sei.[92] Mit diesem Vorschuss wurden auch die bei der Bemessung des Urlaubsentgeltes zu berücksichtigenden Leistungsprämien abgedeckt. Ob eine derartige vorformulierte Bedingung heute mit § 307 BGB vereinbar ist, erscheint fraglich.   48

10. Provisionen. Für Provisionen, die üblicherweise für Abschlüsse von Geschäften gezahlt werden, besteht kein Zweifel, dass diese zu den während des Urlaubs weiterzuzahlenden Entgeltbestandteilen zählen.[93] Für die Berechnung des Verdienstes sind alle Provisionsleistungen zu berücksichtigen, die ein Handlungsgehilfe für die Vermittlung oder den Abschluss von Geschäften vertragsgemäß erhält.[94] Ist vereinbart, dass der AG auf die erwarteten Provisionen monatlich Vorschüsse leistet und später abrechnet, sind entsprechend der Vereinbarung die in den letzten drei vollen Kalendermonaten vor Urlaubsbeginn nach § 87a Abs. 1 S. 1 HGB fällig gewordenen Provisionsansprüche   49

---

82 ErfK/*Dörner*, § 11 BUrlG Rn 39.
83 ErfK/*Dörner*, § 11 BUrlG Rn 39.
84 *Arnold/Ackermann/Rambach u.a.*, § 11 BUrlG Rn 31; ErfK/*Dörner*, § 11 BUrlG Rn 18.
85 BAG 19.9.1985 – 6 AZR 460/83 – BAGE 49, 370 = DB 1986, 699.
86 ErfK/*Dörner*, § 11 BUrlG Rn 10; GK-BUrlG/*Stahlhacke*, § 11 Rn 4; *Neumann/Fenski*, § 11 Rn 6 m.w.N.
87 BAG 19.9.1985 – 6 AZR 460/83 – BAGE 49, 370 = DB 1986, 699.
88 BAG 8.12.1998 – 9 AZR 623/97 – BB 1999, 1071.
89 BAG 24.11.1992 – 9 AZR 564/91 – BB 1993, 654; BAG 24.11.1992 – 9 AZR 4/92 – juris.
90 BAG 23.4.1996 – 9 AZR 856/94 – AP § 11 BUrlG Nr. 40 = NJW 1997, 276 = NZA 1996, 1207.
91 *Brömmekamp*, SpuRt 1997, 50.
92 BAG 8.12.1998 – 9 AZR 623/97 – BB 1999, 1071.
93 ErfK/*Dörner*, § 11 BUrlG Rn 15; BAG 19.9.1985 – 6 AZR 460/83 – BAGE 49, 370 = DB 1986, 699; zur Entgeltfortzahlung im Krankheitsfall: BAG 5.6.1985 – 5 AZR 459/83 – NJW 1986, 2906.
94 BAG 11.4.2000 – 9 AZR 266/99 – AP § 11 BUrlG Nr. 48 (Ls. 1, 2 und Gründe) = DB 2000, 2531; Bestätigung von BAG 19.9.1985 – 6 AZR 460/83 – BAGE 49, 370 = AP § 13 BUrlG Nr. 21 = EzA § 13 BUrlG Nr. 24.

zugrunde zu legen. Im Bezugszeitraum des § 11 Abs. 1 S. 1 fällige Ansprüche auf **Bezirksprovision** i.S.v. § 87 Abs. 2 HGB, die nicht auf eine eigene Tätigkeit des AN zurückgehen, sind für die Durchschnittsberechnung nicht zu berücksichtigen.

50 **11. Sachbezüge.** Sachbezüge, wie Dienstwohnung, Verpflegung oder Dienstwagennutzung, gehören nach § 11 Abs. 1 S. 4 zum Arbeitsverdienst. Sofern sie während des Urlaubs nicht weiter gewährt werden, sind sie für die Dauer des Urlaubs angemessen in bar abzugelten. Als angemessen haben die Sätze zu gelten, die bei der Steuerfestsetzung oder der Beitragsbemessung zur Sozialversicherung zugrunde gelegt werden.[95]

51 **12. Zulagen.** Der Begriff „Arbeitsverdienst"" wird zur Kennzeichnung der Gegenleistung verwandt, die der AG dem AN für die im Abrechnungszeitraum erbrachten Dienste nach § 611 BGB geschuldet und vergütet hat.[96] Zulagen und Zuschläge sind deshalb in die Bemessungsgrundlage des Urlaubsentgelts einzubeziehen. Gibt es eine Zulage für Rufbereitschaft, so ist sie ein Entgelt für einen ein Dienst i.S.d. § 611 BGB.[97] Gleiches gilt für Feiertags-, Nachtschichtzuschläge, Bereitschaftsdienstvergütungen[98] oder Notdienstpauschalen.[99] Ausgenommen ist nur Aufwendungsersatz.

III. Berechnung der Urlaubsabgeltung

52 **1. Berechnungsgrundsätze.** Für die Berechnung der Höhe der Urlaubsabgeltung ist zunächst die Anzahl der noch offenen Urlaubstage zu ermitteln. Für diese ist dann das Produkt des Zeit- und Geldfaktors zu berechnen. Dabei ist für den Geldfaktor von den Berechnungsgrundsätzen des § 11 Abs. 1 auszugehen, sofern keine zulässige tarifvertraglich aufgestellte abweichende Methode anzuwenden ist.

53 **2. Berücksichtigung von Ansprüchen der Sozialversicherung.** Erhält der ausgeschiedene AN Krankengeld, bleibt der Anspruch auf Urlaubsabgeltung dadurch unberührt, denn die Urlaubsabgeltung ist keine mit der Krankengeldzahlung zeitlich konkurrierende Ersatzleistung für das Arbeitsentgelt.[100] Erhält der AN Alg, geht der Anspruch auf Urlaubsabgeltung nur in Höhe der erbrachten Sozialleistungen auf die BA über.[101] Das gilt auch für einen tarifvertraglich geschaffenen Abfindungsanspruch für infolge Arbeitsunfähigkeit nicht erfüllbaren Abgeltungsanspruch wie nach § 2.3 Urlaubsabkommen. Folglich geht im Falle der Gleichwohlgewährung von Alg nach § 115 SGB X dieser Anspruch auf die BA in Höhe des vom AN bezogenen Alg über; denn er ist Arbeitsentgelt i.S.v. § 143 Abs. 1 SGB III. Das gebietet die teleologische Auslegung von § 143 SGB III. Sinn der Norm ist nämlich im Interesse der Versichertengemeinschaft zu verhindern, dass der Arbeitslose neben dem Arbeitsentgelt zusätzlich eine Lohnersatzleistung bezieht.[102]

IV. Urlaubsgeld

54 **1. Außergesetzliche Sonderzahlung.** Das im BUrlG nicht geregelte zusätzliche Urlaubsgeld stellt zumeist eine über das Urlaubsentgelt nach §§ 1, 11 hinausgehende AG-Leistung für die Dauer des Urlaubes dar. Mit ihr sollen die urlaubsbedingten Mehraufwendungen teilweise abgedeckt werden.[103] Es ist dann als zusätzliche Leistung mit Entgeltcharakter ein Lohnbestandteil.[104] Unter der Bezeichnung Urlaubsgeld kann jedoch auch eine Gratifikation für Betriebstreue geleistet werden, die nur wegen des jahreszeitlichen Bezugszeitpunkts diese Bezeichnung erhalten hat und ohne jeden Bezug zu einem Urlaub geleistet werden soll. Der im Namen zum Ausdruck kommende Zweck, urlaubsbedingte Mehraufwendungen abzudecken, ist wenig ergiebig. Ebenso wenig, wie einem Nichtchristen das „Weihnachtsgeld" vorenthalten wird, kann auch einem AN, der keine Urlaubsreise unternimmt, das Urlaubsgeld vorenthalten werden, sei es vertraglich akzessorisch zum Urlaub oder unabhängig von der Urlaubsgewährung ausgestaltet.

55 **2. Rechtsgrundlagen. a) Arbeits- und Tarifvertrag.** Rechtsgrundlagen für Ansprüche auf Urlaubsgeld sind zumeist arbeitsvertragliche oder tarifvertragliche Bestimmungen. Verweist der Arbeitsvertrag auf tarifliche Urlaubsbestimmungen, so erfasst diese Verweisung i.d.R. den gesamten tariflichen Regelungskomplex „Urlaub". Der AG ist dann auch verpflichtet, ein tarifvertraglich geregeltes Urlaubsgeld zu zahlen.[105] Die schon vor Inkrafttreten der

---

[95] KassArbR/*Schütz*, 2.4 Rn 480; ErfK/*Dörner*, § 11 BUrlG Rn 19.
[96] Vgl. BAG 17.1.1991 – 8 AZR 644/89 – BAGE 67, 94; ErfK/*Dörner*, § 11 BUrlG Rn 8; *Leinemann/Linck*, § 11 BUrlG Rn 23.
[97] BAG 20.6.2000 – 9 AZR 437/99 – BAGE 95, 112 = AP § 1 TVG Tarifverträge: Stahlindustrie Nr. 2.
[98] BAG 13.2.1996 – 9 AZR 798/93 – AP § 47 BAT Nr. 19.
[99] BAG 21.3.1995 – 9 AZR 953/93 – juris.
[100] BAG 7.11.1985 – 6 AZR 626/84 – BAGE 50, 118 = DB 1986, 975.
[101] BAG 7.11.1985 – 6 AZR 626/84 – BAGE 50, 118 = DB 1986, 975.
[102] BAG 14.3.2006 – 9 AZR 312/05 – AP § 7 BUrlG Abgeltung Nr. 90 = jurisPR-ArbR 45/2006 Anm. 5 *Mestwerdt*.
[103] Schaub/*Linck*, Arbeitsrechts-Handbuch, § 102 Rn 98; LSG Niedersachsen-Bremen 28.8.2003 – L 8 AL 180/02 – juris; BSG 18.3.2004 – B 11 AL 53/03 R – juris.
[104] BAG 1.10.2002 – 9 AZR 215/01 – BAGE 103, 45.
[105] BAG 17.11.1998 – 9 AZR 584/97 – AP § 1 TVG Bezugnahme auf Tarifvertrag Nr. 10.

Schuldrechtsmodernisierung ergangene Rspr. wird i.E. auch dem zwischenzeitlich in § 307 BGB verankerten Transparenzgebot gerecht.

b) Betriebsvereinbarung. Sofern § 77 Abs. 3 BetrVG nicht sperrt,[106] können auch Urlaubsgeld begründende Ansprüche in BV wirksam vereinbart werden. Das BetrVG geht nämlich nach seiner Konzeption von einer grds. umfassenden Kompetenz der Betriebsparteien zur Regelung materieller und formeller Arbeitsbedingungen aus. Wo die TV-Parteien ihre Befugnis zur Regelung von Arbeitsbedingungen nicht wahrnehmen oder den Abschluss ergänzender BV zulassen, besteht eine Regelungskompetenz der Betriebsparteien.[107] Das gilt auch für ein das Urlaubsgeld.[108] Schließen BR, AG und zuständige Gewerkschaft einen „Konsolidierungsvertrag", der die Kürzung von Urlaubsgeldansprüchen aus einem TV vorsieht, in dessen fachlichem und räumlichem Geltungsbereich sich der Betrieb befindet, so handelt es sich im Zweifel um einen TV. Eine BV mit diesem Inhalt wäre ansonsten nach § 77 Abs. 3 BetrVG unwirksam.[109]

56

c) Gesamtzusage und betriebliche Übung. Für die Begründung von Ansprüchen auf Urlaubsgeld kommen auch Gesamtzusage und betriebliche Übung in Betracht. Enthält ein Aushang am schwarzen Brett detaillierte Bestimmungen darüber, wann und unter welchen Voraussetzungen Urlaubsgeld geleistet werden soll, und werden diese eingeleitet mit den Worten, es gelte „freiwillig…ab sofort folgende Regelung", wird damit regelmäßig gegenüber den AN zum Ausdruck gebracht, sich nach den in ihr festgelegten Voraussetzungen dauerhaft binden zu wollen.[110] Die Verwendung des Wortes „freiwillig" steht nicht der Begründung einer Rechtspflicht entgegen. Das Wort ist inhaltsleer; denn der AN kann darunter nur verstehen, dass der AG eine Leistung erbringen will, auf die nach dem Arbeitsvertrag oder dem einschlägigen TV noch keine Verpflichtung besteht, sondern die erst jetzt begründet werden soll.

57

3. Akzessorietät von Urlaub und Urlaubsgeld. Die Arbeits- und TV-Parteien sind in ihrer Entscheidung frei, ohne Rücksicht auf Arbeitspflichten oder auf Urlaubsansprüche eine als „Urlaubsgeld" bezeichnete Sonderzahlung zu vereinbaren. Das Urlaubsgeld kann daher sowohl eine von der Urlaubsnahme unabhängige Gratifikation sein, die zumeist in der Haupturlaubszeit Juni als Teil eines 13. Monatseinkommens fällig wird, oder auch eine zusätzlich zum Urlaubsentgelt hinzutretende Sonderleistung, die akzessorisch den Urlaubsantritt voraussetzt oder sogar nur als prozentualer „Aufschlag" zum Urlaubsentgelt gezahlt wird. Welche Voraussetzungen das Entstehen oder Erlöschen des Anspruchs bewirken, bestimmt sich nicht nach der Bezeichnung als Gratifikation, sondern nach dem Inhalt der Regelung.[111] Ist die Fälligkeit des Urlaubsgeldes in der Vereinbarung von der Gewährung des Urlaubs abhängig gemacht, so ist das maßgebend. Daran kann nach der Rspr. des BAG keine Bestimmung über die Rückzahlung von zu viel erhaltenem Urlaubsgeld etwas ändern, auch wenn ihr ein belohnender Charakter des Urlaubsgeldes entnommen werden kann.[112] Auch kann nicht mit Erfolg gegen die Akzessorietät angeführt werden, dass das Urlaubsgeld als Festbetrag und nicht als ein prozentualer Zuschlag zum Urlaubsentgelt vereinbart ist.[113]

58

4. Urlaubsgeld und Zusatzurlaub. Ist in einer Tarifvorschrift oder einem Arbeitsvertrag bestimmt, dass sich das Urlaubsentgelt nach dem durchschnittlichen Arbeitsverdienst der letzten drei Monate und einem Zuschlag von 50 % bemisst, so hat auch der schwerbehinderte AN während des gesetzlichen Zusatzurlaubs diesen Anspruch. Etwas anderes würde nur gelten, wenn zwischen tariflichem und gesetzlichem Urlaub unterschieden würde. Ist das nicht geschehen, so ist die Bestimmung über das zusätzliche Entgelt auch für den gesetzlichen Zusatzurlaub nach § 125 SGB IX anzuwenden.[114] Wird das zusätzliche Urlaubsgeld für jeden „genommenen tariflichen Urlaubstag" geschuldet, so können damit die TV-Parteien deutlich machen, dass nicht für jeden Urlaubstag der Anspruch auf zusätzliches Urlaubsgeld bestehen soll. Das gilt jedenfalls bei einer gesondert vom tariflichen Urlaub aufgeführten deklaratorischen Regelung des Zusatzurlaubs. Deshalb ist nach der Auslegung des BAG der schwerbehinderte AN nicht berechtigt, für den in § 13 Abs. 2 S. 3 des Rahmen-TV für die gewerblichen AN in der Beton- und Fertigteilindustrie und dem

59

---

106 Vgl. BAG 22.32005 – 1 ABR 64/03 – BAGE 114, 162, zu B II 2 c ee (1) der Gründe.
107 BAG 12.12.2006 – 1 AZR 96/06 – juris.
108 S. dazu BAG 18.11.2003 – 1 AZR 604/02 – AP § 77 BetrVG 1972 Nachwirkung Nr. 15; dort hat der 1. Senat des BAG die „Betriebsvereinbarung über eine Jahressonderzahlung", nach der ein Teil der Sonderzahlung als Urlaubsgeld gezahlt wurde, als wirksam beurteilt.
109 BAG 7.11.2000 – 1 AZR 175/00 – BAGE 96, 208 = AP § 77 BetrVG 1972 Tarifvorbehalt Nr. 14.
110 BAG 21.1.2003 – 9 AZR 546/01 – EzA § 611 BGB 2002 Gratifikation, Prämie Nr. 5 = DB 2003, 1448 = NZA 2003, 879 = juris Newsletter Arbeitsrecht 4/2003 Anm. 5 *Kohte/John*.
111 BAG 19.1.1999 – 9 AZR 158/98 – AP § 1 TVG Tarifverträge: Einzelhandel Nr. 67 = EzA § 4 TVG Einzelhandel Nr. 38.
112 BAG 3.4.2001 – 9 AZR 166/00 – AP § 11 BUrlG Urlaubsgeld Nr. 19; BAG 3.4.2001 – 9 AZR 169/00 – FA 2001, 382.
113 BAG 3.4.2001 – 9 AZR 166/00 – AP § 11 BUrlG Urlaubsgeld Nr. 19; BAG 3.4.2001 – 9 AZR 169/00 – FA 2001, 382.
114 BAG 23.1.1996 – 9 AZR 891/94 – AP § 47 SchwbG 1986 Nr. 9 = DB 1996, 1345; BAG 20.10.1983 – 6 AZR 142/82 – AP § 44 SchwbG Nr. 4.

Betonsteinhandwerk (Betonsteingewerbe) Nordwestdeutschland vom 14.9.1993 geregelten Zusatzurlaub das zusätzliche tarifliche Urlaubsgeld zu fordern.[115]

60 Die schwerbehinderten Menschen gehen auch dann leer aus, wenn eine tarifliche Regelung das zusätzliche Urlaubsgeld als Einmalzahlung regelt. Die gleiche Höhe für schwerbehinderte und andere AN verstößt weder gegen § 125 SGB IX (früher: § 44 SchwbG) noch Art. 3 Abs. 1, Abs. 3 S. 2 GG. Das gilt auch dann, wenn die Höhe des Einmalbetrags nach Urlaubstagen und nach Prozentsätzen des täglichen Urlaubsentgelts berechnet wird.[116]

V. Entstehen und Fälligkeit

61 **1. Die besondere gesetzliche Fälligkeitsregel.** Der Anspruch auf Urlaubsentgelt entsteht nicht zeitgleich mit dem Urlaubsanspruch. Das Urlaubsentgelt ist Arbeitsentgelt i.S.v. § 611 BGB. Abweichend von § 614 BGB ist es jedoch nicht erst nach Ablauf des Abrechnungszeitraums, sondern bereits vorher, nämlich bei Urlaubsantritt zu zahlen.[117] Die Freistellung von der Arbeit zum Ausgleich eines Arbeitszeitkontos steht dem nicht gleich.[118]

Die Pflicht zur Fortzahlung der Vergütung (das ist das Urlaubsentgelt) ist von der Pflicht zur Urlaubserteilung zu unterscheiden. Der Anspruch auf Urlaubsentgelt entsteht erst mit der Inanspruchnahme des Urlaubs, dem sog. Urlaubsantritt.[119] Die **Fälligkeitsregel** nach § 11 Abs. 2 gilt für alle AN. Sie ist einseitig zwingendes Gesetzesrecht.[120] Zwar liegt es nahe für AN, die vertragsgemäß die Vergütung z.B. monatlich erhalten, diese Zahlungsweise auch für den Urlaub beizubehalten, aber eine vertragliche Abweichung wäre zuungunsten der AN und daher nach § 13 Abs. 1 S. 3 unwirksam.[121]

Ein Teil des Schrifttums sieht **durch schlüssiges Verhalten** mit den betroffenen AN zustande gekommene Vereinbarungen über einen späteren Auszahlungstermin als wirksam an, weil in der späteren Auszahlung kein Nachteil liege.[122] Besteht im Betrieb die Übung, das Urlaubsentgelt erst mit dem Gehalt des laufenden Monats und der Gehaltsabrechnung zur Mitte des nächsten Monats auszuzahlen, so kann davon ausgegangen werden, dass die Forderung bis dahin gestundet ist. Das liegt auch im Interesse des AN, weil ansonsten häufig knappe tarifliche Ausschlussfristen die Nachprüfung der Urlaubsentgeltabrechnung dem AN, der eine längere Urlaubsreise unternimmt, sehr erschweren. Das BAG ist deshalb zu der Auff. gelangt, dass der Lauf der Ausschlussfrist nach § 14 Ziff. 1 RTV Poliere jedenfalls dann erst mit dem im Betrieb üblichen Zahlungstermin beginnt, wenn die Urlaubsentgeltzahlung und Abrechnung des Urlaubsentgelts nicht schon vor Urlaubsantritt erfolgen.[123]

62 Aus der Anspruchsgrundlage in §§ 1, 611 BGB folgt ferner, dass die Zahlung des Urlaubsentgelts auch nicht zwingend voraussetzt, „dass sie in bestimmter vom sonstigen Arbeitsentgelt abgegrenzter und unterscheidbarer Höhe erfolgt".[124]

63 **2. Tarifvertragliche Regelungen.** Zahlreiche TV enthalten dazu Bestimmungen. Nicht jede weicht trotz anderer Wortwahl inhaltlich von der gesetzlichen Regelung in § 11 Abs. 2 ab. So enthielt der Rahmen-TV für die gewerblichen Beschäftigten im Gebäudereiniger-Handwerk der Bundesrepublik Deutschland vom 22.9.1995 in § 14 Ziff. 2.2a die Bestimmung, dass das Urlaubsentgelt nur bei tatsächlichem Antritt des Jahresurlaubs gefordert werden kann. Damit hatten die TV-Parteien nicht nur die Fälligkeit, sondern auch das Entstehen des Anspruchs wie im Gesetz geregelt.[125]

64 **3. Betriebliche Fälligkeitsregelungen.** Nicht selten finden sich in TV Öffnungsklauseln für eine abweichende betriebliche Festlegung des Fälligkeitstermins des Urlaubsgelds. So war es nach § 4 4.3 Abs. 3 des Urlaubsabkommens für Arb und Ang in der Metallindustrie Nordwürttemberg/Nordbaden vom 23.1.1979 zulässig, durch BV den Fälligkeitstermin für die zusätzliche Urlaubsvergütung einheitlich bis spätestens zum 30.6. eines Urlaubsjahres festzulegen. Damit sind unterschiedliche Fälligkeitstermine für das während des Erholungsurlaubs fortzuzahlende Ge-

---

115 BAG 17.11.1998 – 9 AZR 507/97 – AP § 1 TVG Tarifverträge: Betonsteingewerbe Nr. 6 = DB 1999, 1610.
116 BAG 9.1.1979 – 6 AZR 512/77 – BB 1979, 680.
117 *Friese*, Rn 412.
118 ArbG Düsseldorf 21.10.2008 – 7 Ca 7324/07 – juris.
119 BAG 18.12.1986 – 8 AZR 481/84 – BAGE 54, 59; BAG 24.6.2003 – 9 AZR 563/02 – BAGE 106, 368.
120 *Friese*, Rn 413; ErfK/*Dörner*, § 11 BUrlG Rn 46; *Leinemann/Linck*, § 11 BUrlG Rn 83.
121 *Friese*, Rn 413; ErfK/*Dörner*, § 11 BUrlG Rn 46; *Leinemann/Linck*, § 11 BUrlG Rn 83.
122 GK-BUrlG/*Stahlhacke*, § 11 Rn 88; *Natzel*, § 11 Rn 79; *Hohn*, BB 1990, 492; a.A. *Friese*, Rn 413; ErfK/*Dörner*, § 11 BUrlG Rn 46.
123 BAG 18.5.1999 – 9 AZR 515/98 – AP § 1 TVG Tarifverträge: Bau Nr. 223 = NZA 2000, 155.
124 Diese im Schrifttum u.a. von *Neumann/Fenski*, § 11 Rn 81 immer noch vertretene Auff. beruht auf den überholten Urteilen des BAG 3.1.1965 – 5 AZR 157/65 – BAGE 17, 323 = AP § 11 BUrlG Nr. 1 m. zust. Anm. *Hueck*; 21.3.1968 – 5 AZR 270/67 – AP § 5 BUrlG Nr. 5 m. Anm. *Thiele* und BAG 5.2.1970 – 5 AZR 470/69 – BAGE 22, 273 = AP § 3 BUrlG Nr. 4 m. krit. Anm. *Söllner*.
125 BAG 24.6.2003 – 9 AZR 563/02 – BAGE 106, 368 = AP § 1 TVG Tarifverträge: Gebäudereinigung Nr. 15; zu einer vergleichbaren Regelung in der Schuhindustrie: BAG 21.10.1997 – 9 AZR 255/96 – AP § 1 TVG Tarifverträge: Schuhindustrie Nr. 5 = EzA § 4 TVG Schuhindustrie Nr. 2; BAG 28.7.1992 – 9 AZR 340/91 – BAGE 71, 50.

halt und die zusätzliche Urlaubsvergütung möglich. Das BAG hat eine von der Ermächtigung Gebrauch machende BV nach § 77 Abs. 2 und Abs. 3 S. 2 BetrVG als wirksam angesehen.[126]

4. Verzugsfolgen. Zahlt der AG das Urlaubsentgelt nicht vor Antritt des Urlaubs aus, kommt er allein mit dem Entgelt in Verzug. Für die Wirksamkeit der Erteilung des Urlaubs hat das keine Bedeutung, weil die (rechtzeitige) Erfüllung der Entgeltfortzahlungspflicht nicht Inhalt der Pflicht zur Urlaubserteilung ist.[127] Deshalb ist auch die ältere Rspr.[128] aufgegeben worden, nach der die Zahlung des Urlaubsentgelts zur Wirksamkeitsvoraussetzung der Urlaubsgewährung sein sollte. Kommt der AG mit der Zahlung des Urlaubsentgelts in Verzug, so können sich für den AN allein Schadenersatzansprüche wegen der Zahlungsverspätung ergeben.[129] Ein Recht, den Antritt des Urlaubs wegen verzögerter Entgeltzahlung zu verweigern und die Neufestsetzung des Urlaubs zu verlangen, lässt sich aus § 11 Abs. 2 nicht ableiten.[130] 65

VI. Verzicht und Verwirkung

1. Erlass von Mindesturlaub. Da der in 1 und § 3 Abs. 1 geregelte Anspruch auf bezahlten Urlaub nach § 13 Abs. 1 S. 1 unabdingbar ist, kann der AN weder auf seinen Urlaubsentgeltanspruch noch auf seinen Abgeltungsanspruch verzichten. Das gilt sowohl für einen Erlassvertrag als auch für einen negatives Schuldanerkenntnis (§ 397 BGB) oder einen Vergleich (§ 779 BGB); denn der AN kann nicht wirksam durch Rechtsgeschäft über diese Ansprüche verfügen. Von daher kann eine allg. Ausgleichsregelung in einem außergerichtlichen Vergleich den gesetzlichen Urlaubsanspruch nicht erfassen.[131] Die Erklärung in einem Aufhebungsvertrag, alle Ansprüche aus dem Arbverh seien erfüllt, kann daher allenfalls das Erlöschen der übergesetzlichen Urlaubsansprüche erfassen. Soweit der gesetzliche Mindesturlaub betroffen ist, ist schon im Grundsatz jede Vereinbarung unwirksam.[132] 66

2. Erlass tariflichen oder betrieblichen Mehr- oder Zusatzurlaubs. Einem Verzicht auf tariflich geregelte Urlaubsentgelt- bzw. Urlaubsgeldansprüche steht das Verbot der Abdingbarkeit aus § 4 Abs. 4 S. 1 TVG entgegen. Danach ist ein Verzicht auf entstandene tarifliche Rechte nur in einem von den TV-Parteien gebilligten Vergleich zulässig. Die Anwendbarkeit des § 4 Abs. 4 TVG setzt allerdings die normative Geltung des TV voraus. Das wird in der Praxis nicht selten übersehen. Ist der TV nur wegen vertraglicher Bezugnahme oder infolge schuldrechtlicher Weitergeltung nach § 613a Abs. 1 S. 2 BGB anwendbar, so greift das tarifvertragliche Verzichtsverbot nicht ein. Liegt die durch Mitgliedschaft nach § 4 Abs. 1 TVG oder Allgemeinverbindlicherklärung nach § 5 TVG gegründete normative Geltung nicht vor, so besteht uneingeschränkte Vertragsfreiheit, so dass auch auf die vertraglich begründeten Ansprüche auf „Mehrurlaub" und deren Vergütung oder Abgeltung verzichtet werden kann.[133] 67

Ist der Anspruch auf einen bezahlten Urlaub, der den gesetzlichen Mindesturlaub übersteigt oder zu ihm als Zusatzurlaub hinzutritt, zulässigerweise durch eine BV begründet, so ist gem. § 77 Abs. 4 S. 2 BetrVG der Verzicht auf den Anspruch nur mit Zustimmung des BR zulässig.

3. Verzicht auf Urlaubsentgelt. Die Unabdingbarkeitsbestimmungen für den gesetzlichen Mindesturlaub, für die tariflichen oder betrieblichen Mehr- und Zusatzurlaube erfassen auch jeweils das Urlaubsentgelt. Zwar stellt sich in allen Fällen das Urlaubsentgelt nur als das in der Zeit der Freistellung fortzuzahlende Entgelt nach § 611 BGB dar. Dennoch nimmt es aber an der für den Urlaubsanspruch geltenden Unabdingbarkeit teil. Ansonsten würde dessen Schutz leer laufen. Aus dem Anspruch auf bezahlten Urlaub würde dann ein Anspruch auf unbezahlten Urlaub. Diese Ausstrahlung der Unabdingbarkeit auf das Urlaubsentgelt steht weder im Widerspruch zu dessen fehlendem Pfändungsschutz noch dazu, dass die tatsächliche Zahlung des Urlaubsentgelts keine Voraussetzung für die Erfüllung des Urlaubsanspruchs ist. Die gesetzlichen Schutzregelungen können differenzieren; sie müssen keinen umfassenden Schutz vor allen Risiken bewirken. 68

VII. Verfall und Verjährung

1. Ausschlussfristen. a) Zahlungsansprüche. Urlaubsentgelt sowie Urlaubsgeld unterliegen im Gegensatz zum Anspruch auf Urlaubsgewährung[134] tariflichen und vertraglichen Ausschlussfristen.[135] Denn das Urlaubsent- 69

---

126 BAG 25.4.1991 – 8 AZR 252/90 – juris.
127 BAG 18.12.1986 – 8 AZR 481/84 – BAGE 54, 59 = AP § 11 BUrlG Nr. 19.
128 BAG 9.1.1979 – 6 AZR 647/77 – AP § 1 BUrlG Nr. 4 = DB 1979, 1138.
129 BAG 18.12.1986 – 8 AZR 481/84 – BAGE 54, 59 = AP § 11 BUrlG Nr. 19; unzutreffend *Siara*, § 11 BUrlG Rn 19.
130 Ebenso *Schütz/Hauck*, Rn 764; a.A. unzutreffend *Neumann/Fenski*, § 11 Rn 80.
131 BAG 20.1.1998 – 9 AZR 812/96 – AP § 13 BUrlG Nr. 45; BAG 31.5.1990 – 8 AZR 132/89 – BAGE 65, 171 = AP § 13 BUrlG Unabdingbarkeit Nr. 13; BAG 21.6.1968 – 5 AZR 408/67 – BAGE 21, 63 = AP § 9 BUrlG Nr. 1.
132 BAG 20.1.1998 – 9 AZR 812/96 – AP § 13 BUrlG Nr. 45 = NZA 1998, 816.
133 BAG 20.1.1998 – 9 AZR 812/96 – AP § 13 BUrlG Nr. 45 = NZA 1998, 816 m. zust. Anm. *Hromadka*, EWiR 1998, 741; BAG 31.5.1990 – 8 AZR 132/89 – BAGE 65, 171 = AP § 13 BUrlG Unabdingbarkeit Nr. 13.
134 Vgl. BAG 5.4.1984 – 6 AZR 443/81 – BAGE 45, 314; BAG 24.11.1992 – 9 AZR 549/91 – AP § 1 BUrlG Nr. 23 = EzA § 4 TVG Ausschlußfristen Nr. 102.
135 BAG 22.1.2002 – 9 AZR 601/00 – DB 2002, 1835.

gelt ist der während der Urlaubsgewährung fortbestehende Anspruch auf Arbeitsentgelt nach § 611 BGB. Er unterscheidet sich deshalb hinsichtlich der Anwendbarkeit von Ausschlussfristen nicht von sonstigen Entgeltansprüchen nach § 611 BGB. In der arbeitsrechtlichen Praxis ist das mit der frühen Fälligkeit des Urlaubsentgelts verbundene Verfallrisiko bisher kaum wahrgenommen worden. Es ist dringend zu empfehlen, bei der Vereinbarung vertraglicher Ausschlussfristen für das Urlaubsentgelt eine besondere Regelung zu treffen; denn die üblichen Fristen sind wegen der Urlaubsabwesenheit des AN und der nicht vorhandenen Möglichkeit der Überprüfung der Urlaubsentgeltabrechnung zu kurz: Sie werden nicht der gerichtlichen Inhaltskontrolle nach §§ 307 ff. BGB standhalten.

70 **b) Rückzahlungsansprüche.** Haben die TV-Parteien den Anspruch auf ein zusätzliches Urlaubsgeld geregelt, so ist im Zweifel anzunehmen, dass innerhalb der für tarifliche Geldansprüche vereinbarten Verfallfrist alle mit der Berechnung und Zahlung des Urlaubsgelds zusammenhängenden Fragen geklärt werden sollen. Dazu gehören insb. Streitigkeiten über die zutreffende Forderungshöhe. Damit sind nach Ablauf der Ausschlussfrist sowohl die Geltendmachung einer nicht vollständigen Erfüllung des Anspruchs als auch einer Überzahlung ausgeschlossen.[136]

71 **2. Verjährung.** Sowohl für den Anspruch auf Urlaubsentgelt als auch für den Anspruch auf Urlaubsgeld gilt die kurze Verjährungsfrist nach § 195 BGB: Beide Ansprüche verjähren danach nach drei Jahren. Da – soweit nichts anders vereinbart ist – die Fälligkeit des Anspruchs auf Urlaubsentgelt nach § 11 Abs. 2 vor Antritt des Urlaubs eintritt, beginnt die Verjährung am 31.12. des Jahres, in dem der Urlaub angetreten worden ist und endet mit dem 31.12. des dem übernächsten folgenden Jahres (§ 199 Abs. 1 Nr. 1 BGB).[137]

VIII. Rückforderung von Urlaubsentgelt

72 Entgegen einer in der Praxis verbreiteten Vorstellung, gibt es kein generelles Verbot der Rückforderung von überzahltem Urlaubsentgelt oder Urlaubsgeld. Zwar können gewährte freie Tage nicht mehr rückgängig gemacht werden; denn versäumte Arbeit kann nicht mit rückwirkender Kraft nachgeholt werden. Die Herausgabe der für eine unberechtigte Freistellung gezahlten Vergütung ist aber rechtlich und tatsächlich möglich. Das in § 5 Abs. 3 geregelte Rückforderungsverbot schränkt nur die Rückforderungsmöglichkeit ein, die sich aus einer vorzeitigen Beendigung des Arbverh im Urlaubsjahr und der dadurch bewirkten Kürzung des Urlaubs nach § 5 Abs. 1c ergeben: Hat der AN bereits mehr Urlaub und Urlaubsentgelt erhalten, als ihm aufgrund der vorzeitigen Beendigung des Arbverh zusteht, kann der AG das zu viel gewährte Urlaubsentgelt nicht zurückfordern. Es handelt sich insoweit um eine bereicherungsrechtliche Sondervorschrift: Sie kann nicht zu einem allg. Rückforderungsverbot ausgeweitet werden.[138]

IX. Schutz vor Pfändung und Aufrechnung

73 **1. Urlaubsentgelt und Urlaubsabgeltung.** Da das Urlaubsentgelt Arbeitsentgelt ist, das der AG für die Zeit des Urlaubs fortzahlt, ist es ebenso wie anderes Arbeitsentgelt nach § 850c Abs. 1 ZPO pfändbar.[139] Das gilt auch für das Entgelt, das der AG bei Beendigung des Arbverh als Abgeltung nach § 7 Abs. 4 zahlt. Der Pfändungsschutz besteht, soweit das Nettoentgelt die Pfändungsfreigrenzen für den Zeitraum übersteigt, für den es gezahlt wird. Dabei ist davon auszugehen, dass die Urlaubsabgeltung für einen Zeitraum nach Beendigung des Arbverh geleistet wird.[140] Es muss folglich das Weiterbestehen des Arbverh für die Berechnung des pfändbaren Betrags fingiert werden. Der auf die Beendigung folgende Abrechnungszeitraum, der auch für die Beurteilung der Erfüllbarkeit des Urlaubsabgeltungsanspruchs maßgeblich ist, ist dazu heranzuziehen.[141]

74 Soweit danach das Urlaubsentgelt oder die Urlaubsabgeltung nicht der Pfändung unterworfen ist, kann auch keine wirksame Aufrechnung gegen diese Forderung stattfinden (§ 394 S. 1 BGB).

75 **2. Urlaubsgeld.** Urlaubsgeld ist nach § 850a Nr. 2 ZPO unpfändbar. Da das Urlaubsgeld wie jedes Arbeitseinkommen als Bruttozahlung geschuldet ist, ergibt sich eindeutig aus dem Wortlaut und der Systematik der §§ 850a und 850e ZPO, dass von einem Arbeitseinkommen brutto der unpfändbare Betrag brutto und von diesem Gesamtbruttobetrag die Steuer und die Sozialabgaben abzuziehen sind.[142]

X. Abtretbarkeit und Vererbbarkeit

76 **1. Urlaubsentgelt und Urlaubsgeld.** Der Anspruch auf bei Urlaubsantritt nicht ausgezahltes Urlaubsentgelt und auf zusätzliches Urlaubsgeld geht wie jeder andere Zahlungsanspruch nach § 1922 BGB auf die Erben über.[143] So-

---

136 BAG 19.1.1999 – 9 AZR 637/97 – AP § 1 TVG Tarifverträge: Druckindustrie Nr. 34.
137 ErfK/*Dörner*, § 11 BUrlG Rn 56; *Arnold/Ackermann/Rambach u.a.*, § 11 BUrlG Rn 80.
138 Vgl. BAG 5.9.2002 – 9 AZR 244/01 – BAGE 102, 321 = AP § 3 BUrlG Fünf-Tage-Woche Nr. 17; BAG 23.4.1996 – 9 AZR 317/95 – BAGE 83, 36.
139 BAG 20.6.2000 – 9 AZR 405/99 – AP § 7 BUrlG Nr. 28 = EzA § 1 BUrlG Nr. 23.
140 BAG 28.8.2001 – 9 AZR 611/99 – BAGE 99, 5 = AP § 7 BUrlG Abgeltung Nr. 80.
141 BAG 28.8.2001 – 9 AZR 611/99 – BAGE 99, 5 = AP § 7 BUrlG Abgeltung Nr. 80.
142 LAG Berlin 14.1.2000 – 19 Sa 2154/99 – NZA-RR 2000, 657.
143 ErfK/*Dörner*, § 11 BUrlG Rn 50.

weit die Pfändungsfreigrenze überschritten wird, ist der entsprechende Nettobetrag des Urlaubsentgelts pfändbar (siehe Rn 73).[144] Insoweit ist der Anspruch auch gem. § 400 BGB abtretbar. Ebenso kann mit ihm und gegen ihn aufgerechnet werden. Das Urlaubsgeld ist nach § 850a Nr. 2 ZPO unpfändbar. Es kann deshalb auch nicht abgetreten werden.

2. Urlaubsabgeltung. Nach der Aufgabe der Surrogatstheorie muss die Rspr. des BAG zur Vererbbarkeit der Urlaubsabgeltung überprüft werden. In gemeinschaftsrechtskonformer Auslegung des § 7 Abs. 4 ist die Abgeltung eine Abfindung für den bis zur Beendigung nicht verfallenen Urlaubsanspruch anzusehen (vgl. § 7 Rn 132 ff.). Dann ist sie auch nach § 1922 Abs. 1 BGB vererbbar.[145] Fraglich ist, ob auch bei Beendigung des Arbverh durch den Tod des AN ein Urlaubsabgeltungsanspruch entsteht, der auf den Erben übergehen kann. Das hat die Rspr. bislang unter Hinweis auf die Surrogatstheorie abgelehnt.[146] Ist aber nach der Vorabentscheidung des EuGH in der Sache Schultz-Hoff der Abgeltungsanspruch als schlichte finanzielle Abfindung zu verstehen, so ist der Anspruch seiner Höchstpersönlichkeit entkleidet. Auf die fiktive Erfüllbarkeit im weiter bestehenden Arbeitsverhältnis kommt es nicht mehr an (vgl. § 7 Rn 141). Die Abgeltung fällt dann ebenso wie der Anspruch auf Urlaubsentgelt in den Nachlass. Das entspricht auch der Ansicht vieler Tarifvertragsparteien. So sieht § 2.3 des Urlaubsabkommens für die Beschäftigten in der Metall- und Elektroindustrie für die Tarifgebiete Südwürttemberg-Hohenzollern und Südbaden vom 1.4.1989 (UA) zugunsten der AN einen vererbbaren tariflichen „Abgeltungsanspruch" bei Tod des AN vor.[147] Ebenso regelt § 8 Ziff. 9 BRTV Bau, dass bei Tod des AN dessen Ansprüche auf Urlaubsvergütung, Urlaubsabgeltung oder Entschädigung auf den Erben übergehen.

Die Urlaubsabgeltung ist ebenso wie das Urlaubsentgelt in den Grenzen des §§ 850 ff. ZPO pfändbar, verpfändbar und abtretbar (siehe oben Rn 76).[148] Für die Berechnung des zugriffsfreien Teils des Arbeitseinkommens (§ 850c, d ZPO) ist eine Kumulierung von Arbeitseinkommen und Urlaubsabgeltung zu vermeiden. Beispiel: Eine im Februar mit dem Gehalt gezahlte Urlaubsabgeltung ist nicht dem Monat Februar, sondern in dem folgenden Monat März zuzuschlagen.[149]

C. Verbindung zu anderen Rechtsgebieten

I. Betriebsverfassungsrecht

1. Mitbestimmte Bemessung nach § 87 Abs. 1 Nr. 10 BetrVG. Ist in einem TV dem AG ein Wahlrecht zur Auswahl zwischen mehreren Methoden der Berechnung des Urlaubsentgelts eingeräumt, so kann er, solange im Betrieb ein BR amtiert, nicht allein bestimmen; denn nach § 87 Abs. 1 Nr. 10 BetrVG hat der BR bei Fragen der betrieblichen Lohngestaltung mitzubestimmen. Bei der Auslegung des Begriffs der betrieblichen Lohngestaltung ist die Sicherung der Transparenz und Durchsichtigkeit des innerbetrieblichen Lohngefüges zu berücksichtigen.[150] Dem BR steht daher ein umfassendes Mitbestimmungsrecht zu.[151] Da unter Urlaubsentgelt der während der Urlaubsgewährung weiter bestehende Anspruch auf Arbeitsentgelt nach § 611 BGB zu verstehen ist,[152] muss das Urlaubsentgelt auch hinsichtlich des Mitbestimmungsrechts des BR so zu behandeln sein wie sonstiges Entgelt. Dort besteht das Mitbestimmungsrecht auch dann, wenn es um die Festlegung von abstrakt-generellen Grundsätzen der Lohnfindung geht.[153] Darum geht es auch bei der Ausübung einer der dem AG eingeräumten Wahlmöglichkeit, zwischen zwei abstrakt-generellen Prinzipien zu wählen, nach denen er das Urlaubsentgelt berechnet. Solange der AG nicht die Zustimmung des BR oder deren Ersetzung durch die Einigungsstelle herbeigeführt hat, ist er damit betriebsverfassungsrechtlich gehindert, von der tarifvertraglichen Regelberechnungsmethode zugunsten einer zugelassenen Option abzuweichen.[154]

2. Tarifsperre für betriebliche Regelungen (§ 77 Abs. 3 BetrVG). Nach § 77 Abs. 3 BetrVG können Arbeitsentgelte und sonstige Arbeitsbedingungen, die durch TV geregelt sind oder üblicherweise geregelt werden, nicht Gegenstand einer BV sein. Das gilt sowohl für Bestimmungen zur Bemessung des Urlaubsentgelts als auch für Regelungen über die Höhe des zusätzlichen Urlaubsgeldes.[155] Die gesetzlich in § 77 Abs. 3 S. 2 BetrVG ausdrücklich vorgesehene Zulassung von Tariföffnungsklauseln macht deutlich, dass es den TV-Parteien vorbehalten bleiben soll, ob sie abweichende BV zulassen wollen oder nicht. Sie sollen selbst darüber entscheiden, inwieweit sie den Betriebs-

---

144 *Friese*, Urlaubsrecht Rn 426; *Leinemann/Linck*, § 11 Rn 98; *Pfeifer*, NZA 1996, 738; a.A. *Hohmeister*, BB 1995, 2110, der von der überholten Einheitstheorie ausgeht.
145 *Friese*, Urlaubsrecht Rn 489.
146 BAG 19.11.1996 – 9 AZR 376/95 und BAG 5.12.1995 – 9 AZR 871/94 – AP § 7 BUrlG Nr. 71 und Nr. 70; BAG 23.6.1992 – 9 AZR 111/91 – BAGE 70, 348 = AP § 7 BUrlG Abgeltung Nr. 59.
147 BAG 14.3.2006 – 9 AZR 312/05 – AP § 7 BUrlG Abgeltung Nr. 90 = NZA 2006, 1232.
148 BAG 28.8.2001 – 9 AZR 611/99 – NZA 2002, 323.
149 BAG 28.8.2001 – 9 AZR 611/99 – NZA 2002, 323; zustimmend: *Friese*, Urlaubsrecht Rn 488.
150 HaKo-BetrVG/*Kohte*, § 87 Rn 90 f.
151 *Fitting u.a.*, § 87 Rn 407; DKK/*Klebe*, § 87 Rn 241.
152 20.6.2000 – 9 AZR 405/99 – BAGE 95, 104.
153 BAG 26.8.1997 – 1 ABR 16/97 – BAGE 86, 249.
154 BAG 3.12.2002 – 9 AZR 535/01 – BAGE 104, 65 = AP § 11 BUrlG Nr. 57.
155 BAG 29.1.2002 – 1 AZR 267/01 – EzA § 77 BetrVG 1972 Nr. 71 = jurisPR-ArbR 35/2004 Anm. 5, *Berscheid*.

partnern die diesen gem. § 77 Abs. 3 S. 1 BetrVG grundsätzlich entzogene Gestaltungsmacht zurückgeben. Diesem Schutzzweck ist auch dann genüge getan, wenn nachträglich eine tarifvorbehaltswidrige BV durch entsprechende Schaffung einer Öffnungsklausel gebilligt wird. Dann wird die BV nachträglich wirksam.[156]

80 Es bestehen dann keine Bedenken gegen die Wirksamkeit einer betrieblichen Regelung, wenn der in einer BV geregelte bezahlte Freistellungsanspruch nicht in TV vorgesehen ist. So ist es beim **Treueurlaub**. Er stellt keine Erhöhung des tariflich geregelten Erholungsurlaubs, sondern eine außertarifliche Leistung dar, die für langjährige Betriebstreue gewährt wird.[157] Ein derartiger Zusatzurlaub kann deshalb trotz § 77 Abs. 3 BetrVG Gegenstand einer wirksamen BV sein, in der die Betriebsparteien auch das für die Zeit der Freistellung zu zahlende Entgelt abweichend von §§ 1, 11 Abs. 1 regeln dürfen.

II. Urlaubsentgelt für Ein-Euro-Jobber

81 Nach § 16 Abs. 3 S. 2 Hs. 3 SGB II ist das BUrlG auch für die Rechtsverhältnisse der Ein-Euro-Jobber anzuwenden. Ob damit Ansprüche auf Urlaubsentgelt verbunden sind, ist umstr. In Ihrer Arbeitshilfe für Maßnahmeträger[158] argumentiert die BA: Da „nur tatsächlich geleistete Beschäftigungsstunden (…) mit Mehraufwandsentschädigung vergütet" werden sollen, sei für den „grundsätzlich" zu gewährenden Urlaub „keine Mehraufwandsentschädigung in Form von Urlaubsgeld (…) auszuzahlen.". Schon die Bezeichnung „Urlaubsgeld" weist darauf hin, dass die Begriffe des BUrlG von den Verfassern dieser Arbeitshilfe nicht verstanden werden. Ansprüche auf Urlaubsgeld werden vom BUrlG überhaupt nicht erfasst. Bei der gesetzlich vorgeschriebenen Anwendung des BUrlG auf das außerarbeitsrechtliche Rechtsverhältnis[159] eines Beziehers von Leistungen nach dem SGB II kann es daher nur darum gehen, einen dem § 1 entsprechenden Anspruch auf bezahlten Urlaub während der Arbeitsgelegenheit zu begründen. Das Gebot der entsprechenden Anwendung bedeutet hier: Ein die Arbeitsgelegenheit wahrnehmender Bezieher von Alg II soll zu seinem Leistungsbezug nach § 16 Abs. 3 S. 2 Hs. 1 SGB II „zuzüglich" die vom Maßnahmeträger ansonsten an den Arbeitstagen ausgezahlte pauschale Mehraufwandsentschädigung (häufig: je Stunde ein EUR) ausgezahlt erhalten.[160] Denn soweit eine Mehraufwandsentschädigung eine Vergütungsfunktion hat, ist sie fortzuzahlen. Das soll nach § 16 Abs. 3 S. 2 Hs. 3 SGB II auch für „Ein-Euro-Jobber" gelten.

III. Insolvenzgeld für Urlaubsentgelt und Urlaubsgeld

82 Nach § 183 Abs. 1 S. 1 Nr. 1 SGB III haben AN Anspruch auf Insolvenzgeld, wenn sie bei Eröffnung des Insolvenzverfahrens über das Vermögen ihres AG (Insolvenzereignis) für die vorausgehenden drei Monate des Arbverh noch Ansprüche auf Arbeitsentgelt haben. Zu den Ansprüchen auf Arbeitsentgelt gehören grds. alle Ansprüche auf Bezüge aus dem Arbverh einschließlich des Urlaubsentgelts und des zusätzlichen Urlaubsgeldes. Dies hat das BSG in der Vergangenheit mehrfach entschieden.[161] Für die Zuordnung zum Insolvenzgeldzeitraum kommt es nach § 183 Abs. 1 S. 3 SGB III („für die vorausgehenden drei Monate (…)") darauf an, wann das Arbeitsentgelt erarbeitet worden ist. Ausschlaggebend sind insoweit der arbeitsrechtliche Entstehungsgrund und die Zweckbestimmung der Leistung. Wird das Urlaubsgeld als eine über das Urlaubsentgelt hinausgehende akzessorische AG-Leistung für die Dauer des Urlaubs gewährt, ist das Urlaubsgeld auch für das Insolvenzgeld nur zu berücksichtigen, soweit es für die Zeit der Urlaubstage in den letzten drei Monaten vor dem Insolvenzereignis vom AG zu zahlen gewesen wäre.[162] Wäre das zusätzliche Urlaubsgeld dagegen urlaubsunabhängig zu zahlen, ist es wie jede andere jährliche Sonderzuwendung außerhalb des laufenden Arbeitsentgelts nur dann berücksichtigungsfähig, wenn es sich ganz oder anteilig den dem Insolvenzereignis vorausgehenden drei Monaten zuordnen lässt.

83 Zusätzliches urlaubsneutral ausgestaltetes Urlaubsgeld, das ohne zeitanteilige Ansprüche für den Fall des vorzeitigen Ausscheidens des AN außerhalb des Insolvenzgeldzeitraumes dem zu einem Stichtag im Arbverh stehenden AN auszuzahlen ist, kann nicht dem Insolvenzgeldzeitraum zugeordnet werden. Daran ändert auch eine nachträgliche vereinbarte Verschiebung des Auszahlungszeitraumes zur steuerlich günstigen Finanzierung einer Direktversicherung – ohne dass die arbeitsvertraglichen Vereinbarungen berührt werden sollen – nichts.[163]

---

156 BAG 29.1.2002 – 1 AZR 267/01 – EzA § 77 BetrVG 1972 Nr. 71 = jurisPR-ArbR 35/2004 Anm. 5, *Berscheid*.
157 BAG 5.9.1985 – 6 AZR 86/82 – BAGE 49, 299 = AP § 1 BUrlG Treueurlaub Nr. 1; BAG 19.4.1994 – 9 AZR 478/92 – AP § 1 BUrlG Treueurlaub Nr. 3.
158 Im internen Netz der BA veröffentlicht zum Stichwort „Urlaub während der Arbeitsgelegenheit", s. FA 2006, 2 dort Fn 2.
159 Juris-PK SGB II/*Radüge*, § 16 Rn 75.
160 *Düwell*, FA 2006, 2.
161 BSG 1.12.1976 – 7 RAr 136/75 – BSGE 43, 49 = SozR 4100 § 141b Nr. 2 zum Konkursausfallgeld; BSG 17.3.1993 – 10 RAr 7/91 – SozR 3–4100 § 141b Nr. 6 im Zusammenhang mit der Frage der Anrechnung anderweitig erzielten Arbeitsentgelts auf das KAuG; BSG 23.3.2006 – B 11a AL 65/05 R – ZIP 2006, 1882.
162 BSG 23.3.2006 – B 11a AL 65/05 R – ZIP 2006, 1882.
163 BSG 23.3.2006 – B 11a AL 65/05 R – ZIP 2006, 1882.

D. Beraterhinweise

I. Urlaub und Urlaubsentgeltzahlung in Ruhezeiten

Nicht selten setzen sich Personalverantwortliche des öffentlichen Dienstes aus vermeintlichen oder tatsächlichen „Sparzwängen" über grundlegende Regeln des Urlaubsrechts hinweg. Das Ergebnis führt nicht zu Einsparungen, sondern zu Mehrausgaben. Diese könnten vermieden werden, wenn die Rechtsfolgen des Handelns vorher bedacht würden.

Beispiel: Wird die Arbeitspflicht einer Reinigungskraft auf die Schultage und die während der Ferienzeit anfallende sog. Grundreinigung beschränkt, so kann der AG in der übrigen Ferienzeit die Erfüllung des Urlaubsanspruchs nicht bewirken. Erklärt er dennoch die Freistellung, entsteht kein Anspruch auf Entgelt.[164] Zahlt der AG aber das Entgelt dennoch, so handelt es sich objektiv um eine nach § 7 Abs. 4 nicht statthafte Abgeltung des Urlaubsanspruchs im andauernden Arbverh. Da zumindest im öffentlichen Dienst jeder Personalverantwortliche weiß, dass die Abgeltung des Urlaubs im bestehenden Arbverh gegen das gesetzliche Verbot aus § 7 Abs. 4, § 13 Abs. 1 verstößt, liegt im Bereich des öffentlichen Dienstes stets ein Fall des § 817 S. 2 BGB vor. Dem AG ist danach die Rückforderung des ohne Rechtsgrund gezahlten Urlaubsentgelts verwehrt. Ansonsten gilt, dass positive Kenntnis der für den AG handelnden Person von dem Abgeltungsverbot erforderlich ist. Allerdings ist nicht erforderlich, dass die handelnde Person sich auch der Rechtsfolge ihrer Tat bewusst ist.[165] Wer sich als AG damit verteidigt, er habe nicht gewusst, dass die Zahlung des Urlaubsentgelts als unzulässige Abgeltung anzusehen sei, obwohl er wusste, dass keine Befreiung von der Arbeitspflicht erfolgt, hat seine Augen leichtfertig vor den Folgen seines Verstoßes verschlossen. Das schließt die Anwendung des § 817 S. 2 BGB nicht aus.[166]

II. Zusage „freiwilligen" Urlaubsgelds

Nicht selten machen AG in Form einer Gesamtzusage am schwarzen Brett bekannt, dass ein „freiwilliges" zusätzliches Urlaubsgeld gezahlt wird. Entgegen einer in der Praxis vorherrschenden Meinung wird mit der Verwendung des Wortes „freiwillig" nicht hinreichend zum Ausdruck gebracht, der AG wolle sich die Entscheidung jährlich vorbehalten, um über die Gewährung jeweils neu entscheiden zu können.[167] Will der AG sich später von der einmal begründeten Verpflichtung lösen, so hat er spätestens seit 2003 das auch für im Betrieb aufgestellte arbeitsrechtliche Vertragsbedingungen geltende AGB-Recht zu beachten. Danach unterliegen Abänderungserklärungen als vorformulierte Erklärungen nach § 305 BGB der Einbeziehungs- und Inhaltskontrolle. Nicht eindeutig formulierte Vertragsänderungsangebote werden ebenso wie missverständliche Änderungsvorbehalte bereits regelmäßig an § 305c BGB scheitern. Nicht hinreichend bestimmte Änderungsvorbehalte sind überdies mit dem in § 307 BGB verankerten Transparenzgebot nicht vereinbar. Bei Widerrufsvorbehalten ist nach § 308 Nr. 4 BGB die Angabe bestimmter, für die AN zumutbare Widerrufsgründe zwingend erforderlich. Für Altfälle gilt, dass in Art. 229 § 5 S. 2 EGBGB allen AG eine einjährige Übergangsfrist bis zum 1.1.2003 eingeräumt worden war. Sie hätten diese Zeit nutzen können, um nach anwaltlicher Beratung zu weit gefasste Widerrufsregelungen auf das nach dem AGB-Recht zulässige Maß zurückzuführen.[168] Es ist deshalb zweifelhaft, wenn der 5. Senat des BAG für Altverträge Vertrauensschutz über eine ergänzende Vertragsauslegung gewährt.[169] Das wird als zu weitgehend angesehen.[170]

III. Vergleich über Beendigung mit Ausgleichsklausel

Bei der Aufhebung wird nicht selten folgende Vereinbarung geschlossen:
1. Die Parteien sind sich darüber einig, dass das Arbeitsverhältnis durch ordentliche, fristgerechte, arbeitgeberseitige Kündigung am (...) mit Wirkung zum (...) beendet wird.
2. Der Arbeitnehmer wird sofort bis zum Ende der Kündigungsfrist von der Arbeitsleistung freigestellt.
3. Mit diesem Vergleich sind alle gegenseitigen Ansprüche aus dem Arbeitsverhältnis und seiner Beendigung erledigt.

Vor diesem Standardvergleich ist zu warnen; denn selbst wenn die Parteien die Urlaubsansprüche mit regeln wollten, kann der AN trotz der allg. Ausgleichsregel in Nr. 3 noch Urlaubsabgeltungsansprüche geltend machen. Denn es ist versäumt worden, die Gewährung des Urlaubs zu regeln. Ohne entsprechende Bestimmung des Zwecks der Freistellung ist kein Urlaub gewährt. Zumindest sollte daher in Nr. 2 aufgenommen werden: „unter Anrechnung auf offene Urlaubsansprüche" (zu Einzelheiten siehe § 7 Rn 55 ff.).

---

164 BAG 19.4.1994 – 9 AZR 713/92 – BAGE 76, 244 = NZA 1994, 899; zust. *Arnold/Ackermann/Rambach u.a.*, § 11 BUrlG Rn 3.
165 Palandt/*Sprau*, § 817 Rn 11.
166 BGH 15.6.1993 – XI ZR 172/92 – NJW 1993, 2108.
167 BAG 21.1.2003 – 9 AZR 546/01 – EzA § 611 BGB 2002 Gratifikation, Prämie Nr. 5 = DB 2003, 1448 = NZA 2003, 879 = juris Newsletter Arbeitsrecht 4/2003 Anm. 5 *Kohte/ John*.
168 BAG 11.4.2006 – 9 AZR 610/05 – AP § 307 BGB Nr. 16.
169 BAG 12.1.2005 – 5 AZR 364/04 – BAGE 113, 140 = AP § 308 BGB Nr. 1; dazu kritisch: jurisPR-ArbR 5/2007 Anm. 1 *Ziemann*.
170 Vgl. mit Hinweisen auf die Rspr. des 9. Senats zur Rückerstattung von Ausbildungskosten jurisPR-ArbR 5/2007 Anm. 1 *Ziemann*.

§ 12　Urlaub im Bereich der Heimarbeit

Für die in Heimarbeit Beschäftigten und die ihnen nach § 1 Abs. 2 Buchstaben a bis c des Heimarbeitsgesetzes Gleichgestellten, für die die Urlaubsregelung nicht ausdrücklich von der Gleichstellung ausgenommen ist, gelten die vorstehenden Bestimmungen mit Ausnahme der §§ 4 bis 6, 7 Abs. 3 und 4 und § 11 nach Maßgabe der folgenden Bestimmungen:

1. Heimarbeiter (§ 1 Abs. 1 Buchstabe a des Heimarbeitsgesetzes) und nach § 1 Abs. 2 Buchstabe a des Heimarbeitsgesetzes Gleichgestellte erhalten von ihrem Auftraggeber oder, falls sie von einem Zwischenmeister beschäftigt werden, von diesem bei einem Anspruch auf 24 Werktage ein Urlaubsentgelt von 9,1 vom Hundert des in der Zeit vom 1. Mai bis zum 30. April des folgenden Jahres oder bis zur Beendigung des Beschäftigungsverhältnisses verdienten Arbeitsentgelts vor Abzug der Steuern und Sozialversicherungsbeiträge ohne Unkostenzuschlag und ohne die für den Lohnausfall an Feiertagen, den Arbeitsausfall infolge Krankheit und den Urlaub zu leistenden Zahlungen.

2. War der Anspruchsberechtigte im Berechnungszeitraum nicht ständig beschäftigt, so brauchen unbeschadet des Anspruches auf Urlaubsentgelt nach Nummer 1 nur so viele Urlaubstage gegeben zu werden, wie durchschnittliche Tagesverdienste, die er in der Regel erzielt hat, in dem Urlaubsentgelt nach Nummer 1 enthalten sind.

3. Das Urlaubsentgelt für die in Nummer 1 bezeichneten Personen soll erst bei der letzten Entgeltzahlung vor Antritt des Urlaubs ausgezahlt werden.

4. Hausgewerbetreibende (§ 1 Abs. 1 Buchstabe b des Heimarbeitsgesetzes) und nach § 1 Abs. 2 Buchstaben b und c des Heimarbeitsgesetzes Gleichgestellte erhalten von ihrem Auftraggeber oder, falls sie von einem Zwischenmeister beschäftigt werden, von diesem als eigenes Urlaubsentgelt und zur Sicherung der Urlaubsansprüche der von ihnen Beschäftigten einen Betrag von 9,1 vom Hundert des an sie ausgezahlten Arbeitsentgelts vor Abzug der Steuern und Sozialversicherungsbeiträge ohne Unkostenzuschlag und ohne die für den Lohnausfall an Feiertagen, den Arbeitsausfall infolge Krankheit und den Urlaub zu leistenden Zahlungen.

5. Zwischenmeister, die den in Heimarbeit Beschäftigten nach § 1 Abs. 2 Buchstabe d des Heimarbeitsgesetzes gleichgestellt sind, haben gegen ihren Auftraggeber Anspruch auf die von ihnen nach den Nummern 1 und 4 nachweislich zu zahlenden Beträge.

6. Die Beträge nach den Nummern 1, 4 und 5 sind gesondert im Entgeltbeleg auszuweisen.

7. Durch Tarifvertrag kann bestimmt werden, daß Heimarbeiter (§ 1 Abs. 1 Buchstabe a des Heimarbeitsgesetzes), die nur für einen Auftraggeber tätig sind und tariflich allgemein wie Betriebsarbeiter behandelt werden, Urlaub nach den allgemeinen Urlaubsbestimmungen erhalten.

8. Auf die in den Nummern 1, 4 und 5 vorgesehenen Beträge finden die §§ 23 bis 25, 27 und 28 und auf die in den Nummern 1 und 4 vorgesehenen Beträge außerdem § 21 Abs. 2 des Heimarbeitsgesetzes entsprechende Anwendung. Für die Urlaubsansprüche der fremden Hilfskräfte der in Nummer 4 genannten Personen gilt § 26 des Heimarbeitsgesetzes entsprechend.

Literatur: *Boemke,* Das Telearbeitsverhältnis, BB 2000, 147; *v. Haase/Lembke,* Das Selbstbeurlaubungsrecht arbeitnehmerähnlicher Personen, BB 1997, 1095; *Otten,* Heimarbeit – ein Dauerrechtsverhältnis eigener Art, NZA 1995, 289; *Röhsler,* Urlaub der Heimarbeiter, AR-Blattei SD 1640.5; *Wachter,* Urlaubsrechtliche Probleme in der Heimarbeit, DB 1982, 1406; *ders.,* Die Urlaubsberechnung in der Heimarbeit, BlStSozArbR 1981, 193

A. Allgemeines	1
B. Regelungsgehalt	4
I. Persönlicher Geltungsbereich	4
1. Beschäftigte in Heimarbeit	4
2. Telearbeit	5
3. Hausgewerbetreibende	6
4. Gleichgestellte	7
5. Ausnahme der Gleichgestellten von der Urlaubsregelung	9
II. Sonderregelung	10
1. Anwendbare und nichtanwendbare Bestimmungen	10
2. Überblick	11
a) Urlaubsdauer	11
b) Befristung des Urlaubsanspruchs	13
c) Abgeltung	13a
d) Doppelansprüche	14
e) Verbot der Erwerbstätigkeit	15
f) Krankheit und Rehabilitationsmaßnahmen	16
g) Urlaubsgewährung	17
h) Urlaubsentgeltbemessung	18
i) Auszahlung des Urlaubsentgelts	19
j) Urlaubsentgelt für Hausgewerbetreibende und ihnen Gleichgestellte	20
k) Kein eigenes Urlaubsentgelt für Zwischenmeister	21
l) Ausweisungspflicht im Entgeltbeleg	22
m) Entgeltsicherung	23
C. Verbindung zu anderen Rechtsgebieten	24
D. Beraterhinweise	25

A. Allgemeines

Die Norm ist mit der Kodifizierung von Mindesturlaubsbestimmungen durch das BUrlG geschaffen worden. Vor Inkrafttreten des BUrlG vertrat das BAG die Ansicht, auch ohne ausdrückliche gesetzliche oder tarifliche oder auf BV oder Arbeitsvertrag beruhende Bestimmung stehe jedem AN ein Urlaubsanspruch zu, dessen Höhe nach §§ 612, 315 BGB zu ermitteln sei. Das gelte auch für Heimarbeiter.[1] Heimarbeit ist jedoch keine abhängige Beschäftigung, sondern eine in besonderem Maße von wirtschaftlicher Abhängigkeit geprägte selbstständige Tätigkeit (§ 2 Abs. 1 HAG).[2] Unerheblich ist, dass Heimarbeit für den Bereich der Sozialversicherung als Beschäftigung gilt (§ 12 Abs. 2 Hs. 2 SGB IV). Auch Heimarbeiter sind deshalb grds. in der Kranken- und in der Rentenversicherung versicherungspflichtig.[3] Davon ging auch der Gesetzgeber aus. Ebenso wie für andere arbeitnehmerähnliche Personen in § 2 S. 2 hat er in § 12 für Heimarbeiter und diesen Gleichgestellte i.S.v. § 1 Abs. 2a bis c HAG trotz ihrer Selbstständigkeit für schutzbedürftig angesehen. Aus sozialpolitischen Gründen soll ihnen ein bezahlter jährlicher Urlaubs gesichert werden.

Die Norm ist durch § 12 durch das Heimarbeitsänderungsgesetz vom 29.10.1974 und durch das Gesetz zur Vereinheitlichung und Flexibilisierung des Arbeitsrechts vom 6.6.1994 geändert worden. Die Änderungen bezogen sich auf die Dauer des Urlaubs und das sich hieraus ergebende Urlaubsentgelt.

Abweichende Regelungen sind zulässig.[4] Die in TV und in bindenden Festsetzungen getroffenen abweichenden Regelungen kompensieren bei der entsprechenden Anwendung der für AN geltenden Bestimmungen auftretende praktische Schwierigkeiten und die der Norm obliegende „Sperrigkeit".[5]

B. Regelungsgehalt
I. Persönlicher Geltungsbereich

1. Beschäftigte in Heimarbeit. Nach § 1 Abs. 1 HAG ist in Heimarbeit beschäftigt, wer Heimarbeiter i.S.v. § 2 Abs. 1 HAG oder Hausgewerbetreibender i.S.v. § 2 Abs. 2 HAG ist. Als Heimarbeiter ist dort definiert, wer in selbst gewählter Arbeitsstätte (eigener Wohnung oder selbst gewählter Betriebsstätte) allein oder mit seinen Familienangehörigen im Auftrag von Gewerbebetreibenden oder Zwischenmeistern erwerbsmäßig arbeitet, jedoch die Verwertung der Arbeitsergebnisse dem unmittelbar oder mittelbar Auftrag gebenden Gewerbebetreibenden überlässt. Die Beschaffung von Roh- und Hilfsstoffen spricht nicht gegen die Eigenschaft als Heimarbeiter i.S.v. § 2 Abs. 1 S. 2 HAG. Entscheidend für die rechtliche Einordnung eines Beschäftigten als Heimarbeiter ist nicht die Bezeichnung und das zwischen den Parteien vertraglich vereinbarte, sondern der faktische Inhalt des Rechtsverhältnisses und die praktische Durchführung.[6] Dem Grad der tatsächlich bestehenden wirtschaftlichen Abhängigkeit der betroffenen Person kommt maßgebliche Bedeutung für die Frage der rechtlichen Einstufung eines Vertragsverhältnisses zu.[7] Maßgeblich ist, wie die Aufträge vergeben werden. Kann es sich der Beschäftigte nicht leisten, Aufträge abzulehnen oder Preise nicht zu akzeptieren, weil dies zu einem Verlust weiterer Aufträge führen würde oder liegt eine Tätigkeit für nur grds. einen Gewerbetreibenden vor, ist in der Regel von abhängiger Lohnarbeit auszugehen.

Eine Tätigkeit für eine Vielzahl von Gewerbebetreibenden spricht grds. für eine selbstständige Tätigkeit, mithin für Heimarbeit.

2. Telearbeit. Der Fabrikarbeiter, der seine Arbeitskraft vollständig und jeden Arbeitstag ortsgebunden für einen AG einsetzt, kann heute nicht mehr Leitbild für den AN-Begriff sein. Außerbetriebliche Tätigkeiten nehmen zu. Dazu gehört auch die sog. Telearbeit: Sie unterscheidet sich von der Heimarbeit. Der Telearbeiter verrichtet zwar ebenfalls seine Arbeit außerhalb der Betriebsstätte. Das geschieht jedoch nicht in freier eigener Organisation, sondern unter telekommunikativer Anbindung an den AG.[8] Auch im Falle einer weitestgehend durch Rechnerprogramme organisierten Kontrolle der Leistungen ist von einem AN-Status auszugehen. Dies gilt insb. dann, wenn der AG Zugriff zu auf dem Server gespeicherten Arbeitsergebnissen hat. Je nach Einzelfall kann ein Telearbeitsverhältnis" als Arbverh, als Heimarbeit oder als selbstständiges Dienstverhältnis mit entsprechenden rechtlichen Konsequenzen zu beurteilen sein. Selbstständige Tätigkeit wird nur dann anzunehmen sein, wenn eine Überwachung der Arbeitsausführung gänzlich entfällt, z.B. weil der in Telearbeit Beschäftige die zu erbringende Leistung auf einem Laptop, der nicht dem Betrieb verbunden ist, erstellt und nach abgeschlossener Bearbeitung das Ergebnis an den Firmenserver übermittelt. Wegen der rechtlichen Einordnung sind die allg. Abgrenzungskriterien, das Vorliegen von

---

1 BAG 20.4.1956 – 1 AZR 476/54 – BAGE 3, 23 = AP § 611 BGB Urlaubsrecht Nr. 5.
2 BAG 19.6.1957 – 2 AZR 84/55 – BAGE 4, 262, 266 = AP § 242 BGB Gleichbehandlung Nr. 12.
3 BSG 10.9.1987 – 12 RK 13/85 – NZA 1988, 629.
4 *Arnold/Ackermann/Rambach u.a.*, § 12 BUrlG Rn 4; *Leinemann/Linck*, § 12 BUrlG Rn 2; ErfK/*Dörner*, § 12 BUrlG Rn 8.
5 *Arnold/Ackermann/Rambach u.a.*, § 12 BUrlG Rn 4.
6 BAG 3.4.1990 – 3 AZR 258/88 – AP § 2 HAG Nr. 11.
7 BAG 3.4.1990 – 3 AZR 258/88 – AP § 2 HAG Nr. 11.
8 *Boemke*, BB 2000, 147 m.w.N.

Zeitvorgaben, anderweitige Kontrollmöglichkeiten oder der faktische Grad der Eingliederung in die betriebliche Organisation zu beachten.[9]

6 **3. Hausgewerbetreibende.** Nach § 2 Abs. 2 HAG ist als Hausgewerbetreibender anzusehen, wer in eigener Arbeitsstätte (eigener Wohnung oder Betriebsstätte) mit nicht mehr als zwei fremden Hilfskräften oder Heimarbeitern im Auftrag von Gewerbetreibenden oder Zwischenmeistern Waren herstellt, bearbeitet oder verpackt, wobei er selbst wesentlich am Stück mitarbeitet, jedoch die Verwertung der Arbeitsergebnisse dem unmittelbar oder mittelbar Auftrag gebenden Gewerbebetreibenden überlässt. Die Beschaffung von Roh- und Hilfsstoffen durch den Hausgewerbetreibenden selbst oder eine vorübergehende unmittelbare Arbeit für den Absatzmarkt spricht nicht gegen die Eigenschaft als Hausgewerbetreibender gem. § 2 Abs. 2 S. 2 HAG. Der Unterschied zu Heimarbeitern besteht darin, dass die Hausgewerbetreibenden eine oder zwei fremde Hilfskräfte oder Heimarbeiter beschäftigen.[10]

7 **4. Gleichgestellte.** Nach § 1 Abs. 2 HAG besteht für Personen, die weder Heimarbeiter noch Hausgewerbetreibende sind, im Fall einer Schutzbedürftigkeit die Möglichkeit einer Gleichstellung mit in Heimarbeit Beschäftigten. Entscheidend für die Beurteilung der Schutzbedürftigkeit ist der Grad der wirtschaftlichen Abhängigkeit des Betroffenen vom Auftraggeber, § 1 Abs. 2 S. 2 HAG. Nach § 1 Abs. 2 S. 3 HAG ist maßgeblich: die Zahl der fremden Hilfskräfte, die Abhängigkeit von einem oder mehreren Auftraggebern, die Möglichkeit des unmittelbaren Zugangs zum Arbeitsmarkt sowie die Höhe und Art der Eigeninvestitionen und die Umsatzhöhe. Die Gleichstellung kommt in Betracht für Personen:

– die allein oder mit ihren Familienangehörigen in eigener Wohnung oder selbst gewählter Betriebsstätte eine sich in regelmäßigen Arbeitsvorgängen wiederholende Arbeit im Auftrag eines anderen gegen Entgelt ausüben, ohne dass ihre Tätigkeit als gewerblich anzusehen wäre oder dass der Auftraggeber ein Gewerbebetreibender oder Zwischenmeister ist (§ 1 Abs. 2 Buchst. a HAG),
– für Hausgewerbetreibende, die mit mehr als zwei fremden Hilfskräften oder Heimarbeitern arbeiten (§ 1 Abs. 2 Buchst. b HAG), sowie die Gleichstellung von anderen im Lohnauftrag arbeitenden Gewerbebetreibenden, die infolge ihrer wirtschaftlichen Abhängigkeit eine ähnliche Stellung wie Hausgewerbetreibende einnehmen (§ 1 Abs. 2 Buchst. c HAG),
– für Zwischenmeister (§ 1 Abs. 2 Buchst. d HAG), die nach § 2 Abs. 3 HAG, ohne AN zu sein und ohne am Stück mitzuarbeiten, die ihnen vom Gewerbebetreibenden übertragene Arbeit an Heimarbeiter oder Hausgewerbetreibende weitergeben.

8 Die Gleichstellung erfolgt nach § 1 Abs. 4 HAG durch VA. Er steht unter Widerrufsvorbehalt und wird nach einem im HAG vorgeschriebenen Verfahren durch einen entsprechend § 4 HAG errichteten und besetzten Ausschuss getroffen. § 1 Abs. 3 S. 2 HAG ermöglicht es, bestimmte Personengruppen oder Gewerbezweige sowie Beschäftigungsarten allgemein oder räumlich begrenzt gleich zu stellen. Nach § 1 Abs. 4 S. 3 HAG tritt im Zweifel die Gleichstellung am Tag nach Veröffentlichung in Kraft.

9 **5. Ausnahme der Gleichgestellten von der Urlaubsregelung.** Wie aus dem Einleitungssatz in § 12 hervorgeht, sind auf Gleichgestellte die urlaubsrechtlichen Bestimmungen nicht zwingend anwendbar. Gleichgestellte können von der Urlaubsregelung ausgenommen werden. Dazu bedarf es jedoch einer ausdrücklichen Ausnahme in der behördlichen Gleichstellungsentscheidung.

II. Sonderregelung

10 **1. Anwendbare und nichtanwendbare Bestimmungen.** § 12 bestimmt, dass §§ 1 bis 3 (Urlaubsanspruch und -dauer), § 7 Abs. 1 und 2 (Zeitpunkt des Urlaubs) sowie §§ 8 bis 10 (Verbot der Erwerbstätigkeit, Erkrankung während des Urlaubs und Maßnahmen der medizinischen Vorsorge oder Rehabilitation) auf in Heimarbeit Beschäftigte und die ihnen in § 1 Abs. 2 Buchst. a bis c HAG Gleichgestellten anzuwenden ist. Nicht anzuwenden sind die Bestimmungen über die Wartezeit gem. § 4, den Teilurlaub gem. § 5, den Ausschluss von Doppelansprüchen gem. § 6 und die Übertragung sowie die Abgeltung des Urlaubs gem. § 7 Abs. 3 und 4.

11 **2. Überblick. a) Urlaubsdauer.** Ein ständig beschäftigter Heimarbeiter und ein diesem nach § 1 Abs. 2 Buchst. a HAG Gleichgestellter haben nach § 12 Nr. 1 von ihrem Auftraggeber oder Zwischenmeister 24 Werktage Urlaub zu erhalten.

12 Nach § 12 Nr. 2 sind bei einer nicht ständigen Beschäftigung im Berechnungszeitraum nur so viele Urlaubstage zu gewähren, wie durchschnittliche Tagesverdienste, die der Anspruchsberechtigte in der Regel erzielt hat, in dem Urlaubsentgelt nach Nr. 1 enthalten sind.

Berechnungsbeispiel[11] für den Fall, dass für 77 Tage 5.000 EUR Vergütung gezahlt wurde:
Höhe des Urlaubsentgelts: 5.000 EUR × 9,1 % = 455 EUR

---

9 Kittner/Zwanziger/*Becker*, Arbeitsrecht Handbuch, § 137 Rn 5; *Tschöpe/Leuchten*, Arbeitsrecht, 1 A Rn 67.
10 *Arnold/Ackermann/Rambach u.a.*, § 12 BUrlG Rn 9.
11 *Arnold/Ackermann/Rambach u.a.*, § 12 BUrlG Rn 26.

Durchschnittliche Tagesvergütung: 5.000 EUR : 77 Tage = 64,94 EUR
Ergebnis: 455 : 64,94 = 7,01 Urlaubstage.

b) Befristung des Urlaubsanspruchs. Ob eine Bindung an das Urlaubsjahr besteht, ist umstr. Die h.M. entnimmt aus der Maßgabe Nr. 1 für die entsprechende Anwendung des § 7 Abs. 3 eine Befristung des Urlaubsjahres vom 1. Mai bis zum 30. April des Folgejahres. Nach Ablauf des Aprils soll der Anspruch ohne Übertragungsmöglichkeit verfallen.[12] Nachdem das BAG, veranlasst durch die Vorabentscheidung des EuGH in Sachen Schultz-Hoff, die Rspr. zur Auslegung von § 7 Abs. S. 2 und 3 geändert hat,[13] muss davon ausgegangen werden, dass zumindest dann der Anspruch nicht verfällt, wenn der in Heimarbeit Beschäftigte infolge nachgewiesener Arbeitsunfähigkeit an der Urlaubsnahme gehindert war (Einzelheiten siehe § 1 Rn 18 f.; siehe auch § 7 Rn 95). Denn der Anwendungsbereich der Arbeitszeit-RL umfasst nach deren Art. 3 auch die Rechtsverhältnisse der Heimarbeiter. Im Übrigen ergibt sich schon aus Berücksichtigung der Maßgabe Nr. 1, die in der zweiten Alternative den Bezugszeitraum für die Berechnung des Urlaubsentgelts auf die Zeit „bis zur Beendigung des Beschäftigungsverhältnisses" verkürzt, dass nicht gewährter oder nicht genommener Urlaub bei Beendigung des Rechtsverhältnisses nicht verfällt, sondern das Urlaubsentgelt zugleich mit der Vergütung der Feiertage des Folgehalbjahres in die Schlussabrechnung aufzunehmen ist.[14]

c) Abgeltung. In dem Einleitungssatz ist die Anwendung des § 7 Abs. 4 ausgeschlossen. Das führt zu keinem mit Art. 7 Abs. 2 der Arbeitszeit-RL unvereinbaren Nachteil (vgl. § 1 Rn 19), denn nach der jüngeren Rspr. bleibt der Anspruch auf Urlaubsentgelt auch nach Beendigung des Rechtsverhältnisses erhalten.[15] Entgegen der überwiegenden Meinung im Schrifttum[16] bedarf es nach der jüngeren Rspr. keiner Abgeltungsregelung, wie sie in § 7 Abs. 4 für den Fall der vorzeitigen Beendigung vor Gewährung der Arbeitsbefreiung vorgesehen ist, denn im Unterschied zum Arbverh geht es im Dauerschuldverhältnis eines selbstständigen Auftragnehmers um eine schlichte Geldforderung, die nicht notwendigerweise eine ausdrückliche Freistellung voraussetzt. Das entspricht auch der vom Schrifttum tolerierten Praxis, nur „nominell" Urlaub zu erteilen, „ohne dass der Heimarbeiter seinen Arbeitsrhythmus ändert".[17] Nach der Aufgabe der zur Auslegung von § 7 Abs. 4 vertretenen Surrogationstheorie[18] und im Lichte der Vorabentscheidung in der Sache Schultz-Hoff hat dieser Meinungsstreit keine praktischen Auswirkungen mehr, denn das 2006 vom BAG gefundene Auslegungsergebnis ist jetzt auch gemeinschaftsrechtlich geboten.

d) Doppelansprüche. Zu Doppelansprüchen auf Urlaub kann es nicht kommen. Der Heimarbeiter hat gegen jeden Auftraggeber nur Anspruch auf anteiligen Urlaub.[19]

e) Verbot der Erwerbstätigkeit. Der nach dem Einleitungssatz anwendbare § 8 verbietet die Ausübung einer dem Urlaubszweck widersprechenden Erwerbstätigkeit während des Urlaubs. Der Auftraggeber kann vom Urlaubsanspruchsberechtigten das Urlaubsentgelt in einem solchen Fall zurückfordern.[20]

f) Krankheit und Rehabilitationsmaßnahmen. Der nach dem Einleitungssatz anwendbare § 9 regelt die Nichtanrechnung von Urlaubstagen, an denen der Heimarbeiter oder Gleichgestellte während des Urlaubs nachweislich erkrankt war. Gleiches gilt nach § 10 für Maßnahmen der medizinischen Vorsorge oder Rehabilitation, soweit ein Anspruch auf Fortzahlung des Arbeitsentgelts nach den gesetzlichen Vorschriften über die Entgeltfortzahlung im Krankheitsfall besteht.

g) Urlaubsgewährung. Da der Heimarbeiter oder Gleichgestellte bei der Arbeitsverrichtung frei ist, kann er unabhängig vom Auftraggeber seine Arbeit einteilen. Dennoch kann er nach h.M. im Schrifttum den Urlaubsanspruch nicht im Wege einer „**Selbstbeurlaubung**" durchsetzen.[21] Aus der pauschalen Verweisung in § 12 Einleitungssatz soll sich die strikte Anwendung des § 7 Abs. 1 mit der Folge ergeben, dass der Urlaub zwingend vom Auftraggeber festzusetzen sei.[22] Aus der Besonderheit der Heimarbeit folge allein, dass keine Befreiung von der Arbeit, sondern nur eine **zeitweise Unterbrechung der Ablieferung** oder eine **Verlängerung der Ablieferungsfrist** in Betracht kommt.[23] Dennoch wird es nicht beanstandet, wenn Urlaub nur „nominell" erteilt wird, ohne dass der Heimarbeiter

---

12 ErfK/*Dörner*, § 12 BUrlG Rn. 18; HWK/*Schinz*, § 12 BUrlG Rn 10; a.A. *Wachter*, DB 1982, 1408.
13 BAG 24.3.2009 – 9 AZR 983/07 – BAG Pressemitteilung Nr. 31/09 = NZA 2009, 538.
14 BAG 11.7.2006 – 9 AZR 516/06 – BAGE 119, 31 = AP Nr. 5 § 29 HAG; dem folgend: BeckOK/*Lampe* BUrlG § 12 Rn 5.
15 BAG 11.7.2006 – 9 AZR 516/05, Rn 34 ff., BAGE 119, 31 = AP Nr. 5 § 29 HAG; zust.: BeckOK/*Lampe*, BUrlG § 12; krit. ErfK/*Dörner*, § 12 BUrlG Rn 19.
16 A.A. ErfK/*Dörner*, § 12 BUrlG Rn 19; *Leinemann/Linck*, § 12 BUrlG Rn 24; HWK/*Schinz*, § 12 BUrlG Rn 11.
17 ErfK/*Dörner*, § 12 BUrlG Rn 8.
18 BAG 24.3.2009 – 9 AZR 983/07 – BAG Pressemitteilung Nr. 31/09 = NZA 2009, 538.
19 *Wachter*, DB 1982, 1408.
20 *Neumann/Fenski*, § 12 Rn 14.
21 ErfK/*Dörner*, § 12 BUrlG Rn 8; *Leinemann/Linck*, § 12 BUrlG Rn 26; a.A. *v. Haase/Lembke*, BB 1997, 1095.
22 *Arnold/Ackermann/Rambach u.a.*, § 12 BUrlG Rn 15.
23 Zutreffend: HWK/*Schinz*, § 12 BUrlG Rn 11.

seinen Arbeitsrhythmus ändert.[24] Das soll dann, obwohl tatsächlich keine Freistellung objektiv feststellbar, nicht zum Verlust des Anspruchs auf Urlaubsentgelt führen. Das überzeugt nicht. Zwar wird der Urlaubsanspruch durch Freistellung von der Pflicht zur Dienst- oder Werkleistung erfüllt. Im Sprachgebrauch des § 12 Nr. 2 heißt es „Urlaubstage werden gegeben". Ob für das „Geben" von Urlaubstagen ein „Antrag"[25] und eine Festlegung nach § 7 Abs. 1 durch den Auftraggeber zwingend erforderlich sein muss, ist zweifelhaft (weitere Einzelheiten siehe unten Rn 25).

18 **h) Urlaubsentgeltbemessung.** Die für den Geldfaktor geltende Bemessungsvorschrift des § 11 Abs. 1 wird durch die in § 12 getroffenen Regelungen ersetzt. Nach § 12 Nr. 1 erhalten Heimarbeiter und diesen nach § 1 Abs. 2 Buchst. a HAG Gleichgestellte von ihrem Auftraggeber oder Zwischenmeister ein **Urlaubsentgelt in Höhe von 9,1 %** des in der Zeit vom 1. Mai bis zum 30. April des folgenden Jahres oder bis zur Beendigung des Beschäftigungsverhältnisses verdienten Arbeitsentgelts. Dem prozentualen Satz in Höhe von 9,1 % liegt die Annahme des Gesetzgebers von einer zu erwartenden Anzahl von 263 Arbeitstagen bei 24 Urlaubstagen pro Jahr unter Berücksichtigung von geschätzten 12 Feier- und 14 Krankentagen zu Grunde.[26] Umstr. ist, ob auf den Zeitraum ab 1.5. des laufenden Jahres bis zum 30.4. des folgenden Jahres eine hypothetische Berechnung zu erfolgen hat,[27] oder ob der 1.5. des vergangenen Jahres bis zum 30.4. des laufenden Jahres maßgeblich sein soll.[28] Der Gesetzeswortlaut spricht eher für eine **hypothetische Berechnungsweise**.[29] Praktische Auswirkungen hat die unterschiedliche Auslegung i.d.R. nicht, weil TV und bindende Festsetzungen zumeist einen festen Zuschlag zur Vergütung vorsehen. Bedeutung hat der Auslegungsstreit also nur in den Einzelfällen aus, in denen nicht ein fester **Zuschlag** zum Entgelt durch TV oder bindende Festsetzung durch den Heimarbeitsausschuss gewährt wird.[30]

19 **i) Auszahlung des Urlaubsentgelts.** In der Praxis werden entgegen § 12 Nr. 3, nach dem das Urlaubsentgelt erst bei der letzten Entgeltzahlung vor Antritt des Urlaubs auszuzahlen ist, die Zuschläge häufig schon vorher mit den regelmäßigen Entgeltzahlungen geleistet. Da § 12 Nr. 3 eine dispositive Norm ist, bestehen keine durchgreifenden Bedenken.[31] Allerdings ist zu beachten, dass der Auftraggeber die Darlegungs- und Beweislast dafür trägt, dass in den gezahlten Entgelten auch Zuschläge für das Urlaubsentgelt enthalten sind.[32]

20 **j) Urlaubsentgelt für Hausgewerbetreibende und ihnen Gleichgestellte.** Nach § 12 Nr. 4 erhalten auch Hausgewerbetreibende und diesen Gleichgestellte von ihrem **Auftraggeber** oder vom **Zwischenmeister** ein eigenes Urlaubsentgelt und ebenso zur Sicherung der Urlaubsansprüche der von ihnen Beschäftigen einen Betrag in Höhe von 9,1 % des an diese ausgezahlten Arbeitsentgelts. Zugrunde zu legen ist auch hier das Bruttoentgelt vor Abzug der Steuern und Sozialversicherungsbeiträge ohne Unkostenzuschlag und ohne die für den Lohnausfall an Feiertagen, den Arbeitsausfall infolge Krankheit oder Urlaub zu leistenden Zahlungen. Da § 12 Nr. 4 nur den Urlaubsentgeltanspruch regelt, ist § 12 Nr. 2 auch auf nicht ständig beschäftigte Hausgewerbetreibende und diesen Gleichgestellten anzuwenden.[33]

21 **k) Kein eigenes Urlaubsentgelt für Zwischenmeister.** Der Anwendungsbereich von § 12 ist für gleichgestellte Zwischenmeister auf die Vorschrift des § 12 Nr. 5 beschränkt. Da sie selbst keinen Urlaubsanspruch haben, können sie nur Erstattung des an ihre Heimarbeiter und Hausgewerbetreibende auszuzahlenden Urlaubsentgelts verlangen. Sie müssen nicht in Vorleistung treten.[34]

22 **l) Ausweisungspflicht im Entgeltbeleg.** In § 12 Nr. 6 ist eine gesonderte Ausweisungspflicht in den nach § 9 HAG zu führenden Entgeltbelegen angeordnet. Die Entgeltbeträge nach § 12 Nr. 1, 4 und 5 müssen einzeln aufgeschlüsselt werden.[35]

23 **m) Entgeltsicherung.** Durch die Verweisung in § 12 Nr. 8 finden auf die urlaubsrechtlichen Entgeltbestimmungen i.S.v. § 12 Nr. 1, 4 und 5 die Bestimmungen zum Entgeltschutz §§ 23 bis 25, 27 und die Bestimmungen zur Auskunfts- und Erklärungspflicht § 28 HAG Anwendung.

---

24 ErfK/*Dörner*, § 12 BUrlG Rn 8.
25 So ErfK/*Dörner*, § 12 Rn 8.
26 ErfK/*Dörner*, § 12 BUrlG Rn 21; *Leinemann/Linck*, § 12 BUrlG Rn 29; a.A *Arnold/Ackermann/Rambach u.a.*, § 12 BUrlG Rn 15: 267 Tage.
27 MünchArb/*Leinemann*, Bd. 1, § 92 Rn 40.
28 ErfK/*Dörner*, § 12 BUrlG Rn 23.
29 *Arnold/Ackermann/Rambach u.a.*, § 12 BUrlG Rn 23; *Friese*, Rn 588; HWK/*Schinz*, § 12 BUrlG Rn 16.
30 MünchArb/*Leinemann*, 2. Aufl. Bd. 1, § 92 Rn 41.
31 BAG 21.1.1965 – 5 AZR 228/64 – DB 1965, 598 = AP § 1 HAG Nr. 1.
32 BAG 13.3.1963 – 4 AZR 415/61 – AP § 20 HAG Nr. 1.
33 Zutreffend: *Arnold/Ackermann/Rambach u.a.*, § 12 BUrlG Rn 27; *Friese*, Rn 593; ErfK/*Dörner*, § 12 BUrlG Rn 19; a.A. *Leinemann/Linck*, § 12 BUrlG Rn 39.
34 *Friese*, Rn 595.
35 Einzelheiten *Neumann/Fenski*, § 12 Rn 136 ff.

C. Verbindung zu anderen Rechtsgebieten

Nach § 25 HAG kann die oberste Arbeitsbehörde eines Bundeslandes oder die von ihr bestimmte Stelle, z.B. Amt für Arbeitsschutz in NRW oder Gewerbeaufsicht in Bayern, im eigenen Namen den Anspruch auf Nachzahlung an den Berechtigten geltend machen. Bei Erfolglosigkeit der Geltendmachung kann die Behörde auch vor dem Arbeitsgericht Klage erheben.

24

D. Beraterhinweise

Ist der Zwischenmeister insolvent, kommt für die in § 12 Nr. 1 und 4 vorgesehenen Beträge nach § 21 Abs. 2 HAG die Mithaftung des Auftraggebers neben dem Zwischenmeister in Betracht.[36] Außerdem gilt nach § 12 Nr. 8 S. 2 für die Urlaubsansprüche der fremden Hilfskräfte der in § 12 Nr. 4 genannten Hausgewerbetreibenden der Entgeltschutz für fremde Hilfskräfte (§ 26 HAG) entsprechend.

25

Insb. wenn die Berechnung Schwierigkeiten bereitet, können sich die in Heimarbeit Beschäftigten an nach § 23 HAG für die wirksame Überwachung der Entgelte zuständige Arbeitsbehörden, z.B. Amt für Arbeitsschutz in NRW oder Gewerbeaufsicht in Bayern, wenden. Die dort eingesetzten Entgeltprüfer leisten auf Antrag Berechnungshilfe. Sie können sich dazu nach § 28 HAG auch Entgeltbelege der Auftraggeber vorlegen lassen. Der in einer Heimarbeitssache mandatierte Anwalt sollte sich der behördlichen Hilfe bedienen.

26

Lehnt das ArbG die Zahlung des Urlaubsentgelts wegen fehlenden „Gebens" von Urlaubstagen durch den Auftraggeber unter Hinweis auf die überwiegende Meinung im Schrifttum ab, so wird auf folgende Gegenargumente verwiesen: Die Art der Urlaubsgewährung kann nicht aus der strikten Anwendung des arbeitsrechtlichen Festlegungsrechts aus § 7 Abs. 1 S. 1 übernommen werden. Sie ist den Besonderheiten der selbstständigen Arbeitsleistung im Heimarbeitsverhältnis anzupassen. Anders als aus § 611 BGB ergibt sich aus der Übereinkunft, ein Heimarbeitsverhältnis zu begründen, noch keine Bearbeitungspflicht des Heimarbeiters des Inhalts, dass er einen Auftrag annehmen und vollständig ausführen muss.[37] Hat der Auftragnehmer einen Auftrag angenommen und damit eine Bearbeitungspflicht erst begründet, kann er, weil § 106 GewO keine Anwendung findet, selbst entscheiden, wie er die Abarbeitung einteilt, d.h. ob er an bestimmten Tagen arbeitet oder nicht. Das nähert sich einem Selbstbeurlaubungsrecht an. Das hat auch die Rspr. früh erkannt und ließ es deshalb zu, dass der Auftraggeber mit der monatlichen Entgeltzahlung auch anteilig das Urlaubsentgelt abdeckt und so der Heimarbeiter gehalten ist, sich das Urlaubsentgelt für einen späteren selbst bestimmten Zeitpunkt anzusparen.[38] Die Maßgabe Nr. 3, nach der das Urlaubsentgelt in Höhe von 9,1 v.H. der Bemessungsgrundlage aus Nr. 1 vor Antritt des Urlaubs gezahlt werden soll, steht dem nicht entgegen. Sie wird nur als Vorschrift mit bloßem Appellcharakter angesehen.[39] Im Übrigen hat das urlaubsrechtliche Schrifttum die Differenziertheit des Dauerrechtsverhältnisses Heimarbeit noch nicht erkannt. Nur soweit durch Zusatzvereinbarungen, insbesondere durch termingebundene oder mengenmäßig festgelegte Bearbeitungspflicht und durch tatsächliche Vorgaben, z.B. detaillierte Montageanleitungen ohne Spielraum, sich Heim- und Betriebsarbeit annähern, ist eine Grundlage für eine Anwendung des arbeitsrechtlichen Festlegungsrechts aus § 7 Abs. 1 S. 1 vorhanden. Sonst reicht die konkludente Festlegung des Urlaubszeitraums, die darin liegen kann, dass der Auftragnehmer wegen seines Freizeitwunsches erklärt, weniger Aufträge entgegen zu nehmen, oder die entgegengenommenen Aufträge erst später zu beenden. Auch hier empfiehlt es sich, bevor das ArbG angerufen wird, die Nichterfüllung des Anspruchs auf Urlaubsentgelt bei der für die Überwachung der Entgelte zuständige Arbeitsbehörde, z.B. Amt für Arbeitsschutz in NRW oder Gewerbeaufsicht in Bayern, anzuzeigen. Diese kann dann nach §§ 23, 24 HAG durch Nachforderung und Klage gegen den Auftraggeber vorgehen.

27

§ 13 Unabdingbarkeit

(1) ¹Von den vorstehenden Vorschriften mit Ausnahme der §§ 1, 2 und 3 Abs. 1 kann in Tarifverträgen abgewichen werden. ²Die abweichenden Bestimmungen haben zwischen nichttarifgebundenen Arbeitgebern und Arbeitnehmern Geltung, wenn zwischen diesen die Anwendung der einschlägigen tariflichen Urlaubsregelung vereinbart ist. ³Im übrigen kann, abgesehen von § 7 Abs. 2 Satz 2, von den Bestimmungen dieses Gesetzes nicht zuungunsten des Arbeitnehmers abgewichen werden.

(2) ¹Für das Baugewerbe oder sonstige Wirtschaftszweige, in denen als Folge häufigen Ortswechsels der von den Betrieben zu leistenden Arbeit Arbeitsverhältnisse von kürzerer Dauer als einem Jahr in erheblichem Umfang üblich sind, kann durch Tarifvertrag von den vorstehenden Vorschriften über die in Absatz 1 Satz 1 vor-

---

36 BAG 5.11.2002 – 9 AZR 409/01 – NZA 2003, 1267.
37 Otten, NZA 1995, 289, 290.
38 BAG 21.1.1965 – 5 AZR 228/64 – AP Nr. 1 zu § 1 HAG = DB 1965, 598.
39 Gk-BUrlG/Oppermann § 12 Rn 26.

gesehene Grenze hinaus abgewichen werden, soweit dies zur Sicherung eines zusammenhängenden Jahresurlaubs für alle Arbeitnehmer erforderlich ist. ²Absatz 1 Satz 2 findet entsprechende Anwendung.
(3) Für den Bereich der Deutsche Bahn Aktiengesellschaft sowie einer gemäß § 2 Abs. 1 und § 3 Abs. 3 des Deutsche Bahn Gründungsgesetzes vom 27. Dezember 1993 (BGBl. I S. 2378, 2386) ausgegliederten Gesellschaft und für den Bereich der Nachfolgeunternehmen der Deutschen Bundespost kann von der Vorschrift über das Kalenderjahr als Urlaubsjahr (§ 1) in Tarifverträgen abgewichen werden.

Literatur: *Bauer/Arnold*, Urlaub und Freistellung bei Beendigung des Arbeitsverhältnisses, in: Düwell/Stückemann/Wagner, Festschrift für Leinemann „Bewegtes Arbeitsrecht", 2006, S. 155 ff.; *dies*., EuGH kippt deutsches Urlaubsrecht, NJW 2009, 631; *Diller*, Fallstricke bei Erledigungsklauseln in Aufhebungsverträgen, FA 2000, 270; *Geyer*, Übertragung und Abgeltung von Urlaub bei Krankheit: Die Entscheidungen des EuGH vom 20. Januar 2009, ZTR 2009, 346; *Hergenröder*, Außergerichtlicher Vergleich, AR-Blattei SD 1660; *Hohmeister*, Urlaubsabgeltung im Baugewerbe, Anmerkung AP § 7 BUrlG Abgeltung Nr. 81; *Linck/Schütz*, Möglichkeit und Grenzen der Vertragsgestaltung im Urlaubsrecht, in: Düwell/Stückemann/Wagner, Festschrift für Leinemann „Bewegtes Arbeitsrecht", 2006, S. 171 ff.; *Wellensiek*, Zur Berichtigung der Lohnnachweiskarte und zur Konkurssicherung durch die Urlaubskassen der Bauwirtschaft, DZWIR 2001, 322

A. Allgemeines 1	IV. Verhältnis urlaubsrechtlicher Bestimmungen im Arbeitsvertrag zum Kollektivrecht 22
I. Normgeschichte 1	V. Verhältnis urlaubsrechtlicher Regelungen in Tarifvertrag und Betriebsvereinbarung 23
II. Normzweck und Norminhalt 2	**C. Verbindung zum Tarifrecht** 24
1. Tarifvorrang 2	I. Anwendungsvoraussetzungen tariflicher Urlaubsnormen 24
2. Unabdingbarkeit für Arbeitsvertrags- und Betriebsparteien 3	II. Inbezugnahme 25
3. Sonderregelungen für Bau, Post und Bahn 4	1. Bezugnahmeinhalt 26
B. Regelungsgehalt 5	2. Einschlägiger Tarifvertrag 27
I. Verzicht auf Urlaubsansprüche bei Aufhebung des Arbeitsvertrages 5	3. Form der Vereinbarung 28
1. Rechtsvergleich und Erlassvertrag 6	4. Inhaltskontrolle bei Bezugnahme 29
2. Tatsachenvergleich 7	5. Nachwirkungszeitraum 32
II. Rückrufvereinbarung 8	III. Tarifliche Ausschlussfristen 33
III. Zulässige Abweichungen tariflicher von gesetzlichen Urlaubsregelungen 9	1. Eigenes Zeitregime für Urlaubsansprüche 33
1. Vorrang für Tarifautonomie 10	2. Erfassung von Ersatzurlaubsansprüchen 34
2. Auslegungsregel 12	3. Erfassung von Urlaubsentgelt 35
3. Modifiziertes Günstigkeitsprinzip 13	4. Erfassung der Urlaubsabgeltung 36
a) Abweichende tarifliche Regelungen 14	IV. Tarifliche Öffnungsklausel in § 13 Abs. 2 37
b) Vom Einzelfall abstrahierende Beurteilung 17	1. Urlaubskassenverfahren für die Bauwirtschaft ... 38
c) Individuelles Interesse 18	2. Tariflicher Urlaubsanspruch 39
d) Vergleich einzelner Normen 19	3. Tarifliche Urlaubsvergütung 40
e) Bezugpunkt Bestimmung des BUrlG 20	4. Besonderheiten hinsichtlich Abgeltung 41
f) Zeitpunkt 21	

A. Allgemeines

I. Normgeschichte

1 § 13 enthält eine irreführende Überschrift.[1] Es ging dem Gesetzgeber nicht darum, Bestimmungen für unabdingbar zu erklären, sondern Rücksicht darauf zu nehmen, dass bei Inkrafttreten des BUrlG schon zahlreiche tarifliche Urlaubsregelungen vorhanden waren, in die er nicht eingreifen wollte.[2] § 13 Abs. 1 S. 3 ist durch Art. II § 2 Nr. 5 des Gesetzes vom 29.10.1974[3] zum 1.11.1974 geändert worden. § 13 Abs. 3 ist durch Art. 6 Abs. 86 des Gesetzes vom 27.12.1993[4] mit Wirkung zum 1.1.1994 und durch Art. 7 des Gesetzes vom 7.5.2002[5] mit Wirkung zum 11.5.2002 geändert worden.

II. Normzweck und Norminhalt

2 **1. Tarifvorrang.** § 13 Abs. 1 regelt die Kollision, wenn Regelungen des BUrlG mit kollektiven Normen aus TV und BV oder mit Regelungen aus Arbeitsverträgen zusammentreffen. Dabei sind die Bestimmungen des BUrlG grds. unabdingbar. Selbst den **TV-Parteien** ist es außerhalb der Ausnahmen in Abs. 2 und 3 verwehrt, von den Regelungen der §§ 1, 2 und 3 Abs. 1 zu Ungunsten der AN abzuweichen. I.Ü. besteht für sie Regelungsfreiheit.

3 **2. Unabdingbarkeit für Arbeitsvertrags- und Betriebsparteien.** BV und Arbeitsverträge unterliegen mit Ausnahme der in Abs. 1 S. 3 zugelassenen Lockerung des Prinzips des zusammenhängenden Urlaubs (§ 7 Abs. 2

---

1 Darauf weist zu Recht hin: ErfK/*Dörner*, § 13 BUrlG Rn 1.
2 BT-Drucks 4/207 S. 2.
3 BGBl I S. 2879.
4 BGBl I S. 2378.
5 BGBl I S. 1529.

S. 2) voll der Unabdingbarkeit. Die Betriebspartner und Arbeitsvertragsparteien können insoweit nur solche Regelungen treffen, die für den AN nicht ungünstiger als die des BUrlG sind. Nur soweit das Prinzip des zusammenhängenden Urlaubs betroffen ist oder zusätzliche bezahlte Arbeitsbefreiungen vereinbart werden, die außerhalb des Geltungsbereichs der Regelungen des gesetzlichen Mindesturlaubs liegen, dürfen im Verhältnis zum BUrlG ungünstigere Bedingungen festgesetzt werden. Wird gegen das Verbot der Unabdingbarkeit verstoßen, ist die vom BUrlG abweichende Regelung nichtig.[6]

3. Sonderregelungen für Bau, Post und Bahn. § 13 Abs. 2 räumt den TV-Parteien für das **Baugewerbe** und sonstigen Wirtschaftszweigen, in denen mobilitätsbedingt Arbverh von kürzerer Dauer als ein Jahr sind, zur Sicherung eines zusammenhängenden Urlaubs eine umfassende Regelungskompetenz ein. Diese ist durch das tarifliche Urlaubskassenverfahren der Bauwirtschaft genutzt worden (siehe Rn 38). § 13 Abs. 3 räumt den TV-Parteien für den Bereich der **Post- und Bahnnachfolgeunternehmen** die Befugnis ein, vom Kalenderjahr als Urlaubsjahr abzuweichen. Nicht erfasst werden kommunale und private Bahnunternehmen, die nicht aus der Ausgliederung der Post und Bundesbahn aus dem Bundesvermögen hervor gegangen sind.[7] Im Hinblick auf Art. 3 Abs. 1 GG erscheint das bedenklich.

B. Regelungsgehalt
I. Verzicht auf Urlaubsansprüche bei Aufhebung des Arbeitsvertrages
Die Unabdingbarkeit des gesetzlichen Mindesturlaubs wird in der Praxis häufig bei Abschluss von **Aufhebungs-, Abwicklungsverträgen und Prozessvergleichen** bedeutsam. Alle diese Versuche, das Arbverh vollständig „zu bereinigen", müssen sich an dem in Abs. 1 S. 1 und 3 geregelten Verbot messen lassen. Das wird nicht selten übersehen.

1. Rechtsvergleich und Erlassvertrag. Wird die Erledigung aller gegenseitigen Forderungen in einem Aufhebungsvertrag vereinbart, so erkennt der AN nach § 397 Abs. 2 BGB an, dass aus dem Arbverh keine Ansprüche mehr bestehen. Ein derartiges **negatives Schuldanerkenntnis** bringt alle Ansprüche, die den Erklärenden bekannt waren oder mit deren Bestehen zu rechnen war, zum Erlöschen. Das schließt auch den **Erlass von Urlaubsansprüchen** im bestehenden Arbverh ein, soweit sie den gesetzlichen Mindesturlaub nach §§ 1, 3 übersteigen.[8] Der gesetzliche **Mindesturlaub** selbst ist nach § 13 Abs. 1 S. 1 unabdingbar.[9] Der nach § 3 Abs. 1 derzeit 24 Werktage umfassende Mindesturlaubsanspruch kann damit nicht wirksam erlassen werden. Das gilt nicht nur für den auf das gesamte Urlaubsjahr bezogenen sog. Vollurlaubsanspruch, sondern auch für entsprechende **Teilurlaubsansprüche**, insb. für den nach § 5 Abs. 1c anteilmäßig gekürzten Vollurlaubsanspruch. Auch dieser unterliegt dem Schutz der Unabdingbarkeit nach § 13 Abs. 1 S. 1.[10] Die Rspr. hat die Unabdingbarkeit auch auf den Anspruch auf **Abgeltung des Mindesturlaubs** erstreckt.[11] Ob diese Rspr. angesichts der Aufgabe der Surrogatstheorie aufrechterhalten werden kann, ist zweifelhaft (vgl. Rn 14, siehe auch § 7 Rn 136). Soweit der gesetzliche Anspruch unabdingbar ist, bleibt er von jeder Art des Verzichts oder des Erlasses, auch wenn er in einem **Prozessvergleich** erfolgt, unberührt. Hinsichtlich des den gesetzlichen Mindesturlaub übersteigenden Mehrurlaubs ist zu unterscheiden, ob er kraft Tarifbindung oder aufgrund einer vertraglichen Vereinbarung („Bezugnahme") zur Anwendung kommt. Ist der Anspruch auf den Mehrurlaub aufgrund beiderseitiger Tarifbindung nach §§ 3 Abs. 1, 4 Abs. 1 TVG entstanden, dann liegt in einem Erlassvertrag ein unzulässiger **Verzicht auf tarifliche Rechte**. Dies gilt, solange der Verzicht nicht gem. § 4 Abs. 4 S. 1 TVG in Form eines von beiden TV-Parteien gebilligten Vergleichs erklärt ist. Bedenken gegen die Wirksamkeit des Verzichts im Umfang des tarifvertraglichen Mehrurlaubs bestehen dagegen nicht, wenn die anspruchsbegründende Tarifnorm nicht kraft beiderseitiger Verbandszugehörigkeit, sondern nur aufgrund vertraglicher Vereinbarung der Parteien anwendbar ist. Auf derartige nur wegen der Bezugnahme auf den TV entstehende Ansprüche kann trotz § 4 Abs. 4 S. 1 TVG wirksam verzichtet werden. Denn diese Vorschrift schützt nur kollektivrechtlich begründete tarifliche Rechte.[12]

---

6 BAG 18.6.1980 – 6 AZR 328/78 – AP § 13 BUrlG Unabdingbarkeit Nr. 6 = BB 1980, 1691.
7 *Friese*, Rn 613; ErfK/*Dörner*, § 13 BUrlG Rn 64.
8 Vgl. BAG 21.7.1978 – 6 AZR 1/77 – AP § 13 BUrlG Unabdingbarkeit Nr. 5; BAG 31.5.1990 – 8 AZR 132/89 – BAGE 65, 171, 173 = AP § 13 BUrlG Unabdingbarkeit Nr. 13; BAG 20.1.1998 – 9 AZR 812/96 – AP § 13 BUrlG Nr. 45.
9 BAG 9.6.1998 – 9 AZR 43/97 – BAGE 89, 91= AP § 7 BUrlG Nr. 23 = DB 1999, 52 m. zust. Anm. *Hohmeister*.
10 BAG 18.6.1980 – 6 AZR 328/78 – AP § 13 BUrlG Unabdingbarkeit Nr. 6 = BB 1980, 169; BAG 31.5.1990 – 8 AZR 132/89 – BAGE 65, 171, 173 = AP § 13 BUrlG Unabdingbarkeit Nr. 13; BAG 20.1.1998 – 9 AZR 812/96 – AP § 13 BUrlG Nr. 45; BAG 9.6.1998 – 9 AZR 43/97 = BAGE 89, 91 = AP § 7 BUrlG Nr. 23 = DB 1999, 52 m. zust. Anm. *Hohmeister*.
11 BAG 9.6.1998 – 9 AZR 43/97 – zu I 3 b der Gründe, BAGE 89, 91 = NZA 1999, 80; BAG 5.12.1995 – 9 AZR 871/94 – zu II 2 der Gründe, BAGE 81, 339 = NZA 1996, 594.
12 BAG 31.5.1990 – 8 AZR 132/89 – BAGE 65, 171, 173 = AP § 13 BUrlG Unabdingbarkeit Nr. 13; BAG 20.1.1998 – 9 AZR 812/96 – AP § 13 BUrlG Nr. 45.

2. Tatsachenvergleich. Anders ist die Rechtslage bei einem „Tatsachenvergleich". War zwischen AG und AN str., wie viel Urlaub bereits gewährt worden ist, so können sich die Parteien über diese str. Tatsachen wirksam verständigen.[13] Dem steht weder § 13 Abs. 1 S. 1 noch § 4 Abs. 1 S. 1 TVG entgegen. Ein Tatsachenvergleich setzt allerdings nach § 779 BGB voraus, dass zwischen den Parteien tatsächlich eine Ungewissheit bestand, die im Wege des gegenseitigen Nachgebens beseitigt werden sollte. Bestand jedoch zum Zeitpunkt des Vertragsschlusses kein Streit über die Anzahl der noch nicht gewährten und damit noch offenen Urlaubstage, so liegt kein Tatsachenvergleich vor.

II. Rückrufvereinbarung

Eine Abrede, dass der AN seinen Urlaub auf Verlangen des AG abbrechen und die Arbeitsleistung wieder aufnehmen muss, verstößt gegen zwingendes Urlaubsrecht und ist nach § 13 i.V.m. § 134 BGB unwirksam. Denn hat der AG den AN zur Erfüllung des Anspruchs auf Erholungsurlaub freigestellt, kann er den AN nicht mehr aus dem Urlaub zurückrufen. Der AN ist nicht verpflichtet, seine Arbeitsleistung während des bewilligten Urlaubs zu erbringen. Die mit der Urlaubsfestsetzung verbundene selbstbestimmte Nutzung der Freizeit ist dann nicht mehr gewährleistet, wenn der AN trotz der Freistellung ständig damit rechnen muss, zur Arbeit abgerufen zu werden. Eine derartige Arbeitsbereitschaft lässt sich mit der Gewährung des gesetzlichen Erholungsurlaubs nicht vereinbaren. Der Anspruch des AN wird in diesem Fall nicht erfüllt.[14]

III. Zulässige Abweichungen tariflicher von gesetzlichen Urlaubsregelungen

In § 13 Abs. 1 S. 1 hat der Gesetzgeber der Tarifautonomie einen weitgehenden Vorrang eingeräumt.

1. Vorrang für Tarifautonomie. Die TV-Parteien haben nach Art. 9 Abs. 3 GG ein Recht zur Vereinbarung von tariflichen Inhaltsnormen. Das bestätigt die einfachgesetzliche Regelung in § 13 Abs. 1, nach der sie auch zu Ungunsten der AN von den Vorschriften des BUrlG abweichen dürfen.[15] Das wird als das tarifvertragliche Vorrangprinzip bezeichnet. Sprachlich beinhaltet § 13 Abs. 1 S. 1 allerdings eine „Rückausnahme"; denn ist die Abweichungsfreiheit begrenzt: „mit Ausnahme der §§ 1, 2 und 3 Abs. 1".[16] Dies führt dazu, dass **zu Lasten von AN nur von den §§ 3 Abs. 2 bis 12** abgewichen werden darf. Von den in § 13 Abs. 1 S. 1 ausgenommenen Bestimmungen, die von der älteren Rspr. als „Grundsatzvorschriften"[17] und im heutigen Sprachgebrauch als „Grundnormen"[18] bezeichnet werden, darf nur zugunsten der AN abgewichen werden.

Zu beachten ist, dass das Vorrangprinzip nur dann zur Anwendung kommt, wenn entweder beiderseitige kongruente Tarifbindung i.S.v. § 3 Abs. 1 TVG (siehe § 3 TVG Rn 3) vorliegt oder der TV mit der abweichenden Bestimmung wirksam arbeitsvertraglich nach § 13 Abs. 1 S. 2 einbezogen wurde. Das Vorrangprinzip für die Abweichung kommt auch auf nachwirkende TV zur Anwendung, die schon abgelaufen oder gekündigt sind. Ein TV wirkt nach § 4 Abs. 5 TVG allerdings nur für Arbverh nach, die vor der Nachwirkung begründet wurden (siehe § 4 TVG Rn 37). Für AN, die erst im Nachwirkungszeitraum eintreten, kann der nachwirkende TV nur dann Wirkungen entfalten, wenn der nachwirkende TV vertraglich in Bezug genommen wird.[19] Das zeigt die in Abs. 1 S. 2 eröffnete Bezugnahmemöglichkeit.[20]

2. Auslegungsregel. Wenn die TV-Parteien von den gesetzlichen Regelungen des Mindesturlaubs abweichen wollen, so müssen sie das hinreichend deutlich machen. Im Zweifel ist davon auszugehen, dass die TV-Parteien an den Grundsätzen des BUrlG festhalten wollen und diese weder zugunsten noch zulasten des AN abändern wollen. Ein auf eine Abweichung gerichteter Wille der Tarifpartner muss nach der Rspr. in der Tarifnorm selbst oder in einer Protokollnotiz als Teil des TV „eindeutig" zum Ausdruck kommen.[21] Diese ein Regel-Ausnahme-Verhältnis beinhaltende Auslegungsregel hat infolge der Vorabentscheidung in der Sache Schultz-Hoff (siehe § 1 Rn 18 f.) einen Zuwachs an Bedeutung erlangt. Sie ist nämlich auch für die Frage des Verfalls von tarifvertraglichen Mehrurlaubsansprüchen maßgebend.[22] Regel ist der „Gleichlauf" der gesetzlichen und tariflichen Ansprüche. Ausnahme ist die Abweichung. Das BAG hat vordem diese Auslegungsregel vor allem zu der Frage angewandt, ob die TV-Parteien von der Surrogat-Abgeltung nach § 7 Abs. 4 abweichend eine voraussetzungslose Urlaubsabfindung schaffen woll-

---

13 Neumann/Fenski, § 13 BUrlG Rn 76 ff.
14 BAG 20.6.2000 – 9 AZR 405/99 – BAGE 95, 104 = AP § 7 BUrlG Nr. 28 m. zust. Anm. Tschöpe, EWiR 2000, 1153.
15 ErfK/Dörner, § 13 BUrlG Rn 9; Leinemann/Linck, § 13 BUrlG Rn 1; Neumann/Fenski, § 13 BUrlG Rn 2.
16 Zu Recht: Arnold/Ackermann/Rambach u.a., § 13 BUrlG Rn 4.
17 So BAG 10.2.1966 – 5 AZR 408/65 – BB 1966, 619; BAG 3.12.1970 – 5 AZR 202/70 – DB 1971, 295.
18 So Arnold/Ackermann/Rambach u.a., § 13 BUrlG Rn 5; Neumann/Fenski, § 13 BUrlG Rn 2.
19 BAG 10.12.1997 – 4 AZR 247/96 – BAGE 87, 257 = AP § 3 TVG Nr. 20.
20 BAG 27.6.1978 – 6 AZR 59/77 – DB 1978, 2226 = AP § 13 BUrlG Nr. 12 m. zust. Anm. Wiedemann.
21 Beginnend mit: BAG 17.9.1970 – 5 AZR 45/70 – DB 1970, 2278; BAG 9.11.1999 – 9 AZR 797/98 – AP § 33 VAL II Nr. 1 = DB 2000, 523; BAG 7.9.2004 – 9 AZR 587/03 – EzA § 7 BUrlG Abgeltung Nr. 12 = ZTR 2005, 195; Anm. Welslau, BuW 2000, 798.
22 BAG 24.3.2009 – 9 AZR 983/07 – Rn 84, NZA 2009, 538.

ten. Zwar ist diese Abgrenzungsfrage nach der Vorabentscheidung in der Sache Schutz-Hoff überholt, aber der Anschauung wegen diese Anwendungsfälle[23] noch heute lehrreich.

3. Modifiziertes Günstigkeitsprinzip. Es gehört zu den allg. Grundsätzen des Arbeitsrechts, dass das rangniedrigere Recht vom ranghöheren Recht dann abweichen darf, wenn die Abweichung zugunsten des AN erfolgt.[24] Für TV ist dieses Prinzip ausdrücklich in § 4 Abs. 3 TVG geregelt. Dieser Grundsatz gilt für das Urlaubsrecht schon wegen des Charakters des BUrlG als Mindesturlaubsgesetz.[25] § 13 Abs. 1 S. 3 schränkt diesen Grundsatz leicht modifizierend ein; denn es kann mit Ausnahme des § 7 Abs. 2 S. 2 nicht zu Ungunsten des AN von den Bestimmungen des BUrlG abgewichen werden. Die Einschränkung ist darin zusehen, dass Regelungen auch zulässig sind, soweit sie nicht ungünstiger für den AN sind, während nach den allg. Grundsätzen rangniedrigere Regelungen nur dann zulässig sind, sofern sie günstiger sind. Das bedeutet, dass abweichende **„neutrale" Regelungen** zugelassen werden, wie z.B. die Ausdehnung des Referenzzeitraums des § 11 Abs. 1 über die gesetzliche Festlegung von 13 Wochen hinaus. Bei Anwendung des Günstigkeitsprinzips i.S.v. § 4 Abs. 3 TVG hätte diese abweichende Vereinbarung dagegen keinen Bestand, denn sie wäre nicht günstiger. Soweit das Schrifttum daraus folgert, für das Verhältnis zwischen Arbeitsvertrag und BUrlG habe etwas anderes als zwischen Arbeitsvertrag und TV zu gelten,[26] ist dem nicht zuzustimmen. § 13 Abs. 1 S. 3 ist im Verhältnis zu § 4 Abs. 3 TVG die speziellere Norm. Sie lässt „im Übrigen", d.h. sowohl in arbeitsvertraglichen als auch in tarifvertraglichen Vereinbarungen neutrale Regelungen zu, wenn sie weder zugunsten noch zuungunsten der AN auswirken. In S. 3 ist keine Beschränkung der „im Übrigen", d.h. der nach S. 1 noch verbleibenden Abweichungsmöglichkeiten auf einzelvertragliche Urlaubsregelungen enthalten. Das Problem der neutralen tariflichen Regelungen kann sich auch im Bereich der Bestimmungen in §§ 1 bis 3 Abs. 1 stellen, von denen die TV-Parteien nicht zuungunsten der AN abweichen dürfen. So hat das BAG zu § 11 Abs. 1 erkannt, dass die TV-Parteien jede Methode zur Berechnung des Urlaubsentgelts heranziehen dürfen, die ihnen geeignet erscheint, ein Urlaubsentgelt sicherzustellen, wie es der AN bei Weiterarbeit ohne Freistellung nach § 1 voraussichtlich hätte erwarten können. Damit sind Regelungen nicht vereinbar, die entgegen § 1 das Ziel der Kürzung des Urlaubsentgelts im Vergleich zum Arbeitsentgelt verfolgen.[27]

a) Abweichende tarifliche Regelungen. Die Berechtigung der TV-Parteien, auch zuungunsten der AN von den §§ 3 Abs. 2 bis 12 abzuweichen, darf nicht zu der Annahme verführen, in diesem Bereich sei der Günstigkeitsvergleich entbehrlich.[28] In die nicht abdingbaren Bestimmungen der §§ 1 bis 3 Abs. 1 dürfen tarifvertragliche Regelungen auch nicht auf mittelbarem Wege zuungunsten des AN abändernd eingreifen. So hat das BAG schon frühzeitig erkannt, dass tarifvertragliche Regelungen, die die teilweise Anrechnung von Kur- oder Heilverfahren auf den tariflichen Urlaub ohne Rücksicht auf deren Ausgestaltung gestatten, nichtig sind, soweit sie die Ermächtigung zur Unterschreitung des gesetzlichen Mindesturlaubs enthalten.[29] Gleiches gilt für den Anspruch auf Abgeltung. Er ist nach der bisherigen Rspr. ebenso wie der Anspruch auf den gesetzlichen Mindesturlaub nach §§ 1, 3 gegen abweichende Vereinbarungen zuungunsten des AN geschützt.[30] Ob das auch nach der Änderung der Rspr. zur Abgeltung aufgrund der Vorabentscheidung in der Sache Schultz-Hoff (siehe § 1 Rn 19; siehe auch § 7 Rn 134) gilt, ist zweifelhaft, denn jetzt ist der Abgeltungsanspruch nicht mehr an die Voraussetzungen eines Urlaubsanspruchs i.S.v. § 1 gebunden, sondern nur noch ein schlichter Anspruch auf Entgelt für nicht gewährten Urlaub. Das wird im Schrifttum bislang noch nicht wahrgenommen.[31]

Bei Tarifnormen ist stets zu prüfen, ob auch nicht mittelbar in nicht abdingbare Ansprüche verschlechternd eingegriffen wird.[32] Das gilt insb. für die weniger im Blickpunkt stehenden Bereiche
1. Beispiel: Medizinische Maßnahmen i.S.v. § 10. Tarifvertragliche Bestimmungen, die die teilweise Anrechnung von Kur- oder Heilverfahren auf den tariflichen Urlaub ohne Rücksicht auf deren Ausgestaltung gestatten, sind nichtig, soweit sie die Ermächtigung zur Unterschreitung des gesetzlichen Mindesturlaubs enthalten. Dies gilt

---

23 BAG 9.11.1999 – 9 AZR 797/98 – AP § 33 VAL II Nr. 1 = DB 2000, 523; BAG 9.8.1994 – 9 AZR 346/92 – BAGE 77, 291 = AP § 7 BUrlG Abgeltung Nr. 65 m. zust. Anm. *Schmitt*, SAE 1996, 20; BAG 27.5.2003 – 9 AZR 366/02 – EzA § 7 BUrlG Abgeltung Nr. 9; zust. *Gravenhorst*, jurisPR-ArbR 18/2003 Anm. 5; BAG 14.3.2006 – 9 AZR 312/05 – EzA-SD 2006, Nr. 17, 14.
24 *Leinemann/Linck*, § 13 BUrlG Rn 26.
25 *Friese*, Rn 598.
26 So *Arnold/Ackermann/Rambach u.a.*, § 13 BUrlG Rn 7; *Schütz/Hauck*, Rn 907; *Leinemann/Linck*, § 13 BUrlG Rn 31.
27 BAG 22.1.2002 – 9 AZR 601/00 – BAGE 100, 189 = AP § 11 BUrlG Nr. 55.

28 So aber Neumann/*Fenski*, § 13 BUrlG Rn 11; dagegen zu Recht ErfK/*Dörner*, § 13 BUrlG Rn 5, 6.
29 BAG 10.2.1966 – 5 AZR 408/65 – BAGE 18, 129 = AP § 13 BUrlG Unabdingbarkeit Nr. 1.
30 BAG 18.6.1980 – 6 AZR 328/78 – AP § 13 BUrlG Unabdingbarkeit Nr. 6 = EzA § 13 BUrlG Nr. 14; BAG 5.4.1984 – 6 AZR 443/81 – BAGE 45, 314; BAG 26.6.2001 – 9 AZR 347/00 – BAGE 98, 130 = AP § 7 BUrlG Abgeltung Nr. 81 m. zust. Anm. *Hohmeister*; zuletzt: BAG 20.1.2009 – 9 AZR 650/07 – ArbRB 2009, 98.
31 Vgl. ErfK/*Dörner*, § 13 BUrlG Rn 14, wo auf die Folgen der Änderung der Rspr. nicht eingegangen wird.
32 ErfK/*Dörner*, § 13 BUrlG Rn 6.

auch dann, wenn die Regelung zugleich im Vergleich zum Gesetz günstigere Auswirkungen für den Arbeitnehmer hat.[33]

2. **Beispiel: Gekürzter Vollurlaub.** Nach § 14 Abs. 4 Satz 2 MTV privates Omnibusgewerbe NRW erhalten die AN für jeden Beschäftigungsmonat, in dem sie mehr als 15 Tage beschäftigt waren, nur ein Zwölftel des ihnen zustehenden Urlaubs. Wer nach erfüllter Wartezeit in der zweiten Hälfte eines Kalenderjahres aus dem Arbverh ausscheidet, muss nach § 5 Abs. 1 lit. c den vollen gesetzlichem Mindesturlaub erhalten. Enthielte der MTV keinen Vorbehalt, dass mindestens der gesetzliche Urlaub gewährt werden muss, wäre die tarifliche Zwölftelung des Urlaubsanspruchs nach § 13 Abs. 1 Satz 1 i.V.m. § 3 Abs. 1 BUrlG unzulässig.[34]

16 Der Günstigkeitsvergleich erfordert eine Gegenüberstellung der Auswirkungen der einzelnen betroffenen Normen auf das individuelle Arbeitsverhältnis.[35] Die Notwendigkeit des Einzelvergleichs ergibt sich aus dem Wortlaut des § 13 Abs. 1, der sich auf die Abweichung von einzelnen gesetzlichen Vorschriften und nicht auf eine Gesamtregelung bezieht. Unerheblich ist, dass AN die jeweils günstigeren Vorschriften aus Gesetz oder TV in Anspruch nehmen können. Hier ist der abwertende Begriff „Rosinentheorie" fehl am Platze.[36]

1. Beispiel: Bei der Prüfung der Frage, ob eine tarifliche Regelung des Urlaubsentgelts für den AN günstiger ist als die gesetzliche, sind weder das tarifliche Urlaubsgeld noch eine zusätzliche gegenüber dem Gesetz höhere Anzahl von Urlaubstagen in den Günstigkeitsvergleich einzustellen.[37]

2. Beispiel: Die vertragliche Verlängerung der Übertragungsdauer über den 31.3. bis zum 30.4. wird als eine Abweichung zu Gunsten der AN angesehen, weil sie die Anforderungen an eine Übertragung des gesetzlichen Urlaubsanspruches senkt. Dem steht auch nicht der Erholungszweck entgegen; denn § 7 Abs. 3 S. 4 kennt für den Teilurlaub die Übertragung bis zum Ende des Folgejahres.[38]

17 **b) Vom Einzelfall abstrahierende Beurteilung.** Ob eine Regelung für den AN ungünstig ist, bedarf der Prüfung durch einen Günstigkeitsvergleich. Soweit bisweilen der Begriff „Einzelfall" verwandt wird,[39] ist das zumindest missverständlich. Es ist stets vom Einzelfall zu abstrahieren; denn es geht um den Vergleich der vereinbarten Regelung mit der im BUrlG abstrakt generell getroffenen Bestimmung. Ob sich im konkreten Einzelfall die Regelung tatsächlich zulasten des AN auswirkt, ist unerheblich.[40] Das folgt schon daraus, dass es § 13 Abs. 1 S. 1 die Regelungsmöglichkeiten der TV-Parteien durch die Herausnahme der in §§ 1 bis 3 Abs. 1 geregelten Regelungsgegenstände begrenzt. Es muss möglich sein, abstrakt festzustellen, ob Regelungen wirksam sind oder nicht.

18 **c) Individuelles Interesse.** Unerheblich ist auch, ob die Auswirkungen des TV zwar für den einzelnen AN ungünstig, aber für die Belegschaft günstig sind. Der kollektive Günstigkeitsvergleich hat hier keinen Platz.[41] Zur Durchführung des Günstigkeitsvergleichs ist deshalb nicht auf das Gesamtinteresse der Belegschaft oder einer Gruppe von AN abzustellen.[42] Es kommt auf die urlaubsrechtlichen Auswirkungen der urlaubsrechtlichen Bestimmung auf den AN als Individuum an. Das ist nicht zu verwechseln mit einer auf den Einzelfall bezogenen Interessenabwägung.

19 **d) Vergleich einzelner Normen.** Vor der Einführung des § 13 Abs. 1 führte die Rspr. einen Gruppenvergleich durch. Danach wurde eine Gruppenabwägung dahin vorgenommen, dass die in einem inneren Zusammenhang stehenden Vorschriften in TV bzw. BV oder Arbeitsverträgen einerseits und diejenigen des Gesetzes sinnvoll verbunden und gegeneinander abgewogen wurden. Es genügte, dass „insgesamt" die Regelungen günstiger waren.[43] Dadurch sollte entsprechend der „Rosinentheorie" verhindert werden, einzelne günstige Bestimmungen aus einem Gesamtkomplex herauspicken zu können. Seit Inkrafttreten des BUrlG sind Gesamtbetrachtungen überholt. Das Erfordernis eines **Einzelvergleichs** ergibt sich bereits aus dem Wortlaut des § 13 Abs. 1 S. 3, der sich auf einzelne Bestimmungen und nicht auf eine Gesamtregelung bezieht. Der Günstigkeitsvergleich ist daher durch Gegenüberstellung der jeweils einzelnen Bestimmung vorzunehmen. Das entspricht der Rspr.[44] und dem Schrifttum.[45] Diese Auff.

---

33 BAG 10.2.1966 – 5 AZR 408/65 – BAGE 18, 129 = AP BUrlG § 13 Unabdingbarkeit Nr. 1 = SAE 1966, 243.
34 BAG 20.1.2009 – 9 AZR 650/07 – ArbRB 2009, 98; BAG 24.10.2000 – 9 AZR 610/99 – zu I.1 der Gründe, AP BUrlG § 5 Nr. 19.
35 BAG 22.1.2002 – 9 AZR 601/00 – BAGE 100, 189 = AP BUrlG § 11 Nr. 55; ErfK/*Dörner*, § 13 BurlG Rn 6; *Leinemann/Linck*, § 13 BUrlG Rn 33.
36 So zu Recht ErfK/*Dörner*, § 13 Rn 6.
37 BAG 22.1.2002 – 9 AZR 601/00 – BAGE 100, 189 = AP BUrlG § 11 Nr. 55.
38 BAG 24.3.2009 – 9 AZR 983/07 – AP Nr. 39 zu § 7 BUrlG = NZA 2009, 538.
39 So *Arnold/Ackermann/Rambach u.a.*, § 13 BUrlG Rn 8.
40 BAG 22.1.2002 – 9 AZR 601/00 – BAGE 100, 189 = AP § 11 BUrlG Nr. 55.
41 ErfK/*Dörner*, § 13 BurlG Rn 6.
42 BAG 28.3.2000 – 1 AZR 366/99 – NZA 2001, 49; *Leinemann/Linck*, § 13 BUrlG Rn 27; *Neumann/Fenski*, § 13 BUrlG Rn 31; ErfK/*Dörner*, § 13 BUrlG Rn 13.
43 BAG 15.3.1962 – 5 AZR 172/61 – DB 1962, 775; umfassend hierzu: *Leinemann/Linck*, § 13 BUrlG Rn 32; *Neumann/Fenski*, § 13 BUrlG Rn 32 ff.
44 10.2.1966 – 5 AZR 408/65 – BAGE 18, 129; BAG 22.1.2002 – 9 AZR 601/00 – BAGE 100, 189 = AP § 11 BUrlG Nr. 55.
45 ErfK/*Dörner*, § 13 BUrlG Rn 11; *Neumann/Fenski*, § 13 BUrlG Rn 37; *Leinemann/Linck*, § 13 BUrlG Rn 48 ff.; a.A. GK-BUrlG/*Berscheid*, § 13 Rn 65.

wird durch die Gesetzesgeschichte untermauert. In den parlamentarischen Beratungen des BUrlG gab es zwei Anträge: Der Antrag der CDU/CSU-Fraktion[46] sah in § 13 Abs. 1 vor, dass von den „Bestimmungen dieses Gesetzes" nur zugunsten der AN abgewichen werden könne. Demgegenüber sah der Entwurf der SPD-Fraktion[47] in § 10 allg. vor, „Regelungen (…), die für den AN günstiger sind", würden durch das Gesetz „nicht berührt". Der damalige Senatspräsident Prof. Dr. Dr. *Boldt*, der vom federführenden Ausschuss für Arbeit angehört wurde,[48] wies darauf hin, dass nach der Formulierung des CDU-Entwurfs ein Gruppenvergleich ausgeschlossen sei und nur auf die jeweils einschlägige Regelung abgestellt werden könne.[49] Auf Empfehlung des Ausschusses für Arbeit hat sich der Bundestag in letzter Lesung an diese Formulierung im CDU-Entwurf angeschlossen. Sie ist 1963 Gesetz geworden und seitdem unverändert geblieben.

e) Bezugspunkt Bestimmung des BUrlG. Die zu vergleichende „Bestimmung" i.S.d. § 13 Abs. 1 S. 3 ist nicht mit einem in einem Paragrafen zusammengefassten Regelungskomplex zu verwechseln. Es geht nur um die konkrete Regelung einer Rechtsfrage. Bei der Prüfung der Frage, ob eine bestimmte Bemessungsregelung des Urlaubsentgelts günstiger ist als die gesetzliche Berechnung in § 11 Abs. 1 S. 1, sind daher weder das Urlaubsgeld noch eine gegenüber dem Gesetz höhere Anzahl von Urlaubstagen in den Günstigkeitsvergleich einzubeziehen.[50]

f) Zeitpunkt. Je nachdem, zu welchem Zeitpunkt zu prüfen ist, welche Bestimmung im Günstigkeitsvergleich für den AN die Günstigere ist, können sich Unterschiede ergeben. Für den Günstigkeitsvergleich ist stets auf den **Beginn des Urlaubsjahres** abzustellen.[51]

IV. Verhältnis urlaubsrechtlicher Bestimmungen im Arbeitsvertrag zum Kollektivrecht

Für den Bereich des übergesetzlichen Mehrurlaubs trifft § 13 keine Aussage. Klärungsbedürftig ist daher das Verhältnis arbeitsvertraglicher Urlaubsbestimmungen zu entsprechenden Regelungen in einem TV oder in einer BV. Maßgebend für das Verhältnis zum TV ist das tarifvertragliche Günstigkeitsprinzip. Ob der Arbeitsvertrag eine zuungunsten des AN abweichende Abmachung i.S.d. § 4 Abs. 3 TVG enthält, erfordert einen Vergleich zwischen tariflicher und vertraglicher Regelung. Hierbei sind allein die einschlägige tarifliche Regelung und die abweichende Vereinbarung in einem bestehenden Arbverh miteinander zu vergleichen. Es ist im Einzelfall durch Auslegung des Arbeitsvertrages und des TV festzustellen, welche Regelung im Vertrag und im TV in einem sachlichen Zusammenhang steht und dann miteinander verglichen werden kann. Mangels anderweitiger Anhaltspunkte im Arbeitsvertrag und im TV sind die sachlich entsprechenden Regelungen des Arbeitsvertrags und des TV miteinander zu vergleichen. Maßgebend ist v.a., ob die Bestimmungen denselben Gegenstand betreffen, hilfsweise die Verkehrsanschauung. So gehören Dauer des Urlaubs, Länge der Wartezeit und Höhe des Urlaubsgeldes zusammen, ebenso tarifliche Grundlohn und tarifliche Lohnzuschläge.[52] Danach ist für die Frage, ob eine arbeitsvertragliche Urlaubsregelung zuungunsten des AN von einer tariflichen Regelung abweicht, kein Einzelvergleich, sondern ein **Sachgruppenvergleich** angebracht.[53] Ergibt sich, dass der Arbeitsvertrag ungünstiger als der TV ist, tritt als Folge des Günstigkeitsprinzips an Stelle der arbeitsvertraglichen die tarifliche Regelung. Diese Grundsätze gelten auch bei der Kollision von arbeitsvertraglichen Regelungen mit solchen in einer BV; denn § 77 Abs. 4 BetrVG schützt vergleichbar § 4 Abs. 3 TVG den AN vor einer Verschlechterung der durch BV begründeten urlaubsrechtlichen Ansprüche, z.B. vor der Einschränkung des betrieblichen Treueurlaubs.

V. Verhältnis urlaubsrechtlicher Regelungen in Tarifvertrag und Betriebsvereinbarung

Für das Verhältnis von tariflichen Regelungen zu Regelungen in BV gilt die Regelungssperre des § 77 Abs. 3 BetrVG. Danach sind BV unwirksam, die Arbeitsentgelte und sonstige Arbeitsbedingungen zum Gegenstand haben, soweit sie durch TV geregelt sind oder üblicherweise geregelt werden. Ist der in einer BV geregelte betriebliche Treueurlaub weder im MTV noch in den sonstigen TV der Branche vorgesehen, stellt er keine Erhöhung des tariflich geregelten Erholungsurlaubs, sondern nur eine außertarifliche Leistung dar, die für langjährige Betriebstreue gewährt wird. Ein derartiger Zusatzurlaub kann nach § 77 Abs. 3 BetrVG Gegenstand einer BV sein.[54]

---

46 BT-Drucks IV/207.
47 BT-Drucks IV/142.
48 Vgl. dessen Bericht BT-Drucks IV/785, S 1.
49 RdA 1962, 129, 130.
50 BAG 22.1.2002 – 9 AZR 601/00 – BAGE 100, 189 = AP § 11 BUrlG Nr. 55; BAG 28.3.2000 – 1 AZR 366/99 – BAGE 94, 179.
51 BAG 20.7.1961 – 5 AZR 343/60 – DB 1961, 1427; dem folgend: *Arnold/Ackermann/Rambach u.a.*, § 13 BUrlG Rn 17; *Neumann/Fenski*, § 13 Rn 39.

52 BAG 23.5.1984 – 4 AZR 129/82 – BAGE 46, 50 = NZA 1984, 255.
53 *Arnold/Ackermann/Rambach u.a.*, § 13 BUrlG Rn 12; *Leinemann/Linck*, § 13 BUrlG Rn 28; *Neumann/Fenski*, § 13 BUrlG Rn 42; *Schütz/Hauck*, Rn 930.
54 BAG 5.9.1985 – 6 AZR 86/82 – BAGE 49, 299, 301 = AP § 1 BUrlG Treueurlaub Nr. 1; BAG 19.4.1994 – 9 AZR 478/92 – AP § 1 BUrlG Treueurlaub Nr. 3.

C. Verbindung zum Tarifrecht

I. Anwendungsvoraussetzungen tariflicher Urlaubsnormen

24 Die Anwendung von tariflichen Urlaubsnormen setzt voraus:
- dass beide Parteien tarifgebunden sind (§§ 3 Abs. 1, 4 TVG; siehe auch § 3 TVG Rn 3), weil sie Mitglieder der TV-Parteien sind, die den TV geschlossen haben, der den Urlaub regelt, oder
- dass der AG selbst nach § 2 Abs. 1 TVG TV-Partei ist (siehe § 3 TVG Rn 39), weil er einen „Haustarifvertrag" über Urlaub geschlossen hat, und die AN Mitglieder der Gewerkschaft sind, die den Haus-TV geschlossen hat, oder
- das Fehlen der beiderseitigen oder der Mitgliedschaft einer Seite durch die Allgemeinverbindlicherklärung des TV (§ 5 Abs. 4 TVG; siehe auch § 5 TVG Rn 10 ff.) oder eine Ersetzung durch eine VO nach § 1 Abs. 3a AEntG.

II. Inbezugnahme

25 Um dem Bedürfnis des AG entgegenzukommen, nicht wegen der durch Gewerkschaftszugehörigkeit vermittelten Tarifbindung innerhalb der Belegschaft unterscheiden zu müssen, lässt es § 13 Abs. 1 S. 2 ausdrücklich zu, im Arbeitsvertrag die Anwendung des TV durch Bezugnahmeklauseln zu vereinbaren. Geschieht das in der Weise, dass für alle AN des Betriebes auf dasselbe den Urlaub regelnde Tarifwerk Bezug genommen wird, so finden im Betrieb für alle AN, ob tarifgebunden oder nicht, die tariflichen Urlaubsregelungen einheitlich Anwendung. Das gilt dann auch für tarifliche Regelungen, die nach § 13 Abs. 1 S. 1 zulässigerweise zuungunsten des AN vom BUrlG abweichen.

26 **1. Bezugnahmeinhalt.** Es bedarf keiner vollständigen Übernahme des TV. Ausreichend ist es, wenn die tarifliche Urlaubsregelung, d.h. der gesamte Komplex der urlaubsrechtlichen Bestimmungen, insg. in Bezug genommen wird. Werden nur einzelne Bestimmungen der tariflichen Regelung herausgegriffen, wird das Gefüge eines von den TV-Parteien als ausgewogen erachteten Regelungskomplexes zerstört. Für eine derartige selektive Bezugnahme kann § 13 Abs. 1 S. 2 nicht gelten. Die Klausel „Der Jahresurlaub richtet sich nach den Bestimmungen des (näher bezeichneten einschlägigen) Tarifvertrags" hat das BAG als eine Verweisung angesehen, die der AN als Verweisung auf den gesamten tariflichen Regelungskomplex „Urlaub" verstehen darf.[55] Ist in den in Bezug genommenen urlaubsrechtlichen Bestimmungen des TV ein erhöhtes Urlaubsentgelt geregelt, so wird mit dem Abschluss des Vertrags der AG auch zu Anwendung dieser tariflichen Regelung verpflichtet.

27 **2. Einschlägiger Tarifvertrag.** Die Bezugnahme muss sich ferner auf den TV beziehen, der nach seinem zeitlichen, räumlichen, persönlichen, fachlichen und betrieblichen Geltungsbereich Anwendung fände, wenn der AG und der AN tarifgebunden wären.[56] § 13 Abs. 1 S. 2 setzt nämlich voraus, dass die **„einschlägige"** tarifliche Urlaubsregelung zur Anwendung gebracht wird. Ist dynamisch auf den einschlägigen TV verwiesen (siehe § 3 TVG Rn 7), werden alle künftigen Änderungen des TV – auch wenn solche zuungunsten des AN vom BUrlG abweichen – einbezogen. Wird ein nicht einschlägiger TV in Bezug genommen, haben die Urlaubsbestimmungen dieses TV nur den gleichen Rang wie einzelvertragliche Urlaubsregelungen: Sie unterliegen den Schranken des § 13 Abs. 1 S. 3.

28 **3. Form der Vereinbarung.** Eine besondere Form ist nicht vorgeschrieben. Die Vereinbarung kann auch mündlich erfolgen. Es ist auch die Einbeziehung kraft einer betrieblichen Übung möglich,[57] sofern für die AN eindeutig ist, welcher einschlägige TV gelten soll.[58] Es ist ratsam, die tarifliche Urlaubsregelung durch Bezugnahme **im Arbeitsvertrag** zu vereinbaren. Der Text der tariflichen Bestimmungen muss auch nicht auszugsweise wiedergegeben werden. Es genügt „hinsichtlich der Urlaubsregelungen auf die geltenden tariflichen Bestimmungen" zu verweisen. Die Bezugnahme muss eindeutig den einschlägigen TV erfassen, um die Wirkungen des § 13 Abs. 1 S. 2 hervorzurufen. Es ist deshalb ratsam, den einschlägigen TV auch konkret zu bezeichnen.[59] Zu beachten ist, dass nach § 2 Abs. 1 S. 1, 3 Nr. 8, 10 NachwG der AG spätestens einen Monat nach vereinbarten Beginn des Arbverh in eine Niederschrift auch die Dauer des jährlichen Erholungsurlaubs und einen Hinweis auf TV, die im Arbverh anzuwenden sind, aufzunehmen hat. Erfüllt der AG seine Nachweispflichten (zu Einzelheiten siehe § 2 NachwG Rn 11 ff.) nicht, haftet er dem AN auf Schadensersatz.[60]

29 **4. Inhaltskontrolle bei Bezugnahme.** Wird im Arbeitsvertrag auf die einschlägigen TV verwiesen, stellt sich das Problem der AGB-Kontrolle nach §§ 305 ff. BGB, denn die auf vielfache Verwendung angelegten Vertragsformulare enthalten Allgemeine Vertragsbedingungen. Zu prüfen ist stets nach § 305c Abs. 1 BGB der Überraschungseffekt.

---

55 BAG 17.11.1998 – 9 AZR 584/97 – AP § 1 TVG Bezugnahme auf Tarifvertrag Nr. 10.
56 Arnold/Ackermann/Rambach u.a., § 13 BUrlG Rn 20; Leinemann/Linck, § 13 BUrlG Rn 19.
57 BAG 19.1.1999 – 1 AZR 606/98 – AP § 1 TVG Bezugnahme auf Tarifvertrag Nr. 9 = EzA § 3 TVG Bezugnahme auf Tarifvertrag Nr. 10; BAG 17.4.2002 – 5 AZR 89/01 – BAGE 101, 75 = AP § 2 NachwG Nr. 6; Hanau/Kania, in: FS für Schaub, S. 239, 258.
58 Neumann/Fenski, § 13 BUrlG Rn 20; Leinemann/Linck, § 13 BUrlG Rn 17.
59 ErfK/Dörner, § 13 BUrlG Rn 53.
60 BAG 17.4.2002 – 5 AZR 89/01 – BAGE 101, 75 = AP § 2 NachwG Nr. 6.

Dieser kann sich aus dem äußeren Erscheinungsbild der Bezugnahmeklausel ergeben, wenn der Formularvertrag übersichtlich gegliedert ist und für die Bezugnahmeklausel einen eigenen Paragraphen vorsieht, der beim Lesen unmittelbar ins Auge springt.[61] Weiter ist die Bezugnahmeklausel im Hinblick auf das Transparenzgebot aus § 307 Abs. 1 S. 2 BGB zu prüfen. Dabei ist zu beachten, dass Bezugnahmeklauseln eine Besonderheit im Arbeitsrecht bilden, die nach § 310 Abs. 4 S. 2 BGB angemessen zu berücksichtigen ist.[62] Der Gesetzgeber hat in arbeitsrechtlichen Gesetzen die Bezugnahme auf TV ausdrücklich erlaubt (vgl. z.B. § 622 Abs. 4 S. 2 BGB, § 13 Abs. 1 S. 2, § 7 Abs. 3 ArbZG, § 4 Abs. 4 S. 2 EFZG, § 14 Abs. 2 S. 4 TzBfG, § 9 Nr. 2 AÜG). Selbst das NachweisG lässt einen allgemeinen Hinweis auf TV genügen (§ 2 Abs. 1 S. 2 Nr. 10 NachwG). Die Notwendigkeit einer dynamischen Ausgestaltung von Bezugnahmeklauseln ergibt sich aus der Zukunftsgerichtetheit der Arbverh.[63]

30 Zwar ist nach dem Willen des Gesetzgebers eine Inhaltskontrolle ausgeschlossen, wenn im Einzelarbeitsvertrag global auf die einschlägigen TV verwiesen wird.[64] Das gilt jedoch nicht für die partielle, „ergänzende" Verweisung.[65] Besondere Probleme ergeben sich daher wenn nicht global, sondern nur „ergänzend" zu umfangreichen abweichenden Formularvertragswerken Bezug genommen wird, denn auf diese Weise kann das von den TV-Parteien ausgehandelte Verhandlungspaket durch Streichungen und Ergänzungen von den Füßen auf den Kopf gestellt werden. Nach Ansicht des LAG Düsseldorf unterliegen deshalb alle ergänzend in Bezug genommenen Tarifregelungen voll der Inhaltskontrolle nach § 307 Abs. 1 S. 1 BGB.[66] Eine klare höchstrichterliche Rspr. fehlt z.Zt. noch.

31 Hinsichtlich der teilweisen Bezugnahme auf Tarifliche Regelungskomplexe, in denen Mehrurlaub geregelt ist, ist § 307 Abs. 3 S. 1 BGB zu beachten: Danach unterliegen Bestimmungen in Allgemeinen Geschäftsbedingungen nur dann der uneingeschränkten Inhaltskontrolle des § 307 Abs. 1 S. 1 BGB, wenn durch sie von Rechtsvorschriften abweichende oder diese ergänzende Regelungen vereinbart werden. Andere Bestimmungen in AGB, durch die nicht von Rechtsvorschriften abgewichen wird, sind nur bei einem Verstoß gegen das Transparenzgebot wegen unangemessener Benachteiligung unwirksam (§ 307 Abs. 3 S. 2, § 307 Abs. 1 S. 2 i.V.m. Abs. 1 S. 1 BGB). Das BAG hat deshalb bei der Vereinbarung der Anwendung eines dem BAT nachgebildeten kirchlichen Regelungswerkes, das die gesetzlichen Bestimmungen nicht nur ergänzte, sondern die über die gesetzlichen hinausgehenden Urlaubs- und Urlaubsabgeltungsansprüche regelte, keine Angemessenheitskontrolle dieser Mehrurlaubsregelungen sondern nur eine Transparenzkontrolle i.S.v. § 307 Abs. 1 S. 2 BGB durchgeführt.[67]

5. Nachwirkungszeitraum. Im Nachwirkungszeitraum (§ 4 Abs. 5 TVG) eines abgelaufenen oder gekündigten **32** TV (siehe § 4 TVG Rn 37 ff.) können die beiderseitig tarifgebundenen Arbeitsvertragsparteien die Anwendung der einschlägigen, nachwirkenden tariflichen Urlaubsregelungen vereinbaren, um die Wirkung des § 13 Abs. 1 S. 2 auch für jede neu eingestellte AN herbeizuführen. Ohne entsprechende Vereinbarung besteht für AN, deren Arbeitsvertrag im Nachwirkungszeitraum begründet wird, kein Vorrang der nur schuldrechtlich nachwirkenden tariflichen Urlaubsbestimmung gegenüber dem BUrlG.[68]

III. Tarifliche Ausschlussfristen

1. Eigenes Zeitregime für Urlaubsansprüche. Auf tarifliche und gesetzliche Vollurlaubs-, Teilurlaubs- und Urlaubsabgeltungsansprüche fanden vor der Vorabentscheidung in der Sache Schultz-Hoff tarifliche Ausschlussfristen keine Anwendung, weil diese Ansprüche nach der Rspr. einem eigenständigen Zeitregime unterliegen.[69] Sie bestehen als solche nur für einen befristeten Zeitraum und verfallen als Vollurlaubsansprüche spätestens mit § 7 Abs. 3. S. 3 am Ende des ersten Quartals des Folgejahres oder als Teilurlaubsansprüche nach § 7 Abs. 3 S. 4 am Ende des Folgejahres. Bis zum Ablauf des Urlaubsjahres und ggf. bis zum Ablauf der Übertragungsdauer kann deren Erfüllung stets verlangt werden kann. Der AN ist lediglich gezwungen, seine Ansprüche rechtzeitig vor Ablauf des Urlaubsjahres oder des Übertragungszeitraums zu verlangen.[70] I.Ü. ist nach § 13 Abs. 1 S. 1 den TV-Parteien zwar die Gestaltung des Übertragungszeitraums erlaubt, aber eine eigenständige Regelung der Verfalls oder der Verwirkung des gesetzlichen Mindesturlaubsanspruchs oder dessen Abgeltung verwehrt. Da Teilurlaubsansprüche nicht durch §§ 1 bis 3 geschützt werden, können demnach für die Geltendmachung des gesetzlichen Teilurlaubsanspruchs nach § 5

---

61 Vgl. BAG 17.10.2007 – 4 AZR 778/06 – AP BAT-O § 15 Nr. 4.
62 BAG 28.5.2009 – 6 AZR 144/08 – DB 2009, 1769.
63 BAG 24.9.2008 – 6 AZR 76/07 – AP BGB § 305c Nr. 11 = EzA BGB 2002 § 305c Nr. 15.
64 BT-Drucks 14, 6857, S. 54.
65 *Preis/Roloff*, ZfA 2007, 55 f.; ErfK/*Preis*, §§ 305–310 BGB, Rn 22.
66 LAG Düsseldorf 25.7.2007 – 12 Sa 944/07 – BB 2008, 110.
67 BAG 24.3.2009 – 9 AZR 983/07 – NZA 2009, 538; a.A.: volle Inhaltskontrolle für vertragliche Vereinbarungen von Mehrurlaub *Bauer/Arnold*, NJW 2009, 631, 634.
68 *Arnold/Ackermann/Rambach u.a.*, § 13 BUrlG Rn 26; *Schütz/Hauck*, Rn 920; ErfK/*Dörner*, § 13 BUrlG Rn 55.
69 BAG 20.1.2009 – 9 AZR 650/07 – ArbRB 2009, 98; BAG 21.6.2005 – 9 AZR 200/04 – NZA 2006, 232.
70 BAG 24.11.1992 – 9 AZR 549/91 – AP § 1 BUrlG Nr. 23 = BB 1993, 654.

Abs. 1 Buchst. a und b tarifliche Ausschlussklauseln rechtswirksam vereinbart werden.[71] Das gilt jedoch nicht für den gekürzten Vollurlaub nach § 5 Abs. 1 Buchst. c,[72] der in den durch §§ 1, 3 geschützten Bereich der Unabdingbarkeit fällt.[73]

34 **2. Erfassung von Ersatzurlaubsansprüchen.** Von den tariflichen Ausschlussfristen können andere urlaubsrechtliche Ansprüche, die nicht als solche schon einem Verfall unterliegen, z.B. auch der als Schadensersatz zustehende Ersatzurlaubsanspruch, erfasst werden. Die Rspr. haftet insoweit nicht starr am Wortlaut einer Geltendmachung. So wahrt eine schriftliche Mahnung des AN, ihm Urlaub zu gewähren, auch die tarifliche Ausschlussfrist für den nach Ablauf des Urlaubsjahres oder des Übertragungszeitraumes entstehenden Schadenersatzanspruch, der entweder auf Gewährung von Urlaub (Ersatzurlaubsanspruch) oder auf Zahlung gerichtet ist.[74]

35 **3. Erfassung von Urlaubsentgelt.** Der Anspruch auf Urlaubsentgelt ist rechtlich als der für die Zeit des Urlaubs weiter zu zahlende Anspruch auf Arbeitsentgelt nach § 611 BGB anzusehen.[75] Er unterliegt deshalb ebenso wie sonstige Entgeltansprüche den tariflichen Ausschlussfristen.[76]

36 **4. Erfassung der Urlaubsabgeltung.** Schon unter der Geltung der Surrogatstheorie konnten tarifliche Ausschlussfristen Abgeltungsansprüche erfassen, soweit die Abgeltung des gesetzlichen Mindesturlaubs unberührt blieb.[77] Nach der Änderung der Rspr. durch Aufgabe der Surrogatstheorie[78] ist das bislang angenommene gesetzliche Fristenregime für die Abgeltung von Mindesturlaub entfallen. Hier kommt die Anwendung von Ausschlussfristen erstmals in Betracht.[79] Sind tarifliche Ausschlussklauseln so auszulegen, dass sie auch Urlaubsabgeltungsansprüche erfassen sollen, muss der AN seine Ansprüche form- und fristgerecht geltend machen und bei zweistufigen Ausschlussfristen auch noch gerichtlich einklagen, anderenfalls verfallen sie. Von der Einbeziehung der Abgeltungsansprüche in tarifliche Ausschlussklauseln ist insbesondere bei der weit verbreiteten Formulierung auszugehen: „Alle Ansprüche aus und in Verbindung mit dem Arbvverh sind binnen zwei Monaten nach dessen Beendigung schriftlich geltend zu machen."

Von derartigen Ausschlussfristen werden nicht nur die tariflichen Abgeltungsansprüche, die für den tariflich geregelten Mehrurlaub gelten, sondern restlos alle Urlaubsabgeltungsansprüche erfasst. D.h. es ist auch der gesetzliche Mindesturlaub betroffen. Art. 7 der Arbeitszeit-RL steht dem nicht entgegen, denn der vom EuGH entwickelte „besonders bedeutsame Grundsatz des Sozialrechts der Gemeinschaft"[80] schützt nur den AN, der objektiv gehindert ist, seine Ansprüche zu realisieren, nicht aber denjenigen, der aus Nachlässigkeit Fristen versäumt.[81]

IV. Tarifliche Öffnungsklausel in § 13 Abs. 2

37 In § 13 Abs. 2 ist den TV-Parteien für **bestimmte Wirtschaftszweige** über § 13 Abs. 1 S. 1 hinausgehend erlaubt worden, von den Bestimmungen des BUrlG durch TV abzuweichen. Im Geltungsbereich dieser Öffnungsklausel darf auch von den Grundnormen des **§§ 1 bis 3 Abs. 1** abgewichen werden. Voraussetzung ist, dass die Abweichung zur Sicherung eines zusammenhängenden Jahresurlaubs aller AN erforderlich ist. Diese Öffnungsklausel gilt für alle Wirtschaftszweige, in denen aufgrund häufigen Wechsels des Arbvverh auch innerhalb eines Kalenderjahres die Wartezeit des § 4 nicht zurückgelegt wird und somit häufig ein Anspruch auf den gesetzlichen Vollurlaub nicht entsteht. Ausdrücklich genannt ist das **Baugewerbe**.

38 **1. Urlaubskassenverfahren der Bauwirtschaft.** Die TV-Parteien der Bauindustrie und des Baugewerbes haben von der Öffnungsklausel in § 13 Abs. 2 Gebrauch gemacht. Sie haben für den Urlaub der gewerblichen AN eine umfassende Regelung getroffen. Dazu haben sie für das Bundesgebiet mit Ausnahme Bayerns und Berlins die Urlaubs- und Lohnausgleichskassen der Bauwirtschaft (ULAK) in Wiesbaden errichtet. Für Bayern ist die Gemeinnützige Urlaubskasse des Bayerischen Baugewerbes (UKB) und für Berlin die Sozialkasse des Berliner Baugewerbes (SoKa Berlin) errichtet. Daneben ist noch die Zusatzversorgungskasse des Baugewerbes (ZVK) als „gemeinsame Einrichtungen der Tarifvertragsparteien" im Sinne von § 4 Abs. 2 TVG gebildet, die mit dem Inkasso beauftragt ist. Die Regelung der materiellen Urlaubsbedingungen ist im Bundesrahmentarifvertrag Bau (BRTV Bau) vom 4.7.2002 in der Fassung vom 14.12.2004 enthalten. Das Verfahren ist im TV über das Sozialkassenverfahren im Baugewerbe (VTV) vom 20.12.1999 i.d.F. v. 14.12.2004 geregelt Dort sind auch die Bestimmungen zu finden, die insb. das Meldeverfahren des AG gegenüber der ULAK betreffen.

---

71 BAG 3.12.1970 – 5 AZR 202/70 – BAGE 23, 118 = DB 1971, 295.
72 Zutreffend: *Arnold/Ackermann/Rambach u.a.*, § 13 BUrlG Rn 35.
73 BAG 9.6.1998 – 9 AZR 43/97 – BAGE 89, 91= AP § 7 BUrlG Nr. 23.
74 BAG 24.11.1992 – 9 AZR 549/91 – AP § 1 BUrlG Nr. 23 = BB 1993, 654.
75 BAG 20.6.2000 – 9 AZR 405/99 – NZA 2001, 100.
76 BAG 22.1.2002 – 9 AZR 601/00 – NZA 2002, 1041.
77 BAG 21.6.2005 – 9 AZR 200/04 – NZA 2006, 232.
78 BAG 24.3.2009 – 9 AZR 983/07 – NZA 2009, 538.
79 So ohne jede Einschränkung ErfK/*Dörner*, § 7 BurlG Rn 64.
80 EuGH 20.1.2009 – C- 350/06 und C-520/06 – NJW 2009, 495.
81 *Düwell*, dbr 2009 Heft 8, S. 9 ff.

2. Tariflicher Urlaubsanspruch. Nach § 8 Nr. 1.1 BRTV Bau beträgt der Vollurlaubsanspruch – ohne die fünf Tage Zusatzurlaub für schwerbehinderte Beschäftigte[82] 30 Arbeitstage im Kalenderjahr. Das Entstehen des Anspruchs ist abweichend von §§ 4,5 an zurückgelegte Beschäftigungszeit geknüpft. Für je zwölf Beschäftigungstage entsteht gem. § 8 Nr. 2.2 BRTV Bau ein Anspruch auf einen Tag Urlaub. Für schwerbehinderte AN entsteht der Anspruch – wegen des Zusatzurlaubs – schon nach 10,4 Beschäftigungstagen. Der ratierlich entstehende Urlaubsanspruch kennt folglich keine Wartezeit. Bei einem Wechsel in einen anderen Betrieb der Bauwirtschaft, nimmt der AN seine Urlaubsansprüche mit. Resturlaubsansprüche werden zunächst auf volle Tage auf- bzw. abgerundet und in das nächste Kalenderjahr übertragen (§ 8 Nr. 2.7 BRTV Bau).

3. Tarifliche Urlaubsvergütung. Nach § 8 Nr. 4.1 BRTV Bau beträgt die Urlaubsvergütung 14,82 % des Bruttolohns. Sie setzt sich aus Urlaubsentgelt in Höhe von 11,4 % des Bruttolohns und dem zusätzlichen Urlaubsgeld in Höhe von 30 % des Urlaubsentgelts zusammen. Bei schwerbehinderten Menschen beträgt das Urlaubsentgelt 17,29 % des Bruttolohns. Zusätzlich kommen Ausgleichsbeträge nach § 8 Nr. 5 BRTV Bau hinzu. Das Urlaubsentgelt wird im Umlageverfahren aufgebracht von allen Bau-AG. Es wird verwaltet von der ULAK, der UKB und der SoKa Berlin. Die Beiträge werden von den AG des Baugewerbes nach § 18 VTV an die ZVK gezahlt, die als Einzugsstelle fungiert (§ 3 Abs. 3 VTV). Diese führt die Beträge an die ULAK, die UKB und die SoKa Berlin ab.

4. Besonderheiten hinsichtlich Abgeltung. In § 8 Nr. 6 BRTV Bau ist § 7 Abs. 4 abbedungen. Grds. ist der beim Vorgänger entstandene Urlaubsanspruch vom nächsten Bau-AG zu erfüllen. Nur in den dort besonders geregelten Fällen, in denen keine nachfolgende Beschäftigung im Baugewerbe aufgenommen wird, entsteht ein Urlaubsabgeltungsanspruch oder ein Entschädigungsanspruch gegenüber der ULAK.[83] Alle Urlaubsansprüche und die Urlaubsabgeltungsansprüche **verfallen** mit Ablauf des Kalenderjahres, das auf das Jahr der Entstehung des Anspruchs folgt (§ 8 Nr. 7 BRTV Bau). Nach Verfall der Urlaubs- und Abgeltungsansprüche kann noch binnen eines weiteren Jahres ein tariflicher Entschädigungsanspruch gegenüber der ULAK in Höhe der Urlaubsvergütung geltend gemacht werden, soweit der Bau-AG den AN zur ULAK gemeldet und Beiträge für die Urlaubsansprüche gezahlt hatte (§ 8 Nr. 8 BRTV Bau). Die ULAK muss wegen des komplizierten Verfahrens gegenüber den AN Aufklärungspflichten erfüllen. Dabei ist insb. auf Nachweisunterlagen und Fristen hinzuweisen. Verletzt die ULAK ihre Aufklärungspflicht, so hat sie Schadensersatz zu leisten.[84] Nach § 8 Nr. 9 BRTV Bau sind die Ansprüche auf Urlaubsvergütung, Urlaubsabgeltung oder Entschädigung vererblich.[85]

§ 14 (gegenstandslos)

§ 15 Änderung und Aufhebung von Gesetzen

(1) Unberührt bleiben die urlaubsrechtlichen Bestimmungen des Arbeitsplatzschutzgesetzes vom 30. März 1957 (BGBl. I S. 293), geändert durch Gesetz vom 22. März 1962 (BGBl. I S. 169), des Neunten Buches Sozialgesetzbuch, des Jugendarbeitsschutzgesetzes vom 9. August 1960 (BGBl. I S. 665), geändert durch Gesetz vom 20. Juli 1962 (BGBl. I S. 449), und des Seemannsgesetzes vom 26. Juli 1957 (BGBl. II S. 713), geändert durch Gesetz vom 25. August 1961 (BGBl. II S. 1391).a) und b) Änderung von Bundesgesetzen

(2) ¹Mit dem Inkrafttreten dieses Gesetzes treten die landesrechtlichen Vorschriften über den Erholungsurlaub außer Kraft. ²In Kraft bleiben jedoch die landesrechtlichen Bestimmungen über den Urlaub für Opfer des Nationalsozialismus und für solche Arbeitnehmer, die geistig oder körperlich in ihrer Erwerbsfähigkeit behindert sind.

§ 15a Übergangsvorschrift

Befindet sich der Arbeitnehmer von einem Tag nach dem 9. Dezember 1998 bis zum 1. Januar 1999 oder darüber hinaus in einer Maßnahme der medizinischen Vorsorge oder Rehabilitation, sind für diesen Zeitraum die seit dem 1. Januar 1999 geltenden Vorschriften maßgebend, es sei denn, daß diese für den Arbeitnehmer ungünstiger sind.

---

82 *Leinemann/Linck*, § 13 BUrlG Rn 122.
83 BAG 26.6.2001 – 9 AZR 347/00 – AP § 7 BUrlG Abgeltung Nr. 81 m. Anm. *Hohmeister*.
84 BAG 20.8.1996 – 9 AZR 222/95 – NZA 1997, 211.
85 Kritisch dazu *Leinemann/Linck*, § 13 BUrlG Rn 128.

§ 16 Inkrafttreten

Dieses Gesetz tritt mit Wirkung vom 1. Januar 1963 in Kraft.

Gesetz über die Drittelbeteiligung der Arbeitnehmer im Aufsichtsrat (Drittelbeteiligungsgesetz – DrittelbG)

Vom 18.5.2004, BGBl I S. 974, BGBl III 801-14

Zuletzt geändert durch Gesetz zur Umsetzung der Aktionärsrechterichtlinie (ARUG) vom 30.7.2009, BGBl I S. 2479

Teil 1: Geltungsbereich

§ 1 Erfasste Unternehmen

(1) Die Arbeitnehmer haben ein Mitbestimmungsrecht im Aufsichtsrat nach Maßgabe dieses Gesetzes in
1. einer Aktiengesellschaft mit in der Regel mehr als 500 Arbeitnehmern. Ein Mitbestimmungsrecht im Aufsichtsrat besteht auch in einer Aktiengesellschaft mit in der Regel weniger als 500 Arbeitnehmern, die vor dem 10. August 1994 eingetragen worden ist und keine Familiengesellschaft ist. Als Familiengesellschaften gelten solche Aktiengesellschaften, deren Aktionär eine einzelne natürliche Person ist oder deren Aktionäre untereinander im Sinne von § 15 Abs. 1 Nr. 2 bis 8, Abs. 2 der Abgabenordnung verwandt oder verschwägert sind;
2. einer Kommanditgesellschaft auf Aktien mit in der Regel mehr als 500 Arbeitnehmern. Nummer 1 Satz 2 und 3 gilt entsprechend;
3. einer Gesellschaft mit beschränkter Haftung mit in der Regel mehr als 500 Arbeitnehmern. Die Gesellschaft hat einen Aufsichtsrat zu bilden; seine Zusammensetzung sowie seine Rechte und Pflichten bestimmen sich nach § 90 Abs. 3, 4, 5 Satz 1 und 2, nach den §§ 95 bis 114, 116, 118 Abs. 3, § 125 Abs. 3 und 4 und nach den §§ 170, 171, 268 Abs. 2 des Aktiengesetzes;
4. einem Versicherungsverein auf Gegenseitigkeit mit in der Regel mehr als 500 Arbeitnehmern, wenn dort ein Aufsichtsrat besteht;
5. einer Genossenschaft mit in der Regel mehr als 500 Arbeitnehmern. § 96 Abs. 2 und die §§ 97 bis 99 des Aktiengesetzes sind entsprechend anzuwenden. Die Satzung kann nur eine durch drei teilbare Zahl von Aufsichtsratsmitgliedern festsetzen. Der Aufsichtsrat muss zwei Sitzungen im Kalenderhalbjahr abhalten.

(2) Dieses Gesetz findet keine Anwendung auf
1. die in § 1 Abs. 1 des Mitbestimmungsgesetzes, die in § 1 des Montan-Mitbestimmungsgesetzes und die in den §§ 1 und 3 Abs. 1 des Montan-Mitbestimmungsergänzungsgesetzes bezeichneten Unternehmen;
2. Unternehmen, die unmittelbar und überwiegend
   a) politischen, koalitionspolitischen, konfessionellen, karitativen, erzieherischen, wissenschaftlichen oder künstlerischen Bestimmungen oder
   b) Zwecken der Berichterstattung oder Meinungsäußerung, auf die Artikel 5 Abs. 1 Satz 2 des Grundgesetzes anzuwenden ist,

dienen.

Dieses Gesetz ist nicht anzuwenden auf Religionsgemeinschaften und ihre karitativen und erzieherischen Einrichtungen unbeschadet deren Rechtsform.

(3) Die Vorschriften des Genossenschaftsgesetzes über die Zusammensetzung des Aufsichtsrats sowie über die Wahl und die Abberufung von Aufsichtsratsmitgliedern gelten insoweit nicht, als sie den Vorschriften dieses Gesetzes widersprechen.

Literatur: *Boewer/Gaul/Otto*, Wahl der Arbeitnehmervertreter in den Aufsichtsrat, GmbHR 2004, 1065; *Fabricius/Kraft/Wiese/Kreutz/Oetker/Raab/Weber*, Gemeinschaftskommentar zum Betriebsverfassungsgesetz, 7. Aufl. 2002; *Fitting/Kaiser/Heither/Engels/Schmidt*, Betriebsverfassungsgesetz, 21. Aufl. 2002; *Henssler*, Umstrukturierung von mitbestimmten Unternehmen, ZfA 2000, 241; *Huke/Prinz*, Das Drittelbeteiligungsgesetz löst das Betriebsverfassungsgesetz 1952 ab, BB 2004, 2633; *Melot de Beauregard*, Das Zweite Gesetz zur Vereinfachung der Wahl der Arbeitnehmervertreter in den Aufsichtsrat, DB 2004, 1430; *Seibt*, Drittelbeteiligungsgesetz und Fortsetzung der Reform des Unternehmensmitbestimmungsrechts, NZA 2004, 767; *Wienkel/Prinz/Huke*, Die Wahl der Arbeitnehmervertreter in den Aufsichtsrat, 2009

A. Allgemeines

1 Das DrittelbG ersetzt seit dem 1.7.2004 die §§ 76 bis 87a des **BetrVG 1952** zur Beteiligung der AN im AR kleiner Kapitalgesellschaften (allgemein zu den Aufgaben, der Rechtsstellung und der Amtszeit der AN-Vertreter im AR vgl. vor MitbestG Rn 11 ff.). Das DrittelbG ist im Wesentlichen eine redaktionelle Neufassung der unübersichtlichen Regelungen des BetrVG 1952.[1] Es zeichnet sich im Vergleich zum bisherigen Recht vorwiegend durch eine größere Vollständigkeit und eine systematischere Gliederung aus.[2]

B. Regelungsgehalt

2 § 1 regelt den **Anwendungsbereich** des Gesetzes. Hier sind die bisher in den §§ 76 Abs. 6, 77 Abs. 1 bis 3, 81 Abs. 1 und 2 sowie in § 85 Abs. 1, 3 BetrVG 1952 enthaltenen Regeln zusammengefasst. Erfasst werden Aktiengesellschaften, Kommanditgesellschaften, Gesellschaften mit beschränkter Haftung, Versicherungsvereine auf Gegenseitigkeit und Erwerbs- und Wirtschaftsgenossenschaften, die in der Regel mehr als 500 AN beschäftigen. Aus dem Anwendungsbereich gestrichen wurde die bergrechtliche Gewerkschaft mit eigener Rechtspersönlichkeit, die es gemäß § 163 Bundesberggesetz bereits seit dem 1.1.1994 nicht mehr gibt.[3] Betroffen sind nur Unternehmen, die ihren Sitz auf dem Gebiet der Bundesrepublik Deutschland haben und die weder vom MitbestG 1976, noch vom MontanmitbestG oder MontanmitbestErgG erfasst sind.

3 Die schon bisher anerkannte Voraussetzung der **Regelbeschäftigung**[4] wurde nun durch den Wortlaut „in der Regel" auch gesetzlich klargestellt.

4 Zugleich wurde der **Schwellenwert** für Aktiengesellschaften geringfügig modifiziert. Diese waren gem. § 76 Abs. 6 BetrVG 1952 bereits ab 500 Beschäftigten erfasst, nunmehr müssen mehr als 500 AN vorhanden sein. In Aktiengesellschaften findet darüber hinaus eine AN-Beteiligung statt, wenn in der Regel weniger als 500 AN beschäftigt sind, es sich nicht um Familiengesellschaften handelt und die Eintragung vor dem 10. August 1994 stattgefunden hat.

5 Hinsichtlich des obligatorischen AR in der GmbH wird auf die **aktienrechtlichen Vorschriften** der §§ 90 Abs. 3, 4, 5 S. 1 und 2, 95 bis 114, 116, 118 Abs. 2, 125 Abs. 3, 171, 268 Abs. 2 AktG verwiesen. Im Gegensatz zu einer nach dem MitbestG mitbestimmten GmbH ist der AR aber nicht für die Bestellung bzw. die Abberufung der Geschäftsführer und den Abschluss bzw. die Änderung oder Beendigung der Anstellungsverträge der Geschäftsführer zuständig. Die Gesellschaft wird gemäß §§ 45 Abs. 2, 46 Nr. 5 GmbHG durch die Gesellschafterversammlung vertreten, sofern der Gesellschaftsvertrag keine andere Aufgabenverteilung vornimmt.[5]

6 Für die Mitbestimmung in der GmbH wurden mit dem DrittelbG die **Verweisungen** in § 1 Abs. 1 Nr. 3 auf § 125 Abs. 4 AktG und § 170 AktG ausgeweitet. § 125 Abs. 4 AktG enthält die Verpflichtung, jedem AR-Mitglied auf Verlangen die auf der Hauptversammlung gefassten Beschlüsse mitzuteilen. § 170 AktG regelt die Vorlagepflicht des Vorstandes an den AR.

7 Eine Änderung gegenüber dem alten Recht wurde hinsichtlich des **Tendenzschutzes** vorgenommen. Im Gegensatz zu § 81 Abs. 1 BetrVG 1952 wird nunmehr gem. Abs. 2 Nr. 2 verlangt, dass die betroffenen Unternehmen *unmittelbar* und *überwiegend* den entsprechenden Bestimmungen dienen. Der Gesetzgeber sieht hierin keine inhaltliche Änderung gegenüber der bisherigen Rechtslage, sondern nur eine sprachliche Anpassung an das MitbestG.[6] Klargestellt wurde, dass – wie nach ständiger Rechtsprechung und herrschender Meinung auch bisher anerkannt[7] – koalitionspolitische und nicht nur gewerkschaftliche Unternehmen dem Tendenzschutz unterfallen.

C. Verbindung zu anderen Rechtsgebieten

8 Die Anwendung des die Unternehmensmitbestimmung betreffenden Regelungsrestes des BetrVG 1952 war durch fehlende Systematik und Lückenhaftigkeit gekennzeichnet. Darüber hinaus waren die verbleibenden Vorschriften des BetrVG 1952 sowie der Wahlordnung 1952 aufgrund mehrerer gesetzlicher Änderungen, z.B. durch die Novellierung des BetrVG im Jahr 2001[8] und das Gesetz zur Vereinfachung der Wahl der AN-Vertreter in der AR im Jahr 2002,[9] nicht mehr aktuell. Mit dem Zweiten Gesetz zur Vereinfachung der Wahl der AN-Vertreter in der AR werden in den Art. 2–4 außerdem Änderungen des Montanmitbestimmungsergänzungsgesetzes, des Mitbestimmungsgesetzes 1976 und des MontanmitbestG vorgenommen. Weitere Folgeänderungen, vorwiegend bedingt durch die Umbenennung des BetrVG 1952 in Drittelbeteiligungsgesetz, betreffen das ArbGG, das BetrVG, das AktG und das VAG.

---

1 Vgl. Gesetzesbegründung, BT-Drucks 15/2542, S. 10.
2 Zum Vergleich zwischen Betriebsverfassungsgesetz 1952 und Drittelbeteiligungsgesetz vgl. im Einzelnen *Huke/Prinz*, BB 2004, 2633; zum Ablauf des Wahlverfahrens vgl. *Wienke/Prinz/Huke*, Rn 335 ff.
3 Vgl. *Melot de Beauregard*, DB 2004, 1430.
4 *Fitting* u.a., § 76 BetrVG 1952, Rn 10.
5 Vgl. *Boewer/Gaul/Otto*, GmbHR 2004, 1065, 1066.
6 Vgl. Gesetzesbegründung, BT-Drucks 15/2542, S. 11.
7 GK-BetrVG/*Kraft*, § 81 BetrVG 1952, Rn 13.
8 Gesetz zur Reform des BetrVG v. 23.7.2001, BGBl I, S. 2518.
9 Gesetz zur Vereinfachung der Wahl der Arbeitnehmervertreter in den AR v. 23.3.2002, BGBl I, S. 1130.

D. Beraterhinweise

Die nur noch schwer zu rechtfertigende und eine Ungleichbehandlung darstellende Drittelbeteiligung in AR von **kleinen Aktiengesellschaften**, die vor dem 10. August 1994 eingetragen wurden, lässt sich vermeiden, wenn ein Rechtsformwechsel in diejenige einer GmbH gemäß §§ 190 ff. UmwG vorgenommen wird. Ein späterer Rück-Formwechsel in die Rechtsform der AG oder KGaA. ließe die Unternehmensmitbestimmung nicht wieder aufleben.[10]

9

---

§ 2 Konzern

(1) An der Wahl der Aufsichtsratsmitglieder der Arbeitnehmer des herrschenden Unternehmens eines Konzerns (§ 18 Abs. 1 des Aktiengesetzes) nehmen auch die Arbeitnehmer der übrigen Konzernunternehmen teil.
(2) Soweit nach § 1 die Beteiligung der Arbeitnehmer im Aufsichtsrat eines herrschenden Unternehmens von dem Vorhandensein oder der Zahl von Arbeitnehmern abhängt, gelten die Arbeitnehmer eines Konzernunternehmens als solche des herrschenden Unternehmens, wenn zwischen den Unternehmen ein Beherrschungsvertrag besteht oder das abhängige Unternehmen in das herrschende Unternehmen eingegliedert ist.

Literatur: *Emmerich/Sonnenschein/Habersack*, Konzernrecht, 7. Aufl. 2001; *Fitting/Kaiser/Heither/Engels/Schmidt*, Betriebsverfassungsgesetz, 21. Auflage 2002; *Von der Linden*, Zur Arbeitnehmerzurechnung nach § 2 Abs. 2 DrittelbG, EWiR 2007, 559; *Lutter*, Stand und Entwicklung des Konzernrechts in Europa, ZGR 1987, 324; *Seibt*, Drittelbeteiligungsgesetz und Fortsetzung der Reform des Unternehmensmitbestimmungsrechts, NZA 2004, 767

A. Allgemeines	1	II. Zurechnung zum herrschenden Unternehmen (Abs. 2)	5
B. Regelungsgehalt	2	C. Verbindung zu anderen Rechtsgebieten	6
I. Teilnahme der AN übriger Konzernunternehmen (Abs. 1)	2	D. Beraterhinweise	7

A. Allgemeines

Die Konzernvorschrift regelt die Beteiligung der AN von **Konzernunternehmen** an den Wahlen zum AR nach dem DrittelbG. Sie entspricht im Wesentlichen den Regelungen des § 76 Abs. 4 und § 77a BetrVG 1952. Durch die Vorschrift soll die Beteiligung aller AN des Konzerns an der Wahl sichergestellt werden. Sie wurde hinsichtlich der Voraussetzungen für das Vorliegen eines Konzernverhältnisses mit dem DrittelbG teilweise ausgeweitet.[1]

1

B. Regelungsgehalt

I. Teilnahme der AN übriger Konzernunternehmen (Abs. 1)

Bei der Wahl der AR-Mitglieder im Konzern nehmen die AN aller Konzernunternehmen teil. Voraussetzung dafür ist, dass die Wahl im herrschenden Unternehmen des Konzerns stattfindet. Außerdem muss die Konzernspitze ihren Sitz im Inland haben und in einer der Rechtsformen betrieben werden, die unter das DrittelbG fallen (AG, KGaA, GmbH, Erwerbs- oder Wirtschaftsgenossenschaft, VVaG).[2] Die Definition des herrschenden Unternehmens ergibt sich aus § 18 Abs. 1 AktG.[3] Durch die Gesetzesänderung werden nicht mehr nur die gesetzlichen und nicht widerlegbaren[4] Vermutungen der Konzernverbindungen durch **Beherrschungsvertrag** nach § 291 AktG und durch Eingliederung nach § 319 AktG umfasst.

2

Dadurch, dass nicht mehr nur auf die ersten beiden Sätze des § 18 Abs. 1 AktG, sondern auf den gesamten Absatz 1 verwiesen wird, greift nun auch die Vermutungsregelung, dass ein abhängiges Unternehmen mit dem herrschenden Unternehmen einen Konzern bildet. Abs. 1 stellt somit den **faktischen Unterordnungskonzern** dem **Vertragskonzern** des § 18 Abs. 1 S. 2 AktG gleich. Der Gesetzgeber wendet sich damit gegen den gegenteiligen Beschluss des

3

---

10 *Seibt*, NZA 2004, 767, 768 f.; HWK/*Seibt*, § 76 BetrVG 1952 Rn 16; vgl. auch *Henssler*, ZfA 2000, 241, 259.

1 Eingefügt durch Änderungsanträge der Fraktionen der SPD und Bündnis 90/Die Grünen zum Entwurf eine Zweiten Gesetzes zur Vereinfachung der Wahl der Arbeitnehmervertreter in den Aufsichtsrat – BT-Drucks 15/2542, BT-Ausschussdrucks 15(9)1057.

2 Vgl. *Fitting* u.a., § 76 BetrVG 1952 Rn 96.

3 § 18 Abs. 1 AktG: „Sind ein herrschendes und ein oder mehrere abhängige Unternehmen unter der einheitlichen Leitung des herrschenden Unternehmens zusammengefasst, so bilden sie einen Konzern; die einzelnen Unternehmen sind Konzernunternehmen. Unternehmen, zwischen denen ein Beherrschungsvertrag (§ 291) besteht oder von denen das eine in das andere eingegliedert ist (§ 319), sind als unter einheitlicher Leitung zusammengefasst anzusehen. Von einem abhängigen Unternehmen wird vermutet, dass es mit dem herrschenden Unternehmen einen Konzern bildet."

4 Vgl. *Hüffer*, AktienG, § 18 Rn 17.

BAG.[5] Die Vermutung ist widerlegbar durch den Nachweis, dass eine Abhängigkeit nicht besteht.[6] Welche Anforderungen an diesen Nachweis zu stellen sind, hängt davon ab, ob dem **engen** oder dem **weiten Konzernbegriff** gefolgt wird.[7] Der enge Konzernbegriff betrachtet den Konzern als wirtschaftliche Einheit.[8] Der weite Konzernbegriff lässt die einheitliche Leitung in wenigstens einem wesentlichen Bereich unternehmerischer Tätigkeit (z.B. Organisation, Produktion, Verkauf)[9] ausreichen und geht damit über den Gesetzeszweck der Konzernregelungen hinaus. Es sollte daher zur Widerlegung der Vermutung genügen, wenn trotz vorhandener Abhängigkeit eine **Gesamtkonzeption** fehlt. Selbst wenn eine solche Gesamtkonzeption zwar vorhanden ist, aber nicht durchgeführt wird, sollte die Vermutung widerlegt sein.

Eine weitere Gesetzesänderung betrifft die bisherige Möglichkeit der **Delegiertenwahl**. Sie wurde abgeschafft, so dass jetzt auch im Konzern nur per Urwahl die Mitglieder des AR bestimmt werden können und die kostenträchtige Delegiertenwahl im Drittelbeteiligungsgesetz nicht mehr zur Disposition steht.

II. Zurechnung zum herrschenden Unternehmen (Abs. 2)

Die Zurechnung von AN aus Tochtergesellschaften kommt bei allen Konzernen in Betracht, an deren Spitze eine Gesellschaft steht, bei der die Mitbestimmung im AR von der Zahl der Beschäftigten abhängig ist. Allerdings werden nur die AN solcher Konzernunternehmen zugerechnet, die durch einen **Beherrschungsvertrag** im Sinne des § 291 Abs. 1 AktG mit der Obergesellschaft verbunden sind oder gemäß § 319 AktG in diese **eingegliedert** sind. AN von Unternehmen, die auf andere Weise von der Obergesellschaft beherrscht werden, kommen nicht in Anrechnung, so – im Gegensatz zu Absatz 1 – bei einem faktischen Konzernverhältnis,[10] bei Gewinnabführungsverträgen oder bei Unternehmensverträgen im Sinne des § 292 AktG. Von der betriebsbezogenen Betrachtungsweise der AN eines Konzernunternehmens im § 77a BetrVG 1952 wurde mit der Gesetzesänderung auf eine konzernbezogene Betrachtungsweise umgestellt.

C. Verbindung zu anderen Rechtsgebieten

Da kein eigener arbeitsrechtlicher Konzernbegriff besteht, wird hier wie z.B. auch in §§ 8 Abs. 1 S. 2, 54 Abs. 1 BetrVG und § 5 MitbestG auf § 18 Abs. 1 AktG Bezug genommen. § 18 Abs. 1 S. 1 AktG regelt, dass ein herrschendes und ein oder mehrere abhängige (§ 17 Abs. 1 AktG) Unternehmen unter der einheitlichen Leitung des herrschenden Unternehmens zusammengefasst den so genannten Unterordnungskonzern bilden.

D. Beraterhinweise

Nach der Gesetzesänderung muss in der Beratung – genau wie auch bei der Konzernproblematik im MitbestG – darauf geachtet werden, dass nunmehr auch im **faktischen Unterordnungskonzern** alle AN an der Wahl des AR im herrschenden Unternehmen teilnehmen und die Vermutung des Vorliegens eines faktischen Unterordnungskonzerns ggf. widerlegt werden muss.[11]

Durch eine Abspaltung oder Aufgliederung kann erreicht werden, dass die Konzernzuordnung und damit ggf. die Voraussetzung für die AN-Beteiligung im AR entfällt.

Zu beachten ist dabei aber, dass bei einer Abspaltung oder Ausgliederung im Sinne des § 123 Abs. 2 und 3 UmwG, die beim übertragenden Rechtsträger die gesetzlichen Voraussetzungen für die Beteiligung der AN im AR entfallen lässt, die vor der Spaltung geltenden Vorschriften gemäß § 325 Abs. 1 UmwG noch für einen Zeitraum von fünf Jahren nach dem Wirksamwerden der Abspaltung oder Aufgliederung Anwendung finden. Gemäß § 325 Abs. 1 S. 2 UmwG greift diese **Mitbestimmungserhaltung** nicht, wenn durch die Abspaltung die AN-Zahl des übertragenden Rechtsträgers unter ¼ der für die jeweilige Mitbestimmungsregelung erforderlichen Mindest-AN-Zahl sinkt. Für die befristete Fortgeltung der Mitbestimmung nach dem DrittelbG liegt daher die maßgebliche Grenze für die Mitbestimmungserhaltung bei 126 AN. Dabei reicht es aus, wenn die Zahl der An zu einem beliebigen Zeitpunkt innerhalb des Fünf-Jahres-Zeitraumes unter diese Grenze fällt, ein Wiederansteigen der Beschäftigtenzahl über diese Grenze führt nicht zu einem Wiederaufleben der Mitbestimmungssicherung nach § 325 Abs. 1 UmwG.[12] § 325 UmwG sichert die Mitbestimmung nur im übertragenden Unternehmen. Wenn innerhalb eines Konzerns bei einer Tochtergesellschaft eine Ausgliederung oder Abspaltung erfolgt, kommt § 325 UmwG nur bei der Tochtergesell-

---

5 BAG, Beschl. v. 16.8.1995 – 7 ABR 57/94 – NZA 1996, 274.
6 Vgl. *Hüffer*, AktienG, § 18 Rn 19.
7 Vgl. zum Meinungsstand *Hüffer*, AktienG, § 18 Rn 9 ff.
8 KölnKomm-AktG/*Koppensteiner*, § 18 Rn 14 ff. m.w.N.; *Lutter*, ZGR 1987, 324.
9 *Emmerich/Sonnenschein/Habersack*, Konzernrecht, § 4 III 1.
10 Vgl. KG Berlin 7.6.2007 – 2 W 8/07 – ZIP 2007, 1566; *von der Linden*, EWiR 2007, 559.
11 Vgl. auch *Seibt*, NZA 2004, 767, 769 ff.
12 Vgl. Willemsen/Hohenstatt/Schweibert/Seibt-*Seibt*, F 106 Rn 106 m.w.N.

schaft zur Anwendung. Selbst wenn die Verringerung der AN-Zahl bei der Tochtergesellschaft auch bei der Muttergesellschaft mitbestimmungsrechtliche Konsequenzen hat, so greift bei der Muttergesellschaft keine Mitbestimmungssicherung.[13]

§ 3 Arbeitnehmer, Betrieb

(1) Arbeitnehmer im Sinne dieses Gesetzes sind die in § 5 Abs. 1 des Betriebsverfassungsgesetzes bezeichneten Personen mit Ausnahme der in § 5 Abs. 3 des Betriebsverfassungsgesetzes bezeichneten leitenden Angestellten.
(2) [1]Betriebe im Sinne dieses Gesetzes sind solche des Betriebsverfassungsgesetzes. [2]§ 4 Abs. 2 des Betriebsverfassungsgesetzes ist anzuwenden.
(3) [1]Die Gesamtheit der Schiffe eines Unternehmens gilt für die Anwendung dieses Gesetzes als ein Betrieb. [2]Schiffe im Sinne dieses Gesetzes sind Kauffahrteischiffe, die nach dem Flaggenrechtsgesetz die Bundesflagge führen. [3]Schiffe, die in der Regel binnen 48 Stunden nach dem Auslaufen an den Sitz eines Landbetriebs zurückkehren, gelten als Teil dieses Landbetriebs.

A. Allgemeines

Die **Definition des AN und des Betriebs** wurde neu in das Gesetz aufgenommen. Hiermit ist allerdings keine Änderung der bisherigen Rechtslage verbunden.[1]   **1**

B. Regelungsgehalt

Bei der Definition des AN wird auf § 5 Abs. 3 des BetrVG, bei der Definition des Betriebes auf § 4 Abs. 2 des BetrVG verwiesen (vgl. § 4 BetrVG Rn 3 ff., § 5 BetrVG Rn 3 ff.). Durch den ersten Verweis wird klargestellt, dass die leitenden Ang weiterhin vom aktiven Wahlrecht ausgeschlossen sind. So erübrigt sich bei einer AR-Wahl nach dem DrittelbG das komplizierte besondere Wahlverfahren für leitende Ang, wie es in Unternehmen mit mehr als 2.000 Beschäftigten nach dem MitbestG vorgesehen ist.   **2**

Abs. 3 trifft eine Sonderregelung für die Seeschifffahrt. Alle Schiffe, die zu einem Unternehmen gehören, gelten als ein Betrieb. Schiffe, die jeweils nicht länger als 48 Stunden unterwegs sind, gelten als Teil des entsprechenden Landbetriebes.   **3**

C. Verbindung zu anderen Rechtsgebieten

Die Definition des AN und des Betriebs entspricht § 3 MitbestG.   **4**

D. Beraterhinweise

Sind mehr als zwei ANVertreter in den AR zu wählen, können auch **leitende Ang** gem. § 4 Abs. 2 von den AN vorgeschlagen und als AN-Vertreter in den AR gewählt werden. Lediglich eine Zwangsrepräsentation der Leitenden besteht nach dem DrittelbG nicht.   **5**

Teil 2: Aufsichtsrat

§ 4 Zusammensetzung

(1) Der Aufsichtsrat eines in § 1 Abs. 1 bezeichneten Unternehmens muss zu einem Drittel aus Arbeitnehmervertretern bestehen.
(2) [1]Ist ein Aufsichtsratsmitglied der Arbeitnehmer oder sind zwei Aufsichtsratsmitglieder der Arbeitnehmer zu wählen, so müssen diese als Arbeitnehmer im Unternehmen beschäftigt sein. [2]Sind mehr als zwei Aufsichtsratsmitglieder der Arbeitnehmer zu wählen, so müssen mindestens zwei Aufsichtsratsmitglieder als Arbeitnehmer im Unternehmen beschäftigt sein.

---

13 Vgl. *Fitting u.a.*, § 76 BetrVG 1952 Rn 20.   1 Vgl. Gesetzesbegründung, BT-Drucks 15/2542, S. 12.

(3) ¹Die Aufsichtsratsmitglieder der Arbeitnehmer, die Arbeitnehmer des Unternehmens sind, müssen das 18. Lebensjahr vollendet haben und ein Jahr dem Unternehmen angehören. ²Auf die einjährige Unternehmensangehörigkeit werden Zeiten der Angehörigkeit zu einem anderen Unternehmen, dessen Arbeitnehmer nach diesem Gesetz an der Wahl von Aufsichtsratsmitgliedern des Unternehmens teilnehmen, angerechnet. ³Diese Zeiten müssen unmittelbar vor dem Zeitpunkt liegen, ab dem die Arbeitnehmer zur Wahl von Aufsichtsratsmitgliedern des Unternehmens berechtigt sind. ⁴Die weiteren Wählbarkeitsvoraussetzungen des § 8 Abs. 1 des Betriebsverfassungsgesetzes müssen erfüllt sein.

(4) Unter den Aufsichtsratsmitgliedern der Arbeitnehmer sollen Frauen und Männer entsprechend ihrem zahlenmäßigen Verhältnis im Unternehmen vertreten sein.

Literatur: *Boewer/Gaul/Otto*, Wahl der Arbeitnehmervertreter in den Aufsichtsrat, GmbHR 2004, 1065; *Fuchs/Köstler*, Handbuch zur Aufsichtsratswahl, 4. Aufl. 2008

A. Allgemeines

1 Die **Zusammensetzung des AR** bleibt nach der Neufassung des Gesetzes unverändert. § 4 entspricht der bisherigen zentralen Norm des § 75 Abs. 1 und 2 BetrVG 1952.

B. Regelungsgehalt

2 Der **AR** der vom DrittelbG befassten Gesellschaft muss zu **einem Drittel** aus **Arbeitnehmervertretern** bestehen. Bestellt die Arbeitnehmerseite nicht mehr als zwei Aufsichtsratsmitglieder, so müssen diese AN des Unternehmens sein, bestellt sie mehr als zwei Aufsichtsratsmitglieder, so müssen mindestens zwei Mitglieder Beschäftigte des Unternehmens sein. Das DrittelbG enthält keine Vorschriften zur Größe des AR. Gemäß § 1 Abs. 1 Nr. 3 und § 95 AktG richtet diese sich nach den allgemeinen Grundsätzen. Danach besteht der AR aus mindestens drei Mitgliedern. Die Satzung oder der Gesellschaftsvertrag können eine höhere Zahl festsetzen, wobei die Zahl durch drei teilbar sein muss. Die Höchstzahl der AR-Mitglieder beträgt gemäß § 95 AktG bei Gesellschaften mit einem Grundkapital

– bis zu   1.500.000 Euro   9
– von mehr als   1.500.000 Euro   15
– von mehr als   10.000.000 Euro   21.

3 Abs. 3 nennt als persönliche **Wählbarkeitsvoraussetzungen** die Vollendung des 18. Lebensjahres und eine einjährige Dauer der Unternehmenszugehörigkeit. Sie ist gegeben, wenn ein AN ein Jahr lang in dem Unternehmen, dessen AR neu gewählt wird, aufgrund eines Arbeitsvertrages tätig gewesen ist. Ausreichend ist aber auch die einjährige Zugehörigkeit zu einem anderen Unternehmen, dessen AN gem. § 2 an der Wahl von AR-Mitgliedern des Unternehmens teilnehmen. Das Merkmal der einjährigen Unternehmenszugehörigkeit kann schließlich dadurch erfüllt werden, dass die Zeiten der Angehörigkeit zu dem in den Konzernverbund eintretenden Unternehmen angerechnet werden.¹ Darüber hinaus müssen die weiteren Wählbarkeitsvoraussetzungen des § 8 Abs. 1 BetrVG erfüllt sein (vgl. § 8 BetrVG Rn 2 ff.)

4 Gem. Abs. 4 sollen **Frauen und Männer** unter den AR-Mitgliedern der AN entsprechend ihrem zahlenmäßigen Verhältnis vertreten sein. Auf eine „Muss"-Vorschrift wurde verzichtet. Eine Nichtberücksichtigung von Frauen – auch bei Überwiegen von weiblichen AN innerhalb eines Unternehmens – kann folglich nicht zur Ungültigkeit eines Wahlvorschlags führen. Auch kann eine Anfechtung wohl nicht auf den Verstoß gegen die Sollvorschrift gestützt werden. Gleichwohl ist die Vorschrift ernst zu nehmen und – bei gleicher Eignung der Kandidaten – Frauen der Vortritt zu lassen.

C. Verbindung zu anderen Rechtsgebieten

5 Bei den in der Praxis vorherrschenden drei- und sechsköpfigen AR kann im Gegensatz zu den Regelungen des § 7 MitbestG kein externer AN- bzw. Gewerkschaftsvertreter in den AR gewählt werden.

D. Beraterhinweise

6 Trotz des allgemeinen Grundsatzes, dass kleine Gremien in der Regel effektiver arbeiten als große, kann es in der Praxis sinnvoll sein, den AR nicht nur mit der gesetzlichen Mindestzahl zu besetzen, sondern **mindestens sechs Aufsichtsratsmitglieder** zu wählen oder zu bestellen.² Der AR ist gemäß § 1 Abs. 1 Nr. 3 und § 108 Abs. 2 S. 3 AktG nur dann beschlussfähig, wenn mindestens drei Mitglieder an der Beschlussfassung teilnehmen. Die Verhinderung von

---

1 Vgl. Gesetzesbegründung, BT-Drucks 15/2542, S. 12.   2 Vgl. *Boewer/Gaul/Otto*, GmbHR 2004, 1065, 1067.

nur einem Mitglied des dreiköpfigen AR führt damit schon zur Beschlussunfähigkeit. Hier schafft auch die Bestellung eines Ersatzmitglieds keine Abhilfe, weil gemäß § 1 Abs. 1 Nr. 3 i.V.m. § 101 Abs. 3 S. 1 AktG eine zeitweilige auf einzelne Sitzungen beschränkte Vertretung nicht in Betracht kommt.

§ 5 Wahl der Aufsichtsratsmitglieder der Arbeitnehmer

(1) Die Aufsichtsratsmitglieder der Arbeitnehmer werden nach den Grundsätzen der Mehrheitswahl in allgemeiner, geheimer, gleicher und unmittelbarer Wahl für die Zeit gewählt, die im Gesetz oder in der Satzung für die von der Hauptversammlung zu wählenden Aufsichtsratsmitglieder bestimmt ist.
(2) ¹Wahlberechtigt sind die Arbeitnehmer des Unternehmens, die das 18. Lebensjahr vollendet haben. ²§ 7 Satz 2 des Betriebsverfassungsgesetzes gilt entsprechend.

Literatur: *Däubler*, Die veränderte Betriebsverfassung, AuR 2001, 285; *Konzen*, Der Regierungsentwurf des Betriebsverfassungs-reformgesetzes, RdA 2001, 76; *Löwisch*, Änderungen der Betriebsverfassung durch das Betriebsverfassungs-Reformgesetz, BB 2001, 1734; *Schiefer/Korte*, Die Durchführung von Betriebsratswahlen nach neuem Recht, NZA 2002, 57

A. Allgemeines

Wie nach der Geltung des BetrVG 1952 findet die Wahl der AR-Mitglieder der AN auch nach dem DrittelbG nach dem **Mehrheitswahlrecht** statt, d.h. gewählt ist, wer die meisten Stimmen erhalten hat. 1

B. Regelungsgehalt

Gem. § 5 gelten die Grundsätze der **allgemeinen, geheimen, gleichen und unmittelbaren Wahl**. Das Mehrheitswahlrecht wird nunmehr in Abs. 1 ausdrücklich klargestellt. Die bisherige betriebsbezogene Formulierung wird durch eine unternehmensbezogene ersetzt, d.h. wahlberechtigt sind die AN des Unternehmens. Eine inhaltliche Veränderung ist damit nicht verbunden, der Unternehmensbezug war schon bisher anerkannt. 2

Durch Verweis auf § 7 S. 2 BetrVG sind – entsprechend § 18 MitbestG – auch **Leih-AN** wahlberechtigt, wenn sie mehr als drei Monate im Unternehmen eingesetzt werden. Auf die bisher in § 77 Abs. 4 S. 1 BetrVG 1952 vorgesehene Möglichkeit, in Konzernunternehmen Delegiertenwahlen durchzuführen, ist im DrittelbG verzichtet worden. Die AN-Vertreter werden gem. Abs. 1 ausschließlich in unmittelbarer Wahl gewählt. Damit haben alle AN das Recht, sich an der Wahl zu beteiligen, soweit die Voraussetzungen für ihre Wahlberechtigung erfüllt sind. 3

C. Verbindung zu anderen Rechtsgebieten

Gemäß §§ 15, 18 MitbestG wird dort sowohl bei der Delegiertenwahl als auch bei der Urwahl im Gegensatz zum DrittelbG nach den Grundsätzen der Verhältniswahl gewählt. 4

D. Beraterhinweise

Die neu eingeführte Wahlberechtigung der Leih-AN bedeutet nicht, dass die Leih-AN auch bei den Schwellenwerten mitzuzählen sind. Die zuweilen vertretene Ansicht „wer wählt, der zählt"[1] hat das BAG ausdrücklich verworfen[2] und sich damit der h.M. angeschlossen.[3] 5

§ 6 Wahlvorschläge

¹Die Wahl erfolgt auf Grund von Wahlvorschlägen der Betriebsräte und der Arbeitnehmer. ²Die Wahlvorschläge der Arbeitnehmer müssen von mindestens einem Zehntel der Wahlberechtigten oder von mindestens 100 Wahlberechtigten unterzeichnet sein.

---

1 *Fitting* u.a., § 7 Rn 37; *Däubler*, AuR 2001, 285, 286.
2 BAG, Beschl. v. 16.4.2003 – 7 ABR 53/02 – NZA 2003, 1345; BAG, Beschl. v. 22.10.2003 – 7 ABR 3/03 – NZA 2004, 1052.
3 Vgl. z.B. GK-BetrVG/*Kreutz*, § 7 Rn 74 ff.; *Konzen*, RdA 2001, 76, 83; *Löwisch*, BB 2001, 1734, 1737; *Schiefer/Korte*, NZA 2002, 57.

Literatur: *Schulte*, Zweites Gesetz zur Vereinfachung der Wahl der Arbeitnehmervertreter in den Aufsichtsrat – schon verfassungswidrig?; ArbRB 2005, 20; *Stück*, Aktuelle Rechtsfragen der Aufsichtsratswahl nach dem MitbestG 1976, DB 2004, 2584; *Wienke*, Die Aufsichtsratswahl nach dem Betriebsverfassungsgesetz 1952, 1988

A. Allgemeines

1 Die AN-Vertreter im AR werden aufgrund von **Wahlvorschlägen** gewählt.

B. Regelungsgehalt

2 Die Wahlvorschläge können wie bisher gem. § 76 Abs. 3 BetrVG 1952 sowohl durch die AN als auch durch die BR unterbreitet werden. Ob auch dem Gesamt-BR bzw. KBR – wenn ein solcher besteht – ein Recht zur Einreichung eines Wahlvorschlags neben dem BR zukommt, war bereits unter Geltung des BetrVG 1952 in der Literatur umstritten.[1] Abhängig ist dies von der Auslegung des Begriffs „Betriebsräte". Der Gesetzgeber geht davon aus, dass davon auch GBR und KBR erfasst werden.[2] Ein solches Verständnis ist jedoch nicht zwingend, da insb. im MitbestG in vergleichbaren Vorschriften GBR und KBR ausdr. neben dem BR genannt sind. Eine entsprechende Klarstellung fehlt hier leider.

3 Den **Gewerkschaften** steht selbst in den Fällen, in denen die Möglichkeit der Wahl externer AR-Mitglieder besteht, kein Wahlvorschlagsrecht zu.[3]

4 Schließlich sieht die Vorschrift vor, dass für die Wirksamkeit der Wahlvorschläge **Stützunterschriften** von mindestens 1/10 der Wahlberechtigten oder mindestens 100 Wahlberechtigten vorliegen müssen.

C. Verbindung zu anderen Rechtsgebieten

5 Hinsichtlich des **Wahlvorschlagsquorums** ist zu beachten, dass das BVerfG das im MitbestG ebenso geregelte Quorum für verfassungswidrig erklärt hat.[4] Deshalb ist dort eine Absenkung der Anzahl der erforderlichen Stützunterschriften durch den Gesetzgeber bis zum 31.12.2005 notwendig geworden. Aufgrund der Tatsache, dass das DrittelbG keine reservierten Plätze für Gewerkschaftsvertreter vorsieht und die Entscheidung des BVerfG im Wesentlichen darauf beruht, dass kleinere Gewerkschaften nicht benachteiligt werden sollen, ist eine unmittelbare Auswirkung der Entscheidung auch auf das DrittelbG äußerst zweifelhaft.[5]

D. Beraterhinweise

6 Für den Fall, dass der BR einen Wahlvorschlag einreicht, ist Voraussetzung dass gemäß § 33 BetrVG ein ordentlicher **BR-Beschluss** gefasst wurde.

§ 7 Ersatzmitglieder

(1) ¹In jedem Wahlvorschlag kann zusammen mit jedem Bewerber für diesen ein Ersatzmitglied des Aufsichtsrats vorgeschlagen werden. ²Ein Bewerber kann nicht zugleich als Ersatzmitglied vorgeschlagen werden.
(2) Wird ein Bewerber als Aufsichtsratsmitglied gewählt, so ist auch das zusammen mit ihm vorgeschlagene Ersatzmitglied gewählt.

Literatur: *Wienke*, Die Aufsichtsratswahl nach dem Betriebsverfassungsgesetz 1952, 1988

A. Allgemeines

1 Im BetrVG 1952 war keine Regelung über die Wahl von **Ersatzmitgliedern** enthalten, deren Zulässigkeit dennoch entsprechend § 101 Abs. 3 AktG anerkannt war. Wenn mit dem AR-Mitglied ein Ersatzmitglied gewählt werden sollte, wurde § 17 MitbestG entsprechend angewandt.[1]

---

1 *Wienke*, S. 27 m.w.N.
2 Gesetzesbegründung, BT-Drucks 15/2542, S. 26.
3 *Wienke*, S. 28.
4 BVerfG, Beschl. v. 12.10.2004 – 1 BvR 2130/98 – NZA 2004, 1395.
5 So auch *Schulte*, ArbRB 2005, 20, 21; *Stück*, DB 2004, 2584.
1 *Wienke*, S. 31.

B. Regelungsgehalt

Die Wahl von Ersatzmitgliedern ist nun in §§ 7, 8 der WO zum DrittelbG geregelt. Mit jedem Bewerber kann damit auch ein Ersatzmitglied vorgeschlagen werden. Dies ist insofern eine Einschränkung gegenüber dem bisherigen Recht, als unter der Geltung des BetrVG 1952 die Wahl eines Ersatzmitgliedes für mehrere AN-Vertreter im AR bzw. die Wahl mehrerer Ersatzmitglieder für ein AR-Mitglied als zulässig angesehen wurde.[2] Das Ersatzmitglied muss dieselben Voraussetzungen wie der Bewerber erfüllen und ist mit der Wahl des Bewerbers gewählt. Beim Ausscheiden eines AN-Vertreters aus dem AR tritt das mit ihm gewählte Ersatzmitglied automatisch an dessen Stelle.

C. Beraterhinweise

Bei der Wahl eines Ersatzmitgliedes ist eine **gerichtliche Ersatzbestellung** gem. § 104 AktG oder gar eine **Nachwahl** nicht erforderlich. Wegen dieser erheblichen Vereinfachung sollte von der Möglichkeit einer Wahl eines Ersatzmitglieds immer Gebrauch gemacht werden.

---

§ 8   Bekanntmachung der Mitglieder des Aufsichtsrats

[1]Das zur gesetzlichen Vertretung des Unternehmens befugte Organ hat die Namen der Mitglieder und der Ersatzmitglieder des Aufsichtsrats unverzüglich nach ihrer Bestellung in den Betrieben des Unternehmens bekannt zu machen und im elektronischen Bundesanzeiger zu veröffentlichen. [2]Nehmen an der Wahl der Aufsichtsratsmitglieder des Unternehmens auch die Arbeitnehmer eines anderen Unternehmens teil, so ist daneben das zur gesetzlichen Vertretung des anderen Unternehmens befugte Organ zur Bekanntmachung in seinen Betrieben verpflichtet.

Literatur: *Boewer/Gaul/Otto*, Wahl der Arbeitnehmervertreter in den Aufsichtsrat, GmbHR 2004, 1065.

A. Allgemeines

Eine Pflicht zur **Veröffentlichung der Mitglieder** des AR war bisher im BetrVG 1952 nicht geregelt.

B. Regelungsgehalt

§ 8 bestimmt nun, dass die Bekanntmachung durch das zur gesetzlichen Vertretung des Unternehmens befugte Organ in den Betrieben des Unternehmens und im **elektronischen Bundesanzeiger**[1] zu erfolgen hat. Bei einer Teilnahme von AN eines anderen Unternehmens an der AR-Wahl ist auch das zur gesetzlichen Vertretung des anderen Unternehmens befugte Organ zur Bekanntmachung in seinen Betrieben verpflichtet. Weitergehende, durch den Gesellschaftsvertrag bestimmte Publikationspflichten, bleiben unberührt.

C. Verbindung zu anderen Rechtsgebieten

Durch die Änderung wird die in § 25 AktG zum 1.1.2003 eingeführte Vereinfachung, die bereits zu einer Änderung des § 19 MitbestG geführt hat, auch im DrittelbG nachvollzogen.

D. Beraterhinweise

Bisher war unklar, ob Veränderungen im AR der GmbH im elektronischen Bundesanzeiger gem. §§ 77 Abs. 1 S. 2 BetrVG 1952, 106 AktG, 25 S. 1 AktG oder im Papier-Bundesanzeiger gem. § 52 Abs. 2 S. 2 GmbHG zu veröffentlichen sind. Jetzt kann man davon ausgehen, dass immer die Veröffentlichung im elektronischen Bundesanzeiger vorgeht.[2] Dafür spricht zum einen, dass die allgemeine Regelung des § 52 Abs. 2 S. 2 GmbHG für die drittelmitbestimmte GmbH durch die spezielleren Vorgaben des § 8 verdrängt werden und zum anderen, dass die nicht erfolgte Anpassung des § 52 Abs. 2 S. 2 GmbHG im Rahmen der Änderung des § 25 AktG durch das Transparenz- und Publizitätsgesetz[3] anscheinend ein Versehen des Gesetzgebers ist.

---

2 *Fitting* u.a., § 76 BetrVG 1952, Rn 135.
1 www.ebundesanzeiger.de.

2 So auch *Boewer/Gaul/Otto*, GmbHR 2004, 1065, 1069.
3 BGBl I 2002, 2681 ff.

§ 9　Schutz von Aufsichtsratsmitgliedern vor Benachteiligung

¹Aufsichtsratsmitglieder der Arbeitnehmer dürfen in der Ausübung ihrer Tätigkeit nicht gestört oder behindert werden. ²Sie dürfen wegen ihrer Tätigkeit im Aufsichtsrat nicht benachteiligt oder begünstigt werden. ³Dies gilt auch für ihre berufliche Entwicklung.

§ 10　Wahlschutz und Wahlkosten

(1) ¹Niemand darf die Wahl der Aufsichtsratsmitglieder der Arbeitnehmer behindern. ²Insbesondere darf niemand in der Ausübung des aktiven und passiven Wahlrechts beschränkt werden.
(2) Niemand darf die Wahlen durch Zufügung oder Androhung von Nachteilen oder durch Gewährung oder Versprechen von Vorteilen beeinflussen.
(3) ¹Die Kosten der Wahlen trägt das Unternehmen. ²Versäumnis von Arbeitszeit, die zur Ausübung des Wahlrechts oder der Betätigung im Wahlvorstand erforderlich ist, berechtigt nicht zur Minderung des Arbeitsentgelts.

§ 11　Anfechtung der Wahl von Aufsichtsratsmitgliedern der Arbeitnehmer

(1) Die Wahl eines Aufsichtsratsmitglieds oder eines Ersatzmitglieds der Arbeitnehmer kann beim Arbeitsgericht angefochten werden, wenn gegen wesentliche Vorschriften über das Wahlrecht, die Wählbarkeit oder das Wahlverfahren verstoßen worden und eine Berichtigung nicht erfolgt ist, es sei denn, dass durch den Verstoß das Wahlergebnis nicht geändert oder beeinflusst werden konnte.
(2) Zur Anfechtung berechtigt sind
1. mindestens drei Wahlberechtigte,
2. die Betriebsräte,
3. das zur gesetzlichen Vertretung des Unternehmens befugte Organ.

Die Anfechtung ist nur binnen einer Frist von zwei Wochen, vom Tag der Veröffentlichung im elektronischen Bundesanzeiger an gerechnet, zulässig.

§ 12　Abberufung von Aufsichtsratsmitgliedern der Arbeitnehmer

(1) ¹Ein Aufsichtsratsmitglied der Arbeitnehmer kann vor Ablauf der Amtszeit auf Antrag eines Betriebsrats oder von mindestens einem Fünftel der Wahlberechtigten durch Beschluss abberufen werden. ²Der Beschluss der Wahlberechtigten wird in allgemeiner, geheimer, gleicher und unmittelbarer Abstimmung gefasst; er bedarf einer Mehrheit von drei Vierteln der abgegebenen Stimmen. ³Auf die Beschlussfassung findet § 2 Abs. 1 Anwendung.
(2) Absatz 1 ist für die Abberufung von Ersatzmitgliedern entsprechend anzuwenden.

A. Allgemeines 1	III. Wahlanfechtung 4
B. Regelungsgehalt 2	IV. Abberufung von Aufsichtsratsmitgliedern 5
I. Schutz vor Benachteiligungen 2	C. Verbindung zu anderen Rechtsgebieten 6
II. Wahlschutz und Wahlkosten 3	D. Beraterhinweise 7

A. Allgemeines

1　Hinsichtlich des **Schutzes der AR-Mitglieder** der AN-Seite verwies § 76 Abs. 2 BetrVG 1952 bisher auf § 78 BetrVG. Eine Regelung über die **Anfechtung** der Wahl der AN-Vertreter war im BetrVG 1952 nicht enthalten. Die Möglichkeit einer Anfechtung war aber insb. wegen der gesellschaftsrechtlichen Zulässigkeit anerkannt.[1] Eine Regelung zur **Abberufung** der AR-Mitglieder enthielt bereits § 76 Abs. 5 BetrVG 1952.

---

[1] *Fitting* u.a., § 76 BetrVG 1952, Rn 85.

B. Regelungsgehalt

I. Schutz vor Benachteiligungen

Unter Anlehnung an § 26 MitbestG wurde diese Vorschrift zum Schutz der AN-Vertreter im AR vor Benachteiligungen wegen ihrer AR-Tätigkeit nun ausdrücklich in § 9 in das Gesetz aufgenommen.

II. Wahlschutz und Wahlkosten

Ebenfalls ausdr. geregelt wird nun in § 10 der Wahlschutz. Insoweit wurde bisher auf § 20 BetrVG analog zurückgegriffen,[2] der nun im DrittelbG nahezu wortgleich übernommen wurde. Auf entsprechende Verstöße kann unter Umständen ein Wahlanfechtungsrecht gestützt werden. Geregelt ist schließlich auch die anerkannte Pflicht des Unternehmens, dessen AR zu wählen ist, die Kosten der Wahl zu tragen. Dies betrifft aber nur die erforderlichen Kosten, die bei der Vorbereitung und Durchführung der Wahl anfallen (vgl. § 20 BetrVG Rn 4 ff.).

III. Wahlanfechtung

Die nun in § 11 aufgenommene Regelung zur Wahlanfechtung entspricht weitgehend § 22 MitbestG. Anfechtungsberechtigt sind dabei auch die BR. Hier stellt sich wie bei § 6 die Frage, ob davon auch die GBR bzw. KBR erfasst sind (vgl. § 6 Rn 2). Als Anfechtungsgründe kommen nur Verstöße gegen wesentliche Vorschriften – bspw. zwingende Regelungen des Gesetzes oder der Wahlordnung – in Betracht. Die Verletzung von Sollvorschriften oder bloßen Ordnungsnormen bilden im Regelfall keinen Anfechtungsgrund. Zwischen dem Verstoß und dem Wahlergebnis muss ein Kausalzusammenhang bestehen, wobei ausreichend ist, wenn der Verstoß das Ergebnis beeinflussen konnte (zu den Anfechtungsvoraussetzungen im Einzelnen vgl. § 22 MitbestG Rn 2 ff., § 19 BetrVG Rn 3 ff.). Die Anfechtung muss innerhalb zwei Wochen nach der Veröffentlichung der Namen der AR-Mitglieder im elektronischen Bundesanzeiger erklärt und auch begründet werden.[3]

IV. Abberufung von Aufsichtsratsmitgliedern

Vor Ablauf ihrer Amtszeit können die AN-Vertreter im AR durch Beschluss der wahlberechtigten AN des Unternehmens abberufen werden. Bei der Neufassung dieser Vorschrift in § 12 wurde in Anlehnung an das MitbestG der Begriff „Widerruf" durch den Begriff „Abberufung" ersetzt. Eine inhaltliche Änderung ist damit nicht verbunden.[4] Der Widerruf kann nur auf Antrag des BR (zur Frage, ob dazu auch der GBR oder KBR zählt, vgl. § 6 Rn 2) oder von mindestens $^1/_5$ der wahlberechtigten AN erfolgen. Dieses Quorum richtet sich nach der Gesamtzahl der AN, die an der jeweiligen Wahl des AR beteiligt sind.[5] Der Widerruf bringt das Amt des AN-Vertreters im AR zum Erlöschen. Ist ein Ersatzmitglied gewählt, rückt dieses in den AR nach.

C. Verbindung zu anderen Rechtsgebieten

Die Vorschriften zum Benachteiligungsschutz, Wahlschutz, zu den Wahlkosten und zur Wahlanfechtung wurden entsprechend den Vorschriften des MitbestG geregelt.

D. Beraterhinweise

Die **Wahlanfechtung** ist gemäß § 11 Abs. 2 S. 2 innerhalb einer Frist von zwei Wochen ab dem Tag der Veröffentlichung im elektronischen Bundesanzeiger zulässig. Damit gilt in Anlehnung an § 22 Abs. 2 S. 2 MitbestG nicht mehr in analoger Anwendung des § 19 Abs. 2 S. 2 BetrVG die Feststellung des Wahlergebnisses bzw. gemäß §§ 3 Abs. 3, 19, 35 Abs. 2 S. 2 WO 1953 der Tag des Aushangs der gewählten AN-Vertreter als Fristbeginn. Beginn der Anfechtungsfrist ist vielmehr der Tag der Veröffentlichung im elektronischen Bundesanzeiger. Die Anfechtungserklärung muss spätestens am letzten Tag der gemäß §§ 187 ff. BGB zu bestimmenden Frist beim ArbG eingegangen sein. Auf den Tag der Absendung kommt es dabei nicht an. Fällt die Frist auf einen Samstag, Sonntag oder Feiertag, so endet die Frist gemäß § 193 BGB erst am nächsten Werktag. Die Anfechtungsfrist wird auch dann gewahrt, wenn der Antrag bei einem örtlich unzuständigen ArbG eingeht.

Über die gesetzliche Regelung der Anfechtung hinaus ist auch die Feststellung der Nichtigkeit der Wahl wegen besonders schwerer Verfahrensverstöße, bei denen nicht einmal der Anschein einer Wahl gewahrt ist, im Beschlussverfahren möglich.[6]

---

2 ErfK/*Oetker*, § 10 DrittelbG, Rn 1.
3 *Raiser/Veil*, § 22, Rn 16.
4 Vgl. Gesetzesbegründung, BT-Drucks 15/2542, S. 14.
5 Vgl. *Fitting* u.a., § 76 BetrVG 1952 Rn 129.
6 Vgl. BAG, Beschl. v. 27.1.1993 – 7 ABR 37/92 – SAE 1995, 269; *Fitting* u.a., § 76 BetrVG 1952 Rn 92.

Teil 3: Übergangs- und Schlussvorschriften

§ 13 Ermächtigung zum Erlass von Rechtsverordnungen

Die Bundesregierung wird ermächtigt, durch Rechtsverordnung Vorschriften über das Verfahren für die Wahl und die Abberufung von Aufsichtsratsmitgliedern der Arbeitnehmer zu erlassen, insbesondere über
1. die Vorbereitung der Wahl, insbesondere die Aufstellung der Wählerlisten und die Errechnung der Zahl der Aufsichtsratsmitglieder der Arbeitnehmer;
2. die Frist für die Einsichtnahme in die Wählerlisten und die Erhebung von Einsprüchen gegen sie;
3. die Wahlvorschläge und die Frist für ihre Einreichung;
4. das Wahlausschreiben und die Frist für seine Bekanntmachung;
5. die Teilnahme von Arbeitnehmern eines in § 3 Abs. 3 bezeichneten Betriebs an der Wahl;
6. die Stimmabgabe;
7. die Feststellung des Wahlergebnisses und die Fristen für seine Bekanntmachung;
8. die Anfechtung der Wahl;
9. die Aufbewahrung der Wahlakten.

§ 14 Verweisungen

Soweit in anderen Gesetzen auf Vorschriften verwiesen wird, die durch Artikel 6 Abs. 2 des Zweiten Gesetzes zur Vereinfachung der Wahl der Arbeitnehmervertreter in den Aufsichtsrat aufgehoben werden, treten an ihre Stelle die entsprechenden Vorschriften dieses Gesetzes.

§ 15 Übergangsregelung

Auf Wahlen oder Abberufungen, die vor dem 1. Juli 2004 eingeleitet worden sind, ist das Betriebsverfassungsgesetz 1952 in der im Bundesgesetzblatt Teil III, Gliederungsnummer 801-1, veröffentlichten bereinigten Fassung, zuletzt geändert durch Artikel 9 des Gesetzes vom 23. Juli 2001 (BGBl. I S. 1852), auch nach seinem Außerkrafttreten anzuwenden.

A. Allgemeines

1 Hinsichtlich der Ermächtigungsgrundlage zum Erlass der **Wahlordnungen** ist gegenüber dem BetrVG 1952 der Zustimmungsvorbehalt des Bundesrates weggefallen.

B. Regelungsgehalt

2 Aufgrund § 13 wird die Bundesregierung ermächtigt, durch RechtsVO Vorschriften über das Verfahren für die Wahl und die Abberufung von Aufsichtsratsmitgliedern der AN zu erlassen. Von dieser Ermächtigung hat die Bundesregierung inzwischen Gebrauch gemacht (siehe nachfolgende Kommentierung zur WO DrittelbG). Die Ermächtigungsnorm wurde dahingehend ausgedehnt, dass die Wahlordnung auch Regelungen für die Teilnahme von Seebetrieben an der Wahl umfassen kann. Auch von dieser Ermächtigung wurde vom Verordnungsgeber Gebrauch gemacht.

3 § 14 enthält einen Hinweis auf die automatische **Folgeänderung von Verweisen** wegen der Ersetzung des BetrVG 1952 durch das DrittelbG.

4 Die **Übergangsregelung** des § 15 sieht vor, dass das DrittelbG bei Wahlen oder Abberufungen von AR-Mitgliedern der AN Anwendung findet, die ab dem 1.7.2004, dem Tag des Inkrafttretens des Zweiten Gesetzes zur Vereinfachung der Wahl der Arbeitnehmervertreter in den AR,[1] eingeleitet wurden. Eingeleitet ist das Wahlverfahren mit der Unternehmensmitteilung gem. § 1 WO DrittelbG.

---

[1] Art. 6 des Zweiten Gesetzes zur Vereinfachung der Wahl der Arbeitnehmervertreter in den Aufsichtsrat, BGBl I S. 974, 979.

Verordnung zur Wahl der Aufsichtsratsmitglieder der Arbeitnehmer nach dem Drittelbeteiligungsgesetz (Wahlordnung zum Drittelbeteiligungsgesetz – WODrittelbG)

Vom 23.6.2004, BGBl I S. 1393, BGBl III 801-14-1

– Auszug –

Teil 1: Wahl

Kapitel 1: Wahl durch die Arbeitnehmer eines Betriebs

Abschnitt 1: Einleitung der Wahl

§ 1 Mitteilung des Unternehmens

^{1}Das zur gesetzlichen Vertretung berufene Organ eines Unternehmens, dessen Aufsichtsrat nach § 1 des Gesetzes Arbeitnehmervertreter angehören müssen, teilt dem Betriebsrat oder, soweit ein solcher nicht besteht, den Arbeitnehmern spätestens 14 Wochen vor dem voraussichtlichen Beginn der Amtszeit der zu wählenden Aufsichtsratsmitglieder der Arbeitnehmer mit, dass Arbeitnehmervertreter in den Aufsichtsrat zu wählen sind. ^{2}Dabei sind der voraussichtliche Beginn ihrer Amtszeit sowie die Zahl der zu wählenden Aufsichtsratsmitglieder der Arbeitnehmer anzugeben. ^{3}Die Wahl der Arbeitnehmervertreter soll so durchgeführt werden, dass das Wahlergebnis möglichst zwei Wochen vor dem voraussichtlichen Beginn der Amtszeit feststeht.

Literatur: *Huke/Prinz*, Die Wahl der Arbeitnehmervertreter in den Aufsichtsrat nach dem Drittelbeteiligungsgesetz, FA 2004, 323; *Wienke/Prinz/Huke*, Die Wahl der Arbeitnehmervertreter in den Aufsichtsrat, 2009

A. Allgemeines

Liegen in einem Unternehmen die Voraussetzungen der Anwendung des DrittelbG vor und steht damit fest, dass Arbeitnehmervertreter in den AR gewählt werden müssen, so ist der erste Schritt zur **Einleitung der Wahl** der AN-Vertreter in den AR durch das zur gesetzlichen Vertretung berufene Organ vorzunehmen.

Ist das Vorliegen der Voraussetzungen des DrittelbG strittig, muss vor der Wahl von AR-Mitgliedern der AN ein Statusverfahren nach den § 27 EGAktG, § 98 AktG vor dem zuständigen LG durchgeführt werden. Eine in einem solchen Streitfall vom BR durchgeführte Wahl ohne vorheriges Statusverfahren ist nichtig.[1]

B. Regelungsgehalt

Der GF der GmbH, der Vorstand der AG oder der Komplementär der KGaA gibt mit der **Mitteilung** gem. § 1 den voraussichtlichen Beginn der Amtszeit sowie die Zahl der zu wählenden AR-Mitglieder an. Die Mitteilung hat spätestens 14 Wochen vor dem voraussichtlichen Beginn der Amtszeit zu erfolgen. Gegenüber dem BetrVG 1952 ist die Wahl damit etwas früher einzuleiten. Zwar war in der WO zum BetrVG 1952 kein ausdrücklicher Zeitpunkt für die Unternehmensmitteilung festgelegt, aus der Zusammenrechnung der Fristen ergab sich jedoch, dass ca. 12 Wochen ausreichend waren.[2]

C. Verbindung zu anderen Rechtsgebieten

Die Wahl geht wesentlich schneller von statten als die AR-Wahl nach dem MitbestG, weil gem. § 2 Abs. 1 WO MitbestG die Bekanntmachung bereits 25 Wochen vor dem voraussichtlichen Ende der Amtszeit stattzufinden hat.

---

1 BAG 16.4.2008 – 7 ABR 6/07 – BB 2008, 2182 m. Anm. *Lembke/Fesenmeyer*, die die Entscheidung zu weit gehend i.d.S. interpretieren, dass – unabhängig davon, ob das Vorliegen der Voraussetzungen des DrittelbG strittig ist – immer ein Statusverfahren erforderlich ist.

2 Vgl. *Huke/Prinz*, FA 2004, 323, 325; ausführlich zum Wahlverfahren: *Wienke/Prinz/Huke*, Rn 335 ff.

D. Beraterhinweise

4   Der zeitliche Ablauf der Wahl stellt sich im Wesentlichen folgendermaßen dar:

14 Wochen vor Beginn der Amtszeit: Unternehmensmitteilung (§ 1)
↓
unverzüglich:
Bildung des Betriebswahlvorstandes (§ 2 Abs. 1)
↓
wird der BR innerhalb von **zwei Wochen** nicht tätig:
Einberufung einer Betriebsversammlung zur Bildung des Wahlvorstandes (§ 2 Abs. 4)
↓
unverzüglich:
Betriebswahlvorstand macht nach seiner Bildung Mitteilung über Mitglieder (§ 2 Abs. 5)
↓
unverzüglich:
Betriebswahlvorstand stellt Wählerliste auf (§ 4 Abs. 1)
↓
unverzüglich:
Berichtigung der Wählerliste bei Eintritt oder Ausscheiden eines Mitarbeiters (§ 4 Abs. 3)
↓
unverzüglich, bis zum Abschluss der Wahl:
Gewährung der Einsichtnahme in Wählerliste, Gesetz und Verordnung (§ 4 Abs. 4)
↓
spätestens **6 Wochen** vor dem ersten Tag der Stimmabgabe:
Erlass des Wahlausschreibens durch den Wahlvorstand (§ 5 Abs. 1) und Einleitung der Wahl (gleichzeitig Bekanntmachung des Wahlausschreibens bis zum Abschluss der Wahl, § 5 Abs. 3)
↓
spätestens **eine Woche** nach dem Erlass:
Einsprüche gegen die Wählerliste (§ 5 Abs. 2 Nr. 4, § 6 Abs. 1)
↓
innerhalb von **zwei Wochen** nach dem Erlass:
Einreichung von Wahlvorschlägen durch Arbeitnehmer und Betriebsrat (§ 5 Abs. 2 Nr. 8, § 7 Abs. 1)
↓
unverzüglich:
Prüfung der Wahlvorschläge durch den Betriebswahlvorstand (9 Abs. 2)
↓
Nachfrist von **einer Woche:**
für die Einreichung von Wahlvorschlägen, wenn diese nicht innerhalb der Frist des § 7 Abs. 1 eingegangen sind (§ 11 Abs. 1)

↓
unverzüglich:
Bekanntmachung des Wahlvorstandes, wenn trotz Nachfrist kein Wahlvorschlag vorliegt, dass die Wahl nicht stattfindet (§ 11 Abs. 2)
↓
spätestens eine Woche vor dem ersten Tag der Stimmabgabe:
Bekanntmachung der gültigen Wahlvorschläge durch den Betriebswahlvorstand (§ 12)
↓
unverzüglich nach Abschluss der Stimmabgabe:
Öffentliche Auszählung der Stimmen durch den Betriebswahlvorstand (§ 18 Abs. 1)
↓
unverzüglich für die Dauer von zwei Wochen:
Bekanntmachung des Wahlergebnisses durch den Wahlvorstand (§ 21)

§ 2   Betriebswahlvorstand, Bildung und Zusammensetzung

(1) ¹Unverzüglich nach der in § 1 bezeichneten Mitteilung wird der Betriebswahlvorstand gebildet. ²Ihm obliegt die Durchführung der Wahl und die Feststellung des Wahlergebnisses.
(2) ¹Der Betriebswahlvorstand besteht aus drei Mitgliedern. ²Der Betriebsrat kann die Zahl der Mitglieder erhöhen, wenn dies zur ordnungsgemäßen Durchführung der Wahl erforderlich ist. ³Der Betriebswahlvorstand muss aus einer ungeraden Zahl von Mitgliedern bestehen. ⁴Mitglieder des Betriebswahlvorstands können nur Wahlberechtigte des Betriebs sein. ⁵Im Betriebswahlvorstand sollen Frauen und Männer entsprechend ihrem zahlenmäßigen Verhältnis im Betrieb vertreten sein.
(3) Für jedes Mitglied des Betriebswahlvorstands kann für den Fall seiner Verhinderung ein Ersatzmitglied bestellt werden.
(4) ¹Die Mitglieder des Betriebswahlvorstands werden vom Betriebsrat bestellt. ²Besteht kein Betriebsrat oder kommt der Betriebsrat seiner Verpflichtung zur Bestellung des Betriebswahlvorstands nicht spätestens zwei Wochen nach der in § 1 bezeichneten Mitteilung nach, so wird der Betriebswahlvorstand in einer Betriebsversammlung mit der Mehrheit der abgegebenen Stimmen gewählt. ³Besteht auch eine nach § 117 Abs. 2 Satz 1 des Betriebsverfassungsgesetzes durch Tarifvertrag errichtete Vertretung für im Flugbetrieb beschäftigte Arbeitnehmer, so erfolgt die Bestellung gemeinsam mit dieser Vertretung.
(5) Der Betriebswahlvorstand teilt unverzüglich nach seiner Bildung dem Unternehmen schriftlich die Namen seiner Mitglieder und seine Betriebsanschrift mit.

A. Allgemeines

Die Wahl der AN-Vertreter im AR nach dem DrittelbG und der WO wird von **Betriebswahlvorständen** vorbereitet und durchgeführt.

B. Regelungsgehalt

Die Wahlvorstände sind mit wahlberechtigten AN zu besetzen. Zuständig ist bei Wahlen in nur einem Betrieb gem. § 2 der **Betriebswahlvorstand**. Bei Wahlen in mehreren Betrieben hat er gem. § 25 Abs. 2 die Wahl im Auftrag und nach den Richtlinien des gem. § 25 Abs. 1 Nr. 1 zuständigen **Unternehmenswahlvorstands** durchzuführen. Findet die Wahl in mehreren Unternehmen statt ist gemäß § 25 Abs. 1 Nr. 2 der **Hauptwahlvorstand** zuständig. Der Wahlvorstand besteht regelmäßig aus drei Mitgliedern. Die Bildung der Wahlvorstände hat unverzüglich nach der Unternehmensmitteilung zu erfolgen. Bestellt werden die Mitglieder der Wahlvorstände von den jeweiligen BR-Gremien, d.h. vom BR, Gesamt- oder Konzern-BR. Nur wenn diese Gremien nicht bestehen oder ihrer Verpflichtung zur Bestellung nicht nachkommen, wird der Wahlvorstand auf einer Betriebsversammlung durch die AN mit der Mehrheit der abgegebenen Stimmen gewählt.

C. Beraterhinweise

3 Der Wahlvorstand kann **vergrößert** werden, wenn dies zur ordnungsgemäßen Wahl erforderlich ist, muss aber immer aus einer ungeraden Zahl von Mitgliedern bestehen.

§ 3 Geschäftsführung des Betriebswahlvorstands

(1) [1]Der Betriebswahlvorstand wählt aus seiner Mitte einen Vorsitzenden und mindestens einen Stellvertreter. [2]Der Betriebswahlvorstand kann sich eine schriftliche Geschäftsordnung geben. [3]Er kann Wahlberechtigte als Wahlhelfer zu seiner Unterstützung bei der Durchführung der Stimmabgabe und bei der Stimmenzählung heranziehen.

(2) [1]Der Betriebswahlvorstand fasst seine Beschlüsse mit einfacher Stimmenmehrheit seiner Mitglieder. [2]Über jede Sitzung des Betriebswahlvorstands ist eine Niederschrift aufzunehmen, die mindestens den Wortlaut der Beschlüsse enthält. [3]Die Niederschrift ist vom Vorsitzenden und einem weiteren Mitglied des Betriebswahlvorstands zu unterzeichnen. [4]Dies gilt auch für Bekanntmachungen, Ausschreiben und weitere Niederschriften des Betriebswahlvorstands.

(3) [1]Bekanntmachungen können durch Aushang und durch Einsatz der im Betrieb vorhandenen Informations- und Kommunikationstechnik erfolgen. [2]Der Aushang erfolgt an einer oder mehreren geeigneten, den Wahlberechtigten zugänglichen Stellen im Betrieb. [3]Er ist in gut lesbarem Zustand zu erhalten. [4]Der Einsatz der Informations- und Kommunikationstechnik ist nur zulässig, wenn der Adressatenkreis dieser Bekanntmachungsform von der Bekanntmachung Kenntnis erlangen kann und Vorkehrungen getroffen sind, damit nur der Betriebswahlvorstand Änderungen der Bekanntmachung vornehmen kann.

(4) Das Unternehmen hat den Betriebswahlvorstand bei der Erfüllung seiner Aufgaben zu unterstützen und ihm den erforderlichen Geschäftsbedarf zur Verfügung zu stellen.

(5) Der Betriebswahlvorstand soll dafür sorgen, dass ausländische Arbeitnehmer, die der deutschen Sprache nicht mächtig sind, rechtzeitig und in geeigneter Weise über den Anlass der Wahl sowie das Wahlverfahren unterrichtet werden.

Literatur: *Hukel/Prinz*, Das Drittelbeteiligungsgesetz löst das Betriebsverfassungsgesetz 1952 ab, BB 2004, 2633

A. Allgemeines

1 § 3 regelt die **Geschäftsführung** des Betriebswahlvorstands.

B. Regelungsgehalt

2 Der Betriebswahlvorstand wählt einen Vorsitzenden und mindestens einen Stellvertreter und kann sich eine schriftliche Geschäftsordnung geben. Er fasst seine Beschlüsse mit einfacher Mehrheit seiner Mitglieder. Bekanntmachungen können durch Aushang und durch Einsatz der im Betrieb vorhandenen Informations- und Kommunikationstechnik erfolgen. Dieser Einsatz moderner Informations- und Kommunikationstechniken ist nach dem DrittelbG und der Wahlordnung erstmals möglich. Voraussetzung der Nutzung ist, dass nur der BR Änderungen der Bekanntmachungen vornehmen kann.

C. Beraterhinweise

3 Die Anforderungen an die technischen Voraussetzungen für die Nutzung von Informations- und Kommunikationstechniken – die Beschränkung der Änderungsmöglichkeiten auf den BR – müssen praktisch handhabbar bleiben. Ein hundertprozentiger Schutz vor Veränderungen durch Dritte lässt sich kaum bzw. nur unter hohem Aufwand realisieren. In einem solchen Maß sind aber auch klassische Aushänge nicht geschützt. Damit dürfte es ausreichend sein, dass durch Dritte im Sinne der einfachen Nutzer keine Änderungen vorgenommen werden können.[1] Entsprechendes muss auch für die Einsatzmöglichkeit der modernen Technik bei der Aufstellung der Wählerlisten gem. § 4 gelten.

---

1 *Hukel/Prinz*, BB 2004, 2633, 2637.

§ 4	Wählerliste

(1) ¹Der Betriebswahlvorstand stellt unverzüglich nach seiner Bildung eine Liste der Wahlberechtigten (Wählerliste) auf. ²Die Wahlberechtigten sollen in alphabetischer Reihenfolge mit Familienname, Vorname, Geburtsdatum aufgeführt werden. ³Die Wählerliste kann durch Einsatz der im Betrieb vorhandenen Informations- und Kommunikationstechnik aufgestellt werden, wenn Vorkehrungen getroffen sind, damit nur der Betriebswahlvorstand Änderungen in der Wählerliste vornehmen kann.

(2) Das Unternehmen hat dem Betriebswahlvorstand alle für die Anfertigung der Wählerliste erforderlichen Auskünfte zu erteilen und die erforderlichen Unterlagen zur Verfügung zu stellen.

(3) Der Betriebswahlvorstand berichtigt oder ergänzt die Wählerliste unverzüglich, wenn ein Arbeitnehmer
1. in den Betrieb eintritt oder aus ihm ausscheidet,
2. das 18. Lebensjahr vollendet

oder wenn sich in sonstiger Weise die Voraussetzungen, auf denen eine Eintragung in die Wählerliste beruht, ändern.

(4) ¹Die Einsichtnahme in die Wählerliste, das Gesetz und in diese Verordnung ist unverzüglich bis zum Abschluss der Wahl der Aufsichtsratsmitglieder der Arbeitnehmer zu ermöglichen. ²Die zur Einsichtnahme bestimmte Wählerliste soll die Geburtsdaten der Wahlberechtigten nicht enthalten. ³Die Einsichtnahme kann durch Auslegung an geeigneter Stelle im Betrieb und durch Einsatz der im Betrieb vorhandenen Informations- und Kommunikationstechnik ermöglicht werden.

(5) Wahlberechtigt ist nur, wer in der Wählerliste eingetragen ist.

A. Allgemeines

Hauptaufgabe des Betriebswahlvorstandes ist die **Aufstellung einer Wählerliste**. 1

B. Regelungsgehalt

Die Wählerliste ist von entscheidender Bedeutung für die gesamte Wahl. Nur wer auf dieser Liste steht, kann sein aktives Wahlrecht nutzen. Auch die im Wahlausschreiben anzugebende Unterschriftenzahl (Stützunterschriften für die Wahlvorschläge etc. siehe § 6 DrittelbG Rn 4) hängt von der Zahl der in der Wählerliste eingetragenen AN ab. Für die Aufstellung der Wählerliste ist in jedem Fall der Betriebswahlvorstand zuständig (§ 27 Abs. 2, vgl. §§ 23–27 Rn 3), da die Wählerliste betriebsbezogen ist. Der Betriebswahlvorstand hat sie unverzüglich nach seiner Bildung aufzustellen. In ihr sind alle wahlberechtigten AN des Betriebs in alphabetischer Reihenfolge aufzuführen. Die früher erforderliche Trennung zwischen der Gruppe der Arbeiter und der AN ist nach Aufhebung des Gruppenprinzips entfallen.¹ Zur Aufstellung können die im Betrieb vorhandenen Informations- und Kommunikationstechniken genutzt werden. Unverzüglich nach der Aufstellung der Wählerliste ist den AN bis zum Abschluss der Wahl Einsicht in diese Liste sowie das Gesetz und die WO zu gewähren. Auch die Einsichtnahme kann durch Einsatz der im Betrieb vorhandenen Informations- und Kommunikationstechnik ermöglicht werden (siehe § 3 Rn 2). 2

§ 5	Wahlausschreiben, Einleitung der Wahl, Bekanntmachung

(1) ¹Spätestens sechs Wochen vor dem ersten Tag der Stimmabgabe erlässt der Betriebswahlvorstand ein Wahlausschreiben. ²Mit Erlass des Wahlausschreibens ist die Wahl eingeleitet.

(2) Das Wahlausschreiben muss folgende Angaben enthalten:
1. das Datum seines Erlasses;
2. wo und wie die Wahlberechtigten in die Wählerliste, das Gesetz und diese Verordnung Einsicht nehmen können;
3. dass nur Arbeitnehmer wählen können, die in der Wählerliste eingetragen sind;
4. dass Einsprüche gegen die Wählerliste (§ 6) nur innerhalb von einer Woche seit dem Erlass des Wahlausschreibens schriftlich beim Betriebswahlvorstand eingelegt werden können; der letzte Tag der Frist ist anzugeben;

---

1 Durch das Gesetz zur Reform des Betriebsverfassungsgesetzes v. 23.6.2001, BGBl I, S. 1852.

5. dass Einsprüche gegen Berichtigung und Ergänzung der Wählerliste nur innerhalb von einer Woche seit der Berichtigung oder der Ergänzung eingelegt werden können;
6. die Zahl der zu wählenden Arbeitnehmervertreter; soweit Arbeitnehmervertreter nach § 4 Abs. 2 des Gesetzes Arbeitnehmer des Unternehmens sein müssen, ist hierauf hinzuweisen;
7. dass die in § 105 Abs. 1 des Aktiengesetzes genannten Personen nicht Mitglied des Aufsichtsrats sein können;
8. dass der Betriebsrat und die Arbeitnehmer innerhalb von zwei Wochen seit dem Erlass des Wahlausschreibens Wahlvorschläge einreichen können; der letzte Tag der Frist ist anzugeben;
9. die Mindestzahl von Arbeitnehmern, von denen ein gültiger Wahlvorschlag der Arbeitnehmer unterzeichnet sein muss (§ 6 des Gesetzes);
10. dass in jedem Wahlvorschlag für jeden Bewerber jeweils ein Ersatzmitglied des Aufsichtsrats vorgeschlagen werden kann;
11. dass bei Wahl eines Aufsichtsratsmitglieds auch das zusammen mit ihm vorgeschlagene Ersatzmitglied gewählt ist;
12. dass die Stimmabgabe an die Wahlvorschläge gebunden ist und dass nur solche Wahlvorschläge berücksichtigt werden, die fristgerecht (Nummer 8) eingereicht sind;
13. wo und wie die Wahlberechtigten von den Wahlvorschlägen bis zum Abschluss der Stimmabgabe Kenntnis erlangen können;
14. Ort, Tag und Zeit der Stimmabgabe und der öffentlichen Stimmauszählung;
15. den Hinweis auf die Möglichkeit der schriftlichen Stimmabgabe sowie die Betriebsteile und Kleinstbetriebe, für die schriftliche Stimmabgabe nach § 16 Abs. 3 Nr. 1 beschlossen ist und ob die schriftliche Stimmabgabe nach § 16 Abs. 3 Nr. 2 beschlossen worden ist;
16. dass Einsprüche, Wahlvorschläge und sonstige Erklärungen gegenüber dem Betriebswahlvorstand abzugeben sind;
17. die Namen der Mitglieder und die Betriebsanschrift des Betriebswahlvorstands.

(3) Der Betriebswahlvorstand macht das Wahlausschreiben am Tag seines Erlasses bis zum Abschluss der Wahl der Aufsichtsratsmitglieder bekannt (§ 3 Abs. 3).

Literatur: *Wienke*, Die Aufsichtsratswahl nach dem BetrVG 1952, 1988

A. Allgemeines

Weitere Aufgaben des Wahlvorstands sind die Erstellung des **Wahlausschreibens** und die darauf folgende Einleitung der Wahl.

B. Regelungsgehalt

Spätestens sechs Wochen vor dem ersten Tag der Stimmabgabe erlässt der Betriebswahlvorstand ein Wahlausschreiben und leitet damit die Wahl ein. Der Inhalt des Wahlausschreibens ist zwingend durch § 5 Abs. 2 vorgegeben. In Unternehmen mit mehreren Betrieben bzw. im Konzern kommt die Kompetenz zum Erlass des Wahlausschreibens dem Unternehmens- bzw. Konzern-BR zu, § 28. Sie übersenden das Wahlausschreiben an die Betriebswahlvorstände, die es um die in § 28 Abs. 3 genannten Angaben zu ergänzen und es ab dem festgesetzten Zeitpunkt in den Betrieben bekannt zu machen haben. Auch für die Bekanntmachung des Wahlausschreibens kann auf die im Betrieb vorhandene Informations- und Kommunikationstechnik zurückgegriffen werden. Es gelten die gleichen Grundsätze wie bei der Bekanntmachung der Wählerliste (siehe § 3 Rn 2 und siehe § 4 Rn 2).

C. Beraterhinweise

Um jegliche Anfechtungsrisiken zu vermeiden, müssen die Vorgaben der WO genauestens beachtet werden. Die Frist zum Erlass des Wahlausschreibens ist eine Mindestfrist, d.h. das Wahlausschreiben kann auch zu einem früheren Zeitpunkt erlassen werden. In der Regel empfiehlt es sich, bei der zeitlichen Planung des Wahlverfahrens großzügig zu verfahren.[1]

---

1 So auch zum BetrVG 1952 *Wienke*, S. 24.

§ 6   Einspruch gegen die Wählerliste

(1) ¹Einsprüche gegen die Richtigkeit der Wählerliste können innerhalb von einer Woche seit Erlass des Wahlausschreibens schriftlich beim Betriebswahlvorstand eingelegt werden. ²Einsprüche gegen Berichtigungen und Ergänzungen der Wählerliste können innerhalb von einer Woche seit der Berichtigung oder der Ergänzung eingelegt werden.
(2) ¹Über Einsprüche nach Absatz 1 entscheidet der Betriebswahlvorstand unverzüglich. ²Ist ein Einspruch begründet, so wird die Wählerliste berichtigt. ³Der Betriebswahlvorstand teilt die Entscheidung demjenigen, der den Einspruch eingelegt hat, unverzüglich schriftlich mit.
(3) Die Wählerliste kann nach Ablauf der Einspruchsfrist nur bei Schreibfehlern und offenbaren Unrichtigkeiten oder in Erledigung rechtzeitig eingelegter Einsprüche berichtigt werden.

A. Allgemeines
Gegen die Richtigkeit der Wählerliste kann **Einspruch** erhoben werden.

B. Regelungsgehalt
Der Einspruch muss schriftlich beim Betriebswahlvorstand eingelegt werden. Die Frist für den Einspruch wurde im Interesse einer Beschleunigung der Wahl von 12 Arbeitstagen auf eine Woche verkürzt. Nach unverzüglicher Entscheidung des Betriebswahlvorstandes über die Einsprüche ist die Wählerliste bei Begründetheit des Einspruchs zu berichtigen. Nach Ablauf der Frist für die Einlegung des Einspruchs kann die Wählerliste nur noch bei Schreibfehlern und offenbaren Unrichtigkeiten oder in Erledigung rechtzeitig eingelegter Einsprüche berichtigt werden.

Abschnitt 2: Wahlvorschläge

§ 7   Wahlvorschläge

(1) ¹Die Wahl erfolgt auf Grund von Wahlvorschlägen des Betriebsrats und der Arbeitnehmer. ²Die Wahlvorschläge sind innerhalb von zwei Wochen seit Erlass des Wahlausschreibens schriftlich beim Betriebswahlvorstand einzureichen.
(2) ¹Jeder Wahlvorschlag soll mindestens doppelt so viele Bewerber aufweisen, wie Aufsichtsratsmitglieder der Arbeitnehmer zu wählen sind. ²In jedem Wahlvorschlag sind die einzelnen Bewerber unter Angabe von Familienname, Vorname, Geburtsdatum und Art der Beschäftigung aufzuführen. ³Die schriftliche Zustimmung der Bewerber zur Aufnahme in den Wahlvorschlag und ihre schriftliche Versicherung, dass sie im Fall ihrer Wahl die Wahl annehmen werden, sind beizufügen.
(3) ¹Wenn kein anderer Unterzeichner des Wahlvorschlags ausdrücklich als Vorschlagsvertreter bezeichnet ist, wird der an erster Stelle Unterzeichnete als Vorschlagsvertreter angesehen. ²Der Vorschlagsvertreter ist berechtigt und verpflichtet, dem Betriebswahlvorstand die zur Beseitigung von Beanstandungen erforderlichen Erklärungen abzugeben sowie Erklärungen und Entscheidungen des Betriebswahlvorstands entgegenzunehmen.
(4) ¹Die Unterschrift eines Wahlberechtigten zählt nur auf einem Wahlvorschlag. ²Hat ein Wahlberechtigter mehrere Wahlvorschläge unterzeichnet, so hat er auf Aufforderung des Betriebswahlvorstands innerhalb einer angemessenen Frist, spätestens jedoch innerhalb von einer Woche zu erklären, welche Unterschrift er aufrechterhält. ³Unterbleibt die fristgerechte Erklärung, so wird sein Name auf dem zuerst eingereichten Wahlvorschlag gezählt und auf den übrigen Wahlvorschlägen gestrichen; sind mehrere Wahlvorschläge, die von demselben Wahlberechtigten unterschrieben sind, gleichzeitig eingereicht worden, so entscheidet das Los darüber, auf welchem Wahlvorschlag die Unterschrift gilt.
(5) ¹Ein Bewerber kann nur auf einem Wahlvorschlag vorgeschlagen werden. ²Ist sein Name mit seiner schriftlichen Zustimmung (Absatz 2 Satz 3) auf mehreren Wahlvorschlägen aufgeführt, so hat er auf Aufforderung des Betriebswahlvorstands innerhalb von einer Woche zu erklären, welche Bewerbung er aufrechterhält. ³Unterbleibt die fristgerechte Erklärung, so ist der Bewerber auf sämtlichen Wahlvorschlägen zu streichen.

Literatur: *Freis/Kleinefeld/Kleinsorge/Voigt*, Drittelbeteiligungsgesetz, 2004

A. Allgemeines

1 Die **Kandidaten** der Wahl werden von den BR und den AN vorgeschlagen.

B. Regelungsgehalt

2 Die **Wahlvorschläge** müssen innerhalb von zwei Wochen seit dem Erlass des Wahlausschreibens schriftlich beim Betriebswahlvorstand eingereicht werden. Im Gegensatz zum Wahlverfahren nach dem MitbestG können Wahlvorschläge auch vom Betriebsrat gemacht werden. Der Gesetzgeber gibt hier vor, diesen Unterschied auf Wunsch der Praxis beibehalten zu haben.[1] Zur Wirksamkeit der Wahlvorschläge müssen diese mindestens doppelt so viele Bewerber aufweisen, wie AR-Mitglieder der AN zu wählen sind. Die Wahlvorschläge der AN unterliegen dem Unterschriftserfordernis des § 6 DrittelbG (vgl. § 6 DrittelbG Rn 4). In jedem Wahlvorschlag sind die einzelnen Bewerber unter Angabe von Familienname, Vorname, Geburtsdatum und Art der Beschäftigung aufzuführen. Beigefügt werden muss die schriftliche Zustimmung der Bewerber zur Aufnahme in den Wahlvorschlag und die schriftliche Versicherung, dass sie im Fall ihrer Wahl die Wahl annehmen werden. Hierdurch soll der Bewerber genau identifiziert werden können und sichergestellt werden, dass kein Kandidat gewählt wird, der das Amt nicht ausfüllen möchte.

3 Damit der Betriebswahlvorstand einen Ansprechpartner hat, wird für jeden Wahlvorschlag ein **Vorschlagsvertreter** bezeichnet. Erfolgt keine ausdrückliche Bezeichnung, ist dies der an erster Stelle Unterzeichnende. Dieser Vertreter ist berechtigt, aber auch verpflichtet, gegenüber dem Betriebswahlvorstand die zur Beseitigung von Beanstandungen erforderlichen Erklärungen abzugeben sowie Erklärungen und Entscheidungen des Betriebswahlvorstands entgegen zu nehmen. Ein Wahlberechtigter kann nur einen Wahlvorschlag unterstützen, so dass seine Unterschrift auch nur auf einem Wahlvorschlag zählt. Im Falle der Unterzeichnung mehrerer Wahlvorschläge fordert der Betriebswahlvorstand die entsprechende Person auf, nur eine der Unterschriften aufrecht zu erhalten. Für die Entscheidung darüber, welche Unterschrift aufrechterhalten wird, ist dem Wahlberechtigten eine angemessene Frist von höchstens einer Woche zu gewähren. Erfolgt in dieser Zeit keine Entscheidung, wird nur die Unterschrift auf dem Wahlvorschlag beibehalten, der zuerst eingereicht wurde. Wurden mehrere Wahlvorschläge gleichzeitig eingereicht, auf denen derselbe Wahlberechtigte unterschrieben hat, entscheidet das Los darüber, welche Unterschrift gilt. In derselben Weise kann auch ein Bewerber für einen AR-Sitz der AN nur auf einem Wahlvorschlag vorgeschlagen werden. Erscheint der Bewerber auf mehreren Wahlvorschlägen, so muss der Betriebswahlvorstand auch hier die Erklärung einholen, welche Bewerbung aufrecht erhalten werden soll.

§ 8 Wahlvorschläge für Ersatzmitglieder

(1) Wird zusammen mit einem Bewerber für diesen ein Ersatzmitglied des Aufsichtsrats vorgeschlagen (§ 7 Abs. 1 des Gesetzes), gilt § 7 Abs. 5 entsprechend.

(2) ¹Jedes vorgeschlagene Ersatzmitglied ist in dem Wahlvorschlag unter Angabe von Familienname, Vorname, Geburtsdatum und Art der Beschäftigung neben dem Bewerber aufzuführen, für den es als Ersatzmitglied des Aufsichtsrats vorgeschlagen wird. ²In dem Wahlvorschlag ist kenntlich zu machen, wer als Mitglied und wer als Ersatzmitglied des Aufsichtsrats vorgeschlagen wird. ³§ 7 Abs. 2 Satz 3 gilt entsprechend.

A. Allgemeines

1 § 8 regelt die nach § 7 Abs. 1 DrittelbG vorgesehene Pflicht zur Wahl von **Ersatzmitgliedern**.

B. Regelungsgehalt

2 Genauso wie der Bewerber muss auch jedes vorgeschlagene Ersatzmitglied in dem Wahlvorschlag unter Angabe von Familienname, Vorname, Geburtsdatum und Art der Beschäftigung aufgeführt werden. Er ist neben den Bewerber zu setzen, für den er als Ersatzmitglied des AR vorgeschlagen wird. Diese Regelung entspricht § 27 der ersten WO MitbestG bzw. § 29 der zweiten WO MitbestG. Die Ersatzmitgliedschaft ist personenbezogen ausgestaltet. Das Ersatzmitglied wird mit dem Bewerber gewählt, neben dem es im Wahlvorschlag aufgeführt ist und kann nur für diesen Bewerber als Ersatz im Aufsichtsrat nachrücken. Im Wahlvorschlag muss deshalb deutlich gekennzeichnet sein, wer als Mitglied und wer als Ersatzmitglied vorgeschlagen wird. Das vorgeschlagene Ersatzmitglied muss genauso wie der als Mitglied vorgeschlagene Bewerber seine schriftliche Zustimmung zur Aufnahme in den Wahlvorschlag und zur Annahme der Ersatzmitgliedschaft im Fall der Verhinderung des gewählten Mitglieds abgeben. Auch das Ersatzmitglied darf nur auf einem Wahlvorschlag aufgeführt werden. Anderenfalls muss der Betriebswahlvorstand

---

[1] Vgl. *Freis/Kleinefeld/Kleinsorge/Voigt*, Rn 92.

es innerhalb von einer Woche auffordern, zu erklären, auf welchem Wahlvorschlag es aufgeführt werden soll. Unterbleibt diese Erklärung oder erfolgt sie zu spät, ist das Ersatzmitglied aus den Wahlvorschlägen zu streichen.

§ 9 Bestätigung und Prüfung der Wahlvorschläge

(1) Der Betriebswahlvorstand bestätigt dem Vorschlagsvertreter schriftlich den Zeitpunkt der Einreichung des Wahlvorschlags.
(2) Der Betriebswahlvorstand hat unverzüglich den Wahlvorschlag zu prüfen und bei Ungültigkeit oder Beanstandung den Vorschlagsvertreter schriftlich unter Angabe der Gründe zu unterrichten.

A. Allgemeines

Der Betriebswahlvorstand bestätigt und prüft die Wahlvorschläge. 1

B. Regelungsgehalt

Die Wahlvorschläge werden vom Wahlvorstand auf ihre **Gültigkeit** geprüft. Im Falle von Beanstandungen oder der Ungültigkeit des Wahlvorschlages muss der Vorschlagsvertreter schriftlich und unter Angabe der Gründe in Kenntnis gesetzt werden. 2

C. Verbindung zu anderen Rechtsgebieten

Die Regelung ist angelehnt an § 32 1. WO MitbestG. 3

§ 10 Ungültige Wahlvorschläge

(1) Ungültig sind Wahlvorschläge,
1. die nicht fristgerecht eingereicht worden sind,
2. die bei der Einreichung nicht die erforderliche Zahl von Unterschriften (§ 6 des Gesetzes) aufweisen.
(2) Wahlvorschläge,
1. in denen die Bewerber nicht in der in § 7 Abs. 2 bestimmten Weise bezeichnet sind,
2. denen die schriftliche Zustimmung der Bewerber zur Aufnahme in den Wahlvorschlag und die Versicherung, die Wahl anzunehmen (§ 7 Abs. 2 Satz 3) nicht beigefügt sind,
3. die infolge von Streichung gemäß § 7 Abs. 5 nicht mehr die erforderliche Zahl von Unterschriften aufweisen,

sind ungültig, wenn der Betriebswahlvorstand sie beanstandet hat und die Mängel nicht innerhalb von einer Woche seit der Beanstandung beseitigt worden sind.

A. Allgemeines

§ 10 regelt die Voraussetzung für die **Ungültigkeit von Wahlvorschlägen**, deren Bedeutung für die Praxis erfahrungsgemäß gering ist. 1

B. Regelungsgehalt

Wahlvorschläge sind ungültig, wenn sie nicht fristgerecht eingereicht wurden oder bei der Einreichung nicht die nach § 6 DrittelbG erforderliche Zahl von Unterschriften aufweisen. Liegen solche Mängel vor, können sie nicht geheilt werden. Darüber hinausgehende Mängel führen nur zur Ungültigkeit wenn der Betriebswahlvorstand sie beanstandet hat und die Mängel nicht innerhalb von einer Woche seit der Beanstandung des Wahlvorstandes beseitigt worden sind. Dazu gehören Mängel, die darauf beruhen, dass die Bewerber nicht in der in § 7 Abs. 2 bestimmten Weise bezeichnet sind oder wenn die schriftliche Zustimmung der Bewerber zur Aufnahme in den Wahlvorschlag und die Versicherung, die Wahl anzunehmen, nicht beigefügt sind oder sie infolge von Streichung gem. § 7 Abs. 5 nicht mehr die erforderliche Zahl von Unterschriften aufweisen. 2

§ 11 Nachfrist für Wahlvorschläge

(1) ¹Ist nach Ablauf der in § 7 Abs. 1 genannten Frist kein gültiger Wahlvorschlag eingereicht, so hat dies der Betriebswahlvorstand sofort in der gleichen Weise bekannt zu machen wie das Wahlausschreiben (§ 5 Abs. 3) und eine Nachfrist von einer Woche für die Einreichung von Wahlvorschlägen zu setzen. ²In der Bekanntmachung ist darauf hinzuweisen, dass die Wahl nur stattfinden kann, wenn innerhalb der Nachfrist mindestens ein gültiger Wahlvorschlag eingereicht wird.

(2) Wird bis zum Ablauf der Nachfrist kein gültiger Wahlvorschlag eingereicht, so macht der Betriebswahlvorstand unverzüglich bekannt, dass die Wahl nicht stattfindet.

§ 12 Bekanntmachung der Wahlvorschläge

Spätestens eine Woche vor dem ersten Tag der Stimmabgabe macht der Betriebswahlvorstand die gültigen Wahlvorschläge in gleicher Weise bekannt wie das Wahlausschreiben (§ 5 Abs. 3).

A. Allgemeines

1 Geregelt werden die **Nachfrist** für den Fall, dass Wahlvorschläge nicht rechtzeitig eingereicht wurden sowie die **Bekanntmachung** der Wahlvorschläge.

B. Regelungsgehalt

2 Die Einreichung mindestens eines gültigen Wahlvorschlages ist Voraussetzung für das Stattfinden der Wahl. Fehlt es an einem gültigen Wahlvorschlag, muss deshalb der zuständige Wahlvorstand nach Ablauf der Zweiwochenfrist des § 7 Abs. 1 nochmals eine einwöchige Nachfrist setzen. Wird auch bis zum Ablauf dieser Frist kein gültiger Wahlvorschlag eingereicht, so findet die Wahl in dem entsprechenden Betrieb nicht statt. Dies muss der Wahlvorstand dann unverzüglich bekannt machen.

3 Die gültigen Wahlvorschläge werden durch den Betriebswahlvorstand bekannt gemacht. Diese Bekanntmachung erfolgt wie beim Wahlausschreiben nach § 3 Abs. 3 durch Aushang an einer oder mehreren geeigneten Stellen und ist auch unter Einsatz vorhandener Informations- und Kommunikationstechnik möglich.

C. Beraterhinweis

4 Für den Fall, dass nur ein Betrieb vorhanden ist und dort kein gültiger Wahlvorschlag eingereicht wurde, oder in allen Betrieben kein gültiger Wahlvorstand gemacht wird, kann die ordnungsgemäße Besetzung des AR nur durch eine **gerichtliche Ersatzbestellung** gem. § 104 AktG erfolgen.

Abschnitt 3: Stimmabgabe

§ 13 Stimmabgabe, Stimmzettel

(1) ¹Der Wähler kann seine Stimme nur für Bewerber eines als gültig anerkannten Wahlvorschlags abgeben. ²Die Stimmabgabe erfolgt durch Abgabe von Stimmzetteln.

(2) ¹Auf den Stimmzetteln sind die Bewerber in alphabetischer Reihenfolge unter Angabe von Familienname, Vorname und Art der Beschäftigung aufzuführen. ²Das für einen Bewerber vorgeschlagene Ersatzmitglied ist auf den Stimmzetteln neben dem Bewerber aufzuführen; Satz 1 ist entsprechend anzuwenden. ³Die Stimmzettel sollen die Angabe enthalten, wie viele Bewerber angekreuzt werden können. ⁴Die Stimmzettel für die Wahl der Arbeitnehmervertreter müssen sämtlich die gleiche Größe, Farbe, Beschaffenheit und Beschriftung haben. ⁵Der Wähler kennzeichnet die von ihm gewählten Bewerber durch Ankreuzen an der hierfür im Stimmzettel vorgesehenen Stelle; er darf nicht mehr Bewerber ankreuzen, als Arbeitnehmervertreter zu wählen sind.

(3) Ungültig sind Stimmzettel,
1. in denen mehr Bewerber angekreuzt sind, als Aufsichtsratsmitglieder zu wählen sind,
2. aus denen sich ein eindeutiger Wille nicht ergibt,

3. die mit einem besonderen Merkmal versehen sind,
4. die andere als die in Absatz 2 bezeichneten Angaben, einen Zusatz oder sonstige Änderungen enthalten.

§ 14 Wahlvorgang

(1) ¹Der Betriebswahlvorstand hat geeignete Vorkehrungen für die unbeobachtete Kennzeichnung der Stimmzettel im Wahlraum zu treffen und für die Bereitstellung einer oder mehrerer Wahlurnen zu sorgen. ²Die Wahlurne muss vom Betriebswahlvorstand verschlossen und so eingerichtet sein, dass die eingeworfenen Stimmzettel nicht herausgenommen werden können, ohne dass die Urne geöffnet wird.
(2) Während der Wahl müssen mindestens zwei Mitglieder des Betriebswahlvorstands im Wahlraum anwesend sein; sind Wahlhelfer bestellt (§ 3 Abs. 1), so genügt die Anwesenheit eines Mitglieds des Wahlvorstands und eines Wahlhelfers.
(3) ¹Der Wähler kennzeichnet seinen Stimmzettel unbeobachtet und faltet ihn in der Weise, dass seine Stimmabgabe nicht erkennbar ist. ²Danach gibt der Wähler seinen Namen an und wirft den gefalteten Stimmzettel in die Wahlurne, nachdem die Stimmabgabe in der Wählerliste vermerkt worden ist.
(4) ¹Wer infolge seiner Behinderung bei der Stimmabgabe beeinträchtigt ist, kann eine Person seines Vertrauens bestimmen, die ihm bei der Stimmabgabe behilflich sein soll, und teilt dies dem Betriebswahlvorstand mit. ²Personen, die sich bei der Wahl bewerben, Mitglieder des Betriebswahlvorstands sowie Wahlhelfer dürfen nicht zur Hilfeleistung herangezogen werden. ³Die Hilfeleistung beschränkt sich auf die Erfüllung der Wünsche des Wählers zur Stimmabgabe. ⁴Die Person des Vertrauens ist zur Geheimhaltung der Kenntnisse verpflichtet, die sie bei der Hilfeleistung zur Stimmabgabe erlangt hat. ⁵Die Sätze 1 bis 4 gelten entsprechend für des Lesens unkundige Wähler.
(5) Nach Abschluss der Stimmabgabe ist die Wahlurne zu versiegeln, wenn die Stimmauszählung nicht unmittelbar nach Beendigung der Wahl durchgeführt wird; dies gilt auch, wenn die Stimmabgabe unterbrochen wird.

§ 15 Einsatz von Wahlgeräten

(1) ¹Für die Abgabe und Zählung der Stimmen können an Stelle von Stimmzetteln und Wahlurnen Wahlgeräte eingesetzt werden. ²§ 14 gilt entsprechend. ³Die Wahlgeräte müssen auf Grund einer Prüfung nach § 2 Abs. 2 und 3 der Bundeswahlgeräteverordnung für die Wahl geeignet sein, für die sie eingesetzt werden und den Richtlinien für die Bauart von Wahlgeräten entsprechen, soweit diese nicht besondere Regelungen für Bundeswahlen enthalten. ⁴Jedem Wahlgerät muss eine Bedienungsanleitung und eine Baugleichheitserklärung entsprechend § 2 Abs. 6 der Bundeswahlgeräteverordnung beigefügt sein.
(2) Der Einsatz von Wahlgeräten ist nur zulässig, wenn hierüber Einvernehmen zwischen dem Betriebswahlvorstand und der Unternehmensleitung erzielt worden ist.

Literatur: *Huke/Prinz*, Die Wahl der Arbeitnehmervertreter in den Aufsichtsrat nach dem Drittelbeteiligungsgesetz, FA 2004, 323

A. Allgemeines	1	II. Wahlvorgang	3
B. Regelungsgehalt	2	III. Einsatz von Wahlgeräten	4
I. Stimmabgabe und Stimmzettel	2	C. Beraterhinweise	5

A. Allgemeines

§ 13 trifft Regelungen über die **Stimmabgabe, Stimmzettel und Ungültigkeit der Stimmzettel**. § 14 schreibt vor, wie der Wahlvorgang ablaufen muss und § 15 sieht Sonderregelungen vor für den Fall, dass bei der Wahl statt Stimmzetteln Wahlgeräte eingesetzt werden.

B. Regelungsgehalt

I. Stimmabgabe und Stimmzettel

Jeder Wähler kann so viele Bewerber wählen, wie Arbeitnehmervertreter in den AR zu entsenden sind. Der Stimmzettel enthält den Namen, Vornamen und die Beschäftigung des jeweiligen Bewerbers und daneben ggf. das jeweilige Ersatzmitglied mit denselben Angaben. Die Stimmzettel sollen eine Information darüber enthalten, wie viele Bewerber zu wählen sind und demzufolge angekreuzt werden können. Die Stimmzettel dürfen sich in Größe, Farbe und Beschaffenheit nicht voneinander unterscheiden.

Die Stimmzettel sind ungültig, wenn:
- mehr Bewerber angekreuzt wurden, als AR-Mitglieder der AN zu wählen sind. Wurden also statt zwei Bewerbern drei angekreuzt, ist der gesamte Stimmzettel ungültig. Es ist allerdings unschädlich, weniger Bewerber, als Stimmen zur Verfügung stehen, anzukreuzen.
- sich ein eindeutiger Wille nicht ergibt, so z.B., wenn ein Kreuz genau zwischen den dafür vorgesehenen Kästchen angebracht wird und keinem Bewerber eindeutig zuzuordnen ist.
- sie mit einem besonderen Merkmal versehen sind, also entweder nicht den Anforderungen an die gleiche Beschaffenheit genügen oder der Wähler irgendeine Markierung oder einen Zusatz angebracht hat.
- Wenn sie andere als die im § 13 Abs. 2 vorgesehenen Angaben, einen Zusatz oder Änderungen enthalten, d.h. wenn schon vor der Wahl oder vom Wähler solche Zusätze oder Änderungen angebracht wurden.

II. Wahlvorgang

3 Die Wahl läuft folgendermaßen ab:
- Der Betriebswahlvorstand stellt in einem Wahlraum eine oder mehrere Wahlurnen auf, die er selbst verschlossen hat und aus denen die Stimmzettel nicht entnommen werden können, ohne dass die Urne geöffnet wird.
- Der Betriebswahlvorstand trifft im Wahlraum Vorkehrungen dafür, dass die Stimmzettel unbeobachtet ausgefüllt werden können, am besten durch Aufstellung einer oder mehrerer Wahlkabinen.
- Während der Wahl müssen entweder zwei Mitglieder des Betriebswahlvorstandes im Wahlraum anwesend sein oder ein Mitglied und ein Wahlhelfer.
- Der Wähler kreuzt die von ihm bevorzugten Wahlbewerber an und faltet den Wahlzettel so, dass die Stimmabgabe nicht erkennbar ist.
- Der Wähler gibt seinen Namen an, den der Wahlvorstand oder der Wahlhelfer in der Wählerliste vermerkt und wirft den gefalteten Stimmzettel in die Wahlurne. Auf Wahlumschläge wird zur Vereinfachung und Beschleunigung der Stimmauszählung verzichtet.
- Des Lesens unkundige Wähler oder behinderte Personen können eine Person ihres Vertrauens zur Hilfe hinzuziehen.
- Nach der Wahl wird entweder sofort die Stimmauszählung durchgeführt oder die Urne versiegelt. Auch bei einer Wahlunterbrechung ist die Urne durch den Wahlvorstand zu versiegeln.

Auch wenn die Wahl unternehmensbezogen durchgeführt wird, findet sie in Wahllokalen in den einzelnen Betrieben statt.

III. Einsatz von Wahlgeräten

4 Werden statt Stimmzetteln Wahlgeräte eingesetzt, so müssen diese Geräte aufgrund einer Prüfung nach der Bundeswahlgeräte VO[1] für die Wahl geeignet sein. Der Einsatz von Wahlgeräten ist nur möglich, wenn der Betriebswahlvorstand und die Unternehmensleitung sich hierauf geeinigt haben.

C. Beraterhinweise

5 Der Stimmzettel sollte folgendermaßen aussehen, wenn zwei AN-Vertreter in den AR gewählt werden (Muster):

Stimmzettel:	
Wahlbewerber	**Ersatzmitglied**
☐ Fuchs, Dieter; Lackierer	Kaiser, Susanne; Elektrotechnikerin
☐ Klein, Anne; Sekretärin	Groß, Alfons; Elektrotechniker
☐ Müller, Siegfried; Informatiker	Meier, Peter; Buchhalter
☐ Winter, Sven; Elektrotechniker	Alt, Sabine; Personalsachbearbeiterin

Kreuzen Sie bitte maximal **zwei** Wahlbewerber (= Wahlbewerber und Ersatzmitglied) im dafür vorgesehenen Kästchen an. Werden mehr als zwei Wahlbewerber angekreuzt oder sonstige Zusätze auf dem Stimmzettel angebracht, so ist dieser ungültig.

---

[1] Verordnung über den Einsatz von Wahlgeräten bei Wahlen zum Deutschen Bundestag und der Abgeordneten des Europäischen Parlaments aus der Bundesrepublik Deutschland v. 3.9.1975, BGBl I, S. 749; in den vom DrittelbG erfassten Unternehmen wird ein Einsatz von Wahlgeräten in der Praxis kaum vorkommen, vgl. *Huke/Prinz*, FA 2004, 323, 326.

Abschnitt 4: Schriftliche Stimmabgabe

§ 16 Voraussetzungen der schriftlichen Stimmabgabe

(1) Einem Wahlberechtigten, der im Zeitpunkt der Wahl wegen Abwesenheit vom Betrieb verhindert ist, seine Stimme persönlich abzugeben, hat der Betriebswahlvorstand auf sein Verlangen
1. das Wahlausschreiben,
2. den Stimmzettel und einen Wahlumschlag,
3. eine vorgedruckte, von dem Wähler abzugebende Erklärung, in der gegenüber dem Betriebswahlvorstand zu versichern ist, dass der Stimmzettel persönlich gekennzeichnet worden ist, sowie
4. einen größeren Freiumschlag, der die Anschrift des Betriebswahlvorstands und als Absender den Namen und die Anschrift des Wahlberechtigten sowie den Vermerk „Schriftliche Stimmabgabe" trägt,

auszuhändigen oder zu übersenden. ²Der Betriebswahlvorstand soll dem Wahlberechtigten ferner ein Merkblatt über die Art und Weise der schriftlichen Stimmabgabe (§ 17) aushändigen oder übersenden. ³Der Betriebswahlvorstand vermerkt die Aushändigung oder Übersendung in der Wählerliste.

(2) Wahlberechtigte, von denen dem Betriebswahlvorstand bekannt ist, dass sie im Zeitpunkt der Wahl nach der Eigenart ihres Beschäftigungsverhältnisses voraussichtlich nicht im Betrieb anwesend sein werden (insbesondere im Außendienst, mit Telearbeit und in Heimarbeit Beschäftigte), erhalten die in Absatz 1 bezeichneten Unterlagen, ohne dass es eines Verlangens des Wahlberechtigten bedarf.

(3) Der Betriebswahlvorstand kann die schriftliche Stimmabgabe beschließen
1. für Betriebsteile und Kleinstbetriebe, die räumlich weit vom Hauptbetrieb entfernt sind,
2. für den Betrieb, wenn die Mehrheit der Wahlberechtigten zur schriftlichen Stimmabgabe nach Absatz 2 berechtigt ist und die verbleibende Minderheit nicht mehr als insgesamt 25 Wahlberechtigte ausmacht.

Absatz 2 ist entsprechend anzuwenden.

§ 17 Verfahren bei der schriftlichen Stimmabgabe

(1) Die Stimmabgabe erfolgt in der Weise, dass der Wähler
1. die Stimmzettel unbeobachtet persönlich kennzeichnet und so faltet und in den zugehörigen Wahlumschlägen verschließt, dass die Stimmabgabe erst nach Auseinanderfalten des Stimmzettels erkennbar ist;
2. die vorgedruckte Erklärung unter Angabe des Orts und des Datums unterschreibt und
3. die Wahlumschläge und die unterschriebene vorgedruckte Erklärung in dem Freiumschlag verschließt und diesen Wahlbrief so rechtzeitig an den Betriebswahlvorstand absendet oder übergibt, dass er vor Abschluss der Stimmabgabe vorliegt.

(2) ¹Unmittelbar vor Abschluss der Stimmabgabe öffnet der Betriebswahlvorstand in öffentlicher Sitzung die bis zu diesem Zeitpunkt eingegangenen Wahlbriefe und entnimmt ihnen die Wahlumschläge sowie die vorgedruckten Erklärungen. ²Ist die schriftliche Stimmabgabe ordnungsgemäß erfolgt, so vermerkt der Betriebswahlvorstand die Stimmabgabe in der Wählerliste, öffnet die Wahlumschläge und legt die Stimmzettel in die Wahlurne.

(3) ¹Verspätet eingehende Wahlbriefe nimmt der Betriebswahlvorstand mit einem Vermerk über den Zeitpunkt des Eingangs ungeöffnet zu den Wahlunterlagen. ²Die Wahlbriefe sind einen Monat nach Bekanntgabe des Ergebnisses der Wahl der Aufsichtsratsmitglieder der Arbeitnehmer ungeöffnet zu vernichten, wenn die Wahl nicht angefochten worden ist.

A. Allgemeines

§§ 16 und 17 regeln die Möglichkeit und das Verfahren der **Briefwahl** für den Fall der Abwesenheit des AN während der AR-Wahl.

B. Regelungsgehalt

Im Fall der Abwesenheit des AN während der Wahl kann dieser vom Wahlvorstand verlangen, dass er ihm das Wahlausschreiben, den Stimmzettel und einen Wahlumschlag, einen Vordruck mit der persönlichen Versicherung, dass er den Stimmzettel persönlich gekennzeichnet hat und einen größeren Freiumschlag mit der Anschrift des Betriebswahlvorstandes und dem Vermerk „schriftliche Stimmabgabe" aushändigt oder übersendet. Außerdem soll der Betriebswahlvorstand den Wahlberechtigten ein Merkblatt über das in § 17 geregelte Verfahren aushändigen oder übersenden. Das Verlangen der Briefwahl muss vom Betriebswahlvorstand in der Wählerliste vermerkt werden.

3 Nach § 16 Abs. 2 muss der Betriebswahlvorstand die Briefwahlunterlagen unverlangt an die AN aushändigen oder übersenden, von denen er weiß, dass diese am Tag der Wahl nicht im Betrieb anwesend sein werden. Dies betrifft insbesondere Mitarbeiter im Außendienst, in Telearbeit oder in Heimarbeit Beschäftigte. Es dürfte aber auch für die dem Betriebswahlvorstand bekannte Urlaubsabwesenheit gelten sowie bei Kurzarbeit Null. Die Briefwahl kann auch auf Initiative des Betriebswahlvorstandes für alle AN beschlossen werden, wenn Betriebsteile und Kleinstbetriebe räumlich vom Hauptbetrieb weit entfernt sind. Anhaltspunkte dafür, wann von einer weiten räumlichen Entfernung ausgegangen wird, kann die Rspr. zu § 4 BetrVG liefern (siehe § 4 BetrVG Rn 8 ff.). Ebenso kann beschlossen werden, wenn zum Zeitpunkt der Wahl so viele Wahlberechtigte abwesend sind, dass der Rest nicht mehr als 25 Wahlberechtigte ausmacht.

4 Nach § 17 muss der Briefwähler seinen Stimmzettel unbeobachtet ausfüllen und im Wahlumschlag verschließen. Er muss die vorgedruckte Erklärung über seine Stimmabgabe mit Angabe des Ortes und des Datums unterschreiben und die Wahlumschläge mit der unterschriebenen Erklärung im verschlossenen Freiumschlag so rechtzeitig absenden oder ihm übergeben, dass er dem Betriebswahlvorstand vor Abschluss der Stimmabgabe vorliegt.

5 Der Betriebswahlvorstand muss die eingegangenen Wahlumschläge in öffentlicher Sitzung kurz vor Abschluss der Stimmabgabe öffnen. Ist die schriftliche Stimmabgabe ordnungsgemäß erfolgt, so wird dies vom Betriebswahlvorstand in der Wählerliste vermerkt. Die schriftliche Stimmabgabe ist ungültig, wenn der Freiumschlag nicht verschlossen wurde, die vorgedruckte Erklärung über die persönliche Stimmabgabe fehlt oder nicht unterschrieben wurde oder die vorgedruckte Erklärung mit dem Stimmzettel zusammen in den Wahlumschlag gesteckt wurde. Bei ordnungsgemäßer Stimmabgabe öffnet der Betriebswahlvorstand anschließend die Wahlumschläge und legt die Stimmzettel in die Wahlurne. Wahlbriefe, die verspätet beim Betriebswahlvorstand eingegangen sind, werden mit einem Vermerk über den Zeitpunkt des Eingangs ungeöffnet zu den Wahlunterlagen gegeben. Einen Monat nach Bekanntgabe des Wahlergebnisses werden die Umschläge ungeöffnet vernichtet, sofern die Wahl nicht angefochten wurde. Im Falle der Anfechtung der Wahl sind alle Wahlunterlagen, also auch die ungeöffneten Briefumschläge für das gerichtliche Verfahren zur Verfügung zu stellen.

Abschnitt 5: Stimmauszählung und Ergebnis

§ 18 Öffentliche Stimmauszählung

(1) Unverzüglich nach Abschluss der Stimmabgabe zählt der Betriebswahlvorstand öffentlich die Stimmen aus.
(2) Nach Öffnung der Wahlurne entnimmt der Betriebswahlvorstand die Stimmzettel und zählt die auf jeden Bewerber entfallenden Stimmen zusammen.
(3) Bei der Auszählung ist die Gültigkeit der Stimmzettel zu prüfen.
(4) Beim Einsatz von Wahlgeräten stellt der Betriebswahlvorstand durch Ablesen die Zahl der auf jeden Bewerber entfallenden Stimmen fest.

§ 19 Ermittlung der Gewählten

[1]Gewählt sind die Bewerber, die die meisten Stimmen erhalten haben. [2]Muss der zu Wählende Arbeitnehmer des Unternehmens sein (§ 4 des Gesetzes), so sind die Bewerber gewählt, die diese Voraussetzung erfüllen und die meisten Stimmen erhalten haben. [3]Bei Stimmengleichheit entscheidet jeweils das Los.

§ 20 Niederschrift des Wahlergebnisses

Nachdem die Stimmen ausgezählt sind, stellt der Betriebswahlvorstand in einer Niederschrift fest:
1. die Zahl der an Wahlgeräten abgegebenen Stimmen;
2. die Zahl der insgesamt abgegebenen Stimmen;
3. die Zahl der gültigen Stimmen;

4. die Zahl der ungültigen Stimmen;
5. die Zahlen der auf die einzelnen Bewerber entfallenden Stimmen;
6. die Namen der gewählten Aufsichtsratsmitglieder;
7. die Namen der für die einzelnen Aufsichtsratsmitglieder gewählten Ersatzmitglieder;
8. besondere während der Wahl eingetretene Zwischenfälle oder sonstige Ereignisse.

§ 21 Bekanntmachung des Wahlergebnisses und Benachrichtigung der Gewählten

(1) Der Betriebswahlvorstand macht das Wahlergebnis und die Namen der Gewählten unverzüglich für die Dauer von zwei Wochen bekannt.
(2) Gleichzeitig benachrichtigt der Betriebswahlvorstand die Gewählten schriftlich von ihrer Wahl und übermittelt das Wahlergebnis und die Namen der Gewählten dem Unternehmen.

§ 22 Aufbewahrung der Wahlakten, Bekanntmachung des Unternehmens

(1) ¹Der Betriebswahlvorstand übergibt die Wahlakten dem Unternehmen. ²Das Unternehmen bewahrt die Wahlakten mindestens für die Dauer von fünf Jahren auf.
(2) Für die nach § 8 des Gesetzes erforderliche Bekanntmachung im Betrieb gilt § 3 Abs. 3 entsprechend.

A. Allgemeines

Die §§ 18 bis 22 regeln das Verfahren der **Stimmauszählung**.

B. Regelungsgehalt

Nach § 18 entnimmt der Betriebswahlvorstand nach der Stimmabgabe die Stimmzettel der Wahlurne und zählt die Stimmen öffentlich aus. Bei dieser Auszählung ist die Gültigkeit jedes Stimmzettels zu prüfen. Beim Einsatz von Wahlgeräten muss die Zahl der auf den jeweiligen Bewerber entfallenden Stimmen vom Betriebswahlvorstand nur abgelesen werden. Wird die Stimmenauszählung nicht unmittelbar nach Beendigung der Wahl vorgenommen, sind die Wahlurnen zu versiegeln und sicher aufzubewahren. Die Öffentlichkeit der Stimmauszählung ist gegeben, wenn grundsätzlich die Möglichkeit besteht, dass die Betriebsangehörigen bei der Auszählung anwesend sein können. Ein Anspruch darauf, dass alle Belegschaftsangehörigen gleichzeitig im Auszählungslokal anwesend sein können, besteht nicht. Teilauszählungen sind nicht zulässig.

Gem. § 19 sind die Bewerber gewählt, die die meisten Stimmen erhalten haben. Hierbei ist § 4 DrittelbG zu beachten, wonach mindestens zwei AN-Vertreter im Unternehmen beschäftigt sein müssen. Liegt eine Stimmengleichheit vor, so wird per Losentscheid das Ergebnis festgestellt. Wurden die Gewählten ermittelt, so gelten gleichzeitig die neben ihnen auf dem Wahlzettel stehenden Ersatzkandidaten als gewählt.

Gem. § 20 erstellt der Betriebswahlvorstand nach der Stimmenauszählung eine Wahlniederschrift. Hierin werden die an den Wahlgeräten abgegebenen Stimmen, die insgesamt abgegebenen Stimmen, die gültigen Stimmen und die ungültigen Stimmen festgehalten. Außerdem enthält die Niederschrift die Zahlen der auf die einzelnen Bewerber entfallenen Stimmen, die Namen der gewählten AR-Mitglieder, der Ersatzmitglieder und Hinweise bezüglich besonderer Zwischenfälle, die während der Wahl aufgetreten sind.

Gem. § 21 macht der Betriebswahlvorstand das Wahlergebnis und die Namen der Gewählten unverzüglich nach der Auszählung für zwei Wochen bekannt. Er benachrichtigt außerdem die Gewählten schriftlich von ihrer Wahl und übermittelt das Ergebnis dem Unternehmen. Eine Annahme der Wahl durch die Gewählten ist nicht erforderlich.

Die Wahlakten muss das Unternehmen für die Dauer von fünf Jahren gem. § 22 aufbewahren. § 22 Abs. 2 enthält außerdem noch einen Hinweis auf § 8 DrittelbG, wonach das Unternehmen die Mitglieder des AR im Betrieb bekannt zu machen hat. Für die Bekanntmachung gilt § 3 Abs. 3 entsprechend, so dass sie auch durch den Einsatz von Informations- und Kommunikationsmitteln erfolgen kann.

Kapitel 2: Wahl durch die Arbeitnehmer mehrerer Betriebe oder mehrerer Unternehmen

§ 23 Allgemeine Vorschriften

Nehmen die Arbeitnehmer mehrerer Betriebe oder mehrerer Unternehmen an der Wahl der Vertreter der Arbeitnehmer im Aufsichtsrat teil, so gelten die Vorschriften des Kapitels 1 entsprechend, soweit sich nicht aus den nachfolgenden Vorschriften Abweichungen ergeben.

§ 24 Mitteilung des Unternehmens

Die in § 1 bezeichnete Mitteilung erfolgt gegenüber den Betriebsräten.

§ 25 Wahlvorstände

(1) ¹Die Durchführung der Wahl und die Feststellung des Wahlergebnisses obliegen dem zuständigen Wahlvorstand. ²Zuständiger Wahlvorstand ist bei der Wahl
1. in mehreren Betrieben der Unternehmenswahlvorstand,
2. in mehreren Unternehmen der Hauptwahlvorstand.

(2) In den einzelnen Betrieben wird die Wahl im Auftrag und nach den Richtlinien des nach Absatz 1 zuständigen Wahlvorstands durch Betriebswahlvorstände durchgeführt.

(3) Die Wahlvorstände nach den Absätzen 1 und 2 werden unverzüglich nach der in § 24 bezeichneten Mitteilung gebildet.

(4) Die Wahlvorstände nach den Absätzen 1 und 2 teilen unverzüglich nach ihrer Bildung dem Unternehmen schriftlich ihre Betriebsanschrift und die Namen ihrer Mitglieder mit.

§ 26 Zusammensetzung des Unternehmenswahlvorstands oder des Hauptwahlvorstands

(1) Für die Größe und Zusammensetzung des nach § 25 Abs. 1 zuständigen Wahlvorstands gilt § 2 Abs. 2 und 3 entsprechend.

(2) ¹Die Mitglieder des Unternehmenswahlvorstands werden vom Gesamtbetriebsrat bestellt. ²Besteht kein Gesamtbetriebsrat oder kommt der Gesamtbetriebsrat seiner Verpflichtung zur Bestellung des Unternehmenswahlvorstands nicht spätestens zwei Wochen nach der in § 24 bezeichneten Mitteilung nach, so werden die Mitglieder des Unternehmenswahlvorstands
1. vom Betriebsrat des nach der Zahl der Wahlberechtigten größten Betriebs, in dem ein Betriebsrat besteht, bestellt oder,
2. falls in keinem Betrieb ein Betriebsrat besteht, in einer Betriebsversammlung des nach der Zahl der Wahlberechtigten größten Betriebs mit der Mehrheit der abgegebenen Stimmen gewählt.

(3) ¹Die Mitglieder des Hauptwahlvorstands werden vom Konzernbetriebsrat bestellt. ²Besteht kein Konzernbetriebsrat oder kommt der Konzernbetriebsrat seiner Verpflichtung zur Bestellung des Hauptwahlvorstands nicht spätestens zwei Wochen nach der in § 24 bezeichneten Mitteilung nach, so werden die Mitglieder des Hauptwahlvorstands
1. in dem nach der Zahl der Wahlberechtigten größten Unternehmen, dessen Arbeitnehmer an der Wahl teilnehmen und in dem eine Arbeitnehmervertretung nach dem Betriebsverfassungsgesetz besteht, bestellt; die Bestellung erfolgt durch den Gesamtbetriebsrat oder, wenn ein solcher nicht besteht, durch den Betriebsrat, oder,
2. falls in keinem Unternehmen ein Betriebsrat besteht, in einer Betriebsversammlung des nach der Zahl der Wahlberechtigten größten Betriebs der Unternehmen, deren Arbeitnehmer an der Wahl teilnehmen, mit der Mehrheit der abgegebenen Stimmen gewählt.

Besteht auch eine nach § 117 Abs. 2 Satz 1 des Betriebsverfassungsgesetzes durch Tarifvertrag errichtete Vertretung für im Flugbetrieb beschäftigte Arbeitnehmer, so erfolgt die Bestellung gemeinsam mit dieser Vertretung.

| § 27 | Zusammensetzung und Aufgaben des Betriebswahlvorstands, Fristen |

(1) Für die Größe und Zusammensetzung des Betriebswahlvorstands gilt § 2 Abs. 2 bis 5.
(2) Dem Betriebswahlvorstand obliegen im Rahmen seiner Zuständigkeiten nach § 25 Abs. 2 insbesondere die Aufstellung und die Bekanntmachung der Wählerliste (§ 4) sowie die Entscheidung über Einsprüche gegen die Wählerliste (§ 6) und die Bekanntmachung der Wahlvorschläge (§ 12).
(3) Bekanntmachungen erfolgen durch die Betriebswahlvorstände spätestens an dem vom zuständigen Wahlvorstand hierfür festgesetzten Tag.

A. Allgemeines

Die §§ 23 bis 27 enthalten ergänzende besondere Regelungen für den Fall, dass die Wahl der AN-Vertreter nach dem DrittelbG in **mehreren Betrieben oder mehreren Unternehmen** stattfindet. 1

B. Regelungsgehalt

Die Mitteilung des Unternehmens über die Wahl erfolgt im Falle der Wahl in mehreren Betrieben oder mehreren Unternehmen gegenüber den einzelnen BR. Verantwortlich für die Durchführung der Wahl sind an Stelle des Betriebswahlvorstandes bei einer Wahl in mehreren Betrieben der Unternehmenswahlvorstand und der Hauptwahlvorstand, sofern in mehreren Unternehmen gewählt wird. 2

Auch wenn die Wahl in mehreren Betrieben oder Unternehmen stattfindet, spielen sich die einzelnen Wahlvorgänge in den Betrieben ab. Der insgesamt zuständige Wahlvorstand beauftragt hierfür in jedem einzelnen Betrieb den Betriebswahlvorstand mit der Durchführung der Wahl. Der Haupt- oder Unternehmenswahlvorstand und die einzelnen Betriebswahlvorstände werden unverzüglich nach der Mitteilung über die Wahl gebildet. Der Haupt- oder Unternehmenswahlvorstand und die einzelnen Betriebswahlvorstände teilen dem Unternehmen nach ihrer Bildung schriftlich ihre Betriebsanschrift und die Namen ihrer Mitglieder mit. 3

Für die Größe der Haupt- und Unternehmenswahlvorstände gilt dasselbe wie für den Betriebswahlvorstand. Sie müssen nach § 2 Abs. 2 und 3 aus drei Mitgliedern bestehen. Für jedes Mitglied kann ein Ersatzmitglied bestellt werden. Die Mitglieder des Unternehmenswahlvorstandes werden vom Gesamtbetriebsrat bestellt, die Mitglieder des Hauptwahlvorstandes vom KBR. Ist kein GBR oder KBR vorhanden, so geht die Zuständigkeit abgestuft auf den GBR oder einen einzelnen BR über. Besteht auch ein solcher nicht, so muss im größten Betrieb die Betriebsversammlung den Wahlvorstand mit der Mehrheit der abgegebenen Stimmen wählen. 4

Im Falle des Bestehens einer Vertretung für im Flugbetrieb beschäftigte AN nach § 117 Abs. 2 S. 1 BetrVG nimmt diese an der Bestellung teil. 5

Die einzelnen Betriebswahlvorstände behalten nach § 27 Abs. 2 die Pflicht, die Wählerliste aufzustellen, um über Einsprüche gegen die Wählerliste zu entscheiden und die Wahlvorschläge bekannt zu machen. Den Zeitpunkt der Bekanntmachungen durch die Betriebswahlvorstände setzen die jeweils zuständigen Wahlvorstände, also der Hauptwahlvorstand oder der Unternehmenswahlvorstand, fest. 6

| § 28 | Wahlausschreiben |

(1) ¹Spätestens sechs Wochen vor dem ersten Tag der Stimmabgabe erlässt der zuständige Wahlvorstand ein Wahlausschreiben. ²Mit Erlass des Wahlausschreibens ist die Wahl eingeleitet. ³§ 5 Abs. 2 gilt mit der Maßgabe, dass
1. Wahlvorschläge gegenüber dem zuständigen Wahlvorstand abzugeben sind (Nummer 16) und
2. die Betriebsanschrift des zuständigen Wahlvorstands anzugeben ist (Nummer 17).
(2) ¹Der zuständige Wahlvorstand übersendet das Wahlausschreiben den Betriebswahlvorständen und fordert sie auf, die notwendigen Angaben nach Absatz 3 zu ergänzen. ²Er teilt ihnen schriftlich den Zeitpunkt mit, von dem ab das Wahlausschreiben in den Betrieben bekannt zu machen ist.
(3) Der Betriebswahlvorstand ergänzt das Wahlausschreiben um die folgenden Angaben:
1. wo und wie die Wahlberechtigten in die Wählerliste, das Gesetz und diese Verordnung Einsicht nehmen können;
2. Ort, Tag und Zeit der Stimmabgabe und der öffentlichen Stimmauszählung;
3. den Hinweis auf die Möglichkeit der schriftlichen Stimmabgabe sowie die Betriebsteile, Kleinstbetriebe und Betriebe, für die schriftliche Stimmabgabe nach § 16 Abs. 3 beschlossen ist;

4. wo und wie die Wahlberechtigten von den Wahlvorschlägen bis zum Abschluss der Stimmabgabe Kenntnis erlangen können;
5. die Namen der Mitglieder und die Betriebsanschrift des Betriebswahlvorstands.

(4) Die Bekanntmachung des Wahlausschreibens erfolgt durch den Betriebswahlvorstand spätestens an dem vom zuständigen Wahlvorstand hierfür festgesetzten Tag bis zum Abschluss der Wahl der Aufsichtsratsmitglieder.

§ 29 Wahlvorschläge

[1]Die Wahlvorschläge der Betriebsräte und der Arbeitnehmer sind innerhalb von zwei Wochen seit Erlass des Wahlausschreibens schriftlich beim zuständigen Wahlvorstand einzureichen, der sie unverzüglich zu prüfen hat. [2]Der zuständige Wahlvorstand übersendet die gültigen Wahlvorschläge den Betriebswahlvorständen und teilt ihnen schriftlich den Zeitpunkt mit, von dem ab sie in den Betrieben bekannt zu machen sind.

§ 30 Schriftliche Stimmabgabe

(1) Der zuständige Wahlvorstand übersendet den Betriebswahlvorständen auf Anforderung die für die in den Betrieben durchzuführende schriftliche Stimmabgabe erforderlichen Unterlagen (§ 16 Abs. 1).
(2) Dem Betriebswahlvorstand obliegt die Durchführung der schriftlichen Stimmabgabe.

§ 31 Stimmauszählung, Niederschrift, Bekanntmachung

(1) Die öffentliche Stimmauszählung in den Betrieben obliegt dem Betriebswahlvorstand.
(2) Nachdem die Stimmen ausgezählt sind, erstellt der Betriebswahlvorstand eine Niederschrift (§ 20) und übermittelt diese unverzüglich dem zuständigen Wahlvorstand eingeschrieben, fernschriftlich oder durch Boten.
(3) [1]Der zuständige Wahlvorstand ermittelt anhand der Niederschriften der Betriebswahlvorstände das Wahlergebnis und stellt es in einer Niederschrift fest. [2]§ 20 gilt entsprechend.
(4) [1]Der zuständige Wahlvorstand übermittelt das Wahlergebnis den Betriebswahlvorständen. [2]Diese machen das Wahlergebnis unverzüglich für die Dauer von zwei Wochen bekannt. [3]Gleichzeitig benachrichtigt der zuständige Wahlvorstand die Gewählten schriftlich von ihrer Wahl und übermittelt das Wahlergebnis und die Namen der Gewählten dem Unternehmen.
(5) [1]Die Wahlvorstände übergeben ihre Wahlakten dem Unternehmen, in dessen Aufsichtsrat die Aufsichtsratsmitglieder der Arbeitnehmer gewählt worden sind. [2]Das Unternehmen bewahrt die Wahlakten mindestens für die Dauer von fünf Jahren auf.

A. Allgemeines

1 Die §§ 28 bis 31 regeln das **weitere Wahlverfahren** bei einer Wahl in mehreren Betrieben oder Unternehmen.

B. Regelungsgehalt

2 Gem. § 28 erlässt der Unternehmens- oder Hauptwahlvorstand sechs Wochen vor dem ersten Tag der Stimmabgabe ein **Wahlausschreiben**. Hiermit wird die Wahl eingeleitet. Für das Verfahren gilt § 5 Abs. 2 entsprechend. Wahlvorschläge sind allerdings anstatt gegenüber dem Betriebswahlvorstand, gegenüber dem zuständigen Unternehmens- oder Hauptwahlvorstand abzugeben. Außerdem ist die Betriebsanschrift des Unternehmens- oder Hauptwahlvorstandes abzugeben.

3 Der Haupt- oder Unternehmensvorstand übersendet das Wahlausschreiben den einzelnen Betriebswahlvorständen und bestimmt den Zeitpunkt, von dem ab das Wahlausschreiben in den Betrieben **bekannt gemacht** werden muss. Die einzelnen Betriebswahlvorstände haben dann die Pflicht, das Wahlausschreiben um bestimmte Angaben zu ergänzen. Hierzu gehören die Regelungen über die Einsichtnahme in die Wählerliste, das Gesetz und die Verordnungen durch die Wahlberechtigten, Ort, Tag und Zeit der Stimmabgabe und der öffentlichen Stimmauszählung, Angaben im Zusammenhang mit der schriftlichen Stimmabgabe, Modalitäten der Kenntnisnahme von den Wahlvorschlägen und die Namen der Mitglieder sowie die Betriebsanschrift des Betriebswahlvorstandes.

Die einzelnen Betriebswahlvorstände tätigen die Bekanntmachung spätestens am vom Unternehmens- oder Hauptwahlvorstand dafür festgesetzten Tag bis zum Abschluss der Wahl.

Innerhalb von zwei Wochen nach Erlass des Wahlausschreibens müssen die BR oder AN ihre Wahlvorschläge beim zuständigen Haupt- oder Unternehmenswahlvorstand einreichen. Dieser übersendet diese dann wiederum den Betriebswahlvorständen und bestimmt den Bekanntmachungszeitpunkt. Gem. § 30 übersendet der Unternehmens- oder Hauptwahlvorstand den einzelnen Betriebswahlvorständen auf deren Anforderung erforderliche Unterlagen für die schriftliche Stimmabgabe. Deren Durchführung obliegt wiederum dem einzelnen Betriebswahlvorstand.

Die **Stimmauszählung** erfolgt getrennt in jedem Betrieb gem. § 31 durch den jeweiligen Betriebswahlvorstand. Dieser muss über die von ihm ausgezählten Stimmen auch eine Niederschrift erstellen, deren Inhalt sich nach § 20 bestimmt. Diese Niederschrift muss unverzüglich dem zuständigen Haupt- oder Unternehmenswahlvorstand eingeschrieben, fernschriftlich oder durch Boten übermittelt werden. Das Gesamtwahlergebnis wird vom Unternehmens- oder Hauptwahlvorstand anhand der Niederschriften der einzelnen Betriebswahlvorstände festgestellt und in einer Niederschrift nach § 20 festgehalten. Sodann übermittelt der Unternehmens- oder Hauptwahlvorstand das Wahlergebnis wiederum den Betriebswahlvorständen. Diese machen es für zwei Wochen im Betrieb bekannt. Der Unternehmens- oder Hauptwahlvorstand benachrichtigt die Gewählten schriftlich und übermittelt das Wahlergebnis dem Unternehmen. Die Wahlakten werden von den einzelnen Wahlvorständen dem Unternehmen übergeben und fünf Jahre aufbewahrt.

Teil 2: Abberufung

Kapitel 1: Abberufung durch die Arbeitnehmer eines Betriebs

§ 32 Einleitung des Abberufungsverfahrens

(1) ¹Ein Antrag auf Abberufung eines Aufsichtsratsmitglieds der Arbeitnehmer oder eines Ersatzmitglieds nach § 12 des Gesetzes ist schriftlich beim Betriebsrat einzureichen. ²Der Antrag eines Betriebsrats erfolgt auf Grund eines Beschlusses.

(2) Unverzüglich nach Eingang eines Antrags auf Abberufung oder eines entsprechenden Beschlusses eines Betriebsrats wird der Betriebswahlvorstand gebildet, es sei denn, der Antrag entspricht offensichtlich nicht den in § 12 Abs. 1 des Gesetzes bezeichneten Erfordernissen.

(3) ¹Für die Aufgaben, die Bildung, die Zusammensetzung und die Geschäftsführung des Betriebswahlvorstands sind die §§ 2 und 3 entsprechend anzuwenden. ²Die Mitteilung nach § 2 Abs. 5 muss auch den Inhalt des Antrages auf Abberufung enthalten.

(4) Das Unternehmen hat dem Betriebswahlvorstand die bei der Wahl des Aufsichtsratsmitglieds, dessen Abberufung beantragt wird, entstandenen Wahlakten zu übergeben.

§ 33 Liste der Abstimmungsberechtigten, Bekanntmachung

(1) ¹Der Betriebswahlvorstand erstellt unverzüglich eine Liste der Abstimmungsberechtigten. ²Abstimmungsberechtigt ist, wer wahlberechtigt ist. ³Die §§ 4 und 6 gelten entsprechend.

(2) Der Betriebswahlvorstand macht gleichzeitig mit der Ermöglichung der Einsichtnahme in die Wählerliste bis zum Abschluss der Abstimmung die Namen seiner Mitglieder und seine Anschrift bekannt sowie
1. das Datum der Bekanntmachung;
2. wo und wie die Abstimmungsberechtigten in die Wählerliste, das Gesetz und diese Verordnung Einsicht nehmen können;
3. dass Einsprüche gegen die Richtigkeit der Wählerliste nur innerhalb einer Woche seit der Bekanntmachung schriftlich beim Betriebswahlvorstand eingelegt werden können; der letzte Tag der Frist ist anzugeben;
4. dass Einsprüche gegen Berichtigungen und Ergänzungen der Wählerliste nur innerhalb einer Woche seit der Berichtigung oder der Ergänzung eingelegt werden können.

§ 34 Prüfung des Antrags auf Abberufung

(1) Der Betriebswahlvorstand prüft unverzüglich nach Ablauf der in § 33 Abs. 1 Satz 2, § 6 Abs. 1 bezeichneten Fristen die Gültigkeit des Antrags auf Abberufung (§ 12 des Gesetzes).

(2) ¹Ist ein Antrag ungültig, so teilt der Betriebswahlvorstand dies dem Antragsvertreter oder, wenn ein solcher nicht benannt ist, dem an erster Stelle Unterzeichnenden schriftlich mit. ²Der Betriebswahlvorstand macht die Mitteilung für die Dauer von zwei Wochen bekannt.

§ 35 Abberufungsausschreiben

(1) ¹Ist der Antrag gültig, erlässt der Betriebswahlvorstand unverzüglich ein Abberufungsausschreiben. ²Mit Erlass des Abberufungsausschreibens ist das Abberufungsverfahren eingeleitet.

(2) Das Abberufungsausschreiben muss folgende Angaben enthalten:
1. das Datum seines Erlasses;
2. den Inhalt des Antrags;
3. die Bezeichnung des Antragstellers;
4. die Zahl der Arbeitnehmer, die den Antrag unterzeichnet haben;
5. dass an der Abstimmung nur teilnehmen kann, wer in der Wählerliste eingetragen ist;
6. dass der Beschluss über die Abberufung einer Mehrheit von drei Vierteln der abgegebenen Stimmen bedarf;
7. Ort, Tag und Zeit der Stimmabgabe und der öffentlichen Stimmauszählung;
8. den Hinweis auf die Möglichkeit der schriftlichen Stimmabgabe sowie die Betriebsteile und Kleinstbetriebe für die schriftliche Stimmabgabe nach § 36 Abs. 2 und § 16 Abs. 3 Nr. 1 beschlossen ist und ob die schriftliche Stimmabgabe nach § 16 Abs. 3 Nr. 2 beschlossen worden ist;
9. dass Einsprüche und sonstige Erklärungen gegenüber dem Betriebswahlvorstand abzugeben sind.

(3) Für die Bekanntmachung des Abberufungsausschreibens gilt § 5 Abs. 3 entsprechend.

§ 36 Stimmzettel, Stimmabgabe

(1) ¹Die Stimmzettel dürfen nur den Antrag und die Frage an den Abstimmungsberechtigten enthalten, ob er für oder gegen den Antrag auf Abberufung stimmt. ²Gibt der Abstimmungsberechtigte seine Stimme für den Antrag ab, so kreuzt er an der hierfür im Stimmzettel vorgesehenen Stelle das vorgedruckte „Ja", andernfalls das vorgedruckte „Nein" an.

(2) Für die Stimmabgabe gelten im Übrigen § 13 Abs. 3 und die §§ 14 bis 17 entsprechend.

§ 37 Öffentliche Stimmauszählung, Abstimmungsergebnis, Akten

(1) ¹Unverzüglich nach Abschluss der Stimmabgabe zählt der Betriebswahlvorstand öffentlich die Stimmen aus. ²§ 18 Absatz 2 bis 4 gilt entsprechend.

(2) Für die Niederschrift des Betriebswahlvorstands, die Bekanntmachung und die im Zusammenhang mit einem Antrag auf Abberufung entstandenen Akten gelten die §§ 20 bis 22 entsprechend.

A. Allgemeines

1 Die §§ 32 bis 37 regeln das Verfahren der **Abberufung** von AN-Vertretern im AR durch die AN eines Betriebes.

B. Regelungsgehalt

2 Gem. § 12 DrittelbG kann ein AR-Mitglied der AN vor Ablauf der Amtszeit auf Antrag eines BR oder zumindest ⅕ der Wahlberechtigten durch Beschl. abberufen werden. Der Beschl. der Wahlberechtigten wird in allgemeiner, geheimer, gleicher und unmittelbarer Abstimmung gefasst. Er bedarf einer Mehrheit von ¾ der abgegebenen Stimmen. Der Abberufungsantrag ist nach § 32 schriftlich beim BR einzureichen. Will der BR einen Abberufungsantrag stellen, so muss er hierüber einen Beschluss fassen. Unverzüglich nachdem ein ordnungsgemäßer Antrag auf Abberu-

fung oder ein Beschluss des BR eingegangen ist, wird der Betriebswahlvorstand gebildet. Hinsichtlich der Bildung des Betriebswahlvorstandes für die Abberufung gilt dasselbe wie für die Bildung des Betriebswahlvorstandes bei der Wahl. Das Unternehmen muss dem Betriebswahlvorstand die Wahlakten übergeben, die bei der Wahl des abzuberufenden AR-Mitgliedes angelegt wurden.

Abstimmungsberechtigt über die Abberufung ist gem. § 33 jeder Wahlberechtigte. Der Betriebswahlvorstand gewährt Einsicht in die Wählerliste und macht die Namen seiner Mitglieder sowie seine Anschrift bekannt. Der Betriebswahlvorstand prüft den Abberufungsantrag auf seine Gültigkeit bzw. darauf, dass den Anforderungen des § 12 DrittelbG genüge getan ist, sobald die Fristen nach §§ 33 Abs. 1 S. 2, 6 Abs. 1 abgelaufen sind. Falls der Abberufungsantrag ungültig ist, teilt der Betriebswahlvorstand dies dem Antragsvertreter oder dem im Antrag an erster Stelle Unterzeichnenden gem. § 34 Abs. 2 schriftlich mit. Der Betriebswahlvorstand macht diese Mitteilung für die Dauer von zwei Wochen bekannt.

Im Falle der Gültigkeit des Antrages erlässt der Betriebswahlvorstand gem. § 35 ein Abberufungsausschreiben. Hiermit wird das Abberufungsverfahren eingeleitet. In § 35 Abs. 2 wird der Inhalt des Abberufungsausschreibens vorgegeben. Hierzu gehört insb. die Bekanntmachung des Inhalts des Abberufungsantrages. Für die Bekanntmachung des Abberufungsausschreibens gilt § 5 Abs. 3 entsprechend, wonach der Betriebswahlvorstand das Ausschreiben am Tag seines Erlasses bis zum Abschluss der Wahl der AR-Mitglieder bekannt macht. Gem. § 36 enthält der Stimmzettel den Abberufungsantrag und die Frage an den Abstimmungsberechtigten, ob er für oder gegen den Antrag auf Abberufung stimmt. Er hat hierzu ein vorgedrucktes „Ja" oder „Nein" anzukreuzen. Der Betriebswahlvorstand zählt die Stimmen nach Abschluss der Stimmabgabe unverzüglich öffentlich aus. Für die Niederschrift und die Bekanntmachung über den Abberufungsantrag gelten die §§ 20 bis 22 entsprechend.

Teil 3: Besondere Vorschriften bei Teilnahme von Arbeitnehmern eines Seebetriebes

Kapitel 1: Wahl

§ 42 Allgemeine Vorschriften

Für die Wahl der Aufsichtsratsmitglieder der Arbeitnehmer bei Teilnahme von Arbeitnehmern eines Seebetriebs gelten die Vorschriften des Teils 1 entsprechend, soweit sich nicht aus den nachfolgenden Vorschriften Abweichungen ergeben.

§ 43 Einleitung der Wahl

(1) Die in § 1 bezeichnete Frist wird auf 22 Wochen verlängert.
(2) ¹Für den Seebetrieb wird ein Betriebswahlvorstand nicht gebildet. ²Der nach § 25 Abs. 1 zuständige Wahlvorstand nimmt im Seebetrieb die sich aus dieser Verordnung ergebenden Aufgaben wahr.
(3) ¹Mitteilungen, die im Seebetrieb bekannt zu machen sind, übersendet der zuständige Wahlvorstand jedem zum Seebetrieb gehörigen Schiff und teilt dabei den Zeitpunkt mit, von dem ab sie auf dem Schiff bekannt zu machen sind. ²Mitteilungen sind von der Bordvertretung oder, wenn eine solche nicht besteht, vom Kapitän bekannt zu machen. ³Der erste und der letzte Tag der Bekanntmachung sind auf der Mitteilung zu vermerken.
(4) ¹Der zuständige Wahlvorstand übersendet jedem zum Seebetrieb gehörigen Schiff eine Kopie der Wählerliste des Seebetriebs, das Gesetz und diese Verordnung. ²Ihre Einsichtnahme ist von der Bordvertretung oder, wenn eine solche nicht besteht, vom Kapitän zu ermöglichen. ³Die Einsichtnahme kann durch Auslegung an geeigneter, den Wahlberechtigten zugänglicher Stelle an Bord und durch Einsatz der im Betrieb vorhandenen Informations- und Kommunikationsmittel ermöglicht werden. ⁴Außerdem übersendet der zuständige Wahlvorstand die Wählerliste des Seebetriebs dem Betriebswahlvorstand des Landbetriebs, der für die Heuerverhältnisse der Arbeitnehmer des Seebetriebs zuständig ist. ⁵Dieser Betriebswahlvorstand ermöglicht die Einsichtnahme in die Wählerliste des Seebetriebs in gleicher Weise wie in die in § 4 bezeichnete Wählerliste.

| § 44 | Bekanntmachung über die Einreichung von Wahlvorschlägen |

(1) Das Wahlausschreiben muss im Seebetrieb auch folgende Angaben enthalten:
1. dass die Einsichtnahme in die Wählerliste des Seebetriebs, das Gesetz und diese Verordnung an Bord ermöglicht wird;
2. dass die Einsichtnahme in die Wählerliste des Seebetriebs auch in dem Landbetrieb, der für die Heuerverhältnisse der Arbeitnehmer des Seebetriebs zuständig ist, ermöglicht wird;
3. dass die Wahlvorschläge auf jedem Schiff des Seebetriebs von der Bordvertretung oder, wenn eine solche nicht besteht, vom Kapitän bekannt gemacht werden;
4. dass die Arbeitnehmer des Seebetriebs in Briefwahl wählen;
5. den Zeitpunkt, bis zu dem die Wahlbriefe beim zuständigen Wahlvorstand eingehen müssen.

(2) Abweichend von § 6 Abs. 1 kann im Seebetrieb
1. ein Einspruch gegen die Richtigkeit der Wählerliste innerhalb von vier Wochen seit ihrer Versendung an die Schiffe eingelegt werden;
2. ein Einspruch gegen eine Berichtigung oder Ergänzung der Wählerliste innerhalb von vier Wochen seit der Berichtigung oder der Ergänzung eingelegt werden.

(3) Die Frist für die Einreichung von Wahlvorschlägen (§ 7) wird auf fünf Wochen verlängert.

(4) ¹Die Frist für die Bekanntmachung der Wahlvorschläge (§ 12) wird auf drei Wochen verlängert. ²Ist zu besorgen, dass die in Satz 1 bezeichnete Mindestfrist zwischen dem für die Bekanntmachung der Wahlvorschläge an Bord bestimmten Zeitpunkt und dem Beginn der Stimmabgabe in den Landbetrieben für eine fristgerechte Stimmabgabe der Arbeitnehmer des Seebetriebs nicht ausreicht, so kann der zuständige Wahlvorstand diese Mindestfrist auf höchstens fünf Wochen verlängern. ³Für die Bekanntmachung der Wahlvorschläge im Seebetrieb gilt § 43 Abs. 3.

(5) Für die Bekanntmachung des Wahlausschreibens im Seebetrieb gilt § 43 Abs. 3.

| § 45 | Stimmabgabe |

(1) Die Arbeitnehmer des Seebetriebs stimmen bei der Wahl der Aufsichtsratsmitglieder der Arbeitnehmer in Briefwahl ab.

(2) Gleichzeitig mit der Versendung der Wahlvorschläge an die Betriebswahlvorstände (§ 29) übersendet der zuständige Wahlvorstand
1. jedem Schiff die zur Stimmabgabe erforderlichen Unterlagen in einer Anzahl, die die Zahl der Regelbesatzung des Schiffes um mindestens 10 Prozent übersteigt;
2. allen Arbeitnehmern der Seebetriebe, von denen ihm bekannt ist, dass sie sich nicht an Bord eines Schiffes befinden, die zur Stimmabgabe erforderlichen Unterlagen sowie eine Kopie des Wahlausschreibens.

²Die Bordvertretung oder, wenn eine solche nicht besteht, der Kapitän hat jedem Besatzungsmitglied die zur Stimmabgabe erforderlichen Unterlagen auszuhändigen. ³Die Wahlbriefe der Besatzungsmitglieder eines Schiffes sollen möglichst gleichzeitig an den zuständigen Wahlvorstand abgesandt werden.

A. Allgemeines

1   Die §§ 42 bis 45 enthalten Sondervorschriften für die **Teilnahme von AN eines Seebetriebs an der Wahl** der AN-Vertreter im AR.

B. Regelungsgehalt

2   Die 14-Wochen-Frist des § 1 wird im Fall der Wahl in einem Seebetrieb auf 22 Wochen verlängert. Gem. § 43 wird für den Seebetrieb kein eigener Betriebswahlvorstand gebildet, zuständig ist vielmehr der Wahlvorstand nach § 25 Abs. 1, also der Unternehmens- oder Hauptwahlvorstand.

3   Mitteilungen, die im Seebetrieb bekannt gemacht werden müssen, übersendet der Haupt- oder Unternehmenswahlvorstand jedem zum Seebetrieb gehörigen Schiff. Er teilt mit, zu welchem Zeitpunkt die Bekanntmachung auf dem Schiff erfolgen muss. Die Bekanntmachung der Mitteilungen erfolgt durch die Bordvertretung oder den Kapitän. Der Unternehmens- oder Hauptwahlvorstand übersendet jedem zum Seebetrieb gehörigen Schiff sämtliche für die Wahl erforderlichen Unterlagen, wie z.B. eine Kopie der Wählerliste. Darüber hinaus muss der Unternehmens- oder

Hauptwahlvorstand die Wählerliste des Seebetriebes dem Betriebswahlvorstand des Landbetriebs zusenden, der für die Heuerverhältnisse der AN des Seebetriebes zuständig ist.

§ 44 enthält die Vorgabe einiger besonderer Angaben für die Bekanntmachung über die Einreichung von Wahlvorschlägen. Hierzu gehört z.B., dass alle AN des Seebetriebes in Briefwahl wählen. Ein Einspruch gegen die Richtigkeit der Wählerliste kann innerhalb von vier Wochen seit ihrer Versendung an die Schiffe eingelegt werden. Die Frist für die Einreichung von Wahlvorschlägen wird von zwei auf fünf Wochen verlängert. Die Frist für die Bekanntmachung der Wahlvorschläge wird von einer Woche auf drei Wochen verlängert. Im Bedarfsfall kann sie noch einmal auf insgesamt fünf Wochen verlängert werden. Die Stimmabgabe erfolgt grundsätzlich durch Briefwahl.

Kapitel 2: Abberufung

§ 46 Allgemeine Vorschriften

Für die Abberufung der Aufsichtsratsmitglieder der Arbeitnehmer bei Teilnahme von Arbeitnehmern von Seebetrieben gelten die Vorschriften des Teils 2 entsprechend, soweit sich nicht aus den nachfolgenden Vorschriften Abweichungen ergeben.

§ 47 Einleitung des Abberufungsverfahrens

(1) [1]Für den Seebetrieb wird ein Betriebswahlvorstand nicht gebildet. [2]Der zuständige Wahlvorstand nimmt im Seebetrieb die sich aus dieser Verordnung ergebenden Aufgaben des Betriebswahlvorstands wahr.
(2) Für Mitteilungen, die im Seebetrieb bekannt zu machen sind, gilt § 43 Abs. 3.

§ 48 Abberufungsausschreiben für Seebetriebe, Wählerliste

Für das Abberufungsausschreiben nach § 41 und die Wählerliste gilt § 44 Abs. 1, 2 und 5.

§ 49 Stimmabgabe

[1]Die Arbeitnehmer von Seebetrieben stimmen bei der Abberufung von Aufsichtsratsmitgliedern in Briefwahl ab. [2]Für die Stimmabgabe gilt § 45 Abs. 2 entsprechend.

A. Allgemeines

Die §§ 46 bis 49 enthalten weitere **Sonderregelungen für Seebetriebe im Hinblick auf die Abberufung** von AR-Mitgliedern.

B. Regelungsgehalt

Für das Abberufungsverfahren nimmt der Haupt- oder Unternehmenswahlvorstand die Aufgaben des Betriebswahlvorstandes im Seebetrieb wahr. Auch die Stimmabgabe bei der Abberufung findet durch Briefwahl statt.

Teil 4: Schlussbestimmungen

§ 50 Berechnung der Fristen

Für die Berechnung der in dieser Verordnung festgelegten Fristen finden die §§ 186 bis 193 des Bürgerlichen Gesetzbuchs entsprechende Anwendung.

§ 51 Übergangsregelung

Auf Wahlen oder Abberufungen, die vor dem 1. Juli 2004 eingeleitet worden sind, sind die Vorschriften der Ersten Rechtsverordnung zur Durchführung des Betriebsverfassungsgesetzes in der im Bundesgesetzblatt Teil III, Gliederungsnummer 801-1-1, veröffentlichten bereinigten Fassung auch nach ihrem Außerkrafttreten nach Maßgabe des § 87a des Betriebsverfassungsgesetzes 1952 in der im Bundesgesetzblatt Teil III, Gliederungsnummer 801-1, veröffentlichten bereinigten Fassung, das zuletzt durch Artikel 9 des Gesetzes vom 23. Juli 2001 (BGBl. I S. 1852) geändert worden ist, anzuwenden.

A. Allgemeines

1 Die §§ 50 und 51 enthalten Regelungen über die **Berechnung der Fristen** innerhalb der WO zum DrittelbG sowie eine **Übergangsregelung**.

B. Regelungsgehalt

2 Die Berechnung der Fristen richtet sich nach §§ 186–193 BGB.

Bei Wahlen oder Abberufungen, die vor dem 1.7.2004 eingeleitet wurden, sind die Vorschriften der Ersten Rechtsverordnung zur Durchführung des Betriebsverfassungsgesetzes anzuwenden (vgl. § 15 DrittelbG Rn 4).

Gesetz über Europäische Betriebsräte
(Europäische Betriebsräte-Gesetz – EBRG)
Vom 28.10.1996, BGBl I S. 1548, BGBl III 801-13

Zuletzt geändert durch Gesetz zur Einführung des Euro im Sozial- und Arbeitsrecht sowie zur Änderung anderer Vorschriften (4. Euro-Einführungsgesetz) vom 21.12.2000, BGBl I S. 1983, 2011

Erster Teil: Allgemeine Vorschriften

§ 1 Grenzübergreifende Unterrichtung und Anhörung

(1) [1]Zur Stärkung des Rechts auf grenzübergreifende Unterrichtung und Anhörung der Arbeitnehmer in gemeinschaftsweit tätigen Unternehmen und Unternehmensgruppen werden Europäische Betriebsräte oder Verfahren zur Unterrichtung und Anhörung der Arbeitnehmer vereinbart. [2]Kommt es nicht zu einer Vereinbarung, wird ein Europäischer Betriebsrat kraft Gesetzes errichtet.

(2) Die grenzübergreifende Unterrichtung und Anhörung der Arbeitnehmer erstreckt sich in einem Unternehmen auf alle in einem Mitgliedstaat liegenden Betriebe sowie in einer Unternehmensgruppe auf alle Unternehmen, die ihren Sitz in einem Mitgliedstaat haben, soweit kein größerer Geltungsbereich vereinbart wird.

(3) Zentrale Leitung im Sinne dieses Gesetzes ist ein gemeinschaftsweit tätiges Unternehmen oder das herrschende Unternehmen einer gemeinschaftsweit tätigen Unternehmensgruppe.

(4) Anhörung im Sinne dieses Gesetzes bezeichnet den Meinungsaustausch und die Einrichtung eines Dialogs zwischen den Arbeitnehmervertretern und der zentralen Leitung oder einer anderen geeigneten Leitungsebene.

Literatur: *Blanke*, Europäische Betriebsräte-Gesetz, EBRG-Kommentar, 2. Aufl. 2006; *Däubler*, Kommentar zum EuGH-Urteil Kühne & Nagel, BB 2004, 446; *Eckhoff*, Der Europäische Betriebsrat – Die Richtlinie 94/45/EG und das deutsche Umsetzungsgesetz, 2004; *Engels/Müller*, Regierungsentwurf eines Gesetzes über Europäische Betriebsräte, DB 1996, 981; *Giesen*, Auskunftspflicht der „zentralen" Unternehmensleitung zur Errichtung eines EBR, RdA 2004, 307; *Hromadka*, Rechtsfragen zum Eurobetriebsrat, DB 1995, 1125; *Joost*, Auskunftsansprüche bei Errichtung Europäischer Betriebsräte für Unternehmensgruppen mit zentraler Leitung in einem Drittstaat, ZIP 2004, 1034; *Junker*, Neues zum EBR, RdA 2002, 32; *Kort*, Anmerkung zum EuGH-Urteil Kühne & Nagel, JZ 2004, 569; *Müller*, Europäische Betriebsräte-Gesetz (EBRG), 1997; *Waas*, Auskunftspflichten der zentralen Leitung bei Errichtung eines EBR, The European Legal Forum 2004, 199.

A. Allgemeines	1	II. Zwingende Mindestreichweite (Abs. 2)	5
B. Regelungsgehalt	3	III. Zentrale Leitung (Abs. 3)	6
I. Subsidiaritätsprinzip	3	IV. Anhörung (Abs. 4)	7

A. Allgemeines

Das am 1.11.1996 in Kraft getretene EBRG setzt die RL 94/45/EG[1] des Rates v. 22.9.1994 über die Einsetzung eines EBR oder die Schaffung eines Verfahrens zur Unterrichtung und Anhörung der AN in gemeinschaftsweit operierenden Unternehmen und Unternehmensgruppen um. Die der RL zugrunde liegenden Erwägungen sind daher auch für die Interpretation des deutschen Gesetzes von Bedeutung. Die mit der Erstreckung der Ausgangs-RL auf das Vereinigte Königreich (RL 97/74/EG v. 15.12.1997)[2] verbundenen Änderungen wurden durch das EBR-Anpassungsgesetz[3] übernommen. Basierend auf der Erwägung, dass im Rahmen des zusammenwachsenden Binnenmarktes zunehmend Unternehmenszusammenschlüsse zu einer länderübergreifenden Strukturierung von Unternehmen und Unternehmensgruppen führen, ohne dass die nationalen Rechtsvorschriften der AN-Beteiligung diesem Prozess angepasst werden, schafft die RL eine Grundlage für ein gemeinschaftsweites Forum der AN-Beteiligung. Auf diese Weise wird die Transparenz unternehmerischer Entscheidungen für die AN-Seite erhöht.

Am 5.6.2009 trat mit RL 2009/38/EG eine Neufassung der Richtlinie in Kraft, die folgende wesentliche Änderungen enthält:
– Konkretisierung von Begrifflichkeiten (Anhörung, Unterrichtung (Art. 2 RL)),

---

1 ABl EG L 254 v. 30.9.1994, 64.
2 ABl EG L 10 v. 16.1.1998, 22.

3 BGBl I 1999 S. 2809.

- stärkere Einbindung von Gewerkschaften bei der Verhandlung der EBR-Vereinbarung (Art. 5 Abs. 2c RL),
- Stärkung der Rechtsposition der EBR-Mitglieder (Art. 10 RL),
- Verhandlungsanspruch bei Strukturänderungen (Art. 13 RL)

Die RL hat keinen unmittelbaren Einfluss auf die in den Mitgliedsstaaten bestehenden EBR-Gesetze, vielmehr haben die nationalen Gesetzgeber zwei Jahre Zeit, die nationalen Gesetze an die neu gefasste RL anzupassen. Auch im deutschen EBRG sind Anpassungen erforderlich.[4]

2 Aus dem Blickwinkel der deutschen Betriebsverfassung stellen die aufgrund des EBRG zu schaffenden Gremien oder Vereinbarungen lediglich eine Ergänzung dar, da das EBRG keine echten Mitbestimmungsrechte kennt. Nach seiner Funktion gleicht der EBR eher einem Wirtschaftsausschuss als einem BR i.S.d. BetrVG.[5]

B. Regelungsgehalt

I. Subsidiaritätsprinzip

3 Abs. 1 legt den **Grundsatz der Subsidiarität** fest, der das gesamte EBRG durchzieht. Anders als das BetrVG, dessen zwingende Organisationsnormen nur ausnahmsweise abweichende Vereinbarungen zulassen, hat im EBRG die Vereinbarung zwischen den Sozialpartnern Vorrang. Gegenstand der Vereinbarung kann entweder die Schaffung eines EBR kraft Vereinbarung oder eines Verfahrens zur Unterrichtung und Anhörung der AN sein. Nur wenn eine Vereinbarung innerhalb bestimmter Fristen nicht zustande kommt, erfolgt die Bildung eines EBR kraft Gesetzes gem. §§ 21 ff. Kommen die Sozialpartner hingegen zu einer autonomen Vereinbarung, ist ihr inhaltlicher Gestaltungsspielraum erheblich größer, so dass in der Praxis die Errichtung von EBR kraft Vereinbarung überwiegt.[6]

4 Entgegen dem Wortlaut des Abs. 1 ist die Einführung eines Gremiums oder Verfahrens zur grenzüberschreitenden Unterrichtung und Anhörung der AN nicht zwingend. Weder die AN-Seite noch das Unternehmen trifft eine Pflicht, hierauf hinzuwirken. Selbst nachdem das Verfahren eingeleitet wurde, kann noch beschlossen werden, die Verhandlungen mit dem Unternehmen nicht aufzunehmen oder zu beenden (§ 15 Abs. 1).

II. Zwingende Mindestreichweite (Abs. 2)

5 Die grenzüberschreitende Unterrichtung und Anhörung der AN muss alle in den Mitgliedstaaten (§ 2 Abs. 3) gelegenen Betriebe eines Unternehmens und, im Fall einer Unternehmensgruppe, alle Unternehmen, die ihren Sitz in den Mitgliedstaaten haben, einbeziehen. Dabei ist die Einbeziehung von Unternehmen oder Betrieben in Drittstaaten zulässig. Nach dem Beitritt neuer Mitgliedsländer sind also bestehende EBR anzupassen, falls ein Unternehmen oder eine Unternehmensgruppe dort über Betriebe oder Tochterunternehmen verfügt. Die zum 1.5.2004 der EU beigetretenen Staaten haben die entsprechenden Regelungen dazu geschaffen.[7]

III. Zentrale Leitung (Abs. 3)

6 Die in Abs. 3 enthaltene Definition der „zentralen Leitung" ist verunglückt, denn sie setzt diese mit dem Unternehmen bzw. – bei einer Unternehmensgruppe – mit dem herrschenden Unternehmen (vgl. §§ 6, 7 Rn 3 f.) gleich. Demgegenüber definiert Art. 2 Abs. 1 lit. e der RL 94/45/EG die zentrale Leitung als „zentrale Unternehmensleitung eines gemeinschaftsweit operierenden Unternehmens" oder bei gemeinschaftsweit operierenden Unternehmensgruppen als „zentrale Unternehmensleitung des herrschenden Unternehmens". Da die zentrale Leitung als „Gegenüber" des EBR Auskunftsstelle, Verhandlungspartner und zur Unterrichtung und Anhörung verpflichtete Stelle ist, wäre der Begriff überflüssig, wenn man sie mit dem „Unternehmen" gleichsetzte. Somit ist in richtlinienkonformer Auslegung als zentrale Leitung nicht das Unternehmen selbst, sondern das Leitungsorgan des Unternehmens zu verstehen,[8] das sich nach dessen Rechtsform bestimmt, z.B. die Geschäftsführung einer GmbH (§ 35 GmbHG) oder der Vorstand einer AG (§ 76 AktG).

IV. Anhörung (Abs. 4)

7 Der EBR ist auf Unterrichtungs- und Anhörungsrechte beschränkt. Der Begriff der Anhörung ist dabei umfassender als nach dem BetrVG. Das Unternehmen muss nicht nur etwaige Argumente der AN-Seite entgegennehmen, sondern muss einen Meinungsaustausch und Dialog führen. In betriebsverfassungsrechtliche Termini übertragen geht es also um eine Beratung.

Art. 2 Abs. 1d) der neu gefassten RL erweitert den Begriff der Anhörung noch in der Weise, dass der Meinungsaustausch zu einem Zeitpunkt, in einer Weise und in einer inhaltlichen Ausgestaltung stattfindet, dass es den AN-Vertretern auf der Grundlage erhaltener Informationen möglich ist, innerhalb einer angemessenen Frist eine Stellungnahme abzugeben, die innerhalb des Unternehmens bzw. der Unternehmensgruppe berücksichtigt werden kann.

---

4 Düwell, jurisPR-ArbR 9/2009.
5 Schaub/*Koch*, Arbeitsrecht-Handbuch, § 255 Rn 2; Jaeger/Röder/Heckelmann/*Heckelmann*, EBRG Rn 3.
6 DKK/*Däubler*, vor EBRG Rn 22.
7 S. hierzu DKK/*Däubler*, vor EBRG Rn 27 f.
8 MünchArb/*Joost*, Bd. 3, § 366 Rn 28; *Müller*, EBRG, § 1 Rn 10.

Eine Anpassung des EBRG innerhalb der Umsetzungsfrist, zumindest aber eine entsprechende Interpretation des Abs. 4 durch die Gerichte ist zu erwarten.

§ 2 Geltungsbereich

(1) Dieses Gesetz gilt für gemeinschaftsweit tätige Unternehmen mit Sitz im Inland und für gemeinschaftsweit tätige Unternehmensgruppen mit Sitz des herrschenden Unternehmens im Inland.

(2) [1]Liegt die zentrale Leitung nicht in einem Mitgliedstaat, besteht jedoch eine nachgeordnete Leitung für in Mitgliedstaaten liegende Betriebe oder Unternehmen, findet dieses Gesetz Anwendung, wenn die nachgeordnete Leitung im Inland liegt. [2]Gibt es keine nachgeordnete Leitung, findet das Gesetz Anwendung, wenn die zentrale Leitung einen Betrieb oder ein Unternehmen im Inland als ihren Vertreter benennt. [3]Wird kein Vertreter benannt, findet das Gesetz Anwendung, wenn der Betrieb oder das Unternehmen im Inland liegt, in dem verglichen mit anderen in den Mitgliedstaaten liegenden Betrieben des Unternehmens oder Unternehmen der Unternehmensgruppe die meisten Arbeitnehmer beschäftigt sind. [4]Die vorgenannten Stellen gelten als zentrale Leitung.

(3) Mitgliedstaaten im Sinne dieses Gesetzes sind die Mitgliedstaaten der Europäischen Union sowie die anderen Vertragsstaaten des Abkommens über den Europäischen Wirtschaftsraum.

(4) Für die Berechnung der Anzahl der im Inland beschäftigten Arbeitnehmer (§ 4), den Auskunftsanspruch (§ 5 Abs. 2), die Bestimmung des herrschenden Unternehmens (§ 6), die Weiterleitung des Antrags (§ 9 Abs. 2 Satz 3), die gesamtschuldnerische Haftung des Arbeitgebers (§ 16 Abs. 2), die Bestellung der auf das Inland entfallenden Arbeitnehmervertreter (§§ 11, 23 Abs. 1 bis 5 und § 18 Abs. 2 in Verbindung mit § 23) und die für sie geltenden Schutzbestimmungen (§ 40) sowie für den Bericht gegenüber den örtlichen Arbeitnehmervertretungen im Inland (§ 35 Abs. 2) gilt dieses Gesetz auch dann, wenn die zentrale Leitung nicht im Inland liegt.

A. Allgemeines	1	III. Mitgliedstaaten (Abs. 3)		7
B. Regelungsgehalt	2	IV. Unabhängig vom Sitz der zentralen Leitung anwendbare Regelungen (Abs. 4)		8
I. Grundsatz (Abs. 1)	2			
II. Unternehmen/Unternehmensgruppen mit Sitz außerhalb der Mitgliedstaaten (Abs. 2)	3			

A. Allgemeines

§ 2 beschreibt den **internationalen Geltungsbereich** des EBRG. Dieser richtet sich primär nach dem Sitz des Unternehmens oder der Unternehmensgruppe. Wird ein Unternehmen oder eine Unternehmensgruppe vom EBRG nicht erfasst, weil das (herrschende) Unternehmen seinen Sitz nicht in Deutschland hat, kommt ggf. die Einrichtung eines EBR nach den nationalen Umsetzungsgesetzen anderer Mitgliedsländer in Betracht. In diesem Fall finden lediglich die in Abs. 4 erwähnten Regelungen Anwendung, die einen spezifischen Bezug zu in Deutschland gelegenen Sachverhalten haben.

B. Regelungsgehalt

I. Grundsatz (Abs. 1)

Grds. findet das EBRG nur Anwendung auf gemeinschaftsweit tätige Unternehmen mit **Sitz in Deutschland** und auf gemeinschaftsweit tätige Unternehmensgruppen, bei denen das herrschende Unternehmen in Deutschland seinen Sitz hat. Wann ein Unternehmen bzw. eine Unternehmensgruppe gemeinschaftsweit tätig ist, regelt § 3. Die Definition des „herrschenden Unternehmens" ist § 6 zu entnehmen. Der **Sitz** eines Unternehmens ergibt sich typischerweise aus dem Gesellschaftsvertrag (vgl. z.B. § 4a GmbHG, § 5 AktG).

II. Unternehmen/Unternehmensgruppen mit Sitz außerhalb der Mitgliedstaaten (Abs. 2)

Diese Unternehmen unterfallen dem Geltungsbereich des EBRG, wenn für sie eine **zentrale Leitung im Inland fingiert** werden kann. Für diese Fiktion einer zentralen Leitung sieht das EBRG drei Möglichkeiten vor:

(1) Es besteht eine in Deutschland ansässige **nachgeordnete Leitung** für die in den Mitgliedstaaten gelegenen Betriebe oder Unternehmen. Unter einer nachgeordneten Leitung ist eine Stelle zu verstehen, die zur im Wesentlichen selbstständigen Entscheidung über Angelegenheiten berechtigt ist, die die Interessen der AN der in den Mitgliedstaaten befindlichen Betriebe und Unternehmen berühren können.[1] Typischer Fall einer solchen nachgeordneten Leitung ist die Europazentrale großer US-amerikanischer Unternehmensgruppen.

---

1 Jaeger/Röder/Heckelmann/*Heckelmann*, EBRG Rn 6.

5 (2) Fehlt eine nachgeordnete Leitung, kann die zentrale Unternehmensleitung einen Betrieb oder ein Unternehmen als ihren Vertreter benennen (sog. **designierte Leitung**). Der Sitz des ausgewählten Betriebes oder des Unternehmens bestimmt dann, nach welchem nationalen Recht der EBR zu bilden ist.

6 (3) Wird kein Vertreter benannt, kommt das EBRG zur Anwendung, wenn der in Deutschland gelegene Betrieb bzw. das in Deutschland gelegene Unternehmen mehr AN beschäftigt als ein Betrieb oder ein Unternehmen in einem anderen Mitgliedstaat (sog. **subsidiäre Leitung**). Ob in einem anderen Mitgliedstaat insgesamt mehr AN, wenn auch verteilt auf unterschiedliche Betriebe oder Unternehmen, beschäftigt werden, spielt nach dem insoweit eindeutigen Wortlaut keine Rolle.[2]

III. Mitgliedstaaten (Abs. 3)

7 Mitgliedstaaten i.S.d. EBRG sind neben den EU-Mitgliedstaaten die anderen Vertragsstaaten des Abkommens über den EWR, also Island, Liechtenstein und Norwegen.

IV. Unabhängig vom Sitz der zentralen Leitung anwendbare Regelungen (Abs. 4)

8 Unabhängig davon, wo die zentrale Leitung ihren Sitz hat, finden die in Abs. 4 genannten Regelungen des EBRG Anwendung. Dies ist wegen des hier bestehenden starken Inlandsbezugs sachgerecht.

§ 3 Gemeinschaftsweite Tätigkeit

(1) Ein Unternehmen ist gemeinschaftsweit tätig, wenn es mindestens 1.000 Arbeitnehmer in den Mitgliedstaaten und davon jeweils mindestens 150 Arbeitnehmer in mindestens zwei Mitgliedstaaten beschäftigt.

(2) Eine Unternehmensgruppe ist gemeinschaftsweit tätig, wenn sie mindestens 1.000 Arbeitnehmer in den Mitgliedstaaten beschäftigt und ihr mindestens zwei Unternehmen mit Sitz in verschiedenen Mitgliedstaaten angehören, die jeweils mindestens je 150 Arbeitnehmer in verschiedenen Mitgliedstaaten beschäftigen.

§ 4 Berechnung der Arbeitnehmerzahlen

¹In Betrieben und Unternehmen des Inlands errechnen sich die im Rahmen des § 3 zu berücksichtigenden Arbeitnehmerzahlen nach der Anzahl der im Durchschnitt während der letzten zwei Jahre beschäftigten Arbeitnehmer im Sinne des § 5 Abs. 1 des Betriebsverfassungsgesetzes. ²Maßgebend für den Beginn der Frist nach Satz 1 ist der Zeitpunkt, in dem die zentrale Leitung die Initiative zur Bildung des besonderen Verhandlungsgremiums ergreift oder der zentralen Leitung ein den Voraussetzungen des § 9 Abs. 2 entsprechender Antrag der Arbeitnehmer oder ihrer Vertreter zugeht.

A. Allgemeines	1	II. Arbeitnehmer (§ 4)	3
B. Regelungsgehalt	2	III. Arbeitnehmerzahl (§ 4)	5
I. Gemeinschaftsweite Tätigkeit (§ 3)	2		

A. Allgemeines

1 Das EBRG findet nur auf Unternehmen und Unternehmensgruppen Anwendung, die eine bestimmte Mindestgröße haben und die zugleich in nicht unerheblichem Umfang AN in verschiedenen Mitgliedstaaten beschäftigen.

B. Regelungsgehalt

I. Gemeinschaftsweite Tätigkeit (§ 3)

2 Der Status als **gemeinschaftsweit tätiges Unternehmen** (§ 3 Abs. 1) oder **gemeinschaftsweit tätige Unternehmensgruppe** (§ 3 Abs. 2) setzt voraus, dass das Unternehmen bzw. die Unternehmensgruppe in den Mitgliedstaaten insgesamt mind. 1.000 AN beschäftigt. Davon müssen bei einem gemeinschaftsweit tätigen Unternehmen mind. je 150 AN auf mind. zwei Mitgliedstaaten verteilt sein. Einer Unternehmensgruppe müssen mind. zwei Unternehmen in verschiedenen Mitgliedstaaten angehören, die jeweils mind. je 150 AN in verschiedenen Mitgliedstaaten beschäftigen.

---

2 Jaeger/Röder/Heckelmann/*Heckelmann*, EBRG Rn 8.

II. Arbeitnehmer (§ 4)

Hinsichtlich des Begriffs der AN verweist § 4 auf § 5 Abs. 1 BetrVG. **AN** sind demnach Arbeiter und Ang einschließlich der Auszubildenden, also Personen, die aufgrund eines privatrechtlichen Vertrags fremdbestimmte Arbeit in persönlicher Abhängigkeit erbringen.[1] Wie im BetrVG werden Teilzeitbeschäftigte pro Kopf gezählt.

Leitende Ang sind nach h.M. nicht einzurechnen.[2] Zwar könnte aus dem fehlenden Verweis des EBRG auf § 5 Abs. 3 BetrVG das Gegenteil geschlossen werden, doch handelt es sich dabei um ein Redaktionsversehen, wie die Verweisungen des EBRG auf leitende Ang (§ 11 Abs. 4) bzw. den Sprecherausschuss (§ 23 Abs. 6) belegen und wie sich auch aus der Gesetzesbegründung[3] ergibt. Die in § 5 Abs. 2 BetrVG bezeichneten Personen, insb. die **Organvertreter**, sind bei der Bestimmung der AN-Zahl nicht mitzuzählen.

III. Arbeitnehmerzahl (§ 4)

Anders als im BetrVG üblich, stellt das EBRG für die Berechnung der AN-Zahlen nicht auf die Zahl der „i.d.R. beschäftigten AN" ab, sondern legt seiner Berechnung eine Durchschnittsbetrachtungsweise über einen Zeitraum von zwei Jahren zugrunde. Stichtag für das Enddatum des Zwei-Jahres-Zeitraums ist der Tag, an dem die zentrale Leitung die Initiative zur Bildung des besonderen Verhandlungsgremiums ergreift oder ihr ein Antrag der AN-Seite nach § 9 Abs. 2 zugeht. Eine exakte Berechnung ermöglicht die Formel „Zahl der je Tag beschäftigten AN dividiert durch 730 Tage". Diese Berechnung wird allerdings starken **Schwankungen der Belegschaftsstärke**, etwa durch drastischen Personalabbau oder durch Hinzuerwerb oder Veräußerung von Betrieben oder Tochterunternehmen, nicht gerecht. Um zu vermeiden, infolge der Durchschnittsberechnung im Ergebnis gesetzliche Regelungen anzuwenden, die absehbar nicht mehr lange einschlägig sein werden (da z.B. die AN-Zahl dauerhaft unter die Grenze von 1.000 gerutscht ist), ist hier richtigerweise der aktuelle Beschäftigtenstand zugrunde zu legen.[4]

§ 5 Auskunftsanspruch

(1) Die zentrale Leitung hat einer Arbeitnehmervertretung auf Verlangen Auskünfte über die durchschnittliche Gesamtzahl der Arbeitnehmer und ihre Verteilung auf die Mitgliedstaaten, die Unternehmen und Betriebe sowie über die Struktur des Unternehmens oder der Unternehmensgruppe zu erteilen.

(2) Ein Betriebsrat oder ein Gesamtbetriebsrat kann den Anspruch nach Absatz 1 gegenüber der örtlichen Betriebs- oder Unternehmensleitung geltend machen; diese ist verpflichtet, die für die Auskünfte erforderlichen Informationen und Unterlagen bei der zentralen Leitung einzuholen.

A. Allgemeines	1	II. Gegenstände der Auskunft (Abs. 1)	3
B. Regelungsgehalt	2	III. Auskunftspflichtiger (Abs. 1 und 2)	4
I. Auskunftsberechtigter (Abs. 1)	2		

A. Allgemeines

Der Auskunftsanspruch soll der AN-Vertretung die Informationen verschaffen, die erforderlich sind, um festzustellen, ob die Einrichtung eines EBR überhaupt in Betracht kommt. Konsequenterweise besteht der Anspruch auch dann, wenn die zentrale Leitung nicht im Inland sitzt. Die Reichweite des Auskunftsanspruchs wird dabei wesentlich durch den vom EuGH entwickelten **Auslegungsgrundsatz der „größtmöglichen praktischen Wirksamkeit der Richtlinie"**[1] bestimmt, d.h. die Auslegung muss von dem Ziel getragen sein, die Richtlinie möglichst effektiv umzusetzen. Somit besteht ein Auskunftsanspruch auch, wenn noch nicht feststeht, ob die Voraussetzungen für die Bildung eines EBR tatsächlich vorliegen, dafür aber eine gewisse tatsächliche Wahrscheinlichkeit besteht.[2] Nur so wird dem BR im Ergebnis eine eigene Beurteilung ermöglicht, ob die Voraussetzungen für die Errichtung eines EBR gegeben sind.[3]

---

1 DKK/*Kittner*, § 5 BetrVG Rn 9.
2 MünchArb/*Joost*, Bd. 3, § 366 Rn 24; Jaeger/Röder/Heckelmann/*Heckelmann*, EBRG Rn 13.
3 BT-Drucks 13/4520, S. 18.
4 *Fitting u.a.*, Übersicht EBRG Rn 11; Jaeger/Röder/Heckelmann/*Heckelmann*, EBRG Rn 13; *Hromadka*, DB 1995, 1125, 1126.

1 EuGH 29.3.2001 – C-62/99 – bofrost – NZA 2001, 506; EuGH 15.7.2004 – C-349/01 – ADS Anker – NZA 2004, 1167.
2 EuGH 29.3.2001 – C-62/99 – bofrost – NZA 2001, 506; dazu *Junker*, RdA 2002, 32, 34; BAG 30.3.2004 – 1 ABR 61/01 – NZA 2004, 863.
3 LAG Düsseldorf 25.10.2001 – 5 TaBV 87/98 – NZA-RR 2002, 196 (bofrost) unter Hinweis auf Gesetzesbegründung.

B. Regelungsgehalt

I. Auskunftsberechtigter (Abs. 1)

2 Jede nach deutschem Recht gebildete **AN-Vertretung**, also BR, Gesamt- oder Konzern-BR, kann den Auskunftsanspruch geltend machen. Auskunftsberechtigt ist aber auch eine bei einem ausländischen Betrieb oder Unternehmen nach dortigem nationalen Recht gebildete AN-Vertretung. Sofern die Mitglieder dieser Vertretung die deutsche Sprache nicht beherrschen, haben sie Anspruch, die Auskünfte in ihrer Landessprache zu erhalten.

II. Gegenstände der Auskunft (Abs. 1)

3 Gegenstände der Auskunft sind die Zahl und Verteilung der AN sowie die Struktur des Unternehmens oder der Unternehmensgruppe. Wenn es für die Beurteilung der Struktur des Unternehmens oder der Gruppe erforderlich ist, kann auch die Vorlage von Unterlagen, die diese Informationen präzisieren oder verdeutlichen, verlangt werden.[4] Damit kann sogar die Verpflichtung bestehen, Gesellschafts- und Konzernverträge vorzulegen, denn die AN-Vertreter sollen Zugang zu den Fakten erhalten, auf deren Grundlage sie ihre Bewertung vornehmen können.[5] Der Auskunftsanspruch umfasst auch das Recht, Angaben zu verlangen, die die Vermutungswirkung des § 6 Abs. 2 auslösen.[6] Die erteilten Informationen unterliegen zwar nicht der Geheimhaltungspflicht des § 39, jedoch kann ihre Geheimhaltung wohl über § 79 BetrVG erreicht werden, da der BR bei Geltendmachung des Auskunftsanspruchs ein ihm zustehendes Recht geltend macht.

III. Auskunftspflichtiger (Abs. 1 und 2)

4 Primär ist die **zentrale Leitung** auskunftsverpflichtet (Abs. 1). Um dem BR die Einholung der Auskünfte zu erleichtern, kann der Anspruch daneben auch gegenüber der **örtlichen Betriebs- oder Unternehmensleitung** geltend gemacht werden. Diese hat dann ihrerseits die erforderlichen Auskünfte und Unterlagen bei der zentralen Leitung einzuholen. Verweigert die zentrale Leitung die Auskunftserteilung und kann sie dazu nicht gezwungen werden, weil sie nicht in einem Mitgliedstaat sitzt, so verlangte der EuGH auf der Basis der RL a.F. von den Mitgliedstaaten sicherzustellen, dass die Leitungen der anderen Unternehmen und Betriebe in den Mitgliedstaaten die notwendigen Informationen zur Verfügung stellen,[7] eine entsprechende Verpflichtung ist jetzt ausdrücklich in die Neufassung der RL (Art. 4 Abs. 4) aufgenommen worden. Die angefragte Betriebs- oder Unternehmensleitung muss zur Durchsetzung des Informationsanspruchs notfalls gerichtliche Hilfe gegen die anderen in Mitgliedstaaten gelegenen Betriebe oder Unternehmen in Anspruch nehmen. Sie kann dabei die Leistung nicht wegen des mit der Erfüllung verbundenen unverhältnismäßigen Aufwands (§ 275 Abs. 2 BGB) verweigern oder gar Unmöglichkeit (§ 275 Abs. 1 BGB) einwenden. Erst wenn ein Gericht in einem anderen Mitgliedstaat trotz der o.g. EuGH-Rspr. einen Auskunftsanspruch auf der Basis der nationalen Gesetze ablehnen würde, entstünde nach dem BAG ein Einwand im Vollstreckungsverfahren.[8]

| § 6 | Herrschendes Unternehmen |

(1) Ein Unternehmen, das zu einer gemeinschaftsweit tätigen Unternehmensgruppe gehört, ist herrschendes Unternehmen, wenn es unmittelbar oder mittelbar einen beherrschenden Einfluß auf ein anderes Unternehmen derselben Gruppe (abhängiges Unternehmen) ausüben kann.

(2) Ein beherrschender Einfluß wird vermutet, wenn ein Unternehmen in bezug auf ein anderes Unternehmen unmittelbar oder mittelbar

1. mehr als die Hälfte der Mitglieder des Verwaltungs-, Leitungs- oder Aufsichtsorgans des anderen Unternehmens bestellen kann oder
2. über die Mehrheit der mit den Anteilen am anderen Unternehmen verbundenen Stimmrechte verfügt oder
3. die Mehrheit des gezeichneten Kapitals dieses Unternehmens besitzt.

Erfüllen mehrere Unternehmen eines der in Satz 1 Nr. 1 bis 3 genannten Kriterien, bestimmt sich das herrschende Unternehmen nach Maßgabe der dort bestimmten Rangfolge.

(3) Bei der Anwendung des Absatzes 2 müssen den Stimm- und Ernennungsrechten eines Unternehmens die Rechte aller von ihm abhängigen Unternehmen sowie aller natürlichen oder juristischen Personen, die zwar

---

[4] EuGH 29.3.2001 – C-62/99 – bofrost – NZA 2001, 506.
[5] LAG Düsseldorf 25.10.2001 – 5 TaBV 87/98 – NZA-RR 2002, 196 (bofrost).
[6] LAG Düsseldorf 25.10.2001 – 5 TaBV 87/98 – NZA-RR 2002, 196 (bofrost).
[7] EuGH 13.1.2004 – C-440/00 – Kühne & Nagel – NZA 2004, 160; EuGH 15.7.2004 – C-349/01 – ADS Anker – NZA 2004, 1167; zust. *Giesen*, RdA 2004, 307, 310; *Joost*, ZIP 2004, 1034, 1037; *Kort*, JZ 2004, 569, 571; *Waas*, The European Legal Forum 2004, 199, 210; abw. *Däubler*, BB 2004, 446.
[8] BAG 29.6.2004 – 1 ABR 32/99 – NZA 2005, 118 (Kühne & Nagel).

im eigenen Namen, aber für Rechnung des Unternehmens oder eines von ihm abhängigen Unternehmens handeln, hinzugerechnet werden.

(4) Investment- und Beteiligungsgesellschaften im Sinne des Artikels 3 Abs. 5 Buchstabe a oder c der Verordnung (EWG) Nr. 4064/89 des Rates vom 21. Dezember 1989 über die Kontrolle von Unternehmenszusammenschlüssen (ABl. EG Nr. L 395 S. 1) gelten nicht als herrschendes Unternehmen gegenüber einem anderen Unternehmen, an dem sie Anteile halten, an dessen Leitung sie jedoch nicht beteiligt sind.

§ 7 Europäischer Betriebsrat in Unternehmensgruppen

Gehören einer gemeinschaftsweit tätigen Unternehmensgruppe ein oder mehrere gemeinschaftsweit tätige Unternehmen an, wird ein Europäischer Betriebsrat nur bei dem herrschenden Unternehmen errichtet, sofern nichts anderes vereinbart wird.

A. Allgemeines	1	II. Herrschendes Unternehmen (§ 6)	3
B. Regelungsgehalt	2	III. Ausnahme für Investment- und Beteiligungsgesell-	
I. Grundsatz (§ 7)	2	schaften (§ 6 Abs. 4)	5

A. Allgemeines

Der Zusammenschau der §§ 6 und 7 ist zu entnehmen, bei welchem Unternehmen der EBR errichtet wird. **1**

B. Regelungsgehalt

I. Grundsatz (§ 7)

In einer Unternehmensgruppe wird grds. nur ein EBR gebildet und zwar auch dann, wenn einzelne gruppenzugehörige Unternehmen oder Unternehmensgruppen (Konzern im Konzern)[1] selbst gemeinschaftsweit tätig sind. Ungeachtet einer dezentralen Führungsstruktur (z.B. Spartenorganisation)[2] erfolgt die Errichtung stets beim herrschenden Unternehmen i.S.d. § 6. Abweichende Vereinbarungen sind allerdings möglich. **2**

II. Herrschendes Unternehmen (§ 6)

Für eine beherrschende Stellung eines Unternehmens genügt bereits die Möglichkeit der Ausübung eines mittelbaren oder unmittelbaren **beherrschenden Einflusses** (§ 6 Abs. 1). Weitergehend als nach § 17 Abs. 1 AktG muss der Einfluss des herrschenden Unternehmens nicht gesellschaftsrechtlich vermittelt sein.[3] Die Rechtsform des herrschenden Unternehmens und der beherrschten Unternehmen spielt dabei keine Rolle, so dass auch eine natürliche Person herrschendes Unternehmen i.S.d. § 6 sein kann (wegen Besonderheiten für Tendenzunternehmen s. § 34). Da das Bestehen eines beherrschenden Einflusses in der Praxis nicht immer einfach festzustellen ist, bezeichnet § 6 Abs. 2 mehrere Tatbestände, bei denen ein beherrschender Einfluss **(widerleglich) vermutet** wird. Durch die Festlegung einer Rangfolge unter diesen Vermutungstatbeständen wird eine eindeutige Festlegung des herrschenden Unternehmens ermöglicht.[4] Fehlt es in einer Unternehmensgruppe an einem beherrschenden Einfluss eines Unternehmens (so z.B. in einem **Gleichordnungskonzern** i.S.d. § 18 Abs. 2 AktG), unterliegt die Unternehmensgruppe nicht dem EBRG.[5] **3**

Die Behandlung von **Gemeinschaftsunternehmen**, d.h. Joint Ventures, bei denen typischerweise nur mehrere andere Unternehmen gemeinsam einen beherrschenden Einfluss ausüben können, ist streitig. Während einige Stimmen[6] eine Zugehörigkeit zu mehreren Unternehmensgruppen befürworten, gehen andere[7] davon aus, dass das Gemeinschaftsunternehmen keiner Gruppe zugehörig ist. Gegen die letztgenannte Ansicht und damit für die Zugehörigkeit zu mehreren Unternehmensgruppen spricht allerdings, dass die RL als Erwägungsgrund Nr. 10 die Bildung von Joint Ventures als Grund für die Notwendigkeit ihres Erlasses angibt. **4**

III. Ausnahme für Investment- und Beteiligungsgesellschaften (§ 6 Abs. 4)

Investment- und Beteiligungsgesellschaften i.S.d. EG-Fusionskontroll-VO von 1989 gelten nicht als herrschendes Unternehmen, sofern sie an der Leitung des Unternehmens, dessen Anteile sie halten, nicht beteiligt sind. **5**

---

1 Hierzu Jaeger/Röder/Heckelmann/*Heckelmann*, EBRG Rn 20.
2 DKK/*Kittner*, § 7 EBRG m.w.N.
3 DKK/*Kittner*, § 6 EBRG Rn 3.
4 Jaeger/Röder/Heckelmann/*Heckelmann*, EBRG Rn 16.
5 *Müller*, EBRG, § 6 Rn 12.
6 MünchArb/*Joost*, Bd. 3, § 366 Rn 18; DKK/*Kittner*, § 6 EBRG Rn 7.
7 BT-Drucks 13/4520, S. 20; Engels/*Müller*, DB 1996, 981, 983.

Zweiter Teil: Besonderes Verhandlungsgremium

§ 8 Aufgabe

(1) Das besondere Verhandlungsgremium hat die Aufgabe, mit der zentralen Leitung eine Vereinbarung über eine grenzübergreifende Unterrichtung und Anhörung der Arbeitnehmer abzuschließen.
(2) Die zentrale Leitung hat dem besonderen Verhandlungsgremium rechtzeitig alle zur Durchführung seiner Aufgaben erforderlichen Auskünfte zu erteilen und die erforderlichen Unterlagen zur Verfügung zu stellen.
(3) ^{1}Die zentrale Leitung und das besondere Verhandlungsgremium arbeiten vertrauensvoll zusammen. ^{2}Zeitpunkt, Häufigkeit und Ort der Verhandlungen werden zwischen der zentralen Leitung und dem besonderen Verhandlungsgremium einvernehmlich festgelegt.

§ 9 Bildung

(1) Die Bildung des besonderen Verhandlungsgremiums ist von den Arbeitnehmern oder ihren Vertretern schriftlich bei der zentralen Leitung zu beantragen oder erfolgt auf Initiative der zentralen Leitung.
(2) ^{1}Der Antrag ist wirksam gestellt, wenn er von mindestens 100 Arbeitnehmern oder ihren Vertretern aus mindestens zwei Betrieben oder Unternehmen, die in verschiedenen Mitgliedstaaten liegen, unterzeichnet ist und der zentralen Leitung zugeht. ^{2}Werden mehrere Anträge gestellt, sind die Unterschriften zusammenzuzählen. ^{3}Wird ein Antrag bei einer im Inland liegenden Betriebs- oder Unternehmensleitung eingereicht, hat diese den Antrag unverzüglich an die zentrale Leitung weiterzuleiten und die Antragsteller darüber zu unterrichten.
(3) Die zentrale Leitung hat die Antragsteller, die örtlichen Betriebs- oder Unternehmensleitungen, die dort bestehenden Arbeitnehmervertretungen sowie die in inländischen Betrieben vertretenen Gewerkschaften über die Bildung eines besonderen Verhandlungsgremiums und seine Zusammensetzung zu unterrichten.

§ 10 Zusammensetzung

(1) Aus jedem Mitgliedstaat, in dem das Unternehmen oder die Unternehmensgruppe einen Betrieb hat, wird ein Arbeitnehmervertreter in das besondere Verhandlungsgremium entsandt.
(2) ^{1}Aus Mitgliedstaaten, in denen mindestens 25 vom Hundert der Arbeitnehmer des Unternehmens oder der Unternehmensgruppe beschäftigt sind, wird ein zusätzlicher Vertreter entsandt. ^{2}Aus Mitgliedstaaten, in denen mindestens 50 vom Hundert der Arbeitnehmer beschäftigt sind, werden zwei zusätzliche Vertreter, aus einem Mitgliedstaat, in dem mindestens 75 vom Hundert der Arbeitnehmer beschäftigt sind, werden drei zusätzliche Vertreter entsandt.
(3) Es können Ersatzmitglieder bestellt werden.

§ 11 Bestellung inländischer Arbeitnehmervertreter

(1) ^{1}Die nach diesem Gesetz oder dem Gesetz eines anderen Mitgliedstaates auf die im Inland beschäftigten Arbeitnehmer entfallenden Mitglieder des besonderen Verhandlungsgremiums werden in gemeinschaftsweit tätigen Unternehmen vom Gesamtbetriebsrat (§ 47 des Betriebsverfassungsgesetzes) bestellt. ^{2}Besteht nur ein Betriebsrat, so bestellt dieser die Mitglieder des besonderen Verhandlungsgremiums.
(2) ^{1}Die in Absatz 1 Satz 1 genannten Mitglieder des besonderen Verhandlungsgremiums werden in gemeinschaftsweit tätigen Unternehmensgruppen vom Konzernbetriebsrat (§ 54 des Betriebsverfassungsgesetzes) bestellt. ^{2}Besteht neben dem Konzernbetriebsrat noch ein in ihm nicht vertretener Gesamtbetriebsrat oder Betriebsrat, ist der Konzernbetriebsrat um deren Vorsitzende und um deren Stellvertreter zu erweitern; die Vorsitzenden und ihre Stellvertreter gelten insoweit als Konzernbetriebsratsmitglieder.
(3) Besteht kein Konzernbetriebsrat, werden die in Absatz 1 Satz 1 genannten Mitglieder des besonderen Verhandlungsgremiums wie folgt bestellt:
a) Bestehen mehrere Gesamtbetriebsräte, werden die Mitglieder des besonderen Verhandlungsgremiums auf einer gemeinsamen Sitzung der Gesamtbetriebsräte bestellt, zu welcher der Gesamtbetriebsratsvorsitzende des nach der Zahl der wahlberechtigten Arbeitnehmer größten inländischen Unternehmens einzuladen

hat. Besteht daneben noch mindestens ein in den Gesamtbetriebsräten nicht vertretener Betriebsrat, sind der Betriebsratsvorsitzende und dessen Stellvertreter zu dieser Sitzung einzuladen; sie gelten insoweit als Gesamtbetriebsratsmitglieder.

b) Besteht neben einem Gesamtbetriebsrat noch mindestens ein in ihm nicht vertretener Betriebsrat, ist der Gesamtbetriebsrat um den Vorsitzenden des Betriebsrats und dessen Stellvertreter zu erweitern; der Betriebsratsvorsitzende und sein Stellvertreter gelten insoweit als Gesamtbetriebsratsmitglieder. Der Gesamtbetriebsrat bestellt die Mitglieder des besonderen Verhandlungsgremiums. Besteht nur ein Gesamtbetriebsrat, so hat dieser die Mitglieder des besonderen Verhandlungsgremiums zu bestellen.

c) Bestehen mehrere Betriebsräte, werden die Mitglieder des besonderen Verhandlungsgremiums auf einer gemeinsamen Sitzung bestellt, zu welcher der Betriebsratsvorsitzende des nach der Zahl der wahlberechtigten Arbeitnehmer größten inländischen Betriebs einzuladen hat. Zur Teilnahme an dieser Sitzung sind die Betriebsratsvorsitzenden und deren Stellvertreter berechtigt; § 47 Abs. 7 des Betriebsverfassungsgesetzes gilt entsprechend.

d) Besteht nur ein Betriebsrat, so hat dieser die Mitglieder des besonderen Verhandlungsgremiums zu bestellen.

(4) Zu Mitgliedern des besonderen Verhandlungsgremiums können auch die in § 5 Abs. 3 des Betriebsverfassungsgesetzes genannten Angestellten bestellt werden.

(5) Frauen und Männer sollen entsprechend ihrem zahlenmäßigen Verhältnis bestellt werden.

§ 12 Unterrichtung über die Mitglieder des besonderen Verhandlungsgremiums

¹Der zentralen Leitung sind unverzüglich die Namen der Mitglieder des besonderen Verhandlungsgremiums, ihre Anschriften sowie die jeweilige Betriebszugehörigkeit mitzuteilen. ²Die zentrale Leitung hat die örtlichen Betriebs- oder Unternehmensleitungen, die dort bestehenden Arbeitnehmervertretungen sowie die in inländischen Betrieben vertretenen Gewerkschaften über diese Angaben zu unterrichten.

§ 13 Sitzungen, Geschäftsordnung, Sachverständige

(1) ¹Die zentrale Leitung lädt unverzüglich nach Benennung der Mitglieder zur konstituierenden Sitzung des besonderen Verhandlungsgremiums ein und unterrichtet die örtlichen Betriebs- oder Unternehmensleitungen. ²Das besondere Verhandlungsgremium wählt aus seiner Mitte einen Vorsitzenden und kann sich eine Geschäftsordnung geben.

(2) Vor jeder Verhandlung mit der zentralen Leitung hat das besondere Verhandlungsgremium das Recht, eine Sitzung durchzuführen und zu dieser einzuladen; § 8 Abs. 3 Satz 2 gilt entsprechend.

(3) Beschlüsse des besonderen Verhandlungsgremiums werden, soweit in diesem Gesetz nichts anderes bestimmt ist, mit der Mehrheit der Stimmen seiner Mitglieder gefaßt.

(4) ¹Das besondere Verhandlungsgremium kann sich durch Sachverständige seiner Wahl unterstützen lassen, soweit dies zur ordnungsgemäßen Erfüllung seiner Aufgaben erforderlich ist. ²Sachverständige können auch Beauftragte von Gewerkschaften sein.

§ 14 Einbeziehung von Arbeitnehmervertretern aus Drittstaaten

Kommen die zentrale Leitung und das besondere Verhandlungsgremium überein, die nach § 17 auszuhandelnde Vereinbarung auf nicht in einem Mitgliedstaat (Drittstaat) liegende Betriebe oder Unternehmen zu erstrecken, können sie vereinbaren, Arbeitnehmervertreter aus diesen Staaten in das besondere Verhandlungsgremium einzubeziehen und die Anzahl der auf den jeweiligen Drittstaat entfallenden Mitglieder sowie deren Rechtsstellung festlegen.

§ 15 Beschluß über Beendigung der Verhandlungen

(1) ¹Das besondere Verhandlungsgremium kann mit mindestens zwei Dritteln der Stimmen seiner Mitglieder beschließen, keine Verhandlungen aufzunehmen oder diese zu beenden. ²Der Beschluß und das Abstimmungs-

ergebnis sind in eine Niederschrift aufzunehmen, die vom Vorsitzenden und einem weiteren Mitglied zu unterzeichnen ist. [3]Eine Abschrift der Niederschrift ist der zentralen Leitung zuzuleiten.

(2) Ein neuer Antrag auf Bildung eines besonderen Verhandlungsgremiums (§ 9) kann frühestens zwei Jahre nach dem Beschluß gemäß Absatz 1 gestellt werden, sofern das besondere Verhandlungsgremium und die zentrale Leitung nicht schriftlich eine kürzere Frist festlegen.

§ 16 Kosten und Sachaufwand

(1) [1]Die durch die Bildung und Tätigkeit des besonderen Verhandlungsgremiums entstehenden Kosten trägt die zentrale Leitung. [2]Werden Sachverständige nach § 13 Abs. 4 hinzugezogen, beschränkt sich die Kostentragungspflicht auf einen Sachverständigen. [3]Die zentrale Leitung hat für die Sitzungen in erforderlichem Umfang Räume, sachliche Mittel, Dolmetscher und Büropersonal zur Verfügung zu stellen sowie die erforderlichen Reise- und Aufenthaltskosten der Mitglieder des besonderen Verhandlungsgremiums zu tragen.

(2) Der Arbeitgeber eines aus dem Inland entsandten Mitglieds des besonderen Verhandlungsgremiums haftet neben der zentralen Leitung für dessen Anspruch auf Kostenerstattung als Gesamtschuldner.

A. Allgemeines	1	II. Errichtung des besonderen Verhandlungsgremiums	
B. Regelungsgehalt	2	(§§ 9 bis 12)	5
I. Aufgabe (§ 8)	2	III. Verhandlungen (§§ 13 bis 15)	7
		IV. Kosten (§ 16)	10

A. Allgemeines

1 Entsprechend dem die RL und das EBRG durchziehenden Grundsatz des Vorrangs freier Vereinbarung zwischen den Sozialpartnern soll – anders als nach dem zwingenden Organisationsrecht des BetrVG – zunächst in freien Verhandlungen zwischen der zentralen Leitung und den AN-Vertretern versucht werden, eine für beide Seiten akzeptable und den Besonderheiten des Unternehmens bzw. der Unternehmensgruppe Rechnung tragende Regelung über eine grenzüberschreitende Unterrichtung und Anhörung zu finden. Die AN-Seite wird hierbei durch ein sog. besonderes Verhandlungsgremium repräsentiert. Einzelheiten über Aufgabe, Zusammensetzung und Tätigkeit dieses besonderen Verhandlungsgremiums finden sich in den §§ 8 bis 16.

B. Regelungsgehalt

I. Aufgabe (§ 8)

2 Das besondere Verhandlungsgremium soll mit der zentralen Leitung eine Vereinbarung nach §§ 17 ff. treffen und zwar entweder gem. § 18 über die Errichtung eines EBR oder nach § 19 über ein Verfahren zur Unterrichtung und Anhörung der AN. Dabei sind auch Kombinationen oder ein freiwilliger Rückgriff auf die im vierten Teil des EBRG enthaltenen Vorschriften für den EBR kraft Gesetzes möglich.[1] Das besondere Verhandlungsgremium ist frei darin, nach einem entsprechenden Beschluss gem. § 13 Abs. 3 oder gem. einer Regelung in seiner Geschäftsordnung (vgl. § 13 Abs. 1) kleinere Ausschüsse für die Verhandlungen mit der zentralen Leitung zu bilden. Nur die am Ende der Verhandlungen stehende Vereinbarung nach § 8 Abs. 1 muss das Gremium als solches abschließen.[2]

3 Um eine gleichgewichtige Zusammenarbeit zwischen dem besonderen Verhandlungsgremium und der zentralen Leitung zu ermöglichen, wird der zentralen Leitung eine umfassende **Informationspflicht** auferlegt. Sie hat dem Gremium – unaufgefordert[3] – die erforderlichen Auskünfte zu erteilen und die entsprechenden Unterlagen zur Verfügung zu stellen. Dies hat so rechtzeitig zu geschehen, dass die Aufgabenwahrnehmung möglich ist.

4 Die gesamten Verhandlungen finden unter Beachtung des **Grundsatzes der vertrauensvollen Zusammenarbeit** statt (§ 8 Abs. 3).

II. Errichtung des besonderen Verhandlungsgremiums (§§ 9 bis 12)

5 Das Gremium wird auf Antrag entweder der zentralen Leitung oder der AN-Seite nach Maßgabe des § 9 Abs. 2 gebildet. Ergreift die zentrale Leitung die Initiative, so wird sie ihr Vorhaben der AN-Vertretung, die für die Besetzung des besonderen Verhandlungsgremiums zuständig ist, mitteilen.[4] Das besondere Verhandlungsgremium wird nach den Grundsätzen der Repräsentativität und der Proportionalität zusammengesetzt (§ 10). Dies bedeutet, dass aus jedem Mitgliedstaat, in dem das Unternehmen bzw. die Unternehmensgruppe vertreten ist, ein Repräsentant entsandt

---

1 *Eckhoff*, S. 215.
2 DKK/*Klebe*, § 8 EBRG Rn 3.
3 Vgl. DKK/*Klebe*, § 8 EBRG Rn 4.
4 MünchArb/*Joost*, Bd. 3, § 366 Rn 38.

wird (§ 10 Abs. 1). Aus Staaten, in denen eine überproportional große Anzahl von AN beschäftigt wird, ist die Entsendung einer höheren Vertreteranzahl vorgesehen (§ 10 Abs. 2, Änderungen zu erwarten aufgrund Art. 5 Abs. 2b) RL n.F.). Die Bestellung inländischer AN-Vertreter wird im Detail in § 11 geregelt, bspw. soll der Grundsatz des Proporzes zwischen den Geschlechtern berücksichtigt werden. Entsandt werden können auch leitende Ang (§ 11 Abs. 4). Die betriebsratsinterne Entscheidung über den zu entsendenden Vertreter ist gerichtlich überprüfbar.[5] Zuständig für die Bestellung sind grds. der GBR bzw. – bei Unternehmensgruppen – der KBR.

§ 11 sieht Sonderregelungen für Fälle vor, in denen solche Gremien nicht bestehen oder einzelne (Gesamt-)BR nicht in diesen Gremien vertreten sind. Hierdurch soll sichergestellt werden, dass die in Gesamt- oder KBR nicht vertretenen Gremien gleichwohl an der Bestimmung des Vertreters für das besondere Verhandlungsgremium beteiligt werden. Bedenklich ist, dass der deutsche Gesetzgeber es unterlassen hat, eine Regelung für den Fall vorzusehen, dass im Inland keinerlei BR existiert. Umsetzungsgesetze anderer Länder (z.B. der Niederlande) sehen hier eine Wahl unmittelbar durch die AN vor. Ob dies nach dem EBRG zulässig ist,[6] wird de lege lata bezweifelt,[7] zumal Art. 5 Abs. 2 RL eine Wahl durch die AN nur dann vorschreibt, wenn in einem Betrieb oder Unternehmen unabhängig vom Willen der AN keine AN-Vertreter vorhanden sind. In jedem Fall sollte der Gesetzgeber eine entsprechende Regelung bei der ohnehin notwendigen Überarbeitung des EBRG mit aufnehmen. Es wäre unbefriedigend, wenn AN anderer Mitgliedstaaten ohne AN-Vertretung auch dann Vertreter wählen dürfen, wenn sie die Möglichkeit zur Errichtung einer AN-Vertretung auf nationaler Ebene nicht wahrgenommen haben, während deutsche AN in dieser Situation vertretungslos bleiben.

Die Namen, Anschriften und Betriebszugehörigkeit der auf diese Weise bestimmten Mitglieder müssen der zentralen Leitung unverzüglich mitgeteilt werden, die sie an die in § 12 genannten Stellen weiterzuleiten hat. Darüber hinaus kann es sinnvoll sein, zusätzlich auch die Konzernleitungen und die auf Konzernebene gebildeten AN-Vertretungen zu informieren.[8] Letztlich sollen alle Beteiligten über die Zusammensetzung des Gremiums im Bilde sein. Art. 5 Abs. 2b) der neu gefassten RL sieht zusätzlich eine Mitteilung an die zuständigen europäischen AN- und AG-Verbände vor.

III. Verhandlungen (§§ 13 bis 15)

Sobald die Mitglieder des besonderen Verhandlungsgremiums feststehen, findet auf Einladung der zentralen Leitung dessen **konstituierende Sitzung** statt, auf der ein Vorsitzender gewählt wird und das Gremium sich eine Geschäftsordnung geben kann. In weiteren **Verhandlungssitzungen**, deren Zeitpunkt, Häufigkeit und Ort einvernehmlich zwischen der zentralen Leitung und dem besonderen Verhandlungsgremium festlegt werden (§ 8 Abs. 3), soll schließlich eine Vereinbarung über die grenzüberschreitende Unterrichtung und Anhörung abgeschlossen werden. Dazu dürfen **vorbereitende Sitzungen** abgehalten werden, deren Zeitpunkt, Häufigkeit und Ort wiederum im Einvernehmen mit der zentralen Leitung festzulegen sind (§ 13 Abs. 2); Art. 5 Abs. 4 der neu gefassten RL sieht außerdem nachbereitende Sitzungen vor. Wenn zur Aufgabenerfüllung erforderlich, kann sich das Verhandlungsgremium zudem durch **Sachverständige** unterstützen lassen (§ 13 Abs. 4). Art. 5 Abs. 4 RL n.F. hält dazu (klarstellend) fest, dass zu den Sachverständigen insbesondere Vertreter der kompetenten anerkannten Gewerkschaftsorganisationen auf Gemeinschaftsebene gehören und dass die Sachverständigen das Recht haben, den Verhandlungen in beratender Funktion beizuwohnen. Das Verhandlungsgremium entscheidet durch Beschluss, der grds. mit der Mehrheit der Stimmen seiner Mitglieder (§ 13 Abs. 3) zu fassen ist.

Zudem lässt das EBRG eine Vereinbarung darüber zu, in welchem Umfang und mit welchen Rechten AN-Vertreter aus **Drittstaaten** einbezogen werden können, wenn beabsichtigt ist, die abzuschließende Vereinbarung auch auf Unternehmen oder Betriebe in diesen Ländern zu erstrecken (§ 14).

Dem Grundsatz der Freiwilligkeit entspricht außerdem, dass das besondere Verhandlungsgremium jederzeit mit Zweidrittelmehrheit entscheiden kann, die **Verhandlungen** über eine Vereinbarung zur grenzüberschreitenden Unterrichtung und Anhörung der AN **nicht aufzunehmen oder zu beenden** (§ 15 Abs. 1). Geschieht dies, können die AN-Vertreter grds. erst nach Ablauf von zwei Jahren wieder die Bildung eines neuen besonderen Verhandlungsgremiums verlangen.

IV. Kosten (§ 16)

Die **Kosten** für die Bildung und die Tätigkeit des besonderen Verhandlungsgremiums, einschließlich der Hinzuziehung eines Sachverständigen, trägt die zentrale Leitung nach Maßgabe des § 16, der im Wesentlichen § 40 BetrVG nachgebildet ist. Gesamtschuldnerisch neben der zentralen Leitung haftet jedoch der AG des aus Deutschland entsandten Mitglieds des besonderen Verhandlungsgremiums für dessen Anspruch auf Erstattung seiner Kosten.

---

5 Vgl. zur Anfechtung der Entsendung des Vertreters in den EBR selbst BAG 18.4.2007 – 7 ABR 30/06 – NZA 2007,1375.
6 So *Blanke*, § 11 Rn 3 f.
7 So *Gaul*, NJW 1996, 3380.
8 DKK/*Klebe*, § 12 EBRG Rn 3.

Dritter Teil: Vereinbarungen über grenzübergreifende Unterrichtung und Anhörung

§ 17 Gestaltungsfreiheit

¹Die zentrale Leitung und das besondere Verhandlungsgremium können frei vereinbaren, wie die grenzübergreifende Unterrichtung und Anhörung der Arbeitnehmer ausgestaltet wird; sie sind nicht an die Bestimmungen des Vierten Teils dieses Gesetzes gebunden. ²Die Vereinbarung muß sich auf alle in den Mitgliedstaaten beschäftigten Arbeitnehmer erstrecken, in denen das Unternehmen oder die Unternehmensgruppe einen Betrieb hat. ³Die Parteien verständigen sich darauf, ob die grenzübergreifende Unterrichtung und Anhörung durch die Errichtung eines Europäischen Betriebsrats oder mehrerer Europäischer Betriebsräte nach § 18 oder durch ein Verfahren zur Unterrichtung und Anhörung der Arbeitnehmer nach § 19 erfolgen soll.

§ 18 Europäischer Betriebsrat kraft Vereinbarung

(1) ¹Soll ein Europäischer Betriebsrat errichtet werden, ist schriftlich zu vereinbaren, wie dieser ausgestaltet werden soll. ²Dabei soll insbesondere folgendes geregelt werden:
1. Bezeichnung der erfaßten Betriebe und Unternehmen, einschließlich der außerhalb des Hoheitsgebietes der Mitgliedstaaten liegenden Niederlassungen, sofern diese in den Geltungsbereich einbezogen werden,
2. Zusammensetzung des Europäischen Betriebsrats, Anzahl der Mitglieder, Ersatzmitglieder, Sitzverteilung und Mandatsdauer,
3. Zuständigkeit und Aufgaben des Europäischen Betriebsrats sowie das Verfahren zu seiner Unterrichtung und Anhörung,
4. Ort, Häufigkeit und Dauer der Sitzungen,
5. die für den Europäischen Betriebsrat zur Verfügung zu stellenden finanziellen und sachlichen Mittel,
6. Klausel zur Anpassung der Vereinbarung an Strukturänderungen, die Geltungsdauer der Vereinbarung und das bei ihrer Neuverhandlung anzuwendende Verfahren, einschließlich einer Übergangsregelung.

(2) § 23 gilt entsprechend.

§ 19 Verfahren zur Unterrichtung und Anhörung

¹Soll ein Verfahren zur Unterrichtung und Anhörung der Arbeitnehmer eingeführt werden, ist schriftlich zu vereinbaren, unter welchen Voraussetzungen die Arbeitnehmervertreter das Recht haben, die ihnen übermittelten Informationen gemeinsam zu beraten und wie sie ihre Vorschläge oder Bedenken mit der zentralen Leitung oder einer anderen geeigneten Leitungsebene erörtern können. ²Die Unterrichtung muß sich insbesondere auf grenzübergreifende Angelegenheiten erstrecken, die erhebliche Auswirkungen auf die Interessen der Arbeitnehmer haben.

§ 20 Übergangsbestimmung

¹Eine nach § 18 oder 19 bestehende Vereinbarung gilt fort, wenn vor ihrer Beendigung das Antrags- oder Initiativrecht nach § 9 Abs. 1 ausgeübt worden ist. ²Das Antragsrecht kann auch ein auf Grund einer Vereinbarung bestehendes Arbeitnehmervertretungsgremium ausüben. ³Die Fortgeltung endet, wenn die Vereinbarung durch eine neue Vereinbarung ersetzt oder ein Europäischer Betriebsrat kraft Gesetzes errichtet worden ist. ⁴Die Fortgeltung endet auch dann, wenn das besondere Verhandlungsgremium einen Beschluß nach § 15 Abs. 1 faßt; § 15 Abs. 2 gilt entsprechend. ⁵Die Sätze 1 bis 4 finden keine Anwendung, wenn in der bestehenden Vereinbarung eine Übergangsregelung enthalten ist.

A. Allgemeines 1	III. Europäischer Betriebsrat kraft Vereinbarung (§ 18) 6
B. Regelungsgehalt 2	IV. Verfahren zur Unterrichtung und Anhörung (§ 19) 8
I. Rechtsnatur der Vereinbarung 2	V. Geltungsdauer 10
II. Inhaltliche Mindestanforderungen 3	

A. Allgemeines

Der dritte Teil des EBRG umreißt die Möglichkeiten, die das besondere Verhandlungsgremium und die zentrale Leitung haben, um die grenzübergreifende Unterrichtung und Anhörung der AN (in gemeinschaftsweit tätigen Unternehmen und Unternehmensgruppen) zu gewährleisten. Nach § 17 S. 3 können sich die Sozialpartner auf ein Verfahren zur Unterrichtung und Anhörung der AN (§ 19) oder auf die Errichtung eines EBR (§ 18) einigen. Im Hinblick auf die Ausgestaltung schreibt das EBRG den Beteiligten, entsprechend dem Grundsatz des Vorrangs freier Vereinbarung, lediglich einige Mindestvoraussetzungen vor, die in §§ 17 bis 19 genannt sind. An die Bestimmungen des vierten Teils des EBRG sind die Parteien allerdings nicht gebunden (§ 17 S. 1 a.E.). Grds. verfügen die Parteien im Hinblick auf die konkrete Ausgestaltung somit über einen weiten Gestaltungsspielraum.

B. Regelungsgehalt

I. Rechtsnatur der Vereinbarung

Weder das EBRG noch die EBR-RL äußern sich zur Rechtsnatur der Vereinbarung nach § 17. Anknüpfungspunkt für die Bestimmung der Rechtsnatur ist gem. § 2 Abs. 1 das deutsche Recht, wenn die zentrale Leitung ihren Sitz im Inland hat.[1] Nach herrschender Lit.-Meinung ist die Vereinbarung als ein **eigenständiger Kollektivvertrag mit normativer Wirkung** zu qualifizieren.[2]

II. Inhaltliche Mindestanforderungen

Unabhängig davon, ob ein EBR kraft Vereinbarung oder ein Verfahren zur Unterrichtung und Anhörung nach § 19 geschaffen werden sollen, muss eine grenzübergreifende Unterrichtung und Anhörung der AN vereinbart werden (§ 17 S. 1). Die abzuschließende Vereinbarung muss sich zwingend auf alle in den Mitgliedstaaten beschäftigten AN erstrecken, in denen das Unternehmen oder die Unternehmensgruppe einen Betrieb hat (§ 17 S. 2).

In jedem Fall muss der Unterrichtung bzw. der Anhörung ein grenzübergreifender Vorgang zugrunde liegen. Rein nationale Vorgänge werden nicht erfasst.[3]

Werden die o.g. Vorgaben nicht erfüllt, so liegt **keine Vereinbarung nach § 17** vor.[4] Infolgedessen besteht das besondere Verhandlungsgremium weiter fort.

III. Europäischer Betriebsrat kraft Vereinbarung (§ 18)

In formeller Hinsicht muss die Errichtung eines EBR kraft Vereinbarung schriftlich erfolgen (§ 18 Abs. 1).

Inhaltlich nennt § 18 Abs. 1 sechs Gegenstände, die eine Vereinbarung über einen EBR enthalten sollte. Art. 6 der neu gefassten RL konkretisiert und erweitert diesen Katalog. Bei den aufgeführten Gegenständen handelt es sich allerdings lediglich um Empfehlungen, die von den Beteiligten nicht eingehalten werden müssen, die Beteiligten verfügen vielmehr über eine umfassende Gestaltungsautonomie.

Im Hinblick auf die **Organisation des EBR** (kraft Vereinbarung) sind die Parteien nicht an die Vorschrift des § 22 gebunden, so dass Größe und Zusammensetzung frei wählbar sind. So können auch mehrere EBR errichtet werden, was sich bei Unternehmensgruppen anbietet, die nach Sparten organisiert sind.[5]

Hinsichtlich der **Zuständigkeiten und Aufgaben** erscheint es fraglich, ob der EBR mit der zentralen Leitung verbindliche Absprachen im Sinne einer BV, die unmittelbar und zwingend wirkt, schließen kann. Voraussetzung hierfür ist, dass das Gesetz eine besondere Legitimation zum Abschluss verbindlicher Vereinbarungen vorsieht. Da es an einer solchen Legitimation im EBRG fehlt, kommt den Vereinbarungen lediglich schuldrechtliche Wirkung zu.[6]

Die **Anpassungsklausel** des § 18 Abs. 1 S. 2 Nr. 6 soll es den Sozialpartnern ermöglichen, auf Strukturveränderungen (z.B. durch Erwerb und Veräußerung von Betrieben oder Unternehmen) zu reagieren. Durch diese Klausel sollen die Beteiligten in der Lage sein, die Vereinbarung den jeweiligen Verhältnissen anzupassen.[7]

Die **rechtliche Stellung der Mitglieder** des EBR kraft Vereinbarung entspricht derjenigen eines Mitglieds des EBR kraft Gesetzes (§ 40 Abs. 2).

IV. Verfahren zur Unterrichtung und Anhörung (§ 19)

In formeller Hinsicht bedarf eine Vereinbarung nach § 19 der Schriftform (§ 19 S. 1). Inhaltlich muss sich die Unterrichtung nach § 19 S. 2 insb. auf grenzübergreifende Angelegenheiten erstrecken, die **erhebliche Auswirkungen auf die Interessen der AN** haben. Als solche sind die in § 32 Abs. 2 und § 33 Abs. 1 S. 2 genannten Gegenstände zu verstehen.[8]

---

1 MünchArb/*Joost*, Bd. 3, § 366 Rn 98.
2 MünchArb/*Joost*, Bd. 3, § 366 Rn 98; DKK/*Däubler*, § 17 EBRG Rn 9.
3 DKK/*Däubler*, § 17 EBRG Rn 12.
4 DKK/*Däubler*, § 17 EBRG Rn 16.
5 DKK/*Däubler*, § 18 EBRG Rn 7.
6 MünchArb/*Joost*, Bd. 3, § 366 Rn 114; a.A. DKK/*Däubler*, § 18 EBRG Rn 14.
7 Jaeger/Röder/Heckelmann/*Heckelmann*, EBRG Rn 60.
8 MünchArb/*Joost*, Bd. 3, § 366 Rn 126.

Über die Einhaltung dieser Mindeststandards hinaus ist es den beteiligten Parteien unbenommen, weitere Aspekte in ihre Vereinbarung mit einzubeziehen.

9 Auch im Hinblick auf die Wahl der Organisationsform ihres Verfahrens sind die Beteiligten frei.[9]

V. Geltungsdauer

10 Die Vereinbarungen nach §§ 18, 19 können auf bestimmte oder unbestimmte Zeit geschlossen werden. Liegt eine **Vereinbarung auf bestimmte Zeit** vor, so können die Parteien eine Übergangsregelung treffen (§ 20 S. 5). Fehlt es an einer solchen Absprache der Beteiligten, so gilt die bestehende Vereinbarung fort, sofern vor ihrer Beendigung das Antrags- oder Initiativrecht nach § 9 Abs. 1 ausgeübt wurde (§ 20 S. 1). Die Fortgeltung endet erst dann, wenn die Vereinbarung durch eine neue ersetzt oder ein EBR kraft Gesetzes errichtet worden ist (§ 20 S. 3) oder wenn das neu installierte besondere Verhandlungsgremium entscheidet, die Verhandlungen zu beenden (§ 20 S. 4).

11 Ist eine **Vereinbarung auf unbestimmte Zeit** geschlossen worden, so ist jedenfalls eine Künd aus wichtigem Grund jederzeit möglich. Hinsichtlich einer ordentlichen Künd gilt die dreimonatige Frist des § 77 Abs. 5 BetrVG, soweit kein anders lautender Wille der Sozialpartner ersichtlich ist.[10]

Vierter Teil: Europäischer Betriebsrat kraft Gesetzes

Erster Abschnitt: Errichtung des Europäischen Betriebsrats

§ 21 Voraussetzungen

(1) ¹Verweigert die zentrale Leitung die Aufnahme von Verhandlungen innerhalb von sechs Monaten nach Antragstellung (§ 9), ist ein Europäischer Betriebsrat gemäß den §§ 22 und 23 zu errichten. ²Das gleiche gilt, wenn innerhalb von drei Jahren nach Antragstellung keine Vereinbarung nach § 18 oder 19 zustande kommt oder die zentrale Leitung und das besondere Verhandlungsgremium das vorzeitige Scheitern der Verhandlungen erklären. ³Die Sätze 1 und 2 gelten entsprechend, wenn die Bildung des besonderen Verhandlungsgremiums auf Initiative der zentralen Leitung erfolgt.
(2) Ein Europäischer Betriebsrat ist nicht zu errichten, wenn das besondere Verhandlungsgremium vor Ablauf der in Absatz 1 genannten Fristen einen Beschluß nach § 15 Abs. 1 faßt.

§ 22 Zusammensetzung des Europäischen Betriebsrats

(1) ¹Der Europäische Betriebsrat setzt sich aus Arbeitnehmern des gemeinschaftsweit tätigen Unternehmens oder der gemeinschaftsweit tätigen Unternehmensgruppe zusammen. ²Es können Ersatzmitglieder bestellt werden.
(2) Aus jedem Mitgliedstaat, in dem das Unternehmen oder die Unternehmensgruppe einen Betrieb hat, wird ein Arbeitnehmervertreter in den Europäischen Betriebsrat entsandt.
(3) ¹Hat das Unternehmen oder die Unternehmensgruppe insgesamt bis zu 10.000 Arbeitnehmer innerhalb der Mitgliedstaaten, wird aus Mitgliedstaaten, in denen mindestens 20 vom Hundert der Arbeitnehmer beschäftigt sind, ein zusätzlicher Vertreter entsandt. ²Aus Mitgliedstaaten, in denen mindestens 30 vom Hundert der Arbeitnehmer beschäftigt sind, werden zwei zusätzliche Vertreter, mindestens 40 vom Hundert der Arbeitnehmer beschäftigt sind, werden drei zusätzliche Vertreter, mindestens 50 vom Hundert der Arbeitnehmer beschäftigt sind, werden vier zusätzliche Vertreter entsandt. ³Aus einem Mitgliedstaat, in dem mindestens 60 vom Hundert der Arbeitnehmer beschäftigt sind, werden fünf zusätzliche Vertreter, mindestens 70 vom Hundert der Arbeitnehmer beschäftigt sind, werden sechs zusätzliche Vertreter, mindestens 80 vom Hundert der Arbeitnehmer beschäftigt sind, werden sieben zusätzliche Vertreter entsandt.
(4) ¹Hat das Unternehmen oder die Unternehmensgruppe insgesamt mehr als 10.000 Arbeitnehmer innerhalb der Mitgliedstaaten, wird aus Mitgliedstaaten, in denen mindestens 20 vom Hundert der Arbeitnehmer beschäftigt sind, ein zusätzlicher Vertreter entsandt. ²Aus Mitgliedstaaten, in denen mindestens 30 vom Hundert der Arbeitnehmer beschäftigt sind, werden drei zusätzliche Vertreter, mindestens 40 vom Hundert der Arbeitnehmer beschäftigt sind, werden fünf zusätzliche Vertreter, mindestens 50 vom Hundert der Arbeitnehmer be-

---

9 *Eckhoff*, S. 285.   10 DKK/*Däubler*, § 20 EBRG Rn 4.

schäftigt sind, werden sieben zusätzliche Vertreter entsandt. ³Aus einem Mitgliedstaat, in dem mindestens 60 vom Hundert der Arbeitnehmer beschäftigt sind, werden neun zusätzliche Vertreter, mindestens 70 vom Hundert der Arbeitnehmer beschäftigt sind, werden elf zusätzliche Vertreter, mindestens 80 vom Hundert der Arbeitnehmer beschäftigt sind, werden dreizehn zusätzliche Vertreter entsandt.

§ 23 Bestellung inländischer Arbeitnehmervertreter

(1) ¹Die nach diesem Gesetz oder dem Gesetz eines anderen Mitgliedstaates auf die im Inland beschäftigten Arbeitnehmer entfallenden Mitglieder des Europäischen Betriebsrats werden in gemeinschaftsweit tätigen Unternehmen vom Gesamtbetriebsrat (§ 47 des Betriebsverfassungsgesetzes) bestellt. ²Besteht nur ein Betriebsrat, so bestellt dieser die Mitglieder des Europäischen Betriebsrats.

(2) ¹Die in Absatz 1 Satz 1 genannten Mitglieder des Europäischen Betriebsrats werden in gemeinschaftsweit tätigen Unternehmensgruppen vom Konzernbetriebsrat (§ 54 des Betriebsverfassungsgesetzes) bestellt. ²Besteht neben dem Konzernbetriebsrat noch ein in ihm nicht vertretener Gesamtbetriebsrat oder Betriebsrat, ist der Konzernbetriebsrat um deren Vorsitzende und um deren Stellvertreter zu erweitern; die Vorsitzenden und ihre Stellvertreter gelten insoweit als Konzernbetriebsratsmitglieder.

(3) Besteht kein Konzernbetriebsrat, werden die in Absatz 1 Satz 1 genannten Mitglieder des Europäischen Betriebsrats wie folgt bestellt:

a) Bestehen mehrere Gesamtbetriebsräte, werden die Mitglieder des Europäischen Betriebsrats auf einer gemeinsamen Sitzung der Gesamtbetriebsräte bestellt, zu welcher der Gesamtbetriebsratsvorsitzende des nach der Zahl der wahlberechtigten Arbeitnehmer größten inländischen Unternehmens einzuladen hat. Besteht daneben noch mindestens ein in den Gesamtbetriebsräten nicht vertretener Betriebsrat, sind der Betriebsratsvorsitzende und dessen Stellvertreter zu dieser Sitzung einzuladen; sie gelten insoweit als Gesamtbetriebsratsmitglieder.

b) Besteht neben einem Gesamtbetriebsrat noch mindestens ein in ihm nicht vertretener Betriebsrat, ist der Gesamtbetriebsrat um den Vorsitzenden des Betriebsrats und dessen Stellvertreter zu erweitern; der Betriebsratsvorsitzende und sein Stellvertreter gelten insoweit als Gesamtbetriebsratsmitglieder. Der Gesamtbetriebsrat bestellt die Mitglieder des Europäischen Betriebsrats. Besteht nur ein Gesamtbetriebsrat, so hat dieser die Mitglieder des Europäischen Betriebsrats zu bestellen.

c) Bestehen mehrere Betriebsräte, werden die Mitglieder des Europäischen Betriebsrats auf einer gemeinsamen Sitzung bestellt, zu welcher der Betriebsratsvorsitzende des nach der Zahl der wahlberechtigten Arbeitnehmer größten inländischen Betriebs einzuladen hat. Zur Teilnahme an dieser Sitzung sind die Betriebsratsvorsitzenden und deren Stellvertreter berechtigt; § 47 Abs. 7 des Betriebsverfassungsgesetzes gilt entsprechend.

d) Besteht nur ein Betriebsrat, so hat dieser die Mitglieder des Europäischen Betriebsrats zu bestellen.

(4) Die Absätze 1 bis 3 gelten entsprechend für die Abberufung.

(5) Frauen und Männer sollen entsprechend ihrem zahlenmäßigen Verhältnis bestellt werden.

(6) ¹Das zuständige Sprecherausschußgremium eines gemeinschaftsweit tätigen Unternehmens oder einer gemeinschaftsweit tätigen Unternehmensgruppe mit Sitz der zentralen Leitung im Inland kann einen der in § 5 Abs. 3 des Betriebsverfassungsgesetzes genannten Angestellten bestimmen, der mit Rederecht an den Sitzungen zur Unterrichtung und Anhörung des Europäischen Betriebsrats teilnimmt, sofern nach § 22 Abs. 2 bis 4 mindestens fünf inländische Vertreter entsandt werden. ²Die §§ 30 und 39 Abs. 2 gelten entsprechend.

§ 24 Unterrichtung über die Mitglieder des Europäischen Betriebsrats

¹Der zentralen Leitung sind unverzüglich die Namen der Mitglieder des Europäischen Betriebsrats, ihre Anschriften sowie die jeweilige Betriebszugehörigkeit mitzuteilen. ²Die zentrale Leitung hat die örtlichen Betriebs- oder Unternehmensleitungen, die dort bestehenden Arbeitnehmervertretungen sowie die in inländischen Betrieben vertretenen Gewerkschaften über diese Angaben zu unterrichten.

A. Allgemeines	1	II. Zusammensetzung (§ 22)	3
B. Regelungsgehalt	2	III. Bestellung (§ 23)	7
I. Voraussetzungen der Errichtung (§ 21)	2	C. Beraterhinweise	8

A. Allgemeines

1 Im vierten Teil ist die Errichtung des EBR kraft Gesetzes geregelt. Im Gegensatz zu §§ 17 bis 20, bei denen es sich größtenteils um „Empfehlungen" für die Beteiligten handelt (vgl. §§ 17 bis 20 Rn 1, 6), sind die §§ 21 bis 24 obligatorische Vorschriften. In detaillierter Art und Weise hat der Gesetzgeber die Voraussetzungen der Errichtung und der Zusammensetzung des EBR kraft Gesetzes, sowie die Bestellung der inländischen AN-Vertreter festgeschrieben.

B. Regelungsgehalt

I. Voraussetzungen der Errichtung (§ 21)

2 Die Errichtung des EBR kraft Gesetzes ist gesetzlich vorgeschrieben, wenn die zentrale Leitung die Aufnahme von Verhandlungen innerhalb von sechs Monaten nach Antragstellung verweigert (§ 21 Abs. 1 S. 1), wenn innerhalb von drei Jahren nach Antragstellung keine Vereinbarung nach §§ 18, 19 zustande gekommen ist (§ 21 Abs. 1 S. 2 Alt. 1) oder wenn die zentrale Leitung und das besondere Verhandlungsgremium das vorzeitige Scheitern der Verhandlungen beschließen (§ 21 Abs. 1 S. 2 Alt. 2). Nach § 21 Abs. 1 S. 3 gilt dies nicht nur im Falle der Antragstellung durch die AN-Seite, sondern auch dann, wenn die Bildung des besonderen Verhandlungsgremiums auf einer Initiative der zentralen Leitung beruht.

Eine **Verweigerung der Aufnahme von Verhandlungen** ist zu bejahen, wenn die zentrale Leitung sich nicht ernsthaft bemüht, eine Einigung zu erzielen, oder überhaupt nicht verhandelt.[1]

Ein **Scheitern der Verhandlungen** liegt vor, wenn das besondere Verhandlungsgremium und die zentrale Leitung übereinstimmend das Ende der Verhandlungen beschließen. Dabei ist das Scheitern vorzeitig, wenn die Verhandlungen vor Ablauf der Drei-Jahres-Frist des § 21 Abs. 1 S. 2 Alt. 1 beendet werden.[2]

Vom Scheitern der Verhandlungen nach § 21 Abs. 1 S. 2 Alt. 2 abzugrenzen ist der Fall der einseitigen Beendigung durch das besondere Verhandlungsgremium nach § 15. Im Gegensatz zur übereinstimmenden Beendigung ist in diesem Fall die Errichtung eines EBR kraft Gesetzes explizit ausgeschlossen (§ 21 Abs. 2).

II. Zusammensetzung (§ 22)

3 Die Zusammensetzung des EBR kraft Gesetzes bestimmt sich nach den Grundsätzen der Repräsentativität und der Proportionalität. Dem Grundsatz der Repräsentativität folgend wird aus jedem Mitgliedstaat, in dem das Unternehmen oder die Unternehmensgruppe einen Betrieb hat, ein AN in den EBR entsandt (§ 22 Abs. 2).

4 Die **Anzahl der zu entsendenden Mitglieder** aus einem Mitgliedstaat bestimmt sich nach dem Grundsatz der Proportionalität. Zu differenzieren ist dabei zwischen Unternehmen oder Unternehmensgruppen, die innerhalb der Mitgliedstaaten bis zu 10.000 AN (§ 22 Abs. 3), und Unternehmen oder Unternehmensgruppen, die innerhalb der Mitgliedstaaten mehr als 10.000 AN (§ 22 Abs. 4) haben.

5 Hat das Unternehmen oder die Unternehmensgruppe bis zu 10.000 AN, so werden nach einem abgestuften System zwischen einem und sieben zusätzliche Vertreter in den EBR entsandt, wenn innerhalb eines Mitgliedstaates mindestens 20 % bzw. 80 % aller AN beschäftigt sind.

Hat das Unternehmen oder die Unternehmensgruppe hingegen mehr als 10.000 AN, so werden zwischen einem und 13 zusätzliche Vertreter entsandt (wenn innerhalb eines Mitgliedstaates mindestens 20 % bzw. 80 % aller AN beschäftigt sind).

In Umsetzung der neu gefassten RL (Anlage I Nr. 1c) ist eine Änderung der § 22 Abs. 3, 4 zu erwarten, die für Unternehmen und Unternehmensgruppen mit mehr als 10.000 AN zu einer Verkleinerung des Gremiums führen wird.

6 **Leitende Ang** können nicht in den EBR entsandt werden.[3] Stattdessen kann das zuständige Sprecherausschussgremium eines gemeinschaftsweit tätigen Unternehmens oder einer Unternehmensgruppe mit zentraler Leitung in Deutschland einen leitenden Ang bestimmen, der mit Rederecht an den Sitzungen zur Unterrichtung und Anhörung des EBR teilnimmt. Dies gilt allerdings nur dann, wenn das Unternehmen oder die Unternehmensgruppe mind. fünf inländische Vertreter in den EBR entsendet (§ 23 Abs. 6).

III. Bestellung (§ 23)

7 Die Bestellung der inländischen Mitglieder des EBR ist in § 23 geregelt.[4] Dabei entsprechen § 23 Abs. 1 bis 3 und Abs. 5 der Parallelvorschrift des § 11, in der die Bestellung der Mitglieder des besonderen Verhandlungsgremiums geregelt ist (vgl. §§ 8 bis 16 Rn 5). Entgegen dem Auftrag in Anhang I Nr. 1b RL fehlt dem EBRG eine Regelung zur Bestimmung von EBR-Mitgliedern, wenn keine BR-Gremien bestehen, die diese Aufgabe übernehmen könnten.

---

1 DKK/*Kittner*, § 21 EBRG Rn 3; *Blanke*, § 21 Rn 10.
2 MünchArb/*Joost*, Bd. 3, § 367 Rn 5.
3 MünchArb/*Joost*, Bd. 3, § 367 Rn 9.
4 Zur Anfechtung der Entscheidung über die Entsendung BAG 18.4.2007 – 7 ABR 30/06 – NZA 2007, 1375.

C. Beraterhinweise
Ablaufplan für die Errichtung eines Europäischen Betriebsrates

Lfd. Nr.	Schritte
1	**Auskunftsverlangen** einer AN-Vertretung über durchschnittliche Gesamtzahl der AN und ihre Verteilung auf die Mitgliedstaaten, die Unternehmen und Betriebe sowie über die Struktur des Unternehmens oder der Unternehmensgruppe (§ 5).
2	**Beantwortung des Auskunftsverlangens** durch zentrale Leitung (§ 5).
3	**Initiative zur** Bildung eines besonderen Verhandlungsgremiums durch – schriftlichen Antrag von mind. 100 AN oder ihren Vertretern aus mind. zwei Betrieben oder Unternehmen, die in verschiedenen Mitgliedstaaten liegen, oder – die zentrale Leitung. (Häufig auch schon gemeinsam mit Nr. 1)
4	**Sammlung von Informationen** betr. AN-Vertretungen in den Betrieben/Unternehmen (Art der AN-Vertretung (BR/Gewerkschaft), Name und Kontaktdetails der jeweiliger Ansprechpartner).
5	**Anschreiben** der zentralen Leitung an – die Antragsteller, – die örtlichen Betriebs- oder Unternehmensleitungen, – die dort bestehenden AN-Vertretungen, – die in inländischen Betrieben vertretenen Gewerkschaften zur Unterrichtung über die Bildung eines besonderen Verhandlungsgremiums und dessen Zusammensetzung (§ 9 Abs. 3).
6	**Bestellung der Mitglieder** des besonderen Verhandlungsgremiums durch national zuständige Gremien in Übereinstimmung mit den nationalen Gesetzen (§ 11 Abs. 1).
7	**Unverzügliche Mitteilung** der Namen, Anschriften und Unternehmens-/Betriebszugehörigkeit der Mitglieder an die zentrale Leitung (§ 12 Abs. 1).
8	**Zentrale Leitung** informiert – die örtlichen Betriebs- und Unternehmensleitungen, – die dort bestehenden AN-Vertretungen, – die in inländischen Betrieben vertretenen Gewerkschaften (§ 12 Abs. 2).
9	Unverzügliche **Einladung zur konstituierenden Sitzung** durch die zentrale Leitung und Unterrichtung der örtlichen Betriebs- und Unternehmensleitungen (§ 13 Abs. 1).
10	**Konstituierende Sitzung** des besonderen Verhandlungsgremiums (§ 13 Abs. 1). – **Internes Treffen** des besonderen Verhandlungsgremiums: Wahl des Vorsitzenden, Verabschiedung einer Geschäftsordnung. – **Gemeinsames Treffen** besonderes Verhandlungsgremium/AG-Vertreter: Um das Treffen effizienter zu machen, kann es sinnvoll sein, einen Entwurf einer Vereinbarung über die Errichtung des Europäischen BR bereits vorzulegen; Vereinbarung der nächsten Treffen (Zeitpunkt, Ort) zwischen der zentralen Leitung und dem besonderen Verhandlungsgremium.
11	**Verhandlungen über Vereinbarung** bzgl. der Errichtung eines Europäischen BR.
12	**Abschluss einer Vereinbarung** über die Errichtung eines Europäischen BR (§§ 17, 18).
13	**Bestellung der Mitglieder** des Europäischen BR gem. der Vereinbarung und konstituierende Sitzung nach Einladung durch die zentrale Leitung. Wahl des Vorsitzenden und dessen Stellvertreter.

Zweiter Abschnitt: Geschäftsführung des Europäischen Betriebsrats

§ 25 Konstituierende Sitzung, Vorsitzender

(1) ¹Die zentrale Leitung lädt unverzüglich nach Benennung der Mitglieder zur konstituierenden Sitzung des Europäischen Betriebsrats ein. ²Der Europäische Betriebsrat wählt aus seiner Mitte einen Vorsitzenden und dessen Stellvertreter.
(2) ¹Der Vorsitzende des Europäischen Betriebsrats oder im Falle seiner Verhinderung der Stellvertreter vertritt den Europäischen Betriebsrat im Rahmen der von ihm gefaßten Beschlüsse. ²Zur Entgegennahme von Erklärungen, die dem Europäischen Betriebsrat gegenüber abzugeben sind, ist der Vorsitzende oder im Falle seiner Verhinderung der Stellvertreter berechtigt.

§ 26 Ausschuß

(1) ¹Besteht der Europäische Betriebsrat aus neun oder mehr Mitgliedern, bildet er aus seiner Mitte einen Ausschuß von drei Mitgliedern, dem neben dem Vorsitzenden zwei weitere zu wählende Mitglieder angehören. ²Die Mitglieder des Ausschusses sollen in verschiedenen Mitgliedstaaten beschäftigt sein. ³Der Ausschuß führt die laufenden Geschäfte des Europäischen Betriebsrats.
(2) Ein Europäischer Betriebsrat mit weniger als neun Mitgliedern kann die Führung der laufenden Geschäfte auf den Vorsitzenden oder ein anderes Mitglied des Europäischen Betriebsrats übertragen.

§ 27 Sitzungen

(1) ¹Der Europäische Betriebsrat hat das Recht, im Zusammenhang mit der Unterrichtung durch die zentrale Leitung nach § 32 eine Sitzung durchzuführen und zu dieser einzuladen. ²Das gleiche gilt bei einer Unterrichtung über außergewöhnliche Umstände nach § 33. ³Der Zeitpunkt und der Ort der Sitzungen sind mit der zentralen Leitung abzustimmen. ⁴Mit Einverständnis der zentralen Leitung kann der Europäische Betriebsrat weitere Sitzungen durchführen. ⁵Die Sitzungen des Europäischen Betriebsrats sind nicht öffentlich.
(2) Absatz 1 gilt entsprechend für die Wahrnehmung der Mitwirkungsrechte des Europäischen Betriebsrats durch den Ausschuß nach § 26 Abs. 1.

§ 28 Beschlüsse, Geschäftsordnung

¹Die Beschlüsse des Europäischen Betriebsrats werden, soweit in diesem Gesetz nichts anderes bestimmt ist, mit der Mehrheit der Stimmen der anwesenden Mitglieder gefaßt. ²Sonstige Bestimmungen über die Geschäftsführung sollen in einer schriftlichen Geschäftsordnung getroffen werden, die der Europäische Betriebsrat mit der Mehrheit der Stimmen seiner Mitglieder beschließt.

§ 29 Sachverständige

¹Der Europäische Betriebsrat und der Ausschuß können sich durch Sachverständige ihrer Wahl unterstützen lassen, soweit dies zur ordnungsgemäßen Erfüllung ihrer Aufgaben erforderlich ist. ²Sachverständige können auch Beauftragte von Gewerkschaften sein.

§ 30 Kosten und Sachaufwand

¹Die durch die Bildung und Tätigkeit des Europäischen Betriebsrats und des Ausschusses (§ 26 Abs. 1) entstehenden Kosten trägt die zentrale Leitung. ²Werden Sachverständige nach § 29 hinzugezogen, beschränkt sich die Kostentragungspflicht auf einen Sachverständigen. ³Die zentrale Leitung hat insbesondere für die Sitzungen und die laufende Geschäftsführung in erforderlichem Umfang Räume, sachliche Mittel und Büropersonal,

für die Sitzungen außerdem Dolmetscher zur Verfügung zu stellen. [4]Sie trägt die erforderlichen Reise- und Aufenthaltskosten der Mitglieder des Europäischen Betriebsrats und des Ausschusses. [5]§ 16 Abs. 2 gilt entsprechend.

A. Allgemeines	1	II. Sitzungen und Beschlüsse (§§ 27, 28)	5
B. Regelungsgehalt	2	III. Sachverständige und Kosten (§§ 29, 30)	8
I. Konstituierung (§§ 25, 26)	2		

A. Allgemeines

In §§ 25 bis 30 wird die Geschäftsführung des EBR geregelt. Es werden verbindliche Vorgaben im Hinblick auf die Ausgestaltung der Sitzungen des EBR, dessen innerer Organisation sowie dessen Beschlussfassung getroffen. Hinsichtlich der Unterstützung des EBR durch SV sowie der Frage der Kostentragungspflicht sind §§ 29, 30 eng an die entsprechenden Vorschriften über das besondere Verhandlungsgremium (vgl. §§ 8 bis 16 Rn 7, 10) angelehnt.

B. Regelungsgehalt

I. Konstituierung (§§ 25, 26)

Nachdem der zentralen Leitung die Namen der Mitglieder des EBR, ihre Anschriften sowie die jeweilige Betriebszugehörigkeit (§ 24 Abs. 1 S. 1) mitgeteilt worden sind, lädt sie unverzüglich zur konstituierenden Sitzung ein (§ 25 Abs. 1 S. 1). Kommt die zentrale Leitung dieser Pflicht nicht nach, so können die Mitglieder des EBR diese Einladung selbstständig übernehmen.[1]

Im Rahmen dieser ersten Sitzung wählt der EBR aus seiner Mitte einen Vorsitzenden sowie dessen Stellvertreter (§ 25 Abs. 1 S. 2).

Der Vorsitzende vertritt den EBR im Rahmen der von ihm gefassten Beschlüsse und ist zur Entgegennahme von Erklärungen, die dem EBR gegenüber abzugeben sind, berechtigt (§ 25 Abs. 2).

Zudem kann die Führung der laufenden Geschäfte auf den Vorsitzenden übertragen werden, falls der EBR über weniger als neun Mitglieder verfügt (§ 26 Abs. 2).

Zählt der EBR hingegen neun oder mehr Mitglieder, so bildet er aus seiner Mitte einen **Ausschuss** mit drei Mitgliedern (nach RL n.F. mit höchstens fünf Mitgliedern), der die Führung der laufenden Geschäfte übernimmt (§ 26 Abs. 1) sowie bei außergewöhnlichen Umständen nach § 33 Abs. 1 zu beteiligen ist.

Neben dem Vorsitzenden des EBR sind in diesem geschäftsführenden Ausschuss zwei weitere Mitglieder vertreten, die in verschiedenen Mitgliedstaaten beschäftigt sein sollten.

II. Sitzungen und Beschlüsse (§§ 27, 28)

Im Zusammenhang mit der jährlichen Unterrichtung und Anhörung nach § 32 hat der EBR das Recht, eine **Sitzung** ohne Teilnahme der zentralen Leitung durchzuführen und zu dieser einzuladen (§ 27 Abs. 1 S. 1). Das Gleiche gilt bei einer Unterrichtung über außergewöhnliche Umstände nach § 33 (§ 27 Abs. 1 S. 2).

Weitere Sitzungen können nur mit Einverständnis der zentralen Leitung durchgeführt werden (§ 27 Abs. 1 S. 4), wobei beide Seiten den Grundsatz der vertrauensvollen Zusammenarbeit nach § 38 zu beachten haben.[2]

Die Sitzungen des EBR sind nicht öffentlich (§ 27 Abs. 1 S. 5).

Die **Beschlüsse des EBR** werden grds. mit der Mehrheit der Stimmen der anwesenden Mitglieder gefasst (§ 28 S. 1). Ein wirksamer Beschluss setzt allerdings die Beschlussfähigkeit des EBR voraus, die nach § 33 Abs. 2 BetrVG nur vorliegt, wenn wenigstens die Hälfte der Mitglieder an der Beschlussfassung teilnimmt.[3]

Die Mehrheit der Stimmen aller Mitglieder ist nur für den Beschluss einer Geschäftsordnung nach § 28 S. 2 sowie für einen Beschluss nach § 37 erforderlich.

III. Sachverständige und Kosten (§§ 29, 30)

Die Vorschriften über SV und Kosten entsprechen inhaltlich den § 13 Abs. 4 und § 16. Der EBR und der Ausschuss können sich, unabhängig von der Zustimmung der zentralen Leitung, durch SV ihrer Wahl unterstützen lassen, soweit dies zur Erfüllung ihrer Aufgaben erforderlich ist (§ 29 S. 1). Die Kostentragungspflicht der zentralen Leitung beschränkt sich allerdings auf einen SV (§ 30 S. 2).

Darüber hinaus trägt die zentrale Leitung alle durch die Bildung und Tätigkeit des EBR entstehenden Kosten (§ 30 S. 1). So hat sie für die Sitzungen und die laufende Geschäftsführung in erforderlichem Umfang Räume, sachliche

---

1 DKK/*Kittner*, § 25 EBRG Rn 2.
2 Jaeger/Röder/Heckelmann/*Heckelmann*, EBRG Rn 82.
3 MünchArb/*Joost*, Bd. 3, § 367 Rn 29.

Mittel und Büropersonal sowie für die Sitzungen außerdem Dolmetscher zur Verfügung zu stellen (§ 30 S. 3). Zudem trägt sie die erforderlichen Reise- und Aufenthaltskosten der Mitglieder des EBR und des Ausschusses (§ 30 S. 4). Dabei haftet der AG eines aus dem Inland entsandten Mitglieds des EBR neben der zentralen Leitung für dessen Anspruch auf Kostenerstattung als Gesamtschuldner (§ 30 S. 5 i.V.m. § 16 Abs. 2).

Dritter Abschnitt: Zuständigkeit und Mitwirkungsrechte

§ 31 Grenzübergreifende Angelegenheiten

(1) Der Europäische Betriebsrat ist zuständig in Angelegenheiten der §§ 32 und 33, die mindestens zwei Betriebe oder zwei Unternehmen in verschiedenen Mitgliedstaaten betreffen.

(2) Bei Unternehmen und Unternehmensgruppen nach § 2 Abs. 2 ist der Europäische Betriebsrat nur in solchen Angelegenheiten zuständig, die sich auf das Hoheitsgebiet der Mitgliedstaaten erstrecken und mindestens zwei Betriebe oder zwei Unternehmen in verschiedenen Mitgliedstaaten betreffen.

§ 32 Jährliche Unterrichtung und Anhörung

(1) Die zentrale Leitung hat den Europäischen Betriebsrat einmal im Kalenderjahr über die Entwicklung der Geschäftslage und die Perspektiven des gemeinschaftsweit tätigen Unternehmens oder der gemeinschaftsweit tätigen Unternehmensgruppe unter rechtzeitiger Vorlage der erforderlichen Unterlagen zu unterrichten und ihn anzuhören.

(2) Zu der Entwicklung der Geschäftslage und den Perspektiven im Sinne des Absatzes 1 gehören insbesondere
1. Struktur des Unternehmens oder der Unternehmensgruppe sowie die wirtschaftliche und finanzielle Lage,
2. die voraussichtliche Entwicklung der Geschäfts-, Produktions- und Absatzlage,
3. die Beschäftigungslage und ihre voraussichtliche Entwicklung,
4. Investitionen (Investitionsprogramme),
5. grundlegende Änderungen der Organisation,
6. die Einführung neuer Arbeits- und Fertigungsverfahren,
7. die Verlegung von Unternehmen, Betrieben oder wesentlichen Betriebsteilen sowie Verlagerungen der Produktion,
8. Zusammenschlüsse oder Spaltungen von Unternehmen oder Betrieben,
9. die Einschränkung oder Stillegung von Unternehmen, Betrieben oder wesentlichen Betriebsteilen,
10. Massenentlassungen.

§ 33 Unterrichtung und Anhörung

(1) [1]Über außergewöhnliche Umstände, die erhebliche Auswirkungen auf die Interessen der Arbeitnehmer haben, hat die zentrale Leitung den Europäischen Betriebsrat rechtzeitig unter Vorlage der erforderlichen Unterlagen zu unterrichten und auf Verlangen anzuhören. [2]Als außergewöhnliche Umstände gelten insbesondere
1. die Verlegung von Unternehmen, Betrieben oder wesentlichen Betriebsteilen,
2. die Stillegung von Unternehmen, Betrieben oder wesentlichen Betriebsteilen,
3. Massenentlassungen.

(2) [1]Besteht ein Ausschuß nach § 26 Abs. 1, so ist dieser anstelle des Europäischen Betriebsrats nach Absatz 1 Satz 1 zu beteiligen. [2]§ 27 Abs. 1 Satz 2 bis 5 gilt entsprechend. [3]Zu den Sitzungen des Ausschusses sind auch diejenigen Mitglieder des Europäischen Betriebsrats zu laden, die für die Betriebe oder Unternehmen bestellt worden sind, die unmittelbar von den geplanten Maßnahmen betroffen sind; sie gelten insoweit als Ausschußmitglieder.

§ 34　Tendenzunternehmen

Auf Unternehmen und herrschende Unternehmen von Unternehmensgruppen, die unmittelbar und überwiegend den in § 118 Abs. 1 Satz 1 Nr. 1 und 2 des Betriebsverfassungsgesetzes genannten Bestimmungen oder Zwecken dienen, finden nur § 32 Abs. 2 Nr. 5 bis 10 und § 33 Anwendung mit der Maßgabe, daß eine Unterrichtung und Anhörung nur über den Ausgleich oder die Milderung der wirtschaftlichen Nachteile erfolgen muß, die den Arbeitnehmern infolge der Unternehmens- oder Betriebsänderungen entstehen.

§ 35　Unterrichtung der örtlichen Arbeitnehmervertreter

(1) Der Europäische Betriebsrat oder der Ausschuß (§ 33 Abs. 2) berichtet den örtlichen Arbeitnehmervertretern oder, wenn es diese nicht gibt, den Arbeitnehmern der Betriebe oder Unternehmen über die Unterrichtung und Anhörung.

(2) ¹Das Mitglied des Europäischen Betriebsrats oder des Ausschusses, das den örtlichen Arbeitnehmervertretungen im Inland berichtet, hat den Bericht in Betrieben und Unternehmen, in denen Sprecherausschüsse der leitenden Angestellten bestehen, auf einer gemeinsamen Sitzung im Sinne des § 2 Abs. 2 des Sprecherausschußgesetzes zu erstatten. ²Dies gilt nicht, wenn ein nach § 23 Abs. 6 bestimmter Angestellter an der Sitzung zur Unterrichtung und Anhörung des Europäischen Betriebsrats teilgenommen hat. ³Wird der Bericht nach Absatz 1 nur schriftlich erstattet, ist er auch dem zuständigen Sprecherausschuß zuzuleiten.

A. Allgemeines	1	I. Zuständigkeit (§ 31)	2
B. Regelungsgehalt	2	II. Mitwirkungsrechte (§§ 32 bis 35)	3

A. Allgemeines

In §§ 31 bis 35 sind Zuständigkeit und Mitwirkungsrechte des EBR kraft Gesetzes geregelt. Es ist gesetzlich festgelegt, in welchen Konstellationen der EBR durch die zentrale Leitung angehört und unterrichtet werden muss. Dabei setzt die Zuständigkeit des EBR immer das Vorliegen einer grenzübergreifenden Angelegenheit voraus. Hierdurch unterscheidet sich der EBR ganz wesentlich von den nationalen Organen der Betriebsverfassung, die nur für Sachverhalte im Anwendungsbereich des BetrVG zuständig sind.

B. Regelungsgehalt

I. Zuständigkeit (§ 31)

Der EBR ist nur in Angelegenheiten der §§ 32 und 33 zuständig, die mindestens zwei Betriebe oder Unternehmen in verschiedenen Mitgliedstaaten betreffen.

Eine solche grenzübergreifende Angelegenheit liegt somit immer vor, wenn eine Maßnahme unmittelbar in zwei Mitgliedstaaten durchgeführt wird.

Wird hingegen eine Maßnahme nur in einem Mitgliedstaat durchgeführt, ist die Zuständigkeit des EBR grds. nicht gegeben. Ausnahmsweise ist der EBR aber dann zuständig, wenn die zentrale Leitung in Erwägung zieht, die umgesetzte Maßnahme in einem oder mehreren anderen Mitgliedstaaten durchzuführen. Dies ist z.B. der Fall, wenn sich die zentrale Leitung eines in Deutschland ansässigen Unternehmens dazu entschließt, in ihrem französischen Betrieb Massenentlassungen durchzuführen, nachdem sie im Vorfeld dieser Maßnahme aber auch erwogen hat, die Massenentlassungen in Deutschland oder Italien vorzunehmen. Aufgrund der mehrere Mitgliedstaaten betreffenden Vorüberlegungen handelt es sich aber um eine Maßnahme mit grenzübergreifendem Charakter.[1]

Liegt der Sitz der zentralen Leitung nicht in einem Mitgliedstaat, ist der EBR nur für solche Angelegenheiten zuständig, die sich auf das Hoheitsgebiet der Mitgliedstaaten erstrecken und mindestens zwei Betriebe oder zwei Unternehmen in verschiedenen Mitgliedstaaten betreffen (§ 31 Abs. 2).

Die in § 31 enthaltene Definition der grenzübergreifenden Angelegenheit entspricht im wesentlichen Art. 1 Abs. 4 RL n.F. Der neu gefaßte Erwägungsgrund Nr. 16 der RL n.F. könnte jedoch dazu führen, dass der Begriff der grenzübergreifenden Angelegenheit entweder im EBRG entsprechend erweitert werden oder zumindest richtlinienkonform entsprechend interpretiert werden wird. Nach Erwägungsgrund Nr. 16 ist zur Feststellung des länderübergreifenden

---

[1] MünchArb/*Joost*, Bd. 3, § 367 Rn 35; Jaeger/Röder/Heckelmann/*Heckelmann*, EBRG Rn 85.

II. Mitwirkungsrechte (§§ 32 bis 35)

3 Die Mitwirkungsrechte der §§ 32 und 33 beschränken sich ausschließlich auf eine Anhörung und Unterrichtung des EBR. Dabei ist zwischen der jährlichen Unterrichtung und Anhörung nach § 32 und der Unterrichtung und Anhörung aufgrund außergewöhnlicher Umstände nach § 33 zu differenzieren.

4 § 32 verpflichtet die zentrale Leitung, den EBR einmal im Jahr über die Entwicklung der Geschäftslage und die Perspektiven des gemeinschaftsweit tätigen Unternehmens oder der gemeinschaftsweit tätigen Unternehmensgruppe zu informieren. Was unter der Entwicklung der Geschäftslage und den Perspektiven zu verstehen ist, wird in § 32 Abs. 2 beispielhaft konkretisiert. Bei der Aufzählung des § 32 Abs. 2 handelt es sich im Wesentlichen um eine Kombination der §§ 106 Abs. 3 und 111 S. 2 BetrVG (zur näheren Kommentierung s. §§ 106 und 111 BetrVG).[2]

In den §§ 106 und 111 BetrVG ist aber der Begriff der Massenentlassung (§ 32 Abs. 2 Nr. 10) nicht enthalten. Hierfür ist auf die Zahlenwerte des § 17 Abs. 1 KSchG abzustellen, allerdings unter der Einschränkung, dass wenigstens 5 % der Belegschaft eines Betriebes von der Entlassung betroffen sein müssen.[3]

5 Ort und Zeitpunkt der jährlichen Sitzung sind im Einvernehmen zwischen den Parteien festzulegen. Im Vorfeld der Sitzung hat die zentrale Leitung dem EBR zudem die für die Durchführung der Anhörung und Unterrichtung erforderlichen Unterlagen rechtzeitig vorzulegen.

6 § 33 verpflichtet die zentrale Leitung im Falle außergewöhnlicher Umstände, die erhebliche Auswirkungen auf die Interessen der AN haben, den EBR rechtzeitig unter Vorlage der erforderlichen Unterlagen zu unterrichten und auf Verlangen anzuhören (vgl. § 1 Rn 7). Dabei wird das Vorliegen außergewöhnlicher Umstände, die erhebliche Auswirkungen auf die Interessen der AN haben, in den Fällen des § 33 Abs. 1 S. 2 vermutet.[4]

Diese der zentralen Leitung obliegende Unterrichtungs- und Anhörungspflicht aufgrund außergewöhnlicher Umstände tritt neben die jährliche Unterrichtungs- und Anhörungspflicht nach § 32. Somit trifft die Pflicht nach § 33 die zentrale Leitung in zeitlicher Hinsicht nur dann, wenn sie die in Frage stehende Maßnahme noch vor der nächsten jährlichen Sitzung nach § 32 realisieren will.[5]

In der Praxis wird die Unterrichtung der nationalen BR-Gremien und des EBR regelmäßig sehr zeitnah oder zeitgleich erfolgen.

7 Hat die zentrale Leitung den EBR rechtzeitig unter Vorlage der erforderlichen Unterlagen unterrichtet, so erfolgt eine Anhörung (vgl. § 1 Rn 7) nur aufgrund einer Initiative des EBR. Anders als im Falle des § 32 bleibt es demnach möglicherweise bei einer Unterrichtung des EBR durch die zentrale Leitung.

8 Hat der EBR aus seiner Mitte einen Ausschuss gewählt (§ 26), so tritt dieser im Verfahren nach § 33 an die Stelle des EBR (§ 33 Abs. 2 S. 1). Dabei gelten als Ausschussmitglieder auch diejenigen Mitglieder des EBR, die für Betriebe oder Unternehmen bestellt worden sind, die unmittelbar von den geplanten Maßnahmen betroffen sind (§ 33 Abs. 2 S. 3).

9 Durch die Regelung des § 34 zu **Tendenzunternehmen** wird die zentrale Leitung nur zu einem eingeschränkten Meinungsaustausch und Dialog mit dem EBR verpflichtet, da eine Unterrichtung und Anhörung lediglich über den Ausgleich oder die Milderung der wirtschaftlichen Nachteile erfolgen muss, die den AN infolge der anstehenden Unternehmens- oder Betriebsänderungen entstehen. Ob ein Tendenzunternehmen nach § 34 vorliegt, richtet sich nach § 118 Abs. 1 S. 1 Nr. 1 und 2 BetrVG (zur näheren Kommentierung s. § 118 BetrVG).

10 **Nach erfolgter Anhörung und Unterrichtung** leitet der EBR oder der nach § 32 Abs. 2 zuständige Ausschuss die erlangten Informationen an die zuständigen örtlichen AN-Vertreter weiter (§ 35 Abs. 1). Dieser Bericht kann sowohl in mündlicher als auch in schriftlicher Form erfolgen.[6]

In welcher Form leitende Ang zu informieren sind, ist in § 35 Abs. 2 geregelt.

11 Fraglich ist, welche Folgen ein **Unterlassen der Anhörung/Unterrichtung** hat. Gesetzlich vorgesehen ist, dass eine fehlerhafte Anhörung/Unterrichtung nach § 45 Abs. 1 Nr. 2 mit einer Geldbuße von bis zu 15.000 EUR sanktioniert wird.

---

[2] MünchArb/*Joost*, Bd. 3, § 367 Rn 39; DKK/*Kittner*, § 32 EBRG Rn 3.
[3] MünchArb/*Joost*, Bd. 3, § 367 Rn 49; Jaeger/Röder/Heckelmann/*Heckelmann*, EBRG Rn 87.
[4] MünchArb/*Joost*, Bd. 3, § 367 Rn 60; Jaeger/Röder/Heckelmann/*Heckelmann*, EBRG Rn 89.
[5] MünchArb/*Joost*, Bd. 3, § 367 Rn 59; Jaeger/Röder/Heckelmann/*Heckelmann*, EBRG Rn 90.
[6] Jaeger/Röder/Heckelmann/*Heckelmann*, EBRG Rn 91; DKK/*Kittner*, § 35 EBRG Rn 3.

Umstritten ist jedoch, ob der EBR von der zentralen Leitung die Unterlassung der in Frage stehenden Maßnahme verlangen kann. Diese Frage ist von besonderem Interesse, da französische Gerichte bereits in mehreren Fällen einen Unterlassungsanspruch bei nicht ordnungsgemäßer Anhörung/Unterrichtung bejaht haben.[7]

Dafür wird angeführt, dass Art. 10 EGV die Mitgliedstaaten zu einer effektiven Umsetzung der EBR-RL verpflichtet. Eine solche effektive Umsetzung sei nur dann gewährleistet, wenn die Missachtung der §§ 32, 33 mit einer fühlbaren Sanktion belegt sei.[8] Somit bestehe ein Unterlassungsanspruch aus § 23 Abs. 3 BetrVG, § 1004 BGB i.V.m. § 823 Abs. 1 oder 2 BGB immer dann, wenn die Missachtung der Anhörungs-/Unterrichtungsverpflichtung durch die zentrale Leitung die Interessen der AN in massivem Umfang beeinträchtige.[9]

Gegen einen Unterlassungsanspruch spricht allerdings, dass sich aus dem Wortlaut der EBR-RL keinerlei Anhaltspunkte für sein Bestehen ergeben.[10] Zudem würde das Anhörungs- bzw. Unterrichtungsrecht in ein temporäres Mitbestimmungsrecht umfunktioniert, was der Konzeption der RL widerspricht (vgl. § 1 Rn 2, 7).[11] Gegen das Vorliegen eines Unterlassungsanspruchs spricht außerdem, dass im Rahmen der Entstehung der RL der ursprünglich vorgesehene Unterlassungsanspruch gestrichen worden ist.[12] Mithin steht dem EBR kein Unterlassungsanspruch zu, wenn er nicht ordnungsgemäß angehört/unterrichtet wurde.

Ob diese Sichtweise unter Berücksichtigung der besonderen Betonung wirksamer Sanktionen im Fall von Verstößen in Erwägungsgrund 36 der RL n.F. aufrechterhalten werden kann, bleibt abzuwarten.[13]

Vierter Abschnitt: Änderung der Zusammensetzung, Übergang zu einer Vereinbarung

§ 36 Dauer der Mitgliedschaft, Neubestellung von Mitgliedern

(1) ¹Die Dauer der Mitgliedschaft im Europäischen Betriebsrat beträgt vier Jahre, wenn sie nicht durch Abberufung oder aus anderen Gründen vorzeitig endet. ²Die Mitgliedschaft beginnt mit der Bestellung.

(2) ¹Alle zwei Jahre, vom Tage der konstituierenden Sitzung des Europäischen Betriebsrats (§ 25 Abs. 1) an gerechnet, hat die zentrale Leitung zu prüfen, ob sich die Arbeitnehmerzahlen in den einzelnen Mitgliedstaaten derart geändert haben, daß sich eine andere Zusammensetzung des Europäischen Betriebsrats nach § 22 Abs. 2 bis 4 errechnet. ²Sie hat das Ergebnis dem Europäischen Betriebsrat mitzuteilen. ³Ist danach eine andere Zusammensetzung des Europäischen Betriebsrats erforderlich, veranlaßt dieser bei den zuständigen Stellen, daß die Mitglieder des Europäischen Betriebsrats in den Mitgliedstaaten neu bestellt werden, in denen sich eine gegenüber dem vorhergehenden Zeitraum abweichende Anzahl der Arbeitnehmervertreter ergibt; mit der Neubestellung endet die Mitgliedschaft der bisher aus diesen Mitgliedstaaten stammenden Arbeitnehmervertreter im Europäischen Betriebsrat. ⁴Die Sätze 1 bis 3 gelten entsprechend bei Berücksichtigung eines bisher im Europäischen Betriebsrat nicht vertretenen Mitgliedstaats.

§ 37 Aufnahme von Verhandlungen

¹Vier Jahre nach der konstituierenden Sitzung (§ 25 Abs. 1) hat der Europäische Betriebsrat mit der Mehrheit der Stimmen seiner Mitglieder einen Beschluß darüber zu fassen, ob mit der zentralen Leitung eine Vereinbarung nach § 17 ausgehandelt werden soll. ²Beschließt der Europäische Betriebsrat die Aufnahme von Verhandlungen, hat er die Rechte und Pflichten des besonderen Verhandlungsgremiums; die §§ 8, 13, 14 und 15 Abs. 1 sowie die §§ 16 bis 19 gelten entsprechend. ³Das Amt des Europäischen Betriebsrats endet, wenn eine Vereinbarung nach § 17 geschlossen worden ist.

---

7 S. *Blanke*, Teil B, § 32 Rn 37 f.
8 *Blanke*, Teil B, § 33 Rn 24.
9 *Blanke*, Teil B, § 33 Rn 24; DKK/*Kittner*, § 33 EBRG Rn 5.
10 Jaeger/Röder/Heckelmann/*Heckelmann*, EBRG Rn 106; *Eckhoff*, S. 246.
11 Jaeger/Röder/Heckelmann/*Heckelmann*, EBRG Rn 106; *Hromadka*, DB 1995, 1125, 1130.
12 *Eckhoff*, S. 249.
13 *Düwell*, jurisPR-ArbR 9/2009.

A. Amtszeit des Europäischen Betriebsrats kraft Gesetzes

1 Bei dem EBR kraft Gesetzes handelt es sich um eine **Dauereinrichtung** ohne feste Amtszeit.[1]
Sein Amt endet, wenn das Unternehmen oder die Unternehmensgruppe nicht mehr nach § 3 gemeinschaftsweit tätig ist (vgl. §§ 3 und 4 Rn 2).
Es endet außerdem, wenn der EBR mit der zentralen Leitung eine Vereinbarung nach § 17 geschlossen hat (§ 37 S. 3). Über die Aufnahme solcher Verhandlungen hat der EBR vier Jahre nach seiner konstituierenden Sitzung zu beschließen. Die Beschlussfassung setzt die Mehrheit der Stimmen der EBR-Mitglieder voraus[2] (im Gegensatz zu der sonst ausreichenden Mehrheit der Stimmen der anwesenden Mitglieder, § 28 S. 1 EBRG).

B. Dauer der Mitgliedschaft (§ 36)

2 Grds. beträgt die Dauer der Mitgliedschaft im EBR vier Jahre ab dem Zeitpunkt der Bestellung (§ 36 Abs. 1).
Ein vorzeitiges Ende der Mitgliedschaft ist aufgrund Abberufung durch das Bestellungsorgan oder aus anderen Gründen (z.B. durch Niederlegung des Amtes oder Beendigung des Arbverh) jederzeit möglich.[3]

3 Ein weiterer Beendigungstatbestand ist dann gegeben, wenn im Rahmen des alle zwei Jahre stattfindenden Prüfverfahrens betreffend die AN-Zahlen der einzelnen Mitgliedstaaten festgestellt wird, dass diese eine Änderung erfahren haben, die eine andere Zusammensetzung des EBR erforderlich macht. In den Ländern, in denen eine solche Veränderung der AN-Zahlen eingetreten ist, findet auf Veranlassung des EBR eine Neubestellung der AN-Vertreter dieses Landes statt. Mit Neubestellung endet das Mandat der bisherigen AN-Vertreter.

Fünfter Teil: Grundsätze der Zusammenarbeit und Schutzbestimmungen

§ 38   Vertrauensvolle Zusammenarbeit

[1]Zentrale Leitung und Europäischer Betriebsrat arbeiten vertrauensvoll zum Wohl der Arbeitnehmer und des Unternehmens oder der Unternehmensgruppe zusammen. [2]Satz 1 gilt entsprechend für die Zusammenarbeit zwischen zentraler Leitung und Arbeitnehmervertretern im Rahmen eines Verfahrens zur Unterrichtung und Anhörung.

§ 39   Geheimhaltung, Vertraulichkeit

(1) Die Pflicht der zentralen Leitung, über die im Rahmen der §§ 18 und 19 vereinbarten oder die sich aus den §§ 32 und 33 Abs. 1 ergebenden Angelegenheiten zu unterrichten, besteht nur, soweit dadurch nicht Betriebs- oder Geschäftsgeheimnisse des Unternehmens oder der Unternehmensgruppe gefährdet werden.
(2) [1]Die Mitglieder und Ersatzmitglieder eines Europäischen Betriebsrats sind verpflichtet, Betriebs- oder Geschäftsgeheimnisse, die ihnen wegen ihrer Zugehörigkeit zum Europäischen Betriebsrat bekannt geworden und von der zentralen Leitung ausdrücklich als geheimhaltungsbedürftig bezeichnet worden sind, nicht zu offenbaren und nicht zu verwerten. [2]Dies gilt auch nach dem Ausscheiden aus dem Europäischen Betriebsrat. [3]Die Verpflichtung gilt nicht gegenüber Mitgliedern eines Europäischen Betriebsrats. [4]Sie gilt ferner nicht gegenüber den örtlichen Arbeitnehmervertretern der Betriebe oder Unternehmen, wenn diese auf Grund einer Vereinbarung nach § 18 oder nach § 35 über den Inhalt der Unterrichtungen und die Ergebnisse der Anhörungen zu unterrichten sind, den Arbeitnehmervertretern im Aufsichtsrat sowie gegenüber Dolmetschern und Sachverständigen, die zur Unterstützung herangezogen werden.
(3) Die Pflicht zur Vertraulichkeit nach Absatz 2 Satz 1 und 2 gilt entsprechend für
1. die Mitglieder und Ersatzmitglieder des besonderen Verhandlungsgremiums,
2. die Arbeitnehmervertreter im Rahmen eines Verfahrens zur Unterrichtung und Anhörung (§ 19),
3. die Sachverständigen und Dolmetscher sowie
4. die örtlichen Arbeitnehmervertreter.
(4) Die Ausnahmen von der Pflicht zur Vertraulichkeit nach Absatz 2 Satz 3 und 4 gelten entsprechend für

---

1 MünchArb/*Joost*, Bd. 3, § 367 Rn 78; Jaeger/Röder/Heckelmann/*Heckelmann*, EBRG Rn 94.
2 Jaeger/Röder/Heckelmann/*Heckelmann*, EBRG Rn 94; DKK/*Kittner*, § 37 Rn 1.
3 Jaeger/Röder/Heckelmann/*Heckelmann*, EBRG Rn 94.

1. das besondere Verhandlungsgremium gegenüber Sachverständigen und Dolmetschern,
2. die Arbeitnehmervertreter im Rahmen eines Verfahrens zur Unterrichtung und Anhörung gegenüber Dolmetschern und Sachverständigen, die vereinbarungsgemäß zur Unterstützung herangezogen werden und gegenüber örtlichen Arbeitnehmervertretern, sofern diese nach der Vereinbarung (§ 19) über die Inhalte der Unterrichtungen und die Ergebnisse der Anhörungen zu unterrichten sind.

§ 40 Schutz inländischer Arbeitnehmervertreter

(1) Für die Mitglieder eines Europäischen Betriebsrats, die im Inland beschäftigt sind, gelten § 37 Abs. 1 bis 5 und die §§ 78 und 103 des Betriebsverfassungsgesetzes sowie § 15 Abs. 1 und 3 bis 5 des Kündigungsschutzgesetzes entsprechend.

(2) Absatz 1 gilt entsprechend für die Mitglieder des besonderen Verhandlungsgremiums und die Arbeitnehmervertreter im Rahmen eines Verfahrens zur Unterrichtung und Anhörung.

A. Gebot der vertrauensvollen Zusammenarbeit (§ 38)

Das Gebot der vertrauensvollen Zusammenarbeit des § 38 entspricht der Regelung des § 2 Abs. 1 BetrVG, der dieses Gebot für das Verhältnis zwischen AG und BR normiert. Die in diesem Zusammenhang entwickelten Grundsätze können auf § 38 übertragen werden (vgl. Kommentierung zu § 2 BetrVG).[1]
Somit haben beide Seiten auf die jeweiligen Interessen der Gegenseite Rücksicht zu nehmen.[2] Insb. hat die zentrale Leitung darauf zu achten, dass die Unterrichtung und Anhörung des EBR in ausreichendem Maße gewährleistet ist.

B. Geheimhaltung, Vertraulichkeit (§ 39)

Nach § 39 Abs. 1 ist die zentrale Leitung von ihrer Informationspflicht gegenüber dem EBR befreit, wenn hierdurch Betriebs- oder Geschäftsgeheimnisse gefährdet würden. Die Begründung einer solchen Gefährdung muss berücksichtigen, dass auch die EBR-Mitglieder gegenüber Dritten zur Verschwiegenheit verpflichtet sind, wenn die zentrale Leitung ihnen Betriebs- oder Geschäftsgeheimnisse bekannt gegeben und diese ausdrücklich als geheimhaltungsbedürftig bezeichnet hat (§ 39 Abs. 2).

C. Schutz inländischer Arbeitnehmervertreter (§ 40)

Um den Schutz inländischer AN-Vertreter zu gewährleisten, sind § 37 Abs. 1 bis 5 und §§ 78 und 103 BetrVG sowie § 15 Abs. 1 und 3 bis 5 KSchG, die dem Schutz von BR-Mitgliedern dienen, entsprechend anwendbar. Mithin besteht für die inländischen AN-Vertreter ein umfassender Entgelt-, Tätigkeits- und Künd-Schutz sowie Schutz vor Behinderungen und Benachteiligungen.

Sechster Teil: Bestehende Vereinbarungen

§ 41 Fortgeltung

(1) [1]Auf die in den §§ 2 und 3 genannten Unternehmen und Unternehmensgruppen, in denen vor dem 22. September 1996 eine Vereinbarung über grenzübergreifende Unterrichtung und Anhörung besteht, sind die Bestimmungen dieses Gesetzes nicht anwendbar, solange die Vereinbarung wirksam ist. [2]Die Vereinbarung muß sich auf alle in den Mitgliedstaaten beschäftigten Arbeitnehmer erstrecken und den Arbeitnehmern aus denjenigen Mitgliedstaaten eine angemessene Beteiligung an der Unterrichtung und Anhörung ermöglichen, in denen das Unternehmen oder die Unternehmensgruppe einen Betrieb hat.
(2) [1]Der Anwendung des Absatzes 1 steht nicht entgegen, daß die Vereinbarung auf seiten der Arbeitnehmer nur von einer im Betriebsverfassungsgesetz vorgesehenen Arbeitnehmervertretung geschlossen worden ist. [2]Das gleiche gilt, wenn für ein Unternehmen oder eine Unternehmensgruppe anstelle einer Vereinbarung mehrere Vereinbarungen geschlossen worden sind.

---

1 MünchArb/*Joost*, Bd. 3, § 367 Rn 76; Jaeger/Röder/Heckelmann/*Heckelmann*, EBRG Rn 95.

2 MünchArb/*Joost*, Bd. 3, § 367 Rn 76; Jaeger/Röder/Heckelmann/*Heckelmann*, EBRG Rn 95.

(3) Sind die Voraussetzungen des Absatzes 1 deshalb nicht erfüllt, weil die an dem in Absatz 1 Satz 1 genannten Stichtag bestehende Vereinbarung nicht alle Arbeitnehmer erfaßt, können die Parteien deren Einbeziehung innerhalb einer Frist von sechs Monaten nachholen.

(4) Bestehende Vereinbarungen können auch nach dem in Absatz 1 Satz 1 genannten Stichtag an Änderungen der Struktur des Unternehmens oder der Unternehmensgruppe sowie der Zahl der beschäftigten Arbeitnehmer angepaßt werden.

(5) Ist eine Vereinbarung befristet geschlossen worden, können die Parteien ihre Fortgeltung unter Berücksichtigung der Absätze 1, 3 und 4 beschließen.

(6) [1]Eine Vereinbarung gilt fort, wenn vor ihrer Beendigung das Antrags- oder Initiativrecht nach § 9 Abs. 1 ausgeübt worden ist. [2]Das Antragsrecht kann auch ein auf Grund der Vereinbarung bestehendes Arbeitnehmervertretungsgremium ausüben. [3]Die Fortgeltung endet, wenn die Vereinbarung durch eine grenzübergreifende Unterrichtung und Anhörung nach § 18 oder 19 ersetzt oder ein Europäischer Betriebsrat kraft Gesetzes errichtet worden ist. [4]Die Fortgeltung endet auch dann, wenn das besondere Verhandlungsgremium einen Beschluß nach § 15 Abs. 1 faßt; § 15 Abs. 2 gilt entsprechend.

(7) [1]Auf Unternehmen und Unternehmensgruppen, die auf Grund der Berücksichtigung von im Vereinigten Königreich Großbritannien und Nordirland liegenden Betrieben und Unternehmen erstmalig die in den §§ 2 und 3 genannten Voraussetzungen erfüllen, sind die Bestimmungen dieses Gesetzes nicht anwendbar, wenn in diesen Unternehmen und Unternehmensgruppen vor dem 15. Dezember 1999 eine Vereinbarung über grenzübergreifende Unterrichtung und Anhörung besteht. [2]Die Absätze 1 bis 6 gelten entsprechend.

A. Allgemeines

§ 41 regelt die Fortgeltung von Vereinbarungen über grenzübergreifende Unterrichtung und Anhörung, die vor dem 22.9.1996 (Tag des Ablaufs der Umsetzungsfrist der dem EBRG zugrunde liegenden RL) in Kraft getreten sind. In dieser Vorschrift kommt somit einmal mehr das dem gesamten EBRG zugrunde liegende Subsidiaritätsprinzip zum Ausdruck.

Wesentlicher Unterschied im Vergleich zu den nach dem EBRG zu Stande gekommen Vereinbarungen ist, dass es keines besonderen Verhandlungsgremiums bedurfte, um eine wirksame Vereinbarung zu schließen. Dies führte dazu, dass viele Unternehmen noch vor dem 22.9.1996 eine Vereinbarung über grenzübergreifende Unterrichtung und Anhörung geschlossen haben.[1]

B. Regelungsgehalt

Die Fortgeltung von Vereinbarungen, die vor dem 22.9.1996 zu Stande gekommen sind, ist an folgende Mindestvoraussetzungen geknüpft:

- Die in Frage stehende Vereinbarung muss sich auf alle in den Mitgliedstaaten beschäftigen AN erstrecken (Abs. 1 S. 2).
- Die Unterrichtung und Anhörung muss zu einem Zeitpunkt stattfinden, zu dem die unternehmerische Entscheidung noch nicht gefallen ist, so dass mögliche Einwände der AN berücksichtigt werden können.[2]
- Die in Frage stehende Vereinbarung muss unter Beteiligung der AN geschlossen worden sein.[3]

Sind diese **Mindestvoraussetzungen nicht erfüllt**, so ist die zustande gekommene Vereinbarung trotzdem nicht unwirksam.[4] So sehen Abs. 3 bis 5 einige **Nachbesserungsmöglichkeiten** vor. Können die vorhandenen Mängel trotzdem nicht beseitigt werden, so bleibt die Vereinbarung gültig, bis ein EBR kraft Gesetzes installiert worden oder eine freiwillige Vereinbarung zwischen den Parteien nach §§ 18 oder 19 zu Stande gekommen ist.[5]

---

1 Jaeger/Röder/Heckelmann/*Heckelmann*, EBRG Rn 67.
2 DKK/*Däubler*, § 41 EBRG Rn 4; Jaeger/Röder/Heckelmann/*Heckelmann*, EBRG Rn 68.
3 Jaeger/Röder/Heckelmann/*Heckelmann*, EBRG Rn 69; *Müller*, § 41 Rn 6.
4 Jaeger/Röder/Heckelmann/*Heckelmann*, EBRG Rn 72; *Blanke*, § 41 Rn 24.
5 DKK/*Däubler*, § 41 EBRG Rn 11; Jaeger/Röder/Heckelmann/*Heckelmann*, EBRG Rn 72.

Siebter Teil: Besondere Vorschriften, Straf- und Bußgeldvorschriften

§ 42 Errichtungs- und Tätigkeitsschutz

Niemand darf
1. die Bildung des besonderen Verhandlungsgremiums (§ 9) oder die Errichtung eines Europäischen Betriebsrats (§§ 18, 21 Abs. 1) oder die Einführung eines Verfahrens zur Unterrichtung und Anhörung (§ 19) behindern oder durch Zufügung oder Androhung von Nachteilen oder durch Gewährung oder Versprechen von Vorteilen beeinflussen,
2. die Tätigkeit des besonderen Verhandlungsgremiums, eines Europäischen Betriebsrats oder der Arbeitnehmervertreter im Rahmen eines Verfahrens zur Unterrichtung und Anhörung behindern oder stören oder
3. ein Mitglied oder Ersatzmitglied des besonderen Verhandlungsgremiums oder eines Europäischen Betriebsrats oder einen Arbeitnehmervertreter im Rahmen eines Verfahrens zur Unterrichtung und Anhörung um seiner Tätigkeit willen benachteiligen oder begünstigen.

§ 43 Strafvorschriften

(1) Mit Freiheitsstrafe bis zu zwei Jahren oder mit Geldstrafe wird bestraft, wer entgegen § 39 Abs. 2 Satz 1 oder 2, jeweils auch in Verbindung mit Absatz 3, ein Betriebs- oder Geschäftsgeheimnis verwertet.
(2) Die Tat wird nur auf Antrag verfolgt.

§ 44 Strafvorschriften

(1) Mit Freiheitsstrafe bis zu einem Jahr oder mit Geldstrafe wird bestraft, wer
1. entgegen § 39 Abs. 2 Satz 1 oder 2, jeweils auch in Verbindung mit Absatz 3, ein Betriebs- oder Geschäftsgeheimnis offenbart oder
2. einer Vorschrift des § 42 über die Errichtung der dort genannten Gremien oder die Einführung des dort genannten Verfahrens, die Tätigkeit der dort genannten Gremien oder der Arbeitnehmervertreter oder über die Benachteiligung oder Begünstigung eines Mitglieds oder Ersatzmitglieds der dort genannten Gremien oder eines Arbeitnehmervertreters zuwiderhandelt.

(2) Handelt der Täter in den Fällen des Absatzes 1 Nr. 1 gegen Entgelt oder in der Absicht, sich oder einen anderen zu bereichern oder einen anderen zu schädigen, so ist die Strafe Freiheitsstrafe bis zu zwei Jahren oder Geldstrafe.
(3) [1]Die Tat wird nur auf Antrag verfolgt. [2]In den Fällen des Absatzes 1 Nummer 2 sind das besondere Verhandlungsgremium, der Europäische Betriebsrat, die Mehrheit der Arbeitnehmervertreter im Rahmen eines Verfahrens zur Unterrichtung und Anhörung, die zentrale Leitung oder eine im Betrieb vertretene Gewerkschaft antragsberechtigt.

§ 45 Bußgeldvorschriften

(1) Ordnungswidrig handelt, wer
1. entgegen § 5 Abs. 1 eine Auskunft nicht, nicht richtig, nicht vollständig oder nicht rechtzeitig erteilt oder
2. entgegen § 32 Abs. 1 oder § 33 Abs. 1 Satz 1 oder Abs. 2 Satz 1 den Europäischen Betriebsrat oder den Ausschuß nach § 26 Abs. 1 nicht, nicht richtig, nicht vollständig, nicht in der vorgeschriebenen Weise oder nicht rechtzeitig unterrichtet.

(2) Die Ordnungswidrigkeit kann mit einer Geldbuße bis zu fünfzehntausend Euro geahndet werden.

Gesetz über die Zahlung des Arbeitsentgelts an Feiertagen und im Krankheitsfall (Entgeltfortzahlungsgesetz)

Vom 26.5.1994, BGBl I S. 1014, BGBl III 800-19-3

Zuletzt geändert durch Drittes Gesetz für moderne Dienstleistungen am Arbeitsmarkt vom 23.12.2003, BGBl I S. 2848, 2907

§ 1 Anwendungsbereich

(1) Dieses Gesetz regelt die Zahlung des Arbeitsentgelts an gesetzlichen Feiertagen und die Fortzahlung des Arbeitsentgelts im Krankheitsfall an Arbeitnehmer sowie die wirtschaftliche Sicherung im Bereich der Heimarbeit für gesetzliche Feiertage und im Krankheitsfall.

(2) Arbeitnehmer im Sinne dieses Gesetzes sind Arbeiter und Angestellte sowie die zu ihrer Berufsbildung Beschäftigten.

Literatur: *Bauer/Lingemann*, Probleme der Entgeltfortzahlung nach neuem Recht, BB 1996, Beil. 17, S. 8; *Berenz*, Anzeige- und Nachweispflicht bei Erkrankung im Ausland, DB 1995, 1462; *Boecken*, Probleme der Entgeltfortzahlung im Krankheitsfall, NZA 1999, 673; *ders.*, Entgeltfortzahlung bei nebentätigkeitsbedingtem Arbeitsunfall bzw. Unfall, NZA 2001, 673; *Diller*, Krankfeiern seit 1.6.1994 schwieriger?, NJW 1994, 1690; *Eich*, Aids, ein Dauerthema – auch im Arbeitsleben, NZA 1987, Beil. 2, S. 10; *Gitter*, Arbeitsrechtliche Probleme der stufenweisen Wiedereingliederung arbeitsunfähiger Arbeitnehmer, ZfA 1995, 123; *Hanau/Kramer*, Zweifel an der Arbeitsunfähigkeit, DB 1995, 94; *Kramer*, Die Vorlage der Arbeitsunfähigkeitsbescheinigung, BB 1996, 1662; *Müller-Glöge*, Aktuelle Rechtsprechung zum Recht der Entgeltfortzahlung im Krankheitsfall, RdA 2006, 105; *Stückmann*, Teilarbeits(un)fähigkeit und Entgeltfortzahlung, DB 1998, 1662; *Subatzus*, Beweiswert von EU-Arbeitsunfähigkeitsbescheinigungen: Änderungen durch die EU-VO 1206/01, DB 2004, 1613; *Worzalla*, Die Anzeige- und Nachweispflicht nach § 5 Abs. 1 EFZG, NZA 1996, 61

A. Allgemeines

1 § 1 legt den Anwendungsbereich des Gesetzes fest. Abs. 1 beschreibt den **sachlichen Anwendungsbereich**, der in der Regelung der Entgeltfortzahlung an Feiertagen und während einer Arbeitsunfähigkeit an AN besteht. Darüber hinaus finden sich im EFZG Regelungen zur wirtschaftlichen Sicherung im Bereich der Heimarbeit für gesetzliche Feiertage und im Krankheitsfall.

2 Abs. 2 ist der **persönliche Anwendungsbereich** des Gesetzes zu entnehmen. Das Gesetz ist auf AN anwendbar. Ohne den Begriff des AN zu definieren, legt Abs. 2 fest, dass AN i.S.d. Gesetzes Arbeiter und Ang sowie die zu ihrer Berufsausbildung Beschäftigten sind.

3 Das EFZG ist am 1.6.1994 in Kraft getreten.[1] Es enthält gegenüber dem allgemeinen Schuldrecht spezielle Regelungen für den Arbeitsvertrag. Ohne eine spezielle gesetzliche Regelung erhielten AN an Feiertagen und während ihrer Arbeitsunfähigkeit keinen Lohn (§§ 275 Abs. 1, 326 Abs. 1 S. 1 BGB). Das EFZG begründet daher eine Ausnahme von dem Grundsatz „ohne Arbeit kein Lohn".

B. Regelungsgehalt

I. Persönlicher Anwendungsbereich

4 **1. Arbeitnehmer.** Das EFZG enthält ebenso wie andere arbeitsrechtliche Gesetze keine eigenständige Definition des AN-Begriffs. Es ist daher von dem **allgemeinen AN-Begriff** auszugehen (vgl. hierzu die Kommentierung zu § 611 BGB).

5 Kein Arbverh ist eine Beschäftigung zur Wiedereingliederung nach § 74 SGB V.[2]

6 Das EFZG ist auf alle Arten von Arbverh anwendbar. Erfasst sind sowohl leitende Ang als auch geringfügig Beschäftigte. Die Dauer des Arbverh ist insoweit von Bedeutung, als der Anspruch auf Entgeltfortzahlung im Krankheitsfall erstmals nach vierwöchiger ununterbrochener Dauer des Arbverh entsteht (§ 3 Abs. 3). Ohne Bedeutung ist, ob es sich um ein befristetes oder unbefristetes Arbverh handelt.

---

1 BGBl I S. 1014.

2 BAG 28.7.1999 – 4 AZR 192/98 – NZA 1999, 1295; BAG 29.1.1992 – 5 AZR 37/91 – EzA § 74 SGB V Nr. 1.

2. Arbeiter und Angestellte. Die Unterscheidung zwischen Arbeitern und Ang ist für das EFZG ohne Bedeutung. Allerdings hat das LFZG hinsichtlich des Ausgleichs der AG-Aufwendungen (§§ 10 ff. LFZG) zwischen Arbeitern und Ang differenziert. Der Ausgleich war nur für Arbeiter, nicht für Ang vorgesehen. Nach dem am 1.1.2006 in Kraft getretenen Aufwendungsausgleichsgesetz (AAG) findet eine Unterscheidung zwischen Arbeitern und Angestellten nicht mehr statt.

3. Beschäftigte zur Berufsbildung. § 1 Abs. 1 BBiG definiert als Berufsbildung die Berufsausbildungsvorbereitung, die Berufsausbildung, die berufliche Fortbildung und die berufliche Umschulung. Erfasst sind daher zunächst Auszubildende (§ 3 Abs. 1 BBiG).

Zu ihrer Berufsbildung werden gem. § 26 BBiG auch Personen beschäftigt, die eingestellt werden, um berufliche Kenntnisse, Fertigkeiten und Erfahrungen zu erwerben, ohne dass es sich um eine Berufsausbildung handelt. Hierzu zählen insb. **Anlernlinge, Praktikanten** und **Volontäre**.[3]

4. Heimarbeiter. In Heimarbeit Beschäftigte sind keine AN. Der Begriff des in Heimarbeit Beschäftigten ist in §§ 1 Abs. 1, 2 Abs. 1 und 2 HAG definiert. Für in Heimarbeit Beschäftigte enthalten die §§ 10 und 11 Sonderreglungen.

II. Räumlicher Anwendungsbereich

Das EFZG enthält keine Bestimmung zu seinem räumlichen Geltungsbereich. Es gilt für Arbverh im Gebiet der Bundesrepublik Deutschland.[4]

Weist das Arbverh eine Auslandsberührung auf, bestimmt sich die Anwendbarkeit des deutschen Rechts nach den Bestimmungen des Internationalen Privatrechts. Für das Arbverh sind insb. Art. 27 ff. EGBGB zu beachten.[5]

---

§ 2 Entgeltzahlung an Feiertagen

(1) Für Arbeitszeit, die infolge eines gesetzlichen Feiertages ausfällt, hat der Arbeitgeber dem Arbeitnehmer das Arbeitsentgelt zu zahlen, das er ohne den Arbeitsausfall erhalten hätte.

(2) Die Arbeitszeit, die an einem gesetzlichen Feiertag gleichzeitig infolge von Kurzarbeit ausfällt und für die an anderen Tagen als an gesetzlichen Feiertagen Kurzarbeitergeld geleistet wird, gilt als infolge eines gesetzlichen Feiertages nach Absatz 1 ausgefallen.

(3) Arbeitnehmer, die am letzten Arbeitstag vor oder am ersten Arbeitstag nach Feiertagen unentschuldigt der Arbeit fernbleiben, haben keinen Anspruch auf Bezahlung für diese Feiertage.

A. Allgemeines ... 1	a) Arbeit auf Abruf (Kapazitätsorientierte variable Arbeitszeit) ... 44
B. Regelungsgehalt ... 4	b) Freischichten ... 46
I. Überblick ... 4	c) Gleitzeit ... 49
II. Tatbestandselemente ... 5	d) Schichtarbeit ... 50
1. Bestehen eines Arbeitsverhältnisses i.S.v. § 1 ... 5	e) Teilzeitarbeit ... 52
a) Jedes Arbeitsverhältnis ... 6	f) Überstunden ... 53
b) Gestörte Arbeitsverhältnisse ... 9	2. Arbeitsentgelt (Geldfaktor) ... 55
2. Arbeitsausfall an einem gesetzlichen Feiertag ... 11	a) Abgrenzung zum Aufwendungsersatz ... 56
a) Vorliegen eines gesetzlichen Feiertages ... 12	b) Akkord ... 58
b) Arbeitsausfall ... 13	c) Provision ... 60
aa) Arbeitsausfall am Arbeitsort ... 14	IV. Kurzarbeit (§ 2 Abs. 2) ... 62
bb) Auslandstätigkeit ... 16	1. Höhe der Feiertagsvergütung ... 63
3. Kausalität zwischen Arbeitsausfall und Vorliegen eines gesetzlichen Feiertages ... 17	2. Lohnsteuer und Sozialversicherungsbeiträge ... 64
a) Annahmeverzug des Arbeitgebers ... 19	3. Kurzarbeit, Arbeitsunfähigkeit und Feiertag ... 66
b) Arbeitskampf ... 20	V. Anspruchsausschluss (§ 2 Abs. 3) ... 67
aa) Streik am Feiertag ... 22	1. Voraussetzungen des Anspruchsausschlusses ... 68
bb) Auswirkung auf den Arbeitnehmer ... 25	a) Letzter Arbeitstag vor oder erster Arbeitstag nach einem Feiertag ... 69
c) Arbeitsunfähigkeit ... 28	b) Fernbleiben von der Arbeit ... 72
d) Kurzarbeit ... 29	c) Unentschuldigtes Fernbleiben ... 74
e) Schichtarbeit ... 30	2. Rechtsfolgen ... 76
f) Urlaub ... 33	C. Verbindung zu anderen Rechtsgebieten und zum Prozessrecht ... 78
g) Witterungsbedingter Arbeitsausfall ... 37	I. Darlegungs- und Beweislast ... 78
III. Rechtsfolgen ... 40	
1. Ausgefallene Arbeitszeit (Zeitfaktor) ... 43	

---

3 *Müller-Glöge*, RdA 2006, 105; HzA/*Vossen*, Rn 42; ErfK/*Dörner*, § 1 EFZG Rn 3; *Vogelsang*, Rn 35.
4 HzA/*Vossen*, Rn 47; ErfK/*Dörner*, § 1 EFZG Rn 5; *Treber*, § 1 Rn 31.
5 Hierzu *Müller-Glöge*, RdA 2006, 105, 106.

1. Abs. 1 78
2. Abs. 3 80
II. Ausschlussfristen 81
D. Beraterhinweise 82

Anhang: Übersicht über die gesetzlichen Feiertage in der Bundesrepublik Deutschland (Stand: 9. August 2007) 85

A. Allgemeines

1 Die Entgeltfortzahlung an Feiertagen ist seit dem 1.6.1994 in § 2 geregelt. § 2 stellt eine eigenständige Anspruchsgrundlage dar.[1] Insoweit unterscheidet sich die Vorschrift von der Parallelnorm des § 3, die die Entgeltfortzahlung im Krankheitsfall behandelt. Der Anspruch auf Entgeltfortzahlung im Krankheitsfall ist der aufrecht erhaltene Vergütungsanspruch nach § 611 Abs. 1 BGB.[2] Es handelt sich nicht nur um eine rechtstheoretische Unterscheidung. Die unterschiedliche Ausgestaltung der Anspruchsgrundlagen hat Auswirkungen auf tarifliche Ausschlussfristen (vgl. dazu näher Rn 81).

2 § 2 ist im Zusammenhang mit § 326 Abs. 1 S. 1 BGB zu sehen. Danach wird der AG grds. von der Verpflichtung zur Vergütungszahlung frei, wenn der AN nicht arbeitet. Der **Zweck** des § 2 besteht darin, den Entgeltsausfall des AN, der an einem Feiertag nicht arbeitet, zu kompensieren.[3]

3 Einen weitergehenden Zweck bzw. Regelungsgehalt hat § 2 nicht. So behandelt die Vorschrift nicht die Frage, ob und an welchen Feiertagen ein Anspruch des AN auf Arbeitsbefreiung besteht.[4] Dieser ergibt sich aus der gesetzlichen Festlegung der Feiertage. Dem EFZG ist auch nicht zu entnehmen, ob und inwieweit Feiertagsarbeit zulässig ist.[5] Schließlich regelt das EFZG nicht, welche Ansprüche (Zuschläge) dem AN zustehen, wenn er an Feiertagen arbeitet.

B. Regelungsgehalt

I. Überblick

4 Der Anspruch auf Entgeltzahlung an Feiertagen hat folgende **Voraussetzungen**:
– Bestehen eines Arbverh i.S.v. § 1;
– Arbeitsausfall an einem gesetzlichen Feiertag;
– Kausalität zwischen Arbeitsausfall und Vorliegen eines gesetzlichen Feiertages.

Rechtsfolge ist, dass der AN einen Anspruch gegen den AG hat, das Arbeitsentgelt zu erhalten, das er erzielt hätte, wenn er an diesem Tag gearbeitet hätte. Es gilt das sog. **Entgeltausfallprinzip** (früher: Lohnausfallprinzip).

II. Tatbestandselemente

5 **1. Bestehen eines Arbeitsverhältnisses i.S.v. § 1.** Anspruch auf Entgeltzahlung an Feiertagen haben AN i.S.v. § 1 Abs. 2, d.h. Arbeiter und Ang sowie die zu ihrer Berufsbildung Beschäftigten. Für Heimarbeiter findet sich eine Sonderreglung in § 11.

6 **a) Jedes Arbeitsverhältnis.** § 2 gilt für jedes Arbverh. Erfasst sind ebenso befristete wie unter einer auflösenden Bedingung geschlossene Arbverh. Auch teilzeitbeschäftigte AN haben unabhängig von ihrem individuellen Arbeitsvolumen Anspruch auf Feiertagsvergütung. § 2 ist daher auf geringfügig beschäftigte AN anwendbar. Im gekündigten Arbverh besteht der Anspruch während des Laufs der Künd-Frist.

In allen Fällen ist allerdings Voraussetzung, dass das Arbverh am Feiertag (noch) besteht. Endet somit ein befristetes oder gekündigtes Arbverh am Tag vor einem Feiertag, besteht kein Anspruch auf Entgeltzahlung.[6]

7 Dies kann sich für AN, die aufgrund von Rahmenverträgen in unregelmäßigen Abständen in **Eintages-Arbverh** beschäftigt werden, negativ auswirken. Derartige Vertragsgestaltungen sind rechtlich zulässig.[7] Sie führen für den AN dazu, dass er selbst dann keinen Anspruch auf Feiertagsvergütung hat, wenn er unmittelbar vor und/oder nach einem Feiertag arbeitet.[8] Der Anspruch besteht nicht, weil an dem Feiertag kein Arbverh besteht.

8 Etwas anderes kann sich ausnahmsweise ergeben, wenn sich die vom AG gewählte Vertragsgestaltung als rechtsmissbräuchlich erweist. Hiervon ist auszugehen, wenn der AN nur deswegen in zwei Eintages-Arbverh vor und nach dem Feiertag beschäftigt wird, damit sich der AG die Feiertagsvergütung erspart.[9] Dies ist vom AN nachzuweisen.

---

1 BAG 10.12.1986 – 5 AZR 507/85 – EzA § 4 TVG Ausschlussfristen Nr. 71.
2 BAG 16.1.2002 – 5 AZR 430/00 – NZA 2002, 746; HzA/*Vossen*, Rn 759.
3 Kaiser u.a./*Kleinsorge*, § 2 Rn 2; *Treber*, § 2 Rn 2.
4 BAG 20.9.2000 – 5 AZR 20/99 – NZA 2001, 735.
5 Kaiser u.a./*Kleinsorge*, § 2 Rn 2.
6 HzA/*Vossen*, Rn 761.
7 BAG 31.7.2002 – 7 AZR 181/01 – EzA § 12 TzBfG Nr. 1.
8 BAG 10.7.1996 – 5 AZR 113/95 – NZA 1996, 1324; HzA/*Vossen*, Rn 762.
9 BAG 14.7.1967 – 3 AZR 436/66 – EzA § 1 FeiertagslohnzG Nr. 7; *Schmitt*, § 2 Rn 20; Kaiser u.a./*Kleinsorge*, § 2 Rn 10.

Als rechtsmissbräuchlich ist es dagegen nicht anzusehen, wenn der AG das Arbverh am Tag nach einem Feiertag, also etwa dem 2. Mai, beginnen lässt.[10]

b) Gestörte Arbeitsverhältnisse. Erweist sich ein übereinstimmend in Vollzug gesetzter Arbeitsvertrag zu einem späteren Zeitpunkt als nichtig oder wird er wirksam angefochten, liegt ein sog. **faktisches Arbverh** vor.[11] Auch im faktischen Arbverh besteht der Anspruch auf Entgeltzahlung an Feiertagen; er setzt grds. kein wirksames Arbverh voraus.[12] Hat der AG allerdings im Anschluss an eine Arbeitsunfähigkeit des AN den Arbeitsvertrag wegen arglistiger Täuschung angefochten, entfaltet die Anfechtung Rückwirkung.[13] Der AN hat dann für den Feiertag keinen Anspruch gegen den AG. Ein Anspruch aus § 812 Abs. 1 S. 1 BGB scheidet aus, weil der AG nicht um die Arbeitsleistung des AN bereichert ist.

Wird der AN während des **Künd-Schutzprozesses** oder nach Ablauf einer Befristung während des Bestandsschutzverfahrens weiterbeschäftigt, ist zu **differenzieren**:
– Unproblematisch sind die Fälle, in denen der AN im Bestandsschutzverfahren obsiegt. Er kann die Entgeltzahlung an Feiertagen aufgrund des bestehenden Arbeitsvertrages verlangen.
– Unterliegt der AN im Bestandsschutzverfahren, hat er dennoch einen Anspruch auf Entgeltzahlung an Feiertagen, wenn er während des Laufes des Prozesses aufgrund einer vertraglichen Abrede der Parteien weiterbeschäftigt worden ist. Hiervon ist auszugehen, wenn der AG den AN freiwillig beschäftigt hat. In derartigen Fällen liegt ein befristeter Arbeitsvertrag vor.[14]
– Der Anspruch besteht ebenfalls, wenn der AG den AN nach § 102 Abs. 5 S. 1 BetrVG wegen des Widerspruchs des BR weiter beschäftigt. Liegen die Voraussetzungen des § 102 Abs. 5 S. 1 BetrVG vor, besteht das bisherige Arbverh während des Bestandsschutzverfahrens kraft Gesetzes fort und ist nur auflösend bedingt durch die rechtskräftige Abweisung der Künd-Schutzklage.[15]
– Keinen Anspruch hat dagegen der AN, den der AG zur Abwendung der Zwangsvollstreckung aus einem arbeitsgerichtlichen Urteil weiterbeschäftigt hat. Unterliegt der AN in der höheren Instanz, hat er in der Zwischenzeit im vertragslosen Zustand gearbeitet. Ein Vertrag ist nicht zustande gekommen.[16] Nach der Rspr. des BAG liegt auch kein faktisches Arbverh vor. Vielmehr soll Bereicherungsrecht zur Anwendung kommen.[17] Danach hat der AN keinen Anspruch aus § 812 Abs. 1 S. 1 BGB, weil der AG nicht um die Arbeitsleistung bereichert ist, wenn der AN an dem Feiertag nicht gearbeitet hat.[18]

2. Arbeitsausfall an einem gesetzlichen Feiertag. Der Anspruch setzt des Weiteren den Arbeitsausfall an einem gesetzlichen Feiertag voraus.

a) Vorliegen eines gesetzlichen Feiertages. Erfasst sind nur gesetzliche Feiertage. Der 3. Oktober ist bundesgesetzlicher Feiertag. Die übrigen gesetzlichen Feiertage ergeben sich aus den Feiertagsgesetzen der Länder, denen nach Art. 70 Abs. 1 GG die Gesetzgebungskompetenz zukommt. Wegen der einzelnen Feiertage wird auf die der Kommentierung als Anlage beigefügte Liste der Feiertage der Länder Bezug genommen (siehe Rn 85).

Kein Anspruch besteht an religiösen Festtagen wie dem 24. Dezember (Heiliger Abend). Dies gilt auch für Brauchtumstage wie dem Rosenmontag.

b) Arbeitsausfall. § 2 kommt nur zur Anwendung, wenn die Arbeit an einem Feiertag ausfällt. Arbeitet der AN an einem Feiertag, erwirbt er einen Vergütungsanspruch nach § 611 Abs. 1 BGB.[19]

aa) Arbeitsausfall am Arbeitsort. Für die Frage, welche der unterschiedlichen landesgesetzlichen Feiertagsregelungen maßgeblich ist, ist auf den **Betriebssitz** abzustellen, wenn der AN seine Arbeitsleistung regelmäßig am Betriebssitz erbringt.[20] Dagegen kommt es nicht auf den Wohnort des AN an. Arbeitet der AN langfristig nicht am Betriebssitz, sondern in einem anderen Bundesland, kommt es auf das Feiertagsrecht dieses Bundeslandes an.[21] Der von Sachsen langfristig nach NW entsandte Montagearbeiter hat daher an Allerheiligen einen Anspruch auf Feiertagsvergütung, nicht dagegen am Reformationstag, der für ihn normaler Arbeitstag ist. Bei kurzfristigen Einsätzen ist das Feiertagsrecht des Betriebssitzes anzuwenden.

---

10 HzA/*Vossen*, Rn 763; *Vogelsang*, Rn 777.
11 BAG 20.3.2001 – 3 AZR 276/00 – AP § 1 BetrAVG Beamtenversorgung Nr. 16; BAG 30.4.1997 – 7 AZR 122/96 – EzA § 812 BGB Nr. 3.
12 *Schmitt*, § 2 Rn 13; MünchArb/*Boewer*, Bd. 1, § 81 Rn 9.
13 BAG 3.12.998 – 2 AZR 754/97 – NZA 1999, 584.
14 BAG 22.10.2003 – 7 AZR 113/03 – AP § 14 TzBfG Nr. 6.
15 BAG 15.3.2001 – 2 AZR 141/00 – NZA 2001, 1267.
16 KR/*Etzel*, § 102 BetrVG Rn 282.
17 BAG 12.2.1992 – 5 AZR 297/90 – EzA § 611 BGB Beschäftigungspflicht Nr. 52.
18 *Treber*, § 2 Rn 6; HzA/*Vossen*, Rn 58 (zur Entgeltfortzahlung im Krankheitsfall).
19 BAG 12.12.2001 – 5 AZR 294/00 – NZA 2002, 505.
20 Kaiser u.a./*Kleinsorge*, § 2 Rn 7; *Vogelsang*, Rn 783.
21 *Vogelsang*, Rn 783.

15 Auch ausländische AN, die in Deutschland arbeiten, können Vergütung nach § 2 nur für die Feiertage in dem Bundesland beanspruchen, in dem sie arbeiten. Es kommt allein auf die gesetzlichen Feiertage nach deutschem Recht an.[22] In Betracht kommt insoweit allenfalls ein Anspruch aus § 616 BGB.[23]

16 **bb) Auslandstätigkeit.** Bei einer Auslandstätigkeit des AN kommt § 2 nicht zur Anwendung.[24] Denn § 2 setzt den Arbeitsausfall wegen eines gesetzlichen deutschen Feiertages voraus. Der AN kann somit einen Anspruch auf Feiertagsvergütung weder für ausländische Feiertage noch für inländische Feiertage, die er im Ausland begehen will, auf § 2 stützen. Ruht die Arbeit im Ausland allerdings insgesamt an einem bestimmten Tag, besteht – sofern deutsches Arbeitsrecht Anwendung findet – ein Vergütungsanspruch des AN nach § 615 S. 3 BGB.[25] I.Ü. empfiehlt sich eine vertragliche Regelung bei einem Auslandseinsatz (Näheres siehe Rn 84).

17 **3. Kausalität zwischen Arbeitsausfall und Vorliegen eines gesetzlichen Feiertages.** Ein Anspruch des AN auf Feiertagsbezahlung besteht nach der st. Rspr. des BAG nur dann, wenn der Feiertag die **alleinige Ursache** für den Arbeitsausfall gewesen ist. Für die Feststellung, ob ein feiertagsbedingter Arbeitsausfall vorliegt, kommt es allein darauf an, welche Arbeitszeit für den AN gegolten hätte, wenn der betreffende Tag kein Feiertag gewesen wäre.[26]

18 Im Einzelfall kann es fraglich sein, ob die Arbeit nur wegen des Feiertages oder auch wegen einer anderen Ursache ausfällt. Es sind folgende Fallgruppen zu unterscheiden:

19 **a) Annahmeverzug des Arbeitgebers.** Hätte der AN ohne den Annahmeverzug an dem Feiertag nicht arbeiten müssen, erhält er an dem Feiertag Vergütung nach Abs. 1.[27] Zwar hätte er ohne den Feiertag auch nicht gearbeitet. Maßgeblich ist hier – wie beim witterungsbedingten Arbeitsausfall[28] –, ob der Vergütungsanspruch ohne den Feiertag entfallen wäre.

Hätte der AN an dem Feiertag ohne den Annahmeverzug arbeiten müssen, hat er einen Vergütungsanspruch aus § 615 BGB (vgl. unten Rn 82).

20 **b) Arbeitskampf.** Fällt die Arbeit wegen eines Arbeitskampfs aus, besteht an einem gesetzlichen Feiertag, der in die Streikzeit fällt, kein Anspruch auf Feiertagsvergütung. Fällt nämlich ein gesetzlicher Feiertag in die Zeit eines Streiks, so ist der Arbeitsausfall durch den Arbeitskampf verursacht und nicht ausschließlich durch den Feiertag.[29]

21 Die Bestimmung, ob die Arbeit wegen eines Arbeitskampfs ausgefallen ist, kann im Einzelfall Schwierigkeiten bereiten. In diesem Zusammenhang sind jeweils **zwei Fragen** zu klären:
– Zunächst ist zu prüfen, ob an dem Feiertag gestreikt wurde oder nicht.
– In einem zweiten Schritt ist zu ermitteln, ob und wie sich der Streik auf den AN, der die Feiertagsvergütung beansprucht, auswirkt.

22 **aa) Streik an dem Feiertag.** Der Arbeitsausfall beruht nur dann auf dem Streik, wenn an dem Feiertag auch (noch) gestreikt wird. Feiertagslohn muss dagegen gezahlt werden, wenn der Arbeitskampf **unmittelbar vor oder nach dem Feiertag endet oder sich unmittelbar an ihn anschließt**. In beiden Fällen ist als einzige Ursache für den Arbeitsausfall der gesetzliche Feiertag anzusehen.[30] Das BAG hat daher für den Fall, dass an den Arbeitstagen unmittelbar vor Pfingsten gestreikt, sodann am Pfingstdienstag gearbeitet und von Mittwoch an wieder gestreikt wurde, einen Anspruch auf Feiertagsvergütung für den Pfingstmontag bejaht.[31] Das BAG ist von einer Streikunterbrechung ausgegangen.

23 Von einer **Streikunterbrechung**, während derer der Anspruch auf Feiertagsvergütung besteht, kann nur gesprochen werden, wenn sich die vorübergehende Beendigung des Arbeitskampfes nach dem Willen der Gewerkschaft auf die suspendierte Arbeitspflicht tatsächlich auswirken soll. Dies ist nicht der Fall, wenn die Gewerkschaft die Aussetzung eines Streiks lediglich für Tage erklärt, an denen ohnehin keine Arbeitspflicht besteht (im konkreten Fall: Pfingstfeiertage; am Pfingstdienstag sollte wieder gestreikt werden).[32]

---

22 HzA/*Vossen*, Rn 770; *Brecht*, § 2 Rn 5.
23 ErfK/*Dörner*, § 2 EFZG Rn 6; *Schmitt*, § 2 Rn 30; *Treber*, § 2 Rn 19; a.A. *Vogelsang*, Rn 784.
24 ErfK/*Dörner*, § 2 EFZG Rn 6; *Schmitt*, § 2 Rn 31; HzA/*Vossen*, Rn 771; a.A. *Vogelsang*, Rn 786 für Tage, die sowohl nach deutschem Recht als auch nach dem Recht des ausländischen Arbeitsortes Feiertage sind.
25 *Worzalla/Süllwald*, § 2 Rn 9; HzA/*Vossen*, Rn 771; a.A. *Vogelsang*, Rn 788.
26 BAG 10.1.2007 – 5 AZR 84/06 – NZA 2007, 384; BAG 24.10.2001 – 5 AZR 245/00 – AP § 2 EFZG Nr. 8; BAG 20.9.2000 – 5 AZR 20/99 – AP § 8 BMT-G II Nr. 1; BAG 9.10.1996 – 5 AZR 345/95 – BAGE 84, 216.
27 *Vogelsang*, Rn 794.
28 Vgl. unten Rn 37 ff.
29 BAG 11.7.1995 – 1 AZR 63/95 – EzA Art. 9 GG Arbeitskampf Nr. 121; BAG 1.3.1995 – 1 AZR 786/94 – EzA Art. 9 GG Arbeitskampf Nr. 118; BAG 11.5.1993 – 1 AZR 649/92 – EzA § 1 Feiertagslohnz Nr. 45; BAG 31.5.1988 – 1 AZR 589/86 – EzA Art. 9 GG Arbeitskampf Nr. 81.
30 BAG 1.3.1995 – 1 AZR 786/94 – EzA Art. 9 GG Arbeitskampf Nr. 118.
31 BAG 11.5.1993 – 1 AZR 649/92 – EzA § 1 Feiertagslohnz Nr. 45.
32 BAG 1.3.1995 – 1 AZR 786/94 – EzA Art. 9 GG Arbeitskampf Nr. 118.

Der rechtmäßige **Streik beginnt** damit, dass die Gewerkschaft die AN dazu aufruft, in den Streik zu treten. In gleicher Weise **endet der Streik** erst durch eine gestaltende Erklärung. Eine Beendigung bzw. Unterbrechung des Streiks setzt daher voraus, dass dem AG vor dem Feiertag eine entsprechende Erklärung der Streikleitung zugeht.[33]

bb) Auswirkung auf den Arbeitnehmer. Wie dargelegt, beginnt der rechtmäßige Streik damit, dass eine Gewerkschaft die AN aufruft, in den Streik zu treten. Dieser Aufruf allein kann aber noch nicht bewirken, dass die Hauptpflichten aus den einzelnen Arbverh suspendiert werden. Vielmehr bedarf es hierzu noch – konkludenter oder ausdrücklicher – **Erklärungen der einzelnen AN, dass sie an dem Streik teilnehmen.**[34] I.d.R. geben die AN keine ausdrücklichen Suspendierungserklärungen ab, sondern verlautbaren dies konkludent durch Niederlegung der Arbeit im Anschluss an einen entsprechenden Aufruf der Streikleitung. Der betroffene AG kann im Regelfall annehmen, dass die AN, die nach einem gewerkschaftlichen Streikaufruf nicht zur Arbeit erscheinen, von ihrem Streikrecht Gebrauch machen. Dies gilt allerdings nicht für AN, die schon vor Streikbeginn wegen Urlaubs oder Krankheit von der Arbeitspflicht freigestellt waren. Hier muss der AG i.d.R. davon ausgehen, dass die betroffenen AN keine Suspendierungserklärung abgeben wollten.[35]

Auch bei einer Fortdauer des Streikes kann der einzelne **AN** die Teilnahme an dem **Streik aufgeben.** Ebenso wie die Teilnahme an dem Streik bedarf es wiederum einer Erklärung des AN, er scheide aus dem Streikgeschehen aus. Dies geschieht i.d.R. durch schlüssiges Verhalten, nämlich der Aufnahme der Arbeit.[36] Möglich ist jedoch auch eine eindeutige (ausdrückliche) Erklärung an den AG, die Arbeit wieder aufnehmen zu wollen. Dies kann auch durch Erklärung am Tag vor einem Feiertag erfolgen. In diesem Fall besteht ein Anspruch auf Feiertagsvergütung.[37]

Kein Anspruch auf Entgeltzahlung an Feiertagen besteht bei einer rechtmäßigen **Aussperrung.**[38] Darüber hinaus ist der AG berechtigt, einen bestreikten Betrieb oder Betriebsteil für die Dauer des Streiks ganz stillzulegen mit der Folge, dass auch arbeitswillige AN ihren Anspruch auf Lohn bzw. Entgeltzahlung an Feiertagen verlieren.[39]

c) Arbeitsunfähigkeit. Das Zusammentreffen eines Feiertages mit einer Arbeitsunfähigkeit ist in § 4 Abs. 2 geregelt. Danach hat der AN Anspruch auf Entgeltfortzahlung im Krankheitsfall nach § 3 Abs. 1, wenn er an einem Feiertag arbeitsunfähig erkrankt ist. Die Höhe des fortzuzahlenden Entgelts ergibt sich allerdings aus § 2.

d) Kurzarbeit. Für die Kurzarbeit sieht § 2 Abs. 2 eine Ausnahme von dem Grundsatz vor, dass der Feiertag die alleinige Ursache des Arbeitsausfalls sein muss. Wenn an einem Feiertag Kurzarbeit angeordnet ist, erhält der AN vom AG Entgeltzahlung an Feiertagen in Höhe des Kurzarbeitergeldes.[40] Ein Anspruch auf Kurzarbeiterhgeld nach §§ 169 ff. SGB III besteht an Feiertagen nicht (näher zur Kurzarbeit siehe Rn 62 ff.).

e) Schichtarbeit. Der AN hat einen Anspruch auf Feiertagsvergütung, wenn er ohne den Feiertag zur Arbeit eingeteilt worden wäre.[41] Fällt dagegen der nach dem Schichtsystem für den AN vorgesehene freie Wochentag auf einen Feiertag, erhält der AN keine Feiertagsvergütung. Denn er hätte an diesem Tage auch ohne die Feiertagsruhe nicht gearbeitet.[42] Dies ist bspw. der Fall, wenn der AN regelmäßig freitags frei hat und der Feiertag ein Freitag ist.

An der notwendigen Kausalität zwischen Feiertag und Arbeitsausfall fehlt es regelmäßig, wenn in dem Betrieb an Feiertagen gearbeitet wird.[43] Arbeitet der AN an dem Feiertag, erhält er Vergütung nach § 611 Abs. 1 BGB. Arbeitet er nicht, ist der Feiertag nicht die alleinige Ursache des Arbeitsausfalls. Der Arbeitsausfall beruht vielmehr auf der schichtplanmäßigen Einteilung des AN.

Nach § 9 Abs. 2 ArbZG kann in mehrschichtigen Betrieben mit regelmäßiger Tag- und Nachtschicht der Beginn oder das Ende der Sonn- und Feiertagsruhe um bis zu sechs Stunden vor- oder zurückverlegt werden, wenn für die auf den Beginn der Ruhezeit folgenden 24 Stunden der Betrieb ruht. Ist von dieser Möglichkeit Gebrauch gemacht worden, ist die abweichend vom Kalendertag festgelegte Feiertagsruhe für den Entgeltanspruch nach Abs. 1 maßgeblich.[44]

---

33 BAG 1.3.1995 – 1 AZR 786/94 – EzA Art. 9 GG Arbeitskampf Nr. 118; BAG 31.3.1988 – 1 AZR 589/86 – EzA Art. 9 GG Arbeitskampf Nr. 81.
34 BAG 1.3.1995 – 1 AZR 786/94 – EzA Art. 9 GG Arbeitskampf Nr. 118; BAG 31.3.1988 – 1 AZR 589/86 – EzA Art. 9 GG Arbeitskampf Nr. 81.
35 BAG 31.3.1988 – 1 AZR 589/86 – EzA Art. 9 GG Arbeitskampf Nr. 81.
36 BAG 31.3.1988 – 1 AZR 589/86 – EzA Art. 9 GG Arbeitskampf Nr. 81.
37 BAG 1.3.1995 – 1 AZR 786/94 – EzA Art. 9 GG Arbeitskampf Nr. 118.
38 ErfK/*Dörner*, § 2 EFZG Rn 12.
39 BAG 11.7.1995 – 1 AZR 63/95 – EzA Art. 9 GG Arbeitskampf Nr. 121.
40 ErfK/*Dörner*, § 2 EFZG Rn 17.
41 BAG 14.8.2002 – 5 AZR 417/01 – DB 2003, 155; BAG 24.1.2001 – 5 AZR 538/99 – DB 2001, 1889.
42 BAG 10.1.2007 – 5 AZR 84/06 – NZA 2007, 384; 24.1.2001 – 4 AZR 538/99 – DB 2001, 1889; BAG 16.11.2000 – 6 AZR 338/99 – NZA 2001, 796; BAG 9.10.1996 – 5 AZR 345/95 – NZA 1997, 444.
43 ErfK/*Dörner*, § 2 EFZG Rn 11.
44 BAG 23.1.2008 – 5 AZR 1036/06 – juris; 17.5.1973 – 3 AZR 376/72 – EzA § 1 FeiertagslohnzG Nr. 15; BAG 31.1.1969 – 3 AZR 439/68 – EzA § 1 FeiertagslohnzG Nr. 9; BAG 1.12.1967 – 3 AZR 90/67 – EzA § 1 FeiertagslohnzG Nr. 8; BAG 26.1.1962 – 1 AZR 409/60 – AP § 1 Feiertagslohnzg 13; *Treber*, § 2 Rn 36.

33 **f) Urlaub.** Nach § 3 Abs. 2 BUrlG wird ein Feiertag nicht auf den Urlaub angerechnet. Danach wird dem in einem „**Normal-Arbverh**" stehenden AN, der an gesetzlichen Feiertagen regelmäßig nicht arbeiten muss, für einen im Urlaub liegenden Feiertag kein Urlaubstag abgezogen. Er erhält für diesen Tag die Feiertagsvergütung nach § 2.

34 Anders verhält es sich jedoch, wenn der AN außerhalb seiner Urlaubszeit an Feiertagen arbeiten muss, etwa in einem **Schicht- oder Gastronomiebetrieb**. Dann ist zu prüfen, ob der AN an dem konkreten Tag zur Arbeit eingeteilt worden wäre, wenn er keinen Erholungsurlaub gehabt hätte. Ist dies der Fall, ist die Urlaubsgewährung ursächlich für die Freistellung an dem Feiertag. § 3 Abs. 2 BUrlG kommt nicht zur Anwendung. Die Vorschrift dient nur der Berechnung der Urlaubstage bzw. der Urlaubsdauer.[45] Der Vergütungsanspruch des AN folgt in diesem Fall aus § 611 Abs. 1 BGB i.V.m. §§ 1, 11 Abs. 1 BUrlG.[46] Ergibt die Prüfung dagegen, dass der AN, wenn er keinen Urlaub gehabt hätte, an dem Feiertag frei gehabt hätte, hat er Anspruch auf Feiertagsvergütung nach § 2.

35 Die Unterscheidung zwischen den Anspruchsgrundlagen (§ 611 Abs. 1 BGB bzw. § 2) ist nicht nur theoretischer Natur. Die Höhe des Urlaubsentgelts kann hinter der Höhe der Feiertagsvergütung zurückbleiben, wenn der AN regelmäßig Überstunden leistet. Denn das Feiertagsentgelt berechnet sich nach dem Entgeltausfallprinzip, während für das Urlaubsentgelt die Referenzmethode anzuwenden ist. Die regelmäßig geleisteten Überstunden eines AN fließen danach in die Feiertagsvergütung, dagegen nicht in das Urlaubsentgelt ein.[47]

36 Im **unbezahlten Sonderurlaub** erhält der AN regelmäßig keine Feiertagsvergütung. Denn der Feiertag ist nicht allein ursächlich für den Arbeitsausfall.[48] Nach der Rspr. des BAG besteht der Anspruch auf Feiertagsvergütung jedoch ausnahmsweise, wenn der Arbeitsvertrag für die Dauer der Betriebsferien zwischen Weihnachten und Neujahr unbezahlten Sonderurlaub vorsieht, weil der AN seinen vollen Jahresurlaub schon genommen hat.[49]

37 **g) Witterungsbedingter Arbeitsausfall.** Kann der **AN** seinen Arbeitsplatz etwa wegen Eisglätte nicht erreichen, hat er für diesen Tag keinen Vergütungsanspruch. § 616 S. 1 BGB kommt nicht zur Anwendung, weil der AG nach dieser Vorschrift nur in Anspruch genommen werden kann, wenn ein in der persönlichen Sphäre des AN liegendes subjektives Leistungshindernis gegeben ist. Auf objektive Leistungshindernisse findet § 616 S. 1 BGB keine Anwendung.[50]

Folglich hat der AN keinen Anspruch auf Feiertagsvergütung, wenn diese objektiven Hindernisse auch an einem Feiertag vorliegen. Denn dann ist der Feiertag nicht die alleinige Ursache des Arbeitsausfalls.

38 Muss der **AG** in einem witterungsabhängigen Betrieb die Arbeit einstellen, hat der AN nach § 615 S. 3 BGB einen Anspruch auf Vergütung, wenn die Arbeit an einem Tag, der kein gesetzlicher Feiertag ist, ausfällt. Der neu geschaffene § 615 S. 3 BGB geht auf die vom BAG entwickelten Grundsätze zur Betriebsrisikolehre zurück. Danach wurde der AG auch ohne gesetzliche Grundlage von der Entgeltzahlungspflicht nicht frei, wenn er den Betrieb aus Witterungsgründen unterbrechen musste.[51] Fällt ein Feiertag in die Schlechtwetterperiode, hätte der AN an sich keinen Anspruch auf Feiertagsvergütung, weil der Feiertag nicht die alleinige Ursache des Arbeitsausfalls ist.[52] Ein Anspruch aus § 615 S. 3 BGB des AN auf Vergütung bestünde ebenfalls nicht, weil der Betrieb an dem Feiertag nicht nur wegen des schlechten Wetters ausfällt. Es wäre jedoch mit der gesetzgeberischen Wertung, dem AG das Betriebsrisiko aufzubürden, nicht vereinbar, wenn der AN für den Feiertag keine Vergütung erhielte.[53] Abweichend von den sonstigen Grundsätzen ist daher bei einem witterungsbedingten Arbeitsausfall darauf abzustellen, ob der AN ohne den gesetzlichen Feiertag einen Anspruch auf Entgeltzahlung nach § 615 S. 3 BGB gehabt hätte.[54] Maßgeblich ist somit nicht, ob die Arbeit ohne den Feiertag ausgefallen wäre, sondern ob der Vergütungsanspruch ohne den Feiertag entfallen wäre. Hätte ohne Vorliegen eines Feiertags ein Vergütungsanspruch bestanden, hat der AN an dem Feiertag einen Anspruch aus § 2 auf Entgeltzahlung.

39 Für den praktisch wichtigsten Fall, dass in der Bauwirtschaft die Arbeit durch zwingende Witterungsgründe unmöglich wird, ist der allgemeinverbindliche BRTV-Bau v. 4.7.2002 zu beachten. Nach § 4 Nr. 6.1. BRTV-Bau ist der Lohnausfall für gesetzliche Wochenfeiertage auch dann zu vergüten, wenn die Arbeit an diesen Tagen ausgefallen wäre.

III. Rechtsfolgen

40 Nach Abs. 1 hat der AG dem AN das Arbeitsentgelt zu zahlen, dass er ohne den feiertagsbedingten Arbeitsausfall gehabt hätte. Nach der gesetzlichen Regelung gilt somit das **Entgeltausfallprinzip** (früher: Lohnausfallprinzip).[55]

---

45 *Schmitt*, § 2 Rn 56; MünchArb/*Boewer*, Bd. 1, § 81 Rn 11.
46 ErfK/*Dörner*, § 2 EFZG Rn 9; HzA/*Vossen*, Rn 782.
47 Kaiser u.a./*Kleinsorge*, § 2 Rn 15; *Schmitt*, § 2 Rn 55.
48 BAG 10.1.2007 – 5 AZR 84/06 – NZA 2007, 384; HzA/*Vossen*, Rn 787.
49 BAG 6.4.1982 – 3 AZR 1079/79 – EzA § 1 FeiertagslohnzG Nr. 21.
50 *Vogelsang*, Rn 822 und 881.
51 BAG 18.5.1999 – 9 AZR 13/98 – NZA 1999, 1166.
52 BAG 16.11.2000 – 6 AZR 338/99 – NZA 2001, 796; HzA/*Vossen*, Rn 790 i.V.m. Rn 129.
53 So aber zur alten Rechtslage BAG 16.11.2000 – 6 AZR 338/99 – NZA 2001, 796; Kaiser u.a./*Kleinsorge*, § 2 Rn 28.
54 *Schmitt*, § 2 Rn 61; HzA/*Vossen*, Rn 790.
55 HzA/*Vossen*, Rn 807; Kaiser u.a./*Kleinsorge*, § 2 Rn 29; *Treber*, § 2 Rn 47.

Die **Höhe** des an einem Feiertag zu zahlenden Entgelts ist in **drei Schritten** zu ermitteln: Zunächst ist zu prüfen, wie viel Arbeitszeit an dem Feiertag ausgefallen ist (sog. **Zeitfaktor**). In einem weiteren Schritt ist zu klären, was der AN während der ausgefallenen Arbeitszeit verdient hätte (sog. **Geldfaktor**). Der Verdienst des AN an dem Feiertag ergibt sich aus der **Multiplikation** des Zeit- mit dem Geldfaktors.[56]

Auf diese im Folgenden näher behandelte Unterscheidung kommt es jedoch nur an, wenn der AN eine **variable Vergütung** erhält. Bezieht er einen festen Monatslohn, ist dieser für den laufenden Monat unabhängig davon zu zahlen, ob in ihn Feiertage fielen oder nicht.[57]

1. Ausgefallene Arbeitszeit (Zeitfaktor). Der Zeitfaktor bemisst sich nach der konkret ausgefallenen Arbeitszeit des AN, der ohne den Feiertag gearbeitet hätte.[58]

a) Arbeit auf Abruf (Kapazitätsorientierte variable Arbeitszeit). Nach der Legaldefinition des § 12 Abs. 1 S. 1 TzBfG liegt Arbeit auf Abruf vor, wenn der AN seine Arbeitsleistung entsprechend dem Arbeitsanfall zu erbringen hat.

Auch bei Arbeit auf Abruf nach § 12 TzBfG besteht ein Anspruch auf Feiertagsvergütung nach § 2 nur dann, wenn der Feiertag die alleinige Ursache für den Arbeitsausfall ist. Der AG ist nicht in Anlehnung an § 11 Abs. 2 ohne Rücksicht auf die konkret ausgefallenen Stunden zur Zahlung einer Durchschnittsvergütung an Feiertagen verpflichtet. Die Schwierigkeiten bei der Darlegung des feiertagsbedingten Arbeitsausfalls rechtfertigen keine Abweichung von der gesetzlichen Regelung des § 2.[59]

b) Freischichten. Vielfach wird eine (tarifliche) Arbeitszeitverkürzung dergestalt umgesetzt, dass die AN weiterhin regelmäßig acht Stunden täglich arbeiten, jedoch zusätzliche freie Tage erhalten (sog. Freischichtenmodell). Die Bestimmung der Feiertagsvergütung ist in diesem Modell unproblematisch.

Hätte der AN ohne Vorliegen eines Feiertages arbeiten müssen, erhält er Feiertagsvergütung auf der Grundlage von acht Stunden.[60] Dies ist die Arbeitszeit, die an dem Feiertag ausgefallen ist. Wird für den AN ein Arbeitszeitkonto geführt, muss der AG dem AN für den Feiertag acht Stunden gutschreiben.[61]

Fällt der Feiertag jedoch auf einen Tag, an dem der AN nach dem Dienstplan ohnehin freigestellt ist, erhält er keine Feiertagsvergütung. Denn der Feiertag ist nicht die alleinige Ursache des Arbeitsausfalls.[62]

c) Gleitzeit. Kann der AN die Arbeitszeit an einem Tag innerhalb bestimmter Grenzen selbst bestimmen, ist ihm regelmäßig an einem Feiertag die durchschnittlich auf einen Arbeitstag entfallende Arbeitszeit zu vergüten und gutzuschreiben.[63]

Anders ist zu verfahren, wenn sich aufgrund konkreter Umstände ermitteln lässt, dass der AN an dem bestimmten Tag mehr oder weniger gearbeitet hätte, wenn es sich nicht um einen Feiertag gehandelt hätte.

d) Schichtarbeit. In einem Schichtbetrieb mit Nachtarbeit umfasst regelmäßig der eine Teil der Schicht einen Werktag und der andere Teil den Feiertag. Fällt die gesamte Schicht wegen des Feiertages aus, erhält der AN für die gesamte Schicht Feiertagsvergütung nach Abs. 1.[64] Dies ergibt sich bereits aus dem Wortlaut der Vorschrift. Danach kommt es nicht darauf an, ob die Arbeitszeit an einem Feiertag, sondern ob sie **infolge** des Feiertages ausfällt.[65]

In mehrschichtigen Betrieben mit regelmäßiger Tag- und Nachtschicht kann Beginn oder Ende der Feiertagsruhe nach § 9 Abs. 2 ArbZG um bis zu sechs Stunden vor- oder zurückverlegt werden, wenn für die auf den Beginn der Ruhezeit folgenden 24 Stunden der Betrieb ruht. Die nach § 9 Abs. 2 ArbZG festgelegte Feiertagsruhe ist auch für die Feiertagsvergütung maßgeblich.[66]

e) Teilzeitarbeit. Auch beim teilzeitbeschäftigten AN ist zu prüfen, wie viel Arbeitszeit infolge des Feiertages ausgefallen ist. Arbeitet er regelmäßig von montags bis donnerstags acht Stunden täglich und freitags nicht, fallen für ihn acht Stunden aus, wenn der Montag ein Feiertag ist. Fällt der Feiertag auf einen Freitag, erhält er keine Feiertagsvergütung, weil der Feiertag nicht die alleinige Ursache des Arbeitsausfalls ist.

---

56 ErfK/*Dörner*, § 2 EFZG Rn 16; HzA/*Vossen*, Rn 809 und 829.
57 ErfK/*Dörner*, § 2 EFZG Rn 14.
58 *Treber*, § 2 Rn 52.
59 BAG 24.10.2001 – 5 AZR 245/00 – EzA § 2 EFZG Nr. 3.
60 BAG 14.8.2002 – 5 AZR 417/01 – DB 2003, 155; BAG 2.12.1987 – 5 AZR 471/86 – EzA § 1 FeiertagslohnzG Nr. 35; BAG 2.12.1987 – 5 AZR 602/86 – EzA § 1 LohnFG Nr. 91.
61 BAG 14.8.2002 – 5 AZR 417/01 – DB 2003, 155.
62 BAG 16.11.2000 – 6 AZR 338/99 – NZA 2001, 796; BAG 9.10.1996 – 5 AZR 345/95 – NZA 1997, 444.
63 *Treber*, § 2 Rn 53.
64 BAG 26.1.1962 – 1 AZR 409/60 – AP § 1 FeiertagslohnzG Nr. 13.
65 Kaiser u.a./*Kleinsorge*, § 2 Rn 24; *Treber*, § 2 Rn 35.
66 BAG 17.5.1973 – 3 AZR 376/72 – EzA § 1 FeiertagslohnzG Nr. 15; BAG 31.1.1969 – 3 AZR 439/68 – EzA § 1 FeiertagslohnzG Nr. 9; BAG 1.12.1967 – 3 AZR 90/67 – EzA § 1 FeiertagslohnzG Nr. 8; BAG 26.1.1962 – 1 AZR 409/60 – AP § 1 FeiertagslohnzG 13; *Treber*, § 2 Rn 36.

53 **f) Überstunden.** Der AG hat dem AN auch Feiertagslohn für ausgefallene Überstunden zu zahlen, wenn der AN ohne den Feiertag diese Überstunden geleistet hätte.[67] Insoweit besteht ein Unterschied zu der Entgeltfortzahlung im Krankheitsfall, bei der die Überstunden nach § 4 Abs. 1a nicht einzubeziehen sind.

54 Der AN hat darzulegen und ggf. zu beweisen, dass an dem Feiertag Überstunden angefallen wären.[68] Die Tatsache, dass in der Vergangenheit regelmäßig Überstunden geleistet worden sind, ist ein starkes Indiz dafür, dass an dem Feiertag Überstunden ausgefallen sind. Weiterhin kann der vom AN zu führende Beweis nach den Grundsätzen des Anscheinsbeweises als geführt gelten, wenn unmittelbar vor und nach dem Feiertag für längere Zeit Überstunden geleistet wurden.[69] Der AG hat jedoch die Möglichkeit, den ersten Anschein zu erschüttern, indem er Tatsachen vorträgt und ggf. beweist, aus denen sich ergibt, das an dem Feiertag aus bestimmten Gründen keine Überstunden angefallen wären.[70]

55 **2. Arbeitsentgelt (Geldfaktor).** Der AG hat dem AN nach Abs. 1 das Arbeitsentgelt zu zahlen, das er ohne den Arbeitsausfall erhalten hätte.

56 **a) Abgrenzung zum Aufwendungsersatz.** Zum Arbeitsentgelt zählt nach § 611 Abs. 1 BGB alles, was dem AN aufgrund seines Arbeitsvertrages als Gegenleistung von seinem AG für seine Arbeit zufließt.[71] Leistungen, die sich als **reiner Aufwendungsersatz** darstellen, sind keine Gegenleistung für vom AN erbrachte Dienste (§ 611 Abs. 1 BGB). Sie sind daher nicht Bestandteil der vom AG zu zahlenden Feiertagsvergütung.[72]

57 Für die Entgeltfortzahlung enthält § 4 Abs. 1a S. 1 eine Regelung, wie die nicht immer einfache Abgrenzung zwischen Arbeitsentgelt und reinem Aufwendungsersatz vorzunehmen ist. Auch wenn für das Feiertagsrecht eine entsprechende gesetzliche Regelung fehlt, kann die in § 4 Abs. 1a S. 1 enthaltene Wertung auf § 2 übertragen werden.[73] Wegen der Einzelheiten kann daher auf die Darstellung zur Entgeltfortzahlung im Krankheitsfall verwiesen werden, die für die Feiertagsvergütung sinngemäß gilt (siehe § 4 Rn 30 ff.).

58 **b) Akkord.** AN, die im Akkord arbeiten, haben für den Feiertag einen Anspruch auf Akkordvergütung.[74] Der AG hat dem AN den Arbeitserfolg zu vergüten, den er gehabt hätte, wenn die Arbeit an dem Feiertag nicht ausgefallen wäre.[75]

59 Zur Ermittlung des hypothetischen Verdienstes an dem Feiertag ist auf den Durchschnittsverdienst einer bestimmten Bezugsperiode abzustellen. Einen festen Bezugszeitraum gibt es nicht. Vielmehr ist er so zu wählen, dass ein sachgerechtes Ergebnis erzielt wird.[76] Für das Baugewerbe hat das BAG den Durchschnittsverdienst der letzten vier Wochen als maßgeblich angesehen.[77] Ansonsten bietet es sich vielfach an, den Durchschnittsverdienst der letzten 13 Wochen heranzuziehen.[78] Bei einem stark schwankenden Verdienst kann auch ein Bezugszeitraum von bis zu einem Jahr in Frage kommen. Ist der AN erst kürzlich eingestellt worden, ist auf den Durchschnittsverdienst eines vergleichbaren Kollegen abzustellen.[79]

60 **c) Provision.** Für AN, die Provisionen erhalten, gelten die Ausführungen für im Akkord beschäftigte AN entsprechend. Provisionen zählen zu der an Feiertagen fortzuzahlenden Vergütung. Unbeachtlich ist, ob und inwieweit der feiertagsbedingte Provisionsausfall durch intensivere Verkaufstätigkeit während der regelmäßigen Arbeitszeit ausgeglichen wird.[80]

61 Als maßgeblichen Bezugszeitraum hat das BAG in einem Fall einen Monat,[81] in einem Anderen zwölf Monate[82] angesehen. Auch hier gilt: Je größer die Schwankungen ausfallen, desto länger muss der Bezugszeitraum bemessen sein, um Zufallsergebnisse zu vermeiden.[83]

---

[67] BAG 18.3.1992 – 4 AZR 387/91 – EzA § 4 TVG Druckindustrie Nr. 23; 26.3.1985 – 3 AZR 239/83 – EzA § 1 Feiertagslohnz G Nr. 29.

[68] BAG 18.3.1992 – 4 AZR 387/91 – EzA § 4 TVG Druckindustrie Nr. 23; BAG 26.3.1985 – 3 AZR 239/83 – EzA § 1 Feiertagslohnz G Nr. 29.

[69] BAG 18.3.1992 – 4 AZR 387/91 – EzA § 4 TVG Druckindustrie Nr. 23; BAG 26.3.1985 – 3 AZR 239/83 – EzA § 1 Feiertagslohnz G Nr. 29.

[70] BAG 26.3.1985 – 3 AZR 239/83 – EzA § 1 Feiertagslohnz G Nr. 29.

[71] BAG 11.1.1978 – 5 AZR 829/76 – EzA § 2 LohnFG Nr. 11; HzA/*Vossen*, Rn 527.

[72] HzA/*Vossen*, Rn 813.

[73] BAG 1.2.1995 – 5 AZR 847/93 – EzA § 1 Feiertagslohnz G Nr. 46; BAG 24.9.1986 – 4 AZR 543/85 – EzA § 1 Feiertagslohnz G Nr. 32; HzA/*Vossen*, Rn 814 f.

[74] Kaiser u.a./*Kleinsorge*, § 2 Rn 32; HzA/*Vossen*, Rn 832.

[75] BAG 17.4.1975 – 3 AZR 289/74 – EzA § 1 Feiertagslohnz G Nr. 18.

[76] Kaiser u.a./*Kleinsorge*, § 2 Rn 31.

[77] BAG 29.9.1972 – 3 AZR 163/71 – AP § 1 Feiertagslohnz G Nr. 28.

[78] MünchArb/*Boewer*, Bd. 1, § 81 Rn 22; HzA/*Vossen*, Rn 834.

[79] HzA/*Vossen*, Rn 834.

[80] BAG 17.4.1975 – 3 AZR 289/74 – EzA § 1 Feiertagslohnz G Nr. 18.

[81] BAG 17.4.1975 – 3 AZR 289/74 – EzA § 1 Feiertagslohnz G Nr. 18.

[82] BAG 4.6.1969 – 3 AZR 243/68 – EzA § 1 Feiertagslohnz G Nr. 11.

[83] Kaiser u.a./*Kleinsorge*, § 2 Rn 34; *Schmitt*, § 2 Rn 103.

IV. Kurzarbeit (§ 2 Abs. 2)

Abs. 2 stellt eine Vorschrift zur Entlastung der BA dar. Fällt nämlich ein Feiertag in den Zeitraum einer wirksam angeordneten Kurzarbeit, ist der Feiertag nicht die alleinige Ursache des Arbeitsausfalls, so dass der AG nach allgemeinen Grundsätzen nicht zur Zahlung von Feiertagsvergütung verpflichtet wäre. Abs. 2 ist zu entnehmen, dass an Feiertagen nicht die BA, sondern der AG zahlungspflichtig ist. **62**

Abs. 2 erfasst nur die Kurzarbeit i.S.d. § 169 ff. SGB III. Er gilt nicht für das Saison-Kurzarbeitergeld nach § 175 SGB III. Daher hat die BA an Feiertagen Saison-Kurzarbeitergeld zu zahlen.[84]

1. Höhe der Feiertagsvergütung. Der AN kann Feiertagslohn nur in Höhe des Kurarbeitergeldes beanspruchen, dass er bezogen hätte, wenn kein Feiertag gewesen wäre.[85] **63**

2. Lohnsteuer und Sozialversicherungsbeiträge. Kurzarbeitergeld wird von der BA steuerfrei gezahlt (§ 3 Nr. 2 EStG). Dennoch muss der AG nach der Rspr. des BAG die Lohnsteuer von der Feiertagsvergütung einbehalten und an das Finanzamt abführen, ohne dass der AG hierfür einen Ausgleich an den AN zahlen müsste.[86] Damit erhält der AN in einer Kurzarbeiterperiode an Feiertagen eine geringere Nettovergütung als an anderen Tagen.[87] **64**

Während des Bezugs von Kurzarbeitergeld besteht ein kranken- und rentenversicherungspflichtiges Beschäftigungsverhältnis fort (§ 192 Abs. 1 Nr. 4 SGB V bzw. § 1 S. 1 Nr. 1 Hs. 2 SGB VI). Gem. § 249 Abs. 2 SGB V und § 168 Abs. 1 Nr. 1a SGB VI ist der AG auch während der Beitragszahlung verpflichtet. Da der AN infolge der Feiertagsruhe nicht schlechter gestellt werden darf, als wenn er Kurzarbeitergeld erhalten hätte, er aber das Kurzarbeitergeld ohne Belastung mit Beiträgen für gesetzliche Sozialabgaben erhält, muss der AG auch die für den Feiertag anfallenden Sozialversicherungsbeiträge allein tragen.[88] **65**

Im Ergebnis werden daher die steuerlichen Belastungen anders behandelt als die Sozialversicherungsbeiträge.[89]

3. Kurzarbeit, Arbeitsunfähigkeit und Feiertag. Erkrankt der AN während einer Kurzarbeiterperiode an einem Feiertag, hat er Anspruch auf Feiertagsentgelt in Höhe des Kurzarbeitergeldes.[90] Etwas Anders ergibt sich nicht aus § 4 Abs. 3 S. 2. Dieser Vorschrift ist nicht zu entnehmen, dass der AN die Vergütung erhalten soll, die er bezogen hätte, wenn er an dem Tag gearbeitet hätte und keine Kurzarbeit angeordnet worden wäre. Dann erhielte er nämlich eine höhere Vergütung als wenn er nicht arbeitsunfähig erkrankt gewesen wäre. Der Gesetzgeber wollte den erkrankten AN aber nur so stellen, wie er stünde, wenn er nicht erkrankt wäre.[91] Dann könnte er Feiertagsvergütung in Höhe des Kurzarbeitergeldes beanspruchen (zur Höhe siehe Rn 63). § 4 Abs. 3 S. 2 ist daher als gesetzliche Anordnung zu verstehen, den AN so zu behandeln, als ob er nicht arbeitsunfähig erkrankt gewesen wäre. **66**

V. Anspruchsausschluss (§ 2 Abs. 3)

AN, die am letzten Tag vor oder am ersten Tag nach Feiertagen unentschuldigt der Arbeit fernbleiben, haben keinen Anspruch auf Feiertagsvergütung. **67**

1. Voraussetzungen des Anspruchsausschlusses. Die Voraussetzungen des Anspruchsausschlusses sind in drei Schritten zu prüfen. Zunächst ist zu klären, ob der letzte Arbeitstag vor oder der erste Arbeitstag nach einem gesetzlichen Feiertag betroffen ist (a). Sodann ist zu prüfen, ob der AN der Arbeit ferngeblieben ist (b). Schließlich stellt sich die Frage, ob das Fernbleiben unentschuldigt ist (c). **68**

a) Letzter Arbeitstag vor oder erster Arbeitstag nach einem Feiertag. Hier ist für den AN eine **individuelle Betrachtung** vorzunehmen. Abzustellen ist auf den Tag, an dem der AN vor oder nach dem Feiertag letzt- bzw. erstmals arbeiten musste.[92] Maßgeblich sind somit nicht nur die Tage, die einem Feiertag unmittelbar vorangehen bzw. folgen. **69**

Da ein **unmittelbarer zeitlicher Zusammenhang nicht erforderlich** ist, erhält der AN, dem für den 23. bis zum 30.4. Urlaub bewilligt worden war, keine Feiertagsvergütung für den 1.5., wenn er am 22.4. unentschuldigt fehlt. Gleiches gilt, wenn der Feiertag in den Urlaub fällt.[93] Wird dem AN für den 20. bis 29.12. Urlaub bewilligt, kann er für die Weihnachtsfeiertage keine Vergütung beanspruchen, wenn er am 19. oder 30.12. unentschuldigt fehlt. **70**

---

84 *Treber*, § 2 Rn 64.
85 BAG 8.5.1984 – 3 AZR 194/82 – EzA § 1 FeiertagslohnzG Nr. 28; BAG 5.7.1979 – 3 AZR 173/78 – EzA § 1 FeiertagslohnzG Nr. 19.
86 BAG 8.5.1984 – 3 AZR 194/82 – EzA § 1 FeiertagslohnzG Nr. 28.
87 Kritisch daher *Kunz/Wedde*, § 2 Rn 113.
88 BAG 8.5.1984 – 3 AZR 194/82 – EzA § 1 FeiertagslohnzG Nr. 28.
89 Zur Kritik hieran Kaiser u.a./*Kleinsorge*, § 2 Rn 44; *Schmitt*, § 2 Rn 122.
90 *Schmitt*, § 2 Rn 123 f.; HzA/*Vossen*, Rn 573; ErfK/*Dörner*, § 2 Rn 18 und § 4 Rn 22; *Feichtinger/Malkmus*, § 4 Rn 179; a.A. MünchArb/*Boecken*, Bd. 1, § 84 Rn 45.
91 *Schmitt*, § 2 Rn 124.
92 Kaiser u.a./*Kleinsorge*, § 2 Rn 49; MünchArb/*Boewer*, Bd. 1, § 81 Rn 26; *Schmitt*, § 2 Rn 130; HzA/*Vossen*, Rn 794.
93 ErfK/*Dörner*, § 2 EFZG Rn 22.

71 Konsequenz der gesetzlichen Regelung ist, dass der AN, der an einem Arbeitstag zwischen zwei Feiertagen fehlt (z.B. Karsamstag), für beide Feiertage keine Vergütung erhält.[94]

72 **b) Fernbleiben von der Arbeit.** Ein Fernbleiben liegt vor, wenn der AN an dem gesamten Arbeitstag nicht zur Arbeit erscheint. Hiervon ist auch auszugehen, wenn der AN zwar am Arbeitsplatz erscheint, die Arbeit jedoch rechtswidrig verweigert.[95]

73 Problematisch sind die Fälle, in denen der AN während eines Teils der Arbeitszeit unentschuldigt fehlt. Einigkeit besteht, dass ein Anspruchsausschluss auch dann in Betracht kommt, wenn der AN der Arbeit nur für einen Teil des Tages fernbleibt.[96] Nach h.M. ist auf das Maß der Arbeitsversäumnis abzustellen.[97] Dem ist wegen des Sanktionscharakters des Abs. 3 zu folgen. Abs. 3 kommt daher nur dann zur Anwendung, wenn der AN an dem maßgeblichen Arbeitstag zeitlich mehr als die Hälfte der Arbeit nicht erbracht hat.[98] Unerheblich ist, ob die Arbeitsversäumnis zu Beginn, im Verlauf oder am Ende der für den AN geltenden Arbeitszeit eintritt.

74 **c) Unentschuldigtes Fernbleiben.** Dieses Tatbestandsmerkmal setzt voraus, dass objektiv eine Vertragsverletzung vorliegt **und** dem AN subjektiv ein Verschulden an dem Arbeitsversäumnis zur Last fällt.[99]

Eine objektive Vertragsverletzung liegt vor, wenn der AN zur Erbringung der Arbeitsleistung verpflichtet war.[100] Hieran fehlt es etwa, wenn sich der AN an einem rechtmäßigen Streik beteiligt hat.

Liegt eine objektive Vertragsverletzung vor, ist in aller Regel von einem Verschulden des AN auszugehen. Nur in Ausnahmefällen ist ein entschuldbarer Rechtsirrtum über das Bestehen der Arbeitspflicht denkbar.[101]

75 Teilt der AN dem AG einen objektiv anerkannten Grund für das Fernbleiben von der Arbeit nicht unverzüglich mit, ist der Anspruch auf Feiertagsvergütung nicht dauerhaft ausgeschlossen.[102] Abs. 3 stellt auf die objektive Vertragsverletzung ab, die in einem solchen Fall nicht gegeben ist. Allerdings besteht eine arbeitsvertragliche **Nebenpflicht des AN**, den AG über das Fernbleiben und den Grund hierfür **unverzüglich zu unterrichten**.[103] Verletzt er diese Pflicht, kann der AG die Feiertagsvergütung in analoger Anwendung von § 7 Abs. 1 Nr. 1 solange verweigern, bis der AN einen objektiv anerkannten Entschuldigungsgrund nachgewiesen hat.[104]

76 **2. Rechtsfolgen.** Liegen die Voraussetzungen des Abs. 3 vor, erhält der AN für den gesamten Feiertag keine Vergütung. Dies gilt auch dann, wenn er am maßgeblichen Tag seiner Arbeitspflicht zwar teilweise nachgekommen ist, nicht aber in dem für den Anspruchserhalt notwendigen zeitlichen Umfang.[105]

77 Bei einer Monatsvergütung ist die Höhe des Abzugs zu ermitteln, indem zunächst von der Anzahl der Arbeitstage zuzüglich der Feiertage ausgegangen wird. Der Tagesverdient lässt sich errechnen, indem der Monatsverdienst durch die Anzahl der so ermittelten Tage geteilt wird. Um den Tagesverdienst ist die Vergütung des AN zu kürzen.

C. Verbindung zu anderen Rechtsgebieten und zum Prozessrecht
I. Darlegungs- und Beweislast

78 **1. Abs. 1.** Der **AN**, der vom AG die Bezahlung von Feiertagsvergütung fordert, hat die tatsächlichen Voraussetzungen darzulegen und im Streitfall zu beweisen. Diese Verteilung der Beweislast ergibt sich aus dem allgemeinen Grundsatz, dass jede Partei die für ihr Begehren notwendigen und damit für sie günstigen Tatsachen beweisen muss.[106]

79 Der AN muss demnach nach der Rspr. des BAG auch beweisen, dass der Feiertag die alleinige Ursache des Arbeitsausfalls ist.[107] Allerdings ist insoweit von einer abgestuften Darlegungs- und Beweislast auszugehen. Der AN hat zunächst tatsächliche Umstände vorzutragen, aus denen sich eine hohe Wahrscheinlichkeit dafür ergibt, dass die Arbeit allein wegen des Feiertages ausgefallen ist. Ein **Anhaltspunkt** hierfür kann die **häufige Arbeit an einem be-**

---

94 HzA/*Vossen*, Rn 797.
95 *Worzalla/Süllwald*, § 2 Rn 45; MünchArb/*Boewer*, Bd. 1, § 81 Rn 27; *Schmitt*, § 2 Rn 143; HzA/*Vossen*, Rn 798.
96 BAG 28.10.1966 – 3 AZR 186/66 – AP § 1 FeiertagslohnG Nr. 23; ErfK/*Dörner*, § 2 EFZG Rn 21; Kaiser u.a./*Kleinsorge*, § 2 Rn 50; MünchArb/*Boewer*, Bd. 1, § 81 Rn 27; *Schmitt*, § 2 Rn 136 ff.
97 BAG 28.10.1966 – 3 AZR 186/66 – AP § 1 FeiertagslohnG Nr. 23; *Schmitt*, § 2 Rn 139; HzA/*Vossen* Rn 800; a.A. ErfK/*Dörner*, § 2 EFZG Rn 21.
98 BAG 28.10.1966 – 3 AZR 186/66 – AP § 1 FeiertagslohnG Nr. 23; Kaiser u.a./*Kleinsorge*, § 2 Rn 50; *Schmitt*, § 2 Rn 139; HzA/*Vossen*, Rn 802.
99 BAG 28.10.1966 – 3 AZR 186/66 – AP § 1 FeiertagslohnG Nr. 23; Kaiser u.a./*Kleinsorge*, § 2 Rn 46; *Schmitt*, § 2 Rn 145; HzA/*Vossen*, Rn 800.
100 *Schmitt*, § 2 Rn 146; HzA/*Vossen*, Rn 802.
101 *Schmitt*, § 2 Rn 152.
102 Kaiser u.a./*Kleinsorge*, § 2 Rn 47; HzA/*Vossen*, Rn 803; a.A. noch BAG 14.6.1957 – 1 AZR 97/56 – AP § 1 FeiertagslohnG Nr. 2.
103 *Schmitt*, § 2 Rn 150.
104 HzA/*Vossen*, Rn 803; Vogelsang, Rn 838.
105 BAG 28.10.1966 – 3 AZR 186/66 – AP § 1 FeiertagslohnG Nr. 23; *Schmitt*, § 2 Rn 154; HzA/*Vossen*, Rn 804.
106 BAG 24.10.2001 – 5 AZR 245/00 – DB 2002, 1110; BAG 18.3.1992 – 4 AZR 387/91 – AP § 1 FeiertagslohnG Nr. 64.
107 BAG 24.10.2001 – 5 AZR 245/00 – DB 2002, 1110; a.A. MünchArb/*Boewer*, Bd. 1, § 81 Rn 30; HzA/*Vossen*, Rn 792.

stimmten Wochentag sein. Der AG hat sich hierzu konkret zu erklären (§ 138 Abs. 2 ZPO) und tatsächliche Umstände dafür darzulegen, dass der Feiertag für den Arbeitsausfall nicht ursächlich war.[108]

2. Abs. 3. Der AG hat darzulegen und zu beweisen, dass der AN an dem maßgeblichen Tag nicht zur Arbeit erschienen ist.[109] Dagegen muss der AN beweisen, dass dies nicht unentschuldigt erfolgt ist.[110]

II. Ausschlussfristen

Bei dem Anspruch aus Abs. 1 handelt es sich auch dann um einen gesetzlichen und nicht um einen tariflichen Anspruch, wenn die Vergütung selbst tariflich geregelt ist. Er unterliegt nicht einer tariflichen Ausschlussfrist, die nur tarifliche Ansprüche erfasst.[111]

D. Beraterhinweise

Arbeitet der AN an einem Feiertag, hat er keinen Anspruch aus § 2. Der Anspruch auf Vergütung ergibt sich vielmehr aus § 611 Abs. 1 BGB.[112] Ein gesetzlicher Anspruch auf einen Feiertagszuschlag besteht nicht. Geleistete Feiertagsarbeit führt auch nicht zu Überstunden, wenn in der betreffenden Kalenderwoche die regelmäßige (tarifliche) Arbeitszeit nicht überschritten wird.[113]

Viele TV sehen jedoch einen Zuschlag bei Feiertagsarbeit vor. Möglich ist auch eine einzelvertragliche Vereinbarung. Es empfiehlt sich im Streitfall, den Arbeitsvertrag und den anwendbaren TV im Hinblick auf derartige Vereinbarungen zu überprüfen. Zu beachten ist ferner, dass AN, die an einem auf einen Werktag fallenden Feiertag beschäftigt werden, nach § 11 Abs. 3 S. 2 ArbZG einen Ersatzruhetag haben müssen, der innerhalb eines den Beschäftigungstag einschließenden Zeitraums von acht Wochen zu gewähren ist. Nach der Rspr. des BAG kann der AN allerdings keine bezahlte Freistellung an einem Beschäftigungstag verlangen. Vielmehr kommt als Ersatzruhetag jeder Werktag, also auch ein ohnehin arbeitsfreier Samstag oder ein schichtplanmäßig arbeitsfreier sonstiger Werktag in Betracht.[114]

Wird ein AN ins Ausland entsandt, kommt das deutsche Feiertagsrecht nicht zur Anwendung (siehe Rn 16). Es empfiehlt sich daher bei Entsendung ins Ausland eine vertragliche Regelung, aus der hervorgeht, wie an deutschen und an ausländischen Feiertagen zu verfahren ist. So kann etwa vereinbart werden, dass der AN an deutschen Feiertagen unter Fortzahlung der Vergütung von der Arbeitspflicht freigestellt wird. In diesem Fall sollte auch klargestellt werden, auf welche landesgesetzlichen Bestimmungen zum Feiertagsrecht abzustellen ist. Zulässig sind auch Vereinbarungen, wonach die Feiertage im Einsatzland als Feiertage i.S.d. § 2 gelten.[115]

---

108 BAG 24.10.2001 – 5 AZR 245/00 – DB 2002, 1110.
109 ErfK/*Dörner*, § 2 EFZG Rn 26; *Vogelsang*, Rn 855.
110 HzA/*Vossen*, Rn 806; *Vogelsang*, Rn 855; a.A. ErfK/*Dörner*, § 2 EFZG Rn 26.
111 BAG 10.12.1986 – 5 AZR 507/85 – EzA § 4 TVG Ausschlussfristen Nr. 71.
112 BAG 12.12.2001 – 5 AZR 294/00 – NZA 2002, 505.
113 BAG 12.12.2001 – 5 AZR 294/00 – NZA 2002, 505.
114 BAG 12.12.2001 – 5 AZR 294/00 – NZA 2002, 505.
115 *Schmitt*, § 2 Rn 32; *Worzalla/Süllwald*, § 2 Rn 11; HzA/*Vossen*, Rn 771.

Anhang: Übersicht über die gesetzlichen Feiertage in der Bundesrepublik Deutschland (Stand: 9. August 2007)

85 Die nachfolgende Übersicht ist u.a zu finden unter http://www.bmi.bund.de/cae/servlet/contentblob/437124/publicationFile/20210/feiertage.pdf.

Feiertage	BW	BY[1]	BE	BB	HB	HH	HE	MV	NI	NW	RP	SL	SN	ST	SH	TH
Neujahrstag (1.1.)	X	X	X	X	X	X	X	X	X	X	X	X	X	X	X	X
Hl. Drei Könige (6.1.)	X	X												X		
Karfreitag	X	X	X	X	X	X	X	X	X	X	X	X	X	X	X	X
Ostermontag	X	X	X	X	X	X	X	X	X	X	X	X	X	X	X	X
1. Mai	X	X	X	X	X	X	X	X	X	X	X	X	X	X	X	X
Christi Himmelfahrt	X	X	X	X	X	X	X	X	X	X	X	X	X	X	X	X
Pfingstmontag	X	X	X	X	X	X	X	X	X	X	X	X	X	X	X	X
Fronleichnam	X	X					X			X	X	X	[2]			[3]
Mariä Himmelfahrt (15.8.)		k										X				
Tag der Deutschen Einheit (3.10.)	X	X	X	X	X	X	X	X	X	X	X	X	X	X	X	X
Reformationstag				X				X					X	X		X
Allerheiligen (1.11.)	X	X								X	X	X				
Buß- u. Bettag													X			
1. u. 2. Weihnachtstag (25. u. 26.12.)	X	X	X	X	X	X	X	X	X	X	X	X	X	X	X	X

X bedeutet gesetzlicher Feiertag
K bedeutet gesetzlicher Feiertag in Gemeinden mit überwiegend katholischer Bevölkerung

Länderabkürzungen

BW = Baden-Württemberg
BY = Bayern
BE = Berlin
BB = Brandenburg
HB = Bremen
HH = Hamburg
HE = Hessen
MV = Mecklenburg-Vorpommern

NI = Niedersachsen
NW = Nordrhein-Westfalen
RP = Rheinland-Pfalz
SL = Saarland
SN = Sachsen
ST = Sachsen-Anhalt
SH = Schleswig-Holstein
TH = Thüringen

Erläuterungen:

[1] In der Stadt Augsburg ist außerdem der 8. August (Friedensfest) gesetzlicher Feiertag.

[2] Fronleichnam ist gesetzlicher Feiertag nur in den vom Staatsministerium des Innern durch Rechtsverordnung bestimmten Gemeinden im Landkreis Bautzen und im Westlausitzkreis.

[3] Der Innenminister kann durch Rechtsverordnung für Gemeinden mit überwiegend katholischer Bevölkerung Fronleichnam als gesetzlichen Feiertag festlegen. Bis zum Erlass dieser Rechtsverordnung gilt der Fronleichnam in denjenigen Teilen Thüringens, in denen er 1994 als gesetzlicher Feiertag begangen wurde, als solcher fort.

[4] Feiertage, die immer auf einen Sonntag fallen, sind in der Übersicht nicht enthalten.

§ 3 Anspruch auf Entgeltfortzahlung im Krankheitsfall

(1) ¹Wird ein Arbeitnehmer durch Arbeitsunfähigkeit infolge Krankheit an seiner Arbeitsleistung verhindert, ohne daß ihn ein Verschulden trifft, so hat er Anspruch auf Entgeltfortzahlung im Krankheitsfall durch den Arbeitgeber für die Zeit der Arbeitsunfähigkeit bis zur Dauer von sechs Wochen. ²Wird der Arbeitnehmer infolge derselben Krankheit erneut arbeitsunfähig, so verliert er wegen der erneuten Arbeitsunfähigkeit den Anspruch nach Satz 1 für einen weiteren Zeitraum von höchstens sechs Wochen nicht, wenn
1. er vor der erneuten Arbeitsunfähigkeit mindestens sechs Monate nicht infolge derselben Krankheit arbeitsunfähig war oder
2. seit Beginn der ersten Arbeitsunfähigkeit infolge derselben Krankheit eine Frist von zwölf Monaten abgelaufen ist.

(2) ¹Als unverschuldete Arbeitsunfähigkeit im Sinne des Absatzes 1 gilt auch eine Arbeitsverhinderung, die infolge einer nicht rechtswidrigen Sterilisation oder eines nicht rechtswidrigen Abbruchs der Schwangerschaft eintritt. ²Dasselbe gilt für einen Abbruch der Schwangerschaft, wenn die Schwangerschaft innerhalb von zwölf Wochen nach der Empfängnis durch einen Arzt abgebrochen wird, die schwangere Frau den Abbruch verlangt und dem Arzt durch eine Bescheinigung nachgewiesen hat, daß sie sich mindestens drei Tage vor dem Eingriff von einer anerkannten Beratungsstelle hat beraten lassen.

(3) Der Anspruch nach Absatz 1 entsteht nach vierwöchiger ununterbrochener Dauer des Arbeitsverhältnisses.

A. Allgemeines	1
B. Regelungsgehalt	4
I. Überblick	4
II. Tatbestandselemente	5
1. Bestehen eines Arbeitsverhältnisses i.S.v. § 1	5
a) Jedes Arbeitsverhältnis	6
b) Gestörte Arbeitsverhältnisse	7
2. Erfüllung der Wartezeit (Abs. 3)	9
a) Berechnung der Wartezeit	10
b) Vorausgegangene Arbeitsverhältnisse	12
aa) Arbeitsverhältnis	12
bb) Unterbrechungen	13
c) Eintritt der Arbeitsunfähigkeit während der Wartezeit	14
3. Arbeitsverhinderung durch Arbeitsunfähigkeit infolge Krankheit	15
a) Krankheit	16
b) Arbeitsunfähigkeit	20
aa) Definition	20
bb) Bezug zur Arbeitsleistung	23
cc) Einzelfälle	26
4. Kausalität	36
a) Allgemeines	37
b) Einzelfälle	39
5. Unverschuldete Arbeitsunfähigkeit	54
a) Grundsätze	55
aa) Definition	55
bb) Verschulden des Arbeitgebers oder Dritter	56
cc) Verzögerung der Heilung	59
b) Einzelfälle	60
6. Treu und Glauben	71
III. Anspruchszeitraum	73
1. Beginn	74
a) Fristberechnung	74
b) Ruhendes Arbeitsverhältnis	79
c) Wechsel des Arbeitgebers	81
2. Dauer	82
3. Ende	83
4. Mehrfache Arbeitsunfähigkeit	84
a) Arbeitsunfähigkeit infolge derselben Krankheit	85
aa) Begriff derselben Krankheit	86
bb) Zeitraum von sechs Monaten	92
cc) Zeitraum von zwölf Monaten	100
dd) Zusammentreffen beider Zeiträume	103
b) Wechsel des Arbeitgebers	104
c) Arbeitsunfähigkeit infolge einer anderen Krankheit	106
IV. Der Anspruch auf Entgeltfortzahlung	111
V. Sterilisation und Schwangerschaftsabbruch	112
1. Sterilisation	113
2. Schwangerschaftsabbruch	114
C. Verbindung zu anderen Rechtsgebieten und zum Prozessrecht	116
I. Darlegungs- und Beweislast	116
1. Überblick	117
2. Wartezeit (Abs. 3)	120
3. Alleinige Ursache	121
4. Verschulden	123
5. Fortsetzungserkrankung	124
II. Ausschlussfristen/Verjährung	127
D. Beraterhinweise	128
I. Arbeit trotz bescheinigter Arbeitsunfähigkeit?	131
II. Anspruch auf Weiterbeschäftigung zu geänderten Arbeitsbedingungen?	133

A. Allgemeines

§ 3 enthält für das Arbverh von dem allgemeinen Schuldrecht des BGB abweichende Vorschriften. § 275 Abs. 1 BGB sieht vor, dass der Schuldner von der Leistungspflicht frei wird, wenn diese unmöglich ist. Gleiches gilt nach Maßgabe des § 275 Abs. 3 BGB, wenn die Leistungserbringung unzumutbar ist. Als Rechtsfolge schreibt § 326 Abs. 1 S. 1 BGB vor, dass der Anspruch auf die Gegenleistung entfällt. Von diesem Grundsatz („ohne Arbeit keinen Lohn") weicht § 3 zugunsten des AN ab, indem er ihm für die Dauer von sechs Wochen auch ohne eigene Leistungserbringung den Vergütungsanspruch sichert. Der gesetzliche Entgeltfortzahlungsanspruch im Krankheitsfall ist der aufrecht erhaltene Vergütungsanspruch nach § 611 Abs. 1 BGB und teilt dessen rechtliches Schicksal.[1]

2 § 3 dient nicht nur der Sicherung der wirtschaftlichen Existenz der AN, sondern auch der Entlastung der Krankenkassen.[2] Diese sind von der Verpflichtung zur Zahlung von Krankengeld befreit, soweit und solange der AN Entgeltfortzahlung im Krankheitsfall erhält (§ 49 Abs. 1 Nr. 1 SGB V).

3 Abs. 1 stellt die zentrale Bestimmung des Entgeltfortzahlungsrechts dar. Sie wird durch Regelungen zur Sterilisation und zum Schwangerschaftsabbruch ergänzt (Abs. 2). Darüber hinaus sieht das Gesetz eine vierwöchige Wartezeit (Abs. 3) zur Entlastung der AG vor.

B. Regelungsgehalt
I. Überblick

4 Nach Abs. 1, 3 besteht ein Anspruch auf Entgeltfortzahlung im Krankheitsfall, wenn
- ein **Arbverh** vorliegt;
- eine Krankheit des AN gegeben ist, die zu seiner **Arbeitsunfähigkeit** führt;
- die Arbeitsunfähigkeit die **alleinige** Ursache dafür ist, dass der AN seine Arbeitsleistung nicht erbringt;
- **kein Verschulden** des AN gegeben ist;
- die **Wartezeit** erfüllt ist.

II. Tatbestandselemente

5 **1. Bestehen eines Arbeitsverhältnisses i.S.v. § 1.** Anspruch auf Entgeltzahlung im Krankheitsfall haben AN i.S.v. § 1 Abs. 2, d.h. Arbeiter und Ang sowie die zu ihrer Berufsbildung Beschäftigten. Erfasst sind somit auch Praktikanten, die zur Vorbereitung ihrer eigentlichen Ausbildung beschäftigt werden, und Volontäre mit einem Vergütungsanspruch.[3]

6 **a) Jedes Arbeitsverhältnis.** § 3 gilt für jedes Arbverh. Erfasst sind ebenso befristete wie unter einer auflösenden Bedingung geschlossene Arbverh. Auch teilzeitbeschäftigte AN haben unabhängig von ihrem individuellen Arbeitsvolumen Anspruch auf Entgeltfortzahlung. § 3 ist daher auf geringfügig beschäftigte AN anwendbar. Im gekündigten Arbverh besteht der Anspruch während des Laufs der Künd-Frist.

7 **b) Gestörte Arbeitsverhältnisse.** Erweist sich ein übereinstimmend in Vollzug gesetzter Arbeitsvertrag zu einem späteren Zeitpunkt als nichtig oder wird er wirksam angefochten, liegt ein sog. **faktisches Arbverh** vor.[4] Auch im faktischen Arbverh besteht der Anspruch auf Entgeltfortzahlung; er setzt grds. kein wirksames Arbverh voraus.[5] Hat der AG allerdings im Anschluss an eine Arbeitsunfähigkeit des AN den Arbeitsvertrag wegen arglistiger Täuschung angefochten, entfaltet die Anfechtung Rückwirkung.[6] Der AN hat dann für die Zeit der Erkrankung keinen Anspruch gegen den AG. Ein Anspruch aus § 812 Abs. 1 S. 1 BGB scheidet aus, weil der AG nicht um die Arbeitsleistung des AN bereichert ist.

8 Wird der AN während des **Künd-Schutzprozesses** oder nach Ablauf einer Befristung während des Bestandsschutzverfahrens weiterbeschäftigt, ist zu **differenzieren**:
- Unproblematisch sind die Fälle, in denen der AN im Bestandsschutzverfahren obsiegt. Er kann die Entgeltfortzahlung im Krankheitsfall aufgrund des bestehenden Arbeitsvertrages verlangen.[7]
- Unterliegt der AN im Bestandsschutzverfahren, hat er dennoch einen Anspruch auf Entgeltfortzahlung, wenn er während des Laufes des Prozesses aufgrund einer vertraglichen Abrede der Parteien weiterbeschäftigt worden ist. Hiervon ist auszugehen, wenn der AG den AN freiwillig beschäftigt hat. In derartigen Fällen liegt ein befristeter Arbeitsvertrag vor.[8]
- Der Anspruch besteht ebenfalls, wenn der AG den AN nach § 102 Abs. 5 S. 1 BetrVG wegen des Widerspruchs des BR weiter beschäftigt. Liegen die Voraussetzungen des § 102 Abs. 5 S. 1 BetrVG vor, besteht das bisherige Arbverh während des Bestandsschutzverfahrens kraft Gesetzes fort und ist nur auflösend bedingt durch die rechtskräftige Abweisung der Künd-Schutzklage.[9]
- Keinen Anspruch hat dagegen der AN, den der AG zur Abwendung der Zwangsvollstreckung aus einem arbeitsgerichtlichen Urteil weiterbeschäftigt hat. Unterliegt der AN in der höheren Instanz, hat er in der Zwischenzeit

---

1 BAG 16.1.2002 – 5 AZR 430/00 – NZA 2002, 746; *Müller-Glöge*, RdA 2006, 105.
2 ErfK/*Dörner*, § 3 EFZG Rn 1.
3 *Müller-Glöge*, RdA 2006, 105; HzA/*Vossen*, Rn 42; ErfK/*Dörner*, § 1 EFZG Rn 3; *Vogelsang*, Rn 35.
4 BAG 20.3.2001 – 3 AZR 276/00 – AP § 1 BetrAVG Beamtenversorgung Nr. 16; BAG 30.4.1997 – 7 AZR 122/96 – EzA § 812 BGB Nr. 3.
5 BAG 15.1.986 – 5 AZR 237/84 – EzA § 1 LohnFG Nr. 79; HzA/*Vossen*, Rn 50.
6 BAG 3.12.998 – 2 AZR 754/97 – NZA 1999, 584.
7 Die Arbeitsunfähigkeit ist in diesem Fall die alleinige Ursache des Arbeitsausfalls; vgl. unten Rn 39.
8 BAG 22.10.2003 – 7 AZR 113/03 – AP § 14 TzBfG Nr. 6.
9 BAG 15.3.2001 – 2 AZR 141/00 – NZA 2001, 1267.

im vertragslosen Zustand gearbeitet. Ein Vertrag ist nicht zustande gekommen.[10] Nach der Rspr. des BAG liegt auch kein faktisches Arbverh vor. Vielmehr soll Bereicherungsrecht zur Anwendung kommen.[11] Danach hat der AN keinen Anspruch aus § 812 Abs. 1 S. 1 BGB, weil der AG nicht um die Arbeitsleistung bereichert ist.[12]

2. Erfüllung der Wartezeit (Abs. 3). Der Anspruch auf Entgeltfortzahlung besteht erst nach vierwöchiger ununterbrochener Dauer des Arbverh. Während der Wartezeit ist somit nicht der AG zahlungspflichtig, sondern die Krankenkasse. Der AN hat Anspruch auf Krankengeld gem. § 44 Abs. 1 S. 1 SGB V.

a) Berechnung der Wartezeit. Maßgeblich für den Beginn der Wartezeit ist der **rechtliche Bestand des Arbverh**, d.h. der von den Arbeitsvertragsparteien vorgesehene Termin der Arbeitsaufnahme. Es kommt also weder auf den Zeitpunkt des Vertragsschlusses noch auf die tatsächliche Arbeitsaufnahme an.[13]

Die Frist berechnet sich nach §§ 187 Abs. 2, 188 Abs. 2 BGB.[14] Nach § 187 Abs. 2 S. 1 BGB beginnt die Frist mit dem ersten Tag des rechtlichen Bestehens des Arbverh. Sie endet gem. § 188 Abs. 2 BGB mit Ablauf des Tages der vierten Woche, der dem Tag vorhergeht, der durch seine Benennung dem Anfangstag der Frist entspricht. § 193 BGB findet keine Anwendung. Hat das Arbverh somit am Freitag, dem 27.10.2009 begonnen, endet die Frist am Donnerstag, dem 24.12.2009. Sie verlängert sich nicht deswegen, weil der 25.12.2009 ein Feiertag ist.

b) Vorausgegangene Arbeitsverhältnisse. aa) Arbeitsverhältnis. Auf die Wartezeit können nur vorangegangene Arbverh angerechnet werden. Eine Tätigkeit als Leih-AN oder als freier Mitarbeiter bleibt unberücksichtigt. Dagegen ist ein dem Arbverh unmittelbar vorausgehendes Berufsausbildungsverhältnis anzurechnen. Wird der Auszubildende somit im Anschluss an das Berufsausbildungsverhältnis in ein Arbverh übernommen, entsteht keine neue Wartezeit.[15]

bb) Unterbrechungen. Nach dem Gesetzeswortlaut bedarf es zur Erfüllung der Wartezeit einer „ununterbrochenen Dauer des Arbverh". Gleichwohl besteht Einigkeit, dass kurzfristige Unterbrechungen in Ausnahmefällen unschädlich sein können. Besteht zwischen einem beendeten und einem neu begründeten Arbverh ein **enger zeitlicher und sachlicher Zusammenhang**, wird der Lauf der Wartezeit desAbs. 3 in dem neuen Arbverh nicht erneut ausgelöst.[16] Insoweit kann auf die Rspr. des BAG zu der Erfüllung der Wartezeit des § 1 Abs. 1 KSchG[17] zurückgegriffen werden.[18] Keine Unterbrechung ist bei einem Betriebsübergang gegeben.[19]

c) Eintritt der Arbeitsunfähigkeit während der Wartezeit. Erkrankt ein AN vor Ablauf der Wartezeit und dauert die Arbeitsunfähigkeit über den Ablauf der Wartezeit hinaus an, so entsteht der Anspruch auf Entgeltfortzahlung nach Abs. 1 für die Dauer von sechs Wochen. In die Wartezeit fallende Krankheitstage sind nicht anzurechnen.[20] Ein teilweiser „Verbrauch" der sechswöchigen Anspruchsdauer tritt durch eine Erkrankung in der Wartezeit nicht ein. Erkrankt der AN somit in der zweiten Woche des Arbverh für insgesamt zwölf Wochen, erhält er ab der fünften Woche des Bestandes des Arbverh für sechs Wochen Entgeltfortzahlung. Dies gilt wegen § 8 Abs. 1 S. 1 auch dann, wenn das Arbverh durch eine aus Anlass der Arbeitsunfähigkeit ausgesprochene Künd noch innerhalb der Wartezeit beendet worden ist.[21]

3. Arbeitsverhinderung durch Arbeitsunfähigkeit infolge Krankheit. Der Anspruch des AN auf Entgeltfortzahlung setzt nach Abs. 1 S. 1 voraus, dass der AN durch Arbeitsunfähigkeit infolge Krankheit an seiner Arbeitsleistung verhindert ist. Das Gesetz unterscheidet somit zwischen Krankheit und Arbeitsunfähigkeit. Die Begriffe sind nicht deckungsgleich.[22] Eine Arbeitsunfähigkeit setzt eine Krankheit voraus; es ist jedoch nicht mit jeder Krankheit eine Arbeitsunfähigkeit verbunden.

a) Krankheit. Der Begriff der Krankheit ist gesetzlich nicht definiert. Abzustellen ist auf den medizinischen Krankheitsbegriff. Danach ist **Krankheit jeder regelwidrige körperliche oder geistige Zustand**.[23]

Unerheblich ist, auf welcher Ursache die Krankheit beruht. Auch eine durch einen Geburtsfehler verursachte gesundheitliche Störung ist eine Krankheit.[24] Für das Vorliegen einer Krankheit ist ferner nicht maßgeblich, auf welcher

---

10 KR/*Etzel*, § 102 BetrVG Rn 280 ff.
11 BAG 12.2.1992 – 5 AZR 297/90 – EzA § 611 BGB Beschäftigungspflicht Nr. 52.
12 Hessisches LAG 15.3.2004 – 7 Sa 1560/02 – juris; HzA/*Vossen*, Rn 58; *Feichtinger/Malkmus*, § 3 Rn 14; *Treber*, § 3 Rn 12.
13 *Vogelsang*, Rn 54.
14 HzA/*Vossen*, Rn 65 f.; *Vogelsang*, Rn 58.
15 BAG 20.8.2003 – 5 AZR 436/02 – AP § 3 EFZG Nr. 20.
16 BAG 22.8.2001 – 5 AZR 699/99 – NZA 2002, 610.
17 BAG 20.8.1998 – 2 AZR 83/98 – AP § 1 KSchG 1969 Wartezeit Nr. 10.
18 ErfK/*Dörner*, § 3 EFZG Rn 70; *Vogelsang*, Rn 59 f.; *Treber*, § 3 Rn 108.
19 *Feichtinger/Malkmus*, § 3 Rn 177.
20 BAG 16.1.2002 – 5 AZR 430/00 – NZA 2002, 746; BAG 26.5.1999 – 5 AZR 476/98 – NZA 1999, 1273.
21 BAG 26.5.1999 – 5 AZR 476/98 – NZA 1999, 1273.
22 ErfK/*Dörner*, § 3 EFZG Rn 9; *Vogelsang*, Rn 75; *Treber*, § 3 Rn 13.
23 BAG 7.8.1991 – 5 AZR 410/90 – EzA § 1 LohnFG Nr. 120; BAG 26.7.1989 – 5 AZR 301/88 – EzA § 1 LohnFG Nr. 112.
24 BAG 5.4.1976 – 5 AZR 397/75 – EzA § 1 LohnFG Nr. 48; *Feichtinger/Malkmus*, § 3 Rn 23.

Ursache der regelwidrige körperliche oder geistige Zustand zurückgeht. Eine Krankheit ist daher auch dann gegeben, wenn der AN den regelwidrigen körperlichen oder geistigen Zustand verschuldet hat.[25] Das Verschulden des AN ist als anspruchsausschließendes Tatbestandsmerkmal gesondert zu prüfen. Schließlich kommt es nicht darauf an, ob die Krankheit heilbar ist.[26]

18 Eine Krankheit kann sich demnach ergeben aus
- einer Alkoholabhängigkeit;[27]
- einer Drogen- oder Nikotinsucht;[28]
- einem Selbstmordversuch;[29]
- einer Sterilität.[30]

19 Keine Krankheit liegt vor
- bei einem altersbedingten Nachlassen der Leistungsfähigkeit;[31]
- bei einer normal verlaufenden Schwangerschaft;[32]
- bei einer Schönheitsoperation, die nicht notwendig war, um einen psychischen Leidendruck von nicht unerheblichem Gewicht zu beseitigen oder zu lindern.[33]

20 **b) Arbeitsunfähigkeit. aa) Definition.** Arbeitsunfähig infolge Krankheit ist der AN dann, wenn ein Krankheitsgeschehen ihn außer Stande setzt, die ihm nach dem Arbeitsvertrag obliegende Arbeit zu verrichten, oder wenn er die Arbeit nur unter der Gefahr fortsetzen könnte, in absehbarer naher Zeit seinen Zustand zu verschlimmern.[34]

Diese Definition deckt sich inhaltlich mit der in den AU-RL (vgl. § 92 Abs. 1 Nr. 7, 81 Abs. 3 Nr. 2 SGB V) vorgenommenen Begriffsbestimmung. Nr. 1 dieser RL lautet:

21 *„Arbeitsunfähigkeit liegt vor, wenn der Versicherte aufgrund von Krankheit seine ausgeübte Tätigkeit nicht mehr oder nur unter der Gefahr der Verschlimmerung der Erkrankung ausführen kann. Arbeitsunfähigkeit liegt auch vor, wenn aufgrund eines bestimmten Krankheitszustandes, der für sich allein noch keine Arbeitsunfähigkeit bedingt, absehbar ist, dass aus der Ausübung der Tätigkeit für die Tätigkeit oder die Gesundung abträgliche Folgen erwachsen, die Arbeitsunfähigkeit unmittelbar hervorrufen."*

22 Für die Frage, ob Arbeitsunfähigkeit vorliegt oder nicht, ist auf objektive Gesichtspunkte abzustellen. Die Kenntnis oder die subjektive Wertung des AN ist nicht ausschlaggebend. Maßgebend ist vielmehr die vom Arzt nach objektiven medizinischen Kriterien vorzunehmende Bewertung.[35]

Bei einem Irrtum des Arztes besteht kein Anspruch des AN auf Entgeltfortzahlung im Krankheitsfall. Das anspruchsbegründende Tatbestandsmerkmal der Arbeitsunfähigkeit ist nicht gegeben.[36]

23 **bb) Bezug zur Arbeitsleistung.** Für die Beantwortung der Frage, ob mit einer Krankheit eine Arbeitsunfähigkeit einhergeht, kommt es auf den Inhalt der vertraglich geschuldeten Arbeitsleistung an.[37] Nur wenn der AN infolge der Krankheit seine arbeitsvertraglichen Pflichten nicht mehr erbringen kann, ist er arbeitsunfähig. So ist ein Bauarbeiter mit einem gebrochenen Arm arbeitsunfähig, nicht aber ein Pförtner.

24 Maßgeblich ist insoweit die Reichweite des Direktionsrechts des AG. Soweit es dem AG nach den arbeitsvertraglichen Vereinbarungen der Parteien im Rahmen billigen Ermessens (§ 106 GewO) möglich ist, dem AN eine Tätigkeit zuzuweisen, die er trotz seiner Erkrankung ausüben kann, und der AG von dieser Möglichkeit Gebrauch macht, liegt keine Arbeitsunfähigkeit vor.[38] Die Mitbestimmungsrechte des BR nach § 99 BetrVG hat der AG vorab zu berücksichtigen.

---

25 *Vogelsang*, Rn 69; *Feichtinger/Malkmus*, § 3 Rn 21.
26 HzA/*Vossen*, Rn 75/1; *Vogelsang*, Rn 67; *Treber*, § 3 Rn 17.
27 BAG 26.1.1995 – 2 AZR 649/94 – EzA § 1 KSchG Verhaltensbedingte Kündigung Nr. 46; BAG 7.8.1991 – 5 AZR 410/90 – EzA § 1 LohnFG Nr. 120.
28 BAG 17.4.1985 – 5 AZR 497/83 – juris.
29 BAG 28.2.1979 – 5 AZR 611/77 – EzA § 1 LohnFG Nr. 55.
30 HzA/*Vossen*, Rn 76; *Vogelsang*, Rn 71.
31 HzA/*Vossen*, Rn 75; *Vogelsang*, Rn 72.
32 BAG 22.3.1985 – 5 AZR 874/93 – EzA § 11 MuSchG n.F. Nr. 14; BAG 14.11.1984 – 5 AZR 394/82 – EzA § 1 LohnFG Nr. 74.
33 LAG Hamm 9.3.1988 – 1 Sa 2102/87 – LAGE § 1 LohnFG Nr. 18; LAG Hamm 23.7.1986 – 1 (9) Sa 528/96 – LAGE § 1 LohnFG Nr. 13; *Feichtinger/Malkmus*, § 3 Rn 34; *Vogelsang*, Rn 73; *Treber*, § 3 Rn 16. Vgl. auch Rn 67a zu Zeiten, in denen Komplikationen, die aufgrund einer Schönheitsoperation auftreten, behandelt werden müssen.
34 BAG 23.1.2008 – 5 AZR 393/07 – NJW 2008, 1550; BAG 29.1.1992 – 5 AZR 37/91 – EzA § 74 SGB V Nr. 1; BAG 7.8.1991 – 5 AZR 410/90 – EzA § 1 LohnFG Nr. 120.
35 BAG 26.7.1989 – 5 AZR 301/88 – EzA § 1 LohnFG Nr. 112.
36 *Treber*, § 3 Rn 27; *Vogelsang*, Rn 78; ErfK/*Dörner*, § 3 EFZG Rn 10; HWK/*Schliemann*, § 3 EFZG Rn 48.
37 BAG 23.1.2008 – 5 AZR 393/07 – NJW 2008, 1550; BAG 29.1.1992 – 5 AZR 37/91 – EzA § 74 SGB V Nr. 1; *Feichtinger/Malkmus*, § 3 Rn 28; *Vogelsang*, Rn 85.
38 BAG 20.3.1985 – 5 AZR 260/83 – juris; LAG Rheinland-Pfalz 4.11.1991 – 7 Sa 421/91 – NZA 1992, 169; ErfK/*Dörner*, § 3 EFZG Rn 11; HzA/*Vossen*, Rn 85; *Vogelsang*, Rn 86 und 88.

Der behandelnde Arzt hat diese Punkte – soweit es ihm möglich ist – aufzuklären. Ihm obliegt insoweit auch die rechtliche Beurteilung.[39] Nr. 2 der AU-RL bestimmt hierzu: 25

"Zwischen der Krankheit und der dadurch bedingten Unfähigkeit zur Fortsetzung der ausgeübten Tätigkeit muss ein kausaler Zusammenhang erkennbar sein. Deshalb hat der Arzt den Versicherten über Art und Umfang der tätigkeitsbedingten Anforderungen und Belastungen zu befragen und das Ergebnis der Befragung bei der Beurteilung von Grund und Dauer der Arbeitsunfähigkeit zu berücksichtigen."

cc) Einzelfälle. 26
– **Ansteckende Krankheit**

Leidet der AN an einer ansteckenden Krankheit, ist er selbst dann arbeitsunfähig, wenn er trotz der Krankheit seine arbeitsvertraglich geschuldete Arbeitsleistung erbringen könnte. Ihm ist die Erbringung der Arbeitsleistung nicht zumutbar, weil er damit andere in Gefahr bringt, sich anzustecken (vgl. § 275 Abs. 3 BGB).[40] Liegt dagegen keine Krankheit vor, ist eine Arbeitsunfähigkeit selbst dann ausgeschlossen, wenn eine Ansteckungsgefahr besteht (wie bei einem „Ausscheider" i.S.v. § 2 Nr. 4 BSeuchenG). In diesen Fällen kann der AN einen Vergütungsanspruch nach § 616 BGB haben.[41]

– **Arztbesuche; ambulante Therapie** 27

Sucht der AN wegen einer Erkrankung den Arzt auf, besteht ein Anspruch auf Entgeltfortzahlung nur, wenn er gleichzeitig arbeitsunfähig erkrankt ist. Liegt trotz der Erkrankung keine Arbeitsunfähigkeit vor, scheidet § 3 als Anspruchsgrundlage für den Vergütungsanspruch des AN aus.[42] So hat das BAG einen an Schuppenflechte erkrankten AN selbst an den Behandlungstagen nicht als arbeitsunfähig angesehen.[43] Kann der AN die ambulante Therapie wegen der Terminplanung des Arztes nur während der Arbeitszeit durchführen, kann ein Anspruch aus § 616 BGB gegeben sein.[44] Dagegen besteht Arbeitsunfähigkeit, wenn der AN zwar zu Beginn des Arztbesuches noch nicht arbeitsunfähig war, ihn jedoch die erforderliche Behandlung an der künftigen Arbeitsleistung hindert (z.B. ambulante Operation).[45]

– **Erstellen einer Diagnose; notwendige Krankenpflege** 28

Krankheitsbedingte Arbeitsunfähigkeit i.S.v. § 3 liegt auch dann vor, wenn erst die zur Behebung der Krankheit notwendige Krankenpflege den AN an seiner Arbeitsleistung hindert. Begibt sich somit ein AN wegen der Behandlung von Magenbeschwerden, die ihn unmittelbar noch nicht an der Arbeitsleistung hindern, ins Krankenhaus, liegt Arbeitsunfähigkeit vor.[46]

– **Maßnahmen zur künstlichen Befruchtung** 29

Nicht abschließend geklärt ist, wie Maßnahmen zur künstlichen Befruchtung zu behandeln sind. Zutreffend erscheint es, an die Leistungspflicht der gesetzlichen Krankenkassen anzuknüpfen.[47] Nach § 27a Abs. 1 SGB V umfassen die Leistungen der Krankenbehandlung auch medizinische Maßnahmen zur Herbeiführung einer Schwangerschaft, wenn diese Maßnahmen nach ärztlicher Feststellung erforderlich sind, nach ärztlicher Feststellung hinreichende Aussicht besteht, dass durch Maßnahmen eine Schwangerschaft herbeigeführt wird, die Personen, die diese Maßnahmen in Anspruch nehmen wollen, miteinander verheiratet sind, ausschließlich Ei- und Samenzellen der Ehegatten verwendet werden und sich die Ehegatten vor Durchführung der Maßnahme die erforderlichen Beratungen in Anspruch genommen haben.

Liegen diese Voraussetzungen vor, besteht ein Anspruch auf Entgeltfortzahlung im Krankheitsfall. Es liegt auch keine verschuldete Arbeitsunfähigkeit vor, weil die künstliche Befruchtung keinen Verstoß gegen die Interessen eines verständigen Menschen beinhaltet, sondern im eigenen Interesse erfolgt.[48]

– **Nichterreichen des Arbeitsplatzes** 30

Ist es dem AN wegen der Krankheit nicht möglich, die Arbeitsstelle zu erreichen, liegt keine Arbeitsunfähigkeit vor, wenn er seine Tätigkeit eigentlich ausüben könnte.[49]

---

39 ErfK/*Dörner*, § 3 EFZG Rn 11.
40 ErfK/*Dörner*, § 3 EFZG Rn 10; *Vogelsang*, Rn 81.
41 *Vogelsang*, Rn 81.
42 HzA/*Vossen*, Rn 90; ErfK/*Dörner*, § 3 EFZG Rn 10; *Vogelsang*, Rn 84.
43 BAG 9.1.1985 – 5 AZR 415/82 – EzA § 1 LohnFG Nr. 75.
44 ErfK/*Dörner*, § 3 EFZG Rn 10; *Vogelsang*, Rn 84.
45 BAG 9.1.1985 – 5 AZR 415/82 – EzA § 1 LohnFG Nr. 75.
46 BAG 14.1.1972 – 1 AZR 264/71 – EzA § 1 LohnFG Nr. 15; HzA/*Vossen*, Rn 81; *Vogelsang*, Rn 76.

47 ArbG Essen 17.1.2008 – 1 Ca 1805/07 – juris; *Feichtinger/Malkmus*, § 3 Rn 188; *Schmitt*, § 3 Rn 80; *Vogelsang*, Rn 80; weitergehend wohl ErfK/*Dörner*, § 3 EFZG Rn 10 und 28; vgl. auch ArbG Düsseldorf 5.6.1986 – 2 Ca 1567/86 – NJW 1986, 2394; ArbG Arnsberg 20.8.1992 – 2 Ca 469/92 – AiB 1993, 466.
48 ErfK/*Dörner*, § 3 EFZG Rn 28; *Vogelsang*, Rn 135.
49 BAG 7.8.1970 – 3 AZR 484/69 – EzA § 11 MuSchG n.F. Nr. 3; HzA/*Vossen*, Rn 92; ErfK/*Dörner*, § 3 EFZG Rn 13; *Feichtinger/Malkmus*, § 3 Rn 33; a.A. *Vogelsang*, Rn 83; *Treber*, § 3 Rn 35.

31 – **Organspende zugunsten eines Dritten**

Nach der Rspr. des BAG steht dem Organspender bei einem komplikationslosen Verlauf der Transplantation kein Anspruch gegen seinen AG auf Entgeltfortzahlung im Krankheitsfall zu. Der AN könne sich jedoch an die Versicherung des Organempfängers wenden und von dieser den Verdienstausfall als Kosten der Heilbehandlung beanspruchen.[50] Zur Begründung hat das BAG darauf verwiesen, dass diese Arbeitsunfähigkeit die Grenze des allgemeinen vom AG zu tragenden Krankheitsrisikos überschreite, weil sie den AN nicht wie ein normales Krankheitsschicksal treffe.

Der Entscheidung ist nicht zuzustimmen. Nach zutreffender Ansicht steht dem AN ein Entgeltfortzahlungsanspruch zu.[51] Dem BAG ist entgegenzuhalten, dass die Voraussetzungen des Entgeltfortzahlungsanspruchs gesetzlich abschließend geregelt sind. Ein Rückgriff auf allgemeine Grundsätze ist ausgeschlossen. Angesichts des hohen ethischen Motivs des AN ist die Arbeitsunfähigkeit auch nicht selbst verschuldet.[52]

32 – **Technische Hilfsmittel**

Steht dem AN ein zur Arbeit erforderliches Hilfsmittel (Prothese) wegen einer erforderlichen Reparatur nicht zur Verfügung, ist Arbeitsunfähigkeit gegeben.[53] Nr. 9 der AU-RL bestimmt hierzu:

„*Ist ein für die Ausübung der Tätigkeit oder das Erreichen des Arbeitsplatzes erforderliches Hilfsmittel (z.B. Körperersatzstück) defekt, besteht Arbeitsunfähigkeit solange, bis die Reparatur des Hilfsmittels beendet oder ein Ersatz des defekten Hilfsmittels erfolgt ist.*"

33 – **Teilweise Arbeitsunfähigkeit**

In Bezug auf eine teilweise bestehende Arbeitsunfähigkeit des AN wird zwischen der Teilarbeitsunfähigkeit in qualitativer und der in quantitativer Hinsicht unterschieden.

Teilarbeitsunfähigkeit in **qualitativer Hinsicht** liegt vor, wenn der AN zwar nicht mehr die unmittelbar vor der Erkrankung ausgeübte Tätigkeit verrichten kann, wohl aber noch andere Tätigkeiten, die zu seinem Berufsbild gehören.[54] Wie bereits ausgeführt (vgl. oben Rn 24), kommt es insoweit auf die Reichweite des Direktionsrechts des AG an. Weist der AG dem AN wirksam solche Tätigkeiten zu, die von seinem Direktionsrecht gedeckt sind, liegt keine Arbeitsunfähigkeit des AN vor.

34 Von Teilarbeitsunfähigkeit in **quantitativer Hinsicht** wird gesprochen, wenn der AN aufgrund der Krankheit nur in der Lage ist, in verringertem zeitlichen Umfang zu arbeiten. Nach der Rspr. gibt es **keine Teilarbeitsunfähigkeit in quantitativer Hinsicht**.[55] Zur Begründung verweist das BAG darauf, dass das Recht der Entgeltfortzahlung im Krankheitsfalle den Begriff der teilweisen Arbeitsunfähigkeit nicht kenne. Die Arbeitsunfähigkeit könne nur im Hinblick auf einen bestimmten AN und die von ihm zu verrichtende Tätigkeit bestimmt werden. Wesentlich sei dabei der Bezug zu der vertraglich geschuldeten Arbeitsleistung. Arbeitsrechtlich könne das Vorliegen einer Krankheit immer nur im Verhältnis zu den vom AN übernommenen Verpflichtungen beurteilt werden. Die durch Krankheit bedingte Arbeitsunfähigkeit werde deshalb nicht dadurch ausgeschlossen, dass der AN seine geschuldeten Vertragspflichten anstatt voll nur teilweise zu erbringen vermöge. Arbeitsrechtlich bedeute es keinen Unterschied, ob der AN durch die Krankheit ganz oder teilweise arbeitsunfähig werde. Auch der vermindert Arbeitsfähige sei arbeitsunfähig krank i.S.d. einschlägigen entgeltfortzahlungsrechtlichen Bestimmungen, eben weil er seine vertraglich geschuldete Arbeitsleistung nicht voll erfüllen könne.

Der Rspr. des BAG ist zuzustimmen.[56] Sowohl aus § 74 SGB V als auch aus § 28 SGB IX ergibt sich, dass die Arbeitsunfähigkeit bei einer stufenweisen Wiedereingliederung des AN fortbesteht.[57] Von einer Beendigung der Arbeitsunfähigkeit geht der Gesetzgeber erst aus, wenn der AN wieder in der Lage ist, seinen vertraglichen Pflichten auch zeitlich in vollem Umfang nachzukommen.

Diese Grundsätze kommen auch dann zur Anwendung, wenn der AN schwerbehindert ist. Kann ein schwerbehinderter Mensch aus gesundheitlichen Gründen seine arbeitsvertraglich geschuldete Leistung nicht mehr erbringen, schuldet ihm der AG nach Ablauf des Entgeltfortzahlungszeitraums weder Entgeltfortzahlung im Krankheitsfall noch Vergütung aus dem Gesichtspunkt des Annahmeverzugs (§ 297 BGB). Dies gilt auch dann,

---

50 BAG 6.8.1986 – 5 AZR 607/85 – EzA § 1 LohnFG Nr. 81.
51 *Schmitt*, § 3 Rn 73 ff.; MünchArb/*Boecken*, Bd. 1, § 83 Rn 29; *Vogelsang*, Rn 79 und 137.
52 So aber ErfK/*Dörner*, § 3 EFZG Rn 10 und 28; *Treber*, § 3 Rn 33.
53 *Feichtinger/Malkmus*, § 3 Rn 32; *Vogelsang*, Rn 82.
54 *Boecken*, NZA 1999, 673, 675; *Vogelsang*, Rn 87; *Schmitt*, § 3 EFZG Rn 65.
55 BAG 13.6.2006 – 9 AZR 229/05 – NZA 2007, 91; BAG 29.1.1992 – 5 AZR 37/91 – EzA § 74 SGB V Nr. 1; BAG 25.6.1981 – 6 AZR 940/78 – EzA § 616 BGB Nr. 20; BAG 25.10.1973 – 5 AZR 141/73 – EzA § 616 BGB Nr. 7.
56 HzA/*Vossen*, Rn 87 ff.; ErfK/*Dörner*, § 3 EFZG Rn 12; *Schmitt*, § 3 Rn 67; *Vogelsang*, Rn 89; a.A. *Boecken*, NZA 1999, 673, 675; *Gitter*, ZfA 1995, 123, 166 ff.; *Stückmann*, DB 1998, 1662, 1665 f.; Staudinger/*Oetker*, § 616 Rn 217.
57 BAG 19.4.1994 – 9 AZR 462/92 – EzA § 74 SGB V Nr. 2; BAG 29.1.1992 – 5 AZR 37/91 – EzA § 74 SGB V Nr. 1; HzA/*Vossen*, Rn 87 ff.

wenn der AN auf einem freien Arbeitsplatz eingesetzt werden könnte, den ihm der AG nicht im Wege des Direktionsrechts zuweisen könnte.[58]

– **Vorbeugung**

Arbeitsunfähigkeit ist gegeben, wenn sich der AN zur Vorbeugung akut drohender Arbeitsunfähigkeit nach ärztlicher Anordnung der Arbeit enthalten soll oder einer Operation unterzieht.[59]

4. Kausalität. Der Anspruch des AN auf Entgeltfortzahlung im Krankheitsfall setzt desweiteren voraus, dass die Arbeitsunfähigkeit ursächlich für den Arbeitsausfall ist.

a) Allgemeines. Nach der st. Rspr. des BAG besteht der Entgeltfortzahlungsanspruch nur, wenn die Arbeitsunfähigkeit die **alleinige Ursache** für den Ausfall der Arbeitsleistung ist. Ist die Arbeitspflicht auch aus einem anderen Grund aufgehoben, besteht kein Entgeltfortzahlungsanspruch. Der Entgeltfortzahlungsanspruch setzt also voraus, dass der erkrankte AN ohne die Arbeitsunfähigkeit einen Vergütungsanspruch gehabt hätte. Dies bedeutet aber nicht, dass alle hypothetischen Geschehensabläufe zu berücksichtigen sind. Vielmehr muss es sich um reale Ursachen handeln, die im konkreten Fall für den Ausfall der Arbeit auch wirksam geworden sind.[60]

Der alleinigen Kausalität kann nicht nur entgegenstehen, dass der AN auch im gesunden Zustand keinen Vergütungsanspruch gehabt hätte, weil er auch bei bestehender Arbeitsfähigkeit nicht gearbeitet und damit keinen Vergütungsanspruch erworben hätte. Möglich ist auch, dass ihm ohne die Arbeitsunfähigkeit ein anderer Vergütungsanspruch zugestanden hätte, ohne dass er hätte arbeiten müssen. In diesem Fall stellt sich die Frage, wie die sich ergebende **Anspruchskonkurrenz** zu lösen ist. Für das Zusammentreffen von Arbeitsunfähigkeit und Urlaub bzw. Feiertagen finden sich gesetzliche Regelungen (§ 9 BUrlG, § 4 Abs. 2).

Fehlt es an einer gesetzlichen Anordnung, ist eine wertende Betrachtung erforderlich. Rspr. und Lit. haben für verschiedene Einzelfälle die folgenden Maßstäbe entwickelt.

b) Einzelfälle.

– **Annahmeverzug**

Erkrankt der AN arbeitsunfähig, während sich der AG in Annahmeverzug befindet, endet der Annahmeverzug, weil der AN nicht leistungsfähig ist (§ 297 BGB). In diesem Fall hat der AN einen Entgeltfortzahlungsanspruch aus Abs. 1 S. 1.[61] Zwar hätte der AN auch bei bestehender Arbeitsfähigkeit nicht gearbeitet. Maßgeblich ist jedoch insoweit, dass der AN ohne die Arbeitsunfähigkeit einen Vergütungsanspruch gehabt hätte (zu einer Parallelproblematik beim Feiertag vgl. § 2 Rn 38 f. – witterungsbedingter Arbeitsausfall).

– **Arbeit auf Abruf**

Nach der Legaldefinition des § 12 Abs. 1 S. 1 TzBfG liegt Arbeit auf Abruf vor, wenn der AN seine Arbeitsleistung entsprechend dem Arbeitsanfall zu erbringen hat.

Auch bei Arbeit auf Abruf nach § 12 TzBfG besteht ein Anspruch auf Entgeltfortzahlung nur dann, wenn die Arbeitsunfähigkeit die alleinige Ursache für den Arbeitsausfall ist.

Unproblematisch ist die Entgeltfortzahlung, wenn der AN nur an Tagen erkrankt, an denen bereits ein Abruf erfolgt ist. In diesem Fall sind die abgerufenen Arbeitsstunden unter Zahlung der vereinbarten Vergütung vom Arbeitsdeputat abzuziehen.[62]

Schwieriger ist die Beantwortung der Frage, wie zu verfahren ist, wenn der AN noch nicht zur Arbeit eingeteilt war. § 4 Abs. 1 legt der Entgeltfortzahlung ein modifiziertes Lohnausfallprinzip zugrunde. Maßgebend ist allein die individuelle Arbeitszeit des erkrankten AN. Es kommt darauf an, welche Arbeitszeit aufgrund der Arbeitsunfähigkeit ausgefallen ist. Bei Schwankungen der individuellen Arbeitszeit ist zur Bestimmung der „regelmäßigen" Arbeitszeit eine vergangenheitsbezogene Betrachtung zulässig und geboten.[63]

Es kommt daher – wie bei der Feiertagsvergütung[64] – darauf an, ob und wann der AN zur Arbeit herangezogen worden wäre, wenn er nicht arbeitsunfähig erkrankt wäre.[65] Hierfür können die in der **Vergangenheit angefallenen Zeiten**, die vom AN vorzutragen sind, als **Anhaltspunkt** dienen. Dem AG ist es unbenommen, darzulegen, dass der AN im Zeitraum der Verhinderung nicht oder abweichend eingesetzt worden wäre.[66] Dagegen ist

---

58 BAG 10.7.1991 – 5 AZR 383/90 – EzA § 615 BGB Nr. 69; ErfK/*Preis*, § 615 BGB Rn 44. Zu einem möglichen Schadenersatzanspruch s. Rn 135.
59 BAG 14.1.1972 – 1 AZR 264/71 – EzA § 1 LohnFG Nr. 15; *Feichtinger/Malkmus*, § 3 Rn 30.
60 BAG 24.3.2004 – 5 AZR 355/03 – AP § 3 EFZG Nr. 22; BAG 28.1.2004 – 5 AZR 58/03 – AP § 3 EFZG Nr. 21; BAG 4.12.2002 – 5 AZR 494/01 – AP § 3 EFZG Nr. 17; BAG 22.8.2001 – 5 AZR 699/99 – EzA § 3 EFZG Nr. 8.
61 *Müller-Glöge*, RdA 2006, 105, 107; HzA/*Vossen*, Rn 98; ErfK/*Dörner*, § 3 EFZG Rn 21; *Vogelsang*, Rn 96.
62 *Sievers*, § 12 TzBfG Rn 44; MünchArb/*Schüren*, ErgBd, § 166 Rn 71.
63 BAG 26.6.2002 – 5 AZR 153/01 – EzA § 4 EFZG Nr. 8; *Feichtinger/Malkmus*, § 4 Rn 59; *Sievers*, § 12 TzBfG Rn 45.
64 BAG 24.10.2001 – 5 AZR 245/00 – EzA § 2 EFZG Nr. 3.
65 *Sievers*, § 12 TzBfG Rn 46; *Vogelsang*, Rn 463.
66 ErfK/*Dörner* § 4 EFZG Rn 10; vgl. auch MünchArb/*Schüren*, ErgBd, § 166 Rn 73 ff.

die Auffassung, dass der AG berechtigt sei, den AN nach seiner Gesundung vollumfänglich zur Arbeitsleistung heranzuziehen,[67] wenn der Bezugszeitraum noch nicht abgelaufen ist, weder mit § 4 Abs. 1 noch mit dem Schutzzweck des § 12 TzBfG vereinbar. Sie berücksichtigt nicht, dass der AN während der Tage, an denen er erkrankt war, gearbeitet hätte, wenn er gesund gewesen wäre.

41 – **Arbeitserlaubnis**

Unterliegt der ausländische AN einem Beschäftigungsverbot, weil er nicht über die notwendige Arbeitserlaubnis oder Arbeitsberechtigung (§§ 284 ff. SGB III) verfügt, muss eine hypothetische Kausalitätsprüfung vorgenommen werden.[68] Maßgeblich ist, ob der AN trotz nicht bestehender öffentlich-rechtlicher Berechtigung gearbeitet hätte, wenn er nicht arbeitsunfähig erkrankt gewesen wäre. Hätte der AG den AN beschäftigt, muss er Entgeltfortzahlung im Krankheitsfall leisten.[69] Dagegen besteht der Anspruch nicht, wenn eine derartige Feststellung nicht getroffen werden kann.

42 – **Arbeitskampf**

Ist der AN während eines Streiks arbeitsunfähig erkrankt, besteht ein Anspruch auf Entgeltfortzahlung nur, wenn die Arbeitsunfähigkeit die alleinige Ursache des Arbeitsausfalls ist. Dies ist nur dann der Fall, wenn der AN im gesunden Zustand gearbeitet hätte.

Ein Anspruch auf Entgeltfortzahlung besteht daher nicht, wenn sich der AN an dem Streik beteiligt. Denn in diesem Fall hätte er auch im gesunden Zustand nicht gearbeitet.[70]

Der rechtmäßige Streik beginnt damit, dass eine Gewerkschaft die AN aufruft, in den Streik zu treten. Dieser Aufruf allein kann aber noch nicht bewirken, dass die Hauptpflichten aus den einzelnen Arbverh suspendiert werden. Vielmehr bedarf es hierzu noch – konkludenter oder ausdrücklicher – **Erklärungen der einzelnen AN, dass sie an dem Streik teilnehmen**.[71] I.d.R. geben die AN keine ausdrücklichen Suspendierungserklärungen ab, sondern verlautbaren dies konkludent durch Niederlegung der Arbeit im Anschluss an einen entsprechenden Aufruf der Streikleitung. Der betroffene AG kann im Regelfall annehmen, dass die AN, die nach einem gewerkschaftlichen Streikaufruf nicht zur Arbeit erscheinen, von ihrem Streikrecht Gebrauch machen.[72]

Dies gilt allerdings nicht für AN, die schon **vor Streikbeginn** wegen Urlaubs oder Krankheit von der Arbeitspflicht freigestellt waren. Hier muss der AG i.d.R. davon ausgehen, dass die betroffenen AN keine Suspendierungserklärung abgeben wollten.[73] In diesem Fall besteht daher mangels Beteiligung des AN an dem Arbeitskampf ein Anspruch auf Entgeltfortzahlung. Ein Anspruch auf Entgeltfortzahlung scheidet nur dann aus, wenn der AN gegenüber dem AG erklärt, sich trotz der Arbeitsunfähigkeit an dem Streik beteiligen zu wollen.[74]

Auch bei einer Fortdauer des Streikes kann der einzelne **AN** die Teilnahme an dem **Streik aufgeben**. Ebenso wie die Teilnahme an dem Streik bedarf es wiederum einer Erklärung des AN, er scheide aus dem Streikgeschehen aus. Dies geschieht i.d.R. durch schlüssiges Verhalten, nämlich der Aufnahme der Arbeit.[75] Möglich ist jedoch auch eine eindeutige (ausdrückliche) Erklärung an den AG, die Arbeit wieder aufnehmen zu wollen. Daher kann auch der arbeitsunfähig erkrankte AN erklären, sich nicht mehr am Streik beteiligen zu wollen.[76] Kann der AG jedoch darlegen und ggf. beweisen, dass die Erklärung des AN nur erfolgt ist, um den AG zu belasten und die Streikkasse zu entlasten, steht dem Anspruch der Einwand des Rechtsmissbrauchs entgegen.[77]

Kein Anspruch auf Entgeltfortzahlung besteht bei einer rechtmäßigen **Aussperrung**.[78] Darüber hinaus ist der AG berechtigt, einen bestreikten Betrieb oder Betriebsteil für die Dauer des Streiks ganz stillzulegen mit der Folge, dass auch arbeitswillige AN ihren Anspruch auf Entgeltfortzahlung verlieren.[79]

---

67 So *Schmitt*, § 4 Rn 40 ff. Beispiel: Es ist vereinbart, dass der AN pro Woche 15 Stunden arbeiten soll. Der AN arbeitet regelmäßig an den ersten drei Tagen der Woche jeweils fünf Stunden. Er erkrankt von Montag bis Mittwoch. Nach der Auffassung von *Schmitt* soll der AG – bis zur Grenze des Rechtsmissbrauchs – berechtigt sein, den AN am Donnerstag und Freitag einzusetzen. In diesem Fall stünde dem AN kein Entgeltfortzahlungsanspruch wegen der Erkrankung zu.
68 BAG 26.6.1996 – 5 AZR 872/94 – EzA § 1 LohnFG Nr. 127 mit zust. Anm. *Schulin*.
69 *Feichtinger/Malkmus*, § 3 Rn 72; ErfK/*Dörner* § 3 EFZG Rn 18.
70 BAG 26.7.2005 – 1 AZR 133/04 – AP Art. 9 GG Arbeitskampf Nr. 170.
71 BAG 26.7.2005 – 1 AZR 133/04 – AP Art. 9 GG Arbeitskampf Nr. 170; BAG 1.3.1995 – 1 AZR 786/94 – EzA Art. 9 GG Arbeitskampf Nr. 118; BAG 31.5.1988 – 1 AZR 589/86 – EzA Art. 9 GG Arbeitskampf Nr. 81.
72 BAG 26.7.2005 – 1 AZR 133/04 – AP Art. 9 GG Arbeitskampf Nr. 170; BAG 31.5.1988 – 1 AZR 589/86 – EzA Art. 9 GG Arbeitskampf Nr. 81.
73 BAG 31.5.1988 – 1 AZR 589/86 – EzA Art. 9 GG Arbeitskampf Nr. 81.
74 BAG 1.10.1991 – 1 AZR 147/91 – EzA Art. 9 GG Arbeitskampf Nr. 99; BAG 15.1.1991 – 1 AZR 178/90 – EzA Art. 9 GG Arbeitskampf Nr. 96.
75 BAG 31.5.1988 – 1 AZR 589/86 – EzA Art. 9 GG Arbeitskampf Nr. 81.
76 ErfK/*Dörner*, § 3 EFZG Rn 16; *Vogelsang*, Rn 99.
77 *Vogelsang*, Rn 99.
78 BAG 7.6.1988 – 1 AZR 597/86 – EzA Art. 9 GG Arbeitskampf Nr. 79; ErfK/*Dörner*, § 3 EFZG Rn 17.
79 BAG 11.7.1995 – 1 AZR 63/95 – EzA Art. 9 GG Arbeitskampf Nr. 121.

– **Arbeitsunwille** 43

Der Anspruch auf Entgeltfortzahlung setzt die Arbeitswilligkeit des AN voraus. Ist der AN nicht bereit, zu arbeiten, erhält er auch im Falle einer mit Arbeitsunfähigkeit verbundenen Erkrankung keine Vergütung.[80] Für die Kausalität ist der AN darlegungs- und beweispflichtig. Dies bedeutet allerdings nicht, dass er im Regelfall gesondert vortragen müsste, er sei während der Zeit der Arbeitsunfähigkeit arbeitswillig gewesen. Ist er seiner Arbeitspflicht stets nachgekommen, kann vorausgesetzt werden, dass er weiterhin arbeitswillig war. Hat er jedoch schon längere Zeit unentschuldigt gefehlt, muss er konkrete Tatsachen darlegen und beweisen, aus denen sich sein Arbeitswille ableiten lässt.[81]

– **Elternzeit** 44

Erkrankt der AN während der Elternzeit, hat er keinen Anspruch auf Entgeltfortzahlung. Dies gilt auch, wenn die Arbeitsunfähigkeit zu Beginn der Elternzeit eintritt. Die Arbeitsunfähigkeit ist nicht die alleinige Ursache des Arbeitsausfalls.[82] § 16 Abs. 1 BEEG sieht nicht vor, dass die Elternzeit im unmittelbaren Anschluss an die Mutterschutzfrist zu nehmen ist. Einer AN steht es daher frei, die Elternzeit erst nach Beendigung einer Arbeitsunfähigkeit zu beginnen. In diesem Fall ist die Arbeitsunfähigkeit ursächlich für den Arbeitsausfall. Es besteht ein Anspruch auf Entgeltfortzahlung im Krankheitsfall.[83]

– **Erwerbsminderung** 44a

Eine volle Erwerbsminderung i.S.d. Rentenversicherungsrechts schließt krankheitsbedingte Arbeitsunfähigkeit gem. § 3 nicht aus. Die Regelungen der Entgeltfortzahlung werden nicht durch das Sozialversicherungsrecht verdrängt. Es besteht kein Grund, den AG bei besonders schweren Erkrankungen des AN, die sogar eine zeitweise oder dauernde volle Erwerbsminderung zur Folge haben, von den sozialen Verpflichtungen des EFZG freizustellen.[84]

– **Feiertage** 45

Das Zusammentreffen eines Feiertages mit Arbeitsunfähigkeit ist in § 4 Abs. 2 geregelt. Danach hat der AN Anspruch auf Entgeltfortzahlung im Krankheitsfall nach § 3 Abs. 1, wenn er an einem Feiertag arbeitsunfähig erkrankt ist. Die Höhe des fortzuzahlenden Entgelts ergibt sich allerdings aus § 2.

– **Freischichtmodell** 46

Siehe § 4 Rn 15 ff.

– **Freistellung** 47

Mit der Vereinbarung einer unwiderruflichen Freistellung von der Arbeit unter Fortzahlung der Vergütung wird regelmäßig kein Rechtsgrund für eine Entgeltzahlungspflicht des AG geschaffen, die über die gesetzlich geregelten Fälle der Entgeltfortzahlung bei krankheitsbedingter Arbeitsunfähigkeit hinausgeht. Der AG ist bei einer Arbeitsunfähigkeit des AN daher nur solange zur Entgeltfortzahlung verpflichtet, als ein Anspruch des AN nach dem EFZG gegeben ist. Dauert die Arbeitsunfähigkeit länger als sechs Wochen, besteht kein Anspruch des AN mehr. Dieser kann auch nicht aus der Freistellungsvereinbarung abgeleitet werden.[85]

– **Kurzarbeit** 48

Wird in einer Kurzarbeiterperiode überhaupt nicht gearbeitet, erhält der arbeitsunfähig erkrankte AN keine Entgeltfortzahlung, sondern Krankengeld in Höhe des Kurzarbeitergeldes. Wird verkürzt gearbeitet, erhält der AN für die ausgefallene Arbeitszeit Entgeltfortzahlung und i.Ü. Krankengeld.[86] Erkrankt der AN während einer Kurzarbeiterperiode an einem Feiertag, hat er Anspruch auf Feiertagsentgelt in Höhe des Kurzarbeitergeldes (Näheres siehe § 2 Rn 66).

– **Mutterschutz** 49

Nach § 11 Abs. 1 MuSchG hat eine schwangere AN, soweit sie nicht Mutterschaftsgeld nach der RVO beziehen kann, Anspruch auf Weitergewährung ihres bisherigen Durchschnittsverdienstes, wenn sie wegen eines Beschäftigungsverbots nach § 3 Abs. 1 MuSchG mit der Arbeit aussetzt. Der Anspruch ist für die AN günstiger als der Anspruch aus § 3, weil er nicht zeitlich auf sechs Wochen beschränkt ist, sondern während der gesamten Dauer des mutterschutzrechtlichen Beschäftigungsverbotes besteht.

---

80 BAG 24.3.2004 – 5 AZR 355/03 – AP § 3 EFZG Nr. 22; BAG 4.12.2002 – 5 AZR 494/01 – EzA § 3 EFZG Nr. 10; BAG 20.3.1985– 5 AZR 229/83 – AP § 1 LohnFG Nr. 64.
81 BAG 4.12.2002 – 5 AZR 494/01 – EzA § 3 EFZG Nr. 10; 20.3.1985 – 5 AZR 229/83 – AP § 1 LohnFG Nr. 64; *Vogelsang*, Rn 122.
82 BAG 22.6.1988 – 5 AZR 526/87 – EzA § 16 BErzGG Nr. 1.
83 BAG 17.10.1990 – 5 AZR 10/90 – EzA § 16 BErzGG Nr. 5.
84 BAG 29.9.2004 – 5 AZR 99/04 – AP § 3 EFZG Nr. 23; *Müller-Glöge*, RdA 2006, 105, 109.
85 BAG 29.9.2004 – 5 AZR 99/04 – AP § 3 EFZG Nr. 23; *Müller-Glöge*, RdA 2006, 105, 107.
86 BAG 6.10.1976 – 5 AZR 500/75 – EzA § 1 LohnFG Nr. 50; ErfK/*Dörner*, § 3 EFZG Rn 20.

Zur Abgrenzung zwischen Mutterschutzlohn und Entgeltfortzahlung hat das BAG[87] ausgeführt, dass der Anspruch auf Mutterschutzlohn nur besteht, wenn allein das mutterschutzrechtliche Beschäftigungsverbot dazu führt, dass die Schwangere mit der Arbeit aussetzt. Das Beschäftigungsverbot muss die nicht wegzudenkende Ursache für das Nichtleisten der Arbeit und den damit verbundenen Verdienstausfall sein. Für die Zeit, in der die **Schwangere arbeitsunfähig** krank ist, ist dieser alleinige **Ursachenzusammenhang nicht** gegeben. Das gilt auch dann, wenn der AG nach Ablauf des Sechs-Wochen-Zeitraums nicht mehr zur Entgeltfortzahlung im Krankheitsfalle verpflichtet ist. Es kommt also darauf an, ob ein krankhafter Zustand, sei es im Zusammenhang mit der Schwangerschaft, sei es unabhängig von dieser, besteht, der zur Arbeitsunfähigkeit der Schwangeren führt. Ist dies der Fall, so ist krankheitsbedingte Arbeitsunfähigkeit zu bescheinigen. Ein gleichzeitig ausgesprochenes Beschäftigungsverbot hat die Wirkungen der §§ 3 Abs. 1, 21, 24 MuSchG, begründet aber keine Vergütungspflicht nach § 11 MuSchG. Worauf die krankheitsbedingte Arbeitsunfähigkeit beruht, ist unerheblich.

Liegt dagegen keine Krankheit vor oder führt diese nicht zur Arbeitsunfähigkeit, bleibt die Vergütungspflicht durch das Beschäftigungsverbot aufrecht erhalten.

Je nachdem, ob eine Arbeitsunfähigkeit vorliegt oder nicht, hat die Schwangere also entweder einen – gesetzlich auf sechs Wochen beschränkten – Anspruch auf Entgeltfortzahlung wegen krankheitsbedingter Arbeitsunfähigkeit gegen den AG (§ 3) und anschließend auf Krankengeld gegen die Krankenkasse (§ 44 SGB V), oder sie hat gegen den AG einen – nicht auf sechs Wochen beschränkten – Anspruch nach § 11 Abs. 1 S. 1 MuSchG. Der behandelnde Arzt hat zu beurteilen, ob krankheitsbedingte Arbeitsunfähigkeit vorliegt oder ohne eine aktuelle Arbeitsunfähigkeit Leben oder Gesundheit von Mutter oder Kind bei Fortdauer der Beschäftigung gefährdet sind. Hierbei besteht für den Arzt ein Beurteilungsspielraum.

Wie bei der Entgeltfortzahlung im Krankheitsfall (vgl. § 5 Rn 63 f.) gilt eine **abgestufte Darlegungs- und Beweislast**. Die AN genügt ihrer Darlegungslast zur Suspendierung der Arbeitspflicht und zur Begründung eines Anspruchs aus § 11 Abs. 1 MuSchG zunächst durch Vorlage der Bescheinigung. Der AG, der ein Beschäftigungsverbot nach § 3 Abs. 1 MuSchG anzweifelt, kann vom ausstellenden Arzt Auskünfte über die Gründe für das Attest verlangen, soweit diese nicht der ärztlichen Schweigepflicht unterliegen. Der Arzt hat dem AG mitzuteilen, von welchen tatsächlichen Arbeitsbedingungen der AN er bei Erteilung seines Zeugnisses ausgegangen ist und ob krankheitsbedingte Arbeitsunfähigkeit vorgelegen hat. Will der AG das Beschäftigungsverbot wegen objektiv begründbarer Zweifel nicht gegen sich gelten lassen, kann er eine weitere ärztliche Untersuchung der AN verlangen. Die AN hat diesem Verlangen angesichts der den AG treffenden Belastungen regelmäßig nachzukommen, wenn der AG ihr die ihn dazu bewegenden Gründe mitteilt.[88]

50 – **Schulungs- und Bildungsveranstaltungen**

Erkrankt der AN während einer Schulungs- oder Bildungsveranstaltung (§ 37 Abs. 6, 7 BetrVG), liegt ein Fall der Anspruchskonkurrenz (Doppelkausalität) vor. Die Anspruchskonkurrenz ist dahingehend aufzulösen, dass der AN Entgeltfortzahlung im Krankheitsfall erhält.[89]

51 – **Urlaub**

Erkrankt der AN während seines **Erholungsurlaubs**, ergibt sich eine Anspruchskonkurrenz, die durch § 9 BUrlG aufgelöst wird. Nach dieser Vorschrift werden die durch ärztliches Zeugnis nachgewiesenen Tage der Arbeitsunfähigkeit nicht auf den Jahresurlaub angerechnet. Da die krankheitsbedingte Arbeitsunfähigkeit somit die einzige Ursache des Arbeitsausfalls ist, erhält der AN Entgeltfortzahlung im Krankheitsfall.

Entgeltfortzahlung im Krankheitsfall ist auch zu leisten, wenn der AN während der **Betriebsferien** arbeitsunfähig erkrankt. Steht dem AN wegen fehlender Erfüllung der Wartezeit noch kein Urlaub zu (§ 4 BUrlG), hat er während der Betriebsferien einen Anspruch auf Vergütung aus dem Gesichtspunkt des Annahmeverzugs.[90] Erkrankt dieser AN während der Betriebsferien arbeitsunfähig, steht ihm ein Anspruch auf Entgeltfortzahlung im Krankheitsfall zu.[91] Nach Auffassung des BAG soll es jedoch möglich sein, die Lohnzahlung in solchen Fällen auszuschließen, wenn die beiderseitigen Interessen „gehörig abgewogen" worden sind.[92] Ist dies wirksam erfolgt, soll der AN auch für Zeiten einer Arbeitsunfähigkeit keine Vergütung verlangen können.

Erkrankt der AN **während eines unbezahlten Sonderurlaubs**, kommt § 9 BUrlG nicht zur Anwendung. Er hat keinen Anspruch auf Entgeltfortzahlung im Krankheitsfall.[93]

Zu einem anderen Ergebnis ist das BAG in Fällen gekommen, in denen sich an den gesetzlichen (bezahlten) Urlaub ein unbezahlter Sonderurlaub anschließen sollte und der AN **während des gesetzlichen Urlaubs** erkrankt.

---

87 BAG 9.10.2002 – 5 AZR 443/01 – NZA 2004, 257; BAG 13.2.2002 – 5 AZR 588/00 – NZA 2002, 738.
88 BAG 9.10.2002 – 5 AZR 443/01 – NZA 2004, 257; BAG 13.2.2002 – 5 AZR 588/00 – NZA 2002, 738.
89 *Feichtinger/Malkmus*, § 3 Rn 81; *Vogelsang*, Rn 114.
90 BAG 30.6.1976 – 5 AZR 246/75 – EzA § 7 BUrlG Nr. 19; BAG 2.10.1974 – 5 AZR 507/73 – EzA § 7 BUrlG Nr. 17.
91 HzA/*Vossen*, Rn 106; *Vogelsang*, Rn 116.
92 BAG 30.6.1976 – 5 AZR 246/75 – EzA § 7 BUrlG Nr. 19; BAG 2.10.1974 – 5 AZR 507/73 – EzA § 7 BUrlG Nr. 17.
93 BAG 25.5.1983 – 5 AZR 236/80 – EzA § 9 BUrlG Nr. 12; BAG 17.11.1977 – 5 AZR 599/76 – AP § 9 BUrlG Nr. 8.

Das BAG differenziert in diesem Zusammenhang danach, ob der unbezahlte Sonderurlaub Erholungszwecken dienen sollte oder nicht. Sollte der Sonderurlaub **Erholungszwecken** dienen, soll die Absprache der Parteien im Zweifel dahingehend auszulegen sein, dass der AN den unbezahlten Urlaub nicht anzutreten braucht. Das BAG wendet § 9 BUrlG analog an.[94] Für die Zeit des gesetzlichen Urlaubs ergibt sich aus der unmittelbaren Anwendung von § 9 BUrlG, dass ein Anspruch auf Entgeltfortzahlung im Krankheitsfall besteht. Für die Zeit danach ergibt sich der Anspruch aus § 3 aus dem Umstand, dass die Arbeitsunfähigkeit wegen des Wegfalls der Abrede über den unbezahlten Sonderurlaub die einzige Ursache des Arbeitsausfalls ist. Kein Anspruch auf Entgeltfortzahlung besteht dagegen, wenn die bezahlte Freistellung anderen Zwecken als der Erholung dient. In diesem Fall beruht der Arbeitsausfall weiterhin auf der ursprünglichen Freistellungsabrede.[95] Ebenfalls kein Anspruch besteht, wenn die Parteien vereinbaren, dass das Arbverh für die Dauer des Sonderurlaubs ruht. § 9 BUrlG soll dann abbedungen sein.[96]

Tritt die Arbeitsunfähigkeit des AN während eines **Bildungsurlaubes** ein, besteht – wie beim Erholungsurlaub – ein Anspruch auf Entgeltfortzahlung im Krankheitsfall.[97]

– **Verlegung der Arbeitszeit** 52

Wird die für einen Wochentag (z.B. Freitag) normalerweise anfallende Arbeit durch BV aufgrund eines TV in zulässiger Weise anderweitig verteilt, hat der AN, der an dem arbeitsfreien Tag arbeitsunfähig erkrankt, keinen Anspruch auf Entgeltfortzahlung im Krankheitsfall. Die Arbeitsunfähigkeit ist nicht die alleinige Ursache des Arbeitsausfalls. Dieser beruht auch auf der BV.[98] Erkrankt der AN an dem Tag, an dem aufgrund der BV zusätzlich gearbeitet wird, erhält er für diesen Tag Entgeltfortzahlung, deren Höhe der an diesem Tag ausgefallenen Arbeitszeit entspricht.[99]

– **Witterungsbedingter Arbeitsausfall** 53

Erkrankt der AN an einem Tag, an dem wegen schlechter Witterung nicht gearbeitet werden kann, ist die Arbeitsunfähigkeit an sich nicht die einzige Ursache des Arbeitsausfalls. Dieser Gesichtspunkt ist jedoch nicht entscheidend. Wie bei der Feiertagsvergütung (vgl. § 2 Rn 38) kommt es darauf an, ob der AN ohne die Arbeitsunfähigkeit einen Anspruch auf Entgeltzahlung nach § 615 S. 3 BGB gehabt hätte.[100] Ist dies der Fall, steht dem AN Entgeltfortzahlung nach § 3 zu. Hätte er bei bestehender Arbeitsfähigkeit keinen Vergütungsanspruch gegen den AG gehabt, besteht für die Zeit der Arbeitsunfähigkeit ebenfalls kein Anspruch.

5. Unverschuldete Arbeitsunfähigkeit. Der AN hat keinen Anspruch auf Entgeltfortzahlung, wenn die Arbeitsunfähigkeit auf seinem Verschulden beruht. 54

a) Grundsätze. aa) Definition. Das EFZG definiert den Begriff des Verschuldens nicht. Es kann auch nicht auf den Verschuldensbegriff des § 276 BGB zurückgegriffen werden. Denn im Entgeltfortzahlungsrecht geht es um ein „Verschulden gegen sich selbst". Liegt ein solches „Verschulden gegen sich selbst" vor, wäre es unbillig, den AG mit der Zahlungspflicht zu belasten, weil der AN zumutbare Sorgfalt gegen sich selbst nicht beachtet und dadurch die Arbeitsunfähigkeit verursacht hat.[101] Vor diesem Hintergrund handelt nach st. Rspr. des BAG der AN schuldhaft, der in **erheblichem Maße gegen die von einem verständigen Menschen im eigenen Interesse zu erwartende Verhaltensweise verstößt**.[102] 55

Danach genügt ein bloß leichtsinniges Verhalten des AN nicht. Vom Verschuldensbegriff des Entgeltfortzahlungsrechts werden nur Verhaltensweisen erfasst, die als vorsätzlich, besonders leichtsinnig oder grob fahrlässig einzustufen sind.[103]

bb) Verschulden des Arbeitgebers oder Dritter. Hat der AG die Arbeitsunfähigkeit des AN verschuldet, hat der AN neben dem Anspruch aus § 3 einen zeitlich nicht begrenzten Anspruch auf Fortzahlung der Vergütung aus § 326 Abs. 2 BGB.[104] 56

---

94 BAG 1.7.1974 – 5 AZR 600/73 – EzA § 9 BUrlG Nr. 6; BAG 3.10.1972 – 5 AZR 209/72 – EzA § 1 LohnFG Nr. 27; ablehnend ErfK/*Dörner*, § 3 EFZG Rn 15.
95 BAG 10.2.1972 – 5 AZR 330/71 – EzA § 1 LohnFG Nr. 18; HzA/*Vossen*, Rn 127.
96 BAG 17.11.1977 – 5 AZR 599/76 – EzA § 9 BUrlG Nr. 9.
97 ErfK/*Dörner*, § 3 EFZG Rn 15; HzA/*Vossen*, Rn 107; *Vogelsang*, Rn 118.
98 BAG 8.3.1989 – 5 AZR 116/88 – EzA § 1 LohnFG Nr. 103; BAG 7.9.1988 – 5 AZR 558/87 – EzA § 1 LohnFG Nr. 94.
99 HzA/*Vossen*, Rn 100; ErfK/*Dörner*, § 3 EFZG Rn 22.
100 HzA/*Vossen*, Rn 129 ff. (auch zu den tarifvertraglichen Regelungen der Bauwirtschaft); ErfK/*Dörner*, § 3 EFZG Rn 22; *Vogelsang*, Rn 120; *Feichtinger/Malkmus*, § 3 EFZG Rn 66.
101 BAG 30.3.1988 – 5 AZR 42/87 – EzA § 1 LohnFG Nr. 92; BAG 11.11.1987 – 5 AZR 497/86 – EzA § 1 LohnFG Nr. 88; HzA/*Vossen*, Rn 135.
102 BAG 27.5.1992 – 5 AZR 297/91 – EzA § 1 LohnFG Nr. 123; BAG 7.8.1991 – 5 AZR 410/90 – EzA § 1 LohnFG Nr. 120; BAG 30.3.1988 – 5 AZR 42/87 – EzA § 1 LohnFG Nr. 92; BAG 11.11.1987 – 5 AZR 497/86 – EzA § 1 LohnFG Nr. 88.
103 ErfK/*Dörner*, § 3 EFZG Rn 23; *Vogelsang*, Rn 126.
104 *Vogelsang*, Rn 128; vgl. auch ErfK/*Dörner*, § 3 EFZG Rn 24 (danach besteht nur der Anspruch aus § 326 Abs. 2 BGB); *Feichtinger/Malkmus*, § 3 Rn 168.

57 Ungeklärt ist, wie zu verfahren ist, wenn AN und AG ein Mitverschulden trifft. Nach zutreffender Ansicht scheidet in diesem Fall ein Anspruch des AN aus Abs. 1 aus. In Betracht kommt allerdings ein Anspruch aus § 326 Abs. 2 oder §§ 823 ff. BGB, wobei das Mitverschulden des AN gem. § 254 BGB zu berücksichtigen ist.[105]

58 Das Mitverschulden Dritter an der Arbeitsunfähigkeit des AN steht der Annahme eines den Entgeltfortzahlungsanspruch ausschließenden Eigenverschuldens des AN nicht grds. entgegen.[106] Für das Verschulden Dritter muss der AN dagegen nicht eintreten. § 278 BGB ist nicht anwendbar.[107] Bei einem Verschulden Dritter sieht vielmehr § 6 einen Übergang des Anspruchs des AN gegen den Dritten auf den AG vor.

59 cc) Verzögerung der Heilung. Der gesunde AN ist arbeitsvertraglich nicht verpflichtet, sich gesundheitsfördernd zu verhalten. Ist er jedoch arbeitsunfähig erkrankt, ist er verpflichtet, sich so zu verhalten, dass er möglichst bald wieder gesund wird, und alles zu unterlassen, was seine Genesung verzögern könnte.[108] Ein Verschulden liegt daher insb. in Fällen vor, in denen sich der AN über einen ärztlichen Rat hinwegsetzt.[109]

60 b) Einzelfälle.
– **Aids** Bei Arbeitsunfähigkeit infolge von Aids stellt sich die Frage, ob die Infektion mit dem HIV-Virus als Verschulden i.S.v. § 3 anzusehen ist. Verfehlt ist es insoweit, von einem Anscheinsbeweis für ein Verschulden des AN auszugehen.[110] Gegen einen Anscheinsbeweis spricht die Vielzahl der unterschiedlichen Infektionsursachen.[111] Ein Verschulden liegt auch bei ungeschütztem Geschlechtsverkehr mit häufig wechselnden Partnern nicht gegeben.[112] Verschulden liegt allenfalls vor, wenn dem AN die Infektion des Partners bekannt war.[113] Bei einem Drogensüchtigen, der unsauberes Besteck benutzt, wird es regelmäßig mangels eines steuerbaren Verhaltens an einem Verschulden fehlen.[114] I.Ü. wird sich die Frage des Verschuldens häufig nicht aufklären lassen, selbst wenn eine Mitwirkungspflicht des AN angenommen wird.[115] Dies geht zu Lasten des AG (zur Beweislast vgl. unten Rn 116 ff.).

61 – **Allgemeine Erkrankungen**
Bei Erkältungs- oder Infektionskrankheiten liegt i.d.R. kein Verschulden des AN vor. Dies gilt auch für alters- oder anlagebedingte Erkrankungen.[116]

62 – **Arbeitsunfall**
Erleidet der AN einen Arbeitsunfall, liegt ein Verschulden nach allgemeiner Auffassung nur vor, wenn der AN in grober Weise gegen Anweisungen des AG oder Unfallverhütungsvorschriften verstoßen hat.[117]
Ein Verschulden des AN kann sich insb. daraus ergeben, dass er die vorgeschriebene Sicherheitskleidung nicht trägt. Hiervon ist jedoch nur auszugehen, wenn sie ihm vom AG auch zur Verfügung gestellt worden ist.

63 – **Künstliche Befruchtung**
Vgl. oben Rn 29.

64 – **Nebentätigkeit**
Für den Anspruch auf Entgeltfortzahlung im Krankheitsfall kommt es nicht darauf an, wann und bei welcher Gelegenheit der AN erkrankt. Tritt die Erkrankung bei der Ausübung einer Nebentätigkeit auf, steht dies dem Anspruch auf Entgeltfortzahlung im Krankheitsfall grds. nicht entgegen. Allein die Aufnahme einer Nebentätigkeit stellt kein Verschulden i.S.v. Abs. 1 S. 1 dar.[118] Dies gilt auch dann, wenn der AN arbeitsvertraglich nicht berechtigt war, einer Nebentätigkeit nachzugehen.[119] Verschulden liegt jedoch vor, wenn der AN gegen die Vorschriften des Arbeitszeitrechts verstößt und er infolge der Überanstrengung erkrankt.[120] Der AG muss darlegen, dass ohne die Ausübung der Nebentätigkeit keine Arbeitsunfähigkeit eingetreten wäre.[121] Da ihm dies zumeist

---

105 Näher *Vogelsang*, Rn 129; a.A. LAG Hamm 30.10.2002 – 18 Sa 1174/02 – LAGReport 2003, 102; *Schmitt*, § 3 Rn 123; *Treber*, § 3 Rn 68.
106 BAG 23.11.1971 – 1 AZR 388/70 – EzA § 1 LohnFG Nr. 10.
107 *Vogelsang*, Rn 127.
108 BAG 26.8.1993 – 2 AZR 154/93 – EzA § 626 BGB n.F. Nr. 148; BAG 13.11.1979 – 6 AZR 934/77 – AP § 1 KSchG 1969 Krankheit Nr. 5; HzA/*Vossen*, Rn 159.
109 BAG 17.4.1985 – 5 AZR 497/83 – juris; ErfK/*Dörner*, § 3 EFZG Rn 31.
110 So aber *Eich*, NZA 1987, Beil. 2 S. 10, 16.
111 *Vogelsang*, Rn 131.
112 MünchArb/*Boecken*, Bd. 1, § 83 Rn 103; *Schmitt*, § 3 Rn 129; *Vogelsang*, Rn 131; a.A. *Feichtinger/Malkmus*, § 3 Rn 114.
113 *Vogelsang*, Rn 131.
114 *Vogelsang*, Rn 131; a.A. *Feichtinger/Malkmus*, § 3 Rn 114.
115 *Feichtinger/Malkmus*, § 3 Rn 115.
116 HzA/*Vossen*, Rn 138; *Vogelsang*, Rn 132.
117 HzA/*Vossen*, Rn 149; ErfK/*Dörner*, § 3 EFZG Rn 26; *Vogelsang*, Rn 133; *Feichtinger/Malkmus*, § 3 Rn 106.
118 BAG 21.4.1982 – 5 AZR 1019/79 – EzA § 1 LohnFG Nr. 62; BAG 7.11.1975 – 5 AZR 459/74 – EzA § 1 LohnFG Nr. 44; *Boecken*, NZA 2001, 233, 235.
119 *Vogelsang*, Rn 139; ErfK/*Dörner*, § 3 EFZG Rn 31.
120 *Vogelsang*, Rn 139; ErfK/*Dörner*, § 3 EFZG Rn 31; weitergehend *Boecken*, NZA 2001, 233, 235 f.
121 BAG 21.4.1982 – 5 AZR 1019/79 – EzA § 1 LohnFG Nr. 62.

kaum möglich sein wird, wirkt sich die Nebentätigkeit des AN im Ergebnis in aller Regel nicht auf seinen Entgeltfortzahlungsanspruch aus.

– **Organspende** 65

Vgl. oben Rn 31.

– **Schlägerei** 66

Die Beteiligung an einer Schlägerei als solche rechtfertigt nicht den Schluss auf ein Verschulden des AN. Die Regeln des Anscheinsbeweises finden keine Anwendung.[122] Vielmehr ist danach zu differenzieren, ob der AN die Schlägerei provoziert hat oder nicht.[123] Ein Verschulden ist anzunehmen, wenn der AN die Auseinandersetzung provoziert hat. Dagegen liegt kein Verschulden vor, wenn der AN sich durch die Provokation eines Anderen zu der Schlägerei hat hinreißen lassen. Können die Tatumstände nicht aufgeklärt werden, geht dies zu Lasten des AG.

– **Selbstmordversuch** 67

Der AG ist in aller Regel auch dann zur Entgeltfortzahlung verpflichtet, wenn die Arbeitsunfähigkeit des AN die Folge eines missglückten Selbstmordversuchs ist. Einem Verschulden steht der Ausschluss oder die zumindest erheblich verminderte Zurechnungsfähigkeit des Selbstmörders entgegen.[124]

– **Schönheitsoperation, Tätowierung, Piercing** 67a

Bei einer Schönheitsoperation, die nicht notwendig war, um einen psychischen Leidensdruck von nicht unerheblichem Gewicht zu beseitigen oder zu lindern, liegt bereits keine Krankheit vor.[125] Gleiches gilt für Tätowierungen oder Piercing.[126] Treten infolge einer solchen Maßnahme Komplikationen auf, besteht ebenfalls kein Entgeltfortzahlungsanspruch bei einer Arbeitsunfähigkeit während der Behandlung.[127]

– **Sportunfälle** 68

Das BAG unterscheidet zwischen gefährlichen und nicht gefährlichen Sportarten. Danach soll selbstverschuldete Arbeitsunfähigkeit vorliegen, wenn sie die Folge eines Unfalls bei der Ausübung einer besonders gefährlichen Sportart ist.[128] In der Lit. wird die Unterscheidung des BAG nahezu einhellig mit zutreffenden Erwägungen abgelehnt.[129] Zum einen spricht gegen die Rspr., dass die vorgenommene Differenzierung kaum praktisch wird. So hat das BAG Amateurboxen,[130] Drachenfliegen,[131] Fußballspielen[132] und Motorrennen[133] als ungefährliche Sportarten eingestuft. Gleiches soll nach Auffassung des LAG Saarland für das Inline-Skating gelten.[134] Zum anderen wird die abstrakte Einstufung einer Sportart als gefährlich nicht dem Umstand gerecht, dass das Verschulden immer individuell zu prüfen ist.

Es ist vielmehr für alle Sportarten auf dieselben Grundsätze abzustellen. Maßgeblich ist, ob der AN bei der Ausübung der Sportart besonders leichtfertig gehandelt hat.[135] Dies kann sich daraus ergeben, dass sich der AN in einer seine Kräfte und Fähigkeiten deutlich übersteigenden Weise sportlich betätigt hat.[136] Eine selbst verschuldete Arbeitsunfähigkeit liegt auch vor, wenn der AN in besonders grober Weise und leichtsinnig gegen anerkannte Regeln der von ihm ausgeübten Sportart verstößt.[137]

– **Suchterkrankungen** 69

Die häufigste Suchterkrankung stellt der Alkoholismus dar. Die sogleich am Beispiel des Alkoholismus dargestellten Grundsätze gelten auch für andere Suchterkrankungen.

---

122 *Vogelsang*, Rn 141; *Treber*, § 3 Rn 75; a.A. *Feichtinger/Malkmus*, § 3 Rn 126.
123 Vgl. BAG 13.11.1974 – 5 AZR 54/74 – AP § 616 BGB Nr. 45; LAG Hamm 24.9.2003 – 18 Sa 785/03 – NZA-RR 2004, 68; *Vogelsang*, Rn 141; ErfK/*Dörner*, § 3 EFZG Rn 29; HzA/*Vossen*, Rn 141 f.
124 BAG 28.2.1979 – 5 AZR 611/77 – EzA § 1 LohnFG Nr. 55; *Vogelsang*, Rn 143; ErfK/*Dörner*, § 3 EFZG Rn 30.
125 Vgl. oben Rn 19 und LAG Hamm 9.3.1988 – 1 Sa 2102/87 – LAGE § 1 LohnFG Nr. 18; LAG Hamm 23.7.1986 – 1 (9) Sa 528/96 – LAGE § 1 LohnFG Nr. 13; *Feichtinger/Malkmus*, § 3 Rn 34; *Vogelsang*, Rn 73; *Treber*, § 3 Rn 16.
126 *Löwisch/Beck*, BB 2007, 1960.
127 *Löwisch/Beck*, BB 2007, 1960, 1961.
128 BAG 7.10.1981 – 5 AZR 338/79 – EzA § 1 LohnFG Nr. 60; BAG 25.2.1972 – 5 AZR 471/71 – EzA § 1 LohnFG Nr. 22.
129 *Vogelsang*, Rn 147; *Feichtinger/Malkmus*, § 3 Rn 134; MünchArb/*Boecken*, Bd. 1, § 83 Rn 119; *Schmitt*, § 3 Rn 143 ff.
130 BAG 1.12.1976 – 5 AZR 601/75 – EzA § 1 LohnFG Nr. 51.
131 BAG 7.10.1981 – 5 AZR 338/79 – EzA § 1 LohnFG Nr. 60.
132 BAG 21.1.1976 – 5 AZR 593/74 – EzA § 1 LohnFG Nr. 47.
133 BAG 25.2.1972 – 5 AZR 471/71 – EzA § 1 LohnFG Nr. 22.
134 LAG Saarland 2.7.2003 – 2 Sa 147/02 – NZA-RR 2003, 568.
135 *Vogelsang*, Rn 148; ErfK/*Dörner*, § 3 EFZG Rn 26.
136 BAG 7.10.1981 – 5 AZR 338/79 – EzA § 1 LohnFG Nr. 60; BAG 21.1.1976 – 5 AZR 593/74 – EzA § 1 LohnFG Nr. 47; BAG 25.2.1972 – 5 AZR 471/71 – EzA § 1 LohnFG Nr. 22; *Vogelsang*, Rn 144; ErfK/*Dörner*, § 3 EFZG Rn 26.
137 BAG 7.10.1981 – 5 AZR 338/79 – EzA § 1 LohnFG Nr. 60; *Vogelsang*, Rn 144.

Ist die Arbeitsunfähigkeit des AN Folge einer Alkoholabhängigkeit, ist zunächst davon auszugehen, dass Alkoholismus eine Krankheit i.S.d. § 3 ist.[138] Vor diesem Hintergrund ist nach der Rspr. des BAG danach zu differenzieren, ob es sich bei der Erkrankung um eine Ersterkrankung oder einen Rückfall nach einer Entziehungskur und einer längeren Zeit der Abstinenz handelt.

Ist der AN an Alkoholismus erkrankt und hat er sich noch keiner zeitweise erfolgreichen Entziehungskur unterzogen, ist für die Frage des Verschuldens darauf abzustellen, ob den AN an der krankhaften Alkoholabhängigkeit ein Verschulden trifft. Maßgeblich ist daher sein Verhalten vor dem Zeitpunkt, in dem die Alkoholabhängigkeit eingetreten ist.[139] Es gibt keinen Erfahrungssatz, wonach der AN eine krankhafte Arbeitsunfähigkeit i.d.R. selbst verschuldet hat. Es kommt auf die Umstände des Einzelfalls an. Macht der AG geltend, der AN habe die Entstehung seiner Alkoholabhängigkeit selbst verschuldet, muss er das Verschulden darlegen und beweisen. Allerdings trifft den AN eine Pflicht zur Mitwirkung an der Aufklärung aller für die Entstehung der Erkrankung erheblichen Umstände. Er muss den AG über die Gründe aufklären, die nach seiner Auffassung zur Alkoholabhängigkeit geführt haben. Darüber hinaus ist er gehalten, den ihn behandelnden Arzt von der Schweigepflicht zu entbinden und sich bereit zu erklären, sich von einem SV untersuchen zu lassen. Kann ein Verschulden nicht festgestellt werden, muss der AG Entgeltfortzahlung leisten.[140] Dieses Ergebnis stellt in der Praxis im Hinblick auf die vielfältigen möglichen Ursachen einer Alkoholerkrankung die Regel dar.[141]

Hat sich der AN bereits einer zeitweise erfolgreichen Entwöhnungsbehandlung unterzogen, soll es bei einem Rückfall nach der Rspr. des BAG darauf ankommen, ob sich der AN ein Verschulden an der wiederholten Erkrankung entgegenhalten lassen muss. Hier sollen die Grundsätze des Anscheinsbeweises zur Anwendung kommen.[142] Zur Begründung verweist das BAG darauf, dass der AN, der eine Entziehungskur durchgemacht habe, die Gefahren des Alkohols für sich ganz genau kenne. Er sei bei der Behandlung eingehend darauf hingewiesen worden und weiter dringend ermahnt worden, in Zukunft jeden Alkoholgenuss zu vermeiden. Werde der AN nach erfolgreicher Beendigung einer Entwöhnungskur und nach einer längeren Zeit der Abstinenz dennoch wieder rückfällig, so spreche die Lebenserfahrung dafür, dass er die ihm erteilten dringenden Ratschläge missachtet und sich wieder dem Alkohol zugewandt habe. Ein Verschulden soll allerdings nicht vorliegen, wenn die Entziehungskur noch nicht zur Ausheilung der Krankheit geführt hat und sich der AN in einem Zustand befindet, in dem er auf sein Verhalten wegen mangelnder Steuerungsfähigkeit willentlich keinen Einfluss nehmen kann.[143]

Entgegen der Auffassung des BAG kann angesichts der hohen Rückfallquote bei Alkoholerkrankungen nicht von einem Anscheinsbeweis ausgegangen werden. Die Rückfallgefahr ist vielmehr Teil des Krankheitsbildes. Der Rückfall kann daher allenfalls ein Indiz für ein Verschulden sein.[144]

Ein seit längerer Zeit an Alkoholabhängigkeit erkrankter AN kann schuldhaft i.S.v. § 3 handeln, wenn er – in noch steuerungsfähigem Zustand – sein Kraftfahrzeug für den Weg zur Arbeitsstelle benutzt, während der Arbeitszeit in erheblichem Maße dem Alkohol zuspricht und alsbald nach Dienstende im Zustand der Trunkenheit einen Verkehrsunfall verursacht, bei dem er verletzt wird.[145]

70 – **Verkehrsunfälle**

Ein Verschulden i.S.v. § 3 liegt vor, wenn der AN die Verkehrsvorschriften grob fahrlässig verletzt und dadurch den Unfall verursacht hat.[146] Einfache oder mittlere Fahrlässigkeit schließt demnach den Anspruch auf Entgeltfortzahlung im Krankheitsfall nicht aus. Grobe Fahrlässigkeit ist etwa anzunehmen, wenn der AN den Sicherheitsgurt nicht angelegt[147] oder ohne Freisprechanlage[148] telefoniert hat. Beruht ein zur Arbeitsunfähigkeit führender Unfall des AN auf Alkoholmissbrauch, ist ein Verschulden ebenfalls gegeben[149] (zur Alkoholabhängigkeit siehe oben Rn 69).

71 **6. Treu und Glauben.** In Ausnahmefällen kann dem Anspruch des AN auf Entgeltfortzahlung im Krankheitsfall der Einwand des Rechtsmissbrauchs nach § 242 BGB entgegenstehen. Der Einwand des AG wird in der Praxis jedoch nur in seltenen Fällen erfolgreich sein. Zumeist werden schon die tatbestandlichen Voraussetzungen des § 3 nicht erfüllt sein, wenn das Verlangen des AN als unbillig erscheint.[150]

---

138 BAG 27.5.1992 – 5 AZR 297/91 – EzA § 1 LohnFG 123; BAG 1.6.1983 – 5 AZR 536/80 – EzA § 1 LohnFG Nr. 69.
139 BAG 7.8.1991 – 5 AZR 410/90 – EzA § 1 LohnFG Nr. 120; BAG 1.6.1983 – 5 AZR 536/80 – EzA § 1 LohnFG Nr. 69.
140 BAG 7.8.1991 – 5 AZR 410/90 – EzA § 1 LohnFG Nr. 120; BAG 1.6.1983 – 5 AZR 536/80 – EzA § 1 LohnFG Nr. 69; *Feichtinger/Malkmus*, § 3 Rn 144.
141 *Vogelsang*, Rn 149.
142 BAG 11.11.1987 – 5 AZR 497/86 – EzA § 1 LohnFG Nr. 88.
143 BAG 27.5.1992 – 5 AZR 297/81 – EzA § 1 LohnFG Nr. 123.
144 Vgl. Hessisches LAG 6.2.1991 – 1 Sa 1185/89 – LAGE § 1 LohnFG Nr. 30; *Vogelsang*, Rn 150; ErfK/*Dörner*, § 3 EFZG Rn 27; *Treber*, § 3 Rn 80.
145 BAG 30.3.1988 – 5 AZR 42/87 – EzA § 1 LohnFG Nr. 92.
146 BAG 23.11.1971 – 1 AZR 388/70 – EzA § 1 LohnFG Nr. 10; HzA/*Vossen*, Rn 157.
147 BAG 7.10.1981 – 5 AZR 1113/79 – EzA § 1 LohnFG Nr. 61.
148 ErfK/*Dörner*, § 3 EFZG Rn 26.
149 BAG 11.3.1987 – 5 AZR 739/85 – EzA § 1 LohnFG Nr. 86.
150 ErfK/*Dörner*, § 3 EFZG Rn 3; *Vogelsang*, Rn 160.

Der Einwand des Rechtsmissbrauchs durch den AG kann sich aus einem widersprüchlichen Verhalten des AN ergeben.[151] Ein widersprüchliches Verhalten liegt nicht zwingend vor, wenn der AN auch als Gesunder nicht gearbeitet hätte. Hätte der AN ohne die Arbeitsunfähigkeit seine Arbeitspflicht schuldhaft verletzt, kann dies jedoch ein widersprüchliches Verhalten begründen. Ein solches liegt insb. vor, wenn sich der AN bereits von dem Arbverh gelöst hatte. Als Beispiele nennt das BAG längeres unentschuldigtes Fehlen, die Ankündigung, nicht mehr zu arbeiten, oder auch die Vorbereitung der Vertragsverletzung.[152] Zumeist wird es in diesen Fällen jedoch schon an der notwendigen Kausalität zwischen Arbeitsunfähigkeit und Arbeitsausfall fehlen.

III. Anspruchszeitraum

Der Anspruch auf Entgeltfortzahlung im Krankheitsfall ist zeitlich auf sechs Wochen beschränkt. Für die Berechnung der Dauer der Entgeltfortzahlung sind die §§ 187 ff. BGB maßgeblich.

Die Entstehung des Anspruchs hängt nicht von der Erfüllung der Anzeige- und Nachweispflichten (§ 5) durch den AN ab.[153] Dem AG steht allenfalls ein Leistungsverweigerungsrecht zu (§ 7).

1. Beginn. a) Fristberechnung. Für die Berechnung der Frist ist danach zu unterscheiden, ob der AN vor, während oder nach der Arbeit erkrankt.

– Tritt die Arbeitsunfähigkeit **vor Beginn der Arbeitszeit** ein, wäre der erste Tag der Arbeitsunfähigkeit bei einem wörtlichen Verständnis des § 187 Abs. 1 BGB nicht mitzurechnen. Dies hätte die vom Gesetzgeber nicht gewünschte Folge, dass der AN 43 Tage (sechs Wochen und einen Tag) Entgeltfortzahlung im Krankheitsfall erhielte. Das BAG legt daher § 187 Abs. 1 BGB unter Berücksichtigung der Besonderheiten des Arbeitsrechts einschränkend aus. Danach ist der erste Fehltag des AN bei der Berechnung des sechswöchigen Entgeltfortzahlungszeitraums mitzuzählen.[154]

– Erkrankt der AN **während der Arbeitszeit** arbeitsunfähig, erhält er für die an diesem Tag geleistete Arbeit Vergütung nach § 611 Abs. 1 BGB und für die an diesem Tag nicht geleistete Arbeit Entgeltfortzahlung nach § 616 BGB.[155] Die frühere Rspr. hat statt § 616 BGB § 611 Abs. 1 BGB als „gewohnheitsrechtlich anerkannte Anspruchsgrundlage" herangezogen.[156] In den praktischen Auswirkungen ergeben sich keine Abweichungen. Es besteht Einigkeit, dass der Tag der Erkrankung bei Berechnung des Sechs-Wochen-Zeitraums nicht mitgerechnet wird.[157]

– Erkrankt der AN **nach Ende der Arbeitszeit** arbeitsunfähig, erhält er für diesen Tag Vergütung nach § 611 Abs. 1 BGB. Der Sechs-Wochen-Zeitraum beginnt nach § 187 Abs. 1 BGB am darauf folgenden Tag.

– Erkrankt der AN an einem **arbeitsfreien Tag** arbeitsunfähig, beginnt die Frist gem. § 187 Abs. 1 BGB am folgenden Tag. Dies gilt auch, wenn am folgenden Tag für den AN aus anderen Gründen keine Arbeitspflicht besteht (Samstag, Sonntag, Feiertag oder arbeitsfreier Tag aufgrund eines Schichtplans).[158] Nach a.A. soll auf den ersten Arbeitstag, der auf die Erkrankung folgt, abzustellen sein.[159]

b) Ruhendes Arbeitsverhältnis. Ruht das Arbverh, besteht im Fall einer Arbeitsunfähigkeit mangels Kausalität kein Anspruch auf Entgeltfortzahlung aus Abs. 1 S. 1. Umgekehrt ist die Erkrankung nicht auf den Sechs-Wochen-Zeitraum anzurechnen.[160] Beginnt die Arbeitsunfähigkeit während des Ruhens des Arbverh und besteht sie nach dessen Beendigung noch sechs Wochen fort, hat der AN somit während dieser sechs Wochen einen Anspruch auf Entgeltfortzahlung.[161] Der Sechs-Wochen-Zeitraum beginnt daher nicht bereits mit der Erkrankung, sondern erst mit der tatsächlichen Verhinderung an der Arbeitsleistung infolge der Krankheit. Das ist der Zeitpunkt der Aktualisierung des Arbverh.[162]

Von einem ruhenden Arbverh ist bspw. auszugehen, während

– der Dauer des Grundwehrdienstes oder einer Wehrübung,[163]
– des Laufs der Schutzfrist nach § 3 Abs. 2, 6 Abs. 1 MuSchG,[164]

---

151 BAG 24.3.2004 – 5 AZR 355/03 – AP § 3 EFZG Nr. 22; BAG 4.12.2002 – 5 AZR 494/01 – AP § 3 EFZG Nr. 17.
152 BAG 4.12.2002 – 5 AZR 494/01 – AP § 3 EFZG Nr. 17.
153 *Vogelsang*, Rn 174.
154 BAG 21.9.1971 – 1 AZR 65/71 – EzA § 1 LohnFG Nr. 7; zustimmend *Müller-Glöge*, RdA 2006, 105, 109; *Vogelsang*, Rn 179; *Feichtinger/Malkmus*, § 3 Rn 199; a.A. MünchArb/*Boecken*, Bd. 1, § 84 Rn 58.
155 BAG 26.2.2003 – 5 AZR 112/02 – EzA § 5 EFZG Nr. 7; *Müller-Glöge*, RdA 2006, 105, 109.
156 BAG 4.5.1971 – 1 AZR 305/70 – EzA § 1 LohnFG Nr. 3.
157 BAG 4.5.1971 – 1 AZR 305/70 – EzA § 1 LohnFG Nr. 3; HzA/*Vossen*, Rn 181; *Vogelsang*, Rn 180; *Treber*, § 3 Rn 111.
158 BAG 22.2.1973 – 5 AZR 461/72 – EzA § 1 LohnFG Nr. 32; *Feichtinger/Malkmus*, § 3 Rn 197 f.; HzA/*Vossen*, Rn 179.
159 *Vogelsang*, Rn 178 und 186.
160 BAG 29.9.2004 – 5 AZR 558/03 – AP § 3 EFZG Nr. 24; BAG 22.8.2001 – 5 AZR 699/99 – NZA 2002, 610.
161 BAG 29.9.2004 – 5 AZR 558/03 – AP § 3 EFZG Nr. 24; BAG 6.9.1989 – 5 AZR 621/88 – EzA § 63 HGB Nr. 42; ErfK/*Dörner*, § 3 EFZG Rn 34; *Vogelsang*, Rn 184.
162 *Müller-Glöge*, RdA 2006, 105, 109.
163 BAG 3.3.1961 – 1 AZR 76/60 – EzA § 63 HGB Nr. 1.
164 HzA/*Vossen*, Rn 185.

- eines unbezahlten Sonderurlaubs,[165]
- der Elternzeit.[166]

Entgegen der bisherigen Rspr. des BAG[167] verlängert sich der Sechs-Wochen-Zeitraum auch, wenn der AN während eines Arbeitskampfs arbeitsunfähig erkrankt.[168]

81 **c) Wechsel des Arbeitgebers.** Wechselt der AN den AG und begründet ein neues Arbverh mit einem anderen AG, findet keine Anrechnung der beim vormaligen AG verbrachten Beschäftigungszeiten statt. Daher muss der AN die Wartezeit des Abs. 3 neu durchlaufen. Ist dies erfolgt, werden vorhergehende Arbeitsunfähigkeitszeiten beim neuen AG nicht berücksichtigt.[169]

Wird das Arbverh zunächst beendet und geht der AN mit demselben AG später ein neues Arbverh ein, kommt es darauf an, ob zwischen den beiden Arbverh ein enger zeitlicher und sachlicher Zusammenhang besteht. Ist ein derartiger Zusammenhang gegeben, sind die beiden Arbverh wie ein einheitliches Arbverh zu behandeln.[170] Insoweit kann auf die Rspr. des BAG zu der Erfüllung der Wartezeit des § 1 Abs. 1 KSchG[171] zurückgegriffen werden.[172]

82 **2. Dauer.** Der Anspruch auf Entgeltfortzahlung im Krankheitsfall besteht nach Abs. 1 bis zur Dauer von sechs Wochen. Dem Sechs-Wochen-Zeitraum entsprechen 42 Kalendertage.[173] Maßgeblich sind Kalendertage, nicht aber Arbeitstage. Daher rechnen Zeiten, in denen auch ohne die Erkrankung keine Arbeitspflicht bestanden hätte, bei der Berechnung der Frist grds. mit (etwa Wochenenden und nach Schichtplan freie Arbeitstage). Ausnahmsweise findet eine Verlängerung des Zeitraums statt, wenn das Arbverh ruht (vgl. oben Rn 79).

83 **3. Ende.** Der Anspruch auf Entgeltfortzahlung im Krankheitsfall endet, sobald die Arbeitsunfähigkeit nicht mehr besteht. Maßgeblich ist insoweit die ärztliche Bescheinigung.

Der Anspruch auf Entgeltfortzahlung im Krankheitsfall endet auch, wenn der Anspruchszeitraum von 42 Kalendertagen erschöpft ist. Erkrankt der AN somit an einem Dienstag vor der Arbeit, erhält er Entgeltfortzahlung bis einschließlich dem fünften folgenden Montag. So erhielte ein am 10.8.2009 vor der Arbeit erkrankter AN bis zum 20.9.2009 Entgeltfortzahlung.

84 **4. Mehrfache Arbeitsunfähigkeit.** Abs. 1 S. 2 enthält Einschränkungen der Leistungspflicht des AG. Zu **unterscheiden** ist danach zwischen **derselben und einer anderen Krankheit**. Die begrenzte Zahlungspflicht des AG setzt voraus, dass der AN infolge derselben Krankheit erneut arbeitsunfähig wird. Keine Regelung enthält das Gesetz für den Fall, dass eine erneute Arbeitsunfähigkeit auf einer anderen Krankheit beruht. Liegt eine andere Erkrankung vor, ist die Leistungspflicht des AG somit nicht limitiert.

Besonderheiten gelten für den Fall, dass sich zwei Erkrankungen zeitlich überschneiden. Erkrankt der AN, während er noch arbeitsunfähig ist, an einer neuen Erkrankung, gilt der Grundsatz der Einheit des Versicherungsfalles. Der AN erwirbt nur für die Dauer von sechs Wochen einen Entgeltfortzahlungsanspruch (näher siehe unten Rn 107 ff.).

85 **a) Arbeitsunfähigkeit infolge derselben Krankheit.** Abs. 1 S. 2 sieht bei einer Arbeitsunfähigkeit infolge derselben Krankheit in zwei Fällen **Einschränkungen der Leistungspflicht des AG** vor. Nach Abs. 1 S. 2 Nr. 1 ist im Rahmen der Sechs-Monats-Frist auf den Beginn der erneuten Arbeitsunfähigkeit abzustellen und von diesem Zeitpunkt ausgehend zurückzurechnen. Dagegen kommt es im Rahmen der Zwölf-Monats-Frist des Abs. 1 S. 2 Nr. 2 auf den Beginn der ersten Arbeitsunfähigkeit an. Hier ist somit eine Vorausberechnung vorzunehmen.

86 **aa) Begriff derselben Krankheit.** Wiederholte Arbeitsunfähigkeit infolge derselben Krankheit und damit eine Fortsetzungserkrankung liegt vor, wenn die Krankheit, auf der die frühere Arbeitsunfähigkeit beruhte, in der Zeit zwischen dem Ende der vorausgegangenen und dem Beginn der neuen Arbeitsunfähigkeit medizinisch nicht vollständig ausgeheilt war, sondern das **Grundleiden latent weiterbestanden** hat, so dass die neue Erkrankung nur eine Fortsetzung der früheren Erkrankung darstellt. Die wiederholte Arbeitsunfähigkeit muss auf demselben nicht behobenen Grundleiden beruhen. Dieses kann verschiedene Krankheitssymptome zur Folge haben.[174]

---

165 BAG 6.9.1989 – 5 AZR 621/88 – EzA § 63 HGB Nr. 42; BAG 14.6.1974 – 5 AZR 467/73 – EzA § 1 LohnFG Nr. 41.
166 BAG 19.4.2005 – 9 AZR 233/04 – EzA § 15 BErzGG Nr. 15; ErfK/*Dörner*, § 3 EFZG Rn 34.
167 BAG 8.3.1973 – 5 AZR 491/72 – EzA § 1 LohnFG Nr. 33.
168 ErfK/*Dörner*, § 3 EFZG Rn 34; *Vogelsang*, Rn 185; *Treber*, § 3 Rn 115; *Schmitt*, § 3 Rn 181 f.
169 BAG 23.12.1971 – 1 AZR 126/71 – EzA § 1 LohnFG Nr. 13; ErfK/*Dörner*, § 3 EFZG Rn 42; *Vogelsang*, Rn 175.
170 BAG 22.8.2001 – 5 AZR 699/99 – NZA 2002, 610.
171 BAG 20.8.1998 – 2 AZR 83/98 – AP § 1 KSchG 1969 Wartezeit Nr. 10.
172 *Vogelsang*, Rn 177.
173 BAG 22.8.2001 – 5 AZR 699/99 – NZA 2002, 610.
174 BAG 13.7.2005 – 5 AZR 389/04 – AP § 3 EFZG Nr. 25; BAG 4.12.1985 – 5 AZR 656/84 – EzA § 63 HGB Nr. 40; BAG 14.11.1984 – 5 AZR 349/82 – EzA § 1 LohnFG Nr. 74.

87 Beispiele einer derartigen Fortsetzungserkrankung sind eine nicht ausgeheilte Lungenentzündung, die zu einem Rückfall führt, mehrfache akute Erkrankungen rheumatischer Ursache oder aufgrund eines lang anhaltenden Leber– oder Magenleidens, sowie eine in bestimmten Schüben auftretende Psychose.[175]

88 „Dieselbe Krankheit" i.S.d. Entgeltfortzahlungsrechts liegt demgegenüber nicht allein deswegen vor, weil der AN an dem gleichen Leiden nochmals erkrankt. Erkrankt der AN sowohl im November als auch im kommenden Februar an einer Grippe, liegen zwei Erkrankungen vor. Der AG hat daher für jeweils maximal sechs Wochen Entgeltfortzahlung zu leisten.[176]

89 Eine Fortsetzungserkrankung ist auch dann gegeben, wenn der AN zunächst arbeitsunfähig erkrankt war und sodann eine Maßnahme der medizinischen Vorsorge oder Rehabilitation durchläuft. Nach § 9 Abs. 1 sind die Zeiträume der sich hieraus ergebenden Arbeitsverhinderung einer Arbeitsunfähigkeit gleichgestellt.[177]

90 Um eine Erkrankung handelt es sich, wenn der AN bei einer fortbestehenden Arbeitsunfähigkeit einen missglückten **Arbeitsversuch** unternimmt.[178]

91 Eine normal verlaufende **Schwangerschaft** ist keine Krankheit. Dagegen stellt eine Schwangerschaft mit anormalem Verlauf, bei der außergewöhnliche, über das übliche Maß hinausgehende Beschwerden oder sonstige krankhafte Störungen auftreten, eine Krankheit dar. Eine mit häufigen, graviditätsbedingten („typischen") Krankheiten einhergehende Schwangerschaft ist für die Dauer ihres irregulären Verlaufs einem nicht ausgeheilten, befristeten Grundleiden gleichzusetzen. Dabei kommt es nicht darauf an, ob die einzelnen Erkrankungen untereinander noch in einem besonderen Fortsetzungszusammenhang stehen; entscheidend ist vielmehr, dass sie jeweils für sich genommen auf die Schwangerschaft zurückzuführen sind.[179]

bb) Zeitraum von sechs Monaten. Bei einer Arbeitsunfähigkeit aufgrund derselben Krankheit ist der AG grds. **92** nur für die Dauer von bis zu sechs Wochen zur Entgeltfortzahlung verpflichtet. Hiervon besteht nach Abs. 2 S. 2 Nr. 1 eine Ausnahme, wenn der AN vor der erneuten Arbeitsunfähigkeit sechs Monate nicht infolge derselben Krankheit arbeitsunfähig war. Dann wird der Fortsetzungszusammenhang zwischen der früheren und der erneut auftretenden Arbeitsunfähigkeit als gelöst angesehen. Die spätere Arbeitsunfähigkeit stellt sich rechtlich als neue Krankheit dar und löst einen neuen Entgeltfortzahlungsanspruch aus.[180]

93 Der neue Entgeltfortzahlungsanspruch setzt nicht zwingend voraus, dass der AN durchgehend über sechs Monate arbeitsfähig war. Maßgeblich ist, ob er an derselben oder einer anderen Krankheit leidet. Liegt eine andere Erkrankung vor, wird der Fristablauf nicht unterbrochen.[181]

94 Erkrankt der AN arbeitsunfähig und tritt zu dieser Erkrankung eine weitere Erkrankung hinzu, die ebenfalls zur Arbeitsunfähigkeit führt, kommt es darauf an, welche Erkrankung für die Entgeltfortzahlungspflicht des AG ursächlich ist. Maßstab ist, dass der AG für eine Krankheit nicht mehr als sechs Wochen einstandspflichtig ist.

95 Wird demnach ein AN unverschuldet arbeitsunfähig krank und tritt dann eine ebenfalls zur Arbeitsunfähigkeit führende Erkrankung hinzu, die sich später als Teil einer Fortsetzungserkrankung darstellt, dann bleibt dieser Teil der Fortsetzungserkrankung bei der Berechnung des Entgeltfortzahlungsanspruchs bei späterem Wiederauftreten der Fortsetzungserkrankung außer Betracht, wenn beide Erkrankungen (die zunächst eingetretene und die dann hinzu getretene Fortsetzungserkrankung) zeitgleich enden.[182] Erkrankt der AN bspw. vom 21.1. bis zum 2.3. wegen einer Rippenfraktur arbeitsunfähig und kommt für die Zeit vom 19.2. bis zum 2.3. Arbeitsunfähigkeit wegen eines Handekzems hinzu, hat der AN auch dann einen Anspruch auf bis zu sechs Wochen Entgeltfortzahlung, wenn innerhalb von sechs Monaten erneut Arbeitsunfähigkeit wegen eines Handekzems auftritt. Entscheidend ist, dass der AG für den Zeitraum vom 19.2. bis zum 2.3. Entgeltfortzahlung wegen einer anderen Erkrankung (Rippenfraktur) geleistet hat.

96 Anders ist die Rechtslage zu beurteilen, wenn eine Fortsetzungserkrankung zu einer bereits bestehenden Krankheit hinzutritt und über deren Ende hinaus andauert.[183] Währt die Erkrankung des AN im obigen Beispiel wegen des Handekzems nicht bis zum 2.3., sondern bis zum 12.3., erhält er für die Zeit vom 21.1. bis zum 3.3. (= Ablauf des Sechs-Wochen-Zeitraums) Entgeltfortzahlung. Eine längere Entgeltfortzahlungspflicht des AG besteht nach dem Grundsatz der Einheit des Versicherungsfalls (näher siehe unten Rn 107 ff.) nicht. Erkrankt der AN innerhalb von sechs Monaten erneut an dem Handekzem, muss der AG nur für höchstens 41 Tage Entgeltfortzahlung leisten. Ein Tag ist in Abzug zu bringen, weil der AN für den 3.3. nur wegen des Handekzems Entgeltfortzahlung erhalten hat.

---

175 BAG 4.12.1985 – 5 AZR 656/84 – EzA § 63 HGB Nr. 40.
176 *Vogelsang*, Rn 196; *Treber*, § 3 Rn 131.
177 BAG 13.7.2005 – 5 AZR 389/04 – AP § 3 EFZG Nr. 25; BAG 18.1.1995 – 5 AZR 818/93 – EzA § 7 LohnFG Nr. 5.
178 BAG 1.7.1983 – 5 AZR 468/80 – EzA § 1 LohnFG Nr. 66.
179 BAG 14.11.1984 – 5 AZR 394/82 – EzA § 1 LohnFG Nr. 74.
180 BAG 18.1.1995 – 5 AZR 818/93 – EzA § 7 LohnFG Nr. 5.
181 BAG 22.8.1984 – 5 AZR 489/81 – EzA § 1 LohnFG Nr. 73.
182 BAG 2.2.1994 – 5 AZR 345/93 – EzA § 1 LohnFG Nr. 125; BAG 19.6.1991 – 5 AZR 304/90 – EzA § 1 LohnFG Nr. 119.
183 BAG 13.7.2005 – 5 AZR 389/04 – AP § 3 EFZG Nr. 25; BAG 2.2.1994 – 5 AZR 345/93 – EzA § 1 LohnFG Nr. 125.

97 Erkrankt der AN in einer weiteren Abwandlung des obigen Beispiels vom 21.1. bis zum 10.3. an einer Rippenfraktur und vom 19.2. bis zum 20.3. an einem Handekzem, erhält er selbst dann für volle 42 Tage Entgeltfortzahlung, wenn er innerhalb von sechs Monaten erneut an dem Handekzem erkrankt. Denn während der vormaligen Krankheitsphase hat der AN wegen des Handekzems keine Entgeltfortzahlung bezogen.

98 Führen zwei Krankheiten jeweils für sich betrachtet nicht zur Arbeitsunfähigkeit, sondern nur weil sie zusammen auftreten, liegt eine Fortsetzungserkrankung auch vor, wenn später eine der beiden Krankheiten erneut auftritt und allein zur Arbeitsunfähigkeit führt. Auch in diesem Fall ist die erneut auftretende Krankheit Ursache einer vorausgegangen Arbeitsunfähigkeit gewesen.[184]

99 Die Frist ist nach §§ 187 Abs. 1, 188 Abs. 2 BGB durch Rückrechnung zu ermitteln.[185] Dies ergibt sich aus dem Gesetzeswortlaut. Danach ist auf den Zeitpunkt der erneuten Erkrankung abzustellen und sodann sechs Monate zurück zu blicken („vor der erneuten Arbeitsunfähigkeit ... arbeitsunfähig war"). Erkrankt der AN somit (erneut) am 1.10., beginnt die sechsmonatige Frist gem. § 187 Abs. 1 BGB am 30.9. und endet zurückgerechnet gem. § 188 Abs. 2 BGB am 1.4.

100 **cc) Zeitraum von zwölf Monaten.** Die dargestellten Beschränkungen des Anspruchs auf Entgeltfortzahlung gelten nur für einen Zeitraum von zwölf Monaten. Nach Ablauf von zwölf Monaten entsteht nach Abs. 1 S. 2 Nr. 2 ein neuer sechswöchiger Entgeltfortzahlungsanspruch, und zwar auch dann, wenn der AN an einer Fortsetzungserkrankung leidet.

101 Die Frist ist nach der **Methode der Vorausberechnung** zu ermitteln.[186] Auszugehen ist von dem Beginn der ersten Arbeitsunfähigkeit. Maßgeblich sind §§ 187 Abs. 1, 188 Abs. 2, 3 BGB. Erkrankt ein AN während der Arbeit am 15.1.2009, beginnt die Frist am 16.1.2009 und endet am 15.1.2010. War der AN im Jahr 2009 wegen derselben Krankheit über einen Zeitraum von insgesamt mehr als sechs Wochen arbeitsunfähig erkrankt, erwirbt er für den Zeitraum ab dem 16.1.2010 erneut einen Anspruch bis zur Dauer von sechs Wochen, selbst wenn er erneut an derselben Krankheit leidet.

102 Streitig war, wie zu verfahren ist, wenn die wiederholte Erkrankung im Laufe des Zwölf-Monats-Zeitraums beginnt und bis in den 13. Monat hinein dauert. Nach der neueren Rspr. des BAG entsteht kein neuer Entgeltfortzahlungsanspruch.[187] Gleiches gilt, wenn der AN länger als zwölf Monate durchgehend arbeitsunfähig erkrankt ist.[188] Es liegt keine „erneute Arbeitsunfähigkeit", sondern nach wie vor die „erste Arbeitsunfähigkeit" i.S.v. Abs. 1 S. 2 Nr. 2 vor.

103 **dd) Zusammentreffen beider Zeiträume.** War der wiederholt an demselben medizinisch nicht ausgeheilten Grundleiden arbeitsunfähig erkrankte AN zwischenzeitlich **mindestens sechs Monate nicht** infolge derselben Krankheit arbeitsunfähig, so wird dadurch der Fortsetzungszusammenhang zwischen der früheren und der nach diesem Sechs-Monats-Zeitraum erneut auftretenden Arbeitsunfähigkeit unterbrochen. Die spätere Arbeitsunfähigkeit ist dann eine im arbeitsrechtlichen Sinne neue Krankheit. Dies hat zur Folge, dass bei der Berechnung des Zwölf-Monats-Zeitraums nach Abs. 1 S. 2 Nr. 2 diejenigen auf demselben Grundleiden beruhenden Arbeitsunfähigkeitsfälle, die vor dieser im arbeitsrechtlichen Sinne neuen Erkrankung liegen, außer Betracht bleiben.[189] Erkrankt der AN somit nach Ablauf von sechs Monaten erneut an derselben Krankheit, beginnt die Zwölf-Monats-Frist von vorn zu laufen.

104 **b) Wechsel des Arbeitgebers.** Das Entgeltfortzahlungsrecht stellt auf das jeweilige Arbverh ab. Wechselt der AN den AG, kommt es grds. nicht darauf an, ob und wann der AN beim vormaligen AG arbeitsunfähig erkrankt war. Ebenso wie bei der Wartezeit (Abs. 3) kommt es auch im Rahmen der Einschränkungen des Abs. 1 S. 2 nur auf die Erkrankungen bei dem jeweiligen AG an.[190]

105 Eine Ausnahme kann sich ergeben, wenn der AN mit demselben AG nochmals ein Arbverh eingeht. Wie bei der Wartezeit (Abs. 3; vgl. oben Rn 13) sind die beiden Arbverh als Einheit zu betrachten, wenn zwischen ihnen ein enger sachlicher Zusammenhang besteht.[191]

---

184 BAG 13.7.2005 – 5 AZR 389/04 – AP § 3 EFZG Nr. 25.
185 Vgl. BAG 30.8.1973 – 5 AZR 202/73 – EzA § 1 LohnFG Nr. 37; HzA/*Vossen*, Rn 217; a.A. *Vogelsang*, Rn 201; *Feichtinger/Malkmus*, § 3 Rn 228.
186 HzA/*Vossen*, Rn 220; *Vogelsang*, Rn 202; *Feichtinger/Malkmus*, § 3 Rn 234.
187 BAG 14.3.2007 – 5 AZR 514/06 – EzA § 3 EFZG Nr. 16.
188 BAG 14.3.2007 – 5 AZR 514/06 – EzA § 3 EFZG Nr. 16; *Vogelsang*, Rn 204; *Feichtinger/Malkmus*, § 3 Rn 234;

ErfK/*Dörner*, § 3 EFZG Rn 40; *Schmitt*, § 3 Rn 259; *Treber*, § 3 Rn 140.
189 Vgl. BAG 6.10.1976 – 5 AZR 500/75 – EzA § 1 LohnFG Nr. 50; *Vogelsang*, Rn 205; *Feichtinger/Malkmus*, § 3 Rn 236.
190 Vgl. BAG 23.12.1971 – 1 AZR 126/71 – EzA § 1 LohnFG Nr. 13; *Feichtinger/Malkmus*, § 3 Rn 238 f.; ErfK/*Dörner*, § 3 EFZG Rn 42; HzA/*Vossen*, Rn 223 f.
191 Vgl. BAG 22.8.2001 – 5 AZR 699/99 – NZA 2002, 610; ErfK/*Dörner*, § 3 EFZG Rn 42; HzA/*Vossen*, Rn 225.

c) Arbeitsunfähigkeit infolge einer anderen Krankheit. Die Einschränkungen des Anspruchs auf Entgeltfortzahlung gem. Abs. 1 S. 2 gelten nur, wenn der AN wegen derselben Krankheit erneut arbeitsunfähig wird. Tritt eine andere Krankheit auf, muss der AG grds. erneut bis zu sechs Wochen Entgeltfortzahlung leisten.

Eine andere Krankheit liegt vor, wenn sie eine andere Ursache hat als die vorhergehende Krankheit und wenn sie nicht auf demselben Grundleiden beruht (vgl. oben Rn 86).[192]

Die Aussage, dass zwei verschiedene Krankheiten zu jeweils eigenständigen Entgeltfortzahlungsansprüchen führen, erfährt jedoch durch den **Grundsatz der Einheit des Verhinderungsfalls** (auch bezeichnet als Grundsatz der Einheit des Versicherungsfalls) eine praktisch erhebliche Ausnahme. Danach ist der Anspruch des AN auf Entgeltfortzahlung im Krankheitsfall auch dann auf sechs Wochen beschränkt, wenn **während** bestehender Arbeitsunfähigkeit eine neue Krankheit hinzutritt, die ebenfalls zur Arbeitsunfähigkeit führt.[193]

Zu beachten ist, dass der Grundsatz der Einheit des Verhinderungsfalls nur eingreift, wenn der AN **ohne Unterbrechung arbeitsunfähig** erkrankt. Besteht zwischenzeitlich – und sei es nur für wenige Stunden – Arbeitsfähigkeit, löst die erneute Erkrankung einen neuen Versicherungsfall mit der Folge aus, dass der AG erneut bis zu sechs Wochen Entgeltfortzahlung leisten muss. Maßgeblich ist die vorübergehend bestehende Arbeitsfähigkeit; nicht entscheidend ist demgegenüber, ob der AN zwischenzeitlich gearbeitet hat. Zwei selbstständige Verhinderungsfälle liegen auch dann vor, wenn ein AN zwischen zwei Krankheiten zwar arbeitsfähig war, tatsächlich aber nicht arbeiten konnte, weil er nur wenige, außerhalb der Arbeitszeit liegende Stunden arbeitsfähig war.[194]

Damit wird von besonderer Bedeutung, welche zeitliche Reichweite eine Arbeitsunfähigkeitsbescheinigung hat. Maßgeblich ist die vom Arzt erstellte Arbeitsunfähigkeitsbescheinigung. Gibt die Bescheinigung – wie in der Praxis üblich – einen bestimmten Kalendertag als voraussichtliches Ende der Arbeitsunfähigkeit an, soll nach der Rspr. des BAG regelmäßig davon auszugehen sein, dass sich die Krankschreibung auf das Ende der betriebsüblichen Arbeitszeit bzw. auf das Ende der Arbeitszeit des AN bezieht.[195] Wird der AN sodann ab dem Folgetag wegen eines anderen Leidens erneut krank geschrieben, wäre demnach von zwei Verhinderungsfällen auszugehen. Die Rspr. des BAG vermag insoweit nicht zu überzeugen. Im Zweifel ist mit der Angabe eines Kalendertages der ganze Tag, der bis 24 Uhr währt, gemeint.[196] Letztlich dürfte sich die Streitfrage in der Praxis kaum auswirken. Denn wenn die Arbeitsunfähigkeitsbescheinigung nicht eindeutig ist, hat das Gericht den Arzt zu einer möglichen Unterbrechung der Arbeitsunfähigkeit zu befragen. Wie die in der Arbeitsunfähigkeitsbescheinigung abgegebene Erklärung des Arztes nach dem objektiven Empfängerhorizont zu verstehen ist, ist nicht maßgeblich. Es kommt allein darauf an, ob objektiv eine Unterbrechung der Arbeitsunfähigkeit gegeben war oder nicht.

Der Grundsatz der Einheit des Versicherungsfalls findet auch dann Anwendung, wenn die erste Arbeitsunfähigkeit selbst verschuldet war.[197] Daher erhält der AN nur dann Entgeltfortzahlung im Krankheitsfall, wenn die erste Krankheit ausgeheilt und damit nicht mehr ursächlich für die Arbeitsverhinderung ist. Die Dauer der Entgeltfortzahlung für die zweite Erkrankung ist auf sechs Wochen nach Beginn der ersten Arbeitsunfähigkeit begrenzt.

IV. Der Anspruch auf Entgeltfortzahlung

Der gesetzliche Entgeltfortzahlungsanspruch im Krankheitsfall ist der aufrechterhaltene Vergütungsanspruch nach § 611 Abs. 1 BGB und teilt dessen rechtliches Schicksal.[198]

Daraus folgt, dass der Anspruch auf Entgeltfortzahlung zum gleichen Zeitpunkt **fällig** wird wie der Anspruch auf Vergütung wegen geleisteter Arbeit.[199] Für die **Pfändung** und die **Abtretung** des Anspruchs gelten die gleichen Bestimmungen.[200] In der **Insolvenz** werden die Ansprüche ebenfalls gleich behandelt.[201] Allerdings erhält der AN für die Ansprüche aus § 8 kein Insolvenzgeld. Denn nach § 184 Abs. 1 Nr. 1 SGB III hat der AN keinen Anspruch auf Insolvenzgeld für Ansprüche auf Arbeitsentgelt, die er wegen der Beendigung des Arbverh oder für die Zeit nach der Beendigung des Arbverh hat.

V. Sterilisation und Schwangerschaftsabbruch

Für die Sterilisation und den Schwangerschaftsabbruch enthält Abs. 2 eine Sonderregelung hinsichtlich des Verschuldens. Einen weiteren Inhalt hat die Vorschrift nicht. Die weiteren Voraussetzungen des Abs. 1 und des Abs. 3 müssen daher erfüllt sein, um einen Anspruch auf Entgeltfortzahlung zu begründen.[202]

---

192 ErfK/*Dörner*, § 3 EFZG Rn 43; *Schmitt*, § 3 Rn 270.
193 BAG 13.7.2005 – 5 AZR 389/04 – AP § 3 EFZG Nr. 25; BAG 2.2.1994 – 5 AZR 345/93 – EzA § 1 LohnFG Nr. 125; BAG 19.6.1991 – 5 AZR 304/90 – EzA § 1 LohnFG Nr. 119; HzA/*Vossen*, Rn 198.
194 BAG 12.7.1989 – 5 AZR 377/88 – EzA § 616 BGB Nr. 39; *Vogelsang*, Rn 208; HzA/*Vossen*, Rn 196 f.
195 BAG 12.7.1989 – 5 AZR 377/88 – EzA § 616 BGB Nr. 39; BAG 2.12.1981 – 5 AZR 89/80 – EzA § 1 LohnFG Nr. 59.
196 Vgl. *Vogelsang*, Rn 216.
197 Hessisches LAG 9.12.1985 – 1 Sa 626/85 – NZA 1986, 432; *Schmitt*, § 3 Rn 272; ErfK/*Dörner*, § 3 EFZG Rn 43; HzA/*Vossen*, Rn 199; a.A. *Vogelsang*, Rn 209.
198 BAG 16.1.2002 – 5 AZR 430/00 – NZA 2002, 746.
199 BAG 20.8.1980 – 5 AZR 218/78 – DB 1981, 111; *Feichtinger/Malkmus*, § 3 Rn 248; *Vogelsang*, Rn 425.
200 *Feichtinger/Malkmus*, § 3 Rn 247; *Vogelsang*, Rn 427.
201 *Feichtinger/Malkmus*, § 3 Rn 255 ff.; *Vogelsang*, Rn 429 ff.
202 ErfK/*Dörner*, § 3 EFZG Rn 46; *Vogelsang*, Rn 167.

113 **1. Sterilisation.** Eine Sterilisation ist ein Eingriff, der die Fortpflanzungsfähigkeit bei einem Mann oder einer Frau dauerhaft oder zeitweilig verhindert.[203] Die Sterilisation ist nicht rechtswidrig, wenn der Eingriff nicht gegen die guten Sitten verstößt (§ 228 StGB) und die Einwilligung des Betroffenen vorliegt. Hiervon kann nicht nur bei einer Sterilisation aus eugenischen oder sozialen Gründen ausgegangen werden, sondern auch dann, wenn sie aus anderen Gründen erfolgt.[204] Anzuerkennen ist etwa der Wille, keine Kinder mehr bekommen zu wollen.

114 **2. Schwangerschaftsabbruch.** Ein Schwangerschaftsabbruch ist die Entfernung und Abtötung der Leibesfrucht bei einer intakten Schwangerschaft.[205]

Ein nicht rechtswidriger Schwangerschaftsabbruch (Abs. 2 S. 1) ist gegeben, wenn die Voraussetzungen des § 218a Abs. 2 StGB (medizinische Indikation) oder des § 218a Abs. 3 StGB (kriminologische Indikation) erfüllt sind.

Unter den in § 218a Abs. 1 StGB genannten Voraussetzungen ist schon der Tatbestand des § 218 StGB nicht verwirklicht. Für diesen Fall sieht Abs. 2 S. 2 vor, dass die Arbeitsunfähigkeit als unverschuldet gilt.

115 Kein Anspruch auf Entgeltfortzahlung im Krankheitsfall besteht, wenn die Schwangere nach § 218a Abs. 4 StGB straffrei bleibt. Der Schwangerschaftsabbruch ist gleichwohl rechtswidrig. Es handelt sich lediglich um einen persönlichen Strafausschließungsgrund.[206]

C. Verbindung zu anderen Rechtsgebieten und zum Prozessrecht

I. Darlegungs- und Beweislast

116 Nach allgemeinen Grundsätzen zur Beweislastverteilung trägt jede Partei die Behauptungs- und Beweislast dafür, dass der Tatbestand der ihr günstigen Rechtsnorm erfüllt ist. Wer eine Rechtsfolge für sich in Anspruch nimmt, hat die rechtsbegründenden und rechtserhaltenden Tatsachen zu behaupten und zu beweisen, der Gegner die rechtshindernden, rechtsvernichtenden und rechtshemmenden.[207]

117 **1. Überblick.** Daraus folgt für die Beweislast, dass der AN darzulegen und ggf. zu beweisen hat,
– dass ein Arbverh vorliegt;
– dass eine Krankheit des AN gegeben ist, die zu seiner Arbeitsunfähigkeit führt (vgl. § 5 Rn 63 f.);
– die Arbeitsunfähigkeit die alleinige Ursache dafür ist, dass der AN seine Arbeitsleistung nicht erbringt;
– die Wartezeit erfüllt ist.

118 Dagegen hat der AG zu beweisen, dass die Arbeitsunfähigkeit selbst verschuldet ist.

119 Für die Fortsetzungserkrankung gilt, dass der AN das Nichtvorliegen einer Fortsetzungserkrankung darlegen muss. Die objektive Beweislast liegt allerdings beim AG; er hat die Folgen der Nichterweislichkeit einer Fortsetzungserkrankung zu tragen.

120 **2. Wartezeit (Abs. 3).** Der AN ist für die Erfüllung der Wartezeit darlegungs- und beweispflichtig, weil es sich um eine anspruchsbegründende Tatsache handelt.[208]

121 **3. Alleinige Ursache.** Für die Kausalität ist der AN darlegungs- und beweispflichtig, weil es sich um eine anspruchsbegründende Tatsache handelt. Insoweit gilt jedoch eine abgestufte Darlegungs- und Beweislast. Ohne nähere gegenteilige Anhaltspunkte ist von einer Kausalität auszugehen. Der AG muss zunächst konkrete Umstände darlegen, die gegen eine Kausalität sprechen. Erst wenn dies erfolgt ist, ist es Sache des AN, den Vortrag des AG zu widerlegen.[209]

122 Der AN muss daher im Regelfall nicht gesondert vortragen, er sei während der Zeit der Arbeitsunfähigkeit arbeitswillig gewesen. Ist er seiner Arbeitspflicht stets nachgekommen, kann vorausgesetzt werden, dass er weiterhin arbeitswillig war. Nur wenn er schon längere Zeit unentschuldigt gefehlt hat, muss er konkrete Tatsachen darlegen und beweisen, aus denen sich sein Arbeitswille ableiten lässt.[210]

123 **4. Verschulden.** Beruft sich der AG auf ein Verschulden des AN, macht er eine anspruchshindernde Einwendung geltend, für die er darlegungs- und beweispflichtig ist.[211]

Ggf. können dem AG die Grundsätze des Anscheinsbeweises zu Gute kommen (zum Alkoholismus siehe oben Rn 69).[212] Da der AG regelmäßig die Gründe, die zur Arbeitsunfähigkeit geführt haben, nicht kennt, ist der AN ge-

---

203 HzA/*Vossen*, Rn 165.
204 ErfK/*Dörner*, § 3 EFZG Rn 48; *Vogelsang*, Rn 168.
205 ErfK/*Dörner*, § 3 EFZG Rn 49.
206 *Vogelsang*, Rn 172.
207 Zöller/*Greger*, ZPO, vor § 284 Rn 17a.
208 *Vogelsang* Rn 65.
209 Vgl. *Vogelsang*, Rn 122; *Feichtinger/Malkmus*, § 3 Rn 102.
210 BAG 4.12.2002 – 5 AZR 494/01 – EzA § 3 EFZG Nr. 10; BAG 20.3.1985 – 5 AZR 229/83 – AP § 1 LohnFG Nr. 64; *Vogelsang*, Rn 122.
211 BAG 27.5.1992 – 5 AZR 297/91 – EzA § 1 LohnFG Nr. 123; BAG 7.8.1991 – 5 AZR 410/90 – EzA § 1 LohnFG Nr. 120.
212 HzA/*Vossen*, Rn 161; *Vogelsang*, Rn 158.

halten, an der Aufklärung aller für die Entstehung der Krankheit erheblichen Umstände mitzuwirken.[213] Kommt er dieser Obliegenheit nicht nach, ist der Beweis des Verschuldens durch den AG als erbracht anzusehen.[214]

5. Fortsetzungserkrankung. Für das Bestehen einer Fortsetzungserkrankung nach Abs. 1 S. 2 hat den AG nach früherer Rspr. des BAG die Beweislast getroffen.[215] Diese Rspr. hat der 5. Senat des BAG mit der Entscheidung v. 13.7.2005 aufgegeben.[216] Nunmehr ist im Bereich der Fortsetzungserkrankung zwischen der Darlegungslast, die beim AN angesiedelt ist, und der objektiven Beweislast, die den AG trifft, zu unterscheiden.

Maßgeblich hierfür ist die Überlegung, dass der AG kaum in der Lage ist, das Bestehen einer Fortsetzungserkrankung darzulegen, weil er über die Ursachen der Arbeitsunfähigkeit durch die Arbeitsunfähigkeitsbescheinigungen nicht unterrichtet wird. Zwar kann er nach § 69 Abs. 4 SGB X bei der zuständigen Krankenkasse nachfragen, ob eine Fortsetzungserkrankung vorliegt. Diese Vorschrift greift jedoch nicht bei AN, die nicht in einer gesetzlichen Krankenkasse versichert sind. Hinzu kommt, dass für den AG keine Möglichkeit besteht, die wertende Mitteilung der Krankenkasse zu überprüfen. Soweit der 5. Senat des BAG angenommen hat, dem AG komme der Anscheinsbeweis zugute, mag dies in seltenen Fällen zutreffen. Zumeist fehlen dem AG jedoch Kenntnisse vom tatsächlichen Geschehen, so dass ihm dies nicht weiterhelfen wird.

Der Unkenntnis des AG von den Krankheitsursachen ist bei der Verteilung der Darlegungslast zum Bestehen einer Fortsetzungserkrankung Rechnung zu tragen. Insoweit ist zu berücksichtigen, dass der AN gem. Abs. 1 S. 1 bei Arbeitsunfähigkeit infolge Krankheit zunächst einen Entgeltfortzahlungsanspruch von sechs Wochen hat. Die Darlegungs- und Beweislast für die Anspruchsvoraussetzungen des Abs. 1 S. 1 trägt dabei – wie dargelegt – der AN. Er genügt seiner Darlegungs- und Beweislast gem. § 5 Abs. 1 regelmäßig durch die Vorlage einer ärztlichen Arbeitsunfähigkeitsbescheinigung. Ist der AN jedoch innerhalb der Zeiträume des Abs. 1 S. 2 Nr. 1 und 2 länger als sechs Wochen arbeitsunfähig, ist die Arbeitsunfähigkeitsbescheinigung nicht ausreichend, weil sie keine Angaben zum Bestehen einer Fortsetzungserkrankung enthält. Der AN muss deshalb darlegen, dass keine Fortsetzungserkrankung vorliegt. Hierzu kann er eine ärztliche Bescheinigung vorlegen. Bestreitet der AG das Vorliegen einer neuen Krankheit, obliegt dem AN die Darlegung der Tatsachen, die den Schluss erlauben, es habe keine Fortsetzungserkrankung vorgelegen. Dabei hat der AN den Arzt von der Schweigepflicht zu entbinden. Die Folgen der Nichterweislichkeit einer Fortsetzungserkrankung sind allerdings vom AG zu tragen, denn nach der sprachlichen Fassung des Abs. 1 S. 2 Nr. 1 und 2 EFZG trifft den AG die objektive Beweislast.[217]

II. Ausschlussfristen/Verjährung

Ausschlussfristen, die sich auf den Vergütungsanspruch aus § 611 Abs. 1 BGB beziehen, erstrecken sich auch auf den Anspruch auf Entgeltfortzahlung im Krankheitsfall. Ausschlussfristen, die „alle Ansprüche aus dem Arbverh erfassen", sind daher auf den Anspruch auf Entgeltfortzahlung anwendbar.[218] Ist die Vergütung tarifvertraglich geregelt, verfällt der Anspruch auf Entgeltfortzahlung im Krankheitsfall – anders als der Anspruch auf Feiertagsvergütung (hierzu vgl. § 2 Rn 81)[219] – auch dann, wenn sich die Verfallklausel nur auf „tarifliche Ansprüche" erstreckt.[220] Dies folgt aus der unterschiedlichen Rechtsnatur der Ansprüche. Im Gegensatz zum Anspruch auf Entgeltfortzahlung im Krankheitsfall[221] handelt es sich bei dem Anspruch auf Feiertagsvergütung um einen gesetzlichen Anspruch. Gesetzliche Ansprüche werden von der genannten Ausschlussfrist nicht erfasst. Dies gilt nicht für Vergütungsansprüche des AN wegen geleisteter Arbeit. Gleiches muss daher auch für den Anspruch auf Entgeltfortzahlung im Krankheitsfall gelten.

Der Anspruch auf Entgeltfortzahlung im Krankheitsfall verjährt gemäß § 195 BGB in drei Jahren.[222]

D. Beraterhinweise

Kann der AG dem AN wegen dessen Erkrankung im Rahmen seines Direktionsrechts keine leidensgerechte Tätigkeit zuweisen, ist der AN arbeitsunfähig (vgl. oben Rn 23 ff.). Der AN ist nicht verpflichtet, eine leidensgerechte Arbeit zu verrichten, die nicht vertragsgerecht ist.

---

213 BAG 27.5.1992 – 5 AZR 297/91 – EzA § 1 LohnFG Nr. 123; BAG 7.8.1991 – 5 AZR 410/90 – EzA § 1 LohnFG Nr. 120.
214 *Vogelsang*, Rn 159.
215 BAG 19.3.1986 – 5 AZR 86/85 – EzA § 4 TVG Ausschlussfristen Nr. 68; BAG 4.12.1985 – 5 AZR 656/84 – EzA § 63 HGB Nr. 40.
216 BAG 13.7.2005 – 5 AZR 389/04 – AP § 3 EFZG Nr. 25.
217 BAG 13.7.2005 – 5 AZR 389/04 – AP § 3 EFZG Nr. 25.
218 BAG 25.5.2005 – 5 AZR 572/04 – NZA 2005, 1111; BAG 26.10.1994 – 5 AZR 404/93 – EzA § 4 TVG Ausschlussfristen Nr. 107; *Vogelsang*, Rn 432.
219 BAG 10.12.1986 – 5 AZR 507/85 – EzA § 4 TVG Ausschlussfristen Nr. 71.
220 BAG 16.1.2002 – 5 AZR 430/00 – NZA 2002, 746.
221 BAG 16.1.2002 – 5 AZR 430/00 – NZA 2002, 746; *Müller-Glöge*, RdA 2006, 105.
222 *Feichtinger/Malkmus*, § 3 Rn 250; *Vogelsang*, Rn 438; *Schmitt*, § 3 Rn 222.

129 In nicht wenigen Fällen stellt sich in der Praxis das Problem aus einem anderen Blickwinkel. So kommt es immer wieder vor, dass ein AN seine Arbeit wieder aufnehmen will, obwohl ihm der Arzt weiterhin Arbeitsunfähigkeit bescheinigt. Der AG steht vor der Frage, ob er die Arbeitsleistung ablehnen oder entgegennehmen soll (siehe Rn 131).

130 Eine ähnliche Fallkonstellation kann sich vor dem Hintergrund ergeben, dass es keine teilweise Arbeitsunfähigkeit gibt (vgl. oben Rn 34). Insb. dann, wenn der Sechs-Wochen-Zeitraum abgelaufen ist, kann der AN ein Interesse an einer Weiterbeschäftigung auch zu nicht vertragsgerechten Bedingungen haben. Der AG, der keine Vergütung mehr entrichten muss, hat in diesen Fällen nicht selten das Interesse, den AN nicht zu beschäftigen (siehe Rn 133).

I. Arbeit trotz bescheinigter Arbeitsunfähigkeit?

131 Solange der AN noch krank geschrieben ist, ist der AG nicht verpflichtet, die gleichwohl vom AN angebotene Arbeitskraft anzunehmen.

Dies gilt zunächst, wenn der AN objektiv weiterhin arbeitsunfähig ist. Der AG gerät auch nicht in Annahmeverzug. Der AN ist nicht leistungsfähig (§ 297 BGB).[223]

132 Ist der AN trotz der weiterreichenden Krankschreibung wieder arbeitsfähig, muss der AG das Arbeitsangebot des AN erst dann wieder annehmen, wenn dieser durch eine ärztliche Bescheinigung nachweist, wieder gesund zu sein. Solange der AN den Nachweis nicht führt, kann sich der AG auf das ärztliche Attest verlassen, ohne in Annahmeverzug zu geraten.[224]

II. Anspruch auf Weiterbeschäftigung zu geänderten Arbeitsbedingungen?

133 Kann der **schwerbehinderte AN** vertragsgerechte Tätigkeiten krankheitsbedingt nicht ausüben, wohl aber andere Arbeiten, kommt nach der Rspr. des BAG ein **Schadensersatzanspruch** aus § 823 Abs. 2 BGB i.V.m. § 81 Abs. 4 Nr. 1 SGB IX in Betracht, wenn sich der AG weigert, dem AN diese Tätigkeiten zuzuweisen. Nach § 81 Abs. 4 Nr. 1 SGB IX haben AG Schwerbehinderte so zu beschäftigen, dass diese ihre Kenntnisse und Fähigkeiten möglichst voll verwerten und weiterentwickeln können. Diese Vorschrift gibt dem Schwerbehinderten zwar keinen Anspruch auf einen bestimmten Arbeitsplatz und auch kein Recht, nach seinen Neigungen und Wünschen beschäftigt zu werden, wohl aber im bestehenden Arbverh einen klagbaren Anspruch darauf, im Rahmen der betrieblichen Möglichkeiten so beschäftigt zu werden, dass er entsprechend seiner Vorbildung und seinem Gesundheitszustand seine Fähigkeiten und Kenntnisse möglichst voll verwerten und weiterentwickeln kann. Die Verletzung der sich aus § 81 Abs. 4 Nr. 1 SGB IX ergebenden beruflichen Förderungspflicht kann daher Schadensersatzansprüche nach § 823 Abs. 2 BGB wegen Verletzung eines Schutzgesetzes auslösen.[225] Schadensersatz kann allerdings nur in der Höhe des Lohns zu geänderten Arbeitsbedingungen verlangt werden.[226]

134 Die Darlegungs- und Beweislast für die anspruchsbegründenden Tatsachen trifft den AN.[227] Er muss daher darlegen, dass ein **freier Arbeitsplatz** zur Verfügung stand, den er trotz seiner gesundheitlichen Einschränkung hätte ausüben können. Der AN muss auch darlegen, dass er dem AG den Arbeitsplatz benannt hat und er zu der Übernahme der Tätigkeit bereit gewesen wäre. Dies folgt schon daraus, dass der AG regelmäßig keine Kenntnis von den gesundheitlichen Einschränkungen des AN hat. Zudem kann er dem AN den Arbeitsplatz nicht einseitig zuweisen. Er ist daher im bestehenden Arbverh nicht gehalten, dem AN von sich aus eine an sich vertragswidrige Beschäftigung anzubieten. Darüber hinaus ist ohne Benennung eines Arbeitsplatzes durch den AN regelmäßig nicht von dem für den Schadensersatzanspruch notwendigen Verschulden des AG auszugehen. Hat der AN einen Arbeitsplatz konkret benannt, muss sich der AG im Sinne einer abgestuften Darlegungs- und Beweislast hierzu konkret einlassen und ausführen, aus welchen Gründen eine Beschäftigung auf diesem Arbeitsplatz nicht möglich war. Es gilt somit nichts anderes als im Künd-Schutzrecht. Im Streit um die Frage, ob der AN auf einem anderen freien Arbeitsplatz beschäftigt werden könnte, sind trotz der Beweislastregel des § 1 Abs. 2 S. 4 KSchG nur die Arbeitsplätze zu berücksichtigen, die der AN konkret benannt hat.[228]

135 Nicht geklärt ist, ob auch der **nicht schwerbehinderte AN einen Schadensersatzanspruch** gegen den AG hat, wenn er zwar arbeitsunfähig ist, aber eine andere vertraglich nicht geschuldete (gleich- oder geringerwertige) Tätigkeit ausüben könnte, welche ihm der AG nicht ohne sein Einverständnis zuweisen kann. Die Frage ist zu bejahen. Zum einen ist darauf zu verweisen, dass das BAG in der Entscheidung v. 10.7.1991 zur Begründung der Schadensersatzpflicht die Fürsorgeverpflichtung des AG betont. Diese besteht auch gegenüber dem nicht schwerbehinderten AN. Zum anderen ist zu berücksichtigen, dass der AG nach dem Ultima-Ratio-Grundsatz jedenfalls keine Beendigungs-Künd aussprechen kann, wenn der AN nicht mehr die vertraglich geschuldete Tätigkeit, wohl aber eine andere gleichwertige oder geringwertigere Tätigkeit ausüben kann, für die ein freier Arbeitsplatz vorhanden ist (vgl. § 1 Abs. 2 S. 2 und 3 KSchG). Wenn der AG nicht schadensersatzbewährt verpflichtet wäre, dem AN den Arbeitsplatz

---

223 BAG 29.10.1998 – 2 AZR 666/97 – NZA 1999, 377.
224 *Vogelsang*, Rn 218; *Treber*, § 3 Rn 124.
225 BAG 10.7.1991 – 5 AZR 383/90 – EzA § 615 BGB Nr. 69; vgl. auch BAG 3.12.2002 – 9 AZR 481/01 – NZA 2003, 1215.
226 ErfK/*Preis* § 615 BGB Rn 44.
227 BAG 10.7.1991 – 5 AZR 383/90 – EzA § 615 BGB Nr. 69.
228 Vgl. Hako-KSchR/*Gallner*, § 1 KSchG Rn 834.

zuzuweisen, hätte er die Möglichkeit, dem AN nach Ablauf des sechswöchigen Entgeltfortzahlungszeitraums keine Vergütung mehr zu zahlen, ohne eine Künd auszusprechen. Wie § 1 Abs. 2 S. 2 und 3 KSchG als Ausdruck eines allgemeinen Rechtsgedankens zeigen, soll der AG die Möglichkeit, den AN „am ausgestreckten Arm verhungern zu lassen", gerade nicht haben.

§ 4 Höhe des fortzuzahlenden Arbeitsentgelts

(1) Für den in § 3 Abs. 1 bezeichneten Zeitraum ist dem Arbeitnehmer das ihm bei der für ihn maßgebenden regelmäßigen Arbeitszeit zustehende Arbeitsentgelt fortzuzahlen.

(1a) ¹Zum Arbeitsentgelt nach Absatz 1 gehören nicht das zusätzlich für Überstunden gezahlte Arbeitsentgelt und Leistungen für Aufwendungen des Arbeitnehmers, soweit der Anspruch auf sie im Falle der Arbeitsfähigkeit davon abhängig ist, daß dem Arbeitnehmer entsprechende Aufwendungen tatsächlich entstanden sind, und dem Arbeitnehmer solche Aufwendungen während der Arbeitsunfähigkeit nicht entstehen. ²Erhält der Arbeitnehmer eine auf das Ergebnis der Arbeit abgestellte Vergütung, so ist der von dem Arbeitnehmer in der für ihn maßgebenden regelmäßigen Arbeitszeit erzielbare Durchschnittsverdienst der Berechnung zugrunde zu legen.

(2) Ist der Arbeitgeber für Arbeitszeit, die gleichzeitig infolge eines gesetzlichen Feiertages ausgefallen ist, zur Fortzahlung des Arbeitsentgelts nach § 3 verpflichtet, bemißt sich die Höhe des fortzuzahlenden Arbeitsentgelts für diesen Feiertag nach § 2.

(3) ¹Wird in dem Betrieb verkürzt gearbeitet und würde deshalb das Arbeitsentgelt des Arbeitnehmers im Falle seiner Arbeitsfähigkeit gemindert, so ist die verkürzte Arbeitszeit für ihre Dauer als die für den Arbeitnehmer maßgebende regelmäßige Arbeitszeit im Sinne des Absatzes 1 anzusehen. ²Dies gilt nicht im Falle des § 2 Abs. 2.

(4) ¹Durch Tarifvertrag kann eine von den Absätzen 1, 1a und 3 abweichende Bemessungsgrundlage des fortzuzahlenden Arbeitsentgelts festgelegt werden. ²Im Geltungsbereich eines solchen Tarifvertrages kann zwischen nichttarifgebundenen Arbeitgebern und Arbeitnehmern die Anwendung der tarifvertraglichen Regelung über die Fortzahlung des Arbeitsentgelts im Krankheitsfalle vereinbart werden.

A. Allgemeines ... 1	a) Begriff des Arbeitsentgelts ... 28
B. Regelungsgehalt ... 3	b) Abgrenzung Arbeitsentgelt/
I. Die Höhe der Entgeltfortzahlung (Abs. 1 und Abs. 1a) ... 3	Aufwendungsersatz (Abs. 1a S. 1) ... 30
1. Überblick ... 3	c) Einzelfälle ... 35
2. Maßgebende Arbeitszeit (Zeitfaktor) ... 4	4. Leistungslohn (Abs. 1a S. 2) ... 54
a) Abgrenzung Regelmäßige Arbeitszeit/ Überstunden ... 5	a) Einzelakkord ... 56
aa) Begriff der regelmäßigen Arbeitszeit ... 5	b) Gruppenakkord ... 58
bb) Definition der Überstunden ... 6	c) Provisionen und Prämien ... 60
cc) Abgrenzung ... 7	II. Arbeitsunfähigkeit und gesetzliche Feiertage (Abs. 2) ... 61
b) Einzelfälle ... 10	III. Arbeitsunfähigkeit und Kurzarbeit (Abs. 3) ... 62
aa) Arbeit auf Abruf ... 10	IV. Abweichung durch Tarifvertrag (Abs. 4) ... 65
bb) Feste Arbeitszeit ... 11	1. Umfang der Regelungsbefugnis ... 66
cc) Flexible Arbeitszeit mit Arbeitszeitkonto ... 13	a) Berechnungsmethode ... 67
dd) Freischichtmodell ... 15	b) Berechnungsgrundlage ... 68
ee) Job-Sharing ... 19	aa) Geldfaktor ... 68
ff) Saisonarbeit ... 22	bb) Zeitfaktor ... 69
gg) Schichtarbeit ... 23	2. Grenzen der Regelungsbefugnis ... 70
hh) Teilzeitbeschäftigung ... 26	a) Tarifvertragliche Regelung ... 71
3. Arbeitsentgelt (Entgeltfaktor) ... 27	b) Inhaltliche Schranken ... 72
	3. Bezugnahme auf Tarifvertrag (Abs. 4 S. 2) ... 74
	C. Verbindung zum Prozessrecht ... 78

A. Allgemeines

Während § 3 den Anspruch auf Entgeltfortzahlung im Krankheitsfall dem Grunde nach und seine Dauer regelt, ergibt sich aus § 4 die Höhe des dem AN fortzuzahlenden Arbeitsentgelts. Abs. 1 legt der Entgeltfortzahlung ein **modifiziertes (eingeschränktes) Entgeltausfallprinzip** zugrunde.¹ Danach ist dem AN das ihm bei der für ihn maßgebenden regelmäßigen Arbeitszeit zustehende Arbeitsentgelt fortzuzahlen. Das Entgeltausfallprinzip gilt nur eingeschränkt, weil es auf die regelmäßige Arbeitszeit des AN ankommt und Überstunden nicht in die Betrachtung

1 BAG 26.6.2002 – 5 AZR 592/00 – EzA § 4 EFZG Nr. 7.

einzubeziehen sind (Abs. 1a S. 1). Zudem ordnet das Gesetz bei einer erfolgsabhängigen Vergütung eine Durchschnittsbetrachtung an (Abs. 1a S. 2).

2 Abs. 2 regelt die Vergütung des AN, der an einem Feiertag erkrankt ist. Abs. 3 behandelt das Zusammentreffen von Arbeitsunfähigkeit und Kurzarbeit.4 Abs. 4 ermöglicht es den TV-Parteien, vom Gesetz abweichende Regelungen zu treffen.

B. Regelungsgehalt
I. Die Höhe der Entgeltfortzahlung (Abs. 1 und Abs. 1a)

3 **1. Überblick.** Wie im Urlaubsrecht errechnet sich die Höhe der Entgeltfortzahlung im Krankheitsfall, indem zunächst der **Zeitfaktor und der Geldfaktor** ermittelt werden. Der Zeitfaktor ergibt sich aus der Zahl der durch die Arbeitsunfähigkeit ausfallenden Arbeitsstunden. Der Geldfaktor bemisst sich nach dem für die ausgefallenen Arbeitsstunden jeweils geschuldeten Arbeitsentgelt. Die Höhe der Entgeltfortzahlung ergibt sich aus der **Multiplikation des Zeitfaktors mit dem Geldfaktor**.[2]

4 **2. Maßgebende Arbeitszeit (Zeitfaktor).** Abs. 1 stellt auf die für den AN geltende regelmäßige Arbeitszeit ab. Maßgebend ist allein die **individuelle regelmäßige Arbeitszeit** des erkrankten AN. Es kommt darauf an, welche Arbeitszeit aufgrund der Arbeitsunfähigkeit ausgefallen ist.[3] Den Gegenbegriff zu der „regelmäßigen Arbeitszeit" bilden die in Abs. 1a genannten Überstunden. Diese sind dadurch gekennzeichnet, dass sie vorübergehend zusätzlich zur regelmäßigen Arbeitszeit des AN geleistet werden. Problematisch ist die Abgrenzung zwischen der regelmäßigen Arbeitszeit und wiederholt anfallenden Überstunden.

5 **a) Abgrenzung Regelmäßige Arbeitszeit/Überstunden. aa) Begriff der regelmäßigen Arbeitszeit.** Die individuelle Arbeitszeit folgt in erster Linie aus dem **Arbeitsvertrag**. Auf die allgemein im Betrieb geltende Arbeitszeit kommt es nicht entscheidend an, wie sich aus den Worten „bei der für ihn maßgebenden ... Arbeitszeit" ergibt. Auch die kraft TV oder BV im Betrieb geltende Arbeitszeit kann von der individuellen Arbeitszeit des AN nach oben oder nach unten abweichen. Grundlage hierfür kann eine ausdrückliche oder konkludente Vereinbarung oder etwa eine betriebliche Übung sein. Eine wirksame Vereinbarung über die Arbeitszeit ist nicht erforderlich. Etwaige gesetzliche oder tarifliche Höchstarbeitszeiten dienen dem Schutz des AN. Sie bewahren den AG nicht vor der Verpflichtung, die darüber hinausgehende Arbeitszeit zu vergüten.[4]

6 **bb) Definition der Überstunden.** Überstunden i.S.v. Abs. 1a liegen vor, wenn die individuelle regelmäßige Arbeitszeit des AN überschritten wird. Damit fallen einerseits die **wiederholt anfallenden Überstunden** aus der Entgeltfortzahlung heraus. Andererseits ist nicht zu übersehen, dass es Fälle einer individuellen regelmäßigen Arbeitszeit gibt, die von der betriebsüblichen oder tariflichen Arbeitszeit abweichen. Leistet der AN **ständig** eine bestimmte Arbeitszeit, die mit der betriebsüblichen oder tariflichen Arbeitszeit nicht übereinstimmt, kann von Überstunden nicht gesprochen werden. Überstunden werden wegen bestimmter **besonderer Umstände zusätzlich geleistet**. Die übliche Arbeitszeit wird vorübergehend verändert. Das ist für jeden AN individuell zu beurteilen.[5]

7 **cc) Abgrenzung.** Im Einzelfall kann insb. die Abgrenzung zwischen regelmäßiger Arbeitszeit und wiederholt anfallenden Überstunden, welche bei der Entgeltfortzahlung nicht zu berücksichtigen sind, Schwierigkeiten bereiten. Nach der Rspr. des BAG[6] ist von folgenden Grundsätzen auszugehen:

8 – Eine ständig erbrachte Mindestarbeitsleistung (**Arbeitszeitsockel**) kann als konkludent vereinbart angesehen werden, wenn der AG die entsprechende Arbeitsleistung vom AN erwartet und entgegennimmt. Sie ist Grundlage für einen Mindestumfang der Entgeltfortzahlung.
Für den Umfang der individuellen regelmäßigen Arbeitszeit ist auf das **gelebte Rechtsverhältnis als Ausdruck des wirklichen Parteiwillens** abzustellen. Wird regelmäßig eine bestimmte, erhöhte Arbeitszeit abgerufen und geleistet, ist dies Ausdruck der vertraglich geschuldeten Leistung. Daraus folgt, dass Krankheitstage und Urlaubstage nicht in die Durchschnittsberechnung einzubeziehen sind, soweit die ausgefallene Arbeitszeit selbst auf einer Durchschnittsbetrachtung beruht. Ebenso fallen Krankheits- oder Urlaubstage ohne Vergütungsanspruch heraus, wenn eine bestimmte ausgefallene Arbeitszeit nicht feststeht. Nur die konkret bestimmte, nicht

---

2 BAG 9.7.2003 – 5 AZR 610/01 – juris; BAG 26.6.2002 – 5 AZR 592/00 – EzA § 4 EFZG Nr. 7; BAG 21.11.2001 – 5 AZR 296/00 – EzA § 4 EFZG Nr. 4; ErfK/*Dörner*, § 4 EFZG Rn 2; *Vogelsang*, Rn 442.
3 BAG 21.11.2001 – 5 AZR 296/00 – EzA § 4 EFZG Nr. 4; ErfK/*Dörner*, § 4 EFZG Rn 6; *Vogelsang*, Rn 443.
4 BAG 9.7.2003 – 5 AZR 610/01 – juris; BAG 26.6.2002 – 5 AZR 592/00 – EzA § 4 EFZG Nr. 7; BAG 21.11.2001 – 5 AZR 296/00 – EzA § 4 EFZG Nr. 4.
5 BAG 9.7.2003 – 5 AZR 610/01 – juris; BAG 26.6.2002 – 5 AZR 592/00 – EzA § 4 EFZG Nr. 7; BAG 21.11.2001 – 5 AZR 296/00 – EzA § 4 EFZG Nr. 4.
6 BAG 9.7.2003 – 5 AZR 610/01 – juris; BAG 26.6.2002 – 5 AZR 592/00 – EzA § 4 EFZG Nr. 7; BAG 21.11.2001 – 5 AZR 296/00 – EzA § 4 EFZG Nr. 4.

eine fiktive Arbeitsleistung kann Ausdruck des gelebten Rechtsverhältnisses sein. Nimmt der AN Freizeitausgleich in Anspruch, mindert das seine durchschnittliche regelmäßige Arbeitszeit, soweit nicht nur Überstundenzuschläge „abgefeiert" werden; diese betreffen allein den Geldfaktor. I.Ü. steht aber gerade der Umfang der Arbeitszeit in Rede, den der AN regelmäßig zu leisten bereit ist. Die Tage des Freizeitausgleichs sind deshalb mit einer Arbeitszeit Null in die Durchschnittsberechnung einzubringen. Hieraus resultiert die für die Entgeltfortzahlung maßgebliche im Durchschnitt tatsächlich angefallene Arbeitszeit.

– Beruhen **Schwankungen der Arbeitszeit** darauf, dass der AN vertragsgemäß bestimmte (wiederkehrende) Arbeitsleistungen erbringt, die je nach den Arbeitsumständen oder dem Arbeitsanfall kürzer oder länger dauern (z.B. bei einem Müllwerker oder einem Auslieferungsfahrer), geht die individuelle regelmäßige Arbeitszeit über den Arbeitszeitsockel hinaus; denn der AN hat seine Arbeitsaufgabe stets vereinbarungsgemäß zu erledigen, ohne dass die Arbeitszeit von vornherein festliegt. Als geschuldete Arbeitszeit muss ein **durchschnittlicher Wert** angenommen werden. Das entspricht auch der gesetzlichen Wertung des Abs. 1a S. 2 für ergebnisabhängige Vergütungen. Der Durchschnittswert der Arbeitszeit lässt sich nur nach einem zurückliegenden Zeitraum bestimmen. Darüber hinausgehende Überstunden können wegen besonderer Umstände, etwa bei einem unvorhergesehenen oder ungewöhnlichen, zusätzlich auftretenden Arbeitsanfall (z.B. im Zusammenhang mit einem Verkehrsunfall, bei vorübergehenden Zusatzaufträgen usw.) auftreten. 9

Der **Vergleichszeitraum** ist so zu bemessen, dass das Arbverh mit seinen Besonderheiten möglichst umfassend in den Blick kommt und Zufallsergebnisse vermieden werden. Es handelt sich nicht lediglich um einen Referenzzeitraum zur praktikablen Berechnung des Lohnausfalls, sondern um die rechtsgeschäftliche Bestimmung der beständigen Arbeitszeit. Deshalb genügt es nicht, einen Zeitraum von drei Monaten zugrunde zu legen. Wie sich gerade auch aus Abs. 1a ergibt, muss die Beständigkeit der Arbeitsleistung – im Hinblick auf mögliche, eben nicht zu berücksichtigende Überstunden – für eine längere Dauer festgestellt werden. Nur dann lässt sich eine „Regelmäßigkeit" i.S.v. Abs. 1 annehmen. Das führt in Anlehnung an die frühere Rspr. zu § 2 ArbKrankhG und zu § 1 Abs. 3 Nr. 2 LohnFG dazu, grds. einen **Vergleichszeitraum von zwölf Monaten vor Beginn der Arbeitsunfähigkeit** heranzuziehen. Dieser Zeitraum wird besonderen Eigenarten eines Arbverh gerecht und vermeidet unbillige Zufallsergebnisse. Hat das Arbverh bei Beginn der Arbeitsunfähigkeit weniger als ein Jahr gedauert, ist dessen gesamter Zeitraum maßgebend.

b) Einzelfälle. aa) Arbeit auf Abruf. Vgl. § 3 Rn 40. 10

bb) Feste Arbeitszeit. Bei einer verstetigten, also stets gleichbleibenden Arbeitszeit bereitet die Feststellung der maßgebenden Arbeitszeit keine Schwierigkeiten. Ist ein festes Monatsentgelt vereinbart, ist dieses bei gewerblichen AN ebenso wie bei Ang bis zur Dauer von sechs Wochen fortzuzahlen.[7] 11

Der AG kann allerdings einwenden, mit dem Festlohn seien vereinbarungsgemäß bestimmte Überstunden oder bestimmte tarifliche Überstundenzuschläge vereinbart worden. Steht hinreichend sicher fest, dass der Lohn eine Überstundenvergütung oder tarifliche Mehrarbeitszuschläge tatsächlich enthält, würde der AN mit der Fortzahlung des Festlohns in Wahrheit auch Vergütungsbestandteile verlangen, die ihm im Krankheitsfall nicht zustehen. Soll trotz der Vereinbarung eines Festlohns eine Überstundenvergütung unberücksichtigt bleiben, muss der AG Tatsachen für eine entsprechende Auslegung des Arbeitsvertrages vortragen und den Umfang der regelmäßigen Arbeitszeit des AG darlegen. Auch Überstundenzuschläge können nur dann von der Entgeltfortzahlung ausgenommen werden, wenn deren Anspruchsgrund und Anspruchshöhe hinreichend sicher feststehen.[8] 12

cc) Flexible Arbeitszeit mit Arbeitszeitkonto. Eine Form der Arbeitszeitflexibilisierung ist das Führen von Arbeitszeitkonten. Diese sind dadurch gekennzeichnet, dass für einen bestimmten Zeitraum eine Durchschnittsarbeitszeit festgelegt wird, die in einzelnen Monaten über- oder unterschritten werden kann. Nach Ablauf des festgelegten Zeitraums soll der AN im Durchschnitt eine bestimmte Arbeitszeit erbracht haben. Das Arbeitsentgelt ist dabei keinen Schwankungen unterworfen. Vielmehr erhält der AN durchgehend den gleichen Verdienst, der sich nach der Durchschnittsarbeitszeit bemisst.[9] 13

Erkrankt der AN arbeitsunfähig, ist das Entgelt in der normalen Höhe weiterzuzahlen. Dem Arbeitszeitkonto sind die Stunden gutzuschreiben, die dem AN gutgeschrieben worden wären, wenn er gearbeitet hätte.[10] Daher ist es möglich, dass während der Arbeitsunfähigkeit des AN entweder eine Zeitschuld oder ein Zeitguthaben entsteht. Kann die ausgefallene Arbeitszeit nicht ermittelt werden, ist auf die Durchschnittsarbeitszeit abzustellen. 14

---

7 BAG 26.6.2002 – 5 AZR 592/00 – EzA § 4 EFZG Nr. 7; BAG 21.11.2001 – 5 AZR 296/00 – EzA § 4 EFZG Nr. 4.
8 BAG 26.6.2002 – 5 AZR 592/00 – EzA § 4 EFZG Nr. 7; *Müller-Glöge*, RdA 2006,105, 110.
9 *Feichtinger/Malkmus*, § 4 Rn 71 f.; HzA/*Vossen*, Rn 569 f.
10 BAG 13.2.2002 – 5 AZR 470/00 – NZA 2002, 683; *Vogelsang*, Rn 462.

15 **dd) Freischichtmodell.** Viele TV sehen wöchentliche Arbeitszeiten von unter 40 Stunden vor. In vielen Betrieben werden die AN gleichwohl an fünf Tagen in der Woche zu je acht Stunden Arbeit herangezogen. Der Ausgleich erfolgt durch sog. Freischichten.[11]

16 Erkrankt der AN an einem Tag, an dem er hätte arbeiten müssen, sind für ihn acht Stunden Arbeit ausgefallen. Er hat daher einen Anspruch auf Vergütung von acht Stunden.[12]

17 Erkrankt der AN an einem arbeitsfreien Tag arbeitsunfähig, hat er keinen Anspruch auf Entgeltfortzahlung im Krankheitsfall. Die Arbeitsunfähigkeit ist nicht die alleinige Ursache des Arbeitsausfalls.[13] Der AN hat auch keinen Anspruch auf Nachgewährung eines freien Tages.[14]

18 Erkrankt der AN an einem Tag, an dem zusätzlich zur normalen Arbeitszeit gearbeitet wird, erhält er für diesen Tag Entgeltfortzahlung, deren Höhe der an diesem Tag ausgefallenen Arbeitszeit entspricht.[15]

Nach Abs. 4 S. 1 sind Abweichungen durch TV – etwa durch Festlegung eines Referenzzeitraums – möglich (vgl. unten Rn 65 ff.).

19 **ee) Job-Sharing.** Nach § 13 Abs. 1 S. 1 TzBfG können AG und AN vereinbaren, dass mehrere AN sich die Arbeitszeit an einem Arbeitsplatz teilen.

20 Unproblematisch ist die Entgeltfortzahlung im Krankheitsfall, wenn sich die Dauer der Erkrankung des AN nur auf einen Zeitraum erstreckt, für den die Arbeitsplatzpartner bereits eine Arbeitszeitplanung vorgenommen haben. In einem derartigen Fall ergibt sich die krankheitsbedingt ausfallende und daher zu vergütende Arbeitszeit aus dem Plan.[16]

21 Liegt wegen einer längeren Erkrankung des AN ein Plan noch nicht vor, ist zu ermitteln, welche Regelung die Arbeitsplatzpartner für diese Periode voraussichtlich getroffen hätten. Hierfür kann auf die bisherige Praxis zurückgegriffen werden, sofern sich aus den Umständen des Einzelfalls nichts anderes ergibt. Im Regelfall ist eine Rückschau von drei Monaten ausreichend.[17]

22 **ff) Saisonarbeit.** Fällt in einem Betrieb zu bestimmten Zeiten regelmäßig mehr und zu anderen Zeiten weniger Arbeit an, richtet sich die Höhe der Entgeltfortzahlung danach, in welchem Zeitraum der AN arbeitsunfähig erkrankt. Erkrankt er während der Saison, kommt es auf die während der Saison erhöhte Arbeitszeit an. Erkrankt er außerhalb der Saison, ist die niedrigere Arbeitszeit maßgeblich.[18]

23 **gg) Schichtarbeit.** Bei Schichtarbeit ist danach zu differenzieren, ob für die Zeit der Arbeitsunfähigkeit des AN bereits ein Schichtplan erstellt worden ist oder nicht.

24 Liegt ein Schichtplan vor, bestimmt sich die Höhe der Entgeltfortzahlung nach diesem Plan.[19] Sieht der Plan für den AN in einer Woche eine Arbeitszeit von 35 Stunden vor, so erhält er Entgeltfortzahlung für 35 Stunden.

25 Besteht kein Schichtplan, ist auf einen in der Vergangenheit liegenden Zeitraum abzustellen. Dieser Referenzzeitraum soll nach überwiegender Auffassung in der Lit. drei Monate betragen.[20] Demgegenüber dürfte der Referenzzeitraum nach der Rspr. des BAG zur Abgrenzung der Überstunden von der regelmäßigen Arbeitszeit (vgl. oben Rn 9) zwölf Monate betragen.[21]

26 **hh) Teilzeitbeschäftigung.** Für teilzeitbeschäftigte AN gelten keine Besonderheiten. Wie bei vollzeitbeschäftigten AN ist zu ermitteln, in welchem Umfang Arbeitszeit wegen der Arbeitsunfähigkeit ausgefallen ist.

27 **3. Arbeitsentgelt (Entgeltfaktor).** Nach Abs. 1 ist dem AN das ihm „zustehende Arbeitsentgelt" fortzuzahlen. Das Gesetz definiert den Begriff des Arbeitsentgelts nicht. Es enthält lediglich eine negative Abgrenzung. Abs. 1a legt fest, welche Leistungen des AG nicht zum fortzuzahlenden Arbeitsentgelt zählen. Für Sondervergütungen kommt § 4a als Sondervorschrift zur Anwendung.

28 **a) Begriff des Arbeitsentgelts.** Der Begriff des Arbeitsentgelts i.S.v. § 4 ist im arbeitsrechtlichen Sinn zu verstehen. Nicht übertragbar sind Begriffsbestimmungen aus dem Steuer- oder Sozialrecht. Arbeitsentgelt ist alles, was der

---

11 Vgl. *Feichtinger/Malkmus*, § 4 Rn 68.
12 BAG 14.6.1989 – 5 AZR 505/88 – EzA § 1 LohnFG Nr. 106; BAG 2.12.1987 – 5 AZR 602/86 – EzA § 1 LohnFG Nr. 91; *Vogelsang*, Rn 448.
13 BAG 8.3.1989 – 5 AZR 116/88 – EzA § 1 LohnFG Nr. 103; BAG 7.9.1988 – 5 AZR 558/87 – EzA § 1 LohnFG Nr. 94.
14 BAG 21.8.1991 – 5 AZR 91/91 – EzA § 4 TVG Schuhindustrie Nr. 1; *Feichtinger/Malkmus*, § 4 Rn 69.
15 HzA/*Vossen*, Rn 100; ErfK/*Dörner*, § 3 EFZG Rn 27.
16 *Sievers*, § 13 TzBfG Rn 18; *Meinel/Heyn/Herms*, § 13 TzBfG, Rn 25; *Vogelsang*, Rn 466; *Schmitt*, § 4 Rn 51 f.
17 *Sievers*, § 13 TzBfG Rn 19; *Meinel/Heyn/Herms*, § 13 TzBfG Rn 25; *Vogelsang*, Rn 466.
18 BAG 26.6.2002 – 5 AZR 5/01 – EZA § 4 EFZG Tarifvertrag Nr. 51; BAG 26.6.2002 – 5 AZR 592/00 – EzA § 4 EFZG Nr. 7; *Vogelsang*, Rn 461; HzA/*Vossen*, Rn 568.
19 *Feichtinger/Malkmus*, § 4 Rn 74; HzA/*Vossen*, Rn 567.
20 *Feichtinger/Malkmus*, § 4 Rn 75; *Vogelsang*, Rn 452; *Schmitt*, § 4 Rn 61.
21 HzA/*Vossen*, Rn 567/1.

AN als Gegenleistung von seinem AG für die von ihm erbrachte Arbeit erhält.[22] Dies können auch Naturalleistungen sein (vgl. unten Rn 43).

Der AN hat grds. einen Anspruch auf Zahlung des Bruttolohns gegen seinen AG, der unabhängig von einer eventuell bestehenden Steuerpflicht ist.[23] Nach § 3b Abs. 1 EStG sind Sonntags-, Feiertags- oder Nachtzuschläge nur steuerfrei, wenn der AN tatsächlich gearbeitet hat. Während der Arbeitsunfähigkeit sind die Zuschläge zwar vom AG weiter zu entrichten, sie unterliegen jedoch in vollem Umfang der Steuerpflicht. Diesen steuerlichen Nachteil des AN muss der AG nicht ausgleichen.[24]

b) Abgrenzung Arbeitsentgelt/Aufwendungsersatz (Abs. 1a S. 1). Nach Abs. 1a gehören nicht zum Arbeitsentgelt Leistungen des AG für

– Aufwendungen des AN,
– soweit der Anspruch auf sie im Falle der Arbeitsfähigkeit des AN davon abhängig ist, dass ihm entsprechende Aufwendungen tatsächlich entstanden sind,
– und ihm solche Aufwendungen während der Arbeitsunfähigkeit nicht entstehen.

Aus dieser Regelung folgt, dass der Aufwendungsersatz auch während der Arbeitsunfähigkeit des AN fortzuzahlen ist, wenn die Zahlung bei Arbeitsfähigkeit nicht davon abhängig gemacht wird, dass dem AN die Aufwendungen tatsächlich entstanden sind. Daraus ist jedoch nicht zu schließen, dass **pauschalisierter Aufwendungsersatz** immer fortzuzahlen ist. Abzustellen ist auf die inhaltliche Ausgestaltung und den objektiven Zweck der Leistung.

Handelt es sich der Sache nach um einen echten Ersatz von Aufwendungen, ist die Leistung während der Arbeitsunfähigkeit des AN nicht fortzugewähren. Hiervon ist auszugehen, wenn die Zahlung typischerweise anfallende besondere Aufwendungen ausgleichen soll, die jedenfalls **i.d.R. den Umfang der gewährten Leistung erreichen**. Nicht erforderlich ist, dass diese Aufwendungen bei jedem AN anfallen, der die Voraussetzungen für die Gewährung erfüllt. Denn Sinn der Pauschalierung ist gerade, vom Nachweis des tatsächlich entstandenen Aufwands im Einzelfall abzusehen und stattdessen die Gewährung der Pauschalleistung an leicht feststellbare objektive Umstände zu knüpfen, bei deren Vorliegen nach der Lebenserfahrung eine hohe Wahrscheinlichkeit für das Entstehen derartiger Aufwendungen gegeben ist.[25]

Ist der AN dagegen typischerweise weder rechtlich verpflichtet noch faktisch darauf angewiesen, entsprechende Mehraufwendungen zu tätigen, sondern steht es in seinem freien Belieben, die Leistung zur **Verbesserung seines Lebensstandards** zu verwenden, so fehlt regelmäßig der für den Aufwendungsersatz erforderliche enge sachliche Zusammenhang mit wirklichen Mehraufwendungen. Es handelt sich dann um ein zusätzliches Arbeitsentgelt. Die Festsetzung steuerfreier Pauschbeträge durch die als sachkundig anzusehende Finanzverwaltung kann als Indiz bei der Beantwortung der Frage herangezogen werden, ob typischerweise derartige Mehraufwendungen anfallen. Dient eine Leistung nicht vorwiegend der Abgeltung eines wirklichen Mehraufwandes, sondern sollen jedenfalls auch besondere Belastungen ausgeglichen, insb. die körperliche und nervliche Beanspruchung abgegolten werden und ist insoweit eine hinreichend klare Aufspaltung der Leistung nicht möglich, so ist sie insgesamt kein Aufwendungsersatz, sondern Arbeitsentgelt.[26]

Aufwendungen sind dem AN nach Abs. 1a in jedem Fall zu ersetzen, wenn sie während der Arbeitsunfähigkeit weiterhin anfallen. Dies gilt etwa für ein vom AG finanziertes Jahresticket für den Öffentlichen Nahverkehr.

c) Einzelfälle.

– **Antrittsgebühr** Eine Zahlung, die der AG nur deswegen erbringt, weil der AN seine Arbeit wie versprochen antritt, stellt fortzuzahlendes Arbeitsentgelt dar.[27]

– **Anwesenheitsprämien**
S. § 4a Rn 9 f.

– **Auslösungen**
Auslösungen sind Zahlungen, die der AN für eine auswärtige Beschäftigung erhält. Die Abgrenzung, ob es sich um Arbeitsentgelt oder Aufwendungsersatz handelt, ist nach den dargelegten Grundsätzen (s. oben Rn 30 ff.) vorzunehmen. Soll die Zahlung einen echten Mehraufwand ausgleichen, der dem AN wegen der auswärtigen Tätigkeit entsteht, handelt es sich um während der Arbeitsunfähigkeit nicht fortzuzahlenden Aufwendungs-

---

22 BAG 11.1.1978 – 5 AZR 829/76 – EzA § 2 LohnFG Nr. 11; HzA/*Vossen*, Rn 527; *Feichtinger/Malkmus*, § 4 Rn 78; *Vogelsang*, Rn 472.
23 BAG 11.2.1998 – 5 AZR 159/97 – NZA 1998, 710.
24 BAG 31.5.1978 – 5 AZR 116/77 – EzA § 2 LohnFG Nr. 13; HzA/*Vossen*, Rn 529; *Vogelsang*, Rn 474.
25 BAG 5.4.2000 – 7 AZR 213/99 – NZA 2000, 1174; BAG 28.8.1991 – 7 AZR 137/90 – BAGE 68, 242; BAG 15.7.1992 – 7 AZR 491/91 – AP § 46 BPersVG Nr. 19; *Feichtinger/Malkmus*, § 4 Rn 116.
26 BAG 5.4.2000 – 7 AZR 213/99 – NZA 2000, 1174; BAG 28.8.1991 – 7 AZR 137/90 – BAGE 68, 242; BAG 15.7.1992 – 7 AZR 491/91 – AP § 46 BPersVG Nr. 19; *Feichtinger/Malkmus*, § 4 Rn 117.
27 ErfK/*Dörner*, § 4 EFZG Rn 12; *Vogelsang*, Rn 480.

ersatz. Dient die Zahlung dagegen der Verbesserung des Lebensstandards des AN, handelt es sich um Arbeitsentgelt.[28] Im Zweifel stellen Nahauslösungen fortzuzahlendes Arbeitsentgelt und Fernauslösungen Aufwendungsersatz dar.[29]

38 – **Dienstwagen**

Die Überlassung eines Firmenwagens auch zur privaten Nutzung stellt einen geldwerten Vorteil und Sachbezug dar. Sie ist steuer- und abgabenpflichtiger Teil des geschuldeten Arbeitsentgelts.[30] Das Fahrzeug ist dem AN somit auch während seiner Arbeitsunfähigkeit zu belassen, solange eine Pflicht zur Entgeltfortzahlung durch den AG besteht. Besteht kein Anspruch des AN mehr auf Entgeltfortzahlung im Krankheitsfall, hat er den Dienstwagen an den AG herauszugeben, es sei denn, es besteht eine abweichende vertragliche Vereinbarung.[31]

39 – **Fahrtkosten**

Zahlungen des AG für die Fahrten des AN stellen regelmäßig einen Aufwendungsersatz dar, der während der Arbeitsunfähigkeit nicht fortzuentrichten ist. Ausnahmsweise sind derartige Leistungen als Arbeitsentgelt einzustufen, wenn sie bei bestehender Arbeitsfähigkeit pauschal und ohne Rücksicht auf tatsächliche Kosten des AN gezahlt werden.[32] Gleiches gilt, wenn die Aufwendungen des AN auch während der Arbeitsunfähigkeit anfallen (Monats- oder Jahreskarte; vgl. oben Rn 34).

40 – **Inkassoprämien**

Inkassoprämien, die AN für die von ihnen beim Kunden kassierten Rechnungsbeträge erhalten, gehören zu dem bei Krankheit des AN fortzuzahlenden Arbeitsentgelt.[33]

41 – **Mankogeld**

Mankogelder stellen ebenso wie Inkassoprämien Arbeitsentgelt dar, welches während der Arbeitsunfähigkeit des AN fortzuentrichten ist.[34]

42 – **Nachtarbeitszuschläge**

Nachtarbeitszuschläge sind Bestandteil des fortzuzahlenden Arbeitsentgelts.[35]

43 – **Naturalleistungen (Deputate)**

Nach § 107 Abs. 2 S. 1 GewO können AG und AN Sachbezüge als Teil des Arbeitsentgelts vereinbaren, wenn dies dem Interesse des AN oder der Eigenart des Arbverh entspricht. Sie sind vom AG während der Erkrankung des AN weiterhin zu erbringen. Kann die Sachleistung wegen der Erkrankung nicht entgegengenommen werden, soll der AG stattdessen verpflichtet sein, eine Barabgeltung vorzunehmen.[36]

44 – **Prämien im Sportbereich**

Erhält ein Sportler Prämien für seinen Einsatz, stellen sich im Fall der Arbeitsunfähigkeit insb. zwei Fragen: Die eine Frage geht dahin, ob die Prämie Arbeitsentgelt darstellt. Im Hinblick auf die notwendige Kausalität ist weiterhin zu fragen, ob der Sportler die Prämie auch dann erhalten hätte, wenn er arbeitsfähig gewesen wäre. Dies ist wegen der Unwägbarkeiten des Sports nur schwer zu beantworten. So lässt sich häufig nicht ermitteln, ob der Sportler im gesunden Zustand aufgestellt worden wäre. Wenn er denn aufgestellt worden wäre, ist nicht sicher, ob die Prämie angefallen wäre; immerhin ist denkbar, dass gerade seine Aufstellung zur Niederlage der Mannschaft geführt hätte. Nach der Rspr. des BAG ist wie folgt zu differenzieren:

45 Erhält der AN eine **Jahresprämie**, deren Höhe von der Anzahl der absolvierten Pflichtspiele abhängt, so führt eine Arbeitsunfähigkeit nicht dazu, dass dem Sportler Pflichtspiele „als fortzuzahlende Vergütung" gut zu bringen sind.[37] Die Prämie stellt nach Auffassung des BAG keine fortzuzahlende Vergütung dar. Zudem sei die Kausalität nicht gegeben, weil sich die Teilnahme an den Pflichtspielen und die erreichbare Zahl der im Entgeltfortzahlungszeitraum absolvierbaren Pflichtspiele als eine rechtlich nicht geschützte Chance darstelle.

46 Eine **Punkteprämie** soll dagegen nach Ansicht des BAG Teil des fortzuzahlenden Arbeitsentgelts sein, wenn feststeht, dass der AN ohne die Erkrankung eingesetzt worden wäre.[38] Wäre der AN auch ohne die Erkrankung nicht eingesetzt worden, besteht kein Anspruch.[39] Die beiden zuletzt genannten Entscheidungen sind dadurch gekennzeichnet, dass das BAG aufgrund der tatsächlichen Feststellungen des LAG von einer bestehenden bzw. nicht bestehenden Kausalität ausgehen konnte. In der Praxis wird die Kausalität jedoch regelmäßig nur sehr schwer zu ermitteln sein. Es bietet sich an, darauf abzustellen, ob der Sportler vor seiner Verletzung Stamm-

---

28 *Vogelsang*, Rn 484, *Schmitt*, § 4 Rn 142.
29 Vgl. BAG 15.6.1983 – 5 AZR 598/80 – EzA § 2 LohnFG Nr. 19; ErfK/*Dörner*, § 4 EFZG Rn 12; *Vogelsang*, Rn 484; *Schmitt*, § 4 Rn 142.
30 BAG 5.9.2002 – 8 AZR 702/01 – EzA § 615 BGB Nr. 109; BAG 11.10.2000 – 5 AZR 240/99 – NZA 2001, 445.
31 *Vogelsang*, Rn 509 f.; *Nägele*, NZA 1997, 1196, 1200.
32 ErfK/*Dörner*, § 4 EFZG Rn 12.
33 BAG 11.1.1978 – 5 AZR 829/76 – EzA § 2 LohnFG Nr. 11; *Schmitt*, § 4 Rn 91.
34 ErfK/*Dörner*, § 4 EFZG Rn 12; *Vogelsang*, Rn 503.
35 *Schmitt*, § 4 Rn 99; *Vogelsang*, Rn 504.
36 *Schmitt*, § 4 Rn 100; *Feichtinger/Malkmus*, § 4 Rn 101; HzA/*Vossen*, Rn 546; *Vogelsang*, Rn 506.
37 BAG 22.8.1984 – 5 AZR 539/81 – EzA § 616 BGB Nr. 28.
38 BAG 6.12.1995 – 5 AZR 237/94 – NZA 1996, 640.
39 BAG 19.1.2000 – 5 AZR 637/98 – NZA 2000, 771.

spieler war oder nicht. Nur wenn es sich um einen Stammspieler handelt, ist die notwendige Kausalität gegeben. Letztlich ist die Punkteprämie somit als Bestandteil des Arbeitsentgelts anzusehen, die entscheidende Frage ist die nach der Kausalität.[40]

– **Provisionen** 47
S. Rn 60.

– **Reisekosten und Spesen** 48
Reisekosten und Spesen sind im Regelfall als Aufwendungen einzustufen. Ausnahmsweise stellen sie Arbeitsentgelt dar, wenn sie ohne den Nachweis tatsächlicher Aufwendungen gezahlt werden und letztlich der Verbesserung des Lebensstandards des AN dienen.[41]

– **Sonderzuwendungen** 49
Sonderzuwendungen sind bei der Ermittlung der Höhe des Entgeltfortzahlungsanspruchs (des Geldfaktors) des AN nicht zu berücksichtigen. Dies gilt auch, wenn sie während der Arbeitsunfähigkeit des AN fällig werden.[42] Eine andere Frage ist, ob der arbeitsunfähig erkrankte AN einen Anspruch auf die Sonderzuwendung hat. Der arbeitsunfähig erkrankte AN kann einen Anspruch auf eine Sonderzuwendung aus zwei Gesichtspunkten erlangen. Zum einen ist denkbar, dass der AN den Anspruch auf § 3 Abs. 1 stützen kann. Zum anderen kann er einen Anspruch auf die Sonderzuwendung unabhängig von der Erkrankung aus der ihm vom AG gegebenen Zusage ableiten. Maßgeblich ist insoweit der **Zweck der Sonderzahlung**.
Die Bestimmung des Zwecks einer Sonderzahlung hängt nicht vorrangig von deren Bezeichnung ab. Die Bezeichnung kann allenfalls als ein zusätzliches Indiz, nicht aber als ausschlaggebendes oder gar alleiniges Merkmal für eine bestimmte Zielsetzung herangezogen werden. Der Zweck der Sonderzahlung ist vielmehr an Hand der Voraussetzungen zu ermitteln, von denen das Entstehen des Anspruchs abhängig gemacht wird.[43]
Sind in einer Zusage keine besonderen Anspruchsvoraussetzungen genannt und ist lediglich der Auszahlungstermin benannt, liegt im Zweifel eine **Sonderzahlung mit reinem Entgeltcharakter** vor (auch bezeichnet als „arbeitsleistungsbezogene Sonderzahlung"). Sie ist dadurch gekennzeichnet, dass sie in das im vertraglichen Synallagma stehende Vergütungsgefüge eingebaut ist, ausschließlich die Entlohnung erbrachter Arbeitsleitungen zum Gegenstand hat und keine darüber hinaus gehenden Zwecke – insb. nicht den Fortbestand des Arbverh an einem bestimmten Stichtag – verfolgt. Eine derartige Zuwendung wird deshalb wie das nach bestimmten Zeitabschnitten fällig werdende Arbeitsentgelt bereits im Laufe des Bezugsjahres entsprechend der zurückgelegten Zeitdauer und Arbeitsleistung („pro rata temporis") nach § 611 Abs. 1 BGB verdient.[44]
„Arbeitsleistungsbezogene" Sonderzahlungen mit reinem Entgeltcharakter sind vom AG zu erbringen, solange der Anspruch des AN auf Entgeltfortzahlung im Krankheitsfall nach § 3 Abs. 1 besteht.[45] Für Zeiten, in denen bei Arbeitsunfähigkeit infolge Krankheit kein Entgeltfortzahlungsanspruch mehr besteht, entsteht auch kein anteiliger Anspruch auf das 13. Monatsgehalt. Einer gesonderten arbeitsvertraglichen Kürzungsabrede (§ 4a) bedarf es in diesem Falle nicht.[46]
Anders verhält es sich, wenn die Parteien eine sog. **Sonderzahlung mit Mischcharakter** vereinbart haben. Diese ist dadurch gekennzeichnet, dass Arbeitsleistung und die in der Vergangenheit bzw. in der Zukunft erwartete Betriebstreue erst zusammen anspruchsbegründend sind.[47] Liegt der Sonderzahlung ein mehrfacher Zweck zugrunde, kommt es nicht darauf an, welchem Zweck eine übergeordnete und welchem Zweck eine untergeordnete Bedeutung zukommt. Ohne gegenteilige Vereinbarung entsteht der Anspruch bei Gratifikationen mit Mischcharakter in voller Höhe auch für Zeiten, in denen das Arbverh ruht.[48] Folglich kommt es bei dieser Art der Sonderzuwendung nicht darauf an, ob der AN kürzer oder länger als sechs Wochen arbeitsunfähig erkrankt ist. Maßgeblich ist allein, ob eine wirksame Kürzungsabrede i.S.v. § 4a vorliegt (vgl. § 4a Rn 4 ff.). In den Fällen, die von der Kürzungsabrede nicht erfasst werden, ist die Sonderzuwendung mit Mischcharakter während der Arbeitsunfähigkeit des AN weiter zu zahlen.
Soll die Zuwendung **ausschließlich** die **Betriebstreue** des AN belohnen (was in der Praxis kaum vorkommen dürfte), ist sie ungeachtet der Arbeitsunfähigkeit des AN zu gewähren. Aus § 4a ergibt sich keine andere Betrach-

---

40 HzA/*Vossen*, Rn 539; a.A. ErfK/*Dörner*, § 4 EFZG Rn 12.
41 *Vogelsang*, Rn 519 f.; ErfK/*Dörner*, § 4 EFZG Rn 12; *Schmitt*, § 4 Rn 143 ff.; *Feichtinger/Malkmus*, § 4 Rn 123 f.
42 BAG 15.2.1990 – 6 AZR 381/88 – EzA § 611 BGB Anwesenheitsprämie Nr. 9; *Feichtinger/Malkmus*, § 4 Rn 132 ff.
43 BAG 22.10.2003 – 10 AZR 152/03 – NZA 2004, 444; BAG 25.4.1991 – 6 AZR 532/89 – EzA § 611 BGB Gratifikation, Prämie Nr. 84.
44 LAG Düsseldorf 13.5.1996 – 11 Sa 282/96 – LAGE § 611 BGB Gratifikation Nr. 34; *Hanau/Vossen*, DB 1992, 213 f.
45 BAG 21.3.2001 – 10 AZR 28/00 – NZA 2001, 785; BAG 25.11.1998 – 10 AZR 595/97 – NZA 1999, 766; BAG 10.5.1995 – 10 AZR 648/94 – AP § 611 BGB Gratifikation Nr. 174.
46 BAG 21.3.2001 – 10 AZR 28/00 – NZA 2001, 785; BAG 25.11.1998 – 10 AZR 595/97 – NZA 1999, 766; *Feichtinger/Malkmus*, § 4a Rn 6.
47 BAG 25.4.1991 – 6 AZR 532/89 – EzA § 611 BGB Gratifikation, Prämie Nr. 84; *Hanau/Vossen*, DB 1992, 214.
48 BAG 24.10.1990 – 6 AZR 341/89 – EzA § 611 BGB Gratifikation, Prämie Nr. 80.

tung. Denn ein vereinbartes Kürzungsrecht während der Arbeitsunfähigkeit des ANs schließt es aus, die Zuwendung dahingehend einzustufen, dass sie ausschließlich die Betriebstreue des ANs belohnen soll.

50 – **Trennungsentschädigung**

Trennungsentschädigungen sind wie Auslösungen zu behandeln. Sie stellen regelmäßig einen Aufwendungsersatz dar. Nur wenn sie nicht dazu dienen, einen Mehraufwand des AN auszugleichen, sondern seinen Lebensstandard erhöhen sollen, sind Trennungsentschädigungen als Arbeitsentgelt einzustufen.[49]

51 – **Trinkgelder/Tronc**

Trinkgeld ist nach der Legaldefinition des § 107 Abs. 3 S. 2 GewO ein Geldbetrag, den ein Dritter ohne rechtliche Verpflichtung dem AN zusätzlich zu einer dem AG geschuldeten Leistung zahlt. Da Trinkgelder nicht durch den AG erbracht werden, stellen sie regelmäßig kein Arbeitsentgelt dar.[50] Dagegen stellen Zahlungen, die aus einem Tronc gezahlt werden, Arbeitsentgelt dar.[51] Ein Troncsystem ist dadurch gekennzeichnet, dass die gesamten Spenden der Gäste in einen Topf fließen und vom AG an die AN ausgezahlt werden. Ausnahmsweise sollen Trinkgelder wie Leistungen aus einem Tronc als fortzuzahlendes Entgelt behandelt werden, wenn ein AN wegen des zu erwartenden hohen Trinkgelds nur ein geringes Fixum erhält.[52]

52 – **Überstundenzuschläge**

Nach Abs. 1a gehört nicht zum Arbeitsentgelt nach Abs. 1 das zusätzlich für Überstunden gezahlte Arbeitsentgelt. Dieses ist im Krankheitsfall nicht fortzuzahlen.[53]

53 – **Vermögenswirksame Leistungen**

Vermögenswirksame Leistungen sind Bestandteil des fortzuzahlenden Entgelts.[54]

54 **4. Leistungslohn (Abs. 1a S. 2).** Erhält der AN eine auf das Ergebnis der Arbeit abgestellte Vergütung, so ist der von dem AN in der für ihn maßgebenden regelmäßigen Arbeitszeit erzielbare Durchschnittsverdienst bei der Berechnung der Höhe des fortzuzahlenden Arbeitsentgelts zugrunde zu legen (Abs. 1a S. 2). Danmach ist auch beim Leistungslohn das Entgeltausfallprinzip maßgebend. Es ist jeweils die Berechnung zu wählen, die dem Entgeltausfallprinzip am besten gerecht wird.[55]

Die Vorschrift erfasst sowohl leistungs- als auch erfolgsbezogene Vergütungsvereinbarungen. Sie ist somit auf Akkord- und Prämienlohn, Provisionen, Tantiemen und Prämien anwendbar.[56]

55 Setzt sich die Vergütung des AN aus Zeit- und Leistungslohnelementen zusammen, ist für die Berechnung des fortzuzahlenden Entgelts jeweils der entsprechende Anteil des Zeitlohns und des Leistungslohns maßgeblich.[57]

56 **a) Einzelakkord.** Arbeit der AN im Einzelakkord, ist – wie sonst auch – zu ermitteln, welchen Verdienst der AN erzielt hätte, wenn er gesund geblieben wäre. Hierfür ist von dem Durchschnittsverdienst des AN aus einem zurückliegenden Bezugszeitraum auszugehen.[58]

57 Eine genaue Festlegung der Dauer des Bezugszeitraums ist weder durch den Gesetzgeber noch durch die Rspr. erfolgt. Es kann generell nur so viel gesagt werden, dass ein Bezugszeitraum zu wählen ist, der zu sachgerechten Ergebnissen führt. Maßgeblich sind die Umstände des Einzelfalls. Regelmäßig wird ein Referenzzeitraum von 13 Wochen (drei Monaten) ausreichend sei. Bei starken Schwankungen der Vergütung in der Vergangenheit kann es angezeigt sein, bis zu einem Jahr zurück zu blicken.[59]

Nur wenn der AN erst kurzzeitig beschäftigt ist oder noch nicht lange im Akkord arbeitet, ist auf den Durchschnittsverdienst vergleichbarer AN abzustellen.[60]

58 **b) Gruppenakkord.** Beim Gruppenakkord kommt es auf den **Verdienst der weiterarbeitenden Akkordgruppenmitglieder** an. Das Referenzprinzip ist für die Bestimmung des Entgeltausfalls weniger gut geeignet, weil es die tatsächlichen Besonderheiten der ausgefallenen Arbeit nicht berücksichtigt. Regelmäßig werden Akkordgruppen aus ungefähr gleich leistungsstarken AN gebildet. Es ist wahrscheinlich, dass der erkrankte AN eine dem Verdienst der übrigen AN entsprechende Vergütung erzielt hätte. Das gilt auch bei einer aus zwei Personen bestehenden Akkordgruppe, wenn der verbleibende AN allein im Akkord weiter arbeitet. Zwar entfallen für ihn die Vorteile der Zusammenarbeit. Doch tritt deren Bedeutung regelmäßig hinter die Bedeutung der Art der Arbeit auf unterschiedlichen

---

[49] *Vogelsang*, Rn 530; *Feichtinger/Malkmus*, § 4 Rn 125 ff.
[50] Vgl. bereits BAG 28.6.1995 – 7 AZR 1001/94 – NZA 1996, 252; HzA/*Vossen*, Rn 541.
[51] *Vogelsang*, Rn 534; *Feichtinger/Malkmus*, § 4 Rn 96; HzA/*Vossen*, Rn 542.
[52] *Vogelsang*, Rn 533; *Feichtinger/Malkmus*, § 4 Rn 96; a.A. *Schmitt*, § 4 Rn 115.
[53] Vgl. BAG 21.11.2001 – 5 AZR 296/00 – EzA § 4 EFZG Nr. 4.
[54] *Vogelsang*, Rn 537; *Feichtinger/Malkmus*, § 4 Rn 108; ErfK/*Dörner*, § 4 EFZG Rn 12; *Schmitt*, § 4 Rn 119.
[55] BAG 26.2.2003 – 5 AZR 162/02 – AP § 4 EFZG Nr. 64.
[56] *Vogelsang*, Rn 544; ErfK/*Dörner*, § 4 EFZG Rn 13.
[57] *Feichtinger/Malkmus*, § 4 Rn 154.
[58] *Feichtinger/Malkmus*, § 4 Rn 155; HzA/*Vossen*, Rn 580.
[59] *Vogelsang*, Rn 547; *Feichtinger/Malkmus*, § 4 Rn 156; HzA/*Vossen*, Rn 581.
[60] *Feichtinger/Malkmus*, § 4 Rn 159; HzA/*Vossen*, Rn 581.

Baustellen in unterschiedlichen Zeiträumen zurück. Der AN hat allerdings die Möglichkeit, einen Ausnahmefall darzulegen, der es rechtfertigt, auf den höheren Verdienst in der Vergangenheit abzustellen.[61]

Erkranken mehrere Gruppenmitglieder oder arbeiten die übrigen Gruppenmitglieder während der Arbeitsunfähigkeit des Kollegen im Zeitlohn, ist wie beim Einzelakkord auf den Verdienst abzustellen, den der AN vor seiner Erkrankung erzielt hat.[62]

c) Provisionen und Prämien. Erhält der AN Provisionen oder Prämien, die am Arbeitsergebnis orientiert sind, ist es für die Ermittlung des Provisionsausfalls regelmäßig angezeigt, einen langen Referenzzeitraum zugrunde zu legen.[63] Wie bei der Abgrenzung zwischen regelmäßiger Arbeitszeit und wiederholt anfallenden Überstunden (vgl. oben Rn 9) kann es angezeigt sein, von einer Zeitspanne von zwölf Monaten auszugehen.

II. Arbeitsunfähigkeit und gesetzliche Feiertage (Abs. 2)

Das Zusammentreffen eines Feiertages mit einer Arbeitsunfähigkeit ist in Abs. 2 geregelt. Danach hat der AN Anspruch auf Entgeltfortzahlung im Krankheitsfall nach § 3 Abs. 1, wenn er an einem Feiertag arbeitsunfähig erkrankt ist. Die Höhe des fortzuzahlenden Entgelts ergibt sich allerdings aus § 2.

III. Arbeitsunfähigkeit und Kurzarbeit (Abs. 3)

Abs. 3 regelt das Zusammentreffen von Arbeitsunfähigkeit und Kurzarbeit. Wird in dem Betrieb verkürzt gearbeitet, ist die verkürzte Arbeitszeit als die für den AN maßgebende regelmäßige Arbeitszeit anzusehen. Damit ist sichergestellt, dass der arbeitsunfähig erkrankte AN die Vergütung erhält, die er beziehen würde, wenn er nicht arbeitsunfähig erkrankt wäre. Die Vorschrift ist nur für die Tage maßgeblich, an denen verkürzt gearbeitet wird. Fällt eine Erkrankung des AN in einen Zeitraum, in dem z.T. kurz und z.T. nicht kurz gearbeitet wird, ist jeweils eine gesonderte Berechnung vorzunehmen.[64]

Solange der AN einen Anspruch auf Entgeltfortzahlung im Krankheitsfall hat, erhält er von der BA (zusätzliches) Kurzarbeitergeld (§§ 169 ff., 172 Abs. 1a SGB III). Danach besteht ein Anspruch auf Krankengeld (§§ 44 ff. SGB V).

Erkrankt der AN während einer Kurzarbeiterperiode an einem Feiertag, hat er Anspruch auf Feiertagsentgelt in Höhe des Kurzarbeitergeldes (siehe § 2 Rn 66).[65]

IV. Abweichung durch Tarifvertrag (Abs. 4)

Die Tariföffnungsklausel des Abs. 4 soll es den TV-Parteien ermöglichen, die Bemessungsgrundlage entsprechend den jeweiligen Bedürfnissen der Wirtschaftszweige oder Unternehmen zu regeln.[66] Die TV-Parteien sind befugt, **zu Ungunsten der AN** von Bestimmungen des Gesetzes abzuweichen.

1. Umfang der Regelungsbefugnis. Nach Abs. 4 S. 1 kann durch TV eine von den Absätzen 1, 1a und 3 des § 4 abweichende Bemessungsgrundlage des fortzuzahlenden Arbeitsentgelts festgelegt werden. „Bemessungsgrundlage" im Sinne dieser Vorschrift ist die Grundlage für die Bestimmung der Höhe der Entgeltfortzahlung. Hierzu gehören sowohl die **Berechnungsmethode** (Entgeltausfall- oder Referenzprinzip) als auch die **Berechnungsgrundlage**. Die Berechnungsgrundlage setzt sich aus Geld- und Zeitfaktor zusammen. Sie betrifft Umfang und Bestandteile des der Entgeltfortzahlung zugrunde zu legenden Arbeitsentgelts sowie die Arbeitszeit des AN.[67]

a) Berechnungsmethode. Die TV-Parteien können vereinbaren, dass anstelle des Entgeltausfallprinzips das Referenzprinzip für die Berechnung der Höhe der Entgeltfortzahlung gilt. Möglich ist dies durch eine eigenständige Regelung im TV oder durch einen Verweis auf § 11 BUrlG.[68]

b) Berechnungsgrundlage. aa) Geldfaktor. Das Gesetz erlaubt den TV-Parteien des weiteren, den Geldfaktor zu gestalten. Die Abweichungen können sämtliche den Geldfaktor bestimmenden Elemente betreffen. Auf Grund der ihnen eingeräumten Gestaltungsmacht dürfen die TV-Parteien auch einzelne Vergütungsbestandteile, insb. zusätzliche Leistungen des AG wie Prämien oder alle tariflichen Zuschläge aus der Entgeltfortzahlung herausnehmen.[69]

---

61 BAG 26.2.2003 – 5 AZR 162/02 – AP § 4 EFZG Nr. 64; BAG 22.10.1980 – 5 AZR 438/78 – EzA § 2 LohnFG Nr. 15.
62 BAG 22.10.1980 – 5 AZR 438/78 – EzA § 2 LohnFG Nr. 15; *Vogelsang*, Rn 550; HzA/*Vossen*, Rn 582/1.
63 BAG 5.6.1985 – 5 AZR 459/83 – EzA § 63 HGB Nr. 37; ErfK/*Dörner*, § 4 EFZG Rn 16.
64 *Feichtinger/Malkmus*, § 4 Rn 172 ff.; *Vogelsang*, Rn 470.
65 *Schmitt*, § 2 Rn 123 f.; HzA/*Vossen*, Rn 573; ErfK/*Dörner*, § 4 EFZG Rn 22; *Feichtinger/Malkmus*, § 4 Rn 168; a.A. MünchArb/*Boecken*, Bd. 1, § 84 Rn 45.
66 BAG 24.3.2004 – 5 AZR 346/03 – DB 2004, 1673.
67 BAG 24.3.2004 – 5 AZR 346/03 – DB 2004, 1673; BAG 13.3.2002 – 5 AZR 648/00 – EzA § 4 EFZG Nr. 6; BAG 26.9.2001 – 5 AZR 539/00 – EzA § 4 EFZG Tarifvertrag Nr. 50.
68 BAG 26.6.2002 – 5 AZR 5/01 – EzA § 4 EFZG Tarifvertrag Nr. 51; HzA/*Vossen*, Rn 590; *Vogelsang*, Rn 557.
69 BAG 24.3.2004 – 5 AZR 346/03 – DB 2004, 1673; BAG 13.3.2002 – 5 AZR 648/00 – EzA § 4 EFZG Nr. 6.

69 **bb) Zeitfaktor.** Daneben lässt Abs. 4 S. 1 abweichende tarifliche Regelungen im Hinblick auf die Elemente des Zeitfaktors zu. TV können vom konkreten Lohnausfallprinzip abgehen und abweichende Berechnungsmethoden für die Ermittlung der ausgefallenen Arbeitszeit vorsehen. Es ist möglich, nicht die individuelle, sondern eine bestimmte Durchschnittsstundenzahl, z.B. die betriebsübliche oder die gesetzliche Arbeitszeit, für maßgeblich zu erklären. Es ist auch möglich, eine von der individuellen Arbeitszeit abweichende und auf die tarifliche Regelarbeitszeit abstellende Modifikation des Arbeitszeitfaktors zuzulassen.[70]

70 **2. Grenzen der Regelungsbefugnis.** Der Gesetzgeber hat die Regelungsbefugnis der TV-Parteien beschränkt, soweit sie zu Ungunsten der AN von den gesetzlichen Bestimmungen abweichen wollen. Vereinbarungen, die AN begünstigen, sind immer möglich.[71] Die durch § 12 und § 4 Abs. 4 beschränkte Zulässigkeit abweichender tarifvertraglicher Regelungen zu Ungunsten der AN begegnet keinen verfassungsrechtlichen Bedenken.[72]

71 **a) Tarifvertragliche Regelung.** Abs. 4 ermächtigt nur die TV-Parteien zu Abweichungen zu Ungunsten der AN. Eine Regelung im Arbeitsvertrag oder durch BV ist nicht zulässig.[73]

72 **b) Inhaltliche Schranken.** Die TV-Parteien dürfen bei der Gestaltung der Bemessungsgrundlage weder unmittelbar noch mittelbar gegen die nicht dem tariflichen Vorrangprinzip unterliegenden, gem. § 12 zwingenden Vorschriften verstoßen. Durch die ausdrückliche Bezugnahme auf Abs. 1, 1a und 3 stellt Abs. 4 klar, dass für AN nachteilige Änderungen gegenüber sonstigen Bestimmungen des EFZG nicht zulässig sind. Die durch die eingeschränkte Öffnungsklausel des Abs. 4 eingeräumte Gestaltungsmacht findet ihre Grenze dort, wo der Anspruch auf Entgeltfortzahlung in seiner Substanz angetastet wird. Die Beschränkungen sind bei abweichenden tariflichen Regelungen sowohl im Hinblick auf die Elemente des Zeitfaktors als auch des Geldfaktors zu beachten.[74] Zulässig ist es, durch TV zu regeln, dass sich die Entgeltfortzahlung im Krankheitsfall nicht nach der individuellen regelmäßigen Arbeitszeit des AN, sondern nach der regelmäßigen tariflichen Arbeitszeit bestimmt.[75]

73 Die TV-Parteien sind an den Grundsatz der vollen Entgeltfortzahlung (100 %) im Krankheitsfall gebunden, denn dieser Grundsatz folgt aus dem nicht tarifdispositiven § 3 Abs. 1 S. 1 i.V.m. § 4 Abs. 1. Mit der Zielsetzung des EFZG und insb. § 12 ist es nicht vereinbar, die Höhe der Entgeltfortzahlung generell zu reduzieren, d.h. an Stelle von 100 % einen geringeren Prozentsatz des Arbeitsentgelts fortzuzahlen. Einer prozentualen Kürzung der Entgeltfortzahlung steht es gleich, wenn die TV-Parteien vereinbaren, dass im Rahmen der Berechnungsgrundlagen – unabhängig davon, ob beim Zeit- oder Geldfaktor – Faktoren nur anteilig berücksichtigt werden. Es handelt sich lediglich um einen anderen Weg, von der vollen Entgeltfortzahlung abzuweichen, denn es ist unerheblich, ob unmittelbar am Ergebnis oder an den Faktoren und damit mittelbar am Ergebnis angesetzt wird.[76]

Auch darf die gesetzlich festgelegte Dauer der Entgeltfortzahlung von bis zu sechs Wochen (§ 3 Abs. 1) durch eine tarifliche Regelung nicht unterschritten werden.[77]

74 **3. Bezugnahme auf Tarifvertrag (Abs. 4 S. 2).** Abs. 4 S. 2 ermöglicht es, durch einzelvertragliche Vereinbarung die Geltung der tarifvertraglichen Regelungen über die Fortzahlung des Arbeitsentgelts im Krankheitsfalle festzulegen.

75 Die Vereinbarung ist nur „im Geltungsbereich eines solchen TV" zulässig. Die Arbeitsvertragsparteien müssen daher vom sachlichen, räumlichen und persönlichen Geltungsbereich des TV erfasst sein. Der Verweis auf den TV einer anderen Branche ist nicht möglich.[78]

76 Nicht erforderlich ist, dass der gesamte TV in Bezug genommen wird; es genügt, dass sich die Parteien auf die Anwendbarkeit der Bestimmungen zur Entgeltfortzahlung im Krankheitsfall verständigen. Diese Bestimmungen müssen allerdings vollständig übernommen werden. Nicht zulässig ist die nur teilweise Übernahme der tariflichen Bestimmungen zur Entgeltfortzahlung.[79]

77 Ob eine Übernahme erfolgt ist, bestimmt sich nach allgemeinen Grundsätzen des Vertragsrechts (§§ 145 ff. BGB). Da das Gesetz keine bestimmte Form vorschreibt, ist eine konkludente Vereinbarung möglich. Sie kann daraus geschlossen werden, dass der AG alle AN nach den Bestimmungen des TV behandelt.[80]

---

70 BAG 24.3.2004 – 5 AZR 346/03 – DB 2004, 1673; BAG 26.9.2001 – 5 AZR 539/00 – EzA § 4 EFZG Tarifvertrag Nr. 50.
71 ErfK/*Dörner*, § 4 EFZG Rn 23.
72 BAG 26.9.2001 – 5 AZR 539/00 – EzA § 4 EFZG Tarifvertrag Nr. 50.
73 *Feichtinger/Malkmus*, § 4 Rn 181; *Vogelsang*, Rn 555.
74 BAG 24.3.2004 – 5 AZR 346/03 – DB 2004, 1673.
75 BAG 24.3.2004 – 5 AZR 346/03 – DB 2004, 1673.
76 BAG 24.3.2004 – 5 AZR 346/03 – DB 2004, 1673; BAG 13.3.2002 – 5 AZR 648/00 – EzA § 4 EFZG Nr. 6.
77 BAG 24.3.2004 – 5 AZR 346/03 – DB 2004, 1673; BAG 9.10.2002 – 5 AZR 356/01 – BB 2003, 793.
78 ErfK/*Dörner*, § 4 EFZG Rn 28; *Vogelsang*, Rn 562; *Treber*, § 4 Rn 74.
79 *Müller-Glöge*, RdA 2006, 105, 112; *Feichtinger/Malkmus*, § 4 Rn 190; *Vogelsang*, Rn 562.
80 ErfK/*Dörner*, § 4 EFZG Rn 28; *Vogelsang*, Rn 563.

C. Verbindung zum Prozessrecht

Der AN, der gegen den AG einen Anspruch auf Entgeltfortzahlung im Krankheitsfall geltend macht, muss die Umstände darlegen und ggf. beweisen, die den Schluss darauf zulassen, was als die für ihn regelmäßige Arbeitszeit i.S.v. Abs. 1 anzusehen ist. Nach der Rspr. des BAG ist regelmäßig ein Vergleichszeitraum von zwölf Monaten zugrunde zu legen (vgl. oben Rn 9).

Der AN genügt seiner Darlegungslast zu der für ihn maßgebenden Arbeitszeit gem. Abs. 1 im Normalfall dadurch, dass er den Arbeitszeitdurchschnitt der vergangenen zwölf Monate darlegt. Das Maß der zu fordernden Substantiierung richtet sich nach der Einlassung des AG. Überstunden hat der AG, wenn sie sich nicht bereits aus dem Vortrag des AN ergeben, entsprechend der Fassung des Abs. 1a einzuwenden. Der AG, der eine aus Überstunden resultierende Minderung der zu berücksichtigenden Arbeitszeit geltend macht, trägt hierfür die Darlegungs- und Beweislast.[81]

§ 4a Kürzung von Sondervergütungen

[1]Eine Vereinbarung über die Kürzung von Leistungen, die der Arbeitgeber zusätzlich zum laufenden Arbeitsentgelt erbringt (Sondervergütungen), ist auch für Zeiten der Arbeitsunfähigkeit infolge Krankheit zulässig. [2]Die Kürzung darf für jeden Tag der Arbeitsunfähigkeit infolge Krankheit ein Viertel des Arbeitsentgelts, das im Jahresdurchschnitt auf einen Arbeitstag entfällt, nicht überschreiten.

A. Allgemeines 1	(2) Sonderzahlung mit Mischcharakter 19
B. Regelungsgehalt 4	(3) Sonderzuwendung zur
I. Kürzungsvoraussetzungen 4	Belohnung der Betriebstreue ... 21
1. Vereinbarung 5	3. Krankheitsbedingte Fehlzeiten 23
2. Sondervergütung 6	II. Umfang der Kürzung 24
a) Begriff 7	1. Höhe des Arbeitsentgelts 26
b) Einzelfälle 9	2. Jahreszeitraum 28
aa) Anwesenheitsprämie 9	3. Arbeitsentgelt eines Arbeitstages 29
bb) Aufwendungsersatz 11	4. Kürzung auf ein Viertel des Arbeitsentgeltes
cc) Freiwillige Leistungen 12	eines Arbeitstages 30
dd) Kleingratifikationen 15	C. Verbindung zum Prozessrecht 31
ee) Weihnachtsgeld/Jahressonderzahlungen 16	D. Beraterhinweise 32
(1) Sonderzahlung mit reinem Entgeltcharakter 17	

A. Allgemeines

§ 4a erlaubt es dem AG, Sondervergütungen des AN für Zeiten der Arbeitsunfähigkeit zu kürzen. Das Gesetz unterscheidet nicht danach, ob der AN länger oder kürzer als sechs Wochen arbeitsunfähig erkrankt. Die Kürzung ist daher ab dem ersten Tag der Arbeitsunfähigkeit des AN möglich. Sie kann auch dann erfolgen, wenn der sechswöchige Anspruch auf Entgeltfortzahlung im Krankheitsfall erschöpft ist. Im letzteren Fall kommt die Kürzungsvereinbarung nur zum Tragen, wenn der AN die Sondervergütung ohne Kürzungsvereinbarung bei einer längeren Erkrankung überhaupt noch verlangen könnte.

§ 4a stellt keine Berechtigungsgrundlage für den AG zur einseitigen Kürzung von Sondervergütungen dar. Die Vorschrift setzt die Vereinbarung eines Kürzungsrechts voraus.[1] Nur wenn eine derartige Vereinbarung vorliegt, greift § 4a ein. § 4a stellt einerseits klar, dass derartige Vereinbarungen zulässig sind. Andererseits begrenzt die Regelung die Möglichkeiten zur Kürzung. Kürzungen sind nur zulässig, soweit Sondervergütungen betroffen sind. Auch Sondervergütungen dürfen nicht unbegrenzt, sondern nur in dem in S. 2 beschriebenen Umfang gekürzt werden.

Zu beachten ist allerdings, dass für sog. Sonderzahlungen mit reinem Entgeltcharakter Besonderheiten gelten (vgl. § 4 Rn 49). Derartige Sonderzahlungen stellen keine Sondervergütungen i.S.d. § 4a dar und unterfallen daher nicht dem Anwendungsbereich der Vorschrift (Näheres siehe Rn 17 f.). Sie sind daher als Bestandteil des laufenden Arbeitsentgelts bei einer Erkrankung des AN bis zu einer Dauer von sechs Wochen in voller Höhe und bei einer längeren Erkrankung auch ohne Kürzungsvereinbarung nicht weiter zu entrichten.[2]

---

81 BAG 21.11.2001 – 5 AZR 457/00 – AiB 2002, 778.
1 LAG Schleswig-Holstein 7.1.2004 – 3 Sa 426/03 – juris; ErfK/*Dörner*, § 4a EFZG Rn 2; *Vogelsang*, Rn 576; *Feichtinger/Malkmus*, § 4a Rn 2.

2 BAG 21.3.2001 – 10 AZR 28/00 – NZA 2001, 785; BAG 25.11.1998 – 10 AZR 595/97 – NZA 1999, 766.

B. Regelungsgehalt

I. Kürzungsvoraussetzungen

4 Eine Kürzung durch den AG setzt eine Vereinbarung und eine Einstufung der Leistung als Sondervergütung voraus.

5 **1. Vereinbarung.** Eine Vereinbarung, die Grundlage der Kürzung der Sondervergütung ist, kann sich aus einem TV, einer BV oder aus dem Arbeitsvertrag ergeben. Eine ausdrückliche oder schriftliche Abrede ist nicht erforderlich. Die Kürzungsvereinbarung kann sich daher auch aus einer betrieblichen Übung ergeben.[3]

6 **2. Sondervergütung.** § 4a erstreckt sich nur auf die Kürzung von Sondervergütungen. Stellt die vom AG zu erbringende Leistung keine Sondervergütung dar, ist deren Kürzung während des sechswöchigen Entgeltfortzahlungszeitraums (§ 3 Abs. 1 S. 1) unzulässig und für eine längere Erkrankung unbeschränkt zulässig.

7 **a) Begriff.** Nach der Legaldefinition des § 4a S. 1 sind Sondervergütungen Leistungen, die der AG zusätzlich zum laufenden Arbeitsentgelt erbringt. Der Begriff der **Sondervergütung** ist somit gegenüber dem „**laufenden Arbeitsentgelt" abzugrenzen**. Laufendes Arbeitsentgelt ist die versprochene Vergütung für bestimmte Zeitabschnitte oder die Vergütung für eine bestimmte Leistung innerhalb einer genau bemessenen Zeit. Auf das laufende Arbeitsentgelt findet § 4a keine Anwendung.[4]

8 Nicht maßgeblich ist die Bezeichnung der Leistung durch die vertragsschließenden Parteien. Es kommt auch nicht entscheidend darauf an, wann und wie oft die Leistung erbracht wird. Eine einmal im Jahr erbrachte Leistung kann als laufendes Arbeitsentgelt eingestuft werden, wenn sie für die während eines bestimmten Zeitraums erbrachte Arbeitsleistung oder für das in einem bestimmten Zeitraum erzielte Arbeitsergebnis gezahlt wird. Dies ist etwa bei einem festen Jahresgehalt der Fall, dass in 13 Monatsraten gezahlt wird.[5]

9 **b) Einzelfälle. aa) Anwesenheitsprämie.** Unter einer Anwesenheitsprämie ist eine Geldleistung zu verstehen, mit deren Zusage dem AN der Anreiz geboten wird, die Zahl seiner berechtigten oder unberechtigten Fehltage möglichst gering zu halten. Eine derartige Leistung ist nicht an bestimmte Zahlungsmodalitäten gebunden, sondern sie kann als Prämie für jeden einzelnen Tag, an dem der AN seine Arbeit aufnimmt, gezahlt werden, als Einmalzahlung zu einem bestimmten Zeitpunkt, z.B. am Jahresende oder mehrmals jährlich.[6]

10 Es ist durch Auslegung der jeweiligen Vereinbarung zu ermitteln, ob es sich bei der Anwesenheitsprämie um eine Sondervergütung oder um laufendes Arbeitsentgelt handelt. Bei nur einmal im Jahr erfolgenden Zahlungen ist im Zweifel eine Sondervergütung, bei monatlichen Zahlungen dagegen im Zweifel laufendes Arbeitsentgelt gegeben.[7] In der quartalsweise vorgenommenen Zahlung einer Anwesenheitsprämie hat das BAG eine Sondervergütung gesehen.[8]

11 **bb) Aufwendungsersatz.** Aufwendungsersatz stellt keine Sondervergütung i.S.d. § 4a dar.[9] Denkbar ist allerdings, dass eine als Aufwendungsersatz bezeichnete Zahlung die Leistung von Arbeitsentgelt beinhaltet. Auch dann liegt keine Sondervergütung vor (Näheres zur Behandlung des Aufwendungsersatzes siehe § 4 Rn 30 ff.).

12 **cc) Freiwillige Leistungen.** In Arbeitsverträgen ist vielfach eine „freiwillige" übertarifliche Leistung vorgesehen. In diesen Fällen ist zunächst durch Auslegung zu ermitteln, ob es sich wirklich um eine freiwillige Leistung des AG handelt.

13 Oftmals soll mit der Verwendung des Begriffes „freiwillig" nur ausgedrückt werden, dass es sich um eine Verpflichtung des AG handelt, die sich nicht schon aus dem Gesetz oder dem TV ergibt. Ist dies der Fall, kann der AG die Leistung nur kürzen, wenn eine Vereinbarung mit dem AN vorliegt.[10]

14 Anderes gilt, wenn kein Rechtsanspruch des AN auf Zahlung einer Sondervergütung besteht wie dies bei jährlichen Sonderzahlungen mit Freiwilligkeitsvorbehalt der Fall ist. Gewährt der AG eine derartige Zuwendung, kann er auch ohne vorherige Kürzungsvereinbarung AN von der Zahlung ausnehmen, die im Bezugszeitraum Fehlzeiten aufweisen. Einer vorherigen Vereinbarung i.S.v. § 4a bedarf es nicht, weil auch die Sonderzahlung nicht vereinbart ist und deshalb ein Anspruch des AN bis zu einer Zusage oder der Zahlung ohnehin nicht besteht. Der AG hat allerdings bei der Zahlung die Vorgaben des S. 2 zu beachten.[11] Daher darf er, wenn er eine Zahlung vornimmt, die Sondervergütung für jeden Tag der Arbeitsunfähigkeit nur um ein Viertel des Arbeitsentgelts kürzen, das im Jahresdurchschnitt auf einen Arbeitstag entfällt.

---

3 ErfK/*Dörner*, § 4a EFZG Rn 4; *Vogelsang*, Rn 576; *Treber*, § 4a Rn 13.
4 BAG 26.9.2001 – 5 AZR 539/00 – EzA § 4 EFZG Tarifvertrag Nr. 50; BAG 25.7.2001 – 10 AZR 502/00 – BAGE 98, 245; ErfK/*Dörner*, § 4a EFZG Rn 5.
5 *Feichtinger/Malkmus*, § 4a Rn 25; *Vogelsang*, Rn 564.
6 BAG 25.7.2001 – 10 AZR 502/00 – BAGE 98, 245.
7 ErfK/*Dörner*, § 4a EFZG Rn 8; *Vogelsang*, Rn 481.
8 BAG 25.7.2001 – 10 AZR 502/00 – BAGE 98, 245.
9 *Feichtinger/Malkmus*, § 4a Rn 32 f.
10 *Vogelsang*, Rn 573.
11 BAG 7.8.2002 – 10 AZR 709/01 – NZA 2002, 1284.

dd) Kleingratifikationen. Nach der früheren Rspr. des BAG durften sog. Kleingratifikationen im Regelfall nicht gekürzt werden.[12] Diese Rspr. kann nicht mehr aufrechterhalten werden. Im Gesetzeswortlaut findet sich kein Anhaltspunkt dafür, dass eine Kürzung bei Kleingratifikationen ausgeschlossen wäre. In den Grenzen des S. 2 ist die Kürzung bei jeder Sondervergütung unabhängig von ihrer Höhe zulässig.[13]

ee) Weihnachtsgeld/Jahressonderzahlungen. Die entgeltfortzahlungsrechtliche Behandlung von Zahlungen, die als Weihnachtsgeld, Jahressonderzahlung o.ä. bezeichnet werden, hängt von ihrem Zweck ab.

Der Zweck einer Sonderzahlung bestimmt sich nicht vorrangig nach ihrer Bezeichnung. Die Bezeichnung kann allenfalls als ein zusätzliches Indiz, nicht aber als ausschlaggebendes oder gar alleiniges Merkmal für eine bestimmte Zielsetzung herangezogen werden. Der Zweck der Sonderzahlung ist vielmehr an Hand der Voraussetzungen zu ermitteln, von denen das Entstehen des Anspruchs abhängig gemacht wird.[14]

(1) Sonderzahlung mit reinem Entgeltcharakter. Sind in einer Zusage keine besonderen Anspruchsvoraussetzungen genannt und ist lediglich der Auszahlungstermin benannt, liegt im Zweifel eine **Sonderzahlung mit reinem Entgeltcharakter** vor (auch bezeichnet als „arbeitsleistungsbezogene Sonderzahlung"). Sie ist dadurch gekennzeichnet, dass sie in das im vertraglichen Synallagma stehende Vergütungsgefüge eingebaut ist, ausschließlich die Entlohnung erbrachter Arbeitsleitungen zum Gegenstand hat und keine darüber hinaus gehenden Zwecke – insb. nicht den Fortbestand des Arbverh an einem bestimmten Stichtag – verfolgt. Eine derartige Zuwendung wird deshalb wie das nach bestimmten Zeitabschnitten fällig werdende Arbeitsentgelt bereits im Laufe des Bezugsjahres entsprechend der zurückgelegten Zeitdauer und Arbeitsleistung („pro rata temporis") nach § 611 Abs. 1 BGB verdient.[15]

„Arbeitsleistungsbezogene" Sonderzahlungen mit reinem Entgeltcharakter sind vom AG zu erbringen, solange der Anspruch des AN auf Entgeltfortzahlung im Krankheitsfall nach § 3 Abs. 1 besteht.[16] Für Zeiten, in denen bei Arbeitsunfähigkeit infolge Krankheit kein Entgeltfortzahlungsanspruch mehr besteht, entsteht auch kein anteiliger Anspruch auf das 13. Monatsgehalt. Einer gesonderten arbeitsvertraglichen Kürzungsabrede (§ 4a) bedarf es in diesem Falle nicht. **§ 4a kommt nicht zur Anwendung**, weil es sich bei der Sonderzahlung mit reinem Entgeltcharakter nicht um eine Sondervergütung i.S. dieser Vorschrift handelt.[17]

(2) Sonderzahlung mit Mischcharakter. Anders verhält es sich, wenn die Parteien eine sog. **Gratifikation mit Mischcharakter** vereinbart haben. Diese ist dadurch gekennzeichnet, dass Arbeitsleistung und die in der Vergangenheit bzw. in der Zukunft erwartete Betriebstreue erst zusammen anspruchsbegründend sind.[18] Liegt der Sonderzahlung ein mehrfacher Zweck zugrunde, kommt es nicht darauf an, welchem Zweck eine übergeordnete und welchem Zweck eine untergeordnete Bedeutung zukommt. Ohne gegenteilige Vereinbarung entsteht der Anspruch bei Gratifikationen mit Mischcharakter in voller Höhe auch für Zeiten, in denen das Arbverh ruht.[19]

Folglich kommt es bei dieser Art der Sonderzuwendung nicht darauf an, ob der AN kürzer oder länger als sechs Wochen arbeitsunfähig erkrankt ist. Maßgeblich ist allein, ob eine wirksame Kürzungsabrede i.S.v. § 4a vorliegt. Liegt keine derartige Abrede vor, kann der arbeitsunfähig erkrankte AN unabhängig von der Dauer der Erkrankung die Sonderzahlung beanspruchen. Besteht eine Abrede, kann der AG auch bei einer weniger als sechs Wochen währenden Erkrankung des AN in den Grenzen des S. 2 eine Kürzung der Sonderzuwendung vornehmen.

(3) Sonderzuwendung zur Belohnung der Betriebstreue. Soll die Zuwendung **ausschließlich** die **Betriebstreue** des AN belohnen (was in der Praxis kaum vorkommen dürfte), ist sie ungeachtet der Arbeitsunfähigkeit des AN zu gewähren. Sie ist daher auch bei einer dauerhaften Erkrankung des AN zu entrichten.[20]

Aus § 4a ergibt sich keine andere Betrachtung. Denn ein vereinbartes Kürzungsrecht während der Arbeitsunfähigkeit des AN schließt es aus, die Zuwendung dahingehend einzustufen, dass sie ausschließlich die Betriebstreue des AN belohnen soll.

---

12 BAG 15.2.1990 – 6 AZR 381/88 – EzA § 611 BGB Anwesenheitsprämie Nr. 9.
13 *Schmitt*, § 4a Rn 19; *Vogelsang*, Rn 594; *Treber*, § 4a Rn 23; a.A. ErfK/*Dörner*, § 4a EFZG Rn 7.
14 BAG 22.10.2003 – 10 AZR 152/03 – NZA 2004, 444; BAG 25.4.1991 – 6 AZR 532/89 – EzA § 611 BGB Gratifikation, Prämie Nr. 84; ErfK/*Preis*, § 611 BGB Rn 534.
15 LAG Düsseldorf 13.5.1996 – 11 Sa 282/96 – LAGE § 611 BGB Gratifikation Nr. 34; *Hanau/Vossen*, DB 1992, 213 f.
16 BAG 21.3.2001 – 10 AZR 28/00 – NZA 2001, 785; BAG 25.11.1998 – 10 AZR 595/97 – NZA 1999, 766; BAG 10.5.1995 – 10 AZR 648/94 – AP § 611 BGB Gratifikation Nr. 174.
17 BAG 21.3.2001 – 10 AZR 28/00 – NZA 2001, 785; BAG 25.11.1998 – 10 AZR 595/97 – NZA 1999, 766.
18 BAG 25.4.1991 – 6 AZR 532/89 – EzA § 611 BGB Gratifikation, Prämie Nr. 84; *Hanau/Vossen*, DB 1992, 214.
19 BAG 9.8.1995 – 10 AZR 539/94 – NZA 1996, 154; BAG 24.10.1990 – 6 AZR 341/89 – EzA § 611 BGB Gratifikation, Prämie Nr. 80; ErfK/*Preis*, § 611 BGB Rn 542.
20 ErfK/*Preis*, § 611 BGB Rn 542.

23 **3. Krankheitsbedingte Fehlzeiten.** Die Anwendbarkeit des § 4a setzt voraus, dass der AN infolge einer Erkrankung arbeitsunfähig ist. Eine Kürzung der Sondervergütung kann auch für Arbeitsunfähigkeitstage vorgesehen werden, die auf einem Arbeitsunfall beruhen.[21]

Nach § 9 Abs. 1 ist die Vorschrift auch auf Maßnahmen der medizinischen Vorsorge und Rehabilitation anwendbar. Kürzungen bei Fehlzeiten aus anderen Gründen wie die Arbeitsverhinderung aus persönlichen Gründen (§ 616 BGB) werden von § 4a nicht erfasst. Eine analoge Anwendung kommt mangels Regelungslücke nicht in Betracht.[22]

II. Umfang der Kürzung

24 Kürzungsvereinbarungen sind nur innerhalb der durch S. 2 gesetzten Grenzen zulässig. Allerdings ist eine zu hoch bemessene Kürzungsvereinbarung nicht vollständig unwirksam. Sie ist vielmehr auf das gesetzlich zulässige Maß zurückzuführen.

25 Die Berechnung der Obergrenze ist in **vier Schritten** vorzunehmen:
- Zunächst ist die Höhe des zu berücksichtigenden Entgelts zu ermitteln.
- Sodann ist der maßgebliche Jahreszeitraum zu bestimmen.
- In einem dritten Schritt ist das auf einen Arbeitstag entfallende Arbeitsentgelt zu berechnen.
- Schließlich ist dieser Betrag durch vier zu teilen.

26 **1. Höhe des Arbeitsentgelts.** Das Gesetz definiert den Begriff des Arbeitsentgeltes nicht. Zum Arbeitsentgelt gehören jedenfalls alle Entgeltbestandteile, die gem. § 4 Abs. 1 als fortzuzahlendes Arbeitsentgelt anzusehen sind.[23]

Darüber hinaus ist das für Überstunden einschließlich der Überstundenzuschläge gezahlte Arbeitsentgelt als Arbeitsentgelt i.S.v. S. 2 anzusehen.[24] Einen Verweis auf § 4 Abs. 1a, der für die Berechnung der Höhe der Entgeltfortzahlung im Krankheitsfall die Überstundenvergütung ausschließt, enthält S. 2 nicht.

27 Streitig ist, ob die Sondervergütung selbst in die Betrachtung einzubeziehen ist. Der Wortlaut des Gesetzes spricht eher für die Auffassung, die die Sondervergütung berücksichtigen will. Denn in S. 1 wird zwischen der Sondervergütung und dem „laufenden Arbeitsentgelt" unterschieden. Dagegen ist in S. 2 ohne Einschränkung nur vom „Arbeitsentgelt" die Rede. Daraus könnte der Schluss zu ziehen sein, dass S. 2 weiter zu fassen sei als S. 1 und sowohl das laufende als auch das „nicht laufende" (Sondervergütung) Arbeitsentgelt umfasst. Dennoch ist der Meinung, die sich gegen eine Einbeziehung der Sondervergütung in die Berechnung des Arbeitsentgelts ausspricht, aus systematischen Gründen der Vorzug zu geben.[25] Die Systematik spricht dafür, innerhalb einer Vorschrift von demselben Begriff des Arbeitsentgelts auszugehen und nicht für die Kürzungsvereinbarung einen anderen Maßstab anzulegen als für die Berechnung der Kürzung. Zudem führt die hier abgelehnte Auffassung zu dem vom Gesetzgeber ersichtlich nicht gewollten Ergebnis, dass fehlzeitbedingte Kürzungen der Sondervergütung im Vorjahr eine Verringerung der Kürzungsmöglichkeiten im Folgejahr bewirken.[26]

28 **2. Jahreszeitraum.** Dem Gesetz ist nicht eindeutig zu entnehmen, wie der Jahreszeitraum zu bestimmen ist. Denkbar ist es, auf das Kalenderjahr oder auf einen Zeitraum von einem Jahr vor Fälligkeit der Sondervergütung abzustellen. Da das Gesetz anders als das Urlaubsrecht keinen ausdrücklichen Bezug zum Kalenderjahr herstellt, kommt es auf das Jahr vor Fälligkeit der Sondervergütung an.[27]

29 **3. Arbeitsentgelt eines Arbeitstages.** In einem dritten Schritt ist die Anzahl der Arbeitstage des AN, die in dem Jahreszeitraum anfallen, zu ermitteln. Hier kann auf die zum Urlaubsrecht (§ 3 BUrlG) entwickelten Grundsätze abgestellt werden. Urlaubstage und Feiertage sind als Arbeitstage zu behandeln.[28] Maßgeblich ist, dass an diesen Tagen das Arbeitsentgelt fortzuentrichten ist. Für einen AN, der in einer Fünf-Tage-Woche arbeitet, sind daher regelmäßig 260 Arbeitstage in Ansatz zu bringen.

Abzuziehen sind allerdings Zeiten, in denen der AN keinen Vergütungsanspruch hat, etwa weil er unentschuldigt gefehlt hat oder der sechswöchige Anspruch auf Entgeltfortzahlung im Krankheitsfall erschöpft ist.[29]

---

21 BAG 15.12.1999 – 10 AZR 626/98 – AP § 611 BGB Gratifikation Nr. 221.
22 Kaiser u.a./*Hold*, § 4a Rn 12; *Vogelsang*, Rn 589; ErfK/*Dörner*, § 4a EFZG Rn 9; a.A. *Schmitt*, § 4a Rn 13; *Feichtinger/Malkmus*, § 4a Rn 5 und 23; für die Pflege einer erkrankten Kindes offen gelassen von BAG 31.7.2002 – 10 AZR 578/01 – DB 2002, 2493.
23 *Vogelsang*, Rn 584.
24 *Feichtinger/Malkmus*, § 4a Rn 39.
25 Wie hier ArbG Oldenburg 16.7.1997 – 2 Ca 762/96 – NZA-RR 1998, 110; *Treber*, § 4a Rn 20; Kaiser u.a./*Hold*, § 4a Rn 20; *Vogelsang*, Rn 584; *Feichtinger/Malkmus*, § 4a Rn 39; a.A. ErfK/*Dörner*, § 4a Rn 13, offen gelassen von BAG 15.12.1999 – 10 AZR 626/98 – AP § 611 Gratifikation Nr. 221.
26 Näher *Vogelsang*, Rn 584.
27 ErfK/*Dörner*, § 4a Rn 12; *Vogelsang*, Rn 583; *Treber*, § 4a Rn 19.
28 *Feichtinger/Malkmus*, § 4a Rn 42; ErfK/*Dörner*, § 4a Rn 14; *Vogelsang*, Rn 586; a.A. Kaiser u.a./*Hold*, § 4a Rn 22; *Geyer/Knorr/Krasney*, § 4a EFZG Rn 15 (für einen Ausschluss der Feiertage) sowie *Bauer/Lingemann*, BB 1996, Beil. 17, S. 8, 14 (für einen Abzug der Urlaubstage).
29 *Vogelsang*, Rn 587.

4. Kürzung auf ein Viertel des Arbeitsentgeltes eines Arbeitstages. Schließlich ist der durchschnittliche Verdienst eines Arbeitstages durch vier zu dividieren, um den Kürzungsbetrag zu ermitteln. 30

C. Verbindung zum Prozessrecht

Der AG ist nach allgemeinen Grundsätzen des Beweisrechts für das Vorliegen einer Kürzungsvereinbarung darlegungs- und beweispflichtig. Stützt er sich auf eine betriebliche Übung, hat er somit deren tatsächlichen Voraussetzungen zu beweisen. 31

D. Beraterhinweise

Nach § 12 kann von § 4a nur zugunsten des AN abgewichen werden. Zulässig ist es daher, die von § 4a vorgesehene Höchstgrenze für Kürzungen zu unterschreiten. 32

Weitere Möglichkeiten zur arbeitsvertraglichen Gestaltung stehen nur in begrenzten Umfang zur Verfügung. So ist es nicht zulässig, eine eigenständige arbeitsvertragliche Definition des Begriffs des Arbeitsentgelts vorzunehmen, die die aufgezeigten Schwierigkeiten bei der Auslegung des Gesetzes (vgl. oben Rn 26 ff.) vermeidet.[30] Im Hinblick auf § 12 ist es auch nicht möglich, die Anzahl der zu berücksichtigenden Arbeitstage (vgl. oben Rn 29 f.) abweichend vom Gesetz zu Lasten des AN festzulegen. Als zulässig ist es dagegen anzusehen, wenn die Parteien den Jahreszeitraum im Arbeitsvertrag konkret festlegen.[31] 33

§ 5 Anzeige- und Nachweispflichten

(1) [1]Der Arbeitnehmer ist verpflichtet, dem Arbeitgeber die Arbeitsunfähigkeit und deren voraussichtliche Dauer unverzüglich mitzuteilen. [2]Dauert die Arbeitsunfähigkeit länger als drei Kalendertage, hat der Arbeitnehmer eine ärztliche Bescheinigung über das Bestehen der Arbeitsunfähigkeit sowie deren voraussichtliche Dauer spätestens an dem darauffolgenden Arbeitstag vorzulegen. [3]Der Arbeitgeber ist berechtigt, die Vorlage der ärztlichen Bescheinigung früher zu verlangen. [4]Dauert die Arbeitsunfähigkeit länger als in der Bescheinigung angegeben, ist der Arbeitnehmer verpflichtet, eine neue ärztliche Bescheinigung vorzulegen. [5]Ist der Arbeitnehmer Mitglied einer gesetzlichen Krankenkasse, muß die ärztliche Bescheinigung einen Vermerk des behandelnden Arztes darüber enthalten, daß der Krankenkasse unverzüglich eine Bescheinigung über die Arbeitsunfähigkeit mit Angaben über den Befund und die voraussichtliche Dauer der Arbeitsunfähigkeit übersandt wird.

(2) [1]Hält sich der Arbeitnehmer bei Beginn der Arbeitsunfähigkeit im Ausland auf, so ist er verpflichtet, dem Arbeitgeber die Arbeitsunfähigkeit, deren voraussichtliche Dauer und die Adresse am Aufenthaltsort in der schnellstmöglichen Art der Übermittlung mitzuteilen. [2]Die durch die Mitteilung entstehenden Kosten hat der Arbeitgeber zu tragen. [3]Darüber hinaus ist der Arbeitnehmer, wenn er Mitglied einer gesetzlichen Krankenkasse ist, verpflichtet, auch dieser die Arbeitsunfähigkeit und deren voraussichtliche Dauer unverzüglich anzuzeigen. [4]Dauert die Arbeitsunfähigkeit länger als angezeigt, so ist der Arbeitnehmer verpflichtet, der gesetzlichen Krankenkasse die voraussichtliche Fortdauer der Arbeitsunfähigkeit mitzuteilen. [5]Die gesetzlichen Krankenkassen können festlegen, daß der Arbeitnehmer Anzeige- und Mitteilungspflichten nach den Sätzen 3 und 4 auch gegenüber einem ausländischen Sozialversicherungsträger erfüllen kann. [6]Absatz 1 Satz 5 gilt nicht. [7]Kehrt ein arbeitsunfähig erkrankter Arbeitnehmer in das Inland zurück, so ist er verpflichtet, dem Arbeitgeber und der Krankenkasse seine Rückkehr unverzüglich anzuzeigen.

A. Allgemeines 1	a) Berechnung der Frist 16
B. Regelungsgehalt 3	aa) Dauer der Arbeitsunfähigkeit 17
I. Arbeitsunfähigkeit im Inland (Abs. 1) 3	bb) Der darauf folgende Arbeitstag 19
1. Anzeigepflicht (Abs. 1 S. 1) 4	cc) Beispiele 23
a) Voraussetzungen der Anzeigepflicht 4	b) Abs. 1 S. 3 24
aa) Arbeitnehmer 4	aa) Voraussetzungen 25
bb) Arbeitsunfähigkeit 5	bb) Zeitpunkt 29
b) Ausgestaltung der Anzeigepflicht 6	cc) Mitbestimmung 30
aa) Inhalt der Anzeige 6	c) Nachweis bei Fortdauer der Arbeitsunfähigkeit (Abs. 1 S. 4) 31
bb) Zeitpunkt der Anzeige 11	d) Aussteller, Form und Inhalt der Arbeitsunfähigkeitsbescheinigung 34
cc) Form der Anzeige 13	aa) Aussteller 35
dd) Adressat 14	
2. Nachweispflicht (Abs. 1 S. 2) 15	

---

[30] *Feichtinger/Malkmus*, § 4a Rn 40; a.A. ErfK/*Dörner*, § 4a EFZG Rn 14.

[31] ErfK/*Dörner*, § 4a EFZG Rn 12.

bb) Form	36
cc) Inhalt	37
dd) Abs. 1 S. 5	39
ee) Rechtsfolgen bei Nichteinhaltung ...	40
II. Arbeitsunfähigkeit im Ausland (Abs. 2)	41
1. Anzeigepflicht	42
a) Normalfall (Abs. 2 S. 1 bis 4 und S. 7) ...	43
aa) Mitteilung gegenüber dem Arbeitgeber	43
(1) Aufenthalt im Ausland	44
(2) Inhalt der Mitteilung	45
(3) Zeitpunkt und Kosten der Mitteilung	46
(4) Mitteilung bei Fortdauer der Erkrankung	48
(5) Mitteilung bei Rückkehr	49
bb) Mitteilung gegenüber der Krankenkasse	50
b) Vereinfachtes Verfahren (Abs. 2 S. 5)	51
2. Nachweispflicht	52
a) Normalfall	52
b) Vereinfachtes Verfahren	54
III. Rechtsfolgen bei Verletzung der Anzeige- und Nachweispflicht	55
1. Leistungsverweigerungsrecht	56
2. Schadensersatz	57
3. Kündigung	58
4. Keine Erfüllung	61
5. Keine Vertragsstrafe	62
IV. Beweswert der Arbeitsunfähigkeitsbescheinigung	63
1. Arbeitsunfähigkeit im Inland	63
a) Überblick	63
aa) Anspruch auf Entgeltfortzahlung	63
bb) Kündigungsschutzprozess	65
b) Stufe 1: Die Arbeitsunfähigkeitsbescheinigung	66
c) Stufe 2: Die Erschütterung des Beweiswertes der Bescheinigung	68
aa) Die Bedeutung des § 275 SGB V für die Erschütterung des Beweiswertes	69
bb) Einzelfälle	73
(1) Die nicht ordnungsgemäß ausgestellte Bescheinigung	74
(2) Umstände aus der Sphäre des Arbeitnehmers	75
d) Stufe 3: Der Beweis durch den Arbeitnehmer bei erschütterter Beweiskraft	77
2. Arbeitsunfähigkeit im Ausland	79
a) Bescheinigung aus einem Land außerhalb der Europäischen Union	80
b) Bescheinigung aus einem Land der Europäischen Union	81
3. Rechtsfolgen bei Erschütterung oder Widerlegung des Beweiswertes einer Arbeitsunfähigkeitsbescheinigung	88
a) Bereicherungsanspruch des Arbeitgebers .	89
b) Schadensersatzanspruch	91
c) Kündigung	92
V. Beweis der Arbeitsunfähigkeit ohne Arbeitsunfähigkeitsbescheinigung (Kurzerkrankungen)	93
C. Beraterhinweise	95

A. Allgemeines

1 § 5 enthält eine gesetzliche Regelung zu den bei einer Arbeitsunfähigkeit bestehenden Nebenpflichten des AN. Das Gesetz unterscheidet dabei zum einen zwischen der Anzeige- und der Nachweispflicht. Zum anderen wird danach differenziert, ob sich der AN bei Beginn der Arbeitsunfähigkeit im Inland oder im Ausland aufgehalten hat. Ist Letzteres der Fall, ergeben sich die Pflichten des AN aus Abs. 2.

2 Die in § 5 geregelten Anzeige- und Nachweispflichten **bezwecken**, dem AG eine möglichst frühzeitige und zuverlässige Information über Tatsache und Dauer der Arbeitsunfähigkeit des erkrankten AN zu geben, damit er die durch dessen Fehlen bedingten arbeitsorganisatorischen Maßnahmen treffen kann.[1] Dabei kommt der Anzeigepflicht für die Wahrung der berechtigten Interessen des AG regelmäßig einer größeren Bedeutung zu als der Nachweispflicht. Wegen der Auswirkungen auf den Betriebsablauf hat der AG in aller Regel ein größeres Interesse an einer schnellen Unterrichtung über die Arbeitsunfähigkeit als an einem baldigen ärztlichen Nachweis darüber, ob die Behauptungen des AN zutreffen.[2]

B. Regelungsgehalt

I. Arbeitsunfähigkeit im Inland (Abs. 1)

3 Abs. 1 S. 1 behandelt die Anzeigepflicht, während Abs. 1 S. 2 bis 5 Regelungen zur Nachweispflicht enthalten.

4 **1. Anzeigepflicht (Abs. 1 S. 1). a) Voraussetzungen der Anzeigepflicht. aa) Arbeitnehmer.** Die Pflichten des § 5 bestehen für alle AN i.S.d. § 1. Sie erstrecken sich daher auf Arbeiter und Ang sowie die zu ihrer Berufsbildung Beschäftigten (§ 1 Abs. 2). Der Umfang der Tätigkeit ist ebenso wenig maßgeblich wie die Art der Tätigkeit. § 5 gilt daher auch für geringfügig Beschäftigte und leitende Ang.

5 **bb) Arbeitsunfähigkeit.** Die Anzeigepflicht setzt neben dem Bestehen eines Arbverh nur voraus, dass eine Arbeitsunfähigkeit gegeben ist. Einen Bezug zu dem Anspruch des AN auf Entgeltfortzahlung im Krankheitsfall (§ 3) hat der Gesetzgeber nicht hergestellt. Die **Anzeigepflicht** besteht daher **auch dann, wenn kein Entgeltfort-

---

1 HzA/*Vossen*, Rn 234.

2 BAG 15.1.1986 – 7 AZR 128/83 – EzA § 626 BGB n.F. Nr. 100.

zahlungsanspruch gegeben ist, sei es, weil die Wartezeit des § 3 Abs. 3 noch nicht abgelaufen ist, oder der AN länger als sechs Wochen arbeitsunfähig ist.[3]

Die Anzeigepflicht gilt nicht nur für eine Ersterkrankung, sondern auch dann, wenn die Erkrankung über die bisher mitgeteilte voraussichtliche Dauer hinaus fortbesteht.[4]

b) Ausgestaltung der Anzeigepflicht. aa) Inhalt der Anzeige. Nach Abs. 1 S. 1 sind dem AG die Arbeitsunfähigkeit und die voraussichtliche Dauer anzuzeigen. Wie konkret die Anzeige zu erfolgen hat, hängt davon ab, ob der AN zum Zeitpunkt der Meldung bereits einen Arzt aufgesucht hat oder nicht.

Zu berücksichtigen ist, dass der AN mit der Anzeige regelmäßig nicht zuwarten darf, bis eine ärztliche Diagnose vorliegt.[5] Er hat daher dem AG vor dem Arztbesuch im Wege einer Selbstdiagnose mitzuteilen, dass er nach seiner Einschätzung arbeitsunfähig ist. Nur wenn er hierzu in der Lage ist, hat er auch eine Prognose zur Dauer der Erkrankung abzugeben.[6] Nach dem Arztbesuch ist der AG **nochmals zu unterrichten**. Auch insoweit ist der AG unverzüglich über die voraussichtliche Dauer der Erkrankung zu informieren, die sich aus der ärztlichen Untersuchung ergibt. Dies gilt nicht nur, wenn die ärztliche Einschätzung von der Selbstdiagnose abweicht, sondern auch dann, wenn sie übereinstimmen.[7]

Hat der AN zum Zeitpunkt der Anzeige bereits einen Arzt ausgesucht, sind die Informationen zur Arbeitsunfähigkeit und deren voraussichtlichen Dauer, die der AN vom Arzt erhalten hat, an den AG weiter zu geben.

Grds. ist der AN **nicht verpflichtet**, den AG über die **Art der Erkrankung** zu informieren.[8] Ausnahmsweise besteht eine Informationspflicht, wenn der AG hieran ein berechtigtes Interesse hat. Dies betrifft
– ansteckende Erkrankungen, die Maßnahmen zum Schutz der anderen Mitarbeiter erforderlich machen;[9]
– Fortsetzungserkrankungen, die Einfluss auf die Entgeltfortzahlungspflicht des AG haben;[10]
– Erkrankungen, bei denen eine Dritthaftung in Betracht kommt (vgl. § 6 Abs. 2);[11]
– Erkrankungen, die der AN mitverschuldet hat.[12]

Über eine HIV-Infektion muss der AG regelmäßig nicht unterrichtet werden, weil für die Kollegen unter normalen Umständen keine Ansteckungsgefahr besteht.[13]

bb) Zeitpunkt der Anzeige. Die Mitteilung muss „unverzüglich" erfolgen. Unverzüglich bedeutet nach der Legaldefinition des § 121 Abs. 1 S. 1 BGB „ohne schuldhaftes Zögern". Danach ist der AG nicht sofort, sondern **so schnell** zu informieren, **wie** es dem AN **möglich** ist.[14] I.d.R. wird der AN den AG innerhalb der ersten halben Stunde nach Arbeitsbeginn, jedenfalls aber in den ersten Arbeitsstunden, zu informieren haben.[15]

Der AN muss den AG auch dann unverzüglich unterrichten, wenn er an einem arbeitsfreien Tag erkrankt und zu erwarten ist, dass die Erkrankung über den freien Tag hinaus andauert. Insoweit ist jedoch ein nicht so strenger Maßstab angezeigt wie bei einer Erkrankung an einem Arbeitstag. Notwendig ist eine Information im Laufe des Tages, an dem der AN erkrankt.[16]

Für die Frage, ob die Anzeige unverzüglich erfolgt ist, kommt es auf den Zeitpunkt des **Zugangs** der Unterrichtung beim AG an. Nicht maßgeblich ist, wann der AN die Erklärung abgesandt hat.[17]

cc) Form der Anzeige. Das Gesetz sieht keine bestimmte Form für die Anzeige vor. Sie kann daher auf allen denkbaren Wegen (mündlich, telefonisch, per Fax oder E-Mail) erfolgen. Der AN kann auch Boten zur Überbringung der Nachricht einsetzen. Soweit diese die Meldung nicht oder nicht unverzüglich erstatten, geht dies zu Lasten des AN.

---

3 LAG Köln 2.11.1988 – 2 Sa 850/88 – LAGE § 3 LohnFG Nr. 2; LAG Sachsen-Anhalt 24.4.1996 – 3 Sa 449/95 – NZA 1997, 772; HzA/*Vossen*, Rn 235; *Vogelsang*, Rn 267; ErfK/*Dörner*, § 5 EFZG Rn 3.
4 HzA/*Vossen*, Rn 246; *Vogelsang*, Rn 270. Vgl. zu der Vorgängervorschrift des § 3 Abs. 1 S. 1 LohnFG BAG 16.8.1991 – 2 AZR 604/90 – EzA § 1 KSchG Verhaltensbedingte Kündigung Nr. 41; BAG 7.12.1988 – 7 AZR 122/88 – EzA § 1 KSchG Verhaltensbedingte Kündigung Nr. 26.
5 BAG 31.8.1989 – 2 AZR 13/89 – EzA § 1 KSchG Verhaltensbedingte Kündigung Nr. 27.
6 BAG 31.8.1989 – 2 AZR 13/89 – EzA § 1 KSchG Verhaltensbedingte Kündigung Nr. 27; HzA/*Vossen*, Rn 251; *Vogelsang*, Rn 271; ErfK/*Dörner*, § 5 EFZG Rn 6.
7 ErfK/*Dörner*, § 5 EFZG Rn 5.
8 BAG 31.8.1989 – 2 AZR 13/89 – EzA § 1 KSchG Verhaltensbedingte Kündigung Nr. 27; HzA/*Vossen*, Rn 252.
9 LAG Berlin 27.11.1989 – 9 Sa 82/89 – LAGE § 242 BGB Nr. 2; *Feichtinger/Malkmus*, § 5 Rn 16; *Vogelsang*, Rn 275.
10 ErfK/*Dörner*, § 5 EFZG Rn 5; *Vogelsang*, Rn 274.
11 *Feichtinger/Malkmus*, § 5 Rn 16; HzA/*Vossen*, Rn 252; *Vogelsang*, Rn 276; ErfK/*Dörner*, § 5 EFZG Rn 5.
12 *Schmitt*, § 5 Rn 32; *Vogelsang*, Rn 277.
13 *Feichtinger/Malkmus*, § 5 Rn 17.
14 HzA/*Vossen*, Rn 247; *Vogelsang*, Rn 279; ErfK/*Dörner*, § 5 EFZG Rn 6.
15 *Feichtinger/Malkmus*, § 5 Rn 7.
16 *Vogelsang*, Rn 279; ErfK/*Dörner*, § 5 EFZG Rn 6.
17 BAG 31.8.1989 – 2 AZR 13/89 – EzA § 1 KSchG Verhaltensbedingte Kündigung Nr. 27.

14 **dd) Adressat.** Nach Abs. 1 S. 1 ist der „AG" zu unterrichten. Welche Person konkret zu informieren ist, hängt von der betrieblichen Organisation des AG ab.[18] Danach kann die Meldung an die Personalabteilung zu erfolgen haben. Liegt keine ausdrückliche Regelung vor, muss ein disziplinarischer Vorgesetzter unterrichtet werden. Die Information des **Vorarbeiters** ist i.d.R. ebenso wie die des **Pförtners** oder der **Sekretärin nicht auseichend**.[19]

15 **2. Nachweispflicht (Abs. 1 S. 2).** Die Arbeitsunfähigkeit ist nachzuweisen, wenn sie länger als drei Tage andauert. Krankheiten bis zu einer Dauer von drei Kalendertagen müssen daher nicht durch eine ärztliche Bescheinigung belegt werden.[20] Eine frühere Vorlagepflicht besteht gem. Abs. 1 S. 3 nur, wenn der AG dies verlangt hat.

16 **a) Berechnung der Frist.** Das Gesetz stellt für die maßgebliche Dauer der Arbeitsunfähigkeit auf Kalendertage und für den Zeitpunkt der Vorlage auf Arbeitstage ab. Daher ist die Frist in **zwei Schritten** zu berechnen. Zunächst ist zu ermitteln, an welchem Tag der AN länger als drei Kalendertage arbeitsunfähig erkrankt ist. Steht dieser Tag fest, ist zu prüfen, welches der darauf folgende Arbeitstag ist.

17 **aa) Dauer der Arbeitsunfähigkeit.** Die Vorlagepflicht besteht, wenn der AN vier Kalendertage arbeitsunfähig ist.

18 Der erste Kalendertag ist derjenige, an dem die Arbeitsunfähigkeit eintritt. Dies gilt auch dann, wenn der AN nach Dienstschluss erkrankt.[21] Das Gesetz stellt nicht darauf ab, ob und wann an dem ersten Tag der Erkrankung des AN eine Arbeitspflicht bestand.

19 **bb) Der darauf folgende Arbeitstag.** Das Gesetz könnte nach seinem Wortlaut so verstanden werden, dass der darauf folgende Arbeitstag der fünfte Tag der Erkrankung ist. Denn die Vorlagepflicht besteht – wie dargelegt – wenn der AN vier Tage erkrankt ist. Wäre die Bescheinigung erst am darauf folgenden Tag vorzulegen, ergäbe sich eine Vorlagepflicht am fünften Tag. Es besteht jedoch Einigkeit, dass der „darauf folgende Tag" der **vierte Tag der Erkrankung** ist, wenn dieser ein Arbeitstag ist. Dies ist der Tag, der den zu Beginn des Abs. 1 S. 2 angesprochenen drei Kalendertagen nachfolgt. Die Vorlagepflicht besteht daher am vierten Tag der Arbeitsunfähigkeit, wenn ein Arbeitstag vorliegt.[22]

20 Arbeitstag ist jeder Tag, in dem in dem **Betrieb gearbeitet** wird. Nicht maßgeblich ist, ob der AN an dem Tag ohne die Erkrankung gearbeitet hätte.[23] Denn der AG hat unabhängig davon, ob der AN an dem darauf folgenden Tag zur Arbeit eingeteilt war oder nicht, ein berechtigtes Interesse daran, frühzeitig Dispositionen zu treffen.

21 Ist somit der vierte Tag der Arbeitsunfähigkeit ein betrieblicher Arbeitstag, ist die Arbeitunfähigkeitsbescheinigung an diesem Tag vorzulegen. Die maßgebliche Dauer der Arbeitsunfähigkeit von vier Tagen und der darauf folgende Arbeitstag fallen nur auseinander, wenn der vierte Tag der Arbeitsunfähigkeit kein betrieblicher Arbeitstag ist. In diesen Fällen hat die Vorlage erst an dem ersten betrieblichen Arbeitstag nach dem vierten Tag der Arbeitsunfähigkeit zu erfolgen.

22 Maßgeblich ist der **Zugang** der Arbeitsunfähigkeitsbescheinigung beim AG.[24] Es genügt nicht, dass der AN die Arbeitsunfähigkeitsbescheinigung innerhalb der Frist abgesandt hat. Die Arbeitsunfähigkeitsbescheinigung muss beim AG am „darauf folgenden Tag" innerhalb der betriebsüblichen Arbeitszeit eingehen. Die Frist ist somit nicht gewahrt, wenn der AN die Arbeitsunfähigkeitsbescheinigung bei einer betriebsüblichen Arbeitszeit an Sonn- und Feiertagen am Tag zuvor zur Post gibt. Stand ihm allerdings in einem solchen Fall keine andere zumutbare Möglichkeit zur Übermittlung zu, ist die Pflichtverletzung nicht als schuldhaft anzusehen.[25]

23 **cc) Beispiele.**
– Der AN erkrankt am Montag. Die Arbeitsunfähigkeitsbescheinigung ist am Donnerstag vorzulegen.
– Der AN erkrankt an seinem arbeitsfreien Samstag. Die Arbeitsunfähigkeitsbescheinigung ist am Dienstag vorzulegen.
– Der AN erkrankt am Mittwoch. An Samstagen und Sonntagen wird im Betrieb nicht gearbeitet. Die Arbeitsunfähigkeitsbescheinigung ist am Montag vorzulegen.
– Der AN erkrankt am Mittwoch. An Samstagen und Sonntagen wird im Betrieb gearbeitet. Die Arbeitsunfähigkeitsbescheinigung ist selbst dann am Samstag vorzulegen, wenn der AN an diesem Tag frei gehabt hätte.

---

18 HzA/*Vossen*, Rn 250; *Vogelsang*, Rn 283; *Treber*, § 5 Rn 18.
19 ErfK/*Dörner*, § 5 EFZG Rn 8; *Feichtinger/Malkmus*, § 5 Rn 12.
20 BAG 25.1.2000 – 1 ABR 3/99 – BAGE 93, 276; *Boecken*, NZA 1999, 673, 678 f.; HzA/*Vossen*, Rn 254; *Vogelsang*, Rn 286 und 288.
21 *Feichtinger/Malkmus*, § 5 Rn 37; *Vogelsang*, Rn 291; MünchArb/*Boecken*, Bd. 1, § 85 Rn 42; *Kramer*, BB 1996, 1662, 1664.
22 *Feichtinger/Malkmus*, § 5 Rn 37; *Schmitt*, § 5 Rn 50 ff.; *Vogelsang*, Rn 290.
23 *Treber*, § 5 Rn 17; HzA/*Vossen*, Rn 262; *Vogelsang*, Rn 292; *Feichtinger/Malkmus*, § 5 Rn 38; MünchArb/ *Boecken*, Bd. 1, § 85 Rn 42; a.A. ErfK/*Dörner*, § 5 EFZG Rn 11; *Diller*, NJW 1994, 1690, 1691.
24 HzA/*Vossen*, Rn 265; *Vogelsang*, Rn 295; *Treber*, § 5 Rn 30.
25 HzA/*Vossen*, Rn 266 f.

b) Abs. 1 S. 3. Abs. 1 S. 3 eröffnet dem AG zwei Möglichkeiten. Er kann zum einen schon für die ersten drei Tage der Arbeitsunfähigkeit ein Attest verlangen (Erweiterung der Nachweispflicht). Zum anderen kann er die Frist für die Vorlage einer ärztlichen Bescheinigung gegenüber der gesetzlichen Regelfrist abkürzen (Verkürzung der Vorlagefrist).[26]

aa) Voraussetzungen. Abs. 1 S. 3 knüpft das frühzeitige Vorlageverlangen des AG nicht an bestimmte Voraussetzungen.

Der AG kann daher die Vorlage einer Arbeitsunfähigkeitsbescheinigung schon für den ersten Tag verlangen.[27] Eine Begründung hierfür muss er dem AN nicht nennen. Es bedarf auch keines konkreten Anlasses. Sowohl durch arbeitsvertragliche Vereinbarung[28] als auch durch tarifvertragliche Regelung[29] kann bestimmt werden, dass der AN eine ärztliche Arbeitsunfähigkeitsbescheinigung generell für den ersten Tag einer krankheitsbedingten Arbeitsunfähigkeit beizubringen hat. Der AG kann sich nach der Krankmeldung des AN auch spontan entscheiden, von seinem Recht aus Abs. 1 S. 3 Gebrauch zu machen.[30]

Nach h.M. muss das Verlangen des AG billigem Ermessen entsprechen.[31] Dies vermag nicht zu überzeugen.[32] Nach dem Wortlaut des Gesetzes unterliegt das Verlangen des AG keinen Schranken. Abs. 1 S. 3 ist daher als Spezialvorschrift zu verstehen, die die Anwendung des § 106 GewO ausschließt. Dies entspricht dem Sinn und Zweck des Gesetzes ebenso wie dem Willen des Gesetzgebers. Mit der Regelung in Abs. 1 S. 3 sollte der AG „in jedem Fall" die Möglichkeit erhalten, sich die krankheitsbedingte Arbeitsunfähigkeit schon für den ersten Tag durch eine ärztliche Bescheinigung nachweisen zu lassen.[33]

Zu berücksichtigen ist allerdings, dass sich unabhängig vom dogmatischen Ausgangspunkt in der Praxis kaum unterschiedliche Ergebnisse ergeben dürften. Denn im Hinblick darauf, dass der Gesetzgeber das Vorlageverlangen nach Abs. 1 S. 3 von keinerlei Voraussetzungen abhängig gemacht hat, nimmt auch die h.M. an, dass die Interessenabwägung in aller Regel zugunsten des AG ausgehen wird. An den arbeitsrechtlichen Gleichbehandlungsgrundsatz ist der AG nach beiden Auffassungen gebunden. Der arbeitsrechtliche Gleichbehandlungsgrundsatz verbietet sowohl die sachfremde Schlechterstellung einzelner AN gegenüber anderen AN in vergleichbarer Lage als auch die sachfremde Differenzierung zwischen AN in einer bestimmten Ordnung.[34] Danach ist es dem AG zwar nicht verwehrt, Stichproben durchzuführen.[35] Unzulässig sind jedoch Maßnahmen mit diskriminierenden Charakter, die sich gezielt gegen bestimmte AN richten.

bb) Zeitpunkt. Der AG kann nicht nur die Vorlage einer Arbeitsunfähigkeitsbescheinigung schon für den ersten Tag verlangen.[36] Er kann den AN auch anweisen, die Arbeitsunfähigkeitsbescheinigung bereits am ersten Tag vorzulegen.[37] Ist dem AN die Vorlage am ersten Tag der Arbeitsunfähigkeit – ggf. durch Einschaltung eines Boten – nicht zumutbar (§ 242 BGB), so verletzt er seine arbeitsvertragliche Pflicht nicht, wenn er die Bescheinigung per Post absendet.

cc) Mitbestimmung. Erteilt der AN nur gegenüber einzelnen AN eine Anweisung nach Abs. 1 S. 3, besteht mangels eines kollektiven Tatbestandes kein Mitbestimmungsrecht des BR.[38] Anders verhält es sich bei generellen Anordnungen des AG. In einem solchen Fall handelt es sich um eine Frage der betrieblichen Ordnung, für die § 87 Abs. 1 Nr. 1 BetrVG ein Mitbestimmungsrecht des BR vorsieht. Das Mitbestimmungsrecht des BR wird durch das EFZG nicht ausgeschlossen. Abs. 1 S. 3 eröffnet dem AG einen Regelungsspielraum hinsichtlich der Frage, ob und wann die Arbeitsunfähigkeit vor dem vierten Tag nachzuweisen ist. Bei dieser Regelung hat der BR mitzubestimmen.[39]

c) Nachweis bei Fortdauer der Arbeitsunfähigkeit (Abs. 1 S. 4). Dauert die Arbeitsunfähigkeit länger als in der ersten Bescheinigung vorgesehen, muss der AN dies dem AG nach Abs. 1 S. 1 unverzüglich anzeigen (siehe oben Rn 5).

Zur Nachweispflicht sieht das EFZG lediglich vor, dass der AN eine neue ärztliche Bescheinigung vorzulegen hat (Abs. 1 S. 4). Nicht geregelt und streitig ist, wann die neue Bescheinigung vorzulegen ist.

---

26 BAG 25.1.2000 – 1 ABR 3/99 – BAGE 93, 276.
27 BAG 26.2.2003 – 5 AZR 112/02 – DB 2003, 1395; BAG 25.1.2000 – 1 ABR 3/99 – BAGE 93, 276.
28 BAG 25.1.2000 – 1 ABR 3/99 – BAGE 93, 276.
29 BAG 26.2.2003 – 5 AZR 112/02 – DB 2003, 1395.
30 *Vogelsang*, Rn 297; HzA/*Vossen*, Rn 271; *Boecken*, NZA 1999, 673, 679; *Feichtinger/Malkmus*, § 5 Rn 42 f.
31 HzA/*Vossen*, Rn 273; *Boecken*, NZA 1999, 673, 679; *Feichtinger/Malkmus*, § 5 Rn 43; *Vogelsang*, Rn 300.
32 Zutreffend ErfK/*Dörner*, § 5 EFZG Rn 12.
33 Vgl. BT-Drucks 12/5798, S. 26 und BAG 26.2.2003 – 5 AZR 112/02 – DB 2003, 1395.
34 BAG 3.7.2003 – 2 AZR 617/02 – DB 2004, 655.
35 *Vogelsang*, Rn 303.
36 BAG 26.2.2003 – 5 AZR 112/02 – DB 2003, 1395; BAG 25.1.2000 – 1 ABR 3/99 – BAGE 93, 276.
37 BAG 25.1.2000 – 1 ABR 3/99 – BAGE 93, 276; *Boecken*, NZA 1999, 673, 679; ErfK/*Dörner*, § 5 EFZG Rn 12; *Vogelsang*, Rn 309; a.A. HzA/*Vossen*, Rn 276.
38 ErfK/*Dörner*, § 5 EFZG Rn 12.
39 BAG 25.1.2000 – 1 ABR 3/99 – BAGE 93, 276.

32 Z.T. wird angenommen, der AN müsse die Folgebescheinigung spätestens im Laufe des Tages vorlegen, an dem er nach der Erstbescheinigung seinen Dienst wieder hätte antreten müssen. Stellt der Arzt eine Fortdauer der Arbeitsunfähigkeit schon früher fest, soll der AN schon vor Ablauf der Erstbescheinigung das Attest vorzulegen haben.[40]

33 Nach überwiegender und zutreffender Ansicht sind demgegenüber die Bestimmungen des **Abs. 1 S. 2 und 3 analog** anzuwenden.[41] Ohne ein besonderes Verlangen des AG nach Abs. 1 S. 3 analog ist der AN daher zur Vorlage am vierten Tag nach dem ursprünglich bescheinigten Endtermin der Arbeitsunfähigkeit verpflichtet. Hiervon ist das BAG wegen der gleichen Interessenlage schon für die Zeit vor dem Inkrafttreten des EFZG ausgegangen.[42] Ob das Gesetz im Hinblick auf die seit langem bekannte Problematik noch die für eine Analogie notwendige Lücke aufweist, mag zwar zweifelhaft sein. Zu berücksichtigen ist jedoch, dass der Gesetzgeber mit dem EFZG keine Änderung gegenüber der Rspr. des BAG herbeiführen wollte. I.Ü. könnte die Verneinung einer Analogie nur dazu führen, dass der AN an keine Vorlagefrist gebunden wäre. Eine gesetzliche Bestimmung, aus der sich ableiten ließe, dass der AN die Folgebescheinigung spätestens an dem Tag, an dem er nach der Erstbescheinigung wieder hätte arbeiten sollen, vorlegen muss, besteht nicht.[43] Die Interessen des AG sind gewahrt, weil auch Abs. 1 S. 3 analog anzuwenden ist. Der AG hat somit die Möglichkeit, die Vorlage der Bescheinigung früher zu verlangen.[44]

34 **d) Aussteller, Form und Inhalt der Arbeitsunfähigkeitsbescheinigung.** Nach Abs. 1 S. 2 muss der AN eine ärztliche Bescheinigung über das Bestehen der Arbeitsunfähigkeit sowie deren voraussichtlichen Dauer vorlegen.

35 **aa) Aussteller.** Die Bescheinigung kann nur von einem approbierten Arzt ausgestellt werden. Nicht erforderlich ist, dass es sich um einen Kassenarzt handelt.[45] In der Wahl des Arztes ist der AN frei. Er kann nicht dazu gezwungen werden, sich an einen vom AG benannten (Werks-)Arzt zu wenden.[46] Allerdings ist die Ausstellung der Bescheinigung nur bei Inanspruchnahme der kassenärztlichen Versorgung kostenfrei (§ 73 Abs. 2 Nr. 9 SGB V).

36 **bb) Form.** Die Bescheinigung muss schriftlich erfolgen. Gem. § 126 Abs. 1 BGB ist die eigenhändige Unterschrift des Arztes erforderlich.[47] I.d.R. verwenden Ärzte den Vordruck nach § 28 Bundesmantelvertrag-Ärzte (vgl. § 87 SGB V). Notwendig ist dies nicht. Es genügt jede schriftliche Erklärung, die den formellen und inhaltlichen Anforderungen des Abs. 1 genügt.[48]

37 **cc) Inhalt.** Der Mindestinhalt der Arbeitsunfähigkeitsbescheinigung ergibt sich aus Abs. 1 S. 2. Anzugeben sind:
– der Name des AN (Vor- und Nachname);
– der Umstand der Arbeitsunfähigkeit;
– die voraussichtliche Dauer der Arbeitsunfähigkeit;
– der Aussteller der Bescheinigung;
– ggf., dass die Krankenkasse unterrichtet worden ist (Abs. 1 S. 5).

Erforderlich ist, dass Arbeitsunfähigkeit bescheinigt wird. Nicht ausreichend ist die Bescheinigung, dass der AN krank ist.[49]

38 I.d.R. wird in der Bescheinigung nur der letzte Tag der Arbeitsunfähigkeit, nicht aber eine bestimmte Uhrzeit angegeben. Wann die bescheinigte Arbeitsunfähigkeit in diesen Fällen endet, ist durch Auslegung der Erklärung des Arztes zu ermitteln. Nach der Rspr. des BAG ist die Bescheinigung i.d.R. dahingehend zu verstehen, dass sie sich auf das **Ende der für den AN maßgeblichen Arbeitsschicht** bezieht.[50] Ein Schichtarbeiter, dessen Arbeitszeit um 22 Uhr des in der Bescheinigung angegebenen Tages beginnen würde, muss somit die gesamte Schicht nicht arbeiten. Er muss seinen Dienst erst zur Folgeschicht antreten.[51]

39 **dd) Abs. 1 S. 5.** Ist der AN gesetzlich versichert, muss die Bescheinigung einen Vermerk des behandelnden Arztes darüber enthalten, dass der Krankenkasse unverzüglich eine Bescheinigung über die Arbeitsunfähigkeit mit Angaben über den Befund und die voraussichtliche Dauer der Arbeitsunfähigkeit übersandt wird.

40 **ee) Rechtsfolgen bei Nichteinhaltung.** Enthält die Bescheinigung des Arztes nicht die notwendigen Angaben, kann der AG vom AN verlangen, eine ordnungsgemäße Bescheinigung vorzulegen.[52] Ein Leistungsverweigerungs-

---

40 Kaiser u.a./*Kleinsorge*, § 5 Rn 26; *Feichtinger/Malkmus*, § 5 Rn 51 f.; *Geyer/Knorr/Krasney*, § 5 Rn 36.
41 ErfK/*Dörner*, § 5 EFZG Rn 46; *Vogelsang*, Rn 317; HzA/*Vossen*, Rn 295; *Schmitt*, § 5 Rn 128; *Treber*, § 5 Rn 39.
42 BAG 29.8.1980 – 5 AZR 1051/79 – EzA § 6 LohnFG Nr. 13.
43 Vgl. auch ErfK/*Dörner*, § 5 EFZG Rn 19.
44 *Vogelsang*, Rn 318; HzA/*Vossen*, Rn 295; *Schmitt*, § 5 Rn 133.
45 *Vogelsang*, Rn 329; HzA/*Vossen*, Rn 282 f.; *Treber*, § 5 Rn 40.
46 ErfK/*Dörner*, § 5 EFZG Rn 13; *Vogelsang*, Rn 330.
47 LAG Hamm 3.12.2003 – 18 Sa 567703 – juris; HzA/*Vossen*, Rn 288.
48 ErfK/*Dörner*, § 5 EFZG Rn 13; *Schmitt*, § 5 Rn 100; *Vogelsang*, Rn 327.
49 *Schmitt*, § 5 Rn 89; *Vogelsang*, Rn 322.
50 BAG 12.7.1989 – 5 AZR 377/87 – EzA § 616 BGB Nr. 39; BAG 14.9.1983 – 5 AZR 70/81 – EzA § 1 LohnFG Nr. 68; BAG 2.12.1981 – 5 AZR 89/90 – EzA § 1 LohnFG Nr. 59; kritisch ErfK/*Dörner*, § 5 EFZG Rn 13; *Vogelsang*, Rn 322.
51 BAG 2.12.1981 – 5 AZR 89/90 – EzA § 1 LohnFG Nr. 59.
52 ErfK/*Dörner*, § 5 EFZG Rn 13.

recht nach § 7 steht ihm regelmäßig nicht zu (vgl. § 7 Rn 4). Dies gilt insb., wenn lediglich die Angaben nach Abs. 1 S. 5 fehlen.[53]

II. Arbeitsunfähigkeit im Ausland (Abs. 2)

Erkrankt der AN im Ausland, ergeben sich aus Abs. 2 gegenüber Abs. 1 zusätzliche Pflichten. Auch insoweit ist zwischen der Anzeige- und der Nachweispflicht zu unterscheiden. 41

1. Anzeigepflicht. Der AN hat eine Anzeigepflicht nicht nur gegenüber dem AG, sondern auch gegenüber der Krankenkasse. Abs. 2 S. 1 bis 4 und S. 7 behandeln den gesetzlichen Normalfall. Ein vereinfachtes Verfahren kommt gem. Abs. 2 S. 5 für gesetzlich versicherte AN zur Anwendung, wenn entsprechende Festlegungen der Krankenkassen erfolgt sind. 42

a) Normalfall (Abs. 2 S. 1 bis 4 und S. 7). aa) Mitteilung gegenüber dem Arbeitgeber. Abs. 2 S. 1 stellt die Reaktion des deutschen Gesetzgebers auf das erste „Paletta"-Urteil des EuGH[54] dar. Danach sollte der deutsche AG an eine ausländische Arbeitsunfähigkeitbescheinigung gebunden sein. Bei Zweifeln an der Arbeitsunfähigkeit verwies der EuGH den AG auf die nach Art. 18 Abs. 5 EWG-VO Nr. 574/72 geschaffene Möglichkeit, den AN durch einen Arzt seiner Wahl untersuchen zu lassen. Diese Möglichkeit lief in der Vergangenheit ins Leere, weil der AG den Aufenthaltsort des AN regelmäßig nicht kannte. Dem will Abs. 2 S. 1 begegnen. 43

(1) Aufenthalt im Ausland. Abs. 2 kommt zur Anwendung, wenn sich der AN bei Beginn der Arbeitsunfähigkeit im Ausland aufhält. Erkrankt der AN im Inland und reist sodann ins Ausland, treffen ihn lediglich die in Abs. 1 normierten Pflichten. Dauert die Erkrankung in diesem Fall jedoch länger als in der inländischen Arbeitsunfähigkeitsbescheinigung vorgesehen, gilt für ihn Abs. 2.[55] 44

(2) Inhalt der Mitteilung. Der AN hat dem AG 45
- die Arbeitsunfähigkeit,
- deren voraussichtliche Dauer,
- und die Adresse am Aufenthaltsort mitzuteilen.

Adresse ist die Anschrift, unter der der AN am Aufenthaltsort erreicht werden kann. Hierzu zählen das Land, der Ort, die Straße und die Hausnummer und ggf. der Name des Hotels, nach allgemeinem Sprachgebrauch aber nicht die Telefonnummer.[56]

(3) Zeitpunkt und Kosten der Mitteilung. Der AN muss nicht nur unverzüglich tätig werden, er muss auch die **schnellstmögliche Art der Übermittlung** wählen. In Betracht kommen daher regelmäßig nur Telefon, Telegramm, Telefax oder E-Mail.[57] Ein einfacher Brief oder ein Einschreiben sind nicht ausreichend.[58] 46

Konsequenz dieser Regelung ist, dass der AG die Kosten der Übermittlung zu tragen hat (Abs. 2 S. 2). Wie sich aus dem Wortlaut der Vorschrift ergibt, fallen dem AG die gesamten Kosten der Mitteilung und nicht nur die Mehraufwendungen, die durch die Wahl eines schnellen Kommunikationsmittels entstanden sind, zur Last.[59] Der AG kann der Kostentragungspflicht jedoch entgehen, in dem er gegenüber dem AN im Voraus auf die schnellstmögliche Art der Übermittlung verzichtet.[60] 47

(4) Mitteilung bei Fortdauer der Erkrankung. Ebenso wie bei der Erkrankung im Inland enthält das Gesetz keine ausdrückliche Bestimmung zur Mitteilungspflicht des AN bei einer Fortdauer der Erkrankung. Insoweit ist wie bei einer Erkrankung im Inland die analoge Anwendung der Vorschriften zur Ersterkrankung angezeigt. Abs. 2 S. 1 und 2 sind daher entsprechend anzuwenden.[61] 48

(5) Mitteilung bei Rückkehr. Der AN ist verpflichtet, sich bei Rückkehr ins Inland unverzüglich beim AG zu melden (Abs. 2 S. 7). Die Pflicht besteht auch dann, wenn der AN nicht mehr arbeitsunfähig ist. Ist er alsbald zur Arbeitsaufnahme verpflichtet, erfüllt er die Pflicht durch sein Erscheinen am Arbeitsplatz. Ist er weiterhin (etwa wegen Urlaubs) von der Arbeitspflicht befreit, muss er sich gesondert melden.[62] Ist der AN weiterhin arbeitsunfähig, muss er nach Abs. 2 S. 7 und bei einer Fortdauer der Erkrankung über den ursprünglich angenommenen Zeitraum hinaus nach Abs. 1 verfahren.[63] 49

---

53 ErfK/*Dörner*, § 5 EFZG Rn 13.
54 EuGH 3.6.1992 – Rs. C– 45/90 – EzA § 3 LohnFG Nr. 16; näher hierzu unten Rn 81 ff.
55 *Vogelsang*, Rn 342; vgl. hierzu unten Rn 48.
56 Letzteres ist streitig; wie hier ErfK/*Dörner*, § 5 EFZG Rn 21; *Schmitt*, § 5 Rn 140; *Treber*, § 5 Rn 67; *Vogelsang*, Rn 336; a.A. HzA/*Vossen*, Rn 317; *Berenz*, DB 1995, 1462.
57 *Vogelsang*, Rn 338; HzA/*Vossen*, Rn 317.
58 LAG Köln 12.5.2000 – 4 Sa 310/00 – NZA-RR 2001, 22; *Feichtinger/Malkmus*, § 5 Rn 19.
59 *Treber*, § 5 Rn 69; *Vogelsang*, Rn 339; a.A. MünchArb/*Boecken*, Bd. 1, § 85 Rn 17.
60 HzA/*Vossen*, Rn 318; *Schmitt*, § 5 Rn 145; a.A. *Vogelsang*, Rn 339.
61 ErfK/*Dörner*, § 5 EFZG Rn 24; *Vogelsang*, Rn 342.
62 ErfK/*Dörner*, § 5 EFZG Rn 25; *Vogelsang*, Rn 344.
63 *Schmitt*, § 5 Rn 152; *Vogelsang*, Rn 345.

50 **bb) Mitteilung gegenüber der Krankenkasse.** Der gesetzlich versicherte AN ist bei einer Erkrankung im Ausland verpflichtet, der Krankenkasse die Arbeitsunfähigkeit und deren voraussichtlichen Dauer unverzüglich anzuzeigen (Abs. 2 S. 3). Eine Pflicht zur Angabe der Adresse am Aufenthaltsort sieht das Gesetz nicht vor.

Der AN ist auch zur Mitteilung verpflichtet, wenn die Arbeitsunfähigkeit länger als angezeigt dauert (Abs. 2 S. 4). Schließlich hat der AN der Krankenkasse seine Rückkehr ins Inland unverzüglich anzuzeigen (Abs. 2 S. 7).

51 **b) Vereinfachtes Verfahren (Abs. 2 S. 5).** Erkrankt der AN in einem Mitgliedstaat der EU oder in einem Land, mit dem zwischenstaatliche Sozialversicherungsabkommen bestehen, kommt ein vereinfachtes Verfahren zur Anwendung. Die Krankenkassen halten hierzu Merkblätter bereit. In diesen Fällen bleibt die Anzeigepflicht gegenüber dem AG bestehen. Es entfallen lediglich die gegenüber der Krankenkasse bestehenden Pflichten.

52 **2. Nachweispflicht. a) Normalfall.** In Bezug auf den Nachweis der Arbeitsunfähigkeit im Ausland kommt Abs. 1 zur Anwendung. Abs. 2 enthält für den AN keine besonderen Bestimmungen. Eine Abweichung von Abs. 1 sieht lediglich Abs. 2 S. 6 für den Inhalt der Bescheinigung vor. Dies beruht auf dem Umstand, dass der deutsche Gesetzgeber ausländische Ärzte nicht verpflichten kann, eine Bescheinigung an die Krankenkasse zu übersenden.

53 Der AN ist berechtigt, die Arbeitsunfähigkeitsbescheinigung in der ausländischen Sprache zu übermitteln. Eine Verpflichtung, eine Übersetzung beizubringen, sieht das Gesetz nicht vor.[64]

54 **b) Vereinfachtes Verfahren.** Auch für die Nachweispflicht sieht Abs. 2 Nr. 5 die Möglichkeit zur Einführung eines vereinfachten Verfahrens vor. Hat der AN das für ihn maßgebliche Verfahren eingehalten, bedarf es gegenüber dem AG keines gesonderten Nachweises.[65]

III. Rechtsfolgen bei Verletzung der Anzeige– und Nachweispflicht

55 Verletzt der AN die Anzeige– und Nachweispflichten, stehen dem AG verschiedene Reaktionsmöglichkeiten offen. Er kann allerdings weder Erfüllung noch die Zahlung einer Vertragsstrafe verlangen.

56 **1. Leistungsverweigerungsrecht.** § 7 räumt dem AG ein Leistungsverweigerungsrecht ein. § 7 Abs. 1 Nr. 1 Alt. 1 bezieht sich auf die **Nachweispflicht** des AN bei einer Erkrankung im Inland nach Abs. 1. Bei Verletzung der **Mitteilungspflicht** nach Abs. 1 steht dem AG demnach kein Leistungsverweigerungsrecht zu.[66] Demgegenüber besteht bei einer Erkrankung im Ausland ein Leistungsverweigerungsrecht des AG nach § 7 Abs. 1 Nr. 1 Alt. 2, wenn der AN den in Abs. 2 normierten Mitteilungs- und Anzeigepflichten nicht nachkommt.

57 **2. Schadensersatz.** Eine Verletzung der Pflichten des AN aus § 5 kann theoretisch zu einem Schadenersatzanspruch des AG aus § 280 Abs. 1 BGB führen.[67] In der Praxis wird es dem AG jedoch kaum gelingen, einen solchen Anspruch durchzusetzen. Denn es wird ihm regelmäßig nicht möglich sein, einen konkreten Schaden darzulegen, der auf die Pflichtverletzung zurückzuführen ist (Kausalität). Denkbar erscheint allenfalls, dass der AG eine Konventionalstrafe, die er seinem Auftraggeber wegen der nicht rechtzeitigen Erledigung einer vertraglichen Verpflichtung an diesen zahlen muss, vom AN ersetzt verlangen kann, weil sich dieser nicht rechtzeitig krank gemeldet hat. Er muss dann aber darlegen, dass er bei rechtzeitiger Krankmeldung des AN für Ersatz gesorgt hätte.[68]

58 **3. Kündigung.** Die Verletzung der Pflicht zur unverzüglichen Anzeige der Arbeitsunfähigkeit ist (nur) nach **vorheriger Abmahnung** geeignet, eine ordentliche verhaltensbedingte Künd zu rechtfertigen.[69] Gleiches gilt für die Verletzung der Nachweispflicht.[70] Nicht erforderlich ist, dass der AG Störungen der Arbeitsorganisation oder des Betriebsfriedens darlegen und ggf. beweisen kann. Auch ohne derartige Störungen kann die bei jeder verhaltensbedingten Künd erforderliche Interessenabwägung zu Lasten des AN ausgehen. Wenn allerdings derartige nachteilige Auswirkungen eingetreten sind, ist dies im Rahmen der Interessenabwägung zu Lasten des AN zu berücksichtigen.[71]

---

64 ErfK/*Dörner*, § 5 EFZG Rn 26; *Vogelsang*, Rn 349.
65 ErfK/*Dörner*, § 5 EFZG Rn 27; *Feichtinger/Malkmus*, § 5 Rn 25; HzA/*Vossen*, Rn 328.
66 Vgl. die Kommentierung zu § 7 und LAG Düsseldorf 25.8.1999 – 17 Sa 812/99 – NZA-RR 2000, 13; ErfK/*Dörner*, § 7 EFZG Rn 4; *Feichtinger/Malkmus*, § 7 Rn 4; *Vogelsang*, Rn 401; a.A. *Worzalla/Süllwald*, § 7 Rn 13 f.
67 ErfK/*Dörner*, § 5 EFZG Rn 18; *Feichtinger/Malkmus*, § 5 Rn 193; *Vogelsang*, Rn 403; *Worzalla*, NZA 1996, 61, 62.
68 *Schmitt*, § 5 Rn 176; *Vogelsang*, Rn 403.
69 BAG 23.9.1992 – 2 AZR 199/92 – EzA § 1 KSchG Verhaltensbedingte Kündigung Nr. 44; BAG 16.8.1991 – 2 AZR 604/90 – EzA § 1 KSchG Verhaltensbedingte Kündigung Nr. 41; BAG 31.8.1989 – 2 AZR 13/89 – EzA § 1 KSchG Verhaltensbedingte Kündigung Nr. 27; LAG Köln 7.1.2008 – 14 Sa 1311/07 – juris.
70 BAG 7.12.1988 – 7 AZR 122/88 – EzA § 1 KSchG Verhaltensbedingte Kündigung Nr. 26.
71 BAG 16.8.1991 – 2 AZR 604/90 – EzA § 1 KSchG Verhaltensbedingte Kündigung Nr. 41.

Nach der Rspr. des BAG soll unter besonderen Umständen sogar eine außerordentliche Künd nach vorheriger Abmahnung in Betracht kommen.[72]

59

Generell ist zu berücksichtigen, dass die Verletzung der Anzeigepflicht im Allgemeinen schwerer wiegt als die Verletzung der Nachweispflicht.[73] Denn der AG hat regelmäßig ein größeres Interesse an einer schnellen Unterrichtung als an der baldigen Vorlage einer Arbeitsunfähigkeitsbescheinigung. Die Organisation der betrieblichen Abläufe ohne den erkrankten AN kann auch ohne eine ärztliche Bescheinigung erfolgen. Zudem kann der AG die Entgeltfortzahlung verweigern, solange ihm keine Arbeitsunfähigkeitsbescheinigung vorliegt (§ 7 Abs. 1 Nr. 1).

60

4. Keine Erfüllung. Die Anzeige- und Nachweispflichten des AN gem. § 5 stellen arbeitsvertragliche Nebenpflichten dar, die nicht einklagbar sind.[74]

61

5. Keine Vertragsstrafe. Die Einhaltung der Pflichten des AN aus § 5 kann nicht durch die Vereinbarung einer Vertragsstrafe gesichert werden (Näheres siehe § 12 Rn 21).

62

IV. Beweiswert der Arbeitsunfähigkeitsbescheinigung

1. Arbeitsunfähigkeit im Inland. a) Überblick. aa) Anspruch auf Entgeltfortzahlung. Macht der **AN** gegenüber dem AG einen Anspruch auf Entgeltfortzahlung im Krankheitsfall geltend, muss er die krankheitsbedingte Arbeitsunfähigkeit **nachweisen**.[75] Dies folgt aus allgemeinen Grundsätzen zur Verteilung der Darlegungs- und Beweislast. Danach hat der Anspruchsteller die rechtsbegründenden Tatsachen darzulegen und zu beweisen.[76]

63

Für die Fälle, in denen der AN eine Arbeitsunfähigkeitsbescheinigung vorlegen kann, hat die Rspr. ein **dreistufiges Prüfungsschema** entwickelt:[77]

64

- Der AN kann sich zur Beweisführung, dass er arbeitsunfähig erkrankt war, zunächst auf die **Vorlage einer Arbeitsunfähigkeitsbescheinigung** beschränken. Bestreitet der AG lediglich die Arbeitsunfähigkeit, ohne dies näher zu begründen, ist der Beweis der Arbeitsunfähigkeit als geführt anzusehen.
- Das Bestreiten der Arbeitsunfähigkeit durch den AG ist nämlich nur erheblich, wenn er Umstände darlegt und im Bestreitensfall beweist, die zu **ernsthaften Zweifeln** an der behaupteten Arbeitsunfähigkeit des AN Anlass geben. Er muss demnach den Beweiswert der Arbeitsunfähigkeitsbescheinigung erschüttern.
- Gelingt dem AG dieser Beweis, kann der AN die Arbeitsunfähigkeit nicht mehr durch den Verweis auf die Arbeitsunfähigkeitsbescheinigung führen. Er hat aber die Möglichkeit, **andere Umstände darzulegen und zu beweisen**, die auf eine Arbeitsunfähigkeit schließen lassen. Hierzu kann er etwa Beweis durch Vernehmung des behandelnden Arztes antreten.

bb) Kündigungsschutzprozess. Nach der Rspr. des BAG stellt es einen wichtigen Grund zur fristlosen Künd dar, wenn der AN unter Vorlage eines Attestes der Arbeit fernbleibt und sich Entgeltfortzahlung gewähren lässt, obwohl er in Wahrheit nicht arbeitsunfähig ist.[78] Dem **AG obliegt der Nachweis** dafür, dass der AN unentschuldigt gefehlt hat, dass also die vom AN behauptete Krankheit nicht vorliegt.[79] Aus der unterschiedlichen Verteilung der Darlegungs- und Beweislast ergibt sich die theoretische Möglichkeit, dass die Vergütungsklage des AN abzuweisen, der Künd-Schutzklage aber stattzugeben ist. In der **Praxis werden die Ergebnisse jedoch regelmäßig übereinstimmen.** Dies ergibt sich aus dem vom BAG zur Künd wegen einer vorgetäuschten Arbeitsunfähigkeit entwickelten Prüfungsschema:[80]

65

- Zunächst ist auch im Künd-Schutzprozess von dem Grundsatz auszugehen, dass das ärztliche Attest den (vom AN im Künd-Schutzprozess gar nicht zu führenden) Beweis für die Tatsache der arbeitsunfähigen Erkrankung erbringt.
- Bezweifelt der AG die Arbeitsunfähigkeit, muss er die Umstände, die gegen die Arbeitsunfähigkeit sprechen, näher darlegen und ggf. beweisen, um dadurch die Beweiskraft des Attestes zu erschüttern.
- Hat der AG die Beweiskraft des Attestes erschüttert, ist damit noch nicht bewiesen, dass der AN nicht arbeitsunfähig erkrankt war. Vielmehr tritt hinsichtlich der Darlegungs- und Beweislast wieder die Lage ein, wie sie vor

---

72 BAG 15.1.1986 – 7 AZR 128/83 – EzA § 626 BGB n.F. Nr. 100 (für die Nachweispflicht); vgl. auch Hessisches LAG 6.52002 – 16/9 Sa 1876/01 – juris; Hessisches LAG 13.7.1999 – 9 Sa 206/99 – juris; LAG Köln 12.11.1993 – 13 Sa 726/93 – LAGE § 1 KSchG Verhaltensbedingte Kündigung Nr. 40.
73 Vgl. bereits oben Rn 2 und BAG 15.1.1986 – 7 AZR 128/83 – EzA § 626 BGB n.F. Nr. 100; *Feichtinger/Malkmus*, § 5 Rn 202; *Schmitt*, § 5 Rn 182.
74 *Feichtinger/Malkmus*, § 5 Rn 1; Hz*A*/*Vossen*, Rn 234.
75 BAG 26.2.2003 – 5 AZR 112/02 – EzA § 5 EFZG Nr. 7; BAG 1.10.1997 – 5 AZR 726/96 – EzA § 5 EFZG Nr. 5; BAG 19.2.1997 – 5 AZR 83/96 – EzA § 3 EFZG Nr. 2.
76 BAG 12.10.1994 – 7 AZR 745/93 – EzA § 620 BGB Nr. 128; Hz*A*/*Vossen*, Rn 329.
77 BAG 1.10.1997 – 5 AZR 726/96 – EzA § 5 EFZG Nr. 5; BAG 19.2.1997 – 5 AZR 83/96 – EzA § 3 EFZG Nr. 2; BGH 16.10.2001 – VI ZR 408/00 – NZA 2002, 40.
78 BAG 26.8.1993 – 2 AZR 154/93 – EzA § 626 BGB n.F. Nr. 148.
79 BAG 26.8.1993 – 2 AZR 154/93 – EzA § 626 BGB n.F. Nr. 148.
80 BAG 26.8.1993 – 2 AZR 154/93 – EzA § 626 BGB n.F. Nr. 148; vgl. auch LAG Mecklenburg-Vorpommern 5.8.2004 – 1 Sa 19/04 – juris.

Vorlage des Attestes bestand. Dem AG wird in diesem Fall jedoch nicht abverlangt, nachzuweisen, dass irgendeine Krankheit überhaupt nicht vorgelegen haben kann. Es ist nunmehr Sache des AN, seinen Vortrag zu ergänzen und andere Umstände vorzutragen, die auf eine Arbeitsunfähigkeit schließen lassen. Unterlässt er dies, kann regelmäßig davon ausgegangen werden, dass er nicht arbeitsunfähig erkrankt war.

– Ist der AN seiner Substantiierungslast nachgekommen und hat er ggf. die ihn behandelnden Ärzte von ihrer Schweigepflicht entbunden, muss der AG aufgrund der ihm obliegenden Beweislast den konkreten Sachvortrag des AN widerlegen.

Unterschiede ergeben sich somit erst ab der dritten Stufe. Insoweit ist es in beiden Fällen Sache des AN, Umstände vorzutragen, die trotz der Erschütterung des Beweiswertes der Arbeitsunfähigkeitsbescheinigung für eine Arbeitsunfähigkeit sprechen. Während er diese Umstände im Entgeltfortzahlungsprozess beweisen muss, hat sie der AG im Künd-Schutzprozess zu widerlegen.

66 **b) Stufe 1: Die Arbeitsunfähigkeitsbescheinigung.** Eine ordnungsgemäß ausgestellte Arbeitsunfähigkeitsbescheinigung begründet für die Tatsache der Erkrankung keine gesetzliche Vermutung i.S.v. § 292 ZPO.[81] Sie stellt vielmehr eine Privaturkunde gem. § 416 ZPO dar, die als solche lediglich die in der Urkunde enthaltenen schriftlichen Erklärungen des behandelnden Arztes beweist.[82] Die Beweisregel des § 416 ZPO bezieht sich nicht auf den Inhalt der Erklärung. Für die Frage, ob der AN tatsächlich arbeitsunfähig erkrankt war, gilt vielmehr § 286 Abs. 1 ZPO.[83] Danach hat das Gericht unter Berücksichtigung des gesamten Inhalts der Verhandlungen und des Ergebnisses einer Beweisaufnahme nach freier Überzeugung zu entscheiden, ob eine tatsächliche Behauptung für wahr oder unwahr zu erachten ist.

67 Im Rahmen der Beweiswürdigung nach § 286 ZPO ist bei Vorlage einer ordnungsgemäß ausgestellten Arbeitsunfähigkeitsbescheinigung von den Grundsätzen des **Anscheinsbeweises** auszugehen.[84] Danach gilt, dass der AN den ihm obliegenden Nachweis der krankheitsbedingten Arbeitsunfähigkeit i.d.R. gegenüber dem AG wie auch vor Gericht durch die Vorlage einer förmlichen ärztlichen Arbeitsunfähigkeitsbescheinigung i.S.d. Abs. 1 S. 1 führt. Die ordnungsgemäß ausgestellte Arbeitsunfähigkeitsbescheinigung ist der gesetzlich ausdrücklich vorgesehene und insoweit wichtigste Beweis für das Vorliegen krankheitsbedingter Arbeitsunfähigkeit. Einer solchen **Bescheinigung kommt ein hoher Beweiswert zu.** Dies ergibt sich aus der Lebenserfahrung. Das Gericht kann normalerweise den Beweis, dass eine krankheitsbedingte Arbeitsunfähigkeit vorliegt, als erbracht ansehen, wenn der AN im Rechtsstreit eine solche Bescheinigung vorlegt.[85]

68 **c) Stufe 2: Die Erschütterung des Beweiswertes der Bescheinigung.** Der AG, der eine ärztliche Arbeitsunfähigkeitsbescheinigung nicht gegen sich gelten lassen will, muss im Rechtsstreit Umstände darlegen und beweisen, die zu **ernsthaften Zweifeln** an der behaupteten krankheitsbedingten Arbeitsunfähigkeit Anlass geben.[86] Dies stellt den AG regelmäßig vor große Probleme. Denn er kennt weder die Art der Erkrankung noch die vom Arzt verordnete Therapie. Trifft er den krank geschriebenen AN etwa bei einem Stadtbummel an, kann er nicht sicher sein, ob dies mit dem Krankheitsbild vereinbar ist. Immerhin kann er nach § 275 Abs. 1a S. 3 SGB V verlangen, dass der Medizinische Dienst der Krankenkassen ein Gutachten zur Überprüfung der Arbeitsunfähigkeit erstellt.

69 **aa) Die Bedeutung des § 275 SGB V für die Erschütterung des Beweiswertes.** Die Krankenkassen sind nach § 275 Abs. 1 Nr. 3b) SGB V verpflichtet, zur Beseitigung von Zweifeln an der Arbeitsunfähigkeit eine gutachterliche Stellungnahme des Medizinischen Dienstes der Krankenversicherung einzuholen. § 275 Abs. 1a S. 3 SGB V räumt dem AG das Recht ein, die Einholung einer derartigen Stellungnahme zu verlangen.

70 § 275 Abs. 1a S. 1 SGB V sieht vor, dass Zweifel an der Arbeitsunfähigkeit insb. in Fällen anzunehmen sind, in denen
– Versicherte auffällig häufig oder auffällig häufig nur für kurze Dauer arbeitsunfähig sind oder der Beginn der Arbeitsunfähigkeit häufig auf einen Arbeitstag am Beginn oder am Ende einer Woche fällt oder
– die Arbeitsunfähigkeit von einem Arzt festgestellt worden ist, der durch die Häufigkeit der von ihm ausgestellten Bescheinigungen über Arbeitsunfähigkeit auffällig geworden ist.

71 Diese sozialrechtliche Bestimmung hat auch für das Arbeitsrecht Bedeutung. In ihr hat der Gesetzgeber zum Ausdruck gebracht, wann jedenfalls von einer Erschütterung des Beweiswertes einer Arbeitsunfähigkeitsbescheinigung auszugehen ist. Liegen daher die Voraussetzungen des § 275 Abs. 1a S. 1 SGB V vor, ist von einer Erschütterung des Beweiswertes des ärztlichen Attestes auszugehen.[87]

---

81 BAG 11.8.1976 – 5 AZR 422/75 – DB 1977, 119.
82 *Vogelsang*, Rn 351.
83 *Feichtinger/Malkmus*, § 5 Rn 127.
84 *Feichtinger/Malkmus*, § 5 Rn 124; HzA/*Vossen*, Rn 332; MünchArb/*Boecken*, Bd. 1, § 85 Rn 49.
85 BAG 26.2.2003 – 5 AZR 112/02 – EzA § 5 EFZG Nr. 7; BAG 1.10.1997 – 5 AZR 726/96 – EzA § 5 EFZG Nr. 5;
BAG 19.2.1997 – 5 AZR 83/96 – EzA § 3 EFZG Nr. 2; BGH 16.10.2001 – VI ZR 408/00 – NZA 2002, 40.
86 BAG 19.2.1997 – 5 AZR 83/96 – EzA § 3 EFZG Nr. 2; BAG 21.3.1996 – 2 AZR 543/95 – EzA § 123 BGB Nr. 42; BAG 27.4.1984 – 5 AZR 747/93 (A) – EzA 3 LohnFG Nr. 18.
87 HzA/*Vossen*, Rn 347; *Treber*, § 5 Rn 55; *Müller-Glöge*, RdA 2006, 105, 115.

Der Weg über das Verfahren nach § 275 SGB V stellt für den AG jedoch **nur eine Möglichkeit** dar, den Beweiswert einer ärztlichen Arbeitsunfähigkeitsbescheinigung zu erschüttern. Hat er diesen Weg nicht eingeschlagen, verbleibt ihm die Möglichkeit, den Beweiswert mit anderen Beweismitteln zu erschüttern.[88] Die Gegenauffassung[89] übersieht, dass der Gesetzgeber dem AG mit der Neuregelung des § 275 SGB V eine zusätzliche Möglichkeit zur Erschütterung des Beweiswertes einer Arbeitsunfähigkeitsbescheinigung verschaffen wollte; eine Beschränkung seiner Rechte auf bestimmte Instrumentarien war nicht beabsichtigt.[90] Darüber hinaus würden gesetzlich versicherte und gesetzlich nicht versicherte AN ungleich behandelt werden. Schließlich ist zu berücksichtigen, dass der Medizinische Dienst bei Kurzerkrankungen häufig nicht tätig wird.[91] Der Umstand, dass der AG nicht nach § 275 SGB V vorgegangen ist, kann daher nur im Rahmen der allgemeinen Beweiswürdigung (§ 286 ZPO) Berücksichtigung finden.[92] Zur Weigerung des AN, sich einer Untersuchung durch den Medizinischen Dienst zu unterziehen s. Rn 75. 72

bb) Einzelfälle. Umstände, die im Einzelfall geeignet sein können, die Beweiskraft einer Arbeitsunfähigkeitsbescheinigung zu erschüttern, können sich aus der Bescheinigung selbst und aus der Sphäre des AN ergeben. In Bezug auf die unten dargestellten Beispiele ist zu berücksichtigen, dass es maßgeblich auf den jeweiligen Einzelfall ankommt. Die genannten Gerichtsentscheidungen können daher lediglich Hinweise geben, in welchen Fällen eine Erschütterung des Beweiswertes der Arbeitsunfähigkeitsbescheinigung in Betracht kommt. 73

(1) Die nicht ordnungsgemäß ausgestellte Bescheinigung. In folgenden Fällen kann der Beweiswert einer ärztlichen Bescheinigung erschüttert sein: 74

– Der Arzt stellt die Bescheinigung **ohne vorausgegangene Untersuchung** aus.[93]
– Der Arzt stellt eine **rückwirkende Bescheinigung** unter Verstoß gegen die RL des Bundesausschusses der Ärzte und Krankenkassen v. 3.9.1991 aus. § 15 der RL sieht vor, dass die Arbeitsunfähigkeit für eine vor der ersten Inanspruchnahme des Arztes liegende Zeit grds. nicht bescheinigt werden soll. Eine Rückdatierung des Beginns der Arbeitsunfähigkeit auf einen vor dem Behandlungsbeginn liegenden Tag ist ebenso wie eine rückwirkende Bescheinigung über das Fortbestehen der Arbeitsunfähigkeit nur ausnahmsweise und nur nach gewissenhafter Prüfung und i.d.R. nur bis zu zwei Tagen zulässig. Verletzt der Arzt diese Vorschrift, ist der Beweiswert der Bescheinigung erschüttert.[94] Gleiches gilt, wenn der Arzt den Beginn der Arbeitsunfähigkeit vordatiert.[95] Eine Erschütterung des Beweiswertes ist auch in einem Fall angenommen worden, in dem der Arzt die Arbeitsunfähigkeitsbescheinigung für einen längeren Zeitraum als in seiner Praxis üblich ausgestellt hat, weil dies seinen eigenen Urlaubsplänen entgegen kam.[96]
– Der Arzt hat den Begriff der krankheitsbedingten Arbeitsunfähigkeit verkannt.[97] Dies kann der Fall sein, wenn sich der Arzt nicht damit auseinandergesetzt hat, welche Auswirkung die von ihm festgestellte Krankheit auf die vom AN geschuldete Arbeitsleistung hat.[98]

(2) Umstände aus der Sphäre des Arbeitnehmers. Der Beweiswert einer Arbeitsunfähigkeitsbescheinigung kann in folgenden Fällen erschüttert sein: 75

– Der AN hat nach einer Auseinandersetzung mit dem AG eine **Arbeitsunfähigkeit angekündigt**.[99] Dies gilt insb., wenn der AN erklärt, er werde krank, wenn ihm der beantragte Urlaub nicht bewilligt wird.[100]
– Mehrere AN lassen sich nach einer Auseinandersetzung mit dem AG krankschreiben.[101] Von einer Erschütterung des Beweiswertes ist auch auszugehen, wenn sich eine Gruppe gekündigter AN auf einmal krank meldet.[102]
– Der AN wird auffällig häufig am Ende seines Urlaubes krank, wodurch sich sein Aufenthalt am Urlaubsort verlängert.[103]

---

88 *Müller-Glöge*, RdA 2006, 105, 115; *Feichtinger/Malkmus*, § 5 Rn 132; *Vogelsang*, Rn 354.
89 *Hanau/Kramer*, DB 1995, 94, 99.
90 Zutreffend MünchArb/*Boecken*, Bd. 1, § 85 Rn 52; *Schmitt*, § 5 Rn 123; *Vogelsang*, Rn 354.
91 *Feichtinger/Malkmus*, § 5 Rn 132; *Vogelsang*, Rn 354.
92 *Müller-Glöge*, RdA 2006, 105, 115; ErfK/*Dörner*, § 5 EFZG Rn 17.
93 BAG 11.8.1976 – 5 AZR 422/75 – DB 1977, 119.
94 ErfK/*Dörner*, § 5 EFZG Rn 16; *Feichtinger/Malkmus*, § 5 Rn 151; *Vogelsang*, Rn 356; weitergehend LAG Hamm 15.8.1978 – 6 Sa 206/78 – DB 1978, 2180 (Beweiswert bei jeder Rückdatierung erschüttert!)
95 ArbG Hamm 29.7.1986 – 1 Ca 485/86 – BB 1986, 2127.
96 ArbG Nürnberg 28.7.1998 – 6 Ca 492/98 – NZA-RR 1999, 79.
97 BAG 26.8.1993 – 2 AZR 154/93 – EzA § 626 BGB n.F. Nr. 148.
98 Hessisches LAG 11.6.1993 – 9 Sa 123/93 – LAGE § 626 BGB Nr. 74; HzA/*Vossen*, Rn 337.
99 BAG 4.10.1978 – 5 AZR 326/77 – EzA § 616 BGB Nr. 13; HzA/*Vossen*, Rn 341.
100 Vgl. BAG 5.11.1992 – 2 AZR 147/92 – EzA § 626 BGB n.F. Nr. 143; LAG Köln 12.12.2002 – 5 Sa 1055/02 – EzBAT § 54 BAT Nr. 80; LAG Berlin 14.11.2002 – 16 Sa 970/02 – LAGE § 5 EFZG Nr. 6; LAG Köln 17.4.2002 – 7 Sa 462/01 – NZA-RR 2003, 15.
101 ArbG Berlin 5.6.1980 – 12 Ca 671/79 – BB 1980, 1105.
102 ArbG Elmshorn 9.11.1982 – 2 Ca 1260/82 – BB 1983, 125.
103 BAG 19.2.1997 – 5 AZR 83/96 – NZA 1997, 652; BAG 20.2.1985 – 5 AZR 180/93 – EzA § 5 LohnFG Nr. 5.

- Der AN macht widersprüchliche Angaben zum Hergang eines Unfalls, der zur Arbeitsunfähigkeit geführt haben soll.[104]
- Der AN geht einer **Tätigkeit** nach, die **mit der attestierten Arbeitsunfähigkeit nicht in Einklang** zu bringen ist.[105] Dies kann der Fall sein, wenn er während der Krankschreibung eine Tätigkeit bei einem anderen AG aufnimmt.[106] Gleiches gilt, wenn er an seinem eigenen Hausbau oder an der Renovierung der Wohnung eines Freundes mitwirkt.[107] Zu beachten ist allerdings, dass eine Krankschreibung nicht bedeutet, dass der AN das Haus oder gar sein Bett nicht verlassen darf.[108] Maßgeblich sind die Art der Erkrankung und die ärztlichen Anordnungen. So kann es einem psychisch erkrankten AN erlaubt sein, sich sportlich zu betätigen oder seine Pferde zu pflegen.[109] Gleiches gilt für notwendige Verrichtungen des täglichen Lebens (einkaufen).
- Der **AN weigert sich, eine Begutachtung durch den Medizinischen Dienst vornehmen zu lassen**. Dies gilt jedenfalls dann, wenn die Untersuchung gerade deswegen angeordnet worden ist, um Zweifel an der attestierten Arbeitsunfähigkeit des AN aufzuklären.[110] Ist die Untersuchung aus anderen Gründen angeordnet worden, reicht allein die Weigerung des AN, sich vom Medizinischen Dienst untersuchen zu lassen, nicht zu der Annahme aus, der Beweiswert der Arbeitsunfähigkeitsbescheinigung sei erschüttert.[111] Die Verhinderung der Untersuchung durch den AN kann aber, sofern weitere Indizien gegen eine Arbeitsunfähigkeit sprechen, im Rahmen der Beweiswürdigung nach § 286 Abs. 1 ZPO berücksichtigt werden.[112]

76 In folgenden Fällen ist davon ausgegangen worden, dass eine Erschütterung des Beweiswertes der Arbeitsunfähigkeitsbescheinigung **nicht** gegeben ist:
- Eine Sekretariatsmitarbeiterin hat die Vertretung in einem anderen Sekretariat abgelehnt. Nachfolgend haben sich zwei weitere Mitarbeiterinnen, die diese Aufgaben übernehmen sollten, nacheinander krank gemeldet. Dies lässt noch nicht auf ein kollusives Verhalten und die Annahme schließen, die Mitarbeiterinnen seien nicht arbeitsunfähig krank. Solange nichts dafür vorgetragen werden kann, dass dies auf einer Absprache unter den Mitarbeiterinnen beruht, lassen sich keine Rückschlüsse ziehen, die den Beweiswert der Arbeitsunfähigkeitsbescheinigung erschüttern, zumal wenn die eine Mitarbeiterin nach Beendigung ihrer Arbeitsunfähigkeit die Arbeit in dem anderen Sekretariat aufnimmt.[113]
- Der AN arbeitet am Tag des Ausspruchs der Künd noch, geht aber am nächsten Tag zum Arzt.[114]
- Der ausländische AN fährt während seiner Krankschreibung in sein Heimatland und legt dort die Führerscheinprüfung ab.[115]
- Der AN wechselt den Arzt, nach dem ihn der erste Arzt nicht krankgeschrieben hat.[116] Allerdings dürfte der AN in diesem Fall gehalten sein, den Arztwechsel zu begründen. Nur wenn er nachvollziehbare Gründe darlegen kann (etwa fehlendes Vertrauensverhältnis; Fehldiagnose durch den ersten Arzt), bleibt der Beweiswert der vom zweiten Arzt ausgestellten Arbeitsunfähigkeitsbescheinigung bestehen.

77 **d) Stufe 3: Der Beweis durch den Arbeitnehmer bei erschütterter Beweiskraft.** Ist es dem AG gelungen, den Beweiswert der Arbeitsunfähigkeitsbescheinigung zu erschüttern, ist es Sache des AN, den Beweis seiner behaupteten Arbeitsunfähigkeit mit anderen Beweismitteln als dem ärztlichen Attest zu führen.[117]

78 In erster Linie kommt die Vernehmung des behandelnden Arztes als sachverständiger Zeuge (§ 414 ZPO) in Betracht.[118] Zu berücksichtigen ist, dass allein die Benennung des Arztes als Zeugen für eine behauptete Arbeitsunfähigkeit nicht den Anforderungen genügt, die an einen konkreten Sachvortrag zu stellen sind. Eine Beweisaufnahme zu diesem Beweisthema stellte einen unzulässigen Ausforschungsbeweis dar.[119] Der AN ist gehalten, angesichts der Umstände, die gegen eine Arbeitsunfähigkeit sprechen, weiter zu substantiieren, welche Krankheiten vorgelegen ha-

---

104 BAG 27.4.1994 – 5 AZR 747/93 (A) – EzA § 3 LohnFG Nr. 18; BAG 15.7.1992 – 5 AZR 312/91 – EzA § 3 LohnFG Nr. 17.
105 ErfK/*Dörner*, § 5 EFZG Rn 16; *Feichtinger/Malkmus*, § 5 Rn 140; *Vogelsang*, Rn 364.
106 Vgl. BAG 26.8.1993 – 2 AZR 154/93 – EzA § 626 BGB n.F. Nr. 148.
107 Vgl. LAG Köln 9.10.1998 – 11 Sa 400/98 – NZA-RR 1999, 188; LAG Hamm 28.8.1991 – 15 Sa 437/91 – LAGE § 1 KSchG Verhaltensbedingte Kündigung Nr. 34; LAG Düsseldorf 6.12.1980 – 24 Sa 1230/80 – DB 1981, 900.
108 Vgl. ErfK/*Dörner*, § 5 EFZG Rn 16; *Vogelsang*, Rn 364.
109 ArbG Düsseldorf 28.8.2003 – 2 Ca 5158/03 – juris.
110 LAG Hamm 26.6.1984 – 7 Sa 228/84 – BB 1985, 273; ErfK/*Dörner*, § 5 EFZG Rn 16; *Feichtinger/Malkmus*, § 5 Rn 154; HzA/*Vossen*, Rn 348; *Vogelsang*, Rn 366.
111 Vgl. BAG 11.8.1976 – 5 AZR 422/75 – DB 1977, 119; BAG 3.10.1972 – 5 AZR 215/72 – EzA § 1 LohnFG Nr. 26; *Feichtinger/Malkmus*, § 5 Rn 153; HzA/*Vossen*, Rn 348; a.A. (wohl) LAG Hamm 29.1.2003 – 18 Sa 1137/02 – LAGReport 2003, 171; ErfK/*Dörner*, § 5 EFZG Rn 16.
112 Vgl. BAG 11.8.1976 – 5 AZR 422/75 – DB 1977, 119; BAG 3.10.1972 – 5 AZR 215/72 – EzA § 1 LohnFG Nr. 26; HzA/*Vossen*, Rn 348.
113 LAG Düsseldorf 17.6.1997 – 8 Sa 403/97 – BB 1997, 1902.
114 LAG Hamm 9.4.1975 – 2 Sa 132/75 – DB 1975, 1035.
115 BAG 21.3.1996 – 2 AZR 543/95 – EzA § 123 BGB Nr. 42.
116 *Feichtinger/Malkmus*, § 5 Rn 155; HzA/*Vossen*, Rn 349.
117 BAG 1.10.1997 – 5 AZR 499/96 – EzA § 3 EFZG Nr. 4; BAG 15.7.1992 – 5 AZR 312/91 – EzA § 3 LohnFG Nr. 17; BAG 11.8.1976 – 5 AZR 422/75 – DB 1977, 119.
118 *Feichtinger/Malkmus*, § 5 Rn 167; HzA/*Vossen*, Rn 329/1.
119 *Feichtinger/Malkmus*, § 5 Rn 167.

ben, welche gesundheitlichen Einschränkungen bestanden haben, welche Verhaltensmaßregeln der Arzt gegeben hat, welche Medikamente z.B. bewirkt haben, dass er zwar immer noch nicht die geschuldete Arbeit bei seinem AG verrichten konnte, aber zu leichten anderweitigen Arbeiten in der Lage war.[120]

2. Arbeitsunfähigkeit im Ausland. Hinsichtlich des Beweiswertes einer im Ausland ausgestellten Arbeitsunfähigkeitsbescheinigung ist zwischen Bescheinigungen, die in einem Land außerhalb der EU ausgestellt wurden, und solchen, die in einem Land der EU ausgestellt wurden, zu unterscheiden. Die Abweichungen ergeben sich aus der Rspr. des EuGH zu europarechtlichen Vorschriften, die dem nationalen Recht vorgehen.

a) Bescheinigung aus einem Land außerhalb der Europäischen Union. Einer Arbeitsunfähigkeitsbescheinigung, die in einem Land außerhalb der EU ausgestellt wurde, kommt der gleiche Beweiswert wie einer in Deutschland ausgestellten Bescheinigung zu. Die Bescheinigung muss jedoch erkennen lassen, dass der ausländische Arzt zwischen einer bloßen Erkrankung und einer mit Arbeitsunfähigkeit verbundenen Krankheit unterschieden und damit eine den Begriffen des deutschen Arbeits- und Sozialversicherungsrechts entsprechende Beurteilung vorgenommen hat.[121]

b) Bescheinigung aus einem Land der Europäischen Union. Für eine Arbeitsunfähigkeitsbescheinigung aus einem Land der EU gelten aufgrund der Rspr. des EuGH andere Maßstäbe als für inländische Arbeitsunfähigkeitsbescheinigungen. Insoweit hat eine italienische Familie aus Lörrach, die sich regelmäßig während ihres Heimaturlaubes krankschreiben ließ, ein Stück Rechtsgeschichte geschrieben.

In einer ersten Entscheidung zum Fall Paletta („Paletta I") hat der EuGH[122] auf Vorlage des ArbG Lörrach[123] entschieden, dass Art. 18 der VO (EWG) Nr. 574/72 auch für AG gilt. Daraus hat der EuGH gefolgert, dass der AG an eine vom Träger des Wohn- oder Aufenthaltsortes getroffene ärztliche Arbeitsunfähigkeitsbescheinigung gebunden ist, sofern er die betroffene Person nicht durch einen Arzt seiner Wahl untersuchen lässt. Hierzu ermächtigt ihn Art. 18 Abs. 5 der VO.

Das BAG hat den EuGH in dieser Sache erneut angerufen und um Beantwortung der Frage ersucht, ob es dem AG danach verwehrt sei, einen Missbrauchstatbestand zu beweisen, aus dem mit Sicherheit oder hinreichender Wahrscheinlichkeit zu schließen sei, dass Arbeitsunfähigkeit nicht vorgelegen habe.[124]

In der Entscheidung „Paletta II" hat der EuGH ausgeführt, dass die Rspr. des BAG zur Erschütterung des Beweiswertes einer Arbeitsunfähigkeitsbescheinigung nicht mit den Zielen des Art. 18 VO (EWG) Nr. 574/72 vereinbar sei.[125] Der AN müsse daher nicht zusätzlichen Beweis für die durch ärztliche Bescheinigung belegte Arbeitsunfähigkeit erbringen, wenn der AG nur Umstände darlegen und beweisen könne, die zu ernsthaften Zweifeln an einer Arbeitsunfähigkeit Anlass gäben. Dies hätte nämlich für den AN Beweisschwierigkeiten zu Folge, die die Gemeinschafsregelung gerade vermeiden solle. Der AG habe allerdings die Möglichkeit, Nachweise zu erbringen, anhand derer das nationale Gericht feststellen könne, dass der AN missbräuchlich oder betrügerisch eine Arbeitsunfähigkeit gemeldet habe, ohne krank gewesen zu sein.

Damit ergibt sich für Arbeitsunfähigkeitsbescheinigungen aus einem Land der EU auf der zweiten Stufe des Prüfungsschemas (vgl. Rn 68 ff.) eine andere Rechtslage als für inländische Bescheinigungen. Es genügt nicht, dass der **AG** den Beweiswert der Arbeitsunfähigkeitsbescheinigung erschüttert. Er muss vielmehr den **Beweis des Gegenteils** führen, indem er **beweist, dass der AN nicht arbeitsunfähig erkrankt** war. Für Arbeitsunfähigkeitsbescheinigungen aus einem Land der EU besteht daher im Entgeltfortzahlungsprozess die gleiche beweisrechtliche Situation wie bei einer Künd, die auf den Vorwurf des Erschleichens der (inländischen) Arbeitsunfähigkeitsbescheinigung gestützt wird (vgl. oben Rn 65). Soweit demgegenüber angenommen wird, im Hinblick auf inzwischen vorgenommene Erleichterungen bei einer Beweisaufnahme im Ausland (§§ 1072 ff. ZPO) sei wie bei einer Erkrankung im Inland von den Grundsätzen des Anscheinsbeweises auszugehen,[126] steht dies mit der Rspr. des EuGH nicht in Einklang.

Gegen diese unterschiedliche Behandlung der Arbeitsunfähigkeitsbescheinigungen werden Bedenken hinsichtlich der Vereinbarkeit mit dem Gleichbehandlungsgrundsatz erhoben.[127] Dem hat sich das BAG bisher nicht angeschlossen. Es geht vielmehr davon aus, dass an dem unterschiedlichen Beweiswert der Arbeitsunfähigkeitsbescheinigungen festzuhalten und dem AG bei einer Inlandserkrankung nicht der Beweis des Gegenteils abzuverlangen sei.[128]

---

120 BAG 26.8.1993 – 2 AZR 154/93 – EzA § 626 BGB n.F. Nr. 148.
121 BAG 19.2.1997 – 5 AZR 83/96 – NZA 1997, 652; BAG 20.2.1985 – 5 AZR 180/93 – EzA § 5 LohnFG Nr. 5.
122 EuGH 3.6.1992 – Rs. C-45/90 – EzA § 3 LohnFG Nr. 16.
123 ArbG Lörrach 31.1.1990 – 1 Ca 340/89 – DB 1990, 1875.
124 BAG 27.4.1994 – 5 AZR 747/93 (A) – EzA § 3 LohnFG Nr. 18.
125 EuGH 2.5.1996 – Rs. C-206/94 – NZA 1996, 635.
126 *Subatzus*, DB 2004, 1613, 1615.
127 ErfK/*Dörner*, § 5 EFZG Rn 28; *Vogelsang*, Rn 374 f.
128 BAG 19.2.1997 – 5 AZR 83/96 – NZA 1997, 652; BAG 19.2.1997– 5 AZR 747/93 – NZA 1997, 705; das BAG führt aus, bei einer ausländischen Arbeitsunfähigkeitsbescheinigung – anders als bei einer im Inland ausgestellten Bescheinigung – nicht ausreiche, dass der AG Umstände nachweist, die nur zu ernsthaften Zweifeln an der krankheitsbedingten Arbeitsunfähigkeit Anlass geben.

87 Die Problematik wird dadurch entschärft, dass sich die **unterschiedliche Verteilung der Beweislast im Ergebnis kaum auswirken** wird. Das BAG hat der Praxis nämlich einen Weg gewiesen, mithilfe derer sie auch bei Arbeitsunfähigkeitsbescheinigungen aus einem Land der EU unter Respektierung der Rspr. des EuGH zu sachgerechten Ergebnissen kommen kann. Es hat in seiner zweiten Paletta-Entscheidung zur Beweiswürdigung nach § 286 ZPO ausgeführt, dass eine jeden Zweifel ausschließende Gewissheit an der nicht gegebenen Arbeitsunfähigkeit des AN nicht zu verlangen sei.[129] Es komme auf die persönliche Überzeugung des entscheidenden Richters an, der sich jedoch in zweifelhaften Fällen mit einem für das praktische Leben brauchbaren Grad von Gewissheit begnügen müsse. Es sei daher rechtsfehlerhaft, einen Beweis deswegen nicht als erbracht anzusehen, weil keine absolute, über jeden denkbaren Zweifel erhabene Gewissheit gewonnen werden konnte. Zudem könne die Weigerung des AN, seine Ärzte von der Schweigepflicht zu entbinden, als Beweisvereitelung angesehen werden. Diesen Hinweis aufgreifend hat das LAG Baden-Württemberg die Klage in der abschließenden Paletta-Entscheidung abgewiesen.[130]

88 **3. Rechtsfolgen bei Erschütterung oder Widerlegung des Beweiswertes einer Arbeitsunfähigkeitsbescheinigung.** Gelingt es dem AG, den Beweiswert der Arbeitsunfähigkeitsbescheinigung zu erschüttern oder zu widerlegen, und kann der AN nicht mithilfe anderer Beweismittel den Nachweis führen, dass er arbeitsunfähig erkrankt war, können sich folgende Rechtsfolgen ergeben:

89 **a) Bereicherungsanspruch des Arbeitgebers.** Der AG ist in diesen Fällen nicht zur Entgeltfortzahlung verpflichtet. Hat er bereits an den AN geleistet, steht ihm ein Rückzahlungsanspruch aus § 812 Abs. 1 S. 1 Alt. 1 BGB zu. Der AN ist bei einer erschlichenen Zahlung um den Bruttobetrag bereichert.[131] Der AN kann sich gem. § 819 Abs. 1 BGB nicht auf den Wegfall der Bereicherung berufen.[132]

90 Für die Tatbestandsvoraussetzungen des Bereicherungsanspruchs ist der AG beweispflichtig. Hat er also bereits Entgeltfortzahlung an den AN geleistet, kann er sich auch bei einer Erkrankung im Inland nicht damit begnügen, den Beweiswert der Arbeitsunfähigkeitsbescheinigung zu erschüttern. Er muss vielmehr beweisen, dass der AN nicht arbeitsunfähig erkrankt war.[133]

91 **b) Schadensersatzanspruch.** Der AG kann Schadenersatz nach § 280 Abs. 1 BGB und nach § 823 Abs. 2 i.V.m. § 263 StGB verlangen. Hierzu können nach der Rspr. des BAG auch Detektivkosten gehören. Danach hat der AN dem AG die durch das Tätigwerden eines Detektivs entstandenen notwendigen Kosten zu ersetzen, wenn der AG anlässlich eines konkreten Tatverdachts gegen den AN einem Detektiv die Überwachung des AN überträgt und der AN einer vorsätzlichen Vertragspflichtverletzung überführt wird.[134]

92 **c) Kündigung.** Bei einer vorgetäuschten Arbeitsunfähigkeit kommt eine außerordentliche Künd des AN in Betracht. Der AG kann auch eine Verdachts-Künd aussprechen. Der dringende Verdacht, der AN habe sich eine Arbeitsunfähigkeitsbescheinigung mit unlauteren Mitteln erschlichen, ist geeignet, eine außerordentliche Künd zu rechtfertigen.[135]

V. Beweis der Arbeitsunfähigkeit ohne Arbeitsunfähigkeitsbescheinigung (Kurzerkrankungen)

93 Macht der AN gegenüber dem AG einen Anspruch auf Entgeltfortzahlung im Krankheitsfall geltend, muss er die krankheitsbedingte Arbeitsunfähigkeit nachweisen.[136] Dies gilt grds. auch in den Fällen, in denen der AN nach Abs. 1 S. 2 nicht zur Vorlage einer Arbeitsunfähigkeitsbescheinigung verpflichtet ist, weil es sich um eine Kurzerkrankung handelt. Bestreitet der AG die Arbeitsunfähigkeit, stellt sich für den AN das Problem, dass er den Nachweis regelmäßig nicht durch eine Arbeitsunfähigkeitsbescheinigung und das Zeugnis des Arztes führen kann. Da ihm in vielen Fällen andere Beweismittel nicht zur Verfügung stehen, könnte dies dazu führen, dass der AG der Entgeltfortzahlungspflicht durch ein einfaches Bestreiten der Kurzerkrankung entgehen könnte. Ein derartiges Ergebnis wäre jedoch mit dem Sinn und Zweck des Abs. 1 S. 2 nicht zu vereinbaren. Abs. 1 S. 2 soll den AN nämlich zum einen hinsichtlich des Nachweises bei Kurzerkrankungen gegenüber längeren Erkrankungen begünstigen. Zum anderen sollen die Krankenkassen entlastet werden, weil für AN nicht die Notwendigkeit besteht, bei einer nur kurzen (und leichten) Erkrankung einen Arzt aufzusuchen. Dieses Ziel könnte nicht erreicht werden, wenn AN befürchten

---

129 BAG 19.2.1997 – 5 AZR 747/93 – NZA 1997, 705.
130 LAG Baden-Württemberg 9.5.2000 – 10 Sa 85/97 – LAGE § 1 LohnFG Nr. 34.
131 Vgl. BAG 29.3.2001 – 6 AZR 653/99 – DB 2001, 2659; LAG Sachsen 24.6.1997 – 9 Sa 594/96 – LAGE § 812 BGB Nr. 4; LAG Köln 17.11.1995 – 3 Sa 558/95 – LAGE § 812 BGB Nr. 2; *Groß*, ZIP 1987, 5.
132 HzA/*Vossen*, Rn 352; *Vogelsang*, Rn 395.
133 LAG München 21.7.1988 – 4 Sa 1168/87 – DB 1989, 280; *Vogelsang*, Rn 394.
134 BAG 17.9.1998 – 8 AZR 5/97 – NZA 1998, 1334; BAG 3.12.1985 – 3 AZR 277/84 – BB 1987, 689.
135 BAG 26.8.1993 – 2 AZR 154/93 – EzA § 626 BGB n.F. Nr. 148.
136 BAG 26.2.2003 – 5 AZR 112/02 – EzA § 5 EFZG Nr. 7; BAG 1.10.1997 – 5 AZR 726/96 – EzA § 5 EFZG Nr. 5; BAG 19.2.1997 – 5 AZR 83/96 – EzA § 3 EFZG Nr. 2; vgl. bereits oben Rn 63.

müssten, ihren Entgeltfortzahlungsanspruch bei einer Kurzerkrankung ohne einen Arztbesuch gerichtlich nicht durchsetzen zu können.[137]

Vor diesem Hintergrund ist die **Darlegungs- und Beweislast bei Kurzerkrankungen** wie folgt **an die Darlegungs- und Beweislast bei Vorlage eines Attestes anzupassen:**[138]   94

– Der AN genügt seiner Darlegungslast auf der ersten Stufe durch die bloße Behauptung, arbeitsunfähig erkrankt gewesen zu sein.
– Es ist in diesem Fall Sache des AG, Umstände darzulegen und ggf. zu beweisen, die zu ernsthaften Zweifeln an der Arbeitsunfähigkeit Anlass geben. Insoweit ist allerdings zu berücksichtigen, dass der AN nicht in der Lage ist, eine ärztliche Bescheinigung vorzulegen bzw. seinen Arzt als Zeugen zu benennen.
Daher genügt der Beweis, dass Zweifel an der Arbeitsunfähigkeit bestehen, nur, wenn der AG gleichzeitig nachweisen kann, dass er von den gegen die Arbeitsunfähigkeit des AN sprechenden Umständen erst nach der Kurzerkrankung des AN erfahren hat.[139] Hat er nämlich schon während der Kurzerkrankung von den Umständen erfahren, hätte er den AN nach Abs. 1 S. 3 zur vorzeitigen Vorlage einer Arbeitsunfähigkeitsbescheinigung auffordern können. Hat er dies unterlassen, erweist sich die spätere Verweigerung der Entgeltfortzahlung regelmäßig als rechtsmissbräuchlich (§ 242 BGB). In jedem Fall steht dem AG jedoch der volle Nachweis offen, dass der AN nicht arbeitsunfähig erkrankt war. Insoweit wird der AN nicht schlechter gestellt als der AN, der eine Arbeitsunfähigkeitsbescheinigung vorlegen kann.
– Hat der AG von den Umständen, die gegen eine Kurzerkrankung des AN sprechen, erst nach der Gesundung des AN erfahren, muss der AN die Arbeitsunfähigkeit mit den ihm nach der ZPO zur Verfügung stehenden Beweismitteln belegen, wenn der AG ernsthafte Zweifel an der Arbeitsunfähigkeit beweisen konnte. Dass sich der AN in diesem Fall schlechter stellt als der länger erkrankte AN, der den ihn behandelnden Arzt als Zeugen benennen kann, ist nach der geltenden Rechtslage hinzunehmen.

C. Beraterhinweise

Kommt es in einem arbeitsgerichtlichen Prozess zum Streit, ob der AN tatsächlich arbeitsunfähig erkrankt war, ist es   95
für den AN in aller Regel angezeigt, den ihn behandelnden Arzt von der Schweigepflicht zu entbinden. Denn er kann zum einen damit rechnen, dass der als Zeuge benannte Arzt kaum bekunden wird, eine Fehldiagnose gestellt zu haben. Zum anderen kann es als Beweisvereitelung verstanden werden, wenn er den Arzt nicht von der Schweigepflicht entbindet.

Der AG sieht sich häufig vor große Schwierigkeiten gestellt, Zweifel an der Arbeitsunfähigkeit des AN zu beweisen   96
oder gar zu belegen, dass der AN nicht arbeitsunfähig erkrankt war. Hat der AG Anhaltspunkte für eine nicht bestehende Arbeitsunfähigkeit, sollte er sofort den Medizinischen Dienst einschalten und eine gutachterliche Stellungnahme verlangen. In Einzelfällen ist auch die Einschaltung eines Detektivs zu erwägen. In diesem Zusammenhang ist allerdings zu berücksichtigen, dass nicht jede körperliche Betätigung des AN außerhalb seiner Wohnung zu einer Erschütterung des Beweiswertes der Arbeitsunfähigkeitsbescheinigung führen muss. Dies hängt von der Art der Erkrankung ab, von der der AG häufig (wenn überhaupt) erst im arbeitsgerichtlichen Verfahren erfährt. Die Erstattung der Detektivkosten vom AN kann der AG nur verlangen, wenn zwei Voraussetzungen erfüllt sind. Notwendige (aber nicht hinreichende) Bedingung ist, dass dem AG im Prozess der Nachweis der erschlichenen Arbeitsunfähigkeit gelingt. Darüber hinaus muss schon im Zeitpunkt der Beauftragung des Detektivs ein konkreter Verdacht gegen den AN bestanden haben.

Gelingt es dem AG, den Beweiswert einer Arbeitsunfähigkeitsbescheinigung zu erschüttern, wird auf AN-Seite häu-   97
fig nicht ausreichend beachtet, dass allein die Benennung des Arztes als Zeugen für eine behauptete Arbeitsunfähigkeit nicht den Anforderungen genügt, die an einen konkreten Sachvortrag zu stellen sind. Eine Beweisaufnahme zu diesem Beweisthema stellte einen unzulässigen Ausforschungsbeweis dar (vgl. oben Rn 78). Der AN ist gehalten, angesichts der Umstände, die gegen eine Arbeitsunfähigkeit sprechen, weiter zu substantiieren, welche Krankheiten vorgelegen haben, welche gesundheitlichen Einschränkungen bestanden haben, welche Verhaltensmaßregeln der Arzt gegeben hat, welche Medikamente z.B. bewirkt haben, dass der AN zwar immer noch nicht die geschuldete Arbeit bei seinem AG verrichten konnte, aber zu leichten anderweitigen Arbeiten in der Lage war.

---

137 Vgl. LAG Nürnberg 18.6.1997 – 4 Sa 139/95 – LAGE § 5 EFZG Nr. 2; HzA/*Vossen*, Rn 361 ff.; *Vogelsang*, Rn 377.
138 Vgl. hierzu HzA/*Vossen*, Rn 361 ff.; *Vogelsang*, Rn 376 ff.; *Worzalla*, NZA 1996, 61, 64.
139 Insoweit abweichend *Vogelsang*, Rn 381, der in jedem Fall den vollen Nachweis des AG für das Nichtvorliegen der angeblichen Arbeitsunfähigkeit verlangt. Eine solche Annahme ist de lege ferenda wünschenswert; sie lässt sich dem geltenden Recht jedoch nicht entnehmen. Denn nach allgemeinen Grundsätzen ist die Beweislast beim AN anzusiedeln. Eine Ausnahmeregelung sieht das Gesetz nicht vor.

§ 6 Forderungsübergang bei Dritthaftung

(1) Kann der Arbeitnehmer auf Grund gesetzlicher Vorschriften von einem Dritten Schadensersatz wegen des Verdienstausfalls beanspruchen, der ihm durch die Arbeitsunfähigkeit entstanden ist, so geht dieser Anspruch insoweit auf den Arbeitgeber über, als dieser dem Arbeitnehmer nach diesem Gesetz Arbeitsentgelt fortgezahlt und darauf entfallende vom Arbeitgeber zu tragende Beiträge zur Bundesagentur für Arbeit, Arbeitgeberanteile an Beiträgen zur Sozialversicherung und zur Pflegeversicherung sowie zu Einrichtungen der zusätzlichen Alters- und Hinterbliebenenversorgung abgeführt hat.

(2) Der Arbeitnehmer hat dem Arbeitgeber unverzüglich die zur Geltendmachung des Schadensersatzanspruchs erforderlichen Angaben zu machen.

(3) Der Forderungsübergang nach Absatz 1 kann nicht zum Nachteil des Arbeitnehmers geltend gemacht werden.

A. Allgemeines ... 1	4. Mitverschulden des Arbeitnehmers ... 28
B. Regelungsgehalt des Abs. 1 (Anspruchsübergang) ... 4	C. Regelungsgehalt des Abs. 2 (Mitwirkungspflicht des Arbeitnehmers) ... 29
I. Tatbestandselemente ... 4	I. Tatbestandselemente ... 30
1. Arbeitnehmer ... 5	1. Erforderliche Angaben ... 30
2. Gesetzliche Vorschriften ... 6	2. Unverzüglich ... 34
3. Schadensersatz wegen Verdienstausfalls ... 8	II. Rechtsfolge ... 35
4. Dritter ... 9	D. Regelungsgehalt des Abs. 3 ... 36
a) Familienangehörige ... 10	I. Verhältnis Arbeitnehmer – Arbeitgeber ... 39
b) Lebenspartner ... 12	II. Verhältnis Arbeitnehmer – Sozialversicherungsträger ... 42
c) Arbeitskollegen ... 14	
5. Leistung des Arbeitgebers ... 15	III. Verhältnis Arbeitgeber – Sozialversicherungsträger ... 44
II. Rechtsfolge ... 18	
1. Arbeitsentgelt nach dem EFZG ... 19	E. Verbindung zum Prozessrecht ... 47
2. Arbeitgeberanteile ... 21	F. Beraterhinweise ... 48
3. Zeitpunkt des Anspruchsübergangs ... 23	

A. Allgemeines

1 § 6 sieht einen **gesetzlichen Forderungsübergang** zugunsten des AG vor. Der **Sinn und Zweck** der Vorschrift besteht darin, eine **gerechte Verteilung des Risikos**, die aus der Arbeitsunfähigkeit des AN erwachsenden Kosten zu tragen, herbeizuführen.

2 Dies wird erreicht, indem dem AN bei einer Schädigung durch einen Dritten zunächst ein doppelter Anspruch zusteht: Er kann vom AG Entgeltfortzahlung und vom Dritten Schadensersatz verlangen. Wie sich aus § 6 ergibt, ist dem Schädiger der Einwand abgeschnitten, dem AN sei kein Schaden entstanden, weil er vom AG Entgeltfortzahlung erhält.[1] Wenn der AN vom AG Entgeltfortzahlung bekommen hat, bedarf er in dieser Höhe keines Anspruches mehr gegen den Schädiger. Vielmehr wird der AG durch den gesetzlichen Forderungsübergang in die Lage versetzt, den Schaden vom Verursacher erstattet zu erhalten. Der AN ist in schützenswerten Interessen nicht betroffen, zumal ihm der AG die Entgeltfortzahlung nicht mit dem Hinweis verweigern kann, er möge sich vorrangig an den Schädiger halten.

3 Nach Abs. 2 ist der AN verpflichtet, den AG unverzüglich über das Schadensereignis zu unterrichten. Eine Verletzung dieser Pflicht kann ein Leistungsverweigerungsrecht des AG nach § 7 Abs. 1 Nr. 2 begründen.

Nach Abs. 3 hat der AG das Risiko einer (teilweisen) Nichtrealisierbarkeit des Schadens zu tragen.

B. Regelungsgehalt des Abs. 1 (Anspruchsübergang)

I. Tatbestandselemente

4 Voraussetzung des Forderungsübergangs ist ein gesetzlicher Schadensersatzanspruch des AN gegen einen Dritten wegen des Verdienstausfalls.

5 **1. Arbeitnehmer.** Der gesetzliche Forderungsübergang ist nur für die Zahlung von Entgeltfortzahlung im Krankheitsfall an AN vorgesehen. Leistet eine GmbH an ihren Geschäftsführer Entgeltfortzahlung, findet kein Forderungsübergang statt. § 6 kann als abschließende Regelung nicht analog angewandt werden.[2] Der Geschäftsführer kann jedoch nach §§ 255, 285 BGB zur Abtretung des Schadensersatzanspruches verpflichtet sein.[3]

---

1 BGH 20.6.1974 – III ZR 27/73 – NJW 1974, 1767; *Vogelsang*, Rn 633; *Feichtinger/Malkmus*, § 6 Rn 1.
2 BGH 23.5.1989 – VI ZR 284/88 – BGHZ 107, 325; *Feichtinger/Malkmus*, § 6 Rn 3.
3 BGH 23.5.1989 – VI ZR 284/88 – BGHZ 107, 325; *Feichtinger/Malkmus*, § 6 Rn 3.

2. Gesetzliche Vorschriften. Der Forderungsübergang setzt einen Schadensersatzanspruch aufgrund gesetzlicher Vorschriften voraus. Hierzu zählen

- Ansprüche aus unerlaubter Handlung (§§ 823 ff. BGB einschließlich des Schadensersatzspruches aus § 823 Abs. 2 BGB wegen der Verletzung eines Schutzgesetzes);
- Ansprüche aus § 839 BGB, Art. 34 GG wegen einer Amtspflichtverletzung;[4]
- Ansprüche aus Gefährdungshaftung (etwa aus §§ 7 ff. StVG, § 833 Abs. 1 BGB, §§ 1 ff. HaftpflG, §§ 33 ff. Luftverkehrs G);
- Ansprüche aus § 280 Abs. 1 BGB (cic; pVV; Unmöglichkeit, Verzug).[5]

Letztere Ansprüche beruhen zwar auf einer Vertragspflichtverletzung, stellen jedoch gesetzliche Ansprüche dar. Im Gegensatz hierzu stehen **vertragliche Erfüllungsansprüche**, auf die § 6 nicht anwendbar ist. Dies gilt insb. für Ansprüche des AN aus einem privaten Versicherungsvertrag.[6] Insofern kann es zu einer Doppelentschädigung des AN kommen.[7]

3. Schadensersatz wegen Verdienstausfalls. Der Forderungsübergang erstreckt sich nur auf den Verdienstausfall des AN. Der AN kann einen weitergehenden Schaden gegenüber dem Dritten geltend machen. Dies umfasst materielle und immaterielle Schäden wie einen Schmerzensgeldanspruch.[8]

4. Dritter. Der Schadensersatzanspruch des AN muss sich gegen eine andere natürliche oder juristische Person als den AG richten. Außer dem AG kommen bestimmte Personengruppen für einen Anspruchsübergang nicht in Betracht. Dies gilt für Familienangehörige, Lebenspartner und Arbeitskollegen.

a) Familienangehörige. § 6 enthält anders als § 116 SGB IX und § 67 Abs. 2 VVG keine ausdrückliche Regelung zu der Behandlung Familienangehöriger. Beide Vorschriften schließen in ihrem Anwendungsbereich einen Anspruchsübergang bei nicht vorsätzlichen Schädigungen durch Familienangehörige, die mit dem Geschädigten in häuslicher Gemeinschaft leben, aus.

Diese Bestimmungen sind nach allgemeiner Auffassung im Entgeltfortzahlungsrecht entsprechend anzuwenden.[9] Zwar könnten Zweifel an der Lückenhaftigkeit des EFZG angemeldet werden, weil der Gesetzgeber in Kenntnis der Problematik eine Änderung mehrmals unterlassen hat. Eine Analogie ist jedoch möglich, weil der Gesetzgeber angesichts der einhelligen Auffassung in der Lit. offensichtlich kein Bedürfnis für eine Änderung des Gesetzes sah. Eine entsprechende Anwendung der genannten Vorschriften ist darüber hinaus wegen der gleichen Interessenlage geboten. In allen Fällen geht es darum, den Geschädigten davor zu bewahren, den Schaden mittelbar doch tragen zu müssen.

Zu den Angehörigen zählen ohne Rücksicht auf den familienrechtlichen Grad alle Personen, die miteinander verwandt, verschwägert oder verheiratet sind.[10] Auch das Pflegekind ist familienangehörig.[11]

b) Lebenspartner. Auf eine eingetragene Lebenspartnerschaft i.S.d. LPartG ist das Haftungsprivileg anwendbar.[12] Gem. § 11 Abs. 1 LPartG gilt ein Lebenspartner als Familienangehöriger des anderen Lebenspartners. § 11 Abs. 2 LPartG sieht vor, dass die Verwandten eines Lebenspartners mit dem anderen Lebenspartner als verschwägert gelten.

Streitig ist, wie ne. Lebensgemeinschaften zu behandeln sind. Nach zutreffender Auffassung sind sie in das Haftungsprivileg einzubeziehen.[13] Hierfür spricht nicht nur ihr Schutz in anderen Rechtsgebieten wie im Mietrecht (§ 563 Abs. 1 S. 2 BGB), sondern auch der Sinn und Zweck des Haftungsprivilegs. Nach der Gegenauffassung würde letztlich der geschädigte AN belastet. Dies soll durch das Haftungsprivileg gerade verhindert werden.

c) Arbeitskollegen. § 105 Abs. 1 S. 1 SGB VII schließt den Anspruch auf Schadensersatz unter Arbeitskollegen bei einer fahrlässigen Verursachung eines Arbeitsunfalls aus. Liegen die Voraussetzungen dieses Haftungsaus-

---

4 BGH 20.6.1974 – III ZR 27/73 – NJW 1974, 1767.
5 ErfK/*Dörner*, § 6 EFZG Rn 4; *Vogelsang*, Rn 642; *Feichtinger/Malkmus*, § 6 Rn 21.
6 *Vogelsang*, Rn 643; *Feichtinger/Malkmus*, § 6 Rn 21.
7 ErfK/*Dörner*, § 6 EFZG Rn 5; *Schmitt*, § 6 Rn 19.
8 *Vogelsang*, Rn 646; ErfK/*Dörner*, § 6 EFZG Rn 6; *Schmitt*, § 6 Rn 22.
9 *Vogelsang*, Rn 649 ff.; ErfK/*Dörner*, § 6 EFZG Rn 7; *Schmitt*, § 6 Rn 27; *Feichtinger/Malkmus*, § 6 Rn 7 f.; *Geyer/Knorr/Krasney*, § 6 Rn 23; *Kaiser u.a./Kleinsorge*, § 6 Rn 14.
10 BGH 15.1.980 – VI ZR 270/78 – NJW 1980, 1468; *Vogelsang*, Rn 653; ErfK/*Dörner*, § 6 EFZG Rn 8; *Feichtinger/Malkmus*, § 6 EFZG Rn 10.
11 BGH 15.1.1980 – VI ZR 270/78 – NJW 1980, 1468; *Vogelsang*, Rn 654; ErfK/*Dörner*, § 6 EFZG Rn 8; *Feichtinger/Malkmus*, § 6 Rn 10.
12 *Vogelsang*, Rn 656; ErfK/*Dörner*, § 6 EFZG Rn 8; *Feichtinger/Malkmus*, § 6 Rn 11.
13 Wie hier BGH 13.1.1993 – VIII ARZ 6/92 – NJW 1993, 999 (zu § 569a Abs. 2 BGB a.F.); OLG Brandenburg 6.3.2002 – 14 U 104/01 – NJW 2002, 1581 (zu § 67 Abs. 2 VVG); *Boecken*, NZA 1999, 673, 681; *Vogelsang*, Rn 655; *Treber*, § 6 Rn 17; *Kaiser u.a./Kleinsorge*, § 6 Rn 16; a.A. BGH 1.12.1987 – VI ZR 50/87 – NJW 1988, 1091 (zu § 116 Abs. 6 SGB X); *Feichtinger/Malkmus*, § 6 Rn 10; ErfK/*Dörner*, § 6 EFZG Rn 8; *Schmitt*, § 6 Rn 31.

schlusses vor, kann kein Forderungsübergang stattfinden, weil der AN gegen den Schädiger (seinen Kollegen) keinen Schadensersatzanspruch hat.[14] Die Haftungsprivilegierung gilt auch für in den Betrieb eingegliederte Leih-AN.[15]

15 **5. Leistung des Arbeitgebers.** Der Forderungsübergang setzt die Fortzahlung des Arbeitsentgelts nach diesem Gesetz durch den AG voraus. Dies bedeutet zum einen, dass der Forderungsübergang erst erfolgt, wenn der AG an den AN gezahlt hat (näher hierzu siehe unten Rn 23).

16 Zum anderen findet nur insoweit ein Forderungsübergang statt, als der AG seine sich aus dem EFZG ergebenden Verpflichtungen erfüllt.[16] Erbringt er ohne hierzu verpflichtet zu sein Leistungen an den AN, greift Abs. 1 S. 1 nicht ein. So erfolgt kein Forderungsübergang, wenn der AG in den ersten vier Wochen des Arbverh (§ 3 Abs. 3) oder nach Ablauf der Sechswochenfrist des § 3 Abs. 1 S. 1 Entgeltfortzahlung leistet. Gleiches gilt, wenn der AG arbeits- oder tarifvertraglich zur Erbringung von Leistungen verpflichtet ist, die über das EFZG hinausgehen. In einem derartigen Fall ist der AN jedoch in entsprechender Anwendung von §§ 255, 285 BGB zur Abtretung seiner Schadensersatzansprüche gegen den Dritten verpflichtet.[17]

17 Streitig ist, ob ausnahmsweise ein Forderungsübergang stattfindet, wenn der AG Entgeltfortzahlung leistet, obwohl er hierzu wegen einer vom AN verschuldeten Arbeitsunfähigkeit (§ 3 Abs. 1 S. 1) nicht verpflichtet war.[18] Nach zutreffender Ansicht[19] ist auch in einem solchen Fall ein Anspruchsübergang ausgeschlossen. Denn der AG hat in einem solchen Fall nicht „nach diesem Gesetz Arbeitsentgelt fortgezahlt". Gleiches gilt, wenn der AG bei schwieriger Rechtslage in an sich nicht gerechtfertigter Höhe leistet, um Auseinandersetzungen zu vermeiden.[20]

II. Rechtsfolge

18 Nach § 6 Abs. 1 geht der Schadensersatzanspruch des AN gegen den Dritten auf den AG über. Der Forderungsübergang umfasst
- das Arbeitsentgelt
- und darauf entfallende vom AG zu tragende Beiträge zur BA, AG-Anteile zur Sozialversicherung, AG-Anteile an Beiträgen zur Sozialversicherung und zur Pflegeversicherung
- sowie die an Einrichtungen der zusätzlichen Alters- und Hinterbliebenenversorgung abgeführten Beiträge.

19 **1. Arbeitsentgelt nach dem EFZG.** Der Begriff des Arbeitsentgelts i.S.v. § 6 deckt sich mit dem gleich lautenden Begriff in § 4. Die Entgeltbegriffe beider Vorschriften stimmen überein.[21] Es kann daher insoweit auf die Kommentierung zu § 4 verwiesen werden.

20 Ebenso wie § 4 erfasst § 6 Abs. 1 das „fortzuzahlende Arbeitsentgelt". Aus § 4a Abs. 1 ergibt sich, dass hierzu Sondervergütungen nicht zählen. Vom Anspruchsübergang werden daher einmalige, unabhängig von der Arbeitsunfähigkeit vom AG zu erbringende Leistungen wie Urlaubsgeld und Weihnachtsgratifikationen nicht erfasst.[22] Die zum LFZG ergangene gegenteilige Rspr.[23] kann auf das EFZG nicht übertragen werden.

21 **2. Arbeitgeberanteile.** Der Anspruchsübergang erstreckt sich auch auf die vom AG abgeführten Beiträge zur BA sowie AG-Beiträge zur Sozialversicherung und zur Pflegeversicherung.

22 Der gesetzliche Forderungsübergang erfasst nicht Leistungen des AG zu der gesetzlichen Unfallversicherung.[24] Es handelt sich um eine eigenständige Leistung des AG, die wirtschaftlich in seine Zuständigkeit fällt. Gleiches gilt für Zahlungen des AG an die Urlaubs- und Lohnausgleichskasse des Baugewerbes.[25]

Beiträge zu Einrichtungen der zusätzlichen Alters- und Hinterbliebenenversorgung sind bspw. solche zur Zusatzversorgungskasse des Bundes und der Länder. Einbezogen sind auch Leistungen zur betrieblichen Altersvorsorge.

23 **3. Zeitpunkt des Anspruchsübergangs.** Anders als bei § 116 SGB X tritt der Anspruchsübergang nicht bereits mit dem schädigenden Ereignis, sondern erst mit der **Erbringung der tatsächlichen Leistung** durch den AG ein.[26]

---

14 *Feichtinger/Malkmus*, § 6 Rn 15.
15 *Feichtinger/Malkmus*, § 6 Rn 16; *Vogelsang*, Rn 665; *Treber*, § 6 Rn 19.
16 *Feichtinger/Malkmus*, § 6 Rn 26 f.; ErfK/*Dörner*, § 6 EFZG Rn 10; *Schmitt*, § 6 Rn 43.
17 MünchArb/*Boecken*, Bd. 1, § 87 Rn 19; *Feichtinger/Malkmus*, § 6 Rn 28; *Vogelsang*, Rn 677.
18 So OLG Koblenz 14.7.1993 – 5 U 239/92 – NJW-RR 1994, 864.
19 *Feichtinger/Malkmus*, § 6 Rn 27; *Schmitt*, § 6 Rn 44; *Vogelsang*, Rn 676; *Treber*, § 6 Rn 24.
20 Insoweit a.A. *Feichtinger/Malkmus*, § 6 Rn 41.
21 *Vogelsang*, Rn 683; *Schmitt*, § 6 Rn 42; ErfK/*Dörner*, § 6 EFZG Rn 10.
22 *Treber*, § 6 Rn 25; ErfK/*Dörner*, § 6 EFZG Rn 10; *Vogelsang*, Rn 683; a.A. *Feichtinger/Malkmus*, § 6 Rn 37; MünchArb/*Boecken*, Bd. 1, § 87 Rn 21.
23 BGH 28.1.1986 – VI ZR 30/85 – DB 1986, 1015; BGH 4.7.1972 – VI ZR 114/71 – BGHZ 59, 109.
24 BGH 11.11.1975 – VI ZR 128/74 – NJW 1976, 326; ErfK/*Dörner*, § 6 EFZG Rn 13; *Vogelsang*, Rn 686; *Feichtinger/Malkmus*, § 6 Rn 38; *Treber*, § 6 Rn 27; a.A. MünchArb/*Boecken*, Bd. 1, § 87 Rn 26.
25 *Vogelsang*, Rn 687; MünchArb/*Boecken*, Bd. 1, § 87 Rn 27; *Treber*, § 6 Rn 27; a.A. BGH 28.1.1986 – VI ZR 30/85 – DB 1986, 1015 (zum LFZG).
26 ErfK/*Dörner*, § 6 EFZG Rn 15; *Vogelsang*, Rn 689; *Feichtinger/Malkmus*, § 6 Rn 33.

Dies ergibt sich aus dem Gesetzeswortlaut und entspricht dem Zweck der Regelung. Solange der AN keine Zahlung erhalten hat, soll er sich nach seiner Wahl an den AG oder den Schädiger halten können.

Die Interessen des AG werden durch das (endgültige) Leistungsverweigerungsrecht nach § 7 Abs. 1 Nr. 2 gewahrt. Da der AN bis zum Zeitpunkt der Zahlung durch den AG Inhaber der Schadensersatzforderung bleibt, ist der AG allerdings gegen zwischenzeitliche Pfändungen der Schadensersatzforderung nicht geschützt.[27]

Vielfach wird es lediglich zu einem **sukzessiven Forderungsübergang** kommen.[28] Denn der Forderungsübergang findet nur insoweit statt, als der AG Entgeltfortzahlung leistet. Dies wird etwa bei einer Vereinbarung eines Monatslohns relevant, wenn der AN über das Monatsende hinaus arbeitsunfähig erkrankt.

Schwierigkeiten können auftreten, wenn zunächst der Dritte Schadensersatz an den AN leistet und der AG danach in Unkenntnis dieses Umstands Entgeltfortzahlung an den AN erbringt. Ein Anspruchsübergang nach § 6 Abs. 1 S. 1 kann nicht mehr erfolgen, weil der Schädiger den Anspruch des AN bereits erfüllt hat und dieser somit erloschen ist (§ 362 Abs. 1 BGB). Die Entgeltfortzahlung kann der AG gegenüber dem AN nicht nach § 812 Abs. 1 S. 1 BGB kondizieren, weil der AN durch die Zahlung des AG mit Rechtsgrund bereichert worden ist. Die Zahlung des Schädigers an den AN bewirkt nicht die Erfüllung des Entgeltfortzahlungsanspruches des AN gegenüber dem AG. Der AN ist jedoch nach § 285 Abs. 1 BGB verpflichtet, an den AG einen Ausgleich in Höhe des hypothetisch übergegangenen Schadensersatzanspruches zu leisten.[29]

Dementsprechend ist zu verfahren, wenn der AN den AG nach Erhalt des Schadensersatzes durch den Dritten in Anspruch nimmt. Der AG kann die Zahlung nach § 242 BGB (dolo-petit-Einrede) verweigern.[30] Denn der AN müsste die vom AG erhaltene Zahlung sogleich wieder an diesen zurückgewähren.

4. Mitverschulden des Arbeitnehmers. Der Dritte kann dem AG gem. § 412 i.V.m. § 404 BGB die gleichen Einwendungen entgegenhalten wie dem AN. Er kann sich daher gegenüber dem AG auf ein Mitverschulden des AN und eine damit einhergehende nur **anteilige Haftung** berufen.[31] Dies kann dazu führen, dass der AG an den AN in voller Höhe Entgeltfortzahlung leisten muss, vom Dritten aber nur einen Teil der Zahlungen erstattet verlangen kann. Dies ist der Fall, wenn zwar ein Mitverschulden i.S.v. § 254 BGB gegeben ist, die Voraussetzungen des § 3 Abs. 1 für einen Anspruchsausschluss aber nicht vorliegen.[32] Der AG ist in einem solchen Fall nicht berechtigt, die Entgeltfortzahlung um den Mitverschuldensanteil des ANs zu kürzen.[33]

C. Regelungsgehalt des Abs. 2 (Mitwirkungspflicht des Arbeitnehmers)

Der AG ist zur Realisierung des Anspruchs gegen den Schädiger darauf angewiesen, dass ihm der AN die notwendigen Informationen erteilt. Daher verpflichtet Abs. 2 ihn, die erforderlichen Angaben unverzüglich zu machen.

I. Tatbestandselemente

1. Erforderliche Angaben. Erforderlich sind die Angaben, die der AG zur Prüfung und zur Geltendmachung des übergegangenen Anspruches benötigt. Nicht erforderlich sind Angaben zu Schäden, die vom Anspruchsübergang nicht erfasst werden (z.B. Sachschäden).[34]

Zu den erforderlichen Angaben gehören

– der Name und die Anschrift des Schädigers
– eine Schilderung des Tathergangs
– die Nennung möglicher Zeugen
– die Schilderung polizeilicher Ermittlungsergebnisse
– die Information, ob und wie der Schädiger haftpflichtversichert ist.

Der AN hat nicht selbst zu prüfen, ob ein Schadensersatzanspruch besteht bzw. durchsetzbar ist. Die Informationspflicht setzt daher schon dann ein, wenn ein Forderungsübergang objektiv in Betracht kommt.[35]

Eine ausdrückliche Verpflichtung des AN, **eigene Nachforschungen** anzustellen, sieht das Gesetz nicht vor. Sie kann jedoch im Einzelfall als arbeitsvertragliche Nebenpflicht bestehen, wenn die Nachforschung dem AN zumutbar ist und der AG selbst nicht an die notwendigen Informationen kommen kann.[36]

---

27 ErfK/*Dörner*, § 6 EFZG Rn 16; *Vogelsang*, Rn 691.
28 ErfK/*Dörner*, § 6 EFZG Rn 15; *Feichtinger/Malkmus*, § 6 Rn 34; *Schmitt*, § 6 Rn 59.
29 *Vogelsang*, Rn 680.
30 *Vogelsang*, Rn 680.
31 *Vogelsang*, Rn 692; *Feichtinger/Malkmus*, § 6 Rn 40.
32 *Feichtinger/Malkmus*, § 6 Rn 40.
33 *Vogelsang*, Rn 710; ErfK/*Dörner*, § 6 EFZG Rn 14.
34 ErfK/*Dörner*, § 6 EFZG Rn 17; *Vogelsang*, Rn 695 ff.; *Feichtinger/Malkmus*, § 6 Rn 44.
35 ErfK/*Dörner*, § 6 EFZG Rn 17; *Vogelsang*, Rn 694; *Feichtinger/Malkmus*, § 6 Rn 46; *Schmitt*, § 6 Rn 63; MünchArb/*Boecken*, Bd. 1, § 87 Rn 35.
36 Vgl. hierzu LAG Düsseldorf 24.4.1974 – 6 Sa 1299/73 – DB 1974, 1392; *Vogelsang*, Rn 698; *Feichtinger/Malkmus*, § 6 Rn 47; MünchArb/*Boecken*, Bd. 1, § 87 Rn 33.

34 **2. Unverzüglich.** Die Angaben sind unverzüglich zu machen, d.h. ohne schuldhaftes Zögern (§ 121 Abs. 1 BGB). Die Mitteilungspflicht besteht unabhängig davon, ob der AG geleistet und der Forderungsübergang bereits eingetreten ist. Sie setzt daher schon mit dem schädigenden Ereignis ein.

II. Rechtsfolge

35 Kommt der AN seiner Mitwirkungspflicht nicht nach, kann der AG die Fortzahlung des Arbeitsentgelts verweigern, § 7 Abs. 1 Nr. 2.

D. Regelungsgehalt des Abs. 3

36 Abs. 3 enthält eine Regelung zur Behandlung von Anspruchskonkurrenzen. Die Vorschrift stellt sicher, dass die Inanspruchnahme des Dritten durch den AG nicht zu nachteiligen Folgen für den AN führt. Wenn der AG den Schaden beim Dritten nicht in voller Höhe realisieren kann, soll dies nicht zu Lasten des AN gehen.

37 Eine Anspruchskonkurrenz kann sich ergeben zwischen
   - AG und AN
   - AN und Sozialversicherungsträger
   - AG und Sozialversicherungsträger.

38 Sie kann sich ergeben aus
   - einer Begrenzung der Höhe der Haftung des Schädigers (z.B. § 12 StVG)
   - einem Mitverschulden des AN
   - der Vermögenslosigkeit des Schädigers.

I. Verhältnis Arbeitnehmer – Arbeitgeber

39 Abs. 3 ist zu entnehmen, dass das Interesse des AN, seinen Schaden ersetzt zu bekommen, Vorrang vor dem gleichen Interesse des AG hat.

Dies bedeutet, dass eine **Schadensummenbegrenzung** (z.B. § 12 StVG) bei der Haftung des Schädigers zu Lasten des AG geht. Der AN hat im Verhältnis zum AG den ersten Zugriff auf die begrenzte Schadenssumme.[37]

40 Ein **Mitverschulden** des AN bei der Entstehung des Schadens geht i.d.R. zu Lasten des AG (Näheres siehe Rn 28).

41 Der AG kann den AN auch dann nicht in Anspruch nehmen, wenn sich der übergegangene Anspruch wegen der **Vermögenslosigkeit** des Schädigers als nicht durchsetzbar erweist.[38]

II. Verhältnis Arbeitnehmer – Sozialversicherungsträger

42 Erbringt ein Sozialversicherungsträger Leistungen an den AN wegen des schädigenden Ereignisses, ergeben sich die Folgen aus § 116 SGB X.

43 Aus § 116 Abs. 2 SGB X ergibt sich das Vorrecht des AN bei einer **Schadenssummenbegrenzung**. Gleiches gilt gem. § 116 Abs. 4 SGB X bei einer **Vermögenslosigkeit** des Schuldners. Im Fall des **Mitverschuldens** des AN geht die Forderung in Höhe dessen Mitverschuldensanteils auf den Sozialversicherungsträger über (§ 116 Abs. 3 S. 1 SGB X). Dies gilt auch bei einer Schadenssummenbegrenzung (§ 116 Abs. 3 S. 2 SGB X).

III. Verhältnis Arbeitgeber – Sozialversicherungsträger

44 Zwischen AG und Sozialversicherungsträger entsteht regelmäßig keine Anspruchskonkurrenz. Die Ansprüche des Sozialversicherungsträgers gehen denen des AG vor.[39] Denn der Forderungsübergang nach § 116 Abs. 1 SGB X vollzieht sich früher als der Forderungsübergang des Abs. 1. § 116 Abs. 1 SGB X greift schon dann ein, wenn der Sozialleistungsträger Leistungen zu erbringen hat (also i.d.R. mit dem Schadensereignis). Demgegenüber setzt Abs. 1 die tatsächliche Leistung des AG voraus.

45 Im Fall einer Krankenhausbehandlung wird der AN verpflegt. Die Verpflegung hätte er bei bestehender Arbeitsfähigkeit aus seiner Vergütung bestreiten müssen. Soweit der AN nach § 39 Abs. 4 SGB V einen Eigenbeitrag zu den Krankenhauskosten leisten muss, verringert sich der auf den AG übergehende Anspruch dennoch nicht um die durch den Krankenhausaufenthalt ersparten Verpflegungsaufwendungen des AN.[40] Denn der Eigenbetrag soll auch die Ersparnis des AN ausgleichen.

46 Hat der AN dagegen keinen Eigenbetrag zu leisten, muss er sich gegenüber dem Schädiger die ersparten Aufwendungen für Verpflegung anrechnen lassen. Daher geht auch der Anspruch auf den AG nur um die durch den Krankenhausaufenthalt ersparten Verpflegungskosten auf den AG über.[41]

---

37 ErfK/*Dörner*, § 6 EFZG Rn 21; *Vogelsang*, Rn 711.
38 ErfK/*Dörner*, § 6 EFZG Rn 21; *Vogelsang*, Rn 709; *Treber*, § 6 Rn 35 f.
39 *Feichtinger/Malkmus*, § 6 Rn 57; ErfK/*Dörner*, § 6 Rn 23; *Vogelsang*, Rn 718; *Schmitt*, § 6 Rn 90.
40 *Vogelsang*, Rn 719.
41 *Feichtinger/Malkmus*, § 6 Rn 58.

E. Verbindung zum Prozessrecht

Im Regelfall hat der AG die Ansprüche gegen den Schädiger aus übergegangenem Recht vor den ordentlichen Gerichten geltend zu machen (§ 13 GVG). Denn der Anspruch des AN gegen den Dritten ist kein arbeitsrechtlicher Anspruch. Die Arbeitsgerichte sind nur zuständig (§§ 3, 2 Abs. 1 Nr. 9 ArbGG), wenn ein Mitarbeiter desselben AG seinen Kollegen geschädigt hat. Eine derartige Klage ist jedoch wegen des Haftungsprivilegs des § 105 Abs. 1 S. 1 SGB VII i.d.R. unbegründet (vgl. oben Rn 14).

F. Beraterhinweise

Einen weiteren Forderungsübergang sieht § 115 SGB X vor. Diese Vorschrift greift ein, wenn der AG den Anspruch des AN auf Entgeltfortzahlung nicht erfüllt und deshalb ein Leistungsträger Sozialleistungen erbracht hat. Anders als Abs. 1 erstreckt sich der Forderungsübergang auf den Leistungsträger nicht nur auf die Ansprüche, die dem AN aus dem EFZG zustehen. Maßgeblich ist der Anspruch des „AN auf Arbeitsentgelt".

§ 7 Leistungsverweigerungsrecht des Arbeitgebers

(1) Der Arbeitgeber ist berechtigt, die Fortzahlung des Arbeitsentgelts zu verweigern,
1. solange der Arbeitnehmer die von ihm nach § 5 Abs. 1 vorzulegende ärztliche Bescheinigung nicht vorlegt oder den ihm nach § 5 Abs. 2 obliegenden Verpflichtungen nicht nachkommt;
2. wenn der Arbeitnehmer den Übergang eines Schadensersatzanspruchs gegen einen Dritten auf den Arbeitgeber (§ 6) verhindert.

(2) Absatz 1 gilt nicht, wenn der Arbeitnehmer die Verletzung dieser ihm obliegenden Verpflichtungen nicht zu vertreten hat.

A. Allgemeines	1	C. Regelungsgehalt des Abs. 1 Nr. 2	13
B. Regelungsgehalt des Abs. 1 Nr. 1	3	I. Tatbestandselemente	13
I. Tatbestandselemente	3	1. Verhinderung des Forderungsübergangs	13
1. § 5 Abs. 1	3	2. Verschulden	16
2. § 5 Abs. 2	6	II. Rechtsfolgen	17
3. Verschulden	8	D. Darlegungs- und Beweislast	20
II. Rechtsfolgen	9	E. Beraterhinweise	25

A. Allgemeines

§ 7 räumt dem AG ein Leistungsverweigerungsrecht ein. Abs. 1 Nr. 1 Alt. 1 bezieht sich auf die Nachweispflicht des AN bei einer Erkrankung im Inland nach § 5 Abs. 1. Bei Verletzung der Mitteilungspflicht nach § 5 Abs. 1 steht dem AG demnach kein Leistungsverweigerungsrecht zu.[1] Demgegenüber besteht bei einer Erkrankung im Ausland ein Leistungsverweigerungsrecht des AG nach Abs. 1 Nr. 1 Alt. 2, wenn der AN den in § 5 Abs. 2 normierten Mitteilungs- und Anzeigepflichten nicht nachkommt. Ein Leistungsverweigerungsrecht des AG besteht auch, wenn der AN den Forderungsübergang nach § 6 verhindert.

In jedem Fall ist ein Verschulden des AN erforderlich (Abs. 2).

Unabhängig von § 7 kann der AG die Entgeltfortzahlung selbstverständlich auch dann verweigern, wenn eine der anspruchsbegründenden Voraussetzungen des § 3 nicht vorliegt.[2] § 7 räumt dem AG ein zusätzliches Leistungsverweigerungsrecht für die Fälle ein, in denen der AN seinen formellen Verpflichtungen nicht nachgekommen ist.

B. Regelungsgehalt des Abs. 1 Nr. 1

I. Tatbestandselemente

1. § 5 Abs. 1. Abs. 1 Nr. 1 Alt. 1 kommt zur Anwendung, wenn der AN bei einer Erkrankung im Inland seiner **Nachweispflicht** nicht nachkommt (zur Mitteilungspflicht siehe oben Rn 1).
Die Vorschrift bezieht sich sowohl auf die Erst- als auch die Folgebescheinigung.[3]

---

[1] LAG Düsseldorf 25.8.1999 – 17 Sa 812/99 – NZA-RR 2000, 13; ErfK/*Dörner*, § 7 EFZG Rn 4; *Feichtinger/Malkmus*, § 7 Rn 4; *Vogelsang*, Rn 401; a.A. *Worzalla/Süllwald*, § 7 Rn 13 f.

[2] HzA/*Vossen*, Rn 368.

[3] HzA/*Vossen*, Rn 370; ErfK/*Dörner*, § 7 EFZG Rn 5; *Feichtinger/Malkmus*, § 7 Rn 8.

4 Ist die **Arbeitsunfähigkeitsbescheinigung unvollständig**, besteht kein Leistungsverweigerungsrecht des AG.[4] Zwar kann der AN in einem solchen Fall nicht die von ihm nach § 5 Abs. 1 vorzulegende ärztliche Bescheinigung beibringen. Dem Leistungsverweigerungsrecht steht jedoch entgegen, dass der AN nicht schuldhaft handelt. Das Verschulden des Arztes ist dem AN nicht zuzurechnen. Der Arzt ist nicht der Erfüllungsgehilfe (§ 278 BGB) des AN.

5 Abs. 1 Nr. 1 Alt. 1 kommt auch zur Anwendung, solange der AN bei einer Maßnahme der medizinischen Vorsorge oder Rehabilitation die Bescheinigung nach § 9 Abs. 2 Hs. 2 nicht vorlegt.

6 **2. § 5 Abs. 2.** Der AG kann die Entgeltfortzahlung verweigern, wenn der AN bei einer Erkrankung im Ausland seinen ihm nach § 5 Abs. 2 obliegenden Verpflichtungen nicht nachkommt.

Daher besteht ein Leistungsverweigerungsrecht, solange der AN seiner **Mitteilungspflicht** gegenüber dem AG nach § 5 Abs. 2 S. 1 nicht nachkommt.

7 Gleiches gilt, solange der AN seine **Anzeigepflicht** gegenüber der Krankenkasse nach § 5 Abs. 2 S. 3 und 4 nicht erfüllt. Sind die Anzeige- und Mitteilungspflichten gegenüber einem ausländischen Sozialversicherungsträger zu erbringen (§ 5 Abs. 2 S. 5), begründet die Verletzung dieser Pflicht durch den AN ebenfalls ein Leistungsverweigerungsrecht des AG.[5] Schließlich kann der AG die Leistung verweigern, solange sich der AN entgegen § 5 Abs. 2 S. 7 nach seiner Rückkehr aus dem Ausland nicht bei der Krankenkasse meldet.

8 **3. Verschulden.** Das Leistungsverweigerungsrecht des AG besteht gem. Abs. 2 nicht, wenn der AN die Verletzung der ihm obliegenden Verpflichtungen nicht zu vertreten hat. Nach § 276 Abs. 1 BGB hat der Schuldner Vorsatz und Fahrlässigkeit zu vertreten. Fahrlässig handelt nach der Legaldefinition des § 276 Abs. 2 BGB, wer die im Verkehr erforderliche Sorgfalt außer Acht lässt. Eine Haftungserleichterung kommt dem AN nicht zugute. Ein Leistungsverweigerungsrecht des AG besteht daher auch bei einem leicht fahrlässigen Pflichtenverstoß des AN.[6]

II. Rechtsfolgen

9 Abs. 1 begründet ein **zeitweiliges Leistungsverweigerungsrecht** des AG.[7] Dies folgt schon aus dem Wortlaut des Abs. 1 („solange"). Zudem ist zu berücksichtigen, dass die Anzeigepflicht nach § 5 Abs. 2 und die Nachweispflicht nach § 5 Abs. 1 keine materiellen Voraussetzungen für die Entstehung des Entgeltfortzahlungsanspruchs darstellen.[8] Ihnen kommt vielmehr eine beweisrechtliche Bedeutung zu.[9]

10 Daher endet das Leistungsverweigerungsrecht des AG rückwirkend, wenn der AN seine Verpflichtungen aus § 5 Abs. 2 erfüllt.[10] Gleiches gilt, wenn er die Arbeitsunfähigkeit anders als durch eine ärztliche Bescheinigung mit den ihm sonst zur Verfügung stehenden Beweismitteln belegt hat oder die Arbeitsunfähigkeit unstreitig ist.[11] Allerdings ist bis zur Erfüllung durch den AN der Verzug des AG ausgeschlossen.[12]

11 Hat der AN im Fall des § 5 Abs. 2 S. 5 dem ausländischen Sozialversicherungsträger während seines Auslandsaufenthalts keine Anzeige und/oder Mitteilung gemacht, kann er dieser Pflicht nicht mehr nachkommen, wenn er in das Inland zurückgekehrt ist. Denn § 5 Abs. 2 S. 3 und 4 gehen von einer Unterrichtung aus dem Ausland aus.[13] Da auch diese Vorschriften nur beweisrechtliche Folgen haben, besteht gleichwohl auch in diesem Fall kein endgültiges Leistungsverweigerungsrecht des AG.[14]

12 Nichts anderes gilt, wenn der AN sich nach seiner Rückkehr aus dem Ausland nicht unverzüglich bei seinem AG und der Krankenkasse gemeldet hat (§ 5 Abs. 2 S. 7), die Meldung jedoch später nachholt.

C. Regelungsgehalt des Abs. 1 Nr. 2

I. Tatbestandselemente

13 **1. Verhinderung des Forderungsübergangs.** Der AG hat ein Leistungsverweigerungsrecht, wenn der AN den Übergang eines Schadenersatzanspruches auf den AG verhindert.

14 Ist der AN von einem Dritten geschädigt worden, kann ihm gegen diesen ein Schadensersatzanspruch in Höhe der Entgeltfortzahlung, die der AG zu leisten hat, zustehen. Über diesen Schadensersatzanspruch kann der AN verfügen,

---

4 ErfK/*Dörner*, § 7 EFZG Rn 5; *Vogelsang*, Rn 409 und 413; *Feichtinger/Malkmus*, § 7 Rn 25; a.A. *Schmitt*, § 7 Rn 14.
5 HzA/*Vossen*, Rn 371; *Schmitt*, § 7 Rn 22.
6 HzA/*Vossen*, Rn 372; ErfK/*Dörner*, § 7 EFZG Rn 15; *Vogelsang*, Rn 411.
7 BAG 26.2.2003 – 5 AZR 112/02 – BB 2003, 1622; BAG 1.10.1997 – 5 AZR 726/96 – EzA § 5 EFZG Nr. 5; BAG 1.10.1997 – 5 AZR 499/96 – EzA § 3 EFZG Nr. 4.
8 HzA/*Vossen*, Rn 373.
9 BAG 19.2.1997 – 5 AZR 83/96 – NZA 1997, 652.
10 BAG 1.10.1997 – 5 AZR 726/96 – EzA § 5 EFZG Nr. 5; BAG 1.10.1997 – 5 AZR 499/96 – EzA § 3 EFZG Nr. 4; BAG 19.2.1997 – 5 AZR 83/96 – NZA 1997, 652.
11 BAG 1.10.1997 – 5 AZR 499/96 – EzA § 3 EFZG Nr. 4; BAG 12.6.1996 – 5 AZR 960/94 – NZA 1997, 191.
12 BAG 26.2.2003 – 5 AZR 112/02 – BB 2003, 1622; *Vogelsang*, Rn 416; *Schmitt*, § 7 Rn 31.
13 LAG Niedersachsen 14.5.1996 – 7 Sa 2214/96 – LAGE § 7 EFZG Nr. 1; HzA/*Vossen*, Rn 375.
14 HzA/*Vossen*, Rn 375; a.A. LAG Niedersachsen 14.5.1996 – 7 Sa 2214/96 – LAGE § 7 EFZG Nr. 1.

solange der AG die Entgeltfortzahlung nicht erbracht hat. Der Forderungsübergang nach § 6 findet erst statt, wenn der AG den Entgeltfortzahlungsanspruch des AN erfüllt hat.

Der AN kann somit in der Zwischenzeit den Übergang des Schadensersatzanspruches auf den AG dadurch vereiteln, dass er mit dem Schädiger oder dessen Haftpflichtversicherung einen Abfindungsvergleich schließt, auf seine Forderung gegenüber dem Schädiger verzichtet oder seine Forderung gegen den Schädiger an einen Anderen abtritt.[15] Für diese Fälle räumt Abs. 1 Nr. 2 dem AG ein Leistungsverweigerungsrecht ein.

Dem AG steht auch dann ein Leistungsverweigerungsrecht zu, wenn der AN die nach § 6 Abs. 2 erforderlichen Angaben verweigert.[16]

2. Verschulden. Das Leistungsverweigerungsrecht besteht nicht, wenn der AN die Verhinderung des Forderungsübergangs nicht zu vertreten hat (vgl. oben Rn 8).

II. Rechtsfolgen

Der AG hat grds. ein **dauerhaftes Leistungsverweigerungsrecht**.[17] Hat der AG in Unkenntnis seines dauerhaften Leistungsverweigerungsrechts nach § 7 Entgeltfortzahlung geleistet, kann er Rückzahlung der Vergütung nach § 813 Abs. 1 S. 1 BGB verlangen.[18] War ihm das Leistungsverweigerungsrecht bekannt, ist eine Rückforderung jedoch gem. § 814 BGB ausgeschlossen.[19]

Das Leistungsverweigerungsrecht entfällt, wenn der AN seiner Mitwirkungspflicht nach § 6 Abs. 2 verspätet nachkommt. Ist dem AG in diesem Fall die Durchsetzung des Schadensersatzanspruches gegen den Dritten noch möglich, kann er gegenüber dem AN die Entgeltfortzahlung nicht länger verweigern.[20] Dies folgt aus dem Zweck des Abs. 1 Nr. 2. Die Vorschrift will verhindern, dass der AG durch einen Verstoß des AN gegen seine Mitwirkungspflicht aus § 6 Abs. 2 einen Schaden erleidet. Er soll jedoch nicht besser gestellt werden als wenn der AN ordnungsgemäß mitgewirkt oder keinen Schadenersatzanspruch gegen einen Dritten hätte.[21]

Aus diesem Grund steht dem AG auch nur ein teilweises Leistungsverweigerungsrecht zu, wenn der AN den Anspruchsübergang teilweise verhindert.[22] Die Annahme eines Rechts zur vollständigen Leistungsverweigerung führte zu einer vom Gesetz nicht intendierten Begünstigung des AG.

D. Darlegungs- und Beweislast

Hinsichtlich der Darlegungs- und Beweislast ist zu unterscheiden.

Darlegungs- und beweispflichtig für das Vorliegen einer krankheitsbedingten Arbeitsunfähigkeit ist der AN, weil es sich um eine anspruchsbegründende Tatsache handelt.[23]

Der AG hat die tatsächlichen Voraussetzungen des von ihm geltend gemachten Leistungsverweigerungsrechts nach § 7 darzulegen und zu beweisen. Ihn trifft daher die Beweislast dafür, dass der AN seine aus § 5 folgenden Pflichten verletzt hat.[24] Dem Wortlaut des Abs. 2 ist demgegenüber zu entnehmen, dass der AN darzulegen und zu beweisen hat, die ihm obliegenden Verpflichtungen nicht schuldhaft verletzt zu haben.[25]

Hat der AN die Arbeitsunfähigkeit anders als durch eine ärztliche Bescheinigung mit den ihm sonst zur Verfügung stehenden Beweismitteln belegt oder ist die Arbeitsunfähigkeit unstreitig, hat der AG kein Zurückbehaltungsrecht mehr (vgl. oben Rn 10).

Gelingt dem AN der Beweis mit anderen Beweismitteln als der ärztlichen Bescheinigung nicht, kann die Verletzung der Pflichten aus § 5 dazu führen, dass der AG die **Entgeltfortzahlung dauerhaft verweigern** kann. Dies gilt etwa, wenn der AN zu spät einen Arzt aufsucht, der nicht bereit ist, ihn rückwirkend krank zu schreiben.[26]

Die nachträgliche Erfüllung der Mitteilungspflichten des AN nach § 5 bedeutet für den AG vielfach, dass er das Vorliegen einer Erkrankung nicht mehr durch den Medizinischen Dienst (§ 275 SGB V) überprüfen lassen kann. Daraus ergeben sich für ihn jedoch keine beweisrechtlichen Nachteile. Denn je nach den Umständen des Einzelfalls kann die Verletzung der Mitteilungspflichten des AN als **Beweisvereitelung** angesehen werden, die dazu führt, dass das Ge-

---

15 Vgl. BAG 7.12.1988 – 5 AZR 757/87 – EzA § 5 LohnFG Nr. 3.
16 Boecken, NZA 1999, 673, 682; ErfK/Dörner, § 7 EFZG Rn 12; Feichtinger/Malkmus, § 7 Rn 27; Vogelsang, Rn 702.
17 ErfK/Dörner, § 7 EFZG Rn 13; Vogelsang, Rn 703; Schmitt, § 7 Rn 39; a.A. Boecken, NZA 1999, 673, 682.
18 BAG 7.12.1988 – 5 AZR 757/87 – EzA § 5 LohnFG Nr. 3.
19 Vogelsang, Rn 705.
20 ErfK/Dörner, § 7 EFZG Rn 13; Vogelsang, Rn 703.
21 Vogelsang, Rn 701.
22 Feichtinger/Malkmus, § 7 Rn 33; Vogelsang, Rn 701; Schmitt, § 7 Rn 51; Kunz/Wedde, § 7 Rn 28; Staudinger/Oetker, § 616 BGB Rn 525; a.A. ErfK/Dörner, § 7 EFZG Rn 13; Geyer/Knorr/Krasney, § 7 Rn 32.
23 St. Rspr. des BAG, vgl. nur 26.2.2003 – 5 AZR 112/02 – BB 2003, 1622; 1.10.1997– 5 AZR 726/96 – EzA § 5 EFZG Nr. 5.
24 HzA/Vossen, Rn 369; Vogelsang, Rn 414.
25 ErfK/Dörner, § 7 EFZG Rn 18; HzA/Vossen, Rn 369; Vogelsang, Rn 414.
26 Feichtinger/Malkmus, § 7 Rn 20; Vogelsang, Rn 417.

richt den Beweis für das Vorliegen der krankheitsbedingten Arbeitsunfähigkeit als nicht erbracht ansieht. Dies gilt allerdings nur, wenn der AN die Verletzung der ihm obliegenden Mitteilungspflichten zu vertreten hat (Abs. 2).[27]

E. Beraterhinweise

25 Kommt der AN seinen Pflichten aus § 5 nicht nach, hat der AG zwei Möglichkeiten. Er kann einerseits das Leistungsverweigerungsrecht nach Abs. 1 Nr. 1 geltend machen. Erfüllt der AN seine Anzeige- und Nachweispflichten nachträglich, entfällt das Leistungsverweigerungsrecht jedoch rückwirkend. Hat der AG – gerade wegen der Verletzung der Pflichten aus § 5 – Zweifel an der Arbeitsunfähigkeit des AN, kann er anderseits das Vorliegen einer Erkrankung des AN bestreiten. Je nach den Umständen des Einzelfalls wird davon auszugehen sein, dass der AN den Beweis der Arbeitsunfähigkeit mit einer verspätet beigebrachten Arbeitsunfähigkeitsbescheinigung nicht erbracht hat.

§ 8 Beendigung des Arbeitsverhältnisses

(1) ¹Der Anspruch auf Fortzahlung des Arbeitsentgelts wird nicht dadurch berührt, daß der Arbeitgeber das Arbeitsverhältnis aus Anlaß der Arbeitsunfähigkeit kündigt. ²Das gleiche gilt, wenn der Arbeitnehmer das Arbeitsverhältnis aus einem vom Arbeitgeber zu vertretenden Grunde kündigt, der den Arbeitnehmer zur Kündigung aus wichtigem Grund ohne Einhaltung einer Kündigungsfrist berechtigt.
(2) Endet das Arbeitsverhältnis vor Ablauf der in § 3 Abs. 1 bezeichneten Zeit nach dem Beginn der Arbeitsunfähigkeit, ohne daß es einer Kündigung bedarf, oder infolge einer Kündigung aus anderen als den in Absatz 1 bezeichneten Gründen, so endet der Anspruch mit dem Ende des Arbeitsverhältnisses.

A. Allgemeines 1	aa) Betriebsbedingte Kündigung 19
B. Regelungsgehalt des Abs. 1 S. 1 4	bb) Störungen im Betriebsablauf 20
I. Überblick 5	cc) Verhaltensbedingte Kündigung 21
II. Tatbestandselemente 6	III. Rechtsfolgen 22
1. Kündigung des Arbeitgebers 6	1. Grundsatz der Einheit des Verhinderungsfalls ... 23
a) Kündigung des Arbeitgebers (Unmittelbarer Anwendungsbereich) 7	2. Wartezeit (§ 3 Abs. 3) 24
b) Andere Beendigungstatbestände (Analoge Anwendung) 9	C. Regelungsgehalt des Abs. 1 S. 2 25
aa) Abwicklungs- und Aufhebungsverträge 9	I. Überblick 25
bb) Anfechtung des Arbeitsvertrages ... 12	II. Tatbestandselemente 26
cc) Auflösung des Arbeitsverhältnisses nach §§ 9, 10 KSchG 13	1. Wirksame Kündigung 26
2. Aus Anlass der Arbeitsunfähigkeit 14	2. Wichtiger Grund 27
a) Maßgeblicher Zeitpunkt 15	3. Arbeitsunfähigkeit im Zeitpunkt der Kündigung 29
b) Kenntnis des Arbeitgebers 17	D. Regelungsgehalt des Abs. 2 EFZG 30
c) Einzelfälle 19	E. Darlegungs- und Beweislast 31
	I. Abs. 1 S. 1 31
	II. Abs. 1 S. 2 34
	F. Beraterhinweise 35

A. Allgemeines

1 Der Anspruch auf Entgeltfortzahlung im Krankheitsfall nach § 3 setzt grds. voraus, dass während der Arbeitsunfähigkeit des AN das Arbverh (fort-)besteht. Ist das Arbverh bereits beendet, wenn der AN arbeitsunfähig erkrankt, kommt ein Anspruch auf Entgeltfortzahlung nicht mehr in Betracht.[1] Daran ändert § 8 nichts. Erkrankt der AN dagegen vor der Beendigung des Arbverh, besteht der Anspruch auf Entgeltfortzahlung im Krankheitsfall unter den Voraussetzungen des Abs. 1 über den Beendigungszeitpunkt hinaus fort. Abs. 1 enthält somit eine Ausnahme von dem aus §§ 3 Abs. 1 S. 1, 8 Abs. 2 abzuleitenden Grundsatz, dass der Anspruch auf Fortzahlung des Arbeitsentgelts mit der Beendigung des Arbverh endet.[2]

2 Abs. 1 enthält keine originäre Anspruchsgrundlage, sondern sieht lediglich den Fortbestand des aus § 3 folgenden Entgeltfortzahlungsanspruches über das Ende des Arbverh vor.[3]

3 Abs. 2 kommt lediglich eine klarstellende Funktion zu.[4] Schon aus § 3 Abs. 1 S. 1 folgt, dass der Anspruch auf Entgeltfortzahlung grds. (d.h. wenn nicht die Voraussetzungen des Abs. 1 vorliegen) ein bestehendes Arbverh voraussetzt.[5]

---

27 BAG 19.2.1997 – 5 AZR 83/96 – NZA 1997, 652.
1 BAG 17.4.2002 – 5 AZR 2/01– NZA 2002, 899.
2 BAG 17.4.2002 – 5 AZR 2/01– NZA 2002, 899.
3 BAG 17.4.2002 – 5 AZR 2/01– NZA 2002, 899; *Vogelsang*, Rn 225.
4 *Vogelsang*, Rn 223.
5 BAG 17.4.2002 – 5 AZR 2/01– NZA 2002, 899.

B. Regelungsgehalt des Abs. 1 S. 1

Der Sinn und Zweck des Abs. 1 S. 1 besteht darin, zu verhindern, dass sich der AG zu Lasten der Sozialversicherung der Entgeltfortzahlungspflicht entzieht. Zugleich will die Vorschrift den AN davor bewahren, noch während der Erkrankung einen anderen Arbeitsplatz suchen zu müssen. Es wäre widersprüchlich, dem erkrankten AN zwar den Schutz des EFZG einzuräumen, dem AG aber zu gestatten, den gesetzlichen Schutz durch eine wegen der Erkrankung ausgesprochene Künd wieder zu vereiteln.[6]

I. Überblick

Abs. 1 S. 1 hat folgende Voraussetzungen:
- Beendigung eines Arbverh durch Künd des AG;
- Kündigung des AG aus Anlass der Arbeitsunfähigkeit.

Rechtsfolge ist, dass der AG solange zur Entgeltfortzahlung verpflichtet ist, wie der Anspruch des AN bei fortbestehendem Arbverh gegeben gewesen wäre.

II. Tatbestandselemente

1. Kündigung des Arbeitgebers. Nach dem Wortlaut der Vorschrift setzt die Verlängerung des Entgeltfortzahlungsanspruches über das Ende des Arbverh hinaus eine Künd des AG voraus. Umstritten ist, ob Abs. 1 S. 1 bei anderen Beendigungstatbeständen analog anzuwenden ist.

a) Kündigung des Arbeitgebers (Unmittelbarer Anwendungsbereich). Der Anwendungsbereich des Abs. 1 S. 1 erstreckt sich auf alle AG-Künd. Die Vorschrift gilt sowohl für außer- auch als auch ordentliche Künd sowie Änderungs-Künd, die der AN nicht unter Vorbehalt (§ 2 KSchG) angenommen hat.
Es muss sich um eine wirksame Künd handeln.[7] Im fortbestehenden Arbverh folgt der Anspruch des AN ausschließlich aus § 3.[8] Unerheblich ist, woraus sich die Wirksamkeit der Künd ergibt. Somit ist auch die Fiktion der Wirksamkeit gem. § 7 KSchG erfasst, die bei der Versäumung der Klagefrist des § 4 KSchG durch den AN eintritt.[9]

b) Andere Beendigungstatbestände (Analoge Anwendung). aa) Abwicklungs- und Aufhebungsverträge. Eine Aufhebungsvereinbarung stellt eine Vereinbarung über die Beendigung des Arbverh ohne vorherige Künd dar. Im Gegensatz hierzu ist der Abwicklungsvertrag dadurch gekennzeichnet, dass er lediglich die Folgen der Beendigung des Arbverh regelt. Er setzt somit einen anderweitigen Beendigungstatbestand (zumeist die arbeitgeberseitige Künd) voraus. Insoweit kann zwischen dem „echten" und dem „unechten" Abwicklungsvertrag unterschieden werden. Der in der Praxis selten vorkommende echte Abwicklungsvertrag liegt vor, wenn der AG zunächst kündigt und erst dann eine Absprache der Arbeitsvertragsparteien über die Modalitäten der Vertragsbeendigung erfolgt. Ein „unechter Abwicklungsvertrag" ist gegeben, wenn sich AG und AN schon vor Ausspruch der Künd auf eine Beendigung des Arbverh, meist gegen Zahlung einer Abfindung, verständigt haben.[10]

Auf den echten Abwicklungsvertrag ist Abs. 1 S. 1 unmittelbar anwendbar. Denn das Arbverh endet durch die Künd des AG.[11]

Dagegen endet das Arbverh bei Aufhebungs- und unechten Abwicklungsverträgen aufgrund der zwischen den Parteien getroffenen Absprache und nicht durch die Künd des AG. In Betracht kommt insoweit nur eine analoge Anwendung des Abs. 1 S. 1. Eine Analogie setzt eine Regelungslücke voraus. In Bezug auf die gleich lautende Vorgängervorschrift des § 6 Abs. 1 S. 1 LohnFG hat es das BAG offen gelassen, ob die Vorschrift analog anzuwenden war.[12] Im Hinblick auf den klaren Wortlaut der Vorschrift und den Umstand, dass der Gesetzgeber bei der Verabschiedung des EFZG eben keine Anpassung des Wortlautes vorgenommen hat, kann das EFZG jedenfalls jetzt nicht mehr als lückenhaft angesehen werden. Abs. 1 S. 1 ist daher auf Aufhebungs- und unechte Abwicklungsverträge nicht analog anwendbar.[13]

Im Fall des § 1a KSchG ist Abs. 1 S. 1 anwendbar, wenn der Kündigung des AGs keine Absprache mit dem AN über die Zahlung einer Abfindung vorausgegangen ist. Waren sich die Arbeitsvertragsparteien bei Ausspruch der Künd dagegen bereits einig, nach § 1a KSchG zu verfahren, ist Abs. 1 S. 1 weder unmittelbar noch analog heranzuziehen.

---

6 BAG 17.4.2002 – 5 AZR 2/01– NZA 2002, 899; BAG 26.5.1999 – 5 AZR 476/98 – NZA 1999, 1273.
7 *Schmitt*, § 8 Rn 12; ErfK/*Dörner*, § 8 EFZG Rn 3; *Treber*, § 8 Rn 6.
8 *Vogelsang*, Rn 226.
9 BAG 28.11.1979 – 5 AZR 849/77 – EzA § 6 LohnFG Nr. 11; BAG 26.4.1978 – 5 AZR 7/77 – EzA § 6 LohnFG Nr. 8; HzA/*Vossen*, Rn 392.
10 Vgl. zur begrifflichen Unterscheidung *Gaul*, BB 2003, 2457.
11 BAG 20.8.1980 – 5 AZR 896/78 – DB 1981, 219 (das BAG geht insoweit allerdings von einer analogen Anwendung aus); BAG 28.11.1979 – 5 AZR 955/77 – EzA § 6 LohnFG Nr. 12.
12 BAG 28.11.1979 – 5 AZR 955/77 – EzA § 6 LohnFG Nr. 12.
13 *Vogelsang*, Rn 231; ErfK/*Dörner*, § 8 EFZG Rn 16; *Treber*, § 8 Rn 11; a.A. HzA/*Vossen*, Rn 411; *Schmitt*, § 8 Rn 20 ff.; *Worzalla/Süllwald*, § 8 Rn 12.

12 **bb) Anfechtung des Arbeitsvertrages.** Erklärt der AG die Anfechtung seiner zum Vertragsschluss führenden Willenserklärung, endet das Arbverh nicht durch Künd. § 8 ist weder unmittelbar noch entsprechend anwendbar.[14] Dies gilt auch dann, wenn der AG die Anfechtung im unmittelbaren zeitlichen Zusammenhang mit der Erkrankung des AN ausspricht.

13 **cc) Auflösung des Arbeitsverhältnisses nach §§ 9, 10 KSchG.** Wird das Arbverh durch gerichtliches Urteil aufgelöst, endet das Arbverh nicht durch die Künd des AG. Denn die Auflösung setzt die Feststellung des Gerichts voraus, dass das Arbverh durch die Künd nicht aufgelöst worden ist (§ 9 Abs. 1 S. 1 KSchG). Abs. 1 S. 1 ist daher nicht unmittelbar anzuwenden. Auch eine analoge Heranziehung scheidet ebenso wie beim Aufhebungsvertrag mangels Regelungslücke aus.[15]

14 **2. Aus Anlass der Arbeitsunfähigkeit.** Der Begriff „aus Anlass" ist entsprechend dem Schutzzweck der Norm weit auszulegen.[16] Die Arbeitsunfähigkeit des AN muss nicht die einzige Ursache der Künd sein. Nach der st. Rspr. des BAG hat der AG die Künd aus Anlass der Arbeitsunfähigkeit des AN ausgesprochen, wenn sich die Arbeitsunfähigkeit als eine die Künd wesentlich mitbestimmende Bedingung darstellt. Die Arbeitsunfähigkeit muss weder der erklärte Grund oder das alleinige Motiv noch der unmittelbare Beweggrund sein.[17]

15 **a) Maßgeblicher Zeitpunkt.** Maßgeblicher Zeitpunkt für die Beurteilung, ob eine Anlass-Künd vorliegt, ist der Ausspruch der Künd. Es kommt also nicht auf den Zugang an, sondern darauf, wann die Künd den Machtbereich des AG verlässt.[18]

Grds. muss der AN bei Ausspruch der Künd bereits arbeitsunfähig erkrankt sein. Andernfalls ist die Arbeitsunfähigkeit im Regelfall nicht der Anlass der Künd.[19]

16 Von dem Erfordernis der bestehenden Arbeitsunfähigkeit bei Ausspruch der Künd ist eine Ausnahme zu machen, wenn der AG mit der bevorstehenden Arbeitsunfähigkeit sicher rechnen muss.[20] Dies gilt insb. für Fälle, in denen der AN dem AG angezeigt hat, dass er sich einer Operation unterziehen wird.

17 **b) Kenntnis des Arbeitgebers.** Die Anlass-Künd setzt grds. im maßgeblichen Zeitpunkt die Kenntnis des AG von der (bevorstehenden) Arbeitsunfähigkeit des AN voraus.[21] § 8 findet daher keine Anwendung, wenn der AG über die Erkrankung des AN nicht unterrichtet ist oder irrtümlich annimmt, ein in Wirklichkeit gesunder AN sei arbeitsunfähig erkrankt. Dem AG ist die Kenntnis kündigungsberechtigter Personen zuzurechnen.[22] Darüber hinaus findet eine Zurechnung auch für Personen statt, die nach den Weisungen des AG zur Entgegennahme von Krankmeldungen zuständig sind.[23]

18 Ausnahmsweise ist nach der Rspr. des BAG die Kenntnis des AG von der Arbeitsunfähigkeit des AN nicht erforderlich, wenn der AG vor Ablauf der Nachweisfrist des § 5 Abs. 1 kündigt. Ansonsten wäre der rasch handelnde AG gegenüber dem AG, der erst nach angezeigter und nachgewiesener Arbeitsunfähigkeit kündigt, im Vorteil.[24] Gleiches gilt im Fall der Fortsetzungserkrankung.[25]

19 **c) Einzelfälle. aa) Betriebsbedingte Kündigung.** Dem AG ist es unbenommen, dem AN während dessen Arbeitsunfähigkeit eine betriebsbedingte Künd auszusprechen. Ein bloßer zeitlicher Zusammenhang zwischen Arbeitsunfähigkeit und Künd genügt für die Annahme einer Anlass-Künd nicht.[26] Dagegen liegt eine Künd aus Anlass der Arbeitsunfähigkeit des AN vor, wenn der AG ohne Rücksicht auf eine soziale Auswahl das Arbverh gerade des erkrankten AN kündigt.[27]

20 **bb) Störungen im Betriebsablauf.** Kündigt der AG, um betriebliche Störungen, die durch das Fehlen des erkrankten AN eingetreten sind, zu beseitigen, liegt eine Anlass-Künd vor.[28]

21 **cc) Verhaltensbedingte Kündigung.** Der AG kann auch während der Arbeitsunfähigkeit des AN verhaltensbedingt kündigen. Dies wird insb. bei einer Verletzung der Anzeige- und Nachweispflicht nach § 5 Abs. 1 durch

---

14 *Vogelsang*, Rn 233; a.A. *Schmitt*, § 8 Rn 63.
15 A.A. ErfK/*Dörner*, § 8 EFZG Rn 14; *Treber*, § 8 Rn 12; *Vogelsang*, Rn 234.
16 BAG 28.5.1998 – 6 AZR 349/96 – NZA 1998, 1015; *Schmitt*, § 8 Rn 28; ErfK/*Dörner*, § 8 EFZG Rn 6; *Vogelsang*, Rn 238.
17 BAG 28.5.1998 – 6 AZR 349/96 – NZA 1998, 1015; BAG 28.11.1979 – 5 AZR 725/77 – EzA § 6 LohnFG Nr. 10.
18 BAG 20.8.1980 – 5 AZR 896/78 – EzA § 6 LohnFG Nr. 17; *Vogelsang*, Rn 235.
19 BAG 20.8.1980 – 5 AZR 896/78 – EzA § 6 LohnFG Nr. 17; *Vogelsang*, Rn 235.
20 BAG 17.4.2002 – 5 AZR 2/01 – NZA 2002, 899.
21 BAG 17.4.2002 – 5 AZR 2/01 – NZA 2002, 899; BAG 20.8.1980 – 5 AZR 896/78 – EzA § 6 LohnFG Nr. 17.
22 *Vogelsang*, Rn 244.
23 HzA/*Vossen*, Rn 401.
24 BAG 26.4.1978 – 5 AZR 5/77 – EzA § 6 LohnFG Nr. 7; krit. *Müller-Glöge*, RdA 2006, 105, 111; HWK/*Schliemann*, § 8 EFZG Rn 20.
25 BAG 29.8.1980 – 5 AZR 1051/79 – EzA § 6 LohnFG Nr. 13; *Schmitt*, § 8 Rn 42 f.
26 ErfK/*Dörner*, § 8 EFZG Rn 7; *Vogelsang*, Rn 242.
27 BAG 28.11.1979 – 5 AZR 725/77 – EzA § 6 LohnFG Nr. 10.
28 BAG 26.10.1971 – 1 AZR 40/71 – EzA § 6 LohnFG Nr. 2.

den AN in Betracht kommen. Die Pflichtverletzung muss dabei aber unter Berücksichtigung aller Umstände ein solches Gewicht haben, dass sie einem vernünftigen AG Anlass für eine Künd geben kann.[29] Ist dies nicht der Fall, ist die Künd aus Anlass der Künd ausgesprochen.

III. Rechtsfolgen

Abs. 1 S. 1 soll dem AN den Anspruch auf Entgeltfortzahlung im Krankheitsfall auch dann sichern, wenn das Arbverh beendet ist.[30] Da nur eine Sicherung des Anspruchs, aber keine Erweiterung eintreten soll, ist die Dauer und die Höhe des Anspruchs zu ermitteln, indem die Beendigung des Arbverh weggedacht wird.[31] (Nur) Wenn der AN ohne die Beendigung des Arbverh einen Anspruch auf Entgeltfortzahlung im Krankheitsfall gehabt hätte, hat er auch einen Anspruch aus § 3 i.V.m. § 8 Abs. 1 S. 1.

1. Grundsatz der Einheit des Verhinderungsfalls. Daraus folgt, dass der AG verpflichtet ist, den Lohn des erkrankten AN bis zum Ende des Verhinderungsfalles zu zahlen, der Anlass der Künd war.[32] Ebenso wie im bestehenden Arbverh gilt der Grundsatz der Einheit des Verhinderungsfalles. Bilden mehrere Erkrankungen, die sich zeitlich überschneiden, einen einheitlichen Verhinderungsfall, endet die Lohnfortzahlungspflicht des AG erst mit Ablauf des Verhinderungsfalles bzw. der Frist des § 3 Abs. 1 S. 1.[33] Erkrankt der AN dagegen nach seiner zwischenzeitlichen Genesung an einem anderen Leiden, welches allein ursächlich für eine spätere Krankschreibung ist, ist die zweite Erkrankung nicht der Anlass der Künd gewesen.

2. Wartezeit (§ 3 Abs. 3). Endet das Arbverh vor Ablauf der Wartezeit des § 3 Abs. 3, ist der AG dennoch für die Zeit nach Ablauf der Wartezeit zur Entgeltfortzahlung verpflichtet, wenn die Künd aus Anlass der Arbeitsunfähigkeit des AN ausgesprochen worden ist.[34] Dies folgt aus dem Umstand, dass der AN im bestehenden Arbverh Anspruch auf Entgeltfortzahlung bis zur Dauer von sechs Wochen hat, wenn er während der Wartezeit erkrankt und die Arbeitsunfähigkeit über den Ablauf der Wartezeit hinaus andauert.[35] Der AN wird somit so gestellt, als ob das Arbverh noch bestünde.

C. Regelungsgehalt des Abs. 1 S. 2

I. Überblick

Der AN hat auch dann einen Anspruch auf Entgeltfortzahlung über das Ende des Arbverh hinaus, wenn er das Arbverh selbst aus wichtigem Grund kündigt. Dem AG soll aus seinem vertragswidrigen Verhalten kein Vorteil erwachsen. Eine vergleichbare Regelung enthält § 628 Abs. 2 BGB.

II. Tatbestandselemente

1. Wirksame Kündigung. Abs. 1 S. 2 setzt eine wirksame Künd des Arbverh durch den AN voraus. Nicht erforderlich ist, dass es sich um eine außerordentliche Künd handelt. Die Vorschrift verlangt lediglich, dass ein Grund zur außerordentlichen Künd besteht, nicht dagegen, dass eine außerordentliche Künd ausgesprochen worden ist. Der Anwendungsbereich der Vorschrift erstreckt sich daher auch auf ordentliche Künd.[36]
Hinsichtlich der Frage, ob die Vorschrift auf andere Beendigungstatbestände analog anzuwenden ist, kann auf die obigen Ausführungen zu Abs. 1 S. 1 verwiesen werden (siehe Rn 9 ff.).

2. Wichtiger Grund. Dem AN muss ein wichtiger Grund zur Künd i.S.v. § 626 Abs. 1 BGB zur Verfügung gestanden haben.

Abs. 1 S. 2 stellt nur einen Bezug zu der Vorschrift des § 626 Abs. 1 BGB her. § 626 Abs. 2 BGB findet keine Anwendung.[37] Der Entgeltfortzahlungsanspruch des AN bleibt somit auch dann bestehen, wenn er nach Ablauf der Zwei-Wochen-Frist kündigt.

3. Arbeitsunfähigkeit im Zeitpunkt der Kündigung. Der AN muss im Zeitpunkt der Künd-Erklärung arbeitsunfähig erkrankt sein.[38] Dies folgt aus dem Verweis auf Abs. 1 S. 1. Erkrankt der AN nach Ausspruch der Künd, kommt ein Schadenersatzanspruch nach § 628 Abs. 2 BGB in Betracht.

---

29 BAG 29.8.1980 – 5 AZR 1051/79 – EzA § 6 LohnFG Nr. 13; *Vogelsang*, Rn 242.
30 ErfK/*Dörner*, § 8 EFZG Rn 1; *Vogelsang*, Rn 234.
31 BAG 26.5.1999 – 5 AZR 476/98 – NZA 1999, 1273.
32 BAG 2.12.1981 – 5 AZR 953/79 – EzA § 6 LohnFG Nr. 20.
33 HzA/*Vossen*, Rn 406 f.; *Vogelsang* Rn 260.
34 BAG 17.4.2002 – 5 AZR 2/01 – NZA 2002, 899; ErfK/*Dörner*, § 8 EFZG Rn 9.
35 BAG 20.8.2003 – 5 AZR 436/02 – AP § 3 EFZG Nr. 20; BAG 26.5.1999 – 5 AZR 476/98 – AP § 3 EFZG Nr. 10.
36 ErfK/*Dörner*, § 8 EFZG Rn 11; *Vogelsang* Rn 253; HzA/*Vossen*, Rn 412.
37 ErfK/*Dörner*, § 8 EFZG Rn 11.
38 *Vogelsang*, Rn 258.

D. Regelungsgehalt des Abs. 2 EFZG

30 Abs. 2 kommt lediglich eine klarstellende Funktion zu.[39] Schon aus § 3 Abs. 1 S. 1 folgt, dass der Anspruch auf Entgeltfortzahlung grds. (d.h. wenn nicht die Voraussetzungen des Abs. 1 vorliegen) ein bestehendes Arbverh voraussetzt.[40]

E. Darlegungs- und Beweislast

I. Abs. 1 S. 1

31 Der **AN** muss nach allgemeinen Regeln zur Beweislast die anspruchsbegründenden Tatsachen darlegen und beweisen. Ihn trifft daher die Beweislast für das Vorliegen einer Anlass-Künd.[41]

32 Allerdings können ihm die Grundsätze des **Anscheinsbeweises** zugute kommen. Kündigt der AG im zeitlichen Zusammenhang mit der Krankmeldung oder der Anzeige der Fortdauer der Arbeitsunfähigkeit, ist von einem Beweis des ersten Anscheins für eine Anlass-Künd auszugehen.[42] Den Anscheinsbeweis kann der AG dadurch erschüttern, dass er Tatsachen vorträgt und ggf. beweist, aus denen sich ergibt, dass andere Gründe seinen Künd-Entschluss bestimmt haben.[43] Eine derartige Erschütterung ist z.B. anzunehmen, wenn der AG im Künd-Zeitpunkt mit der Durchführung von Massenentlassungen begonnen hatte.[44]

33 Das Risiko der Nichterweislichkeit der anspruchsbegründenden Tatsachen (non liquet) trägt der AN als beweisbelastete Partei.[45]

II. Abs. 1 S. 2

34 Der AN ist darlegungs- und beweispflichtig für den Ausspruch einer Künd und die Tatsachen, aus denen ein wichtiger Grund für die Künd folgen soll.[46]

F. Beraterhinweise

35 Hat der AG eine verhaltensbedingte Künd ausgesprochen, bezeichnen die Arbeitsvertragsparteien im Fall einer vergleichsweisen Einigung die Künd nicht selten als betriebsbedingt. Die Vorteile, die sich beide Parteien hiervon versprechen, treten nicht ein. Die BA ist hinsichtlich der Feststellung einer Sperrzeit wegen Arbeitsaufgabe (§ 144 Abs. 1 Nr. 1 SGB III) an eine derartige Umbenennung des Künd-Grundes nicht gebunden.[47] Hat sich der AG zu der Zahlung einer (erhöhten) Abfindung bereit erklärt, um der Entgeltfortzahlungspflicht nach § 3 i.V.m. § 8 Abs. 1 S. 1 zu entgehen, handelt es sich um eine verdeckte Entgeltfortzahlung, die weder steuerbegünstigt noch abgabenfrei ist. Sozialversicherungsrechtlich besteht das Beschäftigungsverhältnis bis zum Ablauf der Entgeltfortzahlungspflicht des AG fort.[48]

---

§ 9 Maßnahmen der medizinischen Vorsorge und Rehabilitation

(1) ¹Die Vorschriften der §§ 3 bis 4a und 6 bis 8 gelten entsprechend für die Arbeitsverhinderung infolge einer Maßnahme der medizinischen Vorsorge oder Rehabilitation, die ein Träger der gesetzlichen Renten-, Kranken- oder Unfallversicherung, eine Verwaltungsbehörde der Kriegsopferversorgung oder ein sonstiger Sozialleistungsträger bewilligt hat und die in einer Einrichtung der medizinischen Vorsorge oder Rehabilitation durchgeführt wird. ²Ist der Arbeitnehmer nicht Mitglied einer gesetzlichen Krankenkasse oder nicht in der gesetzlichen Rentenversicherung versichert, gelten die §§ 3 bis 4a und 6 bis 8 entsprechend, wenn eine Maßnahme der medizinischen Vorsorge oder Rehabilitation ärztlich verordnet worden ist und in einer Einrichtung der medizinischen Vorsorge oder Rehabilitation oder einer vergleichbaren Einrichtung durchgeführt wird.

(2) Der Arbeitnehmer ist verpflichtet, dem Arbeitgeber den Zeitpunkt des Antritts der Maßnahme, die voraussichtliche Dauer und die Verlängerung der Maßnahme im Sinne des Absatzes 1 unverzüglich mitzuteilen und ihm

a) eine Bescheinigung über die Bewilligung der Maßnahme durch einen Sozialleistungsträger nach Absatz 1 Satz 1 oder

---

39 *Vogelsang*, Rn 223 und 263.
40 BAG 17.4.2002 – 5 AZR 2/01 – NZA 2002, 899.
41 ErfK/*Dörner*, § 8 EFZG Rn 180; *Vogelsang* Rn 248; HzA/*Vossen*, Rn 410.
42 BAG 29.8.1980 – 5 AZR 1051/79 – EzA § 6 LohnFG Nr. 13; vgl. auch BAG 5.2.1998 – 2 AZR 270/97 – NZA 1998, 644.
43 BAG 29.8.1980 – 5 AZR 1051/79 – EzA § 6 LohnFG Nr. 13; vgl. auch BAG 5.2.1998 – 2 AZR 270/97 – NZA 1998, 644.
44 HzA/*Vossen*, Rn 410.
45 ErfK/*Dörner*, § 8 EFZG Rn 10; *Vogelsang* Rn 251.
46 ErfK/*Dörner*, § 8 EFZG Rn 11; *Vogelsang* Rn 259.
47 Vgl. SG Aachen 24.10.2003 – S 8 AL 57/03 – n.v.
48 HzA/*Vossen*, Rn 409/1.

b) eine ärztliche Bescheinigung über die Erforderlichkeit der Maßnahme im Sinne des Absatzes 1 Satz 2 unverzüglich vorzulegen.

A. Allgemeines	1	a) Gesetzlich versicherte Arbeitnehmer (Abs. 1 S. 1)	13
B. Regelungsgehalt des 9 Abs. 1	4	b) Gesetzlich nicht versicherte Arbeitnehmer (Abs. 1 S. 2)	16
I. Maßnahmen	4		
1. Medizinische Vorsorge	5	3. Durchführung	17
2. Medizinische Rehabilitation	7	III. Verweisung auf §§ 3 bis 4a und 6 bis 8	18
II. Bewilligung und Durchführung	9	C. Anzeige- und Nachweispflichten (Abs. 2)	23
1. Träger der Maßnahme	9	I. Anzeigepflicht	24
a) Gesetzlich versicherte Arbeitnehmer (Abs. 1 S. 1)	9	II. Nachweispflicht	25
b) Gesetzlich nicht versicherte Arbeitnehmer (Abs. 1 S. 2)	12	III. Rechtsfolgen der Verletzung der Pflichten durch den Arbeitnehmer	28
2. Bewilligung	13	D. Beraterhinweise	30

A. Allgemeines

Der AN, der sich einer Maßnahme der medizinischen Vorsorge oder Rehabilitation unterzieht, hat nach § 9 Anspruch auf Entgeltfortzahlung. Der Anspruch besteht unabhängig davon, ob der AN in dieser Zeit arbeitsunfähig erkrankt ist. Abs. 1 soll dem AN den Vergütungsanspruch auch dann erhalten, wenn er sich einer Kur unterziehen muss, aber nicht arbeitsunfähig erkrankt ist. Allerdings ist Abs. 1 als gegenüber § 3 Abs. 1 speziellere Vorschrift auch dann anzuwenden, wenn der AN während der Maßnahme arbeitsunfähig erkrankt ist.[1]

Abs. 1 S. 1 bezieht sich auf die Mitglieder einer gesetzlichen Krankenkasse und/oder die in der gesetzlichen Rentenversicherung versicherten AN. Abs. 1 S. 2 behandelt den Anspruch der AN, die nicht derart versichert sind.

Abs. 2 legt dem AN in Anlehnung an § 5 Abs. 1 Anzeige- und Nachweispflichten auf.

B. Regelungsgehalt des 9 Abs. 1

I. Maßnahmen

Erfasst sind Maßnahmen der medizinischen Vorsorge oder Rehabilitation. Einer im Sozialrecht nicht immer ganz einfach vorzunehmenden Abgrenzung beider Begriffe bedarf es nicht.[2]

Der Begriff „medizinisch" bezieht sich auf beide Maßnahmen, d.h. auch auf die Rehabilitation.[3] Daher besteht bei Maßnahmen der beruflichen und sozialen Rehabilitation kein Entgeltfortzahlungsanspruch.[4]

1. Medizinische Vorsorge. Unter welchen Voraussetzungen die gesetzlichen Krankenkassen medizinische Vorsorgeleistungen zu erbringen haben, ergibt sich aus § 23 SGB V. § 23 Abs. 2 SGB V behandelt die ambulante Versorgung, während sich § 23 Abs. 4 SGB V mit der stationären Unterbringung in einer Vorsorgeeinrichtung befasst. Auch Vorsorgekuren für Mütter und Väter nach § 24 SGB V sind Maßnahmen der medizinischen Vorsorge.[5]

Die Rentenversicherung erbringt Maßnahmen der medizinischen Vorsorge nach § 31 Abs. 1 Nr. 2 SGB VI. Danach können Versicherte, die eine besonders gesundheitsgefährdende, ihre Erwerbsfähigkeit ungünstig beeinflussende Beschäftigung ausüben, stationäre medizinische Leistungen zur Sicherung der Erwerbsfähigkeit in Anspruch nehmen.

Im Bereich der sog. Kriegsopferversorgung werden stationäre Behandlungen nach Maßgabe des § 11 Abs. 2 BVG gewährt.

2. Medizinische Rehabilitation. Leistungen der medizinischen Rehabilitation führen die gesetzlichen Krankenkassen nach § 40 SGB V durch. Die stationäre Rehabilitation wird von § 40 Abs. 2 SGB V erfasst. Die von den Rentenversicherungsträgern zu erbringenden medizinischen Rehabilitationsmaßnahmen ergeben sich aus §§ 9, 15 SGB VI, die der Unfallversicherungsträger aus §§ 27, 33, 34 SGB VII.

Entziehungskuren für Alkohol- oder Drogenabhängige stellen ebenso medizinische Rehabilitationsmaßnahmen dar wie Kuren im Anschluss an eine Sterilisation oder einen Schwangerschaftsabbruch.[6] Der Anwendungsbereich der Vorschrift erstreckt sich dagegen nicht auf Kuren, die lediglich der Verbesserung des Allgemeinbefindens dienen.[7]

---

1 HzA/*Vossen*, Rn 415; *Treber*, § 9 Rn 1.
2 *Vogelsang*, Rn 741; ErfK/*Dörner*, § 9 EFZG Rn 3.
3 *Schmitt*, § 9 Rn 20; *Vogelsang*, Rn 737; ErfK/*Dörner*, § 9 EFZG Rn 4.
4 BT-Drucks 12/5263, S. 15; *Vogelsang*, Rn 737; ErfK/*Dörner*, § 9 EFZG Rn 4.
5 *Vogelsang*, Rn 738; *Feichtinger/Malkmus*, § 9 Rn 9; *Treber*, § 9 Rn 9.
6 HzA/*Vossen*, Rn 421; *Vogelsang*, Rn 740; *Treber*, § 9 Rn 12 f.
7 Kaiser u.a./*Dunkel*, § 9 Rn 19; *Treber*, § 9 Rn 8.

II. Bewilligung und Durchführung

9 **1. Träger der Maßnahme. a) Gesetzlich versicherte Arbeitnehmer (Abs. 1 S. 1).** Leistungsträger der gesetzlichen Krankenversicherung sind nach § 21 Abs. 2 SGB I die Orts-, Betriebs- und Innungskrankenkassen, die See-Krankenkasse, die landwirtschaftlichen Krankenkassen, die Bundesknappschaft und die Ersatzkassen. Leistungen der gesetzlichen Unfallversicherung erbringen die Berufsgenossenschaften und die weiteren in § 22 Abs. 2 SGB I aufgezählten Sozialleistungsträger. Die Leistungsträger der gesetzlichen Rentenversicherung ergeben sich aus § 23 SGB I. Darüber hinaus erfasst Abs. 1 S. 1 Verwaltungsbehörden der Kriegsopferversorgung.

10 Als „sonstige Leistungsträger" kommen nur öffentliche Leistungsträger in Betracht.[8] Angesprochen sind die Träger der Sozialhilfe (§ 28 Abs. 2 SGB I).

11 Der Leistungsträger muss den Anforderungen des § 107 Abs. 2 SGB V genügen.[9] Diese Vorschrift legt fest, welche Voraussetzungen Einrichtungen erfüllen müssen, damit sie als Vorsorge- oder Rehabilitationseinrichtungen eingestuft werden können.

12 **b) Gesetzlich nicht versicherte Arbeitnehmer (Abs. 1 S. 2).** Für gesetzlich nicht versicherte AN besteht ein Anspruch auf Entgeltfortzahlung, wenn die Maßnahme in einer Einrichtung der medizinischen Vorsorge oder Rehabilitation oder einer vergleichbaren Einrichtung durchgeführt wird. Die Vergleichbarkeit ist nur gegeben, wenn die Einrichtung die in § 107 Abs. 2 SGB V genannten Voraussetzungen erfüllt.[10]

13 **2. Bewilligung. a) Gesetzlich versicherte Arbeitnehmer (Abs. 1 S. 1).** Die gesetzlich versicherten AN können nach Abs. 1 S. 1 nur dann Entgeltfortzahlung verlangen, wenn ein Bewilligungsbescheid des Trägers vorliegt.

14 Die Maßnahme muss **vor** ihrem Antritt bewilligt worden sein.[11] Dies ergibt sich bereits aus dem Wortlaut der Vorschrift („bewilligt hat"). Darüber hinaus ergibt sich aus dem Verweis auf § 3 Abs. 1, dass eine Arbeitsverhinderung, die der Arbeitsunfähigkeit gleichgestellt ist, nur vorliegt, wenn ein Bescheid erlassen worden ist.[12] Schließlich ist auf den Sinn und Zweck der Regelung zu verweisen. Der AG soll in die Lage versetzt werden, rechtzeitig zu disponieren.[13]

15 AG (und ArbG) sind in aller Regel an den Bewilligungsbescheid gebunden. Sie haben nicht zu prüfen, ob die Voraussetzungen der Bewilligung tatsächlich vorlagen. Denn der Bewilligungsbescheid entfaltet als Verwaltungsakt **Tatbestandswirkung** (§ 39 Abs. 1, 2 SGB X).[14] Die Tatbestandswirkung tritt nur dann nicht ein, wenn der Verwaltungsakt nichtig ist (§ 39 Abs. 3, § 40 SGB X). Insoweit kann eine Prüfung des Bescheides durch AG und Arbeitsgerichte erfolgen.

16 **b) Gesetzlich nicht versicherte Arbeitnehmer (Abs. 1 S. 2).** Für gesetzlich nicht versicherte AN tritt an Stelle der Bewilligung die ärztliche Verordnung (Abs. 1 S. 2). Die ärztliche VO kann durch jeden approbierten Arzt erfolgen. Es besteht die freie Arztwahl.[15]

17 **3. Durchführung.** Nicht erforderlich ist, dass es sich um eine stationäre Maßnahme handelt.[16] Erfasst sind daher auch teilstationäre oder ambulante Maßnahmen.[17]

III. Verweisung auf §§ 3 bis 4a und 6 bis 8

18 – **§ 3:** Der Entgeltfortzahlungsanspruch nach § 9 besteht nur, wenn die Voraussetzungen des § 3 erfüllt sind. An die Stelle der Arbeitsunfähigkeit tritt das Tatbestandsmerkmal der Arbeitsverhinderung.

Ebenso wie die Arbeitsunfähigkeit für den Anspruch auf Entgeltfortzahlung im Krankheitsfall muss die Anordnung und Durchführung der Maßnahme allein ursächlich für die Arbeitsverhinderung sein.[18] Ist die Krankheit, auf der die Maßnahme beruht, oder die Maßnahme selbst durch den AN schuldhaft herbeigeführt, besteht kein Anspruch.[19]

Die Regelungen des § 3 über Beginn, Dauer und Ende des Entgeltfortzahlungsanspruches sind ebenfalls anwendbar. Wegen der Gleichsetzung von Arbeitsverhinderung und Arbeitsunfähigkeit besteht kein Anspruch des AN, wenn die Kur innerhalb der Fristen des § 3 Abs. 1 S. 2 zur Ausheilung einer bereits sechs Wochen andauernden Krankheit durchgeführt wird.[20] Dementsprechend besteht nur ein Anspruch auf drei Wochen aus § 9, wenn sich die Kur wegen desselben Leidens an eine dreiwöchige Erkrankung anschließt. Dies gilt auch für den umgekehrten Fall. Wird dem-

---

[8] Schmitt, § 9 Rn 40; Vogelsang, Rn 742; ErfK/Dörner, § 9 EFZG Rn 7.
[9] Vogelsang, Rn 746.
[10] HzA/Vossen, Rn 433; Vogelsang, Rn 750; ErfK/Dörner, § 9 EFZG Rn 11.
[11] ArbG Berlin 10.7.2002 – 30 Ca 6681/02 – LAGE § 10 BUrlG Nr. 4; Vogelsang, Rn 744; ErfK/Dörner, § 9 EFZG Rn 8; MünchArb/Boecken, Bd. 1, § 86 Rn 10.
[12] Vogelsang, Rn 744; ErfK/Dörner, § 9 EFZG Rn 8.
[13] MünchArb/Boecken, Bd. 1, § 86 Rn 11.
[14] Vogelsang, Rn 743; ErfK/Dörner, § 9 EFZG Rn 8.
[15] Schmitt, § 9 Rn 76; Vogelsang, Rn 749; MünchArb/Boecken, Bd. 1, § 86 Rn 12.
[16] Vgl. Art. 38 und 68 Abs. 1 SGB IX v. 19.6.2001, BGBl I S. 1046.
[17] HzA/Vossen, Rn 27 und 425; Vogelsang, Rn 745.
[18] Vogelsang, Rn 754.
[19] ErfK/Dörner, § 9 EFZG Rn 14; Treber, § 9 Rn 27.
[20] ErfK/Dörner, § 9 EFZG Rn 14.

nach der AN nach einer sechswöchigen Vorsorgemaßnahme wegen einer Krankheit, zu deren Abwendung die Maßnahme bewilligt worden war, arbeitsunfähig, besteht kein Anspruch auf Entgeltfortzahlung im Krankheitsfall nach § 3.[21]

Der Sozialversicherungsträger, der die Maßnahme durchführt, ist gegenüber dem AG nicht verpflichtet, dafür zu sorgen, dass diese innerhalb der Fristen des § 3 Abs. 1 S. 2 durchgeführt werden, um einen erneuten Entgeltfortzahlungsanspruch unter dem Gesichtspunkt der Wiederholungserkrankung zu vermeiden.[22] Das Verhalten des Sozialleistungsträgers, der gegen den AG aus übergegangenem Recht (§ 115 SGB X) vorgeht, kann jedoch im Einzelfall rechtsmissbräuchlich sein.[23]

– §§ 4, 4a: Die Höhe des fortzuzahlenden Arbeitsentgelts berechnet sich nach Maßgabe der §§ 4, 4a.

– § 6: Der AG kann einen Dritten in Anspruch nehmen, wenn dieser die Arbeitsverhinderung des AN schuldhaft herbeigeführt hat.

– § 7: Der AG kann die Fortzahlung des Arbeitsentgelts verweigern, solange der AN die Bescheinigung nach § 9 Abs. 2a) oder b) nicht vorlegt. Hat der AN den Übergang des Schadenersatzanspruches gegenüber einem Dritten auf den AG (§ 6) schuldhaft verhindert, steht dem AG ein endgültiges Leistungsverweigerungsrecht zu (zur entsprechenden Anwendung von § 7 siehe auch Rn 28).

– § 8: Unter den Voraussetzungen des § 8 besteht der Anspruch des AN auf Entgeltfortzahlung über den Beendigungszeitpunkt des Arbverh hinaus fort.

C. Anzeige- und Nachweispflichten (Abs. 2)

Abs. 2 erlegt dem AN als gegenüber § 5 Abs. 1 spezielle Vorschrift Anzeige- und Nachweispflichten auf.

I. Anzeigepflicht

Der AN ist verpflichtet, dem AG den Zeitpunkt des Antritts der Maßnahme, die voraussichtliche Dauer und die Verlängerung unverzüglich mitzuteilen. Unverzüglich bedeutet nach der Legaldefinition des § 121 Abs. 1 BGB „ohne schuldhaftes Zögern". Danach muss der AN dem AG die notwendigen Informationen zukommen lassen, sobald er den Termin für den Antritt der Maßnahme erfährt.[24] Maßgeblich ist der Zeitpunkt des Zugangs der Erklärung beim AG. Die Anzeige ist **formlos** möglich. Sie kann daher auch telefonisch erfolgen.

II. Nachweispflicht

Der AN hat im Fall des **Abs. 1 S. 1** unverzüglich eine Bescheinigung über die Bewilligung der Maßnahme durch einen Sozialleistungsträger vorzulegen. In der Bescheinigung ist der Name des betroffenen AN, die Tatsache der Bewilligung sowie der Leistungsträger, der die Maßnahme bewilligt hat, aufzuführen.[25] Wird dem AN eine Folgebescheinigung erteilt, besteht die gleiche Verpflichtung.[26]

Dem Wortlaut der Vorschrift ist zu entnehmen, dass die Bescheinigung die voraussichtliche Dauer der bewilligten Maßnahme nicht benennen muss.[27] Es muss abweichend von § 5 Abs. 1 S. 4 auch kein Hinweis erfolgen, dass die zuständige Krankenkasse unterrichtet worden ist.

Im Fall des **Abs. 1 S. 2** hat der AN eine ärztliche Bescheinigung unverzüglich vorzulegen. In ihr hat der Arzt die Maßnahme als erforderlich zu bezeichnen. Auch insoweit bedarf es nach dem Gesetzeswortlaut keiner Erklärung des Arztes zu der voraussichtlichen Dauer der Maßnahme. Sie ist jedoch sinnvoll.[28]

III. Rechtsfolgen der Verletzung der Pflichten durch den Arbeitnehmer

Verletzt der AN die **Nachweispflicht**, räumt Abs. 1 S. 1 i.V.m. § 7 Abs. 1 Nr. 1 dem AG ein **zeitweiliges Leistungsverweigerungsrecht** ein. Sobald der AN die Bescheinigung vorlegt, ist der AG zur (rückwirkenden) Entgeltfortzahlung verpflichtet. Erforderlich ist lediglich, dass die Bewilligung der Maßnahme vor deren Antritt erfolgt ist (vgl. oben Rn 14).

Bei Verletzung der **Anzeigepflicht** besteht **kein Leistungsverweigerungsrecht** des AG.[29]

Neben dem zeitweiligen Leistungsverweigerungsrecht kommt bei Verletzung der Anzeige- und Nachweispflichten der Ausspruch einer Abmahnung wegen der Verletzung vertraglicher Nebenpflichten in Betracht. Nach vorheriger Abmahnung kann je nach den Umständen des Falles eine ordentliche Künd sozial gerechtfertigt sein (§ 1 Abs. 2 S. 1 KSchG). Darüber hinaus kann ein Schadenersatzanspruch des AG aus 280 Abs. 1 S. 1 BGB (pVV) bestehen.

---

21 HzA/*Vossen*, Rn 437.
22 BAG 18.1.1995 – 5 AZR 818/93 – EzA § 7 LohnFG Nr. 5.
23 ArbG Stuttgart 4.9.1981 – 7 Ca 173/81 – AP § 7 LohnFG Nr. 6; HzA/*Vossen*, Rn 440.
24 HzA/*Vossen*, Rn 442.
25 *Vogelsang*, Rn 764.
26 *Vogelsang*, Rn 763; ErfK/*Dörner*, § 9 EFZG Rn 22.
27 HzA/*Vossen*, Rn 445.
28 Weitergehend *Schmitt*, § 9 Rn 99; *Vogelsang*, Rn 766.
29 HzA/*Vossen*, Rn 452; *Vogelsang*, Rn 771; ErfK/*Dörner*, § 9 EFZG Rn 23.

D. Beraterhinweise

30 Zu beachten ist, dass Maßnahmen der medizinischen Vorsorge oder Rehabilitation nach § 10 BUrlG nicht auf den Urlaub angerechnet werden dürfen, soweit ein Anspruch auf Fortzahlung des Arbeitsentgelts nach den gesetzlichen Vorschriften über die Entgeltfortzahlung im Krankheitsfall besteht. Anders als nach früherer Rechtslage besteht heute im Anschluss an eine Kur kein Anspruch des AN auf die Einräumung einer Schonungszeit unter Fortzahlung der Bezüge. Der AN hat jedoch nach Abs. 1 S. 2 BUrlG einen Anspruch auf Urlaubsgewährung.

§ 10 Wirtschaftliche Sicherung für den Krankheitsfall im Bereich der Heimarbeit

(1) ¹In Heimarbeit Beschäftigte (§ 1 Abs. 1 des Heimarbeitsgesetzes) und ihnen nach § 1 Abs. 2 Buchstabe a bis c des Heimarbeitsgesetzes Gleichgestellte haben gegen ihren Auftraggeber oder, falls sie von einem Zwischenmeister beschäftigt werden, gegen diesen Anspruch auf Zahlung eines Zuschlags zum Arbeitsentgelt. ²Der Zuschlag beträgt

1. für Heimarbeiter, für Hausgewerbetreibende ohne fremde Hilfskräfte und die nach § 1 Abs. 2 Buchstabe a des Heimarbeitsgesetzes Gleichgestellten 3,4 vom Hundert,
2. für Hausgewerbetreibende mit nicht mehr als zwei fremden Hilfskräften und die nach § 1 Abs. 2 Buchstabe b und c des Heimarbeitsgesetzes Gleichgestellten 6,4 vom Hundert

des Arbeitsentgelts vor Abzug der Steuern, des Beitrags zur Bundesagentur für Arbeit und der Sozialversicherungsbeiträge ohne Unkostenzuschlag und ohne die für den Lohnausfall an gesetzlichen Feiertagen, den Urlaub und den Arbeitsausfall infolge Krankheit zu leistenden Zahlungen. Der Zuschlag für die unter Nummer 2 aufgeführten Personen dient zugleich zur Sicherung der Ansprüche der von ihnen Beschäftigten.

(2) Zwischenmeister, die den in Heimarbeit Beschäftigten nach § 1 Abs. 2 Buchstabe d des Heimarbeitsgesetzes gleichgestellt sind, haben gegen ihren Auftraggeber Anspruch auf Vergütung der von ihnen nach Absatz 1 nachweislich zu zahlenden Zuschläge.

(3) Die nach den Absätzen 1 und 2 in Betracht kommenden Zuschläge sind gesondert in den Entgeltbeleg einzutragen.

(4) ¹Für Heimarbeiter (§ 1 Abs. 1 Buchstabe a des Heimarbeitsgesetzes) kann durch Tarifvertrag bestimmt werden, daß sie statt der in Absatz 1 Satz 2 Nr. 1 bezeichneten Leistungen die den Arbeitnehmern im Falle ihrer Arbeitsunfähigkeit nach diesem Gesetz zustehenden Leistungen erhalten. ²Bei der Bemessung des Anspruchs auf Arbeitsentgelt bleibt der Unkostenzuschlag außer Betracht.

(5) ¹Auf die in den Absätzen 1 und 2 vorgesehenen Zuschläge sind die §§ 23 bis 25, 27 und 28 des Heimarbeitsgesetzes, auf die in Absatz 1 dem Zwischenmeister gegenüber vorgesehenen Zuschläge außerdem § 21 Abs. 2 des Heimarbeitsgesetzes entsprechend anzuwenden. ²Auf die Ansprüche der fremden Hilfskräfte der in Absatz 1 unter Nummer 2 genannten Personen auf Entgeltfortzahlung im Krankheitsfall ist § 26 des Heimarbeitsgesetzes entsprechend anzuwenden.

A. Allgemeines	1	D. Eintrag in den Entgeltbeleg (Abs. 3)	16
B. Regelung für die in Heimarbeit Beschäftigten (Abs. 1)	6	E. Anwendbare Vorschriften des HAG (Abs. 5)	18
I. Tatbestandselemente	6	F. Abweichende tarifvertragliche Regelungen (Abs. 4)	20
1. Anspruchsberechtigte	6	I. Personenkreis	21
2. Anspruchsverpflichtete	11	II. Tarifvertrag	22
II. Anspruchsinhalt	12	III. Inhalt des Tarifvertrages	24
C. Regelung für Zwischenmeister (Abs. 2)	14	G. Beraterhinweise	25

A. Allgemeines

1 Die Vorschrift soll den im Bereich der Heimarbeit Beschäftigten eine wirtschaftliche Sicherung für den Krankheitsfall verschaffen. Wie im Urlaubsrecht ist für diese Personengruppe eine den besonderen Bedingungen der Heimarbeit angepasste Sonderregelung geschaffen worden.

2 Der Gesetzgeber hat für die im Bereich der Heimarbeit Beschäftigten die sog. **gespaltene Lösung** gewählt. Sie können nenn den Zuschlag zum Arbeitsentgelt nach § 10 **und** Krankengeld beziehen.

3 Heimarbeiter und ihnen nach § 1 Abs. 2 HAG Gleichgestellte gelten nämlich gem. § 12 SGB IV sozialversicherungsrechtlich als Beschäftigte. Sie unterfallen daher gem. § 5 Abs. 1 Nr. 1 SGB V der gesetzlichen Pflichtversicherung. Dies gilt nur bei einer geringfügiger Beschäftigung nicht (§ 7 SGB V). Nach Maßgabe der §§ 44 SGB V haben sie einen Anspruch auf Krankengeld. Dieser besteht ab dem ersten Tag der Arbeitsunfähigkeit. Der Anspruch ruht nicht gem. § 49 Abs. 1 Nr. 1 SGB V, weil der Auftraggeber kein Arbeitsentgelt zahlt. Denn der Zuschlag nach § 10 stellt gem. § 2 Abs. 2 Nr. 1 ArbeitsentgeltVO sozialversicherungsrechtlich kein Arbeitsentgelt dar.

Beide Zahlungen zusammen sollen den erkrankten AN wirtschaftlich absichern. Gleichwohl besteht der Anspruch auf den Zuschuss nach § 10 auch dann, wenn der in Heimarbeit Beschäftigte kein Krankengeld bezieht.[1]

Der Anspruch nach § 10 setzt nicht voraus, dass der Anspruchsberechtigte arbeitsunfähig ist.[2] Der Zuschlag wird **unabhängig davon gezahlt, ob der Heimarbeiter arbeitsunfähig erkrankt ist.** Die Zahlung soll es dem Heimarbeiter ermöglichen, Rücklagen für den Krankheitsfall zu bilden. Ob er tatsächlich Rücklagen bildet, bleibt ihm überlassen. Der Anspruch wird mit dem laufenden Entgelt fällig und ist gleichzeitig mit diesem zu zahlen.[3]

B. Regelung für die in Heimarbeit Beschäftigten (Abs. 1)

I. Tatbestandselemente

1. Anspruchsberechtigte. Anspruchsberechtigt sind nach Abs. 1 S. 1 zunächst in **Heimarbeit Beschäftigte**. In Heimarbeit Beschäftigte sind gem. § 1 Abs. 1 HAG **Heimarbeiter und Hausgewerbetreibende**.

§ 2 Abs. 1 HAG bestimmt, dass Heimarbeiter ist, wer in selbstgewählter Arbeitsstätte (eigener Wohnung oder selbstgewählter Betriebsstätte) allein oder mit seinen Familienangehörigen im Auftrag von Gewerbetreibenden oder Zwischenmeistern erwerbsmäßig arbeitet, jedoch die Verwertung der Arbeitsergebnisse dem unmittelbar oder mittelbar auftraggebenden Gewerbetreibenden überlässt. Beschafft der Heimarbeiter die Roh- und Hilfsstoffe selbst, so wird hierdurch seine Eigenschaft als Heimarbeiter nicht beeinträchtigt.

Hausgewerbetreibender ist nach § 2 Abs. 2 HAG, wer in eigener Arbeitsstätte (eigener Wohnung oder Betriebsstätte) mit nicht mehr als zwei fremden Hilfskräften oder Heimarbeitern im Auftrag von Gewerbetreibenden oder Zwischenmeistern Ware herstellt, bearbeitet oder verpackt, wobei er selbst wesentlich am Stück mitarbeitet, jedoch die Verwertung der Arbeitsergebnisse dem unmittelbar oder mittelbar auftraggebenden Gewerbetreibenden überlässt. Beschafft der Hausgewerbetreibende die Roh- und Hilfsstoffe selbst oder arbeitet er vorübergehend unmittelbar für den Arbeitsmarkt, so wird hierdurch seine Eigenschaft als Hausgewerbetreibender nicht beeinträchtigt. Der Unterschied zum Heimarbeiter besteht darin, dass der Hausgewerbetreibende Kleinunternehmer ist.[4]

Darüber hinaus sind die den in Heimarbeit Beschäftigten nach § 1 Abs. 2a bis c HAG **Gleichgestellten** anspruchsberechtigt. Die Gleichstellung erfolgt nach § 1 Abs. 4 HAG durch den zuständigen Heimarbeitsausschuss. Sie hat zu erfolgen, wenn dies wegen der Schutzbedürftigkeit der Personen gerechtfertigt erscheint (§ 1 Abs. 2 S. 1 HAG). Für die Feststellung der Schutzbedürftigkeit ist das Ausmaß der wirtschaftlichen Abhängigkeit maßgebend (§ 1 Abs. 2 S. 2 HAG).

Nicht anspruchsberechtigt sind Familienangehörige eines in Heimarbeit Beschäftigten oder Gleichgestellten.

2. Anspruchsverpflichtete. Der Anspruch auf Zahlung des Zuschlags richtet sich gegen Auftraggeber oder, falls die Anspruchsberechtigten von einem Zwischenmeister beschäftigt werden, gegen diesen.

II. Anspruchsinhalt

Heimarbeiter, Hausgewerbetreibende ohne fremde Hilfskräfte und die nach § 1 Abs. 2a HAG Gleichgestellten erhalten 3,4 % des vereinbarten oder sich aus dem HAG ergebenden Entgelts. Maßgeblich ist das „Bruttoentgelt", d.h. das Entgelt vor Abzug der Steuern, des Beitrags zur BA und der Sozialversicherungsbeiträge. Abzuziehen sind allerdings der Unkostenzuschlag und die für den Urlaub und den Arbeitsausfall infolge Krankheit zu leistenden Zahlungen.

Hausgewerbetreibende mit nicht mehr als zwei fremden Hilfskräften und die nach § 1 Abs. 2a bis c HAG Gleichgestellten erhalten 6,4 %. Sie erhalten einen höheren Betrag, weil die Zahlung an sie zugleich der Sicherung der Ansprüche der bei ihnen Beschäftigten dient.[5]

C. Regelung für Zwischenmeister (Abs. 2)

Zwischenmeister ist nach § 2 Abs. 3 HAG, wer ohne AN zu sein, die ihm vom Gewerbetreibenden übertragene Arbeit an Heimarbeiter oder Hausgewerbetreibende weitergibt.

Für ihre eigene Tätigkeit erhalten Zwischenmeister weder nach Abs. 1 noch nach Abs. 2 einen Zuschlag. Zwischenmeister können nach § 1 Abs. 2d HAG den in Heimarbeit Beschäftigten gleichgestellt sein. In diesem Fall haben sie einen Anspruch gegen ihren Auftraggeber auf Vergütung der Zuschläge, die sie selbst nach Abs. 1 zahlen

---

1 *Feichtinger/Malkmus*, § 10 Rn 2.
2 *Feichtinger/Malkmus*, § 10 Rn 24; *Schmitt*, § 10 Rn 32; *Vogelsang*, Rn 957.
3 ErfK/*Dörner*, § 10 EFZG Rn 4; *Schmitt*, § 10 Rn 29; *Vogelsang*, Rn 957.
4 *Vogelsang*, Rn 941.
5 *Feichtinger/Malkmus*, § 10 Rn 30; *Vogelsang*, Rn 953.

müssen. Die nicht gleichgestellten Zwischenmeister haben keinen Anspruch auf einen Zuschuss gegen ihren Auftraggeber.

15 Die beim Zwischenmeister Beschäftigten i.S.v. Abs. 1 haben grds. nur gegen den Zwischenmeister einen Anspruch auf den Zuschuss. Den Auftraggeber des Zwischenmeisters können sie nicht unmittelbar in Anspruch nehmen. Ausnahmsweise besteht nach § 21 Abs. 2 HAG ein unmittelbarer Anspruch gegen den Auftraggeber, wenn er an den Zwischenmeister ein Entgelt zahlt, von dem er weiß oder den Umständen nach wissen muss, dass es zur Zahlung der in der Entgeltregelung festgelegten Entgelte an die Beschäftigten nicht ausreicht. Gleiches gilt, wenn der Auftraggeber an einen Zwischenmeister zahlt, dessen Unzuverlässigkeit er kennt oder kennen muss.

D. Eintrag in den Entgeltbeleg (Abs. 3)

16 Die Vorschrift bezieht sich auf § 9 HAG. Danach muss der Auftraggeber den Heimarbeitern Entgeltbücher aushändigen. In die Entgeltbücher, die bei den Beschäftigten verbleiben, sind bei jeder Ausgabe und Abnahme von Arbeit ihre Art und ihr Umfang, die Entgelte und die Tage der Ausgabe und der Lieferung einzutragen.

17 Die Eintragung der Zuschläge in den Entgeltbeleg nach Abs. 3 HAG ermöglicht dem Auftraggeber oder dem Zwischenmeister die Beweisführung, dass er die Zahlung tatsächlich vorgenommen hat.[6] Liegt keine Eintragung vor, kann der Beweis, dass trotzdem gezahlt worden ist, mit anderen Mitteln geführt werden. Dabei ist jedoch zu berücksichtigen, dass sich der Verpflichtete zuvor pflichtwidrig verhalten hat.[7]

E. Anwendbare Vorschriften des HAG (Abs. 5)

18 Nach Abs. 5 sind die wesentlichen Schutzvorschriften des siebten und achten Abschnitts des HAG zum Entgeltschutz entsprechend anwendbar. Danach hat die Oberste Arbeitsbehörde des Landes für eine wirksame Überprüfung der Entgelte und sonstigen Vertragsbedingungen durch Entgeltprüfer Sorge zu tragen (§ 23 Abs. 1 HAG). Sie kann den Auftraggeber bzw. Zwischenmeister zur Zahlung möglicher Minderbeträge auffordern (§ 24 HAG). § 25 HAG räumt den Ländern insoweit eine eigene Klagebefugnis ein. Der Pfändungsschutz für Vergütung aus einem Arbeits- oder Dienstverhältnis gilt entsprechend (§ 27 HAG).

19 Auf die Ansprüche der fremden Hilfskräfte (§ 2 Abs. 6 HAG) von Hausgewerbetreibenden und ihnen Gleichgestellten findet der besondere Entgeltschutz nach § 26 HAG entsprechende Anwendung.

F. Abweichende tarifvertragliche Regelungen (Abs. 4)

20 Das Gesetz erlaubt für einen Teilbereich abweichende Regelungen.

I. Personenkreis

21 Die Tariföffnungsklausel gilt in persönlicher Hinsicht nur für Heimarbeiter und Gleichgestellte. Sie findet nach ihrem eindeutigen Wortlaut nicht auf Hausgewerbetreibende Anwendung.[8]

II. Tarifvertrag

22 Die Abweichung kann nur durch TV erfolgen. Nicht möglich sind Regelungen durch BV oder einzelvertragliche Absprache. Nach § 17 Abs. 1 HAG gelten als TV auch schriftliche Vereinbarungen zwischen Gewerkschaften einerseits und Auftraggebern oder deren Vereinigungen andererseits über Inhalt, Abschluss oder Beendigung von Vertragsverhältnissen der in Heimarbeit Beschäftigten oder Gleichgestellten mit ihren Auftraggebern.

23 Die Anwendbarkeit setzt die Mitgliedschaft der Vertragsparteien in den entsprechenden Verbänden (§ 3 Abs. 1 TVG) oder die Erklärung der Allgemeinverbindlichkeit des TV (§ 5 TVG) voraus. Nicht möglich ist die einzelvertragliche Inbezugnahme des TV.[9] Dies folgt aus dem Wortlaut des Abs. 4 S. 1, der keine den Bestimmungen des § 4 Abs. 4 S. 2, 622 Abs. 4 S. 2 BGB oder § 13 Abs. 1 S. 2 BUrlG entsprechende Regelung enthält.

III. Inhalt des Tarifvertrages

24 Die inhaltliche Gestaltungsmöglichkeit der TV-Parteien ist beschränkt. Sie können lediglich die Art der Entgeltfortzahlung abweichend vom Gesetz regeln. Statt der Zahlung des Zuschusses kann die Zahlung der Entgeltfortzahlung nach den §§ 3 ff. vereinbart werden. Gem. Abs. 4 S. 2 hat bei der Bemessung des Anspruchs auf Arbeitsentgelt der Unkostenzuschlag außer Betracht zu bleiben. Der Gesetzgeber hat mit dieser Regelung berücksichtigt, dass es sich insoweit um eine Leistung mit Aufwendungsersatzcharakter handelt (vgl. auch § 4 Abs. 1a).[10]

---

6 ErfK/*Dörner*, § 10 EFZG Rn 7.
7 ErfK/*Dörner*, § 10 EFZG Rn 7; *Schmitt*, § 10 Rn 43.
8 *Schmitt*, § 10 Rn 45; *Vogelsang*, Rn 971.
9 *Schmitt*, § 10 Rn 50; *Vogelsang*, Rn 972; Kaiser u.a./*Hold*, § 10 Rn 39.
10 *Feichtinger/Malkmus*, § 10 Rn 44; *Vogelsang*, Rn 971.

G. Beraterhinweise

Der Zuschlag gem. Abs. 1 ist Arbeitsentgelt. Er ist daher pfändbar und abtretbar wie das sonstige Arbeitsentgelt.[11] Ein Verzicht auf den Zuschlag ist auch nach Beendigung des Vertragsverhältnisses ausgeschlossen.[12] Vergleiche über die tatsächlichen Voraussetzungen des Anspruchs und seiner Höhe sind jedoch möglich.[13] Im Gegensatz hierzu stellt der Zuschlag gem. § 1 Abs. 1 Nr. 5 SvEV sozialversicherungsrechtlich kein Arbeitsentgelt dar. Er ist daher beitragsfrei.

25

§ 11 Feiertagsbezahlung der in Heimarbeit Beschäftigten

(1) ¹Die in Heimarbeit Beschäftigten (§ 1 Abs. 1 des Heimarbeitsgesetzes) haben gegen den Auftraggeber oder Zwischenmeister Anspruch auf Feiertagsbezahlung nach Maßgabe der Absätze 2 bis 5. ²Den gleichen Anspruch haben die in § 1 Abs. 2 Buchstabe a bis d des Heimarbeitsgesetzes bezeichneten Personen, wenn sie hinsichtlich der Feiertagsbezahlung gleichgestellt werden; die Vorschriften des § 1 Abs. 3 Satz 3 und Abs. 4 und 5 des Heimarbeitsgesetzes finden Anwendung. ³Eine Gleichstellung, die sich auf die Entgeltregelung erstreckt, gilt auch für die Feiertagsbezahlung, wenn diese nicht ausdrücklich von der Gleichstellung ausgenommen ist.

(2) ¹Das Feiertagsgeld beträgt für jeden Feiertag im Sinne des § 2 Abs. 1 0,72 vom Hundert des in einem Zeitraum von sechs Monaten ausgezahlten reinen Arbeitsentgelts ohne Unkostenzuschläge. ²Bei der Berechnung des Feiertagsgeldes ist für die Feiertage, die in den Zeitraum vom 1. Mai bis 31. Oktober fallen, der vorhergehende Zeitraum vom 1. November bis 30. April und für die Feiertage, die in den Zeitraum vom 1. November bis 30. April fallen, der vorhergehende Zeitraum vom 1. Mai bis 31. Oktober zugrunde zu legen. ³Der Anspruch auf Feiertagsgeld ist unabhängig davon, ob im laufenden Halbjahreszeitraum noch eine Beschäftigung in Heimarbeit für den Auftraggeber stattfindet.

(3) ¹Das Feiertagsgeld ist jeweils bei der Entgeltzahlung vor dem Feiertag zu zahlen. ²Ist die Beschäftigung vor dem Feiertag unterbrochen worden, so ist das Feiertagsgeld spätestens drei Tage vor dem Feiertag auszuzahlen. ³Besteht bei der Einstellung der Ausgabe von Heimarbeit zwischen den Beteiligten Einvernehmen, das Heimarbeitsverhältnis nicht wieder fortzusetzen, so ist dem Berechtigten bei der letzten Entgeltzahlung das Feiertagsgeld für die noch übrigen Feiertage des laufenden sowie für die Feiertage des folgenden Halbjahreszeitraumes zu zahlen. ⁴Das Feiertagsgeld ist jeweils bei der Auszahlung in die Entgeltbelege (§ 9 des Heimarbeitsgesetzes) einzutragen.

(4) ¹Übersteigt das Feiertagsgeld, das der nach Absatz 1 anspruchsberechtigte Hausgewerbetreibende oder im Lohnauftrag arbeitende Gewerbetreibende (Anspruchsberechtigte) für einen Feiertag auf Grund des § 2 seinen fremden Hilfskräften (§ 2 Abs. 6 des Heimarbeitsgesetzes) gezahlt hat, den Betrag, den er auf Grund der Absätze 2 und 3 für diesen Feiertag erhalten hat, so haben ihm auf Verlangen seine Auftraggeber oder Zwischenmeister den Mehrbetrag anteilig zu erstatten. ²Ist der Anspruchsberechtigte gleichzeitig Zwischenmeister, so bleibt hierbei das für die Heimarbeiter oder Hausgewerbetreibenden empfangene und weiter gezahlte Feiertagsgeld außer Ansatz. ³Nimmt ein Anspruchsberechtigter eine Erstattung nach Satz 1 in Anspruch, so können ihm bei Einstellung der Ausgabe von Heimarbeit die erstatteten Beträge auf das Feiertagsgeld angerechnet werden, das ihm auf Grund des Absatzes 2 und des Absatzes 3 Satz 3 für die dann noch übrigen Feiertage des laufenden sowie für die Feiertage des folgenden Halbjahreszeitraumes zu zahlen ist.

(5) Das Feiertagsgeld gilt als Entgelt im Sinne der Vorschriften des Heimarbeitsgesetzes über Mithaftung des Auftraggebers (§ 21 Abs. 2), über Entgeltschutz (§§ 23 bis 27) und über Auskunftspflicht über Entgelte (§ 28); hierbei finden die §§ 24 bis 26 des Heimarbeitsgesetzes Anwendung, wenn ein Feiertagsgeld gezahlt ist, das niedriger ist als das in diesem Gesetz festgesetzte.

A. Allgemeines	1	II. Umfang und Fälligkeit des Anspruchs	9
B. Regelungsgehalt	2	1. Umfang	9
I. Tatbestandselemente	2	2. Fälligkeit	12
1. Anspruchsberechtigte	2	C. Sonderregelungen nach Abs. 4	13
2. Anspruchsverpflichtete	3	D. Entgeltschutz (Abs. 3 S. 4 und Abs. 5)	14
3. Keine Kausalität	4	E. Beraterhinweise	15
4. Feiertage	8		

---

11 *Feichtinger/Malkmus*, § 10 Rn 25; *Vogelsang*, Rn 954.
12 *Feichtinger/Malkmus*, § 10 Rn 34; *Schmitt*, § 10 Rn 30; *Vogelsang*, Rn 955.
13 *Feichtinger/Malkmus*, § 10 Rn 36.

A. Allgemeines

1 Die in Heimarbeit Beschäftigten erhalten anstelle der Entgeltzahlung an Feiertagen nach § 2 einen **pauschalisierten Zuschlag zum Entgelt**. Damit hat der Gesetzgeber ebenso wie bei der Entgeltfortzahlung im Krankheitsfall (§ 10) den Besonderheiten der Heimarbeit Rechnung getragen, die eine vollständige Übertragung der für AN geltenden Vorschrift des § 2 ausschließen.

B. Regelungsgehalt

I. Tatbestandselemente

2 **1. Anspruchsberechtigte.** Anspruchsberechtigt sind zunächst die in Heimarbeit Beschäftigten (Abs. 1 S. 1). Den gleichen Anspruch haben nach Abs. 1 S. 2 die nach § 1 Abs. 2 HAG gleichgestellten Personen. Voraussetzung ist, dass sie von dem zuständigen Heimarbeitsausschuss (§ 1 Abs. 4 HAG) oder der zuständigen Arbeitsbehörde (§ 1 Abs. 5 HAG) auch hinsichtlich der Feiertagsbezahlung gleichgestellt werden. Diese Gleichstellung entspricht der gängigen Praxis.[1] Eine Gleichstellung, die sich auf die Entgeltregelung erstreckt, gilt auch für die Feiertagsbezahlung, wenn diese nicht ausdrücklich von der Gleichstellung ausgenommen ist (Abs. 1 S. 3).

Der Kreis der Anspruchsberechtigten unterscheidet sich insoweit von der Regelung des § 10, als Abs. 1 auch die nach § 1 Abs. 2d HAG gleichgestellten Zwischenmeister erfasst.

3 **2. Anspruchsverpflichtete.** Der Anspruch richtet sich gegen den Auftraggeber oder den Zwischenmeister (§ 2 Abs. 3 HAG). Ist der Zwischenmeister den in Heimarbeit Beschäftigten gleichgestellt, ist er zugleich Anspruchsberechtigter (gegen seinen Auftraggeber) und Anspruchsverpflichteter (gegenüber seinen Beschäftigten). Der eigene Anspruch des Zwischenmeisters dient anders als bei § 10 Abs. 2 nicht der Weitergabe an seine Beschäftigten.

4 **3. Keine Kausalität.** Nach der Rspr. des BAG muss der Feiertag die alleinige Ursache für den Arbeitsausfall sein.[2] Die überwiegende Auffassung im Schrifttum folgt dieser Rspr. und nimmt an, dass Abs. 2 lediglich die Höhe des Anspruchs regelt, während sich die Anspruchsvoraussetzungen aus § 2 ergeben sollen.[3]

5 Die h.M. vermag nicht zu überzeugen. **Eine Kausalitätsprüfung ist nicht erforderlich.**[4] § 11 enthält ebenso wie § 10 eine **Abgeltungsregel**. Ebenso wenig wie es bei § 10 darauf ankommt, ob und wann eine Arbeitsunfähigkeit gegeben ist, spielt es für das Feiertagsgeld eine Rolle, ob der Feiertag die alleinige Ursache des Arbeitsausfalls ist.

6 Neben diesen systematischen Erwägungen spricht der Wortlaut des § 11 für die hier vertretene Auffassung. Gem. Abs. 1 S. 1 haben die in Heimarbeit Beschäftigten einen Anspruch auf Feiertagsbezahlung nach Maßgabe der Absätze 2 bis 5. Abs. 2 S. 1 verweist lediglich hinsichtlich der Tage, die als Feiertage (nämlich die gesetzlichen Feiertage) anzusehen sind, auf § 2 Abs. 1. Einen Verweis auf die Kausalitätsregelung des § 2 Abs. 1 enthält Abs. 2 S. 1 nicht.

7 Auch der Sinn und Zweck der Regelung spricht gegen das Kausalitätserfordernis. Der Berechnungsfaktor beträgt gem. Abs. 2 S. 1 0,72 %. Im Ergebnis erhält der Anspruchsberechtigte zwölf Feiertage jährlich bezahlt.[5] Damit wird er in etwa einem AN, der nach § 2 Feiertagsvergütung erhält, gleichgestellt. Diese beabsichtigte Gleichstellung wäre gefährdet, wenn es auf die Kausalität ankäme. In diesem Zusammenhang ist zu berücksichtigen, dass der in Heimarbeit Beschäftigte weder festen Arbeitszeiten noch einer diesbezüglichen Kontrolle unterliegt. Es lässt sich daher nicht feststellen, ob er an einem Feiertag gearbeitet hat. Es erscheint nicht als angemessen, denjenigen, der einräumt, an einem Feiertag gearbeitet und sich damit Freiraum für einen anderen Tag verschafft zu haben, von dem Anspruch auszuschließen, nicht aber denjenigen, der angibt, an dem Feiertag nicht gearbeitet zu haben.

8 **4. Feiertage.** Maßgeblich sind gem. Abs. 2 S. 1 i.V.m. § 2 Abs. 1 die gesetzlichen Feiertage. Abzustellen ist auf die Feiertagsregelung am Arbeitsort des in Heimarbeit Beschäftigten.[6] Dagegen kommt es nicht auf die Feiertagsregelung für den Ort des Betriebes an.

II. Umfang und Fälligkeit des Anspruchs

9 **1. Umfang.** Das Feiertagsgeld beträgt nach Abs. 2 S. 1 für jeden Feiertag 0,72 % des in einem Zeitraum von sechs Monaten ausgezahlten reinen Arbeitsentgelts ohne Zuschläge. Maßgeblich ist wie bei § 10 der „Bruttobetrag", d.h. das Entgelt vor Abzug der Steuern und der Sozialversicherungsbeiträge.[7] Abzuziehen sind allerdings die Unkostenzuschläge.

10 Für die Berechnung des Feiertagsgeldes sieht Abs. 2 S. 2 **zwei Bezugszeiträume** vor. Für die Feiertage vom 1.5. bis zum 31.10. ist der vorhergehende Zeitraum vom 1.11. bis zum 30.4. maßgeblich, für die Feiertage vom 1.11. bis zum 30.4. kommt es auf den Zeitraum vom 1.5. bis zum 31.10. an.

---

1 *Feichtinger/Malkmus*, § 11 Rn 7.
2 BAG 26.7.1979 – 3 AZR 813/78 – AP § 1 Feiertagslohn-zahlungsG Nr. 34.
3 MünchArb/*Boecken*, Bd. 1, § 87 Rn 20; *Schmitt*, § 11 Rn 32 ff.; *Vogelsang*, Rn 960.
4 *Feichtinger/Malkmus*, § 11 Rn 12 f.; *Geyer/Knorr/Krasney*, § 11 Rn 14.
5 *Feichtinger/Malkmus*, § 11 Rn 13.
6 *Feichtinger/Malkmus*, § 11 Rn 14.
7 *Feichtinger/Malkmus*, § 11 Rn 16.

Diese gesetzliche Regelung führt zu einer **zeitlichen Verschiebung** des Anspruchs der in Heimarbeit Beschäftigten. Sie erhalten zu Beginn ihrer Tätigkeit kein Feiertagsgeld, weil sie in dem davor liegenden Bezugszeitraum kein Entgelt bezogen haben. Dies wird gem. Abs. 2 S. 3 am Ende des Vertragsverhältnisses kompensiert. Danach ist Feiertagsgeld für die Feiertage des laufenden und des folgenden Berechnungszeitraums zu zahlen.[8]

2. Fälligkeit. Im bestehenden Vertragsverhältnis ist das Feiertagsgeld mit der letzten Entgeltzahlung vor dem Feiertag zu zahlen (Abs. 3 S. 1).

Ist die Beschäftigung unterbrochen (aber nicht beendet), ist das Feiertagsgeld spätestens drei Tage vor dem Feiertag auszuzahlen (Abs. 3 S. 2).

Bei einer Beendigung des Vertragsverhältnisses sind die Ansprüche des Beschäftigten auf Feiertagsgeld insgesamt zu erfüllen (Abs. 3 S. 3). Dies betrifft die Feiertage des laufenden und des folgenden Halbjahreszeitraums.

C. Sonderregelungen nach Abs. 4

Hausgewerbetreibende und im Lohnauftrag arbeitende Gewerbetreibende (§§ 1 Abs. 2b und c, 2 Abs. 2 HAG) sind gleichzeitig gegenüber ihrem Auftraggeber anspruchsberechtigt und gegenüber ihren fremden Hilfskräften anspruchsverpflichtet. Dies kann dazu führen, dass das zu leistende Feiertagsgeld den zu fordernden Betrag übersteigt. Für diesen Fall sieht Abs. 4 S. 1 einen **Ausgleichsanspruch** vor. Ist der Anspruchsberechtigte zugleich Zwischenmeister (§ 2 Abs. 3 HAG), so bleibt hierbei das für die Heimarbeiter oder Hausgewerbetreibenden empfangene und weiter gezahlte Feiertagsgeld außer Ansatz (Abs. 4 S. 2). Abs. 4 S. 3 dient der Vermeidung von Doppelansprüchen, die bei der Einstellung der Ausgabe von Heimarbeit entstehen können.

D. Entgeltschutz (Abs. 3 S. 4 und Abs. 5)

Gem. § 11 Abs. 3 S. 4 HAG ist das Feiertagsgeld in die Entgeltbelege (§ 9 HAG) einzutragen. Ebenso wie bei § 10 Abs. 3 HAG ist ein gesonderter Eintrag erforderlich.[9]

Das Feiertagsgeld ist ebenso geschützt wie die Zuschläge nach § 10 Abs. 1 und 2 (vgl. auch § 10 Rn 25).

E. Beraterhinweise

Die Regelung zum Feiertagsgeld und dessen Fälligkeit ist kompliziert und unübersichtlich ausgestaltet. Zur vereinfachten Handhabung bietet sich die Vereinbarung einer **Pauschalabgeltung** der Ansprüche an. Eine derartige Vereinbarung ist an § 12 zu messen. Sie ist daher nur zulässig, wenn sie für die in Heimarbeit Beschäftigten nicht ungünstiger ist als die gesetzliche Regelung. Eine Vereinbarung muss eindeutig erkennen lassen, dass die Pauschale geeignet ist, den Anspruch – auch zeitgerecht – auszugleichen.[10] Sie ist daher der Höhe nach so zu bemessen, dass die maßgebliche Zahl der Feiertage mit einem Prozentsatz von 0,36 (= der auf das Jahr umgerechnete Prozentsatz) multipliziert wird. Zur Vermeidung von Beanstandungen durch die Aufsichtsbehörde ist es zweckmäßig, vor Abschluss einer derartigen Vereinbarung mit der zuständigen Behörde (§ 23 HAG) Kontakt aufzunehmen.[11]

§ 12 Unabdingbarkeit

Abgesehen von § 4 Abs. 4 kann von den Vorschriften dieses Gesetzes nicht zuungunsten des Arbeitnehmers oder der nach § 10 berechtigten Personen abgewichen werden.

A. Allgemeines 1	cc) Tatsachenvergleich 19
B. Regelungsgehalt 2	c) Ausschlussfristen 20
I. Tatbestandselemente 2	d) Vertragsstrafen 21
1. Abweichung 3	2. Günstigkeitsvergleich 22
a) Abweichung vom EFZG 3	II. Rechtsfolgen 23
b) Verzicht 6	1. Arbeitsvertragliche Vereinbarungen 23
aa) Verzicht vor Fälligkeit des Anspruchs 8	2. Kollektivrechtliche Vereinbarungen 25
bb) Verzicht nach Fälligkeit des Anspruchs 9	

---

8 *Feichtinger/Malkmus*, § 11 Rn 20; *Schmitt*, § 11 Rn 45.
9 *Feichtinger/Malkmus*, § 11 Rn 25.
10 BAG 23.10.1973 – 3 AZR 83/73 – EzA § 1 Feiertagslohnzahlungsg Nr. 17.
11 *Vogelsang*, Rn 964.

A. Allgemeines

1 Das EFZG **sichert** dem AN einen **wirtschaftlichen Mindeststandard** für den Fall des Arbeitsausfalls bei einer Erkrankung und an Feiertagen.[1] Dieser **Normzweck** wäre gefährdet, wenn das Gesetz disponibel wäre. § 12 bestimmt daher, dass von den Bestimmungen des EFZG nicht zu Ungunsten des AN abgewichen werden kann. Von diesem Grundsatz besteht eine Ausnahme, die sich aus § 4 Abs. 4 ergibt.

B. Regelungsgehalt

I. Tatbestandselemente

2 § 12 verbietet Abweichungen von den Vorschriften des EFZG. Diese Regelung bezieht sich sowohl auf TV als auch BV und Arbeitsverträge.[2]

3 **1. Abweichung. a) Abweichung vom EFZG.** Unzulässig ist die Abweichung von den Bestimmungen des EFZG. Zulässig ist die Abweichung von anderen Bestimmungen, die dem AN einen Vergütungsanspruch auch ohne Arbeit zubilligen. Abgewichen werden kann daher von § 616 BGB.[3]

4 **Unzulässig** sind bspw. Regelungen,
- die eine Verkürzung des sechswöchigen Entgeltfortzahlungszeitraums bei einer Erkrankung des AN vorsehen;[4]
- die eine Verlängerung der Wartezeit des § 3 Abs. 3 beinhalten;[5]
- die den AN verpflichten, die wegen krankheitsbedingter Arbeitsunfähigkeit ausgefallene Arbeitszeit unentgeltlich nachzuarbeiten;[6]
- die dem AG das Recht einräumen, von einem Zeitkonto des AN für Feier- oder Krankheitstage Abzüge vorzunehmen;[7]
- die eine Reduzierung der Höhe der Entgeltfortzahlung vorsehen (statt 100 % nur 80 %);[8]
- die den Vergütungsanspruch des AN für regelmäßige zusätzliche Arbeitsleistungen für Tage ausschließen, an denen die Arbeit wegen eines Feiertags ausfällt oder an denen der AN wegen Arbeitsunfähigkeit an der Arbeitsleistung verhindert ist.[9]

5 Zulässig ist dagegen ist eine Regelung, die den AN verpflichtet, eine ärztliche Arbeitsunfähigkeitsbescheinigung generell bereits ab dem ersten Tag einer krankheitsbedingten Arbeitsunfähigkeit beizubringen (§ 5 Abs. 1 S. 3). Dies gilt auch für tarifliche Bestimmungen.[10] Zulässig ist auch die Vereinbarung, dass das Arbverh während der Schulferien ruht. Dies gilt selbst dann, wenn in die Schulferien Feiertage fallen. In diesem Fall ist nicht der Anspruch auf Feiertagsvergütung abbedungen, sondern ein generelles Ruhen des Arbverh in den Zeiten der Schulferien vorgesehen.[11]

6 **b) Verzicht.** Besondere Probleme wirft die Frage auf, ob und inwieweit der AN auf Ansprüche aus dem EFZG verzichten kann. Ein Verzicht kann nicht durch einseitige Erklärung des AN, sondern nur durch eine vertragliche Regelung der Parteien erfolgen.[12] In Betracht kommen der Abschluss eines Vergleichs (§ 779 Abs. 1 BGB), eines Erlassvertrages (§ 397 Abs. 1 BGB) oder eines negativen Schuldanerkenntnisses (§ 397 Abs. 2 BGB). Die in der Praxis häufigste Form des Verzichtes stellt die sog. **Ausgleichsquittung** dar.

7 Hinsichtlich der Zulässigkeit eines Verzichts differenziert die Rspr. des BAG zunächst nach dem Zeitpunkt der Vereinbarung. Maßgeblich soll sein, ob der AN vor oder nach der Fälligkeit des Anspruches verzichtet. Darüber hinaus soll es darauf ankommen, ob das Arbverh bereits beendet ist oder nicht.

8 **aa) Verzicht vor Fälligkeit des Anspruchs.** Die Rechtslage ist insoweit unproblematisch, als der AN nach einhelliger Auffassung vor Fälligkeit des Anspruchs nicht auf diesen verzichten kann.[13] Dies wäre mit dem Zweck des § 12, dem AN einen Mindeststandard bei einem Arbeitsausfall wegen einer Erkrankung oder eines Feiertages zu sichern, nicht vereinbar.

---

1 ErfK/*Dörner*, § 12 EFZG Rn 1; *Feichtinger/Malkmus*, § 12 Rn 2 f.
2 *Vogelsang*, Rn 862.
3 ErfK/*Dörner*, § 12 EFZG Rn 3; *Feichtinger/Malkmus*, § 12 Rn 9; *Vogelsang*, Rn 858.
4 BAG 24.3.2004 – 5 AZR 346/03 – DB 2004, 1673; BAG 9.10.2002 – 5 AZR 356/01 – NZA 2003, 978.
5 BAG 22.8.2001 – 5 AZR 699/99 – NZA 2002, 610.
6 BAG 13.2.2002 – 5 AZR 470/00 – NZA 2003, 683.
7 BAG 14.8.2002 – 5 AZR 417/01 – DB 2003, 155; BAG 26.9.2001 – 5 AZR 539/00 – NZA 2003, 387.
8 BAG 24.3.2004 – 5 AZR 346/03 – DB 2004, 1673; BAG 13.3.2002 – 5 AZR 648/00 – EzA § 4 EFZG Nr. 6.
9 BAG 16.1.2002 – 5 AZR 303/00 – NZA 2002, 1163.
10 BAG 26.2.2003 – 5 AZR 112/02 – EzA § 5 EFZG Nr. 7; BAG 25.1.2000 – 1 ABR 3/99 – AP § 87 BetrVG 1972 Ordnung des Betriebes Nr. 3; BAG 1.10.1997 – 5 AZR 726/96 – AP § 5 EFZG Nr. 4.
11 BAG 10.1.2007 – 5 AZR 84/06 – NZA 2007, 384.
12 BAG 25.10.2001 – 6 AZR 551/00 – NZA 2002, 523; HzA/*Vossen*, Rn 610.
13 BAG 20.8.1980 – 5 AZR 218/78 – EzA § 6 LohnFG Nr. 14; HzA/*Vossen*, Rn 612; *Kunz/Wedde*, § 12 Rn 24; *Geyer/Knorr/Krasney*, § 12 Rn 23; *Schmitt*, § 12 Rn 21.

bb) Verzicht nach Fälligkeit des Anspruchs. Hinsichtlich fälliger Ansprüche nimmt die Rspr. des BAG eine weitere Differenzierung vor.

Im **bestehenden Arbverh** soll ein Verzicht auf bereits fällige Ansprüche **unwirksam** sein.[14] Zur Begründung verweist das BAG darauf, dass die Unabdingbarkeit der gesetzlichen Ansprüche der Abhängigkeit des AN von seinem AG entgegenwirken solle.

Im **beendeten Arbverh** soll ein Verzicht des AN dagegen **zulässig** sein.[15] Dies folgert das BAG aus dem Zweck der Regelung. Dieser soll nach Auffassung des BAG darin bestehen, den AN davor zu schützen, unter einem wirklichen oder auch nur vermeintlichen Druck seines AG Rechte preiszugeben, die ihm kraft Gesetzes zustehen. Dieser Schutz sei aber nur solange gerechtfertigt, wie die Abhängigkeit bestehe.

Anders soll es sich dagegen im Bereich der Heimarbeit verhalten. Dort soll ein Verzicht auf den Zuschlag nach § 10 gänzlich ausgeschlossen sein, also auch nach Beendigung des Vertragsverhältnisses.[16]

In der Lit. wird demgegenüber vielfach die Meinung vertreten, der Verzicht auf fällige Ansprüche sei sowohl im bestehenden als auch im beendeten Arbverh zulässig.[17] Auch im bestehenden Arbverh könne der AN auf seinen Vergütungsanspruch aus § 611 Abs. 1 BGB nach dessen Fälligkeit verzichten. Für den Anspruch aus dem EFZG könne nichts anderes gelten.

Nach einer **zutreffenden dritten Auffassung** kann der AN auf Ansprüche aus dem EFZG **generell nicht verzichten**.[18] Dies gilt unabhängig davon, ob die Ansprüche fällig sind oder nicht bzw. ob das Arbverh beendet ist oder nicht. Mithin kann auch nach Beendigung des Arbverh auf fällige Ansprüche nicht verzichtet werden.

Hierfür spricht zunächst der **Wortlaut** der Vorschrift. Einen Hinweis darauf, dass hinsichtlich der Unabdingbarkeit zwischen fälligen und nicht fälligen Ansprüchen bzw. beendetem und nicht beendetem Arbverh zu unterscheiden sein soll, enthält das Gesetz nicht. Soweit den Gesetzesmaterialien ein anders lautender Wille des Gesetzgebers zu entnehmen ist,[19] hat dieser im Wortlaut des Gesetzes keinen Niederschlag gefunden und ist daher nach allgemeinen Grundsätzen der Gesetzesauslegung unbeachtlich.

Der **Sinn und Zweck** des Gesetzes weist in die gleiche Richtung. Mit der Regelung des § 12 soll nicht nur der AN geschützt werden, sondern auch die Krankenkassen vor einer übermäßigen Inanspruchnahme. Diese müssten bei einem wirksamen Verzicht u.U. Krankengeld an den AN leisten (§§ 44 ff. SGB V). Das Argument, der Anspruch des AN aus dem EFZG könne nicht anders behandelt werden als der Anspruch für geleistete Arbeit aus § 611 Abs. 1 BGB, auf den der Arbeitnehmer unzweifelhaft verzichten kann, vermag daher nicht zu überzeugen. Die unterschiedliche Behandlung ergibt sich aus der nicht nur den AN betreffenden Schutzfunktion des § 12. Nur für die Ansprüche aus dem EFZG hat der Gesetzgeber eine Regelung zu deren Unabdingbarkeit für notwendig erachtet. Der Anspruch wegen geleisteter Arbeit aus § 611 Abs. 1 BGB ist nicht in gleicher Weise gesetzlich geschützt wie der Anspruch aus dem EFZG.

Darüber hinaus vermögen die gegenteiligen Auffassungen aus **systematischen Erwägungen** nicht zu überzeugen. Zum einen wird die vergleichbare Regelung des § 13 BUrlG in dem Sinne verstanden, dass ein Verzicht generell unzulässig ist.[20] Zum anderen ist es nicht einsichtig, warum der AN eine weiter gehende Möglichkeit zum Verzicht als der in Heimarbeit Beschäftigte haben soll. Auf beide ist § 12 anwendbar.

Letztlich führt die hier vertretene Auffassung zu **sachgerechten Ergebnissen in der Praxis**, indem sie komplizierte Differenzierungen vermeidet. Den Bedürfnissen der Praxis, im beendeten Arbverh einen Schlussstrich unter die arbeitsvertraglichen Beziehungen zu ziehen, trägt sie Rechnung, weil auch sie den Tatsachenvergleich zulässt.

cc) Tatsachenvergleich. Ein Tatsachenvergleich ist eine Vereinbarung der Arbeitsvertragsparteien, mit dem sie einen Streit über ungewisse tatsächliche Fragen regeln, von denen das Vorliegen der Tatbestandsvoraussetzungen eines Anspruchs nach dem EFZG abhängt.[21] Derartige Vereinbarungen sind zulässig, weil sie keine Abweichung von den Vorschriften des Gesetzes enthalten.[22]

c) Ausschlussfristen. Tarifliche Ausschlussfristen stellen keine Abweichung vom EFZG dar. Die Ansprüche aus dem EFZG sind weder gesetzlich befristet noch ausdrücklich unbefristet. Die Vorschriften des EFZG werden deshalb nicht dadurch berührt, dass Ansprüche kraft einer tariflichen Ausschlussfrist nach Ablauf einer bestimmten Frist er-

---

14 BAG 28.11.1979 – 5 AZR 955/77 – EzA § 6 LohnFG Nr. 12.
15 BAG 20.8.1980 – 5 AZR 218/78 – EzA § 6 LohnFG Nr. 14; BAG 11.6.1976 – 5 AZR 506/75 – EzA § 9 LohnFG Nr. 4.
16 BAG 28.7.1966 – 5 AZR 63/66 – AP § 25 HAG Nr. 2; BAG 22.10.1964 – 5 AZR 492/63 – AP § 25 HAG Nr. 1.
17 HzA/*Vossen*, Rn 613; *Geyer/Knorr/Krasney*, § 12 Rn 24; *Schmitt*, § 12 Rn 23 und 26.
18 *Boecken*, NZA 1999, 673, 690 f.; ErfK/*Dörner*, § 12 EFZG Rn 6; *Vogelsang*, Rn 869.
19 Vgl. hierzu *Boecken*, NZA 1999, 673, 690 f.
20 *Vogelsang*, Rn 869.
21 BAG 21.12.1972 – 5 AZR 319/72 – EzA § 9 LohnFG Nr. 2; *Vogelsang*, Rn 872.
22 BAG 20.8.1980 – 5 AZR 955/78 – EzA § 9 LohnFG Nr. 6; ErfK/*Dörner*, § 12 EFZG Rn 6; *Feichtinger/Malkmus*, § 12 Rn 33; HzA/*Vossen*, Rn 619; *Vogelsang*, Rn 872.

löschen. Die Ausschlussfrist betrifft eben nicht den Inhalt des Anspruchs, sondern dessen Geltendmachung und zeitliche Begrenzung.[23]

21 **d) Vertragsstrafen.** Die Zulässigkeit vorformulierter Vertragsstrafen bestimmt sich zunächst nach §§ 307 ff. BGB (vgl. insb. § 309 Nr. 6 BGB). Unabhängig hiervon sind Abreden nach § 12, die den AN bei Verletzung der Anzeige- oder der Nachweispflicht (§ 5) zu der Zahlung einer Vertragsstrafe verpflichten, unzulässig. Soweit eine Vertragsstrafe bei Verletzung der Meldepflicht für zulässig, bei Verletzung der Nachweispflicht demgegenüber für unzulässig erachtet wird,[24] vermag dies nicht zu überzeugen. Denn das Gesetz räumt dem AG bei einer Erkrankung im Inland lediglich für den Fall der Verletzung der Nachweispflicht ein zeitlich begrenztes Leistungsverweigerungsrecht ein (§ 7 Abs. 1 Nr. 1). Es ist gerade nicht vorgesehen, dass der AG die Leistung dauerhaft verweigern kann. Im Ergebnis führt eine Vertragsstrafe jedoch dazu, dass der AN für den Zeitraum der Arbeitsunfähigkeit ohne Geld dasteht. Zudem wäre es mit der gesetzgeberischen Wertung nicht zu vereinbaren, den Verstoß des AN gegen die Meldepflicht stärker zu sanktionieren als die Verletzung der Nachweispflicht.

22 **2. Günstigkeitsvergleich.** § 12 verbietet nur die Abweichung zu Ungunsten des AN vom EFZG. Abweichungen zugunsten des AN sind möglich. Der von § 12 geforderte Günstigkeitsvergleich bezieht sich auf die jeweilige Abweichung von der gesetzlichen Anordnung. Eine Kompensation einer ungünstigen Abweichung mit einer für den AN günstigen Abweichung an anderer Stelle erfolgt nicht.[25] Es ist daher nach allgemeiner Auffassung ein Einzelvergleich vorzunehmen.[26]

II. Rechtsfolgen

23 **1. Arbeitsvertragliche Vereinbarungen.** Eine Vereinbarung, die zu Ungunsten des AN von den Bestimmungen des EFZG abweicht, ist nach § 134 BGB nichtig. In diesem Fall ergibt sich nicht aus § 139 BGB, dass die gesamte Vereinbarung nichtig ist. Eine derartige Rechtsfolge wäre mit dem Schutzzweck des § 12 unvereinbar. Es ist daher nicht die Gesamtregelung nichtig, sondern nur die gegen § 12 verstoßende Klausel. Sie wird durch die entsprechende gesetzliche Regelung ersetzt.[27]

24 Enthält die arbeitsvertragliche Vereinbarung Regelungen, die z.T. zugunsten und z.T. zu Ungunsten des AN von § 12 abweichen, ist nur insoweit von der gesetzlichen Regelung auszugehen, als der zu Ungunsten des AN abweichende Teil der Vereinbarung betoffen ist. Soweit die Vereinbarung zugunsten des AN vom EFZG abweicht, bleibt sie bestehen.[28] Dies entspricht dem Schutzzweck des § 12.

25 **2. Kollektivrechtliche Vereinbarungen.** Für BV und TV gilt Ähnliches. Ebenso wie bei unwirksamen einzelvertraglichen Abreden treten an Stelle der kollektivrechtlichen Bestimmungen die des EFZG. Die Nichtigkeit des Gesamtwerks kommt praktisch nicht in Betracht.[29]

§ 13 Übergangsvorschrift

Ist der Arbeitnehmer von einem Tag nach dem 9. Dezember 1998 bis zum 1. Januar 1999 oder darüber hinaus durch Arbeitsunfähigkeit infolge Krankheit oder infolge einer Maßnahme der medizinischen Vorsorge oder Rehabilitation an seiner Arbeitsleistung verhindert, sind für diesen Zeitraum die seit dem 1. Januar 1999 geltenden Vorschriften maßgebend, es sei denn, daß diese für den Arbeitnehmer ungünstiger sind.

---

23 BAG 16.1.2002 – 5 AZR 430/00 – NZA 2002, 746.
24 *Feichtinger/Malkmus*, § 12 Rn 44.
25 BAG 22.8.2001 – 5 AZR 699/99 – NZA 2002, 610.
26 HzA/*Vossen*, Rn 607; *Vogelsang*, Rn 863; *Feichtinger/Malkmus*, § 12 Rn 45.
27 ErfK/*Dörner*, § 12 EFZG Rn 9; HzA/*Vossen*, Rn 607; *Vogelsang*, Rn 873.

28 Str.; wie hier ErfK/*Dörner*, § 12 EFZG Rn 9; *Schmitt*, § 12 Rn 41; *Vogelsang*, Rn 873; für eine Gesamtnichtigkeit dagegen HzA/*Vossen*, Rn 608; *Feichtinger/Malkmus*, § 12 Rn 52; *Geyer/Knorr/Krasney*, § 12 Rn 11.
29 ErfK/*Dörner*, § 12 EFZG Rn 10; *Schmitt*, § 12 Rn 43.

Einführungsgesetz zum Bürgerlichen Gesetzbuch

Vom 18.8.1896, RGBl I S. 604, BGBl III 400-1

In der Fassung der Bekanntmachung
vom 21.9.1994, BGBl I S. 2494, 1061 (1997)

Zuletzt geändert durch Gesetz zur Erleichterung elektronischer Anmeldungen zum Vereinsregister und anderer vereinsrechtlicher Änderungen vom 24.9.2009, BGBl. I S. 3145, 3147

– Auszug –

Art. 6 Öffentliche Ordnung (ordre public)

[1]Eine Rechtsnorm eines anderen Staates ist nicht anzuwenden, wenn ihre Anwendung zu einem Ergebnis führt, das mit wesentlichen Grundsätzen des deutschen Rechts offensichtlich unvereinbar ist. [2]Sie ist insbesondere nicht anzuwenden, wenn die Anwendung mit den Grundrechten unvereinbar ist.

Art. 21 Rom I Öffentliche Ordnung im Staat des angerufenen Gerichts

Die Anwendung einer Vorschrift des nach dieser Verordnung bezeichneten Rechts kann nur versagt werden, wenn ihre Anwendung mit der öffentlichen Ordnung („ordre public") des Staates des angerufenen Gerichts offensichtlich unvereinbar ist.

Literatur zum EGBGB sowie zur Verordnung Rom I (VO-EG 593/2008): *Basedow*, Die Neuregelung des Internationalen Privat- und Prozessrechts, NJW 1986, 2973; *Benecke*, Anknüpfung und Sonderanknüpfung im Internationalen Arbeitsrecht, IPRax 2001, 449; *Birk*, Das internationale Arbeitsrecht der Bundesrepublik Deutschland, RabelsZ 46 (1982), 400; *ders.*, Das Arbeitskollisionsrecht der Bundesrepublik Deutschland, RdA 1984, 134; *Bittner*, Arbeitsrechtlicher Gleichbehandlungsgrundsatz und ausländisches Arbeitsvertragsstatut, NZA 1993, 163; *Boemke*, „Ausstrahlungen" des Betriebsverfassungsgesetzes ins Ausland, NZA 1992, 112; *Braun*, Günstigkeitsvergleich bei Verzicht auf Sozialplananspruch, ArbRB 2004, 1; *Däubler*, Arbeitsrecht und Auslandsbeziehungen, AuR 1990, 1; *ders.*, Das neue Internationale Arbeitsrecht, RIW 1987, 249; *Deinert*, Das neue Internationale Arbeitsrecht, RdA 1996, 339; *ders.*, Arbeitnehmerentsendung im Rahmen der Erbringung von Dienstleistungen innerhalb der Europäischen Union – Rechtsprobleme der Sonderanknüpfung eines „harten Kerns" arbeitsrechtlicher Vorschriften des Arbeitsortes, RdA 1996, 339; *Diller/Winzer*, Eigenmächtige Rückkehr bei Auslandseinsatz in gefährdeten Gebieten? – „Angriff auf die USA" und die Folgen, DB 2001, 2094; *Eule*, Auslandspraktika in der Berufsausbildung – Rechtliche Rahmenbedingungen von Praktika und Ausbildungsabschnitten im Ausland während einer Berufsausbildung nach Berufsbildungsgesetz, BB 1992, 986; *Franzen*, Kündigungsschutz im transnational tätigen Konzern, IPRax 2000, 506; *Gamillscheg*, Ein Gesetz über das internationale Arbeitsrecht, ZfA 14 (1983), 307; *Gaul*, Betriebsverfassungsrechtliche Aspekte einer Entsendung von Arbeitnehmern ins Ausland, BB 1990, 697; *Gerken/Löwisch/Rieble*, Der Entwurf eines Arbeitnehmer-Entsendegesetzes in ökonomischer und rechtlicher Sicht, BB 1995, 2370; *Gragert/Drenckhahn*, „Fliegende Mütter" im internationalen Privatrecht – Die Grenzen der freien Rechtswahl im Arbeitsrecht NZA 2003, 305; *Heilmann*, Das Arbeitsvertragsstatut, 1991; *Hickl*, Auswirkungen und Probleme des Entsendegesetzes, NZA 1997, 513; *Hönsch*, Die Neuregelung des Internationalen Privatrechts aus arbeitsrechtlicher Sicht, NZA 1988, 113; *v. Hoffmann*, Inländische Sachnormen mit zwingendem internationalem Anwendungsbereich, IPRax 1989, 261; *Hummel*, Tarifvertragsrecht in der Staaten der Europäischen Union, AuA 1994, 36; *Hunold*, Auslandsdienstreisen als mitbestimmungspflichtige Versetzung, BB 2000, 1038; *Jaymel/Kohler*, Europäisches Kollisionsrecht 2001 – Anerkennungsprinzip statt IPR?, IPRax 2001, 501; *Junker*, Internationales Arbeitsrecht im Konzern, 1992; *ders.*, Internationales Arbeitsrecht in der geplanten Rom I-Verordnung, RIW 2006, 401; *Klima*, Zur Frage der Vereinbarkeit von § 92c HGB mit Art 30 des Gesetzes zur Neuregelung des Internationalen Privatrechts, RIW 1987, 796; *Krebber*, Gerichtsstand des Erfüllungsortes bei mehreren, aber aufeinander abgestimmten Arbeitsverhältnissen, IPRax 2004, 309; *Leible*, Internationales Vertragsrecht, die Arbeiten an einer Rom I-Verordnung und der Europäische Vertragsgerichtsstand, IPRax 2006, 365; *Lindemann/Simon*, Wahlberechtigung und Ermittlung der Betriebsratsgröße, NZA 2002, 365; *Lingemann/v. Steinau-Steinrück*, Konzernversetzung und Kündigungsschutz, DB 1999, 2161; *Lorenz*, Das objektive Arbeitsstatut nach dem Gesetz zur Neuregelung des Internationalen Privatrechts, RdA 1989, 220; *Magnus*, Die Rechtswahlfreiheit im internationalen Schuldvertragsrecht, IPRax 1991, 382; *Mankowski*, Wichtige Klärungen im Internationalen Arbeitsrecht, IPRax 1994, 88; *ders.*, Rumpfarbeitsverhältnis und lokales Arbeitsverhältnis (komplexe Arbeitsverhältnisse) im Internationalen Privat- und Prozessrecht, RIW 2004, 133; *ders.*, Der Vorschlag für die Rom I-Verordnung, IPRax 2006, 101; *Martiny*, Neue Impulse im Europäischen Internationalen Vertragsrecht, ZEuP 2006, 60; *Mauer*, Zum anwendbaren Recht bei grenzüberschreitendem Arbeitsverhältnis, EWiR 2004, 703; *ders.*, Zum Internationalen Geltungsbereich des Kündigungsschutzgesetzes, in: FS Leinemann, 2006, S. 733; *ders.*, Die Kündigung komplexer grenzüberschreitender Arbeitsverhältnisse nach der EG-Verordnung ROM I, RIW 2007, 92; *Mauer/Sadtler*, Die Vereinheitlichung des internationalen Arbeitsrechts durch die EG-Verordnung Rom I, RIW 2008, 544; *Mayer*, Betriebsverfassungs- und tarifvertragsrechtliche Fragen bei grenzüberschreitenden Personaleinsätzen, BB 1999, 842; *Rebhahn*, Das Kollektivarbeitsrecht im Rechtsvergleich, NZA 2001, 763; *Reiff*, Geltung des Betriebsverfassungsgesetzes für im Ausland tätige Arbeitnehmer, SAE 1990, 251; *Richter*, Probleme beim grenzüberschreitenden Betriebsübergang, AuR 1992, 68; *Schlachter*, Grenzüberschreitende

Arbeitsverhältnisse, NZA 2000, 57; *Schliemann*, Fürsorgepflicht und Haftung des Arbeitgebers beim Einsatz von Arbeitnehmern im Ausland, BB 2001, 1302; *Schlüpers-Oehmen*, Betriebsverfassung bei Auslandstätigkeit, 1984; *Sonnenberger*, Eingriffsrecht – Das trojanische Pferd im IPR oder notwendige Ergänzung?, IPRax 2003, 104; *ders.*, Bemerkungen zum Internationalen Privatrecht im AGB-Gesetz, in: FS Ferid, 1978, S. 447; *Steinmeyer*, Zum Mitbestimmungsrecht des Betriebsrates bei der Regelung von Arbeitsbedingungen auf Montagebaustellen und Betrieben im Ausland, DB 1980, 1541; *Thüsing*, Günstigkeitsvergleich und Ausweichklausel in Art 30 EGBGB, BB 2003, 898; *Wimmer*, Neuere Entwicklungen im internationalen Arbeitsrecht – Überlegungen zur Politik des Arbeitskollisionsrechts, IPRax 1995, 208

A. Allgemeines 1	1. Nichtanwendung der ausländischen Norm 10
I. Norm 1	2. Ausfüllen der Lücke 11
II. Zweck 2	C. Verbindung zu anderen Rechtsgebieten und zum
B. Regelungsgehalt 4	Prozessrecht 12
I. Tatbestandselemente 4	I. Prozessrecht 12
II. Rechtsfolgen 10	II. Ausländischer Ordre Public 14
	D. Beraterhinweise 20

A. Allgemeines

I. Norm

1 Art. 6 sowie Art. 21 Rom I regeln den sog. **Ordre Public**. Die Regelung des Art. 6 besteht in der heutigen Form unverändert seit dem 1.9.1986. Art. 6 folgt dem Vorbild des Art. 16 EVÜ und findet sich folgerichtig in Art. 21 Rom I nahezu wortgleich wieder. Die praktische Rolle für das heutige Arbeitsrecht ist gering,[1] da die speziellen „Filter" der Art. 30 und Art. 34 vorrangig eingreifen. Gleichwohl gibt es aufgrund der zunehmenden Internationalisierung immer wieder Fälle, in denen auch der Ordre Public Bedeutung im Arbeitsrecht erlangt. Dies werden hauptsächlich Fälle sein, wo das Arbverh im Ausland ausgeübt wird, so dass die vorrangige Vorbehaltsnorm des Art. 34 i.d.R. nicht eingreifen kann, wo aber aufgrund eines „**forum shoppings**" ein deutsches Gericht mit dem Fall betraut ist.[2]

II. Zweck

2 Die Ordre-Public-Regelungen sind **Generalklauseln**, vergleichbar dem § 242 BGB. Der Ordre Public, den Art. 21 ausdrücklich als „öffentliche Ordnung" definiert, soll als Kontrollinstrument „in besonders krassen Fällen helfen",[3] die zu Wertungswidersprüchen mit der inländischen Rechtsordnung führen. Der Ordre-Public-Vorbehalt greift daher nur dann ein, wenn auf ein Arbverh mit Berührungspunkten zur deutschen Rechtsordnung ausschließlich ausländisches Recht anzuwenden ist und die Anwendung dieses ausländischen Rechts als mit der deutschen Rechtsordnung aus Sicht des angerufenen inländischen Gerichts unvereinbar erscheint. Evident ist dies im Falle einer Unvereinbarkeit mit den Grundrechten des deutschen Grundgesetzes. Dies ordnet Art. 6 S. 2 ausdrücklich an. Aber auch eine Unvereinbarkeit mit sonstigen wesentlichen Grundsätzen des deutschen Rechts kann zur Unanwendbarkeit des ausländischen Rechts führen. Art. 21 Rom I stellt freilich eine offene Regelung dar, die auf das Recht des angerufenen Gerichts abstellt.

3 Aufgrund eines dreistufigen „Filtersystems" für arbeitsrechtliche Kollisionsfälle, gelangt die Generalnorm des Art. 6 nur dann zur Anwendung, wenn nicht bereits über Art. 30/Art. 8 Rom I oder über Art. 34/Art. 9 Rom I eine Lösung des „Problems", nämlich einer Kollision mit wesentlichen Grundsätzen der deutschen Rechtsordnung, erfolgt. Zur Anwendung gelangt der deutsche Ordre Public daher nur in zwei **Fallkonstellationen**:
– ein deutsches Gericht muss einen Fall beurteilen, auf den ausschließlich ausländisches Recht Anwendung findet, oder
– ein ausländisches Gericht muss einen Fall beurteilen, auf den ausschließlich ausländisches Recht Anwendung findet, der Fall hat jedoch gleichwohl eine Verbindung zum deutschen Recht und der deutsche Ordre Public ist nach dem anwendbaren ausländischen IPR zu berücksichtigen.

Der zweitgenannte Fall ist jedoch keinesfalls selbstverständlich, da ausländische Rechtsordnungen den Ordre Public eines anderen Staates nicht berücksichtigen müssen, wie jetzt Art. 21 Rom I bestätigt.

B. Regelungsgehalt

I. Tatbestandselemente

4 Der Tatbestand setzt voraus, dass die Anwendung einer ausländischen Rechtsnorm zu Ergebnissen führt, die mit wesentlichen Grundsätzen des inländischen Rechts offensichtlich unvereinbar ist. Als Regelbeispiel nennt Art. 6 in S. 2 die Unvereinbarkeit mit den – inländischen – Grundrechten. Es ergibt sich folgende logische Prüfungsreihenfolge:

---

1 *Junker*, Internationales Arbeitsrecht, S. 315.
2 So im Fall der Entscheidung BAG 24.8.1989 – 2 AZR 3/89 – BAGE 63, 17 = NZA 1990, 841.

3 BAG 20.7.1967 – 2 AZR 372/66 – AP IPR AR Nr. 10; BAG 24.8.1989 – 2 AZR 3/89 – BAGE 63, 17 = NZA 1990, 841; *Junker*, Internationales Arbeitsrecht, S. 56; Erman/*Hohloch*, Art. 30 Rn 5.

1. **Unanwendbarkeit des deutschen Rechts** oder deutscher Teilrechtsgebiete auf das Arbverh, d.h. deutsches Recht ist weder das gewählte Recht bzw. die Teilrechtsordnung, noch ist das deutsche Recht oder Teilrechtsgebiet nach Art. 30 Abs. 2/Art. 8 Rom I das anwendbare günstigere Recht. Soweit nämlich deutsches Recht ohnehin das Arbeitsstatut ist oder das für die konkrete Teilrechtsanwendung günstigere Recht, umfasst dies natürlich auch den weit gefassten und wenig konkreten Ordre Public.
2. **Nichteingreifen von Art. 34/Art. 9 Rom I**, soweit ausländisches Recht das maßgebliche Arbeitsstatut ist. Ausländisches Recht kann nur dann das maßgebliche Arbeitsstatut oder Teilrechtsgebiet i.S.d. Art. 30/Art. 8 Rom I sein, wenn das ausländische Recht ohne Rechtswahl der Arbeitsvertragsparteien das kraft Anknüpfung objektiv geltende Recht ist oder wenn bei Rechtswahl des ausländischen Rechts dies für den AN entweder zugleich günstiger ist als das ansonsten geltende deutsche Recht oder aber wenn die Rechtswahl nur deklaratorisch wirkt, da das ausländische Recht zugleich das objektive Arbeitsstatut ist. Die sog. **Eingriffsnormen** nach Art. 34/Art. 9 Rom I gehen als neben Art. 30/Art. 8 Rom I ebenfalls spezielleres Recht dem allg. Ordre Public vor.[4] Daher verbleiben für den Ordre-Public-Vorbehalt nur wenige Anwendungsfälle.[5]
3. Verbindung zum inländischen Ordre Public: Das Arbverh muss eine **Inlandsberührung** mit dem jeweiligen Rechtskreis und damit dem inländischen Ordre Public aufweisen. Je mehr Anknüpfungsmomente vorhanden sind, desto eher wird Art. 6/Art. 21 Rom I eingreifen können und umgekehrt.[6] Soweit ein Verstoß gegen deutsche Grundrechte geltend gemacht wird, muss der Inlandsbezug ebenfalls klar erkennbar sein.[7] Dies kann der Fall sein, wenn die Arbeitstätigkeit (auch) auf dem Gebiet der Bundesrepublik Deutschland ausgeübt wird, wenn der AN deutscher Staatsangehöriger oder ein in der Bundesrepublik Wohnhafter ist. Die Anrufung eines deutschen Gerichtes zur Beurteilung des Arbverh alleine reicht nicht aus,[8] womit die Fälle des sog. forum shoppings ohne hinreichenden Inlandsbezug ausgegrenzt werden sollen.
4. Des Weiteren muss ein in Art. 6 als „**ausländische Rechtsnorm**" bezeichnetes Recht zur Anwendung kommen. Eine ausländische Rechtsnorm ist allerdings weit zu verstehen: Darunter fällt nicht nur ein geschriebenes ausländisches Gesetz, sondern auch **jede** andere ausländische **Rechtsnorm** oder ausländisches Gewohnheitsrecht.[9] Selbst das Fehlen einer Rechtsnorm, die uns geboten erscheint, z.B. dass überhaupt kein bestimmten Arbeitsrechtsschutz in Teilgebieten wie dem Arbeitszeitrecht, dem Mutterschutzrecht oder auch dem Künd-Schutzrecht besteht, kann hierunter fallen. Schließlich fällt auch das ausländische Kollisionsrecht hierunter.
5. Die Anwendung des ausländischen Rechts muss sodann im konkreten Einzelfall zu einem Ergebnis führen, das mit dem in der entsprechenden inländischen Regelung liegenden Gerechtigkeitsverständnis in **unerträglichem Widerspruch** steht.[10] Es wird also nicht der ausländische Rechtssatz auf seine Vereinbarkeit mit dem innerstaatlichen Ordre Public verglichen, sondern das Ergebnis einer Normanwendung im Einzelfall. Führte die Anwendung innerstaatlichen Rechts, wenngleich aus ganz anderen Gründen, zum gleichen Ergebnis, kann daher kein Verstoß gegen den Ordre Public in diesem Einzelfall bejaht werden.[11] Erforderlich ist eine erhebliche Abweichung im Einzelfall.[12] Soweit die ausländische Rechtsordnung ähnliche Regeln zum maßgeblichen Teilrechtsgebiet aufweist, wird ein Verstoß regelmäßig ausscheiden. Soweit eine **quantitative Vergleichbarkeit** besteht, etwa bei der Anzahl der Mindesturlaubstage, schlägt *Birk* vor, das ausländische Rechtsordnung müsse mind. die Hälfte des deutschen gesetzlichen Anspruchs gewähren,[13] was als grobe Richtschnur als vernünftig anzusehen ist. Ergänzend kann als Richtschnur für einen arbeitsrechtlichen Mindestschutz auf die Abkommen der IAO bzw. der ILO sowie die Europäische Sozialcharta als Völkerrechtliches Abkommen abgestellt werden.[14] Der den Ordre Public betreffende Punkt muss zudem den „Hauptpunkt" selbst berühren, während mehr oder minder wichtige Vorfragen nicht ausreichend sind.[15] Maßgeblich sind auch die Umstände des Einzelfalles.[16] Der Regelbeispielsfall, den Art. 6 durch den Verstoß gegen die **Grundrechte** benennt, hat keinen eigenständigen Regelungsgehalt, sondern „hebt nur den Zeigefinger".[17] Die folgenden Fälle wurden von deutschen ArbG entschieden und dabei ein **Verstoß** gegen den Ordre Public **bejaht**:

---

[4] Staudinger/*Blumenwitz*, Art. 6 EGBGB Rn 130.
[5] *Junker*, Internationales Arbeitsrecht, S. 316; MünchArb/*Birk*, Bd. 1, § 20 Rn 98.
[6] Soergel/*Kegel*, Art. 6 EGBGB Rn 27.
[7] MünchArb/*Birk*, § 20 Rn 104; Hanau/Steinmeyer/Wank, § 31 Rn 157.
[8] BGH 30.10.1974 – IV ZR 18/73 – BGHZ 63, 219 = FamRZ 1975, 26; Soergel/*Kegel*, Art. 6 EGBGB Rn 27.
[9] Soergel/*Kegel*, Art. 6 EGBGB Rn 8.
[10] BAG 24.8.1989 – 2 AZR 3/89 – BAGE 63, 17 = NZA 1990, 841; BAG 3.5.1995 – 5 AZR 15/94 – BAGE 80, 84 = NZA 1995, 1191.
[11] Soergel/*Kegel*, Art. 6 EGBGB Rn 9.
[12] Soergel/*Kegel*, Art. 6 EGBGB Rn 25.
[13] MünchArb/*Birk*, Bd. 1, § 20 Rn 102.
[14] MünchArb/*Birk*, Bd. 1, § 20 Rn 103.
[15] Soergel/*Kegel*, Art. 6 EGBGB Rn 28.
[16] BAG 10.4.1975 – 2 AZR 128/74 – BAGE 27, 99 = AP IPR AR Nr. 12 mit Anm. *Beitzke*; Soergel/*Kegel*, Art. 6 EGBGB Rn 26.
[17] Soergel/*Kegel*, Art. 6 EGBGB Rn 30.

- Völliges Fehlen von Künd-Schutzbestimmungen;[18]
- den Ausschluss der prozessualen Wiederaufnahmemöglichkeit in einem Insolvenzverfahren nach US-Recht.[19]

Einen **Verstoß verneint** haben folgende Entscheidungen:
- Ausschluss eines Künd-Schutzes zu Beginn der Beschäftigungszeit,[20]
- Zulässigkeit einer fristlosen Künd ohne wichtigen Grund,[21]
- Nichtanwendbarkeit von § 613a BGB,[22]
- Erleichterung der Vereinbarung ausländischen Rechts durch das Flaggenrechtsgesetz,[23]
- nachvertragliches Wettbewerbsverbot für einen ausgeschiedenen GmbH-Geschäftsführer bei räumlicher Ausdehnung auf Deutschland und Benelux-Staaten.[24]

Einen **Verstoß offen gelassen** hat folgende Entscheidung:
- Geltendmachung von Strafschadensersatz („Punitive Damages") nach amerikanischem Recht.[25]

II. Rechtsfolgen

10 1. **Nichtanwendung der ausländischen Norm.** Die erste Rechtsfolge ist die der Nichtanwendung der ausländischen Norm. Hierdurch entsteht jedoch eine „Lücke". Dies ist wenig problematisch, wenn das ausländische Recht ein vom inländischen Ordre Public missbilligtes Verbot enthält, z.B. das Verbot der Arbeit von Frauen ohne Einwilligung ihrer Ehemänner. Dann wird ein solches Verbot einfach nicht angewendet. Gleiches gilt für zu missbilligende Erlaubnisnormen, z.B. zur Schikanierung von AN, die ihre Rechte wahrnehmen. Auch eine solche Norm würde nicht angewendet.

11 2. **Ausfüllen der Lücke.** Dort, wo die Nichtanwendung der ausländischen Norm zu einer Regelungslücke führt, die zu schließen ist, ist die Art der Lückenfüllung str. Spezielle arbeitsrechtliche Entscheidungen hierzu fehlen, soweit ersichtlich. Im Wesentlichen werden drei Auff. vertreten. Die erste Meinung möchte grds. deutsches Recht anwenden,[26] die zweite nur dann, wenn deutsches Recht einen passenden Rechtssatz zu der entscheidenden Frage vorhält,[27] i.Ü. materielles Recht passend für den Einzelfall bilden[28] und die dritte Meinung will grds. beim ausländischen Recht – i.Ü. – bleiben.[29] Da es vom Normzweck her in der Tat darauf ankommt, das gewählte Recht der Parteien oder das objektiv anwendbare Recht, wenn die Parteien keine Rechtswahl getroffen haben oder das objektive Recht günstiger ist, so wenig wie möglich auszuschalten,[30] ist die **materiell-rechtliche Ergänzung** durch ein mit dem Ordre Public verträgliches Rechtsergebnis die angemessene Methode.

C. Verbindung zu anderen Rechtsgebieten und zum Prozessrecht

I. Prozessrecht

12 Auch Verletzungen des inländischen Ordre Public durch ausländisches Verfahrensrecht oder Schiedsverfahrensrecht sind denkbar.[31] So werden ausländische Entscheidungen nicht anerkannt, „wenn die Anerkennung ... zu einem Ergebnis führt, das mit wesentlichen Grundsätzen des deutschen Rechts offensichtlich unvereinbar ist, insbesondere wenn die Anerkennung mit den Grundrechten unvereinbar ist", § 328 Abs. 1 Nr. 4 ZPO. Die Ursache für die **verweigerte Anerkennung** kann sowohl im materiellen Recht liegen als auch im Verfahrensablauf.

13 Zu weiteren verfahrensrechtlichen Fragen vgl. die Kommentierung zu Art. 30.

---

18 BAG 29.6.1978 – 2 AZR 973/77 – NJW 1979, 1119 = AP § 38 ZPO Nr. 8; zustimmend: MünchArb/*Birk*, Bd. 1, § 20 Rn 101; anders noch BAG 20.7.1967 – 2 AZR 372/66 – AP IPR AR Nr. 10 und BAG 10.4.1975 – 2 AZR 128/74 – BAGE 27, 99 = AP IPR AR Nr. 12 im Anschluss an *Gamillscheg*, Internationales Arbeitsrecht, S. 345.
19 BAG 27.2.2007 – 3 AZR 618/06 – AP § 240 ZPO Nr. 7 mit Anm. *A. Gravenhorst* in Juris-PR-Arbeitsrecht 47/2007, Anm. 3.
20 BAG 10.4.1975 – 2 AZR 128/74 – BAGE 27, 99 = AP IPR AR Nr. 12; BAG 24.8.1989 – 2 AZR 3/89 – BAGE 63, 17 = NZA 1990, 841.
21 BAG 10.4.1975 – 2 AZR 128/74 – BAGE 27, 99 = AP IPR AR Nr. 12.
22 BAG 29.10.1992 – 2 AZR 267/92 – BAGE 71, 297 = NZA 1993, 743.
23 BVerfG 10.1.1995 – 1 BvF 1/90 – BVerfGE 92, 26 = NZA 1995, 272; BAG 3.5.1995 – 5 AZR 15/94 – BAGE 80, 84 = NZA 1995, 1191.
24 OLG Celle 13.9.2000 – 9 U 110/00 – NZG 2001, 131.
25 BGH 8.5.2000 – II ZR 182/98 – NJW-RR 2000, 1372.
26 OLG München 12.10.1979 – 20 W 1470/79 – DAVorm 1979, 859 = IPRspr 1979 Nr. 84; *Lüderitz*, S. 95; MünchArb/*Birk*, Bd. 1, § 20 Rn 98.
27 Soergel/*Kegel*, Art. 6 EGBGB Rn 34.
28 So z.B. BGH 18.10.1965 – VII ZR 171/63 – BGHZ 44, 183 = NJW 1966, 296; offen gelassen aber vom BGH 4.6.1992 – IX ZR 149/91 – BGHZ 118, 312 = NJW 1992, 3096; Ermann/*Hohloch*, Art. 6 EGBGB Rn 26; Soergel/*Kegel*, Art. 6 EGBGB Rn 35.
29 BGH 21.11.1958 – IV ZR 107/58 – BGHZ 28, 375 = NJW 1959, 529; Erman/*Hohloch*, Art. 6 EGBGB Rn 26; Palandt/*Heldrich*, Art. 6 EGBGB Rn 13; MünchArb/*Wank*, § 31 Rn 158.
30 Soergel/*Kegel*, Art. 6 EGBGB Rn 35.
31 Soergel/*Kegel*, Art. 6 EGBGB Rn 31.

II. Ausländischer Ordre Public

Im Arbeitsrecht ist durch die Regelung in Art. 35 Abs. 1 eine Rück- und Weiterverweisung auf ausländisches Kollisionsrecht ausgeschlossen.[32] Eine ausdrückliche Billigung von zwingendem ausländischem Recht ist jetzt allerdings durch Art. 21 Rom I eingeführt worden. Demnach müssen fünf Sachverhaltsgruppen unterschieden werden:

1. Der Arbeitsort liegt im Inland und deutsches Recht findet Anwendung. Damit ist die Anwendung des ausländischen Ordre Public für deutsche Gerichte ausgeschlossen, da eine Geltungswirkung ausländischer Ordre Public-Regelungen im Inland nicht in das EGBGB aufgenommen wurde und die Eingriffsnormen des ausländischen Staates auch regelmäßig keinen Geltungsanspruch außerhalb des eigenen räumlichen Geltungsbereichs beanspruchen, wie Art. 21 Rom I bestätigt. Wird diese Konstellation hingegen vor einem ausländischen Gericht verhandelt, kann dieses einen Verstoß gegen den Ordre Public der lex fori feststellen.
2. Der Arbeitsort liegt im Inland, das Arbeitsstatut ist jedoch ausländisches Recht: Dann findet entweder kraft objektiver oder subjektiver (lex causae) Anknüpfung ausländisches Recht Anwendung, und dies umfasst natürlich auch den ausländischen Ordre Public. Dieser kommt jedoch nicht zur Anwendung, weil eine Kollision des anwendbaren Rechts mit dessen Grundlagen selbst ausgeschlossen ist.
3. Der Arbeitsort liegt im Ausland und ausländisches Recht ist anwendbar. Auch dann ist eine In-sich-Kollision mit jeglichen Eingriffsnormen und damit auch dem ausländischen Ordre Public ausgeschlossen.
4. Der Arbeitsort liegt im Ausland, anwendbar ist jedoch kraft subjektiver Anknüpfung deutsches Recht. Dann gilt bei diesen Rechtswahlfällen das Günstigkeitsprinzip. Das einfache, für den AN günstigere Ortsrecht gilt bereits über die Regelung in Art. 30 Abs. 1/Art. 8 Rom I. Eines Eingreifens des ausländischen Ordre Public bedarf es dann nicht.
5. Der Arbeitsort liegt im Ausland, anwendbar ist jedoch kraft objektiver Anknüpfung nach Art. 30 Abs. 2/Art. 8 Rom I deutsches Recht, z.B. in Entsendungsfällen. Nur dann gelten die Eingriffsnormen des Tätigkeitsstaates, wenn sie mit dem deutschen Recht kollidieren. Es handelt sich also um den spiegelbildlichen Fall zum deutschen Art. 34. Die Kollision des Arbeitsstatuts kann im Einzelfall natürlich auch eine Kollision mit dem ausländischen Ordre Public sein. Es ist allg.A., dass die am tatsächlichen Arbeitsort geltenden Vorschriften mit Eingriffscharakter, etwa zwingende Bestimmungen zum Arbeitszeitrecht, Feiertagsarbeitsverbote sowie Vorschriften über die Sicherheit und Gesundheit der AN unabhängig vom Arbeitsstatut anzuwenden sind.[33]

D. Beraterhinweise

Zur Rechtsschutzversicherung, Vertragsgestaltung und Prozessführung vgl. die Kommentierung zu Art. 30.[34]

Art. 27   **Freie Rechtswahl**

(1) ¹Der Vertrag unterliegt dem von den Parteien gewählten Recht. ²Die Rechtswahl muß ausdrücklich sein oder sich mit hinreichender Sicherheit aus den Bestimmungen des Vertrags oder aus den Umständen des Falles ergeben. ³Die Parteien können die Rechtswahl für den ganzen Vertrag oder nur für einen Teil treffen.

(2) ¹Die Parteien können jederzeit vereinbaren, daß der Vertrag einem anderen Recht unterliegen soll als dem, das zuvor aufgrund einer früheren Rechtswahl oder aufgrund anderer Vorschriften dieses Unterabschnitts für ihn maßgebend war. ²Die Formgültigkeit des Vertrags nach Artikel 11 und Rechte Dritter werden durch eine Änderung der Bestimmung des anzuwendenden Rechts nach Vertragsabschluß nicht berührt.

(3) Ist der sonstige Sachverhalt im Zeitpunkt der Rechtswahl nur mit einem Staat verbunden, so kann die Wahl des Rechts eines anderen Staates – auch wenn sie durch die Vereinbarung der Zuständigkeit eines Gerichts eines anderen Staates ergänzt ist – die Bestimmungen nicht berühren, von denen nach dem Recht jenes Staates durch Vertrag nicht abgewichen werden kann (zwingende Bestimmungen).

(4) Auf das Zustandekommen und die Wirksamkeit der Einigung der Parteien über das anzuwendende Recht sind die Artikel 11, 12 und 29 Abs. 3 und Artikel 31 anzuwenden.

Art. 30   **Arbeitsverträge und Arbeitsverhältnisse von Einzelpersonen**

(1) Bei Arbeitsverträgen und Arbeitsverhältnissen darf die Rechtswahl der Parteien nicht dazu führen, daß dem Arbeitnehmer der Schutz entzogen wird, der ihm durch die zwingenden Bestimmungen des Rechts gewährt wird, das nach Absatz 2 mangels einer Rechtswahl anzuwenden wäre.

---

32 MünchArb/*Birk*, Bd. 1, § 20 Rn 97.
33 MünchArb/*Birk*, Bd. 1, § 20 Rn 82.
34 Für Textbausteine siehe *Hümmerich*, Arbeitsrecht, Kap. 1 Rn 257 ff.

(2) Mangels einer Rechtswahl unterliegen Arbeitsverträge und Arbeitsverhältnisse dem Recht des Staates,
1. in dem der Arbeitnehmer in Erfüllung des Vertrags gewöhnlich seine Arbeit verrichtet, selbst wenn er vorübergehend in einen anderen Staat entsandt ist, oder
2. in dem sich die Niederlassung befindet, die den Arbeitnehmer eingestellt hat, sofern dieser seine Arbeit gewöhnlich nicht in ein und demselben Staat verrichtet,

es sei denn, daß sich aus der Gesamtheit der Umstände ergibt, daß der Arbeitsvertrag oder das Arbeitsverhältnis engere Verbindungen zu einem anderen Staat aufweist; in diesem Fall ist das Recht dieses anderen Staates anzuwenden.

Art. 3 Rom I Freie Rechtswahl

(1) Der Vertrag unterliegt dem von den Parteien gewählten Recht. Die Rechtswahl muss ausdrücklich erfolgen oder sich eindeutig aus den Bestimmungen des Vertrags oder aus den Umständen des Falles ergeben. Die Parteien können die Rechtswahl für ihren ganzen Vertrag oder nur für einen Teil desselben treffen.

(2) Die Parteien können jederzeit vereinbaren, dass der Vertrag nach einem anderen Recht zu beurteilen ist als dem, das zuvor entweder aufgrund einer früheren Rechtswahl nach diesem Artikel oder aufgrund anderer Vorschriften dieser Verordnung für ihn maßgebend war. Die Formgültigkeit des Vertrags im Sinne des Artikels 11 und Rechte Dritter werden durch eine nach Vertragsschluss erfolgende Änderung der Bestimmung des anzuwendenden Rechts nicht berührt.

(3) Sind alle anderen Elemente des Sachverhalts zum Zeitpunkt der Rechtswahl in einem anderen als demjenigen Staat belegen, dessen Recht gewählt wurde, so berührt die Rechtswahl der Parteien nicht die Anwendung derjenigen Bestimmungen des Rechts dieses anderen Staates, von denen nicht durch Vereinbarung abgewichen werden kann.

(4) Sind alle anderen Elemente des Sachverhalts zum Zeitpunkt der Rechtswahl in einem oder mehreren Mitgliedstaaten belegen, so berührt die Wahl des Rechts eines Drittstaats durch die Parteien nicht die Anwendung der Bestimmungen des Gemeinschaftsrechts – gegebenenfalls in der von dem Mitgliedstaat des angerufenen Gerichts umgesetzten Form –, von denen nicht durch Vereinbarung abgewichen werden kann.

(5) Auf das Zustandekommen und die Wirksamkeit der Einigung der Parteien über das anzuwendende Recht finden die Artikel 10, 11 und 13 Anwendung.

Art. 8 Rom I Individualarbeitsverträge

(1) Individualarbeitsverträge unterliegen dem von den Parteien nach Artikel 3 gewählten Recht. Die Rechtswahl der Parteien darf jedoch nicht dazu führen, dass dem Arbeitnehmer der Schutz entzogen wird, der ihm durch Bestimmungen gewährt wird, von denen nach dem Recht, das nach den Absätzen 2, 3 und 4 des vorliegenden Artikels mangels einer Rechtswahl anzuwenden wäre, nicht durch Vereinbarung abgewichen werden darf.

(2) Soweit das auf den Arbeitsvertrag anzuwendende Recht nicht durch Rechtswahl bestimmt ist, unterliegt der Arbeitsvertrag dem Recht des Staates, in dem oder andernfalls von dem aus der Arbeitnehmer in Erfüllung des Vertrags gewöhnlich seine Arbeit verrichtet. Der Staat, in dem die Arbeit gewöhnlich verrichtet wird, wechselt nicht, wenn der Arbeitnehmer seine Arbeit vorübergehend in einem anderen Staat verrichtet.

(3) Kann das anzuwendende Recht nicht nach Absatz 2 bestimmt werden, so unterliegt der Vertrag dem Recht des Staates, in dem sich die Niederlassung befindet, die den Arbeitnehmer eingestellt hat.

(4) Ergibt sich aus der Gesamtheit der Umstände, dass der Vertrag eine engere Verbindung zu einem anderen als dem in Absatz 2 oder 3 bezeichneten Staat aufweist, ist das Recht dieses anderen Staates anzuwenden.

A. Allgemeines 1	B. Regelungsgehalt 18
I. Norm 1	I. Anwendbares Recht bei Fehlen einer Rechtswahl der
II. Zweck 5	Parteien (Art. 30 Abs. 2/Art. 8 Abs. 2 bis 4 Rom I) 18
1. Rechtsvereinheitlichung durch internationales	1. Tatbestandselemente 18
Schuldvertragsrechtsübereinkommen 5	a) Geltungsbereich für Individualarbeits-
2. Rechtsvereinheitlichung durch EU-Recht 7	verträge 18
3. Privatrechtliches Arbeitsrecht versus zwingen-	aa) Arbeitsverträge 19
des Arbeitsschutzrecht 11	bb) Arbeitsverhältnisse 20
4. Intertemporäres Kollisionsrecht 17	b) Objektive Anknüpfung nach Art. 30
	Abs. 2/Art. 8 Abs. 2 bis 4 21

aa) Gewöhnlicher Arbeitsort (Art. 30 Abs. 2 Nr. 1/Art. 8 Abs. 2 Rom I) ...	22
bb) Einstellende Niederlassung (Art. 30 Abs. 2 Nr. 2/Art. 8 Abs. 3 Rom I) ...	29
cc) Ausweichklausel (Art. 30 Abs. 2 Alt. 3/Art. 8 Abs. 4 Rom I)	31
dd) Statutenwechsel	33
2. Rechtsfolgen	34
II. Anwendbares Recht bei Vorliegen einer Rechtswahl der Parteien	35
1. Tatbestandselemente	35
a) Zulässigkeit der Rechtswahl	35
b) Einschränkung der Rechtswahlfreiheit	36
c) Günstigkeitsvergleich	38
2. Rechtsfolgen	40
a) Allgemeines	40
b) Übersicht zu einzelnen Normkomplexen ..	41
aa) Begründung des Arbeitsverhältnisses	41
bb) Inhalt des Arbeitsverhältnisses	45
cc) Bestand des Arbeitsverhältnisses	60
dd) Berufsausbildungsverhältnisse	70
C. Verbindung zu anderen Rechtsgebieten und zum Prozessrecht	71
I. Prozessrecht	71
1. Europäisches Verfahrensrecht	72
2. Lugano-Übereinkommen und andere Staatsverträge	75
3. Zuständigkeitsregelungen nach deutschem Prozessrecht	76
4. Gerichtsstandsvereinbarungen mit Arbeitnehmern	77
II. Kollektives Arbeitsrecht	79
1. Betriebsverfassungsrecht	79
a) Räumlicher Geltungsbereich des deutschen Betriebsverfassungsgesetzes	80
b) Anwendbarkeit des BetrVG in Fällen der Entsendung	84
aa) Voraussetzung einer Ausstrahlung des BetrVG nach der Rechtsprechung ...	84
bb) Rechtsfolgen bei Bejahung der Ausstrahlung	86
c) Anwendbarkeit ausländischen Betriebsverfassungsrechts auf in Deutschland tätige Arbeitnehmer	89
d) Mitbestimmungsrecht	90
2. Tarifrecht und Arbeitskampfrecht	92
a) Kollisionsregeln für das Tarifvertragsrecht	92
aa) Keine zwingende Tarifgeltung im inländischen Arbeitsverhältnis	92
bb) Kollisionsregeln im Verhältnis der Tarifparteien zueinander	93
cc) Regelung von Auslandssachverhalten durch inländische Tarifverträge	95
dd) Geltung ausländischer Tarifverträge	99
b) Arbeitskampfrecht	102
D. Beraterhinweise	104
I. Rechtschutzversicherung	104
1. Maßgeblichkeit des individuellen Versicherungsvertrages	105
2. Örtlicher Geltungsbereich im Inland abgeschlossener Rechtsschutzversicherungen	108
3. Persönlicher Geltungsbereich nach den ARB .	110
II. Tipps aus der Beraterpraxis	112
1. Vertragsgestaltung	112
a) Rechtswahlklauseln	112
b) Einwirkung auf das objektiv anwendbare Recht	113
c) Gerichtsstandsklauseln	114
d) Haftung des Arbeitgebers für fehlerhafte Auskünfte	115
e) Sozialversicherung und Steuerrecht	116
2. Prozessführung	117
a) Anrufen der richtigen Gerichte	117
b) Darlegungs- und Beweislast	118
c) Haupt- und Hilfsanträge	119
d) Haftungsgefahren durch stillschweigende Rechtswahl im Prozess	120

A. Allgemeines

I. Norm

Art. 30 EGBGB und ab dem 17.12.2009 Art. 8 Rom I sind die **zentralen Normen** des deutschen individuellen Arbeitskollisionsrechts. Art. 30 verfolgt zwei Ziele: Zum einen wird den Arbeitsvertragsparteien **Parteiautonomie** bei der Rechtswahl eingeräumt, die gleichzeitig zugunsten des AN durch das **Günstigkeitsprinzip** relativiert wird. Andererseits bestimmt Art. 30 das ohne Rechtswahl der Parteien anwendbare Recht.

Art. 30 stellt damit in Bezug auf die Rechtswahl eine im Verhältnis zu Art. 27 speziellere Norm dar. Ähnlich wie Art. 29 zum Verbraucherschutz schützt Art. 30 die typischerweise beim Vertragsschluss schwächere Partei, vorliegend also den AN. Art. 30 stellt nunmehr für die EVÜ-Vertragsstaaten einheitlich auf bestimmte Kriterien ab: Das Prinzip der Parteiautonomie ermöglicht den Vertragsparteien, von starren Anknüpfungskriterien wie dem Arbeitsort abzuweichen und damit eine günstigere Rechtsordnung für die Parteien zu vereinbaren. Die **Rechtswahl** kann dabei durchaus auch im Interesse des AN vereinbart werden. Eine schrankenlose Rechtswahl oder Teilrechtswahl würde andererseits den fundamentalen und international anerkannten AN-Schutz aushöhlen. Gegen vorformulierte Vertragsmuster international tätiger Unternehmen hat der AN meist keine Verhandlungsoption.[1] Daher ist das Günstigkeitsprinzip in Art. 30 Abs. 1 positiv normiert worden.

Neben der Frage, welche Reichweite das **Arbeitsvertragsstatut**, also das von den Parteien gewählte Recht hat, tauchen im Zusammenhang mit dem Günstigkeitsprinzip weitere, z.T. schwierige Abgrenzungsfragen, auf.[2] Das Günstigkeitsprinzip lässt die Parteiautonomie als solche unberührt. Das gewählte Recht bleibt wirksam. Es wird jedoch von den jeweils günstigeren Normen der ohne Rechtswahl anwendbaren Rechtsordnung überlagert. Regelmäßig ist der Maßstab damit das Recht der lex loci laboris, das **Recht des Arbeitsortes**. Das Günstigkeitsprinzip ermöglicht somit, den Mindestanforderungen von zwei oder mehr Rechtsordnungen gerecht zu werden. Fraglich ist jedoch zum einen, nach wel-

---

1 Zutreffend: MüKo-BGB/*Martiny*, Art. 30 EGBGB Rn 2.   2 MüKo-BGB/*Martiny*, Art. 30 EGBGB Rn 3.

chen Kriterien der Günstigkeitsvergleich stattzufinden hat. Weiterhin stellt sich die Frage, in welchem Verhältnis zwingende arbeitsrechtliche Vorschriften des Arbeitsortes zu dem gewählten Recht stehen, d.h., ob es auch hier zu einem Günstigkeitsvergleich kommen kann. Dieses Problem hängt mit der Sonderanknüpfung über Art. 34 zusammen.

4   Die objektive Anknüpfung des anwendbaren Rechts in Art. 30 Abs. 2 ist fundamental sowohl für die Fälle, bei denen keine Rechtswahl vorliegt, als auch für die Fälle der Rechtswahl. Denn die Ermittlung des objektiv anwendbaren Rechts ist die Voraussetzung für die Feststellung, ob das gewählte Recht überhaupt vom objektiven Recht abweicht und, falls ja, für den dann anzustellenden Günstigkeitsvergleich. Das objektive Arbeitsstatut folgt primär dem gewöhnlichen Arbeitsort, sekundär der einstellenden Niederlassung und wird schließlich kontrolliert durch eine insg. dem Arbverh näher stehende Rechtsordnung. Diese engere Verbindung zu einem anderen Staat ist also eine Kontrolle der beiden Regelanknüpfungskriterien.[3] Art. 8 der Verordnung Rom I ist inhaltlich dem Art. 30 EGBGB sehr ähnlich und wird materiell nur wenige Änderungen bringen, die im Folgenden dargestellt werden.

II. Zweck

5   **1. Rechtsvereinheitlichung durch internationales Schuldvertragsrechtsübereinkommen.** Art. 30 verfolgt den Zweck, die multilateralen Vereinbarungen zum Arbeitskollisionsrecht umzusetzen und diesen weiterhin zu entsprechen. Der Zweck ist damit generell die **Rechtsvereinheitlichung** in und über die Grenzen der EU hinaus.

6   Art. 30 ist von seinem Wortlaut her Art. 6 der römischen Schuldvertragsrechtsübereinkommens (EVÜ) von 1980 nachgebildet. Zusammen mit anderen Vorschriften ist Art. 30 durch das Gesetz zur Neuregelung des Internationalen Privatrechts vom 25.7.1986[4] mit Wirkung zum 1.9.1986 eingeführt worden.

7   **2. Rechtsvereinheitlichung durch EU-Recht.** Das im EGV normierte Europarecht ist z.T. auch AN-Schutzrecht. Kollisionsrechtliche Regelungen enthielt das EU-Recht derzeit bis auf die spezielle Regelung in der **Entsende-RL** nicht, weder für das Individualarbeitsrecht, noch für das kollektive Arbeitsrecht.[5] Die neue Verordnung (EG) Nr. 593/2008 vom 17.6.2008 über das auf vertragliche Schuldverhältnisse anzuwendende Recht „Rom I"[6] ersetzt das EVÜ und überführt damit das völkerrechtliche Abkommen in unmittelbar anwendbares EU-Recht.[7] Der sachliche und räumliche Geltungsbereich ist wie folgt zu umschreiben: Die Art. 1 und 2 Rom I bestimmen eine Anwendbarkeit der Verordnung auf alle vertraglichen Schuldverh, über die von einem in der EU belegenen Gericht zu entscheiden ist und einen grenzüberschreitenden Sachverhalt betreffen. Das demnach anzuwendende Recht kann auch das eines Nicht-EU-Staates sein. Die Verordnung ist „offen", gilt also universell auch im Verhältnis zu Drittstaaten, wie Art. 2 Rom I bestimmt. Innerhalb der EU sind vom Anwendungsbereich die Staaten Dänemark sowie das Vereinigte Königreich ausgenommen, so dass es im Verhältnis zu diesen beiden Staaten auch für künftig abgeschlossene Arbeitsverträge beim bisherigen nationalen Kollisionsrecht bleibt.[8] Allerdings soll voraussichtlich noch im Jahr 2007 die Verordnung ROM I in Kraft treten. Sie ersetzt das Europäische Vertragsübereinkommen und verdrängt als höherrangiges Recht das nationale Kollisionsrecht in den Mitgliedsstaaten. Auch die Normen des deutschen EGBGB werden insoweit obsolet. Inhaltlich bleiben die bekannten Kollisionsregeln bestehen, wenn auch mit kleineren Klarstellungen.[9] Das EU-Recht versucht, eine Harmonisierung der einzelstaatlichen Rechtsordnungen auch im Arbeitsrecht voranzutreiben. Dabei ist allerdings nicht die Harmonisierung des Privatrechts das Ziel des EGV, sondern die Vereinheitlichung des sozialen, öffentlichen AN-Schutzrechts. Aufgrund der Überlagerung von **AN-Schutzrecht** und reinem individuellen Privatrecht haben die Harmonisierungsbestrebungen allerdings vielfältige Aus- und Einwirkungen auf die einzelnen Arbverh. Insb. das Recht auf Freizügigkeit aus Art. 39 EGV und das Diskriminierungsverbot aus Art. 12 EGV werden durch zahlreiche **RL der EU** konkretisiert. Unmittelbar geltende Normen zum Arbeitsrecht enthält das EU-Recht dagegen nahezu nicht. Eine Ausnahme stellt z.B. Art. 141 EGV dar, der die Lohndiskriminierung von Frauen ausdrücklich verbietet und näher regelt. Die RL verfolgen ihrerseits das Ziel der **Harmonisierung** der Rechtsordnungen der Mitgliedsstaaten. Die RL müssen innerhalb bestimmter Fristen durch nationale Gesetze umgesetzt werden, da die RL kein unmittelbar geltendes staatliches Recht sind.

8   Als einzige RL mit kollisionsrechtlichem Inhalt ist die **Entsende-RL** anzusehen.[10] Nach dieser RL hat der aufnehmende Staat dafür zu sorgen, dass den entsandten AN im Einsatzstaat mind. die Arbeitsbedingungen zukommen, die dort für gleiche Tätigkeiten ansonsten gelten. Hierunter fallen gem. Art. 3 Abs. 1 der RL neben zwingenden gesetzlichen Bestimmungen über Lohnhöhe, Urlaub, Lohnfortzahlung im Krankheitsfall usw. auch Bestimmungen aus für allgemeinverbindlich erklärten TV. Eigene materiellrechtliche Regelungen zu Mindestarbeitsbedingungen enthält die RL hingegen nicht. Die Entsende-RL gilt räumlich nur für die Entsendung von einem Mitgliedsstaat der EU bzw. des EWR in einen anderen Mitgliedsstaat, nicht also für die Entsendung in Drittstaaten. Die Entsendung erfasst weiterhin nur den vorübergehenden, also befristeten, Einsatz in einem Mitgliedsstaat. Nicht geregelt werden sozial-

---

3 MüKo-BGB/*Martiny*, Art. 30 EGBGB Rn 4.
4 BGBl I S. 1142.
5 Zum Ganzen ausführlich MünchArb/*Birk*, Bd. 1, § 19 Rn 473 ff.
6 AblEG Nr. L 177 vom 4.7.2008, S. 6 ff.
7 *Mauer/Sadtler*, RIW 2008, 544.
8 *Mauer/Sadtler*, RIW 2008, 545.
9 Siehe den „Vorschlag für eine Verordnung des Europäischen Parlaments und des Rates über das auf vertragliche Schuldverhältnisse anzuwendende Recht (Rom I) vom 15.12.2005, KOM (2005) 650 endgültig. Aufsätze und Literatur hierzu s.o.
10 RL 96/71 EWG (ABl EG 1997 L 18/1); hierzu ausführlich MünchArb/*Birk*, Bd. 1, § 19 Rn 116 ff.

versicherungsrechtliche Fragen. Für diese existieren spezielle VO.[11] In Deutschland ist die Entsende-RL durch das **AEntG** umgesetzt worden. Das AEntG galt sachlich anfangs nur für das Baugewerbe, wurde jedoch inzwischen in dem neu gefassten AEntG auf andere Wirtschaftszweige ausgedehnt.[12]

Keine kollisionsrechtliche Wirkung entfaltet hingegen die RL über den Nachweis von Arbeitsbedingungen,[13] obwohl sie in Art. 4 Angaben zur Auslandstätigkeit des AN verlangt. Die Regelung ist durch § 2 Abs. 2 **NachwG** inzwischen in nationales Recht umgesetzt worden.

Die **wichtigsten RL** mit arbeitnehmerschützenden Inhalten auf dem Gebiet des Individualarbeitsrechts der letzten Jahre sind:[14]

– die RL über **Massenentlassungen**,[15]
– die RL über **Betriebsübergänge**,[16]
– die RL zum Schutz der AN vor Zahlungsunfähigkeit des AG (**Insolvenzgeld**),[17]
– die RL über **AÜ**,[18]
– die RL über die **Befristung von Arbeitsverträgen**,[19]
– die RL über **Teilzeitarbeit**,[20]
– die RL über den **Nachweis von Arbeitsbedingungen**,[21]
– die RL über **bezahlten Mindesturlaub**,[22]
– die RL über Arbeitsentgeltschutz in der Zeit des **Mutterschutzes**,[23]
– die RL zur Wahrung **ergänzender Rentenansprüche** von AN und Selbstständigen,[24]
– die **Antirassismus-RL**,[25]
– die **Rahmen-RL**,[26]
– die **Gleichbehandlungs-RL**.[27]

Anhand der in den RL geregelten Bereiche wird ersichtlich, dass das Arbeitsrecht als AN-Schutzrecht in einem Mischbereich zwischen Privatrecht und öffentlichem Recht steht. Art. 30 sowie Art. 8 Rom I regeln jedoch nur das privatrechtliche Verhältnis zwischen den Arbeitsvertragsparteien.

3. Privatrechtliches Arbeitsrecht versus zwingendes Arbeitsschutzrecht. Die Regelungsbefugnis der Arbeitsvertragsparteien ist auf das dispositive private Arbeitsrecht beschränkt. Das der Rechtswahl unterworfene dispositive private Arbeitsvertragsrecht wird durch Art. 30 Abs. 1 sowie Art. 8 Abs. 1 Rom I einem kollisionsrechtlichen Günstigkeitsvergleich unterworfen. Daneben oder besser gesagt davor steht jedoch noch ein großer und unscharf umrissener Bereich des nicht dispositiven zwingenden inländischen Rechts. Dies wirft zahlreiche **Abgrenzungsfragen** auf, insb. welche Vorschriften als zwingendes öffentliches Eingriffsrecht i.S.v. Art. 34 sowie Art. 9 Rom I anzusehen sind. Generell beziehen sich Art. 30 sowie Art. 8 Rom I also nur auf die im **Arbeitsvertrag** regelungsfähigen Bereiche. Was unter Arbeitsvertrag und Arbverh i.S.v. Art. 6 EVÜ zu verstehen ist, regelt Art. 30 selbst nicht näher; gleiches gilt für den neuen Art. 8 Abs. 1 Rom I, der nur noch den Begriff des Individualarbeitsvertrages verwendet. Unbeschadet der Auslegungszuständigkeit des EuGH für diese Begriffe sind sie EU-einheitlich auszulegen.[28]

Im Einzelnen sind bei dem Zusammenspiel von nicht dispositivem, zwingenden Recht und dem der Parteidisposition eröffneten Bereich i.S.v. Art. 30 Abs. 1 und Art. 8 Abs. 1 Rom I die folgenden Normen und Normkomplexe zu berücksichtigen:

– die weiteste Ausgrenzung vom dispositiven Recht stellt die Generalnorm zum Ordre Public dar, bislang geregelt in Art. 6 und künftig zudem in Art. 21 Rom I,
– als nächste, engere Grenzziehung wirken Art. 34 und Art. 9 Rom I, die die zwingenden Bestimmungen des Rechts des Arbeitsortes der Parteidisposition entziehen,

---

11 Insb. EWG/VO 1408/71.
12 § 4 AEntG 2009 mit Wirkung ab dem 24.4.2009, BGBl I 2009, 799.
13 RL 91/533/EWG vom 14.10.1991 (ABl EG 1991 L 288/32).
14 Vgl. auch ausführlich MünchArb/*Birk*, Bd. 1, § 19 Rn 86 ff.
15 RL 75/129/EWG über Massenentlassungen vom 17.2.1975 (ABl EG 1975 L 48/29), aktuell neu konsolidiert in der RL 98/59/EWG (Abl EG 1998 L 225/16).
16 RL 77/1877/EWG über die Wahrung von Ansprüchen der AN beim Übergang von Unternehmen, Betrieben und Betriebsteilen vom 14.2.1977 (ABl EG 1977 L 61/26), neu gefasst durch die RL 98/50/EWG (Abl EG 1998 L 205/66).
17 RL 80/987/EWG vom 20.10.1980 (ABl EG 1980 L 283/23).
18 RL 91/383/EWG vom 25.6.1991 (ABl EG 1991 L 206/19).
19 RL 99/70/EWG vom 28.6.1999 (ABl EG 1999 L 175/43).
20 RL 97/81/EWG vom 15.12.1997 (ABl EG 1997 L 397/81).
21 RL 91/533/EWG vom 14.10.1991 (ABl EG 1991 L 288/32).
22 Art. 7 Abs. 1 der RL 93/104 EWG vom 23.11.1993 (ABl EG 1993 L 307/18).
23 Art. 11 Nr. 1 der RL 92/85/EWG vom 19.10.1992 (ABl EG 1992 L 348/1).
24 RL 98/49/EWG vom 29.6.1998 (ABl EG 1998 L 209/46).
25 RL 2000/43/EG vom 29.6.2000 (ABl EG 2000 L 180/22).
26 RL 2000/78/EG vom 27.11.2000 (ABl EG 2000 L 303/16).
27 RL 2002/78/EG vom 23.9.2002 (ABl EG 2002 L 269/15) und RL 2004/113/EG vom 13.12.2004 (Abl EG 2002 L 373/37).
28 *Junker*, Internationales Arbeitsrecht, S. 171 f.; MünchArb/*Birk*, Bd. 1, § 19 Rn 3, 93; MüKo-BGB/*Martiny*, Art. 30 EGBGB Rn 17.

- als Sonderregelung ist zudem Art. 27 Abs. 3 sowie künftig Art. 3 Abs. 3 Rom I zu beachten, die mangels einer relevanten Auslandsberührung des Arbverh den Umfang der Rechtswahl einschränken;
- schließlich spielen Art. 32 Abs. 2 und künftig auch Art. 12 Rom I über die Erfüllungsmodalitäten eine Rolle für Arbverh.

Wie sich diese Normen zueinander verhalten und was im Einzelnen darunter fällt, regeln das EGBGB und auch die Verordnung Rom I jedoch nicht.[29] Im Einzelnen ist daher zur Zugehörigkeit von öffentlichem und/oder privatem AN-Schutzrecht als zwingendem Recht i.S.v. Art. 34 vieles umstr. Generell muss sowohl bei der Anwendung inländischen Rechts im Ausland wie auch umgekehrt bei der Anwendung ausländischen Rechts im Inland der räumliche Geltungsbereich im Auge behalten werden, auch und insbesondere beim Günstigkeitsvergleich.[30]

13 Handelt es sich um Fälle eines **fehlenden Auslandsbezuges** i.S.v. Art. 27 Abs. 3, so läuft die Schutzfunktion der eingeschränkten Rechtswahl i.E. ins Leere, da über Art. 30 Abs. 1 das gleiche Ergebnis erzielt wird; gleiches gilt daher für das Verhältnis von Art. 3 Abs. 3 Rom I zu Art. 8 Abs. 1 Rom I. Denn das Recht des inländischen Arbeitsortes im Fall einer fehlenden Auslandsbeziehung dominiert über das Günstigkeitsprinzip ohnehin ein gewähltes ausländisches Recht. Die Rechtswahl ist auch nach Art. 27 Abs. 3 zudem nicht ungültig, hat aber nur die Funktion einer materiell-rechtlichen Verweisung, vergleichbar einer Verweisung auf einen ansonsten nicht einschlägigen TV in einem Arbeitsvertrag.[31] Ein Auslandsbezug fehlt z.B., wenn AN und AG im Inland ansässig sind, der Arbeitsort auch ausschließlich im Inland liegt, beide jedoch eine ausländische Staatsangehörigkeit besitzen. Dies folgt daraus, dass die Staatsangehörigkeit der Parteien eines Arbeitsvertrages nicht nur kein vertragsprägendes Element ist, sondern dessen Berücksichtigung sogar als Diskriminierung verboten ist.[32] Gegeben ist ein Auslandsbezug hingegen, wenn der Sitz der Parteien grenzüberschreitend auseinander fällt, der Arbeitsort im Ausland liegt oder ein leitender Ang bei einem inländischen Tochterunternehmen eines internationalen Konzerns beschäftigt wird.[33]

14 Die große Bedeutung der unter Art. 34 und künftig zudem unter Art. 9 Rom I fallenden **Eingriffsnormen** wird in der Kommentierung zu Art. 34/Art. 9 Rom I gesondert behandelt. Als generelles Abgrenzungskriterium gilt gemeinhin, dass Art. 34 nur Vorschriften umfasst, die über den individuellen AN-Schutz hinausgehend Gemeinwohlinteressen berühren; eine klarere Definition enthält auch Art. 9 Rom I letztlich nicht, sondern überlässt die Feststellung, ob eine Eingriffsnorm vorliegt, dem angerufenen Gericht.

15 Die **Erfüllungsmodalitäten** von Verträgen generell regelt Art. 32 Abs. 2 und künftig zudem Art. 12 Rom I. Danach wird in Bezug auf die Art und Weise der Erfüllung das Recht des Staates, in dem die Erfüllung erfolgt, berücksichtigt. Die Bedeutung für das Arbeitskollisionsrecht ist noch ungeklärt. Arbeitsgerichtliche Entscheidungen, die Art. 32 Abs. 2 unmittelbar anwenden, sind nicht veröffentlicht, was die geringe praktische Bedeutung bislang nachweist.[34] Die Ergebnisse werden jedoch denen entsprechen, die über die Sonderanknüpfung des Art. 34 erfolgen.

16 **Drittstaatliches Recht** wird mangels Umsetzung von Art. 7 EVÜ in nationales Recht nur über den **Ordre Public-Grundsatz** in Art. 6 berücksichtigt, was zu Art. 6/Art. 21 Rom I im Einzelnen dargestellt ist.

17 **4. Intertemporäres Kollisionsrecht.** Für Arbeitsverträge, die bereits vor Inkrafttreten des EGBGB-Kollisionsrechts abgeschlossen wurden, ist die Anwendbarkeit des „neuen" Kollisionsrechts umstr. Denn es stellt sich die Frage, ob auf diese Verträge das vorher geltende, uneinheitliche Kollisionsrecht oder das neue kodifizierte Kollisionsrecht des EGBGB. Es gibt hierzu **Übergangsregelungen**, die nach der Rspr. der ArbG[35] und der h.M.[36] für Arbverh dahingehend ausgelegt werden, dass die „neuen" Regelungen auch auf solche Arbverh Anwendung finden, die zwar vor dem Inkrafttreten begründet wurden, aber nach Inkrafttreten noch nicht beendet waren. Eine weitere Kollisionsregel schichtet das derzeitige EGBGB-Kollisionsrecht vom Rom I-Kollisionsrecht ab: Gem. Art. 28 Rom I wird die Verordnung nur auf Verträge angewandt, die nach dem 17.12.2009 abgeschlossen werden. Dies führt zum einen dazu, dass für noch viele Jahre ein Nebeneinander der EGBGB-Kollisionsregeln mit den neuen Rom I-Regeln bestehen wird, zum anderen wirft dies neue Abgrenzungsfragen auf. So stellt sich die Frage, in welchen Fällen „Vertragsverlängerungen", Änderungsverträge und ersetzende befristete Verträge zu einem Wechsel des anwendbaren Rechts führen.

---

29 MüKo-BGB/*Martiny*, Art. 30 EGBGB Rn 105.
30 MüKo-BGB/*Martiny*, Art. 30 EGBGB Rn 119.
31 MüKo-BGB/*Martiny*, Art. 30 EGBGB Rn 109; Soergel/*v. Hoffmann*, Art. 30 EGBGB Rn 14.
32 Soergel/*v. Hoffmann*, Art. 30 EGBGB Rn 14; a.A. MüKo-BGB/*Martiny*, Art. 30 EGBGB Rn 109 im Anschluss an BAG 5.9.1972 – 3 AZR 212/69 – BAGE 24, 411 = AP § 242 BGB Ruhegehalt Nr. 159.
33 Soergel/*v. Hoffmann*, Art. 30 EGBGB Rn 14; zustimmend MüKo-BGB/*Martiny*, Art. 30 EGBGB Rn 109.
34 Stand: juris Mai 2007.
35 BAG 29.10.1992 – 2 AZR 267/92 – BAGE 71, 297 = NZA 1993, 743; BAG 26.7.1995 – 5 AZR 216/94 – NZA 1996, 30; LAG Baden-Württemberg 15.10.2002 – 11 Sa 49/02 – BB 2003, 900.
36 *Däubler*, RIW 1987, 249; *Sonnenberger*, in: FS für Ferid, S. 447; *Mankowski*, IPRax 1994, 88; *Hoppe*, Die Entsendung von Arbeitnehmern ins Ausland, S. 94; *Reithmann/Martiny*, Internationales Vertragsrecht, S. 181 Rn 188; MüKo-BGB/*Sonnenberger*, Art. 220 BGB Rn 24; *v. Bar*, IPR Bd. I. S. 274 Rn 307; a.A.: *Basedow*, NJW 1986, 2973; *Hönsch*, NZA 1988, 113; *Lorenz*, RdA 1989, 220; Palandt/*Heldrich*, Art. 220 EGBGB Rn 4.

B. Regelungsgehalt

I. Anwendbares Recht bei Fehlen einer Rechtswahl der Parteien (Art. 30 Abs. 2/Art. 8 Abs. 2 bis 4 Rom I)

1. Tatbestandselemente. a) Geltungsbereich für Individualarbeitsverträge. Da der Geltungsbereich des Art. 30 einerseits speziell für das Arbeitsrecht gilt, andererseits nur die individualrechtlichen Vereinbarungen und ihre Rechtsfolgen von Art. 30 geregelt werden sollen, ist der einleitende Wortlaut von Art. 30 Abs. 1 und Abs. 2 wörtlich zu nehmen: es geht um Arbeitsverträge und Arbverh, nicht hingegen um Betriebsverfassungsrecht, Tarifrecht oder andere spezielle Regelungsbereiche des Arbeitsrechts. Die **authentische Auslegung** der beiden nicht näher umschriebenen Begriffe, die auf Art. 6 EVÜ basieren, ist dem EuGH vorbehalten. Auch wenn der **EuGH** diese Befugnis noch nicht offiziell erhalten hat, ist bereits jetzt eine einheitliche Auslegung geboten.[37] Art. 8 Rom I bestätigt die Beschränkung auf Individualarbeitsverträge in Abs. 1 und nimmt auch in Abs. 2 ausdrücklich auf „den Arbeitsvertrag" Bezug.

aa) Arbeitsverträge. Arbeitsverträge i.S.v. Art. 30 Abs. 1 und Abs. 2 sowie i.S.v. Art. 8 Rom I sind Verträge zwischen einer natürlichen Person auf der einen Seite und einer anderen, natürlichen oder juristischen Person auf der anderen Seite, die eine abhängige, **weisungsgebundene** und entgeltliche **Tätigkeit** zum Gegenstand haben.[38] Zur AN-Eigenschaft soll dabei die Verwertung der Arbeitskraft als Teil des Wirtschaftslebens erforderlich sein. Zu bejahen ist die AN-Eigenschaft danach unabhängig von der Branche des AG, auch z.B. bei Berufssportlern oder Non-Profit-Organisationen. Auch reguläre **Berufsausbildungsverträge** sind Arbeitsverträge i.S.v. Art. 30.[39] Nicht erfasst werden Personengruppen, die für ihre Funktion als Schüler, Studenten oder Rentner eine Vergütung beziehen.[40] Ebenfalls nicht von Art. 30 erfasst werden Beschäftigte von **öffentlich-rechtlichen Körperschaften**, die in öffentlich-rechtlich geregelten Dienstverhältnissen stehen, also auch BAT-Ang bzw. TVöD-Ang.[41] Bedienstete von **internationalen Organisationen**, wie z.B. der ESA, unterliegen teilweise staatsvertraglich geregelten Arbeitsbedingungen. Solche Regelungen gehen dann als überstaatliches Recht dem nationalen Kollisionsrecht vor. Auch der Rechtsweg zu den nationalen Gerichten ist hierüber teilweise verschlossen.[42] Das Kriterium der Weisungsgebundenheit wird entscheidend, wenn es um die Status-Bestimmung und Abgrenzung der **Selbstständigen** von Scheinselbstständigen geht, z.B. von Vertriebsleuten wie Handelsvertretern Hier entscheidet die Substanz der tatsächlich vollzogenen Vertragsbeziehungen, nicht die vertraglichen Bezeichnungen oder Formulierungen. Danach gilt als selbstständig, wer im Wesentlichen frei über Arbeitszeit und Arbeitsort und die Gestaltung der Tätigkeit entscheiden kann.[43] **Handelsvertreter** sind keine AN i.S.v. Art 30, selbst wenn eine ausländische Rechtsordnung sie als AN anerkennt.[44] Das weitere Tatbestandsmerkmal aus Sicht des EuGH ist die Arbeit gegen eine **Vergütung**, auch wenn deren Höhe nicht ausreichend ist, den Lebensunterhalt des AN abzudecken.[45]

bb) Arbeitsverhältnisse. Die gesonderte Aufzählung der Arbverh soll sicherstellen, dass auch materiell gelebte Arbeitsbeziehungen ohne formell wirksame Grundlage erfasst werden, also insb. sog. faktische Arbverh und nichtige, aber in Vollzug gesetzte Arbverh.[46] Art. 8 Rom I führt den Begriff der Arbverh nicht mehr auf, ohne damit eine inhaltliche Einschränkung verbinden zu wollen.

b) Objektive Anknüpfung nach Art. 30 Abs. 2/Art. 8 Abs. 2 bis 4. Die objektive Anknüpfung des Arbeitsvertrages weicht von den Anknüpfungskriterien des Art. 28/Art. 4 Rom I für Schuldverträge ab. Weder der gewöhnliche Aufenthalt des AN noch die charakteristische Leistung sind maßgeblich, sondern ein **dreistufiges System** mit einer zweistufigen Regelanknüpfungen und einer Auffangklausel auf der dritten Stufe greift ein. Danach unterliegen Arbeitsverträge primär dem gewöhnlichen Arbeitsort. Überschreitet der Arbeitsort gewöhnlich die Grenzen eines Staates, soll stattdessen an die einstellende Niederlassung abgestellt werden. In beiden Fällen soll jedoch das Recht eines anderen Staates gelten, wenn im Einzelfall eine engere Verbindung zu diesem anderen Staat besteht. Auf die objektive Anknüpfung kommt es nicht nur an, wenn keine Rechtswahl vorliegt, sondern aufgrund des bei einer Rechtswahl vorgeschriebenen **Günstigkeitsvergleichs** auch in den Fällen mit Rechtswahl.

aa) Gewöhnlicher Arbeitsort (Art. 30 Abs. 2 Nr. 1/Art. 8 Abs. 2 Rom I). Nach Art. 30 Abs. 2 Nr. 1/Art. 8 Abs. 2 Rom I ist das Hauptanknüpfungskriterium der gewöhnliche Arbeitsort des AN. Dies gilt nach dem Gesetz und der

---

[37] MüKo-BGB/*Martiny*, Art. 30 EGBGB Rn 17; MünchArb/*Birk*, Bd. 1, § 20 Rn 3, 61; *Heilmann*, Das Arbeitsvertragsstatut, S. 40; *Junker*, Internationales Arbeitsrecht, S. 171; Soergel/*v. Hoffmann*, Art. 30 EGBGB Rn 4.
[38] Soergel/*v. Hoffmann*, Art. 30 EGBGB Rn 6.
[39] Soergel/*v. Hoffmann*, Art. 30 EGBGB Rn 7.
[40] Soergel/*v. Hoffmann*, Art. 30 EGBGB Rn 7.
[41] Soergel/*v. Hoffmann*, Art. 30 EGBGB Rn 7.
[42] Ausführlich hierzu MüKo-BGB/*Martiny*, Art. 30 EGBGB Rn 22.
[43] EuGH 19.3.1981 – Rs. 139/80 – Blanckaert & Willem PVBA/Luise Drost – Slg. 1981, 819 = IPRax 1982, 64 mit Anm. *Linke*, 46.
[44] *Klima*, RIW 1987, 796; LAG Düsseldorf 7.12.1990 – 9 Sa 1397/90 – RIW 1992, 402.
[45] EuGH 23.3.1982 AZ – Rs. 53/81 – Levin/Staatssecretaris van Justitie – Slg. 1982, 1035; Soergel/*v. Hoffmann*, Art. 30 EGBGB Rn 7.
[46] Palandt/*Heldrich*, Art. 30 EGBGB Rn 2; Soergel/*v. Hoffmann*, Art. 30 EGBGB Rn 11.

Verordnung Rom I auch dann, wenn der AN vorübergehend in einen anderen Staat entsandt ist. Bereits die frühere Rspr. knüpfte an dieses Kriterium des gewöhnlichen Arbeitsortes, auch **lex loci laboris**, an. Insb. sollte dies gelten, wenn der AN in einen inländischen Betrieb eingegliedert war.[47] Entscheidend ist heute der gewöhnliche Einsatz- oder **Tätigkeitsort**; dieser bildet den Schwerpunkt des Arbeitsvertrages. Ob dieser Arbeitsort der Hauptbetrieb des AG ist, eine Zweigstelle oder ein **Home-Office**, spielt dabei keine Rolle. Vor der Arbeitsaufnahme kommt es daher auf den vertraglich vorgesehenen Arbeitsort an.[48] Entsprechendes muss daher auch für **ruhende Arbverh** sowie für dauerhafte Freistellungen gelten: Hier ist der letzte tatsächliche gewöhnliche Arbeitsort entscheidend.

23 Für **bestimmte AN-Gruppen** hat sich eine erkennbare Rspr.-Linie herausgebildet:
- für **Flugpersonal** im internationalen Flugverkehr lässt sich ein gewöhnlicher Arbeitsort meistens nicht feststellen. Es wird daher nicht durch das Regelkriterium Nr. 1, den Arbeitsort, angeknüpft, sondern entweder durch den Sitz der Fluggesellschaft bzw. deren Heimatland als der einstellenden Niederlassung,[49] z.T. i.V.m. der Staatsangehörigkeit des AN und der Registrierung des Flugzeugs über die Auffangklausel.[50] Als sinnvoller Anknüpfungspunkt wird z.T. in der Lit. auf den Ort abgestellt, von dem aus der Pilot gewöhnlich eingesetzt wird.[51] Diese Anknüpfung findet sich jetzt auch klarstellend in Art. 6 ROM I.[52] Diese Anknüpfung findet sich jetzt auch in Art. 8 Abs. 2 Rom I, wo mangels eines gewöhnlichen Arbeitsortes in einem Staat auf die Arbeitsaufnahme von diesem Staat aus abgestellt wird.[53]

24 – **Leih-AN** unterliegen i.E. regelmäßig dem Recht des Betriebssitzes des Verleihers.[54] Dies gilt für die sog. unechte, also gewerbliche, AÜ ebenso wie für die echte. Denn selbst wenn sie für einzelne Arbeitseinsätze grenzüberschreitend verliehen werden, bleibt die Betriebsstätte des Verleihers als AG das Zentrum des Leih-Arbverh. Leih-AN haben keinen gewöhnlichen Arbeitsort. Also ist entweder der Betriebssitz als einstellende Niederlassung zu betrachten oder aber jedenfalls der Schwerpunkt des Arbverh nach der Gesamtheit der Umstände am Sitz des AG anzusehen. Dort wird das Arbverh administrativ abgewickelt und von dort aus beginnen und enden die jeweiligen Arbeitseinsätze des AN. Zwingende Eingriffsnormen sind bei Leih-AN besonders relevant.

25 – **Handelsreisende** sind in Abgrenzung zu den in Deutschland selbstständigen Handelsvertretern AN. Gewöhnlicher Arbeitsort ist der Betrieb, in den der Handelsreisende eingegliedert ist. Eine Eingliederung setzt jedoch voraus, dass der Außendienstler dort überwiegend in einem eigenen Büro angebunden ist, d.h., von dort aus täglich seine Reisen antritt und dort seine Berichte verfasst. Mitarbeiter mit einem **Home-Office** als regelmäßigem Start- und Rückkehrort der Reisen haben am Ort des Home-Office den gewöhnlichen Arbeitsort. Erstreckt sich allerdings das Einsatzgebiet regelmäßig über die Staatsgrenze des Landes hinaus, in dem das Home-Office liegt, ist das Regelanknüpfungskriterium des gewöhnlichen Arbeitsortes nicht erfüllt.[55] Dann kommt es auf die einstellende Niederlassung und auf die Gesamtumstände an.

26 – Auf **Baustellen** unterliegen die Montagearbeiter dem Stammbetrieb, der sie zur Montage geschickt hat. Demgegenüber teilen die am Ort der Baustelle angeworbenen Arb das Schicksal der sonstigen Ortskräfte: Sie unterliegen dem Ort der Einstellung, der zugleich der gewöhnliche Arbeitsort ist.

27 – Als **Ortskräfte** bezeichnet man AN, die für ausländische AG im Inland abgeworben und für nicht-hoheitliche Aufgaben eingesetzt werden. Hierunter fällt insb. das Büro-Personal ohne hoheitliche Aufgaben in Botschaften und konsularischen Vertretungen, lokale AN von ausländischen Fernsehstudios und ortsansässige, heimische Sprachlehrer von Auslandsschulen.[56] Sie unterliegen dem Recht des Ortes, an dem sie tätig werden und eingestellt wurden.

Eine **vorübergehende Entsendung** ins Ausland führt nicht zu einem Statutenwechsel. Eine **Entsendung** liegt dann vor, wenn der AN vertraglich nicht nur mit dem heimischen AG verbunden bleibt, sondern wenn allein der inländische Arbeitsvertrag die Grundlage des Auslandseinsatzes bleibt.[57] Diese vertragstechnische Konstruktion wird auch vom Sozialrecht anerkannt und ist Regelungs-Gegenstand zahlreicher zwischenstaatlicher Abkommen über die **Sozialversicherung**.[58] Greift kein Abkommen, gilt für die Sozialversicherung der **Ausstrahlungsbegriff** nach

---

[47] BAG 26.2.1985 – 3 AZR 1/83 – NJW 1985, 2910 = AP IPR AR Nr. 23; MüKo-BGB/*Martiny*, Art. 30 EGBGB Rn 47.
[48] MüKo-BGB/*Martiny*, Art. 30 EGBGB Rn 47.
[49] BAG 29.10.1992 – 2 AZR 267/92 – BAGE 71, 297 = NZA 1993, 743.
[50] *Junker*, Internationales Arbeitsrecht, S. 188, 195; *Franzen*, IntArbR AR-Blattei 920, Rn 102.
[51] *Gamillscheg*, ZfA 14 (1983), 307; *Däubler*, RIW 1987, 249, 251.
[52] Art. 6 Nr. 2 lit. (a): „dem Recht des Staates, in dem oder von dem aus der Arbeitnehmer in Erfüllung des Vertrages gewöhnlich seine Arbeit verrichtet."
[53] So bereits der Kommissionsentwurf zu Rom I vom 15.12.2005, S. 8.
[54] *Junker*, Internationales Arbeitsrecht, S. 225; Soergel/v. *Hoffmann*, Art. 30 EGBGB Rn 54; MüKo-BGB/*Martiny*, Art. 30 EGBGB Rn 62; a.A. für Ort der realen Betätigung: Erman/*Hohloch*, Art. 30 EGBGB Rn 15.
[55] BAG 11.12.2003 – 2 AZR 627/02 – NZA 2004, 680.; mit Anm. *Mauer*, EWiR 2004, 703 und *Braun*, ArbRB 2004, 175.
[56] BAG 10.5.1962 – 2 AZR 397/61 – BAGE 13, 121 = AP IPR AR Nr. 6 mit Anm. Gamillscheg; MüKo-BGB/*Martiny*, Art. 30 EGBGB Rn 55.
[57] Zum Ganzen mit Musterverträgen: *Mauer*, Personaleinsatz, Rn 361 ff.
[58] Ausführlich: *Mauer*, Personaleinsatz, Rn 527 ff.

§ 4 SGB IV. Auch das Steuerrecht verwendet die Entsende-Konstellation als privilegierte Perpetuierung der allein inländischen Besteuerung und damit zur **Vermeidung der Doppelbesteuerung**.[59] Der arbeitsrechtliche Entsendungsvertrag, wenn er denn als solcher bezeichnet wird, ist nur eine vertragliche Modifikation oder Nebenabrede zum fortbestehenden Inlands-Arbeitsvertrag mit dem entsendenden AG. Damit unterscheidet sich die Entsendung vertragstechnisch vom Abschluss eines lokalen Anstellungsvertrages mit dem Einsatzunternehmen im Ausland. Im letzteren Fall liegt keine Entsendung vor, erst Recht keine vorübergehende, sondern eine sog. **Versetzung**. Bei der Versetzung unterliegt der lokale Anstellungsvertrag dem Recht des ausländischen Arbeitsortes, da dies der gewöhnliche, wenngleich auch nur befristete Arbeitsort ist. Der in der Heimat zurück gebliebene Arbeitsvertrag wird in der Praxis anlässlich des Auslandseinsatzes entweder beendet und ggf. mit einer Wiedereinstellungszusage verknüpft oder aber das inländische Arbverh ruht. Ruht das inländische Arbverh, so bestehen zeitgleich zwei Arbverh nebeneinander, die jedoch kollisionsrechtlich nicht verknüpft sind. Es besteht also **keine Akzessorietät** des ausländischen, lokalen Anstellungsvertrages an den ruhenden inländischen Vertrag.[60] In dem inländischen Arbverh bleibt der gewöhnliche Arbeitsort der letzte tatsächliche Arbeitsort im Inland. Eine Entsendung i.S.v. Art 30 Abs. 2 Nr. 1 liegt also nicht vor. Spannend ist allerdings die Frage, was unter vorübergehend zu verstehen ist bzw. wie lang die **maximale Zeitspanne** anzusetzen ist. Da das Gesetz selbst keine zeitliche Höchstgrenze nennt, gehen die Meinungen hierzu weit auseinander. Die engste Auslegung geht dahin, vorübergehend sei alles, was nicht auf unbestimmte Dauer angelegt sei.[61] In der Lit. werden ansonsten verschieden lange Zeiträume ab zwölf Monaten bis zu mehreren Jahren als Obergrenze vorgeschlagen.[62] Die Rspr. in Deutschland hat den Fall noch nicht höchstrichterlich entschieden. Das LAG Berlin ging in einem Fall von einer Frist von nur einem Jahr aus.[63] In einer Entscheidung des BAG zum persönlichen Geltungsbereich des BetrVG auf entsandte Mitarbeiter stellte das BAG fest, dass bei einer auf Dauer angelegten Entsendung die Bindung an den heimischen Betrieb auch bereits vor Ablauf von zwölf Monaten entfallen könne.[64] Wieder andere mögen sich hinsichtlich der Dauer nicht festlegen, sondern verweisen nur auf die Umstände des Einzelfalles.[65] Eine extreme Variante zugunsten der Vertragsfreiheit, die tendenziell die Freiheit des AG bei der Vertragsgestaltung kennzeichnet, sah der Kommissionsentwurf zur Verordnung Rom I vor. Art. 6 Abs. 2 (a) S. 3 lautete: „Die Verrichtung der Arbeit in einem anderen Staat gilt als vorübergehend, wenn der AN nach seinem Arbeitseinsatz im Ausland seine Arbeit im Herkunftsstaat wieder aufzunehmen hat." Das hätte bedeutet, dass der AG durch den bloßen Vertragswortlaut das objektiv anwendbare Recht hätte bestimmen können, was dem – ungeschriebenen – Grundsatz – des „substance over form" widerspräche. Die Kommissionsbegründung wies jedoch bereits darauf hin, dass damit „keine starre Begriffsbestimmung" vorgenommen worden sei, sondern, dass die angerufenen Gerichte angehalten seien, die Intention der Parteien „zu berücksichtigen".[66] Der Entwurf wurde jedoch nicht in dieser Form umgesetzt, so dass es bei dem schlichten Wortlaut der aktuellen Fassung sein Bewenden hat. Über die verbindliche Auslegung hat künftig der EuGH zu befinden. Auch künftig gilt es daher zu bedenken, dass mit zunehmender Dauer eines Auslandseinsatzes sich das Band zum heimischen Betrieb mehr und mehr löst. Je mehr Entsende-Zeiträume hintereinander geschaltet werden, also im Fall einer **Ketten-Entsendung**, desto mehr geben die Vertragsparteien zu erkennen, dass der Verbleib des AN im Einsatzland vertieft werden soll. Bei einer Ketten-Entsendung von z.B. erstmalig drei Jahren und einer sich anschließenden weiteren Entsendung von mehr als einem Jahr ist der Schwerpunkt des gewöhnlichen Arbeitsortes in das Einsatzland verschoben. Mit dem Zeitpunkt der vertraglichen Vereinbarung der Verlängerung ist der Wille der Vertragsparteien zur mehr als vorübergehenden Verlagerung des gewöhnlichen Arbeitsortes ins Ausland besiegelt. Endet der Auslandseinsatz im Einsatzland endgültig und kehrt der AN ins Inland zurück, ist neuer gewöhnlicher Arbeitsort wieder das Heimatland des AG, an dessen Betriebssitz der AN weiter beschäftigt wird.

Fraglich ist weiterhin, ob eine vorübergehende Entsendung auch dann vorliegen kann, wenn ein AN eingestellt und sofort ins Ausland entsandt wird. Diese Fälle einer sog. **In-Sich-Entsendung** sind wie folgt zu differenzieren: Der gewöhnliche Arbeitsort liegt im Ausland, wenn der AN nur befristet eingestellt wird und für die gesamte Dauer des Arbverh im Ausland arbeiten soll und dies auch tut.[67] Nur in extremen Ausnahmefällen kann dann eine engere Verbindung zum Inland aufgrund der Gesamtumstände vorliegen. Wird der AN unbefristet eingestellt und sofort, allerdings auf einen übersichtlichen Zeitraum von z.B. einem Jahr zunächst ins Ausland entsandt, so kann je nach den

---

59 Ausführlich: *Mauer*, Personaleinsatz, Rn 777 ff.; Art. 15 Abs. 2a OECD-Musterabkommen.
60 *Junker*, Internationales Arbeitsrecht, S. 215; anders Soergel/*v. Hoffmann*, Art. 30 EGBGB Rn 52; MüKo-BGB/*Martiny*, Art. 30 EGBGB Rn 60; offen gelassen vom BAG in einem Konzernfall: BAG 21.1.1999 – 2 AZR 648/97 – BAGE 90, 353 = NZA 1999, 539 = AP § 1 KSchG 1969 Konzern Nr. 9.
61 *Junker*, Internationales Arbeitsrecht, S. 183; *Deinert*, RdA 1996, 339.
62 *Gamillscheg*, ZfA 14 (1983), 307, spricht sich für eine Dreijahresfrist aus; *Franzen*, IntArbR AR-Blattei 920, Rn 76, für eine Frist von zwei bis drei Jahren; *Heilmann*, Das Arbeitsvertragsstatut, S. 144 für eine Zweijahresfrist; ebenso: *Hickl*, NZA 1997, 513; nur zwölf Monate bis maximal 24 Monate akzeptiert Soergel/*v. Hoffmann*, Art. 30 EGBGB Rn 39 in Anlehnung an die EWG-VO 1408/71.
63 LAG Berlin 23.5.1977 – 9 Sa 75/76 – BB 1977, 1302.
64 BAG 25.4.1978 – 6 ABR 2/77 – AP IPR AR Nr. 16.
65 So z.B. MüKo-BGB/*Martiny*, Art. 30 EGBGB Rn 57; MünchArb/*Birk*, Bd. 1, § 20 Rn 39.
66 Kommissionsentwurf zu Rom I vom 15.12.2005, S. 8.
67 BAG 21.10.1980 – 6 AZR 640/79 – AP IPR AR Nr. 17.

Umständen ein gewöhnlicher Arbeitsort im Inland bejaht werden. Abzustellen ist dann auf den beabsichtigten dauerhaften Einsatzort im Inland und ggf. auf weitere Umstände wie z.B. Berichtsbesuche des AN in der Beginn-Phase des Arbverh zum Heimatbetrieb.

29 **bb) Einstellende Niederlassung (Art. 30 Abs. 2 Nr. 2/Art. 8 Abs. 3 Rom I).** Nur dann, wenn der AN seine Arbeit gewöhnlich nicht in ein und demselben Staat oder von ein und demselben Staat aus verrichtet, kommt das Regelanknüpfungskriterium nach Art. 30 Abs. 2 Nr. 2/Art. 8 Abs. 3 Rom I zur Anwendung. Danach ist das Recht des Ortes der einstellenden Niederlassung maßgeblich. Dieses Anknüpfungskriterium wurde schon früher von der Rspr. verwendet.[68] Der Ort der einstellenden Niederlassung soll bei grenzüberschreitenden Arbeitsorten als ruhender Pol des Arbverh Stetigkeit beim anwendbaren Recht begründen.[69] Der **Begriff der Niederlassung** ist nicht erfüllt, wenn nur ein Beauftragter des AG ab und an erscheint, um den vor Ort tätigen AN zu besuchen. Entsprechend reicht eine unstetig besetzte Agentur nicht aus.[70] Die Voraussetzungen einer Niederlassung sind immer erfüllt, wenn es sich um einen inländischen Betrieb i.S.d. BetrVG handelt.[71] Aber auch andere organisatorische Einheiten i.S.v. „Ort einer geschäftlichen Tätigkeit" können bereits hierunter fallen.[72] Eine eigene Rechtspersönlichkeit muss die Niederlassung ebenfalls nicht besitzen.[73]

30 Fraglich ist auch, was unter **Einstellung** zu verstehen ist. Hierfür reicht nach einer teilweise vertretenen Auff. allein der rechtliche **Vertragsabschluss** aus.[74] Nach a.A. würde dies jedoch dem Missbrauch Vorschub leisten, weswegen eine restriktive Auslegung geboten ist.[75] Denn ansonsten könnte der AG den AN zum Vertragsabschluss z.B. in ein Büro ins Ausland, z.B. nach Singapur, einladen, ihn dort den Vertrag unterschreiben lassen und sodann zum Arbeiten in die Länder A, B und C schicken. Einige Autoren sprechen sich daher dafür aus, eher bei der Einsatzniederlassung als dem Schwerpunktkriterium anzuknüpfen als bei der Einstellungsniederlassung. Auch ohne hier ein anderes Kriterium an die Stelle der im Gesetz genannten Einstellung zu setzen, kommt man jedoch zu einer insoweit restriktiven Auslegung, wenn man unter einstellender Niederlassung nur solche versteht, die den AN nicht nur unter Vertrag nehmen, sondern auch tatsächlich **personaltechnisch betreuen**.[76] Hiervon kann man dann ausgehen, wenn der AN in dieser einstellenden Niederlassung dauerhaft seine Vorgesetzten und administrativen Ansprechpartner für die arbeitsrechtlichen Alltagsfragen wie Urlaubsgewährung, Krankmeldung usw. hat. Einer Eingliederung i.S.v. § 99 BetrVG bedarf es hingegen nicht.[77] Die typischen **Anwendungsfälle** sind AN auf international eingesetzten Verkehrsmitteln wie Zugbegleiter, fliegendes Personal, aber auch z.B. Artisten, andere Künstler auf ständigen Tourneen, Journalisten, Vertriebsleute oder auch Arb auf Bohrinseln im internationalen Gewässer.[78]

31 **cc) Ausweichklausel (Art. 30 Abs. 2 Alt. 3/Art. 8 Abs. 4 Rom I).** Die beiden abgestuften Regelanknüpfungskriterien des gewöhnlichen Arbeitsortes als primärem Kriterium und das der einstellenden Niederlassung als subsidiärem Kriterium stehen in einem echten **Regel-Ausnahme-Verhältnis** zu einer näher zu untersuchenden engeren Verbindung des Arbverh zu einem anderen Staat.[79] Um das Regelkriterium des festgestellten gewöhnlichen Arbeitsortes in einem Staat zu übertrumpfen, muss die engere Verbindung zu einem anderen Staat eindeutig und dominierend sein, sonst wird die **Ausweichklausel** zur Aufweichklausel.[80] Hingegen reicht den z.T. als Ort des Vertragsschlusses als Regelkriterium hingenommen Kriterium Nr. 2 bereits ein weniger starker Bezug zu einem anderen Staat aus. In beiden Fällen stellt das Gesetz und dieses auslegend die Rspr. auf die **Gesamtheit der Umstände** ab. Die Umstände und damit Anknüpfungspunkte für die engere Verbindung kann man in verschiedene Gruppen unterteilen: Es gibt tatsächliche bzw. faktische Anknüpfungskriterien, weiterhin Kriterien aus und um den Arbeitsvertrag selbst und drittens den hypothetischen Parteiwillen. Zur ersten Gruppe, den **faktischen Kriterien** unabhängig vom vertraglich vereinbarten, zählen u.a.:

– der oder die Arbeitsorte und deren Schwerpunkt,
– die Staatsangehörigkeit des AN oder die gemeinsame Staatsangehörigkeit der Arbeitsvertragsparteien,[81]
– der Verwaltungssitz des AG,
– der Wohnort des AN.

---

68 BAG 27.8.1964 – 5 AZR 364/63 – BAGE 16, 215 = NJW 1965, 319.
69 MüKo-BGB/*Martiny*, Art. 30 EGBGB Rn 63.
70 MüKo-BGB/*Martiny*, Art. 30 EGBGB Rn 64.
71 *Gamillscheg*, ZfA 14 (1983), 307.
72 *Franzen*, IntArbR AR-Blattei 920, Rn 79; *Junker*, Internationales Arbeitsrecht, S. 184.
73 MüKo-BGB/*Martiny*, Art. 30 EGBGB Rn 64.
74 Hessisches LAG 16.11.1999 – 4 Sa 463/99 – NZA-RR 2000, 401; ErfK/*Schlachter*, Art. 27, 30 EGBGB, 34 Rn 11.
75 *Gamillscheg*, ZfA 14 (1983), 307; *Däubler*, RIW 1987, 251; KR/*Weigand*, IPR Rn 52; *Junker*, Internationales Arbeitsrecht, S. 185.
76 *Däubler*, RIW 1987, 251; MüKo-BGB/*Martiny*, Art. 30 EGBGB Rn 65; MünchArb/*Birk*, Bd. 1, § 20 Rn 49.

77 So auch KR/*Weigand*, IPR Rn 52; *Benecke*, IPRax 2001, 449; *Gragert/Drenckhahn*, NZA 2003, 305.
78 Den Fall eines Vertriebsmannes behandeln die wichtigen Entscheidungen des BAG 11.12.2003 – 627/02 – NZA 2004, 680 mit Anm. *Mauer*, EWiR 2004, 703 und *Braun*, ArbRB 2004,175 sowie vorausgehend LAG Baden-Württemberg 15.10.2002 – 11 Sa 49/02 – BB 2003, 900 mit Anm. *Thüsing*, BB 2003, 898.
79 MüKo-BGB/*Martiny*, Art. 30 EGBGB Rn 67.
80 Treffend formuliert von MünchArb/*Birk*, Bd. 1, § 20 Rn 50.
81 BAG 24.3.1992 – 9 AZR 76/91 – NZA 1992, 1129 = AP IPR AR Nr. 28; MüKo-BGB/*Martiny*, Art. 30 EGBGB Rn 68.

Zur zweiten Gruppe, der **vertraglichen Kriterien**, werden gezählt:
- die Vertragssprache,
- die Herkunft der vertraglich verwendeten Klauseln,
- der Ort des Vertragsschlusses,
- der gewählte Erfüllungsort,
- der gewählte Gerichtsstand,
- das gewählte Recht selbst.

Das dritte Hauptkriterium soll nach einzelnen Meinungen der **hypothetische Parteiwille** sein.[82] Die Rspr. hat, für die weiteren Jahre der arbeitsrechtlichen Praxis verbindlich, eine Bewertung dieses Konglomerats vorgenommen. Das BAG hat mit Urteil vom 11.12.2003 die vorgenannten Kriterien zueinander in Beziehung gesetzt.[83] Nach der Wertung des BAG sind folgende Kriterien zu beachten: Primäre Anknüpfungskriterien sind aus Sicht des BAG der Arbeitsort, der Sitz des AG, die Staatsangehörigkeit beider Vertragsparteien und der Wohnsitz des AN, also die räumliche Dimension des Arbverh. Ergänzend sind die Vertragsdimension, also Vertragssprache und Währung, in der die Vergütung gezahlt wird, zu berücksichtigen und ggf. weitere vertragswesentliche Gesichtspunkte, die in ihrer Gesamtheit hinreichendes Gewicht haben, um die Bedeutung der Regelanknüpfung zu überwinden.[84] Das von der Regelanknüpfung berufene Recht wird nach Auff. des BAG daher nur verdrängt, wenn die Gesamtheit wichtiger und nicht nur nebensächlicher Anknüpfungsmerkmale zu einem anderen Ergebnis führt.[85] Dabei hat für das BAG der gewöhnliche Arbeitsort nach Art. 30 Abs. 2 Hs. 1 Nr. 1 ein stärkeres Gewicht als die einstellende Niederlassung des Art. 30 Abs. 2 Hs. 1 Nr. 2.[86] Die ausdrückliche und stillschweigende Rechtswahl als solche könne hingegen nicht herangezogen werden, da es gerade auf das ohne eine Rechtswahl maßgebliche Recht ankomme.

Die Grenzziehung ist und bleibt im Einzelfall schwierig. Doch ist die Auswahl der vom BAG herangezogenen Kriterien nicht unbedingt überzeugend: Weshalb z.B. das Kriterium des Arbeitsortes nicht nur als Regelanknüpfungspunkt Nr. 1, sondern auch bei den Gesamtumständen eine Rolle spielen soll, der Ort der einstellenden Niederlassung hingegen nicht, muss schon näher begründet werden. Wenn der AN zudem in den maßgeblichen Vertragsstaaten sowohl arbeitet als auch als Pendler zwei Wohnsitze hat, wird die Luft für die „engere Verbindung zu einem Staat" rasch dünn. Auch ist die vom BAG vorgenommene Bewertung der Vertragskriterien nicht überzeugend: Eine für den AN regelmäßig unverbindliche Gerichtsstandswahl soll für die Gesamtumstände herangezogen werden, die Erfüllungsortregelung hingegen nicht; ebenso wenig wie die – zulässige – Rechtswahl im Vertrag. Die vom BAG als Kriterium ebenfalls herangezogene Vertragssprache muss man auch mit Vorsicht genießen: Im entschiedenen Fall ging es um Belgien als Sitz des AG. Die im Vertrag gewählte Sprache war Deutsch. Der vom BAG gezogene Schluss, dann müsse dies wohl für eine nähere Verbindung zu Deutschland im Gegensatz zu Belgien sein, ist jedoch etwas kurz gegriffen. Denn Deutsch ist in Belgien eine der Amtssprachen.[87] Das materiell anzuwendende Recht liegt mehr denn je in der Entscheidungsmacht der **ArbG** und ist i.E. nur schwer mit einer praxistauglichen Prognose vorherzubestimmen.

dd) Statutenwechsel. Im laufenden Arbverh kann nach wohl allg. Ansicht ein sog. Statutenwechsel eintreten.[88] D.h., die auf den Vertrag anwendbare Rechtsordnung wechselt zu einem bestimmten Zeitpunkt mit **ex-nunc-Wirkung**, also nur für die Zukunft. Auch mehrfache Statutenwechsel zwischen zwei oder mehr Rechtsordnungen sind möglich. Die Möglichkeit des Statutenwechsels ist dabei nicht auf das subjektive Vertragsstatut, also das gewählte Recht beschränkt. Auch das objektive Vertragsstatut kann sich ändern, allerdings nur in Bezug auf den gewöhnlichen Arbeitsort, da die einstellende Niederlassung im Nachhinein nicht mehr veränderbar ist.[89] Ursachen für einen Statutenwechsel können u.a. Folgende sein:
- im laufenden Arbverh vereinbaren die Parteien durch vertragliche **Rechtswahl** eine andere Rechtsordnung als die bisher gewählte bzw. vereinbaren das anwendbare Recht erstmals,[90]
- es kommt, insb. durch Betriebsübergang, zum einem Wechsel des AG,[91]
- die für die objektive Anknüpfung nach Art. 30 Abs. 2 maßgeblichen Kriterien ändern sich im Verlauf des Arbverh tatsächlich,[92] insb. kann es zu einem Wechsel des **gewöhnlichen Arbeitsortes** kommen,
- der gewöhnliche Arbeitsort ändert sich durch Zeitablauf, wodurch der Ort der Entsendung nicht mehr als „nur vorübergehend" angesehen werden kann.

---

82 *Gamillscheg*, ZfA 14 (1983), 307.
83 BAG 11.12.2003 – 2 AZR 627/02 – NZA 2004, 680.
84 Mit Verweis auf *Schlachter* in Anm. zu BAG 12.12.2001 – 5 AZR 255/00 – BAGE 100, 130.
85 Unter Hinweis auf die bisherige Rspr. in den Entscheidungen: BAG 12.12.2001 – 5 AZR 255/00 – BAGE 100, 130 = NZA 2002, 734; BAG 29.10.1992 – 2 AZR 267/92 – BAGE 71, 297 = NZA 1993, 743 = AP IPR AR Nr. 31.
86 Unter Hinweis auf *Mankowski* in Anm. zu LAG Niedersachsen 20.11.1998 – 3 Sa 909/98 – AR-Blattei ES 920 Internationales Arbeitsrecht Nr. 6 S. 8; *Thüsing*, BB 2003, 898.
87 So bereits *Mauer*, EWiR 2004, 703.
88 Vgl. statt aller: Soergel/*v. Hoffmann*, Art. 30 EGBGB Rn 41 sowie ausführlich MünchArb/*Birk*, Bd. 1, § 20 Rn 55.
89 MünchArb/*Birk*, Bd. 1, § 20 Rn 56.
90 MünchArb/*Birk*, Bd. 1, § 20 Rn 56.
91 MünchArb/*Birk*, Bd. 1, § 20 Rn 58.
92 MünchArb/*Birk*, Bd. 1, § 20 Rn 55.

Unproblematisch führt die Rechtswahl, die sogar rückwirkend zulässig ist, zu einem Statutenwechsel, kontrolliert und beschützt durch den Günstigkeitsvergleich. Ein Betriebsübergang oder sonstiger Wechsel in der Person des AG im fortbestehenden Arbverh wirkt sich hingegen auf das Vertragsstatut objektiv grds. nicht aus. Nur dann, wenn sich gleichzeitig die materiellen Bedingungen des Arbverh, also insb. der gewöhnliche Arbeitsort gleichzeitig ändern, kann dies zu einem objektiven Statutenwechsel führen.[93] Interessanter ist hingegen die Frage, wann die vorübergehende Entsendung ändert. Wie oben unter Rn 29 ausgeführt, wird dies bei einer Entsendung regelmäßig nach drei bis vier Jahren der Fall sein.

34 **2. Rechtsfolgen.** Als Rechtsfolge ordnen Art. 30 Abs. 2/Art. 8 Abs. 2 bis 4 Rom I an, dass das Arbverh dem Recht des Staates unterliegt, der durch objektive Anknüpfung ermittelt wurde. Liegt der gewöhnliche Arbeitsort im Staat, dessen Recht objektives Vertragsstatut ist, scheidet regelmäßig eine Kollision des anwendbaren Rechts mit zwingendem Eingriffsrecht oder dem Ordre Public aus, denn beide sind ja Bestandteil der anwendbaren Rechtsordnung. Fallen objektives Vertragsstatut und Arbeitsort auseinander, kann es jedoch zur Kollision zwischen Eingriffsnormen i.S.v. Art. 34/Art. 9 Rom I bzw. entsprechenden ausländischen Eingriffsnormen oder dem Ordre Public kommen (zur Kommentierung vgl. Art. 34 und Art. 6, siehe oben Rn 12).

II. Anwendbares Recht bei Vorliegen einer Rechtswahl der Parteien

35 **1. Tatbestandselemente. a) Zulässigkeit der Rechtswahl.** Wie sich aus Art. 30 Abs. 1/Art. 8 Abs. 1 Rom I ergibt, ist für die Parteien des individuellen Arbeitsvertrages eine Rechtswahl zulässig. Die Wahl des anwendbaren Rechts ist selbst ein vom Arbeitsvertrag abtrennbarer **Verweisungsvertrag**.[94] Es gilt also der Grundsatz der **Parteiautonomie**.[95] Zum Schutze der i.d.R. schwächeren Partei, des AN, ist jedoch die Rechtswahlfreiheit von ihrer Wirkung her eingeschränkt. Die Wahl einer anderen Rechtsordnung als der objektiv Maßgeblichen an sich ist hingegen in mehrfacher Hinsicht recht weit zulässig. Zum einen bedarf es, anders als vor Inkrafttreten von Art. 30 i.V.m. Art. 27 Abs. 3, keiner sachlichen Begründung mehr für die Rechtswahl, wie z.B. eines objektiven Bezugs zu einem anderen Staat, sei es durch die Staatsangehörigkeit des AN oder eines anderen Kriteriums.[96] Daraus folgt weiter, dass die Parteien auch dann, wenn der Bezug zu zwei Rechtsordnungen besteht, bei der Rechtswahl eine dritte, **neutrale Rechtsordnung** wählen dürfen.[97] **Zeitlich** kann die Rechtswahl jederzeit erfolgen, wie sich unmittelbar aus Art. 27 Abs. 2 S. 1/Art. 3 Abs. 2 S. 1 Rom I ergibt: sei es im Arbeitsvertrag von Anfang an, sei es nachträglich, mit Wirkung ab sofort oder auch rückwirkend. Eine Rechtswahl kann auch außerhalb des Vertrages im Prozess erfolgen.[98] Auch ist die Rechtswahl **wandelbar**, kann also ohne Einschränkung von den Arbeitsvertragsparteien wieder abgeändert werden, Art. 27 Abs. 2 S. 1/Art. 3 Abs. 2 S. 1 Rom I. Auch eine teilweise Rechtswahl ist und bleibt auch künftig zulässig, Art. 27 Abs. 1 S. 3/Art. 3 Abs. 1 S. 3 Rom I.[99] Sie können also auch durch gesplittete **Teilrechtswahl** verschiedene Teile des Arbeitsvertrages durch Rechtswahl verschiedenen Rechtsordnungen unterwerfen. Der dem AN zugewiesene **Mindestschutz** kann generell gesprochen durch Art und Unfang der Rechtswahl nicht unterlaufen werden, da die Kontrolle inhaltlich erfolgt.[100] Die **Rechtswahl** kann weiterhin nicht nur ausdrücklich erfolgen, sondern **auch stillschweigend**, respektive sich aus den Umständen ergeben, Art. 27 Abs. 1 S. 2. Allerdings muss sich die Rechtswahl mit ausreichender Sicherheit aus den Bestimmungen des Vertrages oder aus den Umständen ergeben, wie auch Art. 3 Abs. 1 S. 2 Rom I bestätigt. Angenommen wird eine stillschweigende Rechtswahl i.d.R. durch die Vereinbarung eines bestimmten TV oder Tarifrechts im Arbeitsvertrag.[101] Aber auch Gerichtsstandsklauseln, mit denen die Zuständigkeit eines ortsgebundenen Schiedsgerichts oder Gerichts vereinbart wird, sollen als hinreichende Indizien einer Rechtswahl gelten, da sie nahe legen, dass der Richter nach seinem Recht entscheiden soll.[102] Zudem ist der praxisrelevante Fall anerkannt, dass sich die Parteien im Gerichtsprozess übereinstimmend auf eine Rechtsordnung beziehen.[103] Bezüglich der **Form der Rechtswahl** steht nach Art. 27 Abs. 4/Art. 3 Abs. 5 Rom I die lex causae und das Ortsrecht wahlweise zur Verfügung.[104] Für den Arbeitsvertrag selbst gelten die allg. Grundsätze, Art. 11/Art. 11 Rom I. Fraglich ist natürlich, ob nach dem Wegfall der Bereichsausnahme im **AGB-Recht** die Rechtswahl selbst oder gar der Inhalt des Arbeitsvertrages der AGB-Kontrolle unterliegen. Nach altem Recht bestanden aus Sicht der ganz h.M. hiergegen keine Bedenken.[105] Bis auf das Erfordernis eines wirksamen Zustandekommens des Verweisungsvertrages nach Art. 31/Art. 10 Rom I besteht jedoch keine AGB-Kontrolle. Art. 30 Abs. 1/Art. 8 Abs. 1 Rom I wollen nicht die Freiheit der Rechtswahl einschränken, die in der Praxis fast immer in Formularverträgen er-

---

93 MünchArb/*Birk*, Bd. 1, § 20 Rn 58.
94 So z.B. auch *Junker*, Internationales Arbeitsrecht, S. 198.
95 Vgl. statt aller MüKo-BGB/*Martiny*, Art. 30 EGBGB Rn 25.
96 MüKo-BGB/*Martiny*, Art. 30 EGBGB Rn 25.
97 Soergel/*v. Hoffmann*, Art. 30 EGBGB Rn 12.
98 BAG 12.6.1986 – 2 AZR 398/85 – NJW-RR 1988, 482; *Hönsch*, NZA 1988, 115; *Junker*, Internationales Arbeitsrecht, S. 201; MünchArb/*Birk*, Bd. 1, § 20 Rn 17.
99 Ein Fall der Teilrechtswahl lag z.B. vor im Fall BAG 23.4.1998 – 2 AZR 489/97 – NZA 1998, 995 = AP § 23 KSchG 1969 Nr. 19, was vom BAG jedoch so nicht gesehen wurde. Vgl. Anm. *Junker*, RIW 2001, 94.
100 MüKo-BGB/*Martiny*, Art. 30 EGBGB Rn 32 ff.
101 So auch bejaht vom BAG in BAG 26.7.1995 – 5 AZR 216/94 – NZA 1996, 30 = AP § 157 BGB Nr. 7 mit zustimmender Anm. *Junker*, RIW 2001, 94.
102 *Junker*, RIW 2001, 94.
103 MüKo-BGB/*Martiny*, Art. 30 EGBGB Rn 27.
104 MüKo-BGB/*Martiny*, Art. 30 EGBGB Rn 30.
105 MüKo-BGB/*Martiny*, Art. 30 EGBGB Rn 30.

folgt, sondern den Inhalt der jeweiligen arbeitsvertraglichen Regelungen durch das Günstigkeitsprinzip schützen. Für die Einbeziehungskontrolle selbst ist das gewählte Recht maßgeblich. Wählen die Parteien daher eine ausländische Rechtsordnung, so findet zwar der Günstigkeitsvergleich mit deutschem Recht statt, wenn die deutsche Rechtsordnung objektives Vertragsstatut ist. Eine AGB-Kontrolle des Arbeitsvertrages nach den §§ 305 ff. BGB findet jedoch nicht statt, da die **Inhaltskontrolle** des Art. 30 Abs. 1/Art. 8 Abs. 1 Rom I abschließend ist und – wie nachfolgend noch zu zeigen ist – erfasst nur inhaltliche Mindeststandards, nicht aber davon losgelöst Formvorschriften.[106]

b) Einschränkung der Rechtswahlfreiheit. Art. 30 Abs. 1/Art. 8 Abs. 1 Rom I schränken die Folgen der in weitem Maße zulässigen Rechtswahl erheblich ein, indem von den zwingenden Vorschriften des objektiven Vertragsstatuts zulasten des AN nicht abgewichen werden darf. Liegt eine Abweichung vor, berührt dies die Zulässigkeit der Rechtswahl durch Verweisungsvertrag selbst also nicht.[107] Nur die Folgen der Rechtswahl werden insofern durch das günstigere und zwingende **AN-Schutzrecht** zurückgedrängt. Die zwingenden Vorschriften i.S.d. Art. 30 Abs. 1/Art. 8 Abs. 1 Rom I sind rechtslogisch einzukreisen: Da Art. 34/Art. 9 Rom I und Art. 6/Art. 21 Rom I als weite Grenzen zu beachten sind und neben Art. 30/Art. 8 Abs. 1 Rom I Geltung beanspruchen, muss Art. 30 Abs. 1/Art. 8 Abs. 1 Rom I andere, engmaschigere Schutzvorschriften meinen. Nicht unter die zwingenden Vorschriften fallen auf der anderen Seite dispositive Vorschriften des objektiven Vertragsstatuts. Weiterhin muss es sich um arbeitnehmerschützenden Vorschriften handeln. Die zwingenden Regelungen können dabei sowohl dem Privatrecht als auch dem öffentlichen Recht entstammen.[108] Anders als bei Art. 34/Art. 9 Rom I können diese Schutzvorschriften auch aus einem TV stammen, soweit denn die Parteien nach dem Recht des objektiven Vertragsstatuts tarifgebunden sind.[109] Inhaltlich können sich die zwingenden Vorschriften praktisch auf alle **materiellen Arbeitsbedingungen** beziehen, angefangen beim Künd-Schutz bis hin zum Urlaubsrecht. Ungeklärt ist noch die Frage, ob die zwingenden Bestimmungen dem Gebot der einheitlichen Auslegung nach Art. 36 unterfallen.[110] Eine Neuregelung hierzu trifft Art. 9 Rom I, der den Begriff der Eingriffsnorm abstrakt definiert, gem. Art. 9 Abs. 2 Rom I jedoch dem angerufenen Gericht die Feststellung überlässt, welche konkreten Normen als Eingriffsnormen eines Staates zu definieren sind.

Neben den immanenten Schranken der Art. 30 Abs. 1/Art. 8 Abs. 1 Rom I ist zudem überstaatliches Recht zu beachten. So gilt insb. das **Verbot der Diskriminierung** von EU-Staatsangehörigen im Verhältnis zu Deutschen aus Art. 39 Abs. 2 EGV (zuvor: Art. 48 Abs. 2 EGV). Dies wurde für den Fall der Rechtswahl mit Ortskräften in deutschen Auslandsvertretungen entschieden.[111]

c) Günstigkeitsvergleich. Art. 30/Art. 8 Abs. 1 Rom I führt für den internationalen Vergleich der gewählten mit der objektiv anzuwendenden Rechtsordnung das **Günstigkeitsprinzip** zugunsten des AN ein.[112] Der Inhalt der für die Streitfrage relevanten Normen ist zu vergleichen: Ist das gewählte Recht günstiger, verbleibt es bei der wirksamen Rechtswahl. Ist jedoch eine zwingende Bestimmung des objektiv anwendbaren Rechts günstiger, so verdrängt sie insoweit die gewählte Rechtsordnung. Dieses Prinzip gilt nicht nur einseitig im Verhältnis vom deutschen zum ausländischen Recht, sondern selbstverständlich auch umgekehrt.[113]

Spannend ist die Frage nach dem **Umfang des Günstigkeitsvergleich**. Die Meinungen reichen vom abstrakten Gesamtvergleich der Rechtsordnungen über den Sachgruppenvergleich bis hin zum direkten Vergleich der Anspruchsnormen.[114] Problematisch ist dabei natürlich das sog. **Rosinenpicken**, also eine menüartige Zusammenstellung von günstigen Einzelansprüchen aus verschiedenen Rechtsordnungen. Richtungsweisend für die Praxis in den kommenden Jahren dürften die beiden Entscheidungen des BAG vom 11.12.2003 einerseits und die ausführlicher begründete Vorentscheidung des LAG Baden-Württemberg vom 15.10.2002 sein.[115] Das BAG konnte die an dieser Stelle interessierende und vom LAG Baden-Württemberg entschiedene Frage offen lassen, ob der AN bei der Wahl des für ihn günstigeren Rechts, einen einzelnen Anspruch der für ihn günstigen Rechtsordnung „herauspicken" darf. Der 2. Senat hat dies gar unerwähnt gelassen. Der Aufbau der Entscheidung spricht allerdings dafür, dass das BAG anstelle des

---

106 So bereits *Junker*, Internationales Arbeitsrecht, S. 205.
107 Bericht *Guiliano-Lagarde*, BT-Drucks 10/503, S. 57; MünchArb/*Birk*, Bd. 1, § 20 Rn 19.
108 MüKo-BGB/*Martiny*, Art. 30 EGBGB Rn 35.
109 *Gamillscheg*, ZfA 14 (1983), 307; MüKo-BGB/*Martiny*, Art. 30 EGBGB Rn 36; Soergel/*v. Hoffmann*, Art. 30 EGBGB Rn 24.
110 *Gamillscheg*, ZfA 14 (1983), 307; MüKo-BGB/*Martiny*, Art. 30 EGBGB Rn 37.
111 EuGH 30.4.1996 – Rs. C-214/94 – Boukhalfa/BRD – Slg. 1996 I-2253 = EuZW 1996, 634.
112 Vgl. statt aller: MünchArb/*Birk*, Bd. 1, § 20 Rn 24.
113 MüKo-BGB/*Martiny*, Art. 30 EGBGB Rn 39.
114 Für den Vergleich größerer Normkomplexe z.B. *Hönsch*, NZA 1988, 116; für unmittelbar betroffene Normkomplexe hingegen *Hohloch*, RIW 1987, 358; Erman/*Hohloch*, Art. 30 EGBGB Rn 12; MüKo-BGB/*Martiny*, Art. 30 EGBGB Rn 40; für konkreten Gesamtvergleich Soergel/*v. Hoffmann*, Art. 30 EGBGB Rn 33; für einen auf die Anspruchsnorm selbst abstellenden Vergleich LAG Baden-Württemberg 15.10.2002 – 11 Sa 49/02 – BB 2003, 900 und ihm insoweit nicht widersprechend nachfolgend BAG 11.12.2003 – 2 AZR 627/02 – NZA 2004, 680.
115 BAG 11.12.2003 – 2 AZR 627/02 – NZA 2004, 680; LAG Baden-Württemberg 15.10.2002 – 11 Sa 49/02 – BB 2003, 900.

von der h.M. favorisierten Sachgruppenvergleichs künftig ebenfalls auf den einzelnen geltend gemachten Anspruch abstellt. Dies kann dann z.B. dazu führen, dass der Abfindungsanspruch nach italienischem Recht zugesprochen, die Künd selbst jedoch nach dem deutschen KSchG bewertet wird. Wenngleich die Entscheidung über das für den AN günstigere Recht eine Rechtsfrage ist, die das angerufene Gericht zu entscheiden hat, so steht sie jedoch nicht abstrakt und damit losgelöst vom zu entscheidenden Fall im Raum. Der AN bestimmt durch den von ihm definierten **Streitgegenstand** sein Begehren und damit das subjektiv für ihn Günstige selbst.

40 **2. Rechtsfolgen. a) Allgemeines.** Als Rechtsfolge ordnet Art. 30 Abs. 1/Art. 8 Abs. 1 Rom I an, das für den AN günstigere Recht anzuwenden. Dies bedeutet bei einem Gleichklang von objektivem und subjektivem Vertragsstatut, dass der **Günstigkeitsvergleich** leer läuft. Fallen objektives und subjektives Statut bei der den AN betreffenden Rechtsfrage jedoch auseinander, muss der Günstigkeitsvergleich angestellt werden. Hierbei gibt es, soweit das nationale Recht betroffen ist, zwei Grundkonstellationen: entweder es ist ausländisches Recht gewählt und deutsches Recht ist objektives Vertragsstatut oder umgekehrt ist deutsches Recht gewählt und ausländisches Recht Vertragsstatut. In beiden Fällen muss für die betroffenen Normkomplexe ermittelt werden, ob es sich um zwingende Bestimmungen i.S.v. Art. 30 Abs. 1/Art. 8 Abs. 1 Rom I handelt oder ob der Schutzzweck der Normen niedriger ist, z.B. weil es sich um dispositives Recht handelt, oder höher, weil z.B. der Charakter als Eingriffsnorm i.S.v. Art. 34/Art. 9 Rom I bejaht wird.

41 **b) Übersicht zu einzelnen Normkomplexen. aa) Begründung des Arbeitsverhältnisses.** Für die Begründung des Arbverh bestimmt Art. 31/Art. 10 Rom I die Maßgeblichkeit des Arbeitsvertragsstatuts. Erfasst werden sowohl ein subjektiv durch Rechtswahl begründetes Statut als auch, bei Fehlen einer Rechtswahl, das objektive Statut.[116] Das Zustandekommen als die **Wirksamkeit des Vertrages** insg. und einzelner Bestimmungen beurteilen sich nach dem vertraglich anwendbaren Recht, wenn dieser Vertrag wirksam wäre. Die **Einbeziehungskontrolle** richtet sich also nach Art. 31/Art. 10 Rom I. Dies bedeutet für Arbeitsverträge, dass z.B. die jetzt nach deutschem Recht vorzunehmende **AGB-Kontrolle** von Arbeitsvertragsklauseln nur dann eingreift, wenn deutsches Recht Vertragsstatut ist. Im Fall einer Divergenz von subjektivem Vertragsstatut und objektivem deutschen Vertragsstatut findet dann kein Günstigkeitsvergleich statt. Maßgeblich für die Einbeziehungskontrolle ist im Fall einer Rechtswahl also nur das gewählte subjektive Vertragsstatut. Dies gilt auch für das Schriftformerfordernis für **Befristungsabreden**: Nur wenn das Vertragsstatut deutsches Recht ist, findet die Wirksamkeitskontrolle nach § 14 Abs. 4 TzBfG statt. **Formvorschriften** folgen der Regelung in Art. 11 Abs. 1 und 2/Art. 11 Rom I. Demnach ist ein Arbeitsvertrag formgültig abgeschlossen, wenn er den Anforderungen des Rechts des Vertragsstatuts oder des Rechts des Staates, in dem sich der gewöhnliche Arbeitsort befindet, erfüllt. Für die **Rechtswahl** selbst, besteht nach deutschem Recht kein Formzwang.

42 Was die in den Arbeitsvertrag aufzunehmenden **Klauseln** angeht, gilt Folgendes. In allen Fällen der Entsendung ebenso wie bei Nebenabreden zum ruhenden Arbverh mit dem AG in Deutschland sind in Fällen der Versetzung bestimmte Mindestangaben in die Verträge aufzunehmen. Dies ergibt sich EU-einheitlich aus der Nachweis-RL, in der Bundesrepublik Deutschland umgesetzt durch das NachwG. Nach § 2 Abs. 2 **NachwG** muss der vom AG zu erbringende schriftliche Nachweis der vereinbarten Arbeitsbedingungen über die Pflichtangaben in Abs. 1 hinaus enthalten:
– die Dauer der im Ausland auszuübenden Tätigkeit,
– die Währung, in der das Arbeitsentgelt ausgezahlt wird,
– ein zusätzliches, mit dem Auslandsaufenthalt verbundenes Arbeitsentgelt und damit verbundene zusätzliche Sachleistungen sowie
– die vereinbarten Bedingungen für die Rückkehr des AN.[117]

Wenn diese Voraussetzungen nicht erfüllt sind, berührt dies die Wirksamkeit des Vertrages jedoch nicht, selbst wenn deutsches Recht Vertragsstatut ist. Der AN kann bei Fehlen der Pflichtangaben evtl. Darlegungs- und Beweiserleichterungen im Prozess für sich beanspruchen. Aus dem deutschen NachwG kann aber der AN, auch im Prozess hinsichtlich eventueller Beweiserleichterungen, keine Vorteile herleiten, wenn Vertragsstatut ausländisches Recht ist. Bereits im Vorstadium der Begründung des Arbverh ist zudem aus Sicht des AG die Vorschriften des **AGG** zu beachten, die als Eingriffsnormen i.S.d. Art. 34/Art. 9 Rom I einzustufen sind.[118] Soweit ausländisches Recht, z.B. aufgrund einer Entsendung aus dem Ausland in der Bundesrepublik anwendbar ist, gilt bereits vor der Begründung des Arbverh und natürlich während des Bestehens des Arbeitsvertrages das deutsche AGG. Ist ausländisches Recht anwendbar, so verdrängt das deutsche AGG das Vertragsrecht zwar im Inland, nicht aber im Ausland.

43 Den AG treffen im Stadium des jeweiligen Vertragsschlusses zudem bestimmte **Aufklärungspflichten**. Auch den AN können Mitwirkungspflichten treffen. Die Vertragsparteien sollten daher die anstehenden Fragen umfassend erörtern und zur Grundlage des späteren Vertrages machen.[119]

---

116 MüKo-BGB/*Spellenberg*, Art. 31 EGBGB Rn 3.
117 *Feldgen*, § 2 NachweisG Rn 188 ff; *Schliemann*, BB 2001, 1302; *Schoden*, § 2 NachweisG Rn 21 ff.
118 Näher dazu *Mauer/Sadtler*, Personal 2007, 58 f.
119 Vgl. *Schliemann*, BB 2001, 1302.

Aufgrund der gesetzlichen Anordnung in den Art. 30/Art. 8 Rom I, Art. 32 Abs. 1 Nr. 5/Art. 12 Abs. 1 e) Rom I werden auch nichtige, aber **faktische Arbverh** den Kollisionsregeln des EGBGB unterstellt.[120] Erfasst werden damit insb. Fälle kollusiver Tätigkeit ohne Aufenthalts- und/oder **Arbeitserlaubnis**. Weiterhin sind die Sonderanknüpfungen für die Rechts- und **Geschäftsfähigkeit** in Art. 7/Art. 13 Rom I zu beachten. 44

bb) Inhalt des Arbeitsverhältnisses. Die Rechte und Pflichten der Vertragsparteien im Arbverh haben sich gem. Art. 32/Art. 12 Rom I nach dem Arbeitsvertragsstatut zu richten. Zu beachten sind jedoch jeweils die zwingenden Vorschriften über das Günstigkeitsprinzip und die Eingriffsnormen des Art. 34/Art. 9 Rom I. 45

Die **AN-Pflichten** richten sich nach dem Arbeitsvertragsstatut. Insoweit greift kein Günstigkeitsprinzip zugunsten des AG, sondern ebenfalls nur zugunsten des AN. Bei Konkurrenzen zum Deliktsstatut wegen einer möglichen **Haftung des AN** nach Art. 40 geht das Arbeitsvertragsstatut vor.[121] 46

I.Ü. geht es um die **AG-Pflichten** und deren Umfang. 47

– Die Regelungen über **AN-Erfindungen** unterliegen dem Arbeitsvertragsstatut.[122] Unter Art. 30 Abs. 1/Art. 8 Rom I fallen als zwingende Regelungen die Schutznormen des AN-Erfindungsrechts. Das Arbeitsvertragsstatut bestimmt auch, ob und wenn ja welche Urheberrechte dem AG zustehen.[123] 48

– Durch den Auslandseinsatz entstehen regelmäßig Aufwendungen des AN, die arbeitsrechtlich zu einem **Aufwendungserstattungsanspruch** führen können. Auch dann, wenn keine Vereinbarung getroffen ist, können gesetzliche Ansprüche des AN gegeben sein. Dies richtet sich nach dem Arbeitsvertragsstatut. Ist deutsches Recht anwendbar, können Aufwendungserstattungsansprüche aus bzw. analog **Auftragsrecht** entstehen.[124] Verweigert der AG die Erstattung, kann der AN vor deutschen Gerichten die Forderungen auch in ausländischer Währung einklagen.[125] 49

– Das **Direktionsrecht** des AG gilt auch bei Auslandstätigkeit. Es besteht unverändert fort und ist auch im Ausland nach **billigem Ermessen** auszuüben. Bei der Beurteilung der Billigkeit können allerdings die allg. Arbeitsbedingungen des Einsatzlandes Bedeutung erlangen. Wenn bspw. der AG für Auslandstätigkeiten die regelmäßige wöchentliche Arbeitszeit unter Überschreitung der 40-Stunden-Woche einseitig festsetzen will, weil er hierbei die im Einsatzland geltende Arbeitszeit übernommen hat, ist dies ein sachlicher Grund und entspricht der Billigkeit gem. § 315 BGB.[126] 50

– Die **Entgeltfortzahlung im Krankheitsfall** ist meistens mit dem Sozialversicherungsrecht verknüpft oder überlagert.[127] Aufgrund des zwingenden Charakters der Vorschriften des EFZG spricht einiges dafür, die gesetzlichen Vorschriften über die Entgeltfortzahlung als zwingende Eingriffsnormen einzuordnen.[128] Es besteht für den inländischen AG eine Bindung an **Arbeitsunfähigkeitsbescheinigungen** eines Arztes aus einem EU-Staates.[129] Auch Arbeitsunfähigkeitsbescheinigungen aus nicht EU-Staaten reichen im Inland grds. aus.[130] Der AN muss den Beweiswert einer ärztlichen Arbeitsunfähigkeitsbescheinigung durch konkrete Nachweise erschüttern, um z.B. eine missbräuchliche Erlangung der Bescheinigung nachzuweisen.[131] 51

– Der allg. **Gleichbehandlungsgrundsatz** fällt unter die nationalen Eingriffsnormen des deutschen Rechts.[132] Da der Gleichbehandlungsgrundsatz als spezifisch inländischer Grundsatz gilt, findet er in im Ausland belegenen Betrieben keine Anwendung, selbst wenn deutsches Recht auf das einzelne Arbverh anwendbar ist. Gleiches soll im Fall der betrieblichen Übung gelten, die ebenfalls in ausländischen Rechtsordnungen so nicht Bestandteil des Arbeitsrechts ist.[133] Das Verbot der Diskriminierung gilt natürlich gleichwohl, soweit dieser Schutz nach der jeweiligen nationalen oder **supranationalen Rechtsordnung** gilt.[134] 52

---

120 MünchArb/*Birk*, Bd. 1, § 20 Rn 140.
121 MünchArb/*Birk*, Bd. 1, § 20 Rn 123; MüKo-BGB/*Martiny*, Art. 30 EGBGB Rn 90.
122 MüKo-BGB/*Martiny*, Art. 30 EGBGB Rn 97; *Birk*, RabelsZ 46 (1982), 400; Erman/*Hohloch*, Art. 30 EGBGB Rn 26; *Franzen*, AR-Blattei, SD Nr. 920 Internationales ArbeitsR Rn 162; *Gamillscheg*, ZfA 1983, 362.
123 MüKo-BGB/*Martiny*, Art. 30 EGBGB Rn 97; MünchArbR/*Birk*, § 20 Rn 168.
124 *Däubler*, AuR 1990, 1.
125 BAG 26.7.1995 – 5 AZR 216/94 – NZA 1996, 30 = AP § 157 BGB Nr. 7.
126 BAG 12.12.1990 – 4 AZR 238/90 – NZA 1991, 386 = AP § 4 TVG Arbeitszeit Nr. 2.
127 MünchArb/*Birk*, Bd. 1, § 20 Rn 148.
128 BAG 12.12.2001 – 5 AZR 255/00 – NZA 2002, 734; Erman/*Hohloch*, Art. 30 EGBGB Rn 26; *Gragert/Drenckhahn*, NZA 2003, 305; Hinweis auf den Streitstand: *Joussen*, NZA 2003, 1175; MüKo-BGB/*Martiny*, Art. 30 EGBGB Rn 94 m.w.N; a.A. zu § 3 EFZG: LAG Frankfurt 16.11.1999 – NZA-RR 2000, 401 ff.; a.A. auch *Franzen*, AR-Blattei, SD Nr. 920 Internationales ArbeitsR Rn 123, 141 zu § 3 EFZG.
129 EuGH 12.3.1987 – Rs. 22/86 – NJW 1988, 2171; BSG 10.9.1987 – 8 RK 8/87 – NJW 1988, 2199.
130 BAG 20.2.1985 – 5 AZR 180/83 – BAGE 48, 115 = AP § 3 LohnfortzG Nr. 4; BAG 19.2.1997 – 5 AZR 83/96 – NZA 1997, 652; BAG 19.2.1997 – 5 AZR 747/93 – NZA 1997, 705.
131 EuGH 2.5.1996 – Rs. C-206/94 Paletta II – NJW 1996, 1881.
132 MünchArb/*Birk*, Bd. 1, § 20 Rn 158; *Bittner*, NZA 1993, 163; *Joussen*, NZA 2003, 1175.
133 MünchArb/*Birk*, Bd. 1, § 20 Rn 158.
134 BAG 8.8.1996 – 6 AZR 771/93 (A) – BAGE 84, 11 = AP Art. 48 EWG-Vertrag Nr. 22.

53 – Die Vorschriften über das **Insolvenzgeld** sind sozialversicherungsrechtlich angeknüpft und daher wegen des über das individuelle Arbverh hinausreichenden Schutzzwecks zwingende Bestimmungen i.S.d. Art. 34/Art. 9 Rom I, unterfallen damit nicht dem Vertragsstatut.[135]

54 – Dem Vertragsstatut unterfällt auch die **Lohnzahlungspflicht**, z.B. also streitige Fragen zur Provisionszahlungspflicht des AG.[136] Freiwillige und übertarifliche Zahlungen unterfallen hingegen nicht dem zwingenden Recht i.S.v. Abs. 1. Streitfälle zur Lohnzahlung sind daher regelmäßig eine Frage der Vertragsauslegung.

55 – Die vertraglichen oder generellen Regelungen des AG, z.B. in Reisekosten-RL, sehen oftmals ein **Rückforderungsrecht** in Bezug auf die **Reisekosten** vor. Dies bezieht sich auf vorzeitige Beendigungsfälle Die Rspr. legt solche Regelungen eingrenzend dahingehend aus, dass der Rückforderungsbetrag in einer angemessenen Relation zum Einkommen des AN stehen muss. Nach einer Entscheidung des Hessischen LAG soll die Höhe der Rückforderung von Reisekosten bei vorzeitiger Beendigung des Auslandsaufenthaltes durch den AN auf ein Bruttomonatsgehalt beschränkt sein.[137] Das Arbeitsvertragsstatut ist daher insoweit anwendbar.[138]

56 – Macht der AG von einem **Rückrufrecht** Gebrauch, können hierdurch nicht vorhergesehene Mehrkosten oder Folgeschäden entstehen. Der AN mag z.B. Mehrkosten haben, weil er auf einem engen Wohnungsmarkt in Deutschland jetzt eine überteuerte Wohnung anmieten muss, weil er seine eigene Wohnung unkündbar weitervermietet hat. Oder der AN hat einen sog. **Steuerschaden**, d.h., er muss aufgrund des Rückrufs mehr Steuern zahlen, als er ohne Rückruf gezahlt hätte. In solchen Fällen lehnt die Rspr. einen Schadensersatzanspruch des AN – ähnlich wie im Fall einer ungerechtfertigten Künd mit der Folge einer progressionsschädlichen Nachzahlung von Gehältern „auf einen Schlag" – regelmäßig ab.[139] Eine Vorfrage hierzu besteht darin, ob der AG das Rückrufrecht jeweils überhaupt einseitig durch Weisung ausüben darf oder ob er der Zustimmung des AN bzw. einer Änderungskünd bedarf.

57 – Hinsichtlich der **Rückumzugskosten** bei vorzeitiger Beendigung des Auslandsaufenthaltes stellt sich ebenfalls zunächst die Frage, ob die Parteien diesen Fall geregelt haben bzw. ob durch ergänzende Vertragsauslegung die Frage zu klären ist. Die Rspr. lässt insoweit eine allg. Umzugskostenzusage ausreichen. Weitergehende zwingende Vorschriften lassen sich also derzeit dem deutschen Recht nicht entnehmen.[140]

58 – Die Bestimmungen zum Schutz von **Teilzeit- und Befristungs-Arbverh** gelten mittlerweile auf einem hohen Koordinierungsstand im gesamten EU-Raum. Aufgrund des ebenfalls vereinheitlichten Kollisionsrechts kann somit festgestellt werden, dass die Teilzeit-Schutzvorschriften bei Einsätzen in einem beliebigen EU-Staat als Eingriffsnormen i.S.v. Art. 34/Art. 9 Rom I zu beachten sind.[141] Ob Nicht-EU-Staaten ebenfalls Schutzvorschriften mit zwingendem Charakter vorhalten, ist im Einzelfall zu prüfen. Das Gleiche gilt hinsichtlich der Befristung von Arbverh.[142]

59 – Auch das **Urlaubsrecht** wird vom Arbeitsvertragsstatut dominiert. Darunter fällt der Anspruch des AN auf **Erholungsurlaub**.[143] Darüber hinaus werden die Mindestbestimmungen nach den §§ 1, 2 und 3 Abs. 1 BUrlG als zwingende Bestimmungen i.S.d. Art. 34/Art. 9 Rom I anzusehen sein. Darüber hinaus sich ergebende Urlaubsansprüche, sei es aus anwendbaren TV, sei es aufgrund sonstiger Anspruchsgrundlagen, fallen unter das Arbeitsvertragsstatut. Der **Zusatzurlaub** für besonders geschützte AN-Gruppen wie Jugendliche oder Schwerbehinderte hängt jedoch unabhängig vom Vertragsstatut vom territorialen und persönlichen Anwendungsbereich des betreffenden Schutzgesetzes ab.[144] Das Gleiche gilt für Bildungs- oder Erziehungsurlaube. Für das **Feiertagsrecht** gilt nicht das Arbeitsvertragsstatut, sondern mangels abweichender Vereinbarung der Parteien, das Recht des tatsächlichen Arbeitsortes, nicht also des gewöhnlichen Arbeitsortes i.S.d. Art. 30 Abs. 2 Nr. 1/Art. 8 Abs. 2 Rom I.[145] Wird z.B. ein AN vorübergehend, für ein Jahr, von Köln aus nach Frankreich entsandt, so bleibt der gewöhnliche Arbeitsort in Köln. Haben die Parteien keine abweichende Regelung über die Feiertage getroffen, so gilt für die Dauer des Auslandsaufenthaltes nur das lokale Feiertagsrecht. Ein Anspruch auf Arbeitsbefreiung an den Feiertagen des Heimatlandes besteht für die Dauer des Auslandsaufenthaltes nicht. Zu diesem Ergebnis kommt man über den hypothetischen Parteiwillen. Zwingendes Eingriffsrecht liegt insoweit nicht vor. Der

---

135 Soergel/v. Hoffmann, Art. 30 EGBGB Rn 23; MüKo-BGB/Martiny, Art. 30 EGBGB Rn 95.
136 BAG 26.2.1985 – 3 AZR 1/83 – NJW 1985, 2910 = AP IPR AR Nr. 23; Deinert, RdA 1996, 343.
137 Hessisches LAG 22.6.1981 – 11 Sa 548/80 – DB 1982, 656.
138 Hessisches LAG 22.6.1981 – 11 Sa 548/80 – DB 1982, 656; kritisch hierzu: Küttner/Kreitner, Auslandstätigkeit Rn 31.
139 BAG 23.8.1990 – 2 AZR 156/90 -DB 1991, 445; Hessisches LAG 17.4.1985 – 10 Sa 419/84 – DB 1986, 52.
140 BAG 26.7.1995 – 5 AZR 216/94 – NZA 1996, 30 = AP § 157 BGB Nr. 7; vgl. auch zur Frage der eigenmächtigen Heimreise in Katastrophenfällen: Diller/Winzer, DB 2001, 2094.
141 MünchArb/Birk, Bd. 1, § 20 Rn 131.
142 Differenzierend: KR/Weigand, Internationales Arbeitsrecht Rn 78 ff.
143 BAG 27.8.1964 – 5 AZR 364/63 – BAGE 16, 215 = AP IPR AR Nr. 9; Franzen, AR-Blattei, SD Nr. 920 Internationales ArbeitsR Rn 144; Joussen, NZA 2003, 1175; MünchArbR/Birk, § 20 Rn 151; Palandt/Heldrich, Art. 30 EGBGB Rn 3, Art. 34 EGBGB Rn 3b.
144 Franzen, AR-Blattei, SD Nr. 920 Internationales ArbeitsR Rn 145; MüKo-BGB/Martiny, Art. 30 EGBGB Rn 96.
145 MünchArb/Birk, Bd. 1, § 20 Rn 152.

AG hat auch die Vergütung für den ausländischen Feiertag zu bezahlen, wenn das lokale Recht die Weiterzahlung des Lohnes anordnet.[146] Ein Vergütungsanspruch oder Freistellungsanspruch für die entfallenden deutschen Feiertage scheidet gleichzeitig aus.[147]

cc) Bestand des Arbeitsverhältnisses. Die einvernehmliche Beendigung des Arbverh durch **Aufhebungsvertrag** wirft regelmäßig keine besonderen Schwierigkeiten auf. Das anzuwendende Recht folgt dem auf den Arbeitsvertrag anwendbaren Recht, Art. 32 Abs. 1 Nr. 4/Art. 12 Abs. 1d) Rom I.[148] Neben der in Deutschland obligatorisch zu wahrenden Schriftform sollte diese unabhängig vom Vertragsstatut als Mindestform immer gewählt werden, um Beweisschwierigkeiten zu vermeiden oder übersehene Formvorschriften vorsorglich zu wahren. Auch ausländische Eingriffsnormen sind vielfältig zu beachten, so insb. Zustimmungserfordernisse durch Behörden.[149] 60

Das Recht der **betrieblichen Altersversorgung** richtet sich nach h.M. nach dem Arbeitsvertragsstatut.[150] Richtet sich der Anspruch gegen einen Versorgungsschuldner mit Sitz in der Bundesrepublik Deutschland, soll aber jedenfalls, sprich: unabhängig vom Arbeitsvertragsstatut, das deutsche BetrAVG Anwendung finden.[151] 61

EU-einheitlich gilt das Recht des **Betriebsübergangs**, wie es für Deutschland derzeit in § 613a BGB geregelt ist. Abgesehen von im Fluss befindlichen Fragen steht zunächst fest, dass der Betriebsübernehmer alle Arbverh automatisch und unverändert mit übernimmt, ob er will oder nicht.[152] Abweichende Vereinbarungen im Übernahmevertrag sind unwirksam, Künd aufgrund des Betriebsüberganges unwirksam. Umstr. ist allerdings, ob für die Anwendbarkeit dieser Schutzvorschriften auf das **Arbeitsvertragsstatut** abzustellen ist[153] oder auf den Sitz des betroffenen Betriebes.[154] Zu unterschiedlichen Ergebnissen gelangen beide Auff. z.B. dann, wenn einzelne AN eines übernommenen Betriebes ein Nicht-EU-Vertragsstatut besitzen, nach dem es das Recht des Betriebsüberganges nicht gibt. Unterschiedliche Ergebnisse tauchen auch dann auf, wenn man die Auff. teilt, dass es auf den Sitz des neuen Betriebsinhabers ankommt: kenne das Recht des neuen Sitzes die Regelungen zum Betriebsübergang nicht, fänden sie auch keine Anwendung. In der Praxis dürfte die jeweilige Rspr. maßgeblich sein. Die besseren Argumente, nämlich der Wortlaut des Art. 1 Abs. 2 der RL 77/187, sprechen indes für die einheitliche Anknüpfung an den Sitz des übernommenen Betriebs. 62

Vieles ist im Bereich des **allg. Künd-Schutzes** umstr. So stellen zwar Rspr. und Lehre als Ausgangspunkt fest, dass im Gegensatz zu den z.T. öffentlich-rechtlichen Schutznormen des Schwerbehinderten- und Mutterschutzrechts die Vorschriften des ersten Teils des deutschen KSchG nicht zu den unabdingbaren Bestandteilen der deutschen Rechtsordnung i.S.d. Art. 34/Art. 9 Rom I zählen.[155] Weiterhin stelle das KSchG eine räumlich begrenzte Sachnorm dar, das der Sache nach einen Betrieb im Inland voraussetzt.[156] 63

Haben die Parteien die Geltung deutschen Rechts vereinbart oder kommt dieses ohne Rechtswahl gem. Art. 30 Abs. 2/Art. 8 Abs. 2 bis 4 Rom I zur Anwendung, so gilt dies im Bereich des individuellen Arbeitsrechts umfassend. Hinsichtlich der Beendigung von Arbverh bestimmt Art. 32 Abs. 1 Nr. 4/Art. 12 Abs. 1d) Rom I, dass die verschiedenen Arten des Erlöschens bzw. der Aufhebung der Verpflichtungen aus dem Vertrag dem **Arbeitsvertragsstatut** unterliegen.[157] Zu unterscheiden ist auch hier nach der vertraglichen Konstruktion, als grundlegende Weichenstel- 64

---

146 MünchArb/*Birk*, Bd. 1, § 20 Rn 152; *Franzen*, AR-Blattei, SD Nr. 920 Internationales ArbeitsR Rn 132, 145; *Joussen*, NZA 2003, 1175.
147 *Däubler*, AuR 1990, 1.
148 MünchArb/*Birk*, Bd. 1, § 20 Rn 190; *Franzen*, AR-Blattei, SD Nr. 920 Internationales ArbeitsR Rn 171; KR/*Weigand*, Internationales Arbeitsrecht Rn 81.
149 *Mauer*, Personaleinsatz im Ausland, Rn 411.
150 BAG 5.5.1955 – 2 AZR 55/53 – BAGE 2, 1 = AP § 242 BGB Ruhegehalt Nr. 4; BAG 13.5.1959 – 1 AZR 258/57 – BAGE 7, 362 = AP IPR AR Nr. 4; BAG 5.9.1972 – 3 AZR 212/69 – BAGE 24, 411 = AP § 242 BGB Ruhegehalt Nr. 159; Erman/*Hohloch*, Art. 30 EGBGB Rn 27; a.A. *Birk*, RabelsZ 46 (1982), 384, 403 f.; differenzierend: *Franzen*, AR-Blattei, SD Nr. 920 Internationales ArbeitsR Rn 159.
151 BAG 6.8.1985 – 3 AZR 185/83 – NZA 1986, 194 = AP § 7 BetrAVG Nr. 24; MüKo-BGB/*Martiny*, Art. 30 EGBGB Rn 101.
152 BAG 25.9.2003, AP § 613a BGB Nr. 256; Hessisches LAG 15.3.2004, EzAÜG § 613a BGB Nr. 11; *Franzen*, AR-Blattei, SD Nr. 920 Internationales ArbeitsR Rn 150.
153 *Däubler*, DB 1988, 1850; KR/*Weigand*, Internationales Arbeitsrecht Rn 106; *Leuchten*, FA 2002, 138; *Mankowski*, IPRax 1994, 97; MüKo-BGB/*Martiny*, Art. 30 EGBGB Rn 88; Palandt/*Heldrich*, Art. 34 EGBGB Rn 3b; *Richter*, ArbuR 1992, 68; Soergel/*v. Hoffmann*, Art. 30 EGBGB Rn 22.
154 MünchArb/*Birk*, Bd. 1, § 20 Rn 184 f.; *Junker*, Internationales Arbeitsrecht, S. 236 ff.; *Wimmer*, IPRax 1995, 208.
155 BAG 30.4.1987 – 2 AZR 192/86 – NJW 1987, 2766 = AP § 12 SchwbG Nr. 15; BAG 24.8.1989 – 2 AZR 3/89 – BAGE 63, 17 = NZA 1990, 841 = AP IPR AR Nr. 30; ErfK/*Schlachter*, Art. 30 EGBGB Rn 17; *Franzen*, AR-Blattei, SD Nr. 920 Internationales ArbeitsR Rn 119, 165 ff.; KR/*Weigand*, Internationales Arbeitsrecht Rn 34; MüKo-BGB/*Martiny*, Art. 30 EGBGB Rn 101; *Pohl*, NZA 1998, 736; *Reiserer*, NZA 1994, 678.
156 St. Rspr.: BAG 9.10.1997 – 2 AZR 64/97 – BAGE 86, 374 = AP § 23 KSchG 1969 Nr. 16; zuletzt: BAG 17.1.2008 – 2 AZR 902/06 – NZA 2008, 872 mit ablehnender Bespr. von *Gravenhorst*, jurisPR-ArbR 31/2008, Anm. 1; MünchArb/*Birk*, Bd. 1, § 20 Rn 77; *Küttner*/*Kreitner*, Auslandstätigkeit Rn 11; kritisch hiergegen *Junker*, RIW 2001, 94.
157 *Lingemann*/*v. Steinau-Steinrück*, DB 1999, 2161; *Gamillscheg*, ZfA 1983, 362; hierzu auch MüKo-BGB/*Martiny*, Art. 30 EGBGB Rn 101.

lung also zwischen Entsendung vom Inland ins Ausland einerseits und Versetzung i.S.v. Abschluss eines, ggf. parallel zum ruhenden inländischen Hauptarbeitsvertrag, weiteren lokalen Anstellungsvertrages andererseits.[158]

65 Bei der **Entsendung** bleibt die Zurechnung des AN zum entsendenden Betrieb gegeben. Selbst mit einer vom deutschen Recht abweichenden Rechtswahl bleiben daher die Schutznormen des KSchG für den entsandten AN auch während der Entsendung anwendbar. Er zählt bei der Berechnung der AN-Anzahl des § 23 KSchG mit;[159] anders als bei reinen Ortskräften.[160] Sind die allg. Voraussetzungen des KSchG, also Ablauf der Wartefrist nach § 1 Abs. 1 KSchG und Überschreiten des einschlägigen Schwellenwertes nach § 23 KSchG, erfüllt, so sind die Vorschriften des KSchG vom kündigenden AG einzuhalten.[161] Auch eine BR-Anhörung ist erforderlich.[162] Ob und wenn ja wie die **Sozialauswahl** vorzunehmen ist, hängt, genau wie bei reinen Inlandssachverhalten, vom Direktionsrecht des AG ab. Ist das Direktionsrecht des AG eingeschränkt, fehlt bspw. eine einseitige Rückrufmöglichkeit während der Entsendung, so ist die Sozialauswahl naturgemäß auf die am gleichen Einsatzort beschäftigten AN reduziert. Ist der Entsandte der einzige AN des Unternehmens vor Ort, entfällt daher eine Sozialauswahl, was bei einer betriebsbedingten Künd natürlich ein wichtiger rechtlicher Faktor ist. Erlaubt hingegen das Direktionsrecht einen Rückruf jedenfalls bis zum Ablauf der Künd-Frist, so ist eine Sozialauswahl mit den AN des Betriebes durchzuführen, denen der entsandte AN zugerechnet wird.[163]

66 Etwas komplizierter als bei den reinen Entsendungsfällen ist die Frage der Anwendbarkeit des KSchG in den Fällen der **Versetzung**. Neben einem lokalen Anstellungsvertrag mit einem Unternehmen im Ausland ist der AN zumeist über einen „Stammhausbindungsvertrag" oder eine wie auch immer geartete Nebenabrede zum Arbeitsvertrag mit dem AG in Deutschland gebunden. Stellten sich vor Wiedereinführung des jetzigen § 623 BGB mit Wirkung zum 1.5.2000 in diesen Fällen[164] Fragen wie die nach einer möglichen konkludenten Aufhebung des Arbverh zum „Stammhaus", also dem AG in Deutschland, so ist dies mittlerweile anders zu beurteilen: Heben die Parteien des Inlands-Arbverh dieses anlässlich des Wechsels des AN zu einem ausländischen AG auf, so ist damit das rechtliche Band zum früheren AG durchschnitten, ein nachwirkender Künd-Schutz scheidet aus.[165] Die spannende Frage in den Versetzungsfällen ist jedoch die, ob die Anwendbarkeit des KSchG einen **Betrieb im Inland** voraussetzt. Das BAG ist sich in dieser Frage wohl noch unschlüssig, bejaht es nämlich dieses Erfordernis im Fall der objektiven Anknüpfung, während es sie im Fall der Rechtswahl verneint.[166] Diese Diskrepanz ist, vorsichtig formuliert, nicht zwingend, auch die etwas in der Luft hängende Anknüpfung an die Kleinbetriebsklausel überzeugt insoweit nicht.[167]

67 Der **Künd-Schutz besonderer Personengruppen** ist in Bezug auf das Vertragsstatut noch nicht abschließend geklärt. Die privatrechtlichen Schutznormen für besondere Personengruppen sind regelmäßig Eingriffsnormen i.S.d. Art. 34/Art. 9 Rom I.[168] Hierunter fallen der besondere Künd-Schutz für schwerbehinderte Menschen nach den §§ 85 ff. SGB IX, für Mütter nach § 9 MuSchG, für Eltern in der Elternzeit nach § 18 BEEG (zuvor § 18 BerzGG), für BR-Mitglieder nach § 15 KSchG und vergleichbare Sonderregelungen. Für den AN ungünstigere Regelungen sind also über das Arbeitsvertragsstatut nicht durchsetzbar. Fraglich ist jedoch, ob zugunsten des AN das gewählte Recht Geltung beanspruchen kann, wenn dessen Schutzwert noch höher ist, als derjenige der Eingriffsnormen.[169] So mag es im Einzelfall im ausländischen Recht angeordnet sein, dass werdende Mütter unkündbar sind, und zwar ohne Ausnahmeregelungen, wie sie das nationale Mutterschutzrecht derzeit in § 9 Abs. 3 MuSchG vorsieht. Dies lässt sich über den Gedanken der **Fürsorgepflicht** des AG durchaus gut begründen.

68 Das **Ruhen des Arbverh** folgt dem Arbeitsvertragsstatut.[170] Zwingende Regelungen können Eingriffsnormen nach Art. 34 sein, z.B. bei Ableistung des heimischen Wehrdienstes nach § 1 Abs. 1 ArbPlSchG.[171] Dies gilt entsprechend für EU-AN, die in ihrer Heimat den Wehrdienst ableisten müssen.[172] Für nicht EU-angehörige Wehrpflichtige kann die Ableistung des Wehrdienstes einen Anspruch auf unbezahlten Urlaub, also ein Ruhen der wechselseitigen Haupt-

---

158 Vgl. hierzu ausführlich mit Musterverträgen: *Mauer*, Personaleinsatz im Ausland, Rn 394.
159 So auch BAG 9.10.1997 – 2 AZR 64/97 – BAGE 86, 374 = AP § 23 KSchG 1969 Nr. 16.
160 MünchArb/*Birk*, Bd. 1, § 20 Rn 202.
161 BAG 19.6.1986 – 2 AZR 563/85 – NZA 1987, 21 = AP § 1 KSchG 1969 Betriebsbedingte Kündigung Nr. 33; Hessisches LAG 10.12.1986 – 10 Sa 729/86 – DB 1987, 1443.
162 BAG 7.12.1989 – 2 AZR 228/89 – AP IPR AR Nr. 27.
163 *Mauer*, Personaleinsatz im Ausland, Rn 399.
164 Vgl. nur BAG 21.1.1999 – 2 AZR 648/97 – BAGE 90, 353 = NZA 1999, 539 = AP § 1 KSchG 1969 Konzern Nr. 9 und die Erläuterungen hierzu bei *Lingemann/v. Steinau-Steinrück*, DB 1999, 2161.
165 *Mauer*, Personaleinsatz im Ausland, Rn 400.
166 BAG 9.10.1997 – 2 AZR 64/97 – BAGE 86, 374 = AP § 23 KSchG 1969 Nr. 16 einerseits, BAG 21.1.1999 – 2 AZR 648/97 – BAGE 90, 353 = NZA 1999, 539 = AP § 1 KSchG 1969 Konzern Nr. 9 andererseits; jeweils mit zutreffend kritischer Anm. *Junker*, RIW 2001, 94.
167 Ausführlich zur Problematik: *Mauer* in: FS Leinemann, S. 733.
168 BAG 24.8.1989, AP Internationales Privatrecht, Arbeitsrecht Nr. 30; KR/*Weigand*, Internationales Arbeitsrecht, Rn 93; MünchArbR/*Birk*, § 20 Rn 177; Staudinger/*Magnus*, Art. 30 EGBGB Rn 198; a.A. *Franzen*, AR-Blattei, SD Nr. 920 Internationales ArbeitsR Rn 120, 168, der aber § 15 SchwbG ausnimmt.
169 Dazu näher MüKo-BGB/*Martiny*, Art. 30 EGBGB Rn 44.
170 *Birk*, RdA 1984, 134; MüKo-BGB/*Martiny*, Art. 30 EGBGB Rn 99.
171 MüKo-BGB/*Martiny*, Art. 30 EGBGB Rn 99.
172 EuGH 15.10.1969 – Rs. 15/69 – Slg. 1969, 363 = RdA 1970, 58; MüKo-BGB/*Martiny*, Art. 30 EGBGB Rn 99.

leistungspflichten, begründen. Eine Künd aus personenbedingten Gründen ist im Einzelfall zu prüfen und wurde vom BAG im Fall eines nicht länger als zweimonatigen Wehrdienstes abgelehnt.[173]

Wettbewerbsverbote für die Zeit nach Beendigung des Arbverh unterstehen dem Arbeitsvertragsstatut. Findet darüber deutsches Recht Anwendung, wird es regelmäßig keine Probleme im Auslands-Arbverh geben, da die strengen deutschen Vorschriften dem ausländischen Ordre Public standhalten werden. Umgekehrt werden ausländische liberale Wettbewerbsverbote bei Arbverh, auf die auch deutsches Recht Anwendung findet, möglicherweise unverbindlich oder unwirksam sein.[174] Eine isolierte Rechtswahl für nachvertragliche Wettbewerbsverbote wurde zum alten Rechtszustand z.T. für nicht zulässig gehalten,[175] was aber angesichts der ausdrücklichen gesetzlichen Regelung in Art. 27 Abs. 1 S. 3 überholt ist.[176]

dd) Berufsausbildungsverhältnisse. Im Rahmen von Berufsausbildungsverhältnissen mit Ausgangspunkt in der Bundesrepublik Deutschland kann die Frage eines Auslandsaufenthaltes in Form eines **Praktikums** auftauchen.[177] In diesem Fall bleibt die Berufsschulpflicht über das Territorialprinzip in Deutschland erhalten. Die gesetzlichen Regelungen des **BBiG** sind überwiegend zwingend, z.T. öffentlich-rechtlicher Natur. Eine Wahl eines vom deutschen Recht abweichenden Rechts bei einer Berufsausbildung in Deutschland macht daher wenig Sinn.[178]

C. Verbindung zu anderen Rechtsgebieten und zum Prozessrecht

I. Prozessrecht

Verfahrensrechtlich gelten einige Besonderheiten, die teils durch überstaatliches Recht geregelt sind, teilweise durch nationale Kollisionsregeln im Verfahrensrecht der ZPO. Das EGBGB regelt die Zuständigkeit und das arbeitsgerichtliche Verfahren also nicht.

1. Europäisches Verfahrensrecht. Innerhalb der EU und im Verhältnis zu den künftigen Beitrittsstaaten gilt, soweit von den Nationalstaaten anerkannt, überstaatliches Verfahrensrecht. Mit Wirkung zum 1.3.2002 ist die Europäische Gerichtsstands- und Vollstreckungsverordnung, **EuGVVO**,[179] in Kraft getreten und hat das völkervertragliche Europäische Gerichtsstands- und Vollstreckungsübereinkommen[180] für 14 von 15 damaligen EU-Staaten untereinander ersetzt.[181]

Für die **Zustellung** in Gerichtverfahren innerhalb der EU gilt ebenfalls unmittelbar eine VO, die die umständliche Zustellung über die diplomatischen Vertretungen abkürzen soll.[182] Eine weitere VO soll grenzüberschreitende Beweisaufnahmeverfahren der Gerichte in Zivil- und Handelssachen erleichtern.[183]

Bezogen auf den **persönlichen Anwendungsbereich** erfasst die **EuGVVO** Arbverh, wenn wenigstens der Beklagte einen Wohnsitz in einem Mitgliedsstaates hat, Art. 2 Abs. 1 EuGVVO. Für Unternehmen steht deren Sitz dem Wohnsitz von natürlichen Personen gleich, Art. 2 Abs. 1, 60 EuGVVO. Bei diesen Regelungen handelt es sich fast ausnahmslos um zwingendes Recht, Art. 3 Abs. 1 EuGVVO. Auch unter der Geltung der EuGVVO existieren zumeist mehrere Gerichte, die zuständig sind. Der Kläger hat die Wahl zwischen mehreren **Gerichtsständen**, wobei der allg. und besondere Gerichtsstände unterschieden werden. Stets gibt es einen allg. Gerichtsstand. Der befindet sich am Wohnsitz der beklagten Person oder dem Sitz des beklagten Unternehmens. Besondere Gerichtsstände in Arbeitssachen werden nach der EuGVVO unterschiedlich gebildet. Je nach dem, ob der ArbG verklagt wird oder der AN. Wird der AN verklagt, z.B. weil er gegen ein nachvertragliches Wettbewerbsverbot verstößt, so kann er jetzt nur noch vor den Gerichten des Mitgliedsstaates verklagt werden, wo er seinen Wohnsitz hat, Art. 20 Abs. 1 EuGVVO.

---

173 BAG 20.5.1988 – 2 AZR 682/87 – NZA 1989, 464 = AP § 1 KSchG 1969 Personenbedingte Kündigung Nr. 9.
174 Hessisches LAG 14.8.2000 – 8 Ta 87/2000 – IPRspr 2000, Nr. 40, 80 ff.; *Bauer/Diller*, Wettbewerbsverbote, § 4 Rn 61a; *Driver-Polke/Melot de Beauregard*, BB 2004, 2351; *Franzen*, AR-Blattei, SD Nr. 920 Internationales ArbeitsR Rn 157; MüKo-BGB/*Martiny*, Art. 30 EGBGB Rn 103; unklar MünchArb/*Birk*, § 20 Rn 210; Palandt/*Heldrich*, Art. 30 EGBGB Rn 3; *Thomas/Weidmann*, DB 2004, 2695; a.A. offenbar *Fischer*, DB 1999, 1704.
175 *Birk*, RabelsZ 46 (1982), 403.
176 Gleichwohl noch gegen eine Zulässigkeit: *Fischer*, DB 1999, 1703; dafür: *Bauer/Diller*, Wettbewerbsverbote, § 4 Rn 61b und *Thomas/Weidmann*, DB 2004, 2696; allgemein zum Streitstand: MüKo-BGB/*Martiny*, Art 30 EGBGB Rn 103.
177 Ausführlich hierzu: *Eule*, BB 1992, 986.
178 MünchArb/*Birk*, Bd. 1, § 20 Rn 212; *Küttner/Kreitner*, Auslandstätigkeit, Rn 27.
179 EuGVVO, Verordnung des Rates über die gerichtliche Zuständigkeit und die Anerkennung und Vollstreckung von Entscheidungen in Zivil- und Handelssachen vom 22.12.2000, ABl EG 2001 L 12, 1.
180 Brüsseler Abkommen, EuGVÜ, Zuletzt gültig für alle 15 EU-Mitgliedsstaaten, für Belgien allerdings noch in der „alten Fassung" des dritten Beitrittsübereinkommens vom 26.5.1989; hierzu *Jayme/Kohler*, IPRax 2001, 501.
181 Zu weiteren Besonderheiten vgl. auch *Mauer*, Personaleinsatz im Ausland, Rn 503 ff.
182 VO Nr. 1348/2000 des Rates vom 29.5.2000, ABl EG 2000 L 160, S. 37; für Deutschland konkretisiert durch das Gesetz zur Durchführung gemeinschaftsrechtlicher Vorschriften über die Zustellung gerichtlicher und außergerichtlicher Schriftstücke in Zivil- oder Handelssachen in den Mitgliedstaaten (EG-Zustellungsdurchführungsgesetz – ZustDG) vom 9.7.2001, BGBl I S. 1536.
183 VO (EG) Nr. 1206/2001 vom 28.5.2001 mit Wirkung zum 1.7.2001, ABl EG L 174.

Der AG kann nach Wahl des AN verklagt werden, wo er seinen Sitz hat, aber gem. Art. 18 Abs. 2 EuGVVO auch am Ort einer **Niederlassung**.[184] Danach stehen eine Zweigniederlassung, Agentur oder sonstige Niederlassung dem Sitz des Unternehmens gleich. Der AG kann aber auch in dem Mitgliedstaat verklagt werden, wo sich der **gewöhnliche Arbeitsort** des AN befindet, also dort, wo er gewöhnlich seine Arbeit verrichtet oder zuletzt verrichtet hat, Art. 19 Nr. 2 lit. a EuGVVO. Der Begriff des gewöhnlichen Arbeitsortes ist identisch mit demjenigen in Art. 30 Abs. 2 Nr. 1 auszulegen.[185] Außerdem kann der AN dann, wenn er gewöhnlich in mehreren Staaten seine Arbeit verrichtet oder verrichtet hat, vor dem Gericht des Ortes klagen, wo sich die ihn **einstellende Niederlassung** befindet, Art. 19 Nr. 2 lit. b EuGVVO.

75 **2. Lugano-Übereinkommen und andere Staatsverträge.** Nachrangig im Verhältnis zur EuGVVO, aber vorrangig vor dem nationalen Recht der einzelnen Staaten finden weitere bi- oder **multilaterale Staatsverträge** zum Verfahrensrecht Anwendung. Auch sie dienen der Bestimmung des zuständigen Gerichts. Im europäischen Raum wichtig ist insb. das Lugano-Abkommen, das im Verhältnis der EU-Staaten zu den EFTA-Staaten Island, der Schweiz, Norwegen und Polen gilt.[186]

76 **3. Zuständigkeitsregelungen nach deutschem Prozessrecht.** Die gem. § 46 Abs. 2 S. 1 ArbGG maßgeblichen Regelungen der ZPO regeln nachrangig zu dem überstaatlichen Recht der EuGVVO und sonstigen überstaatlichen Regelungen selbst allg. internationale Kollisionsfälle, um das anwendbare Gericht zu bestimmen. Die Kollisionsregeln in der ZPO gelten damit auch für internationale Arbeitsverträge. Erfasst werden sowohl Fälle, in denen die Parteien eine vertragliche Regelung zum Gerichtsstand getroffen haben, als auch die übrigen Fälle ohne Gerichtsstandsvereinbarung. Dabei gilt der Grundsatz, dass die internationale Zuständigkeit der örtlichen Zuständigkeit eines deutschen Gerichts folgt. Die örtliche Zuständigkeit richtet sich wiederum nach den §§ 12 ff., 38 ff. ZPO.

77 **4. Gerichtsstandsvereinbarungen mit Arbeitnehmern.** Obgleich die Zulässigkeit von Gerichtsstandvereinbarungen zwischen den Arbeitsvertragsparteien in und außerhalb Deutschlands sehr eingeschränkt ist, enthalten viele Arbeits- und Entsendungsverträge mit internationalem Bezug Gerichtsstandsvereinbarungen.[187] Sowohl die Prorogation als auch die Derogation sind sowohl nach der EuGVVO wie nach der ZPO grds. zulässig, Art. 23 EuGVVO, §§ 38, 40 ZPO. Für arbeitsrechtliche Streitigkeiten beschränken die EuGVVO und die ZPO die Zulässigkeit jedoch wie folgt: Nach Art. 21 EuGVVO darf die Vereinbarung nur zu einem abweichenden Gerichtsstand führen, wenn sie nach Entstehung der Streitigkeit getroffen wurde oder wenn dem AN dadurch die Befugnis eingeräumt wird, andere Gerichte anzurufen. Nach der ZPO gelten im Prinzip die gleichen Beschränkungen: Entweder die Vereinbarung wurde erst nach Entstehen der Streitigkeit getroffen, § 38 Abs. 3 ZPO, oder sie muss zwischen Kaufleuten i.S.d. HGB abgeschlossen worden sein, § 38 Abs. 1 ZPO. Da AN keine Kaufleute sind, kommt als weitere Möglichkeit allerdings noch diejenige hinzu, dass mind. eine der Parteien keinen allg. Wohnsitz im Inland hat, § 38 Abs. 2 ZPO. Für diesen Fall kann ein Gerichtsstand in Deutschland vereinbart werden. Wenn eine der Parteien einen Wohnsitz in Deutschland hat, so kann allerdings nur die Zuständigkeit des Gerichts vereinbart werden, wo diese Partei den allg. Gerichtsstand hat.

78 Weiterhin gibt es die Möglichkeit, dass sich die Parteien nach Entstehen der Streitigkeit auf ein Gericht verständigen, das eigentlich nicht zuständig wäre. Dann spricht man von **rügeloser Einlassung**, weil die beklagte Partei die Unzuständigkeit rügen könnte, dies jedoch unterlässt. Ohne Rüge muss das Gericht jedoch über den Fall entscheiden, wenn das nationale Recht am Ort des Gerichts, die sog. lex fori, dies nicht verbindet. Sowohl die ZPO als auch die EuGVVO sehen diese Möglichkeit der Zuständigkeit, auch für arbeitsrechtliche Streitigkeiten, aufgrund rügeloser Einlassung vor, Art. 24 EuGVVO, § 39 ZPO.

II. Kollektives Arbeitsrecht

79 **1. Betriebsverfassungsrecht.** Die nachfolgende Darstellung orientiert sich am geltenden BetrVG mit Bezügen zum Mitbestimmungsrecht. Vergleichbare Grundsätze gelten für das SprAuG sowie das Personalvertretungsrecht des Bundes und der Länder.[188] Keinen kollisionsrechtlichen Bezug hat hingegen das Recht des **EBR**. Durch die RL über Europäische Betriebsräte und die Umsetzung in den Einzelstaaten wird eine materiell-rechtliche Regelung für diese besonderen grenzüberschreitenden Sachverhalte getroffen.[189]

80 **a) Räumlicher Geltungsbereich des deutschen Betriebsverfassungsgesetzes.** Das BetrVG gilt nur für im Bundesgebiet gelegene Betriebe und für unter deutscher Flagge fahrende Schiffe.[190] Diesen Grundsatz bezeichnet

---

184 Zu weiteren Besonderheiten vgl. auch *Mauer*, Personaleinsatz im Ausland, Rn 509 ff.
185 Erman/*Hohloch*, Art. 30 EGBGB Rn 15.
186 *Jayme/Kohler*, IPRax 2000, 454.
187 *Hoppe* spricht von Gerichtsstandsvereinbarungen in über 50 % der Vertragsmuster: *Hoppe*, Die Entsendung von Arbeitnehmern ins Ausland, S. 70. Allg. zu Gerichtsstandsvereinbarungen *Kropholler*, Internationales Privatrecht, § 58 IV.
188 So auch MünchArb/*Birk*, Bd. 1, § 22 Rn 1.
189 MünchArb/*Birk*, Bd. 1, § 19 Rn 455 ff.
190 BAG 25.4.1978 – 6 ABR 2/77 – AP IPR AR Nr. 16; st. Rspr., zuletzt: BAG 14.2.2007 – 7 ABR 26/06 – DB 2007, 1589; DKK/*Trümner*, § 1 Rn 23 f.; Küttner/*Kreitner*, Auslandstätigkeit Rn 14; *Fitting* u.a., § 1 Rn 12 ff.; Hess u.a./*Hess*, vor § 1 Rn 3; Stege/*Weinspach*, § 1 BetrVG Rn 1; *Boemke*, NZA 1992, 112; *Däubler*, AuR 1990, 1, 8; *Gaul*, BB 1990, 697, 698; *Steinmeyer*, DB 1980, 1541.

man als **Territorialitätsprinzip**. Es wird also schlicht darauf abgestellt, ob der Betrieb auf deutschem Hoheitsgebiet liegt oder nicht. Auf die Staatszugehörigkeit bzw. Staatsangehörigkeit des AG zu einem bestimmten Staat kommt es hingegen nicht an.[191] Auch das individuelle Arbeitsvertragsstatut spielt für den Geltungsbereich des BetrVG keine Rolle. Die Geltung des BetrVG kann im Arbeitsvertrag bzw. Entsendungsvertrag also nicht wirksam zwischen den Parteien vereinbart werden; das BetrVG unterliegt also nicht dem Arbeitsvertragsstatut.[192] Zwar haben einige Autoren das Territorialitätsprinzip kritisiert.[193] Die Kritik basiert auf der Herkunft des Territorialitätsprinzips als einer öffentlich-rechtlichen Kollisionsnorm.[194] Nach heute ganz h.M. ist das BetrVG aber dem Privatrecht zuzurechnen.[195] Die Anwendung des Territorialitätsprinzips auf das BetrVG lässt sich daher nur historisch erklären. Zurzeit der Weimarer Republik wurde das BetrVG als öffentliches Recht klassifiziert.[196] Auch wenn die Weiterverwendung des Begriffes Territorialitätsprinzip unglücklich erscheint und den Schluss nahe legt, beim BetrVG handele es sich auch nach heutiger Auff. noch um öffentliches Recht, so rechtfertigt die enge Verknüpfung des BetrVG mit der staatlichen Wirtschaftsverfassung gleichwohl nach wie vor die Anwendung und weitere Bezeichnung des Territorialitätsprinzips. Würde man das Betriebsverfassungsrecht dem Arbeitsvertragsstatut unterstellen, so könnten die arbeitnehmerschützenden Vorschriften je nach Umfang des Günstigkeitsvergleich teilweise unterlaufen werden. Ferner könnte dies dazu führen, dass in ein und demselben Betrieb für die AN unterschiedliche Betriebsverfassungsgesetze gelten würden, was zum einen unpraktikabel wäre und zum anderen zu einer Ungleichbehandlung der AN führte. Zwar gilt das BetrVG räumlich nur für das Bundesgebiet, dies heißt aber nicht, dass es außerhalb des Bundesgebiets keinerlei Anwendung findet. Vielmehr ist der **persönliche Geltungsbereich** des BetrVG der Anknüpfungspunkt für eine Geltung auch bei Auslandssachverhalten. Insb. bei ins Ausland entsandten AN führt die Kontinuität der Zuordnung zum Inlandsbetrieb rechtlich zu einer **Ausstrahlungswirkung** des BetrVG ins Ausland. Ist die Anwendbarkeit des BetrVG in einem arbeitsgerichtlichen Prozess zwischen den Parteien umstr., trägt der AN die **Darlegungs- und Beweislast** für die Tatsachen, aus denen sich die Anwendbarkeit des BetrVG ableitet, wenn die Anwendbarkeit des BetrVG zu seinen Gunsten wirkt.[197] Beruft sich hingegen der AG ausnahmsweise auf die Anwendbarkeit, so trägt er die Darlegungs- und Beweislast.

Durch die persönliche Zuordnung eines vom Inland ins Ausland delegierten AN gilt das BetrVG nach Rspr. und ganz herrschender Literaturmeinung unter bestimmten Umständen auch im **Ausland**.[198] Nur scheinbar handelt es sich dabei um eine Durchbrechung des Territorialitätsprinzips. Rechtstechnisch wird jedoch an den **persönlichen Geltungsbereich** des BetrVG angeknüpft.[199] Man spricht von sog. Ausstrahlungen des inländischen Betriebs ins Ausland.[200] Ebenso wie der Begriff Territorialitätsprinzip entstammt auch die Rechtsfigur der sog. Ausstrahlung dem Sozialversicherungsrecht.[201]

81

Unabhängig von der konkreten vertraglichen Ausgestaltung eines Auslandseinsatzes müssen zwei Voraussetzungen erfüllt sein, damit das BetrVG auch auf einen im Ausland tätigen AN Anwendung finden kann. Es muss sowohl eine rechtliche als auch eine tatsächliche Verbindung zwischen dem AN und dem Inlandsbetrieb bestehen.[202] Als weitere, allg. Voraussetzung muss der AN natürlich überhaupt in den persönlichen Anwendungsbereich des BetrVG fallen. Insb. die Begründung einer **Organstellung** bei einem ausländischen Unternehmen kann dazu führen, dass die „einfache" AN-Eigenschaft in Relation zum Inlandsbetrieb entfällt, da der Mitarbeiter zum leitenden Ang wird.[203] Das BetrVG schließt Organmitglieder von juristischen Personen aus dem persönlichen Geltungsbereich aus, wobei allerdings fraglich ist, ob dies zwingend auch für Organmitglieder von ausländischen juristischen Personen gelten muss. In den meisten ausländischen Rechtsordnungen gelten nämlich Fremd-Organe, wie z.B. der angestellte Geschäftsführer ohne Gesellschaftsanteil, durchweg als AN. Selbst Gesellschafter-Geschäftsführer werden i.d.R. als AN ein-

82

---

191 BAG 7.12.1989 – 2 AZR 228/89 – AP IPR AR Nr. 27; MünchArb/*Birk*, Bd. 1, § 22 Rn 6; Richardi/*Richardi*, Einleitung Rn 68.

192 BAG 21.10.1980 – 6 AZR 640/79 – AP IPR AR Nr. 17; MünchArb/*Birk*, Bd. 1, § 22 Rn 7; *Gaul*, BB 1990, 697; *Mayer*, BB 1999, 842; a.A: *Gamillscheg*, Internationales Arbeitsrecht, S. 370.

193 *Däubler*, AuR 1990, 8; *Schlüpers-Oehmen*, Betriebsverfassung bei Auslandstätigkeit, S. 16.

194 DKK/*Trümner*, § 1 Rn 23.

195 DKK/*Trümner*, § 1 Rn 28; *Schlüpers-Oehmen*, Betriebsverfassung bei Auslandstätigkeit, S. 25 ff.

196 DKK/*Trümner*, § 1 Rn 28; *Schlüpers-Oehmen*, Betriebsverfassung bei Auslandstätigkeit, S. 25.

197 LAG Rheinland-Pfalz 10.12.1996 – 6 Sa 927/96 – BB 1997, 2002 = DB 1997, 1723.

198 BAG 25.4.1978 – 6 ABR 2/77 – AP IPR AR Nr. 16; BAG 21.10.1980 – 6 AZR 640/79 – AP IPR AR Nr. 17; BAG 7.12.1989 – 2 AZR 228/89 – AP IPR AR Nr. 27; Küttner/*Kreitner*, Auslandstätigkeit, Rn 14; *Fitting u.a.*, § 1 Rn 22 ff.; Hess u.a./*Hess*, vor § 1 Rn 4; Stege/*Weinspach*, § 1 Rn 4; *Boemke*, NZA 1992, 112; *Gaul*, BB 1990, 697; *Steinmeyer*, DB 1980, 1541.

199 BAG 7.12.1989 – 2 AZR 228/89 – AP IPR AR Nr. 27; BAG 20.2.2001 – 1 ABR 30/00 – NZA 2001, 1033 ff.; *Boemke*, NZA 1992, 112; DKK/*Trümner*, § 1 Rn 23; *Fitting u.a.*, § 1 Rn 22; *Joussen*, NZA 2003, 1179; *Löwisch/Kaiser*, Einl. Rn 11.

200 BAG 21.10.1980 – 6 AZR 640/79 – AP IPR AR Nr. 17; BAG 7.12.1989 – 2 AZR 228/89 – AP IPR AR Nr. 27; *Fitting u.a.*, § 1 Rn 22; Stege/*Weinspach*, § 1 BetrVG Rn 4; *Boemke*, NZA 1992, 112; *Gaul*, BB 1990, 697.

201 *Schlüpers-Oehmen*, Betriebsverfassung bei Auslandstätigkeit, S. 19; *Steinmeyer*, DB 1980, 1541.

202 BAG 21.10.1980 – 6 AZR 640/79 – AP IPR AR Nr. 17; BAG 7.12.1989 – 2 AZR 228/89 – AP IPR AR Nr. 27; *Boemke*, NZA 1992, 112; *Gaul*, BB 1990, 697; *Reiff*, SAE 1990, 251.

203 LAG München 13.4.2000 – 2 Sa 886/99 – NZA-RR 2000, 425; *Falder*, NZA 2000, 868.

gestuft, womit sich die Rechtslage diametral anders darstellt, als derzeit in Deutschland.[204] Aufgrund der gesetzlichen Vorgabe des BetrVG, Nicht-AN und **leitende Ang** vom Geltungsbereich auszunehmen, muss die Frage der AN-Eigenschaft von Organ-Mitgliedern in Auslandsunternehmen genau im Einzelfall geprüft werden. Dabei ist die Negativliste des § 5 BetrVG Prüfmaßstab für das Vorliegen der beiden besonderen Voraussetzungen der sog. Ausstrahlung des BetrVG auf Auslands-Arbverh. Wenn das BAG insoweit eine rechtliche Verbindung fordert, ist damit ein zwischen dem Inlandsbetrieb und dem AN bestehender Arbeitsvertrag gemeint. Wichtig ist, dass auch ein für die Zeit des Auslandseinsatzes ruhender Arbeitsvertrag ausreicht. Hingegen darf es nicht infolge des Auslandseinsatzes zu einer völligen Beendigung sämtlicher arbeitsvertraglicher Beziehungen zwischen AN und Inlandsbetrieb kommen. Um die zweite Voraussetzung für die Ausstrahlung zu erfüllen, also eine tatsächliche Beziehung zwischen AN und Inlandsbetrieb, fasst das BAG verschiedene Gesichtspunkte zusammen, die es dann einzelfallbezogen gewichtet.[205] Das dominierende Kriterium ist die **Dauer der Auslandstätigkeit**. Eine feste zeitliche Obergrenze existiert nach der Rspr. des BAG jedoch nicht.[206] Auch die h.M. in der Lit. bevorzugt die mit der Ablehnung einer festen zeitlichen Obergrenze verbundene größere Einzelfallgerechtigkeit und nimmt den Nachteil der fehlenden Rechtssicherheit in Kauf.[207] Die Art und Weise der Eingliederung des Mitarbeiters in den Auslandsbetrieb stellt ein weiteres Kriterium für das Bestehen der geforderten tatsächlichen Beziehung zum Inlandsbetrieb dar.[208] Weiterhin spielt ein vertraglich vereinbartes Rückrufrecht je nach Ausgestaltung und Handhabung eine Rolle.[209] Letztlich und im Zusammenhang mit dem **Rückrufrecht** stellt die i.Ü. fortbestehende Weisungsgebundenheit des AN ein Kriterium für die tatsächliche Bindung des AN an den Inlandsbetrieb dar.[210] Hingegen spielt es nach der Rspr. wegen der Anknüpfung an den persönlichen Geltungsbereich des einzelnen AN keine Rolle, ob es sich bei dem **Auslandsbetrieb** um einen selbstständigen Betrieb oder um einen Nebenbetrieb i.S.v. § 4 BetrVG handelt.[211] Der territoriale Anwendungsbereich des BetrVG besteht also in den Entsendungsfällen für im Ausland gelegene Betriebe, Betriebsteile und Nebenbetriebe i.S.v. § 4 BetrVG nicht. Auch für unselbstständige Teile eines Betriebes, die jedoch im Ausland liegen, gilt das BetrVG nicht.[212] In der Lit. wird jedoch teilweise gerade § 4 BetrVG als Unterscheidungskriterium angeführt.[213] § 4 BetrVG kann aber nicht als Unterscheidungskriterium herangezogen werden, da dem das Territorialitätsprinzip entgegensteht.[214]

83 Für die Fälle der sog. **Versetzung**[215] bedeutet dies grds. Folgendes: Da eine Versetzung ins Ausland durch den Abschluss eines lokalen Anstellungsvertrages mit dem ausländischen AG gekennzeichnet ist, liegt primär eine Tätigkeit für und in dem ausländischen Betrieb vor. Der AN ist daher in den ausländischen Betrieb eingegliedert. Eine gleichzeitig fortbestehende Eingliederung in den inländischen Betrieb ist damit schwerlich zu vereinbaren. Denn die Kriterien der Eingliederung sind neben der Erbringung der Arbeitsleistung auch die administrative Einbindung in einen Betrieb. Durch ein im Ausland bestehendes und gelebtes Arbverh werden jedoch nicht nur die Hauptleistungen Arbeit und Lohn, sondern auch die übrigen Nebenpflichten wie Urlaubsgewährung, Lohnfortzahlung bei Krankheit usw. im Verhältnis AN und ausländischer AG erfüllt und abgewickelt. Folgt man daher den Grundsätzen, die von der Rspr. bei der Prüfung der Ausstrahlung des Betriebsverfassungsrechts angewendet werden, so führt dies in den Fällen der sog. Versetzung dazu, dass das BetrVG auf die im Ausland tätigen AN regelmäßig keine Anwendung finden kann. Im Verhältnis zum Inlandsbetrieb fehlt das notwendige hinreichend enge rechtliche und tatsächliche Band. Dies gilt selbst dann, wenn die lokale Anstellung befristet ist und in einem komplett ruhend gestellten Inlands-Arbverh ein Rückkehrrecht nach Beendigung der Tätigkeit für die ausländische Gesellschaft vereinbart worden ist. Denn während der Dauer des Auslandseinsatzes fehlt es an der fortbestehenden engen Bindung zum inländischen Betrieb. Erst Recht muss dies gelten, wenn ein zuvor bestehendes Arbverh mit dem Inlandsunternehmen in Deutschland anlässlich der Begründung der lokalen Anstellung im Ausland rechtlich beendet worden ist.[216]

84 **b) Anwendbarkeit des BetrVG in Fällen der Entsendung. aa) Voraussetzung einer Ausstrahlung des BetrVG nach der Rechtsprechung.** Anders als bei der Versetzung bleibt bei der Entsendung der inländische AG während der Dauer des Auslandseinsatzes der **alleinige AG** des im Ausland vorübergehend tätigen Mitarbei-

---

204 *Mauer*, Personaleinsatz im Ausland, S. 127.
205 BAG 7.12.1989 – 2 AZR 228/89 – AP IPR AR Nr. 27; Küttner/*Kreitner*, Auslandstätigkeit Rn 16 f.; *Boemke*, NZA 1992, 112; *Gaul*, BB 1990, 697.
206 BAG 25.4.1978 – 6 ABR 2/77 – AP IPR AR Nr. 16; BAG 20.2.2001 – 1 ABR 30/00 – NZA 2001, 1035; LAG Düsseldorf 2.2.1982 – 11 TaBV 102/81 – DB 1982, 962.
207 Küttner/*Kreitner*, Auslandstätigkeit Rn 16 f.; *Boemke*, NZA 1992, 112; *Gaul*, BB 1990, 697; *Steinmeyer*, DB 1980, 1541; a.A. *Lindemann/Simon*, NZA 2002, 365.
208 BAG 25.4.1978 – 6 ABR 2/77 – AP IPR AR Nr. 16; BAG 7.12.1989 – 2 AZR 228/89 – AP IPR AR Nr. 27; LAG Hamm 12.3.1980 – 3 TaBV 7/80 – DB 1980, 1030; ArbG Herne 23.11.1979 – 1 BV 16/79 – DB 1980, 791; Küttner/*Kreitner*, Auslandstätigkeit, Rn 15 ff.; *Fitting* u.a., § 1 Rn 24; Stege/*Weinspach*, § 1 Rn 4; *Gaul*, BB 1990, 697; *Reiff*, SAE 1990, 251.
209 BAG 7.12.1989 – 2 AZR 228/89 – AP IPR AR Nr. 27; Küttner/*Kreitner*, Auslandstätigkeit, Rn 18; *Fitting* u.a., § 1 BetrVG Rn 24; Hess u.a./*Hess*, vor § 1 Rn 6; Stege/*Weinspach*, § 1 Rn 4; *Gaul*, BB 1990, 697.
210 BAG 7.12.1989 – 2 AZR 228/89 – AP IPR AR Nr. 27; *Gaul*, BB 1990, 697; *Reiff*, SAE 1990, 251.
211 BAG 25.4.1978 – 6 ABR 2/77 – AP IPR AR Nr. 16.
212 BAG 25.4.1978 – 6 ABR 2/77 – AP IPR AR Nr. 16.
213 *Fitting* u.a., § 1 Rn 16 f.
214 *Mauer*, Personaleinsatz im Ausland, Rn 432.
215 *Mauer*, Personaleinsatz im Ausland, Rn 433 f.
216 *Mauer*, Personaleinsatz im Ausland, Rn 434.

ters.²¹⁷ Die Hauptpflichten aus dem Arbverh bestehen daher kontinuierlich fort; ebenso die Nebenpflichten. Es ist daher auch folgerichtig, wenn die Rspr. diese rechtliche Konstruktion im Einzelfall auf die tatsächliche Ausübung des Weisungsrechts durch den inländischen AG überprüft. Die Nähe der Auslandsentsendung zur echten **AÜ** bestätigt die Richtigkeit dieses Kriteriums. An einer Eingliederung kann es also dann fehlen, wenn der inländische AG zwar rechtlich im Verhältnis zum AN weisungsbefugt bleibt, aufgrund der tatsächlichen oder rechtlichen Absprache mit dem Einsatzbetrieb bzw. Unternehmen jedoch faktisch die Ausübung des Weisungsrechts für die Dauer des Auslandseinsatzes versagt ist. Wendet man die vorstehend genannten Kriterien der Rspr. zur fortbestehenden Eingliederung in den Inlandsbetrieb auf die Fälle der Entsendung an, so bleibt das BetrVG während des Auslandseinsatzes grds. anwendbar.²¹⁸ Maßgeblich ist daher für das Kriterium der tatsächlichen Verbindung die **substanzielle Beziehung** zum entsendenden Unternehmen.²¹⁹ Diese ist in einer Gesamtwürdigung aller Einzelumstände zu ermitteln, bei der die Dauer der Entsendung und die Integration in den ausländischen Betrieb ebenso lediglich eine Indizwirkung zukomme, wie der Vereinbarung einer Rückrufmöglichkeit zum Inlandsbetrieb. Das Standardbeispiel für diese Fallgruppe ist der Montagearbeiter.²²⁰ Ferner soll das BetrVG für AN fortgelten, die während des Auslandseinsatzes zwar fest in den ausländischen Betrieb eingegliedert werden, wo jedoch ein **befristeter Auslandseinsatz** vorliegt.²²¹ Als Beispiele für diese Fallgruppe werden die Durchführung eines zeitlich befristeten Auftrags sowie die Vertretung eines anderen AN genannt.²²² Dies kann jedoch aufgrund der obigen Ausführungen nur für Fälle als richtig akzeptiert werden, bei denen der AN ausschließlich mit dem entsendenden Heimat-AG ein Arbverh begründet hat. Die tatsächliche Eingliederung in einen ausländischen Betrieb stellt i.V.m. einem Arbeitsvertrag mit dem ausländischen AG eine Verbindung dar, die einer Brückenkonstruktion der fortbestehenden Eingliederung zum inländischen Unternehmen entgegensteht. Denn das rechtliche Schicksal eines ausländischen Arbeitsvertrages, selbst wenn dieser formell befristet ist, kann vom Inland aus weder tatsächlich noch rechtlich in Bezug auf seine Tiefe und Dauer bewertet werden. Eine andere Lit.-Meinung nimmt eine Ausstrahlung des inländischen Betriebs ins Ausland auch dann noch an, wenn der Auslandseinsatz ein dauerhafter ist.²²³ Auf diese Art und Weise soll das Hauptkriterium der Rspr. – die Dauer des Einsatzes im Ausland – gänzlich beseitigt werden, weil es dieser Ansicht nach zu wenig konkret ist und daher zu Rechtsunsicherheit führt.²²⁴ Auch sei nur so die Gleichbehandlung aller ins Ausland entsandter AN sicherzustellen.²²⁵ Diese Auff. verkennt aber, dass es sich bei den Ausstrahlungen um Ausnahmen handelt. Folgte man dieser Auff., so würden die einstigen Ausnahmen jedoch zur Regel. In Auslandsbetrieben entstünde eine Zweiklassengesellschaft mit auf der einen Seite den vorher in Deutschland beschäftigt gewesenen AN, auf die das BetrVG unabhängig von der Dauer ihres Auslandseinsatzes Anwendung fände, und mit den Ortskräften, für die das vermutlich ungünstigere ausländische Betriebsverfassungsrecht gälte.

85 Ein an die Eingliederungskriterien anknüpfendes Problem entsteht in den Fällen der **Sofort-Entsendung** bzw. **In-sich-Entsendung**. Hierbei wird ein AN vom inländischen AG unter Vertrag genommen und sofort ins Ausland entsandt. Zu einer Arbeitsaufnahme im heimischen Hauptbetrieb kommt es also nicht. Für diese Fälle kann es nach der Rspr. nicht als einwandfrei geklärt gelten, ob eine tatsächliche Verbindung zum Inlandsbetrieb dadurch entstehen kann, dass der ausschließlich im Ausland tätige AN sämtliche Weisungen vom Inlandsbetrieb erhält und im Ausland nicht in eine feste Betriebsstruktur eingegliedert ist. Nicht ausschlaggebend soll dabei nach einer frühen Entscheidung des BAG sein, ob der ausländische Betrieb dem inländischen in wirtschaftlicher Sicht dient.²²⁶ In der Reiseleiterentscheidung hat das BAG nicht primär auf die Weisungsgebundenheit der Reiseleiterin an den Inlandsbetrieb abgestellt, sondern v.o.a. darauf abgehoben, dass die Reiseleiterin, bevor sie ihre Tätigkeit als Reiseleiterin aufnahm, für eine wenn auch nur kurze Überbrückungszeit in der Telefonzentrale im Inland gearbeitet hat.²²⁷ Dem folgt die h.M. im Schrifttum.²²⁸ Die vom BAG gewählte Begründung überzeugt nicht.²²⁹ Ob das BetrVG auf ausschließlich im Ausland tätige Reiseleiter anwendbar ist oder nicht, kann i.E. nicht allein davon abhängen, ob der Reiseleiter zuvor – wenn auch nur kurz und allein deshalb, weil nicht sofort eine Reiseleiterstelle frei war – im Inland beschäftigt ist oder nicht. Überzeugender wäre es gewesen auf die völlige Weisungsabhängigkeit der Reiseleiterin vom Inlandsbetrieb abzustellen.²³⁰ Kein Fall einer Sofort-Entsendung liegt demgegenüber bei den sog. Ortskräften vor. **Ortskräfte** sind im Einsatzland ansässige,

---

217 *Mauer*, Personaleinsatz im Ausland, Rn 435 f.
218 BAG 25.4.1978 – 6 ABR 2/77 – AP IPR AR Nr. 16; *Fitting u.a.*, § 1 Rn 23 f.; *Hess u.a./Hess*, vor § 1 Rn 4; *Stege/Weinspach*, § 1 Rn 4; *Boemke*, NZA 1992, 112.
219 BAG 7.12.1989 – 2 AZR 228/89 – AP IPR AR Nr. 27.
220 BAG 25.4.1978 – 6 ABR 2/77 – AP IPR AR Nr. 16; *Fitting u.a.*, § 1 Rn 23; *Hess u.a./Hess*, vor § 1 Rn 4; *Stege/Weinspach*, § 1 BetrVG Rn 4.
221 BAG 25.4.1978 – 6 ABR 2/77 – AP IPR AR Nr. 16; *Fitting u.a.*, § 1 Rn 24; *Hess u.a./Hess*, vor § 1 Rn 4; *Stege/Weinspach*, § 1 Rn 4; *Boemke*, NZA 1992, 112.
222 BAG 25.4.1978 – 6 ABR 2/77 – AP IPR AR Nr. 16; *Hess u.a./Hess*, vor § 1 Rn 4; *Stege/Weinspach*, § 1 Rn 4.
223 *Däubler*, AuR 1990, 1; ähnlich *Gaul*, BB 1990, 697.
224 *Däubler*, AuR 1990, 1.
225 *Däubler*, AuR 1990, 1.
226 BAG 25.4.1978 – 6 ABR 2/77 – AP IPR AR Nr. 16.
227 BAG 7.12.1989 – 2 AZR 228/89 – AP IPR AR Nr. 27; so auch bereits vorangehend: BAG 21.10.1980 – 6 AZR 640/79 – AP IPR AR Nr. 17; BAG 30.4.1987 – 2 AZR 192/86 – AP § 12 SchwBG Nr. 15.
228 *Stege/Weinspach*, § 1 Rn 4; MünchArb/*Birk*, Bd. 1, § 22 Rn 13; *Boemke*, NZA 1992, 112; *Schlachter*, NZA 2000, 57.
229 *Mauer*, Personaleinsatz im Ausland, Rn 437.
230 DKK/*Trümner*, § 5 Rn 52 ff.; *Küttner/Kreitner*, Auslandstätigkeit, Rn 19; *Fitting u.a.*, § 1 Rn 25; *Boemke*, NZA 1992, 112; *Reiff*, SAE 1990, 251.

zumeist einheimische AN, die für den dort belegenen Betrieb eingestellt werden.[231] Diese Fälle unterscheiden sich damit messbar von den Fällen, wo ein AN außerhalb des Einsatzlandes angeworben und ins Einsatzland entsandt wird. Zutreffend entschied das LAG Düsseldorf für im Ausland eingestellte Ortskräfte in Auslandsvertretungen, dass diese nicht in den Heimatbetrieb eingegliedert werden, sondern nur in den Auslandsbetrieb.[232]

86 **bb) Rechtsfolgen bei Bejahung der Ausstrahlung.** Soweit es nach dem BetrVG für die Errichtung von betriebsverfassungsrechtlichen Einrichtungen oder für einzelne Beteiligungsrechte auf die Zahl der beschäftigten AN ankommt, sind die im Ausland beschäftigten, aber dem Inlandsbetrieb zugehörigen AN nach allg. Auff. mitzuzählen.[233] Auch das Bestehen des **aktiven Wahlrechts** zum BR ist einhellige Auff.[234] Daneben besteht nach ganz h.M. auch das **passive Wahlrecht**.[235] Die Gegen-Auff. verweist auf die praktischen Schwierigkeiten. Aufgrund der räumlichen Distanz seien die Auslandsmitarbeiter nicht im Stande, die ihnen im Falle ihrer Wahl obliegenden Aufgaben ordnungsgemäß zu erfüllen. Folglich seien sie nicht wählbar.[236] Dieser Einwand lässt sich zwar nicht ganz von der Hand weisen, gleichwohl kann nicht so ohne Weiteres aus reinen Zweckmäßigkeitsgesichtspunkten der Wortlaut des § 8 BetrVG um das Merkmal „im Inland tätig" ergänzt werden.[237] Weiterhin haben im Ausland tätige AN das Recht, an im inländischen Betrieb stattfindenden **Betriebsversammlungen** teilzunehmen.[238] Sowohl die Teilnahmezeit wie auch die für Hin- und Rückfahrt benötigte Zeit sind nach § 44 Abs. 1 S. 2 BetrVG als Arbeitszeit zu vergüten.[239] Fraglich ist, ob der AG auch die entstehenden Fahrtkosten bzw. **Reisekosten** zu tragen hat. § 44 Abs. 1 S. 3 Hs. 2 BetrVG sieht die Kostentragungspflicht für Fahrtkosten durch den AG ausdrücklich vor. Ob Flugkosten von Überseereisen noch darunter fallen oder ob solche Reisekosten generell als für den AG nicht zumutbar von der Kostentragungspflicht ausgenommen sind, ist fraglich.[240] Str. ist zudem, ob Teil- oder Abteilungsversammlungen i.S.v. § 42 BetrVG für im Ausland tätige Angehörige eines inländischen Betriebes im Ausland stattfinden können. Das BAG hat Teil- oder Abteilungsversammlungen im Ausland unter Hinweis auf das Territorialitätsprinzip als unzulässig abgelehnt und dies mit dem begrenzten räumlichen Geltungsbereich des BetrVG begründet.[241] Die Tätigkeit der Organe der Betriebsverfassung sei ans Inland gebunden, so dass der BR nicht über die Kompetenz verfüge, im Ausland Betriebsversammlungen abzuhalten.[242] Auch Besuche der im Ausland tätigen AN durch BR-Mitglieder sollen im Rahmen der BR-Funktion unzulässig sein.[243] Die vom BAG hierzu gegebene Begründung ist nicht zwingend. Die Auff. des BAG, es handele sich um eine Frage des räumlichen Geltungsbereichs des BetrVG, so dass das Territorialitätsprinzip Anwendung finden müsse, überzeugt nicht. Da die Wahl des Ortes zur Abhaltung von Betriebsversammlungen im Inland nicht begrenzt ist, sondern durch sachliche Kriterien wie Erforderlichkeit gesteuert wird, müsste das Verbot zur Abhaltung von Betriebsversammlungen im Ausland schon an andere rechtliche Kriterien anknüpfen. Dies könnte bspw. das Argument sein, dass ein BR Hoheitsakte setzt und dass dies im Ausland nicht zulässig sei. Dies ist jedoch nicht der Fall. Auch ist nicht ersichtlich, inwiefern die Durchführung einer BR-Versammlung im Ausland in die Interessen dieses Staates eingreifen sollte. Sollte dies gleichwohl ausnahmsweise einmal der Fall sein, so verböte sich die Abhaltung einer BR-Sitzung jedoch aus völkerrechtlicher Sicht. Dies ist aber kein Grund **Betriebsratssitzungen im Ausland** überhaupt nicht zuzulassen. Soweit man BR-Versammlungen nur im Inland zulässt, benachteiligt man dadurch die einem Inlandsbetrieb zugehörenden im Ausland tätigen AN gegenüber ihren im Inland tätigen Kollegen. Für eine solche Ungleichbehandlung muss man triftige Gründe vorbringen, die aber außerhalb der Unzumutbarkeit für den AG aus wirtschaftlichen Gründen nicht ersichtlich sind.[244]

---

231 So auch LAG Düsseldorf 2.2.1982 – 11 TaBV 102/81 – DB 1982, 962.
232 LAG Düsseldorf 2.2.1982 – 11 TaBV 102/81 – DB 1982, 962.
233 *Fitting u.a.*, § 1 Rn 27; *Schlüpers-Oehmen*, Betriebsverfassung bei Auslandstätigkeit, S. 112 f.; *Boemke*, NZA 1992, 112; zur Frage der Errichtung von Gesamt- oder Konzernbetriebsräten bei Betrieben in mehreren Staaten vgl. MüKo-BGB/*Martiny*, Art. 30 EGBGB Rn 135; MünchArb/*Birk*, Bd. 1, § 22 Rn 14.
234 BAG 27.5.1982 – 6 ABR 28/80 – AP § 42 BetrVG 1972 Nr. 3; BAG 22.3.2000 – 7 ABR 34/98 – AP § 14 AÜG Nr. 8; DKK/*Trümner*, § 1 Rn 25; *Küttner/Kreitner*, Auslandstätigkeit, Rn 20; *Fitting u.a.*, § 1 Rn 27; *Hess u.a./Hess*, vor § 1 Rn 7; *Schlüpers-Oehmen*, Betriebsverfassung bei Auslandstätigkeit, S. 113; *Boemke*, NZA 1992, 112; *Gaul*, BB 1990, 697.
235 BAG 27.5.1982 – 6 ABR 28/80 – AP § 42 BetrVG 1972 Nr. 3; ArbG Herne 23.11.1979 – 1 BV 16/79 – DB 1980, 791; DKK/*Trümner*, § 1 Rn 25; *Küttner/Kreitner*, Auslandstätigkeit, Rn 20; *Fitting u.a.*, § 1 BetrVG Rn 27; *Boemke*, NZA 1992, 112; *Gaul*, BB 1990, 697.
236 Hess u.a./*Hess*, vor § 1 Rn 7.
237 *Boemke*, NZA 1992, 112; *Gaul*, BB 1990, 697.
238 *Boemke*, NZA 1992, 112; *Gaul*, BB 1990, 697; *Fitting u.a.*, § 1 Rn 27.
239 *Boemke*, NZA 1992, 112.
240 Bejahend für Anreise aus Frankreich: LAG Baden-Württemberg 16.1.1998 – 5 TaBV 14/96 – NZA-RR 1998, 306 mit Anm. *Junker*, RIW 2001, 94; ablehnend: *Boemke*, NZA 1992, 112; *Gaul*, BB 1990, 697.
241 BAG 27.5.1982 – 6 ABR 28/80 – AP § 42 BetrVG 1972 Nr. 3.
242 BAG 27.5.1982 – 6 ABR 28/80 – AP § 42 BetrVG 1972 Nr. 3.
243 BAG 27.5.1982 – 6 ABR 28/80 – AP § 42 BetrVG 1972 Nr. 3; a.A. *Fitting u.a.*, § 1 Rn 30 und *Küttner/Kreitner*, Auslandstätigkeit, Rn 20.
244 So die Vorinstanzen: ArbG Herne 23.11.1979 – 1 BV 16/79 – DB 1980, 791 sowie LAG Hamm 12.3.1980 – 3 TaBV 7/80 – DB 1980, 1030; DKK/*Trümner*, § 1 Rn 26; *Fitting u.a.*, § 1 Rn 30; MünchArb/*Birk*, Bd. 1, § 22 Rn 19; *Junker*, Internationales Arbeitsrecht, S. 387 f.; *Boemke*, NZA 1992, 112; *Küttner/Kreitner*, Auslandstätigkeit, Rn 22; *Steinmeyer*, DB 1980, 1541.

Die betriebsverfassungsrechtlichen Mitbestimmungsrechte in **sozialen Angelegenheiten** gelten grds. für im Inland und Ausland tätige einem Inlandsbetrieb zugehörige AN gleichermaßen. Str. ist die Zuständigkeit und Kompetenz des BR für BV nach §§ 77, 87 BetrVG, soweit deren Anwendungsbereich sich auf im Ausland tätige Betriebsangehörige beschränkt.[245] Trotz des Territorialitätsprinzips kann hingegen eine Ausstrahlung des inländischen Betriebes ins Ausland erfolgen, da es insoweit um die Frage des persönlichen und gerade nicht des räumlichen Anwendungsbereichs des BetrVG geht.[246] Soweit die einschlägige deutsche betriebsverfassungsrechtliche Regelung mit einer ausländischen Norm kollidiert, muss sie allerdings zurücktreten.[247] Das BAG hat das Mitbestimmungsrecht des BR für **Lohnzulagen** bejaht, die vorübergehend ins Ausland entsandte Mitarbeiter erhalten.[248] Zwischen vorübergehend in einen ausländischen Betrieb entsandten und dort nicht fest integrierten AN einerseits, Vertretungsfällen andererseits, differenziert eine Lit-Auff.[249] Nur im Fall der Vertretung hält die Auff. allein auf den Auslandseinsatz bezogene **BV** für grds. zulässig, während im erstgenannten Fall BV nur dann zulässig seien, wenn der AN persönlich betroffen sein könne.[250]

87

Auch die Mitbestimmungsrechte in personellen Angelegenheiten werden in vollem Umfang angenommen.[251] Der BR entscheidet insb. bei der **Versetzung** eines Mitarbeiters mit.[252] Hierbei kommt sowohl die Versetzung i.S.d. Änderung des Arbeitsortes aus dem Inland ins Ausland, im Ausland oder aus dem Ausland zurück ins Inland in Frage. Ob bereits eine mehrtägige **Auslandsdienstreise** eine nach § 99 BetrVG mitbestimmungspflichtige Versetzung darstellt, hängt von den Umständen des Einzelfalles ab.[253] Ebenso besteht das Mitbestimmungsrecht nach § 99 BetrVG bei Einstellungen für ausländische Betriebe.[254] In Künd-Schutzprozessen mit Auslandsberührung ist das Anhörungsrecht des BR vor dem Ausspruch jeglicher Künd der Mitarbeiter im Ausland nach § 102 BetrVG wichtig.[255]

88

c) Anwendbarkeit ausländischen Betriebsverfassungsrechts auf in Deutschland tätige Arbeitnehmer. Das Gegenstück der Ausstrahlung bildet die sog. **Einstrahlung**. Der ebenfalls aus dem Sozialversicherungsrecht entlehnte Begriff beschreibt den Fall der Anwendung ausländischen Betriebsverfassungsrechts auf in Deutschland tätige AN. Es kann dazu kommen, dass ausländisches Betriebsverfassungsrecht neben dem grds. anwendbaren deutschen Betriebsverfassungsrecht Geltung beansprucht.[256] Dies hängt natürlich von der kollisionsrechtlichen Wirkung des ausländischen Betriebsverfassungsrechts ab. Ausgangspunkt bei dieser Betrachtung bleibt jedoch, dass das deutsche BetrVG auch für ausländische Unternehmen gilt, deren Betriebe auf deutschem Territorium liegen.[257] Das Arbeitsvertragsstatut der Parteien wirkt sich hierauf nicht aus.[258] Dies zeigt sich am Beispiel einer Künd, wenn Arbeitsort Deutschland ist und im Arbeitsvertrag vereinbart ist, alle arbeitsrechtlichen Regelungen sollten sich ausschließlich nach ausländischem Recht des Staates X richten. Trotz dieser entgegenstehenden Vereinbarung im Arbeitsvertrag kann sich der ohne Anhörung des BR gekündigte AN auf die Unwirksamkeit der ausgesprochenen Künd aufgrund Verstoßes gegen § 102 BetrVG berufen. Einem Rückgriff auf das Günstigkeitsprinzip nach Art. 30 bedarf es hierfür allerdings nicht. Denn § 102 BetrVG beansprucht bereits über Art. 34 als Eingriffsnorm Vorrang vor jeglicher Vereinbarung der Parteien i.S.d. Art. 30.[259]

89

d) Mitbestimmungsrecht. Die Mitbestimmung der AN im **AR** richtet sich ebenfalls nach dem Territorialitätsprinzip.[260] Liegt der tatsächliche **Verwaltungssitz** einer Gesellschaft auf deutschem Territorium, so gelten die deutschen Mitbestimmungsgesetze auf diese Gesellschaft. Die Mitbestimmung im AR einer Gesellschaft ist allerdings von deren Rechtsform und Größe der Belegschaft abhängig. Für **Konzerne** mit Verwaltungssitz im Inland gelten die gesetzlichen Sonderregeln, wonach grds. der AR von allen konzernzugehörigen AN mit zu konstituieren ist,

90

---

245 LAG Düsseldorf 14.2.1979 –16 TaBV 52/78 – DB 1979, 2233; ihm folgend Stege/*Weinspach*, § 1 Rn 4.
246 BAG 30.1.1990 – 1 ABR 2/89 – AP § 87 BetrVG 1972 Lohngestaltung Nr. 41; *Fitting u.a.*, § 1 BetrVG Rn 22; MünchArb/*Birk*, Bd. 1, § 22 Rn 25 ff.; *Däubler*, AuR 1990, 1; *Steinmeyer*, DB 1980, 1541.
247 *Steinmeyer*, DB 1980, 1541.
248 BAG 30.1.1990 – 1 ABR 2/89 – AP § 87 BetrVG 1972 Lohngestaltung Nr. 41.
249 *Boemke*, NZA 1992, 112; Küttner/*Kreitner*, Auslandstätigkeit, Rn 23.
250 *Boemke*, NZA 1992, 112; Küttner/*Kreitner*, Auslandstätigkeit, Rn 22.
251 BAG 10.9.1985 – 1 ABR 28/83 – AP § 117 BetrVG 1972 Nr. 3; *Fitting u.a.*, § 1 BetrVG Rn 28; MünchArb/*Birk*, Bd. 1, § 22 Rn 21; Küttner/*Kreitner*, Auslandstätigkeit, Rn 24; *Boemke*, NZA 1992, 112.
252 BAG 18.2.1986 – 1 ABR 27/84 – BAGE 51, 151 = NZA 1986, 616; LAG Köln 24.2.1984 – 9 TaBV 45/83 – DB 1985, 392; *Fitting u.a.*, § 1 BetrVG Rn 28; Küttner/*Kreit-*
ner, Auslandstätigkeit, Rn 24; *Boemke*, NZA 1992, 112; *Gaul*, BB 1990, 697.
253 BAG 21.9.1999 – 1 ABR 40/98 – AP § 99 BetrVG 1972 Versetzung Nr. 21; *Hunold*, BB 2000, 1038.
254 BAG 20.2.2001 – 1 ABR 30/00 – AP § 99 BetrVG 1972 Einstellung Nr. 33.
255 BAG 21.10.1980 – 6 AZR 640/79 – AP IPR AR Nr. 17; BAG 7.12.1989 – 2 AZR 228/89 – AP IPR AR Nr. 27; LAG München 13.4.2000 – 2 Sa 886/99 – NZA-RR 2000, 425.
256 *Mauer*, Personaleinsatz im Ausland, S. 133.
257 BAG 9.11.1977 – 5 AZR 132/76 – AP IPR AR Nr. 13; MüKo-BGB/*Martiny*, Art. 30 EGBGB Rn 134.
258 BAG 9.11.1977 – 5 AZR 132/76 – AP IPR AR Nr. 13; MüKo-BGB/*Martiny*, Art. 30 EGBGB Rn 134; *Hönsch*, NZA 1988, 118.
259 So auch *Gamillscheg*, ZfA 14 (1983), 344; *Hönsch*, NZA 1988, 118; MüKo-BGB/*Martiny*, Art. 30 EGBGB Rn 134.
260 Großkomm. AktGMitbestG/*Oetker*, § 1 MitbestG Rn 8; OLG Stuttgart 30.3.1995 – 8 W 355/93 – ZIP 1995, 1004 mit ausführlicher Anm. *Mankowski*, 1006.

z.B. nach §§ 2 Abs. 1 und 3 Abs. 1 und Abs. 2 DrittelbG. Liegen Teile des Konzern außerhalb des deutschen Territoriums, seien es Betriebe, Betriebsteile oder ganze Unternehmen, so sind nur die **im Ausland** tätigen konzernzugehörigen AN aktiv und passiv wahlberechtigt, die einem inländischen Betrieb des Konzern zuzurechnen sind. Dies können nach den dargestellten Grundsätzen des Betriebsverfassungsrechts also nur vorübergehend ins Ausland entsandte AN sein. Für die Bestimmung der Belegschaftsgröße, z.B. nach § 1 Abs. 1 Nr. 2 MitbestG oder § 1 Abs. 1 Nr. 1 bis 5 DrittelbG, gelten die gleichen Grundsätze. Im Ausland tätige AN zählen also grds. nicht mit. Sie zählen nur dann mit, wenn sie vorübergehend ins Ausland entsandt sind und daher nach wie vor als in den inländischen Betrieb, der sie entsandt hat, eingegliedert gelten.[261]

91 Liegt der **Verwaltungssitz** des beherrschenden Konzernunternehmens **im Ausland**, so wählen die inländischen AN einen ggf. nach ausländischem Recht zu wählenden AR nicht mit, es sei denn, sie sind vom Ausland vorübergehend ins Inland entsandt worden und würden daher nach ausländischem Kollisionsrecht dem ausländischen Konzernsitz zugerechnet. Inländische Unternehmen mit Konzernzentrale im Ausland können nach § 5 Abs. 3 MitbestG für das inländische Unternehmen einen AR bilden und wählen, der der ausländischen Konzernleitung am nächsten steht.[262]

92 **2. Tarifrecht und Arbeitskampfrecht. a) Kollisionsregeln für das Tarifvertragsrecht. aa) Keine zwingende Tarifgeltung im inländischen Arbeitsverhältnis.** TV fallen nach der Rspr. des BAG nicht unter Art. 34, gelten damit also nicht als Eingriffsnormen, selbst wenn sie für allgemeinverbindlich erklärt worden sind.[263] Für Individual-Arbverh bedeutet dies, dass ebenso wie die Anwendbarkeit deutscher TV auch die Geltung oder Nichtgeltung anderer TV aus dem Ausland vereinbart werden kann, da dies unter die **Rechtswahlfreiheit** nach Art. 30 Abs. 1 fällt. Die Anwendung deutschen TV-Rechts in Deutschland auf in Deutschland tätige **Ortskräfte** ausländischer Gesellschaften ist unproblematisch zulässig.[264] Über das **Günstigkeitsprinzip** kann sich ein deutscher TV durchsetzen, wenn die Voraussetzungen der Tarifbindung vorliegen, Art. 30 Abs. 2. Nach deutschem Tarifrecht gelten die tarifvertraglichen Regelungen, die Abschluss, Inhalt und Beendigung von Arbverh betreffend, in folgenden Konstellationen:

– Beide Arbeitsvertragsparteien sind unmittelbar tarifgebunden, d.h. der AG ist
  a) selbst TV-Partei oder
  b) Mitglied einer TV abschließenden **AG-Vereinigung** und der AN ist Mitglied der den TV abschließenden Gewerkschaft, § 4 Abs. 1 TVG oder
– der Tarifvertrag ist für **allgemeinverbindlich** erklärt worden, § 5 Abs. 4 TVG, oder
– die Geltung eines bestimmten TV ist im **Arbeitsvertrag** vereinbart worden.

Unterfällt ein im Inland ausgeübtes Arbverh objektiv nicht deutschem Recht – z.B. bei Entsendung (Einstrahlung) oder aufgrund der Gesamtumstände – so findet mangels freiwilliger Wahl deutschen Rechts als Arbeitsstatut deutsches Tarifrecht keine Anwendung.

93 **bb) Kollisionsregeln im Verhältnis der Tarifparteien zueinander.** Von **internationalen TV** spricht man dann, wenn die Tarifparteien ihren Sitz in verschiedenen Ländern haben.[265] Auch wenn solche Konstellationen in der Vergangenheit eher selten auftraten, so werden sie doch zunehmend diskutiert, insb. für multinationale Konzerne, die damit ihre Arbeitsbedingungen international vereinheitlichen könnten. Bislang scheitert dies jedoch an den noch sehr unterschiedlichen Tarifrechtsordnungen, auch innerhalb der EU. Es fehlt beiden TV-Parteien regelmäßig an der Tarifmächtigkeit zur Durchsetzung ihrer Interessen, notfalls mit den Mitteln des Arbeitskampfrechts. Die Geltung eines **Konzern-TV** lässt sich daher bislang nicht von einer TV-Partei erzwingen. Das BAG hat in einer interessanten Entscheidung[266] zum TV des Goethe-Instituts jedoch eine gesellschaftsrechtliche Einwirkungspflicht der Muttergesellschaft auf die ausländische Konzerntochtergesellschaft in Mexiko angenommen. Damit sollte der TV inhaltsgleich für die ausländische Tochter eingeführt werden.

94 Eine ausdrückliche **Kollisionsregel** für das internationale TV-Recht besteht nicht. Art. 30 selbst gilt nicht im Verhältnis der TV-Parteien untereinander, da es nur das auf Einzelverträge anwendbare Recht umfasst.[267] Fehlt eine Rechtswahl der TV-Parteien zu einem grenzüberschreitend wirkenden TV oder haben die Tarifparteien ihren Sitz in unterschiedlichen Staaten, so soll die **objektive Anknüpfung** durch Ermitteln der engsten Verbindung zu einem der Staaten erfolgen. Mangels gesetzlicher Kriterien soll dies durch eine Schwerpunktbetrachtung erfolgen, deren

---

261 I.E. ebenso: MünchArb/*Birk*, Bd. 1, § 23 Rn 31.
262 Ausführlich: Großkomm. AktG MitbestG/*Oetker*, § 5 MitbestG Rn 33.
263 BAG 9.7.2003 – 10 AZR 593/02 – AP § 1 TVG Tarifverträge: Bau Nr. 261.
264 BAG 9.7.1980 – 4 AZR 564/78 – AP § 1 TVG Form Nr. 7; BAG 10.9.1985 – 1 ABR 28/83 – AP § 117 BetrVG Nr. 3;

Mayer, BB 1999, 842; *Thüsing/Müller*, BB 2004, 1333 ff.; *Wiedemann/Thüsing*, § 1 Rn 79 f.
265 Hierzu: Wiedemann/*Thüsing*, § 1 TVG Rn 111 ff.; *Junker*, Internationales Arbeitsrecht, S. 429 ff.
266 BAG 11.9.1991 – 4 AZR 71/91 – AP IPR AR Nr. 29.
267 MüKo-BGB/*Martiny*, Art. 30 EGBGB Rn 137.

Kriterien der Sitz der TV-Parteien einerseits ist, der Arbeitsort der vom TV betroffenen Arbverh andererseits.[268] Str. ist, ob eine **Rechtswahl** der TV-Parteien nach den Art. 27 und Art. 28 zulässig ist.[269]

cc) Regelung von Auslandssachverhalten durch inländische Tarifverträge.
Soweit inländische TV auf im Ausland ausgeübte Arbverh angewendet werden sollen, müssen verschiedene Konstellationen auseinander gehalten werden:

Soweit es sich um eine vorübergehende **Entsendung** eines AN ins Ausland handelt, richtet sich die Geltung des TV nach dem Arbeitsvertragsstatut, also dem für das Arbverh kraft Vereinbarung oder kraft Arbeitskollisionsrecht geltendem Arbeitsrecht: Das nach Art. 30 Abs. 1 oder Abs. 2 anwendbare inländische Arbeitsvertragsstatut beinhaltet also das inländische TV-Recht und damit ggf. auch einen einschlägigen TV. Durch die im Ausland vorzunehmende kollisionsrechtliche Prüfung kann sich ein ausländischer TV gegenüber dem inländischen Vertragsstatut durchsetzen. Auf eine Rechtswahl im **Entsendungsvertrag** kommt es in diesem Zusammenhang nicht an, da bei der naturgemäß nur vorübergehenden Entsendung als Recht des gewöhnlichen Arbeitsortes das deutsche Arbeitsrecht weiter gilt.[270] Aus dem Inhalt der Tarifregelungen können sich hingegen Einschränkungen des **territorialen Geltungsbereichs** ergeben. Dies kann z.B. der Fall sein bei den Regelungen von Freistellungstagen oder Lohn-Zuschlägen, die im Zusammenhang mit inländischen Feiertagen stehen, da im Ausland auch ohne ausdrückliche Regelung der Vertragsparteien i.d.R. die ausländischen **Feiertage** maßgeblich sind.[271]

Im Fall der im oder ausschließlich für das Ausland eingestellten lokalen Mitarbeiter bzw. **Ortskräfte** ist die Vereinbarung des Heimatrechts des AG grds. zulässig und wird von den inländischen ArbG anerkannt.[272] Z.T. werden in Deutschland eigens TV für Auslands-Ortskräfte abgeschlossen, so z.B. für das Goethe-Institut der TV zur Regelung der Arbeitsbedingungen der im Ausland beschäftigten deutschen nicht entsandten Ang des Goethe-Instituts (TVAng-Ausland GI) vom 19. April 1994. Unproblematisch aus Sicht des deutschen Kollisionsrechts ist dies dann, wenn ein hinreichender **Bezug** der erfassten Arbverh zur gewählten Rechtsordnung besteht.[273] Zwingende Normen des Ortsrechts, dies können auch tarifliche Regelungen sein, gelten allerdings gleichwohl.[274] Soweit ein inländischer TV kraft unmittelbarer Tarifbindung der Arbeitsvertragsparteien gilt und kraft des definierten Geltungsbereiches auch im Ausland gelten soll, kann dies mit dem kraft Vereinbarung oder objektiv anwendbaren Ortsrecht kollidieren. In diesem Fall kann nur über den Günstigkeitsvergleich der anwendbare TV im Ausland Geltung beanspruchen. Das objektive Vertragsstatut des ausländischen Arbeitsortes kann der ausstrahlende TV hingegen nicht verdrängen.[275]

Allg. gesprochen besteht eine **Regelungskompetenz** der TV-Parteien nach der st. Rspr. des BAG grds. nur für Arbverh, die deutschem Arbeitsrecht unterliegen, sei es kraft vertraglicher Rechtswahl, sei es aufgrund objektiver Anknüpfung.[276] Auch die **Allgemeinverbindlicherklärung** eines TV ändert nach der Rspr. an dieser Kompetenzschranke nichts, weil sie nur die fehlende Tarifbindung ersetzt, nicht aber den Geltungsbereich eines TV erweitert.[277] Wie das BAG erneut mit Urteil vom 9.7.2003 entschieden hat, wurde einzig den TV-Parteien des deutschen Baugewerbes eine darüber hinaus gehende und sich auf Arbverh zwischen einem ausländischen AG und seinen im räumlichen Geltungsbereich des TV beschäftigten AN erstreckende Regelungskompetenz durch § 1 AEntG verliehen.[278]

dd) Geltung ausländischer Tarifverträge.
Außerhalb Deutschlands gelten TV nach dem Recht anderer Staaten häufig auch dann, wenn deren Geltung weder arbeitsvertraglich vereinbart worden ist noch der AN Mitglied in der **Gewerkschaft** ist, die den TV geschlossen hat. Es handelt sich von der Rechtsfolge her damit um eine ähnliche Wirkung wie innerhalb Deutschlands in den Fällen der Allgemeinverbindlicherklärung von TV. Die Anknüpfungspunkte in ausländischen Rechtsordnungen, die zur Geltung eines TV führen, weichen von denen des innerstaatlichen Rechts regelmäßig ab.[279] Es ist daher sowohl nach den allg. Kollisionsregeln des Art. 6 EVÜ als auch außerhalb davon möglich, dass trotz der Vereinbarung deutschen Rechts auf ein **im Ausland** ausgeübtes Arbverh ein ausländischer TV anzuwenden ist.

---

268 MüKo-BGB/*Martiny*, Art. 30 EGBGB Rn 138; *Junker*, Internationales Arbeitsrecht, S. 425.
269 Bejahend: BAG 11.9.1991 – 4 AZR 71/91 – AP IPR AR Nr. 29; *Junker*, Internationales Arbeitsrecht, S. 422; ablehnend: MünchArb/*Birk*, Bd. 1, § 21 Rn 20; *Wimmer*, IPRax 1995, 207.
270 *Schlachter*, NZA 2000, 57.
271 MünchArb/*Birk*, Bd. 1, § 20 Rn 152; *Mauer*, Personaleinsatz im Ausland, Rn 379.
272 BAG 11.9.1991 – 4 AZR 71/91 – AP IPR AR Nr. 29; vgl. auch *Wiedemann/Thüsing*, § 1 TVG Rn 95; *Däubler*, Tarifvertragsrecht, Rn 1658.
273 *Schlachter*, NZA 2000, 57.
274 *Wiedemann/Thüsing*, § 1 TVG Rn 96; zu diesem Fall der Tarifkonkurrenz: *Däubler*, Tarifvertragsrecht, Rn 1681.
275 *Däubler*, Tarifvertragsrecht, Rn 1662.
276 BAG 4.5.1977 – 4 AZR 10/76 – BAGE 29, 138; BAG 25.6.2002 – 9 AZR 405/00 – AP § 1 AEntG Nr. 12; so auch *Löwisch*, TVG Grundl. Rn 67; *Junker*, Internationales Arbeitsrecht, S. 435; *Wiedemann/Thüsing*, § 1 TVG Rn 95; a.A. *Däubler*, Tarifvertragsrecht, 1993, Rn 1665.
277 BAG 25.6.2002 – 9 AZR 440/01 – FA 2002, 287.
278 BAG 9.7.2003 – 10 AZR 593/02 -AP § 1 TVG Tarifverträge: Bau Nr. 261.
279 Vgl. hierzu *Rebhahn*, NZA 2001, 763 sowie ausführlich Europäische Kommission (Hrsg.), Die Regelung der Arbeitsbedingungen in den Mitgliedstaaten der Europäischen Union, Band 1 und Band 2.

100 Auf **im Inland** ausgeübte Arbverh kann ebenfalls ausländisches Tarifrecht Anwendung finden, selbst wenn die Arbeitsvertragsparteien die Anwendbarkeit deutschen Rechts vereinbart haben. Denn über das Günstigkeitsprinzip kann das ohne Rechtswahl ausnahmsweise, trotz inländischen Arbeitsortes, geltende ausländische Recht sich einschließlich des anwendbaren TV durchsetzen. Erst Recht ist die Anwendung ausländischen Tarifrechts auf ein im Inland ausgeübtes Arbverh unproblematisch, soweit dies auf einer **Rechtswahl** der Parteien im Arbeitsvertrag beruht. Die kollisionsrechtlichen Grenzen der Art. 6 und 34 sind zu beachten. Konkurrierende und kollidierende deutsche TV stellen nach der Rspr. des BAG hierbei kein Hindernis für die ausländischen TV dar, selbst wenn die inländischen TV für allgemeinverbindlich erklärt worden sind.[280]

101 Zu einer TV-Geltung kann es auch dann kommen, wenn der AN **leitender Ang** i.S.d. BetrVG ist und von dem persönlichen Geltungsbereich eines inländischen TV nicht erfasst wird. Vertraglich kann selbst für GmbH-Geschäftsführer im Anstellungsvertrag die Anwendbarkeit tarifvertraglicher Regelungen (z.B. Urlaubsansprüche, Künd-Fristen) wirksam vereinbart werden, obgleich sie in aller Regel keine AN i.S.d. deutschen Arbeitsrechts sind. Im Inland fallen echte leitende Ang regelmäßig nicht in den im TV definierten persönlichen **Anwendungsbereich**. Vereinbaren die Vertragsparteien die Anwendbarkeit ausländischen Rechts, so kann dadurch eine Tarifgeltung eines ausländischen TV herbeigeführt werden, selbst wenn die Parteien den TV gar nicht kennen. In ausländischen Rechtsordnungen sind zudem TV für leitende Ang gar nicht selten, z.B. in Italien oder Frankreich. In diesen Staaten gelten TV auch häufig bereits dann, wenn nur der AG tarifgebunden ist, oder aufgrund von Allgemeinverbindlicherklärungen oder vergleichbaren staatlichen Anordnungen in bestimmten **Branchen**.[281]

102 b) **Arbeitskampfrecht**. Die kollisionsrechtliche **Anknüpfung** des Arbeitskampfrechts mit seinen einzelnen Maßnahmen wie Streik, Aussperrung und Boykott erfolgt trotz unterschiedlicher Berührungspunkte z.B. zum Deliktsrecht einheitlich nach der kollektivrechtlichen Zulässigkeit am **Ort des Arbeitskampfes**. Erstreckt sich eine Arbeitskampfmaßnahme über das Gebiet eines Staates hinaus, ist die Gesamtanknüpfung str. Während sich einzelne Stimmen für eine Schwerpunktanknüpfung aussprechen,[282] sind andere für eine getrennte Anknüpfung jeweils nach dem Arbeitskampfrecht des Staates, in dem die Maßnahme stattfindet.[283]

103 Der zuletzt genannten Auff. ist zu folgen, da die Auswirkungen auf die Einzel-Arbverh von der Rechtmäßigkeit des Arbeitskampfes regelmäßig abhängen. Für den AN ist es jedoch nicht einschätzbar, ob sich ein Arbeitskampf an seinem Arbeitsort in Köln nach italienischem Recht richtet und, falls ja, ob der Arbeitskampf nach italienischem Recht rechtmäßig ist. Rechtliche Sanktionen bis hin zum Künd-Recht des AG und darüber hinaus zu deliktischen Ansprüchen werden daher bei einer einheitlichen Anknüpfung an den Schwerpunkt-Ort einer länderübergreifenden Arbeitskampfmaßnahme unvorhersehbar für die Betroffenen.

D. Beraterhinweise

I. Rechtschutzversicherung

104 Rechtsschutz kann auch für Fälle des internationalen Arbeitsrechts bestehen. Allerdings gilt es zahlreiche Besonderheiten zu berücksichtigen, die hier nur angedeutet werden können.

105 1. **Maßgeblichkeit des individuellen Versicherungsvertrages.** Die erste Weichenstellung bei der Prüfung, ob eine Rechtsschutzversicherung deckungspflichtig ist, liegt in der Prüfung des Versicherungsvertrages durch den RA. Im internationalen Bereich muss zunächst festgestellt werden, ob eine oder mehrere Versicherungen vorliegen und nach welchem Recht sich diese richten. Im Inland abgeschlossene Versicherungen unterliegen grds. deutschem Recht, also dem VVG und den jeweiligen Versicherungsbedingungen des Versicherers.

106 Die sog. **Allgemeinen Versicherungsbedingungen**, ARB, sind lediglich eine Empfehlung des Gesamtverbandes der deutschen Versicherungswirtschaft, die mehr oder weniger stark von den einzelnen Versicherern abgeändert und dem individuellen Versicherungsvertrag zugrunde gelegt werden. Zudem liegen die ARB in unterschiedlichen Fassungen vor, je nach dem, wann der Versicherungsvertrag geschlossen wurde.[284]

107 Je nach dem, ob der RA den, tatsächlichen oder vermeintlichen, AN vertritt oder den AG, sind zudem die besonderen Bedingungen für diesen Status des Versicherungsnehmers zu berücksichtigen.

108 2. **Örtlicher Geltungsbereich im Inland abgeschlossener Rechtsschutzversicherungen.** Der örtliche Geltungsbereich der Versicherungen differiert stark nach der zeitlichen Fassung der jeweils zugrunde liegenden ARB. Die neueren Fassungen dehnen den Geltungsbereich deutlich aus, zugunsten der Versicherungsnehmer. Nach § 6 Abs. 1 ARB 2000 besteht Rechtsschutz in Arbeitsrechtsfällen, „soweit die Wahrnehmung rechtlicher Interessen

---

280 BAG 4.5.1977 – 4 AZR 10/76 – AP § 1 TVG Tarifverträge: Bau Nr. 30; *Schlachter*, NZA 2000, 57; a.A. *Däubler*, DB 1995, 726.
281 *Hummel*, AuA 1994, 36.
282 *Franzen*, AR-Blattei SD 920, Rn 217.
283 MünchArb/*Birk*, Bd. 1, § 21 Rn 65; *Gamillscheg*, Internationales Arbeitsrecht, S. 365.
284 Vgl. umfassend: *Harbauer*, Rechtsschutzversicherung, ARB-Kommentar, 7. Aufl. 2004.

in Europa, den Anliegerstaaten des Mittelmeeres, auf den Kanarischen Inseln oder auf Madeira erfolgt und ein Gericht oder eine Behörde in diesem Bereich gesetzlich zuständig ist oder zuständig wäre, wenn ein gerichtliches oder behördliches Verfahren eingeleitet werden würde." Für die Interessenwahrnehmung außerhalb dieses Bereichs greift die Rechtsschutzversicherung in Arbeitsrechtsfällen hingegen nicht ein, § 6 Abs. 2 ARB 2000. Dies bedeutet für unter die **ARB 2000** oder unter die **ARB 1994** fallende Versicherungsverträge, dass es nicht auf den Ort des Eintritts des Versicherungsfalles ankommt, sondern auf den **Ort des angerufenen Gerichts**. Auch der außerhalb des in § 6 Abs. 1 ARB 2000 genannten Gebietes gekündigte AN genießt daher Rechtsschutz, wenn gesetzlich ein Gericht innerhalb des genannten Territoriums zuständig ist. Wird daher ein AN in den USA gekündigt, besteht jedoch ein Gerichtsstand in Deutschland, dies kann auch ein gesetzlicher Wahlgerichtsstand sein, so ist der Deckungsschutz zu erteilen. Tritt die gerichtliche Zuständigkeit innerhalb des genannten Territoriums hingegen erst durch eine **Gerichtsstands-Vereinbarung** der Parteien ein, so greift der Versicherungsschutz nicht ein.[285]

Es kann aufgrund der rechtlich oft unklaren Zuständigkeitsfrage notwendig sein, **gleichzeitig mehrere Gerichte** in verschiedenen Staaten anzurufen, um parallel laufende Fristen einzuhalten. In diesen Fällen ist der Deckungsschutz für beide oder mehrere Verfahren zu erteilen, wenn die Zuständigkeit im Vorhinein nicht eindeutig feststeht. Selbst wenn die Zuständigkeit aus Sicht des RA feststeht, ist bei Fehlen einer gefestigten Rspr. zu der angenommenen Zuständigkeit aus Gründen anwaltlicher Vorsicht eine parallele Klageerhebung unter Umständen erforderlich. Eine Anrufung von mehreren Gerichten gleichzeitig kann zudem geboten sein, wenn parallel bestehende Arbeits- oder Anstellungsverträge **gleichzeitig gekündigt** werden.

3. Persönlicher Geltungsbereich nach den ARB. Im internationalen Arbeitsrecht taucht bei Führungskräften in der Praxis die Frage auf, ob diese AN sind oder Organvertreter ohne AN-status. Nach § 3 Abs. 2 lit. c ARB 2000 besteht Rechtsschutz nicht für die Wahrnehmung rechtlicher Interessen „... aus Anstellungsverhältnissen gesetzlicher Vertreter juristischer Personen". Hintergrund dieser Regelung in den ARB ist die dogmatische Trennung zwischen AN einerseits und **Organvertretern** andererseits im deutschen Rechtskreis. In ausländischen Rechtsordnungen existiert diese Aufspaltung hingegen oftmals nicht oder in anderer Form. Soweit daher eine Führungskraft im Ausland als „director", CEO oder ähnliches beschäftigt wird, muss im Verhältnis zur Rechtsschutzversicherung geprüft werden, ob Rechtsschutz für Nichtselbstständige ausreicht oder ob hierzu eine Police für Berufs-Rechtsschutz für Selbstständige nach § 24 ARB erforderlich ist, soweit es um die Künd des Anstellungsvertrages geht. Das Organverhältnis zur juristischen Person selbst ist auch im Inland nicht mit versichert.

Ebenfalls zu berücksichtigen ist diese Trennung für die Vertragskonstruktion im internationalen Recht, wo häufig mehrere Verträge mit verschiedenen AG gleichzeitig bestehen.

II. Tipps aus der Beraterpraxis

1. Vertragsgestaltung. a) Rechtswahlklauseln. Je nach dem, ob man bei der Vertragsgestaltung den AG vertritt oder den AN, taucht die Frage nach dem Sinn und Zweck einer Rechtswahl im Vertrag auf. Zwar raten viele Autoren pauschal von einer Rechtswahl ab, so generell gesagt muss das aber nicht der beste Rat sein. Natürlich wirkt die Rechtswahl aufgrund des Günstigkeitsvergleichs aus Sicht des deutschen Kollisionsrechts zugunsten des AN. Aus Sicht des AG und seiner Berater erscheint daher eine Rechtswahl **rechtlich häufig kontraproduktiv** zu sein. Wird der AN jedoch im Ausland eingesetzt oder von einem ausländischen AG beschäftigt, so kann faktisch eine Anbindung des Arbverh an einen ausländischen Staat dominieren, selbst wenn rechtlich objektives Arbeitsstatut deutsches Recht ist und bleibt. In dem in die Krise geratenen Arbverh stellt sich aus verschiedenen Gründen für den gekündigten Mitarbeiter die Frage des Günstigkeitsvergleichs aber nicht oder nicht mehr. Steht im Vertrag eine Rechtswahl der Rechtsordnung X und befindet sich der Mitarbeiter im Zeitpunkt der Künd im Staat X, so ist trotz des Günstigkeitsvergleichs faktisch die Problemstellung für den Mitarbeiter eine andere. Wo soll, wo darf er klagen? Kennt ein ausländischer RA die deutschen Kollisionsregeln und kann er sie richtig anwenden? Mit anderen Worten: Die vertragliche Vereinbarung eines ausländischen Rechts, das vom objektiven Arbeitsstatut abweicht, mag rechtlich objektiv aufgrund des Günstigkeitsvergleich wenig oder keine Wirkung entfalten. Praktisch sieht das aber sehr oft ganz anders aus. Ausländische Gerichte streben, genau wie die deutschen Gerichte auch, nach dem bekannten heimischen Recht. Ein z.B. in Singapur klagender AN, der sich auf die Anwendbarkeit deutschen Rechts beruft, wird daher mit einer gewissen Wahrscheinlichkeit damit bei den dortigen Richtern kein Gehör finden. Ob der AN gut genug beraten ist, trotz der Wahl des singapurianischen Rechts rechtzeitig ein deutsches Gericht anzurufen und dieses zur Anwendbarkeit des deutschen Rechts zu bringen, ist daher in der Praxis sehr fraglich. **Faktisch** ist aufgrund dessen für den AG eine Rechtswahl in bestimmten Fällen durchaus **sinnvoll**. Denn die dadurch entstehenden Unsicherheiten in der Anwendung des Rechts und der Anrufung der Gerichte erleichtert allemal die Verhandlung von Abwicklungs- und Aufhebungsverträgen.

---

285 *Harbauer*, Rechtsschutzversicherung, ARB-Kommentar, ARB 94/2000, § 6 Rn 1.

113 **b) Einwirkung auf das objektiv anwendbare Recht.** Nach dem Kollisionsrecht ist meist der gewöhnliche Arbeitsort für das objektive Arbeitsstatut maßgeblich. Durch die Gestaltung des Vertrages und dessen praktische Ausfüllung wird daher objektiv ein Sachverhalt geschaffen, der nur schwer manipulierbar ist, was natürlich zu begrüßen ist. In den Fällen, wo der gewöhnliche Arbeitsort nicht in einem Staat liegt, sondern ständig wechselt, wird aufgrund von Art. 30 Abs. 2 Nr. 2/Art. 8 Abs. 3 Rom I der **Ort des Vertragsschlusses** das objektiv maßgebliche Kriterium für die Bestimmung des anwendbaren Rechts, freilich aufgeweicht durch die Ausweichklausel. Wie sich aus Rn 31 ergibt, kann durch die Wahl des Orts des Vertragsabschlusses somit durch den AG erheblicher Einfluss auf das objektiv anwendbare Recht ausgeübt werden. Die Rechtsanwendung der Gerichte in den verschiedenen Staaten hierzu sollte allerdings tunlichst zuvor geprüft werden. Für das deutsche Arbeitsrecht gilt dabei der Grundsatz, dass die einstellende Niederlassung als Anknüpfungskriterium für das Arbeitsvertragsstatut keine eigenständige Bedeutung hat. Bei international eingesetzten AN, die also ihre Arbeit gewöhnlich nicht nur in einem, sondern in zwei oder mehr Staaten verrichten, ist entgegen der gesetzlichen Regelanknüpfung in Art. 30 Abs. 2 Nr. 2 spätestens seit der Entscheidung des BAG vom 11.12.2003[286] für die Vertragspraxis endgültig auf die wertende Gegenüberstellung eines bunten Straußes von Kriterien abzustellen: Geografische Anknüpfungspunkte sind nach dem BAG nunmehr der bzw. die Arbeitsorte, der Sitz des AG, die Staatsangehörigkeit beider Vertragsparteien und der Wohnsitz des AN. AN und ihre RA können noch weniger als bisher vorhersehen, ob sich das zunächst angerufene Gericht für zuständig erklären wird und welches Recht es anwendet. Der vorsichtige RA wird daher parallel in zwei Staaten die Gerichte anrufen müssen."

114 **c) Gerichtsstandsklauseln.** Für Gerichtsstandsklauseln gilt das Gleiche wie für die vertragliche Rechtswahl: Sie stärkt rechtlich objektiv nur den AN und wirkt sich daher **rechtlich** fast immer zu Lasten des AG aus. Aufgrund dessen mag von einer Gerichtsstandswahl **abzuraten** sein. **Faktisch** wirken sich Gerichtsstandsklauseln jedoch anders aus, nämlich – ähnlich wie die Rechtswahl, **vorteilhaft für** den **AG**. Enthält der Vertrag eine Gerichtsstandsklausel, so wird diese den Mitarbeiter im Fall einer Künd oder anderer Streitigkeiten faktisch in vielen Fällen davon abhalten, ein anderes Gericht als das vereinbarte anzurufen. Auch werden viele Anwälte im Inland wie im Ausland, die rechtliche Reichweite von Gerichtsstandsklauseln erfahrungsgemäß nicht erkennen. Nur der rechtlich gut beratene AN kann aus einer unverbindlichen Gerichtsstandswahl Vorteile ziehen.

115 **d) Haftung des Arbeitgebers für fehlerhafte Auskünfte.** Für falsche Angaben, insb. hinsichtlich der steuer- und sozialversicherungsrechtlichen Situation, haftet der AG. Dies gilt für vertragsbegleitende Hinweise und Aufklärungsversuche ebenso wie für vertragsimmanente Unterstellungen, welches Recht inwieweit anwendbar sei. Er sollte daher die Haftung kontrollieren, indem er dem Mitarbeiter auferlegt, sich auf Kosten des AG über die Richtigkeit der Angaben bei den zuständigen Behörden (z.B. Finanzämter, Deutsche Verbindungsstelle Krankenversicherung Ausland) zu informieren.

116 **e) Sozialversicherung und Steuerrecht.** Die gesamte Vertragskonstruktion hängt häufig auch am Sozialversicherungs- und Steuerrecht. Hierbei gilt es zahlreiche Besonderheiten zu berücksichtigen, die an anderer Stelle beschrieben sind.[287]

117 **2. Prozessführung. a) Anrufen der richtigen Gerichte.** Wie oben zur Rechtsschutzversicherung (siehe Rn 114) erläutert, kann es aus verschiedenen Gründen erforderlich sein, verschiedene Gerichte parallel anzurufen. Haftungsrechtlich ist natürlich generell zu berücksichtigen, dass die Anrufung eines falschen Gerichts für den RA zum Haftungsfall werden kann.[288]

118 **b) Darlegungs- und Beweislast.** Die sich auf die engere Verbindung in Art. 30 Abs. 2/Art. 8 Abs. 4 Rom I berufende Partei braucht „lediglich" die maßgeblichen Tatsachen zu beweisen.[289]

119 **c) Haupt- und Hilfsanträge.** Das sog. Rosinenpicken im Zusammenhang mit dem Günstigkeitsvergleich wurde oben zu Art. 30 Abs. 1/Art. 8 Abs. 1 Rom I materiell-rechtlich erörtert. Verfahrensrechtlich hat das Rosinenpicken eine interessante Parallele: das Geltendmachen von Ansprüchen aus verschiedenen Rechtsordnungen im Verhältnis von echtem Haupt- und Hilfsantrag. So kann es im Fall einer Künd sinnvoll sein, fristgerecht vor einem deutschen Arbeitsgericht Künd-Schutzklage zu erheben und hilfsweise einen Abfindungsanspruch aus z.B. belgischem Recht geltend zu machen. Da nach der EuGVVO für den AN oft verschiedene Gerichtsstände wahlweise eröffnet sind, kann so durch die Anrufung eines zuständigen Gerichts die Frage des anwendbaren Rechts bis in den Prozess hinein offen gehalten werden. Der RA kann dann auch Verjährungsfristen aus anderen Rechtsordnungen wahren, indem nicht erst erfolglos ein Klageziel, wie z.B. der Bestandsschutz durch zwei oder gar drei Instanzen, verfolgt wird, um dann festzustellen, dass eine andere Rechtsordnung materiell einschlägig ist, die gar keinen Bestandsschutz kennt, sondern nur eine Kompensationszahlung, die aber dann verjährt ist. Auch hier drohen Haftungsgefahren für den RA.

---

286 BAG 11.12.2003 – 2 AZR 627/02 – NZA 2004, 680.
287 *Mauer*, Personaleinsatz im Ausland, Rn 527 ff. und Rn 777 ff.
288 So auch *Junker*, RIW 2001, 94 mit einigen Beispielsfällen.
289 Soergel/*v. Hoffmann*, Art. 30 EGBGB Rn 46; *Hohloch*, RIW 1987, 356.

d) Haftungsgefahren durch stillschweigende Rechtswahl im Prozess. Nach st. Rspr. kann auch im prozessualen Verhalten der Parteien eine stillschweigende Rechtswahl erblickt werden.[290] Verhandeln also die Parteien im Prozess über bestimmte Rechtsfragen und diskutieren diese nur unter den Gesichtspunkten der lex fori, also dem Recht am Ort des angerufenen Gerichts, so kann darin die Wahl des maßgeblichen Rechts erblickt werden. Dies kann für den RA des AG zum Haftungsfall werden, wenn objektiv eine andere Rechtsordnung einschlägig ist, er dies aber nicht erkennt. Denn dann eröffnet der Anwalt des AG dem AN, also dem Gegner seines Mandanten, über Art. 30 Abs. 1/Art. 8 Abs. 1 Rom I ein im Einzelfall möglicherweise besseres Recht als das des objektiven Arbeitsstatutes.

Art. 34 Zwingende Vorschriften

Dieser Unterabschnitt berührt nicht die Anwendung der Bestimmungen des deutschen Rechts, die ohne Rücksicht auf das auf den Vertrag anzuwendende Recht den Sachverhalt zwingend regeln.

Art. 9 Rom I Eingriffsnormen

(1) Eine Eingriffsnorm ist eine zwingende Vorschrift, deren Einhaltung von einem Staat als so entscheidend für die Wahrung seines öffentlichen Interesses, insbesondere seiner politischen, sozialen oder wirtschaftlichen Organisation, angesehen wird, dass sie ungeachtet des nach Maßgabe dieser Verordnung auf den Vertrag anzuwendenden Rechts auf alle Sachverhalte anzuwenden ist, die in ihren Anwendungsbereich fallen.
(2) Diese Verordnung berührt nicht die Anwendung der Eingriffsnormen des Rechts des angerufenen Gerichts.
(3) Den Eingriffsnormen des Staates, in dem die durch den Vertrag begründeten Verpflichtungen erfüllt werden sollen oder erfüllt worden sind, kann Wirkung verliehen werden, soweit diese Eingriffsnormen die Erfüllung des Vertrags unrechtmäßig werden lassen. Bei der Entscheidung, ob diesen Eingriffsnormen Wirkung zu verleihen ist, werden Art und Zweck dieser Normen sowie die Folgen berücksichtigt, die sich aus ihrer Anwendung oder Nichtanwendung ergeben würden.

A. Allgemeines 1	II. Rechtsfolgen 9
I. Norm 1	C. Verbindung zu anderen Rechtsgebieten und zum
II. Zweck 2	Prozessrecht 10
B. Regelungsgehalt 3	D. Beraterhinweise 11
I. Tatbestandselemente 3	

A. Allgemeines

I. Norm

Art. 34 und ab dem 17.12.2009 daneben Art. 9 Rom I[1] regeln die Geltung inländischer, sog. **Eingriffsnormen**, auch als international zwingende Normen bezeichnet.[2] Als Eingriffsnormen werden Normen definiert, die nicht nur den Ausgleich zwischen den individuellen Parteiinteressen zwingend regeln wollen, sondern darüber hinaus deutlich auch im Interesse des Gemeinwohls unbedingte Geltung für sich beanspruchen.[3] Bei Normen, die sowohl im **Gemeinwohlinteresse als** auch im Interesse des Individualschutzes bestehen, was im Arbeitsrecht häufig der Fall ist, soll der überwiegende Normzweck entscheiden, wobei die Zuordnung des jeweiligen Normkomplexes zum öffentlichen oder zum privaten Recht keine Bedeutung hat.[4] Ein starkes Indiz für ein überwiegendes Gemeinwohlinteresse ist dabei die Einschaltung betrieblicher oder staatlicher Stellen zur Durchführung oder Durchsetzung der jeweiligen Norm.[5] Die bisherige Regelung in Art. 34 setzt die Vorgabe des Art. 7 Abs. 2 EVÜ um. Demgegenüber ist die spiegelbildliche Regelung des Art. 7 Abs. 1 EVÜ, die die Anwendbarkeit ausländischer Eingriffsnormen und eines ausländischen Ordre Public auf Inlandssachverhalte durch ein deutsches Gericht ermöglicht, nicht in inländisches Recht umgesetzt worden. Diese Fälle sind im Arbeitsrecht grds. über Art. 30 Abs. 2 zu lösen; i.Ü. verbleibt es bei den allg. Kollisionsregeln.[6] Die praktische

---

290 So auch im Fall BAG 26.9.1996 – 2 AZR 200/96 – NZA 1997, 202 = AP § 1 KSchG 1969 Nr. 80 m. Anm. *Junker*, RIW 2001, 94.
1 AblEG Nr. L 177 vom 4.7.2008, S. 6 ff.
2 MüKo/*Martiny*, Art. 34 EGBGB Rn 8.
3 Vgl. statt aller: Staudinger/*Magnus*, Art. 30 EGBGB Rn 193.
4 Vgl. statt aller: Staudinger/*Magnus*, Art. 30 EGBGB Rn 194.
5 BAG 24.8.1989 – 2 AZR 3/89 – BAGE 63, 17 = NZA 1990, 841; Staudinger/*Magnus*, Art. 30 EGBGB Rn 193.
6 Dazu: MüKo-BGB/*Martiny*, Art. 30 EGBGB Rn 113 ff und Art. 34 EGBGB Rn 120.

Rolle des Art. 34 für das heutige Arbeitsrecht ist anders als bei Art. 6 durchaus gegeben, wenngleich die Spezialregelung in Art. 30 vorrangig eingreift.[7] Eine Neuerung bringt Art. 9 Abs. 3 Rom I: Die Beachtung ausländischer Eingriffsnormen im Inland, die bisher in der Bundesrepublik nicht anerkannt war, ist jetzt möglich, was die Verordnung durch den Wortlaut „kann Wirkung verliehen werden" zum Ausdruck bringt. Im Ergebnis entscheidet das angerufene Gericht also darüber, ob die Vertragsdurchführung unter Missachtung der ausländischen Eingriffsnorm rechtswidrig wäre und ob die ausländische Eingriffsnorm dem Vertragsrecht vorzugehen hat.

II. Zweck

Art. 34/Art. 9 Rom I sind **Generalklauseln**, die von den ArbG in der Praxis fallweise konkretisiert werden.[8] Ähnlich wie bei der Ordre Public-Klausel in Art. 6 spielt neben dem materiellen Gerechtigkeitsgehalt der betroffenen Vorschrift auch der Inlandsbezug des zu entscheidenden Falles eine wichtige Rolle.[9] Je schwächer das Gewicht der durch die Norm geschützten öffentlichen Interessen ist, desto stärker muss der **Inlandsbezug** sein.[10] Der Normzweck besteht darin, das Arbeitsstatut in solchen Fällen zurückzudrängen, wo ansonsten inländische Gesetze mit Allgemeinwohlzielen nicht zur Anwendung gelangen würden. Dies können sowohl öffentlich-rechtliche als auch privatrechtliche Normen sein,[11] die im öffentlichen, insb. sozialpolitischen Interesse aufgestellt worden sind und die sich nicht allein im widerstreitenden Interesse der Vertragsparteien erschöpfen.[12] Die vertragliche Unabdingbarkeit der Norm reicht allein hierzu nicht aus,[13] vielmehr ist Art. 34 eng auszulegen.[14] Aufgrund des dreistufigen „Filtersystems" für arbeitsrechtliche Kollisionsfälle, gelangt die Generalnorm des Art. 34 zwar vorrangig vor der Ordre Public-Regelung in Art. 6, i.E. jedoch nur dann zur Anwendung, wenn nicht bereits über Art. 30 eine Lösung des „Problems", nämlich einer Kollision mit den auch im Gemeinwohlinteresse aufgestellten Normen, erfolgt. Ansonsten wäre die speziellere Regelung des Art. 30 i.E. überflüssig, wenn bereits jede vertraglich unabdingbare Norm über Art. 34 auf das Arbverh einwirken würde. Inländische Gesetze sind deshalb nur dann Eingriffsnormen, wenn sie dies selbst entweder ausdrücklich anordnen oder nach ihrem Sinn und Zweck ohne Rücksicht auf das nach den deutschen Kollisionsnormen anwendbare Recht gelten sollen.[15] Eine größere Annäherung hat auch die neue Definition in Art. 9 Abs. 1 Rom I nicht gebracht. Das **Günstigkeitsprinzip** aus Art. 30/Art. 8 Rom I findet bei Art. 34/Art. 9 Rom I **keine Anwendung**.[16] Zur Anwendung gelangt Art. 34/Art. 9 Rom I daher nur in drei **Fallkonstellationen**:

– ein deutsches Gericht muss einen Fall beurteilen, bei dem das Arbeitsstatut sowohl hinsichtlich einer möglichen Rechtswahl ausländisches Recht ist wie auch nach der objektiven Anknüpfung oder
– ein deutsches Gericht muss einen Fall beurteilen, bei dem das gewählte inländische Recht für den AN ungünstiger ist als das objektiv anwendbare ausländische Recht, wobei das inländische Recht insoweit nach Art. 34 Eingriffsnormen enthält oder
– ein ausländisches Gericht muss einen Fall beurteilen, auf den ausschließlich ausländisches Recht Anwendung findet, aber der Fall hat gleichwohl eine Verbindung zum deutschen Recht und die deutschen Eingriffsnormen sind nach dem anwendbaren ausländischen IPR zu berücksichtigen, z.B. wenn der ausländische Staat Art. 7 Abs. 1 EVÜ in nationales Recht umgesetzt hat.

Bei diesen Fallkonstellationen liegt offensichtlich kein Problem einer Günstigkeits-Kollision i.S.v. Art. 30 vor, womit auch die Rechtsmeinung widerlegt ist, dass für die Anwendung von Art. 34 neben Art. 30 im Arbeitsrecht kein Raum sei.

Für Art. 9 Rom I gilt das Vorstehende sinngemäß mit der Besonderheit, dass die drittgenannte Konstellation aufgrund der Neuerung in Art. 9 Abs. 3 Rom I im zeitlichen Geltungsbereich von Rom I, also für nach dem 17.12.2009 abgeschlossene Arbeitsverträge, immer gegeben sein wird.

---

7 Z.B. im Fall BAG 12.12.2001 – 5 AZR 255/00 – BAGE 100, 130 = NZA 2002, 734; zustimmend auch: MüKo-BGB/*Martiny*, Art. 30 EGBGB Rn 114.

8 Zustimmend zur Vorgehensweise: Palandt/*Heldrich*, Art. 34 EGBGB Rn 3; ablehnend: *Sonnenberger*, IPRax 2003, 104.

9 BAG 12.12.2001 – 5 AZR 255/00 – BAGE 100, 130 = NZA 2002, 734.

10 Palandt/*Heldrich*, Art. 34 EGBGB Rn 3.

11 BAG 24.8.1989 – 2 AZR 3/89 – BAGE 63, 17 = NZA 1990, 841.

12 BAG 12.12.2001 – 5 AZR 255/00 – BAGE 100, 130 = NZA 2002, 734; *Sonnenberger*, IPRax 2003, 104; Palandt/*Heldrich*, Art. 34 EGBGB Rn 3.

13 LAG Düsseldorf 7.12.1990 – 9 Sa 1397/90 – RIW 1992, 402; LAG Köln 6.4.1992 – 3 Sa 824/91 – LAGE § 613a BGB Nr. 26; Palandt/*Heldrich*, Art. 34 EGBGB Rn 3; a.A. *v. Hoffmann*, IPRax 1989, 261.

14 BGH 13.12.2005 – XI ZR 82/05 – NJW 2006, 762; Palandt/*Heldrich*, Art. 34 EGBGB Rn 3.

15 BAG 13.11.2007 – 9 AZR 134/07 – NZA 2008, 761; BAG 12.12.2001 – 5 AZR 255/00 – BAGE 100, 130 = NZA 2002, 734; BAG 24.8.1989 – 2 AZR 3/89 – BAGE 63, 17 = NZA 1990, 841; BAG 3.5.1995 – 5 AZR 15/94 – BAGE 80, 84 = NZA 1995, 1191; MüKo-BGB/*Martiny*, Art. 34 EGBGB Rn 10 f.; Erman/*Hohloch*, Art. 34 EGBGB Rn 13.

16 So auch MünchArb/*Birk*, Bd. 1, § 20 Rn 86.

B. Regelungsgehalt
I. Tatbestandselemente

Der Tatbestand setzt voraus, dass die Anwendung einer ausländischen Rechtsnorm zu Ergebnissen führt, die mit einer Eingriffsnorm des deutschen Rechts unvereinbar ist. Die ausländische Norm kann auch ihrerseits eine Eingriffsnorm, und zwar des ausländischen Rechts sein. In Abstimmung mit dem spezielleren Art. 30/Art 9 Rom I ergibt sich folgende logische Prüfungsreihenfolge:

1. **Unanwendbarkeit des deutschen Rechts** oder deutscher Teilrechtsgebiete auf das Arbverh, d.h. deutsches Recht ist weder das gewählte Recht bzw. die Teilrechtsordnung noch ist das deutsche Recht oder Teilrechtsgebiet nach Art. 30 Abs. 2/Art. 8 Abs. 2 bis 4 Rom I das anwendbare günstigere Recht. Soweit nämlich deutsches Recht ohnehin das Arbeitsstatut ist oder das für die konkrete Teilrechtsanwendung günstigere Recht, umfasst dies natürlich auch alle Eingriffsnormen, so dass für eine Anwendung von Art. 34/Art. 9 Rom I in diesen Fällen kein Raum bleibt.[17]

2. Das Arbverh muss eine **Inlandsberührung** mit dem deutschen Rechtskreis aufweisen.[18] Dies wird regelmäßig ein im Inland belegener Arbeitsort sein, ohne dass dies über die Regelanknüpfung in Art. 30 Abs. 2 Nr. 1/Art. 8 Abs. 2 Rom I zum objektiven Arbeitsstatut des deutschen Rechts führt. Hauptanwendungsfälle sind daher diejenigen einer nur vorübergehenden Inlandsbeschäftigung, also einer vorübergehenden **Entsendung** vom Ausland ins Inland.[19] Soweit der Arbeitsort im Inland liegt, ist dies häufig, aber nicht immer, zugleich Anwendungsvoraussetzungen für zahlreiche Vorschriften des öffentlichen Arbeitsschutzrechtes oder gemischter Normkomplexe, mit teils öffentlich-rechtlichem, teils privatrechtlich-arbeitsrechtlichem Regelungsgehalt. Man spricht diesbezüglich vom **Territorialprinzip**.[20] Denkbar sind jedoch auch eine Anknüpfung über den Sitz des AG im Inland, die inländische Staatsangehörigkeit, Sozialversicherungspflicht oder ein inländischer Wohnsitz des AN oder andere Anknüpfungspunkte.[21] Der Wohnsitz des AN allein ist kein hinreichendes Kriterium für den Inlandsbezug.[22] Vielmehr ist, ähnlich wie bei Art. 30 Abs. 2/Art. 8 Abs. 4 Rom I eine Gesamtbetrachtung durchzuführen. Danach muss ein vergleichbar starker Inlandsbezug festgestellt werden, wie bei einem dauerhaft im Inland belegenen Arbeitsort.[23] Die Inlandsanknüpfung alleine reicht aber natürlich nicht aus, um den zwingenden Charakter der betroffenen Norm zu erzeugen; der international zwingende Charakter der Norm muss vielmehr abstrakt feststehen, unabhängig vom Inlandsbezug des Einzelfalles.[24] Die Anrufung eines deutschen Gerichtes zur Beurteilung des Arbverh alleine reicht nicht aus, womit die Fälle des sog. forum shoppings ohne hinreichenden Inlandsbezug ausgegrenzt werden.

3. Die Anwendung des ausländischen Rechts muss sodann im konkreten Einzelfall zu einem Ergebnis führen, dass mit einer **inländischen Eingriffsnorm** oder mit in Deutschland unmittelbar anwendbarem überstaatlichem Recht, z.B. EU-VO,[25] kollidiert. Damit ist also auch im Verhältnis zwischen den inländischen Eingriffsnormen und dem über Art. 30/Art. 8 Rom I anwendbaren ausländischen Recht im **Günstigkeitsvergleich** anzustellen.[26] Wenn also der Norm des ausländischen Vertragsstatutes günstiger ist als die inländische Eingriffsnorm, kommt es damit gar nicht erst zu einer **Kollision**, die durch die Eingriffsnorm aufzulösen wäre. Freilich ist die Vorfrage im Einzelfall nicht leicht zu beantworten, ob der Geltungswille inländischer Verfahrensvorschriften, wie z.B. die inländische behördliche Zustimmung vor Ausspruch einer Künd, einer behördlichen Zustimmung im Ausland weichen „will" oder darf. Innerhalb der EU ist diesbezüglich zwar eine Anerkennung ausländischer Behörden mit vergleichbarem Aufgabengebiet wie die im Inland ansonsten zuständige Behörde anzuerkennen, ob die inländisch berufene Behörde oder Institution diesbezüglich jedoch ein Recht hat, zurückzutreten, muss im Einzelfall geprüft werden. Maßgeblich ist das Kollisionsrecht der lex fori.[27] Das Gesetz selbst kann den Charakter als Eingriffsnorm definieren. Dies gilt im Arbeitsrecht für § 1 Abs. 1 S. 1 AEntG a.F., der für allgemeinverbindlich erklärte TV bzw. einzelne Tarifnormen[28] zu Eingriffsnormen erhob; die Neufassung in § 8 AEntG bringt dies noch stärker zum Ausdruck, ebenso die §§ 8 und 9 MiArbG. Ob außerhalb der speziellen und ausdrücklichen Regelung im AEntG **allgemeinverbindliche TV** Eingriffsnormen i.S.v. Art. 34 enthalten können, wird im Schrifttum unterschiedlich beurteilt.[29] Das BAG

---

17 BAG 6.11.2002 – 5 AZR 617/01 (A) – NZA 2003, 490; Palandt/*Heldrich*, Art. 34 EGBGB Rn 3b.
18 BGH 19.3.1997 – VIII ZR 316/96 – BGHZ 135, 124; BAG 12.12.2001 – 5 AZR 255/00 – BAGE 100, 130 = NZA 2002, 734 im Anschluss an *Schlachter*, NZA 2000, 57.
19 So auch Staudinger/*Magnus*, Art. 30 EGBGB Rn 205.
20 Vgl. auch Staudinger/*Magnus*, Art. 30 EGBGB Rn 190 f.
21 BAG 12.12.2001 – 5 AZR 255/00 – BAGE 100, 130 = NZA 2002, 734.
22 ErfK/*Schlachter*, Art. 27, 30, 34 EGBGB Rn 16, die Hessisches LAG 16.11.1999 – 4 Sa 463/99 – NZA-RR 2000, 401 fälschlich als Gegenmeinung hierzu zitiert.
23 Zutreffend Staudinger/*Magnus*, Art. 30 EGBGB Rn 192.
24 Staudinger/*Magnus*, Art. 34 EGBGB Rn 62.
25 MüKo-BGB/*Martiny*, Art. 34 EGBGB Rn 31 ff.
26 So auch MüKo-BGB/*Martiny*, Art. 30 EGBGB Rn 44; Staudinger/*Magnus*, Art. 30 EGBGB Rn 208; *Lorenz*, RIW 1987, 569.
27 MüKo-BGB/*Martiny*, Art 34 Rn 10.
28 Ablehnend daher das BAG zu § 16 BRTV-Bau: BAG Vorlagebeschluss 6.11.2002 – 5 AZR 617/01 (A) – EzA § 1a AEntG Nr. 1.
29 Dafür: Däubler/*Däubler*, TVG, Einleitung Rn 655; *Deinert*, RdA 1996, 339; a.A. *Junker*, Internationales Arbeitsrecht, S. 432; Wiedemann/*Thüsing*, § 1 Rn 89.

hat in einer vor Inkrafttreten des Gesetzes zur Neuregelung des Internationalen Privatrechts vom 25. Juli 1986[30] ergangenen Entscheidung die Anwendbarkeit der allgemeinverbindlichen TV über das Sozialkassenverfahren auf Arbverh mit ausländischem Arbeitsvertragsstatut verneint und hierin keinen Verstoß gegen den Grundsatz des Ordre Public (jetzt Art. 6) gesehen.[31] Nunmehr hat das BAG in gleicher Weise auch in Bezug auf Art. 34 entschieden und die Möglichkeit generell verneint, dass es sich bei Tarifrecht um Eingriffsnormen handelt, es sei denn, dies wird über eine gesetzliche Vorschrift wie § 1 AEntG a.F. ausdrücklich angeordnet.[32] Dies ergibt sich, so das BAG in den Urteilsgründen, „bereits daraus, dass nach der ... zitierten Rechtsprechung des Bundesarbeitsgerichts eine Regelungskompetenz der Tarifvertragsparteien nach dem TVG grundsätzlich nur für Arbverh besteht, die deutschem Arbeitsrecht unterliegen, und die Allgemeinverbindlicherklärung eines Tarifvertrages nur die fehlende Tarifbindung ersetzt, nicht aber seinen Geltungsbereich erweitert. Erreicht eine allgemeinverbindliche Tarifnorm Arbverh, die ausländischem Arbeitsvertragsstatut unterliegen, nicht, so liegt eine Bestimmung des deutschen Rechts, die im Sinne von Art. 34 EGBGB ohne Rücksicht auf das anzuwendende Recht den Sachverhalt zwingend regelt, gerade nicht vor." Außerhalb eines ausdrücklich durch das Gesetz selbst angeordneten Charakters als Eingriffsnorm kommt es auf die Qualifizierung durch die Rspr. an.

7 4. Die folgenden Normen oder Normgruppen wurden, neben der kraft ausdrücklicher Anordnung in **§ 1 AEntG a.F.** als Eingriffsnorm zu sehenden Regelungen in den entsprechenden TV im Rahmen des AEntG,[33] von deutschen ArbG bzw. in der Lit. beurteilt und dabei der Charakter einer **Eingriffsnorm bejaht**:

– die Schutzvorschriften nach dem MuSchG,[34]
– besonderer Künd-Schutz nach §§ 15, 18 BEEG,[35]
– Künd-Schutz für Schwerbehinderte, derzeit §§ 85 ff. SGB IX,[36]
– Anspruch auf Entgeltfortzahlung nach § 3 EFZG,[37]
– Anspruch auf Konkursausfallgeld,[38]
– Zusatzurlaubsanspruch eines Schwerbehinderten nach § 47 SchwbG (jetzt § 125 SGB IX),[39]
– die materiell-rechtlichen Insolvenzvorschriften,[40]
– Vorschriften über Arbeitsvermittlung und Beschäftigungserlaubnis.[41]

Das Vorliegen einer **Eingriffsnorm verneint** die Rspr. und/oder die Lit. für folgende Normen bzw. Normgruppen:

– erster Teil des KSchG,[42]
– § 613a BGB,[43]
– SeemG vom 26. Juli 1957,[44]
– allgemeinverbindlich erklärte TV außerhalb des § 1 AEntG,[45]
– den allg. Urlaubsanspruch,[46]
– die Grundsätze über die Haftung bei gefahrgeneigter Arbeit,[47]

---

30 BGBl I S. 1142.
31 BAG 4.5.1977 – 4 AZR 10/76 – BAGE 29, 138.
32 BAG 9.7.2003 – 10 AZR 593/02 – AP § 1 TVG Tarifverträge: Bau Nr. 261.
33 Vgl. statt aller Staudinger/*Magnus*, Art. 30 EGBGB Rn 201.
34 BAG 12.12.2001 – 5 AZR 255/00 – BAGE 100, 130 = NZA 2002, 734; ErfK/*Schlachter*, Art. 27, 30, 34 EGBGB Rn 18; Staudinger/*Magnus*, Art. 30 EGBGB Rn 198.
35 Noch zu § 18 BerzGG: Hessisches LAG 16.11.1999 – 4 Sa 463/99 – NZA-RR 2000, 401; so auch Soergel/*v. Hoffmann*, Art. 30 EGBGB Rn 23; MüKo-BGB/*Martiny*, Art. 30 EGBGB Rn 124.
36 BAG 10.12.1964 – 2 AZR 369/63 – BAGE 17, 1 = AP § 1 SchwBeschG Nr. 4; BAG 30.4.1987 – 2 AZR 192/86 – NJW 1987, 2766 = AP § 12 SchwBG Nr. 15; *Gamillscheg*, ZfA 14 (1983), 360; *Hönsch*, NZA 1988, 113; Erman/*Hohloch*, Art. 30 EGBGB Rn 27; MüKo-BGB/*Martiny*, Art. 30 EGBGB Rn 125; Soergel/*v. Hoffmann*, Art. 30 EGBG Rn 23; Staudinger/*Magnus*, Art. 30 EGBGB Rn 198.
37 BAG 12.12.2001 – 5 AZR 255/00 – BAGE 100, 130 = NZA 2002, 734; *Benecke*, IPRax 2001, 449; Soergel/*v. Hoffmann*, Art. 30 Rn 23; MüKo-BGB/*Martiny*, Art. 30 Rn 94; Staudinger/*Magnus*, Art. 30 EGBGB Rn 199; a.A. *Franzen*, AR-Blattei SD 920, Rn 141 für die §§ 1 bis 3 LohnfG.
38 BSG 21.9.1983 – 10 RAr 6/82 – IPRspr 1983 Nr. 47.
39 BAG 10.12.1964 – 2 AZR 369/63 – BAGE 17, 1 = AP § 1 SchwBeschG Nr. 4; *Steinmeyer*, DB 1980, 1541; MüKo-BGB/*Martiny*, Art. 30 EGBGB Rn 125; Soergel/*v. Hoffmann*, Art. 30 EGBGB Rn 23.
40 BAG 24.3.1992 – 9 AZR 76/91 – NZA 1992, 1129 = AP IPR AR Nr. 28.
41 *Hönsch*, NZA 1988, 113.
42 BAG 24.8.1989 – 2 AZR 3/89 – BAGE 63, 17 = NZA 1990, 841; zustimmend *Magnus*, IPRax 1991, 382; a.A.: MünchArb/*Birk*, Bd. 1, § 20 Rn 93; *Däubler*, RIW 1987, 249.
43 BAG 29.10.1992 – 2 AZR 267/92 – BAGE 71, 297 = NZA 1993, 743 = AP IPR AR Nr. 31.
44 BAG 3.5.1995 – 5 AZR 15/94 – BAGE 80, 84 = NZA 1995, 1191 = AP IPR AR Nr. 32.
45 BAG Vorlagebeschluss v. 6.11.2002 – 5 AZR 617/01 (A) – EzA § 1a AEntG Nr. 1; BAG 9.7.2003 – 10 AZR 593/02 – AP § 1 TVG Tarifverträge: Bau Nr. 261; so auch *Gerken/Löwisch/Rieble*, BB 1995, 2370; Wiedemann/*Thüsing*, § 1 Rn 89; so auch für Bestimmungen über die Mindestlohnhöhe: Soergel/*v. Hoffmann*, Art. 30 EGBGB Rn 22; a.A. *Kempen/Zachert*, § 4 Rn 74; zweifelnd Wiedemann/*Wank*, § 5 Rn 139 f.
46 BAG 27.8.1964 – 5 AZR 364/63 – BAGE 16, 215 = AP IPR AR Nr. 9; Soergel/*v. Hoffmann*, Art. 30 EGBGB Rn 22.
47 *Gamillscheg*, ZfA 14 (1983), 307; Soergel/*v. Hoffmann*, Art. 30 EGBGB Rn 22.

- Bestimmungen über die betriebliche Altersversorgung,[48]
- die Vorschriften über AN-Erfindungen,[49]
- § 8 TzBfG.[50]

Zu verneinen ist der Charakter als Eingriffsnorm für das gesamte Befristungsrecht, derzeit nach dem TzBfG, da die Vorschriften lediglich der Umgehung der Künd-Schutzvorschriften dienen. Wenn diese selbst jedoch nach der überzeugenden Rspr. des BAG nicht den Charakter einer Eingriffsnorm haben, kann dies ebenfalls nicht für die Vorschriften gelten, die deren Umgehung dienen.[51]

Den Charakter einer Eingriffsnorm **bislang offen gelassen** hat das BAG für verschiedene Gesetze und deren Einzelnormen insb. in der vielzitierten Entscheidung BAGE 63, 17, 32 f.[52] Das BAG führt an der entscheidenden Stelle lediglich aus, dass die nachbenannten Gesetze „über das Individualinteresse hinausgehende Interessen" verfolgen und bezieht dies ausdrücklich auf die Regelungen über die Massenentlassung im KSchG, über den Künd-Schutz der Betriebsverfassungsorgane und „in verstärktem Umfang" für den Schwerbehinderten- und Mutterschutz, „dessen Durchsetzung durch öffentlich-rechtliche Erlaubnisvorbehalte gesichert ist". Ob dieses notwendige öffentliche Interesse jedoch jeweils auch hinreichend ist, um den hohen Schutzzweck einer Eingriffsnorm zu erfüllen, sagt das BAG in dieser Entscheidung, entgegen anderslautenden Auff. in der Lit., aber gerade nicht.[53] Offen ist daher der Charakter als Eingriffsnorm nach dem BAG, anderen Entscheidungen der ArbG und Lit.-Meinungen wie folgt:

- §§ 17 ff. KSchG mit den Bestimmungen zur Massenentlassung,[54]
- § 15 KSchG,[55]
- §§ 99, 102, 103 BetrVG.[56]

II. Rechtsfolgen

Als Rechtsfolge ordnet Art. 34/Art. 9 Rom I an, die inländische Eingriffsnorm zur Anwendung zur bringen. Im Fall einer Verbots- wie auch einer Gebotsnorm stellt sich dann im Einzelfall die Frage, ob die Kollision mit dem Arbeitsstatut insg. zur Nichtigkeit oder schwebenden Unwirksamkeit des Arbeitsvertrages führt oder nach dem Parteiwillen führen soll. Soweit die inländische Eingriffsnorm selbst zwingende Regelungen zur Ausfüllung der durch den Eingriff aufgerissenen Lücke enthält, greifen diese Rechtsfolgeregelungen ein. Dort, wo jedoch lediglich ein Verbot ausgesprochen wird, ohne die Lücke durch zwingendes Eingriffsrecht zu füllen, ist mit *Martiny* davon auszugehen, dass das Vertragsstatut selbst bestimmen sollte, welche mittelbaren privatrechtlichen Folgen im Einzelnen eintreten.[57] Mit dieser Methode ist festzustellen, ob bspw. eine nachträgliche behördliche Genehmigung den Arbeitsvertrag rückwirkend wirksam macht. Betrifft die Eingriffsnorm nur einzelne Vertragsbestimmungen, z.B. über die Arbeitszeit, so regelt die Auswirkung auf den Arbeitsvertrag i.Ü. das Arbeitsstatut selbst.

C. Verbindung zu anderen Rechtsgebieten und zum Prozessrecht

Zum Prozessrecht und zur Internationalen Zuständigkeit der Gerichte vgl. die Kommentierung zu Art. 27, 30.

D. Beraterhinweise

Zur Rechtsschutzversicherung, Vertragsgestaltung und Prozessführung vgl. die Kommentierung zu Art. 27, 30.

---

48 BAG 6.8.1985 – 3 AZR 185/83 – NZA 1986, 194 = AP § 7 BetrAVG Nr. 24; Soergel/*v. Hoffmann*, Art. 30 EGBGB Rn 22.
49 *Gamillscheg*, ZfA 14 (1983), 360; Soergel/*v. Hoffmann*, Art. 30 EGBGB Rn 22.
50 BAG 13.11.2007 – 9 AZR 134/07 – NZA 2008, 761 mit Anm. *Hagemeister*, in BB 2008, 1852.
51 Bejahend für den früheren § 2 BeschFG: MünchArb/*Birk*, Bd. 1, § 20 Rn 91; ohne Einschränkung bejahend: Staudinger/*Magnus*, Art. 30 EGBGB Rn 200.
52 BAG 24.8.1989 – 2 AZR 3/89 – BAGE 63, 17, 32 f. = NZA 1990, 841.
53 A.A. insoweit MünchArb/*Birk*, Bd. 1, § 20 Rn 93; HWK/*Strick*, Art. 27, 30, 34 EGBGB Rn 35; zweifelnd („wohl") ErfK/*Schlachter*, Art. 27, 30, 34 EGBGB Rn 17.
54 BAG 24.8.1989 – 2 AZR 3/89 – BAGE 63, 17 = NZA 1990, 841; für Eingriffsnorm: Staudinger/*Magnus*, Art. 30 EGBGB Rn 197.
55 BAG 24.8.1989 – 2 AZR 3/89 – BAGE 63, 17 = NZA 1990, 841.
56 BAG 24.8.1989 – 2 AZR 3/89 – BAGE 63, 17 = NZA 1990, 841; für Eingriffsnorm: *Hönsch*, NZA 1988, 113; Soergel/*v. Hoffmann*, Art. 30 EGBGB Rn 20; Staudinger/*Magnus*, Art. 30 EGBGB Rn 196; *Beitzke*, Anm. zu BAG 9.11.1977 – 5 AZR 132/76 – NJW 1978, 1124 = AP IPR AR Nr. 13; kritisch *Gamillscheg*, Anm. zu BAG 30.4.1987 – 2 AZR 192/86 – AP § 12 SchwbG Nr. 15.
57 MüKo-BGB/*Martiny*, Art. 34 EGBGB Rn 72.

Länderbericht Frankreich[1]

A. Einführung	1		D. Kollektives Arbeitsrecht	32
B. Der Arbeitsvertrag	3		I. Überprüfung – Arbeitsinspektoren	32
I. Allgemeine Anmerkungen	3		II. Arbeitnehmer-Vertreter	33
II. Arten von Arbeitsverträgen	4		1. Gewerkschaften	34
1. Mindestlohn	9		2. Sonstige Arbeitnehmer-Vertreter	36
2. Arbeitszeit	10		a) Gesundheits- und Sicherheitskomitee	37
3. Urlaub	14		b) Belegschaftsvertreter	38
4. Gleichbehandlung	15		c) Betriebsräte	39
C. Die Beendigung des Arbeitsverhältnisses	18		III. Kollektive Vereinbarungen	45
I. Erhebliche Änderungen der Bedingungen	19		1. Tarifverträge	45
II. Beendigungsgründe	21		2. Kollektive Vereinbarungen auf Unternehmens-/Betriebsebene	46
1. Personenbedingte Kündigung	22		3. Schriftformerfordernis für alle kollektiven Vereinbarungen	50
2. Betriebsbedingte Kündigung	23			
III. Massenentlassungen	25			
IV. Andere Beendigungsgründe	30		E. Rechtsweg für arbeitsrechtliche Streitigkeiten	51

A. Einführung

1 Das Arbeitsrecht in Frankreich ist hoch komplex in seiner Struktur, in der BR und Gewerkschaften einen hohen Einfluss sowohl auf lokaler als auch nationaler Ebene durch branchenweite TV haben. Der Großteil der inhaltlichen Regelungen des Arbverh bestimmt sich durch die Bezugnahme auf Kollektivvereinbarungen, obgleich es in letzter Zeit eine Entwicklung dahingehend gab, die Bedeutung des Arbeitsvertrages als Regelungsinstrument mehr hervorzuheben.

2 Die Arbeitszeit wurde für alle Unternehmen durch Gesetz auf eine 35-Stunden-Woche reduziert und sowohl das Arbeitsgesetzbuch als auch nationale Kollektivvereinbarungen suchen Wege, um die Arbeitszeit flexibler zu gestalten. Insoweit ist mit Gesetz vom 20.8.2008 (*„Loi portant rénovation de la démocratie sociale et réforme du temps de travail"*) zwar weiterhin die wöchentliche Arbeitszeit von 35 Stunden geregelt, aber zugleich auch die Möglichkeit zur flexibleren Arbeitszeitgestaltung eingeräumt.

Entscheidungen der ArbG im Bereich der betriebsbedingten Entlassungen zeigen, dass strenge Anforderungen an arbeitgeberseitige Entlassungen gestellt werden, die auf wirtschaftliche Gründe gestützt werden.

B. Der Arbeitsvertrag

I. Allgemeine Anmerkungen

3 Es gibt **keine gesetzliche Definition des Arbeitsvertrages**. Die Gerichte gehen weiterhin vom Konzept der rechtlichen Unterordnung aus, um einen solchen zu definieren.

II. Arten von Arbeitsverträgen

4 Es gibt zwei Haupttypen von Arbeitsverträgen, unbefristete und befristete Arbeitsverträge:

– **Unbefristete Arbeitsverträge** (*„Contrat à durée indéterminée"* – CDI)

Dieser Vertragstypus findet Anwendung auf die Mehrheit der AN in Frankreich. Ein solcher Vertrag wird ohne eine Vereinbarung über seine Laufzeit abgeschlossen und kann von den Vertragsparteien jederzeit gekündigt werden, vorausgesetzt die gesetzlichen Künd-Regeln werden beachtet.

5 – **Befristete Verträge** (*„Contrat à durée déterminée"* – CDD)

Der Rückgriff auf diesen Vertragstypen sollte beschränkt werden auf Fälle, in denen ein konkreter zeitlicher **Befristungsgrund** vorliegt, wie bspw. in den folgenden Fällen:

– Ersatz für einen anderen AN, der – etwa wegen Krankheit – vorübergehend ausfällt;
– vorübergehender Anstieg des Arbeitsbedarfs im Unternehmen;
– Saisonarbeitsverträge;
– mit Gesetz vom 25.6.2008 können für Führungskräfte und Ingenieure befristete Arbeitsverträge für die Durchführung von spezifischen Aufgaben geschlossen werden, sofern ein TV diesbezüglich im Unternehmen abgeschlossen wurde.

Liegt keiner der genannten Gründe vor, gilt der Arbeitsvertrag als auf unbestimmte Zeit geschlossen.

---

1 Zu diesem Länderbericht hat *Christine Hillig-Poudevigne*, Moisand Boutin & Associés (Paris), beigetragen.

Befristete Verträge können für eine **maximale Dauer von 18 Monaten** abgeschlossen werden, nur in bestimmten Sonderfällen kann die Befristung auf einen Zeitraum von bis zu 24 Monaten angehoben werden. Für Arbeitsverträge von Führungskräften und Ingenieuren kann eine Befristung von 18 bis 36 Monaten erfolgen.

Befristete Verträge **enden** automatisch mit dem Ablauf des Befristungszeitraums oder bei Eintritt des Ereignisses, dass maßgeblich für das Vertragsende ist (z.B. Rückkehr des vertretenen AN nach Krankheit). In den folgenden Fällen kann das befristete Arbverh vorzeitig beendet werden:
- schwere Verfehlung des AN,
- höhere Gewalt (*„force majeure"*),
- übereinstimmende vorzeitige Beendigung des Arbeitsvertrages,
- vorzeitiges Ausscheiden des AN, weil dieser nachweisen kann, dass er bei einem anderen AG in ein unbefristetes Arbverh eintreten kann.

Arbeitsverträge von Führungskräften und Ingenieuren können bei Vorliegen eines tatsächlichen und wichtigen Grundes gekündigt werden.

Der AN hat bei Beendigung des Arbverh aufgrund der Befristung Anspruch auf eine **Entlassungsentschädigung**. Diese beträgt 10 % des Bruttolohnes, der während der Laufzeit des Vertrages gezahlt wurde, es sei denn im Arbeitsvertrag wurde eine höhere Entschädigung vereinbart. Ein Entschädigungsanspruch des AN besteht nicht, wenn es sich bei dem Arbverh um ein Saison-Arbverh handelt, der AN eine Vertragsverletzung begeht und den AN schädigt (*„faute lourde"*) oder wenn ihm ein unbefristeter Arbeitsvertrag angeboten wird, er dieses Angebot aber ablehnt.

1. Mindestlohn. Grds. unterliegt der Arbeitslohn der Vereinbarung der Parteien. TV und Mindestlohngesetze schränken die Gestaltungsfreiheit der Arbeitsvertragsparteien ein. Branchenbezogene Kollektivvereinbarungen bestimmen jährlich Mindestlöhne für die tarifgebundenen Parteien. Für die nicht tarifgebundenen Parteien ergibt sich der Mindestlohn aus den Mindestlohngesetzen (*„salaire minimum interprofessionnel de croissance"* – SMIC). Der SMIC ist ein **wachstumsabhängiger Mindestlohn**, der jeweils zum 1.7. des Jahres, sowohl als Stundenlohn, als auch als monatliches Mindesteinkommen (bezogen auf eine 35-Stunden-Woche), neu berechnet wird. Dieser Mindestlohn gilt landesweit für alle Wirtschaftszweige, in denen Kollektivvereinbarungen gelten. Seit Juli 2008, liegt der SMIC bei 8,71 EUR brutto pro Stunde und bei 1.321,02 EUR brutto pro Monat.

2. Arbeitszeit. Nach den sog. Aubry-Gesetzen (Aubry I und II) wurde die **wöchentliche Arbeitszeit** von 39 Stunden auf **35 Stunden** pro Woche (oder 1.607 Stunden bzw. 218 Tage im Jahr) reduziert. Dies galt ab dem 1.1.2000 in allen Unternehmen, die mehr als 20 AN beschäftigten und gilt seit dem Jahr 2002 grds. in allen Unternehmen. Diese Gesetze lassen jedoch AG- und AN-Vertretern Spielraum für Kollektivvereinbarungen auf Unternehmensebene (*„accords collectifs"*), die die gesetzlichen Vorgaben gestalten und ausfüllen können.

Im Januar 2003 wurde ein weiteres neues Gesetz über Löhne, Arbeitszeit und die Schaffung von Arbeitsplätzen verabschiedet, welches zusätzliche Regelungen in Bezug auf die 35-Stunden-Woche aufstellt – etwa eine höhere Flexibilität bei Überstunden zulässt. **Überstunden** (*„heures supplémentaires"*) sind die Stunden, die einschließlich der 36. Stunde und darüber hinaus pro Woche geleistet werden. Die Regelung sieht vor, dass zusätzlich zu der normalen Vergütung für diese Stunden ein Freizeitausgleich zu gewähren ist, der sich an dem prozentualen Aufschlag der Überstundenvergütung orientiert. Die Zahl der zulässigen Überstunden beträgt für jeden AN **220 Stunden pro Jahr**.

Mit Gesetz vom 20.8.2008 sind weitere Arbeitszeitflexibilisierungen eingeführt worden:

Durch **TV** kann die **Überstundenzahl** in den Kollektivvereinbarungen auf Unternehmensebene **erhöht** werden. Bestehen weder Kollektivvereinbarungen auf Unternehmensebene noch TV, so wird die Anzahl der Überstunden durch eine Verordnung geregelt. Die Aufstockung der Überstunden bedarf nicht mehr der Meldung bei den Arbeitsbehörden. Gleichwohl ist der BR zu informieren und zu konsultieren, wenn die Anzahl der Überstunden die kollektivvertraglich vereinbarte Anzahl übersteigt.

In der Praxis schließen viele AG besondere **Pauschalvereinbarungen** (*„convention de forfait"*) mit den im Management Beschäftigten (*„cadres"*), wonach Überstunden von dem vereinbarten Gehalt mit abgedeckt sein sollen. Auf diesem Wege müssen die Überstunden nicht zusätzlich abgerechnet und bezahlt werden; gleichwohl sind diese jedoch aufzuzeichnen, um sicherzustellen, dass nicht gegen die gesetzlich zulässige Höchstarbeitszeit verstoßen wird. Darüber hinaus gibt es bestimmte Gruppen von Führungskräften, die, soweit dies in Kollektivvereinbarung vorgesehen ist, anders behandelt werden können. Nach dem Aubry II Gesetz kann der AG mit Führungskräften, die individuelle Arbeitszeiten haben oder ständig reisen, **besondere Vereinbarungen über die Arbeitszeit** (*„convention de forfait particulière"*) treffen.

Das Gesetz vom 20.8.2008 verbietet zwar weiterhin, dass Führungskräfte Pauschalvereinbarungen eingehen, durch die 218 Arbeitstage im Jahr überschritten werden. Allerdings kann die Führungskraft auf dieses Recht verzichten und 235 Arbeitstage im Jahr vereinbaren. Es besteht sogar die Möglichkeit, dass die Arbeitstage der Führungskraft auf 282 jährlich angehoben werden, sofern ein diesbezüglicher TV ausgehandelt wurde. In diesem Fall erhöht sich die Vergütung der Führungskraft um mind. 10 %. Sozialversicherungsrechtlich unterliegt der Vergütungszuschlag einer für die Führungskraft vorteilhaften Behandlung.

Der Zweck dieser Neuregelungen ist es, die Kaufkraft der AN zu stärken.

14 3. **Urlaub.** Jeder AN, der mind. 10 Tage beschäftigt war, hat einen Anspruch auf bezahlten Urlaub. Der Urlaubsanspruch berechnet sich nach dem Referenzzeitraum von dem Tag des Beginns des Arbverh bis zum 31.5. eines Jahres (der generelle Referenzzeitraum läuft mithin vom 1.6. bis zum 31.5. des Folgejahres) und beträgt **2,5 Tage für jeden gearbeiteten Monat.**

15 4. **Gleichbehandlung.** Die bei dem AG allg. geltenden Regelungen dürfen keine Benachteiligungen aus Gründen des Geschlechts, des Familienstandes, der sexuellen Orientierung, der Rasse, der Religion, der Weltanschauung, des Alters oder einer Behinderung vorsehen. Die Nationalversammlung verabschiedete in Umsetzung europarechtlicher Vorgaben das neue Anti-Diskriminierungsgesetz. Das Gesetz dehnt den Anwendungsbereich des Anti-Diskriminierungsgrundsatzes auf alle Bereiche des Arbeitsrechts aus.

16 Das durch Gesetz vom 31.12.1992 bislang beschränkte Verbot der **sexuellen Belästigung** am Arbeitsplatz unter Ausnutzung einer übergeordneten Stellung, gilt nunmehr ohne Beschränkung für jede sexuelle Belästigung am Arbeitsplatz.

Der AG darf keine Maßnahmen gegen AN vornehmen oder diesen kündigen, weil diese sich über einen Fall der sexuellen Belästigung beschwert haben oder Zeugen einer solchen geworden sind (Art. L 1153–3). Des Weiteren sind gegen AN Sanktionen zu verhängen, die andere Mitarbeiter sexuell belästigt haben. Sexuelle Belästigung stellt zudem einen Straftatbestand dar, bedroht mit Freiheitsstrafe bis zu einem Jahr und mit Geldstrafe.

17 Als weiterer Schritt wurde das „Sozial-Modernisierungs-Gesetz" vom 17.1.2002 eingeführt, durch das **Mobbing** verboten wurde. Artikel L 1152–1 definiert Mobbing als wiederholte Handlungen, deren Zweck die Verschlechterung der Arbeitsbedingungen sind und die geeignet sind, die Rechte und die Würde des AN zu verletzen, seine physische und psychische Gesundheit zu beeinträchtigen oder seine beruflichen Aussichten zu gefährden. Ein AN, der andere AN mobbt, muss mit Sanktionsmaßnahmen rechnen. Mobbing ist zudem eine Straftat. Anders als in Fällen sexueller Belästigung können Mobbingfälle jedoch auch durch Mediation gelöst werden.

Ein weiteres Gesetz vom 27.5.2008 konkretisiert den Tatbestand der unmittelbaren und mittelbaren Diskriminierung und vervollständigt damit die verbotenen Diskriminierungshandlungen in Übereinstimmung mit den europäischen Vorgaben.

C. Die Beendigung des Arbeitsverhältnisses

18 Jede Künd, die als **missbräuchlich** oder **nicht gerechtfertigt** anzusehen ist, kann von dem betroffenen AN gerichtlich angegriffen werden mit der Folge, dass das Gericht die **Wiedereinstellung des AN** vorschlagen kann. Lehnt der AG dies ab, so kann der AN **Schadensersatz** in Höhe von mind. sechs Monatsgehältern verlangen, sofern er seit mind. zwei Jahren bei dem AG beschäftigt war. Der AG kann bei der Entlassung von AN zudem verpflichtet sein, der zuständigen Behörde die Kosten für das inzwischen an den AN gezahlte Alg bis zu einem Höchstbetrag, der sechs monatlichen Zahlungen des Alg entspricht, zu erstatten. Auch dies gilt jedoch nur für AN, die seit mehr als zwei Jahren bei einem AG beschäftigt waren.

I. Erhebliche Änderungen der Bedingungen

19 Bei einer vom AG initiierten **einseitigen** Abänderung der entscheidenden vertraglichen Regelungen, kann der AN ein darauf gerichtetes Angebot des AG ablehnen. Der AG kann dann entweder sein Angebot auf Vertragsänderung zurückziehen oder aber den AN kündigen. Die Gründe, die den AG zur Änderung der Arbeitsbedingungen veranlassten, müssen dann zur Rechtfertigung der Künd herangezogen werden.

Zu den entscheidenden vertraglichen Regelungen gehören u.a. die Stellenbeschreibung, die Vergütung, die Arbeitszeit und -dauer sowie der Ort, an dem die Tätigkeit zu erbringen ist.

20 Der Wechsel des Standorts des Betriebs erlaubt es grds. dem AN, die entsprechende Änderung der Vertragsbedingungen abzulehnen, sofern nicht in dem Vertrag eine entsprechende **Mobilitätsklausel** enthalten ist. Auch ohne Mobilitätsklausel kann der Wechsel des Arbeitsorts vom AN nicht abgelehnt werden, wenn der neue Arbeitsort in der gleichen Gegend ist. Wann dies der Fall ist, entscheidet sich nach den Umständen des Einzelfalls und ist von der Rspr. auszulegen. Grds. wird der Wechsel zu einer nahe gelegenen Stadt, die mit öffentlichen Transportmitteln oder auf andere Weise gut zu erreichen ist, als ein Arbeitsortwechsel in der gleichen Gegend zu betrachten sein, den der AN nicht ablehnen kann.

Wenn die einseitige Änderung der Vertragsbedingungen, bezogen auf die Tätigkeit, zu einer **Herabstufung** führt, so bedarf es der Zustimmung des AN, selbst wenn dies nicht mit einer Herabsetzung seines Gehalts verbunden ist. Dies gilt sogar dann, wenn die Herabsetzung die Folge einer Disziplinarmaßnahme ist. Es empfiehlt sich, die Zustimmung des AN auf schriftlichem Wege einzuholen und diese dem Arbeitsvertrag beizufügen, bevor die Änderung in Kraft tritt. Eine besondere schriftliche **Mitteilungspflicht** existiert für den Fall, dass die Änderung der Arbeitsbedingungen aus betrieblichen Gründen erfolgen soll. Diese Mitteilung muss sowohl Informationen über die geplanten Änderungen enthalten als auch den Hinweis, dass sich die betroffenen AN innerhalb eines Monats schriftlich entscheiden müssen, ob sie das Änderungsangebot annehmen. Verletzen die AN diese Obliegenheit, so wird nach Ablauf eines Monats unterstellt, dass sie die Änderung annehmen.

II. Beendigungsgründe

Die Künd des Arbverh muss schriftlich erfolgen und die Gründe enthalten, die zu der Künd geführt haben. Diese Gründe müssen tatsächlich vorliegen und ernsthaft sein (*„réel et sérieux"*). Der oberste Gerichtshof hat in einer Entscheidung deutlich gemacht, dass, sofern der Künd-Grund nicht ausreichend deutlich bezeichnet wird, davon auszugehen sei, dass ein Grund nicht vorgelegen habe. Das französische Recht unterscheidet zwischen der **personenbedingten** Künd und der aus **wirtschaftlichen Gründen** erfolgenden Künd.

1. Personenbedingte Kündigung. Eine personenbedingte Künd ist immer dann gegeben, wenn die Gründe, die zu der Beendigung des Arbverh führen, in der Person des AN liegen. Dies können z.B. sein: ungenügende Leistung, wiederholtes nicht entschuldigtes Fehlen, schuldhafte Pflichtverletzungen etc. In einer jüngeren Entscheidung des höchsten Gerichts aus dem Jahre 2001 wurde allerdings entschieden, dass allein der Verlust des Vertrauens des AG in den AN eine Künd nicht rechtfertigt.

2. Betriebsbedingte Kündigung. Eine betriebsbedingte Entlassung liegt dann vor, wenn die Künd aus Gründen ausgesprochen wird, die nicht in Verbindung mit dem AN stehen und die allein aus einer Veränderung der Stelle selbst entstehen. Insb. können diese Künd durch wirtschaftliche Schwierigkeiten des AG oder technologische Veränderungen bedingt sein.

Unabhängig von der Größe des Unternehmens ist der AG verpflichtet, allen AN, die ihren Arbeitsplatz verlieren, sei es aufgrund individueller Künd oder Massenentlassungen, bei der Suche nach einem neuen Arbeitsplatz zu helfen, bzw. sie auf eine neue Tätigkeit vorzubereiten. Dies gilt auch bei vom AN hingenommener Künd und Aufhebungsvereinbarungen aus betriebsbedingten Gründen (Art. L. 321–1).

III. Massenentlassungen

Sind in Unternehmen oder Betrieben mit mehr als 50 Beschäftigten mind. zehn Entlassungen geplant, ist zwingend ein sog. **Arbeitsplatzerhaltungs-Plan** (*„plan de sauvegarde de l'emploi"*), ähnlich dem deutschen Sozialplan, erforderlich. Dieser Plan muss mit dem BR bzw., wenn ein solcher nicht besteht, mit den Belegschaftsvertretern abgestimmt werden. Auch ist der Plan der zuständigen Behörde zuzuleiten. Der Abschluss eines Arbeitsplatzerhaltungs-Plans ist Voraussetzung für die Durchführung der Entlassungen. Können sich die Parteien nicht auf einen Plan einigen und führt der AG die Maßnahme dennoch durch, sind die Künd unwirksam und der AG muss mit strafrechtlichen Konsequenzen rechnen.

Das Gesetz (aus dem Jahr 1993, modifiziert im Jahr 2002) regelt den **Inhalt solcher Arbeitsplatzerhaltungs-Pläne** und nennt eine große Anzahl von Maßnahmen, um Entlassungen zu verhindern oder ihre Anzahl zu reduzieren oder aber auch um die Folgen der Entlassungen abzumildern.

Diese Maßnahmen können wie folgt zusammengefasst werden:

– Der AG ist verpflichtet, unabhängig von der Anzahl der Entlassungen, sämtliche freie Stellen im Unternehmen (oder auch im Konzern) in Betracht zu ziehen, um diese den von Künd bedrohten AN anzubieten. Auch muss er bei den Bemühungen für eine Wiedereinstellung außerhalb des Unternehmens (oder Konzerns) bei einem anderen AG behilflich sein.

– Der AG muss in Betracht ziehen, selbst neue Geschäftstätigkeiten zu entwickeln, um die betroffenen AN dort beschäftigen zu können oder diesen dabei helfen, eigene Unternehmen zu gründen.

– Schulungs- und Weiterbildungsmaßnahmen müssen eruiert werden, um die AN besser auf die Anforderungen auf dem Arbeitsmarkt vorzubereiten. Hierbei werden die vom AG in der Vergangenheit angebotenen und durchgeführten Schulungsmaßnahmen zur Auswertung herangezogen, ob der AG den Anforderungen genüge getan hat.

– Der AG hat zu überlegen, ob er die Arbeitszeit generell verringern oder anders organisieren kann, um die Beschäftigungszahlen zu erhalten.

Auch die Einführung von vorgezogener Altersruhe kann als geeignete Maßnahme in diesem Sinne gesehen werden, nicht jedoch die Schaffung finanzieller Anreize, um AN zu Eigen-Künd zu bewegen.

Eine Entscheidung des höchsten Gerichts (*„Cour de Cassation"*) hat bestätigt, dass die Gerichte weiterhin solche Pläne daraufhin zu überprüfen haben, ob sie **tatsächlich geeignete Maßnahmen zur Verbesserung der Wiedereinstellung entlassener AN** zu treffen vermögen oder lediglich gute Absichten zum Ausdruck bringen. Wird ein solcher Plan für nichtig erklärt, sind **alle Entlassungen ungültig** und die zu Unrecht entlassenen AN müssen wieder eingestellt werden.

29 Sollte es sich bei dem Unternehmen um eine **konzernangehörige Gesellschaft** handeln, so ist die Beurteilung der **Weiterbeschäftigungsmöglichkeiten** der AN auf die anderen Konzernunternehmen in Frankreich und **im Ausland** auszudehnen. Selbst wenn das französische Unternehmen aus wirtschaftlichen Gründen zur Entlassung der AN berechtigt wäre, würde die Rspr. eine Künd der zu entlassenden AN für rechtswidrig erachten, sollte es um die wirtschaftliche Situation des Konzerns gut bestellt sein. Der AG muss nachweisen, dass die Entlassung der AN zur Aufrechterhaltung der Wettbewerbsfähigkeit des gesamten Konzerns erforderlich ist.

Zudem müssen die im Arbeitsplatzerhaltungs-Plan dargestellten Maßnahmen den wirtschaftlichen Möglichkeiten des Konzerns entsprechen. Sollte das französische Unternehmen einem großen Konzern angehören, so müssen die Arbeitsplatzerhaltungsmaßnahmen großzügiger gestaltet sein; anderenfalls würde der Plan als nicht ausreichend und ggf. unwirksam betrachtet werden.

IV. Andere Beendigungsgründe

30 Mit Gesetz vom 25.6.2008 („loi portant modernisation du marché du travail") ist eine dritte Art zur Beendigung der Arbeitsvertragsbeziehungen eingeführt: die **Aufhebung** des Arbeitsvertrags im gegenseitigen Einvernehmen.

Nunmehr ist es möglich, das Arbverh durch Einigung der Parteien aufzuheben, wenn
- ein besonderes Verfahren hierfür eingehalten wird;
- der AN eine Abfindung in der Höhe erhält, die der Entlassungsabfindung im Falle einer Künd entspricht;
- die Arbeitsbehörde die Aufhebung genehmigt.

31 Die Parteien müssen eine Einigung über die Aufhebung des Arbeitsvertrags erzielen, die von einer der beiden Seiten an die **Arbeitsbehörde** weitergeleitet wird, **die innerhalb von 15 Tagen entweder ihre Zustimmung oder Ablehnung erteilt**. Äußert die Arbeitsbehörde sich nicht innerhalb der Frist, gilt ihre Zustimmung zur Aufhebung als erteilt. Der Vorteil eines Aufhebungsvertrags ist, dass der AN Anspruch auf Arbeitslosengeld hat, den er im Falle einer Eigen-Künd nicht hätte. Zudem können die Parteien den Beendigungszeitpunkt – unter Berücksichtigung der Zustimmungsfrist der Arbeitsbehörde von 15-Tagen – vereinbaren. Auch unterliegt die Abfindung sozialversicherungs- und steuerrechtlichen Begünstigungen. Der Aufhebungsvertrag entspricht nicht gleich einem Erledigungsvertrag. Der AN kann den Aufhebungsvertrag vielmehr innerhalb eines Jahres anfechten.

D. Kollektives Arbeitsrecht

I. Überprüfung – Arbeitsinspektoren

32 Bei den sog. Arbeitsinspektoren („*Inspecteurs du Travail*") handelt es sich um Mitarbeiter des öffentlichen Dienstes, deren Aufgabe es ist zu kontrollieren und sicherzustellen, dass **alle Vorschriften des Arbeitsgesetzbuches richtig ausgeführt** werden. Dies umfasst neben der Kontrolle der Einhaltung von Bestimmungen zu Gesundheit und Sicherheit, Arbeitszeit, bezahltem Urlaub, Beschäftigung von Frauen und Minderjährigen auch die Überprüfung, wie BR und andere AN-Vertreter im Unternehmen behandelt werden. Auch die Überwachung der Einhaltung von Kollektivvereinbarungen sowie der Vorschriften über betriebsbedingte Entlassungen und Fortbildungs- bzw. Umschulungsmaßnahmen gehört in den Verantwortungsbereich der Arbeitsinspektoren. Diesen muss jederzeit Zugang zum Unternehmen gewährt werden, damit sie ihren Pflichten nachkommen können.

II. Arbeitnehmer-Vertreter

33 Das französische Arbeitsrecht kennt die Repräsentation der AN auf verschiedenen Ebenen. Alle AN-Vertreter genießen besonderen gesetzlichen Schutz. Sowohl die wesentliche Änderung als auch die Künd eines Arbeitsvertrages mit einem AN-Repräsentant bedarf der Einwilligung des zuständigen Arbeitsinspektors. Fehlt diese, so ist die Änderung oder die Künd unwirksam. Dieser Sonderschutz gilt während der Mandatierung des AN-Vertreters, der nachwirkende Schutz endet je nach Art des Mandats sechs bis zwölf Monate nach dessen Ablauf.

34 **1. Gewerkschaften.** Das System der Gewerkschaften in Frankreich gründet sich auf eine Vielzahl politischer Ideologien und untergliedert sich in zahlreiche Einzelgewerkschaften. Obwohl heutzutage nur noch rund 7 % der AN, primär in der Industrie, in Gewerkschaften organisiert sind, sollte ihr Einfluss nicht unterschätzt werden. Dieser resultiert v.a. aus dem Recht der Gewerkschaften, Listen für die Wahlen jeglicher Art von AN-Vertretern zu präsentieren.

35 Die Gewerkschaften haben zudem die Möglichkeit, weitreichende Kollektivvereinbarungen zu verhandeln und abzuschließen. Überdies bieten sie ihren Mitgliedern eine Reihe von Serviceleistungen an, wie z.B. zinsgünstige Darlehen, Wohnungen und verschiedene Sozialleistungen. Gewerkschaftsvertreter – Bindeglieder zwischen AN und Management – können in Unternehmen gewählt werden, in denen eine entsprechende Gewerkschaftsvertretung etabliert wurde (i.d.R. dann, wenn die jeweilige Gewerkschaft mind. 50 Mitglieder hat, die in dem Unternehmen beschäftigt sind).

Das Gesetz vom 20.8.2008 hat allerdings die Regelung zur Gewerkschaftsvertretung und das Recht der Gewerkschaften zum Abschluss von TV wesentlich verändert. Gewerkschaften gelten nunmehr nur dann als im Unternehmen vertreten, wenn sie bei den letzten regulären Wahlen zur AN-Vertretung mind. 10 % der abgegebenen Stimmen erhalten haben (in Betrieben 8 %).

2. Sonstige Arbeitnehmer-Vertreter. Als sonstige AN-Vertreter sind insb. BR, Belegschaftsvertreter und Mitglieder des Gesundheits- und Sicherheitskomitees zu erwähnen. 36

a) Gesundheits- und Sicherheitskomitee. In Unternehmen mit mind. 50 AN muss ein Gesundheits- und Sicherheitskomitee (*„Comité d'Hygiène, de Sécurité et des Conditions Travail"* – *CHSCT*) gebildet werden. Dieses Komitee und der BR haben ein entscheidendes Mitspracherecht in allen Bereichen, die das Gesundheits- und Sicherheitssystem im Unternehmen betreffen. 37

b) Belegschaftsvertreter. Seit ihrer Einführung im Jahre 1936 werden sog. Belegschaftsvertreter (*„délégués du personnel"*) in jedem Unternehmen gewählt, das für gewöhnlich mehr als zehn AN beschäftigt. Die Belegschaftsvertreter sind nicht nur für die AN, die bei demselben AG angestellt sind, zuständig, sondern auch für die AN, die über Dritte bei dem AG tätig sind. Ihre Zuständigkeit erstreckt sich auf: 38
– die Entgegennahme/Weiterleitung von Beschwerden,
– die Beratung über geplante Neuregelungen von Arbeitsbedingungen,
– die Einführung von Gesundheits- und Sicherheitsregelungen in Unternehmen, in denen kein Gesundheits- und Sicherheitskomitee besteht,
– die Überwachung der Durchführung der Kollektivvereinbarungen.

c) Betriebsräte. BR fanden ihre erste rechtliche Grundlage in einem Gesetz aus dem Februar 1945. Dieses Gesetz findet Anwendung auf alle Unternehmen, die 50 oder mehr AN beschäftigen. Unternehmen, die an verschiedenen Standorten BR haben, sind verpflichtet, einen GBR zu bilden, bestehend aus Vertretern jedes einzelnen BR. Ein BR muss auch dort gebildet werden, wo aufgrund einer vertraglichen Regelung oder aufgrund eines Urteils eine soziale und wirtschaftliche Einheit, gebildet aus verschiedenen rechtlich selbstständigen Unternehmen (*„unité économique et sociale"*), ähnlich einem deutschen Gemeinschaftsbetrieb, besteht. 39

Die **Hauptaufgabe des BR** besteht darin, zwischen den AN und dem AG zu vermitteln. Grds. muss der BR vor jeder wichtigen Entscheidung, die das Unternehmen oder seine AN betreffen, unterrichtet und angehört werden. Der BR muss bspw. in folgenden Angelegenheiten beteiligt werden: 40
– bei jeder Veränderung der Arbeitsbedingungen oder der vertraglichen Regelungen. Wenn sich diese Änderungen auf kurzfristige und entscheidende technologische Maßnahmen beziehen, so muss der BR mit einem sog. **Adaptionsplan** ausgestattet werden, der detaillierte Angaben über die Auswirkungen für die AN, Möglichkeiten zur Fortbildung und sonstige diesbezüglich wichtige Informationen enthält,
– bei der Durchführung von Weiterbildungs- und Schulungsprogrammen,
– bei der Einführung von Mitarbeiterbeteiligungsprogrammen,
– bei betriebsbedingten Entlassungen und Maßnahmen (z.B. Sozialplan), die deren Folgen abmildern sollen.

Nach dem Gesetz über betriebsbedingte Entlassungen (1989) hat der BR im Rahmen der jährlichen AN-Konsultation das Recht, eine Erklärung für jegliche Abweichungen der geplanten von den tatsächlichen AN-Zahlen im vergangenen Jahr zu verlangen. 41

Unternehmen bzw. AG, die ihrer jährlichen Pflicht, mit dem BR über Forschungsvorhaben und technische Entwicklung zu beraten, nicht nachkommen, laufen Gefahr, staatliche Zuschüsse für ihre Forschung zu verlieren. 42

Nach der Übernahme-Gesetzgebung aus dem Jahre 1989 ist der AG zudem verpflichtet, den BR oder den GBR über ein bestehendes Übernahmeangebot des Betriebs/des Unternehmens zu informieren sowie den Bieter einzuladen, damit dieser dem Betriebsrat seine Pläne darlegt. Um das Risiko von Insidergeschäften zu verringern, besteht seit 2006 die Informationspflicht erst nach der öffentlichen Anmeldung des Übernahmeangebots. Der Bieter ist nunmehr nicht verpflichtet, vor der Anmeldung den BR über das Übernahmeangebot zu informieren und zu konsultieren. Zudem muss ein besonderes Verfahren zur Anhörung des Bieters vor dem BR des zu übernehmenden Unternehmens eingehalten werden. 43

Die BR haben des Weiteren Mitbestimmungsrechte bezogen auf Sozialleistungen des AG und dessen kulturelle Einrichtungen.

Der BR ist jeweils vor der bindenden Entscheidungsfindung zu beteiligen. Wenn der AG es versäumt, den BR ordnungsgemäß zu informieren oder zu beteiligen, so droht ihm bzw. dem Management eine Verurteilung wegen der Erfüllung des Straftatbestandes des Verstoßes gegen Rechte des BR (*„délit d'entrave"*). Dieses Delikt ist mit einer Strafe bedroht, die sowohl eine (i.d.R. zur Bewährung ausgesetzte) Freiheitsstrafe bis zu einem Jahr, als auch eine Geldstrafe bis zu einem Betrag von 3.750 EUR umfassen kann. Auch kann der BR von einem Gericht Schadensersatz zugesprochen bekommen, wenn der BR nicht ordnungsgemäß beteiligt worden ist. Schließlich kann der BR so lange die gerichtliche Suspendierung der Maßnahme verlangen, bis er die erforderlichen Informationen erhalten hat, um sich eine Meinung über den Vorgang bilden zu können. 44

III. Kollektive Vereinbarungen

45 **1. Tarifverträge.** Die Bedeutung von TV hat in den letzten 20 Jahren beachtlich zugenommen. Dadurch, dass TV durch die Regierung häufig für allgemeinverbindlich erklärt werden, finden TV nunmehr für ca. 85 bis 90 % aller AN Anwendung, obwohl nur ein Bruchteil der AN Mitglied einer Gewerkschaft ist. Die TV, die für allgemeinverbindlich („*étendue*") erklärt wurden, werden im „*Journal Officiel*" (im Amtsblatt) veröffentlicht.

46 **2. Kollektive Vereinbarungen auf Unternehmens-/Betriebsebene.** Nach dem Gesetz besteht eine Pflicht des AG, regelmäßig auf der Betriebs- und Unternehmensebene mit den jeweiligen AN-Vertretern zu verhandeln. Dort können BV, Vereinbarungen für das Unternehmen oder auch TV geschlossen werden, sofern im Unternehmen Gewerkschaftsvertreter beschäftigt sind.

47 Auf der Betriebsebene müssen die zuständigen Verhandlungspartner jährlich über die Gehälter und alle fünf Jahre über die Stelleneinstufung (Arbeitsplatzbeschreibung) verhandeln. In Unternehmen mit einer oder mehreren Gewerkschaftsvertretungen, die von dort repräsentierten Gewerkschaften errichtet worden sind, muss der AG auf der Unternehmensebene mit Gewerkschaftsvertretern jedes Jahr über die Gehälter, die Arbeitszeiten und die Arbeitsbedingungen sowie über die Mitteln für die berufliche Eingliederung behinderter AN, die berufliche Gleichstellung von Frauen und Männern und alle drei Jahre über die Entwicklung der Beschäftigung verhandeln.

48 Auch die Verweigerung, an Verhandlungen teilzunehmen, ist für den AG mit Strafe bedroht. Es besteht jedoch keine Pflicht, auch tatsächliche eine Vereinbarung zu erreichen. Wenn der AG die Verhandlungen nicht einberuft, so kann dies auch durch die im Unternehmen errichtete Gewerkschaftsvertretung geschehen. Auch können AN, die nicht Mitglied einer Gewerkschaft sind, an den Verhandlungen teilnehmen, wenn sie hierzu von einer Gewerkschaft beauftragt wurden, es können sog. inoffizielle AN-Vertreter verhandeln. Die mit diesen Vertretern abgeschlossenen Vereinbarungen bedürfen jedoch der Genehmigung durch die Gewerkschaft.

49 Das Gesetz vom 20.8.2008 hat allerdings die Regelungen über Kollektivvereinbarungen auf Unternehmensebene mit den Gewerkschaften ergänzt.

Seit dem 1.1.2009 bedürfen diese Kollektivvereinbarungen für ihre Wirksamkeit zum einen der Unterschrift der im Unternehmen vertretenen Gewerkschaft bzw. Gewerkschaften, die allein oder zusammen bei den letzten regulären Wahlen zur AN-Vertretung mind. 30 % der abgegebenen Stimmen erhalten haben und zum anderen darf keine im Unternehmen vertretene Gewerkschaft, die bei den letzten regulären Wahlen zur AN-Vertretung 50 % der abgegebenen Stimmen erhalten hat, dem Abschluss der Kollektivvereinbarung entgegenstehen.

Ab 2010 wird es zudem möglich sein, mit dem BR oder dem Belegschaftsvertreter einen Kollektivvertrag abzuschließen, sofern diese Vereinbarung vom Betriebsausschuss genehmigt wurde. Des Weiteren besteht die Möglichkeit, einen Kollektivvertrag auch nur bei mittelbarer Beteiligung der Gewerkschaften abzuschließen. Dies setzt zum einen voraus, dass die Gewerkschaft einen AN im Unternehmen, der nicht Mitglied in einer Gewerkschaft ist, zum Abschluss eines Kollektivvertrag beauftragt und zum anderen, dass die betroffenen AN der Vereinbarung zugestimmt haben.

50 **3. Schriftformerfordernis für alle kollektiven Vereinbarungen.** Das Arbeitsgesetzbuch verlangt, dass alle Kollektivvereinbarungen schriftlich abgefasst werden müssen. Die Vereinbarungen dürfen grds. auch keine Regelungen treffen, in denen die AN im Vergleich zu gesetzlichen Regelungen oder Kollektivvereinbarungen auf einer übergeordneten Ebene schlechter gestellt werden. Für bestimmte Angelegenheiten wie z.B. Arbeitszeit ist es gleichwohl möglich abweichende Regelungen zu treffen. So kann in einem Kollektivvertrag auf Unternehmensebene von der Anzahl der Überstunden, die in einem betrieblichen Kollektivvertrag festgelegt ist, abgewichen werden.

Kollektivvereinbarungen können als TV oder als BV eine Reihe verschiedener Aspekte behandeln, wie z.B.:
– Allgemeine Arbeitsbedingungen,
– Löhne und Gehälter,
– Arbeitszeiten,
– Lohnzulagen,
– Sozialleistungen,
– Eingruppierung der AN,
– Bedingungen für Individualarbeitsverträge.

E. Rechtsweg für arbeitsrechtliche Streitigkeiten

51 Es gibt in Frankreich spezielle ArbG („*Conseils de Prud'hommes*"), um Streitigkeiten zwischen AG und AN oder von AN oder Auszubildenden bezüglich ihrer Arbeits- oder Ausbildungsverträge beizulegen. Ihre Rolle als Schlichtungs- und Entscheidungsstelle erstreckt sich auch auf Streitigkeiten zwischen AN, die am Arbeitsplatz entstanden sind. Jede Abteilung beim ArbG setzt sich zusammen aus der gleichen Anzahl von AN und AG. Die Mitglieder werden für eine Dauer von sechs Jahren in das Amt gewählt. Wahlen finden jeweils alle drei Jahre statt, in denen die Hälfte der Mitglieder neu gewählt wird. Entscheidungen werden durch die gesamte Abteilung gefällt. Kommt es bei der

Abstimmung zu einer Pattsituation, wird vor einem unabhängigen Berufsrichter als Schlichter (*„juge départiteur"*) erneut verhandelt, der bei der sich dann anschließenden Abstimmung mitentscheidet.

Jede Streitigkeit muss zunächst vor die **Einigungsstelle** gebracht werden, bevor sie vor den Spruchkörper gebracht werden kann. In der Praxis werden rund ein Drittel aller Fälle in der Einigungsstelle beigelegt.

Arbeitsgerichtsurteile können auf zwei Wegen angegriffen werden:
– durch Berufung gegen das Urteil beim Berufungsgericht (*„Cour d'Appel"*),
– durch Antrag auf Überprüfung der rechtlichen Entscheidungsfindung beim Revisionsgericht (*„Cour de Cassation"*), dies ist jedoch erst möglich, nachdem gegen ein Urteil in der Berufung entschieden wurde.

Länderbericht Großbritannien[1]

A. Einleitung 54	1. Disziplinarverfahren des Arbeitgebers 74
B. **Das Arbeitsverhältnis** 57	2. Beschwerdeverfahren des Arbeitnehmers 76
I. Die Form des Arbeitsvertrages 57	VI. Die Beendigung des Arbeitsverhältnisses 77
II. Arten des Arbeitsvertrages 58	1. Ungerechtfertigte Kündigung 78
III. Gesetzliche Regelungen in Bezug auf das Arbeitsverhältnis 61	2. Fehlerhafte Kündigung 81
	3. Personalabbau/betriebsbedingte Kündigung .. 82
1. Kündigungsfrist 62	4. Massenentlassung 84
2. Arbeitszeit 64	5. Verzicht auf Rechte 85
3. Mindestlohn 67	VII. Kollektives Arbeitsrecht 86
4. Leistungen des Arbeitgebers 69	1. Gewerkschaften 86
5. Weitere Arbeitnehmerschutzbestimmungen .. 70	2. Betriebsrat 88
IV. Konkludente arbeitsvertragliche Regelungen 71	a) Der Europäische Betriebsrat 88
V. Das gesetzliche Disziplinar- und Beschwerdeverfahren 73	b) Der örtliche Betriebsrat bzw. die Durchführung von Information und Konsultation 89

A. Einleitung

54 Im englischen Recht bildet der Arbeitsvertrag den Kern eines jeden Arbverh. Daneben wird das Arbverh auch durch eine Reihe gewohnheitsrechtlicher Grundsätze geprägt. Dies beruht v.a. auf dem angloamerikanischen Ansatz des „**Common Law**", des gemeinen Rechts, wonach das Recht viel stärker als in den anderen europäischen Rechtsordnungen durch die Rechtsprechung geprägt, ausgelegt und fortgeführt wird. Arbeitsrechtliche Vorschriften finden sich, z.T. bedingt durch die Vorgaben gemeinschaftsrechtlicher RL, zudem in zahlreichen Gesetzen und Verordnungen.

55 Insg. ist das Arbeitsrecht weniger kollektivrechtlich geprägt als in den meisten anderen europäischen Mitgliedstaaten. Auch das Niveau des gesetzlich geregelten Schutzes von AN ist in Großbritannien insg. niedriger angesiedelt, als in den meisten anderen europäischen Mitgliedstaaten, allerdings höher als in den Vereinigten Staaten von Amerika.

56 Für arbeitsrechtliche Streitigkeiten können sowohl die ArbG („*Employment Tribunal*"), die mit einem Berufsrichter und zwei Laienrichtern (jeweils einem AG- und einem AN-Vertreter) besetzt sind, als auch die ordentlichen Gerichte zuständig sein, letztere jedoch nur, sofern es bei der Streitigkeit um die Klärung von Ansprüchen aus Vertrag oder Vertragsverletzung geht. Während der Streitwert bei den ArbG auf 25.000 GBP (ca. 37.200 EUR) begrenzt ist, gibt es eine Begrenzung nach oben bei den ordentlichen Gerichten nicht.

B. Das Arbeitsverhältnis

I. Die Form des Arbeitsvertrages

57 Zwar gibt es keine gesetzliche Regelung, die für einen Arbeitsvertrag zwingend Schriftform vorschreibt. Dennoch verlangt das Gesetz über die Rechte der AN aus dem Jahr 1996 („*Employment Rights Act 1996*"), mit dem u.a. auch die EG-Nachweis-RL umgesetzt wurde, dass der AG dem AN einen schriftlichen Nachweis über das Bestehen des Arbverh aushändigt, in dem sich bestimmte Informationen, wie z.B. über den Beginn des Arbverh, die Tätigkeitsbeschreibung, den Arbeitsort, die Höhe der Vergütung, die regelmäßige Arbeitszeit, die Künd-Fristen, die Anzahl der Urlaubstage und das Urlaubsgeld sowie Regelungen zur Entgeltfortzahlung im Krankheitsfall finden. Dieser Nachweis muss dem AN spätestens zwei Monate nach dem Beginn des Arbverh ausgehändigt werden. Kommt der AG dieser Verpflichtung nicht nach, sind keine Sanktionen vorgesehen. Er muss jedoch damit rechnen, dass im Falle von Streitigkeiten ein ArbG die anzuwendenden Arbeitsbedingungen selbst festlegen würde.

II. Arten des Arbeitsvertrages

58 Arbeitsverträge können sowohl **unbefristet** als auch **befristet**, als **Vollzeit- oder Teilzeit-Arbverh** abgeschlossen werden. Dabei stellt das unbefristete Vollzeit-Arbverh den Regelfall dar.

59 **Befristete Arbeitsverträge** unterliegen den Vorschriften des Gesetzes über befristete Arbverh aus dem Jahre 2002 („*Fixed-term Employees (Prevention of Less Favourable Treatment) Regulations 2002*"). Danach wandeln sich ein befristetes Arbverh und auch ein sog. **Ketten-Arbverh**" in ein unbefristetes Arbverh um, wenn dies insg. mind. vier Jahre besteht und für die Befristung kein Rechtfertigungsgrund vorliegt. Darüber hinaus verbietet das Gesetz jede – ungerechtfertigte – Schlechterstellung von AN, deren Arbverh befristet abgeschlossen wurde gegenüber AN mit unbefristeten Verträgen.

---

[1] Zu diesem Länderbericht hat *Nicholas Dent*, Barlow Lyde & Gilbert (London) beigetragen.

Auch AN, die in **Teilzeit** beschäftigt sind, unterfallen besonderen Diskriminierungsschutzvorschriften, die sich in diesem Fall aus dem Gesetz über Teilzeit-Arbverh (*„Part-Time Workers (Prevention of Less Favourable Treatment) Regulations 2000"*) ergeben. Dieses Gesetz ist nicht nur auf AN im engeren Sinne (*„Employee"*) anwendbar, sondern auch auf Personen, die in anderer Form aufgrund eines Vertrages für einen anderen tätig werden (*„Worker"*), soweit die im Gesetz vorgegebenen weiteren Voraussetzungen erfüllt sind.

III. Gesetzliche Regelungen in Bezug auf das Arbeitsverhältnis

Es gibt nur wenige Beschränkungen in Bezug auf den Inhalt dessen, was AG und AN im Arbeitsvertrag vereinbaren können. Im Grundsatz handelt es sich hier um eine persönliche Vereinbarung zwischen zwei Parteien, wobei Leistung und Gegenleistung i.d.R. frei ausgehandelt werden. Regelungen aus einer kollektiven Vereinbarung können Bestandteil des Arbeitsvertrages werden. Dennoch gibt es auch Bereiche, in denen der AN gesetzlichen und gewohnheitsrechtlichen Schutz genießt, den der Arbeitsvertrag nicht umgehen oder unterschreiten darf.

Diese zwingenden Regelungen umfassen die folgenden Punkte:

1. Kündigungsfrist. Der *Employment Rights Act 1996* regelt in Paragraph 86 **Mindest-Künd-Fristen**, die der AG einzuhalten hat:
- bei einer Beschäftigungszeit von weniger als zwei Jahren, beträgt die Künd-Frist eine Woche,
- bei einer Beschäftigungsdauer von zwei bis zwölf Jahren, beträgt die Frist eine Woche für jedes Beschäftigungsjahr,
- bei einer Beschäftigungsdauer von mehr als zwölf Jahren beträgt die Künd-Frist zwölf Wochen.

Der AN ist verpflichtet, eine Künd-Frist von einer Woche einzuhalten, wenn das Arbverh bereits länger als einen Monat bestand. Es steht den Arbeitsvertragsparteien frei, längere Künd-Fristen zu vereinbaren. Trifft der Arbeitsvertrag keine Regelung über die Dauer der Künd-Frist, gilt allerdings nicht automatisch die Mindest-Künd-Frist. Im Streitfall wird das Gericht eine den Umständen des Arbverh und der Funktion des AN angemessene Frist festlegen. Diese kann im Falle eines Geschäftsführers eines mittelständischen Unternehmens zwischen sechs und zwölf Monaten liegen, im Falle eines AN, der wöchentlich bezahlt wird, kann eine Frist von einem Monat als angemessen angesehen werden. Daher ist dringend anzuraten, die Dauer der Künd-Frist ausdrücklich zu regeln.

2. Arbeitszeit. Die Arbeitszeit-VO von 1998 (*„The Working Time Regulation 1998"*) findet Anwendung auf alle AN (*„Worker"*) im weitesten Sinne, einschließlich Leiharbeiter, freier Mitarbeiter, Auszubildenden und Praktikanten (*„Trainees"*). Ausgenommen sind Selbstständige.

Die Arbeitszeit-VO enthält folgende grundlegenden Bestimmungen:

- Die **Höchstarbeitszeit** beträgt **48 Stunden in der Woche**, die über einen Zeitraum von 17 Wochen berechnet wird. Für bestimmte AN-Gruppen beträgt der Berechnungszeitraum 26 Wochen, durch Vereinbarung mit der Belegschaft kann er auf bis zu 52 Wochen ausgedehnt werden. Der AN kann auf die Begrenzung der wöchentlichen Höchstarbeitszeit **verzichten** (*„opt-out"*). Die Vereinbarung kann befristet oder unbefristet geschlossen werden. Der AN hat jedoch das Recht, eine solche Vereinbarung jederzeit unter Einhaltung einer Künd-Frist von sieben Tagen zu kündigen. In der Vereinbarung kann auch eine längere Künd-Frist vereinbart werden, die aber drei Monate nicht überschreiten darf.
- Nachtarbeiter dürfen nicht mehr als acht Stunden innerhalb eines Zeitraums von 24 Stunden arbeiten.
- Nachtarbeiter haben einen Anspruch auf regelmäßige kostenfreie medizinische Untersuchungen.
- Jeder AN hat einen Anspruch auf eine ununterbrochene Ruhezeit von elf Stunden innerhalb eines Zeitraums von 24 Stunden.
- Jeder AN hat einen Anspruch auf einen freien Tag pro Woche.
- Jeder AN hat einen Anspruch auf eine Ruhepause, wenn er mehr als sechs Stunden pro Tag arbeitet.
- Jeder AN hat einen Anspruch auf 4,8 Wochen bezahlten Urlaub pro Jahr. Seit dem 1.4.2009 ist der Anspruch auf 5,6 Wochen erhöht worden.

Die Überwachung der Einhaltung dieser Rechte bzw. ihre Durchsetzung ist aufgeteilt auf verschiedene Behörden. Die Einhaltung der Regelungen über Höchstarbeitszeiten und medizinische Untersuchungen bei Nachtarbeitern werden von der Gesundheits- und Sicherheitsbehörde sowie lokalen Gesundheitsämtern überwacht, während Ansprüche auf Ruhezeiten und Urlaub vom AN im Wege arbeitsgerichtlicher Klagen durchgesetzt werden können.

3. Mindestlohn. Nach dem Gesetz über den nationalen Mindestlohn von 1998 (*„National Minimum Wage Act 1999"*) und den dazugehörigen Verordnungen sind **alle AN** (im weiteren Sinne, vgl. Rn 64) berechtigt, den **gesetzlichen Mindestlohn** zu verlangen: Voraussetzung ist lediglich, dass sie in einem Alter sind, in dem regelmäßig die Schulausbildung abgeschlossen ist und dass sie in Großbritannien arbeiten. Der seit dem 1.10.2006 geltende Mindestlohn, der regelmäßig einmal im Jahr angepasst wird, beträgt:

- 5,73 GBP (ca. 7,39 EUR) pro Stunde für AN im Alter von 22 Jahren und älter
- 4,77 GBP (ca. 6,16 EUR) pro Stunde für AN im Alter zwischen 18 und 22 Jahren

- 3,53 GBP (ca. 4,56 EUR) pro Stunde für AN im Alter zwischen 16 und 17 Jahren.

68 Die Finanzämter haben zu überwachen, ob die Zahlung der Mindestlöhne eingehalten wird. Sie verfügen über verschiedene Kontrollbefugnisse, wie z.B. das Recht, Einsicht in entsprechende Dokumente von AG zu nehmen, Betriebe zu betreten und AN zu befragen. Die Finanzämter sind auch befugt, die Zahlung der Mindestlöhne gegenüber AG anzuordnen, bei denen vermutet wird, dass sie diese Vorgaben nicht einhalten.

69 **4. Leistungen des Arbeitgebers.** Die gesetzlichen Mindestleistungen, auf die ein AN Anspruch hat, beinhalten:
- 4,8 Wochen bezahlten **Urlaub**;
- **gesetzliche Entgeltfortzahlung** im Fall, dass der AN aufgrund **Krankheit** für mind. vier Tage seiner Arbeit fernbleibt, derzeit beträgt diese 75,40 GBP pro Woche und hat eine Höchstdauer von 28 Wochen (viele AG leisten jedoch aufgrund vertraglicher Regelungen höhere Zahlungen);
- Rechte werdender Mütter: Werdende Mütter haben Anspruch auf 52 Wochen **Mutterschaftsurlaub**. Sie haben das Recht auf gesetzliche Entgeltfortzahlung, nach der der AG verpflichtet ist, der AN in den ersten sechs Wochen 90 % ihres durchschnittlichen Gehalts weiterzuzahlen. Für den sich daran anschließenden gewöhnlichen Mutterschaftsurlaub von 33 Wochen sind 117 GBP pro Woche oder falls niedriger 90 % des durchschnittlichen Gehalts weiterzuzahlen. Die AN hat während der gesamten Dauer des Mutterschaftsurlaubs von 52 Wochen Anspruch auf geldwerte Vorteile.
- **Väter** haben bei der Geburt des Kindes Anspruch auf eine zweiwöchige bezahlte **Freistellung**, wobei auch hier 90 % des durchschnittlichen Wochenlohns, höchstens jedoch ein Betrag von 117,18 GBP pro Woche zu zahlen ist.

70 **5. Weitere Arbeitnehmerschutzbestimmungen.** Es gibt noch zahlreiche weitere gesetzliche Vorschriften zum Schutz von AN:
- So sind Bewerber und AN vor **unmittelbarer und mittelbarer Diskriminierung** aufgrund ihres Geschlechts, ihrer Rasse, einer Behinderung, ihrer sexuellen Orientierung, ihrer Religion oder ihres Glaubens oder aufgrund ihres Status als AN in Teilzeit oder mit einem befristeten Vertrag geschützt.
- Des Weiteren existieren Regelungen über den **Schutz persönlicher Daten** der AN („*Data Protection Act 1998*").
- Schließlich sind AN im Falle des **Betriebsübergangs** geschützt („*Transfer of Undertakings (Protection of Employment) Regulations 2006*", TUPE).
- Zudem bestehen Mindestvorschriften zum **Schutz** der **Sicherheit und Gesundheit** der AN an ihrem Arbeitsplatz.

IV. Konkludente arbeitsvertragliche Regelungen

71 Verschiedene Regelungen sind aufgrund des Gewohnheitsrechts („*common law*") Bestandteile des Arbeitsvertrages, ohne dass sie ausdrücklich vereinbart sein müssen („*implied terms*"), dies sind etwa
- Regelungen, die so offensichtlich sind, dass sie auch ohne ausdrückliche Bestimmung unzweifelhaft Vertragsbestandteil werden sollten;
- Regelungen, die erforderlich sind, um den Vertrag „sinnvoll" zu gestalten; oder
- Regelungen, die als gewohnheitsrechtliche Übung angesehen werden können, weil sie bspw. seit Langem im Betrieb praktiziert werden.

72 Die wohl üblichste arbeitsvertragliche Vereinbarung, die auf dieser Basis Eingang in das Arbvferh findet, ist die **Pflicht zur vertrauensvollen Zusammenarbeit**. Ein schwerer Verstoß des AG gegen die vorgenannten Regelungen stellt u.U. eine erhebliche Vertragpflichtverletzung dar, die den AN dazu berechtigen kann, dieselben Rechte wahrzunehmen wie ein AN, dem widerrechtlich gekündigt wurde. Ein solcher Fall wird als **konstruktive Künd** bezeichnet („*constructive dismissal*", siehe Rn 78).

V. Das gesetzliche Disziplinar- und Beschwerdeverfahren

73 Zum 1.10.2004 traten neue Regelungen in Kraft, die Mindeststandards für Disziplinar- und Beschwerdeverfahren zwischen AG und AN aufstellen, die in nahezu allen Streitfällen Anwendungen finden.

74 **1. Disziplinarverfahren des Arbeitgebers.** Will der AG gegen den AN Disziplinarmaßnahmen vornehmen oder erwägt er eine Künd, ist grds. ein **dreistufiges Verfahren** durchzuführen:
- Im ersten Schritt muss der AG den AN schriftlich über die Umstände **informieren**, die zu der Überlegung, Disziplinarmaßnahmen zu treffen, führten.
- Sodann muss ein **Treffen beider Parteien** stattfinden. Dem AN ist zuvor Gelegenheit zu geben, sich hierauf ausreichend vorzubereiten. Nach dem Treffen hat der AG dem AN seine Entscheidung mitzuteilen.
- Im dritten Schritt kann der AN gegen die Entscheidung des AG vorgehen, indem er **Widerspruch** gegen diese einlegt und beide Parteien ein erneutes Treffen vereinbaren, nach dem der AG dann seine endgültige Entscheidung trifft.

Das **Verfahren** kann auf ein **zweistufiges verkürzt** werden, bei dem das erste Treffen ausfällt und nur im Falle des Widerspruchs des AN gegen die schriftlich avisierte Disziplinarmaßnahme ein Treffen durchgeführt wird. Verstößt der AG gegen die Verfahrensregeln, wird eine gleichwohl ausgesprochene Künd für nicht gerechtfertigt erachtet und eine Erhöhung der Kompensationsansprüche auf 10 % und auf 50 % vorgenommen, wenn dies angemessen und billig ist.

2. Beschwerdeverfahren des Arbeitnehmers. Will der AN gegen den AG Beschwerde einlegen, läuft das Verfahren ähnlich. Zunächst hat der AN den AG schriftlich über den Gegenstand seiner Beschwerde zu informieren. Der AG hat daraufhin ein Treffen zwischen beiden anzuberaumen, in dem er dem AN mitteilt, was er zur Abhilfe der Beschwerde zu tun gedenkt. Ist der AN mit dem Abhilfevorschlag des AG nicht zufrieden, kann er dagegen Widerspruch einlegen. Es ist dann ein zweites Treffen durchzuführen um zu versuchen, Abhilfe zu schaffen. Hält der AN dieses Verfahren nicht ein, kann dies dazu führen, dass eine Klage des AN gegen eine Maßnahme des AG beim Gericht nicht statthaft ist.

VI. Die Beendigung des Arbeitsverhältnisses

Jeder AN, der länger als ein Jahr ununterbrochen bei einem AG beschäftigt ist, genießt **Künd-Schutz**. Ihm kann nicht ohne Vorliegen eines zulässigen Grundes gekündigt werden. Weiterhin hat jeder AN unabhängig von der Dauer seiner Beschäftigung die Möglichkeit, die Verletzung seiner vertraglichen Rechte zu rügen, wenn der AG es entweder versäumt hat, die Künd-Frist einzuhalten oder wenn er ein befristetes Arbverh vorzeitig beendet. Dies sind die typischen Fälle der **fehlerhaften Künd** (*„wrongful dismissal"*).

1. Ungerechtfertigte Kündigung. Ein AG, der einem AN kündigt, **ohne** dass hierfür ein **zulässiger Grund** vorliegt, sieht sich Ansprüchen des AN ausgesetzt. Es liegt ein Fall der sog. **ungerechtfertigten Künd** (*„unfair dismissal"*) vor. Die entsprechenden gesetzlichen Vorschriften finden sich in den Paragraphen 94 ff. des *Employment Rights Act 1996*. Eine ungerechtfertigte Künd kann entweder im Falle einer arbeitgeberseitigen Künd vorliegen oder aber auch, wenn der AN sich genötigt sieht, das Arbverh **aufgrund pflichtwidrigen Verhaltens des AG** selbst zu kündigen (*„constructive dismissal"*). Der AG muss darlegen können, dass die Künd aus einem anerkannten Grund erfolgte. Man kann die eine Künd rechtfertigenden Gründe in folgende Kategorien einteilen:

– Leistungsfähigkeit des AN,
– Verhalten des AN,
– Personalabbau,
– Ruhestand,
– Weiterbeschäftigung des AN würde gegen eine gesetzliche Verfügung verstoßen oder
– Vorliegen anderer gewichtiger Gründe, die eine Künd gerechtfertigt erscheinen lassen.

In manchen Fällen wird eine Künd automatisch als nicht gerechtfertigt angesehen, so z.B. eine Künd wegen Schwangerschaft. Ein besonderer Prüfungsmaßstab gilt auch dann, wenn die Künd in Zusammenhang mit einem Betriebs(-teil)übergang erfolgt. Schließlich ist eine Künd immer dann als ungerechtfertigt anzusehen, wenn sie auf Diskriminierung beruht. Der AN hat hier Anspruch auf eine angemessene Entschädigung, die ihrer Höhe nach nicht begrenzt ist und sowohl Vermögens- als auch Nichtvermögensschäden (Schmerzensgeld) umfassen kann. Zusätzlich muss der AG darlegen, dass die Künd auch im Einzelfall eine **gerechte und angemessene Entscheidung** darstellte und dass das **Verfahren ordnungsgemäß eingehalten** wurde. So muss er, wenn er die Künd z.B. mit dem Wegfall des Arbeitsplatzes (Personalabbau) begründet, darlegen, dass er die AN hierüber vor der endgültigen Entscheidung informiert und sich mit ihnen über das Risiko eines Stellenabbaus beraten hat und dass er eine gerechte Auswahl der zu kündigenden AN getroffen hat. Hierbei handelt es sich jedoch nicht um eine Auswahl nach sozialen Gesichtspunkten, sondern vielmehr wird der AG neben der Betriebszugehörigkeit nach leistungsbezogenen Gesichtspunkten auswählen. Die „faire" Künd verlangt nur, dass die Entscheidung des AG auf einem akzeptablen Grund basiert. Schließlich muss der AG darlegen, dass er auch eine anderweitige Weiterbeschäftigung des betroffenen AN in Betracht gezogen hat.

Im Falle der ungerechtfertigten Künd kann der AN beim ArbG Ansprüche auf die **übliche Abfindung** (*„basic award"*) sowie auf eine zusätzliche, **entschädigende Abfindung** (*„compensatory award"*) geltend machen. Die übliche Abfindung berechnet sich ebenso wie im Fall der wirksamen Künd aufgrund Personalabbaus und unterliegt denselben Höchstgrenzen (siehe Rn 83). Die zusätzliche entschädigende Abfindung fällt i.d.R. höher aus und beträgt derzeit maximal 63.000 GBP (ca. 81.305 EUR). Das ArbG kann auch die **Wiedereinstellung** des AN **in** derselben Position beim AG (*„reinstatement"*) oder auch auf einer anderen Position in dem Betrieb (*„re-engagement"*) anordnen. In der Praxis sind die Fälle der Wiedereinstellung jedoch eher selten und werden i.d.R. durch die Zuerkennung der Abfindungszahlung vermieden.

2. Fehlerhafte Kündigung. Ist die Künd eines AN fehlerhaft erfolgt (*„wrongful dismissal"*), weil der AG die Künd-Frist nicht eingehalten hat, so kann der AN die ordentlichen Gerichte wegen der **fehlerhaften Künd** anrufen und kann eine **zusätzliche Abfindung** verlangen, die eher entschädigend als sanktionierend zu gestalten ist. Der AN hat einen Anspruch darauf, so gestellt zu werden, wie er stünde, wenn der AG die Künd-Frist eingehalten hätte. Die Höhe des Schadensersatzanspruchs ist nicht nach oben begrenzt. Der AN kann also im Ergebnis wegen ungerechtfertigter Künd (*„unfair dismissal"*) Klage bei den ArbG einreichen als auch zusätzlich Ansprüche auf den ihm entstandenen Schaden wegen fehlerhafter Künd bei den ordentlichen Gerichten geltend machen.

82 **3. Personalabbau/betriebsbedingte Kündigung.** Die Künd eines AN erfolgt aus betriebsbedingten Gründen, wenn das Arbverh endet, weil
– der AG seinen Betrieb einstellt;
– der AG den Betrieb an dem Ort einstellt, an dem der AN beschäftigt war;
– die Tätigkeit, die von dem AN ausgeübt wurde, für den Betrieb nicht mehr erforderlich ist und eingestellt wird oder diese nicht mehr in dem Umfang gebraucht und reduziert wird.

83 Die **Abfindung**, die der AN im Falle der betriebsbedingten Künd verlangen kann, berechnet sich aus den Faktoren der ununterbrochenen Beschäftigungsdauer bei dem AG, dem Alter des AN sowie seines wöchentlichen Gehalts (höchstens jedoch 330 GBP, ca. 425.89 EUR). Der gesetzliche Höchstbetrag einer solchen Abfindung liegt bei 9.900 GBP (ca. 12.776 EUR). Der AN kann jedoch auch eine höhere Abfindung verlangen, wenn dies entsprechend in seinem Arbeitsvertrag oder einer kollektiven Vereinbarung geregelt ist.

84 **4. Massenentlassung.** In Übereinstimmung mit und in Umsetzung der Europäischen Massenentlassungs-RL muss der AG weitere Verfahrensschritte beachten, wenn er plant, mind. 20 AN in einem Betrieb innerhalb von 90 Tagen zu entlassen. So muss er in dem Fall, dass 20 bis 99 AN entlassen werden, mind. 30 Tage bevor die ersten Künd wirksam werden sollen und in dem Fall, dass 100 oder mehr AN entlassen werden sollen, 90 Tage vorher, die Beauftragten der betroffenen AN hierüber informieren. Die zu informierenden Beauftragten sind entweder Vertreter der in dem Betrieb vertretenen Gewerkschaft oder, falls es eine solche nicht gibt, zu diesem oder einem anderen Zwecke gewählte Vertreter der AN. Das Gesetz (*„The Trade Union and Labour Relations (Consolidation) Act 1992"*) trifft ausdrückliche Regelungen über ein solches Wahlverfahren. Die **Informations- und Beratungspflicht des AG** umfasst die Aufklärung über die geplanten Maßnahmen, sowie die Beratung darüber, wie diese verhindert oder eingeschränkt bzw. wie ihre Folgen abgemildert werden können. Versäumt es der AG, seine Informations- und Beratungspflichten zu erfüllen, so kann das ArbG eine zusätzliche Abfindungszahlung für jeden betroffenen AN anordnen, die je nach der Schwere der Verfehlung bis zu 90 Tagesgehältern entsprechen kann. Auch können die Künd selbst als ungerechtfertigt angesehen werden. In der Folge wären dann noch weitergehende entschädigende Abfindungszahlungen zu leisten.

85 **5. Verzicht auf Rechte.** Der Verzicht des AN auf gesetzliche Ansprüche und Schutzvorschriften kann arbeitsvertraglich nur sehr eingeschränkt vereinbart werden. I.d.R. kann ein solcher Verzicht am ehesten durch den Abschluss einer Vereinbarung erzielt werden, die bestimmten gesetzlichen Vorschriften entsprechen muss (*„Compromise Agreement"*). Insb. muss der AN zuvor einen unabhängigen Rechtsberater aufgesucht haben. Jede andere Vereinbarung über den Verzicht zwingend vorgeschriebener Rechte ist unwirksam, auch der Verzicht auf die Durchführung eines arbeitsgerichtlichen Verfahrens.

VII. Kollektives Arbeitsrecht

86 **1. Gewerkschaften.** Jeder AN hat das Recht, einer Gewerkschaft beizutreten oder dies zu unterlassen. Das Gesetz über die Gewerkschaften und die Beziehung der Tarifparteien (*„The Trade Union and Labour Relations (Consolidation) Act 1992 – TULRCA"*) regelt in Großbritannien das Verhältnis zwischen Gewerkschaften und AG. AN, die Mitglied in einer Gewerkschaft sind, genießen bestimmten gesetzlichen Schutz, z.B. darf ihnen nicht aus Gründen, die mit ihrer Gewerkschaftsmitgliedschaft in Verbindung stehen, gekündigt werden oder ihnen sonstige Nachteile hieraus entstehen.

87 Um Tarifverhandlungen mit dem jeweiligen AG führen zu können und TV auch abschließen zu können, muss es sich um eine **„anerkannte"** Gewerkschaft handeln. Gesetzliche Regelungen über die Anerkennung von Gewerkschaften wurden im Jahre 2000 geschaffen (*„Schedule 1 A TULRCA"*). Diese finden in Betrieben mit mehr als 20 AN Anwendung. Stimmt der AG dem Verlangen der AN, eine Gewerkschaft im Betrieb anzuerkennen zu, so gibt es ein einfaches Verfahren, die freiwillige Anerkennung durchzuführen. Lehnt der AG dies hingegen ab, so wird das gesetzliche Verfahren zur Anerkennung einer Gewerkschaft im Betrieb ausgelöst und die betroffene Gewerkschaft kann sich an die Zentrale Einigungsstelle (*„ Central Arbitration Committee"* – CAC) wenden, um für eine bestimmte, zu definierende Gruppe von AN – eine **„Verhandlungseinheit"** – anerkannt zu werden. Die CAC muss dem Antrag – bei Vorliegen einiger weiterer Voraussetzungen – ohne Durchführung einer Abstimmung stattgeben, wenn mehr als 50 % der AN in der jeweiligen Verhandlungseinheit Mitglieder der Gewerkschaft sind. Kommt es zur Durchführung einer Abstimmung, so muss die Mehrheit der AN für die Anerkennung stimmen und zusätzlich mind. 40 % derjenigen AN, die auch Mitglied in der Gewerkschaft sind. Die freiwillige Anerkennung von Gewerkschaften durch den AG und der Abschluss von TV ist bis heute v.a. im Öffentlichen Dienst üblich sowie in bestimmten Industriezweigen, wie z.B. in der Energie- und Transportwirtschaft, in der verarbeitenden Industrie und im Baugewerbe.

2. Betriebsrat. a) Der Europäische Betriebsrat.
Die VO über eine grenzüberschreitende Information und Konsultation von AN („*The Transnational Information and Consultation of Employees Regulations 1999*") stellt die Umsetzung der RL 94/45/EG über die Einsetzung eines EBR dar. Die VO findet auf Unternehmen Anwendung, die ihren Sitz in Großbritannien haben und mehr als 1000 AN beschäftigten, wovon jeweils mind. 150 in zwei verschiedenen Mitgliedsstaaten beschäftig sein müssen.

b) Der örtliche Betriebsrat bzw. die Durchführung von Information und Konsultation.
Großbritannien war nahezu das einzige Land in der Europäischen Union, das bislang über keine rechtlichen Instrumente zur Umsetzung der Europäischen RL über Information und Beratung der AN (*RL 2002/14/EG*) verfügte, da die Errichtung eines allgemeinen AN-Vertretungsorgans (eines BR) nicht gesetzlich geregelt war und faktisch nicht praktiziert wurde. Nichtsdestotrotz musste auch hier eine Lösung zur Umsetzung der RL gefunden werden, die anders als in den anderen Mitgliedsstaaten nicht generell ab April 2005 gilt, sondern erst schrittweise eingeführt wird. Die Europäische Richtlinie ist durch das Gesetz über Information und Beratung der AN („*Information and Consultation of Employees Regulations 2004*") umgesetzt worden. Zunächst fanden die Vorschriften nur für Betriebe mit mehr als 150 AN, seit April 2007 für Betriebe mit mehr als 100 AN und erst ab April 2008 für Betriebe mit mehr als 50 AN Anwendung.

Nach diesen Vorschriften haben AN das Recht, mit dem AG eine Vereinbarung über die Errichtung eines Vertretungsorgans zu Informations- und Beratungszwecken abzuschließen. Das Gesetz sieht die Errichtung eines BR nicht zwingend vor, sondern überlässt es zu weiten Teilen den Betriebsparteien, eine auf den Betrieb zugeschnittene Lösung für den Betrieb zu finden. Es gibt **drei verschiedene Möglichkeiten** zur Umsetzung der Vorschriften im Betrieb:

In Betrieben, in denen bereits vor April 2005 Regelungen über Information und Konsultation der AN bestanden, können diese aufrecht erhalten werden. Nur in dem Fall, dass sich 40 % der Belegschaft gegen die Beibehaltung dieser Form aussprechen und die Implementierung des von dem Gesetz vorgegebenen Verfahrens verlangen, müsste das bestehende System abgeändert werden. Bestand noch keine entsprechende Regelung im Betrieb kann abgewartet werden, bis 10 % der im Betrieb beschäftigten AN die Einführung eines Informations- und Konsultationsverfahrens verlangen. Nachteil dieser Alternative ist, dass dem AG nach dem Antrag der AN lediglich ein Monat verbleibt, um die notwendigen Maßnahmen zu treffen und eine Vereinbarung zu entwerfen. Schließlich können sich AG und AN auch darauf verständigen, das in den Vorschriften geregelte Standardverfahren zur Information und Konsultation der AN zu übernehmen.

Das Gesetz sieht eine Reihe von Standardregelungen über die Informations- und Konsultationsrechte der Belegschaft vor, die dann eingreifen, wenn sich AG und AN auf diese verständigt haben oder sie sich nicht innerhalb von sechs Monaten nach der Antragstellung über die Einführung eigener Regelungen einigen konnten. Die gesetzlichen Vorschriften sehen eine Mindestanzahl von AN-Vertretern vor – einen Vertreter für je 50 AN –, höchstens jedoch 25 Vertreter. Der Inhalt der Informations- und Beratungspflicht des AG umfasst Fragen der derzeitigen und zukünftig zu erwartenden Entwicklung des Unternehmens und seiner wirtschaftlichen Situation sowie die Pflicht zur Information und Konsultation über geplante Entscheidungen und Maßnahmen, die geeignet sind, die Situation der Belegschaft zu verändern, so z.B. durch Umstrukturierung oder Verlegung.

Länderbericht Niederlande[1]

A. Einführung 92
B. Der Arbeitsvertrag 93
   I. Allgemeine Anmerkungen 93
   II. Arten von Arbeitsverträgen 94
   III. Form 95
   IV. Mindestlohn und Mindesturlaubsgeld ... 96
   V. Arbeitszeit und Urlaub 97
   VI. Vergütung im Krankheitsfall 99
C. Die Beendigung des Arbeitsverhältnisses ... 100
   I. Allgemeine Anmerkungen 100
   II. Ordentliche Kündigung 101
     1. Zustimmungserfordernis 101
     2. Kündigungsgründe 103
     3. Kündigungsfrist 104
   III. Beendigung während der Probezeit 107
   IV. Außerordentliche Kündigung 108
   V. Arbeitnehmer mit Sonderkündigungsschutz 110
   VI. Einvernehmliche Beendigung des Arbeitsverhältnisses 111
   VII. Die Auflösung des Arbeitsverhältnisses durch das Gericht 112
   VIII. Offensichtlich unwirksame Kündigung 114
   IX. Massenentlassungen 115
   X. Abfindungszahlung 116
D. Arbeitnehmerbeteiligung 117
   I. Arbeitnehmervertreter 117
     1. Allgemeine Anmerkungen 117
     2. Betriebsrat 118
     3. Personalausschuss 119
     4. Personalversammlung 120
     5. Kleinstbetriebe 121
     6. Gewerkschaften 122
   II. Kollektive Vereinbarungen 123
     1. Abschluss kollektiver Vereinbarungen – Tarifverträge 123
     2. Anwendbarkeit von Tarifverträgen 124

A. Einführung

92 Das niederländische Arbeitsrecht ist in Abschnitt 7.10 des niederländischen Bürgerlichen Gesetzbuches („*Burgerlijk Wetboek*", nachfolgend BW) geregelt. Ergänzend gibt es eine Reihe von Gesetzen, die besondere Fallgestaltungen wie z.B. AN-Beteiligung, Gesundheit und Sicherheit o.ä. regeln.

B. Der Arbeitsvertrag

I. Allgemeine Anmerkungen

93 Ein Arbeitsvertrag ist nach niederländischem Recht eine Vereinbarung, nach der eine Partei (der AN) Arbeitsleistungen in Abhängigkeit von der anderen Partei (dem AG) für eine gewisse Dauer in Erwartung einer bestimmten Bezahlung erbringt (Art. 7:610 BW). Maßgebend für die Qualifizierung eines Vertragsverhältnisses als Arbverh ist das Vorliegen eines **Weisungsrechts des AG** in Bezug auf die Ausübung der Tätigkeit. Erbringt eine Person für drei Monate in Folge wöchentlich bzw. mind. 20 Stunden im Monat bezahlte Tätigkeiten für eine andere Person (natürlich, juristisch oder eine Partnerschaft), wird vermutet, dass es sich um eine Tätigkeit auf Grundlage eines Arbverh handelt (Art. 7:610a BW). Liegt ein Arbverh vor, sind die Parteien bei der Festlegung der Arbeitsbedingungen nicht frei. Sowohl Gesetze als auch Kollektivvereinbarungen, in deren Anwendungsbereich das Arbverh möglicherweise fällt, können zwingende Bestimmungen über Arbeitsbedingungen und Bezahlung enthalten, von denen die Parteien nicht abweichen können.

II. Arten von Arbeitsverträgen

94 Arbeitsverträge können sowohl **unbefristet** als auch **befristet** geschlossen werden. Ein befristeter Arbeitsvertrag endet automatisch mit Ablauf des Zeitraums, für den er geschlossen wurde. Ist der Vertrag einmal verlängert worden, endet er, ohne dass es einer Künd bedarf, bei Erreichen des Befristungszeitpunkts, sofern zuvor nicht mehr als zwei befristete Arbverh bestanden haben und die gesamte Dauer der **„Kette" von Arbeitsverträgen** nicht mehr als drei Jahre beträgt. Liegen diese Voraussetzungen vor, bestanden also bereits mehr als drei Verträge oder übersteigt die Dauer des Arbverh insg. drei Jahre, gilt der zuletzt geschlossene Vertrag als auf unbestimmte Zeit geschlossen. Wird das Arbverh nach Befristungsablauf ohne weitere Regelungen fortgesetzt, so gilt der Vertrag von Gesetzes wegen als verlängert und zwar zu denselben Bedingungen und für denselben Zeitraum wie zuvor, maximal jedoch für ein weiteres Jahr bei jeder Verlängerung. Die Möglichkeit einer Sachgrundbefristung kennt das niederländische Recht nicht.

III. Form

95 Der Arbeitsvertrag kann sowohl in mündlicher als auch in schriftlicher Form abgeschlossen werden. Jedoch gibt es bestimmte Vereinbarungen, die zur Wirksamkeit der Schriftform bedürfen, so z.B. Wettbewerbsverbote. Darüber hinaus sieht das Gesetz in Umsetzung der gemeinschaftsrechtlichen Nachweisrichtlinie eine Verpflichtung des AG vor, dem AN bestimmte Informationen über das Arbverh schriftlich auszuhändigen (Art. 7:655 BW). Dies be-

---

[1] Der Länderbericht wurde unter Mithilfe von *Judith Schulp/Alwin Stege*, Lexence N.V. (Amsterdam) erstellt.

trifft den Arbeitsort, die Tätigkeitsbezeichnung (Position), den Tag des Beginns des Arbverh, die Bezahlung, die Arbeitszeit, die Regelungen in Bezug auf Urlaub sowie die mögliche Anwendbarkeit kollektiver Regelungen.

IV. Mindestlohn und Mindesturlaubsgeld

Nach den Bestimmungen des Gesetzes über den Mindestlohn und das Mindesturlaubsgeld haben alle AN Anspruch auf die Gewährung bestimmter Mindestbeträge. Der **monatliche Mindestlohn** für AN ab dem 23. Lebensjahr beträgt seit dem 1.1.2009 brutto 1.381,20 EUR. AN, die jünger als 23 Jahre alt sind, haben Anspruch auf einen bestimmten prozentualen Anteil dieses Betrages. Der Mindestlohn wird am 1.1. eines jeden Jahres neu festgelegt. Darüber hinaus haben alle AN einen gesetzlichen Anspruch auf ein **Mindesturlaubsgeld** in Höhe von 8 % des Bruttojahresentgelts. Erhält der AN ein Bruttojahresentgelt, das das Dreifache des gesetzlichen Mindestlohnes übersteigt, besteht hinsichtlich des Überschussbetrages kein gesetzlicher Anspruch auf Urlaubsgeld.

V. Arbeitszeit und Urlaub

Das Arbeitszeitgesetz (*„Arbeidstijdenwet"*) und der Beschluss über Arbeitszeiten (*„Arbeidstijdenbesluit"*) geben den Rahmen für die Vereinbarung von Arbeitszeiten vor. Sie enthalten über die Festlegung der gesetzlichen Höchstarbeitszeit und der einzuhaltenden Ruhezeiten hinaus besondere Schutzvorschriften für Minderjährige und Schwangere bzw. stillende Mütter, für Arbeit an Sonntagen, für Nachtarbeit und für Bereitschaftsdienst. Abweichungen von den gesetzlichen Bestimmungen sind auch zuungunsten der AN durch TV oder Vereinbarung mit der BR möglich. Die regelmäßige **gesetzliche Arbeitszeit** beträgt **acht Stunden pro Tag** und **40 Stunden in der Woche**. Ein Tagesdienst kann maximal zwölf Stunden und ein Nachtdienst zehn Stunden betragen. Die maximale wöchentliche Arbeitszeit beträgt 60 Stunden, wobei die durchschnittliche Arbeitszeit innerhalb eines Zeitraums von vier Wochen 55 Stunden pro Woche und innerhalb eines Zeitraum von 16 Wochen 48 Stunden pro Woche nicht überschreiten darf. Mit dem Ziel der Flexibilisierung des Arbeitsmarkts wurde im Jahre 2000 das Gesetz über die Anpassung der Arbeitszeit eingeführt. Danach haben AN, die seit mind. einem Jahr bei dem AG beschäftigt sind, in Betrieben mit mind. zehn AN einen Anspruch auf eine Verminderung oder Erhöhung ihrer Arbeitszeit, soweit nicht dringende betriebliche Bedürfnisse dem entgegenstehen.

Jeder AN hat bei Vollzeitbeschäftigung auf Grundlage einer Fünf-Tage-Woche Anspruch auf einen gesetzlichen **Mindesturlaub** von 20 Arbeitstagen. Im ersten Jahr der Beschäftigung besteht ein zeitanteiliger Urlaubsanspruch. Eine Abgeltung des Mindesturlaubs ist nur im Falle der Beendigung des Arbverh möglich, über den gesetzlichen Mindesturlaub hinaus kann eine Abgeltung erfolgen.

VI. Vergütung im Krankheitsfall

AN haben im Krankheitsfall für einen Zeitraum von maximal zwei Jahren (104 Wochen) einen gesetzlichen Anspruch auf **Entgeltfortzahlung**. Der Anspruch beläuft sich auf 70 % der Vergütung, soweit diese nicht das durch das Koordinationsgesetz Sozialversicherungen festgelegte maximale tägliche Gehalt (im Jahre 2009: 183,15 EUR pro Tag) übersteigt. Eine Aufstockung dieser Beträge ist von Gesetzes wegen zulässig. Hat der AN die Krankheit selbst vorsätzlich oder durch grobe Fahrlässigkeit verursacht, verhindert er bewusst seine Genesung oder verweigert er die Übernahme einer ihm trotz der Krankheit möglichen Tätigkeit, hat er keinen Anspruch auf Entgeltfortzahlung. Sowohl AG als auch AN sind verpflichtet, Maßnahmen zu ergreifen, die es dem AN ermöglichen, alsbald seine Tätigkeit wieder aufzunehmen. Ein Verstoß gegen diese gesetzliche Regelung kann sanktioniert werden. So kann der AG in Falle eines Verstoßes z.B. verpflichtet werden, Leistungen auch über den Zwei-Jahres-Zeitraum hinaus zu erbringen. Nach dem zweiten Jahr der Krankheit kann der AN Anspruch auf eine Zuwendung wegen Arbeitsunfähigkeit haben (*„WAO-uitkering"*). Die Höhe des Anspruchs richtet sich nach dem Grad der Arbeitsunfähigkeit.

C. Die Beendigung des Arbeitsverhältnisses

I. Allgemeine Anmerkungen

Bei der Künd eines Arbverh muss zwischen einem befristeten und einem unbefristeten Arbeitsvertrag unterschieden werden. Ein befristeter Vertrag endet grds. mit Ablauf des Zeitraums, für den er eingegangen wurde (Ausnahmen unter „Arten von Arbeitsverträgen", siehe Rn 94). Ein unbefristeter Vertrag wird durch Ausspruch einer Künd beendet. Die **Künd bedarf** der **Zustimmung** des **zuständigen Arbeitsamtes** (*„Centrum voor Werk en Inkomen"*, nachfolgend CWI) oder des zuständigen Amtsgerichts.

II. Ordentliche Kündigung

1. Zustimmungserfordernis. Die **Künd eines unbefristeten Arbeitsvertrages bedarf** der **Zustimmung des CWI.** Solange diese Zustimmung nicht erteilt wird, ist jede ausgesprochene Künd unwirksam. In dem Antrag auf Erteilung der Zustimmung muss der AG die Gründe für die Künd darlegen. Diese Gründe müssen substantiiert werden, d.h. der AG muss unter Beweisantritt zu den Tatsachen vortragen. Das CWI prüft sodann, ob für die Künd hinreichende Gründe vorliegen. Dabei werden sowohl die Interessen von AG und AN berücksichtigt, als auch öffentliche Interessen, wie z.B. die Lage auf dem niederländischen Arbeitsmarkt.

220 Länderbericht Niederlande

102 Es kommt vor, dass die Zustimmung zur Künd durch das CWI verweigert wird. Die **Entscheidung des CWI ist unwiderruflich** und kann nicht angegriffen werden. Die gesamte Prozedur kann als zeitaufwändig bezeichnet werden und dauert in der Regel fünf bis acht Wochen, in Einzelfällen aber auch länger.

103 **2. Kündigungsgründe.** Die Künd-Gründe lassen sich in vier Gruppen einteilen:
- wirtschaftliche Gründe,
- leistungsbezogene Gründe,
- unüberbrückbare Probleme zwischen dem AG und dem AN und
- lang anhaltende Krankheit (mehr als zwei Jahre).

104 **3. Kündigungsfrist.** Sobald das CWI seine Erlaubnis erteilt hat, kann die Künd unter Beachtung der ordentlichen Künd-Frist, die sich entweder aus dem Gesetz, aus einer Kollektivvereinbarung oder aus dem Arbeitsvertrag ergibt, ausgesprochen werden. Den Arbeitsvertragsparteien steht es frei, eine vom Gesetz abweichende Künd-Frist zu vereinbaren, soweit diese nicht kürzer ist als die gesetzliche. Die gesetzliche Künd-Frist, die der AG einhalten muss (Art. 6:672 BW), kann sich von der Frist unterscheiden, die der AN im Falle seiner eigenen Künd einzuhalten hat.

105 Bei AG-Künd müssen folgende **Künd-Fristen**, abhängig von der Dauer der Beschäftigung des AN, eingehalten werden:
- bei weniger als fünf Jahren Beschäftigungsdauer: ein Monat,
- fünf oder mehr, aber weniger als zehn Jahre: zwei Monate,
- zehn oder mehr, aber weniger als 15 Jahre: drei Monate,
- 15 oder mehr Jahre: vier Monate.

106 Die Künd-Frist im Falle der arbeitnehmerseitigen Künd darf sechs Monate nicht überschreiten; grds. soll die Künd-Frist des AG doppelt so lang sein wie die des AN. Von diesen Regeln kann durch Kollektivvereinbarung abgewichen werden. Das Nichteinhalten der Künd-Frist führt dazu, dass die Künd als nicht ordnungsgemäß, aber wirksam zu qualifizieren ist. Dies hat zur Folge, dass der AN berechtigt ist, **Schadensersatz** zu fordern. Der Schadensersatz bemisst sich nach dem Verdienst des AN, den dieser während der Künd-Frist verdient hätte. Zudem ist der AN in diesem Fall nicht an ein im Arbeitsvertrag vereinbartes nachvertragliches Wettbewerbsverbot gebunden.

III. Beendigung während der Probezeit

107 Eine Probezeit muss schriftlich vereinbart werden. Die Dauer der Probezeit hängt von der vertraglich vereinbarten Dauer des Arbverh ab (Art. 7:652 BW). Für den Fall, dass der Arbeitsvertrag für eine Dauer von zwei Jahren oder länger oder unbefristet abgeschlossen wurde, beträgt die Probezeit zwei Monate. Ist die Dauer des Arbeitsvertrages kürzer vereinbart, beträgt die Probezeit einen Monat. Während der Probezeit kann das Arbverh von beiden Seiten ohne Vorankündigung und ohne Zustimmung des CWI beendet werden, sogar mit sofortiger Wirkung. Eine Künd während der Probezeit ist gerichtlich grds. nicht angreifbar, es sei denn, die Künd ist eine unzulässige Diskriminierung. Auch in den Niederlanden wurden die EU-Antidiskriminierungs-RL in nationales Recht umgesetzt. Für den Fall, dass ein AN zunächst für einen anderen AG im Wege eines Leih-Arbverh vermittelt wurde und sodann einen Arbeitsvertrag mit dem Entleiher schließt, ist die Vereinbarung einer Probezeit ausgeschlossen.

IV. Außerordentliche Kündigung

108 Das Arbverh kann mit sofortiger Wirkung ohne Einhaltung einer Künd-Frist beendet werden, falls hierfür ein **besonders wichtiger (dringender) Grund** vorliegt (Art. 7:677 BW). Die **Zustimmung des CWI** ist **nicht erforderlich**. Das Gesetz nennt – ohne dass dies abschließend wäre – eine Reihe von Fällen, in denen eine fristlose Künd aus besonders wichtigem Grund zulässig sein kann, so etwa bei Diebstahl, Betrug oder anderen Straftaten, die einen Vertrauensbruch darstellen sowie bei einer grob fahrlässigen Verletzung der arbeitsvertraglichen Pflichten (Art. 7:678 BW). Der wichtige, dringende Grund muss **erheblich** sein und muss dem AN – vorzugsweise schriftlich – mitgeteilt werden. Der Grund muss so erheblich sein, dass die sofortige und unwiderrufliche Beendigung des Arbverh als gerechtfertigt erscheint. Der AG ist gehalten, die Künd unverzüglich nach Kenntniserlangung auszusprechen. Jede Verzögerung des Ausspruchs der Künd kann als Nachweis dafür gelten, dass der Grund als nicht erheblich anzusehen ist. Der AG kann eine solche Verzögerung jedoch aus Gründen weiterer Nachforschungen oder des Aufsuchens eines Rechtsberaters rechtfertigen.

109 Greift der AN die Künd vor dem ArbG an, so muss der **AG darlegen und beweisen**, dass ein wichtiger Grund vorlag. Das Gericht kann entscheiden, dass es den Grund als nicht ausreichend ansieht und die fristlose Künd daher unwirksam war. Dem AN wäre bei einer solchen Entscheidung des Gerichts sein Gehalt für den Zeitraum seit der außerordentlichen Künd nachzuzahlen. Die Entwicklung in der Rspr. geht in den letzten Jahren dahin, den AN vor einer fristlosen Künd zu schützen, so dass an das Vorliegen des wichtigen Grundes hohe Anforderungen gestellt werden.

3074 *Pusch*

V. Arbeitnehmer mit Sonderkündigungsschutz

Es ist nicht zulässig, AN zu kündigen, die in bestimmten Positionen beschäftigt sind oder die bestimmte Voraussetzungen erfüllen, so z.B. schwangere AN, AN, die ihren Militärdienst ableisten, die Mitglieder des BR sind oder solche, die krank sind (innerhalb der zweijährigen Frist), Art. 7:670 BW. Wird dennoch eine Künd ausgesprochen, so kann der betroffene AN die Nichtigkeit der Künd durch schriftliche Erklärung gegenüber dem AG geltend machen. Leistet dieser keine Abhilfe (Rücknahme der Künd bzw. Wiedereinstellung), so kann der AN Klage bei dem zuständigen Gericht einreichen.

VI. Einvernehmliche Beendigung des Arbeitsverhältnisses

Der Arbeitsvertrag kann auch im gegenseitigen Einvernehmen beendet werden. Es ist empfehlenswert, eine solche Vereinbarung schriftlich festzuhalten und von beiden Parteien unterzeichnen zu lassen. Dabei muss sichergestellt sein, dass der AN sich über den Inhalt und die Tragweite der Vereinbarungen im Klaren ist und aus freiem Willen gehandelt hat, da eine Aufhebungsvereinbarung die Inanspruchnahme von Alg erschweren kann. In der Praxis wird sich ein AN nur dann bereit erklären eine Aufhebungsvereinbarung zu unterzeichnen, wenn er dafür ein „Abfindungspaket" erhält. Da dies jedoch zu Einbußen beim Alg führen kann, wird oftmals formal der Weg einer Künd unter Beteiligung des CWI oder des zuständigen Gerichts eingeschlagen. Es handelt sich hierbei um ein Standardvorgehen, bei dem sich der AN formal gegen die Künd wehrt, um seine Ansprüche auf Alg zu bewahren. Dieses Vorgehen wird auch von den zuständigen Behörden grds. anerkannt, die selbst prüfen, ob dem AN Ansprüche auf Alg zustehen.

VII. Die Auflösung des Arbeitsverhältnisses durch das Gericht

Jede der Arbeitsvertragsparteien kann bei dem zuständigen Gericht die Auflösung des Arbverh beantragen, wenn ein wichtiger Grund vorliegt (Art. 7:685 BW). Ein solcher Grund kann jeder Grund sein, der zur außerordentlichen Künd berechtigen würde, sofern dieser nicht zuvor Grundlage für eine fristlose Künd war, aber auch jede Änderung der Gesamtumstände, die dazu führt, dass das Arbverh fristlos oder unter Einhaltung einer kurzen Künd-Frist beendet werden sollte. Das gerichtliche Auflösungsverfahren wird oftmals genutzt, um das Verfahren zur Erlangung der Zustimmung des CWI sowie die Einhaltung von Künd-Fristen zu vermeiden. Sämtliche relevanten Tatsachen, die die beantragte Auflösung rechtfertigen, müssen vorgebracht und substantiiert werden. Jede Partei hat das Recht, gehört zu werden. Falls das Gericht die Auflösung des Arbverh ausspricht, so legt es gleichzeitig ein Beendigungsdatum fest. Eine rückwirkende Auflösung ist ausgeschlossen. Eine Zustimmung des CWI oder die Einhaltung der einschlägigen Künd-Frist ist nicht erforderlich.

Gibt das Gericht dem Auflösungsantrag statt, weil sich die Umstände des Arbverh grundlegend geändert haben, so kann es dem AN auch eine Abfindung zusprechen. Dies geschieht dann, wenn das Gericht die Zahlung einer Abfindung nach den Umständen für angemessen hält.

VIII. Offensichtlich unwirksame Kündigung

Falls eine Künd trotz Einhaltung der gesetzlichen Vorschriften, der Vorgaben in Kollektivvereinbarungen und der individualvertraglichen Vereinbarungen „**offensichtlich unbegründet**" ist, kann der AN bei dem Gericht einen **Antrag auf Entschädigung** stellen (Art. 7:681 BW). Eine Künd ist offensichtlich unwirksam, wenn die angegebenen Künd-Gründe falsch sind oder dem AN keine angemessene Abfindung angeboten wurde. Der AN kann entweder Zahlung einer Abfindung oder Weiterbeschäftigung verlangen, wobei letzteres nur in seltenen Fällen vom Gericht angeordnet wird. Ein solcher Anspruch kann innerhalb von sechs Monaten nach Beendigung des Arbverh bei Gericht geltend gemacht werden.

IX. Massenentlassungen

Das Gesetz über die Anzeige von Massenentlassungen von 1976 („*Wet Melding Collectief Ontslag*") enthält eine Reihe von Verfahrensvorschriften, die im Falle einer Massenentlassung berücksichtigt werden müssen, um vom CWI die erforderliche Zustimmung zu den Entlassungen zu bekommen. Das Gesetz findet Anwendung, wenn ein AG plant, mind. 20 AN innerhalb des Zuständigkeitsgebiets eines CWI innerhalb von drei Monaten zu entlassen. Kündigt der AG, ohne zuvor die Zustimmung vom CWI erhalten zu haben, so sind die Künd nichtig. Die betroffenen AN können Weiterbeschäftigung und Fortzahlung ihrer Bezüge verlangen, bis der AG erneut, ordnungsgemäß, die Künd ausspricht.

X. Abfindungszahlung

Es gibt keine gesetzlichen Regelungen über die Zahlung oder die Höhe von Abfindungen. Abfindungen können entweder als Einmal-Betrag oder aber auch in wiederkehrenden Raten als Ergänzung zum Alg oder zu einem geringeren Verdienst bei einem neuen AG gezahlt werden. Derartige wiederkehrende Ergänzungszahlungen sind insb. bei Massenentlassungen üblich. Bei individuellen Künd wird i.d.R. – insbesondere bei AN in gehobenen Positionen – die Zahlung einer einmaligen Abfindungssumme vereinbart. Seit Januar 1997 findet bei einer Auflösung des Arbverh durch das Gericht die sog. **Kantonalrechtsformel** (*„kantonrechtersformule"*) Anwendung. Danach hat ein AN Anspruch auf Abfindung in Höhe eines Monatsgehalts für jedes Beschäftigungsjahr, wobei das Monatsgehalt sich auf der Grundlage von $^1/_{12}$ des Jahreseinkommens, bestehend aus dem monatlichen (Grund-) Gehalt, dem Urlaubsgeld (8 %, siehe Rn 96), vereinbarten Bonuszahlungen (Weihnachtsgeld, 13. Monatsgehalt etc.) sowie Überstunden und Überstundenzuschlägen errechnet. In Ausnahmefällen können auch weitere Faktoren berücksichtigt werden. Seit dem 1.1.2009 werden die Beschäftigungsjahre nach folgenden Faktoren berechnet: Die Beschäftigungsjahre vor Beendigung des 35. Lebensjahres zählen „0,5", die Beschäftigungsjahre zwischen dem 35. und dem 40. Lebensjahr zählen „1", die Beschäftigungsjahre zwischen dem 40. und dem 55. Lebensjahr zählen „1,5" und die Beschäftigungsjahre ab dem 55. Lebensjahr zählen „2". Ein Korrekturfaktor wird angewendet, wenn eine Partei für die Beendigung des Arbverh überwiegend verantwortlich ist.

D. Arbeitnehmerbeteiligung

I. Arbeitnehmervertreter

117 **1. Allgemeine Anmerkungen.** Das Gesetz über BR (*„Wet op de Ondernemingsraden"*, nachfolgend „WOR") ist das wichtigste Gesetz zur AN-Mitbestimmung in den Niederlanden. Die Regelungen des Gesetzes finden auch auf Zweigstellen und Niederlassungen Anwendung, sofern sie unter den Betriebsbegriff des Gesetzes fallen. Der „**Betrieb**" ist nach den Bestimmungen des WOR eine unabhängige Organisationseinheit im Unternehmen, in der auf der Grundlage von Arbverh Arbeitsleistungen erbracht werden. Das Gesetz sieht vor, dass in Betrieben mit mind. 50 AN ein BR zu bilden, in Betrieben mit 10 bis 49 AN ein Personalausschuss (*„Personeelsvertegenwoordiging"*) zu bestimmen und in Betrieben mit weniger als zehn AN jährlich zweimal eine Personalversammlung abzuhalten ist.

118 **2. Betriebrat.** Besteht ein BR, hat dieser bestimmte Informations- und Beratungsrechte, das Recht auf Anhörung bei bestimmten Entscheidungen des AG sowie ein Recht auf Beteiligung bei der Durchführung der im Gesetz genannten Maßnahmen in Bezug auf die Arbeitsbedingungen. Zusätzlich hat der BR das Recht auf Anhörung bei der Bestellung und Abberufung von Geschäftsführern oder Mitgliedern des Vorstandes des AG. Handelt es sich bei dem Betrieb um ein sog. Großunternehmen und damit um ein Unternehmen mit einem AR, so hat der BR auch ein Recht auf Mitbestimmung bei der Besetzung des AR.

119 **3. Personalausschuss.** In Betrieben mit zehn bis 49 AN besteht keine gesetzliche Pflicht zur Bildung eines BR. Eine solche Verpflichtung kann sich aber aus einem Kollektivvertrag ergeben. Ein BR kann auch auf freiwilliger Basis errichtet werden, hat dann jedoch dieselben Rechte und Pflichten wie der obligatorische BR. Darüber hinaus sieht das Gesetz für Betriebe in der genannten Größe die Möglichkeit vor, einen Personalausschuss zu bilden, der aus mind. drei Mitgliedern (AN) besteht, die von den AN bestimmt werden. Der AG ist auf Antrag der Mehrheit der AN verpflichtet, einen Personalausschuss einzuführen. Der Personalausschuss hat Informations-, Beratungs- und Zustimmungsrechte, die jedoch begrenzter sind als die eines BR.

120 **4. Personalversammlung.** In Betrieben, in denen weder ein BR noch ein Personalausschuss besteht, muss der AG die Rechte, die er sich gegenüber einem Personalausschuss zu wahren wären, durch Durchführung einer Personalversammlung wahren. Jedoch bestehen in diesem Fall nur eingeschränkte Informationsrechte der AN und kein Recht auf Zustimmung vor der Durchführung bestimmter Maßnahmen. Der AG ist verpflichtet, mind. zweimal im Jahr eine Personalversammlung für alle diejenigen AN durchzuführen, die seit mind. sechs Monaten dem Betrieb angehören. AN, die weniger als sechs Monate bei dem AG beschäftigt sind, haben kein Recht, an der Personalversammlung teilzunehmen. Einmal jährlich muss der AG die Arbeitnehmerschaft in der Personalversammlung über die finanzielle Situation und wirtschaftliche Entwicklung informieren.

121 **5. Kleinstbetriebe.** Die Geschäftsführung eines Betriebes mit weniger als zehn AN, in dem kein BR besteht, kann einen Personalausschuss errichten lassen. Diesem stehen jedoch nur sehr eingeschränkte Informations- und Beratungsrechte zu.

122 **6. Gewerkschaften.** Die Niederlande verfügt über eine lange gewerkschaftliche Tradition. Es gibt drei einflussreiche Gewerkschaftsvereinigungen in den Niederlanden: Den FNV (der Niederländische Gewerkschaftsbund), der 14 Gewerkschaften vereinigt, den CNV (Christlicher Gewerkschaftsbund in den Niederlanden) und den MHP (Gewerkschaftsbund für Intermediate und höhere/leitende Ang). Diese drei Vereinigungen werden in verschiedenen Institutionen repräsentiert, so z.B. in der Stiftung der Arbeit (*„Stichting van de Arbeid"*), einem (privatrechtlichen) nationalen Beratungsorgan der drei zentralen AG-Verbände und der drei zentralen AN-Verbände in den Niederlanden. Die Stiftung der Arbeit wurde im Mai 1945 gegründet und ist ein Beratungsgremium, jedoch ohne Einfluss auf die Regierung. Auf Wunsch der Regierung kann die Stiftung der Arbeit diese aber auch in arbeitsrechtlichen Fragen beraten. Die drei Gewerkschaftsvereinigungen haben jeweils auch einen Sitz im Sozial- und Wirtschaftsrat. Der Sozial- und Wirtschaftsrat ist das wichtigste Beratergremium der Regierung in Fragen der nationalen und internationalen Sozial- und Wirtschaftspolitik. Der Sozial- und Wirtschaftsrat repräsentiert sowohl die Interessen der Gewerkschaften als auch der Industrie. Als regierungsunabhängiges Gremium, das von der Industrie finanziert wird, kann der Rat in allen Fragen mit Sozial- und Wirtschaftsbezug – auf Anfrage oder auch von sich aus – beraten. Die meisten Gewerkschaften beschränken sich nicht auf das Verhandeln von TV. In Fällen von Massenentlassungen und Restrukturierungen von Unternehmen vertreten die Gewerkschaften die AN oftmals auch bei der Verhandlung von Sozialplänen.

II. Kollektive Vereinbarungen

1. Abschluss kollektiver Vereinbarungen – Tarifverträge. Ca. 80 % aller Arbeitsverträge in den Niederlanden werden mittelbar oder unmittelbar durch kollektive Vereinbarungen geregelt. Diese enthalten vorwiegend Regelungen zu Löhnen und Gehältern, Urlaub, Arbeitszeit, (vorgezogene) Altersversorgung sowie Regelungen über Künd und andere soziale Angelegenheiten. Kollektive Vereinbarungen unterfallen bestimmten Gesetzen. Das wichtigste ist das Gesetz über Kollektive Vereinbarungen aus dem Jahre 1927, das die Definition einer Kollektivvereinbarung enthält. Eine solche kann von einem AG oder einem Zusammenschluss von AG auf der einen Seite und einer oder mehreren AN-Vereinigungen auf der anderen Seite abgeschlossen werden. Das bedeutet, dass ein BR keine Kollektivvereinbarung im Sinne dieses Gesetzes mit einem AG abschließen kann. Demzufolge kommen einer mit einem BR abgeschlossenen Vereinbarung nicht dieselben rechtlichen Wirkungen zu wie einer Kollektivvereinbarung.

2. Anwendbarkeit von Tarifverträgen. Ein TV kann auf verschiedenen Wegen Anwendung finden. Jeder AG, der entweder allein oder als Mitglied einer AG-Vereinigung einen TV abschließt, ist gesetzlich verpflichtet, diesen auf sämtliche Arbverh anzuwenden. Auf AN, die Mitglied der abschließenden Gewerkschaft sind, finden die Regelungen des TV aufgrund der Tarifbindung unmittelbar Anwendung. Diese Arbverh können nicht von den Regelungen der Kollektivvereinbarung abweichen; abweichende Regelungen sind unwirksam und entfalten keine Geltung. Insgesamt sind ca. 28 % aller niederländischen AN Mitglied in einer Gewerkschaft.

AN, die nicht Mitglied in einer Gewerkschaft sind, fallen nicht unter den TV. Dennoch ist der AG von Gesetzes wegen verpflichtet, den TV auch auf diese Arbverh anzuwenden. In der Regel wird der Arbeitsvertrag auf die Anwendung der tarifvertraglichen Bestimmungen verweisen.

Darüber hinaus besteht die Möglichkeit, dass ein AG, der selbst nicht, auch nicht über eine Mitgliedschaft in einer AG-Vereinigung, am Abschluss einer Kollektivvereinbarung beteiligt war, gesetzlich verpflichtet ist, diese anzuwenden. Im Jahre 1937 wurde das Gesetz über die allgemeinverbindliche Wirkung von Kollektivvereinbarungen verabschiedet. Dieses Gesetz enthält Regelungen, die es ermöglichen, dass die Kollektivvereinbarungen auch auf Außenseiter Anwendung finden. Falls eine Kollektivvereinbarung Anwendung die Mehrheit der Arbverh in einem bestimmten Industrie- oder Handelszweig findet, so kann der Arbeits- und Sozialminister die Entscheidung treffen, die Kollektivvereinbarung auf sämtliche Arbverh dieser Branche auszudehnen. Diese Entscheidung kann jedoch nur dann erfolgen, wenn eine der beiden Parteien, die die Kollektivvereinbarung abgeschlossen hat, dies beantragt.

Länderbericht Spanien[1]

A. Einführung 127	6. Urlaub und Abwesenheiten 144
B. Generelle Regelungen 129	C. Die Beendigung des Arbeitsverhältnisses 146
I. Grundsätze 129	I. Arten der Kündigung 147
II. Der Arbeitsvertrag 134	1. Kündigung aus objektiven Gründen 149
1. Allgemeine Anmerkung 134	2. Kündigung aus disziplinarischen Gründen 151
2. Arten von Arbeitsverträgen 135	3. Massenentlassung 152
a) Unbefristete/befristete Arbeitsverträge 135	4. Kündigung durch den Arbeitnehmer 156
b) Vollzeit-/Teilzeitarbeitsverträge 138	II. Streitigkeiten über die Wirksamkeit der Kündigung 157
c) Staatlich geförderte Verträge mit besonderen Arbeitnehmergruppen 139	D. Dienstverträge mit Führungskräften 163
	E. Kollektives Arbeitsrecht 165
d) Arbeitsverträge mit Führungskräften 140	I. Arbeitnehmer-Vertretungen 165
3. Probezeit 141	II. Tarifverträge 166
4. Löhne und Gehälter 142	F. Rechtsweg in arbeitsrechtlichen Streitigkeiten 167
5. Arbeitszeit und Überstunden 143	

A. Einführung

127 Das wichtigste Gesetz im Bereich des Arbeitsrechts ist das **AN-Statut** (*„Estatuto de los Trabajadores"*). Das AN-Statut definiert die Rechte von AN und AG und trifft Regelungen zum Inhalt von Arbverh, zur Durchführung von Künd und zum Tarifrecht. Ergänzend bestehen spezielle gesetzliche Regelungen für die verschiedenen Industriezweige sowie für verschiedene Gruppen von AN, wie z.B. Handelsvertreter, Hausangestellte, Künstler und Führungskräfte.

128 Weitere wichtige **Rechtsquellen** sind Tarif- und Arbeitsverträge. TV existieren sowohl als Firmen-TV als auch als Branchen-TV für bestimmte Industriezweige. Ihr Geltungsbereich erfasst teilweise ganz Spanien, teilweise ist er auf eine Region beschränkt. Darüber hinaus bestehen spezielle VO, die etwa die Arbeitszeit, Maßnahmen zum Gesundheitsschutz und Sicherheit am Arbeitsplatz in bestimmten Industriezweigen und die Beilegung von Streitigkeiten in Arbeitssachen regeln.

B. Generelle Regelungen

I. Grundsätze

129 Das spanische Arbeitsrecht dient in erster Linie dem Schutz der AN-Rechte.

Folgende Grundsätze sind dabei besonders hervorzuheben:

130 – **Mindestalter**: Generell ist es Personen unter 16 Jahren untersagt zu arbeiten. Darüber hinaus gibt es Regelungen zum Schutze von Personen unter 18 Jahren, so etwa das Verbot, Überstunden zu leisten oder nachts zu arbeiten sowie das Verbot, bestimmte gefährliche oder gesundheitsgefährdende Tätigkeiten zu übernehmen.

131 – **Prinzip der günstigsten Rechtslage**: Günstigere als die vertraglichen Arbeitsbedingungen können als erworbene Rechte gelten und vom AG nicht einseitig aufgehoben werden, wenn sie für die AN für einen bestimmten Zeitraum Anwendung gefunden haben.

132 – **Prinzip der günstigsten Regelung** (*„pro operario"*-Grundsatz): Da das spanische Recht im Grundsatz den AN schützen möchte, gilt im Zweifel die für den AN günstigste Regelung bzw. Auslegungsvariante.

133 – **Keine Diskriminierung**: Das AN-Statut sieht in Umsetzung der EU-RL 2002/73/EC ein generelles Diskriminierungsverbot vor, sowohl während des Prozesses der Einstellung als auch während des laufenden Arbverh und dessen Beendigung. Das Verbot geht über die EU-Vorgaben hinaus und umfasst jegliche Diskriminierung aufgrund des Geschlechts, des Familienstandes, des Alters, der Rasse, des sozialen Status, der Religion oder der politischen Weltanschauung, der Mitgliedschaft in einer Gewerkschaft oder aufgrund einer der verschiedenen offiziellen Sprachen in Spanien. Auch ist eine Diskriminierung aufgrund körperlicher oder geistiger Behinderung verboten, soweit der Bewerber alle für die Tätigkeit erforderlichen Anforderungen erfüllt.

II. Der Arbeitsvertrag

134 **1. Allgemeine Anmerkung.** Arbeitsverträge können sowohl mündlich als auch schriftlich abgeschlossen werden. In bestimmten Fällen empfiehlt es sich jedoch den Vertrag schriftlich niederzulegen, z.B. bei Teilzeit-Arbverh, bei befristeten Verträgen oder bei Ausbildungsverhältnissen. Wurde eine abweichende Vereinbarung nicht schriftlich niedergelegt, so wird der Abschluss eines unbefristeten Vollzeit-Arbverh unterstellt, es sei denn, die abweichende Vereinbarung kann bewiesen werden. Jeder Arbeitsvertrag sollte Angaben zu folgenden Punkten enthalten: Name

---

[1] Zu diesem Länderbericht hat *Jorge Aranaz*, CUATRECASAS (Madrid) beigetragen.

und Bezeichnung der Vertragsparteien, Anschrift des AG, Beginn des Arbverh, Tätigkeit des AN, Gehalt und zusätzliche Vergütungen, Regelung über die Fälligkeit der Gehaltszahlung, Arbeitszeit, Urlaubstage, Künd-Frist und (sofern der Fall) die Bezeichnung des einschlägigen TV.

2. Arten von Arbeitsverträgen. a) Unbefristete/befristete Arbeitsverträge. Arbeitsverträge können sowohl **unbefristet** als auch **befristet** abgeschlossen werden. Das AN-Statut geht im Grundsatz vom Abschluss eines unbefristeten Arbeitsvertrages aus, es sei denn, es liegen besondere Umstände vor, die eine Befristung des Vertrages rechtfertigen. Das Gesetz unterscheidet die folgenden **Befristungsmöglichkeiten**:
– Verträge für die Dauer eines bestimmten Projekts oder zur Erbringung einer bestimmten Leistung,
– Verträge für die Dauer des Bestehens eines Produktionsüberhangs,
– Verträge zur Vertretung eines anderen AN,
– Ausbildungs- und Praktikumsverträge.

Befristungen aus anderen als den genannten Gründen sind nicht anerkannt und führen dazu, dass der Arbeitsvertrag als unbefristet abgeschlossen betrachtet wird. Ein befristeter Arbeitsvertrag ist nur dann wirksam, wenn er den vorübergehenden Betriebserfordernissen begegnet. Er darf nicht zur Vermeidung von unbefristeten Arbeitsverträgen geschlossen werden.

Jeder Verstoß gegen die gesetzlichen Bestimmungen zur Befristung, wie z.B. Befristung ohne Vorliegen eines Befristungsgrundes oder Weiterbeschäftigung nach Ablauf der Befristung, führt dazu, dass das Arbverh als auf unbestimmte Zeit geschlossen gilt. Für den Fall, dass ein befristeter Arbeitsvertrag auf ein Jahr befristet ist, muss der AG den AN 15 Tage vor Ablauf der Frist über die bevorstehende Beendigung informieren; andernfalls ist er verpflichtet, dem AN für 15 Tage Fortzahlung seines Gehalts zu leisten.

b) Vollzeit-/Teilzeitarbeitsverträge. Des Weiteren können Arbeitsverträge für eine **Vollzeittätigkeit** oder eine **Teilzeittätigkeit** abgeschlossen werden. Teilzeitbeschäftigte genießen dieselben Rechte wie Vollzeitbeschäftigte; bezüglich teilbarer Rechte, d.h. Rechte, die den AN teilbare Leistungsansprüche gewähren, genießen sie anteilige Rechte proportional zu ihrer Arbeitszeit.

c) Staatlich geförderte Verträge mit besonderen Arbeitnehmergruppen. Um Anreize für den Abschluss unbefristeter Verträge mit bestimmten AN-Gruppen zu geben, sieht das Gesetz beim Abschluss unbefristeter Arbeitsverträge mit z.B. Behinderten, Frauen und AN über 45 Jahren eine Reduzierung der AG-Anteile zur Sozialversicherung vor.

d) Arbeitsverträge mit Führungskräften. Auf Arbeitsverträge mit Führungskräften finden besondere Vorschriften Anwendung. Sie unterscheiden sich von gewöhnlichen Arbeitsverträgen dadurch, dass sie weitaus **flexibler** gestaltet werden können, insb. im Hinblick auf die Arbeitszeit, auf Arbeitsbedingungen und auf die Vergütung. **Führungskräfte** sind solche AN, die Vollmachten besitzen, welche üblicherweise dem Unternehmensinhaber zustehen und in Verbindung zu den Zielen des Unternehmens stehen. Er muss seine Tätigkeit selbstständig und bei voller Verantwortung wahrnehmen. Hierbei wird er allein durch die unmittelbaren Vorgaben und Anweisungen der höchsten Geschäftsleitungsorgane eingeschränkt. Eine Führungskraft ist unmittelbar dem GF („*administrador*") oder Vorstand („*consejo de administración*"), mithin den Organen des Unternehmens unterstellt.

3. Probezeit. Es steht den Parteien des Arbeitsvertrages frei, eine Probezeit zu vereinbaren. Sofern der jeweils anwendbare TV keine andere Regelung vorsieht, darf die Probezeit nach der allg. Regelung des AN-Statuts höchstens
– sechs Monate für Akademiker
– zwei Monate für alle anderen AN

betragen. Für Ausbildungsverträge und besondere Formen von Anstellungsverhältnissen (Heimarbeiter, Führungskräfte etc.) bestehen gesonderte Regelungen über die Probezeit. Während der Probezeit kann das Arbverh von beiden Seiten ohne Angabe von Gründen gekündigt werden. Für ihre Wirksamkeit bedarf die Probezeitregelung der schriftlichen Vereinbarung.

4. Löhne und Gehälter. Grds. unterliegen die Löhne und Gehälter der Vereinbarung der Parteien. TV und von der Regierung festgelegte absolute Untergrenzen schränken die Gestaltungsfreiheit der Parteien ein. Im Regelfall werden in den unterschiedlichen Branchen Mindestlöhne, ebenso wie jährliche Sonderzahlungen, in TV festgelegt. Darüber hinaus wird von der Regierung jährlich ein **gesetzlicher Mindestlohn** festgesetzt, der auch durch TV nicht unterschritten werden darf. Dieser betrug bei Zahlung von zwölf Monatsgehältern zzgl. zweier Sonderzahlungen in Höhe von jeweils einem Monatsgehalt im Jahr 2004 für alle AN über 18 Jahre 490,80 EUR pro Monat.

5. Arbeitszeit und Überstunden. Die Dauer der täglichen Arbeitszeit richtet sich nach dem Individualarbeitsvertrag oder wird durch TV bestimmt. Das Gesetz geht von einer regelmäßigen Verteilung der Arbeitszeit aus. Dennoch kann eine unregelmäßig über das Jahr verteilte Arbeitszeit im TV oder mit den AN-Vertretern im Betrieb vereinbart werden. Im Jahresdurchschnitt darf die **wöchentliche Arbeitszeit** jedoch nach den gesetzlichen Vorgaben **40 Stun-**

den nicht überschreiten. Mit Ausnahme von besonderen Fällen dürfen **Überstunden** (also all jene Stunden, die über die gesetzlich oder vertraglich vereinbarte Arbeitszeit hinaus geleistet werden) nur freiwillig geleistet werden und 80 Stunden im Jahr nicht überschreiten. Falls die Vergütung im TV oder im Arbeitsvertrag vereinbart ist, darf die Überstundenvergütung nicht geringer ausfallen als die normale Vergütung. Es ist auch möglich, die Überstunden innerhalb von vier Monaten nach Ableistung der Überstunden durch Freizeit auszugleichen. Überstunden, die durch Freizeitgewährung ausgeglichen wurden, werden bei der Berechnung, ob die jährliche Höchstgrenze von 80 Stunden eingehalten wurde, nicht berücksichtigt.

144 **6. Urlaub und Abwesenheiten.** Das AN-Statut sieht einen **jährlichen Urlaub** von 30 Kalendertagen vor. Wann der Urlaub genommen wird, kann zwischen dem AN und seinem AG abgestimmt werden, sollte sich aber an den betrieblichen Bedürfnissen ausrichten. Der AN sollte mind. zwei Monate im Voraus informiert werden, ob er in dem gewünschten Zeitraum Urlaub nehmen kann. Das „Abkaufen" des Urlaubs ist vom Gesetz ausdrücklich untersagt. Einzige Ausnahme ist der Fall der Künd des Arbverh, bei dem AN der Urlaub zusammen mit der Abfindungszahlung ausgezahlt wird. Des weiteren verfällt jeglicher Urlaub, der nicht bis zum Ende eines Jahres genommen wurde, es sei denn, AN und AG haben etwas anderes vereinbart.

145 AN haben in besonderen Fällen Anspruch auf bezahlten **Sonderurlaub**, so z.B. bei Heirat, gewerkschaftlichen Verpflichtungen, bei Wahrnehmung unvermeidbarer privater oder öffentlicher Pflichten (Wahlen), Geburt, Stillzeiten, Umzug, ernsthafter Erkrankung, Krankenhausaufenthalt oder Tod naher Verwandter (bis zum zweiten Grad). Die Dauer des bezahlten Sonderurlaubs wird i.d.R. in TV geregelt.

C. Die Beendigung des Arbeitsverhältnisses

146 Arbverh können außer durch Künd durch Aufhebungsvertrag, durch Zeitablauf bei befristeten Arbeitsverträgen oder durch Erreichen des Ruhestandsalters beendet werden. Diese Beendigungsformen geben i.d.R. keinen Anlass zu Streitigkeiten.

I. Arten der Kündigung

147 Will der AG ein Arbverh durch Künd beenden, muss einer der drei gesetzlichen Künd-Gründe vorliegen:
- Künd aus objektiven Gründen,
- Künd aus disziplinarischen Gründen,
- Massenentlassung.

148 Bei jeder Künd sind jeweils bestimmte Formalitäten und Verfahren einzuhalten. Ist ein AN- oder Gewerkschaftsvertreter von der Künd betroffen, ist ein sog. Streitverfahren einzuleiten. Bei letzteren sind auch Mitglieder der Gewerkschaft anzuhören. Die Anforderungen an eine Künd können durch TV erhöht werden.

149 **1. Kündigung aus objektiven Gründen.** Die Gründe für eine solche Künd können sein:
- die sich nach dem Eintritt des AN in das Unternehmen herausstellende oder auftretende Ungeeignetheit, die vertraglich geschuldete Tätigkeit auszuführen;
- die Unfähigkeit des AN, sich an technische Veränderungen anzupassen;
- das Überschreiten bestimmter Fehlzeiten, auch im Falle, dass diese jeweils gerechtfertigt waren;
- bei unbefristeten Verträgen, die unmittelbar mit öffentlichen Behörden oder gemeinnützigen Einrichtungen für eine bestimmte Tätigkeit oder für einen bestimmten Zweck abgeschlossen wurden, der Wegfall der hierfür bereitgestellten zweckgebundenen Mittel.

150 Im Falle einer Künd aus objektiven Gründen ist ein bestimmtes **Verfahren** einzuhalten. Auch wenn Künd-Fristen nicht geregelt sind, so ist der AG dennoch gehalten, die Künd mind. 30 Tagen vor ihrem Wirksamwerden auszusprechen oder er ist verpflichtet, das Gehalt für diesen Zeitraum fortzuzahlen. Gleichzeitig mit der schriftlichen Erklärung der Künd ist der AG zur Zahlung einer **Abfindung** verpflichtet, die mind. 20 Tagesgehältern pro Beschäftigungsjahr und maximal einem Jahresgehalt entspricht.

151 **2. Kündigung aus disziplinarischen Gründen.** Die Künd aus disziplinarischen Gründen kann aufgrund einer arbeitnehmerseitigen groben Verletzung vertraglicher Pflichten ausgesprochen werden. Das AN-Statut nennt eine Reihe von Verhaltensweise, die eine solche Künd rechtfertigen:
- wiederholtes unentschuldigtes Fernbleiben von der Arbeit,
- Nichtbefolgung von Arbeitsanweisungen,
- körperliche oder verbale Angriffe auf den AG,
- Bruch der Vertragstreue oder Missbrauch des Vertrauens,
- vorsätzliche Verringerung der eigenen Leistungsfähigkeit,
- gewohnheitsmäßiger Drogen- oder Alkoholkonsum, der die Leistungsfähigkeit nachteilig beeinflusst.

Der AG muss dem AN die Künd schriftlich mitteilen. Das Künd-Schreiben muss den Grund und das Datum, zu dem das Arbverh beendet werden soll, enthalten.

3. Massenentlassung. Eine Massenentlassung liegt vor, wenn die Künd auf wirtschaftliche, technische, organisatorische oder produktionsbedingte Gründe gestützt wird, die eine bestimmte Anzahl von AN innerhalb einer 90-tägigen Zeitspanne betrifft, mind. jedoch
- zehn AN in Unternehmen mit weniger als 100 AN,
- 10 % der AN in Unternehmen mit 100 bis 300 AN oder
- mehr als 30 AN in Unternehmen mit mehr als 300 AN

oder die gesamte Belegschaft, wenn die Anzahl der betroffenen AN fünf übersteigt und der Betrieb in seiner Gesamtheit stillgelegt wird.

Sind Massenentlassungen geplant, besteht für den AG die **Verpflichtung zur Durchführung von Verhandlungen** mit den AN-Vertretern bzw., falls es solche nicht gibt, den AN, die mind. 15 Tage (in Unternehmen mit weniger als 50 AN) bzw. 30 Tage andauern sollten. Der AG muss die AN-Vertreter bzw. die AN informieren und sich mit ihnen beraten. Die Verhandlungen sind mit dem Ziel zu führen, Vereinbarungen über die auszusprechenden Künd, insb. über die Höhe der Abfindungszahlungen, zu treffen. Die Arbeitsbehörde kann den Künd jedoch auch im Falle des Scheiterns der Verhandlungen zustimmen.

Als Folge der Künd hat jeder AN **Anspruch auf eine Abfindungszahlung**, die mind. 20 Tagesgehältern pro Beschäftigungsjahr, maximal einem Jahresgehalt entspricht. Höhere Abfindungen können mit den AN während der Verhandlungsphase vereinbart werden. Zahlungen, die über der gesetzlichen Mindestsumme liegen, sind steuerpflichtig. Gewählte AN-Vertreter genießen einen besonderen Künd-Schutz und sind zuletzt zu kündigen.

In das Verfahren im Falle der Massenentlassung ist zudem die zuständige Arbeitsbehörde einzubinden. Die Künd sind nur dann wirksam, wenn die **zuständige Arbeitsbehörde** diesen **zustimmt**. AN können sich bei dem Vorgesetzten der Arbeitsbehörde, die die Zustimmung erteilt hat, gegen die Künd wenden. Hat dies keinen Erfolg, kann Klage beim ArbG erhoben werden.

4. Kündigung durch den Arbeitnehmer. Darüber hinaus kann das Arbverh durch den AN gekündigt werden. Wurde die Künd durch arbeitgeberseitiges Fehlverhalten veranlasst, ist der AG auch hier verpflichtet eine Abfindung an den AN zu zahlen. Das Gesetz sieht als arbeitgeberseitiges Fehlverhalten
- die einseitige Veränderung der Arbeitsbedingungen durch den AG, die zu Nachteilen des AN führt bzw. die einen Eingriff in seine Würde darstellt,
- die vollständige oder teilweise wiederholte Einstellung der Gehaltszahlungen,
- jede andere grobe Pflichtverletzung, die es für den AN nicht zumutbar erscheinen lässt, das Arbverh aufrechtzuerhalten.

II. Streitigkeiten über die Wirksamkeit der Kündigung

Ein AN, dessen Arbverh aus objektiven oder disziplinarischen Gründen gekündigt wurde, kann die Entscheidung des AG innerhalb von 20 Werktagen nach Zugang der Künd gerichtlich angreifen. Zunächst muss jedoch ein **Anhörungsverfahren vor einer Einigungsstelle** durchgeführt werden, bei dem AG und AN versuchen sollen, zu einer gütlichen Einigung zu gelangen. Die Einleitung dieses Verfahrens unterbricht den Lauf der Klagefrist. Scheitert dieser Einigungsversuch, kann der AN Klage beim ArbG einreichen. Das Gericht wird dann eine der folgenden Entscheidungen treffen:

Wirksamkeit der Künd: Erachtet das Gericht die Künd für wirksam, so ist der AN im Falle der Künd aus disziplinarischen Gründen nicht berechtigt, eine Abfindungszahlung zu verlangen. Im Falle der Künd aus objektiven Gründen, ist das Arbverh beendet, hat der AN einen Anspruch auf die gesetzliche oder (tarif-)vertraglich geregelte Abfindung.

Unwirksamkeit der Künd: Wenn es keinen Grund gibt, der die Künd rechtfertigt oder das vorgeschriebene Verfahren nicht eingehalten wurde, so muss der AG entweder den AN **wieder einstellen**. Verweigert der AG die Wiedereinstellung, so ist er verpflichtet, dem AN eine **Abfindung** in Höhe von 45 Tagesgehältern pro Beschäftigungsjahr, höchstens jedoch 42 Monatsgehälter sowie das regelmäßige Gehalt für die Dauer des Verfahrens zu zahlen. Abfindungen, die die gesetzliche Mindestabfindung nicht überschreiten, sind steuerfrei. Ist ein AN- oder Gewerkschaftsvertreter von der Künd betroffen, steht das Wahlrecht – Wiedereinstellung oder Beendigung mit Abfindungszahlung – ihm und nicht dem AG zu.

Im Falle der Unwirksamkeit der Künd ist der AG verpflichtet, den Lohn während des Prozesses fortzuzahlen, und zwar vom Tag der Künd bis zur Verkündung des Urteils (sog. Verfahrensgehalt), es sei denn, der AN hat zuvor einen neuen Arbeitsplatz gefunden. Möchte der AG die Zahlung des Verfahrensgehalts vermeiden, so sollte er die Unwirksamkeit der Künd binnen 48 Stunden nach deren Ausspruch anerkennen und die Abfindungssumme bei dem ArbG hinterlegen. Das Verfahrensgehalt ist dann nur bis zu dem Zeitpunkt der Hinterlegung zu zahlen. Falls der AN während dieser Zeit bereits Alg erhalten hat, so muss er dies, wenn der AG zur Nachzahlung des Gehalts verpflichtet wurde, an die zuständige Arbeitsbehörde zurückerstatten.

161 **Nichtigkeit der Künd**: Die Künd wird für nichtig erklärt, wenn:
- der Grund für die Künd eine Diskriminierung des AN nach den Maßstäben der spanischen Verfassung darstellt.
- der Ausspruch der Künd eine Verletzung von Grundrechten darstellt.
- die Künd einer AN während
  - der Freistellung von der Arbeit wegen Mutterschutzes,
  - einer Risikoschwangerschaft,
  - der Adoption eines Kindes,
  - einer Phase der Verringerung der Arbeitszeit aufgrund der Pflege eines Kindes oder eines Behinderten oder
  - während der Stillzeit erfolgt.
- der AG nicht die Formalitäten einer Künd aus objektiven Gründen einhält.

162 Liegt ein solcher Nichtigkeitsgrund vor, so ist der AG verpflichtet, den AN unverzüglich wiedereinzustellen und ihm das Gehalt bis zu diesem Zeitpunkt nachzuzahlen.

D. Dienstverträge mit Führungskräften

163 Auf Dienstverträge mit Führungskräften finden besondere Regelungen Anwendung. Der Hauptunterschied zu „gewöhnlichen" Arbeitsverträgen liegt darin, dass Verträge mit Führungskräften weniger Beschränkungen unterliegen als „gewöhnliche" Arbverh. Die Vertragsparteien sind damit sehr viel freier in der Ausgestaltung ihrer vertraglichen Beziehung. **Führungskräfte** werden definiert als AN, denen besondere Leitungsfunktionen übertragen wurden und die ihre Autorität weitestgehend unabhängig und in eigener Verantwortung ausüben und nur gegenüber der Geschäftsführung verpflichtet sind. Insb. im Bereich der Künd-Möglichkeiten unterliegen diese Arbverh kaum Restriktionen. Der AG kann das Arbverh ohne Vorliegen eines Grundes kündigen, muss jedoch eine Künd-Frist von mind. drei Monaten einhalten. Die Führungskraft hat dann Anspruch auf eine Abfindungszahlung in Höhe von sieben Tagesgehältern für jedes Beschäftigungsjahr, maximal jedoch auf sechs Monatsgehälter. Auch besteht die Möglichkeit, dass die Parteien vertraglich eine andere Abfindungsregelung vereinbaren (sog. *„golden parachute"*). Ebenso kann die Führungskraft das Vertragsverhältnis ohne Vorliegen eines Grundes mit einer Künd-Frist von drei Monaten jederzeit kündigen.

164 Alternativ kann auch eine Künd ausgesprochen werden, die durch die oben aufgezeigten Gründe gerechtfertigt ist (aus objektiven oder disziplinarischen Gründen). Falls die Künd durch ein Gericht als unwirksam erachtet wird, hat die Führungskraft einen Anspruch auf eine Abfindungszahlung in Höhe von 20 Tagesgehältern für jedes Beschäftigungsjahr, maximal jedoch ein Jahresgehalt, es sei denn, es wurde etwas anderes vertraglich vereinbart. Obwohl damit die gesetzliche Regelung für Führungskräfte eine geringere Abfindungszahlung vorsieht, wird diese in der Praxis regelmäßig aufgrund individueller Vereinbarungen höher liegen als bei normalen AN. Jegliche Abfindungszahlungen, die an Führungskräfte geleistet werden, sind von diesen zu versteuern.

E. Kollektives Arbeitsrecht

I. Arbeitnehmer-Vertretungen

165 Gewerkschaften vertreten die AN sowohl gebiets- als auch industriebezogen.

Auf Unternehmensebene wird die Belegschaft durch **Belegschaftsvertreter** (*„Delgados de Personal"*) oder durch **BR** (*Comités de Empresa*) vertreten, abhängig von der Zahl der Beschäftigten. Diese können, müssen aber nicht, einer Gewerkschaft angehören. Die Voraussetzungen für die Wahl einer AN-Vertretung sind Folgende:
- Unternehmen oder Betriebe mit mehr als zehn bis 30 AN können einen, Unternehmen oder Betriebe mit mehr als 30 aber weniger als 50 AN können drei Belegschaftsvertreter wählen,
- In Unternehmen oder Betrieben mit 50 oder mehr AN kann ein BR eingerichtet werden, der abhängig von der Anzahl der Beschäftigten aus fünf bis 65 Mitgliedern besteht.

Die Befugnisse und Zuständigkeiten der Belegschaftsvertreter bzw. des BR sind jeweils die gleichen und umfassen die Folgenden:
- vierteljährliches Informationsrecht: Der AG muss über die wirtschaftliche Situation des Unternehmens informieren, über Produktion, Umsatz und personelle Entwicklung,
- Offenlegung der Bilanz und des Jahresberichts in der gleichen Weise wie den Gesellschaftern,
- Informationsrecht hinsichtlich geplanter personeller Veränderungen (Entlassungen) sowie Fort- und Weiterbildungsprogramme, bevor der AG seine Entscheidungen umsetzt,
- Informationsrecht über geplante Transaktionen (Unternehmenskäufe, Verschmelzungen), sofern diese Auswirkungen auf die Anzahl der AN haben,
- Informationsrecht über relevante arbeitsrechtliche Fragen und Vorlagerechte (z.B. Musterarbeitsverträge, Sanktionen, Abwesenheitsstatistiken etc.),
- Überwachung der Einhaltung arbeitsrechtlicher Vorschriften.

Sowohl Belegschaftsvertreter als auch BR sind durch gesetzliche Bestimmungen in besonderem Maße gegen Künd und Sanktionen des AG geschützt.

II. Tarifverträge

TV können zwischen einzelnen oder mehreren AG bzw. AG-Vereinigungen auf der einen Seite und einer oder mehreren AN-Organisationen auf der anderen Seite abgeschlossen werden, die von den AN in Übereinstimmung mit dem nationalen Recht gewählt werden. TV können national, regional (für autonome Regionen), für Provinzen oder einzelne Unternehmen gelten. Im Regelfall werden sie für einen Zeitraum von ein bis zwei Jahren abgeschlossen, können jedoch verlängert werden. Im Allgemeinen regeln TV die Mindestarbeitsbedingungen, wie z.B. die Arbeitszeit, den Mindestlohn, die Verteilung der Gehälter, Eingruppierungen sowie Sanktionen im Falle von Pflichtverletzungen.

166

F. Rechtsweg in arbeitsrechtlichen Streitigkeiten

Generell gehört jede Rechtsstreitigkeit, die aus dem Arbverh erwächst, vor die ArbG. Nichtsdestotrotz müssen die Parteien zunächst versuchen, die Streitigkeit in einem Schiedsverfahren beizulegen. Erst wenn dieser Versuch gescheitert ist, kann eine der Parteien eine Klage bei dem zuständigen ArbG anhängig machen. Es ist an dieser Stelle noch einmal zu bemerken, dass das spanische Recht dazu tendiert, den AN-Rechten den Vorzug vor den Interessen des AG zu gewähren, so dass auch die Gerichte die Gesetze im Zweifel arbeitnehmerfreundlich interpretieren.

167

Länderbericht Tschechische Republik[1]

A. Einführung/Allgemeines	168	3. Sonderkündigungsschutz	189
B. Das Arbeitsverhältnis	170	III. Außerordentliche Kündigung	190
I. Begründung des Arbeitsverhältnisses	170	IV. Anhörung der im Betrieb vertretenen Gewerkschaft	192
1. Arbeitsvertrag	171	V. Spezielle Regelung für ernannte Arbeitnehmer	193
2. Ernennung oder Wahl	173	VI. Massenentlassung	194
II. Arten von Arbeitsverhältnissen	174	VII. Abfindungszahlung	196
III. Probezeit	176	VIII. Unwirksamkeit der Kündigung	197
IV. Wettbewerbsklausel	177	**D. Kollektives Arbeitsrecht**	198
V. Arbeitszeit und Überstunden	178	I. Gewerkschaften	198
VI. Vergütung und Mindestlohn	180	1. Abschluss von Kollektivvereinbarungen	199
VII. Urlaub, Mutterschutz und Erziehungsurlaub	181	2. Das Streikrecht	201
VIII. Diskriminierungsverbot	183	3. Rechte der Gewerkschaften im Betrieb	202
C. Die Beendigung des Arbeitsverhältnisses	184	II. Der Betriebsrat	205
I. Aufhebungsvereinbarung	185	III. Die Rechte der Arbeitnehmer in Bezug auf die Unternehmensmitbestimmung	206
II. Ordentliche Kündigung	186		
1. Kündigungsgründe	186	**E. Die Gerichtsbarkeit und das anwendbare Recht**	207
2. Kündigungsfrist	188		

A. Einführung/Allgemeines

168 Die Hauptquelle des tschechischen Arbeitsrechts ist das Gesetz Nr. 262/2006 Slg, das zum 1.1.2007 in Kraft getretene neue tschechische Arbeitsgesetzbuch. Es ersetzt das bis dahin geltende Arbeitsgesetzbuch aus dem Jahr 1965 sowie das aus dem Jahre 2004. Mit dem neuen Arbeitsgesetzbuch bezweckte der Gesetzgeber die Liberalisierung des Arbverh, so dass die Regelungen des neuen Arbeitsgesetzbuchs im Gegensatz zu den bisherigen Bestimmungen dem Grundsatz folgen *„was das Gesetz nicht verbietet, ist erlaubt"*. Weitere wichtige Rechtsquellen des Arbeitsrechts sind zudem das Gesetz Nr. 435/2004 Slg, über die Beschäftigung und das Gesetz Nr. 2/1991 Slg, über die Kollektivverhandlung. Daneben finden sich zahlreiche weitere arbeitsrechtliche Regelungen in anderen Gesetzen, Verordnungen und Kollektivvereinbarungen.

169 Die überwiegenden Vorschriften des Arbeitsgesetzbuchs sind **zwingend**, so dass von ihnen im Arbeitsvertrag nicht abgewichen werden kann.

B. Das Arbeitsverhältnis

I. Begründung des Arbeitsverhältnisses

170 Ein Arbverh kann auf zwei Arten entstehen: Durch **Abschluss eines Arbeitsvertrages** oder durch **Ernennung in die Funktion**. Mit Ausnahme einzelner spezieller gesetzlicher Regelungen für Arbverh aufgrund Ernennung gelten für diese dieselben Regelungen wie für Arbverh aufgrund eines Arbeitsvertrages.

171 **1. Arbeitsvertrag.** Das Gesetz schreibt vor, dass der Arbeitsvertrag **schriftlich** abgeschlossen werden muss. Die Nichteinhaltung der Schriftform führt jedoch nicht zur Unwirksamkeit. Es gibt drei Elemente, die ein Arbeitsvertrag enthalten muss:
- die Bezeichnung der Tätigkeit,
- den Arbeitsort und
- den Tag, an dem mit der Tätigkeit begonnen werden soll.

172 Sollte der Arbeitsvertrag keine darüber hinausgehenden Angaben zu den Rechten und Pflichten aus dem Arbverh enthalten, ist der AG verpflichtet, innerhalb eines Monats nach Beginn des Arbeitsvertrages dem AN schriftlich nachstehende Auskunft zu erteilen:
- Bezeichnung des AG und des AN,
- nähere Bestimmungen der der Arbeit und des Ortes der Arbeitsleistung,
- Angabe zur Dauer des Jahresurlaubs,
- Angabe der Kündigungsfristen,
- Angaben über das Gehalt und die Art und Weise der Vergütung, die Fälligkeit des Gehalts, den Termin der Gehaltszahlung, den Ort und die Art und Weise der Gehaltszahlung,
- Festlegung der wöchentlichen Arbeitszeit und der Verteilung der Arbeitszeit,
- Angabe über die Kollektivverträge, die die Arbeitsbedingungen regeln.

---

1 Der Länderbericht wurde unter Mithilfe von *Jan Koval/ Sochorová*, HAVEL & HOLÁSEK s.r.o. (Prag), erstellt.

Diese Informationspflicht besteht nicht, wenn das Arbverh für die Dauer von weniger als einem Monat geschlossen wurde.

2. Ernennung oder Wahl. Ein Arbverh setzt in bestimmten, vom Gesetz vorgesehenen Fällen vor Abschluss eines Arbeitsvertrags die Ernennung des AN voraus. Die Ernennung betrifft lediglich leitende Ang, die in einem **Arbverh zum Staat oder zu einer staatlichen Organisation** stehen.

II. Arten von Arbeitsverhältnissen

Arbeitsverträge können für eine **Vollzeittätigkeit** oder eine **Teilzeittätigkeit** abgeschlossen werden. Zudem können Arbeitsverträge sowohl **unbefristet** als auch **befristet** abgeschlossen werden.

Ein Arbeitsvertrag gilt als für eine unbestimmte Dauer abgeschlossen, es sei denn die Parteien haben ausdr. eine Befristungsabrede getroffen. Die Höchstdauer, auf die ein Arbeitsvertrag befristet werden kann bzw. auf die mehrere aufeinander folgende Arbeitsverträge befristet werden können, beträgt zwei Jahre. Das Gesetz verbietet, nacheinander befristete Arbeitsverträge (**Kettenarbeitsverträge**) ohne rechtlichen Grund abzuschließen. Kettenarbeitsverträge gelten als unbefristet abgeschlossen, es sei denn, es liegen mehr als sechs Monate zwischen den jeweiligen Verträgen. Das Gesetz sieht jedoch in Fällen, in denen ein anderer AN vorläufig vertreten werden muss, in denen dringende betriebliche Gründe eine längere Befristung erfordern oder in denen dies aufgrund der Eigenart der Tätigkeit oder wegen der Arbeit für eine AA geboten ist, Ausnahmen von dem Verbot von Kettenarbeitsverträgen vor. Die Ausnahmegründe sind in einer schriftlichen Vereinbarung mit der zuständigen Gewerkschaft zu konkretisieren. Ist keine Gewerkschaft im Unternehmen des AG vertreten, können Betriebsordnungen des AG eine solche Vereinbarung ersetzen.

Setzt der AN nach Ablauf der Befristung seine Tätigkeit mit Kenntnis des AG fort, so entsteht ein unbefristetes Arbverh.

III. Probezeit

Der Arbeitsvertrag kann eine Probezeit vorsehen. Diese darf eine Dauer von **drei Monaten** nicht übersteigen und ist spätestens am Tag der Arbeitsaufnahme schriftlich zu vereinbaren. Während der Probezeit können der AG und der AN das Arbverh jederzeit ohne Vorliegen eines Grundes kündigen. Eine Künd innerhalb der ersten 14 Tage der Probezeit kann nicht erfolgen. Im Übrigen soll die Künd drei Tage vor dem gewünschten Beendigungsdatum schriftlich erklärt werden.

IV. Wettbewerbsklausel

Nach Ablauf der Probezeit kann unter Beachtung der **Schriftform** mit dem AN ein **nachvertragliches Wettbewerbsverbot** vereinbart werden. Die Höchstdauer des nachvertraglichen Wettbewerbsverbotes beträgt **ein Jahr**. Untersagt werden kann jede auf Gewinn gerichtete Tätigkeit, die identisch oder konkurrierend mit der beim AG ausgeführten Tätigkeit ist. Der AG ist verpflichtet, dem AN für die Dauer der Wettbewerbsbeschränkung eine **angemessene monatliche Entschädigung** zu zahlen. Die Beschränkung muss unter Berücksichtigung der Kenntnisse und des Wissens, das sich der AN angeeignet hat, gerechtfertigt sein. Die Vereinbarung einer angemessenen Vertragsstrafe für den Fall des Verstoßes gegen das nachvertragliche Wettbewerbsverbot ist zulässig.

V. Arbeitszeit und Überstunden

Die **wöchentliche Höchstarbeitszeit** beträgt nach dem Gesetz **40 Stunden** (ohne Pausen). Kürzere Arbeitszeiten gelten für bestimme Tätigkeiten oder werden zwischen dem AG und dem AN vereinbart. Nach sechs Stunden Arbeit muss dem AN eine Pause von mind. 30 Minuten gewährt werden. Die Lage der Arbeitszeit sollte gleichmäßig verteilt werden. Es können in den Grenzen des Arbeitsgesetzes aber auch Vereinbarungen über flexible Arbeitszeiten getroffen werden.

Der AG kann die Leistung von **Überstunden** nur in Ausnahmefällen anordnen. Pro Woche dürfen nicht mehr als acht Überstunden, pro Jahr nicht mehr als insgesamt 150 Überstunden je AN angeordnet werden. AN können sich freiwillig bereit erklären, darüber hinaus Überstunden zu leisten, sofern diese im Durchschnitt über einen Zeitraum von 26 aufeinander folgenden Wochen oder, falls dies entsprechend in einer Kollektivvereinbarung geregelt wurde, über einen Zeitraum von 52 aufeinander folgenden Wochen acht Stunden pro Woche und insgesamt 416 Stunden im Jahr nicht überschreiten. Für die Überstunden ist dem AN das Gehalt und ein **Zuschlag i.H.v. mind. 25 %** des Durchschnittsverdienstes zu zahlen oder entsprechender Freizeitausgleich zu gewähren.

VI. Vergütung und Mindestlohn

Jeder AN ist berechtigt für seine Arbeit eine angemessene Vergütung zu verlangen. Das Gesetz sieht einen **Mindestlohn** vor, der regelmäßig durch Erlass der tschechischen Regierung festgelegt wird und der derzeit bei 1,78 EUR pro Stunde und 296,30 EUR pro Monat liegt. Die Gehälter der im öffentlichen Dienst Beschäftigten werden durch Gesetz geregelt.

VII. Urlaub, Mutterschutz und Erziehungsurlaub

181 Der **gesetzliche Urlaubsanspruch** in der privaten Wirtschaft beträgt **vier Wochen**, im öffentlichen Dienst fünf Wochen im Jahr. Besondere Regelungen gelten für bestimmte Berufsgruppen, wie z.B. AN mit unregelmäßigen Arbeitszeiten oder Lehrer.

182 Die regelmäßige vom Gesetz vorgesehene Dauer des **Mutterschutzes** beträgt 28 Wochen bzw. 37 Wochen im Falle einer Mehrlingsgeburt oder wenn die Mutter allein erziehend ist. Der Mutterschutz darf nicht weniger als 14 Wochen betragen, auch wenn es sich um eine Totgeburt handelt oder die Mutter die Rückkehr an den Arbeitsplatz wünscht. Der Mutterschutz darf auf keinen Fall innerhalb der ersten sechs Wochen nach der Geburt unterbrochen werden. Während des Mutterschutzes hat die AN keinen Anspruch auf ihr Gehalt. Stattdessen erhält sie Mutterschutzgeld, das von der Krankenkasse getragen wird. Nach ihrer Rückkehr aus dem Mutterschutz ist die AN auf derselben Position zu beschäftigen, die sie auch zuvor innegehabt hat. Nach dem Mutterschutz ist der AN auf ihren Wunsch hin **Elternzeit** zu gewähren. Diese kann bis zum dritten Geburtstag des Kindes andauern. Das gleiche Recht steht auch dem Vater des Kindes zu. Nach der Rückkehr aus der Elternzeit ist der AG verpflichtet, den AN wieder entsprechend den Regelungen in seinem Arbeitsvertrag einzustellen. Während der Elternzeit trägt der AG keine Kosten, die Eltern erhalten jedoch ein vom Staat finanziertes Kindergeld.

VIII. Diskriminierungsverbot

183 Nach dem tschechischen Recht besteht ein umfassender Schutz vor Diskriminierung. Unmittelbare und mittelbare Diskriminierung aufgrund der Rasse, der Hautfarbe, des Geschlechts, der sexuellen Orientierung, der Sprache, des Glaubens, der Religion, der politischen oder sonstigen Ansichten, der Zugehörigkeit zu einer politischen Partei oder einer sonstigen Vereinigung, einer Gewerkschaft oder einer anderen AN-Vereinigung, aufgrund der Nationalität, der Staatsbürgerschaft, der ethnischen Herkunft, des sozialen Hintergrunds, des Wohlstands, der Familie, des Gesundheitszustandes, des Alters, des Familienstandes oder familiärer Verpflichtungen ist unzulässig. Ein besonderes Diskriminierungsgesetz, wie es das tschechische Arbeitsgesetzbuch vorsieht, ist bislang vom Parlament nicht verabschiedet worden.

C. Die Beendigung des Arbeitsverhältnisses

184 Ein Arbverh kann beendet werden
– durch Aufhebungsvertrag,
– jeweils durch ordentliche Künd einer Partei,
– durch Künd mit sofortiger Wirkung,
– während der Probezeit (siehe Rn 176),
– durch Zeitablauf im Falle befristeter Arbverh (siehe Rn 174) oder
– durch Tod des AN.

I. Aufhebungsvereinbarung

185 Jedes Arbverh kann jederzeit durch Abschluss einer einvernehmlich zwischen den Parteien getroffenen **schriftlichen** Aufhebungsvereinbarung beendet werden. Der Grund der einvernehmlichen Beendigung muss nur dann enthalten sein, wenn der AN dies verlangt.

II. Ordentliche Kündigung

186 **1. Kündigungsgründe.** Eine ordentliche Künd kann sowohl für ein **unbefristetes** als auch **befristetes Arbverh** durch die Arbeitsvertragsparteien erfolgen. Eine Künd muss **schriftlich** erfolgen und dem Erklärungsempfänger zugehen, anderenfalls ist sie unwirksam. Ein Künd-Grund darf nachträglich nicht geändert werden. Während der AN aus jedem beliebigen Grund kündigen kann, ist die Künd des Arbverh durch den AG nur bei Vorliegen einer der im Gesetz geregelten Künd-Gründe zulässig. Die Künd-Erklärung muss schriftlich erfolgen und den Grund der Künd unmissverständlich benennen. Eine Künd, die diesen Anforderungen nicht gerecht wird, ist unwirksam.

187 Die vom Gesetz vorgegebenen **Gründe**, die eine arbeitgeberseitige Künd rechtfertigen können, sind die Folgenden:
– Umstrukturierung (Verlagerung oder Stilllegung des Betriebs oder eines Betriebsteils)
– Personalabbau aufgrund eine Entscheidung des AG zur Organisationsänderung des Betriebs;
– Gesundheitszustand des AN;
– Der AN hat versäumt, gesetzliche oder sonstige Voraussetzungen zu erfüllen, die für die Ausübung der Tätigkeit erforderlich sind (und der AG ist hierfür nicht verantwortlich) oder der AN erbringt nur unzulängliche Leistungen und wurde innerhalb der letzten zwölf Monate gewarnt, dass aufgrund der mangelhaften Leistung eine Künd ausgesprochen werden kann;
– Der AN hat in erheblicher Weise oder mehrmals geringfügig gezielt gegen die Arbeitsordnung verstoßen, ohne dass damit ein Grund für eine fristlose Künd gegeben ist, und wurde innerhalb der letzten sechs Monaten gewarnt, dass aufgrund gleich gelagerter Verstöße eine Künd ausgesprochen werden kann. Nach Ansicht der ein-

schlägigen Fachliteratur muss allerdings eine Pflichtverletzung in mind. drei Fällen erfolgt und jeweils eine entsprechende Verwarnung ausgesprochen worden sein, in der auf die konkrete Pflichtverletzung verwiesen wurde.

2. Kündigungsfrist. Die Künd-Frist beträgt sowohl für den AG als auch für den AN **zwei Monate**. Die Künd-Frist beginnt am ersten Tag des Folgemonats, in dem die Künd zugestellt wurde.

3. Sonderkündigungsschutz. Eine Künd des Arbverh ist in den folgenden Fällen nicht erlaubt:
- vorübergehende Arbeitsunfähigkeit,
- Einberufung zum Militärdienst,
- Freistellung zur Ausübung eines öffentlichen Amtes,
- Schwangerschaft oder während des Mutterschafts- oder Erziehungsurlaubs,
- solange einem nachts arbeitenden AN seine vorübergehende Unfähigkeit zur Nachtarbeit aufgrund eines ärztlichen Attests anerkannt worden ist.

III. Außerordentliche Kündigung

Das Arbverh kann seitens des AG außerordentlich und mit sofortiger Wirkung schriftlich aus dem im Arbeitsgesetzbuch genannten Gründen gekündigt werden. Als Gründe für eine fristlose Künd gilt:
- besonders grober Verstoß gegen arbeitsvertragliche Pflichten,
- die rechtskräftige Verurteilung wegen einer vorsätzlichen Straftat zu einer Freiheitsstrafe ohne Bewährung von mehr als einem Jahr oder die rechtskräftige Verurteilung wegen einer vorsätzlich verübten Straftat, die bei der Erfüllung der Arbeitsaufgaben oder in direktem Zusammenhang mit dieser steht, zu einer Freiheitsstrafe ohne Bewährung von mind. sechs Monaten.

Der AG kann das Arbverh **schriftlich** mit sofortiger Wirkung **innerhalb von zwei Monaten seit Kenntnisnahme des Künd-Grundes** kündigen. Die Künd des Arbverh aus den genannten Gründen während der Schwangerschaft oder der Inanspruchnahme des Mutterschafts- oder Erziehungsurlaubs ist nicht zulässig.

Der AN kann das Arbverh schriftlich mit sofortiger Wirkung kündigen, wenn er aus medizinischen Gründen seiner Arbeit nicht mehr nachgehen kann und der AG ihm nicht innerhalb von 15 Tagen seit Einreichung des medizinischen Befundes einen anderen geeigneten Arbeitsplatz angeboten hat. Des Weiteren kann der AN dann fristlos kündigen, wenn der AG mit der Gehaltszahlung für mehr als 15 Tage im Verzug ist.

IV. Anhörung der im Betrieb vertretenen Gewerkschaft

Vor Ausspruch jeder Künd hat der AG das für den Betrieb **zuständige Gewerkschaftsorgan zu informieren und anzuhören**. Jedoch ergeben sich aus der Nichteinhaltung dieser gesetzlichen Vorschrift keine Auswirkungen auf die Wirksamkeit der Künd, es sei denn, es handelt sich bei dem gekündigten AN um einen Vertreter des Gewerkschaftsorgans. In diesem Fall wäre die Künd ohne vorherige Anhörung und Zustimmung des Gewerkschaftsorgans unwirksam. Stimmt das Gewerkschaftsorgan der Künd eines ihrer Vertreter nicht zu, so ist die Künd unwirksam, es sei denn, das Gericht entscheidet, dass der AG nicht verpflichtet ist, das Arbverh fortzusetzen. Erfolgt der Widerspruch nicht innerhalb von 15 Tagen seit der Mitteilung des AG, gilt die Zustimmung zur Künd des Arbverh als erteilt.

V. Spezielle Regelung für ernannte Arbeitnehmer

Für den Fall, dass ein ernannter AN sein Amt niederlegt oder seine Stellung widerrufen wird oder die Ernennung wegen Fristablauf endet, bleibt das Arbverh zunächst bestehen und kann nur schriftlich gekündigt werden, wenn der AG keinen anderen geeigneten Arbeitsplatz für den AN hat, letzterer einen solchen ablehnt oder ein anderer gesetzlicher Künd-Grund eingreift.

VI. Massenentlassung

Eine Massenentlassung liegt vor, wenn der AG innerhalb von 30 Tagen
- mind. zehn AN in Betrieben mit 20 bis 100 AN oder
- 10 % der AN in Betrieben mit 101 bis 300 AN oder
- mind. 30 AN in Betrieben mit mehr als 300 AN entlässt.

Mind. 30 Tage vor Ausspruch und Zustellung der Künd muss der AG die zuständigen AN-Vertreter oder, falls es solche nicht gibt, die AN selbst über die geplanten Künd **informieren**. Auch muss der AG mit den AN bzw. deren Vertretung über Maßnahmen **beraten**, um die Entlassungen zu vermeiden, ihre Anzahl zu reduzieren oder die Folgen abzumildern. Diese Information und Beratung muss mind. 30 Tage vor dem Ausspruch der Künd erfolgen. Zur selben Zeit muss der AG auch die **zuständige Arbeitsbehörde** über die geplante Massenentlassung **informieren** und über den Stand der Verhandlungen mit den AN-Vertretern **berichten**. Die Künd können vor Ablauf der 30-Tage-Frist nicht wirksam werden, es sei denn, die AN erklären sich individuell mit einer vorfristigen Künd bzw. mit einer Aufhebung ihres Vertrages einverstanden.

VII. Abfindungszahlung

196 Ein AN kann die Zahlung einer Abfindung in Höhe von drei Monatsgehältern verlangen, wenn das Arbverh aus betrieblichen Gründen (Restrukturierung, Personalabbau) gekündigt oder aus denselben Gründen ein Aufhebungsvertrag geschlossen wurde. Wenn die Künd aus gesundheitlichen Gründen erfolgt, beträgt die Abfindung mind. zwölf durchschnittliche Monatsgehälter.

VIII. Unwirksamkeit der Kündigung

197 Jeder AN kann gegen die Künd Klage bei dem Gericht erheben. Dies muss innerhalb von zwei Monaten nach der Beendigung des Arbverh erfolgen. Der AN kann mit der Klage auch einen Anspruch auf Wiedereinstellung geltend machen, der AG wäre dann für den Fall, dass der Anspruch des AN begründet wäre, verpflichtet, dem AN auch das Gehalt für die Zeit des Prozesses nachzuzahlen.

D. Kollektives Arbeitsrecht

I. Gewerkschaften

198 Gewerkschaften sind unabhängig vom Staat bestehende juristische Personen. Ihre Aktivitäten, nicht jedoch der Zugang zu ihnen, können zum Schutz der Sicherheit und der öffentlichen Ordnung eingeschränkt werden. Zur Errichtung einer Gewerkschaft bedarf es keiner staatlichen Einwilligung. Das Recht zur Gründung einer Gewerkschaft ist ebenso gesetzlich geschützt wie das Recht, in eine Gewerkschaft einzutreten. Die Hauptaufgaben der Gewerkschaften sind die Vertretung der Interessen und der Rechte der AN sowie der Abschluss von TV. Die Anzahl der AN, die gewerkschaftlich organisiert ist, ist relativ niedrig und liegt bei ca. 30 % der Arbeitnehmerschaft. Ca. 30–35 % der AN unterfallen TV. Den Gewerkschaften stehen bestimmte Rechte zu, um ihre Aufgaben wahrnehmen zu können.

199 **1. Abschluss von Kollektivvereinbarungen.** Allein die Gewerkschaften können Kollektivvereinbarungen verhandeln, die Rechtsbeziehungen zwischen AN und AG regeln. Vereinbarungen zwischen einem AG und einer Gewerkschaft werden als „**schlichte**" Kollektivvereinbarungen bezeichnet, wohingegen „**höherrangige**" Kollektivvereinbarungen zwischen AG-Organisationen und Gewerkschaften/Gewerkschaftsorganisationen abgeschlossen werden. Die schlichten Kollektivvereinbarungen können die höherrangigen Kollektivvereinbarungen näher ausgestalten, sie dürfen jedoch nicht in Widerspruch zu diesen stehen. Die Kollektivvereinbarungen können auf bestimmte oder unbestimmte Zeit mit einer Künd-Frist von sechs Monaten geschlossen werden. Unbefristet geschlossene Kollektivvereinbarungen können die Parteien erst nach Ablauf von sechs Monaten nach deren Wirksamkeit kündigen. Kollektivvereinbarungen sind dann unwirksam, wenn sie gegen geltendes Recht oder als schlichte Kollektivvereinbarung gegen höherrangige Kollektivvereinbarungen verstoßen.

200 Die Parteien sind verpflichtet zu verhandeln und zu versuchen eine Einigung zu erzielen. Einigen sich die Parteien nicht, so sind sie verpflichtet, zunächst ein **Schlichtungsverfahren** durchzuführen, dass keine bindende Wirkung hat. Scheitert auch dies, so steht es ihnen frei, gemeinsam ein **Schiedsgericht** anzurufen, dessen Spruch bindend ist. Bleibt das Schlichtungsverfahren erfolglos und konnten sich die Parteien nicht auf die Durchführung eines Schiedsverfahrens einigen, so haben die AN das Recht zu streiken, der AG hat das Recht zur Aussperrung.

201 **2. Das Streikrecht.** Das Streikrecht ist ein verfassungsrechtlich garantiertes Recht, das grds. allen AN zusteht. Ausgenommen hiervon sind Richter, Staatsanwälte und Beschäftigte des Militärs und der Polizei. Das Streikrecht kann in Kollektivvereinbarungen näher ausgestaltet werden. Nach der gesetzlichen Regelung ist ein Streik dann zulässig, wenn er auf den Abschluss eines TV gerichtet ist. Der Streik kann nur dann von dem zuständigen Gewerkschaftsorgan ausgerufen werden, wenn zwei Drittel der betroffenen AN dem zustimmt.

202 **3. Rechte der Gewerkschaften im Betrieb.** Gewerkschaften haben neben dem Recht zum Abschluss von Kollektivvereinbarungen auch **umfassende Informations- und Konsultationsrechte** in den einzelnen Betrieben. Voraussetzung für die Wahrnehmung der Gewerkschaftsrechte auf Betriebsebene ist, dass die jeweilige Gewerkschaft in dem Betrieb vertreten ist. Hierfür reicht es nach überwiegender Meinung aus, wenn ein AN im Betrieb Mitglied in der betreffenden Gewerkschaft ist. Sind mehrere Gewerkschaften in dem Betrieb vertreten, ist der AG in kollektiven Fragen verpflichtet, alle betreffenden Gewerkschaften ordnungsgemäß zu beteiligen.

203 Die Gewerkschaften haben das Recht auf Information und auf die Durchführung von Beratungen in wirtschaftlichen und finanziellen Angelegenheiten des AG. Darüber hinaus steht den Gewerkschaften ein Konsultationsrecht in folgenden Bereichen zu:
- wirtschaftliche Lage des AG
- Arbeitsbelastung und Arbeitstempo
- Änderungen in der Arbeitsorganisation
- Entlohnungssystemen
- Fort- und Ausbildungsmaßnahmen

- Maßnahmen zum Schutz von Jugendlichen; AN, die Kinder unter 15 Jahren erziehen; behinderten Personen
- andere Maßnahmen, die eine hohe Zahl von AN betreffen.

Die Gewerkschaften haben schließlich auch das Recht und die Pflicht, die Einhaltung der Gesetze zum Schutze der AN zu überwachen. So können sie bspw. die Durchführung von Mehr- und Nachtarbeit verhindern, wenn dies zu einer Gefährdung der Sicherheit und Gesundheit der AN führen würde.

II. Der Betriebsrat

In einem Betrieb, in dem i.d.R. mehr als 25 AN beschäftigt sind, kann die Belegschaft einen BR für Arbeitssicherheit und Gesundheitsschutz wählen. Dieser besteht aus mind. drei und höchstens 15 Mitgliedern, die jeweils für drei Jahre gewählt werden. Der BR übernimmt die oben aufgezeigten Informations- und Beratungsrechte der Gewerkschaft. Ist in einem Betrieb eine Gewerkschaftsorganisation vertreten und bestehen daneben ein BR oder Vertreter für Arbeitssicherheit und Gesundheitsschutz, hat der AG seine Informations- und Konsultationspflichten gegenüber allen AN-Vertretungen zu erfüllen, es sei denn die Parteien haben sich auf ein anderes Beteiligungsverfahren geeinigt.

Wenn weder eine Gewerkschaft in dem Betrieb vertreten ist noch ein BR oder Vertreter für Arbeitssicherheit und Gesundheitsschutz besteht, so sind diese Informationen an die AN direkt weiterzuleiten und mit diesen zu diskutieren.

III. Die Rechte der Arbeitnehmer in Bezug auf die Unternehmensmitbestimmung

Das tschechische Handelsgesetzbuch verlangt, dass in Kapitalgesellschaften mit mehr als 50 Beschäftigten ein Drittel des AR mit Mitgliedern besetzt sein muss, die von den AN gewählt wurden. Jedoch darf der Anteil der von den AN gewählten Mitgliedern des AR nicht die Anzahl derjenigen Mitglieder übersteigen, die von der Hauptversammlung gewählt wurden. Ein Vorschlagsrecht für die Wahl oder die Abberufung eines Mitglieds im AR steht dem Vorstand, der Gewerkschaft, dem BR oder mind. 10 % der AN des Unternehmens zu.

E. Die Gerichtsbarkeit und das anwendbare Recht

Im tschechischen Gerichtsaufbau sind keine speziellen ArbG vorgesehen. Vielmehr ist das Bezirksgericht am Wohnort/Sitz des AG oder am Arbeitsplatz des AN für arbeitsgerichtliche Streitigkeiten zuständig. Nach dem tschechischen Recht unterliegt ein Arbverh dann dem tschechischen Recht, wenn die Arbeit in der tschechischen Republik ausgeübt wird oder wenn der AN ein tschechischer Staatsangehöriger ist. Den Parteien steht es frei, im Arbeitsvertrag Regelungen über das anzuwendende Recht zu treffen.

Der Kläger ist zudem in einem individualarbeitsrechtlichen Verfahren von den Gerichtskosten befreit, wenn es um die Zahlung von Schadensersatz für Arbeitsunfälle und durch die Arbeit bedingte Krankheiten geht. Gewinnt der Kläger, so hat der Beklagte die Gerichtskosten zu tragen. Bei allen anderen individualarbeitsrechtlichen Streitigkeiten fallen Gerichtskosten in Höhe von 4 % des Streitwerts an, mind. jedoch 600 CZK (umgerechnet ca. 25 EUR). In nicht vermögensrechtlichen Angelegenheiten (z.B. bei der Frage der Wirksamkeit einer Künd) betragen die Gerichtskosten in der Regel 1.000 CZK (ca. 40 EUR).

Länderbericht Türkei[1]

- A. Einleitung 209
- B. Der Arbeitsvertrag 212
  - I. Allgemeine Anmerkungen 212
  - II. Art von Arbeitsverträgen 214
    1. Dauerhafte und nicht dauerhafte Arbeiten 214
    2. Befristete und unbefristete Arbeitsverträge ... 215
    3. Vollzeit-/Teilzeitarbeitsverträge 216
    4. Gruppenarbeitsvertrag 217
    5. Probezeit 218
  - III. Arbeitnehmerüberlassung 219
  - IV. Betriebsübergang 220
  - V. Lohn und Gehälter 221
  - VI. Arbeitszeit 222
  - VII. Urlaub 224
- C. Die Beendigung des Arbeitsverhältnisses 226
  - I. Arten der Beendigung/Kündigung 226
  - II. Die außerordentliche Kündigung 228
  - III. Die ordentliche Kündigung 232
    1. Kündigungsfristen 233
    2. Kündigungsgründe 235
    3. Die rechtlichen Folgen einer unwirksamen Kündigung 236
    4. Missbräuchliche Kündigung 237
  - IV. Dienstaltersabfindung 238
  - V. Massenentlassungen 239
- D. Kollektives Arbeitsrecht 241
  - I. Gewerkschaften 242
  - II. Tarifverträge 245
  - III. Arbeitskampfrecht 249

A. Einleitung

209 Die türkische Verfassung von 1982 enthält als oberste Rechtsquelle einen Katalog von sozialen und wirtschaftlichen Grundrechten, die das Arbeitsrecht betreffen. Zu diesen zählen die Arbeits- und Vertragsfreiheit, das Recht auf Arbeit, das Recht auf gerechte Arbeitsbedingungen und Erholung, die Koalitionsfreiheit, das Tarifvertrags- und Streikrecht und das Recht auf Entlohnung und soziale Sicherheit.

Das Individualarbeitsrecht ist weitgehend im Arbeitsgesetzbuch kodifiziert. Das kollektive Arbeitsrecht ist neben dem ausführlichen Regelwerk in der Verfassung im Gewerkschaftsgesetz und Tarifvertrags-, Streik- und Aussperrungsgesetz geregelt.

210 Zur Erfüllung der Kriterien für eine EU-Mitgliedschaft hat die Türkei in den letzten Jahren umfangreiche Maßnahmen zur Neuordnung des Arbeitsmarkts und des Arbeitsrechts getroffen. Es wurden wesentliche Änderungen im Gewerkschaftsgesetz und im Pressearbeitsgesetz vorgenommen. Die bedeutendste Veränderung zeigte sich aber in der vollständigen Überarbeitung des Arbeitsgesetzes. Am 22.5.2003 wurde das neue Arbeitsgesetz Nr. 4857 verabschiedet. Es ersetzt das bis dahin geltende Arbeitsgesetz von 1971 und das für nur drei Monate bestehende Künd-Gesetz Nr. 4473.

211 Die Vorschriften des türkischen Arbeitsgesetzbuchs sind i.d.R. **zwingend**, d.h. sie stehen nicht zur Disposition der Arbeitsvertragsparteien; in Ausnahmefällen darf aber zugunsten des AN von den Vorschriften abgewichen werden (**Günstigkeitsprinzip**). Bestimmte Berufsgruppen sind vom Anwendungsbereich ausgenommen. Für sie bestehen zum Teil eigenständige Gesetze, wie das Seearbeitsgesetz und das Pressearbeitsgesetz. Im Übrigen werden die dienstvertraglichen Vorschriften des Obligationengesetzbuchs angewendet. Daneben bestehen noch einige Verordnungen, die zu den verschiedenen arbeitsgesetzlichen Bestimmungen ergänzend hinzutreten, so bspw. die Mindestlohn-VO, die Überstunden-VO und die Arbeitszeit-VO.

B. Der Arbeitsvertrag

I. Allgemeine Anmerkungen

212 Das Arbverh wird durch den Abschluss eines Arbeitsvertrages begründet, der, soweit nichts Abweichendes im Arbeitsgesetzbuch geregelt ist, grds. nicht der Schriftform bedarf. Das Arbeitsgesetzbuch definiert den Arbeitsvertrag nach den Hauptleistungspflichten der Parteien. Der AN ist danach zur Leistung von abhängiger Arbeit gegen Entgeltzahlung des AG verpflichtet.

213 Wird der Arbeitsvertrag nicht schriftlich abgeschlossen, ist der AG verpflichtet, dem AN innerhalb von zwei Monaten einen schriftlichen Nachweis über die allgemeinen und besonderen Arbeitsbedingungen, die tägliche und wöchentliche Arbeitszeit, den Grundlohn und ggf. die Lohnzuschläge, den Entgeltzahlungszeitraum, die Dauer des Vertrags für befristete Arbeitsverträge und die Künd-Vorschriften zu erbringen.

II. Art von Arbeitsverträgen

214 **1. Dauerhafte und nicht dauerhafte Arbeiten.** Das Arbeitsgesetz unterscheidet die Arbeiten nach ihrer Dauerhaftigkeit. Die nicht dauerhaften Arbeiten sind solche, die höchstens 30 Tage andauern und auf die zahlreiche Vorschriften des ArbZG, wie z.B. Lohnschutz, Urlaub und Kündigungsschutz, keine Anwendung finden.

---

[1] Der Länderbericht basiert auf einem Beitrag von *Feyzan Ünsal*, Pusch Wahlig Legal (Berlin).

2. Befristete und unbefristete Arbeitsverträge. Arbeitsverträge können sowohl **unbefristet** als auch **befristet** abgeschlossen werden. Das Arbeitsgesetzbuch geht im Grundsatz vom Abschluss eines unbefristeten Arbeitsvertrages aus, es sei denn, es liegen **objektive Bedingungen** vor, die eine Befristung des Vertrages rechtfertigen. Das Gesetz nennt als objektive Bedingungen, dass die Arbeiten durch Erreichen eines bestimmten Datums, die Erfüllung einer bestimmten Leistung oder das Eintreten eines bestimmten Ereignisses zu Ende gehen.

Befristete Arbeitsverträge bedürfen der **Schriftform**, wenn sie für ein Jahr oder länger geschlossen werden.

Das Gesetz verbietet nacheinander befristete Arbeitsverträge (**Kettenarbeitsverträge**) ohne rechtlichen Grund abzuschließen. Kettenarbeitsverträge gelten als unbefristet abgeschlossen.

3. Vollzeit-/Teilzeitarbeitsverträge. Arbeitsverträge können für eine Vollzeittätigkeit oder eine Teilzeittätigkeit abgeschlossen werden. Nach türkischem Recht liegt ein **Teilzeitarbeitsvertrag** vor, wenn die übliche Wochenarbeitszeit eines AN zwei Drittel der gleichwertigen Vollarbeitszeitbeschäftigungen im Betrieb nicht überschreitet. Teilzeitbeschäftigte genießen grds. dieselben Rechte wie Vollzeitbeschäftigte. Der AG darf den Teilzeitbeschäftigten nicht ohne sachlichen Grund im Vergleich zu einem Vollzeitbeschäftigten mit gleichwertiger Arbeit anders behandeln.

4. Gruppenarbeitsvertrag. Eine besondere Arbeitsvertragsart ist der Gruppenarbeitsvertrag. Als Stellvertreter einer Gruppe von AN kann ein AN (**Gruppenführer**) mit dem AG einen Arbeitsvertrag abschließen. Das Arbverh des Gruppenführers mit dem AG entsteht mit Abschluss des Gruppenarbeitsvertrags. Mit den einzelnen AN aus der Gruppe kommt das Arbverh erst bei Arbeitsantritt des AN zustande. Sollte einer der die Gruppe bildenden AN nach Abschluss des Gruppenarbeitsvertrags nicht zur Arbeit antreten, ist der Gruppenführer gegenüber dem AG haftbar. Der Gruppenarbeitsvertrag bedarf zur Wirksamkeit der Schriftform.

5. Probezeit. Es steht den Parteien des Arbeitsvertrages frei, eine Probezeit zu vereinbaren. Die Probezeit darf höchstens **zwei Monate** betragen. Wird eine längere Probezeit vereinbart, ist die Regelung unwirksam. Im Rahmen von **TV** kann die Probezeit auf **vier Monate** erhöht werden.

III. Arbeitnehmerüberlassung

Die vorübergehende AN-Überlassung ist nach türkischem Recht erlaubt, soweit diese **nicht gewerbsmäßig** erfolgt. Eine wirksame AN-Überlassung setzt die **schriftliche Zustimmung** des betroffenen AN im Zeitpunkt der Überlassung voraus. Zeitlich ist die AN-Überlassung auf **sechs Monate** begrenzt und kann höchstens zweimal um weitere sechs Monate verlängert werden. Der verleihende AG ist weiterhin zur Entrichtung der Vergütung verpflichtet. Im Übrigen haften Verleiher und Entleiher gesamtschuldnerisch für Verbindlichkeiten gegenüber den AN.

IV. Betriebsübergang

Im Falle eines Betriebsübergangs tritt der erwerbende AG in die Rechte und Pflichten des übertragenden AG ein und das Arbverh bleibt unter vollem Erhalt der bis dahin entstandenen Ansprüche des AN bestehen. Ist der übertragende AG tarifgebunden, werden die TV fortgeführt. Der übernehmende AG ist damit auch an die Rechte und Pflichten aus dem geltenden TV gebunden. Der übertragende und der erwerbende AG haften **zwei Jahre gesamtschuldnerisch** gegenüber den AN für Verbindlichkeiten, die vor dem Betriebsübergang entstanden und fällig geworden sind. Der Betriebsübergang ist **kein Künd-Grund**. Das Recht aus anderen Gründen zu kündigen bleibt unberührt. Den AN steht zudem kein Widerspruchsrecht zu. Weder der übertragende noch der erwerbende AN sind gesetzlich verpflichtet, die AN über den Betriebsübergang zu unterrichten.

V. Lohn und Gehälter

Das Arbeitsgesetzbuch gewährt jedem AN ein Recht auf einen gesetzlich festgelegten **Mindestlohn**. Eine Kommission, in der Repräsentanten der AG, Gewerkschaften und der Regierung vertreten sind, legt **alle zwei Jahre** den gesetzlichen Mindestlohn fest. Die Entscheidungen der Kommission sind rechtskräftig. Sie treten mit der Bekanntmachung im Amtsblatt in Kraft. Vereinbarungen, die den Mindestlohn unterschreiten, sind nichtig.

Der Mindestlohn wird jedes Jahr der Inflation angepasst. Je nach Alter des AN existieren zwei unterschiedliche Mindestlöhne. Für das erste Halbjahr 2009 beträgt der Mindestlohn für die AN über 16 Jahre 666 YTL brutto und für die AN unter 16 Jahren 567 YTL brutto. Im zweiten Halbjahr 2009 beträgt der Mindestlohn 693 YTL brutto für AN über 16 Jahre und für AN unter 16 Jahren 589,50 YTL brutto.

VI. Arbeitszeit

Die Höchstarbeitszeit ist **wöchentlich** auf **45 Stunden** verteilt auf sechs Werktage begrenzt. Durch Vereinbarung der Parteien kann diese unter der Bedingung, dass die tägliche Arbeitszeit von 7,5 Stunden in einem Ausgleichszeitraum von zwei Monaten nicht überschritten wird, ungleichmäßig auf die Werktage verteilt werden.

Unter bestimmten im Gesetz aufgeführten Bedingungen darf die wöchentliche Höchstarbeitszeit überschritten werden. Eine Überschreitung der wöchentlichen Höchstarbeitszeit (**Mehrarbeit**) kann zur Produktionssteigerung, in außergewöhnlichen Fällen oder in Notfällen erforderlich sein. Soweit allerdings eine vertragliche Arbeitszeit unter 45 Stunden wöchentlich vereinbart ist und eine Überschreitung der vertraglich festgelegten Arbeitszeit erforderlich wird, handelt es sich nicht um Mehrarbeit, sondern um **Überstunden**. Die Anordnung von Mehrarbeit und Überstunden erfordert grds. die schriftliche Zustimmung des AN, es sei denn die Mehrarbeit erfolgt in außergewöhnlichen Fällen oder in Notfällen.

Eine eigenständige VO zur Ableistung von Mehrarbeit legt fest, dass jährlich nicht mehr als 270 Überstunden geleistet werden dürfen. Mehrarbeit ist mit **Lohnzuschlägen von 50 %** zu vergüten. Ist vertraglich eine niedrigere Wochenstundenzahl vereinbart und wird diese, jedoch nicht die wöchentliche Höchstarbeitszeit von 45 Stunden überschritten, so sind pro geleistete Überstunde **25 % Lohnzuschlag** zu zahlen.

VII. Urlaub

224 Der Anspruch auf **Jahresurlaub** wird dem AN erstmalig nach einer einjährigen Wartefrist gewährt. Die Dauer des Jahresurlaubs jedes AN darf nicht weniger betragen als
- 14 Tage bei einer Betriebszugehörigkeit von einem bis zu fünf Jahren (einschließlich dem fünften Jahr),
- 20 Tage bei einer Betriebszugehörigkeit von mehr als fünf und weniger als fünfzehn Jahren,
- 26 Tage ab einschließlich fünfzehn Jahren Betriebszugehörigkeit.

Für AN, die 18 Jahre oder jünger bzw. 50 Jahre oder älter sind, darf der jährliche Urlaub nicht weniger als 20 Tage betragen. Im Übrigen kann der Jahresurlaub durch Arbeits- oder Tarifvertrag verlängert werden.

225 Der bezahlte **Mutterschaftsurlaub** umfasst grds. acht Wochen vor und acht Wochen nach der Geburt des Kindes. Im Anschluss hieran kann die AN für sechs Monate in unbezahlten Mutterschaftsurlaub gehen oder aber ihre Arbeitszeit bei gleich bleibendem Lohn verkürzen.

C. Die Beendigung des Arbeitsverhältnisses

I. Arten der Beendigung/Kündigung

226 Nach türkischem Recht kann ein Arbverh wie folgt beendet werden:
- durch schriftlichen Aufhebungsvertrag,
- durch ordentliche Künd,
- durch außerordentliche Künd und
- durch Zeitablauf bei befristeten Arbeitsverträgen.

227 Für **befristete Arbeitsverträge** ist eine **ordentliche Künd ausgeschlossen**. Eine Beendigung vor Fristablauf ist nur im Wege einer außerordentlichen Künd möglich und muss unter Angabe des Künd-Grundes erfolgen, soweit der betreffende AN unter die Vorschriften des besonderen Künd-Schutzrechts fällt.

Sowohl die **ordentliche** als auch die **außerordentliche Künd** müssen **schriftlich** erfolgen.

II. Die außerordentliche Kündigung

228 Sowohl der AG als auch der AN können das Arbverh ohne Einhaltung einer Frist außerordentlich kündigen. Gründe, die eine außerordentliche Künd des AN oder des AG rechtfertigen, werden im Gesetz beispielhaft aufgezählt.

229 Der AN kann das Arbverh außerordentlich kündigen, wenn die Arbeit seine Gesundheit oder sein Leben gefährdet, wenn der AG gegen die Redlichkeit und die guten Sitten, bspw. durch Ehrverletzungen oder wiederholten Zahlungsverzug, verstößt oder zwingende Gründe vorliegen, durch die die Erbringung der Arbeitsleistung unmöglich gemacht wird.

230 Gerechtfertigt ist eine außerordentliche Künd des AG aus krankheitsbedingten Gründen, aufgrund von Verstößen gegen die Redlichkeit und die guten Sitten, z.B. bei Ehrverletzungen oder eigenmächtigem Urlaub, oder aus zwingenden Gründen, die eine Beschäftigung des AN von mehr als einer Woche unmöglich machen und im Falle der Verhaftung oder des Hausarrestes.

231 Auszusprechen ist die fristlose Künd innerhalb von sechs Tagen nach Kenntnis des Künd-Grundes, spätestens jedoch binnen eines Jahres. Vor Ausspruch einer außerordentlichen Künd ist der AN hierzu grds. anzuhören, es sei denn, es liegt ein Verstoß gegen die Redlichkeit und die guten Sitten bzw. ein Vertrauensbruch vor.

III. Die ordentliche Kündigung

232 Ein unbefristeter Arbeitsvertrag kann unter Einhaltung einer Künd-Frist, die sich nach der Beschäftigungsdauer des AN richtet, grds. ohne Angaben von Gründen jederzeit gekündigt werden.

233 **1. Kündigungsfristen.** Die Künd-Frist beträgt
- zwei Wochen bei einer Beschäftigungsdauer von weniger als sechs Monaten,
- vier Wochen bei einer Beschäftigungsdauer von sechs Monaten bis anderthalb Jahren,

- sechs Wochen bei einer Beschäftigungsdauer von anderthalb bis drei Jahren,
- acht Wochen bei einer Beschäftigungsdauer von mehr als drei Jahren.

Die Künd-Fristen können sowohl individual- als auch tarifvertraglich verlängert, aber nicht verkürzt werden.

Werden die Künd-Fristen vom AG nicht eingehalten, ist die Künd dennoch wirksam. Allerdings ist der AG zur Zahlung einer **Entschädigung** verpflichtet, deren Höhe der auf die Dauer der Künd-Frist entfallenden Vergütung entspricht. Falls der AG den AN während der Künd-Frist nicht mehr beschäftigen will, kann er sich von der Weiterbeschäftigung durch Zahlung des für die Dauer der Künd-Frist entfallenden Gehalts befreien.

2. Kündigungsgründe. Soweit der betroffene AN seit mind. sechs Monaten im Betrieb des AG tätig war und der AG in seinem Betrieb mind. 30 oder mehr AN beschäftigt, ist der Anwendungsbereich des **besonderen Künd-Schutzrechts** eröffnet. Die Künd des AG muss durch **personen-, verhaltens-, oder betriebsbedingte Gründe** gerechtfertigt sein. Vor Ausspruch einer personen-, oder verhaltensbedingten Künd ist der AN hierzu anzuhören.

3. Die rechtlichen Folgen einer unwirksamen Kündigung. Gegen die ordentliche Künd kann der AN innerhalb **eines Monats** nach Zustellung der Künd beim ArbG mit der Begründung **Künd-Schutzklage** erheben, dass die Künd-Gründe nicht angegeben wurden oder nicht vorliegen. Das Verfahren soll innerhalb von vier Monaten abgeschlossen werden.

Sollte gerichtlich festgestellt werden, dass die Künd nicht gerechtfertigt ist, so hat der AG den betroffenen AN innerhalb eines Monats wieder einzustellen, es sei denn, er zahlt ihm eine Abfindung in Höhe von vier bis acht Monatsgehältern. Dem AG steht folglich ein Wahlrecht zwischen der Wiedereinstellung des AN und der Auflösung des Arbverh gegen Zahlung einer Abfindung zu.

4. Missbräuchliche Kündigung. AN, die gekündigt worden sind und keinen besonderen Künd-Schutz genießen, haben lediglich die Möglichkeit, einen Anspruch auf eine **Böswilligkeitsentschädigung** geltend zu machen, falls die Künd missbräuchlich war.

Wann ein Missbrauch vorliegt, wird im Gesetz nicht festgelegt. Nach allgemeiner Auffassung soll ein Missbrauch des Künd-Rechts aber in Fällen vorliegen, in denen der AG die Künd allein in der Absicht den AN zu schädigen ausspricht, ohne dass er ein berechtigtes Interesse an der Beendigung des Arbverh hat. I.d.R. werden solche Künd als missbräuchlich bewertet, die wegen einer Beschwerde oder wegen einer Zeugenaussage des AN erfolgt sind. Auch die Künd wegen der Gewerkschaftszugehörigkeit oder einer gewerkschaftlichen Betätigung stellt einen Missbrauch des Künd-Rechts dar. Dies führt allerdings nicht zur Unwirksamkeit der Künd und damit zur Wiedereinstellung des AN, sondern begründet allein einen Schadensersatzanspruch. Der Anspruch entspricht dem Dreifachen der während der gesetzlichen Künd-Frist zu zahlenden Vergütung.

IV. Dienstaltersabfindung

Eine Besonderheit im türkischen Künd-Recht sind die gesetzlichen **Entschädigungsregelungen**, die beim Ausscheiden von AN zum Tragen kommen, wenn diese **mind. zwölf Monate beschäftigt** waren. Unter den im Gesetz genannten Voraussetzungen steht dem AN für jedes Dienstjahr eine Abfindung in Höhe des Entgelts für 30 Tage zu. AN können eine Dienstaltersentschädigung insb. dann verlangen, wenn sie selbst aus berechtigten Gründen gekündigt haben, der AG gestützt auf gesundheitliche oder zwingende Gründe ordentlich gekündigt hat oder ein unbefristeter Arbeitsvertrag fristgemäß durch den AG gekündigt wird. Hat der AN selbst durch ein Fehlverhalten den Grund für die Künd gesetzt, verwirkt er seinen Abfindungsanspruch.

V. Massenentlassungen

Nach den zwingenden Vorschriften des Arbeitsgesetzbuches muss der AG bestimmte Vorgaben einhalten, wenn es sich bei den betriebsbedingten Künd um Massenentlassungen handelt. Eine Massenentlassung liegt vor, wenn der AG innerhalb eines Monats zehn AN entlässt und im Betrieb mehr als 20 und weniger als 100 AN beschäftigt sind oder wenn der AG 10 % der AN entlässt in Betrieben mit mind. 100 und weniger als 300 Beschäftigten oder aber wenn der AG 30 AN entlässt und in dem Betrieb mind. 300 AN beschäftigt sind. AN, die das Renteneintrittsalter erreicht haben, sind diesbezüglich nicht zu berücksichtigen.

Der AG ist verpflichtet, mind. 30 Tage bevor die Künd ausgesprochen werden, die Gewerkschaften im Betrieb, die Bezirksdirektoren des Arbeitsministeriums und das Arbeitsamt durch schriftliche Mitteilung zu **unterrichten**. Der AG ist verpflichtet, sich mit der im Betrieb vertretenen Gewerkschaft zu **beraten**. Die Verhandlungen sollen das Ziel haben, eine Einigung herbeizuführen und Künd zu verhindern. Die Vorschläge der Gewerkschaften sind für den AG nicht bindend. Im Falle einer endgültigen Betriebsschließung braucht sich der AG nicht mit den Gewerkschaften zu beraten. Wenn der AG innerhalb von sechs Monaten nach der Betriebsschließung für die gleiche Arbeit wieder AN einstellen will, hat er die gekündigten AN wieder einzustellen.

D. Kollektives Arbeitsrecht

241 Das kollektive Arbeitsrecht umfasst Regelungen über die Gewerkschaften, TV und Arbeitskampf. Eine allgemeine Betriebsverfassung kennt das türkische Recht nicht.

I. Gewerkschaften

242 Das Recht auf Bildung von Gewerkschaften und AG-Verbänden ist in der Türkischen Verfassung garantiert. Das Gewerkschaftsgesetz von 1982 regelt sowohl für Gewerkschaften als auch für AG-Verbände im Einzelnen das Gründungsverfahren, die Voraussetzungen für die Gründung einer Gewerkschaft durch AN, die erforderlichen Gründungsunterlagen, die Mitgliedschaft, die Aufgaben, die Organe, die verboten Aktivitäten etc..

243 Gewerkschaften und AG-Verbände können nur in einer der im Gewerkschaftsgesetz genannten Branchen gegründet werden. Berufsgewerkschaften sind nicht zulässig.

244 Die Gewerkschaften haben die gesetzlichen **Aufgaben**:
- TV abzuschließen,
- Gewerkschaftsvertreter im Betrieb zu ernennen,
- ihre Mitglieder auf schriftliche Anfrage in juristischen Auseinadersetzungen zu unterstützen und zu vertreten,
- Streiks oder Aussperrungen zu beschließen und umzusetzten.

Darüber hinaus kommen den Gewerkschaften soziale Aufgaben zu, wie z.B. berufliche Fortbildungen, Gründungen von sozialen Einrichtungen, Hilfeleistungen in Notfällen etc.

II. Tarifverträge

245 AN und AG haben das verfassungrechtlich garantierte Recht, zum Zweck der Regelung ihrer wirtschaftlichen und sozialen Situation und der Arbeitsbedingungen, TV abzuschließen. Im Übrigen ist das TV-Recht im Tarifvertrags-, Streik- und Aussperrungsgesetz von 1983 geregelt.

246 Das Gesetz geht im Grundsatz von einem betriebsbezogenen TV aus. In einem Betrieb darf nur ein **Betriebs-TV** gelten. Während der Laufzeit eines Betriebs-TV kann kein anderer geschlossen werden.

Sollte ein AG mehrere Betriebe in derselben Branche haben, so ist für alle Betriebe ein **gemeinsamer Unternehms-TV** abzuschließen. Von der Rechtsprechung und Literatur ist daneben eine dritte Art von TV anerkannt: der **Gruppen-TV**, der mit einem Rahmen-TV nach deutschem Recht vergleichbar ist.

247 Eine Gewerkschaft ist zum Abschluss eines TV berechtigt, wenn sie mind. 10 % aller Beschäftigten ihrer Branche und über 50 % der AN im Betrieb (bei Unternehmerns-TV über 50 % der AN im Unternehmen) repräsentiert. Die Tarifzuständigkeit einer Gewerkschaft wird vom Arbeitsministerium durch die Erteilung eines **Ermächtigungszeugnisses** („*Yetki Belgesi*") festgestellt.

248 Zur Wirksamkeit bedarf der TV der **Schriftform** und einer **konkreten Laufzeit**, die nicht weniger als ein Jahr oder länger als drei Jahre betragen darf. Der TV ist **nicht kündbar**.

III. Arbeitskampfrecht

249 Das Arbeitskampfrecht ist gesetzlich geregelt. Grundsatz des Arbeitskampfrechts ist, dass Arbeitskampfmittel – Streik und Aussperrung – nur nach Scheitern von Tarifverhandlungen und nur zum Abschluss eines TV eingesetzt werden dürfen.

Der Beschluss zum Streik und das Ausrufen eines Streiks können nur von der Gewerkschaft erfolgen. Der Streikbeschluss ist dem Tarifpartner innerhalb von sechs Tagen nach Beschlussfassung bekanntzumachen.

Für bestimmte Arbeiten, wie z.B. Rettungs- und Beerdigungsdienste, und für bestimmte Betriebe, wie z.B. Krankhäuser, besteht ein Streikverbot. Darüber hinaus bestehen Streikverbote in besonderen Situationen wie Kriegs- oder Katastrophenzustand.

Im Fall eines Streiks steht dem AG die Aussperrung zu seiner Verteidigung zu. Der Beschluss zur Aussperrung muss innerhalb von sechs Tagen nach Ankündigung des Streiks erfolgen.

Länderbericht Ungarn[1]

A. Einleitung	250	b) Wettbewerbsklauseln	271	
B. Rechtsquellen und Anwendbarkeit ungarischen Arbeitsrechts	251	II. Die Beendigung des Arbeitsverhältnisses	273	
I. Der Arbeitsvertrag	253	1. Arten der Beendigung/Kündigung	273	
1. Zwingende Elemente des Arbeitsvertrags	253	2. Die außerordentliche Kündigung	275	
a) Tätigkeitsbeschreibung und arbeitsvertragliche Pflichten	254	3. Die ordentliche Kündigung	276	
		a) Kündigungsgründe	276	
b) Arbeitsort	255	b) Kündigungsfristen	277	
c) Lohn	258	c) Kündigungsverbot	278	
2. Dauer des Arbeitsvertrages	259	d) Abfindung	279	
3. Arbeitszeit	261	4. Massenentlassungen	280	
a) Regelmäßige Arbeitszeit	262	5. Die rechtlichen Folgen einer unwirksamen Kündigung	282	
b) Rahmenregelungen	263	III. Regelungen für leitende Angestellte	283	
c) Überstunden	264	IV. Kollektives Arbeitsrecht	285	
4. Urlaub	267	1. Tarifverträge	286	
5. Vertraulichkeits- und Wettbewerbsklauseln	269	2. Betriebsräte	290	
a) Vertraulichkeitsklauseln	270	V. Die arbeitsrechtliche Aufsicht	293	

A. Einleitung

Das ungarische Arbeitsrecht hat eine Reihe signifikanter Änderungen innerhalb des letzten Jahrzehnts erfahren: Zum einen wurde der Standard des AN-Schutzes abgesenkt, um die Schaffung von Arbeitsplätzen und die Einstellung von AN zu erleichtern und so die Wettbewerbsfähigkeit der ungarischen Wirtschaft zu verbessern. Zum anderen wurden im Zuge der Harmonisierung mit dem Gemeinschaftsrecht die RL der EU umgesetzt. Dennoch kann das ungarische Arbeitsrecht weiterhin als eher arbeitnehmerfreundlich bezeichnet werden.

B. Rechtsquellen und Anwendbarkeit ungarischen Arbeitsrechts

Das Arbeitsgesetzbuch enthält die wichtigsten Prinzipien und Bestimmungen. Es regelt die kollektivrechtlichen Beziehungen, das Individualarbeitsrecht sowie prozessrechtliche Bestimmungen im Falle von Rechtsstreitigkeiten. Das Arbeitsgesetzbuch findet Anwendung auf alle Arbverh, die innerhalb Ungarns ausgeführt werden. Es findet auch auf AN Anwendung, die für einen ungarischen AG im Wege der Entsendung im Ausland tätig werden. Im Gegensatz dazu findet das Arbeitsgesetzbuch keine Anwendung auf AN, die für einen ausländischen AG in Ungarn tätig werden, sofern die Arbeitsverträge mit der im Ausland liegenden Muttergesellschaft und nicht mit der inländischen Tochtergesellschaft geschlossen wurden

Dass das ungarische Arbeitsrecht weiterhin arbeitnehmerfreundlich ist, spiegelt sich auch in dem Grundsatz wieder, dass das Recht nur in eine Richtung zwingend wirkt. AG und AN können immer dann von zwingenden Regelungen des Arbeitsgesetzbuches abweichen, wenn die vertraglich vereinbarten Regelungen günstiger für den AN sind. Jede Abweichung von der gesetzlichen Regelung, die zu Lasten des AN erfolgt, ist unwirksam und wird durch die gesetzliche Regelung ersetzt. Bei tarifdispositiven Regelungen ist auch eine Abweichung zu Ungunsten der AN möglich.

I. Der Arbeitsvertrag

1. Zwingende Elemente des Arbeitsvertrags. Das Arbverh wird durch das Bestehen eines Arbeitsvertrages definiert, der der **Schriftform** bedarf. Sollte der Arbeitsvertrag nicht schriftlich geschlossen worden sein, kann nur der AN innerhalb von 30 Tagen nach Aufnahme seiner Arbeitsleistung die Unwirksamkeit des Arbeitsvertrages geltend machen.

Zwingende Bestandteile eines Arbeitsvertrages sind die folgenden:
– die Tätigkeit/Position des AN,
– seine arbeitsvertraglichen Pflichten,
– der Arbeitsort sowie
– das Grundgehalt.

a) Tätigkeitsbeschreibung und arbeitsvertragliche Pflichten. Die vom AN geschuldeten Pflichten müssen im Arbeitsvertrag konkretisiert werden. Diese Pflichten können in Form einer Tätigkeitsbeschreibung im Arbeitsvertrag definiert sein oder aber auf eine Position Bezug nehmen, soweit diese ausreichend die Tätigkeiten beschreibt. Ein AN kann angewiesen werden, andere oder zusätzliche Pflichten außerhalb seines Arbeitsvertrags zu übernehmen. Eine

---

[1] Zu diesem Länderbericht hat *Éva Hegedűs*, (Budapest) beigetragen.

solche Zuweisung anderer Tätigkeiten kann zunächst im Wege einer vorübergehenden Umsetzung erfolgen. In diesem Fall wird der AN angewiesen, andere oder zusätzliche Aufgaben zu übernehmen, soweit diese nicht als unangemessen anzusehen sind. Die Dauer der Umsetzung darf 44 Tage im Jahr nicht überschreiten. Die konkrete Umsetzungsdauer ist dem AN zuvor mitzuteilen.

255 **b) Arbeitsort.** Der Arbeitsort ist der Ort, an dem der AN zur Erbringung der vertraglich geschuldeten Leistung verpflichtet ist. Dennoch kann der Vertrag auch eine sog. **Versetzungsklausel** enthalten, nach der der AN verpflichtet ist, seine Tätigkeit auch an anderen Betrieben des AG durchzuführen. Besteht keine Versetzungsklausel, kann bei Vorliegen betrieblicher Erfordernisse der AN verpflichtet werden, für dasselbe Gehalt auf Anweisung des AG vorübergehend an einem weiter entfernten Ort tätig zu werden (**örtliche Versetzung**). Voraussetzung ist allerdings, dass die AN weiterhin für ihren AG und unter seiner Weisung tätig werden. Es besteht auch die Möglichkeit, dass der AN aufgrund einer Vereinbarung zwischen verschiedenen AG verpflichtet ist, zeitweilig für einen anderen AG tätig zu werden (**Abordnung**). Voraussetzung für eine solche Abordnung ist, dass es sich um verbundene Unternehmen handelt und dass der entleihende AG nicht verpflichtet ist, an den verleihenden AG Zahlungen irgendeiner Art zu leisten. Zulässig ist aber, dass der entleihende AG das Arbeitsentgelt und die Sozialversicherungsbeiträge für die AN entrichtet.

256 Der AN kann auch dann an einen anderen AG (auch an ein nicht verbundenes Unternehmen) entliehen werden, wenn der eigentliche AG den AN aus betrieblichen Gründen zeitweilig nicht beschäftigen kann und beide AG eine Vereinbarung geschlossen haben, die den entleihenden AG nicht zu einer zusätzlichen Zahlung verpflichtet (**AN-Überlassung**).

257 Es steht den Arbeitsvertragsparteien frei, weitere Regelungen im Arbeitsvertrag zu treffen, tun sie dies nicht, so gelten die gesetzlichen Regelungen. Jegliche Abweichung von den gesetzlichen Bestimmungen bedarf einer ausdrücklichen Regelung im Arbeitsvertrag. Auch die örtliche Versetzung und die Abordnung dürfen je **44 Tage im Jahr** nicht überschreiten. Insg. darf eine Kombination aus den vier Varianten (Umsetzung, örtliche Versetzung, Abordnung und AN-Überlassung) **110 Tage im Jahr** nicht überschreiten. In TV können allerdings längere Fristen festgelegt werden. Es müssen aber in den genannten Fällen stets betriebliche Gründe vorliegen, die eine Umsetzung, örtliche Versetzung, Abordnung und AN-Überlassung rechtfertigen. Zudem darf die Maßnahme für den betroffenen AN unter Berücksichtigung seiner Stellung, seiner Ausbildung, seines Alters, seiner Gesundheit und seinen familiären Verhältnissen nicht unzumutbar sein.

258 **c) Lohn.** Der Gesamtlohn kann sich sowohl an der Arbeitszeit, an der Leistung als auch an einer Kombination aus beidem orientieren. Der Grundlohn darf sich jedoch ausschließlich nur nach der Arbeitszeit richten. Der AG ist verpflichtet, den Grundlohn auch dann zu zahlen, wenn er keine Arbeit für den AN hat. Der vereinbarte Grundlohn darf den **im Gesetz vorgeschriebenen Mindestlohn** nicht unterschreiten. Im Jahre 2008 betrug dieser 69.000 HUF (rund 275 EUR) im Monat.

259 **2. Dauer des Arbeitsvertrages.** Arbeitsverträge können sowohl **unbefristet** als auch **befristet** abgeschlossen werden, auch können die Parteien in jedem Falle eine Probezeit vereinbaren. Die **Probezeit** kann für die Dauer von maximal **drei Monaten** vereinbart werden, in denen das Arbverh von beiden Seiten mit sofortiger Wirkung und ohne Angabe von Gründen beendet werden kann.

Findet sich keine ausdrückliche Regelung, so gilt das Arbverh als auf unbefristete Zeit abgeschlossen. Ein Arbeitsvertrag darf grds. nur befristet geschlossen werden, wenn der AG hierfür einen **gerechtfertigten** und **rechtlich zulässigen betrieblichen Grund** hat und die Befristung nicht die Rechte und/oder berechtigten Interessen der AN verletzt.

260 Ein befristetes Arbverh kann nicht länger als für **fünf Jahre** abgeschlossen werden. Ein auf kürzere Zeit geschlossenes befristetes Arbverh kann auf eine maximale Gesamtdauer von fünf Jahren verlängert werden. Wird die Dauer eines befristeten Arbeitsvertrages mit Wissen des unmittelbaren Vorgesetzten für mind. einen Tag überschritten, so gilt das Arbverh nunmehr als unbefristet. Eine Ausnahme gilt für Arbeitsverträge, die für eine Dauer von weniger als 30 Tagen eingegangen werden.

261 **3. Arbeitszeit.** Das ungarische Arbeitsrecht gewährt den AG verschiedene Möglichkeiten, die Arbeitszeit – sowohl die regelmäßige als auch die irreguläre – zu gestalten, um den jeweiligen betrieblichen Bedürfnissen gerecht zu werden. Regelungen können sowohl in TV als auch im Individualarbeitsvertrag getroffen werden. Fehlen solche Regelungen, kann die Arbeitszeit unter Einhaltung der gesetzlichen Vorschriften vom AG bestimmt werden und Überstunden angeordnet werden.

262 **a) Regelmäßige Arbeitszeit.** Die regelmäßige Arbeitszeit beträgt **acht Stunden täglich**. Der Arbeitsvertrag kann eine kürzere, aber auch längere regelmäßige Arbeitszeit vorsehen. Im Falle, dass es sich um das Ableisten von Bereitschaftsdienst handelt oder dass der AN ein enger Verwandter des AG (oder Inhabers, der mind. 25 % der Anteile hält) ist, können auch längere Arbeitszeiten gelten. Diese dürfen jedoch in keinem Fall 12 Stunden pro Tag und 60 Stunden

in der Woche überschreiten. Generell darf die wöchentliche Arbeitszeit nicht mehr als 48 Stunden betragen. Von bestimmten Ausnahmen abgesehen (z.B. in Betrieben, in denen die Produktion durchgängig aufrechterhalten werden muss) müssen AN an zwei Tagen in der Woche arbeitsfrei haben, einer dieser Tage muss Sonntag sein. An Feiertagen können AN nur in Ausnahmefällen zur Arbeit herangezogen werden. Zudem steht den AN grds. eine ununterbrochene Ruhezeit von 11 Stunden zwischen zwei Arbeitstagen zu.

b) Rahmenregelungen. Die Dauer und Lage der Arbeitszeit kann auch innerhalb einer Rahmenregelung festgesetzt werden. Folge einer solchen Regelung ist, dass die Grenzen der Arbeitszeit bezogen auf einen längeren Zeitraum gelten. So kann der AN verpflichtet sein, über einen bestimmten Zeitraum länger zu arbeiten als es das Gesetz vorsieht, sobald diese Mehrarbeit in einem vorgegebenen Zeitraum wieder ausgeglichen wird. Eine solche Rahmenregelung kann zwischen dem AG und dem AN über einen Ausgleichszeitraum von jeweils bis zu drei Monaten bzw. 12 Wochen oder im Fall von Saisonarbeit bis zu vier Monaten bzw. 16 Wochen getroffen werden. Handelt es sich um eine tarifvertragliche Regelung, kann der Ausgleichszeitraum bis zu vier Monate bzw. 16 Wochen und wenn an den TV mehr als ein AG gebunden ist, bis zu sechs Monate bzw. 26 Wochen betragen. In besonderen Fällen, z.B. bei Bereitschaftsarbeit, Saison- oder Schichtarbeit sowie bei durchgängiger Betriebstätigkeit gilt ein maximaler Ausgleichszeitraum von einem Jahr bzw. 52 Wochen.
In keinem Fall darf allerdings die tägliche Höchstarbeitszeit 12 Stunden bzw. die wöchentliche Höchstarbeitszeit 48 Stunden und im Falle des Bereitschaftsdienstes täglich 24 Stunden bzw. wöchentlich 72 Stunden überschreiten.

c) Überstunden. Der AG kann die AN in **Ausnahmefällen** und bei ausreichender Begründung verpflichten, Überstunden zu leisten. Ein AN kann an Tagen, an denen er nicht arbeiten muss, wie z.B. an gesetzlichen Feiertagen, nur dann zur Leistung von Überstunden herangezogen werden, wenn er an diesen Tagen nur zu den üblicherweise geschuldeten Arbeitszeiten tätig wird oder wenn es sich um einen Notfall – höhere Gewalt oder eine unmittelbare erhebliche Gefahr – handelt. Überstunden liegen dann vor, wenn der AN
- über seine regelmäßige Arbeitszeit hinaus Arbeit leistet,
- oder über die vereinbarte Rahmenregelung hinaus arbeitet,
- oder während eines Bereitschaftsdienstes,
- oder während einer Rufbereitschaft bzw.
- im Notfall zur Arbeit herangezogen wird.

Bestimmte AN-Gruppen dürfen nicht zur Leistung von Überstunden herangezogen werden. Zu diesen Gruppen gehören z.B.
- Frauen ab dem Zeitpunkt der Schwangerschaft bis zum Erreichen des ersten Lebensjahres des Kindes,
- Alleinerziehende bis zum Erreichen des ersten Lebensjahres des Kindes,
- bestimmte AN-Gruppen, deren Arbeit vom Gesetz als „gefährlich" eingestuft ist.

Zudem darf die Anordnung von Überstunden in keinem Fall zu einer Gefährdung der Gesundheit und der körperlichen Unversehrtheit des AN führen und sie darf die persönlichen, familiären und sonstigen Verhältnisse des AN nicht unverhältnismäßig belasten.

Die gesetzliche Höchstanzahl an Überstunden beträgt 200 Stunden pro Jahr, tarifvertraglich kann jedoch auch festgelegt werden, dass bis zu 300 Überstunden pro Jahr geleistet werden können. AN können verlangen, dass die Überstunden mit einem **Zuschlag von mind. 50 %** vergütet werden. Überstunden, die an freien Tagen, an Feiertagen oder während der Nacht geleistet werden, werden nach besonderen Regelungen vergütet bzw. zusätzlich mit Freizeit ausgeglichen.

4. Urlaub. Nach dem Arbeitsgesetzbuch beträgt der bezahlte **Mindesturlaub** für jeden AN **20 Tage im Jahr**. Die Anzahl der Urlaubstage steigt progressiv mit dem Alter der AN auf bis zu 30 Urlaubstage ab dem 45. Lebensjahr an. Es steht den Arbeitsvertragsparteien frei, darüber hinausgehende Urlaubsansprüche zu regeln.
Für bestimmte AN-Gruppen (z.B. minderjährige AN, AN mit Kindern unter sechs Jahren, blinde AN; AN, die ionisierenden Strahlungen ausgesetzt sind) sieht das ungarische Recht über den gesetzlichen Mindesturlaub hinausgehenden Zusatzurlaub vor.
Der AN kann in bestimmten Situationen eine unbezahlte Freistellung von der Arbeit von seinem AG verlangen, so z.B.
- zur Beaufsichtigung eines Kindes bis zu dessen 3. Geburtstag,
- zur Beaufsichtigung eines Kindes bis zu dessen 10. Geburtstag, sofern der AN Fürsorgeleistungen für das Kind bezieht und
- zur Pflege eines erkrankten Kindes bis zu dessen 12. Geburtstag.

Im Krankheitsfalle besteht ein Anspruch auf Entgeltfortzahlung durch den AG für 15 Tage. Darüber hinaus gibt es verschiedene weitere vom Gesetz geregelte Ansprüche auf Entgeltfortzahlung.

269 **5. Vertraulichkeits- und Wettbewerbsklauseln.** Die Parteien des Arbeitsvertrages können zum Schutz der berechtigten Interessen des AG Vertraulichkeits- und Wettbewerbsklauseln im Rahmen des gesetzlich Zulässigen vereinbaren. Gesetzliche Regelungen finden sich z.T. im Arbeitsgesetzbuch und z.T. im Zivilrecht.

270 **a) Vertraulichkeitsklauseln.** Im Arbeitsgesetzbuch finden sich allg. Regeln darüber, dass der AN nicht entgegen den berechtigten Interessen des AG handeln darf, es sei denn, das Gesetz gebietet es ihm. Zusätzlich enthält das Zivilgesetzbuch eine Regelung über den Schutz von privaten und geschäftlichen Geheimnissen. Speziellere Regelungen über die Vertraulichkeit im Geschäftsbereich enthält das Wettbewerbsgesetz. Dennoch empfiehlt es sich, dass die Parteien die Vertraulichkeit vertraglich regeln, wenn der AG ein besonderes Interesse hieran hat. Eine solche Regelung sollte möglichst präzise Angaben über Inhalt und Umfang der Vertraulichkeitspflicht enthalten sowie Regelungen für den Fall treffen, dass gegen die Pflicht verstoßen wird (z.B. eine Vertragsstrafenregelung). Auch kann die Dauer geregelt werden, wenn die Vertraulichkeit auch über das Bestehen des Arbverh hinaus gewahrt werden soll.

271 **b) Wettbewerbsklauseln.** Unter die im Arbeitsgesetzbuch enthaltene allg. Pflicht des AN, berechtigte Interessen des AG zu wahren, kann nach Ansicht der ArbG auch das Verbot fallen, Wettbewerb zu betreiben, sei es für ein anderes bestehendes Unternehmen oder durch Errichtung eines solchen. Auch hier sollten die Parteien eine ausdrückliche vertragliche Vereinbarung treffen, wenn dies im Interesse des AG geboten ist.

272 Das Wettbewerbsverbot kann auch auf die Zeit nach Beendigung des Arbverh ausgedehnt werden, die Dauer eines solchen **nachvertraglichen Wettbewerbsverbots** darf jedoch nicht länger als **drei Jahre** betragen. Die Vereinbarung muss eine **angemessene Gegenleistung** für den AN vorsehen. In welcher Höhe eine solche Zahlung als angemessen anzusehen ist, richtet sich nach der Dauer und dem Umfang des Wettbewerbsverbots. Regelmäßig halten die Gerichte eine Zahlung in Höhe von 50 % des durchschnittlichen Gehalts während der Dauer des Verbots für angemessen. Die Zahlung kann als einmaliger Betrag oder in Raten geleistet werden. Gerichte schränken derartige Wettbewerbsverbote auch von ihrem Inhalt und Umfang her ein. So muss das Verbot den schützenswerten Interessen des AG dienen und darf nicht einem umfassenden Tätigkeitsverbot für den AN gleichkommen, indem es jegliche Art von Tätigkeit in einem breiten Spektrum an Geschäftszweigen ausschließt. Eine Vereinbarung über ein Wettbewerbsverbot, das gegen die von den Gerichten aufgestellten Grundsätze verstößt, ist unwirksam.

II. Die Beendigung des Arbeitsverhältnisses

273 **1. Arten der Beendigung/Kündigung.** Nach ungarischem Recht kann ein unbefristetes Arbverh wie folgt beendet werden:
- durch schriftlichen Aufhebungsvertrag,
- durch ordentliche Künd,
- durch außerordentliche Künd und
- durch Künd mit sofortiger Wirkung während der Probezeit.

274 Unbefristet abgeschlossene Arbeitsverträge können auf allen aufgezeigten Wegen gekündigt werden. Befristete Arbeitsverträge können nur im gegenseitigen Einvernehmen oder durch eine außerordentliche Künd bzw. im Falle einer Probezeit während dieser fristlos beendet werden. Bei befristeten Arbeitsverträgen ist eine ordentliche Künd nicht möglich, der AG kann jedoch ein solches Arbverh dann beenden, wenn er dem AN als Abfindung ein Jahresgehalt anbietet. Beträgt die noch verbleibende Dauer des Arbeitsvertrages weniger als ein Jahr, so ist die entsprechende Dauer zu vergüten.

Sowohl die ordentliche als auch die außerordentliche Künd müssen **schriftlich** unter der Angabe der zu der Künd führenden Gründe erfolgen. Jede Künd muss zudem **Informationen** darüber enthalten, welche Rechte der AN nunmehr wahrnehmen kann (Anhörung eines Schiedsgerichts, Klageeinreichung beim ArbG).

Auf anderem Wege wird das Arbverh nur beendet bei dem Tod des AN, der Auflösung des Betriebs des AG ohne Vorhandensein eines rechtlichen Nachfolgers oder mit Erreichen des im befristeten Arbeitsvertrag bestimmten Beendigungszeitpunkts.

275 **2. Die außerordentliche Kündigung.** Sowohl der AG als auch der AN können das Arbverh ohne Einhaltung einer Frist außerordentlich kündigen, wenn die jeweils andere Partei vorsätzlich oder grob fahrlässig eine erhebliche Vertragsverletzung begeht oder sich auf andere Weise so verhält, dass die Weiterführung des Arbverh unter den gegebenen Umständen der anderen Partei nicht mehr zumutbar ist. Die Partei, die das Recht zur außerordentlichen Künd ausübt, muss dies **innerhalb von 15 Tagen** tun, nachdem sie von dem Künd-Grund Kenntnis erlangt hat (**subjektive Künd-Frist**). Außer in dem Fall, dass der Grund für die außerordentliche Künd die Begehung einer Straftat war, kann die Künd nur innerhalb eines Jahres erfolgen, nachdem der Grund entstanden ist (**objektive Künd-Frist**). Bevor der AG die Künd ausspricht, muss er den AN über die Gründe, die die Künd veranlasst haben, informieren und diesem Gelegenheit zur Stellungnahme geben, es sei denn, dies ist dem AG unter den gegebenen Umständen nicht zuzumuten.

276 **3. Die ordentliche Kündigung. a) Kündigungsgründe.** Beide Parteien können ein unbefristet abgeschlossenes Arbverh auch ordentlich kündigen. Der AG muss dem AN die Gründe darlegen, die zu der Künd geführt haben.

Der Grund für die Künd muss entweder aus den **mangelnden Fähigkeiten des AN**, aus seinem **(arbeitsbezogenen) Verhalten** oder aus **betrieblichen Gründen** folgen. Kündigt der AG das Arbverh aus Gründen, die verhaltens- oder personenbedingt sind, so muss er zuvor dem AN die Gelegenheit geben, zu den Gründen Stellung zu nehmen, es sei denn, es ist offensichtlich, dass eine solche Verteidigung des AN aussichtslos wäre.

b) Kündigungsfristen. Die **Mindest-Künd-Frist** beträgt **30 Tage**. Für den Fall, dass der AG dem AN die Gründe für die Künd mitteilen muss, so muss er dies weitere 30 Tage vor Ausspruch der Künd tun. Die gesetzlich vorgeschriebene **Künd-Frist verlängert** sich abhängig von der **Dauer der Beschäftigung** des zu kündigenden AN um fünf bis zu 60 Tage und beträgt damit maximal 90 Tage nach einer Beschäftigungsdauer von mehr als 20 Jahren. Vertraglich können die Parteien auch eine längere Künd-Frist von bis zu einem Jahr vereinbaren. Der AG muss den AN für mind. die Hälfte der Dauer der Künd-Frist von der Arbeit freistellen. Auch während dieser Freistellungszeit hat der AN Anspruch auf Zahlung seines vollen Gehalts.

c) Kündigungsverbot. Grds. darf eine ordentliche Künd während einer krankheitsbedingten Abwesenheit des AN sowie 15 bzw. 30 Tage nach der Rückkehr zur Arbeit nicht ausgesprochen werden. Gleiches gilt während der Abwesenheit zur Pflege eines kranken Kindes oder nahen Angehörigen sowie 15 bzw. 30 Tage nach Rückkehr zur Arbeit, während des Mutterschaftsurlaubs und drei Monate im Anschluss daran sowie während der Abwesenheit bedingt durch die Einberufung zum Militär.

d) Abfindung. Nach dem Arbeitsgesetzbuch kann ein AN, dessen Arbverh beendet wird, eine Abfindungszahlung verlangen, wenn das Arbverh durch den AG ordentlich gekündigt wurde oder wegen der Auflösung des AG ohne Vorhandensein eines Rechtsnachfolgers beendet wird oder wenn der AN selbst aufgrund pflichtwidrigen Verhaltens des AG außerordentlich kündigt. Der Anspruch entsteht erst nach mind. **dreijähriger Beschäftigungszeit**. Die Höhe des Anspruchs richtet sich nach der Beschäftigungsdauer und variiert zwischen einem und – bei einer Beschäftigungsdauer von mehr als 25 Jahren – maximal sechs Monatsgehältern. Eine **zusätzliche Abfindung** (in Höhe von drei Monatsgehältern) kann dann beansprucht werden, wenn der AN, dessen Arbverh ordentlich gekündigt wurde, innerhalb von fünf Jahren das Rentenalter erreichen wird oder wenn der AG ohne einen Rechtsnachfolger aufgelöst wird.

4. Massenentlassungen. Nach den zwingenden Vorschriften des Arbeitsgesetzbuches muss der AG bestimmte Vorgaben einhalten, wenn es sich bei den betriebsbedingten Künd um Massenentlassungen handelt. Dieser Tatbestand ist gegeben, wenn der AG innerhalb von 30 Tagen zehn AN entlässt, wenn im Betrieb mehr als 20 und weniger als 100 AN beschäftigt sind oder wenn der AG 10 % der AN entlässt in Betrieben mit mind. 100 und weniger als 300 Beschäftigten oder aber wenn der AG 30 AN entlässt und in dem Betrieb mind. 300 AN beschäftigt sind. AN, die das Renteneintrittsalter erreicht haben, sind diesbezüglich nicht zu berücksichtigen. Die Feststellung der AN-Zahlen erfolgt sechs Monaten vor der Entscheidung zur Massenentlassung

Der AG ist verpflichtet, mind. 15 Tage bevor er die endgültige Entscheidung zur Massenentlassung fällt, den BR zu **informieren** und sich mit diesem zu **beraten**. Existiert in dem Betrieb kein BR, so treffen den AG die gleichen Pflichten gegenüber einem Komitee, das aus Repräsentanten der im Betrieb vertretenen Gewerkschaft und AN-Vertretern zu bilden ist. Die Beratungen sollen das Ziel haben, eine Einigung herbeizuführen und Künd zu verhindern. Mind. sieben Tage vor Beginn der Konsultationen muss der AG die AN-Vertreter und das zuständige Arbeitsamt schriftlich über die Gründe der Massenentlassung, die anvisierte Zahl der abzubauenden Stellen und die Gesamtzahl der Beschäftigten, die Auswahlkriterien und den Zeitraum, in dem die Künd ausgesprochen werden sollen, informieren. Die schriftliche Unterrichtung muss 30 Tage vor Ausspruch der Künd erfolgen. Zudem sind die betroffenen AN mind. 30 Tage vor Ausspruch der Künd hierüber zu informieren.

Künd, die unter Nichtbeachtung der Informations- und Konsultationsfristen erfolgen, sind unwirksam. Zudem können die AN-Vertreter den AG wegen der Verletzung ihrer Informations- und Konsultationsrechte verklagen. Das ArbG muss im beschleunigten Verfahren innerhalb von acht Tagen eine Entscheidung treffen.

5. Die rechtlichen Folgen einer unwirksamen Kündigung. Auf Antrag des AN kann das ArbG feststellen, dass die Künd unwirksam war und dass der AN einen **Wiedereinstellungsanspruch** hat. Ist dem AG die Widereinstellung nicht zumutbar, kann der AG auf Antrag von dieser Pflicht entbunden werden. Diese Lösungsmöglichkeit besteht für den AG nicht, wenn er gegen bestimmte Regelungen verstoßen hat, so z.B. gegen Diskriminierungsverbote, ein bestehendes besonderes Künd-Verbot oder wenn es sich bei dem gekündigten AN um einen gewählten Gewerkschaftsvertreter handelt. Wird eine Wiedereinstellungspflicht nicht ausgesprochen, kann der AN eine Abfindung verlangen, die zwischen zwei und zwölf Monatsgehältern beträgt und von der Schwere des Rechtsverstoßes des AG abhängt. Das Arbverh endet mit Rechtskraft des Gerichtsurteils. Dem AN ist bis dahin der Arbeitslohn zu entrichten und ggf. Schadensersatz zu leisten.

III. Regelungen für leitende Angestellte

283 Leitende Ang sind AN, die für die Leitung des Unternehmens, eines Betriebs oder einer Niederlassung verantwortlich sind. Auf diese AN finden besondere Regelungen Anwendung, bzw. sie sind von zahlreichen arbeitnehmerschützenden Vorschriften ausgeschlossen:
- tarifvertragliche Regelungen finden keine Anwendung auf leitende Ang,
- die Arbeitszeit wird nicht fest vereinbart, Mehrarbeit wird nicht vergütet,
- befristete Arbeitsverträge können auch über eine Dauer von fünf Jahren hinaus abgeschlossen werden,
- im Falle der Künd bedarf es keines Vorliegens bestimmter Gründe,
- die allg. geltenden Künd-Verbote und Künd-Fristen gelten nicht,
- die objektive Künd-Frist bei außerordentlichen Künd verlängert sich auf drei Jahre.

284 Soweit der Vertrag nichts anderes vorsieht, treffen leitende Ang bestimmte zusätzliche Pflichten, insb. weit gefasste Wettbewerbsverbote. So sind sie etwa verpflichtet, den AG darüber zu unterrichten, wenn ein nahes Familienmitglied Organ bzw. Organmitglied oder leitender Ang einer Gesellschaft wird, die entweder Konkurrent oder Auftraggeber/-nehmer des AG ist.

IV. Kollektives Arbeitsrecht

285 Das kollektive Arbeitsrecht umfasst Regelungen über die Gewerkschaften, TV und die Vertretung der AN durch BR. Die Gewerkschaften sind nach dem Industrieverbandsprinzip organisiert. Insb. in der Großindustrie sind Gewerkschaften noch stärker vertreten. Insg. haben sie im letzten Jahrzehnt erheblich an Einfluss eingebüßt.

286 **1. Tarifverträge.** TV regeln
- Rechte und Pflichten aus dem Arbverh sowie
- die Rechte und Pflichten der tarifvertragschließenden Parteien.

287 Der Abschluss von TV kann auch für den AG Vorteile bieten, da nur auf diesem Wege von einigen gesetzlichen Regelungen zu Ungunsten der AN abgewichen werden kann (so z.B. die Erhöhung der Anzahl zulässiger Überstunden). Ein TV kann sowohl zwischen dem AG, mehreren AG oder einer Vereinigung von AG auf der einen Seite und einer oder mehreren Gewerkschaften, die die Mehrheit der jeweiligen AN vertreten auf der anderen Seite abgeschlossen werden.

288 Der AG ist verpflichtet, Verhandlungen aufzunehmen, es sei denn, die die Gespräche initiierende Gewerkschaft ist für den Betrieb des AG als nicht „repräsentativ" anzusehen. Eine Gewerkschaft ist „**repräsentativ**" im Sinne des Gesetzes, wenn auf ihre Kandidaten bei der letzten BR-Wahl über 50 % der abgegebenen Stimmen entfielen. Die Wirkung eines TV erstreckt sich auf alle AN, die bei einem AG beschäftigt sind, der seinerseits den TV abgeschlossen hat oder einer AG-Vereinigung angehört, die den TV abgeschlossen hat.

289 Ein TV, der nur von zwei Parteien abgeschlossen wurde, kann von beiden Seiten sechs Monate nach seinem Inkrafttreten mit einer Frist von drei Monaten gekündigt werden. Wurde der TV von mehreren AG-Vereinigungen und/oder Gewerkschaften abgeschlossen, so kann jede einzelne Vereinigung/Gewerkschaft kündigen. Die Folgen der Künd gelten dann auch nur für die kündigende Partei.

290 **2. Betriebsräte.** In jedem Betrieb, der mehr als 50 AN beschäftigt, muss ein BR gewählt werden. In Betrieben mit mehr als 15 und bis zu 50 Beschäftigten muss statt eines BR ein einzelner AN-Vertreter gewählt werden. Über diese zwingenden Regelungen hinaus existieren jedoch keine weiteren gesetzlichen Vorschriften für die Errichtung der AN-Vertretung, insb. sieht das Gesetz keine Sanktionen für den Fall vor, dass der AG diese Vorschriften nicht einhält. In der Praxis handelt es sich daher weniger um eine Pflicht des AG, als eher um ein Recht der AN, wonach es diesen freisteht, eine AN-Vertretung zu bilden oder nicht. Die Bildung einer solchen kann jedoch insb. dann vorteilhaft für den AG sein, wenn keine Gewerkschaft in dem Betrieb vertreten ist. Denn dann kann der AG mit dem BR oder dem AN-Vertreter Kollektivvereinbarungen abschließen, die wiederum auch zum Nachteil der AN von kollektivdispositiven Gesetzen abweichen können.

291 Der BR hat ein **Recht auf Mitbestimmung** hinsichtlich der Verwendung der im TV für soziale Leistungen vorgesehenen finanziellen Mittel bzw. der Nutzung von sozialen Einrichtungen und Immobilien dieser Art.

In folgenden Fällen muss der AG den BR **konsultieren**, bevor er eine Entscheidung trifft:
- Maßnahmen, die eine große Anzahl der AN betreffen, wie z.B. die Restrukturierung, Reorganisation, Modernisierung oder Privatisierung beim AG,
- Maßnahmen, die die Verarbeitung von AN-Daten betreffen oder die Aufstellung von Personalplänen,
- Pläne zur Aufstellung von Fort- und Weiterbildungsplänen, Vorruhestands-Programmen und Wiedereingliederungsmaßnahmen,
- Aufstellung des jährlichen Urlaubsplans.

Der AG muss den BR über folgende Punkte **informieren**: 292
- alle sechs Monate über die grundlegende wirtschaftliche Entwicklung bei dem AG,
- alle sechs Monate über die Entwicklung der Löhne und Gehälter, die finanzielle Situation des AG, Entwicklungen im Bereich Arbeitszeit und Arbeitsbedingungen allg.,
- geplante Entwicklungen, die zu erheblichen Veränderungen der Geschäftstätigkeit und den Vermögenswerten/Beteiligungen führen.

V. Die arbeitsrechtliche Aufsicht

Neben den freiwilligen Schlichtungsverfahren und der endgültigen gerichtlichen Streitbeilegung gibt es ein verwaltungsrechtliches Aufsichtsverfahren, das Verstöße gegen arbeitsrechtliche Vorschriften ahndet. Die Aufsicht über die Einhaltung der bestehenden Arbeitsrechtsvorschriften obliegt der nationalen Aufsichtsbehörde für Arbeitssicherheit und Arbeit. Diese „Arbeitsbehörde" ist ausschließlich zuständig für die Überwachung von Arbverh im engeren Sinne, hierunter fallen demnach keine freien Mitarbeiterverhältnisse oder Dienstverträge mit Mitgliedern/Organen juristischer Personen. Die Arbeitsbehörde kann sowohl von Amts wegen tätig werden als auch auf Anfrage, sie verfügt über weitreichende Befugnisse zur Überwachung und Aufklärung. Im Falle einer Rechtsverletzung kann sie den AG auffordern, die relevanten Vorschriften zu beachten, die Rechtsverletzung innerhalb einer bestimmten Zeit abzustellen, die Arbverh mit AN zu beenden, die von der Rechtsverletzung betroffen wurden, Sozialbeiträge zu leisten oder eine Strafe zu zahlen. 293

EG-rechtlich bedeutsame Vorschriften für das Arbeitsrecht

Vorbemerkung

Literatur: *Auer*, Neues zu Umfang und Grenzen der richtlinienkonformen Auslegung, NJW 2007, 1106; *Blanpain/Schmidt/Schweigert*, Europäisches Arbeitsrecht, 2. Aufl. 1996; *Blomeyer*, Der Einfluss der Rechtsprechung des EuGH auf das deutsche Arbeitsrecht, NZA 1994, 633; *Buchner*, Das deutsche Arbeits- und Sozialrecht unter dem Einfluss der Europäischen Gemeinschaft, VSSR 1992, 1; *ders.*, Die Rolle des Europäischen Gerichtshofs bei der Entwicklung des Arbeitsrechts, ZfA 1993, 279; *ders.*, Zukunft des Arbeitsrechts: Eingriff in das nationale Arbeitsrecht durch den EuGH – Missachtung des Subsidiaritätsprinzips?, BB-Spezial 4.2008, S. 6; *Fuchs*, Die Bilanz des Europäischen Arbeitsrechts, ZESAR 2004, 111; *Fuchs/Marhold*, Europäisches Arbeitsrecht, 2. Aufl. 2006; *Henssler/Braun*, Arbeitsrecht in Europa, 2. Aufl. 2007; *Joussen*, Schritte zum europäischen Streikrecht – die Entscheidung Laval, ZESAR 2008, 333; *Junker*, Der EuGH zum Arbeitsrecht: Betriebsübergang, Gleichbehandlung und Bestandsschutz, EuZW 2006, 524; *Kerwer*, Das Europäische Gemeinschaftsrecht und die Rechtsprechung der deutschen Arbeitsgerichte, 2003; *Linneweber*, Neuere Entwicklungen im Europäischen Arbeitsrecht, ZIAS 2005, 323; *Nägele* (Hrsg.), EG-Arbeitsrecht in der deutschen Praxis, 2007; *Pütz*, Aktuelle Entwicklungen im Europäischen Arbeitsrecht, ZIAS 2007, 285; *Reichel/Böhm*, Arbeits- und Betriebsrentenrecht in der Rechtsprechung des Europäischen Gerichtshofs 2006/2007, DB 2007, 2370; *Schaub*, Europäisierung des deutschen Arbeitsrechts, NZA 1994, 769; *Schiefer*, Europäisches Arbeitsrecht, NJW 1995, 160; *Schiek*, Europäisches Arbeitsrecht, 2007; *Schmidt*, Das Arbeitsrecht der Europäischen Gemeinschaft, 2. Aufl. 2007; *dies.*, Europäisches Arbeitsrecht, in: Weiss/Gagel, Handbuch des Arbeits- und Sozialrechts, 32. Aufl. 1999 (zit. HAS/*Schmidt*); *Theiss*, Die Durchführung europäischer Sozialpartnervereinbarungen auf nationaler Ebene, 2005; *Thüsing*, Europäisches Arbeitsrecht, 2008; *ders.*, Rechtsfragen grenzüberschreitender Arbeitsverhältnisse – Grundlagen und Neuigkeiten im Internationalen Arbeitsrecht, NZA 2003, 1303; *Wank*, Arbeitsrecht und Methode am Beispiel der rangkonformen Auslegung, RdA 1999, 130; *Zwanziger*, Arbeitskampf- und Tarifrecht nach den EuGH-Entscheidungen „Laval" und „Viking", DB 2008, 294

1 Unter den **Begriff des Europarechts** wird zum einen das Europarecht i.w.S. und zum anderen das EG-Recht gefasst.[1] Europarecht i.w.S. umfasst das Recht der europäischen internationalen Organisationen, insbesondere Abkommen des Europarats wie die europäische Menschenrechtskonvention (EMRK), über deren Verletzung der Europäische Gerichtshof für Menschenrechte entscheidet, und die Europäische Sozialcharta (ESC). Das Gemeinschaftsrecht bezeichnet die vom EG-Vertrag (EG),[2] dem Vertrag über die Gründung der Europäischen Atomgemeinschaft (EAG-Vertrag/EA) und dem Vertrag über die Gründung der Europäischen Gemeinschaft für Kohle und Stahl (EGKS-Vertrag/KS) geschaffene autonome Rechtsordnung.

2 Das EG-Recht unterscheidet zwischen dem **Primär- und dem Sekundärrecht**. Dem Primärrecht zuzuordnen sind die Gründungsverträge der Europäischen Gemeinschaften einschließlich der Anlagen, Anhänge und Protokolle sowie deren spätere Ergänzungen und Änderungen. Zum Primärrecht gehören außerdem die ungeschriebenen Grundsätze des Gemeinschaftsrechts. Die Grundrechte gehören nach st. Rspr. zu den allgemeinen Rechtsgrundsätzen, deren Wahrung der EuGH zu sichern hat; dabei lässt er sich von den gemeinsamen Verfassungstraditionen der Mitgliedstaaten sowie von den Hinweisen leiten, die die völkerrechtlichen Verträge über den Schutz der Menschenrechte geben, an deren Abschluss die Mitgliedstaaten beteiligt waren oder denen sie beigetreten sind. Hierbei kommt der Europäischen Konvention zum Schutze der Menschenrechte und Grundfreiheiten besondere Bedeutung zu.[3] Zu beachten sind insbesondere der Grundsatz der Verhältnismäßigkeit,[4] der Grundsatz des Vertrauensschutzes,[5] der allgemeine Gleichheitssatz,[6] das Recht auf Gewährung effektiven Rechtsschutzes[7] und das Recht des AN auf freie Wahl des AG.[8] Der EuGH hat außerdem das Recht auf Durchführung einer kollektiven Maßnahme[9] als Grundrecht

---

1 *Hanau/Steinmeyer/Wank*, § 9 Rn 15.

2 Vgl. die Hinweise zur Zitierweise der Bestimmungen der Verträge in den Texten des Gerichtshofes und des Gerichts (ABl EG C 246 v. 28.8.1999, S. 1) = NJW 2000, 52. Aufgrund der Umnummerierung der Art. des Vertrags über die Europäische Union (EU) und des Vertrags zur Gründung der Europäischen Gemeinschaft (EG) durch den Vertrag von Amsterdam, wendet der EuGH seit dem 1.5.1999 eine neue Zitierweise an: EU für den EU-Vertrag, EG für den EG-Vertrag, KS für den EGKS-Vertrag und EA für den EAG-Vertrag.

3 Art. 6 Abs. 2 EU; EuGH 14.10.2004 – C-36/02 – Omega – Rn 33 – NVwZ 2004, 1471; EuGH 18.6.1991 – C-260/89 – ERT – Rn 41 – Slg. 1991, I-2925.

4 EuGH 11.7.1989 – Rs. 265/87 – Schräder – Rn 21 – Slg. 1989, 2237.

5 EuGH 12.12.1996 – C-241/95 – Accrington Beef – Slg. 1996, I-6699.

6 EuGH 19.10.1977 – Rs. 117/76 und 16/77 – Ruckdeschel – Rn 7 – Slg. 1977, 1753.

7 EuGH 22.9.1998 – C-185/97 – Coote – Slg. 1998, I-5199 = NZA 1998, 1223.

8 EuGH 16.12.1992 – C-132/91 – Katsikas – Rn 32 – Slg. 1992, I-6577 = AP § 613a BGB Nr. 97.

9 EuGH 18.12.2007 – C-341/05 – Laval – Rn 91 – DB 2008, 71.

anerkannt. Kollektive Maßnahmen einschließlich des Streikrechts können an der Dienstleistungsfreiheit nach Art. 49 EG[10] und der Niederlassungsfreiheit nach Art. 43 EG[11] gemessen werden. Als sekundäres Gemeinschaftsrecht wird das von den Organen der Gemeinschaften nach Maßgabe der Gründungsverträge erlassene Recht bezeichnet, insbesondere die EG-Verordnung und die EG-RL. Zum Erlass sekundären Gemeinschaftsrechts bedarf es einer Ermächtigungsgrundlage. Außerdem muss das sekundäre Gemeinschaftsrecht mit dem Primärrecht in Einklang stehen. Die Verordnung entfaltet gem. Art. 249 Abs. 2 EG unmittelbare Rechtsverbindlichkeit auch gegenüber natürlichen und juristischen Personen der Mitgliedstaaten, ohne dass es einer Umsetzung in nationales Recht bedarf. Dagegen entfaltet die RL gegenüber den Mitgliedstaaten Rechtsverbindlichkeit nur hinsichtlich ihrer Ziele, überlässt den innerstaatlichen Stellen jedoch nach Art. 249 Abs. 3 EG die Wahl der Form und Mittel, wie sie in das nationale Recht umgesetzt werden muss.

Für das **Arbeitsrecht** sind im Primärrecht das Recht der Freizügigkeit nach **Art. 39 ff. EG** sowie das Gebot der Entgeltgleichheit für Männer und Frauen nach **Art. 141 EG** von Bedeutung. Beide Vorschriften sind unmittelbar anwendbar, enthalten also sowohl für die Mitgliedstaaten als auch für natürliche und juristische Personen des Privatrechts in den Mitgliedstaaten unmittelbar geltende Rechte und Pflichten. **Verordnungen** mit arbeitsrechtlichem Bezug spielen aufgrund fehlender Ermächtigungsnormen im EG-Vertrag nur eine untergeordnete Bedeutung.[12] Die europäische Rechtsetzung auf dem Gebiet des Arbeitsrechts vollzieht sich im Wesentlichen über **RL**.[13] Diese sind an die Mitgliedstaaten gerichtet. RL entfalten grundsätzlich gegenüber natürlichen oder juristischen Personen des Privatrechts keine unmittelbaren Rechtswirkungen. Die Wirkungen der RL treffen den Einzelnen grundsätzlich erst nach ordnungsgemäßer Durchführung durch den Mitgliedstaat über die jeweilige nationale Durchführungsmaßnahme. Soweit eine Umsetzung in deutsches Recht erfolgt ist, ist bei der Lösung eines Falles die einschlägige Norm des deutschen Rechts und nicht die zugrunde liegende RL-Bestimmung heranzuziehen.[14] Allerdings hat der EuGH entschieden, dass auch Private sich gegenüber dem Staat unmittelbar auf RL-Bestimmungen berufen können, wenn die RL nicht fristgerecht oder unzureichend in nationales Recht umgesetzt worden ist und sie inhaltlich unbedingt und hinreichend genau bestimmt ist.[15] Dem Staat werden dabei auch die öffentlichen AG zugerechnet, so dass sich der Einzelne auch gegenüber einem öffentlichen AG auf die unmittelbare Wirkung der RL-Bestimmung berufen kann.[16] Der Mitgliedstaat hat in diesem Fall außerdem den Schaden des Einzelnen zu ersetzen, der ihm durch die nicht oder nicht fristgerechte Umsetzung der RL entstanden ist, wenn das durch die RL vorgeschriebene Ziel die Verleihung von Rechten an Einzelne beinhaltet, der Inhalt dieser Rechte auf der Grundlage der RL bestimmt werden kann und ein Kausalzusammenhang zwischen dem Verstoß gegen die dem Staat auferlegte Verpflichtung und dem dem Geschädigten entstandenen Schaden besteht.[17] Gegenüber Privaten kann sich der Einzelne jedoch nicht auf eine RL berufen; RL entfalten keine unmittelbare horizontale Wirkung. Allerdings wird die Wirkung von RL dadurch verstärkt, dass die nationalen Gerichte verpflichtet sind, das innerstaatliche Recht **richtlinienkonform auszulegen**.[18] Das Gemeinschaftsrecht kann auch dann als Auslegungsmaßstab herangezogen werden, wenn es – wie bei RL-Bestimmungen – an einer unmittelbaren Anwendbarkeit des Gemeinschaftsrechts fehlt.[19] Die nationalen Gerichte sind zur richtlinienkonformen Auslegung jedoch nur insoweit verpflichtet, als ihnen bei der Auslegung des nationalen Rechts ein Spielraum zusteht. Eine richtlinienkonforme Auslegung *contra legem* ist unzulässig.[20] Bei mehreren möglichen Deutungen des nationalen Rechts ist die Auslegung zu wählen, die der RL entspricht.[21] Im Rahmen der grammatischen Auslegung ist davon auszugehen, dass sich die Begriffe im nationalen Umsetzungsgesetz mit den entsprechenden Begriffen in der RL decken.[22] Es ist auch davon auszugehen, dass der mitgliedstaatliche Gesetzgeber die Vorgaben der RL vollständig und ordnungsgemäß umsetzen wollte, und dass mit dem Umsetzungsgesetz eine Angleichung der Rechtsordnungen bezweckt wurde.[23] Danach empfiehlt sich für die Auslegung von zur Umsetzung einer RL erlassenem nationalen Recht ein zweistufiges Auslegungsverfahren: Zunächst wird die RL selbst ausgelegt und anschließend das nationale Recht im Lichte der RL interpretiert.[24] Am 22.11.2006 hat die Kommission ein **Grünbuch Arbeitsrecht** vorgelegt.[25] Damit wurde in der EU eine Diskussion über die Moder-

---

10 EuGH 18.12.2007 – C-341/05 – Laval – DB 2008, 71, hierzu *Temming*, ZESAR 2008, 231.
11 EuGH 11.12.2007 – C-438/05 – Viking – EuZW 2008, 246.
12 Für das Recht der AN-Freizügigkeit ist die Verordnungsermächtigung in Art. 40 EG von Bedeutung.
13 Die Verordnung und Richtlinien der EU sind im Internet zu finden unter: www.eur-lex.europa.eu.
14 BAG 23.9.1992 – 4 AZR 30/92 – AP § 612 BGB Diskriminierung Nr. 1, hierzu *Wank*, RdA 1999, 130, 132.
15 EuGH 19.1.1982 – Rs. 8/81 – Becker– Rn 25 – Slg. 1982, 53.
16 EuGH 26.2.1986 – Rs. 152/84 – Marshall – Rn 49 – Slg. 1986, 723 = NJW 1986, 2178.
17 EuGH 19.11.1991 – Rs. 6/90 und 9/90 – Francovich – Rn 28 ff. – Slg. 1991, I-5357 = NJW 1992, 165; EuGH 5.3.1996 – C-46/93 und 48/93 – Brasserie du Pecheur – Rn 20 ff. – Slg. 1996, I-1029 = NJW 1996, 1267.
18 EuGH 10.4.1984 – Rs. 14/83 – von Colson und Kamann – Rn 26 – Slg. 1984, 1891.
19 *Beljin*, EuR 2002, 351, 359 f.; *Kerwer*, S. 270 ff.; *Theiss*, S. 191.
20 EuGH 4.7.2006 – C-212/04 – Adeneler – NZA 2006, 909; hierzu *Auer*, NJW 2007, 1106.
21 *Kerwer*, S. 351 f.
22 *Kerwer*, S. 338 f.
23 *Kerwer*, S. 352.
24 *Kerwer*, S. 353.
25 KOM (2006) 708.

nisierung des Arbeitsrechts eingeleitet. Bedenken wurden u.a. in Bezug auf eine zunehmende Regulierung im Arbeitsrecht geäußert. Im November 2007 wurde der Prozess gestoppt und verkündet, dass keine gesetzgeberischen Schritte auf das Grünbuch zum Arbeitsrecht folgen werden.

4 Der **EuGH** ist nach Art. 220 EG zuständig für die Wahrung des Rechts bei der Auslegung und Anwendung des Gemeinschaftsrechts. Im Arbeitsrecht ist das **Vorabentscheidungsverfahren gem. Art. 234 EG** von besonderer Bedeutung. Hängt ein Rechtsstreit von der Auslegung oder Gültigkeit einer Europarechtsnorm ab, ist das nationale (Arbeits-)Gericht zur Aussetzung des Rechtsstreits und zur Vorlage an den EuGH berechtigt. Eine Pflicht zur Vorlage des Rechtsstreits an den EuGH besteht dann, wenn die Entscheidung des Gerichts nicht mehr mit Rechtsmitteln des innerstaatlichen Rechts angefochten werden kann. Der EuGH äußert sich auf der Grundlage des ihm vom vorlegenden nationalen Gericht unterbreiteten Sachverhalts zur Auslegung oder zur Gültigkeit einer Gemeinschaftsvorschrift.[26] Die Auslegung reinen Gemeinschaftsrecht obliegt dem EuGH, die Auslegung rein nationalen Rechts ist Sache der nationalen Gerichte. Beruht das nationale Recht auf der Umsetzung des Gemeinschaftsrechts, besteht die Aufgabe darin, den nationalen Gerichten generelle Leitlinien an die Hand zu geben.[27] Hat der EuGH über die Auslegung des Gemeinschaftsrechts entschieden, ist das vorliegende Gericht an diese Entscheidung gebunden. Der EuGH ist dagegen nicht für die Auslegung und Anwendung des Rechts der Mitgliedstaaten zuständig.

5 Dem unmittelbar wirkenden Gemeinschaftsrecht kommt ein genereller Vorrang vor dem widersprechenden nationalen Recht zu.[28] Dieser so genannte **Anwendungsvorrang** setzt eine Kollision von nationalem Recht und Gemeinschaftsrecht voraus, weshalb dem Gemeinschaftsrecht unmittelbare Wirkung zukommen muss.[29] Entgegenstehendes nationales Recht muss außer Anwendung gelassen werden, ohne dass es zuvor einer Beseitigung der gemeinschaftswidrigen nationalen Norm durch den Gesetzgeber oder die TV-Parteien bedarf. Die Gemeinschaftswidrigkeit einer nationalen Norm führt nicht zur Nichtigkeit des innerstaatlichen Rechts, sondern nur dazu, dass dieses im Kollisionsfall nicht angewandt werden darf.

1. Teil: Richtlinien
  A. Begründung und Inhalt des Arbeitsverhältnisses   1
    I. Nachweisrichtlinie 91/533/EWG 1
    II. Elternurlaubsrichtlinie 96/34/EG 11
    III. Teilzeitarbeitsrichtlinie 97/81/EG 20
    IV. Richtlinie über befristete Arbeitsverhältnisse 1999/70/EG 28
    V. Rahmenvereinbarung über Telearbeit 37
    VI. Rahmenvereinbarung zu Belästigung und Gewalt am Arbeitsplatz 38
  B. Leiharbeitnehmer und Entsendung von Arbeitnehmern 39
    I. Leiharbeitnehmer 39
    II. Entsendung von Arbeitnehmern, Richtlinie 96/71/EG 42
  C. Arbeitsschutz 50
    I. Arbeitsschutzrahmenrichtlinie 89/391/EWG 50
    II. Arbeitszeitrichtlinie 2003/88/EG 65
    III. Mutterschutzrichtlinie 92/85/EWG 74
    IV. Jugendarbeitsschutzrichtlinie 94/33/EG 87
    V. Datenschutzrichtlinie 95/46/EG 96
  D. Umstrukturierung von Unternehmen 104
    I. Betriebsübergangsrichtlinie 2001/23/EG 104
    II. Massenentlassungsrichtlinie 98/59/EG 125
    III. Insolvenzschutzrichtlinie 80/987/EWG 141
  E. Arbeitnehmerbeteiligung 152
    I. Europäische Betriebsräte-Richtlinie 94/45/EG 152
    II. Allgemeiner Rahmen für die Unterrichtung und Anhörung der Arbeitnehmer, Richtlinie 2002/14/EG 160
    III. Arbeitnehmerbeteiligung in der Europäischen Aktiengesellschaft (SE), Richtlinie 2001/86/EG 177
    IV. Arbeitnehmerbeteiligung in der Europäischen Genossenschaft (SCE), Richtlinie 2003/72/EG ... 188
    V. Arbeitnehmerbeteiligung in der Europäischen Privatgesellschaft (SPE) 197

2. Teil: Vertrag zur Gründung der Europäischen Gemeinschaft
Art. 39
  A. Allgemeines 1
  B. Regelungsgehalt 7
    I. Anwendungsbereich 7
    II. Diskriminierungsverbot 17
    III. Einzelne Freizügigkeitsrechte 26
    IV. Familienangehörige 34
    V. Sanktionen bei einem Verstoß 40
Art. 141
  A. Allgemeines 1
  B. Regelungsgehalt 4
    I. Grundsatz des gleichen Entgelts (Art. 141 Abs. 1 EG) 4
    II. Ermächtigungsgrundlage zum Erlass von Maßnahmen zur Chancengleichheit und Gleichbehandlung (Art. 141 Abs. 3 EG) 47
    III. Vergünstigungen zugunsten des unterrepräsentierten Geschlechts (Art. 141 Abs. 4 EG) 50
  C. Verbindung zu anderen Rechtsgebieten und zum Prozessrecht 54
    I. Die Gleichbehandlungsrichtlinie 2006/54/EG betreffend die sonstigen Arbeitsbedingungen 54
    II. Regelungen zu den betrieblichen Systemen der sozialen Sicherheit 70
    III. Sonstige Gleichbehandlungsrichtlinien 73
  D. Beraterhinweise 80

---

26 EuGH 16.7.1998 – C-235/95 – AGS – Rn 25 – Slg. 1998, I-4531 = NZA 1998, 1047; *Wank*, RdA 1999, 130, 133.
27 *Wank*, RdA 1999, 130, 133.
28 EuGH 15.7.1964 – Rs. 6/64 – Costa ENEL – S. 1270 – Slg. 1964, 1253.
29 *Kerwer*, S. 149.

1. Teil: Richtlinien

A. Begründung und Inhalt des Arbeitsverhältnisses
I. Nachweisrichtlinie 91/533/EWG

Literatur: *Bepler*, Der Nachweis von Ausschlussfristen, ZTR 2001, 241; *Bergwitz*, Beweislast und Nachweisgesetz, RdA 1999, 188; *Bergwitz*, Die Bedeutung des Nachweisgesetzes für die Darlegungs- und Beweislast beim Arbeitsvertrag, BB 2001, 2316; *Birk*, Das Nachweisgesetz zur Umsetzung der Richtlinie 91/533/EWG in das deutsche Recht, NZA 1996, 281; *Franke*, Bedeutung des Nachweisgesetzes für die Darlegungs- und Beweislast im arbeitsgerichtlichen Verfahren, DB 2000, 274; *Friese*, Der Nachweis der Vertragsbedingungen, AuA 2003, 16; *Fuchs/Marhold*, Europäisches Arbeitsrecht, 2. Aufl. 2006; *Gaul*, Der Musterarbeitsvertrag – zwischen unternehmerischer Vorsorge und den Vorgaben des Nachweisgesetzes, NZA 2000, Sonderbeil. Heft 3, 51, *Gaul*, Bezugnahmeklauseln – zwischen Inhaltskontrolle und Nachweisgesetz, ZfA 2003, 75; *Hock*, Anmerkung zur Umsetzung des Nachweisgesetzes im öffentlichen Dienst, ZTR 1997, 490; *ders.*, Auswirkungen der Änderung des Nachweisgesetzes auf das BAT-Arbeitsverhältnis, ZTR 1999, 49; *Höland*, Das neue Nachweisgesetz, AuR 1996, 87; *Hold*, Nachweis der Arbeitsbedingungen nach dem Nachweisgesetz, ZTR 2000, 540; *Krause*, Nachweis von Arbeitsbedingungen, AR-Blattei SD 220.2.2; *Linde/Lindemann*, Der Nachweis tarifvertraglicher Ausschlussfristen, NZA 2003, 649; *Lörcher*, Die EG-Nachweis-Richtlinie (91/533/EWG) und ihre Umsetzung in innerstaatliches Recht, AuR 1994, 450; *Müller-Glöge*, Zur Umsetzung der Nachweisrichtlinie in nationales Recht, RdA 2001, Sonderbeil. Heft 5, 46; *Oetker*, Informationspflicht des Arbeitgebers zum Arbeitsvertrag – Überstundenverpflichtung, SAE 2002, 163; *Preis*, Das Nachweisgesetz – lästige Förmelei oder arbeitsrechtliche Zeitbombe?, NZA 1997, 10; *Richardi*, Formzwang im Arbeitsverhältnis, NZA 2001, 57; *Schoden*, Nachweisgesetz, 1996; *Schwarze*, Praktische Handhabung und dogmatische Einordnung des Nachweisgesetzes, ZfA 1997, 43; *Sigemann*, Zur Umsetzung der Nachweis-Richtlinie in nationales Recht, RdA 2001, Sonderbeil. Heft 5, 39; *Wank*, Das Nachweisgesetz, RdA 1996, 21; *ders.*, Der Richtlinienvorschlag der EG-Kommission zur Leiharbeit und das „Erste Gesetz für moderne Dienstleistungen am Arbeitsmarkt", NZA 2003, 14; *Weber*, Materielle und prozessuale Folgen des Nachweisgesetzes bei Nichterteilung des Nachweises, NZA 2002, 641

1. Allgemeines	1	bb) Im Ausland tätige Arbeitnehmer	5
2. Regelungsgehalt	2	cc) Unterrichtung über Änderungen des	
a) Anwendungsbereich	2	Arbeitsverhältnisses	6
b) Inhalt der Nachweisrichtlinie	3	3. Umsetzung in Deutschland	7
aa) Nachweispflicht	3	4. Beraterhinweise	10

1. Allgemeines. Durch die Nachweis-RL 91/533/EWG[1] wird das Arbverh bestimmten Formerfordernissen unterzogen, um die AN besser vor etwaiger Unkenntnis ihrer Rechte zu schützen und den Arbeitsmarkt transparenter zu gestalten.[2] Die Nachweis-RL bezweckt nicht eine Harmonisierung der Arbeitsbedingungen, sondern betrifft nur die Unterrichtung über ihren Inhalt. Der Abschluss des Arbeitsvertrags ist nach wie vor formfrei möglich, allerdings müssen die wesentlichen Vertragsbedingungen in einer Niederschrift festgehalten werden.

2. Regelungsgehalt. a) Anwendungsbereich. In den Anwendungsbereich der Nachweis-RL fallen nach Art. 1 Abs. 1 der RL alle Arbverh, die in dem in einem Mitgliedstaat geltenden Recht definiert sind und/oder dem in einem Mitgliedstaat geltenden Recht unterliegen. Die Nachweis-RL gilt danach für die AN, deren Rechtsverhältnis in dem Mitgliedstaat, dessen Recht es unterliegt, ein Arbverh ist. Die Frage, ob es im Fall der Rechtswahl oder objektiven Anknüpfung ausreichend ist, wenn das Arbverh wenigstens nach dem geltenden Recht irgendeines Mitgliedstaats als Arbeitsvertrag einzustufen ist, lässt sich aus dem Wortlaut der RL nicht eindeutig beantworten.[3] Die Mitgliedstaaten können AN vom Anwendungsbereich der Nachweispflicht ausnehmen, deren Arbverh eine Gesamtdauer von einem Monat und/oder eine Wochenarbeitszeit von höchstens acht Stunden beträgt, oder wenn es sich um Gelegenheitsarbeiter[4] und/oder Tätigkeiten besonderer Art handelt, sofern objektive Gründe in diesen Fällen die Nichtanwendung rechtfertigen.[5]

b) Inhalt der Nachweisrichtlinie. aa) Nachweispflicht. Der AG ist verpflichtet, den AN spätestens zwei Monate nach Arbeitsaufnahme schriftlich über alle wesentlichen Punkte des Arbeitsvertrags oder des Arbverh in Kennt-

---

1 RL des Rates 91/533/EWG v. 14.10.1991 über die Pflicht des AG zur Unterrichtung des AN über die für seinen Arbeitsvertrag oder sein Arbverh geltenden Bedingungen (ABl EG L 288 v. 18.10.1991, S. 32).
2 Vgl. Erwägungsgründe der Nachweis-RL 91/533/EWG.
3 Bejahend *Birk*, NZA 1996, 281, 285; MünchArb/*Birk*, Bd. 1, § 19 Rn 145; hierzu Oetker/Preis/*Friese*, B 3050 Rn 10.
4 Eine Gelegenheitsarbeit wird gekennzeichnet durch ihre beschränkte Dauer sowie ihre Unregelmäßigkeit, MünchArb/*Birk*, Bd. 1, § 19 Rn 147; Oetker/Preis/*Friese*, B 3050 Rn 13.
5 Art. 1 Abs. 2 der Nachweis-RL 91/533/EWG.

nis zu setzen. Die Information muss mindestens die in Art. 2 Abs. 2 der Nachweis-RL genannten Angaben über Personalia, den Arbeitsplatz, eine Tätigkeitsbeschreibung,[6] den Zeitpunkt des Beginns des Arbverh, eine Befristung,[7] die Urlaubsdauer, Künd-Fristen, das Arbeitsentgelt,[8] die Arbeitszeit[9] sowie ggf. Angaben der einschlägigen Kollektivverträge, in denen Arbeitsbedingungen des AN geregelt sind, enthalten. Der AG muss den AN auch über sonstige Punkte, die für das Arbverh von wesentlicher Bedeutung sind, in Kenntnis setzen.[10] Bezüglich der Angaben zur Urlaubsdauer, der Künd-Fristen, des Arbeitsentgelts und der normalen Arbeitszeit wird in Art. 2 Abs. 3 der RL die Möglichkeit eingeräumt, die Informationen durch einen Hinweis auf die entsprechenden Rechts- und Verwaltungsvorschriften bzw. die Satzungs- und Tarifbestimmungen zu ersetzen. Obwohl der Wortlaut der RL diese Möglichkeit nur für die genannten Angaben einräumt, kann sie auch auf andere – nicht in Art. 2 Abs. 2 der RL aufgeführte – Informationen, die für das Arbverh von wesentlicher Bedeutung sind, ausgedehnt werden.[11] Die Unterrichtung über die wesentlichen Punkte des Arbverh erfolgt durch einen schriftlichen Arbeitsvertrag, ein Anstellungsschreiben oder ein anderes Schriftstück, in dem die Mindestangaben enthalten sind.[12]

4 Der AN muss in der Lage sein, seine Informationsrechte gerichtlich geltend machen zu können.[13] Es kann jedoch vorgesehen werden, dass dieser gerichtlichen Geltendmachung eine Mahnung des AN an den AG vorausgehen muss, und diese Mahnung innerhalb von 15 Tagen ohne Antwort geblieben ist.[14]

5 **bb) Im Ausland tätige Arbeitnehmer.** Über die in Art. 2 Abs. 2 der RL genannten Mindestangaben hinaus muss der AG bei AN, die ihre Arbeit für mindestens einen Monat in einem oder mehreren anderen Ländern ausüben, zusätzliche Informationen vor der Abreise des AN schriftlich erteilen.[15] Die Information muss wenigstens Angaben enthalten über die Dauer der im Ausland ausgeübten Arbeit, die Währung, in der das Arbeitsentgelt ausgezahlt wird, sowie ggf. die mit dem Auslandsaufenthalt verbundenen Vorteile in Geld und Naturalien und die Bedingungen für die Rückführung des AN. Die Regelung findet nur auf vorübergehende Auslandseinsätze und nicht im Fall einer permanenten Entsendung Anwendung.[16]

6 **cc) Unterrichtung über Änderungen des Arbeitsverhältnisses.** Nach Art. 5 der RL muss der AG jede Änderung der wesentlichen Angaben spätestens einen Monat nach dem Wirksamwerden der betreffenden Maßnahme dem AN schriftlich mitteilen. Dies ist nicht erforderlich im Fall einer Änderung von Rechts- oder TV-Bestimmungen, wenn die Information durch eine entsprechende Bezugnahme auf diese Rechtsquellen ersetzt wurde.

7 **3. Umsetzung in Deutschland.** Die Nachweis-RL wurde durch das NachwG v. 20.7.1995[17] umgesetzt. Zudem wurden § 11 AÜG, § 24 SeemG und § 11 BBiG (§ 4 BBiG a.F.) an die Vorgaben der Nachweis-RL angepasst.

8 Das Gesetz ist auf alle Vertragsverhältnisse anwendbar, die nach deutschem Recht als Arbverh einzustufen sind und zugleich dem deutschen Recht unterliegen. Unabhängig von der Frage, ob es sich bei einem Berufsausbildungsverhältnis um ein Arbverh handelt, besteht für den wesentlichen Inhalt eines Berufsausbildungsverhältnisses eine Nachweispflicht.[18] AN-ähnliche Personen werden vom NachwG nicht erfasst.[19] Die Nachweispflicht besteht auch bei öffentlich-rechtlichen Beschäftigungsverhältnissen.[20] Für Leih-Arbverh besteht nach § 11 Abs. 1 S. 1 AÜG i.V.m. § 2 NachwG die volle Nachweispflicht. Leih-AG müssen gem. § 11 Abs. 1 S. 2 AÜG über diese Angaben hinaus zusätzliche Angaben wie die Erlaubnisbehörde und den Ort und das Datum der Erlaubnis in den Nachweis aufnehmen. Das NachwG gilt für alle Arbverh unabhängig vom Umfang der Arbeitszeit und der Art der Arbeitsleistungspflicht. Der deutsche Gesetzgeber hat jedoch von der Möglichkeit Gebrauch gemacht, bestimmte Arbverh vom Anwendungsbereich auszunehmen, und sieht für AN, die nur zur vorübergehenden Aushilfe von höchstens einem Monat einge-

---

6 Die Information darf nicht auf die bloße Bezeichnung der Tätigkeit beschränkt werden, EuGH 4.12.1997 – C-253/96 bis C-258/96 – Kampelmann – Rn 47 – Slg. 1997, I-6907.
7 Dies gilt ebenso bei einem auflösend bedingten Arbeitsverh: Oetker/Preis/*Friese*, B 3050 Rn 31.
8 Die Angabe bezieht sich auf den anfänglichen Grundbetrag, die anderen Bestandteile sowie die Periodizität der Auszahlung des Arbeitsentgelts, auf das der AN Anspruch hat, Art. 2 Abs. 2 lit. h der Nachweis-RL 91/533/EWG.
9 Der Nachweis der normalen Tages- oder Wochenarbeitszeit erfasst nicht die Angabe des täglichen Arbeitsbeginns bzw. -endes oder die Verpflichtung zur Leistung von Überstunden, EuGH 8.2.2001 – C-350/99 – Lange – Rn 16 – Slg. 2001, I-1061 = NZA 2001, 381; Anm. *Oetker*, SAE 2002, 163, 165; Oetker/Preis/*Friese*, B 3050 Rn 37; *Hold*, ZTR 2000, 540, 543; anders ErfK/*Preis*, § 2 NachwG Rn 20.
10 EuGH 8.2.2001 – C-350/99 – Lange – Rn 23 – Slg. 2001, I-1061 = NZA 2001, 381, wo eine Vereinbarung, nach der der AN auf bloße Anordnung des AG zur Leistung von Überstunden verpflichtet werden kann, als ein wesentlicher Punkt und damit als nachweispflichtig angesehen wurde.
11 EuGH 8.2.2001 – C-350/99 – Lange – Rn 24 – Slg. 2001, I-1061 = NZA 2001, 381; ebenso Anm. *Oetker*, SAE 2002, 163, 165; Oetker/Preis/*Friese*, B 3050 Rn 47.
12 Art. 3 der Nachweis-RL 91/533/EWG.
13 Art. 8 Abs. 1 der NachweisRL 91/533/EWG.
14 Eine vorherige Mahnung darf nicht in den Fällen des Art. 4 vorgesehen werden, Art. 8 Abs. 2 Unterabs. 2 der Nachweis-RL 91/533/EWG.
15 Art. 4 der Nachweis-RL 91/533/EWG.
16 MünchArb/*Birk*, Bd. 1, § 19 Rn 160.
17 BGBl I S. 946.
18 Hierzu Oetker/Preis/*Friese*, B 3050 Rn 11; *Birk*, NZA 1996, 281, 288.
19 LAG Köln 7.1.2000 – 11 Sa 510/99 – ZTR 2000, 515.
20 *Fuchs/Marhold*, S. 68; *Hock*, ZTR 1997, 490; *Hock*, ZTR 1999, 49.

stellt sind, keine Nachweispflicht vor.[21] Die Aufzählung der in der Niederschrift geforderten Mindestangaben hat der nationale Gesetzgeber in § 2 NachwG im Wesentlichen wortgleich aus der RL übernommen.

Die Nachweispflicht ist in § 2 Abs. 1 S. 1 NachwG als privatrechtlicher Anspruch des AN gegen den AG ausgestaltet.[22] Für den Fall, dass gegen die Nachweispflicht verstoßen wird, enthält das NachwG keine speziellen zivilrechtlichen oder strafrechtlichen Sanktionen. Der Verstoß gegen die Nachweispflicht führt lediglich prozessual zur Anwendung der Grundsätze über die Beweisvereitelung, wonach der AN im Fall der vorsätzlichen oder fahrlässigen Vorenthaltung von Beweismitteln durch den AG in Anlehnung an § 444 ZPO bei seiner Beweisführung entlastet wird.[23] Des Weiteren kommt ein Schadensersatzanspruch nach den §§ 280 ff. BGB gegen den AG in Betracht, soweit dem AN infolge des Nichterteilens oder der inhaltlichen Unrichtigkeit oder Unvollständigkeit einer Niederschrift ein Schaden entsteht.

4. Beraterhinweise. Problematisch ist die Konkretisierung der über die in § 2 Abs. 1 S. 2 NachwG genannten Mindestangaben hinausgehenden Nachweispflicht in Bezug auf alle Punkte des Arbeitsvertrags, die von **wesentlicher Bedeutung** sind.[24] Der EuGH hat insoweit eine Vereinbarung, nach der der AN auf bloße Anordnung des AG zur Leistung von Überstunden verpflichtet ist, als Punkt angesehen, der in Anbetracht seiner Bedeutung als eine wesentliche Bedingung des Arbverh anzusehen ist.[25] Aufgrund der Unbestimmtheit des Merkmals der wesentlichen Bedeutung ist jedoch nach wie vor unklar, in welchen Fällen und in welchem Umfang eine Information tatsächlich erfolgen muss.[26] Neben den Mindestangaben sind weitere Arbeitsbedingungen nachweispflichtig, sofern sie im konkreten Fall zu den wesentlichen Vertragsbedingungen gehören.[27] Darunter fallen jedenfalls auch nachvertragliche Wettbewerbsverbote.[28] Ein Indiz ist, was üblicherweise in Arbeitsverträgen bestimmter AN vereinbart wird.[29] Besonders umstritten ist die Frage, ob die Geltung von Ausschlussfristen als wesentliche Vertragsbedingung nachzuweisen ist.[30] Das BAG geht davon aus, dass Ausschlussfristen eine wesentliche Vertragsbedingung darstellen, der Nachweispflicht aber damit genüge getan wird, wenn im Falle tariflicher Ausschlussfristen ein in allgemeiner Form gehaltener Hinweis auf den betreffenden TV erbracht wurde.[31]

II. Elternurlaubsrichtlinie 96/34/EG

Literatur: *Peters-Lange/Rolfs*, Reformbedarf und Reformgesetzgebung im Mutterschutz- und Erziehungsgeldrecht, NZA 2000, 682

1.	Allgemeines	11	aa) Elternurlaub	14
2.	Regelungsgehalt	13	bb) Fernbleiben aus Gründen höherer Gewalt	16
	a) Anwendungsbereich	13	3. Umsetzung in Deutschland	17
	b) Inhalt der Rahmenvereinbarung über Elternurlaub	14		

1. Allgemeines. Mit der RL 96/34/EG[32] wurde die von den europäischen Sozialpartnern im Rahmen des Sozialen Dialogs nach Art. 138, 139 EG geschlossene Rahmenvereinbarung über Elternurlaub auf Gemeinschaftsebene durchgeführt. Die materiell-rechtlichen Regelungen befinden sich in der der RL als Anhang beigefügten Rahmenvereinbarung. Diese enthält Mindestanforderungen für den Elternurlaub und das Fernbleiben von der Arbeit aus Gründen höherer Gewalt, die darauf abzielen, die Vereinbarkeit von Beruf und Familie erwerbstätiger Eltern zu erleichtern.[33] Die Mitgliedstaaten können für die AN günstigere Regelungen anwenden oder vorsehen.[34]

Die RL war bis zum 3.6.1998 in nationales Recht umzusetzen. Am 18.6.2009 haben die europäischen Sozialpartner eine überarbeitete Rahmenvereinbarung zum Elternurlaub unterzeichnet. Diese soll durch Richtlinien auf europäischer Ebene umgesetzt werden. Eine solche Richtlinie würde für Deutschland keinen gesetzlichen Anpassungsbedarf

---

21 Vgl. zur Rechtslage vor der Neufassung durch das Gesetz zur Neuregelung geringfügiger Beschäftigungsverhältnisse v. 24.3.1999 (BGBl I S. 388) *Krause*, AR-Blattei SD 220.2.2 Rn 78 ff.; *Schwarze*, ZfA 1997, 43, 53 f.
22 Von der Möglichkeit, die gerichtliche Geltendmachung von einer vorherigen Mahnung des AN an den AG abhängig zu machen, wurde kein Gebrauch gemacht.
23 *Birk*, NZA 1996, 281, 289; Oetker/Preis/*Friese*, B 3050 Rn 67.
24 Vgl. *Gaul*, NZA 2000, Sonderbeil. Heft 3, 51, 64.
25 EuGH 8.2.2001 – C-350/99 – Lange – Rn 23 – Slg. 2001, I-1061 = NZA 2001, 381.
26 Hierzu *Wank*, NZA 2003, 14, 17; Oetker/Preis/*Friese*, B 3050 Rn 21; *Friese*, AuA 2003, 16, 20.
27 *Richardi*, NZA 2001, 57, 59.
28 ErfK/*Preis*, § 2 NachwG Rn 8.
29 *Richardi*, NZA 2001, 57, 59.
30 S. § 2 NachwG Rn 11 f.
31 BAG 17.4.2002 – 5 AZR 89/01 – NZA 2002, 1096; BAG 23.1.2002 – 4 AZR 56/01 – NZA 2002, 800; hierzu Oetker/Preis/*Friese*, B 3050 Rn 23; *Oetker*, SAE 2002, 163, 165; *Bepler*, ZTR 2001, 241, 243; ablehnend: ErfK/*Preis*, § 2 NachwG Rn 25; ausführlich hierzu *Linde/Lindemann*, NZA 2003, 649.
32 RL 96/34/EG des Rates zu der von UNICE, CEEP und EGB geschlossenen Rahmenvereinbarung über Elternurlaub v. 3.6.1996 (ABl EG L 145 v. 19.6.1996, S. 4), geändert durch die RL 97/75/EG v. 15.12.1997 (ABl EG L 10 v. 16.1.1998, S. 24).
33 § 1 Abs. 1 der Rahmenvereinbarung über Elternurlaub.
34 § 4 Abs. 1 der Rahmenvereinbarung über Elternurlaub.

nach sich ziehen, da das BEEG bereits alle verhandelten Neuerungen wie bspw. eine Erhöhung des Elternurlaubs von drei auf vier Monate pro Elternteil vorsieht. Das BEEG gewährt bereits einen Elternzeitzeitraum von drei Jahren.

13 **2. Regelungsgehalt. a) Anwendungsbereich.** Von der Rahmenvereinbarung werden alle AN des öffentlichen und privaten Sektors erfasst.[35] Der AN-Begriff ist nicht gemeinschaftsrechtlich zu bestimmen, sondern ergibt sich aus dem jeweiligen nationalen Recht.

14 **b) Inhalt der Rahmenvereinbarung über Elternurlaub. aa) Elternurlaub.** Erwerbstätige Männer und Frauen haben im Fall der Geburt oder Adoption eines Kindes ein individuelles Recht auf Elternurlaub für die Dauer von mindestens drei Monaten.[36] Die genauen Bestimmungen für das Recht auf Elternurlaub, das höchstens bis zum Alter des Kindes von acht Jahren besteht, sind von den Mitgliedstaaten und/oder den Sozialpartnern festzulegen. Dieses Recht ist prinzipiell nicht übertragbar. Die Voraussetzungen und Modalitäten für die Inanspruchnahme des Elternurlaubs bleiben gesetzlicher oder tarifvertraglicher Regelungen vorbehalten.[37] Dabei kann das Recht auf Elternurlaub von einer Beschäftigungsdauer von höchstens einem Jahr abhängig gemacht werden. Es können auch Fristen vorgeschrieben werden, innerhalb derer der AN seinen AG über die Ausübung seines Rechts auf Elternurlaub unterrichten und Beginn und Ende des Elternurlaubs angeben muss. In den Mitgliedstaaten können außerdem Bedingungen festgelegt werden, unter denen der AG aus berechtigten betrieblichen Gründen die Gewährung des Elternurlaubs verschieben darf. Schließlich können besondere Vorkehrungen getroffen werden, um den Bedürfnissen kleiner Unternehmen im Hinblick auf Arbeitsweise und Organisation gerecht zu werden. Die Festlegung des arbeitsrechtlichen Status des Arbverh sowie die Regelung der sozialversicherungsrechtlichen Fragen im Zusammenhang mit dem Elternurlaub bleibt ebenfalls den Mitgliedstaaten und/oder den Sozialpartnern vorbehalten.

15 Gem. § 2 Abs. 4 der Rahmenvereinbarung muss sichergestellt werden, dass AN vor Entlassungen geschützt werden, die auf einem Antrag auf Elternurlaub oder der Inanspruchnahme von Elternurlaub beruhen. Nach § 2 Abs. 5 hat der AN außerdem das Recht, im Anschluss an den Elternurlaub an seinen früheren Arbeitsplatz zurückzukehren, oder, wenn das nicht möglich ist, eine gleichwertige oder ähnliche Arbeit zugewiesen zu bekommen. Rechte und Anwartschaften bleiben während des Elternurlaubs bestehen.[38] Dem steht nicht entgegen, dass Zeiten des Erziehungsurlaubs bei der Bemessung einer arbeitsleistungsabhängigen Vergütung unberücksichtigt bleiben.[39]

16 **bb) Fernbleiben aus Gründen höherer Gewalt.** In den Mitgliedstaaten muss sichergestellt werden, dass die AN im Fall höherer Gewalt wegen dringender familiärer Gründe bei Krankheiten oder Unfällen, die die sofortige Anwesenheit des AN erfordern, der Arbeit fernbleiben können. Das nationale Recht regelt die Einzelheiten dieses Freistellungsanspruchs, insb. die Bedingungen für die Inanspruchnahme, den Umfang und die zeitliche Begrenzung des Anspruchs.[40]

17 **3. Umsetzung in Deutschland.** In Deutschland besteht seit 1986 ein Anspruch auf Erziehungsurlaub bzw. seit 1.12.2000 ein Anspruch auf **Elternzeit**.[41] Die Regelungen zur Elternzeit finden sich seit der Neufassung des BErzGG zum 1.1.2007 in den §§ 15 ff. BEEG. Der Anspruch auf Elternzeit besteht bis zur Vollendung des dritten Lebensjahres, wobei ein Anteil von bis zu zwölf Monaten mit Zustimmung des AG auf die Zeit bis zur Vollendung des achten Lebensjahres übertragbar ist.[42] Beide Elternteile können zeitgleich die Freistellung von der Arbeit zur Erziehung und Betreuung des Kindes verlangen, wobei die Elternzeit auf drei Jahre für jedes Kind begrenzt ist.[43] Nach § 18 Abs. 1 S. 1 BEEG kann das Arbverh grds. ab dem Zeitpunkt, von dem an Elternzeit verlangt worden ist, höchstens jedoch acht Wochen vor Beginn der Elternzeit, und während der Elternzeit nicht gekündigt werden. Während der Elternzeit ruht das Arbverh.[44] Die wechselseitigen Hauptpflichten von AG und AN entfallen. § 17 BEEG enthält spezielle Regelungen für den Erholungsurlaub.

18 Der Freistellungsanspruch im Fall höherer Gewalt wegen dringender familiärer Gründe findet seine Umsetzung in § 616 BGB. Eine Ausweitung des Anspruchs für den Fall der Pflege eines erkrankten Kindes des AN ist in § 45 Abs. 3 SGB V enthalten.

19 Ein § 2 Abs. 5 der Rahmenvereinbarung entsprechendes Recht des AN, im Anschluss an den Elternurlaub an seinen früheren Arbeitsplatz zurückzukehren, oder, wenn das nicht möglich ist, eine gleichwertige oder ähnliche Arbeit zugewiesen zu bekommen, findet sich bislang nicht im deutschen Recht.[45]

---

35 § 1 Abs. 2 der Rahmenvereinbarung über Elternurlaub; MünchArb/*Birk*, Bd. 1, § 19 Rn 296.
36 § 2 Abs. 1 der Rahmenvereinbarung über Elternurlaub.
37 Vgl. § 2 Abs. 3 der Rahmenvereinbarung über Elternurlaub.
38 § 2 Abs. 6 der Rahmenvereinbarung über Elternurlaub.
39 EuGH 21.10.1999 – C-333/97 – Lewen – NZA 1999, 1325; BAG 21.5.2008 – 5 AZR 187/07 – NZA 2008, 955.
40 § 3 Abs. 2 der Rahmenvereinbarung über Elternurlaub.
41 Hierzu H/S/*Boecken*, § 7 Rn 616 ff.
42 § 15 Abs. 2 BEEG.
43 § 15 Abs. 3 BEEG.
44 BAG 10.5.1989 – 6 AZR 660/87 – EZA § 16 BErzGG Nr. 2.
45 Vgl. LAG Schleswig-Holstein 5.4.2001 – 4 Sa 497/00 – FA 2002, 179.

III. Teilzeitarbeitsrichtlinie 97/81/EG

Literatur: *Däubler*, Das neue Teilzeit- und Befristungsgesetz, ZIP 2001, 217; *Eisemann/Le Friant/Liddington* u.a., Der Anspruch auf Teilzeitarbeit und seine gerichtliche Durchsetzung in den Niederlanden, Frankreich, Großbritannien, Schweden, Dänemark und der Bundesrepublik Deutschland, RdA 2004, 129; *Hromadka*, Das neue Teilzeit- und Befristungsgesetz, NJW 2001, 400; *Kreimer-de-Fries*, EU-Teilzeitvereinbarung – kein gutes Omen für die Zukunft der europäischen Verhandlungsebenen, AuR 1997, 314; *Kuppel*, Diskriminierung in der betrieblichen Altersversorgung, BB 2000, 2150; *Preis/Gotthardt*, Neuregelungen der Teilzeitarbeit und befristeten Arbeitsverhältnisse, DB 2000, 2065; *Richardi/Annuß*, Gesetzliche Neuregelung von Teilzeit und Befristung, BB 2000, 2201; *Rolfs*, Das neue Recht der Teilzeitarbeit, RdA 2001, 129; *Schell*, Der Rechtsanspruch auf Teilzeitarbeit, 2004; *Schmidt*, Teilzeitarbeit in Europa, 1995; *ders.*, Die neue EG-Richtlinie zur Teilzeitarbeit, NZA 1998, 576; *Viethen*, Richtlinie der EG zur Teilzeitarbeit, EuroAS 2002, 51; *ders.*, Das neue Recht der Teilzeitarbeit, NZA 2001, Sonderbeil. Heft 24, 3

1. Allgemeines	20	aa) Grundsatz der Nichtdiskriminierung	22
2. Regelungsgehalt	21	bb) Förderung der Teilzeitarbeit	25
a) Anwendungsbereich	21	3. Umsetzung in Deutschland	27
b) Inhalt der Rahmenvereinbarung über Teilzeitarbeit	22		

1. Allgemeines. In der Teilzeitarbeits-RL 97/81/EG[46] sind die allgemeinen Grundsätze und Mindestvorschriften für die Teilzeitarbeit niedergelegt.[47] Es soll ein Rahmen für die Beseitigung von Diskriminierungen von Teilzeitbeschäftigten geschaffen und ein Beitrag zur Entwicklung der Teilzeitarbeitsmöglichkeiten auf einer für AG und AN akzeptablen Grundlage geleistet werden. Die materiell-rechtlichen Regelungen zur Teilzeitarbeit finden sich im Anhang der RL in der Rahmenvereinbarung der europäischen Sozialpartner über Teilzeitarbeit. Mit der RL 97/81/EG wurde diese im Rahmen des Sozialen Dialogs zwischen den europäischen Sozialpartnern zustande gekommene Sozialpartnervereinbarung auf Gemeinschaftsebene durchgeführt. **20**

2. Regelungsgehalt. a) Anwendungsbereich. Die Rahmenvereinbarung gilt für AN, die nach dem Recht eines Mitgliedstaats in dem jeweiligen Mitgliedstaat einen Arbeitsvertrag haben oder in einem Arbverh stehen.[48] Es wird insoweit auf den jeweiligen nationalen AN-Begriff verwiesen. **Teilzeitbeschäftigter** ist jeder AN, dessen normale oder durchschnittliche Arbeitszeit unter der eines vergleichbaren Vollzeitbeschäftigten liegt. Als vergleichbarer Vollzeitbeschäftigter gilt ein Vollzeitbeschäftigter desselben Betriebs mit derselben Art von Arbeitsvertrag oder Beschäftigungsverhältnis, der in der gleichen oder ähnlichen Arbeit/Beschäftigung tätig ist, wobei auch die Betriebszugehörigkeitsdauer und die Qualifikation/Fertigkeiten sowie andere Erwägungen heranzuziehen sind.[49] Ist in demselben Betrieb kein vergleichbarer Vollzeitbeschäftigter vorhanden, so erfolgt der Vergleich anhand des anwendbaren TV oder, in Ermangelung eines solchen, gem. den gesetzlichen oder tarifvertraglichen Bestimmungen oder den nationalen Gepflogenheiten. Vom Geltungsbereich der RL können aus sachlichen Gründen solche AN ausgenommen werden, die nur gelegentlich arbeiten.[50] **21**

b) Inhalt der Rahmenvereinbarung über Teilzeitarbeit. aa) Grundsatz der Nichtdiskriminierung. Die wichtigsten Regelungen enthält § 4 der Rahmenvereinbarung. Nach dem **Grundsatz der Nichtdiskriminierung** dürfen Teilzeitbeschäftigte wegen ihrer Teilzeitarbeit nicht schlechter behandelt werden als vergleichbare Vollzeitbeschäftigte, es sei denn, die unterschiedliche Behandlung ist aus sachlichen Gründen gerechtfertigt.[51] Für die Beantwortung der Frage, wann objektive Gründe zur Rechtfertigung einer Ungleichbehandlung vorliegen, kann auf die zur mittelbaren Diskriminierung wegen des Geschlechts entwickelten Grundsätze verwiesen werden.[52] Hinsichtlich des Zugangs zu besonderen Beschäftigungsbedingungen wird dies dahingehend konkretisiert, dass dieser von einer bestimmten Betriebszugehörigkeitsdauer, der Arbeitszeit oder Lohn- und Gehaltsbedingungen abhängig gemacht werden kann.[53] Nach der Rspr. des EuGH sind sachliche Gründe solche, die einem wirklichen Bedürfnis des Unternehmens entsprechen und zur Erreichung dieses Ziels geeignet und erforderlich sind.[54] **22**

---

46 RL 97/81/EG des Rates v. 15.12.1997 zu der von UNICE, CEEP und EGB geschlossenen Rahmenvereinbarung über Teilzeitarbeit (ABl EG L 14 v. 20.1.1998, S. 9), geändert durch RL 98/23/EG v. 7.4.1998 (ABl EG L 131 v. 5.5.1998, S. 10).
47 Erwägungsgrund Nr. 11 der Teilzeitarbeits-RL 97/81/EG.
48 § 2 Abs. 1 der Rahmenvereinbarung über Teilzeitarbeit. Der persönliche Anwendungsbereich kann danach in den Mitgliedstaaten von unterschiedlicher Reichweite sein.
49 § 3 Nr. 2 der Rahmenvereinbarung über Teilzeitarbeit.
50 § 2 Abs. 2 der Rahmenvereinbarung über Teilzeitarbeit.
51 Fraglich ist, ob der Grundsatz der Gleichbehandlung auch das Arbeitsentgelt erfasst; dagegen Oetker/Preis/*Balze*, B 3100 Rn 94; MünchArb/*Birk*, Bd. 1, § 19 Rn 103; HAS/*Schmidt*, Band IV, §§ 32 A IV Rn 261; *Schmidt*, NZA 1998, 576, 578 f.; anders *Hanau/Steinmeyer/Wank*, § 19 Rn 16. Im deutschen Recht erstreckt sich der Grundsatz der Gleichbehandlung auch auf das Arbeitsentgelt, § 4 Abs. 1 S. 2 TzBfG.
52 Ebenso Oetker/Preis/*Balze*, B 3100 Rn 96; *Schmidt*, NZA 1998, 576, 577; S. hierzu Art. 141 Rn 33 ff.
53 § 4 Abs. 4 der Rahmenvereinbarung über Teilzeitarbeit.
54 EuGH 31.3.1981 – Rs. 96/80 – Jenkins – Rn 9 ff. – Slg. 1981, 911; EuGH 13.5.1986 – Rs. 170/84 – Bilka – Rn 36 – Slg. 1986, 1607; EuGH 9.2.1999 – C-167/97 – Seymour-Smith – Rn 51 ff. – Slg.1999, I-623 = AR-Blattei ES 800.2 Nr. 9.

23 Die Rahmenvereinbarung legt außerdem fest, dass dort, wo dies angemessen ist, der Grundsatz der zeitanteiligen Gleichbehandlung (**Pro-rata-temporis-Grundsatz**) gilt.[55] Bei unteilbaren Arbeitsbedingungen, die nicht zeitanteilig gewährt werden können, wie beispielsweise dem Zugang zum Betriebskindergarten oder der Kantine,[56] sind Teilzeit-AN absolut gleich zu behandeln.

24 Die Anwendungsmodalitäten des Gleichbehandlungsgrundsatzes und seiner Ausnahmen werden von den Mitgliedstaaten und/oder den Sozialpartnern festgelegt.[57] Die Teilzeitarbeits-RL enthält Mindestbestimmungen, d.h., die Mitgliedstaaten und/oder Sozialpartner können günstigere Bestimmungen beibehalten oder einführen.[58]

25 **bb) Förderung der Teilzeitarbeit.** Während der Grundsatz der Nichtdiskriminierung rechtsverbindlichen Charakter hat, enthält § 5 der Rahmenvereinbarung lediglich unverbindliche Programmsätze zur Förderung der Teilzeitarbeit. Danach sollten die Mitgliedstaaten und die Sozialpartner Hindernisse, die die Teilzeitarbeitsmöglichkeiten beschränken können, beseitigen. Hindernisse rechtlicher oder verwaltungstechnischer Natur sind zu beseitigen.[59] Die AG sollten unter anderem einen Wechsel zwischen Voll- und Teilzeitarbeit ermöglichen.

26 Die Weigerung eines AN, von einem Vollzeit-Arbverh in ein Teilzeit-Arbverh oder umgekehrt zu wechseln, sollte als solche keinen Künd-Grund darstellen.[60]

27 **3. Umsetzung in Deutschland.** Die Umsetzung der Teilzeitarbeits-RL erfolgte in Deutschland durch das am 1.1.2001 in Kraft getretene TzBfG.[61] Der Grundsatz der Nichtdiskriminierung findet sich in § 4 Abs. 1 TzBfG. Er lässt Ausnahmen aus sachlichen Gründen zu. Die unverbindlichen RL-Bestimmungen zur Förderung der Teilzeitarbeit sind in den §§ 6 bis 11 TzBfG geregelt. Das deutsche Recht geht dabei sowohl hinsichtlich des Umfangs als auch des Grades der Verbindlichkeit über die Vorgaben der RL hinaus. Insb. enthält § 8 Abs. 1 TzBfG einen grundsätzlichen Anspruch auf Verringerung der Arbeitszeit.

IV. Richtlinie über befristete Arbeitsverhältnisse 1999/70/EG

Literatur: *Annuß*, Das Verbot der Altersdiskriminierung als unmittelbar geltendes Recht, BB 2006, 325; *Backhaus*, Das neue Befristungsrecht, NZA 2001, Sonderbeil. Heft 24, 8; *Hanau*, Was ist wirklich neu in der Befristungsrichtlinie?, NZA 2000, 1045; *Hromadka*, Befristete und bedingte Arbeitsverhältnisse neu geregelt, BB 2001, 621 und 674; *Kaufmann*, Die europäische Sozialpartnervereinbarung über befristete Arbeitsverträge, AuR 1999, 332; *Kerwer, Finger* weg von der befristeten Einstellung älterer Arbeitnehmer, NZA 2002, 1316; *Löwisch*, Die Befristung nach dem Beschäftigungsförderungsgesetz kann weiterleben!, NZA 2000, 1044; *Preis/Gotthardt*, Neuregelung der Teilzeitarbeit und befristeten Arbeitsverhältnisse, DB 2000, 2065; *Röthel*, Europäische Rechtsetzung im sozialen Dialog – Zur Richtlinie 1999/70/EG über befristete Arbeitsverhältnisse, NZA 2000, 65; *Rolfs*, Befristung des Arbeitsvertrags, in: Oetker/Preis, Europäisches Arbeits- und Sozialrecht, B 3200; *Schiek*, Grundsätzliche Bedeutung der gemeinschaftsrechtlichen Diskriminierungsverbote nach der Entscheidung Mangold, AuR 2006, 145; *Schmalenberg*, Die richtige Umsetzung der Befristungsrichtlinie der EG – Konsequenzen des Gesetzgebers, NZA 2000, 1043; *Wank/Börgmann*, Der Vorschlag für eine Richtlinie des Rates über befristete Arbeitsverhältnisse, RdA 1999, 383; s. außerdem die Literaturangaben zur Teilzeitarbeits-RL 97/81/EG

1. Allgemeines	28	aa) Grundsatz der Nichtdiskriminierung	30
2. Regelungsgehalt	29	bb) Maßnahmen gegen Befristungsmissbrauch	33
a) Anwendungsbereich	29	cc) Sonstige Maßnahmen	34
b) Inhalt der Rahmenvereinbarung über befristete Arbeitsverträge	30	3. Umsetzung in Deutschland	35

28 **1. Allgemeines.** Die von den europäischen Sozialpartnern abgeschlossene Rahmenvereinbarung über zeit- und zweckbefristete Arbeitsverträge wurde am 28.6.1999 durch die RL 1999/70/EG[62] auf Gemeinschaftsebene durchgeführt. Die materiell-rechtlichen Regelungen finden sich in der im Anhang der Richtlinie enthaltenen Rahmenvereinbarung über befristete Arbeitsverträge. In der Rahmenvereinbarung werden die allgemeinen Grundsätze und Mindestvorschriften für befristete Arbverh niedergelegt. Durch die Anwendung des Grundsatzes der Nichtdiskriminierung soll die Qualität befristeter Arbverh verbessert werden. Außerdem soll damit ein Rahmen geschaffen werden, der den Missbrauch durch aufeinander folgende befristete Arbeitsverträge verhindert.

29 **2. Regelungsgehalt. a) Anwendungsbereich.** Die Rahmenvereinbarung findet Anwendung auf **befristet beschäftigte AN**, die nach den Gesetzen, TV oder Gepflogenheiten des jeweiligen Mitgliedstaats einen Arbeitsvertrag

---

55 Zur Frage der Gleichbehandlung von Teilzeitbeschäftigten bei der Gewährung von Überstundenvergütungen vgl. Art. 141 Rn 38.
56 HAS/*Schmidt*, Band V, § 32 A IV Rn 265.
57 § 4 Abs. 3 der Rahmenvereinbarung über Teilzeitarbeit.
58 § 6 Abs. 1 der Rahmenvereinbarung über Teilzeitarbeit.
59 EuGH 24.4.2008 – C-55/07 und C-56/07 – Michaeler – NZA 2008, 579.
60 § 5 Abs. 2 der Rahmenvereinbarung über Teilzeitarbeit.
61 Gesetz über Teilzeitarbeit und befristete Arbeitsverhältnisse v. 21.12.2000 (BGBl I S. 1966).
62 RL 1999/70/EG des Rates v. 28.6.1999 zu der EGB-UNICE-CEEP-Rahmenvereinbarung über befristete Arbeitsverträge (ABl EG L 175 v. 10.7.1999, S. 43).

haben oder in einem Arbverh stehen. Ein befristet beschäftigter AN ist eine Person mit einem direkt zwischen dem AG und dem AN geschlossenen Arbeitsvertrag oder -verhältnis, dessen Ende durch objektive Bedingungen wie das Erreichen eines bestimmten Datums, die Erfüllung einer bestimmten Aufgabe oder das Eintreten eines bestimmten Ereignisses bestimmt wird.[63] Es werden somit sowohl die Zeit- und Zweckbefristung als auch das auflösend bedingte Arbverh vom Anwendungsbereich erfasst.[64] Es besteht die Möglichkeit, Berufsausbildungsverhältnisse und Arbverh, die im Rahmen eines besonderen öffentlichen oder von der öffentlichen Hand unterstützten beruflichen Ausbildungs-, Eingliederungs- oder Umschulungsprogramms abgeschlossen wurden, vom Anwendungsbereich auszunehmen.[65] Die RL findet unabhängig von der Größe des Betriebs oder des Unternehmens Anwendung.

b) Inhalt der Rahmenvereinbarung über befristete Arbeitsverträge. aa) Grundsatz der Nichtdiskriminierung. Befristet beschäftigte AN dürfen in ihren Beschäftigungsbedingungen nur deswegen, weil für sie ein befristeter Arbeitsvertrag gilt, gegenüber vergleichbaren Dauerbeschäftigten nicht schlechter behandelt werden, es sei denn, die unterschiedliche Behandlung ist aus sachlichen Gründen gerechtfertigt.[66] Die Rahmenvereinbarung enthält keine Bestimmungen zu den Erfordernissen einer zulässigen Befristung. Insoweit sind – ebenso wie im Rahmen der Teilzeitarbeits-RL – die zur mittelbaren Diskriminierung wegen des Geschlechts entwickelten Grundsätze heranzuziehen (siehe auch Art. 141 EG-Recht Rn 33 ff.).[67] Kommt es für bestimmte Beschäftigungsbedingungen auf die Dauer der Betriebszugehörigkeit an, gelten für befristet beschäftigte AN dieselben Betriebszugehörigkeitszeiten wie für Dauerbeschäftigte, es sei denn, unterschiedliche Betriebszugehörigkeitszeiten sind aus sachlichen Gründen gerechtfertigt. 30

Wo dies angemessen ist, gilt – wie bei der Teilzeitarbeit – der **Pro-rata-temporis-Grundsatz**.[68] Bei unteilbaren Rechten, wie dem Zugang zum Betriebskindergarten, ist befristet Beschäftigten wie vergleichbaren Dauerbeschäftigten Zugang zu diesen Einrichtungen zu gewähren. 31

Die Mitgliedstaaten und/oder die Sozialpartner legen die Anwendungsmodalitäten dieses Grundsatzes und seiner Ausnahmen fest.[69] 32

bb) Maßnahmen gegen Befristungsmissbrauch. Um den Missbrauch durch die Aneinanderreihung von befristeten Arbverh, insb. die Umgehung von Künd-Vorschriften, zu verhindern, verpflichtet § 5 der Rahmenvereinbarung die Mitgliedstaaten, sachliche Gründe, die die Verlängerung befristeter Verträge rechtfertigen und/oder die insgesamt maximal zulässige Dauer aufeinander folgender Arbeitsverträge und/oder die zulässige Zahl der Verlängerung solcher Verträge festzulegen. Sachliche Gründe liegen dann vor, wenn die Befristung durch konkrete Gesichtspunkte gerechtfertigt wird, vor allem mit der betreffenden Tätigkeit und den Bedingungen ihrer Ausübung zusammenhängen.[70] Es obliegt den Mitgliedstaaten zu bestimmen, wann befristete Arbeitsverträge als aufeinander folgend zu betrachten sind und wann sie als unbefristete Verträge gelten. Allerdings dürfen der Sinn und Zweck sowie die praktische Wirksamkeit der Richtlinie nicht unterlaufen werden.[71] 33

cc) Sonstige Maßnahmen. Die Rahmenvereinbarung enthält zusätzlich **Informationspflichten** des AG. So hat er die befristet Beschäftigten über frei werdende befristete Stellen zu informieren, damit diese sich um eine unbefristete Vollzeitstelle bewerben können. Eine Verpflichtung des AG, die interne Bewerbung eines befristet beschäftigten AN vorrangig zu berücksichtigen, besteht jedoch nicht.[72] Der AG hat außerdem, soweit dies möglich ist, eine angemessene Information der vorhandenen AN-Vertretungsgremien über befristet Arbverh in Erwägung zu ziehen.[73] Von den AG wird außerdem verlangt, dass sie den befristet beschäftigten AN, soweit dies möglich ist, den Zugang zu **Aus- und Weiterbildungsmöglichkeiten** erleichtern.[74] Schließlich ist geregelt, dass befristet beschäftigte AN entsprechend den nationalen Rechtsvorschriften bei der **Berechnung der Schwellenwerte** für die Einrichtung von AN-Vertretungen in den Unternehmen berücksichtigt werden.[75] 34

3. Umsetzung in Deutschland. Die Umsetzung der RL über befristete Arbverh erfolgte in Deutschland durch das TzBfG. Der Grundsatz der Nichtdiskriminierung ist in § 4 Abs. 2 TzBfG festgeschrieben. Um einen Befristungsmiss- 35

---

63 § 3 Nr. 1 der Rahmenvereinbarung über befristete Arbeitsverträge.
64 Oetker/Preis/*Rolfs*, B 3200 Rn 11.
65 § 2 Abs. 2 der Rahmenvereinbarung über befristete Arbeitsverträge.
66 § 4 der Rahmenvereinbarung über befristete Arbeitsverträge; EuGH 13.9.2007 – C-307/05 – Alonso – EuZW 2007, 770.
67 Vgl. EuGH 31.3.1981 – Rs. 96/80 – Jenkins – Rn 9 ff. – Slg. 1981, 911; EuGH 13.5.1986 – Rs. 170/84 – Bilka – Rn 36 – Slg. 1986, 1607; EuGH 9.2.1999 – C-167/97 – Seymour-Smith – Rn 51 ff. – Slg.1999, I-623 = AR-Blattei ES 800.2 Nr. 9.
68 § 4 Abs. 2 der Rahmenvereinbarung über befristete Arbeitsverträge.
69 § 4 Abs. 3 der Rahmenvereinbarung über befristete Arbeitsverträge.
70 EuGH 4.7.2006 – C-212/04 – Adeneler – NZA 2006, 909.
71 EuGH 4.7.2006 – C-212/04 – Adeneler – Rn 82 ff. = ZESAR 2007, 385.
72 Wank/Börgmann, RdA 1999, 383, 385; *Hanau/Steinmeyer/Wank*, § 18 Rn 263.
73 § 7 Abs. 3 der Rahmenvereinbarung über befristete Arbeitsverträge.
74 § 6 Abs. 2 der Rahmenvereinbarung über befristete Arbeitsverträge.
75 § 7 Abs. 1 der Rahmenvereinbarung über befristete Arbeitsverträge. Hierzu Oetker/Preis/*Rolfs*, B 3200 Rn 30 f.

brauch zu verhindern, hat der deutsche Gesetzgeber in § 14 TzBfG sachliche Gründe benannt, die eine Befristung rechtfertigen. Bei Neueinstellungen ist eine Zeitbefristung ohne sachlichen Grund bis zur Dauer von zwei Jahren zulässig. Der EuGH hat in der Entscheidung „Mangold" die in § 14 Abs. 3 TzBfG a.F. vorgesehene Möglichkeit der sachgrundlosen Befristung von Arbverh mit AN, die das 52. Lebensjahr vollendet haben, für europarechtswidrig erklärt.[76] Die Regelung verstoße gegen das aus dem gemeinschaftsrechtlichen Gleichbehandlungsgrundsatz folgende Verbot der Altersdiskriminierung. Das BAG hat entschieden, dass infolge des EuGH-Urteils eine allein auf § 14 Abs. 3 TzBfG gestützte Befristung unwirksam sei.[77] Darüber hinaus gewährt das BAG dem AG auch bei Verträgen, die bereits vor der Entscheidung „Mangold" abgeschlossen wurden, keinen Vertrauensschutz. Der AG könne sich in diesem Fall nicht darauf berufen, auf die Gültigkeit der Vorschrift vertraut zu haben. Zum 1.5.2007 ist die Neuregelung des § 14 Abs. 3 TzBfG in Kraft getreten.[78] Danach ist die sachgrundlose Befristung eines Arbeitsvertrages bis zu 5 Jahren für AN, die bei Beginn des befristeten Arbverh das 52. Lebensjahr vollendet haben und unmittelbar zuvor mindestens 4 Monate beschäftigungslos waren, Transferkurzarbeitergeld bezogen oder an einer öffentlichen Beschäftigungsmaßnahme nach dem SGB II oder III teilgenommen haben, möglich.

36 Dadurch, dass die RL keine Ausnahme vom Anwendungsbereich für Kleinbetriebe enthält, musste das deutsche Recht, das von einer unbeschränkten Zulässigkeit befristeter Arbverh in Kleinbetrieben und in Haushalten ausgegangen war, entsprechend geändert werden. § 14 TzBfG gilt für alle Arbverh, auch solche in Kleinbetrieben und Haushalten. In den §§ 18 bis 20 TzBfG finden sich Regelungen zur Information über unbefristete Arbeitsplätze und über Aus- und Weiterbildungsmaßnahmen für befristet beschäftigte AN sowie eine Bestimmung zur Information der AN-Vertreter über die Anzahl der befristet beschäftigten AN und ihren Anteil an der Gesamtbelegschaft.

V. Rahmenvereinbarung über Telearbeit

Literatur: *Prinz*, Europäische Rahmenvereinbarung über Telearbeit, NZA 2002, 1268; *Schmechel*, Die Rolle des Betriebsrats bei der Einführung und Durchführung von Telearbeit, NZA 2004, 237; *Theiss*, Die Durchführung europäischer Sozialpartnervereinbarungen auf nationaler Ebene, 2005

37 Die branchenübergreifenden europäischen Sozialpartner UNICE/UEAPME, CEEP und EGB[79] haben am 16.7.2002 eine Rahmenvereinbarung zur Telearbeit abgeschlossen.[80] Gegenstand der Rahmenvereinbarung ist insb. der Grundsatz der Nichtdiskriminierung. Nach Nr. 4 der Rahmenvereinbarung genießen **Telearbeiter** hinsichtlich der Beschäftigungsbedingungen dieselben Rechte wie vergleichbare AN in den Einrichtungen des AG. Ein entsprechendes Gleichbehandlungsgebot findet sich in den Rahmenvereinbarungen über Teilzeitarbeit sowie über befristete Arbeitsverträge. Die Rahmenvereinbarung enthält darüber hinaus Regelungen zum Datenschutz, dem Schutz der Privatsphäre, der Arbeitsausrüstung, des Gesundheitsschutzes und der Sicherheit am Arbeitsplatz, der Arbeitsorganisation, der Aus- und Weiterbildungsmöglichkeiten von Telearbeiten sowie Bestimmungen zu den kollektiven Rechten der Telearbeiter. Die Rahmenvereinbarung über Telearbeit wird im Gegensatz zu den bisher zustande gekommenen Rahmenvereinbarungen über Elternurlaub, Teilzeitarbeit und befristete Arbverh nicht auf Gemeinschaftsebene durch eine RL des Rates durchgeführt. Die Durchführung erfolgt vielmehr im Verfahren nach Art. 139 Abs. 2 Var. 1 EG-Vertrag nach den jeweiligen Verfahren und Gepflogenheiten der Sozialpartner und der Mitgliedstaaten, insb. durch die nationalen Tarifparteien. Insoweit werden keine gemeinschaftsweite Rechtsverbindlichkeit und keine Einheitlichkeit in den Mitgliedstaaten gewährleistet. Die autonome Durchführung durch die nationalen Sozialpartner berücksichtigt vielmehr nationale Gegebenheiten und die Vielfalt der Arbeitsbeziehungen in den Mitgliedstaaten.[81] Am 11.10.2006 haben die europäischen Dachverbände der Sozialpartner ihren gemeinsamen Umsetzungsbericht vorgelegt.

VI. Rahmenvereinbarung zu Belästigung und Gewalt am Arbeitsplatz

38 Am 5. Mai 2008 haben die Europäischen Sozialpartner eine freiwillige Rahmenvereinbarung zu Belästigung und Gewalt am Arbeitsplatz abgeschlossen. Darin werden Ansätze zum Verhindern, Erkennen und Bewältigen der Probleme von Belästigung und Gewalt am Arbeitsplatz genannt. Belästigung und Gewalt am Arbeitsplatz können körperlicher, psychischer und/oder sexueller Art sein und können unter Kollegen, zwischen Vorgesetzten und Untergebenen oder durch Dritte wie Kunden ausgeübt werden. Wird ein Verstoß festgestellt, werden angemessene Maßnahmen bis hin zur Entlassung des Täters ergriffen. In Abstimmung mit den Beschäftigten und/oder deren In-

---

76 EuGH 22.11.2005 – C-144/04 – Mangold, DB 2005, 2638 = BB 2005, 2748.
77 BAG 26.4.2006 – 7 AZR 500/04 – NZA 2006, 1162.
78 Gesetz zur Verbesserung der Beschäftigungschancen älterer Menschen v. 19.4.2007 (BGBl I S. 538).
79 Union der Industrie- und Arbeitgeberverbände Europas (UNICE), die sich am 23.1.2007 in BUISNESSEUROPE umbenannt hat, Europäische Union des Handwerks und der Klein- und Mittelbetriebe (UEAPME), Europäischer Zentralverband der Öffentlichen Wirtschaft (CEEP), Europäischer Gewerkschaftsbund (EGB).
80 Rahmenvereinbarung über Telearbeit v. 16.7.2002, RdA 2003, 55.
81 Vgl. hierzu und zu der Frage, ob die Gemeinschaft „ergänzend" rechtsetzend tätig werden kann: *Theiss*.

teressenvertretern führen die AG diese Maßnahmen ein. Diese freiwillige Europäische Sozialpartnervereinbarung wird entsprechend den nationalen Verfahren und Gepflogenheiten umgesetzt.

B. Leiharbeitnehmer und Entsendung von Arbeitnehmern

I. Leiharbeitnehmer

Literatur: *Rieble/Klebeck*, Lohngleichheit für Leiharbeit, NZA 2003, 23; *Thüsing*, Europäische Impulse im Recht der Arbeitnehmerüberlassung, DB 2002, 2218; *Wank*, Der Richtlinienvorschlag der EG-Kommission zur Leiharbeit und das „Erste Gesetz für moderne Dienstleistungen am Arbeitsmarkt", NZA 2003, 14; *ders.*, Neuere Entwicklungen im Arbeitnehmerüberlassungsrecht, RdA 2003, 1

Die Kommission hat am 20.3.2002 einen Vorschlag für eine RL über die Arbeitsbedingungen von Leih-AN unterbreitet.[82] Dem RL-Entwurf gingen Verhandlungen der europäischen Sozialpartner über die Leiharbeit voraus, die jedoch insb. an prinzipiellen Meinungsverschiedenheiten über den Begriff des vergleichbaren AN gescheitert sind.[83] Daraufhin hat die Kommission einen RL-Vorschlag erarbeitet, der sich in großen Teilen an diejenigen Punkte anlehnt, über die die Sozialpartner Konsens erzielt haben. Die endgültige Richtlinie 2008/104/EG über Leiharbeit[84] ist am 5.12.2008 in Kraft getreten und muss von den Mitgliedstaaten bis spätestens 5.12.2011 in nationales Recht umgesetzt werden. **39**

Für Leih-AN gelten danach ähnliche Rahmenbedingungen wie die, die bereits für befristete Arbverh und für die Teilzeitarbeit gelten. Insb. soll der **Grundsatz der Gleichbehandlung** auch auf die Leih-AN angewandt werden. Die wesentlichen Arbeits- und Beschäftigungsbedingungen der Leih-AN sollen während der Dauer ihrer Überlassung an ein entleihendes Unternehmen mindestens denjenigen entsprechen, die für sie gelten würden, wenn sie von dem genannten Unternehmen unmittelbar für den gleichen Arbeitsplatz eingestellt worden wären.[85] Insoweit sind die Ausnahmemöglichkeiten der Leiharbeits-RL von Bedeutung. Danach kann der nationale Gesetzgeber von dem Grundsatz der Nichtdiskriminierung, der auf die Arbeitsbedingungen des entleihenden Unternehmens abstellt, abweichen, wenn der Leih-AN einen unbefristeten Vertrag mit dem Verleiher hat und die Zeit zwischen zwei Überlassungen bezahlt wird.[86] Durch Tarifverträge oder Vereinbarungen auf nationaler Ebene kann von dem Grundsatz der Gleichbehandlung abgewichen werden.[87] Die Leih-AN werden über die im entleihenden Unternehmen offenen Stellen unterrichtet, damit sie die gleichen Chancen auf einen unbefristeten Arbeitsplatz haben wie die übrigen AN dieses Unternehmens. Diese Unterrichtung kann durch allgemeine Bekanntmachung an einer geeigneten Stelle im Betrieb erfolgen. Außerdem enthält die RL Regelungen zur Information der AN und ihrer AN-Vertreter sowie zur Einbeziehung von Leih-AN bei der Berechnung des Schwellenwertes für die Einrichtung der AN-Vertretung. **40**

Die Richtlinie 2008/104/EG über Leiharbeit wird auf die **Kompetenzgrundlage des Art. 137 Abs. 2 EG** gestützt. Insoweit wird eingewandt, dass der Gemeinschaft die Rechtssetzungskompetenz fehlt, soweit sie Regelungen zum Arbeitsentgelt setzt.[88] Art. 137 Abs. 5 EG-Vertrag nimmt Entgeltfragen aus der Regelungskompetenz der Gemeinschaft ausdrücklich heraus.[89] Die Bedenken in Bezug auf die Regelungskompetenz der Gemeinschaft bleiben, auch wenn man von einer engen Auslegung der Ausnahmevorschrift des Art. 137 Abs. 5 EG-Vertrag ausgeht[90] bzw. der Meinung folgt, dass sich der Ausschluss des Arbeitsentgelts nur auf das Verbot einer europäischen Mindestlohngesetzgebung bezieht, nicht aber die Erstreckung von Diskriminierungsverboten auf das Arbeitsentgelt umfasst.[91] **41**

II. Entsendung von Arbeitnehmern, Richtlinie 96/71/EG

Literatur: *v. Danwitz*, Die Rechtsprechung des EuGH zum Entsenderecht, EuZW 2002, 237; *Deinert*, Grenzüberschreitende Erbringung von Dienstleistungen und Beschäftigung von Drittstaatsangehörigen, AuR 2000, 92; *Freyer*, Dienstleistungserbringung ohne Grenzen – oder: Grenzüberschreitende Erbringung von Dienstleistungen, EuZW 2008, 459; *Hänlein*, Das Rüffert-Urteil des EuGH zum Gebot der „Tariftreue" bei der Vergabe öffentlicher Aufträge, ZESAR 2008, 275; *Hailbronner*, Die Kontrolle der Entsendung

---

82 Vorschlag für eine RL des Europäischen Parlaments und des Rates über die Arbeitsbedingungen von Leih-AN v. 20.3.2002, KOM (2002) 149 endg. (BR-Drucks 319/02); geänderter Vorschlag für eine RL über Leiharbeit v. 28.11.2002, KOM (2002) 701 endg.

83 Vgl. Begründung des Richtlinienvorschlags, KOM (2002) 149 endg. Der Begriff des vergleichbaren AN wurde im geänderten Kommissionsvorschlag gestrichen, KOM (2002) 701 endg.

84 Richtlinie 2008/104/EG des Europäischen Parlaments und des Rates v. 19.11.2008 über Leiharbeit (ABl EG L 327 v. 5.12.2008, S. 9).

85 Art. 5 Abs. 1 der Leiharbeits-RL.

86 Art. 5 Abs. 2 der Leiharbeits-RL bezieht sich ausschließlich auf das Arbeitsentgelt.

87 Art. 5 Abs. 3 und Abs. 4 der Leiharbeits-RL. Von der Möglichkeit des Abs. 4 können nur Länder, in denen es kein System der Allgemeinverbindlicherklärung gibt, Gebrauch machen.

88 *Rieble/Klebeck*, NZA 2003, 23, 26 f.

89 Vgl. *Wank*, NZA 2003, 14, 18; *Thüsing*, DB 2002, 2218, 2220.

90 EUGH 13.9.2007 – C-307/05 – Alonso – Rn 39 – EuZW 2007, 770; MünchArb/*Birk*, Bd. 1, § 18 Rn 35; vgl. hierzu Hailbronner/Wilms/*Boecken*, Art. 137 EGV Rn 108.

91 *Hanau/Steinmeyer/Wank*, § 19 Rn 16; *Steinmeyer*, RdA 2001, 10, 18.

ausländischer Arbeitnehmer und die Dienstleistungsfreiheit, EWS 1997, 401; *Junker/Wichmann*, Das Arbeitnehmer-Entsendegesetz – Doch ein Verstoß gegen Europäisches Recht?, NZA 1996, 505; *Kocher*, Die Tariftreueerklärung vor dem EuGH, DB 2008, 1042; *Körner*, EU-Dienstleistungsrichtlinie und Arbeitsrecht, NZA 2007, 233; *Krebber*, Die Bedeutung von Entsenderichtlinie und Arbeitnehmer-Entsendegesetz für das Arbeitskollisionsrecht, IPRax 2001, 22; *Lemor*, Auswirkungen der Dienstleistungsrichtlinie auf ausgesuchte reglementierte Berufe, EuZW 2007, 135; *Marschner*, Arbeitserlaubnis für drittstaatsangehörige Arbeitnehmer im Rahmen der Europäischen Union, NZA 1996, 186; *Schlachter*, Grenzüberschreitende Dienstleistungen: Die Arbeitnehmerentsendung zwischen Dienstleistungsfreiheit und Verdrängungswettbewerb, NZA 2002, 1242; *Wank/Börgmann*, Die Einbeziehung ausländischer Arbeitnehmer in das deutsche Urlaubskassenverfahren, NZA 2001, 177; *Zwanziger*, Arbeitskampf- und Tarifrecht nach den EuGH-Entscheidungen „Laval" und „Viking", DB 2008, 294

1. Allgemeines 42
2. Regelungsgehalt 44
   a) Anwendungsbereich 44
b) Inhalt der Entsenderichtlinie 45
3. Umsetzung in Deutschland 48

42 1. Allgemeines. Die Entsende-RL 96/71/EG[92] vom 16.12.1996 enthält Regelungen über die Anwendung von Arbeitsbedingungen des Arbeitsortes im Rahmen der grenzüberschreitenden Erbringung von Dienstleistungen. Sie betrifft die Frage, welche Vorschriften und Arbeitsbedingungen für AN gelten, die zur Erbringung einer Dienstleistung vorübergehend in einen anderen Mitgliedstaat entsandt werden. AN, die nicht nur vorübergehend in einen anderen Mitgliedstaat entsandt werden, sondern dauerhaft im Empfängerstaat tätig sein wollen, können sich dagegen auf die Vorschriften zur AN-Freizügigkeit nach Art. 39 EG berufen. Die RL enthält außerdem keine Regelungen zur sozialrechtlichen Seite der Entsendung.[93] Sie betrifft auch nicht den Fall, dass sich ein AG in einem anderen Mitgliedstaat dauerhaft niederlässt.[94]

43 Der Dienstleistungserbringer ist berechtigt, sein eigenes Personal für die Dauer der Leistungserbringung in einem anderen Mitgliedstaat mitzubringen.[95] Soweit es an einer Rechtswahl der Parteien über das auf den Arbeitsvertrag anwendbare Recht fehlt, unterliegt das Arbverh auch bei vorübergehender Entsendung dem Recht des Staates, in dem der AN gewöhnlich seine Arbeit verrichtet.[96] Bleibt weiterhin das Recht des Staates anwendbar, aus dem der AN kommt, besteht die Gefahr, dass wesentliche Arbeitsbedingungen des Arbeitsortes nicht beachtet werden, und es dadurch zur Ausnutzung von Wettbewerbsvorteilen insb. durch Unternehmer aus Niedriglohnländern kommt. Insoweit zielt die Entsende-RL darauf ab, Wettbewerbsverzerrungen zu verhindern. Außerdem bezweckt sie den Schutz der grenzüberschreitend eingesetzten AN.[97] Die RL enthält keine materiellen Regelungen, legt jedoch einige Mindestarbeitsbedingungen fest und ermächtigt in Bezug auf andere Materien, inländisches Arbeitsrecht zwingend anzuwenden. Die EU-Kommission hat am 4.4.2006 Leitlinien für die Entsendung von AN im Rahmen der Erbringung von Dienstleistungen herausgegeben.[98] Eine neue Mitteilung der Kommission zur Entsendung wurde am 13.6.2007 herausgegeben.

44 2. Regelungsgehalt. a) Anwendungsbereich. Die Entsende-RL gilt grds. in allen Branchen mit Ausnahme der gewerblichen Seefahrt.[99] Die RL findet auf entsandte AN Anwendung, die während eines begrenzten Zeitraums ihre Arbeitsleistung im Hoheitsgebiet eines anderen Mitgliedstaats als demjenigen erbringen, in dessen Hoheitsgebiet sie normalerweise arbeiten. Ob jemand als AN i.S.d. Entsende-RL anzusehen ist, bestimmt sich nach der Rechtsordnung des Empfängerstaates. Die Entsende-RL gilt grds. für Unternehmen mit Sitz in einem Mitgliedstaat, die im Rahmen der länderübergreifenden Erbringung von Dienstleistungen AN in einen anderen Mitgliedstaat entsenden. Allerdings sind Unternehmen mit Sitz außerhalb der EU den Unternehmen mit Sitz innerhalb der EU gleichzustellen und dürfen nicht günstiger behandelt werden.[100] Die RL findet außerdem Anwendung auf konzerninterne Entsendungen sowie auf die grenzüberschreitende Leiharbeit.[101]

45 b) Inhalt der Entsenderichtlinie. Art. 3 der Entsende-RL legt einen Kern von Mindestarbeitsbedingungen fest, die auch für die ins Ausland entsandten AN gelten. Damit werden jedoch keine gemeinschaftsweit einheitlichen Mindestarbeitsbedingungen geschaffen, sondern es wird lediglich die Freiheit, das anzuwendende Recht zu wählen, beschränkt. Ausdrücklich genannt werden in Art. 3 Abs. 1 der RL die Höchstarbeitszeiten und Mindestruhezeiten, der

---

92 RL 96/71/EG des Europäischen Parlaments und des Rates v. 16.12.1996 über die Entsendung von AN im Rahmen der Erbringung von Dienstleistungen (ABl EG L 18 v. 21.1.1997, S. 1).
93 Zur sozialrechtlichen Flankierung siehe die VO (EWG) 1408/71.
94 Lässt sich ein AG in einem anderen Mitgliedstaat nieder, können seine AN ebenfalls in diesen Mitgliedstaat einreisen und ihr Freizügigkeitsrecht gem. Art. 39 EG geltend machen; hierzu *Hanau/Steinmeyer/Wank*, § 15 Rn 458 ff., die auch auf die Problematik im Zusammenhang mit drittstaatsangehörigen Arbeitnehmern eingehen.
95 EuGH 27.3.1990 – C-113/89 – Rush Portuguesa – Rn 19 – Slg. 1990, I – 1417 = NZA 1990, 653.
96 Vgl. Nr. 8 der Begründung der Entsende-RL 96/71/EG; Art. 6 Abs. 2 lit. a EVÜ (ABl EG C 27 v. 26.1.1998, S. 34); ErfK/*Schlachter*, § 1 AEntG Rn 1.
97 Oetker/Preis/*Feuerborn*, B 2500 Rn 110.
98 KOM (2006) 159. Eine neue Mitteilung der Kommission zur Entsendung wurde am 13.6.2007 herausgegeben.
99 Art. 1 Abs. 2 der Entsende-RL 96/71/EG.
100 Art. 1 Abs. 1, und 4 der Entsende-RL 96/71/EG.
101 Art. 1 Abs. 3 lit. b und c der Entsende-RL 96/71/EG.

bezahlte Mindestjahresurlaub, Mindestlohnsätze einschließlich der Überstundensätze,[102] die Bedingungen für die AÜ,[103] Sicherheit, Gesundheitsschutz und Hygiene am Arbeitsplatz, Schutzmaßnahmen für Schwangere, Wöchnerinnen, Kinder und Jugendliche und die Gleichbehandlung von Männern und Frauen sowie andere Diskriminierungsverbote. Dieser Katalog kann durch Rechts- oder Verwaltungsvorschriften erweitert werden, soweit es sich um Vorschriften im Bereich der öffentlichen Ordnung handelt, oder es kann eine Erweiterung durch für allgemeinverbindlich erklärte TV erfolgen.[104] Voraussetzung für die Anwendung der entsprechenden Regelungen des Empfängerstaates ist, dass diese Arbeits- und Beschäftigungsbedingungen entweder durch Rechts- oder Verwaltungsvorschriften festgelegt sind, oder für die im Anhang der RL aufgeführten Tätigkeiten im Baubereich durch für allgemein verbindlich erklärte TV oder Schiedssprüche geregelt sind.[105] Nach dem Anhang umfassen die Tätigkeiten alle Bauarbeiten, die der Errichtung, der Instandsetzung, der Instandhaltung, dem Umbau oder dem Abriss von Bauwerken dienen, wobei die im Anhang unter den Nr. 1 bis 13 aufgeführten Tätigkeiten nur Beispielcharakter haben.[106]

Dem ausländischen AN können Verpflichtungen auferlegt werden, die zwar Beschränkungen des freien Dienstleistungsverkehrs darstellen, die aber mit dem sozialen Schutz der AN und der Kontrolle der Gewährleistung dieses Schutzes gerechtfertigt werden können. Dies darf jedoch nicht zu einer doppelten Inanspruchnahme grenzüberschreitender Dienstleister führen.[107] Für den Fall, dass das entsendende Unternehmen sowohl nach dem Recht des Heimatstaates als auch dem Recht des Staates, in den der AN entsandt wird, zur Entrichtung von Beiträgen im Rahmen eines Schlechtwetter- und Treuemarkensystem verpflichtet ist, liegt nach Auffassung des EuGH eine unzulässige Beschränkung der Dienstleistungsfreiheit vor.[108] Der EuGH hat außerdem entschieden, dass das Gemeinschaftsrecht den Mitgliedstaaten nicht verwehrt, ihre Rechtsvorschriften oder TV über Mindestlöhne unabhängig davon, in welchem Land der AG ansässig ist, auf alle Personen zu erstrecken, die in ihrem Hoheitsgebiet eine unselbstständige Tätigkeit ausüben.[109] Als unzulässig wurde jedoch eine auf Runderlass beruhende Verwaltungspraxis der deutschen Behörden (sog. Vander-Elst-Erlass) angesehen, die eine vor der Entsendung stattfindende Prüfung bestimmter Kriterien sowie die Beschränkung der Entsendung auf AN, die seit mind. einem Jahr bei dem in einem anderen Mitgliedstaat ansässigen Unternehmen, das die Dienstleistung erbringt, beschäftigt sind, vorsieht.[110]

46

Liegt die Entsendedauer bei höchstens einem Monat, ist es den Mitgliedstaaten freigestellt, die Vorschriften über die Mindestlohnsätze nicht anzuwenden.[111] Dies gilt auch, wenn der Umfang der Arbeiten gering ist. Durch die RL wird schließlich noch ein zusätzlicher Gerichtsstand in dem Mitgliedstaat, in den der AN entsandt wird, geschaffen.[112]

47

3. Umsetzung in Deutschland. Die bis zum 16.12.1999 umzusetzende Entsende-RL hat in Deutschland durch das bereits vor Erlass der RL bestehende **AEntG**[113] Eingang in nationales Recht gefunden. Durch das am 1.7.2007 in Kraft getretene „Erste Gesetz zur Änderung des AEntG"[114] wurde das Gebäudereinigerhandwerk in das AEntG aufgenommen und zugleich die Seeschifffahrtsassistenz aus dem Anwendungsbereich gestrichen. Durch das neu gefasste AEntG über zwingende Arbeitsbedingungen für grenzüberschreitend entsandte und für regelmäßig im Inland beschäftigte Arbeitnehmer und Arbeitnehmerinnen vom 20.4.2009 sind zu den Branchen Bauhaupt- Baunebengewerbe, Gebäudereiniger und Briefdienstleistungen sechs weitere Branchen aufgenommen worden: Pflegebranche (Altenpflege und ambulante Krankenpflege), Sicherheitsdienstleistungen, Abfallwirtschaft (mit Straßenreinigung und Winterdienst), Aus- und Weiterbildungsdienstleistungen nach dem Zweiten oder Dritten Buch Sozialgesetzbuch, Wäschereidienstleistungen im Objektkundengeschäft, Bergbauspezialarbeiten auf Steinkohlebergwerken.

48

---

102 Vgl. EuGH 24.1.2002 – C-164/99 – Portugaia Construcoes – Slg. 2002, I-787. Der EuGH hat außerdem in der Nichtberücksichtigung von Zulagen oder Zuschlägen als Bestandteile des Mindestlohns einen Verstoß gegen Art. 3 der RL 96/71/EG gesehen, EuGH 14.4.2005 – C-341/02 – Komm./.Deutschland – Rn 30 ff., 41 – DB 2005, 948. Die Beiträge für zusätzliche betriebliche Altersversorgungssysteme dürfen jedoch nicht als Bestandteile des Mindestlohns berücksichtigt werden, Art. 3 Abs. 1 lit. c der Entsende-RL 96/71/EG.

103 Vgl. EuGH v. 25.10.2001– C-493/99 – Komm./.Deutschland – Slg. 2001, I-8163 m. Anm. *Boecken/Theiss*, SAE 2002, 232.

104 Art. 3 Abs. 10 der Entsende-RL 96/71/EG.

105 Art. 3 Abs. 1 Unterabs. 1 der Entsende-RL 96/71/EG. Hierzu EuGH 18.12.2007 – C-341/05 – Laval – Rn 71 – DB 2008, 71. Eine Koppelung einer Auftragsvergabe an örtliche Tarifbindung wie ein Landesvergabegesetz (Tariftreue bei der Vergabe öffentlicher Aufträge) genügt diesen Anforderungen nicht und wurde vom EuGH als unzulässig angesehen EuGH 3.4.2008 – C-346/06 – Rüffert – EuZW 2008, 306.

106 *Wank/Börgmann*, NZA 2001, 177, 179.

107 EuGH 28.3.1996 – C-272/94 – Guiot – Rn 16 f. – Slg. 1996, I-1905; EuGH 23.11.1999 – C-369/96 und C-376/96 – Arblade u.a. – Rn 51 – Slg. 1999, I-8453 = NZA 2000, 85; BAG 25.6.2002 – 9 AZR 406/00 – DB 2003, 2287; vgl. § 1 Abs. 3 Nr. 1 und 2 AEntG.

108 EuGH 23.11.1999 – C-369/96 und C-376/96 – Arblade u.a. – Rn 50 f. – Slg. 1999, I-8453 = NZA 2000, 85.

109 EuGH 3.2.1982 – Rs. 62/81 und 63/81 – Seco und Desquenne & Giral – Rn 14 – Slg. 1982, 223; EuGH 23.11.1999 – C-369/96 und C-376/96 – Arblade u.a. – Rn 41 – Slg. 1999, I-8453 = NZA 2000, 85.

110 EuGH 19.1.2006 – C-244/04 – Komm./.Deutschland – Slg. 2006, I-885 = DB 2006, 222.

111 Art. 3 Abs. 3 und 4 der Entsende-RL 96/71/EG.

112 Art. 6 der Entsende-RL 96/71/EG.

113 Gesetz über zwingende Arbeitsbedingungen bei grenzüberschreitenden Dienstleistungen v. 26.2.1996 (BGBl I S. 227), zuletzt geändert durch Gesetz v. 13.12.2001 (BGBl I S. 3584).

114 Erstes Gesetz zur Änderung des AEntG v. 25.4.2007 (BGBl I S. 576).

Die in Art. 3 der RL genannten Mindestarbeitsbedingungen wurden in **§ 2 AEntG** übernommen. Die in Rechts- und Verwaltungsvorschriften festgelegten Mindestarbeitsbedingungen des Aufnahmestaates finden danach auf alle entsandten AN – aller Branchen – zwingend Anwendung. Dagegen finden nach **§ 3 AEntG** die in für allgemeinverbindlich erklärten TV – der aufgeführten Branchen – enthaltenen Regelungen zum Mindestentgelt einschließlich der Überstundensätze sowie zur Dauer des Erholungsurlaubs, des Urlaubsentgelts oder eines zusätzlichen Urlaubsgeldes auch auf Arbverh zwischen einem AG mit Sitz im Ausland und seinem im Geltungsbereich des TV beschäftigten AN zwingend Anwendung. Künftig besteht damit auch in den neu aufgenommenen Branchen die Möglichkeit, von den TV-Parteien ausgehandelte Mindestlöhne für die jeweilige Branche verbindlich zu machen. Hierfür muss ein entsprechender Mindestlohn-TV von TV-Parteien der Branche abgeschlossen werden. Der TV kann auf gemeinsamen Antrag der TV-Parteien durch Allgemeinverbindlicherklärung oder Rechts-VO erstreckt werden. Mit der Erstreckung gilt das von den TV-Parteien bestimmte Entgelt verbindlich für alle in Deutschland tätigen AN der jeweiligen Branche. Der Mindestlohn gilt unabhängig davon, ob der AG seinen Sitz im In- oder Ausland hat.

Für die Baubranche gelten die Regelungen jedoch nur dann, wenn der Betrieb überwiegend Bauleistungen i.S.d. § 175 Abs. 2 SGB III erbringt,[115] und auch inländische AG ihren AN mindestens die geltenden tariflichen Arbeitsbedingungen gewähren müssen.[116] Das AEntG bewegt sich in dem von der Entsende-RL vorgegebenen Rahmen, verstößt also nicht gegen die gemeinschaftsrechtlichen Vorgaben der Entsende-RL, sondern setzt die Entsende-RL vielmehr partiell in deutsches Recht um.[117]

Für die Pflegebranche wurde ein eigener Abschnitt in das AEntG aufgenommen, um den Besonderheiten dieser Branche Rechnung zu tragen. Der Verordnungsgeber knüpft in der Pflegebranche zur Festsetzung von Mindestlöhnen nicht an einen TV, sondern an den Vorschlag einer sich aus Vertretern der Branche zusammensetzenden Kommission an.

49 Die am 28.12.2006 in Kraft getretene **Dienstleistungs-RL 2006/123/EG**[118] findet auf AN, die in den Anwendungsbereich der Entsende-RL 96/71/EG fallen, keine Anwendung.[119] Sie betrifft nur die Anforderungen für die Aufnahme oder Ausübung einer Dienstleistungstätigkeit und berührt weder die Arbeits- und Beschäftigungsbedingungen noch die Sozialgesetzgebung in den Mitgliedstaaten. Mit der Dienstleistungs-RL sollen Beschränkungen im grenzüberschreitenden Dienstleistungsverkehr aufgehoben werden, u.a. durch Vereinfachung von Verwaltungsverfahren, die Sicherstellung einheitlicher Ansprechpartner für Dienstleistungserbringer, den erleichterten Zugang zu relevanten Informationen, die elektronische Abwicklung von Verfahren und Regelungen zum Genehmigungsverfahren für die Aufnahme und Ausübung einer Dienstleistung.

C. Arbeitsschutz

I. Arbeitsschutzrahmenrichtlinie 89/391/EWG

Literatur: *Birk*, Die Rahmenrichtlinie über die Sicherheit und den Gesundheitsschutz am Arbeitsplatz – Umorientierung des Arbeitsschutzes und bisherige Umsetzung in den Mitgliedstaaten der Europäischen Union, in: FS für Wlotzke, 1996, S. 645; *Brandes*, System des Europäischen Arbeitsschutzrechts, 1999; *Christ*, Lärmschutz an Arbeitsplätzen – Was bringt die neue EG-Lärmschutz-Richtlinie 2003/10/EG, BG 2003, 271; *Dötsch*, Die europäische Rahmenrichtlinie Arbeitsschutz und ihre Umsetzung in deutsches Recht, AuA 1996, 329; *Kohte*, Die Umsetzung der Richtlinie 89/391 in den Mitgliedstaaten der EU, ZIAS 1999, 85; *Kollmer*, Arbeitsschutzgesetz, AR-Blattei SD 200.1 und 200.2; *Pieper*, Verordnung zur Umsetzung von EG-Arbeitsschutz-Richtlinien, AuR 1992, 21; *Stürk*, Aktuelle Entwicklungen im Arbeitsschutz, ZfPR 2004, 271; *Wank/Börgmann*, Deutsches und europäisches Arbeitsschutzrecht, 2000

1. Allgemeines 50	bb) Rechte und Pflichten der Arbeitnehmer 56
2. Regelungsgehalt 52	cc) Fremdfirmenbeschäftigte und Leiharbeitnehmer – Richtlinie 91/383/EG 58
a) Anwendungsbereich 52	dd) Einzelrichtlinien 60
b) Inhalt der Arbeitsschutzrahmenrichtlinie . 53	3. Umsetzung in Deutschland 61
aa) Pflichten des Arbeitgebers 53	

50 **1. Allgemeines.** Die Arbeitsschutzrahmen-RL 89/391/EWG[120] enthält Mindestvorschriften für den **betrieblichen Arbeitsschutz**. Diese RL regelt für alle Tätigkeitsbereiche und alle Beschäftigungsgruppen die grundlegenden

---

115 BAG 25.1.2005 – 9 AZR 146/04 – DB 2005, 1635.
116 EuGH 24.1.2002 – C-164/99 – Portugaia Construcoes – Rn 31 ff. – Slg. 2002, I-787.
117 Vgl. hierzu EuGH 18.7.2007 – C-490/04 – Komm ./. Deutschland – EuZW 2007, 540; *Wank/Börgmann*, NZA 2001, 177, 179.
118 RL 2006/123/EG des Europäischen Parlaments und des Rates v. 12.12.2006 über Dienstleistungen im Binnenmarkt (ABl EG L 376 v. 27.12.2006, S. 36).
119 Art. 17 Nr. 2 RL 2006/123/EG.
120 RL des Rates 89/391/EWG v. 12.6.1989 über die Durchführung von Maßnahmen zur Verbesserung der Sicherheit und des Gesundheitsschutzes der AN bei der Arbeit (ABl EG L 183 v. 29.6.1989, S. 1).

Pflichten von AG und AN im nicht produktbezogenen technischen Arbeitsschutz. Sie bezweckt, die Sicherheit und den Gesundheitsschutz der AN am Arbeitsplatz zu verbessern und wird durch Einzel-RL konkretisiert. Es werden allgemeine Grundsätze für die Verhütung berufsbedingter Gefahren, für die Sicherheit und den Gesundheitsschutz, die Ausschaltung von Risiko- und Unfallfaktoren, die Information, die Anhörung, die ausgewogene Beteiligung nach den nationalen Rechtsvorschriften bzw. Praktiken, die Unterweisung der AN und ihrer Vertreter sowie allgemeine Regeln für die Durchführung dieser Grundsätze genannt.

Neben die arbeitsrechtlichen Regelungen treten allgemeine Vorschriften, die ebenfalls Bedeutung für das Arbeitsrecht haben. Dabei sind insb. die **Geräte- und Anlagensicherheit** sowie das Gefahrstoffrecht zu beachten. Die **Maschinen-RL 98/37/EG** bezweckt die Angleichung der bestehenden innerstaatlichen Bestimmungen für die Sicherheit und Gesundheit zur Verhütung von Gefahren, die von Maschinen ausgehen, um den freien Verkehr mit Maschinen zu gewährleisten, ohne dass die in den einzelnen Mitgliedstaaten bestehenden und berechtigten Schutzniveaus gesenkt werden.[121] Obwohl es sich schwerpunktmäßig um eine produktbezogene RL zum Abbau von Handelshemmnissen handelt, wirkt sie sich gleichzeitig auf das Arbeitsrecht aus.[122] Änderungen ergeben sich durch die **Maschinen-RL 2006/42/EG**,[123] die bezweckt, die grundlegenden Sicherheits- und Gesundheitsschutzanforderungen in Bezug auf die Konstruktion und den Bau von in den Verkehr gebrachten Maschinen festzulegen. Der Hersteller einer Maschine hat dafür zu sorgen, dass eine Risikobeurteilung (früher Gefahranalyse) vorgenommen wird, um die für die Maschine geltenden Sicherheits- und Gesundheitsschutzanforderungen zu ermitteln. Die Maschine muss dann unter Berücksichtigung der Ergebnisse der Risikobeurteilung konstruiert und gebaut werden. Die Mitgliedstaaten haben die neue Maschinen-RL bis zum 29.6.2008 in nationales Recht umzusetzen. Daran schließt sich eine 18-monatige Übergangsfrist an, so dass ab 29.12.2009 die neuen Regelungen verbindlich anzuwenden sind. Auch im **Gefahrstoffrecht** finden sich europäische Vorgaben zum Abbau technischer Handelshemmnisse, die auf das Arbeitsrecht ausstrahlen.[124]

2. Regelungsgehalt. a) Anwendungsbereich. Die RL findet auf alle privaten oder öffentlichen Tätigkeitsbereiche Anwendung. Ausgenommen sind nur bestimmte spezifische Tätigkeiten im öffentlichen Dienst, z.B. bei den Streitkräften, der Polizei oder im Katastrophenschutz, deren Besonderheiten einer Anwendung zwingend entgegenstehen.[125] Anders als bei den meisten arbeitsrechtsrelevanten RL gibt die RL eine eigenständige und autonome Begriffsbestimmung des AN vor. AN ist danach jede Person, die von einem AG beschäftigt wird, einschließlich Praktikanten und Lehrlingen, mit Ausnahme von Hausgestellten.[126]

b) Inhalt der Arbeitsschutzrahmenrichtlinie. aa) Pflichten des Arbeitgebers. Der AG trifft die für die Sicherheit und den Gesundheitsschutz der AN erforderlichen Maßnahmen, einschließlich der Maßnahmen zur Verhütung berufsbedingter Gefahren, zur Information und zur Unterweisung sowie der Bereitstellung einer geeigneten Organisation und der erforderlichen Mittel.[127] Er muss seine Maßnahmen den sich ändernden Gegebenheiten anpassen, und er muss eine Verbesserung der bestehenden Arbeitsbedingungen anstreben. Er hat dabei die in Art. 6 Abs. 2 aufgeführten **allgemeinen Grundsätze der Gefahrenverhütung** zu beachten.[128] Grundlage für jede Arbeitsschutzmaßnahme ist die Beurteilung der Gefahren in dem betreffenden Unternehmen bzw. Betrieb.[129]

Der AG hat mindestens einen AN zu benennen, den er mit Schutzmaßnahmen und Maßnahmen zur Verhütung berufsbedingter Gefahren im Unternehmen bzw. Betrieb beauftragt.[130] Außerdem hat er der Art der Tätigkeiten und der Größe des Unternehmens bzw. Betriebs angepassten Maßnahmen zu treffen, die zur Ersten Hilfe, Brandbekämpfung und Evakuierung der AN erforderlich sind, sowie die notwendigen Verbindungen zu außerbetrieblichen Stellen zu halten, so dass in Fällen der Ersten Hilfe, der medizinischen Notversorgung und der Brandbekämpfung unverzüglich die Rettungsmaßnahmen eingeleitet werden können.[131]

Den AG treffen des weiteren **Dokumentationspflichten**. Er muss über eine Evaluierung der am Arbeitsplatz bestehenden Gefahren für Sicherheit und Gesundheit, einen Katalog der durchzuführenden Schutzmaßnahmen, eine Liste

---

121 Vgl. Präambel Nr. 7 der RL 98/37/EG des Europäischen Parlaments und des Rates v. 22.6.1998 zur Angleichung der Rechts- und Verwaltungsvorschriften der Mitgliedstaaten für Maschinen (ABl EG L 207 v. 23.7.1998, S. 1).
122 Hierzu Oetker/Preis/*Kollmer*, B 6300; Hanau/Steinmeyer/Wank, § 18 Rn 430, 614 ff.
123 RL 2006/42/EG des Europäischen Parlaments und des Rates v. 17.5.2006 über Maschinen (Abl EG L 157 v. 9.6.2006, S. 24), mit der die RL 98/37/EG zur Angleichung der Rechts- und Verwaltungsvorschriften der Mitgliedstaaten für Maschinen aufgehoben wurde.
124 Vgl. Oetker/Preis/*Kollmer*, B 6400 Rn 73 ff.; Hanau/Steinmeyer/Wank, § 18 Rn 887 ff.
125 Art. 2 Abs. 1 der RL 89/391/EWG.
126 Art. 3 lit. a der RL 89/391/EWG.
127 Art. 6 Abs. 1 der RL 89/391/EWG.
128 Die Grundsätze der Gefahrenverhütung umfassen die Vermeidung von Risiken, die Abschätzung nichtvermeidbarer Risiken und die Gefahrenbekämpfung an der Quelle, die Berücksichtigung des Faktors „Mensch" bei der Arbeit sowie die Berücksichtigung des Stands der Technik, die Ausschaltung oder Verringerung von Gefahrenmomenten, die Planung der Gefahrenverhütung, der Vorrang des kollektiven Gefahrenschutzes vor individuellem Gefahrenschutz und die Erteilung geeigneter Anweisungen an die AN.
129 § 6 Abs. 3 lit. a der RL 89/391/EWG.
130 Vgl. Art. 7 der RL 89/391/EWG.
131 Art. 8 der RL 89/391/EWG. Ausführlich hierzu Oetker/Preis/*Kohte*, B 6100 Rn 76.

der Arbeitsunfälle sowie Berichte über die Arbeitsunfälle verfügen.[132] Der AG hat gegenüber den AN sowie in bestimmten Fällen gegenüber anderen AG **Informationspflichten**. Er muss alle AN, die einer ernsten und unmittelbaren Gefahr ausgesetzt sind oder sein können, möglichst frühzeitig über diese Gefahr und die jeweiligen Schutzmaßnahmen unterrichten.[133] Die AN bzw. deren Vertreter müssen alle erforderlichen Informationen über die Gefahren für die Sicherheit und die Gesundheit sowie die Schutzmaßnahmen und Maßnahmen zur Verhütung derselben erhalten.[134] Der AG muss schließlich dafür sorgen, dass jeder AN eine ausreichende und angemessene **Unterweisung** über Sicherheit und Gesundheitsschutz, insb. in Form von Informationen und Anweisungen erhält, die eigens auf seinen Arbeitsplatz oder seinen Aufgabenbereich ausgerichtet ist.[135]

56 bb) **Rechte und Pflichten der Arbeitnehmer.** Nach Art. 8 Abs. 4 der Arbeitsschutzrahmen-RL ist der AN berechtigt, bei ernster, unmittelbarer und nicht vermeidbarer Gefahr seinen Arbeitsplatz ohne nachteilige Folgen zu verlassen (**Entfernungsrecht**). Neben dem in Art. 11 der RL enthaltenen **Informationsrecht** besteht ein **Anhörungs- und Vorschlagsrecht** der AN nach Art. 12 der RL. Der AG muss die AN bzw. deren Vertreter unter anderem zu allen Aktionen, die Auswirkungen auf Sicherheit und Gesundheit haben können, anhören. Die AN bzw. ihre Vertreter können ihrerseits dem AG Vorschläge betreffend die Sicherheit und die Gesundheit am Arbeitsplatz unterbreiten. Außerdem sind die AN bzw. ihre Vertreter bei der Planung und Einführung neuer Technologien zu hören.[136] Den AN bzw. ihren Vertretern steht ein **Anzeigerecht** zu, wenn sie der Meinung sind, dass die vom AG getroffenen Maßnahmen und bereitgestellten Mittel nicht ausreichen, um die Sicherheit und den Gesundheitsschutz am Arbeitsplatz sicherzustellen.[137] Nach Art. 14 Abs. 2 der RL kann sich außerdem jeder AN auf Wunsch einer regelmäßigen Vorsorgeuntersuchung unterziehen.

57 Dem AN werden in Art. 13 der RL ebenfalls **Pflichten** auferlegt. Jeder AN ist verpflichtet, nach seinen Möglichkeiten für seine eigene Sicherheit und Gesundheit sowie für die Sicherheit und Gesundheit derjenigen Personen zu sorgen, die von seinen Handlungen oder Unterlassungen betroffen sind. Dazu gehört die Pflicht, Maschinen, Geräte, Werkzeuge, gefährliche Stoffe, Transportmittel und sonstige Mittel ordnungsgemäß zu benutzen. Außerdem muss er die ihm zur Verfügung gestellte Schutzausrüstung sowie Schutzvorrichtungen ordnungsgemäß benutzen. Er hat jede von ihm festgestellte ernste und unmittelbare Gefahr sowie jeden Defekt an den Schutzsystemen unverzüglich zu melden. Schließlich hat er darauf hinzuwirken, dass behördliche Sicherheits- und Gesundheitsvorschriften eingehalten werden und ein sicheres Arbeitsumfeld gewährleistet werden kann.

58 cc) **Fremdfirmenbeschäftigte und Leiharbeitnehmer – Richtlinie 91/383/EG.** Arbeiten an einem Arbeitsplatz AN mehrerer Unternehmer gleichzeitig, müssen die verschiedenen AG bei der Durchführung der Sicherheits- und Gesundheitsbestimmungen zusammenarbeiten, ihre Tätigkeiten beim Gefahrenschutz koordinieren und sich gegenseitig unterrichten.[138] Den AG trifft keine Informationspflicht über die Gefahren für Sicherheit und Gesundheit gegenüber AN von Fremdfirmen, die in seinem Unternehmen bzw. Betrieb arbeiten. Diese Pflicht obliegt dem eigenen AG dieser Beschäftigten. Der AG muss jedoch dafür sorgen, dass der Fremdfirmen-AG die erforderlichen Informationen erhält, um seine Mitarbeiter entsprechend unterrichten zu können.[139] Es besteht außerdem eine Pflicht des AG, sich zu vergewissern, dass Fremdfirmenbeschäftigte angemessene Anweisungen hinsichtlich der Sicherheits- und Gesundheitsrisiken während ihrer Tätigkeit in seinem Unternehmen bzw. Betrieb erhalten haben.[140]

59 Anders stellt sich die Situation bei **Leih-AN** dar. Bei Leih-AN hat der Entleiher arbeitsschutzbezogene AG-Pflichten wahrzunehmen. Insoweit ist die **RL 91/383/EG**[141] zur Ergänzung der Maßnahmen zur Verbesserung der Sicherheit und des Gesundheitsschutzes von AN mit befristetem Arbverh oder Leih-Arbverh von Bedeutung. Die RL zielt darauf ab, dass AN mit befristetem Arbeitsvertrag und Leih-AN im Hinblick auf Sicherheit und Gesundheitsschutz am Arbeitsplatz das gleiche Schutzniveau wie die anderen AN des entleihenden Unternehmens genießen.[142] Bei Leih-AN treffen den Entleiher spezielle Informations- und Organisationspflichten.[143]

60 dd) **Einzelrichtlinien.** Auf der Grundlage von Art. 16 der Arbeitsschutzrahmen-RL hat der Rat inzwischen 19 Einzel-RL erlassen.[144] Die Einzel-RL betreffen die Bereiche Arbeitsstätten, Arbeitsmittel, persönliche Schutzausrüstung, manuelle Handhabung von Lasten, Arbeit an Bildschirmarbeitsplätzen, Gefährdung durch Karzinogene und biologische Arbeitsstoffe, zeitlich begrenzte oder ortsveränderliche Baustellen, Gesundheitsschutzkennzeichnung, Schutz schwangerer AN, Wöchnerinnen und stillender AN, Schutz in Betrieben, in denen durch Bohrungen Mineralien gewon-

---

132 Art. 9 der RL 89/391/EWG.
133 Art. 8 Abs. 3 lit. a der RL 89/391/EWG.
134 Art. 10 Abs. 1 lit. a der RL 89/391/EWG.
135 Art. 12 Abs. 1 der RL 89/391/EWG.
136 Vgl. Art. 6 Abs. 3 der RL 89/391/EWG.
137 Art. 11 Abs. 6 der RL 89/391/EWG.
138 Art. 6 Abs. 4 der RL 89/391/EWG.
139 Art. 10 Abs. 2 der RL 89/391/EWG.
140 Art. 12 Abs. 2 der RL 89/391/EWG.

141 RL des Rates 91/383/EWG v. 25.6.1991 zur Ergänzung der Maßnahmen zur Verbesserung der Sicherheit und des Gesundheitsschutzes von AN mit befristetem Arbverh oder Leih-Arbverh (ABl EG L 206 v. 29.7.1991, S. 19).
142 Art. 2 RL 91/383/EG.
143 Vgl. Art. 3, 7 und 8 der RL 91/383/EG.
144 Hierzu Oetker/Preis/*Börgmann*, B 6200; *Hanau/Steinmeyer/Wank*, § 18 Rn 455 ff.; *Kittner/Pieper*, Teil II, § 19 ArbSchG Rn 5.

nen werden, übertätige oder untertätige mineralgewinnende Betriebe, Arbeit an Bord von Fischereifahrzeugen, chemische Arbeitsstoffe, explosionsfähige Atmosphäre sowie zum Schutz der AN vor physikalischen Einwirkungen.[145]

3. Umsetzung in Deutschland. Die Umsetzung erfolgte durch das Gesetz zur Umsetzung der EG-Rahmen-RL Arbeitsschutz und weiterer Arbeitsschutz-RL.[146] Nach § 2 Abs. 2 Nr. 4 ArbSchG werden auch öffentliche Bedienstete (Beamte, Richter, Soldaten) in den Anwendungsbereich des Gesetzes einbezogen. 61

Die **Dokumentationspflicht des AG** wurde durch § 6 ArbSchG umgesetzt. Die Pflicht zur Anzeige eines Versicherungsfalls durch die Unternehmer findet sich in § 193 SGB VII. In der Regelung des § 6 Abs. 1 S. 3 ArbSchG, die eine Ausnahme von der Dokumentationspflicht für Kleinbetriebe mit zehn oder weniger Beschäftigten vorsah, wurde vom EuGH ein Verstoß gegen die Arbeitsschutzrahmen-RL gesehen.[147] Die **Informationspflichten** des AG finden sich in § 81 Abs. 1 S. 2 BetrVG und § 14 Abs. 1 ArbSchG. Die Pflicht zur Zusammenarbeit mehrerer AG ist in § 8 ArbSchG geregelt. 62

Das **Vorschlagsrecht** aller Beschäftigten betreffend Maßnahmen zur Sicherheit und Gesundheit am Arbeitsplatz findet sich in § 17 Abs. 1 ArbSchG. Das **Anzeigerecht** für den Fall, dass die vom AG getroffenen Maßnahmen zur Sicherstellung der Sicherheit und Gesundheit am Arbeitsplatz nicht ausreichen, ist in § 17 Abs. 2 ArbSchG auf die AN beschränkt. Das **Anhörungsrecht** in Betrieben mit BR oder PR ist in § 89 Abs. 2 BetrVG und § 81 Abs. 2 BPersVG geregelt. Im Übrigen ist das Anhörungsrecht in § 14 Abs. 2 ArbSchG und § 81 Abs. 3 BetrVG enthalten.[148] Die AN-Pflichten sind in **§ 15 ArbSchG** aufgenommen worden. 63

Bei **Fremdfirmenbeschäftigten** obliegt die Informationspflicht über die Gesundheitsgefahren nach § 81 Abs. 1 BetrVG dem Fremdfirmen-AG, § 8 Abs. 1 S. 2 ArbSchG. Den jeweiligen Betriebsinhaber trifft nach § 8 Abs. 2 ArbSchG eine Überwachungspflicht, ob der jeweilige Fremdfirmen-AG seinen Pflichten nachkommt. Im **Leiharbverh** obliegt nach § 11 Abs. 6 AÜG dem Entleiher die Wahrnehmung der öffentlich-rechtlichen Arbeitsschutzpflichten. Insb. hat er den Leih-AN über Gefahren für Sicherheit und Gesundheit sowie über die Maßnahmen zur Abwendung dieser Gefahren zu unterrichten. 64

II. Arbeitszeitrichtlinie 2003/88/EG

Literatur: *Abeln/Repey*, Die Revision der EU-Arbeitszeitrichtlinie und der Bereitschaftsdienst der Ärzte, AuR 2005, 20; *Baeck/Lösler*, Neue Entwicklungen im Arbeitszeitrecht, NZA 2005, 247; *Bermig*, Die Änderung des Arbeitszeitgesetzes durch das Gesetz zu Reformen am Arbeitsmarkt, BB 2004, 101; *Boerner*, Anpassung des Arbeitszeitgesetzes an das Gemeinschaftsrecht, NJW 2004, 1559; *Malburg/Rudolf*, Die Anwendbarkeit der Arbeitszeitrichtlinie auf die Arbeitszeit der Einsatzkräfte einer staatlichen Feuerwehr, NVwZ 2004, 1307; *Reim*, Die Neuregelungen im Arbeitszeitgesetz zum 1.1.2004, DB 2004, 186; *Schliemann*, Allzeit bereit – Bereitschaftsdienst und Arbeitsbereitschaft zwischen Europarecht, Arbeitszeitgesetz und Tarifvertrag, NZA 2004, 513

1. Allgemeines 65	b) Inhalt der Arbeitszeitrichtlinie 69
2. Regelungsgehalt 67	3. **Umsetzung in Deutschland** 72
a) Anwendungsbereich 67	4. **Beraterhinweise** 73

1. Allgemeines. In der Arbeitszeit-RL 2003/88/EG[149] sind die allgemeinen Grundsätze in Bezug auf Sicherheit und Gesundheit der AN festgelegt. Die am 2.8.2004 in Kraft getretene RL 2003/88/EG über bestimmte Aspekte der Arbeitszeitgestaltung löst ohne wesentliche inhaltliche Änderungen die europäische Arbeitszeit-RL 93/104/EG[150] vom 23.11.1993 ab. Die neu gefasste Arbeitszeit-RL bietet aus Gründen der Übersichtlichkeit und der Klarheit eine konsolidierte Darstellung der Regelungen zur Arbeitszeitgestaltung. 65

---

145 Arbeitsstätten-RL 89/654/EGW, Arbeitsmittel-RL 89/655/EWG (siehe den Vorschlag der Kommission für eine kodifizierte Fassung KOM (2006) 652, KOM (2008) 111), PSA-Benutzer-RL 89/656/EWG, Lastenschutz-RL 90/269/EWG, Bildschirmarbeitsplatz-RL 90/270/EWG, Karzinogen-RL 90/394/EWG, Biologische Arbeitsstoffe-RL 2000/54/EG, Baustellen-RL 92/57/EWG, Sicherheitskennzeichnungs-RL 92/58/EWG, Mutterschutz-RL 92/85/EWG, Bohrungs-RL 92/91/EWG, Mineralgewinnungs-RL 92/104/EWG, Fischereifahrzeug-RL 93/103/EWG, Chemikalien-RL 98/24/EG, Explosionsschutz-RL 1999/92/EG, Vibrations-RL 2002/44/EG, Lärmschutz-RL 2003/10/EG, RL 2004/40/EG über elektromagnetische Felder, RL 2006/25/EG über künstliche optische Strahlung.

146 Gesetz zur Umsetzung der EG-Rahmen-RL Arbeitsschutz und weiterer Arbeitsschutz-RL v. 7.8.1996 (BGBl I S. 1246).

147 EuGH 7.2.2002 – C-5/00 – Kommission ./. Deutschland – Rn 35 – Slg. 2002, I-1305, NZA 2002, 321.

148 Zu der Frage, ob die Anhörungspflicht in betriebsratslosen Betrieben nach § 81 Abs. 3 BetrVG den Anforderungen der RL an eine effektive Sanktionierung genügt, Oetker/Preis/*Kohte*, B 6100 Rn 90.

149 RL 2003/88/EG des Europäischen Parlaments und des Rates v. 4.11.2003 über bestimmte Aspekte der Arbeitszeitgestaltung (ABl EG L 299 v. 18.11.2003, S. 9).

150 RL 93/104/EG des Rates v. 23.11.1993 über bestimmte Aspekte der Arbeitszeitgestaltung (ABl EG L 307 v. 13.12.1993, S. 18), geändert durch die RL 2000/34/EG des Europäischen Parlaments und des Rates v. 22.6.2000 (ABl EG L 195 v. 1.8.2000, S. 41).

66 Die Kommission hat am 22.9.2004 erneut einen **RL-Vorschlag zur Änderung der Arbeitszeit-RL** vorgelegt.[151] Der Rat hat den Richtlinienvorschlag inzwischen formell angenommen.[152] Die wichtigsten Änderungen betreffen die Begriffsbestimmung der Arbeitszeit und die Bedingungen für die Nutzung der Möglichkeit, die Bestimmungen über die wöchentlichen Höchstarbeitszeit nicht anzuwenden. In Reaktion auf die Urteile SIMAP und Jaeger,[153] in denen der Bereitschaftsdienst der Arbeitszeit unterstellt wurde, soll der Arbeitszeitbegriff neu gefasst werden. Danach soll die inaktive Zeit während des Bereitschaftsdienstes keine Arbeitszeit darstellen, sofern sich aus einzelstaatlichen oder tarifvertraglichen Regelungen nichts anderes ergibt. Der Referenzzeitraum für die Berechnung der wöchentlichen Maximalarbeitszeit von 48 Stunden soll auf zwölf Monate verlängert werden. Durch kollektivvertragliche Vereinbarung oder einzelstaatliche Regelung soll die Vereinbarung einer längeren Arbeitszeit – „opt-out" – möglich sein.

67 **2. Regelungsgehalt. a) Anwendungsbereich.** Die Bestimmungen der Arbeitszeit-RL 2003/88/EG gelten für alle privaten und öffentlichen Tätigkeitsbereiche.[154] Die RL gilt jedoch nicht für Seeleute i.S.d. RL 1999/63/EG.[155] Für das fliegende Personal in der Zivilluftfahrt enthält die RL 2000/79/EG[156] und für Personen, die Fahrtätigkeiten im Bereich des Straßentransports ausüben, finden sich in der RL 2002/15/EG[157] außerdem spezielle Regelungen.

68 Sie enthält Regelungen zur täglichen und wöchentlichen Mindestruhezeit, zum Mindestjahresurlaub, den Ruhepausen sowie der wöchentlichen Höchstarbeitszeit und behandelt bestimmte Aspekte der Nacht- und Schichtarbeit sowie des Arbeitsrhythmus.

69 **b) Inhalt der Arbeitszeitrichtlinie.** Die Arbeitszeit-RL enthält Mindestvorschriften für die Sicherheit und den Gesundheitsschutz bei der Arbeitszeitgestaltung.

70 **Arbeitszeit** im Sinne der RL ist jede Zeitspanne, während der ein AN arbeitet, dem AG zur Verfügung steht und seine Tätigkeit ausübt oder Aufgaben wahrnimmt. Unter den Begriff der Arbeitszeit fallen danach Überstunden[158] sowie die Arbeitsbereitschaft und der Bereitschaftsdienst in Form persönlicher Anwesenheit am Arbeitsplatz.[159] Durch die Änderung der Arbeitszeit-RL wird die inaktive Zeit während des Bereitschaftsdienstes nicht mehr als Arbeitszeit angesehen. Beim Bereitschaftsdienst in Form der Rufbereitschaft, bei der der AN ständig erreichbar sein muss, ohne jedoch zur Anwesenheit am Arbeitsplatz verpflichtet zu sein, ist nur die Zeit, die für die tatsächliche Arbeitserbringung aufgewandt wird, als Arbeitszeit anzusehen.[160]

71 Nach Art. 6 der Arbeitszeit-RL beträgt die wöchentliche durchschnittliche Höchstarbeitszeit 48 Stunden einschließlich der Überstunden. Eine Überschreitung der durchschnittlichen Arbeitszeit von 48 Wochenstunden ist nur mit der individuellen Zustimmung des AN möglich.[161] Die Bezugnahme in einem Arbeitsvertrag auf einen TV, der die Möglichkeit zur Überschreitung der Höchstdauer von 48 Stunden vorsieht, ist nicht ausreichend.[162] Im Rahmen der „opt-out-Regelung", nach der durch Tarifvertrag oder innerstaatliche Rechtsvorschriften von dieser Höchstarbeitszeit abgewichen werden kann, darf die Wochenarbeitszeit 60 Stunden nicht überschreiten, solange in einem Tarifvertrag nichts anderes vorgesehen ist. Ebenfalls neu ist die Beschränkung auf maximal 65 Wochenarbeitsstunden, wenn bei AN die inaktive Zeit während des Bereitschaftsdienstes als Arbeitszeit angesehen wird.[163] Die Arbeitszeit-RL

---

151 KOM (2004) 607 endg.; geänderter Vorschlag KOM (2005) 246 endg.
152 SOC 359 v. 1.8.2008.
153 EuGH 3.10.2000 – C-303/98 – Simap – Slg. 2000, I – 7963 = NZA 2000, 1227; EuGH 11.9.2003 – C-151/02 – Jaeger – Slg. 2003, I – 8389 = ZESAR 2004, 38.
154 Ausgenommen hiervon sind spezifische Tätigkeiten im öffentlichen Dienst, welche die öffentliche Sicherheit und Ordnung gewährleisten sollen und für ein geordnetes Gemeinwesen unentbehrlich sind, wie z.B. bei den Katastrophenschutzdiensten, EuGH 3.10.2000 – C-303/98 – Simap – Rn 36 – Slg. 2000, I-7963 = NZA 2000, 1227; EuGH 5.10.2004 – C-397/01 bis C-403/01 – Pfeiffer ./. DRK – Rn 50 ff. – Slg. 2004, I-0 = NZA 2004, 1145.
155 Art. 1 Abs. 3 Unterabs. 2 RL 2003/88/EG. RL 1999/63/EG des Rates v. 21.6.1999 zu der vom Verband der Reeder in der Europäischen Gemeinschaft (European Community Shipowners' Association, ECSA) und dem Verband der Verkehrsgewerkschaften in der Europäischen Union (Federation of Transport Workers' Unions in the European Union, FST) getroffenen Vereinbarung über die Regelung der Arbeitszeit von Seeleuten (ABl EG L 167 v. 2.7.1999, S. 33).
156 RL 2000/79/EG des Rates v. 27.11.2000 über die Durchführung der von der Vereinigung Europäischer Fluggesellschaften (AEA), der Europäischen Transportarbeiter-Föderation (ETF), der European Cockpit Association (ECA), der European Regions Airline Association (ERA) und der International Air Carrier Association (IACA) geschlossenen Europäischen Vereinbarung über die Arbeitszeitorganisation für das fliegende Personal der Zivilluftfahrt (ABl EG L 302 v. 1.12.2000, S. 57).
157 RL 2002/15/EG des Europäischen Parlaments und des Rates v. 11.3.2002 zur Regelung der Arbeitszeit von Personen, die Fahrtätigkeiten im Bereich des Straßentransports ausüben (ABl EG L 80 v. 23.3.2002, S. 35).
158 EuGH 3.10.2000 – C-303/98 – Simap – Rn 51 – Slg. 2000, I-7963 = NZA 2000, 1227.
159 EuGH 5.10.2004 – C-397/01 bis C-403/01 – Pfeiffer ./. DRK – Rn 93 f. – Slg. 2004, I-0 = NZA 2004, 1145; EuGH 11.9.2003 – C-151/02 – Jäger – Rn 68 ff.-Slg. 2003, I-8389 = ZESAR 2004, 38 m. Anm. *Boerner/Boerner.*
160 EuGH 3.10.2000 – C-303/98 – Simap – Rn 52 – Slg. 2000, I-7963 = NZA 2000, 1227.
161 Art. 22 Abs. 1 lit a Arbeitszeit-RL 2003/88/EG; EuGH 3.10.2000 – C-303/98 – Simap – Rn 73 – Slg. 2000, I-7963 = NZA 2000, 1227.
162 EuGH 5.10.2004 – C-397/01 bis C-403/01 – Pfeiffer ./. DRK – Rn 86 – Slg. 2004, I-0 = NZA 2004, 1145.
163 Art. 22 des RL-Vorschlags.

enthält außerdem in Art. 7 Regelungen zum **Mindestjahresurlaub**. Der Mindesturlaub darf außer bei Beendigung des Arbverh nicht durch eine finanzielle Vergütung ersetzt werden.[164] Der Mindesturlaub verfällt auch nicht wegen einer wiederholten Inanspruchnahme von Elternzeit.[165]

3. Umsetzung in Deutschland. Zur Umsetzung der Arbeitszeit-RL wurde das ArbZG vom 6.6.1994[166] erlassen. Im Gegensatz zur Arbeitszeit-RL enthält das ArbZG keine Regelung zur zulässigen wöchentlichen Höchstarbeitszeit. Nach § 3 ArbZG beträgt die werktägliche Arbeitszeit der AN acht Stunden. Sie kann auf bis zu zehn Stunden verlängert werden, wenn innerhalb von sechs Kalendermonaten oder innerhalb von 24 Wochen im Durchschnitt acht Stunden werktäglich nicht überschritten werden. Bei wöchentlich sechs Werktagen beträgt die höchstzulässige wöchentliche Arbeitszeit danach 48 Stunden und entspricht insoweit den Vorgaben der RL.

4. Beraterhinweise. Die Einordnung des Bereitschaftsdienstes als Arbeitszeit wirkt sich nicht auf die Vergütung aus. Auch wenn der Bereitschaftsdienst Arbeitszeit im Sinne der Arbeitszeit-RL 93/104/EG ist, folgt daraus keine bestimmte Vergütungspflicht.[167] Die Arbeitszeit-RL betrifft ebenso wie das Arbeitszeitgesetz nur den öffentlich-rechtlichen Arbeitsschutz.

III. Mutterschutzrichtlinie 92/85/EWG

Literatur: *Ebener*, Mutterschutz, Erziehungsgeld, Erziehungsurlaub, 2002; *Friese*, Das neue Mutterschutzrecht, NJW 2002, 3208; *ders.*, Das Verhältnis von Erholungsurlaub und Mutterschutz – die Neuregelung in § 17 MuSchG, NZA 2003, 597; *Graue*, Fehlerhafte Umsetzung der EG-Mutterschutz-Richtlinie 92/85/EWG vom 19.10.1992 durch den bundesdeutschen Gesetzgeber bei vorzeitiger Entbindung, NJW 1999, 2795; *Joussen*, Das neue Mutterschutzgesetz, NZA 2002, 702; *Zmarzlik*, Überblick über die EG-Mutterschutz-Richtlinie und ihre Umsetzung, DB 1994, 96; *Peters-Lange/Rolfs*, Reformbedarf und Reformgesetzgebung im Mutterschutz- und Erziehungsrecht, NZA 2000, 682; *Sowka*, Vom Erziehungsurlaub zur Elternzeit, BB 2001, 935

1. Allgemeines 74
2. Regelungsgehalt 75
   a) Anwendungsbereich 75
   b) Inhalt der Mutterschutzrichtlinie 76
      aa) Risiko einer Exposition 76
      bb) Nachtarbeitsverbot 77
      cc) Mutterschaftsurlaub 78
      dd) Freistellung von der Arbeit für Vorsorgeuntersuchungen 80
      ee) Kündigungsverbot 81
3. Umsetzung in Deutschland 83
4. Beraterhinweise 86

1. Allgemeines. Die Mutterschutz-RL 92/85/EWG[168] zielt ab auf die Verbesserung der Sicherheit und des Gesundheitsschutzes von schwangeren AN, Wöchnerinnen und stillenden AN am Arbeitsplatz. Sie enthält Regelungen sowohl zum technischen als auch zum sozialen Arbeitsschutz und konkretisiert die allgemeinen Arbeitsschutzregelungen der Arbeitsschutzrahmen-RL 89/391/EWG.[169] Die EU-Kommission hat Pläne für eine Überarbeitung der Mutterschutz-RL vorgelegt.[170] Danach soll der Mutterschaftsurlaub von 14 auf 18 Wochen verlängert werden. Auch der Künd-Schutz soll verstärkt werden, ebenso das Recht, nach dem Mutterschaftsurlaub an den gleichen oder einen gleichwertigen Arbeitsplatz zurückzukehren. Schließlich sollen die Frauen das Recht erhalten, nach Ende des Mutterschaftsurlaubs den AG um flexiblere Arbeitszeitgestaltung zu ersuchen.

2. Regelungsgehalt. a) Anwendungsbereich. Für die Bestimmung des Anwendungsbereichs verweist die Mutterschutz-RL auf die Rahmen-RL 89/391/EWG. Danach findet die RL Anwendung auf alle privaten oder öffentlichen Tätigkeitsbereiche. Der Begriff des AN wird definiert als jede Person, die von einem AG beschäftigt wird, einschließlich Praktikanten und Lehrlingen, jedoch mit Ausnahme von Hausangestellten.[171]

b) Inhalt der Mutterschutzrichtlinie. aa) Risiko einer Exposition. Bestehen besondere Risiken einer Exposition gegenüber Agenzien, Verfahren und Arbeitsbedingungen, die zu einer Gefährdung der Sicherheit und Gesundheit der AN führen können und mögliche Auswirkungen auf Schwangerschaft oder Stillzeit haben können, hat der AG die Arbeitsbedingungen und/oder Arbeitszeiten umzugestalten oder die AN auf einen anderen Arbeitsplatz um-

---

164 EuGH 16.3.2006 – C-131/04 – Robinson-Steele – EuZW 2006, 244; EuGH 6.4.2006 – C-124/05 – Vakbeweging – EuZW 2006, 344.
165 BAG 20.5.2008 – 9 AZR 219/07 – DB 2008, 2258.
166 BGBl 1994, I-1170.
167 EuGH 11.1.2007 – C-437/05 – Vorel – Rn 32 f.; BAG 28.1.2004 – 5 AZR 530/02 – NZA 2004, 657.
168 RL 92/85/EWG des Rates über die Durchführung von Maßnahmen zur Verbesserung der Sicherheit und des Gesundheitsschutzes von schwangeren AN, Wöchnerinnen und stillenden AN am Arbeitsplatz (10. Einzel-RL i.S.d. Art. 16 Abs. 1 der RL 89/391/EWG) v. 19.10.1992 (ABl EG L 348 v. 28.11.1992, S. 1).
169 RL des Rates 89/391/EWG über die Durchführung von Maßnahmen zur Verbesserung der Sicherheit und des Gesundheitsschutzes der AN bei der Arbeit v. 12.6.1989 (ABl EG L 183 v. 29.6.1989, S. 1).
170 Entwurf für eine Richtlinienvorschlag zur Revision der Mutterschutz-RL 92/85/EG v. 3.10.2008, KOM (2008) 600/4
171 Art. 3 lit a der Arbeitsschutzrahmen-RL 89/391/EWG.

zusetzen.[172] Kommt ein Arbeitsplatzwechsel nicht in Betracht, ist die AN nach Art. 5 Abs. 3 der RL während des gesamten zum Schutz ihrer Sicherheit und Gesundheit erforderlichen Zeitraums zu beurlauben.

77 **bb) Nachtarbeitsverbot.** Während der Schwangerschaft und während eines von jedem Mitgliedstaat festzulegenden Zeitraums nach der Entbindung darf die AN nicht zu Nachtarbeit verpflichtet werden, wenn dies im Hinblick auf die Sicherheit und den Gesundheitsschutz der AN notwendig ist.[173] Insoweit muss die Umsetzung auf einen Tagesarbeitsplatz ermöglicht werden. Kommt eine solche Umsetzung nicht in Betracht, ist die AN zu beurlauben oder der Mutterschaftsurlaub ist zu verlängern.

78 **cc) Mutterschaftsurlaub.** Nach Art. 8 der Mutterschutz-RL ist der AN ein Mutterschaftsurlaub von mindestens 14 Wochen ohne Unterbrechung vor und/oder nach der Entbindung zu gewähren. Ein Mutterschaftsurlaub von mindestens zwei Wochen vor und/oder nach der Entbindung ist obligatorisch, während der übrige Urlaub zur Disposition der AN steht.

79 Für die Fälle der Beurlaubung muss die Fortzahlung des Arbeitsentgelts und/oder ein Anspruch auf eine angemessene Sozialleistung gewährleistet sein.[174] Es ist Sache jedes Mitgliedstaats, die Dauer des Mutterschaftsurlaubs so zu bemessen, dass die AN in der Zeit, in der mit der Schwangerschaft und der Entbindung zusammenhängende Gesundheitsstörungen auftreten, der Arbeit fernbleiben dürfen.[175] AN müssen in den Genuss von vor oder während des Mutterschaftsurlaubs erfolgten Lohnerhöhungen kommen.[176] Mutterschutzzeiten sind Beschäftigungszeiten gleichzustellen.[177] Während des Mutterschaftsurlaubs sind die AN weiter durch den Arbeitsvertrag oder das Arbverh an ihren AG gebunden. Werden sie von Lohnerhöhungen während des Mutterschaftsurlaubs ausgeschlossen, handelt es sich um eine unmittelbare Diskriminierung wegen des Geschlechts, da sie, wenn sie nicht schwanger gewesen wären, den erhöhten Lohn erhalten hätten.

80 **dd) Freistellung von der Arbeit für Vorsorgeuntersuchungen.** Schwangeren AN muss eine Freistellung von der Arbeit für Vorsorgeuntersuchungen ohne Lohn- bzw. Gehaltseinbußen gewährt werden, wenn die Untersuchungen während der Arbeitszeit stattfinden müssen.[178]

81 **ee) Kündigungsverbot.** Vom Beginn der Schwangerschaft bis zum Ende des Mutterschaftsurlaubs besteht ein Künd-Verbot.[179] Davon ausgenommen sind nicht mit dem Zustand der Frau in Zusammenhang stehende Künd, die der AG schriftlich begründen muss. Eine Künd darf jedoch nicht damit begründet werden, dass die AN aufgrund der Schwangerschaft für den AG nicht zur Verfügung steht und nicht in der Lage ist, wesentliche Voraussetzungen ihres Arbeitsvertrags zu erfüllen.[180]

82 Die Mitgliedstaaten müssen außerdem einen wirksamen Rechtsschutz gewährleisten. Jede AN, die sich durch die Nichterfüllung der Verpflichtungen aus der Mutterschutz-RL für beschwert hält, muss ihre Rechte gerichtlich oder außergerichtlich geltend machen können.[181]

83 **3. Umsetzung in Deutschland.** Das MuSchG vom 24.1.1952 wurde durch das Gesetz zur Änderung des Mutterschutzrechts vom 20.12.1996[182] an die Vorgaben der Mutterschutz-RL angepasst. Eine erneute Änderung erfolgte durch das Zweite Gesetz zur Änderung des MuSchG vom 16.6.2002,[183] um das Gesetz an die europäischen Vorgaben und die neueste Rspr. des BAG anzupassen.[184] Die VO zum Schutze der Mütter am Arbeitsplatz vom 15.4.1997[185] enthält unter anderem Bestimmungen über die Beurteilung der Arbeitsbedingungen, die Unterrichtung hierüber durch den AG sowie die Konsequenzen aus der Beurteilung.

84 Der mindestens 14 Wochen dauernde Mutterschaftsurlaub wurde durch die §§ 3 Abs. 2, 6 Abs. 1 S. 1 MuSchG in Form eines Beschäftigungsverbots für die letzten sechs Wochen vor der Entbindung und acht Wochen nach der Entbindung[186] umgesetzt. Bei Frühgeburten und sonstigen vorzeitigen Entbindungen verlängert sich die nachgeburtli-

---

172 Art. 5 Abs. 1 und 2 der Mutterschutz-RL 92/85/EWG.
173 Art. 7 der Mutterschutz-RL 92/85/EWG.
174 Art. 11 der Mutterschutz-RL 92/85/EWG.
175 EuGH 8.11.1990 – Rs. 179/88 – Hertz – Rn 15 – Slg. 1990, I-3979.
176 EuGH 13.2.1996 – C-342/93 – Gillespie – Rn 21 – Slg. 1996, I-475.
177 EuGH 21.10.1999 – C-333/97 – Lewen – Rn 41 – NZA 1999, 1325.
178 Art. 9 der Mutterschutz-RL 92/85/EWG.
179 Art. 10 der Mutterschutz-RL 92/85/EWG. Daneben kommt ein Künd-Schutz aus der Gleichbehandlungs-RL 2006/54/EG wegen einer unmittelbaren Diskriminierung wegen des Geschlechts in Betracht, vgl. für den Fall einer in-vitro-Fertilisation EuGH 26.2.2008 – C-506/06 – Mayr – EuZW 2008, 216.
180 EuGH 14.7.1994 – C-32/93 – Webb – Rn 26 – Slg. 1994, I-3567.
181 Art. 12 der Mutterschutz-RL 92/85/EWG.
182 BGBl I S. 2110.
183 Zweites Gesetz zur Änderung des Mutterschutzrechts v. 16.6.2002 (BGBl I S. 1812). Gesetz zum Schutz der erwerbstätigen Mutter (MuSchG) in der Fassung der Bekanntmachung v. 20.6.2002 (BGBl I S. 2318), zuletzt geändert durch Art. 2 Abs. 10 Elterngeld-EinführungsG v. 5.12.2006 (BGBl I S. 2748).
184 Vgl. die Gesetzesbegründung BT-Drucks 14/8525, S. 7.
185 VO zur ergänzenden Umsetzung der EG-Mutterschutz-RL, Mutterschutz-RL-VO (MuSchRiV) v. 15.4.1997 (BGBl I S. 782).
186 Bei Früh- und Mehrlingsgeburten verlängert sich dieser Zeitraum auf zwölf Wochen.

che Mutterschutzfrist um die wegen der vorzeitigen Entbindung nicht in Anspruch genommenen Tage der Mutterschutzfrist nach § 3 Abs. 2 MuSchG. Auch bei vorzeitiger Beschäftigungsaufnahme im Falle des Todes des Kindes ist die obligatorische Mutterschutzfrist von zwei Wochen nach der Entbindung zu beachten, § 6 Abs. 1 S. 3 MuSchG. Das Künd-Verbot des § 9 MuSchG erfasst Künd jeder Art wie auch betriebsbedingte Künd und geht damit über die Vorgaben der Mutterschutz-RL hinaus. 85

4. Beraterhinweise. Das Recht auf Verlängerung der nachgeburtlichen Mutterschutzfrist um die wegen einer vorzeitigen Entbindung nicht in Anspruch genommenen Tage bestand bereits vor der Novellierung des § 6 Abs. 1 S. 2 MuSchG im Jahr 2002.[187] Die Mutterschutz-RL verlangt in Art. 8 einen Mutterschaftsurlaub von mindestens 14 Wochen. Durch eine richtlinienkonforme Auslegung des Begriffs der Frühgeburt in § 6 Abs. 1 S. 2 MuSchG a.F., wonach sich die nachgeburtliche Mutterschutzfrist für Mütter nach Frühgeburten automatisch um die Zeit verlängert, die ihnen durch den frühen Termin entging, hätte RL-Konformität hergestellt werden können. Vom Begriff der Frühgeburt wären demnach sonstige vorzeitige Entbindungen erfasst worden, um die in der RL vorgegebene Schutzfrist von mindestens 14 Wochen einzuhalten. 86

IV. Jugendarbeitsschutzrichtlinie 94/33/EG

Literatur: *Anzinger*, Die aktuellen Änderungen des Jugendarbeitsschutzgesetzes, AuA 1997, 185; *ders.*, Die neue Kinderarbeitsschutzverordnung, BB 1998, 1843; *Dembkowsky*, Neue Entwicklungen im Kinder- und Jugendarbeitsschutz, NJW 1998, 3540; *Düwell*, Die Neuregelung des Kinderarbeitsschutzes, AuR 1998, 232; *Kollmer*, Grundzüge der neuen Kinderarbeitschutz-Verordnung, NZA 1998, 1268; *Kossens*, Änderungen des Jugendarbeitsschutz- und Mutterschutzgesetzes, RdA 1997, 209; *Lörcher*, Die Jugendarbeitsschutzrichtlinie der EU, AuR 1994, 360; *Taubert*, Änderungen im Jugendarbeitsschutzgesetz, BB 1997, 575; *Zmarzlik*, Änderungen des Jugendarbeitsschutzgesetzes, DB 1997, 674

1. Allgemeines 87	cc) Pflichten des Arbeitgebers 91
2. Regelungsgehalt 88	dd) Arbeitszeitrechtliche Sonder-
a) Anwendungsbereich 88	regelungen 92
b) Inhalt der Jugendarbeitsschutzrichtlinie ... 89	ee) Sanktionen 93
aa) Verbot der Kinderarbeit 89	3. Umsetzung in Deutschland 94
bb) Beschäftigungsverbote für Jugendliche 90	

1. Allgemeines. Die Jugendarbeitsschutz-RL 94/33/EG[188] bezweckt den Schutz von Kindern und Jugendlichen vor den spezifischen Gefahren, denen sie im Arbeitsleben wegen ihrer mangelnden Erfahrung und der noch nicht abgeschlossenen körperlichen und geistigen Entwicklung ausgesetzt sind. Aus diesem Grund konkretisiert sie die allgemeinen Arbeitsschutzregelungen für Kinder und Jugendliche.[189] 87

2. Regelungsgehalt. a) Anwendungsbereich. Die Jugendarbeitsschutz-RL gilt für Personen unter 18 Jahren, die in einem Arbverh stehen.[190] Die Mitgliedstaaten können jedoch für gelegentliche oder kurzfristige Hausarbeiten in einem Privathaushalt oder Arbeiten in Familienbetrieben Ausnahmen vorsehen. 88

b) Inhalt der Jugendarbeitsschutzrichtlinie. aa) Verbot der Kinderarbeit. Die Beschäftigung von Kindern unter 15 Jahren ist verboten. Die Mitgliedstaaten können in begrenztem Umfang Ausnahmen hiervon vorsehen im Hinblick auf die Mitwirkung von Kindern bei kulturellen, künstlerischen, sportlichen oder Werbetätigkeiten sowie von Kindern, die im Rahmen eines Systems der dualen Ausbildung oder eines Betriebspraktikums arbeiten bzw. nur leichte Arbeiten verrichten.[191] 89

bb) Beschäftigungsverbote für Jugendliche. Junge Menschen müssen vor den spezifischen Gefahren für ihre Sicherheit, Gesundheit und Entwicklung geschützt werden, die aus der mangelnden Erfahrung, dem fehlenden Bewusstsein für tatsächliche oder potenzielle Gefahren und der noch nicht abgeschlossenen Entwicklung herrühren. Zu den Arbeiten, die spezifische Gefahren für junge Menschen mit sich bringen, gehören insb. die im Anhang der RL aufgeführten Agenzien sowie bestimmte Verfahren und Arbeiten. Die RL enthält in Art. 7 Abs. 2 außerdem konkrete Beschäftigungsverbote für Jugendliche unter 18 Jahren. Verboten sind Arbeiten, die objektiv ihre physische oder psychische Leistungsfähigkeit übersteigen, die eine schädliche Einwirkung von Gefahrstoffen oder Strahlen mit sich bringen, mit besonderen Unfallgefahren verbunden sind, oder bei denen die Gesundheit durch extreme Kälte, Hitze, Lärm oder Erschütterung gefährdet wird. Die Mitgliedstaaten können wiederum in begrenztem Umfang und unter besonderen Bedingungen Ausnahmen vom Beschäftigungsverbot für Jugendliche vorsehen.[192] 90

---

[187] *Joussen*, NZA 2002, 702, 704; *Friese*, NJW 2002, 3208, 3211.
[188] RL 94/33/EG des Rates über den Jugendarbeitsschutz v. 22.6.1994 (ABl EG L 216 v. 20.8.1994, S. 12), geändert durch RL 2007/30/EG v. 20.6.2007 (ABl EG L 165 v. 27.6.2007, S. 21).
[189] Hailbronner/Wilms/*Boecken*, Rn 163.
[190] Art. 2 Abs. 1 der Jugendarbeitsschutz-RL 94/33/EG.
[191] Art. 4 Abs. 2, Art. 5 Abs. 3 der Jugendarbeitsschutz-RL 94/33/EG; hierzu Hanau/Steinmeyer/*Wank*, § 18 RN 373 ff.
[192] Art. 7 Abs. 3 der Jugendarbeitsschutz-RL 94/33/EG.

91 **cc) Pflichten des Arbeitgebers.** Der AG, der Kinder oder Jugendliche beschäftigt, muss eine Beurteilung der für die jungen Menschen mit ihrer Beschäftigung verbundenen Gefahren vornehmen. Diese Beurteilung hat sich insb. auf die Einrichtung und Gestaltung der Arbeitsstätte und des Arbeitsplatzes, die Art, den Grad und die Dauer physikalischer, chemischer und biologischer Einwirkungen, die Arbeitsmittel, die Arbeitsorganisation sowie den Stand von Ausbildung und Unterweisung des jungen Menschen zu beziehen. Ggf. muss eine regelmäßige kostenlose Gesundheitsbewertung und -überwachung erfolgen. Anhand dieser Beurteilung hat der AG die notwendigen Schutzmaßnahmen zu treffen.[193] Der AG hat außerdem die Jugendlichen bzw. die gesetzlichen Vertreter der Kinder über mögliche Gefahren sowie über alle zu ihrer Sicherheit und ihrem Gesundheitsschutz getroffenen Maßnahmen zu unterrichten.[194]

92 **dd) Arbeitszeitrechtliche Sonderregelungen.** Im dritten Abschnitt der Jugendarbeitsschutz-RL werden die Bestimmungen der Arbeitszeit-RL 2003/88/EG zu den Höchstarbeitsbedingungen, den Ruhezeiten und Pausenregelungen sowie der Nachtarbeit für Kinder und Jugendliche verschärft.[195]

93 **ee) Sanktionen.** Die Mitgliedstaaten sind verpflichtet, wirksame und angemessene Sanktionen bei einem Verstoß gegen die zur Umsetzung der Jugendarbeitsschutz-RL erlassenen nationalen Bestimmungen vorzusehen.[196]

94 **3. Umsetzung in Deutschland.** Das JArbSchG vom 12.4.1976[197] wurde durch das Zweite Gesetz zur Änderung des Jugendarbeitsschutzes vom 24.2.1997[198] an die Vorgaben der RL angepasst. § 5 Abs. 1 JArbSchG enthält das grundsätzliche Verbot der Kinderarbeit für Personen bis zur Vollendung des 15. Lebensjahres. Ausnahmen vom Verbot der Kinderarbeit finden sich in §§ 5 bis 7 JArbSchG sowie in der Kinderarbeitsschutzverodnung (KindArbSchV) vom 23.6.1998.[199]

95 Zwar stehen in Berufsausbildung befindliche Jugendliche nach deutschem Recht nicht in einem Arbverh. Nach § 1 Abs. 1 Nr. 1 JArbSchG findet das JArbSchG jedoch auf sie Anwendung. Nach § 22 Abs. 1 Nr. 1 JArbSchG ist die Beschäftigung Jugendlicher mit Arbeiten verboten, bei denen ihre physische oder psychische Leistungsfähigkeit überschritten wird. § 22 Abs. 1 Nr. 5 JArbSchG verbietet Arbeiten, bei denen sie schädlichen Einwirkungen von Lärm, Erschütterungen oder Strahlen ausgesetzt sind, und nach § 22 Abs. 1 Nr. 7 JArbSchG ist es verboten, Jugendliche schädlichen Einwirkungen von biologischen Arbeitsstoffen i.S.d. RL 90/679/EWG über biologische Arbeitsstoffe auszusetzen. § 22 Abs. 2 JArbSchG sieht bestimmte Ausnahmen vom Verbot der Beschäftigung vor. Nach § 28a JArbSchG trifft den AG eine Beurteilungspflicht bezüglich der Arbeitsbedingungen für Jugendliche vor Beginn ihrer Beschäftigung und bei wesentlichen Änderungen der Arbeitsbedingungen. Im Übrigen gelten die Vorschriften des ArbSchG.

V. Datenschutzrichtlinie 95/46/EG

Literatur: *Boedicker,* Betrieblicher Datenschutz in Europa, CR 2000, 198; *Brühann,* Die Europaverträglichkeit der „Modernisierung des Datenschutzes", DuD 2002, 296; *Däubler,* Das neue Bundesdatenschutzgesetz und seine Auswirkungen im Arbeitsrecht, NZA 2001, 874; *Dammann/Simitis,* EG-Datenschutzrichtlinie, 1997; *Ehmann/Helfrich,* EG-Datenschutzrichtlinie, 1999; *Gola/Klug,* Die Entwicklung des Datenschutzrechtes in den Jahren 2007/2008, NJW 2008, 2481; *Hornung,* Fortentwicklung des datenschutzrechtlichen Regelungssystems des Europarats, DuD 2004, 719; *Kloepfer/Neun,* Rechtsfragen der europäischen Informationsgesellschaft, EuR 2000, 512; *Klug,* Beispiele richtlinienkonformer Auslegung des BDSG, RDV 2001, 266; *Krimphove,* Neuer Europäischer Datenschutz im Arbeitsrecht, NZA 1996, 1121; *Menkel/Porsch,* Verfassungs- und europarechtliche Grenzen eines Gesetzes zur individualisierten Zwangsoffenlegung der Vergütung von Vorstandsmitgliedern, BB 2004, 2533; *Rudolf,* Aufgaben und Stellung des betrieblichen Datenschutzbeauftragten, NZA 1996, 296; *ders.,* Datenschutz in Europa, ZEuS 2003, 217; *Schild,* Die EG-Datenschutz-Richtlinie, EuZW 1996, 549; *Schnabel/Gitter,* Die Richtlinie zur Vorratsdatenspeicherung und ihre Umsetzung in das nationale Recht, MMR 2007, 411; *Simitis,* Die EU-Datenschutzrichtlinie – Stillstand oder Anreiz?, NJW 1997, 281; *ders.,* Arbeitnehmerdatenschutzgesetz – Realistische Erwartung oder Lippenbekenntnis?, AuR 2001, 429; *ders.,* Arbeitnehmerdatenschutz, RdA 2003, 43; *Steinbach,* Die Umsetzung der EG-Richtlinie Datenschutz im Sozialgesetzbuch, NZS 2002, 15; *Tinnefeld,* Die Novellierung des BDSG im Zeichen des Gemeinschaftsrechts, NJW 2001, 3078; *Weber,* EG-Datenschutzrichtlinie, CR 1995, 297; *Wohlgemuth,* Auswirkungen der EG-Datenschutzrichtlinie auf den Arbeitnehmerdatenschutz, BB 1996, 690

1. Allgemeines	96		bb) Rechtsbehelfe, Haftung und Sanktionen	99
2. Regelungsgehalt	97		cc) Übermittlung personenbezogener Daten in Drittländer	100
a) Anwendungsbereich	97		dd) Kontrollstelle und Datenschutzgruppe	102
b) Inhalt der Datenschutzrichtlinie	98		3. Umsetzung in Deutschland	103
aa) Rechtmäßigkeit der Datenverarbeitung	98			

---

193 Art. 6 Abs. 1 der Jugendarbeitsschutz-RL 94/33/EG.
194 Art. 6 Abs. 3 der Jugendarbeitsschutz-RL 94/33/EG.
195 Art. 8 bis 13 der Jugendarbeitsschutz-RL 94/33/EG; hierzu *Hanau/Steinmeyer/Wank,* § 18 Rn 384 ff.
196 Art. 14 der Jugendarbeitsschutz-RL 94/33/EG.
197 BGBl I S. 965.
198 BGBl I S. 311.
199 VO über den Kinderarbeitsschutz (KindArbSchV) v. 23.6.1998 (BGBl I S. 1508).

1. Allgemeines. Die Datenschutz-RL 95/46/EG[200] bezweckt zum einen die Angleichung des Schutzniveaus hinsichtlich der Verarbeitung personenbezogener Daten in den Mitgliedstaaten, um die daraus resultierenden Hemmnisse für den grenzüberschreitenden Datenverkehr zu beseitigen, und zum anderen den Schutz natürlicher Personen bei der Verarbeitung personenbezogener Daten. Die in der Datenschutz-RL 95/46/EG enthaltenen allgemeinen Grundsätze können für bestimmte Bereiche durch spezifische Regeln ergänzt oder präzisiert werden.[201] Spezielle Vorschriften für den Datenschutz im Telekommunikationsbereich enthielt die RL 97/66/EG,[202] die durch die Datenschutz-RL für **elektronische Kommunikation 2002/58/EG**[203] ersetzt wurde. Die Richtlinie 2006/24 EG enthält Regelungen zur Vorratsdatenspeicherung von Daten der elektronischen Kommunikation.[204] Speziell für den Bereich des AN-Datenschutzes hat die Kommission das Anhörungsverfahren im Rahmen des Sozialen Dialogs nach Art. 138 EG eingeleitet.[205] Allerdings hat auch die Datenschutz-RL 95/46/EG, obwohl sie allgemeinen Charakter hat, erhebliche Auswirkungen auf das Arbeitsrecht.[206]

2. Regelungsgehalt. a) Anwendungsbereich. Die Mitgliedstaaten gewährleisten nach den Bestimmungen der Datenschutz-RL 95/46/EG den Schutz der Grundrechte und Grundfreiheiten und insb. den Schutz der Privatsphäre natürlicher Personen bei der Verarbeitung personenbezogener Daten.[207] Vom Anwendungsbereich ist damit auch die Verarbeitung personenbezogener Daten von AN erfasst.[208] Die RL gilt für die ganz oder teilweise automatisierte Verarbeitung personenbezogener Daten, die in einer Datei gespeichert sind oder gespeichert werden sollen. Hierunter fällt auch die Nennung von Personen entweder durch ihren Namen oder durch Erkennbarmachung auf andere Weise, etwa durch Angabe ihrer Telefonnummer oder durch Informationen über ihr Arbverh oder ihre Freizeitbeschäftigungen auf einer Internetseite.[209] Personenbezogene Daten sind alle Informationen über eine bestimmte oder bestimmbare natürliche Person.[210] Der Begriff der Verarbeitung wird weit gefasst und meint jeden mit oder ohne Hilfe automatisierter Verfahren ausgeführten Vorgang oder jede Vorgangsreihe im Zusammenhang mit personenbezogenen Daten. Ausdrücklich ausgenommen vom Anwendungsbereich der RL ist die Verarbeitung personenbezogener Daten, die ausschließlich zu privaten Zwecken vorgenommen wird.[211] Art. 4 der Datenschutz-RL enthält Regelungen zur Frage des anwendbaren Rechts bei grenzüberschreitender Datenverarbeitung.

b) Inhalt der Datenschutzrichtlinie. aa) Rechtmäßigkeit der Datenverarbeitung. Die Mitgliedstaaten haben nach Maßgabe der RL-Bestimmungen die Voraussetzungen zu bestimmen, unter denen die Verarbeitung personenbezogener Daten zulässig ist.[212] Die RL gibt insbes. Grundsätze über die Qualität der Daten und die Rechtmäßigkeit der Verarbeitung vor.[213] Es finden sich außerdem Bestimmungen über die Information der betroffenen Person, ein Auskunfts- und Widerspruchsrecht sowie Regelungen über die Vertraulichkeit und Sicherheit der Verarbeitung.

bb) Rechtsbehelfe, Haftung und Sanktionen. Für den Fall der Verletzung von Rechten haben die Mitgliedstaaten entsprechende Rechtsbehelfe, einschließlich der Geltendmachung von Schadensersatzansprüchen, vorzusehen.[214]

---

200 RL 95/46/EG des Europäischen Parlaments und des Rates v. 24.10.1995 zum Schutz natürlicher Personen bei der Verarbeitung personenbezogener Daten und zum freien Datenverkehr (ABl EG L 281 v. 23.11.1995, S. 31).
201 Erwägungsgrund Nr. 68 der Datenschutz-RL 95/46/EG.
202 RL 97/66/EG des Europäischen Parlaments und des Rates v. 15.12.1997 über die Verarbeitung personenbezogener Daten und den Schutz der Privatsphäre im Bereich der Telekommunikation (ABl EG L 24 v. 30.1.1998, S. 1).
203 RL 2002/58/EG des Europäischen Parlaments und des Rates v. 12.7.2002 über die Verarbeitung personenbezogener Daten und den Schutz der Privatsphäre in der elektronischen Kommunikation (Datenschutz-RL für elektronische Kommunikation) (ABl EG L 201 v. 31.7.2002, S. 37), geändert durch RL 2006/24/EG v. 15.3.2006 (ABl EG L 105 v.13.4.2006, S. 54).
204 Richtlinie 2006/24/EG v. 15.3.2006 über die Vorratsdatenspeicherung von Daten, die bei der Bereitstellung öffentlich zugänglicher elektronischer Kommunikationsdienste oder öffentlicher Kommunikationsnetze erzeugt oder verarbeitet werden, und zur Änderung der Richtlinie 2002/58/EG (ABl EG L 105 v. 13.4.2006, S. 54).
205 Vgl. erste Phase der Anhörung der Sozialpartner v. 27.8.2001 und zweite Phase der Anhörung der Sozialpartner zum Schutz von personenbezogenen Daten von AN v. 6.12.2002 (15232/02, SOC 578, ECO 376).
206 Hierzu MünchArb/*Birk*, Bd. 1, § 19 Rn 201; *Däubler*, NZA 2001, 874.
207 Art. 1 Abs. 1 der Datenschutz-RL 95/46/EG.
208 Hailbronner/Wilms/*Boecken*, Rn 171.
209 EuGH 6.11.2003 – C-101/01 – Lindquist – Rn 27 – Slg. 2003, I-12971.
210 Art. 2 lit. a der Datenschutz-RL 95/46/EG.
211 Art. 3 Abs. 2, 2. Spiegelstrich der Datenschutz-RL 95/46/EG.
212 Art. 5 bis 21 der Datenschutz-RL 95/46/EG. Ausführlich hierzu Hanau/Steinmeyer/*Wank*, § 18 Rn 981 ff.
213 Art. 6, 7 der Datenschutz-RL 95/46/EG. Die Verarbeitung personenbezogener Daten ist nur dann als rechtmäßig anzusehen, wenn die betroffene Person ihre Einwilligung erteilt hat oder die Verarbeitung erforderlich ist für die Erfüllung eines von der betroffenen Person geschlossenen Vertrags, für die Erfüllung einer rechtlichen Verpflichtung, die Wahrung lebenswichtiger Interessen der betroffenen Person, für die Wahrnehmung einer im öffentlichen Interesse liegenden Aufgabe oder für die Verwirklichung des berechtigten Interesses, sofern nicht das Interesse oder die Grundrechte und Grundfreiheiten der betroffenen Person überwiegen.
214 Art. 22 bis 24 der Datenschutz-RL 95/46/EG.

100 cc) Übermittlung personenbezogener Daten in Drittländer. Für die Zulässigkeit des Datentransfers in ein Drittland ist entscheidend, ob das betreffende Land ein angemessenes Schutzniveau gewährleistet.[215] Ob ein Drittland ein angemessenes Schutzniveau gewährleistet, wird von der Kommission festgestellt. Allerdings enthält die RL zahlreiche Ausnahmen für den Datentransfer in Drittländer, die kein ausreichendes Schutzniveau gewährleisten.[216]

101 Eine Übermittlung von Daten in ein Drittland i.S.v. Art. 25 der RL liegt nicht vor, wenn eine sich in einem Mitgliedstaat aufhaltende Person in eine Internetseite, die bei ihrem in demselben oder einem anderen Mitgliedstaat ansässigen Host-Service-Provider gespeichert ist, personenbezogene Daten aufnimmt und diese damit jeder Person, die eine Verbindung zum Internet herstellt, einschließlich Personen in Drittländern, zugänglich macht.[217]

102 dd) Kontrollstelle und Datenschutzgruppe. Die RL enthält schließlich Bestimmungen über eine von den Mitgliedstaaten einzurichtende öffentliche Stelle, die die Anwendung der von den Mitgliedstaaten zur Umsetzung dieser RL erlassenen einzelstaatlichen Vorschriften überwacht. Diese Kontrollstellen nehmen die ihnen zugewiesenen Aufgaben in völliger Unabhängigkeit wahr.[218] Die für den Schutz von Personen bei der Verarbeitung personenbezogener Daten einzusetzende Datenschutzgruppe ist ebenfalls unabhängig und hat beratende Funktion.[219]

103 3. Umsetzung in Deutschland. Die Umsetzung der Datenschutz-RL 95/46/EG erfolgte durch das Gesetz zur Änderung des Bundesdatenschutzgesetzes vom 18.5.2001.[220] Die entsprechenden Bestimmungen finden sich im BDSchG,[221] sowie in den Datenschutzgesetzen der Länder und zahlreichen spezialgesetzlichen Regelungen zum Datenschutz.[222]

D. Umstrukturierung von Unternehmen
I. Betriebsübergangsrichtlinie 2001/23/EG

Literatur: *Ahlborn*, Europäisierung des Arbeitsrechts – Betriebsübergang in Abgrenzung zur bloßen Funktionsnachfolge i.S.d. Rechtsprechung des EuGH und BAG, ZfA 2005, 109; *v. Alvensleben*, Die Rechte der Arbeitnehmer bei Betriebsübergang im Europäischen Gemeinschaftsrecht, 1992; *Arbeitsdokument der Kommissionsdienststellen* – Leitlinien für die Anwendung der Richtlinie 2001/23/EG; *Bauer/Steinau-Steinrück*, Neuregelung des Betriebsübergangs: Erhebliche Risiken und viel mehr Bürokratie!, ZIP 2002, 457; *Boecken*, Unternehmensumwandlungen und Arbeitsrecht, 1996; *Brinkmann*, Die Spaltung von Rechtsträgern nach dem neuen Umwandlungsrecht, 1999; *Däubler*, Das Arbeitsrecht im neuen Umwandlungsgesetz, RdA 1995, 136; *Debong*, Die EG-Richtlinie über die Wahrung der Arbeitnehmeransprüche beim Betriebsübergang, 1988; *Feudner*, Grenzüberschreitende Anwendung des § 613a BGB?, NZA 1999, 1184; *Franzen*, Die Richtlinie 98/50/EG zur Änderung der Betriebsübergangsrichtlinie 77/187/EWG und ihre Auswirkungen auf das deutsche Arbeitsrecht, RdA 1999, 361; *ders.*, Informationspflichten und Widerspruchsrecht beim Betriebsübergang nach § 613a Abs. 5 und 6 BGB, RdA 2002, 258; *ders.*, Der Betriebsinhaberwechsel nach § 613a BGB im internationalen Arbeitsrecht, 1994; *Heerma*, Betriebsinhaberwechsel in der Insolvenz, 2002; *Heinze*, Der Betriebsübergang in der Rechtsprechung des EuGH, DB 1997, 677; *Hohenstatt/Grau*, Betriebsübergang nach Güney Görres – Was geht nun noch?, NJW 2007, 29; *Laux*, Betriebsveräußerungen im Konkurs, 1993; *Löw*, Die Betriebsveräußerung im Europäischen Arbeitsrecht, 1992; *Moll*, Betriebsübergang und Betriebsänderung, RdA 2003, 129; *Müller-Ehlen*, Der Übergang von Arbeitsverhältnissen im Umwandlungsrecht, 1999; *Oetker*, Die Vorgaben der Betriebsübergangsrichtlinie für die Beteiligungsrechte des Betriebsrats, NZA 1998, 1193; *Willemsen/Annuß*, Neue Betriebsübergangsrichtlinie – Anpassungsbedarf im deutschen Recht?, NJW 1999, 2073; *Wisskirchen/Goebel*, Arbeitsrechtliche Aspekte der Verlagerung von Arbeitsplätzen ins Ausland (off-Shoring), DB 2004, 1937; *Worzalla*, Neue Spielregeln bei Betriebsübergang – Die Änderungen des § 613a BGB, NZA 2002, 353; *Zerres*, Fortgeltung tarifvertraglicher Regelungen beim Betriebsübergang im Falle arbeitsvertraglicher Bezugnahme, NJW 2006, 3533

1. Allgemeines 104	bb) Übergang im Rahmen eines Insolvenzverfahrens 117
2. Regelungsgehalt 105	cc) Rechtsstellung und Funktion der Arbeitnehmervertreter 118
a) Anwendungsbereich 105	dd) Information und Konsultation ... 119
b) Inhalt der Betriebsübergangsrichtlinie 112	3. Umsetzung in Deutschland 120
aa) Wahrung der Ansprüche und Rechte der Arbeitnehmer 112	4. Beraterhinweise 122

---

[215] Vgl. Art. 25 der Datenschutz-RL 95/46/EG.
[216] Art. 26 der Datenschutz-RL 95/46/EG.
[217] EuGH 6.11.2003 – C-101/01 – Lindquist – Rn 71 – Slg. 2003, I-12971.
[218] Art. 28 Abs. 1 der Datenschutz-RL 95/46/EG.
[219] Art. 29 der Datenschutz-RL 95/46/EG.
[220] Gesetz zur Änderung des Bundesdatenschutzgesetzes und anderer Gesetze v. 18.5.2001 (BGBl I S. 904).
[221] BDSG in der Fassung der Bekanntmachung v. 20.12.1990 (BGBl I S. 2954), neu gefasst durch Bekanntmachung v. 14.1.2003 (BGBl I S. 66).
[222] Vgl. § 202 StGB, § 30 AO, § 41 BZRG, §§ 67 ff. SGB IV, Hierzu *Steinbach*, NZS 2002, 15.

1. Allgemeines. Die Betriebsübergangs-RL 2001/23/EG[223] vom 12.3.2001 dient dem Schutz der AN bei einem Inhaberwechsel. Die ursprüngliche RL 77/187/EWG vom 14.2.1977 wurde im Jahr 1998 durch die RL 98/50/EG geändert, wodurch insb. der Begriff des Betriebsübergangs unter Berücksichtigung der Rspr. des EuGH klargestellt werden sollte, und schließlich – ohne materiell-rechtliche Auswirkungen – als RL 2001/23/EG neu verkündet. Zu Fragen betreffend die Betriebsübergangs-RL erging eine umfangreiche Rspr. des EuGH. Die Umsetzung der Betriebsübergangs-RL in nationales Recht erfolgte im Wesentlichen in § 613a BGB.

2. Regelungsgehalt. a) Anwendungsbereich. Gem. Art. 1 ist die RL 2001/23/EG auf den Übergang von Unternehmen, Betrieben oder Unternehmens- bzw. Betriebsteilen auf einen anderen Inhaber durch vertragliche Übertragung oder durch Verschmelzung anwendbar. Die RL 2001/23/EG findet jedenfalls auch auf Betriebsübergänge innerhalb der EU Anwendung.[224] Die Betriebsübergangs-RL gilt für öffentliche und private Unternehmen, unabhängig davon, ob diese auf Gewinnerzielungsabsicht gerichtet sind.[225] Die Bestimmungen der RL können auch einer Gesellschaft mit beschränkter Haftung des Privatrechts, deren einziger Gesellschafter ein öffentlich-rechtlicher Sozialhilfeverband (Gemeindeverband) ist, entgegengehalten werden.[226] Die strukturelle Neuordnung der öffentlichen Verwaltung oder die Übertragung von Verwaltungsaufgaben von einer öffentlichen Verwaltung auf eine andere ist jedoch davon ausgenommen.[227]

Eine Definition der Begriffe Unternehmen, Betrieb oder eines Teils von diesen findet sich nicht in der RL. Der EuGH stellt insoweit auf den Oberbegriff der **wirtschaftlichen Einheit** ab.[228] Als Übergang i.S.d. Betriebsübergangs-RL gilt der Übergang einer ihre Identität wahrenden wirtschaftlichen Einheit im Sinne einer organisierten Zusammenfassung von Ressourcen zur Verfolgung einer wirtschaftlichen Haupt- oder Nebentätigkeit.[229] Für die Anwendbarkeit der Betriebsübergangs-RL ist entscheidend, ob ein Betriebsteil als die im Vergleich zu Betrieb oder Unternehmen kleinere Einheit übergeht.[230]

Bei der Prüfung, ob eine wirtschaftliche Einheit übergegangen ist, muss das nationale Gericht nach st. Rspr. des EuGH sämtliche den betreffenden Vorgang kennzeichnenden Tatsachen berücksichtigen. Dazu gehören namentlich die Art des betreffenden Unternehmens oder Betriebs, der Übergang oder Nichtübergang der materiellen Betriebsmittel wie Gebäude und bewegliche Güter, der Wert der immateriellen Aktiva im Zeitpunkt des Übergangs (z.B. Know how, Kundenstamm), die etwaige Übernahme der Hauptbelegschaft durch den neuen Inhaber, der Übergang oder Nichtübergang der Kundschaft, der Grad der Ähnlichkeit zwischen der vor und nach dem Übergang verrichteten Tätigkeiten sowie die Dauer einer Unterbrechung dieser Tätigkeit.[231] Diese Umstände sind jedoch nur Teilaspekte der vorzunehmenden Gesamtbewertung und dürfen deshalb nicht isoliert betrachtet werden.[232]

Während der EuGH in der Entscheidung *Christel Schmidt*[233] in der bloßen Übertragung einer Dienstleistungsfunktion einen die Identität der wirtschaftlichen Einheit wahrenden Übergang i.S.d. RL gesehen hat, unterscheidet er inzwischen deutlich zwischen dem bloßen Übergang einer Tätigkeit, der für sich alleine nicht für die Anwendung der RL genügt, und dem Übergang einer Wirtschaftseinheit, deren Identität sich auch aus anderen Merkmalen wie ihrem Personal, ihren Führungskräften, ihrer Arbeitsorganisation, ihren Betriebsmethoden und ggf. den ihr zur Verfügung stehenden Betriebsmitteln ergibt.[234] Der Übergang einer ihre Identität wahrenden Einheit kann jedoch auch vorliegen, wenn im Wesentlichen nur Betriebsmittel oder eine Gesamtheit von AN übergehen. So hat der EuGH in der Beauftragung eines neuen Unternehmers mit der Verpflegung in einem Krankenhaus einen Übergang i.S.d. RL gesehen, obwohl dieser nur die bestehenden Betriebsmittel wie Räumlichkeiten und Inventar und ausdrücklich nicht die AN des zuvor betrauten Unternehmers übernehmen wollte.[235] Andererseits kann in bestimmten Branchen, in denen es im Wesentlichen auf die menschliche Arbeitskraft und weniger auf materielle oder immaterielle Betriebsmittel ankommt, auch eine Gesamtheit von AN, die durch eine gemeinsame Tätigkeit dauerhaft miteinander verbunden sind,

---

223 RL 2001/23/EG des Rates v. 12.3.2001 zur Angleichung der Rechtsvorschriften der Mitgliedstaaten über die Wahrung von Ansprüchen der AN beim Übergang von Unternehmen, Betrieben oder Unternehmens- oder Betriebsteilen (ABl EG L 82 v. 22.3.2001, S. 16).
224 APS/*Backhaus*, § 613a BGB Rn 10; vgl. auch BAG 20.4.1989 – 2 AZR 431/88 – NZA 1990, 32; vgl. Memorandum zu den Ansprüchen der AN beim Übergang von Unternehmen, www.ec.europa.eu.
225 Art. 1 Abs. 1c der RL 2001/23/EG.
226 EuGH 26.5.2005 – C-297/03 – Sozialhilfeverband Rohrbach – Rn 30 – Slg, I – 4305.
227 EuGH 15.10.1996 – C-298/94 – Henke – Rn 14 – Slg. 1996, I-4989 = EuZW 1996, 734.
228 Oetker/Preis/*Oetker*, B 7200 Rn 4, MünchArb/*Birk*, Bd. 1, § 19 Rn 224.
229 Art. 1 Abs. 1b der RL 2001/23/EG.
230 *Fuchs*/*Marhold*, S. 135.
231 EuGH 20.11.2003 – C-340/01 – Abler – Rn 33 – Slg. 2003, I-14023 = NJW 2004, 45; EuGH 11.3.1997 – C-13/95 – Süzen – Rn 14 – Slg. 1997, I-1259 = NZA 1997, 433; EuGH 18.3.1986 – Rs. 24/85 – Spijkers – Rn 13 – Slg. 1986, I-1119.
232 EuGH 20.11.2003 – C-340/01 – Abler – Rn 34 – Slg. 2003, I-14023 = NJW 2004, 45; EuGH 18.3.1986 – Rs. 24/85 – Spijkers – Rn 13 – Slg. 1986, 1119; EuGH 11.3.1997 – C-13/95 – Süzen – Rn 14 – Slg. 1997, I-1259 = NZA 1997, 433, s. Rn 122 ff.
233 EuGH 14.4.1994 – C-392/92 – Christel Schmidt – Slg. 1994, I-1311 = NJW 1994, 2343.
234 EuGH 11.3.1997 – C-13/95 – Süzen – Rn 15 – Slg. 1997, I-1259 = NZA 1997, 433; ausführlich hierzu *Franzen*, RdA 1999, 361; *Heinze*, DB 1997, 677.
235 EuGH 20.11.2003 – C-340/01 – Abler – Rn 37 – Slg. 2003, I-14023 = NJW 2004, 45.

eine wirtschaftliche Einheit darstellen.[236] Eine solche Einheit kann ihre Identität über ihren Übergang hinaus bewahren, wenn der neue Unternehmensinhaber nicht nur die betreffende Tätigkeit weiterführt, sondern auch einen nach Zahl und Sachkunde wesentlichen Teil des Personals übernimmt, das sein Vorgänger gezielt bei dieser Tätigkeit eingesetzt hat.[237] Ein Betriebsübergang kann auch vorliegen, wenn Leih-AN zu einem anderen Leiharbeitsunternehmen wechseln, um dort die gleichen Tätigkeiten im Dienst derselben Kunden auszuüben.[238]

109 Die RL ist auf Übergänge durch vertragliche Vereinbarung oder durch Verschmelzung anwendbar. Der Begriff der **vertraglichen Übertragung** wird weit verstanden. Die Betriebsübergangs-RL ist auf alle Fälle anwendbar, in denen die für den Betrieb des Unternehmens verantwortliche natürliche oder juristische Person, welche die AG-Verpflichtungen gegenüber den Beschäftigten des Unternehmens eingeht, im Rahmen vertraglicher Beziehungen wechselt.[239] Der Übergang der tatsächlichen Leistungsmacht muss nicht durch Kaufvertrag erfolgen, sondern kann beispielsweise durch Verpachtung oder Neuvergabe eines Auftrags eintreten. Nicht erforderlich ist außerdem, dass zwischen Veräußerer und Erwerber unmittelbar vertragliche Beziehungen bestehen; die Übertragung kann auch durch zwei aufeinander folgende Verträge des Veräußerers und des Erwerbers mit derselben juristischen oder privaten Person oder durch Einschaltung eines Dritten, wie z.B. des Eigentümers oder Verpächters der Betriebsmittel, erfolgen.[240] Die RL kann auch auf einen Übergang zwischen zwei Gesellschaften desselben Konzerns angewandt werden.[241]

110 Der Betriebsübergang kann ausdrücklich auch durch **Verschmelzung** erfolgen. Für die Übertragung durch Verschmelzung kann man auf die wesentlichen Elemente der Fusions-RL 78/855/EWG zurückgreifen.[242] Die in der Betriebsübergangs-RL gewährten Rechte gelten außerdem für AN der an der **Spaltung einer AG** beteiligten Gesellschaften.[243]

111 Wer **AN** i.S.d. Betriebsübergangs-RL ist, bestimmt sich grds. nach nationalem Recht. Allerdings dürfen Teilzeit-AN, befristet Beschäftigte und Leih-AN nicht vom Anwendungsbereich ausgenommen werden.[244]

112 b) Inhalt der Betriebsübergangsrichtlinie. aa) Wahrung der Ansprüche und Rechte der Arbeitnehmer. Nach Art. 3 der RL gehen die Rechte und Pflichten des Veräußerers aus einem zum Zeitpunkt des Übergangs bestehenden Arbverh automatisch aufgrund des Übergangs auf den Erwerber über. Der Zeitpunkt des Übergangs ist der Zeitpunkt, zu dem die Inhaberschaft, mit der die Verantwortung für den Betrieb der übertragenen Einheit verbunden ist, vom Veräußerer auf den Erwerber übergeht. Dies ist ein genau bestimmter Zeitpunkt, der nicht nach Gutdünken des Veräußerers oder Erwerbers auf einen anderen Zeitpunkt verlegt werden kann.[245]

113 Das vom BAG in st. Rspr. anerkannte Recht des AN, dem Übergang seines Arbverh auf den Erwerber zu **widersprechen**, wurde vom EuGH bestätigt.[246]

114 Mindestens für die Dauer von einem Jahr müssen die **kollektivrechtlich geregelten Arbeitsbedingungen** aufrechterhalten werden.[247] Eine Pflicht der Mitgliedstaaten, den Schutz der RL auf Ansprüche der AN auf Leistungen aus einer betrieblichen oder überbetrieblichen Zusatzversorgungseinrichtung zu erstrecken, besteht jedoch nicht.[248] Der EuGH hat in der Entscheidung *Werhof* festgestellt, dass arbeitsvertraglich in Bezug genommene TV beim Betriebsübergang auf einen nicht tarifgebundenen AG nur statisch weitergelten.[249]

---

236 EuGH 24.1.2002 – C-51/00 – Temco – Rn 25 f. – Slg. 2002, I-969 = EuZW 2002, 285; EuGH 11.3.1997 – C-13/95 – Süzen – Rn 21 – Slg. 1997, I-1259 = NZA 1997, 433.

237 EuGH 24.1.2002 – C-51/00 – Temco – Rn 26 – Slg. 2002, I-969 = EuZW 2002, 285; EuGH 11.3.1997 – C-13/95 – Süzen – Rn 21 – Slg. 1997, I-1259 = NZA 1997, 433.

238 EuGH 13.9.2007 – C-458/05 – Jouini – EuZW 2007, 638.

239 EuGH 20.11.2003 – C-340/01 – Abler – Rn 39 – Slg. 2003, I-14023 = NJW 2004, 45.

240 EuGH 20.11.2003 – C-340/01 – Abler – Rn 39 – Slg. 2003, I-14023 = NJW 2004, 45; EuGH 24.1.2002 – C-51/00 – Temco – Rn 31 – Slg. 2002, I-969 = EuZW 2002, 285; EuGH 11.3.1997 – C-13/95 – Süzen – Rn 12 – Slg. 1997, I-1259 = NZA 1997, 433; EuGH 15.6.1988 – Rs. 101/87 – Bork – Rn 14 – Slg. 1988, 3057.

241 EuGH 2.12.1999 – C-234/98 – Allen – Rn 17 – Slg. 1999, 8643 = NZA 2000, 587.

242 So Oetker/Preis/*Oetker*, B 7200 Rn 18; MünchArb/*Birk*, Bd. 1, § 19 Rn 229.

243 Art. 11 der Sechsten RL 82/891/EWG des Rates v. 17.12.1982 gem. Art. 54 Abs. 3 Buchst. g) des Vertrages betreffend die Spaltung von Aktiengesellschaften (ABl EG L 378 v. 31.12.1982, S. 47).

244 Art. 2 Abs. 1d und Art. 2 Abs. 2 Unterabs. 2 der RL 2001/23/EG.

245 EuGH 26.5.2005 – C-478/03 – Celtec – Rn 44 – Slg. 2005, I – 4389 = NZA 2005, 681.

246 S. BAG 2.10.1974 – 5 AZR 504/73 – AP § 613a BGB Nr. 1 = NJW 1975, 1378; BAG 25.1.2001 – 8 AZR 336/00 – NZA 2001, 840 sowie EuGH 16.12.1992 – C-132 u.a./91 – Katsikas u.a. – Slg. 1992, I-6577 = NZA 1993, 169; EuGH 24.1.2002 – C-51/00 – Temco – Rn 36 – Slg. 2002, I-969 = EuZW 2002, 285.

247 Art. 3 Abs. 3 der RL 2001/23/EG; hierunter fallen BV, Gesamt- und Konzern-BV, Firmen- und Verbands-TV sowie Dienstvereinbarungen. Ob auch Regelungsabreden hierunter zu fassen sind, ist umstritten, siehe hierzu Oetker/Preis/*Oetker*, B 7200 Rn 52.

248 Art. 3 Abs. 4a der RL 2001/23/EG.

249 EuGH 9.3.2006 – C-499/04 – Werhof – Slg. 2006, I-2397 = DB 2006, 670; vgl. BAG v. 14.12.2005 – 4 AZR 536/04 – in der das BAG angekündigt hat, seine Rspr., wonach die von einem tarifgebundenen AG vorformulierte Bezugnahme auf den einschlägigen TV i.d.R. als Gleichstellungsabrede interpretiert wird, aufzugeben, hierzu *Zerres*, NJW 2006, 3533; *Meinel/Herms*, DB 2006, 1429.

Art. 4 der RL regelt schließlich, dass **Künd aus Anlass des Betriebsübergangs** unzulässig sind. Dieses Verbot der übergangsbedingten Künd richtet sich sowohl gegen den Veräußerer als auch gegen den Erwerber. Betriebsbedingte Künd aus mittelbar durch den Betriebsübergang verursachten Gründen werden durch die RL jedoch nicht eingeschränkt.[250]

Im Fall des Betriebsübergangs ist eine Kürzung der Vergütung grds. möglich, allerdings hat der EuGH im Fall einer Einbuße von 37 % des früheren Monatsgehalts eine wesentliche Änderung der Arbeitsbedingungen zum Nachteil des AN gesehen, die nach Art. 4 Abs. 2 der RL unzulässig ist.[251]

bb) Übergang im Rahmen eines Insolvenzverfahrens. Gem. Art. 5 der RL 2001/23/EG[252] gelten die Regelungen zur Wahrung der Ansprüche und Rechte der AN nicht für Übergänge im Rahmen eines Insolvenzverfahrens, sofern die Mitgliedstaaten nichts anderes vorsehen. Das BAG hat die deutsche Umsetzungsnorm des § 613a BGB jedoch ausdrücklich auch auf die Veräußerung durch den Konkursverwalter für anwendbar erklärt, die Haftung des Erwerbers jedoch auf nach dem Übergang entstandene Ansprüche beschränkt.[253] Diese Haftungsbegrenzung des neuen Inhabers steht auch mit der europarechtlichen Regelung in Art. 5 der RL 2001/23/EG in Einklang.[254] Der Eintritt des Erwerbers in die Arbvrh im Insolvenzverfahren ergibt sich inzwischen auch aus § 128 Abs. 2 InsO.[255]

cc) Rechtsstellung und Funktion der Arbeitnehmervertreter. Gem. Art. 6 der RL 2001/23/EG[256] werden die Rechtsstellung und die Funktion der AN-Vertretung durch den Betriebsübergang nicht berührt, sofern die übergegangene Einheit ihre Selbstständigkeit behält und die Bedingungen für die Bildung der AN-Vertretung erfüllt sind. Behält der Betrieb seine Selbstständigkeit, besteht das Amt des BR danach auch nach dem Betriebsübergang weiter.[257] Bleibt die Selbstständigkeit des Betriebs nicht erhalten, muss gewährleistet werden, dass die vor dem Übergang vertretenen AN bis zur Neubildung oder Neubenennung einer An-Vertretung weiterhin angemessen vertreten werden.[258] Für diesen Fall hat der deutsche Gesetzgeber in § 21a BetrVG ein allgemeines betriebsverfassungsrechtliches Übergangsmandat geschaffen.[259]

dd) Information und Konsultation. Die Betriebsübergangs-RL verpflichtet in Art. 7 der RL 2001/23/EG[260] den Veräußerer sowie den Erwerber des Betriebs, die Vertreter bzw. – für den Fall, dass es im betreffenden Betrieb keine AN-Vertretung gibt[261] – die von einem Übergang betroffenen AN über den (geplanten) Zeitpunkt und den Grund des Übergangs, die rechtlichen, wirtschaftlichen und sozialen Folgen des Übergangs für die AN sowie die hinsichtlich der AN in Aussicht genommenen Maßnahmen zu informieren. Der deutsche Gesetzgeber hat in § 613a Abs. 5 BGB eine weiterreichende – da gegenüber allen betroffenen AN und in Textform bestehende – Unterrichtungspflicht normiert. Außerdem sind der Veräußerer und der Erwerber verpflichtet, ihre AN-Vertreter rechtzeitig über beabsichtigte Maßnahmen zu konsultieren, um eine Übereinkunft anzustreben.[262]

3. Umsetzung in Deutschland. Die Umsetzung der Betriebsübergangs-RL in deutsches Recht erfolgte durch eine Anpassung des § 613a BGB an die europäischen Vorgaben (siehe § 613a BGB Rn 3). Bezogen auf die Voraussetzungen eines Betriebsübergangs hat sich das BAG der Rspr. des EuGH angeschlossen.[263] Entscheidendes Kriterium ist danach der **Übergang einer auf Dauer angelegten wirtschaftlichen Einheit**. Die Einheit darf nicht als bloße Tätigkeit verstanden werden. Ihre Identität ergibt sich u.a. aus ihrem Personal, ihren Führungskräften, ihrer Arbeitsorganisation, ihren Betriebsmethoden und den ihr zur Verfügung stehenden Betriebsmitteln.[264] Obwohl § 613a BGB seinem Wortlaut nach einen Übergang durch Rechtsgeschäft verlangt, während die Betriebsübergangs-RL eine vertragliche Vereinbarung vorsieht, werden beide Merkmale gleich weit ausgelegt.[265] Erforderlich ist jedenfalls, dass die tatsächliche Leitungsmacht auf den neuen Inhaber übergeht.

---

250 Art. 4 Abs. 1 S. 2 der RL 2001/23/EG, vgl. EuGH 12.3.1998 – C-319/94 – Dethier Equipment – Rn 33 ff. – Slg. 1998, I-1061 = NZA 1998, 529, umfassend hierzu *v. Alvensleben*, S. 250 ff.
251 EuGH 11.11.2004 – C-425/02 – Delahaye – NZA 2004, 1379.
252 Früher Art. 4a der RL 77/187/EWG.
253 BAG 17.1.1980 – 3 AZR 160/79 – AP § 613a BGB Nr. 18 = NJW 1980, 1124; BAG 26.5.1983 – 2 AZR 477/81 – AP § 613a BGB Nr. 34; *Laux*, S. 23 ff.; *Willemsen/Annuß*, NJW 1999, 2073, 2075 f.
254 Art. 5 Abs. 2a der RL 2001/23/EG, hierzu *Franzen*, RdA 1999, 361.
255 Siehe *Heerma*, S. 175.
256 Früher Art. 5 der RL 77/187/EWG.
257 BAG 5.2.1991 – 1 ABR 32/90 – AP § 613a BGB Nr. 89; DKK/*Buschmann*, § 21a BetrVG Rn 17; *Krause*, NZA 1998, 1201.
258 Art. 6 Abs. 1 Unterabs. 4 Betriebsübergangs-RL 2001/23/EG.
259 Siehe *Fitting* u.a., § 21a Rn 3; vgl. auch BAG 31.5.2000 – 7 ABR 78/98 – AP § 1 BetrVG 1972 Gemeinsamer Betrieb Nr. 12 = SAE 2001, 97 m. Anm. *Boecken*.
260 Früher Art. 6 der RL 77/187/EWG.
261 Art. 7 Abs. 6 der RL 2001/23/EG.
262 Art. 7 Abs. 2 der RL 2001/23/EG.
263 BAG 17.7.1997 – 8 AZR 156/95 – NZA 1997, 1050; BAG 22.5.1997 – 8 AZR 101/96 – AP § 613a BGB Nr. 154 m. Anm. *Franzen*; BAG 11.12.1997 – 8 AZR 156/95 – NZA 1999, 486; hierzu *Neef*, NZA-RR 1999, 225.
264 Der Übernahme des Personals kommt ein gleichwertiger Rang neben den anderen möglichen Kriterien eines Betriebsübergangs zu, BAG 22.5.1997 – 8 AZR 101/96 – AP § 613a BGB Nr. 154 = NJW 1997, 3188.
265 Vgl. Oetker/Preis/*Oetker*, B 7200 Rn 25.

121 § 613a BGB bezieht sich nicht auf den Übergang durch **Verschmelzung**. Bei der Betriebsübernahme im Rahmen einer gesellschaftsrechtlichen Verschmelzung tritt die neu gebildete Gesellschaft im Wege der Gesamtrechtsnachfolge in alle Rechte und Pflichten der übertragenen Gesellschaft ein.[266] **§ 324 UmwG** regelt, dass § 613a Abs. 1, 4 bis 6 BGB durch die Wirkungen der Eintragung einer Verschmelzung, Spaltung oder Vermögensübertragung unberührt bleibt. Die ganz h.M. geht von der grds. Anwendbarkeit von § 613a BGB im Umwandlungsrecht aus, wenn und soweit ein Umwandlungsvorgang zu einem Wechsel des Betriebsinhabers führt.[267] Die Rechtslage entspricht damit den Vorgaben der Betriebsübergangs-RL.[268] Das Übergangsmandat des BR wurde in § 21a BetrVG normiert.

122 **4. Beraterhinweise.** In der Praxis gestaltet sich die Prüfung, ob eine ihre Identität wahrende wirtschaftliche Einheit übergegangen ist, schwierig. Im Rahmen einer Gesamtbetrachtung müssen die vom EuGH genannten Kriterien (Art des betreffenden Betriebs, Übergang der materiellen Betriebsmittel, immaterielle Werte, Übernahme der Hauptbelegschaft, Übergang der Kundschaft, Grad der Ähnlichkeit zwischen den vor und nach dem Übergang verrichteten Tätigkeiten sowie die Dauer einer Unterbrechung dieser Tätigkeit)[269] berücksichtigt werden. Bei Dienstleistungsunternehmen genügt die **Übernahme eines wesentlichen Teils der bisherigen Belegschaft**, mit der die wirtschaftliche Einheit sinnvoll fortgeführt werden kann, für die Annahme eines Betriebsübergangs.[270] Ansonsten ist die **Übertragung relevanter materieller oder immaterieller Betriebsmittel** erforderlich.[271] Die alleinige Übertragung einer Arbeitsaufgabe reicht nicht aus.[272] Allerdings kommt es für den Betriebsübergang nicht darauf an, ob das Eigentum an den Betriebsmitteln übertragen wird oder ob Betriebsmittel zur eigenwirtschaftlichen Nutzung überlassen werden.[273]

123 Unzulässig ist eine Umgehung des im Rahmen der Betriebsübergangs-RL gewährten AN-Schutzes, beispielsweise durch eine **scheinbare Stilllegung des Betriebs**. Allein die vorübergehende Schließung und das daraus folgende Fehlen von Beschäftigten zum Zeitpunkt des Übergangs allein können nicht ausschließen, dass ein Betriebsübergang vorliegt.[274] Was unter einer „vorübergehenden" Schließung zu verstehen ist, hat die Rspr. bereits mehrfach beschäftigt.[275] Eine wirtschaftlich erhebliche Zeitspanne der Betriebsruhe steht der Annahme eines Betriebsüberganges entgegen.[276] Demgegenüber spricht bei alsbaldiger Wiedereröffnung des Betriebs oder bei alsbaldiger Wiederaufnahme der Produktion durch einen Erwerber eine tatsächliche Vermutung gegen die ernsthafte Absicht, den Betrieb stillzulegen.[277] Wird der Betrieb von dem neuen Inhaber wieder aufgenommen, muss anhand sämtlicher den betreffenden Vorgang kennzeichnender Tatsachen festgestellt werden, ob er mit der Aufnahme derselben oder einer gleichartigen Geschäftstätigkeit die Identität der wirtschaftlichen Einheit bewahrt hat.[278]

124 § 613a BGB findet grds. auch bei einer **Betriebsverlagerung ins Ausland** Anwendung.[279] Dem Widerspruch des AN gegen den Übergang soll die Weigerung des AN, seine Leistung am ausländischen Betriebssitz zu erbringen, gleichgestellt werden.[280] Eine Weiterbeschäftigung ist nur dann möglich, wenn der AN mit der Änderung des Leistungsortes einverstanden ist. Andernfalls kann der AG nach den allgemeinen Grundsätzen betriebsbedingt kündigen. Bei einer Betriebsverlagerung ins europäische Ausland, ist der ausländische Erwerber jedenfalls an die Vorgaben der RL 2001/23/EG gebunden.[281]

II. Massenentlassungsrichtlinie 98/59/EG

Literatur: *Bauer/Krieger/Powietzka*, Geänderte Voraussetzungen für Massenentlassungen nach der „Junk"-Entscheidung des EuGH?, DB 2005, 445; *Bauer/Powietzka*, Geklärte und ungeklärte Probleme der Massenentlassung, BB 2006, 2023; *Becker*, Die EG-Richtlinie zur Angleichung des Massenkündigungsschutzes, NJW 1976, 2057; *Giesen*, Massenentlassungsanzeige erst nach Ab-

---

[266] S. *Hanau/Steinmeyer/Wank*, § 18 Rn 128.
[267] S. BAG 25.5.2000 – 8 AZR 416/99 – AP § 613a BGB Nr. 209 = RdA 2001, 236, 239 m. Anm. *Boecken*; *Franzen*, RdA 2002, 258; vgl. auch H/S/*Boecken*, § 9 Rn 9 ff.; *Däubler*, RdA 1995, 136, 139; ausführlich hierzu *v. Alvensleben*, S. 304 f.; *Löw*, S. 195; *Müller-Ehlen*, S. 11.
[268] S. *Hanau/Steinmeyer/Wank*, § 18 Rn 128.
[269] EuGH 20.11.2003 – C-340/01 – Abler – Rn 33 – Slg. 2003, I-14023 = NJW 2004, 45; EuGH 11.3.1997 – C-13/95 – Süzen – Rn 14 – Slg. 1997, I-1259 = NZA 1997, 433; EuGH 18.3.1986 – Rs. 24/85 – Spijkers – Rn 13 – Slg. 1986, 1119.
[270] EuGH 11.3.1997 – C-13/95 – Süzen – Rn 21 – Slg. 1997, I-1259 = NZA 1997, 433; vgl. MünchArb/*Birk*, Bd. 1, § 19 Rn 233.
[271] Vgl. *Heinze*, DB 1997, 677.
[272] Siehe § 613a BGB Rn 72; *Heinze*, DB 1997, 677.
[273] EuGH 20.11.2003 – C-340/01 – Abler – Slg. 2003, I-14023; EuGH 15.12.2005 – C-232/04 und C-233/04 – Güney-Görres – Slg. 2005, I-11237 = NZA 2006, 29, bestätigt durch BAG v. 6.4.2006 – 8 AZR 222/04 – BB 2006, 2697; *Hohenstatt/Grau*, NJW 2007, 29.
[274] EuGH 17.12.1987 – Rs. 287/86 – Ny Molle Kro – Rn 19 – Slg. 1987, 5465.
[275] Vgl. BAG 22.5.1997 – 8 AZR 101/96 – NJW 1997, 3188; LAG Köln 2.10.1997 – 10 Sa 643/97 – NZA-RR 1998, 290.
[276] S. BAG 27.4.1995 – 8 AZR 197/94 – AP § 613a BGB Nr. 128; BAG 22.5.1997 – 8 AZR 101/96 – AP § 613a BGB Nr. 154 m. Anm. *Franzen* = NJW 1997, 3188.
[277] BAG 22.5.1997 – 8 AZR 101/96 – AP § 613a BGB Nr. 154.
[278] EuGH 17.12.1987 – Rs. 287/86 – Ny Molle Kro – Rn 18 ff. – Slg. 1987, 5465.
[279] Ebenso APS/*Backhaus*, § 613a BGB Rn 10; MünchArb/*Wank*, Bd. 2, § 125 Rn 76; hierzu *Wisskirchen/Goebel*, DB 2004, 1937; BAG 20.4.1989 – 2 AZR 431/88 – NZA 1990, 32.
[280] So BAG 20.4.1989 – 2 AZR 431/88 – NZA 1990, 32.
[281] MünchArb/*Wank*, Bd. 2, § 125 Rn 76.

schluss von Sozialplanberatungen?, SAE 2006, 135; *Klumpp*, Der EuGH und die Massenentlassung – Zeit für „Junk II"?, NZA 2006, 703; *Lembke/Oberwinter*, Massenentlassungen zwei Jahre nach „Junk" – Eine Bestandsaufnahme, NJW 2007, 721; *Nicolai*, Neue Regeln für Massenentlassungen?, NZA 2005, 206; *Opolony*, Die anzeigepflichtige Entlassung nach § 17 KSchG, NZA 1999, 791; *Osnabrügge*, Massenentlassungen – kein russisches Roulette für Arbeitgeber, NJW 2005, 1093; *Ramrath*, Kehrtwende des BAG zur „Entlassung" i.S.v. § 17 Abs. 1 S. 1 KSchG – richtiger Weg für die Praxis, jedoch Zweifel an der Koordination von deutschem und europarechtlichem Arbeitnehmerschutz, SAE 2007, 256; *Weiss*, Die europarechtliche Regelung der Massenentlassung, RdA 1992, 367; *Wißmann*, Probleme bei der Umsetzung der EG-Richtlinie über Massenentlassungen in deutsches Recht, RdA 1998, 221; *Zwanziger*, Der Einfluss des Europäischen Rechts auf das Kündigungsschutzrecht, AuR 2001, 384

1.	Allgemeines	125	bb) Anzeigepflicht	132
2.	Regelungsgehalt	126	cc) Entlassungssperre	133
	a) Anwendungsbereich	126	dd) Sanktionen	134
	b) Inhalt der Massenentlassungsrichtlinie	130	3. Umsetzung in Deutschland	135
	aa) Konsultation der Arbeitnehmervertreter	130	4. Beraterhinweise	138

1. Allgemeines. Die bereits im Jahr 1975 verabschiedete RL 75/129/EWG[282] zur Angleichung der Rechtsvorschriften der Mitgliedstaaten über Massenentlassungen wurde aus Gründen der Übersichtlichkeit und Klarheit im Jahr 1998 durch die RL 98/59/EG[283] kodifiziert. Ziel der RL ist die Beseitigung von Wettbewerbsverzerrungen in den Mitgliedstaaten, die durch Unterschiede im Verfahren bei Massenentlassungen und im Künd-Schutz entstehen können, sowie die Schaffung eines Mindestschutzes[284] des einzelnen AN. Mit der Anzeigepflicht des AG wird außerdem ein arbeitsmarktpolitischer Zweck verfolgt, damit die zuständige Behörde ggf. geeignete Maßnahmen treffen kann.[285] Die RL beschränkt sich auf verfahrensrechtliche Vorgaben und enthält keine materiell-rechtlichen Regelungen über die Gründe, die eine Massenentlassung rechtfertigen, oder alternative Maßnahmen zur Abwendung einer Massenentlassung.[286]

2. Regelungsgehalt. a) Anwendungsbereich. Eine **Massenentlassung** i.S.d. RL liegt vor, wenn ein AG aus Gründen, die nicht in der Person der AN liegen, entweder

– in Betrieben mit i.d.R. mehr als 20 und weniger als 100 AN mindestens 10 AN entlässt, oder
– in Betrieben mit i.d.R. mindestens 100 und weniger als 300 AN mindestens 10 % der AN entlässt, oder
– in Betrieben mit i.d.R. mindestens 300 AN mindestens 30 AN entlässt,
– oder innerhalb eines Zeitraumes von 90 Tagen mindestens 20 AN entlässt, wobei unerheblich ist, wie viele AN i.d.R. in dem betreffenden Betrieb beschäftigt sind.[287]

Die Mitgliedstaaten dürfen eine bestimmte Gruppe von AN bei der Berechnung der Beschäftigtenzahl nicht unberücksichtigt lassen.[288] Bei der Berechnung der Zahl der Entlassungen werden auch Beendigungen des Arbverh, die auf Veranlassung des AG und aus einem oder mehreren Gründen, die nicht in der Person der AN liegen, berücksichtigt, sofern die Zahl der Entlassungen mindestens fünf beträgt.[289] Die RL gilt damit auch für Massenentlassungen, die aufgrund einer auf einer gerichtlichen Entscheidung beruhenden Einstellung der Tätigkeit des Betriebs erfolgt sind,[290] sowie für die vom AG veranlasste Eigenkünd des AN.[291] Auch die endgültige Einstellung der Tätigkeit des Betriebs wird von der RL erfasst.[292]

Der **Betriebsbegriff** ist nach der Rspr. des EuGH gemeinschaftsrechtlich anhand der allgemeinen Systematik und dem Zweck der Regelung auszulegen.[293] Er bezeichnet nach Maßgabe der Umstände die Einheit, der die von der Entlassung betroffenen AN zur Erfüllung ihrer Aufgabe angehören. Ob die fragliche Einheit eine Leitung hat, die selbstständig Massenentlassungen vornehmen kann, ist für die Definition des Begriffs Betrieb nicht entscheidend.[294]

---

282 RL 75/129/EWG v. 17.2.1975 (ABl EG L 48 v. 22.2.1975, S. 29), geändert durch die RL 92/56/EWG v. 24.6.1992 (ABl EG L 245 v. 26.8.1992, S. 3).
283 RL 98/59/EG des Rates v. 20.7.1998 zur Angleichung der Rechtsvorschriften der Mitgliedstaaten über Massenentlassungen (ABl EG L 225 v. 12.8.1998, S. 16).
284 Vgl. Art. 5 der Massenentlassungs-RL 98/59/EG.
285 Hailbronner/Wilms/*Boecken*, Rn 128.
286 *Weiss*, RdA 1992, 367, 368; Oetker/Preis/*Preis/Gotthardt*, B 1100 Rn 77.
287 Art. 1 Abs. 1 lit. a der Massenentlassungs-RL 98/59/EG.
288 EuGH 18.1.2007 – C-385/05 – CGT – EuZW 2007, 185 zu einer Regelung in Frankreich, wonach Personen unter 26 Jahren bei der Berechnung ausgenommen wurden.
289 Art. 1 Abs. 1 Unterabs. 2 eingefügt durch die Änderungs-RL 92/56/EWG.
290 Zu beachten sind Art. 3 Abs. 1 Unterabs. 2 und Art. 4 Abs. 4 der Massenentlassungs-RL 98/59/EG; *Hanau/Steinmeyer/Wank*, § 18 Rn 193; *Fuchs/Marhold*, Europäisches Arbeitsrecht, S. 128.
291 *Fuchs/Marhold*, Europäisches Arbeitsrecht, S. 128.
292 EuGH 7.9.2006 – C-187–190/05 – Goodyear – EuZW 2006, 631.
293 EuGH 7.12.1995 – C-449/93 – Rockfon – Rn 28 – Slg. 1995, I-4291 = NZA 1996, 471.
294 EuGH 7.12.1995 – C-449/93 – Rockfon – Rn 32 – Slg. 1995, I-4291 = NZA 1996, 471.

129 Die Massenentlassungs-RL findet keine Anwendung auf befristete Arbeitsverträge oder solche, die für eine bestimmte Tätigkeit geschlossen wurden, es sei denn, dass die Entlassungen vor Ablauf der Erfüllung dieser Verträge erfolgen.[295] Sie ist außerdem nicht anwendbar auf AN der öffentlichen Verwaltung sowie auf Besatzungen von Seeschiffen.[296]

130 b) Inhalt der Massenentlassungsrichtlinie. aa) Konsultation der Arbeitnehmervertreter. Zum Schutz der betroffenen AN wird der AG verpflichtet, die AN-Vertreter rechtzeitig vor der beabsichtigten Massenentlassung zu konsultieren.[297] Die Verpflichtung besteht unabhängig davon, ob die Entscheidung über die Massenentlassung von dem AG oder von einem den AG beherrschenden Unternehmen getroffen wurde.[298] Wer als AN-Vertreter in Betracht kommt, bestimmt sich nach nationalem Recht.[299] Ziel der Konsultation ist eine Einigung zwischen AG und AN-Vertretern, um Massenentlassungen wenn möglich zu vermeiden oder zu beschränken bzw. die Folgen der Massenentlassung durch soziale Begleitmaßnahmen zu mildern. Der AG hat hierfür rechtzeitig die zweckdienlichen Auskünfte zu erteilen und die Gründe der geplanten Entlassung, die Zahl und Kategorie der zu entlassenden und der i.d.R. beschäftigten AN, den Zeitraum, in dem die Entlassungen vorgenommen werden sollen, die vorgesehenen Kriterien für die Auswahl der zu entlassenden AN sowie die vorgesehene Methode für die Berechnung etwaiger Abfindungen schriftlich mitzuteilen.[300]

131 Der EuGH hat am 27.1.2005 in der Rechtssache *Junk* klargestellt, dass der Begriff der **Entlassung** gemeinschaftsrechtlich dahingehend auszulegen ist, dass bereits die Künd-Erklärung des AG und nicht erst die tatsächliche Beendigung des Arbverh mit dem Ablauf der Künd-Frist als Entlassung i.S.d. RL gilt.[301] Art. 2 der RL begründet eine Verpflichtung zu Verhandlungen, weshalb der AG erst nach dem Ende des Konsultationsverfahrens Künd aussprechen darf.[302]

132 bb) Anzeigepflicht. Der AG hat gem. Art. 3 der RL der zuständigen Behörde alle beabsichtigten Massenentlassungen schriftlich anzuzeigen. Die Anzeige muss alle zweckdienlichen Angaben über die beabsichtigte Massenentlassung und die Konsultationen der AN-Vertreter enthalten.[303] Eine Abschrift dieser Anzeige ist den AN-Vertretern zu übermitteln, die dazu berechtigt sind, eine Stellungnahme an die zuständige Behörde zu richten. Die Anzeige der beabsichtigten Massenentlassung nach Art. 3 der RL muss vor Ausspruch der Künd erfolgen.[304]

133 cc) Entlassungssperre. Mit der Anzeige der beabsichtigten Massenentlassungen bei der zuständigen Behörde beginnt eine mindestens dreißigtägige Frist zu laufen, innerhalb derer die ausgesprochenen Künd nicht wirksam werden können.[305] Die Künd-Frist darf damit erst nach Ablauf dieses Mindestzeitraums ablaufen.[306] Die Künd-Fristen für Einzelkünd bleiben hiervon unberührt.

134 dd) Sanktionen. Nach Art. 6 der RL haben die Mitgliedstaaten dafür zu sorgen, dass den AN-V und/oder den AN administrative und/oder gerichtliche Verfahren zur Durchsetzung der Verpflichtungen aus der Massenentlassungsrichtlinie zur Verfügung stehen.

135 3. Umsetzung in Deutschland. Die Massenentlassungs-RL wurde durch das Zweite Gesetz zur Änderung des KSchG vom 27.4.1978[307] in den §§ 17 ff. KSchG umgesetzt. Nach § 17 Abs. 1 S. 2 KSchG stehen den Entlassungen andere Beendigungen von Arbverh gleich, die vom AG veranlasst werden, worunter auch vom AG veranlasste Aufhebungsverträge und Eigenkünd gefasst werden.[308] Aufgrund der abschließenden Aufzählung der vom Anwendungsbereich der Massenentlassungs-RL ausgenommenen Bereiche in Art. 1 Abs. 2 der RL ist die Regelung des § 17 Abs. 5 Nr. 3 KSchG, wonach auch leitende Angestellte bei der Berechnung der AN-Zahlen ausgeschlossen sind,

---

[295] Art. 1 Abs. 2 lit. a der Massenentlassungs-RL 98/59/EG.
[296] Art. 1 Abs. 2 lit. b und c der Massenentlassungs-RL 98/59/EG. Auf Binnenschiffen ist die RL dagegen anwendbar.
[297] Art. 2 Abs. 1 der Massenentlassungs-RL 98/59/EG.
[298] Art. 2 Abs. 4 der Massenentlassungs-RL 98/59/EG.
[299] Art. 1 Abs. 1 lit. b der Massenentlassungs-RL 98/59/EG. Der EuGH hat in der Entscheidung 8.6.1994 – C-383/92 – Kommission/Großbritannien – Rn 15 ff. – Slg. 1994 I-2479 = EuroAS 1994, Nr. 9, 13 festgestellt, dass eine nationale Regelung, die die Errichtung einer AN-Vertretung von der Anerkennung durch den AG abhängig macht, gegen die Massenentlassungs-RL verstößt. Eine Pflicht zur Errichtung einer AN-Vertretung kann hieraus jedoch nicht abgeleitet werden; *Wißmann*, RdA 1998, 221, 224; a.A. *Fuchs/Marhold*, S. 130.
[300] Art. 2 Abs. 3 der Massenentlassungs-RL 98/59/EG.
[301] EuGH 27.1.2005 – C-188/03 – Junk – Rn 39 – NZA 2005, 213 = BB 2005, 331.
[302] EuGH 27.1.2005 – C-188/03 – Junk – Rn 45 – NZA 2005, 213 = BB 2005, 331.
[303] Der Inhalt der Anzeige entspricht weitestgehend den Informationen, die den AN-Vertretern zu erteilen sind.
[304] EuGH 27.1.2005 – C-188/03 – Junk – Rn 37, 41 – NZA 2005, 213 = BB 2005, 331; hierzu Rn 138 f.
[305] Die Mitgliedstaaten können der zuständigen Behörde die Abweichung von dieser Frist ermöglichen, Art. 4 Abs. 1 Unterabs. 2, Abs. 3 der Massenentlassungs-RL 98/59/EG.
[306] EuGH 27.1.2005 – C-188/03 – Junk – Rn 46 ff. – NZA 2005, 213 = BB 2005, 331.
[307] BGBl I S. 550.
[308] APS/*Moll*, § 17 KSchG Rn 31.

europarechtlich bedenklich.³⁰⁹ Auch im Falle der RL-Widrigkeit wäre die Regelung im KSchG unter Privaten weiter anzuwenden, da eine unmittelbare Wirkung der RL unter Privaten ausgeschlossen ist. Der zu Unrecht von dem Schutzbereich ausgeschlossene AN wäre auf die Geltendmachung eines Schadensersatzanspruches gegenüber der Bundesrepublik Deutschland zu verweisen.³¹⁰

Die Unterrichtungspflicht gegenüber dem BR findet sich in § 17 Abs. 2 KSchG, die Anzeigepflicht ist in § 17 Abs. 3 KSchG niedergelegt. Zuständige Behörde i.S.d. RL ist danach die AA. **136**

Die §§ 17 ff. KSchG enthalten keine Vorschriften über die Folgen einer möglichen Verletzung der Konsultationspflicht. Sie sind kein Schutzgesetz zugunsten des einzelnen AN.³¹¹ **137**

4. Beraterhinweise. Der Betriebsbegriff des § 17 KSchG ist gemeinschaftsrechtlicher Natur und muss dementsprechend richtlinienkonform ausgelegt werden.³¹² Auch der Begriff der **Entlassung** ist autonom und einheitlich auszulegen.³¹³ Der EuGH hat am 27.1.2005 in der Rechtssache *Junk* entschieden, dass der Begriff der Entlassung dahingehend auszulegen ist, dass damit der Ausspruch der Künd gemeint ist.³¹⁴ Er widersprach damit der durch die st. Rspr. des BAG gefestigten Definition des Begriffs der Entlassung als dem Zeitpunkt der tatsächlichen Beendigung des Beschäftigungsverhältnisses.³¹⁵ Die Anzeige der beabsichtigten Massenentlassung bei der AA muss danach vor Ausspruch der Künd erfolgen.³¹⁶ Mittlerweile hat sich das BAG – unter Aufgabe seiner alten Rspr. – der Auffassung des EuGH angeschlossen und die Regelung des § 17 KSchG richtlinienkonform dahingehend ausgelegt, dass unter dem Begriff der Entlassung die Erklärung der Künd zu verstehen ist.³¹⁷ Künftig müssen Anzeigen gegenüber der AA vor dem Ausspruch der Künd erfolgen. **138**

Allerdings ist dem AG, der im Einklang mit der bisherigen Rspr. des BAG erst nach dem Ausspruch der Künd die Massenentlassung angezeigt hat, jedenfalls für **Altfälle** Vertrauensschutz zu gewähren.³¹⁸ In den Fällen, in denen die Künd sowie die Massenentlassungsanzeige vor der Bekanntgabe der Rechtssache Junk vom 27.1.2005 abgegeben wurden, ist die Künd danach nicht wegen Verstoßes gegen §§ 17 f. KSchG unwirksam. Die zeitliche Grenze des Vertrauensschutzes wurde durch das BAG mit Entscheidung vom 13.7.2006 dahingehend präzisiert, dass das schutzwürdige Vertrauen des AG auf die bisherige ständige Rspr. des BAG und die durchgängige Verwaltungspraxis der AA bei Massenentlassungen nicht bereits mit Bekanntwerden der Entscheidung *Junk* durch den EuGH am 27.1.2005 entfallen ist.³¹⁹ Das Vertrauen ist jedoch dann nicht mehr schutzwürdig, wenn die für die Anwendung der Ausführung der §§ 17 ff. KSchG zuständige Arbeitsverwaltung ihre frühere Rechtsauffassung geändert hat und dies dem AG bekannt sein musste.³²⁰ **139**

Ein AG, der Massenentlassungen vornehmen will, hat gem. § 102 BetrVG das Mitbestimmungsrecht des BR zu beachten. Eine ohne Anhörung des BR ausgesprochene Künd ist unwirksam. Der BR verfügt im Fall einer Betriebsänderung, die eine Massenentlassung einschließt, nach §§ 111 ff. BetrVG über ein Beteiligungsrecht. Führt der AG eine Betriebsänderung ohne Beachtung dieser Bestimmungen vorgenommen, ist der AG nach § 113 BetrVG zum Ersatz des Schadens in Form einer Abfindungszahlung verpflichtet. Der EuGH hat insoweit festgestellt, dass das Konsultationsverfahren mit dem BR beendet sein muss, bevor der AG die Künd aussprechen kann.³²¹ Es besteht dabei eine Pflicht zu Verhandlungen.³²² Im Rahmen des Konsultationsverfahrens ist unklar, welche zweckdienlichen Auskünfte zu erteilen sind und wie die zu entlassenden AN in Kategorien einzuteilen sind.³²³ Insoweit ist fraglich, wann von einer Beendigung des Konsultationsverfahrens ausgegangen werden kann.³²⁴ **140**

---

309 APS/*Moll*, § 17 KSchG Rn 15; *Kittner*, § 17 KSchG Rn 1; *Wißmann*, RdA 1998, 221, 222 f.; *Opolony*, NZA 1999, 791, 793; *Fuchs/Marhold*, S. 127.
310 APS/*Moll*, § 17 KSchG Rn 15; *Opolony*, NZA 1999, 791, 793.
311 ErfK/*Ascheid*, § 17 KSchG Rn 2.
312 *Wißmann*, RdA 1998, 221, 223.
313 EuGH 27.1.2005 – C-188/03 – Junk – Rn 30 – NZA 2005, 213 = BB 2005, 331.
314 EuGH 27.1.2005 – C-188/03 – Junk – Rn 39 – NZA 2005, 213 = BB 2005, 331.
315 BAG 25.5.1960 – 2 AZR 584/57 – BB 1960, 826; BAG 24.10.1996 – 2 AZR 895/95 – NZA 1997, 373.
316 EuGH 27.1.2005 – C-188/03 – Junk – Rn 53 – NZA 2005, 213 = BB 2005, 331.
317 BAG 23.3.2006 – 2 AZR 343/05 – NZA 2006, 971.
318 BAG 23.3.2006 – 2 AZR 343/05 – NZA 2006, 971; BAG 13.7.2006 – 6 AZR 198/06 – NZA 2007, 25.
319 BAG 13.7.2006 – 6 AZR 198/06 – NZA 2007, 25.
320 Hierzu *Lembke/Oberwinter*, NJW 2007, 721, 722 f., die auf eine Handlungsempfehlung der BA v. 20./21.5.2005 abstellen.
321 EuGH 27.1.2005 – C-188/03 – Junk – Rn 45 – NZA 2005, 213 = BB 2005, 331.
322 EuGH 27.1.2005 – C-188/03 – Junk – Rn 43 – NZA 2005, 213 = BB 2005, 331.
323 Vgl. Art. 2 Abs. 3 der RL 98/59/EG; *Weiss*, RdA 1992, 367, 371.
324 Das ArbG Berlin hat dem EuGH im Rahmen eines Vorabentscheidungsverfahrens nach Art. 234 EG die Frage vorgelegt, ob die Massenentlassungsanzeige und der Ausspruch von Künd erst nach Abschluss des Sozialplanverfahrens erfolgen möglich sind, ArbG Berlin, Vorlagebeschluss v. 21.2.2006 – 79 Ca 22399/05 – NZA 2006, 739; *Klumpp*, NZA 2006, 703. Das Vorabentscheidungsersuchen zum EuGH wurde vom ArbG Berlin mit Beschluss vom 26.7.2006 37 Ca 8899/06 zurückgenommen, nachdem die Parteien sich auf eine Beendigung des Arbverh geeinigt haben.

III. Insolvenzschutzrichtlinie 80/987/EWG

Literatur: *Franzen*, Die Rechtsprechung des EuGH zum Schutz der Arbeitnehmer bei Zahlungsunfähigkeit des Arbeitgebers – ausgewählte Beispielsfälle zur Insolvenzgeld-Richtlinie 80/987/EWG, DZWiR 2000, 441; *Fuchs/Marhold*, Europäisches Arbeitsrecht; *Krause*, Europarechtliche Vorgaben für das Konkursausfallgeld, ZIP 1998, 56; *Wimmer*, Die Auswirkungen der EuGH-Rechtsprechung auf die Vorfinanzierung von Konkursausfallgeld, ZIP 1997, 1635

1. Allgemeines 141
2. Regelungsgehalt 143
   a) Anwendungsbereich 143
   b) Inhalt der Insolvenzschutzrichtlinie 145
      aa) Sicherung des Arbeitsentgelts 145
      bb) Ansprüche der sozialen Sicherheit .. 148
      cc) Grenzüberschreitende Fälle 149
3. Umsetzung in Deutschland 150

141 **1. Allgemeines.** Die Insolvenzschutz-RL 80/987/EWG[325] vom 20.10.1980 dient der Sicherung von Ansprüchen des AN bei Zahlungsunfähigkeit des AG. Den AN wird ein gemeinschaftsrechtlich garantierter Mindestschutz gewährt. Zu diesem Zweck haben die Mitgliedstaaten Garantieeinrichtungen zu schaffen, die die nicht erfüllten Ansprüche der im Fall der Zahlungsunfähigkeit des AG betroffenen AN für mindestens drei Monate befriedigen. Die RL 2002/74/EG,[326] die bis zum 8.10.2005 in nationales Recht umzusetzen war, enthält Anpassungen und Veränderungen der Insolvenzschutz-RL unter Berücksichtigung der Gemeinschafts-Rspr.

142 In Bezug auf die Koordinierung von Maßnahmen bei Insolvenzen ist außerdem die VO (EG) Nr. 1346/2000 über Insolvenzverfahren zu beachten.[327]

143 **2. Regelungsgehalt. a) Anwendungsbereich.** Die Insolvenzschutz-RL gilt für alle Ansprüche von AN aus Arbeitsverträgen oder Arbverh[328] gegenüber AG. Für die Bestimmung des **AN-Begriffs** wird auf das nationale Recht verwiesen. Vom Schutz der RL wird demnach erfasst, wer nach nationalem Recht als AN eingestuft wird.[329] Die Mitgliedstaaten können bestimmte Gruppen von AN vom Anwendungsbereich der RL ausschließen, wenn diese durch andere Garantieformen ausreichend geschützt sind.[330] Jedoch dürfen Teilzeit-AN, AN mit befristetem Arbeitsvertrag sowie Leih-AN nicht vom Anwendungsbereich ausgeschlossen werden.[331] Zur Vermeidung von Missbrauch können die Mitgliedstaaten außerdem vorsehen, dass die Zahlungspflicht abgelehnt oder eingeschränkt wird, wenn der AN allein oder zusammen mit engen Verwandten Inhaber eines wesentlichen Teils des Unternehmens oder Betriebs war und beträchtlichen Einfluss auf die Tätigkeit hatte.[332]

144 Der AN muss in einem Arbverh zu einem zahlungsunfähigen AG stehen. Der Begriff der **Zahlungsunfähigkeit** ist gemeinschaftsrechtlich auszulegen.[333] Ein AG gilt als zahlungsunfähig, wenn die Eröffnung eines nach den Rechts- und Verwaltungsvorschriften eines Mitgliedstaats vorgeschriebenen Gesamtverfahrens beantragt worden ist, das die Insolvenz des AG voraussetzt und den teilweisen oder vollständigen Vermögensbeschlag gegen diesen AG sowie die Bestellung eines Verwalters oder einer Person, die eine ähnliche Funktion ausübt, zur Folge hat, und wenn die zuständige Behörde die Eröffnung des Verfahrens beschlossen hat oder festgestellt hat, dass das Unternehmen oder der Betrieb des AG endgültig stillgelegt worden ist und die Vermögensmasse nicht ausreicht, um die Eröffnung des Verfahrens zu rechtfertigen.[334] Zahlungsunfähigkeit des AG erfasst nach der Neufassung durch die RL 2002/74/EG sowohl Verfahren zur Liquidation des Vermögens, als auch sonstige kollektive Insolvenzverfahren, die keine Liquidationsverfahren sind (Vergleichsverfahren, Betriebssanierungsverfahren, Zahlungseinstellungen oder ähnlichen Verfahren, deren Zweck es ist, den Fortbestand des Unternehmens zu sichern).[335]

---

325 RL des Rates 80/987/EWG zur Angleichung der Rechtsvorschriften der Mitgliedstaaten über den Schutz der AN bei Zahlungsunfähigkeit des AG v. 20.10.1980 (ABl EG L 283 v. 28.10.1980, S. 23).

326 RL 2002/74/EG des Europäischen Parlaments und des Rates v. 23.9.2002 zur Änderung der RL 80/987/EWG des Rates zur Angleichung der Rechtsvorschriften der Mitgliedstaaten über den Schutz der AN bei Zahlungsunfähigkeit des AG (ABl EG L 270 v. 8.10.2002, S. 10).

327 VO (EG) Nr. 1346/2000 des Rates v. 29.5.2000 über Insolvenzverfahren (ABl EG L 160 v. 30.6.2000, S. 1).

328 Durch die Nennung des Arbverh neben dem Arbeitsvertrag werden auch solche AN-Ansprüche geschützt, bei denen die Arbeitsleistung ohne vertragliche oder aufgrund unwirksamer vertraglicher Grundlage erbracht wurde, Oetker/Preis/*Weber*, B 3300 Rn 16.

329 Vgl. EuGH 16.12.1993 – Rs. 334/92 – Miret – Rn 12 – Slg. 1993, I-6911 = NJW 1994, 921.

330 Ausgeschlossen werden können weiterhin Hausangestellte und Fischer, vgl. Art. 1 Abs. und 3 der Insolvenzschutz-RL 80/987/EWG.

331 Art. 2 Abs. 2 Unterabs. 2 der Insolvenzschutz-RL 80/987/EWG in der Neufassung durch die RL 2002/74/EG.

332 Art. 10 lit. c der Insolvenzschutz-RL 80/987/EWG. In der Rechtssache C-441/99 – Riksskatteverket – v. 18.10.2001, Rn 25 – Slg. 2001, 7687 = NZA 2002, 31 hat der EuGH festgestellt, dass die Ausschlussmöglichkeit nicht auf diejenigen AN erstreckt werden darf, deren Angehörige Eigentümer eines wesentlichen Teils des Unternehmens sind, die selbst aber keine Anteile besitzen.

333 EuGH 15.5.2003 – C-160/01 – Mau – Rn 30 – Slg. 2003, I-4791 = ZIP 2003, 1000.

334 Art. 2 Abs. 1 der Insolvenzschutz-RL 80/987/EWG in der Neufassung durch die RL 2002/74/EG.

335 Vgl. Art. 2 Abs. 2 der Insolvenzschutz-RL 80/987/EWG sowie die Begründung der Kommission KOM (2000) 832 endg., Ziff. 4.1.1.

b) Inhalt der Insolvenzschutzrichtlinie. aa) Sicherung des Arbeitsentgelts. Die Mitgliedstaaten müssen dafür Sorge tragen, dass die Befriedigung der nicht erfüllten Ansprüche der AN aus dem Arbverh für mindestens drei Monate vor oder nach einem von den Mitgliedstaaten festgelegten Zeitpunkt garantiert wird. Den Mitgliedstaaten wird beim Aufbau, der Arbeitsweise und der Aufbringung der Mittel für die Garantieeinrichtung ein weiter Gestaltungsspielraum gelassen.[336] Ein Mitgliedstaat kann sich auch selbst zum Schuldner der nach der RL garantierten Ansprüche machen.[337]

Die Mitgliedstaaten legen einen bestimmten Zeitpunkt fest, an den für den Zeitraum zur Befriedigung der nicht erfüllten Ansprüche anzuknüpfen ist. Dieser **Garantiezeitraum** muss mindestens drei Monate umfassen und vor und/oder nach dem von den Mitgliedstaaten bestimmten Zeitpunkt liegen. Die Mitgliedstaaten können außerdem festlegen, dass dieser Mindestzeitraum von drei Monaten innerhalb eines Bezugszeitraums von mindestens sechs Monaten liegen muss.[338]

Die **Garantiezahlungen** belaufen sich auf die Höhe der Ansprüche auf Arbeitsentgelt für die letzten drei Monate des Arbverh, einschließlich etwaiger Abfindungen, unabhängig davon, ob diese durch ein Urteil oder in einem gerichtlichen Vergleich zugesprochen werden.[339] Für die Garantiezahlungen kann eine Höchstgrenze festgesetzt werden, welche die mit der sozialen Zielsetzung der RL zu vereinbarende Schwelle nicht unterschreiten darf.[340]

bb) Ansprüche der sozialen Sicherheit. Den Mitgliedstaaten wird die Möglichkeit eingeräumt, die AN-Beiträge zu den gesetzlichen oder privaten Systemen der sozialen Sicherheit von den Garantieleistungen auszunehmen.[341] Für die AN dürfen sich jedoch keine Nachteile aus der Nichtabführung von Pflichtbeiträgen zu den gesetzlichen Systemen der sozialen Sicherheit, die vom AG vor Eintritt seiner Zahlungsunfähigkeit geschuldet waren, ergeben.[342] Die RL sieht des weiteren einen Schutz von Ansprüchen aus betrieblichen oder überbetrieblichen Zusatzversorgungseinrichtungen vor.[343] Allerdings muss nur ein Mindestschutz und keine vollständige Absicherung der Ansprüche auf Leistungen bei Alter aus Zusatzversorgungseinrichtungen gewährleistet werden.[344]

cc) Grenzüberschreitende Fälle. Durch die RL 2002/74/EG wurden in Art. 8a und 8b Vorschriften für grenzüberschreitende Fälle eingeführt. Damit wird die Rspr. des EuGH zur Bestimmung der zuständigen Garantieeinrichtung in grenzüberschreitenden Insolvenzfällen in der RL aufgenommen.[345] Ist danach ein Unternehmen, das im Hoheitsgebiet mehrerer Mitgliedstaaten tätig ist, zahlungsunfähig, so ist für die Befriedigung der nicht erfüllten AN-Ansprüche die Einrichtung desjenigen Mitgliedstaats zuständig, in dessen Hoheitsgebiet die AN ihre Arbeit gewöhnlich verrichten oder verrichtet haben. Zur Durchführung dieser Regelung bedarf es eines Austauschs der einschlägigen Informationen zwischen den zuständigen Verwaltungen und den jeweiligen Garantieeinrichtungen. Angaben über die jeweiligen zuständigen öffentlichen Verwaltungen und Garantieeinrichtungen werden von der Kommission der Öffentlichkeit zugänglich gemacht.

3. Umsetzung in Deutschland. § 183 Abs. 1 SGB III gibt den AN bei Vorliegen der Voraussetzungen einen Anspruch auf Insolvenzgeld. Zu den AN in diesem Sinne gehören auch die Heimarbeiter i.S.d. § 12 Abs. 2 SGB IV und die im Rahmen einer betrieblichen Berufsbildung Beschäftigten. In der Rechtssache *Mau* hatte der EuGH die Regelung des § 183 Abs. 1 Nr. 1 SGB III, wonach die AN einen Anspruch auf Insolvenzgeld haben, wenn sie bei Eröffnung des Insolvenzverfahrens für die vorausgehenden drei Monate des Arbverh noch Ansprüche auf Arbeitsentgelt haben, für unvereinbar mit der Insolvenzschutz-RL erklärt.[346] Die Entscheidung erging noch zur ursprünglichen Insolvenzschutz-RL vor der Neufassung durch die RL 2002/74/EG. Danach lag der Garantiezeitraum vor einem bestimmten Endzeitpunkt, den die Mitgliedstaaten unter den drei in Art. 3 Abs. 2 a.F. aufgeführten Zeitpunkten auswählen konnten. Deutschland hatte in seiner Umsetzungsnorm des § 183 Abs. 1 SGB III auf den Zeitpunkt des Eintritts der Zahlungsunfähigkeit des AG abgestellt. Hinsichtlich der Frage, wann die Zahlungsunfähigkeit des AG eintritt, stellte der EuGH auf den Zeitpunkt der Einreichung des Antrags auf Eröffnung des Insolvenzverfahrens und nicht den Zeitpunkt der Ent-

---

336 EuGH 19.11.1991 – C- 6/90 und 9/90 – Francovich – Rn 25 – Slg. 1991 I-5357 = NJW 1992, 165. Zu beachten sind die Vorgaben des Art. 5 der Insolvenzschutz-RL 80/987/EWG.
337 EuGH 18.10.2001 – C-441/99 – Rikskatteverket – Rn 39 – Slg. 2001, 7687 = NZA 2002, 31.
338 Die Mitgliedstaaten, die einen Bezugszeitraum von mindestens 18 Monaten vorsehen, können den Zeitraum, für den die Garantieeinrichtung die nicht erfüllten Ansprüche zu befriedigen hat, auf acht Wochen beschränken, Art. 4 Abs. 2 Unterabs. 2 der Insolvenzschutz-RL 80/987/EWG.
339 EuGH 12.12.2002 – C-442/00 – Caballero – Slg. 2002, I-11915; EuGH 7.9.2006 – C-81/05 – Anacleto – NJW 2006, 3623; EuGH 17.1.2008 – C-246/06 – Navarro – NJW 2008, 1057, ZESAR 2008, 355 m. Anm. *Hergenröder*.
340 Art. 4 Abs. 3 der Insolvenzschutz-RL 80/987/EWG.
341 Art. 6 der Insolvenzschutz-RL 80/987/EWG.
342 Art. 7 der Insolvenzschutz-RL 80/987/EWG.
343 Art. 8 der Insolvenzschutz-RL 80/987/EWG.
344 EuGH 25.1.2007 – C-278/05 – Robins – EuZW 2007, 182, wo der Schutz als nicht ausreichend angesehen wurde, wenn eine Kürzung der Altersversorgungsleistungen um bis zu 80 % eintritt.
345 EuGH 17.9.1997 – C-117/96 – Mosbaek – Slg. 1997 I-5017 = EuZW 1997, 691; EuGH 16.12.1999 – C-198/98 – Everson – Slg. 1999, 8903 = ZIP 2000, 89.
346 EuGH 15.5.2003 – C-160/01 – Mau – Slg. 2003, I-4791 = ZIP 2003, 1000.

scheidung über den Antrag ab.[347] Mit der Neufassung der Insolvenzschutz-RL durch die RL 2002/74/EG wurde die bisherige – als unnötig kompliziert bezeichnete[348] – Regelung über die zeitliche Begrenzung der Garantie in Art. 3 und 4 der RL geändert. Die Mitgliedstaaten müssen nach der Neufassung nicht mehr einen von drei vorgegebenen Zeitpunkten, auf den für den Beginn des Bezugszeitraums abzustellen ist, wählen. Außerdem kann der Garantiezeitraum vor und/oder ggf. nach einem von den Mitgliedstaaten selbst festgelegten Zeitpunkt liegen.[349] Nach der Neufassung der Insolvenzschutz-RL ist damit von einer RL-Konformität des § 183 SGB III auszugehen. Die AN erhalten von der zuständigen AA auf Antrag das Insolvenzgeld. Berücksichtigt werden die Ansprüche auf Arbeitsentgelt für die letzten drei dem Insolvenzereignis vorausgehenden Monate. Die Höhe des Insolvenzgelds entspricht gem. §§ 183, 185 SGB III dem Teil des Nettoarbeitsentgelts, den der AN noch für die maßgeblichen letzten drei Monate vor dem Insolvenzereignis bekommen hat. In den §§ 358 ff. SGB III ist das Verfahren zur Aufbringung der Mittel für das Insolvenzgeld geregelt.[350] Durch das Unfallversicherungsmodernisierungsgesetz wurde der Einzug der Umlage für das Insolvenzgeld ab dem 1.1.2009 von den Unfallversicherungsträgern auf die Krankenkassen als Einzugsstellen übertragen.

151 Die Zahlung der Beiträge zur Sozialversicherung für die letzten drei dem Insolvenzereignis vorausgehenden Monate durch die AA wird durch die Regelung des § 208 Abs. 1 SGB III sichergestellt. Schutz der Leistungsanwartschaften und -rechte der AN aus betrieblichen oder überbetrieblichen Zusatzversorgungseinrichtungen gewährleistet der Pensions-Sicherungs-Verein gem. §§ 7 ff. BetrAVG.

E. Arbeitnehmerbeteiligung

I. Europäische Betriebsräte-Richtlinie 94/45/EG

Literatur: *Beauregard/Buchmann*, Die neue Richtlinie über Europäische Betriebsräte, BB 2009, 1417; *Hromadka*, Rechtsfragen zum Eurobetriebsrat, DB 1995, 1125; *Kolvenbach*, Europäische Betriebsräte – Umsetzung, Anwendung und Vorbildfunktion der Richtlinie 94/45/EG, NZA 2000, 518; *Sandmann*, Die Euro-Betriebsrats-Richtlinie 94/45/EG, 1996; *Schiek*, Europäische Betriebsvereinbarungen, RdA 2001, 218; *Schmidt*, Betriebliche Arbeitnehmervertretungen insbesondere im Europäischen Recht, RdA 2001, Beilage Heft 5, 12; *ders.*, Die Rechtsstellung des Europäischen Betriebsrats nach französischem und deutschem Arbeitsrecht im Spannungsverhältnis zwischen europäischer Normsetzung und nationaler Arbeitsrechtstradition, NZA 2002, 1272; *Trittin/Gilles*, Mitbestimmung im internationalen Konzern, AuR 2008, 136; *Weiss*, Die Umsetzung der Richtlinie über Europäische Betriebsräte, AuR 1995, 438; *Willemsen/Hohenstatt*, Chancen und Risiken von Vereinbarungen gemäß Artikel 13 der „Euro-Betriebsrat"-Richtlinie, NZA 1995, 399

1. Allgemeines 152	b) Inhalt der EBR-Richtlinie 154
2. Regelungsgehalt 153	3. Umsetzung in Deutschland 159
a) Anwendungsbereich 153	

152 **1. Allgemeines.** Mit der Europäischen Betriebsräte-RL 94/45/EG (EBR-RL)[351] sollte in gemeinschaftsweit operierenden Unternehmen und Unternehmensgruppen durch die Einsetzung eines EBR oder die Schaffung eines Verfahrens zur Unterrichtung und Anhörung der AN das Recht der AN auf Unterrichtung und Anhörung gestärkt werden. Die EU-Kommission hat im Juli 2008 einen Vorschlag zur Revision der EBR-RL vorgelegt und am 6.5.2009 wurde die **neue EBR-Richtlinie 2009/38/EG** verabschiedet.[352] Ziel ist, die Wirksamkeit der AN-Rechte auf länderübergreifende Unterrichtung und Anhörung zu gewährleisten, den Anteil der Europäischen Betriebsräte zu erhöhen, die Rechtssicherheit zu erweitern und eine bessere Abstimmung der Richtlinien zum Thema Unterrichtung und Anhörung der AN sicherzustellen. Inhaltlich werden bspw. die Begriffe „Unterrichtung" und „Anhörung" präzisiert und die Zuständigkeit des EBR auf länderübergreifende Fragen begrenzt. Es gibt keine Verpflichtung zur Neuverhandlung bestehender Vereinbarungen.[353]

153 **2. Regelungsgehalt. a) Anwendungsbereich.** Der Geltungsbereich der EBR-RL erstreckt sich auf alle gemeinschaftsweit operierenden Unternehmen und Unternehmensgruppen.[354] Ein gemeinschaftsweit operierendes

---

347 EuGH 10.7.1997 – C-94/95 und C-95/95 – Bonifaci – Rn 42, 44 – Slg. 1997, I-3969 = ZIP 1997, 1663; EuGH 15.5.2003 – C-160/01 – Mau – Rn 22 – Slg. 2003, I-4791 = ZIP 2003, 1000.
348 Vgl. Begründung der Kommisson KOM (2000) 832 endg., Ziff. 4.2.
349 Art. 3 Unterabs. 2 der Insolvenzschutz-RL 80/987/EWG in der Neufassung durch die RL 2002/74/EG.
350 Zur Frage der Rechtmäßigkeit der allein AG-finanzierten vgl. BSG v. 29.5.2008 – B 11a AL 61/06 R.
351 RL 94/45/EG des Rates v. 22.9.1994 über die Einsetzung eines EBR oder die Schaffung eines Verfahrens zur Unterrichtung und Anhörung der AN in gemeinschaftsweit operierenden Unternehmen und Unternehmensgruppen (ABl EG L 254 v. 30.9.1994, S. 64), geändert durch die RL 97/74/EG v. 15.12.1997 (ABl EG L 10 v. 16.1.1998, S. 22), geändert durch die RL 2006/109/EG v. 20.11.2006 (ABl EG L 363 v. 20.12.2006, S. 416).
352 Richtlinie 2009/38/EG des Europäischen Parlaments und des Rates vom 6.5.2009 über die Einsetzung eines Europäischen Betriebsrats oder die Schaffung eines Verfahrens zur Unterrichtung und Anhörung der Arbeitnehmer in gemeinschaftsweit operierenden Unternehmen und Unternehmensgruppen (ABl EG L 122 v. 16.5.2009, S. 28).
353 Art. 14 RL 2009/38/EG.
354 Art. 1 der EBR-RL 2009/38/EG.

Unternehmen ist gem. der EBR-RL ein Unternehmen mit mindestens 1.000 AN in den Mitgliedstaaten und mit jeweils mindestens 150 AN in mindestens zwei Mitgliedstaaten. Eine Unternehmensgruppe besteht aus einem herrschenden Unternehmen und den von diesem abhängigen Unternehmen.[355] Unerheblich ist, in welcher Rechtsform das herrschende Unternehmen betrieben wird.[356] Die RL findet auch Anwendung, wenn die zentrale Leitung sich nicht in einem Mitgliedstaat befindet.[357]

b) Inhalt der EBR-Richtlinie. Die EBR-RL lässt den Betriebspartnern einen weiten Spielraum bei der konkreten Ausgestaltung des Rechts auf Anhörung und Unterrichtung der AN. Sie gibt dabei einer Verhandlungslösung den Vorzug, die die Betriebspartner einvernehmlich erzielen.[358] Die zentrale Leitung nimmt dabei von sich aus oder auf schriftlichen Antrag von mind. 100 AN Verhandlungen mit einem als Vertretungsorgan der AN einzusetzenden besonderen Verhandlungsgremium auf.[359] Diese Verhandlungen sollen zu einer freiwilligen schriftlichen Vereinbarung führen, in der der Tätigkeitsbereich, die Zusammensetzung, die Befugnisse und die Mandatsdauer des EBR oder die Modalitäten eines Verfahrens zur Unterrichtung und Anhörung der AN festgelegt werden.[360] Es soll eine ausgewogene Vertretung der AN im Hinblick auf Tätigkeit, AN-Kategorie und Geschlecht erfolgen. Das besondere Verhandlungsgremium und die zentrale Leitung müssen nach Art. 6 Abs. 1 der RL im Geiste der Zusammenarbeit verhandeln, um zu einer Vereinbarung über die Modalitäten der Einrichtung eines EBR zu gelangen. Nach Art. 10 Abs. 4 der RL haben die Mitglieder des besonderen Verhandlungsgremiums und des EBR einen Anspruch auf Teilnahme an den erforderlichen Schulungen, ohne Lohn- bzw. Gehaltseinbußen zu erleiden.

Der EuGH hat entschieden, dass es aus Gründen der praktischen Wirksamkeit der RL unerlässlich ist, den betroffenen AN Zugang zu bestimmten Informationen zu verschaffen, aufgrund derer sie feststellen können, ob sie einen Anspruch auf Aufnahme von Verhandlungen zwischen der zentralen Leitung und ihren eigenen Vertretern haben. Ein solches Recht auf Unterrichtung stellt eine notwendige Voraussetzung für die Feststellung des Bestehens eines gemeinschaftsweit operierenden Unternehmens oder einer gemeinschaftsweit operierenden Unternehmensgruppe dar, das seinerseits Voraussetzung für die Einsetzung eines EBR oder für ein Verfahren zur länderübergreifenden Unterrichtung und Anhörung der AN ist.[361] Die zentrale Leitung trifft die Verpflichtung, sowohl den AN-Vertretern unmittelbar die Auskünfte zu erteilen, die zur Aufnahme der Verhandlungen über die Einsetzung eines EBR unerlässlich sind,[362] als auch den AN diese Auskünfte mittels ihres der Gruppe angehörenden Unternehmens zu erteilen, von dem sie Auskünfte zunächst verlangt hat.[363] Die RL verlangt, dass die betroffenen AN oder ihre Vertreter Zugang zu den Informationen erhalten, aufgrund derer sie beurteilen können, ob sie einen Anspruch auf Aufnahme von Verhandlungen haben.[364] Es sind Auskünfte zu erteilen über die zur Unternehmensgruppe gehörenden Unternehmen und Betriebe, über deren Rechtsform und Vertretungsverhältnisse und die durchschnittliche Gesamtzahl der AN sowie deren Verteilung auf die Mitgliedstaaten, soweit diese Auskünfte zur Aufnahme der Verhandlungen zur Einrichtung eines EBR unerlässlich sind.[365] Das Gleiche gilt für Auskünfte über die Bezeichnungen der AN-Vertretungen und ihrer Vertreter, die für die AN der Unternehmen oder der von ihnen abhängigen Unternehmen bei der Errichtung eines EBR zu beteiligen sind.[366] Während die alte Fassung der EBR-RL 94/45/EG kaum Informationspflichten enthielt, findet sich in der EBR-RL 2009/38/EG nun in Art. 4 Abs. 4 die Pflicht jeder Leitung eines zu einer gemeinschaftsweit operierenden Unternehmensgruppe gehörenden Unternehmens, die zur Errichtung eines Besonderen Verhandlungsgremiums erforderlichen Informationen zu erteilen.

Die EBR-RL 2009/38/EG bietet geltenden bzw. bis zum 5.6.2011 abgeschlossenen Vereinbarungen Bestandsschutz. Laufen bestehende Vereinbarungen aus, so können die betroffenen Parteien beschließen, sie weiter anzuwenden oder zu überarbeiten. Ist dies nicht der Fall, gelten die Neuregelungen.[367]

Im Fall, dass die zentrale Leitung und die AN-V keine einvernehmliche Lösung finden oder einen entsprechenden Beschluss fassen, wird ein EBR kraft Gesetzes eingesetzt.[368] In diesem Fall finden die subsidiären Rechtsvorschriften des Mitgliedstaats Anwendung, in dem die zentrale Leitung ihren Sitz hat. Diese müssen den im Anhang der EBR-RL niedergelegten Bestimmungen genügen.

---

355 Art. 2 der EBR-RL 2009/38/EG.
356 *Hromadka*, DB 1995, 1125, 1126.
357 Vgl. den Erwägungsgrund (18) sowie Art. 4 Abs. 2 der EBR-RL 2009/38/EG.
358 *Fuchs/Marhold*, S. 179 f.
359 Zur Zusammensetzung des besonderen Verhandlungsgremiums siehe Art. 5 Abs. 2 EBR-RL 2009/38/EG.
360 Art. 5 Abs. 3, Art. 6 EBR-RL.
361 EuGH 29.3.2001 – C-62/99 – Bofrost – Rn 33 – NZA 2001, 506; EuGH 13.1.2004 – C-440/00 – Kühne & Nagel – Rn 46 – NZA 2004, 160.
362 EuGH 13.1.2004 – C-440/00 – Kühne & Nagel – Rn 49, 51 – NZA 2004, 160.
363 EuGH 15.7.2004 – C-349/01 – Anker – Rn 60 – NZA 2004, 1167.
364 EuGH 29.3.2001 – C-62/99 – Bofrost – Rn 38 – NZA 2001, 506.
365 EuGH 13.1.2004 – C-440/00 – Kühne & Nagel – Rn 70 – NZA 2004, 160.
366 EuGH 15.7.2004 – C-349/01 – Anker – Rn 65 – NZA 2004, 1167.
367 Art. 14 EBR-RL.
368 Art. 7 EBR-RL.

158 Das besondere Verhandlungsgremium kann außerdem durch Beschluss mit mindestens zwei Dritteln der Stimmen festlegen, keine Verhandlungen mit der zentralen Leitung zu eröffnen oder bereits eröffnete Verhandlungen zu beenden.[369] In diesem Fall bestehen keine entsprechenden Unterrichtungs- und Anhörungsrechte der AN in dem betreffenden Unternehmen.

159 3. Umsetzung in Deutschland. Die EBR-RL wurde durch das Gesetz über Europäische Betriebsräte (EBRG) in nationales Recht umgesetzt. Danach wird zwischen der zentralen Leitung und dem besonderen Verhandlungsgremium die Einsetzung eines EBR oder eines Verfahrens zur Unterrichtung und Anhörung der AN vereinbart.[370] Kommt eine solche Vereinbarung nicht zustande, wird ein EBR kraft Gesetzes errichtet.[371] Dem kraft Gesetz eingerichteten EBR stehen nur Unterrichtungs- und Anhörungsrechte zu.[372] In Deutschland besteht durch die Neufassung der EBR-RL kaum Anpassungsbedarf.[373]

II. Allgemeiner Rahmen für die Unterrichtung und Anhörung der Arbeitnehmer, Richtlinie 2002/14/EG

Literatur: *Bonin*, Die Richtlinie 2002/14/EG zur Unterrichtung und Anhörung der Arbeitnehmer und ihre Umsetzung in das Betriebsverfassungsrecht, AuR 2004, 321; *Deinert*, Vorschlag für eine europäische Mitbestimmungsrichtlinie und Umsetzungsbedarf im Betriebsverfassungsgesetz, NZA 1999, 800; *Düwell*, Auf dem Weg zu einem Europäischen Betriebsverfassungsrecht?, FA 2002, 172; *Reichold*, Durchbruch zu einer europäischen Betriebsverfassung – Die Rahmen-Richtlinie 2002/14/EG zur Unterrichtung und Anhörung der Arbeitnehmer, NZA 2003, 289; *Weiss*, Arbeitnehmermitwirkung in Europa, NZA 2003, 177

1. Allgemeines 160	bb) Unterrichtung und Anhörung auf der Grundlage einer Sozialpartnervereinbarung 169
2. Regelungsgehalt 161	
a) Anwendungsbereich 161	
b) Inhalt der Rahmenrichtlinie zur Unterrichtung und Anhörung der Arbeitnehmer 164	cc) Schutz vertraulicher Informationen und Schutz der Arbeitnehmervertreter ... 170
aa) Gegenstand der Unterrichtung und Anhörung 165	dd) Durchsetzung der Rechte 172
	3. Umsetzung in Deutschland 173
	4. Beraterhinweise 176

160 1. Allgemeines. Die RL 2002/14/EG[374] vom 11.3.2002 enthält einen allgemeinen Rahmen für die Unterrichtung und Anhörung der AN-V in Unternehmen und Betrieben mit mindestens 50 bzw. 20 Beschäftigen der Europäischen Gemeinschaft. Sie setzt Mindeststandards an Mitwirkungsrechten durch die Verpflichtung zur Unterrichtung und Anhörung der AN über die wirtschaftliche Entwicklung, die Beschäftigungssituation sowie über wesentliche Veränderungen der Arbeitsorganisation oder der Arbeitsverträge.[375] Die auf Art. 137 Abs. 2 EG gestützte, mit qualifizierter Mehrheit verabschiedete allgemeine Rahmen-RL ergänzt die spezielleren Informations- und Konsultationsrechte der Massenentlassungs- und Betriebsübergangs-RL und der RL über die Einsetzung eines EBR.[376] Unterrichtungs-, Anhörungs- und Beteiligungsrechte der AN-V finden sich außerdem in den RL über befristete Arbeitsverträge und Teilzeitarbeit, der Arbeitsschutz-RL sowie den Ergänzungs-RL zur Europäischen Aktiengesellschaft und zur Europäischen Genossenschaft.[377] Die RL war bis zum 23.3.2005 in nationales Recht umzusetzen.[378]

161 2. Regelungsgehalt. a) Anwendungsbereich. Die Regelungen der RL gelten entweder für Unternehmen mit mindestens 50 AN oder für Betriebe mit mindestens 20 AN.[379] Die RL erlaubt den Mitgliedstaaten insoweit, alternativ an die Organisationseinheit „Unternehmen" oder „Betrieb" anzuknüpfen. Kleinunternehmen und -betriebe fallen nicht in den Anwendungsbereich der RL. Von der RL werden alle Unternehmen bzw. Betriebe unabhängig von einer grenzüberschreitenden Aktivität erfasst.[380] Die Festlegung der Methode zur Berechnung der Schwellenwerte obliegt den Mitgliedstaaten.[381] Allerdings dürfen sie eine bestimmte Gruppe von AN bei der Berechnung der Be-

---

369 Art. 5 Abs. 5 EBR-RL.
370 § 1 EBRG. Ausführlich hierzu §§ 17–20 Rn 1 ff.
371 §§ 21 ff. EBRG.
372 §§ 32, 33 EBRG.
373 Hierzu *Beauregard/Buchmann*, BB 2009, 1417, 1422.
374 RL 2002/14/EG des Europäischen Parlaments und des Rates v. 11.3.2002 zur Festlegung eines allgemeinen Rahmens für die Unterrichtung und Anhörung der AN in der Europäischen Gemeinschaft (ABl EG L 80 v. 23.3.2002, S. 29).
375 *Bonin*, AuR 2004, 321.
376 Vgl. Art. 9 der RL 2002/14/EG; *Reichold*, NZA 2003, 289, 292; *Düwell*, FA 2002, 172, 174.
377 Ausführlich hierzu Hailbronner/Wilms/*Boecken*, Rn 178 ff.; *Weiss*, NZA 2003, 177.
378 Zu beachten ist die Übergangsregelung in Art. 10 der RL 2002/14/EG, wonach die Umsetzung in Ländern wie Irland und Großbritannien, wo bislang keine allgemeine gesetzliche Regelung über die Unterrichtung und Anhörung von AN bzw. keine allgemeine gesetzliche Regelung über die AN-V im Betrieb bestand, auf einen späteren Zeitpunkt verschoben werden kann.
379 Art. 3 Abs. 1 der RL 2002/14/EG.
380 Hailbronner/Wilms/*Boecken*, Rn 195; *Reichold*, NZA 2003, 289, 290.
381 Art. 3 Abs. 1, Unterabs. 2 der RL 2002/14/EG.

schäftigtenzahl nicht unberücksichtigt lassen.[382] Insoweit enthält das BetrVG weitere Voraussetzungen für das Erreichen der wesentlichen Schwellenwerte, wie eine Mindestzahl von „ständig wahlberechtigten" AN, die „i.d.R." erreicht wird.[383] Allerdings geht § 1 BetrVG für die Bildung von BR[384] von wesentlich niedrigeren Beschäftigtenzahlen aus als die in der RL genannten mindestens 20 AN, was eine nach Art. 4 Abs. 1 der RL zulässige, für die AN günstigere einzelstaatliche Bestimmung darstellt.[385]

Abweichungsmöglichkeiten von den RL-Bestimmungen ergeben sich gem. Art. 3 Abs. 2 der RL für **Tendenzbetriebe** i.S.d. § 118 BetrVG.[386] Der Tendenzschutz wird allerdings nur unter Einhaltung der in der Rahmen-RL festgelegten Grundsätze und Ziele gewährleistet. Eine weitere fakultative Bereichsausnahme besteht für die Hochseeschifffahrt.[387] **162**

Der AG ist auf der jeweils relevanten Leitungs- und Vertretungsebene zur Unterrichtung und Anhörung verpflichtet.[388] Berechtigt auf der AN-Seite sind die nach den einzelstaatlichen Rechtsvorschriften und/oder Gepflogenheiten vorgesehenen **Vertreter der AN**.[389] Insoweit kommen in Deutschland insb. der BR, die Personalvertretung, der Wirtschaftsausschuss[390] oder die JAV als Berechtigte in Betracht.[391] Eine direkte Information der AN wie in § 613a Abs. 5 BGB wird von der europäischen RL nicht beabsichtigt.[392] Richtigerweise ergibt sich aus der RL 2002/14/EG keine Pflicht zur Errichtung einer AN-Vertretung in betriebsratslosen Betrieben.[393] **163**

b) Inhalt der Rahmenrichtlinie zur Unterrichtung und Anhörung der Arbeitnehmer. Die RL unterscheidet zwischen der Unterrichtung und der Anhörung der AN-Vertreter. Die **Unterrichtung** stellt nach der Definition des Art. 2 lit. f die Übermittlung von Informationen durch den AG an die AN-Vertreter dar, um diesen Gelegenheit zur Kenntnisnahme und Prüfung der behandelten Fragen zu geben. Sie erfolgt zu einem Zeitpunkt, in einer Weise und in einer inhaltlichen Ausgestaltung, die dem Zweck angemessen sind und es insb. den AN-Vertretern ermöglichen, die Informationen angemessen zu prüfen und ggf. die Anhörung vorzubereiten.[394] Damit ist die rechtzeitige Offenbarung AG-seitiger Planungen bzw. Festlegungen zur Ermöglichung eines Sozialen Dialogs auf Unternehmens- bzw. Betriebsebene gemeint.[395] Das Recht zur Heranziehung externer SV wird von der RL nicht gewährleistet.[396] Die **Anhörung** ist die Durchführung eines Meinungsaustauschs und eines Dialogs zwischen AN-Vertretern und AG.[397] Auch sie muss zu einem Zeitpunkt, in einer Weise und in einer inhaltlichen Ausgestaltung durchgeführt werden, die dem Zweck angemessen sind.[398] Gemeint ist damit eine ausführliche Erörterung i.S.d. deutschen „Beratung".[399] Die Anhörung erfolgt auf der je nach behandeltem Thema relevanten Leitungs- und Vertretungsebene im Anschluss an die Unterrichtung auf der Grundlage der vom AG übermittelten Informationen und der ggf. von den AN-Vertretern hierzu abgegebenen Stellungnahme. Es muss den AN-Vertretern möglich sein, mit dem AG zusammenzukommen und eine mit Gründen versehene Antwort auf ihre etwaige Stellungnahme zu erhalten. **164**

aa) Gegenstand der Unterrichtung und Anhörung. Art. 4 Abs. 2 der RL 2002/14/EG nennt die Gegenstände, über die eine Unterrichtung und Anhörung zu erfolgen hat. Für die AN günstigere Bestimmungen nach nationalem Recht werden hiervon nicht berührt. **165**

---

382 EuGH 18.1.2007 – C-385/05 – CGT – EuZW 2007, 185 zu einer Regelung in Frankreich, wonach Personen unter 26 Jahren bei der Berechnung ausgenommen wurden.
383 Vgl. §§ 1 Abs. 1, 106 Abs. 1, 111 BetrVG; derartige Qualifikationsmerkmale, die nicht nur eine rein rechnerische Bestimmung der Beschäftigtenzahl darstellen, werden von *Bonin*, AuR 2004, 321, 322 und *Deinert*, NZA 1999, 800, 804 für richtlinienwidrig gehalten.
384 Vgl. § 12 BPersVG für die Bildung von PR; *Reichold*, NZA 2003, 289, 292 f.
385 Ebenso *Reichold*, NZA 2003, 289, 292 f.
386 Hierunter sind auch kirchliche Einrichtungen nach § 118 Abs. 2 BetrVG zu fassen; *Reichold*, NZA 2003, 289, 293 f.; MünchArb/*Richardi*, Bd. 2, § 196, Rn 5 f.
387 Art. 3 Abs. 3 der RL 2002/14/EG; vgl. insoweit § 114 BetrVG. Problematisch insoweit § 117 Abs. 2 BetrVG für Beschäftigte in der Luftfahrt, hierzu *Bonin*, AuR 2004, 321, 322.
388 Vgl. Art. 4 Abs. 1, Abs. 4 lit. b der RL 2002/14/EG; *Bonin*, AuR 2004, 321, 322.
389 Art. 2 lit. e der RL 2002/14/EG; vgl. *Hanau/Steinmeyer/Wank*, § 19 Rn 130.
390 So für die Unterrichtung *Deinert*, NZA 1999, 800, 801; *Reichold*, NZA 2003, 289, 299; vgl. auch *Franzen*, RdA 2002, 258, 262; ablehnend *Oetker*, NZA 1998, 1193, 1200 f.
391 *Bonin*, AuR 2004, 321, 322 f.
392 *Reichold*, NZA 2003, 289, 295.
393 In der Gemeinsamen Erklärung des Europäischen Parlaments, des Rates und der Kommission zur Vertretung der AN (ABl EG L 80 v. 23.3.2002, S. 34) wird klargestellt, dass die Errichtung einer betrieblichen AN-Vertretung nicht von der Anerkennung durch den AG abhängig gemacht werden darf. Insoweit wird auf die Rspr. des EuGH verwiesen, der eine entsprechende britische Regelung für unzulässig erklärt hat. Hierzu *Hanau/Steinmeyer/Wank*, § 19 Rn 130; *Reichold*, NZA 2003, 289, 294 f.; *Bonin*, AuR 2004, 321, 323.
394 Art. 4 Abs. 3 der RL 2002/14/EG.
395 Vgl. die Erwägungsgründe 7 bis 9 der RL 2002/14/EG; *Reichold*, NZA 2003, 289, 295; Oetker/Preis/*Oetker*, B 8300 Rn 123, 268 f., 314–320; *Deinert*, NZA 1999, 800, 804.
396 Ebenso *Reichold*, NZA 2003, 289, 295 f.; *Bonin*, AuR 2004, 321, 324.
397 Art. 2 lit. g der RL 2002/14/EG.
398 Art. 4 Abs. 4 lit. a der RL 2002/14/EG.
399 Vgl. §§ 90 Abs. 2, 92 Abs. 1 S. 2, 92a Abs. 2 S. 1, 97 Abs. 1 BetrVG. Ausführlich hierzu *Reichold*, NZA 2003, 289, 296; *Bonin*, AuR 2004, 321, 324.

166 Art. 4 Abs. 2 lit. a fordert die Unterrichtung über die jüngste Entwicklung und die wahrscheinliche Weiterentwicklung der Tätigkeit und der **wirtschaftlichen Situation** des Unternehmens oder des Betriebs. Eine Anhörung wird in wirtschaftlichen Angelegenheiten nicht verlangt. Eine noch im RL-Vorschlag der Kommission[400] vorgesehene Unterrichtung über die vorhersehbare Weiterentwicklung der Tätigkeit des Unternehmens und seiner finanziellen Situation muss nicht erfolgen.

167 Im Hinblick auf die **Beschäftigungssituation**, die Beschäftigungsstruktur und die wahrscheinliche Beschäftigungsentwicklung im Unternehmen oder Betrieb sowie zu ggf. geplanten antizipativen Maßnahmen, insb. bei einer Bedrohung der Beschäftigung, bedarf es nach Art. 4 Abs. 2 lit. b der RL einer Unterrichtung und Anhörung der AN-Vertreter. Im Vordergrund steht die Ermöglichung eines weiterführenden, mögliche Handlungsalternativen umfassenden Sozialen Dialogs auf Unternehmens- oder Betriebsebene.[401]

168 Nicht an geplante antizipative Maßnahmen, sondern erst an Entscheidungen des AG knüpft die in Art. 4 Abs. 2 lit. c enthaltene Pflicht zur Unterrichtung und Anhörung über Entscheidungen, die **wesentliche Veränderungen der Arbeitsorganisation oder der Arbeitsverträge** mit sich bringen können, an. Die Anhörung soll hier mit dem Ziel durchgeführt werden, zu einer Vereinbarung über die betreffenden Entscheidungen des AG zu gelangen.[402] Der Abschluss einer solchen Vereinbarung ist jedoch nicht erzwingbar.[403] Die Arbeitsorganisation erfasst alle Umstände, unter denen die Arbeitsleistung zu erbringen ist,[404] worunter insb. Arbeitsabläufe und Betriebsänderungen fallen.[405] Alternativ hat eine Unterrichtung und Anhörung bei einer Veränderung der Arbeitsverträge zu erfolgen, wobei auf die materiellen Arbeitsbedingungen der AN abzustellen ist.[406] „Wesentliche" Veränderungen sollen nur dann gegeben sein, wenn die Mehrheit der Belegschaft von den Entscheidungen des AG betroffen ist und die Entscheidung damit einen „kollektiven Charakter" aufweist.[407]

169 **bb) Unterrichtung und Anhörung auf der Grundlage einer Sozialpartnervereinbarung.** Art. 5 der RL räumt den Sozialpartnern auf geeigneter Ebene, einschließlich der Unternehmens- und Betriebsebene, die Möglichkeit ein, von den in der RL genannten Modalitäten der Unterrichtung und Anhörung abweichende Vereinbarungen zu treffen, wobei die Grundsätze der RL gewahrt werden müssen.

170 **cc) Schutz vertraulicher Informationen und Schutz der Arbeitnehmervertreter.** Zum Schutz der Unternehmen vor der Verbreitung bestimmter besonders sensibler Informationen ist es den AN-Vertretern und den etwaigen sie unterstützenden SV nicht gestattet, ausdrücklich als vertraulich mitgeteilte Informationen an AN oder Dritte weiterzugeben.[408] Solche vertraulichen Informationen werden nur nach Maßgabe eines berechtigten Interesses des Unternehmens geschützt.[409] Die Mitgliedstaaten sehen gem. Art. 6 Abs. 2 der RL vor, dass der AG in besonderen Fällen nicht unterrichten oder anhören muss, wenn hierdurch nach objektiven Kriterien die Tätigkeit des Unternehmens erheblich beeinträchtigt oder geschädigt werden könnte. Für den Fall, dass der AG Vertraulichkeit verlangt oder Informationen verweigert, haben die Mitgliedstaaten ein Rechtsbehelfsverfahren vorzusehen.[410]

171 Die Mitgliedstaaten haben dafür Sorge zu tragen, dass die AN-Vertreter bei der Ausübung ihrer Funktion einen ausreichenden Schutz und ausreichende Sicherheiten genießen, die es ihnen ermöglichen, die ihnen übertragenen Aufgaben in angemessener Weise wahrzunehmen.[411]

172 **dd) Durchsetzung der Rechte.** Nach Art. 8 Abs. 1 der RL haben die Mitgliedstaaten dafür zu sorgen, dass es geeignete Verwaltungs- und Gerichtsverfahren gibt, mit deren Hilfe die Erfüllung der sich aus dieser RL ergebenden Verpflichtungen durchgesetzt werden kann. Nach Abs. 2 sind außerdem wirksame, angemessene und abschreckende Sanktionen vorzusehen, die im Falle eines Verstoßes gegen die RL durch den AG oder die AN-Vertreter Anwendung finden.[412]

173 **3. Umsetzung in Deutschland.** Die Unterrichtung über die **wirtschaftliche Entwicklung** (Art. 4 Abs. 2 lit. a) erfolgt in Deutschland zum einen gem. § 106 Abs. 3 BetrVG über den Wirtschaftsausschuss sowie nach § 110 und § 43 Abs. 2 S. 3 BetrVG direkt über die AN. Problematisch ist insoweit, dass ein Wirtschaftsausschuss erst in

---

400 Art. 4 Abs. 1 lit. a des Vorschlags für eine RL zur Festlegung eines allgemeinen Rahmens für die Information und Anhörung der AN in der EG, KOM (1998) 612 endg.
401 *Reichold*, NZA 2003, 289, 296.
402 Art. 4 Abs. 4 lit. e der RL 2002/14/EG.
403 *Bonin*, AuR 2004, 321, 325; *Reichold*, NZA 2003, 289, 297.
404 Hierzu *Deinert*, NZA 1999, 800, 803; *Bonin*, AuR 2004, 321, 325.
405 Vgl. §§ 90, 91 und 111 BetrVG; *Reichold*, NZA 2003, 289, 297.
406 *Reichold*, NZA 2003, 289, 297; *Bonin*, AuR 2004, 321, 325.
407 *Reichold*, NZA 2003, 289, 297; *Bonin*, AuR 2004, 321, 325.
408 Art. 6 Abs. 1 der RL 2002/14/EG.
409 *Fitting* u.a., § 79 Rn 3; *Reichold*, NZA 2003, 289, 297.
410 Art. 6 Abs. 3 der RL 2002/14/EG.
411 Art. 7 der RL 2002/14/EG.
412 Vgl. zu dieser besonderen Sanktionsklausel *Hanau/Steinmeyer/Wank*, § 19 Rn 133 f.; *Reichold*, NZA 2003, 289, 298.

Unternehmen mit i.d.R. mehr als einhundert ständig beschäftigten AN zu bilden ist, § 106 Abs. 1 S. 1 BetrVG.[413] Für die Unterrichtung und Anhörung in **Beschäftigungsangelegenheiten** enthalten die §§ 92, 92a ff. und 96 ff. BetrVG eine den Vorgaben der RL genügende Mitwirkung des BR.[414] Regelungen zur Unterrichtung und Anhörung bei wesentlichen Veränderungen der **Arbeitsorganisation** finden sich in den §§ 111, 90, 106 BetrVG.

Der **Schutz vertraulicher Informationen** wird durch die in § 79 BetrVG enthaltene Geheimhaltungspflicht sichergestellt. Die Möglichkeit des Unternehmens, besonders geheimhaltungsbedürftige Informationen zurückzuhalten, wenn andernfalls das Unternehmen objektiv erheblich beeinträchtigt oder geschädigt werden könnte, ist nur für die Unterrichtung des Wirtschaftsausschusses in § 106 Abs. 2 BetrVG, nicht jedoch für den BR vorgesehen. Insoweit bedarf es einer entsprechenden Umsetzung in das nationale Recht.[415] Nach § 109 BetrVG entscheidet die Einigungsstelle über Meinungsverschiedenheiten in Bezug auf die Erteilung von Informationen. Im Übrigen steht das arbeitsgerichtliche Beschlussverfahren zur Verfügung.

Dem in Art. 7 der RL gewährleisteten **Schutz der AN-Vertreter** tragen die §§ 78, 119 Abs. 1 Nr. 2, 3 BetrVG sowie § 15 KSchG hinreichend Rechnung. Angemessene **Sanktionen** enthält das BetrVG in Gestalt des Nachteilsausgleichs gem. § 113 BetrVG, den Straf- und Bußgeldvorschriften der §§ 119 bis 121 BetrVG sowie dem Unterlassungsanspruch nach § 23 Abs. 3 BetrVG. Die Erfüllung der Unterrichtungs- und Anhörungsrechte nach §§ 92 ff., 111 BetrVG kann insb. mit dem Unterlassungsanspruch nach § 23 Abs. 3 BetrVG bzw. im Wege der einstweiligen Verfügung durchgesetzt werden.[416]

4. Beraterhinweise. Damit besonders sensible Informationen nicht an unberechtigte Dritte weitergegeben werden, sollten diese Informationen ausdrücklich als vertrauliche Informationen mitgeteilt werden. Dies sollte auch bezogen auf etwaige unterstützende SV geschehen.

III. Arbeitnehmerbeteiligung in der Europäischen Aktiengesellschaft (SE), Richtlinie 2001/86/EG

Literatur: Brandt, Der Diskussionsentwurf zu einem SE-Ausführungsgesetz, DStR 2003, 1208; *Handelsrechtsausschuss des Deutschen Anwaltvereins*, Stellungnahme zu dem Regierungsentwurf eines Gesetzes zur Einführung der Europäischen Gesellschaft (SEEG), NZG 2004, 957; *Herfs-Röttgen*, Arbeitnehmerbeteiligung in der Europäischen Aktiengesellschaft, NZA 2001, 424; *dies.*, Probleme der Arbeitnehmerbeteiligung in der Europäischen Aktiengesellschaft, NZA 2002, 358; *Ihrig/Wagner*, Das Gesetz zur Einführung der Europäischen Gesellschaft (SEEG) auf der Zielgeraden, BB 2004, 1749; *Jahn/Herfs-Röttgen*, Die Europäische Aktiengesellschaft – Societas Europaea, DB 2001, 631; *Kleinsorge*, Europäische Gesellschaft und Beteiligungsrechte der Arbeitnehmer, RdA 2002, 343; *Kleinsorge/Neye*, Europäische Gesellschaft – Durchbruch erreicht, BArbBl 2001, 5; *Lutter*, Europäische Aktiengesellschaft – Rechtsfigur mit Zukunft?, BB 2002, 1; *Nagel*, Die Europäische Aktiengesellschaft (SE) in Deutschland – der Regierungsentwurf zum SE-Einführungsgesetz, NZG 2004, 833; *ders.*, Die Mitbestimmung bei der formwechselnden Umwandlung einer deutschen AG in eine Europäische Gesellschaft (SE), AuR 2007, 329; *Niklas*, Beteiligung der Arbeitnehmer in der Europäischen Gesellschaft (SE) – Umsetzung in Deutschland, NZA 2004, 1200; *Pluskat*, Die Arbeitnehmerbeteiligung in der geplanten Europäischen AG, DStR 2001, 1483

1. Allgemeines 177	bb) Auffangregelung 183
2. Regelungsgehalt 180	cc) Negativ-Beschluss des besonderen
a) Anwendungsbereich 180	Verhandlungsgremiums 184
b) Inhalt der Richtlinie 2001/86/EG hinsichtlich der Arbeitnehmerbeteiligung in der SE 181	dd) Sonstige Bestimmungen 185
aa) Abschluss einer Vereinbarung 182	3. Umsetzung in Deutschland 186

1. Allgemeines. Die VO (EG) 2157/2001 über das Statut der Europäischen Aktiengesellschaft (**Societas Europaea – SE**)[417] wird ergänzt durch die RL 2001/86/EG[418] hinsichtlich der Beteiligung der AN. Die VO beschränkt sich auf die Regelung wesentlicher Rahmenbedingungen, während die SE im Übrigen den jeweiligen Rechtsvorschriften der Mitgliedstaaten unterliegt.[419] Die RL 2001/86/EG soll gewährleisten, dass die Gründung einer SE nicht

---

413 *Reichold*, NZA 2003, 289, 299; *Bonin*, AuR 2004, 321, 324.

414 *Reichold*, NZA 2003, 289, 298; Zur Frage, ob auch die Anhörung zur Personalbedarfsplanung von der RL erfasst ist, *Bonin*, AuR 2004, 321, 325.

415 A.A. *Deinert*, NZA 1999, 800, 801; *Reichold*, NZA 2003, 289, 297; *Bonin*, AuR 2004, 321, 327, die wegen des in Art. 4 Abs. 1 der RL enthaltenen Günstigkeitsprinzips davon ausgehen, dass kein Umsetzungsbedarf besteht. Allerdings verlangt Art. 6 Abs. 2 der RL von den Mitgliedstaaten, dass sie eine entsprechende Regelung „vorsehen" und lässt ihnen lediglich in Bezug auf die konkrete Ausgestaltung einen Umsetzungsspielraum.

416 Mitbestimmungsrechte können grds. auch im Wege der einstweiligen Verfügung gesichert werden, ErfK/*Eisemann*, § 23 BetrVG Rn 34; hierzu *Reichold*, NZA 2003, 289, 299; *Bonin*, AuR 2004, 321, 327 f.; *Hanau/Steinmeyer/Wank*, § 19 Rn 134.

417 VO (EG) Nr. 2157/2001 des Rates v. 8.10.2001 über das Statut der Europäischen Gesellschaft (SE) (ABl EG L 294 v. 10.11.2001, S. 1).

418 RL 2001/86/EG des Rates v. 8.10.2001 zur Ergänzung des Statuts der Europäischen Gesellschaft hinsichtlich der Beteiligung der AN (ABl EG L 294 v. 10.11.2001, S. 22).

419 Art. 9 der VO (EG) 2157/2001. Hierzu *Jahn/Herfs-Röttgen*, DB 2001, 631; *Schwarz*, ZIP 2001, 1847, 1849.

zur Beseitigung oder Einschränkung der Gepflogenheiten der AN-Beteiligung führt, die in den an der Gründung der SE beteiligten Gesellschaften herrscht.[420]

178 Die RL zur AN-Beteiligung ist durch zwei Grundprinzipien geprägt: zum einen das Gestaltungsprinzip, nach dem das Verfahren der grenzüberschreitenden Unterrichtung und Anhörung der AN sowie die Mitbestimmung vorrangig durch Vereinbarung zwischen den Unternehmensleitungen der Gründungsgesellschaften und einem dafür zu bildenden besonderen Verhandlungsgremium aus AN-Vertretern der verschiedenen Mitgliedstaaten zu treffen sind. Zum anderen zielt die RL auf die Sicherung der erworbenen Rechte der AN. Der bei den Gründungsgesellschaften vorhandene Bestand an Beteiligungsrechten der AN soll sich im Grundsatz auch in der SE wieder finden.

179 Die RL war von den Mitgliedstaaten bis zum 8.10.2004 in nationales Recht umzusetzen. Zu diesem Zeitpunkt trat auch die VO in Kraft.

180 **2. Regelungsgehalt. a) Anwendungsbereich.** Die SE ist eine gemeinschaftsrechtliche Gesellschaftsform für grenzüberschreitend tätige Unternehmen in der EU. Sie kann durch Verschmelzung, durch die Gründung einer Holding-SE, die Gründung einer gemeinsamen Tochter-SE oder die Umwandlung einer AG in eine SE gegründet werden.[421] Die RL unterscheidet zwischen drei verschiedenen Stufen der AN-Beteiligung. Neben der **Unterrichtung** enthält sie Regelungen in Bezug auf die **Anhörung** als der Einrichtung eines Dialogs und eines Meinungsaustauschs sowie über die **Mitbestimmung** als der Möglichkeit der AN-Vertretung, auf die Angelegenheiten einer Gesellschaft Einfluss zu nehmen.[422] Die Beteiligungsrechte sind je nach Gründungsform unterschiedlich ausgestaltet.[423] Eine Lösung hinsichtlich der Frage der AN-Beteiligung ist insoweit von Bedeutung, als eine SE nach Art. 12 der VO (EG) 2157/2001 erst dann in das Register des Sitzstaates eingetragen werden kann, wenn eine Vereinbarung über die AN-Beteiligung geschlossen worden ist, die Verhandlungsfrist ohne den Abschluss einer Vereinbarung abgelaufen ist, oder das besondere Verhandlungsgremium einen Negativ-Beschluss gefasst hat.[424]

181 **b) Inhalt der Richtlinie 2001/86/EG hinsichtlich der Arbeitnehmerbeteiligung in der SE.** Die RL 2001/86/EG sieht kein einheitliches europäisches Modell der AN-Beteiligung in der SE vor.[425] Vorrangig soll zwischen der Unternehmensleitung und dem auf AN-Seite eingesetzten besonderen Verhandlungsgremium eine Vereinbarung über die AN-Beteiligung in der jeweiligen SE zustande kommen. Für den Fall des Scheiterns der Verhandlungen haben die Mitgliedstaaten eine Auffangregelung zur Beteiligung der AN einzuführen, die den Vorgaben der RL entsprechen muss. Schließlich hat das auf AN-Seite eingesetzte besondere Verhandlungsgremium die Möglichkeit zu beschließen, dass keine Verhandlungen aufgenommen bzw. die Verhandlungen abgebrochen werden.

182 **aa) Abschluss einer Vereinbarung.** Die Art. 3 bis 6 der RL 2001/86/EG betreffen das Verhandlungsverfahren, das zum Abschluss einer schriftlichen Vereinbarung über die Beteiligung der AN in der betreffenden SE zwischen der Unternehmensleitung und dem besonderen Verhandlungsgremium auf AN-Seite führen kann. Die RL gibt einige Mindestinhalte für eine solche Vereinbarung vor.[426] Danach muss sie insb. die Befugnisse und das Verfahren zur Unterrichtung und Anhörung des Vertretungsorgans beinhalten.[427] Die Einigung über eine Vereinbarung zur Unternehmensmitbestimmung ist in die freie Entscheidung der Verhandlungsparteien gestellt.[428] Allerdings muss die Vereinbarung im Fall einer durch Umwandlung gegründeten SE mindestens das gleiche Ausmaß an AN-Beteiligung vorsehen, das zuvor in der umzuwandelnden Gesellschaft gewährleistet war.[429] Das besondere Verhandlungsgremium beschließt grds. mit absoluter Mehrheit seiner Mitglieder, sofern diese Mehrheit auch die absolute Mehrheit der AN vertritt. Für den Fall, dass die Vereinbarung eine Minderung der Mitbestimmungsrechte zur Folge hat, gelten besondere Regelungen.[430] Die Verhandlungen können bis zu sechs Monate andauern und bei Einvernehmen der Parteien bis zu insgesamt einem Jahr ab der Einsetzung des besonderen Verhandlungsgremiums fortgesetzt werden.[431]

183 **bb) Auffangregelung.** Jeder Mitgliedstaat muss eine den im Anhang der RL niedergelegten Bestimmungen genügende Auffangregelung erlassen. Die Auffangregelung muss entsprechende Regelungen über die Zusammensetzung des Organs zur Vertretung der AN und über die Unterrichtung und Anhörung dieses Vertretungsorgans enthalten. Des Weiteren enthält der Anhang Bestimmungen über eine Auffangregelung für die Mitbestimmung.[432] Nach Art. 7 Abs. 1 der RL findet die Auffangregelung des Mitgliedstaates, in dem die SE ihren Sitz haben soll, Anwendung,

---

420 Vgl. Nr. 18 der Erwägungsgründe der RL 2001/86/EG. Der Schutz erworbener Beteiligungsrechte der AN wird durch eine Vorher-Nachher-Betrachtung erreicht.
421 Art. 2 der VO (EG) 2157/2001.
422 Art. 2 lit. i bis k der RL 2001/86/EG.
423 Vgl. *Kleinsorge*, RdA 2002, 343, 346 f.
424 Art. 12 Abs. 2 der VO (EG) Nr. 2157/2001.
425 Nr. 5 der Erwägungsgründe der RL 2001/86/EG.
426 Art. 4 Abs. 2 der RL 2001/86/EG.
427 Zur Frage, ob ein gänzlicher Verzicht auf grenzüberschreitende Unterrichtungs- und Anhörungsrechte möglich ist, *Kleinsorge*, RdA 2002, 343, 347; diese Möglichkeit bejahend *Herfs-Röttgen*, NZA 2002, 358, 361.
428 Art. 4 Abs. 2 lit. g der RL 2001/86/EG.
429 Art. 4 Abs. 4 der RL 2001/86/EG.
430 Art. 3 Abs. 4 der RL 2001/86/EG.
431 Art. 5 der RL 2001/86/EG.
432 Die Auffangregelung für die Mitbestimmung findet nur in den Fällen des Art. 7 Abs. 2 der RL 2001/86/EG Anwendung.

wenn bis zum Ablauf der maximalen Verhandlungsdauer keine Vereinbarung zustande gekommen ist[433] oder die Parteien die Anwendung der Auffangregelung vereinbaren.

cc) Negativ-Beschluss des besonderen Verhandlungsgremiums. Das besondere Verhandlungsgremium kann mit Zweidrittel-Mehrheit beschließen, keine Verhandlungen zur Herbeiführung einer Vereinbarung über die AN-Beteiligung aufzunehmen bzw. bereits aufgenommene Verhandlungen abzubrechen. In diesem Fall gelten die jeweiligen nationalen Vorschriften für die Unterrichtung und Anhörung der AN der Mitgliedstaaten, in denen die SE AN beschäftigt.[434] Nach Art. 13 Abs. 2 der RL ist in diesem Fall die EBR-RL 94/45/EG anzuwenden.

184

dd) Sonstige Bestimmungen. Die RL enthält des weiteren Bestimmungen über die Verschwiegenheit und Geheimhaltung bestimmter Informationen[435] und den Schutz der AN-Vertreter.[436]

185

3. Umsetzung in Deutschland. Die VO (EG) 2157/2001 über das Statut der Europäischen AG, die bereits am 8.10.2004 als unmittelbar geltendes Recht in Kraft getreten ist, wird ergänzt durch das SE-Ausführungsgesetz (SE-AG) vom 22.12.2004.[437] Die Umsetzung der RL 2001/86/EG über die Beteiligung der AN erfolgte durch das **SE-Beteiligungsgesetz (SEBG)**.[438] Für die AN-Beteiligung ist ein Verhandlungsverfahren vorgesehen, bei dessen Scheitern eine Mindestbeteiligung kraft Gesetzes eingreift. Ziel des SEBG ist, die – in den unmittelbar an der Gründung der SE beteiligten Gesellschaften – bestehenden Beteiligungsrechte der AN in einer SE zu sichern. Geregelt werden sowohl die betriebliche Mitbestimmung in einem SE-BR als auch die Unternehmensmitbestimmung im Aufsichts- oder Verwaltungsorgan der SE. Dabei gilt vorrangig die Gestaltung, auf die sich die Leitungen der beteiligten Gesellschaften und das besondere Verhandlungsgremium der AN geeinigt haben.[439] Im Falle des Scheiterns greift eine Auffangregelung. Die Mitglieder des besonderen Verhandlungsgremiums werden von einem Wahlgremium in geheimer und unmittelbarer Wahl gewählt. Jedes dritte deutsche Mitglied ist auf Vorschlag einer Gewerkschaft zu wählen, die in einem an der Gründung der SE beteiligten Unternehmen vertreten ist.[440]

186

Nach § 13 SEBG schließt das besondere Verhandlungsgremium mit dem jeweiligen Leitungs- oder Verwaltungsorgan eine schriftliche Vereinbarung über die Beteiligung der AN in der SE. Das besondere Verhandlungsgremium kann außerdem nach § 16 SEBG beschließen, keine Verhandlungen aufzunehmen oder bereits aufgenommene Verhandlungen abzubrechen. Damit ist das Verfahren zur Schaffung einer AN-Beteiligung in der SE vorerst beendet.[441] Soweit keine Vereinbarung zustande kommt oder die Parteien dies vereinbaren, wird ein SE-BR kraft Gesetzes eingerichtet. Auffangregelungen zur Mitbestimmung der AN im Aufsichts- oder Verwaltungsorgan finden sich in den §§ 34 ff. SEBG, wobei der Umfang der Mitbestimmung von der Gründung der SE durch Umwandlung, Verschmelzung, Bildung einer Holding- oder Tochter-SE abhängt.

187

IV. Arbeitnehmerbeteiligung in der Europäischen Genossenschaft (SCE), Richtlinie 2003/72/EG

Literatur: Düwell, Das Gesetz zur Einführung der Europäischen Genossenschaft und zur Änderung des Genossenschaftsrechts, FA 2006, 330; *Schulze*, Europäische Genossenschaft, 2004; *ders.*, Die Europäische Genossenschaft (SCE), NZG 2004, 792

1. Allgemeines 188	bb) Auffangregelung 192
2. Regelungsgehalt 189	cc) Negativ-Beschluss des besonderen
a) Anwendungsbereich 189	Verhandlungsgremiums 193
b) Inhalt der Richtlinie 2003/72/EG hinsichtlich der Arbeitnehmerbeteiligung in der SCE 191	dd) Kleinstgenossenschaften 194
	ee) Sonstige Bestimmungen 195
	3. Umsetzung in Deutschland 196
aa) Abschluss einer Vereinbarung 191	

1. Allgemeines. Die VO (EG) Nr. 1435/2003 über das Statut der Europäischen Genossenschaft (**Societas Cooperativa Europaea – SCE**)[442] ermöglicht Unternehmen jedweder Rechtsform die grenzüberschreitende Kooperation in Form einer Europäischen Genossenschaft.[443] Die SCE besitzt Rechtspersönlichkeit.[444] Die Beteiligung der AN in

188

---

433 In diesem Fall können die Mitgliedstaaten vorsehen, dass die Auffangregelung für die Mitbestimmung nicht zur Anwendung kommt, Art. 7 Abs. 3 der RL 2001/86/EG.
434 Art. 3 Abs. 6 der RL 2001/86/EG. Im Fall der durch Umwandlung gegründeten SE findet diese Regelung keine Anwendung, wenn in der umzuwandelnden Gesellschaft Mitbestimmung besteht, Art. 3 Abs. 6 Unterabs. 3 der RL 2001/86/EG.
435 Art. 8 der RL 2001/86/EG.
436 Art. 10 der RL 2001/86/EG.
437 Art. 1 des Gesetzes zur Einführung der Europäischen Gesellschaft (SEEG) v. 22.12.2004 (BGBl I S. 3675).
438 Art. 2 SEEG.
439 *Handelsrechtsausschuss des Deutschen Anwaltvereins*, NZA 2004, 957, 959.
440 § 8 Abs. 1 S. 2 SEBG.
441 *Nagel*, NZG 2004, 833, 837.
442 VO (EG) Nr. 1435/2003 des Rates v. 22.7.2003 über das Statut der Europäischen Genossenschaft (SCE) (ABl EG L 207 v. 18.8.2003, S. 1).
443 *Schulze*, NZG 2004, 792.
444 Art. 1 Abs. 5 der VO (EG) Nr. 1435/2003.

der SCE wird durch die RL 2003/72/EG[445] geregelt. Diese RL-Bestimmungen bilden eine untrennbare Ergänzung der VO (EG) Nr. 1435/2003, weshalb die VO auch erst mit Ablauf der Umsetzungsfrist der RL am 18.8.2006 in Kraft getreten ist. Eine Klage des Europäischen Parlaments auf Nichtigerklärung der VO (EG) Nr. 1435/2003, da eine falsche Rechtsgrundlage gewählt worden sei, wurde vom EuGH abgewiesen.[446]

189 **2. Regelungsgehalt. a) Anwendungsbereich.** Da die RL zur AN-Beteiligung in der SCE ähnlichen Zielsetzungen dient wie die RL zur Europäischen AG, gleichen sich ihre Bestimmungen zum größten Teil. Abweichungen ergeben sich in Bezug auf die beteiligten Parteien, den Gründungsvorgang und das Wesen der SCE. Die SCE kann entweder durch eine Neugründung, durch eine Verschmelzung von bereits bestehenden Genossenschaften oder im Wege der Umwandlung einer bestehenden nationalen Genossenschaft in die neue Rechtsform ohne vorherige Auflösung gegründet werden.[447]

190 Ebenso wie bei der AN-Beteiligung in der Europäischen AG sieht die RL 2003/72/EG kein einheitliches europäisches Modell der AN-Beteiligung in der SCE vor.[448] Die RL unterscheidet zwischen der Unterrichtung, der Anhörung und der Mitbestimmung, wobei auf die in der RL zur Europäischen AG verwendeten Begriffe Bezug genommen werden kann. Die Beteiligungsrechte sind je nach Gründungsform unterschiedlich ausgestaltet.

191 **b) Inhalt der Richtlinie 2003/72/EG hinsichtlich der Arbeitnehmerbeteiligung in der SCE. aa) Abschluss einer Vereinbarung.** Vorrangig soll zwischen einem besonderen Verhandlungsgremium als Vertretung der AN und dem jeweils zuständigen Organ auf AG-Seite eine schriftliche Vereinbarung über die Beteiligung der AN getroffen werden.[449] In Bezug auf den Inhalt der Vereinbarung gelten die gleichen Regeln wie bei der Europäischen AG.[450] Danach enthält die Vereinbarung eine Regelung über die Befugnisse und das Verfahren zur Unterrichtung und Anhörung des Vertretungsorgans.[451] Ob die Vereinbarung eine Einigung zur Unternehmensmitbestimmung enthält, können die Verhandlungsparteien frei entscheiden.[452] Allerdings muss im Fall einer durch Umwandlung gegründeten SCE in Bezug auf alle Komponenten der AN-Beteiligung zumindest das gleiche Ausmaß gewährleistet werden, das zuvor in der umzuwandelnden Genossenschaft bestand.[453] Für den Fall, dass die Vereinbarung eine Minderung der Mitbestimmungsrechte zur Folge hat, gelten besondere Mehrheitserfordernisse.[454] Die Verhandlungen können sechs Monate andauern. Die Parteien können einvernehmlich beschließen, dass die Verhandlungen bis zu insgesamt einem Jahr ab der Einsetzung des besonderen Verhandlungsgremiums fortgesetzt werden.[455]

192 **bb) Auffangregelung.** Die Mitgliedstaaten müssen eine den im Anhang der RL niedergelegten Bestimmungen genügende Auffangregelung für die AN-Beteiligung in der SCE erlassen.[456] Ist bis zum Ablauf der maximalen Verhandlungsdauer keine Vereinbarung zustande gekommen oder haben die Parteien dies vereinbart, findet die Auffangregelung des Mitgliedstaates Anwendung, in dem die SE ihren Sitz haben soll.[457]

193 **cc) Negativ-Beschluss des besonderen Verhandlungsgremiums.** Nach Art. 3 Abs. 6 kann das besondere Verhandlungsgremium mit Zweidrittel-Mehrheit beschließen, keine Verhandlungen aufzunehmen oder bereits aufgenommene Verhandlungen abzubrechen. In diesem Fall gelten die jeweiligen nationalen Vorschriften für die Unterrichtung und Anhörung der AN der Mitgliedstaaten, in denen die SCE AN beschäftigt.[458]

194 **dd) Kleinstgenossenschaften.** Auf Genossenschaften, die ausschließlich von natürlichen Personen oder von nur einer einzigen juristischen Person sowie natürlichen Personen gegründet wird, die insgesamt weniger als 50 AN oder in nur einem Mitgliedstaat 50 oder mehr AN beschäftigen, ist es nicht gerechtfertigt, die vorgenannten Bestimmungen anzuwenden. Nach Art. 8 Abs. 2 der RL unterliegt die Kleinstgenossenschaft den nationalen Vorschriften für die AN-Beteiligung des Mitgliedstaates, in dem sie ihren Sitz nimmt, oder der Mitgliedstaaten, in denen sie Tochtergesellschaften oder Niederlassungen besitzt. Allerdings hat auch eine Kleinstgenossenschaft das in der RL beschriebene Verfahren durchzuführen, wenn eine erhebliche Anzahl von AN dies verlangt.[459]

---

445 RL 2003/72/EG des Rates v. 22.7.2003 zur Ergänzung des Statuts der Europäischen Genossenschaft hinsichtlich der Beteiligung der AN (ABl EG L 207 v. 18.8.2003, S. 25).
446 EuGH 2.5.2006 – C-436/03 – Parlament/Komm. und Rat – EuZW 2006, 380.
447 Art. 2 der VO (EG) Nr. 1435/2003.
448 Nr. 5 der Erwägungsgründe der RL 2003/72/EG.
449 Nr. 8 der Erwägungsgründe und Art. 3 Abs. 3 der RL 2003/72/EG.
450 Vgl. Art. 4 der RL 2003/72/EG.
451 Art. 4 Abs. 2 lit. c der RL 2003/72/EG.
452 Art. 4 Abs. 2 lit. g der RL 2003/72/EG.
453 Art. 4 Abs. 4 der RL 2003/72/EG.
454 Art. 3 Abs. 4 der RL 2003/72/EG.
455 Art. 5 der RL 2003/72/EG.
456 Art. 7 Abs. 1 der RL 2003/72/EG.
457 Art. 7 Abs. 2 und 3 der RL 2003/72/EG enthalten besondere Regelungen für die Anwendbarkeit der Auffangregelung zur Mitbestimmung.
458 Art. 3 Abs. 6 der RL 2003/72/EG. Im Fall einer durch Umwandlung gegründeten SCE findet diese Regelung keine Anwendung, wenn in der umzuwandelnden Genossenschaft Mitbestimmung besteht, Art. 3 Abs. 6 Unterabs. 3 der RL 2003/72/EG. Zu beachten ist außerdem Art. 15 Abs. 1 der RL 2003/72/EG, wonach im Fall eines Negativ-Beschlusses die EBR-RL 94/45/EG zur Anwendung kommt.
459 Art. 8 Abs. 3 der RL 2003/72/EG.

ee) Sonstige Bestimmungen. Die RL enthält des weiteren Bestimmungen über die Verschwiegenheit und Geheimhaltung bestimmter Informationen und den Schutz der AN-Vertreter.[460]

3. Umsetzung in Deutschland. Am 18.8.2006 ist das Gesetz über die Beteiligung der AN in einer Europäischen Genossenschaft (**SCE-Beteiligungsgesetz – SCEBG**) in Kraft getreten.[461] Das SCEBG setzt die Vorgaben der RL 2003/72/EG zur Ergänzung des Statuts der SCE hinsichtlich der Beteiligung der AN in innerstaatliches Recht um. Zeitgleich ist das Gesetz zur Ausführung der VO (EG) Nr. 1435/2003 über das Statut der SCE (SCEAG) in Kraft getreten.[462] Da sich bereits die Verordnung zur SCE und die RL zur AN-Beteiligung in der SCE an die Regelungen zur SE anlehnen, folgt auch das SCEBG weitgehend dem SEBG. Bei den Regelungen zur AN-Beteiligung steht die Vereinbarung im Vordergrund.[463] Die Auffanglösung folgt ebenfalls der Lösung bei der SE.

V. Arbeitnehmerbeteiligung in der Europäischen Privatgesellschaft (SPE)
1. Allgemeines. Die Europäische Kommission hat einen Verordnungsvorschlag für die Schaffung des Status der Europäischen Privatgesellschaft (**Societas Privata Europaea – SPE**) vorgelegt.[464] Ein Statut für Europäische Privatgesellschaften soll in erster Linie kleinen und mittleren Unternehmen (KMU) helfen, ihre Unternehmenstätigkeiten auf andere Mitgliedstaaten auszuweiten. Der Vorschlag zielt auf eine Senkung der Kosten für die Einhaltung von Vorschriften für die Gründung und den Betrieb von Unternehmen ab, die sich aus den Unterschieden zwischen den nationalen Vorschriften für die Gründung und den Betrieb von Unternehmen ergeben.

2. Regelungsgehalt. Die AN-Mitbestimmung in der SPE soll gem. Art. 34 des Verordnungsentwurfs grundsätzlich den Regeln des Mitgliedstaates unterliegen, in dem die SPE ihren eingetragenen Sitz hat.

2. Teil: Vertrag zur Gründung der Europäischen Gemeinschaft

Art. 39

(1) Innerhalb der Gemeinschaft ist die Freizügigkeit der Arbeitnehmer gewährleistet.
(2) Sie umfasst die Abschaffung jeder auf der Staatsangehörigkeit beruhenden unterschiedlichen Behandlung der Arbeitnehmer der Mitgliedstaaten in Bezug auf Beschäftigung, Entlohnung und sonstige Arbeitsbedingungen.
(3) Sie gibt – vorbehaltlich der aus Gründen der öffentlichen Ordnung, Sicherheit und Gesundheit gerechtfertigten Beschränkungen – den Arbeitnehmern das Recht,
a) sich um tatsächlich angebotene Stellen zu bewerben;
b) sich zu diesem Zweck im Hoheitsgebiet der Mitgliedstaaten frei zu bewegen;
c) sich in einem Mitgliedstaat aufzuhalten, um dort nach den für die Arbeitnehmer dieses Staates geltenden Rechts- und Verwaltungsvorschriften eine Beschäftigung auszuüben;
d) nach Beendigung einer Beschäftigung im Hoheitsgebiet eines Mitgliedstaats unter Bedingungen zu verbleiben, welche die Kommission in Durchführungsverordnungen festlegt.
(4) Dieser Artikel findet keine Anwendung auf die Beschäftigung in der öffentlichen Verwaltung.

Literatur: *Becker*, Freizügigkeit in der EU – auf dem Weg vom Begleitrecht zur Bürgerfreiheit, EuR 1999, 522; *Europäische Kommission*, Mitteilung – Freizügigkeit der Arbeitnehmer: Volle Nutzung der Vorteile und Möglichkeiten, KOM (2002) 694 endg.; *Gutmann*, Europarechtlicher Diskriminierungsschutz für türkische Arbeitnehmer, AuR 2000, 81; *Hänlein*, Übergangsregelungen beim EU-Beitritt der MOE-Staaten im Bereich der Arbeitnehmerfreizügigkeit und der sozialen Sicherheit, EuZW 2001, 165; *Hailbronner* (Hrsg.), 30 Jahre Freizügigkeit in Europa, 1998; *ders.*, Freizügigkeit, in: Dauses, Handbuch des EU-Wirtschaftsrechts, Bd. 1, D I; *ders.*, Öffentlicher Dienst und EG-Freizügigkeit, VBl BW 2000, 129; *ders.* (Hrsg.), Ausländerrecht, Stand 2006; *Hammerl*, Inländerdiskriminierung, 1997; *Husmann*, Ost-Erweiterung der EU und Arbeitnehmerfreizügigkeit, ZIAS 1999, 419; *Kahil-Wolff/Mosters*, Das Abkommen über die Freizügigkeit EG – Schweiz, EuZW 2001, 5; *Koenig/Steiner*, Die Vereinbarkeit nachvertraglicher Wettbewerbsverbote mit der Arbeitnehmerfreizügigkeit des EG-Vertrags, NJW 2002, 3583; *Lenz/Borchardt* (Hrsg.), EU- und EG-Ver-

---

460 Art. 10 und 12 der RL 2003/72/EG.
461 Gesetz über die Beteiligung der Arbeitnehmer und Arbeitnehmerinnen in einer Europäischen Genossenschaft (SCE-Beteiligungsgesetz – SCEBG) v. 14.8.2006 (BGBl I S. 1911).
462 Gesetz zur Ausführung der Verordnung (EG) Nr. 1435/2003 des Rates v. 22.7.2003 über das Statut der Europäischen Genossenschaft (SCE) v. 14.8.2006 (BGBl I S. 1911).
463 Düwell, FA 2006, 330, 331 f.
464 Vorschlag der Kommission v. 25.6.2008 für eine Verordnung des Rates über das Statut der Europäischen Privatgesellschaft, KOM (2008) 396.

trag, 3. Aufl. 2003; *Nowak*, EU-Osterweiterung, Personenfreizügigkeit und staatliche Schutzpflichten im Bereich der sozialen Sicherheit, EuZW 2003, 101; *Reichold*, Europäische Freizügigkeit und nationales Arbeitsrecht, 1997; *ders.*, Arbeitsrechtsstandards als „Aufenthaltsmodalitäten", ZEuP 1998, 434; *Roloff*, Das Beschränkungsverbot des Art. 39 EG (Freizügigkeit) und seine Auswirkungen auf das nationale Arbeitsrecht, 2003; *Schieffer*, Die neue Freizügigkeitsverordnung/EG, NVwZ 1998, 31; *Schilling*, Gleichheitssatz und Inländerdiskriminierung, JZ 1994, 8; *Streinz* (Hrsg.), EUV/EGV, 2003; *Veltmann*, Der Anwendungsbereich des Freizügigkeitsrechts der Arbeitnehmer gemäß Art. 48 EGV (Art. 39 EGV n.F.), 2000; *Waltermann/Janke*, Arbeitnehmerfreizügigkeit und Leistungen bei Arbeitslosigkeit in Europa, DB 1998, 1030; *Weth/Kerwer*, Grenzgänger, RdA 1998, 233

A. Allgemeines	1	III. Einzelne Freizügigkeitsrechte	26
B. Regelungsgehalt	7	1. Einreise	27
I. Anwendungsbereich	7	2. Aufenthalt	28
1. Räumlicher Anwendungsbereich	7	3. Stellensuche	30
2. Sachlicher Anwendungsbereich	8	4. Arbeitslosigkeit	31
3. Persönlicher Anwendungsbereich	10	5. Verbleib nach Beendigung der Beschäftigung	32
II. Diskriminierungsverbot	17	IV. Familienangehörige	34
1. Unmittelbare und mittelbare Diskriminierung	18	V. Sanktionen bei einem Verstoß	40
2. Beschränkungsverbot	24		

A. Allgemeines

1 Die Art. 39 bis 42 EG gewährleisten die Freizügigkeit der AN als gemeinschaftsweite Freiheit, sich unselbstständig wirtschaftlich zu betätigen. Zusammen mit der Niederlassungsfreiheit für Selbstständige und bestimmten Aspekten der Dienstleistungsfreiheit stellt sie den wesentlichen Bestandteil des freien Personenverkehrs dar. Weitere Freiheitsrechte können sich aus der Unionsbürgerschaft bzw. dem Sekundärrecht ergeben.[1] Die Freiheit des Personenverkehrs ist neben dem Warenverkehr (Art. 23, 28 EG), der Dienstleistungsfreiheit (Art. 49, 50 EG) und dem freien Kapitalverkehr (Art. 56 EG) eine der vier Grundfreiheiten, die der EG-Vertrag garantiert. Die AN-Freizügigkeit gewährleistet insb. ein Recht auf freien Zugang zum Arbeitsmarkt der anderen Mitgliedstaaten sowie ein Verbot der unmittelbaren oder mittelbaren Diskriminierung aufgrund der Staatsangehörigkeit, das vom EuGH zu einem umfassenden Beschränkungsverbot ausgebaut wurde.[2]

2 Die Vertragsbestimmungen, die die Freizügigkeit garantieren, entfalten **unmittelbare Wirkung** und begründen Rechte des Einzelnen.[3] Verpflichteter ist zunächst der Aufnahmestaat, in dem der AN tätig werden möchte. Allerdings darf auch der Heimatstaat einer Tätigkeit im Ausland keine Hindernisse in den Weg legen.[4] Das Diskriminierungsverbot des Art. 39 Abs. 2 EG gilt auch gegenüber Privaten (**horizontale Wirkung**).[5] Nach Art. 7 Abs. 4 der VO 1612/68 sind alle Bestimmungen in TV oder Einzelarbeitsverträgen oder sonstigen Kollektivvereinbarungen betreffend Zugang zur Beschäftigung, Beschäftigung, Entlohnung und alle übrigen Arbeits- und Künd-Bedingungen nichtig, soweit sie für AN, die Staatsangehörige anderer Mitgliedstaaten sind, diskriminierende Bedingungen vorsehen oder zulassen.

3 Für acht der zehn am 1.5.2004 der EU **neu beigetretenen mittel- und osteuropäischen Staaten** (außer Malta und Zypern) wurde den bisherigen Mitgliedstaaten die Möglichkeit eingeräumt, für die Ausübung der Freizügigkeitsrechte einen Übergangszeitraum von maximal sieben Jahren zu vereinbaren.[6] Für diese Staaten sieht der EU-Beitrittsvertrag ein abgestuftes System (2+3+2) zur Einschränkung der AN-Feizügigkeit vor.[7] Der Vertrag ermöglichte in den ersten zwei Jahren der Mitgliedschaft (bis 30.4.2006) ein Fortgelten des nationalen Arbeitserlaubnisrechts. Anschließend konnten die Mitgliedstaaten über eine vollständige Öffnung des Arbeitsmarktes entscheiden oder die Einschränkungen beibehalten. Nach Ablauf von fünf Jahren (30.4.2009) darf das Arbeitserlaubnisrecht für längstens zwei Jahre nur noch dann angewendet werden, wenn ein Mitgliedstaat nachweisen kann, dass durch den ungehinderten Zutritt von AN der Beitrittsstaaten auf den Arbeitsmarkt erhebliche Störungen bestehen oder drohen. Deutschland hat von der Möglichkeit der Einschränkung der Freizügigkeitsrechte Gebrauch gemacht.[8] Deutschland hat beschlossen, die Beschränkung des deutschen Arbeitsmarktes für AN aus den acht mittel- und osteuropäischen EU-Mitgliedstaaten bis 2011 zu verlängern. Für die am 1.1.2007 neu beigetretenen Staaten Bulgarien und Rumänien

---

[1] Hailbronner/Wilms/*Müller*, Art. 39 Rn 5; Lenz/Borchardt/*Scheuer*, Vorbem. Art. 39 Rn 1.

[2] Vgl. EuGH 15.12.1995 – C-415/93 – Bosman – Rn 94 ff. – Slg. 1995, I-4921 = NZA 1996, 191.

[3] EuGH 4.12.1974 – Rs. 41/74 – von Duyn – Rn 5/7 – Slg. 1974, 1337; EuGH 15.12.1995 – C-415/93 – Bosman – Rn 93 – Slg. 1995, I-4921.

[4] EuGH 13.11.2003 – C-209/01 – Schilling – Rn 26 – Slg. 2003, I-13389 = DStRE 2003, 1437.

[5] EuGH 12.12.1974 – Rs. 36/74 – Walrave – Rn 16/19 – Slg. 1974, 1405 = NJW 1975, 1093; EuGH 15.12.1995 – C-415/93 – Bosman – Rn 82 ff. – Slg. 1995, I-4921= NZA 1996, 191; EuGH 6.6.2000 – C-281/98 – Angonese – Rn 34 ff. – Slg. 2000, I-4139 = EuZW 2000, 468; hierzu Hanau/Steinmeyer/*Wank*, § 15 Rn 194 ff.; ablehnend Streinz/*Franzen*, Art. 39 Rn 94 ff.

[6] S. Art. 24 der Beitrittsakte von Athen v. 16.4.2003 i.V.m. den Anhängen V bis XIV (ABl EG L 236 v. 23.9.2003, S. 33); EU-Beitrittsvertragsgesetz v. 18.9.2003 (BGBl 2003 II S. 1408); hierzu *Nowak*, EuZW 2003, 101.

[7] Hierzu Hailbronner/Wilms/*Hailbronner*, Art. 39 Rn 282 ff.

[8] Gesetz über den Arbeitsmarktzugang im Rahmen der EU-Erweiterung v. 23.4.2004 (BGBl I S. 602).

wurden die Übergangsregelungen für zunächst zwei Jahre (bis 31.12.2008) übernommen.[9] Deutschland hat die Übergangsfristen auch in der bis zum 31.12.2011 laufenden zweiten Stufe in Anspruch genommen. Die Übergangsregelungen laufen im Fall von Rumänien und Bulgarien spätestens Ende 2013 aus. Die Staatsangehörigen aus diesen Beitrittsstaaten benötigen auch künftig eine Arbeitsgenehmigung, die vor der Aufnahme der Beschäftigung einzuholen ist.[10] Die Genehmigung wird befristet als **Arbeitserlaubnis-EU** erteilt, wenn nicht Anspruch auf eine unbefristete Erteilung als Arbeitsberechtigung-EU besteht. Die Erteilung der **Arbeitsberechtigung-EU** bestimmt sich nach § 12a Arbeitsgenehmigungs-VO (ArGV). Danach wird den Staatsangehörigen der Beitrittsstaaten (außer Malta und Zypern) eine Arbeitsberechtigung erteilt, sofern sie am Tag des Beitritts oder später für einen ununterbrochenen Zeitraum von mindestens zwölf Monaten im Bundesgebiet zum Arbeitsmarkt zugelassen waren. Dies gilt jedoch nicht für diejenigen Personen, die von einem AG mit Sitz im Ausland in das Bundesgebiet entsandt sind.

Der Inhalt des Freizügigkeitsrechts ergibt sich neben den Art. 39 ff. EG aus dem hierzu ergangenen sekundären Gemeinschaftsrecht. Von besonderer Bedeutung ist die **Freizügigkeits-VO (EWG)**.[11] Sie enthält Regelungen über den Zugang zur Beschäftigung und die Gleichbehandlung bei der Ausübung der Beschäftigung für AN aus anderen Mitgliedstaaten sowie deren Familienangehörige. Die RL **2003/86/EG** betrifft das Recht auf Familienzusammenführung. Einige RL regeln die Anerkennung von Berufsabschlüssen.[12] Bei einem Widerspruch von Art. 39 ff. EG zu sekundärrechtlichen Vorschriften geht grundsätzlich das höherrangige Primärrecht vor.[13] 4

Das Europäische Parlament und der Rat haben am 29.4.2004 die **Unionsbürger-RL 2004/38/EG** über das Recht der Unionsbürger und ihrer Familienangehörigen, sich im Hoheitsgebiet der Mitgliedstaaten frei zu bewegen und aufzuhalten, erlassen.[14] Dadurch werden die Zugangs- und Aufenthaltsrechte für sämtliche Personenkategorien in einem Rechtsakt geregelt und die einschlägigen Regeln des Sekundärrechts vereinfacht.[15] Von der neuen RL werden AN, Selbstständige sowie Studenten und andere beschäftigungslose Personen erfasst. 5

Sozialrechtlich flankiert werden die Regelungen zur AN-Freizügigkeit durch die auf Art. 42 EG gestützte **VO (EWG) 1408/71** und deren **Durchführungs-VO (EWG) 574/72**.[16] Durch die VO 1408/71 werden die Zusammenrechnung von Versicherungs-, Aufenthalts- und Wohnzeiten in verschiedenen Mitgliedstaaten sowie die Zuständigkeit und der Umfang der Leistungsgewährung im Kranken- und Rentenversicherungsrecht geregelt. Die Durchführungs-VO enthält vor allem Vorschriften zur Behandlung von grenzüberschreitenden Sachverhalten durch die Sozialverwaltungen der Mitgliedstaaten. 6

B. Regelungsgehalt
I. Anwendungsbereich
1. Räumlicher Anwendungsbereich. Gem. Art. 39 Abs. 1 EG ist die Freizügigkeit innerhalb der Gemeinschaft gewährleistet. Der räumliche Anwendungsbereich bestimmt sich nach Art. 299 EG i.V.m. den zu seiner Ergänzung ergangenen Rechtsakten.[17] Abzustellen ist auf den Erfüllungsort der Arbeitsleistung.[18] Die Freizügigkeitsvorschriften finden grds. auch auf Tätigkeiten Anwendung, die außerhalb des Hoheitsgebiets der Mitgliedstaaten ausgeübt werden, soweit das einzelne Arbverh einen **hinreichend engen Bezug zum Gemeinschaftsgebiet** aufweist.[19] Indizien für einen hinreichend engen Bezug zum Gemeinschaftsrecht sind die Einstellung des AN in einem Mitgliedstaat, die Anwendbarkeit des Rechts eines Mitgliedstaats auf das Arbverh, die Ansässigkeit von AG oder AN in einem Mit- 7

---

9 Gesetz zur Anpassung von Rechtsvorschriften des Bundes infolge des Beitritts der Republik Bulgarien und Rumäniens zur Europäischen Union v. 7.12.2006 (BGBl I S. 2814).
10 Vgl. § 284 SGB III.
11 Verordnung (EWG) Nr. 1612/68 des Rates v. 15.10.1968 über die Freizügigkeit der Arbeitnehmer innerhalb der Gemeinschaft (ABl EG L 257 v. 19.10.1968, S. 2), geändert durch RL 2004/38/EG v. 29.4.2004 (ABl EG L 229 v. 29.6.2004, S. 35), konsolidierte Fassung v. 30.4.2006.
12 RL 89/48/EWG v. 21.12.1988 über eine allgemeine Regelung zur Anerkennung der Hochschuldiplome (ABl EG L 19 v. 24.1.1989, S. 16); RL 92/51/EWG v. 18.6.1992 über eine zweite allgemeine Regelung zur Anerkennung beruflicher Befähigungsnachweise (ABl EG L 209 v. 24.7.1992, S. 25); RL 1999/42/EG v. 7.6.1999 über ein Verfahren zur Anerkennung der Befähigungsnachweise (ABl EG L 201 v. 31.7.1999, S. 77) sowie zahlreiche sektorale Einzel-RL. S. außerdem den Vorschlag für eine RL über die Anerkennung von Berufsqualifikationen, KOM (2002) 119 endg., Annahme des Gemeinsamen Standpunkts v. 21.12.2004 (ABl EG C 58 v. 8.3.2005, S. 1).
13 Hailbronner/Wilms/*Boecken*, Art. 39, Rn 24; hierzu *Thüsing*, Europäisches Arbeitsrecht, Rn 10.
14 RL 2004/38/EG v. 29.4.2004 (ABl EG L 158 v. 30.4.2004, S. 77); hierzu Hailbronner/Wilms/*Hailbronner*, Art. 39 Rn 10 ff.
15 Die Art. 10 und 11 der VO 1612/68/EWG sowie die RL 64/221/EWG, 68/360/EWG, 72/194/EWG, 73/148/EWG, 75/34/EWG, 75/35/EWG, 90/364/EWG, 90/365/EWG und 93/96/EWG wurden mit Wirkung zum 30.4.2006 aufgehoben.
16 Die VO 1408/71 wird ersetzt durch die VO 883/04. Allerdings tritt die VO 883/04 erst in Kraft, wenn auch die Durchführungs-VO 574/72 neu gefasst und in Kraft getreten ist.
17 Hierzu Streinz/*Franzen*, Art. 39 Rn 76 ff.
18 Streinz/*Franzen*, Art. 39 Rn 80.
19 EuGH 12.12.1974 – Rs. 36/74 – Walrave – Rn 28/29 – Slg. 1974, 1405 = NJW 1975, 1093; EuGH 12.7.1984 – Rs. 237/83 – Prodest – Rn 6 – Slg. 1984, 3153; EuGH 30.4.1996 – C-214/94 – Boukhalfa – Rn 15 – Slg. 1996, I-2253 = NZA 1996, 971.

gliedstaat, die vorübergehende Entsendung eines AN eines in der Gemeinschaft niedergelassenen Unternehmens in einen Drittstaat, die Vereinbarung eines Gerichtsstands innerhalb der Gemeinschaft sowie die Einkommensteuerpflicht bzw. Sozialversicherungspflicht des AN in einem Mitgliedstaat.[20]

8 **2. Sachlicher Anwendungsbereich.** Die Freizügigkeitsvorschriften finden Anwendung auf **Arbverh mit grenzüberschreitendem Bezug.** Auf rein interne Sachverhalte finden die Regelungen keine Anwendung.[21] Allerdings können sich nach Auffassung des EuGH auch Inländer auf die Freizügigkeitsregeln berufen, wenn sie sich in einer vergleichbaren Situation wie Wander-AN aus einem anderen Mitgliedstaat befinden.[22] Auch Grenzgänger können den Status des Wander-AN für sich in Anspruch nehmen.[23]

9 Dadurch, dass die Art. 39 ff. EG auf Sachverhalte ohne Auslandsberührung nicht anwendbar sind, kann sich das Problem der **Inländerdiskriminierung** (umgekehrte Diskriminierung) ergeben. Eine Schlechterstellung der eigenen Staatsangehörigen und Drittstaatsangehöriger gegenüber anderen Gemeinschaftsbürgern ist in diesen Fällen nur anhand des nationalen Verfassungsrechts zu überprüfen.[24]

10 **3. Persönlicher Anwendungsbereich.** Vom persönlichen Anwendungsbereich der Freizügigkeitsvorschriften sind AN erfasst, die Staatsangehörige eines Mitgliedstaates sind. Nur **Staatsangehörige eines EU-Mitgliedstaats** können das Recht auf Freizügigkeit in Anspruch nehmen.[25] Es liegt in der alleinigen Kompetenz der Mitgliedstaaten, über die Zuerkennung der jeweiligen Staatsangehörigkeit zu entscheiden, wobei die Mitgliedstaaten dabei die allgemeinen Grundsätze des Gemeinschaftsrechts beachten müssen.[26] Eine doppelte Staatsangehörigkeit ist unschädlich.[27] Drittstaatsangehörige können sich grds. nicht auf die Freizügigkeitsvorschriften berufen. In den Anwendungsbereich sind jedoch alle Personen einbezogen, die ihren Rechtsstatus von einem AN ableiten. Insoweit können auch **drittstaatsangehörige Familienangehörige** abgeleitete Rechte geltend machen.[28] Drittstaatsangehörige können außerdem aus **Assoziierungsabkommen** i.S.v. Art. 310 EG Freizügigkeitsrechte herleiten. Von Bedeutung sind in diesem Zusammenhang das EWR-Abkommen,[29] das die Freizügigkeit für die AN Islands, Norwegens und Liechtensteins herstellt, das Freizügigkeitsabkommen EG-Schweiz,[30] sowie der Beschluss Nr. 1/80 des Assoziationsrats EWG/Türkei.[31]

Die am 8.7.2009 in Kraft getretene **RL 2009/52/EG**[32] enthält Sanktionen und Maßnahmen gegenüber AG, die **Drittstaatsangehörige ohne rechtmäßigen Aufenthalt** beschäftigen. Die RL enthält ein allgemeines Verbot der Beschäftigung von Drittstaatsangehörigen ohne Aufenthaltserlaubnis. Bei einem Verstoß sollen AG vor allem mit finanziellen Sanktionen belastet und zur Nachzahlung von Sozialversicherungsbeiträgen und Steuern verpflichtet werden. Zudem droht den AG im Falle eines Verstoßes der Ausschluss von öffentlichen Zuwendungen und Subventionen. AG sind nach der RL verpflichtet, sich vor der Beschäftigung von Drittstaatsangehörigen eine gültige Aufenthaltserlaubnis vorlegen zu lassen, eine Kopie davon aufzubewahren und den Behörden die Beschäftigung mitzuteilen.

11 Der **AN-Begriff** ist nicht nach nationalem Recht zu bestimmen, sondern muss einheitlich für das Gemeinschaftsrecht ausgelegt werden. Eine Konkretisierung des AN-Begriffs ist durch den EuGH erfolgt. Nach der st. Rspr. des EuGH ist

---

20 Vgl. Schlussanträge des GA Léger v. 14.11.1995 in der Rechtssache – C-214/94 – Boukhalfa – Rn 46 – Slg. 1996, I-2253 = NZA 1996, 971; Streinz/*Franzen*, Art. 39 Rn 80.
21 St. Rspr. EuGH 28.3.1979 – Rs. 175/78 – Saunders – Rn 11 – Slg. 1979, 1129 = NJW 1979, 1763.
22 EuGH 31.3.1993 – C-19/92 – Kraus – Rn 15 – Slg. 1993, I-1663 = EuZW 1993, 322.
23 EuGH 18.7.2007 – C-212/05 – Hartmann – EuZW 2007, 549.
24 Vgl. BVerfG 31.3.2000 – 1 BvR 608/99 – NVwZ 2001, 187; *Schilling*, JZ 1994, 8, 10 ff.; *Hanau/Steinmeyer/Wank*, § 15 Rn 159 ff.
25 Vgl. EuGH 5.7.1984 – Rs. 238/83 – Meade – Rn 7 – Slg. 1984, 2631; *Hanau/Steinmeyer/Wank*, § 15 Rn 9; Hailbronner/Wilms/*Müller*, Europäisches Freizügigkeitsrecht Rn 12; Lenz/Borchardt/*Scheuer*, Art. 39 Rn 8.
26 EuGH 7.7.1992 – C-369/90 – Micheletti – Rn 10 – Slg. 1992, I-4239.
27 EuGH 7.7.1992 – C-369/90 – Micheletti – Rn 10 – Slg. 1992, I-4239.
28 EuGH 25.6.1997 – C-131/96 – Mora Romero – Rn 16 – Slg. 1997, I-3659 = EuroAS 1998, 29; EuGH 18.6.1987 – Rs. 316/85 – Lebon – Rn 12 – Slg. 1987, 2811.
29 ABl EG 1994 L 1, S. 3.
30 Abkommen v. 21.6.1999 zwischen der EG und ihren Mitgliedstaaten einerseits und der Schweizerischen Eidgenossenschaft andererseits über die Freizügigkeit (BGBl II S. 810).
31 Abgedruckt in *Hailbronner*, Bd. 4, D 5.2; vgl. auch *Gutmann*, AuR 2000, 81. Ausführlich hierzu *Hanau/Steinmeyer/Wank*, § 15 Rn 254 ff.; Streinz/*Franzen*, Art. 39 Rn 51 ff.
32 Richtlinie 2009/52/EG des Europäischen Parlaments und des Rates v. 18.6.2009 über Mindeststandards für Sanktionen und Maßnahmen gegen Arbeitgeber, die Drittstaatsangehörige ohne rechtmäßigen Aufenthalt beschäftigen (ABl EG L 168 v. 30.6.2009, S. 24).

ein AN danach eine Person, die während einer bestimmten Zeit für einen anderen nach dessen Weisungen Leistungen erbringt, für die diese als Gegenleistung eine Vergütung erhält.³³

Der AN-Begriff wird vom EuGH grundsätzlich weit ausgelegt.³⁴ Das Merkmal der **Weisungsgebundenheit** dient der Abgrenzung der unselbstständigen Tätigkeit von der Tätigkeit als selbstständig Erwerbstätigem, die entweder von der Niederlassungs- oder Dienstleistungsfreiheit erfasst wird.³⁵ Ist ein AN zugleich Gesellschafter des Unternehmens, liegt nach Ansicht des EuGH in Bezug auf die weisungsgebundene Tätigkeit die AN-Eigenschaft vor.³⁶ Auf die Freizügigkeitsvorschriften kann sich auch der Geschäftsführer eines Gewerbes berufen.³⁷ Die persönliche Abhängigkeit fehlt jedoch bei einem geschäftsführenden Alleingesellschafter einer Ein-Personen-Kapitalgesellschaft.³⁸

Vom AN wird eine **Leistung** erbracht, für die er eine Vergütung erhält. Die **Gegenleistung** kann auch in Sachleistungen wie z.B. Unterkunft oder Verpflegung bestehen, oder es kann eine Entlohnung durch Ertragsbeteiligung am Gewinn eines Unternehmens erfolgen.³⁹ Die Art des Rechtsverhältnisses zwischen AG und AN ist unerheblich. Allerdings darf die Tätigkeit nicht völlig untergeordnet und unwesentlich sein (Bagatellbeschäftigung),⁴⁰ wie beispielsweise Tätigkeiten, die nur ein Mittel der Rehabilitation oder der Wiedereingliederung der AN in das Arbeitsleben darstellen.⁴¹ Eine Teilzeitbeschäftigung ist erheblich in diesem Sinne und wird vom Anwendungsbereich erfasst.⁴² Die geringfügige Beschäftigung i.S.d. § 8 Abs. 1 SGB IV dient i.d.R. dem Erwerb des Lebensunterhalts und ist damit nicht völlig untergeordnet und unwesentlich.⁴³ Auch Auszubildende und Praktikanten werden erfasst, soweit sie eine Vergütung erhalten.⁴⁴ Rechtsreferendare, die einen Teil ihres juristischen Vorbereitungsdienstes im Ausland absolvieren und hierfür eine Vergütung erhalten, sind AN.⁴⁵ Studenten werden ebenfalls als AN qualifiziert, wenn zwischen ihrer zuvor ausgeübten Berufstätigkeit und dem Studium ein inhaltlicher Zusammenhang besteht.⁴⁶ Ansonsten erfüllen Studenten und Auszubildende im Allgemeinen nicht die Voraussetzungen einer AN-Eigenschaft.⁴⁷ Allerdings hat nach Art. 18 Abs. 1 EG jeder Unionsbürger das Recht, sich innerhalb der Mitgliedstaaten der EU frei zu bewegen und aufzuhalten.⁴⁸ Als Unionsbürger können Studenten damit einen Anspruch auf Studienbeihilfen auch dann herleiten, wenn sie als Angehörige eines anderen Mitgliedstaats nicht auf Dauer im Aufnahmemitgliedstaat ansässig sind.⁴⁹ Nach Art. 14 der Unionsbürger-RL 2004/38/EG steht Unionsbürgern und ihren Familienangehörigen das Aufenthaltsrecht zu, solange sie die Sozialhilfeleistungen des Aufnahmemitgliedstaats nicht unangemessen in Anspruch nehmen.⁵⁰

Einer bestimmten Mindestdauer der Beschäftigung bedarf es nicht.⁵¹ Wesentlich ist die Ausübung einer **Tätigkeit im Wirtschaftsleben**.⁵² Auch Berufssportler können sich auf die Freizügigkeitsvorschriften berufen.⁵³ In Betracht kommen auch karitative und kirchliche Tätigkeiten sowie Tätigkeiten bei einer internationalen Organisation.⁵⁴ Rechtswidrige und sittenwidrige Tätigkeiten, die in der innerstaatlichen Rechtsordnung keinen Schutz genießen, stellen grds. keine Erwerbstätigkeit i.S.d. Gemeinschaftsrechts dar.⁵⁵

---

33 EuGH 3.7.1986 – Rs. 66/85 – Lawrie/Blum – Rn 17 – Slg. 1986, 2121 = NVwZ 1987, 41; EuGH 31.5.1989 – Rs. 344/87 – Bettray – Rn 12 – Slg. 1989, 1621.
34 EuGH 23.3.1982 – Rs. 53/81 – Levin – Rn 13 – Slg. 1982, 1035 = NJW 1983, 1249; EuGH 23.3.2004 – C-138/02 – Collins – Rn 26 – EuZW 2004, 507.
35 Calliess/Ruffert/*Brechmann*, Art. 39 Rn 12.
36 EuGH 10.12.1991 – C-179/90 – Porto Di Genova – Rn 13 – Slg. 1991, 5889 = EuZW 1992, 248.
37 EuGH 7.5.1998 – C-350/96 – Clean Car – Rn 16 ff. – Slg. 1998, I-2521 = EuZW 1998, 601.
38 EuGH 27.6.1996 – C-107/94 – Asscher – Rn 26 – Slg. 1996, I-3089 = DB 1996, 1604.
39 Calliess/Ruffert/*Brechmann*, Art. 39 Rn 14.
40 EuGH 23.3.1982 – Rs. 53/81 – Levin – Rn 18 – Slg. 1982, 1035 = NJW 1983, 1249; EuGH 6.11.2003 – C-413/01 – Ninni-Orasche – Rn 32 – Slg. 2003, I-13187 = NZA 2004, 87; EuGH 7.9.2004 – C-456/02 – Trojani – Rn 15 – Slg. 2004, I-7573; Hailbronner/Wilms/*Hailbronner*, Art. 39 Rn 20.
41 EuGH 31.5.1989 – Rs. 344/87 – Bettray – Rn 17 ff. – Slg. 1989, 1621. Dagegen hat der EuGH die AN-Eigenschaft bei Beschäftigten nach § 19 Abs. 2 BSHG (vgl. § 16 Abs. 3 SGB II) bejaht, EuGH 26.11.1998 – C-1/97 – Birden – Rn 23 ff. – Slg. 1998, I-7747 = NVwZ 1999, 1099.
42 EuGH 23.3.1982 – Rs. 53/81 – Levin – Rn 17 f. – Slg. 1982, 1035 = NJW 1983, 1249.
43 Ebenso Streinz/*Franzen*, Art. 39 Rn 23.
44 EuGH 26.2.1992 – C-3/90 – Bernini – Rn 17 – Slg. 1992, I-1071 = NZA 1992, 736; Streinz/*Franzen*, Art. 39 Rn 29.
45 EuGH 17.3.2005 – C-109/04 – Kranemann – Rn 21 – Slg. 2005, I-2421.
46 EuGH 21.6.1988 – Rs. 39/86 – Lair – Rn 37 – Slg. 1988, 3161 = NJW 1988, 2165; EuGH 21.6.1988 – Rs. 197/86 – Brown – Rn 26 – Slg. 1988, 3205; EuGH 6.11.2003 – C-413/01 – Ninni-Orasche – Rn 35 – Slg. 2003, I-13187 = NZA 2004, 87.
47 Hailbronner/Wilms/*Hailbronner*, Art. 39 Rn 41.
48 EuGH 7.9.2004 – C-456/02 – Trojani – Rn 31 – Slg. 2004, I-7573.
49 EuGH 15.3.2005 – C-209/03 – Bidar – Slg. 2005, I-2119.
50 Ausführlich hierzu Hailbronner/Wilms/*Hailbronner*, Art. 39 Rn 44 ff.
51 EuGH 6.11.2003 – C-413/01 – Ninni-Orasche -Slg. 2003, I-13187 = NZA 2004, 87.
52 EuGH 23.3.1982 – Rs. 53/81 – Levin – Rn 17 – Slg. 1982, 1035 = NJW 1983, 1249; EuGH 3.7.1986 – Rs. 66/85 – Lawrie/Blum – Rn 16 ff. – Slg. 1986, 2121 = NVwZ 1987, 41.
53 EuGH 15.12.1995 – C-415/93 – Bosman – Rn 127 – Slg. 1995, I-4921 = NZA 1996, 191.
54 EuGH 13.11.2003 – C-209/03 – Schilling – Rn 28 – Slg. 2003, I-13389 = DStRE 2003, 1437; MünchArb/*Birk*, Bd. 1, § 19 Rn 11; Streinz/*Franzen*, Art. 39 Rn 31.
55 Hailbronner/Wilms/*Hailbronner*, Art. 39 Rn 38.

15 Erfasst werden auch Beschäftigungsverhältnisse im öffentlichen Dienst, soweit nicht **Art. 39 Abs. 4 EG** eingreift. Beschäftigte in der öffentlichen Verwaltung, die mittelbar oder unmittelbar mit der Ausübung hoheitlicher Befugnisse und der Wahrnehmung solcher Aufgaben betraut sind, die auf die Wahrung der allgemeinen Belange des Staates und anderer öffentlicher Körperschaften gerichtet sind, werden gem. Art. 39 Abs. 4 EG vom Anwendungsbereich nicht erfasst.[56] Diese Aufgaben berühren den Kernbereich öffentlicher Verwaltungstätigkeit und setzen ein Verhältnis besonderer Verbundenheit des jeweiligen Stelleninhabers zum Staat voraus, weshalb an das Merkmal der Staatsangehörigkeit angeknüpft werden darf.[57]

16 Der **AG** kann sich auf die Freizügigkeitsrechte berufen, wenn ihm die Beschäftigung eines AN unter Hinweis auf den fehlenden Wohnsitz oder die betreffende Staatsangehörigkeit versagt wird.[58]

II. Diskriminierungsverbot

17 Art. 39 Abs. 2 EG enthält ein spezielles Diskriminierungsverbot[59] und garantiert die Gleichbehandlung ausländischer AN mit den inländischen Beschäftigten. Verboten ist jede auf der Staatsangehörigkeit beruhende unterschiedliche Behandlung der AN der Mitgliedstaaten in Bezug auf Beschäftigung, Entlohnung und sonstige Arbeitsbedingungen. Dieser Grundsatz wird näher ausgeführt durch die Art. 7 bis 9 der VO (EWG) 1612/68 für das kollektive Arbeitsrecht sowie die Gewährung sozialer Vorteile sowie Art. 24 der RL 2004/38/EG. Eine Ungleichbehandlung liegt vor, wenn unterschiedliche Vorschriften auf gleichartige oder zumindest vergleichbare Situationen angewandt werden oder wenn dieselbe Vorschrift auf unterschiedliche Situationen angewandt wird.[60] Nach Art. 24 der RL 2004/38/EG müssen alle Unionsbürger und ihre Familienangehörigen die gleiche Behandlung genießen wie die Staatsangehörigen dieses Mitgliedstaats. Die in der RL 2000/43/EG zur Diskriminierung aufgrund von Rasse oder ethnischer Herkunft und der RL 2000/78/EG zur Diskriminierung aufgrund von Religion, Weltanschauung, Behinderung, Alter oder sexueller Ausrichtung enthaltenen Rechte kommen auch den Wander-AN zugute.

18 **1. Unmittelbare und mittelbare Diskriminierung.** Verboten ist die **unmittelbare Diskriminierung** aufgrund der Staatsangehörigkeit, die gegeben ist, wenn der Tatbestand einer Regelung bestimmte Leistungen von der inländischen Staatsangehörigkeit abhängig macht. Unzulässig ist danach z.B. eine Regelung, die Arbeitsstellen für Inländer reserviert.[61]

19 Daneben werden von Art. 39 Abs. 2 EG auch alle Formen der **mittelbaren (versteckten) Diskriminierung** erfasst, die nicht an die Staatsangehörigkeit, sondern an andere Unterscheidungsmerkmale anknüpfen und tatsächlich zu dem gleichen Ergebnis führen.[62] Dies ist der Fall, wenn Inländer eine Voraussetzung leichter erfüllen können als AN aus anderen Mitgliedstaaten oder eine nationale Regelung auch nur geeignet ist, vergleichsweise nachteilige Folgen überwiegend für ausländische AN auszulösen.[63] Unterscheidungsmerkmale, die auf eine mittelbare Diskriminierung schließen lassen, sind u.a. das Wohnsitzerfordernis,[64] frühere Beschäftigungszeiten in einem Mitgliedstaat,[65] die Anknüpfung an den Geburtsort oder den Ort eines Qualifikationserwerbs bzw. die Zugehörigkeit zu einer bestimmten Berufsgruppe, wenn sich diese überwiegend aus Wander-AN zusammensetzt.[66] Liegt eine solche mittelbar diskriminierende Regelung vor, ist zu prüfen, ob die Ungleichbehandlung nicht durch objektive, von der Staatsangehörigkeit der betroffenen AN unabhängige Erwägungsgründe, die in einem angemessenen Verhältnis zum verfolgten Ziel stehen, **gerechtfertigt** werden kann.[67] Als zwingende Gründe des Allgemeininteresses, die derartige Regelungen

---

[56] St. Rspr. EuGH 17.12.1980 – Rs. 149/79 – Kommission ./. Belgien – Rn 10 ff. – Slg. 1980, 3881.
[57] Hailbronner/Wilms/*Boecken*, Arbeitsrecht, Rn 28.
[58] EuGH 7.5.1998 – C-350/96 – Clean Car – Rn 16 ff. – Slg. 1998, I-2521 = EuZW 1998, 601.
[59] EuGH 25.6.1997 – C-131/96 – Mora Romero – Rn 10 ff. – Slg. 1997, I-3659 = EuroAS 1998, 29; MünchArb/*Birk*, Bd. 1, § 19 Rn 35.
[60] EuGH 14.2.1995 – C-279/93 – Schumacker – Rn 30 – Slg. 1995, I-225 = BB 1995, 438; EuGH 27.6.1996 – C-107/94 – Asscher – Rn 40 – Slg. 1996, I-3089 = DB 1996, 1604.
[61] EuGH 15.3.1988 – Rs. 147/86 – Kommission ./. Griechenland – Rn 19 ff. – Slg. 1988, 1637.
[62] EuGH 12.2.1974 – Rs. 152/73 – Sotgiu – Rn 11 – Slg. 1974, 153 = AP Art. 177 EWG-Vertrag Nr. 6; EuGH 14.2.1995 – C-279/93 – Schumacker – Rn 26 – Slg. 1995, I-225 = BB 1995, 438.
[63] EuGH 23.5.1996 – C-237/94 – O`Flynn – Rn 18 – Slg. 1996, I-2617 = EuroAS 1996, 97; EuGH 7.5.1998 – C-350/96 – Clean Car – Rn 29 – Slg. 1998, I-2521 = EuZW 1998, 601.
[64] EuGH 7.5.1998 – C-350/96 – Clean Car – Rn 29 – Slg. 1998, I-2521 = EuZW 1998, 601; EuGH 14.2.1995 – C-279/93 – Schumacker – Rn 38 – Slg. 1995, I-225 = BB 1995, 438.
[65] EuGH 15.1.1998 – C-15/96 – Schöning-Kougebetopoulou – Rn 28 – Slg. 1998, I-47 = NZA 1998, 205, wo eine Regelung des BAT, die für Bedienstete des öffentlichen Dienstes einen Zeitaufstieg nach achtjähriger Tätigkeit in einer bestimmten Vergütungsgruppe des BAT vorsieht und Beschäftigungszeiten außer Betracht lässt, die zuvor in einem vergleichbaren Betätigungsfeld im öffentlichen Dienst eines anderen Mitgliedstaats zurückgelegt worden sind, als eine nicht gerechtfertigte Diskriminierung angesehen wurde.
[66] EuGH 30.5.1989 – C-33/88 – Allué I – Rn 10 ff. – Slg. 1989, 1591; Hanau/Steinmeyer/*Wank*, § 15 Rn 156.
[67] EuGH 23.5.1996 – C-237/94 – O`Flynn – Rn 19 – Slg. 1996, I-2617 = EuroAS 1996, 97; EuGH 7.5.1998 – C-350/96 – Clean Car – Rn 31 – Slg. 1998, I-2521 = EuZW 1998, 601; EuGH 15.12.1995 – C-415/93 – Bosman – Rn 104 – Slg. 1995, I-4921= NZA 1996, 191.

rechtfertigen können, hat der EuGH u.a. die Kohärenz des innerstaatlichen Steuersystems,[68] den Schutz der öffentlichen Gesundheit,[69] den Schutz der Öffentlichkeit vor dem missbräuchlichen Führen akademischer Titel,[70] die ordnungsgemäße Verwaltung der Universitäten[71] und die Aufrechterhaltung eines Gleichgewichts unter Sportvereinen sowie die Förderung junger Spieler[72] anerkannt.

Das Diskriminierungsverbot erstreckt sich auf sämtliche **Beschäftigungs- und Arbeitsbedingungen**.[73] AN, die die Staatsangehörigkeit eines Mitgliedstaats besitzen und im Hoheitsgebiet eines anderen Mitgliedstaats beschäftigt sind, dürfen insb. im Hinblick auf Entlohnung, Künd und berufliche Wiedereingliederung oder Wiedereinstellung im Falle der Arbeitslosigkeit nicht anders behandelt werden als inländische AN. Arbeitsbedingungen sind dabei alle gesetzlichen und vertraglichen Regelungen, die die Rechtsstellung und insb. die finanziellen Ansprüche der AN regeln.[74] Der Begriff der Arbeitsbedingungen ist im weitestmöglichen Sinne zu verstehen.[75] Hierunter fallen beispielsweise Künd-Vorschriften,[76] Regelungen über freiwillig gewährte Nebenleistungen wie eine Trennungsentschädigung[77] und Vorschriften über die Voraussetzungen von Beförderungen oder den Abschluss unbefristeter Verträge.[78] AN aus anderen Mitgliedstaaten genießen außerdem die gleichen **sozialen und steuerlichen Vergünstigungen** wie die inländischen AN.[79] Soziale und steuerliche Vergünstigungen sind all jene Vergünstigungen, die, ob sie an einen Arbeitsvertrag anknüpfen oder nicht, den inländischen AN hauptsächlich wegen ihrer objektiven AN-Eigenschaft oder einfach wegen ihres Wohnsitzes im Inland gewährt werden, und deren Ausdehnung auf die AN anderer Mitgliedstaaten deshalb als geeignet erscheint, die Mobilität innerhalb der Gemeinschaft zu fördern.[80] Der Gleichbehandlungsanspruch in Bezug auf soziale und steuerliche Vergünstigungen setzt die AN-Eigenschaft voraus, weshalb Arbeitsuchende sich nicht darauf berufen können.[81] Diese genießen Gleichbehandlung nur in Bezug auf den Zugang zur Beschäftigung.[82]

Als **soziale Vergünstigungen** hat der EuGH u.a. anerkannt Fahrpreisermäßigungen,[83] Leistungen anlässlich der Geburt von Kindern,[84] Erziehungsgeld,[85] Ausbildungsförderungen,[86] Hilfe zum Lebensunterhalt,[87] ein garantiertes Altersmindesteinkommen,[88] Behindertenbeihilfen[89] oder ein Bestattungsgeld.[90]

Auf dem Gebiet des **Steuerrechts** haben grds. die Mitgliedstaaten die Regelungskompetenz. Allerdings dürfen sie bei der Ausübung dieser Kompetenz nicht gegen das Gemeinschaftsrecht verstoßen.[91] Das Gleichbehandlungsgebot ist beispielsweise verletzt, wenn eine nationale Regelung auf dem Gebiet der Einkommensteuer die Zusammenveranlagung von Ehegatten, die weder tatsächlich noch aufgrund einer gerichtlichen Entscheidung getrennt leben, von der Voraussetzung abhängig macht, dass sie beide im Inland wohnen.[92] Steuervergünstigungen, die den Gebietsansässigen eines Mitgliedstaats vorbehalten werden, können eine mittelbare Diskriminierung aufgrund der Staatsangehörigkeit darstellen.[93] Die Vorenthaltung steuerlicher Vergünstigungen für beschränkt Steuerpflichtige, die nicht gebietsansässig sind, kann eine mittelbare Diskriminierung darstellen, wenn sie sich in einer vergleichbaren

---

68 EuGH 28.1.1992 – C-204/90 – Bachmann – Rn 28 – Slg. 1992, I-249; EuGH 14.2.1995 – C-279/93 – Schumacker – Rn 40 – Slg. 1995, I-225 = BB 1995, 438.
69 EuGH 10.3.1993 – C-111/91 – Kommission ./. Luxemburg – Rn 11 f. – Slg. 1993, I-817.
70 EuGH 31.3.1993 – C-19/92 – Kraus – Rn 34 f. – Slg. 1993, I-1663 = EuZW 1993, 322.
71 EuGH 2.8.1993 – C-259, 331, 332/91 – Allué II – Rn 15 – Slg. 1993, I-4309 = JZ 1994, 94.
72 EuGH 15.12.1995 – C-415/93 – Bosman – Rn 106 – Slg. 1995, I-4921= NZA 1996, 191.
73 Art. 7 Abs. 1 der Freizügigkeits-VO (EWG) 1612/68.
74 Lenz/Borchardt/*Scheuer*, Art. 39 Rn 44.
75 Hierzu *Hanau/Steinmeyer/Wank*, § 15 Rn 168 ff.
76 EuGH 13.12.1972 – Rs. 44/72 – Marsman – Rn 5 – Slg. 1972, 1243.
77 EuGH 12.2.1974 – Rs. 152/73 – Sotgiu – Rn 9 – Slg. 1974, 153 = AP Art. 117 EWG-Vertrag Nr. 6.
78 EuGH 16.6.1987 – Rs. 225/85 – Kommission ./.Italien – Slg. 1987, 2625; EuGH 20.10.1993 – C-272/92 – Spotti – Rn 21 – Slg. 1993, I-5185 = AP Art. 48 EWG-Vertrag Nr. 17.
79 Art. 7 Abs. 2 der Freizügigkeits-VO (EWG) 1612/68.
80 EuGH 31.5.1979 – Rs. 207/78 – Even – Rn 22 – Slg. 1979, 2019; EuGH 21.6.1988 – Rs. 39/86 – Lair – Rn 21 – Slg. 1988, 3161= NJW 1988, 2165.
81 EuGH 18.6.1987 – Rs. 316/85 – Lebon – Rn 26 f. – Slg. 1987, 2811; EuGH 23.3.2004 – C-138/02 – Collins – Rn 31 = EuZW 2004, 507; Lenz/Borchardt/*Scheuer*, Art. 39 Rn 48.
82 EuGH 18.6.1987 – Rs. 316/85 – Lebon – Rn 26 – Slg. 1987, 2811; EuGH 23.3.2004 – C-138/02 – Collins – Rn 31 = EuZW 2004, 507.
83 EuGH 30.9.1975 – Rs. 32/75 – Cristini – Rn 14/18 – Slg. 1975, 1085.
84 EuGH 14.1.1982 – Rs. 65/81 – Reina – Rn 15 – Slg. 1982, 33; EuGH 10.3.1993 – C-111/91 – Kommission ./.Luxemburg – Rn 6 – Slg. 1993, I-817.
85 EuGH 12.5.1998 – C-85/96 – Martinez Sala – Rn 26 – Slg. 1998, I-2691 = EuZW 1998, 372.
86 EuGH 21.6.1988 – Rs. 39/86 – Lair – Rn 22 ff. – Slg. 1988, 3161 = NJW 1988, 2165.
87 EuGH 27.3.1985 – Rs. 249/83 – Hoeckx – Rn 22 – Slg. 1985, 973.
88 EuGH 6.6.1985 – Rs. 157/84 – Frascogna I – Rn 21 – Slg. 1985, 1739.
89 EuGH 16.12.1976 – Rs. 63/76 – Inzirillo – Rn 18/21 – Slg. 1976, 2057.
90 EuGH 23.5.1996 – C-237/94 – O`Flynn – Rn 14 – Slg. 1996, I-2617 = EuroAS 1996, 97.
91 EuGH 14.2.1995 – C-279/93 – Schumacker – Rn 21 – Slg. 1995, I-225 = BB 1995, 438.
92 EuGH 16.5.2000 – C-87/99 – Zurstrassen – Rn 21 ff. – Slg. 2000, I-3337.
93 EuGH 14.2.1995 – C-279/93 – Schumacker – Rn 29 – Slg. 1995, I-225 = BB 1995, 438.

Lage befinden wie Gebietsansässige.⁹⁴ In der Entscheidung *Schumacker* hat der EuGH einen Verstoß gegen den Gemeinschaftsgrundsatz der Gleichbehandlung darin gesehen, dass ein Gebietsfremder, der in seinem Wohnsitzstaat keine nennenswerten Einkünfte erzielt, höher besteuert wird als ein gebietsansässiger Inländer, da seine persönlichen Verhältnisse und der Familienstand bei der Besteuerung in dem Staat, in dem die Tätigkeit ausgeübt wird, nicht berücksichtigt werden.⁹⁵

23 Erfasst werden außerdem die Inanspruchnahme von **Berufsschulen und Umschulungszentren**, die Zugehörigkeit zu einer **Gewerkschaft** und die Ausübung gewerkschaftlicher Rechte sowie die Rechte und Vergünstigungen hinsichtlich einer **Wohnung**, einschließlich der Erlangung des Eigentums an dieser.⁹⁶

24 **2. Beschränkungsverbot.** Der EuGH hat das Diskriminierungsverbot des Art. 39 Abs. 2 EG zu einem allgemeinen Beschränkungsverbot ausgebaut.⁹⁷ Auch unterschiedslos auf Inländer und Ausländer anwendbare innerstaatliche Rechtsvorschriften können die Freizügigkeit gezielt oder auch rein faktisch beschränken. Maßnahmen, die weder unmittelbar noch mittelbar auf die Staatsangehörigkeit der AN abstellen, sind verboten, wenn sie die grenzüberschreitende Erwerbstätigkeit beschränken können und nicht durch zwingende Gründe des Allgemeininteresses gerechtfertigt sind.⁹⁸

25 Ausgleichs- oder Entschädigungszahlungen bei einem Vereinswechsel im Profifußball wurden vom EuGH als geeignet angesehen, die Freizügigkeit der Spieler zu beschränken, da die Verpflichtung zur Zahlung nach Vertragsablauf den Zugang eines Spielers zum Arbeitsmarkt eines anderen Mitgliedstaats beeinflusse.⁹⁹ Eine Beschränkung kann auch darin liegen, dass ein AG aufgrund einer nationalen Regelung auf die Einstellung eines in einem anderen Mitgliedstaat wohnenden AN wegen der höheren Kosten und des Verwaltungsaufwands, die mit einer solchen Einstellung verbunden sind, verzichtet.¹⁰⁰ Eine nationale Regelung, die das Verhalten des AN nur indirekt beeinflusst, ist dagegen nicht geeignet, die Freizügigkeit der AN zu beschränken.¹⁰¹ Als zwingenden Grund des Allgemeininteresses, der geeignet sein kann, eine Beschränkung zu rechtfertigen, hat der EuGH die Bindung bestimmter Personen an ihren AG durch Treueprämien für möglich erachtet.¹⁰²

III. Einzelne Freizügigkeitsrechte

26 Art. 39 Abs. 3 lit. a EG gewährleistet das Recht, sich um eine tatsächlich angebotene Stelle zu bewerben. Die Arbeitsuchenden können sich zu diesem Zweck im Hoheitsgebiet der anderen Mitgliedstaaten frei bewegen (Art. 39 Abs. 3 lit. b EG). Nähere Ausführungen zum Zugang zur Beschäftigung finden sich in den Art. 1 bis 6 der Freizügigkeits-VO (EWG) 1612/68. In Art. 39 Abs. 3 lit. c EG wurde das Aufenthaltsrecht zur Ausübung der Beschäftigung nach den jeweils geltenden Rechts- und Verwaltungsvorschriften gewährleistet. Konkretisiert wurde das Aufenthaltsrecht durch die Reise- und Aufenthalts-RL 68/360/EWG, die durch die RL 2004/38/EG ersetzt wurde. Nach Beendigung einer Beschäftigung wird durch Art. 39 Abs. 3 lit. d EG die Möglichkeit eingeräumt, in dem betreffenden Mitgliedstaat zu verbleiben. Die nähere Ausgestaltung des Verbleiberechts regelt Art. 17 RL 2004/38/EG.

27 **1. Einreise.** Ein AN, der von seinem Freizügigkeitsrecht Gebrauch machen will, darf von seinem Heimatstaat nicht an der Ausreise gehindert werden.¹⁰³ Voraussetzung für den gleichberechtigten Zugang zum Arbeitsmarkt eines Mitgliedstaats von AN aus anderen Mitgliedstaaten ist außerdem das Recht, überhaupt in diesen Staat einreisen und sich dort aufhalten zu können. Für die Einreise in einen anderen Mitgliedstaat, um dort eine Beschäftigung im Lohn- und Gehaltsverhältnis aufnehmen zu können, bedarf es nur der Vorlage eines gültigen Personalausweises oder Reisepasses.¹⁰⁴

28 **2. Aufenthalt.** Das durch Art. 39 Abs. 3 lit. c garantierte Aufenthaltsrecht wird durch Art. 6 ff. RL 2004/38/EG konkretisiert.¹⁰⁵ Nachrangig ist Art. 18 EG zu beachten. Voraussetzung für ein unbegrenztes Aufenthaltsrecht ist die Ausübung einer Erwerbstätigkeit bzw. das Vorhandensein ausreichender Existenzmittel, so dass keine Sozialhil-

---

94 EuGH 14.2.1995 – C-279/93 – Schumacker – Rn 36 ff. – Slg. 1995, I-225 = BB 1995, 438, hierzu Anm. *Kaefer*, BB 1995, 441; EuGH 14.9.1999 – C-391/97 – Gschwind – Rn 26 – Slg. 1999, I-5451 = BB 2000, 25.
95 EuGH 14.2.1995 – C-279/93 – Schumacker – Rn 47 – Slg. 1995, I-225 = BB 1995, 438.
96 Art. 7 Abs. 3, Art. 8 und 9 der Freizügigkeits-VO (EWG) 1612/68.
97 EuGH 15.12.1995 – C-415/93 – Bosman – Rn 96 – Slg. 1995, I-4921= NZA 1996, 191; EuGH 13.4.2000 – C-176/96 – Lehtonen – Rn 50 – Slg. 2000, I-2681 = NZA 2000, 645.
98 Vgl. Streinz/*Franzen*, Art. 39 Rn 88 ff.
99 EuGH 15.12.1995 – C-415/93 – Bosman – Rn 103 – Slg. 1995, I-4921= NZA 1996, 191.
100 EuGH 2.10.2003 – C-232/01 – van Lent – Rn 20 – Slg. 2003, I-11525 = DVBl 2004, 198.
101 EuGH 27.1.2000 – C-190/98 – Graf – Rn 23 ff. – Slg. 2000, I-493 = NZA 2000, 413 zu einer nationalen Regelung, die die Zahlung einer Abfindung bei einer Eigen-Künd des AN ausschließt.
102 EuGH 30.9.2003 – C-224/01 – Köbler – Rn 83 – Slg. 2003, I-10239 = EuZW 2003, 718 m. Anm. *Obwexer*.
103 Art. 4 der RL 2004/38/EG.
104 Art. 5 der RL 2004/38/EG.
105 Hanau/Steinmeyer/Wank, § 15 Rn 37.

feleistungen des Aufnahmestaates in Anspruch genommen werden müssen.[106] Die Erwerbstätigeneigenschaft bleibt bei vorübergehender Arbeitsunfähigkeit erhalten.[107]

Seit dem 30.4.2006 können sich die Unionsbürger und ihre Familienangehörigen, die im Besitz eines gültigen Personalausweises sind, bis zu drei Monate ohne jegliche weitere Bedingungen und Formalitäten in einem anderen Mitgliedstaat aufhalten.[108] Für Aufenthalte über drei Monaten haben die Mitgliedstaaten die Möglichkeit, eine – durch eine Anmeldebescheinigung bestätigte – Anmeldung des Unionsbürgers bei der zuständigen Behörde des Aufenthaltsortes vorzuschreiben.[109] Weitere Unterlagen, wie z.B. der Nachweis der Zugehörigkeit zu einem bestimmten System der sozialen Sicherheit, dürfen nicht verlangt werden.[110] Alle Unionsbürger und ihre Familienangehörigen, die sich rechtmäßig fünf Jahre lang ununterbrochen im Aufnahmemitgliedstaat aufgehalten haben, haben das Recht, sich dort auf Dauer aufzuhalten.[111]

3. Stellensuche. Zur Stellensuche wird den Betroffenen ein Recht auf Einreise und Aufenthalt gewährt, ohne dass es hierfür einer Arbeitserlaubnis bedarf.[112] Das Recht, in das Hoheitsgebiet eines anderen Mitgliedstaats einzureisen und dort eine Erwerbstätigkeit zu suchen, steht den Stellensuchenden nach Art. 6 Abs. 1 der RL 2004/38/EG für einen Zeitraum von drei Monaten zu. Bei Vorliegen ausreichender Existenzmittel und eines umfassenden Krankenversicherungsschutzes für sich und seine Familienangehörigen kann das Aufenthaltsrecht des Unionsbürgers über den Dreimonatszeitraum hinausgehen.[113] Auch nach Ablauf der Frist darf der Stellensuchende nicht ausgewiesen werden, wenn er nachweist, dass er weiterhin mit begründeter Aussicht auf Erfolg nach einer Stelle sucht.[114] Als Zeitrahmen für die Stellensuche in einem anderen Mitgliedstaat hat der EuGH einen Zeitraum von sechs Monaten nach der Einreise für ausreichend gehalten,[115] wobei eine Fristbestimmung im nationalen Recht nicht mit einer automatischen Ausreiseverpflichtung gekoppelt werden darf.[116]

4. Arbeitslosigkeit. Die Freizügigkeitsrechte erlöschen auch nicht im Falle der unfreiwilligen Arbeitslosigkeit bzw. der vorübergehenden Arbeitsunfähigkeit infolge Krankheit oder Unfall.[117] Die unfreiwillige Arbeitslosigkeit muss der AA ordnungsgemäß gemeldet worden sein. Auch bei freiwilliger Arbeitslosigkeit bleibt das Aufenthaltsrecht bestehen, wenn ernsthaft nach einer neuen Stelle gesucht wird.[118] Der Arbeitslose hat Anspruch auf die gleichen sozialen Vergünstigungen wie Inländer.[119] Voraussetzung ist, dass der Arbeitslose zuvor von seiner Freizügigkeit Gebrauch gemacht hat und in einem anderen Mitgliedstaat beschäftigt war.[120] In Art. 7 Abs. 3 lit. b RL 2004/38/EG ist jetzt geregelt, dass das Aufenthaltsrecht bei unfreiwilliger Arbeitslosigkeit nach mehr als einjähriger Beschäftigungszeit bestehen bleibt. Bei kürzerer Erwerbstätigkeit wird das Aufenthaltsrecht auf sechs Monate beschränkt.[121]

5. Verbleib nach Beendigung der Beschäftigung. Die Verbleibe-VO (EWG) 1251/70 über die Bedingungen für den Verbleib nach Beendigung einer Beschäftigung im Hoheitsgebiet eines Mitgliedstaats wurde in Art. 17 der RL 2004/38/EG neu gefasst und dahin geändert, dass den Inhabern des Verbleiberechts ein privilegierter Status, nämlich das Recht auf Daueraufenthalt im Aufnahmemitgliedstaat, eingeräumt wird. AN, die das im Aufnahmestaat vorgeschriebene Rentenalter erreicht haben oder dauerhaft arbeitsunfähig sind, können unter den in Art. 17 Abs. 1 RL 2004/38/EG genannten Voraussetzungen im Aufnahmestaat bleiben. Dasselbe gilt für Grenzgänger, die ihren Wohnsitz im Aufnahmestaat haben und in der Vergangenheit mindestens drei Jahre lang dort gearbeitet haben.[122] Dasselbe gilt für Selbstständige.

Die Einreise- und Aufenthaltsrechte von Unionsbürgern und deren Familienangehörigen werden durch das am 1.1.2005 neu gefasste **FreizügG/EU** vom 30.7.2004 in nationales Recht umgesetzt. Für Staatsangehörige der neuen EU-Mitgliedstaaten findet sich die Regelung zur Arbeitserlaubnis-EU in § 284 SGB III. Im deutschen Recht sind freizügigkeitsberechtigte Unionsbürger nach § 2 Abs. 2 Nr. 5 **FreizügG/EU** auch i.S.d. Art. 17 RL 2004/38/EG verbleibeberechtigten ehemaligen AN bzw. Selbstständigen.

---

106 Art. 7 Abs. 1 RL 2004/38/EG.
107 Art. 7 Abs. 3 RL 2004/38/EG.
108 Art. 6 der RL 2004/38/EG.
109 Art. 7 der RL 2004/38/EG.
110 EuGH 5.2.1991 – C-363/89 – Roux – Rn 14 ff. – Slg. 1991, I-273.
111 Art. 16 der RL 2004/38/EG.
112 EuGH 26.2.1991 – C-292/89 – Antonissen – Rn 13 – Slg. 1991, I-745 = DB 1991, 1075.
113 Art. 7 Abs. 1 lit. b RL 2004/38/EG.
114 EuGH 26.2.1991 – C-292/89 – Antonissen – Rn 21 – Slg. 1991, I-745 = DB 1991, 1075; EuGH 23.3.2004 – C-138/02 – Collins – Rn 37 – EuZW 2004, 507.
115 EuGH 26.2.1991 – C-292/89 – Antonissen – Rn 21 – Slg. 1991, I-745 = DB 1991, 1075; EuGH 26.5.1993 – C-171/91 – Tsiotras – Rn 13 – Slg. 1993, I-2925 = EuZW 1993, 451.
116 EuGH 20.2.1997 – C-344/95 – Kommission./.Belgien – Rn 18 – Slg. 1997, I-1035.
117 Vgl. Art. 7 Abs. 3 RL 2004/38/EG; EuGH 26.2.1992 – C-357/89 – Raulin – Rn 22 – Slg. 1992, I-1027.
118 EuGH 19.3.1964 – Rs. 75/63 – Unger – Slg. 1964, 381, 398 f.
119 Art. 7 Abs. 2 der VO (EWG) 1612/68/EWG.
120 EuGH 26.5.1993 – C-171/91 – Tsiotras – Rn 18 – Slg. 1993, I-2925 = EuZW 1993, 451.
121 Art. 7 Abs. 3 lit. c RL 2004/38/EG.
122 Art. 17 Abs. 1 lit. c der RL 2004/38/EG.

IV. Familienangehörige

34 Die Unionsbürger-RL 2004/38/EG und Art. 12 der VO (EWG) 1612/68 enthalten Regelungen betreffend die Familienangehörigen der Wander-AN. Den Familienangehörigen, denen selbst kein Freizügigkeitsrecht zusteht, weil sie entweder nicht die AN-Eigenschaft besitzen oder Staatsangehörige eines Drittstaats sind, werden abgeleitete Freizügigkeitsrechte gewährt. Den Ehegatten, Lebenspartner, Verwandten in absteigender Linie, die noch nicht 21 Jahre alt sind oder denen Unterhalt gewährt wird, sowie sonstigen Verwandten, denen der freizügigkeitsberechtigte AN Unterhalt gewährt, steht ein **Aufenthaltsrecht** im Aufnahmestaat zu.[123] Einem dauerhaft getrennt lebenden Ehegatten steht das Aufenthaltsrecht bis zur Scheidung zu.[124] Dagegen besteht kein Anspruch bei eheähnlichen Lebensgemeinschaften.[125] Allerdings haben die Mitgliedstaaten nach Art. 3 Abs. 2 der Unionsbürger-RL 2004/38/EG die Einreise und den Aufenthalt für den Lebenspartner, mit dem der Unionsbürger eine ordnungsgemäß bescheinigte dauerhafte Beziehung eingegangen ist, zu erleichtern.

35 Bei der Einreise kann von den Familienangehörigen neben der Vorlage eines gültigen Personalausweises oder Reisepasses eine Bescheinigung über das Bestehen familiärer Beziehungen sowie ggf. über die Gewährung von Unterhalt durch den Wander-AN verlangt werden.[126] Für drittstaatsangehörige Familienangehörige dürfen die Mitgliedstaaten bei der Einreise ein Einreisevisum verlangen. Um die Ausübung der Freizügigkeitsrechte für drittstaatsangehörige Familienangehörige zu erleichtern, werden seit dem 30.4.2006 die Familienangehörigen, die im Besitz einer **Aufenthaltskarte** nach Art. 10 der RL 2004/38/EG sind, von der Pflicht befreit, sich ein Einreisevisum zu beschaffen.[127] Die Mitgliedstaaten können einen Nachweis verlangen, dass der AN für sich und seine Familienangehörigen über ausreichende Existenzmittel und einen umfassenden Krankenversicherungsschutz verfügt.[128]

36 Die Familienangehörigen sind nach Art. 23 der RL 2004/38/EG berechtigt, eine Erwerbstätigkeit aufzunehmen. Die Kinder eines freizügigkeitsberechtigten AN können, wenn sie im Hoheitsgebiet des Aufnahmestaats wohnen, unter den gleichen Bedingungen wie die Staatsangehörigen dieses Mitgliedstaats am allgemeinen Unterricht sowie an Lehrlings- und Berufsausbildung teilnehmen.[129]

37 Familienangehörige von Wander-AN, denen das Recht auf Ausübung einer Berufstätigkeit zusteht,[130] haben einen abgeleitetes **Recht auf Gleichbehandlung** nach Art. 24 der RL 2004/38/EG hinsichtlich der Arbeits- und Beschäftigungsbedingungen wie inländische Beschäftigte.[131]

38 Familienangehörigen steht wie dem AN ein **Verbleiberecht** im Aufnahmestaat zu.[132] Dieses Recht bleibt auch nach dessen Tod bestehen und erstarkt zu einem eigenen Recht.

39 Das Verbleiberecht der Familienangehörigen ist im deutschen Recht in den §§ 2 Abs. 2 Nr. 5 und 3 Abs. 4 FreizügG/EU geregelt.

V. Sanktionen bei einem Verstoß

40 Verstößt eine gesetzliche Regelung gegen das Diskriminierungsverbot, gilt der Vorrang des Gemeinschaftsrechts und die benachteiligende Regelung ist nicht anwendbar. Im Falle eines Verstoßes von Bestimmungen in TV oder Einzelarbeitsverträgen oder sonstigen Kollektivvereinbarungen gegen das Diskriminierungsverbot sieht das Gemeinschaftsrecht die Nichtigkeit vor.[133] Im Ergebnis ist auch der benachteiligten Gruppe die Begünstigung zu gewähren.[134] Ob daneben ein Anspruch auf Ersatz des Diskriminierungsschadens besteht, entscheidet sich nach nationalem Recht.[135] Wird einem Stellenbewerber aufgrund seiner Staatsangehörigkeit die Einstellung versagt, kommt ein Entschädigungsanspruch nach den zur RL 76/207/EWG entwickelten Grundsätzen in Betracht.[136]

---

123 Art. 6 f. RL 2004/38/EG.
124 EuGH 13.2.1985 – Rs. 267/83 – Diatta – Rn 18 ff. – Slg. 1985, 567.
125 EuGH 17.4.1986 – Rs. 59/85 – Reed – Rn 15 – Slg. 1986, 1283; zur eingetragenen Partnerschaft vgl. Art. 2 Nr. 2 lit. b) der Unionsbürger-RL 2004/38/EG.
126 Art. 8 Abs. 5 der RL 2004/38/EG.
127 Art. 5 Abs. 2 der RL 2004/38/EG.
128 Art. 7 der RL 2004/38/EG; EuGH 23.3.2006 – C-408/03 – Kommission./.Belgien – Rn 36.
129 Art. 12 Abs. 1 der Freizügigkeits-VO (EWG) 1612/68.
130 Vgl. Art. 23 der RL 2004/38/EG.
131 EuGH 7.5.1986 – Rs. 131/85 – Gül – Rn 20 – Slg. 1986, 1573; *Hanau/Steinmeyer/Wank*, § 15 Rn 223.
132 Art. 12 der RL 2004/38/EG.
133 Art. 7 Abs. 4 der Freizügigkeits-VO (EWG) 1612/68; vgl. EuGH 15.1.1998 – C-15/96 – Schöning-Kougebetopoulou – Rn 35 – Slg. 1998, I-47 = NZA 1998, 205.
134 EuGH 26.1.1999 – C-18/95 – Terhoeve – Rn 59 – Slg. 1999, I-345 = EuZW 1999, 380; EuGH 15.1.1998 – C-15/96 – Schöning-Kougebetopoulou – Rn 35 – Slg. 1998, I-47 = NZA 1998, 205.
135 MünchArb/*Birk*, Bd. 1, § 19 Rn 5.
136 S. Art. 141 Rn 69.

Art. 141

(1) Jeder Mitgliedstaat stellt die Anwendung des Grundsatzes des gleichen Entgelts für Männer und Frauen bei gleicher oder gleichwertiger Arbeit sicher.

(2) Unter „Entgelt" im Sinne dieses Artikels sind die üblichen Grund- oder Mindestlöhne und -gehälter sowie alle sonstigen Vergütungen zu verstehen, die der Arbeitgeber aufgrund des Dienstverhältnisses dem Arbeitnehmer unmittelbar oder mittelbar in bar oder in Sachleistungen zahlt.
Gleichheit des Arbeitsentgelts ohne Diskriminierung aufgrund des Geschlechts bedeutet,
a) dass das Entgelt für eine gleiche nach Akkord bezahlte Arbeit aufgrund der gleichen Maßeinheit festgesetzt wird,
b) dass für eine nach Zeit bezahlte Arbeit das Entgelt bei gleichem Arbeitsplatz gleich ist.

(3) Der Rat beschließt gemäß dem Verfahren des Artikels 251 und nach Anhörung des Wirtschafts- und Sozialausschusses Maßnahmen zur Gewährleistung der Anwendung des Grundsatzes der Chancengleichheit und der Gleichbehandlung von Männern und Frauen in Arbeits- und Beschäftigungsfragen, einschließlich des Grundsatzes des gleichen Entgelts bei gleicher oder gleichwertiger Arbeit.

(4) Im Hinblick auf die effektive Gewährleistung der vollen Gleichstellung von Männern und Frauen im Arbeitsleben hindert der Grundsatz der Gleichbehandlung die Mitgliedstaaten nicht daran, zur Erleichterung der Berufstätigkeit des unterrepräsentierten Geschlechts oder zur Verhinderung bzw. zum Ausgleich von Benachteiligungen in der beruflichen Laufbahn spezifische Vergünstigungen beizubehalten oder zu beschließen.

Literatur: *Appel/Fisahn/Hess-Grunewald/Sommer/Zwanziger*, Handbuch zur Gleichstellung der Geschlechter im Arbeitsrecht, 1998; *Bergwitz*, Die neue EG-Richtlinie zur Beweislast bei geschlechtsbedingter Diskriminierung, DB 1999, 94; *Bieback*, Die mittelbare Diskriminierung wegen des Geschlechts, 1997; *Boecken*, EG-rechtlicher Zwang zu Unisex-Tarifen in der betrieblichen Altersversorgung? in: GS für Heinze, 2005, S. 57; *Colneric*, Neue Entscheidungen des EuGH zur Gleichbehandlung von Männern und Frauen, EuZW 1991, 75; *dies.*, Frauenquoten auf dem Prüfstand des EG-Rechts, BB 1996, 265; *Fuchs* (Hrsg.), Europäisches Sozialrecht, 4. Aufl. 2005; *Hadeler*, Die Revision der Gleichbehandlungsrichtlinie 76/207/EWG – Umsetzungsbedarf für das deutsche Arbeitsrecht, NZA 2003, 77; *Hanau*, in: GS für Lüderitz, 2000; *Hanau/Preis*, Zur mittelbaren Diskriminierung wegen des Geschlechts, ZfA 1988, 177; *Hensche*, Betriebliche Altersversorgung und Diskriminierungsverbot – Vom umstrittenen Grenzverlauf zwischen Arbeits- und Versicherungsrecht, NZA 2004, 828; *Huep*, Die zeitliche Reichweite des geschlechtsbezogenen Entgeltgleichheitsgrundsatzes im deutschen und europäischen Arbeitsrecht, RdA 2001, 325; *Kleinsorge*, Fortschritt bei der Gleichbehandlung?, BArbBl 1999, 18; *Langenfeld*, Die Gleichbehandlung von Mann und Frau im Europäischen Gemeinschaftsrecht, 1990; *Langer*, Kompetenzen in der Europäischen Union auf dem Gebiet der Gleichbehandlung, ZIAS 1999, 178; *Lenz/Borchardt*, EU- und EG-Vertrag, 3. Aufl. 2003; *Leuchten*, Der Einfluss der EG-Richtlinien zur Gleichbehandlung auf das deutsche Arbeitsrecht, NZA 2002, 1254; *Lingemann/Gotham*, AGG – Benachteiligungen wegen des Alters in kollektivrechtlichen Regelungen, NZA 2007, 663; *Lörcher*, Europäischer Gerichtshof sichert Gleichbehandlung, AuR 2000, 168; *Nickel*, Handlungsaufträge zur Bekämpfung von ethnischen Diskriminierungen in der neuen Gleichbehandlungsrichtlinie 2000/43/EG, NJW 2001, 2668; *Nicolai*, Rechtsfolgen der Unvereinbarkeit arbeitsrechtlicher Regelungen mit Art. 119 EG-Vertrag, ZfA 1996, 481; *van Overbeek/Pais*, Mittelbare Gleichbehandlung von Männern und Frauen in der Europäischen Gemeinschaft, 1995; *Pape*, Von Kalanke zu Marshall – ein Erfolg für die Gleichberechtigung, AuR 1998, 14; *Pfarr*, Gleichbehandlung von Männern und Frauen im Arbeitsverhältnis, AR-Blattei SD 800.2; *Raulf/Gunia*, Zwang zur geschlechtsneutralen Kalkulation in der betrieblichen Altersversorgung?, NZA 2003, 534; *Rust*, Änderungsrichtlinie 2002 zur Gleichbehandlungsrichtlinie von 1976, NZA 2003, 72; *Schiek*, „Kalanke" und die Folgen – Überlegungen zu EG-rechtlichen Anforderungen an betriebliche Gleichstellungspolitik, AuR 1996, 128; *dies.*, Diskriminierung wegen „Rasse" oder „ethnischer Herkunft" – Probleme der Umsetzung der RL 2000/43/EG im Arbeitsrecht, AuR 2003, 44; *dies.*, Gleichbehandlungsrichtlinien der EU-Umsetzung im deutschen Arbeitsrecht, NZA 2004, 873; *Schlachter*, Probleme der mittelbaren Benachteiligung im Anwendungsbereich des Artikel 119 EGV, NZA 1995, 393; *dies.*, Richtlinie über die Beweislast bei Diskriminierung, RdA 1998, 321; *dies.*, Wege zur Gleichberechtigung, 1993; *Sowka*, Mittelbare Frauendiskriminierung – ausgewählte Probleme, DB 1992, 2030; *Steinmeyer*, Gleichbehandlung und private und betriebliche Alterssicherung – eine unendliche Geschichte?, NZA 2004, 1257; *Thüsing*, Der Fortschritt des Diskriminierungsrechts im Europäischen Arbeitsrecht, ZfA 2001, 397; *ders.*, Handlungsbedarf im Diskriminierungsrecht – Die Umsetzungserfordernisse aufgrund der Richtlinien 2000/78/EG und 2000/43/EG, NZA 2001, 1061; *Tödtmann*, Der Einfluss des EuGH auf die Gleichstellung von Mann und Frau, DB 1998, 2322; *Waas*, Zur mittelbaren Diskriminierung von Frauen in der Rechtsprechung von EuGH und deutschen Gerichten, EuR 1994, 97; *ders.*, Die neue EG-Richtlinie zum Verbot der Diskriminierung aus rassischen oder ethnischen Gründen im Arbeitsverhältnis, ZIP 2000, 2151; *Wisskirchen*, Mittelbare Diskriminierung von Frauen im Erwerbsleben, 1994

A. Allgemeines	1	aa) Altersversorgungssysteme	13
B. Regelungsgehalt	4	bb) Zeitliche Beschränkung	16
I. Grundsatz des gleichen Entgelts (Art. 141 Abs. 1 EG)	4	cc) Abgrenzung zu den allgemein staatlichen Systemen der sozialen Sicherheit (Richtlinie 79/7/EWG)	19
1. Allgemeines	4	dd) Abgrenzung zu den sonstigen Arbeitsbedingungen (Gleichbehandlungsrichtlinie 2006/54/EG)	21
2. Regelungsgehalt des Entgeltgleichheitsgebots	7		
a) Anwendungsbereich	7		
b) Entgeltbegriff	11		

c)	Gleichheit des Entgelts	23	a) Anwendungsbereich	56
d)	Gleiche und gleichwertige Arbeit	25	b) Inhalt der Gleichbehandlungsrichtlinie	60
e)	Gleichbehandlungsgebot	29	aa) Grundsatz der Gleichbehandlung	60
	aa) Unmittelbare Diskriminierung	30	bb) Rechtsprechung des EuGH	63
	bb) Mittelbare Diskriminierung	33	cc) Rechtsfolgen bei einem Verstoß	69
f)	Beweislast	40	II. Regelungen zu den betrieblichen Systemen der sozialen Sicherheit	70
g)	Rechtsfolgen bei einem Verstoß	44	III. Sonstige Gleichbehandlungsrichtlinien	73
II. Ermächtigungsgrundlage zum Erlass von Maßnahmen zur Chancengleichheit und Gleichbehandlung (Art. 141 Abs. 3 EG)		47	1. Verbot der Diskriminierung aufgrund der Rasse oder der ethnischen Herkunft, Richtlinie 2000/43/EG	76
III. Vergünstigungen zugunsten des unterrepräsentierten Geschlechts (Art. 141 Abs. 4 EG)		50	2. Richtlinie 2000/78/EG zur Verwirklichung der Gleichbehandlung in Beschäftigung und Beruf	77
C. Verbindung zu anderen Rechtsgebieten und zum Prozessrecht		54	3. Gleichbehandlung beim Zugang zu und bei der Versorgung mit Gütern und Dienstleistungen, Richtlinie 2004/113/EG	78
I. Die Gleichbehandlungsrichtlinie 2006/54/EG betreffend die sonstigen Arbeitsbedingungen		54	**D. Beraterhinweise**	80
1. Allgemeines		54		
2. Regelungsgehalt		56		

A. Allgemeines

1 Art. 141 EG stellt die zentrale gemeinschaftsrechtliche Bestimmung zur Gleichbehandlung von Männern und Frauen im Arbeitsrecht dar.[1] Durch den Amsterdamer Vertrag[2] wurde die Vorgängernorm des Art. 119 EG-Vertrag inhaltlich neu gefasst und ihr sachlicher Anwendungsbereich erweitert. Der Grundsatz des gleichen Entgelts ist nun in Art. 141 Abs. 1 EG enthalten. Neu eingeführt wurde die Kompetenzgrundlage zum Erlass von Maßnahmen der Gemeinschaft zur Förderung der Chancengleichheit und der Gleichbehandlung von Männern und Frauen in Arbeits- und Beschäftigungsfragen in Art. 141 Abs. 3 EG. In Art. 141 Abs. 4 EG wird den Mitgliedstaaten die Möglichkeit eröffnet, bestimmte Maßnahmen zur Förderung der Gleichstellung des unterrepräsentierten Geschlechts beizubehalten oder zu ergreifen. Die Abs. 3 und 4 beziehen sich auf das Arbeitsrecht allgemein, während Art. 141 Abs. 1 EG auf die Gleichbehandlung beim Entgelt beschränkt ist.

2 Das Gebot der Gleichbehandlung von Männern und Frauen gehört nach der Rspr. des EuGH zu den Grundlagen der Gemeinschaft.[3] Gestärkt wird dieses Gemeinschaftsgrundrecht[4] dadurch, dass die Gleichstellung von Männern und Frauen in Art. 2 EG zu einer Aufgabe der Gemeinschaft gemacht wurde, und Art. 3 Abs. 2 EG die Gemeinschaft auffordert, bei ihren Maßnahmen die Gleichstellung von Männern und Frauen zu fördern.[5] Der Vertrag über eine Verfassung für Europa enthält in Art. II-83 das Grundrecht der Gleichheit von Frauen und Männern.[6]

3 Art. 141 EG wird sekundärrechtlich flankiert durch die Gleichbehandlungsrichtlinie **2006/54/EG** vom 5.7.2006.[7] Die Gleichbehandlungsrichtlinie fasst die bisherige Lohngleichheits-RL 75/117/EWG, die Gleichbehandlungs-RL 76/207/EWG, welche durch die bis zum 5.10.2005 umzusetzende RL 2002/73/EG geändert wurde,[8] die Beweislast-RL 97/80/EWG, und die Betriebsrenten-RL 86/378/EWG zusammen.

B. Regelungsgehalt

I. Grundsatz des gleichen Entgelts (Art. 141 Abs. 1 EG)

4 **1. Allgemeines.** Der Grundsatz des gleichen Entgelts stellt eine besondere Ausformung des allgemeinen Diskriminierungsverbots dar.[9] Von Art. 141 Abs. 1 EG werden nur Ungleichbehandlungen beim Entgelt aufgrund des Geschlechts erfasst. Die Vorschrift bietet keine Grundlage dafür, eine aus sonstigen Gründen als ungerecht empfundene

---

1 MünchArb/*Birk*, Bd. 1, § 19 Rn 311.
2 Vertrag von Amsterdam zur Änderung des Vertrags über die Europäische Union, der Verträge zur Gründung der Europäischen Gemeinschaften sowie einiger damit zusammenhängender Rechtsakte v. 2.10.1997 (ABl EG C 340 v. 10.11.1997, S. 173), (BGBl II S. 386).
3 EuGH 8.4.1976 – Rs. 43/75 – Defrenne II – Rn 12 – Slg. 1976, 455 = NJW 1976, 2068; EuGH 17.9.2002 – C-320/00 – Lawrence – Rn 12 – Slg. 2002, I-7325 = AP § 613a BGB Nr. 236.
4 Vgl. EuGH 10.2.2000 – C-270/97 und 271/97 – Sievers – Rn 57 – Slg. 2000, I-929 = AP Art. 119 EGV Nr. 18.
5 Lenz/Borchardt/*Coen*, Art. 141 Rn 3.
6 Art. II-83 des Vertrags über eine Verfassung für Europa (ABl EG C 310 v. 16.12.2004, S. 1): Die Gleichheit von Frauen und Männern ist in allen Bereichen, einschließlich der Beschäftigung, der Arbeit und des Arbeitsentgelts, sicherzustellen. Der Grundsatz der Gleichheit steht der Beibehaltung oder Einführung spezifischer Vergünstigungen für das unterrepräsentierte Geschlecht nicht entgegen.
7 RL 2006/54/EG des Europäischen Parlaments und des Rates v. 5.7.2006 zur Verwirklichung des Grundsatzes der Chancengleichheit und Gleichbehandlung von Männern und Frauen in Arbeits- und Beschäftigungsfragen (Neufassung) (ABl EG L 204 v. 26.7.2006, S. 23). Durch die RL 2006/54/EG werden die RL 75/117/EWG, 76/207/EWG, 86/378/EWG und 97/80/EG mit Wirkung vom 15.8.2009 aufgehoben.
8 NZA 2003, 474.
9 EuGH 16.9.1999 – C-218/98 – Abdoulaye – Rn 16 – Slg. 1999, I-5723 = NZA 1999, 1280.

Vergütung anzugreifen.[10] Allerdings wird im Rahmen der mittelbaren Diskriminierung an geschlechtsneutrale Kriterien angeknüpft. Auch wenn dabei auf eine unmittelbare Anknüpfung an das Geschlecht verzichtet wird, kann eine verbotene Diskriminierung gegeben sein, sofern de facto die AN eines Geschlechts unverhältnismäßig betroffen sind und die Ungleichbehandlung nicht gerechtfertigt werden kann.

Das Entgeltgleichheitsgebot ist **unmittelbar anwendbar** und verleiht dem Einzelnen ein subjektives Recht auf gleiches Entgelt bei gleicher oder gleichwertiger Arbeit, auf das er sich vor den innerstaatlichen Gerichten berufen kann.[11] Der EuGH hat aus Gründen der Rechtssicherheit die unmittelbare Wirkung des Grundsatzes der Entgeltgleichheit zeitlich auf das Datum der Verkündung des Urteils in der Rechtssache Defrenne II begrenzt. Für vor dem 8.4.1976 liegende Zeiträume können sich die AN allerdings auf nationale Vorschriften, in denen ein Gleichheitsgrundsatz aufgestellt wird, berufen.[12] Die unmittelbare Wirkung besteht sowohl im Fall der unmittelbaren als auch der mittelbaren Diskriminierung aufgrund des Geschlechts.[13] Ob an der unmittelbaren Wirkung nur die gleiche oder auch die gleichwertige Arbeit teilnimmt, ist nicht abschließend geklärt.[14] Obwohl sich Art. 141 Abs. 1 EG dem Wortlaut nach nur an die Mitgliedstaaten richtet, gilt das Entgeltgleichheitsgebot auch **horizontal** im Verhältnis zwischen Privaten.[15] Aufgrund des zwingenden Charakters des Art. 141 EG ist das Diskriminierungsverbot danach nicht nur für die öffentlichen Behörden verbindlich, sondern es erstreckt sich auch auf alle TV zur kollektiven Regelung der abhängigen Erwerbstätigkeit und alle Verträge zwischen Privatpersonen.[16]

In Bezug auf die Anwendung der RL 75/117/EWG hat der EuGH festgestellt, dass diese im Wesentlichen die konkrete Anwendung des in Art. 141 Abs. 1 EG genannten Grundsatzes des gleichen Entgelts erleichtern soll, in keiner Weise aber den Inhalt oder die Tragweite dieses Grundsatzes, so wie er in Art. 141 Abs. 1 EG definiert ist, berührt.[17]

2. Regelungsgehalt des Entgeltgleichheitsgebots. a) Anwendungsbereich. Der Entgeltgleichheitsanspruch besteht im Verhältnis zwischen AG und AN.

Anspruchsberechtigt ist gem. Art. 141 Abs. 2 EG der **AN**, der in einem Dienstverhältnis mit dem AG steht. Das Entgeltgleichheitsgebot ist – anders als die Kompetenzvorschrift des Art. 141 Abs. 3 EG – auf abhängig Beschäftigte beschränkt und schließt selbstständig Erwerbstätige vom Anwendungsbereich aus.[18] Der AN-Begriff ist gemeinschaftsrechtlich zu interpretieren, wobei auf die zu Art. 39 EG entwickelten Grundsätze abgestellt werden kann.[19] Als AN i.S.d. Art. 141 Abs. 1 EG ist anzusehen, wer während einer bestimmten Zeit für einen anderen nach dessen Weisung Leistungen erbringt, für die er als Gegenleistung eine Vergütung erhält.[20] Auch Beamte unterfallen dem persönlichen Anwendungsbereich des Art. 141 Abs. 1 EG.[21] Die formale Einstufung als Selbstständiger nach innerstaatlichem Recht schließt nicht aus, dass jemand als AN i.S.v. Art. 141 Abs. 1 EG einzustufen ist, wenn seine Selbstständigkeit nur fiktiv ist und damit ein Arbverh i.S. dieses Artikels verschleiert.[22] Der personelle Schutz endet nicht mit dem Ausscheiden aus dem Arbverh.[23] Auch Dritte wie die anspruchsberechtigten Hinterbliebenen können sich auf Art. 141 Abs. 1 EG berufen, wenn der Entgeltanspruch seinen Ursprung im Arbverh findet.[24]

Anspruchsverpflichteter ist typischerweise der **AG**. Vom AG-Begriff werden alle privaten und öffentlichen[25] AG erfasst. In einem faktischen Arbverh, in dem die Arbeitsleistung ohne wirksame vertragliche Grundlage erbracht wird, besteht der Entgeltgleichheitsanspruch gegenüber dem faktischen AG.[26] Bei einer mittelbaren Zahlung durch

---

10 Calliess/Ruffert/*Krebber*, Art. 141 Rn 36.
11 EuGH 8.4.1976 – Rs. 43/75 – Defrenne II – Rn 40 – Slg. 1976, 455 = NJW 1976, 2068.
12 EuGH 10.2.2000 – C-270/97 und 271/97 – Sievers – Rn 52 – Slg. 2000, I-929 = AP Nr. 18 zu Art. 119 EGV. Ausführlich hierzu Hailbronner/Wilms/*Boecken*, Art. 141 EG Rn 11. Kritisch hierzu *Huep*, RdA 2001, 325, 328 ff.
13 EuGH 31.3.1981 – Rs. 96/80 – Jenkins – Rn 18 – Slg. 1981, 911 = NJW 1981, 2639.
14 Die unmittelbare Wirkung für gleichwertige Arbeit ablehnend Calliess/Ruffert/*Krebber*, Art. 141 Rn 6; a.A. *Schlachter*, S. 129.
15 EuGH 8.4.1976 – Rs. 43/75 – Defrenne II – Rn 38/39 – Slg. 1976, 455 = NJW 1976, 2068; EuGH 7.2.1991 – C-184/89 – Nimz – Rn 11 – Slg. 1991, I-297 = AP § 23a BAT Nr. 25.
16 EuGH 8.4.1976 – Rs. 43/75 – Defrenne II – Rn 38/39 – Slg. 1976, 455 = NJW 1976, 2068; EuGH 28.9.1994 – C-28/93 – Van den Akker – Rn 21 – Slg. 1994, I-4527.
17 EuGH 31.3.1981 – Rs. 96/80 – Jenkins – Rn 22 – Slg. 1981, 911 = NJW 1981, 2639; EuGH 30.3.2000 – C-236/98 – Jämställdhetsombudsmannen – Rn 37 – Slg. 2000, I-2189 = AP EWG-RL 75/117 Nr. 15.
18 Vgl. von der Groeben/Schwarze/*Rust*, Art. 141 Rn 256 ff.
19 EuGH 14.12.1995 – C-317/93 – Nolte – Rn 21 – Slg. 1995, I-4625; EuGH 13.1.2004 – C-256/01 – Allonby – Rn 66 – Slg. 2004, I-0 = NZA 2004, 201; s. Art. 39 Rn 10 ff.
20 EuGH 13.1.2004 – C-256/01 – Allonby – Rn 67 – Slg. 2004, I-0 = NZA 2004, 201.
21 EuGH 2.10.1997 – C-1/95 – Gerster – Rn 18 – Slg. 1997, I-5253; EuGH 28.9.1994 – C-7/93 – Beune – Rn 45 – Slg. 1994, I-4471; EuGH 12.9.2002 – C-351/00 – Niemi – Rn 47 – Slg. 2002, I-7007.
22 EuGH 13.1.2004 – C-256/01 – Allonby – Rn 71 – Slg. 2004, I-0 = NZA 2004, 201.
23 EuGH 17.5.1990 – Rs. 262/88 – Barber – Rn 12 – Slg. 1990, I-1889 = NZA 1990, 775; EuGH 6.10.1993 – C-109/91 – Ten Oever – Rn 8 – Slg. 1993, I-4879; von der Groeben/Schwarze/*Rust*, Art. 141 Rn 259.
24 EuGH 6.10.1993 – C-109/91 – Ten Oever – Rn 13 – Slg. 1993, I-4879; EuGH 9.10.2001 – C-379/99 – Menauer – Slg. 2001, I-7275.
25 EuGH 2.10.1997 – C-1/95 – Gerster – Rn 18 – Slg. 1997, I-5253.
26 Calliess/Ruffert/*Krebber*, Art. 141 Rn 16.

einen formal unabhängigen Treuhänder bzw. Verwalter wie beispielsweise eine Pensionskasse, der die Leistung für den AG erbringt, kann sich der AN diesem Dritten gegenüber auf das Entgeltgleichheitsgebot berufen.[27] Die sich aus Art. 141 Abs. 1 EG ergebenden Ansprüche dürfen auch nicht dadurch beeinträchtigt werden, dass der AN den Arbeitsplatz wechselt.[28]

10 Der Anwendungsbereich ist für AN und AG unabhängig von ihrer Staatsangehörigkeit eröffnet. Bei **grenzüberschreitenden Sachverhalten** kommt es für die Anwendbarkeit des Entgeltgleichheitsgebots darauf an, ob das Arbverh einen hinreichend engen Bezug zum Gemeinschaftsgebiet aufweist.[29] Ob ein ausreichend enger Bezug zum Gemeinschaftsgebiet gegeben ist, ist vor allem anhand des auf den Arbeitsvertrag anwendbaren Rechts, der Staatsangehörigkeit des AG, des Einstellungsortes, der Vereinbarung eines Gerichtsstands innerhalb der Gemeinschaft sowie der Abgabenpflichtigkeit des AN gegenüber den Sozialversicherungsträgern eines Mitgliedstaats zu ermitteln.[30]

11 **b) Entgeltbegriff.** Nach der Definition des Art. 141 Abs. 2 EG sind als Entgelt die üblichen Grund- oder Mindestlöhne sowie alle sonstigen Vergütungen zu verstehen, die der AG aufgrund des Dienstverhältnisses dem AN unmittelbar oder mittelbar in bar oder in Sachleistungen zahlt. Der gemeinschaftsrechtlich zu bestimmende[31] Entgeltbegriff ist nach der Rspr. des EuGH weit auszulegen. Es ist nicht erforderlich, dass die Leistung eine Gegenleistung für erbrachte Dienste des AN darstellt.[32] Lediglich der Rechtsgrund der Leistung muss in einem konkreten Arbverh begründet sein.[33] Die Leistung kann aufgrund eines Arbeitsvertrags, kraft einer Rechtsvorschrift oder freiwillig gewährt werden, sofern der AG die Leistung im Zusammenhang mit dem Beschäftigungsverhältnis erbringt.[34] Erfasst werden sämtliche leistungsabhängigen Entgelte, Lohn- und Gehaltszahlungen, Prämien, Zuschläge bzw. Zulagen, Gratifikationen, Überstundenvergütungen und Aufwandsentschädigungen.[35] Unter den Entgeltbegriff fallen auch die Entgeltfortzahlung im Krankheitsfall[36] und während des Mutterschaftsurlaubs,[37] Vergütungen in Form von bezahlter Arbeitsfreistellung oder der Bezahlung von Überstunden während BR-Schulungen[38] oder Fortbildungen im Rahmen der PR-Tätigkeit[39] sowie ein System des quasiautomatischen Aufstiegs in eine höhere Vergütungsgruppe.[40] Entgelt sind außerdem alle geldwerten Sozialleistungen des AG wie die Bereitstellung von Kindertagesstätten[41] oder Vergünstigungen im Reiseverkehr.[42] Als Entgelt sind schließlich auch für den Privatgebrauch genutzte Firmenwagen, zusätzliche Krankenversicherungen und Angestelltenrabatte einzustufen.[43]

12 Der Umstand, dass Leistungen aus Anlass der Beendigung oder erst nach Beendigung des Arbverh erbracht werden, schließt ihren Entgeltcharakter nicht aus. Es fallen somit auch Abfindungen,[44] Übergangsgelder,[45] Entlassungsent-

---

27 EuGH 17.5.1990 – Rs. 262/88 – Barber – Rn 29 – Slg. 1990, I-1889 = NZA 1990, 775; EuGH 28.9.1994 – C-200/91 – Coloroll – Rn 20 – Slg. 1994, I-4389 = NZA 1994, 1073; EuGH 9.10.2001 – C-379/99 – Menauer – Rn 24 – Slg. 2001, I-7275.
28 EuGH 28.9.1994 – C-200/91 – Coloroll – Rn 95 – Slg. 1994, I-4389 = NZA 1994, 1073.
29 Vgl. Hailbronner/Wilms/*Boecken*, Art. 141 EG Rn 15; MünchArb/*Birk*, Bd. 1, § 19 Rn 315; Calliess/Ruffert/*Krebber*, Art. 141 Rn 20.
30 Calliess/Ruffert/*Brechmann*, Art. 39 Rn 8; EuGH 27.9.1989 – Rs. 9/88 – Lopes da Veiga – Rn 17 – Slg. 1989, 2989; EuGH 30.4.1996 – C-214/94 – Boukhalfa – Rn 16 – Slg. 1996, I-2253.
31 EuGH 6.2.1996 – C-457/93 – Lewark – Rn 20 – Slg. 1996, I-243 = NZA 1996, 319.
32 MünchArb/*Birk*, Bd. 1, § 19 Rn 317; Fuchs/*Steinmeyer*, V. Art. 141 Rn 15.
33 EuGH 9.2.1982 – Rs. 12/81 – Garland – Rn 10 – Slg. 1982, 359.
34 EuGH 21.10.1999 – C-333/97 – Lewen – Rn 19 f. – Slg. 1999, I-7243.
35 EuGH 17.10.1989 – Rs. 109/88 – Danfoss – Slg. 1989, 3199 = NZA 1990, 772; EuGH 30.3.2000 – C-236/98 – Jämställdhetsombudsmannen – Rn 40 – Slg. 2000, I-2189 = AP EWG-RL 75/117 Nr. 15; EuGH 26.6.2001 – C-381/99 – Brunnhofer – Rn 34, Slg. 2001, I-4961 = NZA 2001, 883.
36 EuGH 13.7.1989 – Rs. 171/88 – Rinner-Kühn – Rn 10 – Slg. 1989, 2743 = NZA 1990, 437.
37 EuGH 13.2.1996 – C-342/93 – Gillespie – Rn 14 – Slg. 1996, I-475 = AP Art. 119 EWGV Nr. 74; EuGH 30.3.2004 – C-147/02 – Alabaster – Rn 44 – Slg. 2004, I-0 = NZA 2004, 839.
38 EuGH 4.6.1992 – C-360/90 – Bötel – Rn 11 ff. – Slg. 1992, I-3589; EuGH 6.2.1996 – C-457/93 – Lewark – Rn 23 – Slg. 1996, I-243 = NZA 1996, 319; vgl. hierzu BAG 20.10.1993 – 7 AZR 581/92 – AP § 37 BetrVG 1972 Nr. 90; BAG 5.3.1997 – 7 AZR 581/92 – AP § 37 BetrVG 1972 Nr. 123.
39 EuGH 7.3.1996 – C-278/93 – Freers – Rn 19 – Slg. 1996, I-1165.
40 EuGH 7.2.1991 – C-184/89 – Nimz – Rn 15 – Slg. 1991, I-297 = AP § 23a BAT Nr. 25. Dagegen unterliegen Vorschriften über die Voraussetzungen einer Beförderung nach Ermessen der RL 76/207/EWG, EuGH 2.10.1997 – C-1/95 – Gerster – Rn 24 – Slg. 1997, I-5253 (siehe Art. 141 Rn 22).
41 EuG 29.1.1997 – T-297/94 – Vanderhaeghen – Slg. 1997, II-13.
42 EuGH 9.2.1982 – Rs. 12/81 – Garland – Rn 9 – Slg. 1982, 359; EuGH 17.2.1998 – C-249/96 (Grant) – Rn 14 – Slg. 1998, I-621.
43 Von der Groeben/Schwarze/*Rust*, Art. 141 Rn 407.
44 EuGH 14.9.1999 – C-249/97 – Gruber ./. Silhouette – Rn 22 – Slg. 1999, I-5295; EuGH 17.5.1990 – Rs. 262/88 – Barber – Rn 13 – Slg. 1990, I-1889 = NZA 1990, 775.
45 EuGH 27.6.1990 – C-33/89 – Kowalska – Rn 11 – Slg. 1990, I-2591 = NZA 1990, 771.

schädigungen,[46] tarifliche Vorruhestandsentschädigungen,[47] die bezahlte Freistellung wegen Alters sowie der tarifliche Aufstockungsbetrag für Altersteilzeitarbeit[48] unter den Entgeltbegriff des Art. 141 Abs. 1 EG.[49]

aa) Altersversorgungssysteme. Seit der Entscheidung des EuGH in der Rechtssache *Bilka* steht fest, dass auch die **betrieblichen Altersversorgungssysteme** in den Anwendungsbereich des Art. 141 Abs. 1 EG fallen. Leistungen aus einem die staatliche Alterssicherung ergänzenden System der betrieblichen Altersversorgung, das vom AG finanziert wird und Bestandteil der Arbeitsverträge mit den Beschäftigten ist, stellen eine Vergütung dar, die der AG dem AN aufgrund des Arbvterh zahlt.[50] Sowohl der **Anspruch auf Anschluss** an ein ergänzendes Betriebsrentensystem als auch der Anspruch auf die **Leistung** aus einem solchen Versorgungssystem unterfallen Art. 141 Abs. 1 EG.[51]

13

In der Folge hat der EuGH in der Rechtssache Barber auch Renten, die aufgrund eines an die Stelle des staatlichen Alterssicherungssystems getretenen **(contracted-out) betrieblichen Systems** gezahlt werden, dem Anwendungsbereich des Art. 141 Abs. 1 EG unterstellt.[52] Die Festsetzung eines unterschiedlichen Rentenalters für Männer und Frauen in solchen Altersversorgungssystemen verstößt damit gegen Art. 141 Abs. 1 EG. Auch ein gesetzlich geregeltes System der **Beamtenversorgung**, das nur für eine besondere Gruppe von Bediensteten gilt und dessen Höhe unmittelbar von der abgeleisteten Dienstzeit und den zuletzt bezahlten Bezügen abhängig ist, fällt unter Art. 141 Abs. 1 EG.[53] Die vom öffentlichen AG bezahlte Versorgung steht in diesem Fall völlig einer Rente gleich, die ein privater AG seinen ehemaligen AN zahlen würde. Art. 141 EG findet auch Anwendung auf ein Rentensystem, das das Ergebnis einer Abstimmung zwischen den Sozialpartnern ist und auf Antrag von staatlicher Stelle für obligatorisch für den gesamten Sektor erklärt wurde.[54]

14

Art. 141 Abs. 1 EG gilt für alle Leistungen, die ein AN im Rahmen eines Betriebsrentensystems erhält, gleichgültig, ob es sich um ein beitragsgebundenes oder beitragsfreies System handelt.[55] Der EuGH hat in seinen Urteilen in den Rechtssachen Neath und Coloroll entschieden, dass im Rahmen eines betrieblichen Versorgungssystems mit feststehenden Leistungen (defined benefit scheme), nach dem AN, die das Rentenalter erreicht haben, eine bestimmte Rente ausbezahlt wird, die zugesagte **Rentenleistung** Entgelt i.S.d. Art. 141 EG darstellt.[56] Anders als die Rentenleistung kann die Unterschiedlichkeit der **AG-Beiträge** zu durch Kapitalansammlung finanzierten Systemen der betrieblichen Altersversorgung mit feststehenden Leistungen, die sich aus der Verwendung je nach Geschlecht unterschiedlicher versicherungsmathematischer Faktoren wie etwa der Tatsache, dass Frauen durchschnittlich länger leben als Männer, ergibt, nicht nach Art. 141 EG beurteilt werden.[57] Hierbei handelt es sich allein um die Modalitäten der Finanzierung, die als solche nicht von der auf die Gewährung einer Rentenleistung bezogenen Verpflichtung des AG umfasst sind, deshalb kein Entgelt darstellen und aus diesem Grund geschlechtsbezogen unterschiedlich sein können.[58] Diese Rspr. des EuGH findet sich in Art. 6 Abs. 1 lit. h S. 2 der Betriebsrenten-RL 86/378/EWG wieder, wonach bei **Systemen mit Leistungszusage**, die durch Kapitalansammlung finanziert werden, eine Ungleichbehandlung aufgrund des Geschlechts in Bezug auf den Finanzierungsaufwand gestattet ist, wenn bei der Durchführung der Finanzierung des Systems je nach Geschlecht unterschiedliche versicherungstechnische Berechnungsfaktoren angewendet worden sind. Umstritten ist, ob auch bei **Zusagen mit Beitragsprimat** die Rentenleistungen für Männer und Frauen gleich hoch sein müssen, oder ob hier vom AG nur die Beiträge für Männer und Frauen in gleicher Höhe geleistet werden müssen, wobei Frauen aufgrund der Verwendung geschlechtsbezogener versicherungsmathematischer Faktoren niedrigere Rentenleistungen erhalten. Unter Bezugnahme auf Art. 6 Abs. 1 lit. h S. 1 der RL 86/378/EWG, der es ausdrücklich zulässt, dass in Betriebsrentensystemen mit Beitragszusage das Leistungsniveau

15

---

46 EuGH 9.2.1999 – C-167/97 – Seymour-Smith – Rn 28 – Slg. 1999, I-623; EuGH 17.2.1993 – C-173/91 – Kommission./.Belgien – Rn 15 ff. – Slg. 1993, I-673.

47 EuGH 13.7.2000 – C-166/99 – Defreyn – Rn 33 – Slg. 2000, I-6155.

48 BAG 20.8.2002 – 9 AZR 750/00 – NZA 2003, 862.

49 Nicht vom Entgeltbegriff erfasst sind Steuervergünstigungen, die beim freiwilligen Ausscheiden aus dem Arbvterh gewährt werden, da diese nicht vom AG gewährt werden, EuGH 21.7.2005 – C-207/04 – Vergani – Rn 23 – EuroAS 2005, 144.

50 EuGH 13.5.1986 – Rs. 170/84 – Bilka – Rn 22 – Slg. 1986, 1607 = NZA 1986, 599.

51 EuGH 28.9.1994 – C-57/93 – Vroege – Rn 15 – Slg. 1994, I-4541; EuGH 28.9.1994 – C-128/93 – Fisscher – Rn 12 – Slg. 1994, I-4583.

52 EuGH 17.5.1990 – Rs. 262/88 – Barber – Rn 28 – Slg. 1990, I-1889 = NZA 1990, 775.

53 EuGH 28.9.1994 – C-7/93 – Beune – Rn 45 – Slg. 1994, I-4471; EuGH 12.9.2002 – C-351/00 – Niemi – Rn 47 – Slg. 2002, I-7007; EuGH 23.10.2003 – C-4/02 und C-5/02 – Schönheit – Rn 58 – Slg. 2003, I-12575 = DVBl 2004, 188.

54 EuGH 6.10.1993 – C-109/91 – Ten Oever – Rn 10 ff. – Slg. 1993, I-4879.

55 EuGH 28.9.1994 – C-200/91 – Coloroll – Rn 88 – Slg. 1994, I-4389 = NZA 1994, 1073.

56 EuGH 22.12.1993 – C-152/91 – Neath – Rn 28 f. – Slg. 1993, I-6935; EuGH 28.9.1994 – C-200/91 – Coloroll – Rn 79 – Slg. 1994, I-4389 = NZA 1994, 1073; hierzu Hailbronner/Wilms/*Boecken*, Recht der EU, Art. 141 EG Rn 27.

57 EuGH 22.12.1993 – C-152/91 – Neath – Rn 32 – Slg. 1993, I-6935; EuGH 28.9.1994 – C-200/91 – Coloroll – Rn 85 – Slg. 1994, I-4389 = NZA 1994, 1073.

58 EuGH 22.12.1993 – C-152/91 – Neath – Rn 29 ff. – Slg. 1993, I-6935; EuGH 28.9.1994 – C-200/91 – Coloroll – Rn 78 ff. – Slg. 1994, I-4389 = NZA 1994, 1073; *Boecken*, in: GS für Heinze, S. 57, 63.

je nach Geschlecht unterschiedlich ist, wird überwiegend davon ausgegangen, dass bei Zusagen mit Beitragsprimat lediglich die Beiträge für Männer und Frauen in gleicher Höhe geleistet werden müssen.[59]

16 **bb) Zeitliche Beschränkung.** Die Protokollerklärung zu Art. 141 EG[60] schränkt den Anwendungsbereich dahingehend ein, dass Ansprüche auf Leistungen aus einem Betriebsrentensystem für Beschäftigungszeiten vor dem 17.5.1990 nicht auf Art. 141 Abs. 1 EG gestützt werden können. Damit wurde die aus Gründen der Rechtssicherheit vom EuGH festgeschriebene zeitliche Beschränkung des Urteils Barber in den EG-Vertrag eingefügt.[61] Aufgrund der Gemeinschaftsrechtswidrigkeit des unterschiedlichen Rentenalters von Männern und Frauen in der betrieblichen Altersversorgung hätten sich sonst rückwirkend erhebliche finanzielle Mehraufwendungen für diese Systeme ergeben. Die zeitliche Beschränkung gilt sowohl für contracted-out betriebliche Systeme, die an die Stelle gesetzlicher Rentenversicherungssysteme treten,[62] als auch für ergänzende Systeme der betrieblichen Altersversorgung[63] und Leistungen aufgrund gesetzlich geregelter Systeme der Beamtenversorgung.[64]

17 Von der zeitlichen Beschränkung sind nur die **Leistungen** aus einem Altersversorgungssystem und nicht der Anspruch auf Anschluss an ein solches System erfasst.[65] Der Anspruch auf gleichberechtigten **Anschluss** an ein solches Altersversorgungssystem kann bis zum 8.4.1976, dem Tag der Entscheidung über die unmittelbare Anwendbarkeit des Art. 141 Abs. 1 EG in der Rechtssache Defrenne II, geltend gemacht werden.[66] Verlangt ein (diskriminierter) AN seine rückwirkende Einbeziehung in das Altersversorgungssystem, muss er allerdings auch die vorgesehenen Beiträge für den Anschlusszeitraum entrichten.[67] Die zeitliche Beschränkung gilt außerdem nicht für Leistungen, auf die deshalb kein Anspruch besteht, weil die AN unter Verstoß gegen Art. 141 Abs. 1 EG vom Anschluss an ein solches Altersversorgungssystem ausgeschlossen wurden. In diesem Fall ist der Anspruch auf Zahlung einer Altersrente unmittelbar mit dem Anspruch auf Anschluss an das Altersversorgungssystem verbunden.[68] Für die Ansprüche von AN, die beim Anschluss an ein Altersversorgungssystem diskriminiert wurden, sind die Beschäftigungszeiten ab dem 8.4.1976 zu berücksichtigen.

18 Wird der Ausschluss an Art. 3 GG gemessen, ist die zeitliche Beschränkung des Art. 141 Abs. 1 EG nicht zu beachten.[69] Einem AN, der seinen Anspruch auf Anschluss an ein Altersversorgungssystem oder auf Zahlung einer Altersrente geltend machen will, können jedoch die nationalen Vorschriften über die Rechtsbehelfsfristen entgegengehalten werden.[70]

19 **cc) Abgrenzung zu den allgemein staatlichen Systemen der sozialen Sicherheit (Richtlinie 79/7/EWG).** Die dem Anwendungsbereich des Art. 141 Abs. 1 EG unterfallenden Altersversorgungssysteme sind abzugrenzen von den allgemein staatlichen Systemen der sozialen Sicherheit, die von der **RL 79/7/EWG** erfasst werden. Unmittelbar durch Gesetz geregelte Systeme oder Leistungen der sozialen Sicherheit, insbesondere Altersrenten, die keinerlei vertragliche Vereinbarung zwischen AG und AN zulassen und die zwingend für allgemein umschriebene Gruppen von AN gelten, werden nicht in den Entgeltbegriff einbezogen.[71] Denn diese Regelungen sichern den AN Ansprüche aus gesetzlichen Systemen, an deren Finanzierung AN, AG und ggf. die öffentliche Hand in einem Maße beteiligt sind, das weniger vom Beschäftigungsverhältnis als von sozialpolitischen Erwägungen abhängt.[72] Die Abgrenzung ist insoweit von Bedeutung, als Art. 7 der RL 79/7/EWG für die staatlichen Systeme der sozialen Sicherheit zahlreiche Ausnahmen zulässt, wie z.B. ein unterschiedliches Rentenalter für Männer und Frauen.[73] Zur Unterscheidung hat der EuGH verschiedene Kriterien herangezogen, wie das Tätigwerden des Gesetzgebers bei der Festlegung eines Rentensystems, Absprachen zwischen den AG und AN-Vertretern, den komplementären Charakter der den AN gewährten Vorteile im Verhältnis zu

---

59 *Raulf/Gunia*, NZA 2003, 534, 536; *Steinmeyer*, NZA 2004, 1257, 1259 f. A.A. *Boecken*, in: GS für Heinze, S. 57, 65 f.; *Hensche*, NZA 2004, 828, 831.
60 Früher: Protokoll Nr. 2 zu Art. 119 EG-Vertrag.
61 Das Protokoll ist gem. Art. 311 EG Bestandteil des EG-Vertrags.
62 EuGH 17.5.1990 – Rs. 262/88 – Barber – Rn 44 – Slg. 1990, I-1889 = NZA 1990, 775.
63 EuGH 14.12.1993 – C-110/91 – Moroni – Rn 33 – Slg. 1993, I-6591; EuGH 28.9.1994 – C-200/91 – Coloroll – Rn 70 – Slg. 1994, I-4389 = NZA 1994, 1073.
64 EuGH 28.9.1994 – C-7/93 – Beune – Rn 59 – Slg. 1994, I-4471. S. hierzu Hailbronner/Wilms/*Boecken*, Art. 141 EG Rn 32.
65 EuGH 28.9.1994 – C-7/93 – Beune – Rn 60 – Slg. 1994, I-4471.
66 EuGH 28.9.1994 – C-57/93 – Vroege – Rn 28 ff. – Slg. 1994, I-4541.
67 EuGH 28.9.1994 – C-128/93 – Fisscher – Rn 37 – Slg. 1994, I-4583. Die Modalitäten einer solchen Ausgleichszahlung dürfen jedoch nicht dazu führen, dass die Berichtigung praktisch unmöglich oder übermäßig erschwert wird. In der Rechtssache *Jonkman* hat der EuGH einen Berichtigungsbetrag in Form einer Einmalzahlung zzgl. Zinsen von 10 % pro Jahr für unwirksam gehalten, EuGH 21.6.2007 – C-231/06 – Jonkman – NJW 2007, 3625.
68 EuGH 24.10.1996 – C-435/93 – Dietz – Rn 23 ff. – Slg. 1996, I-5223; EuGH 11.12.1997 – C-246/96 – Magorrian/Cunningham – Rn 33 – Slg.1997, I-7153.
69 BVerfG 5.8.1998 – 1 BvR 264/98 – AP Art. 101 GG Nr. 56; BVerfG 19.5.1999 – 1 BvR 263/98 – NZA 1999, 815.
70 EuGH 24.10.1996 – C-435/93 – Dietz – Rn 36 – Slg. 1996, I-5223.
71 EuGH 25.5.1971 – Rs. 80/70 – Defrenne I – Rn 7/12 – Slg. 1971, 445; EuGH 28.9.1994 – C-7/93 – Beune – Rn 24 – Slg. 1994, I-4471.
72 EuGH 28.9.1994 – C-7/93 – Beune – Rn 24 – Slg. 1994, I-4471.
73 Hailbronner/Wilms/*Boecken*, Art. 141 EG Rn 22.

den Leistungen der sozialen Sicherheit, die Modalitäten der Finanzierung des Rentensystems, seine Anwendbarkeit auf allgemein umschriebene Gruppen von AN und schließlich den Zusammenhang zwischen der Leistung und dem Beschäftigungsverhältnis des AN.[74] Es kann damit nicht allein darauf abgestellt werden, ob das Rentensystem unmittelbar durch Gesetz geregelt ist. Auch ein unmittelbar durch Gesetz geregeltes Rentensystem, bei dem der erforderliche Zusammenhang zwischen der Leistung und dem Beschäftigungsverhältnis dadurch hergestellt wird, dass die Rente unmittelbar von der abgeleisteten Dienstzeit abhängt und ihre Höhe aufgrund der letzten Bezüge berechnet wird und bei dem die Gruppenbezogenheit des Rentensystems gewährleistet ist, fällt in den Anwendungsbereich des Art. 141 Abs. 1 EG.[75]

Die in Art. 7 der RL 79/7/EWG enthaltene Ausnahme vom Verbot der Diskriminierung aufgrund des Geschlechts ist angesichts der grundlegenden Bedeutung des Grundsatzes der Gleichbehandlung eng auszulegen.[76] Diese Bestimmung kann nur für die Festsetzung des Rentenalters für die Gewährung der Alters- oder Ruhestandsrente und etwaige Auswirkungen daraus auf andere Leistungen der sozialen Sicherheit gelten.[77] Diese Ausnahme vom Verbot der Diskriminierung aufgrund des Geschlechts gilt beispielsweise nicht für eine Steuervergünstigung, die nach Maßgabe des Alters des AN beim freiwilligen Ausscheiden aus dem Arbverh gewährt wird, die keine Leistung der sozialen Sicherheit darstellt.[78]

dd) Abgrenzung zu den sonstigen Arbeitsbedingungen (Gleichbehandlungsrichtlinie 2006/54/EG). Die RL 2006/54/EG enthält Regelungen zur Gleichbehandlung der Geschlechter[79] bei den sonstigen Arbeitsbedingungen wie dem **Zugang zur Beschäftigung** einschließlich des **beruflichen Aufstiegs und** zur **Berufsbildung,** den **Entlassungsbedingungen** sowie des Arbeitsentgelts[80] und der Mitwirkung in AN- oder AG-Organisationen.[81] Sie bezieht sich nicht auf den Bereich der sozialen Sicherheit.[82] Durch die RL 2006/54/EG wurde die bisherige Gleichbehandlungsrichtlinie 76/207/EWG aufgehoben.

Die Tatsache, dass die Festlegung bestimmter Arbeitsbedingungen finanzielle Auswirkungen hat, stellt keinen hinreichenden Grund dafür dar, diese Bedingungen in den Geltungsbereich des Art. 141 Abs. 1 EG fallen zu lassen.[83] Betrifft eine Regelung den Zugang zum beruflichen Aufstieg, fällt sie nicht in den Anwendungsbereich des Art. 141 Abs. 1 EG, sondern unterfällt der Gleichbehandlungs-RL, auch wenn sie in einem mittelbaren Zusammenhang mit dem Entgelt steht.[84] Der EuGH legt den Begriff der Entlassung i.S.d. Gleichbehandlungs-RL weit aus.[85] Die Festsetzung einer Altersgrenze für das obligatorische Ausscheiden der AN im Rahmen einer allgemeinen Entlassungspolitik betrifft die Entlassungsbedingungen und damit den Anwendungsbereich der Gleichbehandlungs-RL, auch wenn das Ausscheiden die Gewährung einer Altersrente mit sich bringt.[86] Auch eine für Männer und Frauen unterschiedliche Regelung für Leistungen bei freiwilligem vorzeitigem Ausscheiden aus dem Arbverh betrifft nicht die Leistung als solche, sondern die Frage, ob eine Diskriminierung in Bezug auf die Voraussetzungen für die Inanspruchnahme der Regelung über das freiwillige Ausscheiden vorliegt.[87]

---

74 EuGH 28.9.1994 – C-7/93 – Beune – Rn 23 – Slg. 1994, I-4471.
75 EuGH 28.9.1994 – C-7/93 – Beune – Rn 45 – Slg. 1994, I-4471; EuGH 12.9.2002 – C-351/00 – Niemi – Rn 47 – Slg. 2002, I-7007; EuGH 23.10.2003 – C-4/02 und C-5/02 – Schönheit – Rn 58 – Slg. 2003, I-12575 = DVBl 2004, 188.
76 EuGH 26.2.1986 – Rs 152/84 – Marshall – Rn 36 – Slg. 1986, 723 = NJW 1986, 2178; EuGH 21.7.2005 – C-207/04 – Vergani – Rn 33 – EuroAS 2005, 144.
77 EuGH 26.2.1986 – Rs 152/84 – Marshall – Rn 36 – Slg. 1986, 723 = NJW 1986, 2178; EuGH 26.2.1986 – Rs 151/84 – Roberts – Rn 35 – Slg. 1986, 703.
78 EuGH 21.7.2005 – C-207/04 – Vergani – Rn 33 – EuroAS 2005, 144.
79 Diskriminierungen können sich aus der Zugehörigkeit zum einen oder anderen Geschlecht ergeben und sie können ihre Ursache auch in einer Geschlechtsumwandlung haben, EuGH 27.4.2006 – C-423/04 – Richards – EuZW 2006, 342.
80 Das Gebot der Entgeltgleichheit war vor Änderung der Gleichbehandlungs-RL durch die RL 2002/73/EG noch nicht genannt.
81 Art. 14 RL 2006/54/EG.
82 Für den Bereich der sozialen Sicherheit wurde gem. Art. 1 Abs. 2 der Gleichbehandlungs-RL 76/207/EWG im Jahr 1978 die RL 79/7/EWG erlassen.
83 EuGH 19.3.2002 – C-476/99 – Lommers – Rn 28 – Slg. 2002, I-2891.
84 So der EuGH in Bezug auf eine Beförderungsliste, die den beruflichen Aufstieg von bestimmten Dienstzeiten sowie anderen Faktoren abhängig macht und dabei keinen Anspruch, sondern nur die Möglichkeit auf eine Beförderung und damit auf eine höhere Vergütung eröffnet, EuGH 2.10.1997 – C-1/95 – Gerster – Rn 24 – Slg. 1997, I-5253. Im Gegensatz dazu hat der EuGH ein System, nach dem der Aufstieg in eine höhere Vergütungsgruppe gleichsam automatisch nach Ableisten einer bestimmten Dienstzeit erfolgt, dem Entgeltbegriff des Art. 141 Abs. 1 EG unterstellt, EuGH 7.2.1991 – C-184/89 – Nimz – Rn 15 – Slg. 1991, I-297 = AP § 23a BAT Nr. 25 (siehe Art. 141 Rn 11).
85 EuGH 16.2.1982 – Rs. 19/81 – Burton – Rn 9 – Slg. 1982, 554 = NJW 1982, 2726; EuGH 26.2.1986 – Rs. 152/84 – Marshall – Rn 34 – Slg. 1986, 723 = NJW 1986, 2178.
86 EuGH 26.2.1986 – Rs. 152/84 – Marshall – Rn 32 ff. – Slg. 1986, 723 = NJW 1986, 2178. Hiervon zu unterscheiden sind Regelungen, die den Zugang zu einem gesetzlichen oder betrieblichen Altersversorgungssystem, d.h. die Voraussetzungen für die Gewährung einer Alters- bzw. Ruhestandsrente, betreffen.
87 EuGH 16.2.1982 – Rs. 19/81 – Burton – Rn 8 – Slg. 1982, 554 = NJW 1982, 2726; EuGH 21.7.2005 – C-207/04 – Vergani – Rn 27 – EuroAS 2005, 144.

23 **c) Gleichheit des Entgelts.** Bei **Akkordarbeit** muss das Entgelt aufgrund der gleichen Maßeinheit festgesetzt werden. Der Grundsatz des gleichen Entgelts verbietet es jedoch nicht, dass sich aufgrund von Unterschieden in den individuellen Arbeitsergebnissen der AN unterschiedliche Gesamtvergütungen ergeben. Insoweit obliegt es dem nationalen Gericht festzustellen, ob eine unterschiedliche Gesamtvergütung von zwei Vergleichsgruppen auf einen Unterschied zwischen den auf die jeweilige Gruppe anwendbaren Maßeinheiten zurückzuführen ist, oder ob der Unterschied beim Entgelt zwischen den beiden Gruppen auf Unterschieden zwischen den individuellen Arbeitsergebnissen beruht.[88] Bei **Zeitlöhnen** muss das Entgelt bei gleichem Arbeitsplatz gleich sein. Es wird insoweit auf das Kriterium des gleichen Arbeitsplatzes abgestellt, der auf objektiven Kriterien beruht und nicht auf die persönliche Leistung des einzelnen AN abstellt.[89] Handelt es sich um eine nach Zeit bezahlte Arbeit, darf bei der Einstellung von zwei AN unterschiedlichen Geschlechts bei gleichem Arbeitsplatz nicht auf Unterschiede in der persönlichen Leistungsfähigkeit abgestellt werden, da diese zum Zeitpunkt der Einstellung noch gar nicht beurteilt werden kann.[90] Allerdings kann der AG während der konkreten Ausübung der Tätigkeit den AN neue – der Qualität der Arbeit und den individuellen Leistungsunterschieden angepasste – Aufgaben zuweisen und den Lohn entsprechend anpassen.[91]

24 Der Grundsatz des gleichen Entgelts gilt für jeden einzelnen **Entgeltbestandteil**.[92] Es darf nicht auf die Gesamtvergütung abgestellt werden, der die Durchschaubarkeit fehlt, und bei der die Nichtgewährung bestimmter Vergünstigungen mit höheren Leistungen bei anderen Bestandteilen ausgeglichen werden könnte.[93]

25 **d) Gleiche und gleichwertige Arbeit.** Entscheidend für die unmittelbare Anwendbarkeit von Art. 141 Abs. 1 EG ist der Nachweis, dass ein Mann und eine Frau, die die gleiche oder eine gleichwertige Arbeit leisten, unterschiedlich behandelt werden. Das Merkmal der gleichwertigen Arbeit wurde erst durch den Amsterdamer Vertrag in Art. 141 Abs. 1 EG aufgenommen und damit der RL 75/117/EWG und dem Übereinkommen Nr. 100 der ILO über die Gleichheit des Entgelts für gleichwertige Arbeit[94] angepasst. Der EuGH hatte schon vor der Aufnahme in Art. 141 Abs. 1 EG die Gleichwertigkeit der Arbeit dem Anwendungsbereich des Entgeltgleichheitsgebots unterstellt.[95]

26 Es obliegt dem **nationalen Gericht**, das allein für die Würdigung des Sachverhalts zuständig ist, festzustellen, ob die verglichenen Arbeiten als gleich oder gleichwertig anzusehen sind. Allerdings können die Kriterien, anhand deren sich feststellen lässt, ob eine gleiche oder gleichwertige Arbeit verrichtet wird, auch Faktoren für eine objektive Rechtfertigung einer unterschiedlichen Vergütung sein.[96]

27 Für die **gleiche Arbeit** kommt es auf die tatsächlich anfallenden Aufgaben und nicht auf die vertragliche Ausgestaltung oder die tarifliche Einstufung an.[97] Gleiche Arbeit liegt vor, wenn die verglichenen AN sich wechselseitig ersetzen können.[98] Für die Definition der **gleichwertigen Arbeit** kann auf ein umfassendes Klassifikationsschema der Kommission Bezug genommen werden.[99] Gleichwertig ist eine Arbeit, die denselben Arbeitswert hat wie die Arbeit, mit der sie verglichen wird.[100]

28 Der EuGH gibt den nationalen Gerichten einen Maßstab für die Beurteilung der Vergleichbarkeit von Arbeiten vor. Die Gleichheit bzw. Gleichwertigkeit der Arbeit wird vom EuGH rein **objektiv** bestimmt. Es handelt sich um einen rein qualitativen Begriff, der sich ausschließlich auf die Art der betreffenden Arbeitsleistung bezieht.[101] Zur Feststellung, ob AN gleiche oder als gleichwertig anerkannte Arbeit verrichten, ist zu prüfen, ob diese AN unter Zugrundelegung einer Gesamtheit von Faktoren wie der Art der tatsächlich übertragenen Tätigkeiten, den Ausbildungsanforderungen und den Arbeitsbedingungen als in einer vergleichbaren Situation angesehen werden können.[102] Werden Vergleichsgruppen gebildet, muss außerdem eine relativ große Zahl von AN in den Vergleich einbezogen werden,

---

88 EuGH 31.5.1995 – C-400/93 – Royal Copenhagen – Rn 23 – Slg. 1995, I-1275 = AP Art. 119 EWGV Nr. 68; EuGH 26.6.2001 – C-381/99 – Brunnhofer – Rn 73 – Slg. 2001, I-4961 = NZA 2001, 883.
89 EuGH 26.6.2001 – C-381/99 – Brunnhofer – Rn 74 f. – Slg. 2001, I-4961 = NZA 2001, 883.
90 EuGH 26.6.2001 – C-381/99 – Brunnhofer – Rn 76 – Slg. 2001, I-4961 = NZA 2001, 883.
91 EuGH 26.6.2001 – C-381/99 – Brunnhofer – Rn 77 – Slg. 2001, I-4961 = NZA 2001, 883.
92 EuGH 17.5.1990 – Rs. 262/88 – Barber – Rn 34 f. – Slg. 1990, I-1889 = NZA 1990, 775; EuGH 26.6.2001 – C-381/99 – Brunnhofer – Rn 35 – Slg. 2001, I-4961 = NZA 2001, 883.
93 Hierzu Calliess/Ruffert/*Krebber*, Art. 141 Rn 49; Oetker/Preis/*Schlachter*, B 4100 Rn 28.
94 BGBl II S. 23.
95 EuGH 8.4.1976 – Rs. 43/75 – Defrenne II – Rn 16/20 – Slg. 1976, 455 = NJW 1976, 2068.
96 EuGH 31.5.1995 – C-400/93 – Royal Copenhagen – Rn 42 – Slg. 1995, I-1275 = AP Art. 119 EWGV Nr. 68; EuGH 11.5.1999 – C-309/97 – Wiener Gebietskrankenkasse – Rn 19 – Slg. 1999, I-2865 = NZA 1999, 699 (siehe Art. 141 Rn 36 ff.).
97 Von der Groeben/Schwarze/*Rust*, Art. 141 Rn 437.
98 Oetker/Preis/*Schlachter*, B 4100 Rn 29.
99 Memorandum der Kommission über gleiches Entgelt für gleichwertige Arbeit, KOM (1994) 6 endg., ergänzt durch den Leitfaden KOM (1996) 336 endg. zur Anwendung des Grundsatzes des gleichen Entgelts für Männer und Frauen bei gleichwertiger Arbeit.
100 Oetker/Preis/*Preis*/*Mallosek*, B 4000 Rn 62.
101 EuGH 27.3.1980 – Rs. 129/79 – Macarthys – Rn 11 – Slg. 1980, 1275 = NJW 1980, 2014; EuGH 26.6.2001 – C-381/99 – Brunnhofer – Rn 42 – Slg. 2001, I-4961 = NZA 2001, 883.
102 EuGH 31.5.1995 – C-400/93 – Royal Copenhagen – Rn 33 – Slg. 1995, I-1275 = AP Art. 119 EWGV Nr. 68; EuGH 26.6.2001 – C-381/99 – Brunnhofer – Rn 43–48, Slg. 2001, I-4961 = NZA 2001, 883.

um auszuschließen, dass die festgestellten Unterschiede rein zufällige oder konjunkturelle Erscheinungen widerspiegeln oder auf Unterschiede in den individuellen Arbeitsergebnissen der betroffenen AN zurückgehen.[103] Da es sich um einen rein qualitativen Begriff handelt, der sich ausschließlich auf die Art der betreffenden Arbeitsleistung bezieht, kommt es nicht auf die Gleichzeitigkeit der verglichenen Arbeiten an. Somit kann auch auf einen Vorgänger am Arbeitsplatz abgestellt werden.[104] Es ist auch nicht erforderlich, dass die verglichenen Arbeiten für ein und denselben AG verrichtet werden.[105] Die Ungleichbehandlung kann ihren Ursprung auch unmittelbar in Rechtsvorschriften oder Kollektivverträgen haben. Die festgestellten Unterschiede müssen jedoch auf dieselbe Quelle zurückgeführt werden können.[106] Andernfalls fehlt die Einheit, die für die Ungleichbehandlung verantwortlich ist und die die Gleichbehandlung wiederherstellen könnte. Ein Vergleich kann auch nicht anhand konkreter Bewertungen und tatsächlicher Arbeitsleistungen durchgeführt werden, weshalb der Bezug auf einen hypothetischen männlichen oder weiblichen AN nicht möglich ist.[107] Art. 141 Abs. 1 EG gilt außerdem nicht für Systeme, denen immer nur Angehörige eines Geschlechts angeschlossen waren.[108] Wird von verschiedenen AN-Gruppen, die nicht dieselbe Berufsberechtigung oder -qualifikation besitzen, eine anscheinend identische Tätigkeit ausgeübt, ist zu prüfen, ob sie aufgrund der Art der Aufgaben, ihrer Berufsausbildung und der Arbeitsbedingungen eine gleiche Arbeit ausüben. Für die Tätigkeit von Psychotherapeuten und Ärzten hat der EuGH aufgrund der unterschiedlichen Berufsausbildung und der sich daraus ergebenden unterschiedlichen Berufsberechtigung eine Vergleichbarkeit der Arbeiten abgelehnt.[109]

e) Gleichbehandlungsgebot. Der Grundsatz der Entgeltgleichheit enthält ein Diskriminierungsverbot und einen Anspruch auf die Beseitigung von Ungleichbehandlungen.[110] Nach der Rspr. des EuGH liegt eine Diskriminierung vor, wenn unterschiedliche Vorschriften auf gleiche Sachverhalte angewandt werden oder wenn dieselbe Vorschrift auf ungleiche Sachverhalte angewandt wird.[111] Obwohl der Wortlaut des Art. 141 Abs. 1 EG nicht zwischen der unmittelbaren und der mittelbaren Diskriminierung unterscheidet, hat der EuGH beide Formen der Benachteiligung dem Anwendungsbereich des Art. 141 Abs. 1 EG unterstellt.[112] Die Mitgliedstaaten können nach Art. 141 Abs. 4 EG Ausnahmen vom Entgeltgleichheitsgebot, die der Erleichterung der Berufstätigkeit des unterrepräsentierten Geschlechts dienen, vorsehen.

29

aa) Unmittelbare Diskriminierung. Eine unmittelbare (offene) Diskriminierung liegt vor, wenn Männer und Frauen für dieselbe Arbeit unterschiedlich entlohnt werden und die Ungleichbehandlung allein mit dem Geschlechtsunterschied begründet wird. Die betroffenen AN müssen sich jedoch in einer vergleichbaren Lage befinden. In Ausnahmefällen kommt auch bei der unmittelbaren Diskriminierung eine Rechtfertigung in Betracht.[113] Eindeutige Fälle der **Lohndiskriminierung** zum Nachteil eines Geschlechts lassen sich schon anhand der Merkmale gleiche Arbeit und gleiches Entgelt feststellen, wenn Frauen und Männer bei gleicher Arbeit ein ungleiches Entgelt erhalten.[114] Soweit an Kriterien angeknüpft wird, die aus tatsächlichen oder rechtlichen Gründen nur bei einem Geschlecht vorliegen können, wie beispielsweise die **Schwangerschaft**, liegt ebenfalls eine verbotene unmittelbare Diskriminierung vor.[115] Unzulässig ist die nachteilige Behandlung einer schwangeren Frau, die vor Beginn ihres Mutterschaftsurlaubs aufgrund eines mit der Schwangerschaft zusammenhängenden krankhaften Zustands arbeitsunfähig wird, gegenüber AN, die wegen Krankheit arbeitsunfähig sind.[116] Der EuGH unterscheidet insoweit zwischen Leistungen, die auf einer mit der Schwangerschaft zusammenhängenden Arbeitsunfähigkeit beruhen und Leistungen, die der AG einer AN während des Mutterschaftsurlaubs gewährt. Auch wenn die Schwangerschaft nicht einem krankhaften Zustand gleichzustellen ist, kann es während der Schwangerschaft zu Beschwerden und Komplikationen kommen, die eine Arbeitsunfähigkeit zur Folge haben können.[117] Die betroffenen AN befinden sich dabei in

30

---

103 EuGH 31.5.1995 – C-400/93 – Royal Copenhagen – Rn 34 – Slg. 1995, I-1275 = AP Art. 119 EWGV Nr. 68.
104 EuGH 27.3.1980 – Rs. 129/79 – Macarthys – Rn 11 – Slg. 1980, 1275 = NJW 1980, 2014.
105 EuGH 17.9.2002 – C-320/00 – Lawrence – Rn 17 – Slg. 2002, I-7325 = AP § 613a BGB Nr. 236; EuGH 13.1.2004 – C-256/01 – Allonby – Rn 45 – Slg. 2004, I-0 = NZA 2004, 201.
106 EuGH 17.9.2002 – C-320/00 – Lawrence – Rn 18 – Slg. 2002, I-7325 = AP § 613a BGB Nr. 236; EuGH 13.1.2004 – C-256/01 – Allonby – Rn 46 – Slg. 2004, I-0 = NZA 2004, 201.
107 EuGH 27.3.1980 – Rs. 129/79 – Macarthys – Rn 14 f. – Slg. 1980, 1275 = NJW 1980, 2014.
108 EuGH 28.9.1994 – C-200/91 – Coloroll – Rn 104 – Slg. 1994, I-4389 = NZA 1994, 1073.
109 EuGH 11.5.1999 – C-309/97 – Wiener Gebietskrankenkasse – Rn 17 ff. – Slg. 1999, I-2865 = NZA 1999, 699.
110 MünchArb/*Birk*, Bd. 1, § 19 Rn 318.
111 EuGH 13.2.1996 – C-342/93 – Gillespie – Rn 16 – Slg. 1996, I-475 = AP Art. 119 EWGV Nr. 74; EuGH 11.5.1999 – C-309/97 – Wiener Gebietskrankenkasse – Rn 15 – Slg. 1999, I-2865 = NZA 1999, 699.
112 Hailbronner/Wilms/*Boecken*, Art. 141 EG Rn 55.
113 EuGH 26.6.2001 – C-381/99 – Brunnhofer – Rn 62 – Slg. 2001, I-4961 = NZA 2001, 883. Ausführlich hierzu Hailbronner/Wilms/*Boecken*, Art. 141 EG Rn 63; Calliess/Ruffert/*Krebber*, Art. 141 Rn 61; a.A. Oetker/Preis/*Schlachter*, B 4100 Rn 39.
114 EuGH 8.4.1976 – Rs. 43/75 – Defrenne II – Slg. 1976, 455 = NJW 1976, 2068, wo Stewardessen einen geringeren Lohn erhielten als männliche Purser, die die gleiche Arbeit verrichteten; EuGH 27.3.1980 – Rs. 129/79 – Macarthys – Rn 10 – Slg. 1980, 1275 = NJW 1980, 2014.
115 Kritisch *Thüsing*, DB 2001, 2451, 2452.
116 EuGH 19.11.1998 – C-66/96 – Pedersen – Rn 41 – Slg. 1998, I-7327 = NZA 1999, 757.
117 EuGH 19.11.1998 – C-66/96 – Pedersen – Rn 33 – Slg. 1998, I-7327 = NZA 1999, 757.

einer vergleichbaren Situation wie AN, die wegen Krankheit arbeitsunfähig sind, so dass der Grundsatz des gleichen Entgelts Anwendung findet. Im Gegensatz dazu befinden sich Frauen während eines Mutterschaftsurlaubs in einer besonderen Situation, die verlangt, dass ihnen ein besonderer Schutz gewährt wird, und die nicht mit der Situation der übrigen AN gleichgesetzt werden kann.[118] Die Festsetzung eines **unterschiedlichen Rentenalters** für Männer und Frauen knüpft ebenfalls unmittelbar an das Geschlecht an und stellt eine verbotene Diskriminierung dar.[119] Der EuGH hat außerdem entschieden, dass der Ausschluss verheirateter Frauen von einem Altersversorgungssystem als unmittelbare Diskriminierung anzusehen ist.[120] Wird nur Beamtinnen, deren Ehegatte eine Behinderung oder unheilbare Krankheit hat, das Recht auf Versetzung in den Ruhestand mit sofortigem Pensionsanspruch gewährt, während Beamte, die sich in derselben Lage befinden, von diesem Recht ausgeschlossen werden, liegt ebenfalls eine Diskriminierung vor.[121]

31 Allerdings müssen sich die betroffenen Männer und Frauen in einer **vergleichbaren Lage** befinden.[122] Ist für die Bezahlung einer Überbrückungsrente, mit der Einkommensverluste bei vorzeitigem Ruhestand ausgeglichen werden sollen, die objektive Ausgangslage für Männer und Frauen unterschiedlich, weil das gesetzliche Rentenalter für Männer höher ist als für Frauen, liegt in einer Kürzung der Überbrückungsrente für Frauen keine Diskriminierung.[123] Auch die Lage eines Mannes ist nicht mit derjenigen einer Frau vergleichbar, wenn die nur der Frau gewährte Vergünstigung die beruflichen Nachteile ausgleichen soll, die sich für sie aus ihrer durch den Mutterschaftsurlaub bedingten Abwesenheit vom Arbeitsplatz ergeben.[124] Bei der Berücksichtigung von Kindererziehungszeiten bei der Höhe der Rente ist die Lage von Müttern mit der von Vätern vergleichbar, weshalb die Nichtberücksichtigung dieser Zeiten bei einem Mann, der die Erziehung seiner Kinder tatsächlich wahrgenommen hat, eine Diskriminierung aufgrund des Geschlechts darstellt.[125]

32 Die Entscheidung, bestimmte Vorteile verheirateten Paaren vorzubehalten, obliegt den Mitgliedstaaten, ohne dass Personen, die zusammenleben, ohne verheiratet zu sein, eine durch das Gemeinschaftsrecht verbotene Diskriminierung geltend machen können.[126] Die Frage, ob **gleichgeschlechtliche Lebenspartnerschaften** den Beziehungen zwischen Verheirateten oder festen nichtehelichen Beziehungen zwischen Personen verschiedenen Geschlechts gleichgestellt werden müssen, hat der EuGH – beim gegenwärtigen Stand des Gemeinschaftsrechts – verneint.[127] Allerdings verstößt eine nationale Regelung, die es einem Paar unter Verstoß gegen die EMRK unmöglich macht, miteinander die Ehe einzugehen und so die Voraussetzungen für die Gewährung einer Leistung zu erfüllen, wie sie Verheirateten zusteht, gegen Art. 141 Abs. 1 EG.[128]

33 **bb) Mittelbare Diskriminierung.** Der Grundsatz des gleichen Entgelts gilt nach gefestigter Rspr. des EuGH auch für Fälle mittelbarer Diskriminierung. Eine mittelbare Diskriminierung ist gegeben, wenn (1) eine Regelung zwar geschlechtsneutral formuliert ist, (2) aber wesentlich mehr AN eines Geschlechts tatsächlich benachteiligt, und (3) diese Unterscheidung nicht durch objektive Faktoren gerechtfertigt ist, die nichts mit einer Diskriminierung aufgrund des Geschlechts zu tun haben.[129] Eine solche Regelung kann sich im Arbeitsvertrag, einem TV, einer BV oder einer gesetzlichen Regelung finden.[130]

34 Das erste Kriterium der **geschlechtsneutralen Formulierung** dient der Abgrenzung zur unmittelbaren Diskriminierung, wo die Ungleichbehandlung allein mit dem Geschlechtsunterschied begründet wird. Insoweit ist zwischen geschlechtsneutral formulierten Regelungen und nicht direkt geschlechtsbezogenen Merkmalen wie der Schwangerschaft, die aus tatsächlichen oder rechtlichen Gründen nur bei einem Geschlecht vorliegen können und aus diesem Grund dem Bereich der unmittelbaren Diskriminierung zuzurechnen sind, zu unterscheiden. Geschlechtsneutrale Kriterien können die Beschäftigung in Teilzeitarbeit,[131] die geringfügige, unständige oder befristete Beschäf-

---

118 EuGH 13.2.1996 – C-342/93 – Gillespie – Rn 17 – Slg. 1996, I-475 = AP Art. 119 EWGV Nr. 74; EuGH 27.10.1998 – C-411/96 – Boyle – Rn 40 – Slg. 1998, I-6401.
119 EuGH 17.5.1990 – Rs. 262/88 – Barber – Rn 32 – Slg. 1990, I-1889 = NZA 1990, 775. Zu beachten ist die Ausnahme des Art. 7 Abs. 1 lit. a der RL 79/7/EWG, wonach die Mitgliedstaaten ein unterschiedliches Rentenalter für Männer und Frauen in den allgemein staatlichen Systemen der sozialen Sicherheit festlegen können.
120 EuGH 28.9.1994 – C-262/88 – Fisscher – Rn 14 – Slg. 1994, I-4583.
121 EuGH 13.12.2001 – C-206/00 – Mouflin – Rn 31 – Slg. 2001, I-10201.
122 EuGH 29.11.2001 – C-366/99 – Griesmar – Rn 39 – Slg. 2001, I-9383 = NZA 2002, 143.
123 EuGH 9.11.1993 – C-132/92 – Birds Eye Walls – Rn 17 ff. – Slg. 1993, I-5579; vgl. Hailbronner/Wilms/*Boecken*, Art. 141 EG Rn 61.
124 EuGH 16.9.1999 – C-218/98 – Abdoulaye – Rn 17 ff. – Slg. 1999, I-5723 = NZA 1999, 1280.
125 EuGH 29.11.2001 – C-366/99 – Griesmar – Rn 58 – Slg. 2001, I-9383 = NZA 2002, 143.
126 EuGH 7.1.2004 – C-117/01 – K.B. – Rn 28 – Slg. 2004, I-541 = NJW 2004, 1440.
127 EuGH 17.2.1998 – C-249/96 – Grant – Rn 35 – Slg. 1998, I-621 = NJW 1998, 969.
128 EuGH 7.1.2004 – C-117/01 – K.B. – Rn 34 – Slg. 2004, I-541 = NJW 2004, 1440.
129 EuGH 13.5.1986 – Rs. 170/84 – Bilka – Rn 31 – Slg. 1986, 1607 = NZA 1986, 599.
130 Calliess/Ruffert/*Krebber*, Art. 141 Rn 43.
131 EuGH 13.5.1986 – Rs. 170/84 – Bilka – Rn 29 – Slg. 1986, 1607 = NZA 1986, 599; EuGH 31.3.1981 – Rs. 96/80 – Jenkins – Rn 13 – Slg. 1981, 911 = NJW 1981, 2639.

tigung, die Anwendung bestimmter Zulagenkriterien wie Flexibilität oder Anciennität des AN[132] oder die Berücksichtigung des Ehe- und Familienstands sein.[133]

Als zweite Voraussetzung muss eine **erhebliche Betroffenheit eines Geschlechts** gegeben sein. Eine mittelbare Diskriminierung liegt dann vor, wenn eine AN-Gruppe, die ausschließlich oder überwiegend aus Angehörigen eines Geschlechts besteht, aufgrund eines geschlechtsneutral formulierten Kriteriums ein geringeres Entgelt erhält als die Angehörigen einer Gruppe des anderen Geschlechts. Der EuGH stellt dabei darauf ab, ob ein erheblich geringerer Prozentsatz eines Geschlechts von der Regelung betroffen ist.[134] Um die Geschlechtsabhängigkeit des Differenzierungskriteriums feststellen zu können, ist die Durchführung eines **Gruppenvergleichs** erforderlich.[135] Ergibt sich aus den verfügbaren statistischen Daten, dass ein erheblich niedrigerer Prozentsatz der Angehörigen eines Geschlechts betroffen ist, liegt dem ersten Anschein nach eine Diskriminierung aufgrund des Geschlechts vor.[136] Der EuGH lässt es dahingestellt, ob eine mittelbare Diskriminierung auch vorliegen kann, wenn sich aus den statistischen Daten ein geringerer, aber über einen langen Zeitraum hinweg fortbestehender und relativ konstanter Abstand zwischen männlichen und weiblichen AN, die dem geschlechtsneutralen Kriterium unterfallen, ergäbe.[137] Der EuGH gibt keine fixen Prozentsätze vor, wann eine erhebliche Betroffenheit eines Geschlechts vorliegt. Als Methode, ein solches Missverhältnis festzustellen, schlägt er vor, in der Gruppe der männlichen und der weiblichen Arbeitskräfte jeweils festzustellen, wie hoch der Anteil der Personen ist, die das jeweilige Kriterium erfüllen, und anschließend beide Gruppen bezüglich dieses Anteils zu vergleichen.[138] Im Ergebnis hat er eine Betroffenheit von 77,4 % in der Gruppe der weiblichen und 68,9 % in der Gruppe der männlichen Arbeitskräfte nicht als erheblich angesehen.[139] In die Gruppenbildung müssen alle gleichwertig beschäftigten AN einbezogen werden.[140] Die Feststellung, ob eine erheblich stärkere Betroffenheit der Angehörigen eines Geschlechts vorliegt, obliegt dem nationalen Gericht. Dieses hat zu beurteilen, ob es statistische Daten berücksichtigen kann und welche Schlussfolgerungen aus diesen Daten zu ziehen sind.[141] Die statistischen Daten müssen generell als aussagekräftig erscheinen, weshalb sie sich auf eine ausreichende Zahl von Personen beziehen müssen und nicht rein zufällige oder konjunkturelle Erscheinungen widerspiegeln dürfen.[142]

Wenn der erste Anschein für eine Diskriminierung spricht, hat der AG nachzuweisen, dass es **sachliche Rechtfertigungsgründe** für den festgestellten Unterschied beim Entgelt gibt.[143] Es ist Sache des nationalen Gerichts festzustellen, ob und inwieweit eine geschlechtsneutrale Regelung, die im Ergebnis die Angehörigen eines Geschlechts erheblich stärker betrifft als die Angehörigen des anderen Geschlechts, aus objektiven Gründen, die nichts mit einer Diskriminierung aufgrund des Geschlechts zu tun haben, gerechtfertigt ist.[144] Allerdings gibt der EuGH einige Hinweise, um den nationalen Gerichten die Entscheidung zu ermöglichen.[145]

Eine **gesetzliche Regelung** verstößt nicht gegen Art. 141 Abs. 1 EG, wenn der Mitgliedstaat darlegen kann, dass die gewählten Mittel einem legitimen und notwendigen Ziel der Sozialpolitik dienen und für die Erreichung dieses Ziels geeignet und erforderlich sind.[146] Die Mitgliedstaaten verfügen bei der Wahl der zur Verwirklichung ihrer sozial- und beschäftigungspolitischen Ziele geeigneten Maßnahmen über einen weiten Entscheidungsspielraum.[147] Die Kompetenz auf dem Gebiet der Sozialpolitik liegt beim gegenwärtigen Stand des Gemeinschaftsrechts grds. bei

---

132 EuGH 17.10.1989 – Rs. 109/88 – Danfoss – Rn 17 – Slg. 1989, 3199 = NZA 1990, 772; EuGH 3.10.2006 – C-17/05 – Cadman – NJW 2007, 47.

133 EuGH 11.6.1987 – Rs. 30/85 – Teuling – Rn 13 – Slg. 1987, 2497.

134 EuGH 31.3.1981 – Rs. 96/80 – Jenkins – Rn 13 – Slg. 1981, 911 = NJW 1981, 2639; EuGH 27.6.1990 – C-33/89 – Kowalska – Rn 13 – Slg. 1990, I-2591 = NZA 1990, 771; EuGH 9.2.1999 – C-167/97 – Seymour-Smith – Rn 60 – Slg. 1999, I-623.

135 Vgl. Oetker/Preis/*Schlachter*, B 4100 Rn 40 ff.; Calliess/Ruffert/*Krebber*, Art. 141 Rn 53.

136 EuGH 9.2.1999 – C-167/97 – Seymour-Smith – Rn 60 – Slg. 1999, I-623.

137 EuGH 9.2.1999 – C-167/97 – Seymour-Smith – Rn 61 – Slg. 1999, I-623. Diese Möglichkeit, den prozentualen Anteil der Betroffenheit durch einen Zeitfaktor zu ersetzen, wird von Calliess/Ruffert/*Krebber*, Art. 141 Rn 43 abgelehnt.

138 EuGH 9.2.1999 – C-167/97 – Seymour-Smith – Rn 59 – Slg. 1999, I-623.

139 EuGH 9.2.1999 – C-167/97 – Seymour-Smith – Rn 63 f. – Slg. 1999, I-623.

140 Calliess/Ruffert/*Krebber*, Art. 141 Rn 53; anders *Bieback*, S. 85 ff.; *Colneric*, in: FS für Dieterich, S. 45, 58.

141 EuGH 27.10.1993 – C-127/92 – Enderby – Rn 17 – Slg. 1993, I-5535 = NZA 1994, 797; EuGH 9.2.1999 – C-167/97 – Seymour-Smith – Rn 61 – Slg. 1999, I-623.

142 EuGH 27.10.1993 – C-127/92 – Enderby – Rn 17 – Slg. 1993, I-5535 = NZA 1994, 797.

143 EuGH 27.10.1993 – C-127/92 – Enderby – Rn 18 – Slg. 1993, I-5535 = NZA 1994, 797.

144 EuGH 13.7.1989 – Rs. 171/88 – Rinner-Kühn – Rn 15 – Slg. 1989, 2743 = NZA 1990, 437.

145 EuGH 30.3.1993 – C-328/91 – Thomas – Rn 13 – Slg. 1993, I-1247; EuGH 6.2.1996 – C-457/93 – Lewark – Rn 32, Slg. 1996, I-243 = NZA 1996, 319.

146 EuGH 13.7.1989 – Rs. 171/88 – Rinner-Kühn – Rn 14 – Slg. 1989, 2743 = NZA 1990, 437; EuGH 6.2.1996 – C-457/93 – Lewark – Rn 36 – Slg. 1996, I-243 = NZA 1996, 319; EuGH 9.2.1999 – C-167/97 – Seymour-Smith – Rn 69 – Slg. 1999, I-623; vgl. BAG 19.3.2002 – 9 AZR 109/01 – ZTR 2002, 481.

147 EuGH 14.12.1995 – C-317/93 – Nolte – Rn 33 – Slg. 1995, I-4625; EuGH 9.2.1999 – C-167/97 – Seymour-Smith – Rn 74 – Slg. 1999, I-623.

den Mitgliedstaaten.[148] Allerdings darf durch die gesetzliche Regelung kein tragender Grundsatz des Gemeinschaftsrechts wie der des gleichen Entgelts für Männer und Frauen ausgehöhlt werden.[149] Obwohl danach die Förderung von Einstellungen ein legitimes Ziel der Sozialpolitik darstellt, muss der Mitgliedstaat substantiiert darlegen, dass das Ziel der Maßnahme nichts mit einer Diskriminierung aufgrund des Geschlechts zu tun hat.[150] Der EuGH hat außerdem entschieden, dass Haushaltserwägungen eine Diskriminierung wegen des Geschlechts nicht rechtfertigen können. Andernfalls würden die Anwendung und die Tragweite des Entgeltgleichheitsgebots je nach dem Zustand der Staatsfinanzen variieren.[151] Der Mitgliedstaat kann auch andere Rechtfertigungsgründe als die, die beim Erlass der Maßnahme in der Gesetzesbegründung zum Ausdruck gekommen sind, anführen.[152]

38 Kein Verstoß gegen Art. 141 Abs. 1 EG liegt vor, wenn ein Unternehmen in der Lage ist darzulegen, dass seine Lohnpolitik auf Faktoren beruht, die objektiv gerechtfertigt sind und nichts mit einer Diskriminierung aufgrund des Geschlechts zu tun haben. Ein AG kann sich zur Rechtfertigung seiner Lohnpolitik auf unternehmerische Gründe berufen, soweit die gewählten Mittel einem wirklichen Bedürfnis des Unternehmens dienen und für die Erreichung des Ziels geeignet und erforderlich sind.[153] Lohnzuschläge für Flexibilität und Mobilität können gerechtfertigt sein, wenn die Anpassungsfähigkeit an unterschiedliche Arbeitszeiten und -orte für die Ausführung der dem AN übertragenen spezifischen Aufgaben von Bedeutung ist.[154] Ebenso können die Berufsausbildung, die Anzahl der Berufsjahre eines AN oder die Lage auf dem Arbeitsmarkt, die verlangt, dass qualifizierten Bewerbern als Anreiz ein höheres Entgelt geboten wird, sachlich gerechtfertigte wirtschaftliche Gründe für eine Ungleichbehandlung darstellen.[155] Das Kriterium des Dienstalters ist geeignet, die Berufserfahrung zu honorieren. Daher muss der AG bei einem Rückgriff auf dieses Kriterium auch nicht besonders darlegen, dass es in Bezug auf den jeweiligen Arbeitsplatz geeignet ist. Etwas anderes gilt nur, wenn der AN Anhaltspunkte liefert, die geeignet sind, ernstliche Zweifel in dieser Hinsicht aufkommen zu lassen.[156] Die tarifvertragliche Regelung einer besonderen Leistung, die ein zusätzliches Entgelt darstellt und mit der der Zuwachs an Erfahrungswissen honoriert werden soll, darf Zeiten des Erziehungsurlaubs unberücksichtigt lassen.[157] Wird zur Feststellung des Entgelts ein (tarifvertragliches) System beruflicher Einstufung verwendet, liegt diesem eine entsprechende Richtigkeitsgewähr zugrunde.[158] Die Festlegung eines unterschiedlichen Entgelts für zwei gleichwertige Tätigkeiten – von denen die eine fast ausschließlich von Frauen und die andere hauptsächlich von Männer ausgeübt wird – kann nicht damit sachlich gerechtfertigt werden, dass die jeweiligen Entgelte in zwei getrennten Tarifverhandlungen zwischen demselben AG und derselben Gewerkschaft aber unabhängig voneinander festgelegt wurden und, die je für sich betrachtet, keine diskriminierende Wirkung haben.[159] Es stellt keine Ungleichbehandlung dar, wenn Teilzeitbeschäftigte Gehaltszuschläge nur für Überstunden bei Überschreitung der tarifvertraglich festgelegten Regelarbeitszeit, nicht aber bei Überschreiten der individuellen Arbeitszeit erhalten.[160] Dagegen hat der EuGH eine Ungleichbehandlung angenommen, wenn Mehrarbeit, die teilzeitbeschäftigte Beamte über ihre individuelle Arbeitszeit hinaus bis zur für Vollzeitbeschäftigte geltenden Regelarbeitszeit leisten, niedriger vergütet wird als die Arbeit von vollzeitbeschäftigten Beamten.[161] Dies wird dann relevant, wenn für Überstunden eine geringere Vergütung vereinbart ist als für die Regelarbeitszeit.

39 Eine Regelung, die zu einer Ungleichbehandlung von Männern und Frauen beim Entgelt führt, muss außerdem das **Verhältnismäßigkeitsprinzip** beachten. Das Mittel, das zur Erreichung des jeweiligen Ziels des AG bzw. des Mitgliedstaats eingesetzt wird, muss geeignet und erforderlich sein.[162]

40 **f) Beweislast.** Grundsätzlich trifft den AN, der sich diskriminiert glaubt und deshalb gegen seinen AG Klage auf Beseitigung der Diskriminierung erhebt, die Beweislast für das Vorliegen einer Diskriminierung beim Entgelt aufgrund des Geschlechts. Der AN muss den Beweis erbringen, dass die Kriterien für das Vorliegen einer unterschied-

---

148 EuGH 9.2.1999 – C-167/97 – Seymour-Smith – Rn 75 – Slg. 1999, I-623; Hailbronner/Wilms/*Boecken*, Art. 137 EG Rn 7.
149 EuGH 9.2.1999 – C-167/97 – Seymour-Smith – Rn 75 – Slg. 1999, I-623.
150 EuGH 9.2.1999 – C-167/97 – Seymour-Smith – Rn 71 ff. – Slg. 1999, I-623.
151 EuGH 24.2.1994 – C-343/92 – Roks – Rn 35 f. – Slg. 1994, I-571; EuGH 23.10.2003 – C-4/02 und C-5/02 – Schönheit – Rn 85 – Slg. 2003, I-12575 = DVBl 2004, 188.
152 EuGH 23.10.2003 – C-4/02 und C-5/02 – Schönheit – Rn 86 f. – Slg. 2003, I-12575 = DVBl 2004, 188.
153 EuGH 13.5.1986 – Rs. 170/84 – Bilka – Rn 36 – Slg. 1986, 1607 = NZA 1986, 599; BAG 5.3.1997 – 7 AZR 581/92 – AP § 37 BetrVG 1972 Nr. 123.
154 EuGH 17.10.1989 – Rs. 109/88 – Danfoss – Rn 25 – Slg. 1989, 3199 = NZA 1990, 772.
155 EuGH 17.10.1989 – Rs. 109/88 – Danfoss – Rn 25 – Slg. 1989, 3199 = NZA 1990, 772; EuGH 27.10.1993 – C-127/92 – Enderby – Rn 25 f. – Slg. 1993, I-5535 = NZA 1994, 797.
156 EuGH 3.10.2006 – C-17/05 – Cadman – Rn 33 ff. – NJW 2007, 47. m. Anm. *Nicolai*, SAE 2006, 279; BAG 21.5.2008 – 5 AZR 187/07 – NZA 2008, 955.
157 BAG 21.5.2008 – 5 AZR 187/07 – NZA 2008, 955.
158 EuGH 3.10.2006 – C-17/05 – Cadman – Rn 39 – NJW 2007, 47.
159 EuGH 27.10.1993 – C-127/92 – Enderby – Rn 23 – Slg. 1993, I-5535 = NZA 1994, 797.
160 EuGH 15.12.1994 – C-399/92 u.a. – Helmig – Slg. 1994, I-5727, DB 1995, 49.
161 EuGH 6.12.2007 – C-300/06 – Voß – NJW 2008, 499 m. Anm. *Kock*.
162 EuGH 13.5.1986 – Rs. 170/84 – Bilka – Rn 37 – Slg. 1986, 1607 = NZA 1986, 599; EuGH 9.2.1999 – C-167/97 – Seymour-Smith – Rn 72 – Slg. 1999, I-623. Hierzu Hailbronner/Wilms/*Boecken*, Art. 141 EG Rn 73.

lichen Entlohnung sowie einer vergleichbaren Arbeit erfüllt sind.[163] Aus der Einstufung der betroffenen AN in dieselbe Tätigkeitsgruppe nach dem geltenden TV kann für sich allein nicht gefolgert werden, dass die AN gleiche oder als gleichwertig anerkannte Arbeit verrichten.[164] Die Eingruppierung stellt jedoch ein Indiz dar, das durch tatsächliche Gesichtspunkte wie die Art der übertragenen Tätigkeiten, Ausbildungsanforderungen und Arbeitsbedingungen konkretisiert werden muss.

Nach der Rspr. des EuGH **kehrt sich die Beweislast** jedoch **um**, wenn der AN, der dem ersten Anschein nach diskriminiert ist, sonst kein wirksames Mittel hätte, um die Einhaltung des Entgeltgleichheitsgebots durchzusetzen.[165] Es genügt, dass der AN die erhebliche Betroffenheit eines Geschlechts behauptet und anhand von aussagekräftigem statistischem Material belegt.[166] Wird in einem Unternehmen ein Entlohnungssystem mit individuellen Zulagen angewandt, dem jede Durchschaubarkeit fehlt, so obliegt dem AG ebenfalls der Nachweis, dass seine Lohnpolitik nicht diskriminierend ist, wenn auf der Grundlage einer relativ großen Zahl von AN belegt wird, dass das durchschnittliche Entgelt einer Gruppe, der hauptsächlich Personen eines Geschlechts angehören, niedriger ist als das einer anderen Gruppe.[167] In einem solchen System können die AN die verschiedenen Bestandteile ihres Gehalts nicht mit denen der anderen AN vergleichen, sondern nur Unterschiede zwischen den Durchschnittsgehältern feststellen. Der AG muss zum Beweis dafür, dass seine Lohnpolitik nicht diskriminierend ist, angeben, wie er die Zulagenkriterien angewandt hat.[168] In einem Stücklohnsystem können Unterschiede im durchschnittlichen Entgelt zweier Gruppen auch auf Unterschieden zwischen den individuellen Arbeitsergebnissen der AN dieser Gruppen beruhen. Die Beweislast kann sich jedoch umkehren, wenn sich nicht feststellen lässt, welche Faktoren für die Festsetzung der Stücklohnsätze oder der für die Berechnung eines variablen Teils des Entgelts von Bedeutung sind.[169] Wenn der erste Anschein für eine Diskriminierung spricht, hat der AG nachzuweisen, dass es sachliche Rechtfertigungsgründe für den festgestellten Unterschied beim Entgelt gibt.

Die Rspr. des EuGH findet sich wieder in Art. 4 der **Beweislast-RL 97/80/EG** bzw. Art. 19 der neu gefassten Gleichbehandlungs-RL 2006/54/EG.[170] Können Personen, die sich durch die Verletzung des Gleichbehandlungsgrundsatzes für beschwert halten, Tatsachen glaubhaft machen, die das Vorliegen einer unmittelbaren oder mittelbaren Diskriminierung vermuten lassen, obliegt es dem beklagten AG zu beweisen, dass keine Verletzung des Gleichbehandlungsgrundsatzes vorgelegen hat.

Die Mitgliedstaaten müssen ihre nationalen Bestimmungen über die Beweislast so ausgestalten, dass der Grundsatz der Gleichbehandlung voll zum Tragen kommt.[171] In Deutschland wurde die Beweislastregelung in **§ 22 AGG (vgl. § 611a Abs. 1 S. 3 BGB a.F.)** umgesetzt.

g) Rechtsfolgen bei einem Verstoß Art. 141 Abs. 1 EG erlegt dem AG eine **Erfolgspflicht** auf, nach der Männer und Frauen bei gleicher Arbeit das gleiche Entgelt erhalten müssen.[172] Diese Erfolgspflicht besteht unabhängig davon, ob die diskriminierende Regelung dem AG, den TV-Parteien, den Betriebspartnern oder dem Staat zuzurechnen ist.[173] Es besteht insoweit eine verschuldensunabhängige Erfolgshaftung des AG.[174] Die nationalen Gerichte haben über die ordnungsgemäße Durchführung von Art. 141 EG zu wachen.[175]

Ergibt sich, dass eine gesetzliche, tarifvertragliche oder einzelarbeitsvertragliche Regelung nicht im Einklang mit Art. 141 Abs. 1 EG steht, so darf die betreffende Klausel aufgrund des Vorrangs des Gemeinschaftsrechts nicht angewendet werden. Dies gilt sowohl für Bestimmungen des nationalen Rechts,[176] als auch für tarifvertragliche Rege-

---

163 EuGH 26.6.2001 – C-381/99 – Brunnhofer – Rn 60 – Slg. 2001, I-4961 = NZA 2001, 883.
164 EuGH 26.6.2001 – C-381/99 – Brunnhofer – Rn 44 ff. – Slg. 2001, I-4961 = NZA 2001, 883.
165 EuGH 27.10.1993 – C-127/92 – Enderby – Rn 14 – Slg. 1993, I-5535 = NZA 1994, 797.
166 EuGH 27.10.1993 – C-127/92 – Enderby – Rn 19 – Slg. 1993, I-5535 = NZA 1994, 797; Lenz/Borchardt/*Coen*, Art. 141 Rn 26.
167 EuGH 17.10.1989 – Rs. 109/88 – Danfoss – Rn 16 – Slg. 1989, 3199 = NZA 1990, 772.
168 EuGH 17.10.1989 – Rs. 109/88 – Danfoss – Rn 15 – Slg. 1989, 3199 = NZA 1990, 772.
169 EuGH 31.5.1995 – C-400/93 – Royal Copenhagen – Rn 26 – Slg. 1995, I-1275 = AP Art. 119 EWGV Nr. 68.
170 RL 97/80/EG des Rates v. 15.12.1997 über die Beweislast bei Diskriminierung aufgrund des Geschlechts (ABl EG L 14 v. 20.1.1998, S. 6), geändert durch die RL 98/52/EG v. 13.7.1998 (ABl EG L 205 v. 22.7.1998, S. 66).
171 EuGH 17.10.1989 – Rs. 109/88 – Danfoss – Rn 14 – Slg. 1989, 3199 = NZA 1990, 772; Lenz/Borchardt/*Coen*, Art. 141 Rn 27.
172 EuGH 28.9.1994 – C-200/91 – Coloroll – Rn 38 – Slg. 1994, I-4389 = NZA 1994, 1073.
173 Hailbronner/Wilms/*Boecken*, Art. 141 EG Rn 80. Zur Frage, ob dem AG bei einer gegen Art. 141 Abs. 1 EG verstoßenden gesetzlichen Regelung ein Schadensersatzanspruch gegen den Staat zustehen kann, Calliess/Ruffert/*Krebber*, Art. 141 Rn 71.
174 MünchArb/*Birk*, Bd. 1, § 19 Rn 326.
175 EuGH 28.9.1994 – C-200/91 – Coloroll – Rn 38 ff. – Slg. 1994, I-4389 = NZA 1994, 1073.
176 EuGH 9.3.1978 – Rs. 106/77 – Simmenthal – Rn 21/23 – Slg. 1978, 629 = NJW 1978, 1741.

lungen[177] oder Vereinbarungen des Einzelarbeitsvertrags.[178] Die nationalen Gerichte müssen nicht zuvor die Beseitigung einer gegen Art. 141 EG verstoßenden Bestimmung auf gesetzgeberischem Wege oder durch irgendein verfassungsrechtliches Verfahren abwarten.[179]

46 Im Fall einer unmittelbaren oder mittelbaren Diskriminierung hat der Benachteiligte entsprechend dem Umfang seiner Beschäftigung Anspruch auf die gleiche Behandlung und auf Anwendung der gleichen Regelung, wie sie für die übrigen AN gilt, wobei diese Regelung das einzig gültige Bezugssystem bleibt, solange Art. 141 EG nicht ordnungsgemäß in das innerstaatliche Recht umgesetzt ist.[180] Angehörigen einer benachteiligten Gruppe müssen dieselben Vergünstigungen gewährt werden, wie sie den Angehörigen der bevorzugten Gruppe zustehen.[181] Verstößt die Festsetzung eines je nach Geschlecht unterschiedlichen Rentenalters gegen Art. 141 Abs. 1 EG, so sind die Rentenansprüche der benachteiligten (männlichen) AN für die Zeit ab dem 17.5.1990 anhand desselben (jüngeren) Rentenalters zu berechnen wie die der anderen (weiblichen) AN.[182] Der AG hat die Möglichkeit, durch eine Einschränkung der Vergünstigungen der bis dahin bevorzugten Personen für die Zukunft eine Gleichbehandlung herzustellen. Er kann damit auch das Rentenalter der bisher bevorzugten (weiblichen) AN auf das Rentenalter der benachteiligten (männlichen) AN anheben.[183] Aufgrund der zeitlichen Beschränkung der Wirkungen des Urteils Barber für Leistungen aus einem Altersversorgungssystem lassen sich danach drei Zeiträume unterscheiden:[184] Für Beschäftigungszeiten vor dem 17.5.1990 können keine Ansprüche auf Leistungen aus einem solchen Altersversorgungssystem geltend gemacht werden.[185] Für Beschäftigungszeiten ab dem 17.5.1990 bis zum Erlass einer Angleichungsmaßnahme bleibt die günstigere Regelung das einzig gültige Bezugssystem, was zu einer Angleichung des Entgelts der benachteiligten Gruppe **nach oben** führt.[186] Ab Erlass einer unter Beachtung des Vertrauensschutzes getroffenen Angleichungsmaßnahme kann durch eine Einschränkung der Vergünstigungen des bevorzugten Geschlechts das Niveau auch **nach unten** abgesenkt werden.

II. Ermächtigungsgrundlage zum Erlass von Maßnahmen zur Chancengleichheit und Gleichbehandlung (Art. 141 Abs. 3 EG)

47 Art. 141 Abs. 3 EG enthält eine Kompetenzgrundlage der Gemeinschaft zum Erlass von Maßnahmen zur Gewährleistung der Anwendung des Grundsatzes der Chancengleichheit und der Gleichbehandlung von Männern und Frauen allgemein in Arbeits- und Beschäftigungsfragen im Mitentscheidungsverfahren nach Art. 251 EG.

48 Soweit Maßnahmen getroffen werden, die über den Bereich der Arbeits- und Beschäftigungsbedingungen hinausgehen, ist allein **Art. 13 EG** die richtige Anspruchsgrundlage.[187] Maßnahmen, die auf Art. 13 EG, der die Diskriminierung aus Gründen des Geschlechts ohne weitere Spezifizierung und darüber hinaus noch andere Formen der Diskriminierung umfasst, gestützt werden, können sich auch im Arbeitsrecht auswirken. Für den Erlass von Maßnahmen in Form der in Art. 249 EG genannten Rechtshandlungen, die die Gleichbehandlung von Männern und Frauen in Beschäftigungsfragen betreffen, ist Art. 141 Abs. 3 EG lex specialis im Verhältnis zu Art. 13 EG.[188] Auf Art. 141 Abs. 3 EG wurde die Gleichbehandlungsrichtlinie 2006/54/EG gestützt.

49 Abgrenzungsschwierigkeiten bestehen außerdem zwischen Art. 141 Abs. 3 EG und der Ermächtigungsgrundlage des **Art. 137 Abs. 2 lit. b i.V.m. Abs. 1 lit. i EG**, wonach die Gemeinschaft auf dem Gebiet der Chancengleichheit von Männern und Frauen auf dem Arbeitsmarkt und der Gleichbehandlung am Arbeitsplatz RL erlassen kann. Das Verfahren richtet sich jeweils nach Art. 251 EG, allerdings kann die Gemeinschaft im Rahmen des Art. 137 Abs. 2 lit. b

---

177 EuGH 7.2.1991 – C-184/89 – Nimz – Rn 20 – Slg. 1991, I-297 = AP § 23a BAT Nr. 25; EuGH 27.6.1990 – C-33/89 – Kowalska – Rn 19 – Slg. 1990, I-2591 = NZA 1990, 771; EuGH 15.12.1994 – C-399/92 – Stadt Lengerich./. Helmig – Rn 12 – Slg. 1994, I-5727 = NZA 1995, 218.
178 EuGH 28.9.1994 – C-28/93 – van den Akker – Rn 16 ff. – Slg. 1994, I-4527; EuGH 13.1.2004 – C-256/01 – Allonby – Rn 77 – Slg. 2004, I-0 = NZA 2004, 201.
179 EuGH 9.3.1978 – Rs. 106/77 – Simmenthal – Rn 19 – Slg. 1978, 629 = NJW 1978, 1741.
180 EuGH 27.6.1990 – C-33/89 – Kowalska – Rn 20 – Slg. 1990, I-2591 = NZA 1990, 771; EuGH 7.2.1991 – C-184/89 – Nimz – Rn 18 – Slg. 1991, I-297 = AP § 23a BAT Nr. 25; EuGH 13.12.1989 – Rs 102/88 – Ruzius-Wilbrink – Rn 20 – Slg. 1989, 4311 = NZA 1991, 59.
181 EuGH 28.9.1994 – C-408/92 – Smith./. Avdel – Rn 17 – Slg. 1994, I-4435 = EuZW 1994, 729.
182 EuGH 28.9.1994 – C-408/92 – Smith./. Avdel – Rn 18 – Slg. 1994, I-4435 = EuZW 1994, 729.
183 EuGH 28.9.1994 – C-408/92 – Smith./. Avdel – Rn 22 – Slg. 1994, I-4435 = EuZW 1994, 729.
184 Vgl. Hailbronner/Wilms/*Boecken*, Art. 141 EG Rn 81.
185 EuGH 17.5.1990 – Rs. 262/88 – Barber – Rn 44 – Slg. 1990, I-1889 = NZA 1990, 775.
186 BAG 17.9.2008 – 3 AZR 1061/06 – EzA § 2 BetrAVG Nr. 31.
187 Lenz/Borchardt/*Coen*, Art. 141 Rn 60; von der Groeben/Schwarze/*Rust*, Art. 141 Rn 180. Auf Art. 13 EG wurden die Antirassismus-RL 2000/43/EG v. 29.6.2000 zur Anwendung des Gleichbehandlungsgrundsatzes ohne Unterschied der Rasse oder der ethnischen Herkunft (ABl EG L 180 v. 19.7.2000, S. 22) sowie die RL 2000/78/EG v. 27.11.2000 zur Festlegung eines allgemeinen Rahmens für die Verwirklichung der Gleichbehandlung in Beschäftigung und Beruf (ABl EG L 303 v. 2.12.2000, S. 16) gestützt.
188 Von der Groeben/Schwarze/*Rust*, Art. 141 Rn 181.

EG nur Mindestvorschriften erlassen. Außerdem kann sie nach Art. 137 Abs. 5 EG keine Maßnahmen erlassen, die das Arbeitsentgelt, das Koalitionsrecht sowie das Streik- und Aussperrungsrecht betreffen.[189]

III. Vergünstigungen zugunsten des unterrepräsentierten Geschlechts (Art. 141 Abs. 4 EG)

Art. 141 Abs. 4 EG räumt den Mitgliedstaaten die Möglichkeit ein, spezifische Vergünstigungen zugunsten des unterrepräsentierten Geschlechts beizubehalten oder zu beschließen. Dadurch soll für die betroffenen Personen die Berufstätigkeit erleichtert oder eine Benachteiligung in der beruflichen Laufbahn verhindert bzw. ausgeglichen werden. Maßnahmen nach Art. 141 Abs. 4 EG können nach dem Wortlaut sowohl Frauen als auch Männern zugute kommen, allerdings sollen sie in erster Linie der Verbesserung der Lage der Frauen im Arbeitsleben dienen.[190] Die positiven Maßnahmen sind nicht auf Ausnahmen vom Entgeltgleichheitsgebot beschränkt, sondern können alle Fragen der Gleichbehandlung im Bereich der Arbeits- und Beschäftigungsbedingungen betreffen. Da eine Bevorzugung des einen Geschlechts zu einer Benachteiligung des anderen Geschlechts führt, muss die jeweilige Maßnahme stets das Verhältnismäßigkeitsprinzip berücksichtigen.[191]

Die Vorschrift bezieht sich nur auf **Maßnahmen der Mitgliedstaaten**, nicht auf solche der Gemeinschaft selbst. Die Möglichkeit, dass die Gemeinschaft entsprechende begünstigende Maßnahmen auf Art. 141 Abs. 3 EG stützt, wird überwiegend abgelehnt. Art. 141 Abs. 3 EG bezieht sich auf Maßnahmen, die die Gewährleistung der Anwendung des Gleichheitsgrundsatzes betreffen, während Art. 141 Abs. 4 EG vielmehr Ausnahmen hiervon zulässt.[192] Ob begünstigende Maßnahmen in TV, BV oder Einzelarbeitsverträgen durch Art. 141 Abs. 4 EG gedeckt sind, ist unklar.[193] Allerdings soll es dem nationalen Gesetzgeber gestattet sein, andere zum Erlass entsprechender Maßnahmen zu ermächtigen, da sonst weite Bereiche des Arbeitsrechts, die typischerweise auf tariflicher, betrieblicher oder einzelvertraglicher Ebene geregelt sind, der Möglichkeit zum Erlass positiver Maßnahmen entzogen wären.[194]

Spezifische Vergünstigungen müssen für das unterrepräsentierte Geschlecht positive Maßnahmen zum Zweck der Erleichterung der Berufstätigkeit oder zur Verhinderung bzw. dem Ausgleich von Benachteiligungen in der beruflichen Laufbahn sein. Es kann sich dabei um Vergünstigungen in Bezug auf die Arbeitsbedingungen oder begleitende Maßnahmen wie Schulungen oder Wiedereingliederungsmaßnahmen handeln.[195] Während Maßnahmen zur Erleichterung der Berufstätigkeit nicht an eine konkrete Benachteiligung anknüpfen, müssen Maßnahmen zur Verhinderung bzw. dem Ausgleich von Benachteiligungen als Gegenmittel gegen eine unmittelbare oder mittelbare Diskriminierung ergriffen werden.[196] Wann ein Geschlecht unterrepräsentiert ist, lässt sich der Vorschrift nicht entnehmen. Insoweit wird vorgeschlagen, den Grad der Unterrepräsentiertheit anhand des Verhältnismäßigkeitsgrundsatzes zu bestimmen.[197]

Eine Ermächtigung der Mitgliedstaaten, zur Gewährleistung der Gleichstellung im Berufsleben spezifische Maßnahmen beizubehalten oder einzuführen, fand sich schon vor Einführung des Art. 141 Abs. 4 EG durch den Amsterdamer Vertrag in Art. 2 Abs. 4 der Gleichbehandlungs-RL 76/207/EWG.[198] Zur Frage der Zulässigkeit von **Quotenregelungen** hat der EuGH entschieden, dass eine automatische Bevorzugung eines Geschlechts bei der Ernennung oder Beförderung bei gleicher Qualifikation nicht mit dem Gleichheitsgrundsatz vereinbar ist.[199] Eine entsprechende Regelung ist hingegen zulässig, wenn bei gleicher Qualifikation von Bewerbern in jedem Einzelfall eine objektive Beurteilung garantiert wird.[200] In Art. 3 der Gleichbehandlungs-RL 2006/54/EG wird klargestellt, dass die Mitgliedstaaten im Hinblick auf die Gewährleistung der Gleichstellung von Männern und Frauen Maßnahmen i.S.d. Art. 141 Abs. 4 EG beibehalten oder beschließen können. In Bezug auf das Verhältnis zwischen den beiden Regelungen hat der EuGH entschieden, dass die Prüfung der Rechtmäßigkeit einer Regelung anhand von Art. 141 Abs. 4 EG nur erforderlich ist, wenn zuvor ein Verstoß gegen die Gleichbehandlungs-RL festgestellt wurde.[201] Art. 141 Abs. 4 EG lässt somit weitreichendere Vergünstigungen zu als die Ausnahmevorschrift der Gleichbehandlungs-RL.[202]

---

189 Vgl. zum Verhältnis von Art. 141 Abs. 3 und Art. 137 Abs. 2 lit. b i.V.m. Abs. 1 lit. i EG, MünchArb/*Birk*, Bd. 1, § 19 Rn 332; Streinz/*Eichenhofer*, Art. 141 Rn 17; Calliess/Ruffert/*Krebber*, Art. 141 Rn 97 f.
190 Schlussakte des Vertrags von Amsterdam, III. Erklärung Nr. 28 zu Art. 119 Abs. 4 des Vertrags zur Gründung der Europäischen Gemeinschaft; Hailbronner/Wilms/*Boecken*, Art. 141 EG Rn 85; anders Streinz/*Eichenhofer*, Art. 141 Rn 23.
191 MünchArb/*Birk*, Bd. 1, § 19 Rn 334; Streinz/*Eichenhofer*, Art. 141 Rn 24.
192 Ebenso MünchArb/*Birk*, Bd. 1, § 19 Rn 333; Calliess/Ruffert/*Krebber*, Art. 141 Rn 100.
193 Streinz/*Eichenhofer*, Art. 141 Rn 24; Calliess/Ruffert/*Krebber*, Art. 141 Rn 85.
194 Fuchs/*Marhold*, S. 98; Calliess/Ruffert/*Krebber*, Art. 141 Rn 85.
195 Calliess/Ruffert/*Krebber*, Art. 141 Rn 87.
196 Calliess/Ruffert/*Krebber*, Art. 141 Rn 89 f.
197 Calliess/Ruffert/*Krebber*, Art. 141 Rn 89.
198 Vgl. Art. 2 Abs. 8 der RL 76/207/EWG in der durch die RL 2002/73/EG geänderten Fassung und Art. 3 der RL 2006/54/EG.
199 EuGH 17.10.1995 – C-450/93 – Kalanke – Slg. 1995, I-3051 = NZA 1995, 1095.
200 EuGH 11.11.1997 – C-409/95 – Marschall – Slg. 1997, I-6363 = AP EWG-RL 76/207 Nr. 14.
201 EuGH 28.3.2000 – C-158/97 – Badeck – Rn 14 – Slg. 2000, I-1875 = NJW 2000, 1549; EuGH 6.7.2000 – C-407/98 – Abrahamsson – Rn 53 f. – Slg. 2000, I-5539 = NJW 2000, 2653.
202 Ebenso Hailbronner/Wilms/*Boecken*, Art. 141 EG Rn 86; hierzu *Hanau*, in: GS für Lüderitz, S. 241, 262 f.; Calliess/Ruffert/*Krebber*, Art. 141 Rn 82.

C. Verbindung zu anderen Rechtsgebieten und zum Prozessrecht

I. Die Gleichbehandlungsrichtlinie 2006/54/EG betreffend die sonstigen Arbeitsbedingungen

54 **1. Allgemeines.** Der Anwendungsbereich des Art. 141 Abs. 1 EG erstreckt sich nur auf den Bereich des Arbeitsentgelts und nicht auf Fragen anderer Arbeitsbedingungen, auch wenn Ungleichbehandlungen wegen des Geschlechts bei den sonstigen Arbeitsbedingungen finanzielle Folgen haben. Um diese Lücke im Gemeinschaftsrecht zu schließen und die Chancengleichheit von Männern und Frauen im Berufsleben zu verwirklichen, wurde im Jahr 1976 die Gleichbehandlungs-RL 76/207/EWG erlassen.

55 Durch die RL 2002/73/EG wurde die Gleichbehandlungs-RL modernisiert und an die Rspr. des EuGH angepasst. Die Gleichbehandlungsrichtlinie 76/207/EWG wurde zusammen mit anderen RL zur Gleichbehandlung von Männern und Frauen in Arbeits- und Beschäftigungsfragen in der **RL 2006/54/EG** neu gefasst.[203] Sie wurde auf Art. 141 Abs. 3 EG gestützt, der die Gemeinschaft zum Erlass von RL zur Gewährleistung des Gleichbehandlungsgrundsatzes in sonstigen Arbeits- und Beschäftigungsfragen ermächtigt. Durch die Neufassungs-RL 2006/54/EG wird die RL 76/207/EG mit Wirkung vom 15.8.2009 aufgehoben.

56 **2. Regelungsgehalt. a) Anwendungsbereich.** Die Gleichbehandlungs-RL gilt für alle abhängig oder selbstständigen Beschäftigten und für alle privatrechtlichen oder öffentlich-rechtlichen Dienstverhältnisse[204] sowie Beschäftigungsverhältnisse in den Streitkräften.[205] Hinsichtlich des Zugangs zur Beschäftigung werden von der RL auch Arbeitsuchende erfasst.[206] In den persönlichen Anwendungsbereich fallen außerdem die sich im Ruhestand befindlichen oder arbeitsunfähigen AN.

57 Der sachliche Anwendungsbereich der RL erstreckt sich auf die Gleichbehandlung bei den **Bedingungen des Zugangs** zur Beschäftigung, einschließlich der Auswahlkriterien und Einstellungsbedingungen und des beruflichen Aufstiegs. Eine Regelung, wonach die Aufnahme in eine Beförderungsliste von bestimmten Dienstzeiten sowie anderen Faktoren abhängig gemacht wird und dabei keinen Anspruch, sondern nur die Möglichkeit auf eine Beförderung und damit auf eine höhere Vergütung eröffnet, betrifft den Zugang zum beruflichen Aufstieg.[207] Klagen auf Wiedereingliederung oder Wiedereinstellung im Fall der ungerechtfertigten Entlassung eines AN sind ebenfalls auf die Gleichbehandlungs-RL zu stützen.[208]

58 Die RL erfasst daneben den Zugang zur **Berufsbildung** in allen Formen und auf allen Ebenen der Berufsberatung, der Berufsausbildung, der beruflichen Weiterbildung und der Umschulung einschließlich der praktischen Berufserfahrungen, außerdem die sonstigen **Beschäftigungs- und Arbeitsbedingungen** einschließlich der **Entlassungsbedingungen** sowie des **Arbeitsentgelts**. Schließlich erfasst das Gleichbehandlungsgebot noch die **Mitgliedschaft und Mitwirkung in AN- oder AG-Organisationen**.[209]

59 Die Arbeitsbedingungen müssen nicht im Arbeitsvertrag enthalten sein. Es genügt, wenn eine Leistung notwendig mit einem Arbverh verknüpft ist.[210] Zu den Arbeitsbedingungen gehören unter anderem die Verkürzung der Arbeitszeit,[211] die Inanspruchnahme von Altersteilzeitarbeit[212] oder die Bereitstellung von Kindertagesstättenplätzen.[213] Der Begriff der Entlassung i.S.d. Gleichbehandlungs-RL wird vom EuGH weit ausgelegt.[214] Die Festsetzung einer Altersgrenze für das obligatorische Ausscheiden der AN im Rahmen einer allgemeinen Entlassungspolitik[215] oder

---

[203] RL 2006/54/EG v. 5.7.2006 zur Verwirklichung des Grundsatzes der Chancengleichheit und Gleichbehandlung von Männern und Frauen in Arbeits- und Beschäftigungsfragen (Neufassung) (ABl EG L 204 v. 26.7.2006, S. 23).

[204] Art. 6, 8 RL 2006/54/EG; EuGH 21.5.1985 – Rs. 248/83 – Kommission./.Deutschland – Slg. 1985, 1459; EuGH 7.12.2000 – C-79/99 – Schnorbus – Slg. 2000, I-10997.

[205] EuGH 11.1.2000 – C-285/98 – Kreil – Rn 19 – Slg. 2000, I-69 = NJW 2000, 497.

[206] Art. 6 RL 2006/54/EG; Oetker/Preis/*Eichinger*, B 4200 Rn 21.

[207] EuGH 2.10.1997 – C-1/95 – Gerster – Rn 24 – Slg. 1997, I-5253. Im Gegensatz dazu hat der EuGH ein System, nach dem der Aufstieg in eine höhere Vergütungsgruppe gleichsam automatisch nach Ableisten einer bestimmten Dienstzeit erfolgt, dem Entgeltbegriff des Art. 141 Abs. 1 EG unterstellt, EuGH 7.2.1991 – C-184/89 – Nimz – Rn 15 – Slg. 1991, I-297, = AP § 23a BAT Nr. 25 (siehe Art. 141 Rn 11).

[208] EuGH 9.2.1999 – C-167/97 – Seymour-Smith – Rn 37 – Slg. 1999, I-623.

[209] Art. 14 RL 2006/54/EG.

[210] EuGH 13.7.1995 – C-116/94 – Meyers – Rn 24 – Slg. 1995, I-2131.

[211] EuGH 30.3.2000 – C-236/98 – Jämställdhetsombudsmannen – Rn 60 – Slg. 2000, I-2189 = AP EWG-RL 75/117 Nr. 15.

[212] EuGH 20.3.2003 – C-187/00 – Kutz-Bauer – Rn 43 ff. – Slg. 2003, I-2741; EuGH 11.11.2003 – C-77/02 – Steinicke – Rn 50 – Slg. 2003, I-9027; vgl. BAG 20.8.2002 – 9 AZR 750/00 – AP § 1 TVG Tarifverträge: Süßwarenindustrie Nr. 6.

[213] EuGH 19.3.2002 – C-476/99 – Lommers – Rn 26 – Slg. 2002, I-2891.

[214] EuGH 16.2.1982 – Rs. 19/81 – Burton – Rn 9 – Slg. 1982, 554 = NJW 1982, 2726; EuGH 26.2.1986 – Rs. 152/84 – Marshall – Rn 34 – Slg. 1986, 723 = NJW 1986, 2178.

[215] EuGH 26.2.1986 – Rs. 152/84 – Marshall – Rn 32 ff. – Slg. 1986, 723 = NJW 1986, 2178. Hiervon zu unterscheiden sind Regelungen, die den Zugang zu einem gesetzlichen oder betrieblichen Altersversorgungssystem, d.h. die Voraussetzungen für die Gewährung einer Alters- bzw. Ruhestandsrente, betreffen.

eine Regelung für Leistungen bei freiwilligem vorzeitigem Ausscheiden aus dem Arbverh[216] stellt eine Entlassungsbedingung dar.

b) Inhalt der Gleichbehandlungsrichtlinie. aa) Grundsatz der Gleichbehandlung. Die Gleichbehandlungs-RL verbietet unmittelbare oder mittelbare Diskriminierungen aufgrund des Geschlechts in Bezug auf die sonstigen Arbeitsbedingungen. Eine **unmittelbare Diskriminierung** liegt nach der in Art. 2 der RL enthaltenen Definition vor, wenn eine Person aufgrund ihres Geschlechts in einer vergleichbaren Situation eine weniger günstige Behandlung erfährt, als eine andere Person erfährt, erfahren hat oder erfahren würde. Eine **mittelbare Diskriminierung** ist gegeben, wenn dem Anschein nach neutrale Vorschriften, Kriterien oder Verfahren Personen, die einem Geschlecht angehören, in besonderer Weise gegenüber Personen des anderen Geschlechts benachteiligen können,[217] es sei denn, die betreffenden Vorschriften, Kriterien oder Verfahren sind durch ein rechtmäßiges Ziel sachlich gerechtfertigt und die Mittel sind zur Erreichung dieses Ziels angemessen und erforderlich. **Belästigungen** in Form von unerwünschten geschlechtsbezogenen Verhaltensweisen und **sexuelle Belästigungen** in verbaler, nicht-verbaler oder physischer Form gelten als Diskriminierung aufgrund des Geschlechts und sind daher verboten.[218] Auch **Anweisungen zur Diskriminierung** einer Person gelten als Diskriminierung i.S.d. RL.[219]

60

Der EuGH hat entschieden, dass der Grundsatz der Gleichbehandlung hinsichtlich der Arbeitsbedingungen einschließlich der Entlassungsbedingungen hinreichend genau und unbedingt ist und die Regelung damit **unmittelbar anwendbar** ist.[220] Der Einzelne ist danach berechtigt, sich gegenüber dem Staat auf diese Bestimmung zu berufen, unabhängig davon, ob der Staat als Hoheitsträger oder als AG handelt.

61

Die RL sieht verschiedene **Ausnahmemöglichkeiten** vom Grundsatz der Gleichbehandlung vor. Im Hinblick auf den Zugang zur Beschäftigung können solche Tätigkeiten vom Grundsatz der Gleichbehandlung ausgeschlossen werden, für die das Geschlecht aufgrund der Art der Tätigkeit oder der Bedingungen ihrer Ausübung eine wesentliche und entscheidende berufliche Voraussetzung darstellt, sofern es sich um einen rechtmäßigen Zweck und eine angemessene Anforderung handelt.[221] Diese Bestimmung ist als Ausnahme von einem in der RL verankerten individuellen Recht eng auszulegen.[222] Der Wortlaut der Ausnahmevorschrift verlangt nun ausdrücklich die Berücksichtigung des Verhältnismäßigkeitsgrundsatzes.[223] Die Mitgliedstaaten können des weiteren Vorschriften zum Schutz der Frau, insbesondere bei Schwangerschaft und Mutterschaft, vorsehen, oder begünstigende Maßnahmen i.S.d. Art. 141 Abs. 3 EG beibehalten oder beschließen.[224]

62

bb) Rechtsprechung des EuGH. Zahlreiche Entscheidungen des EuGH befassen sich mit Fragen der Diskriminierung aufgrund einer **Schwangerschaft**. Die Nichteinstellung einer Frau wegen Schwangerschaft stellt eine unmittelbare Diskriminierung aufgrund des Geschlechts dar, die auch nicht mit finanziellen Nachteilen, die den AG im Fall der Einstellung einer schwangeren Frau während des Mutterschaftsurlaubs treffen, gerechtfertigt werden kann.[225] Es macht dabei keinen Unterschied, ob sich lediglich Frauen auf die Stelle beworben haben. Die Nichterneuerung eines befristeten Arbeitsvertrags stellt eine unzulässige Einstellungsverweigerung dar, wenn diese ihren Grund in der Schwangerschaft der AN hat.[226] Auch die Entlassung wegen Schwangerschaft oder aus einem im Wesentlichen auf der Schwangerschaft beruhenden Grund wie beispielsweise der Verfügbarkeit der AN stellt eine verbotene unmittelbare Diskriminierung aufgrund des Geschlechts dar.[227] Dieser Grundsatz gilt auch für befristet abgeschlossene Verträge, sogar dann, wenn feststeht, dass die AN während eines wesentlichen Teils der Vertragszeit nicht wird arbeiten können.[228] Der Zustand der Schwangerschaft ist nicht mit einem krankhaften Zustand und erst recht nicht mit mangelnder Verfügbarkeit aus nichtmedizinischen Umständen vergleichbar, die eine Entlassung rechtfertigen könnten. Die Frage nach der Schwangerschaft stellt auch dann eine unzulässige Diskriminierung aufgrund des Ge-

63

---

216 EuGH 16.2.1982 – Rs. 19/81 – Burton – Rn 8 – Slg. 1982, 554 = NJW 1982, 2726.
217 Lenz/Borchardt/*Coen*, Art. 141 Rn 20 geht aufgrund des Unterschieds im Wortlaut der Definition im Vergleich zu der vom EuGH entwickelten Definition der mittelbaren Diskriminierung davon aus, dass die RL auf den Nachweis der Benachteiligung der diskriminierten Gruppe verzichtet.
218 Art. 2 Abs. 1 lit. c, d RL 2006/54/EG.
219 Art. 2 Abs. 2 RL 2006/54/EG.
220 EuGH 26.2.1986 – Rs. 152/84 – Marshall – Rn 52 ff. – Slg. 1986, 723 = NJW 1986, 2178.
221 Art. 14 Abs. 2 RL 2006/54/EG.
222 EuGH 11.1.2000 – C-285/98 – Kreil – Rn 20 – Slg. 2000, I-69 = NJW 2000, 497; EuGH 15.5.1986 – Rs. 222/84 – Johnston – Rn 36 – Slg. 1986, 1651.
223 So bereits EuGH 15.5.1986 – Rs. 222/84 – Johnston – Rn 38 – Slg. 1986, 1651; von der Groeben/Schwarze/*Rust*, Art. 141 Rn 524.
224 Art. 2 Abs. 2 lit. c, Art. 3 RL 2006/54/EG.
225 EuGH 8.11.1990 – Rs. 177/88 – Dekker – Rn 12 – Slg. 1990, I-3941; EuGH 3.2.2000 – C-207/98 – Mahlburg – Rn 27 – Slg. 2000, I-549.
226 EuGH 4.10.2001 – C-438/99 – Jiménez Melgar – Rn 47 – Slg. 2001, I-6915 = NZA 2001, 1243.
227 EuGH 5.5.1994 – C-421/92 – Habermann-Beltermann – Rn 14 ff. – Slg. 1994, I-1657 = NJW 1994, 2077; EuGH 14.7.1994 – C-32/93 – Webb – Rn 19, 26 – Slg. 1994, I-3567 = NZA 1994, 783.
228 EuGH 4.10.2001 – C-109/00 – Tele Danmark – Rn 34 – Slg. 2001, I-6993 = NZA 2001, 1241; kritisch *Thüsing*, DB 2001, 2451, 2452.

schlechts dar, wenn eine AN die vereinbarte Tätigkeit wegen eines mutterschutzrechtlichen Beschäftigungsverbots zunächst nicht ausüben kann.[229]

64 Eine unmittelbare Diskriminierung aufgrund des Geschlechts liegt auch dann vor, wenn einer Frau wegen ihrer durch den Mutterschaftsurlaub bedingten Abwesenheit der Anspruch auf eine jährliche Beurteilung und damit die Möglichkeit zum beruflichen Aufstieg genommen wird.[230] Dagegen stellt die Entlassung einer AN aufgrund häufiger Fehlzeiten wegen Krankheit, die außerhalb des Mutterschaftsurlaubs auftreten, keine unmittelbare Diskriminierung dar, sofern auch Männer unter den gleichen Voraussetzungen aufgrund solcher Fehlzeiten entlassen werden können.[231] Frauen sind nur während ihres Mutterschaftsurlaubs gegen Entlassung wegen Fernbleibens von der Arbeit geschützt. Krankheiten, die vor oder nach dem Mutterschaftsurlaub auftreten, fallen unter die allgemeinen Regeln für Krankheitsfälle, auch wenn die Krankheit durch Schwangerschaft oder Entbindung verursacht wurde.[232] Es ist zulässig, in einem Sozialplan eine Abfindung so zu regeln, dass Teilzeitbeschäftigte sie in dem Umfang erhalten, der dem Anteil ihrer Arbeitszeit an der Arbeitszeit eines Vollzeitbeschäftigten entspricht.[233]

65 Die Möglichkeit, als Ausnahme vom Gleichbehandlungsgebot Maßnahmen zum Schutz der Frau zu treffen, erstreckt sich nicht auf Regelungen, die den Schutz von Frauen in ihrer Eigenschaft als ältere AN oder als **Elternteil** bezwecken – Eigenschaften, die sowohl männliche als auch weibliche AN besitzen können.[234] Hinsichtlich der Arbeitsbedingungen hat der EuGH ein einseitiges **Nachtarbeitsverbot** für Frauen als unvereinbar mit der Gleichbehandlungs-RL angesehen.[235] Vollzeit- und Teilzeitbeschäftigte müssen im Rahmen der **Sozialauswahl** im Falle einer betriebsbedingten Künd nicht miteinander verglichen werden.[236] Von Bedeutung ist auch die Rspr. des EuGH zu **Quotenregelungen**. Art. 3 RL 2006/54/EG sieht vor, dass die Mitgliedstaaten im Hinblick auf die Gewährleistung der vollen Gleichstellung von Männern und Frauen Maßnahmen i.S.v. Art. 141 Abs. 4 EG beibehalten oder beschließen können.[237] Bezogen auf die Vorgängervorschrift der Gleichbehandlungs-RL hat der EuGH ausgeführt, dass diese Ausnahme dazu dient, Maßnahmen zuzulassen, die zwar nach ihrer äußeren Erscheinung diskriminierend sind, tatsächlich aber in der sozialen Wirklichkeit bestehende faktische Ungleichheiten beseitigen oder verringern sollen.[238] Eine Quotenregelung, die den Frauen bei Ernennungen oder Beförderungen automatisch den Vorrang vor gleich qualifizierten Männern einräumt, überschreitet die Grenzen, die diese Ausnahmemöglichkeiten einräumt.[239] Im Gegensatz dazu hat der EuGH eine Regelung, die gleich qualifizierten Bewerbern im jeden Einzelfall garantiert, dass ihre Bewerbungen Gegenstand einer objektiven Beurteilung sind, bei der alle die Person der Bewerber betreffenden Kriterien berücksichtigt werden, als vereinbar mit den Vorgaben der Gleichbehandlungs-RL anerkannt.[240]

66 Die Organisation der **Streitkräfte** fällt in die Zuständigkeit der Mitgliedstaaten.[241] Es obliegt ihnen, die geeigneten Maßnahmen zur Gewährleistung ihrer inneren und äußeren Sicherheit zu ergreifen. Die RL steht danach der Entscheidung eines Mitgliedstaats, die Wehrpflicht auf Männer zu beschränken, nicht entgegen, da die Organisation der Streitkräfte in die Zuständigkeiten der Mitgliedstaaten fällt.[242] Allerdings ist die Organisation der Streitkräfte nicht vollständig der Anwendung des Gemeinschaftsrechts entzogen, insb. wenn es die Wahrung des Grundsatzes der Gleichbehandlung von Männern und Frauen im Zusammenhang mit den Arbverh geht, v.a. beim Zugang zu militärischen Berufen.[243] Der vollständige Ausschluss von Frauen vom Dienst mit der Waffe verstößt danach gegen die RL, die Ausnahmen nur dann zulässt, wenn diese durch die spezifische Art der betreffenden Beschäftigungen oder die besonderen Bedingungen ihrer Ausübung gerechtfertigt sind.[244] Dagegen kann das Geschlecht für Beschäfti-

---

229 BAG 6.2.2003 – 2 AZR 621/01 – NZA 2003, 848.
230 EuGH 30.4.1998 – C-136/95 – Thibault – Rn 32 – Slg. 1998, I-2011 = DVBl 1998, 632; vgl. hierzu auch den Vorlagebeschluss des BAG 21.3.2002 – 6 AZR 108/01 – BB 2003, 154.
231 EuGH 8.11.1990 – Rs. 179/88 – Hertz – Slg. 1990, I-3979 = NZA 1991, 173; EuGH 29.5.1997 – C-400/95 – Larsson – Rn 23 – Slg. 1997, I-2757 = NZA 1998, 25.
232 EuGH 8.11.1990 – Rs. 179/88 – Hertz – Rn 15 – Slg. 1990, I-3979 = NZA 1991, 173; EuGH 29.5.1997 – C-400/95 – Larsson – Rn 23 – Slg. 1997, I-2757 = NZA 1998, 25.
233 BAG 13.2.2007 – 9 AZR 729/05 – NZA 2007, 860.
234 EuGH 25.10.1988 – Rs. 312/86 – Kommission./.Frankreich – Rn 14 – Slg. 1988, 6315 = NJW 1989, 3086; EuGH 29.11.2001 – C-366/99 – Griesmar – Rn 44 – Slg. 2001, I-9383 = NZA 2002, 143.
235 EuGH 25.7.1991 – C-345/89 – Stoeckel – Slg. 1991, I-4047 = AP Art. 119 EWGV Nr. 28.
236 EuGH 26.9.2000 – C-322/98 – Kachelmann – Rn 35 – Slg. 2000, I-7505 = NZA 2000, 1155.
237 Zum Verhältnis von Art. 141 Abs. 4 EG und Art. 3 der Gleichbehandlungs-RL 2006/54/EG siehe Art. 141 Rn 53.
238 EuGH 25.10.1988 – Rs. 312/86 – Kommission./.Frankreich – Rn 15 – Slg. 1988, 6315 = NJW 1989, 3086.
239 EuGH 17.10.1995 – C-450/93 – Kalanke – Rn 22 – Slg. 1995, I-3051 = NZA 1995, 1095.
240 EuGH 11.11.1997 – C-409/95 – Marschall – Rn 33 – Slg. 1997, I-6363 = AP EWG-RL 76/207 Nr. 14.
241 EuGH 26.10.1999 – C-273/97 – Sirdar – Rn 15 – Slg. 1999, I-7403 = NZA 2000, 25; EuGH 11.1.2000 – C-285/98 – Kreil – Rn 15 – Slg. 2000, I-69 = NJW 2000, 497.
242 EuGH 11.3.2003 – C-186/01 – Dory – Rn 34 ff. – Slg. 2003, I-2479 = EuZW 2003, 254.
243 EuGH 11.1.2000 – C-285/98 – Kreil – Rn 15 ff. – Slg. 2000, I-69 = NJW 2000, 497; EuGH 11.3.2003 – C-186/01 – Dory – Rn 35 – Slg. 2003, I-2479 = EuZW 2003, 254; EuGH 26.10.1999 – C-273/97 – Sirdar – Rn 15 ff. – Slg. 1999, I-7403 = NZA 2000, 25.
244 EuGH 11.1.2000 – C-285/98 – Kreil – Rn 32 – Slg. 2000, I-69 = NJW 2000, 497.

gungsverhältnisse wie die eines Aufsehers in Haftanstalten,[245] für bestimmte Tätigkeiten wie die der Polizei bei schweren inneren Unruhen[246] oder auch für den Dienst in speziellen Kampfeinheiten[247] eine unabdingbare Voraussetzung darstellen.

Vorschriften über den vorrangigen Zugang zum juristischen Vorbereitungsdienst für Bewerber, die eine **Wehr- oder Ersatzdienstpflicht** erfüllt haben, bewirken zwar eine mittelbare Diskriminierung aufgrund des Geschlechts, sind jedoch gerechtfertigt, soweit sie allein zum Ausgleich der Verzögerung beitragen sollen, die sich aus der Erfüllung der Wehr- oder Ersatzdienstpflicht ergeben.[248] 67

Die Gleichbehandlungs-RL steht auch einer Bestimmung entgegen, die für Männer und Frauen eine unterschiedliche Altersgrenze vorsieht, bei deren Erreichen ihnen als Anreiz für ein freiwilliges Ausscheiden aus dem Arbverh ein Vorteil gewährt wird, der darin besteht, dass die anlässlich der Beendigung des Arbverh gezahlten Beträge zum halben Steuersatz besteuert werden.[249] 68

cc) Rechtsfolgen bei einem Verstoß Bei einem Verstoß gegen den Gleichbehandlungsgrundsatz wird dem betroffenen AN die Eröffnung des Rechtswegs garantiert.[250] Eine diskriminierende Regelung darf nicht angewendet werden. Es kommt außerdem ein Anspruch des AN auf Unterlassung in Betracht. Die vom EuGH entwickelten Grundsätze für den Fall einer Diskriminierung bei der Einstellung oder Entlassung wurden in die Gleichbehandlungs-RL aufgenommen. Danach muss bei Verstößen gegen den Grundsatz der Gleichbehandlung den AN, die Opfer einer solchen Diskriminierung wurden, ein wirksamer Schadensersatzanspruch zustehen.[251] Der Anspruch darf nicht durch eine im Voraus festgelegte Obergrenze oder dadurch begrenzt werden, dass keine Zinsen zum Ausgleich des entstandenen Schadens gewährt werden.[252] Der AG haftet auch dann, wenn er die Diskriminierung nicht verschuldet hat.[253] Einzelstaatliche Vorschriften über Fristen für die Rechtsverfolgung sind zulässig, sofern sie für derartige Klagen nicht ungünstiger sind als für gleichartige Klagen, die das innerstaatliche Recht betreffen. Die RL sieht außerdem ein Beteiligungsrecht für Verbände, Organisationen und andere juristische Personen vor. Soweit diese ein berechtigtes Interesse daran haben, für die Einhaltung der Vorgaben der Gleichbehandlungs-RL zu sorgen, können sie sich entweder im Namen der beschwerten Person oder zu deren Unterstützung und mit deren Einwilligung an der Durchsetzung der Ansprüche beteiligen.[254] 69

II. Regelungen zu den betrieblichen Systemen der sozialen Sicherheit

Die Regelungen der Betriebsrenten-RL 86/378/EWG zur Gleichbehandlung bei den betrieblichen Systemen der sozialen Sicherheit wurden ebenfalls in die Gleichbehandlungs-RL 2006/54/EG aufgenommen und neu gefasst. Dadurch wird der 70

Gleichbehandlungsgrundsatz für den Bereich der betrieblichen Systeme der sozialen Sicherheit konkretisiert. Die Regelungen zu den betrieblichen Systemen der sozialen Sicherheit in der Gleichbehandlungs-RL haben aufgrund der Einbeziehung der betrieblichen Altersversorgungssysteme in den Anwendungsbereich des Entgeltgleichheitsgebots nach Art. 141 Abs. 1 EG durch den EuGH weitgehend an Bedeutung verloren.[255] Die Bestimmungen können die Tragweite von Art. 141 Abs. 1 EG keinesfalls einschränken.[256]

Als **betriebliche Systeme der sozialen Sicherheit** gelten Systeme, deren Zweck darin besteht, den unselbständig und selbstständig Erwerbstätigen eines Unternehmens, eines Wirtschaftszweigs oder den Angehörigen eines Berufs oder einer Berufsgruppe Leistungen zu gewähren, die als Zusatzleistungen oder Ersatzleistungen die gesetzlichen Systeme der sozialen Sicherheit ergänzen oder an ihre Stelle treten, unabhängig davon, ob der Beitritt zu diesen Systemen Pflicht ist oder nicht.[257] Die Gleichbehandlungs-RL findet Anwendung auf betriebliche Systeme, die Schutz gegen Krankheit, Invalidität, Alter – einschließlich vorzeitiger Versetzung in den Ruhestand –, Arbeitsunfall und Berufskrankheit sowie Arbeitslosigkeit bieten oder sonstige Sozialleistungen in Form von Geld- oder Sachleistungen vorsehen. Gegen den Grundsatz der Gleichbehandlung verstoßen u.a. solche Bestimmungen, die eine unterschiedliche Altersgrenze für den Eintritt in den Ruhestand oder unterschiedliche Bedingungen für die Gewährung von Leistungen vorsehen, für die Zulassung zur Mitgliedschaft in einem betrieblichen System an das Geschlecht anknüpfen, 71

---

245 EuGH 30.6.1988 – Rs. 318/86 – Kommission./.Frankreich – Rn 11 ff. – Slg. 1988, 3559.
246 EuGH 15.5.1986 – Rs. 222/84 – Johnston – Rn 36 f. – Slg. 1986, 1651.
247 EuGH 26.10.1999 – C-273/97 – Sirdar – Rn 29 ff. – Slg. 1999, I-7403 = NZA 2000, 25.
248 EuGH 7.12.2000 – C-79/99 – Schnorbus – Rn 47 – Slg. 2000, I-10997.
249 EuGH 21.7.2005 – C-207/04 – Vergani – Rn 35 – EuroAS 2005, 144.
250 Art. 17 RL 2006/54/EG.
251 Art. 18 RL 2006/54/EG.
252 Vgl. EuGH 22.4.1997 – C-180/95 – Draehmpaehl – Rn 37 – Slg. 1997, I-2195; EuGH 2.8.1993 – C-271/91 – Marshall II – Rn 32 – Slg. 1993, I-4367.
253 EuGH 8.11.1990 – Rs. 177/88 – Dekker – Rn 19 ff. – Slg. 1990, I-3941.
254 Art. 17 Abs. 2 RL 2006/54/EG.
255 EuGH 17.5.1990 – Rs. 262/88 – Barber – Rn 28 – Slg. 1990, I-1889 = NZA 1990, 775; EuGH 14.12.1993 – C-110/91 – Moroni – Rn 20 – Slg. 1993, I-6591; hierzu Hailbronner/Wilms/*Boecken*, Art. 141 EG Rn 111.
256 EuGH 14.12.1993 – C-110/91 – Moroni – Rn 24 – Slg. 1993, I-6591.
257 Art 2 Abs. 1 lit. f RL 2006/54/EG.

unterschiedliche Regeln für den Beitritt oder die Mindestdauer zur Begründung eines Leistungsanspruchs enthalten oder eine Unterbrechung der Aufrechterhaltung oder des Erwerbs von Ansprüchen während des Mutterschaftsurlaubs oder Urlaubs aus familiären Gründen, der vom AG bezahlt wird, bewirken.[258] In Bezug auf die letztgenannte Regelung hat der EuGH in der Rechtssache **Mayer** entschieden, dass eine Regelung, welche für den Erwerb von Anwartschaften auf eine Versicherungsrente während der Zeiten des gesetzlichen Mutterschaftsurlaubs an den Bezug von steuerpflichtigem Arbeitslohn anknüpft, gegen den Gleichbehandlungsgrundsatz verstößt.[259]

72 Die **Pensionsfonds-RL 2003/41/EG**[260] enthält Regeln für die Aufnahme und Ausübung der Tätigkeit von Einrichtungen der betrieblichen Altersversorgung. Dadurch wird ein einheitlicher Rechtsrahmen für kapitalgedeckte Einrichtungen zur betrieblichen Altersvorsorge geschaffen. Die RL regelt im Wesentlichen, unter welchen Voraussetzungen Anbieter von Altersvorsorgeprodukten grenzüberschreitend tätig werden können und findet in Deutschland Anwendung auf Pensionskassen, Pensionsfonds und – sofern sie ihre Produkte im Rahmen der betrieblichen Altersversorgung vertreiben – optional auf Direktversicherungen. Als grundlegendes Prinzip für Kapitalanlagen wird der Grundsatz der Vorsicht festgeschrieben. Derzeit ist außerdem ein Richtlinienvorschlag der Kommission zur Verbesserung der **Portabilität von Zusatzrentenansprüchen**[261] in der Beratung.

III. Sonstige Gleichbehandlungsrichtlinien

73 Die **Antidiskriminierungs-RL 2000/43/EG** sowie die **RL 2000/78/EG zur Gleichbehandlung in Beschäftigung und Beruf** wurden auf Art. 13 EG gestützt, der die Gemeinschaft zum Erlass von Maßnahmen gegen Diskriminierung aus Gründen des Geschlechts, der Rasse, der ethnischen Herkunft, der Religion oder der Weltanschauung, einer Behinderung, des Alters oder der sexuellen Ausrichtung ermächtigt. Verboten ist danach jede unmittelbare oder mittelbare Diskriminierung aufgrund dieser Merkmale, wobei es anders als bei der Ungleichbehandlung von Männern und Frauen nicht auf Zahlenverhältnisse ankommt.[262] Die RL enthalten Mindestvorschriften, weshalb es den Mitgliedstaaten unbenommen bleibt, Vorschriften einzuführen oder beizubehalten, die im Hinblick auf die Wahrung des Gleichbehandlungsgrundsatzes günstiger als die in den RL vorgesehenen Vorschriften sind. Die über den Bereich der Beschäftigung hinausgehende **RL 2004/113/EG** erstreckt das Gleichbehandlungsgebot auf den Zugang zu und die Versorgung mit Gütern und Dienstleistungen.

74 Diese RL sowie die RL 2002/73/EG zur Änderung der RL 76/207/EWG wurden durch das **allgemeine Gleichbehandlungsgesetz (AGG)** in das deutsche Recht umgesetzt.[263] Das AGG setzt in einem Gesetz die Rechtsbereiche Arbeitsrecht, Zivilrecht, Beamtenrecht und Sozialrecht um, wobei der Schwerpunkt der RL und damit auch des Allgemeinen Gleichbehandlungsgesetzes beim Diskriminierungsschutz in Beschäftigung und Beruf liegt.[264] Nur der Benachteiligungsschutz für Soldaten ist einem gesonderten Gesetz vorbehalten. Es wurde ein Benachteiligungsverbot normiert, das alle Diskriminierungsmerkmale aus Art. 13 EG (Geschlecht, Rasse oder ethnische Herkunft, Religion oder Weltanschauung, Alter, Behinderung und sexuelle Identität) berücksichtigt. Nicht jede unterschiedliche Behandlung ist eine verbotene Benachteiligung, sondern bestimmte unterschiedliche Behandlungen sind nach Maßgabe des Gesetzes zulässig.

Die Europäische Kommission hat ein Vertragsverletzungsverfahren gegen Deutschland eingeleitet. Sie ist der Auffassung, dass die Antidiskriminierungsrichtlinien in Deutschland nur unzureichend umgesetzt wurden.

75 Die Europäische Kommission hat am 2.7.2008 einen Vorschlag für eine **neue Antidiskriminierungs-RL** vorgelegt, die den Grundsatz der Gleichbehandlung ungeachtet der Religion oder der Weltanschauung, einer Behinderung, des Alters oder der sexuellen Ausrichtung auch außerhalb des Arbeitsmarktes gewährleisten soll.[265] Es soll ein Rahmen für das Verbot der Diskriminierung aus diesen Gründen gesetzt und in der EU ein einheitliches Schutzniveau für Personen, die Opfer solcher Diskriminierung sind, festgelegt werden. Diese Antidiskriminierungs-RL soll die bestehenden gemeinschaftsrechtlichen Diskriminierungsverbote, die in Beschäftigung, Beruf und Berufsausbildung gelten, ergänzen.

---

258 Vgl. Art. 9 RL 2006/54/EG.
259 EuGH 13.1.2005 – C-356/03 Mayer – Rn 32 – Slg. 2005, I-295 = NZA 2005, 347 zu § 29 Abs. 7 der Satzung der VBL in der bis zum 31.12.2000 geltenden Fassung.
260 RL 2003/41/EG des Europäischen Parlaments und des Rates v. 3.6.2003 über die Tätigkeiten und die Beaufsichtigung von Einrichtungen der betrieblichen Altersversorgung (ABl EG L 235 v. 23.9.2003, S. 10).
261 Vorschlag für eine RL des Europäischen Parlaments und des Rates zur Verbesserung der Portabilität von Zusatzrentenansprüchen (KOM (2005) 510 endg.).

262 *Hanau/Steinmeyer/Wank*, § 13 Rn 113, 126.
263 Art. 1 des Gesetzes zur Umsetzung europäischer Richtlinien zur Verwirklichung des Grundsatzes der Gleichbehandlung v. 14.8.2006 (BGBl I S. 1897).
264 Zur Anwendbarkeit des AGG auf die betriebliche Altersversorgung BAG 11.12.2007 – 3 AZR 249/06.
265 Vorschlag der Kommission v. 2.7.2008 für eine Richtlinie des Rates zur Anwendung des Grundsatzes der Gleichbehandlung ungeachtet der Religion oder der Weltanschauung, einer Behinderung, des Alters oder der sexuellen Ausrichtung, KOM (2008) 426.

1. Verbot der Diskriminierung aufgrund der Rasse oder der ethnischen Herkunft, Richtlinie 2000/43/EG. Die Antidiskriminierungs-RL 2000/43/EG[266] bezweckt die Schaffung eines Rahmens zur Bekämpfung von Diskriminierungen aufgrund der Rasse oder der ethnischen Herkunft. Die unmittelbare Diskriminierung aus Gründen der Rasse oder ethnischer Herkunft ist danach ebenso verboten wie die mittelbare Diskriminierung, es sei denn, die Ungleichbehandlung ist durch ein rechtmäßiges Ziel sachlich gerechtfertigt und die Mittel sind zur Erreichung dieses Ziels angemessen und erforderlich.[267] Der EuGH sieht auch bei Fehlen einer beschwerten Person in öffentlichen Äußerungen eines AG, er werde keine AN einer bestimmten ethnischen Herkunft einstellen, eine unmittelbare Diskriminierung.[268] Als Diskriminierung gelten außerdem Belästigungen wie Einschüchterungen, Anfeindungen, Erniedrigungen, Entwürdigungen oder Beleidigungen, welche die Würde der betreffenden Person verletzen können, sowie Anweisungen zur Diskriminierung. Den Mitgliedstaaten wird die Möglichkeit eingeräumt, Ungleichbehandlungen zuzulassen, wenn sie an ein Merkmal anknüpfen, das wegen der Art der beruflichen Tätigkeit oder ihrer Ausübung eine wesentliche und entscheidende berufliche Voraussetzung darstellt, sofern es sich um einen rechtmäßigen Zweck und eine angemessene Anforderung handelt.[269] Von der RL werden alle Personen in öffentlichen und privaten Bereichen, einschließlich öffentlicher Stellen, u.a. in Bezug auf die Bedingungen für den Zugang zur Erwerbstätigkeit, zur Berufsberatung, Berufsausbildung und Weiterbildung, die Arbeits- und Beschäftigungsbedingungen, einschließlich der Entlassungsbedingungen und dem Arbeitsentgelt, sowie die Mitgliedschaft und Mitwirkung in AN- oder AG-Organisationen erfasst. In den persönlichen Anwendungsbereich fallen somit alle AN im europarechtlichen Sinn sowie alle öffentlichen und privaten AG. Die Antidiskriminierungs-RL enthält des Weiteren Regelungen zum Rechtsschutz im Fall einer Diskriminierung sowie zur Beweislast. Lassen glaubhafte Tatsachen das Vorliegen einer unmittelbaren oder mittelbaren Diskriminierung vermuten, obliegt es demjenigen, dem die Diskriminierung angelastet wird, den Beweis zu erbringen, dass keine Verletzung des Gleichbehandlungsgrundsatzes vorliegt.[270] Darüber hinaus fordert die Richtlinie begleitende Maßnahmen wie die Einrichtung unabhängiger Gleichbehandlungsstellen.

2. Richtlinie 2000/78/EG zur Verwirklichung der Gleichbehandlung in Beschäftigung und Beruf. Die RL 2000/78/EG verbietet jede unmittelbare oder mittelbare Diskriminierung wegen der Religion oder der Weltanschauung, einer Behinderung, des Alters oder der sexuellen Ausrichtung. Der Geltungsbereich entspricht weitgehend dem der Antidiskriminierungs-RL 2000/43/EG.[271] Das Verbot der Diskriminierung wegen einer **Behinderung** ist nicht auf Personen beschränkt, die selbst behindert sind, sondern kann sich auch auf AN mit einem behinderten Kind erstrecken.[272] Eine längere Krankheit ist nicht als Behinderung im Sinne der Richtlinie anzusehen.[273] In der Entscheidung *Mangold* hat der EuGH festgestellt, dass das Verbot der Diskriminierung wegen **Alters** als allgemeiner Grundsatz des Gemeinschaftsrechts anzusehen ist.[274] Von Bedeutung sind die Ausnahmeermächtigungen der RL. Die Mitgliedstaaten können vorsehen, dass eine Ungleichbehandlung keine Diskriminierung darstellt, wenn das betreffende Merkmal aufgrund der Art einer bestimmten beruflichen Tätigkeit oder der Bedingungen ihrer Ausübung eine wesentliche und entscheidende berufliche Anforderung darstellt, sofern es sich um einen rechtmäßigen Zweck und eine angemessene Anforderung handelt.[275] Bezogen auf das Merkmal Alter können die Mitgliedstaaten bestimmte Ausnahmen vom Diskriminierungsverbot vorsehen, sofern die Ungleichbehandlungen objektiv und angemessen sind und im Rahmen des nationalen Rechts durch ein legitimes Ziel, worunter insb. Ziele der Beschäftigungspolitik, des Arbeitsmarkts und der beruflichen Bildung zu verstehen sind, gerechtfertigt sind und die Mittel zur Erreichung dieses Ziels angemessen und erforderlich sind.[276] Die Bildung von Altersgruppen im Rahmen der Sozialauswahl nach § 1 Abs. 3 KSchG ist nach der Rechtsprechung des BAG zulässig, da sie durch ein legitimes Ziel gerechtfertigt ist.[277] Beendigungsklauseln, nach denen das Arbverh automatisch mit Erreichen der Regelaltersgrenze endet, stellen zwar eine unmittelbar auf dem Alter beruhende Ungleichbehandlung dar, sind jedoch durch ein legitimes Ziel der

---

266 RL 2000/43/EG des Rates v. 29.6.2000 zur Anwendung des Gleichbehandlungsgrundsatzes ohne Unterschied der Rasse oder der ethnischen Herkunft (ABl EG L 180 v. 19.7.2000, S. 22).
267 Art. 2 der Antidiskriminierungs-RL 2000/43/EG.
268 EuGH 10.7.2008 – C-54/07 – Feryn – NJW 2008, 2767 m. Anm. *Lindner*, NJW 2008, 2750.
269 Art. 4 der Antidiskriminierungs-RL 2000/43/EG.
270 EuGH 10.7.2008 – C-54/07 – Feryn – NJW 2008, 2767.
271 Art. 3 der RL 2000/78/EG.
272 EuGH 17.7.2008 – C-303/06 – Coleman – NJW 2008, 2763.
273 EuGH 11.7.2006 – C-13/05 – Navas – EuZW 2006, 472.
274 EuGH – C-144/04 – Mangold – Rn 75 – Slg 2005, I – 9981 = NZA 2005, 1345.
275 Art. 4 der RL 2000/78/EG.
276 Art. 6 der RL 2000/78/EG. In Bezug auf die Zulässigkeit des § 14 Abs. 3 TzBfG, wonach der Abschluss von befristeten Arbeitsverträgen mit AN, die das 52. Lebensjahr vollendet haben, uneingeschränkt gestattet wird, verneint der EuGH in dem Vorabentscheidungsersuchen des ArbG München in der Entscheidung – C-144/04 – Mangold – Rn 65 – Slg. 2005, I – 9981 = NZA 2005, 1345 das Vorliegen dieser Voraussetzungen. Zur Zulässigkeit von Altersabstandsklauseln in einer betrieblichen Versorgungsordnung vgl. EuGH 23.9.2008 – C-427/06 – Bartsch – NZA 2008, 1119.
277 BAG 19.6.2007 – 2 AZR 304/06 – NZA 2008, 103; BAG 6.9.2007 – 2 AZR 387/06 – BB 2008, 788; *Brors*, AuR 2008, 288, *Gaul/Bonanni*, BB 2008, 218.

Beschäftigungspolitik gerechtfertigt.[278] Wird ein eingetragener Lebenspartner von einer Hinterbliebenenversorgung ausgeschlossen, stellt dies eine Diskriminierung wegen der **sexuellen Ausrichtung** dar.[279] Die Mitgliedstaaten können außerdem positive Maßnahmen beibehalten oder ergreifen, mit denen Benachteiligungen verhindert oder ausgeglichen werden sollen.[280] Die RL enthält ebenfalls Bestimmungen zum Rechtsschutz und zur Beweislast.

78 **3. Gleichbehandlung beim Zugang zu und bei der Versorgung mit Gütern und Dienstleistungen, Richtlinie 2004/113/EG.** Ebenfalls auf Art. 13 EG hat der Rat die RL 2004/113/EG[281] vom 13.12.2004 zur Verwirklichung des Grundsatzes der Gleichbehandlung von Männern und Frauen beim Zugang zu und bei der Versorgung mit Gütern und Dienstleistungen gestützt. Die RL bezweckt die Schaffung eines Rahmens für die Bekämpfung geschlechtsspezifischer Diskriminierungen im Bereich des Zugangs und der Versorgung mit Gütern und Dienstleistungen. Davon sind alle Güter i.S.d. freien Warenverkehrs und Dienstleistungen i.S.v. Art. 50 EG erfasst. Sie betrifft ausweislich der Begründungserwägung nicht den Bereich der Beschäftigung, also die Gleichbehandlung von Männern und Frauen im Arbverh.[282] Alle Aspekte, die den Anwendungsbereich des Art. 141 EG betreffen, wie auch die Gleichbehandlung im Rahmen der betrieblichen Altersversorgung, werden demnach ausgeklammert.[283]

79 Verboten sind nach der RL 2004/113/EG die unmittelbare sowie die mittelbare Diskriminierung aufgrund des Geschlechts.[284] Eine unterschiedliche Behandlung ist nur dann zulässig, wenn sie durch ein legitimes Ziel gerechtfertigt ist.[285] Bei Verträgen, die ab dem 21.12.2007, dem Tag des Ablaufs der Umsetzungsfrist der RL, neu abgeschlossen werden, dürfen geschlechtsbezogene versicherungsmathematische Faktoren nicht mehr zu Unterschieden bei den Prämien und Leistungen führen.[286]

D. Beraterhinweise

80 Der Entgeltgleichheitsgrundsatz des Art. 141 EG findet im nationalen Recht seine Grundlage in Art. 3 Abs. 2 GG und in dem in Art. 3 Abs. 3 GG ausgesprochenen Verbot der Differenzierung wegen des Geschlechts. Der Gleichberechtigungsgrundsatz und das Benachteiligungsverbot umfassen auch den Grundsatz der Lohngleichheit von Mann und Frau bei gleicher Arbeit.[287] Der Grundsatz wurde in dem durch das EG-Anpassungsgesetz vom 13.8.1980[288] mit Wirkung vom 21.8.1980 eingefügten § 612 Abs. 3 BGB noch einmal ausdrücklich normiert.[289] § 612 Abs. 3 BGB wurde ebenso wie § 611a und § 611b BGB durch das Gesetz zur Umsetzung europäischer RL zur Verwirklichung des Grundsatzes der Gleichbehandlung vom 14.8.2006 aufgehoben. Bei Altfällen, also geschlechtsbezogenen Benachteiligungen, die vor dem Inkrafttreten des AGG stattgefunden haben, finden die ursprünglichen Regelungen weiterhin Anwendung (§ 33 AGG). Die gemeinschaftskonform auszulegende Bestimmung des § 612 Abs. 3 BGB hatte seit ihrer Einführung als speziellere und spätere Norm den allgemeinen arbeitsrechtlichen Gleichbehandlungsgrundsatz für das Entgelt von Männern und Frauen wie auch die unmittelbare Herleitung dieses Grundsatzes aus Art. 3 Abs. 2 GG verdrängt.[290] Im Falle eines Widerspruchs zum Gemeinschaftsrecht ist jedoch Art. 141 EG unmittelbar anzuwenden.[291] Das Entgeltgleichheitsgebot findet auch im Einzelarbeitsvertrag Anwendung. Die TV-Par-

---

278 EuGH 16.10.2007 – C-411/05 – Palacios de la Villa – NJW 2007, 3339; hierzu *Bayreuther*, DB 2007, 2425. Dagegen soll die Nichtberücksichtigung von Zeiten vor Vollendung des 25. Lebensjahres im Rahmen der Künd-Frist des § 622 Abs. 2 S. 2 BGB einen nicht durch ein legitimes Ziel gerechtfertigten Verstoß gegen das Verbot der Altersdiskriminierung darstellen, LAG Berlin-Brandenburg 24.7.2007 – 7 Sa 561/07, LAG Schleswig-Holstein 28.5.2008 – 3 Sa 31/08, anhängiges Verfahren beim EuGH C-555/07 – Kücükdeveci.
279 EuGH 1.4.2008 – C-267/06 – Maruko – EuZW 2008, 314, hierzu *Bruns*, NJW 2008, 1929; vgl. BVerfG 3.5.2008 – 2 BvR 1830/06 – wonach die Versagung eines Verheiratetenzuschlags für Beamte bei eingetragener Lebenspartnerschaft verfassungsrechtlich nicht zu beanstanden ist.
280 Art. 7 der RL 2000/78/EG.
281 RL 2004/113/EG des Rates v. 13.12.2004 zur Verwirklichung des Grundsatzes der Gleichbehandlung von Männern und Frauen beim Zugang zu und bei der Versorgung mit Gütern und Dienstleistungen (ABl EG L 373 v. 21.12.2004, S. 37).
282 Begründungserwägung Nr. 7 und 8 der RL 2004/113/EG; ebenso *Boecken*, in: GS für Heinze, 2005, S. 57, 58 f.
283 *Boecken*, in: GS für Heinze, S. 57, 58 f.
284 Art. 4 Abs. 1 der RL 2004/113/EG.
285 Art. 4 Abs. 5 der RL 2004/113/EG.
286 Art. 5 Abs. 1 der RL 2004/113/EG.
287 BAG 15.1.1955 – 1 AZR 305/54 – AP Art. 3 GG Nr. 4.
288 BGBl I S. 1308.
289 *Pfarr*, AR-Blattei, SD 800.2, Rn 65. Obwohl § 612 Abs. 3 BGB als Benachteiligungsverbot ausgestaltet war, enthielt die Regelung eine eigenständige Rechtsgrundlage für einen Anspruch auf Entgeltgleichheit, BAG 23.8.1995 – 5 AZR 942/93 – AP § 612 BGB Nr. 48; BAG 20.11.1996 – 5 AZR 401/95 – NZA 1997, 724; BAG 10.12.1997 – 4 AZR 264/96 – NZA 1998, 599. Die diskriminierte Person konnte einen Erfüllungsanspruch auf eine höhere Vergütung oder auf eine neue Eingruppierung haben, BAG 11.11.1986 – 3 ABR 74/85 – AP § 1 BetrAVG Gleichberechtigung Nr. 4; BAG 14.10.1986 – 3 AZR 66/83 – AP Art. 119 EWGV Nr. 11; ErfK/*Preis*, § 612 BGB Rn 68; *Hanau/Steinmeyer/Wank*, § 16 Rn 193.
290 BAG 23.8.1995 – 5 AZR 942/93 – AP § 612 BGB Nr. 48; BAG 20.11.1996 – 5 AZR 401/95 – NZA 1997, 724.
291 ErfK/*Preis*, § 612 BGB Rn 46.

teien sind ohnehin gem. Art. 1 Abs. 3 GG an die Grundrechte, insb. an den von Art. 3 Abs. 2 und 3 GG umfassten Lohngleichheitsgrundsatz, gebunden.[292] Für die Betriebsparteien wird das Verbot der Lohndiskriminierung durch § 75 BetrVG unmittelbar verbindlich gemacht.[293]

Der im AGG verwendete Begriff der Vergütung entspricht ebenso wie der bislang in § 612 Abs. 3 BGB verwendete Vergütungsbegriff dem in Art. 141 EG verwendeten Begriff des Entgelts.[294] § 3 AGG erfasst sowohl die unmittelbare als auch die mittelbare Diskriminierung aufgrund des Geschlechts.

81

§ 611a BGB setzte das Gleichbehandlungsgebot der RL 76/207/EWG in deutsches Recht um; zugleich konkretisierte die Vorschrift Art. 3 Abs. 2 GG für das Arbeitsrecht.[295] Die Norm wurde mehrmals nach Beanstandung durch den EuGH geändert.[296] § 611a BGB ist ebenfalls mit Inkrafttreten des AGG aufgehoben worden.

82

---

292 BAG 15.1.1955 – 1 AZR 305/54 – AP Art. 3 GG Nr. 4; BAG 13.11.1985 – 4 AZR 234/84 – AP Art. 3 GG Nr. 136; hierzu allgemein Wiedemann/*Wiedemann*, Einl., Rn 198 ff.
293 *Fitting* u.a., § 75 Rn 53.
294 BAG 20.11.1996 – 5 AZR 401/95 – NZA 1997, 724; BAG 20.8.2002 – 9 AZR 750/00 – NZA 2003, 862.
295 *Pfarr*, AR-Blattei, SD 800.2, Rn 38.
296 Hierzu *Pfarr*, AR-Blattei, SD 800.2, Rn 39 ff.; Hanau/Steinmeyer/*Wank*, § 16 Rn 246 ff.

Einkommensteuergesetz (EStG)

Vom 16.10.1934, RGBl I S. 1005, BGBl III 611-1

In der Fassung der Bekanntmachung vom 19.10.2002, BGBl I S. 4210
Zuletzt geändert durch Begleitgesetz zur zweiten Föderalismusreform vom 10.8.2009, BGBl I S. 2702, 2709
– Auszug –

II. Einkommen

2. Steuerfreie Einnahmen

§ 3

Steuerfrei sind
(...)
28. die Aufstockungsbeträge im Sinne des § 3 Abs. 1 Nummer 1 Buchstabe a sowie die Beiträge und Aufwendungen im Sinne des § 3 Abs. 1 Nr. 1 Buchstabe b und des § 4 Abs. 2 des Altersteilzeitgesetzes, die Zuschläge, die versicherungsfrei Beschäftigte im Sinne des § 27 Abs. 1 Nr. 1 bis 3 des Dritten Buches Sozialgesetzbuch zur Aufstockung der Bezüge bei Altersteilzeit nach beamtenrechtlichen Vorschriften oder Grundsätzen erhalten sowie die Zahlungen des Arbeitgebers zur Übernahme der Beiträge im Sinne des § 187a des Sechsten Buches Sozialgesetzbuch, soweit sie 50 Prozent der Beiträge nicht übersteigen;

Literatur: *Gaul/Cepl*, Wichtige Änderungen im Altersteilzeitgesetz, BB 2000, 1727; *Schrader*, Aufhebungsverträge und Ausgleichszahlungen, NZA 2003, 593. **FinVerw:** LStR 3.28; LStH 3.28

A. Allgemeines

1   Bei den ab dem 55. Lj möglichen **Altersteilzeitmodellen**[1] verringert der AN seine wöchentliche Arbeitszeit auf 50 % der bisherigen Arbeitszeit (§ 2 ATG). Während der Altersteilzeit wird das laufende Einkommen durch sog. **Aufstockungsbeträge** abgesichert und durch zusätzliche Beiträge zur RV ein ausreichender Rentenanspruch geschaffen. § 3 Nr. 28 befreit die Aufstockungsbeträge und zusätzlichen RV-Beiträge von der Steuerpflicht. Dadurch soll ein zusätzlicher Anreiz geboten werden, vom Angebot der Altersteilzeit Gebrauch zu machen.

B. Regelungsgehalt

2   Das Regelarbeitsentgelt für die Altersteilzeitarbeit muss gem. § 3 Abs. 1 Nr. 1 Buchst. a) ATG um mind. 20 % aufgestockt werden. Dieser Aufstockungsbetrag ist stfr., unterliegt aber gem. § 32b Abs. 1 Nr. 1 Buchst. g) dem **Progressionsvorbehalt**, d.h. die übrigen stpfl. Einkünfte werden dem Steuersatz unterworfen, der sich ergäbe, wenn die Aufstockungsbeträge stpfl. wären. Wird ein höherer als der im ATG genannte Mindest-Aufstockungsbetrag gewährt, greift die Steuerbefreiung nur, soweit der Aufstockungsbetrag zusammen mit dem Altersteilzeit-Nettolohn den bisherigen Nettolohn des AN nicht übersteigt.[2]

3   Gem. § 3 Abs. 1 Nr. 1 Buchst. b) ATG muss der AG auf Basis von mind. 80 % des Regelarbeitsentgelts für Altersteilzeitarbeit, begrenzt auf den Unterschiedsbetrag zwischen 90 % der monatlichen BBG und dem Regelarbeitsentgelt, höchstens bis zur BBG zusätzliche Beiträge zur gesetzlichen RV entrichten. Diese RV-Beiträge hat der AG allein zu tragen. Die Beiträge sind ebenfalls stfr., unterliegen aber nicht dem Progressionsvorbehalt. Werden die Beiträge zur gesetzlichen RV in voller Höhe durch den AG übernommen, so sind auch die erhöhten Beiträge stfr.

4   Die Steuerbefreiung für den Aufstockungsbetrag sowie die zusätzlichen RV-Beiträge greift auch, wenn keine Förderung durch die BA erfolgt, etwa wenn der freigewordene Arbeitsplatz nicht wieder besetzt wird; diese Voraussetzung gilt nur für den Zuschuss der BA.[3] Auch die fehlende oder nicht den gesetzlichen Vorgaben (§ 8a ATG) entsprechende Insolvenzsicherung führt nicht zum Verlust der Steuerfreiheit. Die persönlichen Voraussetzungen in

---

1 Altersteilzeitgesetz v. 23.7.1996 (BGBl I S. 1078).
2 LStR 3.28 Abs. 3 S. 2.
3 LStR 3.28 Abs. 2 S. 1.

§ 2 ATG müssen aber auch für Zwecke der Steuerbefreiung erfüllt sein. Die Steuerfreiheit kommt deshalb nicht mehr in Betracht, wenn der AN die Altersteilzeit beendet oder das 65. Lj vollendet hat. Unschädlich für die Steuerbefreiung ist auch die zum Ausgleich von Engpässen in einem gesonderten Vertrag vereinbarte stundenmäßig begrenzte **Mehrarbeit**, wenn diese den Umfang der Geringfügigkeitsgrenze des § 8 SGB IV nicht überschreitet (siehe § 40a Rn 8).[4] Die Steuerfreiheit wird hingegen nicht gewährt, wenn der AN von der Arbeitsleistung vertraglich **freigestellt** ist und demgemäß auch keine Arbeitsleistung erbringt.[5]

Die Arbeitszeitverteilung während der Altersteilzeit bleibt den Vertragsparteien überlassen. Weit verbreitet sind das Modell der **Halbtagsbeschäftigung** und das sog. **Blockmodell**. Im Blockmodell werden zwei gleich große Zeitblöcke für die Arbeitsphase und eine sich anschließende Freizeitphase gebildet. Auch im Blockmodell greift das Zuflussprinzip bei der LSt, d.h. der in der Freizeitphase weitergezahlte Arbeitslohn unterliegt nach den allgemein geltenden Grundsätzen dem LSt-Abzug. Im Zusammenhang mit Blockmodellen können „Störfälle" auftreten, wenn die Altersteilzeit wegen Tod oder Erwerbsunfähigkeit des AN nicht bis zum Beginn der Altersrente reicht. Der Störfall hat keine Auswirkungen auf die bis dahin erbrachten stfr. AG-Leistungen, da das ATG keine Rückwirkung vorsieht. Die Steuerfreiheit der Aufstockungsbeträge bleibt somit bis zum Eintritt des „Störfalls" erhalten.[6] Stirbt der AN während der Durchführung eines Blockmodells, ist der an den Rechtsnachfolger gezahlte Arbeitslohn bei diesem lstpfl. Betrifft die Zahlung mehrere Jahre, kommt eine Besteuerung nach der Fünftelungsregelung in Betracht (siehe § 34 Rn 1 ff.).

Da die vorzeitige Inanspruchnahme einer Altersrente nach Altersteilzeit zu **Abschlägen bei der Rente** führen kann, ermöglicht § 187a SGB VI den Versicherten, zusätzliche Beiträge zu leisten, um derartige Abschläge zu vermeiden. Zahlungen des AG zur Übernahme dieser Beiträge sind nach § 3 Nr. 28 stfr., soweit die Zahlungen 50 % der Beiträge nicht übersteigen. Der stpfl. Teil der vom AG übernommenen RV-Beiträge stellt eine Entschädigung dar, die im Zusammenhang mit der Auflösung eines Dienstverhältnisses gewährt wird. Leistet der AG die Beiträge in Teilbeträgen über mehrere Jahre, ist dies grds. für die Anwendung der Fünftelungsregelung auf die Gesamtabfindung schädlich, da keine Zusammenballung von Einkünften vorliegt (siehe § 34 Rn 10 ff.). Nach Auffassung der FinVerw soll eine zusätzlich gewährte Entschädigung in Form eines Einmalbetrags aber auf Antrag des AN trotzdem begünstigt besteuert werden.[7]

Erhält der AN während der Freistellungsphase im Blockmodell auch **Sachbezüge** (z.B. weitere Privatnutzung des Firmenwagens), handelt es sich dabei um Arbeitsentgelt, das grds. selbst wieder der Aufstockungspflicht unterliegt. Die Sachbezüge können jedoch als stfr. Aufstockungsbetrag angesehen werden, wenn die Aufstockung betragsmäßig in Geld festgelegt ist und außerdem vereinbart ist, dass der AG an Stelle der Geldleistung wertgleiche Sachbezüge erbringen darf.[8] Die bloße Regelung im Altersteilzeitvertrag, dass der AN etwa den Firmenwagen während der Freistellungsphase weiterhin privat nutzen darf, reicht für die Steuerfreistellung des Sachbezugs nicht aus.

Bei Altersteilzeit im Blockmodell werden häufig auch **stfr. Zuschläge** nach § 3b auf Arbeitszeitkonten gutgeschrieben. Damit die Steuerfreiheit bei zeitversetzter Auszahlung in der Freistellungsphase erhalten bleibt, ist Voraussetzung, dass vor der Leistung der begünstigten Arbeit vereinbart wird, dass ein stfr. Zuschlag – ggf. teilweise – als Wertguthaben auf ein Arbeitszeitkonto genommen und getrennt ausgewiesen wird.[9] Werden die stfr. Zuschläge auf dem Arbeitszeitkonto verzinst, fallen die gezahlten **Zinsen** aber nicht ebenfalls unter die Steuerfreiheit, da sie nicht für geleistete Sonntags-, Feiertags- oder Nachtarbeit, sondern nur wegen der späteren Auszahlung geleistet werden.[10] Die Höhe der nach § 3b stfr. Zuschläge wird ausgehend vom Grundlohn (Stundenlohn) berechnet. Um AN mit Altersteilzeit nicht zu benachteiligen, ist bei der Berechnung auf eine Vollzeitbeschäftigung hochzurechnen, damit diese in gleichem Umfang stfr. Zuschläge erhalten können wie vollbeschäftigte AN.[11]

Oftmals zahlt der AG bei einer Altersteilzeitvereinbarung zunächst den bisherigen Lohn weiter, da die genaue Höhe der Altersteilzeitbezüge noch nicht feststeht. In diesem Fall muss der AN die zu viel erhaltenen Bezüge später zurück erstatten. Hat der AG bereits eine LSt-Bescheinigung ausgestellt bzw. die Daten an die FinVerw übermittelt, kann nicht mehr berücksichtigt werden, dass im bescheinigten Arbeitslohn auch stfr. Aufstockungsbeträge enthalten sind. Der AG muss dem AN daher eine gesonderte Bescheinigung erteilen, damit dieser die Steuerfreiheit der Aufstockungsbeträge im Rahmen der ESt-Veranlagung beantragen kann.

C. Verbindung zu anderen Rechtgebieten und zum Prozessrecht

Soweit der Aufstockungsbetrag stfr. ist, ist er auch beitragsfrei in der **SozVers** (§ 1 SvEV).

Die Regelungen im ATG werden sozvers-rechtl. flankiert von den §§ 7 Abs. 1a und 23b SGB IV. Die genannten Vorschriften bestimmen, dass auch während der Freistellungsphase eine Beschäftigung gegen Arbeitsentgelt und somit Versicherungsschutz besteht und dass die Fälligkeit der Beiträge für die im Arbeitszeitkonto angesparten Löhne erst in der Freizeitphase eintritt.

---

4 Nds FG 14.6.2007 – 11 K 541/06 – DStRE 2008, 539, rkr.
5 Hess FG 3.12.2007 – 11 K 2422/06 – EFG 2008, 781, rkr.
6 LStR 3.28 Abs. 2 S. 2 u. 3.
7 BMF 24.5.2004 – IV A 5-S 2290–20/04 – BStBl I S. 505, Rn 22.
8 LStR 3.28 Abs. 3 S. 5.
9 LStR 3b Abs. 8.
10 BMF 17.6.2009 – IV C 5-S 2332/07/0004 – DStR 2009, 1370.
11 LStR 3b Abs. 2 Nr. 5.

D. Beraterhinweise

12 Verzieht der AN ab Beginn der Freistellungsphase ins **Ausland**, verbleibt das Besteuerungsrecht gem. den DBA regelmäßig im Inland, weil die Zahlungen aus der früheren – im Inland ausgeübten – AN-Tätigkeit herrühren.[12]

13 Gewährt der AG im Rahmen einer Altersteilzeitbeschäftigung tarifliche Aufstockungsleistungen, die an Stelle eines Krankengeldzuschusses an arbeitsunfähig erkrankte AN gezahlt werden, so sind diese ebenfalls nach § 3 Nr. 28 stfr. und damit auch sozvers-frei.[13]

14 Durch das Dritte Gesetz für moderne Dienstleistungen am Arbeitsmarkt v. 23.12.2003[14] ist das ATG ab 1.7.2004 umfassend geändert worden (v.a. vereinfachte Berechnung des Aufstockungsbetrags sowie Insolvenzsicherung der Wertguthaben). Diese Änderungen bleiben ohne Auswirkung auf das StR.

§ 3

Steuerfrei sind

(...)

55. der in den Fällen des § 4 Abs. 2 Nr. 2 und Abs. 3 des Betriebsrentengesetzes vom 19. Dezember 1974 (BGBl. I S. 3610), das zuletzt durch Artikel 8 des Gesetzes vom 5. Juli 2004 (BGBl. I S. 1427) geändert worden ist, in der jeweils geltenden Fassung geleistete Übertragungswert nach § 4 Abs. 5 des Betriebsrentengesetzes, wenn die betriebliche Altersversorgung beim ehemaligen und neuen Arbeitgeber über einen Pensionsfonds, eine Pensionskasse oder ein Unternehmen der Lebensversicherung durchgeführt wird. ²Satz 1 gilt auch, wenn der Übertragungswert vom ehemaligen Arbeitgeber oder von einer Unterstützungskasse an den neuen Arbeitgeber oder eine andere Unterstützungskasse geleistet wird. ³Die Leistungen des neuen Arbeitgebers, der Unterstützungskasse, des Pensionsfonds, der Pensionskasse oder des Unternehmens der Lebensversicherung auf Grund des Betrages nach Satz 1 und 2 gehören zu den Einkünften, zu denen die Leistungen gehören würden, wenn die Übertragung nach § 4 Abs. 2 Nr. 2 und Abs. 3 des Betriebsrentengesetzes nicht stattgefunden hätte;

Literatur: *Harder-Buschner*, Aktueller Rechtsstand der betrieblichen Altersversorgung, NWB F. 3, 13217; *Niermann*, Alterseinkünftegesetz – Die steuerlichen Änderungen in der betrieblichen Altersversorgung, DB 2004, 1449; *Melchior*, Das Alterseinkünftegesetz im Überblick, DStR 2004, 1061; *Risthaus*, Steuerrechtliche Förderung der privaten Altersvorsorge und der betrieblichen Altersversorgung, DStR 2008, 845; *Weber-Grellet*, Das Alterseinkünftegesetz, DStR 2004, 1721. **FinVerw:** LStH 3.55; BMF 20.1.2009 – IV C 3-S 2496/08/10011, IV C 5-S 2333/07/0003 – BStBl I S. 273 = DStZ 2009, 225; OFD Münster 14.7.2008 – S-2332-147-St 22–31 – LEXinform 5231684. **SozVers-Träger:** Spitzenorg. d. SozVers-Träger 21.12.2004, www.vdak-aev.de

A. Allgemeines	15	II. Übertragung einer unverfallbaren Versorgungsanwartschaft (§ 4 Abs. 2 Nr. 2 und Abs. 3 BetrAVG)	20
B. Regelungsgehalt	16	C. Verbindung zu anderen Rechtsgebieten und zum Prozessrecht	25
I. Übernahme einer Versorgungsanwartschaft (§ 4 Abs. 2 Nr. 1 BetrAVG)	17	D. Beraterhinweise	26

A. Allgemeines

15 Die Vorschrift regelt, dass bei einem **AG-Wechsel** mitgenommenes Betriebsrentenkapital nicht der Besteuerung unterliegt. Die späteren Versorgungsleistungen werden stl. so behandelt, als hätte sie der ehemalige AG geleistet.

B. Regelungsgehalt

16 Hintergrund der Vorschrift ist, dass die Übernahme bzw. Übertragung von unverfallbaren Anwartschaften je nach Durchführungsweg der BAV unterschiedliche Folgen hat. Zuführungen des AG zu einer Pensionsrückstellung bzw. Beiträge an eine Unterstützungskasse (= interner Durchführungsweg) führen nicht zu stpfl. Arbeitslohn, da dem AN nichts zugeflossen ist. Hingegen stellen Beiträge des AG an eine Pensionskasse, einen Pensionsfonds oder eine DV (= externer Durchführungsweg) aus stl. Sicht Arbeitsentgelt des AN dar, da er einen Rechtsanspruch gegenüber dem externen Versorgungsträger erwirbt. Diese grds. stpfl. Beiträge werden nach § 3 Nr. 63 (siehe § 3 Nr. 63 Rn 36 bis 42) in begrenztem Rahmen stfr. gestellt. Auch im Falle einer Übernahme bzw. Übertragung der unverfallbaren Anwartschaften aus der BAV wirken sich diese unterschiedlichen Wertungen aus.

---

12 Art. 15 Abs. 1 OECD-Musterabkommen 2003, BMF 18.2.2004 – IV B 6-S 1315–8/04 – BStBl I S. 286.

13 BMF 27.4.2001 – IV C 5-S-2333–21/01 – DStR 2001, 1073.

14 BGBl I S. 2848.

I. Übernahme einer Versorgungsanwartschaft (§ 4 Abs. 2 Nr. 1 BetrAVG)

Im Einvernehmen des ehemaligen mit dem neuen AG und dem AN kann nach Beendigung des Arbverh die der unverfallbaren Anwartschaft eines AN zugrunde liegende Versorgungszusage vom neuen AG übernommen werden (§ 4 Abs. 2 Nr. 1 BetrAVG). Eine Einschränkung dahingehend, durch welchen Durchführungsweg der BAV die Übernahme erfolgt, besteht seit 1.1.2005 nicht mehr. Durch die Übernahme tritt der neue Schuldner (neuer AG oder neuer Versorgungsträger) an die Stelle des bisherigen Schuldners (bisheriger AG oder bisheriger Versorgungsträger). Ansonsten bleibt die Versorgungszusage identisch.

Übernimmt der neue AG die Anwartschaft aus einer Pensionszusage oder gegenüber einer Unterstützungskasse und führt sie im Durchführungsweg Direktzusage bzw. Unterstützungskasse (interner Durchführungsweg) fort, so stellt diese Übernahme lst-rechtl. mangels rechtlichem Anspruch beim AN keinen Zufluss von Arbeitsentgelt dar und ist damit stl. neutral. Hat ein AN eine unverfallbare Anwartschaft aus einer Pensionskasse, einem Pensionsfonds oder einer DV, ist eine Übernahme dieser Anwartschaft im externen Durchführungsweg (Pensionskasse, Pensionsfonds, DV) für den AN ebenfalls ohne Lohnsteuerauswirkung, da dem AN durch die Übernahme kein zusätzlicher Vorteil zufließt. Etwaige Übernahmezahlungen des bisherigen Versorgungsträgers stellen somit kein stpfl. Arbeitsentgelt des AN dar.

Erfolgt die Übernahme der Versorgungspflichtung vom externen auf den internen Durchführungsweg, so ist das ebenso ohne stl. Auswirkungen, da der AN stl. betrachtet einen bereits erworbenen Rechtsanspruch gegenüber dem bisherigen Versorgungsträger aufgibt und lediglich eine stl. unbeachtliche Anwartschaft auf Leistungen aufgrund einer Pensionszusage bzw. aus einer Unterstützungskasse erhält. Nur die Übernahme von Anwartschaften aus einem internen Durchführungsweg auf einen externen Durchführungsweg bringt stl. Probleme, da der AN anstelle des – stl. betrachtet – ungesicherten Anspruchs aus der Direktzusage bzw. gegenüber der Unterstützungskasse nun einen Rechtsanspruch gegenüber einem externen Versorgungsträger erhält. Die Zahlungen des bisherigen AG oder der Unterstützungskasse an den externen Versorgungsträger stellen beim AN grds. stpfl. Arbeitslohn dar. Durch spezielle Steuerbefreiungen versucht der Gesetzgeber, diese Übernahme zu fördern (siehe § 3 Nr. 63 Rn 35, § 3 Nr. 65 Rn 53, § 3 Nr. 66 Rn 58).

Übersicht zur Besteuerung bei Übernahme einer unverfallbaren Anwartschaft (§ 4 Abs. 2 Nr. 1 BetrAVG)					
Übernahme von (↓)/in (→)	Pensionszusage	Unterstützungskasse	Pensionskasse	Pensionsfonds	Direktversicherung
Pensionszusage	steuerneutral	steuerneutral	stpfl., aber Steuerbefreiung nach § 3 Nr. 63 S. 4 oder nach § 3 Nr. 65 bei Liquidation des bisherigen AG, sonst ggfs. Fünftelungsregelung	stpfl., aber Steuerbefreiung nach § 3 Nr. 66, oder Steuerbefreiung nach § 3 Nr. 63 S. 4, sonst ggfs. Fünftelungsregelung	stpfl., aber Steuerbefreiung nach § 3 Nr. 63 S. 4 oder nach § 3 Nr. 65 bei Liquidation des bisherigen AG, sonst ggfs. Fünftelungsregelung
Unterstützungskasse					
Pensionskasse	steuerneutral	steuerneutral	steuerneutral	steuerneutral	steuerneutral
Pensionsfonds					
Direktversicherung					

II. Übertragung einer unverfallbaren Versorgungsanwartschaft (§ 4 Abs. 2 Nr. 2 und Abs. 3 BetrAVG)

Durch das AltEinkG[15] wurden die in § 4 BetrAVG enthaltenen Vorschriften zur Übertragung von Versorgungsanwartschaften und Versorgungsverpflichtungen in den Fällen des AG-Wechsels neu geregelt. Nach § 4 Abs. 2 Nr. 2 BetrAVG kann danach der Wert einer unverfallbaren Anwartschaft bei **Einvernehmen** aller Beteiligten auf den neuen AG übertragen werden, wenn dieser eine wertgleiche Zusage, egal in welchem Durchführungswege, erteilt.

§ 4 Abs. 3 BetrAVG räumt dem AN innerhalb eines Jahres nach Beendigung des Arbverh das **Recht auf Übertragung** ein, wenn die BAV bisher über einen Pensionsfonds, eine Pensionskasse oder eine DV durchgeführt worden ist und die Anwartschaft die BBG in der gesetzlichen RV (in 2009: 64.800 EUR) nicht übersteigt. Der neue AG hat eine

---

15 Alterseinkünftegesetz v. 5.7.2004, BGBl I S. 1427.

dem Übertragungswert wertgleiche Versorgungszusage über einen Pensionsfonds, eine Pensionskasse oder eine DV zu erteilen. Der Anspruch des AN auf Übertragung richtet sich in diesem Fall i.d.R. unmittelbar gegen den Versorgungsträger als Schuldner der Versicherungsleistung; dies gilt auch dann, wenn der AN innerhalb der Jahresfrist nach Beendigung des Arbverh die Versicherung oder Versorgung mit eigenen Beiträgen fortgeführt hat. Das Recht auf Übertragung nach § 4 Abs. 3 BetrAVG gilt gem. § 30b BetrAVG nur für Versorgungszusagen, die nach dem 31.12.2004 erteilt wurden. Für früher erteilte Zusagen kommt nur eine einvernehmliche Übertragung nach § 4 Abs. 2 BetrAVG in Betracht.

22 Stl. stellt die Übertragung einer Versorgungsanwartschaft die Beendigung der bisherigen Versorgungszusage beim alten AG im Wege der Kapitalabfindung und den Neuabschluss einer Versorgungszusage beim neuen AG dar. Damit kommt es grds. bei allen Formen der Übertragung von unverfallbaren Versorgungsanwartschaften zu stpfl. Vorgängen beim AN. Hier hilft insb. die Steuerbefreiungsvorschrift nach § 3 Nr. 55 weiter.

Übersicht über die Besteuerung bei Übertragung einer unverfallbaren Anwartschaft (§ 4 Abs. 2 Nr. 2 und Abs. 3 BetrAVG i.d.F. des AltEinkG)

Übernahme von (↓)/in (→)	Pensions-zusage	Unter-stützungskasse	Pensionskasse	Pensionsfonds	Direkt-versicherung
Pensionszusage / **Unterstützungs-kasse**	stfr. nach § 3 Nr. 55 S. 2 i.d.F. des AltEinkG	stfr. nach § 3 Nr. 55 S. 2 i.d.F. des AltEinkG	stpfl., aber Steuerbefreiung nach § 3 Nr. 63 S. 4, sonst ggfs. Fünftelungs-regelung	stpfl., aber Steuerbefreiung nach § 3 Nr. 66 oder nach § 3 Nr. 63 S. 4, sonst ggfs. Fünftelungs-regelung	stpfl., aber Steuerbefreiung nach § 3 Nr. 63 S. 4, sonst ggfs. Fünftelungs-regelung
Pensionskasse / **Pensionsfonds** / **Direkt-versicherung**	steuerneutral, soweit die bisherigen Leistungen der ESt unterlegen haben; stpfl. nach § 22 Nr. 5, soweit die Beiträge stfr. waren	steuerneutral, soweit die bisherigen Leistungen der ESt unterlegen haben; stpfl. nach § 22 Nr. 5, soweit die Beiträge stfr. waren	stfr. nach § 3 Nr. 55 S. 1 i.d.F. des AltEinkG	stfr. nach § 3 Nr. 55 S. 1 i.d.F. des AltEinkG	stfr. nach § 3 Nr. 55 S. 1 i.d.F. des AltEinkG

23 § 3 Nr. 55 S. 1 stellt sicher, dass aus der Übertragung nach § 4 Abs. 2 Nr. 2 und Abs. 3 BetrAVG keine stl. Folgerungen gezogen werden und stellt den vom bisherigen AG bzw. Versorgungsträger nach § 4 Abs. 5 BetrAVG gezahlten Übertragungswert stfr., wenn die BAV sowohl beim alten als auch beim neuen AG über einen externen Versorgungsträger (Pensionsfonds, Pensionskasse oder DV) durchgeführt wurde bzw. wird. Es ist nicht Voraussetzung, dass beide AG den gleichen Durchführungsweg wählen.[16] Die Steuerfreiheit greift nach S. 2 auch, wenn der Übertragungswert vom alten AG oder von einer Unterstützungskasse an den neuen AG oder eine andere Unterstützungskasse geleistet wird. Nach S. 3 bleibt in beiden Fällen für die Besteuerung der Leistungen die stl. Behandlung der Beiträge vor der Übertragung maßgebend, d.h. die auf dem Übertragungsbetrag beruhende Versorgungsleistung gehört weiterhin zu den Einkünften, zu denen sie gehört hätte, wenn eine Übertragung nicht stattgefunden hätte.[17]

24 Die Steuerfreiheit nach § 3 Nr. 55 greift nicht, wenn die BAV beim alten AG durch einen externen Versorgungsträger durchgeführt wurde, während sie beim neuen AG als Direktzusage ausgestaltet ist oder über eine Unterstützungskasse abgewickelt wird und umgekehrt. § 4 Abs. 2 Nr. 2 und Abs. 3 BetrAVG und somit auch § 3 Nr. 55 finden ebenfalls keine Anwendung bei einem **Betriebsübergang** nach § 613a BGB sowie bei einem bloßen **Wechsel** des Durchführungswegs und fortbestehendem Arbverh, da in beiden Fällen die erforderliche Beendigung des Arbverh nicht vorliegt.

C. Verbindung zu anderen Rechtsgebieten und zum Prozessrecht

25 Soweit für den Übertragungswert nach § 4 Abs. 5 BetrAVG die Steuerfreiheit nach § 3 Nr. 55 in Anspruch genommen werden kann, besteht auch **SozVers-Freiheit** (§ 1 SvEV).[18]

---

16 BMF 20.1.2009 Rn 223.
17 BMF 20.1.2009 Rn 223.
18 Spitzenorg. d. SozVers-Träger 21.12.2004, S. 35.

D. Beraterhinweise

Bei der Veräußerung von mittelständischen GmbHs ist der Erwerber meist nicht bereit, die Pensionszusage gegenüber dem bisherigen **Gesellschafter-GF** zu übernehmen. Üblich ist daher, dass der GF gegen eine Abfindung auf die Zusage verzichtet. Nachteilig ist hierbei, dass die Abfindungsleistung in diesem Fall der sofortigen Besteuerung unterliegt. Ggf. kommt zwar die Anwendung der Fünftelungsregelung in Betracht (siehe § 34 Rn 2 bis 8), deren Wirkung ist aber oftmals sehr eingeschränkt. In derartigen Fällen sollte daher geprüft werden, die Pensionszusage auf einen externen Versorgungsträger zu übertragen. Nicht erfolgversprechend ist hingegen die Errichtung einer weiteren GmbH, die die Verpflichtung gegen eine entsprechende Zahlung übernimmt (sog. „Rentner-GmbH"). Der BFH hat in diesen Fällen einen Lohnzufluss bejaht.[19] Die FinVerw will dabei § 3 Nr. 55 nicht anwenden, da wirtschaftlich betrachtet keine Übertragung auf einen neuen AG vorliegt.[20]

26

---

§ 3

Steuerfrei sind
(...)
56. Zuwendungen des Arbeitgebers nach § 19 Abs. 1 Satz 1 Nr. 3 Satz 1 aus dem ersten Dienstverhältnis an eine Pensionskasse zum Aufbau einer nicht kapitalgedeckten betrieblichen Altersversorgung, bei der eine Auszahlung der zugesagten Alters-, Invaliditäts- oder Hinterbliebenenversorgung in Form einer Rente oder eines Auszahlungsplans (§ 1 Abs. 1 Satz 1 Nr. 4 des Altersvorsorgeverträge-Zertifizierungsgesetzes) vorgesehen ist, soweit diese Zuwendungen im Kalenderjahr 1 Prozent der Beitragsbemessungsgrenze in der allgemeinen Rentenversicherung nicht übersteigen. ²Der in Satz 1 genannte Höchstbetrag erhöht sich ab 1. Januar 2014 auf 2 Prozent, ab 1. Januar 2020 auf 3 Prozent und ab 1. Januar 2025 auf 4 Prozent der Beitragsbemessungsgrenze in der allgemeinen Rentenversicherung. ³Die Beträge nach den Sätzen 1 und 2 sind jeweils um die nach § 3 Nr. 63 Satz 1, 3 oder Satz 4 steuerfreien Beträge zu mindern;

Literatur: Risthaus, Steuerrechtliche Förderung der privaten Altersvorsorge und der betrieblichen Altersversorgung, DStR 2008, 845; **FinVerw:** LStH 3.56; BMF 20.1.2009 – IV C 3-S 2496/08/10011, IV C 5-S 2333/07/0003 – BStBl I S. 273 = DStZ 2009, 225; OFD Münster 14.7.2008 – S-2332-147-St 22–31 – LEXinform 5231684. **SozVers-Träger:** Spitzenorg. d. SozVers-Träger 28.12.2007, www.deutsche-rentenversicherung.de

A. Allgemeines

Die durch das Jahressteuergesetz 2007[21] neu eingefügte Vorschrift befreit ab 1.1.2008 Zahlungen an eine Pensionskasse im Rahmen der **umlagefinanzierten** BAV. Soweit die Steuerbefreiung reicht, unterliegen die Versorgungsleistungen der vollen Besteuerung nach § 22 Nr. 5.

27

B. Regelungsgehalt

Begünstigt sind Zuwendungen des AG nach § 19 Abs. 1 S. 1 Nr. 3 S. 1, beschränkt auf das erste Dienstverhältnis und auf Zuwendungen an eine umlagefinanzierte Pensionskasse. In der Leistungsphase müssen monatliche Rentenzahlungen oder ein Auszahlungsplan gem. § 1 Abs. 1 S. 1 Nr. 4 des AltZertG vorgesehen sein. Begünstigt sind alle AN i.S.v. § 1 LStDV, somit auch Gesellschafter-GF und geringfügig Beschäftigte.[22] Keine Förderung erfolgt bei AN mit Steuerklasse VI. Für Sonderzahlungen gem. § 19 Abs. 1 S. 1 Nr. 3 S. 2 bis 4 greift die Steuerbefreiung ebenfalls nicht.[23]

28

Stfr sind zunächst nur Zuwendungen bis zu 1 % der BBG in der allg RV (in 2009: 64.800 EUR). Der Betrag erhöht sich ab 1.1.2014 auf 2 %, ab 1.1.2020 auf 3 % und ab 1.1.2025 auf 4 %. Ein zusätzlicher Höchstbetrag von 1.800 EUR wie in § 3 Nr. 63 ist nicht vorgesehen, da übersteigende Zuwendungen des AG weiterhin nach § 40b Abs. 1 und 2 pauschal besteuert werden können (siehe § 40b Rn 14 bis 15). Die Höchstbeträge sind Jahresbeträge, sodass keine anteilige Kürzung vorzunehmen ist, wenn das Arbverh nicht während des ganzen Jahres besteht. Die Höchstbeträge können erneut beansprucht werden, wenn sie der AN in einem vorangegangenen Dienstverhältnis bereits ausgeschöpft hat. Dies gilt nicht bei Gesamtrechtsnachfolge und in den Fällen des Betriebsübergangs nach § 613a BGB.[24]

29

---

19 BFH 12.4.2007 – VI R 6/02 – BStBl II S. 581 = DStR 2007, 894; Heeg/Schramm, DStR 2007, 1706.
20 OFD Münster 14.7.2008 Tz 4.3.1.
21 BGBl I 2006 S. 2878.
22 BMF 20.1.2009 Rn 236.
23 OFD Münster 14.7.2008 Tz 5.3.2.
24 BMF 20.1.2009 Rn 237/207.

Die nach S. 1 und 2 stfr Beträge sind um die nach § 3 Nr. 63 S. 1, 3 oder 4 stfr Beträge zu vermindern, um eine kumulative Förderung zu verhindern.

C. Verbindung zu anderen Rechtsgebieten und zum Prozessrecht

30 AG-Umlagen, die nach § 3 Nr. 56 stfr sind oder nach § 40b pauschal besteuert werden, sind kein beitragspflichtiges Arbeitsentgelt, wenn sie zusätzlich zu Löhnen und Gehältern gewährt werden (§ 1 Abs. 1 S. 1 Nr. 4a SvEV). Bei Entgeltumwandlung besteht daher Beitragspflicht. Die Beitragsfreiheit wird durch § 1 Abs. 1 S. 3 und 4 SvEV eingeschränkt bzw. aufgehoben.[25]

D. Beraterhinweise

31 Zu den Aufzeichnungspflichten bei Leistungen i.S.d. § 3 Nr. 56 siehe §§ 38–39c, 41–42b Rn 34.

§ 3

Steuerfrei sind
(…)
62. Ausgaben des Arbeitgebers für die Zukunftssicherung des Arbeitnehmers, soweit der Arbeitgeber dazu nach sozialversicherungsrechtlichen oder anderen gesetzlichen Vorschriften oder nach einer auf gesetzlicher Ermächtigung beruhenden Bestimmung verpflichtet ist, und es sich nicht um Zuwendungen oder Beiträge des Arbeitgebers nach den Nummern 56 und 63 handelt. ²Den Ausgaben des Arbeitgebers für die Zukunftssicherung, die auf Grund gesetzlicher Verpflichtung geleistet werden, werden gleichgestellt Zuschüsse des Arbeitgebers zu den Aufwendungen des Arbeitnehmers

a) für eine Lebensversicherung,
b) für die freiwillige Versicherung in der gesetzlichen Rentenversicherung,
c) für eine öffentlich-rechtliche Versicherungs- oder Versorgungseinrichtung seiner Berufsgruppe,

wenn der Arbeitnehmer von der Versicherungspflicht in der gesetzlichen Rentenversicherung befreit worden ist. ³Die Zuschüsse sind nur insoweit steuerfrei, als sie insgesamt bei Befreiung von der Versicherungspflicht in der allgemeinen Rentenversicherung die Hälfte und bei Befreiung von der Versicherungspflicht in der knappschaftlichen Rentenversicherung zwei Drittel der Gesamtaufwendungen des Arbeitnehmers nicht übersteigen und nicht höher sind als der Betrag, der als Arbeitgeberanteil bei Versicherungspflicht in der allgemeinen Rentenversicherung der Angestellten oder in der knappschaftlichen Rentenversicherung zu zahlen wäre. ⁴Die Sätze 2 und 3 gelten sinngemäß für Beiträge des Arbeitgebers zu einer Pensionskasse, wenn der Arbeitnehmer bei diesem Arbeitgeber nicht im Inland beschäftigt ist und der Arbeitgeber keine Beiträge zur gesetzlichen Rentenversicherung im Inland leistet; Beiträge des Arbeitgebers zu einer Rentenversicherung auf Grund gesetzlicher Verpflichtung sind anzurechnen;

Literatur: *Bolk,* Der sozialversicherungspflichtige Kommanditist – Schicksal des Arbeitgeberanteils zur Sozialversicherung –, FR 2003, 839; *Schrader,* Aufhebungsverträge und Ausgleichszahlungen, NZA 2003, 593; *Thomas,* Steuerfreiheit von Arbeitgeberbeiträgen bei vermeintlicher Sozialversicherungspflicht, INF 2003, 3; **FinVerw:** LStR 3.62; LStH 3.62

A. Allgemeines

32 Die Vorschrift regelt die Steuerfreiheit von Ausgaben des AG für die Zukunftssicherung des AN. Hierzu gehören Ausgaben, die der AG leistet, um einen AN oder diesem nahe stehende Personen für den Fall der Krankheit, des Unfalls, der Invalidität, des Alters oder des Todes abzusichern (§ 2 Abs. 2 Nr. 3 S. 1 LStDV). Nachdem die AG-Beiträge zur gesetzlichen SozVers keine Gegenleistung für die Arbeitsleistung sind, da sie auf einer eigenen gesetzlichen Verpflichtung des AG beruhen, hat die Regelung nur deklaratorische Bedeutung.[26]

B. Regelungsgehalt

33 S. 1 sieht die Steuerfreiheit der vom AG **gesetzlich geschuldeten** Zukunftssicherungsleistungen vor. Hierzu rechnen u.a. die Anteile des AG am Gesamt-SozVers-Beitrag (RV, KV, PflegeV und ArblV; auch Beiträge für geringfügig

---

25 SozVers-Träger 28.12.2007 Tz 3.3 mit umfangreichen Bsp.

26 BFH 6.6.2002 – VI R 178/97 – BStBl II 2003 S. 34 = BB 2003, 242.

Beschäftigte), die Beiträge des AG nach § 172 Abs. 2 SGB VI zu einer berufsständischen Versorgungseinrichtung für AN, die nach § 6 Abs. 1 Nr. 1 SGB VI von der Versicherungspflicht in der gesetzlichen RV befreit sind, die gesetzlichen Zuschüsse zur freiwilligen und zur privaten KV und PflegeV sowie die Beiträge an den Träger der Insolvenzsicherung. Auch Pflichtleistungen des AG an ausländische SozVers-Träger sind begünstigt.[27] Bei der privaten KV ist die Vorlage einer Bescheinigung nach § 257 Abs. 2a S. 3 SGB V nicht Voraussetzung für die Steuerbefreiung.[28] Zukunftssicherungsleistungen, die freiwillig, aufgrund einer tarifvertraglichen Verpflichtung, einer BV oder eines Einzelarbeitsvertrages erbracht werden, fallen dagegen nicht unter die Steuerfreiheit des § 3 Nr. 62. Das gilt auch für AG-Anteile an einen ausländischen SozVers-Träger, wenn die Abführung der Beiträge auf **vertraglicher** Grundlage erfolgt.[29] Die Steuerfreiheit kann aber beansprucht werden, wenn der AG aufgrund eines für allgemeinverbindlich erklärten TV zur Leistung verpflichtet ist (§ 5 TVG).[30] Durch das Jahressteuergesetz 2009 vom 19.12.2008[31] wurde klar gestellt, dass die Steuerbefreiungen des § 3 Nr. 56 und des § 3 Nr. 63 vorrangig vor § 3 Nr. 62 anzuwenden sind.

Hat der zuständige SozVers-Träger ein Dienstverhältnis – etwa bei einem beherrschenden Gesellschafter-GF einer GmbH – als sozvers-pflichtig eingestuft, kann für die geleisteten AG-Beiträge die Steuerfreiheit nach § 3 Nr. 62 S. 1 in Anspruch genommen werden, sofern die Entscheidung des SozVers-Trägers nicht offensichtlich rechtswidrig ist.[32] Geht der AG rechtsirrtümlich von der Versicherungspflicht des Beschäftigten aus und leistet darauf hin AG-Anteile zur RV und zur ArblV, die dem AG später wieder erstattet werden, begründen die AG-Anteile für den AN mangels Zuflusses keinen Vorteil und sind kein Arbeitslohn.[33]

S. 2–4 stellen die von der RV-Pflicht befreiten AN den rv-pflichtigen AN gleich. Unter welchen Voraussetzungen eine Befreiung möglich ist, ist in LStR 3.62 Abs. 3 S. 1 dargestellt. Begünstigt sind nur die in S. 2 genannten Zuschüsse des AG. Die Steuerbefreiung greift nicht, wenn der AN – etwa als AG-Vorstand – kraft Gesetzes rv-frei ist.[34] Die Steuerbefreiung ist begrenzt auf die AG-Anteile bei Versicherungspflicht (S. 3). Unter den Voraussetzungen der S. 2 und 3 sind auch Beiträge des AG zu einer Pensionskasse stfr., wenn der AN bei diesem AG nicht im Inland beschäftigt ist und der AG keine Beiträge zur gesetzlichen RV im Inland leistet (S. 4). Die Vorschrift soll v.a. deutsche **Grenzgänger** begünstigen, die im Ausland beschäftigt sind und im Inland ihren Wohnsitz haben. Für diese AN besteht keine gesetzliche RV-Pflicht im Inland. Die Regelung hat vor allem Bedeutung für Grenzgänger zur Schweiz, da die Versorgung über betriebseigene Pensionskassen in der Schweiz im Vergleich zur gesetzlichen RV ein deutlich höheres Gewicht hat.[35]

34

§ 3

Steuerfrei sind

(...)

63. Beiträge des Arbeitgebers aus dem ersten Dienstverhältnis an einen Pensionsfonds, eine Pensionskasse oder für eine Direktversicherung zum Aufbau einer kapitalgedeckten betrieblichen Altersversorgung, bei der eine Auszahlung der zugesagten Alters-, Invaliditäts- oder Hinterbliebenenversorgungsleistungen in Form einer Rente oder eines Auszahlungsplans (§ 1 Abs. 1 Satz 1 Nr. 4 des Altersvorsorgeverträge-Zertifizierungsgesetzes vom 26. Juni 2001 (BGBl. I S. 1310, 1322), das zuletzt durch Artikel 7 des Gesetzes vom 5. Juli 2004 (BGBl. I S. 1427) geändert worden ist, in der jeweils geltenden Fassung) vorgesehen ist, soweit die Beiträge im Kalenderjahr 4 Prozent der Beitragsbemessungsgrenze in der allgemeinen Rentenversicherung nicht übersteigen. ²Dies gilt nicht, soweit der Arbeitnehmer nach § 1a Abs. 3 des Betriebsrentengesetzes verlangt hat, dass die Voraussetzungen für eine Förderung nach § 10a oder Abschnitt XI erfüllt werden. ³Der Höchstbetrag nach Satz 1 erhöht sich um 1 800 Euro, wenn die Beiträge im Sinne des Satzes 1 auf Grund einer Versorgungszusage geleistet werden, die nach dem 31. Dezember 2004 erteilt wurde. ⁴Aus Anlass der Beendigung des Dienstverhältnisses geleistete Beiträge im Sinne des Satzes 1 sind steuerfrei, soweit sie 1 800 Euro vervielfältigt mit der Anzahl der Kalenderjahre, in denen das Dienstverhältnis des Arbeitnehmers zu dem Arbeitgeber bestanden hat, nicht übersteigen; der vervielfältigte Betrag vermindert sich um die nach den Sätzen 1 und 3 steuerfreien Beiträge, die der Arbeitgeber in dem Kalenderjahr, in dem das Dienstverhältnis beendet wird, und in den sechs vorangegangenen Kalenderjahren erbracht hat; Kalenderjahre vor 2005 sind dabei jeweils nicht zu berücksichtigen;

---

27 LStR 3.62 Abs. 1 S. 2.
28 BFH 22.7.2008 – VI R 56/05 – DStR 2008, 1825; a.A. LStR 3.62 Abs. 2 Nr. 3 S. 7.
29 BFH 18.5.2004 – VI R 11/01 – BStBl II S. 1014 = DB 2004, 1810.
30 BFH 13.9.2007 – VI R 16/06 – BStBl II 2008 S. 394 = DStR 2007, 2008.
31 BGBl I S. 2794.
32 BFH 6.6.2002 – VI R 178/97 – BStBl II 2003 S. 34 = DB 2003, 242; *Eisendick*, GmbHR 2002, 1252.
33 BFH 27.3.1992 – VI R 35/89 – BStBl II S. 663 = HFR 1992, 467.
34 LStR 3.62 Abs. 3 S. 2.
35 HHR/*Bergkemper*, § 3 Nr. 62 Rn 24.

Literatur: *Buttler,* Einführung in die betriebliche Altersversorgung, 5. Aufl. 2008; *Harder-Buschner,* Steuerrechtliche Rahmenbedingungen der betrieblichen Altersversorgung im Überblick, NWB F. 3, 13131; *dies.,* Aktueller Rechtsstand der betrieblichen Altersversorgung, NWB F. 3, 13217; *dies.,* Betriebliche Altersversorgung bei Arbeitsplatzwechsel, NWB F. 3, 13765; *Niermann,* Alterseinkünftegesetz – Die steuerlichen Änderungen in der betrieblichen Altersversorgung, DB 2004, 1449; *Melchior,* Das Alterseinkünftegesetz im Überblick, DStR 2004, 1061; *Weber-Grellet,* Das Alterseinkünftegesetz, DStR 2004, 1721. **FinVerw:** LStH 3.63; BMF 20.1.2009 – IV C 3-S 2496/08/10011, IV C 5-S 2333/07/0003 – BStBl I S. 273 = DStZ 2009, 225; OFD Münster 14.7.2008 – S-2332-147-St 22–31 – LEXinform 5231684. **SozVers-Träger:** Spitzenorg. d. SozVers-Träger 21.12.2004, www.vdak-aev.de

A. Allgemeines 35	III. Vervielfältigungsregelung bei Beendigung des Dienstverhältnisses (S. 4) 44
B. Regelungsgehalt 36	C. Verbindung zu anderen Rechtsgebieten und zum Prozessrecht 46
I. Steuerfreiheit für bestimmte Altersvorsorgebeiträge (S. 1 und 3) 36	
II. Ausschluss der Steuerfreiheit (S. 2) 43	D. Beraterhinweise 48

A. Allgemeines

35 Bereits in der bis zum 31.12.2004 geltenden Fassung sah die Vorschrift eine begrenzte Steuerfreiheit für Beiträge des AG an eine Pensionskasse oder einen Pensionsfonds vor, um hier eine nachgelagerte Besteuerung zu ermöglichen. Seit 1.1.2005 werden auch Beiträge zu DV in die Steuerfreiheit mit einbezogen, gleichzeitig entfällt die bisherige Pauschalierungsmöglichkeit für diese Beiträge nach § 40b (siehe § 40b Rn 1 ff.). Dies gilt nicht, wenn die Versorgungszusage vor dem 1.1.2005 erteilt wurde und der AN auf die Anwendung des § 3 Nr. 63 – zugunsten § 40b a.F. – verzichtet hat (§ 52 Abs. 6 S. 1). Für Neuzusagen wird der nach bisherigem Recht stfr. Betrag um 1.800 EUR erhöht; für Beitragzahlungen anlässlich der Beendigung des Dienstverhältnisses besteht eine Vervielfältigungsregelung wie bei § 40b a.F. (siehe § 40b Rn 7).

B. Regelungsgehalt

I. Steuerfreiheit für bestimmte Altersvorsorgebeiträge (S. 1 und 3)

36 Zum begünstigten Personenkreis zählen alle **AN** i.S.d. § 1 LStDV. Ob Versicherungspflicht in der gesetzlichen RV gegeben ist oder nicht, ist unbeachtlich. Begünstigt sind somit auch beherrschende Gesellschafter-GF, geringfügig Beschäftigte sowie in einem berufsständischen Versorgungswerk Versicherte. Voraussetzung für die Steuerfreiheit ist ein bestehendes **erstes Dienstverhältnis.** Hierbei kann es sich auch um ein geringfügiges Beschäftigungsverhältnis oder eine Aushilfstätigkeit handeln. Die Begünstigung wird nicht gewährt, wenn der AN eine LSt-Karte mit der Stkl. VI vorlegt.

37 Stfr. sind nur die Beiträge an einen Pensionsfonds, eine Pensionskasse oder eine DV zum Aufbau einer **kapitalgedeckten** BAV. Eine **BAV** liegt vor, wenn dem AN anlässlich des Arbverh vom AG Leistungen zur Absicherung mind. eines **biometrischen Risikos** (Alter, Tod, Invalidität) zugesagt werden und die Leistungen erst mit Eintritt des jeweiligen biologischen Ereignisses fällig werden (§ 1 BetrAVG). Versorgungsleistungen bei **altersbedingtem Ausscheiden** aus dem Erwerbsleben dürfen grds. frühestens für das **60. Lj** gewährt werden. Die **Hinterbliebenenversorgung** darf nur Leistungen an den überlebenden Ehepartner des AN, die Kinder i.S.d. § 32 Abs. 3 und 4 S. 1 Nr. 1 bis 3, den früheren Ehegatten oder den Lebensgefährten vorsehen. Unmittelbare Leistungszusagen an den **AN-Ehegatten** zur Absicherung dessen biometrischer Risiken gehören nicht zur BAV. Werden im Todesfall des AN andere als die vorgenannten Hinterbliebenen begünstigt, ist von einer (schädlichen) **Vererblichkeit** der Anwartschaft auszugehen. Dies gilt auch, wenn bei einer vereinbarten **Rentengarantiezeit** eine Auszahlung an derartige Personen möglich ist. Die Zahlung eines einmaligen angemessenen **Sterbegeldes** kann dagegen auch an nicht begünstigte Personen erfolgen.[36]

38 Vereinbarungen, wonach Arbeitslohn gutgeschrieben und ohne Abdeckung biometrischer Risiken später wieder ausgezahlt wird – z.B. bei Ausscheiden aus dem Dienstverhältnis – gehören nicht zur BAV. Hingegen führt die Möglichkeit einer **Beitragserstattung** bzw. Abfindung in den folgenden Fällen nicht zur Versagung der Anerkennung als BAV:
– Ausscheiden aus dem Dienstverhältnis vor Erreichen der gesetzlichen Unverfallbarkeit,
– Tod des AN vor Ablauf einer arbeitsrechtlich vereinbarten Wartezeit,
– Abfindung einer Witwerrente bei Wiederheirat.[37]

39 Bei der **umlagefinanzierten** BAV verbleibt es – abgesehen von § 3 Nr. 56 (siehe § 3 Nr. 56 Rn 27 ff.) – bei der vorgelagerten Besteuerung mit der Möglichkeit der Pauschalbesteuerung (siehe § 40b Rn 14). Ggfs. sind die Aufwendungen aufzuteilen. Ob die Beiträge vom AG zusätzlich zum ohnehin geschuldeten Arbeitslohn erbracht werden oder vom AN durch **Gehaltsumwandlung** finanziert werden, ist für die Steuerfreiheit unbeachtlich. Bei Entgelt-

---

36 BMF 20.1.2009 Rn 183–187.   37 BMF 20.1.2009 Rn 188.

umwandlung ist die Beachtung des Mindestbetrages gem. § 1a Abs. 1 S. 4 BetrAVG für die Inanspruchnahme der Steuerfreiheit nicht erforderlich. **Eigenbeiträge** des AN gem. § 1 Abs. 2 Nr. 4 BetrAVG sind aber nicht begünstigt, auch wenn sie vom AG an die Versorgungseinrichtung abgeführt werden.[38]

Der bisher stfr. Höchstbetrag pro Kj von 4 % der BBG in der gesetzlichen RV (2009: 2.592 EUR) wird durch S. 3 um einen Fixbetrag von 1.800 EUR erhöht. Maßgeblich ist auch bei einer Beschäftigung in den neuen Bundesländern die BBG West. Der Aufstockungsbetrag soll den Wegfall des § 40b ab 1.1.2005 ausgleichen und gilt daher auch nur für Beiträge, die vom AG aufgrund einer Versorgungszusage geleistet werden, die nach dem 31.12.2004 erteilt wurde (wegen der Abgrenzung zwischen Alt- und Neuzusage siehe § 40b Rn 8 bis 12). Bei den genannten Höchstbeträgen handelt es sich jeweils um **Jahresbeträge**, sodass eine zeitanteilige Kürzung nicht vorzunehmen ist, wenn das Arbverh nicht während des ganzen Jahres besteht oder nicht für das ganze Jahr Beiträge gezahlt werden. Für die Inanspruchnahme der Steuerfreiheit gilt ab 2005 eine AG-bezogene Betrachtungsweise, die Höchstbeträge können somit erneut in Anspruch genommen werden können, wenn der AN sie in einem vorangegangenen Dienstverhältnis bereits ausgeschöpft hat. Dies gilt nicht in Fällen der **Gesamtrechtsnachfolge** sowie bei einem **Betriebsübergang** nach § 613a BGB.[39]

Weitere Voraussetzung der Steuerfreiheit ist, dass der an die Pensionskasse gezahlte Beitrag den einzelnen AN individuell zugeordnet werden kann. Die Verteilung eines vom AG gezahlten Gesamtbetrags nach der Anzahl der begünstigten AN genügt somit nicht (keine Steuerfreiheit bei Durchschnittsfinanzierung).[40]

In allen drei Durchführungswegen ist die Steuerfreiheit ab 2005 auf solche Versorgungszusagen beschränkt, die eine Auszahlung der Leistungen in Form einer **lebenslangen Rente** oder eines **Auszahlungsplans** mit Restverrentung ab dem 85. Lj vorsehen. Bis zu 12 Monatsbeträge können dabei in einer Zahlung zusammengefasst werden. Im Übrigen können bis zu 30 % des zu Beginn der Auszahlungsphase zur Verfügung stehenden Kapitals außerhalb der monatlichen Leistungen als Einmalbetrag ausgezahlt werden (§ 1 Abs. 1 Nr. 4 AltZertG).[41] Allein die Möglichkeit, anstelle der genannten Auszahlungsformen eine **Einmalkapitalauszahlung** zu wählen (Leibrente mit Kapitalwahlrecht), führt aber nicht zur Versagung der Steuerfreiheit. Entscheidet sich der AN für eine Einmalkapitalauszahlung, sind die Beitragsleistungen ab diesem Zeitpunkt individuell zu besteuern; wird das Wahlrecht im letzten Jahr vor dem altersbedingten Ausscheiden aus dem Erwerbsleben ausgeübt, sollen die Beitragsleistungen aus Vereinfachungsgründen weiterhin stfr. bleiben. Nicht nachvollziehbar ist der Hinweis des BMF, dass es sich bei einer Kapitalauszahlung nicht um ao Einkünfte i.S.d. § 34 Abs. 2 handelt und somit die Anwendung der Fünftelungsregelung (siehe § 34 Rn 2 bis 8) nicht in Betracht kommt, obwohl es sich hierbei zweifelsfrei um eine Vergütung für eine mehrjährige Tätigkeit handelt.[42]

II. Ausschluss der Steuerfreiheit (S. 2)

Die Steuerfreiheit tritt nach S. 2 nicht ein, wenn der AN hierauf verzichtet, um eine Förderung nach § 10a oder Abschn. XI. (Altersvorsorgezulage) zu erhalten. Um eine Doppelförderung zu vermeiden, müssen die Altersvorsorgebeiträge in diesem Fall aus individuell versteuertem Arbeitslohn stammen (§ 82 Abs. 2). Bei rein AG-finanzierten Beiträgen kann auf die Steuerfreiheit nicht verzichtet werden.[43]

III. Vervielfältigungsregelung bei Beendigung des Dienstverhältnisses (S. 4)

Als Ersatz für den Wegfall der bisherigen Vervielfältigungsregelung in § 40b Abs. 2 S. 3 und 4 wurde in § 3 Nr. 63 nun eine entsprechende Regelung aufgenommen. Sie soll den Beteiligten die Möglichkeit eröffnen, Abfindungszahlungen oder Wertguthaben aus Arbeitszeitkonten stfr. für den Aufbau einer kapitalgedeckten BAV zu nutzen. Danach vervielfältigt sich bei Beendigung des Dienstverhältnisses der Betrag von 1.800 EUR mit der Anzahl der Kj, in denen das Dienstverhältnis bestanden hat. Nach § 3 Nr. 63 stfr. Beiträge des Jahres der Auflösung des Dienstverhältnisses sowie der sechs vorangegangenen Kj – also sowohl 4 % der BBG als auch 1.800 EUR p.a. – sind auf den Vervielfältigungsbetrag anzurechnen. Bei der Ermittlung des Vervielfältigungsbetrags und des Anrechnungsbetrags sind Kj vor 2005 nicht zu berücksichtigen. Dadurch läuft die Neuregelung in den nächsten Jahren ins Leere, sofern bereits eine BAV im Rahmen des § 3 Nr. 63 bestanden hat.

Die Gründe, aus denen das Dienstverhältnis beendet wird, sind ohne Bedeutung; erforderlich ist nur, dass die Beiträge anlässlich der Beendigung des Dienstverhältnisses gezahlt werden. Davon kann wohl ausgegangen werden, wenn die Zahlung bis zu drei Monate vor Auflösung des Dienstverhältnisses geleistet wird.[44] Eine gleichzeitige Anwendung der Vervielfältigungsregelungen nach S. 4 und § 40b Abs. 2 S. 3 und 4 a.F. ist nicht möglich (§ 52 Abs. 6 S. 3). Nach Auffassung von *Niermann* soll damit aber nur die gleichzeitige Anwendung beider Regelungen auf dasselbe Dienst-

---

38 BMF 20.1.2009 Rn 205.
39 BMF 20.1.2009 Rn 207.
40 Zur Beitragsfinanzierung bei der Soka-Bau s. OFD München 5.6.2003 – S 2333–41/St 41 – DStR 2003, 1300.
41 Altersvorsorgeverträge-Zertifizierungsgesetz v. 26.6.2001 (BGBl I S. 1310).
42 BMF 20.1.2009 Rn 211/268; krit. auch *Risthaus*, DStR 2008, 845.
43 BMF 20.1.2009 Rn 216.
44 Analoge Anwendung der Vermutungsregelung in LStR 40b.1 Abs. 11 S. 1.

verhältnis ausgeschlossen werden. Scheidet der AN nacheinander aus mehreren Dienstverhältnissen aus, soll er für das eine Dienstverhältnis die Altregelung und für das andere die Neuregelung in Anspruch nehmen dürfen.[45] Die Anwendung von § 3 Nr. 63 S. 4 ist ferner nicht möglich, wenn der AN bei Direktversicherungsbeiträgen für die Weiteranwendung des § 40b a.F. optiert hat (siehe § 40b Rn 2 bis 7).[46]

C. Verbindung zu anderen Rechtsgebieten und zum Prozessrecht

46 Im **SozVers-Recht** bestehen z.T. deutliche Unterschiede zur einkommensteuerlichen Beurteilung. Die Steuerfreiheit nach § 3 Nr. 63 führt zwar grds. auch zur SozVers-Freiheit (§ 1 SvEV); aus § 1 Abs. 1 S. 1 Nr. 9 SvEV ergeben sich jedoch folgende Abweichungen zum StR:
- für den **Aufstockungsbetrag** nach S. 3 von 1.800 EUR besteht keine Beitragsfreiheit;
- bei Anwendung der **Vervielfältigungsregelung** nach S. 4 besteht Beitragsfreiheit nur im Rahmen der Höchstgrenze nach S. 1 (4 % der BBG).

47 Die SozVers-Träger haben klargestellt, dass die Mehrfachgewährung der Steuerfreiheit beim **AG-Wechsel** auch im SozVers-Recht entsprechend gilt.[47]

D. Beraterhinweise

48 Bei Gestaltungen im Bereich der BAV muss beachtet werden, dass der BAV-Begriff im BetrAVG deutlich weiter gefasst ist als im StR. Während das BetrAVG auch Leistungen in Form von Kapitalauszahlungen zur BAV rechnet, sind diese im StR nicht begünstigt. Dies gilt auch für Beitragsleistungen, soweit diese die stl. normierten Grenzen übersteigen.

49 Seit dem 1.1.2005 hat der AG die verschärften Anforderungen an die **Auszahlungsform** der späteren Versorgungsleistungen zu beachten. Hat der AG etwa unter Inanspruchnahme der Steuerfreiheit nach § 3 Nr. 63 a.F. Beiträge an eine Pensionskasse entrichtet, die Versorgungsleistungen in Form einer einmaligen Kapitalauszahlung vorsieht, müssen die zugesagten Versorgungsleistungen seit 1.1.2005 auf monatliche Rentenzahlung oder einen Auszahlungsplan mit Restverrentung umgestellt werden, um die Steuerfreiheit weiterhin in Anspruch nehmen zu können.

50 Beachtet werden muss neben dem Erfordernis einer Rentenzusage auch der „enge" **Hinterbliebenenbegriff** des § 3 Nr. 63 n.F. Konnten bei bis Ende 2004 abgeschlossenen DV etwa auch Geschwister als Bezugsberechtigte im Todesfall des AN eingesetzt werden, qualifiziert die Neuregelung nur noch den Ehegatten bzw. Lebensgefährten sowie die Kinder als begünstigte Hinterbliebene. In allen anderen Fällen geht der Gesetzgeber nunmehr von einer schädlichen Vererbbarkeit der Anwartschaft aus. Dies muss bei Versorgungszusagen ab dem 1.1.2005 beachtet werden, um die Steuerfreiheit der Beiträge nicht zu gefährden.

51 Interessante **Gestaltungsmöglichkeiten** bietet die in S. 4 enthaltene Vervielfältigungsregelung. Erhält ein AN anlässlich der Beendigung des Dienstverhältnisses eine Abfindung und trifft diese mit hohen laufenden Bezügen zusammen, gewährt die regelmäßig anzuwendende „Fünftelungsregelung" (siehe § 34 Rn 2 bis 8) meist keinen oder einen nur geringen Steuervorteil. In einem derartigen Fall kann es sinnvoll sein, den Abfindungsbetrag um den maßgeblichen Vervielfältigungsbetrag zu kürzen und diesen – stfr. – in eine Direktversicherung einzuzahlen. Die spätere Versteuerung der Rentenzahlungen erfolgt dann regelmäßig zu einem deutlich geringeren Steuersatz.

52 Wegen der stl. Anerkennung von Direktversicherungen bei **Ehegatten-Arbverh** siehe § 40b Rn 23.
Zu den Aufzeichnungspflichten bei Leistungen i.S.d. § 3 Nr. 63 siehe §§ 38–39c, 41–42b Rn 34.

§ 3

Steuerfrei sind
(...)
65. a) Beiträge des Trägers der Insolvenzsicherung (§ 14 des Betriebsrentengesetzes) zugunsten eines Versorgungsberechtigten und seiner Hinterbliebenen an eine Pensionskasse oder ein Unternehmen der Lebensversicherung zur Ablösung von Verpflichtungen, die der Träger der Insolvenzsicherung im Sicherungsfall gegenüber dem Versorgungsberechtigten und seinen Hinterbliebenen hat,
b) Leistungen zur Übernahme von Versorgungsleistungen oder unverfallbaren Versorgungsanwartschaften durch eine Pensionskasse oder ein Unternehmen der Lebensversicherung in den in § 4 Abs. 4 des Betriebsrentengesetzes bezeichneten Fällen und

---

45 *Niermann*, DB 2004, 1449.
46 BMF 20.1.2009 Rn 219.

47 SozVers-Träger 21.12.2004, S. 32; entgegen *Niermann*, DB 2004, 1449.

c) der Erwerb von Ansprüchen durch den Arbeitnehmer gegenüber einem Dritten im Falle der Eröffnung des Insolvenzverfahrens oder in den Fällen des § 7 Abs. 1 Satz 4 des Betriebsrentengesetzes, soweit der Dritte neben dem Arbeitgeber für die Erfüllung von Ansprüchen auf Grund bestehender Versorgungsverpflichtungen oder Versorgungsanwartschaften gegenüber dem Arbeitnehmer und dessen Hinterbliebenen einsteht; dies gilt entsprechend, wenn der Dritte für Wertguthaben aus einer Vereinbarung über die Altersteilzeit nach dem Altersteilzeitgesetz vom 23. Juli 1996 (BGBl. I S. 1078), zuletzt geändert durch Artikel 234 der Verordnung vom 31. Oktober 2006 (BGBl. I S. 2407), in der jeweils geltenden Fassung oder auf Grund von Wertguthaben aus einem Arbeitszeitkonto in den im ersten Halbsatz genannten Fällen für den Arbeitgeber einsteht.

²In den Fällen nach Buchstabe a, b und c gehören die Leistungen der Pensionskasse, des Unternehmens der Lebensversicherung oder des Dritten zu den Einkünften, zu denen jene Leistungen gehören würden, die ohne Eintritt eines Falles nach Buchstabe a, b und c zu erbringen wären. Soweit sie zu den Einkünften aus nichtselbständiger Arbeit im Sinne des § 19 gehören, ist von ihnen Lohnsteuer einzubehalten. ³Für die Erhebung der Lohnsteuer gelten die Pensionskasse, das Unternehmen der Lebensversicherung oder der Dritte als Arbeitgeber und der Leistungsempfänger als Arbeitnehmer;

Literatur: *Kock/Otto*, Die Übertragung einer Direktzusage analog § 4 Abs. 3 BetrAVG, BB 2004, 1162; *Niermann*, Alterseinkünftegesetz – Die steuerlichen Änderungen in der betrieblichen Altersversorgung, DB 2004, 1449. **FinVerw:** LStR 3.65; LStH 3.65

A. Allgemeines

Die Steuerbefreiung gilt für Leistungen des Trägers der Insolvenzsicherung an eine Pensionskasse oder ein LV-Unternehmen, um einzelne Versorgungsberechtigte im Insolvenzfall dort einzukaufen sowie bei Übernahme von Pensionsverpflichtungen oder unverfallbaren Pensionsanwartschaften durch eine Pensionskasse oder ein LV-Unternehmen bei Einstellung der Betriebstätigkeit und Liquidation des Unternehmens. Durch das Jahressteuergesetz 2007[48] wurde die Vorschrift dahingehend erweitert, dass auch das Einstehen eines Dritten – z.B. eines Treuhänders – für die Erfüllung betrieblicher Versorgungszusagen in Insolvenzfällen nicht zum Lohnzufluss bei den AN führt. Die Neuregelung gilt gem. § 52 Abs. 7 in allen noch offenen Fällen.

B. Regelungsgehalt

Tritt beim AG der **Insolvenzfall** ein, muss der Träger der Insolvenzsicherung die Verpflichtungen aus Versorgungsversprechen des AG übernehmen. Erbringt der Träger der Insolvenzsicherung dabei Leistungen an eine Pensionskasse oder ein LV-Unternehmen (DV) zur Ablösung von Versorgungsverpflichtungen, sind diese nach Buchst. a) stfr. Es handelt sich somit um eine Übernahme von Versorgungsverpflichtungen (siehe § 3 Nr. 55 Rn 17 bis 24). Die Steuerbefreiung ist eine Befreiung für den Versorgungsberechtigten, nicht für den PSV als Träger der Insolvenzsicherung.

Wenn der AG seine Betriebstätigkeit einstellt und das Unternehmen **liquidiert**, sieht § 4 Abs. 4 BetrAVG vor, dass Versorgungsleistungen bzw. unverfallbare Versorgungsanwartschaften aufgrund einer Direktzusage nach § 6a oder Versorgungsleistungen, die von einer Unterstützungskasse erbracht werden oder zu erbringen sind, ohne Zustimmung des Versorgungsempfängers auf eine Pensionskasse oder ein LV-Unternehmen (DV) übertragen werden können, wenn die Überschussanteile ab Rentenbeginn zur Erhöhung der laufenden Leistungen verwendet werden. Damit soll verhindert werden, dass Unternehmen ausschließlich wegen bestehender Versorgungszusagen weitergeführt werden müssen. Buchst. b) regelt, dass die Übernahme der Versorgungsverpflichtungen in den genannten Fällen stfr. ist. Auch beherrschende **Gesellschafter-GF** sind in die Steuerbefreiung einzubeziehen.[49] Die Befreiung gilt nicht bei einer **Betriebsveräußerung**, wenn das Unternehmen vom Erwerber fortgeführt wird.[50]

Die AG sichern die Ansprüche ihrer AN aus einer BAV für den Fall der Insolvenz häufig zusätzlich privatrechtlich ab, etwa über das Modell der doppelseitigen Treuhand (CTA). Im Insolvenzfall können die AN ihre Versorgungsansprüche direkt gegenüber dem Treuhänder geltend machen. Buchst. c) stellt sicher, dass das Einstehen eines Dritten für die Erfüllung der Ansprüche im Insolvenzfall nicht zu steuerlichen Konsequenzen für den AN und ggf. dessen Hinterbliebene führt. Dies gilt entsprechend für Ansprüche der AN bei Altersteilzeitmodellen und aus Arbeitszeitkonten.

Nach S. 2–4 sind die späteren (Versorgungs-)leistungen so zu behandeln, als wäre der Sicherungsfall nicht eingetreten. Es handelt sich somit um Einkünfte aus **nichtselbständiger Arbeit** gem. § 19. Die Pensionskasse, das LV-Unternehmen bzw. der Treuhänder gelten als **AG** und müssen den entsprechenden LSt-Abzug vornehmen.

---

48 BGBl I 2006 S. 2878.
49 LStR 3.65 Abs. 1 S. 3.
50 LStR 3.65 Abs. 1 S. 4.

§ 3

Steuerfrei sind
(...)
66. Leistungen eines Arbeitgebers oder einer Unterstützungskasse an einen Pensionsfonds zur Übernahme bestehender Versorgungsverpflichtungen oder Versorgungsanwartschaften durch den Pensionsfonds, wenn ein Antrag nach § 4d Abs. 3 oder § 4e Abs. 3 gestellt worden ist;

Literatur: *Friedrich/Weigel*, Die steuerliche Behandlung verschiedener Finanzierungsmodelle bei der Auslagerung unmittelbarer Versorgungszusagen und Unterstützungskassenzusagen auf einen Pensionsfonds, DB 2004, 2282; *Heeg/Schramm*, Der steinige Weg aus der Pensionszusage – Vermögensverwaltende „Rentner-GmbH" vom BFH nicht akzeptiert, DStR 2007, 1706; *Meier/Bätzel*, Auslagerung von Pensionsrückstellungen auf einen Pensionsfonds – Motive und Gestaltungsoptionen unter Beachtung der Änderungen durch das Alterseinkünftegesetz –, DB 2004, 1437; *Niermann*, Alterseinkünftegesetz – Die steuerlichen Änderungen in der betrieblichen Altersversorgung, DB 2004, 1449; *Risthaus*, Steuerrechtliche Förderung der privaten Altersvorsorge und der betrieblichen Altersversorgung, DStR 2008, 845. **FinVerw:** LStH 3.66; BMF 20.1.2009 – IV C 3-S 2496/08/10011, IV C 5-S 2333/07/0003 – BStBl I S. 273 = DStZ 2009, 225; OFD Münster 14.7.2008 – S-2332–147-St 22–31 – LEXinform 5231684; BMF 26.10.2006 – IV B 2 – S 2144 – 57/06 – BStBl I S. 709 = DB 2006, 2432. **SozVers-Träger:** Spitzenorg. d. SozVers-Träger 21.12.2004, www.vdak-aev.de

A. Allgemeines

58 Die Vorschrift gewährt Steuerfreiheit bei der **Überleitung** einer BAV in Form einer Direktzusage oder über eine Unterstützungskasse auf eine Altersversorgung durch einen Pensionsfonds. Voraussetzung für die Steuerfreiheit ist ein Antrag des AG, die bei der Übertragung entstehenden BA über zehn Jahre verteilt abzuziehen.

B. Regelungsgehalt

59 Die Übernahme bzw. Übertragung von Versorgungsverpflichtungen oder Versorgungsanwartschaften aus Direktzusagen des AG oder aus Unterstützungskassen auf einen **Pensionsfonds** führt grds. zu stpfl. Arbeitslohn, weil der AN im Zeitpunkt der Übertragung einen unmittelbaren und unentziehbaren Rechtsanspruch auf die späteren Versorgungsleistungen gegenüber dem Pensionsfonds erwirbt und die für die Übertragung zu zahlenden Beiträge i.d.R. die Grenzen des § 3 Nr. 63 (4 % der BBG in der gesetzlichen RV zzgl. 1.800 EUR für Neuzusagen, ggf. Vervielfältigungsregelung) übersteigen. § 3 Nr. 66 stellt diese Übernahme bzw. Übertragung der Versorgungsverpflichtung von einem internen Durchführungsweg auf einen Pensionsfonds daher ausdrücklich von der LSt frei.

60 Hat der AG für dem AN erteilte Versorgungsversprechen **Pensionsrückstellungen** gebildet, sind diese wegen des in § 6a vorgeschriebenen Diskontierungszinssatzes von 6 % und der Heubeck-Sterbetafeln gegenüber der finanzmathematischen Berechnung der Versorgungsverpflichtung durch den Pensionsfonds unterbewertet. Im Zeitpunkt der Übertragung entsteht somit ein zusätzlicher BA-Abzug, weil der Pensionsfonds eine Bewertung der Versorgungsverpflichtung nach versicherungsmathematischen Grundsätzen durchführen wird und vom AG eine Zahlung fordern wird, die den Wert der Pensionsrückstellung übersteigt. Voraussetzung für die Steuerfreiheit nach § 3 Nr. 66 ist, dass der AG beantragt, den entstehenden Mehraufwand entsprechend § 4d Abs. 3 oder § 4e Abs. 3 gleichmäßig auf die nächsten zehn Wirtschaftsjahre zu verteilen. Der Antrag bindet auch einen etwaigen Rechtsnachfolger des AG.[51] Stellt der AG den Antrag nicht und zieht er den Mehraufwand sofort ab, wird die Steuerfreiheit hinsichtlich der Übertragung versagt. Der AN wird seine Zustimmung zur Übertragung somit regelmäßig davon abhängig machen, dass der AG einen entsprechenden Antrag stellt. Die Steuerfreiheit gilt auch dann, wenn beim übertragenden Unternehmen keine Leistungen i.S.v. § 4d Abs. 3 oder § 4e Abs. 3 anfallen.[52]

61 Bei aktiven Beschäftigten kann § 3 Nr. 66 nur für den erdienten Teil der Pensionszusage (Past Service) in Anspruch genommen werden. Zahlungen für den noch zu erdienenden Teil (Future Service) unterliegen der betragsmäßigen Begrenzung des § 3 Nr. 63. Leistungen zur Übernahme bestehender Versorgungsverpflichtungen gegenüber Leistungsempfängern (laufende Rentenzahlungen) und unverfallbarer Versorgungsanwartschaften ausgeschiedener Versorgungsberechtigter fallen hingegen insgesamt unter § 3 Nr. 66, wenn ein Antrag nach § 4d Abs. 3 bzw. § 4e Abs. 3 gestellt wird.[53]

---

[51] *Schönfeld*, Anhang 6, Tz 12.
[52] BMF 20.1.2009 Rn 220.
[53] BMF 26.10.2006 Tz. 1.

C. Verbindung zu anderen Rechtsgebieten und zum Prozessrecht

Bei Inanspruchnahme der Steuerfreiheit nach § 3 Nr. 66 besteht auch Beitragsfreiheit in der **SozVers** (§ 1 Abs. 1 S. 1 Nr. 10 SvEV).

62

D. Beraterhinweise

Erhält ein AN Versorgungsleistungen aus einer Direktzusage des AG, handelt es sich um Einkünfte aus nichtselbstständiger Arbeit, sodass der Versorgungsfreibetrag nach § 19 Abs. 2 sowie der AN-Pauschbetrag nach § 9a S. 1 Nr. 1 zu gewähren sind. Wird die Direktzusage auf einen Pensionsfonds übertragen, unterliegen die Versorgungsleistungen nach § 22 Nr. 5 S. 1 der vollen Besteuerung. Nur bei Zusagen, bei denen die Auszahlung der Leistungen bereits vor dem 1.1.2002 begonnen hat, können der Versorgungsfreibetrag und der AN-Pauschbetrag weiterhin abgezogen werden (§ 52 Abs. 34b). AN, bei denen mit der Auszahlung der Leistungen erst nach dem 31.12.2001 begonnen worden ist, werden ihre Zustimmung zur Übertragung somit regelmäßig von einem finanziellen Ausgleich für die nachteiligere stl. Behandlung ihrer Versorgungsleistungen abhängig machen.

63

Überträgt der AG den dienstzeitanteilig erdienten Teil einer Versorgungsverpflichtung nach § 3 Nr. 66 auf einen Pensionsfonds, stellt sich das Problem, dass weitere Leistungen an den Pensionsfonds zur Erfüllung der Zusage nur im Rahmen des § 3 Nr. 63 möglich sind, was vielfach nicht ausreichen wird. Ggf. muss die Kombination mit einem anderen Versorgungsträger wie der rückgedeckten Unterstützungskasse gewählt werden, um den zukünftig erdienbaren Teil der Zusage (Future Service) abzusichern.

64

4. Überschuss der Einnahmen über die Werbungskosten

§ 8 Einnahmen

(1) Einnahmen sind alle Güter, die in Geld oder Geldeswert bestehen und dem Steuerpflichtigen im Rahmen einer der Einkunftsarten des § 2 Abs. 1 Satz 1 Nr. 4 bis 7 zufließen.

(2) [1]Einnahmen, die nicht in Geld bestehen (Wohnung, Kost, Waren, Dienstleistungen und sonstige Sachbezüge), sind mit den um übliche Preisnachlässe geminderten üblichen Endpreisen am Abgabeort anzusetzen. [2]Für die private Nutzung eines betrieblichen Kraftfahrzeugs zu privaten Fahrten gilt § 6 Abs. 1 Nr. 4 Satz 2 entsprechend. [3]Kann das Kraftfahrzeug auch für Fahrten zwischen Wohnung und Arbeitsstätte genutzt werden, erhöht sich der Wert in Satz 2 für jeden Kalendermonat um 0,03 Prozent des Listenpreises im Sinne des § 6 Abs. 1 Nr. 4 Satz 2 für jeden Kilometer der Entfernung zwischen Wohnung und Arbeitsstätte. [4]Der Wert nach den Sätzen 2 und 3 kann mit dem auf die private Nutzung und die Nutzung zu Fahrten zwischen Wohnung und Arbeitsstätte entfallenden Teil der gesamten Kraftfahrzeugaufwendungen angesetzt werden, wenn die durch das Kraftfahrzeug insgesamt entstehenden Aufwendungen durch Belege und das Verhältnis der privaten Fahrten und der Fahrten zwischen Wohnung und Arbeitsstätte zu den übrigen Fahrten durch ein ordnungsgemäßes Fahrtenbuch nachgewiesen werden. [5]Die Nutzung des Kraftfahrzeugs zu einer Familienheimfahrt im Rahmen einer doppelten Haushaltsführung ist mit 0,002 Prozent des Listenpreises im Sinne des § 6 Abs. 1 Nr. 4 Satz 2 für jeden Kilometer der Entfernung zwischen dem Ort des eigenen Hausstands und dem Beschäftigungsort anzusetzen; dies gilt nicht, wenn für diese Fahrt ein Abzug von Werbungskosten nach § 9 Absatz 1 Satz 3 Nummer 5 Satz 3 und 4 in Betracht käme; Satz 4 ist sinngemäß anzuwenden. [6]Bei Arbeitnehmern, für deren Sachbezüge durch Rechtsverordnung nach § 17 Abs. 1 Satz 1 Nr. 4 des Vierten Buches Sozialgesetzbuch Werte bestimmt worden sind, sind diese Werte maßgebend. [7]Die Werte nach Satz 6 sind auch bei Steuerpflichtigen anzusetzen, die nicht der gesetzlichen Rentenversicherungspflicht unterliegen. [8]Die oberste Finanzbehörde eines Landes kann mit Zustimmung des Bundesministeriums der Finanzen für weitere Sachbezüge der Arbeitnehmer Durchschnittswerte festsetzen. [9]Sachbezüge, die nach Satz 1 zu bewerten sind, bleiben außer Ansatz, wenn die sich nach Anrechnung der vom Steuerpflichtigen gezahlten Entgelte ergebenden Vorteile insgesamt 44 Euro im Kalendermonat nicht übersteigen.

(3) [1]Erhält ein Arbeitnehmer auf Grund seines Dienstverhältnisses Waren oder Dienstleistungen, die vom Arbeitgeber nicht überwiegend für den Bedarf seiner Arbeitnehmer hergestellt, vertrieben oder erbracht werden und deren Bezug nicht nach § 40 pauschal versteuert wird, so gelten als deren Werte abweichend von Absatz 2 die um 4 Prozent geminderten Endpreise, zu denen der Arbeitgeber oder dem Abgabeort nächstansässige Abnehmer die Waren oder Dienstleistungen fremden Letztverbrauchern im allgemeinen Geschäftsverkehr anbietet. [2]Die sich nach Abzug der vom Arbeitnehmer gezahlten Entgelte ergebenden Vorteile sind steuerfrei, soweit sie aus dem Dienstverhältnis insgesamt 1 080 Euro im Kalenderjahr nicht übersteigen.

Literatur: *Haas*, Aktuelles zur Firmenwagenbesteuerung, DStR 2008, 656; *Meyer-Scharenberg*, Bewertung geldwerter Vorteile aus Haustarifen in der Versicherungswirtschaft, DStR 2005, 1211; *Plenker/Schaffhausen*, Ausgesuchte Zweifelsfragen zum neuen Reisekostenrecht, DB 2008, 1822; *Richter, Heinz/Richter, Horst*, Rabatte an Arbeitnehmer in der lohnsteuerlichen Praxis, NWB F. 6, 4519; *Roscher/v. Bornhaupt*, Die lohnsteuerliche Behandlung beruflicher Fort- und Weiterbildungsmaßnahmen des Arbeitgebers, DStR 2003, 964; *Vogelsang*, Dienstwagenbenutzung für Fahrten zwischen Wohnung und Arbeitsstätte, NWB F. 6, 4957; *Werner*, Gestellung von Kleidung an Arbeitnehmer, NWB F. 6, 4745; *Wolf*, Bewegung in der Besteuerung von Firmenwagen, DStR 2009, 152. **FinVerw:** LStR 8.1, 8.2; LStH 8.1, 8.2

A. Allgemeines ... 1	4. 44 EUR-Freigrenze (S. 9) ... 16
B. Regelungsgehalt ... 2	III. Anwendung des Rabattfreibetrags (Abs. 3) ... 18
I. Begriff der Einnahmen (Abs. 1) ... 2	1. Wertermittlung (S. 1) ... 19
II. Höhe und Bewertung der Einnahmen im Allgemeinen (Abs. 2) ... 7	2. Höhe des Freibetrags (S. 2) ... 21
1. Grundsatz der Einzelbewertung (S. 1) ... 7	C. Verbindung zu anderen Rechtsgebieten und zum Prozessrecht ... 22
2. Einnahmen aus Kfz-Gestellung (S. 2 bis 5) ... 8	D. Beraterhinweise ... 24
3. Amtliche Sachbezugswerte (S. 6 bis 8) ... 15	

A. Allgemeines

1 § 8 EStG enthält eine Legaldefinition des Einnahmebegriffs, der Ausgangsgröße für die Ermittlung der Überschusseinkünfte (nichtselbstständige Arbeit, Kapitalvermögen, Vermietung und Verpachtung sowie Sonstige Einkünfte) ist. Die Vorschrift regelt, was Einnahmen sind und wie hoch sie zu bewerten sind. Sie enthält dabei insb. Bewertungsregeln für die nicht in Geld bestehenden Einnahmen. § 8 EStG ist eine reine Bewertungsvorschrift. Die sachliche Steuerpflicht von Einnahmen regeln hingegen die §§ 19–23 i.V.m. § 3. Die zeitliche Zurechnung der Einnahmen bestimmt sich nach § 11 bzw. bei den Einkünften aus nichtselbstständiger Arbeit nach § 38a Abs. 1 S. 2 u. 3.

B. Regelungsgehalt

I. Begriff der Einnahmen (Abs. 1)

2 Abs. 1 definiert den Begriff „Einnahmen" als alle Güter, die in Geld oder Geldeswert bestehen und dem Stpfl. im Rahmen einer der Einkunftsarten des § 2 Abs. 1 S. 1 Nr. 4–7 zufließen. Erfasst werden dadurch alle Zuflüsse von dritter Seite im Rahmen der Einkunftsfälle, die die steuerbare Leistungsfähigkeit des Stpfl. erhöhen, unabhängig davon, ob es sich um Geld- oder Sachleistungen handelt. Bei Zuflüssen in Geld bestehen grds. keine Bewertungsprobleme. Erfolgt der Zufluss in **Fremdwährung**, ist eine Umrechnung in EUR vorzunehmen, es handelt sich jedoch nicht um einen Sachbezug.[1] Zu den Gütern in Geldeswert (Sachbezüge) rechnen unentgeltliche oder verbilligte Sachleistungen sowie Nutzungsvorteile (z.B. Wohnung, Kost etc.).

3 Keine Einnahmen stellen **ideelle Vorteile** wie z.B. die Ausgestaltung des Arbeitsplatzes oder Aufwendungen des AG zur Förderung des Betriebsklimas dar.[2] Dies gilt auch für Vorteile, die sich lediglich als notwendige Begleiterscheinung betriebsfunktionaler Zielsetzungen erweisen, etwa wenn ein Paketzustelldienst seinen Fahrern die gegen diese verhängten Verwarnungsgelder wegen Verletzung von Halteverboten erstattet[3] oder wenn den Mitarbeitern im Handel einheitliche Kleidungsstücke überlassen werden.[4] Derartige Vorteile werden im ganz überwiegend eigenbetrieblichen Interesse des AG gewährt und sind keine Gegenleistung für Dienste des AN. Dies gilt nicht für dem AN gewährte **Incentive-Reisen**.[5] Auch bloße **Aufmerksamkeiten** des AG stellen keinen Arbeitslohn dar (z.B. Sachgeschenke bis zu einem Wert von 40 EUR anlässlich besonderer persönlicher Ereignisse).[6]

---

1 LStR 8.1 Abs. 1 S. 6; ebenso BFH 27.10.2004 – VI R 29/02 – BStBl II 2005 S. 135 = BFH/NV 2005, 290.
2 BFH 27.3.1991 – VI R 126/87 – BStBl II S. 720 = BFHE 164, 266.
3 BFH 7.7.2004 – VI R 29/00 – BStBl II 2005 S. 367 = DStR 2005, 417.
4 BFH 22.6.2006 – VI R 21/05 – BStBl II S. 915 = DStR 2006, 1795.
5 BFH 6.10.2004 – X R 36/03 – BFH/NV 2005, 682.
6 LStR 19.6.

Im Einzelfall ist folgende Abgrenzung vorzunehmen:

Einnahmen	Keine Einnahmen
Verzicht des AG auf eine Schadensersatzforderung gegen den AN[7]	(unentgeltlicher) Verzicht auf Einnahmen[8]
Nutzungsvorteile (z.B. Kfz, Wohnung, Freiflüge, Darlehen, Telefonnutzung)[9]	ersparte Aufwendungen durch eigene Leistung
Ersatz von WK	Auslagenersatz,[10] durchlaufende Gelder

Auslagenersatz liegt vor, wenn der AG dem AN die Kosten, die nach arbeitsrechtlichen oder auftragsrechtlichen Regeln vom AG zu tragen sind, ersetzt, weil sie der AN in Ausführung seiner Arbeitsleistung in ganz überwiegendem Interesse des AG getätigt hat, etwa wenn der AN im Auftrag des AG eine Dienstreise durchführt und hierfür eine Fahrkarte erwirbt.[11] **WK-Ersatz** ist gegeben, wenn der AN nach arbeitsrechtlichen Regeln die Kosten eigentlich selber hätte tragen müssen, z.B. wenn der AN für eigene Rechnung die Teilnahme an einer Fortbildungsveranstaltung bucht und der AG anschließend die Aufwendungen ersetzt. Der WK-Ersatz des AG ist nur stfr., soweit dies gesetzlich bestimmt ist.[12]

Die **Steuerpflicht** der einzelnen Kategorien von Einnahmen ist jeweils gesondert zu prüfen (z.B. Steuerfreiheit für die Privatnutzung von betrieblichem Telefon und PC nach § 3 Nr. 45).

II. Höhe und Bewertung der Einnahmen im Allgemeinen (Abs. 2)

1. Grundsatz der Einzelbewertung (S. 1).
Sachbezüge sind grds. einzeln mit dem um übliche Preisnachlässe geminderten Endpreis am Abgabeort im Zeitpunkt des Zuflusses zu bewerten. Endpreis ist der Preis, der im allgemeinen Geschäftsverkehr von Letztverbrauchern in der Mehrzahl der Verkaufsfälle am Abgabeort für gleichartige Waren oder Dienstleistungen tatsächlich gezahlt wird. Er schließt die USt und sonstige Preisbestandteile ein.[13] Den subjektiven Vorstellungen der Vertragspartner über die Frage, ob und in welcher Höhe eine Einnahme vorliegt, kommt keine Bedeutung zu. Vom Endpreis will die FinVerw aus Vereinfachungsgründen einen Abschlag von 4 % vornehmen.[14] Der Nachweis eines höheren üblichen Nachlasses ist möglich.[15] Vergleichspreis ist grds. der günstigste Preis am Markt.[16]

Demnach erlangt ein AN keinen lohnsteuerrechtlich zu erfassenden Vorteil, wenn der AG ihm ein **Darlehen** zu einem marktüblichen Zinssatz gewährt.[17] Der noch in den LStR 2005 enthaltene Vergleichszinssatz (LStR 31 Abs. 11 S. 3) von 5 % ist daher nicht mehr anzuwenden.[18]

2. Einnahmen aus Kfz-Gestellung (S. 2 bis 5).
S. 2–5 regeln die Bewertung von Sachbezügen, die in der Nutzung **betrieblicher Kfz** für private Fahrten bestehen. S. 2 verweist für den Wertansatz reiner Privatfahrten auf § 6 Abs. 1 Nr. 4 S. 2. Danach sind monatlich 1 % des inländischen Kfz-Listenneupreises zuzüglich USt und Sonderausstattung als Zusatzlohn zu versteuern. Die Vorschrift ist nur bei betrieblichen Kfz anwendbar, d.h. es muss sich um ein Fahrzeug handeln, das zivilrechtliches bzw. wirtschaftliches Eigentum des AG darstellt bzw. vom AG selbst geleast wurde. Erstattet der AG einem AN hingegen sämtliche Kosten für dessen eigenes Kfz, handelt es sich bei den Zahlungen um Barlohn.[19] Der Listenneupreis ist auch bei gebraucht erworbenen Kfz anzusetzen. Er umfasst auch die Sonderausstattung, wozu auch **Navigationsgeräte**[20] und Diebstahlsicherungssysteme[21] rechnen. Aufwendungen für ein Autotelefon sowie für einen weiteren Satz Reifen einschließlich Felgen sind dagegen vom Listenpreis zu kürzen.[22] Wird ein Kfz mit **Fahrer** zur Verfügung gestellt, will die FinVerw den Nutzungswert grds. um 50 % erhöhen.[23] Die 1 %-Regelung greift nicht bei Fahrzeugen, die so gut wie ausschließlich zur Beförderung von Gütern bestimmt sind (z.B. Werkstattwagen).[24]

---

7 BFH 27.3.1992 – VI R 145/89 – BStBl II S. 837 = BFHE 168, 99.
8 BFH 5.12.1990 – I R 5/88 – BStBl II 1991 S. 308 = BFHE 163, 87.
9 BFH 23.10.1985 – I R 248/81 – BStBl II 1986 S. 178 = BFHE 145, 175.
10 BFH 21.8.1995 – VI R 30/95 – BStBl II S. 906 = BFHE 178, 350.
11 LStR 3.50 Abs. 1.
12 LStR 19.3 Abs. 3 S. 1.
13 LStR 8.1 Abs. 2 S. 2 u. 3.
14 LStR 8.1 Abs. 2 S. 9.
15 LStR 8.1 Abs. 2 S. 4 u. 5.
16 BFH 12.4.07 – VI R 36/04 – DStRE 2007, 1295.
17 BFH 4.5.2006 – VI R 28/05 – BStBl II S. 781 = DStR 2006, 1594.
18 BMF 1.10.2008 – IV C 5-S 2334/07/0009 – BStBl I S. 892.
19 BFH 6.11.2001 – VI R 54/00 – BStBl II 2002 S. 164 = DStR 2002, 210.
20 LStR 8.1 Abs. 9 Nr. 1 S. 6; BFH 16.2.2005 – VI R 37/04 – BStBl II 2005 S. 563 = DStR 2005, 1135.
21 LStR 8.1 Abs. 9 Nr. 1 S. 6.
22 LStR 8.1 Abs. 9 Nr. 1 S. 6.
23 LStR 8.1 Abs. 10.
24 BFH 18.12.2008 – VI R 34/07 – BStBl II 2009 S. 381 = DStR 2009, 261.

9   Laufende **Zuzahlungen des AN** für die Nutzung des Kfz mindern den Wert des Nutzungsvorteils.[25] Hat der AN einen Teil der laufenden Betriebskosten selbst zu tragen (etwa Treibstoffkosten bei Privatfahrten), stellt dies aber kein Entgelt für die Fahrzeugüberlassung dar, sodass der pauschale Nutzungswert nicht zu kürzen ist.[26] Zu einer Minderung des Nutzungswerts soll es auch kommen, wenn der AN einen Zuschuss zu den **Anschaffungskosten** des Kfz leistet. Die Rspr. behandelt die Zuzahlung als Anschaffungskosten für ein **Nutzungsrecht**, das über die voraussichtliche Nutzungsdauer abzuschreiben ist. Die AfA stellt WK des AN dar.[27] Die FinVerw will die Zuzahlung hingegen im Zahlungsjahr und ggfs. in den folgenden Kj auf den geldwerten Vorteil anrechnen.[28] Steht das Kfz gleichzeitig **mehreren AN** zur Verfügung, ist der geldwerte Vorteil auf die Nutzungsberechtigten entsprechend aufzuteilen.[29] Stehen einem AN gleichzeitig **mehrere Kfz** zur Verfügung, ist der private Nutzungswert grds. für jedes Kfz anzusetzen. Die FinVerw will dem privaten Nutzungswert allerdings nur den Listenpreis des überwiegend genutzten Kfz zugrunde legen, wenn die Nutzung der Fahrzeuge durch andere zur Privatsphäre des AN gehörende Personen so gut wie ausgeschlossen ist.[30]

10 Durch die 1%-Regelung sind alle durch die Kfz-Nutzung anfallenden Kosten einschließlich ao Kosten und alle damit zusammenhängenden AG-Zuschüsse abgegolten. Dies gilt nicht für Autobahnvignetten und Mautgebühren, die rein private Fahrten betreffen.[31] Stellt der AN das betriebliche Kfz in einer eigenen **Garage** unter, so ist ein vom AG dafür gezahltes Nutzungsentgelt kein Lohn, sondern es handelt sich um Einnahmen des AN aus Vermietung und Verpachtung.[32] Wird das Kfz in einer vom AN angemieteten Garage untergestellt, so handelt es sich bei der vom AG erstatteten Garagenmiete um stfr. Auslagenersatz und zwar auch dann, wenn der AG nur eine Zuzahlung leistet.[33] Der vom AN zu versteuernde Betrag darf insg. nicht höher sein, als die dem AG für das Kfz tatsächlich entstandenen Gesamtkosten (Kostendeckelung).[34]

11 Hat der AG dem AN die Privatnutzung des Kfz untersagt, kann vom Ansatz des pauschalen Nutzungswerts nach Auffassung der FinVerw nur abgesehen werden, wenn der AG die Einhaltung seines Verbots überwacht oder wenn wegen der besonderen Umstände des Falles die verbotene Nutzung so gut wie ausgeschlossen ist, z.B. wenn der AN das Fahrzeug nach seiner Arbeitszeit und am Wochenende auf dem Betriebsgelände abstellt und den Schlüssel abgibt.[35] Die Rspr. geht hingegen grds. davon aus, dass sich der AN über ein arbeitsvertragliches **Privatnutzungsverbot** nicht hinwegsetzen wird. Von einer privaten Mitbenutzung des Kfz könne nur dann ohne weiteres ausgegangen werden, wenn anzunehmen ist, dass das Verbot nur zum Schein ausgesprochen wurde, der AG tatsächlich also mit der Privatnutzung einverstanden ist und dies gegenüber dem AN auch zum Ausdruck gebracht hat.[36] Die bloße Nichtüberwachung eines arbeitsvertraglichen Privatnutzungsverbots allein lässt danach nicht zwangsläufig auf eine vom AG geduldete private Nutzung durch den AN schließen.[37] Dies gilt aber nicht bei einem beherrschenden Gesellschafter-GF.[38]

12 Nach S. 3 erhöht sich der Wertansatz der Privatfahrten für jeden Kalendermonat um 0,03 % des Listenneupreises für jeden Kilometer der Entfernung zwischen Wohnung und Arbeitsstätte, wenn das Kfz auch für **Fahrten zwischen Wohnung und Arbeitsstätte** genutzt werden kann.[39] Ob und wie oft der AN das Fahrzeug tatsächlich für Fahrten zwischen Wohnung und Arbeitsstätte nutzt, soll nach Auffassung der FinVerw unerheblich sein.[40] Die pauschalierende Regelung unterstellt eine Nutzung des Fahrzeugs zu Fahrten zwischen Wohnung und Arbeitsstätte an 15 Tagen in Monat bzw. 180 Tagen im Jahr. Ein durch Urlaub oder durch Krankheit bedingter Nutzungsausfall ist dabei im Nutzungswert pauschal berücksichtigt. Die Rspr. stellt hingegen sowohl hinsichtlich der Anzahl der durchgeführten Fahrten als auch der Entfernung auf die tatsächliche Nutzung ab. Sucht ein Außendienst-MA den Betriebssitz des AG nur einmal wöchentlich auf – was für die Annahme einer regelmäßigen Arbeitsstätte ausreichend ist[41] –, sind nur die tatsächlich durchgeführten Fahrten mit 0,002 % des Listenpreises je Entfernungskilometer anzusetzen.[42] Entsprechendes gilt, wenn der AN mit dem Fahrzeug nur eine Teilstrecke zurücklegt – etwa zum nächstgelegenen Bahnhof – und dann die Bahn benutzt. In diesem Fall ist als Entfernung die mit dem Kfz tatsächlich gefahrene Strecke anzu-

---

25 LStR 8.1 Abs. 9 Nr. 4 S. 1.
26 BFH 18.10.2007 – VI R 96/04 – BStBl II 2008 S. 198 = NJW 2008, 607.
27 BFH 18.10.2007 – VI R 59/06 – NJW 2008, 605; *Schneider*, NWB F. 6, 4891.
28 BMF 6.2.2009 – IV C 5-S 2334/08/10003 – BStBl I S. 413 = DStR 2009, 376.
29 LStH 8.1 Abs. 9, 10 „Nutzung durch mehrere AN".
30 LStH 8.1 Abs. 9, 10 „Überlassung mehrerer Kraftfahrzeuge".
31 BFH 14.9.2005 – VI R 37/03 – BStBl II 2006 S. 72 = DStR 2005, 1933.
32 BFH 7.6.2002 – VI R 145/99 – BStBl II S. 829 = DB 2002, 1918.
33 BFH 7.6.2002 – VI R 145/99 – BStBl II S. 829 = DB 2002, 1918; BFH 7.6.2002 – VI R 1/00 – BFH/NV 2003, 16.
34 LStH 8.1 Abs. 9, 10 „Begrenzung des pauschalen Nutzungswerts".
35 LStH 8.1 Abs. 9, 10 „Nutzungsverbot".
36 FG Nds 25.11.2003 – 1 K 354/01 – EFG 2004, 1675, rkr.
37 FG Nds 25.11.2004 – 11 K 459/03 – DStRE 2005, rkr.
38 FG Brandenburg 26.10.2005 – 2 K 1763/02 – DStRE 2006, 273, rkr.
39 Bei verschiedenen Wohnungen oder verschiedenen Arbeitsstätten s. LStH 8.1 Abs. 9, 10 „Fahrten zwischen Wohnung und regelmäßiger Arbeitsstätte bei pauschaler Nutzungswertermittlung".
40 LStR 8.1 Abs. 9 Nr. 1 S. 2.
41 LStR 9.4 Abs. 3 S. 4.
42 BFH 4.4.08 – VI R 85/04 – DStR 2008, 1185.

setzen. In beiden Fällen ist nicht Voraussetzung, dass der AN für Zwecke der Fahrten zwischen Wohnung und Arbeitsstätte ein lückenloses Fahrtenbuch führt. Vielmehr kann die tatsächliche Nutzung auch durch Einsatzpläne, Reisekostenabrechnungen oder – bei Nutzung des Kfz für eine Teilstrecke – durch eine auf den AN ausgestellte Jahres-Bahnfahrkarte nachgewiesen werden.[43] Die Finanzverwaltung hat auf die Entscheidung VI R 85/04 mit einem Nichtanwendungserlass reagiert. Die Entscheidungen VI R 68/05 sowie VI R 52/07 (Park & Ride-Fälle) sollen hingegen „aus Billigkeitsgründen" angewandt werden.[44]

Im Gegenzug zur Versteuerung des geldwerten Vorteils kann der AN im Rahmen seiner ESt-Erklärung die **Entfernungspauschale** nach § 9 Abs. 1 S. 3 Nr. 4 geltend machen. Aufgrund der Neufassung durch das Gesetz zur Fortführung der Gesetzeslage 2006 bei der Entfernungspauschale vom 20.4.2009[45] gilt die Pauschale rückwirkend ab dem VZ 2007 wieder ab dem 1. Entfernungskilometer. Eine Saldierung des geldwerten Vorteils mit der Entfernungspauschale im Rahmen der Lohnabrechnung ist nicht zulässig.[46]

Die pauschale Besteuerung der privaten Kfz-Nutzung nach Abs. 2 S. 2 u. 3 kann der Stpfl. nur vermeiden, wenn er ein **Fahrtenbuch** führt und sich dadurch die auf die Privatfahrten sowie die Fahrten zwischen Wohnung und Arbeitsstätte entfallenden Kosten ermitteln lassen (sog. „Escape-Klausel"). Das Fahrtenbuch ist während der gesamten Nutzungszeit zu führen, ein repräsentativer Zeitraum reicht nicht aus.[47] Während des Kj ist bei demselben Kfz ein Wechsel von der Fahrtenbuchmethode zur pauschalen Methode und umgekehrt nicht zulässig.[48] Bei mehreren betrieblichen Kfz können jedoch gleichzeitig unterschiedliche Berechnungsmethoden für den Privatanteil angewandt werden.[49] Wenn der Lohnabrechnung die pauschale Berechnungsmethode zugrunde gelegt wird, ist der AN hieran im Rahmen seiner ESt-Veranlagung nicht gebunden, sondern kann hier eine Berechnung anhand eines Fahrtenbuchs vornehmen.[50]

Nutzt der AN ein betriebliches Kfz für Familienheimfahrten im Rahmen einer **doppelten Haushaltsführung**, so hat er für jeden Entfernungskilometer zwischen seinem Wohnort und dem Beschäftigungsort einen geldwerten Vorteil in Höhe von 0,002 % des Listenpreises zusätzlich zu versteuern. Dies gilt nicht, wenn der Stpfl. die Familienheimfahrt nach § 9 Abs. 1 Nr. 5 S. 3 und 4 als WK abziehen könnte. Nachdem die Zweijahresbegrenzung hinsichtlich der Aufwendungen im Rahmen einer doppelten Haushaltsführung entfallen ist, hat die Vorschrift somit nur noch Bedeutung, wenn mehr als eine Familienheimfahrt pro Woche durchgeführt wird. In den übrigen Fällen kommt es nicht zum Ansatz eines geldwerten Vorteils. Führt der AN mit einem eigenen Kfz eine Familienheimfahrt durch, kann der AG die entstehenden Aufwendungen für eine Fahrt pro Woche auch stfr. ersetzen (§ 3 Nr. 16); dies gilt nicht für Fahrten zwischen Wohnung und Arbeitsstätte. S. 5 Hs. 2 stellt klar, dass auch hier eine Bewertung anhand der tatsächlichen Kosten möglich ist, wenn ein Fahrtenbuch geführt wird.

3. Amtliche Sachbezugswerte (S. 6 bis 8). Die SvEV[51] nach § 17 Abs. 1 S. 1 Nr. 4 SGB IV regelt die Bewertung häufig vorkommender Sachzuwendungen an rv-pflichtige AN (Kost, Wohnung, Heizung, Beleuchtung). Diese Werte wurden für das StR übernommen. Sie gehen Abs. 2 S. 1 sowie tariflichen Vereinbarungen vor und werden jährlich angepasst und veröffentlicht.[52] S. 7 erstreckt die Anwendung der amtlichen Sachbezugswerte auch auf nicht rv-pflichtige AN (z.B. Gesellschafter-GF von GmbHs).

4. 44 EUR-Freigrenze (S. 9). Die Freigrenze von 44 EUR pro Monat gilt nur für **Sachbezüge**, die nach S. 1 mit dem üblichen Endpreis zu bewerten sind. Vom Stpfl. gezahlte Entgelte sind hierbei anzurechnen. Wird die Freigrenze in einem Monat nicht ausgeschöpft, kann ein verbleibender Betrag nicht auf andere Monate übertragen werden.[53] Wendet der AG dem AN daher eine Fahrkarte mit Gültigkeit für ein Jahr zu, kann somit keine fiktive Verteilung auf die einzelnen Monate erfolgen.[54]

Hauptproblem bei der Anwendung der Freigrenze ist die Abgrenzung zwischen Sachlohn und nicht begünstigtem Barlohn. Hierzu gilt im Einzelnen folgendes:

– **Warengutscheine**, die bei einem Dritten einzulösen sind, stellen nur dann Sachlohn dar, wenn auf den Gutscheinen die Sache konkret bezeichnet ist und kein Höchstbetrag angegeben ist.[55] Sind die Gutscheine beim AG einzulösen, liegt immer Sachlohn vor, auch wenn der Gutschein nur auf einen EUR-Betrag lautet.[56]

---

43 BFH 4.4.08 – VI R 68/05 – DStR 2008, 1182; BFH 28.8.2008 – VI R 52/07 – BStBl II 2009 S. 280 = DStR 2008, 2469; *Vogelsang*, NWB F. 6, 4957.
44 BMF 23.10.2008 – IV C 5-S 2334/08/10010 – BStBl I S. 961 = DStR 2008, 2166; BMF 12.3.2009 – IV C 5-S 2334/08/10010 – BStBl I S. 500 = DStR 2009, 585.
45 BGBl I 2009 S. 774.
46 LStR 19.3 Abs. 3 S. 2 Nr. 2.
47 LStR 8.1 Abs. 9 Nr. 2 S. 5.
48 LStR 8.1 Abs. 9 Nr. 3 S. 1.
49 BFH 3.8.2000 – III R 2/00 – BStBl II 2001 S. 332 = HFR 2001, 15.
50 LStR 8.1 Abs. 9 Nr. 3 S. 4.
51 SvEV v. 21.12.2006 (BGBl I S. 3385).
52 BMF 12.12.2008 – IV C 5 – S 2334/08/10005 – BStBl I S. 1075 = DB 2009, 30.
53 OFD Erfurt 30.1.1996 – S 2334 A-37-St 332 (T) – DStR 1996, 429.
54 BMF 27.1.2004 – IV C 5-S 2000–2/04 – BStBl I S. 173 = FR 2004, 300; BFH 12.4.07 – VI R 89/04 – BStBl II 2007 S. 719 = DStR 2007, 1204.
55 LStH 8.1 Abs. Abs. 1–4 „Warengutscheine"
56 OFD Düsseldorf 7.7.2005 – S 2334 A-St 22 (D) – DB 2005, 1490.

- Lohnzahlungen in einer gängigen **ausländischen Währung** sind kein Sachlohn.[57]
- **Zweckgebundene** Geldleistungen des AG (z.B. für Mitgliedschaft in Fitnessstudio) sind ebenfalls kein Sachlohn.[58]
- Vom AG zugewendete **Lotterielose** stellen Sachlohn dar, sodass die Freigrenze Anwendung findet. Ein etwaiger Lotteriegewinn stellt keine Einnahme aus dem Dienstverhältnis dar.[59]
- Erbringt der AG **Zukunftssicherungsleistungen** i.S.d. § 2 Abs. 2 Nr. 3 LStDV für seine AN, handelt es sich nach Verwaltungsauffassung um Barlohn.[60] Der BFH versagt die Anwendung der Freigrenze hingegen ausdrücklich nur für pauschalierungsfähige Zukunftssicherungsleistungen (§ 40b). Soweit die Versicherungsbeiträge keiner Pauschalierung zugänglich sind, soll die 44 EUR-Freigrenze in Anspruch genommen werden können.[61]

III. Anwendung des Rabattfreibetrags (Abs. 3)

18 Die Vorschrift stellt bestimmte **Personalrabatte** bis zu 1.080 EUR pro Jahr stfr.

19 1. **Wertermittlung (S. 1).** Die Regelung gilt nur für AN-Rabatte, nicht etwa für die selbstständigen Handelsvertreter.[62] Die in Frage stehenden Bezüge müssen aufgrund des **Dienstverhältnisses** gewährt worden sein. Ob es sich dabei um ein gegenwärtiges, früheres oder zukünftiges Dienstverhältnis handelt, ist unbeachtlich.[63] Ferner ist erforderlich, dass die begünstigten Waren bzw. Dienstleistungen zur **Liefer- und Leistungspalette** des AG gehören.[64] Der AG muss mit den zu beurteilenden Leistungen konkret **am Markt teilnehmen**, die Leistungen müssen mind. in gleichem Umfang an den Markt wie an die AN abgegeben werden.[65] Daher hat der BFH die Anwendung des Rabattfreibetrags beim verbilligten Bezug aus einer Krankenhausapotheke bejaht,[66] nicht hingegen bei der Darlehensgewährung durch eine Landeszentralbank.[67] Die Leistungen müssen vom AG selbst erbracht werden. Leistungen anderer **Konzernunternehmen** sind nicht begünstigt.[68] Bei der Überlassung von Zeitungen an die AN einer Druckerei kommt der Rabattfreibetrag zur Anwendung, nachdem hier ein gewichtiger Beitrag des AG am Herstellungsprozess vorliegt.[69] Der Rabattfreibetrag kommt nicht zur Anwendung bei Leistungen, die der AG überwiegend für die AN herstellt (z.B. bei Stand-by-Flügen, die nur Mitarbeiter einer Fluggesellschaft erhalten).[70] Die Kantinenmahlzeit in einem Hotel bzw. einer Gaststätte fällt ebenfalls in den Anwendungsbereich des Rabattfreibetrags, wenn der AG kein besonderes **Personalessen** anbietet, d.h. wenn den AN dieselben Speisen wie den Gästen angeboten werden. In diesem Fall hat der AG nicht etwa ein Wahlrecht, die Leistung mit dem amtlichen Sachbezugswert anzusetzen, weil dieser günstiger ist. Der Rabattfreibetrag kommt ferner nicht zur Anwendung, wenn der AG den Bezug nach § 40 pauschal versteuert hat.

20 Die **Bewertung** der genannten Bezüge hat mit dem Endpreis zu erfolgen, der gegenüber fremden **Letztverbrauchern** im allgemeinen Geschäftsverkehr gefordert wird; eine Bewertung mit amtlichen Sachbezugswerten ist im Anwendungsbereich des Abs. 3 ausgeschlossen. Vom Endpreis ist ein pauschaler Abschlag von 4 % vorzunehmen. Bei dem Endpreis handelt es um den Angebotspreis des AG nach der PreisangabenVO. Übliche Preisnachlässe wie bei Abs. 2 S. 1 sind hierbei nicht abzuziehen. Eine Ausnahme besteht dann, wenn nach den Gepflogenheiten des allgemeinen Geschäftsverkehrs tatsächlich ein niedriger Preis gefordert und bezahlt wird.[71] Die FinVerw lässt beim **Pkw-Werksangehörigenverkauf** als Endpreis den Listenpreis abzüglich der Hälfte des marktüblichen Abschlags zu.[72] In den Fällen, in denen der Listenpreis abzüglich des Bewertungsabschlags und des Freibetrags immer noch höher ist als der günstigste Preis am Markt, räumt der BFH hingegen ein Wahlrecht ein, die Höhe des geldwerten Vorteils entweder nach Abs. 2 – günstigster Preis am Markt – oder nach Abs. 3 – Listenpreis abzüglich Bewertungsabschlag und Rabattfreibetrag – zu berechnen.[73] Auf diese Entscheidung hat die FinVerw mit einem Nichtanwendungserlass reagiert.[74]

---

[57] BFH 27.10.2004 – VI R 29/02 – BStBl II 2005 S. 135 = BFH/NV 2005, 290.
[58] BFH 27.10.2004 – VI R 51/03 – BStBl II 2005 S. 137 = DStR 2005, 23.
[59] FinMin Saarland 10.2.2004 – B/2–4–20/04-S 2334 – DStR 2004, 865.
[60] LStR 8.1 Abs. Abs. 3 S. 2; a.A. FG Brandenburg 25.5.2000 – 4 K 1682/99 – EFG 2000, 855, rkr.
[61] Schmidt/*Drenseck*, § 8 Rn 23.
[62] BFH 22.7.1988 – III R 175/85 – BStBl II S. 995 = BFHE 154, 218.
[63] BFH 8.11.1996 – VI R 100/95 – BStBl II 1997 S. 330 = HFR 1997, 478.
[64] BFH 4.11.1994 – VI R 81/93 – BStBl II 1995 S. 338 = HFR 1995, 210.
[65] BFH 28.8.2002 – VI R 158/98 – BStBl II 2003 S. 95 = DB 2003, 77.
[66] BFH 27.8.2002 – VI R 63/97 – BStBl II S. 881 = DB 2002, 2416.
[67] BFH 9.10.2002 – VI R 164/01 – BStBl II 2003 S. 373 = DB 2002, 2517.
[68] BFH 15.1.1993 – VI R 32/92 – BStBl II S. 356 = HFR 1993, 323.
[69] BFH 28.8.2002 – VI R 88/99 – BStBl II 2003 S. 154 = DB 2003, 316.
[70] FG Düsseldorf 28.6.2000 – 14 K 447/00 – DStRE 2000, 897, rkr.
[71] BFH 4.6.1993 – VI R 95/92 – BStBl II S. 687 = HFR 1993, 653.
[72] BMF 30.1.1996 – IV B 6-S 2334–24/96 – BStBl I S. 114; BMF 28.8.1998 – IV B 6-S 2334–88/98 – DStR 1998, 1514.
[73] BFH 5.9.2006 – VI R 41/02 – BStBl II 2007 S. 309 = DStR 2006, 1369.
[74] BMF 28.3.2007 – IV C 5 – S 2334/07/0011 – BStBl I 2007 S. 464 = DB 2007, 945.

2. Höhe des Freibetrags (S. 2).
Der Freibetrag wurde durch das Haushaltsbegleitgesetz 2004[75] m.W.v. 1.1.2004 von 1.224 EUR auf 1.080 EUR herabgesetzt. Der Freibetrag gilt pro Kj und für jedes einzelne Dienstverhältnis eines AN.[76] Der den Rabattfreibetrag übersteigende geldwerte Vorteil ist stpfl.

C. Verbindung zu anderen Rechtgebieten und zum Prozessrecht

Der Rabattfreibetrag von 1.080 EUR jährlich, die 44 EUR-Freigrenze sowie die stl. Bewertungsvorschriften gelten auch für die SozVers, sodass bei Steuerfreiheit auch Beitragsfreiheit besteht (§§ 1, 3 SvEV).

Soweit die eingeräumten Personalrabatte nach den vorstehenden Erläuterungen stfr. bleiben, besteht auch Beitragsfreiheit in der **SozVers** (§ 3 SvEV). Vorsicht ist jedoch geboten, wenn Barlohn in einen durch den Rabattfreibetrag begünstigten Sachbezug **umgewandelt** wird, also etwa wenn die AN eines Kaufhauses statt des Weihnachtsgeldes einen Warengutschein in entsprechender Höhe erhalten. Im StR hat der BFH dies ausdrücklich zugelassen, wenn der Anstellungsvertrag entsprechend geändert wird.[77] Die SozVers folgt dem jedoch nicht. Geldwerte Vorteile aus Warengutscheinen und Sachleistungen, die anstelle von vertraglich vereinbarten Arbeitsentgelten gewährt werden, gehören nach Auffassung der SozVers-Träger in voller Höhe zum beitragspflichtigen Arbeitsentgelt, Beitragsfreiheit kommt danach nur für freiwillige Leistungen in Betracht.[78]

D. Beraterhinweise

In Abs. 2 hat der Gesetzgeber die Bewertung einiger in der Praxis häufig vorkommender Sachbezüge pauschal geregelt, um eine einheitliche Handhabung im stl Massenverfahren zu gewährleisten. Die Gewährung dieser Sachbezüge – statt Barlohn – macht somit immer dann Sinn, wenn die pauschale Bewertung einen Vorteil gegenüber dem im Einzelfall fiktiv anzusetzenden Wert verspricht. Wird danach z.B. einem Innendienst-MA, der kaum Dienstreisen durchführt, ein Dienst-Kfz unentgeltlich überlassen, liegt der nach der 1 %-Regel anzusetzende Privatanteil wohl meist deutlich unter den auf die Privatnutzung entfallenden Kosten, sodass die Gestaltung stl. vorteilhaft ist. Bei einem Außendienst-MA, der überwiegend beruflich mit dem Kfz unterwegs ist, wird der pauschal ermittelte Privatanteil wohl eher ungünstig sein, sodass sich das Führen eines Fahrtenbuchs lohnt, um den pauschalen Wertansatz zu verhindern.

Entscheidet sich der AN für ein **Fahrtenbuch**, um den pauschalen Wertansatz für die Privatnutzung zu vermeiden, muss der AG unbedingt darauf achten, dass dieses ordnungsgemäß geführt wird, da er bei Nichtanerkennung des Fahrtenbuchs die Haftung für die zu wenig einbehaltene LSt riskiert. Voraussetzung für ein ordnungsgemäßes Fahrtenbuch ist nach der Rspr insb., dass dieses zeitnah und in geschlossener Form geführt wird und dass nachträgliche Veränderungen an den handschriftlich oder elektronisch geführten Aufzeichnungen (technisch) ausgeschlossen oder zumindest dokumentiert sein müssen.[79] Kein ordnungsgemäßes Fahrtenbuch liegt danach vor, wenn die Aufzeichnungen mit einem Tabellenkalkulationsprogramm geführt werden, das nachträgliche Veränderungen nicht dokumentiert.[80] Sollte der AG Zweifel an der Ordnungsmäßigkeit des vom AN geführten Fahrtenbuchs haben, ist ihm anzuraten, im Rahmen des LSt-Abzugs die 1 %-Regel anzuwenden und den AN wegen des Fahrtenbuchs auf dessen ESt-Veranlagung zu verweisen. Dadurch kann für den AN letztlich dasselbe stl Ergebnis erzielt werden, ohne dass der AG ein Haftungsrisiko trägt. Nachteilig ist diese Lösung allerdings, wenn der Verdienst des AN unter den maßgeblichen BBG in der SozVers liegt, da eine Minderung der SozVers-Beiträge wegen nachträglicher Berücksichtigung eines Fahrtenbuchs nicht möglich ist.

Gewährt der AG Sachbezüge, muss er umfangreiche **Aufzeichnungspflichten** im Lohnkonto beachten. Nach § 4 Abs. 2 Nr. 3 S. 2 LStDV sind die Sachbezüge einzeln zu bezeichnen und unter Angabe des Abgabetags oder bei laufenden Sachbezügen des Abgabezeitraums, des Abgabeorts und des Entgelts mit dem stl. maßgebenden Wert zu erfassen. Bei Personalrabatten sowie bei Sachbezügen, die unter die 44 EUR-Freigrenze fallen, entfällt eine Aufzeichnungspflicht auf Antrag des AG, wenn durch geeignete Maßnahmen – z.B. entsprechende Registrierkassen – sichergestellt ist, dass die Höchstbeträge nicht überschritten werden (§ 4 Abs. 3 S. 2 LStDV).[81]

Sachzuwendungen an MA unterliegen neben der LSt regelmäßig auch der **USt**.[82] Im Unternehmen muss organisatorisch sichergestellt sein, dass die Personalabteilung die relevanten Informationen an die Steuerabteilung weitergibt, um Nachforderungen im Rahmen von Außenprüfungen zu vermeiden.

---

75 BGBl I S. 3076.
76 LStR 8.2 Abs. 1 S. 1 Nr. 1 S. 1 u. 2.
77 BFH 6.3.2008 – VI R 6/05 – BStBl II 2008 S. 530 = DStR 2008, 861.
78 SozVers-Träger 6./7.5.1998 und 2.6.2003, www.vdak.de; a.A. *Löwisch*, BB 2004, 2417.
79 BFH 9.11.2005 – VI R 27/05 – DStR 2006, 409.
80 BFH 16.11.2005 – VI R 64/04 – DStR 2006, 411; FG Nds 5.5.2004 – 2 K 636/01 – EFG 2004, 1817, rkr; OFD Koblenz 16.5.2006 – S 2177/S 2334 A – St 313, DStR 2006, 1040.
81 LStR 41.1 Abs. 3.
82 *Rondorf*, NWB F. 7, 7077.

d) Nichtselbständige Arbeit (§ 2 Abs. 1 Satz 1 Nummer 4)

§ 19 (gültig bis 31.8.2009)

(1) Zu den Einkünften aus nichtselbständiger Arbeit gehören
1. Gehälter, Löhne, Gratifikationen, Tantiemen und andere Bezüge und Vorteile für eine Beschäftigung im öffentlichen oder privaten Dienst;
2. Wartegelder, Ruhegelder, Witwen- und Waisengelder und andere Bezüge und Vorteile aus früheren Dienstleistungen;
3. laufende Beiträge und laufende Zuwendungen des Arbeitgebers aus einem bestehenden Dienstverhältnis an einen Pensionsfonds, eine Pensionskasse oder für eine Direktversicherung für eine betriebliche Altersversorgung. ²Zu den Einkünften aus nichtselbständiger Arbeit gehören auch Sonderzahlungen, die der Arbeitgeber neben den laufenden Beiträgen und Zuwendungen an eine solche Versorgungseinrichtung leistet, mit Ausnahme der Zahlungen des Arbeitgebers zur Erfüllung der Solvabilitätsvorschriften nach den §§ 53c und 114 des Versicherungsaufsichtsgesetzes, Zahlungen des Arbeitgebers in der Rentenbezugszeit nach § 112 Abs. 1a des Versicherungsaufsichtsgesetzes oder Sanierungsgelder; Sonderzahlungen des Arbeitgebers sind insbesondere Zahlungen an eine Pensionskasse anlässlich
   a) seines Ausscheidens aus einer nicht im Wege der Kapitaldeckung finanzierten betrieblichen Altersversorgung oder
   b) des Wechsels von einer nicht im Wege der Kapitaldeckung zu einer anderen nicht im Wege der Kapitaldeckung finanzierten betrieblichen Altersversorgung.

³Von Sonderzahlungen im Sinne des Satzes 2 Buchstabe b ist bei laufenden und wiederkehrenden Zahlungen entsprechend dem periodischen Bedarf nur auszugehen, soweit die Bemessung der Zahlungsverpflichtungen des Arbeitgebers in das Versorgungssystem nach dem Wechsel die Bemessung der Zahlungsverpflichtung zum Zeitpunkt des Wechsels übersteigt. ⁴Sanierungsgelder sind Sonderzahlungen des Arbeitgebers an eine Pensionskasse anlässlich der Systemumstellung einer nicht im Wege der Kapitaldeckung finanzierten betrieblichen Altersversorgung auf der Finanzierungs- oder Leistungsseite, die der Finanzierung der zum Zeitpunkt der Umstellung bestehenden Versorgungsverpflichtungen oder Versorgungsanwartschaften dienen; bei laufenden und wiederkehrenden Zahlungen entsprechend dem periodischen Bedarf ist nur von Sanierungsgeldern auszugehen, soweit die Bemessung der Zahlungsverpflichtung des Arbeitgebers in das Versorgungssystem nach der Systemumstellung die Bemessung der Zahlungsverpflichtung zum Zeitpunkt der Systemumstellung übersteigt. Es ist gleichgültig, ob es sich um laufende oder um einmalige Bezüge handelt und ob ein Rechtsanspruch auf sie besteht.

(2) ¹Von Versorgungsbezügen bleiben ein nach einem Prozentsatz ermittelter, auf einen Höchstbetrag begrenzter Betrag (Versorgungsfreibetrag) und ein Zuschlag zum Versorgungsfreibetrag steuerfrei. ²Versorgungsbezüge sind
1. das Ruhegehalt, Witwen- oder Waisengeld, der Unterhaltsbeitrag oder ein gleichartiger Bezug
   a) auf Grund beamtenrechtlicher oder entsprechender gesetzlicher Vorschriften,
   b) nach beamtenrechtlichen Grundsätzen von Körperschaften, Anstalten oder Stiftungen des öffentlichen Rechts oder öffentlichrechtlichen Verbänden von Körperschaften

   oder
2. in anderen Fällen Bezüge und Vorteile aus früheren Dienstleistungen wegen Erreichens einer Altersgrenze, verminderter Erwerbsfähigkeit oder Hinterbliebenenbezüge; Bezüge wegen Erreichens einer Altersgrenze gelten erst dann als Versorgungsbezüge, wenn der Steuerpflichtige das 63. Lebensjahr oder, wenn er schwerbehindert ist, das 60. Lebensjahr vollendet hat.

(...)

§ 19 (gültig ab 1.9.2009)

(1) Zu den Einkünften aus nichtselbständiger Arbeit gehören
1. Gehälter, Löhne, Gratifikationen, Tantiemen und andere Bezüge und Vorteile für eine Beschäftigung im öffentlichen oder privaten Dienst;
2. Wartegelder, Ruhegelder, Witwen- und Waisengelder und andere Bezüge und Vorteile aus früheren Dienstleistungen, auch soweit sie von Arbeitgebern ausgleichspflichtiger Personen an ausgleichsberech-

tigte Personen infolge einer nach § 10 oder § 14 des Versorgungsausgleichsgesetzes durchgeführten Teilung geleistet werden;
3. laufende Beiträge und laufende Zuwendungen des Arbeitgebers aus einem bestehenden Dienstverhältnis an einen Pensionsfonds, eine Pensionskasse oder für eine Direktversicherung für eine betriebliche Altersversorgung. ²Zu den Einkünften aus nichtselbständiger Arbeit gehören auch Sonderzahlungen, die der Arbeitgeber neben den laufenden Beiträgen und Zuwendungen an eine solche Versorgungseinrichtung leistet, mit Ausnahme der Zahlungen des Arbeitgebers zur Erfüllung der Solvabilitätsvorschriften nach den §§ 53c und 114 des Versicherungsaufsichtsgesetzes, Zahlungen des Arbeitgebers in der Rentenbezugszeit nach § 112 Abs. 1a des Versicherungsaufsichtsgesetzes oder Sanierungsgelder; Sonderzahlungen des Arbeitgebers sind insbesondere Zahlungen an eine Pensionskasse anlässlich
    a) seines Ausscheidens aus einer nicht im Wege der Kapitaldeckung finanzierten betrieblichen Altersversorgung oder
    b) des Wechsels von einer nicht im Wege der Kapitaldeckung zu einer anderen nicht im Wege der Kapitaldeckung finanzierten betrieblichen Altersversorgung.

³Von Sonderzahlungen im Sinne des Satzes 2 Buchstabe b ist bei laufenden und wiederkehrenden Zahlungen entsprechend dem periodischen Bedarf nur auszugehen, soweit die Bemessung der Zahlungsverpflichtungen des Arbeitgebers in das Versorgungssystem nach dem Wechsel die Bemessung der Zahlungsverpflichtung zum Zeitpunkt des Wechsels übersteigt. ⁴Sanierungsgelder sind Sonderzahlungen des Arbeitgebers an eine Pensionskasse anlässlich der Systemumstellung einer nicht im Wege der Kapitaldeckung finanzierten betrieblichen Altersversorgung auf der Finanzierungs- oder Leistungsseite, die der Finanzierung der zum Zeitpunkt der Umstellung bestehenden Versorgungsverpflichtungen oder Versorgungsanwartschaften dienen; bei laufenden und wiederkehrenden Zahlungen entsprechend dem periodischen Bedarf ist nur von Sanierungsgeldern auszugehen, soweit die Bemessung der Zahlungsverpflichtungen des Arbeitgebers in das Versorgungssystem nach der Systemumstellung die Bemessung der Zahlungsverpflichtung zum Zeitpunkt der Systemumstellung übersteigt.
Es ist gleichgültig, ob es sich um laufende oder um einmalige Bezüge handelt und ob ein Rechtsanspruch auf sie besteht.

(2) ¹Von Versorgungsbezügen bleiben ein nach einem Prozentsatz ermittelter, auf einen Höchstbetrag begrenzter Betrag (Versorgungsfreibetrag) und ein Zuschlag zum Versorgungsfreibetrag steuerfrei. ²Versorgungsbezüge sind
1. das Ruhegehalt, Witwen- oder Waisengeld, der Unterhaltsbeitrag oder ein gleichartiger Bezug
    a) auf Grund beamtenrechtlicher oder entsprechender gesetzlicher Vorschriften,
    b) nach beamtenrechtlichen Grundsätzen von Körperschaften, Anstalten oder Stiftungen des öffentlichen Rechts oder öffentlichrechtlichen Verbänden von Körperschaften
    oder
2. in anderen Fällen Bezüge und Vorteile aus früheren Dienstleistungen wegen Erreichens einer Altersgrenze, verminderter Erwerbsfähigkeit oder Hinterbliebenenbezüge; Bezüge wegen Erreichens einer Altersgrenze gelten erst dann als Versorgungsbezüge, wenn der Steuerpflichtige das 63. Lebensjahr oder, wenn er schwerbehindert ist, das 60. Lebensjahr vollendet hat.

(...)

LStDV § 1 – Arbeitnehmer, Arbeitgeber

(1) ¹Arbeitnehmer sind Personen, die in öffentlichem oder privatem Dienst angestellt oder beschäftigt sind oder waren und die aus diesem Dienstverhältnis oder einem früheren Dienstverhältnis Arbeitslohn beziehen. ²Arbeitnehmer sind auch die Rechtsnachfolger dieser Personen, soweit sie Arbeitslohn aus dem früheren Dienstverhältnis ihres Rechtsvorgängers beziehen.

(2) ¹Ein Dienstverhältnis (Absatz 1) liegt vor, wenn der Angestellte (Beschäftigte) dem Arbeitgeber (öffentliche Körperschaft, Unternehmer, Haushaltsvorstand) seine Arbeitskraft schuldet. ²Dies ist der Fall, wenn die tätige Person in der Betätigung ihres geschäftlichen Willens unter der Leitung des Arbeitgebers steht oder im geschäftlichen Organismus des Arbeitgebers dessen Weisungen zu folgen verpflichtet ist.

(3) Arbeitnehmer ist nicht, wer Lieferungen und sonstige Leistungen innerhalb der von ihm selbständig ausgeübten gewerblichen oder beruflichen Tätigkeit im Inland gegen Entgelt ausführt, soweit es sich um die Entgelte für diese Lieferungen und sonstigen Leistungen handelt.

LStDV § 2 – Arbeitslohn

(1) ¹Arbeitslohn sind alle Einnahmen, die dem Arbeitnehmer aus dem Dienstverhältnis zufließen. ²Es ist unerheblich, unter welcher Bezeichnung oder in welcher Form die Einnahmen gewährt werden.

(2) Zum Arbeitslohn gehören auch
1. Einnahmen im Hinblick auf ein künftiges Dienstverhältnis;
2. Einnahmen aus einem früheren Dienstverhältnis, undbhängig davon, ob sie dem zunächst Bezugsberechtigten oder seinem Rechtsnachfolger zufließen. Bezüge, die ganz oder teilweise auf früheren Beitragsleistungen des Bezugsberechtigten oder seines Rechtsvorgängers beruhen, gehören nicht zum Arbeitslohn, es sei denn, daß die Beitragsleistungen Werbungskosten gewesen sind;
3. Ausgaben, die ein Arbeitgeber leistet, um einen Arbeitnehmer oder diesem nahestehende Personen für den Fall der Krankheit, des Unfalls, der Invalidität, des Alters oder des Todes abzusichern (Zukunftssicherung). Voraussetzung ist, daß der Arbeitnehmer der Zukunftssicherung ausdrücklich oder stillschweigend zustimmt. Ist bei einer Zukunftssicherung für mehrere Arbeitnehmer oder diesen nahestehende Personen in Form einer Gruppenversicherung oder Pauschalversicherung der für den einzelnen Arbeitnehmer geleistete Teil der Ausgaben nicht in anderer Weise zu ermitteln, so sind die Ausgaben nach der Zahl der gesicherten Arbeitnehmer auf diese aufzuteilen. Nicht zum Arbeitslohn gehören Ausgaben, die nur dazu dienen, dem Arbeitgeber die Mittel zur Leistung an einen Arbeitnehmer zugesagten Versorgung zu verschaffen;
4. Entschädigungen, die dem Arbeitnehmer oder seinem Rechtsnachfolger als Ersatz für entgangenen oder entgehenden Arbeitslohn oder für die Aufgabe oder Nichtausübung einer Tätigkeit gewährt werden;
5. besondere Zuwendungen, die auf Grund des Dienstverhältnisses oder eines früheren Dienstverhältnisses gewährt werden, zum Beispiel Zuschüsse im Krankheitsfall;
6. besondere Entlohnungen für Dienste, die über die regelmäßige Arbeitszeit hinaus geleistet werden, wie Entlohnung für Überstunden, Überschichten, Sonntagsarbeit;
7. Lohnzuschläge, die wegen der Besonderheit der Arbeit gewährt werden;
8. Entschädigungen für Nebenämter und Nebenbeschäftigungen im Rahmen eines Dienstverhältnisses.

Literatur: *Benner/Bals*, Arbeitsentgelt im Sinne der Sozialversicherung und Arbeitslohn im Sinne des Lohnsteuerrechts, BB 2003, Beilage 1; *Birk/Specker*, Die Erweiterung des Arbeitslohnbegriffs in § 19 Abs. 1 Satz 1 Nr. 3 EStG, DB 2008, 488; *Eisolt*, Die Besteuerung von handelbaren Optionen, NWB 2009, 1922; *Giloy*, Zum Begriff des Arbeitnehmers im steuerrechtlichen Sinne, DB 1986, 822; *Harder-Buschner*, Steuerrechtliche Rahmenbedingungen der betrieblichen Altersversorgung im Überblick, NWB F. 3, 13131; *Lücke*, Beck'sches Mandatshandbuch Vorstand der AG, 2004; *Marburger*, Das Anfrageverfahren zur Feststellung einer Sozialversicherungspflicht, NWB F. 27, 5871; *Melchior*, Das Alterseinkünftegesetz im Überblick, DStR 2004, 1061; *Niermann*, Alterseinkünftegesetz – Die steuerlichen Änderungen in der betrieblichen Altersversorgung, DB 2004, 1449; *Weber-Grellet*, Das Alterseinkünftegesetz, DStR 2004, 1721. **FinVerw:** LStR 19.1 bis 19.9, LStH 19.0 bis 19.9; BMF 5.2.2008 – IV C 8-S 2222/07/0003, IV C 5-S 2333/07/0003 – BStBl I S. 420 = DStZ 2008, 198; BMF 30.1.2008 – IV C 8-S 2222/07/0003, IV C 5-S 2345/08/0001 – BStBl I S. 390 = DStZ 2008, 198. **SozVers-Träger:** Spitzenorg. d. SozVers-Träger 11.11.2004, www.vdak-aev.de

A. Allgemeines 1	ff) Haupt- und Nebentätigkeiten 19
B. Regelungsgehalt 2	b) Arbeitnehmer-Begriff (§ 1 Abs. 1 u. 3
I. Einkünfte aus nichtselbstständiger Arbeit (Abs. 1) 2	LStDV) 22
1. Dienstverhältnis, Arbeitnehmer-Begriff	c) Arbeitgeber-Begriff (§ 1 Abs. 2 LStDV) . 23
(§ 1 LStDV) 7	2. Arbeitslohn (§ 2 LStDV) 26
a) Dienstverhältnis (§ 1 Abs. 2 LStDV) 7	II. Versorgungsbezüge (Abs. 2) 34
aa) Schulden der Arbeitskraft 12	1. Abs. 2 a.F. 34
bb) Weisungsgebundenheit 13	2. Abs. 2 n.F. 35
cc) Eingliederung 14	C. Verbindung zu anderen Rechtsgebieten und zum
dd) Fehlen eines Unternehmerrisikos 15	Prozessrecht 39
ee) Gesamtbild der Tätigkeit 16	D. Beraterhinweise 43

A. Allgemeines

1 Abs. 1 bestimmt, welche Einnahmen zu den Einkünften aus nichtselbstständiger Arbeit gehören. Abs. 2 gewährt für bestimmte Versorgungsbezüge einen Freibetrag. Dieser wird ab 2005 schrittweise abgeschmolzen, um den Übergang auf die nachgelagerte Besteuerung zu ermöglichen.

B. Regelungsgehalt

I. Einkünfte aus nichtselbstständiger Arbeit (Abs. 1)

2 Abs. 1 enthält keine Legaldefinition der Einkunftsart, sondern beschränkt sich lediglich auf eine beispielhafte Aufzählung von Einnahmen, die zu Einkünften i.S.d. § 19 führen. Diese Aufzählung ist nicht abschließend. S. 2 enthält eine klarstellende Ergänzung dahingehend, dass neben laufenden auch einmalige Bezüge zu den Einkünften aus nichtselbstständiger Arbeit gehören und dass unbeachtlich ist, ob ein Rechtsanspruch auf die Einkünfte besteht. Die Vorschrift wird ergänzt durch die §§ 1 u. 2 LStDV, die die Begriffe AN, Dienstverhältnis und Arbeitslohn näher definieren. Gehören Einnahmen zu den Einkünften aus nichtselbstständiger Arbeit, ist eine GewSt- oder USt-Pflicht ausgeschlossen. Für die **zeitliche Zurechnung** der Einnahmen gelten gem. § 11 Abs. 1 S. 3 auch bei der Veranlagung abweichend von dem in § 11 Abs. 1 S. 1 niedergelegten Zuflussprinzip die Sonderregelungen in § 38a Abs. 1 S. 2 u. 3 sowie § 40 Abs. 3 S. 2. **Laufender Arbeitslohn** gilt demnach in dem Kj als bezogen, in dem der Lohnzahlungszeitraum endet. **Sonstige Bezüge** werden in dem Kj bezogen, in dem sie dem AN zufließen. Auf den AN abgewälzte **pauschale LSt** gilt als zugeflossener Arbeitslohn. Für die **WK** gilt das Abflussprinzip des § 11 Abs. 2, soweit die Regelung nicht gem. § 9 Abs. 1 S. 3 Nr. 7 durch die speziellen Vorschriften über die AfA (= Abschreibung) verdrängt wird. Die auf die Einkünfte nach § 19 entfallende ESt wird durch Quellenabzug vom Arbeitslohn erhoben (siehe §§ 38–39c, 41–42b Rn 1 ff.).

Abs. 1 S. 1 wurde durch das Jahressteuergesetz 2007[1] um eine neue Nr. 3 erweitert. Nach der BFH-Rspr. sind Sonderzahlungen des AG zur **Schließung von Versorgungslücken** in umlagefinanzierten Versorgungssystemen anlässlich der Umstellung auf Kapitaldeckung oder des Wechsels der Versorgungseinrichtung kein Arbeitslohn.[2] Dies wird durch die Neuregelung teilweise geändert. Danach gehören zum Arbeitslohn insb. **Sonderzahlungen** des AG an eine Pensionskasse anlässlich

– seines Ausscheidens aus einer nicht im Wege der Kapitaldeckung finanzierten BAV oder
– des Wechsels von einer nicht im Wege der Kapitaldeckung zu einer anderen, nicht im Wege der Kapitaldeckung finanzierten BAV.

Eine Sonderzahlung liegt vor, wenn und soweit die neue Bemessung der Zahlungsverpflichtungen des AG nach Wechsel bzw. Systemumstellung die Bemessung zum Zeitpunkt des die Sonderzahlung auslösenden Ereignisses übersteigt. Sog. **Sanierungsgelder** gelten ausdrücklich nicht als Arbeitslohn.

Die Erweiterung des Arbeitslohnbegriffs geht mit einer **Pauschalierungspflicht** mit einem Steuersatz von 15 % einher (§ 40b Abs. 4; siehe § 40b Rn 17). Die Neuregelung gilt erstmals für Sonderzahlungen, die nach dem 23.8.2006 geleistet werden (§ 52 Abs. 35). Die Vorschrift begegnet verfassungsrechtl. Bedenken; entsprechende Fälle sollten daher offen gehalten werden.[3]

1. Dienstverhältnis, Arbeitnehmer-Begriff (§ 1 LStDV). a) Dienstverhältnis (§ 1 Abs. 2 LStDV). Stl. sind die Begriffe Dienstverhältnis und Arbeitsverhältnis identisch. Das Vorliegen eines Dienstverhältnisses ist gem. § 1 Abs. 2 LStDV anhand folgender Kriterien zu prüfen:

– **Schulden der Arbeitskraft**
– **Weisungsgebundenheit**
– **Organisatorische Eingliederung.**

Diese Kriterien sind noch durch das **Fehlen eines Unternehmerrisikos** zu ergänzen.[4] Ausschlaggebend für die Beurteilung ist das **Gesamtbild der Tätigkeit**, d.h. die für und gegen ein Dienstverhältnis sprechenden Merkmale müssen gegeneinander abgewogen werden.[5]

Ob die dem Dienstverhältnis zugrunde liegende Vereinbarung zivilrechtlich wirksam ist, ist unbeachtlich. Ausreichend ist bereits ein faktisches Dienstverhältnis. Ein Dienstverhältnis kann auch bei **unfreiwillig** erbrachten Tätigkeiten vorliegen. Daher stellt § 3 Nr. 5 den Sold für Wehr- und Zivildienstleistende stfr. Zur Arbeit verpflichtete Asylbewerber werden aber nicht im Rahmen eines Arbeitsverhältnisses tätig.[6] Ebenso sind Zahlungen an ehemalige Zwangsarbeiter keine Gegenleistung für die geleistete Arbeit und daher nicht steuerbar.[7]

Bloße **Gefälligkeiten** sind nicht Inhalt eines Dienstverhältnisses, auch wenn eine Zuwendung vom Hilfeempfänger erbracht wird (z.B. im Rahmen der Familien- und Nachbarschaftshilfe).[8] Maßgeblich ist, ob es sich bei der Tätigkeit um eine **Teilnahme am Marktgeschehen** handelt, wobei die Höhe des Entgelts nicht entscheidend ist.[9] **Ehrenämter** werden im Allgemeinen selbstständig ausgeübt.[10] Hingegen gehören Entschädigungen für den Verdienstausfall, den ein AN für sein selbstständig ausgeübtes Ehrenamt erleidet, zu den Einkünften aus nichtselbstständiger Arbeit (§ 24 Nr. 1a). Ebenso liegt ein Dienstverhältnis vor, wenn die ehrenamtlich tätige Person in das beschäftigende Unternehmen eingegliedert ist[11] und die gezahlte Entschädigung die durch das Ehrenamt veranlassten Aufwendungen erheb-

---

1 BGBl I S. 2878.
2 Z.B. BFH 15.2.2006 – VI R 92/04 – BStBl II S. 528.
3 *Glaser*, BB 2006, 2217; *Birk/Specker*, DB 2008, 488; *Schmidt/Drenseck*, § 19 Rn 36.
4 BFH 16.5.2002 – IV R 94/99 – BStBl II S. 565 = DStR 2002, 1389.
5 BFH 23.10.1992 – VI R 59/91 – BStBl II 1993 S. 303 = HFR 1993, 322.
6 OFD Erfurt 15.3.1999 – S 2331 A-08-St 332 – DStR 1999, 852; a.A. *Schmidt/Drenseck*, § 19 Rn 7.
7 OFD München 4.2.2000 – S 2223–130 St 41 M – DB 2000, 398.
8 BFH 14.9.1999 – IX R 88/95 – BStBl II S. 776 = HFR 2000, 7.
9 BFH 4.8.1994 – VI R 94/93 – BStBl II S. 944 = HFR 1995, 28.
10 Z.B. BFH 3.12.1987 – IV R 41/85 – BStBl II 1988 S. 266 = HFR 1988, 161.
11 BFH 3.12.1965 – VI 167/63 U – BStBl III 1966 S. 153 = BFHE 84, 426.

lich übersteigt.¹² Unbeachtlich ist dabei, wie das gezahlte Entgelt bezeichnet wird (Kostenersatz, Aufwandsentschädigung). In Anlehnung an § 22 Nr. 3 S. 2 soll bei Erstattungsleistungen bis zu 256 EUR je VZ grds. von der Steuerfreiheit des Aufwendungsersatzes auszugehen sein.¹³

11 Bei Dienstverträgen zwischen **Personengesellschaften** und ihren Gesellschaftern (z.B. Kommanditisten) liegt kein Dienstverhältnis im stl. Sinne vor, wenn die Gesellschafter als Mitunternehmer zu qualifizieren sind. § 15 Abs. 1 S. 1 Nr. 2 Hs. 2 behandelt diese Tätigkeitsvergütungen als Vorabgewinn.

12 **aa) Schulden der Arbeitskraft.** Für ein Dienstverhältnis spricht, wenn die **Arbeitskraft**, nicht jedoch ein **Arbeitserfolg** geschuldet wird. Entscheidendes Abgrenzungskriterium ist, dass bei einem Dienstvertrag das bloße Bewirken, die Arbeitsleistung als solche, beim Werkvertrag dagegen die Herbeiführung eines fest umrissenen Leistungsgegenstands, ein gegenständlich erfassbares Arbeitsergebnis geschuldet wird.¹⁴ Maßgeblich ist dabei nicht, dass zivilrechtlich ein Schuldverhältnis vorliegt, sondern dass tatsächlich eine Tätigkeit erbracht werden soll. Kann der AN die Tätigkeit z.B. wegen Krankheit tatsächlich nicht erbringen, ist dies unbeachtlich.

13 **bb) Weisungsgebundenheit.** Der AN muss unter der Leitung des AG stehen, d.h. dieser hat gegenüber dem AN ein Direktionsrecht, das i.d.R. Art und Weise, Ort, Zeit und Umfang der Tätigkeit des AN bestimmt. Das Direktionsrecht tritt allerdings nach den Umständen des Einzelfalles mehr oder weniger deutlich in Erscheinung. Selbst gesetzliche Vertreter von Kapitalgesellschaften sind – auch wenn sie (beherrschende) Gesellschafter derselben sind – weisungsgebunden i.S.d. § 1 Abs. 2 LStDV,¹⁵ ebenso Richter.

14 **cc) Eingliederung.** Entscheidend für die Frage der Eingliederung sind die **Dauer der Beschäftigung** und die **Art der Tätigkeit**. Bei dauerhaften Arbeitsverhältnissen wird regelmäßig von einer Eingliederung auszugehen sein, wobei unbeachtlich ist, ob das Dienstverhältnis kurzfristig kündbar ist oder die Tätigkeit nur wenige Stunden wöchentlich in Anspruch nimmt. Bei kurzfristigen oder nur vorübergehenden Tätigkeiten fehlt es in der Regel an einer Eingliederung,¹⁶ es sei denn die Tätigkeit muss wegen ihrer Eigenart im Betrieb vollzogen werden. Eine Eingliederung ist bei einfachen Arbeiten eher anzunehmen als bei gehobeneren Tätigkeiten.¹⁷

15 **dd) Fehlen eines Unternehmerrisikos.** Die Tätigkeit des AN ist zudem geprägt durch das Fehlen eines Unternehmerrisikos. Mit einem Unternehmerrisiko korrespondiert die Unternehmerinitiative, also das Bemühen, seine Leistungen am Markt mehreren Interessenten anzubieten und so die Einnahmen zu erhöhen.¹⁸ Der AN arbeitet nicht auf eigene Rechnung und Gefahr, sondern auf Rechnung und Gefahr des AG und trägt nicht selbst das Vermögens- bzw. Vergütungsrisiko der Erwerbstätigkeit.¹⁹ Ein Unternehmerrisiko fehlt, wenn der Stpfl. die Höhe seiner Einnahmen nicht durch eine Steigerung seiner Arbeitsleistung oder das Herbeiführen eines besonderen Erfolges beeinflussen kann, sondern unabhängig von Arbeitsumfang und Arbeitsergebnis eine fest vereinbarte Vergütung erhält.²⁰ Gegen ein Unternehmerrisiko spricht auch, wenn Ausfallzeiten (Krankheit, Urlaub) entlohnt werden.²¹ Auch die Vereinbarung einer erfolgsbezogenen Entlohnung bedeutet allein noch nicht die Übernahme eines Unternehmerrisikos, solange sich dies lediglich als AN-Risiko besonderer Art darstellt.²²

16 **ee) Gesamtbild der Tätigkeit.** Maßgeblich für die Frage, ob ein Dienstverhältnis vorliegt, ist das Gesamtbild der Tätigkeit. Die einzelnen Merkmale, die für oder gegen ein Beschäftigungsverhältnis sprechen, sind gegeneinander abzuwägen, die gewichtigeren Umstände geben dann den Ausschlag. Dabei kommt es vorrangig auf die Art der geleisteten Arbeit an und weniger auf den Inhalt der getroffenen Vereinbarungen. Unmaßgeblich sind die Bezeichnung der Tätigkeit bzw. der tätigen Person. Formalen Kriterien (z.B. Gewerbeanmeldung, Unterhalten einer eigenen Haftpflichtversicherung) kommt nur Indizwirkung zu (wirtschaftliche Betrachtungsweise).

17 Für das Vorliegen eines **Dienstverhältnisses** sprechen danach folgende Merkmale:²³
- Persönliche Abhängigkeit,
- Weisungsgebundenheit hinsichtlich Ort, Zeit und Inhalt der Tätigkeit,
- Feste Arbeitszeiten,
- Ausübung der Tätigkeit gleich bleibend an einem bestimmten Ort,

---

12 BFH 4.8.1994 – VI R 94/93 – BStBl II S. 944 = HFR 1995, 28.
13 HHR/*Pflüger*, § 19 Rn 600 „Ehrenamt".
14 BGH 1.2.2000 – X ZR 198/97 – NJW 2000, 1107.
15 BFH 19.3.1993 – I R 34/92 – BStBl II S. 804 = HFR 1993, 659.
16 BFH 14.6.1985 – VI R 150–152/82 – BStBl II S. 661 = HFR 1986, 13.
17 BFH 24.7.1992 – VI R 126/88 – BStBl II 1993 S. 155 = HFR 1993, 186.
18 FG Nds 10.4.2003 – 11 K 130/01 – DStRE 2005, 20, rkr.
19 BFH 2.12.1998 – X R 83/96 – BStBl II 1999 S. 534 = HFR 1999, 637.
20 BFH 20.2.1979 – VIII R 52/77 – BStBl II S. 414 = BFHE 127, 201.
21 BFH 2.12.1998 – X R 83/96 – BStBl II 1999 S. 534 = HFR 1999, 637; BFH 14.6.1985 – VI R 150–152/82 – BStBl II S. 661 = HFR 1986, 13.
22 BFH 29.11.1978 – I R 159/76 – BStBl II 1979 S. 182 = BFHE 126, 457.
23 BFH 14.6.1985 – VI R 150–152/82 – BStBl II S. 661 = HFR 1986, 13 m.w.N.

- Feste Bezüge,
- Urlaubsanspruch,
- Anspruch auf sonstige Sozialleistungen,
- Fortzahlung der Bezüge im Krankheitsfall,
- Überstundenvergütung,
- Zeitlicher Umfang der Dienstleistungen,
- Unselbstständigkeit in Organisation und Durchführung der Tätigkeit,
- Kein Unternehmerrisiko,
- Keine Unternehmerinitiative,
- Kein Kapitaleinsatz,
- Keine Pflicht zur Beschaffung von Arbeitsmitteln,
- Notwendigkeit der engen ständigen Zusammenarbeit mit anderen MA,
- Eingliederung in den Betrieb,
- Schulden der Arbeitskraft und nicht eines Arbeitserfolges,
- Ausführung von einfachen Tätigkeiten, bei denen eine Weisungsabhängigkeit die Regel ist.

Gegen ein Dienstverhältnis und für **Selbstständigkeit** sprechen folgende Merkmale:[24]
- eigene Arbeits- und Zeiteinteilung,
- Beschäftigung eigener Hilfskräfte,
- Unterhaltung eines eigenen Büros,
- keine Bindung an den Betrieb oder Bindung nur für bestimmte Tage,
- Tätigkeit für mehrere Auftraggeber,
- Gestellung eigener Arbeitsmittel,
- Auftritt am Markt, Werbung etc.

ff) Haupt- und Nebentätigkeiten. Übt ein AN nebeneinander mehrere Tätigkeiten aus, so ist grds. jede einzelne Tätigkeit für sich zu beurteilen. Die früher geltende „Abfärbetheorie", wonach jemand, der im Hauptberuf unselbstständig tätig ist, in aller Regel bei einer nebenberuflichen Tätigkeit, die dem Hauptberuf ähnlich ist und mit ihm zusammenhängt, unselbstständig sein muss, ist überholt.[25] Erbringt der AN eine weitere Tätigkeit an eine andere Person als den AG der Haupttätigkeit, ist die stl Beurteilung dieses Rechtsverhältnisses nach den allgemeinen Kriterien durchzuführen. Der AN kann deshalb nebenher auch Einkünfte aus selbstständiger Arbeit erzielen.

Erbringt der AN weitere Leistungen gegen Entgelt für seinen AG, ist zu unterscheiden, ob das Entgelt zum Arbeitslohn des bestehenden Dienstverhältnisses gehört oder ob der AN insoweit selbstständig handelt. Für eine Zurechung zum bestehenden Dienstverhältnis sprechen dabei folgende Merkmale:
- Es handelt sich um eine gleichartige, eng mit der Haupttätigkeit verbundene Leistung (z.B. zusätzliche Unterrichtsstunden einer Lehrkraft),
- Es handelt sich um faktisch oder rechtlich obliegende Nebenpflichten aus der Haupttätigkeit[26] (z.B. Beratung bei Verhandlungen über den Verkauf des Betriebs, Prüfungstätigkeit eines Universitätsprofessors an einer Hochschule, Benennen von Immobilieninteressenten durch AN einer Bank,)[27]
- Die Tätigkeit wird unter ähnlichen organisatorischen Umständen im Interesse des AG ausgeübt (z.B. Reisebüro-Ang vermittelt Reiseversicherungen, angestellter Chefarzt eines Kreiskrankenhauses rechnet privatärztliche Behandlung von Patienten ab).[28]

Hingegen handelt der AN selbstständig, wenn sich die Leistung von der Haupttätigkeit unterscheidet (z.B. Richter unterrichtet nebenberuflich Referendare).[29]

b) Arbeitnehmer-Begriff (§ 1 Abs. 1 u. 3 LStDV). AN ist, wer aus einem gegenwärtigen, früheren oder künftigen Dienstverhältnis Arbeitslohn bezieht. § 1 Abs. 1 S. 2 LStDV stellt klar, dass auch die **Rechtsnachfolger** des AN selbst als AN gelten, soweit sie Arbeitslohn aus dem früheren Dienstverhältnis des Rechtsvorgängers beziehen. Rechtsnachfolger können nur die Erben als Gesamtrechtsnachfolger sein, da die Einkünfte aus nichtselbstständiger Arbeit nicht übertragbar sind. Die Einkunftsart des Erblassers überträgt sich damit auf die Erben. Die Einkünfte sind dabei aber nach den Besteuerungsmerkmalen der Erben zu versteuern.

§ 1 Abs. 3 LStDV legt fest, dass Unternehmer i.S.d. UStG nicht gleichzeitig AN sein können.

---

24 Kirchhof/*Eisgruber*, § 19 Rn 50.
25 BFH 22.3.1968 – VI R 228/67 – BStBl II S. 455 = BFHE 92, 99.
26 BFH 8.2.1972 – VI R 7/69 – BStBl II S. 460 = BFHE 104, 539.
27 BFH 7.11.2006 – VI R 81/02 – DStRE 2007, 524.
28 BFH 5.10.2005 – VI R 152/01 – BStBl II 2006 S. 94 = DStR 2005, 1982; OFD Rheinland und Münster 28.4.2006 – S 2331-1000-St 2/S 2331-69-St 21-31 – DB 2006, 1083.
29 BFH 7.2.1980 – IV R 37/76 – BStBl II S. 321 = BFHE 130, 39.

23 **c) Arbeitgeber-Begriff (§ 1 Abs. 2 LStDV).** Der Begriff des AG wird im Gesetz nicht definiert. § 1 Abs. 2 LStDV erhält nur eine nicht abschließende Aufzählung möglicher AG. AG ist diejenige Person, der der AN seine Arbeitskraft schuldet, unter deren Leitung er tätig wird oder deren Weisungen er zu folgen hat. Die wesentliche Bedeutung des AG-Begriffs ergibt sich für die Frage, wer die LSt für den AN einzubehalten hat. Dies ist zwar meist, aber nicht notwendigerweise der arbeitsrechtliche Vertragspartner des AN. Ob der steuerverfahrensrechtlich Verpflichtete auch zivilrechtlich Abnehmer der Arbeitsleistung sein kann, ist unerheblich (z.B. bei einer GbR als lohnsteuerrechtlicher AG).[30]

24 Wird innerhalb eines **Konzerns** der GF der Obergesellschaft nur im Rahmen eines fortbestehenden Anstellungsverhältnisses mit der Obergesellschaft vorübergehend für eine Tochtergesellschaft tätig, ist die Tochtergesellschaft nicht als AG des entsandten GF anzusehen. Dabei ist unbeachtlich, ob der entsandte Mitarbeiter (auch) bei der Tochtergesellschaft als organschaftlicher Vertreter zum GF bestellt wird.[31]

25 Der Arbeitslohn muss nicht notwendigerweise vom AG selbst ausgezahlt werden. Er kann auch von einem Dritten geleistet werden (z.B. Rabattgewährung von Drittunternehmen oder Lohnauszahlung durch Entleiher).

26 **2. Arbeitslohn (§ 2 LStDV).** Gem. § 2 Abs. 1 S. 1 LStDV rechnen zum Arbeitslohn alle Einnahmen, die dem AN aus dem Dienstverhältnis zufließen (zur Frage, was als Einnahmen zu beurteilen ist, siehe § 8 Rn 2 bis 6). Arbeitslohn setzt begrifflich voraus, dass der erhaltene Vorteil aus dem Dienstverhältnis zufließt. Dieser Veranlassungszusammenhang zwischen Dienstverhältnis und Vorteil besteht dann, wenn der Bezug sich im weitesten Sinne als Gegenleistung für das Zurverfügungstellen der individuellen Arbeitskraft des AN darstellt.[32] Kein Arbeitslohn liegt somit vor, wenn die Ursache für den Zufluss nicht im Dienstverhältnis liegt. Dies ist z.B. dann gegeben, wenn die Zahlungen auf einem stl anzuerkennenden **Miet- oder Darlehensvertrag** beruhen. Vermietet der AN seinem AG einen Raum, der als **Büro des AG** zu qualifizieren ist und in dem der AN seine Arbeitsleistung erbringt, so handelt es sich bei den Mieteinnahmen um Einkünfte aus Vermietung und Verpachtung und nicht um Arbeitslohn.[33] Wenn der AN dem AG ein **Darlehen** gewährt oder stehengelassenen Lohn in ein Darlehen umwandelt und hierfür Zinsen erhält, liegen Einkünfte aus Kapitalvermögen vor.[34] Zinsen und Mieteinkünfte liegen aber nur vor, wenn die zugrunde liegenden Darlehens- bzw. Mietverhältnisse einem Drittvergleich Stand halten, d.h. angemessen sind; andernfalls liegt **verdeckter Arbeitslohn** vor.

27 Demgegenüber setzt Arbeitslohn nicht voraus, dass der Vorteil vom AG selbst zugewandt wird; auch von **Dritten** gewährte Vorteile können Arbeitslohn sein (siehe hierzu §§ 38–39c, 41–42b Rn 4).[35] Die Zahlung muss sich aber als **Gegenleistung** für eine konkrete Arbeitsleistung des Dienstverhältnisses darstellen. Diese Voraussetzung ist nicht erfüllt bei **Streikgeldern**, die dem AN von der Gewerkschaft für die Teilnahme an einem Streik gezahlt werden.[36] Von Dritten gewährte Trinkgelder sind dagegen grds. steuerbarer Arbeitslohn,[37] aber stfr. nach § 3 Nr. 51. Kein Arbeitslohn liegt vor, wenn die Zahlung des Dritten eine gegen das Dienstverhältnis gerichtete Leistung des AN belohnt. **Schmier- oder Bestechungsgelder** sind daher kein Arbeitslohn. Ferner liegt kein Arbeitslohn vor, wenn die Zuwendung auf eigenen unmittelbaren rechtlichen oder wirtschaftlichen Beziehungen des AN zu dem Dritten beruht.[38]

Geklärt hat der BFH mittlerweile die Frage, wie Leistungen aus einer vom AG finanzierten **Gruppenunfallversicherung** zu behandeln sind, die dem AN keinen eigenen unentziehbaren Rechtsanspruch einräumt. Demnach hat der AN im Zeitpunkt der Versicherungsleistung die bis dahin entrichteten, auf seinen Versicherungsschutz entfallenden Beiträge als Arbeitslohn zu versteuern. Der zu versteuernde Betrag ist dabei auf die ausgezahlte Versicherungsleistung begrenzt. Letztlich sind nur 50 % der Beiträge zu versteuern, da diese hälftig auf das Risiko privater und beruflicher Unfälle entfallen. Soweit die Beiträge auf das Risiko beruflicher Unfälle entfallen, liegt WK-Ersatz vor, mit dem der stpfl Arbeitslohn zu saldieren ist.[39]

28 Zugeflossen ist der Arbeitslohn, wenn der AN über ihn **wirtschaftlich verfügen** kann. Beim Lohnzufluss ist nicht zu differenzieren, ob es sich um laufenden Arbeitslohn oder um sonstige Bezüge handelt; diese Unterscheidung ist nur bedeutend für die Frage, wann der Arbeitslohn als bezogen gilt und in welcher Fassung somit die Besteuerungsvorschriften anzuwenden sind (siehe §§ 38–39c, 41–42b Rn 11).

---

30 BFH 17.2.1995 – VI R 41/92 – BStBl II S. 390 = HFR 1995, 409.
31 BFH 19.2.2004 – VI R 122/00 – BStBl II S. 620 = DStRE 2004, 632.
32 BFH 7.6.2002 – VI R 145/99 – BStBl II S. 829 = BFH/NV 2002, 1386.
33 BFH 20.3.2003 – VI R 147/00 – BStBl II S. 519 = DStR 2003, 827; BFH 16.9.2004 – VI R 25/02 – BStBl II 2006 S. 10 = DStR 2005, 59; BMF 13.12.2005 – IV C 3-S 2253–112/05 – BStBl I 2006 S. 4 = DStR 2006, 38.
34 BFH 31.10.1989 – VIII R 210/83 – BStBl II 1990 S. 532 = HFR 1990, 427.
35 BFH 24.10.1997 – VI R 23/94 – BStBl II 1999 S. 323 = HFR 1998, 196.
36 BFH 24.10.1990 – X R 161/88 – BStBl II 1991 S. 337 = HFR 1991, 197.
37 BFH 24.10.1997 – VI R 23/94 – BStBl II 1999 S. 323 = HFR 1998, 196.
38 BFH 7.8.1987 – VI R 53/84 – BStBl II S. 822 = HFR 1988, 101.
39 BFH 11.12.2008 – VI R 9/05 – BStBl II 2009 S. 385 = DStR 2009, 317.

Wird der Lohnanspruch des AN auf ein **Verrechnungskonto** des AN umgebucht, liegt wegen der sofortigen Zugriffsmöglichkeit grds. Lohnzufluss vor. Das gleiche gilt, wenn der AN dem AG den Auszahlungsanspruch insoweit stundet oder in ein **Darlehen** umwandelt. Eine andere Beurteilung ergibt sich aber dann, wenn die Umbuchung auf mangelnder Liquidität des AG beruht und somit in dessen Interesse erfolgt. In diesem Fall hat der AN noch keine wirtschaftliche Verfügungsmacht am Arbeitslohn erlangt.[40] Vereinbaren AG und AN, künftig fällig werdenden Arbeitslohn einem **Arbeitszeitkonto** gutzuschreiben, um ihn in Zeiten der Arbeitsfreistellung auszuzahlen, führen aufgrund des Modellcharakters weder die Vereinbarung noch die Gutschrift zum Zufluss von Arbeitslohn.[41] Diese Grundsätze sollen aber nicht gelten für Organe von Körperschaften sowie für beherrschende Anteilseigner, die als AN beschäftigt sind.[42]

29

Räumt der AG dem AN **Aktienoptionsrechte** ein, wurde bislang danach unterschieden, ob – an einer Wertpapierbörse – handelbare oder nicht handelbare Optionsrechte zugewendet werden. Bei **nicht handelbaren Optionsrechten** gingen Rspr. und FinVerw übereinstimmend davon aus, dass diese weder im Zeitpunkt der Gewährung noch der erstmaligen Ausübbarkeit zu einem Lohnzufluss beim AN führen. Erst durch die Ausübung des Optionsrechts (unentgeltlicher oder verbilligter Erwerb von Aktien) erlangt der AN wirtschaftliche Verfügungsmacht, sodass von einem Lohnzufluss auszugehen ist.[43] Der BFH hat nun geklärt, dass diese Sichtweise auch für **handelbare Optionsrechte** gilt.[44] Etwas anderes gilt nur dann, wenn der Optionsnehmer anderweitig über die Optionsrechte verfügt, etwa bei entgeltlicher Abtretung eines Aktienankaufsrechts.[45] Offen gelassen hat der BFH die Frage, ob die genannten Rechtsgrundsätze auch gelten, wenn der AG nicht als Optionsgeber eigene Aktien überträgt, sondern z.B. am Kapitalmarkt Optionsrechte erwirbt und diese dem AN überlässt. In diesem Fall dürfte aufgrund des unmittelbaren Rechtsanspruchs gegen einen Dritten Lohnzufluss anzunehmen sein.

30

Als Zuflusszeitpunkt des geldwerten Vorteils aus der Ausübung eines Aktienoptionsrechts und damit als **Bewertungsstichtag** ist der Tag der Einbuchung der Aktien in das Depot des AN maßgebend.[46] Bemessungsgrundlage ist die Differenz zwischen dem Kurs am Verschaffungstag und den Erwerbsaufwendungen. Kursänderungen nach dem Bewertungsstichtag sind lohnsteuerlich irrelevant, sie können aber ggf. zu Gewinnen oder Verlusten aus privaten Veräußerungsgeschäften (§ 23) führen. Zu der Frage, ob der geldwerte Vorteil ermäßigt besteuert werden kann, siehe § 34 Rn 25.

31

Wird einem AN durch Übertragung einer nicht handelbaren **Wandelschuldverschreibung** ein Anspruch auf die Verschaffung von Aktien eingeräumt, fließt ihm ein geldwerter Vorteil erst mit Übertragung der wirtschaftlichen Eigentums an den Aktien – und nicht bereits durch die Übertragung der Wandelschuldverschreibung – zu.[47] Das gleiche gilt bei **Wandeldarlehensverträgen**. Veräußert der AN in diesem Fall das Darlehen nebst Wandlungsrecht an einen Dritten, fließt dem AN ein geldwerter Vorteil im Zeitpunkt der Veräußerung zu.[48]

32

Muss der AN versteuerten Arbeitslohn an den AG zurückzahlen, wird dies im Kj der **Rückzahlung** steuermindernd berücksichtigt (§ 11 Abs. 2). Wegen der Rückzahlung von ermäßigt besteuerten Entschädigungen siehe § 34 Rn 8.

33

II. Versorgungsbezüge (Abs. 2)

1. Abs. 2 a.F.
Für Versorgungsbezüge wird nach S. 1 i.d.F. bis 31.12.2004 ein Freibetrag i.H.v. 40 % dieser Bezüge, höchstens 3.072 EUR im Jahr gewährt. Der Freibetrag wird pro Jahr einmal gewährt, auch wenn Versorgungsbezüge für mehrere Jahre nachbezahlt werden.[49] Er darf nicht auf pauschal versteuerten Arbeitslohn (§§ 40–40b) angewandt werden.[50] Versorgungsbezüge sind Bezüge und sonstige Vorteile, die auf einem früheren Dienstverhältnis beruhen (S. 2). Dazu gehören im Wesentlichen die Beamtenpensionen sowie die Versorgungsbezüge (Betriebsrenten) im privaten Dienst aus den Durchführungswegen Direktzusage und Unterstützungskasse. Anders als bei den Versorgungsbezügen im öffentlichen Dienst ist bei den Versorgungsbezügen im privaten Dienst Voraussetzung, dass diese wegen Erreichens der Altersgrenze, Berufsunfähigkeit, Erwerbsunfähigkeit oder als Hinterbliebenenbezüge gewährt werden. Erhält der AN den Bezug wegen Erreichens der Altersgrenze, muss er das 63. bzw. bei Schwerbehinderung das 60. Lj vollendet haben. Nicht zu den Versorgungsbezügen gehören Renten aus der gesetzlichen RV, da sie nicht aus einem früheren Dienstverhältnis gewährt werden, sondern Erträge aus einem Versicherungsverhältnis sind. Nach-

34

---

40 BFH 14.5.1982 – VI R 124/77 – BStBl II S. 469 = BFHE 135, 542.
41 BMF 5.2.2008 Rn 194.
42 BMF 17.6.2009 – IV C 5-S 2332/07/0004 – DStR 2009, 1370.
43 BFH 20.6.2001 – VI R 105/99 – BStBl II 2001 S. 689 = DB 2001, 1861; FinMin NRW 27.3.2003 – S 2332–109-V B 3 – DB 2003, 747.
44 BFH 20.11.2008 – VI R 25/05 – BStBl II 2009 S. 382 = BFH/NV 2009, 464.
45 BFH 19.6.2008 – VI R 4/05 – BStBl II S. 826 = DStR 2008, 1632.
46 BFH 20.11.2008 – VI R 25/05 – BStBl II 2009 S. 382 = BFH/NV 2009, 464.
47 BFH 23.6.2005 – VI R 124/99 – BStBl II S. 766 = DB 2005, 1718.
48 BFH 23.6.2005 – VI R 10/03 – BStBl II S. 770 = DB 2005, 1882.
49 BFH 23.7.1974 – VI R 116/72 – BStBl II S. 680 = BFHE 113, 40.
50 LStR 39b.3 Abs. 2 S. 4.

zahlungen von Arbeitslohn für die aktive Tätigkeit sowie Vorruhestandsbezüge sind Erträge aus einem gegenwärtigen Dienstverhältnis und daher keine Versorgungsbezüge.[51] LStR 19.8 enthält eine Aufzählung der begünstigten Versorgungsbezüge.

35 **2. Abs. 2 n.F.** Die Neufassung von Abs. 2 gilt ab dem VZ 2005 (§ 52 Abs. 1). Hintergrund der Änderungen ist die Umstellung der Besteuerung der Alterseinkünfte auf die **nachgelagerte Besteuerung**. Die Definition der Versorgungsbezüge in S. 2 entspricht inhaltlich der bisherigen Regelung. Von diesen Bezügen sind nach S. 1 ein **Versorgungsfreibetrag** und ein **Zuschlag zum Versorgungsfreibetrag** abzuziehen.

36 Der Zuschlag zum Versorgungsfreibetrag wird als Ausgleich dafür gewährt, dass von den Versorgungsbezügen nach § 9a S. 1 Nr. 1 Buchst. b) n.F. nur mehr ein WK-Pauschbetrag von 102 EUR (statt bisher 920 EUR) abgezogen werden kann. Sowohl der Versorgungsfreibetrag als auch der Zuschlag zum Versorgungsfreibetrag werden entsprechend der Tabelle in S. 3 von 2005–2040 schrittweise bis auf Null abgeschmolzen. Der Abzug des Zuschlags zum Versorgungsfreibetrag kann nicht zum Ansatz von negativen Einkünften führen (S. 5).

37 Bei Versorgungsbeginn bis 2005 ist Bemessungsgrundlage für die Berechnung des Versorgungsfreibetrags nach S. 4 das Zwölffache des im Januar 2005 gezahlten Versorgungsbezugs. Bei späterem Versorgungseintritt beträgt die Bemessungsgrundlage das Zwölffache des Versorgungsbezugs für den ersten vollen Monat. Voraussichtlich zu erwartende **Sonderzahlungen**, auf die bei Versorgungsbeginn ein Rechtsanspruch besteht, sind zusätzlich zu berücksichtigen. Die S. 6 u. 7 enthalten Sonderregelungen für den Fall, dass mehrere Versorgungsbezüge mit unterschiedlichem Bezugsbeginn gewährt werden oder ein Hinterbliebenenbezug einem Versorgungsbezug folgt.

38 Der nach den Verhältnissen des Jahres des Versorgungsbeginns ermittelte Versorgungsfreibetrag sowie der Zuschlag zum Versorgungsfreibetrag werden zeitlebens fortgeführt. Nur bei nicht regelmäßigen Anpassungen des Versorgungsbezugs (z.B. Anwendung von Anrechnungsregelungen) sind der Versorgungsfreibetrag und der Zuschlag neu zu berechnen. Im Kalenderjahr der Änderung sind zugunsten des Versorgungsempfängers der höchste Versorgungsfreibetrag und der höchste Zuschlag maßgeblich, eine anteilige Berechnung hat somit nicht zu erfolgen (S. 8–11). Der Versorgungsfreibetrag und der Zuschlag zum Versorgungsfreibetrag sind nach S. 12 für jeden vollen Kalendermonat, in dem keine Versorgungsbezüge gezahlt werden, um ein Zwölftel zu ermäßigen.

C. Verbindung zu anderen Rechtsgebieten und zum Prozessrecht

39 Probleme bereitet in der Praxis die Tatsache, dass der AN-Begriff im Arbeitsrecht, im StR und im SozVers-Recht z.T. erheblich voneinander abweicht. Während beim Großteil der Beschäftigten wohl noch von einer weitgehenden Übereinstimmung der Abgrenzungskriterien gesprochen werden kann, zeigen sich deutliche Unterschiede v.a. bei den **gesetzlichen Vertretern von Kapitalgesellschaften**, bei **Kommanditisten**, sowie bei Selbstständigen, die v.a. Geschäftsbeziehungen zu **einem einzigen Vertragspartner** unterhalten. Die unterschiedliche Beurteilung liegt v.a. daran, dass dem Arbeits- und SozVers-Recht der Gedanke der sozialen Schutzbedürftigkeit zugrunde liegt, während dem StR ein derartiger Regelungszweck hingegen fremd ist.[52]

40 **GmbH-GF** und **Vorstände** von AG sind stets AN im lstl Sinne. Ob sie am Unternehmen des AG beteiligt sind, ist unbeachtlich. Arbeitsrechtlich gilt der gesetzliche Vertreter einer Kapitalgesellschaft grds. nicht als AN, wobei aber im Einzelfall eine abweichende Beurteilung möglich sein kann.[53] Im SozVers-Recht ist zu unterscheiden, ob der GmbH-GF in einem abhängigen Beschäftigungsverhältnis steht oder nicht. Bei einem Fremd-GF ohne Kapitalbeteiligung wird dies regelmäßig bejaht. Ein Gesellschafter-GF, der über eine Kapitalbeteiligung von mind. 50 % verfügt oder aufgrund besonderer Vereinbarungen im Gesellschaftsvertrag die Beschlüsse der anderen Gesellschafter verhindern kann, hat hingegen grds. einen entscheidenden Einfluss auf die Geschicke der GmbH, sodass eine abhängige Beschäftigung ausscheidet. Bei einem Minderheitsgesellschafter ist im Einzelfall zu prüfen, ob und inwieweit er weisungsgebunden ist.[54] Vorstandsmitglieder einer AG werden von der RV und von der ArbIV nicht erfasst (§ 1 S. 4 SGB VI).

41 Persönlich haftende **Gesellschafter von Personengesellschaften** gelten im StR, im Arbeitsrecht und im SozVers-Recht stets als selbstständig. Die Tätigkeitsvergütung, die einem Gesellschafter einer Personengesellschaft gezahlt wird, ist stl. i.d.R. kein Arbeitslohn, sondern Gewinnanteil (§ 15 Abs. 1 S. 1 Nr. 2 Hs. 2). SozVers-rechtlich kann aber bei einem angestellten Kommanditisten ein beitragspflichtiges Beschäftigungsverhältnis vorliegen, wenn der Kommanditist keinen maßgebenden Einfluss auf die Gestaltung der Tätigkeit der Gesellschaft ausüben kann.[55] Bei den AG-Anteilen zur SozVers handelt es sich in diesem Fall nicht um stfr. Arbeitslohn, sondern um gewerbliche Einkünfte.[56] Eine Versicherungspflicht scheidet aber aus, wenn der Kommanditist unmittelbar und ausschließlich auf Grund-

---

51 FG Nbg 6.3.1985 – V 206/84 – EFG 1985, 607, rkr.
52 BFH 2.12.1998 – X R 83/96 – BStBl II 1999 S. 534 = HFR 1999, 637.
53 BAG 26.5.1999 – 5 AZR 664/98 – NJW 1999, 3731.
54 *Trappe/Scheele*, Stichwort: Gesellschafter-Geschäftsführer (GmbH).
55 Küttner/*Voelzke*, Stichwort: Arbeitnehmer Rn 74.
56 BFH 19.10.1970 – GrS 1/70 – BStBl II 1971 S. 177 = BFHE 101, 62.

lage des Gesellschaftsvertrages zur Mitarbeit in der Gesellschaft verpflichtet ist und kein dem Umfang seiner Dienstleistung entsprechendes Arbeitsentgelt erhält.

Werden Selbstständige nur für einen Auftraggeber tätig, ist dies für die im StR erforderliche Beteiligung am allgemeinen wirtschaftlichen Verkehr regelmäßig ausreichend.[57] Arbeitsrechtlich gelten derartige Personen wegen ihrer wirtschaftlichen Unselbstständigkeit hingegen als AN (§ 5 Abs. 1 S. 2 ArbGG). Auch im SozVers-Recht ist die ausschließliche oder ganz überwiegende Tätigkeit für nur einen Auftraggeber regelmäßig ein Indiz für ein abhängiges Beschäftigungsverhältnis.[58] Sollte dennoch von einer selbstständigen Tätigkeit auszugehen sein, unterliegt diese der speziellen RV-Pflicht für selbstständig Tätige nach § 2 S. 1 Nr. 9 SGB VI. Die Vorschrift gilt nach Auffassung des BSG auch für selbstständige GmbH-GF, die nur für die GmbH tätig werden.[59] Aufgrund der Klarstellung in § 2 S. 1 Nr. 9 und S. 4 Nr. 3 SGB IV durch das Haushaltsbegleitgesetz 2006,[60] wonach bei Gesellschaftern als Auftraggeber die Auftraggeber der Gesellschaft gelten und nicht die Gesellschaft selbst, ist diese Sichtweise aber überholt.

D. Beraterhinweise

Wird die AN-Eigenschaft einer Person in der Praxis falsch beurteilt, hat dies in den einzelnen Rechtsgebieten unterschiedliche Folgen. Im Arbeitsrecht wird sich der Auftraggeber bzw. AG bei Beendigung der Zusammenarbeit regelmäßig mit einer unerwarteten Künd-Schutzklage konfrontiert sehen. Im LSt- sowie SozVers-Recht droht die **Haftung** für nicht einbehaltene Steuern bzw. SozVers-Beiträge.

Dabei darf eine weitere stl Auswirkung nicht übersehen werden, die ggfs. gravierende Auswirkungen hat: Wird im Rahmen der Zusammenarbeit von einer selbstständigen Tätigkeit ausgegangen, wird der Auftragnehmer – sofern er nicht nur Kleinunternehmer i.S.d. § 19 UStG ist – regelmäßig **USt** in seinen Rechnungen ausweisen. Stellt sich später – z.B. im Rahmen einer Betriebsprüfung – heraus, dass es sich beim Auftragnehmer um einen AN handelt, fehlt diesem die umsatzsteuerliche Unternehmereigenschaft, was dazu führt, dass die USt in den Rechnungen unberechtigt ausgewiesen worden ist (§ 14c Abs. 2 UStG). Als Vorsteuer abzugsfähig ist nach § 15 Abs. 1 S. 1 Nr. 1 UStG aber nur die gesetzlich geschuldete Steuer und nicht etwa auch die unberechtigt ausgewiesene Steuer. Folge ist, dass der AG den Vorsteuerabzug aus sämtlichen Rechnungen verliert. Die Rückzahlung der Vorsteuer ist ggfs. zu verzinsen (§ 233a AO).

Auf der anderen Seite kann der AN die entrichtete USt vom FA zurück erhalten, wenn er die Rechnungen storniert und nachweist, dass der Vorsteuerabzug beim AG rückgängig gemacht worden ist. Der AG hat einen Erstattungsanspruch gegen den AN in Höhe der ausgewiesenen Steuer, nachdem diese ja ohne Rechtsgrund gezahlt worden ist. Ob dieser Anspruch im Einzelfall durchsetzbar sein wird, ist allerdings fraglich. Der AG bleibt dann endgültig mit der nicht abzugsfähigen Vorsteuer belastet.

Die Fehlbeurteilung der AN-Eigenschaft kann für den AG daher erhebliche – im Einzelfall sogar existenzbedrohende – Auswirkungen haben. In Zweifelsfällen sollte daher bereits bei Beginn der Beschäftigung von den Möglichkeiten der **LSt-Anrufungsauskunft** (siehe § 42e Rn 1 ff.) bzw. der **verbindlichen Auskunft** (§ 89 Abs. 2 AO) sowie dem **Anfrageverfahren** bei der Deutschen Rentenversicherung Bund nach § 7a SGB IV Gebrauch gemacht werden, um entsprechende Risiken zu vermeiden.

h) Gemeinsame Vorschriften

§ 24

Zu den Einkünften im Sinne des § 2 Abs. 1 gehören auch
1. Entschädigungen, die gewährt worden sind
   a) als Ersatz für entgangene oder entgehende Einnahmen oder
   b) für die Aufgabe oder Nichtausübung einer Tätigkeit, für die Aufgabe einer Gewinnbeteiligung oder einer Anwartschaft auf eine solche;
(...)

Literatur: *Bauer/Günther*, Steuerfreie Entschädigung statt steuerpflichtiger Abfindung?, NJW 2007, 113; *Breuer*, Abfindungen wegen Auflösung des Dienstverhältnisses, NWB F. 6, 4009; *Hümmerich/Spirolke*, Steuerehrliche Gestaltung von Abfindungen, NZA 1998, 225; *Hümmerich/Spirolke*, Die arbeitsrechtliche Abfindung im neuen Steuerrecht, NJW 1999, 1663; *Müller*, Besteuerung von

---

57 BFH 2.12.1998 – X R 83/96 – BStBl II 1999 S. 534 = HFR 1999, 637.
58 Küttner/*Voelzke*, Stichwort: Scheinselbstständigkeit Rn 10.
59 BSG 24.11.2005 – B 12 RA 1/04 R – DStR 2006, 434.
60 HBeglG 2006 v. 29.6.2006 (BGBl I S. 1402).

Abfindungen, ArbRB 2002, 25; *Offerhaus*, Gestaltungsspielräume bei an Arbeitnehmer gezahlten Abfindungen und Entschädigungen, DB 1982, Beil. 10; *ders.*, Zur Besteuerung von Arbeitgeberleistungen bei Auflösung und Änderung eines Dienstverhältnisses, DB 1991, 2456; *ders.*, Zur Steuerbegünstigung von Entschädigungsleistungen eines Arbeitgebers, DStZ 1994, 225; *ders.*, Neue Steuerrechtsfragen bei Entschädigung von Arbeitnehmern bei Auflösung des Dienstverhältnisses, DStZ 1997, 108; *Wisskirchen*, Die Steuerliche Behandlung von Entlassungsentschädigungen ab 1999, NZA 1999, 405. FinVerw: EStR 24.1, BMF 24.5.2004 – IV A 5-S 2290–20/04 – BStBl I S. 505, 608 = DStR 2004, 1042; OFD Chemnitz 2.12.2004 – S 2290–19/10-St 22 – LEXinform 0578954.

A. Allgemeines 1	3. Auflösung des Dienstverhältnisses auf Veranlassung des AG 15
B. Regelungsgehalt 3	II. Entschädigungen für die Aufgabe oder Nichtausübung einer Tätigkeit (Nr. 1 Buchst. b) 20
I. Entschädigungen als Ersatz für entgangene oder entgehende Einnahmen (Nr. 1 Buchst. a) 3	
1. Auflösung des Dienstverhältnisses 5	C. Verbindung zu anderen Rechtsgebieten und zum Prozessrecht 22
2. Kausalzusammenhang zwischen Zahlung und Auflösung des Dienstverhältnisses 9	D. Beraterhinweise 25

A. Allgemeines

1 § 24 schafft keine neuen Besteuerungstatbestände sondern hat nur klarstellende Bedeutung. Nach Nr. 1 sind Entschädigungen als Ersatz für entgangene oder entgehende Einnahmen oder für die Aufgabe oder Nichtausübung einer Tätigkeit, die einer in § 2 genannten Einkunftsart zuzurechnen sind, wie Einnahmen zu behandeln. Die Bedeutung der Vorschrift liegt darin, dass für Entschädigungen i.S.d. Nr. 1 unter weiteren Voraussetzungen die Tarifbegünstigung nach § 34 zu gewähren ist.

2 Abfindungszahlungen i.S.d. Nr. 1 an **beschränkt steuerpflichtige AN** gelten seit 1.1.2004[1] als inländische Einkünfte i.S.d. § 49, soweit die Einkünfte, die für die zuvor ausgeübte Tätigkeit bezogen wurden, der inländischen Besteuerung unterlegen haben (§ 49 Abs. 1 Nr. 4 Buchst. d). Ist somit der AN nach Beendigung des Dienstverhältnisses, aber vor Zahlung der Abfindung ins Ausland verzogen, muss der AG dennoch einen LSt-Abzug vornehmen.

B. Regelungsgehalt

I. Entschädigungen als Ersatz für entgangene oder entgehende Einnahmen (Nr. 1 Buchst. a)

3 Der für Nr. 1 Buchst. a) geltende Entschädigungsbegriff setzt voraus, dass es sich um einen Ausgleich für den Verlust stpfl. Einnahmen, mit denen der Stpfl. rechnen konnte, handelt. Eine Entschädigungsleistung liegt nur vor, wenn die an Stelle der bisherigen oder künftigen Einnahmen tretende Ersatzleistung auf einer neuen Rechts- oder Billigkeitsgrundlage beruht.[2] Diese Voraussetzung ist auch erfüllt bei einer **Schadensersatzzahlung**, die einem AN infolge einer schuldhaft verweigerten Wiedereinstellung zufließt, da insoweit kein Anspruch aus dem Dienstverhältnis vorliegt.[3]

4 Keine Entschädigung liegt vor, wenn die Zahlung Erfüllungsleistung eines Rechtsverhältnisses ist.[4] Demnach wäre – so auch die bisherige Rspr. des BFH – die einem gekündigten AN geleistete Entschädigung keine Entschädigung i.S.d. Nr. 1 Buchst. a), wenn sie bereits im **Dienstvertrag** für den Fall der Entlassung vereinbart wurde.[5] Der BFH ist jedoch mit Urteil vom 10.9.2003 von seiner bisherigen Rspr abgewichen.[6] Auch die Vereinbarung einer Abfindungszahlung für den Fall der betriebsbedingten Künd des Arbeitsverhältnisses in einem **TV** ist nach neuerer Rspr. unschädlich für die Annahme einer Entschädigung i.S.d. Nr. 1 Buchst. a).[7]

5 **1. Auflösung des Dienstverhältnisses.** Nr. 1 Buchst. a) setzt im Bereich der Arbeitseinkünfte voraus, dass das bisherige Dienstverhältnis endgültig aufgelöst worden ist. Unter Auflösung des Dienstverhältnisses ist die nach bürgerlichem Recht bzw. Arbeitsrecht wirksame Beendigung zu verstehen.[8] Aufgelöst ist das Arbeitsverhältnis auch dann, wenn der AN als **freiberuflicher MA** weiterbeschäftigt oder aufgrund eines **neuen Dienstverhältnisses** bei demselben AG zu anderen Bedingungen beschäftigt wird. Ein neues Dienstverhältnis weist – abgesehen von der Identität des AG – i.d.R. keinen Bezug zum bisherigen Dienstverhältnis auf hinsichtlich Aufgabenbereich, Stellung des AN, Vergütung, Stundenzahl etc. Darüber hinaus erfordert die Annahme eines neuen Dienstverhältnisses auch einen gewissen zeitlichen Abstand zwischen der Auflösung des bisherigen Dienstverhältnisses und dem neuen Vertragsabschluss.[9]

---

1 Steueränderungsgesetz 2003 v. 15.12.2003 (BGBl I S. 2645).
2 BFH 17.3.1978 – VI R 63/75 – BStBl II S. 375 = BFHE 124, 543.
3 BFH 6.7.2005 – XI R 46/04 – BStBl II 2006 S. 55 = DStRE 2005, 1451.
4 BFH 10.9.1998 – IV R 19/96 – BFH/NV 1999, 308; BFH 15.10.2003 – XI R 17/02 – BStBl II 2004 S. 264 = BB 2004, 139.
5 BFH 27.2.1991 – XI R 8/87 – BStBl II S. 703 = HFR 1991, 592.
6 BFH 10.9.2003 – XI R 9/02 – BStBl II 2004 S. 349 = BFH/NV 2004, 396.
7 BFH 16.6.2004 – XI R 55/03 – BStBl II S. 1055 = DStR 2004, 1916.
8 BFH 13.10.1978 – VI R 91/77 – BStBl II 1979 S. 155 = BFHE 126, 399.
9 BFH 10.10.1986 – VI R 178/83 – BStBl II 1987 S. 186 = BFHE 148, 257; FG Münster 16.5.1997 – 1 K 1409/97 E – EFG 1997, 1298, rkr; FG Bremen 2.3.1999 – 1 98 167 V 1 – EFG 1999, 641, rkr.

Keine Auflösung des Dienstverhältnisses liegt in folgenden Fällen vor:

– Fortführung des Dienstverhältnisses nach einer **Änderungs-Künd**.[10] Die Änderungs-Künd ist im Einzelfall von der Auflösung des bisherigen Dienstverhältnisses und dem Abschluss eines neuen Dienstvertrages abzugrenzen. Zwar wird auch bei der Änderungs-Künd das bisherige Dienstverhältnis gekündigt, zugleich wird aber die Fortsetzung zu geänderten Bedingungen angeboten.
– Bei einer Umsetzung im **Konzern** trotz formalen AG-Wechsels, wenn sie sich nach den Verhältnissen des Einzelfalls als Fortsetzung eines **einheitlichen Dienstverhältnisses** darstellt. Hierfür sprechen bei Umsetzungen innerhalb eines Konzerns insb. die Zusicherung einer unbegrenzten oder begrenzten Rückkehrmöglichkeit zum bisherigen AG, die Anerkennung bisheriger Dienstzeiten durch den neuen AG sowie die Weitergeltung der Pensionsregelungen des bisherigen AG,[11]
– Im Falle des **Outsourcing** bei Neubegründung eines Dienstverhältnisses in einem ausgelagerten Konzernunternehmen,[12]
– Übernahme des Dienstverhältnisses aufgrund einer **Betriebsnachfolge nach § 613a BGB**,[13]
– Bloße **Freistellung** des AN von der Arbeitspflicht bei einvernehmlicher Fortführung des Dienstverhältnisses,[14]
– Bei Ruhen des Arbeitsverhältnisses, etwa wegen Elternzeit.

Ungeklärt ist bisher, ob eine Auflösung des Dienstverhältnisses anzunehmen ist, wenn der AN in eine **Beschäftigungs- und Qualifizierungsgesellschaft** wechselt. Hierzu kann auf die zu § 3 Nr. 9 a.F. ergangene Rspr. verwiesen werden. *Pröpper*[15] vertritt die Auffassung, dass eine endgültige Auflösung des bisherigen Dienstverhältnisses auch dann vorliegt, wenn der AN von einer **externen** Beschäftigungsgesellschaft übernommen wird. Beim Wechsel in eine **konzerninterne** Beschäftigungsgesellschaft sei aufgrund der Identität des AG hingegen eine Auflösung des bisherigen Dienstverhältnisses zu verneinen. *Pitterle*[16] ergänzt hierzu, dass aus dem Bezirk der OFD Stuttgart eine Verwaltungspraxis bekannt sei, wonach auch beim Wechsel in eine externe Auffanggesellschaft nicht von einer Beendigung des Dienstverhältnisses ausgegangen wird. Nach Auffassung der FinVerw wickle die Beschäftigungsgesellschaft die alten Arbeitsverhältnisse lediglich ab, sodass die AN mit der Beschäftigungsgesellschaft kein neues Arbeitsverhältnis begründen würden, diese sei nur Zahlstelle.

Maßgeblich für die Abgrenzung, ob der Wechsel zu einer Beschäftigungsgesellschaft zur Auflösung des bisherigen Dienstverhältnisses und zur Neubegründung zum neuen AG führt, wird regelmäßig sein, ob der neue Dienstvertrag im Vergleich zum bisherigen neue Rechte und Pflichten vorsieht. Dies wird insb. dann der Fall sein, wenn der AN gegenüber der Beschäftigungsgesellschaft neben der Teilnahme an Qualifizierungs- und Fortbildungsmaßnahmen noch echte Arbeitsleistungen in nennenswertem Umfang zu erbringen hat. Haben die AN im Rahmen ihrer Beschäftigung bei der Auffanggesellschaft jedoch keine Arbeitsleistungen zu erbringen, sondern übernimmt diese lediglich die Verpflichtungen des bisherigen AG gegenüber den gekündigten AN, so ist wohl von einer Abwicklung der bisherigen Beschäftigungsverhältnisse auszugehen, mit der Folge, dass keine Entschädigung i.S.v. Nr. 1 Buchst. a) vorliegt.

Die Rspr. des BFH zu der Frage, ob das bisherige Arbeitsverhältnis aufgelöst worden ist oder nicht, schwankt insg. betrachtet zwischen formaler und wirtschaftlicher Betrachtungsweise und ist daher inkonsequent.[17]

2. Kausalzusammenhang zwischen Zahlung und Auflösung des Dienstverhältnisses. Die Auflösung des Dienstverhältnisses muss ursächlich für die Zahlung der Abfindung sein. Begünstigt sind daher nur Leistungen, die der AN als Ausgleich für die mit der Auflösung des Dienstverhältnisses verbundenen Nachteile, insb. für den Verlust des Arbeitsplatzes erhält.

Ob Zahlungen des AG wegen der Auflösung des Dienstverhältnisses erfolgen, beurteilt sich nach dem Zeitpunkt der zivil- bzw. arbeitsrechtlich wirksamen Auflösung des Dienstverhältnisses. Dabei sind nur die nach der Auflösung neu entstehenden Leistungen (noch nicht erdiente Ansprüche) begünstigt. Die Abgeltung zu diesem Zeitpunkt bereits erdienter Ansprüche ist keine Entschädigung. Es ist ferner nicht ausreichend, dass die Zahlung nur anlässlich der Auflösung des Dienstverhältnisses erfolgt, etwa zur Abgeltung eines vertraglichen Wettbewerbsverbots.[18] Auch Zahlungen, die der neue AG erbringt, sind nicht begünstigt.[19]

Wegen der Maßgeblichkeit der zivilrechtlich vereinbarten Auflösung des Dienstverhältnisses haben es die Beteiligten damit – bis an die Grenze des Gestaltungsmissbrauchs (§ 42 AO) – in der Hand, durch vertragliche Vereinbarun-

---

10 BFH 21.6.1990 – X R 48/86 – BStBl II S. 1021 = BFHE 161, 372.
11 BFH 21.6.1990 – X R 48/86 – BStBl II S. 1021 = BFHE 161, 372.
12 BFH 12.4.2000 – XI R 1/99 – BFH/NV 2000, 1195.
13 BFH 10.10.2001 – XI R 54/00 – BStBl II 2002 S. 181 = BB 2002, 978.
14 BFH 27.4.1994 – XI R 41/93 – BStBl II S. 653 = BFHE 174, 352.
15 *Pröpper*, DB 2001, 2170.
16 *Pitterle*, DB 2002, 762.
17 Zur Kritik an der BFH-Rspr. HHR/*Bergkemper*, § 3 Nr. 9 Rn 13.
18 BFH 25.7.1990 – X R 163/88 – BFH/NV 1991, 293.
19 BFH 16.12.1992 – XI R 33/91 – BStBl II 1993 S. 447 = HFR 1993, 366.

gen über die vorzeitige Beendigung zu bestimmen, in welchem Umfang sie ermäßigt besteuerte Abfindungen an die Stelle von im Falle fristgerechter Beendigung eigentlich noch anfallenden, regulär zu besteuernden Lohnansprüchen treten lassen wollen.[20] So kann der AN im Einvernehmen mit dem AG auf Ansprüche verzichten, die bei Einhaltung der gesetzlichen bzw. vertraglichen Künd-Frist noch entstanden wären, und stattdessen eine Abfindung vereinbaren.[21] Eine rückwirkende Beendigung des Dienstverhältnisses ist mit stl Wirkung aber nicht möglich.

12 Im Einzelfall ist folgende Abgrenzung vorzunehmen:

Begünstigte Leistung	Keine begünstigte Leistung
Gehaltsfortzahlung für den Zeitraum vom tatsächlichen Auflösungszeitpunkt bis zum Ablauf der Künd-Frist	Gehalt bis zum festgelegten Auflösungstermin
Sonderzahlungen (z.B. Weihnachtsgeld, Tantieme), auf die der Anspruch erst nach dem Auflösungszeitpunkt entstehen würde	Sonderzahlungen (z.B. Weihnachtsgeld, Tantieme), die bei Ausscheiden ganz oder zeitanteilig zustehen
Jubiläumszuwendung, wenn das Dienstjubiläum erst nach dem Auflösungszeitpunkt anfallen würde	Abgeltung von bis zum Auflösungszeitpunkt nicht genommenem Urlaub

13 Wird eine einheitliche Leistung gewährt, die neben der Zahlung für den Verlust des Arbeitsplatzes auch bereits erdiente Ansprüche abdeckt, ist die Leistung entsprechend aufzuteilen.

14 Drängt der AG den AN, dessen betriebliche **Pensionsanwartschaft** abzufinden, fällt die Abfindung unabhängig davon, ob die Anwartschaft noch verfallbar oder bereits unverfallbar war, unter Nr. 1 Buchst. a). Dabei ist unbeachtlich, ob das Dienstverhältnis fortbesteht oder nicht.[22] Keine Entschädigung i.S.v. Nr. 1 Buchst. a) liegt aber vor, wenn die Pensionszusage ein **Kapitalwahlrecht** des AG oder des AN enthält.[23]

15 **3. Auflösung des Dienstverhältnisses auf Veranlassung des AG.** Die Mitwirkung des AN an dem zum Einnahmenausfall führenden Ereignis ist dann unschädlich, wenn er unter erheblichem rechtlichem, wirtschaftlichem oder tatsächlichem Druck gehandelt hat.[24] Das schadensstiftende Ereignis darf vom Stpfl. aber nicht aus eigenem Antrieb herbeigeführt worden sein.[25] Zur Beurteilung kann auch auf die zu § 3 Nr. 9 a.F. ergangene Rspr. zurückgegriffen werden.

16 Im Einzelfall sind folgende Abgrenzungen vorzunehmen:
Eine **unfreiwillige Beendigung** des Arbeitsverhältnisses ist in folgenden Fällen gegeben:
– Künd durch den AG,
– Einvernehmliche Regelung mit dem AN, wenn der Anstoß vom AG ausgeht (z.B. Personalabbau, Angebot der vorzeitigen Pensionierung,[26] Altersteilzeitmodelle mit anschließender, vorzeitiger Beendigung des Dienstverhältnisses),
– Vereinbarung zwischen AG und BR,
– Betriebsverlegung,[27]
– Wenn der Arbeitsplatz wegen Rationalisierung wegfällt und ein Umzug zu einem vom AG angebotenen neuen Arbeitsplatz unzumutbar ist,[28]
– Übernahme eines Regierungsamtes,[29]
– Insolvenz des AG.[30]

17 **Keine unfreiwillige Beendigung** des Arbeitsverhältnisses liegt regelmäßig vor bei Künd durch den AN, etwa wenn der AG eine aus familiären Gründen notwendige Reduzierung der Arbeitszeit ablehnt und der AN darauf hin das Arbeitsverhältnis kündigt.[31] Dies gilt aber dann nicht, wenn der AN durch das Verhalten des AG zur Künd veranlasst

---

20 BFH 27.4.1994 – XI R 41/93 – BStBl II S. 653 = DB 1994, 631.
21 BFH 13.10.1978 – VI R 91/77 – BStBl II 1979 S. 155 = BB 1979, 304.
22 FinMin Bayern 23.7.1987 – 31b–S-2258–11/8–4424 – EStK § 34 EStG Karte 6.2 – LEXinform 0080023.
23 BFH 30.1.1991 – XI R 21/88 – BFH/NV 1992, 646.
24 BFH 20.7.1978 – IV R 43/74 – BStBl II 1979 S. 9 = BFHE 125, 271.
25 BFH 14.2.1984 – VIII R 126/82 – BStBl II S. 580 = BFHE 141, 124; BFH 26.2.1988 – III R 241/84 – BStBl II S. 615 = HFR 1988, 454.
26 BFH 11.1.1980 – VI R 165/77 – BStBl II S. 205 = BFHE 129, 479.
27 BFH 6.5.1977– VI R 161/76 – BStBl II S. 718 = BFHE 122, 474.
28 BFH 6.5.1977 – VI R 161/76 – BStBl II S. 718 = BFHE 122, 474.
29 BFH 6.3.2002 – XI R 51/00 – BStBl II S. 516 = DB 2002, 1637.
30 BFH 13.10.1978 – VI R 91/77 – BStBl II 1979 S. 155 = BFHE 126, 399 noch zum Konkurs nach der früheren KO.
31 BFH 28.11.1991 – XI R 7/90 – BFH/NV 1992, 305.

worden ist[32] (etwa wegen erheblicher Gehaltszahlungsrückstände). Unfreiwillig ist die Beendigung des Dienstverhältnisses auch dann nicht, wenn dieses durch Fristablauf endet oder wenn der AN mit Vollendung des 65. Lj aus dem Dienstverhältnis ausscheidet und dies im Arbeitsvertrag, dem TV oder einer BV entsprechend geregelt ist. Bei Altersteilzeitmodellen ist die Auflösung des Dienstverhältnisses nicht vom AG veranlasst, wenn die Altersteilzeit bis zum 65. Lj andauert.[33]

Oftmals (Fälle verhaltensbedingter Künd) ist Ursache einer AG-Künd ein behauptetes tatsächliches oder vermeintliches **Fehlverhalten des AN**, das – als entscheidende Ursache im zuvor dargestellten Sinne – die Steuervergünstigung trotz AG-Künd wegen fehlender AG-Veranlassung entfallen lassen könnte. Ein Verschulden des AN ist dabei nur insoweit beachtlich, als eine Künd aufgrund eindeutigen Fehlverhaltens des AN nicht vom AG veranlasst ist (z.B. Beleidigung von Kollegen, Vorgesetzten etc.). 18

Die neuere Rspr. des BFH blendet die Verschuldensfrage hingegen vollständig aus und koppelt somit die Gewährung der Steuervergünstigung von der arbeitsrechtlichen Beurteilung ab.[34] Maßgeblich sei ausschließlich, wer die Beendigung des Dienstverhältnisses gewollt habe. Im Allgemeinen ist davon auszugehen, dass der AG eine Abfindung nur dann zahlen wird, wenn er die Auflösung des Dienstverhältnisses gewollt und damit auch veranlasst hat. Diese Vermutung wird in Zukunft nur noch in Ausnahmefällen widerlegbar sein. Wirft der AG dem AN Pflichtverletzungen vor und zahlt er eine Abfindung an den AN, nachdem er im Künd-Schutzprozess unterlegen ist, so ist deshalb grds. davon auszugehen, dass er die Auflösung des Dienstverhältnisses veranlasst hat. An der Aussage im Urteil vom 17.5.1977,[35] wonach die Auflösung des Dienstverhältnisses auch bei einer Künd durch den AG nicht durch diesen veranlasst ist, wenn sich der AN vertragswidrig verhalten hat, hält der BFH somit ausdrücklich nicht mehr fest. Irrelevant ist nach der neueren Rspr. auch, ob dem AN eine weitere Zusammenarbeit mit dem AG noch zuzumuten ist.[36] 19

II. Entschädigungen für die Aufgabe oder Nichtausübung einer Tätigkeit (Nr. 1 Buchst. b)

Anders als bei Nr. 1 Buchst. a) ist bei Nr. 1 Buchst. b) nicht Voraussetzung, dass die Aufgabe der Tätigkeit auf Druck des AG beruht, vielmehr fallen unter die Vorschrift gerade die Fälle, in denen die Tätigkeit mit Willen oder mit Zustimmung des AN aufgegeben wird.[37] Es ist ferner nicht erforderlich, dass der Entschädigung eine neue Rechts- oder Billigkeitsgrundlage zugrunde liegt. Nach Auffassung des BFH liegt auch in diesen Fällen letztlich immer eine Veranlassung durch den AG vor, wenn dieser bereit ist, für die Aufgabe oder Nichtausübung der Tätigkeit eine Entschädigung zu bezahlen.[38] 20

Die Tätigkeit des AN beim bisherigen AG muss aufgegeben worden sein. Dem steht nicht entgegen, wenn der AN anschließend einer Tätigkeit bei einem anderen AG nachgeht, da die Aufgabe einer Tätigkeit, nicht die des Berufs verlangt wird.[39] Erhält der AN nach Beendigung des Arbeitsverhältnisses für ein im Arbeitsvertrag begründetes **Wettbewerbsverbot** eine Karenzentschädigung, hat der BFH die Anwendung der Nr. 1 Buchst. b) bejaht;[40] ebenso, wenn der AN von einem ihm tarifvertraglich zustehenden **Optionsrecht** Gebrauch macht, gegen Zahlung einer Abfindung aus dem Arbeitsverhältnis auszuscheiden.[41] 21

C. Verbindung zu anderen Rechtsgebieten und zum Prozessrecht

Entlassungsabfindungen, die für den Wegfall künftiger Verdienstmöglichkeiten gezahlt werden, stellen kein Arbeitsentgelt i.S.d. **SozVers** dar und unterliegen daher auch nicht der Beitragspflicht in der SozVers.[42] Zahlungen zur Abgeltung vertraglicher Ansprüche, die der AN bis zum Zeitpunkt der Beendigung der Beschäftigung erworben hat (z.B. Urlaubsabgeltung), sind dagegen als Arbeitsentgelt dem Beschäftigungsverhältnis zuzuordnen. Werden solche Ansprüche in die Abfindung integriert, so handelt es sich um „verdecktes" Arbeitsentgelt, das sozvers-pflichtig ist und bleibt. Für die Abgrenzung sind grds. die gleichen Kriterien wie bei § 24 Nr. 1 Buchst. a) heranzuziehen. 22

Im SozVers-Recht gilt der Grundsatz, dass Leistungen, die für Zeiten gezahlt werden, die nach dem Ende des Beschäftigungsverhältnisses liegen, kein beitragspflichtiges Arbeitsentgelt darstellen. Entschädigungen zur Abgeltung von **Pensionsanwartschaften** unterliegen daher nicht der Beitragspflicht. Dabei ist unbeachtlich, ob verfallbare oder unverfallbare Ansprüche abgefunden werden.[43] 23

---

32 BFH 17.5.1977 – VI R 150/76 – BStBl II S. 735 = BFHE 122, 478; FG Münster 4.3.2004 – 8 K 2801/01 E, DStRE 2004, 865, rkr.
33 LStR 2005 9 Abs. 2 S. 4.
34 BFH 10.11.2004 – XI R 64/03 – BStBl II 2005 S. 181 = DStR 2005, 102.
35 BFH 17.5.1977 – VI R 150/76 – BStBl II S. 735 = BFHE 122, 478.
36 BFH 10.11.2004 – XI R 51/03 – BStBl II 2005 S. 441 = DStRE 2005, 378.
37 BFH 2.4.1976 – VI R 67/74 – BStBl II S. 490 = BFHE 119, 141.
38 BFH 8.8.1986 – VI R 28/84 – BStBl II 1987 S. 106 = HFR 1987, 18.
39 BFH 8.8.1986 – VI R 28/84 – BStBl II 1987 S. 106 = HFR 1987, 18.
40 BFH 13.2.1987 – VI R 230/83 – BStBl II S. 386 = HFR 1987, 343.
41 BFH 8.8.1986 – VI R 28/84 – BStBl II 1987 S. 106 = HFR 1987, 18.
42 BSG 21.2.1990 – 12 RK 20/88 – BSGE 66, 219 = DB 1990, 1520.
43 *Schönfeld/Plenker*, Stichwort: Abfindung wegen Entlassung aus dem Dienstverhältnis, Tz 9.

24 Ist das Dienstverhältnis ohne Einhaltung der ordentlichen Künd-Frist beendet und eine Abfindung gezahlt worden, so regelt § 143a Abs. 1 SGB III, dass der Anspruch des AN auf **Arbeitslosengeld** vom Ende des Arbeitsverhältnisses bis zu dem Tag ruht, an dem es bei Einhaltung der ordentlichen Künd-Frist geendet hätte. Maßgeblich ist hierbei die in dem betreffenden Dienstverhältnis für den AG geltende Künd-Frist. In den Fällen, in denen die ordentliche Künd des Dienstverhältnisses durch den AG ausgeschlossen ist bzw. nur bei Zahlung einer Entlassungsentschädigung möglich ist, bestimmen § 143a Abs. 1 S. 3 Nr. 1 und S. 4 SGB III fiktive Künd-Fristen.

D. Beraterhinweise

25 Der AN kann statt mit einer Barleistung auch mit einer **Sachleistung** (z.B. Übereignung des Dienst-Kfz) abgefunden werden. Diese Leistungen sind dann mit dem Verkehrswert zu bewerten. Der AG muss hierbei beachten, dass er einen **stpfl. Gewinn** realisiert, wenn der Restbuchwert des übereigneten Gegenstands unter dem Verkehrswert liegt. Darüber hinaus wird regelmäßig **USt** anfallen (§ 3 Abs. 1b S. 1 Nr. 2 UStG).

26 **Nettoabfindungen:** Häufig wird im Aufhebungsvertrag formuliert, die Abfindung sei „brutto = netto" zu zahlen. Wenn sich die Vertragsparteien über diese Floskel keine Gedanken gemacht haben, führt dies nach der Rspr. nicht dazu, dass der AG eine evtl. anfallende LSt selbst übernehmen muss und diese bei Auszahlung der Abfindung nicht einbehalten darf.[44] Derartige Floskeln führen daher nur zu Missverständnissen und sollten deshalb nicht verwendet werden. Dann ist klar, dass es bei der gesetzlichen Regelung bleibt, wonach der AG die LSt zwar einbehalten und abführen muss, sie aber vom AN zu tragen ist. Auch von der Formulierung einer eindeutigen Nettovereinbarung, wonach also der AG sämtliche Steuern selbst zu tragen hat, ist dringend abzuraten. Änderungen in den persönlichen Verhältnissen des AN (z.B. Heirat, Scheidung oder dauerndes Getrenntleben) können hier für beide Parteien zu unkalkulierbaren Mehrbelastungen führen.

27 Zur Klarstellung sei noch ergänzt, dass Formulierungen in Aufhebungsverträgen wie „brutto" oder „netto" keinerlei Beziehung zur **USt** haben. Der AN ist mangels Selbstständigkeit kein Unternehmer i.S.d. § 2 UStG, sodass seine Leistungen nicht der USt unterliegen. Anders ist dies z.B. bei selbstständigen Handelsvertretern zu beurteilen.

§ 34 Außerordentliche Einkünfte

(1) ¹Sind in dem zu versteuernden Einkommen außerordentliche Einkünfte enthalten, so ist die auf alle im Veranlagungszeitraum bezogenen außerordentlichen Einkünfte entfallende Einkommensteuer nach den Sätzen 2 bis 4 zu berechnen. ²Die für die außerordentlichen Einkünfte anzusetzende Einkommensteuer beträgt das Fünffache des Unterschiedsbetrags zwischen der Einkommensteuer für das um diese Einkünfte verminderte zu versteuernde Einkommen (verbleibendes zu versteuerndes Einkommen) und der Einkommensteuer für das verbleibende zu versteuernde Einkommen zuzüglich eines Fünftels dieser Einkünfte.
(…)
(2) Als außerordentliche Einkünfte kommen nur in Betracht:
(…)
2. Entschädigungen im Sinne des § 24 Nr. 1;
(…)
4. Vergütungen für mehrjährige Tätigkeiten; mehrjährig ist eine Tätigkeit, soweit sie sich über mindestens zwei Veranlagungszeiträume erstreckt und einen Zeitraum von mehr als zwölf Monaten umfasst;
(…)

Literatur: *Eggesiecker/Ellerbeck*, Fünftelregelung und Progressionsvorbehalt, DStR 2007, 1281; *Korezkij*, Überblick über die aktuelle Rechtsprechung zur Besteuerung außerordentlicher Einkünfte nach § 34 Abs. 1 EStG, DStR 2003, 319; *Siegel*, Zur Konstruktion eines verfassungsgemäßen § 34 EStG, DStR 2007, 978; *Siegel/Diller*, Fünftelregelung und Progressionsvorbehalt: Eine Stellungnahme, DStR 2008, 178. **FinVerw:** EStR 34.1–34.5; LStH 34.1–34.5; BMF 24.5.2004 – IV A 5-S 2290–20/04 – BStBl I S. 505, 608 = FR 2004, 1042; OFD Chemnitz 2.12.2004 – S 2290–19/10-St 22 – LEXinform 0578954

A. Allgemeines 1	2. Vergütungen für mehrjährige Tätigkeiten (Nr. 4) 23
B. Regelungsgehalt 2	C. Verbindung zu anderen Rechtsgebieten und zum Prozessrecht 28
I. Steuerermäßigung durch Tarifglättung (Abs. 1) ... 2	
II. Außerordentliche Einkünfte (Abs. 2) 9	D. Beraterhinweise 29
1. Entschädigungen i.S.d. § 24 Nr. 1 (Nr. 2) 10	

---

44 LAG BaWü 17.4.1997 – 11 Sa 132/96 – BB 1997, 1850, rkr.

A. Allgemeines

Die ESt ist eine **Jahressteuer**, der ein progressiver Tarif zugrunde liegt. Die geringste Gesamtbelastung ergibt sich, wenn die Einkünfte gleichmäßig verteilt auf alle Jahre der Einkunftserzielung zufließen. Eine höhere Gesamtbelastung, der keine gesteigerte Leistungsfähigkeit gegenüber steht, tritt hingegen ein, wenn außerordentliche Einkünfte (z.B. Entlassungsentschädigungen) in einzelnen Jahren zufließen. Um derartige progressionsbedingte Spitzenbelastungen abzumildern, sieht Abs. 1 eine rechnerische Verteilung der außerordentlichen Einkünfte auf fünf Jahre vor. Die Abmilderung der Belastung durch Besteuerung dieser außerordentlichen Einkünfte mit dem „halben" Durchschnittssteuersatz (ab 2004 genauer: 56 % des vollen Steuersatzes) galt für Entlassungsentschädigungen nur bis einschließlich 1998. Abs. 2 zählt abschließend die Einkünfte auf, für die die Tarifermäßigung in Betracht kommt. § 34 schafft keine neuen Einkunftsarten, sondern ist eine reine Tarifvorschrift.

B. Regelungsgehalt

I. Steuerermäßigung durch Tarifglättung (Abs. 1)

Bei der Berechnung der insgesamt festzusetzenden ESt ist bei Vorhandensein von außerordentlichen Einkünften wie folgt vorzugehen:
- Ermittlung der ESt für das um die außerordentlichen Einkünfte verminderte zu versteuernde Einkommen (in Abs. 1 S. 1 als „verbleibendes zu versteuerndes Einkommen" bezeichnet),
- Ermittlung der ESt für das zu versteuernde Einkommen ohne die außerordentlichen Einkünfte zuzüglich ein Fünftel der außerordentlichen Einkünfte,
- Berechnung der Differenz zwischen den beiden vorgenannten Steuerbeträgen und Multiplikation des Ergebnisses mit fünf,
- Die Addition des Betrags mit der zuerst berechneten Steuer auf die laufenden Einkünfte ergibt die insgesamt festzusetzende ESt.

Beispiel: Das Dienstverhältnis eines am 1.1.1948 geborenen, ledigen AN wird vorzeitig zum 30.6.2008 aufgelöst. Der AN erhält eine Abfindung für den Verlust des Arbeitsplatzes von 50.000 EUR. Sein laufendes Arbeitsentgelt im Jahr 2008 beträgt bis zum Ausscheiden 30.000 EUR.

		EUR	EUR	EUR
	Abfindung		50.000	
	Laufendes Arbeitsentgelt		30.000	
	Summe		80.000	
./.	WK-Pauschbetrag		920	
	Einkünfte		79.080	
./.	Vorsorgeaufwendungen		2.975	
./.	Sonderausgaben-Pauschbetrag		36	
	Zu versteuerndes Einkommen		76.069	
./.	Außerordentliche Einkünfte		50.000	
	Verbleibendes zu versteuerndes Einkommen		26.069	
	Steuerbetrag ohne § 34 Abs. 1		4.590	4.590
	Verbleibendes zu versteuerndes Einkommen	26.069		
	1/5 der außerordentlichen Einkünfte	10.000		
	Summe	36.069		
	Steuerbetrag mit 1/5 § 34 Abs. 1		7.826	
	Unterschiedsbetrag		3.236	
	Multipliziert mit 5 = Steuer nach § 34 Abs. 1			16.180
	Festzusetzende ESt			20.770

4 Die ESt-Belastung des AN beträgt bei Anwendung von § 34 Abs. 1 20.770 EUR. Ohne Anwendung der „Fünftelungsregelung" beliefe sich die ESt-Belastung auf 24.034 EUR.

5 S. 3 stellt die Besteuerung der außerordentlichen Einkünfte sicher, wenn das verbleibende zu versteuernde Einkommen negativ, das insgesamt zu versteuernde Einkommen aber positiv ist, letzteres somit allein auf den außerordentlichen Einkünften beruht. In diesem Fall beträgt die ESt das Fünffache der auf ein Fünftel des positiven zu versteuernden Einkommens entfallenden ESt. Laufende negative Einkünfte sind bei der Berechnung der begünstigten ESt gem. Abs. 1 vorrangig mit den laufenden positiven Einkünften zu verrechnen; erst danach ist eine Verrechnung mit den begünstigten Einkünften vorzunehmen. Die bis einschließlich 2003 geltenden Verlustausgleichsbeschränkungen des § 2 Abs. 3 S. 3 ff. ändern hieran nichts (Abweichung von Abschn. 197 Abs. 3 S. 4 EStR 1999).[1]

6 Wenn außerordentliche Einkünfte mit Leistungen zusammentreffen, die dem (positiven) **Progressionsvorbehalt** (§ 32b) unterliegen (z.B. Arbeitslosengeld), ist eine integrierte Steuerberechnung dergestalt vorzunehmen, dass die Progressionseinkünfte bei der Steuerberechnung nach Abs. 1 steuersatzerhöhend berücksichtigt werden. Ist das verbleibende zu versteuernde Einkommen negativ, sind die Progressionseinkünfte nur insoweit zu berücksichtigen, als sich nach einer Verrechnung mit dem negativen verbleibenden zu versteuernden Einkommen ein positiver Differenzbetrag ergibt (EStH 34.2 Bsp. 4).[2] Im Fall einer Konkurrenz der Tarifermäßigung mit dem negativen Progressionsvorbehalt (z.B. bei Rückzahlung von Arbeitslosengeld), ist eine integrierte Steuerberechnung nach dem Günstigkeitsprinzip vorzunehmen. Danach sind die Ermäßigungsvorschriften in der Reihenfolge anzuwenden, die zu einer geringeren Steuerbelastung führt, als dies bei ausschließlicher Anwendung des negativen Progressionsvorbehalts der Fall wäre.[3]

7 Die Tarifglättung nach Abs. 1 kann in jedem VZ erneut in Anspruch genommen werden.

8 Hat der AN in einem nachfolgenden VZ – z.B. aufgrund eines Rechtsstreits mit dem AG – einen Teil der Abfindung **zurückzuzahlen**, geht die FinVerw insoweit von einem rückwirkenden Ereignis (§ 175 Abs. 1 S. 1 Nr. 2 AO) aus und will den Bescheid des Auszahlungsjahres entsprechend ändern.[4] Der BFH vertritt hingegen die Auffassung, dass die Rückzahlung wegen des Zu- und Abflussprinzips (§ 11) nur im Jahr der Rückzahlung als negative Einnahme berücksichtigt werden kann. Dass der Zufluss des stpfl. Teils der Abfindung nur ermäßigt besteuert wurde, jedoch die Rückzahlung zugunsten des Stpfl. die dem vollen Steuersatz unterliegende Bemessungsgrundlage mindert, sei hinzunehmen.[5]

II. Außerordentliche Einkünfte (Abs. 2)

9 Nach Abs. 2 kommen als außerordentliche Einkünfte nur die in der Vorschrift genannten Einkünfte „in Betracht". Es muss daher geprüft werden, ob die angeführten Einkünfte im Einzelfall als außerordentlich zu qualifizieren sind.

10 **1. Entschädigungen i.S.d. § 24 Nr. 1 (Nr. 2).** Bei den Entschädigungen i.S.d. § 24 Nr. 1 setzt die geforderte Außerordentlichkeit grds. einen zusammengeballten Zufluss der Einkünfte in einem VZ voraus („Zusammenballung"). Hierzu ist folgende **Prüfung** vorzunehmen:[6]

11 **1. Prüfungsschritt:** Sämtliche als Entschädigung zu qualifizierende Leistungen müssen in einem VZ zufließen. Dabei ist eine Zahlung in einem Betrag nicht erforderlich, sodass eine Auszahlung in Raten innerhalb eines VZ für die Steuerbegünstigung des § 34 unschädlich ist. Werden bei der Gewährung von Entschädigungen jedoch mehrere VZ tangiert, sind folgende Besonderheiten zu beachten:

12 – Der nach § 3 Nr. 9 a.F. stfr. Betrag kann auch in einem anderen VZ zufließen, ohne dass dies für die Anwendung der Fünftelungsregelung schädlich ist.[7]

13 – Verteilt sich die Entschädigungszahlung auf **zwei VZ**, ist die Steuerermäßigung grds. nicht zu gewähren, allerdings lässt die Rspr. eng begrenzte Ausnahmefälle zu.[8] Ein derartiger Ausnahmefall ist z.B. gegeben, wenn sich der Gläubiger in einer existenzbedrohenden Lage befindet und dringend auf eine Vorauszahlung angewiesen ist.[9] Die FinVerw will die Vergünstigung gewähren, wenn die Vereinbarungen eindeutig auf einen einmaligen Zufluss gerichtet waren und es nur aufgrund einer versehentlich zu niedrigen Auszahlung (z.B. wegen eines Rechenfehlers) oder eines Rechtsstreits mit dem AG zu einer Nachzahlung in einem späteren VZ kommt.[10] Erstreckt sich der Zufluss der Entschädigungszahlung auf **mehr als zwei Jahre**, ist die Tarifermäßigung nicht zu gewähren.[11]

---

1 BFH 13.8.2003 – XI R 27/03 – BStBl II 2004 S. 547 = DStR 2004, 549.
2 BFH 17.1.2008 – VI R 44/07 – DStR 2008, 499.
3 BFH 15.11.2007 – VI R 66/03 – DStR 2008, 241.
4 BMF 24.5.2004 Rn 18.
5 BFH 4.5.2006 – VI R 33/03 – BStBl II S. 911 = DStR 2006, 1697.
6 BMF 24.5.2004 Rn 9–16.
7 BFH 2.9.1992 – XI R 44/91 – BStBl II 1993 S. 52 = HFR 1993, 114; BMF 24.5.2004 Rn 9.
8 BFH 2.9.1992 – XI R 63/89 – BStBl II 1993 S. 831 = HFR 1993, 648.
9 BFH 1.2.1957 – VI 87/55 U – BStBl III S. 104 = BFHE 64, 271.
10 BMF 24.5.2004 Rn 19 und 20.
11 BFH 21.1.1993 – XI R 14/92 – BFH/NV 1993, 413.

- Unschädlich sind dabei **lebenslängliche Bar- oder Sachleistungen** des AG (z.B. die Zusage lebenslang laufender Versorgungsbezüge oder ein erstmals eingeräumtes verbilligtes oder unentgeltliches Wohnrecht)[12] sowie zusätzliche befristete Leistungen, die der AG aus **sozialer Fürsorge** erbringt.[13] Ein Indiz für den Fürsorgegedanken ist, wenn der AG derartige Leistungen nicht nur bei vorzeitigem Ausscheiden, sondern auch in anderen Fällen, insb. bei altersbedingtem Ausscheiden erbringt.[14]

- Zu den Leistungen, die nach der BFH-Rspr. regelmäßig auf Fürsorgeerwägungen des AG beruhen, gehören z.B. die befristete, weitere **Privatnutzung eines Dienst-Kfz** (in einem VZ nach Zufluss der Entschädigung),[15] die befristete Übernahme von **Versicherungsbeiträgen**,[16] die befristete Zahlung von **Zuschüssen zum Arbeitslosengeld**,[17] Zahlungen zur Verwendung für die **Altersversorgung**[18] sowie die Übernahme von Kosten für eine **Outplacement-Beratung**.[19] Nach Auffassung des BFH ist betragsmäßig von einem ergänzenden Zusatz zur Hauptleistung nur auszugehen, wenn dieser die Hauptleistung bei weitem nicht erreicht.[20] Diese Voraussetzung soll auch erfüllt sein, wenn die Zusatzleistung 42,3 % der Hauptentschädigung beträgt.[21] Nach Meinung des BMF sollen zusätzliche Entschädigungsleistungen, die aus Gründen der sozialen Fürsorge gewährt werden, für die Beurteilung der Hauptleistung als einer zusammengeballten Entschädigung unschädlich sein, wenn sie weniger als 50 % der Hauptleistung betragen.[22] Um Konflikte mit der FinVerw zu vermeiden, sollte bei der Erstellung von Abfindungsvereinbarungen die 50 %-Grenze unbedingt beachtet werden.

- Die aus sozialer Fürsorge in späteren VZ erbrachten ergänzenden Zusatzleistungen sind somit unschädlich für die Besteuerung der Hauptleistung, fallen aber ihrerseits nicht unter die Tarifbegünstigung des Abs. 1.[23]

- Übernimmt der AG im Rahmen einer **Altersteilzeitvereinbarung** freiwillig RV-Beiträge i.S.d. § 187a SGB VI, ist diese Zuwendung nach § 3 Nr. 28 zur Hälfte stfr. Der stpfl. Teil der Beiträge ist Bestandteil der Entlassungsabfindung, sodass eine ratierliche Zahlung über zwei oder mehr Jahre grds. schädlich ist für die Anwendung der Fünftelungsregelung. Eine dem AN zusätzlich zu den ratenweise geleisteten RV-Beiträgen zugewendete Entlassungsabfindung (Einmalbetrag) will die FinVerw aus Billigkeitsgründen jedoch auf Antrag begünstigt besteuern.[24]

2. Prüfungsschritt: Zusammenballung von Einkünften unter Berücksichtigung der wegfallenden Einnahmen. Außerordentliche Einkünfte liegen nur vor, wenn die Entschädigung die bis zum Ende des VZ entgehenden Einnahmen übersteigt oder wenn im Zuflussjahr der Entschädigung weitere Einkünfte zufließen, die der Stpfl. nicht bezogen hätte, wenn das Dienstverhältnis ungestört fortgesetzt worden wäre.[25] Nach Auffassung der FinVerw ist bei der vorzunehmenden Berechnung folgendes zu beachten:[26] Maßgeblich für die Berechnung sind jeweils die **Einkünfte** des Vorjahres.[27] Aus Vereinfachungsgründen kann bei den Einkünften i.S.d. § 19 die Vergleichsberechnung anhand der **Einnahmen** (= Arbeitslohn) statt der Einkünfte (= Arbeitslohn./. WK) durchgeführt werden. Der nach § 3 Nr. 9 a.F. stfr. bleibende Teil der Abfindung, Lohnersatzleistungen sowie pauschal besteuerte Bezüge sind in diesem Fall bei der Berechnung mit zu berücksichtigen. Es ist nicht erforderlich, dass eine konkrete Progressionserhöhung eintritt.[28]

Beispiel: Auflösung des Arbeitsverhältnisses auf Veranlassung des AG zum 30.6.2008. Der Monatslohn beträgt 5.000 EUR. Der AN erhält eine Entlassungsabfindung von 40.000 EUR. Nach dem Ausscheiden aus dem Dienstverhältnis werden keine weiteren Einkünfte mehr erzielt.

---

12 BMF 24.5.2004 Rn 5–8.
13 BMF 24.5.2004 Rn 15.
14 BMF 24.5.2004 Rn 14.
15 BFH 3.7.2002 – XI R 80/00 – BStBl II 2004 S. 447 = BFH/NV 2002, 1646; BFH 3.7.2002 – XI R 34/01 – BFH/NV 2003, 448; BFH 11.12.2002 – XI R 37/01 – BFH/NV 2003, 747; BFH 29.1.2003 – XI R 1/02 – BFH/NV 2003, 769.
16 BFH 11.12.2002 – XI R 54/01 – BFH/NV 2003, 607.
17 BFH 24.1.2002 – XI R 2/01 – BStBl II 2004 S. 444 = BB 2002, 764.
18 BFH 15.10.2003 – XI R 17/02 – BStBl II 2004 S. 264 = BB 2004, 139.
19 BFH 14.8.2001 – XI R 22/00 – BStBl II 2002 S. 180 = DStR 2002, 257.
20 BFH 24.1.2002 – XI R 2/01 – BStBl II 2004 S. 444 = BB 2002, 764.
21 BFH 21.1.2004 – XI R 33/02 – BStBl II S. 715 = DStRE 2004, 690.
22 BMF 24.5.2004 Rn 15.
23 BMF 24.5.2004 Rn 15.
24 BMF 24.5.2004 Rn 22.
25 BFH 4.3.1998 – XI R 46/97 – BStBl II S. 787 = HFR 1998, 744.
26 BMF 24.5.2004 Rn 12.
27 A.A. FG Köln 15.3.2005 – 15 K 4753/04 – DStRE 2005, 1003, rkr, wonach die durchschnittlichen Einkünfte der vergangenen drei Jahre maßgeblich sind.
28 BMF 24.5.2004 Rn 12.

Einnahmen bei Fortsetzung des Arbeitsverhältnisses:	
Monatslohn 5.000 EUR × 12 =	60.000 EUR
Einnahmen aufgrund Ausscheidens:	
Monatslohn von Jan.–Jun. 2008: 5.000 EUR × 6 =	30.000 EUR
Entlassungsabfindung	40.000 EUR
Insgesamt	70.000 EUR

Die erforderliche Zusammenballung von Einkünften liegt vor, da die Abfindung den wegfallenden Arbeitslohn übersteigt.

20 **Beispiel:** Wie oben, jedoch erhält der AN nur eine Abfindung von 20.000 EUR.

Einnahmen bei Fortsetzung des Arbeitsverhältnisses:	
Monatslohn 5.000 EUR × 12 =	60.000 EUR
Einnahmen aufgrund Ausscheidens:	
Monatslohn von Jan.–Jun. 2008: 5.000 EUR × 6 =	30.000 EUR
Entlassungsabfindung	20.000 EUR
Insgesamt	50.000 EUR

Die erforderliche Zusammenballung von Einkünften liegt nicht vor, da die Abfindung den wegfallenden Arbeitslohn nicht übersteigt.

21 *Abwandlung:* Wie oben, jedoch erzielt der AN im 2. Hj 2008 Einkünfte aus freiberuflicher Tätigkeit von 25.000 EUR.

Einnahmen bei Fortsetzung des Arbeitsverhältnisses:	
Monatslohn 5.000 EUR × 12 =	60.000 EUR
Einnahmen aufgrund Ausscheidens:	
Monatslohn von Jan.–Jun. 2008: 5.000 EUR × 6 =	30.000 EUR
Entlassungsabfindung	20.000 EUR
Einkünfte aus freiberuflicher Tätigkeit	25.000 EUR
Insgesamt	75.000 EUR

Die erforderliche Zusammenballung von Einkünften liegt vor, da die Abfindung zusammen mit den Einkünften aus selbstständiger Arbeit den wegfallenden Arbeitslohn übersteigt.

22 Der AG ist verpflichtet, die Fünftelungsregelung bereits im LSt-Abzugsverfahren anzuwenden, sofern er anhand der von ihm gezahlten Arbeitslöhne zweifelsfrei feststellen kann, dass die Voraussetzungen hierfür vorliegen (§ 39b Abs. 3 S. 9). Darüber hinaus darf er bei der Vergleichsberechnung auch vom AN mitgeteilte Einkünfte berücksichtigen, die dieser nach Beendigung des bestehenden Dienstverhältnisses erzielt. Diese Angaben sollten durch Kopien neu abgeschlossener Anstellungsverträge etc. belegt sein. Kann der AG die erforderlichen Feststellungen nicht treffen, muss er von der Anwendung der Fünftelungsregelung absehen und den AN auf das Veranlagungsverfahren verweisen, um Haftungsrisiken zu vermeiden (siehe § 42d Rn 1 ff.).[29]

23 **2. Vergütungen für mehrjährige Tätigkeiten (Nr. 4).** Ebenso wie bei den Entschädigungen i.S.d. § 24 Nr. 1 ist auch bei den Vergütungen für mehrjährige Tätigkeiten grds. Voraussetzung, dass die Zahlung in einem VZ geleistet wird. Auch hier ist unschädlich, wenn Zahlungen innerhalb eines VZ in mehreren Teilbeträgen erbracht werden[30] oder die

---

29 BMF 24.5.2004 Rn 13.

30 BFH 11.6.1970 – VI R 338/67 – BStBl II S. 639 = BFHE 99, 306.

Zahlung ausnahmsweise in zwei VZ eingeht, wenn der Betrag für die mehrjährige Tätigkeit in einer Summe gezahlt werden sollte.[31] Fließt die Zahlung in drei verschiedenen VZ zu, kann Abs. 2 Nr. 4 nicht angewendet werden.[32]

Voraussetzung für die Anwendung der Steuerermäßigung ist eine **mehrjährige Tätigkeit**, d.h. die Tätigkeit muss in wenigstens zwei VZ ausgeübt worden sein. Ab dem VZ 2007 ist weitere Voraussetzung, dass die Tätigkeit einen Zeitraum von mehr als zwölf Monaten umfasst.[33] Bei den Einkünften aus nichtselbstständiger Arbeit ist – anders als bei den Einkünften aus selbstständiger Arbeit – nicht Voraussetzung, dass es sich um eine von der Haupttätigkeit abgrenzbare Sondertätigkeit handelt. Für die Zusammenballung von Einkünften müssen lediglich wirtschaftlich vernünftige Gründe vorliegen, die sowohl in der Person des AN wie des AG liegen können.[34]

24

Begünstigt sind danach folgende Zahlungen:

25

- **Lohnnachzahlungen** für mehrere Jahre, z.B. wenn sich eine Künd des Arbeitsverhältnisses durch den AG als unwirksam erweist;[35]
- Nachzahlungen für mehrere Jahre aus der BAV;
- nach Dauer der Betriebszugehörigkeit gestaffelte Zahlungen bei Ausscheiden eines AN wegen Erreichens der Altersgrenze;[36]
- Jubiläumszuwendungen aus Anlass eines **Dienstjubiläums** des AN;[37]
- **Tantiemen**, die für mehrere Jahre in einem Jahr nachgezahlt werden;[38]
- Nachzahlung von Ruhegehältern;[39]
- geldwerte Vorteile aus der Ausübung von **Aktienoptionen**. Diese stellen i.d.R. als Anreizlohn eine Vergütung für eine mehrjährige Tätigkeit dar. Voraussetzung ist, dass zwischen Einräumung und Erfüllung des Optionsrechts mehr als zwölf Monate liegen und der AN in diesem Zeitraum auch beschäftigt war. In diesem Fall ist es unbeachtlich, wenn wiederholt Aktienoptionen eingeräumt werden bzw. die jeweils gewährte Option nicht in vollem Umfang einheitlich ausgeübt wird.[40] Bei jährlich eingeräumten Optionsrechten sind die genannten Voraussetzungen für jedes jährlich ausgegebene Optionsrecht getrennt zu prüfen.[41]
- Zahlungen zur **Abfindung von Pensionsanwartschaften**.[42]
- Auszahlungen aus **Arbeitszeitkonten**, wenn das Guthaben über mehrere Jahre angesammelt wurde.[43]

Die Tarifvergünstigung kommt nicht in Betracht bei **Firmenjubiläen** (anders, wenn die Zuwendung auch nach der Dauer der Betriebszugehörigkeit bemessen wird),[44] bei Tantiemen, die laufend, wenn auch nachträglich ausgezahlt werden,[45] sowie bei Zahlung einer Prämie für einen betrieblichen **Verbesserungsvorschlag**.[46] Sie soll nach Auffassung der FinVerw ferner nicht zur Anwendung kommen, wenn der AN aus einem DV bzw. aus einem Pensionsfonds oder einer Pensionskasse Teil- bzw. Einmalkapitalauszahlungen erhält; dies ist nicht nachvollziehbar.[47]

26

Bei der Abfindung von **Pensionsansprüchen**, die im Zusammenhang mit der Beendigung des Dienstverhältnisses gewährt werden, stellt sich grds. die Frage, ob diese unter Abs. 2 Nr. 2 (Entschädigungen nach § 24 Nr. 1a) oder unter Abs. 2 Nr. 4 (Vergütungen für mehrjährige Tätigkeiten) einzureihen sind. Dieser Frage kommt seit 1999 wegen der identischen Rechtsfolge – Anwendung der Fünftelungsregelung – jedoch keine Bedeutung mehr zu. Bis 1998 war die Abgrenzung wichtig, da Entschädigungen nach der alten Rechtslage mit dem halben durchschnittlichen Steuersatz und Vergütungen für mehrjährige Tätigkeiten nach der – zumeist ungünstigeren – **Drittelungsregelung** besteuert wurden. Nach der Rspr. des BFH – ergangen zur alten Rechtslage – liegt eine Entschädigung i.S.d. § 24 Nr. 1a nur vor, wenn sich der Stpfl. hinsichtlich der Abfindung der Pensionsansprüche in einer **Zwangslage** befunden hat. Diese kann z.B. dadurch entstehen, dass das Unternehmen verkauft wird und der Erwerber nicht bereit ist, die Versorgungsverpflichtungen zu übernehmen.[48]

27

---

31 BFH 16.9.1966 – VI 381/65 – BStBl III 1967 S. 2 = DB 1966, 1913.
32 BFH 10.2.1972 – IV R 8/68 – BStBl II S. 529 = BFHE 105, 255; BFH 21.3.1975 – VI R 55/73 – BStBl II S. 690 = BFHE 155, 366.
33 BFH 14.10.2004 – VI R 46/99 – BStBl II 2005 S. 289 = DStR 2004, 2092 ist damit überholt.
34 BFH 30.7.1971 – VI R 258/68 – BStBl II S. 802 = BFHE 103, 339.
35 BFH 22.7.1993 – VI R 104/92 – BStBl II S. 795 = HFR 1994, 7.
36 BFH 10.6.1983 – VI R 106/79 – BStBl II S. 575 = BFHE 138, 454.
37 BFH 3.7.1987 – VI R 182/85 – BStBl II S. 677 = HFR 1987, 570.
38 BFH 11.6.1970 – VI R 338/67 – BStBl II S. 639 = BFHE 99, 306.
39 BFH 28.2.1958 – VI 155/56 U – BStBl III S. 169 = BFHE 66, 435.
40 BFH 19.12.2006 – VI R 136/01 – DB 2007, 498 = HFR 2007, 238; BFH 18.12.2007 – VI R 62/05 – DStRE 2008, 275.
41 FinMin NRW 27.3.2003 – S 2332–109-V B 3 – DB 2003, 747.
42 BFH 11.12.1970 – VI R 218/66 – BStBl II 1971 S. 266 = BFHE 101, 98.
43 *Wellisch/Näth*, DStR 2003, 309.
44 BFH 3.7.1987 – VI R 43/86 – BStBl II S. 820 = HFR 1987, 614.
45 BFH 30.8.1966 – VI 211/65 – BStBl III S. 545 = BFHE 86, 512.
46 BFH 16.12.1996 – VI R 51/96 – BStBl II 1997 S. 222 = HFR 1997, 318.
47 BMF 5.2.2008 – IV C 8-S 222207/0003, IV C 5-S 2333/07/0003 – BStBl I S. 420 = DStZ 2008, 198, Rn 269.
48 BFH 10.4.2003 – XI R 4/02 – BStBl II S. 748 = DB 2003, 1937; BFH 3.12.2003 – XI R 30/02 – DStRE 2004, 811; BFH 3.12.2003 – XI R 31/02 – DStRE 2004, 812.

C. Verbindung zu anderen Rechtgebieten und zum Prozessrecht

28 Wegen der Behandlung von Entlassungsabfindungen in der SozVers siehe § 24 Rn 22. Vergütungen für mehrjährige Tätigkeiten unterliegen regelmäßig der SozVers-Pflicht, da sie nicht für den Wegfall künftiger Verdienstmöglichkeiten gezahlt werden, sondern vertragliche Ansprüche abgelten.

D. Beraterhinweise

29 Die in Abs. 1 kodifizierte Fünftelungsregelung erfordert höchste Sorgfalt bei der Abfassung von Entschädigungsvereinbarungen und erzeugt in der Beratungspraxis einen hohen Gestaltungsdruck. Zu beachten ist, dass zunächst die Voraussetzungen für die Anwendung des Abs. 1 geschaffen werden müssen: Sämtliche als Entschädigung zu qualifizierenden Einkünfte müssen in einem VZ zufließen, zudem ist wegen des Erfordernisses der Zusammenballung die Vergleichsberechnung anhand der wegfallenden Einkünfte durchzuführen.

30 Entschärft wurde mittlerweile die in der Praxis häufig anzutreffende Regelung, dass der ausgeschiedene AN sein bisheriges **Dienst-Kfz** auch noch über den VZ, in dem die Abfindung zufließt, hinaus unentgeltlich nutzen darf. Die FinVerw wendet die BFH-Rspr, wonach dies eine für die Anwendung der Tarifermäßigung unschädliche Zusatzleistung sei, mittlerweile an. Um Streitigkeiten mit dem FA zu vermeiden, sollte dabei die vom BMF aufgestellte, typisierende 50 %-Regelung beachtet werden. Sollte diese nicht erfüllt sein, könnte ggf. die weitere Pkw-Nutzung entgeltlich ausgestaltet und im Gegenzug die Abfindungszahlung entsprechend erhöht werden.[49]

31 Auf der andere Seite muss gestaltet werden, dass die Fünftelungsregelung einen möglichst hohen Steuervorteil bringt: Dies wird regelmäßig dann erreicht, wenn die außerordentlichen Einkünfte mit niedrigen laufend zu besteuernden Einkünften zusammentreffen. Hierdurch wird sich oftmals ein Zielkonflikt mit der geforderten Zusammenballung der Einkünfte ergeben: Scheidet der AN zum Jahresende aus dem Dienstverhältnis aus, führt jede noch so geringe Entschädigungszahlung zu einer Zusammenballung von Einkünften. Auf der anderen Seite wird der Steuervorteil durch die Fünftelungsregelung regelmäßig gering ausfallen, wenn die Entlassungsabfindung mit laufenden Einkünften in Höhe eines Jahresgehalts zusammentrifft. Bei Zahlung der Abfindung im Folgejahr besteht aber die Gefahr, dass die Steuerbegünstigung mangels Zusammenballung versagt wird. Scheidet der AN zum Ende des Jahres aus und übersteigt die Abfindung ein Jahresgehalt, sollte die Zahlung der Abfindung aber auf jeden Fall auf den Anfang des Folgejahres verschoben werden, wenn der AN im Folgejahr keine oder nur noch geringe laufende Einkünfte erzielt. Hier besteht somit im Einzelfall Optimierungsbedarf.

32 Die Fünftelungsregelung kann vollkommen ins Leere laufen, wenn bereits die laufenden Einkünfte einem hohen Grenzsteuersatz unterliegen. Wegen der Wirkungsweise der Fünftelungsregelung kann in derartigen Fällen die Minderung der laufenden Einkünfte zu einer Steuerentlastung führen, die die weggefallenen Einkünfte übersteigt. Bei derartigen Konstellationen kann es somit sinnvoll sein, auf nicht begünstigte Einkünfte zu verzichten. U.U. können – soweit gesetzlich noch möglich – auch Steuersparmodelle mit hohen Verlustzuweisungen genutzt oder zusätzliche berücksichtigungsfähige Ausgaben für Arbeitsmittel etc. getätigt werden, die isoliert nicht vorgenommen worden wären.[50] Ob derartige Gestaltungen sinnvoll sind, muss im Einzelfall anhand der konkreten Zahlen geprüft werden.

33 **Beispiel:** Ein AN erhält im Jahr 2008 eine Abfindung von 150.000 EUR. Weitere Einkünfte erzielt er nicht.

		EUR	EUR	EUR
	Bruttoarbeitslohn	150.000		
./.	WK-Pauschbetrag	920		
	Einkünfte aus nichtselbstständiger Arbeit	149.080		
./.	Vorsorgeaufwendungen	2.975		
./.	Sonderausgaben-Pauschbetrag	36		
	Zu versteuerndes Einkommen	146.069		
./.	Außerordentliche Einkünfte	146.069		
	Verbleibendes zu versteuerndes Einkommen	0		
	Steuerbetrag ohne § 34 Abs. 1		0	0

---

[49] Zugmaier, DB 2002, 1401.

[50] Henning/Hundsdoerfer/Schult, DStR 1999, 131.

	EUR	EUR	EUR
Verbleibendes zu versteuerndes Einkommen	0		
1/5 außerordentlichen Einkünfte	29.213		
Summe	29.213		
Steuerbetrag mit 1/5 § 34 Abs. 1		**5.558**	
Unterschiedsbetrag		5.558	
Multipliziert mit 5 = festzusetzende ESt			**27.790**

Erzielt der AN in 2008 zusätzliche Einkünfte aus Vermietung und Verpachtung von 10.000 EUR, ergibt sich folgende Steuerbelastung: **34**

		EUR	EUR	EUR
	Bruttoarbeitslohn	150.000		
./.	WK-Pauschbetrag	920		
	Einkünfte aus nichtselbstständiger Arbeit		149.080	
	Einkünfte aus Vermietung und Verpachtung		10.000	
	Summe/Gesamtbetrag der Einkünfte		159.080	
./.	Vorsorgeaufwendungen		2.975	
./.	Sonderausgaben-Pauschbetrag		36	
	Zu versteuerndes Einkommen		156.069	
./.	Außerordentliche Einkünfte		149.080	
	Verbleibendes zu versteuerndes Einkommen		6.989	
	Steuerbetrag ohne § 34 Abs. 1		**0**	**0**
	Verbleibendes zu versteuerndes Einkommen	6.989		
	1/5 außerordentlichen Einkünfte	29.816		
	Summe	36.805		
	Steuerbetrag mit 1/5 § 34 Abs. 1		**8.082**	
	Unterschiedsbetrag		8.082	
	Multipliziert mit 5 = festzusetzende ESt			**40.410**

Die zusätzlichen laufenden Einkünfte von 10.000 EUR führen zu einer ESt-Mehrbelastung von 12.620 EUR (40.410 EUR./.27.790 EUR). Gelingt es dem AN, die Einkünfte aus Vermietung und Verpachtung durch negative Einkünfte in gleicher Höhe zu verrechnen, stellt sich somit eine ESt-Ersparnis von 12.620 EUR ein. **35**

Wenn die Abfindungszahlung zwangsläufig mit hohen laufenden Einkünften zusammentrifft, etwa weil der AN unmittelbar nach dem Ausscheiden eine neue Tätigkeit aufnimmt, wirkt sich die Fünftelungsregelung meist nicht steuermindernd aus. In diesem Fall sollte überlegt werden, dem AN statt einer einmaligen Abfindung eine gleichwertige **Altersversorgung** zu gewähren. Sagt der AG dem AN eine Betriebsrente im Durchführungsweg der Direktzusage zu, muss der AN diese erst bei Zufluss der Leistungen versteuern. Der AG kann hingegen sofort eine steuermindernde Pensionsrückstellung bilden, ein unmittelbarer Liquiditätsabfluss ergibt sich – anders als bei einer Barabfindung – nicht. Falls der AG keine Direktzusage geben kann, sollte er die Anwendung der **Vervielfältigungsregelungen** für Beiträge zu DV oder an Pensionskassen sowie Pensionsfonds in Betracht ziehen (siehe § 3 Nr. 63 Rn 44 bis 45 sowie § 40b Rn 7). Dabei werden die Freibeträge, innerhalb derer Pauschalbesteuerung möglich ist bzw. Steuerfreiheit gegeben ist, mit den jeweiligen Dienstjahren bis zum Ausscheiden multipliziert, sodass sich stattliche Beträge ergeben können. **36**

37 Soll eine Abfindungszahlung aus stl Gründen erst in der Zukunft – z.B. im Jahr nach dem Ausscheiden aus dem Dienstverhältnis – gewährt werden, muss darauf geachtet werden, dass der Fälligkeitszeitpunkt entsprechend aufgeschoben wird. Wird die fällige Abfindungszahlung vom AN nur „stehengelassen", verhindert dies den Lohnzufluss regelmäßig nicht (siehe § 19 Rn 28 f.). Bei einer aufgeschobenen Abfindung ist dem AN – insb. bei schlechter wirtschaftlicher Lage des vormaligen AG – anzuraten, auf eine **Insolvenzsicherung** des Abfindungsanspruchs zu drängen. Diese Absicherung kann entweder durch die Verpfändung von Vermögensanlagen des AG oder über Treuhandmodelle (einstufiges oder zweistufiges CTA-Modell) mittels Verpfändung des Rückzahlungsanspruchs des AG gegenüber dem Treuhänder erfolgen.[51] Entscheidend ist die Absicherung über ein Verpfändungsmodell, da die Verpfändung – im Gegensatz zur Abtretung – keinen Zufluss von Arbeitslohn induziert.[52] Bei der doppelseitigen Treuhand ist zu beachten, dass die Sicherungstreuhand zugunsten des AN bei Eintritt der Bedingung (Insolvenzfall) einen eigenen Rechtsanspruch des AN auf Leistung gegenüber dem Treuhänder begründet mit der Folge des Zuflusses von Arbeitslohn beim AN. § 3 Nr. 65 gewährt insoweit keine Steuerfreiheit, da die Vorschrift nur bei Versorgungsansprüchen sowie bei Ansprüchen aus Altersteilzeitmodellen und Arbeitszeitguthaben greift (siehe § 3 Nr. 65 Rn 56). Dass § 3 Nr. 65 nicht auch auf stehen gelassene Abfindungsansprüche ausgeweitet wurde, ist unverständlich.

38 In der Praxis kommt es vor, dass Abfindungszahlungen, die eigentlich in einem VZ gezahlt werden sollten, planwidrig über mehrere VZ zufließen, etwa wenn aufgrund eines **Rechenfehlers** bisher ein zu geringer Betrag ausgezahlt wurde oder wenn der AN nach einem **Rechtsstreit** mit dem AG eine weitere Zahlung erhält. In diesen Fällen wäre die Steuerbegünstigung nach den dargestellten Grundsätzen eigentlich insgesamt zu versagen. Aus **Billigkeitsgründen** will die FinVerw jedoch auf Antrag des Stpfl die nachfolgende Zahlung nach § 175 Abs. 1 S. 1 Nr. 2 AO ins Jahr der ersten Zahlung zurückbeziehen, sodass der erforderliche zusammengeballte Zufluss erhalten bleibt. Wird der Antrag nicht gestellt, entfällt die Begünstigung insgesamt. Die Billigkeitsregelung soll nicht zur Anwendung kommen, wenn der AN einen **Ersatzanspruch** gegen den AG hinsichtlich der aus der Nachzahlung resultierenden stl Mehrbelastung hat.[53] Wegen der Rückzahlung von Abfindungen durch den AN (siehe Rn 8).

39 Bei Einkünften, die nach § 34 ermäßigt zu besteuern sind, erlassen die KiSt-Ämter auf einen entsprechenden Antrag hin regelmäßig 50 % der auf die außerordentlichen Einkünfte entfallenden **KiSt**.[54] Hierauf besteht aber kein Anspruch.[55]

VI. Steuererhebung

1. Erhebung der Einkommensteuer

§ 37b Pauschalierung der Einkommensteuer bei Sachzuwendungen

(1) Steuerpflichtige können die Einkommensteuer einheitlich für alle innerhalb eines Wirtschaftsjahres gewährten
1. betrieblich veranlassten Zuwendungen, die zusätzlich zur ohnehin vereinbarten Leistung oder Gegenleistung erbracht werden, und
2. Geschenke im Sinne des § 4 Abs. 5 Satz 1 Nr. 1,

die nicht in Geld bestehen, mit einem Pauschsteuersatz von 30 Prozent erheben. ¹Bemessungsgrundlage der pauschalen Einkommensteuer sind die Aufwendungen des Steuerpflichtigen einschließlich Umsatzsteuer; bei Zuwendungen an Arbeitnehmer verbundener Unternehmen ist Bemessungsgrundlage mindestens der sich nach § 8 Abs. 3 Satz 1 ergebende Wert. ²Die Pauschalierung ist ausgeschlossen,
1. soweit die Aufwendungen je Empfänger und Wirtschaftsjahr oder
2. wenn die Aufwendungen für die einzelne Zuwendung

den Betrag von 10 000 Euro übersteigen.

(2) ¹Absatz 1 gilt auch für betrieblich veranlasste Zuwendungen an Arbeitnehmer des Steuerpflichtigen, soweit sie nicht in Geld bestehen und zusätzlich zum ohnehin geschuldeten Arbeitslohn erbracht werden. ²In den Fällen des § 8 Abs. 2 Satz 2 bis 8, Abs. 3, § 40 Abs. 2 sowie in Fällen, in denen Vermögensbeteiligungen überlassen werden, ist Absatz 1 nicht anzuwenden; Entsprechendes gilt, soweit die Zuwendungen nach § 40 Abs. 1 pauschaliert worden sind. ³§ 37a Abs. 1 bleibt unberührt.

---

51 *Küppers/Louven*, BB 2004, 337.
52 BMF 16.4.1982 – IV B 6-S 2373–5/82 – BB 1982, 849.
53 BMF 24.5.2004 Rn 17–20.
54 FG Nbg 2.2.1995 – VI 41/91 – EFG 1995, 691, rkr.
55 FG Köln 9.7.2008 – 11 K 3041/07 – DStRE 2009, 314, Rev. BFH I R 81/08.

(3) ¹Die pauschal besteuerten Sachzuwendungen bleiben bei der Ermittlung der Einkünfte des Empfängers außer Ansatz. ²Auf die pauschale Einkommensteuer ist § 40 Abs. 3 sinngemäß anzuwenden. ³Der Steuerpflichtige hat den Empfänger von der Steuerübernahme zu unterrichten.

(4) ¹Die pauschale Einkommensteuer gilt als Lohnsteuer und ist von dem die Sachzuwendung gewährenden Steuerpflichtigen in der Lohnsteuer-Anmeldung der Betriebsstätte nach § 41 Abs. 2 anzumelden und spätestens am zehnten Tag nach Ablauf des für die Betriebsstätte maßgebenden Lohnsteuer-Anmeldungszeitraums an das Betriebsstättenfinanzamt abzuführen. ²Hat der Steuerpflichtige mehrere Betriebsstätten im Sinne des Satzes 1, so ist das Finanzamt der Betriebsstätte zuständig, in der die für die pauschale Besteuerung maßgebenden Sachbezüge ermittelt werden.

Literatur: *Niermann*, Die Pauschalierung der Einkommensteuer auf Sachzuwendungen ab 2007 (§ 37b EStG), DB 2008, 1231; *Schulz*, § 37b EStG – Pauschalierung der Einkommensteuer bei Sachzuwendungen, NWB F. 6, 4937. **FinVerw:** LStH 37b; Gleichl. Ländererlass 28.12.2006 – BStBl I 2007 S. 76; OFD Münster 14.12.2007 – S 2372-24-St 22-31 – DStR 2008, 255; BMF 29.4.2008 – IV B 2-S2297-b/07/0001 – BStBl I S. 566 = DB 2008, 1009

A. Allgemeines 1	III. Abgeltungswirkung der Pauschalierung (Abs. 3) . 5
B. Regelungsgehalt 2	IV. Anmeldung der pauschalen Einkommensteuer (Abs. 4) 6
I. Pauschalierung der Einkommensteuer bei Sachzuwendungen an Geschäftsfreunde (Abs. 1) 2	**C. Verbindung zu anderen Rechtsgebieten und zum Prozessrecht** 7
II. Pauschalierung der Einkommensteuer bei Sachzuwendungen an Arbeitnehmer (Abs. 2) 3	**D. Beraterhinweise** 8

A. Allgemeines

Die durch das JStG 2007¹ neu eingefügte Vorschrift ermöglicht ab 1.1.2007 die Pauschalierung der ESt bei **Sachzuwendungen** an Geschäftsfreunde und AN. Durch die Pauschalierung beim Zuwendenden ist die Besteuerung beim Empfänger abgegolten. Die pauschale ESt gilt als **LSt** und ist als solche beim FA anzumelden.

B. Regelungsgehalt

I. Pauschalierung der Einkommensteuer bei Sachzuwendungen an Geschäftsfreunde (Abs. 1)

S. 1 ermöglicht es dem Zuwendenden, die ESt für alle betrieblich veranlassten Zuwendungen, die zusätzlich zur vereinbarten Gegenleistung gewährt werden, sowie alle Geschenke i.S.v. § 4 Abs. 5 S. 1 Nr. 1 an Geschäftsfreunde und deren AN pauschal mit einem Steuersatz von 30 % zu erheben. Voraussetzung für die Pauschalierung ist, dass die Zuwendung nicht in Geld besteht. Alle innerhalb eines Wj den in Abs. 1 genannten Empfängern gewährten Zuwendungen können nur einheitlich nach § 37b bzw. individuell versteuert werden. Zuwendungen an AN verbundene Unternehmen können aber auch dann individuell versteuert werden, wenn auf die übrigen Zuwendungen Abs. 1 angewandt wird.² **Bemessungsgrundlage** der pauschalen ESt sind nach S. 2 die Aufwendungen des Stpfl. einschließl. Umsatzsteuer. Satz 2 Hs. 2 sieht bei Zuwendungen an AN verbundener Unternehmen eine Mindestbemessungsgrundlage in Höhe des sich nach § 8 Abs. 3 S. 1 ergebenden Wertes – 96 % des üblichen Verkaufspreises abzüglich Rabattfreibetrag – vor (siehe § 8 Rn 18 bis 21).

Gem. S. 3 ist eine Pauschalierung nicht möglich bei Einzelzuwendungen über 10.000 EUR und soweit die Aufwendungen pro Empfänger und Wj 10.000 EUR übersteigen.

Die Entscheidung zur Anwendung der Pauschalierung im gesamten Wj kann in den Fällen des Abs. 1 spätestens in der letzten LSt-Anmeldung des Wj der Zuwendung getroffen werden.³

II. Pauschalierung der Einkommensteuer bei Sachzuwendungen an Arbeitnehmer (Abs. 2)

Gem. S. 1 gilt die Regelung in Abs. 1 auch für Sachzuwendungen an eigene AN, sofern diese zusätzlich zum ohnehin geschuldeten Arbeitslohn erbracht werden. Eine Entgeltumwandlung in Sachgeschenke scheidet damit aus. Nach S. 2 ist die Pauschalierung ausgeschlossen, wenn die folgenden Sondertatbestände vorliegen:

– Private Pkw-Nutzung (§ 8 Abs. 2 S. 2 bis 5),
– Gewährung von Unterkunft und Mahlzeiten (§ 8 Abs. 2 S. 6 bis 7)
– Vorteile, die mit amtlichen Durchschnittswerten anzusetzen sind (§ 8 Abs. 2 S. 8),
– Vorteile, bei denen der Rabattfreibetrag zur Anwendung kommt (§ 8 Abs. 3),
– die Gewährung von Vermögensbeteiligungen an AN (§ 19a),

---

1 Jahressteuergesetz 2007 v. 13.12.2006 (BGBl I S. 2878).
2 BMF 29.4.2008 Rn 5.
3 BMF 29.4.2008 Rn 7.

- Sachprämien bei Kundenbindungsprogrammen nach § 37a;
- Pauschalierungen nach § 40 Abs. 2 mit Steuersätzen von 15 % oder 25 %.

§ 40 Abs. 1 kann hingegen alternativ zu § 37b angewandt werden.

Auch bei den Zuwendungen an eigene AN muss das Wahlrecht, ob § 37b angewandt wird, einheitlich ausgeübt werden. Es ist aber zulässig, das Wahlrecht für Zuwendungen an Dritte (Abs. 1) sowie an eigene AN (Abs. 2) unterschiedlich auszuüben.[4] Im Anwendungsbereich des Abs. 2 muss die Entscheidung zur Anwendung der Pauschalierung spätestens bis zur Übermittlung der elektronischen LSt-Bescheinigung am 28.2. des Folgejahres getroffen werden (siehe §§ 38–39c, 41–42b Rn 34).[5] Bereits durchgeführte Pauschalierungen mit dem individuellen Nettosteuersatz (siehe § 40 Rn 2 bis 4) können ggf. einheitlich rückabgewickelt werden.[6]

III. Abgeltungswirkung der Pauschalierung (Abs. 3)

5 Der Pauschalsteuer kommt Abgeltungswirkung zu, d.h. der Empfänger muss die Zuwendung nicht versteuern, wenn der Schenker die pauschale ESt entrichtet hat. Daher verpflichtet S. 3 den Zuwendenden, den Empfänger von der Steuerübernahme zu unterrichten. Die Regelungen in § 40 Abs. 3 gelten sinngemäß.

IV. Anmeldung der pauschalen Einkommensteuer (Abs. 4)

6 Nach S. 1 gilt die pauschale ESt als LSt und ist daher vom Zuwendenden im regulären LSt-Anmeldeverfahren beim Betriebsstätten-FA anzumelden und dorthin abzuführen. Zudem sind SolZ und KiSt zu entrichten. Bei der KiSt kann der Stpfl. für jeden LSt-Anmeldezeitraum neu wählen, ob er die KiSt für alle Zuwendungsempfänger zu einem ermäßigten Steuersatz oder nur für die einer steuererhebenden Religionsgemeinschaft angehörenden Empfänger zum allgemeinen Steuersatz entrichtet.[7]

Die Abziehbarkeit der Pauschalsteuer als BA richtet sich danach, ob die Aufwendungen für die Zuwendung als BA abziehbar sind.[8]

C. Verbindung zu anderen Rechtsgebieten und zum Prozessrecht

7 Die SvEV wurde bislang nicht an die neue Vorschrift angepasst, so dass die pauschal besteuerten Zuwendungen – entgegen der bisherigen Praxis – der SozVers unterliegen. Der angestrebte Vereinfachungszweck wird durch die fehlende SozVers-Freiheit konterkariert.

Mit der „Ersten Verordnung zur Änderung der Sozialversicherungsentgeltverordnung" vom 18.11.2008[9] wurde die SvEV dahingehend geändert, dass ab 1.1.2009 pauschalbesteuerte Sachleistungen nach § 37b an AN Dritter beitragsfrei bleiben sollen (ein in der Praxis eher seltener Fall). Die Neuregelung soll hingegen nicht gelten bei Konzernunternehmen sowie bei eigenen AN. Im Laufe des Jahres 2009 soll evaluiert werden, in welcher Höhe bei einer generellen Beitragsfreiheit im Falle der Pauschalversteuerung nach § 37b Beitragsausfälle eintreten würden. Eine allgemeine Beitragsfreiheit ist daher frühestens ab 2010 zu erwarten.

D. Beraterhinweise

8 Der günstige Pauschalsteuersatz von 30 % führt insbesondere in den Fällen zu einem deutlichen Steuervorteil, in denen sonst nur eine Besteuerung mit einem Nettosteuersatz (die übernommene LSt unterliegt wiederum der LSt) möglich wäre. Hier ergeben sich regelmäßig Steuersätze von ca. 80 bis 90 %. Eine vergleichbar günstige Besteuerung wie bei § 37b war bislang nur bei wenigen Sachverhalten – etwa bei der Gewährung von Arbeitslohn anlässlich von Betriebsveranstaltungen (§ 40 Abs. 2 S. 1 Nr. 2) – möglich.

Die Pauschalsteuer wird sowohl bei Zuwendungen an eigene AN als auch bei Zuwendungen an Dritte einheitlich als LSt behandelt. Dabei muss beachtet werden, dass die auf fremde Dritte entfallende Steuer ggf. ertragsteuerlich nicht abzugsfähig ist – etwa wenn Geschenke mit Anschaffungskosten von mehr als 35 EUR (§ 4 Abs. 5 Nr. 1 S. 2) zugewendet wurden. In diesen Fällen muss daher eine Aufteilung der LSt für ertragsteuerliche Zwecke vorgenommen werden.

Der fehlende Gleichlauf von LSt und SV bei § 37b kann zu erheblichen Zusatzbelastungen für den AG führen, die neben der Pauschalsteuer zu berücksichtigen sind. Bei Sachzuwendungen (z.B. Incentive-Reisen) wird der AG regelmäßig alle anfallenden Abgaben selbst übernehmen. Übernimmt der AG dabei auch den AN-Anteil zur SV, liegt ein geldwerter Vorteil vor, der auf den Bruttobetrag hochzurechnen ist.[10] Gleichzeitig stellt der übernommene AN-Anteil Arbeitslohn dar, der aber keiner Pauschalierung nach § 37b zugänglich ist, da insoweit Barlohn vorliegt. Es hat daher zusätzlich eine Nettolohnversteuerung mit entsprechend hohen Steuersätzen zu erfolgen.

---

4 BMF 29.4.2008 Rn 4.
5 BMF 29.4.2008 Rn 8.
6 BMF 29.4.2008 Rn 22.
7 Gleichl. Ländererlass 28.12.2006 – BStBl I 2007 S. 76.
8 BMF 29.4.2008 Rn 26.
9 BGBl I S. 2220.
10 Schönfeld/*Plenker*, Stichwort: Pauschalierung der Lohnsteuer für Belohnungsessen, Incentive-Reisen, VIP-Logen und ähnliche Sachbezüge, Tz 11.

Nicht erfasst von der Neuregelung werden die folgenden Fälle, so dass weiterhin eine Besteuerung unterbleibt:
- Aufmerksamkeiten für AN bis 40 EUR aus persönlichem Anlass (LStR 19.6 Abs. 1),
- Sog. „Arbeitsessen" (LStR 19.6 Abs. 2);
- Sachbezüge bis zur Freigrenze von 44 EUR pro Monat (§ 8 Abs. 2 S. 9),
- Kundenbewirtungen,
- Streuwerbeartikel und geringwertige Warenproben. Diese liegen vor, wenn die Anschaffungs- oder Herstellungskosten jeweils 10 EUR nicht übersteigen.[11]

9

Die im BMF-Schreiben zu den sog. „VIP-Logen"[12] enthaltenen Vereinfachungsregelungen zur Aufteilung der Gesamtaufwendungen auf die Bereiche „Werbung", „Bewirtung" und „Geschenke" sind weiter anzuwenden.[13] Bei Zweifelsfragen kann eine LSt-Anrufungsauskunft (siehe § 42e Rn 1 ff.) beantragt werden.[14]

10

§§ 38–39c, 41–42b (Grundzüge des Lohnsteuerabzugs)

Literatur: *Albert*, Vereinfachungen bei der Lohnsteuer durch Typisierung und Pauschalierung, DB 2004, 1958; *Drenseck*, Möglichkeiten der Arbeitnehmer zur Einsparung von Lohnsteuer – Lohnsteuer-Merkblatt 2008 –, Beilage 3 zu DB 15/2008; *Eismann*, Die neuen lohnsteuerrechtlichen Arbeitgeberpflichten bei Arbeitslohnzahlungen (Rabattgewährungen) durch Dritte, DStR 2004, 1585; *Giloy*, Die Lohnsteuer – Gesamtdarstellung des ab 1.1.2000 geltenden Lohnsteuerrechts –, NWB F. 6, 4053; *Sell/Sommer*, Modifikation der Lohnsteuerklasse IV – Das Faktorverfahren des § 39f EStG-E, DStR 2008, 1953. **FinVerw:** LStR 38.1 bis 39c, 41.1 bis 42b; LStH 38.1 bis 39c, 41.3 bis 41c.3; BMF 27.1.2004 – IV C 5-S 2000–2/04 – BStBl I S. 173 = FR 2004, 300

A. Allgemeines 1	II. Höhe der Lohnsteuer (§ 38a) 11
B. Regelungsgehalt der §§ 38–39c, 41–42b 2	III. Lohnsteuerklassen (§ 38b) 13
I. Erhebung der Lohnsteuer (§ 38) 2	IV. Lohnsteuerkarte (§ 39) 14
1. Allgemeines 2	V. Freibetrag und Hinzurechnungsbetrag (§ 39a) 17
2. Zum Lohnsteuerabzug verpflichtete Personen (Abs. 1) 3	VI. Durchführung des Lohnsteuerabzugs für unbeschränkt steuerpflichtige Arbeitnehmer (§ 39b) .. 24
3. Steuerschuldner und Entstehung der Lohnsteuer (Abs. 2) 6	VII. Durchführung des Lohnsteuerabzugs ohne Lohnsteuerkarte (§ 39c) 32
4. Einhaltungspflicht (Abs. 3) 7	VIII. Anmeldung und Abführung der Lohnsteuer (§§ 41–42b) 33
5. Lohnsteuerabzugspflicht Dritter und Übertragung lohnsteuerrechtlicher Pflichten auf Dritte (Abs. 3a) 8	C. Verbindung zu anderen Rechtsgebieten und zum Prozessrecht 39
6. Lohnsteuerabzug bei fehlenden Barmitteln und bei von Dritten gewährten Bezügen (Abs. 4) .. 9	D. Beraterhinweise 43

A. Allgemeines

Die genannten Vorschriften regeln das **LSt-Abzugsverfahren**, in dem der AG als durch Gesetz Beauftragter sowohl für das FA als auch für seinen AN tätig zu werden hat. Die LSt ist keine eigene Steuerart, sondern lediglich die auf eine Einkommensart entfallende **Vorauszahlungssteuer** des AN. Die LSt hat nur in Sonderfällen (z.B. bei Pauschalierung der LSt nach § 40a) Abgeltungscharakter. Im Übrigen wird sie gem. § 36 Abs. 2 Nr. 2 auf die durch Veranlagung ermittelte ESt angerechnet.

1

B. Regelungsgehalt der §§ 38–39c, 41–42b

I. Erhebung der Lohnsteuer (§ 38)

§ 38 Erhebung der Lohnsteuer

(1) ¹Bei Einkünften aus nichtselbständiger Arbeit wird die Einkommensteuer durch Abzug vom Arbeitslohn erhoben (Lohnsteuer), soweit der Arbeitslohn von einem Arbeitgeber gezahlt wird, der
1. im Inland einen Wohnsitz, seinen gewöhnlichen Aufenthalt, seine Geschäftsleitung, seinen Sitz, eine Betriebsstätte oder einen ständigen Vertreter im Sinne der §§ 8 bis 13 der Abgabenordnung hat (inländischer Arbeitgeber) oder

---
11 BMF 29.4.2008 Rn 10.
12 BMF 22.8.2005 – IV B 2-S 2144–41/05 – BStBl I S. 845.
13 BMF 29.4.2008 Rn 15.
14 BMF 29.4.2008 Rn 37.

2. einem Dritten (Entleiher) Arbeitnehmer gewerbsmäßig zur Arbeitsleistung im Inland überlässt, ohne inländischer Arbeitgeber zu sein (ausländischer Verleiher). ²Inländischer Arbeitgeber im Sinne des Satzes 1 ist in den Fällen der Arbeitnehmerentsendung auch das in Deutschland ansässige aufnehmende Unternehmen, das den Arbeitslohn für die ihm geleistete Arbeit wirtschaftlich trägt; Voraussetzung hierfür ist nicht, dass das Unternehmen dem Arbeitnehmer den Arbeitslohn im eigenen Namen und für eigene Rechnung auszahlt. ³Der Lohnsteuer unterliegt auch der im Rahmen des Dienstverhältnisses von einem Dritten gewährte Arbeitslohn, wenn der Arbeitgeber weiß oder erkennen kann, dass derartige Vergütungen erbracht werden; dies ist insbesondere anzunehmen, wenn Arbeitgeber und Dritter verbundene Unternehmen im Sinne von § 15 des Aktiengesetzes sind.

(2) ¹Der Arbeitnehmer ist Schuldner der Lohnsteuer. ²Die Lohnsteuer entsteht in dem Zeitpunkt, in dem der Arbeitslohn dem Arbeitnehmer zufließt.

(3) ¹Der Arbeitgeber hat die Lohnsteuer für Rechnung des Arbeitnehmers bei jeder Lohnzahlung vom Arbeitslohn einzubehalten. ²Bei juristischen Personen des öffentlichen Rechts hat die öffentliche Kasse, die den Arbeitslohn zahlt, die Pflichten des Arbeitgebers. ³In den Fällen der nach § 7f Abs. 1 Satz 1 Nr. 2 des Vierten Buches Sozialgesetzbuch an die Deutsche Rentenversicherung Bund übertragenen Wertguthaben hat die Deutsche Rentenversicherung Bund bei Inanspruchnahme des Wertguthabens die Pflichten des Arbeitgebers.

(3a) ¹Soweit sich aus einem Dienstverhältnis oder einem früheren Dienstverhältnis tarifvertragliche Ansprüche des Arbeitnehmers auf Arbeitslohn unmittelbar gegen einen Dritten mit Wohnsitz, Geschäftsleitung oder Sitz im Inland richten und von diesem durch die Zahlung von Geld erfüllt werden, hat der Dritte die Pflichten des Arbeitgebers. ²In anderen Fällen kann das Finanzamt zulassen, dass ein Dritter mit Wohnsitz, Geschäftsleitung oder Sitz im Inland die Pflichten des Arbeitgebers im eigenen Namen erfüllt. ³Voraussetzung ist, dass der Dritte

1. sich hierzu gegenüber dem Arbeitgeber verpflichtet hat,
2. den Lohn auszahlt oder er nur Arbeitgeberpflichten für von ihm vermittelte Arbeitnehmer übernimmt und
3. die Steuererhebung nicht beeinträchtigt wird.

⁴Die Zustimmung erteilt das Betriebsstättenfinanzamt des Dritten auf dessen Antrag im Einvernehmen mit dem Betriebsstättenfinanzamt des Arbeitgebers; sie darf mit Nebenbestimmungen versehen werden, die die ordnungsgemäße Steuererhebung sicherstellen und die Überprüfung des Lohnsteuerabzugs nach § 42f erleichtern sollen. ⁵Die Zustimmung kann mit Wirkung für die Zukunft widerrufen werden. ⁶In den Fällen der Sätze 1 und 2 sind die das Lohnsteuerverfahren betreffenden Vorschriften mit der Maßgabe anzuwenden, dass an die Stelle des Arbeitgebers der Dritte tritt; der Arbeitgeber ist von seinen Pflichten befreit, soweit der Dritte diese Pflichten erfüllt hat. ⁷Erfüllt der Dritte die Pflichten des Arbeitgebers, kann er den Arbeitslohn, der einem Arbeitnehmer in demselben Lohnabrechnungszeitraum aus mehreren Dienstverhältnissen zufließt, für die Lohnsteuerermittlung und in der Lohnsteuerbescheinigung zusammenrechnen.

(4) ¹Wenn der vom Arbeitgeber geschuldete Barlohn zur Deckung der Lohnsteuer nicht ausreicht, hat der Arbeitnehmer dem Arbeitgeber den Fehlbetrag zur Verfügung zu stellen oder der Arbeitgeber einen entsprechenden Teil der anderen Bezüge des Arbeitnehmers zurückzubehalten. ²Soweit der Arbeitnehmer seiner Verpflichtung nicht nachkommt und der Arbeitgeber den Fehlbetrag nicht durch Zurückbehaltung von anderen Bezügen des Arbeitnehmers aufbringen kann, hat der Arbeitgeber dies dem Betriebsstättenfinanzamt (§ 41a Abs. 1 Satz 1 Nr. 1) anzuzeigen. ³Der Arbeitnehmer hat dem Arbeitgeber die von einem Dritten gewährten Bezüge (Absatz 1 Satz 3) am Ende des jeweiligen Lohnzahlungszeitraums anzugeben; wenn der Arbeitnehmer keine Angabe oder eine erkennbar unrichtige Angabe macht, hat der Arbeitgeber dies dem Betriebsstättenfinanzamt anzuzeigen. ⁴Das Finanzamt hat die zu wenig erhobene Lohnsteuer vom Arbeitnehmer nachzufordern.

2 1. **Allgemeines.** § 38 ist die Grundnorm des LSt-Abzugs. Sie regelt unter anderem, wer zum LSt-Abzug verpflichtet ist, wer Schuldner der LSt ist und wann die LSt entsteht.

3 2. **Zum Lohnsteuerabzug verpflichtete Personen (Abs. 1).** Zum LSt-Abzug verpflichtet sind nach Abs. 1 S. 1 zunächst nur **inländische AG** und **ausländische Verleiher** von Arbeitskräften. Inländische AG sind AG mit Wohnsitz (§ 8 AO), gewöhnlichem Aufenthalt (§ 9 AO), Geschäftsleitung (§ 10 AO), Sitz (§ 11 AO), Betriebsstätte (§ 12 AO) oder ständigem Vertreter (§ 13 AO) im Inland sowie auch beschränkt Stpfl., die der inländischen Steuerhoheit unterworfen sind.[1] Zum Begriff des AG siehe § 19 Rn 23 bis 25. Ausländischer Verleiher ist nur, wer die AN-Überlassung gewerbsmäßig betreibt (Anknüpfung an § 1 Abs. 1 AÜG).[2] Seit 1.1.2004 gilt als inländischer AG in den Fällen der **AN-Entsendung** auch das in Deutschland ansässige aufnehmende Unternehmen, das den Arbeitslohn für die geleistete Arbeit **wirtschaftlich** trägt. Dabei ist nicht erforderlich, dass das Unternehmen dem AN den Arbeitslohn

---

1 BFH 10.5.1989 – I R 50/85 – BStBl II S. 755 = HFR 1989, 656.

2 Schmidt/*Drenseck*, § 38 Rn 6; ebenso *Eismann*, DStR 2004, 1585.

im eigenen Namen und für eigene Rechnung auszahlt.³ S. 2 schließt damit bei grenzüberschreitendem Mitarbeitereinsatz eine in Fällen der AN-Entsendung ins Inland bestehende Regelungslücke beim LSt-Abzug: In den Fällen, in denen Deutschland das Besteuerungsrecht zusteht, konnte dieses bisher erst im Veranlagungsverfahren gegenüber dem entsendeten AN geltend gemacht werden; nunmehr gilt das aufnehmende Unternehmen als inländischer AG und ist daher zum LSt-Abzug verpflichtet.

Durch S. 3 wurde ab 1.1.2004 die LSt-Abzugspflicht des AG bezüglich des im Rahmen des Dienstverhältnisses von einem **Dritten** gewährten Arbeitslohns (v.a. Rabatte) neu geregelt. Vorraussetzung für den LSt-Einbehalt ist, dass der AG weiß oder erkennen kann, dass derartige Lohnzuwendungen erbracht werden. Bereits nach bisheriger Verwaltungsauffassung lag Arbeitslohn – und damit LSt-Abzugspflicht – vor, wenn der AG an der Verschaffung der Preisvorteile mitgewirkt hat; etwa wenn der AG den Rabatt für die AN selbst ausgehandelt hat, wenn er für den Dritten die Inkassotätigkeit oder Haftung übernimmt, bei engen Beziehungen zwischen AG und Drittem (z.B. Organschaft) oder wenn die Rabattgewährung auf Gegenseitigkeit beruht. Die Mitwirkung des BR oder PR wird dem AG nicht zugerechnet. Keine Mitwirkung soll nach Verwaltungsmeinung vorliegen, wenn sich der AG darauf beschränkt, Angebote Dritter in seinem Betrieb bekannt zu machen oder zu dulden oder die Betriebszugehörigkeit der AN zu bescheinigen.⁴ An dieser Rechtslage hat sich auch durch die Neuregelung in S. 3 nichts geändert, da in den Fällen, in denen der AG zwar von der Rabattgewährung weiß, daran aber nicht mitgewirkt hat, schon begrifflich kein Arbeitslohn vorliegen kann und damit auch ein LSt-Abzug ausscheidet.⁵ Die Neuregelung dient somit im Wesentlichen der gesetzlichen Festschreibung der Verwaltungspraxis.⁶

Sind AG und Dritter **konzernverbundene Unternehmen** (§ 15 AktG), so unterstellt das Gesetz nunmehr widerlegbar die Kenntnis des AG mit der Folge, dass LSt-Abzugspflicht eintritt. In diesen Fällen wird auch regelmäßig Arbeitslohn vorliegen, da davon auszugehen ist, dass der AG als eng verbundenes Unternehmen an der Verschaffung der Preisvorteile mitgewirkt hat.⁷ Die Neuregelung ist in der Literatur auf deutliche Kritik gestoßen.⁸ Sie wird flankiert von Anzeige- bzw. Mitteilungspflichten von AG und AN (siehe Rn 10).

3. Steuerschuldner und Entstehung der Lohnsteuer (Abs. 2). Schuldner der LSt ist der **AN**, da es sich um eine Vorauszahlung auf seine ESt-Schuld handelt. Dies gilt auch bei einer **Nettolohnvereinbarung**. Wird der Arbeitslohn pauschal besteuert, so ist Steuerschuldner der **AG** (§ 40 Abs. 3). Die LSt entsteht in dem Zeitpunkt, in dem der Arbeitslohn dem AN zufließt (siehe § 19 Rn 28 bis 32). Hiervon zu unterscheiden ist die Frage, wann der Arbeitslohn beim AN als bezogen gilt (siehe Rn 11).

4. Einbehaltungspflicht (Abs. 3). Der AG muss bei jedem Zufluss von Arbeitslohn LSt einbehalten. Hierbei handelt es sich um eine **öffentlich-rechtliche Verpflichtung**, die nicht durch privatrechtliche Vereinbarungen außer Kraft gesetzt werden kann. Reichen die Mittel des AG in der Krise nicht zur Zahlung des vereinbarten Lohns aus, darf der Nettolohn nur in der Höhe ausbezahlt werden, in der auch die LSt bezahlt werden kann; andernfalls kommt neben der Haftung des AG auch eine persönliche Haftung des GF gem. § 34 AO i.V.m. § 69 AO in Betracht. Die Verpflichtung zur Einbehaltung von LSt besteht auch dann, wenn der AG zur Zahlung von Arbeitslohn verurteilt worden ist oder bei Lohnpfändung. **Billigkeitsmaßnahmen** wie z.B. Stundung oder Erlass kommen gegenüber dem AG im LSt-Abzugsverfahren nicht in Betracht, da es sich nicht um seine eigenen Mittel handelt, sondern um Mittel des AN, die er für diesen an das FA abführt.

5. Lohnsteuerabzugspflicht Dritter und Übertragung lohnsteuerrechtlicher Pflichten auf Dritte (Abs. 3a). Die Vorschrift wurde zum 1.1.2004 neu eingeführt. S. 1 bestimmt, dass ein Dritter, der unmittelbar gegen sich gerichtete tarifvertragliche Arbeitslohnansprüche erfüllt, zum LSt-Abzug verpflichtet ist, wenn es sich hierbei um Geldleistungen handelt. Dies betrifft z.B. die Sozialkassen des Baugewerbes und soll die stl Erfassung dieser Arbeitslöhne sichern. Die S. 2 ff. beinhalten die Rechtsgrundlage dafür, dass AG-Pflichten auf einen Dritten übertragen werden. Diese bereits seit langem praktizierte Vorgehensweise kommt vor allem bei studentischen Arbeitsvermittlungen, zentralen Abrechnungsstellen bei den Kirchen usw. vor. In beiden Fallgruppen haftet der Dritte neben dem AG für die einzubehaltende LSt (§ 42d Abs. 9). Es besteht eine **Gesamtschuldnerschaft** zwischen dem AG, dem Dritten und dem AN.

6. Lohnsteuerabzug bei fehlenden Barmitteln und bei von Dritten gewährten Bezügen (Abs. 4). In bestimmten Fällen reicht der Barlohn nicht aus, um den Einbehalt der LSt zu bestreiten (z.B. bei hohen Sachbezügen, Abschlagszahlungen nach § 39b Abs. 5 oder bei Lohnzahlungen durch Dritte). In derartigen Fällen muss der AG alle dem AN zustehenden Barmittel (z.B. auch stfr. Reisekostenersatz) zurückbehalten. Soweit dies für die LSt nicht ausreicht, ist der AN verpflichtet, dem AG den Fehlbetrag zur Verfügung zu stellen. Kommt der AN dieser Verpflichtung nicht nach, so muss der AG dies dem Betriebsstätten-FA anzeigen. Durch die Anzeige kann der AG seine Haftung hinsichtlich der nicht einbehaltenen LSt vermeiden.

---

3 BMF 27.1.2004 Tz III. 1.
4 BMF 27.9.1993 – IV B 6-S 2334–152/93 – BStBl I S. 814; BFH 12.4.2007 – VI R 36/04 – DStRE 2007, 1295.
5 *Eismann*, DStR 2004, 1585.
6 BMF 27.1.2004 Tz III. 2.
7 BMF 27.9.1993 – IV B 6-S 2334–152/93 – BStBl I S. 814, Tz 1. c).
8 Schmidt/*Drenseck*, § 38 Rn 11.

10 Bei **Drittlohnzahlungen** (siehe Rn 4) muss der AN dem AG die gewährten Bezüge zum Ende des jeweiligen Lohnzahlungszeitraums mitteilen. Um den LSt-Abzug sicherzustellen, verlangt die FinVerw, dass der AG seine MA auf diese Anzeigepflicht hinweist.[9] Wenn der AN keine oder erkennbar unrichtige Angaben hinsichtlich der von einem Dritten gewährten Bezüge macht, sieht S. 3 eine Anzeigepflicht des AG gegenüber dem Betriebsstätten-FA vor. Die Anzeige führt zur Enthaftung des AG (siehe § 42d Rn 9).

II. Höhe der Lohnsteuer (§ 38a)

§ 38a   Höhe der Lohnsteuer

(1) [1]Die Jahreslohnsteuer bemisst sich nach dem Arbeitslohn, den der Arbeitnehmer im Kalenderjahr bezieht (Jahresarbeitslohn). [2]Laufender Arbeitslohn gilt in dem Kalenderjahr als bezogen, in dem der Lohnzahlungszeitraum endet; in den Fällen des § 39b Abs. 5 Satz 1 tritt der Lohnabrechnungszeitraum an die Stelle des Lohnzahlungszeitraums. [3]Arbeitslohn, der nicht als laufender Arbeitslohn gezahlt wird (sonstige Bezüge), wird in dem Kalenderjahr bezogen, in dem er dem Arbeitnehmer zufließt.

(2) Die Jahreslohnsteuer wird nach dem Jahresarbeitslohn so bemessen, dass sie der Einkommensteuer entspricht, die der Arbeitnehmer schuldet, wenn er ausschließlich Einkünfte aus nichtselbständiger Arbeit erzielt.

(3) [1]Vom laufenden Arbeitslohn wird die Lohnsteuer jeweils mit dem auf den Lohnzahlungszeitraum fallenden Teilbetrag der Jahreslohnsteuer erhoben, die sich bei Umrechnung des laufenden Arbeitslohns auf einen Jahresarbeitslohn ergibt. [2]Von sonstigen Bezügen wird die Lohnsteuer mit dem Betrag erhoben, der zusammen mit der Lohnsteuer für den laufenden Arbeitslohn des Kalenderjahres und für etwa im Kalenderjahr bereits gezahlte sonstige Bezüge die voraussichtliche Jahreslohnsteuer ergibt.

(4) Bei der Ermittlung der Lohnsteuer werden die Besteuerungsgrundlagen des Einzelfalls durch die Einreihung der Arbeitnehmer in Steuerklassen (§ 38b), Ausstellung von entsprechenden Lohnsteuerkarten (§ 39) sowie Feststellung von Freibeträgen und Hinzurechnungsbeträgen (§ 39a) berücksichtigt.

11 § 38a ist die grundlegende Vorschrift für die Berechnung der LSt. **Bemessungsgrundlage** für die Jahres-LSt ist der Jahresarbeitslohn. Für die **zeitliche Zuordnung** des Lohns ist zwischen laufendem Arbeitslohn (z.B. Monatsgehalt, Zulagen, private Kfz-Nutzung) sowie sonstigen Bezügen (z.B. Tantiemen, 13. Monatsgehalt, etc.) zu unterscheiden. Abweichend vom Zuflussprinzip des § 11 bestimmt Abs. 1 S. 2, dass laufender Arbeitslohn in dem Kj als bezogen gilt, in dem der **Lohnzahlungszeitraum** endet. Sonstige Bezüge werden nach Abs. 1 S. 3 hingegen entsprechend § 11 in dem Kj bezogen, in dem sie dem AN zufließen. Lohnzahlungszeitraum ist dabei der Zeitraum, für den der laufende Arbeitslohn entsprechend den vertraglichen Vereinbarungen bezahlt wird (z.B. Tageslohn, Wochenlohn, Monatslohn). Die FinVerw rechnet Nachzahlungen von laufendem Arbeitslohn für Lohnzahlungszeiträume des abgelaufenen Kj zu den sonstigen Bezügen, wenn diese später als drei Wochen nach Beginn des nachfolgenden Kj ausgezahlt werden.[10] Vom Lohnzahlungszeitraum ist der **Lohnabrechnungszeitraum** zu unterscheiden. Beide Zeiträume sind meist identisch, können aber auseinander fallen, wenn etwa wöchentliche Abschlagszahlungen geleistet werden, die Lohnabrechnung aber nur monatlich durchgeführt wird. Unter den Voraussetzungen des § 39b Abs. 5 kann in diesem Fall der Lohnabrechnungszeitraum als Lohnzahlungszeitraum behandelt werden. Der Zeitpunkt, wann der Arbeitslohn als bezogen gilt, ist maßgeblich für die Frage, welche Besteuerungsmerkmale (nach den Eintragungen auf der LSt-Karte) und in welcher Fassung die stl. Vorschriften bei der Besteuerung des Arbeitslohns anzuwenden sind.

12 Abs. 3 unterstellt für die Berechnung der LSt vom laufenden Arbeitslohn, dass der in dem betreffenden Lohnzahlungszeitraum bezogene Arbeitslohn in gleicher Höhe auch in den folgenden Lohnzahlungszeiträumen des Kj zufließen wird. Bei schwankendem Arbeitslohn oder Zeiten von Arbeitslosigkeit kommt es daher zu LSt-Überzahlungen, die durch den **permanenten LSt-Jahresausgleich** vermieden werden können (§ 39b Abs. 2 S. 13; siehe Rn 29). Bei sonstigen Bezügen ermittelt sich die LSt aus dem **Grenzsteuersatz** des voraussichtlichen Jahresarbeitslohns.

---

9 LStR 106 Abs. 2 S. 3.   10 LStR 39b.2 Abs. 1 Nr. 7.

III. Lohnsteuerklassen (§ 38b)

§ 38b Lohnsteuerklassen

¹Für die Durchführung des Lohnsteuerabzugs werden unbeschränkt einkommensteuerpflichtige Arbeitnehmer in Steuerklassen eingereiht. ²Dabei gilt Folgendes:

1. In die Steuerklasse I gehören Arbeitnehmer, die
   a) ledig sind,
   b) verheiratet, verwitwet oder geschieden sind und bei denen die Voraussetzungen für die Steuerklasse III oder IV nicht erfüllt sind;
2. in die Steuerklasse II gehören die unter Nummer 1 bezeichneten Arbeitnehmer, wenn bei ihnen der Entlastungsbetrag für Alleinerziehende (§ 24b) zu berücksichtigen ist;
3. in die Steuerklasse III gehören Arbeitnehmer,
   a) die verheiratet sind, wenn beide Ehegatten unbeschränkt einkommensteuerpflichtig sind und nicht dauernd getrennt leben und
      aa) der Ehegatte des Arbeitnehmers keinen Arbeitslohn bezieht oder
      bb) der Ehegatte des Arbeitnehmers auf Antrag beider Ehegatten in die Steuerklasse V eingereiht wird,
   b) die verwitwet sind, wenn sie und ihr verstorbener Ehegatte im Zeitpunkt seines Todes unbeschränkt einkommensteuerpflichtig waren und in diesem Zeitpunkt nicht dauernd getrennt gelebt haben, für das Kalenderjahr, das dem Kalenderjahr folgt, in dem der Ehegatte verstorben ist,
   c) deren Ehe aufgelöst worden ist, wenn
      aa) im Kalenderjahr der Auflösung der Ehe beide Ehegatten unbeschränkt einkommensteuerpflichtig waren und nicht dauernd getrennt gelebt haben und
      bb) der andere Ehegatte wieder geheiratet hat, von seinem neuen Ehegatten nicht dauernd getrennt lebt und er und sein neuer Ehegatte unbeschränkt einkommensteuerpflichtig sind,
      für das Kalenderjahr, in dem die Ehe aufgelöst worden ist;
4. in die Steuerklasse IV gehören Arbeitnehmer, die verheiratet sind, wenn beide Ehegatten unbeschränkt einkommensteuerpflichtig sind und nicht dauernd getrennt leben und der Ehegatte des Arbeitnehmers ebenfalls Arbeitslohn bezieht;
5. in die Steuerklasse V gehören die unter Nummer 4 bezeichneten Arbeitnehmer, wenn der Ehegatte des Arbeitnehmers auf Antrag beider Ehegatten in die Steuerklasse III eingereiht wird;
6. die Steuerklasse VI gilt bei Arbeitnehmern, die nebeneinander von mehreren Arbeitgebern Arbeitslohn beziehen, für die Einbehaltung der Lohnsteuer vom Arbeitslohn aus dem zweiten und weiteren Dienstverhältnis.

³Als unbeschränkt einkommensteuerpflichtig im Sinne der Nummern 3 und 4 gelten nur Personen, die die Voraussetzungen des § 1 Abs. 1 oder 2 oder des § 1a erfüllen.

Die Vorschrift reiht die unbeschränkt stpfl. AN in sechs verschiedene **LSt-Klassen** ein. In die Steuerklasse I gehören alle AN, die unverheiratet sind oder bei denen die Voraussetzungen für die Anwendung des Ehegatten-Splittings nicht erfüllt sind. Steht diesen AN der Entlastungsbetrag für Alleinerziehende zu (§ 24b), sind sie in die Steuerklasse II einzureihen. In die Steuerklasse III gehören alle verheirateten und nicht dauernd getrennt lebenden AN. Verstirbt einer der Ehegatten, wird dem überlebenden Ehegatten auch für das Kalenderjahr, das dem Todesjahr folgt, noch die Steuerklasse III gewährt. Hat einer der Ehegatten die Steuerklasse III gewählt, ist der andere Ehegatte in Steuerklasse V einzureihen. Bei dieser LSt-Klassenkombination kommt es zum zutreffenden LSt-Einbehalt, wenn der Ehegatte mit Steuerklasse III etwa 60 % und der mit Steuerklasse V etwa 40 % des gemeinsamen Arbeitseinkommens erzielt. Bei abweichenden Verhältnissen kann vor kommen, dass zu wenig LSt einbehalten wird und sich im Rahmen der ESt-Veranlagung eine Nachzahlung ergibt; daher ist bei dieser LSt-Klassenkombination zwingend eine Veranlagung durchzuführen (§ 46 Abs. 2 Nr. 3a). Alternativ können beide Ehegatten auch die Steuerklasse IV wählen, die der Steuerklasse I entspricht. In diesem Fall ist ausgeschlossen, dass zu wenig LSt einbehalten wird. Auch wenn der AN nur Einkünfte aus nichtselbständiger Arbeit erzielt, die dem LSt-Abzug unterliegen, können **ESt-Vorauszahlungen** festgesetzt werden, wenn sich regelmäßig eine Nachzahlung ergibt, etwa weil der AN die Stkl III gewählt hat und anschließend eine getrennte Veranlagung beantragt.[11] Die Steuerklasse VI gilt bei AN mit (gleichzeitig) mehreren

13

---

[11] BFH 20.12.2004 – VI R 182/97 – BStBl II 2005 S. 358 = DStR 2005, 285.

AG für das zweite und jedes weitere Dienstverhältnis. Für welches Dienstverhältnis die Steuerklasse VI anzuwenden ist, kann der Stpfl. frei entscheiden.[12]

Durch das Jahressteuergesetz 2009 vom 19.12.2008[13] wurde mit Wirkung ab 2010 ein neuer § 39f eingefügt, wonach Ehegatten statt der LSt-Klassenkombination III/V auch die Kombination IV/IV i.V.m. der Eintragung eines Faktors wählen können. Durch den Faktor soll der Splittingvorteil situationsgerecht auf beide Ehegatten verteilt und dadurch die verhältnismäßig hohe LSt-Belastung in der Stkl V gemindert werden.[14]

IV. Lohnsteuerkarte (§ 39)

§ 39 Lohnsteuerkarte

(1) [1]Die Gemeinden haben den nach § 1 Abs. 1 unbeschränkt einkommensteuerpflichtigen Arbeitnehmern für jedes Kalenderjahr unentgeltlich eine Lohnsteuerkarte nach amtlich vorgeschriebenem Muster auszustellen und zu übermitteln, letztmalig für das Kalenderjahr 2010. [2]Steht ein Arbeitnehmer nebeneinander bei mehreren Arbeitgebern in einem Dienstverhältnis, so hat die Gemeinde eine entsprechende Anzahl Lohnsteuerkarten unentgeltlich auszustellen und zu übermitteln. [3]Wenn eine Lohnsteuerkarte verlorengegangen, unbrauchbar geworden oder zerstört worden ist, hat die Gemeinde eine Ersatz-Lohnsteuerkarte auszustellen. [4]Hierfür kann die ausstellende Gemeinde von dem Arbeitnehmer eine Gebühr bis 5 Euro erheben; das Verwaltungskostengesetz ist anzuwenden. [5]Die Gemeinde hat die Ausstellung einer Ersatz-Lohnsteuerkarte dem für den Arbeitnehmer örtlich zuständigen Finanzamt unverzüglich mitzuteilen.

(2) [1]Für die Ausstellung der Lohnsteuerkarte ist die Gemeinde örtlich zuständig, in deren Bezirk der Arbeitnehmer am 20. September dem Kalenderjahr, für das die Lohnsteuerkarte gilt, vorangehenden Jahres oder erstmals nach diesem Stichtag seine Hauptwohnung oder in Ermangelung einer Wohnung seinen gewöhnlichen Aufenthalt hatte. [2]Bei verheirateten Arbeitnehmern gilt als Hauptwohnung die Hauptwohnung der Familie oder in Ermangelung einer solchen die Hauptwohnung des älteren Ehegatten, wenn beide Ehegatten unbeschränkt einkommensteuerpflichtig sind und nicht dauernd getrennt leben.

(3) Die Gemeinde hat auf der Lohnsteuerkarte insbesondere einzutragen:
1. die Steuerklasse (§ 38b) in Buchstaben,
2. die Zahl der Kinderfreibeträge bei den Steuerklassen I bis IV, und zwar für jedes nach § 1 Abs. 1 unbeschränkt einkommensteuerpflichtige Kind im Sinne des § 32 Abs. 1 Nr. 1 und Abs. 3
    a) den Zähler 0,5, wenn dem Arbeitnehmer der Kinderfreibetrag nach § 32 Abs. 6 Satz 1 zusteht, oder
    b) den Zähler 1, wenn dem Arbeitnehmer der Kinderfreibetrag zusteht, weil
        aa) die Voraussetzungen des § 32 Abs. 6 Satz 2 vorliegen,
        bb) der andere Elternteil vor dem Beginn des Kalenderjahres verstorben ist (§ 32 Abs. 6 Satz 3 Nr. 1) oder
        cc) der Arbeitnehmer allein das Kind angenommen hat (§ 32 Abs. 6 Satz 3 Nr. 2),
3. auf den Lohnsteuerkarten für 2009 und 2010 die Identifikationsnummer (§ 139b der Abgabenordnung) des Arbeitnehmers.

Für die Eintragung der Steuerklasse III ist das Finanzamt zuständig, wenn der Ehegatte des Arbeitnehmers nach § 1a Abs. 1 Nr. 2 als unbeschränkt einkommensteuerpflichtig zu behandeln ist.

(3a) [1]Soweit dem Arbeitnehmer Kinderfreibeträge nach § 32 Abs. 1 bis 6 zustehen, die nicht nach Absatz 3 von der Gemeinde auf der Lohnsteuerkarte einzutragen sind, ist vorbehaltlich des § 39a Abs. 1 Nr. 6 die auf der Lohnsteuerkarte eingetragene Zahl der Kinderfreibeträge sowie im Fall des § 38b Nr. 2 die Steuerklasse vom Finanzamt auf Antrag zu ändern. [2]Das Finanzamt kann auf nähere Angaben des Arbeitnehmers verzichten, wenn der Arbeitnehmer höchstens die auf seiner Lohnsteuerkarte für das vorangegangene Kalenderjahr eingetragene Zahl der Kinderfreibeträge beantragt und versichert, dass sich die maßgebenden Verhältnisse nicht wesentlich geändert haben. [3]In den Fällen des § 32 Abs. 6 Satz 6 gelten die Sätze 1 und 2 nur, wenn nach den tatsächlichen Verhältnissen zu erwarten ist, dass die Voraussetzungen auch im Laufe des Kalenderjahres bestehen bleiben. [4]Der Antrag kann nur nach amtlich vorgeschriebenem Vordruck gestellt werden.

(3b) [1]Für die Eintragungen nach den Absätzen 3 und 3a sind die Verhältnisse zu Beginn des Kalenderjahres maßgebend, für das die Lohnsteuerkarte gilt. [2]Auf Antrag des Arbeitnehmers kann eine für ihn ungünstigere Steuerklasse oder Zahl der Kinderfreibeträge auf der Lohnsteuerkarte eingetragen werden. [3]In den Fällen der Steuerklassen III und IV sind bei der Eintragung der Zahl der Kinderfreibeträge auch Kinder des Ehegatten zu berücksichtigen. [4]Die Eintragungen sind die gesonderte Feststellung von Besteuerungsgrundlagen im Sinne

---

12 BFH 12.8.1996 – VI R 27/96 – BStBl II 1997 S. 143 = HFR 1997, 103.
13 BGBl I 2008 S. 2794.
14 *Seifert*, Stbg 2008, 385.

des § 179 Abs. 1 der Abgabenordnung, die unter dem Vorbehalt der Nachprüfung steht. ⁵Den Eintragungen braucht eine Belehrung über den zulässigen Rechtsbehelf nicht beigefügt zu werden.

(4) ¹Der Arbeitnehmer ist verpflichtet, die Eintragung der Steuerklasse und der Zahl der Kinderfreibeträge auf der Lohnsteuerkarte umgehend ändern zu lassen, wenn die Eintragung auf der Lohnsteuerkarte von den Verhältnissen zu Beginn des Kalenderjahres zugunsten des Arbeitnehmers abweicht oder in den Fällen, in denen die Steuerklasse II bescheinigt ist, die Voraussetzungen für die Berücksichtigung des Entlastungsbetrags für Alleinerziehende (§ 24b) im Laufe des Kalenderjahres entfallen; dies gilt nicht, wenn eine Änderung als Folge einer nach Absatz 3a Satz 3 durchgeführten Übertragung des Kinderfreibetrags in Betracht kommt. ²Die Änderung von Eintragungen im Sinne des Absatzes 3 ist bei der Gemeinde, die Änderung von Eintragungen im Sinne des Absatzes 3a beim Finanzamt zu beantragen. ³Kommt der Arbeitnehmer seiner Verpflichtung nicht nach, so hat die Gemeinde oder das Finanzamt die Eintragung von Amts wegen zu ändern; der Arbeitnehmer hat die Lohnsteuerkarte der Gemeinde oder dem Finanzamt auf Verlangen vorzulegen. ⁴Unterbleibt die Änderung der Eintragung, hat das Finanzamt zu wenig erhobene Lohnsteuer vom Arbeitnehmer nachzufordern, wenn diese 10 Euro übersteigt; hierzu hat die Gemeinde dem Finanzamt die Fälle mitzuteilen, in denen eine von ihr vorzunehmende Änderung unterblieben ist.

(5) ¹Treten bei einem Arbeitnehmer im Laufe des Kalenderjahres, für das die Lohnsteuerkarte gilt, die Voraussetzungen für eine ihm günstigere Steuerklasse oder höhere Zahl der Kinderfreibeträge ein, so kann der Arbeitnehmer bis zum 30. November bei der Gemeinde, in den Fällen des Absatzes 3a beim Finanzamt die Änderung der Eintragung beantragen. ²Die Änderung ist mit Wirkung von dem Tage an vorzunehmen, an dem erstmals die Voraussetzungen für die Änderung vorlagen. ³Ehegatten, die beide in einem Dienstverhältnis stehen, können im Laufe des Kalenderjahres einmal, spätestens bis zum 30. November, bei der Gemeinde beantragen, die auf ihren Lohnsteuerkarten eingetragenen Steuerklassen in andere nach § 38b Satz 2 Nr. 3 bis 5 in Betracht kommende Steuerklassen zu ändern. ⁴Die Gemeinde hat die Änderung mit Wirkung vom Beginn des auf die Antragstellung folgenden Kalendermonats an vorzunehmen.

(5a) ¹Ist ein Arbeitnehmer, für den eine Lohnsteuerkarte ausgestellt worden ist, zu Beginn des Kalenderjahres beschränkt einkommensteuerpflichtig oder im Laufe des Kalenderjahres beschränkt einkommensteuerpflichtig geworden, hat er dies dem Finanzamt unter Vorlage der Lohnsteuerkarte unverzüglich anzuzeigen. ²Das Finanzamt hat die Lohnsteuerkarte vom Zeitpunkt des Eintritts der beschränkten Einkommensteuerpflicht an ungültig zu machen. ³Absatz 3b Satz 4 und 5 gilt sinngemäß. ⁴Unterbleibt die Anzeige, hat das Finanzamt zu wenig erhobene Lohnsteuer vom Arbeitnehmer nachzufordern, wenn diese 10 Euro übersteigt.

(6) ¹Die Gemeinden sind insoweit, als sie Lohnsteuerkarten auszustellen, Eintragungen auf den Lohnsteuerkarten vorzunehmen und zu ändern haben, örtliche Landesfinanzbehörden. ²Sie sind insoweit verpflichtet, den Anweisungen des örtlich zuständigen Finanzamts nachzukommen. ³Das Finanzamt kann erforderlichenfalls Verwaltungsakte, für die eine Gemeinde sachlich zuständig ist, selbst erlassen. ⁴Der Arbeitnehmer, der Arbeitgeber oder andere Personen dürfen die Eintragung auf der Lohnsteuerkarte nicht ändern oder ergänzen.

Die **LSt-Karte** ist das grundlegende Dokument für den LSt-Abzug. Der AG muss den LSt-Abzug auch dann entsprechend den Eintragungen auf der LSt-Karte vornehmen, wenn diese erkennbar unrichtig sind.¹⁵ Die Eintragungen des FA oder der Gemeinde dürfen nur vom FA oder der Gemeinde geändert oder ergänzt werden.

14

Für die nach den Abs. 3 u. 3a vorzunehmenden Eintragungen sind die Verhältnisse zu Beginn des Kj des LSt-Abzugs maßgeblich. Bei den Eintragungen auf der LSt-Karte handelt es sich um gesonderte Feststellungen von Besteuerungsgrundlagen gem. § 179 Abs. 1 AO. Gegen die Eintragung oder die Ablehnung der Eintragung ist der Einspruch gegeben. Gem. Abs. 3b S. 5 braucht der Eintragung eine Belehrung über den zulässigen Rechtsbehelf nicht beigefügt zu werden; der Einspruch kann daher binnen eines Jahres seit Bekanntgabe der Eintragung eingelegt werden (§ 356 Abs. 2 AO). Nach erfolglosem Einspruch kann Anfechtungsklage (§ 40 Abs. 1 FGO) erhoben werden. Weichen die bei Ausstellung der LSt-Karte vorgenommenen Eintragungen – die Ausstellung erfolgt i.d.R. im September eines Jahres für das Folgejahr – infolge Änderung der Verhältnisse oder infolge eines Eintragungsfehlers von den Verhältnissen zum 1.1. des nachfolgenden Abzugsjahres zugunsten des AN ab, ist dieser anzeigepflichtig. Kommt der AN seiner Verpflichtung nicht nach, muss die Gemeinde oder das FA die Änderung der Eintragung von Amts wegen vornehmen. Unterbleibt die Änderung der Eintragung, weil der AN die LSt-Karte nicht vorlegt, muss das FA zu wenig erhobene LSt vom AN nachfordern, wenn diese 10 EUR übersteigt.

15

Ändern sich im Laufe des Kj die persönlichen Verhältnisse (LSt-Klasse/Anzahl der Kinderfreibeträge) zugunsten des AN, so hat er die Möglichkeit, bei der Gemeinde oder beim FA **bis zum 30.11.** des Abzugsjahres einen Antrag auf Änderung der Eintragung zu stellen. Die Änderung kann auch mit Wirkung für die Vergangenheit vorgenommen werden, frühestens auf den Zeitpunkt, zu dem erstmals die Voraussetzungen für die Änderung vorlagen. Beiderseits

16

---

15 BFH 26.7.1974 – VI R 24/69 – BStBl II S. 756 = BFHE 113, 157.

berufstätige Ehegatten können ebenfalls bis zum 30.11. die Änderung der gewählten LSt-Klassenkombination beantragen, allerdings nur mit Wirkung für die Zukunft.

Die Papier-LSt-Karte in ihrer bisherigen Form soll letztmals im Jahr 2010 zur Anwendung kommen. Der durch das Jahressteuergesetz 2008[16] neu eingefügte § 39e sieht den Aufbau einer zentralen Steuerdatenbank beim Bundeszentralamt für Steuern vor, von der die AG ab 2011 die LSt-Abzugsmerkmale der AN abrufen können.

V. Freibetrag und Hinzurechnungsbetrag (§ 39a)

§ 39a Freibetrag und Hinzurechnungsbetrag

(1) Auf der Lohnsteuerkarte wird als vom Arbeitslohn abzuziehender Freibetrag die Summe der folgenden Beträge eingetragen:

1. Werbungskosten, die bei den Einkünften aus nicht-selbständiger Arbeit anfallen, soweit sie den Arbeitnehmer-Pauschbetrag (§ 9a Satz 1 Nr. 1 Buchstabe a) oder bei Versorgungsbezügen den Pauschbetrag (§ 9a Satz 1 Nr. 1 Buchstabe b) übersteigen,
2. Sonderausgaben im Sinne des § 9c Abs. 2 und 3 und des § 10 Abs. 1 Nummer 1, 1a, 1b, 4, 7 und 9 und des § 10b, soweit sie den Sonderausgaben-Pauschbetrag von 36 Euro übersteigen,
3. der Betrag, der nach den §§ 33, 33a und 33b Abs. 6 wegen außergewöhnlicher Belastungen zu gewähren ist,
4. die Pauschbeträge für behinderte Menschen und Hinterbliebene (§ 33b Absatz 1 bis 5),
5. die folgenden Beträge, wie sie nach § 37 Abs. 3 bei der Festsetzung von Einkommensteuer-Vorauszahlungen zu berücksichtigen sind:
    a) die Beträge, die nach § 10d Abs. 2, §§ 10e, 10f, 10g, 10h, 10i, nach § 15b des Berlinförderungsgesetzes oder nach § 7 des Fördergebietsgesetzes abgezogen werden können,
    b) die negative Summe der Einkünfte im Sinne des § 2 Abs. 1 Satz 1 Nr. 1 bis 3, 6 und 7 und der negativen Einkünfte im Sinne des § 2 Abs. 1 Satz 1 Nr. 5,
    c) das Vierfache der Steuerermäßigung nach den §§ 34f und 35a,
6. die Freibeträge nach § 32 Abs. 6 für jedes Kind im Sinne des § 32 Abs. 1 bis 4, für das kein Anspruch auf Kindergeld besteht. [2]Soweit für diese Kinder Kinderfreibeträge nach § 39 Abs. 3 auf der Lohnsteuerkarte eingetragen worden sind, ist die eingetragene Zahl der Kinderfreibeträge entsprechend zu vermindern,
7. ein Betrag auf der Lohnsteuerkarte für ein zweites oder weiteres Dienstverhältnis insgesamt bis zur Höhe des auf volle Euro abgerundeten zu versteuernden Jahresbetrags nach § 39b Abs. 2 Satz 5, bis zu dem nach der Steuerklasse des Arbeitnehmers, die für den Lohnsteuerabzug vom Arbeitslohn aus dem ersten Dienstverhältnis anzuwenden ist, Lohnsteuer nicht zu erheben ist. [2]Voraussetzung ist, dass der Jahresarbeitslohn aus dem ersten Dienstverhältnis den nach Satz 1 maßgebenden Eingangsbetrag unterschreitet und dass in Höhe des Betrags zugleich auf der Lohnsteuerkarte für das erste Dienstverhältnis ein dem Arbeitslohn hinzuzurechnender Betrag (Hinzurechnungsbetrag) eingetragen wird. [3]Soll auf der Lohnsteuerkarte für das erste Dienstverhältnis auch ein Freibetrag nach den Nummern 1 bis 6 eingetragen werden, so ist nur der diesen Freibetrag übersteigende Betrag als Hinzurechnungsbetrag einzutragen; ist der Freibetrag höher als der Hinzurechnungsbetrag, so ist nur der den Hinzurechnungsbetrag übersteigende Freibetrag einzutragen,
8. der Entlastungsbetrag für Alleinerziehende (§ 24b) bei Verwitweten, die nicht in Steuerklasse II gehören.

(2) [1]Die Gemeinde hat nach Anweisung des Finanzamts die Pauschbeträge für behinderte Menschen und Hinterbliebene bei der Ausstellung der Lohnsteuerkarten von Amts wegen einzutragen; dabei ist der Freibetrag durch Aufteilung in Monatsfreibeträge, erforderlichenfalls Wochen- und Tagesfreibeträge, jeweils auf das Kalenderjahr gleichmäßig zu verteilen. [2]Der Arbeitnehmer kann beim Finanzamt die Eintragung des nach Absatz 1 insgesamt in Betracht kommenden Freibetrags beantragen. [3]Der Antrag kann nur nach amtlich vorgeschriebenem Vordruck bis zum 30. November des Kalenderjahres gestellt werden, für das die Lohnsteuerkarte gilt. [4]Der Antrag ist hinsichtlich eines Freibetrags aus der Summe der nach Absatz 1 Nr. 1 bis 3 und 8 in Betracht kommenden Aufwendungen und Beträge unzulässig, soweit die Aufwendungen im Sinne des § 9, soweit sie den Arbeitnehmer-Pauschbetrag übersteigen, die Aufwendungen im Sinne des § 9c Abs. 2 und 3 und des § 10 Abs. 1 Nr. 1, 1a, 1b, 4, 7 und 9, der §§ 10b und 33 sowie die abziehbaren Beträge nach den §§ 24b, 33a und 33b Abs. 6 insgesamt 600 Euro nicht übersteigen. [5]Das Finanzamt kann auf nähere Angaben des Arbeitnehmers verzichten, wenn der Arbeitnehmer höchstens den auf seiner Lohnsteuerkarte für das vorangegangene Kalenderjahr eingetragenen Freibetrag beantragt und versichert, dass sich die maßgebenden Verhältnisse nicht wesentlich geändert haben. [6]Das Finanzamt hat den Freibetrag durch Aufteilung in Monatsfreibeträge, erforderlichenfalls

---

16 BGBl I 2007 S. 3150.

Wochen- und Tagesfreibeträge, jeweils auf die der Antragstellung folgenden Monate des Kalenderjahres gleichmäßig zu verteilen. ⁷Abweichend hiervon darf ein Freibetrag, der im Monat Januar eines Kalenderjahres beantragt wird, mit Wirkung vom 1. Januar dieses Kalenderjahres an eingetragen werden. ⁸Die Sätze 5 bis 7 gelten für den Hinzurechnungsbetrag nach Absatz 1 Nr. 7 entsprechend.

(3) ¹Für Ehegatten, die beide unbeschränkt einkommensteuerpflichtig sind und nicht dauernd getrennt leben, ist jeweils die Summe der nach Absatz 1 Nr. 2 bis 5 und 8 in Betracht kommenden Beträge gemeinsam zu ermitteln; der in Absatz 1 Nr. 2 genannte Betrag ist zu verdoppeln. ²Für die Anwendung des Absatzes 2 Satz 4 ist die Summe der für beide Ehegatten in Betracht kommenden Aufwendungen im Sinne des § 9, soweit sie jeweils den Arbeitnehmer-Pauschbetrag übersteigen, und der Aufwendungen im Sinne des § 9c Abs. 2 und 3 und des § 10 Abs. 1 Nr. 1, 1a, 1b, 4, 7 und 9, der §§ 10b und 33 sowie der abziehbaren Beträge nach den §§ 24b, 33a und 33b Abs. 6 maßgebend. ³Die nach Satz 1 ermittelte Summe ist je zur Hälfte auf die Ehegatten aufzuteilen, wenn für jeden Ehegatten eine Lohnsteuerkarte ausgeschrieben worden ist und die Ehegatten keine andere Aufteilung beantragen. ⁴Für einen Arbeitnehmer, dessen Ehe in dem Kalenderjahr, für das die Lohnsteuerkarte gilt, aufgelöst worden ist und dessen bisheriger Ehegatte in demselben Kalenderjahr wieder geheiratet hat, sind die nach Absatz 1 in Betracht kommenden Beträge ausschließlich auf Grund der in seiner Person erfüllten Voraussetzungen zu ermitteln. ⁵Satz 1 zweiter Halbsatz ist auch anzuwenden, wenn die tarifliche Einkommensteuer nach § 32a Abs. 6 zu ermitteln ist.

(4) ¹Die Eintragung eines Freibetrags oder eines Hinzurechnungsbetrags auf der Lohnsteuerkarte ist die gesonderte Feststellung einer Besteuerungsgrundlage im Sinne des § 179 Abs. 1 der Abgabenordnung, die unter dem Vorbehalt der Nachprüfung steht. ²Der Eintragung braucht eine Belehrung über den zulässigen Rechtsbehelf nicht beigefügt zu werden. ³Ein mit einer Belehrung über den zulässigen Rechtsbehelf versehener schriftlicher Bescheid ist jedoch zu erteilen, wenn dem Antrag des Arbeitnehmers nicht in vollem Umfang entsprochen wird. ⁴§ 153 Abs. 2 der Abgabenordnung ist nicht anzuwenden.

(5) Ist zu wenig Lohnsteuer erhoben worden, weil auf der Lohnsteuerkarte ein Freibetrag unzutreffend eingetragen worden ist, hat das Finanzamt den Fehlbetrag vom Arbeitnehmer nachzufordern, wenn er 10 Euro übersteigt.

17 § 39a soll verhindern, dass der AN durch den LSt-Abzug überhöhte Vorauszahlungen leistet und den zu erstattenden Betrag erst im Rahmen der Veranlagung zurückerhält. Der AN kann daher **bis zum 30.11.** des Abzugsjahres einen Antrag auf Eintragung von Freibeträgen stellen. Der Entscheidung des FA im LSt-Ermäßigungsverfahren kommt dabei keine Bindungswirkung für das Veranlagungsverfahren zu.

18 Die Eintragung eines Freibetrags kommt im Wesentlichen für folgende Aufwendungen in Betracht:
- **WK** bei den Einkünften aus nichtselbstständiger Arbeit, soweit sie den AN-Pauschbetrag von 920 EUR (§ 9a S. 1 Nr. 1 Buchst. a) oder bei Versorgungsbezügen den Pauschbetrag von 102 EUR (§ 9a S. 1 Nr. 1 Buchst. b) übersteigen,
- **Sonderausgaben** (ohne Vorsorgeaufwendungen), soweit sie den Sonderausgabenpauschbetrag von 36 EUR bzw. 72 EUR (bei zusammen veranlagten Ehegatten) übersteigen,
- **außergewöhnliche Belastungen**, soweit sie die zumutbare Belastung übersteigen,
- Pauschbeträge für Behinderte und Hinterbliebene,
- Abzugsbeträge nach den §§ 10f und 10g,
- Steuerermäßigungen nach den §§ 34f und 35a,
- **negative Einkünfte** aus anderen Einkunftsarten.

19 Bei den WK aus nichtselbstständiger Arbeit, den Sonderausgaben sowie den außergewöhnlichen Belastungen ist eine Eintragung nur möglich, wenn der nach Abzug der maßgeblichen Pauschbeträge verbleibende Betrag insgesamt **mind. 600 EUR** beträgt. Hinsichtlich der sonstigen einzutragenden Beträge besteht keine Begrenzung. Bei **Ehegatten**, die die Voraussetzungen für die Zusammenveranlagung erfüllen, werden die eintragungsfähigen Beträge – mit Ausnahme der WK bei nichtselbstständiger Arbeit – einheitlich ermittelt; die Summe kann dann beliebig auf die LSt-Karten beider Ehegatten verteilt werden. Eine Verdoppelung der 600 EUR-Grenze ergibt sich nicht.

20 Abs. 2 S. 5 sieht einen **vereinfachten Ermäßigungsantrag** vor, wenn sich die Verhältnisse im Vergleich zum Vorjahr nicht wesentlich geändert haben. In diesem Fall kann maximal der Freibetrag des Vorjahres auf die LSt-Karte eingetragen werden. Abs. 1 Nr. 7 ermöglicht dem AN, bei mehreren Arbeitsverhältnissen seinen Grundfreibetrag, der im ersten Arbeitsverhältnis nicht voll ausgeschöpft wird, auf die zweite LSt-Karte zu übertragen. Zur Vermeidung einer doppelten Inanspruchnahme wird dann auf der ersten LSt-Karte ein **Hinzurechnungsbetrag** eingetragen.

21 Bei der Eintragung eines Freibetrags handelt es sich gem. Abs. 4 S. 1 um die gesonderte Feststellung von Besteuerungsgrundlagen nach § 179 Abs. 1 AO. Die antragsgemäße Eintragung kann gem. Abs. 4 S. 2 ohne Rechtsbehelfsbelehrung ergehen. Lehnt das FA den Antrag ganz oder teilweise ab, hat hierüber ein schriftlicher Bescheid mit Rechtbehelfsbelehrung zu ergehen. Der AN kann gegen die Ablehnung der Eintragung Einspruch (§§ 347 ff. AO) einlegen bzw. die Anfechtungsklage (§ 40 FGO) erheben. Vorläufiger Rechtsschutz kann nur durch **Aussetzung der Vollziehung** (§ 361 AO) gewährt werden.

22 Hat der AN bereits bei Antragsstellung unrichtige oder unvollständige Angaben gemacht, muss er diese gem. § 153 Abs. 1 AO gegenüber dem FA berichtigen. Eine nach der Eintragung eintretende Änderung der Verhältnisse ist aber nach Abs. 4 S. 4 nicht mitzuteilen.

23 Wurde auf der LSt.-Karte ein Freibetrag eingetragen – mit Ausnahme des Pauschbetrags für Behinderte und Hinterbliebene –, hat stets eine **Veranlagung zur ESt** zu erfolgen (§ 46 Abs. 2 Nr. 4).

VI. Durchführung des Lohnsteuerabzugs für unbeschränkt steuerpflichtige Arbeitnehmer (§ 39b)

§ 39b Durchführung des Lohnsteuerabzugs für unbeschränkt einkommensteuerpflichtige Arbeitnehmer

(1) ¹Für die Durchführung des Lohnsteuerabzugs hat der unbeschränkt einkommensteuerpflichtige Arbeitnehmer seinem Arbeitgeber vor Beginn des Kalenderjahres oder beim Eintritt in das Dienstverhältnis eine Lohnsteuerkarte vorzulegen. ²Der Arbeitgeber hat die Lohnsteuerkarte während des Dienstverhältnisses aufzubewahren. ³Er hat sie dem Arbeitnehmer während des Kalenderjahres zur Vorlage beim Finanzamt oder bei der Gemeinde vorübergehend zu überlassen sowie innerhalb angemessener Frist nach Beendigung des Dienstverhältnisses herauszugeben. ⁴Der Arbeitgeber darf die auf der Lohnsteuerkarte eingetragenen Merkmale nur für die Einbehaltung der Lohnsteuer verwerten; er darf sie ohne Zustimmung des Arbeitnehmers nur offenbaren, soweit dies gesetzlich zugelassen ist.

(2) ¹Für die Einbehaltung der Lohnsteuer vom laufenden Arbeitslohn hat der Arbeitgeber die Höhe des laufenden Arbeitslohns im Lohnzahlungszeitraum festzustellen und auf einen Jahresarbeitslohn hochzurechnen. ²Der Arbeitslohn eines monatlichen Lohnzahlungszeitraums ist mit zwölf, der Arbeitslohn eines wöchentlichen Lohnzahlungszeitraums mit 360/7 und der Arbeitslohn eines täglichen Lohnzahlungszeitraums mit 360 zu vervielfältigen. ³Von dem hochgerechneten Jahresarbeitslohn sind ein etwaiger Versorgungsfreibetrag (§ 19 Abs. 2) und Altersentlastungsbetrag (§ 24a) abzuziehen. ⁴Außerdem ist der hochgerechnete Jahresarbeitslohn um einen etwaigen auf der Lohnsteuerkarte des Arbeitnehmers für den Lohnzahlungszeitraum eingetragenen Freibetrag (§ 39a Abs. 1) oder Hinzurechnungsbetrag (§ 39a Abs. 1 Nr. 7), vervielfältigt unter sinngemäßer Anwendung von Satz 2, zu vermindern oder zu erhöhen. ⁵Der so verminderte oder erhöhte hochgerechnete Jahresarbeitslohn, vermindert um

1. den Arbeitnehmer-Pauschbetrag (§ 9a Satz 1 Nr. 1 Buchstabe a) oder bei Versorgungsbezügen den Pauschbetrag (§ 9a Satz 1 Nr. 1 Buchstabe b) und den Zuschlag zum Versorgungsfreibetrag (§ 19 Abs. 2) in den Steuerklassen I bis V,
2. den Sonderausgaben-Pauschbetrag (§ 10c Satz 1) in den Steuerklassen I bis V,
3. eine Vorsorgepauschale aus den Teilbeträgen
   a) für die Rentenversicherung bei Arbeitnehmern, die in der gesetzlichen Rentenversicherung pflichtversichert oder von der gesetzlichen Rentenversicherung nach § 6 Absatz 1 Nummer 1 des Sechsten Buches Sozialgesetzbuch befreit sind, in den Steuerklassen I bis VI in Höhe des Betrags, der bezogen auf den Arbeitslohn 50 Prozent des Beitrags in der allgemeinen Rentenversicherung unter Berücksichtigung der jeweiligen Beitragsbemessungsgrenzen entspricht,
   b) für die Krankenversicherung bei Arbeitnehmern, die in der gesetzlichen Krankenversicherung versichert sind, in den Steuerklassen I bis VI in Höhe des Betrags, der bezogen auf den Arbeitslohn unter Berücksichtigung der Beitragsbemessungsgrenze und den ermäßigten Beitragssatz (§ 243 des Fünften Buches Sozialgesetzbuch) dem Arbeitnehmeranteil eines pflichtversicherten Arbeitnehmers entspricht,
   c) für die Pflegeversicherung bei Arbeitnehmern, die in der sozialen Pflegeversicherung versichert sind, in den Steuerklassen I bis VI in Höhe des Betrags, der bezogen auf den Arbeitslohn unter Berücksichtigung der Beitragsbemessungsgrenze und den bundeseinheitlichen Beitragssatz dem Arbeitnehmeranteil eines pflichtversicherten Arbeitnehmers entspricht, erhöht um den Beitragszuschlag des Arbeitnehmers nach § 55 Absatz 3 des Elften Buches Sozialgesetzbuch, wenn die Voraussetzungen dafür vorliegen,
   d) für die Krankenversicherung und für die private Pflege-Pflichtversicherung bei Arbeitnehmern, die nicht unter Buchstabe b und c fallen, in den Steuerklassen I bis V in Höhe der dem Arbeitgeber mitgeteilten Beiträge im Sinne des § 10 Absatz 1 Nummer 3, etwaig vervielfältigt unter sinngemäßer Anwendung von Satz 2 auf einen Jahresbetrag, vermindert um den Betrag, der bezogen auf den Arbeitslohn unter Berücksichtigung der Beitragsbemessungsgrenze und den ermäßigten Beitragssatz in der gesetzlichen Krankenversicherung sowie den bundeseinheitlichen Beitragssatz in der sozialen Pflegeversicherung dem Arbeitgeberanteil für einen pflichtversicherten Arbeitnehmer entspricht, wenn der Arbeitgeber gesetzlich verpflichtet ist, Zuschüsse zu den Kranken- und Pflegeversicherungsbeiträgen des Arbeitnehmers zu leisten;

Entschädigungen im Sinne des § 24 Nummer 1 sind bei Anwendung der Buchstaben a bis c nicht zu berücksichtigen; mindestens ist für die Summe der Teilbeträge nach den Buchstaben b und c oder für den Teilbetrag nach Buchstabe d ein Betrag in Höhe von 12 Prozent des Arbeitslohns, höchstens 1 900 Euro in den Steuerklassen I, II, IV, V, VI und höchstens 3 000 Euro in der Steuerklasse III anzusetzen,

4. den Entlastungsbetrag für Alleinerziehende (§ 24b) in der Steuerklasse II,

ergibt den zu versteuernden Jahresbetrag. [6]Für den zu versteuernden Jahresbetrag ist die Jahreslohnsteuer in den Steuerklassen I, II und IV nach § 32a Abs. 1 sowie in der Steuerklasse III nach § 32a Abs. 5 zu berechnen. [7]In den Steuerklassen V und VI ist die Jahreslohnsteuer zu berechnen, die sich aus dem Zweifachen des Unterschiedsbetrags zwischen dem Steuerbetrag für das Eineinviertelfache und dem Steuerbetrag für das Dreiviertelfache des zu versteuernden Jahresbetrags nach § 32a Abs. 1 ergibt; die Jahreslohnsteuer beträgt jedoch mindestens 14 Prozent des Jahresbetrags, für den 9 225 Euro übersteigenden Teil des Jahresbetrags höchstens 42 Prozent und für den 26 276 Euro übersteigenden Teil des zu versteuernden Jahresbetrags jeweils 42 Prozent sowie für den 200 320 Euro übersteigenden Teil des zu versteuernden Jahresbetrags jeweils 45 Prozent. [8]Für die Lohnsteuerberechnung ist die auf der Lohnsteuerkarte eingetragene Steuerklasse maßgebend. [9]Die monatliche Lohnsteuer ist 1/12, die wöchentliche Lohnsteuer sind 7/360 und die tägliche Lohnsteuer ist 1/360 der Jahreslohnsteuer. [10]Bruchteile eines Cents, die sich bei der Berechnung nach den Sätzen 2 und 9 ergeben, bleiben jeweils außer Ansatz. [11]Die auf den Lohnzahlungszeitraum entfallende Lohnsteuer ist vom Arbeitslohn einzubehalten. [12]Das Betriebsstättenfinanzamt kann allgemein oder auf Antrag zulassen, dass die Lohnsteuer unter den Voraussetzungen des § 42b Abs. 1 nach dem voraussichtlichen Jahresarbeitslohn ermittelt wird, wenn gewährleistet ist, dass die zutreffende Jahreslohnsteuer (§ 38a Abs. 2) nicht unterschritten wird.

(3) [1]Für die Einbehaltung der Lohnsteuer von einem sonstigen Bezug hat der Arbeitgeber den voraussichtlichen Jahresarbeitslohn ohne den sonstigen Bezug festzustellen. [2]Hat der Arbeitnehmer Lohnsteuerbescheinigungen aus früheren Dienstverhältnissen des Kalenderjahres nicht vorgelegt, so ist bei der Ermittlung des voraussichtlichen Jahresarbeitslohns der Arbeitslohn für Beschäftigungszeiten bei früheren Arbeitgebern mit dem Betrag anzusetzen, der sich ergibt, wenn der laufende Arbeitslohn im Monat der Zahlung des sonstigen Bezugs entsprechend der Beschäftigungsdauer bei früheren Arbeitgebern hochgerechnet wird. [3]Der voraussichtliche Jahresarbeitslohn ist um den Versorgungsfreibetrag (§ 19 Abs. 2) und den Altersentlastungsbetrag (§ 24a), wenn die Voraussetzungen für den Abzug dieser Beträge jeweils erfüllt sind, sowie nach Maßgabe der Eintragungen auf der Lohnsteuerkarte um einen etwaigen Jahresfreibetrag zu vermindern und um einen etwaigen Jahreshinzurechnungsbetrag zu erhöhen. [4]Für den so ermittelten Jahresarbeitslohn (maßgebender Jahresarbeitslohn) ist die Lohnsteuer nach Maßgabe des Absatzes 2 Satz 5 bis 7 zu ermitteln. [5]Außerdem ist die Jahreslohnsteuer für den maßgebenden Jahresarbeitslohn unter Einbeziehung des sonstigen Bezugs zu ermitteln. [6]Dabei ist der sonstige Bezug, soweit es sich nicht um einen sonstigen Bezug im Sinne des Satzes 9 handelt, um den Versorgungsfreibetrag und den Altersentlastungsbetrag zu vermindern, wenn die Voraussetzungen für den Abzug dieser Beträge jeweils erfüllt sind und soweit sie nicht bei der Steuerberechnung für den maßgebenden Jahresarbeitslohn berücksichtigt worden sind. [7]Für die Lohnsteuerberechnung ist die auf der Lohnsteuerkarte eingetragene Steuerklasse maßgebend. [8]Der Unterschiedsbetrag zwischen den ermittelten Jahreslohnsteuerbeträgen ist die Lohnsteuer, die vom sonstigen Bezug einzubehalten ist. [9]Die Lohnsteuer ist bei einem sonstigen Bezug im Sinne des § 34 Abs. 1 und 2 Nr. 2 und 4 in der Weise zu ermäßigen, dass der sonstige Bezug bei der Anwendung des Satzes 5 mit einem Fünftel anzusetzen und der Unterschiedsbetrag im Sinne des Satzes 8 zu verfünffachen ist; § 34 Abs. 1 Satz 3 ist sinngemäß anzuwenden. [10]Ein sonstiger Bezug im Sinne des § 34 Absatz 1 und 2 Nummer 4 ist bei der Anwendung des Satzes 4 in die Bemessungsgrundlage für die Vorsorgepauschale nach Absatz 2 Satz 5 Nummer 3 einzubeziehen.

(4) In den Kalenderjahren 2010 bis 2024 ist Absatz 2 Satz 5 Nummer 3 Buchstabe a mit der Maßgabe anzuwenden, dass im Kalenderjahr 2010 der ermittelte Betrag auf 40 Prozent begrenzt und dieser Prozentsatz in jedem folgenden Kalenderjahr um je 4 Prozentpunkte erhöht wird.

(5) [1]Wenn der Arbeitgeber für den Lohnzahlungszeitraum lediglich Abschlagszahlungen leistet und eine Lohnabrechnung für einen längeren Zeitraum (Lohnabrechnungszeitraum) vornimmt, kann er den Lohnabrechnungszeitraum als Lohnzahlungszeitraum behandeln und die Lohnsteuer abweichend von § 38 Abs. 3 bei der Lohnabrechnung einbehalten. [2]Satz 1 gilt nicht, wenn der Lohnabrechnungszeitraum fünf Wochen übersteigt oder die Lohnabrechnung nicht innerhalb von drei Wochen nach dessen Ablauf erfolgt. [3]Das Betriebsstättenfinanzamt kann anordnen, dass die Lohnsteuer von den Abschlagszahlungen einzubehalten ist, wenn die Erhebung der Lohnsteuer sonst nicht gesichert erscheint. [4]Wenn wegen einer besonderen Entlohnungsart weder ein Lohnzahlungszeitraum noch ein Lohnabrechnungszeitraum festgestellt werden kann, gilt als Lohnzahlungszeitraum die Summe der tatsächlichen Arbeitstage oder Arbeitswochen.

(6) [1]Ist nach einem Abkommen zur Vermeidung der Doppelbesteuerung der von einem Arbeitgeber (§ 38) gezahlte Arbeitslohn von der Lohnsteuer freizustellen, so erteilt das Betriebsstättenfinanzamt auf Antrag des Arbeitnehmers oder des Arbeitgebers eine entsprechende Bescheinigung. [2]Der Arbeitgeber hat diese Bescheinigung als Beleg zum Lohnkonto (§ 41 Abs. 1) aufzubewahren.

(7) (aufgehoben)

(8) Das Bundesministerium der Finanzen hat im Einvernehmen mit den obersten Finanzbehörden der Länder auf der Grundlage der Absätze 2 und 3 einen Programmablaufplan für die maschinelle Berechnung der Lohnsteuer aufzustellen und bekannt zu machen.

24 § 39b regelt, wie der LSt-Abzug technisch durchzuführen ist. Die Vorschrift gilt dabei nur für **unbeschränkt stpfl. AN**, die dem AG eine LSt-Karte vorlegen. Für AN ohne LSt-Karte richtet sich der LSt-Einbehalt nach § 39c, für beschränkt stpfl. AN nach § 39d.

25 Die bisher auf der Rückseite der LSt-Karte erteilte LSt-Bescheinigung wurde ab dem Kj 2004 durch eine elektronische LSt-Bescheinigung ersetzt (siehe Rn 34). Die LSt-Karte hat somit nur noch die Funktion, den AG über die Besteuerungsmerkmale (LSt-Klasse, Freibeträge etc.) zu informieren.

26 Der AG muss die ihm vom AN ausgehändigte LSt-Karte während der Dauer des Dienstverhältnisses aufbewahren. Er darf sie dem AN nur bei Beendigung des Dienstverhältnisses während des Kj oder wenn die LSt-Karte noch eine LSt-Bescheinigung enthält, zurückgeben (§ 41b Abs. 1 S. 4 und 5). Wegen der Behandlung der LSt-Karte nach Ablauf des Kj siehe Rn 35. Eine Herausgabe während des Dienstverhältnisses ist nur zulässig, wenn der AN die LSt-Karte der Gemeinde oder dem FA zur Eintragung von Änderungen vorlegen will. Die Herausgabe der LSt-Karte kann der AN beim ArbG einklagen. Auch das FA kann die Herausgabe für den AN gem. den §§ 328 ff. AO erzwingen. Bei unberechtigter Weigerung der Herausgabe der LSt-Karte kann sich der AG gegenüber dem AN schadenersatzpflichtig machen. Gleiches gilt, wenn der AG die auf der LSt-Karte eingetragenen persönlichen Daten des AN unbefugt offenbart.

27 Abs. 2 regelt den LSt-Abzug vom **laufenden Arbeitslohn** (z.B. Monatsgehalt, Wochengehalt, Überstundenvergütung etc.). Hierzu zählte bis 2003 auch ein sonstiger Bezug bis zu 150 EUR (Abs. 3 S. 8 a.F.). Beim laufenden Arbeitslohn unterstellt das Gesetz, dass ein gleich hoher Betrag in jedem Lohnzahlungszeitraum des Kj erzielt wird oder erzielt wurde. Der Lohn wird deshalb für jeden einzelnen Lohnzahlungszeitraum auf einen **Jahresarbeitslohn** hochgerechnet, wodurch sich bei schwankenden Löhnen Steuerüberzahlungen ergeben können. Zur Ermittlung der LSt ist der maßgebliche laufende Arbeitslohn um einen etwaigen Versorgungsfreibetrag (§ 19 Abs. 2) und Altersentlastungsbetrag (§ 24a) zu vermindern. Diese Beträge sind nicht auf der LSt-Karte vermerkt. Des Weiteren ist ein auf der LSt-Karte eingetragener Freibetrag oder Hinzurechnungsbetrag zu berücksichtigen. Für den so ermittelten Arbeitslohn war bis zum VZ 2000 die LSt nach den gemäß § 38c aufgestellten LSt-Tabellen zu ermitteln. Nachdem wegen des Wegfalls von § 38c derartige LSt-Tabellen nicht mehr aufgestellt werden, enthält Abs. 2 in den S. 5 bis 10 eine entsprechende Berechnungsanleitung für die LSt.

28 Bei **sonstigen Bezügen** (z.B. 13. Monatsgehalt, Tantiemen etc.) kann nicht davon ausgegangen werden, dass diese in gleicher Höhe in allen Lohnzahlungszeiträumen des Kj entstehen. Dies würde wegen des progressiven Steuertarifs zu einer deutlichen LSt-Überzahlung führen. Abs. 3 sieht daher vor, dass die auf die sonstigen Bezüge entfallende LSt mit dem Unterschiedsbetrag erhoben wird, der sich bei Anwendung der Jahrestabelle auf den voraussichtlichen Jahresarbeitslohn zuzüglich des sonstigen Bezugs und auf den voraussichtlichen Jahresarbeitslohn ohne den sonstigen Bezug ergibt. Bei **Entschädigungen**, die der sog. Fünftelungsregelung unterliegen, ist diese auch bei der Ermittlung der LSt entsprechend anzuwenden. Kommt es im Laufe des Kj zu einem **AG-Wechsel**, ist der AN seit 2004 nicht mehr verpflichtet, dem neuen AG die elektronische LSt-Bescheinigung des vorhergehenden AG vorzulegen. Der neue AG muss den voraussichtlichen Arbeitslohn dann durch Hochrechnung des aktuellen Lohns ermitteln (Abs. 3 S. 2). Die FinVerw lässt dieses Verfahren auch zu, wenn der AN nach Ausscheiden aus dem Dienstverhältnis noch eine Einmalzahlung erhält. Macht der AN in diesem Fall keine Angaben zum Arbeitslohn beim neuen AG, ist der bisherige Arbeitslohn wiederum hochzurechnen.[17]

29 Um LSt-Überzahlungen während des Kj zu vermeiden, lässt Abs. 2 S. 12 den sog. **permanenten LSt-Jahresausgleich** zu. Dabei hat der AG nach Ablauf jedes Lohnzahlungszeitraums den im Kj bis zu diesem Zeitpunkt gezahlten laufenden Arbeitslohn auf einen Jahresarbeitslohn hochzurechnen, die entsprechende Jahres-LSt zu ermitteln und von der sich ergebenden zeitanteiligen LSt die bereits einbehaltene LSt abzuziehen. Einzubehalten ist dann nur der übersteigende Teil. Vorteil des Verfahrens ist, dass bei schwankendem Arbeitslohn LSt-Überzahlungen vermieden werden, die sonst erst im Rahmen der Veranlagung erstattet würden.

30 Bei einer **Nettolohnvereinbarung** – der AN soll einen im Voraus festgelegten Nettobetrag erhalten und der AG übernimmt alle darauf entfallenden gesetzlichen Abgaben zusätzlich – ist der ausgezahlte Betrag auf einen Bruttolohn hochzurechnen. Dabei sind neben der LSt auch alle weiteren Lohnabzugsbeträge zu berücksichtigen. Die Nettolohnvereinbarung ist zu unterscheiden von der Übernahme der LSt bei einer **Pauschalbesteuerung**.[18] Auch die Vereinbarung von **„schwarzen" Lohnzahlungen** ist – steuerlich betrachtet – keine Nettolohnvereinbarung. In derartigen

---

17 LStR 39b.6 Abs. 3 S. 5.

18 BFH 3.11.1972 – VI R 270/69 – BStBl II 1973 S. 128 = BFHE 107, 381.

Fällen fließt erst mit der Bezahlung der jeweiligen Abgabe (LSt/SozVers-Beiträge) durch den AG der weitere Arbeitslohn dem AN zu.[19]

Auch bei der Nettolohnvereinbarung bleibt der AN **Steuerschuldner**, sodass ihm auch etwaige **Erstattungsansprüche** zustehen.[20] Der errechnete Bruttolohn ist bei der **Veranlagung** des AN zu berücksichtigen, die einbehaltene LSt ist entsprechend anzurechnen.

31

VII. Durchführung des Lohnsteuerabzugs ohne Lohnsteuerkarte (§ 39c)

| § 39c | Durchführung des Lohnsteuerabzugs ohne Lohnsteuerkarte |

(1) [1]Solange der unbeschränkt einkommensteuerpflichtige Arbeitnehmer dem Arbeitgeber eine Lohnsteuerkarte schuldhaft nicht vorlegt oder die Rückgabe der ihm ausgehändigten Lohnsteuerkarte schuldhaft verzögert, hat der Arbeitgeber die Lohnsteuer nach der Steuerklasse VI zu ermitteln. [2]Weist der Arbeitnehmer nach, dass er die Nichtvorlage oder verzögerte Rückgabe der Lohnsteuerkarte nicht zu vertreten hat, so hat der Arbeitgeber für die Lohnsteuerberechnung die ihm bekannten Familienverhältnisse des Arbeitnehmers zugrunde zu legen.

(2) [1]Der Arbeitgeber kann die Lohnsteuer von dem Arbeitslohn für den Monat Januar eines Kalenderjahres abweichend von Absatz 1 auf Grund der Eintragungen auf der Lohnsteuerkarte für das vorhergehende Kalenderjahr ermitteln, wenn der Arbeitnehmer eine Lohnsteuerkarte für das neue Kalenderjahr bis zur Lohnabrechnung nicht vorgelegt hat. [2]Nach Vorlage der Lohnsteuerkarte ist die Lohnsteuerermittlung für den Monat Januar zu überprüfen und erforderlichenfalls zu ändern. [3]Legt der Arbeitnehmer bis zum 31. März keine Lohnsteuerkarte vor, ist nachträglich Absatz 1 anzuwenden. [4]Die zu wenig oder zu viel einbehaltene Lohnsteuer ist jeweils bei der nächsten Lohnabrechnung auszugleichen.

(3) [1]Für Arbeitnehmer, die nach § 1 Abs. 2 unbeschränkt einkommensteuerpflichtig sind, hat der Arbeitgeber die Lohnsteuer unabhängig von einer Lohnsteuerkarte zu ermitteln. [2]Dabei ist die Steuerklasse maßgebend, die nach § 39 Abs. 3 bis 5 auf einer Lohnsteuerkarte des Arbeitnehmers einzutragen wäre. [3]Auf Antrag des Arbeitnehmers erteilt das Betriebsstättenfinanzamt (§ 41a Abs. 1 Satz 1 Nr. 1) über die maßgebende Steuerklasse, die Zahl der Kinderfreibeträge und einen etwa in Betracht kommenden Freibetrag oder Hinzurechnungsbetrag (§ 39a) eine Bescheinigung, für die die Vorschriften über die Eintragung auf der Lohnsteuerkarte sinngemäß anzuwenden sind.

(4) [1]Arbeitnehmer, die nach § 1 Abs. 3 als unbeschränkt einkommensteuerpflichtig behandelt werden, haben ihrem Arbeitgeber vor Beginn des Kalenderjahres oder beim Eintritt in das Dienstverhältnis eine Bescheinigung vorzulegen. [2]Die Bescheinigung wird auf Antrag des Arbeitnehmers vom Betriebsstättenfinanzamt (§ 41a Abs. 1 Satz 1 Nr. 1) des Arbeitgebers erteilt. [3]In die Bescheinigung, für die die Vorschriften über die Eintragung auf der Lohnsteuerkarte sinngemäß anzuwenden sind, trägt das Finanzamt die maßgebende Steuerklasse, die Zahl der Kinderfreibeträge und einen etwa in Betracht kommenden Freibetrag oder Hinzurechnungsbetrag (§ 39a) ein. [4]Ist der Arbeitnehmer gleichzeitig bei mehreren inländischen Arbeitgebern tätig, ist für die Erteilung jeder weiteren Bescheinigung das Betriebsstättenfinanzamt zuständig, das die erste Bescheinigung ausgestellt hat. [5]Bei Ehegatten, die beide Arbeitslohn von einem inländischen Arbeitgeber beziehen, ist für die Erteilung der Bescheinigungen das Betriebsstättenfinanzamt des älteren Ehegatten zuständig.

(5) In den Fällen des § 38 Abs. 3a Satz 1 kann der Dritte die Lohnsteuer für einen sonstigen Bezug mit 20 Prozent unabhängig von einer Lohnsteuerkarte ermitteln, wenn der maßgebende Jahresarbeitslohn nach § 39b Abs. 3 zuzüglich des sonstigen Bezugs 10 000 Euro nicht übersteigt; bei der Feststellung des maßgebenden Jahresarbeitslohns sind nur die Lohnzahlungen des Dritten zu berücksichtigen.

Legt der AN **schuldhaft** keine LSt-Karte vor, hat der AG die LSt nach der ungünstigsten Steuerklasse VI zu berechnen. Wenn der AN die Nichtvorlage der LSt-Karte nicht zu vertreten hat – etwa weil sie vom früheren AG nicht rechtzeitig zurückgegeben wurde – muss der AG bei der Berechnung der LSt die ihm bekannten Familienverhältnisse des AN zugrunde legen. LStR 39c Abs. 2 regelt, wann der AG davon ausgehen kann, dass den AN kein Verschulden an der Nichtvorlage der LSt-Karte trifft.

32

---

19 BFH 21.2.1992 – VI R 41/88 – BStBl II S. 443 = HFR 1992, 283.

20 BFH 18.5.1972 – IV R 168/68 – BStBl II 1972 S. 816 = BFHE 106, 192.

VIII. Anmeldung und Abführung der Lohnsteuer (§§ 41–42b)

§ 41 Aufzeichnungspflichten beim Lohnsteuerabzug

(1) ¹Der Arbeitgeber hat am Ort der Betriebsstätte (Absatz 2) für jeden Arbeitnehmer und jedes Kalenderjahr ein Lohnkonto zu führen. ²In das Lohnkonto sind die für den Lohnsteuerabzug und die Lohnsteuerzerlegung erforderlichen Merkmale aus der Lohnsteuerkarte oder aus einer entsprechenden Bescheinigung zu übernehmen. ³Bei jeder Lohnzahlung für das Kalenderjahr, für das das Lohnkonto gilt, sind im Lohnkonto die Art und Höhe des gezahlten Arbeitslohns einschließlich der steuerfreien Bezüge sowie die einbehaltene oder übernommene Lohnsteuer einzutragen; an die Stelle der Lohnzahlung tritt in den Fällen des § 39b Abs. 5 Satz 1 die Lohnabrechnung. ⁴Ferner sind das Kurzarbeitergeld, das Schlechtwettergeld, das Winterausfallgeld, der Zuschuss zum Mutterschaftsgeld nach dem Mutterschutzgesetz, der Zuschuss bei Beschäftigungsverboten für die Zeit vor oder nach einer Entbindung sowie für den Entbindungstag während einer Elternzeit nach beamtenrechtlichen Vorschriften, die Entschädigungen für Verdienstausfall nach dem Infektionsschutzgesetz vom 20. Juli 2000 (BGBl. I S. 1045) sowie die nach § 3 Nr. 28 steuerfreien Aufstockungsbeträge oder Zuschläge einzutragen. ⁵Ist während der Dauer des Dienstverhältnisses in anderen Fällen als in denen des Satzes 4 der Anspruch auf Arbeitslohn für mindestens fünf aufeinander folgende Arbeitstage im Wesentlichen weggefallen, so ist dies jeweils durch Eintragung des Großbuchstabens U zu vermerken. ⁶Hat der Arbeitgeber die Lohnsteuer von einem sonstigen Bezug im ersten Dienstverhältnis berechnet und ist dabei der Arbeitslohn aus früheren Dienstverhältnissen des Kalenderjahres außer Betracht geblieben, so ist dies durch Eintragung des Großbuchstabens S zu vermerken. ⁷Die Bundesregierung wird ermächtigt, durch Rechtsverordnung mit Zustimmung des Bundesrates vorzuschreiben, welche Einzelangaben im Lohnkonto aufzuzeichnen sind. ⁸Dabei können für Arbeitnehmer mit geringem Arbeitslohn und für die Fälle der §§ 40 bis 40b Aufzeichnungserleichterungen sowie für steuerfreie Bezüge Aufzeichnungen außerhalb des Lohnkontos zugelassen werden. ⁹Die Lohnkonten sind bis zum Ablauf des sechsten Kalenderjahres, das auf die zuletzt eingetragene Lohnzahlung folgt, aufzubewahren.

(2) ¹Betriebsstätte ist der Betrieb oder Teil des Betriebs des Arbeitgebers, in dem der für die Durchführung des Lohnsteuerabzugs maßgebende Arbeitslohn ermittelt wird. ²Wird der maßgebende Arbeitslohn nicht in dem Betrieb oder einem Teil des Betriebs des Arbeitgebers oder nicht im Inland ermittelt, so gilt als Betriebsstätte der Mittelpunkt der geschäftlichen Leitung des Arbeitgebers im Inland; im Fall des § 38 Abs. 1 Satz 1 Nr. 2 gilt als Betriebsstätte der Ort im Inland, an dem die Arbeitsleistung ganz oder vorwiegend stattfindet. ³Als Betriebsstätte gilt auch der inländische Heimathafen deutscher Handelsschiffe, wenn die Reederei im Inland keine Niederlassung hat.

§ 41a Anmeldung und Abführung der Lohnsteuer

(1) Der Arbeitgeber hat spätestens am zehnten Tag nach Ablauf eines jeden Lohnsteuer-Anmeldungszeitraums
1. dem Finanzamt, in dessen Bezirk sich die Betriebsstätte (§ 41 Abs. 2) befindet (Betriebsstättenfinanzamt), eine Steuererklärung einzureichen, in der er die Summen der im Lohnsteuer-Anmeldungszeitraum einzubehaltenden und zu übernehmenden Lohnsteuer angibt (Lohnsteuer-Anmeldung),
2. die im Lohnsteuer-Anmeldungszeitraum insgesamt einbehaltene und übernommene Lohnsteuer an das Betriebsstättenfinanzamt abzuführen.

²Die Lohnsteuer-Anmeldung ist nach amtlich vorgeschriebenem Datensatz durch Datenfernübertragung nach Maßgabe der Steuerdaten-Übermittlungsverordnung zu übermitteln. ³Auf Antrag kann das Finanzamt zur Vermeidung unbilliger Härten auf eine elektronische Übermittlung verzichten; in diesem Fall ist die Lohnsteuer-Anmeldung nach amtlich vorgeschriebenem Vordruck abzugeben und vom Arbeitgeber oder von einer zu seiner Vertretung berechtigten Person zu unterschreiben. ⁴Der Arbeitgeber wird von der Verpflichtung zur Abgabe weiterer Lohnsteuer-Anmeldungen befreit, wenn er Arbeitnehmer, für die er Lohnsteuer einzubehalten oder zu übernehmen hat, nicht mehr beschäftigt und das dem Finanzamt mitteilt.

(2) ¹Lohnsteuer-Anmeldungszeitraum ist grundsätzlich der Kalendermonat. ²Lohnsteuer-Anmeldungszeitraum ist das Kalendervierteljahr, wenn die abzuführende Lohnsteuer für das vorangegangene Kalenderjahr mehr als 1 000 Euro, aber nicht mehr als 4 000 Euro betragen hat; Lohnsteuer-Anmeldungszeitraum ist das Kalenderjahr, wenn die abzuführende Lohnsteuer für das vorangegangene Kalenderjahr nicht mehr als 1 000 Euro betragen hat. ³Hat die Betriebsstätte nicht während des ganzen vorangegangenen Kalenderjahres bestanden, so ist die für das vorangegangene Kalenderjahr abzuführende Lohnsteuer für die Feststellung des Lohnsteuer-Anmeldungszeitraums auf einen Jahresbetrag umzurechnen. ⁴Wenn die Betriebsstätte im vorangegangenen Kalenderjahr noch nicht bestanden hat, ist die auf einen Jahresbetrag umgerechnete für den ersten vollen Kalendermonat nach der Eröffnung der Betriebsstätte abzuführende Lohnsteuer maßgebend.

(3) ¹Die oberste Finanzbehörde des Landes kann bestimmen, dass die Lohnsteuer nicht dem Betriebsstättenfinanzamt, sondern einer anderen öffentlichen Kasse anzumelden und an diese abzuführen ist; die Kasse erhält insoweit die Stellung einer Landesfinanzbehörde. ²Das Betriebsstättenfinanzamt oder die zuständige andere öffentliche Kasse können anordnen, dass die Lohnsteuer abweichend von dem nach Absatz 1 maßgebenden Zeitpunkt anzumelden und abzuführen ist, wenn die Abführung der Lohnsteuer nicht gesichert erscheint.

(4) ¹Arbeitgeber, die eigene oder gecharterte Handelsschiffe betreiben, dürfen vom Gesamtbetrag der anzumeldenden und abzuführenden Lohnsteuer einen Betrag von 40 Prozent der Lohnsteuer der auf solchen Schiffen in einem zusammenhängenden Arbeitsverhältnis von mehr als 183 Tagen beschäftigten Besatzungsmitglieder abziehen und einbehalten. ²Die Handelsschiffe müssen in einem inländischen Seeschiffsregister eingetragen sein, die deutsche Flagge führen und zur Beförderung von Personen oder Gütern im Verkehr mit oder zwischen ausländischen Häfen, innerhalb eines ausländischen Hafens oder zwischen einem ausländischen Hafen und der Hohen See betrieben werden. ³Die Sätze 1 und 2 sind entsprechend anzuwenden, wenn Seeschiffe im Wirtschaftsjahr überwiegend außerhalb der deutschen Hoheitsgewässer zum Schleppen, Bergen oder zur Aufsuchung von Bodenschätzen oder zur Vermessung von Energielagerstätten unter dem Meeresboden eingesetzt werden. ⁴Ist für den Lohnsteuerabzug die Lohnsteuer nach der Steuerklasse V oder VI zu ermitteln, so bemisst sich der Betrag nach Satz 1 nach der Lohnsteuer der Steuerklasse I.

§ 41b Abschluss des Lohnsteuerabzugs

(1) ¹Bei Beendigung eines Dienstverhältnisses oder am Ende des Kalenderjahres hat der Arbeitgeber das Lohnkonto des Arbeitnehmers abzuschließen. ²Auf Grund der Eintragungen im Lohnkonto hat der Arbeitgeber spätestens bis zum 28. Februar des Folgejahres nach amtlich vorgeschriebenem Datensatz auf elektronischem Weg nach Maßgabe der Steuerdaten-Übermittlungsverordnung vom 28. Januar 2003 (BGBl. I S. 139), zuletzt geändert durch Artikel 1 der Verordnung vom 26. Juni 2007 (BGBl. I S. 1185), in der jeweils geltenden Fassung, insbesondere folgende Angaben zu übermitteln (elektronische Lohnsteuerbescheinigung):

1. Name, Vorname, Geburtsdatum und Anschrift des Arbeitnehmers, die auf der Lohnsteuerkarte oder der entsprechenden Bescheinigung eingetragenen Besteuerungsmerkmale, den amtlichen Schlüssel der Gemeinde, die die Lohnsteuerkarte ausgestellt hat, die Bezeichnung und die Nummer des Finanzamts, an das die Lohnsteuer abgeführt worden ist sowie die Steuernummer des Arbeitgebers,
2. die Dauer des Dienstverhältnisses während des Kalenderjahres sowie die Anzahl der nach § 41 Abs. 1 Satz 6 vermerkten Großbuchstaben U,
3. die Art und Höhe des gezahlten Arbeitslohns sowie den nach § 41 Abs. 1 Satz 7 vermerkten Großbuchstaben S,
4. die einbehaltene Lohnsteuer, den Solidaritätszuschlag und die Kirchensteuer,
5. das Kurzarbeitergeld, das Schlechtwettergeld, das Winterausfallgeld, den Zuschuss zum Mutterschaftsgeld nach dem Mutterschutzgesetz, die Entschädigungen für Verdienstausfall nach dem Infektionsschutzgesetz vom 20. Juli 2000 (BGBl. I S. 1045), zuletzt geändert durch Artikel 11 § 3 des Gesetzes vom 6. August 2002 (BGBl. I S. 3082), in der jeweils geltenden Fassung, sowie die nach § 3 Nr. 28 steuerfreien Aufstockungsbeträge oder Zuschläge,
6. die auf die Entfernungspauschale anzurechnenden steuerfreien Arbeitgeberleistungen für Fahrten zwischen Wohnung und Arbeitsstätte,
7. die pauschal besteuerten Arbeitgeberleistungen für Fahrten zwischen Wohnung und Arbeitsstätte,
8. (aufgehoben)
9. für die steuerfreie Sammelbeförderung nach § 3 Nr. 32 den Großbuchstaben F,
10. die nach § 3 Nr. 13 und 16 steuerfrei gezahlten Verpflegungszuschüsse und Vergütungen bei doppelter Haushaltsführung,
11. Beiträge zu den gesetzlichen Rentenversicherungen und an berufsständische Versorgungseinrichtungen, getrennt nach Arbeitgeber- und Arbeitnehmeranteil,
12. die nach § 3 Nr. 62 gezahlten Zuschüsse zur Kranken- und Pflegeversicherung,
13. die Beiträge des Arbeitnehmers zur gesetzlichen Krankenversicherung und zur sozialen Pflegeversicherung,
14. die Beiträge des Arbeitnehmers zur Arbeitslosenversicherung,
15. den nach § 39b Absatz 2 Satz 5 Nummer 3 Buchstabe d berücksichtigten Teilbetrag der Vorsorgepauschale.

³Der Arbeitgeber hat dem Arbeitnehmer einen nach amtlich vorgeschriebenem Muster gefertigten Ausdruck der elektronischen Lohnsteuerbescheinigung mit Angabe des lohnsteuerlichen Ordnungsmerkmals (Absatz

2) auszuhändigen oder elektronisch bereitzustellen. [4]Wenn das Dienstverhältnis vor Ablauf des Kalenderjahres beendet wird, hat der Arbeitgeber dem Arbeitnehmer die Lohnsteuerkarte auszuhändigen. [5]Nach Ablauf des Kalenderjahres darf der Arbeitgeber die Lohnsteuerkarte nur aushändigen, wenn sie eine Lohnsteuerbescheinigung enthält und der Arbeitnehmer zur Einkommensteuer veranlagt wird. [6]Dem Arbeitnehmer nicht ausgehändigte Lohnsteuerkarten ohne Lohnsteuerbescheinigungen kann der Arbeitgeber vernichten; nicht ausgehändigte Lohnsteuerkarten mit Lohnsteuerbescheinigungen hat er dem Betriebsstättenfinanzamt einzureichen.

(2) [1]Für die Datenübermittlung nach Absatz 1 Satz 2 hat der Arbeitgeber aus dem Namen, Vornamen und Geburtsdatum des Arbeitnehmers ein Ordnungsmerkmal nach amtlich festgelegter Regel für den Arbeitnehmer zu bilden und zu verwenden. [2]Das lohnsteuerliche Ordnungsmerkmal darf nur erhoben, gebildet, verarbeitet oder genutzt werden für die Zuordnung der elektronischen Lohnsteuerbescheinigung oder sonstiger für das Besteuerungsverfahren erforderlicher Daten zu einem bestimmten Steuerpflichtigen und für Zwecke des Besteuerungsverfahrens. [3]Nach Vergabe der Identifikationsnummer (§ 139b der Abgabenordnung) hat der Arbeitgeber für die Datenübermittlung anstelle des lohnsteuerlichen Ordnungsmerkmals die Identifikationsnummer des Arbeitnehmers zu verwenden. [4]Das Bundesministerium der Finanzen teilt den Zeitpunkt der erstmaligen Verwendung durch ein im Bundessteuerblatt zu veröffentlichendes Schreiben mit. [5]Der nach Maßgabe der Steuerdaten-Übermittlungsverordnung authentifizierte Arbeitgeber kann die Identifikationsnummer des Arbeitnehmers für die Übermittlung der Lohnsteuerbescheinigung 2010 beim Bundeszentralamt für Steuern erheben. [6]Das Bundeszentralamt für Steuern teilt dem Arbeitgeber die Identifikationsnummer des Arbeitnehmers mit, sofern die übermittelten Daten mit den nach § 139b Absatz 3 der Abgabenordnung beim Bundeszentralamt für Steuern gespeicherten Daten übereinstimmen. [7]Die Anfrage des Arbeitgebers und die Antwort des Bundeszentralamtes für Steuern sind über die zentrale Stelle (§ 81) zu übermitteln. [8]§ 22a Absatz 2 Satz 5 bis 8 ist entsprechend anzuwenden.

(3) [1]Ein Arbeitgeber ohne maschinelle Lohnabrechnung, der ausschließlich Arbeitnehmer im Rahmen einer geringfügigen Beschäftigung in seinem Privathaushalt im Sinne des § 8a des Vierten Buches Sozialgesetzbuch beschäftigt und keine elektronische Lohnsteuerbescheinigung erteilt, hat an Stelle der elektronischen Lohnsteuerbescheinigung eine entsprechende Lohnsteuerbescheinigung auf der Lohnsteuerkarte des Arbeitnehmers zu erteilen. [2]Liegt dem Arbeitgeber eine Lohnsteuerkarte des Arbeitnehmers nicht vor, hat er die Lohnsteuerbescheinigung nach amtlich vorgeschriebenem Muster zu erteilen. [3]Der Arbeitgeber hat dem Arbeitnehmer die Lohnsteuerbescheinigung auszuhändigen, wenn das Dienstverhältnis vor Ablauf des Kalenderjahres beendet wird oder der Arbeitnehmer zur Einkommensteuer veranlagt wird. [4]In den übrigen Fällen hat der Arbeitgeber die Lohnsteuerbescheinigung dem Betriebsstättenfinanzamt einzureichen.

(4) Die Absätze 1 bis 3 gelten nicht für Arbeitnehmer, soweit sie Arbeitslohn bezogen haben, der nach den §§ 40 bis 40b pauschal besteuert worden ist.

§ 41c Änderung des Lohnsteuerabzugs

(1) Der Arbeitgeber ist berechtigt, bei der jeweils nächstfolgenden Lohnzahlung bisher erhobene Lohnsteuer zu erstatten oder noch nicht erhobene Lohnsteuer nachträglich einzubehalten,
1. wenn ihm der Arbeitnehmer eine Lohnsteuerkarte mit Eintragungen vorlegt, die auf einen Zeitpunkt vor Vorlage der Lohnsteuerkarte zurückwirken, oder
2. wenn er erkennt, dass er die Lohnsteuer bisher nicht vorschriftsmäßig einbehalten hat; dies gilt auch bei rückwirkender Gesetzesänderung.

In den Fällen des Satzes 1 Nummer 2 ist der Arbeitgeber jedoch verpflichtet, wenn ihm dies wirtschaftlich zumutbar ist.

(2) [1]Die zu erstattende Lohnsteuer ist dem Betrag zu entnehmen, den der Arbeitgeber für seine Arbeitnehmer insgesamt an Lohnsteuer einbehalten oder übernommen hat. [2]Wenn die zu erstattende Lohnsteuer aus dem Betrag nicht gedeckt werden kann, der insgesamt an Lohnsteuer einzubehalten oder zu übernehmen ist, wird der Fehlbetrag dem Arbeitgeber auf Antrag vom Betriebsstättenfinanzamt ersetzt.

(3) [1]Nach Ablauf des Kalenderjahres oder, wenn das Dienstverhältnis vor Ablauf des Kalenderjahres endet, nach Beendigung des Dienstverhältnisses, ist die Änderung des Lohnsteuerabzugs nur bis zur Übermittlung oder Ausschreibung der Lohnsteuerbescheinigung zulässig. [2]Bei Änderung des Lohnsteuerabzugs nach Ablauf des Kalenderjahres ist die nachträglich einzubehaltende Lohnsteuer nach dem Jahresarbeitslohn zu ermitteln. [3]Eine Erstattung von Lohnsteuer ist nach Ablauf des Kalenderjahres nur im Wege des Lohnsteuer-Jahresausgleichs nach § 42b zulässig.

(4) Der Arbeitgeber hat die Fälle, in denen er die Lohnsteuer nach Absatz 1 nicht nachträglich einbehält oder die Lohnsteuer nicht nachträglich einbehalten kann, weil
1. Eintragungen auf der Lohnsteuerkarte eines Arbeitnehmers, die nach Beginn des Dienstverhältnisses vorgenommen worden sind, auf einen Zeitpunkt vor Beginn des Dienstverhältnisses zurückwirken,
2. der Arbeitnehmer vom Arbeitgeber Arbeitslohn nicht mehr bezieht oder
3. der Arbeitgeber nach Ablauf des Kalenderjahres bereits die Lohnsteuerbescheinigung übermittelt oder ausgeschrieben hat,

dem Betriebsstättenfinanzamt unverzüglich anzuzeigen. ²Das Finanzamt hat die zu wenig erhobene Lohnsteuer vom Arbeitnehmer nachzufordern, wenn der nachzufordernde Betrag 10 Euro übersteigt. ³§ 42d bleibt unberührt.

§§ 42 und 42a (weggefallen)

§ 42b Lohnsteuer-Jahresausgleich durch den Arbeitgeber

(1) ¹Der Arbeitgeber ist berechtigt, seinen unbeschränkt einkommensteuerpflichtigen Arbeitnehmern, die während des abgelaufenen Kalenderjahres (Ausgleichsjahr) ständig in einem Dienstverhältnis gestanden haben, die für das Ausgleichsjahr einbehaltene Lohnsteuer insoweit zu erstatten, als sie die auf den Jahresarbeitslohn entfallende Jahreslohnsteuer übersteigt (Lohnsteuer-Jahresausgleich). ²Er ist zur Durchführung des Lohnsteuer-Jahresausgleichs verpflichtet, wenn er am 31. Dezember des Ausgleichsjahres mindestens zehn Arbeitnehmer beschäftigt. ³Voraussetzung für den Lohnsteuer-Jahresausgleich ist, dass dem Arbeitgeber die Lohnsteuerkarte und Lohnsteuerbescheinigungen aus etwaigen vorangegangenen Dienstverhältnissen vorliegen. ⁴Der Arbeitgeber darf den Lohnsteuer-Jahresausgleich nicht durchführen, wenn
1. der Arbeitnehmer es beantragt oder
2. der Arbeitnehmer für das Ausgleichsjahr oder für einen Teil des Ausgleichsjahres nach den Steuerklassen V oder VI zu besteuern war oder
3. der Arbeitnehmer für einen Teil des Ausgleichsjahres nach den Steuerklassen II, III oder IV zu besteuern war oder
3 a. bei der Lohnsteuerberechnung ein Freibetrag oder Hinzurechnungsbetrag zu berücksichtigen war oder
3 b. das Faktorverfahren angewandt wurde oder
4. der Arbeitnehmer im Ausgleichsjahr Kurzarbeitergeld, Schlechtwettergeld, Winterausfallgeld, Zuschuss zum Mutterschaftsgeld nach dem Mutterschutzgesetz, Zuschuss bei Beschäftigungsverboten für die Zeit vor oder nach einer Entbindung sowie für den Entbindungstag während einer Elternzeit nach beamtenrechtlichen Vorschriften, Entschädigungen für Verdienstausfall nach dem Infektionsschutzgesetz vom 20. Juli 2000 (BGBl. I S. 1045) oder nach § 3 Nr. 28 steuerfreie Aufstockungsbeträge oder Zuschläge bezogen hat oder
4 a. die Anzahl der im Lohnkonto oder in der Lohnsteuerbescheinigung eingetragenen Großbuchstaben U mindestens eins beträgt oder
5. für den Arbeitnehmer im Ausgleichsjahr im Rahmen der Vorsorgepauschale jeweils nur zeitweise Beträge nach § 39b Absatz 2 Satz 5 Nummer 3 Buchstabe a bis d oder der Beitragszuschlag nach § 39b Absatz 2 Satz 5 Nummer 3 Buchstabe c berücksichtigt wurden oder
6. der Arbeitnehmer im Ausgleichsjahr ausländische Einkünfte aus nichtselbständiger Arbeit bezogen hat, die nach einem Abkommen zur Vermeidung der Doppelbesteuerung oder unter Progressionsvorbehalt nach § 34c Abs. 5 von der Lohnsteuer freigestellt waren.

(2) ¹Für den Lohnsteuer-Jahresausgleich hat der Arbeitgeber den Jahresarbeitslohn aus dem zu ihm bestehenden Dienstverhältnis und nach den Lohnsteuerbescheinigungen aus etwaigen vorangegangenen Dienstverhältnissen festzustellen. ²Dabei bleiben Bezüge im Sinne des § 34 Abs. 1 und 2 Nr. 2 und 4 außer Ansatz, wenn der Arbeitnehmer nicht jeweils die Einbeziehung in den Lohnsteuer-Jahresausgleich beantragt. ³Vom Jahresarbeitslohn sind der etwa in Betracht kommende Versorgungsfreibetrag und Zuschlag zum Versorgungsfreibetrag und der etwa in Betracht kommende Altersentlastungsbetrag abzuziehen. ⁴Für den so geminderten Jahresarbeitslohn ist nach Maßgabe der auf der Lohnsteuerkarte zuletzt eingetragenen Steuerklasse die Jahreslohnsteuer nach § 39b Abs. 2 Satz 6 und 7 zu ermitteln. ⁵Den Betrag, um den die sich hiernach ergebende Jahreslohnsteuer die Lohnsteuer unterschreitet, die von dem zugrunde gelegten Jahresarbeitslohn insgesamt erhoben worden ist, hat der Arbeitgeber dem Arbeitnehmer zu erstatten. ⁶Bei der Ermittlung der insgesamt erhobenen

Lohnsteuer ist die Lohnsteuer auszuscheiden, die von den nach Satz 2 außer Ansatz gebliebenen Bezügen einbehalten worden ist.

(3) ¹Der Arbeitgeber darf den Lohnsteuer-Jahresausgleich frühestens bei der Lohnabrechnung für den letzten im Ausgleichsjahr endenden Lohnzahlungszeitraum, spätestens bei der Lohnabrechnung für den letzten Lohnzahlungszeitraum, der im Monat März des dem Ausgleichsjahr folgenden Kalenderjahres endet, durchführen. ²Die zu erstattende Lohnsteuer ist dem Betrag zu entnehmen, den der Arbeitgeber für seine Arbeitnehmer für den Lohnzahlungszeitraum insgesamt an Lohnsteuer erhoben hat. ³§ 41c Abs. 2 Satz 2 ist anzuwenden.

(4) ¹Der Arbeitgeber hat im Lohnkonto für das Ausgleichsjahr den Inhalt etwaiger Lohnsteuerbescheinigungen aus vorangegangenen Dienstverhältnissen des Arbeitnehmers einzutragen. ²Im Lohnkonto für das Ausgleichsjahr ist die im Lohnsteuer-Jahresausgleich erstattete Lohnsteuer gesondert einzutragen. ³In der Lohnsteuerbescheinigung für das Ausgleichsjahr ist der sich nach Verrechnung der erhobenen Lohnsteuer mit der erstatteten Lohnsteuer ergebende Betrag als erhobene Lohnsteuer einzutragen.

33 Die nach den vorstehenden Vorschriften berechnete LSt hat der AG innerhalb von zehn Tagen nach Ablauf des LSt-Anmeldungszeitraums mittels **LSt-Anmeldung** beim Betriebsstätten-FA anzumelden und dorthin abzuführen. Anmeldungszeitraum ist je nach Höhe der LSt im vorangegangenen Jahr der Kalendermonat, das Kalendervierteljahr oder das Kj (§ 41a Abs. 2). Seit 2005 muss der AG die LSt-Anmeldung grds. auf **elektronischem Weg** an das FA übermitteln (§ 41a Abs. 1 S. 1). Wenn dem AG die Schaffung der technischen Voraussetzungen nicht möglich ist, kann das FA auf Antrag zulassen, dass die Anmeldungen weiterhin in herkömmlicher Form abgegeben werden.[21] Von der Abgabeverpflichtung wird der AG nur befreit, wenn er AN, für die LSt einzubehalten oder zu übernehmen ist, nicht mehr beschäftigt und er dies dem FA mitteilt. Bei verspäteter Anmeldung kann das FA einen **Verspätungszuschlag** festsetzen (§ 152 AO). Wird die angemeldete LSt nicht rechtzeitig entrichtet, entstehen **Säumniszuschläge** (§ 240 AO). Bei der Zahlung wird eine **Schonfrist** von drei Tagen gewährt, die aber bei Bar- und Scheckzahlung nicht gilt (§ 240 Abs. 3 AO). Die LSt-Anmeldung steht Kraft gesetzlicher Fiktion einer Steuerfestsetzung unter dem **Vorbehalt der Nachprüfung** gleich (§§ 167 u. 168 AO). Solange der Vorbehalt wirksam ist, kann die Festsetzung aufgehoben oder geändert werden (§ 164 Abs. 2 AO).

34 § 41 Abs. 1 i.V.m. den §§ 4 und 5 LStDV legt dem AG im LSt-Abzugsverfahren umfassende **Aufzeichnungspflichten** auf. Er wird verpflichtet, als zentrales Datenblatt ein **Lohnkonto** für jeden AN zu führen. § 5 LStDV sieht ab 2007 besondere Aufzeichnungs- und Mitteilungspflichten im Rahmen der BAV vor, wenn diese über einen Pensionsfonds, eine Pensionskasse oder eine DV durchgeführt wird. Insb. muss der AG der Versorgungseinrichtung mitteilen, welche Beiträge je AN stfr belassen, pauschal oder individuell besteuert wurden. Unterbleibt die Mitteilung, muss die Versorgungseinrichtung davon ausgehen, dass im Rahmen der Höchstbeträge nach § 3 Nr. 56 und § 3 Nr. 63 steuerbegünstigte Beiträge vorliegen, die in der Auszahlungsphase voll zu versteuern sind, wodurch der AN einen finanziellen Nachteil erleiden kann.

Bei **Beendigung des Dienstverhältnisses** oder am **Ende des Kj** hat der AG das Lohnkonto gemäß § 41b abzuschließen. Dabei muss der AG seit dem Kj 2004 bis spätestens 28.2. des Folgejahres die Daten, die bisher vom Lohnkonto in die LSt-Karte übernommen worden sind, mittels **elektronischer LSt-Bescheinigung** an das Betriebsstätten-FA übermitteln.[22] Seit dem Kj 2006 dürfen nur noch AG, die geringfügig Beschäftigte i.S.d. § 8a SGB IV in Privathaushalten beschäftigen, anstelle der elektronischen LSt-Bescheinigung eine entsprechende LSt-Bescheinigung auf der LSt-Karte des AN erteilen (§ 41b Abs. 3). Anders als bei der Übermittlung der LSt-Anmeldungen existiert hier keine generelle Härtefallregelung.

35 Nachdem die LSt-Bescheinigung grds. nicht mehr auf der Rückseite der LSt-Karte erteilt wird, darf der AG dem AN die LSt-Karte nach Ablauf des Kj nur noch aushändigen, wenn diese noch eine LSt-Bescheinigung enthält. Nicht ausgehändigte „leere" LSt-Karten können nach Ablauf des Kj vom AG vernichtet werden oder müssen alternativ aufbewahrt werden.[23] Nicht ausgehändigte LSt-Karten mit LSt-Bescheinigungen sind beim FA einzureichen.

36 Aufgrund der Eintragungen im Lohnkonto muss der AG bei Abschluss des LSt-Abzugs umfangreiche Angaben in der LSt-Bescheinigung machen (§ 41b Abs. 1 S. 2 Nr. 1–13; z.B. Arbeitslohn, LSt, stfr. Bezüge etc.). Auf Antrag kann das FA zulassen, dass stfr. Bezüge im Lohnkonto und in der LSt-Bescheinigung nicht angegeben werden, wenn die Möglichkeit der Nachprüfung in anderer Weise sichergestellt ist (§ 4 Abs. 2 Nr. 4 S. 2 LStDV; z.B. durch Verbuchung auf separaten Konten in der Finanzbuchhaltung). Kommt es aufgrund fehlerhafter Angaben im Lohnkonto oder in der LSt-Bescheinigung zu einer Steuerverkürzung – etwa wenn pauschal besteuerter Fahrtkostenersatz nicht bescheinigt wird und deshalb eine Kürzung des WK-Abzugs beim AN unterbleibt – liegt ein Haftungstatbestand für den AG vor (§ 42d Abs. 1 Nr. 3; siehe § 42d Rn 7).

---

21 BMF 29.11.2004 – IV C 5-S 2377–24/04 – BStBl I S. 1135 = DB 2004, 2668.

22 BMF 22.10.2004 – IV C 5-S 2378–55/04 – BStBl I S. 1009 = FR 2004, 1296.

23 LStR 41b Abs. 2 S. 2.

Im **Veranlagungsverfahren** des AN besteht keine Bindung an den Inhalt der LSt-Bescheinigung.[24]

Wenn der AN eine LSt-Karte mit Eintragungen vorlegt, die auf einen Zeitpunkt vor Vorlage der LSt-Karte zurückwirken oder wenn der AG erkennt, dass er die LSt bisher nicht vorschriftsmäßig einbehalten hat, hat er das Recht, dies bis zum Ablauf des Kj oder bis zur Beendigung des Dienstverhältnisses zu korrigieren. In den Fällen des nicht vorschriftsmäßigen LSt-Einbehalts besteht aber seit 2009 die **Pflicht** zur Korrektur, wenn diese dem AG wirtschaftlich zumutbar ist (§ 41c Abs. 1 S. 2). Damit soll sichergestellt werden, dass die durch das Gesetz zur Sicherung von Beschäftigung und Stabilität vom 2.3.2009[25] rückwirkend beschlossene Tarifsenkung den AN zeitnah zugute kommt.

Nach Ablauf des Kj oder nach Beendigung des Dienstverhältnisses ist die **Änderung des LSt-Abzugs** nur bis zur Übermittlung oder Ausschreibung der LSt-Bescheinigung zulässig. Eine Erstattung von LSt ist nach Ablauf des Kj nur im Wege des LSt-Jahresausgleichs nach § 42b (siehe Rn 38) zulässig. Wenn der AG die LSt nicht nachträglich einbehält bzw. diese nicht nachträglich einbehalten kann, hat er dies dem Betriebsstätten-FA unverzüglich anzuzeigen. Das FA wird die zu wenig erhobene LSt dann direkt vom AN nachfordern.

Eine besondere Form der Änderung des LSt-Abzugs ist der **LSt-Jahresausgleich** durch den AG gemäß § 42b. Er soll bezwecken, dass der AN die LSt frühzeitig zurück erhält, die infolge schwankenden Arbeitslohns oder Änderungen auf der LSt-Karte während des Ausgleichsjahres zu viel erhoben worden ist. Beschäftigt der AG am 31.12. mind. zehn AN (einschl. Teilzeitkräfte und geringfügig entlohnte AN) ist er zur Durchführung des LSt-Jahresausgleichs verpflichtet. Der LSt-Jahresausgleich darf nur für die AN durchgeführt werden, die am 31.12. beim AG beschäftigt sind, zu diesem Zeitpunkt unbeschränkt stpfl. sind und während des Ausgleichsjahres ständig in einem Dienstverhältnis gestanden haben. Der LSt-Jahresausgleich darf nicht durchgeführt werden, wenn die in Abs. 1 S. 4 Nr. 1–6 genannten Voraussetzungen gegeben sind. Bei der Durchführung des LSt-Jahresausgleichs hat der AG zunächst den gesamten Jahresarbeitslohn zu ermitteln. Den Lohn aus vorangehenden Dienstverhältnissen muss er dabei den vorgelegten LSt-Bescheinigungen entnehmen. Legt der AN die LSt-Bescheinigungen aus vorangegangenen Dienstverhältnissen nicht vor, ist der LSt-Jahresausgleich unzulässig. Soweit die einbehaltene LSt die sich ergebende Jahres-LSt übersteigt, ist der Betrag dem AN zu erstatten.

C. Verbindung zu anderen Rechtsgebieten und zum Prozessrecht

Während im LSt-Recht das Zuflussprinzip gilt, d.h. die LSt entsteht, sobald der Arbeitslohn zufließt, gilt im **SozVers-Recht** grds. das **Entstehungsprinzip**. Das bedeutet, dass der Beitragsanspruch des Versicherungsträgers dann entsteht, wenn der Anspruch des AN auf das Arbeitsentgelt entstanden ist (§ 22 Abs. 1 Hs. 1 SGB IV). Diese Regelung gilt seit 1.1.2003 nur noch für laufendes Arbeitsentgelt. Bei einmalig gezahltem Arbeitsentgelt entsteht der Beitragsanspruch, sobald dieses ausgezahlt ist (§ 22 Abs. 1 Hs. 2 SGB IV). Das für laufendes Arbeitsentgelt geltende Entstehungsprinzip hat das BSG in mehreren Entscheidungen vom 14.7.2004 bestätigt.[26] Erhält danach etwa ein AN einen unter den tarifvertraglichen Vereinbarungen liegenden Arbeitslohn, sind die SozVers-Beiträge ausgehend vom tarifvertraglich geschuldeten Arbeitslohn zu berechnen; dass dieser tatsächlich nicht gezahlt wird, ist unbeachtlich (sog. „Phantomlohn").

Bei einmaligen Bezügen ist sozvers-rechtlich eine weitere Besonderheit zu beachten. SozVers-Beiträge werden nur bis zur jeweils geltenden **BBG** erhoben. Wird in einem Lohnabrechnungszeitraum neben dem laufenden Gehalt auch ein einmaliger Bezug (z.B. Weihnachts- oder Urlaubsgeld) gewährt und übersteigen beide Bezüge zusammen die für den Lohnabrechnungszeitraum maßgebende BBG, werden auch die in den vorangegangenen Lohnabrechnungszeiträumen des laufenden Kj beim selben AG maßgebenden BBG mit berücksichtigt, soweit sie durch laufende Bezüge noch nicht „verbraucht" sind (§ 23a Abs. 3 SGB IV). Bei dieser Berechnungsmethode könnte eine geringere Beitragsbelastung leicht dadurch erreicht werden, dass einmalige Zuwendungen stets im Januar eines Jahres ausgezahlt werden. Um dies zu verhindern bestimmt § 23a Abs. 4 SGB IV, dass einmalige Bezüge, die im ersten Vierteljahr eines Kj ausbezahlt werden, dem letzten Lohnabrechnungszeitraum des Vorjahres zuzurechnen sind, sofern die Zuwendung im Zeitpunkt der Zahlung nicht ohnehin in voller Höhe der Beitragspflicht unterliegt, d.h. es kommt letztlich zu einer Verteilung auf das gesamte Vorjahr (sog. „Märzklausel").

Die in der LSt-Karte eingetragene **LSt-Klasse** hat nicht nur Bedeutung für die Berechnung der stl Abzüge. Sie ist auch Grundlage für die Bemessung des Nettolohns in zahlreichen anderen Bereichen, etwa Arbeitslosengeld, Aufstockungsbetrag bei Altersteilzeit, Elterngeld, Krankengeld, Lohnpfändungen, Unterhaltsverpflichtungen etc.

Vielfach wechseln verheiratete AN in den genannten Fällen in die für sie günstigere LSt-Klasse, um entweder höhere Leistungen zu erhalten oder geringere Zahlungen leisten zu müssen. Die Rspr. vollzieht diesen Wechsel regelmäßig nicht nach, insb. wenn er stl nachteilig ist, d.h. wenn der Nettoarbeitslohn beider Ehegatten zusammen nach dem Wechsel geringer ist als vorher:

---

24 BFH 21.1.2000 – VII B 205/99 – BFH/NV 2000, 1080.
25 BGBl I S. 416.
26 BSG 14.7.2004 – B 12 KR 7/03 R – LEXinform 1532886;
 BSG 14.7.2004 – B 12 KR 10/03 R – LEXinform 1532882;
BSG 14.7.2004 – B 12 KR 1/04 R – LEXinform 1532505;
BSG 14.7.2004 – B 12 KR 34/03 R – LEXinform 1532884;
BSG 14.7.2004 – B 12 KR 7/04 R – LEXinform 1532101.

- Mit Urteil vom 9.9.2003 hat das BAG entschieden, dass der AG einen rechtsmissbräuchlichen LSt-Klassenwechsel für die Bemessung des Aufstockungsbetrages bei **Altersteilzeit** nicht berücksichtigen muss.[27] Das Gleiche gilt, wenn der einzige Grund für den LSt-Klassenwechsel ist, eine höhere Überbrückungsbeihilfe nach Eintritt in den **Vorruhestand** zu erhalten.[28] Regelmäßig kein Rechtsmissbrauch soll aber bei der Wahl der LSt-Klassenkombination IV/IV vorliegen.[29]
- Ist ein AN gegenüber einem Elternteil **unterhaltspflichtig** und wählt er deshalb im Verhältnis zu seinem Ehegatten die ungünstigere LSt-Klasse V, ist die damit verbundene Verschiebung der Steuerbelastung auf ihn durch einen tatrichterlich zu schätzenden Abschlag von der LSt zu korrigieren.[30]
- Beim **Elterngeld** vertritt das BSG hingegen die Auffassung, dass ein Wechsel in die Steuerklasse III nicht rechtsmissbräuchlich ist.[31]

D. Beraterhinweise

43 Mit dem LSt-Abzugsverfahren legt der Gesetzgeber dem AG umfangreiche Pflichten auf, deren Nichtbeachtung ggfs. gravierende finanzielle Folgen für den AG haben kann. So muss der AG bei jeder Zahlung bzw. Vorteilsgewährung an den AN prüfen, ob Arbeitslohn vorliegt und in welcher Höhe ggfs. LSt einzubehalten ist. Somit muss jeder Einzelsachverhalt unter lstl Gesichtspunkten geprüft und bei Zweifeln ggfs. eine LSt-Anrufungsauskunft (s. § 42e Rn 1 ff.) eingeholt werden. Dabei darf aber nicht übersehen werden, dass auch die formalen Anforderungen an die Lohnbuchführung enorm sind und bei Verstößen hiergegen ebenfalls Haftungstatbestände im Raum stehen. Werden etwa nach § 41b Abs. 1 S. 2 Nr. 1–13 in der LSt-Bescheinigung anzugebende stfr. oder pauschal besteuerte AG-Leistungen aufgrund falscher EDV-Eingabe bei hunderten von AN nicht entsprechend bescheinigt und kommt es dadurch zu einer Steuerverkürzung, weil eine Gegenrechnung mit den WK der AN unterbleibt, so kann u.U. ein deutlich höherer Haftungsbetrag im Raum stehen, als bei einer unzutreffenden rechtlichen Würdigung eines einzelnen Sachverhalts (§ 42d Abs. 1 Nr. 3). Der AG sollte sich daher auch mit den „technischen" Vorschriften zum LSt-Abzug genau auseinander setzen und sicherstellen, dass diese von den mit der Lohnabrechnung betrauten MA richtig umgesetzt werden. Hierzu gehört auch, dass die gem. dem Gesetz bzw. den LStR zum Lohnkonto zu nehmenden Unterlagen aufbewahrt und bei LSt-Außenprüfungen (siehe § 42f Rn 1 ff.) vorgelegt werden können.

44 Eine falsche Berechnung der einzubehaltenden LSt sowie unrichtige Angaben im Lohnkonto bzw. in der LSt-Bescheinigung sind aber oftmals nicht auf Fehler der mit der Lohnabrechnung befassten MA, sondern auf fehlerhafte **EDV-Programme** zurückzuführen. Das BMF gibt jährlich einen Programmablaufplan zur maschinellen Berechnung der LSt heraus.[32] AG, die die entsprechende Programmierung nicht selbst vornehmen, sondern ein auf dem Markt angebotenes Lohnabrechnungsprogramm verwenden, sollten sich daher vergewissern, dass dieses die Vorgaben korrekt umsetzt.

§ 40 Pauschalierung der Lohnsteuer in besonderen Fällen

(1) Das Betriebsstättenfinanzamt (§ 41a Absatz 1 Satz 1 Nr. 1) kann auf Antrag des Arbeitgebers zulassen, dass die Lohnsteuer mit einem unter Berücksichtigung der Vorschriften des § 38a zu ermittelnden Pauschsteuersatz erhoben wird, soweit
1. von dem Arbeitgeber sonstige Bezüge in einer größeren Zahl von Fällen gewährt werden oder
2. in einer größeren Zahl von Fällen Lohnsteuer nachzuerheben ist, weil der Arbeitgeber die Lohnsteuer nicht vorschriftsmäßig einbehalten hat.

[2]Bei der Ermittlung des Pauschsteuersatzes ist zu berücksichtigen, dass die in Absatz 3 vorgeschriebene Übernahme der pauschalen Lohnsteuer durch den Arbeitgeber für den Arbeitnehmer eine in Geldeswert bestehende Einnahme im Sinne des § 8 Abs. 1 darstellt (Nettosteuersatz). [3]Die Pauschalierung ist in den Fällen des Satzes 1 Nummer 1 ausgeschlossen, soweit der Arbeitgeber einem Arbeitnehmer sonstige Bezüge von mehr als 1 000 Euro im Kalenderjahr gewährt. [4]Der Arbeitgeber hat dem Antrag eine Berechnung beizufügen, aus der sich der durchschnittliche Steuersatz unter Zugrundelegung der durchschnittlichen Jahresarbeitslöhne und der durchschnittlichen Jahreslohnsteuer in jeder Steuerklasse für diejenigen Arbeitnehmer ergibt, denen die Bezüge gewährt werden sollen oder gewährt worden sind.

---

27 BAG 9.9.2003 – 9 AZR 554/02 – BAGE 107, 248 = DB 2004, 821.
28 BAG 9.12.2003 – 9 AZR 328/02 – NZA 2005, 376.
29 BAG 13.6.2006 – 9 AZR 423/05 – DB 2006, 2470.
30 BGH 14.1.2004 – XII ZR 69/01 – NJW 2004, 769.
31 BSG 25.6.2009 – Pressemitteilung Nr. 26/09 – www.bundessozialgericht.de.
32 BMF 4.3.2009 – IV C 5-S 2361/08/10003 – BStBl I S. 460.

(2) Abweichend von Absatz 1 kann der Arbeitgeber die Lohnsteuer mit einem Pauschsteuersatz von 25 Prozent erheben, soweit er
1. arbeitstäglich Mahlzeiten im Betrieb an die Arbeitnehmer unentgeltlich oder verbilligt abgibt oder Barzuschüsse an ein anderes Unternehmen leistet, das arbeitstäglich Mahlzeiten an die Arbeitnehmer unentgeltlich oder verbilligt abgibt. ²Voraussetzung ist, dass die Mahlzeiten nicht als Lohnbestandteile vereinbart sind,
2. Arbeitslohn aus Anlass von Betriebsveranstaltungen zahlt,
3. Erholungsbeihilfen gewährt, wenn diese zusammen mit Erholungsbeihilfen, die in demselben Kalenderjahr früher gewährt worden sind, 156 Euro für den Arbeitnehmer, 104 Euro für dessen Ehegatten und 52 Euro für jedes Kind nicht übersteigen und der Arbeitgeber sicherstellt, dass die Beihilfen zu Erholungszwecken verwendet werden,
4. Vergütungen für Verpflegungsmehraufwendungen anlässlich einer Tätigkeit im Sinne des § 4 Abs. 5 Satz 1 Nr. 5 Satz 2 bis 4 zahlt, soweit diese die dort bezeichneten Pauschbeträge um nicht mehr als 100 Prozent übersteigen,
5. den Arbeitnehmern zusätzlich zum ohnehin geschuldeten Arbeitslohn unentgeltlich oder verbilligt Personalcomputer übereignet; das gilt auch für Zubehör und Internetzugang. ²Das Gleiche gilt für Zuschüsse des Arbeitgebers, die zusätzlich zum ohnehin geschuldeten Arbeitslohn zu den Aufwendungen des Arbeitnehmers für die Internetnutzung gezahlt werden.

²Der Arbeitgeber kann die Lohnsteuer mit einem Pauschsteuersatz von 15 Prozent für Sachbezüge in Form der unentgeltlichen oder verbilligten Beförderung eines Arbeitnehmers zwischen Wohnung und Arbeitsstätte und für zusätzlich zum ohnehin geschuldeten Arbeitslohn geleistete Zuschüsse zu den Aufwendungen des Arbeitnehmers für Fahrten zwischen Wohnung und Arbeitsstätte erheben, soweit diese Bezüge den Betrag nicht übersteigen, den der Arbeitnehmer nach § 9 Absatz 1 Satz 3 Nummer 4 und Absatz 2 als Werbungskosten geltend machen könnte, wenn die Bezüge nicht pauschal besteuert würden. ³Die nach Satz 2 pauschal besteuerten Bezüge mindern die nach § 9 Absatz 1 Satz 3 Nummer 4 und Absatz 2 abziehbaren Werbungskosten; sie bleiben bei der Anwendung des § 40a Abs. 1 bis 4 außer Ansatz.

(3) ¹Der Arbeitgeber hat die pauschale Lohnsteuer zu übernehmen. ²Er ist Schuldner der pauschalen Lohnsteuer; auf den Arbeitnehmer abgewälzte pauschale Lohnsteuer gilt als zugeflossener Arbeitslohn und mindert nicht die Bemessungsgrundlage. ³Der pauschal besteuerte Arbeitslohn und die pauschale Lohnsteuer bleiben bei einer Veranlagung zur Einkommensteuer und beim Lohnsteuer-Jahresausgleich außer Ansatz. ⁴Die pauschale Lohnsteuer ist weder auf die Einkommensteuer noch auf die Jahreslohnsteuer anzurechnen.

Literatur: *Thomas*, Steuervorteile durch Barlohnumwandlungen, DStR 1997, 1841. **FinVerw:** LStR 40.1, 40.2; LStH 40.1, 40.2

A. Allgemeines 1	b) Betriebsveranstaltungen (Nr. 2) 16
B. Regelungsgehalt 2	c) Erholungsbeihilfen (Nr. 3) 17
I. Pauschalierung mit individuellen Steuersätzen (Abs. 1) 2	d) Verpflegungsmehraufwendungen (Nr. 4) . 18
1. Anwendungsfälle (S. 1 Hs. 2) 2	e) Personalcomputer und Internetzugang (Nr. 5) 19
a) Gewährung sonstiger Bezüge (S. 1 Nr. 1) . 2	2. Pauschalierung mit 15 % (S. 2 u. 3) 20
b) Nacherhebung von Lohnsteuer (S. 1 Nr. 2) 4	III. Allgemeine Vorschriften zur Pauschalierung (Abs. 3) 21
2. Verfahren und Ermittlung des Pauschalsteuersatzes (Abs. 1 S. 1 Hs. 1 u. S. 2–4) 5	C. Verbindung zu anderen Rechtsgebieten und zum Prozessrecht 24
II. Pauschalierung mit festen Steuersätzen (Abs. 2) .. 11	D. Beraterhinweise 27
1. Pauschalierung mit 25 % (Abs. 2 S. 1) 12	
a) Arbeitstägliche Mahlzeiten (Nr. 1) 13	

A. Allgemeines

Die Vorschrift ermöglicht eine Pauschalierung der LSt bei bestimmten Bezügen bzw. bei der Nacherhebung von LSt. Die LSt wird dabei entweder mit einem durchschnittlichen oder einem festem Pauschalsteuersatz erhoben. Rechtsfolge der Pauschalierung ist, dass sowohl der pauschal besteuerte Arbeitslohn als auch die pauschale LSt bei der Veranlagung außer Ansatz bleiben. **1**

B. Regelungsgehalt

I. Pauschalierung mit individuellen Steuersätzen (Abs. 1)

1. Anwendungsfälle (S. 1 Hs. 2). a) Gewährung sonstiger Bezüge (S. 1 Nr. 1). Sonstige Bezüge können pauschaliert besteuert werden, wenn sie in einer größeren Zahl von Fällen gewährt werden und je AN nicht mehr als 1.000 EUR betragen (Freibetrag). Die Pauschalierung ist nur möglich bei Vorliegen **sonstiger Bezüge**, d.h. einmali- **2**

ger Zuwendungen (z.B. Urlaubsgeld). Für Teile des laufenden Arbeitslohns kommt eine Pauschalierung nach Nr. 1 nicht in Betracht. Eine größere Zahl von Fällen liegt immer vor, wenn **mind. 20 AN** betroffen sind.[1] Sind weniger als 20 AN betroffen, kann gleichfalls eine größere Zahl von Fällen vorliegen, wobei dann auf die Verhältnisse des AG und die angestrebte Vereinfachung abzustellen ist.[2]

3 Die Pauschalierung ist gem. Abs. 1 S. 3 ausgeschlossen, soweit der AG einem AN sonstige Bezüge von mehr als **1.000 EUR** gewährt. Übersteigende Beträge unterliegen der Regelbesteuerung. Die Höchstgrenze gilt je AN und Kj; bei AG-Wechsel wird sie mehrfach gewährt. Maßgeblich für die Prüfung der 1.000 EUR-Grenze sind nur die Bezüge, für die ein besonderer Pauschsteuersatz ermittelt wurde (siehe Rn 5 bis 10), nicht hingegen Bezüge, die mit einem festen Pauschsteuersatz besteuert wurden (siehe Rn 11 bis 20).

4 **b) Nacherhebung von Lohnsteuer (S. 1 Nr. 2).** Sofern LSt nicht vorschriftsmäßig einbehalten wurde, erlaubt Nr. 2 die Korrektur über eine pauschalierte Besteuerung. Dies gilt auch bei unzulässig pauschal erhobener LSt.[3] Die 1.000 EUR-Grenze ist hier nicht zu beachten; weiterhin ist nicht erforderlich, dass sonstige Bezüge vorliegen. Hauptanwendungsfall der Vorschrift ist die Nacherhebung von LSt aufgrund einer **LSt-Außenprüfung** mittels Nachforderungsbescheid. Der AG muss die Pauschalierung beantragen, dadurch wird er selbst zum Steuerschuldner. Stellt er keinen Antrag, kommt es i.d.R. zur Inanspruchnahme des AG im Haftungsverfahren (siehe § 42d Rn 19 bis 23). Wird im **Haftungsverfahren** nach § 42d ein Pauschalierungsantrag zugelassen, wird der AG wiederum Alleinschuldner und nicht wie nach § 42d Abs. 3 S. 1 Gesamtschuldner neben dem AN.

5 **2. Verfahren und Ermittlung des Pauschalsteuersatzes (Abs. 1 S. 1 Hs. 1 u. S. 2–4).** Die Pauschalierung setzt einen **Antrag des AG** voraus und kann dem AG somit nicht aufgezwungen werden. Der Antrag enthält das Einverständnis mit dem Ergehen eines Pauschalierungsbescheids. Der Antrag ist an keine Form gebunden. Er kann auch konkludent – z.B. durch eine LSt-Anmeldung – gestellt werden. Ein LSt-Pauschalierungsbescheid ist aber nicht deshalb nichtig, weil der AG keinen Pauschalierungsantrag gestellt hat.[4] Der AG ist an seinen Antrag auf Pauschalierung gebunden, sobald der Pauschalierungsbescheid wirksam wird.[5] War sich der AG allerdings über die Bedeutung und die Rechtsfolgen des Pauschalierungsantrags nicht im klaren und sind seine Ausführungen im Rahmen des Einspruchsverfahrens gegen den Pauschalierungsbescheid als Rücknahme oder Anfechtung des Antrags zu verstehen, so ist es in der Regel ermessensfehlerhaft, wenn das FA einen Pauschalierungsbescheid aufrechterhält, obwohl es den Steueranspruch durch Erlass eines Haftungsbescheides gegenüber dem AG realisieren kann.[6]

6 Ob der Antrag zugelassen wird, steht im **Ermessen** des Betriebsstätten-FA. Sind die Voraussetzungen des Abs. 1 erfüllt, ist die Pauschalierung im Regelfall zuzulassen.[7] Die Zulassung kann aber wegen fehlender Bonität des AG verweigert werden, da der AN in diesem Fall als Schuldner der LSt verloren geht. Der Antrag kann ferner abgelehnt werden, wenn die Antragstellung rechtsmissbräuchlich ist, etwa wenn ein AG bewusst vom laufenden Arbeitslohn keine LSt einbehält oder die Pauschalierungsgrenzen wiederholt missachtet worden sind.[8]

7 Der **AN** ist formal am Pauschalierungsverfahren nicht beteiligt. Der AG kann aber die pauschale LSt auf den AN überwälzen, wobei der AN das Recht behält, jederzeit eine Einzelbesteuerung unter Vorlage einer LSt-Karte zu verlangen.[9]

8 Die **Ermittlung des Pauschsteuersatzes** ist in LStR 40.1 Abs. 3 und LStH 40.1 ausführlich dargestellt. Der Pauschsteuersatz ist für jedes Kj getrennt zu ermitteln.[10] Dabei werden die auf den LSt-Karten der AN eingetragenen Kinderfreibeträge nicht berücksichtigt.[11] Der sich errechnende Durchschnittssteuersatz ist dann in einen **Nettosteuersatz** umzurechnen, der berücksichtigt, dass auch in der Übernahme der LSt durch den AG ein geldwerter Vorteil liegt. Übernimmt der AG bei einer Pauschalierung der LSt mit einem besonders ermittelten Pauschsteuersatz die auf den pauschal versteuerten sonstigen Bezug entfallenden AN-Anteile zur SozVers, ist auch dies ein geldwerter Vorteil, der wiederum pauschal versteuert werden kann und bei der 1.000 EUR-Grenze zu berücksichtigen ist.

9 Auf die pauschale LSt ist auch **KiSt** zu erheben, sofern der AN einer Konfession angehört.[12] Dies kann entweder dadurch geschehen, dass der AG die KiSt für alle einer steuererhebenden Religionsgemeinschaft angehörenden AN mit dem allgemeinen KiSt-Satz erhebt oder aber aus Vereinfachungsgründen die KiSt für alle AN – unabhängig

---

1 LStR 40.1 Abs. 1 S. 1.
2 LStR 40.2 Abs. 1 S. 2.
3 BFH 5.11.1993 – VI R 16/93 – BStBl II 1994 S. 557 = HFR 1994, 338.
4 BFH 7.2.2002 – VI R 80/00 – BStBl II S. 438 = BB 2002, 866.
5 BFH 5.3.1993 – VI R 79/91 – BStBl II S. 692 = HFR 1993, 447.
6 BFH 5.3.1993 – VI R 79/91 – BStBl II S. 692 = HFR 1993, 447.
7 FG Münster 21.11.1997 – 11 K 4425/96 L – EFG 1998, 822, rkr.
8 LStR 40 Abs. 2 S. 3.
9 BAG 5.8.1987 – 5 AZR 22/86 – BAGE 56, 14 = NJW 1988, 1165.
10 FG Münster 11.12.1996 – 8 K 6360/93 L – EFG 1997, 608, rkr.
11 BFH 26.7.2007 – VI R 48/03 – BStBl II S. 844 = DStR 2007, 1522.
12 BFH 7.12.1994 – I R 24/93 – BStBl II 1995 S. 507 = HFR 1995, 333.

davon, ob sie einer Konfession angehören – mit einem ermäßigten Steuersatz berechnet.[13] Für den SolZ stellt die pauschale LSt ungekürzt die Bemessungsgrundlage dar.

Da die Übernahme des SolZ und der KiSt ebenso einen geldwerten Vorteil darstellt, wie die Übernahme der pauschalen LSt, müssten diese Annexsteuern an sich dem zu versteuernden LSt-Betrag hinzugerechnet werden. Aus Vereinfachungsgründen will die FinVerw hiervon aber sowohl für den SolZ[14] als auch für die KiSt[15] absehen.

II. Pauschalierung mit festen Steuersätzen (Abs. 2)

Abs. 2 setzt im Gegensatz zu Abs. 1 keinen Antrag voraus. Liegen gleichzeitig die Voraussetzungen des Abs. 1 vor, kann der AG die Pauschalierungsart wählen.

1. Pauschalierung mit 25 % (Abs. 2 S. 1). Für folgende Tatbestände ist eine Pauschalierung der LSt mit 25 % (zzgl. SolZ und KiSt) möglich:

a) Arbeitstägliche Mahlzeiten (Nr. 1). Die Pauschalierung umfasst den geldwerten Vorteil aus der unentgeltlichen oder verbilligten Abgabe arbeitstäglicher Mahlzeiten oder entsprechender Barzuschüsse. Voraussetzung für die Pauschalierung ist, dass die abgegebenen Mahlzeiten nicht als Lohnbestandteile vereinbart sind, eine Gehaltsumwandlung ist somit nicht begünstigt. Ein geldwerter Vorteil entsteht hier, soweit die Zahlung des AN den amtlichen Sachbezugswert, mit dem die Mahlzeit zu bewerten ist, nicht erreicht (siehe § 8 Rn 15). Leistet der AN somit eine Zuzahlung mind. i.H.d. amtlichen Sachbezugswerts, entfällt eine Besteuerung der Zuwendung.[16]

Barzuschüsse können auch für Essen außerhalb des Betriebs gewährt werden, insb. auch in Form von **Essensmarken**. Bei der Ausgabe von Essensmarken ist die Pauschalversteuerung aber nur zulässig, wenn die Mahlzeit mit dem amtlichen Sachbezugswert anzusetzen ist.[17] Unter welchen Voraussetzungen dies der Fall ist, regelt LStR 8.1 Abs. 7 Nr. 4.

Fällt der AG in den Anwendungsbereich des **Rabattfreibetrags** nach § 8 Abs. 3 (z.B. Hotel oder Gaststätte ohne „Personalessen"; siehe § 8 Rn 19), kann nach „Verbrauch" des Freibetrags von 1.080 EUR die Pauschalierung mit 25 % angewandt werden.[18]

b) Betriebsveranstaltungen (Nr. 2). Arbeitslohn entsteht im Rahmen von Betriebsveranstaltungen nur, wenn die Veranstaltung oder die Zuwendungen unüblich sind (zur Frage der Üblichkeit einer Betriebsveranstaltung s. LStR 19.5). Eine Betriebsveranstaltung, die eine pauschale Erhebung von LSt rechtfertigen kann, liegt nur vor, wenn alle AN daran teilnehmen können oder eine Begrenzung der Teilnehmer sich nicht als Privilegierung einzelner AN darstellt.[19] Begünstigt ist nur Arbeitslohn, der anlässlich und nicht nur bei Gelegenheit einer Betriebsveranstaltung gezahlt wird.[20] Während einer Betriebsveranstaltung überreichte Geldgeschenke, die kein zweckgebundenes Zehrgeld sind, unterliegen daher nicht der Pauschalierungsmöglichkeit des Abs. 2 S. 1 Nr. 2.[21] Dagegen werden Geldgewinne, deren Verlosung während einer betrieblichen Weihnachtsfeier ausschließlich unter den teilnehmenden Mitarbeitern erfolgt, aus Anlass einer Betriebsfeier zugewandt, sodass eine LSt-Pauschalierung möglich ist.[22]

c) Erholungsbeihilfen (Nr. 3). Hierbei handelt es sich um zweckgebundene Sach- oder Barzuwendungen, die ausschließlich zur Förderung der Erholung des AN verwendet werden dürfen.[23] Die im Gesetz genannten Höchstgrenzen sind für jede Person (AN/Ehegatte/Kind) gesondert zu betrachten.[24] Werden sie überschritten, kann die Beihilfe insgesamt nicht mehr pauschal mit 25 % versteuert werden (= Freigrenze);[25] eine Pauschalierung kann dann nur noch nach Abs. 1 S. Nr. 1 mit besonders ermitteltem Steuersatz erfolgen. Eine Verteilung der Beihilfe auf mehrere Jahre ist nicht möglich.[26]

d) Verpflegungsmehraufwendungen (Nr. 4). Vergütungen des AG für Verpflegungsmehraufwendungen sind stfr. gem. § 3 Nr. 13 u. Nr. 16, soweit sie die in § 4 Abs. 5 S. 1 Nr. 5 genannten Beträge nicht übersteigen. Übersteigende Vergütungen können bis zu 100 % dieser Beträge pauschal versteuert werden, wenn sie für eine auswärtige Tätigkeit des AN bezahlt werden, nicht aber in den Fällen der doppelten Haushaltführung. Für die Ermittlung des stfr. Betrags können alle Aufwendungsarten (Fahrt-, Verpflegungs- und Übernachtungskosten) zusammenge-

---

13 Gleichl. Ländererlass 17.11.2006 – BStBl I S. 716.
14 FinMin Bayern 28.10.1991 – 32-S-2370–14/3–67331 – LEXinform 0105257.
15 FinMin BaWü 23.3.1972 – S-2371 A-4/71 – LEXinform 0021471.
16 LStR 8.1 Abs. 7 Nr. 3.
17 LStR 40.2 Abs. 1 Nr. 1 S. 2.
18 HHR/*Wagner*, § 40 Rn 36.
19 BFH 9.3.1990 – VI R 48/87 – BStBl II S. 711 = HFR 1990, 626.
20 BFH 7.11.2006 – VI R 58/04 – BStBl II 2007 S. 128 = BFH/NV 2007, 135.
21 BFH 7.2.1997 – VI R 3/96 – BStBl II S. 365 = HFR 1997, 486.
22 FG Münster 7.10.2003 – 13 K 6659/00 – EFG 2004, 203, rkr.
23 FG Köln 4.6.1996 – 7 K 4967/93 – EFG 1997, 110, rkr.
24 LStR 40.2 Abs. 3 S. 2.
25 Schmidt/*Drenseck*, § 40 Rn 14.
26 BFH 14.3.1958 – VI 104/57 U – BStBl III S. 257 = BFHE 66, 667.

rechnet werden und der übersteigende Betrag allein der Vergütung für Verpflegung zugeordnet werden.[27] Weitere Einzelheiten regelt LStR 40.2 Abs. 4.

19 **e) Personalcomputer und Internetzugang (Nr. 5).** Die Pauschalierung umfasst geldwerte Vorteile aus der **Übereignung** von Personalcomputern nebst Zubehör und Software sowie aus Zuschüssen des AG zu den Aufwendungen des AN für die **Internetnutzung**. Voraussetzung ist jeweils, dass der geldwerte Vorteil zusätzlich zum ohnehin geschuldeten Arbeitslohn gewährt wird; eine Barlohnumwandlung ist somit nicht begünstigt. Von der Pauschalierung ausgeschlossen sind Telekommunikationsgeräte, die nicht Zubehör eines Personalcomputers sind oder nicht für die Internetnutzung verwendet werden können.[28] Aus Vereinfachungsgründen lässt die FinVerw zu, dass für die laufende Internetnutzung ohne Nachweis monatlich bis zu 50 EUR pauschalierungsfähig sind, zudem erfolgt keine Anrechnung des Zuschusses auf die WK des AN.[29] Nutzt der AN **betriebliche** Personalcomputer und Telekommunikationsgeräte auch privat, ist der insoweit entstehende geldwerte Vorteil stfr. nach § 3 Nr. 45.

20 **2. Pauschalierung mit 15 % (S. 2 u. 3).** Sachbezüge in Form einer Beförderung oder Zuschüsse für die **Fahrten zwischen Wohnung und Arbeitsstätte** können nach S. 2 mit einem Pauschsteuersatz von 15 % besteuert werden. Die Pauschalierungsmöglichkeit gilt sowohl bei Gestellung eines Kfz als auch bei Barzuschüssen zu den Fahrtkosten des AN. Die Zuschüsse müssen zusätzlich zum ohnehin geschuldeten Arbeitslohn erbracht werden, eine **Barlohnumwandlung** ist nicht begünstigt. Wegen der Abschaffung der Steuerfreiheit nach § 3 Nr. 34 ab 2004[30] kommt die Pauschalierung nun auch wieder für AG-Zuschüsse für Fahrten zwischen Wohnung und Arbeitsstätte mit **öffentlichen Verkehrsmitteln** in Betracht (Abschn. 127 Abs. 5 S. 4 LStR 2004 wurde aufgehoben). Die Pauschalierung ist jeweils nur in Höhe der Beträge möglich, die der AN wie WK absetzen könnte. Dies soll auch für **Unfallkostenersatz** gelten.[31] Darüber hinausgehende Beträge sind dem normalen LSt-Abzug zu unterwerfen. Der maßgebliche Wert bei einer Kfz-Gestellung ermittelt sich nach § 8 Abs. 2 S. 3 (siehe § 8 Rn 312). Soweit pauschal besteuert wird, mindern sich gem. S. 3 die wie WK abziehbaren Pauschalen bzw. tatsächlichen Aufwendungen. Die pauschal besteuerten Bezüge rechnen bei Teilzeitbeschäftigten nicht zum maßgeblichen Arbeitslohn i.S.v. § 40a.

III. Allgemeine Vorschriften zur Pauschalierung (Abs. 3)

21 Mit der Pauschalierung übernimmt der AG die LSt des AN und wird dadurch selbst Steuerschuldner. Ein Anspruch auf Erstattung pauschaler LSt steht daher dem AG zu.[32] Die pauschale LSt entsteht mit Zufluss des Arbeitslohns beim AN.[33] Sie muss gegen den AG durch Steuerbescheid, nicht durch Haftungsbescheid festgesetzt werden.

22 Der pauschalen LSt kommt **Abgeltungswirkung** zu. Pauschal besteuerter Arbeitslohn bleibt bei der Veranlagung des AN außer Betracht; die pauschale LSt kann nicht auf die ESt-Schuld des AN angerechnet werden. Kommt es aufgrund eines Einspruchs des AG zum Wegfall des Pauschalierungsbescheids, kann der Arbeitslohn in der ESt-Veranlagung des AN erfasst werden; die Abgeltungswirkung der Pauschalierung fällt weg.[34]

23 Die auf den AN überwälzte pauschale LSt (einschließlich Annexsteuern) gilt seit 1.4.1999 als zugeflossener Arbeitslohn. Sie muss dem AN daher vom Nettolohn abgezogen werden. Bis zum 31.3.1999 wurde die Überwälzung als Rückzahlung von Arbeitslohn behandelt. Die Bemessungsgrundlage war daher um die übernommene LSt zu vermindern.

C. Verbindung zu anderen Rechtsgebieten und zum Prozessrecht

24 Sonstige Bezüge nach Abs. 1 S. 1 Nr. 1 sind dem Arbeitsentgelt i.S.d. SozVers nur dann nicht hinzuzurechnen, wenn sie nicht einmalig gezahltes Arbeitsentgelt nach § 23a SGB IV sind und diese pauschal versteuert werden (§ 1 Abs. 1 S. 1 Nr. 2 SvEV). SozVers-Freiheit kann deshalb über eine Pauschalierung der LSt nach Abs. 1 S. 1 Nr. 1 nur für diejenigen Lohnbestandteile erreicht werden, die lohnsteuerlich zu den sonstigen Bezügen[35] gehören, sozvers-rechtlich jedoch nicht als einmalige Zuwendungen gelten. Dies trifft etwa zu bei der Nachzahlung von laufendem Arbeitslohn, der ganz oder teilweise abgelaufene Kj betrifft. Stl handelt es sich hierbei um sonstige Bezüge, während beitragsrechtlich aber laufendes Arbeitsentgelt vorliegt.[36] Abgesehen von diesem Ausnahmefall ist der pauschal besteuerte sonstige Bezug aber i.d.R. als einmalige Zuwendung sozvers-pflichtig.

25 Bei der pauschalierten Nacherhebung von LSt nach Abs. 1 S. 1 Nr. 2 kommt für die entsprechenden Bezüge keine Beitragsfreiheit in der SozVers in Betracht. Anders als bei der LSt ist hier eine pauschale Erhebung nicht möglich,

---

27 LStH 40.2 „Pauschalversteuerung von Reisekosten".
28 LStR 40.2 Abs. 5 S. 4.
29 LStR 40.2 Abs. 5 S. 7, 12.
30 HBeglG 2004 v. 29.12.2003 (BGBl I S. 3076).
31 *Offerhaus*, BB 1991, 257.
32 OFD Erfurt 19.12.1996 – S 2332 A-30-St 332 – DStR 1997, 580.
33 BFH 6.5.1994 – VI R 47/93 – BStBl II S. 715 = HFR 1994, 614.
34 BFH 18.1.1991 – VI B 140/89 – BStBl II S. 309 = HFR 1991, 350; BFH 19.2.2002 – VI B 240/01 – BFH/NV 2002, 784.
35 LStR 39b.2 Abs. 2.
36 *Schönfeld/Plenker*, Stichwort: Pauschalierung der Lohnsteuer, Tz 2. e).

d.h. die Beiträge müssen im Einzelnen ermittelt werden. Die nach Maßgabe des Abs. 1 S. 1 Nr. 2 erhobene Pauschalsteuer gehört dabei nicht zum beitragspflichtigen Arbeitsentgelt.[37]

Die mit einem festen Pauschsteuersatz nach Abs. 2 besteuerten Bezüge zählen nach § 1 Abs. 1 S. 1 Nr. 3 SvEV nicht zum Arbeitsentgelt i.S.d. SozVers.

D. Beraterhinweise

Interessant für die Praxis sind v.a. die in § 40 Abs. 2 geregelten Pauschalierungsmöglichkeiten. Insb. bei AN, deren Bezüge unterhalb der sozvers-rechtlichen BBG liegen, machen derartige Zuwendungen Sinn. Während dem AN von einer Gehaltserhöhung regelmäßig nur ca. 40 % des Brutto-Erhöhungsbetrags netto übrig bleiben, können alternativ ein Personalcomputer, Zuschüsse zu den Aufwendungen für die Internetnutzung oder zusätzlicher Reisekostenersatz ohne Abzüge für den AN zugewendet werden. Die Abgabenbelastung für den AG – entweder pauschale LSt von 15 % bzw. 25 % oder aber AG-Anteil am Gesamtsozvers-Beitrag von ca. 20 % – ist in beiden Fällen in etwa gleich. Während die Zuwendung eines Personalcomputers mit Sicherheit eine einmalige Angelegenheit ist, ist es bei einem Außendienst-MA, der in gleich bleibendem Umfang Dienstreisen durchführt, aber durchaus denkbar, eine anstehende Gehaltserhöhung durch die Verdoppelung der Tagespauschalen zu ersetzen.

§ 40a Pauschalierung der Lohnsteuer für Teilzeitbeschäftigte und geringfügig Beschäftigte

(1) ¹Der Arbeitgeber kann unter Verzicht auf die Vorlage einer Lohnsteuerkarte bei Arbeitnehmern, die nur kurzfristig beschäftigt werden, die Lohnsteuer mit einem Pauschsteuersatz von 25 Prozent des Arbeitslohns erheben. ²Eine kurzfristige Beschäftigung liegt vor, wenn der Arbeitnehmer bei dem Arbeitgeber gelegentlich, nicht regelmäßig wiederkehrend beschäftigt wird, die Dauer der Beschäftigung 18 zusammenhängende Arbeitstage nicht übersteigt und
1. der Arbeitslohn während der Beschäftigungsdauer 62 Euro durchschnittlich je Arbeitstag nicht übersteigt oder
2. die Beschäftigung zu einem unvorhersehbaren Zeitpunkt sofort erforderlich wird.

(2) Der Arbeitgeber kann unter Verzicht auf die Vorlage einer Lohnsteuerkarte die Lohnsteuer einschließlich Solidaritätszuschlag und Kirchensteuern (einheitliche Pauschsteuer) für das Arbeitsentgelt aus geringfügigen Beschäftigungen im Sinne des § 8 Abs. 1 Nr. 1 oder des § 8a des Vierten Buches Sozialgesetzbuch, für das er Beiträge nach § 168 Abs. 1 Nr. 1b oder 1c (geringfügig versicherungspflichtig Beschäftigte) oder nach § 172 Abs. 3 oder 3a (versicherungsfrei geringfügig Beschäftigte) des Sechsten Buches Sozialgesetzbuch zu entrichten hat, mit einem einheitlichen Pauschsteuersatz in Höhe von insgesamt 2 Prozent des Arbeitsentgelts erheben.

(2a) Hat der Arbeitgeber in den Fällen des Absatzes 2 keine Beiträge nach § 168 Abs. 1 Nr. 1b oder 1c oder nach § 172 Abs. 3 oder 3a des Sechsten Buches Sozialgesetzbuch zu entrichten, kann er unter Verzicht auf die Vorlage einer Lohnsteuerkarte die Lohnsteuer mit einem Pauschsteuersatz in Höhe von 20 Prozent des Arbeitsentgelts erheben.

(3) ¹Abweichend von den Absätzen 1 und 2a kann der Arbeitgeber unter Verzicht auf die Vorlage einer Lohnsteuerkarte bei Aushilfskräften, die in Betrieben der Land- und Forstwirtschaft im Sinne des § 13 Abs. 1 Nummer 1 bis 4 ausschließlich mit typisch land- oder forstwirtschaftlichen Arbeiten beschäftigt werden, die Lohnsteuer mit einem Pauschsteuersatz von 5 Prozent des Arbeitslohns erheben. ²Aushilfskräfte im Sinne dieser Vorschrift sind Personen, die für die Ausführung und für die Dauer von Arbeiten, die nicht ganzjährig anfallen, beschäftigt werden; eine Beschäftigung mit anderen land- und forstwirtschaftlichen Arbeiten ist unschädlich, wenn deren Dauer 25 Prozent der Gesamtbeschäftigungsdauer nicht überschreitet. ³Aushilfskräfte sind nicht Arbeitnehmer, die zu den land- und forstwirtschaftlichen Fachkräften gehören oder die der Arbeitgeber mehr als 180 Tage im Kalenderjahr beschäftigt.

(4) Die Pauschalierungen nach den Absätzen 1 und 3 sind unzulässig
1. bei Arbeitnehmern, deren Arbeitslohn während der Beschäftigungsdauer durchschnittlich je Arbeitsstunde 12 Euro übersteigt,
2. bei Arbeitnehmern, die für eine andere Beschäftigung von demselben Arbeitgeber Arbeitslohn beziehen, der nach den §§ 39b bis 39d dem Lohnsteuerabzug unterworfen wird.

(5) Auf die Pauschalierungen nach den Absätzen 1 bis 3 ist § 40 Abs. 3 anzuwenden.

(6) ¹Für die Erhebung der einheitlichen Pauschsteuer nach Absatz 2 ist die Deutsche Rentenversicherung Knappschaft-Bahn-See/Verwaltungsstelle Cottbus zuständig. ²Die Regelungen zum Steuerabzug vom Arbeits-

---

37 BSG 19.6.2001 – B 12 KR 16/00 R – HFR 2002, 743.

lohn sind entsprechend anzuwenden. ³Für die Anmeldung, Abführung und Vollstreckung der einheitlichen Pauschsteuer gelten dabei die Regelungen für die Beiträge nach § 168 Abs. 1 Nr. 1b oder 1c oder nach § 172 Abs. 3 oder 3a des Sechsten Buches Sozialgesetzbuch. ⁴Die Deutsche Rentenversicherung Knappschaft-Bahn-See/Verwaltungsstelle Cottbus hat die einheitliche Pauschsteuer auf die erhebungsberechtigten Körperschaften aufzuteilen; dabei entfallen aus Vereinfachungsgründen 90 Prozent der einheitlichen Pauschsteuer auf die Lohnsteuer, 5 Prozent auf den Solidaritätszuschlag und 5 Prozent auf die Kirchensteuern. ⁵Die erhebungsberechtigten Kirchen haben sich auf eine Aufteilung des Kirchensteueranteils zu verständigen und diesen der Deutschen Rentenversicherung Knappschaft-Bahn-See/Verwaltungsstelle Cottbus mitzuteilen. ⁶Die Deutsche Rentenversicherung Knappschaft-Bahn-See/Verwaltungsstelle Cottbus ist berechtigt, die einheitliche Pauschsteuer nach Absatz 2 zusammen mit den Sozialversicherungsbeiträgen beim Arbeitgeber einzuziehen.

Literatur: *Ehm*, Geringfügige Beschäftigungen im Privathaushalt, NWB F. 26, 4853; *Harder-Buschner*, Änderungen bei der steuerlichen Behandlung von geringfügigen Beschäftigungsverhältnissen, NWB F. 6, 4337; *Niermann/Plenker*, Die Neuregelung der geringfügigen Beschäftigungsverhältnisse ab 1.4.2003, DB 2003, 304; *Plenker/Schaffhausen*, Unschädliche Aufstockung der 400-EUR-Geringfügigkeitsgrenze, DB 2003, 957; *Sprenger*, Gestaltungsüberlegungen bei geringfügigen Beschäftigungsverhältnissen, INF 2003, 586; *Wiegelmann*, Die Neuregelungen bei geringfügigen Beschäftigungen ab 1.4.2003, BB 2003, 734. **FinVerw:** LStR 40a.1, 40a.2; LStH 40a.1, 40a.2. **SozVers-Träger:** Spitzenorg. d. SozVers-Träger 25.2.2003, www.vdak-aev.de

A. Allgemeines 1	V. Voraussetzungen für die Pauschalierung nach den Abs. 1 u. 3 (Abs. 4) 16
B. Regelungsgehalt 5	VI. Anwendung von § 40 Abs. 3 (Abs. 5) 17
I. Kurzfristige Beschäftigung (Abs. 1) 5	VII. Zuständigkeit der Deutschen Rentenversicherung Knappschaft-Bahn-See/Verwaltungsstelle Cottbus (Abs. 6) 18
II. Geringfügige Beschäftigung mit Pauschsteuersatz mit 2 % (Abs. 2) 7	
III. Pauschsteuersatz von 20 % bei fehlenden SozVers-Beiträgen (Abs. 2a) 14	C. Hinweise zu anderen Rechtsgebieten und zum Prozessrecht 19
IV. Sonderregelung in der Land- und Forstwirtschaft (Abs. 3) 15	D. Beraterhinweise 24

A. Allgemeines

1 Die Vorschrift soll die LSt-Erhebung bei nur vorübergehend beschäftigten Aushilfskräften sowie bei geringfügig entlohnten Arbeitskräften erleichtern. Die Pauschalierung ist ohne Genehmigung durch das FA zulässig. Der AG hat ein Wahlrecht, ob er die Pauschalierung in Anspruch nimmt oder nicht. Die Pauschalierung muss nicht einheitlich für alle in Betracht kommenden AN durchgeführt werden.¹ Der Lohn aus einem Beschäftigungsverhältnis muss aber einheitlich entweder dem normalen LSt-Abzug oder der pauschalen Besteuerung unterworfen werden.² Übernimmt ein städtischer Lebenszeitbeamter zusätzlich die Stellung eines GF der Stadtwerke-GmbH gegen ein geringfügiges Entgelt, liegen zwei Dienstverhältnisse vor mit der Folge, dass das GF-Gehalt nicht den Dienstbezügen hinzuzurechnen ist, sondern pauschal lohnversteuert werden kann.³ Nach Ablauf des Kj kann der AG die zunächst vorgenommene Pauschalierung für einen oder mehrere seiner AN rückgängig machen und damit für diese zur Lohnregelbesteuerung zurückkehren.⁴ Der unterjährige Wechsel zwischen beiden Besteuerungsformen mit dem Ziel, den AN-Pauschbetrag (§ 9a S. 1 Nr. 1) auszunützen, ist rechtsmissbräuchlich gem. § 42 AO.⁵

2 Bemessungsgrundlage für die Pauschalierung nach Abs. 1 u. 3 (kurzfristig Beschäftigte und Aushilfskräfte in der LuF) ist der stpfl. Arbeitslohn. Stfr. Einnahmen – somit auch stfr. WK-Ersatz – bleiben außer Betracht.⁶ Bei der Prüfung der Pauschalierungsgrenzen sind andere pauschal besteuerte Bezüge mit Ausnahme der Fahrtkostenzuschüsse nach § 40 Abs. 2 S. 2 zu berücksichtigen (§ 40 Abs. 2 S. 3 Hs. 2).⁷

3 Bemessungsgrundlage für die Pauschalierung nach Abs. 2 und 2a (geringfügig Beschäftigte) ist das **Arbeitsentgelt** i.S.d. § 14 SGB IV. Hierzu rechnen nicht lstfr. (§ 1 Abs. 1 S. 1 Nr. 1 SvEV) und nach § 40 Abs. 2 pauschal versteuerte Einnahmen (§ 1 Abs. 1 S. 1 Nr. 3 SvEV). Durch stfr. bzw. pauschal besteuerten Arbeitslohn lässt sich die 400 EUR-Grenze somit u.U. spürbar aufstocken.⁸

---

1 BFH 3.6.1982 – VI R 48/79 – BStBl II S. 710 = BFHE 136, 824.
2 BFH 27.7.1990 – VI R 20/89 – BStBl II S. 931 = HFR 1991, 29.
3 FG Nds 14.3.2005 – 3 K 644/04 – DStRE 2005, 1002, rkr.
4 BFH 26.11.2003 – VI R 10/99 – BStBl II 2004 S. 195 = DB 2004, 631.
5 BFH 20.12.1991 – VI R 32/89 – BStBl II 1992 S. 695 = HFR 1992, 520.
6 LStR 40a.1 Abs. 4 S. 2; a.A. Schmidt/*Drenseck*, § 40a Rn 3; FG RhPf 30.8.1991 – 3 K 2964/89 – EFG 1992, 161, rkr.
7 LStR 40a.1 Abs. 5 S. 2; Schmidt/*Drenseck*, § 40a Rn 3.
8 *Plenker/Schaffhausen*, DB 2003, 957.

Bei der Pauschalierung nach § 40a wird der AG Steuerschuldner, so dass ihm auch etwaige Erstattungsansprüche **4**
zustehen.[9] Der pauschal besteuerte Lohn sowie die pauschale LSt bleiben bei der Veranlagung des AN außer Betracht. Damit scheidet auch ein WK-Abzug der mit diesen Einnahmen im Zusammenhang stehenden Aufwendungen aus. § 4 Abs. 2 Nr. 8 LStDV sieht bei der Zahlung von pauschal besteuertem Arbeitslohn umfangreiche Aufzeichnungspflichten vor.

B. Regelungsgehalt

I. Kurzfristige Beschäftigung (Abs. 1)

Gem. S. 1 kann der AG bei AN, die nur kurzfristig beschäftigt werden, die LSt unter Verzicht auf die Vorlage einer **5**
LSt-Karte mit 25 % zzgl. SolZ und KiSt pauschal erheben. Eine kurzfristige Beschäftigung liegt gem. S. 2 unter folgenden Voraussetzungen vor:
– Der AG beschäftigt den AN nur gelegentlich und nicht regelmäßig wiederkehrend. Maßgeblich ist dabei, dass keine feste **Wiederholungsabsicht** vorliegt. Eine erneute Tätigkeit ist nur dann schädlich, wenn sie bereits von vornherein vereinbart wurde. Wie oft der AN tatsächlich im Laufe des Jahres tätig wird, ist unerheblich.[10]
– Die **Beschäftigungsdauer** darf 18 zusammenhängende Arbeitstage nicht überschreiten, wobei übliche arbeitsfreie Tage den Zeitraum ebenso wenig unterbrechen wie bezahlte Krankheits- oder Urlaubstage.[11] Als „Arbeitstag" kann auch eine sich auf zwei Kalendertage erstreckende Nachtschicht angesehen werden.[12]
– Der durchschnittliche Tagesarbeitslohn darf 62 EUR nicht überschreiten oder die Beschäftigung muss zu einem **unvorhersehbaren Zeitpunkt** sofort erforderlich sein. Letzteres liegt vor bei krankheitsbedingten Ausfällen von Personal, bei Mehrbedarf durch Betriebsunfälle oder bei witterungsabhängiger Beschäftigung.[13] Unvorhersehbarkeit ist nicht gegeben bei Schlussverkäufen, Messen, Volksfesten[14] oder wenn der AG regelmäßig mit rufbereiten AN arbeitet.[15] Die vom Gesetz geforderte „sofortige" Beschäftigung liegt nicht vor, wenn der Arbeitseinsatz erst in drei oder vier Tagen erforderlich wird.[16]

Neben den in Abs. 1 genannten Voraussetzungen ist noch die **allgemeine Stundenlohngrenze** von 12 EUR nach **6**
Abs. 4 Nr. 1 zu beachten (siehe Rn 16).

II. Geringfügige Beschäftigung mit Pauschsteuersatz mit 2 % (Abs. 2)

Durch das Zweite Gesetz für moderne Dienstleistungen am Arbeitsmarkt vom 23.12.2002[17] wurde in Abs. 2 mit Wirkung ab 1.4.2003 eine einheitliche Pauschsteuer von 2 % für geringfügig Beschäftigte i.S.d. § 8 Abs. 1 Nr. 1 sowie **7**
§ 8a SGB IV eingeführt. Dabei kann es sich auch um eine laufende und wiederkehrende Tätigkeit handeln. Durch die 2 %-ige Pauschsteuer sind gleichzeitig LSt, KiSt und SolZ abgegolten.

Eine **geringfügige Beschäftigung i.S.v. § 8 Abs. 1 Nr. 1 SGB IV** liegt vor, wenn das Arbeitsentgelt für die Beschäftigung regelmäßig 400 EUR monatlich nicht übersteigt (Minijob). Es ist unschädlich, wenn der Monatslohn von **8**
400 EUR gelegentlich und nicht vorhersehbar (etwa wegen Krankheitsvertretung) überschritten wird. Als gelegentlich ist dabei ein Zeitraum von bis zu zwei Monaten innerhalb eines Jahres anzusehen.[18] Schwankende Arbeitslöhne und einmalige Zuwendungen (z.B. Weihnachtsgeld) werden in der Weise berücksichtigt, dass der insgesamt erzielte Arbeitslohn durch die Anzahl der Monate dividiert wird.[19] Nach § 8 Abs. 2 SGB IV sind mehrere geringfügige Beschäftigungen nach § 8 Abs. 1 Nr. 1 SGB IV zusammenzurechnen, sodass die Pauschalierungsmöglichkeit entfällt, wenn das regelmäßige Arbeitsentgelt insgesamt 400 EUR im Monat übersteigt. Sofern neben einer versicherungspflichtigen Hauptbeschäftigung nur eine geringfügige Beschäftigung nach § 8 Abs. 1 Nr. 1 SGB IV ausgeübt wird, findet eine Zusammenrechnung nicht statt, sodass neben einer versicherungspflichtigen Hauptbeschäftigung immer eine geringfügige – und damit pauschalierungsfähige – Beschäftigung ausgeübt werden kann. Ist die Hauptbeschäftigung nicht versicherungspflichtig (etwa als Beamter oder Selbstständiger), findet keine Zusammenrechnung mit geringfügigen Nebenbeschäftigungen statt; ggfs. sind aber mehrere geringfügige Nebenbeschäftigungen untereinander zusammenzurechnen. Werden neben einer versicherungspflichtigen Hauptbeschäftigung mehrere geringfügig entlohnten Beschäftigungen ausgeübt, dann scheidet für eine geringfügig entlohnte Beschäftigung – und zwar für die zeitlich zuerst aufgenommene – die Zusammenrechnung mit der Hauptbeschäftigung aus (§ 8 Abs. 2 S. 1 SGB IV). Personen in **Berufsausbildung** gelten unabhängig vom gewährten Arbeitsentgelt nicht als geringfügig Beschäftigte (§ 7 Abs. 1 S. 1 Nr. 1 SGB V, § 5 Abs. 2 S. 3 SGB VI).

---

9 BFH 3.11.1972 – VI R 270/69 – BStBl II 1973 S. 128 = BFHE 107, 381.
10 LStR 40a.1 Abs. 2.
11 LStR 40a.1 Abs. 5 S. 3.
12 BFH 28.1.1994 – VI R 51/93 – BStBl II S. 421 = HFR 1994, 331.
13 FG Hambg 5.4.1991 – I 22/87 – EFG 1991, 755, rkr.
14 LStR 40a.1 Abs. 3 S. 2.
15 FG Nds 25.8.1992 – XI R 366/91 – EFG 1993, 344, rkr.
16 FG BaWü 25.1.1991 – 9 K 109/89 – EFG 1991, 628, rkr.
17 BGBl I S. 4621.
18 SozVers-Träger 25.2.2003, S. 29.
19 SozVers-Träger 25.2.2003, S. 59/60; BFH 29.5.2008 – VI R 57/05 – DStRE 2008, 1050.

9 Eine **geringfügige Beschäftigung in Privathaushalten i.S.v. § 8a SGB IV** liegt vor, wenn diese durch einen privaten Haushalt begründet wird und die Tätigkeit sonst gewöhnlich durch Mitglieder des privaten Haushalts erledigt wird.

10 Wegen des fehlenden Verweises in Abs. 4 auf Abs. 2 ist in beiden Fällen (§ 8 Abs. 1 Nr. 1u. § 8a SGB IV) kein durchschnittlicher **Höchststundenlohn** zu beachten. Eine Beschränkung hinsichtlich der Arbeitszeit existiert ebenfalls nicht, **Arbeitszeitkonten-Modelle** sind möglich.[20]

11 Die Pauschalierung nach Abs. 2 setzt voraus, dass für das Arbeitsentgelt Beiträge nach § 168 Abs. 1 Nr. 1b, 1c (geringfügig versicherungspflichtig Beschäftigte) oder § 172 Abs. 3 sowie Abs. 3a SGB VI (versicherungsfrei geringfügig Beschäftigte) zu entrichten sein müssen, andernfalls ist nur eine Pauschalierung nach Abs. 2a möglich. Die Beiträge an die RV betragen bei geringfügig entlohnten Beschäftigten grds. 15 % des Arbeitsentgelts (§ 168 Abs. 1 Nr. 1b; § 172 Abs. 3 SGB VI), bei geringfügig Beschäftigten in Privathaushalten nur 5 % (§ 168 Abs. 1 Nr. 1c; § 172 Abs. 3a SGB VI).

12 Nach § 5 Abs. 2 SGB VI besteht für den geringfügig Beschäftigten die Möglichkeit, zur **RV-Pflicht** zu optieren, um sich die volle Leistungsberechtigung zu verschaffen. Der AG muss dann nach § 168 I Nr. 1b SGB VI weiterhin seinen Beitragsanteil von 15 % zahlen und der AN die Differenz zum jeweils geltenden Beitragssatz (in 2009: 19,9 %).

13 Bei **gesetzlich Krankenversicherten** ist nach § 249b SGB V zusätzlich ein Pauschalbeitrag von 13 %, bei geringfügiger Beschäftigung in Privathaushalten von 5 % des Arbeitsentgelts an die KV zu entrichten. Dies gilt nicht für Beamte oder privat krankenversicherte AN bzw. Selbstständige. Es errechnet sich somit eine Gesamtbelastung von 30 % bei geringfügig entlohnten Beschäftigten und von 12 % bei geringfügig Beschäftigten in Privathaushalten.

III. Pauschsteuersatz von 20 % bei fehlenden SozVers-Beiträgen (Abs. 2a)

14 Hat der AG für die geringfügige Beschäftigung (Minijob bis 400 EUR) keine pauschalen RV-Beiträge i.S.v. Abs. 2 zu leisten, kann er gem. Abs. 2a eine Pauschalbesteuerung von 20 % wählen. In diesem Fall umfasst die Pauschalsteuer nur die LSt. KiSt und SolZ werden zusätzlich erhoben. Abs. 2a kommt zur Anwendung, wenn die Geringfügigkeitsgrenze z.B. wegen mehrerer geringfügiger Beschäftigungen (jeweils bis zu 400 EUR) überschritten wird und die AG deshalb die „normalen" AG-Anteile zur SozVers zu entrichten haben. Für die sozvers-rechtlich nicht begünstigten geringfügigen Beschäftigungsverhältnisse kommt dann weiterhin eine LSt-Pauschalierung mit 20 % in Betracht. Der AG braucht somit bei der LSt-Pauschalierung nicht zu prüfen, ob der AN noch weitere Minijobs bei anderen AG hat.

IV. Sonderregelung in der Land- und Forstwirtschaft (Abs. 3)

15 Für die Pauschalierung des Arbeitslohns von Aushilfskräften in der **LuF** sieht Abs. 3 unter folgenden Voraussetzungen einen Pauschsteuersatz von 5 % zzgl. SolZ und KiSt vor:
- Es muss ein Betrieb der LuF i.S.v. § 13 vorliegen. Unschädlich ist, wenn der Betrieb nur wegen seiner **Rechtsform** als Gewerbebetrieb zählt.[21]
- Die Aushilfskraft darf nur mit typischen luf Arbeiten beschäftigt werden. Zu typischen luf Tätigkeiten gehören auch der Wegebau,[22] nicht aber Blumenbinden, Verkaufstätigkeiten[23] oder das Schälen von Spargel.[24]
- 75 % der Tätigkeiten dürfen nur saisonal anfallen (zeitliche Betrachtung). Die Dauer anderer luf Tätigkeiten darf danach 25 % der Gesamtbeschäftigungsdauer nicht überschreiten.[25]
- Der AN darf keine luf **Fachkraft** sein oder mehr als 180 Tage bei dem AG im Kj beschäftigt werden. Fachkraft ist ein AN, der über eine entsprechende Berufsausbildung verfügt, wobei unbeachtlich ist, ob die durchgeführten Arbeiten den Einsatz einer Fachkraft erfordern. Angelernte AN zählen nur dann zu den Fachkräften, wenn sie anstelle einer Fachkraft eingesetzt werden. Dies ist zu bejahen, wenn mehr als 25 % der zu beurteilenden Tätigkeit Fachkraftkenntnisse erfordern.[26] **Traktorführer** gelten als Fachkraft, wenn sie den Traktor als Zugfahrzeug mit landwirtschaftlichen Maschinen führen.[27]
- Die Stundenlohngrenze gem. Abs. 4 von 12 EUR ist zu beachten (siehe Rn 16).

V. Voraussetzungen für die Pauschalierung nach den Abs. 1 u. 3 (Abs. 4)

16 Bei kurzfristig Beschäftigten sowie bei Aushilfskräften in der LuF besteht für die Pauschalierung gem. Abs. 4 Nr. 1 eine generelle Stundenlohngrenze von 12 EUR. Diese berechnet sich durchschnittlich bezogen auf die Beschäftigungsdauer. Der Begriff Arbeitsstunde ist dabei als Zeitstunde zu verstehen.[28] Vorbereitungszeiten sind nur zu be-

---

[20] BMF 17.6.2009 – IV C 5-S2332/07/0004 – DStR 2009, 1370, Tz. IV. 1.
[21] BFH 14.9.2005 – VI R 89/98 – BStBl II 2006 S. 92 = DStRE 2006, 14.
[22] BFH 12.6.1986 – VI R 167/83 – BStBl II S. 681 = HFR 1986, 632.
[23] LStR 40a.1 Abs. 6 S. 3.
[24] BFH 8.5.2008 – VI R 76/04 – DStRE 2008, 1063.
[25] BFH 25.10.2005 – VI R 59/03 – BStBl II 2006 S. 204 = BFH/NV 2006, 660; BFH 25.10.2005 – VI R 60/03 – BStBl II 2006 S. 206 = BFH/NV 2006, 662.
[26] BFH 25.10.2005 – VI R 77/02 – BStBl II 2006 S. 208 = BFH/NV 2006, 189.
[27] BFH 25.10.2005 – VI R 59/03 – BStBl II 2006 S. 204 = BFH/NV 2006, 660.
[28] BFH 10.8.1990 – VI R 89/88 – BStBl II S. 1092 = HFR 1991, 30.

rücksichtigen, wenn sie im Dienstvertrag entlohnt werden.[29] Weitere Voraussetzungen für eine Pauschalierung nach den Abs. 1 und 3 ist gem. Abs. 4 Nr. 2, dass beim selben AG nicht gleichzeitig ein der Regelbesteuerung unterworfenes Arbeitsverhältnis bestehen darf. Ist ein AN für zwei verschiedene Betriebe desselben Inhabers tätig, handelt es sich aber nicht um ein einheitliches Beschäftigungsverhältnis bei demselben AG.[30]

VI. Anwendung von § 40 Abs. 3 (Abs. 5)
Abs. 5 stellt klar, dass auf die in § 40a geregelten Pauschalierungen § 40 Abs. 3 anzuwenden ist, d.h. auch hier kommt der pauschalen LSt Abgeltungswirkung zu (siehe § 40 Rn 22).

17

VII. Zuständigkeit der Deutschen Rentenversicherung Knappschaft-Bahn-See/Verwaltungsstelle Cottbus (Abs. 6)
Abs. 6 regelt die Zuständigkeit der Deutschen Rentenversicherung Knappschaft-Bahn-See/Verwaltungsstelle Cottbus für die Erhebung der einheitlichen Pauschsteuer nach Abs. 2. Für die Anmeldung und Abführung gelten die Regelungen des SGB, insb. die § 28 ff. SGB IV. Die einheitliche Pauschsteuer wird aus Vereinfachungsgründen pauschal auf die LSt, den SolZ und die KiSt aufgeteilt. Der AG kann keinen Nachweis führen, dass der Beschäftigte keiner erhebungsberechtigten Kirche angehört. Die einheitliche Pauschsteuer vermindert sich nicht, wenn keine KiSt-Pflicht besteht. Die Regelung gilt nur für die Pauschsteuer nach Abs. 2; die pauschale LSt nach den übrigen Vorschriften ist in den LSt-Anmeldungen anzugeben und an das jeweilige Betriebsstätten-FA zu entrichten.

18

C. Hinweise zu anderen Rechtsgebieten und zum Prozessrecht
Bei den **geringfügigen** Beschäftigungsverhältnissen knüpft das StR unmittelbar an die sozvers-rechtliche Beurteilung an (Verweis auf § 8 Abs. 1 Nr. 1 bzw. auf § 8a SGB IV in Abs. 2). Dies gilt nicht für **kurzfristige** Beschäftigungsverhältnisse. Wann die LSt für diese Beschäftigungsverhältnisse pauschal mit 25 % erhoben werden kann, regelt Abs. 1 (siehe Rn 5 f.). **SozVers-rechtlich** liegt eine kurzfristige Beschäftigung nach § 8 Abs. 1 Nr. 2 SGB IV vor, wenn die Beschäftigung für eine Zeitdauer ausgeübt wird, die im Laufe **eines Kj** seit ihrem Beginn auf nicht mehr als **zwei Monate** oder insgesamt **50 Arbeitstage** nach ihrer Eigenart begrenzt zu sein pflegt oder im Voraus vertraglich (z.B. durch einen auf längstens ein Jahr befristeten Rahmenarbeitsvertrag) begrenzt ist; dies gilt auch dann, wenn die kurzfristige Beschäftigung die Voraussetzungen einer geringfügig entlohnten Beschäftigung erfüllt. Die Voraussetzungen einer kurzfristigen Beschäftigung sind somit nur gegeben, wenn die Beschäftigung von vorneherein auf die genannten Zeiträume befristet ist. Bei Tätigkeiten über den Jahreswechsel hinaus erfolgt keine nach Kj getrennte versicherungsrechtliche Beurteilung.[31] Eine zeitliche Beschränkung der Beschäftigung nach ihrer Eigenart liegt vor, wenn sie sich aus der Art, dem Wesen oder dem Umfang der zu verrichtenden Arbeit ergibt (Schlussverkauf, Ausstellungen, Messen). Eine kurzfristige Beschäftigung liegt allerdings nicht mehr vor, wenn die Beschäftigung **berufsmäßig** ausgeübt wird und das Arbeitsentgelt aus dieser Beschäftigung 400 EUR überschreitet. Von einer berufsmäßigen Ausübung ist auszugehen, wenn die Beschäftigung für den AN nicht von untergeordneter wirtschaftlicher Bedeutung ist. Bei Aushilfstätigkeiten von Hausfrauen, Rentnern, Schülern und Studenten wird dies regelmäßig nicht der Fall sein. Sind die Voraussetzungen für eine kurzfristige Beschäftigung erfüllt, fallen keine Beiträge zur SozVers an, und zwar auch keine Pauschalbeiträge zur KV und RV.

19

Im SozVers-Recht gilt hinsichtlich **laufender Bezüge** nach wie vor das Entstehungs- und nicht das Zuflussprinzip (sog. „Phantomlohnproblematik", siehe §§ 38 bis 39c, 41 bis 42b Rn 39). Insb. bei den Minijobs kommt es daher häufig vor, dass wegen geschuldeter aber nicht ausgezahlter Leistungen die Geringfügigkeitsgrenze überschritten wird und somit volle Beitragspflicht eintritt, etwa wenn der vereinbarte Stundenlohn unter dem tarifvertraglichen Wert liegt. Der AG muss sich somit genau vergewissern, welche Ansprüche auf Arbeitsentgelt der AN nicht nur aus dem Arbeitsvertrag, sondern auch aufgrund von vom AG abgeschlossenen TV, allgemeinverbindlichen TV oder aus betrieblicher Übung noch hat. Ein **Verzicht** des AN auf künftig entstehende Ansprüche auf laufendes Arbeitsentgelt wird beitragsrechtlich nur anerkannt, wenn er schriftlich festgelegt und arbeitsrechtlich wirksam ist.[32] Bei einem Verzicht auf **einmalige Zuwendungen** kommt es hingegen auf die arbeitsrechtliche Zulässigkeit nicht an, da hier nicht der Anspruch, sondern der tatsächliche Zufluss für die Beitragspflicht maßgeblich ist (§ 22 Abs. 1 Hs. 2 SGB IV).

20

Nach den stl Vorschriften ist Schuldner des pauschalen LSt der AG; nur er kann vom FA in Anspruch genommen werden. Diese Regelung legt aber nicht fest, wer die Steuer **wirtschaftlich** zu tragen hat. Sofern keine ausdrückliche Nettolohnvereinbarung vorliegt, kann der AG die pauschale LSt somit auf den AN abwälzen.[33]

21

---

29 BFH 29.3.1985 – VI R 23/80 – BFH/NV 1986, 492.
30 FG Münster 21.3.2003 – 11 K 1158/01 L – EFG 2003, 864, rkr; a.A. *Schönfeld/Plenker*, Stichwort: Pauschalierung der Lohnsteuer bei Aushilfskräften und Teilzeitbeschäftigten, Tz 3. f).
31 SozVers-Träger 25.2.2003, S. 27.
32 SozVers-Träger 25.2.2003, S. 17.
33 BAG 1.2.2006 – 5 AZR 628/04 – NZA 2006, 682.

22 Nach § 1 Abs. 2 EFZG haben Arb, Ang und Auszubildende Anspruch auf **Entgeltfortzahlung im Krankheitsfall**. Dies gilt daher auch für Aushilfskräfte und Teilzeitbeschäftigte. Auf den Umfang der Beschäftigung kommt es dabei nicht an.

23 Gem. § 2 Abs. 1 NachwG[34] muss der AG innerhalb von einem Monat nach Beginn des Arbeitsverhältnisses die **wesentlichen Vertragsbedingungen** schriftlich niederlegen, die Niederschrift unterzeichnen und dem AN aushändigen. Die Vorschrift gilt gem. § 1 NachwG für alle AN, somit auch für Aushilfskräfte. Ausgenommen sind nur Aushilfstätigkeiten von höchstens einem Monat. Bei geringfügigen Beschäftigungsverhältnissen nach § 8 Abs. 1 Nr. 1 SGB IV ist außerdem auf die Optionsmöglichkeit des AN zur RV-Pflicht gem. § 5 Abs. 2 S. 2 SGB VI hinzuweisen (§ 2 Abs. 1 S. 4 NachwG). Die genannten Verpflichtungen entfallen nur, wenn der AG dem AN einen schriftlichen Arbeitsvertrag aushändigt, der die geforderten Angaben enthält (§ 2 Abs. 3 S. 1 NachwG).

D. Beraterhinweise

24 Die Pauschalierung der LSt dient nicht nur der Vereinfachung, sie führt im Regelfall auch zu einer insgesamt geringeren Steuerbelastung. Dies gilt aber nicht uneingeschränkt. Insb. wenn der AN neben der geringfügigen bzw. kurzfristigen Beschäftigung kein weiteres Einkommen erzielt, wird es vielfach sinnvoll sein, wenn der AG vom AN die Vorlage einer **LSt-Karte** verlangt, weil in diesen Fällen meist überhaupt keine LSt anfallen wird. Bei kurzfristig Beschäftigten kann zwar zunächst LSt einzubehalten sein, diese wird aber bei Einreichen einer ESt-Erklärung durch den AN in vollem Umfang erstattet, wenn die jährlichen Freibeträge nicht überschritten werden. Es besteht keine Bindung an das Pauschalierungsverfahren, nur weil die Voraussetzungen hierfür erfüllt sind. Für den AG ergibt sich somit eine **Ersparnis** in Höhe der pauschalen LSt. Diese beträgt bei kurzfristig Beschäftigten immerhin 25 % des Arbeitslohns zuzüglich Annexsteuern.

25 Bei der Beschäftigung von Aushilfen stellt sich oft im Nachhinein (z.B. bei Betriebsprüfungen) heraus, dass der AN falsche oder unvollständige Angaben hinsichtlich weiterer Beschäftigungsverhältnisse gemacht hat. Ergibt sich etwa, dass mehrere geringfügig entlohnte Beschäftigungen vorgelegen haben, die zusammenzurechnen sind, wäre grds. von Anfang an Versicherungspflicht gegeben. § 8 Abs. 2 S. 3 SGB IV regelt hier zugunsten des AG, dass Versicherungspflicht erst mit **Bekanntgabe dieser Feststellung** durch die Einzugsstelle oder einen RV-Träger eintritt. Somit bleibt es bis zur Bekanntgabe der Feststellung der Versicherungspflicht bei der Besteuerung nach Abs. 2 mit der einheitlichen Pauschsteuer von 2 %. Der AG muss somit weder eine rückwirkende Versicherungspflicht, noch eine Inanspruchnahme wegen unzutreffender Besteuerung befürchten. Dies gilt selbst dann, wenn er es vorsätzlich oder grob fahrlässig versäumt hat, den Sachverhalt für die sozvers-rechtliche Beurteilung aufzuklären.[35]

26 Arbeitet ein **Ehegatte** im Betrieb des anderen mit, geschieht dies oft unentgeltlich. Hier kann aber durch die Anwendung der Minijob-Regelung eine deutliche Steuerersparnis erreicht werden. Der Unternehmer-Ehegatte kann die gewährte Vergütung und die hierauf entfallenden Abgaben steuermindernd geltend machen, während der Arbeitslohn beim AN-Ehegatten stl außer Betracht bleibt. Insb. wenn die Ehegatten dem Spitzensteuersatz unterliegen, wird der Steuervorteil durch den BA-Abzug die LSt und SozVers-Beiträge auf den Minijob deutlich übersteigen. In entsprechenden Fällen sollte daher ein Anstellungsvertrag zu fremdüblichen Konditionen geschlossen werden. Ist der Verdienst des AN-Ehegatten hingegen mehr als nur geringfügig, macht eine Verlagerung von Einkünften allein aus stl Sicht mangels Pauschalierungsmöglichkeit keinen Sinn.

27 Erbringt der AG **Sonderzahlungen** (z.B. Weihnachtsgeld, Urlaubsgeld) muss er darauf achten, dass diese zusammen mit dem laufenden Arbeitslohn – umgerechnet auf einen Monat – die Geringfügigkeitsgrenze nicht überschreiten, da andernfalls die Pauschalierungsmöglichkeit insgesamt wegfällt (sog. „**Weihnachtsgeldfalle**"; siehe Rn 8).

---

§ 40b	**Pauschalierung der Lohnsteuer bei bestimmten Zukunftssicherungsleistungen**

(1) Der Arbeitgeber kann die Lohnsteuer von den Zuwendungen zum Aufbau einer nicht kapitalgedeckten betrieblichen Altersversorgung an eine Pensionskasse mit einem Pauschsteuersatz von 20 Prozent der Zuwendungen erheben.

(2) [1]Absatz 1 gilt nicht, soweit die zu besteuernden Zuwendungen des Arbeitgebers für den Arbeitnehmer 1 752 Euro im Kalenderjahr übersteigen oder nicht aus seinem ersten Dienstverhältnis bezogen werden. [2]Sind mehrere Arbeitnehmer gemeinsam in der Pensionskasse versichert, so gilt als Zuwendung für den einzelnen Arbeitnehmer der Teilbetrag, der sich bei einer Aufteilung der gesamten Zuwendungen durch die Zahl der begünstigten Arbeitnehmer ergibt, wenn dieser Teilbetrag 1 752 Euro nicht übersteigt; hierbei sind Arbeitnehmer, für die Zuwendungen von mehr als 2 148 Euro im Kalenderjahr geleistet werden, nicht einzubeziehen. [3]Für

---

34 Nachweisgesetz v. 20.7.1995 (BGBl I S. 946).

35 LSG BaWü 9.4.2008 – L 5 R 2125/07 – LEXinform 1404756; a.A. SozVers-Träger 25.2.2003, S. 32.

Zuwendungen, die der Arbeitgeber für den Arbeitnehmer aus Anlass der Beendigung des Dienstverhältnisses erbracht hat, vervielfältigt sich der Betrag von 1 752 Euro mit der Anzahl der Kalenderjahre, in denen das Dienstverhältnis des Arbeitnehmers zu dem Arbeitgeber bestanden hat; in diesem Fall ist Satz 2 nicht anzuwenden. [4]Der vervielfältigte Betrag vermindert sich um die nach Absatz 1 pauschal besteuerten Zuwendungen, die der Arbeitgeber in dem Kalenderjahr, in dem das Dienstverhältnis beendet wird, und in den sechs vorangegangenen Kalenderjahren erbracht hat.

(3) Von den Beiträgen für eine Unfallversicherung des Arbeitnehmers kann der Arbeitgeber die Lohnsteuer mit einem Pauschsteuersatz von 20 Prozent der Beiträge erheben, wenn mehrere Arbeitnehmer gemeinsam in einem Unfallversicherungsvertrag versichert sind und der Teilbetrag, der sich bei einer Aufteilung der gesamten Beiträge nach Abzug der Versicherungsteuer durch die Zahl der begünstigten Arbeitnehmer ergibt, 62 Euro im Kalenderjahr nicht übersteigt.

(4) In den Fällen des § 19 Abs. 1 Satz 1 Nr. 3 Satz 2 hat der Arbeitgeber die Lohnsteuer mit einem Pauschsteuersatz in Höhe von 15 Prozent der Sonderzahlungen zu erheben.

(5) [1]§ 40 Abs. 3 ist anzuwenden. [2]Die Anwendung des § 40 Abs. 1 Satz 1 Nr. 1 auf Bezüge im Sinne des Absatzes 1, des Absatzes 3 und des Absatzes 4 ist ausgeschlossen.

Literatur: *Butler*, Einführung in die betriebliche Altersversorgung, 3. Aufl. 2002; *Harder-Buschner*, Steuerrechtliche Rahmenbedingungen der betrieblichen Altersversorgung im Überblick, NWB F. 3, 13131; *dies.*, Aktueller Rechtsstand der betrieblichen Altersversorgung, NWB F. 3, 13217; *dies.*, Betriebliche Altersversorgung bei Arbeitsplatzwechsel, NWB F. 3, 13765; *Melchior*, Das Alterseinkünftegesetz im Überblick, DStR 2004, 1061; *Niermann*, Alterseinkünftegesetz – Die steuerlichen Änderungen in der betrieblichen Altersversorgung, DB 2004, 1449; *Obenberger/May*, Das Gesetz zur Förderung der zusätzlichen Altersvorsorge und zur Änderung des Dritten Buches Sozialgesetzbuch, DStR 2008, 457; *Weber-Grellet*, Das Alterseinkünftegesetz, DStR 2004, 1721. **Fin-Verw:** LStR 40b.1, 40b.2; LStH 40b.1, 40b.2; BMF 20.1.2009 – IV C 3-S 2496/08/10011, IV C 5-S 2333/07/0003 – BStBl I S. 273 = DStZ 2009, 225. **SozVers-Träger:** Spitzenorg. d. SozVers-Träger 21.12.2004, www.vdak-aev.de

A. Allgemeines 1	2. Pauschalierungsgrenze (Abs. 2) 15
B. Regelungsgehalt 2	3. Unfallversicherung (Abs. 3) 16
I. § 40b Abs. 1 und 2 a.F. (§ 52 Abs. 52a) 2	4. Pauschalierung von Sonderzahlungen an Versorgungseinrichtungen (Abs. 4) 17
1. Begünstigte Leistungen (Abs. 1) 2	5. Verhältnis zu anderen Vorschriften (Abs. 5) .. 18
2. Pauschalierungsgrenze (Abs. 2) 6	C. Verbindung zu anderen Rechtsgebieten und zum Prozessrecht 19
3. Übergangsregelung (§ 52 Abs. 6 u. Abs. 52a) . 8	D. Beraterhinweise 20
II. § 40b n.F. (§ 52 Abs. 1) 14	
1. Begünstigte Leistungen (Abs. 1) 14	

A. Allgemeines

In der bis zum 31.12.2004 geltenden Fassung ermöglichte die Vorschrift, Beiträge zum Aufbau einer BAV für eine DV oder an eine Pensionskasse pauschal mit 20 % LSt zzgl. SolZ und KiSt zu versteuern. Der günstige Pauschalsteuersatz sollte die BAV fördern. Nachdem die Beiträge für eine DV ab dem 1.1.2005 wegen der grds. Umstellung auf die sog. „nachgelagerte Besteuerung" in die Steuerfreiheit nach § 3 Nr. 63 einbezogen wurden, ist die Pauschalbesteuerung nach § 40b ab 2005 nur noch im Bereich der **umlagefinanzierten** BAV über eine Pensionskasse möglich. Bei DV, die vor dem 1.1.2005 abgeschlossen wurden, kann weiterhin nach der alten Regelung verfahren werden, d.h. Pauschalversteuerung der Beiträge bei gleichzeitiger Steuerfreiheit der späteren Leistungen. Abs. 3 ermöglicht die Pauschalierung von Beiträgen zu **Gruppenunfallversicherungen**. Der neu angefügte Abs. 4 sieht bei **Sonderzahlungen** an Versorgungseinrichtungen einen Pauschsteuersatz von 15 % vor.

B. Regelungsgehalt

I. § 40b Abs. 1 und 2 a.F. (§ 52 Abs. 52a)

1. Begünstigte Leistungen (Abs. 1). Die Pauschalierungsmöglichkeit umfasst nur Beiträge für eine **DV** und Zuwendungen an eine **Pensionskasse**. Pensionskassen sind Versorgungseinrichtungen, die den Leistungsberechtigten, insb. AN und deren Hinterbliebenen, auf ihre Versorgungsleistungen einen Rechtsanspruch gewähren. Eine DV ist eine vom AG auf das Leben des AN abgeschlossene Versicherung, bei der der AN oder seine Hinterbliebenen ganz oder teilweise bezugsberechtigt sind (§ 1b Abs. 2 S. 1 BetrAVG). Die DV darf gem. S. 2 nicht auf den Erlebensfall eines früheren als des 60. Lj des AN abgeschlossen werden, darüber hinaus muss eine vorzeitige Kündigung des Versicherungsvertrags durch den AN ausgeschlossen sein.

Folgende Versicherungstypen kommen als DV in Frage:
– Versicherung auf den Todes- und Erlebensfall,
– Versicherung nur auf den Todesfall (Risikoversicherung),
– RV,

- Unfallzusatzversicherung zu einer LV,
- Berufsunfähigkeits-Zusatzversicherung zu einer LV,
- selbstständige Berufsunfähigkeitsversicherung,
- Unfallversicherung mit Prämienrückgewähr, wenn die Prämienrückgewähr dem AN zusteht.

4 Bei Kapital-LV, die nach dem 31.12.1996 abgeschlossen worden sind, muss die **Todesfallleistung** während der gesamten Laufzeit des Versicherungsvertrags mind. 60 % der Summe der Beiträge betragen, die nach dem Versicherungsvertrag für die gesamte Vertragsdauer zu zahlen sind.[1] Bei Kapitalversicherungen ist zudem eine **Mindestlaufzeit** von fünf Jahren erforderlich.[2] Die Bezugsberechtigung des AN oder seiner Hinterbliebenen kann widerruflich oder unwiderruflich sein; bei widerruflicher Bezugsberechtigung sind die Bedingungen eines Widerrufs stl unbeachtlich.[3] Die **Abtretung oder Beleihung** eines dem AN eingeräumten unwiderruflichen Bezugsrechts muss vertraglich ausgeschlossen sein.[4] Unbeachtlich ist auch, ob die Anwartschaft des AN arbeitsrechtlich bereits unverfallbar ist.[5]

5 Die Beiträge müssen vom AG direkt an den Versicherer erbracht werden. Barzuwendungen des AG an den AN können nicht pauschal besteuert werden, auch wenn sie der AN zu seiner Altersversorgung verwendet. Die Pauschalierung ist auch möglich bei **Barlohnumwandlung**, d.h. wenn der stpfl. Barlohn soweit herabgesetzt wird, dass aus dem Herabsetzungsbetrag die Beiträge bestritten werden können.[6]

6 **2. Pauschalierungsgrenze (Abs. 2).** Die Pauschalierung ist nur möglich im Rahmen des **ersten Dienstverhältnisses**, somit nicht wenn der AN eine LSt-Karte mit der Steuerklasse VI vorlegt. Die für den einzelnen AN erbrachte Leistung kann höchstens bis zu 1.752 EUR jährlich vom AG pauschal besteuert werden. Übersteigende Leistungen unterliegen dem normalen LSt-Abzug. Wenn mehrere AN gemeinsam in einem Direktversicherungsvertrag oder in einer Pensionskasse versichert sind, können die Leistungen für einzelne AN nach S. 2 bis zu 2.148 EUR pauschaliert werden, wenn die durchschnittliche Förderung je AN den Betrag von 1.752 EUR nicht übersteigt. Für diese Prüfung ist eine entsprechende **Durchschnittsberechnung** durchzuführen.[7] Die Grenze von 2.148 EUR betrifft nur die Leistungen, die als Arbeitslohn zu qualifizieren sind; vom AN aus versteuertem Einkommen erbrachte eigene Beitragsleistungen bleiben außer Ansatz.[8]

7 Für Leistungen, die der AG aus Anlass des **Ausscheidens des AN** erbringt, vervielfältigt sich die Pauschalierungsgrenze gem. S. 3 um die Anzahl der Jahre, in denen das Dienstverhältnis bestanden hat. Ein Zusammenhang mit der Beendigung des Dienstverhältnisses wird unterstellt, wenn der DV-Beitrag innerhalb von drei Monaten vor dem Auflösungszeitpunkt geleistet wird.[9] Bei der Ermittlung der Dauer des Dienstverhältnisses sind angefangene Jahre voll zu zählen, eine Durchschnittsberechnung ist dabei nicht möglich.[10] Der begünstigte Betrag vermindert sich gem. S. 4 um die Leistungen, die im Jahr des Ausscheidens und in den sechs vorangegangenen Kj pauschaliert worden sind.

8 **3. Übergangsregelung (§ 52 Abs. 6 u. Abs. 52a).** Ab dem 1.1.2005 fallen grds. auch die Beiträge für eine DV unter die Steuerfreiheit des § 3 Nr. 63. Mit der Steuerfreiheit der Beiträge korrespondiert die Steuerpflicht der Leistungen. Wenn der AN über eine Altzusage verfügt und gegenüber dem AG bis zum 30.6.2005 oder bei einem späteren AG-Wechsel bis zur ersten Beitragsleistung des neuen AG auf die Anwendung des § 3 Nr. 63 verzichtet hat, gelten die Abs. 1 und 2 a.F. fort. Der Verzicht ist formfrei gegenüber dem AG zu erklären. Erfüllt die Altzusage nicht die Voraussetzungen des § 3 Nr. 63 (siehe § 3 Nr. 63 Rn 37), bleibt es nach dem 1.1.2005 bei der Anwendung des Abs. 1 und 2 a.F.[11] Eine Verzichtserklärung ist nach Verwaltungsauffassung zu unterstellen, wenn bei rein AG-finanzierten Beiträgen die Pauschalsteuer vom AG getragen wird und der AN der Weiteranwendung des § 40b a.F. bis zum Zeitpunkt der ersten Beitragsleistung in 2005 nicht ausdrücklich widerspricht.[12] Auch die Anwendung der Vervielfältigungsregelung nach Abs. 2 S. 3 und 4 setzt voraus, dass eine Altzusage vorliegt. Nimmt der AN die Vervielfältigungsregelung nach der „alten" Rechtslage in Anspruch, ist die gleichzeitige Anwendung der Neuregelung nach § 3 Nr. 63 S. 4 ausgeschlossen (§ 52 Abs. 6 S. 3; siehe § 3 Nr. 63 Rn 44 bis 45).

9 Eine **Altzusage** liegt vor, wenn die zu einem Rechtsanspruch führende arbeitsrechtliche bzw. betriebsrentenrechtliche Verpflichtungserklärung des AG (Einzelvertrag, BV, TV) vor dem 1.1.2005 erteilt wurde. Unbeachtlich ist, wann Mittel an die Versorgungseinrichtung fließen. Bei kollektiven, rein AG-finanzierten Versorgungsregelungen ist die Zusage i.d.R. mit Abschluss der Vereinbarung bzw. mit Beginn des Dienstverhältnisses des AN erteilt. Wenn der AG die erste Dotierung erst nach Ablauf einer von vornherein vereinbarten Wartezeit leistet, wird der Zusagezeitpunkt dadurch nicht verändert. Bei einer ganz oder teilweise durch Gehaltsumwandlung finanzierten Zusage gilt diese regelmäßig mit Abschluss der Gehaltsumwandlungsvereinbarung als erteilt.[13]

---

1 LStR 40b.1 Abs. 2 S. 4.
2 LStR 40b.1 Abs. 2 S. 5.
3 LStR 40b.1 Abs. 2 S. 10.
4 LStR 40b.1 Abs. 6 S. 1 Nr. 2.
5 LStR 40b.1 Abs. 2 S. 11.
6 LStR 40b.1 Abs. 5.
7 LStR 40b.1 Abs. 9.
8 BFH 12.4.2007 – VI R 55/05 – BStBl II S. 619 = DStR 2007, 1029.
9 LStR 40b.1 Abs. 11 S. 1.
10 Schmidt/*Drenseck*, § 40b Rn 8.
11 BMF 20.1.2009 Rn 255.
12 BMF 20.1.2009 Rn 257.
13 BMF 20.1.2009 Rn 246.

Folgende **Änderungen** einer Versorgungszusage führen nicht zur Annahme einer Neuzusage:
- Erhöhung oder Verminderung von Beiträgen bzw. Leistungen,
- bloße Änderung oder Ergänzung der Finanzierungsform (reine AG-Finanzierung, Entgeltumwandlung oder Eigenbeiträge i.S.d. § 1 Abs. 1 und 2 BetrAVG),
- Wechsel von Versorgungsträger/Durchführungsweg,
- Wechsel der zugrunde liegenden Rechtsgrundlage (z.B. einzelvertraglich statt tarifvertraglich),
- erneute befristete oder unbefristete Fortsetzung einer befristeten Entgeltumwandlung.

Eine Neuzusage liegt auch nicht vor, wenn eine Zusage nach § 4 Abs. 2 Nr. 1 BetrAVG durch einen neuen AG übernommen wird oder bei **Betriebsübergang** nach § 613a BGB.[14] Das gilt auch dann, wenn die Versicherung – etwa während der Zeit einer Arbeitslosigkeit – zwischenzeitlich privat weitergeführt wurde. Dabei ist unbeachtlich, ob in dieser Zeit Beiträge geleistet oder der Vertrag beitragsfrei gestellt wurde.[15]

Eine **Neuzusage** liegt hingegen vor,
- wenn in die Versorgungszusage zusätzliche biometrische Risiken mit aufgenommen werden und dies mit einer Beitragserhöhung verbunden ist,
- wenn die Zusage beim AG-Wechsel nach § 4 Abs. 2 Nr. 2 und Abs. 3 BetrAVG übertragen wird.[16]

Bei Zuwendungen an eine **Pensionskasse** ist eine entsprechende Regelung wie bei den DV entbehrlich, da es hier bereits nach der bis zum 31.12.2004 geltenden Regelung zu einer Pauschalversteuerung nach § 40b nur kommen konnte, wenn die Summe der nach § 3 Nr. 63 stfr Beträge und der Beiträge, die wegen der Ausübung des Wahlrechts nach § 1a Abs. 3 BetrAVG individuell versteuert wurden, den Höchstbetrag des § 3 Nr. 63 überstiegen haben.[17] Dies hat zur Folge, dass für kapitalgedeckte Pensionskassenbeiträge, die eine Auszahlung der Versorgungsleistungen in Form einer lebenslangen monatlichen Rente oder eines Auszahlungsplans mit Restverrentung vorsehen, aufgrund einer vor dem 1.1.2005 erteilten Versorgungszusage die Steuervorteile nach § 3 Nr. 63 S. 1 und § 40b a.F. weiterhin kumuliert in Anspruch genommen werden können.

II. § 40b n.F. (§ 52 Abs. 1)

1. Begünstigte Leistungen (Abs. 1). Abs. 1 n.F. sieht eine Pauschalbesteuerung mit 20 % nur noch bei Zuwendungen an eine Pensionskasse zum Aufbau einer **umlagefinanzierten** BAV vor. Davon betroffen sind vor allem die Zusatzversorgungseinrichtungen (= Pensionskassen) des öffentlichen Dienstes, soweit diese im Umlageverfahren finanziert werden (so z.B. die Versorgungsanstalt des Bundes und der Länder (VBL) sowie manche Zusatzversorgungskassen (ZVK) der Kommunen oder Kirchen).

2. Pauschalierungsgrenze (Abs. 2). Abs. 2 n.F. entspricht inhaltlich der bis 31.12.2004 geltenden Fassung. Auch in der neuen Fassung ist eine Pauschalierungsgrenze von 1.752 EUR jährlich, eine Durchschnittsberechnung bei Einzelzuwendungen bis zu 2.148 EUR jährlich sowie eine Vervielfältigungsregelung bei Beendigung des Dienstverhältnisses vorgesehen.

3. Unfallversicherung (Abs. 3). Abs. 3 ermöglicht die LSt-Pauschalierung für Beiträge an eine **Gruppenunfallversicherung**, wenn der durchschnittliche Beitrag je AN 62 EUR im Jahr nicht übersteigt. Wird die Grenze überschritten, unterliegt der Beitrag insgesamt dem normalen LSt-Abzug. Bei **Konzernen** ist der Beitrag für den jeweiligen AG zu ermitteln, die Ermittlung eines Durchschnittsbeitrages für den Gesamtkonzern ist nicht zulässig.[18]

4. Pauschalierung von Sonderzahlungen an Versorgungseinrichtungen (Abs. 4). Der durch das JStG 2007[19] neu eingefügte Abs. 4 sieht für Sonderzahlungen an Versorgungseinrichtungen i.s.v. § 19 Abs. 1 S. 1 Nr. 3 S. 2 eine **Pauschalierungspflicht** mit 15 % vor (siehe § 19 Rn 3 bis 6).

5. Verhältnis zu anderen Vorschriften (Abs. 5). Gem. S. 1 ist § 40 Abs. 3 anzuwenden, d.h. dass auch bei der Pauschalierung nach § 40b der AG **Steuerschuldner** wird, die Leistungen bei der Veranlagung des AN insgesamt außer Betracht bleiben und somit vom AN auch nicht als Sonderausgaben abgesetzt werden können. Nach S. 2 können Beiträge für DV, Zuwendungen an Pensionskassen, Beiträge für Gruppenunfallversicherungen und Sonderzahlungen i.S.v. § 19 Abs. 1 S. 1 Nr. 3 S. 2 nicht nach § 40 Abs. 1 S. 1 Nr. 1 besteuert werden. Dies gilt auch, soweit eine Besteuerung nach § 40b wegen Überschreitens der Höchstgrenzen nicht möglich ist.

---

14 BMF 20.1.2009 Rn 247.
15 BMF 20.9.2005 – IV C 5-S 2333–205/05 – LEXinform 0579741.
16 BMF 20.1.2009 Rn 249.
17 BMF 20.1.2009 Rn 258.
18 LStR 40b.2 S. 2.
19 Jahressteuergesetz 2007 v. 13.12.2006 (BGBl I S. 2878).

C. Verbindung zu anderen Rechtsgebieten und zum Prozessrecht

19 Bei den Leistungen, die nach § 40b pauschal besteuert werden können, sind Besonderheiten im **SozVers-Recht** zu beachten. Die Leistungen nach § 40b gehören grds. nicht zum sozvers-pflichtigen Entgelt (§ 1 Abs. 1 S. 1 Nr. 4 SvEV). Dies gilt unabhängig davon, ob die Beiträge vom AG zusätzlich zum ohnehin geschuldeten Arbeitslohn erbracht werden oder ob eine **Barlohnumwandlung** erfolgt. Eine **Durchschnittsberechnung** wie in Abs. 2 S. 2 gibt es im SozVers-Recht nicht, so dass Beiträge über 1.752 EUR sozvers-pflichtig sind.

D. Beraterhinweise

20 Durch die Änderungen in Abs. 1 u. 2 hat der Gesetzgeber für Beiträge, die zum Aufbau einer kapitalgedeckten BAV für eine DV oder an eine Pensionskasse geleistet werden, die Möglichkeit der Pauschalbesteuerung – vorbehaltlich der Übergangsregelung – ab 2005 aufgehoben. Die Pauschalbesteuerung als klassischer Fall der vorgelagerten Besteuerung passt nicht mehr in ein Besteuerungssystem, welches auf eine Steuerfreiheit der Beiträge und eine nachgelagerte Besteuerung der Versorgungsleistungen ausgerichtet ist. Korrespondierend mit der Steuerfreiheit der Beiträge werden somit die Versorgungsleistungen bei Auszahlung voll stpfl. Die betroffenen AN, denen bereits bis zum 31.12.2004 eine entsprechende Versorgungszusage erteilt worden ist, taten somit gut daran, bis zum 30.6.2005 für die weitere Pauschalbesteuerung zu optieren. Bei einer nachgelagerten Besteuerung der Leistungen wird der Durchschnittssteuersatz wohl nur in seltenen Fällen unter dem günstigen Pauschalsteuersatz von 20 % liegen.

21 Verliert der AN sein Bezugsrecht aus einer DV ersatzlos – etwa weil er aus dem Dienstverhältnis ausscheidet, bevor seine Versorgungsanwartschaft nach § 1b BetrAVG unverfallbar geworden ist – liegt eine **Rückzahlung von Arbeitslohn** (negative Einnahmen) vor. Bemessungsgrundlage hierfür ist das geschäftsplanmäßige Deckungskapital im Zeitpunkt des Verlusts des Bezugsrechts.[20] Wurden die Beiträge pauschal versteuert, hat dies keine Auswirkungen auf die Besteuerung des AN. Der AG kann die Arbeitslohnrückzahlung mit den im selben Kj anfallenden pauschal besteuerbaren Beitragsleistungen verrechnen. Eine Erstattung der pauschalen LSt lässt die FinVerw mit den LStR 2008 nicht mehr zu.[21] Wenn die Arbeitslohnrückzahlung aus teilweise individuell und teilweise pauschal versteuerten Beiträgen herrührt, ist eine entsprechende Aufteilung vorzunehmen.[22] Keine Arbeitslohnrückzahlung liegt aber vor bei Insolvenz des AG, da der Versicherungsschutz der betroffenen AN durch den Insolvenzschutz gem. § 7 Abs. 2 BetrAVG erhalten bleibt.[23]

22 Verfügt der AN über eine **unverfallbare Anwartschaft** und scheidet er aus dem Betrieb aus, kann der AG die Versicherungsnehmereigenschaft auf den AN übertragen. Dies hat keine Auswirkung auf die bisherige Pauschalierung der Beiträge. Ob der AN den DV-Vertrag auf einen neuen AG überträgt, selbst fortführt oder kündigt, ist unbeachtlich.[24] Lstl Auswirkungen ergeben sich ebenfalls nicht, wenn der AG – soweit nach § 3 BetrAVG zulässig – den DV-Vertrag kündigt und im Hinblick auf das unwiderrufliche Bezugsrecht den Rückkaufswert an den AN auszahlt.

23 DV werden häufig als Gehaltsbestandteil im Rahmen von **Ehegatten-Arbeitsverhältnissen** vereinbart. Ist die Vereinbarung stl anzuerkennen, kann der AG-Ehegatte die geleisteten Versicherungsbeiträge in voller Höhe als BA (§ 4 Abs. 4) abziehen. Rspr.[25] und FinVerw[26] stellen jedoch hohe Anforderungen an die betriebliche Veranlassung derartiger Aufwendungen. Zunächst ist erforderlich, dass eine eindeutige und ernsthaft gewollte Vereinbarung vorliegt, die einem **Fremdvergleich** standhält, d.h. vergleichbaren fremden AN des Betriebs müssen vergleichbare Zusagen gemacht werden, wobei unschädlich ist, wenn eine BAV nur einem bestimmten Kreis von AN zugesagt wird. Sind die genannten Voraussetzungen erfüllt, können die Aufwendungen als BA abgezogen werden, soweit diese nicht zu einer **Überversorgung** des AN-Ehegatten führen. Die Obergrenze einer angemessenen Altersversorgung liegt bei 75 % der letzten Aktivbezüge. Von der Prüfung einer möglichen Überversorgung will der BFH aus Vereinfachungsgründen absehen, wenn die laufenden Aufwendungen für die Altersvorsorge 30 % des stpfl. Arbeitslohns nicht übersteigen.[27] Die FinVerw wendet diese Vereinfachungsregelung seit dem 1.1.2005 nicht mehr an.[28] Die Möglichkeit einer Überversorgung ist aber laut Auffassung des BFH nicht zu prüfen in den Fällen der **Barlohnumwandlung**, da hier der Aufwand des AG-Ehegatten unverändert bleibt.[29] Der BFH weicht damit ausdrücklich von der früheren Rspr. des – insoweit nicht mehr zuständigen – XI. Senats[30] sowie der Verwaltungsauffassung[31] ab.

Zu den Aufzeichnungspflichten bei Leistungen i.S.d. § 40b siehe §§ 38–39c, 41–42b Rn 34.

---

20 LStR 40b.1 Abs. 13.
21 LStR 40b.1 Abs. 14 S. 2–4.
22 LStR 40b.1 Abs. 15.
23 BFH 5.7.2007 – VI R 58/05 – BStBl II S. 774 = DStR 2007, 1435.
24 LStR 40b.1 Abs. 6 S. 5 u. 6.
25 BFH 16.5.1995 – XI R 87/93 – BStBl II S. 873 = HFR 1995, 7.
26 BMF 4.9.1984 – IV B 1-S 2176–85/84 – BStBl I S. 495; BMF 9.1.1986 – IV B 1-S 2176–2/86 – BStBl I S. 7.
27 BFH 31.3.2004 – I R 70/03 – BStBl II S. 937 = DB 2004, 1647.
28 BMF 3.11.2004 – IV B 2-S 2176–13/04 – BStBl I S. 1045 = BB 2004, 2683.
29 BFH 10.6.2008 – VIII R 68/06 – DStR 2008, 2054.
30 BFH 16.5.1995 – XI R 87/93 – BStBl II S. 873 = HFR 1995, 7.
31 H 4b „Arbeitnehmer-Ehegatten" EStH 2007.

§ 42d Haftung des Arbeitgebers und Haftung bei Arbeitnehmerüberlassung

(1) Der Arbeitgeber haftet
1. für die Lohnsteuer, die er einzubehalten und abzuführen hat,
2. für die Lohnsteuer, die er beim Lohnsteuer-Jahresausgleich zu Unrecht erstattet hat,
3. für die Einkommensteuer (Lohnsteuer), die auf Grund fehlerhafter Angaben im Lohnkonto oder in der Lohnsteuerbescheinigung verkürzt wird,
4. für die Lohnsteuer, die in den Fällen des § 38 Abs. 3a der Dritte zu übernehmen hat.

(2) Der Arbeitgeber haftet nicht, soweit Lohnsteuer nach § 39 Abs. 4 oder § 39a Abs. 5 nachzufordern ist und in den vom Arbeitgeber angezeigten Fällen des § 38 Abs. 4 Satz 2 und 3 und des § 41c Abs. 4.

(3) ¹Soweit die Haftung des Arbeitgebers reicht, sind der Arbeitgeber und der Arbeitnehmer Gesamtschuldner. ²Das Betriebsstättenfinanzamt kann die Steuerschuld oder Haftungsschuld nach pflichtgemäßem Ermessen gegenüber jedem Gesamtschuldner geltend machen. ³Der Arbeitgeber kann auch dann in Anspruch genommen werden, wenn der Arbeitnehmer zur Einkommensteuer veranlagt wird. ⁴Der Arbeitnehmer kann im Rahmen der Gesamtschuldnerschaft nur in Anspruch genommen werden,
1. wenn der Arbeitgeber die Lohnsteuer nicht vorschriftsmäßig vom Arbeitslohn einbehalten hat,
2. wenn der Arbeitnehmer weiß, dass der Arbeitgeber die einbehaltene Lohnsteuer nicht vorschriftsmäßig angemeldet hat. ²Dies gilt nicht, wenn der Arbeitnehmer den Sachverhalt dem Finanzamt unverzüglich mitgeteilt hat.

(4) Für die Inanspruchnahme des Arbeitgebers bedarf es keines Haftungsbescheids und keines Leistungsgebots, soweit der Arbeitgeber
1. die einzubehaltende Lohnsteuer angemeldet hat oder
2. nach Abschluss einer LohnsteuerAußenprüfung seine Zahlungsverpflichtung schriftlich anerkennt.

Satz 1 gilt entsprechend für die Nachforderung zu übernehmender pauschaler Lohnsteuer.

(5) Von der Geltendmachung der Steuernachforderung oder Haftungsforderung ist abzusehen, wenn diese insgesamt 10 Euro nicht übersteigt.

(6) ¹Soweit einem Dritten (Entleiher) Arbeitnehmer gewerbsmäßig zur Arbeitsleistung überlassen werden, haftet er mit Ausnahme der Fälle, in denen eine Arbeitnehmerüberlassung nach § 1 Abs. 3 des Arbeitnehmerüberlassungsgesetzes vorliegt, neben dem Arbeitgeber. ²Der Entleiher haftet nicht, wenn der Überlassung eine Erlaubnis nach § 1 des Arbeitnehmerüberlassungsgesetzes in der Fassung der Bekanntmachung vom 3. Februar 1995 (BGBl. I S. 158), das zuletzt durch Artikel 11 Nummer 21 des Gesetzes vom 30. Juli 2004 (BGBl. I S. 1950) geändert worden ist, in der jeweils geltenden Fassung zugrunde liegt und soweit er nachweist, dass er den nach § 51 Abs. 1 Nr. 2 Buchstabe d vorgesehenen Mitwirkungspflichten nachgekommen ist. ³Der Entleiher haftet ferner nicht, wenn er über das Vorliegen einer Arbeitnehmerüberlassung ohne Verschulden irrte. ⁴Die Haftung beschränkt sich auf die Lohnsteuer für die Zeit, für die ihm der Arbeitnehmer überlassen worden ist. ⁵Soweit die Haftung des Entleihers reicht, sind der Arbeitgeber, der Entleiher und der Arbeitnehmer Gesamtschuldner. ⁶Der Entleiher darf auf Zahlung nur in Anspruch genommen werden, soweit die Vollstreckung in das inländische bewegliche Vermögen des Arbeitgebers fehlgeschlagen ist oder keinen Erfolg verspricht; § 219 Satz 2 der Abgabenordnung ist entsprechend anzuwenden. ⁷Ist durch die Umstände der Arbeitnehmerüberlassung die Lohnsteuer schwer zu ermitteln, so ist die Haftungsschuld mit 15 Prozent des zwischen Verleiher und Entleiher vereinbarten Entgelts ohne Umsatzsteuer anzunehmen, solange der Entleiher nicht glaubhaft macht, dass die Lohnsteuer, für die er haftet, niedriger ist. ⁸Die Absätze 1 bis 5 sind entsprechend anzuwenden. ⁹Die Zuständigkeit des Finanzamts richtet sich nach dem Ort der Betriebsstätte des Verleihers.

(7) Soweit der Entleiher Arbeitgeber ist, haftet der Verleiher wie ein Entleiher nach Absatz 6.

(8) ¹Das Finanzamt kann hinsichtlich der Lohnsteuer der Leiharbeitnehmer anordnen, dass der Entleiher einen bestimmten Teil des mit dem Verleiher vereinbarten Entgelts einzubehalten und abzuführen hat, wenn dies zur Sicherung des Steueranspruchs notwendig ist; Absatz 6 Satz 4 ist anzuwenden. ²Der Verwaltungsakt kann auch mündlich erlassen werden. ³Die Höhe des einzubehaltenden und abzuführenden Teils des Entgelts bedarf keiner Begründung, wenn der in Absatz 6 Satz 7 genannte Prozentsatz nicht überschritten wird.

(9) ¹Der Arbeitgeber haftet auch dann, wenn ein Dritter nach § 38 Abs. 3a dessen Pflichten trägt. ²In diesen Fällen haftet der Dritte neben dem Arbeitgeber. ³Soweit die Haftung des Dritten reicht, sind der Arbeitgeber, der Dritte und der Arbeitnehmer Gesamtschuldner. ⁴Absatz 3 Satz 2 bis 4 ist anzuwenden; Absatz 4 gilt auch für die Inanspruchnahme des Dritten. ⁵Im Fall des § 38 Abs. 3a Satz 2 beschränkt sich die Haftung des Dritten auf die Lohnsteuer, die für die Zeit zu erheben ist, für die er sich gegenüber dem Arbeitgeber zur Vornahme des Lohnsteuerabzugs verpflichtet hat; der maßgebende Zeitraum endet nicht, bevor der Dritte seinem Betriebsstättenfinanzamt die Beendigung seiner Verpflichtung gegenüber dem Arbeitgeber angezeigt hat. ⁶In den Fäl-

len des § 38 Abs. 3a Satz 7 ist als Haftungsschuld der Betrag zu ermitteln, um den die Lohnsteuer, die für den gesamten Arbeitslohn des Lohnzahlungszeitraums zu berechnen und einzubehalten ist, die insgesamt tatsächlich einbehaltene Lohnsteuer übersteigt. [7]Betrifft die Haftungsschuld mehrere Arbeitgeber, so ist sie bei fehlerhafter Lohnsteuerberechnung nach dem Verhältnis der Arbeitslöhne und für nachträglich zu erfassende Arbeitslohnbeträge nach dem Verhältnis dieser Beträge auf die Arbeitgeber aufzuteilen. [8]In den Fällen des § 38 Abs. 3a ist das Betriebsstättenfinanzamt des Dritten für die Geltendmachung der Steuer- oder Haftungsschuld zuständig.

Literatur: *Giloy*, Haftung des Arbeitgebers für die Lohnsteuer, NWB F. 6, 4267; *Nacke*, Zweifelsfragen und Prüfungsschwerpunkte bei der Lohnsteuerhaftung, DStR 2005, 1297; *Olbertz*, Die Lohnsteuerhaftung des Arbeitgebers, DB 1998, 1787; *Reinhart*, Haftung bei Arbeitnehmerüberlassung für Lohnsteuer der Leiharbeitnehmer, BB 1986, 500; *Thomas*, Die Ermittlung der Haftungsschuld bei unterbliebenem Lohnsteuerabzug, DStR 1995, 273; *ders.*, Verfahrensfragen zu Lohnsteuerhaftungs- und Lohnsteuerpauschalierungsbescheiden, DStR 1992, 837, 896; *Völlmeke*, Das Entschließungsermessen beim Haftungsbescheid, DStR 1991, 1001. **Fin-Verw:** LStR 42d.1–42d.3; LStH 42d.1, 42d.2

A. Allgemeines 1	3. Umfang der Haftung (S. 4 u. 7) 28
B. Regelungsgehalt 2	4. Gesamtschuld und Ermessensausübung
I. Haftungstatbestände (Abs. 1) 2	(S. 5 u. 6) 29
II. Haftungsausschluss (Abs. 2) 9	5. Anwendung der allgemeinen Regeln (S. 8 u. 9) 30
III. Gesamtschuldnerschaft von AG und AN (Abs. 3) . 10	VII. Haftung des Verleihers (Abs. 7) 31
IV. Haftungsverfahren (Abs. 4) 19	VIII. Sicherungsanordnung (Abs. 8) 32
V. Bagatellgrenze (Abs. 5) 24	IX. Haftung in den Fällen des § 38 Abs. 3a (Abs. 9) . 33
VI. Haftung des Entleihers (Abs. 6) 25	C. Hinweise zu anderen Rechtsgebieten und zum
1. Haftungstatbestand (S. 1) 26	Prozessrecht 34
2. Haftungsausschluss (S. 2 u. 3) 27	D. Beraterhinweise 39

A. Allgemeines

1 Die Vorschrift ermöglicht es dem FA, den AG, den Dritten i.S.d. § 38 Abs. 3a und den Entleiher von Arbeitskräften für nicht vorschriftsmäßig erhobene oder nicht abgeführte LSt als Haftenden in Anspruch zu nehmen. Die Regelung soll den ordnungsgemäßen Einbehalt von LSt garantieren.[1] Die Vorschrift hat **Schadensersatzcharakter**; sie soll die Steuerforderung gegen den AN absichern, d.h. einen Ausfall verhindern. Sie hat keinen Strafcharakter.[2] Die Bestimmungen über die Entleiherhaftung sollen die Inanspruchnahme illegaler Entleiher sicherstellen. Die Vorschrift ist verfassungsgemäß.[3]

B. Regelungsgehalt

I. Haftungstatbestände (Abs. 1)

2 Der AN ist **Schuldner** der LSt (§ 38 Abs. 2 S. 1). Der AG haftet bei fehlendem oder unrichtigem LSt-Einbehalt (zum Begriff des zum LSt-Abzug verpflichteten AG siehe § 19 Rn 23 bis 25 und §§ 38–39c, 41–42b Rn 7 bis 10). Er muss somit für eine fremde Schuld einstehen. § 42d kommt nicht zur Anwendung bei **Pauschalierung der LSt** nach den §§ 40–40b; in diesen Fällen ist der AG selbst – einziger – Steuerschuldner, sodass nur ein LSt-Nachforderungsbescheid in Betracht kommt.[4] Wenn der AG die LSt nicht per LSt-Anmeldung beim FA anmeldet, kann das FA – neben der Möglichkeit der Haftungsinanspruchnahme – die LSt auch durch **Schätzbescheid** festsetzen.[5] Die Haftung des AG ist **akzessorisch**, d.h. vom Vorliegen einer Steuerschuld des AN abhängig (§ 191 Abs. 5 S. 1 Nr. 1 AO). Im Erlasszeitpunkt des Haftungsbescheids muss ein Steuerbescheid gegen den Steuerschuldner (AN) noch festgesetzt werden können. Maßgeblich ist hierbei die Festsetzungsfrist für die ESt des AN (§ 191 Abs. 3 S. 4 AO). Auf die Festsetzungsfrist für die LSt ist aber abzustellen, wenn diese länger läuft, als die Frist gegenüber dem Steuerschuldner (= AN).[6] Des Weiteren darf die Steuerschuld weder erlassen, noch – trotz Festsetzung – bereits verjährt sein. Ob die Steuerschuld nach Erlass des Haftungsbescheids verjährt, ist unbeachtlich.[7] Die Haftung nach § 42d setzt kein **Verschulden** voraus, das Verschulden ist aber im Rahmen der **Ermessensausübung** zu würdigen.[8]

3 Die Haftung entsteht unabhängig vom Erlass eines Haftungsbescheids mit Verwirklichung des **Haftungstatbestands**,[9] d.h. bei Nichteinbehalt der LSt mit Lohnzahlung bzw. bei Nichtzahlung der LSt bei Fälligkeit. Die Haf-

---

1 BFH 9.10.1992 – VI R 47/91 – BStBl II 1993 S. 169 = HFR 1993, 84.
2 BFH 22.7.1993 – VI R 116/90 – BStBl II S. 775 = HFR 1993, 707.
3 BVerfG 17.2.1977 – 1 BvR 343/74 – HFR 1977, 295; BVerfG 17.2.1977 – 1 BvR 33/76 – BVerfGE 44, 103.
4 HHR/*Gersch*, § 42d Rn 31.
5 BFH 7.7.2004 – VI R 171/00 – BStBl II S. 1087 = DStR 2004, 1745.
6 BFH 6.3.2008 – VI R 5/05 – BFH/NV 2008, 1225.
7 BFH 7.11.1995 – VII R 26/95 – BFH/NV 1996, 379.
8 LStR 42d.1 Abs. 4 S. 1 u. 2.
9 BFH 15.10.1996 – VII R 46/96 – BStBl II 1997 S. 171 = HFR 1997, 205.

tung nach § 42d ist nicht subsidiär (§ 219 S. 2 AO). Die **Festsetzungsfrist** für den Haftungsanspruch beginnt gem. § 191 Abs. 3 S. 3 AO mit Ablauf des Kj, in dem der AG den Haftungstatbestand verwirklicht hat. Die Festsetzungsfrist beträgt gem. § 191 Abs. 3 S. 2 AO grds. 4 Jahre und verlängert sich bei Steuerverkürzung bzw. Steuerhinterziehung auf 5 bzw. 10 Jahre (§ 191 Abs. 3 S. 2 AO).

Was LSt i.S.d. Vorschrift ist, hängt vom Zeitpunkt der Inanspruchnahme des AG ab. Während des laufenden Kj haftet der AG für die LSt des einzelnen Lohnzahlungszeitraums, auch wenn die Jahres-LSt-Schuld voraussichtlich geringer sein wird. Der Haftungsanspruch entspricht somit dem Steueranspruch gegen den AN. Nach Ablauf des Kj haftet der AG für die sich errechnende Jahres-LSt. Dabei ist umstritten ob hierbei eine Begrenzung auf die Jahres-ESt des AN vorzunehmen ist.[10]

Abs. 1 sieht im Einzelnen folgende **Haftungstatbestände** vor:
- Haftung für die einzubehaltende und abzuführende LSt (Nr. 1):
  Die einzubehaltende LSt muss den Eintragungen auf der LSt-Karte entsprechen bzw. bei fehlender LSt-Karte muss die LSt-Klasse VI angewandt werden. Ob die Eintragungen auf der LSt-Karte richtig sind, ist dabei unbeachtlich.[11] Eine Berichtigungspflicht hinsichtlich der LSt-Karte trifft nur den AN.
  Der AG trägt somit das Haftungsrisiko hinsichtlich der Frage, ob der abgerechnete Lohn bzw. einzelne Lohnbestandteile stpfl. sind oder nicht. Dieses Risiko kann jedoch durch eine Anrufungsauskunft nach § 42e eingeschränkt werden. Weicht der AG von einer erteilten Anrufungsauskunft ab, kann er nicht dadurch einen Haftungsausschluss bewirken, dass er die Abweichung dem FA anzeigt.[12] Die Nichtabführung einbehaltener LSt erfüllt stets den Haftungstatbestand.
- Haftung für die im Rahmen des LSt-Jahresausgleichs zu Unrecht erstattete LSt (Nr. 2):
  Bei zu Unrecht erstatteter LSt ist bereits der Tatbestand der Nr. 1 (unzutreffender Einbehalt) erfüllt. Nr. 2 hat daher nur klarstellende Bedeutung.
- Haftung für verkürzte ESt wegen falscher Angaben im Lohnkonto bzw. in der LSt-Bescheinigung (Nr. 3):
  Der Haftungstatbestand nach Nr. 3 ist erfüllt, wenn aufgrund unrichtiger Angaben im Lohnkonto oder in der LSt-Bescheinigung die ESt im Rahmen der Veranlagung zu niedrig festgesetzt wird. Die Vorschrift ist eine Reaktion des Gesetzgebers auf die Rspr des BFH, der in derartigen Fällen eine Haftung des AG abgelehnt hat.[13]
- Haftung für die LSt, die von einem Dritten zu übernehmen ist (Nr. 4):
  Nr. 4 stellt klar, dass der AG auch für die von dem Dritten i.S.d. § 38 Abs. 3a zu übernehmende LSt haftet.

II. Haftungsausschluss (Abs. 2)

Der in den Alt. 1 und 2 enthaltene Haftungsausschluss hat nur deklaratorischen Charakter. Bei falschen Angaben in der LSt-Karte hinsichtlich Stkl bzw. Kinderfreibeträgen (§ 39 Abs. 4) bzw. bei fehlerhaft eingetragenen Freibeträgen (§ 39a Abs. 5) ist bereits der Haftungstatbestand des Abs. 1 nicht erfüllt. Einen echten Haftungsausschluss enthalten nur die Alt. 3–5. Nach Alt. 3 u. 4 trifft den AG keine Haftung, wenn er in Fällen des § 38 Abs. 4 S. 2 u. 3, in denen entweder der Barlohn zur Deckung der LSt nicht ausreicht oder der AN keine oder erkennbar unrichtige Angaben hinsichtlich des von dritter Seite gewährten Arbeitslohns macht, dies dem FA anzeigt. Kommt der AG seiner Anzeigepflicht nicht nach, hat er die LSt nicht vorschriftsgemäß erhoben und damit den Haftungstatbestand des Abs. 1 Nr. 1 erfüllt.[14] Alt. 5 behandelt den Fall, dass der AG einen nicht vorschriftsmäßigen LSt-Einbehalt nachträglich erkennt und dies unverzüglich dem FA anzeigt (§ 41c Abs. 4). Strittig ist, ob der Haftungsausschluss nur dann gilt, wenn der AG den nicht vorschriftsmäßigen LSt-Einbehalt selbst erkennt oder ob ein „Erkennen" auch dann vorliegt, wenn ein Dritter – z.B. der LSt-Außenprüfer – darauf hinweist.[15]

III. Gesamtschuldnerschaft von AG und AN (Abs. 3)

Soweit die Haftung des AG reicht, sind AG und AN **Gesamtschuldner**. Dies ergibt sich bereits aus § 44 Abs. 1 S. 1 AO. Abs. 3 S. 1 hat daher nur klarstellende Bedeutung. Dem FA steht gem. § 42d Abs. 3 S. 2 ein Auswahl- und Entschließungsermessen zu, ob es den AG in Anspruch nimmt.

Beim **Entschließungsermessen** ist zu prüfen, ob der AG – vorausgesetzt, es liegt ein Haftungstatbestand vor – überhaupt in Anspruch genommen werden kann, oder ob darin ein Verstoß gegen **Treu und Glauben** zu sehen ist. Eine Inanspruchnahme des AG kann insb. dann von vornherein ermessensfehlerhaft sein, wenn sich der AG bei Durchführung des LSt-Abzugs in einem **entschuldbaren Rechtsirrtum** befunden hat[16] bzw. die Ursache des Rechtsirrtums in

---

10 So Schmidt/*Drenseck*, § 42d Rn 2; a.A. Kirchhof/*Eisgruber*, § 42d Rn 10.
11 BFH 26.7.1974 – VI R 24/69 – BStBl II S. 756 = BFHE 113, 157.
12 BFH 4.6.1993 – VI R 95/92 – BStBl II S. 687 = HFR 1993, 653.
13 BFH 12.7.1968 – VI R 320/66 – BStBl II S. 697 = BFHE 93, 73.
14 BFH 9.10.2002 – VI R 112/99 – BStBl II S. 884 = DB 2002, 2577; a.A. Kirchhof/*Eisgruber*, § 42d Rn 31; ebenso Schmidt/*Drenseck*, § 42d Rn 14.
15 HHR/*Gersch*, § 42d Rn 79, 80.
16 FG Nds 29.11.1991 – XI 76/88 – EFG 1992, 365, rkr.

der **Sphäre der FinVerw** liegt. Der AG muss sich über seine Verpflichtungen anhand der einschlägigen Gesetze, Verordnungen und Richtlinien informieren. Unterlässt er dies, ist seine Inanspruchnahme jedenfalls in rechtlich einfach und eindeutig liegenden Fällen nicht unbillig,[17] bei offensichtlich zweifelhafter Rechtslage muss der AG eine **Anrufungsauskunft** einholen.[18] Er haftet aber nicht, wenn es ihm nicht zumutbar ist, auftretende Änderungen in Gesetzgebung bzw. Rspr. kurzfristig beim LSt-Abzug zu berücksichtigen.[19] Ein Rechtsirrtum liegt in der Sphäre der FinVerw, wenn er durch eine frühere **LSt-Außenprüfung** hervorgerufen worden ist oder der AG durch Maßnahmen eines LSt-Außenprüfers darin bestärkt worden ist. Gleiches gilt, wenn das FA nach einer LSt-Außenprüfung Kenntnis von einem fehlerhaften LSt-Abzug durch den AG erlangt hat und diesen nicht auf den Fehler aufmerksam macht. Allerdings kann ein AG, wenn sein Verfahren bei einer LSt-Außenprüfung nicht beanstandet wird, nicht ohne weiteres davon ausgehen, dass der von ihm vorgenommene LSt-Abzug einwandfrei ist. Etwas anderes kann aber dann gelten, wenn der nunmehr streitige LSt-Abzug Gegenstand einer Vorprüfung gewesen und vom Vorprüfer nicht beanstandet worden ist. In einem solchen Fall muss sich ein AG grds. darauf verlassen können, dass die von ihm angewandte LSt-Abzugsmethode zutreffend ist.[20] In die Sphäre der Verwaltung fallen auch Fehler aufgrund von unklaren oder falschen Auskünften des FA, unklarer Richtlinien und Verfügungen der FinVerw (OFD, BMF)[21] sowie falscher Anrufungsauskünfte. Dass die Ursache für einen Rechtsirrtum in der Sphäre des FA liegt, hat der AG im Zweifelsfall nachzuweisen.[22] Ggfs. kann ein Haftungsanspruch nicht in voller Höhe geltend gemacht werden, wenn FA und AG ein **Mitverschulden** trifft (§ 254 BGB). Wenn eine bestandskräftige Veranlagung des AN nicht mehr geändert werden kann, ist eine Nachforderung beim AG ermessensfehlerhaft. Dies gilt aber nicht, wenn die Steuer gegen den AN zutreffend festgesetzt worden, aber nicht vollstreckbar ist.[23]

12 Beim **Auswahlermessen** ist zu entscheiden, ob vorrangig der AG oder der AN in Anspruch genommen werden soll. Dabei besteht keine Beschränkung des Auswahlermessens, wenn der AN zur ESt veranlagt wird (Abs. 3 S. 3). Für die Ausübung des Auswahlermessens gibt es keinen Grundsatz, dass der AN vorrangig in Anspruch zu nehmen ist, entscheidend sind vielmehr die Umstände des Einzelfalls. In folgenden Fällen ist der **AG nachrangig** in Anspruch zu nehmen:

– wenn die LSt ebenso schnell und einfach vom AN nacherhoben werden kann, insb. wenn der AN ohnehin zu veranlagen ist,[24]
– wenn der AN zwischenzeitlich aus dem Betrieb ausgeschieden ist,[25] insb. wenn die Berechnung der LSt für den AG wegen Fehlens der LSt-Karten ausgeschiedener AN einen höheren Verwaltungsaufwand verursachen würde als der Versand von Kontrollmitteilungen durch das FA,[26]
– wenn das Bestehen eines Arbeitsverhältnisses zweifelhaft ist,[27]
– wenn der AN sich den Lohn selbst ohne Abzug von LSt ausbezahlt hat,[28]
– wenn nur wenige AN betroffen sind,[29]
– wenn die Einkünfte der AN offensichtlich unter der stpfl Grenze liegen, die Nachforderung nur einen oder wenige langfristig beschäftigte AN betrifft, deren Anschriften bekannt sind und das Verhalten des AG nicht grob leichtfertig war.[30]

13 Hingegen kann der **AG vorrangig** in Anspruch genommen werden,
– wenn LSt bewusst oder grob fahrlässig nicht einbehalten wurde,[31]
– bei Nettolohnvereinbarungen (alleinige Haftung des AG, es sei denn, der AN weiß, dass der AG die LSt nicht angemeldet hat und zeigt dies dem FA nicht an, Abs. 3 S. 4 Nr. 2, siehe Rn 15),[32]
– bei einer Vielzahl gleichartiger Sachverhalte,[33] insb. wenn die Steuer von den AN schwerer hereinzubekommen ist.[34]

---

[17] BFH 5.2.1971 – VI R 82/68 – BStBl II S. 353 = BFHE 101, 389.
[18] BFH 18.8.2005 – VI R 32/03 – BStBl II 2006 S. 30 = DStR 2005, 1810; BFH 29.5.2008 – VI R 11/07 – BFH/NV 2008, 1600.
[19] LStR 42d.1 Abs. 4 S. 4; FG Nds 29.11.1991 – XI 76/88 – EFG 1992, 365, rkr.
[20] BFH 24.1.1992 – VI R 177/88 – BStBl II S. 696 = HFR 1992, 537.
[21] BFH 18.9.1981 – VI R 44/77 – BStBl II S. 801 = BFHE 134, 149.
[22] BFH 24.1.1992 – VI R 177/88 – BStBl II S. 696 = HFR 1992, 537.
[23] BFH 9.10.1992 – VI R 47/91 – BStBl II 1993 S. 169 = HFR 1993, 84.
[24] BFH 30.11.1966 – VI 164/65 – BStBl III 1967 S. 331 = BFHE 88, 164.
[25] BFH 14.4.1967 – VI R 23/66 – BStBl III S. 469 = BFHE 88, 195.
[26] BFH 19.7.1995 – VI B 28/95 – BFH/NV 1996, 32.
[27] BFH 18.7.1958 – VI 134/57 U – BStBl III S. 384 = BFHE 67, 290.
[28] BFH 29.1.1985 – VII R 67/81 – BFH/NV 1986, 256.
[29] FG Köln 7.6.1990 – 2 K 246/85 – EFG 1990, 611, rkr.
[30] BFH 15.11.1974 – VI R 167/73 – BStBl II 1975 S. 297 = BFHE 114, 342.
[31] BFH 14.4.1967 – VI R 23/66 – BStBl III S. 469 = BFHE 88, 195.
[32] BFH 8.11.1985 – VI R 238/80 – BStBl 1986 S. 186 = HFR 1986, 243.
[33] BFH 6.3.1980 – VI R 65/77 – BStBl II S. 289 = BFHE 129, 559.
[34] BFH 17.8.1973 – VI R 8/70 – BStBl II 1974 S. 8 = DStR 1973, 734.

- bei einer Vielzahl betroffener AN (etwa mehr als 40 AN),[35]
- wenn die AN zwar zu veranlagen sind, aber eine Vielzahl von meist kleineren LSt-Beträgen nachzufordern ist und die sofortige Inanspruchnahme des AG der Vereinfachung dient.[36]

Die Möglichkeit einer Inanspruchnahme des AN – die Voraussetzung für das Auswahlermessen ist – beschränkt sich auf folgende zwei Tatbestände:

1. Die LSt wurde nicht vorschriftsmäßig einbehalten (S. 4 Nr. 1). Dies gilt auch bei fehlerhafter Erstattung von LSt im Rahmen eines LSt-Jahresausgleichs. Bei korrektem LSt-Einbehalt erlischt die LSt-Schuld des AN nach § 47 AO. Die LSt ist dann erhoben i.S.d. § 36 Abs. 2 Nr. 2 und kann auf die ESt angerechnet werden. Dies gilt selbst dann, wenn sie nicht an das FA abgeführt wird.[37] Bei einer **Nettolohnvereinbarung** gilt die LSt mit Auszahlung des Barlohns als vorschriftsmäßig einbehalten.[38]

2. Die LSt wurde nicht vorschriftsmäßig angemeldet (S. 4 Nr. 2). Der AN kann hierbei nur in Anspruch genommen werden, wenn er von der nicht vorschriftsmäßigen Anmeldung Kenntnis hat. Dabei ist nur die **Anmeldung**, nicht jedoch die Zahlung der LSt maßgeblich. Zeigt der AN den Sachverhalt dem FA an, ist seine Inanspruchnahme nach Abs. 3 S. 4 Nr. 2 S. 2 ausgeschlossen.

Kommt eine Inanspruchnahme des AN in Betracht, kann dieser während des laufenden Kj durch **LSt-Nachforderungsbescheid** in Anspruch genommen werden. Nach Ablauf des Kj ist zu unterscheiden, ob bereits eine Veranlagung statt gefunden hat oder nicht. Vor einer Veranlagung kann der AN – bis zum Ende der Festsetzungsfrist (§ 169 AO) – wiederum durch LSt-Nachforderungsbescheid in Anspruch genommen werden, wobei er dann bereits steuermindernde Abzüge wie WK geltend machen kann.[39] Nach einer Veranlagung kommt eine Inanspruchnahme nur noch durch eine Änderung des ESt-Bescheids in Betracht.[40]

Mit Erfüllung des Haftungsanspruchs erlangt der AG einen zivilrechtlichen **Ausgleichsanspruch** gegen den AN (siehe Rn 34). Dies gilt nicht bei einer Nettolohnvereinbarung. Verzichtet der AG auf sein Rückgriffsrecht, wird dem AN im Zeitpunkt des Regressverzichts ein stpfl. Vorteil zugewandt, sodass insoweit erneut LSt entsteht.[41] Dies gilt nicht, wenn der Rückgriff aus rechtlichen oder tatsächlichen Gründen ausgeschlossen ist, der Verzicht im eigenbetrieblichen Interesse des AG liegt oder der Rückgriff unwirtschaftlich ist.[42]

IV. Haftungsverfahren (Abs. 4)

Ein **Haftungsbescheid** ist erforderlich, wenn der AG weder die nachzuentrichtende LSt anmeldet (Nr. 1) noch nach Abschluss der LSt-Außenprüfung seine Zahlungsverpflichtung schriftlich anerkennt (Nr. 2). Der Bescheid ist **schriftlich** zu erteilen (§ 191 Abs. 1 S. 3 AO). Um inhaltlich hinreichend bestimmt zu sein, muss der Haftungsbescheid erkennen lassen, dass der Adressat als **Haftungsschuldner** in Anspruch genommen werden soll;[43] wenn Haftungs- und Steuerschuld in einem Bescheid zusammengefasst werden, muss die Höhe des jeweiligen Anspruchs erkennbar sein.[44] Der Bescheid muss ein **Leistungsgebot** und eine **Rechtbehelfsbelehrung** enthalten. Der Haftungsbetrag muss nach Steuerarten (LSt, SolZ, KiSt) aufgegliedert werden und es muss der **Sachkomplex** bezeichnet werden, für den LSt erhoben wird.[45] Hierfür ist ausreichend wenn die **Art der Zuwendung** und der **Zuwendungszeitraum** genannt werden; dabei genügt es, wenn der Bescheid insoweit auf einen früher oder gleichzeitig übersandten **Betriebsprüfungsbericht** verweist.[46] Auch ein **Sammelhaftungsbescheid** betreffend verschiedener Sachkomplexe ist möglich;[47] bei räumen Aufteilung nach Zeiträumen oder einzelnen AN ist er nicht unbestimmt (und damit nichtig), aber ggfs. fehlerhaft begründet, sodass Anfechtungserfordernis besteht.[48] Eine Aufgliederung der Steuerschulden nach AN bzw. Kj kann entfallen, wenn der AG keinen Regress nehmen will oder kann oder wenn der AG dem FA die Namen der AN vorenthalten hat.[49] Gleiches gilt, wenn eine Vielzahl von AN betroffen ist und nur geringe Beträge nachgefordert werden; anders aber, wenn die lstl Auswirkungen nicht als lediglich geringfügig angesehen werden können und somit von einem Regress des AG auszugehen ist. In einem derartigen Fall kann auch bei 160–180 AN die Aufgliederung des Haftungsbetrags auf die einzelnen AN für das FA zumutbar sein.[50] Die Aufgliederung auf einzelne **Voranmeldungszeiträume** ist entbehrlich, wenn der Haftungs-

---

35 BFH 24.1.1992 – VI R 177/88 – BStBl II S. 696 = HFR 1992, 537.
36 BFH 26.7.1974 – VI R 24/69 – BStBl II S. 756 = BFHE 113, 157.
37 BFH 18.6.1993 – VI R 67/90 – BStBl II 1994 S. 182 = HFR 1994, 86.
38 BFH 8.11.1985 – VI R 238/80 – BStBl II 1986 S. 186 = HFR 1986, 243.
39 Schmidt/*Drenseck*, § 42d Rn 22.
40 BFH 21.2.1992 – VI R 141/88 – BStBl II S. 565 = HFR 1992, 471.
41 BFH 5.3.2007 – VI B 41/06 – BFH/NV 2007, 1122.
42 HHR/*Gersch*, § 42d Rn 45.
43 BFH 11.10.1989 – I R 139/85 – BFH/NV 1991, 497.
44 BFH 16.11.1984 – VI R 176/82 – BStBl II 1985 S. 266 = BFHE 143, 27.
45 BFH 17.3.1994 – VI R 120/92 – BStBl II S. 536 = HFR 1994, 409.
46 BFH 28.11.1990 – VI R 121/87 – BFH/NV 1991, 665.
47 BFH 4.7.1986 – VI R 182/80 – BStBl II S. 921 = HFR 1986, 634.
48 BFH 17.3.1994 – VI R 120/92 – BStBl II S. 536 = HFR 1994, 409.
49 BFH 28.11.1990 – VI R 55/87 – BFH/NV 1991, 600.
50 FG Düss 7.7.1987 – I 36/82 – EFG 1987, 591, rkr.

bescheid erst nach Ablauf des Erhebungszeitraums ergeht.[51] **Ermessenserwägungen** – vor allem hinsichtlich des Auswahlermessens – müssen im Bescheid dargelegt werden.[52]

20 Keine Begründung des Ermessens ist erforderlich, wenn:
- die einbehaltene LSt nicht abgeführt worden ist,[53]
- dem AG die Auffassung des FA bekannt ist,[54]
- der AG keinen Regress nehmen will,[55]
- der AG den Haftungsbescheid selbst beantragt hat,[56]
- der AG den LSt-Abzug zumindest leichtfertig unterlassen hat.[57]

21 Die Ermessensentscheidung ist nur dann rechtmäßig, wenn das FA den Sachverhalt einwandfrei und erschöpfend ermittelt hat.[58] Fehlt eine Begründung hinsichtlich der Ermessensentscheidung, ist der Haftungsbescheid regelmäßig rechtswidrig und daher – auf einen Einspruch des AG hin – aufzuheben.[59]

22 Die **Änderung** eines Haftungsbescheids erfolgt nach den §§ 130 ff. AO. Der Haftungsbescheid ist **sachverhaltsbezogen**, d.h. für weitere Sachverhalte im selben Zeitraum kann ein weiterer Haftungsbescheid erlassen werden.[60] Jeder Haftungsbescheid greift in den Regelungsinhalt früherer LSt-Anmeldungen ein.[61] Die **Änderungssperre** nach § 173 Abs. 2 AO ist auch beim Erlass eines Haftungsbescheids zu berücksichtigen, d.h. wurde nach einer ergebnislosen LSt-Außenprüfung der Vorbehalt der Nachprüfung gem. § 164 Abs. 3 S. 3 AO aufgehoben, kann auch kein Haftungsbescheid mehr ergehen, soweit keine Steuerhinterziehung oder leichtfertige Steuerverkürzung vorliegt.[62] Wird nach einer Außenprüfung der Vorbehalt der Nachprüfung entgegen § 164 Abs. 3 S. 3 AO nicht aufgehoben, bleibt eine Änderung nach § 164 Abs. 2 AO[63] und deshalb auch ein Haftungsbescheid möglich.[64] In Fällen, in denen Nachforderungsbeträge zunächst bei den AN geltend gemacht werden sollen, aber unklar ist, ob die Steuer von diesen bezahlt wird, sollen die FA daher vor Aufhebung des Vorbehalts der Nachprüfung einen – vorerst ohne Leistungsgebot versehenen – Haftungsbescheid gegen den AG erlassen.[65] Hebt das FA einen Haftungsbescheid **ersatzlos** auf, ist kein neuer Haftungsbescheid möglich.[66] Dies gilt nicht, wenn die Rücknahme lediglich aus formellen Gründen erfolgte[67] oder im Aufhebungsbescheid der neue Haftungsbescheid enthalten ist.[68]

23 **Rechtbehelfe** gegen den Haftungsbescheid sind der **Einspruch** nach § 347 AO sowie die **Anfechtungsklage**. Der AN ist einspruchsbefugt, soweit er persönlich in Anspruch genommen werden kann. Nachdem der Haftungsbescheid dem AN regelmäßig nicht bekannt gegeben wird, läuft für ihn keine Rechtsbehelfsfrist, sodass die Anfechtung bis zum Eintritt der Verjährung möglich ist.[69] Der AG ist in diesem Fall gem. § 360 Abs. 3 AO notwendig hinzuzuziehen.[70] Der AG kann gegen den Haftungsbescheid nicht einwenden, dass die LSt die ESt-Schuld des AN – etwa wegen der Berücksichtigung von WK und Sonderausgaben – übersteige.[71] Greift der AG bei einem Sammelbescheid nur einen bestimmten Haftungsanspruch an, erwächst der Haftungsbescheid im Übrigen in Bestandskraft.[72]

V. Bagatellgrenze (Abs. 5)

24 Abs. 5 sieht eine **Kleinbetragsgrenze** von 10 EUR vor. Das FA muss bis zu diesem Betrag auf die Geltendmachung der Steuer- bzw. Haftungsforderung verzichten. Die Grenze bezieht sich nach h.M. auf die insgesamt vom AG nachzufordernde LSt für alle AN aus ggfs. mehreren Kj. Sie stellt nicht auf die Forderung gegenüber einzelnen AN ab.[73] Wenn der Forderungsbetrag je AN somit weniger als 10 EUR, aber insgesamt mehr als 10 EUR beträgt, könnte das FA danach nur den AG in Anspruch nehmen, nicht aber die einzelnen AN. Die FinVerw hat hingegen festgelegt, dass

---

51 BFH 28.11.1990 – VI R 55/87 – BFH/NV 1991, 600.
52 BFH 13.6.1997 – VII R 96/96 – BFH/NV 1998, 4.
53 FG Hambg 16.10.1985 – II 151/83 – EFG 1986, 364, rkr.
54 BFH 20.7.1988 – I R 61/85 – BStBl II 1989 S. 99 = HFR 1989, 65.
55 BFH 7.12.1984 – VI R 72/82 – BStBl II 1985 S. 170 = BFHE 142, 494.
56 BFH 18.7.1985 – VI R 93/80 – BStBl II S. 644 = HFR 1985, 565.
57 BFH 26.2.1991 – VII R 3/90 – BFH/NV 1991, 504.
58 BFH 4.10.1988 – VII R 53/85 – BFH/NV 1989, 274.
59 BFH 3.2.1981 – VII R 86/78 – BStBl II 1981 S. 493 = BFHE 133, 1.
60 BFH 25.5.2004 – VII R 29/02 – BStBl II 2005 S. 3 = DStR 2004, 1236; Schmidt/*Drenseck*, § 42d Rn 55.
61 *Thomas*, DStR 1992, 837.
62 BFH 17.2.1995 – VI R 52/94 – BStBl II S. 555 = HFR 1995, 446.
63 BFH 15.12.1994 – V R 135/93 – BFH/NV 1995, 938.
64 A.A. Blümich/*Heuermann*, § 42d Rn 156.
65 FinMin Sachsen 19.5.1998 – 31-S 0337–3/23–28697 – DStR 1998, 1307.
66 BFH 25.7.1986 – VI R 216/83 – BStBl II S. 779 = HFR 1986, 616.
67 BFH 18.2.1992 – VII B 237/91 – BFH/NV 1992, 639; BFH 11.7.1986 – VI R 105/83 – BStBl II S. 775 = HFR 1986, 616.
68 BFH 22.1.1985 – VII R 112/81 – BStBl II S. 562 = BFHE 143, 203.
69 FG Münster 26.2.1997 – 8 K 5883/94 L – EFG 1997, 783, rkr; HHR/*Gersch*, § 42d Rn 239.
70 BFH 29.6.1973 – VI R 311/69 – BStBl II S. 780 = BFHE 109, 502.
71 BFH 26.7.1974 – VI R 24/69 – BStBl II S. 756 = BFHE 113, 157; a.A. Schmidt/*Drenseck*, § 42d Rn 59; FG BaWü 14.5.1997 – 2 K 338/94 – EFG 1997, 1193, rkr.
72 BFH 4.7.1986 – V R 182/80 – BStBl II S. 921 = HFR 1986, 634.
73 Schmidt/*Drenseck*, § 42d Rn 12.

auch eine Haftungsinanspruchnahme des AG unterbleibt, wenn beim AN selbst eine Nachforderung unzulässig ist, weil der Mindestbetrag von 10 EUR nicht überschritten wird.[74]

VI. Haftung des Entleihers (Abs. 6)

Bei Leiharbeitsverhältnissen ist grds. der **Verleiher** AG i.S.d. § 38. Dies gilt auch bei unerlaubter AN-Überlassung nach § 1 AÜG. Die in diesem Fall stattfindende Fiktion des Arbeitsverhältnisses zwischen dem Entleiher und dem AN gem. § 10 Abs. 1 S. 1 AÜG gilt nicht für das StR. Der Entleiher kann daher auch bei unerlaubter AN-Überlassung nicht nach Abs. 1 in Anspruch genommen werden. Abs. 6 bestimmt daher eine zusätzliche Haftung des Entleihers neben dem AG. **25**

1. Haftungstatbestand (S. 1). Der Entleiher haftet neben dem AG bei **gewerbsmäßiger AN-Überlassung**, d.h. wenn diese nicht nur gelegentlich erfolgt, sondern auf gewisse Dauer angelegt ist und damit ein wirtschaftlicher Vorteil erzielt werden soll.[75] Der Tatbestand ist nicht erfüllt, wenn AN desselben Wirtschaftszweigs tarifvertraglich geregelt zur Vermeidung von Kurzarbeit bzw. Entlassungen (§ 1 Abs. 3 Nr. 1 AÜG) oder innerhalb eines Konzerns überlassen werden (§ 1 Abs. 3 Nr. 2 AÜG). Zur Abgrenzung der AN-Überlassung von einem **Werkvertrag** s. LStR 42d.2 Abs. 3. **26**

2. Haftungsausschluss (S. 2 u. 3). Der Entleiher haftet nach S. 2 nicht, wenn der Überlassung eine **Erlaubnis** nach § 1 AÜG zugrunde liegt und er nachweist, dass er seinen **Meldepflichten** nach den §§ 28a–28c SGB IV nachkommt. Die Mitwirkungspflicht nach § 51 Abs. 1 Nr. 2d läuft derzeit leer, da von der Ermächtigungsnorm noch kein Gebrauch gemacht wurde. Der Entleiher haftet nach S. 3 ferner nicht, wenn er über das Vorliegen einer AN-Überlassung **ohne Verschulden irrte** (z.B. bei Annahme eines Subunternehmerverhältnisses oder einer Maschinengestellung mit Bedienungspersonal). Der Haftungsausschluss nach S. 3 greift sowohl bei erlaubter als auch bei unerlaubter AN-Überlassung. Bereits leichte Fahrlässigkeit soll zur Versagung des Haftungsausschlusses führen.[76] **27**

3. Umfang der Haftung (S. 4 u. 7). Die Haftung beschränkt sich auf die Zeit, für die der AN überlassen wurde. Somit besteht keine Haftung bei Lohnfortzahlung im Krankheitsfall oder bei Urlaub des AN.[77] Ist die Höhe der LSt schwer zu ermitteln, was insb. bei unerlaubter AN-Überlassung der Fall sein dürfte, ist gem. S. 7 die Haftungsschuld mit 15 % des mit dem Verleiher vereinbarten Entgelts ohne USt anzunehmen. Die Vorschrift ist lex specialis gegenüber § 162 AO. Der Entleiher kann glaubhaft machen, dass die Haftungsschuld niedriger ist. **28**

4. Gesamtschuld und Ermessensausübung (S. 5 u. 6). Entleiher, AG und AN sind Gesamtschuldner, soweit die Haftung des Entleihers reicht. Der Entleiher haftet im Verhältnis zum AG nur subsidiär; es kann zwar sofort ein Haftungsbescheid gegen ihn erlassen werden, aus diesem kann er aber erst dann auf Zahlung in Anspruch genommen werden, wenn die Vollstreckung in das inländische bewegliche Vermögen des Verleihers fehlgeschlagen ist oder keinen Erfolg verspricht. Neben dem AN haftet der Entleiher aber gleichrangig; bei der Auswahlentscheidung gelten die allgemeinen Ermessensabwägungen. **29**

5. Anwendung der allgemeinen Regeln (S. 8 u. 9). S. 8 stellt klar, dass die Abs. 1–5 in den Fällen der Entleiherhaftung entsprechend anzuwenden sind. S. 9 regelt die FA-Zuständigkeit und bestimmt, dass hierfür der Ort der Betriebsstätte des **Verleihers** maßgeblich ist. **30**

VII. Haftung des Verleihers (Abs. 7)

Abs. 7 verhindert, dass in den Fällen eine Haftungslücke bleibt, in denen der Entleiher stl. ausnahmsweise als AG der Leih-AN zu behandeln ist, weil er im Rahmen einer unerlaubten AN-Überlassung die Löhne im eigenen Namen und auf eigene Rechnung auszahlt.[78] Insoweit kann der Verleiher wie ein Entleiher nach Abs. 6 in Anspruch genommen werden. **31**

VIII. Sicherungsanordnung (Abs. 8)

Die Sicherungsanordnung ist nur zulässig, wenn sie zur **Sicherung des LSt-Anspruchs** erforderlich ist, z.B. wenn beim Verleiher ein Haftungsfall zu befürchten ist. Zahlt der Entleiher aufgrund der Sicherungsanordnung, wird der geleistete Betrag auf die Abführungsschuld des Verleihers angerechnet, gleichzeitig erlischt anteilig die Verbindlichkeit des Entleihers gegenüber dem Verleiher. Die Anordnung ist ein **VA mit Drittwirkung**, da sie in die Rechtsbeziehungen zwischen Verleiher und Entleiher eingreift; das FA soll die Anordnung daher gegenüber beiden aussprechen.[79] Neben dem Entleiher ist auch der Verleiher anfechtungsberechtigt. Die Anordnung kann auch **32**

---

74 LStR 42d.3 S. 4.
75 LStR 42d.2 Abs. 2 S. 6.
76 Schmidt/*Drenseck*, § 42d Rn 71.
77 Schmidt/*Drenseck*, § 42d Rn 72; Kirchhof/*Eisgruber*, § 42d Rn 95.
78 BFH 2.4.1982 – VI R 34/79 – BStBl II S. 502 = BFHE 135, 501.
79 Schmidt/*Drenseck*, § 42d Rn 74.

mündlich ergehen; einer Begründung hinsichtlich der Höhe bedarf es nicht, wenn der Sicherungsbetrag die pauschale Haftsumme nach Abs. 6 S. 7 nicht übersteigt. Die Regelung ist § 50a Abs. 7 nachgebildet.

IX. Haftung in den Fällen des § 38 Abs. 3a (Abs. 9)

33 In den Fällen der LSt-Abzugspflicht Dritter sowie der Übertragung lst-rechtlicher Pflichten auf Dritte (siehe §§ 38–39c, 41–42b Rn 8) haften AG, Dritter und AN als **Gesamtschuldner**. Bei der Ermessensentscheidung, welcher der Gesamtschuldner in Anspruch genommen werden soll, ist zu berücksichtigen, wer den LSt-Fehlbetrag zu vertreten hat.[80] Zuständig für die Überprüfung des Dritten und den etwaigen Erlass eines Haftungsbescheids ist das Betriebsstätten-FA des Dritten.

C. Hinweise zu anderen Rechtsgebieten und zum Prozessrecht

34 Die Haftung des AG für die LSt des AN weist eine deutliche Verbindung zum **Arbeitsrecht** auf. Wird der AG als Haftender in Anspruch genommen, steht ihm – sofern keine Nettolohnvereinbarung vorliegt – ein Rückgriffsanspruch gegen den AN zu. Dieser Rückgriffsanspruch ist privatrechtlicher Natur.[81] Anspruchsgrundlage ist § 670 BGB.

35 Der arbeitsrechtliche Rückgriffsanspruch des AG unterliegt aber zahlreichen Beschränkungen. Er kann entfallen, wenn dem AN wegen Verletzung der arbeitsvertraglichen **Fürsorgepflicht** durch den AG ein Schadensersatzanspruch entstanden ist, den er dem Erstattungsanspruch des AG entgegenhalten kann. Die Fürsorgepflicht des AG umfasst auch die Pflicht, die LSt richtig zu berechnen. Ein Ersatzanspruch wegen Verletzung der Fürsorgepflicht ist in folgenden Fällen anzunehmen:[82]

– wenn der unterbliebene LSt-Abzug dem AG vorwerfbar ist und dem AN ein besonderer Schaden dadurch entsteht, dass er die Steuer zu einem späteren Zeitpunkt als dem gesetzlich vorgesehenen aufbringen muss,

– wenn der AG den AN nicht innerhalb der für den AN geltenden Rechtsbehelfsfrist von der Haftungsinanspruchnahme unterrichtet und ihm so die Möglichkeit nimmt, Einwendungen aus dem Steuerschuldverhältnis vorzutragen,

– wenn der AG trotz zweifelhafter Rechtslage eine Klärung unterlässt, insb. keine Anrufungsauskunft gem. § 42e einholt.

36 Eine weitere Beschränkung erfährt die Geltendmachung des Rückgriffsanspruchs regelmäßig durch die in den TV vereinbarten **Ausschlussfristen**. Diese meist kurz bemessenen Fristen sehen vor, dass die gegenseitigen Ansprüche aus dem Arbeitsverhältnis entfallen, wenn sie nicht innerhalb der bestimmten Frist nach Fälligkeit des behaupteten Anspruchs gegenüber der anderen Vertragspartei schriftlich geltend gemacht werden. Der Lauf dieser Fristen beginnt mit der Fälligkeit des Rückgriffsanspruchs. Dieser wird frühestens mit der Zustellung des Haftungsbescheids fällig.

37 Der im StR geltende Grundsatz, dass Steuerschuldner stets der AN ist und der AG deshalb ein Rückgriffsrecht hat, wenn er vom FA als Haftungsschuldner für zu wenig einbehaltene LSt in Anspruch genommen wird, ist nicht auf das **SozVers-Recht** übertragbar. Nach § 28e Abs. 1 S. 1 SGB IV hat der AG den Gesamt-SozVers-Beitrag zu zahlen. Die Beitragspflicht des AN besteht nur darin, dass er sich seinen AN-Anteil vom Gehalt kürzen lassen muss (§ 28g S. 1 u. 2 SGB IV). **Schuldner** der SozVers-Beiträge ist somit grds. der AG. Ein unterbliebener Abzug des AN-Beitrags darf nur bei den nächsten drei Gehaltszahlungen nachgeholt werden. Ein späterer Abzug ist nur möglich, wenn den AG kein Verschulden am unterlassenen Abzug trifft (§ 28g S. 3 SGB IV). Ist der AN ausgeschieden, entfällt die Möglichkeit des Beitragsabzugs und der AG muss den AN-Beitrag selbst tragen. Die vorstehenden Regelungen gelten nur dann nicht, wenn der AG seinen Vorlage- und Auskunftspflichten nach § 28o Abs. 1 SGB IV grob fahrlässig oder vorsätzlich nicht nachgekommen ist, etwa wenn er weitere Beschäftigungen verschwiegen hat und deshalb als versicherungsfrei angesehen worden ist (§ 28g S. 4 SGB IV). In diesem Fall kann der AG den AN-Beitrag auch außerhalb der Lohn- und Gehaltsabrechnung einfordern.

38 Muss der AG im Anschluss an eine Betriebsprüfung durch den SozVers-Träger AN-Anteile zur SozVers nachentrichten, die er den AN nicht rückbelasten kann, stellt sich die Frage, ob insoweit eine stpfl. Zuwendung an die AN vorliegt. Der BFH verneint dies für den Fall, dass der Beitragsabzug irrtümlich unterblieben ist. Stpfl. Arbeitslohn liegt aber vor, wenn der AG auf die Rückbelastungsmöglichkeit bewusst verzichtet, etwa bei Nettolohnvereinbarungen oder bei „Schwarzlohnzahlungen" (die sozvers-rechtlich wiederum als Nettolohnvereinbarungen gelten, § 14 Abs. 2 S. 2 SGB IV).[83]

---

80 Schmidt/*Drenseck*, § 42d Rn 76.
81 BAG 9.12.1976 – AZR 371/75 – BStBl II 1977 S. 581.
82 HHR/*Gersch*, § 42d Rn 123.

83 BFH 29.10.1993 – VI R 4/87 – BStBl II 1994 S. 194 = HFR 1994, 228.

D. Beraterhinweise

Mit dem LSt-Abzugsverfahren hat der Gesetzgeber dem AG eine komplizierte Aufgabe übertragen. Macht der AG hierbei Fehler, haftet er für die zu wenig erhobene und abgeführte LSt. Der gegen den AN grds. bestehende Rückgriffsanspruch ist in der Praxis vielfach nicht durchsetzbar, sodass der AG die nachgeforderte LSt regelmäßig selbst zu tragen hat.

Der AG muss sich deshalb so organisieren, dass beim LSt-Abzug möglichst keine Fehler unterlaufen. Ist die Rechtslage zweifelhaft, sollte immer eine Anrufungsauskunft gem. § 42e (siehe § 42e Rn 1 ff.) eingeholt werden. Eine weitere Möglichkeit, Haftungsrisiken für den AG zu vermeiden, besteht z.B. darin, statt Sachzuwendungen, bei denen unklar ist, ob sie Arbeitslohn darstellen oder nicht, einen entsprechenden Zuschlag zum Gehalt zu gewähren. Ist etwa bei einer Fortbildungsmaßnahme strittig, ob sie überwiegend im eigenbetrieblichen Interesse des AG erfolgt und damit stfr. zugewendet werden kann, sollte der AG lieber den hierfür erforderlichen Geldbetrag – stpfl. – zuwenden. Der AN kann die selbst getragenen Aufwendungen für die Fortbildungsmaßnahme dann in seiner persönlichen ESt-Erklärung berücksichtigen und erreicht dadurch stl. i.d.R. das gleiche Ergebnis, als wenn er eine stfr. Zuwendung des AG erhalten hätte. Liegt der Verdienst des AN über den sozvers-rechtlichen BBG, entsteht insoweit auch keine Zusatzbelastung. Die Zuwendung von Bar- statt Sachleistungen macht aber dann keinen Sinn, wenn die Sachleistungen deutlich günstiger bewertet bzw. besteuert werden.

Zu einer Haftung des AG für nicht einbehaltene LSt kommt es in der Praxis häufig, wenn sich bei der Beschäftigung von **Aushilfskräften** nachträglich herausstellt, dass die vorgenommene Pauschalversteuerung ganz oder teilweise unzulässig war. Wichtig ist hierbei, dass allein aus dem Vorliegen eines Pauschalierungsarbeitsverhältnisses nicht gefolgert werden kann, dass der AG auch dann zur Übernahme der LSt verpflichtet ist, wenn sich die Pauschalierungsvoraussetzungen als nicht gegeben erweisen.[84] Eine Nettolohnvereinbarung liegt in diesem Fall nicht vor; sie muss ausdrücklich vereinbart sein. Die nachzuerhebende LSt ist somit vom vereinbarten Lohn brutto zu ermitteln. Ist ein Rückgriff auf den AN nicht möglich, stellt die Übernahme der LSt grds. keinen Arbeitslohn dar. Stl. betrachtet liegen auch bei sog. „**Schwarzlohnzahlungen**" keine Nettolohnvereinbarungen vor. Anders als bei der missglückten Pauschalierung stellt die vom AG zu tragende LSt in diesem Fall aber auch dann Arbeitslohn dar, wenn ein Rückgriff auf den AN nicht möglich ist.[85] Wegen der stl Behandlung der vom AG zu entrichtenden AN-Anteile zur SozVers siehe Rn 38.

Die Berechnung der Steuernachforderung nach einer LSt-Außenprüfung kann insb. dann erheblich arbeitsaufwändig sein, wenn eine Vielzahl von AN betroffen ist, etwa wenn eine bestimmte Zuwendung bei sämtlichen AN steuerlich falsch beurteilt wurde. Will der AG ohnehin von seinem Rückgriffsrecht auf den AN keinen Gebrauch machen bzw. ist dieses ausgeschlossen, bietet sich die Anwendung der in § 40 Abs. 1 S. 1 Nr. 2 geregelten **Pauschalierungsmöglichkeit** an (siehe § 40 Rn 4). Die Regelung ermöglicht eine deutliche Vereinfachung bei der Berechnung der nachzuentrichtenden LSt.

---

§ 42e	Anrufungsauskunft

[1]Das Betriebsstättenfinanzamt hat auf Anfrage eines Beteiligten darüber Auskunft zu geben, ob und inwieweit im einzelnen Fall die Vorschriften über die Lohnsteuer anzuwenden sind. [2]Sind für einen Arbeitgeber mehrere Betriebsstättenfinanzämter zuständig, so erteilt das Finanzamt die Auskunft, in dessen Bezirk sich die Geschäftsleitung (§ 10 der Abgabenordnung) des Arbeitgebers im Inland befindet. [3]Ist dieses Finanzamt kein Betriebsstättenfinanzamt, so ist das Finanzamt zuständig, in dessen Bezirk sich die Betriebsstätte mit den meisten Arbeitnehmern befindet. [4]In den Fällen der Sätze 2 und 3 hat der Arbeitgeber sämtliche Betriebsstättenfinanzämter, das Finanzamt der Geschäftsleitung und erforderlichenfalls die Betriebsstätte mit den meisten Arbeitnehmern anzugeben sowie zu erklären, für welche Betriebsstätten die Auskunft von Bedeutung ist.

Literatur: *Bruschke*, Die Anrufungsauskunft nach § 42e EStG, StB 2007, 14; *Marburger*, Das Anfrageverfahren zur Feststellung einer Sozialversicherungspflicht, NWB F. 27, 5871; *Richter, Heinz/Richter, Horst*, Auskünfte und Zusagen in Lohnsteuerfragen, NWB F. 6, 4144. **FinVerw:** LStR 42e, LStH 42e

A. Allgemeines

Die Vorschrift regelt die ausschließlich für das LSt-Abzugsverfahren geltende Pflicht des FA, auf Anfrage eines Beteiligten über die Anwendung lstl Vorschriften im Einzelfall Auskunft zu erteilen. Aufgrund der Verbindlichkeit der

---

[84] BFH 8.11.1985 – VI R 237/80 – BStBl II 1986 S. 274 = HFR 1986, 248.

[85] BFH 21.2.1992 – VI R 41/88 – BStBl II S. 443 = HFR 1992, 283.

Auskunft für das LSt-Abzugsverfahren soll v.a. das Haftungsrisiko des AG gemindert werden.[1] Die S. 2–4 regeln die Vorgehensweise bei der Auskunftserteilung an AG mit mehreren Betriebsstätten.

B. Regelungsgehalt

2 Auskunftsberechtigt sind alle Beteiligten des LSt-Verfahrens. Dies sind neben dem AG auch Entleiher oder Verleiher, der Dritte i.S.d. § 38 Abs. 3a, der AN,[2] sowie alle Personen die als Haftende in Frage kommen können.

3 Zuständig für die Erteilung der Auskunft ist das **Betriebsstätten-FA** des AG oder des Dritten i.S.d. § 38 Abs. 3a, nicht aber das Wohnsitz-FA des AN oder des AG. Ab 2000 ist die Anrufungsauskunft für AG mit mehreren Betriebsstätten zentralisiert worden (S. 2–4). Die vom zuständigen FA erteilte Auskunft bindet auch die FA der anderen Betriebsstätten und führt zum Haftungsausschluss; bei wichtigen Anfragen ist eine Abstimmung unter den betroffenen FA erforderlich.[3] Dies gilt auch bei **Konzernunternehmen** mit mehreren FÄ.[4]

4 Die Auskunft ist grds. formlos zulässig, soll aber **schriftlich** erteilt werden.[5] Gegenstand der Anfrage können nur **lst-rechtliche** Vorschriften sein, die für den Steuereinbehalt, die Abführung der LSt oder die Pauschalierung maßgeblich sind[6] (z.B. AN-Eigenschaft bestimmter Personen, Behandlung geldwerter Vorteile, Pauschalierungsfragen, Behandlung von Entschädigungen, Reisekosten etc.). Fragen, die mit der ESt-Veranlagung des AN zusammen hängen (z.B. WK- oder Sonderausgabenabzug) können hingegen nicht Auskunftsgegenstand sein. Die Auskunft muss sich auf eine konkrete Rechtsfrage beziehen und den Sachverhalt genau und bestimmt darlegen.

5 Nach bislang h.M. handelte es sich bei der Anrufungsauskunft um eine bloße Wissenserklärung und um keinen VA.[7] Diese Rechtsauffassung hat der BFH nunmehr ausdrücklich aufgegeben.[8] Danach ist die Anrufungsauskunft ein **VA**, gegen den der AG mit dem Rechtsbehelf des Einspruchs oder im Klagewege vorgehen kann. Dies gilt sowohl wenn das FA den Erlass des VA ablehnt, als auch wenn der AG inhaltlich mit der Auskunft nicht einverstanden ist. Durch die Anfechtungsmöglichkeit soll dem AG frühestmögliche Klarheit über die Anwendung lstl Vorschriften verschafft werden.
Rechtswirkung der Auskunft ist, dass der AG von seiner Haftung freigestellt wird, wenn er sich an die Auskunft hält. Dies gilt selbst dann, wenn die Auskunft objektiv unrichtig war.[9] Der AG ist aber nicht verpflichtet, den LSt-Einbehalt entsprechend der Auskunft durchzuführen.[10] In diesem Fall trägt er das gleiche Risiko (Haftung, strafrechtliche Verfolgung), als wenn er keine Auskunft eingeholt hätte. Stammt die Anfrage vom AN und erhält dieser eine für ihn günstige Auskunft, so hat er einen zivilrechtlichen Anspruch gegenüber dem AG, entsprechend der Auskunft zu verfahren.[11] Unabhängig davon, ob die Anrufungsauskunft dem AG oder dem AN erteilt wurde, entfaltet sie keine Bindungswirkung im **Veranlagungsverfahren** des AN.[12]

6 Die Bindung erstreckt sich auch auf bereits abgeschlossene Sachverhalte. Eine Bedeutung der Auskunft für weitere geschäftliche Maßnahmen des AG ist anders als bei der verbindlichen Zusage nach § 204 AO sowie der verbindlichen Auskunft nach § 89 Abs. 2 AO nicht erforderlich (siehe Rn 8 f.).[13] Die Auskunft wird für die Zukunft gegenstandslos, wenn sich der Sachverhalt ändert oder wenn sich die gesetzlichen Grundlagen ändern. Ansonsten bedarf eine Aufhebung durch das FA einer neuerlichen, andersartigen Gewichtung und Abwägung der Umstände. Die bloße Heranziehung eines zwischenzeitlich veröffentlichten FG-Urteils ist nicht ausreichend.[14] Eine Änderung der Rspr. oder der Verwaltungsmeinung macht die Auskunft nicht ohne weiteres hinfällig.[15]

7 Die LSt-Anrufungsauskunft ist von der – ebenfalls gesetzlich geregelten – **verbindlichen Zusage** nach den §§ 204–207 AO sowie der verbindlichen Auskunft nach § 89 Abs. 2 AO abzugrenzen. Voraussetzung für die Erteilung einer **verbindlichen Zusage** nach § 204 AO ist, dass
– ein im Rahmen einer LSt-Außenprüfung für die Vergangenheit geprüfter Sachverhalt im Prüfungsbericht dargestellt wird,
– dieser Sachverhalt Wirkung für die Zukunft besitzt,

---

1 BFH 9.10.1992 – VI R 97/90 – BStBl II 1993 S. 166 = HFR 1993, 83.
2 BFH 9.10.1992 – VI R 97/90 – BStBl II 1993 S. 166 = HFR 1993, 83; LStR 42e Abs. 1 S. 1.
3 LStR 42e Abs. 2.
4 LStR 42e Abs. 3.
5 LStR 42e Abs. 1 S. 3.
6 BFH 9.10.1992 – VI R 97/90 – BStBl II 1993 S. 166 = HFR 1993, 83.
7 BFH 9.3.1979 – VI R 185/76 – BStBl II S. 451 = BFHE 127, 376; FG Düss 8.5.2003 – 15 K 1455/00 H (L) – EFG 2003, 1105, rkr.; Kirchhof/*Eisgruber*, § 42e Rn 6; a.A. Schmidt/*Drenseck*, § 42e Rn 7.
8 BFH 30.4.2009 – VI R 54/07 – DStR 2009, 1582.
9 BFH 16.11.2005 – VI R 23/02 – BStBl II 2006 S. 210 = DStRE 2006, 271.
10 Schmidt/*Drenseck*, § 42e Rn 8.
11 Schmidt/*Drenseck*, § 42e Rn 9.
12 BFH 9.10.1992 – VI R 97/90 – BStBl II 1993 S. 166 = HFR 1993, 83; BFH 22.5.2007 – VI B 143/06 – BFH/NV 2007, 1658.
13 Schmidt/*Drenseck*, § 42e Rn 11.
14 BFH 30.4.2009 – VI R 54/07 – DStR 2009, 1582.
15 HHR/*Gersch*, § 42e Rn 37; a.A. *Schönfeld/Plenker*, Stichwort: Auskunft, Tz 2.

- der AG die verbindliche Zusage während der LSt-Außenprüfung (oder spätestens im Anschluss daran) beantragt und
- die Kenntnis der künftigen stl Behandlung für die weiteren geschäftlichen Maßnahmen des AG von Bedeutung ist.

Die verbindliche Zusage soll dem AG Klarheit darüber verschaffen, wie ein **geprüfter Sachverhalt** in Zukunft stl. behandelt wird. Die **verbindliche Auskunft** soll hingegen die steuerliche Beurteilung eines geplanten, noch nicht verwirklichten Sachverhaltes aufzeigen. Liegen die genannten Voraussetzungen für eine verbindliche Zusage bzw. eine verbindliche Auskunft nicht vor, kann nur eine Anrufungsauskunft beantragt werden, die zu allen auftretenden Zweifelsfragen möglich ist. Die verbindliche Auskunft nach § 89 Abs. 2 AO ist gebührenpflichtig (§ 89 Abs. 3 AO). Dies gilt nicht für die verbindliche Zusage nach den §§ 204. ff. AO sowie die LSt-Anrufungsauskunft.[16]

C. Verbindung zu anderen Rechtgebieten und zum Prozessrecht

Im **SozVers-Recht** entscheiden die Einzugsstellen (Krankenkassen) über Versicherungspflicht und Beitragshöhe in den einzelnen Versicherungszweigen (§ 28h Abs. 2 S. 1 SGB IV). Diese sind somit auch Ansprechpartner für entsprechende Auskünfte. Ist Gegenstand der Anfrage hingegen, ob eine abhängige Beschäftigung oder eine selbständige Tätigkeit vorliegt, liegt die ausschließliche Zuständigkeit gem. § 7a Abs. 1 S. 2 SGB IV bei der Deutschen Rentenversicherung Bund.

D. Beraterhinweise

War der AG mit einer ihm erteilten LSt-Anrufungsauskunft inhaltlich nicht einverstanden, hatte er bislang nur die Möglichkeit, die LSt entsprechend der erteilten Auskunft zu berechnen und anschließend gegen seine eigene LSt-Anmeldung Einspruch einzulegen (die Abgabe einer LSt-Anmeldung ist verfahrensrechtlich eine Steuerfestsetzung unter dem Vorbehalt der Nachprüfung). Im Einspruchsverfahren gegen die LSt-Anmeldung konnte er dadurch eine nochmalige Prüfung der strittigen Frage bzw. im einem anschließenden Klageverfahren eine gerichtliche Klärung erreichen. Der jetzt mögliche unmittelbare Rechtsbehelf gegen die Anrufungsauskunft macht die bisherige Vorgehensweise entbehrlich.

§ 42f Lohnsteuer-Außenprüfung (gültig bis 31.12.2009)

(1) Für die Außenprüfung der Einbehaltung oder Übernahme und Abführung der Lohnsteuer ist das Betriebsstättenfinanzamt zuständig.

(2) ¹Für die Mitwirkungspflicht des Arbeitgebers bei der Außenprüfung gilt § 200 der Abgabenordnung. ²Darüber hinaus haben die Arbeitnehmer des Arbeitgebers dem mit der Prüfung Beauftragten jede gewünschte Auskunft über Art und Höhe ihrer Einnahmen zu geben und auf Verlangen die etwa in ihrem Besitz befindlichen Lohnsteuerkarten sowie die Belege über bereits entrichtete Lohnsteuer vorzulegen. ³Dies gilt auch für Personen, bei denen es streitig ist, ob sie Arbeitnehmer des Arbeitgebers sind oder waren.

(3) ¹In den Fällen des § 38 Abs. 3a ist für die Außenprüfung das Betriebsstättenfinanzamt des Dritten zuständig; § 195 Satz 2 der Abgabenordnung bleibt unberührt. ²Die Außenprüfung ist auch beim Arbeitgeber zulässig; dessen Mitwirkungspflichten bleiben neben den Pflichten des Dritten bestehen.

Literatur: *Bilsdorfer*, Rechtsprechung zur steuerlichen Außenprüfung im Jahr 2007; *Dörn*, Wirksame Selbstanzeige (§ 378 Abs. 3 AO) in der Betriebsprüfung, Stbg 1995, 85; *ders.*, Feststellung von Steuerverkürzungen durch die Außenprüfung, DStR 1995, 558; *Mößbauer*, Zum Umfang der Mitwirkungspflicht des Arbeitgebers bei der Lohnsteuer-Außenprüfung, DB 1998, 1303. **FinVerw:** LStR 42f, LStH 42f

A. Allgemeines

Die Vorschrift ergänzt die §§ 193 ff. AO hinsichtlich der Durchführung von **LSt-Außenprüfungen**. Abs. 1 enthält dabei eine Regelung zur örtlichen Zuständigkeit, Abs. 2 erweitert die Mitwirkungspflichten von AN über § 200 Abs. 1 S. 3 AO hinaus.

---

16 BMF 12.3.2007 – IV A 4 – S 0224 – 12/06 – BStBl I S. 227
= DB 2007, 661.

B. Regelungsgehalt

2 Die LSt-Außenprüfung ist eine Prüfung i.S.d. §§ 193 ff. AO. Der geprüfte **Personenkreis** umfasst gem. § 193 AO alle Personen, die AN beschäftigen oder zu beschäftigen scheinen. Hierzu gehören auch private Haushalte, die aber in der Regel nicht geprüft werden sollen.[1] Örtlich zuständig für die Durchführung der LSt-Außenprüfung ist nach Abs. 1 das **Betriebsstätten-FA**. Dieses kann gem. § 195 S. 2 AO aber auch andere FinBeh mit der Außenprüfung beauftragen. Die LSt-Außenprüfung erstreckt sich darauf, ob die LSt zutreffend einbehalten oder übernommen und an das FA abgeführt wurde.[2] Der **Prüfungszeitraum** kann dabei auch mehr als drei Jahre umfassen,[3] da § 4 Abs. 3 BpO ausdrücklich nicht gilt (§ 1 Abs. 2 BpO). Auch eine Erweiterung des Prüfungszeitraums ist deshalb über die Grenzen des § 4 Abs. 3 BpO hinaus möglich. Die Prüfung soll grds. in den Geschäftsräumen des AG stattfinden.[4] Die Durchführung einer LSt-Außenprüfung und der Zeitpunkt des Beginns werden mittels schriftlicher **Prüfungsanordnung** (§ 196 AO) angemessene Zeit vorher mitgeteilt (§ 5 Abs. 4 S. 1 BpO).

3 Abs. 2 S. 1 verweist deklaratorisch auf § 200 AO, der die **Mitwirkungspflicht** des AG regelt. Die Mitwirkungspflicht der AN werden durch S. 2 gegenüber § 200 Abs. 1 S. 3 AO erheblich erweitert. Die Pflichten des AN erstrecken sich dabei auch auf den Arbeitslohn aus vorangegangenen Dienstverhältnissen, nicht aber auf Einnahmen aus anderen Einkunftsarten.[5] Die Mitwirkungspflicht betrifft nach S. 3 auch Personen, bei denen strittig ist, ob ihnen AN-Eigenschaft zukommt oder nicht. Im Einzelnen ist dem Prüfer nicht nur Einsicht in die lstl Unterlagen (LSt-Karten, Lohnkonten etc.) zu gewähren, sondern auch in Sachkonten, Jahresabschlüsse, Anstellungsverträge etc. Seit 1.1.2002 haben die FinBeh nach § 147 Abs. 6 AO das Recht, im Rahmen von Außenprüfungen bei **EDV-gestützten Buchführungssystemen** Einsicht in die gespeicherten Daten zu nehmen und das Datenverarbeitungssystem des Unternehmens zur Prüfung zu nutzen.[6] Nach Durchführung der Prüfung hat der AG Anspruch auf eine **Schlussbesprechung**, sofern sich Änderungen bei den Besteuerungsgrundlagen ergeben haben (§ 201 AO). Über das Ergebnis der Prüfung hat der Prüfer einen schriftlichen **Prüfungsbericht** zu fertigen (§ 202 AO). Der Prüfungsbericht stellt keinen VA dar und ist daher nicht anfechtbar. Erst gegen den aufgrund des Berichts ergehenden Haftungs- und/oder Nachforderungs- bzw. Pauschalierungsbescheid ist ein Rechtsbehelf möglich.

4 Der Beginn der Prüfung schließt eine strafbefreiende **Selbstanzeige** nach § 371 AO aus, gleichzeitig wird die **Festsetzungsverjährung** gem. § 171 Abs. 4 AO unterbrochen. Nach Abschluss der LSt-Außenprüfung ist der **Vorbehalt der Nachprüfung**, unter dem die LSt-Anmeldung steht, aufzuheben. In diesem Fall hindert dann die **Änderungssperre** nach § 173 Abs. 2 AO auch den Erlass eines Haftungsbescheids.[7] Ein Haftungsbescheid kann aber erlassen werden, wenn die Aufhebung des Vorbehalts unterbleibt.[8] Aus der Sperrwirkung des § 173 Abs. 2 AO erwächst aber kein allgemeines Verwertungsverbot, so können z.B. Ehegattenarbeitsverhältnisse bei der Veranlagung zur ESt nicht anerkannt werden.[9]

5 Die Änderungssperre beim AG bleibt ohne Auswirkung auf den AN. Sie hindert weder eine LSt-Nachforderung beim AN,[10] noch tritt durch den Beginn der Außenprüfung eine Verjährungsunterbrechung für die ESt des AN ein.[11] Auch ein Verwertungsverbot, das sich aufgrund der Aufhebung einer rechtswidrigen Prüfungsanordnung ergibt, schützt den AN nicht vor einer Auswertung der durch die Prüfung erlangten Kenntnisse.[12]

6 Grds. soll sich aus dem Verhalten des Prüfers keine unmittelbare Bindung für die Zukunft ergeben.[13] Nach h.M. entsteht für den AG aber **Vertrauensschutz** hinsichtlich der geprüften Sachverhalte, die unbeanstandet bleiben.[14]

C. Verbindung zu anderen Rechtsgebieten und zum Prozessrecht

7 Die Träger der RV haben mind. alle vier Jahre **SozVers-Prüfungen** bei den AG durchzuführen (§ 28p Abs. 1 S. 1 SGB IV). Dabei sind dem prüfenden SozVers-Träger unaufgefordert die Bescheide und Prüfberichte der FinBeh vorzulegen, damit dieser sie versicherungs- und beitragsrechtlich auswerten kann (§ 5 Abs. 5 BÜVO). Den Prüfberichten kommt für die Träger der SozVers aber keine **Bindungswirkung** zu. Für die Durchführung von Beitragsprüfungen gelten im Wesentlichen die gleichen Grundsätze wie bei LSt-Außenprüfungen.

---

1 LStR 42f Abs. 3 S. 2.
2 BFH 9.3.1990 – VI R 87/89 – BStBl II S. 608 = HFR 1990, 474.
3 FG Thüringen 22.5.1997 – I 44/97 – EFG 1998, 984, rkr.
4 OFD Bremen 31.8.1995 – S 2386-St 2000 – DB 1995, 2398.
5 Schmidt/*Drenseck*, § 42f Rn 5.
6 BMF 16.7.2001 – IV D 2-S 0316–136/01 – BStBl I S. 415 = DB 2001, 1589.
7 BFH 31.8.1990 – VI R 78/86 – BStBl II 1991 S. 537 = HFR 1991, 65; BFH 15.5.1992 – VI R 106/88 – BStBl II 1993 S. 840 = HFR 1992, 720; BFH 15.5.1992 – VI R 183/88 – BStBl II 1993 S. 829 = HFR 1992, 676; BMF 8.11.1993 – IV A 4-S 0351–11/93 – BStBl I S. 922.
8 BFH 14.9.1993 – VIII R 9/93 – BStBl II 1995 S. 2 = HFR 1995, 125; a.A. Schmidt/*Drenseck*, § 42f Rn 9; *Thomas*, DStR 1992, 1468.
9 BFH 24.7.1996 – X R 123/94 – BFH/NV 1997, 161.
10 BFH 9.11.1984 – VI R 157/83 – BStBl II 1985, 191 = BFHE 142, 402.
11 BFH 15.12.1989 – VI R 151/86 – BStBl II 1990 S. 526 = HFR 1990, 349.
12 BFH 9.11.1984 – VI R 157/83 – BStBl II 1985, 191 = BFHE 142, 402.
13 BFH 20.7.1962 – VI 167/61 U – BStBl III 1963 S. 23 = BFHE 76, 64.
14 Schmidt/*Drenseck*, § 42f Rn 10; Kirchhof/*von Beckerath*, § 42f Rn 10.

Gem. § 71 Abs. 1 S. 1 Nr. 3 SGB X sind die SozVers-Träger befugt, die im Rahmen von Außenprüfungen gewonnenen Sozialdaten an die FinBeh zu übermitteln, soweit dies zur „Sicherung des Steueraufkommens" erforderlich ist. Ergänzend hierzu regelt § 116 AO, dass u.a. die SozVers-Träger verpflichtet sind, Tatsachen, die sie dienstlich erfahren und die den Verdacht einer Steuerstraftat begründen, den FinBeh mitzuteilen. Gleichzeitig sind die FinBeh gem. § 31 Abs. 2 AO verpflichtet, den SozVers-Trägern erforderliche Daten zur Feststellung der Versicherungspflicht sowie zur Festsetzung von Beiträgen mitzuteilen. Der durch das Steuerbürokratieabbaugesetz vom 20.12.2008[15] eingefügte Abs. 4 sieht vor, dass ab 2010 LSt-Außenprüfungen sowie Prüfungen der SozVers-Träger auf Verlangen des AG gleichzeitig durchgeführt werden können.

D. Beraterhinweise

Hat der AG steuerlich relevante Sachverhalte leichtfertig oder vorsätzlich unrichtig behandelt und ordnet das FA eine Außenprüfung an, steigt das Entdeckungsrisiko deutlich an. Findet der Prüfer die Verfehlungen, steht ein Bußgeldverfahren wegen **leichtfertiger Steuerverkürzung** (§ 378 AO) oder – falls Vorsatz gegeben ist – ein Strafverfahren wegen **Steuerhinterziehung** (§ 370 AO) im Raum. Der AG kann in diesen Fällen nur durch rechtzeitige **Selbstanzeige** Straf- bzw. Bußgeldfreiheit erlangen.

Bei der **Steuerhinterziehung** tritt Straffreiheit ein, wenn die Berichtigung der falschen LSt-Anmeldung bis zum Erscheinen des Prüfers erfolgt ist (§ 371 Abs. 2 AO). Die bereits erteilte Prüfungsanordnung schließt die Selbstanzeige nicht aus. Bei der **leichtfertigen Steuerverkürzung** ist eine Selbstanzeige sogar noch möglich bis zur Bekanntgabe der Einleitung eines Straf- oder Bußgeldverfahrens (§ 378 Abs. 3 AO). Eine Selbstanzeige ist in diesem Fall auch noch während der Außenprüfung möglich; für die Bußgeldfreiheit ist ausreichend, dass der AG bei der Prüfung mitwirkt und hilft bzw. das Prüfungsergebnis anerkennt.[16] In der Praxis kommt der Abgrenzung zwischen der Steuerhinterziehung und der leichtfertigen Steuerverkürzung daher erhebliche Bedeutung zu. Ist dem AG bekannt, dass seine Lohnbuchführung Unregelmäßigkeiten enthält, sollte er somit auf jeden Fall vor Erscheinen des Prüfers Selbstanzeige erstatten, damit Straffreiheit auch dann eintritt, wenn das FA sein Verhalten als Steuerhinterziehung würdigt, was regelmäßig der Fall ist.[17]

§ 42f Lohnsteuer-Außenprüfung (gültig ab 1.1.2010)

(1) Für die Außenprüfung der Einbehaltung oder Übernahme und Abführung der Lohnsteuer ist das Betriebsstättenfinanzamt zuständig.

(2) ¹Für die Mitwirkungspflicht des Arbeitgebers bei der Außenprüfung gilt § 200 der Abgabenordnung. ²Darüber hinaus haben die Arbeitnehmer des Arbeitgebers dem mit der Prüfung Beauftragten jede gewünschte Auskunft über Art und Höhe ihrer Einnahmen zu geben und auf Verlangen die etwa in ihrem Besitz befindlichen Lohnsteuerkarten sowie die Belege über bereits entrichtete Lohnsteuer vorzulegen. ³Dies gilt auch für Personen, bei denen es streitig ist, ob sie Arbeitnehmer des Arbeitgebers sind oder waren.

(3) ¹In den Fällen des § 38 Absatz 3a ist für die Außenprüfung das Betriebsstättenfinanzamt des Dritten zuständig; § 195 Satz 2 der Abgabenordnung bleibt unberührt. ²Die Außenprüfung ist auch beim Arbeitgeber zulässig; dessen Mitwirkungspflichten bleiben neben den Pflichten des Dritten bestehen.

(4) Auf Verlangen des Arbeitgebers können die Außenprüfung und die Prüfungen durch die Träger der Rentenversicherung (§ 28p des Vierten Buches Sozialgesetzbuch) zur gleichen Zeit durchgeführt werden.

Literatur: *Bilsdorfer*, Rechtsprechung zur steuerlichen Außenprüfung im Jahr 2007; *Dörn*, Wirksame Selbstanzeige (§ 378 Abs. 3 AO) in der Betriebsprüfung, Stbg 1995, 85; *ders.*, Feststellung von Steuerverkürzungen durch die Außenprüfung, DStR 1995, 558; *Mößbauer*, Zum Umfang der Mitwirkungspflicht des Arbeitgebers bei der Lohnsteuer-Außenprüfung, DB 1998, 1303. **FinVerw:** LStR 42f, LStH 42f

A. Allgemeines

Die Vorschrift ergänzt die §§ 193 ff. AO hinsichtlich der Durchführung von **LSt-Außenprüfungen**. Abs. 1 enthält dabei eine Regelung zur örtlichen Zuständigkeit, Abs. 2 erweitert die Mitwirkungspflichten von AN über § 200 Abs. 1 S. 3 AO hinaus.

---

15 BGBl I S. 2850.
16 Klein/*Gast-deHaan*, AO, 9. Aufl. 2006, § 378 Rn 23.
17 *Dörn*, Stbg 1995, 85.

B. Regelungsgehalt

2 Die LSt-Außenprüfung ist eine Prüfung i.S.d. §§ 193 ff. AO. Der geprüfte **Personenkreis** umfasst gem. § 193 AO alle Personen, die AN beschäftigen oder zu beschäftigen scheinen. Hierzu gehören auch private Haushalte, die aber in der Regel nicht geprüft werden sollen.[1] Örtlich zuständig für die Durchführung der LSt-Außenprüfung ist nach Abs. 1 das **Betriebsstätten-FA**. Dieses kann gem. § 195 S. 2 AO aber auch andere FinBeh mit der Außenprüfung beauftragen. Die LSt-Außenprüfung erstreckt sich darauf, ob die LSt zutreffend einbehalten übernommen und an das FA abgeführt wurde.[2] Der **Prüfungszeitraum** kann dabei auch mehr als drei Jahre umfassen,[3] da § 4 Abs. 3 BpO ausdrücklich nicht gilt (§ 1 Abs. 2 BpO). Auch eine Erweiterung des Prüfungszeitraums ist deshalb über die Grenzen des § 4 Abs. 3 BpO hinaus möglich. Die Prüfung soll grds. in den Geschäftsräumen des AG stattfinden.[4] Die Durchführung einer LSt-Außenprüfung und der Zeitpunkt des Beginns werden mittels schriftlicher **Prüfungsanordnung** (§ 196 AO) angemessene Zeit vorher mitgeteilt (§ 5 Abs. 4 S. 1 BpO).

3 Abs. 2 S. 1 verweist deklaratorisch auf § 200 AO, der die **Mitwirkungspflicht** des AG regelt. Die Mitwirkungspflicht der AN werden durch S. 2 gegenüber § 200 Abs. 1 S. 3 AO erheblich erweitert. Die Pflichten des AN erstrecken sich dabei auch auf den Arbeitslohn aus vorangegangenen Dienstverhältnissen, nicht aber auf Einnahmen aus anderen Einkunftsarten.[5] Die Mitwirkungspflicht betrifft nach S. 3 auch Personen, bei denen strittig ist, ob ihnen AN-Eigenschaft zukommt oder nicht. Im Einzelnen ist dem Prüfer nicht nur Einsicht in die lstl Unterlagen (LSt-Karten, Lohnkonten etc.) zu gewähren, sondern auch in Sachkonten, Jahresabschlüsse, Anstellungsverträge etc. Seit 1.1.2002 haben die FinBeh nach § 147 Abs. 6 AO das Recht, im Rahmen von Außenprüfungen einen **EDV-gestützten Buchführungssystem** Einsicht in die gespeicherten Daten zu nehmen und die Datenverarbeitungssysteme des Unternehmens zur Prüfung zu nutzen.[6] Nach Durchführung der Prüfung hat der AG Anspruch auf eine **Schlussbesprechung**, sofern sich Änderungen bei den Besteuerungsgrundlagen ergeben haben (§ 201 AO). Über das Ergebnis der Prüfung hat der Prüfer einen schriftlichen **Prüfungsbericht** zu fertigen (§ 202 AO). Der Prüfungsbericht stellt keinen VA dar und ist daher nicht anfechtbar. Erst gegen den aufgrund des Berichts ergehenden Haftungs- und/oder Nachforderungs- bzw. Pauschalierungsbescheid ist ein Rechtsbehelf möglich.

4 Der Beginn der Prüfung schließt eine strafbefreiende **Selbstanzeige** nach § 371 AO aus, gleichzeitig wird die **Festsetzungsverjährung** gem. § 171 Abs. 4 AO unterbrochen. Nach Abschluss der LSt-Außenprüfung ist der **Vorbehalt der Nachprüfung**, unter dem die LSt-Anmeldung steht, aufzuheben. In diesem Fall hindert dann die **Änderungssperre** nach § 173 Abs. 2 AO auch den Erlass eines Haftungsbescheids.[7] Ein Haftungsbescheid kann aber erlassen werden, wenn die Aufhebung des Vorbehalts unterbleibt.[8] Aus der Sperrwirkung des § 173 Abs. 2 AO erwächst aber kein allgemeines Verwertungsverbot, so können z.B. Ehegattenarbeitsverhältnisse bei der Veranlagung zur ESt nicht anerkannt werden.[9]

5 Die Änderungssperre beim AG bleibt ohne Auswirkung auf den AN. Sie hindert weder eine LSt-Nachforderung beim AN,[10] noch tritt durch den Beginn der Außenprüfung eine Verjährungsunterbrechung für die ESt des AN ein.[11] Auch ein Verwertungsverbot, das sich aufgrund der Aufhebung einer rechtswidrigen Prüfungsanordnung ergibt, schützt den AN nicht vor einer Auswertung der durch die Prüfung erlangten Kenntnisse.[12]

6 Grds. soll sich aus dem Verhalten des Prüfers keine unmittelbare Bindung für die Zukunft ergeben.[13] Nach h.M. entsteht für den AG aber **Vertrauensschutz** hinsichtlich der geprüften Sachverhalte, die unbeanstandet bleiben.[14]

C. Verbindung zu anderen Rechtsgebieten und zum Prozessrecht

7 Die Träger der RV haben mind. alle vier Jahre **SozVers-Prüfungen** bei den AG durchzuführen (§ 28p Abs. 1 S. 1 SGB IV). Dabei sind dem prüfenden SozVers-Träger unaufgefordert die Bescheide und Prüfberichte der FinBeh vorzulegen, damit dieser sie versicherungs- und beitragsrechtlich auswerten kann (§ 5 Abs. 5 BÜVO). Den Prüfberichten

---

1 LStR 42f Abs. 3 S. 2.
2 BFH 9.3.1990 – VI R 87/89 – BStBl II S. 608 = HFR 1990, 474.
3 FG Thüringen 22.5.1997 – I 44/97 – EFG 1998, 984, rkr.
4 OFD Bremen 31.8.1995 – S 2386-St 2000 – DB 1995, 2398.
5 Schmidt/Drenseck, § 42f Rn 5.
6 BMF 16.7.2001 – IV D 2-S 0316–136/01 – BStBl I S. 415 = DB 2001, 1589.
7 BFH 31.8.1990 – VI R 78/86 – BStBl II 1991 S. 537 = HFR 1991, 65; BFH 15.5.1992 – VI R 106/88 – BStBl II 1993 S. 840 = HFR 1992, 720; BFH 15.5.1992 – VI R 183/88 – BStBl II 1993 S. 829 = HFR 1992, 676; BMF 8.11.1993 – IV A 4-S 0351–11/93 – BStBl I S. 922.
8 BFH 14.9.1993 – VIII R 9/93 – BStBl II 1995 S. 2 = HFR 1995, 125; a.A. Schmidt/Drenseck, § 42f Rn 9; Thomas, DStR 1992, 1468.
9 BFH 24.7.1996 – X R 123/94 – BFH/NV 1997, 161.
10 BFH 9.11.1984 – VI R 157/83 – BStBl II 1985, 191 = BFHE 142, 402.
11 BFH 15.12.1989 – VI R 151/86 – BStBl II 1990 S. 526 = HFR 1990, 349.
12 BFH 9.11.1984 – VI R 157/83 – BStBl II 1985, 191 = BFHE 142, 402.
13 BFH 20.7.1962 – VI 167/61 U – BStBl III 1963 S. 23 = BFHE 76, 64.
14 Schmidt/Drenseck, § 42f Rn 10; Kirchhof/von Beckerath, § 42f Rn 10.

kommt für die Träger der SozVers aber keine **Bindungswirkung** zu. Für die Durchführung von Beitragsprüfungen gelten im Wesentlichen die gleichen Grundsätze wie bei LSt-Außenprüfungen.

Gem. § 71 Abs. 1 S. 1 Nr. 3 SGB X sind die SozVers-Träger befugt, die im Rahmen von Außenprüfungen gewonnenen Sozialdaten an die FinBeh zu übermitteln, soweit dies zur „Sicherung des Steueraufkommens" erforderlich ist. Ergänzend hierzu regelt § 116 AO, dass u.a. die SozVers-Träger verpflichtet sind, Tatsachen, die sie dienstlich erfahren und die den Verdacht einer Steuerstraftat begründen, den FinBeh mitzuteilen. Gleichzeitig sind die FinBeh gem. § 31 Abs. 2 AO verpflichtet, den SozVers-Trägern erforderliche Daten zur Feststellung der Versicherungspflicht sowie zur Festsetzung von Beiträgen mitzuteilen. Der durch das Steuerbürokratieabbaugesetz vom 20.12.2008[15] eingefügte Abs. 4 sieht vor, dass ab 2010 LSt-Außenprüfungen sowie Prüfungen der SozVers-Träger auf Verlangen des AG gleichzeitig durchgeführt werden können.

D. Beraterhinweise

Hat der AG steuerlich relevante Sachverhalte leichtfertig oder vorsätzlich unrichtig behandelt und ordnet das FA eine Außenprüfung an, steigt das Entdeckungsrisiko deutlich an. Findet der Prüfer die Verfehlungen, steht ein Bußgeldverfahren wegen **leichtfertiger Steuerverkürzung** (§ 378 AO) oder – falls Vorsatz gegeben ist – ein Strafverfahren wegen **Steuerhinterziehung** (§ 370 AO) im Raum. Der AG kann in diesen Fällen nur durch rechtzeitige **Selbstanzeige** Straf- bzw. Bußgeldfreiheit erlangen.

Bei der **Steuerhinterziehung** tritt Straffreiheit ein, wenn die Berichtigung der falschen LSt-Anmeldung bis zum Erscheinen des Prüfers erfolgt ist (§ 371 Abs. 2 AO). Die bereits erteilte Prüfungsanordnung schließt die Selbstanzeige nicht aus. Bei der **leichtfertigen Steuerverkürzung** ist eine Selbstanzeige sogar noch möglich bis zur Bekanntgabe der Einleitung eines Straf- oder Bußgeldverfahrens (§ 378 Abs. 3 AO). Eine Selbstanzeige ist in diesem Fall auch noch während der Außenprüfung möglich; für die Bußgeldfreiheit ist ausreichend, dass der AG bei der Prüfung mitwirkt und hilft bzw. das Prüfungsergebnis anerkennt.[16] In der Praxis kommt der Abgrenzung zwischen der Steuerhinterziehung und der leichtfertigen Steuerverkürzung daher erhebliche Bedeutung zu. Ist dem AG bekannt, dass seine Lohnbuchführung Unregelmäßigkeiten enthält, sollte er somit auf jeden Fall vor Erscheinen des Prüfers Selbstanzeige erstatten, damit Straffreiheit auch dann eintritt, wenn das FA sein Verhalten als Steuerhinterziehung würdigt, was regelmäßig der Fall ist.[17]

---

15 BGBl I S. 2850.
16 Klein/*Gast-deHaan*, AO, 9. Aufl. 2006, § 378 Rn 23.

17 *Dörn*, Stbg 1995, 85.

Gewerbeordnung

Vom 21.6.1869, BGBl I S. 245, BGBl III 7100-1

In der Fassung und Bekanntmachung vom 22.2.1999, BGBl I S. 202
Zuletzt geändert durch Gesetz zur Reform der Sachaufklärung in der Zwangsvollstreckung
vom 29.7.2009, BGBl I S. 2258, 2270
– Auszug –

§ 6 Anwendungsbereich

(1) [1]Dieses Gesetz findet keine Anwendung auf die Fischerei, die Errichtung und Verlegung von Apotheken, die Erziehung von Kindern gegen Entgelt, das Unterrichtswesen, auf die Tätigkeit der Rechtsanwälte und Notare, der Rechtsbeistände, der Wirtschaftsprüfer und Wirtschaftsprüfungsgesellschaften, der vereidigten Buchprüfer und Buchprüfungsgesellschaften, der Steuerberater und Steuerberatungsgesellschaften sowie der Steuerbevollmächtigten, auf den Gewerbebetrieb der Auswandererberater und das Seelotswesen. [2]Auf das Bergwesen findet dieses Gesetz nur insoweit Anwendung, als es ausdrückliche Bestimmungen enthält; das gleiche gilt für den Gewerbebetrieb der Versicherungsunternehmen, die Ausübung der ärztlichen und anderen Heilberufe, den Verkauf von Arzneimitteln, den Vertrieb von Lotterielosen und die Viehzucht. [3]Ferner findet dieses Gesetz mit Ausnahme des Titels XI auf Beförderungen mit Krankenkraftwagen im Sinne des § 1 Abs. 2 Nr. 2 in Verbindung mit Abs. 1 des Personenbeförderungsgesetzes keine Anwendung.

(1a) § 6c findet auf alle Gewerbetreibenden und sonstigen Dienstleistungserbringer im Sinne des Artikels 4 Nummer 2 der Richtlinie 2006/123/EG Anwendung, deren Dienstleistungen unter den Anwendungsbereich der Richtlinie fallen.

(2) Die Bestimmungen des Abschnitts I des Titels VII finden auf alle Arbeitnehmer Anwendung.

Literatur: *Bauer/Opolony*, Arbeitsrechtliche Änderungen in der Gewerbeordnung, BB 2002, 1590; *Boemke* (Hrsg.), Gewerbeordnung, Kommentar zu §§ 105–110, 2003; *Borgmann*, Neuregelung arbeitsrechtlicher Grundnormen in der Gewerbeordnung, MDR 2003, 305; *Düwell*, Geänderte Gewerbeordnung – Neues Grundgesetz des Arbeitsrechts, FA 2003, 2; *ders.*, Neues Arbeitsrecht in der Gewerbeordnung, ZTR 2002, 461; *Kühl*, Arbeitsvertragsrecht – Kodifikation steht weiter aus, AuA 2000, 68; *Neumann*, 133 Jahre Gewerbeordnung und noch viel mehr, AuR 2002, 216; *Perreng*, Änderungen der Gewerbeordnung – Erste Fassung eines Arbeitsgesetzbuches?, AiB 2002, 521; *Schöne*, Die Novellierung der Gewerbeordnung und die Auswirkungen auf das Arbeitsrecht, NZA 2002, 829; *Wisskirchen*, Novellierung arbeitsrechtlicher Vorschriften in der Gewerbeordnung, DB 2002, 1886

1 Die m.W.v. 1.1.2003 durch das Dritte Gesetz zur Änderung der GewO und sonstiger gewerberechtlicher Vorschriften v. 24.8.2002[1] neu gefasste Vorschrift des § 6[2] regelt wie die bisherige Vorschrift des § 6 a.F.[3] den Anwendungsbereich der Regelungen der GewO.[4] Mit dem neu angefügten **Abs. 2** von § 6 werden die im neu gefassten Abschnitt I des Titels VII (§§ 105–110) enthaltenen allgemeinen arbeitsrechtlichen Grundsätze auf alle AN – auch in den Ausnahmebereichen[5] des Abs. 1 tätige und nicht mehr nur „gewerbliche AN"[6] – für anwendbar erklärt.[7] Ziel dieser Neuregelungen ist die Rechtsbereinigung und Deregulierung sowie die Schaffung von **Rechtsklarheit** und **Rechtssicherheit** durch die Wiederherstellung verständlicher Grundnormen.[8] Auch wird die **Rechtseinheit** zwischen Ost- und Westdeutschland wiederhergestellt, nachdem durch Art. 8 i.V.m. Anlage I des Einigungsvertrages[9] zahlreiche Vorschriften der GewO von der Anwendbarkeit im Beitrittsgebiet ausgenommen worden waren.[10] Wenngleich in den spezialgesetzlichen Neuregelungen der §§ 6 Abs. 2, 105 bis 110 z.T. ein „erster Versuch zur Kodifizierung eines Arbeitsvertragsgesetzbuches",[11] eine „erste Fassung eines Arbeitsgesetzbuches",[12] der „Kern eines Arbeits-

---

1 BGBl I 2002 S. 3412, 3421; *Düwell*, FA 2003, 2 ff.; *Düwell*, ZTR 2002, 461 f.; *Neumann*, AuR 2002, 216 f.; *Perreng*, AiB 2002, 521 ff.; *Schöne*, NZA 2002, 829 f.
2 S. zur Entstehungsgeschichte Landmann-Rohmer/*Marcks*, GewO, § 6 Rn 1.
3 *Tettinger*, in: Tettinger/Wank, GewO, § 6 Rn 1 ff., 4 ff.
4 Zur (geschichtlichen) Entwicklung der arbeitsrechtlichen Regelungen in der GewO s. Boemke/*Ankersen*, GewO, Einl. Rn 1 ff., zum Geltungsbereich Rn 19 ff.
5 Landmann-Rohmer/*Marcks*, GewO, § 6 Rn 3, 75 ff.
6 So die frühere Überschrift des Titels VII, s. *Wank*, in: Tettinger/Wank, GewO, vor § 105 Rn 4 ff.
7 BT-Drucks 14/8796, S. 6, 16 f., 31, 34; BT-Drucks 14/9254, S. 3, 7, 9; BR-Drucks 112/02, S. 7, 34 ff., 52 ff., 56.
8 BT-Drucks 14/8796, S. 1, 16.
9 V. 31.8.1990 (BGBl II S. 885, 889, 1020).
10 *Borgmann*, MDR 2003, 305; *Düwell*, FA 2003, 2; *Düwell*, ZTR 2002, 461 f.; *Neumann*, AuR 2002, 216 f.
11 *Wisskirchen*, DB 2002, 1886.
12 *Perreng*, AiB 2002, 521 ff.

vertragsgesetzes"[13] oder ein „neues Grundgesetz des Arbeitsrechts"[14] gesehen wird, steht doch die rechtssystematische Deplatziertheit der Vorschriften im Vordergrund, die – jedenfalls bis zum Erlass eines allgemeinen Arbeitsvertrags-[15] bzw. Arbeitsrechts-[16] Gesetzbuches[17] – besser im BGB aufgehoben gewesen wären.[18]

§ 105 Freie Gestaltung des Arbeitsvertrages

¹Arbeitgeber und Arbeitnehmer können Abschluss, Inhalt und Form des Arbeitsvertrages frei vereinbaren, soweit nicht zwingende gesetzliche Vorschriften, Bestimmungen eines anwendbaren Tarifvertrages oder einer Betriebsvereinbarung entgegenstehen. ²Soweit die Vertragsbedingungen wesentlich sind, richtet sich ihr Nachweis nach den Bestimmungen des Nachweisgesetzes.

Literatur: *Bauer/Opolony*, Arbeitsrechtliche Änderungen in der Gewerbeordnung, BB 2002, 1590; *Boemke* (Hrsg.), Gewerbeordnung, Kommentar zu §§ 105–110, 2003; *ders.*, Privatautonomie im Arbeitsvertragsrecht, NZA 1993, 532; *Borgmann*, Neuregelung arbeitsrechtlicher Grundnormen in der Gewerbeordnung, MDR 2003, 305; *Düwell*, Geänderte Gewerbeordnung – Neues Grundgesetz des Arbeitsrechts, FA 2003, 2; *ders.*, Neues Arbeitsrecht in der Gewerbeordnung, ZTR 2002, 461; *Neumann*, 133 Jahre Gewerbeordnung und noch viel mehr, AuR 2002, 216; *Perreng*, Änderungen der Gewerbeordnung – Erste Fassung eines Arbeitsgesetzbuches?, AiB 2002, 521; *Roloff*, Vertragsänderungen und Schriftformklauseln, NZA 2004, 1191; *Schöne*, Die Novellierung der Gewerbeordnung und die Auswirkungen auf das Arbeitsrecht, NZA 2002, 829; *Thüsing*, Gedanken zur Vertragsautonomie im Arbeitsrecht, FS für Wiedemann zum 70. Geburtstag, 2002, 559; *Wisskirchen*, Novellierung arbeitsrechtlicher Vorschriften in der Gewerbeordnung, DB 2002, 1886

A. Allgemeines 1	(3) Gesetzliche Anordnung/Fiktion eines Arbeitsverhältnisses 13
I. Normzweck 1	(4) Einschränkungen der Auswahlfreiheit des AG 14
II. Entstehungsgeschichte 2	(5) Einschränkungen der Vertragsbeendigungsfreiheit des AG 15
B. Regelungsgehalt 3	bb) Inhalt 16
I. Anwendungsbereich 3	cc) Form 17
II. Grundsatz der Vertragsfreiheit (§ 105 S. 1) ... 4	d) Bestimmungen eines anwendbaren TV ... 18
1. Abschlussfreiheit („Abschluss") 4	aa) Abschluss 19
a) Allgemeines 4	bb) Inhalt 20
b) Vertragliche Einschränkungen 5	cc) Form 21
2. Gestaltungsfreiheit („Inhalt", „Form") 6	e) Bestimmungen einer BV 22
a) Allgemeines 6	aa) Abschluss 23
b) Schriftformklauseln 7	bb) Inhalt 24
3. Vertragsbeendigungsfreiheit 8	cc) Form 25
4. Einschränkungen der Vertragsfreiheit ... 9	f) Rechtsfolgen von Verstößen 26
a) Allgemeines 9	III. Verweis auf das NachwG (S. 2) 27
b) Arbeitsrechtliche Rechtsquellenlehre 10	1. Allgemeines 27
c) Zwingende gesetzliche Vorschriften ... 11	2. Rechtsfolgen von Verstößen 28
aa) Abschluss 11	C. Beraterhinweise 29
(1) Abschluss- und Beschäftigungsverbote 11	
(2) Kontrahierungs- bzw. Beschäftigungszwang 12	

A. Allgemeines

I. Normzweck

Die m.W.v. 1.1.2003 neu gefasste[1] Vorschrift des § 105 regelt wie die bisherige Vorschrift des § 105 a.F.[2] den **Grundsatz der Vertragsfreiheit** – welcher bereits verfassungsrechtlich als Bestandteil der Privatautonomie **1**

---

13 *Bauer/Opolony*, BB 2002, 1590, 1594.
14 *Düwell*, FA 2003, 2 f.
15 Art. 30 Abs. 1 Nr. 1 Einigungsvertrag v. 31.8.1990 (BGBl II S. 885, 889, 899); Resolution des Deutschen Reichstags v. 11.12.1896.
16 Art. 157 Abs. 2 WRV.
17 Zu weiteren früheren Kodifikationsvorhaben s. *Kühl*, AuA 2000, 68 ff.
18 Boemke/*Ankersen*, GewO, Einl. Rn 16 ff.; HWK/*Lembke*, vor §§ 105–110 Rn 2; *Bauer/Opolony*, BB 2002, 1590, 1594; *Neumann*, AuR 2002, 216, 217.

1 Durch das Dritte Gesetz zur Änderung der GewO und sonstiger gewerberechtlicher Vorschriften v. 24.8.2002 (BGBl I S. 3412, 3414, 3421); BT-Drucks 14/8796, S. 5 f., 8, 16 f., 23 f.; insb. zum Gesetzgebungsverfahren s. *Düwell*, ZTR 2002, 461 f.; *Düwell*, FA 2003, 2 ff.; *Neumann*, AuR 2002, 216 f.; *Perreng*, AiB 2002, 521 ff.
2 Zu § 105 a.F. s. *Wank*, in: Tettinger/Wank, GewO, § 105 Rn 1 ff.

(Art. 2 Abs. 1 GG)[3] sowie der Berufsausübungsfreiheit (Art. 12 Abs. 1 GG)[4] sowie zivilrechtlich (§§ 241 Abs. 1, 311 Abs. 1 BGB)[5] verankert ist – aus Gründen der Rechtsklarheit auch für den Bereich des Arbeitsrechts.[6] Die Vertragsfreiheit umfasst dabei nach S. 1 die **Abschlussfreiheit** (Rn 4) und die **Gestaltungsfreiheit** (Rn 6). Durch S. 1 soll verdeutlicht werden, aus welchen Vorschriften – zwingendes Gesetzesrecht, Bestimmungen eines anwendbaren TV oder einer BV, soweit sie keine Öffnungsklauseln für abweichende Vereinbarungen enthalten – sich **Einschränkungen der Vertragsfreiheit** (Rn 9 ff.) ergeben können. S. 2 (Rn 27) enthält die – nach Ansicht des Gesetzgebers – für die Praxis, insb. für KMU notwendige Klarstellung, dass sich auch bei grundsätzlicher Formfreiheit des Arbeitsvertrages eine Verpflichtung des AG zur Niederschrift der wesentlichen Vertragsbedingungen aus dem **NachwG** ergibt. Durch die Neufassung des § 105 sollen im Übrigen die allgemeinen Vorschriften und Grundsätze über das Zustandekommen von Verträgen und über die Folgen von Verstößen gegen die in S. 1 genannten Rechtsquellen nicht berührt werden.[7] § 105 enthält **keine Anspruchsgrundlage**.[8]

II. Entstehungsgeschichte

2 Eine die freie Gestaltung der Arbeitsverträge zwischen selbstständigen Gewerbetreibenden und den gewerblichen AN regelnde Vorschrift des § 105 a.F.[9] war bereits in der GewO für die Preußischen Staaten v. 17.1.1845 enthalten.[10] § 105 wurde durch das Dritte G zur Änderung der GewO und sonstiger gewerberechtlicher Vorschriften vom 24.8.2002 m.W.v. 1.1.2003[11] neu gefasst.[12]

B. Regelungsgehalt

I. Anwendungsbereich

3 Während § 105 a.F. nur für gewerbliche AN galt, erfasst die geänderte Vorschrift nunmehr gem. §§ 6 Abs. 2, 105 S. 1 **alle AN** (s. § 611 BGB Rn 50 ff.).[13]

II. Grundsatz der Vertragsfreiheit (§ 105 S. 1)

4 **1. Abschlussfreiheit („Abschluss"). a) Allgemeines.** Die weitestgehenden Spielräume sind der Privatautonomie im Arbeitsvertragsrecht bei der Begründung eines Arbeitsvertrags belassen (**Vertragsbegründungsfreiheit**).[14] AG und AN steht es grds. frei, überhaupt ein Arbeitsverhältnis – nach Maßgabe der §§ 104 ff., 164 ff. BGB – einzugehen (**Abschlussfreiheit im engeren Sinne**). Sie können in aller Regel auch frei entscheiden, mit wem sie einen Arbeitsvertrag abschließen (**Auswahlfreiheit, Partnerwahlfreiheit**).[15]

5 **b) Vertragliche Einschränkungen.** Neben den in S. 1 genannten Rechtsquellen – Gesetz (Rn 11 ff.), **TV** (Rn 18 ff.), **BV** (Rn 22 ff.) – können sich Einschränkungen der Abschlussfreiheit auch aus einer vertraglichen Vereinbarung ergeben; so z.B. für den AG aus einem den Abschluss des Arbeitsvertrages vorsehenden **Vorvertrag**[16] oder einer im Hinblick auf eine Vertragsbeendigung ausgesprochenen **Wiedereinstellungszusage**,[17] für den AN aus dem Erfordernis der Einholung einer **Nebentätigkeitsgenehmigung** des AG.[18]

6 **2. Gestaltungsfreiheit („Inhalt", „Form"). a) Allgemeines.** Die Vertragsparteien können Inhalt und Form des Arbeitsvertrages grds. frei bestimmen (**Vertragsgestaltungsfreiheit**).[19] Inhalt i.d.S. umfasst insb. die Bereiche Ver-

---

3 BVerfG 19.5.1992 – 1 BvR 126/85 – NJW 1992, 2409, 2410; BVerfG 14.1.1987 – 1 BvR 1052/79 – NZA 1987, 347 ff.; BVerfG 16.5.1961 – 2 BvF 1/60 – NJW 1961, 1395; BVerfG 12.11.1958 – 2 BvL 4/56 u.a. – NJW 1959, 475, 478; BAG 16.3.1994 – 5 AZR 339/92 – NZA 1994, 937, 939; BAG 4.5.1962 – 1 AZR 250/61 – DB 1962, 841; BAG 10.5.1957 – 1 AZR 249/56 – AuR 1957, 348, 350 ff. m. Anm. *Olbersdorf*.
4 BVerfG 7.2.1990 – 1 BvR 26/84 – NZA 1990, 389 ff. m.w.N.; BAG 16.3.1994 – 5 AZR 339/92 – NZA 1994, 937, 939 m.w.N., wobei das hinsichtlich der Arbeitsvertragsfreiheit des AG teilweise herangezogenen Art. 14 GG; HWK/*Lembke*, § 105 GewO Rn 3 m.w.N.
5 *Boemke*, NZA 1993, 532 m.w.N.
6 BT-Drucks 14/8796, S. 23; s. *Boemke*, NZA 1993, 532 ff.; *Düwell*, FA 2003, 2, 4; *Thüsing*, in: FS für Wiedemann, 2002, 559 ff.
7 BT-Drucks 14/8796, S. 8, 23 f.
8 Zur Kritik an § 105 als „überflüssig" s. *Wisskirchen*, DB 2002, 1886; „deplaziert", so *Bauer/Opolony*, BB 2002, 1590; „nichts sagende Hülse", so ErfK/*Preis*, § 105 GewO Rn 3.

9 Zu § 105 a.F. s. *Wank*, in: Tettinger/Wank, GewO, § 105 Rn 1 ff.
10 S. zur Entstehungsgeschichte *Boemke/Boemke*, GewO, § 105 Rn 1.
11 BGBl I 2002 S. 3412, 3414, 3421.
12 Zur Entwicklung des Titels VII s. Landmann-Rohmer/*Neumann*, GewO, vor § 105 Rn 1 ff.
13 Zum AN-Begriff s.a. Landmann-Rohmer/*Neumann*, GewO, vor § 105 Rn 14 ff.
14 Landmann-Rohmer/*Neumann*, GewO, § 105 Rn 4 ff.; *Boemke/Boemke*, GewO, § 105 Rn 36 ff.
15 BT-Drucks 14/8796, S. 23; s. *Boemke*, NZA 1993, 532, 534 f.
16 HWK/*Lembke*, § 105 GewO Rn 11 m.w.N.
17 BAG 7.3.2002 – 2 AZR 93/01 – DB 2002, 1997 f.; *Lembke*, DB 2002, 2648 ff.; *Schrader/Straube*, NZA-RR 2003, 337 ff., zur einfachen, bedingten und befristeten (Wieder-)Einstellungszusage.
18 BAG 11.12.2001 – 9 AZR 464/00 – NZA 2002, 965, 967 f.
19 *Boemke*, NZA 1993, 532, 535 ff.

gütung, Art und Inhalt der Arbeitsleistung, Nebenpflichten, Arbeitszeit, Urlaub, Laufzeit des Vertrages, Kündigungsfristen etc.[20] Das Gesetz gibt grds. keine **Form** für den Abschluss eines Arbeitsvertrages vor. Das Erfordernis der Schriftform des gesamten Arbeitsvertrages oder einzelner Vertragsbestimmungen kann sich jedoch aus besonderen gesetzlichen Vorschriften, insb. §§ 14 Abs. 4, 21 TzBfG, § 623 BGB (Rn 17), einem TV (Rn 21), nach bestr. Ansicht auch aus einer BV (Rn 25) oder dem Individualarbeitsvertrag – im Wege einer **Schriftformklausel** (Rn 7) – ergeben.[21]

b) **Schriftformklauseln.** Oft beinhalten Arbeitsverträge eine sog. **doppelte (qualifizierte) Schriftformklausel**,[22] nach der Änderungen, Ergänzungen und die Aufhebung des Vertrages ebenso der Schriftform bedürfen wie die Aufhebung des Schriftformerfordernisses selbst. Eine doppelte Schriftformklausel kann durch eine die Schriftform nicht wahrende, z.B. mündliche, Vereinbarung nicht abbedungen werden,[23] auch nicht durch eine abweichende **betriebliche Übung** (§ 611 BGB Rn 63 ff.).[24] Anderes gilt bei einer **einfachen Schriftformklausel**,[25] nach der Änderungen und Ergänzungen des Arbeitsvertrages der Schriftform bedürfen.[26] Bei vorformulierten Arbeitsverträgen (§ 310 Abs. 4 S. 2, 3 BGB) ist gem. § 305b BGB der Vorrang der **Individualabrede** gegenüber einer im Standardarbeitsvertrag festgelegten Schriftformklausel zu beachten.[27] Das Verbot des § 309 Nr. 13 BGB steht der Klausel eines vorformulierten Arbeitsvertrages entgegen, nach der Anzeigen oder Erklärungen, die dem Verwender oder Dritten gegenüber abzugeben sind, an eine strengere Form als die Schriftform (§§ 126 f. BGB) oder besondere Zugangserfordernisse (§ 130 BGB) gebunden sind.

3. **Vertragsbeendigungsfreiheit.** Die Vertragsbeendigungsfreiheit[28] als Bestandteil des Grundsatzes der Vertragsfreiheit wird in S. 1 zwar nicht ausdrücklich erwähnt, ist aber der Sache nach erfasst. Der Abschluss eines **Aufhebungsvertrages** fällt als actus contrarius zum Abschluss eines Arbeitsvertrages ebenso unter die Vertragsbeendigungsfreiheit wie die **Befristung** des Arbeitsvertrages (§ 14 TzBfG)[29] und die Vereinbarung einer **auflösenden Bedingung** (§ 21 TzBfG).[30]

4. **Einschränkungen der Vertragsfreiheit. a) Allgemeines.** Gem. S. 1 wird der Grundsatz der Vertragsfreiheit durch **zwingende gesetzliche Vorschriften** (Rn 11 ff.), Bestimmungen eines anwendbaren **TV** (Rn 18 ff.) oder einer **BV** (Rn 22 ff.) – soweit sie keine Öffnungsklauseln für abweichende Vereinbarungen enthalten – eingeschränkt. S. 1 wiederholt insoweit lediglich Selbstverständlichkeiten: Dass die Vertragsfreiheit durch die dort genannten Regelungen eingeschränkt wird, ergibt sich bereits aus dem **zwingenden Charakter** der jeweiligen gesetzlichen Vorschriften, bei TV aus § 4 Abs. 1 S. 1 TVG, bei BV aus § 77 Abs. 4 BetrVG.[31] Nicht verständlich ist, warum der Gesetzgeber nicht auch Sprecherausschuss-RL (§ 28 Abs. 2 S. 1 SprAuG) erwähnt[32] und auf die die Vertragsfreiheit unmittelbar beschränkenden und in der Praxis bedeutsamen Vorschriften der §§ 305 ff. BGB[33] verwiesen hat.[34]

b) **Arbeitsrechtliche Rechtsquellenlehre.** S. 1 weist durch die Aufzählung der die Vertragsfreiheit einschränkenden Rechtsquellen (Gesetzesvorschriften, TV, BV) auf die arbeitsrechtliche Rechtsquellenlehre hin.[35] Im Arbeitsrecht gilt nach Maßgabe des **Rangprinzips**[36] und unter Berücksichtigung des **Günstigkeitsprinzips**[37] folgende **Normenpyramide** (siehe § 611 BGB Rn 164 ff.):[38]

---

20 *Boemke*, NZA 1993, 532, 535 f., auch zur Bedeutung des Grundsatzes der Privatautonomie bei der Anwendung des allgemeinen arbeitsrechtlichen Gleichbehandlungsgrundsatzes.
21 BT-Drucks 14/8796, S. 23 f.; s. *Düwell*, ZTR 2002, 461, 462.
22 *Roloff*, NZA 2004, 1192, 1194 f.
23 BAG 24.6.2003 – 9 AZR 302/02 – NZA 2003, 1145, 1147; BGH 2.6.1976 – VIII ZR 97/74 – MDR 1976, 925 f.; BFH 31.7.1991 – I S 1/91 – BB 1992, 51; LAG Rostock 22.4.2004 – 1 Sa 342/03.
24 BAG 24.6.2003 – 9 AZR 302/02 – NZA 2003, 1145, 1147 f.
25 *Roloff*, NZA 2004, 1192 ff.
26 BAG 24.6.2003 – 9 AZR 302/02 – NZA 2003, 1145, 1147; BAG 28.10.1987 – 5 AZR 518/85 – NZA 1988, 425, 426.
27 BGH 20.10.1994 – III ZR 76/94 – NJW-RR 1995, 179, 180 zu § 4 AGBG; BGH 15.5.1986 – IX ZR 96/85 – DB 1987, 324, 325; a.A. noch BGH 24.10.1979 – VIII ZR 235/78 – DB 1980, 395, 396; BAG 12.5.1976 – VIII ZR 33/74 – DB 1976, 1475, 1476; s. *Roloff*, NZA 2004, 1192, 1195 ff. m.w.N., auch zur Inhaltskontrolle nach § 307 Abs. 1 BGB.
28 Landmann-Rohmer/*Neumann*, GewO, § 105 Rn 8 ff.; *Boemke*, NZA 1993, 532, 537 f.
29 Insoweit als Fall der Abschlussfreiheit einordnend Boemke/*Boemke*, GewO, § 105 Rn 29.
30 HWK/*Lembke*, § 105 GewO Rn 9; *Boemke*, NZA 1993, 532, 537 f.
31 *Wisskirchen*, DB 2002, 1886.
32 HWK/*Lembke*, § 105 GewO Rn 36.
33 S. zu allgemeinen Arbeitsbedingungen Boemke/*Boemke*, GewO, § 105 Rn 73 ff.
34 ErfK/*Preis*, § 105 GewO Rn 2; Landmann-Rohmer/*Neumann*, GewO, § 105 Rn 22 f.; *Borgmann*, MDR 2003, 305, 306.
35 HWK/*Lembke*, § 105 GewO Rn 4 m.w.N.
36 Lex superior derogat legi inferiori.
37 Abweichungen von höherrangigeren Normen sind nur zulässig, soweit sie eine Änderung zugunsten des AN enthalten (s. § 4 Abs. 3 TVG).
38 ErfK/*Preis*, § 611 BGB Rn 237 ff.

- **Europarecht** (primäres EG-Recht: EG,[39] sekundäres EG-Recht: VO,[40] RL);[41]
- **Verfassungsrecht** (mittelbare Drittwirkung der Grundrechte[42] über die zivilrechtlichen Generalklauseln,[43] verfassungskonforme Auslegung, Schutzgebotsfunktion);[44]
- **Völkerrecht** (arg. Art. 25, 59 Abs. 2 GG, z.B. Europäische Sozialcharta,[45] EMRKG,[46] Internationaler Pakt über wirtschaftliche, soziale und kulturelle Rechte,[47] Internationale Arbeitsorganisation [IAO/ILO][48]);
- **Gesetzesrecht** (zweiseitig zwingendes Recht, einseitig zwingendes [AN-Schutz-]Recht – kraft ausdrücklicher Anordnung[49] oder im Wege der Auslegung[50] – sowie [tarif-]dispositives Recht);[51]
- **Rechtsverordnungen**;[52]
- **Satzungen**;[53]
- **TV**;[54]
- **BV**,[55] **Dienstvereinbarungen**,[56] **Sprecherausschuss-RL**;[57]
- **Individualarbeitsvertrag (§ 105)**.

Hinsichtlich der Konkurrenz von Rechtsquellen der gleichen Rangstufe gelten das **Spezialitätsprinzip**[58] und das **Ordnungsprinzip** (Zeitkollisionsregel).[59]

11 **c) Zwingende gesetzliche Vorschriften. aa) Abschluss. (1) Abschluss- und Beschäftigungsverbote.** Gesetzliche **Abschlussverbote** – z.B. das grds. Verbot der Beschäftigung von Kindern gem. §§ 2 Abs. 1, 5 Abs. 1, 7 Abs. 1 JArbSchG – richten sich mit der Nichtigkeitsfolge des § 134 BGB gegen den Abschluss des Arbeitsvertrages als solchen.[60] Gesetzliche **Beschäftigungsverbote** führen nicht zur Nichtigkeit des Arbeitsvertrages (arg. § 311a Abs. 1 BGB), sondern untersagen nur die tatsächliche Erbringung der Arbeitsleistung.[61] Sie können sich z.B. für (werdende) Mütter aus §§ 3, 4, 6, 8 MuSchG, bei Überschreitung der Arbeitszeit aus § 3 ArbZG, bei der Beschäftigung von Jugendlichen mit u.a. gefährlichen Arbeiten aus §§ 22 ff. JArbSchG, bei fehlender Arbeitsgenehmigung eines Ausländers aus §§ 284 ff. SGB III, bei fehlender Hygienebelehrung aus §§ 42 f. IfSG,[62] beim Umgang mit Gefahrstoffen aus § 15a GefStoffV[63] und bei Verweigerung der Zustimmung des BR zur (Wieder-)Einstellung eines AN bis zur Ersetzung der Zustimmung aus § 99 BetrVG[64] ergeben. Gem. § 20 Abs. 1 S. 1 BBiG darf Auszubildende nur einstellen, wer persönlich geeignet ist.

12 **(2) Kontrahierungs- bzw. Beschäftigungszwang.** Ein die negative Vertragsfreiheit des AG einschränkender gesetzlicher Kontrahierungs- bzw. Beschäftigungszwang kann sich zum einen aus **Weiterbeschäftigungsansprüchen** des AN ergeben, z.B. aus § 102 Abs. 5 BetrVG oder aufgrund des allgemeinen Weiterbeschäftigungsanspruchs bis zum rechtskräftigen Abschluss des Künd-Rechtsstreits.[65] Zum anderen können **Wiedereinstellungsansprüche** des AN bestehen, z.B. aus § 91 Abs. 6 SGB IX, § 2 Abs. 5 ArbPlSchG, bei sich nach Ausspruch einer Verdachts-Künd

---

[39] Z.B. Art. 39 ff. EG (AN-Freizügigkeit) und Art. 141 EG (Entgeltgleichheit).
[40] S. Art. 249 Abs. 2 EG.
[41] S. Art. 249 Abs. 3 EG.
[42] Z.B. Art. 1, 2 Abs. 1, 3, 4, 5, 6, 9, 12 Abs. 1, 14 Abs. 1 GG.
[43] Insb. §§ 138, 242, 307, 315, 626 BGB, § 106 S. 1 GewO.
[44] Boemke/*Boemke*, GewO, § 105 Rn 16 ff.
[45] V. 18.10.1961; umgesetzt durch G v. 19.9.1964 (BGBl II S. 1261).
[46] V. 4.11.1950; umgesetzt durch G v. 7.8.1952 (BGBl II S. 685); Bekanntmachung v. 15.12.1953 (BGBl II 1954 S. 14).
[47] V. 9.12.1966; umgesetzt durch G v. 23.11.1973 (BGBl II S. 1569).
[48] V. 20.11.1919 (RGBl II 1927 S. 497); s. G v. 25.5.1925 (RGBl II S. 161); Aufnahme Deutschlands am 12.6.1951; Bekanntmachung v. 5.6.1952 (BGBl II S. 607); Bekanntmachung v. 21.11.1975 (BGBl II S. 2206).
[49] Z.B. § 619 BGB, § 62 Abs. 4 HGB, § 12 EFZG, § 13 Abs. 1 S. 3 BUrlG, § 22 Abs. 1 TzBfG, § 17 Abs. 3 S. 3 BetrAVG, § 18 BBiG, § 5 NachwG.
[50] Z.B. §§ 3, 4, 6 MuSchG, §§ 5 ff. JArbSchG, §§ 3 ff. ArbSchG, §§ 1 ff. ASiG.
[51] Z.B. § 622 Abs. 4 BGB, § 4 Abs. 4 EFZG, §§ 12 Abs. 3, 13 Abs. 4, 14 Abs. 2 S. 3 TzBfG, § 13 Abs. 1 S. 1 BUrlG, § 17 Abs. 3 S. 1 BetrAVG, §§ 7, 12 ArbZG, § 21a JArbSchG, § 1 Abs. 3 Nr. 1 AÜG, §§ 100a, 140 Abs. 2 SeemG, §§ 48 Abs. 2, 101 Abs. 1, 2 ArbGG.
[52] Zu den Anforderungen an die Ermächtigungsgrundlage s. Art. 80 GG.
[53] Z.B. die Unfallverhütungsvorschriften der Berufsgenossenschaften nach § 15 SGB VII.
[54] Zur Wirkung s. § 4 TVG, zum Tarifvorrang gegenüber BV s. §§ 87 Abs. 1 Einleitungss., 77 Abs. 3 BetrVG, gegenüber Dienstvereinbarungen s. §§ 75 Abs. 3 Einleitungss., Abs. 5, 76 Abs. 2 S. 1 BPersVG.
[55] Zur Wirkung s. § 77 Abs. 4 S. 1 BetrVG.
[56] S. §§ 73, 75 Abs. 3, 5, 76 Abs. 2 BPersVG und die Regelungen in den LPVG.
[57] Zur Wirkung s. § 28 Abs. 2 S. 1 SprAuG.
[58] Lex specialis derogat legi generali.
[59] Lex posterior derogat legi priori.
[60] HWK/*Lembke*, § 105 GewO Rn 20 m.w.N.
[61] Boemke/*Boemke*, GewO, § 105 Rn 26 ff.
[62] Gesetz zur Verhütung und Bekämpfung von Infektionskrankheiten beim Menschen (InfektionsschutzG – IfSG) v. 20.7.2000 (BGBl I S. 1045); früher § 17 f. BSeuchG.
[63] *Brunhöber*, AuA 2004, Nr. 4, 18, 19.
[64] BAG 5.4.2001 – 2 AZR 580/99 – NZA 2001, 893, 895 ff. m.w.N.; BAG 2.7.1980 – 5 AZR 1241/79 – DB 1981, 272 ff.; sog. betriebsverfassungsrechtliches Beschäftigungsverbot; Boemke/*Boemke*, GewO, § 105 Rn 49 ff.; *Brunhöber*, AuA 2004, Nr. 4, 18, 20.
[65] BAG 27.2.1985 – GS 1/84 – NZA 1985, 702, 703 ff.

herausstellender Unschuld des AN[66] – wofür die Einstellung des Ermittlungsverfahrens nach § 170 Abs. 2 S. 1 StPO nicht schon allein ausreicht[67] –, bei Wegfalls des Künd-Grundes nach Ausspruch einer betriebsbedingten Künd vor Ablauf der Künd-Frist,[68] bei Betriebsübergang (§ 613a Abs. 1 BGB) nach Zugang der Künd,[69] nicht dagegen bei Wegfall des Befristungsgrundes nach Ablauf der Befristung.[70]

(3) Gesetzliche Anordnung/Fiktion eines Arbeitsverhältnisses. Einschränkungen der Abschlussfreiheit ergeben sich zum einen aus Vorschriften, die das **Entstehen eines Arbeitsverhältnisses** kraft Gesetzes vorsehen, z.B. nach Betriebsübergang gem. § 613a Abs. 1 S. 1 BGB, bzw. fingieren, wie im Fall unwirksamer AÜ gem. § 10 Abs. 1 AÜG. Nach Maßgabe von § 17 BBiG gilt bei Weiterbeschäftigung im Anschluss an das Berufsausbildungsverhältnis mangels ausdrücklicher Vereinbarung ein Arbeitsverhältnis als auf unbestimmte Zeit begründet. Verlangt ein in § 78a Abs. 1 BetrVG genannter Auszubildender innerhalb der letzten drei Monate vor Beendigung des Berufsausbildungsverhältnisses schriftlich vom AG die Weiterbeschäftigung, so gilt gem. § 78a Abs. 2 BetrVG zwischen Auszubildendem und AG im Anschluss an das Berufsausbildungsverhältnis ein Arbeitsverhältnis auf unbestimmte Zeit als begründet. Die Abschlussfreiheit wird zum anderen durch Vorschriften wie § 15 Abs. 5 TzBfG[71] und § 14 Abs. 3 BBiG beschränkt, welche die **Fortsetzung eines Arbeitsverhältnisses** kraft Gesetzes vorsehen. 13

(4) Einschränkungen der Auswahlfreiheit des AG. Die Auswahlfreiheit des AG ist durch Diskriminierungsverbote, insb. etwa nach Art. 9 Abs. 3 S. 2 GG, § 7 AGG, § 78 S. 2 BetrVG und § 81 Abs. 2 SGB IX eingeschränkt.[72] 14

(5) Einschränkungen der Vertragsbeendigungsfreiheit des AG. Hierunter fallen in erster Linie die i.d.R. zugunsten des AN einseitig zwingend ausgestalteten gesetzlichen Künd-Schutzbestimmungen, insb. im ArbPlSchG, BBiG, BEEG, HRG, InsO, KSchG, MuSchG, SGB IX sowie die Befristungsvorschriften des TzBfG.[73] 15

bb) Inhalt. Gesetzliche Inhaltsschranken ergeben sich aus den i.d.R. einseitig zwingenden **AN-Schutzgesetzen**, z.B. dem MuSchG, JArbSchG, ArbZG, ArbSchG, ASiG, TzBfG, EFZG, KSchG, BEEG, BUrlG, HAG, NachwG, SGB IX, § 617 BGB, § 618 BGB sowie den nach Maßgabe von § 15 SGB VII erlassenen **Unfallverhütungsvorschriften** der Berufsgenossenschaften.[74] Bei vorformulierten Standardarbeitsverträgen sind die Beschränkungen aus §§ **305 ff., 307 i.V.m. 310 Abs. 4 BGB** zu beachten.[75] 16

cc) Form. Während für den Abschluss des Arbeitsvertrages – anders als für den Aufhebungsvertrag gem. § 623 BGB – keine gesetzlichen Formvorschriften bestehen, bedürfen bestimmte Nebenabreden der **Schriftform (§ 126 BGB)**, z.B. die Befristung des Arbeitsvertrages gem. § 14 Abs. 4 TzBfG, die Vereinbarung einer auflösenden Bedingung gem. §§ 21, 14 Abs. 4 TzBfG sowie die Vereinbarung eines nachvertraglichen Wettbewerbsverbots gem. § 110 S. 2 i.V.m. § 74 Abs. 1 HGB. Im Übrigen sind gem. S. 2 (Rn 27) die Vorschriften des NachwG, insb. § 2 NachwG und § 3 NachwG zu beachten. 17

d) Bestimmungen eines anwendbaren TV. „Anwendbar" i.S.v. S. 1 ist ein aufgrund Tarifbindung der Vertragsparteien (§ 3 TVG), Allgemeinverbindlicherklärung (§ 5 TVG)[76] oder einzelvertraglicher Bezugnahme[77] im Arbeitsvertrag (§ 3 TVG Rn 81 ff.)[78] geltender TV.[79] Die zwingende Wirkung tarifvertraglicher Regelungen resultiert bereits aus § 4 Abs. 1 TVG. 18

aa) Abschluss. Z.T. enthalten tarifvertragliche Regelungen **Abschlussverbote**, z.B. in Form von Einstellungs- oder Besetzungs-RL, die eine bestimmte Ausbildung des Bewerbers fordern.[80] Ein **Kontrahierungszwang** für den AG wird begründet durch TV-Klauseln („Abschlussnormen"),[81] die einen **Wiedereinstellungsanspruch** des AN vorsehen, bspw. § 59 Abs. 5 BAT[82] für den Fall der Wiederherstellung der Berufsfähigkeit.[83] Tarifliche Wiedereinstellungsansprüche werden dem AN mitunter eingeräumt nach Wiederherstellung der Erwerbsfähigkeit, nach Beendigung eines Arbeitskampfes oder einer länger andauernden Betriebsstörung sowie nach Beendigung der Kindererziehung.[84] 19

---

66 BAG 14.12.1956 – 1 AZR 29/55 – AP § 611 BGB Fürsorgepflicht Nr. 3 m. Anm. *Larenz*; BGH 13.7.1956 – VI ZR 88/55 – NJW 1956, 1513.
67 BAG 20.8.1997 – 2 AZR 620/96 – NZA 1997, 1340, 1343.
68 BAG 28.6.2000 – 7 AZR 904/98 – NZA 2000, 1097, 1099 ff.
69 BAG 13.11.1997 – 8 AZR 195/95 – NZA 1998, 251, 252 f.
70 BAG 20.2.2002 – 7 AZR 600/00 – NZA 2002, 896, 898 f.
71 Für Dienstverhältnisse s. § 625 BGB.
72 *Boemke*, NZA 1993, 532, 534 f.
73 Landmann-Rohmer/*Neumann*, GewO, § 105 Rn 10 ff.
74 Boemke/*Boemke*, GewO, § 105 Rn 14.
75 HWK/*Lembke*, § 105 GewO Rn 29.
76 S. die im BArbBl veröffentlichten Verzeichnisse der für allgemein verbindlich erklärten TV, z.B. BArbBl 2004, S. 48 ff.: Stand Oktober 2004.
77 Landmann-Rohmer/*Neumann*, GewO, § 105 Rn 35.
78 Insoweit a.A. HWK/*Lembke*, § 105 GewO Rn 32 f. m.w.N.
79 BT-Drucks 14/8796, S. 23.
80 HWK/*Lembke*, § 105 GewO Rn 32 m.w.N.
81 S. Landmann-Rohmer/*Neumann*, GewO, § 105 Rn 31 f., auch zu „Beendigungsnormen".
82 Der TVöD enthält keine derartige Regelung.
83 BAG 24.1.1996 – 7 AZR 602/95 – NZA 1996, 823, 824 f.
84 S. HWK/*Lembke*, § 105 GewO Rn 33 m.w.N.

20 bb) Inhalt. Tarifvertragliche **Inhaltsnormen**[85] i.S.v. § 4 Abs. 1 S. 1 TVG schränken die Gestaltungsfreiheit der Arbeitsvertragsparteien insoweit ein, als Abweichungen nur bei Vorliegen einer tariflichen **Öffnungsklausel**[86] oder nach Maßgabe des **Günstigkeitsprinzips** (Rn 10) zulässig sind (§ 4 Abs. 3 TVG).

21 cc) Form. Die Auslegung tarifvertraglicher **Abschlussnormen** i.S.v. § 4 Abs. 1 S. 1 TVG, die eine bestimmte Form des Arbeitsvertrages fordern, ergibt in aller Regel, dass es sich lediglich um Vorschriften deklaratorischer Natur handelt, die nicht zur Nichtigkeit (§ 125 S. 1 BGB) eines formwidrig zustande gekommenen Arbeitsvertrages führen. Anderenfalls würde der Schutzzweck der Regelung, dem AN einen Anspruch auf formgerechte Vertragsniederlegung einzuräumen,[87] in sein Gegenteil verkehrt.[88] Ein **konstitutives tarifvertragliches (Schrift-)Formerfordernis** – das zur Nichtigkeit der formwidrigen Vereinbarung führt und gleichzeitig das Entstehen einer betrieblichen Übung (§ 127 BGB Rn 27 f.) verhindert[89] – besteht daher i.d.R. nur bzgl. vertraglicher Nebenabreden, wie z.B. bei § 4 Abs. 2 BMT-G II und § 4 Abs. 2 BAT (§ 2 Abs. 3 TVöD).[90]

22 e) Bestimmungen einer BV. Vom Begriff der „BV" i.S.v. § 105 S. 1 sind auch GBV (§§ 47 ff. BetrVG) und KBV (§§ 54 ff. BetrVG) erfasst.[91] Der zwingende Charakter einer BV ergibt sich aus § 77 Abs. 4 S. 1 BetrVG. Warum der Gesetzgeber in § 105 S. 1 nicht auch Sprecherausschuss-RL (§ 28 Abs. 2 S. 1 SprAuG)[92] oder Dienstvereinbarungen (§§ 73 ff. BPersVG)[93] erwähnt hat, ist unklar.

23 aa) Abschluss. Abschlussverbote können im Hinblick auf § 77 Abs. 3 BetrVG nur dann Regelungsgegenstand einer BV sein, wenn sie nicht durch TV geregelt sind oder üblicherweise geregelt werden oder ein TV den Abschluss ergänzender BV ausdrücklich zulässt (Tarifvorrang). Insoweit spielen insb. **Auswahl-RL** nach § 95 BetrVG eine Rolle.[94] **Wiedereinstellungsansprüche** können dem AN auch durch BV eingeräumt werden, z.B. in Sozialplänen für den Fall von Neueinstellungen nach einer Massenentlassung oder nach Beendigung einer freiwillig gewährten Elternzeit.[95]

24 bb) Inhalt. Die im Rahmen der **freiwilligen** (§ 88 BetrVG) wie der **erzwingbaren Mitbestimmung** (z.B. §§ 87, 91, 94, 95 BetrVG) geregelten Gegenstände, die sich auf die (Mindest-)Arbeitsbedingungen beziehen, schränken die inhaltliche Gestaltungsfreiheit der Arbeitsvertragsparteien ein, unbeschadet des auch für BV geltenden **Günstigkeitsprinzips** (Rn 10) und der Möglichkeit einer **Öffnungsklausel** in der BV.

25 cc) Form. Jedenfalls für den Abschluss von Arbeitsverträgen können BV nach h.M. keine Form vorschreiben, da die BV für den noch nicht betriebsangehörigen AN keine normative Wirkung entfalten kann (§§ 5 Abs. 1 S. 1, 77 Abs. 4 S. 1 BetrVG).[96]

26 f) Rechtsfolgen von Verstößen. Durch die Neufassung des § 105 werden die allgemeinen Vorschriften und Grundsätze über die Rechtsfolgen von Verstößen gegen die in S. 1 genannten Rechtsquellen (Rn 10) – insb. § 134 BGB, § 306 BGB, § 4 Abs. 3 TVG, § 77 Abs. 4 BetrVG – nicht berührt.[97]

III. Verweis auf das NachwG (S. 2)

27 1. Allgemeines. Der lediglich deklaratorische Verweis in S. 2 auf die Vorschriften des NachwG ist im Zusammenhang mit S. 1 zu sehen. Nach Ansicht des Gesetzgebers war klarzustellen, dass durch die in S. 1 niedergelegte **grds. Formfreiheit** die Pflicht des AG zur Niederlegung der wesentlichen Vertragsbedingungen nach § 2 NachwG und § 3 NachwG nicht eingeschränkt wird.[98] Im Hinblick auf diese Nachweispflichten[99] hat der Gesetzgeber mittels § 310 Abs. 4 S. 2 Hs. 2 BGB davon Abstand genommen, die Hinweis- und Kenntnisverschaffungspflichten nach § 305 Abs. 2 Nr. 1, 2 BGB auf vorformulierte Arbeitsverträge zu erstrecken.[100] Dass die dem AG durch das NachwG auferlegten Pflichten zwingendes Recht zugunsten des AN darstellen, ergibt sich bereits aus § 5 NachwG, S. 2 ist insoweit überflüssig.[101] Warum der Gesetzgeber nicht auch auf andere arbeitsrechtliche Gesetze oder Vorschriften (z.B. § 623 BGB, § 14 Abs. 4 TzBfG, § 21 TzBfG, § 11 Abs. 1 AÜG, § 4 BBiG) verwiesen hat, bleibt unklar.[102]

---

85 Landmann-Rohmer/*Neumann*, GewO, § 105 Rn 33.
86 BT-Drucks 14/8796, S. 23.
87 S. dazu auch §§ 2, 3, 5 NachwG.
88 BAG 24.6.1981 – 7 AZR 198/79 – AP § 4 TVG Formvorschriften Nr. 2 m. Anm. *Stumpf*.
89 BAG 18.9.2002 – 1 AZR 477/01 – NZA 2003, 337, 338; LAG Köln 26.7.2002 – 11 Ta 224/02 – NZA-RR 2003, 577, LS 2 zu § 7 Abs. 2 AVR.
90 BAG 18.9.2002 – 1 AZR 477/01 – NZA 2003, 337 ff.; BAG 7.5.1986 – 4 AZR 556/83 – BAGE 52, 33, 39 ff.
91 HWK/*Lembke*, § 105 GewO Rn 36.
92 HWK/*Lembke*, § 105 GewO Rn 36.
93 Landmann-Rohmer/*Neumann*, GewO, § 105 Rn 36.
94 BAG 5.4.1984 – 2 AZR 513/82 – NZA 1985, 329, 331 (Teilaufhebung durch BVerfG 19.5.1992 – 1 BvR 126/85 – NJW 1992, 2409 ff.); BAG 26.4.1990 – 1 ABR 84/87 – NZA 1990, 850, 854 ff., zu qualitativen Besetzungsregelungen.
95 HWK/*Lembke*, § 105 GewO Rn 38 m.w.N.
96 HWK/*Lembke*, § 105 GewO Rn 40 m.w.N.
97 BT-Drucks 14/8796, S. 23; s. *Schöne*, NZA 2002, 829 f.
98 BT-Drucks 14/8796, S. 24.
99 Boemke/*Boemke*, GewO, § 105 Rn 122 ff.
100 BT-Drucks 14/6857, S. 54.
101 Im Ergebnis ebenso *Bauer/Opolony*, BB 2002, 1590; *Wisskirchen*, DB 2002, 1886.
102 ErfK/*Preis*, § 105 GewO Rn 2.

2. Rechtsfolgen von Verstößen.
Bei Verstößen gegen (S. 2 i.V.m.) § 2 NachwG steht dem AN neben dem **Erfüllungsanspruch** ggf. – bei Entstehung eines Schadens, an dem es i.d.R. fehlen dürfte[103] – ein **Schadensersatzanspruch** (§§ 280 ff. BGB) zu, in dessen Rahmen zumindest eine **Beweiserleichterung** (siehe § 286 ZPO) zugunsten des AN (analog § 444 ZPO) in Betracht kommt.[104]

C. Beraterhinweise
In dem Bereich der vom AG in Einschränkung seiner Auswahlfreiheit zu beachtenden **Diskriminierungsverbote** (Rn 14) wird insb. die Rechtsentwicklung des § 7 AGG zu beachten sein, siehe die Kommentierung dort.

§ 106 Weisungsrecht des Arbeitgebers

¹Der Arbeitgeber kann Inhalt, Ort und Zeit der Arbeitsleistung nach billigem Ermessen näher bestimmen, soweit diese Arbeitsbedingungen nicht durch den Arbeitsvertrag, Bestimmungen einer Betriebsvereinbarung, eines anwendbaren Tarifvertrages oder gesetzliche Vorschriften festgelegt sind. ²Dies gilt auch hinsichtlich der Ordnung und des Verhaltens der Arbeitnehmer im Betrieb. ³Bei der Ausübung des Ermessens hat der Arbeitgeber auch auf Behinderungen des Arbeitnehmers Rücksicht zu nehmen.

Literatur: *Abeln/Steinkühler*, Reform der Gewerbeordnung – Überraschende Auswirkungen auf das Arbeitsrecht, AuA 2003, Nr. 1, 15; *Bauer/Opolony*, Arbeitsrechtliche Änderungen in der Gewerbeordnung, BB 2002, 1590; *Bayreuther*, Was schuldet der Arbeitnehmer? – Möglichkeiten und Grenzen einer vertraglichen Ausgestaltung der Leistungspflicht des Arbeitnehmers, NZA-Beil. 2006, 1, 3; *Bergwitz*, Das betriebliche Rauchverbot, NZA-RR 2004, 169; *Berkowsky*, Änderungskündigung, Direktionsrecht und Tarifvertrag – Zur Dogmatik der „überflüssigen Änderungskündigung", NZA 1999, 293; *Borgmann*, Neuregelung arbeitsrechtlicher Grundnormen in der Gewerbeordnung, MDR 2003, 305; *ders.*, Ethikrichtlinien und Arbeitsrecht, NZA 2003, 352; *Borgmann/Faas*, Das Weisungsrecht zur betrieblichen Ordnung nach S. 2 GewO, NZA 2004, 241; *Brunhöber*, Wenn der Arbeitnehmer nicht leistet… …und dies auch nicht muss, AuA 2004, Nr. 4, 18; *Dickmann*, Inhaltliche Ausgestaltung von Regelungen zur privaten Internetnutzung im Betrieb, NZA 2003, 1009; *Düwell*, Geänderte Gewerbeordnung – Neues Grundgesetz des Arbeitsrechts, FA 2003, 2; *ders.*, Neues Arbeitsrecht in der Gewerbeordnung, ZTR 2002, 461; *Eisenbeis/Nießen*, Auf Kollisionskurs: Ethikrichtlinien mit US-amerikanischem Vorbild und deutsches Arbeitsrecht, in: Bewegtes Arbeitsrecht, FS für Leinemann, 2006, 697; *Ernst*, Der Arbeitgeber, die E-Mail und das Internet, NZA 2002, 585; *Fliss*, Die örtliche Versetzung – Neue Regeln seit dem 11.6.2006?, NZA-RR; *Franzen*, Ethikregeln für Redakteure einer Wirtschaftszeitung, Jura 2005, 715; *Gaul*, Vertragsänderung durch Änderung des Organisationsplans?, NZA 1990, 873; *Gaul/Bonanni*, Änderungen der Gewerbeordnung – Gesetzliche Niederlegung allgemeiner arbeitsrechtlicher Grundsätze, ArbRB 2002, 234; *dies.*, Betriebsübergreifende Sozialauswahl und die Bedeutung von Versetzungsklauseln, NZA 2006, 289; *Hanau*, Möglichkeiten und Grenzen der Vereinbarungen zur Dauer der Arbeitszeit, NZA-Beil. 2006, 1, 34; *Hennige*, Rechtliche Folgewirkungen schlüssigen Verhaltens der Arbeitsvertragsparteien, NZA 1999, 281; *Hilbrandt*, Versetzung aufgrund vermeintlichen Weisungsrechts und einstweiliger Rechtsschutz – Auswirkungen des materiellrechtlichen Beschäftigungsanspruchs auf die Voraussetzungen einer einstweiligen Beschäftigungsverfügung, RdA 1998, 155; *v. Hoyningen-Huene*, Grundlagen und Auswirkungen einer Versetzung, NZA 1993, 145; *Hoß*, Das Schriftformerfordernis bei der Änderungskündigung, ArbRB 2003, 344; *Hümmerich*, Gestaltung von Arbeitsverträgen nach der Schuldrechtsreform, NZA 2003, 753; *Hümmerich/Rech*, Antizipierte Einwilligung in Überstunden durch arbeitsvertragliche Mehrarbeitsabgeltungsklauseln?, NZA 1999, 1132; *Hunold*, Die Rechtsprechung zum Direktionsrecht des Arbeitgebers, NZA-RR 2001, 337; *Joost*, Arbeitnehmerbegriff, Scheinselbstständigkeit und Weisungsrecht, FS für Günther Wiese zum 70. Geburtstag, 1998, 191; *Karlsfeld*, Arbeitsplatzbeschreibung – strategischer Einsatz im Hinblick auf das Spannungsverhältnis zwischen Direktionsrecht und Sozialauswahl, ArbRB 2004, 379; *Kast/Freihube*, Direktionsrecht und Flugreisen – Auswirkungen der Anschläge vom 11. September 2001, BB 2001, 2422; *Kock*, Einführung einer Ethikrichtlinie im Unternehmen, MDR 2006, 673; *ders.*, Unternehmensethik: Einführung, Inhalte und Mitbestimmung des Betriebsrats, ArbRB 2006, 118; *Kolle/Deinert*, Liebe ist Privatsache – Grenzen einer arbeitsvertraglichen Regelung zwischenmenschlicher Beziehungen, AuR 2006, 177; *Kossens*, Internetnutzung durch Arbeitnehmer, ArbRB 2004, 215; *Lakies*, Das Weisungsrecht des Arbeitgebers (§ 106 GewO) – Inhalt und Grenzen, BB 2003, 364; *Langer/Greiner*, Versetzungsklausel – Hemmnis bei der Kündigung, AuA 2005, 642; *Leßmann*, Die Grenzen des arbeitgeberseitigen Direktionsrechts, DB 1992, 1137; *Loritz*, Die Dienstreise des Arbeitnehmers – Mitbestimmung, Vergütung, Haftungsfragen, NZA 1997, 1188; *Meyer*, Ethikrichtlinien internationaler Unternehmen und deutsches Arbeitsrecht, NJW 2006, 3605; *Neumann*, 133 Jahre Gewerbeordnung und noch viel mehr, AuR 2002, 216; *Oelkers/Schmidt*, Das Direktionsrecht des Arbeitgebers, NJW-Spezial 2006, 10, 465; *Perreng*, Änderungen der Gewerbeordnung – Erste Fassung eines Arbeitsgesetzbuches?, AiB 2002, 521; *Schnitker/Grau*, Klauselkontrolle im Arbeitsvertrag – Zur Vereinbarkeit von Änderungs-, Anpassungs- und Widerrufsvorbehalten mit dem Recht der Allgemeinen Geschäftsbedingungen, BB 2002, 2120; *Schöne*, Die Novellierung der Gewerbeordnung und die Auswirkungen auf das Arbeitsrecht, NZA 2002, 829; *Scholl*, Die Unzumutbarkeit der Arbeitsleistung nach § 275 Abs. 3 BGB, Jura 2006, 283; *Schrader*, Gestaltungsmöglichkeiten des Arbeitgebers nach Inkrafttreten des AGG, DB 2006, 2571; *Schulte*, Direktionsrecht à la § 106 GewO – mehr Rechtssicherheit? – Neue Konturierung des Direktionsrechts, ArbRB 2003, 245; *Thiel*, Neue arbeitsrechtliche Vorschriften durch die novellierte Gewerbeordnung, ZMV 2002, 264; *Weber/Ehrich*, Direktionsrecht und Änderungskündigung bei Veränderungen im Arbeitsverhältnis, BB 1996, 2246; *Wisskir-*

---

103 Landmann-Rohmer/*Neumann*, GewO, § 105 Rn 39.

104 Landmann-Rohmer/*Neumann*, GewO, § 105 Rn 39; Boemke/*Boemke*, GewO, § 105 Rn 144 m.w.N.

chen, Novellierung arbeitsrechtlicher Vorschriften in der Gewerbeordnung, DB 2002, 1886; *Wisskirchen/Bissels*, Arbeiten, wenn Arbeit da ist – Möglichkeiten und Grenzen der Vereinbarungsbefugnis zur Lage der Arbeitszeit, NZA-Beil. 2006, 1, 24; *Wisskirchen/Jordan/Bissels*, Arbeitsrechtliche Probleme bei der Einführung internationaler Verhaltens- und Ethikrichtlinien (Codes of Conduct/Codes of Ethic), DB 2005, 2190; *Wisskirchen/Körber/Bissels*, „Whistleblowing" und „Ethikhotlines" – Probleme des deutschen Arbeits- und Datenschutzrechts, BB 2006, 1567; *Zirnbauer*, Die Änderungskündigung, NZA 1995, 1073; *Zundel*, Wirksamkeit arbeitsvertraglicher Klauseln insbesondere unter dem Aspekt der AGB-Kontrolle, NJW 2006, 1237

A. Allgemeines	1
I. Normzweck	1
II. Entstehungsgeschichte	2
B. Regelungsgehalt	3
I. Anwendungsbereich	3
II. Rechtsnatur des Weisungsrechts	4
1. Einseitiges Leistungsbestimmungsrecht des AG	4
2. Gehorsamspflicht (Leistungspflicht) des AN ..	5
3. Notwendigkeit einer Änderungsvereinbarung/Änderungs-Künd	6
III. Gegenstand des Weisungsrechts (S. 1, 2)	7
1. Allgemeines	7
2. Inhalt der Arbeitsleistung	8
a) Allgemeines	8
b) Tätigkeits-, Stellen-, Arbeitsplatzbeschreibung	9
c) Nebenarbeiten („Zusammenhangstätigkeiten")	10
d) Einzelfälle	11
e) Grenzen: Gleichwertigkeit („Sozialbild")	12
f) Notfalltätigkeiten (Notfallarbeiten)	13
g) Zuweisung von Ersatztätigkeiten bei Beschäftigungsverboten nach dem MuSchG	14
h) Mitbestimmungsrechte von BR und PR ...	15
3. Ort der Arbeitsleistung	16
a) Allgemeines	16
b) Betriebsverlegung	17
c) Einzelfälle	18
d) Mitbestimmungsrechte von BR und PR ...	19
4. Zeit der Arbeitsleistung	20
a) Allgemeines	20
b) Dauer der Arbeitszeit	21
aa) Allgemeines	21
bb) Anordnung von Überstunden	22
cc) Arbeitszeitverkürzung und Einführung von Kurzarbeit	23
dd) Mitbestimmungsrechte	24
c) Lage der Arbeitszeit	25
aa) Allgemeines	25
bb) Schichtarbeit	26
cc) Bereitschaftsdienst	27
dd) Betriebsferien	28
ee) Mitbestimmungsrechte von BR und PR	29
5. Ordnung und Verhalten der AN im Betrieb (S. 2)	30
a) Allgemeines	30
b) Betriebsbezogene Weisungen bzgl. Verhalten und Ordnung der AN	31
aa) Rauchverbot	32
bb) Arbeits-, Dienst-, Schutzkleidung ...	33
(1) Begriffsbestimmung	33
(2) Weisungen des AG	34
cc) Äußeres Erscheinungsbild des AN ...	35
c) Überwachungs- und Kontrollmaßnahmen	36
d) Sonstige (betriebsbezogene) Weisungen ..	37
e) Mitbestimmungsrechte von BR und PR ...	38
aa) § 87 Abs. 1 Nr. 1 BetrVG	38
bb) Sonstige Mitbestimmungsvorschriften	39
IV. Grenzen des Weisungsrechts (S. 1)	40
1. Allgemeines	40
2. Arbeitsvertrag	41
a) Allgemeines	41
b) „Konkretisierung" des Arbeitsverhältnisses/Arbeitsvertrages	42
aa) Begriff und Rechtsgrundlage	42
bb) Voraussetzungen	43
cc) Einzelfälle	44
dd) Schriftformklausel	45
ee) Rechtsfolge	46
c) Inhalt der Arbeitsleistung	47
aa) Allgemeines	47
bb) (Konzern-)Versetzungsvorbehaltsklausel („Versetzungs-, Umsetzungsklausel, Direktionsklausel")	48
(1) Begriffsbestimmung „Versetzung" und „Umsetzung"	48
(2) Versetzungsvorbehaltsklausel ..	49
(3) Konzernversetzungsvorbehaltsklausel	50
cc) Konkretisierung	51
d) Ort der Arbeitsleistung	52
aa) Allgemeines	52
bb) Versetzungsvorbehaltsklausel („Mobilitätsklausel")	53
cc) Konkretisierung	54
e) Zeit der Arbeitsleistung	55
aa) Allgemeines	55
bb) Dauer der Arbeitszeit	56
(1) Überstundenklausel	56
(2) Kurzarbeitsklausel	57
cc) Lage der Arbeitszeit	58
dd) Konkretisierung	59
(1) Allgemeines	59
(2) Dauer der Arbeitszeit	60
(3) Lage der Arbeitszeit	61
f) Ordnung und Verhalten der AN im Betrieb (S. 2)	62
3. Betriebliche Übung	63
a) Begriff	63
b) Einschränkungen des Direktionsrechts durch betriebliche Übung	64
4. Bestimmungen einer BV	65
a) Allgemeines	65
b) Inhalt der Arbeitsleistung	66
c) Ort der Arbeitsleistung	67
d) Zeit der Arbeitsleistung	68
aa) Dauer der Arbeitszeit	68
bb) Lage der Arbeitszeit	69
e) Ordnung und Verhalten der AN im Betrieb	70
5. Bestimmungen eines anwendbaren TV	71
a) Anwendbarkeit eines TV	71
b) Inhalt der Arbeitsleistung	72
aa) Eingruppierung in tarifliche Vergütungsgruppe	72
bb) Tarifvertragliche Versetzungsvorbehaltsklauseln	73
c) Ort der Arbeitsleistung	74
d) Zeit der Arbeitsleistung	75
aa) Dauer der Arbeitszeit	75
bb) Lage der Arbeitszeit	76
e) Ordnung und Verhalten der AN im Betrieb	77
6. Gesetzliche Vorschriften	78
a) Allgemeine gesetzliche Schranken des Weisungsrechts	78

b) Mitbestimmungsrechte	79
aa) Allgemeines	79
bb) Notwendige Mitbestimmung	80
cc) Personelle Einzelmaßnahmen	81
dd) Mitbestimmung bei Fragen der betrieblichen Ordnung	82
c) Inhalt der Arbeitsleistung	83
d) Ort der Arbeitsleistung	84
e) Zeit der Arbeitsleistung	85
f) Ordnung und Verhalten der AN im Betrieb	86
7. Billiges Ermessen	87
a) Grundsatz billigen Ermessens (§ 106, § 315 BGB)	87
b) Einzelheiten	88
aa) Abwägung der Belange von AG und AN	88
bb) Vorübergehende Übertragung einer höherwertigen Tätigkeit	89
cc) Arbeitsrechtlicher Gleichbehandlungsgrundsatz	90
c) Mittelbare Drittwirkung der Grundrechte	91
aa) Allgemeines	91
bb) Einzelheiten	92
d) Selbstbindung des AG	93
e) Rücksichtnahme auf Behinderungen des AN (S. 3)	94
aa) Behinderungen des AN	94
bb) Gesundheitliche Einschränkungen unterhalb der Schwelle einer Behinderung	95
f) Allgemeine Rücksichtnahmepflichten (§ 241 Abs. 2 BGB)	96
g) Überprüfung einer ursprünglich ermessensgerechten Weisung nach Zeitablauf	97
C. Verbindung zu anderen Rechtsgebieten und zum Prozessrecht	98
I. Annahmeverzug des AG (§ 615 BGB)	98
II. Spannungsverhältnis zwischen Direktionsrecht und Sozialauswahl	99
III. Sonstiges	100
IV. Darlegungs- und Beweislast	101
1. Allgemeines	101
2. Vergütung für Mehrarbeit	102
V. Prozessuale Fragen	103
1. Allgemeines	103
2. Klagemöglichkeiten	104
3. Einstweiliger Rechtsschutz (§ 62 Abs. 2 ArbGG i.V.m. §§ 935 ff. ZPO)	105
D. Beraterhinweise	106

A. Allgemeines

I. Normzweck

Die Bedingungen der Arbeit ergeben sich grds. aus dem Arbeitsvertrag sowie aus BV und betrieblichen Übungen, TV und gesetzlichen Vorschriften.[1] Die m.W.v. 1.1.2003 neu eingefügte[2] Vorschrift des § 106 übernimmt im Wesentlichen den Inhalt des bisherigen § 121 a.F.[3] zur Regelung des **Weisungsrechts des AG**. Das Direktions- oder Weisungsrecht ist für den Vorgesetzten das wichtigste arbeitsrechtliche Steuerungsinstrument, insb. hinsichtlich der Flexibilität des Personaleinsatzes.[4] Bei einer nur **rahmenmäßig umschriebenen Leistungspflicht** (z.B. Tätigkeit als „Sachbearbeiter")[5] kann der AG nach **billigem Ermessen** (siehe Rn 87 ff.) bestimmen, welche konkrete Arbeitsaufgabe der AN übernehmen soll und dem AN im vorgegebenen Rahmen Arbeiten zuweisen. Im Laufe der Beschäftigung können wechselnde Marktbedingungen, neue Produktionstechniken oder andere Organisationsformen eine Änderung der Tätigkeit erforderlich machen. Auch in diesen Fällen hat der AG grds. das Recht, die Arbeitspflicht in dem durch S. 1 vorgegebenen Rahmen durch Weisung zu konkretisieren und anzupassen.[6] Obwohl das Weisungsrecht des AG als wesentlicher Bestandteil des Arbeitsvertrages heute in Rspr. und Lit. allgemein anerkannt ist, hielt der Gesetzgeber eine ausdrückliche gesetzliche Regelung von **Inhalt** (siehe Rn 7 ff.) und **Grenzen** (siehe Rn 40 ff.) des Weisungsrechts im Interesse von Rechtsklarheit und Rechtssicherheit im Arbverh für geboten.[7] Inhaltliche Änderungen waren nicht beabsichtigt, weshalb auf die bisher ergangene Rspr. zum Direktionsrecht des AG vollumfänglich zurückgegriffen werden kann.[8] In der Lit. wird die Neufassung des § 106 – insb. unter Hinweis auf die bisherige Rechtsgrundlage des Weisungsrechts, § 315 BGB (siehe § 315 BGB Rn 1 ff., 18 f.)[9] – z.T. als entbehrlich angesehen.[10] S. 1 enthält das Weisungsrecht des AG hinsichtlich **Inhalt** (siehe Rn 8 ff.), **Ort** (siehe Rn 16 ff.) und **Zeit** (siehe Rn 20 ff.) der Arbeitsleistung.[11] Das Weisungsrecht umfasst nach S. 2 (siehe Rn 30 ff.) auch **betriebsbezogene Weisungen**, welche die Ordnung und das Verhalten der AN im Betrieb betreffen.[12] Die Vorschrift des S. 3 (siehe Rn 94 f.) legt in Übereinstimmung mit den Grundsätzen aus Art. 3 Abs. 3 (S. 2) GG[13] und § 81 Abs. 2, 4 SGB IX sowie der

---

1 BT-Drucks 14/8796, S. 24.
2 Durch das Dritte G zur Änderung der GewO und sonstiger gewerberechtlicher Vorschriften v. 24.8.2002 (BGBl I S. 3412, 3414, 3421); s. BT-Drucks 14/8796, S. 5 f., 8, 16 f., 24; insb. zum Gesetzgebungsverfahren s. *Düwell*, ZTR 2002, 461 f.; *Düwell*, FA 2003, 2 ff.; *Neumann*, AuR 2002, 216 f.; *Perreng*, AiB 2002, 521 ff.
3 Zu § 121 a.F., der die Gehorsamspflicht des AN in den Vordergrund stellte, s. *Wank*, in: Tettinger/Wank, GewO, § 121 Rn 1 f.
4 HWK/*Lembke*, § 106 GewO Rn 5; *Hunold*, NZA-RR 2001, 337.
5 *Schöne*, NZA 2002, 829, 831.
6 BT-Drucks 14/8796, S. 24.
7 BT-Drucks 14/8796, S. 24.
8 BT-Drucks 14/8796, S. 16; Boemke/*Keßler*, GewO, § 106 Rn 1; *Lakies*, BB 2003, 364.
9 BAG 17.12.1997 – 5 AZR 332/96 – NZA 1998, 555 ff.; BAG 23.6.1993 – 5 AZR 337/92 – NZA 1993, 1127 ff.
10 *Bauer/Opolony*, BB 2002, 1590, 1591; *Wisskirchen*, DB 2002, 1886.
11 BT-Drucks 14/8796, S. 24.
12 BT-Drucks 14/8796, S. 24; s. *Borgmann/Faas*, NZA 2004, 241 ff.
13 Insoweit kritisch *Wisskirchen*, DB 2002, 1886, 1887.

Rspr. zur Fürsorgepflicht des AG[14] fest, dass der AG bei der Ausübung seines Ermessens auf **Behinderungen** (§ 2 Abs. 1 SGB IX) des AN Rücksicht zu nehmen hat.[15] Bei der Ausübung des Weisungsrechts ist der AG außerdem nach § 241 Abs. 2 BGB (siehe Rn 96, 97) zur gegenseitigen **Rücksichtnahme** auf die Interessen des AN verpflichtet.[16]

II. Entstehungsgeschichte

§ 106 wurde durch das Dritte Gesetz zur Änderung der GewO und sonstiger gewerberechtlicher Vorschriften v. 24.8.2002 m.W.v. 1.1.2003[17] eingefügt.[18]

B. Regelungsgehalt

I. Anwendungsbereich

Während § 121 a.F.[19] nur für Gesellen und Gehilfen galt, werden von § 106 gem. § 6 Abs. 2 (siehe § 6 Rn 1) **alle AN**[20] erfasst. Bei der **AÜ** übt der Entleiher das ihm vom Verleiher übertragene Direktionsrecht nach Maßgabe von § 317 BGB gegenüber dem Leih-AN aus.[21]

II. Rechtsnatur des Weisungsrechts

1. Einseitiges Leistungsbestimmungsrecht des AG. Das Direktionsrecht (Weisungsrecht) stellt ein einseitiges Leistungsbestimmungsrecht des AG dar.[22] Die Leistungsbestimmung durch Erteilung einer Weisung stellt nach h.M. eine **einseitige empfangsbedürftige (§ 130 BGB) Willenserklärung** dar,[23] während nach a.A. hierin eine rechtsgeschäftsähnliche Handlung zu sehen sein soll.[24] Der AG hat bei der Ausübung seines Weisungsrechts gem. S. 1 – neben dem Arbeitsvertrag (siehe Rn 41 ff.), Bestimmungen einer BV (siehe Rn 65 ff.) und eines anwendbaren TV (siehe Rn 71 ff.) sowie gesetzlichen Vorschriften (siehe Rn 78 ff.) – die **Grenze des billigen Ermessens** (siehe Rn 87 ff.) zu beachten. Billigem Ermessen entspricht eine Leistungsbestimmung, wenn die wesentlichen Umstände des Falles unter Beachtung des Gleichbehandlungsgrundsatzes abgewogen und die beiderseitigen Interessen angemessen berücksichtigt worden sind (siehe Rn 87).

2. Gehorsamspflicht (Leistungspflicht) des AN. Einem rechtmäßig ausgeübten Weisungsrecht entspricht die Gehorsamspflicht des AN.[25] Die Verweigerung einer – innerhalb der durch § 106 gezogenen Grenzen des Direktionsrechts (siehe Rn 40 ff.) – rechtmäßig zugewiesenen Tätigkeit kann daher eine **Abmahnung**, im Fall der sog. beharrlichen Arbeitsverweigerung[26] sogar die **fristlose Künd** des AN gem. § 626 BGB rechtfertigen.[27] Ist zwischen AG und AN streitig, ob der AG eine bestimmte Weisung erteilen darf, so ist der AN gleichwohl grds. zunächst verpflichtet, der Weisung Folge zu leisten. Die Befolgung einer Weisung ist nur ausnahmsweise unzumutbar, z.B. bei offensichtlicher Rechtswidrigkeit.[28] Es besteht grds. **kein Anspruch des AN** (oder des BR)[29] gegen den AG auf Ausübung des Direktionsrechts in einer bestimmten Art und/oder Weise,[30] sondern lediglich ein **Abwehrrecht** gegen unzulässige Weisungen (arg. § 315 Abs. 3 S. 1 BGB),[31] insb. in Form eines Leistungsverweigerungsrechts[32] sowie des grds. fortbestehenden arbeitsvertraglichen Beschäftigungsanspruchs.[33] Ein **Rechtsirrtum des AN** über Umfang und Grenzen des Direktionsrechts ist – selbst nach Einholung einer fachkundigen (Rechts-)Auskunft – grds. unentschuldigt.[34]

3. Notwendigkeit einer Änderungsvereinbarung/Änderungs-Künd. In der Praxis besteht oftmals ein Spannungsverhältnis zwischen der Ausübung des einseitigen Direktionsrechts des AG und der Notwendigkeit der Zustimmung des AN durch Abschluss einer Änderungsvereinbarung bzw. dem Ausspruch einer – gem. §§ 99, 102 BetrVG

---

14 BAG 10.7.1991 – 5 AZR 383/90 – NZA 1992, 27 ff.; BAG 3.12.2002 – 9 AZR 481/01 – NZA 2003, 1215 ff.
15 BT-Drucks 14/8796, S. 24.
16 BT-Drucks 14/8796, S. 24.
17 BGBl I 2002 S. 3412, 3414, 3421.
18 Landmann-Rohmer/*Neumann*, GewO, § 106 Rn 1 ff.
19 Landmann-Rohmer/*Neumann*, GewO, § 106 Rn 1.
20 Zur Bedeutung des Weisungsrechts für die Abgrenzung von AN und „Scheinselbstständigen" s. *Joost*, FS für Wiese, S. 191 ff.
21 HWK/*Lembke*, § 106 GewO Rn 7 m.w.N.
22 *Düwell*, ZTR 2002, 461, 462; *Lakies*, BB 2003, 364.
23 LAG Frankfurt 31.10.1957 – III LA 156/57 – DB 1958, 900; Boemke/*Keßler*, GewO, § 106 Rn 6; HWK/*Lembke*, § 106 GewO Rn 6; Palandt/*Grüneberg*, § 315 BGB Rn 11.
24 Schaub/*Linck*, Arbeitsrechts-Handbuch, § 31 Rn 32; differenzierend MünchArb/*Richardi*, Bd. 1, § 12 Rn 53 m.w.N.
25 HWK/*Lembke*, § 106 GewO Rn 8; *Wank*, in: Tettinger/Wank, GewO, § 121 Rn 1.
26 *Kliemt/Vollstädt*, NZA 2003, 357 ff. m.w.N.
27 BAG 5.4.2001 – 2 AZR 580/99 – NZA 2001, 893, 895; BAG 21.11.1996 – 2 AZR 357/95 – NZA 1997, 487, 490 m.w.N.; BAG 12.4.1973 – 2 AZR 291/72 – DB 1973, 1904; LAG Mainz 12.4.2005 – 2 Sa 950/04 – ArbRB 2005, 226; LAG Stuttgart 31.3.2006 – 2 Sa 117/05 – AuA 2006, 362; ArbG Marburg 27.2.1988 – 2 Ca 488/97 – ARST 1999, 79 ff.
28 LAG Hamm 5.2.2008 – 11 SaGa 4/08 – juris.
29 S. LAG München 16.7.1993 – 1 TaBV 32/93 Li – juris, auch zu § 23 Abs. 3 BetrVG.
30 LAG Kiel 12.2.2002 – 5 Sa 409 c/01 – DB 2002, 1056.
31 *Bauer/Opolony*, DB 2002, 1590, 1591; *Schöne*, NZA 2002, 829, 831.
32 Boemke/*Keßler*, GewO, § 106 Rn 56.
33 LAG München 18.9.2002 – 5 Sa 619/02 – NZA-RR 2003, 269, 270 ff.
34 *Kliemt/Vollstädt*, NZA 2003, 357, 362 f. m.w.N.

mitbestimmungspflichtigen[35] und nach § 623 BGB der Schriftform bedürftigen[36] – Änderungs-Künd.[37] Der Umfang der beiderseitigen **Hauptleistungspflichten** nach § 611 BGB (Vergütungspflicht des AG, Arbeitspflicht des AN) unterliegt nicht dem allgemeinen Weisungsrecht des AG.[38] Es gilt der allgemeine Grundsatz „pacta sunt servanda".[39] Eine **unwirksame Änderungs-Künd** kann ggf. in die zulässige Ausübung des Weisungsrechts umgedeutet werden (§ 140 BGB).[40] Ist eine einseitige Weisung des AG zulässig, führt dies dann nicht zur Unwirksamkeit einer dennoch ausgesprochenen Änderungs-Künd (§ 2 KSchG),[41] wenn der AN das Änderungsangebot unter Vorbehalt angenommen hat.[42] Der AG, der im Wege der Änderungs-Künd eine sog. **Flexibilitätsklausel** (möglicher Einsatz an anderen Niederlassungen des Unternehmens im Bundesgebiet) in den Arbeitsvertrag aufnehmen möchte, bedarf hierfür dringender betrieblicher Erfordernisse i.S.v. § 1 Abs. 2 S. 1 KSchG.[43]

III. Gegenstand des Weisungsrechts (S. 1, 2)

1. Allgemeines. S. 1 erwähnt als Regelungsgegenstände des arbeitgeberseitigen Weisungsrechts **Inhalt** (siehe Rn 8 ff.), **Ort** (siehe Rn 16 ff.) und **Zeit** (siehe Rn 20 ff.) der Arbeitsleistung. S. 2 erstreckt das Weisungsrecht auch auf **Ordnung und Verhalten der AN im Betrieb** (siehe Rn 30 ff.). Aus S. 1 ergibt sich der Grundsatz, dass die Grenzen des Weisungsrechts umso enger zu ziehen sind, je enger die Leistungspflicht des AN im Arbeitsvertrag festgelegt ist. Ebenso gilt umgekehrt, dass die Weisungsbefugnis des AG umso größer ist, je offener und allgemeiner die zu leistenden Dienste im Arbeitsvertrag beschrieben sind.[44] Der Umfang der beiderseitigen arbeitsvertraglichen **Hauptleistungspflichten** (Arbeits- und Vergütungspflicht) unterliegt nicht dem Weisungsrecht des AG (siehe Rn 6), sondern ist nur durch Gesetz, Kollektiv- oder Individualvereinbarung veränderbar.[45] **Erweiterungen des Direktionsrechts** durch Vereinbarungen in TV, BV oder im Arbeitsvertrag sind grds. zulässig.[46] Ein erweitertes Direktionsrecht dahingehend, dem AN eine an sich nicht vertraglich geschuldete Tätigkeit zuweisen zu können, soll auch dann bestehen, wenn der AN einem Betriebsübergang grundlos widersprochen hat und der Veräußerer den AN nicht vertragsgemäß beschäftigen kann.[47]

2. Inhalt der Arbeitsleistung. a) Allgemeines. Der „Inhalt der Arbeitsleistung" i.S.v. S. 1 umfasst nicht nur die **Art** der Tätigkeit (was), sondern auch die konkrete **Ausübung** der Tätigkeit (wie).[48]

b) Tätigkeits-, Stellen-, Arbeitsplatzbeschreibung. Für die Reichweite der Befugnis des AG, dem AN unterschiedliche Tätigkeiten zuzuweisen, ist entscheidend, wie eng und konkret die Pflicht des AN zur Arbeitsleistung vertraglich fixiert ist.[49] Liegt lediglich eine **allgemeine Tätigkeitsbeschreibung** vor (z.B. „Drucker",[50] „Dreher", „Tischler", „Fakturistin"),[51] hat der AN die mit der generell beschriebenen Tätigkeit üblicherweise zu erbringenden Dienste zu leisten.[52] Einem als **„kaufmännischen Ang"** ohne nähere Tätigkeitsbeschreibung eingestellten AN kann der AG grds. jede Beschäftigung im Rahmen der Verwendungsmöglichkeiten eines kaufmännischen Ang zuweisen, z.B. die Tätigkeit als Kreditsachbearbeiter,[53] nicht dagegen die eines Arb.[54] Den **Ang des öffentlichen Dienstes** können nach st. Rspr. des BAG i.d.R. durch AG-Weisung alle Tätigkeiten übertragen werden, die die Merkmale der für sie maßgebenden Vergütungsgruppe des BAT bzw. TVöD erfüllen.[55] Entsprechendes gilt grds. auch für den Bereich

---

35 *Zirnbauer*, NZA 1995, 1073, 1078.
36 *Hoß*, ArbRB 2003, 344 ff.
37 BAG 6.9.2007 – 2 AZR 368/06 – NZA-RR 2008, 291 ff.; LAG Frankfurt 13.1.2006 – 17 Sa 883/05 – juris; *Berkowsky*, NZA 1999, 293, 296 ff.; *Gaul*, NZA 1990, 873, 879 ff.; *Lakies*, BB 2003, 364 f.; *Weber/Ehrich*, BB 1996, 2246, 2251 ff.; *Zirnbauer*, NZA 1995, 1073 ff.; *Zundel*, NJW 2006, 1237, 1242.
38 BAG 11.12.1991 – 5 AZR 63/91 – EzBAT § 15 BAT Lektoren Nr. 1; BAG 12.12.1984 – 7 AZR 509/83 – NZA 1985, 321.
39 S. nur *Bayreuther*, NZA-Beil. 2006, 1, 3, 6 zu Versetzungsklauseln; *Oelkers/Schmidt*, NJW-Spezial 2006, 465.
40 LAG Berlin 29.11.1999 – 9 Sa 1277/99 – NZA-RR 2000, 131, 133 f.; a.A. *Berkowsky*, NZA 1999, 293, 298.
41 BAG 26.1.1995 – 2 AZR 428/94 – NZA 1995, 628, 629; BAG 27.3.1980 – 2 AZR 506/78 – BB 1980, 1267, 1268 f.
42 BAG 26.1.1995 – 2 AZR 371/94 – NZA 1995, 626, 627; a.A. *Berkowsky*, NZA 1999, 293, 298.
43 ArbG Regensburg 24.11.2003 – 3 Ca 1901/03 – AuR 2004, 435.
44 HWK/*Lembke*, § 106 GewO Rn 12 m.w.N.; *Lakies*, BB 2003, 364.
45 BAG 12.12.1984 – 7 AZR 509/83 – NZA 1985, 321 m.w.N.

46 BAG 14.8.2007 – 9 AZR 59/07 – ZTR 2008, 150, 151; BAG 14.8.2007 – 9 AZR 18/07 – ZTR 2008, 152; BAG 19.11.2002 – 3 AZR 591/01 – NZA 2003, 880; BAG 22.5.1985 – 4 AZR 427/83 – NZA 1986, 166, 168 f.; BAG 11.6.1958 – 4 AZR 514/55 – SAE 1960, 111, 113 f. m. Anm. *Gotzen*.
47 LAG Sachsen-Anhalt 14.11.2007 – 3 Sa 251/07 – juris.
48 HWK/*Lembke*, § 106 GewO Rn 15.
49 *Karlsfeld*, ArbRB 2004, 379 ff., auch zur begrifflichen Unterscheidung zwischen Arbeitsplatz- und Stellenbeschreibung; *Hunold*, NZA-RR 2001, 337, 342, mit Formulierungsvorschlag für eine Änderungs(vorbehalts-)vereinbarung.
50 BAG 20.12.1984 – 2 AZR 436/83 – NZA 1986, 21 ff.
51 *Lakies*, BB 2003, 364, 365.
52 HWK/*Lembke*, § 106 GewO Rn 16 m.w.N., unter Hinweis auf den Rechtsgedanken des § 59 S. 1 HGB.
53 BAG 27.3.1980 – 2 AZR 506/78 – BB 1980, 1267, 1268 f.
54 *Lakies*, BB 2003, 364, 365.
55 BAG 27.5.2004 – 6 AZR 192/03 – PflR 2005, 448 ff. m. Anm. *Roßbruch*; BAG 21.11.2002 – 6 AZR 82/01 – DB 2003, 1630; BAG 30.8.1995 – 1 AZR 47/95 – NZA 1996, 440, 441 m.w.N.; BAG 15.6.1989 – 2 AZR 580/88 – NZA 1990, 226, 227; BAG 12.4.1973 – 2 AZR 291/72 – DB 1973, 1904; s. zu den Vergütungsgruppen der Anlage 1 zur TO.A BAG 14.12.1961 – 5 AZR 180/61 – DB 1962, 375 f.

der Privatwirtschaft.[56] Mangels Beschränkung des Direktionsrechts durch konkrete arbeitsvertragliche Festlegung des Aufgabenbereiches darf der AG auch einen **Arbeitsbereich verkleinern** oder eine **andere Art der Beschäftigung** anordnen.[57] Ist der Tätigkeitsbereich eines AN durch den Arbeitsvertrag (siehe Rn 41 ff.) i.V.m. einer Stellenbeschreibung genau bestimmt, so bedeutet jede Zuweisung einer anderen Tätigkeit und eines anderen Arbeitsplatzes eine Änderung des Arbeitsvertrages. Diese kann grds. nicht einseitig vom AG herbeigeführt werden,[58] sondern ist nur durch entsprechende vertragliche Vereinbarung oder Änderungs-Künd (siehe Rn 6) möglich.[59] Einem als **„Sozialarbeiter"** eingestellten AN können die Aufgaben eines **Zivildienstbeauftragten**[60] nach billigem Ermessen (siehe Rn 87 ff.) zugewiesen und wieder entzogen werden, soweit der Arbeitsvertrag hierüber keine Bestimmungen enthält.[61] Anderes gilt für den **Datenschutzbeauftragten**;[62] da dieser gegenüber dem ihn bestellenden Unternehmer eine unabhängige Stellung hat, ändert sich insoweit mit der Zuweisung oder dem Entzug der Tätigkeit des Datenschutzbeauftragten auch die Stellung dieses Mitarbeiters gegenüber dem AG.[63]

10 **c) Nebenarbeiten („Zusammenhangstätigkeiten").** Nebenarbeiten – vom BAG insb. für den Bereich der Eingruppierung auch als sog. Zusammenhangstätigkeiten bezeichnet[64] – stehen in unmittelbarem Zusammenhang mit der vertraglich geschuldeten Arbeitsleistung und sind Bestandteil der Arbeitspflicht, z.B. **Pflege und Säuberung der Arbeitsmittel**.[65] Gleiches gilt, wenn ein Verwaltungsangestellter angewiesen wird, auf Dienstreisen einen **Dienstwagen** selbst zu führen und Kollegen mitzunehmen.[66] Da die Durchführung von ein- oder mehrtägigen **Klassenfahrten** zu dem herkömmlichen Berufsbild eines Lehrers gehört, ist dieser auch ohne ausdrückliche Regelung im Arbeitsvertrag grds. hierzu verpflichtet.[67] Gehören Arbeiten, die dem AN übertragen werden sollen, zu seinem Berufsbild, verfügt er aber wegen der Entwicklung neuer Techniken nicht über die erforderlichen Fähigkeiten und Kenntnisse, kann der AG zur Vorbereitung auf die Arbeit auch eine entsprechende **Schulung** verlangen.[68]

11 **d) Einzelfälle.** Der AG kann einem AN, der für **Akkordarbeiten** eingestellt ist, auch Zeitlohntätigkeiten zuweisen.[69] Eine erteilte **Prokura** ist gem. § 52 Abs. 1 HGB[70] ohne Rücksicht auf den zugrunde liegenden Arbeitsvertrag jederzeit widerruflich.[71] Die Bestellung einer Lehrerin zur **kommissarischen Schulleiterin** ist vom Direktionsrecht gedeckt.[72] Nach st. Rspr. des BAG unterliegt die tarifvertraglich vorgesehene Bestellung zum **Vorarbeiter** (Vorhandwerker) und der Widerruf dem Direktionsrecht des AG.[73] Ein AG hat im Rahmen seines Direktionsrechts die Möglichkeit, einen AN zu **Rücksprachen** oder **Stellungnahmen** aufzufordern, wenn sich diese auf Dinge erstrecken, die Gegenstand des Arbeitsvertrages sind.[74] Eine Verpflichtung des AN, zu jedwedem Gespräch mit den AG zur Verfügung zu stehen, besteht nicht, vielmehr ist ein konkreter Bezug zu Inhalt, Ort oder Zeit der Arbeitsleistung bzw. Ordnung oder Verhalten im Betrieb erforderlich.[75] Das Direktionsrecht umfasst auch die Anweisung an den AN, die zu erbringenden bzw. erbrachten Arbeitsleistungen im Einzelnen zu dokumentieren. Der Umfang dieser Dokumentationspflicht richtet sich nach dem mit der Weisung verfolgten Zweck.[76]

12 **e) Grenzen: Gleichwertigkeit („Sozialbild").** Die **Art der Beschäftigung** kann durch das allgemeine Direktionsrecht nicht unbegrenzt abgeändert werden. Zwar ist bei entsprechender Fassung des Arbeitsvertrages die Übertragung unterschiedlicher Tätigkeiten kraft Weisung zulässig. Voraussetzung ist aber, dass diese als gleichwertig anzusehen sind.[77] Die **Gleichwertigkeit** bestimmt sich mangels anderer Anhaltspunkte grds. aus der auf den Betrieb

---

56 HWK/*Lembke*, § 106 GewO Rn 18.
57 BAG 27.3.1980 – 2 AZR 506/78 – BB 1980, 1267, 1268; BAG 23.6.1993 – 5 AZR 337/92 – NZA 1993, 1127, 1128.
58 BAG 10.11.1955 – 2 AZR 591/54 – AuR 1957, 217, 219 f. m. Anm. *Frey*.
59 ArbG Augsburg 2.11.1982 – 5 Ca 1237/82 N – AuR 1984, 118.
60 S. §§ 30, 30a ZDG, Teil II Nr. 1.2.2 und Abschnitt C 3 des Leitfadens für die Durchführung des Zivildienstes.
61 BAG 12.9.1996 – 5 AZR 30/95 – NZA 1997, 381 ff.
62 S. §§ 4f, 4g BDSG i.d.F. v. 14.1.2003 (BGBl I S. 66); vormals § 36 a.F. BDSG.
63 BAG 12.9.1996 – 5 AZR 30/95 – NZA 1997, 381, 382 f. m.w.N.
64 BAG 29.8.1991 – 6 AZR 593/88 – NZA 1992, 67, 68 m.w.N.
65 *Hilbrandt*, RdA 1998, 155, 166.
66 BAG 29.8.1991 – 6 AZR 593/88 – NZA 1992, 67 ff.
67 BAG 26.4.1985 – 7 AZR 432/82 – NJW 1986, 213 f. Streit herrscht im Hinblick auf eine (zusätzliche) Vergütung, dagegen BVerwG 23.9.2004 – 2 C 61/03 – NVwZ 2005, 594 ff.; BAG 20.11.1996 – 5 AZR 414/95 – NZA 1997, 885 ff.; dafür BAG 22.8.2001 – 5 AZR 108/00 – MDR 2002, 461.
68 Siehe LAG Hessen 11.4.2007 – 8 Sa 1279/06 – juris; ArbG Bonn 4.7.1990 – 4 Ca 751/90 – NZA 1991, 512 f.; HWK/*Lembke*, § 106 GewO Rn 19 m.w.N.; *Hilbrandt*, RdA 1998, 155, 166; a.A. Boemke/*Keßler*, GewO, § 106 Rn 68.
69 ArbG Regensburg 17.12.1990 – 6 Ca 683/90 L – BB 1991, 982; *Hunold*, NZA-RR 2001, 337, 342.
70 S. *Weber*, in: Ebenroth/Boujong/Joost/Strohn, HGB, Bd. 1, § 52 Rn 1 ff.
71 BAG 28.6.1986 – 3 AZR 94/85 – NZA 1987, 202 f.
72 BAG 16.9.1998 – 5 AZR 181/97 – NZA 1999, 554, 555; BAG 17.12.1997 – 5 AZR 332/96 – NZA 1998, 555, 557.
73 BAG 10.11.1992 – 1 AZR 185/92 – NZA 1993, 331 f.; BAG 2.4.1980 – 4 AZR 301/78 – DB 1980, 2531 f.; BAG 24.1.1979 – 4 AZR 517/77 – PersV 1980, 116 ff.; BAG 28.8.1974 – 4 AZR 496/73 – AP § 9 MTB II Nr. 3; BAG 10.6.1970 – 4 AZR 341/69 – DB 1970, 1692 f.
74 LAG Düsseldorf 9.5.1986 – 10 Sa 440/86 – AuR 1987, 211.
75 BAG 23.6.2009 – 2 AZR 606/08 – juris.
76 BAG 19.4.2007 – 2 AZR 78/06 – AP § 611 BGBNr. 77.
77 S. zur AGB-Kontrolle BAG 9.5.2006 – 9 AZR 424/05 – NZA 2007, 145, 147.

abgestellten **Verkehrsauffassung** und dem sich daraus ergebenden Sozialbild. Die Zuweisung einer anderen Tätigkeit findet somit – selbst wenn die Höhe der Vergütung unverändert bleibt – dort ihre Grenze, wo eine dauerhafte Absenkung des qualitativen Niveaus der Arbeitsleistung („**Sozialbild**") eintritt.[78] Kriterien für eine solche Gleichwertigkeit von Tätigkeiten nach der Sozial- bzw. Verkehrsanschauung sind insb. die Einordnung in **Vergütungsgruppen** in TV – z.B. im BAT bzw. TVöD (siehe Rn 9) – oder BV,[79] die Anzahl der unterstellten Mitarbeiter[80] sowie der Umfang der **Entscheidungsbefugnisse**.[81] Der AG (des öffentlichen Dienstes) kann einem Sachgebietsleiter selbst dann nicht kraft Direktionsrechts dessen **Weisungsbefugnis** gegenüber vier Mitarbeitern einseitig entziehen, wenn die verbleibende Tätigkeit als Sachbearbeiter vergütungsmäßig gleichwertig ist. Denn der Entzug der Sachgebietsleitung stellt eine nicht unerhebliche Herabstufung innerhalb der Behördenhierarchie dar.[82]

f) Notfalltätigkeiten (Notfallarbeiten). Nur in Not- und ähnlichen Ausnahmefällen (siehe § 14 Abs. 1 ArbZG), z.B. im Fall von Naturkatastrophen oder anderen **unvorhersehbaren äußeren Ereignissen**,[83] kann der AG dem AN vorübergehend eine andere, arbeitsvertraglich nicht geschuldete Tätigkeit übertragen, die der AN aufgrund seiner Treuepflicht auszuüben verpflichtet ist (siehe § 241 Abs. 2 BGB).[84]

g) Zuweisung von Ersatztätigkeiten bei Beschäftigungsverboten nach dem MuSchG. Ist eine AN während der Schwangerschaft wegen eines Beschäftigungsverbots (§§ 3, 4, 8 MuSchG) gehindert, die vertragliche Arbeitsleistung zu erbringen, darf ihr der AG über das Direktionsrecht hinaus im Rahmen billigen Ermessens eine andere **zumutbare Tätigkeit** zuweisen. Die Zuweisung muss die Ersatztätigkeit – insb. hinsichtlich ihres sachlichen und zeitlichen Umfangs – so konkretisieren, dass beurteilt werden kann, ob **billiges Ermessen** (siehe Rn 87 ff.) gewahrt ist. Wird eine derart zugewiesene Tätigkeit von der AN abgelehnt, so geht sie ihres Anspruchs auf Mutterschutzlohn nach § 11 Abs. 1 MuSchG[85] verlustig (siehe § 11 MuSchG Rn 11).[86]

h) Mitbestimmungsrechte von BR und PR. Stellt die Zuweisung einer (Ersatz-)Tätigkeit eine „**Versetzung**" im betriebsverfassungsrechtlichen Sinne gem. § 95 Abs. 3 BetrVG (siehe Rn 48) dar, so besteht nach Maßgabe von § 99 BetrVG ein erzwingbares Mitbestimmungsrecht des BR.[87] Wird dieses verletzt, ist die Versetzung auch individualrechtlich unwirksam[88] mit der Folge eines Leistungsverweigerungsrechts des AN.[89] Im Übrigen besteht ein Mitbestimmungsrecht des BR bei Versetzungen von BR-Mitgliedern unter den Voraussetzungen des § 103 Abs. 3 BetrVG. § 103 BetrVG ist nach der Rspr. auf die Versetzung eines BR-Mitglieds kraft Direktionsrechts innerhalb eines Unternehmensbetriebs in einen anderen nicht analog anzuwenden.[90] Aus § 75 Abs. 1 Nr. 2 BPersVG sowie den entsprechenden Regelungen in den LPVG resultiert bei „Übertragung einer höher oder niedriger zu bewertenden Tätigkeit" ein Mitbestimmungsrecht des PR.[91] Der PR hat danach nicht mitzubestimmen, wenn eine **Umsetzung** nicht zum Wechsel einer Lohngruppe, sondern nur zum Wegfall einer Tätigkeitszulage führt.[92]

3. Ort der Arbeitsleistung. a) Allgemeines. Gem. S. 1 bezieht sich das Weisungsrecht auch auf den „Ort der Arbeitsleistung". Ist der Arbeitsort – was regelmäßig der Fall sein wird – im Arbeitsvertrag konkret festgelegt, bedarf die Zuweisung einer Tätigkeit an einem anderen Ort grds. einer **Änderungsvereinbarung bzw. -Künd** (siehe Rn 6). Als Arbeitsort können nicht nur alle oder mehrere Betriebe oder ein bestimmter Betrieb des AG vereinbart werden, sondern auch ein bestimmter räumlich konkretisierter Arbeitsplatz innerhalb eines Betriebs.[93] Es ist auch möglich, im Arbeitsvertrag wechselnde, im Voraus nicht näher bestimmte Einsatzorte festzulegen.[94] Liegt eine den Arbeitsort konkretisierende arbeitsvertragliche Regelung nicht vor, so ist der Arbeitsvertrag nach Maßgabe von §§ 133, 157

---

78 BAG 30.8.1995 – 1 AZR 47/95 – NZA 1996, 440, 441 f.
79 Boemke/Keßler, GewO, § 106 Rn 60 ff.
80 LAG Hamm 9.1.1997 – 17 Sa 1554/96 – NZA-RR 1997, 337.
81 HWK/Lembke, § 106 GewO Rn 17 m.w.N.
82 LAG Hamm 9.1.1997 – 17 Sa 1554/96 – NZA-RR 1997, 337.
83 Hilbrandt, RdA 1998, 155, 166 m.w.N.
84 BAG 8.10.1962 – 2 AZR 550/61 – DB 1962, 1704; LAG Stuttgart 31.3.2006 – 2 Sa 117/05 – AuA 2006, 482; LAG Berlin 26.7.1993 – 9 Sa 52/93 – AuA 1994, 186, 187; ArbG Leipzig 4.2.2003 – 7 Ca 6866/02 – NZA-RR 2003, 365 f. zum Jahrhunderthochwasser; ArbG Marburg 27.2.1988 – 2 Ca 488/97 – ARST 1999, 79 ff.; Lakies, BB 2003, 364, 366 f.
85 Zum Anspruch auf Mutterschutzlohn nach § 11 MuSchG s. BAG 13.2.2002 – 5 AZR 588/00 – NZA 2002, 738, 739 ff.
86 BAG 15.11.2000 – 5 AZR 365/99 – NZA 2001, 386 f.; BAG 21.4.1999 – 5 AZR 174/98 – NZA 1999, 1044, 1046; BAG 22.4.1998 – 5 AZR 478/97 – NZA 1998, 936, 937 ff.
87 v. Hoyningen-Huene, NZA 1993, 145, 147 ff.
88 BAG 17.2.1998 – 9 AZR 130/97 – NZA 1999, 33, 35; BAG 30.9.1993 – 2 AZR 283/93 – NZA 1994, 615, 616 ff.; BAG 26.1.1988 – 1 AZR 531/86 – NZA 1988, 476, 478 m.w.N.; ArbG Frankfurt 2.5.2004 – 5 Ca 3902/03 – SuP 2004, 259 (n.r. LAG Frankfurt – 4 Sa 1332/04).
89 BAG 5.4.2001 – 2 AZR 580/99 – NZA 2001, 893, 896 m.w.N.; s. BAG 7.11.2002 – 2 AZR 650/00 – AP § 615 BGB Nr. 98, zum Ausschluss der Böswilligkeit i.S.v. § 615 S. 2 BGB, § 11 Nr. 2 KSchG.
90 BAG 11.7.2000 – 1 ABR 39/99 – NZA 2001, 516, 518 f. m.w.N.
91 BAG 21.3.1995 – 1 ABR 46/94 – NZA-RR 1996, 76 ff.
92 BAG 27.11.1991 – 4 AZR 29/91 – NZA 1992, 462, 463 m.w.N.; BAG 27.4.1988 – 4 AZR 691/87 – PersR 1988, 251.
93 HWK/Lembke, § 106 GewO Rn 25 f.
94 Boemke/Keßler, GewO, § 106 Rn 93.

BGB[95] unter Würdigung aller Umstände des Einzelfalls (ergänzend) auszulegen.[96] Ist der Erfüllungsort für die Pflicht zur Arbeitsleistung weder kollektiv- noch einzelvertraglich festgelegt und auch nicht durch Auslegung des Arbeitsvertrages zu ermitteln, so ist gem. § 269 Abs. 1 BGB angesichts der „Natur des Schuldverhältnisses" i.d.R. der **Betriebssitz** maßgebend, sofern der AN dort ständig beschäftigt wird, und damit der Arbeitsort des AN.[97]

17 **b) Betriebsverlegung.** Bei Verlegung (Verlagerung) eines Betriebs(-teils) an einen anderen Ort ist der AN mangels anderweitiger Vereinbarung nach h.M. grds. verpflichtet, einer ermessensgerecht ausgeübten Weisung des AG zur Erbringung der Arbeitsleistung am neuen Betriebssitz Folge zu leisten.[98] § 121 SGB III bestimmt zwar keine arbeitsrechtlichen Grenzen der Versetzung des AN an einen anderen Arbeitsort, sondern legt vielmehr die **Zumutbarkeitskriterien** im Rahmen der Arbeitslosenversicherung mit damit verbundenen Auswirkungen auf das dortige Leistungsrecht fest.[99] Es spricht aber – unter dem Vorbehalt des **billigen Ermessens** (siehe Rn 87 ff.) – einiges dafür, jedenfalls in den in § 121 Abs. 4 S. 2 SGB III niedergelegten zeitlichen Grenzen zum sog. **zumutbaren Pendelbereich** die Zulässigkeit einer arbeitgeberseitigen Weisung zum Tätigwerden an einem neuen Arbeitsort zu bejahen, insb. weil insoweit ein Umzug i.d.R. als nicht erforderlich anzusehen sein dürfte.[100] Infolgedessen ist der Annahme nicht zuzustimmen, dass keine allgemeine Folgepflicht des AN besteht, wenn zwischen der alten und neuen Betriebsstätte 270 km Entfernung liegen.[101]

18 **c) Einzelfälle.** Schuldet der AN nach dem Arbeitsvertrag Tätigkeiten im **Außendienst, Bauarbeiten oder Montagetätigkeiten**, so ergibt die Auslegung des Vertrages (§§ 133, 157 BGB), dass der AN verpflichtet ist, den jeweiligen Einsatzort aufzusuchen.[102] Mangels einer eindeutigen anderweitigen Vereinbarung ist der AG kraft seines Direktionsrechts befugt, eine in einem Gebäudereinigungsunternehmen tätige **Raumpflegerin** an verschiedene Arbeitsstätten zu entsenden.[103] Soweit (gelegentliche) **Geschäfts- bzw. Dienstreisen** (s. § 2 Abs. 2 BRKG,[104] § 17 Abs. 2 BAT)[105] ins In- und Ausland typischerweise zum Berufsbild des AN gehören, können sie vom AG kraft Direktionsrechts – mithin in den Grenzen billigen Ermessens (siehe Rn 87 ff.) – angeordnet werden.[106] Ein AG des öffentlichen Dienstes kann kraft Direktionsrechts berechtigt sein, anzuordnen, dass ein Verwaltungsangestellter auf Dienstreisen einen **Dienstwagen** selbst führt und Kollegen mitnimmt.[107]

19 **d) Mitbestimmungsrechte von BR und PR.** Sofern sich die Zuweisung eines bestimmten Arbeitsplatzes als „Versetzung" i.S.v. § 95 Abs. 3 BetrVG darstellt, ist das Mitbestimmungsrecht des BR nach § 99 BetrVG zu beachten (siehe Rn 15). Bei „**Versetzung**" und „**Umsetzung**" i.S.v. § 75 Abs. 1 Nr. 3 BPersVG besteht ein Mitbestimmungsrecht des PR.[108]

20 **4. Zeit der Arbeitsleistung. a) Allgemeines.** S. 1 erstreckt das Weisungsrecht des AG auch auf die „Zeit der Arbeitsleistung". Als **Arbeitszeit** ist in Anlehnung an § 2 Abs. 1 S. 1 Hs. 1 ArbZG sowie § 15 Abs. 1 BAT bzw. § 6 Abs. 1 TVöD[109] und unter Berücksichtigung von Art. 2 Nr. 1 der Arbeitszeit-RL 93/104/EG[110] i.d.F. der RL 2003/88/EG[111] und 2000/34/EG[112] i.d.R. die Zeit vom Beginn bis zum Ende der Arbeit ohne die Ruhepausen anzu-

---

95 BAG 22.1.2004 – 1 AZR 495/01 – ZTR 2004, 268 ff.; BAG 26.6.2002 – 6 AZR 50/00 – juris.
96 BAG 29.10.1997 – 5 AZR 573/96 – NZA 1998, 329 f.; LAG Mainz 8.7.2003 – 5 Sa 227/03 – ArbN 2004, Nr. 2, 39.
97 BAG 3.12.1985 – 4 AZR 325/84 – EzA § 269 BGB Nr. 1; LAG Mainz 8.7.2003 – 5 Sa 227/03 – ArbN 2004, Nr. 2, 39.
98 Im Einzelnen sehr umstr.; LAG Berlin 29.11.1999 – 9 Sa 1277/99 – NZA-RR 2000, 131, 132 f.; LAG Köln 30.1.1995 – 3 Sa 1200/94 – ZTR 1995, 280 f.; LAG Berlin 14.12.1998 – 9 Sa 95/98 – ZTR 1999, 223 ff.; ArbG Düsseldorf 26.3.2003 – 10 Ca 5399/02 – DB 2003, 1688; ErfK/ Preis, § 611 BGB Rn 651; Lakies, BB 2003, 364, 367; a.A. HWK/Lembke, § 106 GewO Rn 30 m.w.N.
99 ArbG Düsseldorf 26.3.2003 – 10 Ca 5399/02 – DB 2003, 1688.
100 HWK/Lembke, § 106 GewO Rn 30.
101 LAG Hessen 14.6.2007 – 11 Sa 296/06 – juris.
102 HWK/Lembke, § 106 GewO Rn 28 m.w.N.; Boemke/Keßler, GewO, § 106 Rn 94.
103 LAG Berlin 25.4.1988 – 9 Sa 15/88 – DB 1988, 1228.
104 BAG 15.4.1999 – 6 AZR 586/97 – ZTR 2000, 80, 81; BAG 15.11.1983 – 3 AZR 431/81 – AP § 2 BRKG Nr. 1.
105 BAG 22.2.1978 – 4 AZR 579/76 – DB 1978, 1284; LAG München 30.7.1964 – 6 Sa 134/64 N – ABl BY 1965, C 57; der TVöD enthält eine solche Regelung nicht.
106 BAG 23.7.1996 – 1 ABR 17/96 – NZA 1997, 216, 218; Loritz, NZA 1997, 1188, 1190; insb. zu § 87 Abs. 1 Nr. 1 BetrVG s. LAG Hamm 26.7.2004 – 10 TaBV 73/04 – juris; zur Vergütung für über die regelmäßige Arbeitszeit hinausgehende Reisezeiten nach § 612 Abs. 1 BGB s. BAG 3.9.1997 – 5 AZR 428/96 – NZA 1998, 540 f.; Loritz, NZA 1997, 1188, 1193 ff.
107 BAG 29.8.1991 – 6 AZR 593/88 – NZA 1992, 67 ff.
108 S. BAG 6.8.2002 – 1 ABR 47/01 – PersR 2003, 41 ff., auch zur Änderungskündigung; LAG Köln 11.8.1995 – 13 Sa 97/95 – NZA-RR 1996, 280.
109 BAG 9.10.2003 – 6 AZR 447/02 – NZA 2004, 390, 391.
110 RL 93/104/EG des Rates v. 23.11.1993 über bestimmte Aspekte der Arbeitszeitgestaltung, ABl L 307, 18.
111 RL 2003/88/EG des Europäischen Parlaments und des Rates v. 4.11.2003 über bestimmte Aspekte der Arbeitszeitgestaltung, ABl L 299, 9.
112 RL 2000/34/EG des Europäischen Parlaments und des Rates v. 22.6.2000 zur Änderung der RL 93/104/EG des Rates über bestimmte Aspekte der Arbeitszeitgestaltung hinsichtlich der Sektoren und Tätigkeitsbereiche, die von jener Richtlinie ausgeschlossen sind, ABl L 195, 41.

sehen.[113] Gegenstand des Weisungsrechts kann sowohl die **Dauer** (siehe Rn 21 ff.) als auch die **Lage** (siehe Rn 25 ff.) der Arbeitszeit sein.

b) Dauer der Arbeitszeit. aa) Allgemeines. I.d.R. ist die Dauer der Arbeitszeit einzel- oder kollektivvertraglich geregelt.[114] Der zeitliche Umfang der Arbeitsleistung kann grds. durch einseitige Weisung des AG weder verkürzt noch verlängert werden, da anderenfalls die arbeitsvertraglichen **Hauptleistungspflichten** geändert und der (Änderungs-)Künd-Schutz (siehe Rn 6) nach dem KSchG umgangen würden.[115] In umgekehrter Richtung kann hingegen nach Maßgabe von § 8 TzBfG ein Anspruch des AN auf Verringerung seiner Arbeitszeit bestehen.[116] Besteht in einem Betrieb eine bestimmte **betriebsübliche Arbeitszeit**, so gilt sie für die neu eingestellten AN, wenn keine abweichende einzelvertragliche Vereinbarung vorgenommen wird.[117]

21

bb) Anordnung von Überstunden. Überstunden (Überarbeit, Mehrarbeit,[118] Überschichten) sind nach allg.M. die Arbeitsstunden, die über die Arbeitszeit hinausgehen, die für das jeweilige Arbverh aufgrund TV, BV oder Arbeitsvertrag festgelegt sind.[119] Der AG hat grds. nur dann kraft seines Weisungsrechts die Befugnis zur Anordnung von Überstunden mit der Folge einer entsprechenden Gehorsamspflicht des AN, wenn sich eine solche Befugnis aus dem Arbeitsvertrag – insb. in Form einer sog. **Überstundenklausel** (siehe Rn 56) – oder Kollektivregelungen (TV, BV) ergibt.[120] Nach § 124 SGB IX[121] werden **schwerbehinderte Menschen** auf ihr Verlangen von Mehrarbeit freigestellt.[122]

22

cc) Arbeitszeitverkürzung und Einführung von Kurzarbeit. Durch Tarifvertrag kann dem AG die Befugnis eingeräumt werden, für AN mit erschwerten Arbeitsbedingungen die tariflich festgelegte Arbeitszeit zu verkürzen (**tarifliche Bestimmungsklausel**).[123] Wegen der arbeitsvertraglichen Pflicht des AG, den AN im vereinbarten Umfang zu beschäftigen und zu vergüten, bedarf die Einführung von Kurzarbeit entweder einer entsprechenden Vereinbarung zwischen den Vertragsparteien – sog. **Kurzarbeitsklausel** (siehe Rn 57) – oder einer besonderen kollektivrechtlichen Grundlage,[124] z.B. einer BV.[125] Anderenfalls ist der Ausspruch einer außer- oder ordentlichen **Änderungs-Künd** (siehe Rn 6) erforderlich. Das Direktionsrecht des AG reicht hingegen nicht aus.[126] Auch die **Meldung der Kurzarbeit** nach §§ 169 ff. SGB III stellt keine Ermächtigungsgrundlage zur Einführung von Kurzarbeit dar.[127] Gem. Protokollnotiz zu § 15 Abs. 5 BAT (i.V.m. Anlage 5) verbleibt es auch für den Bereich des **BAT** bei den gesetzlichen Vorschriften über die Einführung von Kurzarbeit.[128] Der **TVöD** enthält keine Regelung zur Kurzarbeit.

23

dd) Mitbestimmungsrechte. Bei der Anordnung von **Überstunden** und bei der Einführung von **Kurzarbeit** hat der AG das Mitbestimmungsrecht des BR nach § 87 Abs. 1 Nr. 3 BetrVG zu beachten.[129] Besetzt der AG einen zuvor ausgeschriebenen Arbeitsplatz im Wege einer Erhöhung der vertraglichen Arbeitszeit schon beschäftigter AN, so liegt darin bei länger als einmonatiger Dauer eine gem. § 95 Abs. 3 BetrVG **mitbestimmungspflichtige Einstellung** nach § 99 Abs. 1 S. 1 BetrVG. Die einvernehmliche Verminderung der vertraglichen Arbeitszeit betriebsangehöriger

24

---

113 EuGH 9.9.2003 – Rs. C-151/02 (Landeshauptstadt Kiel ./. Norbert Jaeger) – EuGH Slg. I 2003, 8389 ff. = NZA 2003, 1019 ff.; BAG 18.2.2003 – 1 ABR 2/02 – NZA 2003, 742 ff.; insb. zu den Begriffen Arbeitszeit, Bereitschaftsdienst und Rufbereitschaft s. *Moderegger*, ArbRB 2005, 370 ff.

114 HWK/*Lembke*, § 106 GewO Rn 33; zu Möglichkeiten und Grenzen von Vereinbarungen zur Arbeitszeitdauer s. *Hanau*, NZA-Beil. 2006, Nr. 1, 34 ff.

115 BAG 12.12.1984 – 7 AZR 509/83 – NZA 1985, 321 ff. für den Fall einer an den Umfang der Arbeitszeit anknüpfenden Vergütung; LAG Düsseldorf 30.8.2002 – 9 Sa 709/02 – NZA-RR 2003, 407, 408.

116 S.BAG 20.7.2004 – 9 AZR 626/03 – NZA 2004, 1090 ff.; *Hunold*, NZA-RR 2004, 225 ff. m.w.N.

117 LAG Düsseldorf 28.10.1991 – 4b Sa 27/91 – EzA § 77 BetrVG 1972 Nr. 44.

118 Zum Begriff der Mehrarbeit i.S.v. § 124 SGB IX s. BAG 3.12.2002 – 9 AZR 462/01 – NZA 2004, 1219, 1220 f.

119 BAG 11.11.1997 – 9 AZR 566/96 – NZA 1998, 1011, 1012; BAG 8.11.1989 – 5 AZR 642/88 – NZA 1990, 309, 310.

120 BAG 3.6.2003 – 1 AZR 349/02 – NZA 2003, 1155, 1159 m.w.N., insb. zur BV als Rechtsgrundlage; BAG 25.3.1987 – 5 AZR 691/85 – juris; BAG 25.3.1985 – 5 AZR 758/85 – juris; *Hümmerich/Rech*, NZA 1999, 1132 ff. m.w.N.

121 I.d.F. des Gesetzes zur Förderung der Ausbildung und Beschäftigung schwerbehinderter Menschen v. 23.4.2004 (BGBl I S. 606); zur Vorgängerregelung § 46 SchwG s. BAG 8.11.1989 – 5 AZR 642/88 – NZA 1990, 309, 310.

122 BAG 3.12.2002 – 9 AZR 462/01 – NZA 2004, 1219 ff.

123 BAG 28.11.1984 – 5 AZR 123/83 – DB 1985, 132, 133.

124 S. zu den rechtlichen Grundlagen der Einführung von Kurzarbeit *Boecken*, RdA 2000, 7 ff.

125 ArbG Berlin 17.3.2004 – 7 Ca 25174/03 – EzA-SD 2004, Nr. 13, 19.

126 BAG 17.1.1995 – 1 AZR 283/94 – juris; BAG 14.2.1991 – 2 AZR 415/90 – NZA 1991, 607; BAG 15.12.1961 – 1 AZR 207/59 – BB 1962, 220.

127 LAG Mainz 7.10.1996 – 9 Sa 703/96 – NZA-RR 1997, 331.

128 Zur unwirksamen Regelung des § 15 Abs. 5 BAT-O, wonach die einseitige Einführung von Kurzarbeit durch den AG möglich war, s. BAG 18.10.1994 – 1 AZR 503/93 – NZA 1995, 1064, 1066; BAG 27.1.1994 – 6 AZR 541/93 – NZA 1995, 134, 135.

129 S. BAG 14.2.1991 – 2 AZR 415/90 – NZA 1991, 607 ff., zur formlosen Regelungsabrede zwischen BR und AG; BAG 22.12.1980 – 1 ABR 2/79 – DB 1981, 321 ff.; BAG 15.12.1961 – 1 AZR 207/59 – BB 1962, 220.

AN löst Mitbestimmungsrechte des BR nicht aus.[130] Der PR hat bei der Frage, ob **Kurzarbeit** eingeführt werden soll, kein Mitbestimmungsrecht nach § 75 Abs. 3 Nr. 1 BPersVG.[131]

25 c) Lage der Arbeitszeit. aa) Allgemeines. Fehlt eine individual- oder kollektivrechtliche Regelung der (Lage der) Arbeitszeit oder besteht lediglich eine rahmenmäßige Festlegung, so unterliegt die zeitliche Lage der Arbeitszeit bzw. des Arbeitszeitrahmens[132] dem Direktionsrecht des AG.[133] Die Befugnis des AG, die Verteilung der Arbeitszeit zu bestimmen, ist Kerngegenstand des arbeitgeberseitigen Direktionsrechts nach § 106.[134] Das Weisungsrecht bezieht sich auf die Verteilung der Arbeitszeit auf die einzelnen **Wochen-Arbeitstage** ebenso wie auf die Festlegung von Beginn und Ende der **täglichen Arbeitszeit** sowie auf die **Ruhepausen**.[135] Bei der Bestimmung der Arbeitszeit darf der AG im Rahmen des Direktionsrechts keine betrieblich nicht zwingenden Anordnungen treffen, die die Vereinbarkeit von Familie und Beruf behindern.[136]

26 bb) Schichtarbeit. Ist die Lage der Arbeitszeit, so auch die **Zuordnung zu bestimmten Schichten**, im Arbeitsvertrag nicht ausdrücklich und eindeutig vereinbart,[137] so unterliegt die Festlegung der zeitlichen Lage für die arbeitsvertraglich geschuldete Tätigkeit und damit auch die Zuweisung zu bestimmten Schichten grds. dem Direktionsrecht des AG.[138] Sieht der Arbeitsvertrag eine Verpflichtung zur Ableistung von **Spätdienst** nicht ausdrücklich vor, folgt daraus nicht, dass das Direktionsrecht des AG insoweit ausgeschlossen ist.[139] Der AG kann kraft seines Direktionsrechts den Wechsel von **Tag- zu Nachtschicht** und umgekehrt[140] sowie die Anzahl der in Folge zu leistenden **Nachtschichten** festlegen, soweit durch Arbeitsvertrag, BV oder TV keine Regelung getroffen ist. § 6 Abs. 1 ArbZG steht dem nicht entgegen.[141] Die Umstellung eines (**Wechsel-**)**Schichtsystems** kraft Direktionsrechts des AG kann unter Beachtung der Grenzen billigen Ermessens (siehe Rn 87 ff.) auch dann zulässig sein, wenn hierdurch – als mittelbare Folge der Veränderung der Arbeitszeit – Einkommensverluste (etwa durch den Wegfall von Zulagen/Zuschlägen) bei den AN eintreten.[142]

27 cc) Bereitschaftsdienst. Aufgrund seines Weisungsrechts kann der AG einseitig auch eine vertraglich nur rahmenmäßig umschriebene zusätzliche Pflicht des AN zur Ableistung von Bereitschaftsdiensten zeitlich näher bestimmen; er hat hierbei die Grenzen billigen Ermessens (siehe Rn 87 ff.) zu wahren.[143]

28 dd) Betriebsferien. Auch wenn die Urlaubserteilung nach § 7 Abs. 1 S. 1 BUrlG gegenüber einem einzelnen AN nicht im Ermessen des AG steht,[144] kann der AG in einem **betriebsratslosen Betrieb** Betriebsferien kraft des ihm obliegenden Direktionsrechts einführen.[145] Danach rechtswirksam eingeführte Betriebsferien begründen „**dringende betriebliche Belange**" i.S.v. § 7 Abs. 1 S. 1 BUrlG, hinter denen abweichende individuelle Urlaubswünsche der AN – von Härtefällen abgesehen – grds. zurückstehen müssen.[146]

29 ee) Mitbestimmungsrechte von BR und PR. Nach Maßgabe von § 87 Abs. 1 Nr. 2 BetrVG besteht ein Mitbestimmungsrecht des BR hinsichtlich „**Beginn und Ende** der täglichen Arbeitszeit einschließlich der **Pausen** sowie **Verteilung** der Arbeitszeit auf die einzelnen Wochentage".[147] Ähnliches gilt gem. § 75 Abs. 3 Nr. 1, Abs. 4 BPersVG

---

130 BAG 25.1.2005 – 1 ABR 59/03 – AP § 87 BetrVG 1972 Arbeitszeit Nr. 114.
131 BAG 18.10.1994 – 1 AZR 503/93 – NZA 1995, 1064, 1065 f.
132 BAG 19.6.1985 – 5 AZR 57/84 – DB 1986, 132.
133 BAG 17.7.2007 – 9 AZR 819/06 – NZA 2008, 118, 119; BAG 23.6.1992 – 1 AZR 57/92 – NZA 1993, 89, 91; BAG 11. 1998–5 AZR 472/97 – NZA 1998, 647; LAG Nürnberg 8.3.1999 – 6 Sa 259/97 – NZA 2000, 263; s. BAG 19.5.1992 – 1 AZR 418/91 – NZA 1992, 978, 980 ff., unwirksame „Mittagspausenregelung"; BAG 30.3.2000 – 6 AZR 689/98 – NZA 2001, 111 ff., zum Ausgleichszeitraum nach § 15 Abs. 1 S. 2 BAT-O.
134 BAG 27.4.2004 – 9 AZR 522/03 – NZA 2004, 1225, 1227 m.w.N.
135 HWK/*Lembke*, § 106 GewO Rn 38; Boemke/*Keßler*, GewO, § 106 Rn 90 m.w.N.
136 BAG 23.9.2004 – 6 AZR 567/03 – AuR 2004, 392; ArbG Hamburg 4.12.1995 – 21 Ca 290/95 – NZA-RR 1996, 365, 366 f.: arg. § 1627 BGB.
137 LAG Berlin 26.7.1993 – 9 Sa 52/93 – AuA 1994, 186, 187.
138 LAG Köln 14.2.1997 – 11 Sa 1002/96 – NZA-RR 1997, 391, 392.
139 LAG Hannover 26.7.2001 – 7 Sa 1813/00 – NZA-RR 2002, 118 f.
140 LAG Köln 26.7.2002 – 11 Ta 224/02 – NZA-RR 2003, 577; LAG Berlin 29.4.1991 – 9 Sa 9/91 – LAGE § 611 BGB Direktionsrecht Nr. 9.
141 BAG 11.2.1998 – 5 AZR 472/97 – NZA 1998, 647 f.
142 LAG Mainz 15.5.2001 – 5 Sa 271/01 – NZA-RR 2002, 120 f.; LAG Köln 14.2.1997 – 11 Sa 1002/96 – NZA-RR 1997, 391 f.; LAG Hamm 30.6.1994 – 4 Sa 2017/93 – LAGE § 611 BGB Direktionsrecht Nr. 17.
143 BAG 25.10.1989 – 2 AZR 633/88 – NZA 1990, 561, 562 ff.
144 BAG 18.12.1986 – 8 AZR 502/84 – NZA 1987, 379.
145 BAG 12.10.1961 – 5 AZR 423/60 – DB 1962, 70 f.; BAG 14.5.1964 – 5 AZR 239/63 – SAE 1965, 16, 20 f. m. Anm. *Neumann*; BAG 4.12.1970 – 5 AZR 242/70 – DB 1971, 295, 296.
146 LAG Düsseldorf 20.6.2002 – 11 Sa 378/02 – BB 2003, 156, 158 f. m. Anm. *Kappelhoff*.
147 BAG 29.9.2004 – 5 AZR 559/03 – NZA 2005, 184; BAG 29.9.2004 – 1 ABR 29/03 – DB 2005, 343 f.; BAG 28.5.2002 – 1 ABR 40/01 – NZA 2003, 1352 ff., zu (Wochen-)Schichtplänen.

für den PR.[148] Hinsichtlich des **Urlaubs** besteht ein Mitbestimmungsrecht des BR nach näherer Maßgabe von § 87 Abs. 1 Nr. 5 BetrVG[149] bzw. des PR gem. § 75 Abs. 3 Nr. 3 BPersVG.

5. Ordnung und Verhalten der AN im Betrieb (S. 2). a) Allgemeines. Das Weisungsrecht des AG umfasst gem. S. 2 auch **betriebsbezogene Weisungen**, welche die Aufrechterhaltung der Ordnung und das Verhalten der AN im Betrieb betreffen,[150] z.B. die Erteilung von Rauchverboten (siehe Rn 32),[151] die Durchführung von Eingangskontrollen (siehe Rn 36) oder die Weisung, Arbeits-, Dienst- bzw. Schutzkleidung (siehe Rn 33 f.) zu tragen.[152] Der AG kann nicht nur **konkret-individuelle Weisungen** an einzelne AN erteilen, sondern auch in Form **genereller Verhaltensvorschriften** die Ordnung und das Verhalten von Gruppen von AN (z.B. in bestimmten Abteilungen) oder aller AN im Betrieb regeln.[153] Die Weisungen müssen betriebsbezogen sein, denn das **außerdienstliche Verhalten** der AN unterliegt jedenfalls dann grds. nicht dem Direktionsrecht des AG, wenn keine Auswirkungen auf die Arbeitsleistung bestehen.[154] Neben den unmittelbar auf das Verhalten und die Ordnung der AN im Betrieb bezogenen **Verhaltens- und Ordnungsweisungen** (siehe Rn 31 ff.) kommen zur Überprüfung ihrer Einhaltung **Überwachungs- und Kontrollmaßnahmen** (siehe Rn 36) durch den AG in Betracht. 30

b) Betriebsbezogene Weisungen bzgl. Verhalten und Ordnung der AN. Regelungsgegenstände betriebsbezogener Weisungen können z.B. sein: 31

– die Erteilung von **Alkoholverboten**[155] und **Rauchverboten** (siehe Rn 32),
– die Weisung, **Arbeits-, Dienst- bzw. Schutzkleidung** (siehe Rn 33 f.) zu tragen,
– Anforderungen an das **äußere Erscheinungsbild** von AN mit Kundenkontakt (siehe Rn 35),
– das Verbot des **Radiohörens** während der Arbeitszeit,[156]
– die Regelung – z.B. das grds. Verbot – der Benutzung der **betrieblichen Telefonanlage**,[157] des **Computers** und **Internet-Zugangs** für private Zwecke,[158]
– Vorschriften über die **Kommunikation im Betrieb** in einer bestimmten Sprache in Wort und Schrift (z.B. Englisch)[159] sowie
– eine **Parkplatzordnung** bzgl. des Abstellens von Kfz.[160]

aa) Rauchverbot. Bei der Frage nach der Zulässigkeit der Aufstellung eines (generellen) betrieblichen Rauchverbots durch den AG im Wege des Direktionsrechts hat im Rahmen der Prüfung der Grenzen des billigen Ermessens eine **umfassende Interessenabwägung** (siehe Rn 91 ff.) stattzufinden. AN haben nach § 618 Abs. 1 BGB – bzw. aufgrund der allgemeinen **Fürsorgepflicht** des AG[161] – einen arbeitsvertraglichen Anspruch auf einen tabakrauchfreien Arbeitsplatz, wenn dies für sie aus gesundheitlichen Gründen geboten ist.[162] Nach Maßgabe von **§ 5 ArbStättV**[163] hat der AG die zum **Nichtraucherschutz** erforderlichen Maßnahmen zu treffen.[164] Die Betriebspartner sind befugt, durch eine den Verhältnismäßigkeitsgrundsatz (§ 75 Abs. 2 BetrVG i.V.m. Art. 2 Abs. 1 GG) wahrende **BV** (siehe Rn 70) ein betriebliches Rauchverbot zu erlassen.[165] Es besteht kein Anspruch von Flugbegleitern auf Gestattung des Rauchens während „**Nichtraucherflügen**".[166] Ein durch Weisungsrecht des AG eingeführtes Rauch- 32

---

148 BAG 23.1.2001 – 1 ABR 36/00 – NZA 2001, 741 ff.
149 BAG 28.7.1981 – 1 ABR 79/79 – DB 1981, 2621 ff.; LAG Hannover 26.2.1985 – 6 TaBV 2/84 – AuR 1999, 319 zu Betriebsferien.
150 BAG 14.12.1961 – 5 AZR 180/61 – DB 1962, 375; zu den Auswirkungen des am 18.8.2006 in Kraft getretenen AGG s. insoweit *Schrader*, DB 2006, 2571, 2576 f.
151 LAG Frankfurt 11.8.2000 – 2 Sa 1000/99 – NZA-RR 2001, 77 ff.; LAG Frankfurt 6.7.1989 – 9 Sa 1295/88 – LAGE § 611 BGB Direktionsrecht Nr. 5.
152 BT-Drucks 14/8796, S. 24; BR-Drucks 112/02, S. 36; s. *Borgmann/Faas*, NZA 2004, 241 ff.
153 HWK/*Lembke*, § 106 Rn 44 m.w.N.: „(Sammel-)Weisung" ähnlich einer verwaltungsrechtlichen Allgemeinverfügung (§ 35 S. 2 VwVfG).
154 Schaub/*Linck*, Arbeitsrechts-Handbuch, § 55 Rn 7 f.
155 BAG 23.9.1986 – 1 AZR 83/85 – NZA 1987, 250 f., auch zur Mitbestimmungspflichtigkeit nach § 75 Abs. 3 Nr. 11 BPersVG; LAG Frankfurt 28.8.1997 – 5 TaBV 9/97 – AiB 1998, 709 f. m. Anm. *Mletzko*; s. Schaub/*Linck*, Arbeitsrechts-Handbuch, § 55 Rn 13.
156 BAG 14.1.1986 – 1 ABR 75/83 – NZA 1986, 435 f., auch zum Mitbestimmungsrecht des BR nach § 87 Abs. 1 Nr. 1 BetrVG.
157 LAG Nürnberg 29.1.1987 – 5 TaBV 4/86 – NZA 1987, 572.
158 HWK/*Lembke*, § 106 GewO Rn 46; *Dickmann*, NZA 2003, 1009 ff.; *Ernst*, NZA 2002, 585 ff.; *Kossens*, ArbRB 2004, 215 ff.
159 S. *Diller/Powietzka*, DB 2000, 718 ff., auch zu den Mitbestimmungsrechten des BR.
160 HWK/*Lembke*, § 106 GewO Rn 46.
161 *Bergwitz*, NZA-RR 2004, 169, 174, auch zu § 823 Abs. 1 BGB als Anspruchsgrundlage.
162 BAG 17.2.1998 – 9 AZR 84/97 – NZA 1998, 1231 f.; a.A. LAG Berlin 18.3.2005 – 6 Sa 2585/04 – BB 2005, 1576 (n.r. BAG – 9 AZR 545/05).
163 I.d.F. von Art. 1 der VO über Arbeitsstätten v. 12.8.2004 m.W.v. 25.8.2004 (BGBl I S. 2179, 2180, 2189); vormals § 3a ArbStättV.
164 *Bergwitz*, NZA-RR 2004, 169, 170 ff.; *Brunhöber*, AuA 2004, Nr. 4, 18, 19 f.; *Buchner*, BB 2002, 2382 ff.; *Lorenz*, AuA 2002, 558 f.; *Lorenz*, DB 2003, 721 ff.; *Lorenz*, PersR 2003, 99 ff.; *Moderegger*, ArbRB 2003, 15 ff.; *Schmieding*, ZTR 2004, 12 ff.; *Wellenhofer-Klein*, RdA 2003, 155 ff.
165 BAG 19.1.1999 – 1 AZR 499/98 – NZA 1999, 546, 547 ff.
166 LAG Frankfurt 11.8.2000 – 2 Sa 1000/99 – NZA-RR 2001, 77, 78 f.

verbot ist – abgesehen von **feuergefährdeten Betrieben**[167] – auch dann zulässig, wenn es sich bei dem davon betroffenen Arbeitsplatz um ein **Büro** handelt, das ständig von dritten Personen, insb. auch Kunden, aufgesucht wird (siehe § 5 Abs. 2 ArbStättV). In diesem Fall kann der AN auch nicht verlangen, dass ihm das Rauchen gestattet wird, wenn sich gerade keine Besucher im Büro aufhalten.[168] Es ist dem AN zumutbar, eine auf dem Freigelände des Betriebes eingerichtete Rauchgelegenheit zu nutzen.[169]

33 bb) **Arbeits-, Dienst-, Schutzkleidung. (1) Begriffsbestimmung.** Als **Arbeitskleidung** bzw. – im Bereich des öffentlichen Dienstes – Dienstkleidung gelten in Anlehnung an § 67 S. 2 BAT[170] Kleidungsstücke, die zur besonderen Kenntlichmachung im dienstlichen Interesse an Stelle der individuellen Zivilkleidung während der Arbeit getragen werden müssen.[171] Unter **Schutzkleidung** sind im Hinblick auf § 66 S. 2 BAT[172] die Kleidungsstücke anzusehen, die bei bestimmten Tätigkeiten an bestimmten Arbeitsplätzen an Stelle oder über der sonstigen Kleidung zum Schutz gegen Witterungsunbilden und andere gesundheitliche Gefahren oder außergewöhnliche Beschmutzung getragen werden müssen.

34 (2) **Weisungen des AG.** Das Tragen einer einheitlichen vom AG (Einzelhandelskette) kostenlos zu Verfügung gestellten Dienstkleidung, welche einem bestimmten **Marketingkonzept** entspricht aber nicht Sicherheitserfordernissen gerecht werden muss (sog. Image-Kleidung),[173] kann ein AN i.d.R. nur ablehnen, wenn er in seinem **Persönlichkeitsrecht** (siehe Rn 92) nachhaltig beeinträchtigt wird. Das kann bei einer Einschränkung der körperlichen Bewegungsfreiheit oder auch bei einer ausgesprochen ungünstigen Optik der Fall sein.[174] Solange der AG dem AN keine **Umkleidemöglichkeit** für das Anlegen der vorgeschriebenen Dienstkleidung zur Verfügung stellt, die es dem AN erlaubt, sich vor und nach der Arbeit ohne Dienstkleidung bewegen zu können, weigert sich der AN zu Recht, seine Arbeit in Dienstkleidung zu versehen.[175]

35 cc) **Äußeres Erscheinungsbild des AN.** Grds. kann ein AG von einem AN mit **Kundenkontakt** erwarten, sich dem Charakter des Handelsgeschäfts und dessen Kundenstamm entsprechend **branchenüblich** zu kleiden, insb. kann der AG den „**Stil des Hauses**" vorgeben. Ausnahmsweise können danach der durch das grundrechtlich geschützte **Persönlichkeitsrecht** (siehe Rn 92) des AN garantierten freien Gestaltung seines Äußeren und seiner Kleidung Grenzen gesetzt werden, um dem berechtigten Interesse des AG nach einem einheitlichen Erscheinungsbild und den Erwartungen der Kundschaft Rechnung zu tragen.[176] Der AG ist kraft seines Direktionsrechts befugt, dem im Verkauf tätigen AN zu untersagen, in Gegenwart von Kunden in Jeans, Turnschuhen, mit offenem Kragen, ohne Krawatte und ohne Sakko aufzutreten. Der AG, in dessen Betrieb Möbel gehobenen Genres hergestellt werden, erwartet von seinen im Verkauf tätigen AN zu Recht, dass sie bei Gesprächen mit Kunden entsprechend gepflegt und in einer Art und Weise gekleidet auftreten, wie sie dem von dem AG festgelegten Charakter der Produkte entspricht.[177] Selbst das Nicht-Tragen eines **Bartes** oder **langer Haare** durch den AN kann bei Vorliegen eines entsprechend gewichtigen betrieblichen Interesses des AG (z.B. Marketingkonzept, Branchenüblichkeit) grds. zulässiger Gegenstand einer Weisung sein.[178] In jedem Fall sind die Grenzen **billigen Ermessens** (siehe Rn 87 ff.), insb. unter Berücksichtigung und Abwägung der widerstreitenden Grundrechtspositionen (siehe Rn 91 ff.) zu beachten.

36 c) **Überwachungs- und Kontrollmaßnahmen.** Insb. unter Beachtung der Grenze billigen Ermessens (siehe Rn 87 ff.) sind als Überwachungs- und Kontrollmaßnahmen z.B. die Durchführung von (stichprobenartigen) **Taschen-**[179] bzw. **Tor-/Eingangskontrollen**[180] sowie die Einführung von **Werksausweisen**[181] und anderen **Zugangssicherungssystemen**[182] grds. zulässig. Eine **routinemäßige Blutentnahme** und -untersuchung zur Überprüfung

---

167 *Bergwitz*, NZA-RR 2004, 169, 178 m.w.N.
168 LAG Frankfurt 6.7.1989 – 9 Sa 1295/88 – LAGE § 611 BGB Direktionsrecht Nr. 5.
169 BAG 19.1.1999 – 1 AZR 499/98 – NZA 1999, 546, 550; *Bergwitz*, NZA-RR 2004, 169, 178.
170 Der TVöD enthält keine Regelung zur Dienstkleidung.
171 S. BAG 13.2.2003 – 6 AZR 536/01 – NZA 2003, 1196, 1197 f. m.w.N., auch zu § 21 Abs. 2 AVR-Caritas; BAG 19.5.1998 – 9 AZR 307/96 – NZA 1999, 38, 39.
172 Der TVöD enthält nunmehr keine Vorschriften betreffend Schutzkleidung.
173 S. BAG 1.12.1992 – 1 AZR 260/92 – NZA 1993, 711, 712 ff., insb. zur Mitbestimmungspflichtigkeit nach § 87 Abs. 1 Nr. 1 BetrVG.
174 LAG Hamm 7.7.1993 – 14 Sa 435/93 – LAGE § 611 BGB Direktionsrecht Nr. 14.
175 LAG Stuttgart 11.5.2004 – 14 Sa 126/03 – LAGReport 2004, 319; ArbG Karlsruhe 10.10.2003 – 1 Ca 266/03 – AuR 2004, 433 (n.r. LAG Stuttgart – 12 Sa 115/03); ArbG Karlsruhe 10.10.2003 – 1 Ca 269/03 – AuR 2004, 433 (n.r. LAG Stuttgart – 19 Sa 64/03).
176 BAG 10.10.2002 – 2 AZR 472/01 – NZA 2003, 483, 485 f.: islamisches Kopftuch.
177 LAG Hamm 22.10.1991 – 13 TaBV 36/91 – BB 1992, 430, 431.
178 HWK/*Lembke*, § 106 GewO Rn 46.
179 LAG Hamm 8.3.2000 – 18 Sa 2009/99 – juris.
180 BT-Drucks 14/8796, S. 24.
181 HWK/*Lembke*, § 106 GewO Rn 48.
182 S. BAG 10.4.1987 – 1 ABR 69/82 – DB 1984, 2097 f., zu codierten Ausweiskarten.

von Alkohol-[183] oder Drogenmissbrauch ("Drogenscreening") ist i.d.R. nicht vom Direktionsrecht des AG gedeckt und braucht vom AN nicht hingenommen zu werden.[184]

d) Sonstige (betriebsbezogene) Weisungen. Bestehen zwischen AN Spannungen, so kann der AG dem durch **Umsetzung** eines der AN kraft Direktionsrechts – in den Grenzen billigen Ermessens (siehe Rn 87 ff.) – begegnen; er ist nicht gehalten, anstelle der Umsetzung eine **Abmahnung** auszusprechen.[185] Bei **sexueller Belästigung** (§ 3 Abs. 4 AGG) ist der AG nach Maßgabe von §§ 12 Abs. 3, 7 Abs. 1, 1, 3 Abs. 4 AGG zum Ergreifen der im Einzelfall angemessenen arbeitsrechtlichen Maßnahmen verpflichtet. Das Weisungsrecht berechtigt den AG nicht dazu, – im Wege der grds. zulässigen Einführung allgemeiner **Ethikregeln, -richtlinien**[186] – von einem AN die Offenlegung **privater Vermögensverhältnisse** zu verlangen und im betrieblichen Interesse Einfluss auf dessen Vermögensdispositionen zu nehmen.[187] Ebenso wenig ist der AG kraft Direktionsrechts befugt, die Ausübung einer **Nebentätigkeit** von seiner Erlaubnis abhängig zu machen.[188] Nicht vom einseitigen Weisungsrecht des AG umfasst ist die Aufstellung einer **„Betriebsbußordnung"** und die Verhängung von **Betriebs-** bzw. sonstigen **Geldbußen**,[189] da bereits an die Zulässigkeit der Vereinbarung von Vertragsstrafen[190] strenge Anforderungen, insb. nach § 309 Nr. 6 BGB bzw. §§ 310 Abs. 4 S. 2 Halbs. 1, 307 Abs. 1 BGB – gestellt werden.[191]

e) Mitbestimmungsrechte von BR und PR. aa) § 87 Abs. 1 Nr. 1 BetrVG. Der AG hat bei Anweisungen bzgl. „Fragen der Ordnung des Betriebs und des Verhaltens der AN im Betrieb" das – durch S. 2 nicht eingeschränkte (siehe Rn 82) – Mitbestimmungsrecht des BR gem. § 87 Abs. 1 Nr. 1 BetrVG zu beachten.[192] Es sind – mitbestimmungsfreie – Anweisungen betreffend das unmittelbare **Arbeitsverhalten** von gem. § 87 Abs. 1 Nr. 1 BetrVG mitbestimmungspflichtigen Anweisungen in Bezug auf das sog. **Ordnungsverhalten** zu unterscheiden.[193] Das Arbeitsverhalten ist berührt, wenn der AG kraft seiner Organisations- und Leitungsmacht näher bestimmt, welche Arbeiten auszuführen sind und in welcher Weise das geschehen soll. Danach unterliegen nur solche Anordnungen nicht der Mitbestimmung, mit denen die Arbeitspflicht unmittelbar konkretisiert wird. Anordnungen, die dazu dienen, das sonstige Verhalten der AN zu koordinieren, betreffen die Ordnung des Betriebs i.S.v. § 87 Abs. 1 Nr. 1 BetrVG.[194] Der Ausspruch von Abmahnungen vor dem Hintergrund einer „Internen Anweisung" des AG, wonach Kassendifferenzen oberhalb bestimmter Grenzen mit einer Abmahnung geahndet werden, stellt keine gem. § 87 Abs. 1 Nr. 1 BetrVG mitbestimmungspflichtige Betriebsbuße dar.[195]

bb) Sonstige Mitbestimmungsvorschriften. Gem. § 75 Abs. 3 Nr. 15 BPersVG besteht bei der „Regelung der **Ordnung** in der Dienststelle und des **Verhaltens** der Beschäftigten" ein Mitbestimmungsrecht des PR.[196] Bei der Einführung und Anwendung technischer **Überwachungseinrichtungen** ist ggf. auch § 87 Abs. 1 Nr. 6 BetrVG[197]

---

183 S. BAG 13.2.1990 – 1 ABR 11/89 – AiB 1991, 272, 273 f. m. Anm. *Hinrichs*, insb. zum Mitbestimmungsrecht des BR nach § 87 Abs. 1 Nr. 1, 7 BetrVG.
184 BAG 12.8.1999 – 2 AZR 55/99 – NZA 1999, 1209 ff.
185 BAG 24.4.1996 – 5 AZR 1031/94 – NZA 1996, 1088, 1089.
186 Näher hierzu *Borgmann*, NZA 2003, 352, 353 f.; *Eisenbeis/Nießen*, FS für Leinemann, 2006, S. 697; *Franzen*, Jura 2005, 715; *Kock*, MDR 2006, 673; *Kock*, ArbRB 2006, 116; *Meyer*, NJW 2006, 3605; *Wisskirchen/Jordan/Bissels*, DB 2005, 2190; *Wisskirchen/Körber/Bissels*, BB 2006, 1567; *Kolle/Deinert*, ArbuR 2006, 177; LAG Düsseldorf 14.11.2005 – 10 TaBV 46/05 – NZA-RR 2006, 81, 83 ff.
187 BAG 28.5.2002 – 1 ABR 32/01 – NZA 2003, 166, 168, auch zur Mitbestimmungspflichtigkeit nach § 87 Abs. 1 Nr. 1 BetrVG.
188 BAG 28.5.2002 – 1 ABR 32/01 – NZA 2003, 166, 168 m.w.N.
189 BAG 17.10.1989 – 1 ABR 100/88 – NZA 1990, 193, 194 ff.; *Borgmann/Faas*, NZA 2004, 241, 243 m.w.N.
190 BAG 4.3.2004 – 8 AZR 196/03 – NZA 2004, 727 ff.; BAG 4.3.2004 – 8 AZR 328/03 – AuA 2004, Nr. 4, 45 f. m. Anm. *Laws*; BAG 4.3.2004 – 8 AZR 344/03 – AuA 2004, Nr. 4, 45 f. m. Anm. *Laws*; *Brors*, DB 2004, 1778 ff.; *Hümmerich*, NZA 2003, 753, 761 f.; *Reichenbach*, NZA 2003, 309 ff.
191 HWK/*Lembke*, § 106 GewO Rn 51 m.w.N.
192 S. zu Taschen-, Behälter- bzw. Torkontrollen BAG 12.8.1999 – 2 AZR 923/98 – NZA 2000, 421, 425; BAG 26.5.1988 – 1 ABR 9/87 – NZA 1988, 811, 812 f.; BAG 17.8.1982 – 1 ABR 50/80 – NJW 1983, 646, 647 m.w.N.; zum Rauchverbot BAG 19.1.1999 – 1 AZR 499/98 – NZA 1999, 546, 547 ff.; zum Alkoholverbot BAG 13.2.1990 – 1 ABR 11/89 – AiB 1991, 272, 273 f. m. Anm. *Hinrichs*; zur Dienstkleidung BAG 8.8.1989 – 1 ABR 65/88 – NZA 1990, 320 f.
193 BAG 17.10.1989 – 1 ABR 100/88 – NZA 1990, 193, 194; BAG 8.8.1989 – 1 ABR 65/88 – NZA 1990, 320 f.; BAG 14.1.1986 – 1 ABR 75/83 – NZA 1986, 435 m.w.N.; s. BAG 15.12.1961 – 1 ABR 3/60 – DB 1962, 274: „arbeitsnotwendige Maßnahme"; *Borgmann*, MDR 2003, 305, 306; *Borgmann/Faas*, NZA 2004, 241, 242 f. m.w.N.
194 St. Rspr.: BAG 27.1.2004 – 1 ABR 7/03 – NZA 2004, 556, 557 f.; BAG 11.6.2002 – 1 ABR 46/01 – NZA 2002, 1299 f.; BAG 28.5.2002 – 1 ABR 32/01 – NZA 2003, 166, 168; BAG 25.1.2000 – 1 ABR 3/99 – NZA 2000, 665, 666; BAG 8.6.1999 – 1 ABR 67/98 – NZA 1999, 1288, 1289; BAG 19.1.1999 – 1 AZR 499/98 – NZA 1999, 546, 548; BAG 21.1.1997 – 1 ABR 53/96 – NZA 1997, 785 f.; BAG 23.7.1996 – 1 ABR 17/96 – NZA 1997, 216, 218.
195 LAG Berlin 26.3.2004 – 6 Sa 2490/03 – AuA 2004, Nr. 8, 42 f.
196 Zu einer Dienstordnung, die Anwesenheitskontrollen bei gleitender Arbeitszeit vorsieht, s. BAG 25.5.1982 – 1 AZR 1073/79 – DB 1982, 2712 f.
197 S. BAG 29.6.2004 – 1 ABR 21/03 – NZA 2004, 1278 ff., zur Videoüberwachung am Arbeitsplatz; BAG 27.1.2004 – 1 ABR 7/03 – NZA 2004, 556, 558 f., zur biometrischen Fingerprint-Scanner-System als Zugangskontrolle im Kundenbetrieb; ArbG Frankfurt 20.1.2004 – 5 BVGa 14/04 – DSB 2004, Nr. 9, 21 m. Anm. *Vahle* zur Einführung einer Telefonanlage mit sog. Remote-Zugriff und Identifizierungserfordernis.

sowie § 75 Abs. 3 Nr. 17 BPersVG[198] zu beachten. Ein absolutes **Alkoholverbot** für Kraftfahrer kann ggf. auch als **Unfallverhütungsmaßnahme** der Mitbestimmungspflicht nach § 75 Abs. 3 Nr. 11 BPersVG,[199] nicht dagegen nach § 87 Abs. 1 Nr. 7 BetrVG,[200] unterliegen.

IV. Grenzen des Weisungsrechts (S. 1)

40 1. **Allgemeines.** Gem. S. 1 wird das Direktionsrecht durch den **Arbeitsvertrag** (siehe Rn 41 ff.), durch Bestimmungen einer **BV** (siehe Rn 65 ff.), eines anwendbaren **TV** (siehe Rn 71 ff.) sowie durch **gesetzliche Vorschriften** (siehe Rn 78 ff.) begrenzt.[201] Es existiert eine zahlreiche Kasuistik.[202] Auch eine **betriebliche Übung** kann das Weisungsrecht begrenzen (siehe Rn 63 f.). Je weiter die jeweils eingreifenden **Rechtsquellen** (siehe § 105 Rn 10) die Arbeitspflicht konkretisieren, desto geringer ist der dem AG zur Ausübung seines Weisungsrechts zur Verfügung stehende Spielraum (siehe Rn 46).[203]

41 2. **Arbeitsvertrag. a) Allgemeines.** Der Arbeitsvertrag gibt den individualrechtlichen Rahmen vor, der dem AG zur Ausübung des Weisungsrechts hinsichtlich **Inhalt** (siehe Rn 47 ff.), **Ort** (siehe Rn 52 ff.) und **Zeit** (siehe Rn 55 ff.) der Arbeitsleistung sowie hinsichtlich des **Verhaltens und der Ordnung der AN im Betrieb** (siehe Rn 62) zur Verfügung steht. Zu prüfen ist darüber hinaus jeweils, ob eine sog. **Konkretisierung** (siehe Rn 42 ff.) der Arbeitspflicht eingetreten ist.

42 b) „Konkretisierung" des Arbeitsverhältnisses/Arbeitsvertrages. aa) **Begriff und Rechtsgrundlage.** Unter der „Konkretisierung des Arbeitsvertrags" ist nach richtiger Ansicht eine Änderung der ursprünglich veränderungsoffen vereinbarten Rechte und Pflichten aus dem Arbeitsvertrag hin zu einem einseitig nicht veränderbaren Vertragsinhalt zu verstehen (sog. **„Vertragstheorie"**).[204] Es liegt somit eine **konkludente Vereinbarung** der Arbeitsvertragsparteien über Reichweite bzw. Grenzen des Direktionsrechts vor.[205]

43 bb) **Voraussetzungen.** Eine Konkretisierung erfolgt nach st. Rspr. nicht allein durch **Zeitablauf**,[206] sondern erfordert über die langjährige Handhabung hinaus zusätzliche **besondere Umstände**, die ein schutzwürdiges Vertrauen des AN auf Beibehaltung des bisherigen Leistungsinhalts für die Zukunft begründen.[207] Solche Umstände können bspw. eine Ausbildung, Beförderung, die Gewöhnung an einen Rechtszustand, die Übertragung von Führungsaufgaben oder eine Zusage des AG sein.[208]

44 cc) **Einzelfälle.** Die Befugnis, kraft Direktionsrecht Ort und Zeit der Arbeitsleistung festzulegen, ist nicht dadurch eingeschränkt, dass der AG bei Abschluss des Arbeitsvertrages auf die für den Arbeitsbereich des AN (**Kontrollschaffner**) geltende **betriebliche Regelung** über Zeit und Ort des Beginns und Endes der täglichen Arbeit hingewiesen hat. Dies gilt auch dann, wenn der AG danach über längere Zeit (**14,5 Jahre**) von seinem dahingehenden Direktionsrecht keinen Gebrauch gemacht hat.[209] Allein daraus, dass ein als (**Müll-)Lader** eingestellter AN etwa **sieben Jahre** als Kraftfahrer beschäftigt worden ist, lässt sich eine Vereinbarung über seine Lenktätigkeit nicht entneh-

---

198 S. BVerwG 9.12.1992 – 6 P 16/91 – NVwZ-RR 1993, 644 ff., zur Einführung einer EDV-gestützten Parkerlaubnisverwaltung; zu Zeiterfassungssystemen s. BVerwG 13.8.1992 – 6 P 20/91 – NVwZ-RR 1993, 368 ff.
199 BAG 23.9.1986 – 1 AZR 83/85 – NZA 1987, 250 f.; s. BVerwG 19.5.2003 – 6 P 16/02 – PersV 2003, 339, 342 f.
200 BAG 13.2.1990 – 1 ABR 11/89 – AiB 1991, 272, 273 f. m. Anm. *Hinrichs*.
201 BT-Drucks 14/8796, S. 24; s. *Leßmann*, DB 1992, 1137 ff., 1142, auch zur Unterscheidung zwischen belastenden, feststellenden und begünstigenden Weisungen.
202 S. die Darstellung der Einzelfälle bei Landmann-Rohmer/*Neumann*, GewO, § 106 Rn 28 f.
203 *Lakies*, BB 2003, 264.
204 Str.; BAG 11.2.1998 – 5 AZR 472/97 – NZA 1998, 647; BAG 11.6.1958 – 4 AZR 514/55 – SAE 1960, 111, 113 f. m. Anm. *Gotzen*; LAG Mainz 13.10.1987 – 3 Sa 457/87 – NZA 1988, 471, 472; MünchArb/*Blomeyer*, Bd. 1, § 48 Rn 28 m.w.N.; *Gaul*, NZA 1990, 873, 878 f.; a.A. BAG 10.11.1992 – 1 AZR 185/92 – NZA 1993, 331, 333; Boemke/*Keßler*, GewO, § 106 Rn 18: Vertrauensschutz (§ 242 BGB).
205 S. zur Konkretisierung *Hennige*, NZA 1999, 281, 285 ff., auch zur Unterscheidung öffentlicher Dienst/Privatwirtschaft; *Bayreuther*, NZA-Beil. 2006, 1, 3 ff.; *Lakies*, BB 2003, 364, 365; *Weber/Ehrich*, BB 1996, 2246, 2248.
206 S. BAG 22.5.1985 – 4 AZR 427/83 – NZA 1986, 166, 168; BAG 11.6.1958 – 4 AZR 514/55 – SAE 1960, 111, 113 f. m. Anm. *Gotzen*; LAG Hamm 3.7.2008 – 11 SaGa 29/08 – NZA-RR 2008, 464, 465; LAG Frankfurt 24.1.1996 – 2 Sa 883/95 – juris.
207 St. Rspr.: BAG 29.9.2004 – 5 AZR 559/03 – NZA 2005, 184; BAG 7.12.2000 – 6 AZR 444/99 – NZA 2001, 780, 781; BAG 11.2.1998 – 5 AZR 472/97 – NZA 1998, 647; BAG 10.11.1992 – 1 AZR 185/92 – NZA 1993, 331, 333; BAG 23.6.1992 – 1 AZR 57/92 – NZA 1993, 89, 91; BAG 11.12.1991 – 5 AZR 63/91 – EzBAT § 15 BAT Lektoren Nr. 1; BAG 30.10.1991 – 5 AZR 6/91 – ArztR 1992, 353; BAG 15.6.1989 – 2 AZR 580/88 – NZA 1990, 226, 227; BAG 29.6.1988 – 5 AZR 425/87 – juris; BAG 14.12.1961 – 5 AZR 180/61 – DB 1962, 375 f.; LAG Berlin-Brandenburg 2.6.2006 – 5 Sa 653/05 – juris.
208 *Weber/Ehrich*, BB 1996, 2246, 2248 m.w.N.
209 BAG 7.12.2000 – 6 AZR 444/99 – NZA 2001, 780, 781 f.

men.[210] Auch eine **zehnjährige** Beschäftigung einer schwerbehinderten Küchenhilfe des öffentlichen Dienstes mit den Tätigkeiten einer **Kaffeeköchin** bewirkt nicht eine Einengung ihrer Arbeitspflicht auf das Kaffeekochen. Der öffentliche AG kann ihr rechtsverbindlich andere zumutbare Küchenhilfsarbeiten zuweisen.[211] Der **13-jährige** Einsatz als **Kundenberater** reicht zur Konkretisierung der geschuldeten Arbeitsleistung nicht aus, wenn der Arbeitsvertrag die Tätigkeit mit: „als Ang" formuliert und auf den BAT im Übrigen als anwendbar verweist.[212] Die **25-jährige** Beschäftigung auf einem bestimmten Arbeitsplatz (**Reifenwickler**) bewirkt keine Konkretisierung dahingehend, dass ein anderer (tariflich eingruppierungsmäßig) gleichwertiger Arbeitsplatz in einer anderen Abteilung (Heizer) nicht zugewiesen werden kann.[213]

dd) Schriftformklausel. Eine **doppelte (qualifizierte) Schriftformklausel** (siehe § 105 Rn 7)[214] im Arbeitsvertrag kann Konkretisierungen des Arbeitsvertrags durch – selbst lang andauernde – praktische Übung verhindern.[215] Ggf. zu beachten ist gem. § 305b BGB der **Vorrang der Individualabrede**.[216]

ee) Rechtsfolge. Ist eine Konkretisierung des Arbverh eingetreten, so ist eine abweichende AG-Weisung unzulässig; erforderlich ist eine **Änderungsvereinbarung oder -Künd** (siehe Rn 6).[217] Liegen die Voraussetzungen der Konkretisierung nicht vor, so kann eine ggf. langjährige Handhabung der Arbeitsbedingungen im Rahmen des **billigen Ermessens** (siehe Rn 87 ff.) zu berücksichtigen sein.[218]

c) Inhalt der Arbeitsleistung. aa) Allgemeines. Regelmäßig wird der Inhalt der Arbeitspflicht des AN in einem **schriftlichen Arbeitsvertrag** näher fixiert, wodurch gem. § 2 Abs. 4 NachwG die Verpflichtung des AG erfüllt wird, in die dem AN auszuhändigende und unterschriebene **Niederschrift** der wesentlichen Vertragsbedingungen nach Maßgabe von § 2 Abs. 1 Nr. 5 NachwG „eine kurze Charakterisierung oder Beschreibung der vom AN zu leistenden Tätigkeit" aufzunehmen.[219] Das Direktionsrecht des **öffentlichen AG** hat nur dann einen eingeschränkten Umfang, wenn abweichend von den im öffentlichen Dienst üblichen **Musterverträgen** der AN nicht für einen allgemein umschriebenen Aufgabenbereich eingestellt und lediglich die Vergütungsgruppe festgelegt wird, sondern seine Tätigkeit sowohl der Art als auch der Arbeitsstelle nach genau bezeichnet wird.[220]

bb) (Konzern-)Versetzungsvorbehaltsklausel („Versetzungs-, Umsetzungsklausel, Direktionsklausel"). (1) Begriffsbestimmung „Versetzung" und „Umsetzung" Unter dem arbeitsvertragsrechtlichen Begriff der **Versetzung** wird nach allg.M. die Änderung des Aufgabenbereichs des AN nach Art, Ort und/oder Umfang der Tätigkeit verstanden.[221] Die Versetzung ist nach h.M. eine einseitige, rechtsgeschäftsähnliche Handlung.[222] Der betriebsverfassungsrechtliche Versetzungsbegriff ergibt sich aus § 95 Abs. 3 S. 1 BetrVG. Danach ist „Versetzung" i.S.d. BetrVG „die Zuweisung eines anderen Arbeitsbereichs, die voraussichtlich die Dauer von einem Monat überschreitet, oder die mit einer erheblichen Änderung der Umstände verbunden ist, unter denen die Arbeit zu leisten ist", wobei nach st. Rspr. auf eine Änderung des „Gesamtbildes der Tätigkeit" abzustellen ist.[223] Für den Begriff der Versetzung ist – in **Abgrenzung zur bloßen Umsetzung** – ein dauerhafter Wechsel auf einen Arbeitsplatz in einer anderen Dienststelle bzw. in einem anderen Betrieb desselben AG kennzeichnend.[224] Die Berechtigung zur Versetzung eines AN bedarf grds. einer vertraglichen Vereinbarung.[225] Innerhalb der vertraglich bestimmten Grenzen

---

210 LAG Frankfurt 13.6.1995 – 9 Sa 2054/94 – NZA-RR 1996, 210, 211 f.
211 LAG Kiel 3.12.1992 – 4 Sa 311/92 – DÖD 1993, 262 f.
212 LAG Mainz 5.7.1996 – 10 Sa 165/96 – NZA 1997, 1113.
213 LAG Frankfurt 12.12.2002 – 5 Sa 688/02 – NZA-RR 2003, 545, 546 f.
214 S. BAG 24.6.2003 – 9 AZR 302/02 – NZA 2003, 1145, 1147, auch zum Ausschluss der betrieblichen Übung bei Vorliegen einer qualifizierten Schriftformklausel; *Roloff*, NZA 2004, 1192, 1194 f.; *Hunold*, NZA-RR 2001, 337, 340, mit Formulierungsbeispiel.
215 LAG Köln 14.2.1997 – 11 Sa 1002/96 – NZA-RR 1997, 391, 392, zur Klausel: „Alle Vereinbarungen, die über die Bedingungen dieses Arbeitsvertrags hinausgehen, haben nur dann Gültigkeit, wenn sie schriftlich niedergelegt werden.".
216 BAG 24.6.2003 – 9 AZR 302/02 – NZA 2003, 1145, 1147 f.; HWK/*Lembke*, § 106 GewO Rn 68; *Roloff*, NZA 2004, 1192, 1196 f.
217 Zur Unzulässigkeit von Versetzungen nach Konkretisierung des Arbverh s. BAG 12.4.1973 – 2 AZR 291/72 – DB 1973, 1904; LAG Mainz 13.10.1987 – 3 Sa 457/87 – NZA 1988, 471 f.; LAG Düsseldorf 11.10.1960 – 8 Sa 286/60 – BB 1960, 1326.
218 LAG Köln 14.2.1997 – 11 Sa 1002/96 – NZA-RR 1997, 391, 392.
219 BAG 5.11.2003 – 5 AZR 676/02 – NZA 2005, 64, 65.
220 BAG 26.6.2002 – 6 AZR 50/00 – juris; BAG 30.8.1989 – 4 AZR 181/89 – ZfPR 1990, 61; LAG Köln 9.5.2008 – 11 Sa 261/08 – juris.
221 BAG 6.2.1985 – 4 AZR 155/83 – DB 1985, 1481 f.; *Hilbrandt*, NZA 1998, 155, 156; zu Begriff und Rechtsnatur der Versetzung s. *von Hoyningen-Huene*, NZA 1993, 145 ff. m.w.N.
222 BAG 20.1.1960 – 4 AZR 267/59 – DB 1960, 442 f.
223 BAG 12.9.1996 – 5 AZR 30/95 – NZA 1997, 381, 382 f. m.w.N.; BAG 2.11.1993 – 1 ABR 36/93 – NZA 1994, 627, 629 ff.; BAG 30.9.1993 – 2 AZR 283/93 – NZA 1994, 615, 616; LAG Hamm 23.1.2004 – 10 TaBV 43/03 – FA 2004, 151.
224 BAG 22.1.2004 – 1 AZR 495/01 – ZTR 2004, 268 ff. m.w.N.
225 LAG Mainz 8.7.2003 – 5 Sa 227/03 – ArbN 2004, Nr. 2, 39; LAG Frankfurt 8.5.1995 – 11 SaGa 589/95 – BB 1995, 2064; LAG München 24.2.1988 – 8 Sa 936/87 – DB 1988, 1553.

steht dem AG ein Weisungsrecht zu. Enthält der Arbeitsvertrag keine näheren Angaben zum Ort der Arbeitsleistung, so ist das Weisungsrecht des AG unter Orientierung an den in § 121 Abs. 4 S. 2 SGB III festgelegten sog. Pendelzeiten zu konkretisieren (vgl. Rn 17).[226]

49 **(2) Versetzungsvorbehaltsklausel.** Die einzel- oder tarifvertraglich (siehe Rn 73) vorgesehene Befugnis des AG zur Versetzung des AN ist i.d.R. dann wirksam, wenn dem AN eine seinen „Kenntnissen und Fähigkeiten" bzw. seiner „Befähigung, Ausbildung und körperlichen Eignung" entsprechende anderweitige, zumutbare Tätigkeit übertragen wird.[227] Wirksam ist auch eine formularmäßige Versetzungsklausel, die materiell der Regelung in S. 1 nachgebildet ist.[228] Eine solche arbeitsvertragliche Klausel berechtigt den AG selbst dann nicht dazu, dem AN im Rahmen seines Direktionsrechts eine weit weniger anspruchsvolle Tätigkeit in einer anderen Abteilung zuzuweisen, wenn der AG die ursprüngliche Vergütung fortzahlt.[229] Die Zumutbarkeit einer Versetzung für den AN ist i.d.R. dann zu bejahen, wenn es sich um die Übertragung einer gleichwertigen Tätigkeit bei gleicher Vergütung handelt, z.B. innerhalb der gleichen tariflichen Vergütungsgruppe.[230] Die insb. für Chefarztverträge typischen sog. **Entwicklungs- und Anpassungsklauseln** wurden vom BAG als wirksam und sich im Rahmen des billigen Ermessens (siehe Rn 87 ff.) haltend angesehen, auch wenn durch die Beschränkung des Aufgabenbereiches Einkommensverluste von ca. 6 %,[231] 15 %,[232] 20 %[233] oder gar 35 bis 40 %[234] der Gesamteinnahmen eintraten. Bei vorformulierten Standard-Arbeitsverträgen ist angesichts § 308 Nr. 4 BGB[235] bzw. § 307 Abs. 1, 2 BGB[236] (ggf. i.V.m. § 310 Abs. 4 S. 2 BGB)[237] das Direktionsrecht des AG durch Versetzungsvorbehaltsklauseln praktisch kaum mehr zu erweitern, da die neue Tätigkeit „zumutbar" (i.S.d. Rspr. des BAG) sein muss, mithin gleichwertig und gleich vergütet.[238] Gegen das Transparenzgebot verstoßende Versetzungsklauseln, etwa derart, dass der AN sich bereits erklärt, jede ihm innerhalb des Betriebs übertragene Tätigkeit zu übernehmen, sind gem. § 307 Abs. 1 S. 2 BGB unwirksam.[239] Eine Versetzung des AN ist unzulässig, wenn eine **Konkretisierung** (siehe Rn 51) des Arbverh dahingehend eingetreten ist, dass eine bestimmte Tätigkeit künftig den alleinigen Vertragsinhalt bildet.[240]

50 **(3) Konzernversetzungsvorbehaltsklausel.** Eine vertragliche Konzernversetzungsvorbehaltsklausel beinhaltet i.d.R. die Einwilligung des AN, einer zukünftigen Weisung des AG Folge zu leisten, als Leih-AN im Rahmen konzerninterner AÜ (sog. „**Konzernleihe**") bei einem anderen Konzernunternehmen (i.S.d. § 18 AktG) tätig zu werden (siehe § 1 Abs. 3 Nr. 2 AÜG).[241] Vorformulierte Konzernversetzungsklauseln sind nunmehr, unbeschadet der Prüfung nach §§ 305c, 307 BGB,[242] im Hinblick auf § 309 Nr. 10 BGB – jedenfalls in der bisher gebräuchlichen Form – generell unwirksam.[243]

51 **cc) Konkretisierung.** Allein der **Zeitablauf** führt zu keiner Konkretisierung der Arbeitspflicht. Es müssen **besondere Umstände** hinzutreten, die den AN zu der schutzwürdigen Annahme berechtigen, dass ihn der AG künftig nur noch zu bestimmten Arbeitsbedingungen beschäftigen werde (siehe Rn 43). Solche Umstände werden, wenn es um die **Konkretisierung hinsichtlich der Art der Arbeit** geht, in der Praxis selten vorliegen.[244] Auch nach **sieben Jahren** kann der AG die Vorarbeiterfunktion mangels besonderer Umstände widerrufen.[245] Der Versetzung einer Ver-

---

226 Auf die Entfernung des neu zugewiesenen Dienstortes von dem bisherigen stellen ab z.B.: LAG Köln 7.5.2007 – 14 Sa 1379/06 – NZA-RR 2007, 517, 519; LAG Hessen 14.6.2007 – 11 Sa 296/06 – juris; abzulehnen ist die Ansicht einer bundesweiten Einsatzfähigkeit bei Fehlen einer ausdrücklichen Bezeichnung des Arbeitsortes im Arbeitsvertrag, so aber *Fliss*, NZA-RR 2008, 225 ff.
227 BAG 23.1.2002 – 4 AZR 461/99 – juris; BAG 11.6.1958 – 4 AZR 514/55 – SAE 1960, 111, 113 f. m. Anm. *Gotzen*; *Bayreuther*, NZA-Beil. 2006, 1, 3, 5 ff.; *Langer/Greiner*, AuA 2005, 642 ff.; *Gaul/Bonanni*, NZA 2006, 289 ff.; *Hümmerich*, NZA 2003, 753, 757 f.; zum Begriff „Direktionsklausel" *Gaul*, NZA 1990, 873, 875 ff.
228 BAG 11.4.2006 – 9 AZR 557/05 – NZA 2006, 1149, 1150 ff., hier zur Klausel „unter Wahrung der Interessen des AN (...)".
229 ArbG Frankfurt 26.3.2003 – 9 Ca 4956/02 – juris.
230 BAG 24.4.1996 – 4 AZR 976/94 – NZA 1997, 104, 105 ff.; BAG 30.8.1995 – 1 AZR 47/95 – NZA 1996, 440, 441 f.
231 BAG 13.3.2003 – 6 AZR 557/01 – NZA 2004, 735, 736 f.
232 BAG 15.11.1995 – 2 AZR 251/95 – NZA 1996, 603, 606 m.w.N.
233 BAG 7.1.1971 – 5 AZR 92/70 – DB 1971, 392.
234 BAG 28.5.1997 – 5 AZR 125/96 – NZA 1997, 1160, 1162 ff.
235 Zur Anwendbarkeit von § 308 Nr. 4 BGB jedenfalls auf solche Versetzungsklauseln, die zu Einkommensverlusten führen s. *Däubler*, NZA 2001, 1329, 1336; *Hümmerich*, NZA 2003, 753, 758.
236 ArbG Düsseldorf 26.3.2003 – 10 Ca 5399/02 – DB 2003, 1688; *Schnitker/Grau*, BB 2002, 2120, 2124 f.; *Schulte*, ArbRB 2003, 245, 247.
237 *Schulte*, ArbRB 2003, 245, 247.
238 *Hümmerich*, NZA 2003, 753, 757 f. m.w.N., auch zu Formulierungsbeispielen.
239 *Schulte*, ArbRB 2003, 245, 247 m.w.N.
240 BAG 12.4.1973 – 2 AZR 291/72 – DB 1973, 1904; LAG Mainz 13.10.1987 – 3 Sa 457/87 – NZA 1988, 471, 472.
241 BAG 10.3.2004 – 7 ABR 49/03 – NZA 2004, 1340, 1342; BAG 21.3.1990 – 7 AZR 198/89 – NZA 1991, 269, 272 f.; BAG 5.5.1988 – 2 AZR 795/87 – NZA 1989, 18, 19 f.; zu AN-Entsendung und Betriebsinhaberwechsel im Konzern s. *Rüthers/Bakker*, ZfA 1990, 245 ff.
242 HWK/*Lembke*, § 106 GewO Rn 74 m.w.N.
243 *Hümmerich*, NZA 2003, 753, 758; *Zundel*, NJW 2006, 1237, 1238; offen gelassen von BAG 15.12.2005 – 6 AZR 199/05 – NZA 2006, 590, 592.
244 LAG Düsseldorf 23.6.1994 – 12 Sa 489/94 – ZTR 1994, 436.
245 BAG 10.11.1992 – 1 AZR 185/92 – NZA 1993, 331, 333.

käuferin in die Herrenabteilung steht nicht schon entgegen, dass sie ca. **acht Jahre** in der Kinderabteilung gearbeitet hat.[246] Selbst nach fast **zwanzigjähriger Tätigkeit** im Warenkontrollbereich kann einem AN Maschinenarbeit zugewiesen werden.[247] Die Teilnahme als Betreuer an Olympischen Spielen über 27 Jahre begründet keinen Anspruch, auch weiterhin Athleten vor Ort bei Olympischen Spielen zu begleiten.[248] Allein die Tatsache, dass ein – in der Praxis durchaus empfehlenswerter[249] – **Vorbehalt des AG** hinsichtlich einer späteren Zuweisung einer anderen Tätigkeit nicht besteht, stellt richtigerweise keinen vertrauensbegründenden besonderen Umstand i.d.S. dar.[250] Zum Erfordernis der langjährigen Praxis muss bspw. hinzukommen, dass die **neue Tätigkeit erkennbar höher qualifiziert** ist als die bisherige und entsprechend vergütet wird[251] oder dass andere Umstände ein **besonderes schutzwertes Interesse** des AN an der Fortsetzung gerade der bisherigen Tätigkeit erkennen lassen.[252]

d) Ort der Arbeitsleistung. aa) Allgemeines. Gem. § 2 Abs. 1 Nr. 4 NachwG ist in die **Niederschrift** der wesentlichen Vertragsbedingungen bzw. in den **schriftlichen Arbeitsvertrag** (§ 2 Abs. 4 NachwG) „der Arbeitsort oder, falls der AN nicht nur an einem bestimmten Arbeitsort tätig sein soll, ein Hinweis darauf, dass der AN an verschiedenen Orten beschäftigt werden kann" aufzunehmen.

bb) Versetzungsvorbehaltsklausel („Mobilitätsklausel"). Arbeitsvertragliche Versetzungsklauseln sind grds. zulässig (siehe Rn 48 ff.), auch hinsichtlich einer Veränderung des Arbeitsortes. Die Entfernung zwischen altem und neuen Arbeitsort sowie ein ggf. erforderlicher Umzug sind im Rahmen der Prüfung des **billigen Ermessens** (siehe Rn 87 ff.) zu berücksichtigende Umstände.[253] Versetzungsbedingt entstandene **Umzugs- sowie höhere Fahrtkosten** hat der AG jedenfalls analog § 670 BGB – in der Praxis mitunter bereits aufgrund tarifvertraglicher Verpflichtung (z.B. § 44 BAT)[254] – zu tragen.[255]

cc) Konkretisierung. Die Voraussetzungen für eine Konkretisierung (siehe Rn 42 ff.) des Arbvrh sind hinsichtlich des Arbeitsortes ebenfalls hoch.[256] Eine Konkretisierung tritt selbst dann nicht dadurch ein, dass der AG bei Abschluss des Arbeitsvertrages auf die für den Arbeitsbereich des AN geltende **betriebliche Regelung** über den Arbeitsort hingewiesen hat, wenn der AG danach über längere Zeit von seinem dahingehenden Direktionsrecht keinen Gebrauch gemacht hat.[257] Auch eine langjährige betriebliche Übung, wonach ein Teil der Arbeitszeit außerhalb des Dienstgebäudes abgeleistet werden darf, hindert den AG des öffentlichen Dienstes nicht daran, die AN anzuweisen, in Zukunft die gesamte Arbeitszeit im **Dienstgebäude** abzuleisten.[258] Eine **Stationsleiterin**, die eine Station mit Patienten aus mehreren Fachgebieten (24 Betten) leitet, kann auch nach ca. **26 Jahren** auf eine Station mit Patienten aus dem Fachbereich Knochenchirurgie (36 Betten) umgesetzt werden.[259]

e) Zeit der Arbeitsleistung. aa) Allgemeines. Gem. § 2 Abs. 1 Nr. 7 NachwG ist in die **Niederschrift** der wesentlichen Vertragsbedingungen bzw. in den **schriftlichen Arbeitsvertrag** (§ 2 Abs. 4 NachwG) „die vereinbarte Arbeitszeit" aufzunehmen.

bb) Dauer der Arbeitszeit. (1) Überstundenklausel. Durch eine in Arbeitsverträgen häufig zu findende sog. Überstundenklausel verpflichtet sich der AN, über den vereinbarten regelmäßigen Umfang der Arbeitszeit hinaus tätig zu werden. Hinsichtlich der Überstundenvergütung ist eine einzelvertragliche Vereinbarung, wonach etwaige Überstunden mit dem Gehalt (Gesamt-, Pauschalvergütung) abgegolten sind (sog. **Pauschalierungsabrede**),[260] in

---

246 LAG Köln 26.10.1984 – 6 Sa 740/84 – NZA 1985, 258.
247 LAG Düsseldorf 23.6.1994 – 12 Sa 489/94 – ZTR 1994, 436.
248 LAG Hamm 3.7.2008 – 11 SaGa 29/08 – NZA-RR 2008, 464, 465.
249 S. LAG Köln 23.2.1987 – 6 Sa 957/86 – LAGE § 611 BGB Direktionsrecht Nr. 1; *Hunold*, NZA-RR 2001, 337 f., mit Formulierungsvorschlägen.
250 HWK/*Lembke*, § 106 GewO Rn 65 m.w.N.; a.A. wohl MünchArb/*Blomeyer*, Bd. 1, § 48 Rn 26; a.A. jedenfalls für sich angemessen wiederholende Vorbehalte LAG Frankfurt 31.10.1957 – III LA 156/57 – DB 1958, 900.
251 LAG Düsseldorf 11.10.1960 – 8 Sa 286/60 – BB 1960, 1326; a.A. hinsichtlich der höheren Vergütung LAG Frankfurt 4.12.1986 – 9 Sa 1013/85 – BB 1987, 1465.
252 LAG Mainz 13.10.1987 – 3 Sa 457/87 – NZA 1988, 471, 472.
253 HWK/*Lembke*, § 106 GewO Rn 73.
254 Insb. zur Pflicht zur Rückzahlung der Umzugskostenvergütung nach § 44 Abs. 1 Nr. 4 BAT s. BAG 18.2.1981 – 4 AZR 944/78 – DÖD 1982, 191 f. Der TVöD enthält keine § 44 BAT entsprechende Regelung.
255 BAG 21.3.1973 – 4 AZR 187/72 – DB 1973, 1509 f.; BAG 17.10.1960 – 4 AZR 143/59 – DB 1961, 1294.
256 HWK/*Lembke*, § 106 GewO Rn 75.
257 BAG 7.12.2000 – 6 AZR 444/99 – NZA 2001, 780, 781 f.
258 BAG 11.10.1995 – 5 AZR 802/94 – NZA 1996, 718, 719 f.
259 BAG 24.4.1996 – 5 AZR 1031/94 – NZA 1996, 1088 f.
260 BAG 29.5.2002 – 5 AZR 370/01 – ZTR 2002, 544 f.; BAG 17.4.2002 – 5 AZR 644/00 – NZA 2002, 1340, 1344; BAG 16.1.1985 – 7 AZR 501/83 – juris; BAG 16.1.1965 – 5 AZR 154/64 – DB 1965, 1918; BAG 16.11.1961 – 5 AZR 483/60 – DB 1962, 243; BAG 26.1.1956 – 2 AZR 98/54 – MDR 1956, 392 m. Anm. *Schelp*; LAG Kiel 5.11.2002 – 5 Sa 147c/02 – NZA-RR 2003, 242; LAG Köln 5.3.1999 – 4 Sa 1395/98 – EzBAT § 35 BAT Nr. 12; LAG München 30.5.1956 – N 108/56 V – ABl BY 1957, C 82 = WA 1957, 123; ArbG Berlin 31.5.1988 – 30 Ca 214/88 – DB 1989, 1423 f.; kritisch *Hümmerich/Rech*, NZA 1999, 1132, 1134 ff.: Unwirksamkeit nach § 242 BGB, da der AN nicht erkennen könne, welche Leistung geschuldet ist.

den Grenzen von § 138 BGB und § 307 BGB[261] grds. ebenso zulässig wie eine konstante **Überstundenpauschale**.[262] Pauschalierungsvereinbarungen in vorformulierten Arbeitsverträgen sind im Hinblick auf § 307 BGB nur wirksam, wenn sie eine angemessene und bestimmte **Höchstgrenze** vorsehen, ab welcher Stunde die Überstunden vergütet oder durch Freizeitausgleich abgegolten werden.[263] Anderenfalls wäre der AN unangemessen benachteiligt, weil dem AG das Recht zum einseitigen, erheblichen Einbruch in das Äquivalenzverhältnis von Arbeitsleistung und Vergütung eingeräumt würde.[264] Als angemessene Höchstgrenze für die mit einer Pauschalabrede abgegoltenen Überstunden werden **grds. 10 %** der regelmäßigen Arbeitszeit angesehen, bei Führungskräften und leitenden Ang auch mehr.[265] Bei Nichtigkeit einer (Überstunden-)Vergütungsvereinbarung – z.B. wegen Verstoßes gegen § 138 BGB[266] oder § 307 BGB[267] – kann sich ein Entgeltanspruch für geleistete quantitative Mehrarbeit aus § 612 Abs. 1, 2 BGB (siehe § 612 BGB Rn 16) ergeben. Bei der Ausführung eines arbeitsvertraglich vereinbarten Rechts zur einseitigen Anordnung von Überstunden hat der AG nach dem Rechtsgedanken von § 12 Abs. 2 TzBfG eine angemessene **Ankündigungsfrist** (z.B. vier Tage)[268] zu wahren, um dem AN auf zumutbare Weise zu ermöglichen, sich auf eine vorher zeitlich nicht festgelegte Inanspruchnahme seiner Arbeitskraft einzustellen. Die Zuweisung von Überstunden für den laufenden Arbeitstag kann nur bei deutlich überwiegenden betrieblichen Interessen billigem Ermessen (siehe Rn 87 ff.) entsprechen.[269] Die jeweils für die Dauer eines Schuljahres befristete Erhöhung der regelmäßigen Arbeitszeit teilzeitbeschäftigter Lehrer hält der Inhaltskontrolle nach § 307 Abs. 1 S. 1 BGB stand.[270]

57 **(2) Kurzarbeitsklausel.** Arbeitsvertragliche Kurzarbeitsklauseln stellen grds. eine taugliche Rechtsgrundlage für die wirksame Anordnung von Kurzarbeit (siehe Rn 23) kraft des insoweit erweiterten Direktionsrechts des AG dar.[271] In vorformulierten Standardarbeitsverträgen halten Kurzarbeitsklauseln dann der Inhaltskontrolle nach § 307 BGB stand, wenn Kurzarbeit nur aus dringenden betrieblichen Gründen eingeführt werden kann und die Voraussetzungen für den Bezug von Kurzarbeitergeld (§§ 169 ff. SGB III) gegeben sind.[272] Eine arbeitsvertragliche Vereinbarung, die bei arbeitszeitabhängiger Vergütung den AG berechtigen soll, die zunächst festgelegte Arbeitszeit später einseitig nach Bedarf zu reduzieren, ist wegen Umgehung zwingender Kündigungsschutzvorschriften gem. § 134 BGB nichtig.[273]

58 **cc) Lage der Arbeitszeit.** Neben Überstundenklauseln (siehe Rn 56) finden sich in Arbeitsverträgen oftmals Klauseln, nach denen der AN verpflichtet ist, **Schicht-, Nacht-, Wochenend- und/oder Feiertagsarbeit** zu leisten.[274] **Änderungsvorbehalte** in Standardarbeitsverträgen hinsichtlich einer zukünftigen Änderung der Lage der Arbeitszeit sind gemessen an § 307 BGB grds. wirksam.[275] Entsprechend § 12 Abs. 2 TzBfG sollte – wie bei Überstundenklauseln (siehe Rn 56) – eine angemessene **Ankündigungsfrist** (z.B. von vier Tagen)[276] in die Klausel aufgenommen und vom AG beachtet werden.[277]

59 **dd) Konkretisierung. (1) Allgemeines.** Die Voraussetzungen für eine Konkretisierung (siehe Rn 42 ff.) des Arbverh sind sowohl hinsichtlich der **Dauer** (siehe Rn 60) als auch insb. hinsichtlich der **Lage** der Arbeitszeit (siehe Rn 61) hoch. Eine Konkretisierung tritt nicht dadurch ein, dass der AG bei Abschluss des Arbeitsvertrages auf die für den Arbeitsbereich des AN geltende betriebliche Arbeitszeit-Regelung hingewiesen hat. Dies gilt selbst dann, wenn der AG danach über längere Zeit (hier: 14,5 Jahre) von seinem dahingehenden Direktionsrecht keinen Gebrauch gemacht hat.[278]

60 **(2) Dauer der Arbeitszeit.** Eine Konkretisierung des Arbverh auf ein bestimmtes **Mindestmaß an Überstunden** (siehe Rn 56) kommt regelmäßig nicht in Betracht.[279] Vereinbaren AG und AN in einem Arbeitsvertrag eine Arbeitszeit von zehn Stunden wöchentlich, wird der AN jedoch seit dem Beginn des Arbverh über 1 ½ Jahre jede Woche mit

---

261 BAG 31.8.2005 – 5 AZR 545/04 – NZA 2006, 324, 327 ff.
262 BAG 17.4.2002 – 5 AZR 644/00 – NZA 2002, 1340, 1344; LAG Köln 26.1.2004 – 2 Sa 1216/03 – EzA-SD 2004, Nr. 12, 11, zur pauschalen Überstundenabgeltung durch übertarifliche Vergütung; LAG Kiel 5.11.2002 – 5 Sa 147c/02 – NZA-RR 2003, 242.
263 HWK/*Lembke*, § 106 GewO Rn 78 m.w.N.
264 LAG Köln 20.12.2001 – 6 Sa 965/01 – AuR 2002, 193; LAG Köln 5.3.1999 – 4 Sa 1395/98 – EzBAT § 35 BAT Nr. 12, auch zum Widerruf einer tariflichen Überstundenpauschale.
265 HWK/*Lembke*, § 106 GewO Rn 78 m.w.N.
266 LAG Kiel 5.11.2002 – 5 Sa 147c/02 – NZA-RR 2003, 242.
267 LAG Köln 20.12.2001 – 6 Sa 965/01 – AuR 2002, 193.
268 *Hunold*, NZA-RR 2001, 337, 344.
269 ArbG Frankfurt 26.11.1998 – 2 Ca 4267/98 – NZA-RR 1999, 357, 358 f.
270 BAG 27.7.2005 – 7 AZR 486/04 – NZA 2006, 40, 42 ff.
271 LAG Mainz 7.10.1996 – 9 Sa 703/96 – NZA-RR 1997, 331; HWK/*Lembke*, § 106 Rn 80 m.w.N.
272 HWK/*Lembke*, § 106 GewO Rn 80 m.w.N.
273 BAG 12.12.1984 – 7 AZR 509/83 – NZA 1985, 321, 322 f.; LAG Düsseldorf 30.8.2002 – 9 Sa 709/02 – NZA-RR 2003, 407 f.
274 Zu Möglichkeiten und Grenzen der Vereinbarungsbefugnis zur Lage der Arbeitszeit s. näher *Wisskirchen/Bissels*, NZA-Beil. 2006, 1, 24 ff.
275 ErfK/*Preis*, §§ 305–310 BGB Rn 52 m.w.N.
276 S. *Hunold*, NZA-RR 2001, 337, 338, mit dem Vorschlag einer Wochenfrist.
277 HWK/*Lembke*, § 106 GewO Rn 81 m.w.N.
278 BAG 7.12.2000 – 6 AZR 444/99 – NZA 2001, 780, 781 f.
279 LAG Köln 21.1.1999 – 6 Sa 1252/98 – NZA-RR 1999, 517 f.; zum Ausschluss auch der betrieblichen Übung – jedenfalls bei angeordnetem Freizeitausgleich – s. BAG 7.11.2002 – 2 AZR 742/00 – NZA 2003, 1139, 1140 f.

20 Stunden beschäftigt, ist der AG verpflichtet, den AN auch zukünftig mit 20 Stunden zu beschäftigen. Er kann sich nicht einseitig von dieser Verpflichtung lösen.[280]

(3) Lage der Arbeitszeit. Der Umstand, dass die bei Abschluss des Arbeitsvertrages geltende und vereinbarte betriebliche Arbeitszeit über **sieben Jahre** hinweg beibehalten worden ist, führt mangels besonderer Umstände (siehe Rn 43) nicht zu einer Konkretisierung der Lage der Arbeitszeit auf einen unveränderbaren Vertragsinhalt.[281] Eine Konkretisierung der Lage der Arbeitszeit kann nach viereinhalbjähriger Tätigkeit in **Abend-, Sonn- und Feiertagsarbeit** mit der Folge der Unzulässigkeit einer Weisung zur Verrichtung reinen Tagdienstes ohne Sonn- und Feiertagsdienst eingetreten sein, wenn der AN im Vertrauen auf diese Lage der Arbeitszeit sein persönliches Umfeld so eingerichtet hat, dass er nicht jederzeit kurzfristig (hier: mit einer Frist von 14 Tagen) seine Tätigkeit in der für ihn ansonsten freien Tageszeit verrichten kann.[282] Mangels einer eindeutigen arbeitsvertraglichen Regelung ist der AG im Rahmen seines Direktionsrechtes grds. befugt, einseitig einen **Wechsel von Nacht- zu Tagarbeit** (siehe Rn 58) anzuordnen. Das gilt auch dann, wenn in der Vergangenheit über einen Zeitraum von **acht Jahren** anderweitig verfahren worden ist, es sei denn, es liegen besondere Umstände vor.[283] Der AG ist aufgrund einer arbeitsvertraglichen Abrede, nach der ein AN entsprechend der jeweiligen Anordnung der Betriebsleitung verpflichtet ist, im **Ein- bis Dreischichtbetrieb** zu arbeiten, kraft Direktionsrechtes berechtigt, den AN auch dann aus der Nacht- in die Tagesschicht zu versetzen, wenn er seit Bestehen des Arbverh über **zehn Jahre** lang ausschließlich in der Nachtschicht gearbeitet hat.[284] Der AG kann die Dienstzeit **Teilzeitbeschäftigter** an Wochenenden auch nach einer Dauer des Arbverh von insg. **dreizehn Jahren** neu regeln.[285] Allein die Tatsache, dass ein **Vorbehalt des AG** (siehe Rn 58) hinsichtlich eines möglichen späteren Wechsels von Nacht- zu Tagarbeit nicht besteht, stellt nach richtiger Ansicht keinen vertrauensbegründenden besonderen Umstand i.d.S. dar.[286] **Finanzielle Auswirkungen/Einbußen** aufgrund der vom AG angewiesenen Änderung der Lage der Arbeitszeit (z.B. durch den Wegfall von Nachtarbeitszuschlägen) können zwar im Rahmen des billigen Ermessens (siehe Rn 87 ff.) Berücksichtigung finden, reichen jedoch grds. nicht als besonderer vertrauensschaffender – und damit zur Konkretisierung der Arbeitspflicht führender – Umstand aus.[287] Eine **Schriftformklausel** (siehe Rn 45) kann Konkretisierungen des Arbeitsvertrags durch – auch lang andauernde – praktische Übung (hier: jahrelange Zuweisung **zuschlagspflichtiger Nachtschichten**) verhindern.[288]

f) Ordnung und Verhalten der AN im Betrieb (S. 2). Diesbezügliche arbeitsvertragliche Vereinbarungen sind in der Praxis selten anzutreffen; in Betracht kommen z.B. Regelungen hinsichtlich der **Arbeitskleidung** (siehe Rn 33 f.), regelmäßiger **Gesundheitsprüfungen** sowie „**Bußgeldern**" bei Fußballprofis.[289]

3. Betriebliche Übung. a) Begriff. Unter einer betrieblichen Übung ist nach st. Rspr. des BAG die regelmäßige Wiederholung bestimmter Verhaltensweisen des AG zu verstehen, aus denen die AN schließen können, ihnen solle eine Leistung oder Vergünstigung auf Dauer eingeräumt werden (siehe § 611 BGB Rn 674 ff.). Maßgebend ist nicht der Verpflichtungswille des AG, sondern ob die AN aus dem Erklärungsverhalten des AG unter Berücksichtigung von **Treu und Glauben** (§ 242 BGB) sowie aller Begleitumstände (**§§ 133, 157 BGB**) auf einen Bindungswillen des AG schließen durften und das Angebot stillschweigend annehmen konnten (§ 151 S. 1 BGB).[290]

b) Einschränkungen des Direktionsrechts durch betriebliche Übung. Auch eine betriebliche Übung kann nach h.M. das Weisungsrecht des AG begrenzen.[291] Die Annahme einer das Direktionsrecht einschränkenden betrieblichen Übung ist nicht von vornherein bereits deswegen ausgeschlossen, weil es nicht um eine Leistung oder Vergünstigung des AG geht.[292] Denn eine betriebliche Übung ist für jeden Regelungsgegenstand vorstellbar, der ar-

---

280 LAG Bremen 20.5.1999 – 4 Sa 2/99 – NZA-RR 2000, 14, 16.
281 BAG 23.6.1992 – 1 AZR 57/92 – NZA 1993, 89, 91.
282 LAG Nürnberg 5.11.1997 – 4 Sa 796/96 – AiB 1998, 711 f.; a.A. HWK/*Lembke*, § 106 GewO Rn 86.
283 LAG Berlin 29.4.1991 – 9 Sa 9/91 – LAGE § 611 BGB Direktionsrecht Nr. 9; a.A. ArbG Lingen 30.11.1988 – 2 Ga 7/88 – AiB 1989, 91 f., zum Wechsel von der ausschließlichen Früh- in die Wechselschicht nach viereinhalb Jahren.
284 LAG Düsseldorf 23.10.1991 – 4 Sa 789/91 – BB 1992, 997.
285 BAG 1.12.1994 – 6 AZR 501/94 – NZA 1995, 590 f., auch zum Verbot der Diskriminierung Teilzeitbeschäftigter nach § 4 Abs. 1 TzBfG (früher § 2 Abs. 1 BeschFG 1985).
286 HWK/*Lembke*, § 106 GewO Rn 86; a.A. ArbG Freiburg 15.9.1987 – 2 Ca 175/87 – DB 1988, 184.
287 LAG Berlin 29.4.1991 – 9 Sa 9/91 – LAGE § 611 BGB Direktionsrecht Nr. 9; offen gelassen von LAG Köln 14.2.1997 – 11 Sa 1002/96 – NZA-RR 1997, 391, 392.
288 LAG Köln 14.2.1997 – 11 Sa 1002/96 – NZA-RR 1997, 391, 392.
289 HWK/*Lembke*, § 106 GewO Rn 87.
290 BAG 16.6.2004 – 4 AZR 417/03 – juris; BAG 24.6.2003 – 9 AZR 302/02 – NZA 2003, 1145, 1147; BAG 21.1.1997 – 1 AZR 572/96 – NZA 1997, 1009, 1012 f.; BAG 14.9.1994 – 5 AZR 679/93 – NZA 1995, 419, 420; BAG 5.2.1971 – 3 AZR 28/70 – DB 1971, 1117, 1118 ff. m.w.N.
291 BAG 7.12.2000 – 6 AZR 444/99 – NZA 2001, 780 f.; BAG 21.1.1997 – 1 AZR 572/96 – NZA 1997, 1009, 1012 f.; Landmann-Rohmer/*Neumann*, GewO, § 106 Rn 13 f.; BT-Drucks 14/8796, S. 24; a.A. Boemke/*Keßler*, GewO, § 106 Rn 24; HWK/*Lembke*, § 106 GewO Rn 60.
292 BAG 21.1.1997 – 1 AZR 572/96 – NZA 1997, 1009, 1012 f., zur Festlegung eines betrieblichen Schichtsystems; a.A. Boemke/*Keßler*, GewO, § 106 Rn 24.

beitsvertraglich in einer so allgemeinen Form geregelt werden kann.[293] Somit kann auch der Umfang des Direktionsrechts im Hinblick auf Inhalt, Ort oder Zeit der Arbeitsleistung durch eine bestehende betriebliche Übung eingeschränkt sein.

65   **4. Bestimmungen einer BV. a) Allgemeines.** BV gelten in Ergänzung durch das sog. **Günstigkeitsprinzip** gem. § 77 Abs. 4 S. 1 BetrVG „unmittelbar und zwingend".[294] In Zusammenschau mit den durch gesetzliche Vorschriften (siehe Rn 78 ff.) – insb. §§ 87 ff. BetrVG – eingeräumten **Mitbestimmungsrechten** (siehe Rn 79 ff.) des BR geben BV den betriebsverfassungsrechtlichen Rahmen für das Weisungsrecht des AG hinsichtlich Inhalt (siehe Rn 66), Ort (siehe Rn 67) und Zeit (siehe Rn 68 f.) der Arbeitsleistung sowie hinsichtlich der Ordnung und des Verhaltens der AN im Betrieb (siehe Rn 70) vor. Liegt anstelle einer BV eine das Mitbestimmungsrecht des BR wahrende, schuldrechtlich wirkende sog. **Regelungsabrede**[295] zwischen AG und BR vor, so kann hierdurch das Direktionsrecht des AG zwar – im Hinblick auf die auch hier Anwendung findende **„Theorie der Wirksamkeitsvoraussetzung"** (siehe Rn 80) – beschränkt, mangels normativer Einwirkung der Regelungsabrede auf die Arbverh aber nicht erweitert werden.[296] Auch die in § 105 nicht erwähnten **Dienstvereinbarungen** (§§ 73 ff. BPersVG) können das Weisungsrecht des öffentlichen AG beschränken.[297]

66   **b) Inhalt der Arbeitsleistung.** Nehmen Entgeltregelungen in Arbeitsverträgen Bezug auf in betrieblichen Vergütungsordnungen – BV nach § 87 Abs. 1 Nr. 10 BetrVG[298] – enthaltene **Gehaltsgruppen**, so kann auf die darin regelmäßig enthaltenen Tätigkeitsmerkmale bei der Bestimmung des Umfangs des Weisungsrechts hinsichtlich der Art und des Inhalts der zu leistenden Tätigkeit zurückgegriffen werden,[299] ähnlich wie bei den Tätigkeitsmerkmalen in Vergütungsgruppen des BAT bzw. TVöD (siehe Rn 9). Auf § 87 Abs. 1 Nr. 13 BetrVG beruhende BV können das Weisungsrecht des AG bei der Durchführung von **Gruppenarbeit**[300] begrenzen,[301] z.B. hinsichtlich eines Gruppenwechsels des AN.[302]

67   **c) Ort der Arbeitsleistung.** Zustimmungspflichtige **Auswahlrichtlinien** nach § 95 Abs. 1 BetrVG über die personelle Auswahl bei Versetzungen können das Weisungsrecht des AG hinsichtlich des Arbeitsortes ebenso begrenzen wie Regelungen im **Interessenausgleich** über eine geplante Betriebsänderung nach § 112 Abs. 1 S. 1 BetrVG.[303]

68   **d) Zeit der Arbeitsleistung. aa) Dauer der Arbeitszeit.** Eine – auf § 87 Abs. 1 Nr. 3 BetrVG beruhende – BV kann unter bestimmten Voraussetzungen die rechtliche Grundlage für die Verpflichtung des AN zur Leistung von **Überstunden** (siehe Rn 22) sein.[304] Die Einführung von **Kurzarbeit** (siehe Rn 23) kann auf einer BV nach § 87 Abs. 1 Nr. 3 BetrVG beruhen.[305]

69   **bb) Lage der Arbeitszeit.** Den Beginn, das Ende sowie die Verteilung der täglichen Arbeitszeit regelnde BV nach § 87 Abs. 1 Nr. 2 BetrVG können bspw. Bestimmungen über **Gleitzeitregelungen** (Arbeitszeitrahmen, Arbeitszeitkonto, Ausgleichszeitraum, Zeitausgleich) enthalten.[306]

70   **e) Ordnung und Verhalten der AN im Betrieb.** Gem. § 87 Abs. 1 Nr. 1 BetrVG können in einer das Weisungsrecht des AG begrenzenden BV „Fragen der Ordnung des Betriebs und des Verhaltens der AN im Betrieb" geregelt werden, z.B. der Erlass eines **Rauchverbotes** (siehe Rn 32)[307] oder Regelungen bzgl. der Einführung und Reinigung von **Arbeits- bzw. Dienstkleidung** (siehe Rn 33 f.).[308] BV können Regelungen über die Einführung und Anwendung technischer **Überwachungseinrichtungen** (siehe Rn 36) nach § 87 Abs. 1 Nr. 6 BetrVG enthalten, z.B. bzgl. der Videoüberwachung am Arbeitsplatz.[309] Des Weiteren kann die Verhütung von Arbeitsunfällen sowie

---

293 BAG 24.6.2003 – 9 AZR 302/02 – NZA 2003, 1145, 1147 m.w.N., auch zu Schriftformklauseln; *Hennige*, NZA 1999, 281, 287 f.
294 BAG 16.9.1986 – GS 1/82 – NZA 1987, 168, 172 ff.
295 BAG 14.8.2001 – 1 AZR 744/00 – NZA 2002, 342, 343 ff.; BAG 14.2.1991 – 2 AZR 415/90 – NZA 1991, 607 ff.; BAG 10.3.1992 – 1 ABR 31/91 – NZA 1992, 952, 953 f.; BAG 20.11.1990 – 1 AZR 643/89 – NZA 1991, 426, 427 f.; BAG 16.9.1986 – GS 1/82 – NZA 1987, 168, 177.
296 HWK/*Lembke*, § 106 GewO Rn 89 m.w.N.
297 Landmann-Rohmer/*Neumann*, GewO, § 106 Rn 9.
298 BAG 2.3.2004 – 1 AZR 271/03 – NZA 2004, 852, 855 f.; BAG 11.6.2002 – 1 AZR 390/01 – NZA 2003, 570, 572 f.
299 HWK/*Lembke*, § 106 GewO Rn 90.
300 *Auktor*, BuW 2002, 959 ff.; *Blanke*, RdA 2003, 140 ff.; *Wiese*, BB 2002, 198 ff.
301 HWK/*Lembke*, § 106 GewO Rn 91.
302 LAG Köln 26.7.1996 – 12 TaBV 33/96 – NZA 1997, 280 f., zum Vorliegen einer Versetzung i.S.v. § 95 Abs. 2 S. 1 BetrVG.
303 HWK/*Lembke*, § 106 GewO Rn 92.
304 BAG 3.6.2003 – 1 AZR 349/02 – NZA 2003, 1155, 1159; BAG 17.11.1998 – 1 ABR 12/98 – NZA 1999, 662, 663; BAG 12.1.1988 – 1 ABR 54/86 – NZA 1988, 517, 518 f.; LAG Köln 3.8.2000 – 5 TaBV 12/00 – AuA 2001, 142.
305 ArbG Berlin 17.3.2004 – 7 Ca 25174/03 – EzA-SD 2004, Nr. 13, 19.
306 BAG 29.4.2004 – 1 ABR 30/02 – NZA 2004, 670, 675 ff.
307 BAG 19.1.1999 – 1 AZR 499/98 – NZA 1999, 546, 547 ff.
308 BAG 11.6.2002 – 1 ABR 46/01 – NZA 2002, 1299 f.; BAG 19.5.1998 – 9 AZR 307/96 – NZA 1999, 38 f.; zur Image-Kleidung s. BAG 1.12.1992 – 1 AZR 260/92 – NZA 1993, 711, 712 ff.; ArbG Karlsruhe 10.10.2003 – 1 Ca 266/03 – AuR 2004, 433 (n.r. LAG Stuttgart – 12 Sa 115/03).
309 BAG 29.6.2004 – 1 ABR 21/03 – NZA 2004, 1278 ff.

der Gesundheitsschutz im Rahmen der gesetzlichen Vorschriften oder der Unfallverhütungsvorschriften gem. § 87 Abs. 1 Nr. 7 BetrVG Gegenstand einer BV sein,[310] z.B. das Tragen von **Schutzkleidung** (siehe Rn 33).

5. Bestimmungen eines anwendbaren TV. a) Anwendbarkeit eines TV. Die Anwendbarkeit eines TV kann auf der beiderseitigen **Tarifbindung** der Arbeitsvertragsparteien (§§ 3 Abs. 1, 4 Abs. 1 S. 1 TVG) – bei Rechtsnormen des TV über betriebliche und betriebsverfassungsrechtliche Fragen auch auf nur einseitiger Tarifbindung des AG (§§ 3 Abs. 2, 4 Abs. 1 S. 1 TVG) –, auf der **Allgemeinverbindlicherklärung** des TV (§ 5 Abs. 4 TVG) oder auf einer arbeitsvertraglichen **Bezugnahmeklausel**[311] beruhen.[312] Die Rechtsnormen eines TV gelten gem. § 4 Abs. 1 TVG unmittelbar und zwingend zwischen den Tarifgebundenen.   71

b) Inhalt der Arbeitsleistung. aa) Eingruppierung in tarifliche Vergütungsgruppe. Das Direktionsrecht (eines AG im öffentlichen Dienst) erstreckt sich regelmäßig auf die Zuweisung solcher Tätigkeiten, die den Merkmalen der **Vergütungsgruppe** – insb. des BAT bzw. TVöD (siehe Rn 9) – entsprechen, für die der AN eingestellt worden ist. Das Direktionsrecht erlaubt es dem AG nicht, dem AN eine Tätigkeit zu übertragen, die geringerwertigen Qualifikationsmerkmalen entspricht und nur im Wege des **Bewährungsaufstiegs** die Eingruppierung in die ursprünglich für den AN maßgebliche Vergütungsgruppe ermöglicht.[313] Das Direktionsrecht wird nicht dadurch beschränkt, dass dem AN aus der bisherigen Fallgruppe dieser Vergütungsgruppe heraus ein Bewährungsaufstieg möglich war, der ihm aus der nunmehr zugewiesenen Tätigkeit verwehrt ist.[314] § 8 TV LGS Metall NRW,[315] wonach „jeder AN verpflichtet ist, andere ihm zumutbare Arbeiten zu übernehmen", berechtigt den AG nicht, einseitig kraft Direktionsrechts einem AN tariflich niedriger vergütete Arbeit zuzuweisen. Eine solche „Umsetzung" lässt das allgemeine Direktionsrecht nicht zu.[316]   72

bb) Tarifvertragliche Versetzungsvorbehaltsklauseln. Für den tarifvertraglichen Begriff der **Versetzung** (§ 12 BAT, § 12 BAT-O bzw. § 4 Abs. 1 TVöD)[317] – in Abgrenzung zur bloßen Umsetzung – ist ein dauerhafter Wechsel auf einen Arbeitsplatz in einer anderen Dienststelle desselben AG kennzeichnend.[318] Im Hinblick auf die dem TV innewohnende **„materielle Richtigkeitsgewähr"**[319] kann dem AN aufgrund tarifvertraglicher Versetzungsvorbehaltsklauseln – wie z.B. § 16 Abs. 1 LTV DB[320] oder § 5 Abs. 1 TV Ratio[321] – in weiterem Umfang als durch arbeitsvertragliche Versetzungsvorbehaltsklauseln (siehe Rn 48 ff.) eine andere, ggf. sogar niedriger vergütete Tätigkeit zugewiesen werden.[322] Gem. § 24 BAT,[323] § 24 BAT-O[324] bzw. § 14 TVöD besteht – im Rahmen des billigen Ermessens (siehe Rn 87 ff.) – die Möglichkeit der **vorübergehenden Übertragung einer höherwertigen Tätigkeit**.   73

c) Ort der Arbeitsleistung. Durch TV kann der für die Arbeitsleistung geltende **Erfüllungsort (Arbeitsort)** festgelegt werden.[325] In TV, wie bspw. in § 16 Abs. 1 LTV DB,[326] können **Versetzungsklauseln** auch hinsichtlich einer Änderung des Arbeitsortes enthalten sein.[327] Die Tarifklausel des § 7 Nr. 1 BRTV Bau,[328] wonach der AG des Baugewerbes die Möglichkeit hat, den AN „auf allen Baustellen und sonstigen Arbeitsstellen des Betriebes" einzusetzen, ist wirksam und erweitert das Direktionsrecht des AG.[329]   74

---

310 S. BAG 8.6.2004 – 1 ABR 4/03 – NZA 2005, 227, 229 ff., zu einer „BV Gesundheitsschutz im Rahmen des ArbSchG und der BildscharbV"
311 Ausführlich zur Vertragsgestaltung hinsichtlich Bezugnahmeklauseln *Hümmerich*, Gestaltung von Arbeitsverträgen, Rn 1037 ff.
312 S. BT-Drucks 14/8796, S. 23, zu derselben Formulierung in § 105 S. 1.
313 BAG 24.4.1996 – 4 AZR 976/94 – NZA 1997, 104, 106 f.; BAG 30.8.1995 – 1 AZR 47/95 – NZA 1996, 440 ff.
314 BAG 21.11.2002 – 6 AZR 82/01 – DB 2003, 1630; BAG 23.10.1985 – 4 AZR 216/84 – PersV 1991, 230 f.
315 TV über die Lohn- und Gehaltssicherung für AN (Arb und Ang) der Eisen-, Metall-, Elektro- und Zentralheizungsindustrie Nordrhein-Westfalen v. 25.1.1979.
316 LAG Düsseldorf 22.9.1995 – 15 Sa 715/95 – juris; LAG Düsseldorf 17.3.1995 – 17 Sa 1981/94 – DB 1995, 2224.
317 LAG Berlin 14.12.1998 – 9 Sa 95/98 – ZTR 1999, 223 ff.
318 BAG 22.1.2004 – 1 AZR 495/01 – ZTR 2004, 268 ff. m.w.N.
319 S. nur BAG 24.3.2004 – 5 AZR 303/03 – NZA 2004, 971, 973, zu Tariflöhnen; BAG 3.10.1969 – 3 AZR 400/68 – SAE 1971, 27, 29, 31 f. m. Anm. *Meisel*, zur Überstundenvergütung; BAG 10.6.1980 – 1 AZR 822/79 – DB 1980, 1266, im Hinblick auf Arbeitskämpfe.
320 Lohn-TV für die Arb der Deutschen Bundesbahn v. 1.11.1979.
321 TV Rationalisierungsschutz und Beschäftigungssicherung Deutsche Telekom v. 29.6.2002.
322 BAG 23.9.2004 – 6 AZR 442/03 – NZA 2005, 475, 477 f.; BAG 22.5.1985 – 4 AZR 427/83 – NZA 1986, 166, 167 ff.; BAG 22.5.1985 – 4 AZR 88/84 – RiA 1986, 82; BAG 20.1.1960 – 4 AZR 267/59 – DB 1960, 442 f.; BAG 12.7.1957 – 1 AZR 129/56 – AP § 242 BGB Gleichbehandlung Nr. 5 m. Anm. *Hueck*; LAG Kiel 3.3.2004 – 3 Sa 476/03 – juris.
323 BAG 11.9.2003 – 6 AZR 424/02 – NZA-RR 2004, 332 ff.; BAG 17.4.2002 – 4 AZR 174/01 – NZA 2003, 159, 161 ff.; BAG 25.2.1979 – 4 AZR 515/77 – ARST 1980, 2 f.
324 BAG 16.9.1998 – 5 AZR 183/97 – NZA 1999, 384 ff.; BAG 16.9.1998 – 5 AZR 181/97 – NZA 1999, 554 ff.; BAG 17.12.1997 – 5 AZR 332/96 – NZA 1998, 555 ff.; BAG 18.6.1997 – 4 AZR 728/95 – ZTR 1998, 87 ff.
325 BAG 3.12.1985 – 4 AZR 325/84 – EzA § 269 BGB Nr. 1.
326 Lohn-TV für die Arb der Deutschen Bundesbahn v. 1.11.1979.
327 BAG 21.1.2004 – 6 AZR 583/02 – NZA 2005, 61, 62 ff.; BAG 22.5.1985 – 4 AZR 88/84 – RiA 1986, 82.
328 Bundesrahmen-TV für das Baugewerbe v. 3.2.1981.
329 LAG Kiel 30.12.1998 – 4 Sa 365/98 – ARST 1999, 108 f.

250 GewO § 106

75 **d) Zeit der Arbeitsleistung. aa) Dauer der Arbeitszeit.** In Bezug auf die Dauer der Arbeitszeit finden sich in (insb. Mantel-)TV bspw. Regelungen über die **wöchentliche Arbeitszeit**, über **Feierschichten**,[330] die Ermächtigung zur Anordnung von **Überstunden** (siehe Rn 22) unter Zahlung entsprechender Zuschläge sowie zur Einführung und Vergütung von **Kurzarbeit** (siehe Rn 23)[331] und zum Anspruch des AN auf **Zuschuss zum Kurzarbeitergeld** (§§ 169 ff. SGB III).[332]

76 **bb) Lage der Arbeitszeit.** In (Mantel-)TV sind vielfach Regelungen zu (Zuschlägen für) **Schicht-, Nacht-, Sonntags- und/oder Feiertagsarbeit** enthalten.[333] In der Praxis spielen insb. § 15 Abs. 6a BAT[334] für die Anordnung von **Bereitschaftsdienst**[335] sowie § 15 Abs. 6b BAT[336] für die Anordnung von **Rufbereitschaft**[337] eine wichtige Rolle.[338]

77 **e) Ordnung und Verhalten der AN im Betrieb.** Auch diesbezügliche Regelungen können Gegenstand tarifvertraglicher Vereinbarungen sein („**Betriebsnormen**"), bspw. Regelungen zu **Torkontrollen** (siehe Rn 36) und technischen Überwachungseinrichtungen, zur betrieblichen **Kleiderordnung** (siehe Rn 33 ff.) und zu **Rauchverboten** (siehe Rn 32).[339]

78 **6. Gesetzliche Vorschriften. a) Allgemeine gesetzliche Schranken des Weisungsrechts.** Die Zuweisung von Arbeit durch den AG ist unwirksam, wenn deren Ausführung gegen gesetzliche Verbote (**§ 134 BGB**) oder gegen die guten Sitten (**§ 138 BGB**) verstößt.[340] Ferner ist ein Verstoß des AN gegen eine Weisung des AG dann nicht widerrechtlich, wenn die Voraussetzungen von **Notwehr** (§ 227 BGB, § 32 StGB), **Notstand** (§ 228 BGB) oder **Selbsthilfe** (§§ 229 ff. BGB) vorlagen.[341] Des Weiteren bestehen allgemeine gesetzliche Grenzen des Weisungsrechts in den Vorschriften über die **Leistungsverweigerungsrechte**[342] (§§ 320, 273, 275 BGB, § 21 Abs. 6 S. 2 GefStoffVO,[343] § 14 AGG).[344] Aus § 275 Abs. 3 BGB i.V.m. § 613 S. 1 BGB kann sich ein Leistungsverweigerungsrecht des AN, z.B. bei unzumutbaren Gewissenskonflikten (siehe Rn 92) ergeben.[345] Der AG hat im Übrigen gem. § 241 Abs. 2 BGB auf die Rechte, Rechtsgüter und Interessen des AN Rücksicht zu nehmen (siehe Rn 96).

79 **b) Mitbestimmungsrechte. aa) Allgemeines.** Zur Begrenzung des Weisungsrechts durch gesetzliche Bestimmungen gehören auch Mitbestimmungsrechte, insb. das des BR nach dem BetrVG.[346] Dieser bereits aus § 87 Abs. 1 BetrVG zu entnehmende Rechtsatz wird durch S. 1 wiederholend klargestellt.[347]

80 **bb) Notwendige Mitbestimmung.** Nach st. Rspr. und h.M. ist eine Maßnahme des AG, die der notwendigen Mitbestimmung des BR (insb. § 87 BetrVG) entbehrt, rechtswidrig und unwirksam („**Theorie der notwendigen Mitbestimmung**").[348] Dies gilt für einseitige Anordnungen, die in Ausübung des Direktionsrechts vorgenommen werden, ebenso wie für einzelvertragliche Vereinbarungen. Die tatsächlich durchgeführte Mitbestimmung ist Wirksamkeitsvoraussetzung für Maßnahmen zum Nachteil des AN („**Theorie der Wirksamkeitsvoraussetzung**").[349]

---

330 BAG 29.11.1978 – 4 AZR 276/77 – DB 1979, 995.
331 BAG 19.11.1996 – 3 AZR 494/95 – NZA 1997, 892, 893 f.
332 BAG 1.8.2001 – 4 AZR 810/98 – AuR 2002, 38; BAG 21.6.2000 – 4 AZR 403/99 – NZA 2001, 666, 667 f.; BAG 7.11.1995 – 4 AZR 870/94 – DB 1996, 1476 f.; BAG 13.11.1994 – 3 AZR 700/93 – NZA 1995, 34, 35 f.; BAG 24.11.1993 – 4 AZR 329/93 – NZA 1994, 468, 469 f.; BAG 24.11.1993 – 4 AZR 241/93 – NZA 1994, 470 f.; BAG 21.4.1993 – 4 AZR 543/92 – NZA 1994, 231, 232 ff.; BAG 17.4.1985 – 4 AZR 510/84 – NZA 1986, 159 f.
333 HWK/*Lembke*, § 106 GewO Rn 102.
334 BAG 5.6.2003 – 6 AZR 114/02 – NZA 2004, 164 ff.
335 BAG 18.2.2003 – 1 ABR 2/02 – NZA 2003, 742, 743 ff.
336 BAG 9.10.2003 – 6 AZR 512/02 – NZA 2004, 393 ff.; BAG 9.10.2003 – 6 AZR 447/02 – NZA 2004, 390 ff.; ArbG Marburg 4.11.2003 – 2 Ca 212/03 – DB 2004, 1563 ff. (n.r. LAG Frankfurt – 1 Sa 217/04).
337 BAG 15.10.2003 – 4 AZR 594/02 – FA 2004, 350.
338 S. nunmehr zur Anordnung und Vergütung von Rufbereitschaft die §§ 6 Abs. 5, 7 Abs. 4, 8 Abs. 3 TVöD, zum Bereitschaftsdienst §§ 6 Abs. 5, 7 Abs. 4, 8 Abs. 4 TVöD.
339 MünchArb/*Löwisch/Rieble*, Bd. 3, § 261 Rn 23.
340 BAG 20.12.1984 – 2 AZR 436/83 – NZA 1986, 21; *Brunhöber*, AuA 2004, Nr. 4, 18, 20.
341 LAG Chemnitz 5.3.2004 – 2 Sa 625/03 – juris.
342 *Brunhöber*, AuA 2004, Nr. 4, 18 ff.
343 BAG 19.2.1997 – 5 AZR 982/94 – NZA 1997, 821, 822 f. m.w.N.; BAG 8.5.1996 – 5 AZR 315/95 – NZA 1997, 86, 88 f., auch zu §§ 273 Abs. 1, 618 Abs. 1 BGB; *Brunhöber*, AuA 2004, Nr. 4, 18, 19; *Möx*, AuR 1992, 235 ff.
344 *Brunhöber*, AuA 2004, Nr. 4, 18, 20.
345 *Lakies*, BB 2003, 364, 369.
346 BT-Drucks 14/8796, S. 24; zu § 38 Abs. 1 MVG-EKD und § 33 Abs. 1 MAVO s. *Thiel*, ZMV 2002, 264, 265 m.w.N.
347 *Düwell*, FA 2003, 2, 4; *Düwell*, ZTR 2002, 461, 462; *Schöne*, NZA 2003, 829, 830 m.w.N.
348 A.A. die „Theorie der erzwingbaren Mitbestimmung", s. Richardi/*Richardi*, BetrVG, § 87 Rn 101 m.w.N.; *Dietz*, FS für Nipperdey, 1955, S. 147 ff.
349 BAG 2.3.2004 – 1 AZR 271/03 – NZA 2004, 852, 856; BAG 18.9.2002 – 1 AZR 668/01 – DB 2003, 1121, 1122; BAG 11.6.2002 – 1 AZR 390/01 – NZA 2003, 570, 572 f.; BAG 28.9.1994 – 1 AZR 870/93 – NZA 1995, 277, 279; BAG 7.9.1956 – 1 AZR 646/54 – SAE 1958, 8 m. Anm. *Pawelke*; DKK/*Klebe*, BetrVG, § 87 Rn 4 f.; GK-BetrVG/*Wiese*, § 87 Rn 98 ff.; *Fitting* u.a., BetrVG, § 87 Rn 599 ff.; *Schöne*, NZA 2002, 829, 831; a.A. Richardi/*Richardi*, BetrVG, § 87 Rn 104 ff., 115 ff. m.w.N.

cc) Personelle Einzelmaßnahmen. Bei der Bestimmung der Rechtsfolgen einer fehlenden bzw. nicht ordnungsgemäß erfolgten Mitbestimmung bei personellen Einzelmaßnahmen gem. § 99 BetrVG ist zwischen der individualrechtlichen und der kollektiven Ebene zu unterscheiden. Neben der betriebsverfassungsrechtlichen Unwirksamkeit kommt eine gleichzeitige individualrechtliche Unwirksamkeit nur dann in Betracht, wenn Sinn und Zweck des Mitbestimmungsrechts ein **Durchschlagen der Rechtswidrigkeit** von der kollektiven auf die individualrechtliche Ebene zwingend erfordern. Die fehlende Zustimmung des BR zu einer **Versetzung** – anderes gilt bei der (Wieder-)Einstellung eines AN – hat zur Folge, dass die Versetzung auch individualrechtlich unwirksam ist und der AN das Recht hat, die Arbeit zu den geänderten Bedingungen zu verweigern.[350]

81

dd) Mitbestimmung bei Fragen der betrieblichen Ordnung. S. 2 stellt keine gesetzliche Regelung i.S.v. § 87 Abs. 1 Einleitungss. BetrVG dar, so dass das Mitbestimmungsrecht des BR auch bei Weisungen betreffend Fragen der betrieblichen **Ordnung** nach § 87 Abs. 1 Nr. 1 BetrVG (siehe Rn 38) sowie bei der Einführung und Anwendung technischer **Überwachungseinrichtungen** gem. § 87 Abs. 1 Nr. 6 BetrVG (siehe Rn 39) unberührt bleibt.[351]

82

c) Inhalt der Arbeitsleistung. Gesetzliche Schranken des Direktionsrechts des AG stellen die **Beschäftigungsverbote und -beschränkungen** z.B. nach §§ 3, 4, 6, 8 MuSchG, §§ 22 ff. JArbSchG, §§ 284 ff. SGB III, §§ 42 f. IfSG, § 15a GefStoffV dar (siehe § 105 Rn 11).[352] Gleiches gilt für die **Diskriminierungsverbote** z.B. nach Art. 9 Abs. 3 S. 2 GG, § 7 Abs. 1 AGG, § 4 TzBfG, § 81 Abs. 2 Nr. 1 SGB IX sowie das **Maßregelungsverbot** nach § 612a BGB. Die auf Grundlage von § 15 SGB VII erlassenen **Unfallverhütungsvorschriften** der Berufsgenossenschaften schränken das Direktionsrecht des AG ein. Des Weiteren bestehen **sonstige gesetzliche Einschränkungen** des Weisungsrechts (s. z.B. § 7 ArbSchG, § 3 ProstG).[353]

83

d) Ort der Arbeitsleistung. Ist der Erfüllungsort für die Arbeitspflicht nicht vertraglich festgelegt und auch nicht durch Auslegung des Arbeitsvertrages zu ermitteln, so ist gem. § 269 Abs. 1 BGB **i.d.R. der Betriebssitz** des AG maßgebend, an dem der AN ständig beschäftigt wird (siehe Rn 16).

84

e) Zeit der Arbeitsleistung. Bei der Ausübung des Weisungsrechts hat der AG die Vorschriften über die **Arbeitszeit** nach §§ 3 ff. ArbZG, über **Arbeit auf Abruf** gem. § 12 TzBfG, die Ansprüche des AN auf Verringerung seiner Arbeitszeit (**Teilzeitansprüche**) nach § 8 TzBfG und § 15 Abs. 5 bis 7 BEEG sowie die Vorschriften über die Gestaltung der Arbeitszeit **schwerbehinderter Menschen** nach § 81 Abs. 4 Nr. 4 SGB IX und § 124 SGB IX hinsichtlich des Anspruchs auf Freistellung von Mehrarbeit zu beachten. Die §§ 169 ff. SGB III beinhalten keine Ermächtigung zur Einführung von **Kurzarbeit** durch den AG (siehe Rn 23). Für **Kraftfahrer** enthält die VO (EWG) Nr. 3820/85[354] Sonderbestimmungen.[355]

85

f) Ordnung und Verhalten der AN im Betrieb. Neben den Mitbestimmungsrechten des BR bei betriebsbezogenen Weisungen gem. § 87 Abs. 1 Nr. 1, Nr. 6 BetrVG (siehe Rn 82) ist z.B. § 5 ArbStättV (siehe Rn 32) hinsichtlich des **Nichtraucherschutzes** zu beachten.

86

7. Billiges Ermessen. a) Grundsatz billigen Ermessens (§ 106, § 315 BGB). Der AG hat bei der Ausübung seines Weisungsrechts nach S. 1 die Grenzen „billigen Ermessens" zu beachten. Dies entspricht nach Maßgabe des § 315 Abs. 1, 3 BGB (siehe § 315 BGB Rn 12) einem allgemeinen zivilrechtlichen Grundsatz. Der Begriff des „billigen Ermessens" ist ein gerichtlich uneingeschränkt überprüfbarer **unbestimmter Rechtsbegriff** (siehe Rn 103). Eine Leistungsbestimmung entspricht dann billigem Ermessen, wenn die wesentlichen Umstände des Falles unter Beachtung des **Gleichbehandlungsgrundsatzes** (siehe Rn 90)[356] abgewogen und die beiderseitigen Interessen angemessen berücksichtigt worden sind.[357] Überschreitet eine Weisung diese Grenze, führt dies insoweit zum Entfallen der Gehorsamspflicht des AN (siehe Rn 5).

87

b) Einzelheiten. aa) Abwägung der Belange von AG und AN. Aufseiten des AG können bspw. das Interesse an einem geordneten und ungestörten **Arbeitsablauf**, die **Betriebssicherheit, Kostenvermeidung** sowie der Schutz von **Betriebs- und Geschäftsgeheimnissen** Berücksichtigung finden[358] oder auch die Vermeidung eines nicht un-

88

---

350 BAG 5.4.2001 – 2 AZR 580/99 – NZA 2001, 893, 896 f.; BAG 26.1.1988 – 1 AZR 531/86 – NZA 1988, 476, 478 m.w.N.
351 *Borgmann/Faas*, NZA 2004, 241, 243 f.
352 Landmann-Rohmer/*Neumann*, GewO, § 106 Rn 11.
353 HWK/*Lembke*, § 106 GewO Rn 109.
354 VO des Rates v. 20.12.1985 über die Harmonisierung bestimmter Sozialvorschriften im Straßenverkehr (ABl L 310, 1).
355 Landmann-Rohmer/*Neumann*, GewO, § 106 Rn 24, auch zur Umsetzung in das deutsche Recht.
356 BAG 17.12.1997 – 5 AZR 332/96 – NZA 1998, 555, 557; BAG 11.10.1995 – 5 AZR 1009/94 – NZA-RR 1996, 313, 314; LAG Köln 22.6.1994 – 2 Sa 1087/93 – LAGE § 611 BGB Direktionsrecht Nr. 10.
357 St. Rspr., s. z.B. BAG 23.9.2004 – 6 AZR 567/03 – AuR 2004, 392; BAG 21.1.2004 – 6 AZR 583/02 – NZA 2005, 61, 63; BAG 19.5.1992 – 1 AZR 418/91 – NZA 1992, 978, 981 f.; BAG 27.3.1980 – 2 AZR 506/78 – BB 1980, 1267, 1268; BAG 12.10.1961 – 5 AZR 423/60 – DB 1962, 70 f.; LAG Frankfurt 13.1.2006 – 17 Sa 883/05 – juris (n.r. BAG – 2 AZR 495/06).
358 HWK/*Lembke*, § 106 GewO Rn 120.

erheblichen Organisationsaufwands.[359] Die Grenze billigen Ermessens (hier: bei der Bestimmung der Lage der Arbeitszeit) ist gewahrt, wenn der AG nicht nur eigene, sondern auch berechtigte Interessen des AN angemessen berücksichtigt hat. Der AG hat **gesundheitliche Belange** des AN – auch unterhalb der Schwelle einer **Behinderung** nach S. 3 (siehe Rn 94) – angemessen zu berücksichtigen (siehe Rn 95). Auf **schutzwürdige familiäre Belange** des AN hat der AG Rücksicht zu nehmen, soweit einer vom AN gewünschten Verteilung der Arbeitszeit nicht **betriebliche Gründe** oder **berechtigte Belange anderer AN** entgegenstehen.[360] Im Fall von Streitfragen und Kompetenzkonflikten zwischen einem AN und seinem Vorgesetzten (Direktor eines Kunstmuseums) kommt es grds. nicht auf die **Belange des Vorgesetzten** an, sondern auf die des AG, als dessen Repräsentant der Vorgesetzte handelt.[361] Die **Dauer der Beschäftigungszeit** kann Bedeutung bei der Ausübung einzelner Weisungen des AG und des dabei zu beachtenden billigen Ermessens haben.[362] Fehlt es an den Voraussetzungen für die Konkretisierung des Arbverh (siehe Rn 42 ff.), kann das Interesse des AN an der Fortsetzung einer über **längere Zeit ausgeübten Tätigkeit** im Rahmen des billigen Ermessens zu berücksichtigen sein.[363] Die Versetzung einer Kassiererin in eine örtlich entfernte Filiale, zu deren **Anreise** nunmehr öffentliche Verkehrsmittel genutzt werden müssen, ist unbillig, wenn als Begründung die mindere Eignung und das Alter des AN, jedoch kein Vortrag zum konkreten **Personalbedarf** der Filialen erfolgt.[364] Die Umsetzung eines AN, der zu einem **Konkurrenzunternehmen** wechseln will, auf einen neu geschaffenen Arbeitsplatz in einem anderen Arbeitsbereich mit der Zielsetzung, **Geschäftskontakte** im alten Arbeitsbereich zu unterbinden und seine Tätigkeit zu kontrollieren, wahrt die Grenze billigen Ermessens.[365]

89 **bb) Vorübergehende Übertragung einer höherwertigen Tätigkeit.** Die vorübergehende Übertragung einer höherwertigen Tätigkeit gem. § 24 BAT, § 24 BAT-O bzw. § 14 TVöD (siehe Rn 73) hat nach neuerer BAG-Rspr. nicht mehr nur einer **Rechtsmissbrauchskontrolle**[366] zu genügen, sondern (in entsprechender Anwendung von § 315 BGB) nach billigem Ermessen zu erfolgen, das sich sowohl auf die Tätigkeitsübertragung „an sich" als auch auf die „Nicht-Dauerhaftigkeit" der Übertragung beziehen muss (**„doppelte Billigkeit"**).[367]

90 **cc) Arbeitsrechtlicher Gleichbehandlungsgrundsatz.** Der arbeitsrechtliche Gleichbehandlungsgrundsatz (siehe § 315 BGB Rn 12, § 612 BGB Rn 66) gebietet dem AG, seine AN oder Gruppen seiner AN, die sich in vergleichbarer Lage befinden, bei Anwendung einer selbst gegebenen Regel gleich zu behandeln. Er verbietet nicht nur die willkürliche Schlechterstellung einzelner AN, sondern auch eine sachfremde Gruppenbildung.[368] Der AG darf nicht ohne sachlichen Grund einen einzelnen AN von der Ableistung der **Überstunden** (siehe Rn 22) ausschließen, wenn alle vergleichbaren AN durch die Heranziehung zu Überstunden eine erhebliche Lohnsteigerung erzielen können.[369] Der AG kann anderenfalls in Annahmeverzug geraten (siehe Rn 98).

91 **c) Mittelbare Drittwirkung der Grundrechte. aa) Allgemeines.** Die in S. 1 geforderte Billigkeit wird inhaltlich durch die Grundrechte mitbestimmt. Ein auftretendes Spannungsverhältnis im Rahmen der Konkretisierung und Anwendung der Generalklausel des S. 1 ist einem grundrechtskonformen Ausgleich der Rechtspositionen zuzuführen (**praktische Konkordanz**).[370] Bei der vorzunehmenden **Interessenabwägung** können – neben der Gewichtigkeit der kollidierenden (Grundrechts-)Positionen – u.a. auch die **Vorhersehbarkeit** und **Vermeidbarkeit** des Interessenkonfliktes sowie eine etwaige **Wiederholungsgefahr** zu berücksichtigen sein.[371]

92 **bb) Einzelheiten.** Bzgl. des Verbots des AG an eine AN, ein islamisches Kopftuch zu tragen, überwiegen nach der Rspr. die zugunsten der AN eingreifende **Glaubens- und Bekenntnisfreiheit** (Art. 4 Abs. 1 GG) und die Gewährleistung der ungestörten Religionsausübung (Art. 4 Abs. 2 GG) gegenüber der unternehmerischen Betätigungsfreiheit des AG (Art. 12 Abs. 1 GG, ggf. i.V.m. Art. 19 Abs. 3 GG).[372] Aufgrund der mittelbaren Drittwirkung des Grund-

---

359 LAG Hamm 27.9.2007 – 8 Sa 1833/06 – juris.
360 BAG 23.9.2004 – 6 AZR 567/03 – AuR 2004, 392; ArbG Hamburg 4.12.1995 – 21 Ca 290/95 – NZA-RR 1996, 365, 366 f.; *Hunold*, NZA-RR 2001, 337, 338 f.
361 LAG Düsseldorf 31.3.1993 – 18 Sa 95/93 – DB 1993, 1677.
362 BAG 19.8.2003 – 9 AZR 641/02 – NZA 2004, 285, 286.
363 LAG Köln 14.2.1997 – 11 Sa 1002/96 – NZA-RR 1997, 391, 392; LAG Köln 29.1.1991 – 4 Sa 920/90 – ZTR 1991, 305; Boemke/*Keßler*, GewO, § 106 Rn 23 m.w.N.
364 ArbG Ludwigshafen 17.9.2003 – 8 Ca 2723/03 – AuR 2004, 435.
365 LAG Hannover 12.10.1998 – 13 Sa 103/98 – FA 1999, 102.
366 S. zuletzt BAG 26.3.1997 – 4 AZR 604/95 – ZTR 1997, 413 f.
367 BAG 17.4.2002 – 4 AZR 174/01 – NZA 2003, 159, 161 ff.
368 St. Rspr.: BAG 21.5.2003 – 10 AZR 524/02 – NZA 2003, 1274; BAG 19.3.2003 – 10 AZR 365/02 – NZA 2003, 724; BAG 21.6.2000 – 5 AZR 806/98 – NZA 2000, 1050; BAG 17.11.1998 – 1 AZR 147/98 – NZA 1999, 606; BAG 23.8.1995 – 5 AZR 293/94 – NZA 1996, 829 m. Anm. *Boecken*, SAE 1997, 228, 231; s. *Schaub*, NZA 1984, 73 ff.
369 LAG Köln 22.6.1994 – 2 Sa 1087/93 – LAGE § 611 BGB Direktionsrecht Nr. 10.
370 BAG 10.10.2002 – 2 AZR 472/01 – NZA 2003, 483, 486; BVerfG 30.7.2003 – 1 BvR 792/03 – NZA 2003, 959 f.; s. BVerfG 19.10.1993 – 1 BvR 567/89, 1 BvR 1044/89 – NJW 1994, 36, 38 f., insb. zu den Generalklauseln der §§ 138, 242 BGB.
371 BAG 20.12.1984 – 2 AZR 436/83 – NZA 1986, 21, 22.
372 BVerfG 24.9.2003 – 2 BvR 1436/02 – NJW 2003, 3111 ff.; BVerfG 30.7.2003 – 1 BvR 792/03 – NZA 2003, 959 f.; BAG 10.10.2002 – 2 AZR 472/01 – NZA 2003, 483, 485 f.; ArbG Dortmund 16.1.2003 – 6 Ca 5736/02 – EzA-SD 2003, 11; s. auch *Thüsing*, NJW 2003, 405, 406 f.; für eine Lösung über § 275 Abs. 3 BGB s. *Scholl*, Jura 2006, 283 ff.

rechts der Gewissensfreiheit (Art. 4 Abs. 1 GG) darf der AG dem AN keine Arbeit zuweisen, die den AN in einen solchen Gewissenskonflikt versetzt, der unter Abwägung beider Interessen vermeidbar gewesen wäre.[373] Aus § 616 BGB (siehe § 616 BGB Rn 17) und § 242 BGB i.V.m. Art. 4 Abs. 1, 2 GG kann sich ein – gegenüber dem Direktionsrecht des AG vorrangiger – Anspruch des AN auf Arbeitsbefreiung zur Ausübung seiner religiösen Pflichten ergeben.[374] Des Weiteren können zugunsten des AN die **allgemeine Handlungsfreiheit** (Art. 2 Abs. 1 GG), das **allgemeine Persönlichkeitsrecht** (Art. 2 Abs. 1 i.V.m. 1 Abs. 1 GG)[375] – z.B. bei Verhängung eines Rauchverbots[376] –, ggf. das Grundrecht der **Koalitionsfreiheit** (Art. 9 Abs. 3 GG),[377] die besonderen **Gleichheitssätze** des Art. 3 Abs. 2 und 3 GG,[378] der Schutz von **Ehe und Familie** (Art. 6 GG),[379] u.U. sogar das Recht auf **Leben und körperliche Unversehrtheit** (Art. 2 Abs. 2 GG)[380] zu beachten sein. Aufseiten des AG können neben der **unternehmerischen Betätigungsfreiheit** (Art. 12 Abs. 1 GG) ggf. die Grundrechte der **Kunstfreiheit** (Art. 5 Abs. 3 S. 1 GG)[381] und **Rundfunkfreiheit** (Art. 5 Abs. 1 GG)[382] eingreifen.

d) Selbstbindung des AG. Der AG kann sich bei der Ausübung des Ermessens im Rahmen seines Direktionsrechts insb. durch entsprechende **mündliche Erklärungen** gegenüber dem AN selbst binden,[383] z.B. die Ausübung des Direktionsrechts auf bestimmte Fälle beschränken.[384] Überträgt der AG dem AN vorläufig eine höherwertige Aufgabe und macht er die Übertragung auf Dauer nur davon abhängig, dass sich der AN fachlich bewährt, so darf er dem AN die höherwertige Aufgabe nicht aus anderen Gründen wieder entziehen.[385] Im Bereich des öffentlichen Dienstes kann eine Ermessens-Selbstbindung auch durch **Verwaltungsvorschriften** eintreten.[386]

e) Rücksichtnahme auf Behinderungen des AN (S. 3). aa) Behinderungen des AN. Die Pflicht des AG nach S. 3 zur Rücksichtnahme auf Behinderungen des AN ergibt sich der Sache nach bereits aus § 81 Abs. 2 SGB IX,[387] weshalb die Neuregelung des S. 3 z.T. als entbehrlich angesehen wird.[388] Doch greift S. 3 weiter als das **Diskriminierungsverbot** nach § 81 Abs. 2 S. 2 Nr. 1 S. 1 SGB IX, wonach eine Benachteiligung „**schwerbehinderter Beschäftigter**" u.a. „bei einer Weisung" verboten ist. Denn S. 3 erfasst nicht nur schwerbehinderte (§ 2 Abs. 2 SGB IX) und gleichgestellte (§§ 2 Abs. 3, 68 Abs. 3 SGB IX) AN. Die Definition des Begriffs der **„Behinderung"** in S. 3 orientiert sich – insoweit über § 81 SGB IX hinausgehend – an § 2 Abs. 1 S. 1 SGB IX,[389] weshalb behinderte Menschen künftig durch S. 3 einen besonderen Schutz in Anspruch nehmen können.[390] Die Behinderungen können sowohl genetisch als auch krankheits-, unfall- oder altersbedingt sein.[391]

bb) Gesundheitliche Einschränkungen unterhalb der Schwelle einer Behinderung. Durch S. 3 wird indes nicht zum Ausdruck gebracht, dass der AG Beeinträchtigungen des AN, die nicht den Grad einer Behinderung i.S.v. § 2 Abs. 1 S. 1 SGB IX erreichen, nicht dennoch berücksichtigen muss.[392] Ist der AN aus gesundheitlichen Gründen zur Fortführung der übertragenen Tätigkeit außerstande, so hat der AG von der Möglichkeit der Zuweisung einer im Betrieb bestehenden **leidensgerechten Beschäftigung** im Rahmen seines Direktionsrechts Gebrauch zu machen und den AN umzusetzen[393] oder zu versetzen.[394] In Ausübung des Direktionsrechts kann der AG einen arbeitsunfähig (s.

---

373 BAG 22.5.2003 – 2 AZR 426/02 – SAE 2004, 46, 51 ff. m. Anm. *Kort*; BAG 24.5.1989 – 2 AZR 285/88 – NZA 1990, 144, 145 ff., auch zum sog. subjektiven Gewissensbegriff; BAG 20.12.1984 – 2 AZR 436/83 – NZA 1986, 21, 22 ff.; LAG Düsseldorf 7.8.1992 – 9 Sa 794/92 – NZA 1993, 411, 412 f.; ArbG Köln 18.4.1989 – 16 Ca 650/89 – NZA 1991, 276 f.
374 LAG Hamm 26.2.2002 – 5 Sa 1582/01 – NZA 2002, 1090, 1091 f.; LAG Hamm 18.1.2002 – 5 Sa 1782/01 – NZA 2002, 675, 676 f., zu den Pflichtgebeten des Islam.
375 LAG Kiel 12.2.2002 – 5 Sa 409 c/01 – DB 2002, 1056, zur Umsetzung.
376 BAG 19.1.1999 – 1 AZR 499/98 – NZA 1999, 546, 548 f., auch zu § 75 Abs. 2 BetrVG; LAG Frankfurt 11.8.2000 – 2 Sa 1000/99 – NZA-RR 2001, 77 ff.
377 S. *Brunhöber*, AuA 2004, Nr. 4, 18, 20, zur Weisung an den AN, als sog. Streikbrecher tätig zu sein; *Weber/Ehrich*, BB 1996, 2246, 2248.
378 HWK/*Lembke*, § 106 GewO Rn 126.
379 LAG Köln 19.12.2001 – 7 (12) Sa 1376/00 – AuR 2002, 192 f.; LAG Nürnberg 8.3.1999 – 6 Sa 259/97 – NZA 2000, 263; ArbG Hamburg 4.12.1995 – 21 Ca 290/95 – NZA-RR 1996, 365 f.
380 *Kast/Freihube*, BB 2001, 2422 f., im Hinblick auf wegen der Anschläge v. 11.9.2001 gesteigerte Flugangst des AN bei angeordneten Dienstreisen.
381 LAG Düsseldorf 7.8.1992 – 9 Sa 794/92 – NZA 1993, 411, 412 f.
382 LAG Mainz 13.4.1989 – 5 Sa 1031/88 – NZA 1990, 527 f.
383 LAG Berlin 14.12.1998 – 9 Sa 95/98 – ZTR 1999, 223, 224, insb. zu Auswahlrichtlinien für personelle Einzelmaßnahmen.
384 BAG 17.12.1997 – 5 AZR 332/96 – NZA 1998, 555, 557.
385 BAG 17.12.1997 – 5 AZR 332/96 – NZA 1998, 555, 557.
386 BAG 11.10.1995 – 5 AZR 1009/94 – NZA-RR 1996, 313 ff.
387 *Düwell*, ZTR 2002, 461, 462.
388 *Bauer/Opolony*, BB 2002, 1590, 1591; *Abeln/Steinkühler*, AuA 2003, Nr. 1, 15, 16.
389 BT-Drucks 14/8796, S. 24; *Borgmann*, MDR 2003, 305, 306.
390 Str., so *Düwell*, FA 2003, 2, 4; *Schöne*, NZA 2002, 829, 831; a.A. *Boemke/Keßler*, GewO, § 106 Rn 47 f.; HWK/*Lembke*, § 106 GewO Rn 131 m.w.N.
391 BT-Drucks 14/8796, S. 24.
392 So zutreffend *Bauer/Opolony*, BB 2002, 1590, 1591.
393 S. § 6 Abs. 2 lit. a) ArbZG.
394 BAG 17.2.1998 – 9 AZR 130/97 – NZA 1999, 33, 34 m.w.N.; BAG 29.1.1997 – 2 AZR 9/96 – NZA 1997, 709, 710 f.; LAG Hamm 8.2.2006 – 18 Sa 1664/05 – EEK 3231; LAG Hamm 20.4.1999 – 5 Sa 1000/97 – EzA-SD 1999, Nr. 18, 11 f.; LAG Frankfurt 2.4.1993 – 9 Sa 815/91 – NZA 1994, 622; zur Befreiung von Nachtarbeit s. LAG Köln 28.6.2006 – 7 Sa 1506/05 – juris.

§§ 3 ff. EFZG) erkrankten AN nicht zu einer anderen, nach seiner Meinung zumutbaren **„Schonarbeit"** heranziehen. So ist der AG bspw. nicht berechtigt, einem AN (Dreher), der sich den Arm gebrochen hat, während der dadurch bedingten **Arbeitsunfähigkeit** einen anderen Arbeitsplatz (Telefondienst im Lager) zuzuweisen, den er „einarmig" ausführen kann.[395]

96 **f) Allgemeine Rücksichtnahmepflichten (§ 241 Abs. 2 BGB).** Gem. S. 3 hat der AG bei der Ausübung des Ermessens „auch" auf Behinderungen des AN Rücksicht zu nehmen. Bereits aus dieser Formulierung ergibt sich, dass S. 3 keine abschließende Aufzählung enthält.[396] Bei der Ausübung des Weisungsrechts ist der AG nach Maßgabe des § 241 Abs. 2 BGB zur **Rücksichtnahme auf die Interessen des anderen Vertragspartners** verpflichtet.[397] Im Übrigen können nach Ansicht des Gesetzgebers Unternehmen nach einem modernen Verständnis der arbeitsrechtlichen Beziehungen heute, vor allem auch im globalen Wettbewerb, nicht mehr nur durch Über- oder Unterordnung, sondern durch ein eher **partnerschaftliches Miteinander** von AG und AN bestehen. Dazu gehört auch, zu prüfen, ob den AN ein **eigenverantwortlicher Entscheidungsspielraum** dort eingeräumt werden kann, wo dies betriebsorganisatorisch möglich und wirtschaftlich vertretbar ist. Weiterhin soll der AG nach dem Willen des Gesetzgebers darauf achten, dass er die AN im Rahmen der vereinbarten Aufgaben entsprechend ihrer Fähigkeiten einsetzt, d.h. sie weder über- noch unterfordert.[398]

97 **g) Überprüfung einer ursprünglich ermessensgerechten Weisung nach Zeitablauf.** Entspricht eine Weisung billigem Ermessen, kann sich aus der **Fürsorgepflicht** bzw. **§ 241 Abs. 2 BGB**[399] die Verpflichtung des AG ergeben, nach angemessener Zeit zu überprüfen, ob durch erneute Ausübung des Direktionsrechts eine den AN weniger belastende Gestaltung der Arbeitsbedingungen herbeigeführt werden kann.[400] Der AG ist auch dann, wenn die Zuweisung der Arbeit an den AN zunächst rechtmäßig war, nach billigem Ermessen verpflichtet, dem AN in Ausübung seines Direktionsrechts eine andere vertragsgemäße und zumutbare Arbeit zu übertragen, wenn der AN die bisher zugewiesene Arbeit aus **gesundheitlichen Gründen** (siehe Rn 95) nicht mehr ausüben kann, aber für die zumutbare Arbeit ein **freier Arbeitsplatz** zur Verfügung steht[401] oder durch Wahrnehmung des Direktionsrechts freigemacht werden kann.[402]

C. Verbindung zu anderen Rechtsgebieten und zum Prozessrecht

I. Annahmeverzug des AG (§ 615 BGB)

98 Ein AN unterlässt grds. nicht böswillig die anderweitige Verwendung seiner Arbeitskraft i.S.v. § 615 S. 2 BGB (siehe § 615 BGB Rn 20, 59 ff.), wenn er es ablehnt, eine vom AG unter Überschreitung der Grenzen des Direktionsrechts zugewiesene Tätigkeit zu verrichten.[403] Der AG kann das den **Annahmeverzug** gem. § 615 S. 1 BGB (siehe § 615 BGB Rn 1 ff., 20) begründende tatsächliche Angebot des AN zur Arbeitsleistung nach § 294 BGB nicht aufgrund seines Weisungsrechts nach der Maßgabe zurückweisen, der AN müsse erst eine **„Arbeitsfähigkeitsbescheinigung"** („Gesundschreibung") der Krankenkasse vorlegen.[404] Der AG kann auch in Annahmeverzug geraten, wenn der arbeitswillige AN in nicht ermessensgerechter Weise – bspw. unter Verstoß gegen den Gleichbehandlungsgrundsatz (siehe Rn 90) oder das Maßregelungsverbot nach § 612a[405] – nicht zu **Mehrarbeit** (Überstunden) herangezogen wird.[406] Eine Grenze der Zuweisung von **Notfall-Tätigkeiten** (siehe Rn 13) besteht dort, wo der AG gem. § 615 S. 3 BGB (siehe § 615 BGB Rn 3, 72 ff.) das **Betriebsrisiko** zu tragen hat. Ändert ein Filmproduzent und Drehbuchautor eine Rolle, so liegt hierin kein Verzicht auf die Dienste des betroffenen Schauspielers, sondern die Ausübung des Direktionsrechts; Annahmeverzug tritt nicht ein.[407]

II. Spannungsverhältnis zwischen Direktionsrecht und Sozialauswahl

99 Je enger der AG die vom AN geschuldete Tätigkeit im Arbeitsvertrag festlegt, desto geringer ist der ihm zur Ausübung seines Direktionsrechts zur Verfügung stehende Spielraum (siehe Rn 9), insb. im Hinblick auf Versetzungen

---

395 LAG Hamm 20.7.1988 – 1 Sa 729/88 – NZA 1989, 600 f., auch zur (vermuteten) Teilarbeitsunfähigkeit; s. zur Teilarbeitsunfähigkeit LAG Mainz 4.11.1991 – 7 Sa 421/91 – NZA 1992, 169 ff.
396 *Gaul/Bonanni*, ArbRB 2002, 234, 235.
397 BT-Drucks 14/8796, S. 24.
398 BT-Drucks 14/8796, S. 24.
399 *Lakies*, BB 2003, 364, 369.
400 LAG Köln 22.6.1994 – 2 Sa 1087/93 – LAGE § 611 BGB Direktionsrecht Nr. 10.
401 LAG Frankfurt 2.4.1993 – 9 Sa 815/91 – NZA 1994, 622.
402 BAG 29.1.1997 – 2 AZR 9/96 – NZA 1997, 709, 710 f.
403 BAG 16.6.2004 – 5 AZR 508/03 – NZA 2004, 1155, 1157; BAG 3.12.1980 – 5 AZR 477/78 – DB 1981, 799; LAG Berlin 26.7.1993 – 9 Sa 52/93 – AuA 1994, 186, 187.
404 LAG Düsseldorf 17.7.2003 – 11 Sa 183/03 – NZA-RR 2004, 65, 67 m.w.N.
405 BAG 7.11.2002 – 2 AZR 742/00 – NZA 2003, 1139, 1141 f.
406 LAG Frankfurt 12.9.2001 – 8 Sa 1122/00 – NZA-RR 2002, 348.
407 LAG Berlin 19.5.2006 – 6 Sa 118/06 – juris.

des AN (siehe Rn 48 ff.). Je weiter der AG – in den Grenzen des § 2 Abs. 1 Nr. 5 NachwG (siehe Rn 47) – das Direktionsrecht fasst, desto zahlreicher sind die Arbeitsplätze (Tätigkeitsfelder), die im Rahmen der **Sozialauswahl bei betriebsbedingten Kündigungen** (§ 1 Abs. 3 KSchG) berücksichtigt werden müssen.[408] An der Betriebsbezogenheit der Sozialauswahl ändert auch der Vorbehalt eines betriebsübergreifenden Versetzungsrechts nichts.[409]

III. Sonstiges

Der **Sachgrund der (mittelbaren) Vertretung** gem. § 14 Abs. 1 Nr. 3 TzBfG für die Befristung eines Arbverh ist nicht gegeben, wenn es dem AG tatsächlich oder rechtlich nicht möglich ist, den vertretenen AN – z.B. im Wege der Ausübung des Direktionsrechts – mit den Aufgaben der Vertretungskraft zu betrauen.[410] Gem. § 75 Abs. 1 S. 1 BetrVG haben AG und BR darüber zu wachen, dass alle im Betrieb tätigen Personen nach den Grundsätzen von **Recht und Billigkeit** behandelt werden. Gem § 4 AEntG gilt der mit der Ausübung des Weisungsrechts des AG **Beauftragte** als „dort beschäftigte Person" i.S.v. § 5 Abs. 2 VwZG i.V.m. § 178 Abs. 1 Nr. 2 ZPO, was der Erleichterung der Zustellung von Schriftstücken dient.

IV. Darlegungs- und Beweislast

1. Allgemeines. Der AG trägt die Darlegungs- und Beweislast dafür, dass sich die im Wege der Ausübung des Direktionsrechts getroffene Leistungsbestimmung im Rahmen der durch S. 1 gezogenen normativen sowie individual- und kollektivvertraglichen **Grenzen** (siehe Rn 40 ff.) hält und **billigem Ermessen** (siehe Rn 87 ff.) entspricht.[411]

2. Vergütung für Mehrarbeit. Nach st. Rspr. muss der AN, der Vergütung für geleistete **Überstunden** (siehe Rn 12 ff.) fordert, im Einzelnen darlegen und ggf. beweisen, an welchen Tagen und zu welchen Tageszeiten er über die übliche Arbeitszeit hinaus gearbeitet hat. Des weiteren muss er vortragen, dass die Überstunden vom AG angeordnet, billigend geduldet oder zur Erledigung der ihm obliegenden Arbeit notwendig waren. Dem AG obliegt es, diesem Vortrag substantiiert entgegenzutreten (sog. **gestufte Darlegungs- und Beweislast**).[412] Diese Grundsätze gelten auch bei der Vergütung von **Bereitschaftsdienst**.[413]

V. Prozessuale Fragen

1. Allgemeines. Ob die Ausübung des Direktionsrechts billigem Ermessen entspricht, unterliegt – wie bei der einseitigen Leistungsbestimmung nach § 315 Abs. 3 S. 1 BGB (siehe § 315 BGB Rn 12 ff.) – der uneingeschränkten **gerichtlichen Kontrolle**.[414]

2. Klagemöglichkeiten. Der Umfang des arbeitgeberseitigen Direktionsrechts ist ein feststellungsfähiges Rechtsverhältnis i.S.v. § 256 Abs. 1 ZPO,[415] so dass der AN gegen die Änderung der Arbeitsbedingungen eine **Feststellungsklage** erheben kann, solange er von der angeordneten Maßnahme betroffen ist oder – für den Fall der Beendigung der Maßnahme – ein fortbestehendes Feststellungsinteresse darlegt. Dazu muss er vortragen, dass sich aus der begehrten Feststellung konkrete Rechtsfolgen für die Gegenwart oder die Zukunft ergeben können.[416] Des Weiteren kommt auch eine **inzidente Überprüfung** einer per Direktionsrecht angeordneten Maßnahme im **Kündigungsschutzverfahren** in Betracht.[417]

3. Einstweiliger Rechtsschutz (§ 62 Abs. 2 ArbGG i.V.m. §§ 935 ff. ZPO). Hat der AN seinen – im Fall des unwirksam ausgeübten Direktionsrechts fortbestehenden – allgemeinen **Beschäftigungsanspruch** auf die bisherige vertragsgemäße Beschäftigung glaubhaft gemacht (§ 62 Abs. 2 S. 1 ArbGG i.V.m. §§ 294, 920 Abs. 2, 936 ZPO), so

---

408 *Gaul/Bonanni*, NZA 2006, 289 ff.; *Langer/Greiner*, AuA 2005, 642 ff.; *Hümmerich*, NZA 2005, 753, 758; *Karlsfeld*, ArbRB 2004, 379 ff.; BAG 2.3.2006 – 2 AZR 23/05 – NZA 2006, 1350, 1351 f.
409 BAG 15.12.2005 – 6 AZR 199/05 – NZA 2006, 590, 591 f.; BAG 2.6.2005 – AZR 158/04 – NZA 2005, 1175 f.
410 BAG 10.3.2004 – 7 AZR 397/03 – ZTR 2002, 472 f.; BAG 17.4.2002 – 7 AZR 665/00 – ZTR 2002, 599 f.; BAG 21.2.2001 – 7 AZR 107/00 – NZA 2001, 1069, 1070; LAG Hamm 28.5.2003 – 12 Sa 326/03 – juris.
411 BAG 17.4.2002 – 4 AZR 174/01 – NZA 2003, 159, 162; BAG 16.9.1998 – 5 AZR 183/97 – NZA 1999, 384, 386; BAG 17.12.1997 – 5 AZR 332/96 – NZA 1998, 555, 557; BAG 11.10.1995 – 5 AZR 1009/94 – NZA-RR 1996, 313, 314; LAG München 18.9.2002 – 5 Sa 619/02 – NZA-RR 2003, 269, 270.
412 BAG 3.11.2004 – 5 AZR 648/03 – ArbRB 2005, 34; BAG 29.5.2002 – 5 AZR 370/01 – ZTR 2002, 544, 545; BAG 17.4.2002 – 5 AZR 644/00 – NZA 2002, 1340, 1343 f.; BAG 14.10.1997 – 7 AZR 562/96 – juris; BAG 25.11.1993 – 2 AZR 517/93 – NZA 1994, 837, 839 f.; LAG Kiel 5.11.2002 – 5 Sa 147c/02 – NZA-RR 2003, 242, 243.
413 BAG 28.1.2004 – 5 AZR 530/02 – NZA 2004, 656, 658 f. m.w.N.
414 Statt aller BAG 23.9.2004 – 6 AZR 567/03 – AuR 2004, 392; BAG 17.12.1997 – 5 AZR 332/96 – NZA 1998, 555, 557; BAG 29.8.1991 – 6 AZR 593/88 – NZA 1992, 67, 68 m.w.N.
415 S. BAG 20.1.1960 – 4 AZR 267/59 – DB 1960, 442 f., zur Zulässigkeit und Wirksamkeit einer Versetzung; LAG Hamm 19.3.2004 – 7 Sa 1761/03 – LAGReport 2004, 351.
416 BAG 26.9.2002 – 6 AZR 523/00 – NZA 2003, 230, 231.
417 HWK/*Lembke*, § 106 GewO Rn 133.

ist ein Verfügungsgrund für die „Beschäftigungsverfügung"[418] i.d.R. gegeben.[419] Ein **Verfügungsgrund** für den Erlass einer einstweiligen Verfügung mit dem Ziel der Beschäftigung auf dem bisherigen Arbeitsplatz zu den bisherigen Arbeitszeiten kann sich bspw. aus dem **Betreuungsbedarf eines (Klein-)Kindes** ergeben.[420] Will ein AN im Wege der einstweiligen Verfügung erreichen, dass eine vom AG durch Ausübung des Direktionsrechts verfügte Versetzung rückgängig gemacht wird, so muss er darlegen und glaubhaft machen, dass er **schwerwiegende Nachteile** erleiden würde, wenn er eine Entscheidung in der Hauptsache abwarten müsste. Schwerwiegende Nachteile liegen weder allein deshalb vor, weil eine Beschäftigung mit geringerwertigen Aufgaben im Falle des Obsiegens des AN im Hauptsacheverfahren nicht mehr rückgängig zu machen wäre, noch darin, dass der AN bis zur Beendigung des Hauptsacheverfahrens erster Instanz seine beruflichen Fertigkeiten nicht in der bisherigen Weise entfalten kann und dass die neue Tätigkeit mit geringerem beruflichen Ansehen verbunden ist.[421]

D. Beraterhinweise

106 Bestehen Zweifel, ob eine Weisung vom Direktionsrecht des AG gedeckt oder ob eine Änderungs-Künd (siehe Rn 6) erforderlich ist, kann eine **schriftliche Weisung** verbunden mit dem **hilfsweisen Ausspruch einer Änderungs-Künd** – unter Beachtung der Mitbestimmungsrechte des BR (§§ 99, 102 BetrVG) – ratsam sein.[422] Weigert sich der AN, der konkreten Weisung zu folgen, kann der AG mit einer **Abmahnung** reagieren und ggf. wegen beharrlicher Arbeitsverweigerung eine verhaltensbedingte ordentliche oder außerordentliche **Künd** aussprechen (siehe Rn 5).[423] Davor sollte jedoch – neben den einzuhaltenden **Grenzen des Weisungsrechts** (siehe Rn 40 ff.)[424] – sorgfältig geprüft werden, ob sich ein die Arbeitsleistung verweigernder AN evtl. auf ein **Leistungsverweigerungsrecht** (siehe Rn 5) berufen kann; von vorschnellen Sanktionen ist dem AG angesichts erheblicher Kostenfolgen abzuraten.[425] In der Praxis führen Streitigkeiten um die Wirksamkeit einer AG-Weisung häufig zum Ende des Arbverh, auch wenn beide Seiten das zu Beginn nicht gewollt haben.[426] **Formulierungsbeispiele** zu typischen vorformulierten arbeitsvertraglichen Klauseln unter Berücksichtigung des arbeitgeberseitigen Direktionsrechts finden sich bei *Hümmerich*, Gestaltung von Arbeitsverträgen.[427]

§ 107 Berechnung und Zahlung des Arbeitsentgelts

(1) Das Arbeitsentgelt ist in Euro zu berechnen und auszuzahlen.

(2) ¹Arbeitgeber und Arbeitnehmer können Sachbezüge als Teil des Arbeitsentgelts vereinbaren, wenn dies dem Interesse des Arbeitnehmers oder der Eigenart des Arbeitsverhältnisses entspricht. ²Der Arbeitgeber darf dem Arbeitnehmer keine Waren auf Kredit überlassen. ³Er darf ihm nach Vereinbarung Waren in Anrechnung auf das Arbeitsentgelt überlassen, wenn die Anrechnung zu den durchschnittlichen Selbstkosten erfolgt. ⁴Die geleisteten Gegenstände müssen mittlerer Art und Güte sein, soweit nicht ausdrücklich eine andere Vereinbarung getroffen worden ist. ⁵Der Wert der vereinbarten Sachbezüge oder die Anrechnung der überlassenen Waren auf das Arbeitsentgelt darf die Höhe des pfändbaren Teils des Arbeitsentgelts nicht übersteigen.

(3) ¹Die Zahlung eines regelmäßigen Arbeitsentgelts kann nicht für die Fälle ausgeschlossen werden, in denen der Arbeitnehmer für seine Tätigkeit von Dritten ein Trinkgeld erhält. ²Trinkgeld ist ein Geldbetrag, den ein Dritter ohne rechtliche Verpflichtung dem Arbeitnehmer zusätzlich zu einer dem Arbeitgeber geschuldeten Leistung zahlt.

---

418 Zum einstweiligen Rechtsschutz gegen Versetzungen s. *Hilbrandt*, RdA 1998, 155, 160 ff.
419 LAG München 18.9.2002 – 5 Sa 619/02 – NZA-RR 2003, 269, 272; LAG Erfurt 10.4.2001 – 5 Sa 403/2000 – NZA-RR 2001, 347, 363; ArbG Lingen 30.11.1988 – 2 Ga 7/88 – AiB 1989, 91 f.; *Schulte*, ArbRB 2003, 245, 248. Eine einstweilige Verfügung gegen die Versetzung scheitert i.d.R., LAG Rostock 29.6.2006 – 1 Sa 51/06 – juris; LAG München 1.12.2004 – 5 Sa 913/04 – NZA-RR 2005, 354, 355 ff.
420 ArbG Hamburg 19.8.2003 – 9 Ga 12/03 – AuR 2004, 434, 435.
421 LAG Köln 26.8.1992 – 2 Sa 624/92 – LAGE § 940 ZPO Nr. 1.
422 LAG Berlin 14.12.1998 – 9 Sa 95/98 – ZTR 1999, 223, 224 f.; HWK/*Lembke*, § 106 GewO Rn 10; *Zirnbauer*, NZA 1995, 1073, 1074, zur Versetzung; a.A. *Berkowsky*, NZA 1999, 293, 298.
423 S. *Schulte*, ArbRB 2003, 245, 248, auch zu Problemen im Umgang mit dem Direktionsrecht aus Sicht des AN.
424 Zur Anwaltshaftung wegen unrichtiger Belehrung über die Risiken einer fristlosen Kündigung eines AN wegen verweigerter Ausführung einer vermeintlich von einem vertraglichen Direktionsvorbehalt gedeckten AG-Weisung s. BGH 18.12.2002 – IX ZR 365/99 – NZA 2003, 274.
425 *Brunhöber*, AuA 2004, Nr. 4, 18, 21.
426 *Schulte*, ArbRB 2003, 245, 248.
427 Zu Arbeitsortklauseln s. § 1 Rn 486 ff., zu Arbeitszeitklauseln s. § 1 Rn 515 ff., zu Internetnutzungsklauseln s. § 1 Rn 1982 ff., zu Kurzarbeitsklauseln s. § 1 Rn 2070 ff., zu Nebentätigkeitsklauseln s. § 1 Rn 2199 ff., zu Tätigkeitsumschreibungsklauseln s. § 1 Rn 2396 ff., zu Versetzungsklauseln s. § 1 Rn 2703 ff., zu Überstundenklauseln s. § 1 Rn 2534 ff., jeweils m.w.N.

Literatur: *Bauer/Opolony*, Arbeitsrechtliche Änderungen in der Gewerbeordnung, BB 2002, 1590; *Borgmann*, Neuregelung arbeitsrechtlicher Grundnormen in der Gewerbeordnung, MDR 2003, 305; *Düwell*, Geänderte Gewerbeordnung – Neues Grundgesetz des Arbeitsrechts, FA 2003, 2; *Salje*, Trinkgeld als Lohn – Zu den Grenzen kollektivvertraglicher Regelungen über die Verteilung von Trinkgeld im Troncsystem, DB 1989, 321; *Schöne*, Die Novellierung der Gewerbeordnung und die Auswirkungen auf das Arbeitsrecht, NZA 2002, 829; *Wisskirchen*, Novellierung arbeitsrechtlicher Vorschriften in der Gewerbeordnung, DB 2002, 1886

A. Allgemeines 1	IV. Überlassung von Waren gegen Anrechnung auf das Arbeitsentgelt (Abs. 2 S. 3) 28
B. Regelungsgehalt 3	1. Anrechnungs- und Überlassungsvereinbarung 29
I. Berechnung und Zahlung des Arbeitsentgelts (Abs. 1) 3	2. Durchschnittliche Selbstkosten 31
1. Arbeitsentgelt 3	3. Rechtsfolge von Verstößen 32
2. Berechnungsarten 6	V. Qualitätsmaßstab: Mittlere Art und Güte (Abs. 2 S. 4) 33
3. Auszahlung in Euro 7	VI. Einhaltung der Pfändungsfreigrenzen (Abs. 2 S. 5) 39
II. Sachbezüge als Teil des Arbeitsentgelts (Abs. 2 S. 1) 12	VII. Trinkgeld als Arbeitsentgelt 41
1. Definition und Beispiele 13	C. Verbindung zu anderen Rechtsgebieten 44
2. Teil des Arbeitsentgelts 16	D. Beraterhinweise 46
3. Interesse des Arbeitnehmers am Sachbezug ... 18	I. Entgeltklausel mit Sachbezug als Teil des Arbeitsentgelts 46
4. Eigenart des Arbeitsverhältnisses 21	II. Entgeltklausel mit Anrechnungsvereinbarung und abweichendem Qualitätsmaßstab 47
5. Rechtsfolgen von Verstößen 22	III. Entgeltklausel mit Grundentgelt und zusätzlichem Trinkgeld als Entgelt 48
III. Kreditierungsverbot (Abs. 2 S. 2) 23	
1. Kreditierung durch den Arbeitgeber 23	
2. Fremdfinanzierung (Dreieckskauf) 25	

A. Allgemeines

§ 107 gilt gem. § 6 Abs. 2 für alle AN und fasst die in den §§ 115 bis 119 a.F. enthaltenen Vorschriften, die das so genannte Truck (Tausch)- und Kreditierungsverbot enthielten, zusammen. Das BAG[1] hielt die §§ 115 ff. a.F. für geltendes und anwendbares Recht, das BVerfG[2] hatte diese Vorschriften für mit dem Grundgesetz vereinbar erklärt. **1**

Zweck der Regelung ist der Schutz des AN vor zu starker Abhängigkeit vom AG durch besondere Formen der Entlohnung.[3] Zu diesen (verbotenen) Entlohnungsmethoden gehört auch das „Trucksystem", bei dessen Anwendung dem AN anstelle der Lohnzahlung im Tausch hergestellte Waren übergeben werden. Bei dieser Form der Sachzuwendung anstelle der Barerfüllung besteht die Gefahr der Übervorteilung des AN, da die an Erfüllungs Statt gegebenen Waren zu Preisen verrechnet werden, die der AG autonom festlegt. Das Truckverbot verhindert, dass sich der AG über einen Verkauf von Waren und der Verrechnung mit den Lohnansprüchen seiner Barzahlungspflicht entzieht und der AN genötigt ist, die als Sachbezüge erhaltenen Waren unter Umständen zu ungünstigeren Preisen selbst auf dem Markt zu veräußern.[4] **2**

B. Regelungsgehalt

I. Berechnung und Zahlung des Arbeitsentgelts (Abs. 1)

1. Arbeitsentgelt. Der AG muss gem. Abs. 1 das Arbeitsentgelt in EUR berechnen und auszahlen. Der Begriff des Arbeitsentgelts erfasst sämtliche Zuwendungen des AG an den AN, die nach den Vorstellungen der Arbeitsvertragsparteien die Gegenleistung für die Dienste des AN darstellen sollen.[5] In der Praxis existieren verschiedene Lohnformen, wobei **Geldlohn** der Regelfall ist. Das Gegenstück zum Geldlohn ist der **Naturallohn**.[6] Zum Naturallohn zählen z.B. die Überlassung eines Autos zur privaten Nutzung,[7] die Dienstwohnung dann, wenn sie im Dienst- bzw. Arbeitsvertrag ohne besonderes Entgelt überlassen wird.[8] **3**

Zusätzlich zum Lohn bzw. Gehalt werden häufig weitere Entgeltbestandteile vereinbart, die zur Vergütung gem. § 611 BGB gehören und damit unter die besonderen Vorschriften hinsichtlich der Berechnung und Zahlung des Arbeitsentgelts fallen. **4**

---

1 BAG 20.3.1974 – 5 AZR 351/73 – AP § 115 GewO Nr. 1 = BB 1974, 1026; BAG 6.12.1978 – 5 AZR 436/77 – AP § 115 GewO Nr. 4 = BB 1979, 1558.
2 BVerfG 24.2.1992 – 1 BvR 1980/88 – AP § 115 GewO Nr. 5 = BB 1992, 780.
3 *Bauer/Opolony*, BB 2002, 1590, 1591; *Boemke/Boemke*, § 107 Rn 2.
4 BVerfG 24.2.1992 – 1 BvR 1980/88 – AP § 115 GewO Nr. 5 = BB 1992, 780.

5 MünchArb/*Hanau*, § 62 Rn 1; Schaub/*Schaub*, Arbeitsrechts-Handbuch, § 66 Rn 4 ff.
6 Palandt/*Weidenkaff*, § 611 Rn 56; Schaub/*Linck*, Arbeitsrechts-Handbuch, § 68 Rn 1.
7 BAG 16.11.1995 – 8 AZR 240/95 – AP § 611 BGB Sachbezüge Nr. 4 = NJW 1996, 1771.
8 Palandt/*Weidenkaff*, § 611 Rn 56.

5 Abs. 1 verhindert, dass eine Geldschuld durch eine Naturalvergütung als Leistung an Erfüllungs Statt erfüllt werden kann.[9] Die Vereinbarung einer Naturalvergütung ist nur noch in den Grenzen des Abs. 2 zulässig.[10]

6 **2. Berechnungsarten.** Die Berechnung des Arbeitsentgelts kann auf verschiedene Arten erfolgen. Verbreitet ist die Unterscheidung in Zeitlohn sowie Akkord- und Prämienlohn. Zeitlohn ist der allein nach Zeitabschnitten berechnete Lohn. Bei Akkord- und Prämienlohn bemisst sich die Lohnhöhe nach dem erzielten Arbeitsergebnis oder nach der besonderen Leistung des AN.[11] Akkord- und Prämienlohn bedürfen der besonderen Vereinbarung, ebenso der Übergang zum und vom Zeitlohn.[12]

7 **3. Auszahlung in Euro.** Nach Abs. 1 ist das Arbeitsentgelt in EUR auszuzahlen. Abs. 1 schließt nicht aus, dass das Arbeitsentgelt auf ein Konto des AN im Wege des **unbaren Zahlungsverkehrs** vom AG überwiesen wird. Es genügt, wenn der AN über den Lohnbetrag verfügen kann, was auch bei bargeldloser Zahlung der Fall ist.[13] Zeitpunkt, Ort und Art der Auszahlung der Arbeitsentgelte gehören zu den Arbeitsbedingungen und unterliegen dem **Mitbestimmungsrecht** des Betriebsrats gem. **§ 87 Abs. 1 Nr. 4 BetrVG**.

8 Probleme wirft Abs. 1 bei Arbeitsverhältnissen mit **Auslandsbezug** auf. Es ist nicht unüblich, dass bei Mitarbeitern, die z.B. in ausländischen Tochtergesellschaften deutscher Konzerne eingesetzt werden, die Vergütung in der jeweiligen Landeswährung erfolgt. Es stellt sich somit die Frage, ob eine solche abweichende Vergütungsvereinbarung, die eine Auszahlung der Vergütung in einer anderen Währung als EUR vorsieht, wirksam vereinbart werden kann. Sieht man Abs. 1 als zwingende Vorschrift an, so ist die Vereinbarung einer Vergütung in einer anderen Währung als EUR unzulässig,[14] während nach anderer Auffassung auch Vergütungsabsprachen über eine andere Währung als EUR zulässig sind.[15]

9 Der Annahme, Abs. 1 sei dispositives Recht, steht der eindeutige Gesetzeswortlaut entgegen. Für die gesetzliche Beschränkung der Berechnung und Auszahlung der Vergütung in EUR ist zwar unmittelbar kein Sinn erkennbar, de lege lata führt an dem **zwingenden Charakter der Vorschrift** aber kein Weg vorbei. Zwar ist ein Verstoß gegen Abs. 1 nicht unmittelbar sanktionsbewehrt, zumindest denkbar sind aber Ansprüche des AN gegen den AG auf Ersatz von Schäden durch Fremdwährungsschwankungen.

10 Zulässig ist es aber, ausgehend vom Wortlaut des Abs. 1, eine **Fremdwährungsvergütung** zu vereinbaren, wenn jeweils zur Fälligkeit der Vergütung diese in EUR umgerechnet und ausgezahlt wird.[16] Diese Konstruktion ist allerdings nur bedingt praktikabel, da wiederum der AN im Bedarfsfall EUR in ausländische Währung umtauschen muss.

11 Abs. 1 beschränkt nicht das Recht des AG zu **Lohnabzügen** und **Lohneinbehaltungen**.[17] Ihre Zulässigkeit richtet sich vielmehr nach den allgemeinen Voraussetzungen. Durch Abs. 1 nicht eingeschränkt ist daher z.B. das Recht des AG zur Aufrechnung mit eigenen Forderungen gegen den Vergütungsanspruch des AN, wobei hier allerdings das Aufrechnungsverbot des **§ 394 BGB** zu beachten ist.

II. Sachbezüge als Teil des Arbeitsentgelts (Abs. 2 S. 1)

12 Nach Abs. 2 S. 1 können Sachbezüge als Teil des Arbeitsentgelts nur vereinbart werden, wenn dies dem Interesse des AN oder der Eigenart des Arbeitsverhältnisses entspricht.

13 **1. Definition und Beispiele.** Sachbezüge sind solche Zuwendungen des AG, die zwar eine geldwerte Leistung darstellen, aber nicht in Geld erbracht werden. Hierzu zählen **alle Formen des Naturallohnes**, wie die Überlassung eines firmeneigenen PKW an den AN zur privaten Nutzung oder die in verschiedenen Branchen gewährten Deputate (Haustrunk in der Gastronomie und im Brauereibereich, Zigaretten im Tabakgewerbe o.ä.).

14 Die Gewährung einer Werkswohnung ist dagegen nur dann Sachbezug nach Abs. 2 S. 1, wenn die Überlassung der Wohnung eine teilweise Gegenleistung für die Arbeitsleistung ist (**Werkdienstwohnung**). Hier wird vom AN keine Miete gezahlt, weil seine Vergütung schon um den hypothetischen Mietzins vermindert ist, der Mietwert demnach Teil der Vergütung ist. Es besteht neben dem Arbeitsvertrag kein Mietvertrag, sondern nur ein einheitliches gemischtes Vertragsverhältnis, auf das im Wesentlichen die Regelungen des Arbeitsrechts anzuwenden sind.[18] Nur in einer solchen Fallkonstellation handelt es sich um eine Werkdienstwohnung gem. § 576b BGB. Anders ist es dagegen, wenn die Wohnung zwar aufgrund des Bestehens eines Arbeitsverhältnisses, nicht aber als Teil des Arbeitsentgelts überlassen wird (**Werkmietwohnung**).[19] Hier ist der AN verpflichtet, den Mietzins an den AG zu zahlen. Es beste-

---

9 *Bauer/Opolony*, BB 2002, 1590, 1592; Landmann/Rohmer/*Neumann*, § 107 Rn 16.
10 Palandt/*Weidenkaff*, § 611 Rn 56; a.A. ErfK/*Preis*, § 107 GewO Rn 3.
11 MünchArb/*Kreßel*, § 67 Rn 1 ff.
12 Palandt/*Weidenkaff*, § 611 Rn 58.
13 ErfK/*Preis*, § 107 GewO Rn 3; Landmann/Rohmer/*Neumann*, § 107 Rn 15.
14 *Bauer/Opolony*, BB 2002, 1590, 1592; Boemke/*Boemke*, § 107 Rn 10.
15 ErfK/*Preis*, § 107 GewO Rn 2; *Wisskirchen*, DB 2002, 1886, 1887.
16 Ebenso: *Borgmann*, MDR 2003, 305, 306; HWK/*Lembke*, § 107 Rn 18.
17 Landmann/Rohmer/*Neumann*, § 107 Rn 18.
18 Schaub/*Koch*, Arbeitsrechts-Handbuch, § 84 Rn 4 ff.
19 Schaub/*Koch*, Arbeitsrechts-Handbuch, § 84 Rn 2 ff.

hen also zwei Verträge – ein Arbeitsvertrag und ein Mietvertrag.[20] Hinsichtlich des Mietvertrags über die Werkmietwohnung sind die Sonderregelungen der §§ 576 ff. BGB zu beachten. Die einschränkenden Voraussetzungen des Abs. 2 S. 1 sind dagegen bei Werkmietwohnungen nicht einschlägig.

Von Abs. 2 unberührt bleiben Bestimmungen über die Gewährung von Sachbezügen in **TV** und **BV**.[21] Für **Berufsausbildungsverhältnisse** gilt die Sonderregelung des § 17 Abs. 2 BBiG, wonach bis zu 75 % der Bruttovergütung als Sachleistung unter Beachtung der auf der Grundlage von § 17 Abs. 1 Nr. 4 SGB IV erlassenen **Sachbezugsverordnung** gewährt werden können.[22]

2. Teil des Arbeitsentgelts. Die Sachbezüge müssen als Teil des Arbeitsentgelts gewährt werden. Nicht von den einschränkenden Voraussetzungen des Abs. 2 S. 1 erfasst werden demnach Sachzuwendungen, die zusätzlich zur vereinbarten Vergütung gewährt werden.[23] Ob der Sachbezug als Teil des Arbeitsentgelts oder zusätzlich zu diesem gewährt wird, ist anhand der üblichen Auslegungsmethoden (§§ 133, 157 BGB) zu ermitteln.[24]

Dem AN zur Nutzung überlassene **Arbeitskleidung** bzw. **Arbeitsgeräte** sind grundsätzlich nicht Teil der Vergütung, weil sie im eigenbetrieblichen Interesse des AG überlassen werden.[25] Gleiches gilt für den Zugang zu **betrieblichen Sozialeinrichtungen**, wie z.B. die Berechtigung zur Nutzung der Werkskantine.[26]

3. Interesse des Arbeitnehmers am Sachbezug. Die Vereinbarung von Sachbezügen als Teil des Arbeitsentgelts ist nur dann zulässig, wenn dies dem Interesse des AN oder der Eigenart des Arbeitsverhältnisses entspricht.

Bei der Frage, ob der Sachbezug im Interesse des AN liegt, ist ein **abstrakt objektiver Maßstab** anzulegen.[27] Es kommt nicht darauf an, ob der Sachbezug im konkreten Interesse des jeweiligen AN liegt, sondern ob die Sachzuwendung für einen durchschnittlichen AN im wohlverstandenen Interesse ist.[28] Der Umstand, dass der AN den Sachbezug vertraglich vereinbart hat, vermag für sich genommen noch nicht das Interesse des AN an diesem Sachbezug zu begründen.[29]

Ein gewichtiger Anhaltspunkt für ein bestehendes Interesse des AN am Sachbezug ist vielmehr die Frage, ob mit der Überlassung der Sache ein **besonderer Nutzen** verbunden ist. Üblicherweise wird daher z.B. die Überlassung eines Kraftfahrzeugs auch zur privaten Nutzung im Interesse des AN liegen, da im Gegenzug der AN auf die Anschaffung eines privaten Kraftfahrzeugs verzichten kann. Gleiches gilt für die Überlassung eines Mobiltelefons oder Notebooks zu privaten Zwecken, sofern hier überhaupt die Überlassung als Teil des Arbeitsentgelts und nicht zusätzlich zum Arbeitsentgelt erfolgt.[30] Die Gewährung von **Aktien** liegt aufgrund der hiermit verbundenen Gewinnmöglichkeiten grundsätzlich im Interesse des AN.[31]

4. Eigenart des Arbeitsverhältnisses. Fehlt es am Interesse des AN am Sachbezug, ist ein Sachbezug trotzdem zulässig, wenn er der Eigenart des Arbeitsverhältnisses entspricht. So sind die in bestimmten Branchen, wie im Tabakgewerbe und im Gastronomiebereich gewährten **Deputate** weiterhin statthaft. Auch hier ist aber immer genau zu prüfen, ob die Arbeitsvertragsparteien tatsächlich überhaupt von einem anrechenbaren Teil des Arbeitsentgelts ausgehen.[32]

5. Rechtsfolgen von Verstößen. Eine ausdrückliche Rechtsfolgenregelung von Verstößen gegen die Voraussetzungen der Gewährung von Sachbezügen als Teil des Arbeitsentgelts enthält das Gesetz nicht. Liegt der Sachbezug nicht im Interesse des AN oder entspricht er nicht der Eigenart des Beschäftigungsverhältnisses, so ist der Entgeltanspruch des AN insoweit nicht erfüllt. Der AG muss den entsprechenden Teil des Arbeitsentgelts nachgewähren. Der AN hat im Gegenzug die gewährten Sachleistungen an den AG herauszugeben oder Wertersatz zu leisten.

III. Kreditierungsverbot (Abs. 2 S. 2)

1. Kreditierung durch den Arbeitgeber. Die Überlassung von Waren an den AN auf Kredit ist durch Abs. 2 S. 2 ausdrücklich verboten. Mit dieser Vorschrift soll verhindert werden, dass durch eine Verschuldung des AN eine zusätzliche wirtschaftliche Abhängigkeit vom AG entsteht.[33] Dem AN soll ausreichend Liquidität zur Bestreitung seines Lebensunterhalts zur Verfügung stehen.[34] Eine Überlassung auf Kredit liegt vor, wenn dem AN Kosten gestundet werden oder eine Abzahlung – auf welche Art und Weise auch immer – vereinbart wird. Waren sind alle beweglichen

---

20 Boemke/*Boemke*, § 107 Rn 16; Landmann/Rohmer/*Neumann*, § 107 Rn 35.
21 BT-Drucks 14/8796, S. 25 li. Sp.
22 BT-Drucks 14/8796, S. 25 li. Sp.
23 BT-Drucks 14/8796, S. 25 li. Sp.
24 Boemke/*Boemke*, § 107 Rn 17.
25 MünchArb/*Hanau*, § 70 Rn 2.
26 Schaub/*Linck*, Arbeitsrechts-Handbuch, § 68 Rn 3 ff.; ErfK/*Preis*, § 107 GewO Rn 4.
27 *Bauer/Opolony*, BB 2002, 1590, 1593; Boemke/*Boemke*, § 107 Rn 18; Landmann/Rohmer/*Neumann*, § 107 Rn 39.
28 Boemke/*Boemke*, § 107 Rn 18.
29 So aber *Bauer/Opolony*, BB 2002, 1590, 1593 und Boemke/*Boemke*, § 107 Rn 18.
30 *Schöne*, NZA 2002, 829, 831.
31 ErfK/*Preis*, § 107 GewO Rn 4.
32 *Schöne*, NZA 2002, 829, 831.
33 *Düwell*, FA 2003, 2, 4; *Wisskirchen*, DB 2002, 1886, 1888.
34 Boemke/*Boemke*, § 107 Rn 20.

körperlichen Sachen des Handelsverkehrs,[35] auch Strom, Gas, Wasser, Fernwärme und Software, nicht dagegen Grundstücke, Forderungen und Wertpapiere.[36] **Aktienoptionspläne**, in denen eine Stundung des Kaufpreises vorgesehen ist, werden daher vom Kreditierungsverbot nicht berührt.[37]

24 Das Kreditierungsverbot des Abs. 2 S. 2 ist ein Verbotsgesetz i.S.v. § 134 BGB, obwohl es nur ein einseitiges Verbot regelt. Eine **Kreditierungsvereinbarung** ist damit **nichtig**.[38] Jede andere Auslegung würde der ratio des Verbots nicht gerecht. Bliebe die Kreditierungsvereinbarung wirksam, könnte der beabsichtigte Schutz des AN nicht erreicht werden.

25 **2. Fremdfinanzierung (Dreieckskauf).** Erfolgt die Finanzierung der Waren nicht durch den AG sondern durch einen Dritten, so stellt sich die Frage der Anwendbarkeit des Kreditierungsverbots. Unmittelbar von Abs. 2 S. 2 geregelt ist nur der Fall der Kreditierung der Waren durch den AG selbst. In der Praxis kommt es aber durchaus vor, dass der AN Waren, die im Betrieb des AG hergestellt werden (z.B. Kraftfahrzeuge) mit Hilfe eines ihm gewährten Bankdarlehns erwirbt. Bei dieser Dreieckskonstellation liegt keine Kreditierung durch den AG, sondern durch einen Dritten vor, so dass Abs. 2 S. 2 unmittelbar nicht einschlägig ist.

26 Fraglich ist aber, ob der Anwendungsbereich von Abs. 2 S. 2 dann erweiternd ausgelegt werden muss, wenn der finanzierende **Dritte** mit dem **AG** wirtschaftlich oder in sonstiger Form **verflochten** ist, etwa wenn es sich bei der Bank um eine Tochtergesellschaft des Konzerns handelt, für den der AN tätig wird. Einer Anwendung des Kreditierungsverbots auch auf eine solche **Dreiecksbeziehung** stehen jedoch der eindeutige **Gesetzeswortlaut**, der allein auf den AG abstellt, sowie die **Gesetzeshistorie** entgegen. Die Vorschrift des § 119 a.F., die das Kreditierungsverbot auf andere Gewerbetreibende erstreckte, bei deren Geschäft der AG „unmittelbar oder mittelbar beteiligt ist" wurde durch das Dritte Gesetz zur Änderung der Gewerbeordnung und sonstiger gewerberechtlicher Vorschriften vom 24.8.2002[39] ersatzlos aufgehoben. Der AG ist daher nicht an das Kreditierungsverbot gebunden, wenn der Kredit von einem Dritten gewährt wird.[40] Dies gilt auch dann, wenn zwischen dem AG und dem Dritten ein Abhängigkeitsverhältnis oder eine sonstige wirtschaftliche Verbundenheit besteht.[41]

27 Besteht allerdings zwischen dem Dritten und dem AG eine Vereinbarung des Inhalts, dass der Dritte den AG unter Abtretung der Darlehensforderung mit der ausgezahlten Darlehenssumme rückbelasten darf, wenn der AN mit den Ratenzahlungen in Rückstand gerät, tritt genau der Fall ein, den Abs. 2 S. 2 vermeiden will. Rechtliche Folge ist dann entweder die Nichtigkeit der Abtretung der Forderung vom Dritten an den AG oder die mangelnde Durchsetzbarkeit des Darlehensanspruchs.[42] Eine solche **Rückabtretungsklausel** ist daher vom AG zu **vermeiden**.

IV. Überlassung von Waren gegen Anrechnung auf das Arbeitsentgelt (Abs. 2 S. 3)

28 Abs. 2 S. 3 gestattet es, sämtliche Waren nach Vereinbarung in Anrechnung auf das Arbeitsentgelt zu überlassen, wenn die Anrechnung zu den durchschnittlichen Selbstkosten erfolgt. Es ist unerheblich, ob es sich bei den Waren um im Betrieb hergestellte Waren handelt oder nicht.[43]

29 **1. Anrechnungs- und Überlassungsvereinbarung.** Eine zulässige Anrechnung auf das Arbeitsentgelt erfordert zunächst eine wirksame **Vereinbarung** hierüber. Es besteht keine einseitige Ersetzungsbefugnis des AG.[44] Die Arbeitsvertragsparteien müssen sich darüber einig sein, dass die Anrechnung des Kaufpreises auf das Arbeitsentgelt erfolgen soll. Eine solche Vereinbarung kann ausdrücklich oder konkludent geschlossen werden. Hierfür gelten die allgemeinen Grundsätze der Rechtsgeschäftslehre. Die zulässige Anrechnung bewirkt eine **automatische Kürzung** des Entgeltanspruchs des AN und ist **keine Aufrechnung**.[45] Da demnach z.B. § 394 BGB nicht anwendbar ist, hat der Gesetzgeber in Abs. 2 S. 5 eine entsprechende ausdrückliche Regelung über die Grenzen der Anrechnung geschaffen.

30 Die Überlassungsvereinbarung ist regelmäßig ein Kaufvertrag gem. §§ 433 ff. BGB, auf den sämtliche einschlägige Regelungen des Schuldrechts einschließlich der Inhaltskontrollnormen der §§ 305 ff. BGB Anwendung finden.

31 **2. Durchschnittliche Selbstkosten.** Die Anrechnung der Waren darf nur zu den durchschnittlichen Selbstkosten erfolgen. Der Begriff der durchschnittlichen Selbstkosten deckt sich nicht mit dem Begriff der Anschaffungskosten, sondern enthält daneben auch die Kosten der Lagerung, Versicherung und sonstigen Unterhaltung sowie die aufgelaufenen Zinsen.[46] Der Begriff der durchschnittlichen Selbstkosten deckt sich damit weder mit dem Einkaufs- noch mit dem Verkaufspreis.[47] Der AG soll durch die Anrechnung **keine Gewinne** erzielen aber auch **keine Verluste**

---

35 ErfK/*Preis*, § 107 GewO Rn 6; Landmann/Rohmer/*Neumann*, § 107 Rn 42.
36 Boemke/*Boemke*, § 107 Rn 21.
37 *Bauer/Opolony*, BB 2002, 1590, 1592.
38 Boemke/*Boemke*, § 107 Rn 23.
39 BGBl I S. 3412.
40 *Bauer/Opolony*, BB 2002, 1590, 1592.
41 A.A. Boemke/*Boemke*, § 107 Rn 25.
42 BGH 12.5.1975 – III ZR 79/73 – AP § 115 GewO Nr. 3 = DB 1975, 1512.
43 Landmann/Rohmer/*Neumann*, § 107 Rn 47.
44 *Bauer/Opolony*, BB 2002, 1590, 1593.
45 ErfK/*Preis*, § 615 BGB Rn 86; Landmann/Rohmer/*Neumann*, § 107 Rn 27; Palandt/*Putzo*, § 615 Rn 18.
46 Landmann/Rohmer/*Neumann*, § 107 Rn 48.
47 *Wisskirchen*, DB 2002, 1886, 1888.

erleiden.⁴⁸ Das in der Begründung zum Gesetzentwurf⁴⁹ genannte Beispiel des **Werksverkaufs** ist irreführend, da hier die Abgabe der Waren an Mitarbeiter grundsätzlich gerade nicht zu den durchschnittlichen Selbstkosten erfolgt, sondern in der Regel lediglich **Mitarbeiterrabatte** gewährt werden.

3. Rechtsfolge von Verstößen. Die Gewerbeordnung enthält auch hier keine spezielle Rechtsfolgenregelung bei Verstößen, so dass die allgemeinen bürgerlich-rechtlichen Vorschriften eingreifen. Eine Anrechnung zu höheren als den durchschnittlichen Selbstkosten ist nicht gänzlich unwirksam. Nichtig ist die Anrechnungsvereinbarung nur bezüglich des die durchschnittlichen Selbstkosten übersteigenden Betrags.⁵⁰ Die zugrunde liegende Überlassungsvereinbarung – also in der Regel der Kaufvertrag – wird von der teilnichtigen Anrechnungsvereinbarung nicht erfasst und bleibt wirksam. Hinsichtlich des durch die wirksame Anrechnung erfassten Teils des Kaufpreises ist Erfüllung eingetreten. Den nicht durch Anrechnung untergegangenen Anspruch muss der AG dagegen als normale Forderung durchsetzen. Nicht möglich ist es, eine Anrechnungsvereinbarung zu höheren als den durchschnittlichen Selbstkosten jedenfalls dann aufrecht zu erhalten, wenn der AN seinen Lohn bis zur Pfändungsfreigrenze ausgezahlt erhält.⁵¹ Der für den AG einfache Weg der Durchsetzung seines Kaufpreisanspruchs durch Anrechnung des Kaufpreises auf den Entgeltanspruch des AN ist nur in der engen Grenze der „durchschnittlichen Selbstkosten" möglich. Der Gesetzeswortlaut ist insofern eindeutig.⁵²

32

V. Qualitätsmaßstab: Mittlere Art und Güte (Abs. 2 S. 4)

Die geleisteten Gegenstände müssen gem. Abs. 2 S. 4 mittlerer Art und Güte sein. Der Begriff entspricht § 243 Abs. 1 BGB. Der AG hat Durchschnittsware auszuwählen. Die Waren dürfen nicht unterwertig sein, sondern müssen sich in einwandfreiem Zustand befinden.⁵³

33

Abweichende Vereinbarungen von diesem Durchschnittsmaßstab sind zwar gem. Abs. 2 S. 4 Hs. 2 **zulässig**. Dies setzt aber voraus, dass die abweichende Vereinbarung **ausdrücklich** geschlossen wird. Die Möglichkeit einer konkludenten Abänderung des Qualitätsmaßstabs besteht nicht. Ist schon bei Arbeitsvertragsschluss absehbar, dass die Überlassung von Waren bzw. die Sachbezüge nicht dem Maßstab der mittleren Art und Güte entsprechen werden können, empfiehlt es sich, eine ausdrückliche Regelung in den Arbeitsvertrag aufzunehmen.

34

Entspricht die überlassene Sache nicht mittlerer Art und Güte bzw. entspricht sie nicht dem vereinbarten abweichenden Standard, so gilt Folgendes:

35

Ist die mangelhafte Sache Teil des Arbeitsentgelts gem. Abs. 2 S. 1, so hat der AG gem. § 365 BGB dem AN wie ein Verkäufer Gewähr zu leisten.

36

Erfolgt die Sachzuwendung unter Anrechnung auf das Arbeitsentgelt gem. Abs. 2 S. 3, ergeben sich die Rechte des AN aus dem der Überlassung zugrunde liegenden Vertrag. Der AG haftet dem AN in der Regel also nach den kauf- oder mietrechtlichen Gewährleistungsvorschriften.

37

Tritt der AN vom Kaufvertrag gem. § 437 Nr. 2 BGB zurück, wird auch die Anrechnungsvereinbarung unwirksam. Dies folgt daraus, dass die Anrechnungsvereinbarung stillschweigend unter der Bedingung (§ 158 BGB) der Durchführung des Kaufvertrags steht.⁵⁴

38

VI. Einhaltung der Pfändungsfreigrenzen (Abs. 2 S. 5)

Sowohl bei der Vereinbarung eines Sachbezugs als auch bei der Überlassung von Waren in Anrechnung auf das Arbeitsentgelt ist das Arbeitsentgelt mindestens in Höhe des Pfändungsfreibetrags in Geld zu leisten. Zumindest der Teil des Arbeitsentgelts, den der Gesetzgeber als unverzichtbar zur Bestreitung des Lebensunterhalts ansieht und damit dem Zugriff der Gläubiger durch Pfändung entzogen hat, soll dem AN in Geld auszuzahlen sein. Der AN soll nicht erst seinen Naturallohn verkaufen müssen, um zu Geld zu gelangen.⁵⁵ Abs. 2 S. 5 findet aber keine Anwendung, wenn es sich bei der Tätigkeit um eine Nebentätigkeit handelt, die üblicherweise neben einer entgeltlichen Haupttätigkeit ausgeübt wird.⁵⁶

39

Die Pfändungsfreigrenzen ergeben sich aus der **Anlage zu § 850c ZPO**. Das Gesetz lässt es offen, wie zu verfahren ist, wenn eine Vergütung vereinbart wurde, die unterhalb der Pfändungsfreigrenzen liegt und zusätzlich zu dieser Vergütung ein Sachbezug vereinbart wird. Die Lösung kann letztlich nur unter Berücksichtigung von Sinn und Zweck des Gesetzes erfolgen. Demnach ist die Vereinbarung des Sachbezugs insoweit unwirksam, soweit das Gesamteinkommen nicht die Pfändungsfreigrenze übersteigt. Eine solche Vorgehensweise ist jedenfalls dann möglich, wenn die Sachleistung teilbar ist. Schwieriger wird es bei einer unteilbaren Sachleistung. Unter Berücksichtigung des Gesetzeszwecks, nach dem der AN sein Arbeitsentgelt zumindest bis zur Pfändungsfreigrenze in Geld erhalten soll,

40

---

48 *Schöne*, NZA 2002, 829, 831.
49 BT-Drucks 14/8796, S. 25 li. Sp.
50 Ebenso: Boemke/*Boemke*, § 107 Rn 30.
51 So aber: *Bauer/Opolony*, BB 2002, 1590, 1593.
52 Boemke/*Boemke*, § 107 Rn 31.
53 *Schöne*, NZA 2002, 829, 832.
54 Boemke/*Boemke*, § 107 Rn 35.
55 ErfK/*Preis*, § 107 GewO Rn 7.
56 LAG München 30.11.2005 – 7 Sa 569/05 – juris.

muss hier letztlich von der Gesamtunwirksamkeit der Sachbezugsvereinbarung ausgegangen werden.[57] Der AN hat demnach einen Anspruch auf Auszahlung des dem Wert des Sachbezugs entsprechenden Geldbetrages.

VII. Trinkgeld als Arbeitsentgelt

41 Abs. 3 wurde erst aufgrund der Beschlussempfehlung des Ausschusses für Wirtschaft und Technologie[58] angefügt. Da Trinkgelder nach dem Gesetz zur Steuerfreistellung von AN-Trinkgeldern vom 8.8.2002[59] rückwirkend seit dem 1.1.2002 unbegrenzt steuerfrei sind, soll mit dieser Regelung einerseits einer Umgehung der Besteuerung von Arbeitseinkommen entgegengewirkt werden. Andererseits will Abs. 3 aber auch sicherstellen, dass der AN über ein regelmäßiges festes Einkommen verfügt und nicht darauf angewiesen ist, Trinkgelder zu erzielen.

42 Abs. 3 verbietet den vollständigen Ausschluss der Zahlung eines regelmäßigen Arbeitsentgelts für die Fälle, in denen der AN Trinkgeld von Dritten erhält. Ausgeschlossen sind daher die früher häufig im Gaststätten- und Spielbankenbereich verwendeten Arbeitsvertragsklauseln, nach denen der AN ausschließlich sein Trinkgeld als Vergütung erhielt.

43 Zulässig sind aber Vertragsklauseln, nach denen der AN ein geringes regelmäßiges Grundentgelt erhält und er das ihm gewährte Trinkgeld ganz oder zum Teil als Aufstockungsbetrag behalten darf.[60] Die Grundvergütung darf allerdings nicht sittenwidrig niedrig sein.[61]

Eine Abs. 3 widersprechende Vereinbarung ist gem. § 134 BGB nichtig. Der AN hat dann Anspruch auf die übliche Vergütung gem. § 612 Abs. 2 BGB.

C. Verbindung zu anderen Rechtsgebieten

44 Gem. § 6 Abs. 2 gilt § 107 für alle AN. Es kommt für die Anwendbarkeit der Vorschrift lediglich darauf an, ob es sich bei der betreffenden Person um einen AN handelt. Steht die AN-Eigenschaft fest, so ist es unerheblich, ob der AN in einem Gewerbebetrieb oder in einem sonstigen Betrieb tätig ist. Dagegen findet § 107 keine Anwendung auf AN-ähnliche Personen und auf freie Mitarbeiter sowie Personen die in einem (freien) Dienstverhältnis stehen.

45 Die im Rahmen des Abs. 2 S. 1 zulässigerweise gewährten Sachbezüge sind als Teil des Arbeitsentgelts z.B. bei der Bemessung der Abfindungshöhe im Rahmen von §§ 1a Abs. 2, 10 Abs. 1 und Abs. 3 KSchG mit zu berücksichtigen.

D. Beraterhinweise

Klauselbeispiele:

I. Entgeltklausel mit Sachbezug als Teil des Arbeitsentgelts

46 *„Der AN erhält ein Arbeitsentgelt in Höhe von ... EUR/Monat. Teil dieser Vergütung ist das Recht des AN zur privaten Nutzung des dienstlich überlassenen Mobiltelefons sowie des dienstlich überlassenen Notebooks. Die Parteien sind sich darüber einig, dass der Wert dieser Sachbezüge ... EUR/Monat beträgt."*

Es empfiehlt sich, den Wert der Sachleistung in den Vertrag mit aufzunehmen, um deutlich zu machen, dass es sich bei den gewährten Sachbezügen tatsächlich um einen Teil des Arbeitsentgelts und nicht um zusätzlich zum Arbeitsentgelt gewährte Sachbezüge handelt. Durch eine Wertangabe werden auch spätere Darlegungs- und Beweisprobleme vermieden.

II. Entgeltklausel mit Anrechnungsvereinbarung und abweichendem Qualitätsmaßstab

47 *„Der AN erhält ein Arbeitsentgelt in Höhe von ... EUR/Monat. Der AN ist berechtigt, Waren (hierzu zählen z.B. ...) zu den durchschnittlichen Selbstkosten zu erwerben. Bei diesen Waren kann es sich auch um mangelhafte Waren (Waren zweiter Wahl oder niedriger bzw. B-Sortierung oder niedriger) handeln. Der Erwerb der Waren bedarf jeweils einer gesonderten Vereinbarung, die auch mündlich geschlossen werden kann. Der Kaufpreis wird auf das Arbeitsentgelt angerechnet."*

Mit dieser Klausel wird der Qualitätsmaßstab des Abs. 2 S. 4 ausdrücklich abbedungen, so dass auch minderwertige Ware angerechnet werden kann. Für einen Erwerb der Waren bedarf es aber jeweils noch einer gesonderten Vereinbarung. Insoweit wird die Entscheidungsfreiheit der Parteien aufrechterhalten. Es ist auf die Einhaltung der Pfändungsfreigrenzen zu achten.

---

[57] So auch Boemke/*Boemke*, § 107 Rn 40.
[58] BT-Drucks 14/9254, S. 6.
[59] BGBl I S. 3111.
[60] *Schöne*, NZA 2002, 829, 832; ausführlich zum Trinkgeld als Arbeitsentgelt: *Salje*, DB 1989, 321 ff.
[61] ErfK/*Preis*, § 107 GewO Rn 8.

III. Entgeltklausel mit Grundentgelt und zusätzlichem Trinkgeld als Entgelt

„Der AN erhält für seine Tätigkeit ein Grundentgelt in Höhe von ... EUR/Monat. Der AN ist berechtigt, Gelder, die ihm von Dritten ohne rechtliche Verpflichtung zusätzlich zu einer dem AG geschuldeten Leistung gewährt werden (Trinkgeld) als Vergütung einzubehalten."

Erwarten die Arbeitsvertragsparteien die Zahlung von Trinkgeld an den AN, kann ein geringes Grundentgelt vereinbart werden, das durch die gewährten Trinkgelder aufgestockt wird. Mit der regelmäßigen Gewährung einer geringen Grundvergütung ist den Erfordernissen des Abs. 3 S. 1 ausreichend Rechnung getragen. Das Grundentgelt darf allerdings nicht sittenwidrig niedrig sein.

§ 108 Abrechnung des Arbeitsentgelts

(1) ¹Dem Arbeitnehmer ist bei Zahlung des Arbeitsentgelts eine Abrechnung in Textform zu erteilen. ²Die Abrechnung muss mindestens Angaben über Abrechnungszeitraum und Zusammensetzung des Arbeitsentgelts enthalten. ³Hinsichtlich der Zusammensetzung sind insbesondere Angaben über Art und Höhe der Zuschläge, Zulagen, sonstige Vergütungen, Art und Höhe der Abzüge, Abschlagszahlungen sowie Vorschüsse erforderlich.
(2) Die Verpflichtung zur Abrechnung entfällt, wenn sich die Angaben gegenüber der letzten ordnungsgemäßen Abrechnung nicht geändert haben.
(3) ¹Das Bundesministerium für Arbeit und Soziales bestimmt das Nähere zum Inhalt und Verfahren der Entgeltbescheinigung nach Absatz 1, die auch zu Zwecken nach dem Sozialgesetzbuch verwendet werden kann nach Maßgabe des § 97 Absatz 1 des Vierten Buches Sozialgesetzbuch. ²Der Arbeitnehmer kann vom Arbeitgeber zur Vorlage dieser Bescheinigung gegenüber Dritten eine weitere Entgeltbescheinigung verlangen, die sich auf die Angaben beschränkt, die zu diesem Zweck notwendig sind.

Literatur: *Borgmann*, Neuregelung arbeitsrechtlicher Grundnormen in der Gewerbeordnung, MDR 2003, 305; *Müller*, Die klageweise Durchsetzung von Zeitvergütungsansprüchen, NZA 2008, 977; *Schöne*, Die Novellierung der Gewerbeordnung und die Auswirkungen auf das Arbeitsrecht, NZA 2002, 829

A. Allgemeines 1	IV. Inhalt der Abrechnung 6
B. Regelungsgehalt 2	V. Entfallen der Abrechnungsverpflichtung 12
I. Begriff der Abrechnung 2	VI. Rechtsfolge von Verstößen 13
II. Zeitpunkt der Abrechnung 3	C. Verbindung zu anderen Rechtsgebieten 15
III. Form der Abrechnung 5	D. Beraterhinweis 16

A. Allgemeines

§ 108 statuiert zum ersten Mal für alle AN (vgl. § 6 Abs. 2) einen Anspruch auf Erteilung einer Abrechnung über das erhaltene Arbeitsentgelt durch den AG. Die Norm betrifft aber nur die Abrechnung der erfolgten Zahlung und gewährt keinen selbstständigen Abrechnungsanspruch zur Vorbereitung eines Zahlungsanspruchs.[1] Von § 108 unberührt bleibt die Verpflichtung des AG, gem. § 2 Abs. 1 S. 2 Nr. 6 NachwG die Zusammensetzung und die Höhe des Arbeitsentgelts einschließlich der Zuschläge, Prämien und Sonderzahlungen sowie andere Bestandteile des Arbeitsentgelts und deren Fälligkeit dem AN spätestens einen Monat nach Beginn des Arbeitsverhältnisses nachzuweisen. Für Handelsvertreter gilt die Sonderregelung des § 87c HGB, für in Heimarbeit Beschäftigte gilt § 9 HAG.

Durch die Abrechnung sollen die AN in die Lage versetzt werden, die Berechnung des Lohnes durch die Aufstellung des Verdienstes sowie der Abzüge nachvollziehen zu können. Die Regelung dient der Transparenz; der AN soll erkennen können, warum er gerade den ausgezahlten Betrag erhält.[2]

B. Regelungsgehalt

I. Begriff der Abrechnung

Die Rechtsnatur der Abrechnung ist umstritten. Die Abrechnung ist jedenfalls kein abstraktes Schuldanerkenntnis (§ 781 BGB), weil dies voraussetzen würde, dass der AG mit der Abrechnung einen vom Arbeitsverhältnis losgelösten neuen Schuldgrund schaffen will, was aber gerade nicht der Fall ist. Außerdem würde es zumeist an der gem. § 781 BGB erforderlichen Schriftform (§ 126 BGB) der Anerkenntniserklärung mangeln. Ein Schuldanerkenntnis

---

[1] BAG 12.7.2006 – 5 AZR 646/05 – AP § 611 BGB Lohnabrechnung Nr. 1 = NZA 2006, 1294; *Müller*, NZA 2008, 977, 980.

[2] BAG 12.7.2006 – 5 AZR 646/05 – AP § 611 BGB Lohnabrechnung Nr. 1 = NZA 2006, 1294.

bzw. ein Schuldversprechen gem. § 782 BGB kommen ebenfalls nicht in Betracht.[3] Denn hierunter fallen nur Abrechnungen, die unter Mitwirkung von Gläubiger und Schuldner zustande kommen.[4] An einer Mitwirkungshandlung des AN fehlt es aber regelmäßig. Generell lässt sich damit feststellen, dass die Abrechnung kein verpflichtendes Schuldanerkenntnis darstellt, da sie nicht den Zweck hat, streitig gewordene Ansprüche endgültig festzulegen, sondern allein zur Unterrichtung des AN dient.[5] Im Falle eines Irrtums kann daher auch keine Seite die andere am Inhalt der Mitteilung festhalten.[6] Sowohl AG als auch AN können sich auf die Unrichtigkeit der Abrechnung berufen. Somit lässt sich festhalten, dass die Abrechnung bloße **Wissens- und keine Willenserklärung** ist.[7]

II. Zeitpunkt der Abrechnung

3   Die Abrechnung ist bei Zahlung des Arbeitsentgelts zu erteilen. Im ursprünglichen Gesetzentwurf war noch vorgesehen, dass der AG die Abrechnung bei Fälligkeit des Arbeitsentgelts zu erteilen hatte.[8] Da jedoch die üblicherweise verwendeten Abrechnungssysteme die Erstellung der Lohnabrechnung oftmals zu anderen Terminen (z.B. zum 25. des jeweiligen Kalendermonats) als dem Fälligkeitstermin des Arbeitsentgelts vorsehen, hat der Gesetzgeber letztlich als maßgeblich für den Zeitpunkt der Abrechnungserstellung die **Auszahlung** des Arbeitsentgelts festgelegt. Wird also das Arbeitsentgelt auf ein Bankkonto überwiesen, muss dem AN die Abrechnung spätestens mit Wertstellung des Überweisungsbetrags auf dem Konto des AN ausgehändigt werden.[9] Erfolgt eine Barauszahlung des Arbeitsentgelts ist der Auszahlungstag maßgebend.[10]

4   Unerheblich für die Abrechnungsverpflichtung ist, ob es sich bei dem ausgezahlten Arbeitsentgelt um eine Vorauszahlung, eine Abschlagszahlung, eine Teilzahlung oder eine Abschlusszahlung handelt.[11] Der Gesetzeswortlaut enthält insofern keine Einschränkungen, währenddessen nach altem Recht (§ 134 Abs. 2 GewO a.F.) eine Abrechnungsverpflichtung nur bei regelmäßiger Lohnzahlung bestand.

III. Form der Abrechnung

5   Die Abrechnung ist in **Textform** zu erteilen. Für die Einhaltung der Textform gem. § 126b BGB genügt es, wenn Schriftzeichen auf einem Bildschirm gelesen werden können. Es obliegt der Entscheidungsgewalt des Empfängers, ob er die Mitteilung speichern oder ausdrucken will. Die Abrechnung kann also auch per Computerfax oder E-Mail erfolgen.[12] Ein herkömmliches Telefax genügt ebenfalls. Erforderlich ist bei diesen Abrechnungsformen aber ebenso wie bei einer schriftlich fixierten Abrechnung der **Zugang**. Die Möglichkeit, die Abrechnung etwa auf der Homepage des Absenders einzusehen, genügt nicht.[13] Weiter erforderlich ist, dass der Absender sowie das Ende der Erklärung erkennbar sind. Die üblichen EDV-Abrechnungen (z.B. DATEV) erfüllen diese Voraussetzungen und sind ohne weiteres zulässig.[14]

IV. Inhalt der Abrechnung

6   Die Abrechnung hat **mindestens** Angaben über Abrechnungszeitraum und die Zusammensetzung des Arbeitsentgelts zu enthalten (Abs. 1 S. 2). Der Abrechnungszeitraum ist üblicherweise ein Monat, wobei nach § 614 S. 2 BGB die Vergütung nach Ablauf des jeweiligen Monats zu zahlen ist. In der Praxis ist § 614 BGB meist modifiziert, so dass die Abrechnung nicht im Folgemonat sondern im laufenden Monat bei Auszahlung zu erfolgen hat.

Beispiel: Erfolgt die Anweisung des Arbeitsentgelts am 20. eines Monats mit Wertstellung auf dem Konto des AN am 25. des Monats, so ist der Abrechnungszeitraum zwar der laufende Monat. Die Abrechnung selbst ist jedoch spätestens am 25. des laufenden Monats dem AN zu erteilen.

7   Hinsichtlich der Dokumentation der Zusammensetzung des Arbeitsentgelts verlangt das Gesetz insbesondere Angaben über Art und Höhe der Zuschläge, Zulagen, sonstige Vergütungen, Art und Höhe der Abzüge, Abschlagszahlungen sowie Vorschüsse. Aus dem Gesetzeswortlaut folgt, dass diese Aufzählung **nicht abschließend** ist („insbesondere").

8   Bei zeitbestimmter Entlohnung genügt es, wenn die Zahl der geleisteten Stunden mit dem anwendbaren Stundensatz angegeben werden.[15] Erfolgt die Vergütung in Abhängigkeit von der Leistung ist dagegen eine genaue Berechnung der Entlohnung vorzunehmen, d.h. eine Aufschlüsselung nach der geleisteten Arbeitsmenge und den angewandten Geld- und Zeitfaktoren.[16]

---

3 BAG 10.3.1987 – 8 AZR 610/84 – AP § 7 BUrlG Abgeltung Nr. 34 = NZA 1987, 557; Boemke/*Boemke*, § 108 Rn 3; HWK/*Lembke*, § 108 Rn 7.
4 Palandt/*Sprau*, § 782 Rn 2.
5 BAG 10.3.1987 – 8 AZR 610/84 – AP § 7 BUrlG Abgeltung Nr. 34 = NZA 1987, 557; HWK/*Lembke*, § 108 Rn 8; Schaub/*Linck*, Arbeitsrechts-Handbuch, § 72 Rn 2.
6 BAG 10.3.1987 – 8 AZR 610/84 – AP § 7 BUrlG Abgeltung Nr. 34 = NZA 1987, 557; Schaub/*Linck*, Arbeitsrechts-Handbuch, § 72 Rn 2.
7 Boemke/*Boemke*, § 108 Rn 3.
8 BT-Drucks 14/8796, S. 8.
9 Landmann/Rohmer/*Neumann*, § 108 Rn 7.
10 *Schöne*, NZA 829, 832.
11 Landmann/Rohmer/*Neumann*, § 108 Rn 7.
12 Boemke/*Boemke*, § 108 Rn 7; *Borgmann*, MDR 305, 307; Palandt/*Heinrichs*, § 126b Rn 3.
13 Landmann/Rohmer/*Neumann*, § 108 Rn 7.
14 *Schöne*, NZA 2002, 829, 832.
15 Schaub/*Linck*, Arbeitsrechts-Handbuch, § 72 Rn 3.
16 Boemke/*Boemke*, § 108 Rn 6; Schaub/*Linck*, Arbeitsrechts-Handbuch, § 72 Rn 3.

Werden im Abrechnungszeitraum Zuschläge oder Sonderzuwendungen gezahlt, sind diese anzugeben. Soweit eine Zulage steuerlich begünstigt ist, muss die Höhe der Zulage auf jeden Fall gesondert ausgewiesen werden, um dem AN die Nachprüfung der erfolgten Lohnsteuerabzüge zu ermöglichen – in Betracht kommen hier insbesondere Zuschläge für Nachtarbeit sowie Sonn- und Feiertagszuschläge.[17] Die Bestandteile des Entgelts sind einzeln darzustellen und zusammenzuzählen, die bloße Angabe einer Summe genügt nicht.[18]

Der AG muss nicht nur das **Bruttoarbeitsentgelt** sondern auch das **Nettoarbeitsentgelt** in der Abrechnung ausweisen.[19] Aus der Abrechnung müssen demnach die abgeführte Steuer – aufgeschlüsselt nach Lohnsteuer, Kirchensteuer und Solidaritätszuschlag – sowie die abgeführten Sozialversicherungsbeiträge – aufgeschlüsselt nach Kranken-, Pflege-, Renten- und Arbeitslosenversicherung – ersichtlich sein. Anzugeben ist auch die Abführung vermögenswirksamer Leistungen.[20]

Abschlagszahlungen sind Zahlungen auf bereits fällige Ansprüche, deren Abrechnung hinausgeschoben wird.[21] Abschlagszahlungen können bei der nächsten Vergütungszahlung abgezogen werden, ohne dass es einer Aufrechnung bedarf, Pfändungsfreigrenzen sind beim Abzug daher nicht zu beachten.[22] **Vorschüsse** sind dagegen eine Vorableistung des AG auf den noch nicht fälligen Vergütungsanspruch.[23] Der Vorschuss ist Erfüllung des Vergütungsanspruchs und kann bei der nächsten Vergütungszahlung abgezogen werden, ohne dass es einer Aufrechnung bedarf; Pfändungsfreigrenzen sind auch hier nicht zu beachten.[24]

V. Entfallen der Abrechnungsverpflichtung

Gem. Abs. 2 entfällt die Verpflichtung zur Erteilung einer Abrechnung, wenn sich die Angaben gegenüber der letzten ordnungsgemäßen Abrechnung nicht geändert haben. **Jede Änderung** erfordert eine neue Abrechnung. Dabei ist es unerheblich, worauf die Änderung zurückzuführen ist. Auch wenn sich aufgrund einer gesetzlichen Regelung die Höhe der Steuer oder der Sozialversicherungsbeiträge ändert, ist eine neue Abrechnung zu erteilen.[25]

VI. Rechtsfolge von Verstößen

Die Verletzung von § 108 ist sanktionslos. Kommt der AG seiner Abrechnungspflicht nicht nach, kann dies aber Bedeutung für den Lauf **tariflicher Verfallfristen** haben.

Ein AG kann sich nach Treu und Glauben nicht auf eine Verkürzung oder Versäumung einer tariflichen Ausschlussfrist durch den AN berufen, solange er schuldhaft eine Abrechnung verzögert, ohne die der AN seine Ansprüche nicht erkennen und erheben kann.[26] Unterliegt allerdings der Anspruch auf Abrechnung wiederum selbst einer tariflichen Verfallfrist, dann beginnt die Verfallfrist für die Geltendmachung des Zahlungsanspruchs mit Ablauf der Verfallfrist für die Geltendmachung des Anspruchs auf Abrechnung.[27]

C. Verbindung zu anderen Rechtsgebieten

Unbeschadet des Anspruchs auf Erteilung einer Abrechnung gem. § 108 kann der AN nach **§ 82 Abs. 2 BetrVG** verlangen, dass ihm die Berechnung und Zusammensetzung seines Arbeitsentgelts erläutert wird. Der Anspruch gem. § 82 Abs. 2 BetrVG besteht als **Individualrecht** auch in BR-losen Betrieben.[28] Liegt allerdings eine den Erfordernissen des § 108 genügende Abrechnung über das Arbeitsentgelt vor, hat der AG hierdurch grds. auch seine Verpflichtung aus § 82 Abs. 2 BetrVG erfüllt.[29] Für in Heimarbeit Beschäftigte besteht gem. § 28 Abs. 2 HAG ebenfalls ein Anspruch auf Erläuterung von Berechnung und Zusammensetzung des Arbeitsentgelts.

D. Beraterhinweis

Die Anforderungen des Gesetzes an eine ordnungsgemäße Abrechnung lassen sich durch den Einsatz der üblichen Lohnabrechnungssysteme leicht erfüllen. Es sollte prinzipiell für jeden Monat routinemäßig zu Dokumentationszwecken eine Abrechnung erstellt werden, auch wenn sich die Angaben gegenüber der letzten ordnungsgemäßen Abrechnung nicht geändert haben. Dadurch kann auch der Anspruch gem. § 82 Abs. 2 BetrVG erfüllt werden.

---

17 HWK/*Lebmke*, § 108 Rn 19, 25.
18 Landmann/Rohmer/*Neumann*, § 108 Rn 10.
19 Boemke/*Boemke*, § 108 Rn 6.
20 Landmann/Rohmer/*Neumann*, § 108 Rn 11.
21 BAG 11.2.1987 – 4 AZR 144/86 – AP § 850 ZPO Nr. 11 = NZA 1987, 485.
22 BAG 11.2.1987 – 4 AZR 144/86 – AP § 850 ZPO Nr. 11 = NZA 1987, 485.
23 Küttner/*Griese*, Personalbuch, 444 Rn 1.
24 BAG 11.2.1987 – 4 AZR 144/86 – AP § 850 ZPO Nr. 11 = NZA 1987, 485.
25 Landmann/Rohmer/*Neumann*, § 108 Rn 12.
26 BAG 27.11.1984 – 3 AZR 596/82 – AP § 4 TVG Ausschlussfristen Nr. 89 = NZA 1986, 259; Schaub/*Linck*, Arbeitsrechts-Handbuch, § 72 Rn 4, 5.
27 BAG 27.11.1984 – 3 AZR 596/82 – AP § 4 TVG Ausschlussfristen Nr. 89 = NZA 1986, 259.
28 Richardi/Richardi/*Thüsing*, BetrVG, § 82 Rn 1.
29 *Hess*, in: Hess u.a., BetrVG, § 82 Rn 4.

§ 109 Zeugnis

(1) ¹Der Arbeitnehmer hat bei Beendigung eines Arbeitsverhältnisses Anspruch auf ein schriftliches Zeugnis. ²Das Zeugnis muss mindestens Angaben zu Art und Dauer der Tätigkeit (einfaches Zeugnis) enthalten. ³Der Arbeitnehmer kann verlangen, dass sich die Angaben darüber hinaus auf Leistung und Verhalten im Arbeitsverhältnis (qualifiziertes Zeugnis) erstrecken.

(2) ¹Das Zeugnis muss klar und verständlich formuliert sein. ²Es darf keine Merkmale oder Formulierungen enthalten, die den Zweck haben, eine andere als aus der äußeren Form oder aus dem Wortlaut ersichtliche Aussage über den Arbeitnehmer zu treffen.

(3) Die Erteilung des Zeugnisses in elektronischer Form ist ausgeschlossen.

Literatur: *Adam*, Praxisprobleme des Zeugnisrechts, MDR 2005, 553; *Altenburg/Leister*, Der Widerspruch des Arbeitnehmers beim umwandlungsbedingten Betriebsübergang und seine Folgen, NZA 2005, 15; *Bauer/Opolony*, Arbeitsrechtliche Änderungen in der Gewerbeordnung, BB 2002, 1590; *Berkowsky*, Der arbeitsrechtliche Zeugnisanspruch in der Insolvenz, NZI 2008, 224; *Borgmann*, Neuregelung arbeitsrechtlicher Grundnormen in der Gewerbeordnung, MDR 2003, 305; *Braun*, Checkliste Arbeitszeugnis, ZTR 2002, 106; *ders.*, Zeugnissprache, RiA 2001, 105; *ders.*, Das Arbeitszeugnis, RiA 2000, 113; *Brill*, Rund um das Arbeitszeugnis, AuA 1994, 230; *ders.*, Angabe der Betriebsratstätigkeit im Zeugnis?, BB 1981, 616; *Dachrodt*, Zeugnisse lesen und verstehen, 6. Aufl. 2001; *Dietz*, Arbeitszeugnisse ausstellen und beurteilen, 11. Aufl. 1999; *Düwell*, Geänderte Gewerbeordnung – Neues Grundgesetz des Arbeitsrechts, FA 2003, 2; *ders.*, Neues Arbeitsrecht in der Gewerbeordnung, ZTR 2002, 461; *Eckert*, Arbeitszeugnisse schreiben und verstehen, 2000; *Eisbrecher*, Haftung bei Zeugniserteilung und Auskünften unter Arbeitgebern über Arbeitnehmer, 1994; *Fischer*, „Zu unserer vollen Zufriedenheit" – Die Aushändigung der Arbeitspapiere durch den Arbeitgeber bei Beendigung des Arbeitsverhältnisses, AiB 2005, 429; *Geißler*, Der Anspruch auf Erteilung eines Arbeitszeugnisses in der Vollstreckungspraxis des Gerichtsvollziehers, DGVZ 1988, 17; *Geyer*, Das qualifizierte Arbeitszeugnis bei nur kurzfristiger Beschäftigung oder der schmale Grat zwischen Haft- und Wahrheitspflicht, FA 2002, 334; *Gleisberg*, Der Schadensausgleich zwischen Arbeitgebern wegen eines unwahren Arbeitszeugnisses, DB 1979, 1227; *Göldner*, Die Problematik der Zeugnisteilung im Arbeitsrecht, ZfA 1991, 225; *Günther*, Defizite bei qualifizierten Werturteilen, AuA 2000, 272; *Haas/Müller*, Dienstzeugnisse in öffentlichen Verwaltungen und Betrieben, 3. Aufl. 1997; *Hohmeister*, Zeugnisanspruch für freie Mitarbeiter?, NZA 1998, 571; *Hoß*, Arbeitszeugnis – Spagat zwischen Wahrheit und Wohlwollen, AuA 2002, 532; *Huber*, Das Arbeitszeugnis in Recht und Praxis, 10. Aufl. 2004; *Hunold*, Die Rechtsprechung zum Zeugnisrecht, NZA-RR 2001, 113; *Kölsch*, Die Haftung des Arbeitgebers bei nicht ordnungsgemäßer Zeugniserteilung, NZA 1985, 382; *Korinth*, Prozessuale Stolpersteine auf dem Weg zum Arbeitszeugnis, ArbRB 2004, 321; *ders.*, Herausgabe von arbeitspapieren – Tipps für effektiven Rechtsschutz, ArbRB 2004, 62; *Liedtke*, Der Anspruch auf ein qualifiziertes Arbeitszeugnis, NZA 1988, 270; *List*, Arbeitszeugnisse offener und treffender formulieren, 3. Aufl. 1999; *Löw*, Aktuelle Rechtsfragen zum Arbeitszeugnis, NJW 2005, 3605; *Löwenheim*, Schadenshaftung unter Arbeitgebern wegen unrichtiger Arbeitszeugnisse – Zur Abgrenzung von vertraglicher und deliktischer Verantwortlichkeit, JZ 1980, 469; *Mauritz/Wischnath*, Arbeitszeugnisse – Welche Arten von Zeugnissen gibt es und was ist bei den Formulierungen zu beachten?, AiB 2006, 222; *Moderegger*, Zeugnisse – Sein oder Schein?, ArbRB 2006, 240; *Monjau*, Das Zeugnis im Arbeitsrecht – Zeugnisarten und Anspruch auf Zeugnis (Teil I), DB 1966, 264; *ders.*, Das Zeugnis im Arbeitsrecht – Form und Inhalt (Teil II), DB 1966, 300; *Mühlhausen*, Die Erwähnung von Ausfallzeiten im Arbeitszeugnis, NZA-RR, 2006, 337; *Nowak*, Pflichten des Arbeitgebers beim Erteilen eines Zeugnisses, AuA 1992, 68; *Neumann*, 133 Jahre Gewerbeordnung und noch viel mehr, AuR 2002, 216; *Perreng*, Änderungen der Gewerbeordnung – Erste Fassung eines Arbeitsgesetzbuches?, AiB 2002, 521; *Popp*, Die Bekanntgabe des Austrittsgrunds im Arbeitszeugnis, NZA 1997, 588; *Preis/Bender*, Recht und Zwang zur Lüge – zwischen List, Tücke und Wohlwollen im Arbeitsleben, NZA 2005, 1321; *Rieger/Philipp*, Zur Zeugniserteilungspflicht des Insolvenzverwalters, NZI 2004, 190; *Ring*, Rechtliche Anforderungen an das Arbeitszeugnis und Konsequenzen seiner Unrichtigkeit, BuW 2001, 208; *Roth*, Das Arbeitszeugnis – Einzelfragen, FA 2002, 9; *ders.*, Das Arbeitszeugnis – Zankapfel und Eiertanz, FA 2001, 299; *Sassel/Stelzer*, Auskunft über Arbeitnehmer, ArbRB 2005, 53; *Schäfer*, Die Abwicklung des beendeten Arbeitsverhältnisses, 2. Aufl. 1999; *Schleßmann*, Das Arbeitszeugnis, 16. Aufl. 2000; *ders.*, Das Arbeitszeugnis, BB 1988, 1320; *ders.*, Historisches zum Arbeitszeugnis, NZA 2006, 1392; *Schmid*, Leistungsbeurteilungen in Arbeitszeugnissen und ihre rechtliche Problematik, DB 1982, 1111; *ders.*, Rechtsprobleme bei der Einholung von Auskünften über Arbeitnehmer, DB 1983, 769; *ders.*, Aussagen über Führungsleistungen in Arbeitszeugnissen und ihre rechtliche Problematik, DB 1986, 1334; *ders.*, Zur Interpretation von Zeugnisinhalten, DB 1988, 2253; *Schmidt*, Zum Zeugnisanspruch des Arbeitnehmers im Konkurs einer Handelsgesellschaft, DB 1991, 1930; *Schöne*, Die Novellierung der Gewerbeordnung und die Auswirkungen auf das Arbeitsrecht, NZA 2002, 829; *Schulz*, Alles über Arbeitszeugnisse: Zeugnissprache – Haftung – Rechtsschutz, 6. Aufl. 2000; *ders.*, Zur Auskunftserteilung unter Arbeitgebern über Arbeitnehmer, NZA 1990, 717; *Schwab*, Das Arbeitszeugnis, DÖD 2002, 19; *Schweres*, Zwischen Wahrheit und Wohlwollen – Zum Eiertanz kodierter Zeugniserteilung, BB 1986, 1572; *Siewert*, Arbeitszeugnisse – Wie man sie formuliert, Wie man sie interpretiert, Wie man von ihnen profitiert, 7. Aufl. 1998; *Stiller*, Der Zeugnisanspruch in der Insolvenz des Arbeitgebers, FA 2005, 330; *Stück*, Das Arbeitszeugnis, MDR 2006, 791; *ders.*, Der GmbH-Geschäftsführer zwischen Gesellschafts- und Arbeitsrecht im Spiegel aktueller Rechtsprechung, GmbHR 2006, 1009; *Weuster*, Formulierung und Analyse von Zeugnissen (I), BuW 2001, 300; *ders.*, Formulierung und Analyse von Zeugnissen (II), BuW 2001, 344; *ders.*, Formulierung und Analyse von Zeugnissen (III), BuW 2001, 431; *ders.*, Formulierung und Analyse von Zeugnissen (IV), BuW 2001, 519; *ders.*, Praxis vor Logik: Die unvermeidliche „vollste Zufriedenheit", BB 1992, 638; *ders.*, Zeugnisgestaltung und Zeugnissprache zwischen Informationsfunktion und Werbefunktion, BB 1992, 58; *Weuster/Scheer*, Arbeitszeugnisse in Textbausteinen, 9. Aufl. 2002; *Wisskirchen*, Novellierung arbeitsrechtlicher Vorschriften in der Gewerbeordnung, DB 2002, 1886; *Witt*, Die Erwähnung des Betriebsratsamts und der Freistellung im Arbeitszeugnis, BB 1996, 2194

A. **Allgemeines**	1		bb) Außerdienstliches Verhalten	36
I. Normzweck	1		cc) Einzelheiten	37
II. Entstehungsgeschichte	2		d) Sonstige Angaben	38
B. **Regelungsgehalt**	3		e) Selbstverständlichkeiten	39
I. Anwendungsbereich	3	7.	Zwischenzeugnis	40
1. Persönlicher und sachlicher Anwendungsbereich (Anspruchsberechtigung)	3	V. Erlöschen des Zeugnisanspruchs	41
		1. Erfüllung (§ 362 Abs. 1 BGB)	41
2. Weitere Zeugnisvorschriften	4		a) Allgemeines	41
3. Unabdingbarkeit, Verzicht	5		b) Wahlschuld (§§ 262 ff. BGB)	42
II. Anspruchsverpflichteter	6		c) Holschuld (§ 269 BGB)	43
1. AG	6		d) Gegenrechte des AG (§§ 273, 320 BGB)	44
2. (Vorläufiger „starker") Insolvenzverwalter, Nachtragsliquidator	7		e) Verlust oder Beschädigung des Zeugnisses nach Anspruchserfüllung	45
III. Zeitpunkt der Entstehung des Zeugnisanspruchs	8		2. Unmöglichkeit (§ 275 BGB)	46
1. Endzeugnis (Schlusszeugnis)	8	VI. Rechtsfolgen mangelhafter Erfüllung des Zeugnisanspruchs – Haftungsfragen	47
2. Zwischenzeugnis	9		1. Schadensersatzansprüche des AN (§§ 280, 286 BGB)	47
IV. Inhalt des Zeugnisanspruchs	10		
1. Überblick über die Zeugnisarten	10		2. „Berichtigungsansprüche" des AN	48
a) Einfaches Zeugnis (§ 109 Abs. 1 S. 2)	10		3. Schadensersatzansprüche Dritter (§§ 823, 826 BGB)	49
b) Qualifiziertes Zeugnis (Abs. 1 S. 3)	11		
c) Zwischenzeugnis	12	VII. Widerruf des Zeugnisses	50
d) (Dienstliche Regel-)Beurteilungen	13	VIII. Bindungswirkungen gegenüber dem AN	51
2. Allgemeine Grundsätze des Zeugnisrechts	14		1. Zwischenzeugnis	51
a) Einheitlichkeit	14		2. Zeugnisberichtigung	52
b) Vollständigkeit	15		3. Sonstiges	53
c) Wahrheit	16	IX. Erteilung von Auskünften über den AN an Dritte	54
d) Wohlwollen	17	X. Manipuliertes Zeugnis	55
3. Formelle Anforderungen	18	C. **Verbindung zu anderen Rechtsgebieten und zum Prozessrecht**	56
a) Schriftform (Abs. 1 S. 1, Abs. 3 i.V.m. § 126 BGB)	18	I. Verjährung (§ 195 BGB)	56
b) Weitere formelle Aspekte	19	II. Verwirkung (§ 242 BGB)	57
c) Verbot von „Geheimzeichen" (Abs. 2 S. 2)	20	III. Verfallklauseln (Verfallfristen, Ausschlussfristen)	58
4. Allgemeine Angaben	21	IV. Darlegungs- und Beweislast	59
a) Personaldaten	21		1. Anspruchsbegründende Tatsachen	59
b) Datum	22		2. Anspruchsvernichtende und -hemmende Tatsachen	60
c) Beendigungsgrund und -modalitäten	23		
d) Unterschrift des Ausstellers (Abs. 1 S. 1 i.V.m. § 126 Abs. 1 BGB)	24		3. Inhaltliche Richtigkeit des Zeugnisses	61
		4. Schadensersatzansprüche des AN	62
e) Schlussformel (Schlussfloskel, Schlussformulierung)	25		5. Sonstiges	63
		V. Betriebsverfassungsrechtliches Verfahren	64
f) Sonstiges	26	VI. Prozessuales	65
5. Einfaches Zeugnis (Abs. 1 S. 2)	27		1. Allgemeines	65
a) Art der Tätigkeit	27		2. Bestimmtheit des Klageantrags (§ 46 Abs. 2 S. 1 ArbGG i.V.m. § 253 Abs. 2 Nr. 2 ZPO)	66
aa) Allgemeines	27		
bb) Einzelheiten	28		3. Inhalt des Urteils (§ 61 ArbGG)	67
b) Dauer der Tätigkeit	29		4. Streitwert (§ 3 ZPO)	68
6. Qualifiziertes Zeugnis (§ 109 Abs. 1 S. 3)	30		5. Zwangsvollstreckung (§ 62 ArbGG i.V.m. § 888 ZPO)	69
a) Allgemeines	30		
b) Leistung	31		6. Vorläufiger Rechtsschutz (§ 62 Abs. 2 ArbGG i.V.m. §§ 935, 940 ZPO)	70
aa) Begriff	31		
bb) Beurteilungssystem (Notenskala)	32	D. **Beraterhinweise**	71
c) Verhalten im Arbeitsverhältnis	35			
aa) Allgemeines	35			

A. Allgemeines

I. Normzweck

Für den AN ist das Arbeitszeugnis ein wichtiger Faktor in seinem Arbeitsleben, insb. für das berufliche Weiterkommen und die **freie Wahl des Arbeitsplatzes**.[1] Das Zeugnis dient dem AN – gleichsam in Form einer „Visitenkarte" – als Bewerbungsunterlage und ist insoweit Dritten, insb. möglichen künftigen AG, Grundlage[2] für ihre **Personalauswahl**.[3] Darüber hinaus ist eine Leistungsbeurteilung im **qualifizierten Arbeitszeugnis** (siehe Rn 11, 30) regelmäßig

---

1 BAG 16.9.1974 – 5 AZR 255/74 – NJW 1975, 407; BGH 15.5.1979 – VI ZR 230/76 – MDR 1979, 924; Protokolle II, 308.
2 Zum Informationswert des Zeugnisses bei der Personalauswahl s. *Weuster*, BuW 2001, 519, 524.
3 BAG 14.10.2003 – 9 AZR 12/03 – NZA 2004, 842, 843; BAG 26.6.2001 – 9 AZR 392/00 – NZA 2002, 34; BAG 23.6.1960 – 5 AZR 560/58 – DB 1960, 1042; *Adam*, MDR 2005, 553 ff.; *Löw*, NJW 2005, 3605 ff.; *Moderegger*, ArbRB 2006, 240 ff.; *Stück*, MDR 2006 791 ff.

auch von hohem persönlichem Interesse für den AN.[4] § 109 stellt eine **gesetzlich fixierte privatrechtliche Nebenpflicht** aus dem Arbeitsvertrag dar.[5] Trotz unterschiedlicher Rechtsgrundlagen für den Anspruch auf Erteilung des Zeugnisses besteht nach allg.M. ein **einheitliches Zeugnisrecht** (siehe Rn 4).

II. Entstehungsgeschichte

2 Durch das Dritte Gesetz zur Änderung der GewO und sonstiger gewerberechtlicher Vorschriften v. 24.8.2002[6] m.W.v. 1.1.2003 wurden die bisherigen Regelungen des **§ 113 Abs. 1 bis 3 a.F.**[7] durch den neu eingefügten § 109 ersetzt.[8] Gleichzeitig wurde ein auf § 109 verweisender S. 4 an § 630 BGB angefügt und § 73 HGB aufgehoben. Die den Zeugnisanspruch des gesetzlichen Vertreters **minderjähriger gewerblicher AN** regelnde Vorschrift des § 113 Abs. 4 a.F. wurde nicht übernommen, da sie in der Praxis keine Bedeutung mehr hatte.[9]

B. Regelungsgehalt
I. Anwendungsbereich

3 **1. Persönlicher und sachlicher Anwendungsbereich (Anspruchsberechtigung).** § 109 regelt das Zeugnisrecht einheitlich für **alle AN** (§ 630 S. 4 BGB, § 6 Abs. 2).[10] Es kommt nicht darauf an, ob der AN in Voll- oder Teilzeit bzw. im Haupt- oder Nebenberuf beschäftigt ist.[11] Die Vorschrift findet auch Anwendung auf **fehlerhafte Arbvverh**, Probe-Arbvverh und Weiterbeschäftigungsverhältnisse.[12] Auch **leitende Angestellte** sind erfasst.[13] In Gruppen-Arbvverh tätige AN haben nach richtiger Ansicht einen Zeugnisanspruch,[14] jedoch nur auf ein **einfaches Zeugnis**.[15] Ein **qualifiziertes Zeugnis** (§ 109 Abs. 1 S. 3) kann nur dann erteilt werden, wenn eine gewisse Dauer der Tätigkeit des AN – bspw. sechs Wochen[16] – dem AG eine zutreffende Beurteilung von Leistung und Verhalten ermöglicht.[17]

4 **2. Weitere Zeugnisvorschriften.** Neben § 630 BGB, der für alle in einem **dauernden Dienstverhältnis** stehenden Dienstpflichtigen, die keine AN sind, einschließlich **freier Mitarbeiter**[18] gilt (siehe § 630 BGB Rn 3),[19] bestehen Zeugnisvorschriften in § 16 BBiG[20] für **Auszubildende** („Ausbildungszeugnis")[21] sowie i.V.m. § 19 BBiG a.F. für **Praktikanten** („Praktikantenzeugnis"),[22] ferner in § 19 SeemG[23] für **Seeleute** („Seefahrtbuch") und in § 18 EhfG[24] für **Entwicklungshelfer**. **Beamten** ist nach Maßgabe von § 92 BBG, **Soldaten** gem. § 32 SG und **Zivildienstleistenden** nach § 46 ZDG ein sog. Dienstzeugnis auszustellen.[25] Die wichtigsten tarifvertraglichen Zeugnisregelungen sind § 61 BAT bzw. § 35 TVöD für **Angestellte des öffentlichen Dienstes** sowie § 64 MTB II und MTL II für **Arbeiter des öffentlichen Dienstes**. Trotz unterschiedlicher Anspruchsgrundlagen für den Zeugnisanspruch besteht bzgl. des Anspruchsinhalts nach allg.M. ein weitgehend **einheitliches Zeugnisrecht**.[26] Die Arbeitsbescheinigung

---

4 BAG 3.3.1993 – 5 AZR 182/92 – NZA 1993, 697; BAG 8.2.1972 – 1 AZR 189/71 – DB 1972, 931 f.; LAG Düsseldorf 23.5.1995 – 3 Sa 253/95 – NZA-RR 1996, 42, 43; LAG Nürnberg 18.1.1994 – 6 Sa 270/92 – LAGE § 630 BGB Nr. 20.
5 BGH 15.5.1979 – VI ZR 230/76 – MDR 1979, 924; Protokolle II, 308, zu § 630 BGB.
6 BGBl I 2002 S. 3412, 3415, 3421; BT-Drucks 14/8796, S. 25 f.
7 Zu § 113 a.F. s. *Wank*, in: Tettinger/Wank, GewO, § 113 Rn 1 ff.
8 Landmann-Rohmer/*Neumann*, GewO, § 109 Rn 1 ff.; *Düwell*, FA 2003, 2 ff.; *Perreng*, AiB 2002, 521 ff.; zum Gesetzgebungsverfahren s. *Düwell*, ZTR 2002, 461 f.; *Neumann*, AuR 2002, 216 f.; zur rechtssystematischen Kritik s. Boemke/*Ankersen*, GewO, Einl. Rn 16 ff.; zur Zeugnis-Geschichte s. *Schleßmann*, NZA 2006, 1392 ff. m.w.N.
9 BT-Drucks 14/8796, S. 25.
10 BT-Drucks 14/8796, S. 29; BAG 23.6.2004 – 10 AZR 495/03 – NZA 2004, 1392, 1394; BAG 14.10.2003 – 9 AZR 12/03 – NZA 2004, 842, 843; *Bauer/Opolony*, BB 2002, 1590, 1594; *Düwell*, ZTR 2002, 461, 463; *Schöne*, NZA 2002, 829, 832.
11 MüKo-BGB/*Henssler*, § 630 Rn 7 m.w.N.
12 Staudinger/*Preis*, § 630 Rn 3 f.; MüKo-BGB/*Henssler*, § 630 Rn 7; Erman/*Belling*, § 630 BGB Rn 5.
13 LAG Hamm 12.7.1994 – 4 Sa 192/94 – LAGE § 630 BGB Nr. 27.
14 A.A. *Schleßmann*, 32.
15 ErfK/*Müller-Glöge*, § 109 GewO Rn 2.
16 LAG Köln 30.3.2001 – 4 Sa 1485/00 – BB 2001, 1959; ArbG Frankfurt 8.8.2001 – 7 Ca 8000/00 – NZA-RR 2002, 182.
17 S. *Geyer*, FA 2002, 334, 336 m.w.N.: Ablauf der vereinbarten Probezeit oder sechs Monate.
18 Str.; s. Landmann-Rohmer/*Neumann*, GewO, § 109 Rn 7 m.w.N.
19 *Borgmann*, MDR 2003, 305, 307.
20 *Roth*, FA 2001, 299, 300, noch zu § 8 BBiG a.F.
21 LAG Hamm 27.2.1997 – 4 Sa 1691/96 – NZA-RR 1998, 151, 155; LAG Hamm 1.12.1994 – 4 Sa 1631/94 – LAGE § 630 BGB Nr. 28, LS 5.
22 LAG Hamm 27.2.1997 – 4 Sa 1691/96 – NZA-RR 1998, 151, 155; LAG Hamm 11.7.1996 – 4 Sa 1285/95 – juris; LAG Hamm 1.12.1994 – 4 Sa 1631/94 – LAGE § 630 BGB Nr. 28, LS 5; LAG Hamm 19.5.1995 – 4 Sa 443/95 – LAGE § 48 ArbGG 1979 Nr. 12, LS 5 und 6.
23 Landmann-Rohmer/*Neumann*, GewO, § 109 Rn 9.
24 EntwicklungshelferG v. 18.6.1969 (BGBl I S. 549).
25 Zu Dienstzeugnissen s. *Haas/Müller*, S. 1 ff.
26 Staudinger/*Preis*, § 630 BGB Rn 5; Erman/*Belling*, § 630 BGB Rn 1; MüKo-BGB/*Henssler*, § 630 Rn 1; MünchArb/*Wank*, Bd. 2, § 124 Rn 2; Schaub/*Linck*, Arbeitsrechts-Handbuch, § 146 Rn 1; HWK/*Gäntgen*, § 109 GewO Rn 1; *Wank*, in: Tettinger/Wank, GewO, § 113 Rn 1; *Braun*, RiA 2000, 113; *Hohmeister*, NZA 1998, 571.

nach § 312 SGB III ist kein Arbeitszeugnis.[27] Vom Arbeitszeugnis zu unterscheiden ist ferner die **dienstliche Regelbeurteilung** (siehe Rn 13).[28] Die Bescheinigung über die Tätigkeit als **Arzt im Praktikum** nach § 34d ÄApprO ist kein Zeugnis i.S.v. § 630 BGB, § 109 oder § 16 BBiG.[29]

3. Unabdingbarkeit, Verzicht.
§ 109 ist **nicht abdingbar**.[30] Ein **Verzicht** (§ 397 BGB) auf den Zeugnisanspruch ist vor Beendigung des Dienstverhältnisses unzulässig.[31] Anderes gilt für den nachträglichen Verzicht auf den bereits entstandenen Zeugnisanspruch.[32] Im Hinblick auf die langfristige Bedeutung des Arbeitszeugnisses für das künftige Arbeitsleben des AN ist im Rahmen einer allgemeinen **Ausgleichsquittung (Ausgleichsklausel)** im Zweifel nicht davon auszugehen, dass auch auf den Zeugnisanspruch verzichtet wurde.[33]

II. Anspruchsverpflichteter

1. AG.
Schuldner des Zeugnisanspruchs ist der **AG**.[34] Nach einem **Betriebsübergang** (§ 613a Abs. 1 S. 1 BGB) ist dies der Erwerber.[35] Ist der AG eine juristische Person, handelt der **gesetzliche Vertreter**,[36] z.B. das Vorstandsmitglied eines e.V. (§ 26 BGB).[37] Die Ausstellung des Zeugnisses kann auch durch einen unternehmensangehörigen[38] einstellungs- bzw. entlassungsbefugten (§ 5 Abs. 3 S. 2 Nr. 1 BetrVG, § 14 Abs. 2 S. 1 KSchG)[39] **Bevollmächtigten** (§§ 164 ff. BGB)[40] als Erfüllungsgehilfen (§ 278 BGB) des AG erfolgen.[41] Im Zeugnis ist deutlich zu machen, dass dieser Vertreter dem AN gegenüber weisungsbefugt war.[42] Denn seinen Zweck erfüllt das Zeugnis nur dann, wenn es von einem **„erkennbar Ranghöheren"** ausgestellt wird.[43] Es sind das Vertretungsverhältnis und die Funktion des Vertreters anzugeben, weil die Person und der Rang des Unterzeichnenden Aufschluss über die Wertschätzung des AN und die Kompetenz des Ausstellers zur Beurteilung des AN und damit über die Richtigkeit der im Zeugnis getroffenen Aussagen gibt.[44] Ist der AN direkt der Geschäftsleitung unterstellt gewesen, so ist das Zeugnis von einem Mitglied der Geschäftsleitung auszustellen.[45] Das Zeugnis eines unmittelbar dem Vorstand einer AG (§§ 76 ff. AktG) unterstellten leitenden Angestellten hat der Vorstand, vertreten durch den Vorstandsvorsitzenden, auszustellen.[46] Im Fall des Todes des AG sind dessen **Erben** zur Zeugniserteilung verpflichtet (§§ 1922, 1967 BGB).[47]

2. (Vorläufiger „starker") Insolvenzverwalter, Nachtragsliquidator.
Wird das Arbverh vor Eröffnung des Insolvenzverfahrens (§ 27 InsO) über das Vermögen des AG beendet, bleibt **grds. der AG** Schuldner des Zeugnisanspruchs.[48] Anderes gilt nur dann, wenn ein „starker" vorläufiger Insolvenzverwalter im Eröffnungsverfahren die Arbeitsleistung in Anspruch genommen hat. Ein anhängiger Zeugnisrechtsstreit wird durch die Insolvenzeröffnung nicht nach § 240 ZPO unterbrochen und ist daher gegen den Gemeinschuldner fortzusetzen.[49] Wird das Arbverh

---

27 Staudinger/*Preis*, § 630 Rn 87; *Monjau*, DB 1966, 264.
28 BAG 19.8.1992 – 7 AZR 262/91 – NZA 1993, 222 ff. m.w.N.
29 BAG 9.5.2006 – 9 AZR 182/05 – NZA 2006, 1296.
30 ErfK/*Müller-Glöge*, § 109 GewO Rn 52.
31 BAG 16.9.1974 – 5 AZR 255/74 – NJW 1975, 407 f.; Staudinger/*Preis*, § 630 Rn 7 f.; *Monjau*, DB 1966, 264, 269; a.A. RAG 4.12.1929 – 243/29 – ARS 8, 45, 49 m. Anm. *Gerstel/Hueck*.
32 Offen gelassen von BAG 16.9.1974 – 5 AZR 255/74 – NJW 1975, 407 f.; so RAG 18.2.1933 – 440/32 – ARS 17, 464, 467 m. Anm. *Volkmar/Hueck*; LAG Köln 17.6.1994 – 4 Sa 185/94 – MDR 1995, 613 f.; LAG Düsseldorf 12.3.1986 – 15 Sa 13/86 – LAGE § 630 BGB Nr. 2; ArbG Berlin 3.12.1968 – 2 Ca 321/68 – DB 1969, 90 f.; Staudinger/*Preis*, § 630 Rn 7 f. m.w.N., auch zur a.A.
33 BAG 16.9.1974 – 5 AZR 255/74 – NJW 1975, 407 f.; LAG Düsseldorf 23.5.1995 – 3 Sa 253/95 – NZA-RR 1996, 42 f.; LAG Köln 17.6.1994 – 4 Sa 185/94 – MDR 1995, 613 f.; *Moderegger*, ArbRB 2006, 240; *Löw*, NJW 2005, 3605, 3608.
34 BAG 29.1.1986 – 4 AZR 479/84 – DB 1986, 1340 f.
35 LAG Köln 30.7.2001 – 2 Sa 1457/00 – NZA-RR 2002, 181; Palandt/*Weidenkaff*, § 613a BGB Rn 23; *Altenburg/Leister*, NZA 2005, 15, 22; *Ring*, BuW 2001, 208, 209.
36 S. z.B. § 78 AktG, § 35 GmbHG.
37 LAG Köln 14.7.1994 – 4 Sa 579/94 – MDR 1995, 612 f.
38 BAG 26.6.2001 – 9 AZR 392/00 – NZA 2002, 34 ff.; LAG Hamm 17.6.1999 – 4 Sa 2587/98 – MDR 2000, 590 f.; LAG Hamm 2.11.1966 – 3 Ta 72/66 – DB 1966, 1815: Ausstellung durch einen betriebsfremden RA ist unzulässig.
39 S. § 5 Abs. 3 S. 2 Nr. 1 BetrVG, § 14 Abs. 2 KSchG; s. *Hunold*, NZA-RR 2001, 113, 115.
40 Z.B. Stellvertreter, Vorgesetzter, Prokurist, Betriebsleiter.
41 BAG 21.9.1999 – 9 AZR 893/98 – NZA 2000, 257, 258; LAG Nürnberg 5.12.2002 – 2 Ta 137/02 – NZA-RR 2003, 463.
42 BAG 26.6.2001 – 9 AZR 392/00 – NZA 2002, 34 ff.
43 BAG 16.11.1995 – 8 AZR 983/94 – AuR 1996, 195; BAG 4.10.2005 – 9 AZR 507/04 – NZA 2006, 436, 437 f.; LAG Hamm 17.6.1999 – 4 Sa 2587/98 – MDR 2000, 590; LAG Köln 14.7.1994 – 4 Sa 579/94 – MDR 1995, 612 f.
44 BAG 21.9.1999 – 9 AZR 893/98 – NZA 2000, 257, 258.
45 BAG 26.6.2001 – 9 AZR 392/00 – NZA 2002, 34 ff.
46 ArbG Köln 5.1.1968 – 2 Ca 391/64 – DB 1968, 534.
47 BAG 29.1.1986 – 4 AZR 479/84 – DB 1986, 1340, 1341; BAG 30.1.1991 – 5 AZR 32/90 – NZA 1991, 599, 600.
48 BAG 23.6.2004 – 10 AZR 495/03 – NZA 2004, 1392, 1394 f.; BAG 30.1.1991 – 5 AZR 32/90 – NZA 1991, 599; BAG 28.11.1966 – 5 AZR 190/66 – PraktArbR § 630 BGB Nr. 59; *Berkowsky*, NZI 2008, 224, 225; *Stiller*, NZA 2005, 330, 331 f.; a.A. *Schmidt*, DB 1991, 1930 ff.
49 BAG 23.6.2004 – 10 AZR 495/03 – NZA 2004, 1392, 1395; BAG 28.11.1966 – 5 AZR 190/66 – PraktArbR § 630 BGB Nr. 59; LAG Düsseldorf 7.11.2003 – 16 Ta 571/03 – NZA-RR 2004, 206; LAG Nürnberg 5.12.2002 – 2 Ta 137/02 – NZA-RR 2003, 463.

nach Insolvenzeröffnung beendet, schuldet der **Insolvenzverwalter** (§ 80 InsO) das Arbeitszeugnis,[50] und zwar unabhängig davon, wie lange das Arbverh fortgeführt wird und – nach Maßgabe dessen, was ihm möglich ist – auch bzgl. der Zeit vor Insolvenzeröffnung.[51] Der Zeugnisanspruch ist weder ein Vermögensanspruch i.S.v. § 108 Abs. 2 InsO noch eine Masseverbindlichkeit i.S.v. § 55 InsO.[52] Die Verpflichtung zur Erteilung des Arbeitszeugnisses trifft einen **vorläufigen Insolvenzverwalter** dann, wenn auf ihn die Verwaltungs- und Verfügungsbefugnis über die Arbverh gem. § 22 Abs. 1 oder Abs. 2 InsO übergegangen ist (sog. „starker Insolvenzverwalter").[53] Dies gilt unabhängig davon, ob und wie lange er den AN tatsächlich beschäftigt hat oder eigene Kenntnisse über dessen Arbeitsleistung gewinnen konnte.[54] Zur Erfüllung dieser Verpflichtung hat der Insolvenzverwalter einen Auskunftsanspruch nach §§ 97, 101 InsO gegenüber dem Schuldner.[55] Ist eine GmbH im HReg wegen Vermögenslosigkeit gelöscht worden (§ 394 FamFG, § 60 Abs. 1 Nr. 7 GmbHG), so ist entsprechend § 273 Abs. 4 AktG auf Antrag des zeugnisberechtigten Gläubigers ein **Nachtragsliquidator** zu bestellen, der sich ggf. Kenntnisse über Leistung und Führung des AN durch Einholung von Auskünften bei der früheren Geschäftsführung zu beschaffen hat, um den fortbestehenden Zeugnisanspruch zu erfüllen.[56]

III. Zeitpunkt der Entstehung des Zeugnisanspruchs

1. Endzeugnis (Schlusszeugnis). Gem. Abs. 1 S. 1 ist das Arbeitszeugnis grds. als sog. Endzeugnis (Schlusszeugnis) „bei Beendigung" des Arbverh – gleich aus welchem Grund[57] – zu erteilen. Mit diesem Entstehungszeitpunkt ist der Anspruch sogleich fällig.[58] Die Erfüllbarkeit des Anspruchs hängt jedoch davon ab, dass der AN sein **Wahlrecht** (siehe Rn 42) ausübt, ein **einfaches** (siehe Rn 10, 27 ff.) oder ein **qualifiziertes Zeugnis** (siehe Rn 11, 30 ff.) zu verlangen. Das Endzeugnis kann nach allg.M. nicht erst nach, sondern bereits „bei", d.h. **anlässlich der Beendigung des Arbverh** verlangt werden, da der einen neuen Arbeitsplatz suchende AN i.d.R. hierauf angewiesen ist.[59] Der Zeugnisanspruch eines fristgerecht entlassenen AN entsteht spätestens[60] mit dem **Ablauf der Künd-Frist** oder bei seinem **tatsächlichen Ausscheiden**.[61] Der AG ist bis zu diesem Zeitpunkt nicht verpflichtet, wohl aber berechtigt, das Zeugnis als endgültiges auszustellen. Er kann es als vorläufiges Zeugnis oder **Zwischenzeugnis** (siehe Rn 9) bezeichnen.[62] Nach Ausspruch einer außerordentlichen Künd (§ 626 BGB) entsteht der Anspruch sofort.[63] Diese Grundsätze gelten unabhängig davon, ob der AN Künd-Schutzklage erhebt oder einen Weiterbeschäftigungsanspruch geltend macht.[64] Liegt ein **befristetes Arbverh** vor, wird auf eine fiktive Künd-Frist abgestellt, so dass spätestens der Tag maßgeblich ist, an dem ordentlich hätte gekündigt werden müssen, um das Arbverh zum Zeitpunkt des Ablaufs der Befristung enden zu lassen.[65] Wurde ein **Aufhebungsvertrag** geschlossen, ist – vorbehaltlich einer anderen Vereinbarung – der Zeitpunkt des Vertragsschlusses maßgeblich.[66]

2. Zwischenzeugnis. Im Übrigen kann dem AN – z.B. aus § 61 Abs. 2 BAT bzw. § 35 Abs. 2 TVöD oder als Ausfluss einer arbeitsvertraglichen Nebenpflicht des AG – ein Anspruch auf Erstellung eines sog. Zwischenzeugnisses (siehe Rn 12, 40) bereits **während des laufenden Arbverh** zustehen.

---

50 BAG 23.6.2004 – 10 AZR 495/03 – NZA 2004, 1392, 1394 f.; LAG Köln 30.7.2001 – 2 Sa 1457/00 – NZA-RR 2002, 181; *Berkowsky*, NZI 2008, 224; *Stiller*, NZA 2005, 330, 332 ff.
51 BAG 30.1.1991 – 5 AZR 32/90 – NZA 1991, 599 f.; LAG Köln 30.7.2001 – 2 Sa 1457/00 – NZA-RR 2002, 181; *Rieger/Philipp*, NZI 2004, 190 ff.
52 BAG 23.6.2004 – 10 AZR 495/03 – NZA 2004, 1392, 1395 m.w.N.
53 LAG Frankfurt 1.8.2003 – 12 Sa 568/03 – EzA-SD 2004, Nr. 24, 15.
54 BAG 23.6.2004 – 10 AZR 495/03 – NZA 2004, 1392, 1394, in seiner Revisionsentscheidung zu LAG Frankfurt 1.8.2003 – 12 Sa 568/03.
55 BAG 23.6.2004 – 10 AZR 495/03 – NZA 2004, 1392, 1394; BAG 30.1.1991 – 5 AZR 32/90 – NZA 1991, 599, 600, zu § 100 KO.
56 KG Berlin 9.1.2001 – 1 W 2002/00 – DB 2001, 643 f. m.w.N.
57 Z.B. Künd (§ 620 Abs. 2 BGB), Zeitablauf (§ 15 Abs. 1 TzBfG), Eintritt einer auflösenden Bedingung (§ 158 Abs. 2 BGB, §§ 21, 15 Abs. 1 TzBfG), Auflösung durch Urteil (§ 9 KSchG), Aufhebungsvertrag (§§ 311, 241 BGB).
58 BAG 30.1.1991 – 5 AZR 32/90 – NZA 1991, 599 f.; BAG 23.2.1983 – 5 AZR 515/80 – DB 1983, 2043 f.; LAG Hamm 9.12.1980 – 13 Sa 1012/80 – ARST 1981, 112.
59 BAG 27.2.1987 – 5 AZR 710/85 – NZA 1987, 628, 629 m.w.N.
60 S. *Korinth*, ArbRB 2004, 321, 322: mit Zugang der Künd.
61 BAG 27.2.1987 – 5 AZR 710/85 – NZA 1987, 628, 629.
62 Str.; offen gelassen von BAG 27.2.1987 – 5 AZR 710/85 – NZA 1987, 628, 629 m.w.N.; so MüKo-BGB/*Henssler*, § 630 Rn 14; *Dietz*, 13; *Eisbrecher*, 22; a.A. Staudinger/*Preis*, § 630 Rn 13 m.w.N.; s. LAG Hamm 1.12.1994 – 4 Sa 1540/94 – LAGE § 630 BGB Nr. 25: jedenfalls auf Wunsch des AN.
63 Staudinger/*Preis*, § 630 Rn 15; MünchArb/*Wank*, Bd. 2, § 128 Rn 9.
64 BAG 27.2.1987 – 5 AZR 710/85 – NZA 1987, 628 f.; Staudinger/*Preis*, § 630 Rn 17 m.w.N.; a.A. MünchArb/*Wank*, Bd. 2, § 128 Rn 13.
65 Staudinger/*Preis*, § 630 Rn 18 m.w.N.
66 Erman/*Belling*, § 630 BGB Rn 6; *Dietz*, 13; *Schäfer*, Rn 63.

IV. Inhalt des Zeugnisanspruchs

1. Überblick über die Zeugnisarten. a) Einfaches Zeugnis (§ 109 Abs. 1 S. 2). Der Begriff des einfachen Zeugnisses ist seit 1.1.2003 in Abs. 1 S. 2 legaldefiniert.[67] Ein einfaches Zeugnis muss neben den Angaben über die **Person** (siehe Rn 21) und dem **Ausstellungsdatum** (siehe Rn 22) eine möglichst genaue und vollständige Beschreibung von Art (siehe Rn 27 f.) und Dauer (siehe Rn 29) der bisherigen **Tätigkeit** des AN enthalten.[68] Unerwähnt bleiben dürfen nur solche Tätigkeiten, denen für künftige Bewerbungen des AN keine Bedeutung zukommt.[69]

b) Qualifiziertes Zeugnis (Abs. 1 S. 3). Abs. 1 S. 3 definiert den Begriff des qualifizierten Zeugnisses. Ein qualifiziertes Zeugnis enthält über die in einem einfachen Zeugnis (siehe Rn 10, 27 ff.) enthaltenen Angaben hinaus Angaben über **Leistung** (siehe Rn 31 ff.) und **Verhalten** (siehe Rn 35 ff.) des AN.[70] Allgemein enthält ein qualifiziertes Zeugnis folgende Grundelemente: **Firmenbogen** (siehe Rn 19), **Überschrift** (siehe Rn 26), **Eingangsformel/Personaldaten** (siehe Rn 21), **Dauer des Arbvverh** (siehe Rn 29), **Tätigkeitsbeschreibung** (siehe Rn 27 f.), **Leistungsbeurteilung** (siehe Rn 31 ff.), ggf. **Führungsleistung** bei Vorgesetzten (siehe Rn 31), **Verhaltensbeurteilung** (siehe Rn 35 ff.), ggf. **Beendigungsmodalität** bzw. **Zeugnisvergabegrund** (siehe Rn 23), ggf. **Schlussformel** (siehe Rn 25), **Aussteller** (siehe Rn 24).[71] Dem AN steht ein Wahlrecht (siehe Rn 42) zu, ob er ein einfaches oder ein qualifiziertes Zeugnis verlangt.

c) Zwischenzeugnis. Als Zwischenzeugnis bezeichnet man – im Gegensatz zu dem „bei Beendigung" des Arbvverh zu erstellenden sog. End- bzw. Schlusszeugnis (siehe Rn 8) – ein während des laufenden Arbvverh zu erstellendes Arbeitszeugnis. § 109 gewährt dem AN ebenso wenig wie § 630 BGB[72] oder §§ 82 Abs. 2, 83 BetrVG[73] einen **Anspruch auf Erstellung** eines Zwischenzeugnisses.[74] Ein solcher Anspruch ergibt sich oft aus tarifvertraglichen Vorschriften, z.B. § 61 Abs. 2 BAT bzw. § 35 Abs. 2 TVöD, wonach der Angestellte berechtigt ist, „aus **triftigen Gründen** auch während des Arbvverh ein Zeugnis zu verlangen." Außerhalb tarifvertraglicher Anspruchsgrundlagen kann die Erstellung eines Zwischenzeugnisses aufgrund einer allgemeinen arbeitsvertraglichen Nebenpflicht des AG bzw. aus dem Gesichtspunkt der Fürsorgepflicht (§ 242 BGB) geschuldet sein,[75] wenn – in Anlehnung an § 61 Abs. 2 BAT bzw. § 35 Abs. 2 TVöD – ein triftiger Grund vorliegt.[76] „**Triftig**" ist jeder Grund, der bei verständiger Betrachtung den Wunsch des AN auf Erteilung eines Zwischenzeugnisses als berechtigt erscheinen lässt. Das ist der Fall, wenn das Zwischenzeugnis geeignet ist, den mit ihm angestrebten Erfolg zu fördern. Bei der Auslegung des Begriffs „triftiger Grund" ist nicht kleinlich vorzugehen.[77] Ein typischer Anwendungsfall ist der Wechsel des Vorgesetzten, weil anderenfalls über längere Zeit keine sachgerechte Beurteilung des AN möglich wäre.[78] Als weitere triftige Gründe werden allgemein anerkannt: Bewerbung um eine neue Stelle,[79] Versetzung,[80] Vorlage bei Gerichten und Behörden oder Stellung eines Kreditantrags,[81] wenn der AG dem AN eine Künd in Aussicht gestellt hat,[82] strukturelle Änderungen innerhalb des Betriebsgefüges, z.B. Betriebsübergang (§ 613a BGB)[83] oder Insolvenz[84] sowie bevorstehende persönliche Veränderungen des AN, z.B. Versetzung, Fort- und Weiterbildung[85] oder geplante längere Arbeitsunterbrechungen, etwa ab einem Jahr oder auch Wehr- oder Zivildienst,[86] Erziehungsurlaub oder Abgeordnetenmandat.[87] Es wird vertreten, dass u.U. allein die mehrjährige Dauer eines Arbvverh einen triftigen Grund darstellen könne.[88] Ein triftiger Grund (i.S.v. § 61 Abs. 2 BAT bzw. § 35 Abs. 2 TVöD) liegt nicht vor, wenn der Angestellte das Zeugnis allein deshalb verlangt, weil er es in einem Rechtsstreit, in dem er seine Höhergruppierung anstrebt, als Beweismittel verwenden will.[89] Für das Zwischenzeugnis gelten nach Form und Inhalt die gleichen Grundsätze wie für das Endzeugnis.[90]

---

67 Landmann-Rohmer/*Neumann*, GewO, § 109 Rn 18 ff.; *Mauritz/Wischnath*, AiB 2006, 222.
68 BT-Drucks 14/8796, S. 25.
69 BAG 12.8.1976 – 3 AZR 720/75 – DB 1976, 2211, 2212.
70 Landmann-Rohmer/*Neumann*, GewO, § 109 Rn 24.
71 LAG Hamm 1.12.1994 – 4 Sa 1631/94 – LAGE § 630 BGB Nr. 28, LS 5; *Hunold*, NZA-RR 2001, 113, 115.
72 Staudinger/*Preis*, § 630 Rn 19 f.; MüKo-BGB/*Henssler*, § 630 Rn 17 ff.; a.A. offenbar ArbG Halberstadt 21.9.2004 – 5 Ca 587/04 – (n.r. LAG Halle – 11 Sa 750/04 –); *Wisskirchen*, DB 2002, 1886, 1889.
73 Staudinger/*Preis*, § 630 Rn 19; GK-BetrVG/*Wiese*, Bd. 2, § 82 Rn 16.
74 ErfK/*Müller-Glöge*, § 109 GewO Rn 50.
75 BAG 21.1.1993 – 6 AZR 171/92 – NZA 1993, 1031, 1032; Staudinger/*Preis*, § 630 Rn 20; *Korinth*, ArbRB 2004, 321 f.
76 LAG Köln 2.2.2000 – 3 Sa 1296/99 – NZA-RR 2000, 419, 420.
77 BAG 21.1.1993 – 6 AZR 171/92 – NZA 1993, 1031; BAG 1.10.1998 – 6 AZR 176/97 – NZA 1999, 894.
78 BAG 1.10.1998 – 6 AZR 176/97 – NZA 1999, 894.
79 BAG 21.1.1993 – 6 AZR 171/92 – NZA 1993, 1031; LAG Köln 2.2.2000 – 3 Sa 1296/99 – NZA-RR 2000, 419, 420.
80 HWK/*Gäntgen*, § 109 GewO Rn 34 m.w.N.
81 BAG 21.1.1993 – 6 AZR 171/92 – NZA 1993, 1031; ArbG Koblenz 11.5.1988 – 4 Ca 399/88 – EzBAT § 61 BAT Nr. 14.
82 HWK/*Gäntgen*, § 109 GewO Rn 34 m.w.N.
83 LAG Köln 26.2.2004 – 7 Ta 43/04 – MDR 2004, 1067.
84 BAG 21.1.1993 – 6 AZR 171/92 – NZA 1993, 1031 f.
85 BAG 21.1.1993 – 6 AZR 171/92 – NZA 1993, 1031 f.; *Schulz*, 26.
86 BAG 21.1.1993 – 6 AZR 171/92 – NZA 1993, 1031 f. m.w.N.
87 *Huber*, 19 ff.
88 *Weuster*, BuW 2001, 300, 301.
89 BAG 21.1.1993 – 6 AZR 171/92 – NZA 1993, 1031, 1032.
90 BAG 1.10.1998 – 6 AZR 176/97 – NZA 1999, 894 f.; LAG Düsseldorf 23.7.2003 – 12 Sa 232/03 – AuA 2004, Nr. 7, 42; LAG Köln 8.2.2000 – 13 Sa 1050/99 – NZA-RR 2001, 130, 131; LAG Hamm 1.12.1994 – 4 Sa 1540/94 – LAGE § 630 BGB Nr. 25; LAG Düsseldorf 2.7.1976 – 9 Sa 727/76 – DB 1976, 2310.

250 GewO § 109

13 **d) (Dienstliche Regel-)Beurteilungen.** Vom Arbeitszeugnis zu unterscheiden sind sog. Beurteilungen, insb. die dienstliche Regelbeurteilung. Ein AG darf Eignung, Befähigung und fachliche Leistung der bei ihm beschäftigten AN beurteilen und die Beurteilung in den **Personalakten** (s. § 13 BAT bzw. § 3 Abs. 5 TVöD, § 83 BetrVG) festhalten.[91] Dies gilt nicht nur im Bereich des öffentlichen Dienstes (§§ 75 Abs. 3 Nr. 9, 76 Abs. 2 Nr. 3 BPersVG: sog. **dienstliche Regelbeurteilungen**),[92] sondern auch in der Privatwirtschaft.[93] Die Beurteilung ist auf Verlangen des AN zu begründen, insb. sind diejenigen Tatsachen anzugeben, die eine negative Beurteilung rechtfertigen sollen.[94] Beurteilungen richten sich nicht an Dritte, sondern wirken im **Innenbereich**. Sie sollen zum einen die Personalplanung (§ 92 BetrVG) und den sachgerechten Einsatz der AN erleichtern.[95] Zum anderen stellen sie – insb. in größeren Betrieben und Verwaltungen, in denen des öfteren Vorgesetzte wechseln, – eine **Tatsachengrundlage** für inhaltlich zutreffende qualifizierte Zeugnisse dar.[96] Beurteilungen müssen ordnungsgemäß zustande kommen und inhaltlich richtig sein. Nach BAG-Rspr. ist der AG darüber hinaus verpflichtet, auf die berechtigten Interessen des AN Rücksicht zu nehmen, um dessen beruflichen Werdegang nicht in unzulässiger Weise zu behindern.[97]

14 **2. Allgemeine Grundsätze des Zeugnisrechts. a) Einheitlichkeit.** Der Grundsatz der Einheitlichkeit besagt zunächst, dass der AN grds. nur **ein einziges Zeugnis** verlangen kann, entweder als **einfaches** (siehe Rn 10, 27 ff.) oder als **qualifiziertes** (siehe Rn 11, 30), nicht dagegen beide Zeugnisse nebeneinander. Die im qualifizierten Zeugnis enthaltenen Angaben treten neben die im einfachen Zeugnis enthaltenen Angaben, nicht an deren Stelle. Ein qualifiziertes Zeugnis muss sich gem. Abs. 1 S. 3 auf „Leistung und Verhalten" des AN erstrecken. Eine Zwischenform zwischen einfachem und qualifiziertem Zeugnis sieht das Gesetz nicht vor. Es ist nicht zulässig, ein Zeugnis allein über die Leistung oder allein über das Verhalten im Arbverh auszustellen,[98] auch nicht mit der Begründung, das Zeugnis werde insoweit ungünstig für den AN ausfallen.[99] Eine Beschränkung des Arbeitszeugnisses auf einen bestimmten Zeitraum eines langjährigen Arbverh ist dem AG verboten, da kein **Gesamtbild** vom AN und seiner Tätigkeit entstünde.[100] Gleiches gilt auch dann, wenn der AN eine **gemischte Tätigkeit** ausgeübt hat und getrennte Zeugnisse für die verschiedenen Tätigkeiten verlangt oder begehrt, einzelne Abschnitte im Zeugnis nicht zu erwähnen oder zu bewerten.[101] **Einzelne Vorfälle** dürfen im Rahmen der Bewertung jedenfalls dann nicht hervorgehoben werden,[102] wenn sie für den AN, seine Gesamtleistung oder sein Verhalten nicht charakteristisch sind.[103] Insoweit ist der Grundsatz der Einheitlichkeit gegenüber dem **Grundsatz der Vollständigkeit** (siehe Rn 15) vorrangig.[104]

15 **b) Vollständigkeit.** Der Grundsatz der Vollständigkeit ergibt sich aus dem **Sinn und Zweck des Zeugnisses** (siehe Rn 1). Ein Zeugnis muss die Tätigkeiten, die ein AN im Laufe des Arbverh ausgeübt hat, so vollständig und genau beschreiben, dass sich künftige AG ein **klares Bild** machen können. Tätigkeiten, denen bei einer Bewerbung des AN keine Bedeutung zukommt, dürfen unerwähnt bleiben.[105] Der AG ist – im Rahmen der **Wahrheit** (siehe Rn 16) – frei, welche Leistungen und Eigenschaften seines AN er mehr hervorheben oder zurücktreten lassen will.[106] Ein Zeugnis muss die für das Arbverh **typischen Verhältnisse** nachzeichnen[107] und insoweit **alle wesentlichen Tatsachen und Bewertungen** enthalten.[108] Betrifft eine Auslassung den gesetzlich geschuldeten Zeugnisinhalt, handelt es sich um sog. **beredtes Schweigen**.[109] Allein eine Note oder deren floskelhafte Umschreibung sind zur Bewertung von Leistung und Verhalten nicht ausreichend.[110] I.d.R. ist ein **individuell abgefasster Zeugnistext** erforderlich.[111] Ein qualifiziertes Zeugnis, das jegliche Stellungnahme zum Verhalten des AN wohlwollend übergeht, erfüllt den Zeugnisanspruch nicht.[112] Enthält ein Zeugnis eine sehr ausführliche Tätigkeitsbeschreibung, so ist auch eine entspr.

---

91 BAG 8.5.2001 – 9 AZR 208/00 – PersV 2002, 559; BAG 19.8.1992 – 7 AZR 262/91 – NZA 1993, 222; BAG 10.3.1982 – 5 AZR 927/79 – MDR 1982, 694; BAG 28.3.1979 – 5 AZR 80/77 – BB 1979, 1401.
92 Braun, RiA 2000, 113, 116.
93 ErfK/*Müller-Glöge*, § 109 GewO Rn 49.
94 BAG 28.3.1979 – 5 AZR 80/77 – BB 1979, 1401; ArbG Zwickau 10.9.2003 – 4 Ca 341/03 – AuR 2004, 433.
95 ErfK/*Müller-Glöge*, § 109 GewO Rn 49 f. m.w.N.
96 BAG 28.3.1979 – 5 AZR 80/77 – BB 1979, 1401.
97 BAG 28.3.1979 – 5 AZR 80/77 – BB 1979, 1401.
98 BAG 12.10.1935 – 164/35 – ARS 25, 107, 108 ff. m. Anm. *Hueck*; LAG Köln 30.3.2001 – 4 Sa 1485/00 – BB 2001, 1959; LAG Hamm 27.2.1997 – 4 Sa 1691/96 – NZA-RR 1998, 151, 154; LAG Düsseldorf 30.5.1990 – 7 Ta 11/90 – LAGE § 630 BGB Nr. 10; LAG Frankfurt 23.1.1968 – 5 Sa 373/67 – DB 1969, 887.
99 RAG 25.11.1933 – 222/33 – ARS 19, 227, 229 m. Anm. *Hueck*.
100 BGH 9.11.1967 – II ZR 64/67 – DB 1967, 2214; LAG Frankfurt 14.9.1984 – 13 Sa 64/84 – NZA 1985, 27.
101 LAG Stuttgart 6.2.1968 – 4 Ta 14/67 – DB 1968, 534; LAG Frankfurt 23.1.1968 – 5 Sa 373/67 – DB 1969, 887.
102 BGH 9.11.1967 – II ZR 64/67 – DB 1967, 2214; RAG 22.2.1933 – 480/32 – ARS 17, 382, 387 ff. m. Anm. *Hueck*; ArbG Düsseldorf 15.12.2003 – 7 Ca 9224/03 – NZA-RR 2004, 294, 295.
103 BAG 23.6.1960 – 5 AZR 560/58 – DB 1960, 1042; LAG Chemnitz 30.1.1996 – 5 Sa 996/95 – NZA-RR 1997, 47 f.
104 ErfK/*Müller-Glöge*, § 109 GewO Rn 19.
105 BAG 12.8.1976 – 3 AZR 720/75 – DB 1976, 2211, 2212; ArbG Düsseldorf 15.12.2003 – 7 Ca 9224/03 – NZA-RR 2004, 294, 295 f.
106 BAG 29.7.1971 – 2 AZR 250/70 – BB 1971, 1280.
107 BAG 26.6.2001 – 9 AZR 392/00 – NZA 2002, 34, 35.
108 BAG 23.6.1960 – 5 AZR 560/58 – DB 1960, 1042.
109 BAG 20.2.2001 – 9 AZR 44/00 – NZA 2001, 843, 844; LAG Köln 18.5.1995 – 5 Sa 41/95 – NZA-RR 1996, 41, 42; BAG 23.6.1960 – 5 AZR 560/58 – DB 1960, 1042.
110 Staudinger/*Preis*, § 630 BGB Rn 40 m.w.N.
111 LAG Stuttgart 6.2.1968 – 4 Ta 14/67 – DB 1968, 534; *Schmid*, DB 1986, 1334, 1335.
112 BAG 29.1.1986 – 4 AZR 479/84 – DB 1986, 1340, 1341.

umfangreiche Leistungsbeurteilung erforderlich, da anderenfalls der Eindruck entstünde, der AN habe sich zwar bemüht, im Ergebnis aber nichts geleistet.[113]

c) Wahrheit. Oberster Grundsatz des Zeugnisrechts ist der Grundsatz der Wahrheit.[114] Das Gesetz erwähnt den Grundsatz der Wahrheit nicht ausdrücklich; immerhin muss das Zeugnis gem. Abs. 2 S. 1 „klar und verständlich formuliert sein".[115] Die Wahrheitspflicht umfasst alle Fragen des Zeugnisrechts.[116] Das Zeugnis muss sowohl seinem Wortlaut wie seinem Sinnzusammenhang nach **objektiv richtig** sein und darf auch dort keine Auslassungen erhalten, wo der Leser eine positive Hervorhebung erwartet.[117] Wie sich aus Abs. 2 S. 2 (§ 113 Abs. 3 a.F.) ergibt, darf weder durch die **äußere Form**[118] noch durch Verwendung sog. **„Geheimzeichen"** (siehe Rn 20) der Eindruck erweckt werden, der Aussteller distanziere sich vom buchstäblichen Wortlaut seiner Erklärung. Wegen der Wahrheitspflicht dürfen nur nachprüfbare **Tatsachen**, dagegen keine Behauptungen, Annahmen oder Verdachtsmomente im Zeugnis enthalten sein.[119] Zu berücksichtigen sind alle Tatsachen – auch die dem AN ungünstigen,[120] z.B. der Inhalt einer Abmahnung[121] –, welche für die Gesamtbeurteilung des AN erheblich sind und an denen Dritte, insb. künftige AG, ein berechtigtes und verständiges Interesse haben können.[122] Trotz der Wahrheitspflicht dürfen nach h.M. **Grund und Art des Ausscheidens** (siehe Rn 23) des AN nicht gegen dessen Willen aus dem Zeugnis ersichtlich sein. Der Grundsatz der Zeugniswahrheit steht dem Verlangen des AN entgegen, das Arbeitszeugnis auf einen **bestimmten Zeitraum** eines langjährigen Arbverh zu beschränken.[123] Gleiches gilt für das Verlangen des AN, im Zeugnis die Formulierung „er hatte Gesamtprokura" zu erhalten, wenn der AN bei einer Gesamtdauer des Arbverh von 38 Monaten über acht Monate keine Gesamtprokura hatte.[124]

d) Wohlwollen. Der Grundsatz des Wohlwollens ergibt sich aus dem **Zweck des Zeugnisses** (siehe Rn 1), dem AN eine Unterlage für künftige Bewerbungen an die Hand zu geben; seine Belange sind gefährdet, wenn er im Zeugnis unterbewertet wird. Das Zeugnis muss von **verständigem Wohlwollen** des AG getragen sein, um dem AN den weiteren Lebens- und Arbeitsweg nicht ungerechtfertigt zu erschweren.[125] Auf bestimmte Formulierungen, bestimmte Ausdrücke oder einen bestimmten Wortlaut hat der AN keinen Anspruch, da es dem AG obliegt, das Zeugnis zu formulieren.[126] Maßstab ist eine verständige, nicht zu viel, nichts Übertriebenes, aber auch nicht zu wenig fordernde **Verkehrsanschauung**.[127] Zwischen dem Wahrheitsgrundsatz und dem Grundsatz des verständigen Wohlwollens besteht ein **Spannungsverhältnis**: ein Zeugnis kann bzw. darf nur im Rahmen der Wahrheit verständig wohlwollend sein.[128] Die Praxis verwendet oftmals nichts sagende Wendungen und aussagekräftige Auslassungen (sog. **„Leer-**

---

113 BAG 24.3.1977 – 3 AZR 232/76 – DB 1977, 1369 f.; s. *Weuster*, BB 1992, 58, 62; *Weuster*, BuW 2001, 300, 305: „Knappheits-Technik".
114 BAG 12.8.1976 – 3 AZR 720/75 – DB 1976, 2211, 2212; BAG 8.2.1972 – 1 AZR 189/71 – DB 1972, 931; BAG 23.6.1960 – 5 AZR 560/58 – DB 1960, 1042; LAG Hamm 3.7.2002 – 3 Sa 248/02 – NZA-RR 2003, 73, 74; LAG Köln 8.2.2000 – 13 Sa 1050/99 – NZA-RR 2001, 130, 132; LAG Stuttgart 19.6.1992 – 15 Sa 19/92 – NZA 1993, 127; LAG Düsseldorf 22.1.1988 – 2 Sa 1654/87 – NZA 1988, 399, 400; *Göldner*, ZfA 1991, 225, 232 ff.
115 ErfK/*Müller-Glöge*, § 109 GewO Rn 22 ff. m.w.N.
116 BAG 23.6.1960 – 5 AZR 560/58 – DB 1960, 1042; BAG 9.9.1992 – 5 AZR 509/91 – NZA 1993, 698, 699; LAG Nürnberg 13.9.1994 – 6 Ta 118/94 – LAGE § 630 BGB Nr. 21.
117 BAG 29.7.1971 – 2 AZR 250/70 – BB 1971, 1280; ArbG Düsseldorf 15.12.2003 – 7 Ca 9224/03 – NZA-RR 2004, 294, 295.
118 BAG 3.3.1993 – 5 AZR 182/92 – NZA 1993, 697, 698.
119 RAG 9.2.1938 – 199/37 – ARS 33, 27, 34 ff. m. Anm. *Volkmar*; RAG 17.11.1928 – 187/28 – ARS 4, 166, 167 ff. m. Anm. *Hueck*; LAG Hamm 27.2.1997 – 4 Sa 1691/96 – NZA-RR 1998, 151, 154; LAG Hamm 13.2.1992 – 4 Sa 1077/91 – LAGE § 630 BGB Nr. 16; ArbG Düsseldorf 15.12.2003 – 7 Ca 9224/03 – NZA-RR 2004, 294, 296.
120 *Monjau*, DB 1966, 300, 302.
121 BAG 14.9.1994 – 5 AZR 632/93 – NZA 1995, 220, 222. Die Abmahnung selbst darf nicht im Zeugnis erwähnt werden, s. *Löw*, NJW 2005, 3605, 3606.
122 BAG 29.7.1971 – 2 AZR 250/70 – BB 1971, 1280; BAG 23.6.1960 – 5 AZR 560/58 – DB 1960, 1042; RAG 22.2.1933 – 480/32 – ARS 17, 382, 386 ff. m. Anm. *Hueck*; LAG Stuttgart 19.6.1992 – 15 Sa 19/92 – NZA 1993, 127.
123 LAG Frankfurt 14.9.1984 – 13 Sa 64/84 – NZA 1985, 27.
124 LAG Stuttgart 19.6.1992 – 15 Sa 19/92 – NZA 1993, 127, 128.
125 BAG 3.3.1993 – 5 AZR 182/92 – NZA 1993, 697, 698; BAG 31.10.1972 – 1 AZR 11/72 – DB 1973, 622 f.; BAG 8.2.1972 – 1 AZR 189/71 – DB 1972, 931; BGH 26.11.1963 – VI ZR 221/62 – DB 1964, 517; LAG Hamm 22.5.2002 – 3 Sa 231/02 – NZA-RR 2003, 71; LAG Hamm 13.2.1992 – 4 Sa 1077/91 – LAGE § 630 BGB Nr. 16; LAG Köln 29.11.1990 – 10 Sa 801/90 – AuR 1992, 123; LAG Hamm 19.10.1990 – 18 (12) Sa 160/90 – LAGE § 630 BGB Nr. 12.
126 St. Rspr.: BAG 29.7.1971 – 2 AZR 250/70 – BB 1971, 1280; LAG Berlin 10.12.1998 – 10 Sa 106/98 – BB 1999, 851; LAG Köln 8.11.1989 – 5 Sa 799/89 – LAGE § 630 BGB Nr. 8; LAG Hamm 24.9.1985 – 13 Sa 833/85 – NZA 1986, 99; LAG Düsseldorf 2.7.1976 – 9 Sa 727/76 – DB 1976, 2310.
127 BGH 26.11.1963 – VI ZR 221/62 – DB 1964, 517; LAG Hamm 12.7.1994 – 4 Sa 192/94 – LAGE § 630 BGB Nr. 27.
128 BAG 9.9.1992 – 5 AZR 509/91 – NZA 1993, 698, 699; BGH 26.11.1963 – VI ZR 221/62 – DB 1964, 517; LAG Hamm 22.5.2002 – 3 Sa 231/02 – NZA-RR 2003, 71; LAG Düsseldorf 22.1.1988 – 2 Sa 1654/87 – NZA 1988, 399, 400; ArbG Düsseldorf 15.12.2003 – 7 Ca 9224/03 – NZA-RR 2004, 294, 296; *Hunold*, NZA-RR 2001, 113, 116 ff.; kritisch *Preis/Bender*, NZA 2005, 1321, 1326 ff.

stellen-Technik").[129] Es gewinnt das an Bedeutung, was nicht im Zeugnis steht;[130] neutrale sowie nicht gerade abwertende Beurteilungen können und sollen als Tadel verstanden werden.[131]

18 **3. Formelle Anforderungen. a) Schriftform (Abs. 1 S. 1, Abs. 3 i.V.m. § 126 BGB).** Die in Abs. 1 S. 1 angeordnete Schriftform (§ 126 Abs. 1 BGB) des Zeugnisses trägt dem Umstand Rechnung, dass ein schriftliches Zeugnis für den AN vor allem als Bewerbungsunterlage erhebliche praktische Bedeutung hat.[132] Die **elektronische Form** (§§ 126 Abs. 3, 126a BGB) ist gem. Abs. 3 ausgeschlossen.[133] Soweit nichts anderes vereinbart wurde, ist das Zeugnis in **deutscher Sprache** – nach h.M. nicht in persönlicher Anredeform, sondern in der **dritten Person**[134] – abzufassen.[135] Gem. § 126 Abs. 1 BGB ist eine **Unterschrift** (siehe Rn 24) des Ausstellers erforderlich.

19 **b) Weitere formelle Aspekte.** Ein Arbeitszeugnis muss in formeller Hinsicht die im **Geschäftsleben üblichen Mindestanforderungen** erfüllen. Es ist haltbares Papier von guter Qualität im Format DIN A4[136] zu benutzen, das Zeugnis muss sauber und ordentlich in einheitlicher Maschinenschrift[137] (bzw. Textverarbeitung,[138] nicht handschriftlich)[139] in üblicher Schriftgröße (mind. 10,[140] besser 12)[141] geschrieben sein und darf keine (Fett-)Flecken, Knicke, Eselsohren, Radierungen, Verbesserungen, Durchstreichungen o.ä. enthalten. Das Arbeitszeugnis muss mit einem ordnungsgemäßen **Briefkopf** ausgestaltet sein, aus dem der Name und die Anschrift des Ausstellers erkennbar sind.[142] Werden im Geschäftszweig des AG für schriftliche Äußerungen üblicherweise Firmenbögen (Geschäftsbögen) verwendet und verwendet auch der AG solches Geschäftspapier, so ist ein Zeugnis nur dann ordnungsgemäß, wenn es auf **Firmenpapier** geschrieben ist.[143] Verwendet der AG für bestimmte Anlässe einen sog. **Repräsentationsbogen** ohne Anschriftenfeld, so ist dieser auch für das Zeugnis zu verwenden.[144] Ist das Zeugnis für einen unmittelbar dem Vorstand einer AG (§§ 76 ff. AktG) unterstellten leitenden Angestellten vom Vorstandsvorsitzenden zu unterschreiben, so ist ein **Vorstandsbogen** zu benutzen.[145] **Grammatikalische und orthographische Fehler** stehen einem ordnungsgemäß erteilten Zeugnis entgegen.[146] Lediglich kleinere, nicht ins Gewicht fallende Unvollkommenheiten sind hinzunehmen.[147] Eine ins Gewicht fallende Unvollkommenheit liegt hingegen z.B. vor, wenn das Zeugnis nicht das korrekte Datum der Beendigung des Arbverh enthält.[148] Der AG erfüllt den Zeugnisanspruch auch mit einem „**geknickten**" **Zeugnis**, wenn das Originalzeugnis kopierfähig ist und die Knicke im Zeugnisbogen sich nicht auf den Kopien abzeichnen, z.B. durch Schwärzungen.[149] Dies stellt kein unzulässiges Geheimzeichen (siehe Rn 20) dar.[150] Eine saubere **Fotokopie** genügt, wenn es sich um qualitativ gutes Kopierpapier handelt und die Kopie mit einer „**Originalunterschrift**" des Ausstellers versehen wird.[151]

---

129 S. *Göldner*, ZfA 1991, 225, 232 ff.; *Weuster*, BB 1992, 58, 59 f.; *Weuster*, BuW 2001, 300, 304.
130 LAG Hamm 24.9.1985 – 13 Sa 833/85 – NZA 1986, 99; Staudinger/*Preis*, § 630 BGB Rn 44.
131 LAG Hamm 28.3.2000 – 4 Sa 648/99 – BB 2000, 2578; LAG Hamm 13.2.1992 – 4 Sa 1077/91 – LAGE § 630 BGB Nr. 16.
132 BT-Drucks 14/8796, S. 26.
133 BT-Drucks 14/8796, S. 25 f.
134 LAG Hamm 27.2.1997 – 4 Sa 1691/96 – NZA-RR 1998, 151, 154; LAG Düsseldorf 23.5.1995 – 3 Sa 253/95 – NZA-RR 1996, 42, 44; *Hunold*, NZA-RR 2001, 113, 115; a.A. *Dietz*, 79.
135 ErfK/*Müller-Glöge*, § 109 GewO Rn 10; *Nowak*, AuA 1992, 68, 69; *Hoß*, AuA 2002, 532, 533.
136 *Braun*, ZTR 2002, 106, 108 m.w.N., auch zum erforderlichen Zeugnisumfang (mind. 1, max. 3 Seiten); *Nowak*, AuA 1992, 68, 69.
137 BAG 3.3.1993 – 5 AZR 182/92 – NZA 1993, 697, 698; Staudinger/*Preis*, § 630 Rn 26; MüKo-BGB/*Henssler*, § 630 Rn 47; ErfK/*Müller-Glöge*, § 109 GewO Rn 14.
138 HWK/*Gäntgen*, § 109 GewO Rn 14; *Hunold*, NZA-RR 2001, 113, 114 f.
139 *Roth*, FA 2001, 299, 300.
140 LAG Frankfurt 13.8.2002 – 16 Ta 255/02 – ARST 2004, 137.
141 HWK/*Gäntgen*, § 109 GewO Rn 14.
142 LAG Hamm 13.2.1992 – 4 Sa 1077/91 – LAGE § 630 BGB Nr. 16; LAG Hamburg 7.9.1993 – 7 Ta 7/93 – NZA 1994, 890.
143 BAG 3.3.1993 – 5 AZR 182/92 – NZA 1993, 697 f.; so schon die Vorinstanz LAG Köln 26.2.1992 – 7 Sa 1007/91 – NZA 1992, 841; LAG Hamm 17.6.1999 – 4 Sa 2587/98 – MDR 2000, 590, 591; LAG Hamm 27.2.1997 – 4 Sa 1691/96 – NZA-RR 1998, 151, 154; LAG Hamm 1.12.1994 – 4 Sa 1631/94 – LAGE § 630 BGB Nr. 28, LS 5; LAG Hamburg 7.9.1993 – 7 Ta 7/93 – NZA 1994, 890 f.; LAG Hamm 13.2.1992 – 4 Sa 1077/91 – LAGE § 630 BGB Nr. 16.
144 LAG Hamm 27.2.1997 – 4 Sa 1691/96 – NZA-RR 1998, 151, 154.
145 ArbG Köln 5.1.1968 – 2 Ca 391/64 – DB 1968, 534.
146 BAG 21.6.2005 – 9 AZR 352/04 – NZA 2006, 104, 105; LAG Düsseldorf 23.5.1995 – 3 Sa 253/95 – NZA-RR 1996, 42, 43 f.; ArbG Berlin 4.11.2003 – 84 Ca 17498/03 – NZA-RR 2004, 297; Staudinger/*Preis*, § 630 Rn 27; *Günther*, AuA 2000, 272, 274 f.; a.A. ErfK/*Müller-Glöge*, § 109 GewO Rn 15 m.w.N.: nur bei negativen Auswirkungen auf Bewerbungsaussichten.
147 ArbG Düsseldorf 19.12.1984 – 6 Ca 5682/84 – NZA 1985, 812, 814.
148 Und zwar wegen der dann nahe liegenden Annahme, das Arbverh sei vorzeitig beendet worden, sieheLAG Hessen 23.9.2008 – 12 Ta 250/08 – juris.
149 BAG 21.9.1999 – 9 AZR 893/98 – NZA 2000, 257 ff. m.w.N.; LAG Kiel 9.12.1997 – 5 Ta 97/96 – BB 1998, 275; a.A. LAG Hamburg 7.9.1993 – 7 Ta 7/93 – NZA 1994, 890 f.; ArbG Heilbronn 17.12.1998 – 1 Ca 476/98 – n.v.; *Hunold*, NZA-RR 2001, 113, 115.
150 BAG 21.9.1999 – 9 AZR 893/98 – NZA 2000, 257 f. m.w.N.
151 LAG Hamm 27.2.1997 – 4 Sa 1691/96 – NZA-RR 1998, 151, 154: rollendes Papier mit Thermodruck genügt nicht; LAG Hamm 13.2.1992 – 4 Sa 1077/91 – LAGE § 630 BGB Nr. 16; LAG Bremen 23.6.1989 – 4 Sa 320/88 – NZA 1989, 848.

c) Verbot von „Geheimzeichen" (Abs. 2 S. 2). Aus Abs. 2 S. 2[152] (§ 113 Abs. 3 a.F.)[153] ergibt sich das Verbot von sog. Geheimzeichen.[154] Die Benutzung bestimmter Zeichen, eines gewissen Papiers, einer besonderen Tinte oder Farbe, einer bestimmten Schriftart, eines besonderen Stempels, die Benutzung gewisser Ausdrücke, denen neben der natürlichen Bedeutung noch eine **Nebenbedeutung** zugesprochen wird („Zeugniscode"; „Geheimcode"),[155] ist ebenso unzulässig wie die **doppeldeutige Hervorhebung** einzelner Textstellen durch Unterstreichung, Fettdruck,[156] Benutzung von Anführungs-,[157] Frage- oder Ausrufungszeichen[158] sowie Gedankenstrichen bzw. ungewöhnliche Satzstellung oder Wortwahl.[159] Diesem Erfordernis widerspricht auch das **Weglassen** eines in der Branche oder dem Gewerbe üblichen Merkmals oder Zusatzes[160] ebenso wie die Benutzung sonst nicht üblicher Formulare.[161] Das **Fehlen der Schlussformel** (siehe Rn 25) ist kein unzulässiges Geheimzeichen.[162] Allerdings spricht nichts dagegen, die Ausdrucksmöglichkeiten der deutschen Sprache auszunutzen. Z.B. wird eine doppelte Negation („nicht unbedeutende Erfolge") als ein Minus gegenüber einer positiven Hervorhebung („bedeutende Erfolge") verstanden; negativ besetzte Signalwörter („Schwierigkeit", „Tadel", „Klage", „Beanstandung", „Vorbehalt") verlieren infolge einer Verneinung („ohne") ihre abwertende Wirkung nicht vollständig.[163]

4. Allgemeine Angaben. a) Personaldaten. Nach der Anrede („Frau" oder „Herr")[164] sind an Personaldaten der Name (Vor-, Nachname) des AN sowie ggf. dessen akademische Grade (bspw. Dr., Magister)[165] anzugeben (sog. **Eingangsformel**).[166] Zu beachten ist, dass der Name fehlerfrei geschrieben wird. Das hat für die Identifizierung der Person des AN Bedeutung.[167] Eine **fehlerhafte Namensbezeichnung** stellt eine ins Gewicht fallende Unvollkommenheit dar (vgl. Rn 19). **Geburtsdatum, -ort**[168] **und -name sowie Staats- und Konfessionsangehörigkeit** sind nur mit Einverständnis des AN anzugeben.[169] Die Angabe der **Wohnanschrift** ist jedenfalls[170] bei der Zeugniserteilung an kaufmännische Angestellte bzw. Sachbearbeiter gänzlich unüblich.[171] Eine solche Angabe ist überflüssig,[172] darf grds. nur mit Einverständnis des AN[173] und nicht in einem bei Briefbögen vorgesehenen Adressfeld erfolgen.[174]

b) Datum. Das Zeugnis hat nach allg.M. das **Ausstellungsdatum** zu tragen.[175] Dies gilt unabhängig davon, wann der AN den Zeugnisanspruch geltend macht.[176] Eine **Vordatierung** kann nicht verlangt werden.[177] Ein AN, der ein Zeugnis erst einige Zeit nach seinem Ausscheiden verlangt, kann eine **Rückdatierung** auf den Tag der Beendigung des Arbverh nach allg.M. nicht verlangen.[178] Wird dagegen ein bereits erteiltes Zeugnis vom AG inhaltlich geändert bzw. berichtigt, so hat das **berichtigte Zeugnis** das Datum des ursprünglich und erstmals erteilten Zeugnisses dann

---

152 Landmann-Rohmer/*Neumann*, GewO, § 109 Rn 32 f.
153 LAG Hamm 2.11.1966 – 3 Ta 72/66 – DB 1966, 1815; *Wank*, in: Tettinger/Wank, GewO, § 113 Rn 11.
154 LAG Hamm 17.12.1998 – 4 Sa 630/98 – BB 2000, 1090 f. m. Anm. *Schleßmann*.
155 Beispiele bei LAG Hamm 17.12.1998 – 4 Sa 630/98 – BB 2000, 1090 f. m. Anm. *Schleßmann*; LAG Hamm 27.2.1997 – 4 Sa 1691/96 – NZA-RR 1998, 151, 157; HWK/*Gäntgen*, § 109 GewO Rn 30; *Schleßmann*, 166 ff.; *Eckert*, 148 ff.; *Günther*, AuA 2000, 272 ff.; *Schwab*, DÖD 2002, 19, 20 f.; *Schweres*, BB 1986, 1572 f.; *Weuster*, BB 1992, 58, 63 f.
156 HWK/*Gäntgen*, § 109 GewO Rn 30.
157 S. *Weuster*, BB 1992, 58, 61: „Einschränkungs-Technik".
158 ArbG Bochum 21.8.1969 – 2 Ca 618/69 – DB 1970, 1085, 1086.
159 BAG 23.6.1960 – 5 AZR 560/58 – DB 1960, 1042; ArbG Bremen 11.2.1992 – 4a Ca 4168/91 – NZA 1992, 800; Staudinger/*Preis*, § 630 Rn 28; MüKo-BGB/*Henssler*, § 630 Rn 46.
160 BAG 12.8.2008 – 9 AZR 632/07 – NZA 2008, 1349, 1350.
161 BAG 3.3.1993 – 5 AZR 182/92 – NZA 1993, 697, 698 m.w.N.
162 BAG 20.2.2001 – 9 AZR 44/00 – NZA 2001, 843, 844 f.
163 S. *Weuster*, BB 1992, 58, 62: „Negations-Technik".
164 Staudinger/*Preis*, § 630 BGB Rn 30 m.w.N.
165 LAG Hamm 11.7.1996 – 4 Sa 1285/95 – juris.
166 LAG Hamm 1.12.1994 – 4 Sa 1631/94 – LAGE § 630 BGB Nr. 28, LS 5.
167 LAG Hessen 23.9.2008 – 12 Ta 250/08 – juris.
168 BAG 21.6.2005 – 9 AZR 352/04 – NZA 2006, 104, 105.
169 Str.; Staudinger/*Preis*, § 630 BGB Rn 30; Schaub/*Linck*, Arbeitsrechts-Handbuch, § 146 Rn 18; *List*, 22; a.A. LAG Hamm 27.2.1997 – 4 Sa 1691/96 – NZA-RR 1998, 151, 154 f.; ErfK/*Müller-Glöge*, § 109 GewO Rn 13 m.w.N.; differenzierend MüKo-BGB/*Henssler*, § 630 BGB Rn 27; *Hoß*, AuA 2002, 532, 534: Angabe des Geburtsdatums bei Verwechslungsgefahr.
170 Aus Datenschutzgründen allgemein ablehnend *Günther*, AuA 2000, 272, 274 m.w.N.
171 LAG Düsseldorf 23.5.1995 – 3 Sa 253/95 – NZA-RR 1996, 42, 43; LAG Hamburg 7.9.1993 – 7 Ta 7/93 – NZA 1994, 890, 891.
172 LAG Hamm 27.2.1997 – 4 Sa 1691/96 – NZA-RR 1998, 151, 154.
173 Str.; Schaub/*Linck*, Arbeitsrechts-Handbuch, § 146 Rn 18; MüKo-BGB/*Henssler*, § 630 BGB Rn 27; a.A. ErfK/*Müller-Glöge*, § 109 GewO Rn 13 m.w.N.
174 LAG Hamm 17.6.1999 – 4 Sa 2587/98 – MDR 2000, 590, 591; LAG Hamm 27.2.1997 – 4 Sa 1691/96 – NZA-RR 1998, 151, 154; LAG Düsseldorf 23.5.1995 – 3 Sa 253/95 – NZA-RR 1996, 42, 43; LAG Hamburg 7.9.1993 – 7 Ta 7/93 – NZA 1994, 890, 891.
175 LAG Mainz 2.9.1997 – 16 Ta 378/97 – MDR 1998, 544; LAG Nürnberg 13.9.1994 – 6 Ta 118/94 – LAGE § 630 BGB Nr. 21; LAG Bremen 23.6.1989 – 4 Sa 320/88 – NZA 1989, 848; Staudinger/*Preis*, § 630 Rn 29; ErfK/*Müller-Glöge*, § 109 GewO Rn 12; Schaub/*Linck*, Arbeitsrechts-Handbuch, § 146 Rn 16; Palandt/*Putzo*, § 630 BGB Rn 6; *Günther*, AuA 2000, 272, 273 f.; *Weuster*, BuW 2001, 521.
176 ArbG Berlin 4.11.2003 – 84 Ca 17498/03 – NZA-RR 2004, 297.
177 *Eckert*, 46; *List*, 22.
178 BAG 9.9.1992 – 5 AZR 509/91 – NZA 1993, 698; LAG Hamm 27.2.1997 – 4 Sa 1691/96 – NZA-RR 1998, 151, 159; LAG Hamm 21.3.1969 – 8 Sa 845/68 – DB 1969, 886 f.; ArbG Karlsruhe 19.9.1985 – 6 Ca 654/85 – NZA 1986, 169; *Moderegger*, ArbRB 2006, 240, 241.

zu tragen, wenn die verspätete Ausstellung nicht vom AN zu vertreten ist.[179] Dies gilt unabhängig davon, ob der AG die Berichtigung von sich aus vornimmt oder ob er gerichtlich dazu verurteilt oder durch Prozessvergleich dazu angehalten wurde.[180] Der anderenfalls bei potenziellen neuen AG entstehende Eindruck, das Zeugnis sei erst nach längeren Auseinandersetzungen mit dem früheren AG ausgestellt worden, würde das Zeugnis entwerten und geeignet sein, Misstrauen gegen den Inhalt des Zeugnisses zu wecken.[181]

23 **c) Beendigungsgrund und -modalitäten.** Nach h.M. dürfen Grund und Art des Ausscheidens des AN nicht gegen dessen Willen aus dem Zeugnis ersichtlich sein.[182] Jedenfalls darf ein Zeugnis „nicht ohne **sachlichen Anlass** erkennen lassen, dass die Parteien sich im Streit getrennt haben."[183] Ein vom AN begangener **Vertragsbruch**[184] stellt einen sachlichen Grund dar, der erwähnt werden darf.[185] Vermerke im Zeugnis wie „ausgestellt aufgrund des Urteils..."[186] oder „gemäß dem Abänderungsvorschlag der ...Gewerkschaft ... erteilen wir Ihnen nachstehendes Zeugnis"[187] sind unzulässig.[188] Nach allg.M. sind auf Verlangen des AN Angaben über Grund und Art des Ausscheidens des AN in das Zeugnis aufzunehmen.[189]

24 **d) Unterschrift des Ausstellers (Abs. 1 S. 1 i.V.m. § 126 Abs. 1 BGB).** Erforderlich ist eine den Aussteller erkenntlich machende – **eigenhändige**[190] und mit einem **dokumentenechten Stift**[191] verfasste – Unterschrift, welche nicht nur ein Kürzel,[192] sondern den voll ausgeschriebenen Namen des Unterzeichnenden sowie dessen **maschinenschriftliche Wiederholung**[193] zwecks Identifizierung zu enthalten hat.[194] Stellt ein erkennbar ranghöherer Vorgesetzter[195] als **Vertreter des AG** (siehe Rn 6) das Zeugnis aus, ist dessen Vertretungsbefugnis (z.B. durch die Zusätze „ppa.",[196] „i.V." oder Angabe der hierarchischen Position)[197] und Weisungsbefugnis gegenüber dem AN deutlich zu machen.[198] In der Privatwirtschaft sind z.T. **zwei Unterschriften** üblich – z.B. durch Vorgesetzten und Personalleiter –, was die Glaubwürdigkeit des Zeugnisses erhöht.[199]

25 **e) Schlussformel (Schlussfloskel, Schlussformulierung).** Der AN hat nach der Rspr. keinen Anspruch darauf, dass der AG im Schlusssatz des Zeugnisses sein Bedauern über das Ausscheiden des AN zum Ausdruck bringt und ihm für seine Arbeit oder die stets gute Zusammenarbeit dankt und ihm für die Zukunft alles Gute, viel Glück oder viel Erfolg wünscht (sog. **Dankes- und Bedauernsklausel**, ggf. mit **Zukunftswünschen**),[200] wenngleich

---

179 BAG 9.9.1992 – 5 AZR 509/91 – NZA 1993, 698, 699; LAG Hamm 17.6.1999 – 4 Sa 2587/98 – MDR 2000, 590, 591; LAG Düsseldorf 23.5.1995 – 3 Sa 253/95 – NZA-RR 1996, 42, 44; LAG Nürnberg 13.9.1994 – 6 Ta 118/94 – LAGE § 630 BGB Nr. 21; LAG Hamburg 7.9.1993 – 7 Ta 7/93 – NZA 1994, 890, 891; LAG Hamm 13.2.1992 – 4 Sa 1077/91 – LAGE § 630 BGB Nr. 16; LAG Bremen 23.6.1989 – 4 Sa 320/88 – NZA 1989, 848.
180 LAG Hamm 27.2.1997 – 4 Sa 1691/96 – NZA-RR 1998, 151, 159; LAG Nürnberg 13.9.1994 – 6 Ta 118/94 – LAGE § 630 BGB Nr. 21; LAG Bremen 23.6.1989 – 4 Sa 320/88 – NZA 1989, 848; ArbG Karlsruhe 19.9.1985 – 6 Ca 654/85 – NZA 1986, 169.
181 BAG 9.9.1992 – 5 AZR 509/91 – NZA 1993, 698, 699.
182 LAG Köln 2.7.1999 – 11 Sa 255/99 – NZA-RR 2000, 235, 236; LAG Hamm 12.7.1994 – 4 Sa 564/94 – LAGE § 630 BGB Nr. 26; LAG Köln 29.11.1990 – 10 Sa 801/90 – AuR 1992, 123; LAG Düsseldorf 22.1.1988 – 2 Sa 1654/87 – NZA 1988, 399, 400; LAG Hamm 24.9.1985 – 13 Sa 833/85 – NZA 1986, 99; *Weuster*, BuW 2001, 519 f.; differenzierend *Popp*, NZA 1997, 588 ff.; *Roth*, FA 2002, 9; a.A. ErfK/*Müller-Glöge*, § 109 GewO Rn 26 ff. m.w.N.
183 BAG 12.8.1976 – 3 AZR 720/75 – DB 1976, 2211, 2212.
184 S.BAG 18.9.1991 – 5 AZR 650/90 – NZA 1992, 215, 216 f.; LAG Hamm 9.12.1980 – 13 Sa 1012/80 – ARST 1981, 112.
185 LAG Hamm 24.9.1985 – 13 Sa 833/85 – NZA 1986, 99; a.A. LAG Köln 8.11.1989 – 5 Sa 799/89 – LAGE § 630 BGB Nr. 8.
186 LAG Berlin 10.10.1927 – 101 T 37/27 – ARS 1, 160, 161.
187 LAG Stuttgart 27.10.1966 – 4 Sa 53/66 – BB 1967, 161.
188 LAG Hamm 17.6.1999 – 4 Sa 2587/98 – MDR 2000, 590, 591.
189 BAG 23.6.1960 – 5 AZR 560/58 – DB 1960, 1042; LAG Hamm 12.7.1994 – 4 Sa 564/94 – LAGE § 630 BGB Nr. 26; LAG Köln 29.11.1990 – 10 Sa 801/90 – AuR 1992, 123, zur Auflösung nach §§ 9, 10 KSchG; LAG Hamm 24.9.1985 – 13 Sa 833/85 – NZA 1986, 99; LAG Stuttgart 9.5.1968 – 4 Sa 22/23/68 – DB 1968, 1319, zum Beendigungsvergleich; LAG Hamm 17.6.1999 – 4 Sa 309/98 – ZfPR 2000, 179; ArbG Frankfurt 6.10.2003 – 1 Ca 7578/02 – juris; *Moderegger*, ArbRB 2006, 240, 242, zur betriebsbedingten Künd; *Popp*, NZA 1997, 588, 590, zur Druck-Künd.
190 BAG 26.6.2001 – 9 AZR 392/00 – NZA 2002, 34 ff.
191 LAG Bremen 23.6.1989 – 4 Sa 320/88 – NZA 1989, 848: Tinte oder Kopierstift (Kugelschreiber).
192 Ein Faksimile genügt nicht, s. *Moderegger*, ArbRB 2006, 240, 242.
193 Insoweit a.A. ErfK/*Müller-Glöge*, § 109 GewO Rn 10.
194 LAG Düsseldorf 23.5.1995 – 3 Sa 253/95 – NZA-RR 1996, 42 ff.; *Schleßmann*, 84; a.A. Staudinger/*Preis*, § 630 Rn 25; ErfK/*Müller-Glöge*, § 109 GewO Rn 10.
195 BAG 16.11.1995 – 8 AZR 983/94 – AuR 1996, 195; Zum Erfordernis der Unterzeichnung durch einen ranghöheren Bediensteten im öffentlichen Dienst s. BAG 4.10.2005 – 9 AZR 507/04 – NZA 2006, 436, 437 f.
196 Eine bloße Unterzeichnung mit „p.p.a." genügt nicht, s. *Moderegger*, ArbRB 2006, 240, 241.
197 LAG Hamm 17.6.1999 – 4 Sa 2587/98 – MDR 2000, 590.
198 BAG 26.6.2001 – 9 AZR 392/00 – NZA 2002, 34 ff.
199 *Weuster*, BuW 2001, 521 f.
200 BAG 20.2.2001 – 9 AZR 44/00 – NZA 2001, 843, 844 f.; LAG Köln 2.7.1999 – 11 Sa 255/99 – NZA-RR 2000, 235, 236; LAG Berlin 10.12.1998 – 10 Sa 106/98 – BB 1999, 851; ArbG Frankfurt 6.10.2003 – 1 Ca 7578/02 –; ArbG Bremen 11.2.1992 – 4a Ca 4168/91 – NZA 1992, 800; a.A. ArbG Berlin 7.3.2003 – 88 Ca 604/03 – ZTR 2004, 46; *Braun*, ZTR 2002, 106, 110.

dies in der Praxis vielfach üblich ist.[201] Schlusssätze sind nicht „beurteilungsneutral", sondern geeignet, die Zeugnisaussagen zu bestätigen oder zu relativieren. Wurde eine Schlussformel verwendet, muss sie daher mit dem übrigen Zeugnisinhalt im Einklang stehen.[202] Ob die Schlussformel versteckte Ironie, Tadel oder den übrigen Zeugnisinhalt entwertende Aussagen enthält[203] – was der AN nicht hinzunehmen braucht –,[204] bestimmt sich nach dem Empfängerhorizont.[205] Sog. **Wiedereinstellungsklauseln**[206] sind i.d.R. positiv gemeint und werden im Allgemeinen auch so bewertet.[207]

f) Sonstiges. Es ist verkehrsüblich und wird als selbstverständlich vorausgesetzt, dass das Arbeitszeugnis mit der Überschrift „Zeugnis"[208] zu versehen ist;[209] auf andere Formulierungen der Überschrift besteht kein Anspruch.[210] Üblicherweise wird der **Ort der Zeugnisausstellung** vor dem Datum angegeben.[211]

5. Einfaches Zeugnis (Abs. 1 S. 2). a) Art der Tätigkeit. aa) Allgemeines. Ein Zeugnis muss die Tätigkeiten, die ein AN im Laufe des Arbverh ausgeübt hat, so **vollständig** und **genau** – in **chronologischer Reihenfolge**[212] – beschreiben, dass sich künftige AG ein klares Bild machen können. Ob die Tätigkeiten nach Art und Umfang besonders bedeutungsvoll waren, ist nicht ausschlaggebend. Unerwähnt dürfen nur solche Tätigkeiten bleiben, denen bei einer Bewerbung des AN keine Bedeutung zukommt, nicht aber Aufgaben und Tätigkeiten, die ein Urteil über die Kenntnisse und Leistungsfähigkeit des AN erlauben.[213] Tätigkeiten, die heute grds. von jedem Angestellten ohne Weiteres zu erwarten sind, bedürfen keiner Aufführung.[214] Der AG ist in dem so gezogenen Rahmen frei bei seiner Entscheidung, welche Leistungen und Eigenschaften er mehr hervorheben oder zurücktreten lassen will.[215]

bb) Einzelheiten. Ein AN, der im Rahmen einer von der BA geförderten **Arbeitsbeschaffungsmaßnahme** (§§ 260 ff. SGB III)[216] eingesetzt wird, hat Anspruch darauf, dass sein Arbeitszeugnis die Arbeitsbeschaffungsmaßnahme ausweist.[217] Bei **Teilzeit-AN** (§ 2 TzBfG), deren Arbeitszeitvolumen erheblich unter der Vollzeit liegt, ist der Umfang der vereinbarten Arbeitsleistung zu erwähnen.[218] Eine vertragliche **Wettbewerbsabrede** gehört nicht zum notwendigen Inhalt des Zeugnisses und darf nur auf Wunsch des AN angegeben werden.[219] Angaben zur **tariflichen Eingruppierung** des AN dürfen nicht in das Zeugnis aufgenommen werden.[220] Eine **Selbstbeschreibung des AG** im Zeugnis kann insb. dann für Dritte (z.B. potenzielle künftige neue AG) wichtige Informationen über den Beschäftigungsbetrieb und damit über die Art der Tätigkeit geben, wenn der AN keinen branchenspezifischen Beruf ausübt.[221] Die Angabe von **Vollmachten** in einem Zeugnis ist für die Darstellung der Kompetenzen und der Verantwortung des AN wichtig. Sie lassen Rückschlüsse auf seine Stellung im Betrieb und seine hierarchische Position zu. Anzugeben ist zunächst die Art der Vollmacht – Generalvollmacht, Abschlussvollmacht (§ 55 Abs. 1 HGB), Handlungsvollmacht (§ 54 Abs. 1 HGB) oder Prokura (§ 48 Abs. 1 HGB). **Beschränkungen** der handelsrechtlichen Vollmacht – wie bspw. Gesamtprokura (§ 48 Abs. 2 HGB) oder Filialprokura (§ 50 Abs. 3 HGB) – sind ebenfalls anzu-

---

201 LAG Berlin 10.12.1998 – 10 Sa 106/98 – BB 1999, 851; LAG Hamm 27.2.1997 – 4 Sa 1691/96 – NZA-RR 1998, 151, 158; LAG Hamm 1.12.1994 – 4 Sa 1631/94 – LAGE § 630 BGB Nr. 28, LS 5: „Dankes-Bedauern-Formel, Wiedereinstellungszusage, Zukunftswünsche, Einstellungsempfehlung"; LAG Hamm 12.7.1994 – 4 Sa 564/94 – LAGE § 630 BGB Nr. 26; LAG Hamm 12.7.1994 – 4 Sa 192/94 – LAGE § 630 BGB Nr. 27.

202 BAG 20.2.2001 – 9 AZR 44/00 – NZA 2001, 843, 844; LAG Köln 29.2.2008 – 4 Sa 1315/07 – juris; LAG Berlin 10.12.1998 – 10 Sa 106/98 – BB 1999, 851; LAG Hamm 12.7.1994 – 4 Sa 564/94 – LAGE § 630 BGB Nr. 26; LAG Hamm 12.7.1994 – 4 Sa 192/94 – LAGE § 630 BGB Nr. 27.

203 S. *Weuster*, BB 1992, 58, 62: „Wir wünschen ihm alles Gute, vor allem Gesundheit."; weitere Beispiele bei *Siewert*, 124 f.; *Weuster*, BuW 2001, 520 f.

204 BAG 20.2.2001 – 9 AZR 44/00 – NZA 2001, 843, 844 m.w.N.; *Moderegger*, ArbRB 2006, 240, 242.

205 ErfK/*Müller-Glöge*, § 109 GewO Rn 46 m.w.N.

206 LAG Hamm 1.12.1994 – 4 Sa 1631/94 – LAGE § 630 BGB Nr. 28, LS 5.

207 *Schmid*, DB 1988, 2253, 2254.

208 Ohne dort den Namen des AN zu erwähnen, s. *Günther*, AuA 2000, 272, 274.

209 LAG Hamm 27.2.1997 – 4 Sa 1691/96 – NZA-RR 1998, 151, 154; LAG Düsseldorf 23.5.1995 – 3 Sa 253/95 – NZA-RR 1996, 42 ff.; LAG Hamm 1.12.1994 – 4 Sa 1631/94 – LAGE § 630 BGB Nr. 28, LS 5: „(Schluss-)Zeugnis, Zwischenzeugnis, Ausbildungszeugnis, Praktikantenzeugnis"; *Schleßmann*, 84; *Braun*, ZTR 2002, 106, 108; *Hunold*, NZA-RR 2001, 113, 115; a.A. ErfK/*Müller-Glöge*, § 109 GewO Rn 13 m.w.N.; *Dietz*, 15.

210 ArbG Berlin 4.11.2003 – 84 Ca 17498/03 – NZA-RR 2004, 297.

211 LAG Hamm 1.12.1994 – 4 Sa 1631/94 – LAGE § 630 BGB Nr. 28, LS 5.

212 Staudinger/*Preis*, § 630 Rn 31; MüKo-BGB/*Henssler*, § 630 Rn 26; ErfK/*Müller-Glöge*, § 109 GewO Rn 29.

213 BAG 12.8.1976 – 3 AZR 720/75 – DB 1976, 2211, 2212; RAG 22.2.1933 – 480/32 – ARS 17, 382, 385 ff. m. Anm. *Hueck*; LAG Stuttgart 19.6.1992 – 15 Sa 19/92 – NZA 1993, 127; ArbG Düsseldorf 15.12.2003 – 7 Ca 9224/03 – NZA-RR 2004, 294, 296.

214 ArbG Wilhelmshaven 20.9.1971 – Ca 270/71 – ARST 1972, 45: Telefondienst, Ablegen, Fotokopieren im Zeugnis einer Büroangestellten.

215 BAG 29.7.1971 – 2 AZR 250/70 – BB 1971, 1280.

216 BAG 18.6.1997 – 5 AZR 259/96 – NZA 1997, 1171 ff.

217 ErfK/*Müller-Glöge*, § 109 GewO Rn 28 m.w.N.

218 *Weuster*, BuW 2001, 344, 345.

219 LAG Hamm 10.5.1962 – 6 Sa 70/62 – BB 1962, 638, 639; *Monjau*, DB 1966, 300, 303.

220 MüKo-BGB/*Henssler*, § 630 Rn 26; Staudinger/*Preis*, § 630 Rn 32; Erman/*Belling*, § 630 BGB Rn 9; a.A. ErfK/*Müller-Glöge*, § 109 GewO Rn 29 m.w.N.

221 LAG Köln 2.7.1999 – 11 Sa 255/99 – NZA-RR 2000, 235, 236.

geben. Zeitliche Beschränkungen der Prokura bedürfen ebenso der Erwähnung wie der Umstand, dass sie ohne Widerruf bis zur Beendigung des Arbverh fortbestanden hat.[222] Es ist die tatsächliche Dauer einer dem AN erteilten (Gesamt-)Prokura anzugeben.[223] Die tatsächlich geleistete **Vergütung** ist im Zeugnis nicht zu erwähnen.[224] Die Angabe von **Beförderungen** des AN kann erforderlich sein, s. Löw, NJW 2005, 3604, 3606.

29 **b) Dauer der Tätigkeit.** Unter der „Dauer der Tätigkeit" i.S.v. Abs. 1 S. 2 ist die rechtliche und nicht die tatsächliche Dauer zu verstehen. Das Zeugnis muss sich auf die **gesamte Vertragsdauer** erstrecken.[225] Liegt dem Zeugnis ein **befristetes Arbeitsverhältnis** (§ 3 TzBfG) zugrunde, ist dies zu erwähnen.[226] Umstr. ist, ob die Dauer der erzwungenen **Weiterbeschäftigung** im Fall eines letztlich erfolglosen Künd-Schutzbegehrens zu berücksichtigen ist. Zwar ist die Weiterbeschäftigung insoweit ohne rechtlichen Grund (§ 812 BGB) erfolgt.[227] Der AN könnte jedoch bei Nichterwähnung der Weiterbeschäftigungsdauer im Zeugnis für einen u.U. längeren Zeitraum keinen Tätigkeitsnachweis führen, weshalb in diesen Fällen ausnahmsweise das Datum der tatsächlichen Beendigung der Tätigkeit anzugeben ist.[228] **Krankheitsbedingte Fehlzeiten** (siehe Rn 38) werden nur dann unter „Dauer des Arbverh" (ohne Hinweis auf die Krankheit) erwähnt, wenn sie außer Verhältnis zur tatsächlichen Arbeitsleistung stehen, wenn sie also etwa die Hälfte der gesamten Beschäftigungszeit ausmachen.[229] Anderenfalls entstünde der dem **Wahrheitsgrundsatz** (siehe Rn 16) entgegenstehende falsche Eindruck einer kontinuierlichen Arbeitsleistung und entspr. Berufserfahrung. Diese Grundsätze gelten auch für andere **längere Unterbrechungen** der tatsächlichen Arbeitstätigkeit wie bspw. Urlaub, Arbeitskampf, Elternzeit, Freistellung als BR-Mitglied (siehe Rn 38), Wehr-, Zivildienst, Haft (siehe Rn 38).[230] Es ist verkehrsüblich, die Dauer der Beschäftigung mit **Ein- und Austrittsdaten** („von ... bis") und nicht nach Zeiträumen („für ... Monate") anzugeben.[231]

30 **6. Qualifiziertes Zeugnis (§ 109 Abs. 1 S. 3). a) Allgemeines.** Der AG hat bei der Abfassung des Zeugnisses – in den Grenzen der allgemeinen Grundsätze des Zeugnisrechts (siehe Rn 14 ff.) - einen **Beurteilungsspielraum**, ähnlich wie bei einer Leistungsbestimmung nach § 315 BGB, § 106 GewO.[232] Dem AG ist gesetzlich nicht vorgegeben, welche **Formulierungen**[233] er im Einzelnen verwendet.[234] Er kann frei entscheiden, welche positiven oder negativen Leistungen er mehr oder weniger hervorheben will als andere.[235] Es steht ihm frei, welches **Beurteilungssystem** (siehe Rn 32) er heranzieht.[236] Dies gilt auch bzgl. der **Schlussnote** (siehe Rn 32 ff.). Bei der **Tätigkeitsbeschreibung** (siehe Rn 27 ff.) hat der AG einen weit geringeren Beurteilungsspielraum als bei der **Leistungsbewertung** (siehe Rn 31 ff.).[237]

31 **b) Leistung. aa) Begriff.** Unter dem Begriff der Leistung ist die **berufliche Verwendbarkeit** eines AN zu verstehen. Sie umfasst die Merkmale der Arbeitsbereitschaft (Wollen), der Arbeitsbefähigung (Können), der Arbeitsweise (Einsatz), des Arbeitsvermögens (Ausdauer), des Arbeitsergebnisses (Erfolg), der Arbeitserwartung (Potenzial), bei AN in vorgesetzter Position auch die sog. Führungsleistung (Abteilungsleistung, Gruppenleistung, Mitarbeitermotivation, Betriebsklima).[238] Des Weiteren können **herausragende Erfolge oder Ergebnisse** zu erwähnen sein (z.B. AN-Erfindungen,[239] Patente, Verbesserungsvorschläge).[240] Die Erwähnung **besonderer fachli-**

---

222 LAG Hamm 17.6.1999 – 4 Sa 309/98 – ZfPR 2000, 179.
223 LAG Stuttgart 19.6.1992 – 15 Sa 19/92 – NZA 1993, 127, 128.
224 ErfK/*Müller-Glöge*, § 109 GewO Rn 29.
225 BGH 9.11.1967 – II ZR 64/67 – DB 1967, 2214; LAG Frankfurt 14.9.1984 – 13 Sa 64/84 – NZA 1985, 27; zum Enddatum s. ArbG Berlin 4.11.2003 – 84 Ca 17498/03 – NZA-RR 2004, 297; *Monjau*, DB 1966, 300, 301.
226 *Weuster*, BuW 2001, 344, 345.
227 BAG 12.2.1992 – 5 AZR 297/90 – NZA 1993, 177, 178.
228 Staudinger/*Preis*, § 630 Rn 33; MüKo-BGB/*Henssler*, § 630 Rn 28; a.A. ErfK/*Müller-Glöge*, § 109 GewO Rn 28.
229 LAG Chemnitz 30.1.1996 – 5 Sa 996/95 – NZA-RR 1997, 47 f.; *Mühlhausen*, NZA-RR 2006, 337, 338 ff. m.w.N.; weitergehend *Göldner*, ZfA 1991, 225, 247 f.
230 Staudinger/*Preis*, § 630 Rn 34; ErfK/*Müller-Glöge*, § 109 GewO Rn 28; *Schleßmann*, BB 1988, 1320, 1322; a.A. MüKo-BGB/*Henssler*, § 630 Rn 26.
231 LAG Hamm 27.2.1997 – 4 Sa 1691/96 – NZA-RR 1998, 151, 155; *Monjau*, DB 1966, 300, 301.
232 BAG 17.2.1988 – 5 AZR 638/86 – NZA 1988, 427; BAG 23.2.1983 – 5 AZR 515/80 – DB 1983, 2043 f.; LAG Hamm 22.5.2002 – 3 Sa 231/02 – NZA-RR 2003, 71; LAG Düsseldorf 11.11.1994 – 17 Sa 1158/94 – DB 1995, 1135 f. m. Anm. *Sibben*; LAG Frankfurt 6.9.1991 – 13 Sa 250/91 – DStR 1992, 763.

233 Zur Zeugnissprache s. die Übersicht der Formulierungen bei *Braun*, RiA 2001, 105 ff.
234 St. Rspr.: BAG 14.10.2003 – 9 AZR 12/03 – NZA 2004, 842, 843 f.; BAG 20.2.2001 – 9 AZR 44/00 – NZA 2001, 843, 844; BAG 29.7.1971 – 2 AZR 250/70 – BB 1971, 1280; LAG Düsseldorf 2.7.1976 – 9 Sa 727/76 – DB 1976, 2310.
235 BAG 23.9.1992 – 5 AZR 573/91 – PersR 1993, 329 f. m. Anm. *Hohmeister*.
236 BAG 14.10.2003 – 9 AZR 12/03 – NZA 2004, 842, 843 f.
237 BAG 12.8.1976 – 3 AZR 720/75 – DB 1976, 2211, 2212; LAG Stuttgart 19.6.1992 – 15 Sa 19/92 – NZA 1993, 127, 128.
238 LAG Hamm 22.5.2002 – 3 Sa 231/02 – NZA-RR 2003, 71 f.; LAG Hamm 27.4.2000 – 4 Sa 1018/99 – NZA 2002, 624; LAG Hamm 27.2.1997 – 4 Sa 1691/96 – NZA-RR 1998, 151, 156; LAG Hamm 1.12.1994 – 4 Sa 1631/94 – LAGE § 630 BGB Nr. 28, LS 5; *Schmid*, DB 1986, 1334 ff.; *Weuster*, BuW 2001, 431 ff. Zur Angabe von Beförderungen des AN s. *Löw*, NJW 2005, 3605, 3606.
239 BAG 24.3.1977 – 3 AZR 232/76 – DB 1977, 1369 f.
240 LAG Hamm 1.12.1994 – 4 Sa 1631/94 – LAGE § 630 BGB Nr. 28, LS 5; *Göldner*, ZfA 1991, 225, 247; *Weuster*, BuW 2001, 431, 434. Zur Angabe von Beförderungen des AN s. *Löw*, NJW 2005, 3605, 3606.

cher Kenntnisse kann jedenfalls insoweit verlangt werden, als sie dem AG möglich ist und sie für einen an der Einstellung des AN interessierten AG von Bedeutung sein kann.[241] Dies gilt umso mehr, wenn der AN seine Ausbildung im Ausland erworben hat.[242] Darüber hinaus können folgende **weitere Einzelmerkmale** erwähnt werden: Selbstständigkeit, Qualität der Arbeit (Arbeitsgüte), Arbeitsökonomie, Arbeitstempo, Belastbarkeit, Eigeninitiative, Entscheidungsfähigkeit, Urteils- und Ausdrucksvermögen, Verhandlungsgeschick. Nach dem Willen des Gesetzgebers sollte die Beschreibung der Leistung bspw. Angaben über Fähigkeiten, Kenntnisse, Fertigkeiten, Geschicklichkeit, und Sorgfalt sowie Einsatzfreude und Einstellung zur Arbeit einbeziehen.[243] Die Einzelheiten müssen stets **berufsbezogen** sein.[244] Ein sog. **Pauschalzeugnis** ist grds. nicht geeignet, den Zeugnisanspruch zu erfüllen. Der AN hat grds. Anspruch darauf, dass seine persönliche Arbeitsleistung im Zeugnis gewürdigt wird und nicht irgendein Zeugnis für einen anderen AN genommen und lediglich ein anderer Name eingesetzt wird. Ausnahmsweise ist ein Pauschalzeugnis dann zulässig, wenn tatsächlich eine vollständige Leistungsidentität besteht.[245]

bb) Beurteilungssystem (Notenskala). Die zusammenfassende **Endbeurteilung (Schlussnote, Gesamtnote)** ist für das weitere berufliche Fortkommen des AN von erheblicher Bedeutung, da bei einer Fülle von Bewerbungen die eingereichten Zeugnisse vielfach nur „diagonal" überflogen werden und das Augenmerk auf die Schlussnote gerichtet ist. Deren Formulierung kann daher den Ausschlag geben, ob der Bewerber zum Vorstellungsgespräch gebeten wird und sich damit seine Chancen auf eine Einstellung erhöhen.[246] Die weit überwiegende Praxis[247] arbeitet im Rahmen der Leistungsbeurteilung mit der sog. **Zufriedenheitsskala (Zufriedenheitsformel)**, die auch von der Rspr. gebilligt wird.[248] Es hat sich eine **fünfstufige**[249] **Notenskala** herausgebildet, deren Notenstufen durch Umschreibungen ausgedrückt werden.[250] Es werden – mit geringen Uneinheitlichkeiten im Einzelnen – die folgenden Standardformulierungen verwendet:

„Er/Sie hat die ihm/ihr übertragenen Aufgaben

- **stets** (bzw. immer/durchgehend/jederzeit)[251] **zu unserer vollsten**[252] (bzw. größten/höchsten/äußersten)[253] **Zufriedenheit erledigt."** = sehr gute Leistungen;
- **stets zu unserer vollen Zufriedenheit erledigt."**[254] = überdurchschnittliche, gute Leistungen;
- **zu unserer vollen Zufriedenheit erledigt."**[255] bzw. **stets zu unserer Zufriedenheit erledigt."**[256] = durchschnittliche, befriedigende Leistungen;
- **zu unserer Zufriedenheit erledigt."**[257] = unterdurchschnittliche, aber noch ausreichende Leistungen;
- **insgesamt** (bzw. im Großen und Ganzen/zum großen Teil)[258] **zu unserer Zufriedenheit erledigt."** bzw. **mit großem Fleiß und Interesse durchgeführt."**[259] bzw. **„Er/Sie hat sich stets bemüht** (bzw. Mühe gegeben), **die ihm/ihr übertragenen Aufgaben zu unserer Zufriedenheit zu erfüllen."**[260] = mangelhafte Leistungen.[261]

Der Begriff **„zufrieden"** bezeichnet abweichend vom üblichen Sprachgebrauch nicht die subjektive Befindlichkeit des AG. Er enthält vielmehr eine auf die Arbeitsaufgabe abgestellte Beurteilung, die sich an den **objektiven Anfor-**

---

241 Z.B. Fremdsprachen s. *Löw*, NJW 2005, 3605, 3607, hier zur Qualifikation einer Sekretärin.
242 BAG 24.3.1977 – 3 AZR 232/76 – DB 1977, 1369, 1370.
243 BT-Drucks 14/8796, S. 25.
244 LAG Hamm 27.2.1997 – 4 Sa 1691/96 – NZA-RR 1998, 151, 156; LAG Hamm 11.7.1996 – 4 Sa 1285/95 – juris.
245 ArbG Berlin 4.11.2004 – 84 Ca 17498/03 – NZA-RR 2004, 297.
246 BAG 14.10.2003 – 9 AZR 12/03 – NZA 2004, 842, 843 f. m.w.N.
247 *Weuster/Scheer*, 81: 88 %.
248 Statt aller: BAG 14.10.2003 – 9 AZR 12/03 – NZA 2004, 842, 843 f.
249 LAG Hamm 27.2.1997 – 4 Sa 1691/96 – NZA-RR 1998, 151, 157 und LAG Hamm 13.2.1992 – 4 Sa 1077/91 – LAGE § 630 BGB Nr. 16 schlägt eine siebenstufige Notenskala vor; *Braun*, ZTR 2002, 106, 109 f.; *Braun*, Zeugnissprache, RiA 2001, 105, 107 f. empfiehlt eine sechsstufige Skala.
250 S. *Weuster*, BB 1992, 58, *Weuster*, BuW 2001, 300, 304: „Positiv-Skala-Technik"; kritisch *Schweres*, BB 1986, 1572 f.; ErfK/*Müller-Glöge*, § 109 GewO Rn 31 ff.
251 LAG Köln 2.7.1999 – 11 Sa 255/99 – NZA-RR 2000, 235.
252 Diese sprachlich und grammatikalisch nicht mögliche Steigerungsform hat sich in der Praxis durchgesetzt und ist daher nach der Rspr. „in Kauf zu nehmen": BAG 23.9.1992 – 5 AZR 573/91 – PersR 1993, 329 f. m. Anm. *Hohmeister*; LAG Frankfurt 6.9.1991 – 13 Sa 250/91 – DStR 1992, 763; LAG Saarbrücken 28.2.1990 – 1 Sa 209/89 – LAGE § 630 BGB Nr. 9; LAG Düsseldorf 12.3.1986 – 15 Sa 13/86 – LAGE § 630 BGB Nr. 2; *Dachrodt*, 75; *Weuster*, BB 1992, 638; a.A. LAG Düsseldorf 11.11.1994 – 17 Sa 1158/94 – DB 1995, 1135 f. m. Anm. *Sibben*, unter Hinweis auf § 184 GVG.
253 LAG Düsseldorf 11.6.2003 – 12 Sa 354/03 – LAGE § 109 GewO 2003 Nr. 1 m.w.N.
254 LAG Bremen 9.11.2000 – 4 Sa 101/00 – NZA-RR 2001, 287 ff.; LAG Düsseldorf 23.5.1995 – 3 Sa 253/95 – NZA-RR 1996, 42, 44 f.
255 LAG Bremen 9.1.2000 – 4 Sa 101/00 – NZA-RR 2001, 287 ff.
256 BAG 12.8.1976 – 3 AZR 720/75 – DB 1976, 2211, 2212.
257 LAG Bremen 9.1.2000 – 4 Sa 101/00 – NZA-RR 2001, 287 ff.; LAG Hamm 19.10.1990 – 18 (12) Sa 160/90 – LAGE § 630 BGB Nr. 12; LAG Frankfurt 10.9.1987 – 12/13 Sa 1766/86 – LAGE § 630 BGB Nr. 3.
258 LAG Köln 18.5.1995 – 5 Sa 41/95 – NZA-RR 1996, 41 f.
259 BAG 24.3.1977 – 3 AZR 232/76 – DB 1977, 1369 f.
260 BAG 23.6.1960 – 5 AZR 560/58 – DB 1960, 1042; kritisch ArbG Neubrandenburg 12.2.2003 – 1 Ca 1579/02 – NZA-RR 2003, 465 f.
261 S. zu den einzelnen Notenstufen BAG 14.10.2003 – 9 AZR 12/03 – NZA 2004, 842, 844; LAG Düsseldorf 11.6.2003 – 12 Sa 354/03 – LAGE § 109 GewO 2003 Nr. 1; LAG Hamm 13.2.1992 – 4 Sa 1077/91 – LAGE § 630 BGB Nr. 16.

derungen orientiert, die üblicherweise an einen AN mit vergleichbarer Aufgabe gestellt werden.[262] Der AN hat im Zweifel Anspruch auf eine durchschnittliche Bewertung.[263] Das **Fehlen eines Zeitfaktors** („stets", „immer" o.Ä.) vor der Zufriedenheitsangabe stellt einen Fall des beredten Schweigens dar.[264] Enthält die Formulierung „zu unserer vollen Zufriedenheit" den Zusatz **„zum großen Teil"**, so liegt darin eine die Leistungen des AN abwertende Einschränkung, deren Beseitigung der AN verlangen kann, wenn die befriedigenden Leistungen unstreitig sind.[265] Dies hat auch für den Zusatz **„durchaus"** vor der Bezeichnung „selbstständig" zu gelten.[266]

35 **c) Verhalten im Arbeitsverhältnis. aa) Allgemeines.** Im Rahmen der Beurteilung des Verhaltens des AN im Arbeitsverhältnis sind zum einen die für die Beschäftigung maßgeblichen charakterlichen bzw. persönlichen **Eigenschaften des AN** anzugeben, z.B. Vertrauenswürdigkeit (Loyalität, ggf. Ehrlichkeit), Verantwortungsbereitschaft (Pflichtbewusstsein, Gewissenhaftigkeit), Kooperations- und Kompromissbereitschaft, bei Vorgesetzen ggf. Führungsverhalten und -stil.[267] Zum anderen sind das **Sozialverhalten**,[268] d.h. das Verhältnis des AN gegenüber (gleichgeordneten sowie nachgeordneten) Mitarbeitern, Vorgesetzten und Dritten (z.B. Kunden, Behörden, Gesprächspartnern)[269] – egal in welcher Reihenfolge[270] – sowie das **Einfügen in den betrieblichen Arbeitsablauf** vollständig zu beurteilen.[271] Auslassungen in diesem Bereich stellen sog. beredtes Schweigen dar.[272]

36 **bb) Außerdienstliches Verhalten.** Das Verhalten „im Arbverh" gem. Abs. 1 S. 3 umfasst grds. nicht das sog. außerdienstliche Verhalten. Aussagen wie „Über sein außerdienstliches Verhalten ist uns nichts Nachteiliges bekannt"[273] sind zu unterlassen. Ausnahmsweise kommt eine Erwähnung von Ereignissen oder Vorgängen aus dem privaten Lebensbereich des AN dann in Betracht, wenn **Auswirkungen auf das Arbverh** bestanden oder bestehen. Dies ist z.B. dann der Fall, wenn ein AN häufig dienstlich mit einem Kraftfahrzeug unterwegs ist und aufgrund einer privaten nächtlichen Fahrt mit dem Dienstfahrzeug wegen § 316 StGB verurteilt wurde.[274]

37 **cc) Einzelheiten.** Die Formulierung **„anspruchsvoll und kritisch"** ist zwar mehrdeutig, aber im Rahmen des jeweiligen Kontextes nicht zwingend als negativ anzusehen.[275] Die Formulierung, das Verhalten des AN habe **„zu Beanstandungen keinen Anlass"** gegeben, ist eine unterdurchschnittliche Bewertung, für die der AG darlegungs- und beweispflichtig ist.[276] Die Bewertung des Verhaltens als **„stets/immer/durchweg höflich und korrekt (und lobenswert)"** bedeutet die Zeugnisnote „vollbefriedigend".[277] Eine durchschnittliche Verhaltensbeurteilung wird mit **„(höflich und) korrekt"**[278] oder **„in Ordnung"** bewertet, ggf. unter Voranstellung von Zusätzen wie **„im Allgemeinen"**, **„durchaus"**, **„i.d.R."**, **„im Großen und Ganzen"** oder **„zumeist"**.[279] Die Formulierung **„kennen gelernt"** drückt das Nichtvorhandensein der im Kontext aufgeführten Fähigkeit oder Eigenschaft aus.[280] Ein „Mangel an menschlichem Einfühlungsvermögen" darf in einem Zeugnis nicht erwähnt werden.[281]

38 **d) Sonstige Angaben.** Die **Mitgliedschaft im BR oder PR** ist nach h.M. im Zeugnis nicht aufzuführen, wenn der AN dies nicht ausdrücklich wünscht (arg. § 78 S. 2 BetrVG, § 8 BPersVG).[282] Gleiches gilt für die **Entsendung in**

---

262 BAG 14.10.2003 – 9 AZR 12/03 – NZA 2004, 842, 844; LAG Düsseldorf 11.6.2003 – 12 Sa 354/03 – LAGE § 109 GewO 2003 Nr. 1.
263 LAG Köln 2.7.1999 – 11 Sa 255/99 – NZA-RR 2000, 235.
264 *Schmid*, DB 1982, 1111, 1112.
265 LAG Köln 18.5.1995 – 5 Sa 41/95 – NZA-RR 1996, 41 f.
266 LAG Hamm 22.5.2002 – 3 Sa 231/02 – NZA-RR 2003, 71.
267 LAG Hamm 27.4.2000 – 4 Sa 1018/99 – NZA 2002, 624; LAG Hamm 27.2.1997 – 4 Sa 1691/96 – NZA-RR 1998, 151, 157 f.; LAG Hamm 1.12.1994 – 4 Sa 1631/94 – LAGE § 630 BGB Nr. 28, LS 5 und 6; LAG Hamm 12.7.1994 – 4 Sa 192/94 – LAGE § 630 BGB Nr. 27, LS 4; LAG Hamm 12.7.1994 – 4 Sa 564/94 – LAGE § 630 BGB Nr. 26, LS 1.
268 *Weuster*, BuW 2001, 431, 435 ff.
269 LAG Hamm 17.6.1999 – 4 Sa 309/98 – ZfPR 2000, 179; LAG Hamm 17.12.1998 – 4 Sa 630/98 – BB 2000, 1090 f. m. Anm. *Schleßmann*.
270 ArbG Saarbrücken 12.4.2001 – 6a Ca 47/01 – AiB 2001, 615, 616 ff. m. Anm. *Pfeferle*; a.A. *Weuster*, BB 1992, 58, 60; *Weuster*, BuW 2001, 300, 304: „Reihenfolge-Technik".
271 BT-Drucks 14/8796, S. 25.
272 LAG Hamm 1.12.1994 – 4 Sa 1631/94 – LAGE § 630 BGB Nr. 28, LS 6; LAG Hamm 12.7.1994 – 4 Sa 192/94 – LAGE § 630 BGB Nr. 27, LS 4; LAG Hamm 12.7.1994 – 4 Sa 564/94 – LAGE § 630 BGB Nr. 26, LS 1.
273 S.*Weuster*, BB 1992, 58, 61; *Weuster*, BuW 2001, 300, 304: „Andeutungs-Technik".
274 BAG 29.1.1986 – 4 AZR 479/84 – DB 1986, 1340 f.
275 Str.; so LAG Düsseldorf 23.7.2003 – 12 Sa 232/03 – AuA 2004, Nr. 7, 42; a.A. LAG Hamm 17.12.1998 – 4 Sa 630/98 – BB 2000, 1090 f. m. Anm. *Schleßmann*: „Sie war eigensüchtig, pocht anderen gegenüber auf ihre Rechte und nörgelt gerne."
276 ArbG Frankfurt 2.5.2001 – 9 Ca 6813/00 – NZA-RR 2002, 182 f.
277 LAG Hamm 1.12.1994 – 4 Sa 1631/94 – LAGE § 630 BGB Nr. 28, LS 6.
278 LAG Hamm 1.12.1994 – 4 Sa 1631/94 – LAGE § 630 BGB Nr. 28, LS 6.
279 ErfK/*Müller-Glöge*, § 109 GewO Rn 43.
280 LAG Hamm 28.3.2000 – 4 Sa 648/99 – BB 2000, 2578; LAG Hamm 27.4.2000 – 4 Sa 1018/99 – NZA 2002, 624.
281 ArbG Stade 29.5.1964 – Ca 156/64 – ARST 1965, 152.
282 BAG 19.8.1992 – 7 AZR 262/91 – NZA 1993, 222, 223; LAG Frankfurt 10.3.1977 – 6 Sa 779/76 – DB 1978, 167 f.; LAG Hamm 12.4.1976 – 9 Sa 29/76 – DB 1976, 1112; LAG Frankfurt 18.2.1953 – II LA 22/53 – DB 1953, 404; ArbG Ludwigshafen 18.3.1987 – 2 Ca 281/87 – DB 1987, 1364; *Brill*, BB 1981, 616 ff.; *Witt*, BB 1996, 2194 ff.

den AR (§ 7 MitBestG).[283] Eine **ehrenamtliche Tätigkeit nach dem BPersVG** (z.B. JAV-Tätigkeit, §§ 57 ff. BPersVG) darf i.d.R. in einer dienstlichen Regelbeurteilung[284] ebenso wenig wie im (Zwischen-)Zeugnis[285] erwähnt werden (arg. § 8 BPersVG). Die Zugehörigkeit zu einer **Gewerkschaft** darf nur auf ausdrücklichen Wunsch des AN in ein Zeugnis aufgenommen werden (arg. Art. 9 Abs. 3 GG).[286] Trägt das Originalzeugnis (versehentlich) den **Eingangsstempel einer Gewerkschaft**, so ist der AG kraft seiner nachvertraglichen Fürsorgepflicht verpflichtet, ein neues Zeugnis auszustellen.[287] Eine **Freistellung als BR-Mitglied** (§§ 37 f. BetrVG) ist nur dann im Zeugnis anzuführen, wenn hierdurch eine längere Unterbrechung der Arbeitstätigkeit herbeigeführt wurde und der AN eine den durchschnittlichen Anforderungen an seinen Beruf entsprechende Leistung nicht mehr ohne Weiteres erbringen kann.[288] **Nebentätigkeiten** haben unerwähnt zu bleiben.[289] Die Teilnahme an einer **Fortbildungsmaßnahme** ist nur dann zu erwähnen, wenn sie für die berufliche Entwicklung des Mitarbeiters von Bedeutung ist.[290] Es ist umstr., ob **Dauer und Grund von Fehlzeiten oder Unterbrechungen** der Arbeitstätigkeit im Zeugnis zu nennen sind.[291] Angaben über den **Gesundheitszustand** des AN gehören grds. nicht ins Zeugnis.[292] Eine **Krankheit** (siehe Rn 29) darf im Zeugnis grds. nicht vermerkt werden,[293] und zwar auch dann nicht, wenn sie den Künd-Grund bildet, da eine Krankheit nicht unter „Leistung und Verhalten" i.S.v. Abs. 1 S. 3 fällt.[294] Auch gesetzliche **Feiertage, Urlaub, Wehrübungen** und Fehlzeiten wegen Verhinderungen nach § 616 S. 1 BGB gehören nicht ins Zeugnis.[295] Eine Unterbrechung der Arbeitsleistung eines AN im fortbestehenden Arbverh wegen **Elternzeit**[296] darf jedenfalls dann – sowohl bzgl. der Länge als auch des Grundes – im Zeugnis erwähnt werden, wenn die Unterbrechung z.B. zwei von zehn Jahren,[297] die Hälfte[298] oder zwei Drittel des Bestandes des Arbverh ausmacht.[299] Kurzfristige Unterbrechungen der Tätigkeit eines AN sind für die Leistungsbewertung i.d.R. unbeachtlich.[300] Gem. § 5 Abs. 1 S. 4 MuSchG verbieten sich Angaben zu **Mutterschutz** und **Schwangerschaft**.[301] Ein laufendes **Straf- oder Ermittlungsverfahren** gegen den AN ist grds. nicht in einem Arbeitszeugnis aufzuführen.[302] Läuft jedoch gegen einen Heimerzieher ein Strafverfahren wegen sittlicher Verfehlungen an den Pfleglingen, so kann der Heimerzieher nicht verlangen, dass sein bisheriger AG in einem qualifizierten Zeugnis das Strafverfahren unerwähnt lässt.[303] Bloße **Verdächtigungen**[304] sind ebenso wenig wie **Vorstrafen** in das Zeugnis aufzunehmen. Anderes gilt für nachgewiesene **Straftaten**, die in einem inneren Zusammenhang mit der Tätigkeit stehen, also insb. während der Arbeitszeit verübt wurden.[305] Modalitäten, die von den Arbeitsvertragsparteien im Hinblick auf die bevorstehende Beendigung des Arbverh vereinbart werden (z.B. **Widerruf der Prokura**), sind nicht zu erwähnen.[306] Der Besitz des **Führerscheins** darf auf Wunsch des AN erwähnt werden, der Verlust darf nicht erwähnt werden.[307] **Privatangelegenheiten** (z.B. Vermögensverhältnisse, Sexualleben, Konfessionszugehörigkeit, Parteibindung) sind nicht zu erwähnen.[308] Gleiches gilt für **Wettbewerbsverbote** (siehe § 110).[309]

e) Selbstverständlichkeiten. Bescheinigt der AG lediglich – die an sich selbstverständliche – **Pünktlichkeit**[310] und nicht auch allgemeine Zuverlässigkeit, so wird dem AN zwischen den Zeilen bescheinigt, dass er nur zeitlich, 39

---

283 *Schleßmann*, BB 1988, 1320, 1322 m.w.N.
284 BAG 19.8.1992 – 7 AZR 262/91 – NZA 1993, 222, 223 f.
285 LAG Hamm 6.3.1991 – 3 Sa 1279/90 – PersR 1991, 382, 383.
286 ArbG Ludwigshafen 18.3.1987 – 2 Ca 281/87 – DB 1987, 1364.
287 LAG Hamm 15.7.1986 – 13 Sa 2289/85 – LAGE § 630 BGB Nr. 5.
288 LAG Frankfurt 10.3.1977 – 6 Sa 779/76 – DB 1978, 167 f.; *Brill*, BB 1981, 616, 618 f.; *Witt*, BB 1996, 2194 ff.; zur Erwähnung der vollständigen Freistellung eines PR-Mitglieds (§ 46 Abs. 4 BPersVG) in einer dienstlichen Regelbeurteilung s. BAG 19.8.1992 – 7 AZR 262/91 – NZA 1993, 222, 224.
289 *Löw*, NJW 2005, 3605, 3607.
290 ErfK/*Müller-Glöge*, § 109 GewO Rn 20.
291 Näher hierzu: *Mühlhausen*, NZA-RR 2006, 337 ff. m.w.N.
292 *Roth*, FA 2002, 9; zu Alkoholismus sowie (Schwer-)Behinderung s. *Weuster*, BuW 2001, 431, 434.
293 ArbG Frankfurt 19.3.1991 – 8 Ca 509/90 – ARST 1991, 233 f.; ArbG Hagen 17.4.1969 – 2 Ca 1160/68 – DB 1969, 886. Anderes kann hinsichtlich einer die Dauer der Entgeltfortzahlung nach § 3 Abs. 1 EFZG von max. sechs bzw. zwölf Wochen übersteigenden krankheitsbedingten Fehlzeit gelten, s. *Mühlhausen*, NZA-RR 2006, 337, 338 ff., m.w.N.
294 LAG Chemnitz 30.1.1996 – 5 Sa 996/95 – NZA-RR 1997, 47 f.
295 *Mühlhausen*, NZA-RR 2006, 337, 338.
296 Früher: Erziehungsurlaub.
297 LAG Köln 30.8.2007 – 10 Sa 482/07 – juris.
298 LAG Chemnitz 30.1.1996 – 5 Sa 996/95 – NZA-RR 1997, 47 f.
299 Nach BAG 10.5.2005 – 9 AZR 261/04 – NZA 2005, 1237, 1238 verbietet sich eine schematische Grenze.
300 BAG 10.5.2005 – 9 AZR 261/04 – NZA 2005, 1237 ff.
301 *Löw*, NJW 2005, 3605, 3607.
302 LAG Hamm 27.2.1997 – 4 Sa 1691/96 – NZA-RR 1998, 151, 158; ArbG Düsseldorf 15.12.2003 – 7 Ca 9224/03 – NZA-RR 2004, 294, 296 f.; MüKo-BGB/*Henssler*, § 630 Rn 39; *Schleßmann*, 80; *Eisbrecher*, 118 ff.; a.A. Staudinger/*Preis*, § 630 Rn 41.
303 BAG 5.8.1976 – 3 AZR 491/75 – BB 1977, 297 f.
304 RAG 17.11.1928 – 187/28 – ARS 4, 166, 167 ff. m. Anm. *Hueck*.
305 ArbG Düsseldorf 15.12.2003 – 7 Ca 9224/03 – NZA-RR 2004, 294, 296 m.w.N.
306 BAG 26.6.2001 – 9 AZR 392/00 – NZA 2002, 34, 35.
307 *Löw*, NJW 2005, 3605, 3607.
308 *Löw*, NJW 2005, 3605, 3607.
309 *Löw*, NJW 2005, 3605, 3607.
310 BAG 23.6.1960 – 5 AZR 560/58 – DB 1960, 1042; ArbG Neubrandenburg 12.2.2003 – 1 Ca 1579/02 – NZA-RR 2003, 465, 466; ArbG Bayreuth 26.11.1991 – 1 Ca 669/91 – NZA 1992, 799 f.

nicht aber im Übrigen zuverlässig war.[311] Bewiesene **Ehrlichkeit**[312] ist dem AN nur dann zu bestätigen, wenn er eine Tätigkeit ausübt, die sich durch ein besonderes Vertrauensverhältnis der Arbeitsvertragsparteien auszeichnet und aufgrund derer der Zeugnisleser eine positive Hervorhebung erwarten darf;[313] im Übrigen stellt dies eine grds. nicht zu erwähnende Selbstverständlichkeit dar.[314] Auch die – insb. isolierte – Beurteilung des AN als **„fleißig"** kann beim Zeugnisleser den Eindruck erwecken oder verstärken, der AG sei in Wahrheit nicht mit den Leistungen des AN zufrieden gewesen.[315]

40 **7. Zwischenzeugnis.** Hinsichtlich Form (siehe Rn 18 ff.) und Inhalt (siehe Rn 21 ff., 27 ff.) des Zwischenzeugnisses gelten im Wesentlichen die gleichen Maßstäbe wie beim Schlusszeugnis.[316] Gleiches gilt hinsichtlich Berichtigung (siehe Rn 48, 52), Widerruf (siehe Rn 50) und Bindungswirkungen (siehe Rn 51).[317]

V. Erlöschen des Zeugnisanspruchs

41 **1. Erfüllung (§ 362 Abs. 1 BGB). a) Allgemeines.** Der Zeugnisanspruch ist erfüllt, wenn der AG ein den gesetzlichen Anforderungen entsprechendes Zeugnis erteilt hat, dieses also formell ordnungsgemäß ist und den allgemein erforderlichen Inhalt hat, also Angaben zu Art und Dauer des Arbverh und zu Leistung und Verhalten des AN enthält.[318]

42 **b) Wahlschuld (§§ 262 ff. BGB).** Die Erfüllbarkeit des Zeugnisanspruchs hängt davon ab, dass der AN sein ihm durch Abs. 1 eingeräumtes Wahlrecht (§§ 262 ff. BGB) ausübt, ein **einfaches** (siehe Rn 10, 27 ff.) oder ein **qualifiziertes** Zeugnis (siehe Rn 11, 30 ff.) zu verlangen (sog. **verhaltener Anspruch**).[319] Verlangt der AN lediglich „ein Zeugnis", wird dies mangels gegenteiliger Anhaltspunkte regelmäßig als Forderung nach einem qualifizierten Zeugnis auszulegen sein (**§§ 133, 157 BGB**).[320] Beide Zeugnisse kann der AN regelmäßig nicht verlangen. Benötigt der AN ein qualifiziertes Zeugnis, nachdem ihm bereits das – nach Maßgabe der §§ 262 ff. BGB gewählte – einfache Zeugnis – mit der Folge des Erlöschens seines Zeugnisanspruchs (§§ 263 Abs. 2, 362 Abs. 1 BGB) – erteilt worden war, so besteht grds. kein Anspruch mehr.[321] Allenfalls bei einem berechtigten Interesse des AN bzw. bei Vorliegen besonderer Umstände kommt ausnahmsweise eine nachwirkende Vertragspflicht des AG zur Ausstellung eines qualifizierten Zeugnisses in Betracht.[322] Wurde umgekehrt bereits ein – inhaltlich zutreffendes – qualifiziertes Zeugnis erteilt, so besteht keine Pflicht des AG, darüber hinaus ein einfaches Zeugnis zu erteilen.[323] Wird ein erteiltes Zeugnis durch ein anderes ersetzt, ist das alte Zeugnis Zug-um-Zug zurückzugeben.[324]

43 **c) Holschuld (§ 269 BGB).** Grds. muss der AN seine **Arbeitspapiere**,[325] zu denen auch das Arbeitszeugnis gehört, beim AG abholen. Es handelt sich um eine Holschuld i.S.v. § 269 Abs. 2 BGB.[326] Der AG ist i.d.R. nicht verpflichtet, dem AN das Arbeitszeugnis zu schicken. Seine Pflicht beschränkt sich darauf, das Arbeitszeugnis im Betrieb für den AN zum Abholen bereit zu halten.[327] Jedoch kann der AG nach § 242 BGB oder § 226 BGB im Einzelfall gehalten

---

311 ArbG Nürnberg 2.5.2001 – 15 Ca 8860/00 – LAGE § 630 BGB Nr. 36.
312 BAG 23.6.1960 – 5 AZR 560/58 – DB 1960, 1042; ArbG Nürnberg 2.5.2001 – 15 Ca 8860/00 – LAGE § 630 BGB Nr. 36; ArbG Bayreuth 26.11.1991 – 1 Ca 669/91 – NZA 1992, 799 f.
313 BAG 29.7.1971 – 2 AZR 250/70 – BB 1971, 1280; LAG Düsseldorf 2.7.1976 – 9 Sa 727/76 – DB 1976, 2310: Kassierer(in); BAG 8.2.1972 – 1 AZR 189/71 – DB 1972, 931, 932: Filialleiter; BGH 22.9.1970 – VI ZR 193/69 – NJW 1970, 2291, 2293; LAG Frankfurt 21.5.1962 – 1 Sa 15/62 – DB 1962, 1215: Haushaltsgehilfin; Monjau, DB 1966, 300, 303 f.: Kraftfahrer, Ladenverkäufer.
314 BGH 26.11.1963 – VI ZR 221/62 – DB 1964, 517; Monjau, DB 1966, 300, 303; Göldner, ZfA 1991, 225, 232 ff.
315 BAG 23.6.1960 – 5 AZR 560/58 – DB 1960, 1042; LAG Hamm 27.2.1997 – 4 Sa 1691/96 – NZA-RR 1998, 151, 157.
316 LAG Hamm 27.2.1997 – 4 Sa 1691/96 – NZA-RR 1998, 151, 154; LAG Hamm 1.12.1994 – 4 Sa 1540/94 – LAGE § 630 BGB Nr. 25; LAG Hamm 8.7.1993 – 4 Sa 171/93 – juris; LAG Düsseldorf 2.7.1976 – 9 Sa 727/76 – DB 1976, 2310.
317 LAG Hamm 1.12.1994 – 4 Sa 1540/94 – LAGE § 630 BGB Nr. 25.
318 BAG 14.10.2003 – 9 AZR 12/03 – NZA 2004, 842, 845.
319 Palandt/*Heinrichs*, § 271 BGB Rn 1; Staudinger/*Preis*, § 630 Rn 54; ErfK/*Müller-Glöge*, § 109 GewO Rn 5.
320 ErfK/*Müller-Glöge*, § 109 GewO Rn 5 m.w.N.
321 LAG Chemnitz 26.3.2003 – 2 Sa 875/02 – LAGReport 2004, 187.
322 RAG 4.1.1928 – 56/27 – ARS 2, 67 f. m. Anm. *Hueck*; ErfK/*Müller-Glöge*, § 109 GewO Rn 6; *Liedtke*, NZA 1988, 270, 272.
323 Str.; offen gelassen von LAG Hamm 27.2.1997 – 4 Sa 1691/96 – NZA-RR 1998, 151, 155; so MünchArb/*Wank*, Bd. 2, § 128 Rn 23; *Liedtke*, NZA 1988, 270, 271; a.A. *Schleßmann*, BB 1988, 1320, 1323 f.
324 BAG 27.2.1987 – 5 AZR 710/85 – NZA 1987, 628, 629; LAG Hamm 17.12.1998 – 4 Sa 1337/98 – NZA-RR 1999, 455, 459; LAG Hamm 1.12.1994 – 4 Sa 1631/94 – LAGE § 630 BGB Nr. 28, LS 4; LAG Hamm 27.2.1997 – 4 Sa 1691/96 – NZA-RR 1998, 151, 153; LAG Hamm 11.7.1996 – 4 Sa 1285/95 – juris; LAG Hamm 13.2.1992 – 4 Sa 1077/91 – LAGE § 630 BGB Nr. 16; ArbG Düsseldorf 15.12.2003 – 7 Ca 9224/03 – NZA-RR 2004, 294, 295.
325 *Korinth*, ArbRB 2004, 62, 63 f.; *Fischer*, AiB 2005, 429 ff.
326 BAG 8.3.1995 – 5 AZR 848/93 – NZA 1995, 671; LAG Frankfurt 1.3.1984 – 10 Sa 858/83 – DB 1984, 2200; LAG Düsseldorf 18.12.1962 – 8 Sa 392/62 – DB 1963, 419; ArbG Wetzlar 21.7.1971 – Ga 3/71 – BB 1972, 222.
327 BAG 21.9.1999 – 9 AZR 893/98 – NZA 2000, 257.

sein, dem AN das Arbeitszeugnis nachzuschicken,[328] z.B. wenn die Abholung für den AN mit **unverhältnismäßig hohen Kosten oder besonderen Mühen** verbunden ist[329] oder wenn der AN seinen Wohnsitz inzwischen an einen weit entfernten Ort verlegt hat.[330] Jedenfalls ist dann eine entsprechende Aufforderung des AN erforderlich.[331] Die Einschaltung eines **Empfangsboten** ist dem AN i.d.R. zumutbar.[332]

d) **Gegenrechte des AG (§§ 273, 320 BGB).** Das Arbeitszeugnis zählt zu den Arbeitspapieren, an denen u.a. wegen ihres **persönlichkeitsbezogenen Charakters** keine Gegenrechte, insb. keine Zurückbehaltungsrechte (§ 273 BGB), ausgeübt werden können.[333] Auch die Einrede des nichterfüllten Vertrages (§ 320 BGB) steht dem AG nicht zu, da der Anspruch auf Erbringung der Arbeitsleistung mit der Verpflichtung zur Zeugniserteilung nicht im synallagmatischen Verhältnis steht.[334]

e) **Verlust oder Beschädigung des Zeugnisses nach Anspruchserfüllung.** Von den Fällen der (inhaltlichen) Neuausstellung sind die Fälle zu unterscheiden, in denen der AN die **Neuausstellung** eines (inhaltlich richtigen und nicht beanstandeten) Zeugnisses begehrt, weil es beschädigt worden oder verloren gegangen ist (z.B. wegen Brand, Einbruch).[335] Dabei kommt es nicht darauf an, ob die Beschädigung oder der Verlust des Originalzeugnisses von dem AN zu vertreten ist. Entscheidend ist, ob dem früheren AG die Ersatzausstellung des Zeugnisses möglich ist und noch zugemutet werden kann, insb. ob er anhand noch vorhandener Personalunterlagen ohne großen Arbeitsaufwand das Zeugnis neu schreiben lassen kann. In solchen Fällen ist der AG kraft seiner **nachvertraglichen Fürsorgepflicht** verpflichtet, auf Kosten des AN ein neues Zeugnis zu erteilen.[336] Der Anspruch einer transsexuellen Person (§ 1 Abs. 1 TSG)[337] auf Neuerteilung eines Zeugnisses mit geändertem Vornamen bzw. mit geändertem Geschlecht folgt aus der nachvertraglichen Fürsorgepflicht des AG. Deren Umfang ergibt sich aus § 242 BGB i.V.m. Art. 2 Abs. 1 GG und § 5 TSG. Anderenfalls würde eine mittelbare Diskriminierung wegen des Geschlechts i.S.v. **§§ 7 Abs. 1, 1 AGG** vorliegen.[338]

2. Unmöglichkeit (§ 275 BGB). Der Zeugnisanspruch erlischt nach Maßgabe von § 275 BGB, wenn dem AG die Erfüllung unmöglich oder unzumutbar wird. Dies kann z.B. nach **Vernichtung der Personalakten** eintreten. Den im Fall des Todes des AG anspruchsverpflichteten **Erben** (siehe Rn 6) kann die Erfüllung des Zeugnisanspruchs dann unmöglich werden, wenn sie die für die Zeugniserteilung maßgebenden Tatsachen weder selbst kennen noch sich durch Einholung entsprechender Auskünfte verschaffen können.[339]

VI. Rechtsfolgen mangelhafter Erfüllung des Zeugnisanspruchs – Haftungsfragen

1. Schadensersatzansprüche des AN (§§ 280, 286 BGB). Ein Schadensersatzanspruch des AN nach § 280 Abs. 1 BGB wegen Verletzung der Zeugnispflicht durch den AG kommt in Betracht,[340] wenn das Zeugnis **nicht gehörig**, d.h. formal oder inhaltlich fehlerhaft, unrichtig oder unvollständig ausgestellt wurde. Ansprüche wegen Schuldnerverzug (§§ 280, 286, 288 Abs. 4 BGB) bestehen, wenn das Zeugnis **verspätet** ausgestellt wurde. Voraussetzung des Bestehens von Schadensersatzansprüchen ist in jedem Fall, dass dem AN ein **Schaden**[341] entstanden ist und dass der Schaden auf der **schuldhaften** (§§ 280 Abs. 1 S. 2, 276, 278 BGB) Verletzung der Zeugnispflicht beruht (**Kausalität**).[342] Zum Schaden gehören die für erfolglose Bewerbungen aufgewendeten Kosten, sofern diese nicht vom AG, der zur Vorstellung aufforderte, zu tragen sind (§§ 662, 670 BGB). Selbst ein Schmerzensgeldanspruch (§ 253 Abs. 2 BGB) kann u.U. dann in Betracht kommen, wenn die schuldhaft verursachte längere Dauer der Arbeitslosigkeit eine schwerwiegende Gesundheitsschädigung des AN nach sich zieht.[343] Im Sinne einer Vorteilsausgleichung ist **ALG** auf den Schadensersatzanspruch wegen entgangenen Verdienstes anzurechnen; sofern dies schuld-

---

328 BAG 8.3.1995 – 5 AZR 848/93 – NZA 1995, 671 f.
329 LAG Frankfurt 1.3.1984 – 10 Sa 858/83 – DB 1984, 2200 f.
330 ArbG Wetzlar 21.7.1971 – Ga 3/71 – BB 1972, 222.
331 LAG Düsseldorf 18.12.1962 – 8 Sa 392/62 – DB 1963, 419.
332 BAG 8.3.1995 – 5 AZR 848/93 – NZA 1995, 671, 672.
333 LAG Nürnberg 18.1.1994 – 6 Sa 270/92 – LAGE § 630 BGB Nr. 20; HWK/*Gäntgen*, § 109 GewO Rn 22; *Brill*, AuA 1994, 230, 231; *Korinth*, ArbRB 2004, 321, 323; *Korinth*, ArbRB 2004, 62, 63.
334 LAG Stuttgart 4.5.1935 – Sa 18/35 – ARS 24, 174, 175 ff. m. Anm. *Hueck*; ErfK/*Müller-Glöge*, § 109 GewO Rn 48; HWK/*Gäntgen*, § 109 GewO Rn 22; Erman/*Belling*, § 630 BGB Rn 19.
335 *Brill*, AuA 1994, 230, 231.
336 LAG Hamm 17.12.1998 – 4 Sa 1337/98 – NZA-RR 1999, 455, 456 f.; LAG Hamm 15.7.1986 – 13 Sa 2289/85 – LAGE § 630 BGB Nr. 5.

337 G über die Änderung der Vornamen und die Feststellung der Geschlechtszugehörigkeit in besonderen Fällen (TranssexuellenG) v. 10.9.1980 (BGBl I S. 1654).
338 LAG Hamm 17.12.1998 – 4 Sa 1337/98 – NZA-RR 1999, 455, 458 f.
339 BAG 30.1.1991 – 5 AZR 32/90 – NZA 1991, 599, 600; BAG 29.1.1986 – 4 AZR 479/84 – DB 1986, 1340, 1341; ArbG Münster 10.4.1990 – 3 Ca 2109/89 – BB 1990, 2266.
340 Landmann-Rohmer/*Neumann*, GewO, § 109 Rn 34; *Ring*, BuW 2001, 208, 213 f.
341 Landmann-Rohmer/*Neumann*, GewO, § 109 Rn 35.
342 BAG 14.10.2003 – 9 AZR 12/03 – NZA 2004, 842, 845; BAG 16.11.1995 – 8 AZR 983/94 – AuR 1996, 195; BAG 25.10.1967 – 3 AZR 456/66 – DB 1968, 1183 f.; LAG Düsseldorf 23.7.2003 – 12 Sa 232/03 – AuA 2004, Nr. 7, 42; LAG Hamm 11.7.1996 – 4 Sa 1534/95 – LAGE § 630 BGB Nr. 29; LAG Hamm 21.3.1969 – 8 Sa 845/68 – DB 1969, 886 f.
343 BAG 12.8.1976 – 3 AZR 720/75 – DB 1976, 2211, 2213.

haft nicht beantragt wurde, erfolgt eine fiktive Anrechnung.[344] Das Arbeitszeugnis ist unverzüglich nach Ausübung des Wahlrechts (siehe Rn 42) zu erstellen. Die Angemessenheit der **Bearbeitungsfrist** ist neben den betrieblichen Umständen vor allem davon abhängig, ob ein einfaches oder ein qualifiziertes Zeugnis verlangt wird.[345] So werden z.T. drei Tage[346] bzw. einige Tage[347] für ein einfaches und zwei[348] bis drei Wochen[349] für ein qualifiziertes Zeugnis als angemessen erachtet. Für den auf Verzug gegründeten Schadensersatzanspruch bedarf es der **Mahnung** des AG, das gewählte Zeugnis zu erteilen bzw. das erteilte Zeugnis zu berichtigen (§ 286 Abs. 1 S. 1 BGB). Der Anspruch aus § 280 Abs. 1 BGB erfordert zwar keine Mahnung; den AN kann indessen ein gem. § 254 BGB beachtliches **Mitverschulden** treffen, wenn er trotz erkennbarer Gefährdung seines beruflichen Fortkommens schuldhaft die Berichtigung des mangelhaften Zeugnisses entweder nicht verlangt oder dies verspätet oder auf ungenügende Weise macht.[350] Entgeht dem AN wegen fehlender oder verspäteter Erstellung des Arbeitszeugnisses eine neue Arbeitsstelle, so besteht ein Schadensersatzanspruch nur dann, wenn das fehlende Zeugnis ausdrücklich als Ablehnungsgrund für die Bewerbung benannt wurde.[351] Nimmt der AG ohne den ausdrücklichen Wunsch des AN dessen **BR-Zugehörigkeit** (siehe Rn 38) in das Zeugnis auf, so kann dies zu Schadensersatzansprüchen des AN führen.[352] Führen falsche **Auskünfte** (siehe Rn 54) des AG zu einem Schaden des AN, kann dies zu Schadensersatzansprüchen aus § 280 Abs. 1 BGB,[353] u.U. auch aus §§ 824, 826 BGB[354] sowie zu Rücknahme-, Berichtigungs- und bei Wiederholungsgefahr zu Unterlassungsansprüchen (§ 1004 BGB analog, § 249 BGB) führen.[355]

48 2. „Berichtigungsansprüche" des AN. Ein „Zeugnis-Berichtigungsanspruch" ist dem Gesetz fremd. Nach h.M. handelt es sich insoweit um einen Bestandteil des **ursprünglichen Erfüllungsanspruchs**,[356] während nach a.A. ein eigenständiger, auf arbeitgeberseitiger Fürsorgepflicht beruhender Anspruch angenommen wird.[357] Dieser mit der h.M. anzunehmende Erfüllungsanspruch wird durch das Bestehen von Schadensersatzansprüchen (siehe Rn 47) des AN gegen den AG nicht berührt. Das Zeugnisrecht enthält keine Gewährleistungsvorschriften, die den Erfüllungsanspruch verdrängten.[358] Begehrt der AN die **Abänderung eines Zeugnisses** in einem oder mehreren Punkten, so muss er diese Punkte bei der Anmahnung eines gehörigen Zeugnisses bezeichnen; es genügt nicht, dass er einen eigenen Zeugnisentwurf vorlegt.[359] Der AG hat die Zeugnisberichtigung oder -ergänzung durch **Ausstellung eines neuen Zeugnisses** vorzunehmen, das so abzufassen ist, als ob es sich um eine Erstausfertigung handeln würde.[360]

49 3. Schadensersatzansprüche Dritter (§§ 823, 826 BGB). Erteilt der AG ein inhaltlich unrichtiges Zeugnis, kann er sich Dritten (insb. neuen AG) gegenüber wegen sittenwidriger vorsätzlicher Schädigung nach **§ 826 BGB** schadensersatzpflichtig machen.[361] Hierzu ist neben der Kenntnis der inhaltlichen Unrichtigkeit der im Zeugnis gemachten Angaben ein zumindest bedingter Schädigungsvorsatz des AG erforderlich. Auch Auslassungen, insb. verschwiegene negative Eigenschaften des AN, können zur Haftung nach § 826 BGB führen. Hat sich der AN bspw. als unehrlich oder unzuverlässig erwiesen und wird dies im Zeugnis nicht zum Ausdruck gebracht – sei es auch durch beredtes Schweigen –, so kann § 826 eingreifen, wenn dem neuen AG dadurch ein Schaden entsteht, dass der AN erneut Unterschlagungen oder Diebstähle begeht.[362] Des weiteren kann jedenfalls bei Verletzung der in **§ 823 Abs. 1 BGB** im Einzelnen geschützten Rechtsgüter auch eine Haftung aus dieser Vorschrift, also auch bei nur **fahrlässig fehlerhaftem Verhalten**, in Frage kommen. Da insoweit die Exkulpationsmöglichkeit nach **§ 831 Abs. 1 S. 2 BGB** zu berücksichtigen ist,[363] kommt dieser Haftungsgrundlage keine große praktische Bedeutung zu.[364] Bei kollusivem Zusammenwirken zwischen AG und AN können Schadensersatzansprüche des neuen AG aus **§ 823 Abs. 2**

---

344 BAG 17.10.1972 – 1 AZR 86/72 – DB 1973, 238 f.
345 Boemke/*Müller*, GewO, § 109 Rn 10.
346 LAG Düsseldorf 10.6.1953 – 4 Sa 59/53 – DB 1953, 695 f.
347 *Kölsch*, NZA 1985, 382, 383; *Weuster*, BuW 2001, 300.
348 *Weuster*, BuW 2001, 300.
349 *Schleßmann*, 34.
350 LAG Düsseldorf 23.7.2003 – 12 Sa 232/03 – AuA 2004, Nr. 7, 42.
351 LAG Frankfurt 30.7.2003 – 2 Sa 159/03 – Personal 2004, Nr. 4, 62.
352 LAG Frankfurt 18.2.1953 – II LA 22/53 – DB 1953, 404.
353 Zur früheren pVv s. LAG Frankfurt 20.12.1979 – 12/10 Sa 28/79 – ARST 1980, 156; LAG Hamburg 16.8.1984 – 2 Sa 144/83 – DB 1985, 284 ff.
354 Staudinger/*Preis*, § 630 Rn 86 m.w.N.
355 BGH 10.7.1959 – VI ZR 149/58 – BB 1959, 919; LAG Berlin 8.5.1989 – 9 Sa 21/89 – NZA 1989, 965 f.
356 BAG 14.10.2003 – 9 AZR 12/03 – NZA 2004, 842, 845; BAG 17.2.1988 – 5 AZR 638/86 – NZA 1988, 427; BAG 23.2.1983 – 5 AZR 515/80 – DB 1983, 2043; BAG 23.6.1960 – 5 AZR 560/58 – DB 1960, 1042; LAG Hamm 3.7.2002 – 3 Sa 248/02 – NZA-RR 2003, 73; LAG Düsseldorf 23.5.1995 – 3 Sa 253/95 – NZA-RR 1996, 42.
357 LAG Hamm 27.2.1997 – 4 Sa 1691/96 – NZA-RR 1998, 151, 152 f.; LAG Hamm 13.2.1992 – 4 Sa 1077/91 – LAGE § 630 BGB Nr. 16.
358 BAG 14.10.2003 – 9 AZR 12/03 – NZA 2004, 842, 845 m.w.N.
359 LAG Düsseldorf 23.7.2003 – 12 Sa 232/03 – AuA 2004, Nr. 7, 42.
360 BAG 21.6.2005 – 9 AZR 352/04 – NZA 2006, 104, 105 f.; LAG Stuttgart 27.10.1966 – 4 Sa 53/66 – BB 1967, 161 f.; LAG Hamm 17.6.1999 – 4 Sa 2587/98 – MDR 2000, 590, 591.
361 BGH 26.11.1963 – VI ZR 221/62 – DB 1964, 517; BGH 22.9.1970 – VI ZR 193/69 – NJW 1970, 2291 ff.; Landmann-Rohmer/*Neumann*, GewO, § 109 Rn 36; *Ring*, BuW 2001, 208, 214; *Roth*, FA 2002, 9, 10.
362 BGH 22.9.1970 – VI ZR 193/69 – NJW 1970, 2291 ff.
363 BGH 15.5.1979 – VI ZR 230/76 – MDR 1979, 924.
364 *Kölsch*, NZA 1985, 382, 385 m.w.N.

BGB i.V.m. §§ 263, 27 StGB wegen (vorsätzlicher) Beihilfe zum Anstellungsbetrug bestehen.[365] Nach der Rspr. des BGH soll zudem der Zeugnisaussteller, der nachträglich erkannt hat, dass das Zeugnis grob unrichtig ist und dass ein bestimmter Dritter durch Vertrauen auf dieses Zeugnis Schaden zu nehmen droht, für den durch die Unterlassung einer Warnung entstandenen Schaden nach **vertraglichen bzw. vertragsähnlichen Grundsätzen** haften.[366] Wenngleich die in diesem Sinne angenommene Wahrheits- und Berichtigungspflicht auf Punkte beschränkt wurde, welche die Verlässlichkeit des Zeugnisses in ihrem Kern berühren,[367] wird diese erhebliche und trotz des obersten Grundsatzes der Wahrheit (siehe Rn 16) zu weit gehende Haftungsverschärfung in der Lit. heftig kritisiert.[368]

VII. Widerruf des Zeugnisses

Da das Zeugnis keine Willenserklärung – vielmehr eine Wissenserklärung – darstellt,[369] kann es nicht nach §§ 119 ff. BGB angefochten werden.[370] Ein ausgestelltes Zeugnis kann jedoch wegen **Irrtums** zum Zweck einer entsprechenden Abänderung widerrufen werden, wenn dem AG die Gründe, die das Zeugnis unrichtig machen, erst nach dessen Ausstellung bekannt geworden sind. Solche Gründe liegen z.B. vor, wenn unrichtige Tatsachen im Zeugnis angegeben sind oder wenn das Zeugnis insofern unrichtig ist, als aus seiner Fassung auf das Vorhandensein einer tatsächlich nicht vorhandenen Eigenschaft des AN geschlossen werden muss.[371] Es muss sich um einen Irrtum über derart wesentliche Punkte handeln, dass die Verlässlichkeit des Zeugnisses in ihrem Kern berührt ist. Ein Widerruf eines Zeugnisses kann zur Vermeidung von **Schadensersatzansprüchen Dritter** (siehe Rn 49) erforderlich sein.[372] Hat der AG bewusst ein inhaltlich unzutreffendes sog. **Gefälligkeitszeugnis** ausgestellt, liegt kein Irrtum vor, so dass ein Widerruf grds. entfällt.[373] Anderes gilt ausnahmsweise dann, wenn das Zeugnis derartig unrichtig ist, dass sein Gebrauch gegen die guten Sitten verstoßen würde.[374] Der Widerruf ist vollzogen, sobald er dem AN zugeht (§ 130 BGB). Der Widerruf eines **Zwischenzeugnisses** kann auch konkludent durch Erteilung eines schlechteren Schlusszeugnisses erfolgen. Der AG hat das Recht, ein Zwischenzeugnis zurückzuverlangen, wenn durch das Verhalten des AN nach Ausstellung des Zeugnisses die Verhaltensbeurteilung nicht mehr den Tatsachen entspricht oder sich die Leistungsbeurteilung wegen nachhaltiger Mängel geändert hat.[375] Wurde das Zeugnis widerrufen, ist es Zug-um-Zug (siehe Rn 42) gegen **Erteilung eines neuen Zeugnisses** an den AG herauszugeben. Wurde der Zeugnisinhalt durch **Urteil** festgelegt, kommt angesichts der Rechtskraftwirkung (§ 46 Abs. 2 S. 1 ArbGG i.V.m. § 322 Abs. 1 ZPO) ein Widerruf nicht in Betracht; es bleiben die prozessualen Rechtsbehelfe. Wurde der Zeugnisinhalt durch **Vergleich** (§ 779 BGB) bestimmt, erlangt ein Widerruf erst dann Bedeutung, wenn auch der Vergleich beseitigt ist. Insoweit ist das frühere Verfahren – durch Stellung eines Terminantrags – fortzusetzen.[376]

VIII. Bindungswirkungen gegenüber dem AN

1. Zwischenzeugnis. Bzgl. des Inhalts eines Zwischenzeugnisses ist eine **Indizwirkung** für ein späteres Endzeugnis jedenfalls dergestalt zu bejahen, dass der AG für den vom Zwischenzeugnis erfassten Zeitraum an seine Erklärungen grds. auch für das Endzeugnis gebunden ist. Er kann nur dann von dem Zwischenzeugnis abweichen, wenn das spätere Verhalten des AN hierfür hinreichenden Anlass bietet und ein **Widerruf** (siehe Rn 50) in Betracht kommt.[377] Der AN hat keinen Anspruch darauf, dass der AG im Endzeugnis exakt die **Formulierungen** aus einem früher abgegebenen Zwischenzeugnis übernimmt.[378] Wird in einer **Aufhebungsvereinbarung** geregelt, dass der AN ein Endzeugnis auf der Basis eines erteilten Zwischenzeugnisses erhält, dann ist der AG verpflichtet, ein mit dem Zwischenzeugnis inhaltsgleiches Endzeugnis zu erstellen.[379] Im Falle eines **Betriebsübergangs** ist der Erwerber an den Inhalt eines vom Veräußerer erteilten Zwischenzeugnisses gebunden.[380] Bei Insolvenzeröffnung bindet ein schon vorliegendes Zwischenzeugnis den Insolvenzverwalter.[381]

---

365 ErfK/*Müller-Glöge*, § 109 GewO Rn 71; *Gleisberg*, DB 1979, 1227, 1229.
366 BGH 15.5.1979 – VI ZR 230/76 – MDR 1979, 924; OLG München 30.3.2000 – 1 U 6245/99 – OLGR München 2000, 337 f.
367 BGH 15.5.1979 – VI ZR 230/76 – MDR 1979, 924; *Ring*, BuW 2001, 208, 214.
368 S. nur *Kölsch*, NZA 1985, 382, 385; *Löwenheim*, JZ 1980, 469 ff.
369 BAG 3.3.1993 – 5 AZR 182/92 – NZA 1993, 697, 698.
370 ErfK/*Müller-Glöge*, § 109 GewO Rn 56 m.w.N.; Staudinger/*Preis*, § 630 Rn 59; a.A. LAG Frankfurt 25.10.1950 – II LA 283/50 – DB 1951, 308.
371 LAG Frankfurt 25.10.1950 – II LA 283/50 – DB 1951, 308; ArbG Passau 5.10.1990 – 2 Ca 354/90 – BB 1991, 350 f.
372 BGH 15.5.1979 – VI ZR 230/76 – MDR 1979, 924.
373 LAG Frankfurt 25.10.1950 – II LA 283/50 – DB 1951, 308; LAG Berlin 22.9.1950 – 3 LAG 557/50 – BB 1951, 559; ArbG Duisburg 3.2.1950 – 1 Ca 47/50 – DB 1951, 548; a.A. ArbG Heidelberg 16.6.1964 – 1 Ca 26/64 – ARST 1965, 153.
374 LAG Berlin 10.2.1939 – 103 Sa 811/38 – ARS 35, 137, 138 f.
375 LAG Hamm 1.2.1994 – 4 Sa 1540/94 – LAGE § 630 BGB Nr. 25.
376 BAG 14.7.1960 – 2 AZR 152/60, 2 AZR 339/57 – NJW 1960, 2211 f.; BAG 15.5.1997 – 2 AZR 43/96 – NZA 1998, 33, 34.
377 BAG 1.10.1998 – 6 AZR 176/97 – NZA 1999, 894 f.; LAG Köln 22.8.1997 – 11 Sa 235/97 – NZA 1999, 771; LAG Köln 8.7.1993 – 10 Sa 275/93 – DStR 1994, 109.
378 LAG Düsseldorf 2.7.1976 – 9 Sa 727/76 – DB 1976, 2310.
379 LAG Niedersachsen 13.3.2007 – 9 Sa 1835/06 – juris.
380 BAG 16.10.2007 – 9 AZR 248/07 – NZA 2008, 298, 301.
381 Siehe *Berkowsky*, NZI 2008, 224, 225.

52 **2. Zeugnisberichtigung.** Der AG ist bei der im Rahmen einer Zeugnisberichtigung vorzunehmenden Erstellung eines **neuen Zeugnisses** (siehe Rn 48) grds. an den bisherigen, vom AN nicht beanstandeten Zeugnistext gebunden, wenn dem AG nicht nachträglich Umstände bekannt werden, die die Leistung oder das Verhalten des AN in einem anderen Licht erscheinen lassen. Ein zunächst als „stets einwandfrei" bezeichnetes Verhalten darf grds. nicht zu einem nur noch „einwandfreien" Verhalten herabgestuft werden.[382]

53 **3. Sonstiges.** Wird der AN im Schlusszeugnis als ehrlicher, fleißiger und gewissenhafter Mitarbeiter bezeichnet, so soll es nach Ansicht des BAG dem AG im Hinblick auf das Verbot des **venire contra factum proprium (§ 242 BGB)** verwehrt sein, nach dem Ausscheiden des AN gegen diesen Schadensersatzansprüche wegen eines ein Jahr zuvor festgestellten Kassenfehlbestandes geltend zu machen.[383] In **Eingruppierungsrechtsstreitigkeiten** können Tätigkeitsbeschreibungen und/oder Bewertungen aus Arbeitszeugnissen zu Beweiszwecken herangezogen werden, so dass insoweit eine Selbstbindung des AG eintreten kann.[384]

IX. Erteilung von Auskünften über den AN an Dritte

54 § 109 regelt nicht, inwieweit der AG zu Auskünften über den (ehemaligen) AN gegenüber Dritten berechtigt bzw. verpflichtet ist.[385] Der AG ist über die Pflicht zur Erteilung des Zeugnisses hinaus gehalten, im Interesse des ausgeschiedenen AN mündlich, telefonisch oder schriftlich Auskünfte über Leistung und Verhalten des AN während des Arbverh an solche Personen zu erteilen, mit denen dieser in Verbindungen über den Abschluss eines Arbeitsvertrages steht. Der AG kann auch ohne Zustimmung und selbst gegen den Wunsch des ausgeschiedenen AN Auskünfte über diesen an solche Personen erteilen, die ein **berechtigtes Interesse** an der Erlangung einer solchen Auskunft haben (z.B. Einstellungsabsicht).[386] Die Auskünfte müssen richtig im Sinne einer **wahrheitsgemäßen Zeugniserteilung** sein,[387] um nicht ggf. Schadensersatzansprüche des AN (siehe Rn 47) oder des Auskunftsempfängers (siehe Rn 49) auszulösen. Inhalt und Umfang des Auskunftsrechts richten sich nicht nur nach den Bestimmungen des **Datenschutzes**, sondern auch nach dem Umfang des **Fragerechts**[388] des AG bei der Einstellung eines AN.[389] Über den AN geführte Personalakten dürfen gegen dessen Willen nicht unbefugten Dritten zugänglich gemacht werden.[390] Eine mit Zustimmung des AN erteilte Auskunft darf inhaltlich freier und umfassender als ein qualifiziertes Zeugnis gestaltet werden.[391] Aufgrund des Arbeitsverhältnis überdauernden Treue- und Fürsorgepflicht muss der frühere AG i.d.R. dem ausgeschiedenen AN auf Verlangen die Auskunft bekannt geben, die er auf dessen Bewerbung um Einstellung an anderer Stelle über ihn erteilt hat.[392] In der Privatwirtschaft – nicht aber im Bereich des öffentlichen Dienstes[393] – sind grds. **Vereinbarungen** zwischen dem ausgeschiedenen AN und dem ehemaligen AG darüber zulässig, ob überhaupt, unter welchen Voraussetzungen und in welchem Umfang Auskünfte erteilt werden sollen und dürfen.[394] Ist in einem **Prozessvergleich** die einvernehmliche Beendigung des Arbverh vereinbart worden, so ist diese Festlegung für den AG bei einer späteren Auskunftserteilung bindend.[395] Im Bereich des **öffentlichen Dienstes** dürfen gem. § 111 Abs. 2 BBG – auf den jeweils notwendigen Umfang zu beschränkende – Auskünfte an Dritte nur mit Einwilligung des Beamten erteilt werden, es sei denn, dass die Abwehr einer erheblichen Beeinträchtigung des Gemeinwohls oder der Schutz berechtigter, höherrangiger Interessen des Dritten die Auskunftserteilung zwingend erfordert.[396] Inhalt und Empfänger der Auskunft sind dem Beamten schriftlich mitzuteilen.

X. Manipuliertes Zeugnis

55 Da es sich beim Arbeitszeugnis um eine Urkunde handelt, erfüllen Manipulationen des AN an einem Zeugnis bzw. dessen komplette Fälschung die Straftatbestände der **Urkundenfälschung (§ 267 StGB)** und des **(Anstellungs-)Betrugs (§ 263 StGB)**.[397] Stellt sich im Laufe eines Arbverh heraus, dass der Mitarbeiter das bei der Bewerbung vor-

---

382 BAG 21.6.2005 – 9 AZR 352/04 – NZA 2006, 104, 105 f.
383 BAG 8.2.1972 – 1 AZR 189/71 – DB 1972, 931 f.
384 LAG Hamm 28.8.1997 – 4 Sa 1926/96 – NZA-RR 1998, 490.
385 Landmann-Rohmer/*Neumann*, GewO, § 109 Rn 37 f.; *Sasse/Stelzer*, ArbRB 2005, 53 ff.
386 BAG 25.10.1957 – 1 AZR 434/55 – DB 1958, 659; BAG 5.8.1976 – 3 AZR 491/75 – BB 1977, 297 f.; BAG 18.12.1984 – 3 AZR 389/83 – NZA 1985, 811; LAG Berlin 8.5.1989 – 9 Sa 21/89 – NZA 1989, 965; *Schmid*, DB 1983, 769 ff.; kritisch *Schulz*, NZA 1990, 717, 719; a.A. ArbG Stuttgart 1.2.2001 – 28 Ca 8988/00 – NZA-RR 2002, 153 f.
387 BAG 25.10.1957 – 1 AZR 434/55 – DB 1958, 659; BAG 5.8.1976 – 3 AZR 491/75 – BB 1977, 297 f.; LAG Hamburg 16.8.1984 – 2 Sa 144/83 – DB 1985, 284, 285; LAG Berlin 8.5.1989 – 9 Sa 21/89 – NZA 1989, 965.
388 *Thüsing/Lambrich*, BB 2002, 1146 ff.
389 Boemke/*Müller*, GewO, § 109 Rn 63 m.w.N.
390 BAG 14.9.1994 – 5 AZR 632/93 – NZA 1995, 220, 222; BAG 4.4.1990 – 5 AZR 299/89 – NZA 1990, 933, 934; BAG 18.12.1984 – 3 AZR 389/83 – NZA 1985, 811 f.
391 LAG Hamburg 16.8.1984 – 2 Sa 144/83 – DB 1985, 284, 285.
392 BGH 10.7.1959 – VI ZR 149/58 – BB 1959, 919; *Schulz*, NZA 1990, 717, 719.
393 BAG 15.7.1960 – 1 AZR 496/58 – BB 1960, 983.
394 BAG 29.9.1994 – 8 AZR 570/93 – juris; s. *Sasse/Stelzer*, ArbRB 2005, 53 f.; *Schmid*, DB 1983, 769, 772 f.
395 LAG Hamburg 16.8.1984 – 2 Sa 144/83 – DB 1985, 284, 285.
396 Damit ist die frühere, auf Art. 35 GG abstellende und deutlich weitergehende Rspr. vor Inkrafttreten dieser Normen überholt, s. BAG 15.7.1960 – 1 AZR 496/58 – BB 1960, 983.
397 S. *Hoß*, AuA 2002, 532, 538, auch zu Verdachts-Künd, Anfechtung und Schadensersatzansprüchen in diesen Fällen.

gelegte Zeugnis selbst gefertigt bzw. manipuliert hat, ist der AG zur **Anfechtung** des Arbeitsvertrages wegen arglistiger Täuschung (§ 123 BGB) sowie zur **fristlosen Künd** (§ 626 BGB) berechtigt. Ggf. kommen **Schadensersatzansprüche** (§ 823 Abs. 2 BGB i.V.m. § 263 StGB) des AG im Hinblick auf die nutzlos aufgewandte Vergütung in Betracht, z.B. wenn ein „Computerspezialist" u.a. mit CAD-Kenntnissen gesucht, aufgrund des manipulierten Zeugnisses aber lediglich ein Fernsehtechniker eingestellt wurde.[398]

C. Verbindung zu anderen Rechtsgebieten und zum Prozessrecht

I. Verjährung (§ 195 BGB)

Der Zeugnisanspruch verjährt in der regelmäßigen dreijährigen Verjährungsfrist des § 195 BGB, deren Beginn sich nach § 199 Abs. 1 BGB richtet.[399] I.d.R. wird zuvor jedoch Verwirkung (siehe Rn 57) eintreten.[400]

56

II. Verwirkung (§ 242 BGB)

In der Rspr. ist anerkannt, dass sowohl der **Zeugnisanspruch**, als auch das **Berichtigungsverlangen** und **Schadensersatzansprüche** wegen unrichtiger Zeugniserteilung der Verwirkung (§ 242 BGB) unterliegen.[401] Verwirkung ist dann zu bejahen, wenn der AN sein Recht längere Zeit nicht ausgeübt und dadurch beim AG die Überzeugung hervorgerufen hat, der Gläubiger werde sein Recht nicht mehr geltend machen. Der AG als Schuldner des Zeugnisses muss sich hierauf eingerichtet haben, und es darf ihm die Erfüllung des Zeugnisanspruchs nach Treu und Glauben unter Berücksichtigung aller Umstände des Einzelfalles nicht mehr zumutbar sein.[402] Das **Zeitmoment** des Verwirkungstatbestandes kann bereits nach wenigen Monaten erfüllt sein;[403] für das **Umstandsmoment** kann im Einzelfall bereits das Schweigen des AN genügen.[404]

57

III. Verfallklauseln (Verfallfristen, Ausschlussfristen)

Die Vereinbarung tarif-[405] wie einzelvertraglicher[406] Ausschlussfristen für die Geltendmachung des Zeugnisanspruchs ist zulässig. Eine unangemessen kurze (vertragliche) Ausschlussfrist ist unwirksam.[407] Durch **Auslegung** der Klausel ist im Einzelfall genau zu prüfen, ob auch der grds. erst „bei Beendigung" (siehe Rn 8) des Arbverh entstehende Zeugnisanspruch erfasst sein soll.[408] Die an die **Fälligkeit** des Anspruchs anknüpfende Ausschlussfrist beginnt im Fall des Berichtigungsverlangens erst zum Zeitpunkt, in dem der AN das Zeugnis erhalten hat, da er erst zu diesem Zeitpunkt überprüfen kann, ob der AG den Beurteilungsspielraum, der ihm bei der Formulierung eines Zeugnisses zusteht, richtig ausgeübt und damit ein den gesetzlichen Erfordernissen entsprechendes Zeugnis ausgestellt hat.[409] Die **Geltendmachung** des Zeugnisanspruchs kann in der Forderung des AN nach „den Papieren" liegen (§§ 133, 157 BGB).[410] Die Erhebung einer **Künd-Schutzklage** wahrt die Ausschlussfrist nicht.[411] Der Anspruch auf Erteilung eines qualifizierten Zeugnisses unterliegt der Ausschlussfrist des § 70 BAT bzw. § 37 TVöD.[412]

58

IV. Darlegungs- und Beweislast

1. Anspruchsbegründende Tatsachen. Der **AN** hat die anspruchsbegründenden Tatsachen – also das Bestehen eines Arbverh, beim Schlusszeugnis (siehe Rn 8) dessen Beendigung, beim Zwischenzeugnis den triftigen Grund (siehe Rn 12) und ggf. die Ausübung des Wahlrechts (siehe Rn 42) – darzulegen und ggf. zu beweisen.[413]

59

---

398 LAG Köln 16.6.2000 – 11 Sa 1511/99 – NZA-RR 2000, 630 ff.
399 Boemke/*Müller*, GewO, § 109 Rn 26.
400 *Löw*, NJW 2005, 3605, 3608.
401 St. Rspr. BAG 4.10.2005 – 9 AZR 507/04 – NZA 2006, 436, 438; BAG 26.6.2001 – 9 AZR 392/00 – NZA 2002, 34, 35; BAG 17.2.1988 – 5 AZR 638/86 – NZA 1988, 427 f.; LAG Hamm 3.7.2002 – 3 Sa 248/02 – NZA-RR 2003, 73 f.; LAG Hamm 27.2.1997 – 4 Sa 1691/96 – NZA-RR 1998, 151, 156; LAG Düsseldorf 11.11.1994 – 17 Sa 1158/94 – DB 1995, 1135 f. m. Anm. *Sibben*.
402 BAG 26.6.2001 – 9 AZR 392/00 – NZA 2002, 34, 35; BAG 17.2.1988 – 5 AZR 638/86 – NZA 1988, 427.
403 BAG 17.2.1988 – 5 AZR 638/86 – NZA 1988, 427: zehn Monate; BAG 17.10.1972 – 1 AZR 86/72 – DB 1973, 238 f.: fünf Monate; LAG Hamm 3.7.2002 – 3 Sa 248/02 – NZA-RR 2003, 73 f.: 15 Monate; LAG Köln 8.2.2000 – 13 Sa 1050/99 – NZA-RR 2001, 130, 131 f.: zwölf Monate; LAG Düsseldorf 11.11.1994 – 17 Sa 1158/94 – DB 1995, 1135 f. m. Anm. *Sibben*: elf Monate.
404 LAG Saarbrücken 28.2.1990 – 1 Sa 209/89 – LAGE § 630 BGB Nr. 9; LAG Köln 8.2.2000 – 13 Sa 1050/99 – NZA-RR 2001, 130, 132.
405 BAG 26.6.2001 – 9 AZR 392/00 – NZA 2002, 34, 35; BAG 30.1.1991 – 5 AZR 32/90 – NZA 1991, 599 f.; BAG 23.2.1983 – 5 AZR 515/80 – DB 1983, 2043; LAG Chemnitz 30.1.1996 – 5 Sa 996/95 – NZA-RR 1997, 47, 48.
406 BAG 4.10.2005 – 9 AZR 507/04 – NZA 2006, 436, 438, zu § 70 BAT; BAG 24.3.1988 – 2 AZR 630/87 – NZA 1989, 101 f.; BAG 25.7.1984 – 5 AZR 219/82 – juris; LAG Köln 18.11.1996 – 3 Sa 852/96 – BB 1997, 1263; LAG Chemnitz 30.1.1996 – 5 Sa 996/95 – NZA-RR 1997, 47, 48.
407 LAG Nürnberg 18.1.1994 – 6 Sa 270/92 – LAGE § 630 BGB Nr. 20: zwei Wochen.
408 LAG Hamm 9.12.1980 – 13 Sa 1012/80 – ARST 1981, 112.
409 BAG 23.2.1983 – 5 AZR 515/80 – DB 1983, 2043 f.; LAG Chemnitz 30.1.1996 – 5 Sa 996/95 – NZA-RR 1997, 47, 48.
410 ErfK/*Müller-Glöge*, § 109 GewO Rn 54.
411 BAG 17.10.1972 – 1 AZR 86/72 – DB 1973, 238 f.
412 BAG 23.2.1983 – 5 AZR 515/80 – DB 1983, 2043.
413 BAG 14.10.2003 – 9 AZR 12/03 – NZA 2004, 842, 845.

60 **2. Anspruchsvernichtende und -hemmende Tatsachen.** Die das Erlöschen oder die Hemmung des Anspruchs begründenden Tatsachen hat der **AG** darzulegen und zu beweisen, insb. Erfüllung (siehe Rn 41), Unmöglichkeit (siehe Rn 46), Verzicht (siehe Rn 5), Verfall (siehe Rn 58), Verwirkung (siehe Rn 57). Dem Vortrag des Einwandes der Erfüllung nach § 362 BGB genügt der AG, wenn er darlegt, dass er ein den gesetzlichen Anforderungen entsprechendes Zeugnis erteilt hat, dieses also formell ordnungsgemäß ist und den allgemein erforderlichen Inhalt hat, also Angaben zu Art und Dauer des Arbverh und zur Führung und Leistung des AN enthält.[414] Hat der AN ein Zeugnis als Erfüllung angenommen – z.B. durch rügelose Entgegennahme und Verwendung bei Bewerbungen –, so kehrt sich gem. § 363 BGB die Beweislast für inhaltliche Mängel des Zeugnisses gegen ihn.[415]

61 **3. Inhaltliche Richtigkeit des Zeugnisses.** Nach der Rspr. hat **grds. der AG** als Schuldner des Zeugnisses die Richtigkeit der im Zeugnis beschriebenen Tätigkeit[416] und der vorgenommenen Beurteilung von Leistung und Verhalten darzulegen und im Streitfall zu beweisen.[417] Macht der AN geltend, der AG habe statt der bescheinigten „vollen Zufriedenheit" (durchschnittliche, befriedigende Leistungen) zu formulieren, er habe „stets zur vollen Zufriedenheit" (siehe Rn 33) gearbeitet – also überdurchschnittliche, gute Leistungen erbracht –, so hat der **AN** die Tatsachen vorzutragen und zu beweisen, aus denen sich die erstrebte bessere als eine durchschnittliche Endbeurteilung ergeben soll.[418] Ein AN, der eine **„sehr gute" Gesamtbewertung** (siehe Rn 33) begehrt, muss darlegen, dass er eine kontinuierliche oder jedenfalls überwiegend zu beobachtende, nicht mehr steigerungsfähige Bestleistung erbracht hat, an der der AG trotz seines Beurteilungsspielraums nicht mehr vorbeigehen kann.[419] Dagegen trifft den **AG** die Darlegungs- und Beweislast, wenn er die Leistung des AN mit **„ausreichend"** (siehe Rn 33) **oder schlechter** bewertet hat.[420] Kann weder der AN überdurchschnittliche noch der AG unterdurchschnittliche Leistungen nachweisen, so ist im Urteil auf **durchschnittliche**, befriedigende (Normal-)Leistungen zu erkennen.[421]

62 **4. Schadensersatzansprüche des AN.** Die Voraussetzungen des **§ 280 Abs. 1 BGB** – objektive Pflichtverletzung, Schaden, Kausalität – sowie zusätzlich des **§ 286 BGB** – Nichtleistung trotz Mahnung – hat der AN zu beweisen. Der AG muss sich gem. §§ 280 Abs. 1 S. 2, 286 Abs. 4 BGB hinsichtlich seines Verschuldens entlasten. Macht ein AN einen Schadensersatzanspruch (siehe Rn 47) geltend, weil er etwa wegen einer inhaltlich unrichtigen **Auskunft**[422] (siehe Rn 54) oder wegen des fehlenden ordnungsgemäßen **Zeugnisses** einen Verdienstausfall erlitten habe, so muss er darlegen und, falls bestritten, beweisen, dass ein bestimmter AG bereit gewesen ist, ihn einzustellen, sich aber wegen der unrichtigen Auskunft bzw. wegen des fehlenden oder mangelbehafteten Zeugnisses davon hat abhalten lassen. Für den Vortrag des AN spricht **kein Beweis des ersten Anscheins.** Dass ihm sowohl bzgl. der haftungsausfüllenden Kausalität als auch der Schadenshöhe die **Beweiserleichterungen** nach § 252 S. 2 BGB und § 287 ZPO zugute kommen können, entbindet ihn nicht von seiner Darlegungs- und Beweispflicht.[423] Vom Gericht ist stets zu prüfen, ob und in welchem Umfang die vorgetragenen Umstände eine hinreichende Grundlage für die Schätzung eines in jedem Fall eingetretenen Mindestschadens bieten.[424]

63 **5. Sonstiges.** Die Beweislast für die Voraussetzungen des **Widerrufs** (siehe Rn 50) sowie für die Richtigkeit des neuen Zeugnisses trägt der AG.[425] Hat der AG ein **Pauschalzeugnis** (siehe Rn 31) erteilt, so hat er dessen nur ausnahmsweise vorliegende Zulässigkeitsvoraussetzung – die vollständige Leistungsidentität – darzulegen und zu beweisen.[426]

V. Betriebsverfassungsrechtliches Verfahren

Gem. § 82 Abs. 2 BetrVG[427] hat der AN gegenüber dem AG ein **Erörterungsrecht** hinsichtlich der Beurteilung seiner Leistungen.[428] Er kann insoweit nach Maßgabe von § 82 Abs. 2 S. 2, 3 BetrVG ein **BR-Mitglied** hinzuziehen. Gleiches gilt bei der Ausübung seines ihm nach § 83 BetrVG[429] zustehenden Rechts zur **Einsichtnahme** in über ihn geführte **Personalakten**.[430]

64

VI. Prozessuales

1. Allgemeines. Für den Zeugnisanspruch sind gem. § 2 Abs. 1 Nr. 3 lit. e) ArbGG („**Arbeitspapiere**")[431] die Gerichte für Arbeitssachen zuständig.[432] Der Gerichtsstand des Erfüllungsortes gem. § 46 Abs. 2 S. 1 ArbGG i.V.m. § 29 ZPO ist i.d.R. am **Betriebssitz des AG** begründet.[433] Rechtsstreite um Zeugniserteilung und -berichtigung nehmen in Deutschland seit 1995 (14.000) ständig – in der Größenordnung um 10 % – zu und erreichten im Jahr 2001 bundesweit 25.878 Verfahren,[434] 2005 32.288 Verfahren.[435]

65

2. Bestimmtheit des Klageantrags (§ 46 Abs. 2 S. 1 ArbGG i.V.m. § 253 Abs. 2 Nr. 2 ZPO). Erfüllt der AG den Zeugnisanspruch nicht, so kann der AN Leistungsklage (§ 253 ZPO)[436] mit dem Antrag erheben, ihm „**ein qualifiziertes Zeugnis zu erteilen**". Der gewünschte Inhalt braucht nicht in den Antrag aufgenommen zu werden.[437] Verlangt der AN nicht nur ein einfaches oder qualifiziertes Zeugnis, sondern außerdem einen **bestimmten Zeugnisinhalt**, so hat er im Klagantrag genau zu bezeichnen, was in welcher Form das Zeugnis enthalten soll.[438] Zulässig sind bspw. die Antragsformulierungen: „ein Zeugnis folgenden Inhalts zu erteilen:..." und „das am... erteilte Zeugnis wie folgt zu ergänzen/in folgenden Punkten zu berichtigen:..." sowie Bezugnahmen auf eine Anlage zur Klageschrift mit dem vollständigen Zeugniswortlaut.[439] Der Antrag des AN, den AG zu verurteilen, ihm ein Zeugnis zu erteilen, „aus dem sich ergibt", dass er stets zur vollsten Zufriedenheit des AG tätig war und dass sein Verhalten jederzeit und in jeder Hinsicht einwandfrei war, entspricht nicht dem Bestimmtheitserfordernis des § 253 Abs. 2 Nr. 2 ZPO.[440] Verlangt der AG das Zeugnis nach einem **Widerruf** (siehe Rn 50) mit der Leistungsklage heraus, so ist – schon zur Vermeidung der aus einer teilweisen Klagabweisung resultierenden Kostentragungspflicht – die Herausgabe des Zeugnisses **Zug um Zug** (siehe Rn 50, 42) gegen die Erteilung eines inhaltlich richtigen Zeugnisses – unter Angabe dessen Wortlauts[441] – zu beantragen.

66

3. Inhalt des Urteils (§ 61 ArbGG). Das Arbeitszeugnis ist ein einheitliches Ganzes. Seine Teile können nicht ohne Gefahr der Sinnentstellung auseinander gerissen werden. Daher sind die Gerichte befugt, ggf. das **gesamte Zeugnis** zu überprüfen und u.U. selbst **neu zu formulieren**.[442] Zur dogmatischen Begründung dessen kann der Rechtsgedanke des § 315 Abs. 3 S. 2 BGB herangezogen werden.[443] Ist eine einzelne Formulierung des Zeugnisses unzulässig, kann der AG zur „**ersatzlosen Streichung**" verurteilt werden.[444] Erweist sich eine im Hinblick auf den Grundsatz der Vollständigkeit (siehe Rn 15) an sich erforderliche Formulierung als unzulässig, so ist eine **Ersatzformulierung** in den Tenor aufzunehmen. Gem. § 61 Abs. 1 ArbGG setzt das Arbeitsgericht den **Wert des Streitgegenstandes** (siehe Rn 68) im Urteil fest. Der AN kann nach § 61 Abs. 2 ArbGG vorgehen und neben dem Hauptausspruch beantragen, den AG für den Fall, dass er das Zeugnis nicht innerhalb einer im Urteil bestimmten Frist erteilt, zur Zahlung einer vom Gericht nach freiem Ermessen festzusetzenden **Entschädigung** zu verurteilen. Allerdings ist dann gem. § 61 Abs. 2 S. 2 ArbGG die **Zwangsvollstreckung** nach § 888 ZPO (siehe Rn 69) dauerhaft aus-

67

---

426 ArbG Berlin 4.11.2004 – 84 Ca 17498/03 – NZA-RR 2004, 297.
427 GK-BetrVG/*Wiese*, § 82 Rn 15 ff.
428 *Ring*, BuW 2001, 208, 215.
429 GK-BetrVG/*Wiese*, § 83 Rn 10 ff., 42 ff.
430 GK-BetrVG/*Wiese*, § 82 Rn 20 ff.
431 Zur Herausgabe von Arbeitspapieren s. *Korinth*, ArbRB 2004, 62 ff.
432 *Göldner*, ZfA 1991, 225, 248; *Korinth*, ArbRB 2004, 62.
433 *Boemke/Müller*, GewO, § 109 Rn 67 m.w.N.
434 BArbBl 2002 S. 160; s. *Grotmann-Höfling*, AuR 2002, 449, 451.
435 BMAS, Statistik der Arbeitsgerichtsbarkeit 2005, Zeilen-Nr. 1434. Die im Rahmen von Künd-Schutzverfahren miterledigten Zeugnisstreitigkeiten sind hierbei nicht mitgezählt.
436 *Göldner*, ZfA 1991, 225, 249 f.
437 LAG Köln 30.3.2001 – 4 Sa 1485/00 – BB 2001, 1959.
438 BAG 14.3.2000 – 9 AZR 246/99 – FA 2000, 286; LAG Düsseldorf 11.6.2003 – 12 Sa 354/03 – LAGE § 109 GewO 2003 Nr. 1; LAG Hamm 28.3.2000 – 4 Sa 1578/99 – BuW 2001, 220; LAG Hamm 12.7.1994 – 4 Sa 192/94 – LAGE § 630 BGB Nr. 27; LAG Düsseldorf 21.8.1973 – 8 Sa 258/73 – DB 1973, 1853 f.; LAG Düsseldorf 5.1.1961 – 2 Sa 433/60 – BB 1961, 482; s. *Korinth*, ArbRB 2004, 321, 323, mit Formulierungsbeispielen.
439 HWK/*Gäntgen*, § 109 GewO Rn 50.
440 BAG 14.3.2000 – 9 AZR 246/99 – FA 2000, 286.
441 Staudinger/*Preis*, § 630 Rn 68 m.w.N.
442 BAG 23.6.1960 – 5 AZR 560/58 – DB 1960, 1042; BAG 24.3.1977 – 3 AZR 232/76 – DB 1977, 1369; LAG Hamm 22.5.2002 – 3 Sa 231/02 – NZA-RR 2003, 71; kritisch *Göldner*, ZfA 1991, 225, 251 ff.
443 *Popp*, NZA 1997, 588, dort Fn 2 m.w.N.
444 LAG Hamm 17.12.1998 – 4 Sa 630/98 – BB 2000, 1090 f. m. Anm. *Schleßmann*.

geschlossen. Des Weiteren schließt eine rechtskräftige Entscheidung nach § 61 Abs. 2 ArbGG i.d.R. die Geltendmachung weitergehender Schadensersatzansprüche aus.[445]

68 **4. Streitwert (§ 3 ZPO).** Der Zeugnisanspruch ist **vermögensrechtlicher Natur** und nach § 3 ZPO zu schätzen.[446] Für den Antrag auf Erteilung oder „Berichtigung/Ergänzung" eines **qualifizierten Endzeugnisses** wird üblicherweise ein Streitwert von einem Brutto-Monatseinkommen angesetzt,[447] für den Antrag auf Erteilung eines **qualifizierten Zwischenzeugnisses** nach neuerer Rspr.[448] ein halbes Brutto-Monatsgehalt.[449] Der Antrag auf Erteilung eines **einfachen Zeugnisses** ist niedriger zu bewerten, z.B. mit 250 EUR.[450] Wird in einem Prozessvergleich ein nicht rechtshängiger Zeugnisanspruch mitgeregelt, so bestimmt grds. allein das **„Titulierungsinteresse"**[451] den Streitwert. Es werden bspw. für ein einfaches Zeugnis 250 EUR,[452] für ein qualifiziertes Zeugnis nach neuerer Rspr. 500 EUR[453] oder ein Viertel[454] bzw. die Hälfte[455] des Brutto-Monatseinkommens angesetzt. Wird der genaue Zeugnisinhalt im Vergleich festgelegt oder bilden verhaltens- oder personenbedingte Vorwürfe den Gegenstand der Künd, ist der Streitwert höher und kann z.B. ein Bruttomonatseinkommen betragen.[456]

69 **5. Zwangsvollstreckung (§ 62 ArbGG i.V.m. § 888 ZPO).** Die Zeugniserteilung ist nach ganz h.M. eine **unvertretbare Handlung** i.S.v. § 888 ZPO.[457] Ein titulierter Anspruch auf Erteilung eines Arbeitszeugnisses aus einem beendeten Arbeitsverhältnis ist auch im Fall einer nachfolgenden **Insolvenzeröffnung** weiterhin gegen den bisherigen AG vollstreckbar.[458] Im Zwangsvollstreckungsverfahren gem. § 62 Abs. 2 S. 1 ArbGG i.V.m. § 888 ZPO[459] kann geprüft werden, ob der Anspruch durch **Erfüllung** (§ 362 Abs. 1 BGB) erloschen ist.[460] Eine nicht gehörige Erfüllung der Zeugniserteilungspflicht durch Ausstellung eines nicht ordnungsgemäßen Zeugnisses ist einer Nichterfüllung i.S.v. § 888 ZPO gleichzustellen.[461] Ist ein Zeugnis nicht unterzeichnet, so ist es formal unvollständig, so dass seine **Ergänzung** im Vollstreckungsverfahren durchgesetzt werden kann.[462] Die **inhaltliche Richtigkeit** ist nicht im Vollstreckungsverfahren, sondern nur in einem „Berichtigungs"-Klageverfahren nachprüfbar.[463] Hat sich der AG in einem Prozessvergleich allgemein zur Erteilung eines qualifizierten Zeugnisses verpflichtet, so kann er nicht im Vollstreckungsverfahren nach § 888 ZPO dazu gezwungen werden, dem Zeugnis einen bestimmten Wortlaut zu geben.[464] Die ausnahmsweise zulässige **Rückdatierung** (siehe Rn 22) eines bereits erteilten und zu berichtigenden Zeugnisses kann nur dann im Verfahren nach § 888 ZPO erzwungen werden, wenn der Prozessvergleich ein bestimmtes Aus-

---

445 BAG 20.2.1997 – 8 AZR 121/95 – NZA 1997, 880, 881 f.
446 LAG Düsseldorf 26.8.1982 – 7 Ta 191/82 – LAGE § 12 ArbGG 1979 Streitwert Nr. 17; LAG Stuttgart 30.11.1976 – 1a Ta 119/76 – BB 1977, 400.
447 BAG 20.2.2001 – 9 AZR 44/00 -NZA 2001, 843, 844; LAG Rheinland-Pfalz 6.8.2007 – 1 Ta 181/07 – juris; LAG München 20.7.2000 – 3 Ta 326/00 – NZA-RR 2000, 661, 662 a.A. LAG Stuttgart 30.11.1976 – 1a Ta 119/76 – BB 1977, 400: ein halbes Monatsgehalt.
448 LAG Köln 26.2.2004 – 7 Ta 43/04 – MDR 2004, 1067; LAG Frankfurt 19.11.2001 – 15 Ta 85/01 – NZA-RR 2002, 384 f.; LAG Köln 12.7.1996 – 11 Ta 97/96 – juris; LAG Hamm 23.2.1989 – 8 Ta 3/89 – DB 1989, 1344; LAG Hamm 19.6.1986 – 8 Ta 142/86 – AnwBl 1987, 497.
449 A.A. LAG Hamburg 13.1.1987 – 5 Ta 35/86 – JurBüro 1988, 1158, 1159; LAG Kiel 18.3.1986 – 2 Ta 31/86 – AnwBl 1987, 497; LAG Hamburg 30.5.1984 – 7 Ta 6/84 – AnwBl 1985, 98: ein volles Monatseinkommen.
450 LAG Frankfurt 19.11.2001 – 15 Ta 85/01 – NZA-RR 2002, 384, 385; LAG Hamburg 13.1.1987 – 5 Ta 35/86 – JurBüro 1988, 1158, 1159.
451 S. LAG Kiel 16.10.2000 – 3 Ta 119/00 – JurBüro 2001, 196 f., zum fehlenden Titulierungsinteresse.
452 LAG Frankfurt 9.7.2003 – 15 Ta 123/03 – NZA-RR 2003, 660 f. m.w.N.; a.A. LAG Frankfurt 23.4.1999 – 15/6 Ta 426/98 – NZA-RR 1999, 382, 383: 250 DM.
453 LAG Frankfurt 9.7.2003 – 15 Ta 123/03 – NZA-RR 2003, 660 f.; m.w.N.; a.A. LAG Frankfurt 23.4.1999 – 15/6 Ta 426/98 – NZA-RR 1999, 382, 383; LAG Hamburg 15.11.1994 – 1 Ta 7/94 – LAGE § 12 ArbGG 1979 Streitwert Nr. 102; LAG Hamm 23.2.1989 – 8 Ta 3/89 – DB 1989, 1344; LAG Bremen 23.12.1982 – 4 Ta 82/82 – DB 1983, 1152: 500 DM.
454 Zwangsgericht Düsseldorf 14.5.1985 – 7 Ta 180/85 – LAGE § 3 ZPO Nr. 4.
455 LAG Frankfurt 23.4.1999 – 15/6 Ta 426/98 – NZA-RR 1999, 382, 383.
456 LAG Köln 27.7.1995 – 13 Ta 144/95 – ARST 1996, 18; LAG Düsseldorf 14.5.1985 – 7 Ta 180/85 – LAGE § 3 ZPO Nr. 4.
457 BAG 23.6.2004 – 10 AZR 495/03 – NZA 2004, 1392, 1394; BAG 30.1.1991 – 5 AZR 32/90 – NZA 1991, 599, 600; BAG 29.1.1986 – 4 AZR 479/84 – DB 1986, 1340, 1341; Landmann-Rohmer/*Neumann*, GewO, § 109 Rn 29; *Geißler*, DGVZ 1988, 17, 19 ff.; *Göldner*, ZfA 1991, 225, 254 ff.; a.A. *Geyer*, FA 2002, 334, 335 f.
458 LAG Düsseldorf 7.11.2003 – 16 Ta 571/03 – NZA-RR 2004, 206.
459 S. zu den Zwangsmitteln Zwangsgeld (§§ 1 Nr. 3 ff. JBeitrO) und Zwangshaft (§§ 186f. GVGA), insb. zu den Aufgaben des Gerichtsvollziehers *Geißler*, DGVZ 1988, 17, 19 ff.
460 LAG Frankfurt 13.8.2002 – 16 Ta 255/02 – ARST 2004, 137; LAG Hamburg 7.9.1993 – 7 Ta 7/93 – NZA 1994, 890; LAG Hamburg 5.3.1969 – 2 Ta 3/69 – DB 1969, 887.
461 LAG Hamm 27.2.1997 – 4 Sa 1691/96 – NZA-RR 1998, 151, 152; LAG Düsseldorf 8.1.1958 – 6 Ta 64/57 – AP § 888 ZPO Nr. 1.
462 LAG Hamm 27.2.1997 – 4 Sa 1691/96 – NZA-RR 1998, 151, 159; LAG Hamm 13.2.1992 – 4 Sa 1077/91 – LAGE § 630 BGB Nr. 16.
463 LAG Frankfurt 16.6.1989 – 9 Ta 74/89 – NZA 1990, 192; LAG München 23.5.1967 – 4 Ta 108/67 – RdA 1968, 80; LAG Hamburg 5.3.1969 – 2 Ta 3/69 – DB 1969, 887; LAG Düsseldorf 21.8.1973 – 8 Sa 258/73 – DB 1973, 1853 f.
464 LAG München 23.5.1967 – 4 Ta 108/67 – RdA 1968, 80; LAG Kiel 12.7.1995 – 4 Ta 78/95 – juris; a.A. LAG Düsseldorf 8.1.1958 – 6 Ta 64/57 – AP § 888 ZPO Nr. 1.

stellungsdatum festlegt;[465] anderenfalls muss „Berichtigungs"-Klage erhoben werden. Geht der AN nach § 61 Abs. 2 S. 1 ArbGG (siehe Rn 67) vor, ist die Zwangsvollstreckung nach § 888 ZPO gem. **§ 61 Abs. 2 S. 2 ArbGG** ausgeschlossen.

6. Vorläufiger Rechtsschutz (§ 62 Abs. 2 ArbGG i.V.m. §§ 935, 940 ZPO). In Ausnahmefällen kann auch ein Zeugnisberichtigungsanspruch im Wege der einstweiligen Verfügung (§§ 935, 940 ZPO) durchgesetzt werden. Dazu bedarf es neben der Glaubhaftmachung, dass ein Obsiegen im Verfahren zur Hauptsache überwiegend wahrscheinlich ist (**Verfügungsanspruch**), auch der Darlegung und Glaubhaftmachung, dass das erteilte Zeugnis schon nach der äußeren Form und seinem Inhalt nach für eine Bewerbung ungeeignet ist (**Verfügungsgrund**).[466] Die Darlegung einer besonderen Eilbedürftigkeit ist i.d.R. jedenfalls dann nicht erforderlich, wenn der AG noch kein Zeugnis erteilt hat.[467]

70

D. Beraterhinweise

In der Praxis werden aus Zeit- und Kostengründen oftmals **standardisierte Zeugnis-Muster**[468] verwendet.[469] Die Aufstellung allgemein im Betrieb zu verwendender Beurteilungsgrundsätze, -kriterien und -formulierungen durch den AG zusammen mit dem BR (§ 94 Abs. 2 BetrVG) in Form sog. **Beurteilungsbögen** kann sinnvoll sein.[470] Dem AG ist anzuraten, **Auskünfte** (siehe Rn 54) über ehemalige AN auf das zu beschränken, was zulässiger Inhalt eines Zeugnisses sein kann.[471] Es ist aus prozessökonomischen Gründen i.d.R. sinnvoll, den Zeugnisanspruch als **uneigentlichen Hilfsantrag** in das Künd-Schutzverfahren einzubeziehen.[472]

71

§ 110 Wettbewerbsverbot

¹Arbeitgeber und Arbeitnehmer können die berufliche Tätigkeit des Arbeitnehmers für die Zeit nach Beendigung des Arbeitsverhältnisses durch Vereinbarung beschränken (Wettbewerbsverbot). ²Die §§ 74 bis 75f des Handelsgesetzbuches sind entsprechend anzuwenden.

Literatur: *Borgmann*, Neuregelung arbeitsrechtlicher Grundnormen in der Gewerbeordnung, MDR 2003, 305; *Diller*, Nachvertragliche Wettbewerbsverbote und AGB-Recht, NZA 2005, 250; *Düwell*, Geänderte Gewerbeordnung – Neues Grundgesetz des Arbeitsrechts, FA 2003, 2; *ders.*, Das nachvertragliche Wettbewerbsverbot in der Gewerbeordnung, DB 2002, 2270; *ders.*, Neues Arbeitsrecht in der Gewerbeordnung, ZTR 2002, 461; *Gaul/Khanian*, Zulässigkeit und Grenzen arbeitsrechtlicher Regelungen zu Wettbewerbsverboten, MDR 2006, 181; *Koch*, Das nachvertragliche Wettbewerbsverbot im einseitig vorformulierten Arbeitsvertrag, RdA 2006, 28; *Mayer*, Das nachvertragliche Wettbewerbsverbot – Ausgestaltung und Grenzen von Wettbewerbsabreden, AiB 2005, 433; *Perreng*, Änderungen der Gewerbeordnung – Erste Fassung eines Arbeitsgesetzbuches?, AiB 2002, 521; *Schirner*, Das Wettbewerbsverbot und seine Tücken – Karenzentschädigung für Ruheständler?, AuA 2005, 652; *Schöne*, Die Novellierung der Gewerbeordnung und die Auswirkungen auf das Arbeitsrecht, NZA 2002, 829; *Wisskirchen*, Novellierung arbeitsrechtlicher Vorschriften in der Gewerbeordnung, DB 2002, 1886

Die m.W.v. 1.1.2003 durch das Dritte Gesetz zur Änderung der GewO und sonstiger gewerberechtlicher Vorschriften v. 24.8.2002¹ eingefügte Vorschrift des § 110² soll die bisherige Regelung über das **nachvertragliche Wettbewerbsverbot** nach § 133f a.F.³ ersetzen.⁴ Da das BAG seit 1969 in st. Rspr. die in §§ 74 ff. HGB⁵ niedergelegten

1

---

465 LAG Nürnberg 13.9.1994 – 6 Ta 118/94 – LAGE § 630 BGB Nr. 21.
466 LAG Köln 5.5.2003 – 12 Ta 133/03 – AuR 2003, 399.
467 Korinth, ArbRB 2004, 321, 323; s. Korinth, ArbRB 2004, 62, 64, auch zu Antrag und Tenor im Verfügungsverfahren.
468 Zeugnis-Muster finden sich z.B. bei Hümmerich, Arbeitsrecht, § 3 Rn 242 ff.
469 Weuster, BuW 2001, 519, 523 m.w.N.
470 Schleßmann, BB 1988, 1320, 1325 f.; Schmid, DB 1983, 769, 773.
471 Sassel/Stelzer, ArbRB 2005, 53, 54.
472 Korinth, ArbRB 2004, 321, 322, mit Beispielen zur Antragsformulierung.

1 BGBl I 2002 S. 3412, 3415, 3421.; BT-Drucks 14/8796, S. 5 f., 9, 16 f., 26.
2 Landmann-Rohmer/Neumann, GewO, § 110 Rn 11 ff.
3 Zu § 133f a.F. s. Wank, in: Tettinger/Wank, GewO, § 133f Rn 1 ff.
4 S.Düwell, FA 2003, 2 ff.; Düwell, ZTR 2002, 461 f., Perreng, AiB 2002, 521 ff. insb., zum Gesetzgebungsverfahren; zur rechtssystematischen Kritik s. Boemke/Ankersen, GewO, Einl. Rn 16; HWK/Lembke, vor § 110 GewO Rn 1.
5 Zu §§ 74–75f HGB s. jeweils Boecken, in: Ebenroth/Boujong/Joost/Strohn, HGB; Landmann-Rohmer/Neumann, GewO, § 110 Rn 16 ff. Näher zu Wettbewerbsverboten Diller, NZA 2005, 250; Gaul/Khanian, MDR 2006, 181; Koch, RdA 2006, 28; Mayer, AiB 2005, 433; Schirner, AuA 2005, 652. Zu vorformulierten typischen nachvertraglichen Wettbewerbsklauseln s. Hümmerich, Gestaltung von Arbeitsverträgen, § 1 Rn 2814 ff. (S. 881 ff.) m.w.N.

Schutzvorschriften im Wege der Analogie auf **alle Gruppen von AN**[6] – auch z.B. auf Angehörige der freien Berufe,[7] leitende Angestellte unmittelbar unter der Vorstandsebene[8] sowie auf (GmbH-)Prokuristen,[9] nicht dagegen auf Organmitglieder juristischer Personen – anwendet,[10] kam § 133f praktisch keine Bedeutung mehr zu. Die Neuregelung in § 110 soll der **Klarstellung** dienen und vollzieht durch den Verweis auf die §§ 74 bis 75f HGB diese Rspr. nach.[11] Im Hinblick darauf, dass einzelne Vorschriften der §§ 74 ff. HGB für **verfassungswidrig** erachtet wurden – die §§ 75b a.F.,[12] 74a Abs. 2 S. 1 a.F. HGB[13] wurden m.W.v. 1.1.2002 aufgehoben[14] – bzw. werden (§ 75 Abs. 3 HGB),[15] wäre eine komplette Neuregelung der Materie wünschenswert gewesen.[16] Jedenfalls ist durch § 110 die jahrelange Diskussion um den persönlichen Anwendungsbereich der §§ 74 ff. HGB endgültig beendet worden.[17] Während S. 1 zeitgemäß vom **„Wettbewerbsverbot"** spricht, ist der in § 74 Abs. 1 HGB legal definierte Begriff „Wettbewerbsverbot" terminologisch überholt.[18] Trotz unterschiedlicher Definitionen – S. 1 spricht von Einschränkungen der „beruflichen", § 74 Abs. 1 HGB von Einschränkungen der „gewerblichen" Tätigkeit – sind durch § 110 keine inhaltlichen Erweiterungen oder Einschränkungen der §§ 74 ff. HGB beabsichtigt.[19] S. 2 erklärt die §§ 74 bis 75f HGB nur für „entsprechend" anwendbar. Gewollt ist jedoch die **unmittelbare, vollständige und direkte Anwendung** der §§ 74 ff. HGB[20] auf alle AN, und zwar in der Ausformung, die diese Vorschriften durch die Rspr. erfahren haben.[21] Dass auch § 75f HGB,[22] der die Frage von **Sperrabreden** (Sperrabsprachen) zwischen AG regelt, von der Verweisung in S. 2 erfasst ist, kann nur bedeuten, dass § 75f HGB nunmehr für alle AG unabhängig davon gelten soll, ob sie kaufmännische oder technische Angestellte oder sonstige AN beschäftigen.[23] Da der Verweis in S. 2 auch § 75d HGB[24] erfasst, ergibt sich, dass von § 110 nicht zuungunsten des AN abgewichen werden kann (sog. **Unabdingbarkeitsregelung**).[25] Unklar bleibt, warum S. 2 nur auf das nachvertragliche Wettbewerbsverbot nach §§ 74 ff. HGB, nicht auch auf das **gesetzliche Wettbewerbsverbot** nach §§ 60 f. HGB[26] verweist.[27] Denn insoweit ist in der Rspr. des BAG anerkannt, dass jeder AN – unabhängig vom persönlichen Anwendungsbereich des § 60 HGB (Handlungsgehilfe)[28] – als Ausfluss der aus §§ 611, 242 BGB folgenden Treuepflicht einem Wettbewerbsverbot während des Arbeitsverhältnisses unterliegt.[29] Für **Handelsvertreter** enthält § 90a HGB[30] eine im Verhältnis zu §§ 74 ff. HGB speziellere Regelung über die Zulässigkeit von Wettbewerbsabreden.[31]

---

6 Zum persönlichen Anwendungsbereich der §§ 74–75f HGB s. *Boecken*, in: Ebenroth/Boujong/Joost/Strohn, HGB, § 74 Rn 7 ff.; Landmann-Rohmer/*Neumann*, GewO, § 110 Rn 13 ff.
7 BAG 13.9.1969 – 3 AZR 138/68 – DB 1970, 63 ff.
8 LAG Nürnberg 21.7.1994 – 5 Sa 391/94 – NZA 1995, 532.
9 OLG Karlsruhe 30.9.1986 – 8 U 127/86 – BB 1986, 2365 f.
10 Grundlegend BAG 13.9.1969 – 3 AZR 138/68 – DB 1970, 63 ff. m.w.N.; BAG 26.11.1971 – 3 AZR 220/71 – DB 1972, 537 f.; BAG 9.1.1990 – 3 AZR 110/88 – NZA 1990, 519 f.
11 BT-Drucks 14/8796, S. 9, 26.
12 *Boecken*, in: Ebenroth/Boujong/Joost/Strohn, HGB, § 75c Rn 18.
13 *Boecken*, in: Ebenroth/Boujong/Joost/Strohn, HGB, § 74a Rn 21 m.w.N.
14 Durch das Gesetz zur Einführung des EUR im Sozial- und Arbeitsrecht sowie zur Änderung anderer Vorschriften (4. Euro-EinführungsG) v. 21.12.2000 (BGBl I S. 1983, 2010, 2019).
15 *Boecken*, in: Ebenroth/Boujong/Joost/Strohn, HGB, § 75 Rn 2, 18 ff. m.w.N.; zur Einordnung des Verweises in § 110 S. 2 auf § 75 Abs. 3 HGB als redaktionellen Fehler des Gesetzgebers s. Boemke/*Boemke*, GewO, § 110 Rn 2 f.
16 Boemke/*Boemke*, GewO, § 110 Rn 3; *Borgmann*, MDR 2003, 305, 307; *Düwell*, ZTR 2002, 461, 463 f.; *Düwell*, FA 2003, 2, 5; *Düwell*, DB 2002, 2270 f.
17 HWK/*Diller*, § 110 GewO Rn 1.
18 S. HWK/*Diller*, § 110 GewO Rn 2 f., auch zur Kritik an der Klammerdefinition.
19 BT-Drucks 14/8796, S. 26; *Schöne*, NZA 2002, 829, 832 f.
20 HWK/*Diller*, § 110 GewO Rn 5.
21 BT-Drucks 14/8796, S. 26; *Wisskirchen*, DB 2002, 1886, 1889.
22 Zu § 75f HGB s. *Boecken*, in: Ebenroth/Boujong/Joost/Strohn, HGB, § 75f Rn 1 ff.
23 HWK/*Diller*, § 110 GewO Rn 6.
24 Zu § 75d HGB s. *Boecken*, in: Ebenroth/Boujong/Joost/Strohn, HGB, § 75d Rn 1 ff.
25 Boemke/*Boemke*, GewO, § 110 Rn 10 ff., auch zur AGB-Kontrolle.
26 Zu §§ 60 f. HGB s. *Boecken*, in: Ebenroth/Boujong/Joost/Strohn, HGB, § 60 Rn 1 ff., § 61 Rn 1 ff.
27 *Borgmann*, MDR 2003, 305, 307; *Düwell*, ZTR 2002, 461, 463; *Düwell*, DB 2002, 2270.
28 Zum persönlichen Anwendungsbereich der §§ 60 f. HGB s. *Boecken*, in: Ebenroth/Boujong/Joost/Strohn, HGB, § 60 Rn 6 ff.
29 BAG 16.8.1990 – 2 AZR 113/90 – NZA 1991, 141, 142.
30 Zu § 90a HGB s. *Löwisch*, in: Ebenroth/Boujong/Joost/Strohn, HGB, § 90a Rn 1 ff.; *Düwell*, FA 2003, 2, 5 m.w.N.
31 *Löwisch*, in: Ebenroth/Boujong/Joost/Strohn, HGB, § 90a Rn 11 m.w.N.; *Boecken*, in: Ebenroth/Boujong/Joost/Strohn, HGB, § 74 Rn 9.

Grundgesetz für die Bundesrepublik Deutschland

Vom 23.5.1949, BGBl I S. 1, BGBl III 100-1

Zuletzt geändert durch Gesetz zur Änderung des Grundgesetzes (Artikel 91c, 91d, 104b, 109, 109a, 115, 143d) vom 29.7.2009, BGBl I S. 2248

– Auszug –

Vorbemerkung

Literatur: *Clodius*, Die Bedeutung der Grundrechte im Betriebsverfassungsgesetz unter besonderer Berücksichtigung der Rechtsprechung des Bundesverfassungsgerichts, 2004; *Dieterich/Hanau/Schaub* (Hrsg.), Erfurter Kommentar zum Arbeitsrecht, 9. Aufl. 2009: Kommentierung GG; *Dieterich*, Unternehmerfreiheit und Arbeitsrecht im Sozialstaat, AuR 2007, 65; *Dreier* (Hrsg.), GG, 2. Aufl. 2007; *Enneccerus-Nipperdey*, Allgemeiner Teil des Bürgerlichen Rechts, 1. Band, 1. Halbband, 15. Aufl. 1959; *Epping*, Grundrechte, 3. Aufl. 2007; *Hömig* (Hrsg.), GG, 8. Aufl. 2007; *Hufen*, Staatsrecht II, 2. Aufl. 2009; *Ipsen*, Staatsrecht II, 11. Aufl. 2008; *Jarass/Pieroth*, GG, 10. Aufl. 2009; *Kraushaar, M./Kraushaar, B.*, Die Grundrechte in der Rechtsprechung des Bundesverfassungsgerichts und ihr Einfluss auf die Entwicklung des individuellen Arbeitsrechts, 2003; *Manssen*, Staatsrecht II – Grundrechte, 6. Aufl. 2009; *Maunz/Dürig* (Hrsg.), GG, Stand: 07/2009; *Oetker*, Die Ausprägung der Grundrechte des Arbeitnehmers in der Arbeitsrechtsordnung der Bundesrepublik Deutschland, RdA 2004, 8; *Pieroth/Schlink*, Grundrechte Staatsrecht II, 24. Aufl. 2008; *Richardi/Wlotzke* (Hrsg.), Münchener Handbuch zum Arbeitsrecht, 2. Aufl. 2000, Bd. 1: Individualarbeitsrecht; *Sachs* (Hrsg.), GG, 5. Aufl. 2009; *Schmidt-Bleibtreu/Hofmann/Hopfauf* (Hrsg.), Kommentar zum GG, 11. Aufl. 2008; *Stein, E./Frank*, Staatsrecht, 20. Aufl. 2007; *Stein, P.*, Grundrechte im Arbeitsverhältnis, AR-Blattei SD 830; *Stern*, Das Staatsrecht der Bundesrepublik Deutschland, Band IV/1: Die einzelnen Grundrechte, 2006; *v. Mangoldt/Klein/Starck* (Hrsg.), GG, 5. Aufl. 2005; *v. Münch/Kunig* (Hrsg.), GG, 5. Aufl. 2003; *Zippelius/Würtenberger*, Deutsches Staatsrecht, 32. Aufl. 2008

A. Grundgesetz und Arbeitsrecht 1	III. Rechtsprechung des BVerfG 21
B. Bedeutung der Grundrechte im Arbeitsrecht .. 7	IV. Konsequenzen für die arbeitsrechtliche Praxis ... 24
C. Geltung und Wirkung der Grundrechte im Arbeitsrecht 14	D. Grundrechtsbindung der Tarifvertragsparteien 25
I. Allgemeines 14	E. Grundrechtsbindung der Betriebsvertragsparteien 30
II. Frühere Rechtsprechung des BAG 17	

A. Grundgesetz und Arbeitsrecht

Das Arbeitsrecht wird im GG nur in Art. 74 Abs. 1 Nr. 12 erwähnt. Nach dieser Vorschrift besteht für das Arbeitsrecht einschließlich der Betriebsverfassung, des Arbeitsschutzes und der Arbeitsvermittlung sowie die Sozialversicherung einschließlich der Arbeitslosenversicherung eine konkurrierende Gesetzgebungskompetenz des Bundes und der Länder. Dadurch wird insg. eine umfassende Kompetenz für das Arbeitsrecht begründet.[1]

Vor Inkrafttreten der Föderalismusreform kam dem Bund für das Arbeitsrecht die Gesetzgebungsbefugnis nur dann zu, wenn und soweit die Herstellung gleichwertiger Lebensverhältnisse im Bundesgebiet oder die Wahrung der Rechts- oder Wirtschaftseinheit im gesamtstaatlichen Interesse eine bundesgesetzliche Regelung erforderlich machte (vgl. Art. 72 Abs. 2 a.F.). Die Länder waren von der Gesetzgebung ausgeschlossen, wenn der Bund „für eine Materie eine erschöpfende und damit abschließende Regelung getroffen"[2] hatte.[3]

Im Zuge der Föderalismusreform wurde die Erforderlichkeitsklausel des Art. 72 Abs. 2 insofern eingeschränkt, als ihr nur noch für die explizit dort aufgeführten Sachbereiche Geltung zukommt. Zu diesen Sachbereichen gehört Art. 74 Abs. 1 Nr. 12 nicht.

Auf dem Gebiet des Arbeitsrechts haben gem. Art. 72 Abs. 1 n.F. die Länder die Befugnis zur Gesetzgebung, solange und soweit der Bund von seiner Gesetzgebungszuständigkeit keinen Gebrauch gemacht hat.[4] Den Ländern kommt folglich nur dann die Gesetzgebungskompetenz zu, falls der Bund keine abschließenden Regelungen getroffen hat.

Im Bereich des öffentlichen Dienstes hat der Bund hingegen die ausschließliche Gesetzgebungskompetenz für die Rechtsverhältnisse der im Dienste des Bundes und der bundesunmittelbaren Körperschaften des öffentlichen Rechts stehenden Personen (vgl. Art. 73 Nr. 8). Bislang kam dem Bund eine Rahmengesetzgebungskompetenz für die

---

1 Maunz/Dürig/*Maunz*, Art. 74 Rn 165. S. zur Abgrenzung zu anderen Kompetenztiteln v. Mangoldt/Klein/Starck/*Oeter*, Art. 74 Rn 113 ff.

2 BVerfGE 85, 134, 142 zu Art. 72 Abs. 2 a.F.

3 Diese Rspr. galt auch für die Neufassung des Art. 72 Abs. 2 als „Erforderlichkeitsklausel", vgl. v. Mangoldt/Klein/Starck/*Oeter*, Art. 72 Rn 65.

4 Vgl. zu Art. 74 Abs. 1 Nr. 12 i.V.m. 72 Abs. 1 das Urteil des BVerfG v. 30.7.2008 zum Nichtraucherschutzgesetz, NJW 2008, 2409.

Rechtsverhältnisse der im öffentlichen Dienste der Länder, Gemeinden und anderen Körperschaften des öffentlichen Rechts stehenden Personen zu, soweit Art. 74a nichts anderes bestimmte (vgl. Art. 75 Abs. 1 S. 1 Nr. 1 a.F.). Nachdem nunmehr im Zuge der Föderalismusreform das Institut der Rahmengesetzgebung gänzlich abgeschafft wurde, sind „die Statusrechte und -pflichten der Beamten der Länder, Gemeinden und anderen Körperschaften des öffentlichen Rechts sowie der Richter in den Ländern mit Ausnahme der Laufbahnen, Besoldung und Versorgung" nunmehr Gegenstand der konkurrierenden Gesetzgebung des Bundes und der Länder (vgl. Art. 74 Abs. 1 Nr. 27).

6 Im Gegensatz zur WRV (Art. 151 bis 156 WRV) normiert das GG keine konkreten verfassungsrechtlichen Grundsätze der Gestaltung des Wirtschaftslebens,[5] sondern ist wirtschaftspolitisch neutral.[6] Es enthält keine unmittelbare Festlegung und Gewährleistung einer bestimmten Arbeits- und Sozialordnung.[7] Der Gesetzgeber darf daher „jede ihm sachgemäß erscheinende Wirtschaftspolitik verfolgen, sofern er dabei das GG, insbesondere die Grundrechte beachtet".[8] Dem Gesetzgeber kommt dabei eine weitgehende Gestaltungsfreiheit zu, die jedoch durch die in den Einzelgrundrechten garantierten individuellen Freiheiten begrenzt ist.[9]

B. Bedeutung der Grundrechte im Arbeitsrecht

7 Die Grundrechte binden Gesetzgebung, vollziehende Gewalt und Rspr. als unmittelbar geltendes Recht (Art. 1 Abs. 3). Im Privatrechtsverkehr sind die Grundrechte hingegen nicht unmittelbar anwendbar. Die grundrechtlichen Wertungen sind jedoch bei der Auslegung von Generalklauseln (§§ 242, 826 BGB) und unbestimmten Rechtsbegriffen (§§ 138, 315 BGB) zu berücksichtigen.[10] Dies gilt in besonderem Maße auch für das Arbeitsrecht.[11]

8 Die durch Art. 12 Abs. 1 geschützte Berufsfreiheit und die Eigentumsgarantie des Art. 14 bilden die grundrechtliche Basis der Arbeits- und Wirtschaftsverfassung der Bundesrepublik Deutschland.[12] Auf ihnen beruht die ordnungspolitische Grundentscheidung für ein marktwirtschaftliches System.[13]

9 Die Berufsfreiheit gewährleistet allen Deutschen das Recht, Beruf, Arbeitsplatz und Ausbildungsstätte frei zu wählen. Art. 12 Abs. 1 enthält ein zentrales Freiheitsrecht für das Arbeits- und Wirtschaftsleben.[14] Geschützt ist die Freiheit des Bürgers, „jede Arbeit, für die er sich geeignet glaubt, als ‚Beruf' zu ergreifen, d.h. zur Grundlage seiner Lebensführung zu machen".[15] Ihr personaler Grundzug besteht darin, dass sich die Persönlichkeit des Menschen „erst darin voll ausformt und vollendet, dass der Einzelne sich einer Tätigkeit widmet, die für ihn Lebensaufgabe und Lebensgrundlage ist und durch die er zugleich seinen Beitrag zur gesellschaftlichen Gesamtleistung erbringt".[16] Darüber hinaus gewährleistet die berufliche Tätigkeit den meisten Bürgern die Möglichkeit, sich eine wirtschaftliche Grundlage ihrer Existenz zu schaffen.[17]

10 Der verfassungsrechtlichen Eigentumsgarantie kommt insb. die Aufgabe zu, dem Einzelnen „einen Freiheitsraum im vermögensrechtlichen Bereich zu sichern und ihm dadurch eine eigenverantwortliche Gestaltung seines Lebens zu ermöglichen".[18] Der Schutz des Art. 14 umfasst auch das Anteilseigentum und das Eigentum der Unternehmensträger.[19] Die Eigentumsgarantie bietet indes „keinen übergreifenden Schutz ökonomisch sinnvoller und rentabler Eigentumsnutzung und hierfür bedeutsamer unternehmerischer Dispositionsbefugnisse".[20]

11 Von zentraler Bedeutung ist des Weiteren die Koalitionsfreiheit des Art. 9 Abs. 3. *Zöllner* bezeichnet sie als „Magna Charta des kollektiven Arbeitsrechts".[21] Die Koalitionsfreiheit schützt die Befugnis, zur Wahrung und Förderung der Arbeits- und Wirtschaftsbedingungen Vereinigungen zu bilden. Art. 9 Abs. 3 garantiert den frei gebildeten Koalitionen das Recht, „materielle Arbeitsbedingungen in einem von staatlicher Rechtsetzung frei gelassenen Raum in eigener Verantwortung (...) durch unabdingbare Gesamtvereinbarungen sinnvoll zu ordnen".[22] Die Koalitionsfreiheit des Art. 9 Abs. 3 enthält neben einem subjektiven Abwehrrecht zugleich eine objektive Wertentscheidung, insb. für den Kernbestand des TV-Systems.[23] Als kollektives Grundrecht schützt sie v.a. die Tarifautonomie und das Arbeitskampfrecht (zu den Einzelheiten siehe Art. 9 Rn 83 ff. und 102 ff.).

12 Auch die Gleichheitssätze des Art. 3 spielen im Arbeitsrecht eine wichtige Rolle. Zwar sind die Arbeitsvertragsparteien nicht Grundrechtsadressaten, sondern Grundrechtsträger und als solche nicht unmittelbar an Art. 3 gebunden.[24]

---

5 BVerfGE 50, 290, 336 f.
6 S. BVerfGE 4, 7, 17 f.; BVerfGE 50, 290, 338.
7 Vgl. BVerfGE 50, 290, 336 f.
8 BVerfGE 50, 290, 338; vgl. auch BVerfGE 4, 7, 17 f.
9 Vgl. BVerfGE 50, 290, 338 m.w.N.
10 Vgl. hierzu *Pieroth/Schlink*, Rn 181 ff.; aus der Rspr. BVerfGE 7, 198, 205 f.; BVerfGE 73, 261, 269 f.; BVerfGE 81, 242, 374.
11 S. zur Bedeutung der Grundrechte im Arbeitsrecht ErfK/*Dieterich*, Einl. GG Rn 3; MünchArb/*Richardi*, Bd. 1, § 9 Rn 16.
12 Vgl. MünchArb/*Richardi*, Bd. 1, § 9 Rn 15.
13 MünchArb/*Richardi*, Bd. 1, § 9 Rn 15.

14 Sachs/*Mann*, GG, Art. 12 Rn 16.
15 BVerfGE 7, 377, 397.
16 BVerfGE 50, 290, 362.
17 Vgl. BVerfGE 81, 242, 254.
18 BVerfGE 50, 290, 339 m.w.N.
19 BVerfGE 50, 290, 342.
20 So BVerfGE 77, 84.
21 *Zöllner*, AöR 98 (1973), 71, 72.
22 BVerfGE 44, 322, 340 f. m.w.N.
23 Vgl. *Jarass/Pieroth*, Art. 9 Rn 30; Maunz/Dürig/*Scholz*, Art. 9 Rn 164; s.a. BVerfGE 44, 322, 340.
24 Vgl. hierzu ErfK/*Schmidt*, Art. 3 GG Rn 29.

Dem AN kommt jedoch der arbeitsrechtliche Gleichbehandlungsgrundsatz zugute. Dieser „verbietet sowohl die sachfremde Schlechterstellung einzelner Arbeitnehmer gegenüber anderen Arbeitnehmern in vergleichbarer Lage als auch die sachfremde Differenzierung zwischen Arbeitnehmern in einer bestimmten Ordnung".[25] Nach st. Rspr. des BAG ist eine Differenzierung sachfremd, wenn es für die unterschiedliche Behandlung keine billigenswerten Gründe gibt.[26] Der dem Privatrecht zuzuordnende allg. arbeitsrechtliche Gleichbehandlungsgrundsatz ist inhaltlich bestimmt durch den allg. Gleichheitssatz des Art. 3 Abs. 1 als Teil der objektiven Wertordnung, die als verfassungsrechtliche Grundentscheidung für alle Bereiche des Rechts gilt.[27]

Darüber hinaus ist im Arbeitsrecht der Schutz des aus Art. 2 Abs. 1 i.V.m. Art. 1 Abs. 1 hergeleiteten allgemeinen Persönlichkeitsrechts von erheblicher Bedeutung, da das Persönlichkeitsrecht des AN im Rahmen des Arbverh auf vielfältige Weise beeinträchtigt werden kann (zu den Fallgestaltungen im Einzelnen siehe Art. 2 Rn 43 ff.).[28] Seine Aufgabe ist es, „i.S.d. obersten Konstitutionsprinzips der ‚Würde des Menschen' (Art. 1 Abs. 1 GG) die engere persönliche Lebenssphäre und die Erhaltung ihrer Grundbedingungen zu gewährleisten, die sich durch die traditionellen Freiheitsgarantien nicht abschließend erfassen lassen",[29] insb. im Hinblick auf neuartige Gefährdungen für den Schutz der Persönlichkeitsentfaltung aufgrund moderner Entwicklungen im wissenschaftlich-technischen Bereich.[30]

C. Geltung und Wirkung der Grundrechte im Arbeitsrecht

I. Allgemeines

Gem. Art. 1 Abs. 3 binden die Grundrechte Gesetzgebung, vollziehende Gewalt und Rspr. als unmittelbar geltendes Recht. Sie sind dazu bestimmt, die Freiheitssphäre des Einzelnen vor Eingriffen der öffentlichen Gewalt zu sichern.[31] Die Grundrechte sind daher in erster Linie Abwehrrechte des Bürgers gegen den Staat.[32]

Aus der Funktion der Grundrechte und dem Wortlaut des Art. 1 Abs. 3 ergibt sich, dass die Grundrechte im Verhältnis der Bürger untereinander grds. keine unmittelbare Wirkung entfalten.[33] Eine direkte Grundrechtsbindung Privater kommt nur in sehr seltenen Fällen in Betracht.[34] So findet sich die einzige unmittelbare Drittwirkungsklausel des GG in Art. 9 Abs. 3 S. 2.[35] Danach sind Abreden nichtig, die die Koalitionsfreiheit einschränken oder zu behindern suchen; hierauf gerichtete Maßnahmen sind rechtswidrig (zu den Einzelheiten siehe Art. 9 Rn 75 f.).

Dies bedeutet jedoch nicht, dass den Grundrechten in der Privatrechtsordnung keine normative Wirkung zukommt.[36] Nach st. Rspr. des BVerfG beschränkt sich die Bedeutung der Grundrechte nicht auf ihre Funktion als subjektive Abwehrrechte des Einzelnen gegen die öffentliche Gewalt, sondern sie „stellen zugleich objektivrechtliche Wertentscheidungen der Verfassung dar, die für alle Bereiche der Rechtsordnung gelten und Richtlinien für Gesetzgebung, Verwaltung und Rechtsprechung geben".[37] Die Reichweite der Ausstrahlung der Grundrechte auf das Privatrecht war in der Rspr. jedoch lange Zeit umstr.

II. Frühere Rechtsprechung des BAG

In seinen frühen Entscheidungen folgte das BAG der von *Nipperdey*[38] begründeten **„Lehre von der unmittelbaren Drittwirkung"**, wonach die Grundrechte nicht nur den Staat verpflichten, sondern auch eine unmittelbare privatrechtliche Wirkung entfalten sollen.[39] Nicht alle, aber doch eine Reihe bedeutsamer Grundrechte seien „Ordnungsgrundsätze für das soziale Leben, die in einem aus dem Grundrecht näher zu entwickelnden Umfang unmittelbare Bedeutung auch für den Rechtsverkehr der Bürger untereinander haben".[40] Insb. Grundrechte wie die Menschenwürde oder die Gleichheitsrechte berührten „nicht nur das Verhältnis des einzelnen Bürgers zum Staat, sondern auch das der Bürger dieses Staates als Rechtsgenossen untereinander".[41] Daher dürften sich „privatrechtliche Abmachungen, Rechtsgeschäfte und Handlungen nicht in Widerspruch setzen zu dem, was man das Ordnungsgefüge, den ordre public einer konkreten Staats- und Rechtsordnung nennen kann".[42] Zur Begründung verwies das BAG auf das normative Bekenntnis des GG zum sozialen Rechtsstaat, das für die Auslegung des GG und anderer Gesetze von grundlegender Bedeutung ist.[43]

---

25 BAGE 71, 29, 37.
26 Vgl. BAGE 71, 29, 37 m.w.N.
27 S. BAGE 71, 29, 37 f.
28 Vgl. ErfK/*Schmidt*, Art. 2 GG Rn 54.
29 BVerfGE 54, 148, 153; BVerfGE 72, 155, 170.
30 Vgl. BVerfGE 101, 361, 380; BVerfGE 79, 256, 268; BVerfGE 54, 148, 153.
31 BVerfGE 7, 198, 204 f.
32 BVerfGE 7, 198, 204 f.
33 Vgl. *Jarass/Pieroth*, Art. 1 Rn 50; Sachs/*Höfling*, GG, Art. 1 Rn 111.
34 Näher zur unmittelbaren Drittwirkung *Jarass/Pieroth*, Art. 1 Rn 51.
35 Sachs/*Höfling*, GG, Art. 9 Rn 124; ausführlich zu Art. 9 Abs. 3 S. 2: *Stern*, Bd. IV/1, S. 2092 ff.
36 Vgl. Sachs/*Höfling*, GG, Art. 1 Rn 111.
37 BVerfGE 49, 89, 141 f.
38 *Enneccerus-Nipperdey*, S. 91 ff.
39 Vgl. BAGE 1, 185, 191 ff.; bestätigt von BAGE 4, 274, 276 f.
40 BAGE 1, 185, 191 ff.; bestätigt von BAGE 4, 274, 276 f.
41 BAGE 1, 185, 191 ff.; bestätigt von BAGE 4, 274, 276 f.
42 BAGE 1, 185, 191 ff.; bestätigt von BAGE 4, 274, 276 f.
43 So BAGE 1, 185, 191 ff.; bestätigt von BAGE 4, 274, 276 f.

18 Demnach sollen die Grundrechte auch im Privatrechtsverkehr unmittelbar anwendbar sein, also nicht erst aufgrund von Gesetzen, die vom einfachen Gesetzgeber in Ausführung der Grundsatznorm erlassen worden sind.[44] Konsequenz dieser Auff. ist, dass sich auch die Bürger untereinander im Privatrechtsverkehr auf die verfassungsrechtlich gewährleisteten Grundrechte berufen können. Eine Grundrechtsverletzung führt nach dieser Ansicht wegen Verstoßes gegen ein gesetzliches Verbot zur Nichtigkeit des Rechtsgeschäfts (§ 134 BGB).[45]

19 Das BAG hat die Lehre von der unmittelbaren Drittwirkung der Grundrechte wieder aufgegeben. Stattdessen berücksichtigt das Gericht die in den Grundrechten zum Ausdruck gekommene Wertentscheidung der Verfassung nunmehr im Rahmen der Auslegung des Grundsatzes von Treu und Glauben (§ 242 BGB) (zum Konzept der mittelbaren Drittwirkung der Grundrechte siehe unten Rn 22 f.).[46]

20 Abzulehnen ist die Lehre von der unmittelbaren Drittwirkung bereits deshalb, weil die Grundrechte das Verhältnis des Bürgers zum Staat betreffen, wohingegen sich im Privatrechtsverkehr gleich geordnete Grundrechtsträger gegenüberstehen.[47] Auch Inhalt und Struktur der einzelnen Grundrechte sprechen gegen eine direkte Anwendung der Grundrechte in den Rechtsbeziehungen zwischen AN und AG.[48] Verschieden sind nicht nur die Normstruktur, sondern auch die Normadressaten.[49]

III. Rechtsprechung des BVerfG

21 Das BVerfG hat der Lehre von der unmittelbaren Drittwirkung der Grundrechte in der *Lüth*-Entscheidung eine Absage erteilt. So hat das Gericht darauf hingewiesen, dass der Gesetzgeber die Verfassungsbeschwerde als besonderen Rechtsbehelf zur Wahrung der Grundrechte nur gegen Akte der öffentlichen Gewalt gewährt hat.[50] Zugleich hat das Gericht jedoch ausdrücklich festgestellt, dass das GG keine wertneutrale Ordnung sein will, sondern in seinem Grundrechtsabschnitt auch eine objektive Wertordnung aufgestellt hat.[51] Dieses Wertsystem „muss als verfassungsrechtliche Grundentscheidung für alle Bereiche des Rechts gelten; Gesetzgebung, Verwaltung und Rechtsprechung empfangen von ihm Richtlinien und Impulse. So beeinflusst es selbstverständlich auch das bürgerliche Recht: keine bürgerlich-rechtliche Vorschrift darf in Widerspruch zu ihm stehen, jede muss in seinem Geiste ausgelegt werden".[52]

22 Das BVerfG vertritt seither in st. Rspr. die **„Lehre von der mittelbaren Drittwirkung der Grundrechte"**. In späteren Entscheidungen sprach das Gericht wertneutral von „Elementen objektiver Ordnung",[53] die als „objektive Grundentscheidungen für alle Bereiche des Rechts, also auch für das Zivilrecht, gelten",[54] ohne dass damit ein Unterschied in der Sache einhergehe.[55]

23 Die Ausstrahlungswirkung der Grundrechte auf das bürgerliche Recht hat zur Folge, dass das einfache Gesetzesrecht im Lichte der besonderen Bedeutung der Grundrechte auszulegen ist.[56] Daraus können sich grundrechtliche Schutzpflichten ergeben.[57] Als „Einbruchstellen" der Grundrechte als Auslegungsdirektiven dienen v.a. unbestimmte Rechtsbegriffe (vgl. § 315 BGB) sowie die zivilrechtlichen Generalklauseln (§§ 138, 242, 826 BGB).[58] Eine unmittelbare Grundrechtsbindung Privater lehnt die h.M. demgegenüber ab, sofern eine solche nicht, wie in Art. 9 Abs. 3 S. 2, ausdrücklich im GG vorgesehen ist.[59]

IV. Konsequenzen für die arbeitsrechtliche Praxis

24 Wenngleich heute überwiegend davon ausgegangen wird, dass die Grundrechte im Privatrechtsverkehr und somit auch im Arbeitsrecht nicht unmittelbar anwendbar sind, so sind sie jedoch als Auslegungsdirektiven bei der Anwendung und Auslegung arbeitsrechtlicher Vorschriften von erheblicher Bedeutung. Dies ergibt sich v.a. daraus, dass infolge der das Arbeitsrecht beherrschenden Gesetzeszersplitterung zahlreiche Rechtsgrundsätze nicht durch gesetzliche Regelungen, sondern ausschließlich durch die Rspr. abgesichert werden.[60]

D. Grundrechtsbindung der Tarifvertragsparteien

25 Umstr. ist, ob die TV-Parteien (AG-Verbände und Gewerkschaften) unmittelbar an die Grundrechte gebunden sind.[61]

---

44 *Enneccerus-Nipperdey*, S. 93.
45 Vgl. BAGE 4, 274, 276 f.
46 S. etwa BAGE 48, 122, 138 f.
47 Vgl. MünchArb/*Richardi*, Bd. 1, § 10 Rn 9.
48 Vgl. *Zöllner/Loritz*, § 7 I 1.
49 So auch *Canaris*, AcP 184 (1984), 201 ff.
50 Vgl. BVerfGE 7, 198, 205.
51 Vgl. BVerfGE 7, 198, 205 m.w.N.
52 BVerfGE 7, 198, 205 f.
53 BVerfGE 73, 261, 269.
54 BVerfGE 81, 242, 254.
55 Vgl. MünchArb/*Richardi*, Bd. 1, § 10 Rn 10.
56 Vgl. BVerfGE 7, 198, 205.
57 S. etwa Maunz/Dürig/*Herdegen*, Art. 1 Abs. 3 Rn 65 m.w.N.
58 Vgl. Maunz/Dürig/*Herdegen*, Art. 1 Abs. 3 Rn 65; BVerfGE 7, 198, 205.
59 Vgl. hierzu Sachs/*Höfling*, GG, Art. 1 Rn 111; ErfK/*Dieterich*, Einl. GG Rn 15 ff.
60 Vgl. MünchArb/*Richardi*, Bd. 1, § 10 Rn 10 ff.
61 S. hierzu MünchArb/*Richardi*, Bd. 1, § 10 Rn 22 ff.

Das BAG ging bislang in st. Rspr. von einer unmittelbaren Grundrechtsbindung der TV-Parteien aus.[62] Tarifnormen, die gegen Grundrechte verstoßen, seien verfassungswidrig und damit nichtig.[63] Zur Begründung verweist das BAG auf Art. 1 Abs. 3, wonach die Grundrechte den Gesetzgeber als unmittelbar geltendes Recht binden. Bei TV handle es sich um „Gesetzgebung, Gesetze im materiellen Sinne, weil sie namentlich in ihren Arbeitsbedingungen objektives Recht für die Arbeitsverhältnisse der Beteiligten setzen".[64] Das BAG verkennt jedoch, dass Art. 1 Abs. 3 nur die Gesetzgebung im formellen Sinne erfasst; dies folgt bereits aus der Zusammenfassung von Gesetzgebung, vollziehender Gewalt und Rspr. als der gesamten öffentlichen Gewalt.[65]

Des Weiteren begründet das BAG die unmittelbare Grundrechtsbindung damit, dass die TV-Parteien ihre Autonomie zur Rechtsetzung aus einer ausdrücklichen staatlichen Übertragung im TVG herleiten. Da die hoheitliche Gewalt an die Verfassung gebunden sei, gelte dies auch für diejenigen, denen aufgrund staatlicher Delegation Rechtsetzungsbefugnisse zustehen.[66] Hiergegen ist einzuwenden, dass die TV-Parteien in Ausübung der Koalitionsfreiheit des Art. 9 Abs. 3 handeln und somit privatautonom tätig werden.[67] Die tarifvertragliche Regelungsbefugnis beruht nicht auf einer öffentlich-rechtlichen Übertragung staatlicher Hoheitsgewalt, sondern stellt einen besonderen Fall normativer Gestaltung innerhalb der Privatautonomie dar.[68] Die TV-Parteien sind nicht Grundrechtsadressaten, sondern Grundrechtsträger (vgl. Art. 9 Abs. 3).[69]

26

Richtigerweise lehnt die überwiegende Lehre eine unmittelbare Bindung der TV-Parteien an die Grundrechte daher ab. Auch einige Senate des BAG haben sich in jüngerer Zeit der Auff. des Schrifttums angeschlossen.[70] Dies bedeutet jedoch nicht, dass die Parteien eines Arbverh der Gestaltungsmacht der TV-Parteien schutzlos ausgeliefert sind.[71] Vielmehr muss auch das Tarifrecht mit den Grundrechten vereinbar sein.[72] Ausgehend davon gibt es verschiedene Ansätze zur Begründung der mittelbaren Bindung der TV an die Grundrechte.[73]

27

Nach Auff. einzelner Senate des BAG soll diese aus der Ausstrahlungswirkung der Grundrechte folgen, die als Teil einer objektiven Wertordnung auch für das Zivilrecht Geltung beanspruchen können.[74] Demgegenüber verweisen andere auf die vom BVerfG anerkannte Schutzpflichtfunktion der Grundrechte,[75] welche „staatliche Grundrechtsadressaten dazu verpflichtet, einzelne Grundrechtsträger vor einer unverhältnismäßigen Beschränkung ihrer Grundrechte durch privatautonome Regelungen zu bewahren".[76]

28

Das BVerfG hat in seiner Entscheidung zur Unzulässigkeit unterschiedlicher Künd-Fristen von Arb und Ang ausdrücklich offen gelassen, ob tarifvertragliche Regelungen von Verfassungs wegen Beschränkungen unterliegen.[77]

29

E. Grundrechtsbindung der Betriebsvertragsparteien

Vergleichbare Fragen stellen sich hinsichtlich der Grundrechtsbindung der Betriebsvertragsparteien. So hatte das BVerfG bspw. darüber zu entscheiden, ob die Gerichte bei der Auslegung von Sozialplänen unmittelbar an die Grundrechte gebunden sind.[78]

30

Nach Auff. des BVerfG sind Sozialpläne dem Bereich des privaten Rechts zuzuordnen, da sie die Wirkung von BV haben (vgl. § 112 Abs. 1 S. 3 BetrVG).[79] Sie erhalten auch nicht dadurch, dass der Gesetzgeber ihnen normative Wirkung zuerkannt hat (vgl. § 77 Abs. 4 BetrVG), den Charakter von Akten öffentlicher Gewalt.[80] Es handelt sich vielmehr um privatrechtliche Vereinbarungen, sodass die Betriebsvertragsparteien nicht unmittelbar an die Grundrechte gebunden sind.[81] Das BAG ist dieser Auff. inzwischen gefolgt.[82]

31

BV dürfen nicht in den Grundrechtsbereich der AN eingreifen, da ihre Geltung nicht privatautonom legitimiert ist.[83] Die Regelungsbefugnis der Betriebspartner ist indes bereits durch das BetrVG selbst begrenzt.[84] So sind nach § 75 Abs. 1 BetrVG BR und AG zur Behandlung aller Betriebsangehörigen nach den Grundsätzen von Recht und Billigkeit verpflichtet. Darüber hinaus fordert § 75 Abs. 2 BetrVG den Schutz und die Förderung der freien Entfaltung der Persönlichkeit der im Betrieb beschäftigten AN.

32

---

62 Seit BAGE 1, 258; s. etwa auch BAGE 50, 137.
63 So BAGE 50, 137 zu einem Verstoß gegen Art. 3.
64 BAGE 1, 258 ff.
65 Vgl. MünchArb/*Richardi*, Bd. 1, § 10 Rn 22; *Dieterich*, in: FS für Schaub, S. 117, 120 ff. m.w.N.
66 Vgl. BAGE 1, 258 ff.
67 Vgl. v. Mangoldt/Klein/Starck/*Starck*, Art. 1 Rn 255 m.w.N.
68 S. MünchArb/*Richardi*, Bd. 1, § 10 Rn 23.
69 Vgl. MünchArb/*Richardi*, Bd. 1, § 10 Rn 26; ebenso ErfK/*Dieterich*, Einl. GG Rn 20.
70 S. BAGE 82, 344, 347 (6. Senat); BAGE 88, 188 (7. Senat); BAGE 95, 277 (4. Senat); BAGE 97, 301 (3. Senat); BAGE 98, 76 (1. Senat); BAGE 101, 9 (4. Senat).
71 So auch BAGE 88, 118 (7. Senat).
72 Näher ErfK/*Dieterich*, Einl. GG Rn 22.
73 S. zu den Auff. im Einzelnen BAGE 95, 277 ff. (4. Senat).
74 Vgl. BAGE 82, 344, 347 (6. Senat).
75 Vgl. BVerfGE 39, 1, 42; BVerfGE 88, 203, 254.
76 BAGE 88, 118, 123 f. (7. Senat); vgl. auch BAGE 88, 162 (7. Senat); ebenso BAGE 97, 301 (3. Senat).
77 S. BVerfGE 82, 126.
78 Hierzu BVerfGE 73, 261.
79 BVerfGE 73, 261, 268 f.
80 BVerfGE 73, 261, 268 f.
81 Vgl. BVerfGE 73, 261, 268 f.; ebenso MünchArb/*Richardi*, Bd. 1, § 10 Rn 34.
82 S. etwa BAGE 52, 88.
83 Vgl. MünchArb/*Richardi*, Bd. 1, § 10 Rn 36.
84 Näher hierzu ErfK/*Dieterich*, Einl. GG Rn 60.

Art. 1 Menschenwürde

(1) ¹Die Würde des Menschen ist unantastbar. ²Sie zu achten und zu schützen ist Verpflichtung aller staatlichen Gewalt.
(2) Das Deutsche Volk bekennt sich darum zu unverletzlichen und unveräußerlichen Menschenrechten als Grundlage jeder menschlichen Gemeinschaft, des Friedens und der Gerechtigkeit in der Welt.
(3) Die nachfolgenden Grundrechte binden Gesetzgebung, vollziehende Gewalt und Rechtsprechung als unmittelbar geltendes Recht.

Art. 2 Entfaltung der Persönlichkeit

(1) Jeder hat das Recht auf die freie Entfaltung seiner Persönlichkeit, soweit er nicht die Rechte anderer verletzt und nicht gegen die verfassungsmäßige Ordnung oder das Sittengesetz verstößt.
(2) ¹Jeder hat das Recht auf Leben und körperliche Unversehrtheit. ²Die Freiheit der Person ist unverletzlich. ³In diese Rechte darf nur auf Grund eines Gesetzes eingegriffen werden.

Literatur: *Britz*, Vertraulichkeit und Integrität informationstechnischer Systeme, DÖV 2008, 411; *Braun/Spiegl*, E-Mail und Internet am Arbeitsplatz, AiB 2008, 393; *Dann/Gastell*, Geheime Mitarbeiterkontrollen: Straf- und arbeitsrechtliche Risiken bei unternehmensinterner Aufklärung, NJW 2008, 2945; *Düwell*, Die Neuregelung des Verbots der Benachteiligung wegen Behinderung im AGG, BB 2006, 1741; *Eifert*, Informationelle Selbstbestimmung im Internet, NVwZ 2008, 521; *Freckmann/Wahl*, Überwachung am Arbeitsplatz, BB 2008, 1904; *Geis*, Die neuen Überwachungstechniken im Kontext eines digitalen Personalaktensystems, RDV 2008, 64; *Glatzel*, Vorverhandlungen zum Abschluss eines Arbeitsvertrages, AR-Blattei SD 220.9; *Grobys*, Die Überwachung von Arbeitnehmern in Call-Centern, 2007; *Hergenröder*, Fragerecht des Arbeitgebers und Offenbarungspflicht des Arbeitnehmers, AR-Blattei SD 715; *Hirsch*, Das Grundrecht auf Gewährleistung der Vertraulichkeit und Integrität informationstechnischer Systeme, NJW 2008, 1922; *Joussen*, Schwerbehinderung, Fragerecht und positive Diskriminierung nach dem AGG, NZA 2007, 174; *Kaehler*, Das Arbeitgeberfragerecht im Anbahnungsverhältnis, ZfA 2006, 519; *Kania/Merten*, Auswahl und Einstellung von Arbeitnehmern unter Geltung des AGG, ZIP 2007, 8; *Kläver*, Rechtliche Entwicklungen zum Allgemeinen Persönlichkeitsrecht, JR 2006, 229; *Milthaler*, Das Fragerecht des Arbeitgebers nach den Vorstrafen des Bewerbers, 2006; *Müller*, Die Zulässigkeit der Videoüberwachung am Arbeitsplatz, 2008; *Oetker*, Die Ausprägung der Grundrechte des Arbeitnehmers in der Arbeitsrechtsordnung der Bundesrepublik Deutschland, RdA 2004, 8; *Pallasch*, Diskriminierungsverbot wegen Schwangerschaft bei der Einstellung, NZA 2007, 306; *Rosenschon*, Der Schutz der Privatsphäre im Arbeitsverhältnis, 2007; *Sachs/Krings*, Das neue Grundrecht auf Gewährleistung der Vertraulichkeit und Integrität informationstechnischer Systeme, JuS 2008, 481; *Schierbaum*, Videoüberwachung am Arbeitsplatz, PersR 2008, 180; *Schmitt-Rolfes*, Kontrolle von Internet- und E-Mail-Nutzung am Arbeitsplatz, AuA 2008, 391; *Schoch*, Das Recht auf informationelle Selbstbestimmung, Jura 2008, 352; *Stögmüller*, Vertraulichkeit und Integrität informationstechnischer Systeme in Unternehmen, CR 2008, 435; *Thum/Szczesny*, Background Checks im Einstellungsverfahren: Zulässigkeit und Risiken für Arbeitgeber, BB 2007, 2405; *Tinnefeld/Viethen*, Das Recht am eigenen Bild als besondere Form des allgemeinen Persönlichkeitsrechts, NZA 2003, 468; *Vahle*, Der rechtliche Schutz der Persönlichkeit, DVP 2006, 269; *Wisskirchen/Bissels*, Das Fragerecht des Arbeitgebers bei Einstellung unter Berücksichtigung des AGG, NZA 2007, 169; *Wolf/Mulert*, Die Zulässigkeit der Überwachung von E-Mail-Korrespondenz am Arbeitsplatz, BB 2008, 442

A. Allgemeines 1	V. Beeinträchtigungen des allgemeinen Persönlichkeitsrechts durch Private 40
B. Regelungsgehalt des allgemeinen Persönlichkeitsrechts 4	VI. Verhältnis zu anderen Grundrechten 42
I. Dogmatische Herleitung 4	C. Arbeitsrechtliche Besonderheiten 43
II. Schutzbereich des allgemeinen Persönlichkeitsrechts 7	I. Informationsrechte des Arbeitgebers 44
1. Grundrechtsträger/Grundrechtsberechtigte 7	1. Offenbarungspflichten des Arbeitnehmers ... 45
2. Fallgruppen des allgemeinen Persönlichkeitsrechts 14	2. Fragen des Arbeitgebers im Vorstellungsgespräch 46
a) Recht auf Privatsphäre 15	II. Beschäftigungspflicht des Arbeitgebers 52
b) Recht auf selbstbestimmte Persönlichkeitsentfaltung 19	1. Allgemeiner Beschäftigungsanspruch des Arbeitnehmers 52
c) Recht auf informationelle Selbstbestimmung 23	2. Weiterbeschäftigungsanspruch nach Kündigung 54
d) Recht auf Vertraulichkeit und Integrität informationstechnischer Systeme 25a	III. Außerdienstliches Verhalten 56
	IV. Äußeres Erscheinungsbild der Arbeitnehmer 59
e) Recht auf Selbstdarstellung in der Öffentlichkeit 26	V. Schutz der Ehre der Arbeitnehmer 61
	VI. Ärztliche Untersuchungen und Einstellungstests . 64
III. Eingriffe/Beeinträchtigungen 31	VII. Überwachungsmaßnahmen 69
IV. Verfassungsrechtliche Rechtfertigung von Eingriffen 34	VIII. Schutz personenbezogener Daten 75
	IX. Personalakten 78
	X. Arbeitszeugnisse 80

A. Allgemeines

Das BVerfG sieht das allgemeine Persönlichkeitsrecht durch Art. 2 Abs. 1 i.V.m. Art. 1 Abs. 1 verfassungsrechtlich gewährleistet. Es handelt sich um ein „unbenanntes" Grundrecht, das die speziellen Freiheitsrechte ergänzt,[1] indem es Elemente der Persönlichkeit schützt, die nicht Gegenstand der besonderen Freiheitsgarantien des GG sind.[2] Seine Aufgabe ist es, „i.S.d. obersten Konstitutionsprinzips der ‚Würde des Menschen' (Art. 1 Abs. 1 GG) die engere persönliche Lebenssphäre und die Erhaltung ihrer Grundbedingungen zu gewährleisten, die sich durch die traditionellen Freiheitsgarantien nicht abschließend erfassen lassen".[3] Die Notwendigkeit einer lückenschließenden Gewährleistung besteht v.a. im Blick auf neuartige Gefährdungen für den Schutz der menschlichen Persönlichkeit, die in Begleitung moderner Entwicklungen, insb. des wissenschaftlich-technischen Fortschritts auftreten können.[4]

Der Schutz des allgemeinen Persönlichkeitsrechts ist im Arbeitsrecht von erheblicher Bedeutung, da das Persönlichkeitsrecht des AN im Rahmen des Arbverh auf vielfältige Weise beeinträchtigt werden kann (zu den Fallgestaltungen im Einzelnen siehe Rn 43 ff.).[5]

Auch für das allgemeine Persönlichkeitsrecht gilt, dass im Privatrechtsverkehr die Grundrechte nicht unmittelbar anwendbar sind (vgl. Art. 1 Abs. 3). Die grundrechtlichen Wertungen sind jedoch bei der Auslegung von Generalklauseln (§§ 242, 826 BGB) und unbestimmten Rechtsbegriffen (§§ 138, 315 BGB) zu berücksichtigen (zur mittelbaren Drittwirkung der Grundrechte vgl. vor GG Rn 21 ff.).[6] Den Gerichten obliegt somit die Aufgabe, dem allgemeinen Persönlichkeitsrecht bei der Anwendung und Auslegung des einfachen Rechts Geltung zu verschaffen.[7]

B. Regelungsgehalt des allgemeinen Persönlichkeitsrechts

I. Dogmatische Herleitung

Der Schutz des allgemeinen Persönlichkeitsrechts wurde von den Zivilgerichten im Wege richterlicher Rechtsfortbildung entwickelt und später vom BVerfG als grundrechtliche Gewährleistung anerkannt.[8] Es handelt sich um ein im GG nicht ausdrücklich normiertes Freiheitsrecht, dessen Verletzung mit der Verfassungsbeschwerde gerügt werden kann.[9]

Das BVerfG hat das allgemeine Persönlichkeitsrecht aus dem Recht der allgemeinen Handlungsfreiheit (Art. 2 Abs. 1 GG) und der Garantie der Menschenwürde (Art. 1 Abs. 1 GG) hergeleitet.[10]

Nach überwiegender Auff. findet sich die primäre Rechtsgrundlage des Persönlichkeitsschutzes in Art. 2 Abs. 1,[11] inspiriert durch den Schutz der Menschenwürde.[12] Denn „im Mittelpunkt der grundgesetzlichen Ordnung stehen Wert und Würde der Person, die in freier Selbstbestimmung als Glied einer freien Gesellschaft wirkt".[13]

Die Herleitung des allgemeinen Persönlichkeitsrechts aus Art. 2 Abs. 1 GG führt zur Geltung der Schrankentrias der allgemeinen Handlungsfreiheit, insb. der Schranke der „verfassungsmäßigen Ordnung".[14] Das allgemeine Persönlichkeitsrecht steht somit unter einem einfachen Gesetzesvorbehalt (näher zur Eingriffsrechtfertigung Rn 31 ff.).[15]

II. Schutzbereich des allgemeinen Persönlichkeitsrechts

1. Grundrechtsträger/Grundrechtsberechtigte. Die Herleitung des allgemeinen Persönlichkeitsrechts aus Art. 2 Abs. 1 i.V.m. Art. 1 Abs. 1 hat zur Folge, dass **jede natürliche Person** Träger dieses Grundrechts ist. Der Schutz des allgemeinen Persönlichkeitsrechts ist nicht auf Deutsche i.S.d. Art. 116 Abs. 1 beschränkt, sondern steht auch Ausländern und Staatenlosen zu.[16]

Auch Minderjährige können sich auf das allgemeine Persönlichkeitsrecht berufen,[17] nicht aber der noch nicht geborene Mensch.[18] Dem Nasciturus kommen indes die Menschenwürde und das Recht auf Leben zugute.[19]

Anerkannt ist ferner ein allgemeiner Achtungsanspruch des Verstorbenen (**postmortaler Persönlichkeitsschutz**). Die Rechtsgrundlage ist jedoch umstr. Während ein Schutz des Verstorbenen aus Art. 2 Abs. 1 als Folge des allgemei-

---

1 BVerfGE 54, 148, 153; BVerfGE 72, 155, 170.
2 BVerfGE 101, 361, 380.
3 BVerfGE 54, 148, 153; BVerfGE 72, 155, 170.
4 Vgl. BVerfGE 101, 361, 380; BVerfGE 79, 256, 268; BVerfGE 54, 148, 153.
5 Vgl. ErfK/*Schmidt*, Art. 2 GG Rn 54.
6 Vgl. hierzu *Pieroth/Schlink*, Rn 181 ff.; aus der Rspr.: BVerfGE 7, 198, 205 f.; BVerfGE 73, 261, 269 f.; BVerfGE 81, 242, 254.
7 ErfK/*Schmidt*, Art. 2 GG Rn 79.
8 Vgl. BVerfGE 34, 269, 281 f.
9 Ausführlich zur Einordnung des Persönlichkeitsschutzes in das Grundrechtssystem *Stern*, Bd. IV/1, S. 185 ff.
10 BVerfGE 54, 148, 153.
11 Vgl. *Jarass/Pieroth*, Art. 2 Rn 38; v. Münch/Kunig/*Kunig*, Art. 2 Rn 30 m.w.N.; v. Mangoldt/Klein/Starck/*Starck*, Art. 2 Rn 85.
12 Ebenso v. Münch/Kunig/*Kunig*, Art. 2 Rn 30; *Jarass/Pieroth*, Art. 2 Rn 38.
13 BVerfGE 65, 1, 41.
14 Vgl. hierzu *Jarass/Pieroth*, Art. 2 Rn 58.
15 Maunz/Dürig/*Di Fabio*, Art. 2 Abs. 1 Rn 133.
16 Ebenso *Jarass/Pieroth*, Art. 2 Rn 51.
17 Vgl. BVerfGE 53, 185, 203; v. Mangoldt/Klein/Starck/*Starck*, Art. 2 Rn 43.
18 So auch v. Münch/Kunig/*Kunig*, Art. 2 Rn 5; *Jarass/Pieroth*, Art. 2 Rn 9.
19 Vgl. BVerfGE 88, 203, 251 f.

nen Persönlichkeitsrechts von den Zivilgerichten bejaht wird,[20] leiten das BVerfG[21] und das Schrifttum[22] den postmortalen Schutz ausschließlich aus Art. 1 Abs. 1 her.

10 Umstr. ist darüber hinaus, ob sich auch **juristische Personen** i.S.d. Art. 19 Abs. 3 GG auf das allgemeine Persönlichkeitsrecht berufen können.

11 Der BGH hat einen allgemeinen Persönlichkeitsschutz im Wettbewerbsrecht bejaht, soweit eine Personenvereinigung in ihrem sozialen Geltungsanspruch als AG oder als Wirtschaftsunternehmen betroffen wird.[23]

12 Das BVerfG differenziert hingegen nach dem Gegenstand des Schutzbegehrens. Jedenfalls dort, wo der Grundrechtsschutz an Eigenschaften, Äußerungsformen oder Beziehungen anknüpft, die nur natürlichen Personen wesenseigen sind, soll eine Erstreckung des Persönlichkeitsschutzes auf juristische Personen nicht in Betracht kommen.[24] Dies sei umso eher der Fall, als der Grundrechtsschutz im Interesse der Menschenwürde gewährt wird, die nur natürliche Personen für sich in Anspruch nehmen können.[25] Nach der Rspr. des BVerfG gilt dies etwa für das Verbot der Selbstbezichtigung, da die hiermit verbundene Zwangslage nur bei natürlichen Personen entstehen kann.[26] Das Recht am gesprochenen Wort steht dagegen mit Rücksicht auf die grundrechtstypische Gefährdungslage auch einer juristischen Person des Privatrechts zu.[27] Für das Recht auf informationelle Selbstbestimmung ist nach Auff. des BVerfG zu differenzieren, da das Schutzbedürfnis juristischer Personen dem natürlicher Personen zwar im Ansatz entspricht, es für eine grundrechtlich erhebliche Gefährdung jedoch auf den jeweiligen Tätigkeitskreis der juristischen Person ankommt, welcher i.d.R. durch eine bestimmte Zwecksetzung begrenzt wird.[28]

13 Im Schrifttum wird überwiegend die Auff. vertreten, dass der Menschenwürdegehalt des allgemeinen Persönlichkeitsrechts einer Grundrechtsträgerschaft juristischer Personen entgegensteht, ihnen insofern jedoch der Schutz der allgemeinen Handlungsfreiheit zukommt.[29]

14 **2. Fallgruppen des allgemeinen Persönlichkeitsrechts.** Das allgemeine Persönlichkeitsrecht schützt als Auffanggrundrecht die Elemente der Persönlichkeit, die nicht bereits durch die traditionellen Freiheitsgarantien erfasst werden.[30] Das BVerfG hat bestimmte Fallgruppen als Ausprägung des allgemeinen Persönlichkeitsrechts herausgearbeitet.[31] Im Hinblick auf neuartige Gefährdungen für den Schutz der Persönlichkeitsentfaltung aufgrund modernerer Entwicklungen, insb. im wissenschaftlich-technischen Bereich,[32] sind die bisherigen Konkretisierungen des Persönlichkeitsrechts durch die Rspr. nicht als abschließend anzusehen.[33]

15 **a) Recht auf Privatsphäre.** Das allgemeine Persönlichkeitsrecht schützt „die engere persönliche Lebenssphäre und die Erhaltung ihrer Grundbedingungen".[34] Es verleiht dem Grundrechtsträger das Recht, sich zurückzuziehen, sich abzuschirmen, für sich und allein zu bleiben.[35] Ihm soll ein privater Bereich zur Verfügung stehen, den er selbst gestalten kann, und der einer staatlichen Kontrolle und dem Einblick Dritter entzogen ist.[36] Der Persönlichkeitsschutz sichert dem Einzelnen einen **„autonomen Bereich privater Lebensgestaltung**, in dem er seine Individualität entwickeln und wahren kann".[37]

16 Zum allgemeinen Persönlichkeitsrecht gehört die „Befugnis des Einzelnen, grundsätzlich selbst zu entscheiden, wann und innerhalb welcher Grenzen persönliche Lebenssachverhalte offenbart werden".[38] Der Schutz der Privatsphäre umfasst zum einen Angelegenheiten, die wegen ihres Informationsgehalts typischerweise als privat eingestuft werden,[39] zum anderen einen räumlichen Bereich, in dem der Einzelne „zu sich kommen, sich entspannen oder auch gehen lassen kann".[40] Diese Privatsphäre ist nicht auf den häuslichen Bereich beschränkt, sondern erfasst auch andere Rückzugsbereiche, die erkennbar von der Öffentlichkeit abgeschieden sind.[41]

---

20 So etwa BGHZ 50, 133, 136 f.; BGHZ 143, 214, 218; BGHZ 169, 193.
21 Vgl. BVerfGE 30, 173, 194.
22 Vgl. dazu v. Mangoldt/Klein/Starck/*Starck*, Art. 2 Rn 43; v. Münch/Kunig/*Kunig*, Art. 2 Rn 9 m.w.N.
23 So z.B. BGHZ 98, 94, 97 f.; zur Beeinträchtigung des Persönlichkeitsrechts von Unternehmen zuletzt BGH 11.3.2008 – NJW 2008, 2110 (Bezeichnung von Milchprodukten als „Gen-Milch").
24 BVerfGE 95, 220, 242; s. auch BVerfGE 118, 168 ff.
25 BVerfGE 95, 220, 242; s. auch BVerfGE 118, 168 ff.
26 Vgl. BVerfGE 95, 220, 242.
27 BVerfGE 106, 28, 44.
28 Ausf. zur Abgrenzung BVerfGE 118, 168 ff.
29 Vgl. v. Münch/Kunig/*Kunig*, Art. 2 Rn 39 m.w.N.; siehe auch Jarass/Pieroth, Art. 2 Rn 52; differenzierend Sachs/*Murswiek*, GG, Art. 2 Rn 77 und v. Mangoldt/Klein/Starck/*Starck*, Art. 2 Rn 47.
30 Vgl. BVerfGE 54, 148, 153; BVerfGE 72, 155, 170.
31 Hierzu Sachs/*Murswiek*, GG, Art. 2 Rn 68 ff.; v. Münch/Kunig/*Kunig*, Art. 2 Rn 31 ff.; v. Mangoldt/Klein/Starck/*Starck*, Art. 2 Rn 92 ff.; Maunz/Dürig/*Di Fabio*, Art. 2 Abs. 1 Rn 139 ff.
32 Vgl. BVerfGE 101, 361, 380; BVerfGE 79, 256, 268; BVerfGE 54, 148, 153.
33 So auch BVerfGE 65, 1, 41.
34 BVerfGE 54, 148, 153; BVerfGE 72, 155, 170. Zur Abwägung der Kunstfreiheit mit dem Persönlichkeitsschutz einer Person, an die ein Roman anknüpft, BVerfG 13.6.2007 – NJW 2008, 49 („Esra") – hierzu *Lenski*, NVwZ 2008, 281, und *Schröder*, DVBl. 2008, 146.
35 *Pieroth/Schlink*, Rn 375.
36 Vgl. Sachs/*Murswiek*, GG, Art. 2 Rn 69.
37 BVerfGE 35, 202, 220; BVerfGE 79, 256, 268.
38 BVerfGE 80, 367, 373.
39 BVerfGE 101, 361, 383 f.
40 BVerfGE 101, 361, 383 f., unter Hinweis auf BVerfGE 27, 1, 6.
41 Vgl. BVerfGE 101, 361, 383 f.

Unter den Schutz des allgemeinen Persönlichkeitsrechts fällt die Vertraulichkeit von Tagebüchern und ähnlichen privaten Aufzeichnungen, die in einem Strafverfahren verwertet werden sollen.[42]

Ebenso sind Patientenkarteikarten durch das Grundrecht auf Achtung des privaten Bereichs geschützt,[43] verbunden mit einem Anspruch auf Einsichtnahme in ärztliche Aufzeichnungen.[44] Auch die behördliche Anordnung, zum Nachweis der Eignung zum Führen von Kraftfahrzeugen ein medizinisch-psychologisches Gutachten beizubringen, das Befunde über den Gesundheitszustand, die seelische Verfassung und den Charakter des Betroffenen enthält, stellt einen Eingriff in das allgemeine Persönlichkeitsrecht dar, der eine verfassungsrechtliche Rechtfertigung erfordert.[45]

Das allgemeine Persönlichkeitsrecht umfasst ferner den Schutz der privaten Sexualsphäre.[46] Es sichert dem Einzelnen das Recht zu, seine Einstellung zum Geschlechtlichen selbst zu bestimmen und grds. selbst darüber zu befinden, ob, in welchen Grenzen und mit welchen Zielen er Einwirkungen Dritter auf diese Einstellung hinnehmen will.[47] Auch die Schwangerschaft fällt in den Schutzbereich des allgemeinen Persönlichkeitsrechts.[48]

b) Recht auf selbstbestimmte Persönlichkeitsentfaltung. Das allgemeine Persönlichkeitsrecht schützt die Identität des Individuums,[49] die Integrität des Selbstverständnisses[50] und die Grundbedingungen der Persönlichkeitsentwicklung.[51]

So darf einem Transsexuellen nach erfolgter Geschlechtsumwandlung die Personenstandsänderung im Geburtenbuch nicht verweigert werden.[52] Ebenso muss der Staat die Entscheidung einer Frau oder eines Mannes respektieren, durch einen medizinischen Eingriff die eigene Fortpflanzungsfähigkeit zu verlieren.[53]

Das allgemeine Persönlichkeitsrecht umfasst auch das Recht auf Kenntnis der eigenen Abstammung,[54] das nicht unverhältnismäßig eingeschränkt werden darf.[55] Denn der Bezug zu den Vorfahren nimmt im Bewusstsein des Einzelnen eine Schlüsselstellung für sein Selbstverständnis und seine Stellung in der Gemeinschaft ein, weshalb die Unmöglichkeit, die eigene Abstammung zu erfahren, den Einzelnen erheblich belasten und verunsichern kann.[56] Der Schutz des Persönlichkeitsrechts begründet daher ein Recht des Kindes auf Kenntnis der eigenen Abstammung, ebenso wie es einem Mann das Recht auf Kenntnis einräumt, ob ein Kind von ihm abstammt.[57]

Aufgrund des Persönlichkeitsschutzes hat der Gesetzgeber außerdem dafür Sorge zu tragen, dass junge Erwachsene nicht als Folge der Vertretungsmacht ihrer Eltern mit erheblichen Schulden, die sie nicht selbst zu verantworten haben, in die Volljährigkeit „entlassen" werden.[58]

Aus Art. 2 Abs. 1 i.V.m. Art. 1 Abs. 1 ergibt sich ferner ein Anspruch des verurteilten Straftäters auf Resozialisierung.[59] Als Träger der aus der Menschenwürde folgenden Grundrechte muss er die Chance erhalten, sich nach Verbüßung seiner Strafe wieder in die Gemeinschaft einzuordnen.[60]

c) Recht auf informationelle Selbstbestimmung. Das Recht auf informationelle Selbstbestimmung ist im Volkszählungsurteil des BVerfG[61] im Wege richterlicher Rechtsfortbildung entwickelt worden.[62] Das Gericht hat ein besonderes Schutzbedürfnis des Einzelnen im Hinblick auf die Bedingungen der automatischen Datenverarbeitung gesehen.[63] Denn bei Entscheidungsprozessen müsse nicht mehr wie früher auf manuell zusammengetragene Karteien und Akten zurückgegriffen werden; vielmehr seien mithilfe der automatischen Datenverarbeitung Einzelangaben über persönliche und sachliche Verhältnisse einer Person technisch gesehen unbegrenzt speicherbar und jederzeit ohne Rücksicht auf Entfernungen in Sekundenschnelle abrufbar.[64] Die freie Entfaltung der Persönlichkeit setze daher den „Schutz des Einzelnen gegen unbegrenzte **Erhebung, Speicherung, Verwendung und Weitergabe seiner persönlichen Daten**" voraus.[65] Dieses Recht auf informationelle Selbstbestimmung umfasse die „Befugnis des Einzelnen, grds. selbst über die Preisgabe und Verwendung seiner persönlichen Daten zu bestimmen".[66] Das

---

42 S. BVerfGE 80, 367, 373 ff.
43 Vgl. BVerfGE 32, 373, 379; s. auch BVerfG-K 9.1.2006 – NJW 2006, 1116.
44 Hierzu BVerwGE 82, 45, 50 f.; s. auch BVerfG-K 9.1.2006 – NJW 2006, 1116.
45 Vgl. BVerfGE 89, 69, 82 f.
46 *Jarass/Pieroth*, Art. 2 Rn 48.
47 BVerfGE 47, 46, 73.
48 Vgl. BVerfGE 39, 1, 42 f.
49 Sachs/*Murswiek*, GG, Art. 2 Rn 75a.
50 V. Mangoldt/Klein/Starck/*Starck*, Art. 2 Rn 107 ff.
51 Ausführlich hierzu Maunz/Dürig/*Di Fabio*, Art. 2 Abs. 1 Rn 207 ff.
52 Dazu BVerfGE 49, 286, 298 f.; zur verfassungswidrigen Altersgrenze BVerfGE 60, 123; zum verfassungswidrigen Erfordernis der Ehelosigkeit BVerfG 27.5.2008 – NJW 2008, 3117.
53 Vgl. BGH 27.6.1995 – NJW 1995, 2407, 2409.
54 BVerfGE 79, 256, 268 ff.; BVerfGE 90, 263, 270 f.
55 So auch BVerfGE 90, 263.
56 BVerfGE 90, 263, 270 f.
57 Zu heimlichen Vaterschaftstests BVerfGE 117, 202.
58 Vgl. BVerfGE 72, 155, 170 ff.
59 Vgl. BVerfGE 45, 187, 238 f.
60 BVerfGE 35, 202, 235 f.
61 BVerfGE 65, 1.
62 Kritisch hierzu *Ipsen*, Staatsrecht II, Rn 317.
63 Näher BVerfGE 65, 1, 42 ff.
64 BVerfGE 65, 1, 42.
65 BVerfGE 65, 1, 43.
66 BVerfGE 65, 1, 43; BVerfGE 84, 192, 194.

Recht auf informationelle Selbstbestimmung ist aufgrund seiner persönlichkeitsrechtlichen Grundlage nicht auf die automatische Datenverarbeitung beschränkt.[67]

24 Grds. muss der Einzelne Einschränkungen seines Rechts auf informationelle Selbstbestimmung im überwiegenden Allgemeininteresse hinnehmen.[68] Dies setzt eine verfassungsmäßige gesetzliche Grundlage voraus, die dem rechtsstaatlichen Gebot der Normenklarheit und dem Verhältnismäßigkeitsprinzip entspricht.[69] Erforderlich ist eine bereichsspezifische Regelung, die Zweck und Anlass der Datenerhebung und -speicherung spezifiziert.[70] Hierzu dienen die Datenschutzgesetze des Bundes und der Länder.

25 Das Recht auf informationelle Selbstbestimmung schützt bspw. Ehescheidungsakten, Patientenkarteien und Steuerdaten.[71] Von Bedeutung ist dieses Recht auch bei der Feststellung und Speicherung des genetischen Fingerabdrucks,[72] der Anforderung eines „Drogenscreening",[73] der Datenübermittlung zum Zwecke der Rasterfahndung zur Terrorismusbekämpfung,[74] der Videoüberwachung sog. Kriminalitätsbrennpunkte,[75] der automatisierten Erfassung amtlicher Kfz-Kennzeichen,[76] der Kontenabfrage durch Strafverfolgungs- und Finanzbehörden[77] und der Herausgabe von Stasi-Unterlagen, die personenbezogene Informationen enthalten.[78] Im sog. Politbüro-Prozess wurde das Anfertigen von Ton- und Fernsehaufnahmen während der Gerichtsverhandlung mit Rücksicht auf das allgemeine Persönlichkeitsrecht der Angeklagten untersagt.[79]

25a **d) Recht auf Vertraulichkeit und Integrität informationstechnischer Systeme.** Mit Urteil vom 27.2.2008 zur Ermächtigungsgrundlage im Nordrhein-Westfälischen Verfassungsschutzgesetz, die den Verfassungsschutzbehörden den heimlichen Zugriff auf informationstechnische Systeme mittels technischer Infiltration („**Online-Durchsuchung**"/„**Online-Überwachung**") ermöglichte,[80] hat das BVerfG aus dem allgemeinen Persönlichkeitsrecht ein Grundrecht auf **Vertraulichkeit und Integrität informationstechnischer Systeme** abgeleitet.[81]

Der Schutz dieses Grundrechts erfasst alle informationstechnischen Systeme, die „personenbezogene Daten des Betroffenen in einem Umfang und in einer Vielfalt enthalten, dass ein Zugriff auf das System es ermöglicht, einen Einblick in wesentliche Teile der Lebensgestaltung einer Person zu gewinnen oder gar ein aussagekräftiges Bild der Persönlichkeit zu erhalten".[82] Dies betrifft etwa die Nutzung von PCs, Laptops, Organizern, Mobiltelefonen, Navigationsgeräten, aber auch Sprachtelefonie oder E-Mails.[83]

Geschützt ist zunächst die **Vertraulichkeit des Systems**: Die dort gespeicherten, erzeugten oder verarbeiteten Inhalte sind vor jedem (staatlichen) Zugriff geschützt, der nicht vom jeweiligen Nutzer autorisiert ist. Geschützt ist auch die **Integrität des Systems**, also das Vertrauen des Nutzers darauf, exklusiv auf die Speicher und die Systemleistung zugreifen zu können. Vorgänge wie die Installierung von Viren oder sog. Trojanern stellen meist die Vorbereitung eines Ausspähens dar, weshalb bereits die Integrität des Systems vom Schutzbereich umfasst ist.

Die heimliche Infiltration eines informationstechnischen Systems, mittels derer die Nutzung des Systems überwacht und seine Speichermedien ausgelesen werden können, ist nur auf gesetzlicher Grundlage zulässig. Darüber hinaus müssen tatsächliche Anhaltspunkte einer konkreten Gefahr für ein überragend wichtiges Rechtsgut bestehen; hierzu zählen Leib, Leben und Freiheit der Person oder solche Güter der Allgemeinheit, deren Bedrohung die Grundlagen oder den Bestand des Staates oder die Grundlagen der Existenz der Menschen berührt.[84] Die Maßnahme steht außerdem unter dem Vorbehalt richterlicher Anordnung.[85] Eingriffe in den absolut geschützten Kernbereich privater Lebensgestaltung sind in jedem Fall zu vermeiden.[86]

Das Grundrecht auf Vertraulichkeit und Integrität informationstechnischer Systeme ist subsidiär gegenüber anderen Grundrechten. Vorrangig sind insbesondere Art. 10 und 13, aber auch das Recht auf informationelle Selbstbestimmung, das die Erhebung, Speicherung oder Verarbeitung personenbezogener Daten schützt.

---

67 Vgl. BVerfGE 78, 77, 84; *Jarass/Pieroth*, Art. 2 Rn 44; ausführlich Maunz/Dürig/*Di Fabio*, Art. 2 Abs. 1 Rn 176.
68 BVerfGE 65, 1, 44.
69 Vgl. BVerfGE 65, 1, 44.
70 Vgl. Sachs/*Murswiek*, GG, Art. 2 Rn 121.
71 Vgl. *Jarass/Pieroth*, Art. 2 Rn 45a m.w.N.
72 BVerfG 15.3.2001 – NJW 2001, 2320, 2321; vgl. auch BVerfG 18.9.1995 – NJW 1996, 771.
73 BVerwG 20.6.2002 – NJW 2002, 2378, 2381; BVerwG 23.8.1996 – NJW 1997, 269.
74 BVerfG 4.4.2006 – BVerfGE 115, 320; OLG Frankfurt a.M. 21.2.2002 – NVwZ 2002, 626; OLG Düsseldorf 8.2.2002 – NVwZ 2002, 629.
75 VGH BW 21.7.2003 – VBlBW 2004, 20.
76 BVerfG 11.3.2008 – NJW 2008, 1505.
77 BVerfGE 118, 168.
78 BVerwGE 121, 115; BVerwG 8.3.2002 – NJW 2002, 1815, 1817.
79 Vgl. BVerfGE 103, 44; s. zur Fernsehberichterstattung außerhalb der Hauptverhandlung BVerfG 19.12.2007 – NJW 2008, 977.
80 BVerfG 27.2.2008 – NJW 2008, 822, s. hierzu *Britz*, DÖV 2008, 411; *Hornung*, CR 2008, 299; *Volkmann*, DVBl 2008, 590.
81 Näher hierzu *Petri*, DuD 2008, 443; *Sachs/Krings*, JuS 2008, 481; *Stögmüller*, CR 2008, 435.
82 BVerfG 27.2.2008 – NJW 2008, 822, 827.
83 ErfK/*Schmidt*, Art. 2 GG Rn 46a.
84 BVerfG 27.2.2008 – NJW 2008, 822, 830 f.
85 BVerfG 27.2.2008 – NJW 2008, 822, 831.
86 BVerfG 27.2.2008 – NJW 2008, 822, 833 f.

e) Recht auf Selbstdarstellung in der Öffentlichkeit. Das allgemeine Persönlichkeitsrecht schützt den Einzelnen vor verfälschenden oder entstellenden Darstellungen seiner Person in der Öffentlichkeit, die von nicht ganz unerheblicher Bedeutung für die Persönlichkeitsentfaltung sind.[87] Der Einzelne soll grds. „selbst entscheiden können, wie er sich Dritten oder der Öffentlichkeit gegenüber darstellen will, ob und inwieweit von Dritten über seine Persönlichkeit verfügt werden kann".[88] Insofern könne es nur Sache der einzelnen Person selbst sein, über das zu bestimmen, was ihren sozialen Geltungsanspruch ausmachen soll.[89] Erfasst ist außerdem das Recht, sich unerbetener heimlicher Wahrnehmungen seiner Person erwehren zu können.[90] 26

Zum Schutz des Rechts der Selbstdarstellung in der Öffentlichkeit zählen insb. das Recht am eigenen Bild[91] und am eigenen Wort,[92] das Recht auf Gegendarstellung,[93] das Recht am Namen[94] und der Schutz der persönlichen Ehre.[95] 27

Das **Recht am eigenen Bild** beinhaltet zwar kein allgemeines und umfassendes Verfügungsrecht über die Darstellung der eigenen Person.[96] Es gewährleistet dem Einzelnen jedoch Einfluss- und Entscheidungsmöglichkeiten, soweit es um die Anfertigung und Verwendung von Fotografien oder Aufzeichnungen seiner Person durch andere geht.[97] Die Rechtfertigung von Eingriffen in das Recht am eigenen Bild kann sich insb. aus §§ 22, 23 KunstUrhG ergeben.[98] 28

Das **Recht am eigenen Wort** betrifft die Befugnis des Einzelnen, „selbst und allein zu bestimmen, wer sein Wort aufnehmen soll sowie ob und von wem seine auf einen Tonträger aufgenommene Stimme wieder abgespielt werden darf".[99] Der Einzelne soll also selbst entscheiden können, ob das gesprochene Wort einzig dem Gesprächspartner, einem bestimmten Kreis oder der Öffentlichkeit zugänglich sein soll.[100] 29

Sowohl das Recht am eigenen Bild als auch das Recht am eigenen Wort beinhalten das **Recht auf Gegendarstellung**.[101] Zwar ist es der Presse „nicht verwehrt, nach sorgfältiger Recherche auch über Vorgänge oder Umstände zu berichten, deren Wahrheit im Zeitpunkt der Veröffentlichung nicht mit Sicherheit feststeht".[102] Erweist sich jedoch im Nachhinein eine Tatsachenbehauptung als unwahr, so entsteht eine Verpflichtung zur Gegendarstellung und Berichtigung. Diese Pflicht schränkt die Pressefreiheit nicht unangemessen ein.[103] Das Recht auf Gegendarstellung ist einfachgesetzlich in den Landespressegesetzen geregelt. 30

III. Eingriffe/Beeinträchtigungen

In das allgemeine Persönlichkeitsrecht kann durch rechtliche Einwirkungen, also durch Ge- oder Verbote eingegriffen werden.[104] 31

Eingriffe können auch faktischer Natur sein und durch schlichthoheitliches Verwaltungshandeln erfolgen.[105] In Betracht kommen bspw. die Erhebung, Speicherung und Übermittlung personenbezogener Daten, Maßnahmen der Videoüberwachung, der Einsatz von V-Leuten, die heimliche Anfertigung von Tonbandaufnahmen[106] oder die heimliche Online-Durchsuchung informationstechnischer Systeme.[107] 32

Darüber hinaus kann in das allgemeine Persönlichkeitsrecht auch durch die Verweigerung von Auskünften eingegriffen werden.[108] Dies gilt insb. für die Nichtgewährung von Akteneinsicht.[109]

---

87 BVerfGE 99, 185, 194; vgl. auch BVerfGE 97, 125, 149.
88 BVerfGE 54, 148, 155.
89 BVerfGE 54, 148, 155.
90 *Pieroth/Schlink*, Rn 377.
91 BVerfGE 35, 202, 220; BVerfGE 101, 361, 381; hierzu EGMR 24.6.2004 – NJW 2004, 2647; s. auch BVerfG 26.2.2008 – NJW 2008, 1793 (Caroline v. Monaco IV); BVerfG 19.12.2007 – NJW 2008, 977, zur Fernsehberichterstattung außerhalb der Hauptverhandlung.
92 BVerfGE 54, 148, 155.
93 BVerfGE 63, 131, 142 f.; BVerfGE 97, 125, 146; BVerfG 25.8.1999 – NJW 1999, 483, 484.
94 BVerfGE 78, 38, 49.
95 BVerfGE 54, 208, 217. Näher hierzu *Stern*, Bd. IV/1, S. 196 ff.
96 So ausdrücklich BVerfGE 101, 361, 381 m.w.N.; hierzu EGMR 24.6.2004 – NJW 2004, 2647; s. auch BVerfG 26.2.2008 – NJW 2008, 1793 und BVerfG 19.12.2007 – NJW 2008, 977.
97 BVerfGE 101, 361, 381 m.w.N.; BVerfGE 26.2.2008 – NJW 2008, 1793.
98 Zur Zulässigkeit von Bildveröffentlichungen durch die Presse BGH 24.6.2008 – NJW 2008, 3134 (hier: Abwahl einer Ministerpräsidentin).
99 BVerfGE 34, 238, 246.
100 BVerfGE 54, 148, 155; s. auch BVerfG 19.12.2007 – NJW 2008, 977.
101 Vgl. BVerfGE 97, 125, 145 ff.; s. auch BVerfG-K 19.12.2007 – NJW 2008, 1654.
102 BVerfGE 97, 125, 145.
103 Vgl. BVerfGE 97, 125, 145.
104 Vgl. *Jarass/Pieroth*, Art. 2 Rn 53; Sachs/*Murswiek*, GG, Art. 2 Rn 87.
105 Vgl. *Jarass/Pieroth*, Art. 2 Rn 53; Sachs/*Murswiek*, GG, Art. 2 Rn 87.
106 Vgl. *Jarass/Pieroth*, Art. 2 Rn 53 m.w.N.; Sachs/*Murswiek*, GG, Art. 2 Rn 87 ff. m.w.N.
107 Zum Recht auf Vertraulichkeit und Integrität informationstechnischer Systeme BVerfG 27.2.2008 – NJW 2008, 822 (Online-Durchsuchung).
108 *Jarass/Pieroth*, Art. 2 Rn 55.
109 Vgl. hierzu BVerwGE 82, 45, 50 f.

33 An einer Verletzung des allgemeinen Persönlichkeitsrechts fehlt es, wenn der Betroffene wirksam in die Beeinträchtigung eingewilligt hat.[110] Dies setzt voraus, dass die Einwilligung freiwillig und nicht in einer Zwangslage erteilt wurde.[111]

IV. Verfassungsrechtliche Rechtfertigung von Eingriffen

34 Die Herleitung des allgemeinen Persönlichkeitsrechts aus Art. 2 Abs. 1 i.V.m. Art. 1 Abs. 1 hat zur Folge, dass die Schrankentrias der allgemeinen Handlungsfreiheit Anwendung findet.[112] Aufgrund der weiten Auslegung der Schranke der verfassungsmäßigen Ordnung[113] unterliegt das allgemeine Persönlichkeitsrecht daher einem **einfachen Gesetzesvorbehalt**.[114]

35 Einschränkungen können sich auch durch kollidierendes Verfassungsrecht ergeben, wie etwa durch die Rechte des Art. 5 Abs. 1 oder das Persönlichkeitsrecht anderer, sofern diese Grundrechte gesetzlich konkretisiert sind.[115]

36 Eingriffe in das allgemeine Persönlichkeitsrecht erfordern stets eine gesetzliche Grundlage, die ihrerseits formell und materiell verfassungsmäßig sein,[116] insb. einen hohen Grad an Bestimmtheit aufweisen muss.[117] Das Zitiergebot des Art. 19 Abs. 1 S. 2 ist hingegen nicht zu beachten.[118]

37 Von besonderer Bedeutung ist darüber hinaus der Grundsatz der Verhältnismäßigkeit. Nach st. Rspr. des BVerfG sind nur solche Freiheitsbeschränkungen zulässig, die zum Schutz öffentlicher Interessen unerlässlich sind.[119] Für Eingriffe in das allgemeine Persönlichkeitsrecht hat das BVerfG die sog. **Sphärentheorie** entwickelt.[120]

38 Eingriffe in die **Intimsphäre** sind demnach stets unzulässig.[121] Hierbei handelt es sich um einen „letzten unantastbaren Bereich privater Lebensgestaltung, der der öffentlichen Gewalt schlechthin entzogen ist".[122] Selbst schwerwiegende Interessen der Allgemeinheit können Eingriffe in diesen Bereich nicht rechtfertigen; eine Abwägung nach Maßgabe des Verhältnismäßigkeitsgrundsatzes findet nicht statt.[123] Es gehört zu den Bedingungen der Persönlichkeitsentfaltung, dass „der Einzelne einen Raum besitzt, in dem er unbeobachtet sich selbst überlassen ist oder mit Personen seines besonderen Vertrauens ohne Rücksicht auf gesellschaftliche Verhaltenserwartungen und ohne Furcht vor staatlichen Sanktionen verkehren kann".[124] Charakteristisch für diesen Bereich sind sein höchstpersönlicher Charakter sowie sein mangelnder Sozialbezug.[125] Des Weiteren soll es auf den Willen des Betroffenen zur Geheimhaltung ankommen.[126]

39 Die **Privatsphäre** kennzeichnet hingegen den engeren persönlichen Lebensbereich, in dem der Einzelne „allein zu bleiben, seine Entscheidungen in eigener Verantwortung zu treffen und von Eingriffen jeder Art nicht behelligt zu werden wünscht".[127] Staatliche Maßnahmen, die im überwiegenden Interesse der Allgemeinheit unter strikter Wahrung des Grundsatzes der Verhältnismäßigkeit getroffen werden, sollen zulässig sein, soweit sie nicht den unantastbaren Bereich privater Lebensgestaltung beeinträchtigen.[128]

V. Beeinträchtigungen des allgemeinen Persönlichkeitsrechts durch Private

40 Die Grundrechte binden Gesetzgebung, vollziehende Gewalt und Rspr. als unmittelbar geltendes Recht (Art. 1 Abs. 3). Im Privatrechtsverkehr sind die Grundrechte hingegen nicht unmittelbar anwendbar. Die grundrechtlichen Wertungen sind jedoch bei der Auslegung von Generalklauseln (§§ 242, 826 BGB) und unbestimmten Rechtsbegriffen (§§ 138, 315 BGB) zu berücksichtigen (zur mittelbaren Drittwirkung der Grundrechte vgl. vor GG Rn 21 ff.).[129]

---

110 So auch Maunz/Dürig/*Di Fabio*, Art. 2 Abs. 1 Rn 228 f.; zur Unzulässigkeit einer Einwilligung BVerfG 18.8.1981 – NJW 1982, 375.
111 Vgl. *Jarass/Pieroth*, Art. 2 Rn 54; s.a. BVerfG 18.8.1981 – NJW 1982, 375.
112 Vgl. *Jarass/Pieroth*, Art. 2 Rn 58 m.w.M.; Maunz/Dürig/*Di Fabio*, Art. 2 Abs. 1 Rn 133.
113 Vgl. hierzu bspw. v. Münch/Kunig/*Kunig*, Art. 2 Rn 22 ff.; v. Mangoldt/Klein/Starck/*Starck*, Art. 2 Rn 25 ff.
114 Maunz/Dürig/*Di Fabio*, Art. 2 Abs. 1 Rn 133.
115 Vgl. *Jarass/Pieroth*, Art. 2 Rn 59. Zur Abwägung der Kunstfreiheit mit dem Persönlichkeitsschutz einer Person, an die ein Roman anknüpft, BVerfG 13.6.2007 – NJW 2008, 49 („Esra") – hierzu *Lenski*, NVwZ 2008, 281 und *Schröder*, DVBl. 2008, 146.
116 Siehe etwa BVerfGE 65, 1, 43 f.
117 V. Mangoldt/Klein/Starck/*Starck*, Art. 2 Rn 23; siehe auch BVerfGE 65, 1, 44.
118 *Jarass/Pieroth*, Art. 2 Rn 58.
119 Vgl. BVerfGE 19, 342, 348; BVerfGE 65, 1, 44; BVerfGE 84, 239, 279 f.
120 Ausführlich zur Entwicklung der Rspr. *Stern*, Bd. IV/1, S. 205 ff.
121 Vgl. BVerfGE 80, 367, 373 f.
122 BVerfGE 54, 143, 146; BVerfGE 80, 367, 373; BVerfGE 101, 361, 381.
123 BVerfGE 34, 238, 245; BVerfGE 80, 367, 373.
124 BVerfGE 90, 255, 260 f.
125 Vgl. *Jarass/Pieroth*, Art. 2 Rn 62 m.w.N.
126 Vgl. BVerfGE 80, 367 ff.
127 BVerfGE 27, 1, 6; BVerfGE 34, 269, 282 f.; vgl. auch BVerfGE 54, 148, 153, und zuletzt BVerfG 26.2.2008 – NJW 2008, 1793 (Caroline v. Monaco IV).
128 BVerfGE 35, 35, 39.
129 Vgl. hierzu *Pieroth/Schlink*, Rn 181 ff.; aus der Rspr. BVerfGE 7, 198, 205 f.; BVerfGE 73, 261, 269 f.; BVerfGE 81, 242, 254.

Im Arbeitsrecht ist der allgemeine Persönlichkeitsschutz bei Eingriffen in die Persönlichkeitssphäre der AN durch den AG von erheblicher Bedeutung.[130] Verletzt der AG innerhalb des Arbverh das Persönlichkeitsrecht des AN, so liegt darin zugleich ein Verstoß gegen seine arbeitsvertraglichen Pflichten.[131] Bei objektiv rechtswidrigen Eingriffen hat der AN gem. §§ 12, 862, 1004 BGB analog einen Anspruch auf Unterlassung weiterer Eingriffe.[132] Darüber hinaus hat der BGH das aus Art. 2 Abs. 1 i.V.m. Art. 1 Abs. 1 abgeleitete allgemeine Persönlichkeitsrecht als „sonstiges Recht" i.S.d. § 823 Abs. 1 BGB anerkannt.[133]

VI. Verhältnis zu anderen Grundrechten

Das allgemeine Persönlichkeitsrecht stellt ein **Auffanggrundrecht** dar, das die speziellen Freiheitsrechte ergänzt,[134] indem es Elemente der Persönlichkeit schützt, die nicht Gegenstand der besonderen Freiheitsgarantien des GG sind.[135] Grundrechte wie die Unantastbarkeit der Wohnung (Art. 13) oder das Post- und Fernmeldegeheimnis (Art. 10) gehen daher dem allgemeinen Persönlichkeitsrecht vor, soweit sie in Teilbereichen Persönlichkeitsinteressen schützen.[136]

C. Arbeitsrechtliche Besonderheiten

In einem Arbverh kann das allgemeine Persönlichkeitsrecht des AN in vielerlei Hinsicht beeinträchtigt werden. Von praktischer Bedeutung sind insb. die folgenden Fallgruppen:[137]

I. Informationsrechte des Arbeitgebers

Grds. ist der AG vor Abschluss eines Arbeitsvertrages berechtigt, sich durch Fragen an den AN Informationen über diesen zu beschaffen.[138] Das Informationsinteresse des AG bei der Anbahnung eines Arbverh wird allerdings durch das allgemeine Persönlichkeitsrecht des Stellenbewerbers begrenzt.[139] Darüber hinaus sind die **Diskriminierungsverbote des Allgemeinen Gleichbehandlungsgesetzes (AGG)** vom 14.8.2006[140] von zentraler praktischer Bedeutung.[141]

1. Offenbarungspflichten des Arbeitnehmers. Ein arbeitsuchender AN ist grds. nicht verpflichtet, im Bewerbungsverfahren für ihn ungünstige Umstände ungefragt zu offenbaren.[142] In wenigen Fällen darf der AG jedoch nach dem Grundsatz von Treu und Glauben eine freiwillige Auskunft des AN erwarten.[143] Dies gilt insb. dann, wenn der AN erkennt, dass er infolge mangelnder Qualifikationen oder Fähigkeiten für die Arbeit völlig ungeeignet ist.[144] Nach der Rspr. des BAG setzt eine Offenbarungspflicht des AN voraus, dass „die verschwiegenen Umstände dem Arbeitnehmer die Erfüllung der arbeitsvertraglichen Leistungspflicht unmöglich machen oder sonst für den in Betracht kommenden Arbeitsplatz von ausschlaggebender Bedeutung sind".[145] So muss der AN bspw. seinen Gesundheitszustand bei den Einstellungsverhandlungen ungefragt dem AG offenbaren, wenn er damit rechnen muss, infolge einer bereits vorliegenden Krankheit seiner Arbeitspflicht im Zeitpunkt des Beginns des Arbverh nicht nachkommen zu können.[146]

2. Fragen des Arbeitgebers im Vorstellungsgespräch. Das BAG hat in st. Rspr. ein Fragerecht des AG im Bewerbungsgespräch nur insoweit anerkannt, als der AG ein „**berechtigtes, billigenswertes und schutzwürdiges Interesse** an der Beantwortung seiner Frage im Hinblick auf das Arbeitsverhältnis" hat.[147] Dies setzt voraus, dass „das Interesse des Arbeitgebers so gewichtig ist, dass dahinter das Interesse des Arbeitnehmers, seine persönlichen Lebensumstände zum Schutz seines Persönlichkeitsrechts und zur Sicherung der Unverletzlichkeit seiner Individualsphäre geheim zu halten, zurückzutreten hat".[148]

In diesem Zusammenhang sind die **Diskriminierungsverbote des AGG** von erheblicher praktischer Bedeutung, da an einer diskriminierenden Frage kein „berechtigtes Interesse" des AG bestehen kann[149] (zur Anwendung des AGG

---

130 S. zur Drittwirkung des allgemeinen Persönlichkeitsrechts im Privatrecht Schmidt-Bleibtreu/Hofmann/Hopfauf/*Hofmann*, Art. 2 Rn 34. Ausf. zum Persönlichkeitsschutz des AN *Rosenschon*, Der Schutz der Privatsphäre im Arbeitsverhältnis.
131 BAGE 64, 308.
132 BAGE 64, 308.
133 Vgl. BGHZ 24, 72 ff.
134 BVerfGE 54, 148, 153; BVerfGE 72, 155, 170.
135 BVerfGE 101, 361, 380.
136 Vgl. *Jarass/Pieroth*, Art. 2 Rn 40. S. zum besonderen Privatsphärenschutz der Wohnung *Stern*, Bd. IV/1, S. 212 ff.
137 S. zu den einzelnen Fallgruppen ErfK/*Schmidt*, Art. 2 GG Rn 79 ff.
138 Siehe zu den Informationsrechten des AG ErfK/*Preis*, § 611 BGB Rn 271 ff.
139 Vgl. ErfK/*Schmidt*, Art. 2 GG Rn 95.
140 BGBl I, S. 1897, zuletzt geändert durch Art. 19 Abs. 10 des Gesetzes v. 12.12.2007, BGBl I, S. 2840. Vgl. zum AGG die Kommentierung von *v. Steinau-Steinrück/Schneider/Euler* unter Ordnungsnr. 20.
141 Ausf. zu Fragen des AG mit Bezug zum AGG ErfK/*Preis*, § 611 BGB Rn 272 ff.
142 So auch Palandt/*Heinrichs*, § 123 Rn 6.
143 Vgl. ErfK/*Preis*, § 611 BGB Rn 288 ff.
144 ErfK/*Preis*, § 611 BGB Rn 288.
145 BAG 21.2.1991 – NZA 1991, 719 m.w.N. (st. Rspr.).
146 BAGE 15, 261.
147 BAGE 81, 120.
148 BAGE 81, 120.
149 ErfK/*Preis*, § 611 BGB Rn 272.

auf Stellenbewerber siehe § 6 AGG Rn 4 f.). Für Fragen des AG, die sich nicht auf ein nach dem AGG verbotenes Differenzierungsmerkmal beziehen, bleibt es bei der o.g. allg. Formel des BAG, sodass es auf eine einzelfallbezogene Interessenabwägung ankommt.[150]

§ 1 AGG verbietet Benachteiligungen aus Gründen der Rasse oder wegen der ethnischen Herkunft, des Geschlechts, der Religion oder Weltanschauung, einer Behinderung, des Alters oder der sexuellen Identität. Eine Frage, die auf ein solches Differenzierungsmerkmal bezogen ist, stellt selbst eine unmittelbare oder mittelbare Benachteiligung i.S.d. § 7 AGG dar, sofern sie nicht nach §§ 8–10 AGG gerechtfertigt ist.[151] Der durch § 8 Abs. 1 AGG definierte Rechtfertigungsmaßstab, wonach es sich um eine wegen der Art der auszuübenden Tätigkeit oder der Bedingungen ihrer Ausübung „wesentliche und entscheidende berufliche Anforderung" handeln muss, ist allerdings sehr streng und daher nur in wenigen Fällen erfüllt[152] (ausf. zur Rechtfertigung wegen beruflicher Anforderungen § 8 AGG Rn 2 ff.).

47 Nach st. Rspr. des BAG berechtigt nur eine falsche Antwort auf eine zulässigerweise gestellte Frage zur Anfechtung des Arbeitsvertrages wegen arglistiger Täuschung.[153] Ist die Frage unzulässig, so muss der Stellenbewerber sie nicht beantworten.

Wenngleich der AN berechtigt ist, die Antwort auf unzulässige Fragen zu verweigern, so wird sein Schweigen jedoch vielfach nachteilige Schlüsse zulassen.[154] Dem Stellenbewerber ist daher ein „Recht auf Lüge" zuzubilligen mit der Folge, dass er auf eine **unzulässige Frage** auch eine unrichtige Antwort geben darf, ohne rechtliche Konsequenzen befürchten zu müssen.[155] Dieses richterrechtlich entwickelte „Recht zur Lüge" tritt in diesem Fall neben die speziellen Rechtsfolgen des AGG.[156] Hierzu zählt insbesondere der Anspruch des abgelehnten Bewerbers auf Ersatz materieller und immaterieller Schäden gem. § 15 AGG (zum Regelungsgehalt des § 15 AGG siehe §§ 15, 16 AGG Rn 3 ff.).

48 Die Frage des AG nach einer bestehenden **Schwangerschaft** hat das BAG bereits wegen Verstoßes gegen § 611a BGB regelmäßig als unzulässig angesehen.[157] Wie sich nunmehr aus § 3 Abs. 1 S. 2 AGG ergibt, stellt die ungünstigere Behandlung einer Frau wegen Schwangerschaft oder Mutterschaft eine unmittelbare Benachteiligung wegen des Geschlechts dar, sodass ein berechtigtes Interesse des AG an dieser Frage ausscheidet (vgl. § 3 AGG Rn 6). Dies gilt auch für mittelbare Diskriminierungen (vgl. § 3 Abs. 2 AGG), wie z.B. die Frage nach Familienstand oder Familienplanung.[158]

49 Trotz der Nähe zu den Diskriminierungsmerkmalen „Rasse" und „ethnische Herkunft" ist die Frage nach dem Besitz einer **Arbeits- und Aufenthaltserlaubnis** weiterhin zulässig, da dies Voraussetzung für die legale Beschäftigung des AN ist.[159] Zulässig ist auch die Frage nach Sprachkenntnissen des Bewerbers, soweit sie für die Tätigkeit des AN von Belang sind.[160] Auf die Frage nach der **Staatsangehörigkeit** sollte allerdings verzichtet werden, da sie eine mittelbare Benachteiligung wegen der Rasse oder ethnischen Herkunft darstellen kann.[161]

Unmittelbar benachteiligend ist die Frage nach der **sexuellen Identität** (vgl. § 3 Abs. 1 S. 1 AGG). Auch an der Frage nach dem **Lebensalter** besteht in aller Regel kein legitimes Interesse des AG. Gleiches gilt für die Frage nach der **Religionszugehörigkeit oder Weltanschauung** des Stellenbewerbers, sofern sie nicht nach § 9 AGG gerechtfertigt ist.[162]

50 Die unrichtige Beantwortung der Frage nach einer **Behinderung** konnte bislang eine Anfechtung des Arbeitsvertrages wegen arglistiger Täuschung rechtfertigen, wenn die verschwiegene Behinderung erfahrungsgemäß die Eignung des AN für die vorgesehene Tätigkeit beeinträchtigte.[163] Die Frage nach der Schwerbehinderteneigenschaft hielt das BAG hingegen für uneingeschränkt zulässig. Diese Rspr. wird sich nach der Einführung des § 81 Abs. 2 SGB IX, der eine Benachteiligung schwerbehinderter Beschäftigter ausdrücklich verbietet, und § 1 AGG, der jede Behinderung erfasst (Vgl. § 1 AGG Rn 13 f.), nicht mehr aufrechterhalten lassen.[164] Die Frage nach Behinderung oder Schwerbehinderung ist daher grds. als unzulässig anzusehen.[165]

51 Für Fragen des AG, die sich nicht auf ein nach dem AGG verbotenes Differenzierungsmerkmal beziehen, bleibt es bei der allg. Formel des BAG, wonach der AG ein berechtigtes, billigenswertes und schutzwürdiges Interesse an der Beantwortung seiner Frage im Hinblick auf das Arbvh haben muss.[166]

---

150 ErfK/*Preis*, § 611 BGB Rn 277.
151 Str.; dafür ErfK/*Preis*, § 611 BGB Rn 272 m.w.N.
152 ErfK/*Preis*, § 611 BGB Rn 274.
153 St. Rspr. seit BAGE 5, 159.
154 Vgl. ErfK/*Preis*, § 611 BGB Rn 286.
155 Vgl. ErfK/*Preis*, § 611 BGB Rn 286. S. zur Problematik der Künd wegen unrichtiger Beantwortung von Fragen des AG Maunz/Dürig/*Di Fabio*, Art. 2 Abs. 1 Rn 141.
156 ErfK/*Preis*, § 611 BGB Rn 272 m.w.N.; s. auch *Wisskirchen/Bissels*, NZA 2007, 169, 170 und *Preis/Bender*, NZA 2005, 1321, 1322.
157 S. BAGE 104, 304. Zum Diskriminierungsverbot wegen Schwangerschaft bei der Einstellung *Pallasch*, NZA 2007, 306.
158 Vgl. ErfK/*Preis*, § 611 BGB Rn 275.
159 Ebenso ErfK/*Preis*, § 611 Rn 273; s. auch *Wisskirchen/Bissels*, NZA 2007, 169, 171.
160 ErfK/*Preis*, § 611 BGB Rn 273.
161 ErfK/*Preis*, § 611 BGB Rn 275.
162 Näher hierzu ErfK/*Preis*, § 611 BGB Rn 274.
163 BAG 7.6.1984 – NJW 1985, 645.
164 So auch *Wisskirchen/Bissels*, NZA 2007, 169, 173.
165 Ebenso ErfK/*Preis*, § 611 BGB Rn 274. Ausführlich zur Problematik *Hitzig*, Das Fragerecht des AG gegenüber AN mit Sonderkündigungsschutz, 2008; s. auch *Joussen*, NZA 2007, 174 und *Düwell*, BB 2006, 1741.
166 BAGE 81, 120.

Vorstrafen müssen daher nicht offenbart werden, wenn sie gem. § 32 BZRG nicht in ein polizeiliches Führungszeugnis aufzunehmen sind.[167] Fragen nach Vorstrafen dürfen darüber hinaus unrichtig beantwortet werden, wenn die Art des zu besetzenden Arbeitsplatzes sie nicht erfordert.[168]

Unzulässig ist auch die Frage nach einer **Gewerkschaftszugehörigkeit** des AN oder seiner Mitgliedschaft in politischen Parteien.[169] Ausnahmen können jedoch für Tendenzbetriebe wie Kirchen, Parteien oder Verlage gelten.[170]

II. Beschäftigungspflicht des Arbeitgebers

1. Allgemeiner Beschäftigungsanspruch des Arbeitnehmers.
Das BAG hat aus dem allgemeinen Persönlichkeitsrecht einen allgemeinen arbeitsvertraglichen Beschäftigungsanspruch des AN hergeleitet.[171] Das Gericht sieht das Arbverh als ein personenrechtliches Gemeinschaftsverhältnis an, das „für seinen Geltungsbereich die ganze Person des Arbeitnehmers erfasst, deshalb wesentlich sein Leben gestaltet und seine Persönlichkeit bestimmt. Die Achtung und Anerkennung des Arbeitnehmers als Mensch beruht nicht nur auf dem wirtschaftlichen Wert seiner Leistung (die Höhe des Gehalts), sondern weitgehend darin, wie er die ihm obliegenden Aufgaben erfüllt".[172] Es bedeute daher eine Beeinträchtigung der Würde des AN und der freien Entfaltung seiner Persönlichkeit, wenn ihm „zugemutet wird, nicht nur vorübergehend, sondern womöglich jahrelang sein Gehalt in Empfang zu nehmen, ohne sich in seinem bisherigen Beruf betätigen zu können. Das würde auf einen Zwang zum Nichtstun hinauslaufen und den betreffenden AN nicht mehr als vollwertiges Glied der Berufsgemeinschaft und der Gesellschaft überhaupt erscheinen lassen".[173]

Der allgemeine Beschäftigungsanspruch des AN aus §§ 611, 613, 242 BGB i.V.m. Art. 1 und 2 tritt jedoch zurück, soweit im Einzelfall überwiegende schutzwürdige Interessen des AG entgegenstehen.[174] Dies kann etwa der Fall sein beim Wegfall der Vertrauensgrundlage, bei Auftragsmangel oder bei einem demnächst zur Konkurrenz abwandernden AN aus Gründen der Wahrung von Betriebsgeheimnissen,[175] des Weiteren bei allen Gründen, die eine fristlose Künd rechtfertigen würden.[176]

2. Weiterbeschäftigungsanspruch nach Kündigung.
Der allgemeine Beschäftigungsanspruch des AN entfällt ferner grds. dann, wenn das Arbverh durch eine Künd des AG beendet wird, sofern diese nicht offensichtlich unwirksam ist.[177] Die Ungewissheit über den Fortbestand des Arbverh mit den daraus folgenden Risiken begründet nach Auff. des BAG ein schutzwertes Interesse des AG, die Weiterbeschäftigung des gekündigten AN für die Dauer des Künd-Rechtsstreits abzulehnen.[178]

Die Interessenlage ändert sich jedoch, wenn im Künd-Schutzprozess ein Instanzurteil ergeht, das die Unwirksamkeit der Künd und damit den Fortbestand des Arbverh feststellt: Solange ein solches Urteil besteht, kann die Ungewissheit des endgültigen Prozessausgangs für sich allein ein überwiegendes Gegeninteresse des AG nicht mehr begründen.[179] Vielmehr müssen zusätzliche Umstände hinzukommen, aus denen sich im Einzelfall ein überwiegendes Interesse des AG ergibt, den AN nicht zu beschäftigen.[180]

III. Außerdienstliches Verhalten

Der Schutz des allgemeinen Persönlichkeitsrechts umfasst auch das Privatleben des AN. Seine Verpflichtungen gegenüber dem AG enden grds. dort, wo sein privater Bereich beginnt.[181] Der AN muss daher seinen privaten Lebenswandel nicht an den moralisch-ethischen Vorstellungen des AG ausrichten.[182] Die Gestaltung seines privaten Lebensbereiches „steht außerhalb der Einflusssphäre des Arbeitgebers und wird durch arbeitsvertragliche Pflichten nur insoweit eingeschränkt, als sich das private Verhalten auf den betrieblichen Bereich auswirkt und dort zu Störungen führt".[183]

Daher können Künd regelmäßig nicht auf ein außerdienstliches Verhalten des AN gestützt werden. Berührt ein „außerdienstliches Verhalten den arbeitsvertraglichen Pflichtenkreis nicht, so ist der Arbeitgeber nicht berechtigt, seine Missbilligung über ihm bekannt gewordene Umstände aus der Privatsphäre des Arbeitnehmers durch den Ausspruch einer Kündigung zu äußern".[184] So ist bspw. die Künd nur wegen der Homosexualität des AN unwirksam.[185] Darin läge zugleich eine unmittelbare Benachteiligung wegen der sexuellen Identität, §§ 1, 3 Abs. 1 S. 1 AGG (zur Auslegung dieses Merkmals vgl. § 1 AGG Rn 16 f.).

---

167 Vgl. BAGE 81, 120 m.w.N.
168 Vgl. BAGE 81, 120 m.w.N.; ausführlich zur Frage nach Vorstrafen *Milthaler*, Das Fragerecht des AG nach den Vorstrafen des Bewerbers, 2006.
169 ErfK/*Preis*, § 611 BGB Rn 278 m.w.N.
170 ErfK/*Preis*, § 611 BGB Rn 278.
171 So bereits BAGE 2, 221, 224.
172 BAGE 2, 221, 224.
173 BAGE 2, 221, 224.
174 Vgl. BAGE 48, 122.
175 BAGE 48, 122.
176 ErfK/*Preis*, § 611 BGB Rn 567.
177 Vgl. BAGE 48, 122.
178 Vgl. BAGE 48, 122.
179 BAGE 48, 122.
180 BAGE 48, 122.
181 Vgl. BAGE 77, 128, 136.
182 ErfK/*Schmidt*, Art. 2 GG Rn 80.
183 BAGE 77, 128, 136.
184 BAGE 77, 128. 136.
185 Vgl. BAGE 77, 128.

58 Außerdienstliches Verhalten von AN kann jedoch ausnahmsweise durch TV oder Arbeitsvertrag geregelt werden, wenn die Glaubwürdigkeit des Unternehmensziels oder der betroffenen Einrichtung entsprechende Verpflichtungen erfordert, wie dies etwa bei Arbverh im öffentlichen Dienst, kirchlichen Arbverh oder in Tendenzbetrieben der Fall sein kann.[186]

IV. Äußeres Erscheinungsbild der Arbeitnehmer

59 Wenngleich das allgemeine Persönlichkeitsrecht auch die „prinzipielle Befugnis, sein Äußeres nach eigenem Gutdünken zu gestalten",[187] umfasst, so können dieser Freiheit jedoch aus Sicherheitsgründen oder im Interesse des Unternehmens durch die vertragliche Rücksichtnahmepflicht des AN aus § 242 BGB Grenzen gesetzt sein.[188] So darf etwa eine Haartracht keine Unfallgefahren hervorrufen oder mit Hygieneanforderungen, v.a. in der Gastronomie unvereinbar sein.[189]

60 Das allgemeine Persönlichkeitsrecht der AN wird nicht verletzt, wenn der AG nach einer Güter- und Interessenabwägung „zur Verbesserung des äußeren Erscheinungsbildes und Images des Unternehmens" eine einheitliche Arbeitskleidung mit Firmenemblem einführt.[190]

V. Schutz der Ehre der Arbeitnehmer

61 Über das Recht der persönlichen Ehre hinaus (vgl. auch Art. 5 Abs. 2) betrifft der Ehrenschutz im Arbeitsrecht generell alle Verhaltensweisen, die den sozialen Geltungsanspruch des AN verletzen, wie z.B. die ständige Überwachung einzelner AN oder die Durchführung von Leibesvisitationen, ohne dass diese Maßnahmen durch besondere sachliche Gründe veranlasst sind.[191] Vorschriften zum Schutz vor sexueller Belästigung am Arbeitsplatz sind nunmehr im Allgemeinen Gleichbehandlungsgesetz (AGG) v. 14.8.2006[192] enthalten, das die bisher geltenden einschlägigen Bestimmungen des Beschäftigtenschutzgesetzes (BeschSchutzG) vom 24.6.1994 abgelöst hat. So bestimmen § 3 Abs. 3 und 4 AGG, dass **Belästigung** und **sexuelle Belästigung** als Benachteiligung gelten und insofern ebenfalls dem grundsätzlichen Benachteiligungsgebot unterliegen[193] (vgl. § 3 AGG Rn 14 ff., 20 f.).

62 Auch die Künd wegen des Verdachts einer strafbaren Handlung, der sich als ungerechtfertigt erweist, verletzt den AN in seiner Ehre.[194] Nach st. Rspr. liegt eine **Verdachts-Künd** vor, wenn und soweit der AG seine Künd damit begründet, gerade der Verdacht eines (nicht erwiesenen) strafbaren bzw. vertragswidrigen Verhaltens habe das für die Fortsetzung des Arbverh erforderliche Vertrauen zerstört.[195] Mit Rücksicht auf das Persönlichkeitsrecht des AN sind strenge Anforderungen an die Zulässigkeit der Verdachts-Künd zu stellen. Voraussetzung ist stets, dass sich der Verdacht aus objektiven, im Zeitpunkt der Künd vorliegenden Tatsachen ergibt.[196] Der Verdacht muss darüber hinaus dringend sein, d.h. es muss eine große Wahrscheinlichkeit dafür bestehen, dass der AN die Straftat oder Pflichtverletzung begangen hat.[197]

63 Aus dem allgemeinen Persönlichkeitsrecht des AN i.V.m. § 242 BGB folgt überdies eine Schutzpflicht des AG, die sein Einschreiten gegen Übergriffe Dritter verlangen kann, wie etwa bei Schikanen durch Vorgesetzte und Kollegen.[198] Das allgemeine Schikaneverbot wird unter dem Begriff **„Mobbing"** diskutiert und gewinnt in der Praxis zunehmend an Bedeutung.[199] Auch dieser Bereich ist nunmehr durch das AGG erfasst, vgl. § 3 AGG (zur Belästigung durch Schaffung eines feindlichen Arbeitsumfelds siehe § 3 AGG Rn 18 f.).[200] Danach ist eine Belästigung eine Benachteiligung, wenn unerwünschte Verhaltensweisen, die mit einem in § 1 AGG genannten Grund in Zusammenhang stehen, bezwecken oder bewirken, dass die Würde der betreffenden Person verletzt und ein von Einschüchterungen, Anfeindungen, Erniedrigungen, Entwürdigungen oder Beleidigungen gekennzeichnetes Umfeld geschaffen wird. Mit dieser Definition des Begriffes „Belästigung" hat der Gesetzgeber letztlich auch den Begriff des „Mobbing" umschrieben, soweit dieses seine Ursachen in der Rasse, der ethnischen Herkunft, dem Geschlecht, der Religion oder Weltanschauung, einer Behinderung, im Alter oder der sexuellen Identität (§ 1 AGG) des Belästigten hat.[201]

---

186 Vgl. ErfK/*Schmidt*, Art. 2 GG Rn 80.
187 BVerfGE 47, 239, 248.
188 Vgl. ErfK/*Schmidt*, Art. 2 GG Rn 87.
189 ErfK/*Schmidt*, Art. 2 GG Rn 87.
190 Vgl. BAG 1.12.1992 – NZA 1993, 711; zur Kostentragungspflicht BAGE 121, 147, und BAGE 104, 348.
191 Vgl. ErfK/*Schmidt*, Art. 2 GG Rn 84; näher zu den Anforderungen an die Zulässigkeit von Torkontrollen ErfK/*Schmidt*, Art. 2 GG Rn 100 m.w.N.; zur Einwilligung des AN in Personalkontrollen BAG 13.12.2007 – NJW 2008, 2732.
192 BGBl I, S. 1897, zuletzt geändert durch Art. 19 Abs. 10 des Gesetzes v. 12.12.2007, BGBl I, S. 2840. Vgl. zum AGG die Kommentierung von *v. Steinau-Steinrück/Schneider/Euler* unter Ordnungsnr. 20.
193 Näher hierzu MünchKomm-BGB/*Thüsing*, § 3 AGG Rn 51 ff.
194 So auch ErfK/*Schmidt*, Art. 2 GG Rn 86.
195 Vgl. BAGE 16, 72; BAGE 78, 18; BAGE 92, 184; BAG 6.9.2007 – NZA 2008, 219.
196 S. etwa BAGE 78, 18, und BAG 6.9.2007 – NZA 2008, 219.
197 Vgl. ErfK/*Müller-Glöge*, § 626 BGB Rn 177 m.w.N. S. zu den Voraussetzungen einer Verdachts-Künd auch Palandt/*Putzo*, § 626 BGB Rn 49.
198 Vgl. ErfK/*Schmidt*, Art. 2 GG Rn 84.
199 S. hierzu ErfK/*Preis*, § 611 BGB Rn 623 m.w.N.; aus der Rspr. BAG 24.4.2008 – DB 2008, 2086; BAG 25.10.2007 – NZA 2008, 223; BAG 16.5.2007 – NZA 2007, 1154.
200 Vgl. ErfK/*Preis*, § 611 BGB Rn 623 m.w.N.
201 BAG 25.10.2007 – NZA 2008, 223.

VI. Ärztliche Untersuchungen und Einstellungstests

Das allgemeine Persönlichkeitsrecht schützt den Einzelnen vor der Erhebung und Weitergabe von Befunden über seinen Gesundheitszustand, seine seelische Verfassung und seinen Charakter.[202] Denn der Schutz der Privatsphäre erfasst solche Angelegenheiten, die wegen ihres Informationsgehalts typischerweise als privat eingestuft werden (vgl. oben Rn 15 ff.).[203] Dieser Schutz ist umso intensiver, je näher die Daten der Intimsphäre des Betroffenen stehen, die als unantastbarer Bereich privater Lebensgestaltung gegenüber aller staatlicher Gewalt Achtung und Schutz beansprucht (zur Sphärentheorie siehe Rn 37 ff.).[204]   64

Daraus ergibt sich, dass **ärztliche Untersuchungen**, auch wenn sie nicht in die körperliche Unversehrtheit eingreifen, nur mit ausdrücklicher Einwilligung des AN durchgeführt werden dürfen, unabhängig davon, ob sie von einem Vertrauens-, Amts-, Werks- oder frei praktizierenden Arzt vorgenommen werden sollen.[205] Gleiches gilt für die Weitergabe der Untersuchungsergebnisse an den AG, die jedoch regelmäßig vom Einverständnis des AN mit umfasst ist, soweit die Ergebnisse für das Arbverh von Bedeutung sind.[206] Die Einwilligung des AN in die Untersuchung muss freiwillig und nicht in einer Zwangslage erteilt worden sein.[207] Darüber hinaus muss die Untersuchung im berechtigten Interesse des AG liegen.[208]   65

Genomanalysen sind mit sehr hohen Gefahren für das Persönlichkeitsrecht des AN verbunden und werden daher überwiegend als unzulässig angesehen, wenngleich ein gesetzliches Verbot bislang nicht erfolgt ist.[209]   66

Bewerberauswahlverfahren wie **Assessment-Center** und psychologische Eignungstests setzen neben der Einwilligung des Stellenbewerbers voraus, dass der AG ein berechtigtes, billigenswertes und schutzwürdiges Interesse an der Durchführung hat.[210] Als unzulässig anzusehen sind daher reine IQ-Tests sowie sog. Stressinterviews.[211]   67

Aufgrund der Gefährdung des allgemeinen Persönlichkeitsrechts setzt auch die Einholung eines **graphologischen Gutachtens** die ausdrückliche Einwilligung des Bewerbers voraus.[212] Denn es „gehört zum Selbstbestimmungsrecht des Menschen, selbst frei darüber entscheiden zu können, ob und inwieweit er im Ausleuchten seiner Persönlichkeit mit Mitteln, die über jedermann zur Verfügung stehende Erkenntnismöglichkeiten hinausgehen, gestatten will".[213] Richtiger Auff. zufolge ist in der bloßen Übersendung eines handgeschriebenen Lebenslaufs noch keine konkludente Einwilligung in ein graphologisches Gutachten zu sehen.[214]   68

VII. Überwachungsmaßnahmen

Wenngleich eine gewisse Kontrolle der Leistung und des Verhaltens des AN im Arbverh unumgänglich ist, so liegt darin kein Einverständnis des AN mit einer permanenten technischen Überwachung am Arbeitsplatz.[215] Daher kann eine Verletzung des Persönlichkeitsrechts vorliegen, wenn der AN einer ständigen lückenlosen Überwachung mittels technischer Geräte unterworfen wird, etwa dadurch, dass der AG sich vorbehält, jederzeit ohne konkreten Hinweis den Arbeitsplatz durch versteckt aufgestellte **Videokameras** zu beobachten.[216] Denn durch den Einsatz technischer Überwachungsgeräte „wird nicht lediglich eine Aufsichtsperson ersetzt, sondern das erst durch die moderne Technik geschaffene Überwachungssystem erzeugt einen ständigen Überwachungsdruck, dem der Arbeitnehmer sich während seiner Tätigkeit nicht entziehen kann".[217]   69

Entsprechende Maßnahmen können allerdings gerechtfertigt sein, wenn überwiegende schutzwürdige Interessen des AG sie erfordern.[218] Dies gilt bspw. für die Überwachung eines Bankschalters[219] oder bei Warenverlusten in erheblichem Umfang, wenn die Videoüberwachung der Geschäftsräume die einzige Möglichkeit zur Ermittlung der Täter darstellt.[220] Regelungen der Betriebsparteien über eine Videoüberwachung im Betrieb müssen jedoch mit höherrangigem Recht vereinbar sein.[221] Die Zulässigkeit des damit verbundenen Eingriffs in die Persönlichkeitsrechte der AN richtet sich nach dem Grundsatz der Verhältnismäßigkeit.[222] Wird in öffentlich zugänglichen Räumen eine Videoüberwachung durchgeführt, ist der in § 6b Abs. 5 BDSG ausdrücklich normierte, den Verhältnismäßigkeitsgrundsatz   70

---

202 S. BVerfGE 89, 69, 82.
203 Vgl. BVerfGE 101, 361, 382 f.
204 Vgl. BVerfGE 89, 69, 82; BVerfGE 65, 1, 45 f.; BVerfGE 32, 373, 378 f.
205 Vgl. ErfK/*Schmidt*, Art. 2 GG Rn 92 m.w.N.
206 Ebenso ErfK/*Preis*, § 611 BGB Rn 296.
207 Vgl. *Jarass/Pieroth*, Art. 2 Rn 54; s.a. BVerfG 18.8.1981 – NJW 1982, 375.
208 ErfK/*Preis*, § 611 BGB Rn 293; ErfK/*Schmidt*, Art. 2 GG Rn 92; zum Erfordernis eines sachlichen Grundes auch BAG 23.2.1967 – DB 1967, 1182.
209 Näher hierzu ErfK/*Preis*, § 611 BGB Rn 300 ff.
210 Vgl. ErfK/*Preis*, § 611 BGB Rn 303.
211 So auch ErfK/*Schmidt*, Art. 2 GG Rn 93.
212 Vgl. BAGE 41, 54; a.A. LAG Hamm 21.2.2008 – AuA 2008, 495, wenn das Schriftsachverständigengutachten allein auf die Frage der Urheberschaft und nicht auf die Beurteilung der Persönlichkeit des AN gerichtet ist.
213 BAGE 41, 54, 61.
214 Ebenso v. Mangoldt/Klein/Starck/*Starck*, Art. 2 Rn 176. S. zum Streitstand ErfK/*Preis*, § 611 BGB Rn 305 m.w.N.
215 Vgl. ErfK/*Schmidt*, Art. 2 GG Rn 97. Allg. zur Problematik der audio-visuellen Überwachung von AN *Müller*, Die Zulässigkeit der Videoüberwachung am Arbeitsplatz, 2008.
216 S. BAG 7.10.1987 – NZA 1988, 92.
217 BAG 7.10.1987 – NZA 1988, 92.
218 Vgl. BAG 7.10.1987 – NZA 1988, 92; s.a. BAGE 105, 356.
219 ErfK/*Schmidt*, Art. 2 GG Rn 98.
220 Vgl. BAG 7.10.1987 – NZA 1988, 92.
221 BAG 26.8.2008 – DB 2008, 2144.
222 BAG 26.8.2008 – DB 2008, 2144.

konkretisierende allgemeine Rechtsgedanke zu beachten, wonach die im Wege der Videoüberwachung gewonnenen Daten „unverzüglich" gelöscht werden müssen, wenn sie zur Erreichung des Zwecks nicht mehr erforderlich sind.[223] Die **heimliche Videoüberwachung** soll nach Auff. des BAG gerechtfertigt sein, wenn der konkrete Verdacht einer strafbaren Handlung oder einer anderen schweren Verfehlung zu Lasten des AG besteht, weniger einschneidende Mittel zur Aufklärung des Verdachts ausgeschöpft sind, die verdeckte Videoüberwachung praktisch das einzig verbleibende Mittel darstellt und insg. nicht unverhältnismäßig ist.[224] Für die erforderliche Verhältnismäßigkeitsprüfung sind die Gesamtumstände maßgeblich, wobei es v.a. entscheidend auf die Intensität des Eingriffs ankommt.[225]

70a Die **Überwachung ausschließlich dienstlicher Nutzung von Internet und E-Mails** wird durch das Persönlichkeitsrecht des AN beschränkt.[226] Die **Inhaltskontrolle privater E-Mails** stellt einen Eingriff in das Persönlichkeitsrecht des AN dar und kann – unabhängig von einer Erlaubnis oder einem Verbot der Privatnutzung – nur dann ausnahmsweise gerechtfertigt und zulässig sein, wenn das Interesse des AG vorrangig ist, etwa bei einem konkreten Verdacht, dass das Verhalten des AN einen Straftatbestand erfüllt.[227]

71 Das allgemeine Persönlichkeitsrecht des AN ist auch beim **Mithören von Telefongesprächen** durch den AG betroffen. Unzulässig ist jedenfalls das unbefugte Abhören oder Mithören einer vertraulichen Unterredung ohne Wissen des AN.[228]

72 Gleiches gilt im Allg. auch für das **heimliche Mithörenlassen** von Telefongesprächen zwischen AN und AG, weil dadurch das Persönlichkeitsrecht des Gesprächspartners verletzt wird.[229] Maßgeblich ist, ob sich der Gesprächspartner auf die Vertraulichkeit des gesprochenen Wortes verlassen durfte.[230] Auch wenn es sich um ein geschäftliches Gespräch handelt, trifft denjenigen, der einen Dritten mithören lassen will, eine Offenbarungspflicht. Er muss also seinen Gesprächspartner vorab über diese Maßnahme informieren; unterlässt er dies, so führt das heimliche Mithörenlassen zu einem Beweisverwertungsverbot mit der Folge, dass eine Zeugenvernehmung des Mithörenden vor Gericht nicht zulässig ist.[231]

73 Das Mithören externer Telefongespräche der AN in deren Gegenwart und mit voller Kenntnis ist hingegen rechtlich nicht zu beanstanden, sofern diese Maßnahme des AG lediglich **zu Ausbildungszwecken** erfolgt.[232] Ob darüber hinaus jedes Mithören eines geschäftlichen Telefongesprächs mit Kenntnis und in Gegenwart des betroffenen AN zulässig ist, hat das BAG bislang offen gelassen.[233]

74 Im Schrifttum wird das Mithören eines Telefongesprächs am Arbeitsplatz als zulässig angesehen, wenn der AN ausdrücklich darin eingewilligt hat und der damit verbundene Eingriff in das allgemeine Persönlichkeitsrecht nach Inhalt, Form und Begleitumständen verhältnismäßig erscheint.[234]

VIII. Schutz personenbezogener Daten

75 Nach st. Rspr. des BVerfG setzt die freie Entfaltung der Persönlichkeit den „Schutz des Einzelnen gegen unbegrenzte Erhebung, Speicherung, Verwendung und Weitergabe seiner persönlichen Daten" voraus.[235] Das Recht auf informationelle Selbstbestimmung umfasst die „Befugnis des Einzelnen, grds. selbst über die Preisgabe und Verwendung seiner persönlichen Daten zu bestimmen".[236] Die persönlichkeitsrechtlichen Grundsätze zum Schutz personenbezogener Daten sind auch bei der Anwendung und Auslegung arbeitsrechtlicher Vorschriften zu beachten.[237] Darüber hinaus finden §§ 27 ff. BDSG im Arbverh Anwendung, da diese Vorschriften auch für die Datenverarbeitung durch nicht-öffentliche Stellen gelten.[238]

76 Die dauerhafte **Aufbewahrung des Personalfragebogens** eines erfolglosen Stellenbewerbers kann dessen allgemeines Persönlichkeitsrecht verletzen mit der Folge, dass ein Anspruch auf Vernichtung der Unterlagen gem. § 1004 BGB analog besteht.[239] Dies gilt jedoch nicht, wenn der AG ein berechtigtes Interesse an der Aufbewahrung geltend

---

223 BAG 26.8.2008 – DB 2008, 2144; zu den Vorgaben des § 6b BDSG *Schierbaum*, PersR 2008, 180.
224 BAGE 105, 356. Zur AN-Überwachung bei Verdacht von Straftaten *Freckmann/Wahl*, BB 2008, 1904.
225 Vgl. BAGE 111, 173.
226 S. hierzu *Braun/Spiegl*, AiB 2008, 393.
227 *Kömpf/Kunz*, NZA 2007, 1341, 1345. – Zur außerordentlichen Kündigung wegen privaten „Surfens" im Internet BAGE 118, 104 und BAG 7.7.2005 – NZA 2006, 98.
228 So auch ErfK/*Schmidt*, Art. 2 GG Rn 99 m.w.N.; vgl. auch BAGE 41, 37 zum unzulässigen Mithörenlassen über eine Bürosprechanlage. S.a. *Stern*, Bd. IV/1, S. 260 f. unter Hinweis auf die Einwirkung des Art. 10 auf die Ausgestaltung des Arbverh.
229 Vgl. BAGE 87, 31.
230 Vgl. BAGE 87, 31, 37 f.

231 Vgl. BAGE 87, 31, 38 f.; s.a. BAGE 41, 37; zur Verwertung von Zeugenaussagen im Zivilverfahren, die auf dem rechtswidrigen Mithören von Telefongesprächen Dritter beruhen, BVerfGE 106, 28 und BGH 18.2.2003 – NJW 2003, 1727; s.a. v. Mangoldt/Klein/Starck/*Starck*, Art. 2 Rn 174 m.w.N.
232 Vgl. BAGE 80, 366.
233 Dies gilt auch für BAGE 80, 366. – Zum Mithören von Telefongesprächen in Call-Centern *Grobys*, Die Überwachung von Arbeitnehmern in Call-Centern, 2007.
234 Vgl. ErfK/*Schmidt*, Art. 2 GG Rn 99.
235 BVerfGE 65, 1, 43.
236 BVerfGE 65, 1, 43; BVerfGE 84, 192, 194.
237 Näher hierzu ErfK/*Schmidt*, Art. 2 GG Rn 88 ff. m.w.N.
238 Vgl. § 27 Abs. 1 S. 1 Nr. 1 BDSG.
239 S. hierzu BAGE 46, 98.

machen kann, z.B. wenn mit Rechtsstreitigkeiten über die ablehnende Auswahlentscheidung zu rechnen ist.[240] Die Absicht, den Fragebogen bei einer erneuten Bewerbung zu einem Datenvergleich heranzuziehen oder den Bewerber später zu einer nochmaligen Bewerbung aufzufordern, reicht allerdings nicht aus.[241]

Während des Arbverh besteht eine Duldungspflicht des AN hinsichtlich der Datenverarbeitung insoweit, als sie erforderlich ist, damit der AG seinen gesetzlichen Pflichten nachkommen kann, wie z.B. der Durchführung der Lohn- und Gehaltsabrechnung oder der Sozialauswahl nach § 1 KSchG.[242] Die Weitergabe persönlicher Daten an Dritte ohne wirksame Einwilligung des AN ist hingegen i.d.R. unzulässig.[243]

IX. Personalakten

Der AG muss aufgrund seiner allg. Fürsorgepflicht (§ 242 BGB) dafür Sorge tragen, dass die Personalakten ein möglichst objektives Bild von der Person und den Leistungen des AN vermitteln.[244] Daraus folgt ein Anspruch des AN, dass der AG eine missbilligende Äußerung aus den Personalakten entfernt, wenn diese unrichtige Tatsachenbehauptungen enthält, die den AN in seiner Rechtsstellung verletzen oder in seinem beruflichen Fortkommen beeinträchtigen können.[245] Dies gilt auch für schriftliche Rügen und Verwarnungen, insb. für **unbegründete Abmahnungen**, die zur Personalakte genommen werden.[246] Bei einem objektiv rechtswidrigen Eingriff in das Persönlichkeitsrecht in Form von unzutreffenden oder abwertenden Äußerungen kann der AN gem. § 1004 BGB analog Widerruf und Beseitigung verlangen.[247] Der AN hat allerdings keinen Anspruch darauf, dass der AG die zu den Personalakten genommenen Unterlagen paginiert.[248]

Für die Führung von Personalakten gilt außerdem, dass diese **nicht allg. zugänglich** sein dürfen, sondern sorgfältig verwahrt werden müssen.[249] Der AG muss bestimmte Informationen vertraulich behandeln oder für die vertrauliche Behandlung durch Sachbearbeiter Sorge tragen.[250] Dies gilt etwa für die Aufbewahrung sensibler Gesundheitsdaten.[251] Darüber hinaus muss der Kreis der mit Personalakten befassten Beschäftigten möglichst eng gehalten werden.[252]

X. Arbeitszeugnisse

Für die Pflicht des AG zur Zeugniserteilung gilt seit 1.1.2003 **§ 109 GewO (vgl. § 630 S. 4 BGB)**. Danach hat der AN bei Beendigung eines Arbverh Anspruch auf ein schriftliches Zeugnis, das mind. Angaben zu Art und Dauer der Tätigkeit enthalten und sich auf Verlangen des AN auch auf Leistung und Verhalten im Arbverh erstrecken muss.[253]

Arbeitszeugnisse können durch Wortwahl oder Inhalt in das allgemeine Persönlichkeitsrecht des AN eingreifen.[254] Zwar gelten das Gebot der Zeugnisklarheit und das Gebot der Zeugniswahrheit.[255] Im Interesse des beruflichen Fortkommens ist das Zeugnis jedoch wohlwollend zu erteilen.[256] Kritische Äußerungen über Leistung und Führung des AN müssen daher maßvoll abgefasst werden, da bereits aus bloßen Andeutungen negative Schlüsse gezogen werden können.[257]

Aus dem allgemeinen Persönlichkeitsrecht kann sich ferner ein Anspruch des AN auf Neuausstellung des Arbeitszeugnisses ergeben, z.B. bei einer Personenstandsänderung nach Geschlechtsumwandlung.[258]

Art. 3 Gleichheit vor dem Gesetz

(1) Alle Menschen sind vor dem Gesetz gleich.
(2) [1]Männer und Frauen sind gleichberechtigt. [2]Der Staat fördert die tatsächliche Durchsetzung der Gleichberechtigung von Frauen und Männern und wirkt auf die Beseitigung bestehender Nachteile hin.
(3) [1]Niemand darf wegen seines Geschlechtes, seiner Abstammung, seiner Rasse, seiner Sprache, seiner Heimat und Herkunft, seines Glaubens, seiner religiösen oder politischen Anschauungen benachteiligt oder bevorzugt werden. [2]Niemand darf wegen seiner Behinderung benachteiligt werden.

---

240 Vgl. BAGE 46, 98.
241 Vgl. BAGE 46, 98.
242 Vgl. ErfK/*Schmidt*, Art. 2 GG Rn 91. Allg. zur Einwilligung im Datenschutzrecht v. Mangoldt/Klein/Starck/*Starck*, Art. 2 Rn 178. Zur Mitbestimmung bei Telefondatenerfassung BAGE 52, 88.
243 So auch ErfK/*Schmidt*, Art. 2 GG Rn 91 m.w.N.
244 St. Rspr. seit BAGE 7, 267, 273.
245 BAGE 50, 202, 207.
246 Vgl. BAGE 50, 202, 207.
247 BAGE 50, 202, 207; vgl. auch BAG 9.2.1977 – NJW 1978, 124; s.a. BAGE 45, 111, 117 zur korrekten Verwendung akademischer Grade.
248 BAG 16.10.2007 – NZA 2008, 367.
249 Vgl. BAGE 64, 308; s.a. BAGE 54, 365.
250 BAGE 64, 308; s.a. BAGE 54, 365. Zu den Risiken eines digitalen Personalaktensystems *Geis*, RDV 2008, 64.
251 BAGE 119, 238.
252 BAGE 64, 308 m.w.N.; ebenso BAGE 54, 365.
253 Ausführlich hierzu ErfK/*Müller-Glöge*, § 109 GewO.
254 Näher ErfK/*Schmidt*, Art. 2 GG Rn 103.
255 So etwa BAGE 115, 130 und BAGE 108, 86.
256 Vgl. etwa BAGE 115, 130; st. Rspr. seit BAGE 9, 289.
257 Vgl. *Zöllner/Loritz*, § 16 II 2b.
258 Vgl. LAG Hamm 17.12.1998 – NZA-RR 1999, 455.

Literatur: *Alenfelder*, Diskriminierungsschutz im Arbeitsrecht, 2006; *Benecke*, Kündigungen zwischen Kündigungsschutz und Diskriminierungsschutz, AuR 2007, 229; *Betz*, Diskriminierungsfrei vergüten, AuA 2008, 208; *Blanke*, Kleinbetriebsklausel und Befristung, AuR 2003, 401; *Büddecker*, Die Rechtsprechung des BAG zum arbeitsrechtlichen Gleichbehandlungsgrundsatz unter dem Blickwinkel des Verfassungsrechts, 2002; *Däubler*, Die Kündigung als unmittelbare Diskriminierung, AiB 2007, 22; *Däubler*, Die Kündigung als mittelbare Diskriminierung, AiB 2007, 97; *Diller*, AGG-Hopping durch Schwerbehinderte, NZA 2007, 1321; *Diller/Kern*, Befristung und Schwangerschaft – Neue Spielregeln durch das AGG, FA 2007, 103; *Grobys/Schmidt/Brocker*, Verfassungsmäßigkeit von „Equal Pay"?, NZA 2003, 777; *Hiery*, Gleichbehandlung von Arbeitern und Angestellten, AuB 2006, 305; *Hunold*, Ausgewählte Rechtsprechung zur Gleichbehandlung im Betrieb, NZA-RR 2006, 561 und 617; *Kocher*, Gleichstellung von Frauen und Männern, AiB 2004, 654; *Kock*, Allgemeines Gleichbehandlungsgesetz – Überblick über die arbeitsrechtlichen Regelungen, MDR 2006, 1088; *Leder*, Das Diskriminierungsverbot wegen einer Behinderung, 2006; *Lingscheid*, Antidiskriminierung im Arbeitsrecht, 2004; *Matthießen*, Zur Ungleichbehandlung von Arbeitern und Angestellten, EWiR 2003, 1067; *Maulshagen/Höner*, Der Gleichbehandlungsgrundsatz, AuA 2008, 144; *Monen*, Das Verbot der Diskriminierung, 2008; *Nielebock*, Ein Schritt zur Gleichstellung im Betriebsrat: Frauenquote, AiB 2001, 681; *Nollert-Borasio*, 2 Jahre AGG – praktische Auswirkungen und notwendige Änderungen, AuR 2008, 332; *Oetker*, Zum arbeitsrechtlichen Gleichbehandlungsgrundsatz, EWiR 2007, 297; *Ohl/Nötzel*, Niedrigeres Entgelt bei Frauen, AiB 2007, 303; *Pallasch*, Diskriminierungsverbot wegen Schwangerschaft bei der Einstellung, NZA 2007, 306; *Pfarr*, Gleichbehandlung von Männern und Frauen im Arbeitsverhältnis, AR-Blattei SD 800.2; *Rademacher*, Diskriminierungsverbot und „Gleichstellungsauftrag" – Zur Auslegung des Art. 3 Abs. 2 Satz 2 GG, 2004; *Reichold*, Diskriminierungsschutz und Verfassungsrecht, ZfA 2006, 257; *Reim*, Gleichbehandlung von Leiharbeitnehmern, AiB 2005, 203; *Richardi*, Januskörpfigkeit der Pflicht zur Gleichbehandlung im Arbeitsrecht, ZfA 2008, 31; *Richter*, Das Geschlecht als Kriterium im deutschen Recht, NVwZ 2005, 636; *Ring*, Schutz der Beschäftigten vor Benachteiligung nach dem AGG, JA 2008, 1; *Schlachter*, Benachteiligung wegen Behinderung, RdA 2008, 179; *Steinmeyer*, Gleichbehandlung – Forderung nach Unisex-Tarifen, BetrAV 2003, 688; *Thüsing*, Arbeitsrechtlicher Diskriminierungsschutz, 2007; *ders.*, Gleicher Lohn für gleiche Arbeit?, EWiR 2000, 953; *von Medem*, Kündigungsschutz und Allgemeines Gleichbehandlungsgesetz, 2008; *Vahle*, Neue Vorschriften zum Schutz gegen Diskriminierung, DVP 2006, 495; *Watzenberg*, Die Rechtsprechung zum Allgemeinen Gleichbehandlungsgesetz, NJ 2008, 433; *Wiedemann*, Tarifvertrag und Diskriminierungsschutz, NZA 2007, 950; *ders.*, Gerechtigkeit durch Gleichbehandlung, in: 50 Jahre Bundesarbeitsgericht 2004, 265; *ders.*, Die Gleichbehandlungsgebote im Arbeitsrecht, 2001; *Windel*, Der Beweis diskriminierender Benachteiligungen, RdA 2007, 1; *Zierold*, Arbeitsrechtliche Gleichbehandlung und Diskriminierungsverbote im Entgeltbereich, 2004; *Zimmer/Volk*, Allgemeines Gleichbehandlungsgesetz – die Diskriminierungsmerkmale, FA 2006, 258

A. Allgemeines 1	IV. Keine Gleichheit im Unrecht 25
B. Geltungsbereich der Gleichheitssätze 5	V. Konkurrenz zu anderen Grundrechten 26
I. Grundrechtsverpflichtete 5	VI. Arbeitsrechtliche Besonderheiten 28
1. Exekutive 6	**D. Regelungsgehalt der Diskriminierungsverbote**
2. Judikative 8	(Abs. 3) 32
3. Legislative 11	**E. Gleichbehandlung von Frauen und Männern**
II. Grundrechtsträger 12	(Abs. 2 und Abs. 3 S. 1) 45
C. Regelungsgehalt des allgemeinen	I. Verbot der Benachteiligung wegen des Geschlechts ... 45
Gleichheitssatzes (Abs. 1) 14	II. Arbeitsrechtliche Besonderheiten 52
I. Beeinträchtigung durch Ungleichbehandlung 15	III. Förderung der Gleichstellung von Frauen im Arbeitsleben 56
II. Rechtfertigung der Ungleichbehandlung 18	
III. Rechtsfolgen eines Gleichheitsverstoßes 24	

A. Allgemeines

1 Art. 3 bezweckt die rechtliche und tatsächliche Gleichbehandlung von Personen in vergleichbaren Sachverhalten. Gemeint ist damit aber nicht ausnahmslose Gleichbehandlung. Art. 3 fordert jedoch einen sachlichen Grund für eine Ungleichbehandlung vergleichbarer Sachverhalte. Beruht die ungleiche Behandlung auf einem sachlichen Grund, ist sie verfassungsrechtlich gerechtfertigt.

2 Die Gleichheitssätze des Art. 3 sind im Arbeitsrecht besonders zu beachten. Das Verbot, gleichartige Sachverhalte ohne sachliche Rechtfertigung ungleich zu behandeln, bildet ein **Grundprinzip des Arbeitsrechts**. Arbeitsrechtliche Vorschriften, in denen die verfassungsrechtlichen Vorgaben der Gleichheitssätze zum Ausdruck kommen, schränken die Vertragsfreiheit des AG in vielfältiger Weise ein. Dies gilt v.a. für die arbeitsrechtlichen Bestimmungen des AGG, die die Regelungen in den §§ 611a, 611b, 612 Abs. 3 BGB ersetzt haben (vgl. §§ 7 ff. AGG).[1] Ergänzend diente der aus Art. 3 abgeleitete arbeitsrechtliche Gleichbehandlungsgrundsatz dem BAG als einfachgesetzliche Sanktionsnorm. Seit Erlass des AGG bedarf es insoweit keines Rückgriffs mehr auf diese rechtliche Konstruktion. Die Rspr. des BAG leitet aus dem Rechtsgedanken der Gleichheitssätze eine allg. Pflicht des AG zur Gleichbehandlung seiner AN ab.[2]

3 Die Gleichheitssätze selbst sind im Privatrechtsverkehr, d.h. auf das Rechtsverhältnis von AG und AN, nicht unmittelbar anwendbar, weil sich die Grundrechte auf das Verhältnis des Grundrechtsträgers zur öffentlichen Gewalt be-

---

1 S. zu §§ 7 ff. AGG die Kommentierung von *v. Steinau-Steinrück/Schneider/Euler* unter Ordnungsnr. 20.

2 BAGE 71, 29.

schränken. Neben dem allgemeinen Gleichbehandlungsgrundsatz erlangt daher die mittelbare Drittwirkung der Grundrechte Bedeutung (vgl. vor GG Rn 21 ff.).

Neben den nationalen Vorschriften sind die gemeinschaftsrechtlichen Bestimmungen zu beachten. Zu nennen ist zum einen die primärrechtliche Regelung des Art. 141 EG, zum anderen die RL zur Diskriminierung 2000/43/EG[3] und 2000/78/EG.[4] Die Antidiskriminierungs-RL wurden durch das Gesetz zur Umsetzung europäischer Richtlinien zur Verwirklichung des Grundsatzes der Gleichbehandlung vom 17.8.2006, dessen Hauptbestandteil das **AGG** bildet, in nationales Recht umgesetzt[5] (zur RL-Umsetzung durch das AGG siehe § 1 AGG Rn 1 ff.). Ziel des AGG ist es, Benachteiligungen aus Gründen der Rasse oder wegen der ethnischen Herkunft, des Geschlechts, der Religion oder Weltanschauung, einer Behinderung, des Alters oder der sexuellen Identität zu verhindern oder zu beseitigen, vgl. § 1 AGG (zu den Merkmalen im Einzelnen siehe § 1 AGG Rn 6 ff).

Der 2. Abschnitt des AGG enthält die arbeitsrechtlichen Bestimmungen zum Schutz der Beschäftigten vor Benachteiligungen. § 7 AGG regelt ein Benachteiligungsverbot aus den in § 1 AGG genannten Diskriminierungsgründen, wobei jedoch bestimmte unterschiedliche Behandlungen wegen beruflicher Anforderungen, wegen der Religion oder der Weltanschauung oder wegen des Alters für zulässig erklärt werden.[6] §§ 11 ff. AGG bestimmen die Maßnahmen und Organisationspflichten des AG. So darf etwa ein Arbeitsplatz nicht unter Verstoß gegen das arbeitsrechtliche Benachteiligungsverbot ausgeschrieben werden (Vgl. §§ 11, 12 AGG Rn 2 f.). Darüber hinaus treffen den AG verschiedene Schutz- und Informationspflichten. Kernstück des arbeitsrechtlichen Teils des AGG sind die Regelungen zu Entschädigung und Schadenersatz, die die Vorgaben der EU-RL mit dem deutschen Schadenersatzrecht verknüpfen.[7]

B. Geltungsbereich der Gleichheitssätze

I. Grundrechtsverpflichtete

Die Gleichheitssätze binden alle drei Staatsgewalten. Abs. 1, nach dessen Wortlaut alle Menschen vor dem Gesetz gleich sind, verpflichtet zwar ausdrücklich nur Judikative und Exekutive. Nach allg. A. hat aber auch die Legislative den allgemeinen Gleichheitssatz zu beachten, weil die gesamte öffentliche Gewalt gem. Art. 1 Abs. 3 an die Grundrechte gebunden ist.

1. Exekutive. Handlungsspielräume, die die Exekutive jenseits der strikten Gesetzesanwendung besitzt, muss sie unter Beachtung des Gleichheitssatzes ausfüllen. Dies gilt zum einen für die rechtsetzende Tätigkeit der Exekutive beim Erlass von Rechts-VO.[8] Zum anderen spielt der Gleichheitssatz für die Rechtsanwendung eine Rolle, wenn er für Ermessensentscheidungen[9] oder Regelungen mit Beurteilungsspielraum[10] eine Selbstbindung der Verwaltung schafft.

Eine ständige Verwaltungspraxis kann i.V.m. mit dem Gleichheitssatz zu einer Selbstbindung der Verwaltung im Einzelfall führen.[11] Traf die Verwaltung bisher ihre Ermessensentscheidungen nach bestimmten Kriterien, darf sie von ihnen im Einzelfall nicht ohne sachliche Rechtfertigung abweichen.[12] Davon unberührt bleibt allerdings die Möglichkeit, zukünftig das Ermessen generell abweichend auszuüben und so eine neue Verwaltungspraxis zu schaffen. Die gleichen Grundsätze gelten, wenn die Verwaltung bei der Rechtsanwendung einen Beurteilungsspielraum besitzt. Regelmäßig begründen Verwaltungsvorschriften, die Handlungsspielräume bei der Rechtsanwendung ausfüllen, im Zusammenspiel mit dem Gleichheitssatz eine Selbstbindung der Verwaltung.[13]

2. Judikative. Auch der Judikative ist es nicht gestattet, bei der Rechtsanwendung ohne sachlichen Grund eine Ungleichbehandlung vorzunehmen. Die Rspr. muss bei der Auslegung der Gesetze und der Füllung von Gesetzeslücken den Gleichheitssatz beachten.[14] Den Gerichten ist es verwehrt, bestehendes Recht zugunsten oder zulasten einzelner Personen nicht anzuwenden.[15]

Allein die unzutreffende Rechtsanwendung ist jedoch nicht ausreichend für eine Verletzung des allgemeinen Gleichheitssatzes. Die Rspr. verstößt erst dann gegen den Gleichheitssatz, wenn die Rechtsanwendung oder das Verfahren

---

3 RL 2000/43/EG des Rates v. 29.6.2000 zur Anwendung des Gleichbehandlungsgrundsatzes ohne Unterschied der Rasse oder der ethnischen Herkunft, ABl EG L 180/22 v. 19.7.2000.
4 RL 2000/78/EG des Rates v. 27.11.2000 zur Festlegung eines allgemeinen Rahmens für die Verwirklichung der Gleichbehandlung in Beschäftigung und Beruf, ABl EG L 303/16 v. 2.12.2000.
5 BGBl 2006 I, S. 1897.
6 S. zu § 7 AGG die Kommentierung von *v. Steinau-Steinrück/Schneider/Euler* unter Ordnungsnr. 20.
7 BT-Drucks 16/1780, S. 2. – S. im Einzelnen die Kommentierung von *v. Steinau-Steinrück/Schneider/Euler* zu §§ 15, 16 AGG.
8 BVerfGE 13, 248, 253; BVerfGE 69, 150, 160.
9 BVerfGE 18, 353, 363 f.; BVerfGE 69, 161, 169.
10 V. Münch/Kunig/*Gubelt*, Art. 3 Rn 37.
11 S. BVerfGE 113, 373, 376; BVerwGE 118, 379, 383.
12 *Jarass/Pieroth*, Art. 3 Rn 35.
13 Vgl. BVerwGE 112, 63, 67; BVerwGE 113, 373, 376; BVerwGE 118, 379, 383.
14 BVerfGE 84, 197, 199; BVerfGE 101, 239, 269.
15 BVerfGE 66, 331, 335 f.; BVerfGE 71, 354, 362.

unter keinem denkbaren Aspekt mehr rechtlich vertretbar sind und sich daher der Schluss aufdrängt, dass sie auf sachfremden und damit willkürlichen Erwägungen beruhen.[16] Darunter fallen bspw. krasse Fehlentscheidungen, schwere Rechtsanwendungsfehler oder eklatante Missachtung von Verfahrensvorschriften.

10 Eine st. Rspr. führt nicht unter Berücksichtigung des Gleichheitssatzes zu einer Selbstbindung der Gerichte. Dies stünde im Widerspruch zur Aufgabe der Rspr., das geltende Recht fortzubilden und eine feste Rspr. aufgrund neuerer Erkenntnisse und überzeugenderer Argumente zu ändern. Der Gleichheitssatz kann aber dann verletzt sein, wenn eine einzelne Entscheidung die Bahnen organisierter Fortentwicklung der Rspr. so sehr verlässt, dass sie als objektiv willkürlich bezeichnet werden muss.[17]

11 **3. Legislative.** Nach allg.A. binden die Gleichheitssätze alle drei Staatsgewalten einschließlich der Legislative, auch wenn der Wortlaut des Abs. 1 lediglich die Rechtsanwendung durch Judikative und Exekutive umfasst. Die Legislative ist als Teil der öffentlichen Gewalt gem. Art. 1 Abs. 3 bei der Rechtsetzung an die Grundrechte gebunden.[18] Jegliche Normensetzung ist an Art. 3 zu messen. Daher hat der Gesetzgeber bei der Schaffung privatrechtlicher und speziell arbeitsrechtlicher Normen die Gleichheitssätze zu beachten. Bspw. hat das BVerfG eine frühere Vorschrift aus dem Dienstvertragsrecht mit Abs. 1 für nicht vereinbar erklärt, weil die Vorschrift ohne einsichtigen Grund unterschiedliche Künd-Fristen für Arb und Ang vorsah.[19]

II. Grundrechtsträger

12 Art. 3 zählt zu den Menschenrechten. Grundrechtsträger der Gleichheitssätze sind nach ihrem Wortlaut alle natürlichen Personen. Insb. Abs. 2 S. 1 richtet sich gleichermaßen an Männer und Frauen.

13 Inländische juristische Personen können sich auf Abs. 1 berufen, weil der allgemeine Gleichheitssatz seinem Wesen nach auf inländische juristische Personen Anwendung findet (Art. 19 Abs. 3).[20] Ausgenommen sind die juristischen Personen des öffentlichen Rechts, die als Hoheitsträger öffentliche Gewalt ausüben und dabei nicht als Grundrechtsträger, sondern als Grundrechtsverpflichtete auftreten.[21] Die besonderen Gleichheitssätze in Abs. 2 und Abs. 3 hingegen finden ihrem Wesen nach nicht ohne Weiteres auf die inländischen juristischen Personen Anwendung, weil die Differenzierungsmerkmale überwiegend nur von natürlichen Personen erfüllt werden können, wie bspw. das Geschlecht in Abs. 2 S. 1.[22] Außer dem Glauben und der religiösen und politischen Weltanschauung gilt dasselbe für die Diskriminierungsverbote des Abs. 3.[23] Die übrigen Merkmale erfüllen nur natürliche Personen.[24]

C. Regelungsgehalt des allgemeinen Gleichheitssatzes (Abs. 1)

14 Der allgemeine Gleichheitssatz verbietet, „wesentlich Gleiches" ungleich oder „wesentlich Ungleiches" gleich zu behandeln.[25] Abs. 1 ist v.a. dann verletzt, wenn eine Gruppe von Normadressaten im Vergleich zu anderen Normadressaten anders behandelt wird, obwohl zwischen beiden Gruppen keine Unterschiede von solcher Art und solchem Gewicht bestehen, dass sie die ungleiche Behandlung rechtfertigen könnten.[26]

I. Beeinträchtigung durch Ungleichbehandlung

15 Um eine Ungleichbehandlung an Abs. 1 messen zu können, müssen zunächst zwei vergleichbare Sachverhalte festgestellt werden, die rechtlich oder tatsächlich unterschiedlich behandelt werden. Von vornherein ausgeschlossen ist die Vergleichbarkeit zweier Sachverhalte nur, wenn diese unterschiedlichen rechtlichen Ordnungsbereichen angehören und in anderen systematischen und sozialgeschichtlichen Zusammenhängen stehen.[27]

16 Erste Voraussetzung für das Vorliegen zweier vergleichbarer Sachverhalte ist, dass die Ungleichbehandlung durch denselben Hoheitsträger erfolgt, weil der Gleichheitssatz jeden Träger öffentlicher Gewalt allein in dessen Zuständigkeitsbereich bindet.[28] Werden also zwei vergleichbare Sachverhalte von verschiedenen Trägern öffentlicher Gewalt unterschiedlich gestaltet, fehlt es an einer Beeinträchtigung durch Ungleichbehandlung, die einer Rechtfertigung bedarf. So liegt bspw. kein Verstoß gegen den Gleichheitssatz vor, wenn zwei Landesgesetzgeber eine Materie unterschiedlich regeln.

17 Weiterhin müssen die beiden Sachverhalte unter einen gemeinsamen Oberbegriff („genus proximum") zu fassen sein, der als gemeinsamer Bezugspunkt („tertium comparationis") den Vergleich zulässt. Der „genus proxium" und der spezifische Unterschied („differentia specifica"), an dem sich die Ungleichbehandlung manifestiert, müssen

---

16 BVerfGE 80, 48, 51; BVerfGE 86, 59, 63; BVerfGE 89, 1, 13 f.; BVerfGE 112, 185, 235 f.
17 BVerfGE 18, 224, 240.
18 BVerfGE 1, 14, 52, *Pieroth/Schlink*, Rn 428.
19 BVerfGE 62, 256.
20 BVerfGE 21, 362.
21 BVerfGE 21, 362, 372; *Jarass/Pieroth*, Art. 3 Rn 5.
22 V. Mangoldt/Klein/Starck/*Starck*, Art. 3 Rn 239.
23 Sachs/*Osterloh*, GG, Art. 3 Rn 238.
24 *Jarass/Pieroth*, Art. 3 Rn 117.
25 BVerfGE 1, 14, 52; BVerfGE 49, 148, 165; BVerfGE 98, 365, 385; BVerfGE 116, 164, 180; BVerfG 30.7.2008 – NJW 2008, 2409; BVerfG 15.1.2008 – DVBl. 2008, 842; st. Rspr.
26 BVerfGE 55, 72, 88; BVerfGE 87, 1, 36; BVerfGE 100, 195, 205; BVerfGE 117, 272, 300 f.; st. Rspr.
27 BVerfGE 40, 121, 139 f.; BAGE 87, 180, 184.
28 BVerfGE 21, 54, 68; BVerfGE 76, 1, 73.

beide exakt bezeichnet werden. Mitunter ist die Feststellung, dass zwei Sachverhalte vergleichbar sind, mit Schwierigkeiten verbunden, da kein Mensch dem anderen und keine Situation genau der anderen gleicht.

II. Rechtfertigung der Ungleichbehandlung

Nur ein formell und materiell rechtmäßiges Gesetz kann eine Ungleichbehandlung rechtfertigen. Zur Rechtfertigung ist ein hinreichend wichtiger Grund erforderlich.[29]

Das BVerfG bejaht in st. Rspr. eine Verletzung des allgemeinen Gleichheitssatzes ohne Weiteres dann, wenn wesentlich Gleiches willkürlich ungleich oder wesentlich Ungleiches willkürlich gleich behandelt wird (**sog. Willkürverbot**).[30] Wesentlich Gleiches wird willkürlich ungleich behandelt, wenn sich für die differenzierende Regelung keine vernünftigen Erwägungen bzw. sachlichen Gründe finden lassen, die aus der Natur der Sache folgen oder sonst wie einleuchtend sind.[31] Die Unsachlichkeit der Differenzierung muss evident sein.[32] Maßstab ist dabei nicht subjektive Willkür, sondern die objektive Angemessenheit oder Unangemessenheit der Differenzierung.

Jede der drei Staatsgewalten kann willkürliche Differenzierungen vornehmen. Allerdings verstößt der Gesetzgeber nicht schon dann gegen das Willkürverbot, wenn er unter mehreren Lösungen nicht die zweckmäßigste, vernünftigste oder gerechteste wählt, sondern erst dann, wenn sich kein sachgerechter Grund für eine gesetzliche Bestimmung finden lässt.[33] Ausreichend für willkürliches Handeln ist, dass der Gesetzgeber objektiv eine in Bezug auf den zu ordnenden Gesetzgebungsgegenstand tatsächlich und eindeutig unangemessene Regelung geschaffen hat. Eine willkürliche gesetzliche Regelung bejaht die Rspr. aber nur, wenn ihre Unsachlichkeit evident ist.[34] Die Rspr. handelt erst dann willkürlich, wenn eine Entscheidung (Urteil, Beschluss) unter keinem denkbaren rechtlichen Aspekt vertretbar ist.[35] Diese Grenze wird überschritten, wenn eine fehlerhafte Rechtsanwendung durch die Gerichte bei verständiger Würdigung der das GG beherrschenden Gedanken nicht mehr verständlich ist und sich daher der Schluss aufdrängt, dass sie auf sachfremden Erwägungen beruht.[36]

Die eng gefasste Willkürformel ist allerdings nur geeignet, um extreme Verstöße gegen den Gleichheitssatz zu ahnden. Deshalb hat die jüngere Rspr. des BVerfG eine **„neue" Formel** entwickelt, die einen **strengeren Prüfungsmaßstab** schafft. Danach ist der Gleichheitssatz verletzt, wenn der Staat eine Gruppe von Normadressaten im Vergleich zu anderen Normadressaten anders behandelt, obwohl zwischen beiden Gruppen keine Unterschiede von solcher Art und solchem Gewicht bestehen, dass sie die ungleiche Behandlung rechtfertigen könnten.[37] Die rechtliche Unterscheidung muss also in sachlichen Unterschieden eine ausreichende Stütze finden. Bei der Ordnung von Massenerscheinungen braucht der Gesetzgeber allerdings nicht um die differenzierende Berücksichtigung aller denkbaren Fälle besorgt zu sein. Er ist vielmehr berechtigt, von einem Gesamtbild auszugehen, das sich aus den ihm vorliegenden Erfahrungen ergibt. Auf dieser Grundlage darf er generalisierende, typisierende und pauschalierende Regelungen verwenden, ohne allein schon wegen der damit unvermeidlich verbundenen Härten gegen den allgemeinen Gleichheitssatz zu verstoßen. Die Typisierung setzt allerdings voraus, dass die durch sie eintretenden Härten und Ungerechtigkeiten nur eine verhältnismäßig kleine Zahl von Personen betreffen und der Verstoß gegen den Gleichheitssatz nicht sehr intensiv ist.[38]

Im Gegensatz zur Willkürformel genügt für die verfassungsrechtliche Rechtfertigung einer Ungleichbehandlung nach der neuen Formel nicht das bloße Vorliegen eines sachlichen Grundes. Vielmehr muss der Rechtfertigungsgrund auch in angemessenem Verhältnis zum Grad der Ungleichbehandlung stehen.[39] Zwischen sachlichem Grund und Beeinträchtigung ist eine **Abwägung** im Sinne einer Verhältnismäßigkeitsprüfung durchzuführen. Die Ungleichbehandlung muss einem legitimen Zweck dienen, zu seiner Verwirklichung geeignet und erforderlich sein und in angemessenem Verhältnis zum verfolgten Zweck stehen.[40] Die Verhältnismäßigkeitsprüfung bewirkt, dass der rechtfertigende Grund für eine Ungleichbehandlung umso triftiger sein muss, je intensiver die Beeinträchtigung ihrer Art und ihrem Gewicht nach ist.

Das BVerfG wendet die Willkürformel und die „neue", strengere Formel nebeneinander an. Die Willkürkontrolle gilt für die Fälle, in denen zwei Sachverhalte unterschiedlich behandelt werden, ohne dass die Person der Betroffenen eine Rolle spielt.[41] Für Differenzierungen, die an persönlichen Eigenschaften anknüpfen, zieht das Gericht die „neue-

---

29 BVerfGE 100, 138, 174.
30 BVerfGE 4, 144, 155; BVerfGE 49, 148, 165; BVerfGE 98, 365, 385; BVerfGE 116, 164, 180; BVerfG 30.7.2008 – NJW 2008, 2409; st. Rspr.
31 BVerfGE 10, 234, 246.
32 BVerfGE 88, 87, 97; BVerfGE 99, 367, 389.
33 BVerfGE 91, 118, 123.
34 BVerfGE 12, 326, 333; BVerfGE 23, 135 143.
35 BVerfGE 86, 59, 63; BVerfGE 89, 1, 13 f.; BVerfGE 112, 185, 235 f.
36 BVerfGE 42, 64, 72 ff.; s. auch BVerfG-K 13.11.2007 – NJW 2008, 570.
37 So BVerfGE 82, 60, 86; BVerfGE 87, 1, 36; BVerfGE 99, 129, 139; BVerfGE 100, 195, 205; BVerfGE 117, 272, 300 f.; ähnlich schon BVerfGE 55, 72, 88 ff.; st. Rspr.
38 So BVerfGE 87, 234, 255; BVerfGE 96, 365, 385; BVerfGE 103, 310, 319; BVerfGE 111, 115, 137; BVerfGE 112, 268, 280 f.; st. Rspr.
39 BVerfGE 102, 68, 87 m.w.N.
40 *Jarass/Pieroth*, Art. 3 Rn 27; *Pieroth/Schlink*, Rn 440.
41 BVerfGE 55, 72, 89; BVerfGE 60, 329, 346; BVerfGE 111, 115, 136.

re" strengere Formel als Prüfungsmaßstab heran, weil die Gleichheitssätze als Menschenrechte v.a. die Gleichheit von Personen vor dem Gesetz sichern sollen.[42] In dem strengeren Prüfungsmaßstab kommt die Wertung der Gleichheitssätze zum Ausdruck, die bei personenbezogenen Merkmalen eine engere Bindung der öffentlichen Gewalt bis hin zu den ausdrücklichen Diskriminierungsverboten in Abs. 3 schaffen.[43] Die Rspr. des BVerfG ist in diesem Bereich jedoch inkonsequent und wenig einheitlich. Allg. gültige Regeln für die Rechtfertigung von Ungleichbehandlungen lassen sich kaum aufzeigen.

III. Rechtsfolgen eines Gleichheitsverstoßes

24 Die Entscheidung, wie ein Gleichheitsverstoß behoben werden soll, steht grds. dem jeweiligen Hoheitsträger zu, der den in Frage stehenden Gleichheitsverstoß begangen hat. Diesem steht dabei ein Handlungsspielraum zu, wie er den Gleichheitsverstoß beheben will.[44] Dies gilt lediglich dann nicht, wenn sich der Gleichheitsverstoß nur durch eine bestimmte Maßnahme oder Regelung beseitigen lässt. Welche Rechtsfolgen ein Gleichheitsverstoß hat, hängt davon ab, welcher Hoheitsträger im funktionalen Sinn (Legislative, Judikative, Exekutive) verantwortlich ist. Ein Verstoß durch Rspr. oder Verwaltung führt regelmäßig zu einem Anspruch des Betroffenen auf Rechtsanwendungsgleichheit. Größeren Handlungsspielraum zur Beseitigung eines Gleichheitsverstoßes hat der Gesetzgeber. Das BVerfG erklärt ein Gesetz, das gegen den Gleichheitssatz verstößt, trotz seiner Verfassungswidrigkeit regelmäßig nicht für nichtig, sondern nur für mit dem GG nicht vereinbar.[45] Mit der Unvereinbarkeitserklärung verknüpft das Gericht die befristete Aufforderung an den Gesetzgeber, eine Neuregelung zu schaffen. Wie der Gesetzgeber mit der Neuregelung den Gleichheitsverstoß beseitigt, steht in seinem Ermessen. Das alte Recht gilt regelmäßig bis zum Inkrafttreten einer Neuregelung oder dem Ablauf der vom BVerfG gesetzten Frist.[46] Anhängige Gerichtsverfahren müssen bis zum Inkrafttreten der Neuregelung ausgesetzt werden.[47]

IV. Keine Gleichheit im Unrecht

25 Keine Gleichheit im Unrecht bedeutet, dass der allgemeine Gleichheitssatz nicht greift, wenn eine Gruppe gegenüber einer anderen Gruppe in rechtswidriger Weise begünstigt oder belastet wird. Art. 3 beinhaltet kein subjektives Recht auf eine rechtswidrige Begünstigung und auch keinen Anspruch darauf, die Rechtsposition eines anderen zu verschlechtern. Niemand kann unter Berufung auf den Gleichheitssatz verlangen, dass eine falsche Rechtsanwendung auch bei ihm Anwendung findet.[48]

V. Konkurrenz zu anderen Grundrechten

26 Die besonderen Gleichheitssätze in Abs. 2 und Abs. 3 stellen im Verhältnis zum allgemeinen Gleichheitssatz die spezielleren Vorschriften dar und sind insoweit vorrangiger Prüfungsmaßstab.[49]

27 Auch außerhalb des Art. 3 finden sich an anderen Stellen des GG **spezielle Gleichheitssätze**, die in sachlichem Zusammenhang mit der dort geregelten Materie stehen: Verbot der Ungleichbehandlung für uneheliche Kinder (Art. 6 Abs. 5), Verbot der Ungleichbehandlungen wegen der Landeszugehörigkeit (Art. 33 Abs. 1), Verbot der eignungswidrigen Ungleichbehandlung beim Zugang zu öffentlichen Ämtern (Art. 33 Abs. 2) und Verbot der religiösen bzw. weltanschaulichen Ungleichbehandlung (Art. 33 Abs. 3, Art. 136 Abs. 1 und Abs. 2 WRV). Weitere spezielle Gleichheitssätze enthalten die Art. 21 für die Parteien und Art. 38 Abs. 1 S. 2 für das Wahlrecht. Ob ein spezieller Gleichheitssatz oder der allgemeine Gleichheitssatz Prüfungsmaßstab ist, ist vom thematischen Schwerpunkt der Beeinträchtigung abhängig. Das Grundrecht findet Anwendung, das nach seinem Sinngehalt den stärkeren sachlichen Bezug zu dem zu prüfenden Sachverhalt hat.[50]

Nach allg.A. verdrängen Freiheits- und Gleichheitsrechte einander nicht.[51]

VI. Arbeitsrechtliche Besonderheiten

28 Die arbeitsrechtlichen Vorschriften des Gesetzgebers sind unmittelbar am allgemeinen Gleichheitssatz zu messen. Mit Abs. 1 für nicht vereinbar hielt das BVerfG bspw. unterschiedliche Künd-Frist für Arb und Ang[52] oder deren unterschiedliche Behandlung im Hinblick auf die Nachtarbeit.[53] Keine durchgreifenden verfassungsrechtlichen Bedenken hatte das BVerfG im Hinblick auf sog. Kleinbetriebsklauseln, die Unternehmen bis zu einer gewissen Größe vom Anwendungsbereich arbeitsrechtlicher Klauseln ausnehmen. Bspw. ist die Privilegierung von Kleinbetrieben im Künd-Schutzrecht (§ 23 Abs. 1 S. 2 bis 4 KSchG) vom BVerfG nicht beanstandet worden, weil zwischen dem regelmäßig persönlich mitarbeitenden AG und seinen Beschäftigten eine engere persönliche Beziehung besteht und die betriebliche Finanzausstattung sowie Verwaltungskapazität geringer sind. Diese für Kleinbetriebe typische

---

42 BVerfGE 88, 87, 96 f.; *Jarass/Pieroth*, Art. 3 Rn 19.
43 Vgl. BVerfGE 88, 87, 96; BVerfGE 100, 195, 205.
44 Vgl. zu den Einzelheiten bspw. *Pieroth/Schlink*, Rn 479 ff.
45 BVerfGE 112, 50, 73.
46 Vgl. BVerfGE 102, 127, 145 f.; BVerfGE 105, 73, 134.
47 BVerfGE 82, 126; BVerfGE 92, 153, 157.
48 BVerfGE 50, 142, 166; *Jarass/Pieroth*, Art. 3 Rn 36.
49 BVerfGE 59, 128, 156.
50 BVerfGE 65, 104, 112 f.; BVerfGE 67, 186, 195.
51 Z.B. BVerfGE 99, 341.
52 BVerfGE 82, 126, 146 ff.
53 BVerfGE 85, 191, 210 f.

Struktur ist ein sachlicher Grund, der die freiere Ausübung des Künd-Rechts durch den AG rechtfertigt.[54] Mit Abs. 1 unvereinbar sind ferner die Gleichbehandlung unterschiedlich hoher Versorgungszusagen desselben öffentlichen AG,[55] die Ungleichbehandlung der Verfallbarkeit von betrieblichen Altersrenten[56] und die vollständige Anrechnung des eigenen Einkommens des Hinterbliebenen auf dessen Witwen- bzw. Witwerrente.[57]

Der allgemeine Gleichheitssatz ist auf die Rechtsbeziehungen zwischen privaten Rechtssubjekten wie bspw. das arbeitsrechtliche Verhältnis von AG und AN nicht unmittelbar anwendbar. Nur mittelbar strahlt der Gleichheitssatz über Generalklauseln auf dieses Verhältnis aus (zum Problem der mittelbaren Drittwirkung ausf. siehe vor GG Rn 21 ff.). 29

Ein Grundprinzip des Arbeitsrechts bildet der aus dem Gleichheitssatz abgeleitete allgemeine Grundsatz der Gleichbehandlung. Die Rspr. des BAG entwickelte diesen Grundsatz zu dem Zweck, auch ohne unmittelbare Geltung des Abs. 1 im Privatrechtsverkehr dessen Rechtsgedanken als einfachgesetzliche Generalklausel verwenden zu können.[58] Seit Erlass des AGG enthält das einfache Recht auch für das Arbeitsrecht eine generelle Normierung des allgemeinen Gleichheitssatzes, auf die das BAG nunmehr direkt zurückgreifen kann (vgl. §§ 6 ff. AGG).[59] 30

Der **arbeitsrechtliche Gleichbehandlungsgrundsatz** verpflichtet den AG zur Gleichbehandlung seiner AN. Er schränkt den Grundsatz der Vertragsfreiheit ein, soweit der AG nicht nur mit einzelnen AN individuelle Vereinbarungen trifft, sondern Leistungen nach einem erkennbaren Prinzip nach formell abstrakten Regelungen gewährt.[60] Dogmatisch sind arbeitsrechtlicher Gleichbehandlungsgrundsatz und verfassungsrechtlicher Gleichbehandlungsgrundsatz streng zu unterscheiden.[61] 31

D. Regelungsgehalt der Diskriminierungsverbote (Abs. 3)

Abs. 3 S. 1 zählt Merkmale auf, die der Rechtsordnung grds. für Unterscheidungen entzogen sind. Es handelt sich um Differenzierungsverbote, die sowohl Bevorzugungen als auch Benachteiligungen gleichermaßen untersagen. Die Diskriminierungsverbote gelten unabhängig davon, ob der Staat mit einer Regelung gerade die Ungleichbehandlung bezweckt oder ob er in erster Linie andere Ziele verfolgt. Maßgebend für einen Verstoß gegen die Diskriminierungsverbote ist nur, ob i.E. ein Merkmal der besonderen Gleichheitssätze zum Tatbestandsmerkmal einer Regelung gemacht wird.[62] 32

Abs. 3 verbietet damit in jedem Fall **direkte Diskriminierungen** als Rechtsfolge durch direkte tatbestandliche Anknüpfung an eines der aufgeführten Kriterien. Umstr. ist, ob Abs. 3 auch eine **indirekte Diskriminierung** dergestalt verbietet, dass zwar tatbestandlich nicht direkt an eines der aufgeführten Kriterien angeknüpft wird, die tatbestandliche Differenzierung aber i.E. immer oder meistens auf eine indirekte Verwendung eines verbotenen Differenzierungskriteriums hinausläuft. Richtigerweise erfasst Abs. 3 auch diese mittelbaren Diskriminierungen.[63] 33

Die Aufzählung der Merkmale Geschlecht, Abstammung, Rasse, Sprache, Heimat und Herkunft, Glauben und religiöse oder politische Anschauungen in Abs. 3 ist abschließend.[64] Sie sind dadurch gekennzeichnet, dass der Einzelne auf deren Vorhandensein oder Fehlen keinen oder nur einen begrenzten Einfluss nehmen kann.[65] 34

Die Merkmale des Abs. 3 S. 1 sind mit den Diskriminierungsverboten des AGG weitgehend, aber nicht vollkommen identisch. Das AGG untersagt Benachteiligungen aus Gründen der Rasse oder wegen der ethnischen Herkunft, des Geschlechts, der Religion oder Weltanschauung, einer Behinderung, des Alters oder der sexuellen Identität, vgl. § 1 AGG (zu den Merkmalen im Einzelnen siehe § 1 AGG Rn 6 ff.).

Geschlecht meint die biologische Unterscheidung zwischen Mann und Frau.[66] **Abstammung** bezeichnet die natürliche biologische Beziehung eines Menschen zu seinen Vorfahren.[67] Den Begriff **Rasse** versteht man gemeinhin als Bezeichnung für eine Menschengruppe, die bestimmte vererbbare, in erster Linie äußerliche Eigenschaften besitzt.[68] **Sprache** ist die jeweilige Muttersprache eines Grundrechtsträgers; da Abs. 3 ein Menschenrecht ist, sind neben der deutschen Sprache nicht nur die in Deutschland seit jeher vorhandenen sprachlichen Minoritäten (Friesen, Dänen, Sorben), sondern alle Sprachen vom Diskriminierungsverbot umfasst.[69] **Heimat** bezeichnet die örtliche Herkunft 35

---

54 BVerfGE 97, 169, 180 ff.
55 BAGE 98, 365, 384 f.
56 BAGE 98, 365, 388 f.
57 BGHZ 169, 122 ff.
58 Vgl. BAGE 42, 217, 220; BAGE 71, 29, 37.
59 S. zu §§ 6 ff. AGG die Kommentierung von *v. Steinau-Steinrück/Schneider/Euler* unter Ordnungsnr. 20.
60 BAGE 71, 29, 37, 45.
61 Sachs/*Osterloh*, GG, Art. 3 Rn 191.
62 BVerfGE 85, 191, 206.
63 Ebenso *Jarass/Pieroth*, Art. 3 Rn 119; v. Münch/Kunig/*Gubelt*, Art. 3 Rn 86; a.A. Isensee/Kirchhof/*Sachs*, HdStR V, § 126 Rn 88 ff.
64 Vgl. ausführlich zu den Differenzierungskriterien Sachs/*Osterloh*, GG, Art. 3 Rn 291 ff.; *Jarass/Pieroth*, Art. 3 Rn 120 ff.
65 BVerfGE 96, 288, 302.
66 *Ipsen*, Staatsrecht II, Rn 850 m.w.N.
67 BVerfGE 9, 124, 128.
68 *Ipsen*, Staatsrecht II, Rn 850 m.w.N.
69 V. Mangoldt/Klein/Starck/*Starck*, Art. 3 Rn 389.

eines Menschen nach Geburt oder Ansässigkeit.[70] **Herkunft** meint die ständisch-soziale Abstammung und Verwurzelung.[71] **Glaube und religiöse Anschauung** sind die Schutzgüter, die Art. 4 Abs. 1 als Freiheitsrecht schützt.[72] Die **politischen Anschauungen** beinhalten die grundsätzlichen Einstellungen zu den Fragen des staatlichen Gemeinwesens.[73]

36 Schon nach seinem Wortlaut („wegen") gelten die Diskriminierungsverbote nicht absolut; sie untersagen nur eine Ungleichbehandlung, deren Ursache in einem der in Abs. 3 aufgezählten Merkmale liegt, d.h. in kausalem Zusammenhang mit ihm steht.[74] Ob die Ungleichbehandlung und die daraus resultierende Belastung bezweckt sind oder in erster Linie andere Zwecke verfolgt werden, ist unerheblich.[75] Kein Verstoß soll dagegen vorliegen, wenn der Nachteil Folge einer Regelung ist, mit der eine ganz andere Intention verfolgt wird.[76]

37 Ausnahmsweise kann eine grds. unzulässige Anknüpfung an ein Merkmal aus Abs. 3 gerechtfertigt sein. Da im GG eine Eingriffsermächtigung für den Gesetzgeber fehlt, ist eine Rechtfertigung von Ungleichbehandlungen aufgrund der in Abs. 3 S. 1 genannten Merkmale nur durch kollidierendes Verfassungsrecht möglich.[77] Die Verwendung eines Differenzierungskriteriums ist dann zulässig, wenn die daran anknüpfende Ungleichbehandlung zweier Gruppen zur Lösung von Problemen notwendig ist, die ihrer Natur nach nur bei den Personen der einen Gruppe auftreten können,[78] wenn also das differenzierende Kriterium das konstituierende Element des zu regelnden Sachverhalts bildet.[79] Die Verwendung des Differenzierungskriteriums muss zudem zwingend erforderlich sein,[80] wobei an diese Erforderlichkeit strenge Anforderungen zu stellen sind.

38 Im Zuge der Verfassungsrevision nach der Wiedervereinigung ist Abs. 3 durch das Verbot der Benachteiligung behinderter Menschen gem. Abs. 3 S. 2 ergänzt worden. Der besondere Gleichheitssatz zugunsten behinderter und der aus dem Wortlaut des Abs. 3 S. 2 nicht ohne Weiteres ableitbare Auftrag an den Gesetzgeber, auf die gleichberechtigte Teilhabe behinderter Menschen am gesellschaftlichen Leben hinzuwirken, soll die Stellung behinderter Menschen in Recht und Gesellschaft stärken.[81]

Auch das AGG verfolgt u.a. das Ziel, Benachteiligungen aus Gründen einer Behinderung zu verhindern oder zu beseitigen, vgl. § 1 AGG (zum Behindertenbegriff des AGG siehe § 1 AGG Rn 13 f.). Des Weiteren ist eine Benachteiligung schwerbehinderter Beschäftigter gem. § 81 Abs. 2 SGB IX ausdr. verboten.[82]

39 Der Anwendungsbereich des Abs. 3 S. 2 ist eröffnet, wenn vergleichbare Sachverhalte in Abhängigkeit von der Behinderung unterschiedlich zulasten des Grundrechtsträgers behandelt werden. **Behinderung** ist eine nicht nur vorübergehende Beeinträchtigung der körperlichen, geistigen oder seelischen Funktionen.[83] Der Grund der Behinderung spielt keine Rolle. Gleiches gilt für den Grad der Behinderung; der Begriff der Behinderung ist nicht ausfüllungsbedürftig in der Weise, dass bspw. nur ein einfachgesetzlich definierter Grad der (Schwer-)Behinderung den Schutz von Abs. 3 S. 2 genießen würde. Eine nur geringfügige Beeinträchtigung ist allerdings nicht ausreichend.[84] Maßgeblich sind die im Einzelfall gegebene Art und das Ausmaß der Hilfsbedürftigkeit.[85] Die Behinderung darf weder direkt noch indirekt eine Ungleichbehandlung nach sich ziehen. Es gilt das Gleiche wie bei den Differenzierungsmerkmalen in Abs. 3 S. 1. Abs. 3 S. 2 ist daher auch dann einschlägig, wenn eine Regelung nicht unmittelbar die Behinderteneigenschaft, sondern ein anderes Differenzierungskriterium wählt, das gewählte Kriterium aber i.E. auch zu einer Benachteiligung Behinderter führt.

40 Eine von der öffentlichen Gewalt bewirkte Benachteiligung liegt zunächst bei Regelungen und Maßnahmen vor, die die Situation des Behinderten wegen seiner Behinderung verschlechtern, indem ihm etwa der tatsächlich mögliche Zutritt zu öffentlichen Einrichtungen verwehrt wird oder Leistungen, die grds. jedermann zustehen, verweigert werden. Darüber hinaus kann eine Benachteiligung auch bei einem Ausschluss von Entfaltungs- und Betätigungsmöglichkeiten durch die öffentliche Gewalt gegeben sein, wenn dieser nicht durch eine auf die Behinderung bezogene Förderungsmaßnahme hinlänglich kompensiert wird.[86]

41 Wie auch die anderen Diskriminierungsverbote kann das Benachteiligungsverbot des Abs. 3 S. 2 nicht ohne jede Einschränkung gelten. Fehlen einer Person gerade aufgrund ihrer Behinderung bestimmte geistige oder körperliche Fähigkeiten, die unerlässliche Voraussetzung für die Wahrnehmung eines Rechts sind, liegt in der Verweigerung dieses Rechts kein Verstoß gegen das Benachteiligungsverbot. Eine rechtliche Schlechterstellung Behinderter ist danach

---

70 BVerfGE 102, 41, 53; ähnlich BVerfGE 48, 281, 287.
71 BVerfGE 9, 124; BVerfGE 48, 281, 287; s. auch BVerfGE 116, 96.
72 *Pieroth/Schlink*, Rn 446.
73 *Ipsen*, Staatsrecht II, Rn 850.
74 Vgl. BVerwGE 106, 191, 194 f.
75 BVerfGE 97, 35, 43; BVerfGE 97, 186, 197; BVerfGE 114, 357, 364.
76 BVerfGE 75, 40, 69 f.
77 BVerfGE 85, 191, 207 ff.; BVerfGE 92, 91, 109; BVerfG 17.2.1999 – NVwZ 1999, 756.
78 BVerfGE 85, 191, 207; BVerfGE 102, 41.
79 BVerfGE 7, 155, 171; BVerfG 7.7.1993 – NVwZ 1994, 477.
80 BVerfGE 85, 191, 207; BVerfGE 102, 41.
81 BT-Drucks 12/8165, S. 29.
82 Zur gemeinschaftsrechtskonformen Auslegung des § 81 Abs. 2 SGB IX BAG 3.4.2007 – NJW 2007, 3515 m. zust. Anm. *Busch*, AiB 2008, 119.
83 BVerfGE 96, 288, 301; BVerfGE 99, 341, 356 f.
84 *Jarass/Pieroth*, Art. 3 Rn 144.
85 ErfK/*Schmidt*, Art. 3 GG Rn 78.
86 BVerfGE 96, 288, 303.

jedoch nur zulässig, wenn zwingende Gründe dafür vorliegen. Die nachteiligen Auswirkungen müssen unerlässlich sein, um behinderungsbezogenen Besonderheiten Rechnung zu tragen.[87]

Hervorzuheben ist die Funktion des Abs. 3 S. 2, die öffentliche Gewalt objektiv-rechtlich zum Schutz und zur Förderung von Behinderten zu verpflichten. Diese Verpflichtung richtet sich an alle Träger öffentlicher Gewalt.[88] Bei der Umsetzung dieses Förderungsauftrags kommt dem Staat allerdings ein erheblicher Spielraum nach Maßgabe des finanziell, personell, sachlich und organisatorisch Möglichen zu.[89] Über das Benachteiligungsverbot hinaus bezweckt Abs. 2 S. 2, Behinderte zu bevorzugen und ihrer gesellschaftlichen Ausgrenzung durch besondere Ausgleichsleistungen und Entfaltungsmöglichkeiten entgegenzuwirken.[90] Abweichend von Abs. 3 S. 1 erlaubt das Grundrecht aus Abs. 3 S. 2, dass Behinderte bevorzugt werden. Gerade das Arbeitsrecht enthält gesetzliche Regelungen, die eine Besserstellung von Behinderten vorsehen. 42

Heftig umstr. ist, ob sich aus Abs. 3 S. 2 originäre Leistungs- und Teilhaberechte ableiten lassen. Das BVerfG[91] hat diese Frage ausdrücklich offen gelassen, dabei aber die besondere Verantwortung des Staates betont. 43

Wie jede grundgesetzliche Bestimmung ist Abs. 2 S. 2 bei der Anwendung und Auslegung des einfachen Rechts zu beachten. Dazu gehören die Vorschriften des Arbeitsrechts, wo sich das Grundrecht im Wege der mittelbaren Drittwirkung auf das privatrechtliche Rechtsverhältnis zwischen AG und AN auswirkt (ausf. zur mittelbaren Drittwirkung siehe vor GG Rn 21 ff.). 44

Die unrichtige Beantwortung der Frage nach einer Behinderung konnte bislang eine Anfechtung des Arbeitsvertrages wegen arglistiger Täuschung rechtfertigen, wenn die verschwiegene Behinderung erfahrungsgemäß die Eignung des AN für die vorgesehene Tätigkeit beeinträchtigte.[92] Die Frage nach der Schwerbehinderteneigenschaft hielt das BAG hingegen für uneingeschränkt zulässig. Diese Rspr. wird sich nach der Einführung des § 81 Abs. 2 SGB IX, der eine Benachteiligung schwerbehinderter Beschäftigter ausdr. verbietet, und § 1 AGG, der jede Behinderung erfasst (vgl. § 1 AGG Rn 13 f.), nicht mehr aufrechterhalten lassen.[93] Die Frage nach Behinderung oder Schwerbehinderung ist daher grds. als unzulässig anzusehen.[94]

Für die Offenbarungspflicht des AN bleibt es bei den vom BAG entwickelten Grundsätzen, dass der AN ohne entsprechende Frage des AG von sich aus bei der Einstellung nur dann auf eine Schwerbehinderteneigenschaft oder seine Gleichstellung mit einem Schwerbehinderten hinzuweisen hat, wenn er erkennen muss, dass er wegen der Behinderung, die der Schwerbehinderteneigenschaft oder der Gleichstellung zugrunde liegt, die vorgesehene Arbeit nicht zu leisten vermag oder die Minderung der Leistung und Fähigkeiten für den in Betracht kommenden Arbeitsplatz von ausschlaggebender Bedeutung ist.[95] Allein das Vorliegen einer (Schwer-)Behinderung ist indes nicht offenbarungspflichtig, denn diese führt noch nicht ohne Weiteres zu einer für den AG interessanten Leistungseinschränkung.[96]

E. Gleichbehandlung von Frauen und Männern (Abs. 2 und Abs. 3 S. 1)

I. Verbot der Benachteiligung wegen des Geschlechts

Gem. Abs. 2 S. 1 sind Männer und Frauen gleichberechtigt. Abs. 2 S. 1 hebt zunächst die gem. Abs. 3 S. 1 verbotene Differenzierung nach dem Geschlecht ausdrücklich hervor, ohne dass insoweit ein zusätzlicher Regelungsgehalt besteht. 45

Diesen verlieh das BVerfG[97] dem Abs. 2 a.F. (der Abs. 2 S. 1 n.F. entspricht), indem es die Vorschrift als **Gleichberechtigungsgebot** auslegte und dabei die gesellschaftliche Wirklichkeit berücksichtigte. Der Satz „Männer und Frauen sind gleichberechtigt" will nicht nur Rechtsnormen beseitigen, die Vor- und Nachteile an Geschlechtsmerkmale anknüpfen, sondern für die Zukunft die Gleichberechtigung der Geschlechter durchsetzen. Er zielt auf die Angleichung der Lebensverhältnisse. So müssen Frauen die gleichen Erwerbschancen haben wie Männer. Überkommene Rollenverteilungen, die zu einer höheren Belastung oder sonstigen Nachteilen für Frauen führen, dürfen durch staatliche Maßnahmen nicht verfestigt werden. Faktische Nachteile, die typischerweise Frauen treffen, dürfen wegen des Gleichberechtigungsgebots des Abs. 2 a.F. durch begünstigende Regelungen ausgeglichen werden.[98] 46

Im Zuge der Verfassungsrevision nach der Wiedervereinigung ist Abs. 2 um einen zweiten Satz ergänzt worden, der nunmehr den zusätzlichen Regelungsgehalt des Abs. 2 a.F. enthält. Sachliche Änderungen sind damit nicht verbun- 47

---

87 So BVerfGE 99, 341, 357.
88 *Jarass/Pieroth*, Art. 3 Rn 142.
89 BVerwG 5.4.2006 – NVwZ 2006, 820.
90 BVerfGE 96, 288, 302 f.
91 BVerfGE 96, 288, 303; s. auch BVerfG 28.3.2000 – NJW 2000, 2658; verneint von BVerwG 5.4.2006 – NVwZ 2006, 820.
92 BAG 7.6.1984 – NJW 1985, 645.
93 So auch *Wisskirchen/Bissels*, NZA 2007, 169, 173.
94 Ebenso ErfK/*Preis*, § 611 BGB Rn 274. Ausführlich zur Problematik *Hitzig*, Das Fragerecht des AG gegenüber AN mit Sonderkündigungsschutz, 2008; s. auch *Joussen*, NZA 2007, 174 und *Düwell*, BB 2006, 1741.
95 BAG 1.8.1985 – NZA 1986, 635; ebenso ErfK/*Preis*, § 611 BGB Rn 290 und *Joussen*, in: BeckOK-BGB, § 611 Rn 73.
96 So auch *Joussen*, in: BeckOK-BGB, § 611 Rn 73 m.w.N.
97 BVerfGE 85, 191, 207.
98 BVerfGE 85, 191, 207.

den. Abs. 2 S. 2 enthält jetzt ausdrücklich als **Staatsziel** die staatliche Verpflichtung, auf die Herstellung der faktischen Gleichstellung von Mann und Frau hinzuwirken.[99] Angeglichen werden sollen die Lebensverhältnisse zwischen Männern und Frauen.[100] Umstr. ist insb. die Zulässigkeit sog. Frauenquoten im öffentlichen Dienst (vgl. Rn 57 ff.).

48 Nach der Auslagerung der Staatszielbestimmung in Abs. 2 S. 2 enthält S. 1 nur noch das subjektive Recht von Männern und Frauen auf Gleichbehandlung. Das Grundrecht auf Gleichbehandlung entspricht dem rechtlichen Gehalt des Verbots in Abs. 3, wonach das Geschlecht nicht Anknüpfungspunkt einer rechtlichen Ungleichbehandlung sein darf. Es besteht dasselbe Diskriminierungsverbot. Knüpft eine Regelung ausdrücklich an das Geschlecht als Tatbestandsmerkmal an, handelt es sich um eine unmittelbare bzw. direkte Diskriminierung. Wie bei allen Merkmalen des Abs. 3 liegt aber auch eine Ungleichbehandlung vor, wenn eine Regelung nur indirekt an das Geschlecht als Differenzierungsmerkmal anknüpft. Eine solche **mittelbare bzw. indirekte Diskriminierung** ist gegeben, wenn der Tatbestand einer Regelung äußerlich zwar an ein geschlechtsneutrales Merkmal anknüpft, sich faktisch aber zum Nachteil eines Geschlechts auswirkt, weil das Merkmal nur oder ganz überwiegend von Angehörigen dieses Geschlechts verwirklicht wird. Nach der Definition des europäischen Gesetzgebers,[101] die nunmehr in § 3 Abs. 2 AGG ihren Niederschlag gefunden hat (siehe § 3 AGG Rn 7 ff.), liegt eine mittelbare Diskriminierung vor, wenn dem Anschein nach neutrale Vorschriften, Kriterien oder Verfahren einen wesentlich höheren Anteil der Angehörigen eines Geschlechts benachteiligen, es sei denn, die betreffenden Vorschriften, Kriterien oder Verfahren sind angemessen und notwendig und sind durch nicht auf das Geschlecht bezogene sachliche Gründe gerechtfertigt. So kann eine Anknüpfung an das Geschlecht bspw. vorliegen, wenn eine geschlechtsneutral formulierte Regelung überwiegend Frauen trifft und dies auf natürliche oder gesellschaftliche Unterschiede zwischen den Geschlechtern zurückzuführen ist.[102] Ein typisches Bespiel solcher indirekter Diskriminierungen sind Regelungen im Bereich der **Teilzeitarbeit**.

49 Nach der Rspr. des BVerfG stellen Abs. 2 S. 1, Abs. 3 S. 1 kein absolutes Diskriminierungsverbot auf. Grds. sind Differenzierungen aufgrund des Geschlechtes zwar unzulässig. Eine Differenzierung nach dem Geschlecht kann aber ausnahmsweise gerechtfertigt sein; mangels Eingriffsermächtigung allerdings nur aufgrund kollidierenden Verfassungsrechts.[103] Differenzierungen nach dem Geschlecht sind ausnahmsweise zulässig, wenn im Hinblick auf die objektiven biologischen Unterschiede nach der Natur des jeweiligen Lebensverhältnisses eine besondere Regelung erlaubt oder sogar geboten ist[104] oder wenn sie zur Lösung von Problemen, die ihrer Natur nach entweder nur bei Männern oder nur bei Frauen auftreten können, zwingend erforderlich sind.[105] Dabei ist allerdings ein strenger Maßstab anzulegen. Zu denken ist v.a. an Regelungen, die an Schwangerschaft oder Geburt als frauenspezifisches Merkmal anknüpfen, und Müttern besondere Schutzansprüche gewähren.

50 Unzulässig sind Differenzierungen anhand vermeintlich existierender typischer Eigenschaften eines Geschlechts oder in Anknüpfung an hergebrachte Rollen von Mann und Frau.[106]

51 Das verfassungsrechtliche Diskriminierungsverbot von Männern und Frauen hatte im Arbeitsrecht in den §§ 611a, 611b, 612 Abs. 3 BGB a.F. seinen einfachgesetzlichen Niederschlag gefunden. Nach der Neuregelung im **AGG** enthält das einfache Gesetz jetzt eine unmittelbare Ausdehnung des verfassungsrechtlichen Regelungsgehalts auf das Arbeitsrecht (zum Schutz der Beschäftigten vor Benachteiligung siehe §§ 7 ff. AGG).

Das AGG verfolgt u.a. das Ziel, Benachteiligungen aus Gründen des Geschlechts zu verhindern oder zu beseitigen (vgl. § 1 AGG). In arbeitsrechtlicher Hinsicht umfasst der Anwendungsbereich des AGG im Wesentlichen die Bedingungen einschließlich Auswahlkriterien und Einstellungsbedingungen für den Zugang zu unselbstständiger und selbstständiger Erwerbstätigkeit, die Beschäftigungs- und Arbeitsbedingungen einschließlich Arbeitsentgelt und Entlassungsbedingungen, die Berufsausbildung, die Mitgliedschaft und Mitwirkung in AN- und AG-Organisationen, den Sozialschutz einschließlich der sozialen Sicherheit und der Gesundheitsdienste, die sozialen Vergünstigungen und die Bildung, vgl. § 2 Abs. 1 Nr. 1–7 AGG (zum sachlichen Anwendungsbereich des § 2 Abs. 1 AGG vgl. § 2 AGG Rn 3 ff.).

II. Arbeitsrechtliche Besonderheiten

52 Die Rechtmäßigkeit jeder gesetzlichen Vorschrift des Arbeitsrechts ist am speziellen Gleichheitssatz des Abs. 2, Abs. 3 S. 1 zu messen. Bspw. ist eine Benachteiligung von **Teilzeitbeschäftigten** häufig unzulässig, da damit Frauen

---

99 Vgl. ErfK/*Schmidt*, Art. 3 GG Rn 83; *Jarass/Pieroth*, Art. 3 Rn 79: „Handlungsauftrag für den Staat".
100 BVerfGE 85, 191, 207; BVerfGE 89, 276, 285; BVerfGE 109, 64, 89; BVerfGE 113, 1.
101 Art. 2 Abs. 2 der RL 97/80/EG des Rates vom 15.12.1997 über die Beweislast bei Diskriminierung aufgrund des Geschlechts, ABl EG L 14/6 v. 20.1.1998.
102 BVerfGE 97, 35, 43; BVerfGE 104, 373, 393; BVerfGE 113, 1; BVerfG 18.6.2008 – DVBl. 2008, 1051.
103 BVerfGE 92, 91, 109; s. auch BVerfGE 85, 191, 207 ff.; Sachs/*Osterloh*, GG, Art. 3 Rn 254.
104 BVerfGE 74, 163, 179.
105 BVerfGE 92, 91, 109; BVerfGE 114, 357, 364.
106 BVerfGE 92, 91, 109 f.; BVerfGE 85, 191, 207.

indirekt benachteiligt werden.[107] Unzulässig sind ferner ein Nachtarbeitsverbot für Frauen[108] sowie geschlechtsspezifische Benachteiligungen im Einstellungsverfahren.[109]

Bei der Anwendung arbeitsrechtlicher Vorschriften ist zu beachten, dass die verfassungsrechtlichen Vorgaben des Abs. 2, Abs. 3 S. 1 auf das einfache Recht ausstrahlen. Sie sind bei der Anwendung und Auslegung der Normen, die das Rechtsverhältnis zwischen AG und AN regeln, zu berücksichtigen (ausf. zur mittelbaren Drittwirkung vgl. vor GG Rn 21 ff.).

Aus Abs. 2, Abs. 3 S. 1 folgt insb. der **Grundsatz der Lohngleichheit** zwischen Männern und Frauen.[110] Männer und Frauen müssen bei gleicher oder gleichwertiger Arbeit gleichen Lohn bekommen. Dies gilt auch für Teilzeitentgelte.[111] Arbeitsvertragliche Klauseln, die einen prozentualen Lohnabschlag für männliche oder weibliche AN vorsehen, sind nichtig. Dieses Lohngleichheitsgebot war früher einfachgesetzlich durch § 612 Abs. 3 BGB konkretisiert und folgt nunmehr aus § 8 Abs. 2 AGG (vgl. § 8 AGG Rn 13). Die Vorschrift erstreckt indes den Grundsatz der Entgeltgleichheit über das Geschlecht hinaus auf alle in § 1 AGG genannten Diskriminierungsmerkmale, sodass der Gesetzgeber mehr getan hat, als europarechtlich geboten war.[112]

Der Grundsatz der Lohngleichheit ist im europäischen Recht in Art. 141 Abs. 1 EG festgeschrieben. Art. 141 Abs. 1 EG verpflichtet die Mitgliedstaaten, die Anwendung des Grundsatzes des gleichen Entgelts für Männer und Frauen bei gleicher oder gleichwertiger Arbeit sicherzustellen.

III. Förderung der Gleichstellung von Frauen im Arbeitsleben

Abs. 2 S. 2 verpflichtet den Staat, die tatsächliche Durchsetzung der Gleichberechtigung von Frauen und Männern zu fördern und auf die Beseitigung bestehender Nachteile hinzuwirken. Der Staat hat den Auftrag, die Gleichbehandlung der Geschlechter in Recht und Gesellschaft durchsetzen und ist dabei insb. gehalten, die tatsächliche Situation der Frauen in der Gesellschaft zu verbessern und bestehende Ungleichheiten abzubauen. Bei der Durchführung dieses Auftrags steht dem Staat ein weiter Spielraum zu.[113]

Allerdings sind gerade diese Maßnahmen regelmäßig Gegenstand heftiger politischer Auseinandersetzungen und ziehen verfassungsrechtliche Kritik auf sich. Insb. sind davon die **sog. Frauenquoten** betroffen. Gemeint sind Regelungen, die Frauen die Möglichkeit eröffnen, bevorzugt Stellen zu besetzen, um eine eindeutige Unterrepräsentation in diesem Bereich wie bspw. in Führungspositionen zu beseitigen.[114] Frauenquoten stehen dabei regelmäßig in der Kritik, weil sie zur Benachteiligung männlicher Bewerber wegen des Geschlechts führen und weil sie die Freiheit des AG beeinträchtigen, seine Personalentscheidungen eigenständig treffen zu können.

Eine einheitliche Bewertung der Rechtmäßigkeit von Quotenregelungen und -modellen ist nicht möglich. Für die verfassungsrechtliche Zulässigkeit ist die Ausgestaltung im Einzelfall entscheidend. Maßgeblich ist i.d.R., ob der AG trotzdem genügend Freiheit für seine Personalentscheidungen besitzt.[115]

Starre Ergebnisquoten legen für die Besetzung von Stellen ein bestimmtes Verhältnis von Frauen und Männern fest, ohne dass davon mit Rücksicht auf die konkrete Entscheidungssituation abgewichen werden darf. Solche Quoten sind unzulässig, weil sie das Geschlecht zum einzigen Kriterium der Personalentscheidung machen. Quotenregelungen dienen dazu, die in der Vergangenheit begründeten Benachteiligungen der Frauen in bestimmten Berufsgruppen und Führungspositionen durch Sicherung der Chancengleichheit langfristig auszugleichen,[116] nicht aber der automatischen Bevorzugung bis zum Ausgleich rechnerischer Unterrepräsentation.[117]

Insb. in Landesgesetzen weit verbreitet waren sog. **leistungsabhängige Entscheidungsquoten**. Solche Quoten sahen für den Fall der Unterrepräsentation von Frauen in einem bestimmten Bereich vor, dass bei der Besetzung von Stellen weibliche Bewerber gegenüber männlichen Bewerbern mit gleicher Qualifikation bevorzugt wurden. Der EuGH beanstandete eine entsprechende Regelung im Bremer Gleichstellungsgesetz.[118] Daraufhin erklärte das BAG die Regelung für unanwendbar.[119] Die Rspr. bewertet die leistungsabhängigen Entscheidungsquoten als zu starr, obwohl sie neben dem Geschlecht die Qualifikation des Bewerbers als Auswahlkriterium einbeziehen. Denn in den Fällen, in denen die leistungsabhängigen Quoten Anwendung finden, ist die Personalentscheidung allein durch das Geschlecht determiniert. Auch die leistungsabhängigen Entscheidungsquoten bewirken deshalb eine automatische Bevorzugung von Frauen bis zum Ausgleich ihrer Unterrepräsentation in einem bestimmten Bereich und führen wie starre Ergebnisquoten zu einer unzulässigen Diskriminierung der männlichen Bewerber. Eine **flexible Entscheidungsquote** im Landesbeamtengesetz von Nordrhein-Westfalen beanstandete der EuGH dagegen nicht.[120] Flexible

---

107 Vgl. BAGE 66, 264, 271 ff.; BAGE 71, 29; BAGE 82, 193; BAGE 85, 257; BAGE 98, 368.
108 BVerfGE 85, 191, 210 f.
109 BVerfGE 89, 276, 288 ff.
110 BAGE 1, 258, 260; BAGE 29, 122, 126.
111 BAGE 38, 232, 242.
112 S. zu den damit verbundenen dogmatischen und praktischen Schwierigkeiten MünchKomm-BGB/*Thüsing*, § 8 AGG Rn 43 ff.
113 BVerfGE 109, 64, 90.
114 ErfK/*Schmidt*, Art. 3 GG Rn 91.
115 ErfK/*Schmidt*, Art. 3 GG Rn 91.
116 MünchArb/*Richardi*, Bd. 1, § 11 Rn 75.
117 MünchArb/*Richardi*, Bd. 1, § 11 Rn 75; Sachs/*Osterloh*, GG, Art. 3 Rn 286.
118 EuGH – Kalanke – Slg. 1995, 3051.
119 BAGE 82, 211.
120 EuGH – Marschall – Slg. 1997, 6363.

Entscheidungsquoten führen nicht zu einer automatischen Bevorzugung nach dem Geschlecht, weil sie ausdrücklich zulassen, dass sonstige Gründe in der Person des männlichen Bewerbers zu dessen Gunsten den Ausschlag geben können. Auch aus Sicht des Verfassungsrechts bestehen keine Bedenken gegen flexible Entscheidungsquoten.[121] Zusammenfassend kann man sagen, dass Quotenregelungen zugunsten von Frauen dann zulässig sind, wenn sie in den Bereichen, in denen Frauen unterrepräsentiert sind, diese bei gleicher Eignung bevorzugt werden, die Quotenregelung aber auch die Bevorzugung eines männlichen Bewerbers wegen gleichgewichtiger Gründe ermöglicht.[122] Darüber hinaus müssen Härtefallregelungen zugunsten männlicher Bewerber vorgesehen werden.[123]

Art. 9 Vereinigungsfreiheit

(1) Alle Deutschen haben das Recht, Vereine und Gesellschaften zu bilden.
(2) Vereinigungen, deren Zwecke oder deren Tätigkeit den Strafgesetzen zuwiderlaufen oder die sich gegen die verfassungsmäßige Ordnung oder gegen den Gedanken der Völkerverständigung richten, sind verboten.
(3) ¹Das Recht, zur Wahrung und Förderung der Arbeits- und Wirtschaftsbedingungen Vereinigungen zu bilden, ist für jedermann und für alle Berufe gewährleistet. ²Abreden, die dieses Recht einschränken oder zu behindern suchen, sind nichtig, hierauf gerichtete Maßnahmen sind rechtswidrig. ³Maßnahmen nach den Artikeln 12a, 35 Abs. 2 und 3, Artikel 87a Abs. 4 und Artikel 91 dürfen sich nicht gegen Arbeitskämpfe richten, die zur Wahrung und Förderung der Arbeits- und Wirtschaftsbedingungen von Vereinigungen im Sinne des Satzes 1 geführt werden.

Literatur: *Auktor*, Der Wellenstreik im System des Arbeitskampfrechts, 2002; *Bayreuther*, Tarifautonomie als kollektiv ausgeübte Privatautonomie, 2005; *Bieback*, Die Wirkung von Mindestentgelttarifverträgen gegenüber konkurrierenden Tarifverträgen, AuR 2008, 234; *ders.*, Neue Strukturen der Koalitionsfreiheit?, AuR 2000, 201; *Bieder*, Paradigmenwechsel im Arbeitskampf: Neue Bezugspunkte für die Verhältnismäßigkeitskontrolle von Sympathiestreiks, NZA 2008, 799; *Burkiczak*, Grundgesetz und Deregulierung des Tarifvertragsrechts, 2006; *Däubler*, Gewerkschaftliche Information und Werbung im Netz, DB 2004, 2102; *Deinert*, Zur Tariffähigkeit einer Arbeitnehmerkoalition, AuR 2004, 212; *Dieterich*, Arbeitsgerichtlicher Schutz der kollektiven Koalitionsfreiheit, in: Festschrift für Hellmut Wißmann 2005, 114; *ders.*, Flexibilisiertes Tarifrecht und Grundgesetz, RdA 2002, 1; *ders.*, Tarifautonomie und Bundesverfassungsgericht, AuR 2001, 390; *Dobmann*, Die Tariftreueerklärung bei der Vergabe öffentlicher Aufträge, 2007; *Doerlich*, Die Tariffähigkeit der Gewerkschaft, 2002; *Engels*, Verfassung und Arbeitskampfrecht, 2008; *Fischer*, Gesetzlicher Mindestlohn, sozialrechtlich garantiertes Mindesteinkommen und Grundgesetz, ZG 2008, 31; *ders.*, Gesetzlicher Mindestlohn – Verstoß gegen die Koalitionsfreiheit?, ZRP 2007, 20; *Fuchs/Reichold*, Tarifvertragsrecht, 2006; *Gaul*, Neue Felder des Arbeitskampfs: Streikmaßnahmen zur Erzwingung eines Tarifsozialplans, RdA 2008, 13; *Giere*, Soziale Mächtigkeit als Voraussetzung für die Tariffähigkeit, 2006; *Glauben*, Verfassungsrechtliche Garantien und Schranken des Streikrechts, DRiZ 2008, 1; *Greiner*, Der Arbeitskampf der GDL, NZA 2007, 1023; *ders.*, Streiks der Lokführer im Nah-, Fern- und Güterverkehr – Verhältnismäßigkeit als Kernprinzip – Tarifautonomie – Prinzip der Tarifeinheit, LAGE Art. 9 GG Arbeitskampf Nr. 80; *Günther/Franz*, Grundfälle zu Art. 9 GG, JuS 2006, 788 und 873; *Hanau*, Ordnung und Vielfalt von Tarifverträgen und Arbeitskämpfen im Betrieb, RdA 2008, 98; *Heinze*, in: Streikrecht der deutschen Fluglotsen als Angestellte der privatisierten Flugsicherung, in: 50 Jahre Bundesarbeitsgericht 2004, 493; *Höfling/Rixen*, Tariftreue oder Verfassungstreue?, RdA 2007, 360; *Höfling/Burkiczak*, Die unmittelbare Drittwirkung gemäß Art. 9 Abs. 3 Satz 2 GG, RdA 2004, 263; *Hohenstatt/Schramm*, Tarifliche Mindestlöhne: Ihre Wirkungsweise und ihre Vermeidung am Beispiel des Tarifvertrags zum Post-Mindestlohn, NZA 2008, 433; *dies.*, Erneute Erweiterung des Kampfarsenals: Zulässigkeit von Unterstützungsstreiks, NZA 2007, 1034; *Hölzl*, Verfassungsmäßigkeit der Forderung nach Abgabe einer Tariftreueerklärung in einem Landesvergabegesetz, VergabeR 2007, 53; *Huhnekuhl/Dohna-Jaeger*, Ausweitung des Arbeitnehmer-Entsendegesetzes auf die Zeitarbeitsbranche – Im Einklang mit der Verfassung?, NZA 2007, 954; *Jacobs*, Tarifpluralität statt Tarifeinheit, NZA 2008, 325; *Jahn*, Zur Verfassungsmäßigkeit der Pflichtmitgliedschaft in öffentlich-rechtlichen Körperschaften, JuS 2000, 129; *Kämmerer/Thüsing*, Leiharbeit und Verfassungsrecht, 2005; *Kempen/Peukert/Kieper*, Koalitionsfreiheit und Risikoverteilung, AuR 2006, 297; *Kerwer*, Von Lokführern, solidarischen Druckern und Nürnberger Haushaltsgeräten: Neue Tendenzen im Arbeitskampfrecht, EuZA 2008, 335; *Kirberger*, Art. 9 Abs. 1 GG und Aufnahmezwang, EWiR 1999, 1097; *Klebeck*, Grenzen staatlicher Mindestlohntarifersteckung, NZA 2008, 446; *Klimpe-Auerbach*, Der Streik als legitimes Kampfmittel, PersR 2008, 51; *Kocher*, Mindestlöhne und Tarifautonomie, NZA 2007, 600; *Konzen*, Fünfzig Jahre richterliches Arbeitskampfrecht, in: 50 Jahre Bundesverfassungsgericht 2004, 515; *Kovács*, Das Spannungsverhältnis zwischen Koalitionsfreiheit und Tariffähigkeit, 2008; *Kretzschmar*, Die Rolle der Koalitionsfreiheit für Beschäftigungsverhältnisse jenseits des Arbeitnehmerbegriffs, 2003; *Ladeur*, Methodische Überlegungen zur gesetzlichen „Ausgestaltung" der Koalitionsfreiheit, AöR 131 (2006), 643; *Löwer*, Verfassungsrechtsdogmatische Grundprobleme der Pflichtmitgliedschaft in Industrie- und Handelskammern, GewArch 2008, 89; *Mair*, Dimensionen der Koalitionsfreiheit, ZIAS 2006, 158; *Meisen*, Koalitionsfreiheit, Tarifvorrang und Tarifvorbehalt, 2007; *Planker*, Das Vereinsverbot in der verwaltungsgerichtlichen Rechtsprechung, NVwZ 1998, 113; *Preis/Ulber*, Tariftreue als Verfassungsproblem, NJW 2007, 465; *Reichert*, Vereins- und Verbandsrecht, 2007; *Reim*, Tariftreueerklärungen sind verfassungsgemäß, AiB 2007, 77; *Reinartz/Olbertz*, Der Arbeitskampf im Ungleichgewicht: Rechtmäßigkeit des Unterstützungsstreiks?, DB 2008, 814; *Richardi*, Arbeits-

---

121 ErfK/*Schmidt*, Art. 3 GG Rn 93 m.w.N.; Sachs/*Osterloh* GG, Art. 3 Rn 287 f.; a.A. v. Mangoldt/Klein/Starck/ *Starck*, Art. 3 Rn 315.
122 *Jarass/Pieroth*, Art. 3 Rn 106 m.w.N.
123 BAGE 104, 264, 269.

gesetzgebung und Systemgerechtigkeit, NZA 2008, 1; *ders.*, Das Grundrecht der Koalitionsfreiheit im Wandel der Zeit, in: Festschrift für Rupert Scholz 2007, 337; *ders.*, Tariffähigkeit und Erfordernis der sozialen Mächtigkeit, RdA 2007, 118; *Rieble*, Tariftreue vor dem BVerfG, NZA 2007, 1; *Sansone/Ulber*, Neue Bewegung in der Mindestlohndebatte?, AuR 2008, 125; *Schlenzka*, Streikrecht für Beamte, PersR 2008, 48; *Schliemann*, Arbeitsgerichtliche Kontrolle von Tarifverträgen, ZTR 2000, 198; *Schmidt*, Die Ausgestaltung der kollektiven Koalitionsfreiheit durch die Gerichte, in: Festschrift für Reinhard Richardi 2007, 765; *Schmitt-Rolfes*, Lokführerstreik und Spartentarifvertrag – nur Probleme der Bahn?, AuA 2007, 583; *Schröder*, Zur Post-Mindestlohnverordnung, EWiR 2008, 289; *Schwab*, Tariftreue im Vergaberecht, AuR 2007, 97; *Sels*, Zwingende gesetzliche Eingriffe in bestehende Tarifverträge und das gesetzliche Verbot zukünftiger tarifvertraglicher Regelungen, 2001; *Sittard*, Die Bedeutung der Daseinsvorsorge und des Grundsatzes der Tarifeinheit für das Arbeitskampfrecht am Beispiel des Bahnstreiks, ZTR 2008, 178; *Steiner*, Zum verfassungsrechtlichen Stellenwert der Tarifautonomie, in: Festschrift für Peter Schwerdtner 2003, 355; *Thüsing/Lembke*, Zeitarbeit im Spannungsverhältnis von Dienstleistungsfreiheit und Tarifautonomie, ZfA 2007, 87; *Ulber*, Tariffähigkeit und Tarifzuständigkeit der CGZP als Spitzenorganisation?, NZA 2008, 438; *ders.*, Tariffähigkeit und Tarifzuständigkeit der CGZP, AuR 2008, 297; *Ulber/Strauß*, Differenzierungsklauseln im Licht der neuen Rechtsprechung zur Koalitionsfreiheit, DB 2008, 1970; *Waltermann*, Zur Grundrechtsbindung der tarifvertraglichen Rechtsetzung, in: 50 Jahre Bundesarbeitsgericht 2004, 913; *Weiss*, Zur aktuellen Bedeutung des Mitbestimmungsurteils (BVerfGE 50, 290 ff.), KritV 2000, 405; *Wiese*, Individuum und Kollektiv im Recht der Koalitionen, ZfA 2008, 317; *Wolf*, Tarifliche und gesetzliche Öffnungsklauseln für Tarifverträge im Spannungsfeld von positiver und negativer Koalitionsfreiheit, in: Gedächtnisschrift für Meinhard Heinze 2005, 1095; *Zachert*, Vereinigungsfreiheit/Koalitionsfreiheit, AR-Blattei SD 1650.1; *ders.*, Höheres Entgelt nur bei Gewerkschaftsaustritt oder Verzicht auf wichtige Gewerkschaftsrechte?, AuR 2003, 370

A. Allgemeines 1	VI. Verhältnis zu anderen Grundrechten 77
B. Regelungsgehalt der Vereinigungsfreiheit	VII. Koalitionsfreiheit und Arbeitsrecht 81
(Abs. 1) 5	VIII. Tarifautonomie/Tarifvertragsfreiheit 83
I. Grundrechtsträger/Grundrechtsberechtigte 6	1. Begriff 84
II. Schutzbereich 10	2. Inhalt und Umfang 86
1. Begriff der Vereinigung 10	3. Grenzen der Tarifautonomie 92
2. Geschütztes Verhalten 16	4. Ausgestaltung und Eingriff 95
3. Ausgestaltung 21	5. Tarifautonomie und Rechtsprechung 100
III. Eingriff 23	IX. Arbeitskampfrecht/Arbeitskampffreiheit 102
IV. Eingriffsrechtfertigung/Grundrechtsschranken 24	1. Freiheit des Arbeitskampfes und der Arbeits-
V. Verhältnis zu anderen Grundrechten 33	kampfmaßnahmen 104
VI. Vereinigungsfreiheit und Privatrecht 36	2. Rechtsfolgen des Arbeitskampfes für das Indi-
C. Regelungsgehalt der Koalitionsfreiheit (Abs. 3) 38	vidualarbeitsverhältnis 106
I. Grundrechtsträger/Grundrechtsberechtigte 39	3. Streik 107
II. Schutzbereich 43	4. Aussperrung 112
1. Begriff der Koalition 43	a) Lösende und suspendierende Aussperrung 114
2. Beispiele 47	b) Abwehraussperrung 116
3. Individuelle Koalitionsfreiheit 49	c) Angriffsaussperrung 120
4. Kollektive Koalitionsfreiheit 52	5. Grenzen des Arbeitskampfes 122
5. Ausgestaltung 58	a) Tarifbezogenheit 123
III. Eingriff 61	b) Wahrung der Friedenspflicht 129
IV. Eingriffsrechtfertigung/Grundrechtsschranken 66	c) Verhältnismäßigkeit 131
V. Unmittelbare Drittwirkung 74	6. Arbeitskampfrisiko 134

A. Allgemeines

Art. 9 enthält mit der Vereinigungsfreiheit (Abs. 1) und der Koalitionsfreiheit (Abs. 3) zwei selbstständige Grundrechte. Während die Vereinigungsfreiheit zu einem beliebigen Zweck gegründete Vereinigungen schützt (vgl. Rn 10 ff.), betrifft die Koalitionsfreiheit nur Vereinigungen, deren Zweck in der Wahrung und Förderung der Arbeits- und Wirtschaftsbedingungen besteht (siehe Rn 43 ff.).

Die h.M. sieht in der Vereinigungsfreiheit sowohl ein individuelles als auch ein kollektives Grundrecht.[1] Es verbürgt nicht nur dem einzelnen Staatsbürger das Recht zum Zusammenschluss in Vereinen und Gesellschaften, sondern gewährt auch den Vereinen selbst Schutz.[2] Gleiches gilt für die Koalitionsfreiheit (zur individuellen Koalitionsfreiheit vgl. Rn 49 ff. und zur kollektiven Koalitionsfreiheit vgl. Rn 52 ff.).

Die Koalitionsfreiheit des Abs. 3 ist im Arbeitsrecht von erheblicher Bedeutung. Von *Zöllner* wird sie als „Magna Charta des kollektiven Arbeitsrechts" bezeichnet.[3] Historisch hatte die Koalitionsfreiheit den Zweck, die Freiheit der Gewerkschaften zu sichern und deren Unterdrückung im 19. Jahrhundert entgegenzuwirken.[4] Das BVerfG hat

---

1 Vgl. zur Funktion der Vereinigungsfreiheit als Doppelgrundrecht *Pieroth/Schlink*, Rn 718, 726 ff., 731 ff.; v. Münch/Kunig/*Löwer*, Art. 9 Rn 15; kritisch *Stern*, Bd. IV/1, S. 1329 ff.; ablehnend v. Mangoldt/Klein/Starck/*Kemper*, Art. 9 Rn 61 ff.

2 BVerfGE 30, 227, 241.
3 *Zöllner*, AöR 98 (1973), 71, 72.
4 Vgl. *Jarass/Pieroth*, Art. 9 Rn 30; ausführlich zur historischen Entwicklung der Koalitionsfreiheit ErfK/*Dieterich*, Art. 9 GG Rn 15 ff.

in seiner Rspr. zu Abs. 3 stets hervorgehoben, dass bei der Bestimmung der Tragweite dieses Grundrechts seine geschichtliche Entwicklung zu berücksichtigen ist.[5]

4 Abs. 3 garantiert den frei gebildeten Koalitionen das Recht, die materiellen Arbeitsbedingungen in einem von staatlicher Rechtsetzung freien Raum in eigener Verantwortung durch unabdingbare Gesamtvereinbarungen sinnvoll zu ordnen.[6] Die Koalitionsfreiheit des Abs. 3 enthält neben einem subjektiven Abwehrrecht zugleich eine objektive Wertentscheidung, insb. für den Kernbestand des TV-Systems.[7]

B. Regelungsgehalt der Vereinigungsfreiheit (Abs. 1)

5 Die Vereinigungsfreiheit des Abs. 1 stellt ein klassisches subjektiv-öffentliches Abwehrrecht dar.[8] Des Weiteren bildet die Gewährleistung freier sozialer Gruppenbildung ein „konstituierendes Prinzip der demokratischen und rechtsstaatlichen Ordnung des GG".[9] Denn das GG versteht den Einzelnen als „gemeinschaftsbezogene und gemeinschaftsgebundene Person, die zu ihrer Entfaltung auf vielfältige zwischenmenschliche Bezüge angewiesen ist, welche sich zu einem wesentlichen Teil durch Vereinigungen herstellen".[10] Die Freiheit zur Bildung von Vereinigungen ist daher unabdingbare Voraussetzung für die Persönlichkeitsbildung und Persönlichkeitsentfaltung.[11]

I. Grundrechtsträger/Grundrechtsberechtigte

6 Die Vereinigungsfreiheit steht nur Deutschen i.S.d. Art. 116 Abs. 1 zu. Für Ausländer gilt Abs. 1 nicht. Sie können sich allerdings auf das subsidiäre Auffanggrundrecht des Art. 2 Abs. 1 berufen.[12] Einfachgesetzliche Sondervorschriften für Ausländervereine sind in §§ 14 ff. VereinsG enthalten.

7 **Unionsbürger** fallen zwar nicht in den persönlichen Schutzbereich des Abs. 1, sind jedoch durch den EG-Vertrag geschützt.[13] Ihnen kommt insb. das europarechtliche Diskriminierungsverbot des Art. 12 EG zugute.[14] Darüber hinaus sind Art. 43 Abs. 2, 48 EG anwendbar.[15] Eine Privilegierung der Unionsbürger ergibt sich ferner aus einer europarechtskonformen Auslegung des Art. 2 Abs. 1.[16] Ihnen steht somit im Bereich der Vereinigungsfreiheit der gleiche Grundrechtsschutz wie Deutschen zu.

8 Auch juristische Personen und andere Vereinigungen i.S.d. Abs. 1 können sich auf die Vereinigungsfreiheit berufen (kollektive Vereinigungsfreiheit). Die h.M. greift hierfür nicht auf Art. 19 Abs. 3 zurück, sondern sieht in der Vereinigungsfreiheit ein **(individuelles und kollektives) „Doppelgrundrecht"**.[17] Art. 19 Abs. 3 wird nur herangezogen, wenn sich die Vereinigung auf ein anderes Freiheitsrecht berufen oder sich mit anderen natürlichen oder juristischen Personen zu einer weiteren Vereinigung zusammenschließen will.

9 Die Ergebnisse beider Auff. sind regelmäßig identisch, da sowohl nach Abs. 1 als auch nach Art. 19 Abs. 3 nur inländische juristische Personen die Vereinigungsfreiheit beanspruchen können.[18]

II. Schutzbereich

10 **1. Begriff der Vereinigung.** Abs. 1 gewährt allen Deutschen das Recht, Vereine und Gesellschaften zu bilden. Damit sind nicht nur die Personenzusammenschlüsse i.S.d. Vereins- und Gesellschaftsrechts gemeint. Vielmehr ist der verfassungsrechtliche Vereinigungsbegriff selbstständig zu bestimmen. Die überwiegende Auff. lehnt sich an die allgemeine Begriffsbestimmung in § 2 Abs. 1 VereinsG an. **Vereinigungen** i.S.d. 9 Abs. 1 sind demnach Personenvereinigungen aller Art, „zu der sich eine Mehrheit natürlicher oder juristischer Personen für längere Zeit zu einem gemeinsamen Zweck freiwillig zusammengeschlossen und einer organisierten Willensbildung unterworfen hat".[19]

---

5 BVerfGE 50, 290, 367 m.w.N.
6 Vgl. BVerfGE 44, 322, 340 f. zur Allgemeinverbindlicherklärung von TV.
7 Vgl. *Jarass/Pieroth*, Art. 9 Rn 30; Maunz/Dürig/*Scholz*, Art. 9 Rn 164; vgl. auch BVerfGE 44, 322, 340.
8 Ausführlich zur geschichtlichen Entwicklung der Vereinigungsfreiheit *Stern*, Bd. IV/1, S. 1276 ff.
9 BVerfGE 50, 290, 353; BVerfGE 80, 244, 252 f.
10 BVerfGE 50, 290, 353.
11 Sachs/*Höfling*, GG, Art. 9 Rn 3.
12 Vgl. *Jarass/Pieroth*, Art. 9 Rn 10 m.w.N.; a.A. Maunz/Dürig/*Scholz*, Art. 9 Rn 47.
13 V. Mangoldt/Klein/Starck/*Kemper*, Art. 9 Rn 64 m.w.N.
14 Vgl. v. Münch/Kunig/*Löwer*, Art. 9 Rn 6; v. Mangoldt/Klein/Starck/*Kemper*, Art. 9 Rn 64.
15 So auch v. Münch/Kunig/*Löwer*, Art. 9 Rn 6.
16 Vgl. Sachs/*Höfling*, GG, Art. 9 Rn 32.

17 Vgl. BVerfGE 13, 174, 175; BVerfGE 80, 244, 253; BAG 24.4.2007 – NZA 2007, 987; Isensee/Kirchhof/*Merten*, HbStR VI, § 144 Rn 28 f.; a.A. Sachs/*Höfling*, GG, Art. 9 Rn 26; *Ipsen*, Staatsrecht II, Rn 588 und v. Mangoldt/Klein/Starck/*Kemper*, Art. 9 Rn 136 f., die auf Art. 19 Abs. 3 zurückgreifen; ablehnend auch *Pieroth/Schlink*, Rn 731.
18 So auch v. Mangoldt/Klein/Starck/*Kemper*, Art. 9 Rn 64; v. Münch/Kunig/*Löwer*, Art. 9 Rn 11. Ausführlich zu dieser Problematik *Stern*, Bd. IV/1, S. 1329 ff.; s. auch BVerfG-K 27.12.2007 – 1 BvR 853/06 (Verbotsverfügung gegen ausländische Vereinigung).
19 Vgl. die Legaldefinition des § 2 Abs. 1 VereinsG; ebenso v. Mangoldt/Klein/Starck/*Kemper*, Art. 9 Rn 12; v. Münch/Kunig/*Löwer*, Art. 9 Rn 27; ähnlich Sachs/*Höfling*, GG, Art. 9 Rn 8.

Ausreichend ist ein Zusammenschluss von zwei Personen.[20] Auf die Rechtsfähigkeit der Vereinigung kommt es nicht an.[21]

Unschädlich ist es, wenn der von der Vereinigung verfolgte Zweck lediglich vorübergehender Natur ist, wie dies etwa bei Gründergesellschaften[22] oder Bürgerinitiativen[23] der Fall ist. **11**

Der gemeinsam verfolgte Zweck kann ideeller, aber auch wirtschaftlicher Art sein, sodass die unterschiedlichsten Zusammenschlüsse von der Vereinigungsfreiheit erfasst werden.[24] Für Parteien sowie Religions- und Weltanschauungsgemeinschaften gilt Abs. 1 jedoch nicht, da die Verfassung in Art. 21 bzw. in Art. 140 i.V.m. Art. 137 Abs. 2 und 5 WRV spezielle Regelungen getroffen hat.[25] **12**

Von der Vereinigungsfreiheit erfasst werden eingetragene und nicht eingetragene Vereine, Personengesellschaften sowie Kapitalgesellschaften, sofern sie mehrere Gesellschafter haben.[26] Ein-Mann-Gesellschaften sind keine Vereinigungen.[27] Auch Stiftungen werden nicht von der Vereinigungsfreiheit erfasst.[28] **13**

Es ist umstr., ob sich auch größere Wirtschaftsunternehmen und Konzerne auf die Vereinigungsfreiheit berufen können.[29] Denn bei ihnen ist das personale Element, das für die Vereinigungsfreiheit charakteristisch ist, deutlich in den Hintergrund getreten.[30] Richtiger Auff. zufolge ist gleichwohl der Schutzbereich des Art. 9 Abs. 1 eröffnet.[31] Das BVerfG hat diese Problematik bislang ausdrücklich offen gelassen.[32] **14**

Aus dem Erfordernis der Freiwilligkeit des Zusammenschlusses folgt, dass **Zwangsvereinigungen** nicht durch die Vereinigungsfreiheit geschützt werden.[33] Dies gilt nicht nur für öffentlich-rechtliche Zwangsverbände,[34] sondern auch für privatrechtliche Zwangszusammenschlüsse.[35] Die Rspr. beurteilt Zwangsmitgliedschaften lediglich nach Art. 2 Abs. 1 (zur Frage der negativen Vereinigungsfreiheit siehe Rn 20).[36] **15**

2. Geschütztes Verhalten. Dem Verfassungstext zufolge schützt Abs. 1 die **Bildung von Vereinigungen**. Dies betrifft die Entscheidung über die Gründung, den Zweck, die Rechtsform und die Satzung der Vereinigung.[37] Es besteht jedoch Einigkeit darüber, dass der Schutzbereich weiter zu ziehen ist. Neben der Gründung neuer Vereinigungen sind daher **auch der Beitritt, die Betätigung und der Verbleib** in einer bereits bestehenden Vereinigung von Abs. 1 erfasst.[38] **16**

In den Schutzbereich der Vereinigungsfreiheit fallen die Tätigkeiten der Vereinigung zur Sicherung ihrer Existenz und Funktionsfähigkeit,[39] sowie die „Selbstbestimmung über die eigene Organisation, das Verfahren ihrer Willensbildung und die Führung der Geschäfte".[40] **17**

Unter diese kollektive Vereinigungsfreiheit fallen insb. die Aufnahme und der Ausschluss von Mitgliedern sowie die werbewirksame Selbstdarstellung der Vereinigung nach außen.[41] Zahlreiche Entscheidungen des BVerfG sind ferner zur Mitgliederwerbung durch Vereinigungen[42] und zur Namensführung[43] ergangen. **18**

Nicht von der Vereinigungsfreiheit erfasst sind hingegen Tätigkeiten, die keinen spezifischen Bezug zur vereinsmäßigen Struktur haben und von anderen Rechtssubjekten in gleicher Weise ausgeübt werden können.[44] Wird eine Vereinigung „wie jedermann" im Rechtsverkehr tätig, so richtet sich der Grundrechtsschutz nicht nach Abs. 1.[45] Vielmehr sind die jeweiligen materiellen Individualgrundrechte einschlägig.[46] **19**

Als **negative Vereinigungsfreiheit** gewährleistet Abs. 1 das Recht, Vereinigungen fernzubleiben[47] und aus ihnen auszutreten.[48] **20**

---

20 *Jarass/Pieroth*, Art. 9 Rn 3; v. Mangoldt/Klein/Starck/*Kemper*, Art. 9 Rn 13; Maunz/Dürig/*Scholz*, Art. 9 Rn 59; a.A. Isensee/Kirchhof/*Merten*, HbStR VI, § 144 Rn 36, der davon ausgeht, dass eine Vereinigung mind. drei Mitglieder haben muss.
21 Vgl. BVerfGE 80, 244, 253.
22 *Jarass/Pieroth*, Art. 9 Rn 3 m.w.N.
23 V. Münch/Kunig/*Löwer*, GG, Art. 9 Rn 29, 34.
24 Vgl. *Jarass/Pieroth*, Art. 9 Rn 3; vgl. auch v. Münch/Kunig/*Löwer*, Art. 9 Rn 31.
25 Vgl. v. Mangoldt/Klein/Starck/*Kemper*, Art. 9 Rn 35 ff.
26 *Jarass/Pieroth*, Art. 9 Rn 4.
27 V. Mangoldt/Klein/Starck/*Kemper*, Art. 9 Rn 13.
28 Sachs/*Höfling*, GG, Art. 9 Rn 10.
29 Ausf. zum Streitstand v. Mangoldt/Klein/Starck/*Kemper*, Art. 9 Rn 19 ff.
30 S. zum personalen Element der Vereinigungsfreiheit Schmidt-Bleibtreu/Hofmann/Hopfauf/*Kannengießer*, Art. 9 Rn 10.
31 Ebenso ErfK/*Dieterich*, Art. 9 GG Rn 5; Maunz/Dürig/*Scholz*, Art. 9 Rn 60 ff.; Sachs/*Höfling*, Art. 9 Rn 12.
32 Vgl. BVerfGE 50, 290, 355 f.
33 So auch Sachs/*Höfling*, Art. 9 Rn 13.
34 Vgl. v. Münch/Kunig/*Löwer*, Art. 9 Rn 30.
35 Vgl. BVerfGE 85, 360, 370; Maunz/Dürig/*Scholz*, Art. 9 Rn 66.
36 So zuletzt BVerfG-K 13.12.2006 – DVBl. 2007, 248.
37 Vgl. *Pieroth/Schlink*, Rn 726.
38 Vgl. v. Münch/Kunig/*Löwer*, Art. 9 Rn 18; Pieroth/Schlink, Rn 726 f.; a.A. *Ipsen*, Staatsrecht II, Rn 592 ff.
39 *Jarass/Pieroth*, Art. 9 Rn 8.
40 BVerfGE 50, 290, 354; BVerfGE 80, 244, 253.
41 *Jarass/Pieroth*, Art. 9 Rn 8 m.w.N. S. zum Ausschluss von Gewerkschaftsmitgliedern BVerfGE 100, 214; zur Selbstdarstellung der Vereinigung nach außen BVerfGE 84, 372, 378.
42 BVerfGE 28, 295; BVerfGE 93, 352.
43 BVerfGE 30, 227, 241.
44 Vgl. *Jarass/Pieroth*, Art. 9 Rn 9; Sachs/*Höfling*, GG, Art. 9 Rn 20.
45 BVerfG 15.12.1999 – NJW 2000, 1251.
46 Vgl. BVerfGE 70, 1, 25.
47 BVerfGE 50, 290, 354.
48 BGHZ 130, 243, 254.

Dies gilt allerdings nicht für die Mitgliedschaft in öffentlich-rechtlichen Zwangskörperschaften wie RA-, Ärzte-, Handwerks- oder Handelskammern.[49] Nach Auff. des BVerfG sind Zwangsmitgliedschaften in öffentlich-rechtlichen Verbänden nicht an Abs. 1 zu messen, da diese Bestimmung lediglich die Freiheit garantiere, privatrechtliche Vereinigungen zu gründen, ihnen beizutreten oder fernzubleiben; allerdings folge aus Art. 2 Abs. 1, dass Zwangsmitgliedschaften nur im Rahmen der verfassungsmäßigen Ordnung zulässig sind.[50] Abs. 1 gewährt den Verbandsmitgliedern jedoch ein Abwehrrecht gegen Eingriffe, die sich nicht im Wirkungskreis legitimer öffentlicher Aufgaben halten oder bei deren Wahrnehmung das Verhältnismäßigkeitsprinzip nicht gewahrt wird.[51]

21 **3. Ausgestaltung.** Die Vereinigungsfreiheit bedarf der rechtlichen Ausgestaltung durch den Gesetzgeber, da sie „in mehr oder minder großem Umfang auf Regelungen angewiesen ist, welche die freien Zusammenschlüsse und ihr Leben in die allgemeine Rechtsordnung einfügen, die Sicherheit des Rechtsverkehrs gewährleisten, Rechte der Mitglieder sichern und den schutzbedürftigen Belangen Dritter oder auch öffentlichen Interessen Rechnung tragen".[52] Der Gesetzgeber ist verpflichtet, eine „hinreichende Vielfalt von Rechtsnormen zur Verfügung zu stellen, die die verschiedenen Typen von Vereinigungen angemessen berücksichtigt, sodass deren Wahl zumutbar ist".[53] Dies ist durch die Vorschriften des VereinsG und des Gesellschaftsrechts erfolgt.

22 Wenngleich ein weiter Gestaltungsspielraum besteht, ist der Gesetzgeber bei der Ausgestaltung der Vereinigungsfreiheit nicht völlig frei. Er hat sich vielmehr am Schutzgut des Abs. 1 zu orientieren und muss den erforderlichen Interessenausgleich der Voraussetzungen und zwingenden Bedürfnisse freier Assoziationen grds. wahren.[54] Die Ausgestaltung muss auf einen Ausgleich gerichtet sein, der geeignet ist, „die freie Assoziation und Selbstbestimmung der Vereinigungen unter Berücksichtigung der Notwendigkeit eines geordneten Vereinslebens und der schutzbedürftigen sonstigen Belange zu ermöglichen und zu erhalten".[55]

Bei der gesetzlichen Ausgestaltung der Vereinigungsfreiheit handelt es sich nicht um einen Eingriff, sodass eine verfassungsrechtliche Rechtfertigung nicht erforderlich ist.[56]

III. Eingriff

23 Ein Eingriff in den Schutzbereich des Abs. 1 stellt jede belastende Maßnahme dar, die die Ausübung der Vereinigungsfreiheit behindert oder erschwert.[57] Beispiele hierfür sind das Vereinsverbot (zu den Voraussetzungen des Abs. 2 sogleich), die Verhinderung des Beitritts zu einer Vereinigung,[58] Genehmigungsvorbehalte und präventive Kontrollverfahren.[59] Erfasst sind auch faktische Maßnahmen, sofern sie von einigem Gewicht sind, wie etwa die nachrichtendienstliche Unterwanderung der Vereinigung.[60]

IV. Eingriffsrechtfertigung/Grundrechtsschranken

24 Eingriffe in den Schutzbereich der Vereinigungsfreiheit bedürfen der verfassungsrechtlichen Rechtfertigung. Dies setzt ein die Vereinigungsfreiheit beschränkendes Gesetz voraus, das formell und materiell verfassungsgemäß ist. Darüber hinaus muss insb. der Grundsatz der Verhältnismäßigkeit gewahrt sein.

25 Nach **Abs. 2** sind Vereinigungen verboten, deren Zwecke oder deren Tätigkeit den Strafgesetzen zuwiderlaufen oder die sich gegen die verfassungsmäßige Ordnung oder gegen den Gedanken der Völkerverständigung richten. Die h.M. versteht Abs. 2 nicht als Schutzbereichsbegrenzung, sondern als qualifizierten Gesetzesvorbehalt, sodass die Auflösung einer Vereinigung stets eine konstitutiv wirkende Behördenentscheidung voraussetzt.[61] Das Verbotsverfahren ist einfachgesetzlich in § 3 VereinsG geregelt.

26 Eine **Verbotsverfügung** erfordert stets eine aktiv kämpferische, aggressive Haltung der Vereinigung.[62] Entscheidend ist, ob im Zeitpunkt des Verbots „Tatsachen vorliegen, die eine Tätigkeit der Vereinigung mit dem Ziel der Verwirklichung ihrer verfassungswidrigen Absichten ergeben".[63]

27 Die Verbotsvoraussetzungen des Abs. 2 sind abschließend.[64] Sie müssen auf die Vereinigung selbst zutreffen. Es genügt nicht, wenn lediglich einzelne Mitglieder die Voraussetzungen erfüllen, sofern deren Verhalten nicht der Vereinigung zugerechnet werden kann.[65] Dies setzt voraus, dass die Handlungen der Mitglieder „sich nach außen als

---

49 S. zum Streitstand *Pieroth/Schlink*, Rn 728 ff. m.w.N.
50 Vgl. BVerfGE 10, 89, 102; BVerfGE 38, 281, 297; BVerfG-K 13.12.2006 – DVBl. 2007, 248; Isensee/Kirchhof/*Merten*, HbStR VI, § 144 Rn 58 ff.
51 BVerfGE 78, 320, 330; BVerwGE 59, 231.
52 BVerfGE 50, 290, 354 f.; BVerfGE 84, 372, 378 f.
53 BVerfGE 50, 290, 355.
54 BVerfGE 50, 290, 354 f.; BVerfGE 84, 372, 378 f.
55 BVerfGE 50, 290, 355.
56 Vgl. *Jarass/Pieroth*, Art. 9 Rn 14; Sachs/*Höfling*, GG, Art. 9 Rn 36.
57 Vgl. *Jarass/Pieroth*, Art. 9 Rn 12; *Pieroth/Schlink*, Rn 740.
58 Ebenso Sachs/*Höfling*, GG, Art. 9 Rn 34; *Jarass/Pieroth*, Art. 9 Rn 12.
59 Vgl. *Pieroth/Schlink*, Rn 741 m.w.N.; weitere Beispiele bei *Stern*, Bd. IV/1, S. 1333 f.
60 *Jarass/Pieroth*, Art. 9 Rn 12.
61 Vgl. v. Münch/Kunig/*Löwer*, Art. 9 Rn 48; Sachs/*Höfling*, GG, Art. 9 Rn 38; Maunz/Dürig/*Scholz*, Art. 9 Rn 132.
62 BVerfGE 5, 85, 141.
63 BVerwGE 61, 218, 220; BVerwGE 37, 344, 358 f.
64 BVerfGE 80, 244, 253.
65 Vgl. *Jarass/Pieroth*, Art. 9 Rn 17 f.

Vereinsaktivitäten darstellen, und die Vereinigung diesen Umstand billigt oder jedenfalls widerspruchslos hinnimmt".[66] Der Vereinigung zurechenbar sind ferner Verhaltensweisen, die die Vereinigung deckt, indem sie ihren Mitgliedern durch Hilfestellung Rückhalt bietet.[67]

Vereinigungen, deren Zwecksetzung oder Tätigkeit den Strafgesetzen zuwiderläuft, können verboten werden. Dies ist insofern nicht ganz unproblematisch, als es dem (Strafrechts-)Gesetzgeber nicht gestattet sein darf, die Vereinigungsfreiheit beliebig einzuschränken. Die h.M. geht daher in Anlehnung an die zu Art. 5 vertretene Sonderrechtslehre davon aus, dass von Abs. 2 nur „allgemeine Strafgesetze" erfasst werden, die sich nicht speziell gegen Vereinigungen richten, sondern bestimmte Verhaltensweisen unabhängig von ihrer vereinsmäßigen Begehung pönalisieren.[68] Der strafgesetzwidrige Zweck und die strafgesetzwidrige Tätigkeit einer Vereinigung ergeben sich aus den Absichten und Verhaltensweisen ihrer Mitglieder.[69] Entscheidend ist, dass das Verhalten der Mitglieder der Vereinigung zugerechnet werden kann.[70] 28

Verboten werden können darüber hinaus Vereinigungen, die gegen die verfassungsmäßige Ordnung gerichtet sind. Der Begriff der verfassungsmäßigen Ordnung gem. Abs. 2 ist i.S.d. freiheitlich-demokratischen Grundordnung (vgl. Art. 18 und Art. 21 Abs. 2 S. 1) zu verstehen.[71] Diese Auslegung unterscheidet sich vom Verständnis desselben Begriffs in Art. 2 Abs. 1[72] und in Art. 20 Abs. 3.[73] 29

Schließlich kann eine Vereinigung verboten werden, wenn sie sich gegen den Gedanken der Völkerverständigung richtet. Dies ist nach h.M. der Fall, wenn sie Ziele verfolgt, die durch Art. 26 Abs. 1 als Störung des friedlichen Zusammenlebens der Völker verboten werden.[74] Gleiches gilt, wenn sie durch finanzielle Zuwendungen über einen langen Zeitraum und in beträchtlichem Umfang eine Gruppierung unterstützt, die Gewalt in das Verhältnis von Völkern hineinträgt, und wenn die dadurch eintretende Beeinträchtigung des friedlichen Miteinanders der Völker von einem entsprechenden Willen des Vereins getragen ist.[75] Nicht ausreichend ist jedoch die bloße Kritik an fremden Staaten oder die Ablehnung politischer Kontakte zu bestimmten anderen Ländern.[76] 30

Geht man vom Wortlaut des Abs. 2 aus, so regelt die Vorschrift lediglich das Verbot von Vereinigungen. Indes können auch sonstige Eingriffe in den Schutzbereich als mildere Maßnahmen aufgrund von Abs. 2 verfassungsrechtlich gerechtfertigt sein.[77] 31

Darüber hinaus kann die Vereinigungsfreiheit durch die verfassungsimmanente Schranke kollidierenden Verfassungsrechts beschränkt werden. Dies gilt insb. für die Grundrechte Dritter, wobei allerdings eine einfachgesetzliche Konkretisierung erforderlich ist.[78] Bspw. können Fusionen aus Gründen der verfassungsrechtlich geschützten Wettbewerbsfreiheit verboten werden.[79] Nicht ausreichend sind hingegen bloße Gemeinwohlbelange.[80] 32

V. Verhältnis zu anderen Grundrechten

Von der Versammlungsfreiheit des **Art. 8** unterscheidet sich die Vereinigungsfreiheit durch die Dauer der Vereinigung. Während der Schutz des Abs. 1 nur für Vereinigungen gilt, die auf eine gewisse Zeit angelegt sind, schützt die Versammlungsfreiheit die vorübergehende „Augenblicksvereinigung".[81] 33

Für Religions- und Weltanschauungsgemeinschaften gilt Abs. 1 nicht, da die Spezialvorschriften des **Art. 4** und des Art. 140 i.V.m. Art. 137 Abs. 2 und 5 WRV vorrangig anwendbar sind.[82] Gleiches gilt für Parteien im Hinblick auf Art. 21, der insofern lex specialis zu Abs. 1 ist.[83] Auch die Koalitionsfreiheit des Abs. 3 stellt im Verhältnis zur Vereinigungsfreiheit das speziellere Grundrecht dar.[84] 34

Wird eine Vereinigung „wie jedermann" im Rechtsverkehr tätig, so richtet sich der Grundrechtsschutz nicht nach Abs. 1.[85] Vielmehr sind die jeweiligen materiellen Individualgrundrechte einschlägig.[86] 35

---

66 BVerwGE 80, 299, 306 f.
67 BVerwGE 80, 299, 306 f.
68 Vgl. *Jarass/Pieroth*, Art. 9 Rn 18.
69 BVerwG 25.8.2008 – 6 VR 2/08.
70 BVerwG 25.8.2008 – 6 VR 2/08.
71 So auch Sachs/*Höfling*, GG, Art. 9 44; v. Münch/Kunig/*Löwer*, Art. 9 Rn 41; Maunz/Dürig/*Scholz*, Art. 9 Rn 127; s. zur Auslegung auch BVerwG 27.11.2002 – NVwZ 2003, 986.
72 Vgl. v. Münch/Kunig/*Löwer*, Art. 9 Rn 41; Sachs/*Höfling*, GG, Art. 9 Rn 44.
73 Vgl. Maunz/Dürig/*Scholz*, Art. 9 Rn 127; a.A. v. Mangoldt/Klein/Starck/*Kemper*, Art. 9 Rn 78.
74 Ebenso *Jarass/Pieroth*, Art. 9 Rn 20; Maunz/Dürig/*Scholz*, Art. 9 Rn 131.
75 BVerwG 3.12.2004 – NVwZ 2005, 1435.
76 Vgl. v. Mangoldt/Klein/Starck/*Kemper*, Art. 9 Rn 79; v. Münch/Kunig/*Löwer*, Art. 9 Rn 46; Sachs/*Höfling*, GG, Art. 9 Rn 45; *Jarass/Pieroth*, Art. 9 Rn 20.
77 Vgl. *Jarass/Pieroth*, Art. 9 Rn 22; Maunz/Dürig/*Scholz*, Art. 9 Rn 134; a.A. v. Mangoldt/Klein/Starck/*Kemper*, Art. 9 Rn 70.
78 *Jarass/Pieroth*, Art. 9 Rn 23.
79 Sachs/*Höfling*, GG, Art. 9 Rn 40 m.w.N.
80 Sachs/*Höfling*, GG, Art. 9 Rn 40.
81 Vgl. *Jarass/Pieroth*, Art. 9 Rn 2 m.w.N.
82 Vgl. BVerfG 83, 341, 354 zur religiösen Vereinigungsfreiheit; ebenso Maunz/Dürig/*Scholz*, Art. 9 Rn 111; s.a. v. Mangoldt/Klein/Starck/*Kemper*, Art. 9 Rn 39.
83 So auch *Jarass/Pieroth*, Art. 9 Rn 2; Sachs/*Höfling*, GG, Art. 9 Rn 47; ausführlich v. Mangoldt/Klein/Starck/*Kemper*, Art. 9 Rn 35 ff.
84 Sachs/*Höfling*, GG, Art. 9 Rn 47.
85 BVerfG 15.12.1999 – NJW 2000, 1251.
86 Vgl. BVerfGE 70, 1, 25.

VI. Vereinigungsfreiheit und Privatrecht

36 Art. 1 Abs. 3 normiert eine unmittelbare Grundrechtsbindung der gesamten Staatsgewalt. Für die privatrechtlichen Vereinigungen besteht diese Bindungswirkung nicht,[87] sodass der Vereinigungsfreiheit im Privatrechtsverkehr lediglich eine Ausstrahlungswirkung auf das einfache Recht zukommt (zur mittelbaren Drittwirkung der Grundrechte vgl. vor GG Rn 21 ff.).[88] Der Staat ist daher verpflichtet, bei der gesetzlichen Ausgestaltung der Vereinigungsfreiheit durch das Vereins- und Gesellschaftsrecht möglichen Freiheitsbeschränkungen oder Gleichheitsverletzungen durch Private entgegenzuwirken.[89]

37 Hat ein Verband im wirtschaftlichen und sozialen Bereich eine überragende Machtposition inne und besteht ein schwerwiegendes Interesse am Erwerb der Mitgliedschaft, so hat der Einzelne einen Anspruch auf Aufnahme, wenn nach einer Abwägung der beiderseitigen Interessen die Zurückweisung des Bewerbers unbillig erscheint.[90]
Verfügt der Verband über eine Monopolstellung, ist zudem als Ausgleich ein gewisses Maß an demokratischer Binnenstruktur erforderlich.[91]

C. Regelungsgehalt der Koalitionsfreiheit (Abs. 3)

38 Die Koalitionsfreiheit ist lex specialis zur Vereinigungsfreiheit. Sie gewährleistet das Recht, zur Wahrung und Förderung der Arbeits- und Wirtschaftsbedingungen Vereinigungen zu bilden.
Abs. 3 garantiert den frei gebildeten Koalitionen das Recht, die materiellen Arbeitsbedingungen in einem von staatlicher Rechtsetzung freien Raum in eigener Verantwortung durch unabdingbare Gesamtvereinbarungen sinnvoll zu ordnen.[92] Die Koalitionsfreiheit des Abs. 3 enthält neben einem subjektiven Abwehrrecht zugleich eine objektive Wertentscheidung, insb. für den Kernbestand des TV-Systems.[93]

I. Grundrechtsträger/Grundrechtsberechtigte

39 Die Koalitionsfreiheit gilt für jedermann und für alle Berufe (vgl. Abs. 3 S. 1). Der Grundrechtsschutz des Abs. 3 kommt somit auch Ausländern zugute.

40 Die Koalitionen selbst sind unmittelbar aus Abs. 3 grundrechtsberechtigt, ohne dass Art. 19 Abs. 3 herangezogen werden muss.[94]

41 Anders als bei der Vereinigungsfreiheit hat dieser Streit praktische Auswirkungen. Gewährt man den Koalitionen Grundrechtsschutz über Art. 19 Abs. 3, so können sich nur inländische juristische Personen auf die Koalitionsfreiheit berufen. Wendet man hingegen Abs. 3 an, so steht die kollektive Koalitionsfreiheit auch ausländischen juristischen Personen zu. Diese müssen allerdings in Deutschland anerkannt sein.[95]

42 Juristische Personen des öffentlichen Rechts können sich selbst in ihrer Eigenschaft als AG nicht auf die Koalitionsfreiheit berufen.[96] Insoweit ergeben sich gegenüber anderen Grundrechten keine Besonderheiten.

II. Schutzbereich

43 **1. Begriff der Koalition.** Die zum Zweck der Wahrung und Förderung der Arbeits- und Wirtschaftsbedingungen gebildeten Vereinigungen sind die Koalitionen. Sie müssen die allg. Voraussetzungen einer **Vereinigung** i.S.d. Abs. 1 erfüllen (vgl. Rn 10 ff.), insb. freiwillig zustande gekommen sein und über eine organisierte Willensbildung verfügen. Ihr besonderer Zweck muss in der Wahrung und Förderung der Wirtschafts- und Arbeitsbedingungen liegen. Dies ist die Gesamtheit der Bedingungen, unter denen abhängige Arbeit geleistet und eine sinnvolle Ordnung des Arbeitslebens ermöglicht wird.[97] **Arbeitsbedingungen** beziehen sich unmittelbar auf das Arbverh, wie Lohn, Arbeitszeit, Urlaub und Arbeitsschutz.[98] In den Schutzbereich der Koalitionsfreiheit fällt auch die Einführung eines gesetzlichen Mindestlohns.[99] **Wirtschaftsbedingungen** haben darüber hinaus wirtschafts- und sozialpolitischen

---

87 Gegen die Anwendung des Art. 1 Abs. 3 auf TV-Parteien auch Sachs/*Höfling*, GG, Art. 9 Rn 93.
88 Vgl. BGHZ 140, 74, 77.
89 S. ErfK/*Dieterich*, Art. 9 GG Rn 11.
90 Vgl. BGHZ 93, 151, 152 zum Anspruch auf Aufnahme in eine Gewerkschaft, und BGHZ 140, 74, 77 zur Aufnahme in einen Sportverband.
91 Vgl. Maunz/Dürig/*Scholz*, Art. 9 Rn 108; *Jarass/Pieroth*, Art. 9 Rn 16.
92 Vgl. BVerfGE 44, 322, 340 f. zur Allgemeinverbindlicherklärung.
93 Vgl. *Jarass/Pieroth*, Art. 9 Rn 30; Maunz/Dürig/*Scholz*, Art. 9 Rn 164; vgl. auch BVerfGE 44, 322, 340.
94 Vgl. BVerfGE 84, 212, 224; BVerfGE 88, 103, 114; BVerfGE 94, 268, 282 f.; BAG 24.4.2007 – NZA 2007, 987; *Jarass/Pieroth*, Art. 9 Rn 44; v. Münch/Kunig/*Löwer*, Art. 9 Rn 68; a.A. Sachs/*Höfling*, GG, Art. 9 Rn 113, der auf Art. 19 Abs. 3 zurückgreift; ebenso *Ipsen*, Staatsrecht II, Rn 697 und 701 m.w.N.
95 So auch Maunz/Dürig/*Scholz*, Art. 9 Rn 188.
96 Vgl. Sachs/*Höfling*, GG, Art. 9 Rn 114; kritisch *Ipsen*, Staatsrecht II, Rn 697.
97 ErfK/*Dieterich*, Art. 9 GG Rn 23; MünchArb/*Löwisch/Rieble*, Bd. 3, § 243 Rn 1.
98 Vgl. v. Mangoldt/Klein/Starck/*Kemper*, Art. 9 Rn 100; Sachs/*Höfling*, GG, Art. 9 Rn 54; *Pieroth/Schlink*, Rn 733.
99 Vgl. zur Post-MindestlohnVO VG Berlin 7.3.2008 – NZA 2008, 482; hierzu *Schröder*, EWiR 2008, 289; *Klebeck*, NZA 2008, 446; *Bieback*, AuR 2008, 234; vgl. zur Mindestlohndebatte auch *Hohenstatt/Schramm*, NZA 2008, 433; *Sansone/Ulber*, AuR 2008, 125; *Fischer*, ZG 2008, 31; *ders.*, ZRP 2007, 20; *Kocher*, NZA 2007, 600.

Charakter; dies gilt etwa für Maßnahmen zur Verringerung der Arbeitslosigkeit, die Beteiligung der AN am Produktionsvermögen, die Einführung neuer Technologien und für Konjunkturfragen.[100] Die Vereinigung muss beide Ziele verfolgen, um in den Schutzbereich der Koalitionsfreiheit zu fallen.[101] Soweit dies in großem Umfang nicht der Fall ist, können daraus Schlüsse auf eine koalitionsfremde Zielorientierung des Verbandes gezogen werden.[102]

Nach h.M. müssen die Koalitionen „frei gebildet, gegnerfrei und auf überbetrieblicher Grundlage organisiert, ihrer Struktur nach unabhängig genug sein, um die Interessen ihrer Mitglieder auf arbeits- und sozialrechtlichem Gebiet nachhaltig zu vertreten, und das geltende Tarifrecht als für sich verbindlich anerkennen".[103] **44**

Unabhängig ist eine Vereinigung, wenn sie gegenüber ihrer Gegenseite wirtschaftlich selbstständig ist.[104] Dieser Grundsatz ist erst dann verletzt, wenn durch personelle oder organisatorische Verflechtungen oder durch wesentliche finanzielle Zuwendungen die eigenständige Interessenwahrnehmung der Tarifvertragspartei ernsthaft gefährdet wird.[105] **Gegnerfreiheit** bedeutet, dass die Mitglieder des jeweiligen Verbandes ausschließlich entweder AN oder AG sind.[106] Mitgliedschaftlich gemischte Verbände sind daher keine Koalitionen i.S.d. Abs. 3.[107] **45**

An den Koalitionsbegriff dürfen jedoch keine überspannten Anforderungen gestellt werden, um die verfassungsrechtliche Gewährleistung der Koalitionsfreiheit nicht auszuhöhlen.[108] Nach überwiegender Auff. ist die Bereitschaft des Verbandes zum Arbeitskampf kein zwingendes Merkmal.[109] Ebenso wenig kommt es auf seine Tariffähigkeit an. **46**

2. Beispiele. Koalitionen i.S.d. Abs. 3 sind die Berufsverbände der AG und AN, also Gewerkschaften, AG-Verbände sowie deren Spitzenorganisationen.[110] Dies sind Zusammenschlüsse von Gewerkschaften oder von AG-Vereinigungen (Deutscher Gewerkschaftsbund und Bundesvereinigung der Deutschen AG-Verbände).[111] Auch die nach dem Industrieverbandsprinzip organisierten Einzelverbände wie IG Bau, IG Metall oder IG Bergbau zählen zu den Koalitionen.[112] **47**

Die Koalitionsfreiheit gilt hingegen nicht für reine Wirtschaftsvereinigungen, die die Arbeitsbedingungen nicht berücksichtigen.[113] Dies trifft insb. auf Kartelle, Einkaufsgenossenschaften und Verbraucherverbände zu.[114] Ihnen kommt lediglich die allg. Vereinigungsfreiheit des Abs. 1 zugute.[115] **48**

3. Individuelle Koalitionsfreiheit. Abs. 3 verleiht den einzelnen AN und AG das Recht, Koalitionen zu bilden, sich also mit anderen zu einer Koalition zusammenzuschließen.[116] Dies gilt für alle Berufe, auch für Beamte (§ 57 BRRG), Richter (§ 46 DRiG i.V.m. § 57 BRRG) und Soldaten (§ 6 S. 1 SG).[117] Auf den Schutz der Koalitionsfreiheit können sich auch Auszubildende, nicht aber Schüler und Studenten berufen.[118] **49**

Über die Gründung neuer Koalitionen hinaus sind auch der Beitritt zu sowie der Verbleib in einer bereits bestehenden Koalition geschützt.[119]

Die individuelle Koalitionsfreiheit erfasst des Weiteren die spezifisch koalitionsmäßige Betätigung der Mitglieder.[120] Dies gilt insb. für die **Mitgliederwerbung**.[121] So verstößt nach Auff. des BVerfG eine Abmahnung gegen Abs. 3, die darauf beruht, dass ein Gewerkschaftsmitglied einem anderen AN während der Arbeitszeit Informationsmaterial über die Gewerkschaft ausgehändigt hat.[122] Denn die Mitgliederwerbung schaffe das Fundament für die Erfüllung der in Abs. 3 genannten Aufgaben und sichere den Fortbestand der Koalition.[123] Daher sei „auch das einzelne Mitglied einer Vereinigung durch Abs. 3 geschützt, wenn es andere zum Beitritt zu werben sucht. Wer sich darum bemüht, die eigene Vereinigung durch Mitgliederzuwachs zu stärken, nimmt das Grundrecht der Koalitionsfreiheit wahr".[124] Dabei sind jedoch die grundrechtlich geschützten Positionen beider Vertragspartner zu berücksichtigen.[125] **50**

---

100 Vgl. *Pieroth/Schlink*, Rn 733; *Jarass/Pieroth*, Art. 9 Rn 34; Sachs/*Höfling*, GG, Art. 9 Rn 54; ähnlich v. Mangoldt/Klein/Starck/*Kemper*, Art. 9 Rn 100.
101 Vgl. *Jarass/Pieroth*, Art. 9 Rn 34 m.w.N.; v. Münch/Kunig/*Löwer*, Art. 9 Rn 72.
102 BVerfG 26.1.1995 – 1 BvR 2071/94 – n.v.
103 BVerfGE 50, 290, 367 f.; BVerfGE 58, 233, 247. S. zum betriebsverfassungsrechtlichen Gewerkschaftsbegriff BAGE 119, 279 m.w.N.
104 *Pieroth/Schlink*, Rn 734.
105 BAGE 113, 82.
106 Vgl. *Jarass/Pieroth*, Art. 9 Rn 35; v. Münch/Kunig/*Löwer*, Art. 9 Rn 74.
107 Maunz/Dürig/*Scholz*, Art. 9 Rn 208.
108 Vgl. ErfK/*Dieterich*, Art. 9 GG Rn 25.
109 Vgl. BVerfGE 18, 18, 32 f.; BVerfGE 50, 290, 368; ausführlich zum Meinungsstand v. Münch/Kunig/*Löwer*, Art. 9 Rn 77 m.w.N.
110 Sachs/*Höfling*, GG, Art. 9 Rn 55.
111 Vgl. auch § 2 Abs. 2 TVG.
112 *Pieroth/Schlink*, Rn 735.
113 *Pieroth/Schlink*, Rn 733.
114 Sachs/*Höfling*, GG, Art. 9 Rn 55.
115 Vgl. *Jarass/Pieroth*, Art. 9 Rn 34.
116 Vgl. Sachs/*Höfling*, GG, Art. 9 Rn 63; *Pieroth/Schlink*, Rn 736.
117 Vgl. Sachs/*Höfling*, GG, Art. 9 Rn 112; v. Münch/Kunig/*Löwer*, Art. 9 Rn 90.
118 Maunz/Dürig/*Scholz*, Art. 9 Rn 179.
119 Vgl. *Jarass/Pieroth*, Art. 9 Rn 36; s.a. BVerfGE 84, 212, 224.
120 BVerfGE 19, 303, 312; BVerfGE 51, 77, 87 f.; BVerfGE 55, 7, 21.
121 Vgl. hierzu BVerfGE 28, 295; BVerfGE 57, 220; BVerfGE 93, 352; s. auch BAGE 117, 137.
122 So der Sachverhalt der Grundsatzentscheidung in BVerfGE 93, 352.
123 BVerfGE 93, 352, 357 f.
124 BVerfGE 93, 352, 357 f.
125 So auch BVerfGE 93, 352, 357 f. unter Hinweis auf BVerfGE 7, 198, 204 ff., 212.

Dies erfordert eine Abwägung des gewerkschaftlichen Interesses an der Mitgliederwerbung auch während der Arbeitszeit mit dem berechtigten Interesse des AG an einem ungestörten Arbeitsablauf und am Betriebsfrieden.[126]

51 Neben der positiven Koalitionsfreiheit ist durch Abs. 3 auch die **negative Koalitionsfreiheit** verfassungsrechtlich geschützt.[127] Sie betrifft die Freiheit des Einzelnen, einer Koalition fernzubleiben oder sie zu verlassen.[128] Es darf daher kein Zwang oder Druck auf die Nichtorganisierten ausgeübt werden, einer Koalition beizutreten.[129] Aus der negativen Koalitionsfreiheit folgt weiterhin, dass der Austritt aus einer Gewerkschaft nicht unangemessen erschwert werden darf. Die Rspr. hat eine Künd-Frist von drei Monaten als zulässig erachtet,[130] eine Künd-Frist von mehr als sechs Monaten hingegen als zu lang angesehen.[131] Unzulässig ist auch eine Klausel in der Satzung einer Gewerkschaft, nach der Mitglieder im Falle ihres Austritts eine erhaltene Streikunterstützung zurückzuzahlen haben.[132]

Nach Auff. des BVerfG beinhalten sog. **Tariftreueverpflichtungen** keinen Verstoß gegen das Recht der am Vergabeverfahren beteiligten Unternehmer, der tarifvertragsschließenden Koalition fernzubleiben.[133] Durch entsprechende Regelungen in den Vergabegesetzen der Länder werde kein faktischer Zwang oder erheblicher Druck zum Beitritt zur TV-schließenden Koalition auf die Unternehmer ausgeübt.[134] Allein dadurch, dass jemand den Vereinbarungen fremder TV-Parteien unterworfen wird, sei ein spezifisch koalitionsrechtlicher Aspekt nicht betroffen.[135]

52 **4. Kollektive Koalitionsfreiheit.** Als Kollektivgrundrecht schützt Abs. 3 „die Koalition selbst in ihrem Bestand, ihrer organisatorischen Ausgestaltung und ihrer Betätigung, soweit diese gerade in der Wahrung und Förderung der Arbeits- und Wirtschaftsbedingungen besteht".[136] Die kollektive Koalitionsfreiheit beinhaltet somit eine Bestands- und Betätigungsgarantie.[137] Sie steht allen Koalitionen unabhängig von ihrer Rechtsform zu.[138]

53 Entgegen der früheren Rspr. des BVerfG ist der Schutzbereich der Koalitionsfreiheit nicht auf einen Kernbereich beschränkt.[139] Die koalitionsmäßige Betätigung ist verfassungsmäßig nicht nur insoweit verbürgt, als diese für die Erhaltung und Sicherung der Existenz der Koalition als unerlässlich betrachtet werden muss.[140] Vielmehr erstreckt sich der Schutz der Koalitionsfreiheit auf alle koalitionsspezifischen Verhaltensweisen.[141] Allerdings müssen in jedem Fall die Intensität der Grundrechtsbeeinträchtigung und das Gewicht der entgegenstehenden Rechtsgüter abgewogen werden.[142]

54 Zahlreiche Entscheidungen des BVerfG sind zur Mitgliederwerbung durch Koalitionen ergangen (siehe oben Rn 50).[143] In den Schutzbereich der Koalitionsfreiheit fallen des Weiteren die Wahl der Organisationsform[144] und die Satzungsautonomie der Verbände.[145]

55 Ein wesentlicher Zweck der Koalitionen ist das **Aushandeln von TV**.[146] Zu den durch Abs. 3 geschützten Mitteln zählen daher auch Arbeitskampfmaßnahmen, die auf den Abschluss von TV gerichtet sind.[147] Nach Auff. des BVerfG wird durch die gesetzliche Regelung einer Tariftreueerklärung die in Abs. 3 enthaltene Betätigungsgarantie der Koalitionen nicht berührt, da sich ihre Normsetzungsbefugnis ohnehin nur auf die tarifgebundenen AG und AN und nicht auf Außenseiter bezieht.[148]

---

126 Vgl. ErfK/*Dieterich*, Art. 9 GG Rn 31, 41; BVerfGE 93, 352 a.E.
127 S. bspw. BVerfGE 55, 7, 22; vgl. aus der Lit. nur Maunz/Dürig/*Scholz*, Art. 9 Rn 226; ablehnend *Ipsen*, Staatsrecht II, Rn 703 f.
128 So auch BVerfGE 84, 212, 224.
129 BVerfGE 31, 297, 302; s. auch BAG 19.9.2007 – NZA 2008, 241, zum Betriebsübergang auf einen nichttarifgebundenen Erwerber. Zur negativen Koalitionsfreiheit von Leih-AN und Leih-AG *Kämmerer/Thüsing*, Leiharbeit und Verfassungsrecht, 2005; s. auch *Thüsing/Lembke*, ZfA 2007, 87 und *Huhnekuhl/Dohna-Jaeger*, NZA 2007, 954.
130 BGH 4.7.1977 – WM 1977, 1166, 1168.
131 BGH 22.9.1980 – DB 1981, 1403; für AG-Verbände offengelassen in BAGE 119, 275.
132 ArbG Ahrensburg 12.4.1996 – NJW 1996, 2516, 2517.
133 BVerfGE 116, 202; zust. *Reim*, AiB 2007, 77; *Schwab*, AuR 2007, 97; abl. *Rieble*, NZA 2007, 1; *Höfling/Rixen*, RdA 2007, 360; s. auch *Preis/Ulber*, NJW 2007, 465; *Hölzl*, VergabeR 2007, 53; ausf. *Dobmann*, Die Tariftreueerklärung bei der Vergabe öffentlicher Aufträge.
134 BVerfGE 116, 202.
135 BVerfGE 116, 202.
136 BVerfGE 84, 212, 224; siehe zuletzt BVerfG-K 6.2.2007 – NZA 2007, 394.
137 Vgl. Maunz/Dürig/*Scholz*, Art. 9 Rn 239 m.w.N.
138 *Jarass/Pieroth*, Art. 9 Rn 44.
139 So nunmehr BVerfGE 93, 352, 358 ff.; BVerfGE 94, 268, 283; BVerfGE 100, 214, 221 f.; BVerfG-K 6.2.2007 – NZA 2007, 394; ErfK/*Dieterich*, Art. 9 GG Rn 31; *Jarass/Pieroth*, Art. 9 Rn 37. Vgl. zu den Einzelheiten Sachs/*Höfling*, GG, Art. 9 Rn 71 ff.; zur „Kernbereichsjudikatur" auch *Stern*, Bd. IV/1, S. 2017 ff.
140 So aber BVerfGE 57, 220, 245 f.; BVerfGE 77, 1, 63.
141 Vgl. BVerfGE 94, 268, 283; BVerfGE 100, 214, 221; BVerfG-K 6.2.2007 – NZA 2007, 394; s. auch BAG 20.2.2008 – NZA 2008, 946 und BAG 24.4.2007 – NZA 2007, 987.
142 BVerfGE 100, 214, 222.
143 Vgl. hierzu BVerfGE 28, 295; BVerfGE 57, 220; BVerfGE 93, 352.
144 BSGE 69, 25, 30.
145 BAGE 50, 179, 196.
146 BVerfGE 94, 268, 283; BVerfGE 100, 271, 282.
147 BVerfGE 84, 212.
148 BVerfGE 116, 202.

Die Koalitionsfreiheit erfasst ferner das Recht, sich im Bereich der **Personalvertretung** zu betätigen, einschließlich der Werbung vor PR-Wahlen in der Dienststelle.[149] Geschützt sind außerdem die kostenlosen Beratungsangebote von Gewerkschaften und AG-Verbänden.[150]   56

Die kollektive Koalitionsfreiheit erfasst schließlich die erforderlichen Maßnahmen zur Aufrechterhaltung der Geschlossenheit der Koalition nach innen und außen; hierzu zählen insb. Funktionsverbote und Ausschlüsse von Verbandsmitgliedern.[151]   57

5. Ausgestaltung. Das Grundrecht der Koalitionsfreiheit bedarf der Ausgestaltung durch die Rechtsordnung.[152]   58
Da beiden TV-Parteien der Schutz des Abs. 3 prinzipiell in gleicher Weise zugute kommt, sie jedoch bei der Ausübung der Koalitionsfreiheit in scharfem Gegensatz zueinander stehen, sind koordinierende Regelungen erforderlich, die die Verwirklichung beider Grundrechtspositionen sicherstellen.[153] Kollidierende, verfassungsrechtlich begründete Positionen können sich insb. aus den Grundrechten der normunterworfenen AG und AN ergeben.[154] Das Grundrecht des und die Grundrechte der vom TV erfassten Personen begrenzen sich wechselseitig. Die Abwägung ist ein Problem der sog. praktischen Grundrechtskonkordanz.[155] Darüber hinaus folgt die Notwendigkeit rechtlicher Rahmenbedingungen aus der Möglichkeit des Einsatzes von Kampfmitteln.[156]

Die gesetzliche Ausgestaltung besteht in der „Schaffung der Rechtsinstitute und Normkomplexe, die erforderlich sind, um die grundrechtlich garantierten Freiheiten ausüben zu können".[157] Es handelt sich nicht um einen rechtfertigungsbedürftigen Eingriff in die Koalitionsfreiheit, wenn das einfache Recht den Koalitionen den Rahmen und die Formen zur Verfügung stellt, in denen sie die autonome Ordnung des Arbeitslebens verwirklichen können.[158] Dabei kommt dem Gesetzgeber ein weiter Gestaltungsspielraum zu.[159] Er hat jedoch darauf zu achten, dass die Parität der Tarifpartner nicht verfälscht wird.[160]   59

Anders als bei staatlichen Eingriffen in die grundrechtliche Freiheitssphäre der Bürger betrifft die Koalitionsfreiheit das Verhältnis gleich geordneter Grundrechtsträger.[161] Wenngleich es grds. „Sache des Gesetzgebers" ist, die Koalitionsfreiheit näher auszugestalten,[162] sind bei unzureichenden gesetzlichen Vorgaben die (Arbeits-)Gerichte dazu berufen, die für das betreffende Rechtsverhältnis maßgebenden Rechtsgrundlagen selbst zu entwickeln.[163] Dies gilt auch dort, wo eine gesetzliche Regelung, etwa wegen einer verfassungsrechtlichen Schutzpflicht, notwendig wäre.[164]   60

III. Eingriff

Ein Eingriff in die Koalitionsfreiheit liegt in jeder Regelung des durch Abs. 3 geschützten Verhaltens.[165] Dies gilt nicht nur für staatliche Maßnahmen, da Abs. 3 S. 2 die Koalitionsfreiheit auch gegen Beeinträchtigungen durch Private schützt (zur unmittelbaren Drittwirkung der Koalitionsfreiheit siehe Rn 75 f.).   61

Es stellt einen Eingriff in die individuelle Koalitionsfreiheit dar, wenn der Beitritt zu einer Koalition trotz eines Aufnahmeanspruchs verhindert oder erschwert wird[166] oder ein AG Zwang ausübt, um den Austritt eines AN aus einer Gewerkschaft zu erreichen.[167] Gleiches gilt für den Ausschluss eines Koalitionsmitglieds ohne Rechtfertigungsgründe von hinreichendem Gewicht.[168]   62

Unzulässig sind ferner **Differenzierungsklauseln**, die den AG verpflichten, tarifgebundenen AN höhere Leistungen zu gewähren als nichtorganisierten AN.[169] Des Weiteren verstoßen **Organisationsklauseln** nach Art eines closed-shop-Systems gegen die Koalitionsfreiheit.[170]   63

In die kollektive Koalitionsfreiheit wird eingegriffen, wenn der Staat die Zwangsschlichtung eines Arbeitskampfes vornimmt,[171] Beamte auf bestreikten Arbeitsplätzen einsetzt[172] oder Aussperrungen zur Abwehr von begrenzten Teil- oder Schwerpunktstreiks beschränkt.[173]   64

---

149 BVerfGE 19, 303, 321; vgl. auch BVerfGE 60, 162 und BVerfGE 67, 369.
150 BVerfGE 88, 5.
151 BVerfGE 100, 214.
152 Vgl. BVerfGE 84, 212, 228; BVerfGE 88, 103, 115; s. zuletzt BAG 20.2.2008 – NZA 2008, 946 m.w.N. S. zur gestaltungsbefugnis des Gesetzgebers im Rahmen des Art. 9 Abs. 3 Schmidt-Bleibtreu/Hofmann/Hopfauf/*Kannengießer*, Art. 9 Rn 27.
153 Vgl. BVerfGE 88, 103, 115.
154 BAG 29.1.2008 – NZA-RR 2008, 438.
155 BAG 29.1.2008 – NZA-RR 2008, 438.
156 Vgl. BVerfGE 88, 103, 115.
157 BVerfGE 50, 290, 368.
158 *Pieroth/Schlink*, Rn 742.
159 Vgl. BVerfGE 20, 312, 317.
160 Vgl. BVerfGE 92, 26, 41.
161 Vgl. BVerfGE 84, 212, 226 f.
162 So BVerfGE 50, 290, 368 f.; BVerfGE 57, 220, 245 ff.
163 BVerfGE 84, 212, 226 f.
164 Vgl. BVerfGE 81, 242, 256.
165 Vgl. *Jarass/Pieroth*, Art. 9 Rn 45.
166 Vgl. v. Münch/Kunig/*Löwer*, Art. 9 Rn 79.
167 Vgl. *Pieroth/Schlink*, Rn 743.
168 V. Münch/Kunig/*Löwer*, Art. 9 Rn 79.
169 Vgl. Maunz/Dürig/*Scholz*, Art. 9 Rn 231; Sachs/*Höfling*, GG, Art. 9 Rn 125; BAGE 20, 175, 218 ff.; s. zuletzt BAG 9.5.2007 – NZA 2007, 1439.
170 Sachs/*Höfling*, GG, Art. 9 Rn 125.
171 Vgl. BVerfGE 18, 18, 30; *Jarass/Pieroth*, Art. 9 Rn 45; v. Mangoldt/Klein/Starck/*Kemper*, Art. 9 Rn 145. Näher zur staatlichen Neutralitätsverpflichtung v. Münch/Kunig/ *Löwer*, Art. 9 Rn 66 f., und ErfK/*Dieterich*, Art. 9 GG Rn 148 ff.
172 BVerfGE 88, 103.
173 BVerfGE 84, 212.

65 Keinen Verfassungsverstoß stellt hingegen die Errichtung von AN-Kammern als Körperschaften des öffentlichen Rechts mit Pflichtzugehörigkeit aller AN dar.[174] Vielmehr können sich die Gewerkschaften unter Berufung auf die Koalitionsfreiheit gegen die Errichtung und Betätigung anderer Vertretungskörperschaften nur wehren, wenn diese die Wirkungsmöglichkeiten oder sogar den Bestand der Gewerkschaft beeinträchtigen.[175]

IV. Eingriffsrechtfertigung/Grundrechtsschranken

66 Eingriffe in den Schutzbereich der Koalitionsfreiheit bedürfen der verfassungsrechtlichen Rechtfertigung. Sofern es um die Beziehung zwischen dem Staat und Privatrechtssubjekten geht, ist hierfür ein die Koalitionsfreiheit beschränkendes Gesetz erforderlich,[176] nicht aber, wenn das Verhältnis der Tarifparteien zueinander betroffen ist (siehe oben Rn 58 f.).[177]

67 Es ist umstr., ob Abs. 2 auch für die Koalitionsfreiheit gilt. Gegen die Übertragbarkeit sprechen die systematische Stellung der Eingriffsermächtigung, die nach der Vereinigungsfreiheit, aber vor der Koalitionsfreiheit steht,[178] sowie der Vergleich mit dem Gesetzesvorbehalt des Art. 5, der für die Grundrechte des Art. 5 Abs. 3 ebenfalls nicht gilt.[179] Auch das BVerfG geht davon aus, dass die Koalitionsfreiheit vorbehaltlos gewährleistet ist.[180] Die wohl h.L.[181] wendet hingegen Abs. 2 auch auf die Koalitionsfreiheit an. Begründet wird dies mit der Entstehungsgeschichte sowie dem systematischen Zusammenhang von Art. 9 und Art. 21, aus dem sich ergeben soll, dass die Koalitionsfreiheit nicht weitergehend geschützt sein kann als die Parteienfreiheit.[182] Der Streit ist regelmäßig ohne praktische Bedeutung, da eine Koalition, die sich die in Abs. 2 genannten Zwecke setzt, regelmäßig nicht als Koalition i.S.v. Abs. 3 anzusehen ist, da die jeweiligen Zielsetzungen zu verschieden sind.[183]

68 Einschränkungen der Koalitionsfreiheit können durch **kollidierendes Verfassungsrecht**, insb. Grundrechte Dritter und andere mit Verfassungsrang ausgestattete Rechtsgüter gerechtfertigt sein.[184] So sind mit Rücksicht auf Art. 2 Abs. 2 Arbeitskampfmaßnahmen unzulässig, die die Funktionsfähigkeit von Krankenhäusern oder Feuerwehren gefährden[185] (zur Gemeinwohlschranke siehe Rn 132 – Ärztestreik; Lokführerstreik).

Eingriffe in die Koalitionsfreiheit können nach der Rspr. des BVerfG beispielsweise auch bei einer Störung des Arbeitsablaufs und des Betriebsfriedens oder zur Wahrung des Vertrauens in die Neutralität eines PR gerechtfertigt sein.[186]

Die Garantie der Religionsfreiheit (Art. 4 Abs. 1, 2) und des Selbstverwaltungsrechts der Religionsgemeinschaften (Art. 140 i.V.m. Art. 137 Abs. 3 WRV) können sich auf den Inhalt von Arbeitsverträgen auswirken, die mit kirchlichen Mitarbeitern abgeschlossen werden.[187]

69 Die Pressefreiheit nach Art. 5 Abs. 1 S. 2 steht Arbeitskämpfen in der privatwirtschaftlich organisierten Presse zwar nicht entgegen, jedoch können besondere Arbeitskampfregeln zum Schutz des Wettbewerbs erforderlich sein, um die Meinungsvielfalt zu sichern.[188]

70 Die „hergebrachten Grundsätze des Berufsbeamtentums" gem. Art. 33 Abs. 5 können Eingriffe in die Koalitionsfreiheit von Beamten rechtfertigen. Innerhalb des Beamtenrechts ist die Zulassung eines Streiks daher ausgeschlossen.[189]

71 Aufgrund des staatlichen Schutzauftrags aus dem Sozialstaatsprinzip können staatliche Zuschüsse für Arbeitsbeschaffungsmaßnahmen, die an die Vereinbarung untertariflicher Entgelte geknüpft sind (**Lohnabstandsklauseln**), zur Schaffung zusätzlicher Arbeitsplätze in Zeiten hoher Arbeitslosigkeit gerechtfertigt sein.[190]

72 Grundrechtskollisionen können auch innerhalb des Abs. 3 auftreten. Dies ist insb. der Fall, wenn individuelle und kollektive Koalitionsfreiheit in Konflikt geraten,[191] oder wenn sich zwei Koalitionen gegenüberstehen, deren Grundrechtspositionen aus Art. 9 Abs. 3 miteinander konkurrieren.[192]

73 Sofern die Koalitionsfreiheit durch ein Gesetz beschränkt wird, ist dessen formelle und materielle Verfassungsmäßigkeit erforderlich. So verletzte etwa die Post-MindestlohnVO die Koalitionsfreiheit der Wettbewerber der Deutschen Post AG, da die VO nicht von ihrer Ermächtigungsgrundlage gedeckt war.[193]

---

174 BVerfGE 38, 281.
175 BVerfGE 38, 281.
176 *Jarass/Pieroth*, Art. 9 Rn 51 m.w.N.
177 Vgl. BVerfGE 84, 212, 226 f.; BVerfGE 88, 103, 115 f.
178 Vgl. *Pieroth/Schlink*, Rn 754.
179 Vgl. *Jarass/Pieroth*, Art. 9 Rn 49.
180 BVerfGE 94, 268, 284.
181 S. etwa Maunz/Dürig/*Scholz*, Art. 9 Rn 337; v. Münch/Kunig/*Löwer*, Art. 9 Rn 89.
182 Vgl. *Pieroth/Schlink*, Rn 754.
183 So auch *Pieroth/Schlink*, Rn 755; ErfK/*Dieterich*, Art. 9 GG Rn 48.
184 S.a. BVerfGE 84, 212, 226 f.
185 Sachs/*Höfling*, GG, Art. 9 Rn 133.
186 BVerfG-K 6.2.2007 – NZA 2007, 394 m.w.N.
187 Näher hierzu v. Mangoldt/Klein/Starck/*Kemper*, Art. 9 Rn 193 m.w.N.
188 BAGE 48, 195, 205.
189 BVerfGE 44, 249, 264 m.w.N.
190 BVerfGE 100, 271.
191 Vgl. BVerfGE 100, 212, 223 f.; ErfK/*Dieterich*, Art. 9 GG Rn 49 m.w.N.
192 Vgl. BVerfGE 84, 212, 228; Sachs/*Höfling*, GG, Art. 9 Rn 131.
193 Vgl. VG Berlin 7.3.2008 – NZA 2008, 482; hierzu *Schröder*, EWiR 2008, 289; *Klebeck*, NZA 2008, 446; *Bieback*, AuR 2008, 234; vgl. zur Mindestlohndebatte auch *Hohenstatt/Schramm*, NZA 2008, 433; *Sansone/Ulber*, AuR 2008, 125; *Fischer*, ZG 2008, 31; *ders.*, ZRP 2007, 20; *Kocher*, NZA 2007, 600.

Darüber hinaus muss jeder Eingriff dem Grundsatz der Verhältnismäßigkeit entsprechen und einen schonenden Ausgleich der kollidierenden Verfassungsgüter herbeiführen.[194]

Die Bedeutung einer „Schranken-Schranke" hat Abs. 3 S. 3,[195] wonach im Notstandsfall keine weitergehenden Einschränkungen der Koalitionsfreiheit zulässig sind.[196]

V. Unmittelbare Drittwirkung

Die Grundrechte binden Gesetzgebung, vollziehende Gewalt und Rspr. als unmittelbar geltendes Recht (Art. 1 Abs. 3). Im Privatrechtsverkehr sind die Grundrechte hingegen nicht unmittelbar anwendbar. Die grundrechtlichen Wertungen sind jedoch bei der Auslegung von Generalklauseln (§§ 242, 826 BGB) und unbestimmten Rechtsbegriffen (§§ 138, 315 BGB) zu berücksichtigen (zur mittelbaren Drittwirkung der Grundrechte vgl. vor GG Rn 21 ff.).[197] **74**

Abs. 3 S. 2 stellt die einzige unmittelbare Drittwirkungsklausel im GG dar.[198] Danach sind Abreden, die die Koalitionsfreiheit einschränken oder behindern, nichtig; hierauf gerichtete Maßnahmen sind rechtswidrig. Erfasst sind alle privat- und arbeitsrechtlichen Vereinbarungen, einschließlich der TV.[199] Gegen rechtswidrige Eingriffe kann sich die Koalition mit einer Unterlassungsklage wehren.[200] Anspruchsgrundlage ist § 1004 Abs. 1 S. 2 BGB, zu dessen geschützten Lebensgütern und Interessen auch das Recht einer Koalition auf gewerkschaftliche Betätigung gehört.[201] **75**

Dies hat bspw. zur Folge, dass ein AG die Einstellung von Bewerbern nicht vom Austritt aus einer Gewerkschaft abhängig machen darf, da dies einen unmittelbaren Eingriff in die Bestands- und Betätigungsgarantie der Koalition darstellt.[202] Ebenso wenig darf ein AG unter Hinweis auf die Gewerkschaftszugehörigkeit den Abschluss eines Arbeitsvertrages verweigern oder ein bereits bestehendes Arbverh kündigen[203] (zur Unzulässigkeit von Organisations- und Differenzierungsklauseln siehe Rn 63). **76**

VI. Verhältnis zu anderen Grundrechten

Im Verhältnis zur Vereinigungsfreiheit des **Abs. 1** stellt die Koalitionsfreiheit das speziellere Grundrecht dar.[204] **77**

Abs. 3 hat auch gegenüber dem Grundrecht der allgemeinen Handlungsfreiheit (**Art. 2 Abs. 1**) als die speziellere Regelung den Vorrang, wenn es um die Betätigung von Koalitionen und deren Tätigkeitsbereich geht.[205] **78**

Soweit eine koalitionsmäßige Betätigung zugleich den Schutzbereich der Meinungs- oder Versammlungsfreiheit berührt, wie dies bspw. bei Kundgebungen oder Aufzügen im Rahmen eines Arbeitskampfes der Fall ist, so finden **Art. 5** und **Art. 8** neben der Koalitionsfreiheit Anwendung.[206] **79**

Sofern sich eine Vereinigung nicht koalitionsspezifisch betätigt, gelten ausschließlich die anderen Freiheitsrechte, wie etwa im Fall einer allg. politischen Veranstaltung durch eine Gewerkschaft.[207] Gleiches gilt für die Tätigkeit von Rundfunkräten, da diese nicht die Interessen der Koalition, sondern die Interessen der Allgemeinheit vertreten.[208] **80**

VII. Koalitionsfreiheit und Arbeitsrecht

Die verfassungsrechtliche Garantie der Koalitionsfreiheit ist für die verfassungskonforme Auslegung arbeitsrechtlicher Gesetze von erheblicher Bedeutung. **81**

So hat das BAG bspw. im Rahmen der Auslegung des § 2 TVG zusätzliche Kriterien gegenüber dem allg. Koalitionsbegriff entwickelt, die erfüllt sein müssen, damit eine AN-Organisation als Gewerkschaft anzuerkennen ist.[209] Nach Auff. des BAG setzt die **Tariffähigkeit** einer Koalition insb. die Geschlossenheit der Organisation und die Durchsetzungskraft gegenüber dem sozialen Gegenspieler voraus.[210] Die AN-Koalition muss so viel Druck und Gegen- **82**

---

194 Vgl. *Jarass/Pieroth*, Art. 9 Rn 51 m.w.N.
195 Maunz/Dürig/*Scholz*, Art. 9 Rn 389.
196 Vgl. Sachs/*Höfling*, GG, Art. 9 Rn 141; näher hierzu v. Münch/Kunig/*Löwer*, Art. 9 Rn 91 ff.
197 Vgl. hierzu *Pieroth/Schlink*, Rn 181 ff.; aus der Rspr. BVerfGE 7, 198, 205 f.; BVerfGE 73, 261, 269 f.; BVerfGE 81, 242, 254.
198 Sachs/*Höfling*, GG, Art. 9 Rn 124; ausführlich zu Art. 9 Abs. 3 S. 2 GG *Stern*, Bd. IV/1, S. 2092 ff.
199 *Pieroth/Schlink*, Rn 719.
200 Vgl. BAGE 21, 201, 207 ff.; BAGE 54, 353, 358 f.
201 BAGE 54, 353, 359.
202 Vgl. BAGE 54, 353, 359 f.
203 Vgl. BAGE 54, 353, 359 f.
204 Sachs/*Höfling*, GG, Art. 9 Rn 47.
205 BVerfGE 19, 303, 314; BVerfGE 28, 295, 310; BVerfGE 58, 233, 256.
206 Vgl. v. Mangoldt/Klein/Starck/*Kemper*, Art. 9 Rn 197 und v. Münch/Kunig/*Löwer*, Art. 9 Rn 94.
207 Vgl. BVerfGE 57, 29, 37 f.
208 BVerfGE 83, 238, 339.
209 Vgl. zu dieser Entwicklung ErfK/*Dieterich*, Art. 9 GG Rn 66 f. Näher zu den Anforderungen, die die Rspr. an die Tariffähigkeit von Koalitionen stellt, Schmidt-Bleibtreu/Hofmann/Hopfauf/*Kannengießer*, Art. 9 Rn 25; v. Mangoldt/Klein/Starck/*Kemper*, Art. 9 Rn 146. – Zur Aussetzung von Verfahren zur Prüfung der Tariffähigkeit einer Organisation BAG 28.1.2008 – NZA 2008, 489 (CGZP); hierzu *Ulber*, NZA 2008, 438 und AuR 2008, 297.
210 Vgl. etwa BAGE 117, 307 m.w.N. (CGM); ebenso BVerfGE 100, 214, 223. Ausf. *Doerlich*, Die Tariffähigkeit der Gewerkschaft.

druck auf die AG-Seite ausüben können, dass jedenfalls i.d.R. ein TV zustande kommt.[211] Ob eine AN-Vereinigung eine solche Durchsetzungsfähigkeit besitzt, muss aufgrund aller Umstände im Einzelfall festgestellt werden.[212] Das BVerfG hat die Rspr. des BAG bestätigt.[213]

Auch eine relativ kleine AN-Vereinigung kann die für eine Gewerkschaft erforderliche Durchsetzungsfähigkeit besitzen, wenn in ihr spezialisierte AN organisiert sind, die von AG-Seite im Falle von Arbeitskämpfen kurzfristig nur schwer ersetzbar sind.[214] Beschränkt eine Gewerkschaft ihre Zuständigkeit auf eine Berufsgruppe, die sich räumlich auf wenige Schwerpunkte konzentriert, kann auch ein relativ kleiner organisatorischer Apparat leistungsfähig genug sein, um die gewerkschaftlichen Aufgaben wahrzunehmen.[215]

VIII. Tarifautonomie/Tarifvertragsfreiheit

83 Das Aushandeln und der Abschluss von TV gehört zu den wesentlichen Zwecken der Koalitionen.[216] Darin sollen die Vereinigungen nach dem Willen des GG frei sein.[217] Der Staat enthält sich in diesem Betätigungsfeld grds. einer Einflussnahme und überlässt die erforderlichen Regelungen der Arbeits- und Wirtschaftsbedingungen zum großen Teil den Koalitionen, die sie autonom durch Vereinbarung treffen.[218]

84 **1. Begriff.** Die Tarifautonomie als eigenverantwortliche Ordnung von Arbeits- und Wirtschaftsbedingungen durch Gesamtvereinbarung[219] ist darauf angelegt, die „strukturelle Unterlegenheit der einzelnen AN beim Abschluss von Arbeitsverträgen durch kollektives Handeln auszugleichen und damit ein annähernd gleichgewichtiges Aushandeln der Löhne und Arbeitsbedingungen zu ermöglichen".[220]

85 Die Koalitionen nehmen ihre Aufgabe, die Arbeits- und Wirtschaftsbedingungen zu wahren und zu fördern, in erster Linie durch **das Aushandeln und den Abschluss von TV** wahr. Diese dienen dazu, die gegenläufigen Vorstellungen und Interessen der Koalitionen in Ausgleich zu bringen.[221] Die Tarifautonomie soll den Koalitionen im Interesse der Allgemeinheit die Möglichkeit geben, in dem „von der staatlichen Rechtsetzung frei gelassenen Raum das Arbeitsleben im Einzelnen durch TV sinnvoll zu ordnen, insb. die Höhe der Arbeitsvergütung für die verschiedenen Berufstätigkeiten festzulegen, und so letztlich die Gemeinschaft sozial zu befrieden".[222]

86 **2. Inhalt und Umfang.** Wenngleich die TVO der Weimarer Republik und das 1949 erlassene TVG auf die grundrechtliche Garantie der Koalitionsfreiheit nicht ohne Einfluss geblieben sind, sollten bei Erlass des GG nicht das geltende TV-Recht in seiner konkreten Ausgestaltung festgeschrieben, sondern lediglich die allg. Strukturprinzipien der Tarifautonomie verfassungsrechtlich verankert werden.[223] Auch das BVerfG weist darauf hin, dass die Gewährleistung des Abs. 3 nicht die besondere Ausprägung umfasst, die das TV-System in dem zurzeit des Inkrafttretens des GG geltenden TVG erhalten hat, sondern die Tarifautonomie ganz allg. gewährleistet.[224] Daraus folgt, dass das Grundrecht der Koalitionsfreiheit keinen absoluten kollektivarbeitsrechtlichen Bestandsschutz bietet.[225]

87 Regelungsgegenstand der TV sind die **Arbeits- und Wirtschaftsbedingungen** (zu diesen Begriffen siehe oben Rn 43). Erfasst sind sämtliche Bedingungen, durch die die Leistung abhängiger Arbeit im Betrieb berührt wird.[226] Nach der Rspr. des BVerfG gehören dazu v.a. „das Arbeitsentgelt und die anderen materiellen Arbeitsbedingungen wie etwa Arbeits- und Urlaubszeiten sowie nach Maßgabe von Herkommen und Üblichkeit weitere Bereiche des Arbverh, außerdem darauf bezogene soziale Leistungen und Einrichtungen".[227] Dazu zählen bspw. die Vermögensbildung in AN-Hand,[228] die Erweiterung betriebsverfassungsrechtlicher Beteiligungsrechte,[229] Künd-Beschränkungen sowie Umschulungs- und Versetzungspflichten,[230] quantitative und qualitative Besetzungsregelungen,[231] Rationalisierungsschutzabkommen[232] sowie Zustimmungserfordernisse bei unternehmerischen Entscheidungen für die

---

211 BAG 14.3.1978 – DB 1978, 1279.
212 BAGE 117, 307 m.w.N. (CGM); zust. Anm. *Richardi*, RdA 2007, 118; s. auch *Schmidt*, in: FS für Richardi, 765 ff.
213 BVerfGE 58, 233, 248 f.; BVerfGE 100, 214, 223; BVerfG-K 31.7.2007 – VR 2007, 357.
214 BAGE 113, 82 (UFO); s. auch Sächsisches LAG 2.11.2007 – NZA 2008, 59 (Lokführer).
215 BAGE 113, 82 (UFO); s. auch Sächsisches LAG 2.11.2007 – NZA 2008, 59 (Lokführer).
216 BVerfGE 84, 212, 224; BVerfGE 94, 268, 283.
217 BVerfGE 84, 212, 224; BVerfGE 50, 290, 367; BVerfGE 44, 322, 341.
218 Vgl. BVerfGE 94, 268, 283. S. zur TV-Freiheit ausführlich *Stern*, Bd. IV/1, S. 2053 ff.
219 Sachs/*Höfling*, GG, Art. 9 Rn 84.
220 BVerfGE 84, 212, 229.
221 ErfK/*Dieterich*, Art. 9 GG Rn 51.
222 BVerfGE 18, 18, 28.
223 Vgl. ErfK/*Dieterich*, Art. 9 GG Rn 55.
224 Vgl. BVerfGE 20, 312, 317.
225 Sachs/*Höfling*, GG, Art. 9 Rn 85.
226 Sachs/*Höfling*, GG, Art. 9 Rn 87 m.w.N.
227 BVerfGE 94, 268, 283. S. im Einzelnen Maunz/Dürig/*Scholz*, Art. 9 Rn 263 ff. und v. Mangoldt/Klein/Starck/*Kemper*, Art. 9 Rn 149 f. – Zur Mindestlohndebatte *Schröder*, EWiR 2008, 289; *Klebeck*, NZA 2008, 446; *Bieback*, AuR 2008, 234; *Hohenstatt/Schramm*, NZA 2008, 433; *Sansone/Ulber*, AuR 2008, 125; *Fischer*, ZG 2008, 31; ders., ZRP 2007, 20; *Kocher*, NZA 2007, 600.
228 V. Münch/Kunig/*Löwer*, Art. 9 Rn 70.
229 Sachs/*Höfling*, GG, Art. 9 Rn 88.
230 Sachs/*Höfling*, GG, Art. 9 Rn 88.
231 Vgl. hierzu BAG 26.4.1990 – NZA 1990, 850 und BAG 22.1.1991 – NZA 1991, 675.
232 V. Münch/Kunig/*Löwer*, Art. 9 Rn 70; kritisch Maunz/Dürig/*Scholz*, Art. 9 Rn 263.

Einführung neuer Technologien.[233] Auch Regelungen zur Befristung von Arbeitsverträgen bilden seit jeher einen Gegenstand tarifvertraglicher Vereinbarungen.[234] Die Tarifautonomie ist hinsichtlich ihres persönlichen Anwendungsbereichs nicht auf aktive Arbverh beschränkt, sondern gilt auch für Ruhestandsverhältnisse.[235] Die Regelungsbefugnis der TV-Parteien erstreckt sich daher auch auf Normen, die die betriebliche Altersversorgung regeln.[236] Dazu gehören etwa die Versorgungsanwartschaften ausgeschiedener AN und die Versorgungsansprüche der Betriebsrentner nach Eintritt des Versorgungsfalles.[237]

88 Eine abschließende Definition der Arbeits- und Wirtschaftsbedingungen verbietet sich angesichts möglicher Neuentwicklungen in der Arbeitswelt.[238] Nicht erfasst sind jedoch in aller Regel allg. politische Ziele,[239] Privatangelegenheiten von AN und AG,[240] sowie rein wirtschaftliche Fragen und unternehmerische Grundentscheidungen.[241] Nicht zum Inhalt der verfassungsrechtlich garantierten Tarifautonomie gehört auch die Ausgestaltung des Personalvertretungsrechts.[242]

89 Ein TV enthält in seinem normativen Teil (vgl. § 1 TVG) „Rechtsregeln, d.h. generell-abstrakte, nach Maßgabe des § 4 Abs. 3 TVG zwingende Bestimmungen für den Inhalt der von ihm erfassten Arbverh. Bei der Normsetzung durch die Tarifparteien handelt es sich um Gesetzgebung im materiellen Sinne, die Normen im rechtstechnischen Sinne erzeugt".[243] Die **unmittelbare und zwingende Geltung** der tarifvertraglichen Regelungen (vgl. § 4 Abs. 1 TVG) ist eine unverzichtbare Voraussetzung für die Funktionsfähigkeit der Tarifautonomie.[244] Sie besteht zwischen den beiderseits Tarifgebundenen, die unter den Geltungsbereich des TV fallen (§ 4 Abs. 1 S. 1 TVG). Darüber hinaus können TV für allgemeinverbindlich erklärt werden mit der Folge, dass der TV in seinem Geltungsbereich auch die bisher nicht tarifgebundenen AG und AN erfasst (vgl. § 5 Abs. 4 TVG).[245] Die dogmatische Begründung der Rechtsetzungsmacht der TV-Parteien ist umstr.,[246] wenn auch nur von geringer praktischer Bedeutung.[247]

90 § 4 Abs. 3 TVG sieht zwei Ausnahmen zur zwingenden Geltung von Tarifnormen vor. Zum einen sind abweichende Regelungen zulässig, soweit sie durch den TV gestattet sind (vgl. § 4 Abs. 3 Alt. 1 TVG). Die TV-Parteien können also sog. **Öffnungsklauseln** vereinbaren. Dies kann auch in der Weise erfolgen, dass im TV lediglich eine Rahmenvereinbarung getroffen wird, die durch weitere Abreden in einem anderen TV, einer BV oder im Individualarbeitsvertrag auszufüllen ist.[248] Es handelt sich dabei um eine Gestaltungsmöglichkeit zur Erzielung einer größeren Flexibilität und Dezentralisierung.[249]

91 Darüber hinaus wird die zwingende Wirkung von TV durch das **Günstigkeitsprinzip** eingeschränkt (vgl. § 4 Abs. 3 Alt. 2 TVG), wonach abweichende Vereinbarungen zulässig sind, sofern sie eine Änderung der Regelungen zugunsten des AN enthalten. Günstigere Abmachungen können in einer BV oder im Individualarbeitsvertrag getroffen werden.[250] Dies gilt etwa für eine Besserstellung des AN in Bezug auf Vergütung, Urlaub, Entgeltfortzahlung im Krankheitsfall etc.[251] Umstr., aber rechtspolitisch nicht aktuell ist die Frage, ob das Günstigkeitsprinzip verfassungsrechtlich geboten ist oder einen rechtfertigungsbedürftigen Eingriff in die Koalitionsfreiheit darstellt.[252]

92 **3. Grenzen der Tarifautonomie.** Die Tarifautonomie gestattet es den Koalitionen, die „Arbeits- und Wirtschaftsbedingungen in eigener Verantwortung und im Wesentlichen ohne staatliche Einflussnahme zu gestalten".[253] Die beiden Regelungsbereiche des Abs. 3 beschreiben nicht nur den Koalitionszweck, sondern stellen zugleich die Kompetenzgrenze der Tarifautonomie dar.[254]

93 Weitere Grenzen folgen aus der mittelbaren Grundrechtsbindung der TV-Parteien (vgl. vor GG Rn 25 ff.). Im Wege der praktischen Konkordanz ist ein schonender Ausgleich zwischen der kollektiven Koalitionsfreiheit und den beteiligten Individualgrundrechten herbeizuführen; dies gilt insb. für die Wahrung der Gleichheitssätze (Art. 3).[255]

94 Darüber hinaus ist die Tarifautonomie durch die Gemeinwohlbindung begrenzt, denn sie „verfolgt den im öffentlichen Interesse liegenden Zweck, in dem vor der staatlichen Rechtsetzung frei gelassenen Raum das Arbeitsleben

---

233 Sachs/*Höfling*, GG, Art. 9 Rn 88; s. zur Tarifauslegung bei neuen technischen Entwicklungen BAGE 120, 269.
234 BVerfGE 94, 268, 283.
235 BAGE 121, 321.
236 BAG 17.6.2008 – DB 2008, 2314.
237 BAG 21.8.2007 – NZA 2008, 182.
238 Vgl. Sachs/*Höfling*, Art. 9 Rn 88.
239 V. Münch/Kunig/*Löwer*, Art. 9 Rn 70.
240 V. Münch/Kunig/*Löwer*, Art. 9 Rn 70; ErfK/*Dieterich*, Art. 9 GG Rn 74.
241 ErfK/*Dieterich*, Art. 9 GG Rn 74.
242 BAGE 119, 366.
243 BVerfGE 44, 322, 341 m.w.N.
244 Vgl. ErfK/*Dieterich*, Art. 9 GG Rn 60 m.w.N.; MünchArb/ Löwisch/Rieble, Bd. 3, § 246 Rn 81.
245 S. zur Allgemeinverbindlichkeit Schmidt-Bleibtreu/Hofmann/Hopfauf/*Kannengießer*, Art. 9 Rn 28; *Stern*, Bd. IV/1, S. 2043 ff.
246 S. zum Streitstand Sachs/*Höfling*, GG, Art. 9 Rn 91 f. und v. Mangoldt/Klein/Starck/*Kemper*, Art. 9 Rn 139 f.
247 Vgl. ErfK/*Dieterich*, Art. 9 GG Rn 61.
248 Vgl. ErfK/*Schaub/Franzen*, § 4 TVG Rn 28.
249 Vgl. ErfK/*Dieterich*, Art. 9 GG Rn 62; *Dieterich*, RdA 2002, 1, 6 f.
250 ErfK/*Schaub/Franzen*, § 4 TVG Rn 33 f.
251 ErfK/*Schaub/Franzen*, § 4 TVG Rn 38.
252 Ausführlich zum Streitstand ErfK/*Dieterich*, Art. 9 GG Rn 63 m.w.N.; s.a. Maunz/Dürig/*Scholz*, Art. 9 Rn 273.
253 BVerfGE 28, 295, 304.
254 Vgl. ErfK/*Dieterich*, Art. 9 GG Rn 72.
255 Ausführlich hierzu ErfK/*Dieterich*, Art. 9 GG Rn 77 ff.

im Einzelnen durch TV sinnvoll zu ordnen".[256] Das Gemeinwohl stellt einen wirtschafts- und sozialpolitisch offenen Begriff dar, der nach h.M. nicht justiziabel ist.[257] Die Gerichte können Tarifnormen nur auf ihre Rechtmäßigkeit, nicht aber auf ihre Zweckmäßigkeit überprüfen.[258]

95 **4. Ausgestaltung und Eingriff.** Die Tarifautonomie verleiht den TV-Parteien bei der Regelung von Fragen, die Gegenstand von TV sein können, zwar „eine Normsetzungsbefugnis, aber kein Normsetzungsmonopol".[259] Dies folgt bereits aus der Gesetzgebungszuständigkeit gem. Art. 74 Abs. 1 Nr. 12.[260] Abweichende gesetzliche Regelungen im Bereich des Arbeits- und Wirtschaftsrechts sind somit nicht von vornherein ausgeschlossen.[261]

96 Die Tarifautonomie bedarf der Ausgestaltung durch die Rechtsordnung (zur Koalitionsfreiheit vgl. oben Rn 58 ff.).[262] Ihr Regelungsziel besteht darin, die rechtlichen Rahmenbedingungen für ein funktionsfähiges Tarifsystem zu schaffen und aufrecht zu erhalten.[263] Der Gesetzgeber ist „an einer sachgemäßen Fortbildung des TV-Systems nicht gehindert; seine Regelungsbefugnis findet ihre Grenzen an dem verfassungsrechtlich gewährleisteten Kernbereich der Koalitionsfreiheit: der Garantie eines gesetzlich geregelten und geschützten TV-Systems, dessen Partner frei gebildete Koalitionen i.S.d. Abs. 3 sein müssen".[264]

97 Als zulässige Einschränkungen der Koalitionsfreiheit, die der Ausgestaltung der Tarifautonomie dienen, kommen insb. Begrenzungen der Arbeitskampffreiheit, der zwingenden Wirkung von TV und der Tariffähigkeit in Betracht.[265] Dabei kommt dem Gesetzgeber ein weiter Gestaltungsspielraum zu.[266] Dies verschafft ihm „die Möglichkeit, die Voraussetzungen der Tariffähigkeit der jeweiligen gesellschaftlichen Wirklichkeit so anzupassen, dass die Koalitionen ihre Aufgabe erfüllen können".[267]

98 Im Gegensatz zur rechtlichen Ausgestaltung besteht ein Eingriff v.a. im Erlass von Gesetzen auf dem Gebiet der Arbeits- und Wirtschaftsbedingungen.[268] Eingriffe in die Tarifautonomie können durch kollidierendes Verfassungsrecht, insb. Grundrechte Dritter und andere mit Verfassungsrang ausgestattete Rechtsgüter gerechtfertigt sein (zur Koalitionsfreiheit vgl. oben Rn 68 ff.).[269]

99 Abs. 3 gewährt einen abgestuften Schutz koalitionsmäßiger Betätigungen. Dies wirkt sich in den Anforderungen aus, die an die Rechtfertigung von Eingriffen zu stellen sind.[270] So nimmt „die Wirkkraft des Grundrechts in dem Maße zu, in dem eine Materie aus Sachgründen am besten von den TV-Parteien geregelt werden kann, weil sie nach der dem Abs. 3 zugrunde liegenden Vorstellung des Verfassungsgebers die gegenseitigen Interessen angemessener zum Ausgleich bringen können als der Staat. Dies gilt vor allem für die Festsetzung der Löhne und der anderen materiellen Arbeitsbedingungen".[271] Je gewichtiger der durch Abs. 3 verliehene Schutz ist, desto schwerwiegender müssen die Gründe sein, die einen Eingriff rechtfertigen sollen.[272]

100 **5. Tarifautonomie und Rechtsprechung.** Wenngleich es grds. „Sache des Gesetzgebers" ist, die Tarifautonomie näher auszugestalten,[273] so müssen die ArbG ergänzend tätig werden, soweit dies erforderlich ist, weil der Gesetzgeber keine Regelungen getroffen hat.[274] Insb. im Arbeitskampfrecht (siehe Rn 102 ff.) existieren nur wenige Rechtsnormen. Bei unzureichenden gesetzlichen Vorgaben sind die (Arbeits-)Gerichte dazu berufen, die für das betreffende Rechtsverhältnis maßgebenden Rechtsgrundlagen selbst zu entwickeln.[275] Dies gilt auch dort, wo eine gesetzliche Regelung, etwa wegen einer verfassungsrechtlichen Schutzpflicht, notwendig wäre.[276]

101 Andererseits sind die Gerichte verfassungsrechtlich gleichermaßen verpflichtet, die Tarifautonomie zu respektieren; dies gilt insb. im Rahmen der gerichtlichen Überprüfung von TV.[277] Den TV-Parteien steht bei der inhaltlichen Ge-

---

256 BVerfGE 18, 18, 28.
257 ErfK/*Dieterich*, Art. 9 GG Rn 81 m.w.N.; s.a. MünchArb/*Richardi*, Bd. 3, § 240 Rn 30; a.A. *Zöllner/Loritz*, § 38 V m.w.N. Differenzierend Maunz/Dürig/*Scholz*, Art. 9 Rn 274 ff.
258 BAGE 7, 153, 2. Leitsatz.
259 BVerfGE 94, 268, 284.
260 Vgl. BVerfGE 94, 268, 284.
261 S.a. v. Münch/Kunig/*Löwer*, Art. 9 Rn 61 f.
262 BVerfGE 84, 212, 228; BVerfGE 88, 103, 115.
263 Vgl. ErfK/*Dieterich*, Art. 9 GG Rn 82.
264 BVerfGE 50, 290, 368 f.; vgl. auch BVerfGE 38, 281, 305 f.; BVerfGE 4, 96, 108.
265 Vgl. ErfK/*Dieterich*, Art. 9 GG Rn 84.
266 So auch BVerfGE 20, 312, 317 und Maunz/Dürig/*Scholz*, Art. 9 Rn 300; kritisch Sachs/*Höfling*, GG, Art. 9 Rn 85.
267 BVerfGE 50, 290, 368; vgl. auch BVerfGE 20, 312, 317. Näher zu den Anforderungen, die die Rspr. an die Tariffähigkeit von Koalitionen stellt, Schmidt-Bleibtreu/Hofmann/Hopfauf/*Kannengießer*, Art. 9 Rn 25; v. Mangoldt/Klein/Starck/*Kemper*, Art. 9 Rn 146; siehe auch BVerfG-K 31.7.2007 – VR 2007, 357; ausführlich *Doerlich*, Die Tariffähigkeit der Gewerkschaft, 2002. – Zur Aussetzung von Verfahren zur Prüfung der Tariffähigkeit einer Organisation BAG 28.1.2008 – NZA 2008, 489 (CGZP); hierzu *Ulber*, NZA 2008, 438 und AuR 2008, 297.
268 Vgl. ErfK/*Dieterich*, Art. 9 GG Rn 87.
269 So zur Koalitionsfreiheit BVerfGE 84, 212, 226 f.; gegen eine Intervention zugunsten sonstiger Rechtsgüter auch v. Münch/Kunig/*Löwer*, Art. 9 Rn 64.
270 BVerfGE 94, 268, 284 f.
271 BVerfGE 100, 271, 283 f.
272 Vgl. BVerfGE 94, 268, 284 f. Näher zur unterschiedlichen Eingriffsintensität v. Münch/Kunig/*Löwer*, Art. 9 Rn 62 f.
273 So BVerfGE 50, 290, 368 f.; BVerfGE 57, 220, 245 ff.
274 Vgl. ErfK/*Dieterich*, Art. 9 GG Rn 90.
275 BVerfGE 84, 212, 226 f.
276 Vgl. BVerfGE 81, 242, 256.
277 Vgl. ErfK/*Dieterich*, Art. 9 GG Rn 91.

staltung ihrer Regelungen ein Beurteilungs- und Ermessensspielraum zu.[278] TV unterliegen keiner Billigkeitskontrolle. Die Gerichte haben sie nur daraufhin zu überprüfen, ob sie gegen das GG oder anderes höherrangiges Recht verstoßen.[279] Die ArbG sind lediglich befugt, Tarifnormen auf ihre Rechtmäßigkeit, nicht aber auch auf ihre Zweckmäßigkeit zu überprüfen.[280] Sofern ein TV jedoch gegen Verfassungsrecht, insb. gegen Grundrechte verstößt, so steht der unterlegenen Partei nach Erschöpfung des Rechtswegs die Verfassungsbeschwerde offen.[281]

IX. Arbeitskampfrecht/Arbeitskampffreiheit

Zu den durch Abs. 3 geschützten koalitionsmäßigen Betätigungen zählen auch Arbeitskampfmaßnahmen, die auf den Abschluss von TV gerichtet sind.[282] Dies gilt jedenfalls insoweit, als sie erforderlich sind, um ein Verhandlungsgleichgewicht bei Tarifauseinandersetzungen (Verhandlungsparität) herzustellen und dadurch eine funktionierende Tarifautonomie zu gewährleisten.[283] Das Arbeitskampfrecht ist für die Tarifautonomie von grundlegender Bedeutung. Nach einer Formulierung des BAG wären Tarifverhandlungen ohne das Recht zum Arbeitskampf nicht mehr als „kollektives Betteln".[284] 102

Das Arbeitskampfrecht ist lediglich in Einzelfragen gesetzlich geregelt und beruht i.Ü. auf richterlicher Rechtsfortbildung.[285] Dies wird teilweise im Hinblick auf die vom BVerfG entwickelte Wesentlichkeitstheorie für bedenklich gehalten, wonach der Gesetzgeber verpflichtet ist, „in grundlegenden normativen Bereichen, zumal im Bereich der Grundrechtsausübung, alle wesentlichen Entscheidungen selbst zu treffen".[286] Dies gilt indes nur im Verhältnis zwischen Staat und Bürger, wohingegen die Koalitionsfreiheit das Verhältnis gleich geordneter Grundrechtsträger betrifft.[287] Bei unzureichenden gesetzlichen Vorgaben müssen daher die (Arbeits-)Gerichte „das materielle Recht mit den anerkannten Methoden der Rechtsfindung aus den allgemeinen, zwischen Bürgern oder auch zwischen privaten Verbänden geltenden Rechtsgrundlagen ableiten, die für das betreffende Rechtsverhältnis maßgeblich sind".[288] 103

1. Freiheit des Arbeitskampfes und der Arbeitskampfmaßnahmen. Sowohl das BAG[289] als auch das BVerfG[290] haben lange Zeit offen gelassen, ob Arbeitskampfmaßnahmen vom Schutzbereich der kollektiven Koalitionsfreiheit erfasst werden. Erstmals hat das BVerfG im Jahre 1991 ausdrücklich festgestellt, dass Arbeitskampfmaßnahmen, die auf den Abschluss von TV gerichtet sind, unter bestimmten Voraussetzungen zu den von Abs. 3 geschützten Mitteln zählen.[291] Diese Rspr. hat das Gericht in zahlreichen Folgeentscheidungen bestätigt.[292] 104

Der **Begriff des Arbeitskampfes** ist gesetzlich nicht definiert. Im weitesten Sinne ist darunter jede kollektive Maßnahme von AN oder AG zu verstehen, die die Gegenseite zielgerichtet unter Druck setzen soll[293] und üblicherweise in der Verweigerung der Erfüllung arbeitsvertraglicher Pflichten besteht.[294] Das Ziel, das mit der kollektiven Druckausübung verfolgt wird, liegt in aller Regel im Abschluss eines TV.[295] Die Arbeitskampfmaßnahmen müssen sich daher auf Materien beziehen, die zwischen den Sozialpartnern tarifvertraglich regelbar sind, also Gegenstände aus dem Bereich der Arbeits- und Wirtschaftsbedingungen betreffen.[296] Abs. 3 überlässt den Koalitionen grds. die Wahl der Mittel, die sie zur Herbeiführung des Vereinigungszwecks für erforderlich halten.[297] Denn die Koalitionen sollen „beim Abschluss von Tarifverträgen frei sein und die Mittel, die sie zur Erreichung dieses Zwecks für geeignet halten, selbst wählen können. Zu den geschützten Mitteln zählen jedenfalls die Arbeitskampfmaßnahmen, die erforderlich sind, um eine funktionierende Tarifautonomie sicherzustellen".[298] Die von Abs. 3 geschützte Arbeitskampffreiheit ist nicht auf die klassischen Kampfmittel des Streiks und der Aussperrung beschränkt, sondern kann darüber hinaus auch Maßnahmen wie Betriebsblockaden, Betriebsbesetzungen oder Boykott erfassen.[299] Nicht geschützt ist der politische Arbeitskampf, also Maßnahmen, die sich nicht gegen den Staat als AG, sondern gegen Hoheitsträger als solche richten und daher nicht die Regelung von Arbeits- und Wirtschaftsbedingungen bezwecken.[300] 105

---

278 BAGE 108, 95.
279 BAGE 118, 326 m.w.N.
280 Vgl. BAGE 7, 153.
281 Näher hierzu ErfK/*Dieterich*, Art. 9 GG Rn 93.
282 Vgl. BVerfGE 84, 212, 225; s.a. BVerfGE 92, 365, 393 f.
283 Vgl. BVerfGE 84, 212, 225; s.a. BVerfGE 92, 365, 393 f. Ausführlich zum Begriff der Verhandlungsparität v. Mangoldt/Klein/Starck/*Kemper*, Art. 9 Rn 153 ff. und Sächsisches LAG 2.11.2007 – NZA 2008, 59 (Lokführerstreik).
284 BAGE 46, 322, 346.
285 Vgl. zu den gesetzlichen Regelungen im Einzelnen ErfK/*Dieterich*, Art. 9 GG Rn 103; zur richterrechtlichen Ordnung aus v. Münch/Kunig/*Löwer*, Art. 9 Rn 65.
286 BVerfGE 49, 89, 126 f.; BVerfGE 53, 30, 56.
287 Vgl. BVerfGE 84, 212, 226 f.
288 BVerfGE 84, 212, 226 f.; s.a. BVerfGE 81, 242, 256.
289 Vgl. etwa BAGE 48, 195, 203.
290 S. bspw. BVerfGE 38, 386, 394.
291 So die Grundsatzentscheidung in BVerfGE 84, 212. S. zur Entwicklung der Rspr. v. Mangoldt/Klein/Starck/*Kemper*, Art. 9 Rn 125 f.
292 Vgl. insb. BVerfGE 88, 103 und BVerfGE 92, 365.
293 ErfK/*Dieterich*, Art. 9 GG Rn 94.
294 Sachs/*Höfling*, GG, Art. 9 Rn 105.
295 Vgl. ErfK/*Dieterich*, Art. 9 GG Rn 114.
296 Vgl. Sachs/*Höfling*, GG, Art. 9 Rn 104 f.
297 Vgl. BVerfGE 84, 212, 225 m.w.N.
298 BVerfGE 88, 103, 114; s.a. BVerfGE 84, 212, 225.
299 So auch Sachs/*Höfling*, GG, Art. 9 Rn 109 m.w.N.; a.A. v. Mangoldt/Klein/Starck/*Kemper*, Art. 9 Rn 161; differenzierend Maunz/Dürig/*Scholz*, Art. 9 Rn 314.
300 Vgl. Sachs/*Höfling*, GG, Art. 9 Rn 106 m.w.N.; v. Münch/Kunig/*Löwer*, Art. 9 Rn 80 m.w.N.; v. Mangoldt/Klein/Starck/*Kemper*, Art. 9 Rn 163; Maunz/Dürig/*Scholz*, Art. 9 Rn 316.

106 **2. Rechtsfolgen des Arbeitskampfes für das Individualarbeitsverhältnis.** Wenngleich Streik und Aussperrung unter bestimmten Voraussetzungen dem verfassungsrechtlichen Schutz der Koalitionsfreiheit unterliegen, stellen Arbeitskampfmaßnahmen im Grundsatz eine Verletzung der arbeitsvertraglichen Leistungspflichten dar.[301] Wie das BAG bereits im Jahre 1955 entschieden hat, ist die Teilnahme an einem gewerkschaftlich beschlossenen, legitimen Streik gleichwohl nicht rechtswidrig, sodass die bestreikten AG nicht zur außerordentlichen fristlosen Entlassung der streikenden AN berechtigt sind.[302] Denn „während der Teilnahme an einem rechtmäßigen Streik sind die beiderseitigen Rechte und Pflichten aus den Arbverh **suspendiert**. Die AN sind nicht zur Erbringung der Arbeitsleistung verpflichtet, verlieren aber gleichzeitig den Lohnanspruch".[303] Auch Aussperrungen haben im Allg. nur suspendierende Wirkung mit der Folge, dass die AN bei einer lösenden Aussperrung nach Beendigung des Arbeitskampfes einen Wiedereinstellungsanspruch nach billigem Ermessen hat.[304] Nach Streik- bzw. Aussperrungsende besteht somit eine Verpflichtung beider betroffenen Arbeitsvertragsparteien, alle Rechte und Pflichten aus dem Arbverh wieder aufzunehmen.[305]

107 **3. Streik.** Primäres Kampfmittel der Gewerkschaften ist der Streik als gemeinsame Arbeitsniederlegung einer Mehrzahl von AN.[306] Maßgebendes Element ist die „gemeinsame und planmäßig durchgeführte Arbeitseinstellung durch eine größere Anzahl von AN zu einem bestimmten Kampfziel".[307] Ziel des Streiks ist die „gemeinschaftliche Ausübung von Druck auf die AG des Tarifgebiets, deren Verhandlungsbereitschaft beeinflusst werden soll. Diesen Druck versucht die AN-Seite zu erreichen, indem sie den bestreikten AG die benötigte Arbeitskraft entzieht in der Absicht, sie vorübergehend an der Weiterführung des Betriebs zu hindern und ihnen damit wirtschaftliche Nachteile zuzufügen".[308]

108 Verschiedene Streikarten können unterschieden werden, so etwa der **Generalstreik**, bei dem alle AN eines Wirtschaftsgebiets die Arbeit niederlegen und dadurch das gesamte Wirtschaftsleben zum Stillstand bringen, der **Flächenstreik**, bei dem alle AG eines Wirtschaftszweiges bestreikt werden, sowie der **Teil- oder Schwerpunktstreik**, der sich hingegen nur auf einen Teilbereich des Tarifgebiets, einzelne Betriebe oder Betriebsteile beschränkt.[309] Bei einem **Wellenstreik** finden in einzelnen Abteilungen und Schichten eines Betriebs jeweils zu verschiedenen Zeiten Arbeitsniederlegungen von unterschiedlicher Dauer statt.[310] Um einen **Warnstreik** handelt es sich bei kurzen und zeitlich befristeten Arbeitsniederlegungen, zu denen die Gewerkschaft während laufender Tarifverhandlungen nach Abschluss der vertraglich vereinbarten Friedenspflicht aufruft.[311] Dadurch soll die AG-Seite die Bereitschaft der Gewerkschaft, notfalls auch einen intensiveren Arbeitskampf zu führen, verdeutlicht werden.[312] Das Ultima-Ratio-Prinzip verbietet den Warnstreik nicht.[313]

109 Art. 9 Abs. 3 schützt als koalitionsmäßige Betätigung Arbeitskampfmaßnahmen, die auf den Abschluss von TV gerichtet sind.[314] Nicht von der Koalitionsfreiheit erfasst sind daher Solidaritäts-, politische und wilde Streiks, da es ihnen an der Tarifbezogenheit fehlt (siehe Rn 125 ff.; zu den Voraussetzungen eines Unterstützungsstreiks siehe Rn 127).

110 Zur Teilnahme am Streik sind alle Beschäftigten berechtigt, an die der Streikaufruf der Gewerkschaft gerichtet ist, einschließlich der leitenden Ang (§ 5 Abs. 3 S. 2 BetrVG), Auszubildenden und arbeitnehmerähnlichen Personen (vgl. § 12a TVG).[315] Dies gilt nicht nur für die unmittelbar tarifbetroffenen Koalitionsangehörigen.[316] An einem gewerkschaftlich organisierten Streik können sich nach ganz h.M. auch nicht- und andersorganisierte AN beteiligen.[317] Das Ergebnis eines Arbeitskampfes kommt zumindest faktisch auch den sog. Außenseitern zugute, die gleichfalls um ihre Arbeitsbedingungen kämpfen, soweit sie dem Streikbeschluss folgen und die Arbeit niederlegen.[318]

111 Dieser Effekt rechtfertigt es andererseits, die Nichtorganisierten auch mit den negativen Folgen des Streiks zu belasten (zu den Einzelheiten des Arbeitskampfrisikos siehe Rn 134 ff.).[319] Diese Belastung wird indes „durch die Vorteile aufgewogen, die sich mittelbar auch für sie durch eine effiziente Tarifpraxis und Erfolge der gewerkschaftlichen Tarifpolitik ergeben. Eine unzulässige Beeinträchtigung der negativen Koalitionsfreiheit liegt darin nicht".[320]

---

301 S. ausführlich zu den Rechtsfolgen im Einzelarbverh ErfK/*Dieterich*, Art. 9 GG Rn 192 ff.
302 Vgl. BAGE 1, 291 ff.
303 BAGE 76, 196, 201.
304 Vgl. BAG 21.4.1971 – DB 1971, 1061, 1064.
305 Vgl. BAG 21.4.1971 – DB 1971, 1061, 1064.
306 BAGE 76, 196, 201.
307 BAG BB 1955, 412, 414.
308 BAGE 76, 196, 201.
309 So die Begriffsbestimmungen bei ErfK/*Dieterich*, Art. 9 GG Rn 162.
310 Vgl. BAGE 84, 302. Ausf. *Auktor*, Der Wellenstreik im System des Arbeitskampfrechts.
311 So BAGE 46, 322, 345 f.
312 Vgl. v. Münch/Kunig/*Löwer*, Art. 9 Rn 80.
313 S. BAGE 46, 322, 345 f. Näher zum Warnstreik und zur sog. Neuen Beweglichkeit v. Münch/Kunig/*Löwer*, Art. 9 Rn 80 m.w.N.; v. Mangoldt/Klein/Starck/*Kemper*, Art. 9 Rn 165.
314 BVerfGE 92, 365, 393 f.; BVerfGE 88, 103, 114; BVerfGE 84, 212, 225.
315 Vgl. ErfK/*Dieterich*, Art. 9 GG Rn 162.
316 ErfK/*Dieterich*, Art. 9 GG Rn 164.
317 Vgl. BAGE 23, 292, 310; BAGE 76, 196, 201 f.
318 BAGE 76, 196, 201 f.
319 So auch ErfK/*Dieterich*, Art. 9 GG Rn 166 m.w.N.
320 BAGE 76, 196, 201 f. m.w.N.; s.a. BAGE 23, 292, 310. Näher zu dieser Problematik *Stern*, Bd. IV/1, S. 2047 ff.

4. Aussperrung. Als Arbeitskampfmaßnahme der AG kommt v.a. die Aussperrung in Betracht. Darunter versteht man die generelle Zurückweisung der Arbeitsleistung unter Verweigerung der Entgeltzahlung, die mittels kollektiver Druckausübung die Erreichung eines Tarifziels herbeiführen soll.[321] Die Aussperrung ist das am heftigsten umstr. Institut des gesamten Arbeitskampfrechts.[322]

Bei der Aussperrung kann zunächst zwischen einer Angriffs- und einer Abwehraussperrung unterschieden werden. Die **Abwehraussperrung** ist die Reaktion der AG-Seite auf einen gegen sie gerichteten Streik.[323] Eine **Angriffsaussperrung** ist hingegen anzunehmen, wenn in einem Tarifgebiet der Arbeitskampf durch die AG eröffnet wird, die dabei ein eigenes kollektivvertragliches Regelungsziel verfolgen.[324]

Darüber hinaus kann zwischen lösenden und suspendierenden Aussperrungen differenziert werden.

a) Lösende und suspendierende Aussperrung. Erklärt der AG eine **lösende Aussperrung**, so wird das Arbverh insg. beendet.[325] Nach der früheren Rspr. des BAG sollte eine lösende Aussperrung unter bestimmten Voraussetzungen und unter Wahrung des Gebots der Verhältnismäßigkeit ausnahmsweise zulässig sein, so etwa als Reaktion auf einen lange Zeit andauernden Streik.[326] Aufgrund der Rspr. des BAG zur Verhältnismäßigkeit von Arbeitskampfmaßnahmen (vgl. Rn 131 f.) ist eine lösende Aussperrung heute praktisch ausgeschlossen.[327] Denn der Verlust des Arbeitsplatzes infolge einer Aussperrung ist stets als unverhältnismäßig anzusehen.[328]

Somit kommen nunmehr allein **Aussperrungen mit suspendierender Wirkung** in Betracht.[329] Sie haben zur Folge, dass die beiderseitigen Rechte und Pflichten aus dem fortbestehenden Arbverh während der Aussperrung ruhen (zur Suspendierungswirkung von Arbeitskampfmaßnahmen siehe Rn 106).[330] Nach Beendigung der Aussperrung besteht eine Verpflichtung beider Arbeitsvertragsparteien, alle Rechte und Pflichten aus dem Arbverh wieder aufzunehmen.[331]

b) Abwehraussperrung. Das BAG hält die suspendierende Abwehraussperrung als Reaktion auf begrenzte Teilstreiks[332] und Kurzstreiks[333] „unter den gegebenen wirtschaftlichen Verhältnissen für ein unerlässliches Mittel zur Aufrechterhaltung einer funktionierenden Tarifautonomie".[334] Denn die Funktionsfähigkeit des TV-Systems setze voraus, dass zwischen den Tarifpartnern ein annäherndes Verhandlungsgleichgewicht besteht; keine Seite dürfe in der Lage sein, der anderen Seite den Inhalt von TV zu diktieren.[335]

Die Abwehraussperrung muss sich stets im Rahmen der **Verhältnismäßigkeit** halten, da ihre Legitimation darin liegt, ein Verhandlungsübergewicht der Gewerkschaft zu verhindern.[336] Als verhältnismäßig können daher nur solche Abwehraussperrungen angesehen werden, die der Herstellung der Verhandlungsparität dienen.[337] Im Wege einer abstrakt-materiellen Betrachtungsweise werden dabei „nur Kriterien berücksichtigt, die einer typisierenden Betrachtung zugänglich sind, nicht dagegen situationsbedingte Vor- oder Nachteile, auch wenn diese sich im konkreten Arbeitskampf auswirken mögen".[338]

In einer Leitentscheidung aus dem Jahre 1980 hat das BAG Grundsätze zur Wahrung der Verhältnismäßigkeit aufgestellt (sog. **Aussperrungs-Arithmetik**).[339] Maßgebend sei der Umfang des Angriffsstreiks; je enger der Streik innerhalb des Tarifgebiets begrenzt ist, desto stärker sei das Bedürfnis der AG-Seite, den Arbeitskampf auf weitere Betriebe des Tarifgebietes auszudehnen.[340]

Das BVerfG hat nicht abschließend entschieden, wie weit die Aussperrung allg. verfassungsrechtlich geschützt ist.[341] Der Schutz des Abs. 3 umfasse jedenfalls Aussperrungen, die mit suspendierender Wirkung in Abwehr von Teil- oder Schwerpunktstreiks zur Herstellung der Verhandlungsparität eingesetzt werden.[342] Derartige Aussperrungen seien „nicht generell geeignet, die durch die Anerkennung des Streikrechts angestrebte Herstellung von Ver-

---

321 Vgl. ErfK/*Dieterich*, Art. 9 GG Rn 236.
322 S. zum Grundsatzstreit ErfK/*Dieterich*, Art. 9 GG Rn 237 f.
323 ErfK/*Dieterich*, Art. 9 GG Rn 239.
324 BAGE 33, 185, 191 m.w.N.
325 BAG 21.4.1971 – DB 1971, 1061, 1064 f.
326 Vgl. BAG 21.4.1971 – DB 1971, 1061, 1064 f.
327 ErfK/*Dieterich*, Art. 9 GG Rn 239.
328 So auch MünchArb/*Otto*, Bd. 3, § 285 Rn 132 f.; s.a. v. Mangoldt/Klein/Starck/*Kemper*, Art. 9 Rn 168.
329 Auch in der Entscheidung BAG 21.4.1971 – DB 1971, 1061 ff. hat das Gericht betont, dass auch Aussperrungen im Allg. nur suspendierende Wirkung haben.
330 S. für die Teilnahme an einem rechtmäßigen Streik BAGE 76, 196, 201.
331 Vgl. BAG 21.4.1971 – DB 1971, 1061, 1064.
332 Vgl. BAG 21.4.1971 – DB 1971, 1061; BAG 12.3.1985 – NZA 1985, 537.
333 Vgl. BAG 11.8.1992 – NZA 1993, 39, 40.
334 Bestätigung der Rspr. des BAG durch BVerfGE 84, 212, 225.
335 BAG 12.3.1985 – NZA 1985, 537, 538; s.a. BAG 21.4.1971 – DB 1971, 1061, 1063.
336 Vgl. BAG 11.8.1992 – NZA 1993, 39, 40.
337 BAGE 33, 140, 148; BAG 11.8.1992 – NZA 1993, 39, 40.
338 BAG 11.8.1992 – NZA 1993, 39, 40 unter Hinweis auf BAG 10.6.1980 – DB 1980, 1274.
339 BAG 10.6.1980 – DB 1980, 1274; ausführlich zur Rechtsentwicklung und zur Quotenfrage ErfK/*Dieterich*, Art. 9 GG Rn 241 f. m.w.N.; v. Mangoldt/Klein/Starck/*Kemper*, Art. 9 Rn 170.
340 BAG 10.6.1980 – DB 1980, 1274 ff.
341 So der ausdrückliche Hinweis in BVerfGE 84, 212, 225.
342 Vgl. BVerfGE 84, 212, 225.

handlungsparität wieder zu Lasten der AN zu beeinträchtigen".[343] Unter welchen Voraussetzungen und in welchem Umfang eine Koalition das verfassungsrechtlich geschützte Mittel der Aussperrung einsetzen darf, sei ebenso wie beim Streik keine Frage des Schutzbereichs, sondern der Ausgestaltung des Grundrechts durch die Rechtsordnung.[344]

120 **c) Angriffsaussperrung.** Die verfassungsrechtliche Zulässigkeit der Angriffsaussperrung wird überwiegend zumindest skeptisch beurteilt.[345] Im Schrifttum besteht keine Einigkeit. Die Auff. reichen von der Billigung[346] über die Annahme einer eingeschränkten Zulässigkeit[347] bis hin zur allg. Ablehnung der Angriffsaussperrung.[348]

121 Das BAG hat lediglich im Jahre 1955 eine Entscheidung zur „(praktisch seltenen) legitimen Aggressivaussperrung" getroffen,[349] wohingegen alle folgenden Entscheidungen des BAG und des BVerfG die Abwehraussperrung mit suspendierender Wirkung zum Gegenstand haben.[350]

122 **5. Grenzen des Arbeitskampfes.** Die verfassungsrechtliche Zulässigkeit von Arbeitskampfmaßnahmen ist in mehrfacher Hinsicht begrenzt.

123 **a) Tarifbezogenheit.** Der Schutz der Koalitionsfreiheit erstreckt sich auf alle koalitionsspezifischen Verhaltensweisen.[351] Hierzu zählt insb. der Abschluss von TV, durch die die Koalitionen v.a. Lohn- und sonstige materielle Arbeitsbedingungen in eigener Verantwortung und im Wesentlichen ohne staatliche Einflussnahme regeln.[352] Zu den von Abs. 3 geschützten Mitteln zählen auch Arbeitskampfmaßnahmen, sofern sie allg. erforderlich sind, um eine funktionierende Tarifautonomie sicherzustellen.[353] Diese „Funktion des Arbeitskampfes bestimmt die Grenzen seiner Zulässigkeit. Er ist ein Hilfsinstrument zur Sicherung der Tarifautonomie. Deshalb darf er auch nur als Instrument zur Durchsetzung tariflicher Regelungen eingesetzt werden".[354] Abs. 3 schützt somit als koalitionsmäßige Betätigung nur solche Arbeitskampfmaßnahmen, die auf den Abschluss eines TV gerichtet sind.[355]

124 Der Arbeitskampf muss sich außerdem auf Materien beziehen, die zwischen den Sozialpartnern tarifvertraglich geregelt werden können.[356] Er darf daher nicht auf Gegenstände gerichtet sein, für die den TV-Parteien eindeutig keine Regelungskompetenz zusteht.[357] Bspw. ist die Rücknahme einer Künd der Regelung im normativen Teil eines TV nicht zugänglich, sodass die Beteiligten auf den Rechtsweg angewiesen sind.[358] Gleiches gilt für die Erfüllung von Rechtsansprüchen oder die Klärung von Rechtsfragen.[359] Ebenso kann ein AG in einem TV nicht verpflichtet werden, den tariflichen Künd-Schutz mit den AN auch einzelvertraglich zu vereinbaren.[360] Nicht rechtswidrig ist das Streikziel einer Verlängerung der Fristen für betriebsbedingte Künd aufgrund von Betriebsänderungen auf Zeiten von mehr als einem Jahr.[361] Gleiches gilt für das Streikziel einer mit der Betriebszugehörigkeit steigenden Dauer der Künd-Frist ohne Begrenzung auf eine Höchstlänge.[362] Tariflich regelbar und erstreikbar sind auch Ansprüche auf eine zu vergütende Teilnahme an Qualifizierungsmaßnahmen nach Beendigung des Arbverh.[363]

125 Da Abs. 3 als koalitionsmäßige Betätigung nur solche Arbeitskampfmaßnahmen schützt, die auf den Abschluss eines TV gerichtet sind,[364] sind Arbeitskämpfe rechtswidrig, die der Durchsetzung anderer Ziele dienen.

126 Nicht geschützt ist daher der **politische Arbeitskampf**, also Maßnahmen, die sich nicht gegen den Staat als AG, sondern gegen Hoheitsträger als solche richten und daher nicht die Regelung von Arbeits- und Wirtschaftsbedingungen bezwecken.[365] Vielmehr wird lediglich das allgemeinpolitische Ziel verfolgt, auf den Staat als politischen Entscheidungsträger Druck auszuüben.[366]

127 Als rechtswidrig qualifizierte das BAG bislang auch den sog. **Sympathiestreik**, mit dem ein anderer Streik (Hauptstreik) unterstützt werden soll, wobei aufseiten der Gewerkschaften wie auch aufseiten der betroffenen AG jeweils

---

343 BVerfGE 84, 212, 225.
344 BVerfGE 84, 212, 225.
345 S. zum Streitstand ausführlich ErfK/*Dieterich*, Art. 9 GG Rn 246 ff.
346 *Konzen*, AcP 177 (1977), 473, 537; *Lieb*, DB 1980, 2188.
347 *Brox/Rüthers/Henssler*, Rn 315; MünchArb/*Otto*, Bd. 3, § 286 Rn 72 ff.
348 *Däubler/Wolter*, S. 662 ff m.w.N.; *Raiser*, S. 85 f.; *Seiter*, S. 330 ff.
349 BAG BB 1955, 412, 414.
350 S. zur Entwicklung der Rspr. ErfK/*Dieterich*, Art. 9 GG Rn 247.
351 Vgl. BVerfGE 94, 268, 283; BVerfGE 100, 214, 221.
352 BAG 5.3.1985 – NZA 1985, 504, 507; BVerfGE 44, 322, 340 f.; BVerfGE 58, 233, 246.
353 Vgl. BVerfGE 84, 212, 225.
354 BAG 5.3.1985 – NZA 1985, 504, 507.
355 BVerfGE 92, 365, 393 f.; BVerfGE 88, 103, 114; BVerfGE 84, 212, 225.
356 Vgl. Sachs/*Höfling*, GG, Art. 9 Rn 104 f.
357 Vgl. ErfK/*Dieterich*, Art. 9 GG Rn 114 f.
358 S. BAGE 30, 50, 61 f.
359 Vgl. ErfK/*Dieterich*, Art. 9 GG Rn 118 m.w.N.
360 BAG 10.12.2002 – NZA 2003, 734.
361 BAG 24.4.2007 – NJW 2007, 3660; hierzu *Gaul*, RdA 2008, 13 und *Kerwer*, EuZA 2008, 335.
362 BAG 24.4.2007 – NJW 2007, 3660.
363 BAG 24.4.2007 – NJW 2007, 3660.
364 BVerfGE 92, 365, 393 f.; BVerfGE 88, 103, 114; BVerfGE 84, 212, 225.
365 Vgl. Sachs/*Höfling*, GG, Art. 9 Rn 106 m.w.N.; v. Münch/Kunig/*Löwer*, Art. 9 Rn 80 m.w.N.; Maunz/Dürig/*Scholz*, Art. 9 Rn 316.
366 Vgl. v. Mangoldt/Klein/Starck/*Kemper*, Art. 9 Rn 163.

andere Parteien beteiligt sind als im Hauptkampf.[367] Mit Urteil vom 19.6.2007[368] hat das BAG seine bisherige Rspr., nach der ein **Unterstützungsstreik** grds. unzulässig ist, revidiert. Gewerkschaftliche Streiks, die der Unterstützung eines in einem anderen Tarifgebiet geführten Hauptarbeitskampfs dienen, unterfallen demnach der durch Abs. 3 gewährleisteten Betätigungsfreiheit der Gewerkschaften.[369] Sie seien nicht etwa generell deshalb unzulässig, weil die Grenzen des Tarifgebiets überschritten werden.[370] Das BAG hat sich im Ergebnis dafür ausgesprochen, Unterstützungsstreiks nur noch in eng begrenzten Ausnahmefällen, etwa bei wirtschaftlichen Verflechtungen zwischen den involvierten Unternehmen oder Neutralitätspflichtverletzungen des vom Sympathiearbeitskampf betroffenen AG, zu untersagen.[371]

128 Rechtswidrig ist ein sog. **wilder Streik**, also „eine von der zuständigen Gewerkschaft weder von vornherein gebilligte noch nachträglich genehmigte und übernommene Arbeitsniederlegung".[372] Da das Mittel des Streiks eine „scharfe Waffe" ist, darf das Streikrecht nicht Personen oder Gruppen anvertraut werden, bei denen „nicht die Gewähr dafür besteht, dass sie nur in vertretbarem Umfang davon Gebrauch machen werden. Eine solche Gewähr ist bei den einzelnen AN oder den Mitgliedern der Belegschaften als solchen oder nichtgewerkschaftlichen Gruppen von AN nicht gegeben".[373]

129 **b) Wahrung der Friedenspflicht.** Abs. 3 garantiert den frei gebildeten Koalitionen das Recht, die materiellen Arbeitsbedingungen in einem von staatlicher Rechtsetzung freien Raum in eigener Verantwortung durch unabdingbare Gesamtvereinbarungen sinnvoll zu ordnen.[374] Dies ist allerdings nur dann möglich, wenn ein TV während seiner Laufzeit respektiert und nicht durch einen Arbeitskampf wieder in Frage gestellt wird.[375] Ein TV beinhaltet daher regelmäßig eine Friedenspflicht für die TV-Parteien, die zur Unzulässigkeit eines Arbeitskampfes führt, der den TV vor dem Ende seiner Geltungsdauer oder eines vereinbarten Schlichtungsverfahrens angreifen will.[376]

130 Die Friedenspflicht ist dem TV als einer Friedensordnung immanent und muss daher nicht gesondert vereinbart werden.[377] Sofern die TV-Parteien nicht ausdrücklich etwas anderes bestimmt haben, wirkt die Friedenspflicht nicht absolut, sondern relativ.[378] Sie bezieht sich nur auf die tarifvertraglich geregelten Gegenstände.[379] Ihre sachliche Reichweite ist durch Auslegung des TV zu ermitteln.[380] Haben die TV-Parteien eine bestimmte Sachmaterie erkennbar umfassend geregelt, ist davon auszugehen, dass sie „diesen Bereich der Friedenspflicht unterwerfen und für die Laufzeit des TV die kampfweise Durchsetzung weiterer Regelungen unterbinden wollen, die in einem sachlichen inneren Zusammenhang mit dem befriedeten Bereich stehen".[381]

131 **c) Verhältnismäßigkeit.** Arbeitskampfmaßnahmen von AG und AN stehen stets unter dem Gebot der Verhältnismäßigkeit.[382]

Dies bedeutet zum einen, dass der Arbeitskampf erst nach Ausschöpfung aller Verständigungsmöglichkeiten eingeleitet werden darf,[383] also die letzte Möglichkeit (Ultima Ratio) sein muss.[384] Das **Ultima-Ratio-Prinzip** verlangt allerdings nicht, dass die Verhandlungen förmlich für gescheitert erklärt werden.[385] Denn wenn es „auf eine fortbestehende Verhandlungs- und Kompromissbereitschaft der TV-Parteien materiell nicht ankommen kann, die TV-Parteien vielmehr selbst frei darüber bestimmen, wann die Verhandlungen gescheitert sind, kann auch eine irgendwie geartete formalisierte Erklärung des Scheiterns der Tarifverhandlungen eine Arbeitskampfmaßnahme nicht erst zulässig machen".[386] Vielmehr liegt in der Einleitung des Arbeitskampfes die freie und nicht nachprüfbare Entscheidung der TV-Partei, dass sie die Verhandlungsmöglichkeiten nunmehr als erschöpft ansieht.[387]

132 Nach dem Grundsatz der Verhältnismäßigkeit muss ein Arbeitskampf außerdem zur Erreichung eines rechtmäßigen Kampfzieles geeignet und erforderlich sein; er darf nicht außer Verhältnis zu dem angestrebten Ziel stehen.[388] Dies gilt nicht zuletzt für die Art der Durchführung und die Intensität des Arbeitskampfes.[389] Dazu gehört, dass der Arbeitskampf nach den Regeln des fairen Kampfes geführt wird,[390] insb. nicht auf die Existenzvernichtung des Gegners

---

367 BAG 5.3.1985 – NZA 1985, 504, 507; BAG 12.1.1988 – NZA 1988, 474, 475.
368 BAG 19.6.2007 – NZA 2007, 1055; abl. *Bieder*, NZA 2008, 799; *Hohenstatt/Schramm*, NZA 2007, 1034; *Reinartz/Olbertz*, DB 2008, 814; s. auch *Kerwer*, EuZA 2008, 335.
369 BAG 19.6.2007 – NZA 2007, 1055.
370 BAG 19.6.2007 – NZA 2007, 1055.
371 Ausführlich *Bieder*, NZA 2008, 799.
372 BAGE 22, 162, 164.
373 BAG 20.12.1963 – DB 1964, 371.
374 Vgl. BVerfGE 44, 322, 340 f.; s.a. BVerfGE 18, 18, 28.
375 Vgl. ErfK/*Dieterich*, Art. 9 GG Rn 124.
376 Vgl. ErfK/*Dieterich*, Art. 9 GG Rn 124.
377 Vgl. BAG 10.12.2002 – NZA 2003, 734, 738 f.; BAGE 105, 5; BAGE 41, 209, 219.
378 BAG 10.12.2002 – NZA 2003, 734, 738 f.; BAGE 105, 5; BAGE 41, 209, 219.
379 BAG 10.12.2002 – NZA 2003, 734, 738 f.; BAGE 105, 5; BAGE 41, 209, 219.
380 Vgl. BAG 10.12.2002 – NZA 2003, 734, 738 f. m.w.N.
381 BAG 10.12.2002 – NZA 2003, 734, 738 f. m.w.N.
382 So bereits BAGE 23, 292, 306 f.; s. auch BVerfGE 92, 365.
383 Vgl. BAG 11.5.1993 – NZA 1993, 809, 810 f.
384 BAGE 23, 292, 306 f.; BAGE 58, 364, 383; BAGE 105, 5.
385 BAGE 58, 364, 381; BAGE 105, 5.
386 BAGE 58, 364, 381; BAGE 105, 5.
387 Vgl. BAGE 58, 364, 381, und BAGE 105, 5.
388 BAG 11.5.1993 – NZA 1993, 809, 810 f.
389 Vgl. BAG 11.5.1993 – NZA 1993, 809, 810 f.
390 BAG 11.5.1993 – NZA 1993, 809, 810 f.

abzielt.[391] Daher müssen nach beendetem Arbeitskampf beide Parteien auch dazu beitragen, dass sobald wie möglich und in größtmöglichem Umfang der Arbeitsfriede wieder hergestellt wird.[392]

Die Koalitionen haben einen **Beurteilungsspielraum** bei der Frage, ob eine Arbeitskampfmaßnahme geeignet ist, Druck auf den sozialen Gegenspieler auszuüben. Der Beurteilungsspielraum erfasst nicht nur die Frage, welches Kampfmittel eingesetzt wird, sondern auch, wem gegenüber dies geschieht.[393]

Nur wenn das Kampfmittel zur Erreichung des zulässigen Kampfziels offensichtlich ungeeignet, offensichtlich nicht erforderlich oder unverhältnismäßig ist, kann eine Arbeitskampfmaßnahme aus diesem Grunde für rechtswidrig erachtet werden.[394]

133 Umstr. ist, inwieweit Streiks im Hinblick auf das Gemeinwohl und Aspekte der Daseinsvorsorge unverhältnismäßig sind.[395] Im Schrifttum werden **Streiks in Krankenhäusern und öffentlichen Versorgungsbetrieben** (Strom, Gas, Wasser) teilw. für prinzipiell unzulässig gehalten.[396] Eine a.A. will sich mit der Zurückhaltung der Kampfparteien im Hinblick auf geschuldete Notstandsarbeiten begnügen.[397] Mögliche erhebliche Auswirkungen auf die Allgemeinheit führen nicht schon zu einem generellen Verbot von Streikmaßnahmen aus Gründen der Verhältnismäßigkeit.[398] Zu berücksichtigen ist, ob es dem Streikgegner möglich ist, Ersatzdienstleistungen anzubieten, in welchem Umfang tatsächlich Personen und die Allgemeinheit von einem Streik betroffen sind und ob bzw. welche Ausweichmöglichkeiten für die Betroffenen bestehen.[399]

Nach Auff. des Sächsischen LAG sind daher **Streiks der Lokführer im Nah-, Fern- und Güterverkehr** nicht schon wegen ihrer erheblichen Auswirkungen auf Dritte unverhältnismäßig und daher unzulässig, solange eine Mindestversorgung, etwa aufgrund von Notdiensten, sichergestellt ist.[400]

Nach einer Entscheidung des ArbG Kiel hinsichtlich der Streikmaßnahmen des Marburger Bundes führt der Aspekt „Gefährdung des Gemeinwohles" grundsätzlich nicht zur Rechtswidrigkeit eines **Ärztestreiks**, wenn Notfallpläne existieren, die soweit als möglich eine akute Gefährdung von Leib und Leben der Patienten vermeiden.[401]

134 **6. Arbeitskampfrisiko.** Vor dem Hintergrund, dass aus einem Arbeitskampf resultierende Begleitschäden nicht nur bei den unmittelbar an den Kampfmaßnahmen Beteiligten, sondern auch bei unbeteiligten Abnehmern und Zulieferern entstehen können (sog. **Fernwirkung**), stellt sich die Frage, wie das Risiko des Arbeitskampfes sachgerecht zu verteilen ist.[402] Nach der nunmehr in § 615 S. 3 BGB verankerten Lehre vom Betriebsrisiko trägt grds. der AG das Betriebs- und Wirtschaftsrisiko. Er muss den Lohn also auch dann zahlen, wenn er AN ohne sein Verschulden aus betriebstechnischen Gründen nicht beschäftigen kann (**Betriebsrisiko**) oder wenn die Fortsetzung des Betriebes etwa wegen Auftrags- oder Absatzmangels wirtschaftlich sinnlos wird (**Wirtschaftsrisiko**).[403] Dies stellt eine Ausnahme vom arbeitsrechtlichen Grundsatz „kein Lohn ohne Arbeit" dar.[404]

135 Im Rahmen von Arbeitskämpfen gilt die Lehre vom Betriebsrisiko allerdings nicht uneingeschränkt. Denn „wer sich zum Kampf entschließt, muss auch das Risiko des Kampfes tragen".[405] Daraus ergibt sich, dass bei unmittelbarer Beteiligung am Arbeitskampf jeder Beteiligte das Risiko der Nichtarbeit selbst trägt.[406]

136 Besondere Grundsätze gelten für den Lohnanspruch nicht streikender, arbeitswilliger AN des kampfbetroffenen Betriebes sowie für Betriebsstörungen aufgrund eines fremden Arbeitskampfes (Fernwirkung).[407]

137 Für den Lohnanspruch arbeitswilliger AN des unmittelbar betroffenen Betriebes hat das BAG festgestellt, dass der AG nicht verpflichtet ist, einen bestreikten Betrieb oder Betriebsteil so weit wie möglich aufrechtzuerhalten.[408] Er kann ihn vielmehr während des Streiks stilllegen mit der Folge, dass die beiderseitigen Rechte und Pflichten aus dem Arbverh suspendiert werden und auch arbeitswillige AN ihren Lohnanspruch verlieren, ohne dass es darauf ankäme, ob dem AG die Heranziehung der Arbeitswilligen zur Arbeit möglich und zumutbar ist.[409]

138 Auch bei Betriebsstörungen, die auf einem Arbeitskampf in einem anderen Betrieb beruhen (Fernwirkung), trägt der AG das Betriebs- und Wirtschaftsrisiko nicht uneingeschränkt. Vielmehr tragen beide Seiten das Arbeitskampfrisi-

---

391 BAG 11.5.1993 – NZA 1993, 809, 810 f.; BAGE 23, 292, 306 f.
392 Vgl. BAG 11.5.1993 – NZA 1993, 809, 810 f.
393 BAGE 105, 5.
394 S. BVerfG 10.9.2004 – NZA 2004, 1338; BAG 19.6.2007 – NZA 2007, 1055.
395 Ausf. zum Streitstand Sächsisches LAG 2.11.2007 – NZA 2008, 59 m.w.N.
396 Maunz/Dürig/*Scholz*, Art. 9 Rn 319 m.w.N.
397 S. hierzu die Nachweise bei Sächsisches LAG 2.11.2007 – NZA 2008, 59 m.w.N.
398 Sächsisches LAG 2.11.2007 – NZA 2008, 59.
399 Sächsisches LAG 2.11.2007 – NZA 2008, 59 m.w.N.
400 Sächsisches LAG 2.11.2007 – NZA 2008, 59; s. hierzu die überw. zust. Anm. von *Hanau*, RdA 2008, 98; *Sittard*, ZTR 2008, 178; *Greiner*, LAGE Art. 9 GG Arbeitskampf Nr. 80; vgl. auch *Greiner*, NZA 2007, 1023 und *Schmitt-Rolfes*, AuA 2007, 583.
401 ArbG Kiel 30.6.2006 – ZTR 2006, 488.
402 Vgl. ErfK/*Dieterich*, Art. 9 GG Rn 141 ff.
403 BAG 22.3.1994 – NZA 1994, 1097.
404 S. zum Lohnausfallprinzip Palandt/*Weidenkaff*, § 615 BGB Rn 3.
405 BAG BB 1955, 412, 414.
406 ErfK/*Dieterich*, Art. 9 GG Rn 142.
407 Hierzu im Einzelnen ErfK/*Dieterich*, Art. 9 GG Rn 143 ff.
408 BAG 11.7.1995 – NZA 1996, 214, 216.
409 Vgl. BAG 11.7.1995 – NZA 1996, 214, 216.

ko, wenn die Fernwirkungen eines Streiks das Kräfteverhältnis der kampfführenden Parteien beeinflussen können.[410] Dies gilt insb. dann, „wenn die für den mittelbar betroffenen Betrieb zuständigen Verbände mit den unmittelbar kampfführenden Verbänden identisch oder doch organisatorisch eng verbunden sind".[411] Für die betroffenen AN bedeutet dies, dass sie für die Dauer der Störung keine Beschäftigungs- und Vergütungsansprüche haben.[412]

Art. 12 Berufs-, Betätigungsfreiheit

(1) [1]Alle Deutschen haben das Recht, Beruf, Arbeitsplatz und Ausbildungsstätte frei zu wählen. [2]Die Berufsausübung kann durch Gesetz oder auf Grund eines Gesetzes geregelt werden.

(2) Niemand darf zu einer bestimmten Arbeit gezwungen werden, außer im Rahmen einer herkömmlichen allgemeinen, für alle gleichen öffentlichen Dienstleistungspflicht.

(3) Zwangsarbeit ist nur bei einer gerichtlich angeordneten Freiheitsentziehung zulässig.

Literatur: *Adam*, Zum Kündigungsschutz bei Kleinbetrieben, MDR 2001, 944; *Beaucamp*, Vertragsärztliche Zulassung und Berufsfreiheit, JA 2003, 51; *Becker*, Zur verfassungsrechtlichen Stellung der Vertragsärzte am Beispiel der zulassungsbezogenen Altersgrenzen, NZS 1999, 521; *Bengsch*, Der verfassungsrechtlich geforderte Mindestkündigungsschutz im Arbeitsverhältnis, 2005; *Boecken*, Höchstaltersgrenze für Vertragsärzte, ArztR 2008, 299; *Braun*, Zulässigkeit, Grenzen und Probleme der Nebentätigkeit, DB 2003, 2282; *Brötzmann*, Inhaltskontrolle einer arbeitsvertraglichen Klausel über die Rückzahlung von Ausbildungskosten, NJW 2007, 3020; *Depenheuer*, Freiheit des Berufs und Grundfreiheiten der Arbeit, in: FS 50 Jahre Bundesverfassungsgericht 2001, 241; *Dieterich*, Unternehmerfreiheit und Arbeitsrecht im Sozialstaat, AuR 2007, 65; *ders.*, Die grundrechtsdogmatischen Grenzen der Tarifautonomie in der Rechtsprechung des Bundesarbeitsgerichts, in: FS für Wiedemann 2002, 229; *Düwell/Ebeling*, Rückzahlung von verauslagten Bildungsinvestitionen, DB 2008, 406; *Gaul/Bonanni*, Diskriminierung durch Altersgrenzen, ArbRB 2008, 87; *Gaul/Khanian*, Zulässigkeit und Grenzen arbeitsrechtlicher Regelungen zur Beschränkung von Nebentätigkeiten, MDR 2006, 68; *Gragert*, Kündigungsschutz in Kleinbetrieben, NZA 2000, 961; *Hennige*, Rückzahlung von Aus- und Fortbildungskosten, NZA-RR 2000, 617; *Hergenröder*, Das Spannungsverhältnis von Art. 12 GG und Art. 14 GG im Verhältnis zwischen Arbeitgeber und Arbeitnehmer, in: FS Hadding 2004, 81; *ders.*, Kündigung und Kündigungsschutz im Lichte der Verfassung, ZfA 2002, 355; *Hirschmann*, Die Begrenzung tarifvertraglicher Normsetzungsbefugnisse durch die Grundrechte unter besonderer Berücksichtigung des Art. 12 GG, 2002; *Hunold*, Die aktuelle Rechtsprechung zur Inhaltskontrolle arbeitsrechtlicher Absprachen, NZA-RR 2008, 449; *ders.*, Ausgewählte Rechtsprechung zur Vertragskontrolle im Arbeitsverhältnis, NZA-RR 2002, 225; *Hüttl*, Wettbewerbsverbote, AuA 2007, 602; *Jaeger*, 68-Jahres-Altersgrenze für Vertragsärzte mit deutschem und europäischem Recht vereinbar, MedR 2008, 456; *Kamanabrou*, Verfassungsrechtliche Aspekte eines Abfindungsschutzes bei betriebsbedingten Kündigungen, RdA 2004, 333; *Kühling*, Die Berufsfreiheit des Arbeitnehmers, in: FS für Dieterich 1999, 325; *Lakies*, Rückzahlungsklauseln bei betrieblicher Fort- und Weiterbildung, PersR 2008, 98; *Langguth*, Vertragsarztrecht: Altersgrenze für Niederlassung verfassungsgemäß, DStR 2001, 1449; *Lindner*, Grundrechtsfestigkeit des arbeitsrechtlichen Kündigungsschutzes?, RdA 2005, 166; *Lingemann/Gotham*, Freiwilligkeits-, Stichtags- und Rückzahlungsregelungen bei Bonusvereinbarungen, NZA 2008, 509; *Otto*, Kündigungsschutz im Kleinbetrieb, RdA 2002, 103; *Papier*, Arbeitsmarkt und Verfassung, RdA 2000, 1; *Pauly/Hesselbarth*, Art. 12 GG und arbeitsmarktpolitisch motivierte Altersgrenzen, NJ 1999, 464; *Peter*, Nebentätigkeiten von Arbeitnehmern, 2006; *Powietzka*, Kündigungsschutz im Kleinbetrieb und in der Wartezeit, 2003; *Richardi*, Arbeitsgesetzgebung und Systemgerechtigkeit, NZA 2008, 1; *Rischar*, Arbeitsrechtliche Klauseln zur Rückzahlung von Fortbildungskosten, BB 2002, 2550; *Sachs*, Altersbegrenzung für Zugang zur vertragsärztlichen Tätigkeit, JuS 2001, 909; *Schmidt*, Die Beteiligung der Arbeitnehmer an den Kosten der beruflichen Bildung, NZA 2004, 1002; *Schrader/Schubert*, AGB-Kontrolle von Arbeitsverträgen, NZA-RR 2005, 169 und 225; *Schröder*, Rückzahlungsklauseln wirksam gestalten, AuA 2007, 108; *Stück*, Rückzahlungsvereinbarungen für Fortbildungskosten – Was ist noch zulässig?, DStR 2008, 2020; *Thum*, Betriebsbedingte Kündigung und unternehmerische Entscheidungsfreiheit, 2002; *Tschöpe/Fleddermann*, Das Einmaleins des Gratifikationsrechts, AuA 2002, 256; *von Finckenstein*, Freie Unternehmerentscheidung und dringende betriebliche Erfordernisse bei der betriebsbedingten Kündigung, 2005; *von Heuningen-Huene*, Die „missbräuchliche" Unternehmerentscheidung bei der betriebsbedingten Kündigung, in: 50 Jahre Bundesarbeitsgericht 2004, 369; *Waas*, Ausbildungskosten-Erstattung bei Arbeitgeberkündigung, RdA 2005, 120; *Walker*, Die freie Unternehmerentscheidung im Arbeitsrecht, ZfA 2004, 501; *Wank*, Nebentätigkeit des Arbeitnehmers, AR-Blattei SD 1230; *Welti*, Grundrechte/Krankenversicherungsrecht – Altersgrenze für Erstzulassung von Vertragsärzten, JA 2002, 110; *Wenzel*, Reduktion des Kündigungsschutzes nach dem KSchG auf ein verfassungsrechtlich zulässiges Maß, 2003; *Wolter*, Die Finanzmärkte, das Arbeitsrecht und die freie Unternehmerentscheidung, AuR 2008, 325; *Zundel*, Die wachsende Bedeutung der Kleinbetriebsklausel des Kündigungsschutzgesetzes, NJW 2006, 3467

A. Allgemeines 1	2. Juristische Personen 14
I. Bedeutung des Art. 12 im Arbeitsrecht 1	II. Begriff des Berufs 17
II. Abs. 1 als einheitliches Grundrecht 5	III. Geschützte Betätigung 21
III. Funktionen des Abs. 1 6	IV. Eingriff 25
B. Regelungsgehalt der Berufsfreiheit 12	V. Eingriffsrechtfertigung und deren verfassungsrechtliche Grenzen 34
I. Grundrechtsträger 12	
1. Natürliche Personen 12	VI. Konkurrenz zu anderen Grundrechten 44

---

410 BAG 22.12.1980 – DB 1981, 321, 323 f.
411 BAG 22.12.1980 – DB 1981, 321, 323 f.
412 BAG 22.12.1980 – DB 1981, 321, 323 f.

C. Regelungsgehalt von Abs. 2 und Abs. 3	46	3. Inhaltskontrolle von Arbeitsverträgen	54
D. Arbeitsrechtliche Besonderheiten	49	II. Berufsfreiheit des Arbeitgebers	59
I. Berufsfreiheit des Arbeitnehmers	49	1. Beendigung von Arbeitsverhältnissen	60
1. Einfachgesetzliche Ausprägungen	50	2. Mitbestimmung	62
2. Arbeitsplatzschutz	51	3. Arbeitsschutzgesetze	63

A. Allgemeines

I. Bedeutung des Art. 12 im Arbeitsrecht

1 Abs. 1 gewährleistet allen Deutschen das Recht, Beruf, Arbeitsplatz und Ausbildungsstätte frei zu wählen. Das Grundrecht der Berufsfreiheit garantiert dem Einzelnen „das Recht, jede Tätigkeit, für die er sich geeignet glaubt, als ‚Beruf' zu ergreifen, d.h. zur Grundlage seiner Lebensführung zu machen".[1] Über die Freiheit der Berufswahl hinaus schützt Abs. 1 die Freiheit der Berufsausübung.

2 Die durch Abs. 1 geschützte Berufsfreiheit und die Eigentumsgarantie des Art. 14 bilden die grundrechtliche Basis der Arbeits- und Wirtschaftsverfassung der Bundesrepublik Deutschland.[2] Auf ihnen beruht die ordnungspolitische Grundentscheidung für ein marktwirtschaftliches System.[3] Abs. 1 enthält ein zentrales Freiheitsrecht für das Arbeits- und Wirtschaftsleben.[4] Sein personaler Grundzug besteht darin, dass sich die Persönlichkeit des Menschen „erst darin voll ausformt und vollendet, dass der Einzelne sich einer Tätigkeit widmet, die für ihn Lebensaufgabe und Lebensgrundlage ist und durch die er zugleich seinen Beitrag zur gesellschaftlichen Gesamtleistung erbringt".[5] Darüber hinaus gewährleistet die berufliche Tätigkeit den meisten Bürgern die Möglichkeit, sich eine wirtschaftliche Grundlage ihrer Existenz zu schaffen.[6]

3 Die Berufsfreiheit gilt im Verhältnis von AG und AN nicht unmittelbar.[7] Vielmehr entfaltet Abs. 1 im Arbeitsrecht lediglich eine **mittelbare Drittwirkung** (vgl. vor GG Rn 21 ff.).

4 Grds. können die Arbeitsvertragsparteien aufgrund der Privatautonomie einen Vertrag selbst bestimmten Inhalts schließen. Allerdings besteht in der Praxis regelmäßig kein Verhandlungsgleichgewicht zwischen AN und AG, da der Inhalt des Arbeitsvertrages nicht ausgehandelt, sondern vom AG einseitig diktiert wird.[8] Hier muss der Staat ausgleichend eingreifen, um den Grundrechtsschutz des AN zu sichern. Fehlt es an einem annähernden Kräftegleichgewicht der Beteiligten, weil einer der Vertragsteile ein so starkes Übergewicht hat, dass er vertragliche Regelungen faktisch einseitig setzen kann, so müssen staatliche Regelungen dem sozialen und wirtschaftlichen Ungleichgewicht entgegenwirken.[9] Erhebliche Bedeutung kommt insofern der Inhaltskontrolle von Arbeitsverträgen zu.[10] Vertragsklauseln, die die Berufsfreiheit des AN beschränken, bedürfen einer sachlichen Rechtfertigung durch ein widerstreitendes Interesse des AG.[11]

II. Abs. 1 als einheitliches Grundrecht

5 Der Wortlaut des Abs. 1 legt den Schluss nahe, dass die Vorschrift die Freiheit der Berufswahl, der Arbeitsplatzwahl, der Wahl der Ausbildungsstätte und der Freiheit der Berufsausübung als Einzelgrundrechte garantiert. Insb. deutet der Verfassungstext auf eine Unterscheidung zwischen Berufswahlfreiheit und Berufsausübungsfreiheit hin. Eine klare Abgrenzung dieser einzelnen Freiheiten ist indes praktisch nicht möglich. So ist i.d.R. die Ausbildung die Vorstufe einer Berufsaufnahme; beide sind integrierende Bestandteile eines zusammengehörenden Lebensvorgangs.[12] Gleiches gilt für die Wechselbeziehung zwischen Berufswahl, Wahl des Arbeitsplatzes und späterer Berufsausübung, da ein untrennbarer Zusammenhang zwischen diesen Begriffen besteht. Das BVerfG[13] und das Schrifttum[14] sehen daher Abs. 1 als ein **einheitliches Grundrecht der Berufsfreiheit** an, das einen einheitlichen Komplex der beruflichen Betätigung als Grundlage der Lebensführung anspricht.[15] Daraus ergibt sich, dass der Regelungsvorbehalt des Abs. 1 S. 2 sich „dem Grunde nach" sowohl auf die Berufsausübung wie auf die Berufswahl erstreckt[16] und damit für sämtliche Teilfreiheiten des Abs. 1 gilt.[17] Hinsichtlich der Anforderungen an die verfassungsrechtliche Rechtfertigung von Eingriffen in die Berufsfreiheit gilt allerdings eine Unterscheidung zwischen bloßen Regelungen der Berufsausübung und Einschränkungen der Berufswahl, bei diesen wiederum zwischen subjektiven Zulassungsvoraussetzungen und objektiven Berufswahlbeschränkungen (vgl. Rn 27 ff.).

---

1 BVerfGE 7, 377, 397.
2 Vgl. MünchArb/*Richardi*, Bd. 1, § 9 Rn 15.
3 MünchArb/*Richardi*, Bd. 1, § 9 Rn 15.
4 Sachs/*Mann*, GG, Art. 12 Rn 16.
5 BVerfGE 50, 290, 362.
6 Vgl. BVerfGE 81, 242, 254.
7 Maunz/Dürig/*Scholz*, Art. 12 Rn 77.
8 S. hierzu ErfK/*Dieterich*, Art. 12 GG Rn 33; MünchArb/*Richardi*, Bd. 1, § 10 Rn 60.
9 BVerfGE 81, 242, 254.
10 Ausführlich hierzu ErfK/*Dieterich*, Art. 12 GG Rn 33 ff.
11 Vgl. MünchArb/*Richardi*, Bd. 1, § 10 Rn 60.
12 BVerfGE 33, 303, 329.
13 St. Rspr. seit BVerfGE 7, 377, 400 f.
14 Vgl. v. Mangoldt/Klein/Starck/*Manssen*, Art. 12 Rn 3 m.w.N.; Sachs/*Mann*, GG, Art. 12 Rn 14.
15 BVerfGE 33, 303, 329 f.
16 BVerfGE 7, 377, 400 f.
17 Maunz/Dürig/*Scholz*, Art. 12 Rn 25.

III. Funktionen des Abs. 1

Das durch Abs. 1 garantierte einheitliche Grundrecht der Berufsfreiheit erfüllt eine Reihe verschiedener Funktionen. **6** Vorrangig besteht die Gewährleistungsdimension des Abs. 1 in seiner Funktion als **subjektiv-öffentliches Abwehrrecht**, das den Einzelnen vor staatlichen Eingriffen in die ihm verbürgte Freiheitssphäre schützt.[18] Es handelt sich um ein liberales Freiheitsrecht, das die Berufsfreiheit im status negativus gewährleistet.[19] Das Grundrecht der Berufsfreiheit zielt auf eine möglichst unreglementierte berufliche Betätigung ab.[20]

Aus Abs. 1 können sich grds. auch subjektive **Teilhabe- oder Leistungsrechte** ergeben. Dabei ist mit Rücksicht auf **7** den primär abwehrrechtlichen Charakter der Berufsfreiheit allerdings Zurückhaltung geboten.[21]

Das BVerfG[22] hat aus dem in Abs. 1 S. 1 gewährleisteten Recht auf freie Wahl des Berufes und der Ausbildungsstätte **8** i.V.m. dem allgemeinen Gleichheitssatz des Art. 3 Abs. 1 und dem Sozialstaatsprinzip ein Recht auf Zulassung zum Hochschulstudium hergeleitet.[23] Demnach besteht bei der Hochschulzulassung jedenfalls ein derivativer Teilhabeanspruch, der auf die Beteiligung an bereits vorhandenen staatlichen Ausbildungseinrichtungen gerichtet ist.[24] Ob darüber hinaus auch ein originärer Leistungsanspruch auf Erweiterung nicht ausreichender Kapazitäten in Betracht kommt, sich also unter besonderen Voraussetzungen ein einklagbarer Individualanspruch des Staatsbürgers auf Schaffung von Studienplätzen ergeben kann, hat das BVerfG ausdrücklich offen gelassen. Jedenfalls stünde ein solches Teilhaberecht unter dem Vorbehalt des Möglichen im Sinne dessen, was der Einzelne vernünftigerweise von der Gesellschaft beanspruchen kann.[25]

Darüber hinaus folgt aus der **objektiv-rechtlichen Wertentscheidung** des Abs. 1 eine Schutzpflicht des Staates. **9** Nach der Rspr. des BVerfG muss der Staat im Bereich des Arbeitsrechts v.a. dann tätig werden, wenn es an einem annähernden Kräftegleichgewicht der Beteiligten fehlt, weil einer der Vertragsteile ein so starkes Übergewicht hat, dass er vertragliche Regelungen faktisch einseitig setzen kann.[26] Bei einer solchen Sachlage müssen staatliche Regelungen dem sozialen und wirtschaftlichen Ungleichgewicht entgegenwirken, um den Grundrechtsschutz zu sichern.[27]

Verfahrensrechtliche Bedeutung hat die Berufsfreiheit v.a. im Prüfungsrecht.[28] Das BVerfG geht davon aus, dass **10** die negative Bewertung einer Prüfungsleistung einen Eingriff in die Berufsfreiheit darstellt.[29] Ob eine Prüfungsfrage geeignet ist, das Fachwissen und die fachliche Qualifikation eines Kandidaten in rechtlich zulässiger Weise zu erfragen, beurteilt sich u.a. danach, ob sie objektiv lösbar ist, ob mit der Prüfungsaufgabe von dem Prüfling, ausgehend vom Prüfungswissen, fachlich nichts Unmögliches verlangt wird und ob sie sich auch sonst im Rahmen der Prüfungsordnungen hält.[30] Eine Prüfungsfrage muss außerdem verständlich und in sich widerspruchsfrei sein.[31] Zum „Grundrechtsschutz durch Verfahren" gehört weiterhin, dass der Prüfling diejenigen Informationen erhält, die er benötigt, um feststellen zu können, ob die rechtlichen Vorgaben und Grenzen der Prüfung, insb. der Beurteilung seiner Leistungen, eingehalten worden sind.[32] Dieser Anspruch richtet sich grds. auch auf eine angemessene Begründung der Prüfungsentscheidung, d.h. auf die Bekanntgabe der wesentlichen Gründe, mit denen die Prüfer zu einer bestimmten Bewertung der Prüfungsleistung gelangt sind.[33]

Wenngleich die Schaffung von Arbeitsplätzen als eine aus Art. 109 Abs. 2 und dem Sozialstaatsprinzip folgende objektive verfassungsrechtliche Verpflichtung des Staates angesehen werden kann, so ergibt sich aus Abs. 1 jedoch **11** **kein Grundrecht auf Arbeit**.[34] Aus der Freiheit der Berufswahl folgt daher weder ein Anspruch auf Bereitstellung eines Arbeitsplatzes eigener Wahl noch eine Bestandsgarantie für den einmal gewählten Arbeitsplatz.[35] Es fehlt insoweit an einem staatlichen Arbeitsplatzmonopol bzw. an einem staatlichen Verfügungsrecht über Produktionsmittel und Arbeitsplätze.[36] Nichts desto trotz ist in einigen Landesverfassungen ein „Recht auf Arbeit" oder ein „Recht auf Bildung" enthalten.[37] Diese Bestimmungen werden allerdings regelmäßig nur als Programmsätze gedeutet.[38]

---

18 Vgl. zu Art. 12 Abs. 1 GG als Abwehrrecht Sachs/*Mann*, GG, Art. 12 Rn 16 f.
19 Maunz/Dürig/*Scholz*, Art. 12 Rn 47.
20 S. BVerfGE 82, 209, 223.
21 Ebenso v. Mangoldt/Klein/Starck/*Manssen*, Art. 12 Rn 9.
22 BVerfGE 33, 303.
23 BVerfGE 33, 303.
24 Vgl. BVerfGE 33, 303, 330 f.
25 BVerfGE 33, 303, 333.
26 BVerfGE 81, 242, 254.
27 BVerfGE 81, 242, 254.
28 Vgl. zum Problem der gerichtlichen Überprüfbarkeit von Prüfungsentscheidungen *Maurer*, Allgemeines Verwaltungsrecht, § 7 Rn 31 ff.
29 S. BVerfGE 80, 1, 24 f.; BVerfGE 84, 34, 45 f.
30 BVerwG 9.8.1996 – DVBl 1996, 1381, 1382.
31 BVerwG 9.8.1996 – DVBl 1996, 1381, 1382.
32 BVerwG 99, 185, 189 f.
33 BVerwG 99, 185, 189 f.
34 Ebenso v. Mangoldt/Klein/Starck/*Manssen*, Art. 12 Rn 10 ff.; MünchArb/*Richardi*, Bd. 1, § 10 Rn 63.
35 Vgl. BVerfGE 84, 133, 146.
36 Maunz/Dürig/*Scholz*, Art. 12 Rn 53.
37 Vgl. bspw. Art. 166 Abs. 2 BayVerf oder Art. 24 Abs. 1 S. 3 NWVerf. Weitere Nachweise bei Maunz/Dürig/*Scholz*, Art. 12 Rn 11.
38 MünchArb/*Richardi*, Bd. 1, § 10 Rn 63 m.w.N.

B. Regelungsgehalt der Berufsfreiheit
I. Grundrechtsträger

12 **1. Natürliche Personen.** Die Berufsfreiheit des Abs. 1 ist ein Deutschengrundrecht. Auf das Grundrecht der Berufsfreiheit können sich daher nur Deutsche i.S.d. Art. 116 Abs. 1 berufen. Ausländern und Staatenlosen kommt im Berufsbereich das Auffanggrundrecht der allgemeinen Handlungsfreiheit nach Art. 2 Abs. 1 zugute.[39] Nach Auff. des BVerfG darf der Rückgriff auf Art. 2 Abs. 1 jedoch nicht dazu führen, dass der Ausländer denselben Schutz beanspruchen kann, den das spezielle Freiheitsrecht den Deutschen gewährt.[40] Auf den Grundrechtsschutz von Ausländern finden daher die Schranken des Art. 2 Abs. 1 Anwendung, zu denen v.a. die verfassungsmäßige Ordnung zählt.[41] Ausländer genießen somit im Berufsbereich einen geringeren Grundrechtsschutz als Deutsche.

13 Für den Grundrechtsschutz von Staatsangehörigen der EU-Mitgliedstaaten gelten aufgrund gemeinschaftsrechtlicher Vorgaben besondere Grundsätze. Mit Rücksicht auf das allg. Diskriminierungsverbot in Art. 12 EG und die Rspr. des EuGH ist eine Gleichbehandlung von Unionsbürgern und Deutschen erforderlich.[42] Die gebotene Gleichstellung kann allerdings nicht dadurch erreicht werden, dass die Unionsbürger in den persönlichen Schutzbereich der Deutschengrundrechte einbezogen werden, da dies mit dem eindeutigen Wortlaut des Verfassungstextes („alle Deutschen") nicht vereinbar wäre.[43] Vielmehr kann dem europarechtlichen Diskriminierungsverbot und der Rspr. des EuGH auch im Rahmen des Art. 2 Abs. 1 Rechnung getragen werden. Staatsangehörigen der EU-Mitgliedstaaten ist daher im Bereich der Berufsfreiheit durch eine erweiterte Auslegung des Art. 2 Abs. 1 ein gleichwertiger Grundrechtsschutz zu gewähren.[44]

14 **2. Juristische Personen.** Gem. Art. 19 Abs. 3 gelten die Grundrechte auch für inländische juristische Personen, soweit sie ihrem Wesen nach auf diese anwendbar sind. Der Begriff der juristischen Person i.d.S. setzt keine volle Rechtsfähigkeit voraus. Dies ergibt sich bereits daraus, dass das einfache Recht (vgl. §§ 21 ff. BGB, § 1 Abs. 1 AktG, § 13 Abs. 1 GmbHG) für die Auslegung des höherrangigen Verfassungsrechts nicht ausschlaggebend sein kann. Art. 19 Abs. 3 erfasst daher auch nichtrechtsfähige Personenvereinigungen, soweit diese wenigstens teilrechtsfähig sind.[45] Dies gilt insb. für den nichtrechtsfähigen Verein, die OHG, die KG, die PartG und die GbR.[46] Erforderlich ist lediglich eine feste körperschaftsähnliche Organisationsstruktur der nichtrechtsfähigen Vereinigung.[47] Juristische Personen können nach st. Rspr. des BVerfG Grundrechtsträger sein, wenn „die Bildung und Betätigung einer juristischen Person Ausdruck der freien Entfaltung der privaten, natürlichen Personen sind, wenn insbesondere der Durchblick auf die hinter den juristischen Personen stehenden Menschen es als sinnvoll und erforderlich erscheinen lässt".[48] Fraglich ist dabei, inwieweit sich juristische Personen des öffentlichen Rechts auf die Grundrechte berufen können.[49] Als Teil der Staatsgewalt sind sie grds. nicht Grundrechtsberechtigte, sondern Grundrechtsverpflichtete.[50] Ausnahmen hierzu sind anerkannt für die Geltung der Prozessgrundrechte[51] sowie für den Fall, dass ausnahmsweise die betreffende juristische Person des öffentlichen Rechts „unmittelbar dem durch die Grundrechte geschützten Lebensbereich zuzuordnen ist".[52]

15 Eine juristische Person ist inländisch, wenn sich ihr Sitz in Deutschland befindet.[53] Entscheidend ist nicht der rechtliche Sitz, sondern der effektive, tatsächliche Sitz der juristischen Person.[54] Ausländischen juristischen Personen wird der Grundrechtsschutz des Abs. 1 versagt.[55] Eine Ausnahme gilt für juristische Personen, die ihren Sitz in einem anderen Mitgliedstaat der EU haben. Wenngleich das europarechtliche Diskriminierungsverbot des Art. 12 EG nicht dazu führt, dass EU-ausländischen juristischen Personen die Grundrechtsträgerschaft verliehen wird, so vermittelt es ihnen jedoch einen Anspruch auf Gleichstellung mit inländischen juristischen Personen.[56] Insofern gelten ähnliche Überlegungen wie für die Frage des Grundrechtsschutzes für EU-Ausländer (vgl. Rn 13).

16 I.E. gilt die Berufsfreiheit des Abs. 1 somit nach Maßgabe des Art. 19 Abs. 3 auch für inländische juristische Personen des Privatrechts. Schutzgut des Abs. 1 ist bei juristischen Personen die Freiheit, eine Erwerbszwecken dienende Tätigkeit, insb. ein Gewerbe, zu betreiben, soweit diese Erwerbstätigkeit ihrem Wesen und ihrer Art nach in gleicher

---

39 Ebenso BVerfGE 78, 179, 196 f.; *Jarass/Pieroth*, Art. 12 Rn 10 m.w.N.; a.A. Maunz/Dürig/*Scholz*, Art. 12 Rn 104.
40 Vgl. BVerfGE 78, 179, 196 f.
41 S. BVerfGE 35, 382, 393; BVerfGE 49, 169, 180.
42 S. aus der Rspr. des EuGH – Gravier – Slg. 1985, 593, 606 ff.
43 Vgl. etwa Sachs/*Mann*, GG, Art. 12 Rn 35; ebenso v. Münch/Kunig/*v. Münch*, Vorb. Art. 1–19 Rn 77.
44 Ebenso v. Mangoldt/Klein/Starck/*Manssen*, Art. 12 Rn 265; ErfK/*Dieterich*, Art. 12 GG Rn 12; zurückhaltend Maunz/Dürig/*Di Fabio*, Art. 2 Abs. 1 Rn 35.
45 Vgl. *Jarass/Pieroth*, Art. 19 Rn 19.
46 S. die Beispiele bei v. Mangoldt/Klein/Starck/*Huber*, Art. 19 Rn 248.
47 So VGH München 11.1.1984 – NJW 1984, 2116.
48 BVerfGE 61, 82, 101; vgl. auch BVerfGE 68, 193, 205 f.
49 Vgl. zu diesem Problemkreis Sachs/*Sachs*, GG, Art. 19 Rn 89 ff.; *Pieroth/Schlink*, Grundrechte, Rn 154 ff.
50 Siehe hierzu Sachs/*Sachs*, GG, Art. 19 Rn 90 m.w.N.; *Maurer*, Staatsrecht I, § 9 Rn 34.
51 Vgl. BVerfGE 6, 45.
52 BVerfGE 21, 362, 373.
53 Sog. Sitztheorie, vgl. etwa *Ipsen*, Rn 63 m.w.N.
54 Vgl. Sachs/*Sachs*, GG, Art. 19 Rn 54; v. Münch/Kunig/*Krebs*, Art. 19 Rn 32.
55 S. Sachs/*Mann*, GG, Art. 12 Rn 38.
56 So auch Sachs/*Sachs*, GG, Art. 19 Rn 55.

Weise von einer juristischen wie von einer natürlichen Person ausgeübt werden kann.[57] Gewährleistet wird auch der Schutz von Betriebs- und Geschäftsgeheimnissen.[58]

II. Begriff des Berufs

Abs. 1 schützt die Freiheit der Berufswahl und der Berufsausübung. Das BVerfG versteht unter einem **Beruf** „jede auf Erwerb gerichtete Tätigkeit, die auf Dauer angelegt ist und der Schaffung und Aufrechterhaltung einer Lebensgrundlage dient".[59] Der Begriff ist weit auszulegen und kann als „entwicklungsoffen" bezeichnet werden.[60] Erfasst werden nicht nur traditionelle Berufsbilder, sondern auch neu entstandene und sogar frei erfundene Berufe.[61] Unerheblich ist auch, ob die Tätigkeit freiberuflich, selbstständig oder unselbstständig ausgeübt wird.[62] Damit wird auch das Betreiben eines Gewerbes von Abs. 1 erfasst. In den Schutzbereich der Berufsfreiheit fallen darüber hinaus Zweit- und Nebenberufe sowie Aushilfs- und Erprobungstätigkeiten.[63] Nicht vom Berufsbegriff erfasst sind jedoch Tätigkeiten der Privatsphäre, wie etwa die Ausübung von Hobbys.[64]

17

Umstr. ist, inwieweit der Berufsbegriff voraussetzt, dass es sich um eine erlaubte Tätigkeit handelt. Teile des Schrifttums wollen gesetzlich verbotene Tätigkeiten vom Schutzbereich des Abs. 1 ausnehmen.[65] Dagegen wird eingewandt, dass dies dem Gesetzgeber die Möglichkeit eröffne, verbindlich über den Umfang des Grundrechtsschutzes zu entscheiden.[66] Überwiegend wird daher das Kriterium der Gemeinschaftsschädlichkeit des Verhaltens bevorzugt[67] oder ein Verhalten ausgeschlossen, das evident dem Menschenbild des GG widerspricht.[68] Auch das BVerfG greift auf das Kriterium der Sozial- und Gemeinschaftsschädlichkeit zurück.[69]

18

Arbeitsplatz i.S.d. Abs. 1 bezeichnet den räumlichen Ort einschließlich des beruflichen Umfeldes, an welchem der Einzelne dem gewählten Beruf im konkreten Fall nachgehen möchte.[70] Der Begriff des Arbeitsplatzes ist nicht nur in räumlicher Hinsicht zu verstehen, sondern erfasst auch die gesamten zugehörigen rechtlichen und organisatorischen Rahmenbedingungen, einschließlich der Wahl des Vertragspartners.[71]

19

Der Begriff der **Ausbildungsstätte** i.S.d. Abs. 1 erfasst nicht jede Bildungsmöglichkeit, sondern nur berufsbezogene Einrichtungen, also solche, die über die Vermittlung allg. Schulbildung hinaus der Ausbildung für Berufe dienen.[72] Eine Ausbildungsstätte ist somit eine private oder öffentliche Einrichtung, in der berufliche Kenntnisse und Fähigkeiten vermittelt werden.[73] Hierzu zählen bspw. Universitäten und Fachhochschulen, staatliche Vorbereitungsdienste sowie Einrichtungen betrieblicher und überbetrieblicher Berufsausbildung.[74]

20

III. Geschützte Betätigung

Abs. 1 schützt sowohl die Berufswahl als auch die Berufsausübung. Die **Wahlfreiheit** sichert den Zugang zur gewünschten Tätigkeit („Ob der beruflichen Betätigung"), wohingegen die **Ausübungsfreiheit** die Art und Weise der Ausübung der Tätigkeit zum Gegenstand hat („Wie der beruflichen Betätigung").[75]

21

Die Freiheit der Berufswahl beinhaltet die Entscheidung, einen Beruf zu ergreifen, sowie die Wahl eines bestimmten Berufs und den Berufswechsel.[76] Des Weiteren schützt Abs. 1 die **negative Berufsfreiheit**, also das Recht, darauf zu verzichten, irgendeinen Beruf zu ergreifen und auszuüben.[77]

22

Die Freiheit der Berufsausübung schützt die gesamte berufliche Tätigkeit, v.a. Form, Mittel und Umfang sowie Inhalt der Betätigung.[78] Hierzu zählen etwa die Führung einer bestimmten Berufsbezeichnung, die Beschäftigung anderer Personen, Entscheidungen in wirtschaftlicher Hinsicht und die berufliche Werbung.[79] Die Garantie der freien Berufsausübung schließt auch die Freiheit ein, das Entgelt für berufliche Leistungen mit den Interessenten auszuhandeln.[80]

23

Nach der Rspr. des BVerfG erfasst der Schutz des Abs. 1 auch das Verhalten der Unternehmer im Wettbewerb als Bestandteil der Berufsausübung, soweit es sich in erlaubten Formen im Rahmen der bestehenden Wirtschaftsverfas-

24

---

57 BVerfGE 30, 292, 312; BVerfGE 50, 292, 363; BVerfGE 105, 252, 265; BVerfGE 115, 205; st. Rspr.
58 BVerfGE 115, 205.
59 BVerfGE 7, 377, 397 ff.; BVerfGE 105, 252, 265; BVerfGE 111, 10, 28; BVerfGE 115, 276; st. Rspr.
60 V. Münch/Kunig/*Gubelt*, Art. 12 Rn 8.
61 Ebenso *Pieroth/Schlink*, Rn 810.
62 V. Mangoldt/Klein/Starck/*Manssen*, Art. 12 Rn 36.
63 ErfK/*Dieterich*, Art. 12 GG Rn 6.
64 Vgl. *Jarass/Pieroth*, Art. 12 Rn 4.
65 Vgl. etwa *Pieroth/Schlink*, Rn 810 m.w.N.; Schmidt-Bleibtreu/Hofmann/Hopfauf/*Hofmann*, Art. 12 Rn 26.
66 Ebenso v. Mangoldt/Klein/Starck/*Manssen*, Art. 12 Rn 42.
67 S. v. Münch/Kunig/*Gubelt*, Art. 12 Rn 9.
68 Vgl. v. Mangoldt/Klein/Starck/*Manssen*, Art. 12 Rn 42; Sachs/*Mann*, GG, Art. 12 Rn 54.

69 Vgl. BVerfGE 115, 276 (staatliches Sportwettenmonopol).
70 Vgl. Sachs/*Mann*, GG, Art. 12 Rn 86; s.a. BVerfGE 84, 133, 146.
71 So auch v. Mangoldt/Klein/Starck/*Manssen*, Art. 12 Rn 56.
72 Sachs/*Mann*, GG, Art. 12 Rn 89.
73 V. Mangoldt/Klein/Starck/*Manssen*, Art. 12 Rn 60.
74 Vgl. die Bsp. bei *Pieroth/Schlink*, Rn 821.
75 Vgl. Sachs/*Mann*, GG, Art. 12 Rn 78 f.
76 S. v. Münch/Kunig/*Gubelt*, Art. 12 Rn 37.
77 BVerfGE 58, 358, 364 f.
78 *Jarass/Pieroth*, Art. 12 Rn 8.
79 Vgl. v. Münch/Kunig/*Gubelt*, Art. 12 Rn 38 m.w.N.
80 BVerfGE 117, 163 (Erfolgshonorar für Anwälte); hierzu *Kleine-Cosack*, NJW 2007, 1405; *Kilian*, BB 2007, 1061; *Zuck*, JZ 2007, 684; s. auch BVerfGE 118, 1.

sung bewegt.[81] Das Grundrecht sichert die Teilnahme am Wettbewerb nach Maßgabe seiner Funktionsbedingungen.[82] Es gewährleistet den AG das Recht, die Arbeitsbedingungen mit ihren AN im Rahmen der Gesetze frei auszuhandeln.[83] Ein über die allg. Regeln hinausgehender Schutzgehalt lässt sich aus der „Wettbewerbsfreiheit" allerdings nicht ableiten.[84]

IV. Eingriff

25 Ein Eingriff in das Recht der Berufsfreiheit liegt vor bei einer Beeinträchtigung des Schutzbereichs durch staatliche Gebote oder Verbote beruflicher Tätigkeiten insg. oder einzelner Tätigkeiten im Rahmen eines Berufs.[85] Es handelt sich hierbei um Regelungen mit **subjektiv berufsregelnder Tendenz**.[86]

26 Bei mittelbaren oder tatsächlichen Eingriffen ist hingegen erforderlich, dass die staatliche Maßnahme eine **objektiv berufsregelnde Tendenz** erkennen lässt. Dies ist der Fall, wenn die Maßnahmen „infolge ihrer Gestaltung in einem engen Zusammenhang mit der Ausübung eines Berufes stehen",[87] wenn sie „nach Entstehungsgeschichte und Inhalt im Schwerpunkt Tätigkeiten betreffen, die typischerweise beruflich ausgeübt werden".[88]

27 Bei **Eingriffen in die Berufsfreiheit** kann unterschieden werden zwischen Berufsausübungsregelungen, subjektiven Zulassungsvoraussetzungen und objektiven Berufswahlbeschränkungen. Die Abgrenzung ist für die Verhältnismäßigkeitsprüfung im Rahmen der Drei-Stufen-Theorie von Bedeutung: je intensiver in die Berufsfreiheit eingegriffen wird, desto höher sind die Anforderungen an die verfassungsrechtliche Rechtfertigung (siehe Rn 38 ff.).

28 **Berufsausübungsregelungen** betreffen lediglich die Art und Weise der Berufsausübung, also das „Wie" der beruflichen Tätigkeit.[89]

Beispiele: Regelungen zum Ladenschluss,[90] das Rauchverbot in Gaststätten,[91] das Nachtbackverbot[92] sowie Werbeverbote für Ärzte[93] und RA.[94]

29 **Subjektive Zulassungsvoraussetzungen** sind solche, die die Aufnahme eines Berufes an das Vorliegen persönlicher Eigenschaften, Fähigkeiten, Kenntnisse, Erfahrungen oder Leistungsnachweise knüpfen.[95] Ob der Bewerber Einfluss auf diese Eigenschaften hat, ist unerheblich.[96]

Beispiele: das Erreichen einer bestimmten Altersgrenze,[97] die für den Beruf erforderliche Zuverlässigkeit und persönliche Eignung,[98] das Fehlen bestimmter Vorstrafen[99] sowie erfolgreich abgelegte Prüfungen und beruflich erworbene Erfahrungen.[100]

30 **Objektive Zulassungsvoraussetzungen** sind solche, die für die Aufnahme eines Berufes die Erfüllung objektiver, dem Einfluss des Bewerbers entzogener und von seiner Qualifikation unabhängiger Kriterien verlangen.[101] Diese Voraussetzungen sind von den persönlichen Eigenschaften des Grundrechtsträgers unabhängig.

Beispiele: die Festlegung von Höchstzahlen (numerus clausus) für bestimmte Berufe,[102] die Kontingentierung im allg. Güterfernverkehr,[103] Bedürfnisklauseln für die Taxizulassung[104] sowie das staatliche Spielbanken-[105] und Sportwettenmonopol.[106]

31 Ein **Eingriff in die freie Wahl des Arbeitsplatzes** liegt vor, wenn der Einzelne am Erwerb eines zur Verfügung stehenden Arbeitsplatzes gehindert, zur Annahme eines bestimmten Arbeitsplatzes gezwungen oder die Aufgabe eines Arbeitsplatzes von ihm verlangt wird.[107] Dabei kann zwischen subjektiven und objektiven Voraussetzungen für den Zugang zum Arbeitsplatz unterschieden werden. In die freie Wahl des Arbeitsplatzes wird bspw. durch eine Vereinbarung eingegriffen, wonach der AG von einem AN, der vor Ablauf einer bestimmten Frist aus einem von ihm zu vertretenden Grund aus dem Betrieb ausscheidet, die Erstattung von Ausbildungskosten verlangen kann.[108] Gleiches gilt für die Vereinbarung von Wettbewerbsverboten unter Ausschluss einer Karenzentschädigung.[109]

---

81 S. BVerfGE 32, 311, 317; BVerfGE 105, 252, 265.
82 Vgl. BVerfGE 116, 202; BVerfGE 115, 205; BVerfGE 105, 252, 265.
83 BVerfGE 116, 202 (Tariftreueregelung).
84 Näher zur Wettbewerbsfreiheit v. Mangoldt/Klein/Starck/Manssen, Art. 12 Rn 70.
85 Vgl. Jarass/Pieroth, Art. 12 Rn 11.
86 Vgl. Sachs/Mann, GG, Art. 12 Rn 93.
87 BVerfGE 37, 1, 17.
88 BVerfGE 97, 228, 254.
89 Vgl. Sachs/Mann, GG, Art. 12 Rn 126 m.w.N.
90 BVerfGE 13, 237.
91 BVerfGE 121, 317.
92 BVerfGE 87, 363.
93 BVerfGE 85, 248.
94 BVerfGE 82, 18.
95 Vgl. Sachs/Mann, GG, Art. 12 Rn 130; Pieroth/Schlink, Rn 832.
96 So auch Jarass/Pieroth, Art. 12 Rn 26.
97 BVerfGE 9, 338; BVerfGE 64, 72.
98 BVerfGE 41, 378.
99 BVerfGE 44, 105.
100 BVerfGE 13, 97; s. i.Ü. die Nachweise bei Pieroth/Schlink, Rn 832a. Zur Änderung der subjektiven Zulassungsvoraussetzungen bei Vereinheitlichung mehrerer Berufe BVerfGE 119, 59.
101 Pieroth/Schlink, Rn 826.
102 Pieroth/Schlink, Rn 826 m.w.N.
103 BVerfGE 40, 196.
104 BVerfGE 11, 168.
105 BVerfGE 102, 197.
106 BVerfGE 115, 276.
107 Vgl. Pieroth/Schlink, Rn 840.
108 BAG 18.8.1976 – NJW 1977, 973.
109 S. BVerfGE 81, 242.

Auch bei **Eingriffen in die Ausbildungsfreiheit** kann zwischen objektiven und subjektiven Zulassungsvoraussetzungen unterschieden werden. Bedeutung erlangt die Ausbildungsfreiheit v.a. für die Zulassung zum Hochschulstudium. So stellt der bundesweit geltende sog. absolute numerus clausus, der nicht nur die Wahl einer bestimmten Universität erschwert, sondern dazu führt, dass eine mehr oder weniger große Anzahl der Bewerber den Beginn des gewünschten Studiums auf unbestimmte Zeit hinausschieben muss, eine objektive Zulassungsvoraussetzung dar, an deren verfassungsrechtliche Rechtfertigung das BVerfG hohe Anforderungen stellt.[110] Subjektive Zulassungsvoraussetzungen regeln den Zugang zur Ausbildungsstätte nach Maßgabe persönlicher Qualifikationen (z.B. Abiturnote).[111]

Den zwingenden Vorschriften und Grundsätzen des Arbeitsrechts kommt regelmäßig berufsregelnde Tendenz zu.[112] Der AG wird in seiner Berufsfreiheit bspw. dadurch beschränkt, dass er durch die arbeitsrechtlichen Vorschriften gehindert wird, andere Vertragsgestaltungen oder betriebliche Organisationsstrukturen zu wählen; die AN müssen etwa Beschäftigungsverbote beachten und bestimmte Arbeitszeitregelungen nach dem ArbZG einhalten.[113]

V. Eingriffsrechtfertigung und deren verfassungsrechtliche Grenzen

Abs. 1 S. 2 bestimmt, dass die Berufsausübung durch Gesetz oder aufgrund eines Gesetzes geregelt werden kann.

Wenngleich der Wortlaut des Abs. 1 eine Differenzierung zwischen Berufswahl- und Berufsausübungsfreiheit nahe legt, sehen das BVerfG[114] und das Schrifttum[115] Abs. 1 als ein einheitliches Grundrecht der Berufsfreiheit an, welches den einheitlichen Komplex der beruflichen Betätigung von verschiedenen Blickpunkten her erfasst. Daraus folgt, dass der **Regelungsvorbehalt des Abs. 1 S. 2** sich „dem Grunde nach" sowohl auf die Berufsausübung wie auf die Berufswahl erstreckt.[116] In der Sache handelt es sich bei Abs. 1 S. 2 um einen **Gesetzesvorbehalt**.[117] Zur Begründung verweist das BVerfG im Apothekenurteil auf die Schwierigkeit, Berufswahl und Berufsausübung klar voneinander abzugrenzen.[118] Der Gesetzesvorbehalt des Abs. 1 S. 2, dessen Wortlaut sich nur auf die Berufsausübung bezieht, ist daher auch auf die Berufswahl sowie die Wahl des Arbeitsplatzes und der Ausbildungsstätte anzuwenden, sodass sämtliche Teilfreiheiten des Abs. 1 erfasst werden.[119]

Abs. 1 S. 2 spricht von einem „Regelungsvorbehalt". Zu einem Gesetzesvorbehalt besteht indes kein sachlicher Unterschied.[120] Daher sollen nach h.M. auch das Zitiergebot des Art. 19 Abs. 1 S. 2 und die Wesensgehaltsgarantie des Art. 19 Abs. 2 auf die Berufsfreiheit keine Anwendung finden.[121]

Eingriffe in das Grundrecht der Berufsfreiheit sind nur auf der Grundlage einer **gesetzlichen Regelung** erlaubt. Zur Rechtfertigung eines Eingriffs in Abs. 1 ist entweder ein formelles (Parlaments-)Gesetz („durch Gesetz") oder eine Rechts-VO („aufgrund eines Gesetzes") erforderlich, die den Anforderungen des Art. 80 Abs. 1 S. 2 genügt und sich im Rahmen der gesetzlichen Ermächtigung hält. Aus der Wesentlichkeitstheorie folgt die Verpflichtung des unmittelbar demokratisch legitimierten Gesetzgebers, alle wesentlichen Entscheidungen, die für die Grundrechtsausübung wesentlich sind, selbst zu treffen.[122] Keine ausreichende Eingriffsermächtigung sind daher Verwaltungsvorschriften, Standesrichtlinien, Richterrecht, Gewohnheitsrecht und TV.[123]

Nach der Rspr. des BVerfG genügt eine gesetzliche Regelung den Anforderungen des GG an grundrechtsbeschränkende Gesetze, wenn „die eingreifende Norm kompetenzgemäß erlassen worden ist, durch hinreichende, der Art der betroffenen Betätigung und der Intensität des jeweiligen Eingriffs Rechnung tragende Gründe des Gemeinwohls gerechtfertigt wird und dem Grundsatz der Verhältnismäßigkeit entspricht."[124]

Das BVerfG hat im Apothekenurteil[125] eine Stufenlehre (**„Drei-Stufen-Theorie"**) als besondere Ausprägung des Verhältnismäßigkeitsgrundsatzes im Bereich der Berufsfreiheit entwickelt. Diese sei „das Ergebnis strikter Anwendung des Prinzips der Verhältnismäßigkeit bei den vom Gemeinwohl her gebotenen Eingriffen in die Berufsfreiheit".[126] Die Stufenlehre des BVerfG knüpft an die Unterscheidung zwischen Berufsausübungsregelungen, subjektiven Zulassungsvoraussetzungen und objektiven Berufswahlbeschränkungen an. Einschränkungen der Berufsfreiheit dürfen stets nur auf der Stufe erfolgen, die mit den geringsten Grundrechtseinschränkungen verbunden ist. Eine Maßnahme auf der folgenden Stufe ist erst zulässig, wenn eine Beschränkung auf der geringeren Stufe das

---

110 Vgl. BVerfGE 33, 303, 337 f.
111 S. zu den Eingriffen in die Ausbildungsfreiheit *Pieroth/Schlink*, Rn 839.
112 Vgl. ErfK/*Dieterich*, Art. 12 GG Rn 20.
113 S. die Bsp. bei ErfK/*Dieterich*, Art. 12 GG Rn 20 m.w.N.
114 St. Rspr. seit BVerfGE 7, 377, 400 f.
115 Vgl. etwa v. Mangoldt/Klein/Starck/*Manssen*, Art. 12 Rn 3 m.w.N.; Sachs/*Mann*, GG, Art. 12 Rn 14; Isensee/Kirchhof/*Breuer*, HbStR VI, § 147 Rn 32 f.
116 BVerfGE 7, 377, 400 f.
117 So auch *Jarass/Pieroth*, Art. 12 Rn 19 m.w.N.
118 BVerfGE 7, 377, 400 f.
119 Maunz/Dürig/*Scholz*, Art. 12 Rn 266.
120 So auch *Jarass/Pieroth*, Art. 12 Rn 19 m.w.N.
121 Vgl. Sachs/*Mann*, GG, Art. 12 Rn 106 m.w.N.
122 S. etwa BVerfGE 73, 280, 295.
123 Vgl. ErfK/*Dieterich*, Art. 12 GG Rn 24 f.; vgl. auch Sachs/*Mann*, GG, Art. 12 Rn 119 ff.
124 BVerfGE 95, 193, 214.; BVerfGE 102, 197, 212 f.; BVerfGE 115, 276. S. zu den Anforderungen an die gesetzliche Regelung auch Schmidt-Bleibtreu/Hofmann/Hopfauf/*Hofmann*, Art. 12 Rn 90 ff.
125 BVerfGE 7, 377.
126 BVerfGE 13, 97, 104.

gesetzgeberische Ziel nicht erreichen kann. Darüber hinaus folgen aus der Drei-Stufen-Theorie besondere Anforderungen an die Verhältnismäßigkeit der die Berufsfreiheit beeinträchtigenden Maßnahmen.

39 Auf der Stufe der Berufsausübungsregelungen sind die weitestgehenden Einschränkungen der Berufsfreiheit zulässig. Voraussetzung ist, dass sie „**durch vernünftige Erwägungen des Gemeinwohls gerechtfertigt erscheinen**".[127] Der Gesetzgeber darf dabei Gesichtspunkte der Zweckmäßigkeit in den Vordergrund stellen.[128] Der Grundrechtsschutz beschränkt sich bei einer Berufsausübungsregelung „auf die Abwehr in sich verfassungswidriger, weil etwa übermäßig belastender und nicht zumutbarer Auflagen".[129] Bei einer Gesamtabwägung zwischen der Schwere des Eingriffs und dem Gewicht der ihn rechtfertigenden Gründe muss die Grenze der Zumutbarkeit noch gewahrt sein.[130]

40 Subjektive Zulassungsvoraussetzungen sind nur zulässig, „**soweit der Schutz besonders wichtiger Gemeinschaftsgüter dies zwingend erfordert**".[131] Ist ein solcher Eingriff unumgänglich, so muss der Gesetzgeber stets diejenige Form des Eingriffs wählen, die das Grundrecht am wenigsten beschränkt.[132] Das BVerfG verfährt bei der Annahme besonders wichtiger Gemeinschaftsgüter mitunter recht großzügig: „Schutzwürdig können nicht nur allgemein anerkannte, sondern auch solche Gemeinschaftswerte sein, die sich erst aus den besonderen wirtschafts-, sozial- und gesellschaftspolitischen Zielen des Gesetzgebers ergeben, wie z.B. die Erhaltung des Leistungsstandes und der Leistungsfähigkeit des Handwerks und die Sicherung des Nachwuchses für die gesamte gewerbliche Wirtschaft".[133]

41 Objektive Zulassungsbeschränkungen sind nur „**zur Abwehr nachweisbarer oder höchstwahrscheinlicher schwerer Gefahren für ein überragend wichtiges Gemeinschaftsgut**" zulässig.[134] Um überragend wichtige Gemeinschaftsgüter in diesem Sinne handelt es sich nur bei Gemeinwohlinteressen, die verfassungsrechtlichen Grundentscheidungen entsprechen.[135] Dies gilt etwa für die Volksgesundheit, die Minderung der Arbeitslosigkeit und die Funktionsfähigkeit der gesetzlichen Krankenversicherung, nicht aber für fiskalische Erwägungen oder den Schutz bestehender Unternehmen vor Konkurrenz.[136] Hinzukommen muss, dass die objektiven Zulassungsbeschränkungen der Abwehr nachweisbarer oder höchstwahrscheinlicher schwerer Gefahren für dieses Gemeinschaftsgut dienen. Dabei muss stets im Einzelnen dargelegt werden, welche konkreten Gefahren mit Sicherheit oder mit hoher Wahrscheinlichkeit eintreten werden.[137]

42 Eine klare Abgrenzung der verschiedenen „Stufen" ist nicht immer möglich. Aufgrund dieser Schwierigkeit ist die Drei-Stufen-Lehre im Schrifttum nicht ohne Kritik geblieben.[138] Das BVerfG hält an der Stufenlehre zwar nach wie vor grds. fest, nimmt jedoch von einer starren Anwendung Abstand und ersetzt die Drei-Stufen-Theorie in zunehmendem Maße durch einen Rückgriff auf das Übermaßverbot.[139] Die Eingriffe zur Erreichung des Eingriffsziels müssen geeignet sein und dürfen nicht weiter gehen, als es die Gemeinwohlbelange erfordern; die Eingriffsmittel dürfen zudem nicht übermäßig belastend sein.[140] Bei einer Gesamtabwägung zwischen der Schwere des Eingriffs und dem Gewicht der ihn rechtfertigenden Gründe muss die Grenze des Zumutbaren gewahrt bleiben.[141]

43 Außer durch ein formelles Gesetz oder eine Rechts-VO (vgl. Abs. 1 S. 2) kann die Berufsfreiheit auch durch Verfassungsbestimmungen selbst beschränkt werden.[142] So schützt Art. 140 i.V.m. Art. 139 WRV den Sonntag und die staatlich anerkannten Feiertage als Tage der Arbeitsruhe, wodurch die Berufsfreiheit beider Arbeitsvertragsparteien eingeschränkt wird. Art. 33 Abs. 2 bietet die Möglichkeit von Sonderregelungen für die Berufe des öffentlichen Dienstes und stellt damit eine zusätzliche Schranke der Berufsfreiheit dar.[143]

VI. Konkurrenz zu anderen Grundrechten

44 Nach ganz h.M. handelt es sich bei Abs. 1 um eine besondere Ausprägung des Rechts auf freie Entfaltung der Persönlichkeit, die **Art. 2 Abs. 1** als lex specialis vorgeht.[144] Auf das Auffanggrundrecht der allgemeinen Handlungsfreiheit ist allerdings zurückzugreifen, wenn über den Grundrechtsschutz von Ausländern im beruflichen Bereich zu entscheiden ist, da es sich bei der Berufsfreiheit um ein Deutschengrundrecht handelt (zur Sonderstellung der Unionsbürger vgl. Rn 13).

---

127 BVerfGE 7, 377, 405 f.
128 BVerfGE 77, 308, 332.
129 BVerfGE 7, 377, 405 f.
130 BVerfG 30.7.2008 – NJW 2008, 2409; BVerfGE 112, 255, 267; BVerfGE 102, 197, 220.
131 BVerfGE 7, 377, 406.
132 BVerfGE 7, 377, 406.
133 BVerfGE 13, 97, 110 ff.
134 BVerfGE 7, 377, 407 f.
135 Ebenso к. Münch/Kunig/*Gubelt*, Art. 12 Rn 67.
136 S. die Beispiele und Rspr.-Nachweise bei *Jarass/Pieroth*, Art. 12 Rn 40.
137 Vgl. v. Münch/Kunig/*Gubelt*, Art. 12 Rn 66 m.w.N.
138 S. etwa *Ipsen*, Staatsrecht II, Rn 667 ff.; *Pieroth/Schlink*, Rn 836 ff.
139 Vgl. zur Entwicklung der Rspr. Sachs/*Mann*, GG, Art. 12 Rn 137 ff., 142 ff.
140 BVerfG 30.7.2008– NJW 2008, 2409 (Rauchverbot in Gaststätten).
141 BVerfG 30.7.2008 – NJW 2008, 2409; BVerfGE 112, 255, 267; BVerfGE 102, 197, 220.
142 Näher hierzu Sachs/*Mann*, GG, Art. 12 Rn 124 m.w.N.
143 Vgl. *Jarass/Pieroth*, Art. 12 Rn 62.
144 S. v. Münch/Kunig/*Gubelt*, Art. 12 Rn 93 m.w.N.; Sachs/*Mann*, GG, Art. 12 Rn 194; *Jarass/Pieroth*, Art. 12 Rn 3; s. auch BVerfGE 117, 163; BVerfGE 116, 202; BVerfG-K 23.11.2006 – NJW 2007, 286.

Die Abgrenzung von Berufsfreiheit und Eigentumsgarantie ist mitunter schwierig. Als „Faustformel" gilt, dass die Berufsfreiheit den Erwerb, die Eigentumsgarantie hingegen das Erworbene schützt.[145] Da **Art. 14 Abs. 1** in erster Linie objektbezogen ist, gewährleistet er das Ergebnis der Betätigung, wohingegen der persönlichkeitsbezogene und zukunftsgerichtete Abs. 1 die Betätigung selbst zum Gegenstand hat.[146] 45

Zu Art. 3 Abs. 1, Art. 4, Art. 5, Art. 9 Abs. 1 und Abs. 3 dürfte regelmäßig Idealkonkurrenz bestehen.[147]

C. Regelungsgehalt von Abs. 2 und Abs. 3

Abs. 2 und Abs. 3 enthalten ein einheitliches Grundrecht, das alle Menschen vor Arbeitszwang und Zwangsarbeit schützt.[148] Seine Entstehung war durch die Erfahrungen des Nationalsozialismus und der totalitären osteuropäischen Staaten geprägt.[149] 46

Abs. 2 sieht vor, dass niemand zu einer bestimmten Arbeit gezwungen werden darf. **Arbeitszwang** ist vielmehr nur im Rahmen einer herkömmlichen allg., für alle gleichen öffentlichen Dienstleistungspflicht zulässig. Herkömmlich ist eine Pflicht, die ihrer Art nach bereits vor der Zeit des Nationalsozialismus bestand.[150] Allg. ist sie, wenn sie sich an jedermann oder an einen nach abstrakt-generellen Maßstäben bestimmten Personenkreis richtet.[151] Gleichheit bedeutet gleiche Belastung aller Pflichtigen, die durch den Gesetzgeber zwingend festgelegt sein muss.[152] Beispiele für herkömmliche allg., für alle gleiche öffentliche Dienstleistungspflichten sind die traditionellen kommunalen Hand- und Spanndienste sowie die landesgesetzlich bestimmte Feuerwehrdienstpflicht.[153] 47

Unter **Zwangsarbeit** i.S.d. Abs. 3 ist eine unbegrenzte Inanspruchnahme der Arbeitskraft zur Erfüllung anderer als unmittelbarer staatlicher Zwecke zu verstehen.[154] Sie ist nur bei einer gerichtlich angeordneten Freiheitsentziehung zulässig. Eine gesetzliche Grundlage findet sich in § 41 StVollzG. 48

D. Arbeitsrechtliche Besonderheiten

I. Berufsfreiheit des Arbeitnehmers

Die Berufsfreiheit des AN hat in einer Reihe gesetzlicher Regelungen ihren Niederschlag gefunden und ist darüber hinaus Gegenstand zahlreicher Gerichtsentscheidungen. 49

1. Einfachgesetzliche Ausprägungen. Als einfachgesetzliche Normen, die dem Schutz der Berufsfreiheit des AN dienen, sind insb. zu nennen: 50
– § 1 KSchG schützt den AN vor einer sozial ungerechtfertigten Künd seines Arbverh durch den AG.
– Gem. § 624 BGB kann ein Dienstverhältnis, das für die Lebenszeit einer Person oder für längere Zeit als fünf Jahre eingegangen wurde, von dem Dienstverpflichteten nach Ablauf von fünf Jahren gekündigt werden.
– § 12 Abs. 1 S. 1 BBiG erklärt Vereinbarungen für nichtig, die den Auszubildenden für die Zeit nach Beendigung des Berufsausbildungsverhältnisses in der Ausübung seiner beruflichen Betätigung beschränken.

2. Arbeitsplatzschutz. Der Schutz des Abs. 1 beschränkt sich nicht auf die Freiheit, einen Beruf zu ergreifen und ihn an einem Arbeitsplatz eigener Wahl auszuüben. Ebenso wie die freie Berufswahl sich nicht in der Entscheidung zur Aufnahme eines Berufs erschöpft, sondern auch die Fortsetzung und Beendigung eines Berufes umfasst, bezieht sich die freie Arbeitsplatzwahl neben der Entscheidung für eine konkrete Beschäftigung auch auf den Willen des Einzelnen, diese Tätigkeit beizubehalten oder aufzugeben.[155] Das Grundrecht des Abs. 1 schützt somit auch die Entscheidung des AN, das Arbverh durch Künd zu beenden.[156] Insofern ist der Schutz des Abs. 1 auf die Abwehr staatlicher Maßnahmen gerichtet, die den AN zur Beibehaltung oder zur Beendigung seines Arbverh zwingen.[157] Auch die gesetzliche Festlegung von **Altersgrenzen**, bei deren Erreichen der AN automatisch aus dem Arbverh ausscheidet (Beispiele: Prüfingenieure,[158] Bezirksschornsteinfeger,[159] Hebammen[160]) oder die berufliche Zulassung endet bzw. nicht mehr erteilt wird (Kassenärzte,[161] Vertragsärzte[162]), stellt einen Eingriff in das Grundrecht der Berufsfreiheit dar. 51

---

145 S. etwa v. Mangoldt/Klein/Starck/*Manssen*, Art. 12 Rn 287; v. Münch/Kunig/*Gubelt*, Art. 12 Rn 98; *Jarass/Pieroth*, Art. 12 Rn 3.
146 Vgl. Sachs/*Mann*, GG, Art. 12 Rn 196 m.w.N.; v. Münch/Kunig/*Gubelt*, Art. 12 Rn 98.
147 Näher hierzu Sachs/*Mann*, GG, Art. 12 Rn 198 f.
148 Vgl. *Jarass/Pieroth*, Art. 12 Rn 88 m.w.N.
149 S. zu den Hintergründen des Art. 12 Abs. 2, 3 v. Mangoldt/Klein/Starck/*Manssen*, Art. 12 Rn 292.
150 *Jarass/Pieroth*, Art. 12 Rn 93.
151 Sachs/*Mann*, GG, Art. 12 Rn 186.
152 V. Münch/Kunig/*Gubelt*, Art. 12 Rn 89.
153 Vgl. *Ipsen*, Staatsrecht II, Rn 688 m.w.N.
154 V. Mangoldt/Klein/Starck/*Manssen*, Art. 12 Rn 303.
155 BVerfGE 84, 133, 146.
156 Näher hierzu MünchArb/*Richardi*, Bd. 1, § 10 Rn 61.
157 Vgl. MünchArb/*Richardi*, Bd. 1, § 10 Rn 61.
158 BVerfGE 64, 72.
159 BVerfGE 1, 264.
160 BVerfGE 9, 388.
161 BVerfGE 103, 172; hierzu *Langguth*, DStR 2001, 1449; *Welti*, JA 2002, 110; *Sachs*, JuS 2001, 909.
162 BSG 6.2.2008 – GesR 2008, 300; hierzu *Boecken*, ArztR 2008, 299, und *Jaeger*, MedR 2008, 456.

Zur **Altersgrenze für Ärzte** hat das BVerfG ausgeführt, dass die Beeinträchtigung der beruflichen Betätigungsfreiheit, die aus der Regelung über die Altersgrenze resultiert, im Interesse eines besonders wichtigen Gemeinschaftsguts, nämlich aus Gründen des Schutzes der Gesundheit der Versicherten, gerechtfertigt sei.[163] Die Altersgrenze schränke die Gefährdungen ein, die von älteren, nicht mehr voll leistungsfähigen Ärzten für ihre Patienten ausgehen könnten.[164] Dabei sei es dem Gesetzgeber gestattet, eine generalisierende Altersgrenze für Ärzte vorzuschreiben; eine individuelle Prüfung der Leistungsfähigkeit sei verfassungsrechtlich nicht erforderlich.[165]

Da Höchstaltersgrenzen auf der Stufe der subjektiven Zulassungsvoraussetzungen in die Freiheit der Berufswahl eingreifen, dürfen sie nicht außer Verhältnis zu dem angestrebten Zweck der ordnungsgemäßen Erfüllung der Berufstätigkeit stehen und keine übermäßige, unzumutbare Belastung enthalten.[166] Auch wenn ein Höchstalter nicht durch Gesetz, sondern durch TV, BV oder arbeitsvertragliche Einheitsregelung festgelegt wird, gebietet es die Schutzfunktion des Abs. 1, dass die Festlegung der Altersgrenze durch die beruflichen Anforderungen sachlich gerechtfertigt ist.[167] Das BAG hat dies für eine tarifvertragliche **Altersgrenze für Piloten** bejaht.[168] Nach Auff. des Hessischen LAG entspricht diese Rspr. des BAG dem Prüfungsmaßstab, den das BVerfG im Rahmen des Abs. 1 bei der Prüfung tarifvertraglicher Altersgrenzen anlegt, sowie den Kriterien, unter denen nach § 10 S. 1 und 2 AGG nicht von einer unzulässigen Altersdiskriminierung auszugehen ist (zur Zulässigkeit von Altersgrenzen siehe § 10 AGG Rn 27 ff.).[169]

52 Das Grundrecht der Berufsfreiheit beinhaltet indes keine Bestandsgarantie für den einmal gewählten Arbeitsplatz.[170] Abs. 1 bietet dem AN daher keinen unmittelbaren Schutz vor dem Verlust des Arbeitsplatzes aufgrund einer Entscheidung des AG.[171] Denn die grds. Dispositionsbefugnis des AG über die Arbeitsplätze in seinem Unternehmen ist grundrechtlich in gleicher Weise schutzwürdig.[172] Auch der AG darf an ein einmal begründetes Dauerschuldverhältnis nicht unbegrenzt, also übermäßig gebunden sein.[173] Dem Staat obliegt allerdings insoweit eine aus Abs. 1 folgende Schutzpflicht gegenüber dem AN, welcher der Gesetzgeber durch das geltende verfassungsmäßige **Künd-Schutzrecht** Rechnung getragen hat.[174] Wenngleich das differenzierte Regelwerk des gesetzlichen Künd-Schutzes in seiner konkreten Ausgestaltung verfassungsrechtlich nicht zwingend geboten erscheint, verletzt es weder das Übermaß- noch Untermaßverbot und entspricht insg. den Vorgaben des GG.[175] Voraussetzung ist allerdings, dass die Gerichte die Generalklauseln des KSchG verfassungskonform auslegen und anwenden.[176]

53 Auf Kleinbetriebe, in denen i.d.R. weniger als zehn AN (bis 31.12.2003: weniger als fünf AN) beschäftigt werden, ist das KSchG nach § 23 Abs. 1 S. 3 KSchG nicht anwendbar, sodass der AG grds. ohne Rücksicht auf die Vorgaben des KSchG, zu denen v.a. die Sozialauswahl zählt, ein Arbverh kündigen kann. Diese **Kleinbetriebsklausel** ist bei verfassungskonformer Auslegung mit dem GG vereinbar.[177] Ist eine Auswahl unter mehreren AN zu treffen, gebietet der verfassungsrechtliche Schutz des Arbeitsplatzes i.V.m. dem Sozialstaatsprinzip ein gewisses Maß an sozialer Rücksichtnahme.[178] Auch ein durch langjährige Mitarbeit verdientes Vertrauen in den Fortbestand des Arbverh darf nicht unberücksichtigt bleiben.[179] Der durch die Generalklauseln vermittelte Schutz des AN darf allerdings, wie das BVerfG und das BAG in st.Rspr. betonen, i.E. nicht dazu führen, dass dem Kleinunternehmer praktisch die im KSchG vorgegebenen Maßstäbe der Sozialwidrigkeit auferlegt werden.[180]

54 **3. Inhaltskontrolle von Arbeitsverträgen.** Abs. 1 dient als Prüfungsmaßstab für die richterliche Inhaltskontrolle von Arbeitsverträgen. Da die Grundrechte im Privatrecht nicht unmittelbar gelten, sondern lediglich eine mittelbare Drittwirkung entfalten, ist die im Grundrecht der Berufsfreiheit zum Ausdruck kommende Wertentscheidung des GG im Rahmen der Auslegung der Generalklauseln und der unbestimmten Rechtsbegriffe zu berücksichtigen (zur mittelbaren Drittwirkung von Grundrechten im Arbeitsrecht vgl. vor GG Rn 21 ff.).

55 Eine vom AG in einem Formulararbeitsvertrag aufgestellte Klausel, nach welcher der AN vom AG getragene Ausbildungskosten bei Beendigung des Arbverh ohne jede Rücksicht auf den Beendigungsgrund zurückzahlen muss, ist

---

163 Vgl. die Nachweise bei BVerfG-K 7.8.2007 – NZS 2008, 311; BSG 6.2.2008 – GesR 2008, 300.
164 BSG 6.2.2008 – GesR 2008, 300; BVerfG-K 7.8.2007 – NZS 2008, 311.
165 BSG 6.2.2008 – GesR 2008, 300; BVerfG-K 7.8.2007 – NZS 2008, 311.
166 BVerfGE 64, 72.
167 So auch MünchArb/*Richardi*, Bd. 1, § 10 Rn 62 m.w.N.
168 BAG 21.7.2004 – ZTR 2005, 255 m.w.N.; s. auch Hessisches LAG 15.10.2007 – 17 Sa 809/07, zur tariflichen Altersgrenze von 60 Jahren für Lufthansa-Piloten; hierzu *Gaul/Bonanni*, ArbRB 2008, 87.
169 Hessisches LAG 15.10.2007 – 17 Sa 809/07 m.w.N.; s. auch BSG 6.2.2008 – GesR 2008, 300 zur Altersgrenze für Vertragsärzte.
170 BVerfGE 92, 140, 150.
171 S. *Zöllner/Loritz*, § 7 II 9.
172 Vgl. hierzu Maunz/Dürig/*Scholz*, Art. 12 Rn 57 ff.
173 ErfK/*Dieterich*, Art. 12 GG Rn 36.
174 Vgl. BVerfGE 92, 140, 150; s. auch BVerfGE 84, 133.
175 ErfK/*Dieterich*, Art. 12 GG Rn 36 m.w.N.
176 So auch ErfK/*Dieterich*, Art. 12 GG Rn 36 m.w.N.
177 S. BVerfGE 97, 169, 175 ff. S. zur Bedeutung der Kleinbetriebsklausel *Hergenröder*, EWiR 2007, 345; *Zundel*, NJW 2006, 3467; *Adam*, MDR 2001, 944; ausführlich *Powietzka*, Kündigungsschutz im Kleinbetrieb und in der Wartezeit, 2003.
178 BVerfGE 97, 169, 175 ff.
179 BVerfGE 97, 169, 175 ff.
180 Vgl. BVerfGE 97, 169, 175 ff.; BAGE 28, 176, 184; BAGE 77, 128, 133.

unwirksam, da sie den AN unangemessen benachteiligt.[181] Hingegen sind individualvertragliche Vereinbarungen über die **Rückzahlung von Aus- oder Fortbildungskosten** für den Fall, dass das Arbverh durch den AN vorzeitig beendet wird, nach st. Rspr. des BAG grds. zulässig.[182] Im Rahmen der Generalklauseln der §§ 138 Abs. 1, 242, 307 BGB ist ihre Wirksamkeit allerdings an Art. 12 zu messen. Eine einzelvertragliche Abrede über die Erstattung von Ausbildungskosten, die den AN auch bei einer vorzeitigen Künd des AG zur Rückzahlung verpflichtet, kann nur dann den Anforderungen einer gerichtlichen Inhaltskontrolle am Maßstab des § 242 BGB genügen, wenn der AN die Kündigungsentscheidung und damit das Fehlschlagen der Bildungsinvestition des AG durch ein vertragswidriges Verhalten veranlasst hat.[183]

Eine Rückzahlungsverpflichtung des AN kann bei unangemessen langer Bindungsfrist gegen den Grundsatz von Treu und Glauben verstoßen.[184] Die Erstattungspflicht muss dem AN insg. zumutbar sein; dies ist aufgrund einer Güter- und Interessenabwägung nach Maßgabe des Verhältnismäßigkeitsgrundsatzes unter Heranziehung der Umstände des Einzelfalles zu ermitteln.[185] Die Rückzahlungspflicht muss vom Standpunkt eines verständigen Betrachters einem begründeten und billigenswerten Interesse des AG entsprechen, und der AN muss mit der Ausbildungsmaßnahme eine angemessene Gegenleistung für die Rückzahlungsverpflichtung erhalten haben.[186] Die Interessenabwägung hat sich insb. daran zu orientieren, ob und inwieweit der AN durch die Aus- oder Fortbildung einen geldwerten Vorteil erlangt.[187] Eine Kostenbeteiligung ist dem AN umso eher zuzumuten, je größer für ihn der mit der Aus- oder Fortbildung verbundene berufliche Vorteil ist.[188]

Ähnliche Grundsätze gelten für **Rückzahlungsklauseln und Stichtagsklauseln bei Gratifikationen**. Sonderzahlungen belohnen zum einen die tatsächlich geleistete Arbeit im Bezugsjahr, zum anderen soll ein Anreiz für die künftige Betriebstreue des AN geschaffen werden.[189] Um die Betriebstreue des AN sicherzustellen, vereinbart man regelmäßig sog. Stichtagsregelungen, wonach die Auszahlung der Gratifikation davon abhängig ist, dass das Arbverh an einem bestimmten Stichtag (üblicherweise am 30.11. des Bezugsjahres) ungekündigt fortbesteht, sowie sog. Rückzahlungsklauseln, wonach die gezahlte Gratifikation zurückzuerstatten ist, wenn das Arbverh an einem bestimmten Stichtag im Folgejahr nicht mehr besteht.[190] Stichtags- und Rückzahlungsklauseln sind grds. zulässig, wenn ihre Voraussetzungen eindeutig bestimmt sind und die Rückzahlung für den AN zumutbar ist.[191] Nur wenn feststeht, dass und in welcher Höhe dem AN eine Sonderzahlung zusteht, ist eine Inhaltskontrolle der Stichtagsregelung und damit die Beurteilung möglich, ob die Bindung des AN angesichts der Höhe der Zahlung bei Abwägung der berechtigten Interessen beider Parteien eine unangemessene Benachteiligung des AN darstellt.[192]

Mit Rücksicht auf das Grundrecht des AN auf freie Wahl das Arbeitsplatzes darf ihm nach st. Rspr. des BAG nur eine Betriebsbindung für bestimmte Zeiträume zugemutet werden.[193] Die rechtlichen Grenzen der Vertragsgestaltung werden daher überschritten, wenn das Grundrecht der freien Arbeitsplatzwahl, das auch das Recht des AN auf Aufgabe oder Wechsel seines Arbeitsplatzes einschließt, in unzulässiger Weise eingeschränkt wird.[194] Das BAG hat für die Rückzahlung von Gratifikationen folgende Grundsätze aufgestellt: Kleine Gratifikationen, insb. Sonderzahlungen in Höhe von 100 bis 150 EUR, müssen nicht zurückgezahlt werden.[195] Beträgt eine Weihnachtsgratifikation weniger als ein Monatsgehalt, kann der AN nur bis zum 31.3. des Folgejahres gebunden werden.[196] Sieht eine Rückzahlungsklausel in diesem Fall die Rückzahlung der Gratifikation auch bei einem Ausscheiden des AN am 31.3. oder später vor, ist sie insoweit unwirksam.[197] Erhält ein AN eine Sonderzahlung in Höhe einer Monatsvergütung, kann der AG sich die Rückforderung für den Fall vorbehalten, dass der AN nicht über die folgenden drei Monate hinaus bis zum nächstzulässigen Künd-Termin bleibt.[198] Beträgt die Gratifikation mehr als ein Monatsgehalt, ist eine Bindung des AN bis maximal 30.6. des Folgejahres zulässig.[199] Eine Bindung bis zum 30.9. des Folgejahres kann bei Staffelung der Rückzahlungsverpflichtung ausnahmsweise vereinbart werden, wenn die Gratifikation zwei oder mehr Monatsverdienste beträgt.[200]

---

181 BAGE 118, 36; hierzu *Schröder*, AuA 2007, 108; vgl. auch BAG 23.1.2007 – NJW 2007, 3018 m. Anm. *Brötzmann*, NJW 2007, 3020.
182 BAGE 97, 333, 337 f. Zu Rückzahlungsklauseln bei betrieblicher Fort- und Weiterbildung *Lakies*, PersR 2008, 98.
183 BAGE 111, 157; hierzu *Waas*, RdA 2005, 120.
184 S. BAGE 76, 155, 161; BAGE 109, 345.
185 Vgl. BAGE 97, 333, 337 f.; BAG 26.10.1994 – NZA 1995, 305, 306 f.
186 BAG 26.10.1994 – NZA 1995, 305, 306 f.; BAG 5.6.2007 – NZA-RR 2008, 107.
187 BAGE 13, 168, 171 f.
188 BAGE 13, 168, 171 f.
189 Ausführlich zum Zweck von Sondervergütungen ErfK/*Preis*, § 611 BGB Rn 528; s. hierzu auch BAG 28.3.2007 – NZA 2007, 687.
190 Näher zu diesen Klauseln ErfK/*Preis*, § 611 BGB Rn 528.
191 S. zu den Grundsätzen im Einzelnen Palandt/*Weidenkaff*, § 611 Rn 89.
192 BAG 24.10.2007 – NJW 2008, 680; zust. *Lingemann/Gotham*, NZA 2008, 809.
193 BAGE 13, 129; BAGE 13, 204, 207; s. zuletzt BAG 28.3.2007 – NZA 2007, 687.
194 BAGE 13, 168, 177.
195 Vgl. BAG 17.3.1982 – DB 1982, 1881, 1882 für einen Betrag von 250 DM; s.a. Palandt/*Weidenkaff*, § 611 Rn 90.
196 BAG 9.6.1993 – BB 1993, 1809 f.
197 BAG 9.6.1993 – BB 1993, 1809 f.
198 BAGE 110, 244.
199 BAG 27.10.1978 – DB 1979, 898 f.
200 Vgl. BAG 13.11.1969 – NJW 1970, 582.

57 Auch für **Wettbewerbsverbote**, die für die Zeit nach Beendigung des Arbverh vertraglich vereinbart werden, gilt mit Rücksicht auf die Berufsfreiheit des AN der Prüfungsmaßstab des Abs. 1.[201] Zwar sind nachvertragliche Wettbewerbsabreden verfassungsrechtlich grds. nicht zu beanstanden.[202] Allerdings setzt die Verbindlichkeit vertraglich vereinbarter Wettbewerbsverbote stets voraus, dass sie dem Schutz eines berechtigten geschäftlichen Interesses des AG dienen.[203] Dies ist nach der Rspr. des BAG der Fall, wenn das Wettbewerbsverbot entweder dem Schutz von Betriebsgeheimnissen dient oder den Einbruch in den Kunden- oder Lieferantenkreis verhindern soll.[204] Das bloße Interesse, Konkurrenz einzuschränken, genügt nicht.[205]

58 Die Ausübung einer **Nebentätigkeit** ist grds. zulässig, sofern der AN die zwingenden gesetzlichen Bestimmungen wie bspw. § 8 BUrlG oder § 3 ArbZG beachtet. Denn Abs. 1 schützt auch die Freiheit des AN, eine Nebentätigkeit zu ergreifen.[206] Die Vereinbarung eines Nebentätigkeitsverbots ist daher nur wirksam, wenn ein berechtigtes Interesse des AG an der Unterlassung der Nebentätigkeit besteht.[207] Dies ist der Fall, wenn die Arbeitsleistung des AN durch die Nebentätigkeit zeitlich oder in anderer Weise beeinträchtigt werden kann, oder wenn dem Doppel-Arbverh Wettbewerbsinteressen des AG entgegenstehen.[208] Absolute Nebentätigkeitsverbote, die die Aufnahme einer Nebentätigkeit durch den AN generell ausschließen, sind mit Rücksicht auf Abs. 1 unzulässig. Nicht zu beanstanden sind allerdings Erlaubnisvorbehalte, die die Aufnahme einer Nebentätigkeit von der vorherigen Zustimmung des AG abhängig machen.[209] Dieser Erlaubnisvorbehalt berechtigt den AG jedoch nicht, die Aufnahme einer Nebentätigkeit willkürlich zu verwehren.[210] Sofern keine Beeinträchtigung seiner Interessen zu erwarten ist, ist der AG verpflichtet, die Genehmigung zu erteilen.[211] Ein Erlaubnisvorbehalt ist somit nicht einem Nebentätigkeitsverbot gleichzusetzen.[212]

II. Berufsfreiheit des Arbeitgebers

59 Der AG kann sich in gleicher Weise wie der AN auf das Grundrecht der Berufsfreiheit berufen. Als „Beruf" geschützt ist jede auf Erwerb gerichtete Tätigkeit, die auf Dauer angelegt ist und der Schaffung und Aufrechterhaltung einer Lebensgrundlage dient.[213] Schutzgut des Abs. 1 ist damit auch die Freiheit, eine Erwerbszwecken dienende Tätigkeit, insb. ein Gewerbe zu betreiben; dies gilt auch für juristische Personen.[214]

60 **1. Beendigung von Arbeitsverhältnissen.** Zu den durch Abs. 1 geschützten unternehmerischen Entscheidungen des AG zählt insb. die Frage, mit welchen und mit wie vielen AN er seinen Betrieb führen möchte.[215] Dem Interesse des AG, in seinem Unternehmen nur Mitarbeiter zu beschäftigen, die seinen Vorstellungen entsprechen, und ihre Zahl auf das von ihm bestimmte Maß zu beschränken, steht allerdings das ebenfalls durch Abs. 1 geschützte Interesse des AN an einer Erhaltung seines Arbeitsplatzes gegenüber.[216] Es ist daher Aufgabe der gesetzlichen Regelungen des Künd-Schutzes, die entgegengesetzten Grundrechtspositionen von AN und AG im Wege der praktischen Konkordanz angemessen auszugleichen.[217] Die kollidierenden Grundrechtspositionen sind in ihrer Wechselwirkung zu erfassen und so zu begrenzen, dass sie für alle Beteiligten möglichst weitgehend wirksam werden.[218]

61 Der Schutz der Berufsfreiheit des AG kommt insb. in der Rspr. des BAG zur **Rechtmäßigkeit betriebsbedingter Künd** zum Ausdruck. Ihre sachliche Rechtfertigung setzt voraus, dass sich der AG im Unternehmensbereich zu einer organisatorischen Maßnahme entschließt, deren innerbetriebliche Umsetzung zum Wegfall von Arbeitsplätzen geführt hat.[219] Vom Gericht voll nachzuprüfen ist, ob eine solche unternehmerische Entscheidung tatsächlich vorliegt und durch ihre Umsetzung das Beschäftigungsbedürfnis für einzelne AN entfallen ist.[220] Dagegen ist die Unternehmerentscheidung selbst nicht auf ihre sachliche Rechtfertigung oder ihre Zweckmäßigkeit zu überprüfen, sondern nur darauf, ob sie offenbar unvernünftig oder willkürlich ist.[221] Denn es ist nicht Sache der ArbG, dem AG eine „bessere" oder „richtigere" Unternehmenspolitik vorzuschreiben und damit in die Kostenkalkulation des AG einzugrei-

---

201 Eine ausdrückliche gesetzliche Regelung findet sich für kaufmännische Ang in §§ 74 ff. HGB. Nach der Rspr. des BAG sind diese Regelungen auf andere Arbverh analog anzuwenden, vgl. BAGE 22, 6, 15. – S. zu Wettbewerbsverboten im ArbR *Hüttl*, AuA 2007, 602.
202 Vgl. *Zöllner/Loritz*, § 7 II 9.
203 BAG 24.6.1966 – BB 1966, 1025.
204 BAG 24.6.1966 – BB 1966, 1025; BAG 1.8.1995 – NZA 1996, 310.
205 BAG 1.8.1995 – NZA 1996, 310.
206 BAG 11.12.2001 – NZA 2002, 965.
207 Näher zu den schutzwürdigen Interessen des AG ErfK/*Preis*, § 611 BGB Rn 724 ff. Ausführlich zu den Interessenkollisionen von AG und AN *Peter*, Nebentätigkeiten von Arbeitnehmern, 2006.
208 Ebenso ErfK/*Preis*, § 611 BGB Rn 727; s. zur Unzulässigkeit von Nebentätigkeiten auch *Braun*, DB 2003, 2282.
209 Näher zu den vertraglichen Gestaltungsmöglichkeiten *Gaul/Khanian*, MDR 2006, 68.
210 BAG 21.9.1999 – NZA 2000, 723.
211 Vgl. BAGE 105, 205, zur Nebentätigkeit im öffentlichen Dienst bei dauerhafter Beurlaubung.
212 BAG 11.12.2001 – NZA 2002, 965.
213 BVerfGE 111, 10, 28.
214 BVerfGE 50, 290, 363.
215 Vgl. zur Dispositionsbefugnis des AG Maunz/Dürig/*Scholz*, Art. 12 Rn 58 ff.
216 BVerfGE 97, 169, 176 f.; s. auch BAG 6.9.2007 – NZA 2008, 633.
217 Näher zum Arbeitsplatzschutz ErfK/*Dieterich*, Art. 12 GG Rn 36 ff.
218 BVerfGE 97, 169, 176 f.
219 BAGE 28, 131, 133.
220 BAG 29.3.1990 – NZA 1991, 181; BAGE 103, 31. Ausf. *Thum*, Betriebsbedingte Kündigung und unternehmerische Entscheidungsfreiheit.
221 BAGE 31, 157, 162; BAGE 103, 31.

fen.²²² Die arbeitsgerichtliche Prüfung beschränkt sich daher auf eine **Willkürkontrolle**.²²³ Insb. ist nicht zu prüfen, ob der betrieblich umgesetzte Entschluss des Unternehmers wirtschaftlich sinnvoll war, und ob die vom AG erwarteten Vorteile in einem vernünftigen Verhältnis zu den Nachteilen stehen, die sich für den AN durch die Künd ergeben.²²⁴

2. Mitbestimmung. Die Mitbestimmung der AN, die an Entscheidungen der Betriebsorganisation, der Personalwirtschaft und der Unternehmensführung beteiligt werden, stellt für den AG eine erhebliche Beschränkung seiner Freiheit der Berufsausübung dar.²²⁵ Sie ist indes durch den „sozialen Bezug"²²⁶ und die „soziale Funktion"²²⁷ des Unternehmerberufs gerechtfertigt, soweit er nur mithilfe anderer ausgeübt werden kann, die sich ebenfalls auf den Schutz des Abs. 1 berufen können.²²⁸ Bei der Anwendung und Auslegung der Vorschriften über die Mitbestimmung sind die Grundrechtspositionen von AG und AN in einen verhältnismäßigen Ausgleich zu bringen.²²⁹ Die Einzelheiten sind allerdings äußerst umstr.²³⁰

3. Arbeitsschutzgesetze. Zahlreiche gesetzliche Regelungen dienen dazu, die Sicherheit der AN am Arbeitsplatz zu erhöhen (**AN-Schutzrecht**). Hierzu zählen insb. das Gesetz über die Durchführung von Maßnahmen des Arbeitsschutzes zur Verbesserung der Sicherheit und des Gesundheitsschutzes der Beschäftigten bei der Arbeit (Arbeitsschutzgesetz – ArbSchG)²³¹ und das Gesetz über Betriebsärzte, Sicherheitsingenieure und andere Fachkräfte für Arbeitssicherheit (Arbeitssicherheitsgesetz – ASiG)²³² einschließlich mehrerer darauf beruhender VO. Richtiger Auff. zufolge handelt es sich hierbei um Eingriffe in die Berufsfreiheit des AG und nicht etwa um Eigentumsbindungen i.S.v. Art. 14.²³³ Ihre verfassungsrechtliche Rechtfertigung folgt aus dem Schutz der körperlichen Unversehrtheit der AN.

---

222 BAGE 103, 31.
223 Vgl. ErfK/*Oetker,* § 1 KSchG Rn 305 m.w.N.; s. auch BAG 6.9.2007 – NZA 2008, 633.
224 Vgl. ErfK/*Oetker,* § 1 KSchG Rn 305 m.w.N.
225 ErfK/*Dieterich,* Art. 12 GG Rn 41.
226 BVerfGE 50, 290, 365.
227 BVerfGE 50, 290, 365.
228 ErfK/*Dieterich,* Art. 12 GG Rn 41.
229 Vgl. BVerfGE 50, 290, 363.
230 S. ErfK/*Dieterich,* Art. 12 GG Rn 41; vgl. auch Maunz/Dürig/*Scholz,* Art. 12 GG Rn 58 ff.
231 ArbSchG vom 7.8.1996 (BGBl I, S. 1246), zuletzt geändert durch Gesetz vom 17.8.2008 (BGBl I, S. 1010).
232 ASiG vom 12.12.1973 (BGBl I, S. 1885), zuletzt geändert durch VO vom 31.10.2006 (BGBl I, S. 2407).
233 So auch ErfK/*Dieterich,* Art. 14 GG Rn 20.

Gerichtskostengesetz (GKG)

Vom 5.5.2004, BGBl I S. 718, BGBl III 360-7

Zuletzt geändert durch Gesetz zur Umsetzung der Aktionärsrechterichtlinie (ARUG) vom 30.7.2009, BGBl I S. 2479, 2491

– Auszug –

§ 42 Wiederkehrende Leistungen

(1) ¹Wird wegen der Tötung eines Menschen oder wegen der Verletzung des Körpers oder der Gesundheit eines Menschen Schadensersatz durch Entrichtung einer Geldrente verlangt, ist der fünffache Betrag des einjährigen Bezugs maßgebend, wenn nicht der Gesamtbetrag der geforderten Leistungen geringer ist. ²Dies gilt nicht bei Ansprüchen aus einem Vertrag, der auf Leistung einer solchen Rente gerichtet ist.

(2) ¹Bei Ansprüchen auf wiederkehrende Leistungen aus einem öffentlich-rechtlichen Dienst- oder Amtsverhältnis, einer Dienstpflicht oder einer Tätigkeit, die anstelle einer gesetzlichen Dienstpflicht geleistet werden kann, bei Ansprüchen von Arbeitnehmern auf wiederkehrende Leistungen sowie in Verfahren vor Gerichten der Sozialgerichtsbarkeit, in denen Ansprüche auf wiederkehrende Leistungen dem Grunde oder der Höhe nach geltend gemacht oder abgewehrt werden, ist der dreifache Jahresbetrag der wiederkehrenden Leistungen maßgebend, wenn nicht der Gesamtbetrag der geforderten Leistungen geringer ist. ²Ist im Verfahren vor den Gerichten der Verwaltungs- und Sozialgerichtsbarkeit die Höhe des Jahresbetrags nicht nach dem Antrag des Klägers bestimmt oder nach diesem Antrag mit vertretbarem Aufwand bestimmbar, ist der Streitwert nach § 52 Abs. 1 und 2 zu bestimmen.

(3) ¹Für die Wertberechnung bei Rechtsstreitigkeiten vor den Gerichten für Arbeitssachen über das Bestehen, das Nichtbestehen oder die Kündigung eines Arbeitsverhältnisses ist höchstens der Betrag des für die Dauer eines Vierteljahres zu leistenden Arbeitsentgelts maßgebend; eine Abfindung wird nicht hinzugerechnet. ²Bei Rechtsstreitigkeiten über Eingruppierungen ist der Wert des dreijährigen Unterschiedsbetrags zur begehrten Vergütung maßgebend, sofern nicht der Gesamtbetrag der geforderten Leistungen geringer ist.

(4) ¹Die bei Einreichung der Klage fälligen Beträge werden dem Streitwert hinzugerechnet; dies gilt nicht in Rechtsstreitigkeiten vor den Gerichten für Arbeitssachen. ²Der Einreichung der Klage steht die Einreichung eines Antrags auf Bewilligung der Prozesskostenhilfe gleich, wenn die Klage alsbald nach Mitteilung der Entscheidung über den Antrag oder über eine alsbald eingelegte Beschwerde eingereicht wird.

§ 63 Wertfestsetzung für die Gerichtsgebühren

(1) ¹Sind Gebühren, die sich nach dem Streitwert richten, mit der Einreichung der Klage-, Antrags-, Einspruchs- oder Rechtsmittelschrift oder mit der Abgabe der entsprechenden Erklärung zu Protokoll fällig, setzt das Gericht sogleich den Wert ohne Anhörung der Parteien durch Beschluss vorläufig fest, wenn Gegenstand des Verfahrens nicht eine bestimmte Geldsumme in Euro ist oder gesetzlich kein fester Wert bestimmt ist. ²Einwendungen gegen die Höhe des festgesetzten Werts können nur im Verfahren über die Beschwerde gegen den Beschluss, durch den die Tätigkeit des Gerichts aufgrund dieses Gesetzes von der vorherigen Zahlung von Kosten abhängig gemacht wird, geltend gemacht werden. ³Die Sätze 1 und 2 gelten nicht in Verfahren vor den Gerichten der Finanzgerichtsbarkeit. ⁴Die Gebühren sind in diesen Verfahren vorläufig nach dem § 52 Abs. 4 bestimmten Mindestwert zu bemessen.

(2) ¹Soweit eine Entscheidung nach § 62 Satz 1 nicht ergeht oder nicht bindet, setzt das Prozessgericht den Wert für die zu erhebenden Gebühren durch Beschluss fest, sobald eine Entscheidung über den gesamten Streitgegenstand ergeht oder sich das Verfahren anderweitig erledigt. ²In Verfahren vor den Gerichten für Arbeitssachen oder der Finanzgerichtsbarkeit gilt dies nur dann, wenn ein Beteiligter oder die Staatskasse die Festsetzung beantragt oder das Gericht sie für angemessen hält.

(3) ¹Die Festsetzung kann von dem Gericht, das sie getroffen hat, und, wenn das Verfahren wegen der Hauptsache oder wegen der Entscheidung über den Streitwert, den Kostenansatz oder die Kostenfestsetzung in der Rechtsmittelinstanz schwebt, von dem Rechtsmittelgericht von Amts wegen geändert werden. ²Die Änderung ist nur innerhalb von sechs Monaten zulässig, nachdem die Entscheidung in der Hauptsache Rechtskraft erlangt oder das Verfahren sich anderweitig erledigt hat.

---

1 Es wird auf die Kommentierung zu § 12 ArbGG verwiesen.

Gesetz über die Vergütung der Rechtsanwältinnen und Rechtsanwälte

Vom 5.5.2004, BGBl I S. 718, I 788, BGBl III 368-3

Zuletzt geändert durch Gesetz zur Modernisierung von Verfahren im anwaltlichen und notariellen Berufsrecht, zur Errichtung einer Schlichtungsstelle der Rechtsanwaltschaft sowie zur Änderung sonstiger Vorschriften vom 30.7.2009, BGBl I S. 2449

– Auszug –

§ 33 Wertfestsetzung für die Rechtsanwaltsgebühren

(1) Berechnen sich die Gebühren in einem gerichtlichen Verfahren nicht nach dem für die Gerichtsgebühren maßgebenden Wert oder fehlt es an einem solchen Wert, setzt das Gericht des Rechtszugs den Wert des Gegenstands der anwaltlichen Tätigkeit auf Antrag durch Beschluss selbstständig fest.

(2) [1]Der Antrag ist erst zulässig, wenn die Vergütung fällig ist. [2]Antragsberechtigt sind der Rechtsanwalt, der Auftraggeber, ein erstattungspflichtiger Gegner und in qden Fällen des § 45 die Staatskasse.

(3) [1]Gegen den Beschluss nach Absatz 1 können die Antragsberechtigten Beschwerde einlegen, wenn der Wert des Beschwerdegegenstands 200 Euro übersteigt. [2]Die Beschwerde ist auch zulässig, wenn sie das Gericht, das die angefochtene Entscheidung erlassen hat, wegen der grundsätzlichen Bedeutung der zur Entscheidung stehenden Frage in dem Beschluss zulässt. [3]Die Beschwerde ist nur zulässig, wenn sie innerhalb von zwei Wochen nach Zustellung der Entscheidung eingelegt wird.

(4) [1]Soweit das Gericht die Beschwerde für zulässig und begründet hält, hat es ihr abzuhelfen; im Übrigen ist die Beschwerde unverzüglich dem Beschwerdegericht vorzulegen. [2]Beschwerdegericht ist das nächsthöhere Gericht, in Zivilsachen der in § 119 Abs. 1 Nr. 1 des Gerichtsverfassungsgesetzes bezeichneten Art jedoch das Oberlandesgericht. [3]Eine Beschwerde an einen obersten Gerichtshof des Bundes findet nicht statt. [4]Das Beschwerdegericht ist an die Zulassung der Beschwerde gebunden; die Nichtzulassung ist unanfechtbar.

(5) [1]War der Beschwerdeführer ohne sein Verschulden verhindert, die Frist einzuhalten, ist ihm auf Antrag von dem Gericht, das über die Beschwerde zu entscheiden hat, Wiedereinsetzung in den vorigen Stand zu gewähren, wenn er die Beschwerde binnen zwei Wochen nach der Beseitigung des Hindernisses einlegt und die Tatsachen, welche die Wiedereinsetzung begründen, glaubhaft macht. [2]Nach Ablauf eines Jahres, von dem Ende der versäumten Frist an gerechnet, kann die Wiedereinsetzung nicht mehr beantragt werden. [3]Gegen die Ablehnung der Wiedereinsetzung findet die Beschwerde statt. [4]Sie ist nur zulässig, wenn sie innerhalb von zwei Wochen eingelegt wird. [5]Die Frist beginnt mit der Zustellung der Entscheidung. [6]Absatz 4 Satz 1 bis 3 gilt entsprechend.

(6) [1]Die weitere Beschwerde ist nur zulässig, wenn das Landgericht als Beschwerdegericht entschieden und sie wegen der grundsätzlichen Bedeutung der zur Entscheidung stehenden Frage in dem Beschluss zugelassen hat. [2]Sie kann nur darauf gestützt werden, dass die Entscheidung auf einer Verletzung des Rechts beruht; die §§ 546 und 547 der Zivilprozessordnung gelten entsprechend. [3]Über die weitere Beschwerde entscheidet das Oberlandesgericht. [4]Absatz 3 Satz 3, Absatz 4 Satz 1 und 4 und Absatz 5 gelten entsprechend.

(7) [1]Anträge und Erklärungen können ohne Mitwirkung eines Bevollmächtigten schriftlich eingereicht oder zu Protokoll der Geschäftsstelle abgegeben werden; § 129a der Zivilprozessordnung gilt entsprechend. [2]Für die Bevollmächtigung gelten die Regelungen der für das zugrunde liegende Verfahren geltenden Verfahrensordnung entsprechend. [3]Die Beschwerde ist bei dem Gericht einzulegen, dessen Entscheidung angefochten wird.

(8) [1]Das Gericht entscheidet über den Antrag durch eines seiner Mitglieder als Einzelrichter; dies gilt auch für die Beschwerde, wenn die angefochtene Entscheidung von einem Einzelrichter oder einem Rechtspfleger erlassen wurde. [2]Der Einzelrichter überträgt das Verfahren der Kammer oder dem Senat, wenn die Sache besondere Schwierigkeiten tatsächlicher oder rechtlicher Art aufweist oder die Rechtssache grundsätzliche Bedeutung hat. [3]Das Gericht entscheidet jedoch immer ohne Mitwirkung ehrenamtlicher Richter. [4]Auf eine erfolgte oder unterlassene Übertragung kann ein Rechtsmittel nicht gestützt werden.

(9) [1]Das Verfahren über den Antrag ist gebührenfrei. [2]Kosten werden nicht erstattet; dies gilt auch im Verfahren über die Beschwerde.

Es wird auf die Kommentierung zu § 12 ArbGG verwiesen.

Gesetz betreffend die Gesellschaften mit beschränkter Haftung (GmbHG)

Vom 20.4.1892, RGBl I S. 477, BGBl III 4123-1

In der Fassung der Bekanntmachung vom 20.5.1898, BGBl I S. 369, R 846
Zuletzt geändert durch Gesetz zur Angemessenheit der Vorstandsvergütung (VorstAG)
vom 31.7.2009, BGBl I S. 2509, 2511
– Auszug –

§ 38 Widerruf der Bestellung

(1) Die Bestellung der Geschäftsführer ist zu jeder Zeit widerruflich, unbeschadet der Entschädigungsansprüche aus bestehenden Verträgen.

(2) [1]Im Gesellschaftsvertrag kann die Zulässigkeit des Widerrufs auf den Fall beschränkt werden, daß wichtige Gründe denselben notwendig machen. [2]Als solche Gründe sind insbesondere grobe Pflichtverletzung oder Unfähigkeit zur ordnungsmäßigen Geschäftsführung anzusehen.

Literatur: *Bauer/Krets*, Gesellschaftliche Sonderregeln bei der Beendigung von Vorstands- und Geschäftsführerverträgen, DB 2003, 811; *Bauer/Krieger*, Formale Fehler bei Abberufung und Kündigung vertretungsberechtigter Organmitglieder, ZIP 2004, 1247; *Bergwitz*, Die GmbH im Prozess gegen ihren Geschäftsführer, GmbHR 2008, 225; *Goette*, Die GmbH, 2. Aufl. 2002; *Haase*, Das ruhende Arbeitsverhältnis eines zum Vertretungsorgan einer GmbH bestellten Arbeitnehmers und das Schriftformerfordernis gemäß § 623 BGB, GmbHR 2004, 279; *Hillmann-Stadtfeld*, Beendigung von Geschäftsführer-Dienstverträgen: Kopplungsklauseln bei befristeten Verträgen, GmbHR 2004, 1457; *Holthausen/Steinkraus*, Die janusköpfige Rechtsstellung des GmbH-Geschäftsführers im Arbeitsrecht, NZA-RR 2002, 281; *Hümmerich*, Grenzfall des Arbeitsrechts. Kündigung des GmbH-Geschäftsführers, NJW 1995, 1177; *Moll*, Arbeitsverhältnis nach „Beförderung" zum Organmitglied, GmbHR 2008, 1024; *Oppenländer/Trölitzsch* (Hrsg.), Praxishandbuch GmbH-GF, 2004; *Pesch*, Der Urkundsprozess als prozesstaktisches Mittel bei der außerordentlichen Kündigung von Organmitgliedern, NZA 2002, 957; *Roth/Altmeppen*, GmbHG, 5. Aufl. 2005; *Scholz* (Hrsg.), Kommentar zum GmbH-Gesetz, 10. Aufl. 2006/2007; *Wilke*, GmbHG, 2008, *Zimmer*, Kündigung im Management: § 623 BGB gilt nicht für GmbH-Geschäftsführer und AG-Vorstände, BB 2003, 1175

A. Allgemeines 1	a) Grobe Pflichtverletzung/Unfähigkeit zur Geschäftsführung 16
B. Regelungsgehalt 3	b) Andere wichtige Gründe 17
I. Grundsatz der freien Abberufbarkeit (Abs. 1) 4	c) Fristen, Verwirkung 18
1. Allgemeines 4	3. Rechtsfolgen 19
2. Widerruf der Bestellung (Abberufung) 5	III. Kündigung des Anstellungsvertrages 20
a) Zuständigkeit 6	1. Allgemeines 20
b) Abberufungsbeschluss 7	2. Ordentliche Kündigung 22
aa) Mehrheits- und sonstige Beschlusserfordernisse 7	3. Außerordentliche Kündigung 24
bb) Beschlussmängel 8	a) Wichtiger Grund 25
c) Kundgabe 9	b) Ausschlussfrist des § 626 Abs. 2 BGB ... 29
3. Rechtsfolgen 10	4. Rechtsfolgen 30
a) Beendigung der Organstellung, Anmeldung 10	C. Verbindung zum Prozessrecht 31
	I. Rechtsschutz gegen Abberufung 31
b) Auswirkungen auf den Anstellungsvertrag 11	II. Rechtsschutz gegen Kündigung des Anstellungsvertrages 34
II. Beschränkungen der freien Abberufbarkeit (Abs. 2) 14	III. Einstweiliger Rechtsschutz 35
1. Allgemeines 14	IV. Darlegungs- und Beweislast 37
2. Abberufung aus wichtigem Grund 15	D. Beraterhinweise 38

A. Allgemeines

1 Die Vorschrift behandelt die praktisch bedeutsame **Abberufung** des GmbH-GF. Bei der Beendigung des GF-Amtes ist zu beachten, dass der GmbH-GF eine **Doppelstellung** als **Organ der Gesellschaft** und als ihr **Dienstnehmer** innehat. Entsprechend ist bei Bestellung und Abberufung zwischen dem körperschaftlichen Organverhältnis und dem schuldrechtlichen Anstellungsverhältnis zu unterscheiden (**Trennungsprinzip**),[1] auch wenn diese in der Kautelarpraxis oft verknüpft werden. Wie der Hinweis auf etwaige Entschädigungsansprüche in Abs. 1 zu erkennen gibt,

---

1 BGH 29.5.1989 – II ZR 220/88 – NJW 1989, 2683; BGH 28.10.2002 – II ZR 146/02 – GmbHR 2003, 100, 101.

ist durch die Beendigung der Organstellung nicht notwendigerweise auch der Anstellungsvertrag beendet. Neben der Abberufung bedarf es regelmäßig einer **Künd des Anstellungsverhältnisses**.

Die Beendigung des Organverhältnisses kann des Weiteren durch **Amtsniederlegung** oder **Aufhebungsvertrag** erfolgen. Das GF-Amt endet automatisch bei Eintritt der **Amtsunfähigkeit** (§ 6 Abs. 2) oder **Tod** des GF, ferner im Falle der **Befristung** der Bestellung oder bei Eintritt einer **auflösenden Bedingung**[2] sowie bei **Umwandlungsvorgängen** (Verschmelzungen, Spaltungen) nach §§ 20 Abs. 1 Nr. 2, 131 Abs. 1 Nr. 2 UmwG.

B. Regelungsgehalt

Anders als der Wortlaut nahe legt, ist Regelungsgehalt des Abs. 1 nicht die Rückgängigmachung des Bestellungsaktes (Widerruf), sondern die **Beendigung der Organstellung ex nunc** (Abberufung). Abs. 1 regelt den auf den Fremd-GF zugeschnittenen gesetzlichen Normalfall der jederzeitigen freien Abberufung; Abs. 2 die Möglichkeit, dies durch Satzung einzuschränken.

I. Grundsatz der freien Abberufbarkeit (Abs. 1)

1. Allgemeines. Als Ausgleich zu den weiten Befugnissen des GF, insb. seiner gegenständlich unbeschränkten Vertretungsmacht (§ 37 Abs. 2), kann die Gesellschaft den GF grds. jederzeit abberufen, ohne dass hierfür nachvollziehbare Gründe vorliegen müssen. **Einschränkungen der dispositiven Regelung** des Abs. 1 können sich aus Gesetz, Satzung sowie aus schuldrechtlichen Nebenvereinbarungen[3] zwischen einem Gesellschafter-GF und den übrigen Gesellschaftern ergeben, nicht dagegen aus dem Anstellungsvertrag.[4] Auch ohne Satzungsbestimmungen können sich Einschränkungen aus der gesellschafterlichen **Treuepflicht** ergeben. Die Abberufung des GF einer personalistischen GmbH bedarf regelmäßig einer sachlichen Rechtfertigung, wenn der Abberufene nicht ein fremder Dritter, sondern ein Mitgesellschafter ist.[5]

2. Widerruf der Bestellung (Abberufung). Die Abberufung bedarf eines entsprechenden Beschlusses des zuständigen Organs und seiner Umsetzung durch Kundgabe der Abberufungsentscheidung.

a) Zuständigkeit. Nach der dispositiven Regelung des § 46 Nr. 5 ist die **Gesellschafterversammlung** das für die Abberufung **zuständige Organ**. Einzelne Gesellschafter sind auch dann nicht zur Abberufung des GF befugt, wenn Gefahr im Verzug ist.[6] In der mitbestimmten GmbH ist durch entsprechende Verweisung[7] die zwingende Zuständigkeit des Aufsichtsrates gegeben (§ 84 Abs. 3 AktG). Die Satzung kann die Zuständigkeit zur Abberufung dem fakultativen Aufsichtsrat, einem anderen Organ oder einzelnen Gesellschaftern zuweisen. Umstr. ist, ob auch **Dritte** mit der Abberufung betraut werden können.[8] Im Falle der Funktionsunfähigkeit des durch Satzung bestimmten Organs bleibt die Zuständigkeit der Gesellschafterversammlung bestehen.[9] Teilweise wird vertreten, dass im Falle der Abberufung aus wichtigem Grund stets daneben die Zuständigkeit der Gesellschafterversammlung gegeben sei.[10] Ist in der Satzung lediglich die Zuständigkeit zur Bestellung des GF abweichend geregelt, spricht eine Vermutung dafür, dass eine entsprechende **Annexkompetenz** der Bestellungsorgane auch für die Abberufung besteht.[11]

b) Abberufungsbeschluss. aa) Mehrheits- und sonstige Beschlusserfordernisse. Die **Abberufung** erfolgt durch einen mit **einfacher Mehrheit** zu fassenden Beschluss der Gesellschafterversammlung (§ 47 Abs. 1).[12] Die Satzung kann **weitergehende Mehrheitserfordernisse** vorsehen, nicht jedoch für den Fall der Abberufung aus wichtigem Grund.[13] Die Abberufung bedarf weder einer Begründung noch einer vorherigen **Anhörung** des betroffenen GF.[14] Sofern die Tagesordnung der Gesellschafterversammlung die Abberufung aus wichtigem Grund zum Gegen-

---

2 BGH 24.10.2005 – II ZR 55/04 – GmbHR 2006, 45 (Kombination von Befristung und Bedingung); OLG Stuttgart 11.2.2004 – 14 U 58/03 – NZG 2004, 472.
3 BGH 27.10.1986 – II ZR 240/85 – NJW 1987, 1890, 1820; Oppenländer/*Trölitzsch*, § 12 Rn 6; a.A. OLG Stuttgart 7.2.2001 – 20 U 52/97 – BB 2001, 794, 797.
4 BGH 4.11.1968 – II ZR 63/67 – DB 1968, 2166; Lutter/ Hommelhoff, § 38 Rn 13.
5 BGH 29.11.1993 – II ZR 61/93 – DStR 1994, 214, 216; OLG Zweibrücken 30.10.1997 – 4 U 11/02 – NZG 1998, 385; OLG Zweibrücken 5.6.2003 – 4 U 117/02 – NZG 2003, 931 (dauerhafte Erkrankung als sachlicher Grund); offen gelassen von OLG Naumburg 13.1.2000 – 7 U (Hs) 24/99 – NZG 2000, 608.
6 OLG Hamburg 27.8.1954 – 1 U 395/53 – BB 1954, 978.
7 § 31 MitbestG; § 12 MontanMitbestG; § 13 MitbestErgG.
8 Befürwortend Roth/*Altmeppen*, § 38 Rn 12; Lutter/Hommelhoff, § 46 Rn 11; OLG Celle 15.11.2006 – 9 U 59/06 – GmbHR 2007, 318 (Abberufung durch künftigen Gesellschafter); a.A. Scholz/*Schneider*, § 38 Rn 24 m.w.N.
9 BGH 24.2.1954 – II ZR 88/53 – NJW 1954, 799; BGH 1.12.1969 – II ZR 224/67 – WM 1970, 249, 251.
10 Roth/*Altmeppen*, § 38 Rn 13 m.w.N.; a.A. Scholz/*Schneider*, § 38 Rn 22.
11 BGH 8.12.1997 – II ZR 236/96 – NZG 1998, 226; OLG Nürnberg 22.12.2000 – 6 U 3021/00 – NZG 2000, 810, 811.
12 Vgl. aber OLG Düsseldorf 11.2.1993 – 6 U 43/92 – GmbHR 1994, 245 (qualifizierte Mehrheit für Abberufung des Gründungsgesellschafter-Geschäftsführers).
13 BGH 20.12.1982 – II ZR 110/82 – NJW 1983, 938;
14 BGH 4.7.1960 – II ZR 168/58 – NJW 1960, 1861; LG Magdeburg 7.5.2004 – 5 O 2149/03 – NJOZ 2004, 2712.

stand hat, ist eine freie Abberufung anfechtbar.[15] Wird ein Gesellschafter-GF mit einem in der Satzung verankerten **Sonderrecht auf Geschäftsführung** abberufen, so bedarf der Abberufungsbeschluss nach Auffassung des OLG Nürnberg[16] als Satzungsänderung auch dann der notariellen Beurkundung, wenn ein wichtiger Grund vorliegt.[17] Ist einem Gesellschafter die Geschäftsführung als Organstellung kraft Sonderrechts zugewiesen, kann diese nur mit seiner Zustimmung oder bei Vorliegen eines wichtigen Grundes entzogen werden.[18] Der Gesellschafter-GF hat bei der Beschlussfassung ein eigenes **Stimmrecht**. Nur bei der Abstimmung über seine Abberufung aus wichtigem Grund sind sämtliche[19] an der Pflichtverletzung beteiligten GF, eine maßgeblich vom GF beeinflusste Personengesellschaft[20] und u.U. auch der Gesellschafter-Ehegatte vom Stimmrecht ausgeschlossen (§ 47 Abs. 4),[21] gleichwohl aber **teilnahme- und redeberechtigt**.[22]

8 **bb) Beschlussmängel.** Besonders schwere Beschlussmängel i.S.d. § 241 AktG führen zur Nichtigkeit des Abberufungsbeschlusses und damit der Abberufung, worauf sich auch der Fremd-GF (z.B. im Wege einer Feststellungsklage) berufen kann. Alle sonstigen Verstöße gegen Gesetz oder Satzung (**Anfechtungsgründe**) lassen die Wirksamkeit des Abberufungsbeschlusses zunächst unberührt. Erst durch die kassatorisch wirkende Anfechtungsklage kann der Beschluss nichtig werden. **Nichtigkeitsgründe** sind insb.: Einberufung der Gesellschafterversammlung durch Unbefugte;[23] Nichteinladung des betroffenen Gesellschafter-GF[24] oder eines anderen teilnahmeberechtigten Gesellschafters;[25] schwere Formmängel (fehlende Schriftlichkeit oder Unterschrift, Nichtangabe von Ort und Zeit).[26] Verstöße gegen § 138 BGB führen dagegen nur dann zur Nichtigkeit, wenn der Beschluss seinem Inhalt nach und nicht nur nach Beweggrund, Zweck oder Art des Zustandekommens gegen die guten Sitten verstößt.[27]

9 **c) Kundgabe.** Der Abberufungsbeschluss bedarf der Umsetzung durch Kundgabe an den GF. Ist der Abzuberufene bei der Beschlussfassung anwesend, wird die Abberufung grds. sofort wirksam.[28] Dies gilt jedenfalls dann, wenn der Versammlungsleiter den Abberufungsbeschluss inhaltlich festgestellt hat, oder – bei fehlender Feststellung – über den Inhalt des Beschlusses zwischen den Abstimmungsbeteiligten kein Zweifel besteht. Soweit die **Kundgabe** nicht durch das **zuständige Entscheidungsorgan** (i.d.R. die Gesellschafterversammlung), sondern durch andere GF, einzelne Gesellschafter, Dritte oder andere „**besondere Vertreter**" vorgenommen wird, muss deutlich werden, dass das zuständige Organ diese Entscheidung gefasst hat.[29] Bei fehlender Vorlage einer **Originalvollmacht** kann die Abberufungserklärung entsprechend § 174 BGB zurückgewiesen werden.[30]

10 **3. Rechtsfolgen. a) Beendigung der Organstellung, Anmeldung.** Unter der Voraussetzung, dass der Abberufungsbeschluss nicht nichtig ist, endet mit seiner Kundgabe die Organstellung des GF. Die Abberufung ist – mit deklaratorischer Wirkung[31] – ins **Handelsregister** einzutragen (§ 39). Bis zur Eintragung können sich gutgläubige Dritte gegenüber der Gesellschaft auf die fortwirkende Bestellung des GF berufen.[32] Im Zeitpunkt der Unterzeichnung der Handelsregisteranmeldung bereits **ausgeschiedene GF** sind nicht mehr anmeldeberechtigt.[33]

11 **b) Auswirkungen auf den Anstellungsvertrag.** Aufgrund des **Trennungsprinzips** endet mit dem Organverhältnis nicht automatisch auch das Anstellungsverhältnis.[34] In dem Abberufungsbeschluss kann zugleich die **fristlose Künd** des Anstellungsvertrages liegen, wenn die Abberufung erkennbar der Ausdruck eines Vertrauensverlustes ist, der die Rechtsbeziehungen zu dem Entlassenen in ihrer Gesamtheit belastet.[35] Durch **Kopplungsabrede** im Anstellungsvertrag kann grds. eine Bindung des Anstellungsverhältnisses an das Organverhältnis dergestalt vereinbart werden, dass die Abberufung zur vorzeitigen Künd des Anstellungsvertrages berechtigt oder – als auflösende Bedin-

---

15 BGH 28.1.1985 – II ZR 79/84 – WM 85, 567, 570.
16 OLG Nürnberg 10.11.1999 – 12 U 813/99 – GmbHR 2000, 563.
17 Zur Unbeachtlichkeit der fehlenden Beurkundung: Scholz/*Schneider*, § 38 Rn 41, 66; Roth/*Altmeppen*, § 38 Rn 61.
18 OLG Nürnberg 10.11.1999 – 12 U 813/99 – GmbHR 2000, 563.
19 OLG Düsseldorf 24.2.2000 – 6 U 77/99 – GmbHR 2000, 1050, 1053.
20 OLG Karlsruhe 4.5.1999 – 8 U 153/97 – NZG 2000, 264.
21 OLG Zweibrücken 31.10.1997 – 4 U 11/97 – NZG 1998, 385.
22 BGH 24.2.1992 – II ZR 79/91 – NJW-RR 1992, 993.
23 BGH 7.2.1983 – II ZR 14/82 – NJW 1983, 1677.
24 BGH 30.3.1987 – II ZR 180/86 – NJW 1987, 2580.
25 BGH 14.12.1961 – II ZR 97/59 – NJW 1962, 538; BGH24.6.1996, NJW-RR 1996, 1377.
26 BGH 17.10.1988 – II ZR 18/88 – NJW-RR 1989, 347.
27 BGH 1.6.1987 – II ZR 128/86 – NJW 1987, 2514 (Eingriff in unverzichtbare Gesellschafterrechte).
28 Scholz/*Schneider*, § 38 Rn 30.
29 Baumbach/Hueck/*Zöllner*, § 38 Rn 39.
30 OLG Düsseldorf 17.11.2003 – 15 U 225/02 – NZG 2003, 141.
31 BGH 6.11.1995 – II ZR 181/94 – NJW 1996, 257.
32 BGH 1.7.1991 – II ZR 292/90 – NJW 1991, 2566; BGH 6.11.1995 – II ZR 181/94 – NJW 1996, 257.
33 BayObLG 17.9.2003 – 3 Z BR 183/03 – BB 2003, 2366; OLG Zweibrücken 15.2.2006 – 3 W 209/05 – BeckRS 2006 Nr. 03728 (Anmeldebefugnis des alten Geschäftsführers bei Abberufung mit Wirkung der Eintragung im Handelsregister).
34 Zum Fortbestand des Anstellungsvertrages bei Amtsniederlegung aus einem von der GmbH zu vertretenden Grund: BGH 9.2.1978 – II ZR 189/76 – WM 1978, 319.
35 BGH 29.3.1973 – II ZR 20/71 – NJW 1973, 1122, 1123 (Genossenschaft); OLG Hamburg 28.6.1991 – 11 U 148/90 – GmbHR 1992, 43, 48.

gung – zur automatischen Beendigung des Anstellungsverhältnisses führt.[36] Der BGH[37] hält aufgrund der zwingenden Regelung des § 622 Abs. 5 BGB für die Beendigung des Anstellungsverhältnisses die Wahrung der Mindestfristen des § 622 Abs. 1 BGB für erforderlich. Nach Auffassung des OLG Zweibrücken kann auch eine sofortige Beendigung des Anstellungsverhältnisses für den Fall der Abberufung vereinbart werden, ohne dass es auf die Einhaltung der Künd-Frist oder auf das Vorliegen eines wichtigen Grundes ankommt.[38] Bei Kopplungsabreden im Rahmen eines **befristeten Anstellungsvertrages** ist zu differenzieren. Grundsätzlich schließt die Befristungsvereinbarung die ordentliche Künd aus, so dass die Abberufung im Zweifel keine ordentliche, sondern lediglich eine außerordentliche Künd nach sich ziehen kann, die allerdings nur wirksam ist, wenn ein wichtiger Grund i.S.d. § 626 BGB vorliegt.[39] Anders ist die Rechtslage, wenn trotz Befristung ausdrücklich die Möglichkeit der ordentlichen Künd allg. oder für den Fall der Abberufung vereinbart wird.[40] In diesem Falle endet der Anstellungsvertrag nach Ablauf der Frist des § 622 Abs. 1 BGB bzw. der im Anstellungsvertrag vereinbarten Künd-Frist. Aufgrund der Verbrauchereigenschaft von GF (§ 13 BGB)[41] können **Kopplungsabreden** mit Fremd-GF und Gesellschafter-GF ohne beherrschenden Einfluss im Anwendungsbereich des AGB-Rechtes überraschend und damit unwirksam sein (siehe § 305c BGB Rn 16).[42]

Ist der Anstellungsvertrag nicht durch die Abberufung beendet, behält der Abberufene grds. seinen **Vergütungsanspruch**, unter Anrechnung des anderweitig erzielten Einkommens.[43] Der Abberufene muss grds. seine Leistungen in einer den **Annahmeverzug** der Gesellschaft begründenden Weise anbieten.[44] Ein wörtliches Angebot, das auch in der Erhebung einer Klage auf Gehaltsfortzahlung oder einem Protest gegen die Berechtigung der Künd liegen kann,[45] ist zumindest dann ausreichend, wenn gleichzeitig das Dienstverhältnis aus wichtigem Grund gekündigt wird.[46] Ein Angebot ist dann entbehrlich, wenn die GmbH durch Bestellung eines anderen GF zu erkennen gibt, dass sie unter keinen Umständen zu einer weiteren Beschäftigung bereit ist.[47]

Die Abberufung führt nicht zur **Umwandlung des Anstellungsverhältnisses** in ein Arbverh.[48] Eine Weiterbeschäftigung nach Beendigung der Organstellung kann als (fortbestehendes) freies Dienstverhältnis[49] oder – bei entsprechender Weisungsgebundenheit gegenüber dem neuen GF – als Arbverh[50] zu werten sein. Der abberufene GF ist verpflichtet, eine seinen Kenntnissen und Fähigkeiten angemessene andere leitende Stellung in der Gesellschaft anzunehmen, wenn er eine Künd des Anstellungsvertrages vermeiden will.[51] Hieraus wird teilweise der Schluss gezogen, dass dem abberufenen GF für die Restdauer des Anstellungsvertrages ein **Weiterbeschäftigungsanspruch** in vergleichbarer Führungsposition zustehen kann.[52]

II. Beschränkungen der freien Abberufbarkeit (Abs. 2)

1. Allgemeines. Die **dispositive Regelung** der freien Abberufbarkeit (Abs. 1) kann durch die Satzung eingeschränkt werden. Von der freien Abberufbarkeit bis zur Abberufung nur bei Vorliegen eines wichtigen Grundes sind alle Zwischenlösungen denkbar. Soweit dem Gesellschafter die **Geschäftsführung kraft Sonderrecht** oder „unwiderruflich" bzw. „auf Lebenszeit" zugewiesen ist, kann die Geschäftsführung nur bei Vorliegen eines wichtigen Grundes entzogen werden.[53] Das Recht zur **Abberufung aus wichtigem Grund** kann nicht abbedungen werden.[54] Anders als bei der freien Abberufung hat der Gesellschafter-GF bei der Beschlussfassung nach Abs. 2 kein **Stimmrecht** (siehe Rn 7). Die eigene Abberufung (oder Amtsniederlegung) aufgrund Stellung als alleiniger Gesellschafter ist rechtsmissbräuchlich, wenn kein neuer GF bestellt und kein wichtiger Grund für Abberufung vorliegt.[55]

2. Abberufung aus wichtigem Grund. Ein wichtiger Grund ist jeder Umstand, der das **Verbleiben des GF** für die Gesellschaft **unzumutbar** macht. Erforderlich sind eine **Gesamtwürdigung der Umstände des Einzelfalles** und

---

36 *Hillmann-Stadtfeld*, GmbHR 2004, 1457.
37 BGH 29.5.1989 – II ZR 220/88 – NJW 1989, 2683, 2685; BGH 21.6.1999 – II ZR 27/98 – NJW 1999, 3263.
38 OLG Zweibrücken 8.6.1999 – 8 U 138/98 – NZG 1999, 1011; LG Magdeburg 7.5.2004 – 5 O 2149/03 – NJOZ 2004, 2712; OLG Stuttgart 11.2.2004 – 14 U 58/03 – NZG 2004, 472 (auflösend bedingte Bestellung).
39 BGH 21.6.1999 – II ZR 27/98 – NJW 1999, 3263, 3264.
40 Oppenländer/Trölitzsch/*Baumann*, § 13 Rn 48.
41 BGH 8.11.2005 – XI ZR 34/05 – NJW 2006, 431, 433.
42 A.A. Baumbach/Zöllner/*Noack*, § 35 Rn 211 (Vereinbarung auflösender Bedingungen bei Nichtarbeitsverhältnissen generell zulässig).
43 BGH 9.10.2000 – II ZR 75/99 – NJW 2001, 287, 288.
44 Oppenländer/Trölitzsch/*Baumann*, § 13 Rn 77.
45 BGH 28.10.1996 – II ZR 14/96 – NJW-RR 1997, 537, 538.
46 OLG Koblenz 7.10.1993 – 6 U 547/91 – WiB 1994, 777, 778; vgl. OLG Frankfurt a.M. 3.12.1992 – 26 U 100/91 – GmbHR 1993, 291.

47 BGH 9.10.2000 – II ZR 75/99 – NJW 2001, 287, 288.
48 BAG 28.6.1995 – 7 ABR 59/94 – BB 1996, 113,114; BGH 10.1.2000 – II ZR 251/98 – NJW 2000, 1864.
49 BGH 10.1.2000 – II ZR 251/98 – NJW 2000, 1864.
50 OLG Frankfurt a.M. 11.5.1999 – 5 W 11/99 – NZA-RR 2000, 385.
51 BGH 14.7.1966 – II ZR 212/64 – WM 1966, 968; OLG Karlsruhe 25.8.1995 – 15 U 286/94 – GmbHR 1996, 208.
52 *Hümmerich*, AnwaltFormulare ArbR, § 1 Rn 2593; a.A. Lutter/Hommelhoff/*Hommelhoff/Kleindiek*, Anh. § 6 Rn 49; vgl. auch LG Köln 9.9.1997 – 3 O 406/97 – GmbHR 1997, 1104 (kein Weiterbeschäftigungsanspruch bei Freistellungsklausel im Anstellungsvertrag).
53 BGH 30.11.1961 – II ZR 137/60 – WM 1962, 201; OLG Naumburg 13.1.2000 – 17 U 24/99 – NZG 2000, 608.
54 BGH 21.4.1969 – II ZR 200/67 – NJW 1969, 1483.
55 OLG Zweibrücken 15.2.2006 – 3 W 209/05 – BeckRS 2006 Nr. 03728.

eine **Abwägung der betroffenen Interessen**. Das Vorliegen eines wichtigen Grundes ist **weder** an ein **schuldhaftes Verhalten** des GF gebunden, noch muss der Gesellschaft ein **Schaden** entstanden sein.[56] Die Abberufung kann auch auf Vorkommnisse gestützt werden, die zeitlich nach dem Abberufungsbeschluss liegen, aber im Rahmen einer Gesamtbeurteilung die Fortsetzung der GF–Tätigkeit als bereits im Zeitpunkt der Abberufung unzumutbar erscheinen lassen,[57] nicht dagegen auf Vorgänge, die der Gesellschaft bereits bei seiner Bestellung bekannt waren.[58] Das Handeln eines GF in seiner Eigenschaft als Gesellschafter ist für den Vorwurf der Verletzung von GF-Pflichten nicht oder nur sehr begrenzt verwendbar.[59] In einer **Zweipersonen-GmbH** ist neben der Unzumutbarkeit der Fortsetzung des GF-Verhältnisses wegen Vertrauensverlustes eine grobe Pflichtverletzung zur Rechtfertigung der Abberufung aus wichtigem Grund erforderlich.[60]

16 **a) Grobe Pflichtverletzung/Unfähigkeit zur Geschäftsführung.** Beispielhaft für einen wichtigen Grund führt das Gesetz die grobe Pflichtverletzung und die Unfähigkeit zu ordnungsgemäßer Geschäftsführung an. Insoweit besteht eine weitgehende Übereinstimmung mit § 626 BGB.[61] Die Abberufung ist stets gerechtfertigt, wenn ein wichtiger Grund zur fristlosen Künd des Anstellungsvertrages gem. § 626 BGB vorliegt (zur Übersicht siehe Rn 17).[62] Schlichte kaufmännische Fehler rechtfertigen dagegen i.d.R. nicht die Abberufung aus wichtigem Grund.[63]

17 **b) Andere wichtige Gründe.** Der wichtige Grund kann in der **Person des GF** liegen: z.B. eine lang andauernde Krankheit,[64] die Überschuldung des GF,[65] die Eröffnung des Verbraucherinsolvenzverfahrens über sein Vermögen,[66] das Fehlen notwendiger Kenntnisse,[67] Vertrauensverlust wegen des Unterlaufens von Stimmbindungsverträgen der Gesellschafter[68] oder ein Zerwürfnis zwischen mehreren GF, wenn die notwendige konstruktive Zusammenarbeit zum Wohle der Gesellschaft erheblich gefährdet ist.[69] Die Gesellschafterversammlung ist zur Abberufung eines jeden an dem Zerwürfnis beteiligten GF berechtigt, nicht aber verpflichtet, sich von beiden GF zu trennen.[70] Streit über Fragen der Geschäftspolitik stellt für sich allein keinen wichtigen Grund für die Abberufung dar.[71] Bei Existenzgefährdung des Unternehmens kommt eine Abberufung aus wichtigem Grund auf **Druck Dritter** (z.B. kreditgebende Bank) in Betracht.[72]

18 **c) Fristen, Verwirkung.** Das **nicht fristgebundene Abberufungsrecht** kann verwirkt sein, wenn die Gesellschaft trotz Kenntnis der abberufungswürdigen Umstände längere Zeit zuwartet und der Betroffene annehmen kann, der andere Teil werde die Angelegenheit auf sich beruhen lassen.[73] Eine **Verwirkung** scheidet aus, wenn aus dem wiederholten Verhalten des GF auf eine Persönlichkeitsstruktur geschlossen werden kann, die sein Verbleiben im Amt untragbar macht.[74] Verwirkte Abberufungsgründe können bei erneuten Vorfällen im Rahmen der erforderlichen Gesamtabwägung zu berücksichtigen sein.[75]

19 **3. Rechtsfolgen.** Wie im Falle der einfachen Abberufung, endet mit Kundgabe (siehe Rn 9) des Abberufungsbeschlusses das **GF-Amt**, nicht jedoch automatisch der **Anstellungsvertrag** (siehe Rn 11). Die Abberufung eines Fremd-GF oder geschäftsführenden Minderheitsgesellschafters aufgrund eines förmlich festgestellten Beschlusses gilt nach umstr. Auff. analog § 84 Abs. 3 S. 4 AktG als wirksam, bis die Unwirksamkeit durch Urteil rechtskräftig festgestellt wird.[76] Eine **analoge Anwendung des § 84 Abs. 3 S. 4 AktG** scheidet aus, wenn in einer zweigliedrigen GmbH einer oder beide Gesellschafter GF sind und die Abberufung nicht einem anderen Organ als der Gesellschaf-

---

56 BGH 24.2.1992 – II ZR 79/91 – NJW-RR 1992, 993, 994; OLG Karlsruhe 8.7.1988 – 10 U 157/87 – NJW-RR 1988, 1497.
57 OLG Stuttgart 30.3.1994 – 3 U 154/93 – NJW-RR 1995, 295, 297.
58 BGH 12.7.1993 – II ZR 65/92 – NJW-RR 1993, 1253, 1254.
59 OLG Karlsruhe 4.5.1999 – 8 U 153/97 – NZG 2000, 264, 271.
60 OLG Karlsruhe 4.5.1999 – 8 U 153/97 – NZG 2000, 264, 271.
61 OLG Düsseldorf 15.2.1991 – 16 U 139/90 – WM 1992, 14, 19.
62 BGH 23.10.1995 – II ZR 130/94 – NJW-RR 1996, 156; OLG Düsseldorf 15.2.1991 – 16 U 130/90 – WM 1992, 14.
63 BGH 29.11.1993 – II ZR 61/93 – DStR 1994, 214, 216.
64 OLG Zweibrücken 5.6.2003 – 4 U 117/02 – NZG 2003, 931.
65 OLG Hamburg 27.8.1954 – 1 U 395/53 – BB 1954, 978.
66 OLG Stuttgart 26.10.2005 – 14 U 50/05 – GmbHR 2006, 1258.
67 OLG Stuttgart 9.10.1956 – 2 W 69/56 – GmbHR 57, 60.
68 OLG Saarbrücken 10.10.2006 – 2 U 382/05 – GmbHR 2007, 144.
69 BGH 17.10.1983 – II ZR 31/83 – WM 1984, 29; BGH 24.2.1992 – II ZR 79/91 – NJW-RR 1992, 1993; OLG Düsseldorf 30.6.1988 – 6 U 310/87 – NJW 1989, 172.
70 BGH 13.7.1998 – II ZR 131/97 – NJW-RR 1998, 1409, 1410.
71 BGH 24.2.1992 – II ZR 79/91 – NJW-RR 1992, 993.
72 BGH 23.10.2006 – II ZR 298/05 – NZG 2007, 189; OLG München 13.10.2005 – 23 U 1949/05 – NZG 2006, 313 (Abberufung eines Vorstandsmitgliedes als Bedingung der zur Insolvenzabwendung erforderlichen Kreditverlängerung).
73 BGH 1.3.1999 – II ZR 205/98 – NJW 1999, 2268.
74 BGH 24.10.1994 – II ZR 91/94 – DStR 1994, 1746.
75 BGH 14.10.1991 – II ZR 239/90 – NJW-RR 1992, 292.
76 OLG Hamm 17.9.2001 – 8 U 126/01 – NZG 2002, 50; Scholz/*Schneider*, § 38 Rn 36a; Lutter/*Hommelhoff*, § 38 Rn 37 und 30; Oppenländer/*Trölitzsch*, § 12 Rn 20; a.A. Baumbach/*Zöllner*/Noack, § 38 Rn 40 (Rechtmäßigkeitsvermutung bei GmbH deutlich schwächer); OLG Schleswig 5.7.2007 – 5 U 186/06 – GmbHR 2007, 1108 (materielle Rechtslage entscheidend).

terversammlung übertragen ist.[77] In der mitbestimmten GmbH findet § 84 Abs. 3 S. 4 AktG unmittelbar Anwendung (vgl. § 31 Abs. 1 MitbestG).

III. Kündigung des Anstellungsvertrages

1. Allgemeines. Wie die Abberufung bedarf auch die Künd eines entsprechenden **Beschlusses der Gesellschafterversammlung**,[78] soweit nicht aus zwingendem Mitbestimmungsrecht oder aus der Satzung sich eine andere Zuständigkeit ergibt. Die formellen Beschlusserfordernisse entsprechen denen der Abberufung (siehe Rn 7–9). Eine rückwirkende Genehmigung einer ohne erforderliche Beschlussfassung ausgesprochenen Künd durch Gesellschafterbeschluss kommt nicht in Betracht.[79] In der Praxis wird häufig übersehen, dass die Gesellschafterversammlung vor der Künd einen GF oder einen Mitgesellschafter zum besonderen Vertreter der Gesellschaft in allen die Künd des GF betreffenden Angelegenheiten bestellen muss, anderenfalls ist die von einem hierzu von der Gesellschafterversammlung nicht besonders Bevollmächtigten ausgesprochene Künd unwirksam.[80] Die Künd-Erklärung bedarf nach umstr. Auffassung[81] nur dann der **Schriftform** analog § 623 BGB, wenn ausnahmsweise ein Arbverh besteht.[82] Soweit die Gesellschafterversammlung nicht selbst die Künd-Erklärung abgibt, sondern die Erklärung durch einen beauftragten GF, einen oder mehrere Gesellschafter oder Dritte (z.B. Rechtsanwalt) erfolgt, liegt ein rechtsgeschäftliches **Vertreterhandeln** vor. Zur Vermeidung einer Zurückweisung der Künd-Erklärung (sowie der Abberufung) gem. § 174 BGB ist in diesen Fällen die **Vorlage einer Originalvollmacht** erforderlich.[83]

Im Falle einer unwirksamen fristlosen Künd kommt eine **Umdeutung** in eine ordentliche Künd in Betracht, wenn die Gesellschafterversammlung gegenüber dem GF erkennbar durch den Inhalt des Künd-Schreibens, einer zusätzlich erklärten Vertragsanfechtung oder der Ankündigung der Übersendung der Arbeitspapiere zum Ausdruck bringt, dass sie sich von ihm in jedem Fall trennen will.[84] Die Umdeutung der fristlosen Künd des Anstellungsvertrages eines Gesellschafter-GF kommt regelmäßig nicht in Betracht, da dieser nur im Falle einer fristlosen Künd einem **Stimmverbot** nach § 47 Abs. 4 unterliegt.[85]

2. Ordentliche Kündigung. Das Anstellungsverhältnis kann durch ordentliche Künd beendet werden (§ 620 Abs. 2 BGB). Bei einem befristeten Anstellungsvertrag kann zusätzlich das Recht zur ordentlichen Künd eingeräumt werden.[86] Hinsichtlich der **Künd-Fristen** sind – nach umstr. Auffassung – die verlängerten Fristen des § 622 BGB (statt des § 621 BGB) für Fremd-GF[87] und Gesellschafter-GF[88] entspr. anwendbar. Gegen das Bestehen einer Gesetzeslücke und damit gegen eine analoge Anwendung des § 622 BGB spricht allerdings der Umstand, dass zum Zeitpunkt der letzten Gesetzesänderung des § 622 BGB im Jahre 1993 dem Gesetzgeber bekannt war, dass für den GF die Vorläufervorschrift des § 622 BGB und das Angestelltenkündigungsschutzgesetz nicht galten.[89] Im Anstellungsvertrag können längere, nicht aber kürzere als die in § 622 BGB genannten Fristen vereinbart werden (§ 622 Abs. 5 BGB).[90] Die Künd bedarf keiner **Begründung**.[91]

Unbeschadet des Umstandes, dass der Anstellungsvertrag (bis auf extreme Ausnahmekonstellationen)[92] nicht als **Arbverh** zu qualifizieren ist,[93] kann die Künd gem. § 14 Abs. 1 Nr. 1 KSchG nicht auf ihre soziale Rechtfertigung (§ 1 Abs. 1 KSchG) überprüft werden.[94] **Fremd-GF** können sich nicht auf den in jüngster Zeit von den ArbG entwickelten Schutz außerhalb des KSchG[95] berufen. In seiner Entscheidung vom 3.11.2003 betont der BGH, dass die ordentliche Künd des GF keines rechtfertigenden Grundes bedarf und **keine arbeitnehmerähnliche Schutzbedürftigkeit** besteht.[96] Wird ausnahmsweise die **Geltung des KSchG** im Anstellungsvertrag vereinbart, steht dies nach erfolgter Abberufung einer ordentlichen Künd nicht entgegen. Der Verlust der Organstellung stellt in diesem Falle einen **personenbedingten Künd-grund** i.S.d. § 1 Abs. 2 KSchG dar.[97] Weder die Bezeichnung als „Ar-

---

77 BGH 20.12.1982 – II ZR 110/82 – NJW 1983, 938.
78 OLG Celle 4.2.2004 – 9 U 203/03 – NZG 2004, 475, 477.
79 OLG Koblenz 6.10.2005 – 6 U 1572/04 – BeckRS Nr. 04321.
80 BGH 1.2.1968 – II ZR 212/65 – WM 1968, 570.
81 Oppenländer/Trölitzsch/*Baumann*, § 13 Rn 19; *Haase*, GmbHR 2004, 279, 281; zur Formfreiheit nach altem Recht: OLG Nürnberg 22.12.2000 – 6 U 3021/00 – NZG 2000, 810, 811.
82 Palandt/*Weidenkaff*, § 623 BGB Rn 2 m.w.N.
83 OLG Düsseldorf 17.11.2003 – 15 U 225/02 – NZG 2003, 141; KG 6.1.1999 – 23 U 8694/96 – NZG 1999, 764.
84 BGH 14.2.2000 – II ZR 218/98 – NJW-RR 2000, 987; BGH 12.1.1998 – II ZR 98/96 – DStR 1989, 1189 (keine Umdeutung, wenn Geschäftsführer zur Rückäußerung aufgefordert wird).
85 *Goette*, DStR 2000, 525 (auch zu sonstigen Satzungshindernissen einer Umdeutung).
86 Oppenländer/Trölitzsch/*Baumann*, § 13 Rn 48.
87 BGH 26.3.1984 – II ZR 120/83 – NJW 1984, 2528 (zu § 622 Abs. 1 S. 1 BGB a.F.); 21.6.1999 – II ZR 27/98 – NJW 1999, 3263 (zu § 622 Abs. 5 BGB).
88 BGH 26.3.1984 – II ZR 120/83 – NJW 1984, 2528.
89 *Hümmerich*, NJW 1995, 1177.
90 BGH 9.7.1990 – II ZR 194/89 – NJW 1990, 2622.
91 BGHZ 27, 221, 224.
92 BAG 24.11.2005 – 5 AZR 614/04 – NZA 2006, 366; BAG 20.8.2003 – 5 AZB 79/02 – NJW 2003, 3290; *Hümmerich*, AnwaltFormulare ArbR, § 1 Rn 2576 f.
93 BGH 9.11.1967 – II ZR 64/67 – NJW 1968, 396.
94 Zur Anwendung des KSchG bei Verpflichtung zur Tätigkeit außerhalb der Geschäftsführung: OLG Schleswig-Holstein 21.8.2003 – 5 U 44/02 – GmbHR 2003, 1130.
95 BAG 21.2.2001 – 2 AZR 15/00 – ZIP 2001, 2242 (Mindestmaß an sozialer Auswahl).
96 BGH 3.11.2003 – II ZR 158/01 – GmbHR 2004, 57.
97 OLG Hamm 20.11.2006 – 8 U 217/05 – GmbHR 2007, 442.

beitsvertrag" noch die Entrichtung von Sozialversicherungsbeiträgen führt zur Anwendung des Arbeitsrechtes.[98] Beim **Gesellschafter-GF** können sich aber aus der gesellschafterlichen Treuepflicht kündigungsschutzähnliche Folgen ergeben.[99] Dies gilt nicht, wenn es sich nur um eine Gesellschafterbeteiligung auf Zeit handelt (sog. **Managermodell**).[100]

24 **3. Außerordentliche Kündigung.** Beide Parteien sind bei **Vorliegen eines wichtigen Grundes** berechtigt, innerhalb der Frist des § 626 Abs. 2 BGB das Anstellungsverhältnis nach § 626 Abs. 1 BGB außerordentlich und fristlos zu kündigen. Das Recht zur Künd nach § 626 BGB kann weder vertraglich ausgeschlossen, noch durch Festlegung besonderer Anforderungen an den wichtigen Grund oder die Vereinbarung einer Abfindung für den Fall der sofortigen Beendigung oder auf sonstige Weise nachhaltig erschwert werden.[101] Anders als in Arbeitsverträgen kann der Anstellungsvertrag umgekehrt bestimmte Umstände als wichtige Künd-Gründe qualifizieren.[102] Die Künd aus einem Grunde, der lediglich kraft Vereinbarung zur vorzeitigen Beendigung des Anstellungsverhältnisses führt (z.B. Vertrauensentzug durch die Gesellschafter), ist jedoch nur unter Wahrung der Mindestfristen des § 622 BGB möglich.[103] Eine **Abmahnung** ist nach Auff. des BGH aufgrund der fehlenden Aufklärungs- und Ermahnungsbedürftigkeit des GF auch nach Einführung des § 314 Abs. 2 BGB nicht erforderlich.[104] Die Funktionszuweisung des GF als AG stellt stets einen aufgrund der Verweisung in § 314 Abs. 2 S. 2 BGB zu berücksichtigenden besonderen Umstand i.S.v. § 323 Abs. 2 Nr. 3 BGB dar.[105] Eine **Anhörung** des GF ist grds. nicht erforderlich,[106] es sei denn, es handelt sich um eine **Verdachts-Künd**.[107] Bei Fehlen eines wichtigen Grundes oder Ablauf der Frist des § 626 Abs. 2 BGB kommt eine **Umdeutung** in eine ordentliche Künd in Betracht (siehe Rn 21).

25 **a) Wichtiger Grund.** Ob ein wichtiger Grund i.S.d. § 626 BGB vorliegt, ist aufgrund einer umfassenden **Gesamtabwägung aller Umstände** des Einzelfalles zu entscheiden.[108] Auch wenn regelmäßig an ein pflichtwidriges Verhalten des GF angeknüpft wird, ist ein schuldhaftes Verhalten nicht Voraussetzung,[109] aber im Rahmen der Gesamtabwägung zu berücksichtigen. Entscheidend ist, ob der Gesellschaft die Fortsetzung des Anstellungsverhältnisses zugemutet werden kann.[110] Trotz erheblicher Überschneidungen ist der Begriff „wichtiger Grund" in § 626 Abs. 1 BGB und in § 38 Abs. 2 nicht gleichbedeutend.[111]

26 Zur Feststellung des Vorliegens eines wichtigen Grundes ist zunächst zu prüfen, ob ein Sachverhalt an sich geeignet ist, einen wichtigen Grund darzustellen. In einem zweiten Schritt ist eine Interessensabwägung unter Berücksichtigung aller Umstände des Einzelfalles vorzunehmen. **Beispiele für kündigungsrelevante Sachverhalte**: Missachtung der gesellschaftsinternen Zuständigkeitsordnung;[112] Vermischung von Gesellschafts- und privaten Geldern und die Weigerung, an der Aufklärung des Sachverhalts mitzuwirken;[113] Auskunftsverweigerung gegenüber Gesellschaftern;[114] Tätlichkeiten und Drohungen gegenüber Gesellschaftern;[115] unterlassenes Einschreiten gegen sexuelle Belästigungen von Angestellten durch Mit-GF,[116] missbräuchliche Ausnutzung von Erwerbschancen der Gesellschaft;[117] Verwendung von Arbeitskräften und Baumaterial der GmbH für private Zwecke;[118] Verrat der Gesellschaft im Rechtsstreit unter Annahme von Zuwendungen;[119] Verstoß gegen Weisungen der Gesellschafter;[120] Verstoß gegen innergesellschaftliche Kompetenzordnung;[121] Missachtung eines Einberufungsverlangens der Gesellschafterminderheit;[122] Verrat von Geschäftsgeheimnissen;[123] Verstoß gegen Wettbewerbsverbot;[124] verbote-

---

98 OLG Hamm 26.4.2007 – 27 U 7/07 – GmbHR 2007, 820.
99 BGH 29.11.1993 – II ZR 61/93 – DStR 1994, 214.
100 BGH 19.9.2005 – II ZR 173/04 – NJW 2005, 3641 (Verknüpfung der Gesellschafterstellung mit Geschäftsführeramt und Anstellungsvertrag keine nach § 622 Abs. 4 BGB unzulässige Künd-Beschränkung).
101 BGH 3.7.2000 – II ZR 282/98 – NJW 2000, 2983, 2984.
102 Hommelhoff/*Kleindiek*, Anh. § 6 Rn 57; Scholz/*Schneider*, § 35 Rn 333.
103 BGH 25.5.1989 – II ZR 220/88 – NJW 2683, 2684.
104 BGH 2.7.2007 – II ZR 71/06 – GmbHR 2007, 936; BGH 14.2.2000 – II ZR 218/98 – NJW 2000, 1638; BGH 10.9.2001 – II ZR 14/00 – ZIP 2001, 1957; OLG Celle 4.2.2004 – 9 U 203/03 – NZG 2004, 475.
105 BGH 2.7.2007 – II ZR 71/06 – GmbHR 2007, 936; differenzierender *Döge/Jobst*, GmbHR 2008, 527.
106 BGH 18.6.1984 – II ZR 221/83 – NJW 1984, 2689 (Genossenschaft).
107 OLG Frankfurt a.M. 24.11.1992– 5 U 67/90 – NJW-RR 1994, 498, 500; zu den weiteren Anforderungen einer Verdachts-Künd: OLG Celle 5.3.2003 – 9 U 111/02 – NZG 2003, 820.
108 BGH 9.11.1992 – II ZR 234/91 – NJW 1993, 463; BGH 2.6.1997 – II ZR 101/96 – DStR 1997, 1338.
109 BGH 21.4.1975 – II ZR 2/73 – WM 1975, 761.
110 BGH 25.2.1991 – II ZR 76/90 – NJW 1991, 1681.
111 BGH 9.2.1978 – II ZR 189/76 – NJW 1978, 1435.
112 BGH 25.2.1991 – II ZR 76/90 – NJW 1991, 1681.
113 BGH 20.9.1993 – II ZR 244/92 – DStR 1993, 1752.
114 OLG Frankfurt a.M. 24.11.1992 – 5 U 67/90 – NJW-RR 1994, 498.
115 BGH 24.10.1994 – II ZR 91/94 – DStR 1994, 1746; OLG Stuttgart 13.4.1994 – 2 U 303/93 – GmbHR 1995, 229, 230.
116 OLG Hamm 1.3.2007 – 27 U 137/06 – GmbHR 2007, 823.
117 BGH 13.2.1995 – II ZR 225/93 – NJW 1995, 1358.
118 BGH 2.6.1997 – II ZR 181/96 – DStR 1997, 1338.
119 KG 6.1.1999 – 23 U 8694/96 – NZG 1999, 764.
120 BGH 13.2.1995 – II ZR 225/93 – NJW 1995, 1358.
121 BGH 10.12.2007 – II ZR 289/06 – GmbHR 2008, 487 (Nichteinholung der Zustimmung der Gesellschafterversammlung zur Beteiligungsveräußerung).
122 BGH 15.6.1998 – II ZR 318/96 – NJW 1998, 3274.
123 BGH 13.7.1998 – II ZR 131/97 – NJW-RR 1998, 1409 (AG).
124 BGH 13.2.1995 – II ZR 225/93 – NJW 1995, 1358.

nes Geschäftemachen des GF einer kommunalen Wohnungsbaugesellschaft;[125] unberechtigte Amtsniederlegung;[126] schuldhafte Insolvenzverschleppung;[127] Verschwinden des Kassenbuches;[128] eigenmächtige Veranlassung der Bezahlung der Vergütung,[129] einer Bonuszahlung[130] oder Spesenerstattung;[131] Zerwürfnis zwischen den GF;[132] durch das Verhalten des GF hervorgerufener Vertrauensverlust,[133] nicht jedoch schlichter Vertrauensentzug.[134] **Wesentliche Umstände im Rahmen der erforderlichen Gesamtabwägung** sind: die sozialen Folgen der Künd,[135] die Dauer des Anstellungsverhältnisses,[136] etwaige Möglichkeiten der Weiterbeschäftigung außerhalb der organschaftlichen Tätigkeit[137] sowie erworbene Verdienste um die Gesellschaft.[138]

Aus **betrieblichen Gründen** (z.B. Insolvenzgefahr) kann dem GF regelmäßig nur ordentlich gekündigt werden.[139] Im Falle einer beabsichtigten Betriebseinstellung kommt dagegen die außerordentliche Künd unter Einhaltung einer angemessenen Frist in Betracht, es sei denn, die Betriebsstilllegung beruht lediglich auf einer geänderten Geschäftspolitik der Muttergesellschaft.[140]

Die in der Praxis eher seltene **fristlose Künd durch den GF** kommt schließlich in folgenden Fällen in Betracht: ehrabschneidende Äußerungen des Gesellschafter,[141] Abberufung,[142] Entzug der Befugnis zur Überwachung der Buchführung,[143] sowie vertragswidrige Beschränkungen des Kernbereichs der Geschäftsführungsbefugnisse.[144]

b) Ausschlussfrist des § 626 Abs. 2 BGB. Eine fristlose Künd kann nur innerhalb einer Ausschlussfrist von zwei Wochen erklärt werden. **Fristbeginn** ist grds. die sichere **Kenntnis** der Mitglieder der Gesellschafterversammlung oder des sonst zuständigen Organs von den für die Künd maßgeblichen Tatsachen.[145] Nicht ausreichend ist die Kenntnis eines weiteren GF[146] oder das Bestehen gewisser **Verdachtsmomente**.[147] Die außerhalb der Gesellschafterversammlung erlangte Kenntnis löst nicht die Ausschlussfrist aus, sondern erst die nach dem Zusammentritt erlangte Kenntnis.[148] Haben die Gesellschafter außerhalb der Gesellschafterversammlung Kenntnis der relevanten Tatsachen erhalten, müssen sie mit aller gebotenen Beschleunigung dafür Sorge tragen, dass das zur Entscheidung berufene Gremium zusammentritt. Hierbei sind die satzungsrechtlichen Regeln zu beachten, auch wenn diese eine längere Einladungsfrist vorsehen.[149] Bei **unangemessener Verzögerung** muss sich die Gesellschaft so behandeln lassen, als hätte sie die Ausschlussfrist versäumt.[150] Bei einem **klärungsbedürftigen Sachverhalt** ist die Frist gehemmt, wenn die Aufklärung mit der gebotenen Beschleunigung betrieben wird.[151] Kommt der betroffene GF der Aufforderung, eine Gesellschafterversammlung zum Zwecke seiner Abberufung einzuberufen, pflichtwidrig nicht nach, muss der ersatzeinberufungsberechtigte Gesellschafter von seinem Recht aus § 50 Abs. 3 nicht sofort Gebrauch machen, sondern kann eine Wartefrist von drei Wochen verstreichen lassen.[152] Handelt es sich bei dem für die fristlose Künd herangezogenen Grund um ein **Dauerverhalten**, beginnt die Ausschlussfrist nicht vor Beendigung des pflichtwidrigen Dauerverhaltens.[153] **Frühere Sachverhalte** behalten ferner eine Restbedeutung im Rahmen der erforderlichen Gesamtabwägung, wenn die fristlose Künd auf einen noch nicht verfristeten Sachverhalt gestützt werden kann.[154]

4. Rechtsfolgen. Mit wirksamer Künd endet das **Anstellungsverhältnis** zum maßgeblichen Künd-Termin, nicht jedoch ein etwa zusätzlich vereinbarter **Beratervertrag**.[155] Aufgrund des Trennungsprinzips (siehe Rn 11) hat die Künd nicht automatisch die Abberufung aus dem organschaftlichen **GF-amt** zur Folge.[156] Die Vergütungsansprüche während eines auslaufenden Anstellungsverhältnisses richten sich nach dem Anstellungsvertrag (zum **Annahme-**

---

125 BGH 17.2.1997 – II ZR 278/95 – NJW 1997, 2055.
126 OLG Celle 4.2.2004 – 9 U 203/03 – NZG 2004, 475.
127 BGH 15.10.2007 – II ZR 236/06 – GmbHR 2008; BGH 20.6.2005 – II ZR 18/03 – NJW 2005, 3069.
128 OLG Rostock 14.10.1998 – 6 U 234/97 – GmbHR 1999, 344.
129 BGH 9.11.1992 – II ZR 234/91 – NJW 1993, 463, 646.
130 BGH 9.11.1992 – II ZR 234/91 – NJW 1993, 463.
131 BGH 28.10.2002 – II ZR 353/00 – GmbHR 2003, 33, 34.
132 BGH 23.10.1995 – II ZR 130/94 – DStR 1995, 1926.
133 BGH 23.10.1995 – II ZR 130/94 – DStR 1995, 1926; OLG Celle 4.2.2004 – 9 U 203/03 – NZG 2004, 475.
134 BGH 19.4.1999 – II ZR 114/98 – DStR 1999, 1576.
135 BGH 21.9.1970 – II ZR 13/69 – BB 1970, 1460.
136 BGH 24.11.1975 – II ZR 104/73 – BB 1976, 271.
137 BGH 24.11.1975 – II ZR 104/73 – BB 1976, 271.
138 Oppenländer/Trölitzsch/*Baumann*, § 13 Rn 36.
139 OLG Naumburg 16.4.2003 – 5 U 12/03 – GmbHR 2004, 423.
140 BGH 28.10.2002 – II ZR 353/00 – GmbHR 2003, 33, 34.
141 BGH 9.3.1992 – II ZR 102/91 – NJW-RR 1992, 992.
142 Lutter/Hommelhoff/*Hommelhoff/Kleindiek*, Anh. § 6 Rn 58 m.w.N.
143 BGH 26.6.1995 – II ZR 109/94 – NJW 1995, 2850.
144 OLG Frankfurt a.M. 17.12.1992– 26 U 54/92 – GmbHR 1993, 288, 289.
145 BGH 26.2.1996 – II ZR 114/95 – DStR 1996, 676; BGH 10.9.2001 – II ZR 14/00 – DStR 2001, 2166.
146 BGH 9.11.1992 – II ZR 234/91 – NJW 1993, 463.
147 BGH 2.6.1997 – II ZR 101/96 – DStR 1997, 1338.
148 BGH 15.6.1998 – II ZR 318/96 – NJW 1998, 3274; BGH 10.9.2001 – II ZR 14/00 – DStR 2001, 2166.
149 BGH 17.3.1980 – II ZR 178/79 – NJW 1980, 2411.
150 BGH 15.6.1998 – II ZR 318/96 – NJW 1998, 3274.
151 BGH 26.2.1996 – II ZR 114/95 – DStR 1996, 676.
152 BGH 9.11.1992 – II ZR 234/91 – NJW 1993, 463.
153 BGH 29.1.1976 – II ZR 3/74 – DB 1976, 859; BGH 20.6.2005 – II ZR 18/03 – NJW 2005, 3069 (Insolvenzverschleppung).
154 BGH 9.3.1992 – II ZR 102/91 – NJW-RR 1992, 992; BGH 10.9.2001 – II ZR 14/00 – DStR 2001, 2166.
155 BGH 23.10.1995 – II ZR 130/94 – NJW-RR 1996, 156.
156 Oppenländer/Trölitzsch/*Baumann*, § 13 Rn 74.

verzugslohn vgl. Rn 12). Im Falle einer fristlosen Künd kommen ein **Widerruf von Versorgungszusagen**[157] sowie die **Geltendmachung von Ersatzansprüchen** gem. § 628 BGB in Betracht.

C. Verbindung zum Prozessrecht

I. Rechtsschutz gegen Abberufung

31 Der **Gesellschafter-GF** kann den Abberufungsbeschluss wegen sämtlicher Beschlussmängel durch kassatorisch wirkende **Anfechtungsklage** oder durch **Nichtigkeitsklage** vor den ordentlichen Gerichten angreifen. Vorzugswürdig ist regelmäßig die Anfechtungsklage, da das Gericht unabhängig von der Antragsformulierung sowohl Anfechtungs- wie Nichtigkeitsgründe zu prüfen hat.[158] Die allg. (nicht fristgebundene) **Feststellungsklage** gem. § 256 ZPO wird von der Anfechtungs- und Nichtigkeitsklage verdrängt, sofern eine **Feststellung des Beschlussergebnisses** über den Abberufungsantrag durch einen mit entsprechender Kompetenz ausgestatten Versammlungsleiter vorliegt,[159] oder eine verbindliche Beschlussfeststellung auf andere Weise erfolgt.[160] Zuständig ist analog § 246 Abs. 3 S. 1 AktG ausschließlich das Landgericht (Kammer für Handelssachen), in dessen Bezirk die Gesellschaft ihren Sitz hat.[161] Im Falle der Anfechtung ist Klage binnen angemessener Frist zu erheben, wobei der **Monatsfrist des § 246 AktG** eine Leitbildfunktion zukommt.[162] Sofern nicht besondere Umstände vorliegen, die den Gesellschafter an einer früheren Klageerhebung gehindert haben, ist die Monatsfrist einzuhalten.[163] **Passivlegitimiert** ist – auch im Falle der Zweipersonengesellschaft – allein die Gesellschaft, vertreten durch denjenigen, der im Falle der Wirksamkeit der Beschlussfassung als Organ anzusehen ist.[164] Besteht ein fakultativer Aufsichtsrat, wird die GmbH durch diesen vertreten.[165] Der **Streitwert** einer Klage des GF gegen seine Abberufung richtet sich nach § 3 ZPO.[166]

32 Mangels Anfechtungsbefugnis kann der **Fremd-GF** aus eigenem Recht nur Nichtigkeitsgründe (nicht aber sonstige Beschlussmängel) geltend machen und auf Feststellung des Fortbestandes seines GF-amtes klagen.[167] Bei lediglich anfechtbaren Beschlüssen kommt ein Rechtsschutz nur in Betracht, wenn der Abberufungsbeschluss auf die Anfechtungsklage eines Gesellschafters hin für nichtig erklärt wird. Die **Feststellungsklage** (§ 256 ZPO) ist **nicht fristgebunden**; eine nicht zeitnahe Klageerhebung ist nur unter dem Gesichtspunkt der **Verwirkung** einer Überprüfung zugänglich.[168]

33 Die Gesellschaft kann im Abberufungs- und Künd-Streit **Gründe nachschieben**, etwa weil das Gericht die bisher angegebenen Gründe nicht für ausreichend hält, wenn hierzu ein zusätzlicher Beschluss des für eine Abberufung und Künd zuständigen Organs vorliegt.[169] Die neuen Gründe müssen bereits im Zeitpunkt der Erklärung vorgelegen haben, unabhängig von dem Zeitpunkt der Kenntnis der Gesellschafterversammlung. Im Falle der Künd aus wichtigem Grund ist die **Ausschlussfrist des § 626 Abs. 2 BGB** zu beachten. Kein Nachschieben von Gründen liegt vor, wenn derselbe Lebenssachverhalt nur unterschiedlich gewertet wird (Straftat statt bloße Pflichtverletzung), oder die neuen Umstände den Tatbestand der für den Künd-Beschluss maßgeblichen Tatsachen lediglich abrunden.[170]

II. Rechtsschutz gegen Kündigung des Anstellungsvertrages

34 Zur Verteidigung gegen die Künd des Anstellungsvertrages kann der GF Klage auf **Feststellung der Unwirksamkeit** der Künd erheben. Aus taktischen Gründen kann sich auch anbieten, **Vergütungsansprüche** außerordentlich gekündigter GF im Wege des **Urkundsprozesses** geltend zu machen.[171] **Zuständig** sind die **ordentlichen Gerichte** am Sitz der Gesellschaft (Erfüllungsort, § 29 ZPO).[172] Aufgrund § 5 Abs. 1 S. 3 ArbGG sind die ArbG selbst dann

---

157 BGH 15.10.2007 – II ZR 236/06 – GmbHR 2008 (fristlose Künd wegen Verletzung der Insolvenzantragspflicht).
158 BGH 17.2.1997 – II ZR 278/95 – DStR 1997, 788.
159 OLG Köln 16.5.2002 – 18 U 31/02 – NZG 2003, 40; vgl. auch OLG Koblenz 17.11.2005 – 6 U 577/05 – NZG 2006, 270.
160 BGH 11.2.2008 – II ZR 187/06 – GmbHR 2008, 426 (Beschlussfeststellung durch Protokoll des GF).
161 Baumbach/Hueck/*Zöllner*, Anh. § 47 Rn 168.
162 BGH 3.5.1999 – II ZR 119/98 – NZG 1999, 722, 723.
163 BGHZ 137, 378, 386; OLG München 28.10.1999 – 14 U 268/99 – NZG 2000, 105; großzügiger OLG Hamm 4.12.2003 – 27 U 112/03 – GmbHR 2004, 587 (geringfügige Überschreitung unschädlich).
164 OLG Rostock 28.5.2003 – 6 U 173/02 – NZG 2004, 191, 192; OLG München 29.1.2004 – 23 U 3875/03 – GmbHR 2004, 584.
165 OLG München 31.7.2002 – 7 U 2216/02 – NJW-RR 2003, 983.

166 BGH 28.5.1990 – II ZR 245/89 – NJW-RR 1990, 1123.
167 BGH 11.2.2008 – II ZR 187/06 – GmbHR 2008, 426 (keine Feststellungsklage gegen mangels fristgerechter Anfechtung verbindlichen Abberufungsbeschluss); LG Magdeburg 7.5.2004 – 5 O 2149/03 – NJOZ 2004, 2712; vgl. OLG Hamm 17.9.2001 – 8 U 126/01 – NZG 2002, 50.
168 BGH 1.3.1999 – II ZR 205/98 – NJW 1999, 2268; OLG Köln 16.5.2002 – 18 U 31/02 – NZG 2003, 40.
169 BGH 13.7.1998 – II ZR 131/97 – DStR 1998, 1398, 1401; BGH 1.12.2003 – II ZR 161/02 – GmbHR 2004, 182; BGH 20.6.2005 – II ZR 18/03 – NJW 2005, 3069 (Nachschieben durch Insolvenzverwalter).
170 BGH 20.9.1993 – II ZR 244/92 – DStR 1994, 1746.
171 LG München 7.9.2006 – 5 HK O 22880/05 – GmbHR 2007, 45 (Abfindung aus Aufhebungsvertrag); *Pesch*, NZA 2002, 957; im arbeitsgerichtlichen Verfahren ist der Urkundsprozess ausgeschlossen, § 46 Abs. 2 S. 2 ArbGG.
172 BGH 10.2.1992 – II ZR 23/91 – NJW-RR 1992, 800.

nicht zuständig, wenn die Organbestellung unterblieben[173] oder der Anstellungsvertrag ausnahmsweise als Arbeitsvertrag zu qualifizieren ist, es sei denn, das Dienstverhältnis hat sich im Rahmen der Weiterbeschäftigung nach Abberufung in ein Arbverh umgewandelt[174] oder die Parteien des Anstellungsvertrages haben die **Zuständigkeit der ArbG** gem. § 2 Abs. 4 ArbGG vereinbart.[175] Der **Streitwert** der Feststellungsklage richtet sich nach § 9 ZPO.[176]

III. Einstweiliger Rechtsschutz

Der **Fremd-GF** ist nach überwiegender Meinung regelmäßig nicht befugt, einstweiligen Rechtsschutz gegen eine bevorstehende[177] oder erfolgte[178] Abberufung in Anspruch zu nehmen.[179]

Der **Gesellschafter-GF** kann eine Beschlussfassung durch einstweilige Verfügung nur verhindern, wenn die Rechtslage eindeutig[180] ist oder eine besonders schwere Beeinträchtigung[181] des GF droht, da entsprechende einstweilige Verfügungen regelmäßig eine endgültige Regelung und einen unangemessenen Eingriff in die Willensbildung der Gesellschafterversammlung darstellen. Der **Gesellschafter-GF** ist dagegen grds. befugt, eine einstweilige Verfügung gegen die Gesellschaft mit dem Inhalt des Zuganges zu den Geschäftsräumen, der Fortführung bestimmter Tätigkeiten, des Verbotes der Handelsregisteranmeldung etc. zu erwirken, soweit **Verfügungsanspruch** und **Verfügungsgrund** glaubhaft gemacht werden und dargetan wird, dass die beantragte Maßnahme erforderlich und verhältnismäßig ist.[182] Für eine einstweilige Verfügung gerichtet auf Weiterbeschäftigung fehlt es bereits an einem Verfügungsgrund, wenn im Anstellungsvertrag eine Berechtigung zur **Freistellung** vereinbart ist.[183]

IV. Darlegungs- und Beweislast

Die Darlegungs- und Beweislast für die Voraussetzungen der Abberufung trifft nach allg. Grundsätzen die Gesellschaft. Für das Vorliegen eines wichtigen Grundes ist nach allg. Grundsätzen unbeschadet der formellen Parteistellung die Partei darlegungs- und beweisbelastet, die sich darauf beruft.[184] Rechtfertigungsgründe für das gerügte Verhalten sind von dem GF darzulegen; es ist Sache der Gesellschaft, diese Gründe zu widerlegen.[185] Im Falle der fristlosen Künd trifft die Gesellschaft die Darlegungs- und Beweislast für die Einhaltung der Frist des § 626 Abs. 2 BGB.[186] Hinsichtlich des Annahmeverzugslohnanspruches trifft die Gesellschaft die Darlegungs- und Beweislast für die Eingehung eines neuen Dienstverhältnisses; der GF ist verpflichtet, die Dauer und die Höhe des Entgeltes darzulegen.[187]

D. Beraterhinweise

Bei **Kopplungsabreden** im befristeten Anstellungsvertrag wird der durch die Befristung erlangte Künd-Schutz aufgehoben, wenn mit wirksamer Abberufung automatisch das Anstellungsverhältnis endet (Abberufung als auflösende Bedingung) oder der Gesellschaft für den Fall der Abberufung ein Recht zur ordentlichen Künd mit der Mindestfrist des § 622 BGB eingeräumt wird (siehe § 622 BGB Rn 11).

Im Falle einer **Beförderung** eines AN zum GF gelangte nach bisheriger Rspr. das Arbverh nicht zum Ruhen, sondern wurde im Zweifel durch schlüssiges Verhalten aufgelöst.[188] Mit Inkrafttreten des § 623 BGB ist seit dem 1.5.2000 auch in den Beförderungsfällen das für Künd und Aufhebungsverträge geltende **Schriftformerfordernis** zu beachten. Nach umstr. Auff. des BAG ist eine ausdrückliche schriftliche Vereinbarung der Beendigung des Arbverh (Auf-

---

173 BAG 25.6.1997 – 5 AZB 41/96 – DB 1997, 2029.
174 OLG Frankfurt a.M. 11.5.1999– 5 W 11/99 – NZA-RR 2000, 385.
175 Zur Anrufung der Arbeitsgerichte aus prozesstaktischen Gründen: Holthausen/Steinkraus, NZA-RR 2002, 281 f.; vgl. aber OLG Frankfurt 27.10.1999 – 9 U 34/98 – OLGR Frankfurt 2001, 59 (Haftung des GmbH-Anwalts bei Vereinbarung der Zuständigkeit der ArbG im Künd-Schutzprozess des Geschäftsführers).
176 BGH 28.5.1990 – II ZR 245/98 – NJW-RR 1990, 1123; vgl. auch BGH 22.3.2004 – II ZR 50/02 – DStR 2004, 873, 875.
177 OLG Jena 4.12.2001 – 8 U 751/01 – NZG 2002, 89.
178 OLG Hamm 17.9.2001 – 8 U 126/01 – NZG 2002, 50 (unter Berufung auf § 84 Abs. 3 S. 4 AktG).
179 Lutter/Hommelhoff, § 38 Rn 29; Scholz/Schneider, § 38 Rn 79; Oppenländer/Trölitzsch/Jaeger, § 19 Rn 147.
180 OLG Koblenz 27.2.1986 – 6 U 261/86 – NJW 1986, 1692; OLG Jena 4.12.2001 – 8 U 751/01 – NZG 2002, 89 (Ausnahmen nur in „krassen" Fällen).
181 OLG München 20.7.1998 – 23 W 1455/98 – GmbHR 1999, 718 (sehr hohe Anforderungen im Bereich der Willensbildung der Gesellschaft); OLG Celle 1.4.1981 – 9 U 195/80 – GmbHR 1981, 264; OLG Jena 4.12.2001 – 8 U 751/01 – NZG 2002, 89 (einstweiliger Rechtsschutz nur in „krassen" Fällen).
182 OLG Stuttgart 18.2.1997 – 20 W 11/97 – GmbHR 1997, 313; OLG Frankfurt a.M., 19.9.1998– 5 W 22/98 – GmbHR 1998, 1126 (Wiederbestellung zum Geschäftsführer); a.A. OLG Braunschweig 18.8.1976 – 3 U 30/76 – (unter Berufung auf § 84 Abs. 3 S. 4 AktG) zurückhaltend OLG Hamm 17.9.2001 – 8 U 126/01 – GmbHR 2002, 328 (Organfragen sollen möglichst nicht vorläufig geregelt werden).
183 LG Köln 9.9.1997 – 3 O 406/97 – GmbHR 1997, 1104.
184 OLG Düsseldorf 15.2.1991 – 16 U 130/90 – WM 1992, 14, 19; OLG Karlsruhe 4.5.1999 – 8 U 153/97 – NZG 2000, 264, 266.
185 BGH 28.10.2002 – II ZR 353/00 – NJW 2003, 431, 432.
186 BGH 2.7.1984 – II ZR 16/84 – ZIP 1984, 1113; BGH 2.6.1997 – II ZR 101/96 – DStR 1997, 1338.
187 BGH 9.10.2000 – II ZR 75/99 – NJW 2001, 287, 288.
188 BAG 25.4.2002 – 2 AZR 352/01 – NZA 2003, 272; BAG 24.11.2005 – 5 AZR 614/04 – NZA 2006, 366.

hebungsabrede) im Arbeitsvertrag für den Fall des späteren Aufstiegs zum GF oder im neu abgeschlossenen GF-Anstellungsvertrag nicht erforderlich.[189] Der **schriftliche GF-Anstellungsvertrag** begründet in Ermangelung eindeutiger anderweitiger Vereinbarungen die **Vermutung einer Auflösung** des bisherigen Arbverh.[190] Das Auslegungsergebnis ändert sich auch nicht, wenn der Anstellungsvertrag als AGB den §§ 305 ff. BGB unterliegt, da keine Zweifel die Anwendung der Unklarheitenregel des § 305c Abs. 2 BGB rechtfertigen.[191]

Bei Abschluss einer Aufhebungsabrede kann die ordnungsgemäße Vertretung der Gesellschaft im Hinblick auf die **unterschiedlichen Zuständigkeiten** für Anstellungsverträge (Gesellschafterversammlung, § 46 Nr. 5) und Arbeitsverträge (GF, Prokurist, Handlungsbevollmächtigter oder Personalleiter) zweifelhaft sein (siehe § 623 BGB Rn 16).

40 Die Abberufung eines gerichtlich bestellten **Not-GF** kann nur auf Antrag der Gesellschaft durch das zuständige Amtsgericht erfolgen.[192] Mit ordnungsgemäßer Neubestellung eines GF endet jedoch das Amt des Not-GF ipso iure.[193]

§ 43 Haftung der Geschäftsführer

(1) Die Geschäftsführer haben in den Angelegenheiten der Gesellschaft die Sorgfalt eines ordentlichen Geschäftsmannes anzuwenden.

(2) Geschäftsführer, welche ihre Obliegenheiten verletzen, haften der Gesellschaft solidarisch für den entstandenen Schaden.

(3) [1]Insbesondere sind sie zum Ersatz verpflichtet, wenn den Bestimmungen des § 30 zuwider Zahlungen aus dem zur Erhaltung des Stammkapitals erforderlichen Vermögen der Gesellschaft gemacht oder den Bestimmungen des § 33 zuwider eigene Geschäftsanteile der Gesellschaft erworben worden sind. [2]Auf den Ersatzanspruch finden die Bestimmungen in § 9b Abs. 1 entsprechende Anwendung. [3]Soweit der Ersatz zur Befriedigung der Gläubiger der Gesellschaft erforderlich ist, wird die Verpflichtung der Geschäftsführer dadurch nicht aufgehoben, daß dieselben in Befolgung eines Beschlusses der Gesellschafter gehandelt haben.

(4) Die Ansprüche auf Grund der vorstehenden Bestimmungen verjähren in fünf Jahren.

Literatur: *Bauer/Krets*, Gesellschaftsrechtliche Sonderregelungen bei der Beendigung von Vorstands- und Geschäftsführerverträgen, DB 2003, 811; *Goette*, Einführung in das neue GmbH-Recht, 1. Aufl. 2008; *Krieger/Schneider*, Handbuch Managerhaftung, 2007; *Lutter*, Haftung und Haftungsfreiräume des GmbH-Geschäftsführers, GmbHR 2000, 301; *Meyke*, Die Haftung des GmbH-Geschäftsführers, 4. Aufl. 2004; *Michalski* (Hrsg.), Kommentar zum GmbHG, 2004; *Oppenländer/Trölitzsch* (Hrsg.), Praxishandbuch GmbH-GF, 2004; *Roth/Altmeppen*, GmbHG, 5. Aufl. 2005; *Scholz* (Hrsg.), Kommentar zum GmbH-Gesetz, 10. Aufl. 2006/2007; *Schneider/Schneider*, Die zwölf goldenen Regeln des GmbH-Geschäftsführers zur Haftungsvermeidung und Vermögenssicherung, GmbHR 2005, 1229; *Thümmel*, Organhaftung nach dem Referentenentwurf des Gesetzes zur Unternehmensintegrität und Modernisierung des Anfechtungsrechts (UMAG), DB 2004, 471; *Weber/Brügel*, Die Haftung des Managements in der Unternehmenskrise: Insolvenz, Kapitalerhaltung und existenzvernichtender Eingriff, DB 2004, 1923; *Wilke*, GmbHG, 2008

A. Allgemeines	1
B. Regelungsgehalt	2
I. Sorgfaltspflichten des Geschäftsführers (Abs. 1)	3
1. Allgemeines	3
2. Sorgfaltsmaßstab	4
3. Art, Inhalt und Umfang der Sorgfaltspflichten	5
II. Schadensersatzpflicht des Geschäftsführers gegenüber der Gesellschaft (Abs. 2)	7
1. Allgemeines	7
2. Obliegenheitsverletzung	8
a) Pflichtwidrigkeit	8
b) Haftungsausschließende Weisung	13
c) Verschulden	14
3. Ursachenzusammenhang und Schaden	15
4. Mitverschulden	16
5. Gesellschafterbeschluss	17
III. Einwendungen	18
1. Haftungsbeschränkung	18
2. Verzicht/Vergleich	19
3. Entlastung/Generalbereinigung	20
IV. Rechtsfolgen	23
V. Sondertatbestände der Schadensersatzpflicht (Abs. 3)	24
1. Verbotene Zahlungen	24
2. Erwerb eigener Geschäftsanteile	25
3. Verschulden	26
4. Schaden	27
5. Verzicht, Vergleich	28
VI. Verjährung (Abs. 4)	29
VII. Weitere Haftungstatbestände des GmbHG	31
1. §§ 9a Abs. 1, 57 Abs. 4	31
2. § 31 Abs. 6	32
3. § 40 Abs. 3	32a
4. § 64	33
C. Verbindung zum Prozessrecht	34
I. Klage	34
II. Darlegungs- und Beweislast	35
D. Beraterhinweise	36

---

189 BAG 19.7.2007 – 6 AZR 774/06 – GmbHR 2007, 1219; zum Streitstand: *Moll*, GmbHR 2008, 1024.
190 BAG 19.7.2007 – 6 AZR 774/06 – GmbHR 2007, 1219.
191 BAG 19.7.2007 – 6 AZR 774/06 – GmbHR 2007, 1219.
192 OLG München 30.6.1993 – 7 U 6945/92 – GmbHR 1994, 259; OLG Düsseldorf 18.4.1997 – 3 Wx 584/96 – ZIP 1997, 846.
193 BGH 10.11.1980 – II ZR 51/80 – NJW 1981, 1041.

A. Allgemeines

§ 43 ist die zentrale **Grundlage für die GF-Haftung** gegenüber der Gesellschaft und legt den maßgeblichen Sorgfaltsstandard fest. Anknüpfungspunkt der Haftung ist die Organstellung des GF. Haftungsvoraussetzung ist weder ein wirksames Anstellungsverhältnis noch die Eintragung in das Handelsregister, ausreichend ist die tatsächliche Aufnahme des Amtes.[1] Die **organschaftliche Innenhaftung** aus § 43 endet unabhängig von der Beendigung des Anstellungsvertrages erst mit Einstellung der Tätigkeit für die Gesellschaft.[2] Als **lex specialis** konsumiert die Haftung aus Abs. 2 die vertragliche Haftung aus Anstellungsverhältnis (§ 280 Abs. 1 BGB) und verdrängt Ansprüche wegen Wettbewerbsverstoßes sowie wegen angemaßter Eigengeschäftsführung (§ 687 Abs. 2 BGB).[3] Seinerseits tritt § 43 hinter die spezielleren Haftungsregelungen des GmbHG in § 64 S. 1 (Zahlungen nach Insolvenzreife) und § 64 S. 3 n.F. (insolvenzauslösende Zahlungen an Gesellschafter), § 40 Abs. 3 (Verletzung der Pflicht zur Einreichung einer aktualisierten Gesellschafterliste), § 9a (Gründungshaftung) sowie § 57 Abs. 4 i.V.m. § 9a (falsche Angaben im Rahmen einer Kapitalerhöhung) zurück (siehe Rn 31–33). Außerhalb des GmbHG kommen ferner Ansprüche der Gesellschaft aus unerlaubter Handlung (§§ 823 ff. BGB) in Betracht, welche selbständig neben § 43 Anwendung finden.[4] § 43 selbst ist jedoch kein Schutzgesetz zugunsten der Gläubiger oder Gesellschafter.[5]

B. Regelungsgehalt

Abs. 1 erlegt dem GF die **Pflicht zur ordnungsgemäßen Geschäftsführung** auf und bestimmt einen im Verhältnis zu § 276 BGB spezielleren Sorgfaltsstandard. Als Rechtsfolge einer Obliegenheitsverletzung ordnet Abs. 2 die gesamtschuldnerische Haftung der verantwortlichen GF an. Abs. 3 sanktioniert die Verletzung des Stammkapitalerhaltungsgebotes und beschränkt für diesen Spezialfall die Möglichkeiten eines Haftungsverzichts oder Vergleiches. Abs. 4 regelt die Verjährung der Ansprüche der Gesellschaft.

I. Sorgfaltspflichten des Geschäftsführers (Abs. 1)

1. Allgemeines. Der in Abs. 1 geregelte **Grundtatbestand der Pflichten** wird durch gesetzliche Regelungen, Satzung, Gesellschafterweisungen und Anstellungsvertrag[6] konkretisiert. Mit den sich aus allg. Grundsätzen (§§ 138, 242, 276 Abs. 3 BGB) und zwingenden Kapitalerhaltungsvorschriften ergebenden Einschränkungen ist Abs. 1 grds. **dispositiv** und daher der Vereinbarung eines abweichenden Verschuldensmaßstabes zugänglich.[7]

2. Sorgfaltsmaßstab. § 43 liegt ein **objektiver Sorgfaltsmaßstab** zugrunde. Maßgeblich sind nicht die subjektiven Fähigkeiten des GF, sondern die eines ordentlichen und gewissenhaften Geschäftsleiters. Der Einwand fehlender wirtschaftlicher Erfahrungen ist unbeachtlich;[8] auch die arbeitsrechtlich geprägten Haftungsmilderungen sind unanwendbar.[9] Als Verwalter fremden Vermögens hat der GF die Sorgfalt anzuwenden, die ein ordentlicher Geschäftsmann in verantwortlich leitender Position bei selbstständiger **treuhänderischer Wahrnehmung fremder Vermögensinteressen** einzuhalten hat.[10] Die Anforderungen an die Sorgfaltspflichten des GF hängen nicht zuletzt vom Unternehmensgegenstand, der Branche und Größe des Unternehmens sowie der konkreten Entscheidungssituation ab.[11] Dem GF wird ein weiter **Ermessensspielraum** bei unternehmerischen Entscheidungen zugebilligt, der das bewusste Eingehen von Risiken und die Gefahr von Fehleinschätzungen einschließt.[12]

3. Art, Inhalt und Umfang der Sorgfaltspflichten. Oberstes Gebot einer ordentlichen Geschäftsführung ist es, im Rahmen des Gesetzes, des Gesellschaftsvertrages und der für die Gesellschaft verbindlichen Beschlüsse anderer Organe der Gesellschaft den Vorteil der Gesellschaft aktiv zu wahren und Schaden von ihr abzuwenden.[13] Zu den **allg. gültigen Pflichten** gehört die Gewährleistung rechtmäßigen Verhaltens der Gesellschaft. Dies beinhaltet auch die Sicherstellung der Erfüllung öffentlich-rechtlicher Pflichten der Gesellschaft,[14] ferner die ordnungsgemäße Buchführung[15] und die zeitgerechte Erstellung des Jahresabschlusses.[16] Für die Erreichung der Gesellschaftsziele sind die notwendigen Organisationsstrukturen zu schaffen. Mitarbeiter der Gesellschaft sind sachgemäß auszuwäh-

---

1 BGH 20.3.1986 – II ZR 114/85 – NJW-RR 1986, 1293.
2 BGH 17.4.1967 – II ZR 157/64 – NJW 1967, 1711 (AG).
3 BGH 12.6.1989 – II ZR 334/87 – NJW 1989, 2697; BGH 9.12.1996 – II ZR 240/95 – NJW 1997, 741.
4 BGH 12.6.1989 – II ZR 334/87 – NJW 1989, 2697.
5 OLG Frankfurt a.M. 4.12.1998 – 25 U 39/98 – NZG 1999, 767; OLG Stuttgart 23.1.2006 – 14 U 64/05 – GmbHR 2006, 759.
6 BGH 16.9.2002 – II ZR 107/01 – NJW 2002, 3777, 3778 (Anstellungsvertrag kann Regelungen zum Organverhältnis enthalten).
7 BGH 16.9.2002 – II ZR 107/01 – NJW 2002, 3777, 3778; OLG Brandenburg 6.10.1998 – 6 U 278/97 – NZG 1999, 210; a.A. Michalski/*Haas*, § 43 Rn 14.
8 BGH 16.2.1981 – II ZR 49/80 – WM 1981, 440 f.
9 BGH 27.2.1975 – II ZR 112/72 – WM 1975, 467, 469 (Grundsätze der gefahrengeneigten Arbeit).
10 OLG Bremen 28.2.1963 – 2 U 81/62 – GmbHR 1964, 8.
11 OLG Zweibrücken 22.12.1998 – 8 U 98/98 – NZG 1999, 506.
12 ThürOLG Jena 8.8.2000 – 8 U 1387/98 – NZG 2001, 86, 87.
13 OLG Zweibrücken 22.12.1998 – 8 U 98/98 – NZG 1999, 506, 507.
14 BGH 15.10.1996 – VI ZR 319/95 – NJW 1997, 130; BGH 14.11.2000 – VI ZR 149/99 – NJW 2001, 967.
15 BGH 21.4.1994 – II ZR 65/93 – NJW 1994, 2027.
16 BGH 7.11.1977 – II ZR 43/76 – NJW 1978, 425.

len, zu leiten und zu überwachen.[17] Nach den **Grundsätzen ordnungsgemäßer Unternehmensführung** müssen Entscheidungen den Umständen und ihrer Bedeutung nach angemessen vorbereitet werden, Maßnahmen der Geschäftsführung haben sich innerhalb der Grenzen gesicherter Erkenntnisse und bewährter Erfahrungen zu halten, ferner ist eine angemessene Kontrolle auszuüben.[18] Im Rahmen seiner **Informationspflicht** muss der GF sicherstellen, dass er über alle wesentlichen Gesichtspunkte der Gesellschaft informiert ist.[19] Bei einer **Ressortaufteilung** unter mehreren GF besteht eine wechselseitige Überwachungspflicht.[20] Aus der organschaftlichen **Treuepflicht** folgt die Obliegenheit, bei einer Interessenkollision den Interessen der Gesellschaft Vorrang zu geben,[21] über vertrauliche Angaben, Betriebs- und Geschäftsgeheimnisse **Verschwiegenheit** zu wahren und – vorbehaltlich einer wirksamen Befreiung – das Verbot, **Geschäftschancen** der Gesellschaft an sich zu ziehen oder sonst gegenüber der Gesellschaft in **Wettbewerb**[22] zu treten.

6 Als Leitlinie der Sorgfaltspflichten bei **unternehmerischen Entscheidungen** kommt die **business judgement rule** des US-amerikanischen Rechtes in Betracht, welche in § 93 Abs. 1 S. 2 AktG Eingang gefunden hat.[23] Diese Regel verneint eine Haftung eines Managers, wenn seine Entscheidung nicht von persönlichen Interessen beeinflusst ist, er sich umfassend informiert und nach seiner Überzeugung im besten Interesse der Gesellschaft handelt. Im Umkehrschluss haftet der GF, wenn er sich nicht ordnungsgemäß informiert und die unternehmerische Entscheidung vorbereitet hat,[24] die Maßnahme nicht rechtmäßig ist,[25] oder die Grundsätze ordnungsgemäßer Unternehmensleitung verletzt werden.[26] Der für die Unternehmensführung der AG entwickelte **Deutsche Corporate Government Kodex**, dessen Präambel auch nicht börsennotierten Gesellschaften die Beachtung des Kodexes empfiehlt, ist auf die GmbH-Geschäftsführung nur durch entsprechende Vereinbarung anwendbar.

II. Schadensersatzpflicht des Geschäftsführers gegenüber der Gesellschaft (Abs. 2)

7 1. Allgemeines. Der GF ist der Gesellschaft schadensersatzpflichtig, wenn er objektiv und subjektiv die ihm obliegenden **Pflichten verletzt** und der Gesellschaft daraus ein **kausaler Schaden** entsteht. Zur Geltendmachung des Anspruchs bedarf es als weiterer materieller Anspruchsvoraussetzung eines **Beschlusses der Gesellschafterversammlung** gem. § 46 Nr. 8 (siehe Rn 17). Die Ersatzpflicht ist grds. ausgeschlossen, soweit das pflichtwidrige und schadenverursachende Verhalten auf einer **Weisung** der Gesellschafter beruht (siehe Rn 13). Der Anspruch richtet sich gegen den GF im Amt sowie den stellvertretenden (§ 44) und den gerichtlich bestellten GF. Auch Personen, die sich faktisch wie ein GF verhalten (**faktische GF**), können der Haftung nach Abs. 2 unterliegen. Hierfür genügt es nicht, dass sie auf die satzungsmäßigen GF einwirken; erforderlich ist ein nach außen hervortretendes, üblicherweise der Geschäftsführung zuzurechnendes Verhalten.[27]

8 2. Obliegenheitsverletzung. a) Pflichtwidrigkeit. Die Ersatzpflicht des GF setzt voraus, dass dieser durch Tun oder Unterlassen eine gegenüber der Gesellschaft bestehende Pflicht persönlich verletzt. **Pflichtverletzungen durch andere GF** führen nicht zu einer Mithaftung, sofern nicht zugleich eine Verletzung der **Überwachungspflicht** vorliegt.[28] Der GF muss sich das Verhalten der im Rahmen der Geschäftstätigkeit eingesetzten Mitarbeiter oder Dritten weder nach § 278 BGB[29] noch nach § 831 BGB[30] zurechnen lassen. Bei der Delegierung von Aufgaben an Dritte kann den GF jedoch ein **Organisations- oder Überwachungsverschulden** treffen (siehe Rn 5).

9 Die GF sind verpflichtet, **Weisungen** aufgrund von Beschlüssen der Gesellschafterversammlung auszuführen (§ 37 Abs. 1) und haften daher bei einer fehlerhaften oder unterlassenen Ausführung.[31] Bei Weisungen aufgrund eines fehlerhaften Beschlusses der Gesellschafterversammlung ist zu unterscheiden: Im Falle der **Nichtigkeit** besteht auch dann keine Befolgungspflicht, wenn der Beschluss im Handelsregister eingetragen und die Klagefrist des § 242 Abs. 2 S. 1 AktG abgelaufen ist.[32] Ist der **Beschluss** lediglich **anfechtbar**, entfällt eine Befolgungspflicht nur, wenn die Anfechtungsfrist abgelaufen oder mit einer Anfechtung nicht zu rechnen ist.[33] Eine gegen den Anstellungsvertrag verstoßende Weisung ist bindend; sie gibt dem GF jedoch u.U. ein Recht zur fristlosen Künd.[34] Die Befol-

---

17 BGH 13.4.1994 – II ZR 16/93 – NJW 1994, 1801.
18 Scholz/*Schneider*, § 43 Rn 84 f.
19 BGH 1.3.1993 – II ZR 61/92 – NJW 1994, 2149.
20 BGH 9.11.1992 – II ZR 234/91 – NJW 1993, 463; BGH 13.4.1994 – II ZR 16/93 – NJW 1994, 1801.
21 OLG Koblenz 12.5.1999 – 1 U 1649/97 – GmbHR 1999, 1201.
22 BGH 23.9.1985 – II ZR 246/84 – NJW-RR 1986, 585 (Geschäftschancen); BGH 16.2.1981 – II ZR 168/79 – NJW 1981, 1512; BGH 14.6.1993 – II ZR 228/92 – DStR 1993, 1266.
23 Lutter/Hommelhoff/*Hommelhoff/Kleindiek*, § 43 Rn 14.
24 OLG Oldenburg 22.6.2006 – I U 34/03 – GmbHR 2006, 1263.
25 BGH 15.10.1996 – VI ZR 319/95 – NJW 1997, 130.
26 BGH 21.3.2005 – II ZR 54/03 – DStR 2005, 562 (Kreditgewährung ohne banktypische Sicherheiten).
27 BGH 25.2.2002 – II ZR 196/00 – NJW 2002, 1803; vgl. auch BFH 11.3.2004 – VII R 52/02 – GmbHR 2004, 833.
28 BGH 9.11.1992 – II ZR 234/91 – NJW 1993, 463; BGH 13.4.1994 – II ZR 16/93 – NJW 1994, 1801; einschränkend OLG Köln 31.8.2000 – 18 U 42/00 – NZG 2001, 135.
29 Scholz/*Schneider*, § 43 Rn 30.
30 BGH 14.5.1974 – VI ZR 8/73 – NJW 1974, 1371.
31 BGH 14.12.1959 – II ZR 187/57 – BGHZ 31, 258, 278.
32 Scholz/*Schneider*, § 43 Rn 128.
33 Scholz/*Schneider*, § 43 Rn 130 f.
34 OLG Düsseldorf 15.11.1984 – 8 U 22/84 – ZIP 1984, 1476, 1478.

gung einer Weisung kann eine Schadensersatzpflicht auslösen, wenn diese von einem Vertreter der Gesellschafterversammlung erkennbar unter **Missbrauch der Vertretungsmacht** erteilt worden ist.[35]

Der GF unterliegt einem aus der organschaftlichen Treuepflicht folgenden **Wettbewerbsverbot**, selbst wenn dieses nicht ausdrücklich vereinbart war.[36] Zeigt sich eine **Geschäftschance**, ist das Erstzugriffsrecht der Gesellschaft zu beachten, auch soweit Kenntnis privat erlangt wird. Plant der GF in einem solchen Fall ein Eigengeschäft, so reicht es nicht aus, die Gesellschaft davon in Kenntnis zu setzen; es bedarf vielmehr der Zustimmung der Gesellschafterversammlung.[37] Ein nachvertragliches Wettbewerbsverbot besteht zwar nur bei entsprechender Vereinbarung,[38] dennoch ist es dem GF nicht erlaubt, Geschäftschancen der Gesellschaft während der Amtszeit nicht zu nutzen, um diese unter **Beendigung des Geschäftsführeramts** anschließend an sich zu ziehen.[39]

GF sind Verwalter fremden Vermögens und nicht selbst Unternehmer. Das **Unternehmensrisiko** trägt daher allein die Gesellschaft. Im Falle von **Risikogeschäften** führt nicht das „Fehlen einer glücklichen Hand" zur Schadensersatzpflicht, sondern erst das Handeln ohne vorherige sorgfältige Analyse der maßgeblichen Entscheidungsgrundlagen oder ein unverantwortliches Überspannen der Risikobereitschaft.[40] Das Eingehen eines hohen Risikos bei gleichzeitiger geringer Gewinnprognose indiziert regelmäßig die Pflichtwidrigkeit. Auch bei Wahrscheinlichkeit eines Erfolgseintrittes hat ein Geschäft zu unterbleiben, wenn es im Falle des Misslingens zu einer erheblichen Gefährdung von Bestand und Entwicklung des Unternehmens führen würde.[41] Das Gericht hat jedoch sein Ermessen nicht an die Stelle des GF zu setzen, eine Nachprüfung der Zweckmäßigkeit der unternehmerischen Entscheidung ist nicht statthaft.[42] Durch Einholung einer vorherigen **Weisung** kann der GF, die ordnungsgemäße Unterrichtung der Gesellschafterversammlung unterstellt, die Gefahr der Haftung bei Risikogeschäften weitgehend ausschließen (siehe Rn 13).

Weitere Pflichtverletzungen sind: Abgabe eines Vertragsangebots aufgrund eines Kalkulationsirrtums (500.000 DM);[43] Verkauf von Waren auf Kredit an ein unbekanntes Unternehmen trotz fehlender Bonitätsprüfung oder Sicherheit;[44] Beschädigung des Firmenfahrzeuges anlässlich eines Telefonats bei 170–220 km/h;[45] ungeklärte Kassen- oder Warenfehlbestände;[46] unterlassene Anmeldung von Kurzarbeit;[47] Künd von Mitarbeitern unter Missachtung der Weisung der Gesellschaft;[48] Eingehen von erkennbar nicht erfüllbaren Verpflichtungen;[49] Abschluss eines überflüssigen Marketingvertrages;[50] Eingehung eines Beratungsvertrages mit einer inkompetenten Person;[51] Begleichung nicht fälliger Forderungen;[52] Anweisung einer ihm als GF nicht zustehenden Vergütung,[53] eigenmächtiger Abschluss zustimmungspflichtiger Geschäfte;[54] Hinnahme von „Schwarzgeld-Abzweigungen" durch einen Gesellschafter auch ohne täterschaftliches Zusammenwirken.[55]

b) Haftungsausschließende Weisung. Die Ersatzpflicht des GF entfällt, soweit die schadenverursachende Verhalten auf einer im Rahmen von Gesetz, Satzung und guten Sitten bleibenden **Weisung** der Gesellschafter beruht (Umkehrschluss zu Abs. 3).[56] Da der Wille der GmbH im Verhältnis zu ihrem GF durch den Willen ihrer Gesellschafter repräsentiert wird, stellt ein Handeln oder Unterlassen im Einverständnis mit sämtlichen Gesellschaftern grds. keine (haftungsbegründende) Pflichtverletzung dar.[57] Auch der Gesellschaft **offensichtlich nachteilige Weisungen** sind grds. vom GF umzusetzen.[58] Soweit der GF im Einzelfall sich berechtigterweise im Einverständnis mit der Gesellschafterversammlung sieht und deren gegenteilige Weisung erwarten darf, ist eine positive Weisung nicht erfor-

---

35 OLG Koblenz 20.3.2003 – 6 U 850/00 – EWiR 2003, 769.
36 BGH 9.7.1979 – II ZR 125/77 – WM 1979, 1328, 1330 (AG).
37 BGH 8.5.1989 – II ZR 229/88 – NJW 1989, 2687 (KG).
38 OLG Düsseldorf 3.12.1998 – 6 U 151/98 – NZG 1999, 405.
39 BGH 23.9.1985 – II ZR 246/84 – NJW-RR 1986, 585; vgl. auch KG 11.5.2000 – 2 U 4203/99 – NZG 2001, 129 (Haftung des Interims-Geschäftsführers wegen Vereitelung einer Geschäftschance).
40 BGH 21.4.1997 – II ZR 175/95 – NJW 1997, 1926; LG Düsseldorf 27.5.2005 – 39 O 73/04 – GmbHR 2005, 1298.
41 ThürOLG Jena 8.8.2000 – 8 U 1387/98 – NZG 2001, 86, 87.
42 OLG Zweibrücken 22.12.1998 – 8 U 98/98 – NZG 1999, 506. OLG Düsseldorf 14.3.1996 – 6 U 119/94 – ZIP 1996, 1083, 1087.
43 BGH 28.10.1971 – II ZR 49/70 – WM 1971, 1548; BGH 18.2.2008 – II ZR 62/07 – GmbHR 2008, 488.
44 ThürOLG Jena 8.8.2000 – 8 U 1387/98 – NZG 2001, 86.
45 OLG Koblenz 14.5.1998 – 5 U 1639/97 – GmbHR 1999, 344.
46 BGH 26.11.1990 – II ZR 223/89 – NJW-RR 1991, 485.
47 BGH 4.11.2002 – II ZR 224/00 – NJW 2003, 358.
48 BGH 23.9.2002 – II ZR 43/01 – DStR 2002, 2137.
49 BGH 12.10.1987 – II ZR 251/86 – NJW 1988, 1321.
50 BGH 30.4.2001 – II ZR 322/99 – NJW-RR 2001, 1177.
51 BGH 9.12.1996 – II ZR 240/95 – NJW 1997, 741.
52 OLG Koblenz 12.5.1999 – 1 U 1649/97 – GmbHR 1999, 1201.
53 BGH 26.11.2007 – II ZR 161/06 – GmbHR 2008, 144 (Haftung umfasst auch die abgeführte Lohnsteuer).
54 OLG Celle 20.3.2002 – 9 U 286/01 – NZG 2002, 823, 824.
55 OLG Celle 21.12.2005 – 9 U 100/05 – GmbHR 2006, 377.
56 BGH 14.12.1959 – II ZR 187/57 – NJW 1960, 285; einschränkend OLG Hamburg 14.12.2005 – 5 U 200/04 – GmbHR 2006, 379 (Haftung wegen Markenrechtsverletzung trotz Gesellschafter-Weisung).
57 BGH 7.4.2003 – II ZR 193/02 – GmbHR 2003, 712, 713.
58 OLG Frankfurt a.M. 7.2.1995 – 24 U 88/95 – GmbHR 1997, 346.

derlich.[59] In der **Ein-Mann-GmbH** bedarf es keiner förmlichen Entscheidung der Gesellschafterversammlung, so dass eine Haftung des geschäftsführenden Alleingesellschafters regelmäßig ausscheidet.[60]

14 **c) Verschulden.** Die Haftung des GF setzt eine **vorsätzliche** oder **fahrlässige Pflichtverletzung** voraus. Vorsätzlich handelt, wer wissentlich und willentlich seine Pflichten verletzt.[61] Steht eine objektive Pflichtverletzung fest, wird das Verschulden widerlegbar **vermutet**.[62] Maßstab eines fahrlässigen Verhaltens ist nicht die im Verkehr erforderliche Sorgfalt im Sinne des § 276 BGB, sondern die Sorgfalt eines ordentlichen Geschäftsmannes (Rn 4). Bereits leicht fahrlässige Pflichtverletzungen begründen den Verschuldensvorwurf.[63] Erforderlich ist nicht eine allseitig entwickelte Kompetenz des GF, da dieser Aufgaben an fachkundige Dritte delegieren und sich Rat einholen kann. Das Haftungsprivileg des § 708 BGB ist unanwendbar.[64]

15 **3. Ursachenzusammenhang und Schaden.** Das pflichtwidrige Tun oder Unterlassen des GF muss kausal für den entstandenen Schaden sein. Dieser umfasst jeden **vermögenswerten Nachteil** der Gesellschaft, der bei ordnungsgemäßer Geschäftsführung nicht eingetreten wäre. Zu ersetzen sind auch die der Gesellschaft **entgangenen Vorteile**, die sie bei pflichtgemäßem Verhalten erlangt hätte, § 252 BGB. Der Anspruch wird nicht gemindert oder ausgeschlossen, weil **Ersatzansprüche gegen Dritte** bestehen (§ 255 BGB).[65] Der Schaden muss nicht für den GF vorhersehbar sein; ausreichend ist ein Schaden als adäquate Folge der Pflichtverletzung. Kein erstattungsfähiger Schaden liegt vor, wenn der GF zwar pflichtwidrig handelt, das Ge- oder Verbot jedoch ausschließlich dem Schutze Dritter dient.[66] Erlangt der GF finanzielle Vorteile in Gestalt von **Schmiergeldern** oder aufgrund **selbst genutzter Geschäftschancen**, sind diese als Schaden an die Gesellschaft unabhängig davon abzuführen, ob die Gesellschaft diese Vorteile hätte realisieren können.[67]

16 **4. Mitverschulden.** Der **Einwand des Mitverschuldens** (§ 254 BGB) kommt regelmäßig nicht in Betracht,[68] anders jedoch nach Ausscheiden des GF, wenn die Gesellschaft Maßnahmen zur Schadensminderung unterlässt.[69] Eine Berufung auf das **Mitverschulden anderer GF** scheidet aus.[70] Unbeachtlich ist der Einwand des GF, seine mangelnde Eignung sei den Gesellschaftern bekannt gewesen, er sei schlecht ausgewählt und unzureichend überwacht worden.[71]

17 **5. Gesellschafterbeschluss.** Zur Geltendmachung der Ansprüche aus Abs. 2 oder 3 gegen den amtierenden oder ausgeschiedenen[72] GF bedarf es grds. eines **Beschlusses der Gesellschafterversammlung** (§ 46 Nr. 8).[73] Der Beschluss, der auch **formlos** ergehen kann,[74] muss die dem GF vorgeworfene Pflichtverletzung hinreichend genau bezeichnen.[75] Während des laufenden Klageverfahrens kann der Beschluss **nachgeholt** werden, ohne dass die verjährungsunterbrechende Wirkung der Klage entfällt.[76] Fehlt eine **(wirksame) Beschlussfassung**, ist die Klage wegen des Fehlens einer materiellen Anspruchsvoraussetzung als unbegründet abzuweisen.[77] Das **Vorliegen** eines **Gesellschafterbeschlusses** ist **entbehrlich** bei der **Ein-Mann GmbH**,[78] der Geltendmachung des Anspruches im Insolvenzverfahren oder im Falle der masselosen Liquidation,[79] ferner im einstweiligen Verfügungsverfahren[80] oder bei einer Inanspruchnahme durch pfändende Gläubiger.[81]

III. Einwendungen

18 **1. Haftungsbeschränkung.** Die Möglichkeiten einer Haftungsbegrenzung durch **Satzung, Gesellschafterbeschluss** oder **Anstellungsvertrag** sind umstr.[82] Unstreitig kommt eine im Voraus vereinbarte Haftungsbeschränkung für **vorsätzliches Verhalten** nicht in Betracht, § 276 Abs. 3 BGB; Entsprechendes gilt für verbotene Zahlungen nach Insolvenzreife (S. 1) sowie für den unabdingbaren Schutz vor **existenzvernichtenden Eingriffen** (§ 64 S. 3

---

59 BGH 15.11.1999 – II ZR 122/98 – NJW 2000, 576.
60 BGH 23.9.2002 – II ZR 43/01 – DStR 2002, 2137, 2138.
61 Scholz/*Schneider*, § 43 Rn 232.
62 BGHZ 126, 181.
63 BGH 27.2.1975 – II ZR 112/72 – WM 1975, 467, 469 (Genossenschaft).
64 BGHZ 75, 321, 327 (Komplementär-GmbH).
65 OLG Koblenz 9.6.1998 – 3 U 1662/89 – NZG 1998, 953, 954.
66 BGH 21.3.1994 – II ZR 260/92 – NJW-RR 1994, 806 (zweckwidrige Verwendung von Baugeldern).
67 OLG Düsseldorf 25.11.1999 – 6 U 146/98 – GmbHR 2000, 666.
68 Lutter/Hommelhoff/*Hommelhoff/Kleindiek*, § 43 Rn 26.
69 OLG Oldenburg 22.6.2006 – 1 U 34/03 – GmbHR 2006, 1263.
70 Scholz/*Schneider*, § 43 Rn 245.
71 BGH 28.10.1971 – II ZR 49/70 – WM 1971, 1548; Scholz/*Schneider*, § 43 Rn 246.

72 BGH 8.12.1997 – II ZR 236/96 – ZIP 1998, 332.
73 BGH 4.11.2002 – II ZR 224/00 – ZIP 2002, 2314.
74 BGH 21.6.1999 – II ZR 47/98 – NZG 1999, 1001.
75 OLG Düsseldorf 18.8.1994 – 6 U 185/93 – GmbHR 1995, 232; a.A. LG Karlsruhe 19.1.2001 – O 123/00 KfH I – DB 2001, 693, 695; zur Auslegung entsprechender Beschlüsse ThürOLG Jena 8.8.2000 – 8 U 1387/98 – NZG 2001, 86, 87.
76 BGH 3.5.1999 – II ZR 119/98 – NZG 1999, 722.
77 BGHZ 97, 382, 390.
78 OLG Köln 17.9.1975 – 2 U 47/75 – GmbHR 1975, 274, 275.
79 BGH 14.7.2004 – VIII ZR 224/02 – NZG 2004, 962 (Notgeschäftsführer).
80 Oppenländer/Trölitzsch/*Ziemons*, § 22 Rn 63.
81 RG 11.6.1929 – 561/28 II – JW 1930, 2685.
82 Zum Meinungsstand Oppenländer/Trölitzsch/*Ziemons*, § 29 Rn 18 f.; *Bauer/Krets*, DB 2003, 811.

n.F.).[83] Im Bereich der **Kapitalschutzvorschriften** ist eine Haftungsbeschränkung insoweit ausgeschlossen, als die Forderung gegen den GF zur Befriedigung der Gläubiger benötigt wird (Abs. 3 S. 3 i.V.m. § 9b; §§ 9a Abs. 1 und 9b, § 97 Abs. 4 i.V.m. § 9b). Der BGH hat bislang auch außerhalb der Kapitalschutzvorschriften eine Haftungsbeschränkung allg. ausgeschlossen, wenn der Schadensersatzanspruch zur Befriedigung der Gläubiger der Gesellschaft benötigt wird.[84] In seiner Entscheidung vom 16.2.2002[85] hat der BGH unter Aufgabe seiner bisherigen Rspr. die Vereinbarung einer **Ausschlussfrist** von sechs Monaten im Anstellungsvertrag für die Geltendmachung von Ersatzansprüchen für wirksam erachtet, auch soweit der Schadensersatzbetrag zur Befriedigung von Gläubigern der Gesellschaft notwendig sei. Zur Haftungsbeschränkung führt das Gericht aus, dass auch im Vorfeld das Entstehen eines Ersatzanspruches begrenzt oder ausgeschlossen werden kann, indem bspw. ein **anderer Verschuldensmaßstab** vereinbart wird.[86] Dies gilt nicht nur für entsprechende **Satzungsvereinbarungen**, auch der **Anstellungsvertrag** kann für die Organstellung relevante Regelungen enthalten.[87] Danach besteht – mit den eingangs erwähnten Einschränkungen – die Möglichkeit, durch den Anstellungsvertrag die Haftung für jede Fahrlässigkeit auszuschließen.[88]

2. Verzicht/Vergleich. Die Gesellschaft kann grds. durch **Erlassvertrag** (§ 397 BGB) oder in einem **Aufhebungsvertrag** über den Anstellungsvertrag sowie durch **Vergleich** (§ 779 BGB) auf Schadensersatzansprüche gegenüber dem GF verzichten.[89] Die Grenzen eines Verzichtes oder Vergleiches ergeben sich aus Abs. 2 S. 2 i.V.m. §§ 9b, 57 Abs. 4 i.V.m. §§ 9b, 64 S. 1 sowie dem Verbot existenzvernichtender Eingriffe (§ 64 S. 3 n.F.) § 93 Abs. 4 S. 3 AktG findet keine Anwendung.[90] Verzicht und Vergleich bedürfen zu ihrer Wirksamkeit eines **Gesellschafterbeschlusses** (§ 46 Nr. 8 analog).[91] In der Insolvenz der GmbH ist der **Insolvenzverwalter** zum Vergleichsabschluss befugt.[92]

3. Entlastung/Generalbereinigung. Die Entlastung ist die **Billigung der Geschäftsführung** für einen zurückliegenden Zeitraum durch **Beschluss der Gesellschafterversammlung** (§ 46 Nr. 5 GmbHG). Durch die Entlastung sind Ersatzansprüche und Künd-Gründe präkludiert, die der Gesellschafterversammlung bei sorgfältiger Prüfung aller Vorlagen und Berichte erkennbar sind oder von denen alle Gesellschafter privat Kenntnis haben.[93] Unbekannte und nicht erkennbare Verfehlungen werden von dem Entlastungsbeschluss nicht erfasst, da die Gesellschafterversammlung nicht im Stande ist, das Verhalten der GF selbstständig und in allen Einzelheiten nachzuprüfen.[94] Ein **Anspruch auf Entlastung** besteht nicht.[95]

Der Beschluss einer **Generalbereinigung** unterscheidet sich von der Entlastung dadurch, dass im Rahmen des rechtlich Zulässigen auf sämtliche denkbaren Ersatzansprüche verzichtet wird, auch wenn die Verfehlungen des GF bei Beschlussfassung unbekannt und nicht erkennbar waren.[96] In beiden Fällen handelt es sich rechtlich um einen **Erlassvertrag gem. § 397 BGB**.[97] Wie beim Verzicht, Vergleich oder der Entlastung bedarf die Generalbereinigung eines **Beschlusses der Gesellschafterversammlung** (§ 46 Nr. 8 analog).[98] Die Vereinbarung einer Generalbereinigung durch Aufhebungs- und Ausgleichsvereinbarung zwischen dem ausscheidenden GF und einem weiteren GF der Gesellschaft ist in Ermangelung eines Gesellschafterbeschlusses unwirksam, es sei denn der GF ist zugleich Alleingesellschafter.[99] Sowohl die Entlastung wie auch die Generalbereinigung umfassen grds. nur Ersatzansprüche im Hinblick auf die vom GF veranlassten Geschäftsführungsmaßnahmen.

Die **Grenzen** der Entlastung oder Generalbereinigung entsprechen denen eines Verzichts oder Vergleiches (siehe Rn 19). Aufgrund der rechtlichen Einordnung als Erlassvertrag (§ 397 BGB) können die **Erklärungen** gem. § 119 BGB oder § 123 BGB **anfechtbar** sein; letzteres insb. dann, wenn der GF die Gesellschafter über begangene Pflichtwidrigkeiten arglistig getäuscht hat. Die Auswirkungen von **Mängeln des Gesellschafterbeschlusses** (Anfechtbarkeit, Nichtigkeit) zum Zwecke der Entlastung oder Generalbereinigung sind problematisch. In seiner Entscheidung vom 13.3.1975[100] hat der BGH ausgeführt, dass der **Wegfall des Gesellschafterbeschlusses** für die Wirk-

---

83 *Weber/Brügel*, DB 2004, 1923, 1926.
84 BGH 15.11.1999 – II ZR 122/98 – NJW 2000, 576 (vertragliche Ausschlussfrist).
85 BGH 16.9.2002 – II ZR 107/01 – NJW 2002, 3777; BGH 18.2.2008 – II ZR 62/07 – GmbHR 2008, 490 (Bestätigung der Wirksamkeit einer Ausschlussfrist von 6 Monaten).
86 BGH 16.9.2002 – II ZR 107/01 – NJW 2002, 3777, 3778; OLG Brandenburg 6.10.1998 – 6 U 278/97 -NZG 1999, 210.
87 BGH 16.9.2002 – II ZR 107/01 – NJW 2002, 3777, 3778.
88 Scholz/*Schneider*, § 43 Rn 260; mit Einschränkungen auch Lutter/*Hommelhoff/Kleindiek*, § 43 Rn 40; a.A. Baumbach/Hueck/*Zöllner/Noack*, § 43 Rn 5 m.w.N. (kein genereller Ausschluss für grobe Fahrlässigkeit, Haftungsmilderung nur durch Satzung).
89 Scholz/*Schneider*, § 43 Rn 274; Baumbach/Hueck/*Zöllner*, § 43 Rn 47.
90 Baumbach/Hueck/*Zöllner*, § 43 Rn 37; Scholz/*Schneider*, § 43 Rn 264.
91 BGH 8.12.1997 – IIR 216/96 – NJW 1998, 1315; OLG Frankfurt a.M. 4.12.1998– 25 U 39/98 – NZG 1999, 767.
92 Scholz/*Schneider*, § 43 Rn 267.
93 BGH 21.4.1986 – II ZR 165/85 – NJW 1986, 2250.
94 BGH 12.1.1987 – II ZR 152/86 – NJW 1987, 2430 (Verein).
95 BGH 20.5.1985 – II ZR 165/84 – NJW 1986, 129; a.A. RGZ, 89, 396; Baumbach/Hueck/*Zöllner*, § 46 Rn 46.
96 BGH 19.1.1976 – II ZR 119/74 – WM 1976, 736; BGH 8.12.1997 – II ZR 236/96 – NJW 1998, 1315.
97 BGH 13.3.1975 – II ZR 114/73 – NJW 1975, 1273.
98 BGH 8.12.1997 – II ZR 236/96 – NJW 1998, 1315, 1316.
99 BGH 8.12.1997 – II ZR 236/96 – NJW 1998, 1315, 1316.
100 BGH 13.3.1975 – II ZR 114/73 – NJW 1975, 1273.

samkeit des Generalbereinigungsvertrages und damit für den Haftungsverzicht bedeutungslos sei. Demgegenüber hat der BGH in seinem jüngsten Urteil vom 7.4.2003[101] die **Nichtigkeit** des entsprechenden Gesellschafterbeschlusses entsprechend § 241 Nr. 3 und Nr. 4 AktG geprüft, im Ergebnis jedoch verneint. Richtigerweise entfallen die Wirkungen des Haftungsverzichtes bei der **Nichtigkeit** des Beschlusses, nicht aber bei bloßer **Anfechtbarkeit**.[102]

IV. Rechtsfolgen

23 Der GF, in dessen Person eine Pflichtverletzung nach § 43 Abs. 2 vorliegt, ist der Gesellschaft zum Schadensersatz verpflichtet. Sind mehrere GF für den Schadenseintritt verantwortlich, haften sie „solidarisch", d.h. als **Gesamtschuldner** (§ 421 BGB). Dies ist nicht nur der Fall, wenn die Pflichtverletzung auf einem gemeinsamen Handeln oder Unterlassen beruht, sondern auch dann, wenn das pflichtwidrige Handeln oder Unterlassen nur einem GF zuzurechnen ist, dem anderen GF aber ein Verstoß gegen seine **Überwachungs- oder Organisationspflichten** zur Last gelegt werden kann.[103] Weder Mit-GF noch AN der Gesellschaft sind Erfüllungsgehilfen (§ 278 BGB) oder Verrichtungsgehilfen (§ 831 BGB) des GF.[104] **Ausgleichsansprüche** mehrerer verantwortlicher GF untereinander richten sich nach § 426 BGB.[105]

V. Sondertatbestände der Schadensersatzpflicht (Abs. 3)

24 **1. Verbotene Zahlungen.** Der GF haftet der Gesellschaft für den Fall, dass er den zwingenden Bestimmungen des § 30 zuwider Zahlungen an die Gesellschaft aus dem zur **Erhaltung des Stammkapitals** erforderlichen Vermögens leistet. **Maßgeblich** ist nach § 30 Abs. 1 S. 2 n.F. eine **bilanzielle Betrachtungsweise**: Ausschüttungen an die Gesellschafter sind unzulässig, soweit das Gesellschaftsvermögen nach Abdeckung aller Verbindlichkeiten den durch die Stammkapitalziffer ausgewiesenen Betrag unterschreitet. Für die Wertbestimmung dürfen stille Reserven, ein selbst geschaffener Firmenwert und sonstige immaterielle Güter grundsätzlich nicht berücksichtigt werden.[106] Die durch das **MoMiG** geschaffene Neuregelung beinhaltet eine grundlegende Änderung bisheriger Haftungsgrundsätze: Nach § 30 Abs. 1 S. 1 und 3 n.F. findet das Auszahlungsverbot keine Anwendung auf den **Leistungsaustausch im GmbH-Vertragskonzern** sowie die bislang haftungsauslösende[107] **Rückzahlung kapitalersetzender Darlehen** (§ 32a a.F.) oder die Rückgewähr wirtschaftlich vergleichbarer Leistungen. In diesen Fällen besteht jedoch eine Haftung nach § 64 S. 3 n.F., wenn die Rückzahlung die Insolvenz der Gesellschaft auslösen musste und dies bei Anwendung gebotener Sorgfalt erkennbar war. Ferner kommt eine Anfechtung nach § 6a AnfG n.F. oder § 135 InsO n.F. bei einer Rückgewähr im Ein-Jahreszeitraum vor Insolvenz oder Erlangung eines Vollstreckungstitels in Betracht. **Kreditgewährungen an Gesellschafter**, die nicht aus Rücklagen oder Gewinnvorträgen, sondern zu Lasten des gebundenen Vermögens der Gesellschaft bestritten werden, sind in Abweichung bisheriger Rechtsprechung[108] gem. § 30 Abs. 1 S. 2 n.F. nur dann als verbotene Auszahlungen von Gesellschaftsvermögen i.S.v. § 30 zu bewerten, wenn zum Zeitpunkt der Leistung der Gesellschaft der Rückzahlungsanspruch gegen den Gesellschafter nicht vollwertig ist.[109] Entsprechendes gilt bei **Cash pool-Systemen** zur Selbstfinanzierung verbundener Unternehmen, wobei auch hier dem GF die haftungsrechtliche Verantwortung für die **Vollwertigkeitsprüfung** obliegt. Die Stellung üblicher **Sicherheiten** ist bei einer Kreditgewährung nicht zwingend erforderlich, wobei in der unterlassenen Zinsanpassung im Falle des Verzichtes auf marktübliche Sicherheiten eine Auszahlung i.S.d. § 30 Abs. 1 liegen kann.[110] Die allgemeine Sorgfaltspflicht nach § 43 Abs. 1 gebietet im Falle einer **Vermögensverschlechterung** des Gesellschafters die Künd des Darlehens und konsequente Durchsetzung des Rückzahlungsanspruches.[111] Im Übrigen fallen **Austauschgeschäfte** zwischen Gesellschaft und Gesellschafter unter den Verbotsbereich des § 30, wenn diese einem **Drittvergleich** nicht standhalten.[112] **Weisungen**, die im Widerspruch zu § 30 ergehen, entlasten den GF nicht.[113]

25 **2. Erwerb eigener Geschäftsanteile.** Der Erwerb eigener Geschäftsanteile durch die Gesellschaft verstößt gegen § 33 und ist pflichtwidrig, soweit die Geschäftsanteile nicht voll eingezahlt sind oder der Erwerb auf Kosten des Stammkapitals erfolgt. Neben den verantwortlichen GF haften die Veräußerer des Geschäftsanteils auf Rückzahlung des Kaufpreises nach bereicherungsrechtlichen Grundsätzen (§§ 812 ff. BGB) sowie nach § 31 GmbHG.

---

101 BGH 7.4.2003 – II ZR 193/02 – GmbHR 2003, 712; vgl. auch LG Koblenz 16.12.2003 – 4 O 146/03 – GmbHR 2004, 260.
102 Vgl. OLG Frankfurt a.M. 4.12.1998– 25 U 39/89 – NZG 1999, 767, 768; LG Koblenz 16.12.2003 – 4 O 146/03 – GmbHR 2004, 260.
103 BGH 1.3.1993 – II ZR 61/92 – NJW 1994, 2149.
104 Baumbach/Hueck/Zöller, § 43 Rn 24.
105 Zu den strittigen Einzelheiten: Scholz/Schneider, § 43 Rn 252; Baumbach/Hueck/Zöllner, § 43 Rn 29.
106 KG 3.4.2000 – 23 U 865/98 – NZG 2000, 1224, 1225.
107 Scholz/Schneider, § 43 Rn 270 m.w.N.
108 BGH 24.11.2003 – II ZR 171/01 – DStR 2004, 427, 428, a.A. OLG München 6.7.2005 – 7 U 2230/05 – GmbHR 2005, 1486 (bilanzielle Betrachtung maßgeblich).
109 Wicke, § 30 Rn 11.
110 Wicke, § 30 Rn 10.
111 Römermann, GmbHR-Sonderheft 10/2008, 67.
112 OLG Hamburg 31.8.2005 – 11 U 55/04 – BeckRS 2005, Nr. 11257 (Veranlassung von Werkleistungen an eine vom Geschäftsführer beherrschte weitere GmbH).
113 BGH 24.11.2003 – II ZR 171/01 – DStR 2004, 427, 429.

3. Verschulden. Auch im Rahmen der Inanspruchnahme nach Abs. 3 ist ein Verschulden des GF erforderlich. Auf **mangelnde Kenntnis** eines Verstoßes gegen §§ 30, 33 kann sich der GF nur dann berufen, wenn er zugleich darlegt und erforderlichenfalls nachweist, dass er einen Verstoß nicht hätte erkennen können. Dieser Einwand wird regelmäßig misslingen, da der GF über die Finanzlage der Gesellschaft und den Erhalt des Stammkapitals selbst dann stets informiert sein muss, wenn dies durch eine **geschäftsinterne Aufgabenverteilung** einem anderen GF überantwortet ist.[114] Der GF hat nicht nur eigene verbotene Auszahlungen zu unterlassen, sondern aufgrund seiner **Überwachungspflicht** dafür zu sorgen, dass solche Auszahlungen auch nicht von Mit-GF oder anderen zur Vertretung der Gesellschaft ermächtigten Personen vorgenommen werden.[115]

26

4. Schaden. Falls der GF eine verbotene Zahlung geleistet oder zugelassen hat, entspricht der Schaden zumindest der erbrachten Leistung.[116] Im Falle des Erwerbs eigener Anteile entgegen § 33 besteht der **ersatzpflichtige Schaden** zumindest in Höhe des Kaufpreises und nicht nur in der Differenz zum Wert des Geschäftsanteils.[117] Der Schaden entfällt erst, wenn der durch den Erwerb begünstigte Gesellschafter der Gesellschaft den erhaltenen Betrag endgültig erstattet hat.[118]

27

5. Verzicht, Vergleich. Gem. Abs. 3 S. 2, § 9b Abs. 1 S. 1 ist ein Verzicht oder Vergleich zwischen der Gesellschaft und dem GF unzulässig, soweit die Forderung gegen den GF zur Befriedigung der Gesellschaftsgläubiger benötigt wird. Wegen des zwingenden Charakters der Kapitalerhaltungsvorschriften gilt dies entsprechend für eine Haftungsbeschränkungsvereinbarung.

28

VI. Verjährung (Abs. 4)

Die Ansprüche der Gesellschaft aus Abs. 2 und 3 verjähren innerhalb einer **5-jährigen Frist**. Die Frist beginnt mit dem Entstehen des Anspruches, d.h. mit dem Eintritt des Schadens dem Grunde nach, nicht jedoch vor Abschluss der pflichtwidrigen Handlung.[119] Der Schaden braucht nicht bezifferbar sein, es genügt die Möglichkeit der Erhebung einer Feststellungsklage.[120] Die Verjährung wird auch nicht durch Verheimlichen der schädigenden Handlung hinausgeschoben.[121] **Kenntnis** oder grob fahrlässige Unkenntnis der anspruchsbegründenden Tatsachen sind auch nach Inkrafttreten des SchuldrechtsmodernisierungsG **nicht Voraussetzung** für Fristbeginn. Die dies betreffende Regelung des § 199 Abs. 1, Nr. 1, 2 BGB ist gem. § 200 BGB nur auf die regelmäßige dreijährige Verjährungsfrist des § 195 BGB, nicht aber auf die spezialgesetzliche Regelung des Abs. 4 anwendbar.[122] Der **Verjährungshemmung** gem. § 204 BGB steht nicht entgegen, dass der nach § 46 Nr. 8 erforderliche **Gesellschafterbeschluss** noch nicht gefasst wurde; dieser kann auch nach Ablauf der Verjährungsfrist **nachgeholt** werden.[123] Soweit der Gesellschaft aus anderer Grundlage (insb. Delikt) Ansprüche gegen den GF zustehen, verjähren diese ebenfalls innerhalb der Frist des Abs. 4, soweit die Haftung ausschließlich auf der Verletzung einer gesellschaftsrechtlichen Norm (z.B. § 64) beruht.[124] I.Ü. bleibt es bei der Regelverjährung der §§ 195, 199 BGB. Auch bei einem **Zusammentreffen** der **Organhaftung** nach Abs. 2 und einem Verstoß gegen die **gesellschafterliche Treuepflicht** kann sich der GF nicht auf die bei fehlender Kenntnis (§ 199 Abs. 1 BGB) kürzere Verjährungsfrist des Abs. 4 berufen.[125]

29

Die **Verjährungsfrist** kann grds. durch Satzung, Gesellschafterbeschluss oder Anstellungsvertrag (z.B. Vereinbarung einer Ausschlussfrist)[126] **abgekürzt** oder – in den Grenzen des § 202 Abs. 2 BGB – **verlängert** werden.[127] Im Gegensatz zu § 225 a.F. verbietet allerdings § 202 BGB nunmehr eine im Voraus erfolgende **Verkürzung der Verjährung** für die Haftung wegen Vorsatzes. Im Geltungsbereich des Abs. 3 ist die Verkürzung der Verjährungsfrist unwirksam, soweit der Schadensbetrag zur Befriedigung der Gesellschaftsgläubiger notwendig ist.[128]

30

VII. Weitere Haftungstatbestände des GmbHG

1. §§ 9a Abs. 1, 57 Abs. 4. Der GF haftet bei **falschen Angaben** zum Zwecke der **Errichtung der Gesellschaft** neben den Gesellschaftern als Gesamtschuldner für fehlende Einzahlungen, eine Vergütung, die nicht unter den Gründungsaufwand aufgenommen ist,[129] und den sonst entstehenden Schaden. Dies gilt kraft Verweisung auch für die Kapitalerhöhung (§ 57 Abs. 4). Als falsche Angaben kommen insb. in Betracht: überhöhte Werte ausweisende Sachgründungsberichte; die unzutreffende Versicherung, die Sacheinlagen seien übereignet oder Bareinlageschulden seien erfüllt. In zwei praktisch bedeutsamen Fällen hat das **MoMiG** zu einer grundlegenden Änderung der bisherigen Rechtslage geführt: Eine **verdeckte Sacheinlage** ist abweichend von der bisherigen Rechtsprechung[130] auf-

31

---

114 KG 3.4.2000 – 23 U 865/98 – NZG 2000, 1224, 1225.
115 BGH 25.6.2001 – II ZR 38/99 – NJW 2001, 3123.
116 BGH 20.3.1986 – II ZR 114/85 – ZIP 1987, 1050; BGH 24.11.2003 – II ZR 171/01 – DStR 2004, 427, 429.
117 Baumbach/Hueck/Zöllner, § 43 Rn 50.
118 RGZ 159, 211, 230; Scholz/Schneider, § 43 Rn 276.
119 OLG Frankfurt a.M. 4.12.1998 – 25 U 39/89 – NZG 1999, 767, 768.
120 BGH 14.11.1994 – II ZR 160/93 – GmbHR 1995, 589.
121 BGH 21.2.2005 – II ZR 112/03 – GmbHR 2005, 544.
122 Baumbach/Hueck/Zöllner/Noack, § 43 Rn 57.
123 BGH 3.5.1999 – II ZR 119/98 – NZG 1999, 722 (zu § 209 BGB a.F.).
124 OLG Saarbrücken 22.9.1999 – 1 U 3/99 – NZG 2000, 559.
125 BGH 14.9.1998 – II ZR 175/97 – NJW 1999, 781.
126 BGH 16.9.2002 – II ZR 107/01 – NJW 2002, 3777.
127 Lutter/Hommelhoff/Hommelhoff/Kleindiek, § 43 Rn 46.
128 BGH 16.9.2002 – II ZR 107/01 – NJW 2002, 3777, 3778.
129 BGH 20.2.1989 – II ZB 10/88 – NJW 1989, 1610.
130 BGH 4.3.1996 – II ZR 89/95 – NJW 1996, 1286.

grund § 19 Abs. 4 n.F. nur noch dann haftungsauslösend, wenn der Wert des Vermögensgegenstandes nicht den Betrag der übernommenen Stammeinlage erreicht. Auch ein **bloßes Hin- und Herzahlen** steht nach § 19 Abs. 5 n.F. einer wirksamen Kapitalaufbringung nicht entgegen, wenn der Rückforderungsanspruch bei bilanzieller Betrachtung voll werthaltig ist und jederzeit fällig gestellt werden kann.[131] In beiden Fällen obliegt dem GF nunmehr die haftungsrechtliche Verantwortung für die **Vollwertigkeitsprüfung**. Unerheblich ist, von wem (GF, Gesellschafter oder Dritte) die falschen Angaben stammen.[132] Die Haftung entfällt, wenn der GF die Unrichtigkeit nicht kannte und bei Anwendung der objektiv gebotenen Sorgfalt auch nicht erkennen konnte.[133] Verzicht und Vergleich sowie sonstige **Haftungsbeschränkungen** sind unwirksam, soweit der Ersatz zur Befriedigung der Gläubiger der Gesellschaft erforderlich ist (§ 9b Abs. 1).

32   **2. § 31 Abs. 6.** Hat der GF verbotswidrig eine **Auszahlung** i.S.d. § 30 **an einen Gesellschafter** vorgenommen und kann die Gesellschaft (Insolvenzverwalter) die Zahlung von dem Gesellschafter nicht zurückerlangen, haften die Mitgesellschafter gem. § 31 Abs. 3 **verschuldensunabhängig** für den zu erstattenden Betrag, soweit dieser zur Befriedigung der Gesellschaftsgläubiger benötigt wird. Der GF haftet wiederum gegenüber den Mitgesellschaftern gem. § 31 Abs. 6, soweit ihn bei der verbotswidrigen Leistung ein Verschulden trifft. Die Haftung gegenüber der Gesellschaft nach Abs. 3 bleibt davon unberührt.

32a   **3. § 40 Abs. 3.** Die GF haften bei einer schuldhaften Verletzung der durch das **MoMiG** in § 40 Abs. 1 eingeführten **Pflicht zur Einreichung einer aktualisierten Gesellschafterliste** denjenigen, deren Beteiligung sich geändert hat und den Gläubigern auf Schadensersatz. Der Gesellschafterliste kommt aufgrund des nach § 16 Abs. 3 n.F. eingeführten **Gutglaubenserwerbes von Geschäftsanteilen** gesteigerte Bedeutung zu. § 40 Abs. 3 schützt insbesondere den wahren Berechtigten vor dem Verlust seiner Gesellschaftsanteile, den Anteilserwerber, der auf die Richtigkeit der Gesellschafterliste vertraut hat und jeden Gesellschafter, der durch die Ausübung von Gesellschafterrechten auf Grundlage einer unrichtigen Gesellschafterliste geschädigt wird. Die Pflichtverletzung erfasst gleichermaßen die unterlassene, verspätete oder mit unrichtigem Inhalt eingereichte Gesellschafterliste. Hat ein (deutscher) **Notar** an der die Gesellschafterliste betreffenden Veränderung **mitgewirkt**, treffen diesen an Stelle des GF die Einreichungspflichten (§ 40 Abs. 2 n.F.) und korrespondierend die Haftung im Falle einer Pflichtverletzung (§ 19 BNotO). Das Haftungsrisiko des GF konzentriert sich auf die **Fälle fehlender Notarsmitwirkung**: Auslandsbeurkundungen, Erwerb im Wege der Erbfolge, Eintritt auflösender Bedingungen bei Anteilsübertragungen, Veränderungen im Gesellschafterkreis einer beteiligten GbR, Teilung oder Einziehung von Geschäftsanteilen sowie deren Versteigerung (§ 23).[134] Ferner verbleibt auch im Falle der Notarsmitwirkung eine nach Abs. 2 sanktionierte **Prüfpflicht**, welche zumindest eine Plausibilitätsprüfung der notariellen Gesellschafterliste umfasst.[135]

33   **4. § 64.** Der bestellte sowie der faktische[136] GF hat zum Schutz des Gesellschaftsvermögens vor **Masseverkürzungen**[137] der Gesellschaft nach § 64 S. 1 Zahlungen zu erstatten, die trotz eingetretener Insolvenzreife (§§ 17, 19 InsO) aus dem Gesellschaftsvermögen vorgenommen werden. Unter den Anwendungsbereich des § 64 S. 1 fallen nicht nur Zahlungen aus dem Barbestand, Kontoguthaben, Dispositionskredit oder aus einer Kontoüberziehung, sondern auch „Zahlungen" im weiteren Sinne, wie die **Scheckeinreichung auf ein debitorisches Konto** der Gesellschaft,[138] Dienstleistungen oder Warenlieferungen,[139] nicht aber die Belastung des Gesellschaftsvermögens mit neuen Verbindlichkeiten.[140] Ausgenommen sind Zahlungen, die mit der **Sorgfalt eines ordentlichen Geschäftsmannes** vereinbar sind (§ 64 S. 2), insb. zur Abwendung höherer Schäden bei sonst drohender sofortiger Betriebsstilllegung.[141] Die Ersatzpflicht setzt ein **Verschulden** des GF voraus.[142] Das Verschulden wird vermutet und kann durch den Nachweis widerlegt werden, dass die von dem GF in der Insolvenzsituation bewirkte Leistung mit der Sorgfalt eines ordentlichen GF vereinbar war,[143] insbes. wenn durch sie größere Nachteile für die Insolvenzmasse abgewendet werden.[144] Ferner entfällt das Verschulden, wenn die Insolvenzsituation auch für einen ordnungsgemäß handelnden Geschäftsleiter nicht erkennbar war.[145] Aufgrund **exkulpierender Pflichtenkollision** handelt der GF nicht schuldhaft, wenn er AN-Anteile zur **Sozialversicherung und Lohnsteuer** im Hinblick auf die strafrechtliche Relevanz der

---

131 Zur Rechtslage vor Inkrafttreten des MoMiG: OLG Celle 15.3.2000 – 9 U 209/99 – NZG 2000, 1178.
132 Lutter/Hommelhoff/*Lutter/Bayer*, § 9a Rn 3.
133 Baumbach/Hueck/*Zöllner*, § 57 Rn 33.
134 *Wicke*, § 40 Rn 9.
135 *Römermann*, GmbHR-Sonderheft 10/2008, 66.
136 BGH 11.7.2005 – II ZR 235/03 – GmbHR 2005, 1187 (Haftung des Gesellschafters wegen nicht rechtzeitig gestellten Insolvenzantrages bei maßgeblicher Leitung der GmbH im Außenverhältnis).
137 BGH 29.11.1999 – II ZR 273/98 – NJW 2000, 668.
138 BGH 29.11.1999 – II ZR 273/98 – NJW 2000, 668.
139 *Meyke*, § 2 Rn 298 m.w.N.
140 BGH 30.3.1998 – II ZR 146/96 – NJW 1998, 2667.
141 OLG Düsseldorf 18.2.1999 – 6 U 38/98 – NZG 1999, 884; *Meyke*, § 2 Rn 306.
142 BGHZ 126, 181, 199; OLG Dresden 21.9.2004 – 2 U 1441/04 – GmbHR 2005, 173 (keine Entlastung aufgrund schwieriger persönlicher Umstände).
143 BGH 8.1.2001 – II ZR 88/99 – NJW 2001, 1280.
144 BGH 15.11.2007 – II ZR 262/06 – GmbHR 2008, 142.
145 BGH 11.9.2000 – II ZR 370/99 – DStR 2000, 1831.

Nichtabführung (§ 266a StGB) zahlt.[146] Dies gilt entsprechend, wenn Masse schmälernde Zahlungen aufgrund **vertraglich begründeter Treueverhältnisse** erfolgen, da im Falle der Nichtzahlung ebenfalls **strafrechtliche Sanktionen** (§ 266 StGB) drohen.[147] Eine Ersatzpflicht gegenüber der Bundesagentur für Arbeit für gezahltes **Insolvenzgeld** bei verspäteter Insolvenzantragsstellung kommt allenfalls nach § 826 BGB in Betracht.[148] **Verzicht und Vergleich** sowie **sonstige Haftungsbeschränkungen** sind unwirksam, soweit die Forderung gegen den GF zur Befriedigung der Gläubiger der Gesellschaft erforderlich ist (§§ 64 S. 4, 43 Abs. 3 S. 2).[149] Nach überwiegender Meinung ist der Insolvenzverwalter nicht an die Beschränkungen des Abs. 3 S. 2 gebunden.[150] **Erstattungsansprüche der Masse** gegen den begünstigten Gläubiger sind Zug um Zug an den GF abzutreten. Damit es nicht zu einer ungerechtfertigten Bereicherung der Masse kommt, ist von Amts wegen dem GF im Urteil vorzubehalten, nach Erstattung an die Masse seinen Anspruch in dem Rang und in der Höhe des Betrages gegen den Insolvenzverwalter zu verfolgen, den der begünstigte Gesellschaftsgläubiger im Insolvenzverfahren erhalten hätte.[151]

Die durch das **MoMiG** eingeführte Regelung des § 64 S. 3 n.F. sieht eine **Ausplünderungshaftung** der GF für **Zahlungen an die Gesellschafter** vor, die zur **Zahlungsunfähigkeit** der Gesellschaft führen müssen, es sei denn, dass dies aus der Sicht eines ordentlichen Geschäftsmannes nicht erkennbar war. Die Neuregelung ergänzt damit die in erster Linie gegen Gesellschafter gerichtete **Existenzvernichtungshaftung**.

C. Verbindung zum Prozessrecht

I. Klage

Ansprüche aus Abs. 2 und 3 können mittels einer **Zahlungsklage** oder – sofern die Schadenshöhe nicht feststeht – im Wege der **Feststellungsklage** geltend gemacht werden. Hierzu bedarf es grds. eines Beschlusses der Gesellschafterversammlung, der jedoch nach Klageerhebung nachgeholt werden kann (zu den Ausnahmen siehe Rn 17). **Zuständig** sind die **ordentlichen Gerichte**, sofern nicht die Parteien eine Zuständigkeit der Arbeitsgerichte vereinbart haben (§ 2 Abs. 4 ArbGG). **Aktivlegitimiert** ist die Gesellschaft, zu deren Vertretung im Prozess gegen den GF besondere Vertreter zu bestellen sind.[152] Im Anwendungsbereich des Mitbestimmungsrechtes besteht eine zwingende Vertretung durch den Aufsichtsrat (§ 52 MitbestG, § 112 AktG). Einzelne Gesellschafter sind zur Geltendmachung des Ersatzanspruches im eigenen Namen im Wege der actio pro societate grds. nicht befugt.[153] **Passivlegitimiert** sind der GF im Amt, der stellvertretende oder der gerichtlich bestellte GF sowie der faktische GF (siehe Rn 1). Die Klage kann am Wohnsitz des GF (allgemeinen **Gerichtsstand**, §§ 12, 13 ZPO) oder (§ 35 ZPO) am Sitz der Gesellschaft (besonderer Gerichtsstand des Erfüllungsortes, § 29 ZPO) erhoben werden.[154]

34

II. Darlegungs- und Beweislast

Die Gesellschaft hat in einem Haftungsprozess gegen ihren GF in analoger Anwendung des § 93 Abs. 2 S. 2 AktG[155] lediglich den Eintritt eines Schadens, den Lebenssachverhalt, aus dem sich möglicherweise ein pflichtwidriges Verhalten des GF ergeben kann und den kausalen Zusammenhang zwischen der Pflichtverletzung und dem Schadenseintritt darzulegen und erforderlichenfalls zu beweisen. Im Rahmen der **haftungsausfüllenden Kausalität** kommen der Gesellschaft die Beweiserleichterungen des § 287 ZPO zugute.[156] Dem GF obliegt dann die volle Darlegungs- und Beweislast dafür, dass er seinen Sorgfaltspflichten gem. Abs. 2 nachgekommen ist oder ihn kein Verschulden trifft oder dass der Schaden auch bei **rechtmäßigem Alternativverhalten** eingetreten wäre.[157] Die Gesellschaft bzw. der Insolvenzverwalter hat die Voraussetzungen für eine Haftung nach Abs. 3 wegen verbotswidriger Zahlungen darzulegen und zu beweisen. Den GF trifft eine **sekundäre Darlegungslast**. Dies gilt auch für den nicht mehr amtierenden GF, soweit ihm Unterlagen und Erkundigungsmöglichkeiten zur Verfügung stehen.[158]

35

---

146 BGH 14.5.2007 – II ZR 48/06 – GmbHR 2007, 757; BGH 2.6.2008 – II ZR 27/07 – GmbHR 2008, 815; anders noch BGH 8.1.2001 – II ZR 88/99 – NJW 2001, 1280.
147 BGH 5.5.2008 – II ZR 38/07 – GmbHR 2008, 813 (Weiterleitung der Gelder von Konzerngesellschaften an deren Gläubiger trotz Insolvenzreife der eigenen GmbH).
148 BGH 18.12.2007 – VI ZR 231/06 – GmbHR 2008, 315.
149 BGH 18.3.1974 – II ZR 2/72 – NJW 1974, 1088, 1089.
150 Lutter/Hommelhoff/*Lutter/Kleindiek*, § 64 Rn 66.
151 BGH 8.1.2001 – II ZR 88/99 – NJW 2001, 1280, 1283; BGH 11.7.2005 – II ZR 235/03 – GmbHR 2005, 1187.
152 BGH 16.12.1991 – II ZR 31/91 – ZIP 1992, 171.
153 OLG Hamm 4.6.2002 – 27 U 212/01 – NZG 2002, 760; OLG Köln 5.11.1992 – 18 U 50/92 – GmbHR 1993, 816 (vorherige Anfechtung des ablehnenden Beschlusses erforderlich).
154 BGH 10.2.1992 – II ZR 23/91 – GmbHR 1992, 303 f.; OLG Celle 12.1.2000 – 9 U 126/99 – NZG 2000, 595 f (im Ausland tätiger Geschäftsführer).
155 BGH 4.11.2002 – II ZR 224/00 – NJW 2003, 358.
156 BGH 18.2.2008 – II ZR 62/07 – GmbHR 2008, 488.
157 BGH 4.11.2002 – II ZR 224/00 – NJW 2003, 358; OLG Koblenz 12.5.1999 – 1 U 1649/97 – GmbHR 1999, 1201.
158 BGH 13.3.2006 – II ZR 165/04 – NZG 2006, 429.

D. Beraterhinweise

36 Das Risiko einer persönlichen Inanspruchnahme lässt sich durch Abschluss einer sog. **D & O Versicherung** (Directors and Officers Liability Insurance) vermindern.[159] Versicherungsnehmer (und damit Prämienschuldner) ist i.d.R. die GmbH, Versicherter der GF (Versicherung für fremde Rechnung, § 74 Abs. 1 VVG). Zuständig für den Abschluss der Versicherung der (nicht mitbestimmten) GmbH ist die Gesellschafterversammlung. Versicherungsschutz wird gewährt für Fehlverhalten in Ausübung der Tätigkeit als GF. Ausgeschlossen vom Versicherungsschutz sind üblicherweise die Haftung für Vorsatz und wissentliche Pflichtverletzungen, nicht jedoch die Haftung für leichte oder grobe Fahrlässigkeit.[160]

37 Soweit aus Kostengründen eine D & O Versicherung nicht in Betracht kommt, empfiehlt sich – trotz der für die Gestaltungspraxis mitunter geäußerten Zweifel –[161] zumindest für den Fremd-GF die Vereinbarung einer **Haftungsbeschränkung und Ausschlussfrist** im Anstellungsvertrag in den von der jüngsten Rspr. des BGH gezogenen Grenzen (siehe Rn 18). Im Rahmen einer Trennungsvereinbarung kann nach Einholung eines entsprechenden Gesellschafterbeschlusses durch eine **Generalbereinigungsklausel** ein weitgehender Haftungsausschluss erreicht werden (siehe Rn 21, 22).

---

[159] *Schneider/Schneider*, GmbHR 2005, 1233 (unter Hinweis auf die Gefahr, dass sich Versicherer zur Abwehr der eigenen Inanspruchnahme im Versicherungsfall mitunter auf die Seite der Gesellschaft stellen).

[160] § 5 der Allgemeinen Bedingungen zur Vermögenshaftpflicht-Versicherung für Organe und leitende Angestellte (AVB OLA 98).

[161] *Weber/Brügel*, DB 2004, 1928 (neue Rspr. keine verlässliche Grundlage für Freistellungsklauseln).

Handelsgesetzbuch

Vom 10.5.1897, RGBl I S. 219, BGBl III 4100-1

Zuletzt geändert durch Gesetz zur Neuregelung der Rechtsverhältnisse bei Schuldverschreibungen aus Gesamtemissionen und zur verbesserten Durchsetzbarkeit von Ansprüchen von Anlegern aus Falschberatung vom 31.7.2009, BGBl I S. 2512

– Auszug –

Erstes Buch: Handelsstand

Fünfter Abschnitt: Prokura und Handlungsvollmacht

§ 48 Erteilung der Prokura; Gesamtprokura

(1) Die Prokura kann nur von dem Inhaber des Handelsgeschäfts oder seinem gesetzlichen Vertreter und nur mittels ausdrücklicher Erklärung erteilt werden.
(2) Die Erteilung kann an mehrere Personen gemeinschaftlich erfolgen (Gesamtprokura).

Literatur: *Hofmann*, Der Prokurist, 6. Aufl. 1990; *Krebs*, Ungeschriebene Prinzipien der handelsrechtlichen Stellvertretung als Schranken der Rechtsfortbildung – speziell für Gesamtvertretungsmacht und Generalvollmacht, ZHR 159 (1995), 635; *Kunstreich*, Gesamtvertretung, 1992; *Schmidt*, Die Prokura in Liquidation und Konkurs der Handelsgesellschaften, BB 1989, 229; *Stötter*, Die personelle Beschränkung der Prokura, BB 1975, 767; *Weimar*, Kann durch Vertrag ein Anspruch auf Erteilung von Prokura oder Handlungsvollmacht begründet werden?, MDR 1974, 720; *Ziegler*, Prokura mit einem gesamtvertretungsberechtigten Geschäftsführer, Rpfleger 1984, 5

A. Allgemeines 1	II. Gesamtprokura (Abs. 2) 12
I. Unterscheidung von Innen- und Außenverhältnis . 1	C. Verbindung zu anderen Rechtsgebieten und zum Prozessrecht 13
II. Schutz des Inhabers des Handelsgeschäfts 2	I. ZPO 13
B. Regelungsgehalt 3	II. BetrVG 14
I. Entstehung der Prokura (Abs. 1) 3	1. Anwendung des BetrVG 14
1. Befugnis zur Prokuraerteilung 3	2. Prokuraerteilung keine personelle Einzelmaßnahme i.S.d. § 99 BetrVG 15
2. Person des Prokuristen 4	III. BGB 16
3. Umfang der Prokura 5	D. Beraterhinweise 17
4. Zugrundeliegendes Rechtsgeschäft 9	
5. Erteilung der Prokura 10	
6. Widerruf der Prokura 11	

A. Allgemeines

I. Unterscheidung von Innen- und Außenverhältnis

Die Prokura ist eine rechtsgeschäftliche Vollmacht mit einem gesetzlich umschriebenen (§ 49) Umfang der Vertretungsmacht, die rechtsgeschäftlich weitestgehend nicht beschränkbar ist (§ 50). Der Zweck der Regelungen der Prokura besteht darin, für den Rechtsverkehr Sicherheit hinsichtlich der Beurteilung der Wirksamkeit des Vertreterhandelns zu schaffen. Dieser Schutz des Rechtsverkehrs bringt eine Gefährdung des Inhabers des Handelsgeschäfts mit sich. Denn auch wenn das vom Prokuristen abgeschlossene Rechtsgeschäft nicht im Innenverhältnis zwischen Vertretenem und Vertreter (Prokuristen) gedeckt ist, kann es Wirksamkeit mit dem Geschäftspartner wegen der Wirkung der Vertretungsmacht nach außen entfalten.

1

II. Schutz des Inhabers des Handelsgeschäfts

Dem Schutz des Inhabers des Handelsgeschäfts wird dadurch Rechnung getragen, dass die Begründung einer Prokura an besondere Voraussetzungen geknüpft ist und in § 48 Abs. 2 mit der Gesamtprokura eine Kontrollmöglichkeit geboten wird. Damit kann der Inhaber des Handelsgeschäfts das Handeln des Prokuristen mit dem unbeschränkbaren weiten Umfang der Prokura an die Mitwirkung einer weiteren Person binden.

2

B. Regelungsgehalt

I. Entstehung der Prokura (Abs. 1)

1. Befugnis zur Prokuraerteilung. Prokura kann nur der Inhaber des Handelsgeschäfts oder sein gesetzlicher Vertreter erteilen (§ 48 Abs. 1). Handelsgewerbe ist gem. § 1 Abs. 2 jeder Gewerbebetrieb, es sei denn, dass das Unternehmen nach Art oder Umfang einen in kaufmännischer Weise eingerichteten Geschäftsbetrieb nicht erfordert. Bei Handelsgesellschaften handeln die zur Vertretung berufenen Organe.

2. Person des Prokuristen. Inhaber einer Prokura kann nur eine natürliche Person sein.[1] Nicht vereinbar mit der Person des Prokuristen sind der Einzelkaufmann selbst, der organschaftliche Vertreter einer juristischen Person, z.B. der Geschäftsführer einer GmbH oder der Vorstand einer AG, sowie die geschäftsführenden Gesellschafter von OHG und KG.[2] Nach überwiegender Ansicht ist die Erteilung einer Prokura an eine juristische Person ausgeschlossen.[3]

3. Umfang der Prokura. Die Prokura ermächtigt zu allen Arten von gerichtlichen und außergerichtlichen Geschäften und Rechtshandlungen, die der Betrieb eines Handelsgewerbes mit sich bringt (§ 49 Abs. 1). Die Veräußerung und Belastung von Grundstücken wird von der Prokura nicht umfasst; der Prokurist benötigt hierzu eine besondere Ermächtigung (§ 49 Abs. 2).

Im Interesse der Sicherheit des Handelsverkehrs und des Vertrauensschutzes kann die Prokura im Außenverhältnis nur im Rahmen der gesetzlichen Grenzen beschränkt werden. Eine gesetzlich zulässige Form der **Beschränkung** ist die Erteilung einer Gesamtprokura (§ 48 Abs. 2). Die Prokura kann auch in gesetzlich zulässiger Weise auf den Betrieb einer von mehreren Niederlassungen des Geschäftsinhabers beschränkt werden, wenn die Niederlassungen unter verschiedenen Firmen betrieben werden (§ 50 Abs. 3 S. 1). Eine Firmenverschiedenheit ist auch dann anzunehmen, wenn für eine Zweigniederlassung der Firma ein Zusatz beigefügt wird, der sie als Firma der Zweigniederlassung bezeichnet (§ 50 Abs. 3 S. 2). Unter den genannten gesetzlichen Voraussetzungen kann die Prokura mit der in § 49 festgelegten Vertretungsmacht auf eine Niederlassung mit Wirkung gegenüber Dritten beschränkt werden. Außerhalb der gesetzlichen Grenzen (§ 48 Abs. 2, § 50 Abs. 3) ist eine Beschränkung des Umfanges der Prokura Dritten gegenüber unwirksam (§ 50 Abs. 1).

Ein Prokurist kann die **Rechtsgeschäfte**, die der Betrieb eines Handelsgewerbes i.S.d. § 49 Abs. 1 mit sich bringt, vornehmen, wie bspw. Personal einstellen und kündigen,[4] Verbindlichkeiten eingehen, Kredite aufnehmen, Zweigniederlassungen gründen und beenden,[5] Prozesse führen und Zustellungen entgegennehmen (§ 171 ZPO).

Nicht von der Vertretungsmacht eines Prokuristen **umfasst**, sind dagegen Geschäfte, die nicht den laufenden Betrieb, sondern das Handelsgeschäft selbst betreffen, wie die Veräußerung und Einstellung des Handelsgeschäfts. So kann der Prokurist auch keinen Sozialplan abschließen, wenn dies Teil der Auflösung des Unternehmens ist.[6]

4. Zugrundeliegendes Rechtsgeschäft. Von der Prokura zu unterscheiden ist das ihr zugrunde liegende Rechtsgeschäft, was auch ein Arbeitsvertrag sein kann. Wird einem AN in seinem Arbeitsvertrag die Prokura zugesagt, stellt dies keinen Anspruch auf Erteilung einer Prokura dar.[7] Denn der AG kann jederzeit die Prokura ohne Rücksicht auf das Grundverhältnis widerrufen. Die vertragsrechtliche Stellung des AN bleibt von dem Widerruf der Prokura unberührt (§ 52 Abs. 1). Wird das Arbverh beendet, erlischt auch die Prokura (§ 168 S. 1 BGB). Auch mit Veräußerung des Betriebs erlischt die Prokura, auch wenn das Arbverh gem. § 613a BGB übergeht.[8]

5. Erteilung der Prokura. Die Prokura muss ausdrücklich erteilt werden, d.h. die Worte „Prokura" oder „Vollmacht i.s.v. § 48 HGB" sind eindeutig zu verwenden. Die Eintragung in das Handelsregister (§ 53) hat nur deklaratorische Bedeutung.[9]

6. Widerruf der Prokura. Die Prokura kann gegenüber dem Prokuristen formlos widerrufen werden. Die Prokura kann auch entgegen einer Vereinbarung aus dem rechtlichen Grundverhältnis wirksam widerrufen werden. Stellt der Widerruf eine Vertragsverletzung dar, rechtfertigt diese allein noch keine außerordentliche Künd durch den AN. Nur wenn es dem AN nach den besonderen Umständen des Einzelfalls unzumutbar ist, das Arbverh ohne Prokura fortzusetzen, ist ein wichtiger Grund zur Künd gegeben.[10] Soweit sich ein AG wegen schuldhafter Vertragsverletzung schadensersatzpflichtig macht, ist dieser nicht auf die Erteilung oder Wiedererteilung der Prokura gerichtet, sondern auf den Ausgleich sonstiger Einbußen im Rahmen des Arbverh.

---

1 MüKo-HGB/*Krebs*, § 48 Rn 26.
2 HK-HGB/*Ruß*, § 48 Rn 3.
3 Heymann/*Sonnenschein/Weitemeyer*, § 48 Rn 13; Staub/*Joost*, § 48 Rn 29; GK-HGB/*Schmidt*, § 48 Rn 10; a.A. *Wasmann*, BB 2002, 479.
4 BAG 11.7.1991 – 2 AZR 107/91 – NZA 1992, 449.
5 HK-HGB/*Selder/Ruß*, § 49 Rn 2.
6 LAG München 5.9.1986 – 3 Sa 446/86 – NZA 1987, 464.
7 BAG 26.8.1986 – 3 AZR 94/85 – NZA 1987, 202; MüKo-HGB/*Krebs*, § 48 Rn 59; ErfK/*Schaub/Oetker*, § 48 HGB Rn 4.
8 ErfK/*Oetker*, § 48 HGB Rn 5.
9 Staub/*Joost*, § 48 Rn 67; HK-HGB/*Ruß*, § 48 Rn 4.
10 BAG 17.9.1970 – 2 AZR 439/69 – DB 1971, 391.

II. Gesamtprokura (Abs. 2)

Die Gesamtprokura ist ein Fall der Gesamtvertretungsmacht. Wird die Prokura mehreren Personen gemeinschaftlich erteilt, können diese nur gemeinschaftlich vertreten. Liegen Willensmängel bei einem Vertreter vor, wirkt dies für die übrigen. Das gilt auch für Kenntnis und Kennenmüssen.   12

Ein neu bestellter Prokurist, dessen Gesamtprokura in das Handelsregister eingetragen werden soll, kann bei dieser Registeranmeldung nicht mitwirken.[11]

C. Verbindung zu anderen Rechtsgebieten und zum Prozessrecht

I. ZPO

Vom Umfang der Prokura ist auch das Führen von Prozessen gedeckt. Der Prokurist kann Prozessvollmacht erteilen. Zustellungen im Prozess können an ihn gem. § 171 ZPO erfolgen.   13

II. BetrVG

1. Anwendung des BetrVG. Die Zuständigkeit des BR entfällt, wenn der Tatbestand des § 5 Abs. 3 Nr. 2 BetrVG   14
erfüllt ist. **§ 5 Abs. 3 Nr. 2 Hs. 1BetrVG** knüpft an den handelsrechtlichen Begriff „Prokura" an. Darunter zählt die Einzelprokura wie auch die Gesamt- und Niederlassungsprokura.[12] Der **zweite Hs.** der Regelung, wonach die Prokura auch im Verhältnis zum AG nicht unbedeutend sein darf, verdeutlicht aber, dass darunter nur solche Prokuristen fallen, die auch nach Dienststellung und Dienstvertrag dazu befugt sind, die mit einer Prokura im Außenverhältnis verbundene Vertretungsmacht im Innenverhältnis uneingeschränkt auszuüben.[13]

2. Prokuraerteilung keine personelle Einzelmaßnahme i.S.d. § 99 BetrVG. Die Prokuraerteilung allein ist   15
nicht mitbestimmungspflichtig (§ 99 BetrVG), auch wenn sie in der Praxis einer Beförderung gleich kommt.[14]

III. BGB

Für die Wirksamkeit einer vom Prokuristen ausgesprochenen Künd bedarf es nicht der Vorlage seiner Vollmachts-   16
urkunde nach Maßgabe des § 174 S. 1 BGB, wenn dessen Prokura im Handelsregister eingetragen und vom Registergericht gem. § 10 Abs. 1 bekannt gemacht worden ist. Dies entspricht einer Inkenntnissetzung der Belegschaft i.S.v. § 174 S. 2 BGB.[15]

D. Beraterhinweise

Soll eine Gesamtprokura erteilt werden, muss die Person bezeichnet werden, mit der gemeinschaftlich die Firma ver-   17
treten werden kann. Soll die Prokura nur für eine Niederlassung des Geschäftsinhaber gelten, § 50 Abs. 3 S. 1 (vgl. oben Rn 6), muss dies bei der Prokuraerteilung auch explizit erwähnt werden. Wenn der Prokuristen zur Veräußerung und Belastung von Grundstücken ermächtigt werden soll, ist ihm diese Befugnis besonders zu erteilen (§ 49 Abs. 2). Ebenso ist bei der Prokuraerteilung daran zu denken, ob der Prokurist von den Beschränkungen des Insichgeschäftes des § 181 BGB befreit werden soll. Die Prokura kann auch im Anstellungsvertrag erteilt werden.

§ 54   Handlungsvollmacht

(1) Ist jemand ohne Erteilung der Prokura zum Betrieb eines Handelsgewerbes oder zur Vornahme einer bestimmten zu einem Handelsgewerbe gehörigen Art von Geschäften oder zur Vornahme einzelner zu einem Handelsgewerbe gehöriger Geschäfte ermächtigt, so erstreckt sich die Vollmacht (Handlungsvollmacht) auf alle Geschäfte und Rechtshandlungen, die der Betrieb eines derartigen Handelsgewerbes oder die Vornahme derartiger Geschäfte gewöhnlich mit sich bringt.
(2) Zur Veräußerung oder Belastung von Grundstücken, zur Eingehung von Wechselverbindlichkeiten, zur Aufnahme von Darlehen und zur Prozeßführung ist der Handlungsbevollmächtigte nur ermächtigt, wenn ihm eine solche Befugnis besonders erteilt ist.
(3) Sonstige Beschränkungen der Handlungsvollmacht braucht ein Dritter nur dann gegen sich gelten zu lassen, wenn er sie kannte oder kennen mußte.

---

11 OLG Frankfurt 28.2.2005 – 20 W 451/04 – DB 2005, 1103.
12 BAG 27.4.1988 – 7 ABR 77/86 – juris; BAG 27.4.1988 – 7 ABR 5/87 – BAGE 58, 203 = NZA 1988, 809.
13 BAG 27.4.1988 – 7 ABR 5/87 – BAGE 58, 203 = NZA 1988, 809; BAG 11.1.1995 – 7 ABR 33/94 – BAGE 79, 80 = NZA 1995, 747.
14 *Hümmerich*, AnwaltFormulare ArbR, § 3 Rn 82.
15 BAG 11.7.1991 – 2 AZR 107/91 – NZA 1992, 449.

Literatur: *Brüggemann*, „Generalvollmacht" eines Kaufmanns – insbesondere einer Handelsgesellschaft – für den kaufmännischen Betrieb?, JA 1977, 500; *Köhler*, Fortbestand betrieblicher Vollmachten bei Betriebsübergang?, BB 1979, 912; *Lindacher*, Zur Vertretungsmachtbegrenzung durch formularmäßige Schriftform- und Bestätigungsvorbehaltsklauseln, JR 1982, 1; *Loos*, Betriebsführungsverträge und damit verbundene Generalvollmacht bei Handelsgesellschaften, BB 1963, 615; *Weimar*, Kann durch Vertrag ein Anspruch auf Erteilung von Prokura oder Handlungsvollmacht begründet werden?, MDR 1974, 720; *Graf von Westphalen*, Die Handlungsvollmacht – Erteilung, Umfang, Missbrauch und Erlöschen, DStR 1993, 1562

A. Allgemeines	1	II. Umfang der Handlungsvollmacht	3
B. Regelungsgehalt	2	III. Zugrundeliegendes Rechtsgeschäft	4
I. Erteilung der Handlungsvollmacht	2	C. Beraterhinweise	5

A. Allgemeines

1 § 54 fixiert nicht den gesetzlichen Umfang der Vertretungsmacht, sondern ist lediglich eine gesetzliche Vermutung hinsichtlich des Umfangs der erteilten Vertretungsmacht.

B. Regelungsgehalt

I. Erteilung der Handlungsvollmacht

2 Die Handlungsvollmacht muss im Gegensatz zur Prokura nicht ausdrücklich erklärt werden; es genügt auch schlüssiges Verhalten. Sie wird nicht in das Handelsregister eingetragen.

II. Umfang der Handlungsvollmacht

3 Kraft Gesetzes wird vermutet, dass sie sich auf alle Geschäfte und Rechtshandlungen erstreckt, die der Betrieb eines derartigen Handelsgewerbes oder die Vornahme derartiger Geschäfte gewöhnlich mit sich bringt. Dazu gehört auch, dass ein Handlungsbevollmächtigter Personal einstellen und entlassen kann.[1]

III. Zugrundeliegendes Rechtsgeschäft

4 Auch die Handlungsvollmacht ist grds. von dem zugrundeliegenden Rechtsgeschäft zu unterscheiden, das ein Arbverh sein kann. Die Vorschriften der §§ 164 ff. BGB sind anzuwenden. Das bedeutet, dass die Handlungsvollmacht nicht wirksam widerrufen werden kann, wenn im zugrundeliegenden Arbverh die Unwiderruflichkeit der Handlungsvollmacht vereinbart wurde (§ 168 S. 2 BGB). Der Widerruf aus wichtigem Grund bleibt aber möglich.[2] Insoweit besteht auch – anders als bei der Prokura – ein einklagbarer Anspruch auf Erteilung einer Handlungsvollmacht.[3]

C. Beraterhinweise

5 Ist beabsichtigt eine Handlungsvollmacht schriftlich zu erteilen, ist der Rahmen der gesetzlichen Vermutung des § 54 zu berücksichtigen. Grundsätzlich erstreckt sich die Vollmacht auf alle Geschäfte und Rechtshandlungen, die der Betrieb der Firma gewöhnlich mit sich bringt. Ausgenommen davon ist die Befugnis zur Veräußerung oder Belastung von Grundstücken, zur Eingehung von Wechselverbindlichkeiten, zur Aufnahme von Darlehen und zur Prozessführung. Soll dafür Vollmacht erteilt werden, ist dies explizit aufzuführen (§ 54 Abs. 2). Soll die Handlungsvollmacht stärker als der gesetzliche Rahmen begrenzt werden, ist zu berücksichtigen, dass ein Dritter sonstige Beschränkungen der Handlungsvollmacht nur dann gegen sich gelten lassen braucht, wenn er sie kannte oder kennen musste (§ 54 Abs. 3). Die Voraussetzungen des § 54 Abs. 3 über das Kennen oder Kennenmüssen von Beschränkungen einer Handlungsvollmacht sind im Interesse des sicheren Rechtsverkehrs hoch anzusetzen.[4]

Sechster Abschnitt: Handlungsgehilfen und Handlungslehrlinge

§ 59 Leistung und Vergütung der Handlungsgehilfen

¹Wer in einem Handelsgewerbe zur Leistung kaufmännischer Dienste gegen Entgelt angestellt ist (Handlungsgehilfe), hat, soweit nicht besondere Vereinbarungen über die Art und den Umfang seiner Dienstleistungen oder über die ihm zukommende Vergütung getroffen sind, die dem Ortsgebrauch entsprechenden Dienste zu

---

1 BGH 19.3.2002 -X ZR 157/99 – NJW-RR 2002, 967.
2 BGH 12.5.1969 – VII ZR 15/67 – WM 1969, 1009; HK-HGB/*Ruß*, § 54 Rn 6; MüKo-HGB/*Krebs*, § 54 Rn 59.
3 MüKoHGB/*Krebs*, § 54 Rn 52; Staub/*Joost*, § 54 Rn 28; a.A. ErfK/*Oetker*, § 54 HGB Rn 2.
4 LAG Hamm 12.12.2006 – 9 Sa 555/06 – juris.

leisten sowie die dem Ortsgebrauch entsprechende Vergütung zu beanspruchen. ²In Ermangelung eines Ortsgebrauchs gelten die den Umständen nach angemessenen Leistungen als vereinbart.

Literatur: *Ide*, Das kaufmännische Arbeits-, Angestellten- und Berufsausbildungsverhältnis, 1991; *Moers*, Handlungsgehilfe auf Provisionsbasis, 1976; *Ramrath*, Entwicklung des Rechts der Handlungsgehilfen von den Kodifikationen bis zum Entwurf eines Arbeitsvertragsgesetzes, FS für Sandrock, 1995, S. 255; *Wagner*, Die Besonderheiten beim Arbeitsverhältnis mit Handlungsgehilfen, 1993

A. Allgemeines	1	II. Umfang der Dienstleistungspflicht	4
B. Regelungsgehalt	2	III. Vergütungsanspruch	5
I. Definition des Handlungsgehilfen	2	C. Verbindung zu anderen Rechtsgebieten und zum Prozessrecht	7
1. Handelsgewerbe	2		
2. Kaufmännischer Angestellter	3		

A. Allgemeines

§ 59 enthält eine Definition für den Handlungsgehilfen sowie subsidiäre Regelungen über die Art der geschuldeten Leistungen sowie die Vergütung. Die Definition des Handlungsgehilfen und die Abgrenzung zu sonstigen Ang und Arb ist für die Praxis nicht mehr erheblich. Entweder existieren häufig ähnliche gesetzlichen Regelungen, wie z.B. § 612 BGB, oder es wird auf die Regelungen für die Handlungsgehilfen Bezug genommen, wie z.B. in § 110 GewO, der hinsichtlich des Wettbewerbsverbots für alle AN §§ 74 bis 74f für entsprechend anwendbar erklärt, oder die für Handlungsgehilfen geltenden Vorschriften werden auf die übrigen angestellten AN entsprechend angewandt, wie z.B. § 65; siehe auch § 60 Rn 3.

B. Regelungsgehalt

I. Definition des Handlungsgehilfen

1. Handelsgewerbe. Der AG des Handlungsgehilfen muss Kaufmann sein. Das ist jeder, der ein Handelsgewerbe betreibt (§ 1 Abs. 1). Handelsgewerbe ist jeder Gewerbebetrieb, es sei denn, dass das Unternehmen nach Art oder Umfang einen in kaufmännischer Weise eingerichteten Geschäftsbetrieb nicht erfordert (§ 1 Abs. 2).

2. Kaufmännischer Angestellter. Handlungsgehilfe ist nur der AN eines Kaufmanns, der „zur Leistung kaufmännischer Dienste" verpflichtet ist. Die Zuordnung eines AN zu der Gruppe der Ang oder der Arb wird in erster Linie danach bewertet, wie seine Tätigkeit nach der Verkehrsanschauung, d.h. nach der Auffassung der im konkreten Falle beteiligten Berufskreise bewertet wird.[1] So stellen z.B. die Führung einer Gaststätte[2] sowie Kassierer in Selbstbedienungsläden[3] eine kaufmännische Berufstätigkeit dar. Auch ein vorwiegend auf Provisionsbasis beschäftigter Fahrverkäufer in der Getränkeindustrie, dem das Kassieren der Verkaufspreise, eventuell die Vereinbarung von Zahlungsfristen, aber auch die Werbung von neuen Kunden obliegt, übt selbst dann eine Beschäftigung als Ang aus, wenn er im Wesentlichen nur eine – standardisierte – Warengattung verkauft.[4] Keine kaufmännische Ang i.S.d. § 59 ist dagegen eine Verkäuferin in einem Süßwarenstand in einer Bahnhofshalle.[5]

II. Umfang der Dienstleistungspflicht

Hinsichtlich der Art und des Umfangs der vom AN zu erbringenden Dienstleistungen sind vorrangig die arbeitsvertraglichen Regelungen maßgebend. Nur wenn der Arbeitsvertrag – entgegen dem NachwG – dazu keine Regelungen enthält, hat der AN gem. § 59 „die dem Ortsgebrauch entsprechenden Dienste zu leisten". Was als dem Ortsgebrauch entsprechend gilt, bestimmt sich nach Auffassung des Handelsverkehrs am Ort der Tätigkeit, wozu auf Auskünfte bei der zuständigen Handelskammer zurückgegriffen werden kann.[6] Gibt es insoweit keinen Ortsgebrauch, wird gesetzlich fingiert, dass die den Umständen nach angemessenen Leistungen vereinbart wurden, § 59 S. 2.

III. Vergütungsanspruch

Wie bei der Dienstleistungspflicht hat das Gesetz auch hier eine Stufenregelung vorgesehen. Fehlt eine besondere vertragliche Regelung hinsichtlich der Vergütung, schuldet der AG die ortsübliche Vergütung. Als Indiz für die ortsübliche Vergütung können tarifliche Leistungen herangezogen werden, wenn vergleichbare AG in diesem Ort tarif-

---

1 BAG 26.10.1983 – 4 AZR 380/81 – juris; BAG 29.11.1958 – 2 AZR 245/58 – BAGE 7, 86 = DB 1959, 290; BAG 30.9.1954 – 2 AZR 65/53 – BAGE 1, 92.
2 BAG 26.10.1983 – 4 AZR 380/81 – juris.
3 BAG 6.12.1972 – 4 AZR 56/72 – AP § 59 HGB Nr. 23 = EzA § 4 TVG Einzelhandel Nr. 1.
4 BSG 11.3.1970 – 3 RK 25/67 – BSGE 31, 63 = BB 1970, 1137.
5 LAG Schleswig-Holstein 23.7.1963 – 3 Sa 104/63 – AP § 59 HGB Nr. 22.
6 MüKo-HGB/*v. Hoyningen-Huene*, § 59 Rn 170.

liche Leistungen zahlen. Fehlt es an einem Ortsgebrauch hinsichtlich der Vergütung, greift die Fiktion der Vereinbarung einer angemessenen Vergütung des § 59 S. 2.

6 Die Frage der **Anwendung des § 612 BGB** neben § 59[7] ist ohne praktische Relevanz. Der in § 612 Abs. 2 BGB enthaltene Verweis auf Taxen, d.h. nach Bundes- oder Landesrecht zugelassene und festgelegte Vergütungssätze, wie z.B. HOAI, RVG, kommt für AN mangels solcher Gebührenordnungen nicht zum Tragen.[8] Die ortsübliche Vergütung i.S.d. § 59 entspricht der üblichen Vergütung nach § 612 BGB.[9]

C. Verbindung zu anderen Rechtsgebieten und zum Prozessrecht

7 Beruft sich der Handlungsgehilfe auf § 59 und macht die ortsübliche Vergütung geltend, muss er darlegen und beweisen, dass über die Vergütungshöhe keine ausdrückliche Vereinbarung getroffen war. Weiter muss der Handlungsgehilfe hinsichtlich der geltend gemachten Höhe der Vergütung deren Ortsüblichkeit darlegen und beweisen.

§ 60 Gesetzliches Wettbewerbsverbot

(1) Der Handlungsgehilfe darf ohne Einwilligung des Prinzipals weder ein Handelsgewerbe betreiben noch in dem Handelszweig des Prinzipals für eigene oder fremde Rechnung Geschäfte machen.

(2) Die Einwilligung zum Betrieb eines Handelsgewerbes gilt als erteilt, wenn dem Prinzipal bei der Anstellung des Gehilfen bekannt ist, daß er das Gewerbe betreibt, und der Prinzipal die Aufgabe des Betriebs nicht ausdrücklich vereinbart.

Literatur: *Bauer/Diller*, Wettbewerbsverbote, 3. Aufl. 2002; *Bossmann*, Die Auswirkungen des Betriebsübergangs nach § 613a BGB auf die Wettbewerbsverbote der Arbeitnehmer, 1993; *Gaul*, Die Kennzeichnung des unerlaubten Wettbewerbs bei arbeitsrechtlichen Wettbewerbsbeschränkungen, BB 1984, 346; *Glöckner*, Nebentätigkeitsverbote im Individualarbeitsrecht, 1993; *Hohn*, Wettbewerbsverbot mit Arbeitnehmern und Handelsvertretern, DB 1971, 94; *Kempen/Kreuder*, Nebentätigkeit und arbeitsrechtliches Wettbewerbsverbot bei verkürzter Arbeitszeit, AuR 1994, 218; *Kunz*, Betriebs- und Geschäftsgeheimnisse und Wettbewerbsverbot während der Dauer und nach Beendigung des Angestelltenverhältnisses, DB 1993, 2482; *Röhsler/Borrmann*, Wettbewerbsbeschränkungen für Arbeitnehmer und Handelsvertreter, 1981

A. Allgemeines 1	2. Verbot des Geschäftemachens in dem Handelszweig des Arbeitgebers 17
B. Regelungsgehalt 2	3. Folgen bei Betriebsübergang 20
I. Voraussetzungen des Wettbewerbsverbotes 2	III. Folgen eines Verstoßes gegen das Wettbewerbsverbot 21
1. Persönlicher Anwendungsbereich 2	
a) Handlungsgehilfe 2	1. Unterlassungsanspruch 22
b) Sonstige Arbeitnehmer 3	2. Kündigung 23
c) Ausgeschlossene Personen 4	3. Auflösungsschaden gem. § 628 Abs. 2 BGB . 24
2. Zeitlicher Geltungsbereich 5	C. Verbindung zu anderen Rechtsgebieten und zum Prozessrecht 25
3. Fehlende Einwilligung des Prinzipals 8	
a) Prinzipal 8	D. Beraterhinweise 26
b) Einwilligung nach Abs. 1 9	I. Einwilligung nach § 60 Abs. 1 26
c) Fiktion der Einwilligung nach Abs. 2 10	II. Wettbewerbsunterlassungsanspruch 27
II. Inhalt des Wettbewerbsverbotes 11	
1. Verbot des Betreibens eines Handelsgewerbes 12	

A. Allgemeines

1 Neben §§ 74 ff. zählt § 60 zu den bedeutendsten arbeitsrechtlichen Vorschriften im HGB. § 60 regelt ein Wettbewerbsverbot des Handlungsgehilfen gegenüber seinem AG während der Dauer seiner Anstellung und § 61 die Folgen von Verstößen gegen das Wettbewerbsverbot. Während das nachvertragliche Wettbewerbsverbot gem. § 74 einer Vereinbarung und Karenzentschädigung bedarf, gilt das Wettbewerbsverbot des § 60 kraft Gesetzes und ist unabhängig von einer Karenzentschädigung wirksam. **Sinn und Zweck** des § 60 ist es, den AG vor Wettbewerbshandlungen seines AN zu schützen.[1] § 60 konkretisiert diesen allgemeinen Rechtsgedanken, der seine Grundlage bereits in der Treuepflicht des AN hat.

---

7 Dagegen HWK/*Diller*, § 59 HGB Rn 6.
8 Staub/*Konzen/Weber*, § 60 Rn 18.

9 ErfK/*Oetker*, § 59 HGB Rn 4.
1 BAG 21.11.1996 – 2 AZR 852/95 – NZA 1997, 713.

B. Regelungsgehalt

I. Voraussetzungen des Wettbewerbsverbotes

1. Persönlicher Anwendungsbereich. a) Handlungsgehilfe. § 60 regelt ausdrücklich nur für Handlungsgehilfen ein Wettbewerbsverbot (zur Definition des Handlungsgehilfen siehe § 59 Rn 2 f.).

b) Sonstige Arbeitnehmer. Das Wettbewerbsverbot eines AN besteht nicht nur gem. § 60 für Handlungsgehilfen. § 60 konkretisiert lediglich einen allgemeinen Rechtsgedanken, der seine Grundlage bereits in der Treuepflicht des AN hat. Nach st. Rspr. des BAG schließt der Arbeitsvertrag mit seinen Nebenpflichten für die Dauer seines Bestehens über den persönlichen und sachlichen Anwendungsbereich des § 60 hinaus ein Wettbewerbsverbot ein.[2] Rechtsgrundlage des Wettbewerbsverbotes sonstiger AN ist damit die **allgemeine Treuepflicht**, die sich aus dem Arbeitsvertrag ergibt.[3] Zwar stellte das BAG auch hinsichtlich von AN, die einen freien Beruf (Rechtsanwälte, Notare, Wirtschaftsprüfer, Steuerberater etc.) ausüben, auf diese Treuepflicht ab, zog jedoch als Rechtsgrundlage für das Wettbewerbsverbot § 60 analog heran.[4] Das Wettbewerbsverbot gilt unabhängig davon, ob der Handlungsgehilfe in Teil- oder Vollzeit arbeitet. Für **Teilzeitbeschäftigte** muss aber der Umfang des Wettbewerbsverbots angemessen reduziert werden, weil der AN ein durch Art. 12 GG geschütztes Interesse an der vollen wirtschaftlichen Verwertung seiner Arbeitskraft hat.[5] Auch auf **Auszubildende** ist das Wettbewerbsverbot aufgrund der allgemeinen Treuepflicht i.V.m. § 10 Abs. 2 BBiG anzuwenden.[6] Darüber hinaus sind diese nach § 13 Nr. 6 BBiG verpflichtet, über Betriebs- und Geschäftsgeheimnisse Stillschweigen zu bewahren.

c) Ausgeschlossene Personen. Das Wettbewerbsverbot findet keine Anwendung auf die Personen, die in keinem Arbverh stehen, wie z.B. Handelsvertreter.[7]

2. Zeitlicher Geltungsbereich. Das Wettbewerbsverbot besteht nur für die **Dauer des rechtlichen Bestands** des Arbverh.[8] Es beginnt mit dem vereinbarten Termin der Arbeitsaufnahme, auch wenn der Handlungsgehilfe seinen Dienst nicht antritt.[9] Mit dem rechtlichen Ende des Arbeitsvertrags besteht kein gesetzliches Wettbewerbsverbot mehr. Dann greift ggf. ein nachvertragliches Wettbewerbsverbot gem. § 74 ein. Konsequenz der Anknüpfung des Wettbewerbsverbotes an den rechtlichen Bestand des Arbverh ist, dass dieses auch während der **Freistellung** eines AN besteht.[10]

Greift ein AN eine Künd des AG in einem **Künd-Schutzprozess** an, endet das Wettbewerbsverbot nicht mit der Künd, sondern erst mit rechtskräftigem Urteil, das die Beendigung des Arbverh durch die Künd feststellt. Erst mit Rechtskraft der gerichtlichen Entscheidung über § 615 S. 2 BGB steht fest, wie die materielle Rechtslage beurteilt wird. Über § 615 S. 2 BGB ist der AN nicht berechtigt, Konkurrenztätigkeiten zum AG aufzunehmen, sondern nur wenn der AG nach der Entlassung ausdrücklich oder konkludent zu erkennen gibt, mit Wettbewerbshandlungen nach der faktischen Beendigung des Vertrages einverstanden zu sein.[11] Denn die Nachteile einer Wettbewerbshandlung für den AG werden regelmäßig größer sein als der Vorteil, für nicht geleistete Dienste keine Vergütung nach § 615 BGB zahlen zu müssen. Wettbewerbshandlungen, die der AN im Anschluss an eine unwirksame außerordentliche Künd des AG begeht, können einen wichtigen Grund für eine weitere außerordentliche Künd bilden, wenn dem AN unter Berücksichtigung der besonderen Umstände des konkreten Falles ein Verschulden anzulasten ist.[12] In der Rspr. wird aber auch vertreten, dass nach Ausspruch einer vom AN angefochtenen fristlosen Künd der AG Unterlassung von Wettbewerbshandlungen bis zum rechtskräftigen Abschluss des Künd-Schutzprozesses von dem AN nur fordern kann, wenn er ihm hierfür gleichzeitig eine monatliche Entschädigung mindestens in Höhe einer Karenzentschädigung nach §§ 74 ff. anbietet.[13]

Wird der AN aufgrund eines allgemeinen oder besonderen Weiterbeschäftigungsanspruchs **während des Prozesses weiterbeschäftigt**, ist er auch zur Unterlassung von Wettbewerbshandlungen verpflichtet. Stellt sich im Laufe des Prozesses heraus, dass das Arbverh durch die Künd beendet wurde, ist Rechtsgrundlage des Wettbewerbsverbotes das sich aus der Rspr. ergebende Schuldverhältnis.[14] Über die Dauer des rechtlichen Bestands des Arbverh hinaus kann der Handlungsgehilfe über § 628 Abs. 2 BGB verpflichtet sein, sich bis zum nächsten ordentlichen Künd-Termin gem. § 60 HGB einer Konkurrenztätigkeit zu enthalten. Denn wird einem Handlungsgehilfen wegen einer Ver-

---

2 BAG – 10 AZR 511/06 – DB 2007, 2656; BAG 21.11.1996 – 2 AZR 852/95 – NZA 1997, 713; BAG 17.10.1969 – 3 AZR 442/68 – DB 1970, 497; BAG 16.8.1990 – 2 AZR 113/90 – NZA 1991, 141; BAG 26.1.1995 – 2 AZR 355/94 – RzK I 6 a Nr. 116 = EzA § 626 n.F. BGB Nr. 155.
3 MüKo-HGB/*v. Hoyningen-Huene*, § 60 Rn 8.
4 BAG 23.5.1985 – 2 AZR 268/84 – juris.
5 MüKo-HGB/*v. Hoyningen-Huene*, § 60 Rn 17; *Kempen/Kreuder*, AuR 1994, 218.
6 BAG 20.9.2006 – 10 AZR 439/05 – DB 2007, 346; ErfK/*Oetker*, § 60 HGB Rn 2.
7 BGH 23.1.1964 – VII ZR 133/62 – DB 1964, 330.
8 BAG 25.4.1991 – 2 AZR 624/90 – NZA 1992, 212.
9 MüKo-HGB/*v. Hoyningen-Huene*, § 60 Rn 14.
10 BAG 30.5.1978 – 2 AZR 598/76 – NJW 1979, 335.
11 BAG 25.4.1991 – 2 AZR 624/90 – NZA 1992, 212; LAG Köln 26.6.2006 – 3(11) Sa 81/06 – NZA-RR 2007, 73.
12 BAG 25.4.1991 – 2 AZR 624/90 – NZA 1992, 212.
13 LAG Köln 4.7.1995 – 9 Sa 484/95 – NZA-RR 1996, 2.
14 ErfK/*Oetker*, § 60 HGB Rn 4.

tragspflichtverletzung fristlos gekündigt, so besteht der **Auflösungsschaden i.S.d. § 628 Abs. 2 BGB** darin, dass die Arbeitskraft des Handlungsgehilfen ausfällt und der AG durch die vorzeitige Vertragsbeendigung den Konkurrenzschutz des § 60 verliert.[15]

Für Handlungsgehilfen, die sich im **Ruhestand** befinden, gilt das Wettbewerbsverbot des § 60 nicht, auch wenn sie von ihrem ehemaligen AG noch ein Ruhegehalt beziehen.[16]

8 **3. Fehlende Einwilligung des Prinzipals. a) Prinzipal.** Der Prinzipal ist der AG des Handlungsgehilfen, der Inhaber des Handelsgewerbes, bei dem der Handlungsgehilfe angestellt ist.

9 **b) Einwilligung nach Abs. 1.** Hat der AG seine Einwilligung in die Wettbewerbstätigkeit seines Handlungsgehilfen erteilt, besteht für diesen kein Wettbewerbsverbot nach § 60. Die Einwilligung ist eine Willenserklärung, für die keine Form vorgeschrieben ist. Sie kann unter Widerrufsvorbehalt erklärt werden. Wurde eine Einwilligung unwiderruflich erteilt, kann diese nur durch eine Änderungskünd nach § 2 KSchG oder durch einvernehmliche Änderungsvereinbarung beseitigt werden.[17] Die Einwilligung kann auch konkludent erklärt werden, z.B. in der über längere Zeit erfolgten Duldung der Konkurrenztätigkeit.

10 **c) Fiktion der Einwilligung nach Abs. 2.** Die Fiktion der Einwilligung setzt voraus, dass der AG positive Kenntnis von dem Betrieb eines Handelsgewerbes durch den Handlungsgehilfen hat und dessen Aufgabe nicht ausdrücklich vereinbart. Fahrlässige Unkenntnis ist nicht ausreichend. Die Fiktion greift auch nicht ein, wenn der AG lediglich von der Vornahme einzelner Geschäfte durch seinen Handlungsgehilfen Kenntnis hat. Die Einwilligung erfasst nur Art und Umfang des Handelsgewerbes, wie es sich zum Zeitpunkt des Vertragsschlusses für den AG dargestellt hat.

II. Inhalt des Wettbewerbsverbotes

11 Abs. 1 enthält zwei Verbotstatbestände, das Verbot, ein Handelsgewerbe zu betreiben (Alt. 1) und das Verbot, in dem Handelszweige des Prinzipals für eigene oder fremde Rechnung Geschäfte zu machen (Alt. 2).

12 **1. Verbot des Betreibens eines Handelsgewerbes.** Für den Handlungsgehilfen besteht gem. § 60 Abs. 1 Alt. 1 das Verbot des Betreibens eines Handelsgewerbes im Handelszweig des AG. Dies ergibt sich zwar nicht aus dem Wortlaut, der es dem Handlungsgehilfen prinzipiell untersagt, ein Handelsgewerbe zu betreiben, sondern aus verfassungskonformer Auslegung (Art. 3, 12 GG).[18] Der Betrieb eines Gewerbes ohne Einwilligung des AG darf im Lichte der Verfassung dem Handlungsgehilfen nur verwehrt werden, wenn dies den AG schädigen kann. Dagegen wird von § 60 nicht verboten, mit dem AG Geschäfte abzuschließen.[19]

13 Der **„Betrieb eines Handelsgewerbes"** ist zu bejahen, wenn der Handlungsgehilfe als Einzelkaufmann, als persönlich haftender Gesellschafter an einer Personengesellschaft handelt, oder auch wenn ein anderer unter seinem Namen handelt oder er einen Strohmann vorschiebt, der unter seinem Namen handelt.[20]

14 Verboten ist eine Tätigkeit, die geeignet ist, die Geschäftsinteressen seines AG zu gefährden,[21] wie z.B. die Werbung bei Kunden des AG für eigene Zwecke.[22]

15 Vom Betrieb eines Handelsgewerbes ist dagegen die **Vorbereitung** eines künftigen Handelsgewerbes zu unterscheiden. Vorbereitende Handlungen sind zulässig, wenn sie in die Interessen des AG nicht unmittelbar eingreifen[23] und nicht ein Geschäftemachen i.S.d. § 60 Abs. 1 Alt. 2 darstellen. Es fehlt an der Unmittelbarkeit, wenn erst ein weiteres Verhalten des Handlungsgehilfen hinzutreten muss, damit die Stellung des AG auf dem Markt überhaupt berührt wird.[24] Zulässige Vorbereitungsmaßnahmen sind die Miete von Geschäftsräumen,[25] der Abschluss eines Franchise-Vertrags,[26] der Erwerb von Waren und die Einstellung von AN.[27]

16 Der AN verletzt aber auch unabhängig von Wettbewerbsverstößen seine Pflichten aus dem Arbeitsvertrag, wenn er sich an Abwerbungsversuchen eigener AN des AG beteiligt.[28]

17 **2. Verbot des Geschäftemachens in dem Handelszweig des Arbeitgebers.** Nach der Rspr. des BAG ist unter **Geschäftemachen** i.S.v. § 60 Abs. 1 jede, wenn auch nur spekulative, auf Gewinn gerichtete Teilnahme am Geschäftsverkehr zu verstehen. Maßgeblich ist die Ausübung der Tätigkeit und nicht der Vertragsschluss. So fällt

---

15 BAG 9.5.1975 – 3 AZR 352/74 – BAGE 27, 137 = DB 1975, 1607.
16 MüKo-HGB/*v. Hoyningen-Huene*, § 60 Rn 23.
17 HWK/*Diller*, § 60 HGB Rn 25.
18 BAG 25.5.1970 – 3 AZR 384/69 – BAGE 22, 344 = DB 1970, 1188; BAG 12.5.1972 – 3 AZR 401/71 – DB 1972, 1831; BAG 7.9.1972 – 2 AZR 486/71 – BB 1973, 144.
19 BAG 3.5.1983 – 3 AZR 62/81 – BAGE 42, 329 = DB 1983, 2527.
20 ErfK/*Oetker*, § 60 HGB Rn 12; MüKo-HGB/*v. Hoyningen-Huene*, § 60 Rn 35.
21 BAG 30.5.1978 – 2 AZR 598/76 – NJW 1979, 335; BAG 23.5.1985 – 2 AZR 268/84 – juris.
22 BAG 24.4.1970 – 3 AZR 324/69 – DB 1970, 1645.
23 BAG 12.5.1972 – 3 AZR 401/71 – DB 1972, 1831.
24 BAG 21.10.1981 – 7 AZR 425/79 – juris.
25 BAG 30.1.1963 – 2 AZR 319/62 – BAGE 14, 72 = DB 1963, 770.
26 BAG 30.5.1978 – 2 AZR 598/76 – NJW 1979, 335.
27 BAG 12.5.1972 – 3 AZR 401/71 – DB 1972, 1831.
28 BAG 7.10.1980 – 6 AZR 683/78 – juris.

auch das bloße Vorbereiten der Vermittlung und des Abschlusses von Geschäften, deren Vermittlung und Abschluss einem Ang obliegt, unter das Geschäftemachen i.S.v. § 60 Abs. 1 Alt. 2.[29] Unter das Wettbewerbsverbot fällt auch, wenn der AN einem Arbeitskollegen bei einer konkurrierenden Tätigkeit hilft[30] oder einen Wettbewerber des AG unterstützt,[31] wenn er seine Dienste und Leistungen Dritten im Marktbereich des AG anbietet,[32] oder wenn er als Gesellschafter in eine GmbH eintritt, die im Handelszweig des AG Konkurrenzgeschäfte tätigt.[33]

Dem Handlungsgehilfen sind nur solche Geschäfte verboten, mit denen er in **Wettbewerb** zu seinem AG tritt, nicht dagegen Geschäfte mit dem AG.[34] Von einem Wettbewerbsgeschäft ist auszugehen, wenn sich AG und Handlungsgehilfe an einen übereinstimmenden Kundenkreis wenden und der erfolgreiche Geschäftsabschluss eines Wettbewerbers zu Lasten seines Konkurrenten geht; dabei muss sich das Geschäft des Konkurrenten nicht auf das gleiche Produkt beziehen.[35]

Mangels spekulativen Charakters sind Dienstleistungen ohne direkten Bezug zum Warenumsatz, wie z.B. Buchführungs- oder Schreibarbeiten **keine Wettbewerbsgeschäfte**.[36] An einer auf Gewinn gerichteten Teilnahme am Geschäftsverkehr fehlt es, wenn der Handlungsgehilfe lediglich zur Befriedigung privater Bedürfnisse tätig wird oder wenn es ihm lediglich darum geht, seinen AG zu schädigen, indem er über dessen Vermögen pflichtwidrig verfügt.[37]

3. Folgen bei Betriebsübergang. Bei einem **Betriebsübergang** ändert sich der Umfang des Wettbewerbsverbots in der Weise, wie sich das Tätigkeitsfeld des neuen AG ändert. Der Betriebserwerber ist aber an eine Einwilligung des Betriebsveräußerers zur Wettbewerbstätigkeit gebunden.[38] Widerspricht der AN dem Betriebsübergang und ist der Betriebsveräußerer nicht mehr in einem bestimmten Marktsegment tätig, so fordert gleichwohl die arbeitsvertragliche Treuepflicht, Konkurrenztätigkeit, die ihm vor dem Betriebsübergang im Verhältnis zum Betriebsveräußerer auferlegt war, zumindest im Zeitraum des Laufes der (ggf. fiktiven) Künd-Frist zu unterlassen, auch wenn im Verhältnis zum Betriebserwerber kein Rechtsverhältnis und im Verhältnis zum AG jetzt kein Konkurrenzverhältnis mehr besteht.[39]

III. Folgen eines Verstoßes gegen das Wettbewerbsverbot

§ 60 zieht nicht die Unwirksamkeit der Geschäfte des Handlungsgehilfen nach sich; es ist kein Verbotsgesetz i.S.v. § 134 BGB.[40] § 61 regelt bei Verletzung des Wettbewerbsverbots einen Schadensersatzanspruch des AG gegen seinen Handlungsgehilfen (siehe § 61 Rn 5). Der Verstoß eines Handlungsgehilfen gegen ein Wettbewerbsverbot berechtigt den AG aber grds. nicht, die Vergütung der Dienste zu verweigern.[41] Neben dem Schadensersatzanspruch des § 61 zieht eine Verletzung des Wettbewerbsverbots folgende weitere Rechtsfolgen nach sich.

1. Unterlassungsanspruch. Der AG kann auf Unterlassung der Wettbewerbstätigkeit klagen, auch wenn das Arbverh nicht mehr tatsächlich ausgeübt wird, sondern nur noch rechtlich fortbesteht.[42] In dringenden Fällen kann der AG auch mit einer einstweiligen Verfügung seinen Anspruch verfolgen.[43] Der **Gegenstandswert einer Unterlassungsklage** des AG richtet sich nicht nach der Höhe der Karenzentschädigung, die vom AG für den Fall der Inanspruchnahme eines nachvertraglichen Wettbewerbsverbotes zu zahlen ist, sondern nach dem Interesse des AG an der Unterlassung der Konkurrenztätigkeit, wobei die von ihm befürchtete Umsatz- oder Gewinneinbuße unter Abzug einer angekündigten oder gleichzeitig erhobenen Schadensersatzklage zu berücksichtigen ist.[44]

2. Kündigung. Die Verletzung eines für die Dauer des Arbverh bestehenden Wettbewerbsverbotes kann an sich einen wichtigen Grund für eine außerordentliche Künd gem. § 626 BGB darstellen.[45] Die Interessenabwägung kann aber auch ergeben, dass keine außerordentliche Künd gerechtfertigt ist, z.B. wenn der AG über einen längeren Zeitraum eine Konkurrenztätigkeit toleriert. Dann hat der AG die Möglichkeit, eine ordentliche verhaltensbedingte Künd auszusprechen.

---

29 BAG 24.4.1970 – 3 AZR 324/69 – DB 1970, 1645.
30 BAG 16.1.1975 – 3 AZR 72/74 – DB 1975, 1705.
31 BAG 21.11.1996 – 2 AZR 852/95 – NZA 1997, 713.
32 BAG 16.6.1976 – 3 AZR 73/75 – DB 1977, 307.
33 BAG 15.2.1962 – 5 AZR 79/61 – DB 1962, 1014; LAG Köln 29.4.1994 – 13 Sa 1029/93 – NZA 1995, 994 sieht darin auch ein „Betreiben eines Handelsgewerbes" i.S.v. § 60 Abs. 1 Alt. 1.
34 BAG 3.5.1983 – 3 AZR 62/81 – BAGE 42, 329 = DB 1983, 2527.
35 LAG Hamm 19.3.2001 – 16 Sa 322/01 – BuW 2001, 924.
36 MüKo-HGB/*v. Hoyningen-Huene*, § 60 Rn 46.
37 BAG 11.8.1987 – 8 AZR 609/84 – NZA 1988, 200.
38 MüKo-HGB/*v. Hoyningen-Huene*, § 60 Rn 53.
39 LAG Nürnberg 4.2.2003 – 6 (5) Sa 981/01 – LAGE § 626 BGB Nr. 148.
40 HWK/*Diller*, § 60 HGB Rn 5; MüKo-HGB/*v. Hoyningen-Huene*, § 60 Rn 56.
41 BGH 19.10.1987 – II ZR 97/87 – DB 1988, 225.
42 BAG 17.10.1969 – 3 AZR 442/68 – DB 1970, 497.
43 LAG Düsseldorf 1.3.1972 – 2 Sa 520/71 – DB 1972, 878; LAG Hamm 7.4.1983 – 8 Ta 41/83 – EzA § 935 ZPO Nr. 1; LAG Köln 8.12.1995 – 13 Sa 1153/95 – LAGE § 60 HGB Nr. 5 = AP § 60 HGB Nr. 11.
44 Thüringer LAG 8.9.1998 – 8 Ta 89/98 – FA 1999, 60.
45 BAG 21.11.1996 – 2 AZR 852/95 – NZA 1997, 713; BAG 30.1.1963 – 2 AZR 319/62 – BAGE 14, 72, 78 = NJW 1963, 1420; BAG 6.8.1987 – 2 AZR 226/87 – NJW 1988, 438; BAG 25.4.1991 – 2 AZR 624/90 – NZA 1992, 212.

24 **3. Auflösungsschaden gem. § 628 Abs. 2 BGB.** Der AG hat gegen seinen vertragsbrüchigen AN, dem er fristlos gekündigt hat, einen Anspruch auf Ersatz der Vermögenseinbußen, die ihm durch die Verletzung des Wettbewerbsverbots entstanden sind. Der Auflösungsschaden i.S.d. § 628 Abs. 2 BGB besteht zum einen darin, dass die Arbeitskraft des Handlungsgehilfen ausfällt, zum anderen darin, dass der AG durch die vorzeitige Vertragsbeendigung den Konkurrenzschutz des § 60 verliert.[46] (zur Dauer des Konkurrenzverbotes in diesem Fall siehe Rn 5 ff.)

C. Verbindung zu anderen Rechtsgebieten und zum Prozessrecht

25 Kündigt der AG dem Handlungsgehilfen wegen einer unerlaubten Konkurrenztätigkeit außerordentlich nach § 626 BGB, trifft den Kündigenden die **Darlegungs- und Beweislast** für diejenigen Tatsachen, die die vom Gekündigten behauptete Rechtfertigung durch Einwilligung ausschließen. Der AN hat allerdings substantiiert die Tatsachen vorzutragen, aus denen sich die behauptete und bestrittene Einwilligung des AG ergeben soll.[47] Damit gab das BAG seine Rspr. auf, wonach der AN die Darlegungs- und Beweislast für das Vorliegen und den Umfang der Gestattung getragen hat.[48]

D. Beraterhinweise

I. Einwilligung nach § 60 Abs. 1

26 Will der AG seine Einwilligung nach § 60 Abs. 1 in die Wettbewerbstätigkeit seines Handlungsgehilfen erteilen, sollte diese auf jeden Fall nur unter Widerrufsvorbehalt erklärt werden. Der Widerruf kann dann in den Grenzen des billigen Ermessens nach § 315 BGB erfolgen.

II. Wettbewerbsunterlassungsanspruch

27 Da in der Regel hinsichtlich des Anspruchs des AG auf Unterlassung der Wettbewerbstätigkeit auch Eilbedürftigkeit gegeben ist, sollte der Unterlassungsanspruch nicht nur eingeklagt, sondern auch im Wege der einstweiligen Verfügung geltend gemacht werden. Es kann beantragt werden, der antragsgegnerischen Partei zu gebieten, bis zur wirksamen Beendigung des Arbverh am ... jegliche Konkurrenztätigkeit zum Nachteil der klägerischen Partei zu unterlassen, insbesondere im eigenen Namen und für eigene Rechnung, sowie der antragsgegnerischen Partei für jeden Fall der Zuwiderhandlung die Festsetzung eines Ordnungsgeldes bis zur Höhe von 250.000 EUR oder Ordnungshaft bis zu sechs Monaten anzudrohen.[49]

§ 61 Verletzung des Wettbewerbsverbots

(1) Verletzt der Handlungsgehilfe die ihm nach § 60 obliegende Verpflichtung, so kann der Prinzipal Schadensersatz fordern; er kann statt dessen verlangen, daß der Handlungsgehilfe die für eigene Rechnung gemachten Geschäfte als für Rechnung des Prinzipals eingegangen gelten lasse und die aus Geschäften für fremde Rechnung bezogene Vergütung herausgebe oder seinen Anspruch auf die Vergütung abtrete.
(2) Die Ansprüche verjähren in drei Monaten von dem Zeitpunkt an, in welchem der Prinzipal Kenntnis von dem Abschluss des Geschäfts erlangt oder ohne grobe Fahrlässigkeit erlangen müsste; sie verjähren ohne Rücksicht auf diese Kenntnis oder grob fahrlässige Unkenntnis in fünf Jahren von dem Abschluss des Geschäfts an.

Literatur: s. Lit. zu § 60

A. Allgemeines 1	VI. Verjährung nach Abs. 2 9
B. Regelungsgehalt 2	1. Beginn der Verjährung 9
I. Anwendungsbereich 2	2. Geltungsbereich 10
II. Wahlrecht 3	C. Verbindung zu anderen Rechtsgebieten und zum
III. Auskunftsanspruch des Arbeitgebers 4	Prozessrecht 11
IV. Umfang des Schadensersatzes 5	D. Beraterhinweise 13
V. Eintrittsrecht 6	

---

46 MüKo-HGB/*v. Hoyningen-Huene*, § 60 Rn 61.
47 BAG 6.8.1987 – 2 AZR 226/87 – NJW 1988, 438; BAG 24.11.1983 – 2 AZR 327/82 – AP § 626 BGB Nr. 76.
48 BAG 16.6.1976 – 3 AZR 73/75 – DB 1977, 307.
49 Vgl. dazu *Hümmerich*, AnwaltFormulare ArbR, § 7 Rn 325.

A. Allgemeines

§ 61 regelt als Rechtsfolge eines Verstoßes gegen das Wettbewerbsverbot durch den AN für den AG ein Wahlrecht zwischen einem Schadensersatzanspruch oder einem Eintrittsrecht. Diese Regelung ist nicht abschließend. Daneben greifen bei Verstoß gegen das Wettbewerbsverbot weitere Rechtsfolgen ein; siehe § 60 Rn 21 ff.

B. Regelungsgehalt

I. Anwendungsbereich

Da das in den §§ 60, 61 für Handlungsgehilfen geregelte Wettbewerbsverbot während des Arbverh für alle AN gilt und damit auch AG geschützt sind, die kein Handelsgewerbe betreiben, können solche AG in analoger Anwendung von § 61 Abs. 1 die einem Prinzipal bei einem Wettbewerbsverstoß eines Handlungsgehilfen zustehenden Ansprüche geltend machen. Konsequenterweise hat das BAG nun auch entschieden, dass für die Verjährung der Ansprüche auch die dreimonatige Verjährungsfrist des § 61 Abs. 2 gilt.[1] Dies gilt unabhängig davon, ob es sich bei dem AN um einen technischen oder kaufmännischen Angestellten handelt.[2]

Bereits aus den Parallelnormen für die OHG (§ 113 Abs. 3) und für die AG (§ 88 Abs. 3 AktG) ergibt sich, dass Ansprüche aus Wettbewerbsverboten zügig geltend zu machen sind.

II. Wahlrecht

Hat der AG sein Wahlrecht ausgeübt, so ist diese Wahl **nicht widerruflich**.[3] Das Wahlrecht des § 61 Abs. 1 stellt keine Wahlschuld i.S.d. § 262 BGB dar, so dass der Handlungsgehilfe auch nicht die Möglichkeit hat, gem. § 264 Abs. 2 BGB den AG unter Bestimmung einer angemessenen Frist zur Vornahme der Wahl aufzufordern.[4] Das BAG hat entschieden, dass das Wahlrecht nur **einheitlich** für die gesamte vertragswidrige Tätigkeit ausgeübt werden kann.[5] Danach kann der AG nicht den Teil oder die Geschäfte herausgreifen, die Gewinn versprechen. Soweit der Handlungsgehilfe jedoch voneinander unabhängige verbotswidrige Geschäfte getätigt hat, besteht für eine solche Einschränkung des Wahlrechts des AG kein Grund.[6]

III. Auskunftsanspruch des Arbeitgebers

Der AN ist verpflichtet, über die von ihm getätigten Geschäfte Auskunft zu erteilen und Rechnung zu legen, wenn der AG mit hoher Wahrscheinlichkeit dartun kann, dass sein AN ihm während des bestehenden Arbverh unerlaubte Konkurrenz gemacht hat.[7] Die Auskunftspflicht erstreckt sich auf alle Angaben, die Voraussetzung einer etwaigen Schadensersatzforderung sein können, wozu auch unter Verstoß gegen die Vertragspflicht angebotene Preise gehören.[8] Hat der AN seinen Auskunftsanspruch noch nicht erfüllt, kann der AG gegenüber einem Lohnanspruch des Handlungsgehilfen ein Zurückbehaltungsrecht geltend machen. Das Zurückbehaltungsrecht kann aber wegen des auch auf dieses anwendbaren Rechtsgedanken des § 394 BGB grds. nur insoweit Wirkung entfalten, wie der Lohnanspruch pfändbar ist.[9]

IV. Umfang des Schadensersatzes

Bei schuldhafter Verletzung des Wettbewerbsverbotes[10] kann der AG Ersatz fordern, für die Schäden, die ihm aufgrund des Wettbewerbsverstoßes des AN entstanden sind (§§ 249 ff. BGB). Darunter fällt auch der Gewinn, der dem AG entgangen ist, weil der AN gegen das Wettbewerbsverbot verstoßen hat (§ 252 BGB). Der Schadensersatzanspruch umfasst aber nicht den Gewinn, den der Handlungsgehilfe aufgrund des verbotenen Geschäfts erzielt hat.[11] Dieser kann bei Wahl des Eintrittsrechts abgeschöpft werden.

V. Eintrittsrecht

Das Eintrittsrecht des § 61 Abs. 1 Hs. 2 ist eine pauschale Schadensregelung,[12] bei der es nicht darauf ankommt, ob der AG das verbotswidrige Geschäft selbst nicht abgeschlossen hätte oder überhaupt nicht hätte abschließen können.[13] Mit der Ausübung des Eintrittsrechts kann der AG die dem Handlungsgehilfen durch das verbotene Geschäft entstandenen Vermögensvorteile abschöpfen. Eine Änderung der zivilrechtlichen Rechtsverhältnisse bringt es aber nicht mit sich; der Handlungsgehilfe bleibt weiterhin Vertragspartei mit dem Dritten.

---

1 BAG –10 AZR 511/06 – DB 2007, 2656.
2 LAG Baden-Württemberg 28.1.2004 – 2 Sa 76/03 – juris.
3 MüKo-HGB/v. *Hoyningen-Huene*, § 61 Rn 2.
4 MüKo-HGB/v. *Hoyningen-Huene*, § 61 Rn 2.
5 BAG 15.2.1962 – 5 AZR 79/61 – AP § 61 HGB Nr. 1 = DB 1962, 1014.
6 MüKo-HGB/v. *Hoyningen-Huene*, § 61 Rn 3; HWK/ *Diller*, § 61 HGB Rn 9.
7 BAG 22.4.1967 – 3 AZR 347/66 – AP § 242 BGB Auskunftspflicht Nr. 12; BAG 21.10.1970 – 3 AZR 479/69 – BB 1971, 86; BAG 12.5.1972 – 3 AZR 401/71 – DB 1972, 1831; BAG 16.6.1976 – 3 AZR 73/75 – DB 1977, 307.
8 BAG 12.5.1972 – 3 AZR 401/71 – DB 1972, 1831.
9 BAG 16.10.1984 – 3 AZR 522/82 – juris.
10 BAG 20.9.2006 – 10 AZR 439/05 – BAGE 119, 294 = DB 2007, 346.
11 ErfK/*Oetker*, § 61 HGB Rn 4.
12 BAG 20.3.1984 – 3 AZR 32/82 – juris; BAG 15.2.1962 – 5 AZR 79/61 – AP § 61 HGB Nr. 1.
13 BAG 20.3.1984 – 3 AZR 32/82 – juris.

7 Ist der Handlungsgehilfe **auf eigene Rechnung** tätig geworden, hat der AG Anspruch so gestellt zu werden, als ob die Geschäfte für ihn eingegangen wurden. Das bedeutet, dass der Handlungsgehilfe das aus dem Geschäft Erlangte gegen Ersatz der Aufwendungen herauszugeben oder den Anspruch abzutreten hat. Hat der Handlungsgehilfe Geschäfte **auf fremde Rechnung** vorgenommen, hat der AG Anspruch auf Herausgabe der erzielten Vergütung oder auf Abtretung des Vergütungsanspruchs gegen Ersatz der Aufwendungen.

8 Hat der Handlungsgehilfe mit dem Betrieb eines Handelsgewerbes gegen das Wettbewerbsverbot verstoßen, tritt der AG nicht in das Handelsgeschäft, aber in die einzelnen getätigten Geschäfte ein, soweit sie in seinem Handelszweig liegen.[14] Das Eintrittsrecht findet seine Grenze bei **höchstpersönlichen Geschäften**. So kann der AG nicht verlangen, in eine Gesellschaft an Stelle des Handlungsgehilfen einzutreten.[15]

VI. Verjährung nach Abs. 2

9 **1. Beginn der Verjährung.** Die Verjährungsfrist des § 61 Abs. 2 Hs. 1 beginnt mit **Kenntnis** des AG von dem Abschluss des Geschäfts; eine Kenntnis des AG von dem Inhalt des Geschäfts ist nicht erforderlich.[16] Besteht der Verstoß gegen das Wettbewerbsverbot in dem Betreiben eines Handelsgeschäfts, beginnt die Verjährungsfrist mit Kenntnis des AG von diesem Betrieb an zu laufen; der AG muss nicht erst Kenntnis von den einzelnen getätigten Geschäften haben.[17] Auch wenn der Handlungsgehilfe unter Verstoß gegen das Wettbewerbsverbot als Außendienstmitarbeiter bei einem Konkurrenten beschäftigt ist, beginnt die Verjährungsfrist des § 61 Abs. 1 Hs. 1 mit der Kenntnis des AG von dem Bestehen dieses Beschäftigungsverhältnisses und nicht erst ab Kenntnis der vom AN für den Konkurrenten vermittelten Geschäfte.[18] **Unabhängig von der Kenntnis** oder grob fahrlässigen Unkenntnis verjährt der Anspruch auf Schadenersatz nach § 61 Abs. 2 Hs. 2 innerhalb von fünf Jahren von dem Abschluss des Geschäftes an.[19]

10 **2. Geltungsbereich.** Die dreimonatige Verjährungsfrist nach § 61 Abs. 2 gilt nicht nur für Schadenersatz- und Herausgabeansprüche nach § 61 Abs. 1, sondern für alle Ansprüche des AG, die dieser aus Wettbewerbsverstößen des AN nach § 60 herleitet, wie z.B. für konkurrierende Schadenersatzansprüche aus einer unerlaubten Handlung nach § 823 BGB oder wegen einer sittenwidrigen vorsätzlichen Schädigung nach § 826 BGB.[20] Die kurze Verjährung des § 61 Abs. 2 gilt damit auch für Unterlassungsansprüche.[21]

C. Verbindung zu anderen Rechtsgebieten und zum Prozessrecht

11 Macht der AG den Schadensersatzanspruch des § 61 Abs. 1 geltend, ist er für Grund und Höhe des Anspruchs **darlegungs- und beweispflichtig**. Er muss konkret darlegen, inwieweit der gewerbliche AN bei einem Konkurrenzunternehmen wettbewerbliche Tätigkeiten ausübt und hierdurch wettbewerbliche Interessen gefährdet sind.[22]

12 Will er auch seinen **entgangenen Gewinn** (§ 252 BGB) geltend machen, muss er darlegen und beweisen, dass er ohne das vertragswidrige Verhalten seines Handlungsgehilfen das Geschäft selbst abgeschlossen hätte. Zwar kommt dem AG dann die Beweiserleichterung des § 252 S. 2 BGB zugute, er sollte aber das Eintrittsrecht wählen, wenn Schwierigkeiten hinsichtlich der Darlegung und des Beweises zu erwarten sind. Damit kann er zwar nicht seinen eigenen entgangenen Gewinn geltend machen, wohl aber den Gewinn des Handlungsgehilfen abschöpfen, ohne darlegen und beweisen zu müssen, dass er das verbotswidrige Geschäft selbst abgeschlossen hätte.

D. Beraterhinweise

13 In der kurzen Verjährungsfrist besteht die Gefahr einer Haftungsfalle für Rechtsberater, v.a. weil diese auch für in Anspruchskonkurrenz stehende Ansprüche gilt (siehe oben Rn 10). Die Verjährung kann durch die Erhebung einer Stufenklage (§ 254 ZPO) gehemmt werden (§ 204 Abs. 1 Nr. 1 BGB).[23] Es wird zunächst auf Auskunft und Rechnungslegung und danach auf Schadensersatz oder Gewinnherausgabe (Eintrittsrecht) je nach Wahl geklagt. Das Wahlrecht kann auch erst nach der Auskunftserteilung ausgeübt werden. Ist noch nicht geklärt, ob der Handlungsgehilfe überhaupt in einer zum Schadensersatz verpflichtenden Weise gegen die Pflichten aus dem Arbverh verstoßen hat und welches die vertragswidrigen Wettbewerbshandlungen sind, ist nur die Stufenklage und noch keine Schadensersatzklage zulässig.[24]

---

[14] BAG 15.2.1962 – 5 AZR 79/61 – BB 1962, 638.
[15] Dazu MüKo-HGB/v. *Hoyningen-Huene*, § 61 Rn 18 ff.
[16] LAG Hamm 9.6.1993 – 15 Sa 139/93 – BB 1994, 1015.
[17] MüKo-HGB/v. *Hoyningen-Huene*, § 61 Rn 33; HWK/*Diller*, § 61 HGB Rn 26; a.A. auf die einzelnen Geschäfte abstellend: ErfK/*Oetker*, § 61 HGB Rn 9.
[18] LAG Hamm 9.6.1993 – 15 Sa 139/93 – BB 1994, 1015.
[19] Vgl. auch BAG 11.12.1990 – 3 AZR 407/89 – juris.
[20] BAG 11.4.2000 – 9 AZR 131/99 – BAGE 94, 199 = NZA 2001, 94.
[21] MüKo-HGB/v. *Hoyningen-Huene*, § 61 Rn 29; HWK/*Diller*, § 61 HGB Rn 24; Staub/*Konzen/Weber*, § 61 Rn 20; HK-HGB/*Ruß*, § 61 Rn 4.
[22] LAG Hamm 5.4.2000 – 10 Sa 2239/99 – MDR 2000, 1255.
[23] BAG 28.1.1986 – 3 AZR 449/84 – DB 1986, 1931.
[24] BAG 12.5.1972 – 3 AZR 401/71 – DB 1972, 1831.

§ 62 Fürsorgepflicht des Prinzipals

(1) Der Prinzipal ist verpflichtet, die Geschäftsräume und die für den Geschäftsbetrieb bestimmten Vorrichtungen und Gerätschaften so einzurichten und zu unterhalten, auch den Geschäftsbetrieb und die Arbeitszeit so zu regeln, daß der Handlungsgehilfe gegen eine Gefährdung seiner Gesundheit, soweit die Natur des Betriebs es gestattet, geschützt und die Aufrechterhaltung der guten Sitten und des Anstands gesichert ist.
(2) Ist der Handlungsgehilfe in die häusliche Gemeinschaft aufgenommen, so hat der Prinzipal in Ansehung des Wohn- und Schlafraums, der Verpflegung sowie der Arbeits- und Erholungszeit diejenigen Einrichtungen und Anordnungen zu treffen, welche mit Rücksicht auf die Gesundheit, die Sittlichkeit und die Religion des Handlungsgehilfen erforderlich sind.
(3) Erfüllt der Prinzipal die ihm in Ansehung des Lebens und der Gesundheit des Handlungsgehilfen obliegenden Verpflichtungen nicht, so finden auf seine Verpflichtung zum Schadensersatz die für unerlaubte Handlungen geltenden Vorschriften der §§ 842 bis 846 des Bürgerlichen Gesetzbuchs entsprechende Anwendung.
(4) Die dem Prinzipal hiernach obliegenden Verpflichtungen können nicht im voraus durch Vertrag aufgehoben oder beschränkt werden.

Literatur: *Herzberg*, Die Verantwortung für Arbeitsschutz und Unfallverhütung im Betrieb, 1984; *Kloepfer/Veit*, Grundstrukturen des technischen Arbeitsschutzrechts, NZA 1990, 121; *Leisner*, Arbeitsschutz im öffentlichen Dienst, 1991; *Leßmann*, Rauchverbot am Arbeitsplatz, 1991; *Löwisch*, Arbeitsrechtliche Fragen von Aids-Erkrankung und Aids-Infektion, DB 1987, 939; *Richardi*, Arbeitsrechtliche Probleme bei Einstellung und Entlassung Aids-Infizierter Arbeitnehmer, NZA 1988, 73; *Wank/Börgmann*, Deutsches und europäisches Arbeitsschutzrecht 1992; *Wlotzke*, Technischer Arbeitsschutz im Spannungsverhältnis von Arbeits- und Wirtschaftsrecht, RdA 1992, 85

A. Allgemeines	1	III. Rechtsfolgen nach Abs. 3	4
B. Regelungsgehalt	2	C. Verbindung zu anderen Rechtsgebieten und zum Prozessrecht	5
I. Schutzpflichten nach Abs. 1	2		
II. Aufnahme in die häusliche Gemeinschaft nach Abs. 2	3		

A. Allgemeines

§ 62 konkretisiert einen Teil der Nebenpflichten des AG gegenüber seinem Handlungsgehilfen,[1] wobei die Schutzpflichten des Abs. 1 vom öffentlich-rechtlichen Arbeitsschutzrecht überlagert werden. Die Vorschrift entspricht im Wesentlichen den §§ 618, 619 BGB, weshalb wegen weiterer Einzelheiten auf deren Kommentierung Bezug genommen wird. § 62 Abs. 2 bis 4 finden in den neuen Bundesländern keine Anwendung.[2] 1

B. Regelungsgehalt

I. Schutzpflichten nach Abs. 1

Der AG ist nach § 62 Abs. 1 verpflichtet, den Handlungsgehilfen vor Gesundheitsgefährdung zu schützen. Dieser Pflicht genügt der AG in aller Regel dadurch, dass er einen Arbeitsplatz zur Verfügung stellt, dessen Belastung mit gesundheitsschädlichen Chemikalien nicht über das in der Umgebung übliche Maß hinausgeht.[3] 2

II. Aufnahme in die häusliche Gemeinschaft nach Abs. 2

Die Regelung der Pflichten des AG bei Aufnahme des Handlungsgehilfen in die häusliche Gemeinschaft gem. § 62 Abs. 2 ist praktisch kaum noch relevant; erfasst werden davon aber Sammelunterkünfte mehrerer AN, z.B. ein vom AG eingerichtetes und unterhaltenes Schwesternhaus.[4] 3

III. Rechtsfolgen nach Abs. 3

Verletzt der AG seine Fürsorgepflichten schuldhaft,[5] kann dem Handlungsgehilfen ein **Schadensersatzanspruch** zustehen. § 62 Abs. 3 enthält eine Rechtsfolgenverweisung, d.h. hinsichtlich des Umfangs des Schadensersatzanspruchs gelten die §§ 842 bis 846 BGB entsprechend. Die Pflicht zum Ersatz von Personenschäden wird durch die Regelungen der gesetzlichen Unfallversicherung verdrängt. § 104 SGB VII ist zu beachten, wonach der AG dem Handlungsgehilfen nur dann zum Ersatz von Personenschäden verpflichtet ist, wenn er den Versicherungsfall 4

---

1 MüKo-HGB/*v. Hoyningen-Huene*, § 62 Rn 1.
2 Einigungsvertrag vom 31.8.1990, BGBl II S. 959 – Anl. I Kap. III, Sachgebiet D III Nr. 1.
3 BAG 8.5.1996 – 5 AZR 315/95 – BAGE 83, 105 = NZA 1997, 86.
4 BAG 8.6.1955 – 2 AZR 200/54 – BB 1956, 692.
5 MüKo-HGB/*v. Hoyningen-Huene*, § 62 Rn 37.

vorsätzlich oder auf einem nach § 8 Abs. 2 SGB VII versicherten Weg herbeigeführt hat. Kommt der AG seiner Fürsorgepflicht nicht nach, weil bspw. die Arbeitsräume über das übliche Maß hinaus schadstoffbelastet sind, steht dem Handlungsgehilfen auch ein **Zurückbehaltungsrecht** an seiner Arbeitsleistung zu.[6]

C. Verbindung zu anderen Rechtsgebieten und zum Prozessrecht

5   Dem BR steht gem. § 89 BetrVG ein Mitbestimmungsrecht den Arbeits- und betrieblichen Umweltschutz betreffend zu. Außerdem überwacht der BR die Einhaltung von Schutzvorschriften (§ 80 BetrVG). Bei Regelungen über die Lage der Arbeitszeit, die Unfallverhütung und den Gesundheitsschutz steht dem BR gem. § 87 Abs. 1 Nr. 2 und 7 BetrVG ein Mitbestimmungsrecht zu.

§ 63 (aufgehoben)

§ 64 Zahlung des Gehalts

[1]Die Zahlung des dem Handlungsgehilfen zukommenden Gehalts hat am Schluß jedes Monats zu erfolgen. [2]Eine Vereinbarung, nach der die Zahlung des Gehalts später erfolgen soll, ist nichtig.

Literatur: s. Lit. zu § 59

A. Allgemeines 1	IV. Vereinbarungen nach S. 2 5
B. Regelungsgehalt 2	C. Verbindung zu anderen Rechtsgebieten und zum
I. Gehalt 2	Prozessrecht 6
II. Fälligkeitstermin 3	D. Beraterhinweise 7
III. Art und Weise der Auszahlung 4	

A. Allgemeines

1   § 64 regelt die Fälligkeit des Gehaltsanspruches des Handlungsgehilfen in Abweichung zu der allgemeinen Fälligkeitsregel des § 614 BGB. Zwar besteht nach beiden Vorschriften eine Vorleistungspflicht des Handlungsgehilfen. Im Gegensatz zu § 614 S. 2 BGB ist gem. § 64 S. 2 aber die Vereinbarung eines längeren Zeitabschnitts als ein Monat für die Gehaltsauszahlung unzulässig.

§ 64 findet in den neuen Bundesländern keine Anwendung.[1]

B. Regelungsgehalt

I. Gehalt

2   Unter Gehalt i.S.d. § 64 sind nur **feste Gehaltsbestandteile** zu verstehen. Neben dem laufenden Lohn sind von der Vorschrift auch garantierte Mindestprovisionen oder garantierte Tantiemen erfasst. § 64 gilt nicht für variable Bezüge, Provisionen, freiwillige Gratifikationen, Sachbezüge.[2]

II. Fälligkeitstermin

3   § 64 bestimmt als Fälligkeitstermin den **Schluss** eines **jeden Monats**. Die Fälligkeit liegt nicht zwingend am Schluss eines Kalendermonats. Die Monatsfrist beginnt mit dem Beginn der Dienstleistung. Wird das Arbvverh vor Monatsschluss beendet, so ist die Vergütung gem. § 614 S. 1 BGB sofort fällig.[3]

III. Art und Weise der Auszahlung

4   Die Art und Weise der Auszahlung regelt § 64 nicht. Der Streit, ob der AG dem Handlungsgehilfen das Gehalt grds. bar auszuzahlen hat,[4] oder die **bargeldlose Zahlung** heute stets als stillschweigend vereinbart angesehen werden kann,[5] ist nicht von praktischer Relevanz. Heute ist weitgehend in TV, BV oder Einzelverträgen die bargeldlose Zahlung geregelt. **Leistungsort** für die Auszahlung des Gehalts ist die Niederlassung des AG, in der der Handlungs-

---

6 BAG 8.5.1996 – 5 AZR 315/95 – BAGE 83, 105 = NZA 1997, 86.
1 Einigungsvertrag vom 31.8.1990, BGBl II, S. 959 – Anl. 1 Kap. VIII, Sachgebiet A, Abschn. III Nr. 2.

2 MüKo-HGB/v. *Hoyningen-Huene*, § 64 Rn 3; HWK/ *Diller*, § 64 HGB Rn 2.
3 *Baumbach/Hopt*, § 64 Rn 1.
4 MüKo-HGB/v. *Hoyningen-Huene*, § 64 Rn 5.
5 HWK/*Diller*, § 64 HGB Rn 4.

gehilfe tätig ist.[6] Ist bargeldlose Zahlung vereinbart, hat der AG das Gehalt rechtzeitig gezahlt, wenn er am Schluss des Monats die Bank mit der Überweisung beauftragt, auch wenn das Gehalt erst in den ersten Tagen des Folgemonats dem Konto des AN gutgeschrieben wird.[7]

IV. Vereinbarungen nach S. 2

Nach § 64 S. 2 sind Vereinbarungen, die einen längeren Zeitabschnitt als einen Monat vorsehen, unwirksam. Eine Stundung des Lohnanspruchs nach seiner Fälligkeit wird durch das Verbot nicht berührt. Dagegen ist eine Stundung vor Fälligkeit des Lohnanspruchs unwirksam, weil sie letztendlich eine Umgehung des § 64 darstellt.[8]

C. Verbindung zu anderen Rechtsgebieten und zum Prozessrecht

Gem. § 87 Nr. 4 BetrVG unterliegen Zeit, Ort und Art der Auszahlung der Arbeitsentgelte der Mitbestimmung des BR. Der AG ist gem. § 38 Abs. 3, § 39b Abs. 2 EStG verpflichtet, die Lohnsteuer einzubehalten und an das Finanzamt abzuführen. Ebenso hat der AG bei beitragspflichtigen Beschäftigungsverhältnissen vom vereinbarten Entgelt die Sozialversicherungsbeiträge abzuziehen und an die Einzugsstelle nach §§ 28d ff. SGB IV zu zahlen.

D. Beraterhinweise

Die Vereinbarung, dem Handlungsgehilfen das Gehalt am Ende des Kalendermonats auszuzahlen, verstößt nicht gegen § 64, auch wenn das Arbverh nicht am Ersten eines Kalendermonats beginnt. Mit einer solchen Vereinbarung wird lediglich der erste Fälligkeitszeitpunkt vorverlegt.[9]

§ 65 Provision

Ist bedungen, daß der Handlungsgehilfe für Geschäfte, die von ihm geschlossen oder vermittelt werden, Provision erhalten solle, so sind die für die Handelsvertreter geltenden Vorschriften des § 87 Abs. 1 und 3 sowie der §§ 87a bis 87c anzuwenden.

Literatur: *Heinze*, Die Mitbestimmungsrechte des Betriebsrats bei Provisionsentlohnung, NZA 1986, 1; *Lieb*, Zur Problematik der Provisionsfortzahlung im Urlaubs-, Krankheits- und Feiertagsfall, DB 1976, 2207; *Löwisch*, Die Mitbestimmung des Betriebsrats bei Provisionsregelungen für kaufmännische Angestellte, ZHR 139 (1975), 362; *Stötter/Lindner/Karrer*, Die Provision und ihre Abrechnung, 2. Aufl. 1980; s.a. Lit. zu §§ 87 bis 87c.

A. Allgemeines	1	C. Verbindung zu anderen Rechtsgebieten und zum Prozessrecht	9
B. Regelungsgehalt	2	I. Darlegungs- und Beweislast	9
I. Begriff der Provision	2	II. Mitbestimmung des Betriebsrats	10
II. Vereinbarung einer Provision	3	D. Beraterhinweise	12
III. Rechtsfolge	7		

A. Allgemeines

§ 65 ist nicht nur auf Handlungsgehilfen, sondern entsprechend auch auf alle AN anwendbar.[1] Ziel der Regelung ist es, den Provisionsanspruch der AN dem der Handelsvertreter weitgehend anzugleichen.[2] Für AN sind durch die Verweisung die Vorschriften über die Voraussetzungen eines Provisionsanspruchs (§ 87 Abs. 1 und 3), über die Fälligkeit (§ 87a), Höhe (§ 87b) und Abrechnung der Provision (§ 87c) anwendbar.

B. Regelungsgehalt

I. Begriff der Provision

Die Provision ist ein **erfolgsbezogenes Entgelt**, das sich an dem Umsatz der durch den Handlungsgehilfen zustande gekommenen Geschäfte orientiert.[3] Maßgeblich für die rechtliche Einordnung als Provision ist ihre Rechtsnatur, nicht ihre Bezeichnung.[4] **Keine Provision** i.S.d. § 65 ist die Umsatzprovision, die auf die Beteiligung an dem

---

6 Heymann/*Henssler*, § 64 Rn 6.
7 MüKo-HGB/*v. Hoyningen-Huene*, § 64 Rn 5.
8 MüKo-HGB/*v. Hoyningen-Huene*, § 64 Rn 13.
9 MüKo-HGB/*v. Hoyningen-Huene*, § 64 Rn 4; HWK/ *Diller*, § 64 HGB Rn 3.

1 MüKo-HGB/*v. Hoyningen-Huene*, § 65 Rn 2; HWK/ *Diller*, § 65 HGB Rn 1; Heymann/*Henssler*, § 65 Rn 7; Staub/*Konzen/Weber*, § 65 Rn 5.
2 MüKo-HGB/*v. Hoyningen-Huene*, § 65 Rn 1.
3 MüKo-HGB/*v. Hoyningen-Huene*, § 65 Rn 5.
4 BAG 14.11.1966 – 3 AZR 158/66 – BB 1967, 501.

Wert sämtlicher Geschäfte eines Unternehmens abstellt.[5] Ebenso wenig fallen unter § 65 Tantiemen, die am Gewinn anknüpfen, oder Prämien, die nicht erfolgs-, sondern leistungsbezogenen Charakter haben.[6]

II. Vereinbarung einer Provision

[3] Dem Handlungsgehilfen steht nur dann ein Anspruch auf Provision zu, wenn dies **„bedungen"**, also vertraglich vereinbart wurde.[7] Aus § 65 ergibt sich kein Anspruch. Eine ausdrückliche Vereinbarung ist durch § 65 nicht gefordert, eine konkludente Abrede ist ausreichend. Veranlasst ein AG einen auf Provisionsbasis tätigen Ang vorübergehend einen anderen, nicht auf Provisionsbasis tätigen AN zu vertreten, so liegt darin regelmäßig die Zusicherung des AG, dass dem Ang die entgangene Provision für die Dauer der Vertretung weitergezahlt wird.[8]

[4] Eine arbeitsvertragliche Vereinbarung, nach der ein angestellter Außendienstmitarbeiter neben seinem Fixum Provisionen nach Erreichen einer Jahressollvorgabe erhält, kann bei Fehlen einer Regelung für den Fall unterjähriger Beschäftigung durch **Vertragsauslegung** zu ergänzen sein.[9]

[5] Die **Befristung** einer Provisionszusage, die neben das Tarifgehalt tritt und lediglich 15 % der Gesamtvergütung ausmacht, ist unter kündigungsrechtlichen Gesichtspunkten nicht zu beanstanden. Ein solcher durch Zusatzvereinbarung begründeter Provisionsanspruch gehört nicht zu dem vom kündigungsrechtlichen Änderungsschutz (§ 2 KSchG) erfassten Kernbereich des Arbverh.[10]

[6] Die Provision gehört zu dem Entgelt, dass der AG zu zahlen hat, soweit er zur **Entgeltzahlung ohne Arbeit** verpflichtet ist. Während des bezahlten Erholungsurlaubs ist gem. § 11 Abs. 1 BUrlG die durchschnittliche Provision, die der Handlungsgehilfe in den letzten 13 Wochen vor dem Beginn des Urlaubs erhalten hat, maßgebend.[11] Ebenso kann ein Handlungsgehilfe im Krankheitsfall nicht nur die Fortzahlung des Grundgehalts bis zur Dauer von sechs Wochen verlangen, sondern auch die Provision, die er in dieser Zeit ohne krankheitsbedingte Arbeitsverhinderung wahrscheinlich verdient hätte.[12]

III. Rechtsfolge

[7] Als Rechtsfolge einer vertraglichen Vereinbarung eines Provisionsanspruches regelt § 65 die Anwendung der für den Handelsvertreter geltenden Vorschriften des § 87 Abs. 1 und 3 sowie der §§ 87a bis 87c. Eine schematische Übertragung der Vorschriften verbietet sich allerdings; vielmehr sind die Unterschiede in der rechtlichen und wirtschaftlichen Stellung des Handelsvertreters einerseits und des AN andererseits zu beachten.[13] So kann mit einem Handelsvertreter in Abweichung von § 87 Abs. 1 vereinbart werden, dass er erarbeitete Provisionen, die erst nach Beendigung des Vertreterverhältnisses fällig werden, nicht erhält, während mit einem auf Provisionsbasis tätigen AN Derartiges nicht ohne sachlichen Grund vereinbart werden kann.[14]

[8] Nicht verwiesen wird auf § 87 Abs. 2 und 4 sowie § 89b, weshalb dem Handlungsgehilfen eine Bezirks-, eine Inkassoprovision oder ein Ausgleichsanspruch nur bei entsprechender Vereinbarung zusteht. Über die Verweisung in § 65 gelten für Handlungsgehilfen die Unabdingbarkeitsregeln der §§ 87a Abs. 5 und 87c Abs. 5.

C. Verbindung zu anderen Rechtsgebieten und zum Prozessrecht

I. Darlegungs- und Beweislast

[9] Die Voraussetzungen für das Entstehen eines Provisionsanspruches hat der Handlungsgehilfe darzulegen.[15] Dem Handlungsgehilfen obliegt ebenso die Darlegungs- und Beweislast für die Sittenwidrigkeit der Provisionsvereinbarung. Zwar kann eine Provisionsvereinbarung auch so gestaltet werden, dass die Vergütung des Handlungsgehilfen allein in Provisionen aus von ihm vermittelten Geschäften besteht und dieser kein Fixum oder keine Provisionsgarantie erhält. Die Beschränkung auf Provisionen ist aber dann gem. § 138 Abs. 1 BGB sittenwidrig, wenn der Handlungsgehilfe aus betrieblichen Gründen gar nicht in der Lage ist, den monatlichen Provisionsabschlag zu verdienen. Dafür ist der Handlungsgehilfe darlegungs- und beweispflichtig.[16]

---

5 HWK/*Diller*, § 65 HGB Rn 3.
6 MüKo-HGB/*v. Hoyningen-Huene*, § 65 Rn 5, 6.
7 Muster für eine Provisionsvereinbarung bei *Hümmerich*, AnwaltFormulare ArbR, § 1 Rn 753.
8 BAG 30.6.1960 – 5 AZR 48/59 – BB 1960, 984 = DB 1960, 1044.
9 BAG 20.8.1996 – 9 AZR 471/95 – NZA 1996, 1151.
10 BAG 21.4.1993 – 7 AZR 297/92 – NZA 1994, 476; a.A. LAG Köln 6.5.1992 – 7 Sa 126/92 – NZA 1993, 264.
11 BAG 11.4.2000 – 9 AZR 266/99 – NZA 2001, 153.
12 BAG 5.6.1986 – 5 AZR 459/83 – NZA 1986, 290.
13 BAG 4.7.1972 – 3 AZR 477/71 – AP HGB § 65 Nr. 6.
14 BAG 4.7.1972 – 3 AZR 477/71 – AP HGB § 65 Nr. 6; BAG 20.7.1973 – 3 AZR 359/72 – AP HGB § 65 Nr. 7.
15 BAG 13.12.1988 – 3 AZR 205/87 – juris.
16 LAG Berlin 3.11.1986 – 9 Sa 65/86 – LAGE § 138 BGB Nr. 1.

II. Mitbestimmung des Betriebsrats

Betriebliche Lohngestaltung i.S.d. § 87 Abs. 1 Nr. 10 BetrVG beinhaltet die Fragen, ob überhaupt ein Provisionssystem eingeführt und ob daneben auch ein Lohnfixum gezahlt werden soll, die Arten der Provisionen, das Verhältnis der Provision zum Lohnfixum (Anrechenbarkeit) sowie das Verhältnis der Provisionen zueinander.[17]

Eine reine **Abschlussprovision** gehört nicht zu den vergleichbaren leistungsbezogenen Entgelten i.S.d. § 87 Abs. 1 Nr. 11 BetrVG.[18] Eine solche Vergütungsform setzt voraus, dass eine Leistung gemessen und mit einer Bezugsleistung verglichen wird, und sich die Höhe der Vergütung in irgendeiner Weise nach dem Verhältnis der Leistung des AN zur Bezugsleistung bemisst.

D. Beraterhinweise

Steht ein Provisionsanspruch mit einem Arbverh tatsächlich oder rechtlich in Zusammenhang, unterliegt dieser auch **tariflichen Ausschlussfristen**.[19] Diese sind auch bei dem Anspruch auf Erteilung einer Abrechnung zu beachten.[20]

Ein angestellter Handelsgehilfe, dessen Vergütung auch aus einer Provision besteht, hat Anspruch auf Auskunft und Buchauszug der verdienten Provision, den er im Wege der Stufenklage geltend machen kann.[21]

Dazu müsste beantragt werden, die beklagte Partei zu verurteilen,
1. über die in der Zeit vom ... bis ... verdiente Provision der klägerischen Partei Auskunft zu erteilen,
2. über die in der Zeit vom ... bis ... verdiente Provision der klägerischen Partei einen Buchauszug zu erteilen,
3. die Richtigkeit ihrer Abrechnung und des Buchauszuges an Eides statt zu versichern,
4. den sich aus dem Buchauszug zugunsten der klägerischen Partei ergebenden Bruttobetrag nebst 5 % Zinsen über dem Basiszinssatz seit Rechtshängigkeit zu zahlen.

Vorsorglich kann auch bei entsprechender Begründung ein Entschädigungsantrag nach § 61 Abs. 2 ArbGG mitgestellt werden, d.h. es müsste beantragt werden, die beklagte Partei zu verurteilen, eine angemessene Entschädigung, die 8.000 EUR nicht unterschreiten sollte, für den Fall zu zahlen, dass sie den unter Ziff. 1 eingeklagten Auskunftsanspruch nicht binnen eines Monats nach Verkündung der Entscheidung des Arbeitsgerichts vollumfänglich erfüllt.[22]

§ 74 Wettbewerbsverbot

(1) Eine Vereinbarung zwischen dem Prinzipal und dem Handlungsgehilfen, die den Gehilfen für die Zeit nach Beendigung des Dienstverhältnisses in seiner gewerblichen Tätigkeit beschränkt (Wettbewerbsverbot), bedarf der Schriftform und der Aushändigung einer vom Prinzipal unterzeichneten, die vereinbarten Bestimmungen enthaltenden Urkunde an den Gehilfen.

(2) Das Wettbewerbsverbot ist nur verbindlich, wenn sich der Prinzipal verpflichtet, für die Dauer des Verbots eine Entschädigung zu zahlen, die für jedes Jahr des Verbots mindestens die Hälfte der von dem Handlungsgehilfen zuletzt bezogenen vertragsmäßigen Leistungen erreicht.

Literatur: *Bauer/Diller*, Wettbewerbsverbote, 4. Aufl. 2006; *dies.*, Indirekte Wettbewerbsverbote, DB 1995, 426; *dies.*, Karenzentschädigung und bedingte Wettbewerbsverbote bei Organmitgliedern, BB 1995, 1134; *dies.*, Nachvertragliche Wettbewerbsverbote – Änderungen durch die Schuldrechtsreform, NJW 2002, 1609; *dies.*, Wechselwirkungen zwischen Wettbewerbstätigkeit, Ruhestand und betrieblicher Altersversorgung, BB 1997, 990; *dies.*, Zulässige und unzulässige Bedingungen in Wettbewerbsverboten, DB 1997, 94; *Bengelsdorf*, Berücksichtigung von Vergütungen für Arbeitnehmererfindungen und Verbesserungsvorschläge bei der Karenzentschädigung gemäß § 74 Abs. 2 HGB?, DB 1989, 1024; *ders.*, Der Anspruch auf Karenzentschädigung – Entstehung, Verjährung und Verfall, DB 1985, 1585; *Bohle*, Verträge mit juristischen Mitarbeitern – Mandantenschutzklauseln und Mandantenübernahmeklauseln, MDR 2003, 140; *Buchner*, Wettbewerbsverbote, 1981; *Diller*, Nachvertragliche Wettbewerbsverbote und AGB-Recht, NZA 2005, 250; *Dombrowski/Zettelmeyer*, Die Wertermittlung der Nutzungsvorteile von Firmenwagen im Rahmen der Karenzentschädigung nach § 74 Abs. 2 HGB, NZA 1995, 155; *Düwell*, Das nachvertragliche Wettbewerbsverbot in der Gewerbeordnung, DB 2002, 2270; *Durchlaub*, Inhalt und Umfang der Auskunftspflicht des früheren Arbeitnehmers bei Karenzentschädigung, BB 1976, 233; *Ebert*, Nachvertragliche Wettbewerbsverbote, ArbRB 2002, 118; *Edenfeld*, Nachvertragliche Wettbewerbsverbote im Europäischen Vergleich, ZfA 2004, 463; *Gaul, B.*, Der erfolgreiche Schutz von Betriebs- und Geschäftsgeheimnissen, 1994; *ders.*, Neues zum nachvertraglichen Wettbewerbsverbot, DB 1995, 874; *Gaul, D.*, Die Abgrenzung nachvertraglicher Geheimhaltungspflichten gegenüber nachvertraglichen Wettbewerbsbeschränkungen, ZIP 1988, 689; *Grüll/Janert*, Die Konkurrenzklausel, 1993; *Grunsky*, Wettbewerbsverbote für Arbeitnehmer, 2. Auflage, 1987; *ders.*, Das bedingte Wettbewerbsver-

---

17 BAG 29.3.1977 – 1 ABR 123/74 – DB 1977, 1415.
18 BAG 13.3.1984 – 1 ABR 57/82 – NZA 1984, 296.
19 BAG 27.11.1984 – 3 AZR 596/82 – DB 1985, 2154.
20 BAG 27.11.1984 – 3 AZR 596/82 – DB 1985, 2154.
21 Vgl. dazu LAG Mecklenburg-Vorpommern 15.11.2005 – 5 Sa 4/05 – juris.
22 Vgl. dazu *Hümmerich*, AnwaltFormulare ArbR, § 7 Rn 179.

bot, FS 25 Jahre BAG, 1979, S. 153 ff.; *ders.*, Voraussetzungen einer Entschädigungspflicht nach § 74 Abs. 2 HGB, NZA 1988, 713; *Heidenhain*, Nachvertragliches Wettbewerbsverbot des GmbH-Geschäftsführers, NZG 2002, 605; *Hoß*, Das nachvertragliche Wettbewerbsverbot während des Kündigungsschutzprozesses und im Aufhebungsvertrag, DB 1997, 1818; *Hunold*, Rechtsprechung zum nachvertraglichen Wettbewerbsverbot, NZA-RR 2007, 617; *König/Steiner*, Die Vereinbarkeit nachvertraglicher Wettbewerbsverbote mit der Arbeitnehmerfreizügigkeit des EG-Vertrages, NJW 2002, 3583; *Küstner/Thume*, Handbuch des Außendienstrechts, Band 3, 2. Aufl. 1998; *Löwe*, Der Interessenausgleich zwischen Arbeitgeber und Arbeitnehmer beim nachvertraglichen Wettbewerbsverbot, 1988; *Mayer*, Das nachvertragliche Wettbewerbsverbot, AuR 2005, 433; *Michalsky/Römermann*, Wettbewerbsbeschränkungen zwischen Rechtsanwälten, ZIP 1994, 433; *Molkenbuhr*, Pflicht zur Geheimniswahrung nach Ende des Arbeitsverhältnisses, BB 1990, 1996; *Nave*, Karenzentschädigungspflicht bei Verwendung von Kundenschutzklauseln, NJW 2003, 3322; *Reinhard*, Das nachvertragliche Wettbewerbsverbot im Arbeitsrecht, ArbRB 2007, 297; *Reufels/Schewiola*, Nachvertragliche Wettbewerbsverbote mit Organmitgliedern, ArbRB 2008, 57; *Röhsler/Borrmann*, Wettbewerbsbeschränkungen für Arbeitnehmer und Handelsvertreter, 1981; *Römermann*, Nachvertragliche Wettbewerbsverbote bei Freiberuflern, BB 1998, 1489; *Schröder*, Recht der Handelsvertreter, 5. Aufl. 1973; *Schwedes*, Vertragliche Wettbewerbsbeschränkungen für die Zeit nach Beendigung des Arbeitsverhältnisses, 1990; *Thomas/Weidmann*, Wirksamkeit nachvertraglicher Wettbewerbsverbote in Fällen mit Auslandsbezug, DB 2004, 2694; *Thüsing*, Nachorganschaftliche Wettbewerbsverbote bei Vorständen und Geschäftsführern, NZG 2004, 9; *Wertheimer*, Wirksamkeit nachvertraglicher Wettbewerbsverbote bei nicht kündigungsbedingter Beendigung des Arbeitsverhältnisses, NZA 1997, 522; *ders.*, Bezahlte Karenz oder entschädigungslose Wettbewerbsenthaltung des ausgeschiedenen Arbeitnehmers, BB 1999, 1600; *Winterstein*, Nachvertragliches Wettbewerbsverbot und Karenzentschädigung, NJW 1989, 1463

A. Allgemeines	1	
B. Regelungsgehalt	4	
I. Die Wettbewerbsabrede	4	
1. Vertragliche Vereinbarung	5	
a) Klare Regelung	5	
b) Abgrenzung zur Treuepflicht	6	
2. Gegenstand der Vereinbarung	7	
a) Tätigwerden	8	
b) Ausgestaltung der Wettbewerbsverbote	9	
aa) Sachliche Beschränkung	10	
(1) Art der Betätigung	10	
(2) Inhalt der Betätigung	12	
(3) Konkurrenzunternehmen	14	
(4) Ermessensspielraum	15	
bb) Zeitliche Beschränkung	17	
cc) Örtliche Beschränkung	18	
dd) Bedingte Verbote	19	
c) Abgrenzung zu sonstigen Verboten	20	
aa) Gewerbliche Tätigkeit	20	
bb) Wettbewerbsbeschränkung	21	
cc) Wirtschaftliche Bedeutung	23	
3. Zeitpunkt der Vereinbarung	24	
a) Vor Beginn des Arbeitsverhältnisses	25	
b) Probezeit	26	
c) Im Zusammenhang mit Beendigung	27	
d) Nach Beendigung des Arbeitsverhältnisses	28	
e) Nicht in Vollzug gesetztes Arbeitsverhältnis	29	
f) Faktisches Arbeitsverhältnis	30	
II. Vertragsparteien	31	
1. Prinzipal	31	
2. Handlungsgehilfe	32	
3. Vertretungsberechtigte Organmitglieder	33	
4. Rechtsnachfolge	35	
III. Gestaltungsgrenzen	36	
1. Überblick über die Rechtsmängel	36	
a) Nichtigkeit	37	
b) (Teilweise) Unverbindlichkeit	38	
2. Formvorschriften (Abs. 1)	41	
a) Schriftform	42	
aa) Anforderungen an die Schriftform	43	
bb) Rechtsfolgen bei Nichteinhaltung	47	
b) Aushändigen der Urkunde	48	
aa) Anforderungen an die Herausgabepflicht	49	
bb) Rechtsfolgen bei Verletzung der Herausgabepflicht	51	
3. Karenzentschädigung (Abs. 2)	53	
a) Höhe der Karenzentschädigung	54	
aa) Vertragsgemäße Leistungen	55	
bb) Berechnung	56	
cc) Verrechnung/Anrechnung	58	
b) Ausgestaltung	59	
c) Rechtsfolgen bei Verstößen	61	
IV. Ansprüche des Arbeitgebers aus dem Wettbewerbsverbot	63	
1. Auskunftsanspruch	64	
2. Erfüllungsanspruch	65	
3. Ansprüche aus dem Recht der Leistungsstörung	67	
a) Wegfall der Entschädigungspflicht	68	
b) Rücktritt vom Vertrag	69	
c) Schadensersatz	70	
C. Verbindung zu anderen Rechtsgebieten und zum Prozessrecht	71	
D. Beraterhinweise	72	

A. Allgemeines

1 Während des bestehenden Arbverh unterliegt der Handlungsgehilfe – wie auch jeder andere AN – einem gesetzlichen Wettbewerbsverbot, vgl. § 60 (zum Begriff des Handlungsgehilfen siehe § 59 Rn 2 f., zur Anwendung der §§ 60, 61 auf nichtkaufmännische AN siehe § 60 Rn 3). Im nachvertraglichen Bereich ist der AN in seiner Berufswahl und -ausübung jedoch grds. unbeschränkt; es gilt der Grundsatz des freien Wettbewerbs in den Grenzen der allgemeinen Bestimmungen (siehe Rn 6). Will der AG nachvertraglich diese Freiheit beschränken, bedarf es einer gesonderten vertraglichen Vereinbarung, die § 74 als (nachvertragliches) Wettbewerbsverbot bezeichnet. Die Vorschriften der §§ 74 ff. setzen den rechtlichen Rahmen, innerhalb dessen der AG die Wettbewerbstätigkeit des AN für die Zeit nach Beendigung des Vertragsverhältnisses beschränken kann. Ihnen kommt vorrangig die Bedeutung zu, den AN vor einer übermäßigen Beschränkung seiner Berufsfreiheit zu schützen. Unter diesen Schutz fällt der AN als der i.d.R. wirtschaftlich schwächere Teil bis zur Beendigung des Vertragsverhältnisses, da es ihm hier an Verhandlungsmacht fehlt.

Die Schutzvorschriften gehen zurück auf die Rspr. des RG,[1] das bereits vor Inkrafttreten des HGB am 1.1.1900 inhaltliche Schranken für nachvertragliche Wettbewerbsverbote geschaffen hat.[2] Nachdem auch das HGB sich zunächst auf die Regelung dieser inhaltlichen Grenzen beschränkte, wurde durch die HGB-Novelle[3] von 1914 der Schutz der kaufmännischen Ang deutlich verbessert: Die Wirksamkeit von nachvertraglichen Wettbewerbsverboten wurde grds. von der Zusage des Prinzipals abhängig gemacht, eine mindestens 50 %ige Karenzentschädigung zu zahlen; und die zulässige Höchstdauer eines nachvertraglichen Verbots wurde auf zwei Jahre beschränkt. Im Übrigen enthalten die §§ 74 ff. detaillierte Regelungen zur Ausgestaltung von Wettbewerbsverboten, die gem. § 75 in der Regel zugunsten des AN zwingend sind. Trotz folgender zahlreicher Novellierungsansätze sind die Regelungen der §§ 74 ff. nahezu unverändert geblieben. Sie bereiten dem Rechtsanwender in ihrer Unübersichtlichkeit und teilweisen Verfassungswidrigkeit (vgl. § 75 Abs. 3) nicht selten Schwierigkeiten.

Mit Inkrafttreten des Dritten Gesetzes zur Änderung der Gewerbeordnung und sonstiger gewerberechtlicher Vorschriften[4] zum 1.1.2003 wurde der Anwendungsbereich der §§ 74 bis 75f auf alle AN (§ 6 Abs. 2 GewO) durch die Verweisungsnorm des § 110 GewO ausgeweitet. Die Neuregelung führte jedoch nicht zu einer Änderung des geltenden Rechts, da bereits zuvor die Geltung der §§ 74 ff. für AN allgemein anerkannt war.[5] Die rechtsfortbildende Analogie erhielt lediglich Gesetzesform.[6] Im Folgenden werden im Hinblick auf den arbeitsrechtlichen Fokus einheitlich die Begriffe AG und AN verwandt.

B. Regelungsgehalt

I. Die Wettbewerbsabrede

Will der AG für die Zeit nach Ende des Arbverh einen Wettbewerb durch den AN verhindern, bedarf es einer gesonderten vertraglichen Regelung (Wettbewerbsverbot), die in ihrer Ausgestaltung den Grenzen der §§ 74 ff. unterliegt.

1. Vertragliche Vereinbarung. a) Klare Regelung. Die Vereinbarung eines nachvertraglichen Wettbewerbsverbots bedarf der **klaren eindeutigen Regelung**. Die Zustimmung des AN zu einer vorzeitigen Beendigung des Arbeitsvertrags unter erheblicher Aufstockung seiner Versorgungsbezüge allein beinhaltet kein Verbot zum nachvertraglichen Wettbewerb.[7] Die Wettbewerbsabrede kann Bestandteil des Arbeitsvertrags sein oder aber in einer gesonderten Vereinbarung fixiert werden. Verwendet der AG einen Mustervertrag oder in sonstiger Form vorformulierte Vertragsbedingungen, unterliegen die Arbeitsbedingungen den Sonderregeln zu Allgemeinen Geschäftsbedingungen der §§ 305 ff. BGB. Unklarheiten gehen zu seinen Lasten, § 305c Abs. 2 BGB.[8] So muss der AG im Mustervertrag den AN eindeutig über seinen Anspruch auf Karenzentschädigung (§ 74 Abs. 2, siehe Rn 53 ff.) und über Freigabe- und Einschränkungsrechte des AG (vgl. §§ 75, 75a) aufklären.[9] Auch bei einem einzeln ausgehandelten Vertrag gehen unklare Umformulierungen im Zweifel zu Lasten des AG als derjenigen Partei, die eine vom gesetzlichen Leitbild der Wettbewerbsfreiheit abweichende Regelung begehrt. So kann z.B. die Vereinbarung einer großzügigen Abfindung nicht ohne ausdrückliche Regelung in eine Karenzentschädigung umgedeutet werden, um die Wirksamkeit einer Wettbewerbsabrede zu sichern.[10] Nach wie vor offen ist, ob das nachvertragliche Wettbewerbsverbot als eigenständige nachvertragliche Hauptleistungspflicht einer weitergehenden Inhaltskontrolle nach §§ 307 ff. BGB entzogen ist, § 307 Abs. 3 BGB. Viel spricht gegen eine Inhaltskontrolle des Wettbewerbsverbots, dessen Grenzen sich bereits aus §§ 74a ff. HGB ergeben.[11]

b) Abgrenzung zur Treuepflicht. Die nachvertragliche **Treuepflicht** beschränkt den AN nicht in seiner Wettbewerbstätigkeit. Gerade weil der AG die Möglichkeit hat, über eine nachvertragliche Wettbewerbsabrede gegen Zahlung einer Karenzentschädigung die Berufsfreiheit des AN zu beschränken, sollen ihm die Vorteile eines Wettbewerbsverbots nicht auf dem „billigeren" Weg einer nachvertraglichen Treuepflicht oder über § 242 BGB offen stehen.[12] Nur in Ausnahmefällen wird im nachvertraglichen Bereich auf die Treuepflicht des AN abgestellt: So ist der AN etwa auch nach Vertragsbeendigung verpflichtet, Betriebsgeheimnisse zu wahren.[13] Ansonsten gelten nur die nachvertragliche Schweigepflicht für Geheimnisträger und der Schutz nach §§ 3, 17 UWG, §§ 823 Abs. 1

---

1 Allg. zur geschichtlichen Entwicklung *Bauer/Diller*, Rn 1 ff.
2 RG 22.4.1893 – I 18/93 – RGZ 31, 100.
3 RGBl 1914 S. 209.
4 BGBl I S. 3412.
5 Grundlegend BAG 13.9.1969 – 3 AZR 138/68 – AP § 611 BGB Konkurrenzklausel Nr. 24 = DB 1970, 63.
6 *Düwell*, DB 2002, 2270.
7 BAG 15.6.1993 – 9 AZR 558/91 – AP § 611 BGB Konkurrenzklausel Nr. 40 = NZA 1994, 502.
8 Preis/*Stoffels*, Der Arbeitsvertrag, II W 10 Rn 30.
9 BAG 5.9.1995 – 9 AZR 718/93 – AP § 74 HGB Nr. 67 = NZA 1996, 700.
10 BAG 3.5.1994 – 9 AZR 606/92 – AP § 74 HGB Nr. 65 = NZA 1995, 72.
11 Überzeugend LAG Baden-Württemberg 30.1.2008 – 10 Sa 60/07 – NZA-RR 2008, 508; *Diller*, NZA 2005, 250.
12 BAG 15.6.1993 – 9 AZR 558/91 – AP § 611 BGB Konkurrenzklausel Nr. 40 = NZA 1994, 502; BAG 19.5.1998 – 9 AZR 394/97 – AP § 611 BGB Treupflicht Nr. 11 = NZA 1999, 200.
13 BAG 25.4.1989 – 3 AZR 35/88 – AP § 611 BGB Betriebsgeheimnis Nr. 7 = NZA 1989, 860; MünchArb/*Wank*, Bd. 2, § 130 Rn 2.

und 2, 826 BGB, § 79 BetrVG. Umgekehrt bedeutet dies aber auch, dass die ausdrückliche Vereinbarung einer nachvertraglichen Schweigepflicht keine Karenzentschädigungspflicht auslöst: Der AN wird durch die nachvertragliche Pflicht, Betriebsgeheimnisse zu wahren, in seiner beruflichen Entfaltung und Weiterentwicklung nicht in einer mit einem nachvertraglichen Wettbewerbsverbot vergleichbaren Weise beschränkt.[14]

2. Gegenstand der Vereinbarung. Nach der Legaldefinition des § 74 Abs. 1 setzt die Anwendung eine Vereinbarung voraus, die den AN in seiner gewerblichen Tätigkeit in der Zeit nach der Beendigung des Arbvrh zwischen den Parteien beschränkt. Der Begriff der **gewerblichen Tätigkeit** ist dabei nicht nur im Sinne einer selbstständigen gewerblichen Tätigkeit zu verstehen; es fallen hierunter vielmehr sämtliche Tätigkeiten des früheren AN, die seinem Berufsbild entsprechen und deren Untersagung seine spätere berufliche Betätigung sachlich, örtlich oder zeitlich beschränkt.[15] Damit sind auch Tätigkeiten im Rahmen eines neuen Arbvrh oder bei Ausübung eines freien Berufes erfasst. Ob jedoch eine Wettbewerbsabrede unter den Anwendungsbereich der §§ 74 ff. fällt und welche konkrete Tätigkeit dem AN nach Beendigung des Vertragsverhältnisses untersagt ist, ist immer auch eine Frage der konkreten vertraglichen Ausgestaltung und Formulierung.

a) Tätigwerden. Nach dem Wortlaut des § 74 Abs. 1 beziehen sich die Schutzvorschriften nur auf Verbote, die an ein Tätigwerden des AN anknüpfen. Entscheidend ist daher, ob der AN eine **Aktivität** in Konkurrenz zum AG entfaltet, nicht aber in welcher Form er tätig wird und ob es sich um eine entgeltliche Tätigkeit handelt. Daher fallen auch unentgeltliche Tätigkeiten oder eine Tätigkeit im Wege der AÜ unter den Schutzbereich.[16] Andererseits wird der AN (noch) nicht tätig, wenn er sich nur bei einem Konkurrenten für eine spätere Tätigkeit bewirbt, mit diesem einen Arbeitsvertrag für die Zeit nach Ablauf des Verbots abschließt oder ihm eine nach dem Ausscheiden gemachte Erfindung überträgt. Streit entsteht häufig über die Frage, ob der AN noch zulässige Vorbereitungshandlungen für eine spätere Konkurrenztätigkeit oder bereits unzulässigen Wettbewerb vornimmt. Die Abgrenzung ist eine Frage des Einzelfalles und davon abhängig, ob der AN bereits als Konkurrent am Markt auftritt und bereits wirtschaftliche Interessen des AG gefährdet sind (siehe § 60 Rn 13 ff.).[17]

b) Ausgestaltung der Wettbewerbsverbote. Eine Wettbewerbsbeschränkung kann in vielgestaltiger Form vereinbart werden: Dem AN kann Wettbewerb tätigkeits- oder unternehmensbezogen, örtlich und zeitlich begrenzt, unmittelbar oder mittelbar (z.B. bei vom Unterlassen von Wettbewerb abhängigen Rückzahlungs- oder Abfindungsvereinbarungen), umfassend oder auf bestimmte Wirtschaftszweige beschränkt, unbedingt oder bedingt (z.B. bei Abhängigkeit der Wettbewerbstätigkeit von der Zustimmung des früheren AG) untersagt werden. Dabei bestimmt § 74 Abs. 1 nur, dass jede dieser Untersagungen und Beschränkungen der gewerblichen Tätigkeit ein Wettbewerbsverbot darstellt. Inhaltlich wird das Verbot jedoch nicht definiert. Zur Gestaltung im Einzelnen:

aa) Sachliche Beschränkung. (1) Art der Betätigung. § 74 Abs. 1 bezieht sich nicht nur auf gewerbliche Tätigkeiten i.e.S., sondern gilt umfassend für jegliche Verbote einer Berufsausübung (siehe Rn 7). Je nach Formulierung der Wettbewerbsabrede kann aber auch nur die Konkurrenztätigkeit als selbstständige Betätigung oder umgekehrt nur im Ang-Verhältnis untersagt werden. Bei unklarer Begrenzung gilt zu Lasten des AG im Zweifel die engere Beschränkung. So wird bei einem Verbot „Konkurrenz zu machen" nur der Ausschluss einer selbstständigen Tätigkeit[18] und bei einem Verbot der „Eingehung eines Anstellungsverhältnisses mit der Konkurrenz" nur die Untersagung einer Ang-Tätigkeit[19] angenommen. Da § 74 Abs. 1 das Verbot nur final bestimmt und festlegt, welche Formanforderungen an eine Wettbewerbsbeschränkung zu stellen sind, kann der AG sich bei der Ausgestaltung des Wettbewerbsverbots nicht nur am Wortlaut des Gesetzes orientieren. Die bloße Bestimmung, der AN unterliege für zwei Jahre nach Beendigung des Arbvrh einem Wettbewerbsverbot i.S.d. § 74, ist daher zu unbestimmt. Es fehlt an einer **konkreten Bezeichnung** der untersagten Konkurrenztätigkeit. Mit der Abrede muss eine konkrete Tätigkeit beschränkt werden, um inhaltlich hinreichend bestimmt zu sein.[20] An das Bestimmtheitsgebot dürfen andererseits keine zu strengen Anforderungen gestellt werden. Sofern die Art der untersagten Betätigung zumindest über die Regeln der Auslegung inhaltlich bestimmt werden kann, liegt eine wirksame Vereinbarung vor. Der restriktive Auslegungsansatz der Rspr. hat in der Praxis dazu geführt, dass Wettbewerbsabreden über die Gesetzesanforderungen hinaus gehen und ausdrücklich – teilweise sehr umständlich – aufführen, welche Art der Tätigkeit untersagt wird. Die AG wollen damit möglichst umfassend spätere Konkurrenz untersagen und nehmen billigend in Kauf, dass für einzelne Bereiche kein berechtigtes Interesse nach § 74a an einer Untersagung besteht. Die zu weitgehende Fas-

---

14 BAG 16.3.1982 – 3 AZR83/79 – AP § 611 BGB Betriebsgeheimnis Nr. 1 = DB 1982, 2247; *Grunsky*, Wettbewerbsverbote, S. 46.
15 *Bauer/Diller*, Rn 117.
16 LAG Baden-Württemberg 28.2.1986 – 13 Sa 64/68 – NZA 1986, 641.
17 Staub/*Konzen/Weber*, § 74 Rn 3; *Bauer/Diller*, Rn 116.
18 *Röhsler/Borrmann*, S. 79; Staub/*Konzen/Weber*, § 74 Rn 11.
19 OLG Frankfurt 6.12.1972 – 6 U 152/71 – DB 1973, 139; LAG Hamburg 20.9.1968 – 1 Sa 106/68 – BB 1969, 362.
20 LAG Düsseldorf 28.8.1996 – 4 Sa 729/96 – LAGE § 74 HGB Nr. 15.

sung ist insofern risikofrei, als das fehlende berechtigte Interesse nur zu einer Teilunwirksamkeit der Abrede führt (siehe § 74a Rn 2).

Häufig findet man die Untersagung „unmittelbarer oder mittelbarer Tätigkeit sowie der direkten oder indirekten Beteiligung an einem Konkurrenzunternehmen". Damit sollen weiter umfassend sämtliche Tätigkeits- oder Beteiligungsformen des AN verboten werden. Nimmt der AG das Verbot von Beteiligungen an Konkurrenzunternehmen auf, ist damit jede Unterstützung des Unternehmens durch Darlehen, Bürgschaft oder gesellschaftsrechtliche Beteiligungsformen untersagt.[21] Von dem Verbot der Beteiligung werden im Zweifel nicht nur Beteiligungsformen, sondern auch die (Mit-)Gründung eines Unternehmens erfasst.[22] Die verbreitete Formulierung der „indirekten Beteiligung" zielt auf die Erfassung von Umgehungstatbeständen (etwa der Beteiligung an einer Muttergesellschaft des Konkurrenzunternehmens). Auch unabhängig von dem ausdrücklichen Ausschluss nur mittelbarer Beteiligungen nimmt die Rspr. ein verbotenes Tätigwerden an, wenn der AN über Strohmänner handelt oder etwa einen Angehörigen zur Gründung eines Konkurrenzunternehmens vorschiebt.[23]

(2) Inhalt der Betätigung. Man unterscheidet **tätigkeitsbezogene** oder **unternehmensbezogene** Wettbewerbsverbote. Im ersten Fall wird dem AN eine bestimmte Tätigkeit, z.B. Forschung im Bereich bestimmter Arzneimittel, untersagt. Dabei knüpft der AG i.d.R. an die konkrete im eigenen Unternehmen ausgeübte Tätigkeit und bekleidete Position an. Bei unternehmensbezogenen Verboten wird dem AN umfassender jegliche Tätigkeit für bestimmte namentlich bezeichnete oder nach Branche oder Marktsegment bestimmte Konkurrenzunternehmen untersagt. Möglich ist bei unternehmensbezogenen Verboten auch die weitere Konkretisierung des Wettbewerbverbots durch Beschränkung auf bestimmte Geschäftsbereiche (z.B. Forschung und Entwicklung, Produktion oder Vertrieb), auf einen bestimmten Kundenkreis oder bestimmte Absatzmärkte.

Bei der Abwägung, mit welchem Inhalt der AG das Wettbewerbsverbot formulieren sollte, spielen verschiedene Gesichtspunkte eine Rolle. Je weiter ein unternehmensbezogenes Verbot reicht, um so eher besteht die Gefahr, dass die Beschränkung im Streitfall als nicht hinreichend bestimmt oder bestimmbar angesehen wird. Ist die Definition der Branche oder des Geschäftsbereichs jedoch unproblematisch möglich, ist das unternehmensbezogene Verbot für den AG vorteilhafter. Denn dem AN wird damit eine Konkurrenztätigkeit umfassender untersagt. Dadurch kann im Einzelfall ein Streit darüber vermieden werden, in welcher Position und mit welcher konkreten Aufgabe der frühere Mitarbeiter beim Konkurrenten tätig ist und ob diese Tätigkeit von dem tätigkeitsbezogenen Verbot erfasst werden sollte. Tätigkeitsbezogene Verbote passen sich nicht automatisch den Veränderungen des Aufgabengebiets an und sperren möglicherweise die falsche Tätigkeit.[24] Demgegenüber bedürfen unternehmensbezogene Verbote nicht der ständigen Änderung und Anpassung mit der Entwicklung des AN im Unternehmen.

(3) Konkurrenzunternehmen. Wird dem AN die Tätigkeit bei einem Konkurrenzunternehmen untersagt, ist zunächst festzustellen, welche Unternehmen zu den Konkurrenten am Markt zählen. Teilweise wird insoweit in Anlehnung an den kartellrechtlichen Wettbewerbsbegriff des UWG ein Konkurrenzverhältnis nur dann angenommen, wenn beide Unternehmen sich an einem Markt beteiligen, auf dem dieselben Nachfrager bezüglich derselben Güter oder Dienstleistungen auftreten; eine Konkurrenz könne insofern nur bei einer Tätigkeit in einem Handelszweig auf gleicher handelsgewerblicher Stufe bestehen.[25] Diese Definition erscheint zu eng. Der AG kann ein wirtschaftliches Interesse an der Untersagung des Wettbewerbs auch dann haben, wenn der AN zu einem Konkurrenten auf anderer handelsgewerblicher Stufe wechseln will, etwa bei einem Wechsel von einem Produktionsbetrieb zu einem Zwischenvertrieb. Im Gegenzug zahlt er für die Unterlassung des Wettbewerbs in Form der Karenzentschädigung einen angemessenen Preis. Der Begriff des Konkurrenzunternehmens sollte daher umfassender dahingehend ausgelegt werden, dass jeder **Wettbewerber** erfasst wird, der mit gleichen oder ähnlichen Produkten bzw. Dienstleistungen am Markt auftritt, unabhängig von der Handelsstufe.[26] Ausreichend ist dabei, dass die Produktpalette zu einem nicht unerheblichen Teil übereinstimmt.[27] Der AN ist auch bei der weitergehenden Definition hinreichend geschützt, da das Wettbewerbsverbot nur verbindlich ist, wenn es dem Schutz eines berechtigten geschäftlichen Interesse des AG dient (§ 74a Abs. 1 S. 1), und daher nie zum allgemeinen Berufsverbot werden kann.

(4) Ermessensspielraum. Soweit der AG sich die nähere Bestimmung der verbotenen Tätigkeit einseitig unbeschränkt vorbehält, ist das Wettbewerbsverbot **unwirksam**. Denn eine mit der einseitigen Leistungsbestimmung verbundene Unsicherheit für den AN, ob und mit welchem Inhalt ihm spätere Wettbewerbstätigkeit untersagt ist, wäre mit dem Schutzgedanken der §§ 74 ff. nicht vereinbar.

---

21 Staub/*Konzen/Weber*, § 74 Rn 9 f.
22 Staub/*Konzen/Weber*, § 74 Rn 10; HWK/*Diller*, § 74 HGB Rn 42.
23 BGH 6.7.1970 – II ZR 18/69 – BB 1970, 1374; LG Eilwangen 7.4.1995 – 3 O 108/95 – n.v.
24 HWK/*Diller*, § 74 HGB Rn 40.
25 Staub/*Konzen/Weber*, § 74 Rn 4; Heymann/*Henssler*, § 74 Rn 44.
26 *Bauer/Diller*, Rn 123.
27 BAG 16.12.1968 – 3 AZR 434/67 – AP § 133f GewO Nr. 21 = DB 1969, 973.

16 Schwierig kann im Einzelfall die Abgrenzung zu einer **zulässigen Präzisierung** oder **Einschränkung** des Verbots sein. Sofern der AG sich mit Beendigung des Arbeitsvertrags nicht die konstitutive Bestimmung des Wettbewerbsverbots, sondern lediglich eine konkretisierende oder einschränkende Feststellung dessen Inhalt vorbehält, ist die Vereinbarung zulässig; die Regelung muss lediglich hinreichend klar und verständlich formuliert werden.[28] So kann ein Wettbewerbsverbot etwa auf die Arbeitsbereiche beschränkt werden, in denen der AN (in den letzten x Beschäftigungsjahren) bei dem AG tätig war; die Konkretisierung der Arbeitsbereiche kann der AG sich für den Zeitpunkt der Vertragsbeendigung vorbehalten. Eine solche – schriftliche – Präzisierung schränkt den AN nachträglich nicht stärker ein, als es über die Wettbewerbsabrede der Fall war. Sie dient sogar seinem Schutz, da über entsprechende Erklärungen des AG der Umfang des Verbots verbindlich festgelegt und geklärt werden kann. Ebenfalls zum Vorteil des AN und damit zulässig ist die nachträgliche arbeitgeberseitige Einschränkung des Verbots.[29] Sie darf allerdings nicht zu einer Kürzung oder einem Wegfall der Karenzentschädigung führen. Denn dann liegt eine unzulässige bedingte Wettbewerbsabrede vor (siehe Rn 19). Will der AG die nachträgliche Beschränkung des Verbots nicht im Rahmen der Verhandlung über einen Aufhebungsvertrag oder in anderem Zusammenhang als Angebot an den AN nutzen, bringt ihm die nachträgliche Beschränkung keinen Vorteil, da die Karenzentschädigung unangetastet bleiben muss. Über den Weg der nachträglichen Konkretisierung oder Beschränkung kann der AG kein unwirksames Verbot retten; Voraussetzung für die nachträgliche Gestaltung ist ein wirksames Wettbewerbsverbot. Ansonsten greift der Rechtsfolgenkatalog der Nichtigkeit und Unwirksamkeit mit dem Wahlrecht des AN ein, den der AG durch nachträgliche Gestaltungen nicht einseitig umgehen kann.

17 bb) Zeitliche Beschränkung. Zeitlich greift das nachvertragliche Wettbewerbsverbot mangels anderweitiger Vereinbarung ab dem Zeitpunkt der rechtlichen Beendigung des Vertragsverhältnisses. Daher greift während einer laufenden Künd-Frist – auch wenn der AN unwiderruflich beurlaubt ist[30] – noch das vertragliche, nicht aber das nachvertragliche Wettbewerbsverbot. Die Laufzeit des nachvertraglichen Verbots ist insofern in Einklang zu bringen mit der Laufzeit des vertraglichen Wettbewerbsverbots (§ 60): Wird von einer Vertragspartei eine unwirksame Künd ausgesprochen, sind die Laufzeiten des vertraglichen und nachvertraglichen Wettbewerbsverbots abhängig von dem Verhalten der jeweils anderen Partei. Akzeptiert diese die fristlose – wenn auch rechtlich unwirksame – Künd, greift unmittelbar das nachvertragliche Wettbewerbsverbot ein. Erhebt der AN nach dem Ausspruch einer Künd Künd-Schutzklage und beschäftigt ihn der AG daraufhin bis zur rechtskräftigen Entscheidung weiter, unterliegt der AN weiterhin dem vertraglichen Wettbewerbsverbot. Das nachvertragliche Verbot beginnt erst nach der Abweisung der Klage und der tatsächlichen Beendigung der Beschäftigung; auch die Zweijahresfrist des § 74a beginnt erst mit der tatsächlichen Arbeitsniederlegung. Wird der AN jedoch nicht weiterbeschäftigt und die Rechtswirksamkeit der Künd festgestellt, ist für den Beginn des nachvertraglichen Verbots auf die rechtliche (und tatsächliche) Beendigung des Arbeitsvertrags abzustellen. Dem steht nicht entgegen, dass das BAG für die Dauer der Künd-Schutzklage davon ausgeht, dass der AN zunächst weiterhin an das gesetzliche vertragliche Wettbewerbsverbot gebunden ist.[31] Denn in dieser Entscheidung ging es um die Pflichten des AN während der laufenden Künd-Schutzklage, wenn sich später die Unwirksamkeit der Künd herausstellt. Ist der zugrunde liegende Arbeitsvertrag unwirksam, das (gesondert vereinbarte) Wettbewerbsverbot aber wirksam (siehe Rn 30), wird man davon ausgehen müssen, dass mit der tatsächlichen Arbeitsniederlegung das Wettbewerbsverbot greift. Zu diesem Zeitpunkt endet das dem Wettbewerbsverbot zugrunde liegende faktische Arbverh.

18 cc) Örtliche Beschränkung. Enthält das Wettbewerbsverbot keine räumliche Beschränkung, gilt es – vorbehaltlich § 74a – zunächst weltweit. Aus den Vertragsumständen kann sich jedoch auch eine stillschweigende Beschränkung auf eine bestimmte Region oder ein bestimmtes Land ergeben. Knüpft ein tätigkeitsbezogenes Verbot an die Tätigkeit für einen Konkurrenten oder Wettbewerber an, so ist davon auszugehen, dass eine Tätigkeit nur für solche Wettbewerber erfasst sein soll, die auch räumlich in dem selben Markt tätig und insofern überhaupt potenzielle Konkurrenten sind. Der räumliche Anwendungsbereich des Wettbewerbsverbots bezieht sich dabei nur auf die sich konkret auswirkende Tätigkeit. Daher kommt es bei einem Vertriebsmitarbeiter nicht darauf an, wo das Konkurrenzunternehmen seinen Sitz hat oder von welchem Ort aus der Mitarbeiter seine Tätigkeit koordiniert und aufnimmt; entscheidend ist, wo sich Tätigkeit als Eingriff in den Markt auswirkt. Bei einem unternehmensbezogenen Verbot ist die Bestimmung der örtlichen Beschränkung zuweilen schwieriger: So kann fraglich sein, ob die örtliche Beschränkung an den Sitz des Konkurrenzunternehmens oder doch an die künftige Tätigkeit des AN anknüpft.

19 dd) Bedingte Verbote. Von bedingten Wettbewerbsverboten spricht man, wenn der AG sich bei Abschluss der Vereinbarung entschädigungsfrei vorbehält, den AN bei Vertragsbeendigung über das Wettbewerbsverbot zu binden

---

28 BAG 5.9.1995 – 9 AZR 718/93 – AP § 74 HGB Nr. 67 = NZA 1996, 700; LAG Düsseldorf 3.8.1993 – 8 Sa 787/93 – LAGE § 74 HGB Nr. 8; Staub/*Konzen*/Weber, § 74 Rn 41; *Bauer/Diller*, Rn 140.

29 BAG 30.4.1971 – 3 AZR 259/70 – AP § 340 BGB Nr. 2; LAG Düsseldorf 3.8.1993 – 8 Sa 787/93 – LAGE § 74 HGB Nr. 8.

30 LAG München 22.9.1975 – 5 Sa 601, 643/75 – BB 1977, 1049.

31 BAG 25.4.1991 – 2 AZR 624/90 – AP § 626 BGB Nr. 104.

oder freizugeben. Das Interesse des AG an einer solchen Vereinbarung ist leicht nachzuvollziehen: Er kann häufig bei Abschluss des Arbeitsvertrages noch nicht überschauen, ob ein nachvertragliches Wettbewerbsverbot aus betrieblichen Gründen erforderlich sein wird. Da durch die Aufnahme der Bedingung der gesicherte Anspruch des AN auf die vereinbarte Karenzentschädigung (§ 74 Abs. 2) sowie die Systematik der Lösungsmöglichkeiten umgangen würden, sind bedingte Verbote unverbindlich.[32] Der AN hat ein Wahlrecht, ob er sich an die Vereinbarung hält und den Anspruch auf die vereinbarte Entschädigung erwirbt oder das Verbot als unwirksam behandelt (allgemein zum Wahlrecht vgl. Rn 38).

c) Abgrenzung zu sonstigen Verboten. aa) Gewerbliche Tätigkeit. Die bloße Kapitalbeteiligung an einem Konkurrenzunternehmen stellt noch keine verbotene Wettbewerbstätigkeit i.S.d. § 74 Abs. 1 dar.[33] Werden entsprechende Verbote vertraglich vereinbart, kommen die §§ 74 ff. nicht zur Anwendung. Umgekehrt schließt eine Kapitalbeteiligung des AN die Möglichkeit, ein Wettbewerbsverbot zu vereinbaren, nicht aus, solange die Beteiligung nach Umfang und Bedeutung dem AN-Status nicht entgegensteht.[34] Sobald der AN neben der Beteiligung weitere Aktivitäten entfaltet, ist im Einzelfall zu prüfen, ob eine verbotene Konkurrenztätigkeit vorliegt. Außerdem kann der AG neben einer Wettbewerbstätigkeit i.S.d. § 74 dem AN auch den Eintritt oder die Beteiligung an einem Konkurrenzunternehmen untersagen. In dem Fall ist im Zweifel auch die Gründung eines Konkurrenzunternehmens verboten.[35]

bb) Wettbewerbsbeschränkung. Abzugrenzen sind die Wettbewerbsverbote des § 74 Abs. 1 von Vereinbarungen, die lediglich die **allgemeinen Pflichten im Arbverh** konkretisieren und damit nicht von der Zahlung einer Karenzentschädigung abhängig sind. Hierunter fallen etwa die Pflicht zur Verschwiegenheit über Geschäfts- und Betriebsgeheimnisse.[36] Der AG kann daher eine nachvertragliche Geheimhaltungsklausel ausdrücklich in den Vertrag aufnehmen, ohne an eine Karenzentschädigung gebunden zu sein.[37] Allerdings hat das BAG mittlerweile klargestellt, dass dem AN eine berufliche Verwertung seiner in dem Geschäftsbereich erworbenen Kenntnisse nicht ohne Karenzentschädigung verboten werden kann.[38]

Zu den Wettbewerbsabreden i.S.d. §§ 74 ff. zählen grds. auch die sog. **Mandantenschutzklauseln**.[39] Hierunter sind Vereinbarungen zu verstehen, die zwischen den Angehörigen der freien Berufe (z.B. Rechtsanwalt, Wirtschaftsprüfer, Steuerberater) und ihren Angestellten getroffen werden und diesen verbieten, nach Beendigung des Arbverh Mandanten des früheren AG selbstständig oder unselbstständig weiter zu beraten (allgemeine Mandantenschutzklausel).[40] Etwas anderes nimmt das BAG bei beschränkten Mandantenschutzklauseln an, mit denen nur standesrechtliche Klauseln wiederholt werden und dem AN untersagt wird, Mandanten gezielt abzuwerben.[41] Mandantenübernahmeklauseln, die dem AN die Betreuung früherer Mandanten nur gegen Abführung eines Teils des Honorars gestatten, sind grds. ebenfalls ohne Karenzentschädigung zulässig und verbindlich, wenn sie dem Schutz eines berechtigten geschäftlichen Interesses des AG dienen und das berufliche Fortkommen des AN nicht unbillig erschweren.[42]

cc) Wirtschaftliche Bedeutung. Umstritten ist, ob die Schutzvorschriften der §§ 74 ff. nur greifen, wenn das Verbot für den AN wirtschaftliche Bedeutung hat. Das BAG hat in einer Entscheidung vom 19.2.1959[43] ausgeführt, ein Verbot i.S.d. § 74 Abs. 1 liege vor, wenn die Absprache geeignet sei, den AN in seiner gewerblichen Tätigkeit in wirtschaftlich nicht unbedeutender Weise zu behindern. Vor diesem Hintergrund wird teilweise angenommen, eine wirtschaftlich unbedeutende Einschränkung könne ohne die Vereinbarung einer Karenzentschädigung vorgenommen werden.[44] Die Rspr. hat in einer neueren Entscheidung[45] die Frage des Anwendungsbereichs bei absoluten Bagatellfällen offen gelassen, jedoch auch bei beschränkten oder partiellen Tätigkeitsverboten die Anwendung der §§ 74 ff. unproblematisch bejaht.[46] Der Wortlaut des § 74 sieht eine Einschränkung des Anwendungsbereichs nach dem – ohnehin recht vagen – Kriterium der wirtschaftlichen Bedeutung nicht vor. Auch Sinn und Zweck spre-

---

32 BAG 4.6.1985 – 3 AZR 265/83 – AP § 74 HGB Nr. 50 = NZA 1986, 640; BAG 27.9.1988 – 3 AZR 59/87 – AP § 611 BGB Konkurrenzklausel Nr. 35 = NZA 1989, 467; Baumbach/Hopt, § 75a Rn 2; MünchArb/Wank, Bd. 1, § 74 Rn 28; Grunsky, S. 74.
33 Heymann/Henssler, § 74 Rn 11; Bauer/Diller Rn 128b.
34 BAG 18.8.1997 – 9 AZB 15/97 – AP § 74 HGB Nr. 70.
35 Staub/Konzen/Weber, § 74 Rn 9; Schaub/Schaub, Arbeitsrechts-Handbuch, § 58 Rn 67.
36 BAG 15.12.1987 – 3 AZR 474/86 – AP § 611 BGB Betriebsgeheimnis Nr. 5 = NZA 1988, 502.
37 BAG 16.3.1982 – 3 AZR 83/79 – AP § 611 BGB Betriebsgeheimnis Nr. 1 = NJW 1983, 134.
38 BAG 19.5.1998 – 9 AZR 394/97 – AP § 611 BGB Treuepflicht Nr. 11 = NZA 1999, 200.

39 BAG 27.9.1988 – 3 AZR 59/87 – AP § 611 BGB Konkurrenzklausel Nr. 35 = NZA 1989, 467.
40 Bauer/Diller, Rn 147 ff.; Staub/Konzen/Weber, Vor § 74 Rn 23; MünchArb/Wank, Bd. 2, § 130 Rn 11.
41 BAG 16.7.1971 – 3 AZR 384/70 – AP § 611 BGB Konkurrenzklausel Nr. 25 = DB 1971, 1920.
42 BAG 7.8.2002 – 10 AZR 586/01 – AP § 75d HGB Nr. 4 = NZA 2002, 1282.
43 BAG 19.2.1959 – 2 AZR 341/56 – AP § 74 HGB Nr. 10 = BB 1959, 633.
44 Schlegelberger/Schröder, § 74 Rn 4.
45 BAG 15.12.1987 – 3 AZR 474/86 – AP § 611 BGB Betriebsgeheimnis Nr. 5 = NZA 1988, 502.
46 BAG 9.3.1993 – 9 AZR 390/91 – juris.

chen gegen eine solche Einschränkung. Durch die Wettbewerbsabrede wird der AN in seiner Entschließungsfreiheit beschränkt; dies rechtfertigt die Verpflichtung zur Zahlung einer Karenzentschädigung. Wie sich die Beschränkung später wirtschaftlich auswirkt, kann keine Auswirkungen auf die vertragliche Gestaltungsfreiheit haben. Der AG hat seinerseits die Freiheit, die wirtschaftliche Bedeutung der Abrede aus seiner Sicht gegen die Verpflichtung zur Karenz abzuwägen; spätere Entwicklungen im Arbverh können durch einen Verzicht gem. § 75a aufgefangen werden. Die überwiegende Ansicht nimmt daher zutreffend keine Einschränkungen auf Bagatellfälle vor.[47]

24 **3. Zeitpunkt der Vereinbarung.** Die Schutzvorschriften der §§ 74 ff. finden auf alle Wettbewerbsabreden Anwendung, die vor der rechtlichen Beendigung des Vertragsverhältnisses getroffen werden. Während dieses Zeitraums steht der AN in einem persönlichen Abhängigkeitsverhältnis und bedarf des gesetzlichen Schutzes.[48]

25 **a) Vor Beginn des Arbeitsverhältnisses.** Der Anwendungsbereich der Vorschriften bezieht sich nicht nur auf den Zeitraum während des laufenden Arbverh, da typischerweise Wettbewerbsverbote im Arbeitsvertrag und daher noch vor dem Bestehen eines Arbverh vereinbart werden.[49] Auch wenn das Arbverh noch nicht in Vollzug gesetzt und der AN noch nicht unmittelbar in dem persönlichen Abhängigkeitsverhältnis steht, ist er gerade im vorvertraglichen Bereich besonders schutzbedürftig: In der Hoffnung auf einen Arbeitsplatz wird er Beschränkungen seiner nachvertraglichen Wettbewerbstätigkeit in einem weiten Umfang akzeptieren. Entsprechend unterliegt der AG auch bei wettbewerbsbeschränkenden Abreden in einem **Vorvertrag** den gesetzlichen Vorgaben der §§ 74 ff.; dies gilt auch, wenn der AG im Rahmen des Vorvertrags berechtigt wird, unter bestimmten Bedingungen von dem AN – etwa nach einer bestimmten Beschäftigungszeit – die Vereinbarung eines nachvertraglichen Wettbewerbsverbots zu verlangen.[50] Als bedingte Abrede ist ein solches Verbot im Vorvertrag aber nur dann zulässig, wenn der Anspruch auf Abschluss des Wettbewerbsverbots zeitlich begrenzt wird und nach einer Künd des Arbverh nicht mehr geltend gemacht werden kann.[51]

26 **b) Probezeit.** Ein nachvertragliches Wettbewerbsverbot gilt unabhängig von der Dauer der vorausgehenden Beschäftigung: Es kann auch mit einem AN während der **Probezeit** und für einen Zeitraum nach Ausscheiden noch während der Probezeit abgeschlossen werden. In diesem Fall gilt der Schutz der §§ 74 ff. uneingeschränkt. Da der AG jedoch häufig erst bei einer längeren Beschäftigung des AN Abfluss von Know-how und Wettbewerb fürchten muss, liegt es in seinem Interesse, das Wettbewerbsverbot von einer gewissen Mindestbeschäftigungsdauer abhängig zu machen. Es ist zulässig, die Wirksamkeit des Wettbewerbsabrede auf einen Zeitpunkt nach Ablauf der Probezeit hinauszuschieben.[52] Die Vereinbarung einer solchen aufschiebenden Bedingung ist für den Geschäftsverkehr auch nicht ungewöhnlich und stellt daher ihrem Inhalt nach keine „überraschende Klausel" i.S.v. § 305c Abs. 1 BGB dar.[53] Der AG muss die Bedingung des ungekündigten Fortbestands des Arbverh über einen bestimmten Zeitpunkt hinaus aber eindeutig und klar formulieren. Ansonsten hat der AN, der noch während der Probezeit ausscheidet, einen Anspruch auf Karenzentschädigung. Auch darf die Vereinbarung eines bedingten Wettbewerbsverbots nicht dazu führen, dass die Entschädigungspflicht nach § 74 Abs. 2 umgangen wird, so wenn der AG sich bei Beendigung des Arbverh den Verzicht auf das Wettbewerbsverbot vorbehält.[54]

27 **c) Im Zusammenhang mit Beendigung.** Der Schutz der §§ 74 ff. greift während der gesamten Zeit des bestehenden Vertragsverhältnisses, unabhängig von einem bereits aufgrund Befristung oder Künd feststehenden Beendigungsdatum. Auch wenn die Parteien erst nach Ausspruch der Künd, aber während der laufenden **Künd-Frist** ein nachvertragliches Wettbewerbsverbot vereinbaren, unterliegen sie den gesetzlichen Gestaltungsgrenzen. Problematisch ist die Beschränkung, wenn zusammen mit der Abrede zum Wettbewerbsverbot das Arbverh beendet wird, etwa bei einer fristlosen Künd oder einem Aufhebungsvertrag mit sofortiger Wirkung. Der BGH geht für Handelsvertreter davon aus, dass Wettbewerbsabreden, deren Abschluss mit der Beendigung des Vertragsverhältnisses zusammenfallen, nicht mehr unter den Schutz des § 90a fallen.[55] Überwiegend wird beim Arbverh jedoch in diesen Fällen der Fortbestand des gesetzlichen Schutzes angenommen.[56] Die Gegenmeinung[57] übersieht, dass der AN bis zum Abschlusszeitpunkt in einem Arbverh steht. Seine Abhängigkeit und die daraus abgeleitete **Schutzbedürftigkeit** knüpfen an

---

47 Röhricht/v. Westphalen/*Wagner*, § 74 Rn 24; *Grunsky*, S. 121; *Bauer/Diller*, Rn 146.
48 Staub/*Konzen/Weber*, § 74 Rn 16; MüKo-HGB/v. *Hoyningen-Huene*, § 74 Rn 21.
49 *Baumbach/Hopt*, § 74 Rn 4; MüKo-HGB/v. *Hoyningen-Huene*, § 74 Rn 20.
50 BAG 18.4.1969 – 3 AZR 154/68 – AP § 133f GewO Nr. 22 = DB 1969, 1751.
51 BAG 18.4.1969 – 3 AZR 154/68 – AP § 133f GewO Nr. 22 = DB 1969, 1751; Schaub/*Schaub*, Arbeitsrechts-Handbuch, § 58 Rn 47.
52 BAG 28.6.2006 – 10 AZR 407/05 – AP § 74 HGB Nr. 80; BAG 27.4.1982 – 3 AZR 814/79 – AP § 620 BGB Probearbeitsverhältnis Nr. 16 = NJW 1983, 135.
53 BAG 13.7.2005 – 10 AZR 532/04 – AP § 74 HGB Nr. 78 = DB 2005, 2415.
54 BAG 5.10.1982 – 3 AZR 451/80 – AP § 74 HGB Nr. 42 = NJW 1983, 2896.
55 BGH 5.12.1968 – VII ZR 102/66 – AP § 90a HGB Nr. 2.
56 BAG 3.5.1994 – 9 AZR 606/92 – AP § 74 HGB Nr. 65; MüKo-HGB/v. *Hoyningen-Huene*, § 74 Rn 21; *Baumbach/Hopt*, § 74 Rn 4; Schaub/*Schaub*, Arbeitsrechts-Handbuch, § 58 Rn 44.
57 Röhricht/v. Westphalen/*Wagner*, § 74 Rn 7.

den Bestand des Arbverh an. Gerade bei der Beendigung eines Arbverh durch Aufhebungsvertrag oder Prozessvergleich ist der AN bei typisierter Betrachtung noch nicht ebenbürtiger Verhandlungspartner im Sinne eines Konkurrenten am Markt, sondern abhängig Beschäftigter, für den die Beendigungsbedingungen von erheblicher wirtschaftlicher Bedeutung sein können. Teilweise wird weiter danach differenziert, ob das Arbverh rückwirkend, mit sofortiger Wirkung oder erst für die Zukunft beendet wird.[58] Stellt man jedoch allein auf den Schutzzweck der Vorschriften und die Verhandlungsstärke des AN zum Zeitpunkt der Vereinbarung ab, gibt es keine hinreichenden Gründe für diese Differenzierung.

d) Nach Beendigung des Arbeitsverhältnisses. Vereinbaren AG und AN nach rechtlicher Beendigung des Arbeitsvertrages eine Vereinbarung über Beschränkungen der Wettbewerbstätigkeit, sind sie in den Grenzen der §§ 138, 242 BGB in der Gestaltung frei; der AG ist insb. nicht mehr zur Zahlung einer Karenzentschädigung verpflichtet.[59]

e) Nicht in Vollzug gesetztes Arbeitsverhältnis. Ein Interessenwiderstreit kann auch dann auftreten, wenn zwar vertraglich wirksam ein nachvertragliches Wettbewerbsverbot vereinbart wurde, der Arbeitsvertrag aber nie in Vollzug gesetzt wurde und der AG daher auch kein Interesse an der Umsetzung der Wettbewerbsabrede hat. Im Wege der Auslegung ist in einem solchen Fall die Reichweite des Verbots zu ermitteln. Nach Sinn und Zweck des Wettbewerbsverbots wird man annehmen können, dass dieses unter der **stillschweigenden Bedingung** der tatsächlichen Arbeitsaufnahme steht.[60] Ansonsten besteht kein schutzwürdiges geschäftliches Interesse des AG an dem Verbot. Denn nur bei Antritt der Stelle kann der AN überhaupt Fähigkeiten und Kenntnisse erwerben, die eine Konkurrenzsituation zum AG auslösen können. Etwas anderes kann ausnahmsweise dann gelten, wenn der AN bereits im Vorfeld – etwa durch eine umfangreiche Einweisung des AG oder im Anfühlungsverhältnis – schützenswerte Kenntnisse erworben hat.[61] I.S.d. Rechtsklarheit kann die Geltung des Wettbewerbsverbots jedoch nicht noch weiter von einer konkludenten Mindestbeschäftigungszeit abhängig gemacht werden; ab Aufnahme der Beschäftigung gilt die Wettbewerbsabrede, wenn die Parteien nicht etwas anderes vereinbaren (siehe Rn 26).

f) Faktisches Arbeitsverhältnis. Umgekehrt kann der AG trotz Nichtigkeit des Arbeitsvertrags aufgrund einer tatsächlichen Beschäftigung in der Vergangenheit ein großes Interesse an der Umsetzung eines nachvertraglichen Wettbewerbsverbots haben. Der AN hat allein durch den **faktischen Vollzug** die Fähigkeiten und Kenntnisse erworben, deren Abwandern zum Konkurrenten der AG verhindern will. Ist die Wettbewerbsabrede nicht separat und wirksam vereinbart, sondern Teil des unwirksamen Arbeitsvertrages, wird teilweise nach § 139 BGB im Zweifel eine Teilnichtigkeit des Vertrages angenommen, wenn dieser in Vollzug gesetzt war.[62] Nach a.A. ist im Sinne einer Interessenabwägung nach dem Grund für die Nichtigkeit des Arbeitsvertrages zu differenzieren:[63] Sei der Arbeitsvertrag etwa aufgrund Geschäftsunfähigkeit des AN nichtig, ergreife der Nichtigkeitsgrund unzweifelhaft auch die Wettbewerbsabrede. Habe der AG jedoch den Arbeitsvertrag wegen arglistiger Täuschung, Irrtum oder widerrechtlicher Drohung wirksam angefochten, werde man ihm ein Wahlrecht einräumen müssen, ob das Wettbewerbsverbot greifen solle oder nicht. Umgekehrt müsse die wirksame Anfechtung des Arbeitsvertrags durch den AN ebenfalls zu einem Wahlrecht führen, da derjenige, der den Anfechtungsgrund gesetzt habe, nicht noch von der Anfechtung profitieren dürfe. Letzterer Auffassung ist zuzustimmen, da auf diesem Weg interessengerecht auf den Unwirksamkeitsgrund abgestellt werden kann. Dogmatisch wird man über § 139 BGB zu ähnlichen Ergebnissen kommen, da die Teilbarkeit des Rechtsgeschäfts von dem mutmaßlichen Parteiwillen abhängt und damit die Parteiinteressen auffängt.

II. Vertragsparteien

1. Prinzipal. Nach dem Wortlaut des § 74 gelten die Beschränkungen der nachvertraglichen Wettbewerbsabrede nur bei einer Vereinbarung zwischen den unmittelbaren Arbeitsvertragsparteien. Nach Sinn und Zweck eines nachvertraglichen Wettbewerbsverbots wird der Anwendungsbereich jedoch ausgedehnt auf die Vereinbarung zwischen einem Geschäftspartner des AG und dem AN, dem nachvertraglich der Wettbewerb zum Geschäftspartner untersagt wird, wenn zwischen dem Wettbewerbsverbot und dem Arbverh ein innerer Zusammenhang besteht, so wenn die Tätigkeit im Arbverh dem Geschäftspartner zugute kommt.[64]

2. Handlungsgehilfe. Die §§ 74 ff. gelten nicht nur für den im Tatbestand genannten Handlungsgehilfen, sondern über den Verweis des § 110 GewO auch für sonstige **AN**. Der Meinungsstreit über die analoge Anwendung der §§ 74 ff. über den Kreis der kaufmännischen und technischen (§ 133f GewO) Ang hinaus hat nur noch historische

---

58 *Bauer/Diller*, Rn 52 ff.
59 BAG 11.3.1968 – 3 AZR 37/67 – AP § 74 HGB Nr. 23; *Baumbach/Hopt*, § 74 Rn 5.
60 BAG 3.2.1987 – 3 AZR 523/85 – AP § 74 HGB Nr. 54 = NZA 1987, 813; BAG 26.5.1992 – 9 AZR 27/91 – AP § 74 HGB Nr. 63 = NZA 1992 1763; Röhricht/v. Westphalen/*Wagner*, § 74 Rn 11.
61 BAG 3.2.1987 – 3 AZR 523/85 – AP § 74 HGB Nr. 54 = NZA 1987, 813; *Baumbach/Hopt*, § 74 Rn 4.
62 BAG 3.2.1987 – 3 AZR 523/85 – AP § 74 HGB Nr. 54 = NZA 1987, 813; *Röhsler/Borrmann*, S. 73.
63 *Bauer/Diller*, Rn 38.
64 OLG Stuttgart 14.8.1970 – 2 U 6/70 – BB 1970, 1176.

Bedeutung. Die §§ 74 ff. finden auch Anwendung auf leitende Ang,[65] Prokuristen[66] und auf geringfügig am Kapital beteiligte AN (weniger als 1 % Beteiligung am Stammkapital).[67] Die Rspr. hat den Anwendungsbereich der §§ 74 ff. aufgrund ihres Leitgedankens zum Schutz des Schwächeren immer schon über den Bereich des Handlungsgehilfen hinaus auf sonstige AN ausgedehnt.[68] Auch nach dem Inkrafttreten des § 110 GewO spielt diese Rspr. insofern noch eine Rolle, als über dieselbe Argumentation **wirtschaftlich oder sozial abhängige** freie Mitarbeiter dem Schutzbereich unterstellt werden.[69] Daher können auch Heimarbeiter und arbeitnehmerähnliche Personen unter den persönlichen Anwendungsbereich fallen.[70] Im Einzelfall ist dabei auch zu prüfen, ob der freie Mitarbeiter nicht in Wirklichkeit aufgrund der persönlichen Abhängigkeit und der sonstigen Umstände als AN einzuordnen ist. Liegt eine wirtschaftliche oder soziale Abhängigkeit vor, setzt die Wirksamkeit eines Wettbewerbsverbots zumindest in Anlehnung an die §§ 74, 90a eine Vereinbarung einer angemessenen Karenzentschädigung voraus.[71] Aufgrund gesetzlicher Sondervorschriften sind Wettbewerbsabreden von vornherein für Volontäre oder Auszubildende unzulässig, §§ 12 Abs. 1 S. 1, 26 BBiG. Für Handelsvertreter gilt die Sonderregel des § 90a. Diese Regelung ist ebenfalls auf einen Vertrag mit einer Ein-Mann-GmbH anwendbar, die mit der Person ihres Gesellschafters und Geschäftsführers „steht und fällt", denn es besteht kein Grund die GmbH anders zu behandeln, als wenn statt ihrer die (einzige) natürliche Person, die „hinter ihr steht", als Vertragspartner in Erscheinung getreten wäre.[72]

33 **3. Vertretungsberechtigte Organmitglieder.** Vertretungsberechtigte Organmitglieder, wie der Geschäftsführer einer GmbH oder die Vorstandsmitglieder einer AG, sind nach der Rspr. des BGH grds. **keine** AN.[73] Die gesetzlichen Beschränkungen der §§ 74 ff. finden daher auf anstellungsvertraglich vereinbarte Wettbewerbsverbote keine unmittelbare Anwendung. Aufgrund des Sozialschutzcharakters der gesetzlichen Beschränkungen der §§ 74 ff. lehnt der BGH grds. auch eine analoge Anwendung auf die gesetzlichen Vertreter einer Gesellschaft ab, die mit dem von ihnen geleiteten Unternehmen gleichgesetzt würden und denen man im Wesentlichen die Tätigkeiten und Leistungen eines Unternehmens zuschreibe.[74] Gleichwohl sind Wettbewerbsverbote für Organmitglieder für den nachvertraglichen Bereich nicht schrankenlos zulässig. Nach der neueren Rspr. des BGH sollen einzelne Vorschriften zum Schutz des Unternehmens, wie das Verzichtsrecht nach § 75a,[75] auch auf Organmitglieder Anwendung finden; die Regelung zur Anrechnung anderweitigen Erwerbs nach § 75c findet jedoch auf den Geschäftsführer einer GmbH keine Anwendung.[76] Im Übrigen nimmt der BGH eine Einzelfallkontrolle nach § 138 BGB vor und lässt bei seiner Wertung die Leitlinien der §§ 74 ff. einfließen. Entscheidend nach dieser Rspr., dass sich die Gesellschaft durch Vereinbarungen etwa mit ihrem Geschäftsführer davor bewahren können soll, dass dieser die im Unternehmen erlangten Fähigkeiten und Kenntnisse zu ihrem Schaden im Wettbewerb ausnutzt, ohne dass sie den starren Vertragsgrenzen und Schutzrechten der §§ 74 ff. unterliegt.[77] Wettbewerbsverbote sind nur zulässig, wenn sie dem Schutz eines berechtigten Interesses des Gesellschaftsunternehmens dienen und nach Ort, Zeit und Gegenstand die Berufsausübung und wirtschaftliche Betätigung des Geschäftsführers nicht unbillig erschweren.[78] Eine weitergehende Inhaltskontrolle, insb. am Leitbild des § 74 Abs. 2 wird überwiegend abgelehnt, da das vertretungsberechtigte Organ im Vergleich zum AN weit weniger schutzbedürftig ist und Wirkungsmöglichkeit und Stellung von wesentlicher Bedeutung sind.[79]

34 Wurde mit einem AN eine nach den §§ 74 ff. unwirksame Wettbewerbsabrede getroffen, wird diese nicht durch ein Aufrücken des AN in eine Organstellung rechtswirksam.[80] Denn ausschlaggebend für die Inhaltskontrolle ist die Schutzbedürftigkeit des AN zum Zeitpunkt der Vereinbarung; nur weil dieser später in die weniger schutzbedürftige Position eines Vertretungsorgans aufrückt, ist nicht davon auszugehen, dass er in dieser Position eine inhaltsgleiche (rechtswirksame) Abrede getroffen hätte.

35 **4. Rechtsnachfolge.** Durch Rechtsnachfolge aufseiten des AG kann die Wettbewerbsabrede beeinträchtigt werden. Unproblematisch ist die Rechtsnachfolge auf Seiten des AG, soweit die Voraussetzungen des Betriebsübergangs

---

65 LAG Nürnberg 21.7.1994 – 5 Sa 391/84 – LAGE § 74 HGB Nr. 11 = NZA 1995, 535.
66 OLG Karlsruhe 30.9.1986 – 8 U 127/86 – BB 1986, 2365.
67 BAG 18.8.1997 – 9 AZB 15/97 – AP § 74 HGB Nr. 70 = NZA 1997, 1362.
68 BAG 13.9.1969 – 3 AZR 138/68 – AP § 611 BGB Konkurrenzklausel Nr. 24 = NJW 1970, 626; BAG 9.1.1990 – 3 AZR 110/88 – AP § 74 HGB Nr. 59 = NJW 1990, 1870.
69 BAG 21.1.1997 – 9 AZR 778/95 – AP § 611 BGB Konkurrenzklausel Nr. 44 = NZA 1997, 1284; BGH 10.4.2003 – III ZR 169/02 – NJW 2003, 1864.
70 MüKo-HGB/v. *Hoyningen-Huene*, § 74 Rn 8; MünchArb/*Wank*, Bd. 2, § 130 Rn 5.
71 LAG Düsseldorf 26.4.1999 – 18 Sa 1941/98 – n.v.; LAG Köln 2.6.1999 – 2 Sa 138/99 – NZA-RR 2000, 19; *Grunsky*, S. 55.
72 OLG München 22.1.1997 – 7 U 4756/96 – NJW-RR 1998, 393.
73 BGH 24.10.1989 – X ZR 58/88 – DB 1990, 676.
74 BGH 26.3.1984 – II ZR 229/83 – BGHZ 91, 1 = DB 1984, 1717.
75 BGH 17.2.1992 – II ZR 140/91 – NJW 1992, 1892.
76 BGH 28.4.2008 – II ZR 11/07 – NJW 2008, 2437.
77 Röhricht/v. Westphalen/*Wagner*, § 74 Rn 18; BGH 4.3.2002 – II ZR 77/00 – NJW 2002, 1875.
78 BGH 9.5.1968 – II ZR 158/66 – NJW 1968, 1717; BGH 26.3.1984 – II ZR 229/83 – BGHZ 91, 1 = DB 1984, 1717.
79 MüKo-HGB/v. *Hoyningen-Huene*, § 74 Rn 9.
80 OLG Koblenz 1.8.1985 – 6 U 618/85 – WM 1985, 1484.

nach § 613a BGB vorliegen. Der Betriebserwerber tritt automatisch in die Rechte und Pflichten aus der unveränderten Wettbewerbsabrede ein. Veräußert der AG sein Unternehmen oder liegen sonstige mit dem Verlust des AG-Status verbundene Rechtsänderungen vor, die den Tatbestand des § 613a BGB nicht erfüllen, kann der AG seine Rechte aus dem Wettbewerbsverbot an einen Dritten abtreten. Im Hinblick auf § 613 S. 2 BGB bedarf diese Abtretung jedoch grds. der Zustimmung des AN.[81] Behält der ursprüngliche AG dagegen die Rechte aus der Wettbewerbsabrede, obwohl er nicht mehr Unternehmensinhaber ist, bleibt das Verbot für den AN grds. verbindlich. Dies gilt zumindest für den Fall, dass der AG sich seinerseits gegenüber dem neuen Unternehmensinhaber verpflichtet hat, Konkurrenz zu unterlassen und fernzuhalten. Ausschlaggebend sind die fortbestehenden berechtigten geschäftlichen Interessen i.S.d. § 74a Abs. 1 S. 1. Eine isolierte Abtretung der Rechte aus einer Wettbewerbsabrede ist dagegen nach § 399 BGB unwirksam, da sich der Inhalt des Rechtsgeschäfts hierdurch ändern würde.

III. Gestaltungsgrenzen

1. Überblick über die Rechtsmängel. Das Gesetz sieht differenzierte Rechtsfolgen für Rechtsmängel eines Wettbewerbsverbots vor. Es unterscheidet Rechtsmängel, die zur Rechtsunwirksamkeit oder Nichtigkeit des Wettbewerbsverbots führen, solche, die dessen Unverbindlichkeit zur Folge haben, und solche, die nur teilweise eine Unverbindlichkeit begründen. Dieser Rechtsfolgenkatalog knüpft an die unterschiedlichen Formulierungen des Gesetzes an. Welche Rechtsfolge eingreift, richtet sich daher in erster Linie nach der konkreten Ausgestaltung der Norm (siehe die jeweils dortige Kommentierung).

a) Nichtigkeit. Verstößt ein Wettbewerbsverbot in besonders eklatanter Weise gegen die Gerechtigkeitsvorstellungen des Gesetzgebers und die Schutzmechanismen der §§ 74 ff., führt der Rechtsmangel zur Nichtigkeit der Abrede. Hierauf können sich dann grds. beide Parteien berufen. Das Wettbewerbsverbot ist **von Anfang unwirksam**: Der AN ist frei in der Wahl einer neuen Berufstätigkeit, der AG ist nicht zur Zahlung einer Karenzentschädigung verpflichtet. Auch wenn die Parteien zunächst keine Kenntnis von der Nichtigkeit der Abrede hatten, können sie sich hierauf berufen und umgekehrt aus der Umsetzung der Abrede keine Rechte herleiten. Dies kann zu einer Rückabwicklung nach §§ 812 ff. BGB führen.[82] Die Parteien können einen solchen Rechtsmangel gemeinsam heilen, einseitig ist dies jedoch nicht möglich.

b) (Teilweise) Unverbindlichkeit. Daneben ordnet der Gesetzgeber an, dass bei einem Verstoß gegen bestimmte inhaltliche Anforderungen, die sich aus den Vorschriften der §§ 74 ff. ergeben, das Wettbewerbsverbot (insoweit) unverbindlich ist. In diesen Fällen steht dem AN ein **Wahlrecht** zu, ob er sich dem Wettbewerbsverbot unterwirft mit der Folge eines Anspruchs auf Karenzentschädigung, oder ob er das Wettbewerbsverbot als unverbindlich behandelt.

Entgegen der früheren Rspr. muss der AN das Wahlrecht nicht unmittelbar im Moment seines Ausscheidens durch entsprechende Erklärung ausüben. Unterlässt er nach Beendigung des Vertragsverhältnisses tatsächlich Wettbewerb, kann er auf der Grundlage der Wettbewerbsabrede die Karenzentschädigung fordern.[83] Umgekehrt führt die Aufnahme einer Konkurrenztätigkeit zur Unverbindlichkeit des Verbots. Die Ausübung des Wahlrechts wird insoweit aus dem **Verhalten** des AN geschlossen, welches dann jedoch als endgültig und bindend betrachtet wird. Der AN kann nicht nach einem Zeitraum der Karenz sein Wahlrecht erneut ausüben und unter Verzicht auf die Entschädigung eine Konkurrenztätigkeit aufnehmen; dies gilt auch dann, wenn der AG sich mit der Karenzzahlung in Verzug befindet.[84] Auf einen Willen zur Bindung an die Wettbewerbsabrede wird auch dann geschlossen, wenn der AN sich bei einem Wettbewerber bewirbt, unabhängig davon, ob er eine Tätigkeit dort aufnimmt.[85] Problematisch sind die Fälle, in denen das Verhalten des AN keine eindeutigen Rückschlüsse auf die Ausübung seines Wahlrechts zulässt: Der AN meldet sich arbeitslos oder tritt einen Auslandsaufenthalt an. Da das BAG in den Fällen, in denen der AN in einem neuen Arbverh tatsächlich Wettbewerb unterlässt, die Verbindlichkeit der Abrede annimmt, sollte auch in allen übrigen Fällen, in denen der AN keine Wettbewerbshandlung vornimmt und keine klare Aussage zum Wahlrecht trifft, die Verbindlichkeit der Abrede angenommen werden. Möchte der AG nach dem Ausscheiden des AN Rechtsklarheit im Hinblick auf die Verbindlichkeit der Abrede, kann er den AN unter Fristsetzung zur Ausübung des Wahlrechts auffordern (§ 264 Abs. 2 S. 1, 2 BGB analog).[86] Als angemessene Erklärungsfrist wird in Anlehnung an § 4 KSchG ein Zeitraum von drei Wochen angesehen.[87]

---

81 BAG 26.11.1971 – 3 AZR 220/71 – AP § 611 BGB Konkurrenzklausel Nr. 26 = DB 1972, 537.
82 *Bauer/Diller*, Rn 67 f.
83 BAG 22.5.1990 – 3 AZR 647/88 – AP § 74 HGB Nr. 60 = NZA 1991, 263.
84 BAG 5.10.1982 – 3 AZR 451/80 – AP § 74 HGB Nr. 42 = BB 1983, 1219; a.A. Staub/*Konzen/Weber*, § 74 Rn 34; *Bauer/Diller*, Rn 80.
85 BAG 16.12.1986 – 3 AZR 73/86 – AP § 74 HGB Nr. 53 = NZA 1987, 592.
86 BAG 22.5.1990 – 3 AZR 647/88 – AP § 74 HGB Nr. 60 = NZA 1991, 263; *Baumbach/Hopt*, § 75d Rn 2.
87 Kasseler Handbuch-ArbR/*Welslau*, 6.1 Rn 441.

40 Einige Vorschriften sehen darüber hinaus vor, dass das Wettbewerbsverbot „insoweit" unverbindlich ist, als es bestimmte inhaltliche Grenzen überschreitet. In diesen Fällen wird eine **teilweise Unverbindlichkeit** angenommen: Das Verbot wird zunächst auf das erlaubte Maß zurückgeführt, in dessen Rahmen der AG aus der Abrede vorgehen kann. Hinsichtlich des überschießenden Teils hat der AN wiederum ein Wahlrecht, ob er sich insgesamt gegen Zahlung der Karenzentschädigung an das Wettbewerbsverbot hält oder entgegen der Abrede eine Tätigkeit aufnimmt. Das Wahlrecht ist jedoch nicht in allen Fällen für den AN sinnvoll, so dass ein Verstoß auch unmittelbar zu einer Teilnichtigkeit führen kann (vgl. z.B. Verstoß gegen § 74a BGB Rn 2).

41 **2. Formvorschriften (Abs. 1).** § 74 enthält eine doppelte Formvorschrift: Das Wettbewerbsverbot bedarf der Schriftform und der Aushändigung der Vertragsurkunde. Die Formerfordernisse haben den Zweck, den AN vor übereilten Abschlüssen und einer unüberlegten Bindung an ein Wettbewerbsverbot zu schützen.

42 **a) Schriftform.** Zur Gültigkeit der Abrede ordnet § 74 die Einhaltung der beiderseitigen Schriftform an.

43 **aa) Anforderungen an die Schriftform.** Da es sich um ein **gesetzliches Schriftformerfordernis** handelt, findet § 126 BGB uneingeschränkt Anwendung: Die Unterzeichnung muss eigenhändig oder mittels notariell beglaubigten Handzeichens erfolgen; eine Vertretung ist möglich (§ 126 Abs. 1 BGB). Die Unterschriften müssen auf derselben Urkunde (§ 126 Abs. 2 S. 1 BGB) oder bei zwei gleich lautenden Urkunden auf der Urkunde der jeweils anderen Partei (§ 126 Abs. 2 S. 2 BGB) stehen. Die Schriftform ist ersetzbar durch die elektronische Form,[88] gerichtliche oder notarielle Beurkundung (§§ 126 Abs. 3 u. 4, 127 BGB). Für das Wettbewerbsverbot gelten folgende Besonderheiten:

44 Eine nicht unterzeichnete Wettbewerbsabrede genügt dann dem Schriftformerfordernis, wenn sie mit dem Arbeitsvertrag fest verbunden ist und dieser auf die Wettbewerbsabrede verweist.[89] Hinsichtlich der Anforderungen, die an eine „feste Verbindung" zu stellen sind, kann auf die zum Interessenausgleich mit Namensliste ergangene Rspr. verwiesen werden (vgl. § 1 KSchG Rn 567 ff.). Auch hier ist zu fordern, dass die nicht unterzeichnete, in Bezug genommene Urkunde mit der Haupturkunde in einer Weise verbunden ist, dass entweder die Auflösung der Verbindung nur mit teilweiser Substanzzerstörung möglich ist (z.B. beim Heften mit Faden oder Anleimen) oder die körperliche Verbindung als dauernd gewollt erkennbar ist und ihre Lösung Gewaltanwendung erfordert (z.B. Tackern).[90] Dagegen genügt es nicht, wenn von nur einer Partei der Abschluss einer mündlich getroffenen Wettbewerbsabrede schriftlich bestätigt wird.

45 In der schriftlichen unterzeichneten Urkunde sind **alle wesentlichen Umstände**, die den konkreten Inhalt des Wettbewerbsverbotes ausmachen, anzugeben, also die sachliche, örtliche und zeitliche Beschränkung des Verbots sowie die Verpflichtung zur Karenzentschädigung. Der AG muss jedoch die konkrete Höhe der zu zahlenden Entschädigung nicht beziffern, da ihm dies zum Zeitpunkt des Vertragsschlusses häufig noch gar nicht möglich sein wird. Es genügt daher, wenn die Verpflichtung zur Zahlung einer Karenzentschädigung „in gesetzlicher Höhe" aufgenommen wird (zu den an die Zusage der Entschädigung zu stellenden Anforderungen, siehe Rn 59).

46 Im Gegensatz zum Formerfordernis bei Begründung des Wettbewerbsverbots gilt bei seiner Aufhebung der Grundsatz der Formfreiheit: Das Verbot kann durch spätere mündliche Vereinbarung jederzeit wieder aufgehoben werden.[91] Selbst wenn die Parteien für Änderungen des Arbeitsvertrages und insofern auch für die Wettbewerbsabrede Schriftform vereinbart haben, kann in der mündlichen Aufhebung des Wettbewerbsverbots konkludent auch die Aufhebung des Schriftformerfordernisses liegen, wenn die Parteien die Maßgeblichkeit der mündlichen Vereinbarung übereinstimmend gewollt haben.[92] Es gelten die allgemeinen Auslegungsgrundsätze für sog. einfache Schriftformklauseln. Das nachvertragliche Wettbewerbsverbot und die damit verbundene Karenzentschädigung können auch konkludent im Rahmen eines Beendigungsvergleichs oder Abwicklungsvertrags im Wege einer allgemeinen Ausgleichsklausel aufgehoben werden.[93]

47 **bb) Rechtsfolgen bei Nichteinhaltung.** Wird die Wettbewerbsabrede nicht schriftlich i.S.d. § 126 BGB getroffen, ist sie unheilbar nichtig (§ 125 BGB). Ist ein notwendiger Teil der Wettbewerbsabrede nicht schriftlich fixiert worden, ist im Zweifel nach § 139 BGB das gesamte Verbot unwirksam. Da die Schriftform vorrangig den AN schützen soll, wird diese Auslegungsregel zugunsten des durch das Verbot belasteten AN fast immer eingreifen. Beruft sich jedoch ausnahmsweise der AG auf den Mangel der Schriftform, kann dem die Einrede der unzulässigen Rechtsausübung entgegenstehen, wenn der Verstoß auf seinem Verschulden oder einem zurechenbaren Verschulden seines Vertreters beruht.

---

88 Unter Hinweis auf § 2 Abs. 1 S. 3 NachwG anders ErfK/ *Oetker*, § 74 HGB Rn 13.
89 BAG 30.10.1984 – 3 AZR 213/82 – AP § 74 HGB Nr. 46 = NZA 1985, 429.
90 BAG 6.8.1985 – 3 AZR 117/84 – n.v.
91 BAG 10.1.1989 – 3 AZR 460/87 – AP § 74 HGB Nr. 57 = NZA 1989, 787.
92 BAG 10.1.1989 – 3 AZR 460/87 – AP § 74 HGB Nr. 57 = NZA 1989, 787; BGH 2.7.1975 – VIII ZR 223/73 – NJW 1975, 1653.
93 BAG 22.10.2008 – 10 AZR 617/07 – AP § 74 HGB Nr. 82 = NZA 2009, 139; BAG 24.6.2009 – 10 AZR 707/08 – juris.

b) Aushändigen der Urkunde. § 74 ordnet als Voraussetzung für die Wirksamkeit der Wettbewerbsabrede weiter an, dass dem AN ein unterzeichnetes Exemplar ausgehändigt wird. 48

aa) Anforderungen an die Herausgabepflicht. Die übergebene Urkunde muss zwingend die Unterschrift des AG tragen. Wenn die Parteien daher nur eine Urkunde unterzeichnet haben, muss das Original an den AN übergeben werden. Die Übergabe einer Abschrift, auch einer öffentlich beglaubigten Abschrift genügt nicht. Entsprechend kann eine Wettbewerbsabrede in einem TV oder einer BV die Schriftform nur ersetzen, wenn dem AN der Kollektivvertrag ausgehändigt worden ist.[94] Nur bei notarieller oder gerichtlicher Beurkundung der Vereinbarung ist die Übergabe einer Ausfertigung ausreichend, da das Original beim Notar oder Gericht verbleibt. 49

In zeitlicher Hinsicht ordnet das Gesetz an, dass die Übergabe **alsbald** zu erfolgen hat. Dies bedeutet zwar nicht, dass der AG unmittelbar nach Unterzeichnung die Urkunde zu übergeben hat. Er darf die Übergabe aber auch nicht ungebührlich hinauszögern. Abhängig von den Umständen des Einzelfalles kann auch eine Frist von einem Monat noch angemessen sein. Diese Zeit wird in aller Regel ausreichen, um Unterlagen der Personalabteilung zur Bearbeitung vorzulegen, Abschriften zu fertigen oder sonstige Verwaltungsarbeiten vorzunehmen. 50

bb) Rechtsfolgen bei Verletzung der Herausgabepflicht. Die unterlassene Aushändigung der Urkunde führt nicht zur Formunwirksamkeit des Wettbewerbsverbots nach § 125 S. 1 BGB. Denn die Herausgabepflicht ist keine Formvorschrift, sondern eine Dokumentationsregel.[95] Soweit § 74 Abs. 1 anordnet, dass ein Wettbewerbsverbot der Aushändigung der Urkunde „bedarf", ist die Vorschrift dahingehend einschränkend auszulegen, dass dem AN ein Wahlrecht einzuräumen ist, ob er die Wettbewerbsabrede einhalten will oder nicht. Der AG kann sich seinerseits nicht auf die Unwirksamkeit des Verbots aufgrund fehlender Übergabe der Urkunde berufen.[96] Dies folgt aus dem Schutzzweck der Norm, die allein den Interessen des AN dient, der sich ohne Rückfrage beim AG jederzeit über den konkreten Inhalt des Wettbewerbsverbots informieren können soll. Der Schutzzweck ist insofern enger als der des Schriftformerfordernisses, das beiden Parteien Tragweite und Bedeutung des Verbots verdeutlicht. 51

Der AN kann darüber hinaus nach Ablauf einer angemessenen Bearbeitungsfrist die Herausgabe der Urkunde vom AG verlangen. Übergibt der AG die Urkunde verspätet, kann der AN deren Entgegennahme verweigern, was die Unwirksamkeit der Abrede zur Folge hat. Nimmt der AN die verspätet übergebene Urkunde jedoch entgegen, ist der zeitliche Mangel geheilt. Das Wettbewerbsverbot wird uneingeschränkt wirksam. Umgekehrt ist der AN bei einem rechtzeitigen Übergabeangebot aber auch verpflichtet, die Urkunde entgegen zu nehmen. Verweigert er die Annahme rechtsgrundlos, kann er sich auf die Nichteinhaltung des Formerfordernisses nicht berufen. Er muss sich im Prozess so behandeln lassen, als habe er die Urkunde rechtzeitig in Empfang genommen. 52

3. Karenzentschädigung (Abs. 2). Als formelle Voraussetzung für die Verbindlichkeit des Wettbewerbsverbots ordnet § 74 Abs. 2 weiter an, dass der AG sich für die Dauer des Verbots zur Zahlung einer Entschädigung an den AN verpflichtet hat. Die Karenzentschädigung ist die **vertragsgemäße Gegenleistung** des AG dafür, dass der AN nach Beendigung des Vertragsverhältnisses keinen Wettbewerb betreibt, und stellt einen Ausgleich für die mit der Wettbewerbsenthaltung eintretende Verdienstminderung und Fortkommenserschwernis dar.[97] 53

a) Höhe der Karenzentschädigung. Das Gesetz sieht eine Mindesthöhe der zu zahlenden Entschädigung vor, nämlich für jedes Jahr des Verbots eine Entschädigung von mindestens der Hälfte der vom AN zuletzt bezogenen vertragsgemäßen Leistungen. Diese Untergrenze von 50 % gilt absolut, ist also unabhängig vom sachlichen oder räumlichen Umfang des Verbots. So klar die Vorschrift ihrem Wortlaut nach ist, bereitet die konkrete Berechnung der Entschädigung dennoch in der Praxis oft Schwierigkeiten. Ergänzt wird die Bestimmung durch weitere Regelungen in § 74b, der insb. für variable Bezüge lex specialis ist (siehe § 74b Rn 9). 54

aa) Vertragsgemäße Leistungen. Ausgangspunkt der Berechnung sind die vertragsgemäßen Leistungen. Berechnungsgrundlage können immer nur die **Geld- und Sachleistungen** sein, die der AN auf der Grundlage des Arbverh erhalten hat, für das jetzt das Wettbewerbsverbot gilt. Insofern fließen Ansprüche aus Nebenbeschäftigungen oder aus bereits zuvor beendeten Anstellungsverhältnissen nicht in die Berechnung ein. Zu berücksichtigen sind neben dem Grundgehalt alle sonstigen laufenden Bezüge wie Leistungszulagen, vermögenswirksame Leistungen oder Schicht- oder sonstige Zuschläge.[98] Hierzu zählen auch die regelmäßigen Sachleistungen, wie der zur Privatnutzung überlassene Dienstwagen, Gewährung von Unterkunft und Verpflegung oder Einkaufsrabatte auf Waren oder Produkte des AG. Sonderzahlungen oder sonstige Leistungen, die unter Ausschluss eines Rechtsanspruchs auf die Leis- 55

---

94 *Baumbach/Hopt*, § 74 Rn 18; Erfk/*Oetker*, § 74 HGB Rn 13.
95 BAG 23.11.2004 – 9 AZR 595/03 – AP § 74 HGB Nr. 75 = DB 2005, 671.
96 BAG 23.11.2004 – 9 AZR 595/03 – AP § 74 HGB Nr. 75 = DB 2005, 671; *Bauer/Diller*, Rn 109; Erfk/*Oetker*, § 74 HGB Rn 13.
97 BAG 5.8.1968 – 3 AZR 128/67 – AP § 74 HGB Nr. 24 = DB 1968, 1996.
98 HWK/*Diller*, § 74 HGB Rn 77; Küttner/*Reinecke*, Wettbewerbsverbot, Rn 31.

tung gewährt wurden, fallen gleichwohl unter die „vertragsgemäßen" Leistungen;[99] ausschlaggebend ist nur, dass sie dem AN für seine Arbeitsleistung im Rahmen des Austauschverhältnisses tatsächlich gewährt wurden.[100] Nicht zu den vertragsgemäßen Leistungen gehören daher Beiträge des AG zur sozialen Sicherung des AN, wie AG-Beiträge zur gesetzlichen Kranken- und Rentenversicherung und zu befreienden Versorgungswerken oder einer befreienden Lebensversicherung, der Krankenversicherungszuschuss nach § 257 SGB V[101] und Leistungen zur Finanzierung einer betrieblichen Altersversorgung. Etwas anderes gilt allerdings für den Fall der Entgeltumwandlung zur Finanzierung der Altersversorgung. Da der AN hier regelmäßigen Lohn aufgrund des Steuervorteils unmittelbar an ein Versicherungsunternehmen abführen lässt, sind diese Beträge den vertragsgemäßen Leistungen hinzuzurechnen. Nicht im Austauschverhältnis stehen und unberücksichtigt bleiben Vergütungen für AN-Erfindungen oder Verbesserungsvorschläge,[102] die Urlaubsabgeltung[103] oder aus Anlass der Beendigung des Arbverh gezahlte Abfindungen.[104] Mitarbeiterbeteiligungen, z.B. in der Form von Aktienoptionen, sind dagegen zu berücksichtigen. Wie bei allen Sachleistungen kann die Umrechnung in Geld schwierig sein.

56 **bb) Berechnung.** Die Berechnung der Karenzentschädigung richtet sich nach der zuletzt bezogenen Bruttovergütung (abweichend die Regelung zu variablen Bezügen, siehe § 74b Rn 12). Unabhängig von der vorherigen Gehaltsentwicklung ist daher auf den **letzten Abrechnungszeitraum**, in der Regel die letzte Monatsabrechnung, abzustellen.[105] Hat der AG zu anderen Perioden, etwa im Wochenrhythmus oder im Hinblick auf bestimmte Gehaltsbestandteile im Quartal abgerechnet, muss er gleichwohl die vertragsgemäßen Leistungen auf den Monat umrechnen. Denn nach § 74b ist eine monatliche Zahlung der Karenzentschädigung angeordnet (siehe § 74b Rn 2).

57 Sachleistungen hat der AG zur Bezifferung der Entschädigung in Geld umzurechnen. Dabei kann er grds. den Betrag ansetzen, der steuerlich zur Bemessung des Vermögensvorteils zugrunde gelegt wird. Dieser Berechnungsansatz wird für die Erfassung eines privat genutzten Dienstwagens zwar bestritten.[106] Er stellt jedoch auch in diesem Fall einen praktikablen Weg dar. Insb. erübrigt sich auf diese Weise im Unterschied zur Berechnungsmethode nach der ADAC-Kostentabelle eine schwierige Bezifferung von Abschlägen, die im Einzelfall bei einer beschränkten privaten Nutzung oder auch der Eigenfinanzierung des Benzins vorzunehmen sind.

58 **cc) Verrechnung/Anrechnung.** Der AG kann auf die auszuzahlende Entschädigung grds. keine anderen Leistungen anrechnen, die er aus Anlass der Beendigung des Arbverh erbringen muss, wie eine Abfindungszahlung oder eine Betriebsrente; denn mit den Zahlungen werden unterschiedliche Zwecke verfolgt.[107] Zur Vermeidung von Doppelzahlungen können die Parteien jedoch vertraglich eine Anrechnung vereinbaren.[108] So kann der AG z.B. vereinbaren, dass ein Dienstwagen, den er über die Vertragsbeendigung hinaus zur Verfügung stellt, oder ein weiter gewährter Mitarbeiterrabatt, zur Anrechnung kommen. Eine entsprechende Anrechnungsvereinbarung, die sich auf Sachleistungen bezieht, ist vor Beendigung des Arbverh problematisch, da § 74 Abs. 2 grds. eine „Zahlung" anordnet und von dieser Regelung nach § 75d nicht zum Nachteil des AN abgewichen werden darf.

59 **b) Ausgestaltung.** Die Verpflichtung zur Karenzentschädigung muss Inhalt der schriftlichen Wettbewerbsabrede und so eindeutig und klar formuliert sein, dass aus Sicht des AN kein vernünftiger Zweifel über seinen Entschädigungsanspruch bleibt.[109] Daher sind insb. Vertragsgestaltungen, bei denen der AG sich die konkrete Ausübung des Verbots vorbehält, im Hinblick auf die Eindeutigkeit der Abrede problematisch.[110] Der AG ist auf der sicheren Seite, wenn er den Gesetzestext wiederholt. Aber auch dann, wenn der AG stattdessen nur auf die gesetzlichen Bestimmungen der §§ 74 ff. verweist, geht das BAG im Regelfall von einer hinreichend klaren Zusage einer Karenzentschädigung aus.[111] Die Bezugnahme auf die gesetzlichen Vorschriften ist angesichts deren Regelungsdichte ausreichend, um alle wesentlichen Elemente einer nachvertraglichen Wettbewerbsabrede abzudecken. Wenn nicht besondere Umstände zu einer anderen Auslegung führen, ist bei einem Verweis auf die §§ 74 ff. anzunehmen, dass die Parteien eine wirksame Vereinbarung treffen und mit der Bezugnahme auch die Zahlung einer Karenzentschädigung in der gesetzlichen Mindesthöhe verabreden wollten.[112] Unzweifelhaft ist ein Verweis auf die gesetzli-

---

99 BAG 16.11.1973 – 3 AZR 61/73 – AP § 74 HGB Nr. 34.
100 Röhricht/v. Westphalen/*Wagner*, § 74b Rn 9; Staub/Konzen/*Weber*, § 74b Rn 14.
101 BAG 21.7.1981 – 3 AZR 666/78 – AP § 74 HGB Nr. 40 = BB 1982, 2052.
102 *Bengelsdorf*, DB 1989, 1024 ff.
103 LAG Hamm 30.3.2000 – 16 Sa 1684/99 – EzA-SD 12/2000, 9.
104 *Bauer/Diller*, Rn 246.
105 Heymann/*Henssler*, § 74b Rn 2; HWK/*Diller*, § 74 HGB Rn 84.
106 Zur Meinungsübersicht vgl. *Bauer/Diller*, Rn 252 ff.
107 BAG 26.2.1985 – 3 AZR 162/84 – AP § 611 BGB Konkurrenzklausel Nr. 30 = NZA 1985, 809; BAG 15.6.1993 – 9 AZR 558/91 – AP § 611 BGB Konkurrenzklausel Nr. 40 = NZA 1994, 502.
108 BAG 26.2.1985 – 3 AZR 162/84 – AP § 611 BGB Konkurrenzklausel Nr. 30 = NZA 1985, 809.
109 BAG 5.9.1995 – 9 AZR 718/93 – AP § 74 HGB Nr. 67 = NZA 1996, 700.
110 BAG 5.9.1995 – 9 AZR 718/93 – AP § 74 HGB Nr. 67 = NZA 1996, 700; LAG Düsseldorf 28.8.1996 – 4 Sa 729/96 – BB 1997, 319.
111 BAG 28.6.2006 – 10 AZR 407/05 – AP § 74 HGB Nr. 80; a.A. *Diller*, NZA 2005, 250.
112 BAG 31.7.2002 – 10 AZR 513/01 – AP § 74 HGB Nr. 74 = NZA 2003, 100.

chen Vorschriften ausreichend, wenn eine Entschädigung ausdrücklich zugesagt wird und nur hinsichtlich der Höhe auf die gesetzlichen Regelungen verwiesen wird.

Trifft der AG Aussagen über die Höhe der Karenzentschädigung, müssen diese den gesetzlichen Anforderungen genügen. Da die vertragsgemäßen Leistungen zur Berechnung der gesetzlichen Mindesthöhe mehr umfassen können als das monatliche Festgehalt, ist dies in der Zusage hinreichend deutlich zu machen. Hat der AN daher z.B. Anspruch auf regelmäßige Leistungszulagen oder Sachleistungen, sind Zusagen in der Form „50 % des Festgehalts" oder „50 % des Grundgehalts" ungenügend. Auch bei allgemein gehaltenen Umschreibungen wie „Monatsbezüge" oder „Gehalt" ist im Einzelfall durch Auslegung zu ermitteln, ob variable Gehaltsbestandteile einbezogen sind.

c) Rechtsfolgen bei Verstößen. Der Gesetzestext geht von der Unverbindlichkeit des Verbots aus, wenn eine Karenzentschädigung nicht in der vorgeschriebenen Höhe vorgesehen ist. Ist dem AN überhaupt keine Karenzentschädigung zugesagt worden, ist das Verbot **nichtig**.[113] Hat der AG sich zur Zahlung einer Entschädigung verpflichtet, die nur die gesetzliche Mindesthöhe nicht erreicht, ist das Verbot mit der Folge eines Wahlrechts des AN **unverbindlich** (zu den unterschiedlichen Rechtsfolgen vgl. Rn 36 ff.). Ähnliches gilt, wenn die Verpflichtung zur Zahlung einer Karenzentschädigung als Klauselabrede nicht hinreichend klar und verständlich ist: Der AG kann sich auf einen solchen Verstoß nicht berufen, da die AGB-Vorschriften nur dem Schutz des Verbrauchers, nicht dem Schutz des Klauselverwenders dienen.[114] Entschließt sich der AN zur Einhaltung des Wettbewerbsverbots, kann er die Karenzentschädigung nur in der versprochenen Höhe, nicht in der Mindesthöhe des § 74 Abs. 2 fordern. Dies gilt selbst für den Fall, dass der AG neben der ausdrücklichen Zusage einer zu niedrigen Karenzentschädigung ergänzend auf die Vorschriften der §§ 74 ff. verwiesen hat.[115] Denn das Gesetz gewährt dem AN keinen Anspruch auf Karenzentschädigung, diese kann sich nur aus der vertraglichen Vereinbarung ergeben. Das BAG hat zwar in einer Entscheidung vom 9.1.1990[116] ausdrücklich offen gelassen, ob es an der Rspr. zur Begrenzung der Entschädigung auf die zugesagte Höhe festhalten wird. In einer Entscheidung vom 18.1.2000[117] hat das BAG dann jedoch ausgeführt, dass bei der Zusage einer zu niedrigen Entschädigung dem AN das Wahlrecht bleibt, diese unter Einhaltung des Wettbewerbsverbots zu akzeptieren oder sich von der Vereinbarung ganz zu lösen.

Auch die umfassende Neuregelung des Handelsvertreterrechts und die Aufnahme eines gesetzlichen Entschädigungsanspruchs in § 90a Abs. 1 S. 3 führt zu keinem anderen Ergebnis, obwohl AN damit ungleich und zwar schlechter als Handelsvertreter behandelt werden. Die Begrenzung auf den vertraglichen Entschädigungsanspruch ist zwar insb. dann unbefriedigend, wenn der AN sich in Unkenntnis der Rechtslage an das Verbot gebunden gefühlt und insofern keine bewusste Wahl getroffen hat. Da nach dem Gleichheitssatz jedoch eine Gleichbehandlung von Handelsvertretern und AN nicht zwingend vorgeschrieben ist und einer Rechtsanalogie das Fehlen einer ungewollten Regelungslücke entgegensteht, ist die vertraglich zugesagte Karenzentschädigung nicht auf den gesetzlichen Mindestbetrag zu erhöhen. Die Rechtsfolgen der Unverbindlichkeit sind systemgerecht mit der gesetzlichen Verpflichtung zur Entschädigungsleistung nicht zu vermischen.[118] Teilweise werden weitere Ansprüche des AN aus den Grundsätzen des Bereicherungsrechts bzw. eines schuldrechtlichen Schadensersatzanspruchs hergeleitet.[119]

IV. Ansprüche des Arbeitgebers aus dem Wettbewerbsverbot

Ist ein Wettbewerbsverbot wirksam vereinbart oder hat der AN bei einer Unverbindlichkeit sein Wahlrecht dahingehend ausgeübt, dass die Abrede gelten soll, hat der AG die folgenden Ansprüche gegen den AN:

1. Auskunftsanspruch. Hat der AG den Verdacht, dass der AN gegen das Verbot verstößt, kann er zunächst einen Auskunftsanspruch geltend machen. Auf Verlangen hat der AN **mitzuteilen**, ob und ggf. welche beruflichen Tätigkeiten er nach Beendigung des Vertragsverhältnisses aufgenommen hat.[120] Bei einer unselbstständigen Tätigkeit muss der AN mitteilen, bei welchem AG er mit welchen Aufgaben betraut ist. Hat sich der AN selbstständig gemacht, muss er Auskunft über Art und Umfang der getätigten Geschäfte und bei Kunden- oder Mandantenschutzklauseln die Namen der Geschäftspartner nennen.[121] Vermutet der AG die Unvollständigkeit der Angaben, kann er keine Ergänzung fordern, sondern die Abgabe einer eidesstattlichen Versicherung verlangen, § 259 Abs. 2 BGB.

2. Erfüllungsanspruch. Verstößt der AN gegen das Wettbewerbsverbot, kann der AG im Rahmen der prozessualen Gestaltungsmöglichkeiten unmittelbar Erfüllung der Abrede durchsetzen. Er kann gegen den AN eine **Unterlas-**

---

113 BAG 13.9.1969 – 3 AZR 138/68 – AP § 611 BGB Konkurrenzklausel Nr. 24; Staub/*Konzen/Weber*, § 74 Rn 28; Schaub/*Schaub*, Arbeitsrechts-Handbuch, § 58 Rn 54.
114 BAG 28.6.2006 – 10 AZR 407/05 – AP § 74 HGB Nr. 80.
115 BAG 5.9.1995 – 9 AZR 718/93 – AP § 74 HGB Nr. 67 = NZA 1996, 700.
116 BAG 9.1.1990 – 3 AZR 110/88 – AP § 74 HGB Nr. 59 = NZA 1990, 519.
117 BAG 18.1.2000 – 9 AZR 929/98 – n.v.
118 *Bauer/Diller*, Rn 78.
119 *Grunsky*, in: FS 25 Jahre BAG, S. 163 ff; *Löwe*, S. 82 ff.
120 BAG 5.8.1968 – 3 AZR 128/67 – AP § 74 HGB Nr. 24 = DB 1968, 1996.
121 BAG 27.9.1988 – 3 AZR 59/87 – AP § 611 BGB Konkurrenzklausel Nr. 26 = NZA 1989, 467.

sungsklage[122] erheben und auch im Wege der einstweiligen Verfügung[123] bis zu einer Hauptsacheentscheidung Unterlassung durchsetzen. Befürchtet der AG aufgrund objektiver Umstände, dass der AN das Verbot nicht einhalten wird, kann er auch eine vorbeugende Unterlassungsklage erheben.[124] In jedem Fall muss der Unterlassungsantrag präzise formuliert werden und insb. die konkrete Verletzungsform beschreiben. Denn dem AN kann nicht jede Verwertung der Arbeitskraft untersagt werden, sondern nur die konkrete Wettbewerbstätigkeit.[125] Liegt diese in einer selbstständigen Tätigkeit, kann nach der Rspr. der Antrag auf die Einstellung des verbotswidrig gegründeten Betriebes und auch auf Löschung im Handelsregister gerichtet werden (letzteres ist zweifelhaft).[126]

66 Ob bei einem zu weitgehenden Antrag unter Abweisung im Übrigen eine Unterlassungsverfügung bezogen auf die konkrete Tätigkeit ergehen kann, ist eine Frage der Antragsbegründung. Dieser muss das Gericht entnehmen können, welche konkrete Wettbewerbstätigkeit (bei welchem AG) untersagt werden soll. Zeitlich ist die begehrte Unterlassung auf die Laufzeit des Verbots zu begrenzen. Hinsichtlich der örtlichen Zuständigkeit des ArbG hat der AG ein Wahlrecht zwischen dem allgemeinen Gerichtsstand des AN (§§ 12, 13 ZPO) und dem Gerichtsstand des Erfüllungsortes, also dem Ort der ehemaligen Arbeitsstätte (§ 29 ZPO). Die **Zwangsvollstreckung** des Unterlassungstitels richtet sich nach § 890 ZPO – Androhung, Festsetzung und Beitreibung von Ordnungsgeld bis zu 250.000 EUR. Der AG sollte seinen Unterlassungsantrag mit der Androhung des Zwangsmittels verbinden.

67 **3. Ansprüche aus dem Recht der Leistungsstörung.** Da die Erfüllung der Wettbewerbsabrede und die Zahlung der Karenzentschädigung in einem Gegenseitigkeitsverhältnis stehen, kann der AG darüber hinaus Rechte aus Leistungsstörung geltend machen, §§ 320 ff. BGB.[127]

68 **a) Wegfall der Entschädigungspflicht.** Der Anspruch auf Karenzentschädigung ist abhängig von der Einhaltung des Wettbewerbsverbots. Verstößt der AN hiergegen, ist die Einhaltung der Abrede aufgrund Zeitablaufs **für die entsprechenden Zeiträume** unmöglich geworden. Die Entschädigungspflicht entfällt automatisch. Hat der AG die Entschädigung bereits gezahlt, kann er diese vom AN nach den Grundsätzen ungerechtfertigter Bereicherung zurückfordern.[128] Sobald der AN den Wettbewerb einstellt, lebt die Zahlungsverpflichtung wieder auf.[129]

69 **b) Rücktritt vom Vertrag.** Hat der AG nach dem Verstoß gegen die Abrede kein Interesse mehr an der Einhaltung der Wettbewerbsabrede und will er insofern auf Dauer der Entschädigungspflicht entgehen, kann er nach § 323 Abs. 5 S. 1 BGB vom Vertrag auch zurücktreten. Zum Rücktritt ist dem AG zu raten, wenn er davon ausgehen muss, dass die zu schützenden Geheimnisse bereits verraten oder erworbene Kenntnisse weitergegeben worden sind. Will der AG zurücktreten, obwohl die künftige Einhaltung des Verbots für ihn noch von Interesse sein kann, muss er dem AN zunächst eine angemessene Frist nach § 323 Abs. 1, 2 BGB setzen. Im Hinblick darauf, dass mit jedem Tag der Zuwiderhandlung das Wettbewerbsverbot ins Leere geht und der AN durch bloße Unterlassung des Wettbewerbs wieder vertragstreu werden kann, wird man die Frist relativ kurz (wenige Tage) bemessen können.

70 **c) Schadensersatz.** Neben diesen Rechten kann der AG auch Schadensersatz nach § 280 Abs. 1 BGB geltend machen, da der AN gegen seine Hauptleistungspflicht aus der Wettbewerbsabrede verstößt. Schwierigkeiten kann im Einzelfall die Berechnung der Schadens bereiten. Der AG kann einen durch den verbotenen Wettbewerb erwirtschafteten Gewinn nicht abschöpfen, da er nur Ersatz des eigenen Schadens verlangen kann, §§ 249 ff., 280 BGB.[130] Er muss stattdessen den für den eigenen Betrieb angerichteten Schaden beziffern; notfalls muss das Gericht den Schaden nach § 287 Abs. 1 ZPO schätzen.

C. Verbindung zu anderen Rechtsgebieten und zum Prozessrecht

71 Der AG, der sich auf die Verletzung eines nachvertraglichen Wettbewerbsverbots beruft, muss zunächst darlegen, dass die Vereinbarung unter Wahrung der Voraussetzungen des § 74 wirksam zustande gekommen ist.[131] Er muss darlegen und beweisen, dass der AN gegen das Verbot verstoßen hat. Dabei nimmt das BAG insofern Beweiserleichterungen vor, als bereits bei einer Überschneidung von 10 % im Bereich von Fertigungsprogrammen ein Konkurrenzunternehmen bejaht wird,[132] und bei einem tätigkeitsbezogenem Verbot jedenfalls bei fehlender räumlicher Sparten-

---

122 BAG 30.1.1970 – 3 AZR 348/69 – AP § 133f GewO Nr. 24 = DB 1970, 1229.
123 LAG Nürnberg 31.7.2001 – 6 Sa 408/01 – NZA-RR 2002, 272; *Brox/Walker*, Zwangsvollstreckungsrecht, Rn 1604; *Dunkl u.a.*, Handbuch des vorläufigen Rechtsschutzes, S. 248 f.; GK-ArbGG/*Vossen*, § 62 Rn 79.
124 LAG Baden-Württemberg 28.2.1986 – 13 Sa 19/85 – NZA 1986, 641; Heymann/*Henssler*, § 74 HGB Rn 39.
125 BAG 3.5.1983 – 3 AZR 62/81 – AP § 60 HGB Nr. 10 = BB 1984, 406.
126 *Bauer/Diller*, Rn 598a.
127 BAG 10.9.1985 – 3 AZR 490/83 – AP § 74 HGB Nr. 49 = NZA 1986, 134.
128 BAG 5.8.1968 – 3 AZR 128/67 – AP § 74 HGB Nr. 24 = DB 1968, 1996.
129 BAG 10.9.1985 – 3 AZR 490/83 – AP § 74 HGB Nr. 49 = NZA 1986, 134.
130 *Bauer/Diller*, Rn 622.
131 BAG 19.2.1959 – 2 AZR 341/56 – AP § 74 HGB Nr. 10 = DB 1959, 70.
132 BAG 16.12.1968 – 3 AZR 434/67 – AP § 133f GewO Nr. 21 = DB 1969, 973.

trennung beim Konkurrenten wegen fehlender Überwachungsmöglichkeit zunächst ein umfassendes Verbot angenommen wird.[133]

Hinweise zum Steuer- und Sozialversicherungsrecht bzgl. der Karenzentschädigung, siehe § 74b Rn 15 f.

D. Beraterhinweise

Bei der Gestaltung und Formulierung nachvertraglicher Wettbewerbsverbote hat der AG ein besonderes Augenmerk auf die inhaltliche Konkretisierung des Verbots einerseits und die Bestimmung der Karenzentschädigung andererseits zu richten. Im Hinblick auf die sachliche Bestimmung des Verbots geht die Empfehlung dahin, unternehmensbezogenen Verboten den Vorzug zu geben gegenüber tätigkeitsbezogenen Verboten.[134] Der Wettbewerbsschutz greift bei einer solchen Ausgestaltung i.d.R. umfassender, Umgehungsversuche des AN können leichter verhindert werden. Möglichst umfänglichen Schutz erreicht der AG dadurch, dass er Tätigkeiten in jeder rechtlichen Organisationsform untersagt. Der AG sollte jedoch immer das Gebot der Verhältnismäßigkeit im Blick haben (siehe § 74a Rn 4 ff.). Dies gilt insb. bei der Bestimmung des örtlichen Geltungsbereichs. 72

Sinnvoll kann die zeitliche Beschränkung des Wettbewerbsverbots dergestalt sein, dass das Verbot erst bei einer Fortsetzung des Arbverh nach Ablauf einer vereinbarten Probezeit gelten soll oder umgekehrt in bestimmten Fallkonstellationen ausgeschlossen ist, wenn das Arbverh nach einer bestimmten Zeit des Ruhens (Elternzeit, Arbeits-/Dienstunfähigkeit) beendet wird. 73

Bei der Ausgestaltung der Karenzentschädigung sollte der AG vermeiden, nur allgemein ohne Entschädigungszusage auf die Bestimmungen des HGB zu verweisen. Er läuft ansonsten Gefahr, dass es an einer hinreichend konkreten Entschädigungszusage fehlt und die Klausel unverbindlich ist. Als hinreichend angesehen wurden in der Vergangenheit Formulierungen wie „Der Arbeitgeber verpflichtet sich für den Zeitraum des nachvertraglichen Wettbewerbsverbots zur Zahlung einer Entschädigung nach den Grundsätzen der §§ 74 ff. HGB". 74

Formulierungsmuster zum nachvertraglichen Wettbewerbsverbot: *Hümmerich*, Arbeitsrecht Vertragsgestaltung/Prozessrecht, § 2 Rn 61 ff.

§ 74a Unverbindlichkeit oder Nichtigkeit des Wettbewerbsverbots

(1) ¹Das Wettbewerbsverbot ist insoweit unverbindlich, als es nicht zum Schutz eines berechtigten geschäftlichen Interesses des Prinzipals dient. ²Es ist ferner unverbindlich, soweit es unter Berücksichtigung der gewährten Entschädigung nach Ort, Zeit oder Gegenstand eine unbillige Erschwerung des Fortkommens des Gehilfen enthält. ³Das Verbot kann nicht auf einen Zeitraum von mehr als zwei Jahren von der Beendigung des Dienstverhältnisses an erstreckt werden.

(2) ¹Das Verbot ist nichtig, wenn der Gehilfe zur Zeit des Abschlusses minderjährig ist oder wenn sich der Prinzipal die Erfüllung auf Ehrenwort oder unter ähnlichen Versicherungen versprechen läßt. ²Nichtig ist auch die Vereinbarung, durch die ein Dritter an Stelle des Gehilfen die Verpflichtung übernimmt, daß sich der Gehilfe nach der Beendigung des Dienstverhältnisses in seiner gewerblichen Tätigkeit beschränken werde.

(3) Unberührt bleiben die Vorschriften des § 138 des Bürgerlichen Gesetzbuchs über die Nichtigkeit von Rechtsgeschäften, die gegen die guten Sitten verstoßen.

Literatur: siehe Literatur zu § 74

A. Allgemeines 1	3. Zweijahreszeitraum (Abs. 1 S. 3) 13
B. Regelungsinhalt 2	II. Nichtigkeit des Verbots (Abs. 2) 15
I. Unverbindlichkeit des Verbots (Abs. 1) 2	1. Minderjährige 16
1. Fehlendes berechtigtes geschäftliches Interesse (Abs. 1 S. 1) 4	2. Erfüllung auf Ehrenwort 17
a) Sachliche Grenzen 5	3. Versprechen Dritter 18
b) Räumliche Grenzen 8	III. Verstoß gegen die guten Sitten (Abs. 3) 20
c) Zeitliche Grenzen 9	C. Verbindung zu anderen Rechtsgebieten und zum Prozessrecht 21
2. Unbillige Fortkommenserschwerung (Abs. 1 S. 2) 10	D. Beraterhinweise 22

---

133 BAG 30.1.1970 – 3 AZR 348/69 – AP § 133f GewO Nr. 24 = DB 1970, 1229.

134 *Hümmerich*, Arbeitsrecht § 2 Rn 2.

A. Allgemeines

1 Neben den formellen Anforderungen des § 74 unterliegt die Wettbewerbsabrede zum Schutz des AN zusätzlichen Grenzen, die in § 74a geregelt sind. Dabei differenziert das Gesetz auch hier zwischen der Unverbindlichkeit und der Nichtigkeit des Verbots (zu den unterschiedlichen Rechtsmängeln siehe § 74 Rn 36 ff.). Der ursprünglich in Abs. 2 S. 1 geregelte Sonderfall der Minderbesoldung ist per 1.1.2000 entfallen.[1]

B. Regelungsinhalt

I. Unverbindlichkeit des Verbots (Abs. 1)

2 Ein Wettbewerbsverbot, das nicht einem berechtigten geschäftlichen Interesse des AG dient oder das berufliche Fortkommen des AN unbillig erschwert, ist unverbindlich. Die inhaltliche Prüfung des Verbots anhand dieser Kriterien erfolgt in zwei Prüfungsschritten: Zunächst ist das – ggf. durch Auslegung ermittelte – Verbot nach Umfang und Inhalt dahin gehend zu untersuchen, ob es einem **geschäftlichen Interesse** des AG dient. Ist diese Frage insgesamt zu verneinen, hat der AN ein Wahlrecht, ob er Wettbewerb aufnimmt und das Verbot missachtet oder sich an das unverbindliche Verbot gegen Zahlung der versprochenen Karenzentschädigung hält. Schützt das Verbot in seiner konkreten Ausgestaltung zumindest teilweise geschäftliche Interessen, bleibt es in diesem Umfang voll wirksam.[2] Im Hinblick auf den überschießenden Teil kommt dem AN ein Wahlrecht zu: So kann er bei Überschreitung der angemessenen zeitlichen Grenze des Verbots Wettbewerb mit der Folge eines Entschädigungsanspruchs weiterhin unterlassen. Bei teilweiser Überschreitung in sachlicher Hinsicht, ist das Wahlrecht sinnlos. Der AN wird im Hinblick auf den unverhältnismäßigen Teil daher automatisch frei.[3] Soweit die Rechtmäßigkeit der Wettbewerbsabrede (teilweise) bejaht worden ist, muss in einem zweiten Schritt geprüft werden, ob sie das **Fortkommen des AN** unbillig erschwert. Soweit dies der Fall ist, ist das Verbot wiederum mit der Folge des Wahlrechts unverbindlich.

3 Umstritten ist die Frage, auf welchen **Zeitpunkt** für die Inhaltskontrolle abzustellen ist. Teilweise wird angenommen, eine Unverbindlichkeit des Verbots könne sich nicht nur nach Abschluss der Vereinbarung, sondern auch nach Dienstende noch durch eine Änderung der relevanten Umstände ergeben.[4] Richtigerweise ist jedoch der Zeitpunkt der rechtlichen Beendigung des Vertragsverhältnisses maßgebend, zu dem das Verbot in Kraft tritt.[5] Der Zeitpunkt des Vertragsabschlusses ist insofern nicht relevant, als sich die Tätigkeit des AN vor Ausscheiden und damit der Bezugspunkt des Wettbewerbsverbots noch wesentlich ändern können. Da Auslegung und Inhalt des Verbots dynamisch an der Entwicklung des Arbverh auszurichten sind, ist auch für die Beurteilung des geschäftlichen Interesses nicht auf den Vertragsabschluss, sondern dessen Beendigung abzustellen. Spätere Änderungen während der Laufzeit des Verbots können jedoch nicht mehr zu einer Unverbindlichkeit nach § 74a führen, da das Verbot zu diesem Zeitpunkt der vertraglichen Gestaltungsmacht entzogen ist. Der AG kann nicht einseitig über § 74a für nicht vorhersehbare Änderungen verantwortlich gemacht werden und dem AN kann kein einseitiges Wahlrecht eingeräumt werden. Der Vertragssystematik entspricht es vielmehr, auf diese Änderungen ggf. im Wege der Vertragsanpassung nach § 313 BGB zu reagieren.

4 **1. Fehlendes berechtigtes geschäftliches Interesse (Abs. 1 S. 1).** Ob ein hinreichendes geschäftliches Interesse des AG durch das Wettbewerbsverbot geschützt werden soll, ist eine Frage des Einzelfalles. Das Tatbestandsmerkmal stellt einen **unbestimmten Rechtsbegriff** dar, über den das Gericht eine umfassende Inhaltskontrolle der Abrede vornehmen kann. Da der Zweck der Vorschrift darin liegt, den AN vor Willkür und Schikane zu schützen, muss sich die Auslegung des Rechtsbegriffs einerseits an dem Maß der zu schützenden Berufsfreiheit nach Art. 12 GG und andererseits dem anzuerkennenden Interesse des AG am Schutz seiner Geschäftsgeheimnisse und seiner geschäftlichen Kontakte orientieren. Bezugspunkte der Prüfung sind die Tätigkeit des AN und der konkret untersagte Wettbewerb. Dessen Verbot ist nur zulässig, wenn es sachlich, räumlich und zeitlich auf den Rahmen beschränkt ist, in dem die schützenswerten Geschäftsinteressen von Wettbewerb bedroht sind.

5 **a) Sachliche Grenzen.** Ein berechtigtes geschäftliches Interesse ist anzunehmen, wenn das Verbot dem Schutz der Betriebs- oder Geschäftsgeheimnisse oder des Kunden- und Lieferantenstamms des AG dient.[6] Das Verbot kann daher nicht nur an Geheimnisträger gerichtet werden. Der AG verfolgt auch dann ein schützenswertes Interesse, wenn er zum Schutz seiner geschäftlichen Kontakte vermeiden will, dass der AN – insb. Führungskräfte oder Außendienstmitarbeiter – die während der Beschäftigung gewonnenen Kontakte und Kenntnisse ausnutzt.[7] Es genügt jedoch nicht, wenn der AG lediglich unliebsame **Konkurrenz verhindern** und einen Arbeitsplatzwechsel erschweren

---

1 BGBl 2000 I S. 1983.
2 BAG 16.12.1968 – 3 AZR 434/67 – AP § 133f GewO Nr. 21 = DB 1969, 973.
3 Heymann/*Henssler*, § 74a Rn 17; *Bauer/Diller*, Rn 222.
4 BAG 28.1.1966 – 3 AZR 374/65 – AP § 74 HGB Nr. 18 = BB 1967, 958; *Baumbach/Hopt*, § 74a Rn 1; *Bauer/Diller*, Rn 217.
5 Röhricht/v. Westphalen/*Wagner*, § 74a Rn 4.
6 BAG 1.8.1995 – 9 AZR 884/93 – AP § 74a HGB Nr. 5 = NZA 1996, 310; Heymann/*Henssler*, § 74c Rn 5; *Baumbach/Hopt*, § 74a Rn 1.
7 BAG 19.2.1981 – 3 AZR 781/79 – n.v.

will.[8] So ist insb. das Interesse nicht schützenswert, den AN beim Kampf um künftige Kunden auszuschalten,[9] nur die Stärkung der Konkurrenz zu verhindern[10] oder die Rentabilität von investierten Ausbildungskosten zu sichern.[11]

Eine Verbindlichkeit des Verbots ist i.d.R. abzulehnen, wenn der AG seinen Geschäftsbetrieb vollständig und für immer aufgibt, da es dann an schützenswerten geschäftlichen Interessen fehlt.[12] Anders jedoch, wenn der AG den Betrieb nur für einen bestimmten Zeitraum einstellt oder den Betrieb an einen Dritten veräußert (siehe § 74 Rn 35).

In der Praxis sind Wettbewerbsverbote häufig sachlich nicht hinreichend begrenzt. So ist insb. ein Tätigkeitsverbot unverbindlich, das nur dem Schutz des **Kunden- und Lieferantenstamms** dient. Denn insoweit genügt die Vereinbarung einer Kundenschutzklausel. Gleiches gilt für den Bereich der freien Berufe: Häufig wird eine Mandantenschutzklausel dem Schutz des AG genügen und ein generelles Niederlassungsverbot unverbindlich sein.[13] Der AG muss das Wettbewerbsverbot auch auf den von ihm betriebenen Geschäfts- oder Handelszweig begrenzen. Betreibt der AG mehrere Handelszweige, muss sich das Wettbewerbsverbot jedoch nicht auf den früheren Tätigkeitsbereich des AN beschränken; entscheidend ist, ob der AN aufgrund seiner Stellung im Unternehmen auch über den begrenzten eigenen Tätigkeitsbereich hinaus Kenntnisse erlangt hat, die er bei einem Konkurrenten verwerten könnte.[14]

b) Räumliche Grenzen. Der AG darf Wettbewerb nur für den räumlichen Bereich verbieten, in dem er selbst am Markt tätig ist und ihm Konkurrenz droht. Dieses Gebiet kann je nach Auftreten am Markt einen sehr kleinen Bereich umfassen (z.B. das Gebiet einer Gemeinde) oder sich auf verschiedene Staaten erstrecken. Ist die zu schützende Tätigkeit auf dem genannten Auslandsmarkt illegal, fehlt es an dem zu schützenden Interesse.[15]

c) Zeitliche Grenzen. Eine zeitliche Begrenzung ergibt sich bereits unmittelbar aus der gesetzlich normierten Höchstdauer von zwei Jahren, Abs. 1 S. 3. Da der Gesetzgeber damit auch vorgegeben hat, in welchem zeitlichen Rahmen dem AN ein Verbot zumutbar ist, wird ein geschäftliches Interesse in zeitlicher Hinsicht bei einem auf zwei Jahre erstreckten Verbot nur ausnahmsweise verneint werden können. Denkbar sind aber Fallgestaltungen, in denen ein ganz bestimmtes Produkt, eine Erfindung oder ein Herstellungsverfahren für den AG nur über einen bestimmten Zeitraum schützenswert ist.

2. Unbillige Fortkommenserschwerung (Abs. 1 S. 2). Hat der AG ein berechtigtes geschäftliches Interesse an dem Verbot, ist in einem zweiten Schritt zu prüfen, ob nach dem konkreten Umfang des Verbots dem AN das berufliche Fortkommen unbillig erschwert wird. Bei dieser Prüfung steht das Interesse des AN im Vordergrund, während bei der Prüfung nach Abs. 1 S. 1 die geschäftlichen Interessen des AG maßgebend sind. Im Rahmen der Interessenabwägung ist zu prüfen, ob die berufliche Beschränkung des AN in sachlicher, räumlicher und zeitlicher Hinsicht noch angemessen ist im Hinblick auf die gezahlte Karenzentschädigung.[16] Neben der Wechselwirkung zwischen der Höhe der Karenzentschädigung und der Erschwerung des beruflichen Fortkommens ist das Interesse des AG an dem konkreten Verbot bei der Abwägung zu berücksichtigen.[17]

Zwar kann die konkrete Abwägung abstrakt nicht vorweggenommen werden. Es gilt jedoch der Grundsatz, dass ein umfassendes Verbot in sachlicher Hinsicht einer Beschränkung in zeitlicher Hinsicht oder einer umso höheren Karenzentschädigung bedarf. Wird dem AN eine Tätigkeit nicht nur in einer bestimmten Branche oder einem bestimmten Produktsegment, sondern umfassend für seinen Ausbildungsberuf untersagt, ist dies nur für einen kurzen Zeitraum zu rechtfertigen. Bei der Abwägung kann dabei auch eine Rolle spielen, wie lange der AN vor der Vertragsbeendigung bereits freigestellt war.[18] Insb. in Berufen, die regelmäßig praktiziert werden müssen oder schnellen Entwicklungen unterliegen, kann dem AN nur in besonderen Ausnahmefällen eine Tätigkeit für den Zweijahreszeitraum untersagt werden.

Problematisch ist das Wettbewerbsverbot in räumlicher Hinsicht auch dann, wenn eine Tätigkeit im gesamten Inland untersagt wird und der AN über keine Fremdsprachenkenntnisse verfügt.[19] Sofern ihm im Hinblick auf die sachliche Begrenzung des Verbots eine Arbeitsaufnahme in seinem Ausbildungsberuf gänzlich unmöglich ist, wird das Verbot zu weit reichend sein. Schöpft der AG jedoch den Zweijahreszeitraum nicht aus und zahlt er eine den gesetzlichen

---

8 BAG 24.6.1966 – 3 AZR 501/65 – AP § 74a HGB Nr. 2 = BB 1966, 1025; BAG 1.8.1995 – 9 AZR 884/93 – AP § 74a HGB Nr. 5 = NZA 1996, 310; Röhricht/v. Westphalen/Wagner, § 74a Rn 2; Schaub/*Schaub*, Arbeitsrechts-Handbuch, § 58 Rn 61.
9 BAG 21.3.1964 – 5 AZR 232/63 – AP § 133f GewO Nr. 5.
10 BAG 24.6.1966 – 3 AZR 501/65 – AP § 74a HGB Nr. 2 = BB 1966, 1025.
11 BAG 9.9.1968 – 3 AZR 188/67 – AP § 611 BGB Konkurrenzklausel Nr. 22 = BB 1969, 177.
12 BAG 28.1.1966 – 3 AZR 374/65 – AP § 74 HGB Nr. 18 = BB 1967, 958.
13 *Bauer/Diller*, Rn 198 f.; OLG Hamm 11.1.1988 – 8 U 142/87 – ZIO 1988, 1254.
14 BAG 16.12.1968 – 3 AZR 434/67 – AP § 133f GewO Nr. 21 = DB 1969, 973; *Buchner*, Wettbewerbsverbote, S. 69 f.; Staub/*Konzen/Weber*, § 74a Rn 6.
15 BAG 26.9.1963 – 5 AZR 61/63 – BB 1963, 1421.
16 BAG 18.2.1967 – 3 AZR 290/66 – AP § 133f GewO Nr. 19 = DB 1967, 1045.
17 *Bauer/Diller*, Rn 225; *Grüll/Janert*, S. 45 ff.
18 BGH 29.3.1995 – VIII ZR 102/94 – BGHZ 129/186 zu Handelsvertretern.
19 Staub/*Konzen/Weber*, § 74a Rn 12.

Mindestbetrag großzügig überschreitende Karenzentschädigung, kann auch ein sich auf ganz Deutschland beziehendes Verbot zulässig sein.[20]

13 **3. Zweijahreszeitraum (Abs. 1 S. 3).** Das nachvertragliche Wettbewerbsverbot darf nur für einen Zeitraum von zwei Jahren vereinbart werden. Jede längere Bindung des AN ist teilweise unverbindlich mit der Folge, dass der AN nach Ablauf der zwei Jahre wählen kann, ob er das Verbot gegen Zahlung der vereinbarten Entschädigung weiterhin einhält.[21] Für die ersten zwei Jahre ist das Verbot aber verbindlich (geltungserhaltende Reduktion).

14 Die Zweijahresfrist beginnt mit der rechtlichen Beendigung des Arbeitsvertrages (zur Laufzeit des nachvertraglichen Wettbewerbsverbots vgl. § 74 Rn 17). Ab diesem Zeitpunkt läuft sie ohne Unterbrechung **durchgängig**. Zeiträume, in denen der AN aus rechtlichen (fehlende Arbeitserlaubnis, Führerscheinentzug o.ä.) oder tatsächlichen (Krankheit, Auslandsaufenthalt o.ä.) Gründen gar keine Wettbewerbstätigkeit aufnehmen kann, verlängern die Zweijahresfrist nicht. Sie kann auch vertraglich nicht dadurch verlängert werden, dass dem AN der Wettbewerb nur für bestimmte zeitliche Perioden – etwa Saisongeschäft, Messezeiten o.ä. – untersagt wird.[22] Die Parteien können jedoch **nach der rechtlichen Beendigung** des Arbeitsvertrages eine Verlängerung des Verbots vereinbaren, da der AN dann nicht mehr unter die Schutzvorschriften der §§ 74 ff. fällt.

II. Nichtigkeit des Verbots (Abs. 2)

15 § 74a Abs. 2 regelt weitere Fälle, in denen das Wettbewerbsverbot von Anfang an nichtig und damit für beide Parteien unbeachtlich ist:

16 **1. Minderjährige.** Ist der AN **zum Zeitpunkt der Vereinbarung** eines Wettbewerbsverbots minderjährig, ist das Verbot nichtig und kann auch nicht mit Einwilligung des gesetzlichen Vertreters geschlossen oder von ihm später genehmigt werden.[23] Weder der gesetzliche Vertreter noch der für die Angelegenheiten aus dem Arbvrh nach § 113 BGB unbeschränkt geschäftsfähige Minderjährige können eine Wettbewerbsabrede treffen. Der nach der Vereinbarung volljährig gewordene AN kann auch nicht selbst nach § 108 BGB genehmigen. Bestätigt der später volljährig gewordene AN das Wettbewerbsverbot, handelt es sich um einen erneuten Vertragsschluss, der den Formvorschriften des § 74 unterliegt.

17 **2. Erfüllung auf Ehrenwort.** Das Verbot ist **nichtig**, wenn sich der AG die Erfüllung der Wettbewerbsabrede auf Ehrenwort oder unter ähnlichen Versicherungen versprechen lässt. Unschädlich ist jedenfalls ein Ehrversprechen, das nur auf das Unterlassen eines Verrats von Betriebs- oder Geschäftsgeheimnissen gerichtet ist. Diese Norm liest sich heute etwas antiquiert. In der Praxis spielt das Verbot der unsittlichen Verpfändung der Ehre kaum noch eine Rolle. Sollte der AN schriftlich oder mündlich neben der eigentlichen Wettbewerbsabrede ein Ehrversprechen abgeben, sollte der AG im Hinblick auf die Nichtigkeitsregelung des § 74a Abs. 2 dieses unverzüglich zurückweisen.[24] Denn ein nachträglicher Verzicht auf die abgegebene Garantie kann die Rechtsfolge der Nichtigkeit nicht verhindern.[25]

18 **3. Versprechen Dritter.** Die Wettbewerbsabrede ist auch dann nichtig, wenn **an Stelle des AN ein Dritter** die Verpflichtung übernimmt, dass sich der AN nach Beendigung des Arbeitsvertrages eines Wettbewerbs enthält. Es kommt insofern nicht darauf an, ob eine entsprechende Vereinbarung mit dem AN selbst nach den Regeln der §§ 74 ff. unwirksam oder unverbindlich gewesen wäre. Durch die Regelung soll jede **Dreiecksbeziehung**, in der sich ein Dritter zur Einhaltung des Wettbewerbsverbots an Stelle des AN verpflichtet, **verboten** werden. Auf diese Weise wird vermieden, dass dem AN nahe stehende Dritte, wie Lebensgefährten, Ehepartner, Verwandte oder auch spätere Geschäftspartner, oder gesetzliche Vertreter des AN eine eigene Verpflichtung eingehen und kraft ihres persönlichen oder finanziellen Einflusses einen Wettbewerb unterbinden. Zulässig ist jedoch die Vereinbarung einer **zusätzlichen** Garantie oder Verpflichtung zur Einhaltung einer Wettbewerbsabrede, die der AG unmittelbar mit dem AN getroffen hat.[26]

19 Grds. zulässig ist auch eine Abrede mit einem Dritten, durch die dieser sich außerhalb eines Arbeitsvertrages zur Unterlassung eigener Wettbewerbshandlungen verpflichtet. Der AG kann an solchen Vereinbarungen ein geschäftliches Interesse haben, um Strohmann- und sonstige Umgehungsgeschäfte zu untersagen. Im Einzelfall ist jedoch zu prüfen, ob die Vereinbarung den Beschränkungen der §§ 74 ff. unterliegt. Dies ist anzunehmen, wenn die Vereinbarung mit dem Dritten im Grunde eine Umgehung der unmittelbaren Wettbewerbsabrede ist, z.B. bei Wettbewerbsabreden mit dem neu gegründeten Unternehmen des AN.[27] Von dem Verbot werden auch keine Vereinbarungen erfasst, die der

---

20 LAG Berlin 26.3.1991 – 9 Sa 7/91 – LAGE § 74 HGB Nr. 6 = DB 1991, 1287.
21 LAG Düsseldorf 4.3.1997 – 3 Sa 1644/96 – NZA-RR 1998, 58.
22 HWK/*Diller*, § 74a HGB Rn 17.
23 BAG 20.4.1964 – 5 AZR 278/63 – AP § 90a HGB Nr. 17 = DB 1964, 995; *Grunsky*, S. 53.
24 HWK/*Diller*, § 74 HGB Rn 36.
25 Röhricht/v. Westphalen/*Wagner*, § 74a Rn 19.
26 Bauer/*Diller*, Rn 166; Röhricht/v. Westphalen/*Wagner*, § 74a Rn 22; Heymann/*Henssler*, § 74 Rn 30.
27 OLG Köln 3.12.1993 – 6 U 140/93 – BB 1994, 1503.

AG mit den AN eines Subunternehmers oder Geschäftspartner des AG mit dessen AN treffen.[28] Allerdings gelten auch hier die §§ 74 ff. entsprechend (siehe § 74 Rn 31).

III. Verstoß gegen die guten Sitten (Abs. 3)

Mit der Regelung in Abs. 3 hat der Gesetzgeber klargestellt, dass durch die Sonderregelungen in den §§ 74 ff. die Vorschrift des § 138 BGB zur Nichtigkeit von Rechtsgeschäften unberührt bleibt. Praktisch bleibt jedoch nur noch ein sehr schmaler Anwendungsbereich für das Vorliegen einer Sittenwidrigkeit nach § 138 BGB. Die leges speciales der §§ 74 ff. sind schon deshalb weit auszulegen, weil sie auf der Rechtsfolgenseite zwischen der Nichtigkeit und Unverbindlichkeit differenzieren. Letztere ist aufgrund der Wahlmöglichkeit für den AN, der im Mittelpunkt der Schutzvorschriften steht, vielfach vorteilhafter.[29]

20

C. Verbindung zu anderen Rechtsgebieten und zum Prozessrecht

Vorformulierte Arbeitsverträge unterliegen seit der Schuldrechtsreform nach § 310 Abs. 4 S. 2 BGB der **Inhaltskontrolle** nach den §§ 305 ff. BGB unter angemessener Berücksichtigung der im Arbeitsrecht geltenden Besonderheiten. Wettbewerbsverbote stellen keine überraschenden Klauseln i.S.v. § 305c Abs. 1 BGB dar; ihre Vereinbarung ist zumindest in Arbeitsverträgen mit Führungskräften die Regel.[30] Das überraschende Moment kann sich daher nur aus der versteckten Stellung im Vertrag ergeben. Ansonsten beschränkt sich die Inhaltskontrolle nach den §§ 305 ff. BGB im Wesentlichen auf das Transparenzgebot der §§ 307, 305c Abs. 2 BGB. Insb. bei der Frage, ob eine hinreichend klare Entschädigungszusage vorliegt, ist bei Formularverträgen daher auf die AGB-Rspr. zurückzugreifen. Für die allgemeine Inhaltskontrolle zur unangemessenen Benachteiligung nach § 307 BGB bleibt kein Raum, als § 74a als speziellere Norm mit der speziell ausgestalteten Rechtsfolgenregelung vorgeht.[31] Im Übrigen findet die Inhaltskontrolle der §§ 307 ff. BGB keine Anwendung auf die Ausgestaltung von Hauptleistungspflichten (vgl. § 74 Rn 5). Etwas anderes gilt für die Kontrolle einer Vertragsstrafenabrede (siehe § 75c Rn 3).

21

Dem AG obliegt hinsichtlich der berechtigten geschäftlichen Interessen ein substantiierter Sachvortrag; die Darlegungs- und Beweislast für die rechtsvernichtende Einrede trägt der AN.[32]

D. Beraterhinweise

Dem AG ist im Hinblick auf die erforderlichen berechtigten Geschäftsinteressen bei tätigkeitsbezogenen Verboten zu „dynamischen" Wettbewerbsverboten zu raten, bei denen sich das Verbot auf die vom AN zuletzt/in den letzten x Beschäftigungsjahren ausgeübte Tätigkeit bezieht.

22

Besteht Streit über Umfang und Verbindlichkeit eines Wettbewerbsverbots, kann der AN bei Beginn des Verbotszeitraums auf Feststellung klagen, in welchem Umfang das Verbot verbindlich ist. Ohne klärende Feststellung trägt der AN bei Zuwiderhandeln das Risiko, die Grenze der Verbindlichkeit richtig festzustellen.

23

---

§ 74b Zahlung und Berechnung der Entschädigung

(1) Die nach § 74 Abs. 2 dem Handlungsgehilfen zu gewährende Entschädigung ist am Schluß jedes Monats zu zahlen.

(2) ¹Soweit die dem Gehilfen zustehenden vertragsmäßigen Leistungen in einer Provision oder in anderen wechselnden Bezügen bestehen, sind sie bei der Berechnung der Entschädigung nach dem Durchschnitt der letzten drei Jahre in Ansatz zu bringen. ²Hat die für die Bezüge bei der Beendigung des Dienstverhältnisses maßgebende Vertragsbestimmung noch nicht drei Jahre bestanden, so erfolgt der Ansatz nach dem Durchschnitt des Zeitraums, für den die Bestimmung in Kraft war.

(3) Soweit Bezüge zum Ersatz besonderer Auslagen dienen sollen, die infolge der Dienstleistung entstehen, bleiben sie außer Ansatz.

Literatur: s. Literatur zu § 74

---

28 HWK/*Diller*, § 74a HGB Rn 23.
29 BAG 2.2.1968 – 3 AZR 462/66 – AP § 74 HGB Nr. 22 = DB 1968, 1138; LAG Baden-Württemberg 30.1.2008 – 10 Sa 60/07 – NZA-RR 2008, 508.
30 *Baumbach/Hopt*, § 74a Rn 9; *Diller*, NZA 2005, 250.
31 LAG Hamm 14.4.2003 – 7 Sa 1881/02 – LAGE § 74 HGB Nr. 17a = NZA-RR 2003, 513.
32 BAG 1.8.1995 – 9 AZR 884/93 – AP § 74a HGB Nr. 5 = NZA 1996, 310.

A. Allgemeines	1	II. Berechnung der Entschädigung bei variablen Bezügen (Abs. 2)	9
B. Regelungsinhalt	2	1. Variable Bezüge	10
I. Fälligkeit (Abs. 1)	2	2. Berechnung	12
1. Zahlungszeitpunkt	2	III. Auslagenersatz (Abs. 3)	14
2. Rechtsfolgen bei abweichender Vereinbarung	6	C. Verbindung zu anderen Rechtsgebieten und zum Prozessrecht	15
3. Pfändung und Abtretung	7		
4. Verjährung, Verfall und Aufhebung	8	D. Beraterhinweise	17

A. Allgemeines

1 Die Vorschrift trifft Regelungen zur Fälligkeit und zur Berechnung der Karenzentschädigung. Ihre Trennung von der Grundsatzregelung des § 74 Abs. 2 ist systematisch unglücklich. Es handelt sich hier nicht um speziellere Sonderregelungen, sondern die Vorschriften überschneiden sich in ihrem Anwendungsbereich. Der AG, dem die Berechnung der Entschädigung obliegt, muss daher die Einzelheiten verschiedenen Normen entnehmen.

B. Regelungsinhalt

I. Fälligkeit (Abs. 1)

2 **1. Zahlungszeitpunkt.** § 74b Abs. 1 trifft eine Regelung zur Fälligkeit der Entschädigung, die der gesetzlichen Fälligkeit bei Lohnansprüchen entspricht: Die zu gewährende Entschädigung ist am Schluss des Monats zu zahlen. Teilweise wird angenommen, dass damit nicht notwendig das Ende des Kalendermonats gemeint ist, sondern – abhängig von der Beendigung des Arbvverh – in monatlichen Abständen eine Karenz zu zahlen ist.[1] Es ist jedoch kein Grund ersichtlich, warum dem AG eine Zahlung außerhalb des Rhythmus der monatlichen Lohnabrechnung zugemutet werden sollte. Der AN ist hinreichend geschützt über die Anordnung einer regelmäßigen monatlichen Zahlung, die jeweils am **Ende des Kalendermonats** erfolgt. Die Entschädigung soll einen Ausgleich für die Einschränkung der Berufsfreiheit darstellen und dem AN eine dem Lohn entsprechende regelmäßige Einkommensgrundlage sichern. Daher ist es dem AG versagt, Einmalzahlungen während des Arbvverh oder Zahlungen am Ende der Karenzzeit vorzunehmen. Ein weitergehender Schutz des AN ist jedoch nicht erforderlich.

3 Von der gesetzlichen Fälligkeitsabrede kann nur zugunsten des AN abgewichen werden (§ 75d). Daher ist es dem AG nicht gestattet, mit dem AN längere Zahlungsperioden zu vereinbaren, die Zahlung über den Verbotszeitraum von zwei Jahren hinaus zu erstrecken oder gar eine Einmalzahlung zum Ende der Karenzzeit vorzunehmen.[2] Ob dem AN ein Zinsverlust ausgeglichen wird, ist insofern unerheblich.

4 Aufgrund des Regelungszwecks ist es auch unzulässig, dem AN noch während des bestehenden Arbvverh die Entschädigung als Einmalbetrag im Voraus zu zahlen.[3] Zum einen ist eine solche Vorauszahlung mit dem eindeutigen Wortlaut des § 74b nicht vereinbar. Zum anderen stünde dann zum Zeitpunkt der Auszahlung die exakte Mindesthöhe der Karenzentschädigung noch nicht fest. Nach der rechtlichen Beendigung des Vertragsverhältnisses kann die Entschädigung dagegen als Ganzes im Voraus ausgezahlt ausbezahlt werden. Streitig ist lediglich, ob der AG eine Abzinsung vornehmen darf, da die Entschädigungssumme dann nominal unterhalb der gesetzlichen Grenze des § 74 Abs. 2 liegt.[4] Richtigerweise ist die Abzinsung zuzulassen. Denn ansonsten würde aus praktischen Überlegungen dem AN die Möglichkeit einer für ihn günstigeren Fälligkeitsregelung verwehrt, da ein AG sich kaum zu einer Zahlung vor gesetzlicher Fälligkeit verpflichten wird, sofern ihm die Abzinsung verwehrt wird.

5 Da der Auszahlungszeitraum kalendermäßig bestimmt ist, gerät der säumige AG ohne Mahnung in Zahlungsverzug (§ 284 BGB). Der AN kann daher zum einen Verzugszinsen nach § 288 BGB verlangen (zur Höhe des Zinssatzes siehe § 288 BGB Rn 7). Zum anderen kann er dem AG eine angemessene Nachfrist setzen und nach fruchtlosem Fristablauf von der Wettbewerbsvereinbarung zurücktreten (§ 323 Abs. 1 BGB). Dies eröffnet dem AN die Möglichkeit, vorzeitig in Wettbewerb zum AG zu treten. Der AN kann ferner Schadensersatz nach § 325 BGB geltend machen.[5]

6 **2. Rechtsfolgen bei abweichender Vereinbarung.** Haben die Parteien eine Zahlung der Entschädigung als Einmalbetrag noch während des bestehenden Arbvverh vereinbart, ist die Wettbewerbsabrede insgesamt unverbindlich; dem AN steht ein Wahlrecht zu. Der AG trägt insoweit ein besonderes Risiko, als er die während des Arbvverh gezahlte Karenzentschädigung vom AN selbst dann nicht zurückverlangen kann, wenn dieser sich nach Vertragsbeendigung im Rahmen des Wahlrechts vom Wettbewerbsverbot löst.[6] Ist jedoch lediglich die Fälligkeit für Zeiträume des Verbots

---

1 Röhricht/v. Westphalen/*Wagner*, § 74b Rn 2; Heymann/*Henssler*, § 74b Rn 8; *Küstner/Thume*, Bd. 3, Rn 1018.
2 *Bauer/Diller*, Rn 281.
3 BAG 14.7.1981 – 3 AZR 414/80 – AP § 74 HGB Nr. 38 = DB 1982, 125; LAG Düsseldorf 19.2.1976 – 3 Sa 943/75 – DB 1976, 1113.
4 Bejahend: Heymann/*Henssler*, § 74b Rn 8; verneinend: Staub/*Konzen/Weber*, § 74b Rn 10; *Grunsky*, S. 89.
5 HWK/*Diller*, § 74 HGB Rn 102.
6 BAG 14.7.1981 – 3 AZR 414/80 – AP § 74 HGB Nr. 38 = DB 1982, 125 mit überzeugendem Ausschluss der einschlägigen Anspruchsgrundlagen.

abweichend von der gesetzlichen Regelung zu Lasten des AN festgelegt worden, bleibt das Wettbewerbsverbot wirksam; der AN hat jedoch einen Anspruch auf die Entschädigung, der jeweils zum Monatsende fällig wird.[7]

3. Pfändung und Abtretung. Die Karenzentschädigung ist nach § 850 Abs. 3b ZPO Arbeitseinkommen, das den Pfändungsschutzvorschriften der §§ 850 ff. ZPO unterliegt. Insofern ist eine Pfändung innerhalb der Pfändungsfreigrenzen ausgeschlossen, ebenso eine Aufrechnung oder Abtretung. Für die Berechnung der Pfändungsfreigrenzen ist auf den gesetzlichen monatlichen Zahlungszeitraum abzustellen.

4. Verjährung, Verfall und Aufhebung. Die monatliche Karenzentschädigung unterfällt der dreijährigen Verjährung nach § 195 BGB.[8] Die Verjährung beginnt bei Kenntnis von den den Anspruch begründenden Umständen und der Person des Schuldners oder Kennenmüssen mit dem Schluss des Kalenderjahres, in dem die jeweilige Monatsrate fällig geworden ist (§ 199 Abs. 1 BGB). Die einzelnen Raten können vertraglichen oder tarifvertraglichen Ausschlussfristen unterfallen; im Einzelfall kommt es auf den Wortlaut der Klausel an. Die Karenzentschädigung wird z.B. erfasst von einer Klausel im Formulararbeitsvertrag, nach der „alle beiderseitigen Ansprüche aus dem Arbverh und solche, die mit dem Arbverh in Verbindung stehen" innerhalb einer bestimmten Frist verfallen.[9] Das Stammrecht auf Entschädigung für die Karenzzeit kann nicht verfallen. Eine längere Nichtgeltendmachung der Entschädigungsraten führt nicht automatisch zu einer Verwirkung des Rechts. Die Parteien können das Wettbewerbsverbot und damit verbunden den Anspruch auf Karenzentschädigung im Rahmen eines Aufhebungs- oder Abwicklungsvertrages aufheben; eine Ausgleichsklausel, nach der „alle gegenseitigen Ansprüche aus dem Arbeitsverhältnis abgegolten sind", kann grds. auch die Karenzentschädigung erfassen; Ausgleichsklauseln sind im Interesse klarer Verhältnisse weit auszulegen.[10] Eine bloße Ausgleichsquittung erfasst grds. jedoch nicht den Anspruch auf Karenzentschädigung.[11]

II. Berechnung der Entschädigung bei variablen Bezügen (Abs. 2)

Die Sonderregelung für die Berechnung der Entschädigung bei variablen Bezügen knüpft an die in § 74 Abs. 2 normierte Verpflichtung an, mindestens die Hälfte der zuletzt bezogenen vertragsgemäßen Vergütung als Entschädigung zu zahlen. Nur für den Vergütungsbestandteil, der i.S.d. § 74b Abs. 2 variabel ist, gelten die hier aufgestellten besonderen Berechnungsgrundsätze. Dies führt dazu, dass der AG die festen vertragsgemäßen Bezüge des letzten Beschäftigungsmonats und die nach § 74b gesondert zu ermittelnden variablen Bezüge zu addieren hat, was in der Praxis häufig zu Berechnungsfehlern führt.

1. Variable Bezüge. Zu den wechselnden Vergütungsbestandteilen zählen neben der von § 74b Abs. 2 S. 1 genannten Provision alle Einkommensanteile, die von ständig wechselnden äußeren Umständen abhängig sind.[12] Erfasst werden daher sowohl die Bezüge, die in unterschiedlicher Höhe regelmäßig anfallen, als auch Bezüge, die zwar in gleicher Höhe, aber nicht regelmäßig in allen Bezugszeiträumen verdient sind; also z.B. Tantiemen, Verkaufs- und Treueprämien, Gewinnbeteiligungen, Gratifikationen, Jahresbonus, Belegschaftsaktien.

Ein am Jahresende fälliges 13. Monatsgehalt oder ein Weihnachtsgeld fallen nicht unter den Anwendungsbereich, wenn es sich um einen bindend zugesagten Betrag in fester Höhe handelt, der bei unterjährigem Ausscheiden pro rata temporis auszuzahlen ist. In diesem Fall ist § 74 Abs. 2 unmittelbar einschlägig. Handelt es sich jedoch um eine Leistung, die in wechselnder Höhe ausgezahlt wird, unter einem Freiwilligkeits- oder Widerrufsvorbehalt steht oder von sonstigen Bedingungen abhängig ist, greift die vorliegende Berechnungsregel.

2. Berechnung. Für die Berechnung der Entschädigung ist bei variablen Bezügen der Durchschnittsbetrag der letzten drei Jahre zugrunde zu legen, in denen das Dienstverhältnis bestand. Der zu berücksichtigende Zeitraum der letzten 36 Monate ist der **Bezugszeitraum**, d.h. es kommt nicht auf die tatsächliche Auszahlung oder Fälligkeit des variablen Lohnanspruchs, sondern allein auf den Zeitraum an, für den er gezahlt wird.[13] Erhält der AN daher z.B. eine Gewinnbeteiligung pro Kalenderjahr, die jeweils im zweiten Quartal des Folgejahres ausgezahlt wird, ist sie für die Berechnung der Karenzentschädigung in dem jeweiligen Kalenderjahr und nicht im folgenden Auszahlungsjahr zu berücksichtigen. Dieser Grundsatz gilt auch für die Berücksichtigung von Provisionen. Entscheidend ist nicht der Fälligkeitszeitpunkt, sondern wann das provisionspflichtige Geschäft abgeschlossen wurde.[14]

Bestand der vertragliche Anspruch auf die variable Vergütung weniger als 36 Monate, ist eine Durchschnittsberechnung auf der Grundlage des kürzeren Zeitraums vorzunehmen, für den die Bestimmung in Kraft war (Abs. 2 S. 2). Schwierigkeiten kann im Einzelfall die Abgrenzung zwischen einer neuen Vereinbarung i.S.d. § 74 Abs. 2 S. 2 und

---

7 Röhricht/v. Westphalen/*Wagner*, § 74 Rn 3.
8 Zum früheren Recht: BAG 3.4.1984 – 3 AZR 56/82 – AP § 74 HGB Nr. 44 = NZA 1984, 354.
9 BAG 17.6.1997 – 9 AZR 801/95 – AP § 74b HGB Nr. 2 = NZA 1998, 258.
10 BAG 22.10.2008 – 10 AZR 617/07 – AP § 74 HGB Nr. 82 = NZA 2009, 139.
11 BAG 22.10.1981 – 3 AZR 1013/78 – AP § 74 HGB Nr. 39 = NJW 1982, 1479.
12 BAG 5.8.1966 – 3 AZR 235/66 – AP § 74 HGB Nr. 19 = DB 1967, 1461.
13 BAG 9.1.1990 – 3 AZR 110/88 – AP § 74 HGB Nr. 59 = NZA 1990, 519.
14 HWK/*Diller*, § 74b HGB Rn 11; *Grunsky*, S. 70.

einer bloßen Veränderung der schon länger als 36 Monate bestehenden Vertragsabrede bereiten. Man wird eine qualitativ neue Vertragsbestimmung, die einen neuen Betrachtungszeitraum in Gang setzt, nur dann annehmen können, wenn die Berechnungsmethode oder die Berechnungsfaktoren geändert wurden. Eine rein nominale oder prozentuale Änderung z.B. bei Überstundenzuschlägen oder Provisionsstaffeln unterbricht den Betrachtungszeitraum nicht.

III. Auslagenersatz (Abs. 3)

14 Für die Berechnung der Karenzentschädigung nach § 74 Abs. 2 und § 74b Abs. 2 bleiben Bezüge ausdrücklich außer Betracht, die dem Ersatz **besonderer Auslagen** dienen, die infolge der Dienstleistung entstehen. Hierzu zählen u.a. Fahrt- und Unterbringungskosten, Trennungsentschädigungen und Teuerungszuschläge, Verpflegungsgeld und Aufwandsentschädigungen. Zahlt der AG eine Spesenpauschale, kann dieser im Einzelfall Vergütungscharakter zukommen, wenn es an einem Bezug zu konkreten Auslagen des AN fehlt und Anhaltspunkte dafür vorliegen, dass Gehaltsbestandteile zum Schein als Spesen deklariert wurden.[15]

C. Verbindung zu anderen Rechtsgebieten und zum Prozessrecht

15 Zu den zu versteuernden Einkünften zählen auch Entschädigungen, die der AN vom AG für das Nichtausüben oder die Aufgabe der unselbstständigen Tätigkeit erhält, § 24 Nr. 1b EStG. Entgelt für ein umfassendes Wettbewerbsverbot, das anlässlich der Beendigung vereinbart wurde, ist als eine solche Entschädigung zu beurteilen. Als Entgelt für das Einhalten des Wettbewerbsverbots ist die Karenzentschädigung i.d.R. keine Abfindung, die wegen der Auflösung des Arbverh geleistet wird und nach § 3 Nr. 9 EStG (teilweise) steuerfrei ist. Wird die Karenzentschädigung im Zusammenhang mit der Arbeitsvertragsbeendigung vereinbart, ist unter Gesamtwürdigung aller Umstände zu entscheiden, ob die Voraussetzungen der Steuerfreiheit vorliegen.[16]

16 Eine Karenzentschädigung ist kein Arbeitsentgelt i.S.v. § 14 SGB IV. Denn die Zahlungen lassen sich zeitlich nicht der versicherungspflichtigen Beschäftigung zuordnen. Auf sie entfallen daher keine Sozialversicherungsabgaben oder Krankenversicherungsbeiträge.

D. Beraterhinweise

17 Die Berechnung der Karenzentschädigung kann im Einzelnen sehr kompliziert werden. Um nicht eine zu niedrige Karenzentschädigung festzulegen mit der Gefahr einer unverbindlichen Abrede, sollte der AG die Einzelheiten der Berechnung nach §§ 74, 74b nicht in das Wettbewerbsverbot aufnehmen (zu den Gestaltungsmöglichkeiten siehe § 74 Rn 73).

---

§ 74c Anrechnung eines anderweitigen Erwerbs

(1) ¹Der Handlungsgehilfe muß sich auf die fällige Entschädigung anrechnen lassen, was er während des Zeitraums, für den die Entschädigung gezahlt wird, durch anderweite Verwertung seiner Arbeitskraft erwirbt oder zu erwerben böswillig unterläßt, soweit die Entschädigung unter Hinzurechnung dieses Betrags den Betrag der zuletzt von ihm bezogenen vertragsmäßigen Leistungen um mehr als ein Zehntel übersteigen würde. ²Ist der Gehilfe durch das Wettbewerbsverbot gezwungen worden, seinen Wohnsitz zu verlegen, so tritt an die Stelle des Betrags von einem Zehntel der Betrag von einem Viertel. ³Für die Dauer der Verbüßung einer Freiheitsstrafe kann der Gehilfe eine Entschädigung nicht verlangen.

(2) Der Gehilfe ist verpflichtet, dem Prinzipal auf Erfordern über die Höhe seines Erwerbs Auskunft zu erteilen.

Literatur: s. Literatur zu § 74

A. Allgemeines ... 1	b) Wohnsitzwechsel ... 14
B. Regelungsinhalt ... 2	c) Abweichende Vereinbarung ... 17
I. Anrechnung anderweitigen Erwerbs (Abs. 1) ... 2	II. Auskunftspflicht (Abs. 2) ... 19
1. Tatsächlicher Erwerb ... 2	1. Auskunft über anderweitigen Erwerb ... 19
a) Einkünfte aus selbstständiger oder unselbstständiger Tätigkeit ... 2	2. Nachweispflicht ... 22
b) Lohnersatzleistungen ... 5	3. Durchsetzung der Ansprüche ... 23
2. Böswillig unterlassener Erwerb ... 7	III. Befreiung von der Entschädigungspflicht (Abs. 1 S. 3) ... 24
3. Anrechnungsregeln ... 10	C. Verbindung zu anderen Rechtsgebieten und zum Prozessrecht ... 25
a) Berechnung ... 10	D. Beraterhinweise ... 27

---

15 LAG Köln 29.10.1997 – 2 Sa 794/97 – LAGE § 74c HGB Nr. 6.

16 BFH 25.7.1990 – XR 163/88 – BFH/NV 1991, 293.

A. Allgemeines

Die Vorschrift beschränkt die Einkommensmöglichkeit des AN aus Karenzentschädigung und anderweitigem Einkommen zugunsten des früheren AG. Der AN muss sich auf die fällige Entschädigung anrechnen lassen, was er während des Zeitraums, für den die Entschädigung gezahlt wird, durch anderweitige Verwertung seiner Arbeitskraft erwirbt, soweit die Entschädigung unter Hinzuziehung dieser Bezüge den Betrag der zuletzt von ihm bezogenen vertragsgemäßen Vergütung um mehr als ein Zehntel übersteigen würde. Diese Regelung erscheint auf den ersten Blick erstaunlich, da dem AG die Einkünfte des AN aus der Verwertung seiner Arbeitskraft unmittelbar zugute kommen. Die gesetzliche Begrenzung der Einkunftshöhe ist aber erklärbar mit dem Schutzzweck der Karenzentschädigung: Dem AN soll nur eine Entschädigung für den Zeitraum der von ihm geleisteten Karenz gezahlt und ein daraus folgender Nachteil ausgeglichen werden; die Entschädigung soll dem AN aber nicht auf Kosten des früheren AG einen durch die Karenz nicht veranlassten Gewinn bringen.[1] Auf die einem Geschäftsführer zugesagte Entschädigung findet die Norm keine Anwendung.[2]

B. Regelungsinhalt

I. Anrechnung anderweitigen Erwerbs (Abs. 1)

1. Tatsächlicher Erwerb. a) Einkünfte aus selbstständiger oder unselbstständiger Tätigkeit. Der AN muss sich alles anrechnen lassen, was er durch die anderweitige **Verwertung seiner Arbeitskraft** während der Karenzzeit als Einkommen erwirbt. Im Ansatz gilt die Regel, dass der AN sich das anrechnen lassen muss, was entsprechend den Bestimmungen der §§ 74 Abs. 2, 74b bei der Berechnung der Karenzentschädigung Berücksichtigung findet.[3]

Zum anrechenbaren Verdienst zählen die Einkünfte aus selbstständiger und unselbstständiger Tätigkeit, nicht aber Einkünfte aus Vermietung und Verpachtung oder Kapitalerträge und Gewinnbeteiligungen. Schwierigkeiten kann diese Differenzierung bereiten, wenn der AN nach der Beendigung des Arbverh ein eigenes Unternehmen gründet oder als Gesellschafter mit einer Kapitaleinlage in ein Unternehmen eintritt und Gewinn sowohl aus der Verwertung seiner Arbeitskraft als auch aus Kapitalleistung erzielt. Teilweise wird in diesem Fall aus Praktikabilitätsgründen angenommen, der gesamte Verdienst sei anzurechnen.[4] Nach überwiegender und zutreffender Ansicht ist jedoch zwischen den unterschiedlichen Einkunftsarten zu trennen.[5] Zur Bezifferung des Einkommens aus Arbeitskraft wird man auf die steuerrechtlichen Grundsätze zurückgreifen können, nach denen die Tätigkeit für das Unternehmen zu bewerten ist.

Entscheidend für die Bejahung eines anzurechnenden Verdienstes ist die **Kausalität** zwischen der Verwertung der Arbeitskraft, die auf der Beendigung des Vertragsverhältnisses und der Aufnahme einer neuen Beschäftigung beruht, und dem daraus erzielten Verdienst. Nicht anzurechnen sind daher Einkünfte, die zwar während der Karenzzeit gezahlt werden, ihre Rechtsgrundlage aber noch in dem beendeten Vertragsverhältnis haben, wie Jahrestantiemen, Provisionen oder Urlaubsabgeltung. Ebenso wenig anzurechnen sind Einkünfte aus einer Nebentätigkeit, die der AN bereits während des beendeten Vertragsverhältnisses ausgeübt hat; hier fehlt es an einer Kausalität zwischen der Karenzzeit und dem Nebenerwerb.[6] Gleiches gilt für Leistungen des neuen AG, die eine Erstattung von Auslagen oder einen Ausgleich für Mehraufwendungen darstellen, wie z.B. die Überlassung einer Dienstwohnung bei einem Auslandseinsatz oder steuerfreie Aufwandsentschädigungen.[7]

b) Lohnersatzleistungen. § 74c Abs. 1 trifft keine ausdrückliche Regelung zur Anrechnung von Lohnersatzleistungen, wie Sozialleistungen oder Renten. Eine Ausdehnung des Anwendungsbereichs auf solche Leistungen ist umstritten.

Grds. sind **Sozialleistungen** nicht auf die Karenzentschädigung anzurechnen, da sie nicht auf einer Verwertung der Arbeitskraft des AN beruhen und es an der Kausalität zwischen der frei gewordenen Arbeitskraft und den Einnahmen fehlt. Entsprechend hat das BAG eine Anrechnung abgelehnt für die gesetzliche Sozialversicherungsrente[8] und das Übergangsgeld nach §§ 20 ff. SGB VI.[9] Dagegen sind aufgrund des bestehenden Lohnersatzcharakters anrechenbar das Krankengeld,[10] das Insolvenzgeld[11] und schließlich das Arbeitslosengeld.[12] Bei Letzterem ist fraglich, ob nur das

---

1 BAG 17.12.1973 – 3 AZR 283/73 – AP § 74c HGB Nr. 2 = DB 1974, 539.
2 BGH 28.4.2008 – II ZR 11/07 – NJW 2008, 2437.
3 BAG 16.11.1973 – 3 AZR 61/73 – AP § 74 HGB Nr. 34 = DB 1974, 484.
4 Heymann/*Henssler*, § 74c Rn 4.
5 BAG 20.4.1967 – 3 AZR 314/66 – AP § 74 HGB Nr. 20 = DB 1967, 1415; HWK/*Diller*, § 74c HGB Rn 13; Röhricht/v. Westphalen/*Wagner*, § 74c Rn 7.
6 BAG 16.5.1969 – 3 AZR 137/68 – AP § 133f GewO Nr. 23; ErfK/*Oetker*, § 74c HGB Rn 3.
7 BAG 3.4.1984 – 3 AZR 56/82 – AP § 74 HGB Nr. 44 = NZA 1984, 354.
8 BAG 30.10.1984 – 3 AZR 213/82 – AP § 74 HGB Nr. 46 = NZA 1985, 429.
9 BAG 7.11.1989 – 3 AZR 796/87 – AP § 74c HGB Nr. 19 = NZA 1990, 397.
10 *Löwe*, S. 118 ff.
11 *Bauer/Diller*, Rn 545.
12 BAG 25.6.1985 – 3 AZR 305/83 – AP § 74c HGB Nr. 11= NZA 1986, 194; offengelassen BAG 23.11.2004 – 9 AZR 595/03 – AP § 74 HGB Nr. 75 = NZA 2005, 411.

tatsächlich ausgezahlte Arbeitslosengeld zur Anrechnung kommt oder eine Umrechnung auf ein fiktives Bruttoeinkommen vorgenommen werden muss. Nach richtiger Ansicht ist keine fiktive Umrechnung vorzunehmen; die von der BA für den Arbeitslosen gezahlten Sozialabgaben kommen nicht zur Anrechnung.[13] Ob betriebliche Renten und Ruhegelder auf die Karenzentschädigung anzurechnen sind, hat das BAG bisher offen gelassen.[14] Da diese Zahlungen jedoch nicht auf einer Verwertung der Arbeitskraft während der Karenzzeit beruhen, sondern Folge einer bereits erbrachten Arbeitsleistung sind, spricht mehr gegen eine Anrechnung.[15]

7 **2. Böswillig unterlassener Erwerb.** Neben dem tatsächlichen Erwerb ist auch ein vom AN böswillig unterlassener, fiktiver Erwerb zu seinen Lasten anzurechnen.

8 Der Begriff der Böswilligkeit ist derselbe wie in § 615 S. 2 BGB und § 11 Abs. 2 KSchG: Der AN handelt **böswillig**, wenn er während der Karenzzeit in Kenntnis der objektiven Umstände vorsätzlich überhaupt nicht oder für eine geringere als die erzielbare Vergütung arbeitet. Die Feststellung der Böswilligkeit ist das Ergebnis einer Abwägung zwischen dem Interesse des AN an einer freien Arbeitsplatzwahl und dem finanziellen Interesse des AG. Sie ist daher immer von den Umständen des konkreten Einzelfalles abhängig, wobei der AN bei der Wahl des neuen Arbeitsplatzes im Schutze des Art. 12 GG seine Interessen an die erste Stelle setzen darf.[16]

9 Ein böswilliges Unterlassen ist anzunehmen, wenn der AN bei objektiver Arbeitsmöglichkeit ohne hinreichenden sachlichen Grund eine zumutbare Arbeit nicht aufnimmt.[17] Aufgrund der strengen Anforderungen, die an den Begriff der Böswilligkeit gestellt werden, gibt es zahlreiche Beispiele aus der Rspr., bei denen ein böswilliges Unterlassen abgelehnt wurde: So bei der Aufnahme eines Studiums, sofern dieses nicht offensichtlich planlos ist,[18] bei der Inanspruchnahme vorgezogener Rente[19] oder „Elternzeit",[20] bei der Ablehnung eines Weiterbeschäftigungsangebots beim früheren AG[21] und der Ablehnung einer berufsfremden Tätigkeit.[22] Auch die Aufnahme einer selbstständigen Tätigkeit, deren Geschäftsergebnisse geringer ausfallen als ein ansonsten zu beanspruchendes Arbeitslosengeld, begründet keine Böswilligkeit.[23] Nur wenn der AN es ersichtlich darauf angelegt hat, in den ersten zwei Jahren der Selbstständigkeit keine Gewinne zu erwirtschaften, indem er z.B. sofort realisierbare Gewinne auf den Zeitraum nach Ablauf der Wettbewerbsabrede verschiebt, handelt er böswillig.[24] Da das Arbeitslosengeld zu den anrechenbaren Bezügen zählt (siehe Rn 6) ist ein böswilliges Unterlassen unproblematisch auch dann zu bejahen, wenn der AN vorsätzlich untätig bleibt, seine Arbeitskraft nicht anderweitig verwendet und sich gleichwohl nicht arbeitslos meldet und nur aufgrund der unterlassenen Meldung kein anrechenbares Arbeitslosengeld bezieht.[25] Für die Berechnung des fiktiven Erwerbs ist in diesem Fall jedoch keine Vermutung dahingehend aufzustellen, dass dem AN durch die BA ein Arbeitsplatz vermittelt worden wäre und er ein über dem Arbeitslosengeld liegendes Gehalt hätte erwirtschaften können.

10 **3. Anrechnungsregeln. a) Berechnung.** Eine Anrechnung des anderweitigen Verdienstes erfolgt nur, wenn die Karenzentschädigung und der neue Verdienst die gesetzlich festgelegte Grenze von 110 % der letzten vertragsgemäßen Vergütung überschreiten. Diese Grenze wird nicht dadurch angehoben, dass der AG eine über dem gesetzlichen Satz von 50 % liegende Entschädigung zugesagt hat; dies hat nur zur Folge, dass der AN bei Hinzuverdiensten schneller die Grenze der Erstattungspflicht erreicht.[26] Etwas anderes gilt nur, wenn die Parteien auch eine Vereinbarung über die Anhebung der Anrechnungsgrenze getroffen haben.

11 Bei der Berechnung stellt die Karenzentschädigung eine **feste Größe** dar, die durch spätere Tariflohnerhöhungen oder sonstige Lohnerhöhungen nicht beeinflusst wird und auch nicht nach sonstigen Steigerungsfaktoren der Entwicklung der Kaufkraft angepasst wird. Die anzurechnenden anderweitigen Bezüge können sich dagegen ständig ändern und richten sich nach der tatsächlichen Beschäftigung. Dies führt dazu, dass Einkünfte eines früheren Vollzeitbeschäftigten aus einer neuen Teilzeitbeschäftigung auch nur in tatsächlicher Höhe angerechnet und nicht auf den

---

13 BAG 27.11.1991 – 4 AZR 211/91 – AP § 4 TVG Nachwirkung Nr. 22 = NZA 1992, 200; ErfK/*Oetker*, § 74c HGB Rn 4; HWK/*Diller*, § 74c HGB Rn 18; zuletzt LAG München 14.8.2007 – 4 Sa 189/07.
14 BAG 30.10.1984 – 3 AZR 213/82 – AP § 74 HGB Nr. 46 = NZA 1985, 429.
15 LAG München 19.4.2007 – 2 Sa 1341/06 – n.v.
16 BAG 3.9.1974 – 3 AZR 350/73 – AP § 74 HGB Nr. 5 = DB 1974, 2262; Röhricht/v. Westphalen/*Wagner*, § 74c Rn 16.
17 BAG 23.1.1967 – 3 AZR 253/66 – AP § 74 HGB Nr. 1 = DB 1967, 779.
18 BAG 8.2.1974 – 3 AZR 519/73 – AP § 74c HGB Nr. 4; BAG 13.2.1996 – 9 AZR 931/94 – AP § 74c HGB Nr. 18 = NZA 1996, 1039.
19 BAG 3.7.1990 – 3 AZR 96/89 – AP § 74 HGB Nr. 61 = NZA 1991, 308.
20 BAG 24.10.1972 – 3 AZR 102/72 – AP § 74 HGB Nr. 31 = DB 1977, 260.
21 BAG 18.10.1976 – 3 AZR 376/75 – AP § 74b HGB Nr. 1 = DB 1977, 260; BAG 3.7.1990 – 3 AZR 96/89 – AP § 74 HGB Nr. 61 = NZA 1991, 308.
22 BAG 13.11.1975 – 3 AZR 38/75 – AP § 74c HGB Nr. 7 = DB 1976, 439; BAG 2.6.1987 – 3 AZR 626/85 – AP § 74c HGB Nr. 13 = NZA 1988, 130.
23 BAG 2.6.1987 – 3 AZR 626/85 – AP § 74c HGB Nr. 13 = NZA 1988, 130.
24 Schlegelberger/*Schröder*, § 74c Rn 3a; *Grüll/Janert*, S. 61, Fn 43; *Bauer/Diller*, Rn 552.
25 A.A. BAG 16.5.2000 – 9 AZR 203/99 – AP § 615 BGB Böswilligkeit Nr. 7 = NZA 2001, 26 zu § 615 S. 2 BGB; noch offengelassen zu § 74c HGB BAG 2.6.1987 – 3 AZR 626/85 – AP § 74c HGB Nr. 13 = NZA 1988, 130.
26 *Bauer/Diller*, Rn 560.

möglichen Verdienst bei Vollzeitbeschäftigung hochgerechnet werden. Umgekehrt kann auf eine Karenzentschädigung eines Teilzeitbeschäftigten auch nur der Verdienst angerechnet werden, den er für den Anteil der Teilzeit im Rahmen seiner neuen Vollzeitbeschäftigung verdienen würde.[27]

Die Berechnung der jeweiligen Entschädigungsrate ist gesondert und daher **monatlich** vorzunehmen. Das anderweitige Einkommen ist nicht auf einen Jahresdurchschnitt umzurechnen, sondern für jeden Abrechnungsmonat gesondert zu berücksichtigen. Dabei ist – wie bei § 74b – nicht der Zeitpunkt der tatsächlichen Auszahlung, sondern der Bezugszeitraum ausschlaggebend. Ob der AN tatsächlich den erarbeiteten Lohn ausgezahlt bekommt, ist irrelevant.[28] Bezüge, die für einen über den Einzelmonat hinausgehenden Zeitraum gezahlt werden, sind auf den Einzelmonat umzurechnen.[29] So sind ein 13. Monatsgehalt oder eine sonstige Jahressonderzahlung i.d.R. durch zwölf zu teilen und für jeden Abrechnungsmonat anteilig zu berücksichtigen. Hat der AN jedoch anderweitige Einkünfte in ständig wechselnder Höhe, ist nach neuerer Rspr. des BAG[30] grds. eine Berechnung vorzunehmen, die auf das Kalenderjahr als Bezugszeitraum abstellt und zu einer Verrechnung mit der Jahreskarenzentschädigung führt. Eine Ausnahme ist nur dann zu machen, wenn der AN in bestimmten Abrechnungsmonaten gar nichts verdient hat; diese Monate sind auch aus der Jahresbetrachtung herauszunehmen. Der anderweitige Verdienst ist immer als Bruttobetrag ohne Abzug von Werbungskosten zu berücksichtigen. 12

Hat der AN eine **selbstständige Tätigkeit** aufgenommen, hat der AG grds. ebenfalls eine monatliche Berechnung vorzunehmen und insoweit monatlich eine Karenzentschädigung zu zahlen. Grundlage dieser Berechnung sind die Angaben des AN, die er im Rahmen seiner Auskunftspflicht (siehe Rn 19 ff.) zu seinen Einkünften gemacht hat. Da diese Angaben und damit die Höhe der anrechenbaren Bezüge nur einen vorläufigen Charakter haben können, stellen die monatlichen Karenzraten nur vorläufige Abschlagszahlungen dar. Am Ende des einjährigen Karenzzeitraums ist sodann auf der Jahresbasis zu saldieren und ein Fehl- oder Mehrbetrag von der jeweiligen Vertragsseite auszugleichen.[31] 13

b) Wohnsitzwechsel. Die gesetzliche Anrechnungsgrenze verschiebt sich auf 125 %, wenn der AN durch das Wettbewerbsverbot gezwungen wurde, seinen Wohnsitz zu wechseln (Abs. 1 S. 2). Dadurch sollen dem AN durch den Wohnsitzwechsel entstehende Mehraufwendungen ausgeglichen und gleichzeitig ein Anreiz geschaffen werden, auch während des Karenzzeitraums eine neue Stelle an einem neuen Wohnort aufzunehmen. 14

Der AN ändert nur dann seinen **Wohnsitz** i.S.d. Vorschrift, wenn er seinen Lebensmittelpunkt verlagert. Die Begründung eines zweiten Wohnsitzes genügt nicht, sofern durch Nachzug der Familie nicht dieser Wohnsitz zum Lebensmittelpunkt gemacht wird.[32] Allerdings greift die erhöhte Anrechnungsgrenze zugunsten des AN auch rückwirkend: Nimmt der AN zunächst eine Tätigkeit an einem neuen Ort auf und verlagert er zeitlich verzögert seinen Wohnsitz, gilt die 125 %-Grenze für den gesamten Zeitraum der neuen Beschäftigung. Wenn der neue AG mit einem Beschäftigungsbetrieb am ursprünglichen Wohnsitz den AN zu einem späteren Zeitpunkt versetzt und dies mit einem Wohnsitzwechsel verbunden ist, greift die erhöhte Grenze für die Anrechnung des anderweitigen Verdienstes unter den oben genannten weiteren Voraussetzungen ab dem Zeitpunkt der Versetzung.[33] 15

Ein **erzwungener Wohnsitzwechsel** ist nur dann anzunehmen, wenn der AN an seinem alten Wohnsitz keiner seiner bisherigen Tätigkeit entsprechenden Stelle gefunden hat. Dabei muss das Wettbewerbsverbot kausal für die ergebnislose Arbeitsplatzsuche sein.[34] Die am Wohnort mögliche Stelle muss nach Art, Vergütung und beruflichen Chancen der bisherigen Tätigkeit gleichkommen; findet der AN aufgrund des Wettbewerbsverbots eine nach diesen Kriterien vergleichbare Stelle nur an einem anderen Wohnort, liegt ein erzwungener Wohnsitzwechsel vor.[35] 16

c) Abweichende Vereinbarung. Die Parteien sind frei, eine von § 74c **zugunsten des AN** abweichende Anrechnungsregel zu treffen. So kann z.B. eine Anrechnung ganz ausgeschlossen oder erst ab einer höheren Grenze als 110 % bzw. 125 % der letzten Vergütung angenommen werden. Grds. bedarf eine Abbedingung der gesetzlichen Anrechnungsgrenze jedoch einer ausdrücklichen Regelung.[36] Etwas anderes soll dann anzunehmen sein, wenn die Parteien vereinbaren, dass die gesamte Entschädigung für den Zeitraum des Verbots im Voraus gezahlt werden soll (siehe § 74b Rn 4). In diesem Fall sei ohne anderslautenden Hinweis davon auszugehen, dass keine nachträgliche Verrechnung erfolgen soll und der AN die Entschädigung ohne spätere Anrechnung anderweitigen Verdienstes erhal- 17

---

27 LAG Köln 2.10.1986 – 10 Sa 647/86 – LAGE § 74c HGB Nr. 1.
28 BAG 9.1.1990 – 3 AZR 110/88 – AP § 74 HGB Nr. 59 = NZA 1990, 519.
29 BAG 16.11.1973 – 3 AZR 61/73 – AP § 74 HGB Nr. 34 = DB 1974, 484.
30 BAG 2.6.1987 – 3 AZR 626/85 – AP § 74c HGB Nr. 13 = NZA 1988, 130.
31 *Bauer/Diller*, Rn 565.
32 *Bauer/Diller*, Rn 514.
33 BAG 8.11.1994 – 9 AZR 4/93 – AP § 74c HGB Nr. 17 = NZA 1995, 631.
34 BAG 23.2.1982 – 3 AZR 676/79 – AP § 74c HGB Nr. 9 = DB 1982, 1471; BAG 10.9.1985 – 3 AZR 31/84 – § 74c HGB Nr. 12 = NZA 1986, 329.
35 BAG 10.9.1985 – 3 AZR 31/84 – AP § 74c HGB Nr. 12 = NZA 1986, 329; BAG 23.2.1999 – 9 AZR 739/97 – AP § 74c HGB Nr. 20 = NZA 1999, 936.
36 Preis/*Stoffels*, Der Arbeitsvertrag, II W 10 Rn 63; Staub/*Konzen/Weber*, § 74c Rn 2.

ten hat.[37] Dies ist fraglich, denn aus einer Regelung zugunsten des AN wird ein weiterer Vorteil abgeleitet, der in keinem unmittelbaren Zusammenhang steht und grds. einer ausdrücklichen Regelung bedarf. Es bedarf daher weiterer Anhaltspunkte als der Einmalzahlung, um von der Abbedingung der gesetzlichen Anrechnungsfolge auszugehen. So kann die vorbehaltlose Auszahlung der Karenzentschädigung in voller Höhe in Kenntnis eines anderweitigen Erwerbs einen konkludenten Verzicht auf die Anrechnung bedeuten.

18 Eine Abweichung **zu Lasten des AN** ist unzulässig, da § 74c nach § 75 unabdingbar ist. Sämtliche Klauseln, die direkt oder indirekt eine Herabsetzung der Anrechnungsgrenze bedeuten, sind unwirksam. Insb. eine Vereinbarung, nach der anderweitiger Verdienst in voller Höhe angerechnet werden soll, ist unzulässig.[38] Nach richtiger Auffassung führt die unzulässige Unterschreitung der Anrechnungsgrenze dazu, dass das Wettbewerbsverbot insgesamt unverbindlich ist.[39] Denn eine Verschiebung der Anrechnungsgrenze zu Lasten des AN bedeutet im Ergebnis eine unzulässige Kürzung der Karenzentschädigung und sollte daher in der Rechtsfolge mit der Unterschreitung der 50 %-Grenze des § 74 Abs. 2 gleichgestellt werden. Der AN hat ein Wahlrecht, ob er auf der Grundlage der vertraglichen Vereinbarungen das Wettbewerbsverbot einhält oder sich davon lossagt.

II. Auskunftspflicht (Abs. 2)

19 **1. Auskunft über anderweitigen Erwerb.** Der AN muss dem AG nach Aufforderung Auskunft über die Höhe des anderweitigen Erwerbs geben. Die Auskunftspflicht setzt voraus, dass ein rechtswirksames nachvertragliches Wettbewerbsverbot vereinbart wurde, das Arbverh beendet wurde und eine Anrechnungsmöglichkeit besteht. Mit der Aufforderung des AG wird der Auskunftsanspruch fällig. Das Gesetz schweigt jedoch zu der Frage, in welcher Form, mit welchem konkreten Inhalt und in welchem zeitlichen Abstand der AN Auskunft zu erteilen hat. Dies ist nach Grundsätzen von **Treu und Glauben** im Einzelfall zu bestimmen.[40] Dies bedeutet für den zeitlichen Abstand der zu erteilenden Auskünfte, dass diese sich an den zeitlichen Zahlungsvorgaben für die Karenzraten orientieren, sofern die Parteien keine andere vertragliche Regelung hierzu getroffen haben (siehe Rn 27). Im Regelfall muss der AG monatlich die Karenzrate berechnen und an den AN auszahlen; daher ist er auf die monatlichen Auskünfte des AN zu den anrechenbaren anderweitigen Verdiensten angewiesen. Verfügt der AN jedoch über ein festes Monatseinkommen, wird man von dem AN nur bei Änderungen regelmäßige Auskünfte verlangen können. Bei variablen Einkünften, die ggf. auch erst nach dem relevanten Bezugszeitraum quartalsweise oder jährlich ausgezahlt werden, muss der AN eine vorläufige Auskunft über die zu erwartenden Bezüge erteilen. Auf dieser Grundlage kann der AG entsprechend vorläufige Karenzraten zahlen. Am Jahresende bzw. zum relevanten Abrechnungszeitpunkt ist dann eine Endabrechnung vorzunehmen. Ähnliches gilt für den Fall, dass der AN eine selbstständige Tätigkeit aufgenommen hat. Auch hier hat er den AG über die voraussichtlichen monatlichen Einkünfte vorläufig zu informieren, wenn er monatlich Karenzraten erhält. Am Ende des Jahres ist sodann endgültig abzurechnen.[41]

20 Auch Inhalt und Form der Auskunft orientieren sich an den Grundsätzen von Treu und Glauben. Der AN kann sich, solange die anderweitigen Verdienste unterhalb der Anrechnungsgrenze bleiben, ohne Angabe von konkreten Zahlen auf die Angabe beschränken, er beziehe keine anrechenbaren Einkünfte.[42] Erst bei Überschreiten der Grenze hat er das **konkrete Zahlenmaterial** offen zu legen. In diesem Fall ist grds. eine **schriftliche** Angabe zu fordern, da der AG das Zahlenmaterial nachprüfbar seiner Berechnung der Karenzentschädigung zugrunde legen muss.[43]

21 Ob der AN darüber hinaus Auskunft über die Höhe böswillig unterlassener Einkünfte zu erteilen hat, ist umstritten. Überwiegend wird angenommen, die Auskunftspflicht des § 74c Abs. 2 beziehe sich nur auf tatsächlich erzielte Einkünfte, da der AG lediglich prüfen können solle, ob ein anrechenbarer Verdienst erzielt worden sei.[44] Nach a.A. ist auch Auskunft über böswillig unterlassenen Verdienst zu erteilen.[45] Denn die Auskunftspflicht stelle einen Ausgleich für die grds. dem AG obliegende Darlegungs- und Beweislast für den anrechenbaren anderweitigen Verdienst dar und müsse daher umfassend für alle Anrechnungsmöglichkeiten gelten. Für die Praxis ist dieser Streit weitgehend unbedeutend, da selbst bei Annahme einer Auskunftspflicht der AN den böswillig unterlassenen Erwerb mit Null beziffern wird.

22 **2. Nachweispflicht.** Über den engen Wortlaut hinaus wird auch eine Pflicht des AN angenommen, seine Angaben zu den anderweitigen Verdiensten auf Verlangen des AG zu **belegen**.[46] Bei einer unselbstständigen Tätigkeit kann der AN zum Nachweis des anderweitigen Bruttoverdienstes die Lohnabrechnungen, Lohnstreifen oder die Lohnsteu-

---

37 LAG Hamm 19.2.1992 – 15 Sa 1728/91 – LAGE § 74c HGB Nr. 4 = BB 1992, 1856.
38 BAG 25.6.1985 – 3 AZR 305/83 – AP § 74c HGB Nr. 11 = NZA 1986, 194.
39 HWK/*Diller*, § 74c HGB Rn 24; *Grunsky*, S. 66; unklar: BAG 25.6.1985 – 3 AZR 305/83 – AP § 74c HGB Nr. 11 = NZA 1986, 194.
40 BAG 2.6.1987 – 3 AZR 626/85 – AP § 74c HGB Nr. 13 = NZA 1988, 130.
41 BAG 2.6.1987 – 3 AZR 626/85 – AP § 74c HGB Nr. 13 = NZA 1988, 130.
42 *Baumbach/Hopt*, § 74c Rn 6; *Bauer/Diller*, Rn 571.
43 Heymann/*Henssler*, § 74c Rn 23; *Bauer/Diller*, Rn 572.
44 Röhricht/v. Westphalen/*Wagner*, § 74c Rn 31; Staub/*Konzen/Weber*, § 74c Rn 16; Heymann/*Henssler*, § 74c Rn 22.
45 *Bauer/Diller*, Rn 569.
46 BAG 25.2.1975 – 3 AZR 148/74 – AP § 74c HGB Nr. 6 = BB 1975, 653; Röhricht/v. Westphalen/*Wagner*, § 74c Rn 33 ff.; *Bauer/Diller*, Rn 573.

erkarte vorlegen. Der AG kann jedoch nicht Einblick in den Arbeitsvertrag verlangen. Hat der AN sich selbstständig gemacht, ist der Umfang der Nachweispflicht umstritten. Zum Teil wird angenommen, der AN genüge seiner Nachweispflicht, wenn er seinen Einkommensteuerbescheid vorlege.[47] Dem wird entgegen gehalten, die Nachweispflicht diene dazu, dem AG Gewissheit über den anrechenbaren anderweitigen Verdienst zu verschaffen; der Einkommensteuerbescheid weise den Gewinn des betriebenen Unternehmens aber nur als Ergebnis aus, so dass die Höhe des Gewinns, die in vielfältiger Weise beeinflusst werden könne, mit diesem Nachweis nicht aussagekräftig ermittelt werden könne.[48] Der AG könne daher weiter die Vorlage der Bilanz oder der Gewinn- und Verlustrechnung verlangen. Nach überzeugender Ansicht gilt die weitergehende Nachweispflicht zumindest für die Fälle, in denen mögliche steuerrechtliche Besonderheiten bestehen oder dem Steuerbescheid keine Betriebsprüfung voraus gegangen ist.[49] Darüber hinaus ist der Nachweis in Form des Steuerbescheids insofern unpraktikabel, als er häufig erst lange nach dem relevanten Bezugszeitraum vorliegen wird. Der AN selbst hat daher kein Interesse, den Nachweis über den Steuerbescheid zu führen, da Karenzzahlungen solange zurückgehalten werden könnten (siehe Rn 23).

3. Durchsetzung der Ansprüche. Kommt der AN einem berechtigten Auskunftsbegehren nicht nach, kann der AG die Karenzzahlungen für die entsprechenden Zeiträume solange **zurückhalten**, bis die Auskunft ordnungsgemäß erteilt wird. Teilweise wird eine Einrede des nichterfüllten Vertrages nach § 320 BGB angenommen.[50] Da es jedoch an einem synallagmatischen Zusammenhang zwischen der Hauptleistungspflicht zur Zahlung der Karenzentschädigung und der unselbständigen Nebenpflicht zur Auskunft und zum Nachweis fehlt, ist richtigerweise in diesen Fällen ein Zurückbehaltungsrecht nach § 273 BGB zu bejahen.[51] Der AG kann die Auskunft auch selbstständig **einklagen**. Der Titel ist nach § 888 ZPO zu vollstrecken.[52] Im Regelfall wird er jedoch kein entsprechendes wirtschaftliches Interesse an einer Klage haben, da er über das Zurückbehaltungsrecht hinreichend geschützt ist. Die Karenzentschädigung wird zwar grds. mit Ablauf des Monats automatisch fällig, so dass der AG bei Nichtzahlung in Verzug gerät (siehe § 74b Rn 5). Hat der AG jedoch Auskunft verlangt und kommt der AN diesem Verlangen nicht nach, hindert dies den Eintritt des Verzuges.[53] Der AN ist vorleistungspflichtig, da der AG nur auf der Grundlage der erteilten Auskünfte die konkrete Karenzrate beziffern kann.

III. Befreiung von der Entschädigungspflicht (Abs. 1 S. 3)

Von dem Grundsatz, dass der Anspruch auf Karenzentschädigung unabhängig von der Möglichkeit oder dem Willen, Konkurrenz zu betreiben, entsteht, enthält Abs. 1 S. 3 eine Ausnahme: Während der Verbüßung einer Freiheitsstrafe kann der AN keine Entschädigung verlangen. Nach dem Zweck der Vorschrift, die einen Sonderfall des böswillig unterlassenen Erwerbs darstellt,[54] ist ein Wegfall des Entschädigungsanspruchs nur anzunehmen, wenn der AN nach Feststellung seiner Schuld eine Freiheitsstrafe verbüßt. Bei sonstigen Formen des Freiheitsentzugs entfällt der Entschädigungsanspruch nicht (U-Haft; Maßregeln der Besserung und Sicherung). Ebenfalls nicht erfasst von der Ausnahme ist der dem Gesetzgeber damals unbekannte offene Vollzug. Befindet sich der AN im offenen Verzug ist er an das Wettbewerbsverbot gebunden und hat auch einen Anspruch auf Karenzentschädigung.[55]

C. Verbindung zu anderen Rechtsgebieten und zum Prozessrecht

Der AG trägt die Darlegungs- und Beweislast für anrechenbaren anderweitigen Verdienst und auch für das böswillige Unterlassen eines solchen.[56] Denn als Schuldner der Karenzentschädigung hat er die tatbestandlichen Voraussetzungen der rechtshindernden Einwendung vorzutragen. Einen Ausgleich für die daraus resultierenden Schwierigkeiten auf AG-Seite hat der Gesetzgeber durch die Auskunfts- und Nachweispflicht des AN geschaffen. Darüber hinaus kann in Einzelfällen der Anschein für das Vorliegen eines böswilligen Unterlassens sprechen, dem der AN dann entgegenzutreten hat, so etwa bei der Vereinbarung untertariflicher Bezahlung[57] oder bei Ausspruch einer Eigen-Künd und Annahme einer wesentlich geringer vergüteten Stelle.[58] Der AN muss dann vernünftige Überlegungen für seine Berufswahl vortragen.

Der AN ist für einen Kausalzusammenhang zwischen Wettbewerbsverbot und Wohnsitzwechsel darlegungs- und beweislastpflichtig. Er muss daher im Einzelnen vortragen, dass eine seiner früheren Tätigkeit nach Art, Vergütung

---

47 BAG 25.2.1975 – 3 AZR 148/74 – AP § 74c HGB Nr. 6 = BB 1975, 653; *Grunsky*, S. 88; *Röhsler/Borrmann*, S. 96.
48 LAG Kiel 5.11.1957 – 3 Sa 183/57 – BB 1957, 1274; *Bengelsdorf*, BB 1979, 1150; *Durchlaub*, BB 1976, 233.
49 Röhricht/v. Westphalen/*Wagner*, § 74c Rn 33; *Bauer/Diller*, Rn 578.
50 BAG 2.6.1987 – 3 AZR 626/85 – DB 1988, 238; Röhricht/v. Westphalen/*Wagner*, § 74c Rn 37.
51 Schlegelberger/*Schröder*, § 74c Rn 8; *Bauer/Diller*, Rn 580.
52 BAG 13.11.1975 – 3 AZR 38/75 – AP § 74c HGB Nr. 7 = DB 1976, 439.
53 BAG 16.5.1969 – 3 AZR 137/68 – AP § 133f GewO Nr. 23 = DB 1970, 257; Schlegelberger/*Schröder*, § 74c Rn 8; Heymann/*Henssler*, § 74c Rn 20.
54 Staub/*Konzen/Weber*, § 74c Rn 14.
55 HWK/*Diller*, § 74c HGB Rn 32.
56 BAG 13.2.1996 – 9 AZR 931/94 – AP § 74c HGB Nr. 18 = NZA 1996, 1039.
57 BAG 23.1.1967 – 3 AZR 253/66 – AP § 74c HGB Nr. 1 = DB 1967, 779.
58 LAG Düsseldorf 19.8.1968 – 10 Sa 278/68 – DB 1968, 2285.

und beruflichen Chancen vergleichbare Stelle trotz entsprechender Suche am früheren Wohnsitz nicht zu finden war. Im Sinne eines Anscheinsbeweises reicht jedoch i.d.R. ein Hinweis auf die wegen des Wettbewerbsverbots gesperrten Konkurrenzunternehmen am Wohnsitz. Der AN muss sich bei diesen Unternehmen nicht erst erfolglos beworben haben oder in sonstiger Form nachweisen, dass er ohne dass Wettbewerbsverbot eine Anstellung gefunden hätte.[59]

D. Beraterhinweise

27 Der AG sollte im Rahmen der Wettbewerbsabrede Inhalt, Umfang und zeitlichen Abstand der Auskunftspflicht festlegen, um sich einen späteren Streit über die Grundsätze der Auskunftspflicht zu vermeiden. Es ist auch nichts einzuwenden gegen eine Vereinbarung, die eine regelmäßige Auskunft ohne gesonderte Aufforderung durch den AG statuiert. Der AG nimmt hier die konkrete Aufforderung im Einzelfall nur abstrakt vorweg, ohne dass nach § 75d zu schützende Rechte des AN beschränkt werden.[60]

Formulierungsmuster zur Ausgestaltung der Auskunftspflicht und zur Aufforderung zur Auskunft: *Hümmerich*, Arbeitsrecht Vertragsgestaltung/Prozessrecht, § 2 Rn 61 ff.

§ 75 Unwirksamwerden des Wettbewerbsverbots

(1) Löst der Gehilfe das Dienstverhältnis gemäß den Vorschriften der §§ 70 und 71 wegen vertragswidrigen Verhaltens des Prinzipals auf, so wird das Wettbewerbverbot unwirksam, wenn der Gehilfe vor Ablauf eines Monats nach der Kündigung schriftlich erklärt, daß er sich an die Vereinbarung nicht gebunden erachte.
(2) [1]In gleicher Weise wird das Wettbewerbverbot unwirksam, wenn der Prinzipal das Dienstverhältnis kündigt, es sei denn, daß für die Kündigung ein erheblicher Anlaß in der Person des Gehilfen vorliegt oder daß sich der Prinzipal bei der Kündigung bereit erklärt, während der Dauer der Beschränkung dem Gehilfen die vollen zuletzt von ihm bezogenen vertragsmäßigen Leistungen zu gewähren. [2]Im letzteren Falle finden die Vorschriften des § 74b entsprechende Anwendung.
(3) Löst der Prinzipal das Dienstverhältnis gemäß den Vorschriften der §§ 70 und 72 wegen vertragswidrigen Verhaltens des Gehilfen auf, so hat der Gehilfe keinen Anspruch auf die Entschädigung.

Literatur: s. Literatur zu § 74

A. Allgemeines	1
B. Regelungsinhalt	2
I. Kündigung durch den Arbeitnehmer (Abs. 1)	3
1. Kündigung aus wichtigem Grund	4
2. Vertragswidriges Verhalten	5
3. Erklärung des Arbeitnehmers	6
4. Rechtsfolgen	7
II. Kündigung durch den Arbeitgeber (Abs. 2 und 3)	9
1. Außerordentliche Kündigung (Abs. 3)	10
a) Kündigungserklärung	11
b) Vertragswidriges Verhalten	12
c) Erklärung des Arbeitgebers	14
d) Rechtsfolgen	16
2. Sonstige Kündigungen (Abs. 2)	17
a) Beendigungstatbestand	18
b) Ausnahmen	19
aa) Erheblicher Anlass in der Person	20
bb) Zusage der vollen Bezüge	21
III. Einvernehmliche Aufhebung des Arbeitsverhältnisses	23
IV. Abdingbarkeit	24
C. Verbindung zu anderen Rechtsgebieten und zum Prozessrecht	26
D. Beraterhinweise	27

A. Allgemeines

1 Die in der Praxis nur wenig beachteten Gestaltungsmöglichkeiten nach § 75 haben ihre Grundlage in einem dem Wortlaut nach nur schwer verständlichen Abhängigkeitsverhältnis von Beendigungsgrund und Wettbewerbsabrede. Eine zusätzliche Schwierigkeit ergibt sich daraus, dass das BAG die Regelung unter § 75 Abs. 3 für verfassungswidrig und unanwendbar hält und die sich daraus ergebende Regelungslücke im Wege der Rechtsfortbildung geschlossen hat.[1]

---

[59] BAG 8.11.1994 – 9 AZR 4/93 – AP § 74c HGB Nr. 17 = NZA 1995, 631; BAG 23.2.1999 – 9 AZR 739/97 – AP § 74c HGB Nr. 20 = NZA 1999, 936.
[60] *Bauer/Diller*, Rn 586.
[1] BAG 23.2.1977 – 3 AZR 620/75 – AP § 75 HGB Nr. 6 = DB 1977, 1143.

B. Regelungsinhalt

§ 75 regelt die Folgen für das Wettbewerbsverbot, wenn der AN aus wichtigem Grund wegen vertragswidrigen Verhaltens des AG kündigt (Abs. 1), wenn der AG aus wichtigem Grund wegen vertragswidrigen Verhaltens des AN (Abs. 3) oder aus sonstigen Gründen (Abs. 2) kündigt. 2

I. Kündigung durch den Arbeitnehmer (Abs. 1)

§ 75 Abs. 1 räumt dem AN das Wahlrecht ein, sich nach Ausspruch einer Künd des Arbverh aus wichtigem Grund von dem Wettbewerbsverbot loszusagen. Gibt der AN bei Vorliegen dieser Voraussetzungen eine solche Erklärung ab, wird die Wettbewerbsabrede unwirksam. 3

1. Kündigung aus wichtigem Grund. Die Vorschrift verweist noch auf eine Auflösung des Arbverh nach §§ 70 und 71, die inzwischen aufgehoben[2] und durch § 626 BGB ersetzt sind. Der AN muss jedoch nicht fristlos kündigen, um von dem Wahlrecht Gebrauch machen zu können.[3] Er muss nur einen **wichtigen Grund** zur Künd nach § 626 Abs. 1 BGB haben und die Künd-Erklärung innerhalb der Zwei-Wochen-Frist des § 626 Abs. 2 BGB abgeben. Die Einhaltung einer ordentlichen Künd-Frist soll dann nicht dem vertragsuntreuen AG in der Weise zugute kommen, dass eine Lossagung vom Wettbewerbsverbot nach § 75 Abs. 1 ausgeschlossen ist. Selbst bei Abschluss eines **Aufhebungsvertrages** steht dem AN bei Vorliegen der Voraussetzungen des § 626 BGB in entsprechender Anwendung des § 75 ein Lösungsrecht zu.[4] Dies gilt auch, wenn der AN zunächst eine Künd erklärt hat und die Parteien auf der Grundlage dieser Künd später einen Aufhebungsvertrag abschließen.[5] Allerdings muss sich der AN seine Rechte dann ausdrücklich vorbehalten.[6] Im Einzelfall kann sich aus Sinn und Zweck des Aufhebungsvertrags auch ergeben, dass die Parteien eine spätere Lossagung nach § 75 Abs. 1 ausschließen wollten.[7] 4

2. Vertragswidriges Verhalten. Nicht sämtliche Künd-G des AN nach § 626 Abs. 1 BGB begründen das Recht zur Lossagung vom Wettbewerbsverbot. Voraussetzung ist vielmehr ein **vertragswidriges Verhalten** des AG. Teilweise wird darüber hinaus unter Hinweis auf die Neufassung des § 90a ein Verschulden des AG gefordert.[8] Dem steht entgegen, dass die beschränkte Änderung nur des Wettbewerbsrechts des Handelsvertreters gegen einen gesetzgeberischen Willen spricht, die Neufassung auch auf AN auszudehnen. Im Übrigen wird auch der gesetzliche Entschädigungsanspruch des § 90a nicht auf den Anwendungsbereich des § 74 ausgedehnt (siehe § 74 Rn 62), so dass konsequent auch der Verschuldensmaßstab nicht übertragen werden sollte. Kündigt der AN fristlos, ohne dass ein vertragswidriges Verhalten des AG vorliegt, und akzeptiert dieser die Künd, steht dem AN gleichwohl kein Recht zur Lossagung zu.[9] Inhaltlich sind die Gründe, die dem AN eine Fortsetzung des Arbverh bis zum Ablauf der ordentlichen Künd-Frist unzumutbar machen, nach den Grundsätzen des § 626 Abs. 1 BGB zu bestimmen. 5

3. Erklärung des Arbeitnehmers. Der AN muss sich durch empfangsbedürftige schriftliche Willenserklärung innerhalb einer **Frist von einem Monat** nach Zugang der Künd-Erklärung beim AG von dem Wettbewerbsverbot lossagen. Eine nicht der Schriftform (§ 126 BGB) entsprechende Lossagung bleibt wirkungslos.[10] Die Monatsfrist beginnt mit dem Zugang der Künd-Erklärung; sie kann daher bei Ausspruch einer ordentlichen Künd noch vor der rechtlichen Beendigung des Vertragsverhältnisses ablaufen. Ein Streit über die Wirksamkeit der Künd hindert nicht den Fristablauf.[11] Schließen die Parteien nach der Künd-Erklärung einen Aufhebungsvertrag, ist für den Fristbeginn gleichwohl auf den Zeitpunkt des Künd-Zugangs abzustellen.[12] Erklärt der AN keine Künd, tritt er aber innerhalb des Zwei-Wochenzeitraums nach § 626 Abs. 2 BGB an den AG mit dem Verlangen eines Aufhebungsvertrages heran, beginnt die Frist ab diesem Zeitpunkt und nicht erst mit Abschluss des Aufhebungsvertrages zu laufen.[13] 6

4. Rechtsfolgen. Mit dem Zeitpunkt des Zugangs der Erklärung wird die Wettbewerbsabrede unwirksam: Der AN unterliegt keinem Wettbewerbsverbot mehr, kann aber ab diesem Zeitpunkt auch keine Karenzentschädigung mehr verlangen. Hat er sich bis zur Lossagung an das Verbot gehalten, kann er jedoch insoweit die Entschädigung verlangen. 7

---

2 Erstes Arbeitsrechtsbereinigungsgesetz vom 14.8.1969 (BGBl I S. 1106).
3 BAG 24.9.1965 – 3 AZR 223/65 – AP § 75 HGB Nr. 3 = DB 1965, 1822; Staub/*Konzen/Weber*, § 75 Rn 10, 11; *Baumbach/Hopt*, § 75 Rn 1.
4 BAG 24.9.1965 – 3 AZR 223/65 – AP § 75 HGB Nr. 3 = DB 1965, 1822; Staub/*Konzen/Weber*, § 75 Rn 8; *Baumbach/Hopt*, § 75 Rn 6; Schaub/*Schaub*, Arbeitsrechts-Handbuch, § 58 Rn 103.
5 Staub/*Konzen/Weber*, § 75 Rn 9.
6 BAG 2.12.1963 – 5 AZR 496/62 – AP § 75 HGB Nr. 2 = DB 1964, 264; HWK/*Diller*, § 75 HGB Rn 7.
7 Heymann/*Henssler*, § 75 Rn 22; *Wertheimer*, NZA 1997, 522.
8 Staub/*Konzen/Weber*, § 75 Rn 12; HWK/*Diller*, § 75 HGB Rn 5.
9 BAG 24.9.1965 – 3 AZR 223/65 – AP § 75 HGB Nr. 3 = DB 1965, 1822.
10 BAG 18.2.1967 – 3 AZR 290/66 – AP § 133f GewO Nr. 19 = DB 1967, 1045.
11 Heymann/*Henssler*, § 74c Rn 12.
12 BAG 26.1.1973 – 3 AZR 233/72 – AP § 75 HGB Nr. 4 = DB 1973, 1130.
13 *Bauer/Diller*, Rn 430a.

8 Neben dem Recht der Lossagung verbleiben dem AN die Ansprüche aus § 628 Abs. 2 BGB. Er kann daher im Einzelfall Schadensersatz wegen des vertragswidrigen Verhaltens des AG verlangen. Sofern jedoch vertreten wird,[14] der Schaden könne auch die entgangene Karenzentschädigung sein, steht dem entgegen, dass der AN aktiv von dem Lösungsrecht Gebrauch gemacht und den Entfall der Karenz selbst verursacht hat.

II. Kündigung durch den Arbeitgeber (Abs. 2 und 3)

9 Das Gesetz sieht darüber hinaus Lösungsrechte vor, wenn der AG ordentlich oder außerordentlich kündigt.

10 **1. Außerordentliche Kündigung (Abs. 3).** Die Rechtsfolgen einer außerordentlichen Künd seitens des AG sind in § 75 Abs. 3 geregelt, den jedoch das BAG in einer Entscheidung vom 23.2.1977[15] aufgrund eines Verstoßes gegen Art. 3 Abs. 1 GG für **verfassungswidrig** und nichtig erklärt hat. Die seit diesem Zeitpunkt bestehende Regelungslücke hat das BAG in derselben Entscheidung durch eine Analogie zum Wahlrecht des AN nach § 75 Abs. 1 geschlossen. Es geht seitdem in st. Rspr.[16] davon aus, dass der AG, der das Arbverh wegen vertragswidrigen Verhaltens des AN fristlos kündigt, binnen einen Monats ein Lösungsrecht vom Wettbewerbsverbot hat. Übt er dieses Recht fristgerecht aus, entfallen die Pflicht zur Karenzentschädigung, aber auch das Wettbewerbsverbot für den AN. Der Gesetzgeber hat für Handelsvertreter diese Rspr. durch das Handelsrechtsreformgesetz vom 22.6.1998 (BGBl I S. 1474) in § 90a Abs. 3 nunmehr insoweit umgesetzt, als beide Vertragsparteien bei Ausspruch einer fristlosen Künd auch ein Recht zur Künd der Wettbewerbsabrede binnen eines Monats haben.

11 **a) Kündigungserklärung.** In Analogie zu § 75 Abs. 1 ist für das Lösungsrecht nicht erforderlich, dass der AG tatsächlich fristlos kündigt: Solange er das Arbverh wegen vertragswidrigen Verhaltens des AN i.S.d. § 626 Abs. 1 BGB (siehe Rn 5) beendet, kann er sich auch von der Wettbewerbsabrede lossagen. Es genügen daher der Ausspruch einer befristeten außerordentlichen[17] oder ordentlichen[18] Künd oder der Abschluss eines Aufhebungsvertrags,[19] solange die **Beendigungstatbestände** einen Ersatz für die ansonsten mögliche fristlose Künd darstellen und der AG innerhalb der Zwei-Wochen-Frist des § 626 Abs. 2 BGB die Beendigung des Arbverh gegenüber dem AN betreibt. Gleiches gilt, wenn der AG den Arbeitsvertrag nach § 123 BGB anficht.[20]

12 **b) Vertragswidriges Verhalten.** Wie beim Lösungsrecht des AN (siehe Rn 3 ff.) hat der AG nicht bei jeder Künd-Berechtigung nach § 626 Abs. 1 BGB ein Lösungsrecht, sondern nur bei vertragswidrigem Verhalten des AN. Nach der Neuregelung des § 90a wird darüber hinaus ein Verschulden des AN gefordert.[21] Unter dem Gesichtspunkt der Gleichbehandlung sollten die Voraussetzungen des Lösungsrechts jedenfalls für beide Vertragsparteien ähnlich streng sein (siehe Rn 5). Aus demselben Grund besteht auch nur dann ein Lösungsrecht, wenn der AG tatsächlich das Recht zur außerordentlichen Künd aufgrund vertragswidrigen Verhaltens hatte. Es genügt daher nicht, dass der AN eine unwirksame fristlose Künd akzeptiert oder im Rahmen eines Vergleichs bestätigt. Auch bei Verstreichenlassen der Zwei-Wochen-Frist des § 626 Abs. 2 BGB hat der AG kein Lösungsrecht mehr, da in diesem Fall das Fehlen eines wichtigen Grundes fingiert wird.

13 Umstritten sind die Fälle, in denen ein Fehlverhalten des AN zur fristlosen Künd berechtigt, der AG aber aufgrund von Formfehlern (fehlende BR-Anhörung, Fehlen von Zustimmungserfordernissen etc.) nicht wirksam kündigt. Da das Recht zur Lossagung nicht auf dem Ausspruch einer wirksamen Künd beruht, sondern eine Folge und Sanktion des vertragswidrigen Verhaltens des AN ist, kann es nach richtiger Auffassung auf die Einhaltung der Formerfordernisse nicht ankommen.[22]

14 **c) Erklärung des Arbeitgebers.** Entgegen dem Wortlaut des Abs. 3, aber in Analogie zu Abs. 1, erlischt das Wettbewerbsverbot nicht automatisch mit Zugang der Künd-Erklärung. Der AG hat vielmehr das ihm zustehende Wahlrecht durch **empfangsbedürftige schriftliche Willenserklärung** auszuüben.[23] In der Erklärung muss der Wille des AG klar zum Ausdruck kommen, dass neben dem Wegfall der Karenzentschädigung der AN von den Pflichten aus der Wettbewerbsabrede entbunden werden soll.[24] Ausnahmsweise ist eine ausdrückliche Erklärung dann nicht erforderlich, wenn der AG sich bereits nach § 75a durch Verzichtserklärung von der Wettbewerbsabrede gelöst hat: Kün-

---

14 *Bauer/Diller*, Rn 435.
15 BAG 23.2.1977 – 3 AZR 620/75 – AP § 75 HGB Nr. 6 = DB 1977, 1143.
16 BAG 31.7.2002 – 10 AZR 513/01 – AP § 74 HGB Nr. 74 = NZA 2003, 100; BAG 19.5.1998 – 9 AZR 327/96 – AP § 75 HGB Nr. 10 = NZA 1999, 37; BAG 17.2.1987 – 3 AZR 59/86 – AP § 75a HGB Nr. 4 = NZA 1987, 453.
17 BAG 2.12.1963 – 5 AZR 496/62 – AP § 75 HGB Nr. 2 = DB 1964, 264.
18 BAG 18.11.1967 – 3 AZR 471/66 – AP § 74 HGB Nr. 21.
19 BAG 2.12.1963 – 5 AZR 496/62 – AP § 75 HGB Nr. 2 = DB 1964, 264; BAG 24.4.1970 – 3 AZR 328/69 – AP § 74 HGB Nr. 25 = DB 1970, 1790.
20 LAG München 19.12.2007 – 11 Sa 294/07 – LAGE § 74 HGB Nr. 22.
21 *Bauer/Diller*, Rn 441.
22 *Bauer/Diller*, Rn 443; im Ergebnis vorausgesetzt von BAG 19.5.1998 – 9 AZR 327/96 – AP § 75 HGB Nr. 10 = NZA 1999, 37.
23 ErfK/*Oetker*, § 75 HGB Rn 5; HWK/*Diller*, § 75 HGB Rn 27.
24 BAG 13.4.1978 – 3 AZR 822/76 – AP § 75 HGB Nr. 7 = DB 1978, 1502; Staub/*Konzen/Weber*, § 75 Rn 18; Röhricht/v. Westphalen/*Wagner*, § 75 Rn 20.

digt der AG nach Abgabe einer solchen Verzichtserklärung berechtigt wegen schuldhaften Verhaltens des AN fristlos, erlöschen die Rechte und Pflichten aus der Wettbewerbsabrede automatisch ohne weitere Erklärung des AG mit sofortiger Wirkung.[25] Der Verzicht wird insoweit überlagert von der Künd wegen vertragswidrigen Verhaltens: Da der Wegfall des Wettbewerbsverbots bereits feststeht, ist eine gesonderte Lossagungserklärung durch den AG nicht erforderlich. Der AG muss sich auch nicht ein zweites Mal von der Abrede lossagen, wenn der AN im Fall einer (vorsorglichen) Wiederholungs-Künd erkennen konnte, dass der AG nicht nur an der Vertragsbeendigung, sondern auch an der Lösung von der Wettbewerbsabrede festhalten will.[26]

Der AG kann sich nur **binnen eines Monats** nach Zugang der Künd-Erklärung von der Wettbewerbsabrede lossagen. Es gelten insoweit dieselben Grundsätze wie für den AN, insb. zum Beginn der Frist bei Abschluss eines Aufhebungsvertrags (siehe Rn 6). Der AG kann sich auch bei vorausgegangener Beendigung des Arbverh aus anderen Gründen noch unter Berufung auf ein vertragswidriges Verhalten von der Abrede lösen.[27]

d) Rechtsfolgen. Mit der Lossagung erlischt die Wettbewerbsabrede mit **sofortiger Wirkung**. Fraglich ist, in welchem Umfang der AG nach § 628 Abs. 2 BGB neben dem Lösungsrecht Schadensersatzansprüche gegen den AN geltend machen kann. Das BAG geht davon aus, dass zumindest ein Teil der Wettbewerbsenthaltung als Auflösungsschaden für den Lauf einer ansonsten geltenden ordentlichen Künd-Frist geltend gemacht werden kann.[28] Denn der Schaden des AG liegt in dem Wegfall des Wettbewerbsverbots, das ansonsten während des Vertragslaufzeit in entsprechender Anwendung des § 60 fortbestehen würde. Nach den Grundsätzen der Naturalrestitution hat der AN gem. § 249 BGB für diese hypothetische Laufzeit Wettbewerb zu unterlassen, ohne dass der AG eine Karenzentschädigung zu zahlen hat.[29] Soweit dagegen eingewandt wird, über den Weg des Schadensersatzes werde die verfassungswidrige Rechtslage des § 75 Abs. 3 wiederhergestellt,[30] steht dem entgegen, dass das Wettbewerbsverbot ohne Karenzentschädigung nur für den begrenzten Zeitraum der Künd-Frist greift und ein unter dem Gesichtspunkt des Schadensersatzes wegen vertragswidrigen Verhaltens geltendes Wettbewerbsverbot einen anderen Rechtsgrund hat als das nachvertragliche Wettbewerbsverbot der §§ 74 ff.

2. Sonstige Kündigungen (Abs. 2). Spricht der AG aus Gründen, die nicht auf einem vertragswidrigen Verhalten des AN beruhen, eine Künd aus, steht dem AN ebenfalls ein Wahlrecht zur Lossagung von der Wettbewerbsabrede zu. Der AN soll nicht unverschuldet seinen Arbeitsplatz verlieren und noch darüber hinaus für bis zu zwei Jahre an ein Wettbewerbsverbot gebunden sein.[31] Abs. 2 verweist inhaltlich auf die Regelung des Abs. 1, so dass dieselben zeitlichen und formellen Voraussetzungen gelten (vgl. Rn 6). Die Wettbewerbsabrede entfällt nicht automatisch, sondern nur bei einer entsprechenden Erklärung zur Lossagung durch den AN.

a) Beendigungstatbestand. Dem Wortlaut nach setzt das Wahlrecht des AN eine ordentliche Künd durch den AG voraus. Nach Sinn und Zweck sowie Regelungssystematik des § 75 erfasst Abs. 2 jedoch **sämtliche Beendigungstatbestände**, die nicht auf einem vertragswidrigen Verhalten des AN (dann greift Abs. 3) und auf Veranlassung des AG beruhen. Daher steht der ordentlichen Künd nach Abs. 2 eine außerordentliche Künd des AG außerhalb des Anwendungsbereichs des Abs. 3,[32] eine Künd des Insolvenzverwalters innerhalb der gesetzlichen Frist des § 113 InsO[33] oder eine Beendigung des Arbverh durch Befristung aufgrund Nichtannahme eines Fortsetzungsangebots des AN[34] gleich. Abs. 2 findet auch bei Abschluss eines Aufhebungsvertrags Anwendung, wenn – wie im Anwendungsbereich der Abs. 1 und 3 – dieser den Ausspruch einer ordentlichen Künd ersetzt.[35] Erklärt der AG eine Änderungs-Künd und nimmt der AN das Änderungsangebot an, ist das Vorliegen eines Wahlrechts nach Abs. 2 abhängig von der sozialen Rechtfertigung des Angebots: Nur wenn diese nicht gegeben ist, steht dem AN das Wahlrecht zu.[36] Denn ansonsten trifft den AN, der das zumutbare Änderungsangebot ausgeschlagen hat, ein Mitverschulden an dem Verlust des Arbeitsplatzes; dieses steht einer Begünstigung des AN durch das Wahlrecht entgegen.

b) Ausnahmen. Abs. 2 schließt in zwei Fällen ein Wahlrecht des AN zur Lossagung aus, nämlich wenn in der Person des AN ein erheblicher Anlass zu Künd lag (S. 1 Alt. 1) oder wenn der AG sich verpflichtet, während der Dauer des Verbots dem AN die vollen zuletzt von ihm bezogenen vertragsgemäßen Leistungen zu gewähren (S. 1 Alt. 2).

---

25 BAG 17.2.1987 – 3 AZR 59/86 – AP § 75a HGB Nr. 4 = NJW 1987, 2768.
26 BAG 19.5.1998 – 9 AZR 327/96 – AP § 75 HGB Nr. 10 = NZA 1999, 37.
27 BAG 2.12.1963 – 5 AZR 496/62 – AP § 75 HGB Nr. 2 = DB 1964, 264; Schlegelberger/*Schröder*, § 75 Rn 7c.
28 BAG AP 23.2.1977 – 3 AZR 620/75 – AP § 75 HGB Nr. 6 = DB 1977, 1143.
29 BAG AP 23.2.1977 – 3 AZR 620/75 – AP § 75 HGB Nr. 6 = DB 1977, 1143; *Bauer/Diller*, Rn 448; Schlegelberger/*Schröder*, § 75 Rn 3c.
30 Staub/*Konzen/Weber*, § 75 Rn 19.
31 BAG 26.9.1963 – 5 AZR 2/63 – AP § 75 HGB Nr. 1 = DB 1963, 1681.
32 Staub/*Konzen/Weber*, § 75 Rn 20; Röhricht/v. Westphalen/*Wagner*, § 75 Rn 13; Baumbach/*Hopt*, § 75 Rn 3.
33 *Bauer/Diller*, Rn 452; Baumbach/*Hopt*, § 75 Rn 4.
34 *Bauer/Diller*, Rn 452; a.A. *Wertheimer*, NZA 1997, 525; *Küstner/Thume*, Bd. 3, Rn 1107.
35 ErfK/*Oetker*, § 75 HGB Rn 6; Staub/*Konzen/Weber*, § 75 Rn 8; *Bauer/Diller*, Rn 452.
36 *Bauer/Diller*, Rn 452.

20 **aa) Erheblicher Anlass in der Person.** Der erhebliche Anlass in der Person des AN ist abzugrenzen von dem nach Abs. 3 erforderlichen vertragswidrigem Verhalten des AN. Ein Wahlrecht nach Abs. 2 soll dem AN nur dann versagt werden, wenn die Beendigung des Arbverh nach vernünftigen Erwägungen eines verständigen AG als angezeigt und sachlich gerechtfertigt erscheint.[37] Da der Anlass in der Person des AN liegen muss, kommen nur personen- oder verhaltensbedingte Künd-Gründe i.S.d. § 1 Abs. 2 KSchG in Betracht.[38] Bei einer betriebsbedingten Künd hat der AN immer ein Wahlrecht. Der Begriff „erheblich" erfordert nicht, dass die personen- oder verhaltensbedingten Gründe über die nach § 1 KSchG zu stellenden Anforderungen hinausgehen;[39] umgekehrt müssen sie aber zumindest so schwerwiegend sein, dass eine ordentliche Künd sozial gerechtfertigt wäre.

21 **bb) Zusage der vollen Bezüge.** Der AG kann eine Lossagung vom Wettbewerbsverbot dadurch vermeiden, dass er dem AN bei Ausspruch der Künd für den gesamten Verbotszeitraum zusagt, die vollen vertragsgemäßen Bezüge weiter zu leisten. Die Zusage ist eine **einseitige empfangsbedürftige Willenserklärung**, die dem AN spätestens zusammen mit der Künd zugehen muss.[40] Der AG kann nicht erst abwarten, ob der AN von seinem Wahlrecht zur Lossagung überhaupt Gebrauch macht. Der Erklärung muss zweifelsfrei entnommen werden können, dass der AG sich für die Laufzeit des nachvertraglichen Wettbewerbsverbots zur Weiterzahlung der vollen Bezüge verpflichtet. Der AG ist an diese Erklärung gebunden und kann sie nicht widerrufen. Im Unterschied zur Lossagungserklärung unterliegt die Zusage nicht der Schriftform. Zum Zweck der Beweissicherung ist dem AG zur schriftlichen Erklärung zu raten. Zudem sollte der AG die Zusage ausdrücklich davon abhängig machen, dass dem AN ein Recht zur Lossagung nach Abs. 2 überhaupt zusteht. Hat der AG im Rahmen der Wettbewerbsabrede dem AN von vornherein eine Karenzentschädigung im Umfang von 100 % zugesagt, kann er eine Lossagung nicht mehr verhindern.[41]

22 Zur **Berechnung** der zugesagten erhöhten Karenz verweist Abs. 2 S. 2 auf die Regelung des § 74b. Die Zusage gilt insofern für die gesamten dem AN zustehenden vertragsgemäßen Leistungen; es kann auf die allgemeinen Berechnungsregeln verwiesen werden (siehe § 74b Rn 2 ff.). Trotz der beschränkten Verweisung auf § 74b kommt nach richtiger Ansicht auch die Anrechnungsvorschrift des § 74c zur Anwendung.[42]

III. Einvernehmliche Aufhebung des Arbeitsverhältnisses

23 Da das jeweilige Lossagungsrecht nicht nur bei Künd, sondern auch beim Abschluss von Aufhebungsverträgen zur Anwendung kommt (vgl. Rn 4, 11, 18), ist bei Abschluss eines Aufhebungsvertrags im Einzelnen zu prüfen, von wem der Anstoß zum Vertragsabschluss ausgeht und ob dieser Person ein Künd-Recht zustand oder nicht. Aufgrund der Unsicherheit dieser Wertungsfragen ist den Parteien anzuraten, bei Abschluss eines Aufhebungsvertrags auch die Rechtsfolgen für das Wettbewerbsverbot eindeutig zu regeln.

IV. Abdingbarkeit

24 Zu Lasten des AN können keine von § 75 abweichenden Vereinbarungen getroffen werden, § 75d. So kann der AG dem AN ein Wahlrecht nach Abs. 2 auch nicht dadurch nehmen, dass er das nachvertragliche Wettbewerbsverbot auf arbeitnehmerseitige Künd beschränkt.[43] Bei Aufnahme einer solchen Klausel steht dem AN ein Wahlrecht hinsichtlich der Bindung an das Wettbewerbsverbot zu (vgl. § 75d Rn 6).

25 Umgekehrt können jedoch die Rechte zur Lossagung des AN über die Fälle des § 75 erweitert werden. So kann dem AN vertraglich auch das Recht eingeräumt werden, sich bei einer krankheitsbedingten Künd von dem Wettbewerbsverbot loszusagen.[44]

C. Verbindung zu anderen Rechtsgebieten und zum Prozessrecht

26 Der AN, der sich auf sein Lösungsrecht beruft, muss grds. darlegen und beweisen, dass er frist- und formgerecht die Lösung erklärt hat. Aus dem Aufbau des Abs. 2 als Ausnahmefall folgt, dass umgekehrt der AG darlegen und beweisen muss, dass er das Vertragsverhältnis aufgrund eines in der Person des AN liegenden erheblichen Anlasses gekündigt hat.[45] Aufgrund der gesetzlichen Folge der Befreiung vom Wettbewerbsverbot muss der AG im Einzelfall genau abwägen, wann er darauf verzichtet, die verhaltensbedingten Gründe als Auflösungsgrund zu benennen, etwa im Rahmen eines Aufhebungsvertrages oder einer BR-Anhörung. Im Einzelfall sollte eine Vereinbarung auch über die Rechtsfolgen für das Wettbewerbsverbot getroffen werden.

---

37 Schaub/*Schaub*, Arbeitsrechts-Handbuch, § 58 Rn 100; Staub/*Konzen/Weber*, § 75 Rn 22.
38 HWK/*Diller*, § 75 HGB Rn 18; ErfK/*Oetker*, § 75 HGB Rn 4; Staub/*Konzen/Weber*, § 75 Rn 22.
39 Heymann/*Henssler*, § 75 Rn 16; a.A. *Grunsky*, S. 111.
40 *Küstner/Thume*, Bd. 3, Rn 1083.
41 *Grüll/Janert*, S. 71; Schlegelberger/*Schröder*, § 75 Rn 6b.
42 Staub/*Konzen/Weber*, § 75 Rn 24; Baumbach/*Hopt*, § 75 Rn 3; Röhricht/v. Westphalen/*Wagner*, § 75 Rn 17; *Buchner*, S. 105; a.A. RAG 12.6.1940 – 205/39 – RAGE 39, 391; *Küstner/Thume*, Bd. 3, Rn 1087.
43 BAG 14.7.1981 – 3 AZR 515/78 – AP § 75 HGB Nr. 8 = DB 1982, 906.
44 *Bauer/Diller*, Rn 471.
45 Heymann/*Henssler*, § 75 Rn 15; *Bauer/Diller*, Rn 455.

D. Beraterhinweise

Eine Lösungserklärung des AN könnte folgendermaßen lauten: „Hiermit erkläre ich gem. § 75 Abs. 1, Abs. 2 HGB, dass ich mich an das Wettbewerbsverbot ab sofort nicht mehr gebunden erachte." 27

§ 75a Verzicht auf Wettbewerbsverbot

Der Prinzipal kann vor der Beendigung des Dienstverhältnisses durch schriftliche Erklärung auf das Wettbewerbverbot mit der Wirkung verzichten, daß er mit dem Ablauf eines Jahres seit der Erklärung von der Verpflichtung zur Zahlung der Entschädigung frei wird.

Literatur: s. Literatur zu § 74

A. Allgemeines	1	II. Rechtsfolge	7
B. Regelungsinhalt	2	III. Abweichende Vereinbarungen	9
I. Verzichtserklärung	2	C. Beraterhinweise	10

A. Allgemeines

Durch § 75a wird dem AG außerhalb des Anwendungsbereichs des § 75 und damit unabhängig von dem Recht zur Künd des Arbverh ein Recht zur einseitigen Lösung von dem Wettbewerbsverbot gewährt. Dies Recht besteht unabhängig von einem sachlichen Grund zum Verzicht auf das Verbot, denn eine solche Einschränkung wäre mit dem Gesetzeswortlaut nicht vereinbar.[1] Die Verzichtserklärung ist auch nicht fristgebunden. Sie muss nur zu irgendeinem Zeitpunkt **vor der Beendigung** des Arbverh abgegeben werden. Andererseits ist die an den Verzicht geknüpfte Rechtsfolge für den AG nachteiliger als eine spätere Lossagung nach § 75, da er für einen Zeitraum von einem Jahr weiterhin eine Karenzentschädigung leisten muss. 1

B. Regelungsinhalt

I. Verzichtserklärung

Der Verzicht wird durch einseitige empfangsbedürftige Willenserklärung gegenüber dem AN ausgeübt.[2] Sie muss schriftlich abgegeben werden (§ 126 BGB). Mit ihr muss der AG eindeutig seinen Willen zum Ausdruck bringen, dass der AN durch das vereinbarte Verbot nicht mehr gebunden sein soll.[3] Unzureichend sind daher die Erklärung des AG, die Karenzentschädigung nicht zahlen zu wollen, oder ein Verzicht, mit dem der AG sich gleichzeitig Rechte aus der Wettbewerbsabrede vorbehält. Aufgrund der **strengen Anforderungen**, die wegen der Singularität des Verzichts an Klarheit und Eindeutigkeit zu stellen sind, sind auch eine Erledigungserklärung oder die Abgabe einer Ausgleichsquittung durch den AN, dass ihm keine Rechte aus dem Arbverh und aus dessen Beendigung mehr zustehen, grds. unzureichend.[4] Unbeachtlich ist jedoch die konkrete Wortwahl des AG: Er kann auf das Wettbewerbsverbot verzichten, die Abrede kündigen, zurücktreten oder sich lossagen.[5] 2

Erklärungen, die dem Regelungsgehalt des § 75a nicht entsprechen, sind ebenfalls unwirksam. So kann der AG nur mit sofortiger Wirkung auf das Verbot verzichten und nicht erst mit Ablauf der zwölf Monate, während der er dem AN zur Zahlung der Karenzentschädigung verpflichtet bleibt. Bestehen Zweifel an der sofortigen Entbindung vom Wettbewerbsverbot, fehlt es an einer wirksamen Verzichtserklärung i.S.d. § 75a.[6] Es ist auch eine Verzichtserklärung unwirksam, nach deren Inhalt die Entschädigungspflicht sofort entfallen soll. Unproblematisch dürfte lediglich ein Verzicht sein, der zwar nicht mit sofortiger Wirkung, aber zu einem konkreten späteren Zeitpunkt noch vor der Beendigung des Vertrages greifen soll und mit dem der Zwölf-Monats-Zeitraum ebenfalls hinausgeschoben wird. Hier wird der AN nicht unzumutbar belastet. Es besteht keine Ungewissheit über das Inkrafttreten des Wettbewerbsverbots. 3

Umstritten ist die Frage, ob der AG wirksam einen **Teilverzicht** erklären kann.[7] Wenn der AG das Verbot zugunsten des AN nur gegenständlich, etwa auf selbstständige Tätigkeiten beschränkt, aber das Verbot ansonsten unter Zahlung 4

---

1 Röhricht/v. Westphalen/*Wagner*, § 75a Rn 6; Staub/Konzen/Weber, § 75a Rn 2.
2 BAG 31.7.2002 – 10 AZR 513/01 – AP § 74 HGB Nr. 74 = NZA 2003, 100.
3 BAG 13.4.1978 – 3 AZR 822/76 – AP § 75 HGB Nr. 7 = DB 1978, 1502.
4 BAG 20.10.1981 – 3 AZR 1013/78 – AP § 74 HGB Nr. 39 = DB 1982, 907.
5 HWK/*Diller*, § 75a HGB Rn 11.
6 BAG 13.4.1978 – 3 AZR 822/76 – AP § 75 HGB Nr. 7 = DB 1978, 1502; *Küstner/Thume*, Bd. 3, Rn 1055.
7 Dafür Schlegelberger/*Schröder*, § 75a Rn 4; HWK/*Diller*, § 75a HGB Rn 13; dagegen Staub/*Konzen/Weber*, § 75a Rn 4; *Baumbach/Hopt*, § 75a Rn 1; ErfK/*Oetker*, § 75a Rn 2.

der vollen Karenzentschädigung für den ursprünglich vereinbarten Zeitraum aufrechterhalten bleibt, ist hiergegen nichts einzuwenden. Sonstige teilweise Änderungen der Wettbewerbsabrede mit der Rechtsfolge des § 75a sind insoweit problematisch, als dem AG über diesen Weg ein einseitiges inhaltliches Gestaltungsrecht eingeräumt würde. Die Möglichkeit des Verzichts soll jedoch dem AG nur bei Wegfall des Interesses an dem Wettbewerbsverbot eine besondere Lösungsmöglichkeit, nicht aber einseitige Gestaltungsrechte verschaffen.

5 Der Verzicht muss noch **während des rechtlichen Bestands** des Arbverh abgegeben werden, also im Fall einer außerordentlichen Künd spätestens zusammen mit der Künd-Erklärung dem AN zugehen.[8] Kündigt der AG das Arbverh unter Einhaltung einer Frist, kann er einen Verzicht noch während der Künd-Frist erklären. Zur Klarstellung: Der Verzicht kann auch jederzeit während Vertragslaufzeit und damit auch vor Ausspruch einer ordentlichen Künd erklärt werden. Der AG kann auf das Verbot mit der Rechtsfolge des § 75a auch noch verzichten, nachdem er dem AN gem. § 75 Abs. 2 zur Vermeidung einer Lossagung die vollen Bezüge als Karenzentschädigung zugesagt hat.[9] Eine solche Erklärung wird für den AG jedoch nicht von wirtschaftlicher Bedeutung sein, da er dann die zugesagte Karenz für zwölf Monate zahlen muss, ohne dass der AN an das Verbot gebunden ist.

6 Ein nach Beendigung abgegebener Verzicht ist kein solcher mit den Wirkungen des § 75a: Der AN würde von dem Wettbewerbsverbot befreit, ohne dass die Verpflichtung zu einer Karenzentschädigung nach zwölf Monaten ausliefe. Da diese Rechtsfolge jedoch i.d.R. nicht dem Erklärungswillen des AG entspricht, geht der verspätete Verzicht i.S.d. § 75a ins Leere. Ab dem Zeitpunkt der Vertragsbeendigung können die Parteien das Wettbewerbsverbot nur noch **einvernehmlich** aufheben. Bei hinreichender Klarheit des Lösungswillens kann der Verzicht des AG, der nach Beendigung des Arbeitsvertrages dem AN zugeht, in ein Angebot auf Abschluss einer Aufhebungsvereinbarung umgedeutet werden.[10] Da das Vertragsangebot auf einer – verspäteten – Verzichtserklärung beruht, beinhaltet es mangels ausdrücklicher anderweitiger Erklärungen die Verpflichtung des AG zur Karenzentschädigung für weitere zwölf Monate.[11] Ein Schweigen des AN auf eine verspätete Verzichtserklärung bedeutet noch nicht die Annahme eines entsprechenden Aufhebungsangebots; der AN muss zumindest durch sein Verhalten das Angebot konkludent annehmen.[12] Die Aufhebungsvereinbarung bedarf keiner Schriftform. Die Parteien können nach Beendigung des Vertrages außerhalb des Schutzbereichs der §§ 74 ff. neben der Aufhebung des Verbots auch den Ausschluss der Pflicht zur Karenzentschädigung mit sofortiger Wirkung vereinbaren. Ob durch eine Ausgleichsklausel in einem Aufhebungsvertrag oder gerichtlichem Vergleich das nachvertragliche Wettbewerbsverbot aufgehoben wurde, ist eine Frage der Auslegung im Einzelfall.[13]

II. Rechtsfolge

7 Mit Zugang der Verzichtserklärung wird der AN von der Unterlassungsverpflichtung aus dem Wettbewerbsverbot für die Zeit nach der Vertragsbeendigung sofort frei.[14] Der AG ist jedoch noch für weitere zwölf Monate nach Zugang des Verzichts an die Zusage einer Karenzentschädigung gebunden. Diese Frist verkürzt sich nicht bei Wettbewerbsabreden, deren Laufzeit weniger als zwei Jahre beträgt.[15] Lediglich in dem Fall, dass das Verbot für weniger als zwölf Monate vereinbart war, endet die Entschädigungspflicht mit dem Auslauf des ursprünglichen Verbotszeitraums.[16] Der Gesetzgeber gewährt dem AN diesen Zeitraum, damit er sich auf die veränderte Rechtslage einstellen kann. Je früher der AG vor Beendigung des Arbverh auf das Verbot verzichtet, um so kürzer wird der Zeitraum der Entschädigungspflicht. Der Entschädigungsanspruch besteht im Fall eines Verzichts auch dann, wenn der AN innerhalb der Jahresfrist nach Beendigung des Arbverh eine Konkurrenztätigkeit ausübt.[17] Die Pflicht zur Zahlung einer Entschädigung beginnt frühestens mit der rechtlichen Beendigung des Arbverh, unabhängig davon, ob ein Anspruch auf Vergütung während des noch laufenden Arbverh wegen Leistungsstörung ausgeschlossen ist.

8 Weder AN noch AG sind dem jeweils anderen Vertragspartner zur **Auskunft** verpflichtet. So muss der AG eine Nachfrage des AN zur Ausübung eines Verzichts nicht beantworten.[18] Tut er dies gleichwohl, kann er an seine Antwort gebunden sein. Ein Verzicht des AG kann auch unwirksam sein, wenn der AG gegenüber dem AN zuvor den Eindruck erweckt hat, er werde davon nicht Gebrauch machen.[19] Auch der AN muss Nachfragen des AG, durch die dieser aufklären will, ob sein Interesse an der Einhaltung des Wettbewerbsverbots weggefallen ist, nicht beantworten. Hat der AN sich im Rahmen der Wettbewerbsabrede zu einer solchen Auskunft vertraglich verpflichtet, ist diese

---

8 BAG 17.2.1987 – 3 AZR 59/86 – AP § 75a HGB Nr. 4 = NZA 1987, 453.
9 Staub/*Konzen*/*Weber*, § 75a Rn 5.
10 Heymann/*Henssler*, § 75a Rn 3; *Küstner*/*Thume*, Bd. 3, Rn 1057; BSG 9.9.1989 – 11 RAr 75/88 – NZA 1990, 541.
11 BSG 9.9.1989 – 11 RAr 75/88 – NZA 1990, 541; Staub/ *Konzen*/*Weber*, § 75a Rn 6.
12 Schlegelberger/*Schröder*, § 75a Rn 3.
13 BAG 8.3.2006 – 10 AZR 349/05 – AP § 74 HGB Nr. 79 = DB 2006, 1433.
14 BAG 17.2.1987 – 3 AZR 59/86 – AP § 75a HGB Nr. 4 = NZA 1987, 453.
15 LAG Rheinland-Pfalz 26.2.1998 – 7 (8) Sa 297/97 – LAGE § 75a Nr. 1.
16 HWK/*Diller*, § 75a HGB Rn 14.
17 BAG 25.10.2007 – 6 AZR 662/06 – AP § 12 KSchG 1969 Nr. 3 = NJW 2008, 1466; HWK/*Diller*, § 75a Rn 14.
18 BAG 26.10.1978 – 3 AZR 649/77 – AP § 75a HGB Nr. 3 = DB 1979, 1184.
19 BAG 26.10.1978 – 3 AZR 649/77 – AP § 75a HGB Nr. 3 = DB 1979, 1184.

Pflicht gem. § 75d unverbindlich.[20] Beantwortet der AN eine entsprechende Nachfrage des AG, kann ein daraufhin erklärter Verzicht des AG nach § 242 BGB unbeachtlich sein.[21]

III. Abweichende Vereinbarungen

Da nach § 75d nur Abweichungen zu Lasten des AN unwirksam sind, kann das Recht zum Verzicht zu Lasten des AG ausgeschlossen werden.[22] Der AG kann sich auch für den Fall eines Verzichts zur Zahlung einer höheren Karenzentschädigung oder über einen längeren Zeitraum als zwölf Monate verpflichten. Vertragliche Vereinbarungen, mit denen noch vor Beendigung des Vertragsverhältnisses von den Grundsätzen des § 75a zu Lasten des AN abgewichen wird, sind jedoch unwirksam. So können die Parteien für den Fall des Verzichts nicht die Pflicht zur Karenzentschädigung abbedingen oder der Höhe oder dem Zeitraum nach beschränken. Erst nach Beendigung des Vertrages sind die Parteien in der Vereinbarung abweichender Regelungen frei. Da bedingte Wettbewerbsverbote unwirksam sind (siehe § 74 Rn 19), kann das Wettbewerbsverbot auch nicht mit einem Verzichtsvorbehalt ausgestattet werden, der dem AG bis zur Vertragsbeendigung einen Verzicht mit der Folge des sofortigen Wegfalls einer Karenzentschädigung ermöglicht.[23]

C. Beraterhinweise

Vor Ausspruch einer Verzichtserklärung sollte der AG immer prüfen, ob eine einvernehmliche Aufhebung des Verbots unter sofortigem Wegfall der Entschädigungspflicht möglich ist. Zudem muss der AG sich vor Beendigung des Arbverh darüber im Klaren sein, ob ihm das Wettbewerbsverbot Vorteile bringt oder er aufgrund Wegfall des Interesses einen Verzicht erklären will. Denn dieser muss spätestens im Zeitpunkt der Vertragsbeendigung dem AN zugegangen sein.

Formulierungsmuster zum Verzicht des AG: *Hümmerich*, Arbeitsrecht Vertragsgestaltung/Prozessrecht, § 2 Rn 71.

---

§ 75b (weggefallen)

---

§ 75c Vertragsstrafe

(1) ¹Hat der Handlungsgehilfe für den Fall, daß er die in der Vereinbarung übernommene Verpflichtung nicht erfüllt, eine Strafe versprochen, so kann der Prinzipal Ansprüche nur nach Maßgabe der Vorschriften des § 340 des Bürgerlichen Gesetzbuchs geltend machen. ²Die Vorschriften des Bürgerlichen Gesetzbuchs über die Herabsetzung einer unverhältnismäßig hohen Vertragsstrafe bleiben unberührt.

(2) Ist die Verbindlichkeit der Vereinbarung nicht davon abhängig, daß sich der Prinzipal zur Zahlung einer Entschädigung an den Gehilfen verpflichtet, so kann der Prinzipal, wenn sich der Gehilfe einer Vertragsstrafe der in Absatz 1 bezeichneten Art unterworfen hat, nur die verwirkte Strafe verlangen; der Anspruch auf Erfüllung oder auf Ersatz eines weiteren Schadens ist ausgeschlossen.

Literatur: *Diller*, Nachvertragliche Wettbewerbsverbote und AGB-Recht, NZA 2005, 250; *ders.*, Vertragsstrafen bei Wettbewerbsverboten: was nun?, NZA 2008, 574; *Preis/Stoffels*, Vertragsstrafe, AR-Blattei SD 1710; *Söllner*, Vertragsstrafen im Arbeitsrecht, AuR 1981, 97; s. im Übrigen Literatur zu § 74

A. Allgemeines	1	2. Wahlrecht nach § 340 Abs. 1 S. 1 BGB	7
B. Regelungsgehalt	2	3. Mindestschaden nach § 340 Abs. 2 BGB	9
I. Vereinbarung einer Vertragsstrafe	2	4. Herabsetzung einer Vertragsstrafe nach § 343 BGB	10
1. Formerfordernisse	2		
2. Zulässigkeit einer Vertragsstrafe	3	5. Vertragliche Abweichungen	11
3. Sonderfall Abs. 2	4	**C. Verbindung zu anderen Rechtsgebieten und zum Prozessrecht**	12
II. Verweis auf § 340 BGB	5	**D. Beraterhinweise**	13
1. Verstoß gegen das Wettbewerbsverbot	6		

---

[20] BAG 2.12.1968 – 3 AZR 402/67 – AP § 74a HGB Nr. 3 = DB 1969, 352; BAG – 3 AZR 649/77 – AP § 75a HGB Nr. 3 = DB 1979, 1184.
[21] BAG 2.12.1968 – 3 AZR 402/67 – AP § 74a HGB Nr. 3 = DB 1969, 352.
[22] ErfK/*Oetker*, § 75a HGB Rn 5.
[23] BAG 5.10.1982 – 3 AZR 451/80 – AP § 74 HGB Nr. 42 = DB 1983, 834.

A. Allgemeines

1 § 75c regelt den Fall, dass der AN sich nicht nur dem nachvertraglichen Wettbewerbsverbot unterwirft, sondern eine Vertragsstrafe für den Fall des Verstoßes gegen das Verbot verspricht. Der Zweck einer solchen Vertragsstrafe dient nicht nur der Erfüllungssicherung, sondern erleichtert dem AG auch den Schadensausgleich.[1] So wird es dem AG ohne eine Vertragsstrafe in aller Regel schwer fallen, seinen Schaden aus der Verbotsverletzung zu beziffern. In ihrem rechtlichen Bestand folgt die Vertragsstrafe **akzessorisch** der Wettbewerbsabrede; ist diese unwirksam, ist auch das Strafversprechen nach § 344 BGB unwirksam. Liegt ein Fall der rechtlichen Unverbindlichkeit vor und entscheidet sich der AN im Rahmen seines Wahlrechts für die Einhaltung des Verbots, ist er auch an die Vertragsstrafe gebunden.[2]

B. Regelungsgehalt

I. Vereinbarung einer Vertragsstrafe

2 **1. Formerfordernisse.** Das Gesetz sieht für die Vereinbarung der Vertragsstrafe keine besonderen Formerfordernisse vor. Aufgrund ihrer engen Verknüpfung mit der Wettbewerbsabrede gelten jedoch dieselben Anforderungen, die an die Wirksamkeit des Wettbewerbsverbots zu stellen sind.[3] Die Vertragsstrafe muss daher **schriftlich** in einer dem AN zu übergebenden Urkunde vereinbart werden (im Einzelnen vgl. § 74 Rn 41 ff.). Da die Vertragsstrafe nach § 75c i.d.R. unmittelbar zusammen mit der Wettbewerbsabrede vereinbart wird, sind diese Anforderungen unproblematisch. Wenn der AG sie bereits für das Wettbewerbsverbot nicht beachtet und die Vereinbarung deshalb rechtsunwirksam ist, folgt aus der Akzessorietät ohnehin die Unwirksamkeit der Vertragsstrafe.

3 **2. Zulässigkeit einer Vertragsstrafe.** Im Arbeitsrecht sind Vertragsstrafen zu Lasten des AN grds. nur bei einem berechtigten Interesse auf Seiten des AG zulässig.[4] Ein solches ist bei der Verknüpfung der Vertragsstrafe mit der Wettbewerbsabrede regelmäßig gegeben. Als Bestandteile von Formulararbeitsverträgen unterliegen Vertragsstrafeversprechen der Inhaltskontrolle nach §§ 305 ff. BGB. Vertragsstrafenabreden zur Sanktion von Wettbewerbsverstößen sind nicht generell ungewöhnlich.[5] Sie verstoßen auch nicht gegen § 309 Nr. 6 BGB; der Tatbestand dieses Klauselverbots ist nicht einschlägig.[6] Die Vertragsstrafe darf den AN aber nicht unzumutbar benachteiligen, § 307 Abs. 1 BGB. Eine unangemessene Benachteiligung kann sich daraus ergeben, dass die tatbestandlichen Voraussetzungen und Rechtsfolgen einer Vertragsstrafe nicht klar und verständlich sind.[7] Zudem kann eine überraschende Klausel vorliegen, wenn die Vertragsstrafe an ungewöhnlicher Stelle im Vertrag geregelt ist, § 305c BGB.[8] Vertragsstrafen mit Auszubildenden sind wegen § 12 Abs. 2 BBiG unwirksam.

4 **3. Sonderfall Abs. 2.** Abs. 2 enthält eine besondere Rechtsfolgenregelung bei Vereinbarung einer Vertragsstrafe, die sich auf ein Wettbewerbsverbot ohne Karenzentschädigung bezieht. Da diese Bestimmung sich auf die besonderen Verbote nach § 75b und den Anwendungsbereich des § 75 Abs. 3 bezog, die das BAG beide für verfassungswidrig[9] erklärt hat, ist sie gegenstandslos geworden.

II. Verweis auf § 340 BGB

5 Inhaltlich verweist § 75c auf die Regelungen des § 340 BGB zur Vertragsstrafe. In § 75c Abs. 1 S. 2 wird ausdrücklich klargestellt, dass auch die Bestimmungen zur Herabsetzung einer unverhältnismäßig hohen Vertragsstrafe zur Anwendung kommen.

6 **1. Verstoß gegen das Wettbewerbsverbot.** Eine Geltendmachung der Rechte aus § 340 BGB setzt zunächst einen Verstoß des AN gegen das vereinbarte Verbot voraus. Ob der AN die Vertragsstrafe verwirkt hat, ist Tatsachenfrage und ggf. auch Auslegungsfrage.[10] Dabei ist von dem Wortlaut sowohl des Wettbewerbsverbots als auch der Vertragsstrafenvereinbarung auszugehen. Die Vertragsparteien vereinbaren häufig eine Vertragsstrafe „für jeden Fall der Zuwiderhandlung". In diesem Fall ist es Aufgabe des Gerichts, das konkrete Verhalten des AN zu beurteilen und unter den Tatbestand des wettbewerbswidrigen Verhaltens zu subsumieren. Probleme ergeben sich häufig bei der

---

1 Zur Doppelfunktion von Vertragsstrafen BGH 27.11.1974 – VIII ZR 9/73 – BGHZ 63, 256 = NJW 1975, 163.
2 *Bauer/Diller*, Rn 634.
3 ErfK/*Oetker*, § 75c HGB Rn 1; Schlegelberger/*Schröder*, § 75c Rn 1; Staub/*Konzen/Weber*, § 75c Rn 2.
4 BAG 23.5.1984 – 4 AZR 129/82 – AP § 339 BGB Nr. 9 = NZA 1984, 255; HWK/*Diller*, § 75c HGB Rn 4.
5 BAG 14.8.2007 – 8 AZR 973/06 – AP § 307 BGB Nr. 28 = NZA 2008, 170.
6 BAG 14.8.2007 – 8 AZR 973/06 – AP § 307 BGB Nr. 28 = NZA 2008, 170.
7 BAG 14.8.2007 – 8 AZR 973/06 – AP § 307 BGB Nr. 28 = NZA 2008, 170; LAG Ba-Wü 30.1.2008 – 10 Sa 60/07 – NZA-RR 2008, 508.
8 BAG 13.7.2005 – 10 AZR 532/04 – AP § 74 HGB Nr. 78.
9 BAG 16.10.1980 – 3 AZR 202/79 – AP § 75b HGB Nr. 5 = BB 1981, 553; BAG 23.2.1977 – 3 AZR 620/75 – AP § 75 HGB Nr. 6 = DB 1977, 1143.
10 ErfK/*Oetker*, § 75c HGB Rn 2; Staub/*Konzen/Weber*, § 75c Rn 4.

weiteren Prüfung, ob bei einem festgestellten einmaligen Verstoß bereits die gesamte Vertragsstrafe verwirkt sein soll und welche Auswirkungen ein Dauertatbestand auf die Höhe der verwirkten Strafe hat (siehe Rn 8).

2. Wahlrecht nach § 340 Abs. 1 S. 1 BGB. Die Vertragsstrafe kann gem. § 340 Abs. 1 S. 1 BGB nicht neben der Erfüllung des Wettbewerbsverbots geltend gemacht werden, sondern **nur wahlweise** statt der Erfüllung. Entscheidet sich der AG wegen eines Verstoßes gegen das Wettbewerbsverbot dafür, eine Vertragsstrafe gegenüber dem AN geltend zu machen, kann er wegen desselben Verstoßes nicht mehr Unterlassung verlangen.[11] Der Unterlassungsanspruch erlischt jedoch nur für den Zeitraum, auf den sich die verwirkte Vertragsstrafe bezieht.[12] Hat der AG umgekehrt zunächst Unterlassung (Erfüllung) geltend gemacht, wird teilweise angenommen, er könne nicht zu einem späteren Zeitpunkt zur Vertragsstrafe übergehen. Gem. § 340 Abs. 1 S. 2 BGB wird jedoch nur der Anspruch auf Erfüllung durch das Verlangen der Strafe und nicht umgekehrt der Strafanspruch durch Geltendmachung der primären Verpflichtung ausgeschlossen. Auf diese Weise trägt das Gesetz dem Umstand Rechnung, dass das Hauptinteresse des Gläubigers im Allgemeinen auf die Erfüllung des Vertrages gerichtet ist, und dass er sich erst dann mit der Zahlung der Strafe begnügen wird, wenn er die Erfüllung nicht durchsetzen kann.[13] Nicht das Erfüllungsverlangen, sondern erst die Erfüllungsannahme kann daher einem Vertragsanspruch entgegenstehen.

7

Da es sich bei Wettbewerbsverstößen häufig um **Dauertatbestände** handelt, etwa bei Eingehung eines neuen Arbverh bei einem Konkurrenten, sollten die Parteien bei der Formulierung der Vertragsstrafe deutlich machen, was als einzelner Verstoß gegen das Verbot angesehen werden, insb. ob eine Vertragsstrafe für jeden Fall der Zuwiderhandlung ausgelöst werden soll.[14] Wenn die Parteien z.B. eine Vertragsstrafe für jeden Monat der wettbewerbswidrigen Handlung vereinbaren, kann der AG monatsweise sein Wahlrecht nach § 340 Abs. 1 S. 1 BGB ausüben.[15] Fehlt es an einer ausdrücklichen Regelung der Dauertatbestände, ist wiederum durch Auslegung zu ermitteln, wie häufig die Vertragsstrafe fällig werden sollte.[16] Dabei kann die Höhe der Vertragsstrafe von entscheidender Bedeutung sein. Im Zweifel ist jedoch zu Lasten des AG nur von einer einheitlichen Vertragsstrafe bei einem durchgehenden Verstoß des AN auszugehen, vgl. für Formularvereinbarungen § 305c Abs. 2 BGB. Wählt der AG in diesem Fall die Vertragsstrafe, erlischt der Erfüllungsanspruch auch für die Zukunft.[17] Ein durchgehender Verstoß liegt auch dann vor, wenn der AN einen gesperrten Kunden wiederholt berät[18] oder nach mehrfachem Verhandeln schließlich einen verbotenen Auftrag abschließt.[19] Sieht ein Formularvertrag missverständlich einerseits für „jeden Fall der Zuwiderhandlung" eine Vertragsstrafe in bestimmter Höhe und andererseits bei einer „dauerhaften Verletzung" vor, dass jeder angebrochene Monat als neuer Verstoß gilt, soll nach der Rechtsprechung eine unklare und damit unwirksame Regelung vorliegen.[20]

8

3. Mindestschaden nach § 340 Abs. 2 BGB. Der AG muss zwar zwischen der Vertragsstrafe und der Erfüllung der Wettbewerbsabrede wählen, neben der Vertragsstrafe kann er jedoch einen weitergehenden Schadensersatz geltend machen, § 340 Abs. 2 S. 2 BGB. Allerdings ist die Vertragsstrafe der Höhe nach auf den zu ersetzenden Schaden anzurechnen. Insofern stellt die vereinbarte Vertragsstrafe auch immer den Mindestschadensersatz dar, dessen Höhe der AG nicht beweisen muss.

9

4. Herabsetzung einer Vertragsstrafe nach § 343 BGB. Der AN kann nach Abs. 1 S. 2 i.V.m. § 343 Abs. 1 S. 1 BGB die Herabsetzung einer unverhältnismäßig hohen Vertragsstrafe verlangen, solange er diese noch nicht entrichtet hat, § 343 Abs. 1 S. 3 BGB. Er muss auf Feststellung einer Herabsetzung nicht gesondert klagen, sondern kann die Herabsetzung als **Einrede** geltend machen. Dabei hat das Gericht auf jeden Vortrag des AN hin, der erkennen lässt, dass er die Strafe als unangemessen hoch empfindet, die Möglichkeit einer Herabsetzung zu prüfen.[21] Die Prüfung beinhaltet eine **umfassende Abwägung** zwischen den Interessen des Gläubigers an der Einhaltung der Wettbewerbsabrede und der drohenden Einbußen – nicht nur finanzieller Art – bei Nichtbeachtung und den Interessen des Schuldners im Hinblick auf seine wirtschaftlichen Verhältnisse und die Fortkommenserschwernisse.[22] Auf konkrete Verletzungshandlungen kommt es im Rahmen der Abwägung nicht an. Irrelevant ist auch das Verhältnis zwischen der Höhe der Karenzentschädigung und der Vertragsstrafe.[23] Der AN darf durch die Vertragsstrafe empfindlich getroffen werden, da sie u.a. seine Wettbewerbsenthaltung sichern soll. Es gibt auch keinen allgemeinen Rechtssatz, nach

10

---

11 BAG 16.1.1970 – 3 AZR 429/68 – AP § 74a HGB Nr. 4 = DB 1970, 1493.
12 BAG 26.1.1973 – 3 AZR 233/72 – AP § 75 HGB Nr. 4 = DB 1973, 1130.
13 BAG 7.11.1969 – 3 AZR 303/69 – AP § 340 BGB Nr. 1 = DB 1970, 737.
14 BAG 26.9.1963 – 5 AZR 2/63 – AP § 75 HGB Nr. 1 = DB 1963, 1681.
15 BAG 30.4.1971 – 3 AZR 259/70 – AP § 340 BGB Nr. 2 = DB 1971, 1673.
16 BAG 26.9.1963 – 5 AZR 2/63 – AP § 75 HGB Nr. 1 = DB 1963, 1681.
17 BAG 16.1.1970 – 3 AZR 429/68 – AP § 74a HGB Nr. 4 = DB 1970, 1493.
18 BAG 26.11.1971 – 3 AZR 220/71 – AP § 611 BGB Konkurrenzklausel Nr. 26 = DB 1972, 537.
19 BAG 11.3.1968 – 3 AZR 37/67 – AP § 74 HGB Nr. 23 = DB 1968, 1717.
20 BAG 14.8.2007 – 8 AZR 973/06 – AP § 307 BGB Nr. 28 = NZA 2008, 170.
21 BGH 22.5.1968 – VIII ZR 69/66 – NJW 1968, 1625.
22 Staub/*Konzen*/*Weber*, § 75c Rn 14.
23 BAG 21.5.1971 – 3 AZR 359/70 – AP § 75c HGB Nr. 1 = DB 1971, 1672.

dem die Vertragsstrafe die Summe der für den Zeitraum der Künd-Frist zu zahlenden Gehälter nicht überschreiten dürfe.[24] Ist eine unverhältnismäßig hohe Vertragsstrafe Gegenstand Allgemeiner Geschäftsbedingungen scheidet eine Herabsetzung und geltungserhaltende Reduktion nach dem Zweck der §§ 305 ff. BGB aus.[25]

5. Vertragliche Abweichungen. Abweichende Vereinbarungen zu Lasten des AN sind wegen § 75d unzulässig. Der AG kann daher eine Anrechnung der Vertragsstrafe auf den Schadensersatz nicht ausschließen. Umgekehrt kann jedoch ein über die Vertragsstrafe hinausgehender Schadensersatz ausgeschlossen werden. Die Parteien können auch vereinbaren, dass der AN sich durch Zahlung einer Vertragsstrafe von dem Wettbewerbsverbot „freikaufen" kann.

C. Verbindung zu anderen Rechtsgebieten und zum Prozessrecht

Der AG trägt die Beweislast für die wirksame Vereinbarung einer Vertragsstrafe sowie die Voraussetzungen ihrer Verwirkung. Umgekehrt trägt der AN die Beweislast für die tatsächlichen Umstände, die eine Herabsetzung der Vertragsstrafe rechtfertigen können.[26] Die Herabsetzung der Vertragsstrafe unterliegt grds. nicht einer revisionsrechtlichen Überprüfung. Das Revisionsgericht kann nur prüfen, ob die Tatsacheninstanz wesentliche Umstände des Einzelfalls unberücksichtigt gelassen oder Tatsachen widersprüchlich oder unvollständig gewertet hat oder von falschen Rechtsgrundsätzen ausgegangen ist.[27]

D. Beraterhinweise

Aufgrund der Inhaltskontrolle von Vertragsklauseln nach §§ 305 ff. BGB ist auf eine sorgfältige Formulierung und Gestaltung von Vertragsstrafen zu achten. So sind insbesondere die Voraussetzungen einer Strafverwirkung klar festzulegen: Einzel- oder Dauerverstoß; Anfall pro Monat u.Ä. Im Hinblick auf die Angemessenheitskontrolle sollte die Strafe nicht zu hoch angesetzt werden.

Formulierungsmuster zur Vertragsstrafe im Wettbewerbsverbot: *Hümmerich*, Arbeitsrecht Vertragsgestaltung/Prozessrecht, § 2 Rn 61 f.

---

§ 75d   Abweichende Vereinbarungen

[1]Auf eine Vereinbarung, durch die von den Vorschriften der §§ 74 bis 75c zum Nachteil des Handlungsgehilfen abgewichen wird, kann sich der Prinzipal nicht berufen. [2]Das gilt auch von Vereinbarungen, die bezwecken, die gesetzlichen Vorschriften über das Mindestmaß der Entschädigung durch Verrechnungen oder auf sonstige Weise zu umgehen.

Literatur: s. Literatur zu § 74

A. Allgemeines	1	II. Zeitpunkt der Vereinbarung	5
B. Regelungsinhalt	2	III. Rechtsfolge der Unverbindlichkeit	6
I. Abweichung zum Nachteil des Arbeitnehmers	2		

A. Allgemeines

Durch § 75d wird der Schutz des AN insofern vervollständigt, als die Vorschriften der §§ 74 bis 75c als zu seinen Lasten unabdingbar gestaltet werden. Inwiefern die Schutzvorschriften als **zwingendes Recht** auch der Tarifdisposition entzogen sind, ist fraglich (siehe Rn 3).

B. Regelungsinhalt

I. Abweichung zum Nachteil des Arbeitnehmers

Eine vertragliche Vereinbarung, die den Regelungen zum Wettbewerbsverbot und der Karenzentschädigung zu Lasten des AN widerspricht, ist unverbindlich. § 75d S. 2 stellt dabei ausdrücklich klar, dass dies auch für Vereinbarungen gilt, die über eine Verrechnung oder auf sonstigem Weg das Mindestmaß der Karenzentschädigung unterlaufen. Ob die vertragliche Vereinbarung von der gesetzlichen Regelung zum Nachteil des AN abweicht, ist immer eine

---

24 BAG 25.10.1994 – 9 AZR 265/93 – n.v.
25 BAG 4.3.2004 – 8 AZR 196/03 – AP § 309 BGB Nr. 3 = NZA 2004, 727; BHG 23.1.2003 – VII ZR 210/07 – BGHZ 153, 311 = NJW 2003, 1805.
26 BGH 13.3.1953 – 1 ZR 136/52 – GRUR 1963, 262.
27 BAG 25.10.1994 – 9 AZR 265/93 – n.v.; BAG 21.5.1971 – 3 AZR 359/70 – AP § 75c HGB Nr. 1 = DB 1971, 1672.

Frage des Einzelfalles und abhängig von der konkreten Vorschrift (vgl. insofern auch die Kommentierung zur Möglichkeit der vertraglichen Abweichung bei den jeweiligen Vorschriften). Eine unzulässige Abweichung von der Norm des § 75 Abs. 2 (Lösungsrecht des AN) liegt z.B. vor, wenn ein Wettbewerbsverbot nur nach einer vom AN ausgelösten Beendigung des Arbeitsvertrags gelten soll.[1] Für die Prüfung gilt grds., dass ein Abweichen von der gesetzlichen Norm nicht durch andere – finanzielle – Vorteile aufgewogen werden kann. So kann der AG z.B. die Rechte aus § 75 Abs. 1 nicht durch die Zahlung einer höheren Entschädigung ausgleichen. Auch jede andere Form der **Umgehung** des gesetzlichen Tatbestandes fällt unter den Geltungsbereich des § 75d. Dies gilt insb. für bedingte Wettbewerbsverbote (siehe § 74 Rn 19) und für Abreden, nach denen unter bestimmten Bedingungen bereits erbrachte Leistungen auf die Karenzentschädigung angerechnet werden sollen.[2]

Fraglich ist, ob § 75d auch auf tarifvertragliche Vereinbarungen Anwendung findet oder die Schutzvorschriften **tarifdispositiv** ausgestaltet sind. Das BAG hat die Problematik der Tarifdispositivität in einer Entscheidung vom 12.11.1971[3] offengelassen und lediglich erklärt, § 75d brauche einer vom Gesetz abweichenden tarifvertraglichen Regelung „nicht unbedingt im Weg zu stehen". Im Anschluss an diese Entscheidung wurde teilweise vertreten, der in §§ 74 ff. fehlende Tarifvorbehalt stelle eine Regelungslücke dar; diese könne im Wege der Rechtsfortbildung dahingehend geschlossen werden, dass eine Abänderung zu Lasten des AN zulässig sei, solange im Hinblick auf Art. 12 GG die Mindesterfordernisse einer Entschädigungspflicht sowie einer zeitlichen, räumlichen und sachlichen Begrenzung des Verbots eingehalten würden.[4] Heute wird eine Tarifdispositivität weitgehend abgelehnt, insb. unter Hinweis auf das differenzierte System gesetzlicher Öffnungsklauseln.[5] Der Meinungsstreit ist weitgehend akademisch geblieben, da TV ein Abweichen von den gesetzlichen Regelungen zu Lasten der AN zurzeit nicht vorsehen.

§ 75d gilt auch für **Mandantenübernahmeklauseln,** wenn diese aufgrund ihrer Ausgestaltung die Wirkung einer Mandantenschutzklausel haben, die den AN in seiner beruflichen Tätigkeit beschränkt.[6]

II. Zeitpunkt der Vereinbarung

Ein Abweichen zum Nachteil des AN fällt nur dann unter den Geltungsbereich des § 75d, wenn noch **vor Beendigung** des Arbverh die Vereinbarung abgeschlossen wird. Nach Beendigung des Arbeitsvertrages unterfällt der AN nicht mehr dem besonderen Schutz der §§ 74 ff., da er von diesem Zeitpunkt an nicht mehr in einem Abhängigkeitsverhältnis steht. Ab diesem Zeitpunkt vereinbarte Abweichungen sind daher für beide Seiten verbindlich und zulässig.

III. Rechtsfolge der Unverbindlichkeit

Sofern die Parteien von den gesetzlichen Vorschriften zu Lasten des AN abgewichen sind, ist die Vereinbarung in diesem Maße unverbindlich. Der AG kann sich auf die ihn begünstigende Vereinbarung nicht berufen. Die Rechtsfolge der Unverbindlichkeit erklärt sich wiederum aus dem Schutzzweck der Vorschrift: Der AN wird in dem Umfang geschützt, in dem von der Norm abgewichen wurde; er hat in diesem Umfang ein **Wahlrecht** zwischen der Einhaltung oder Nichtbeachtung der Abrede (siehe § 74 Rn 38 f.). Der rechtliche Bestand der Wettbewerbsabrede wird durch die unverbindliche Abweichung jedoch grds. nicht berührt. Nur in wenigen gesetzlichen Ausnahmefällen hat eine Abweichung die Nichtigkeit der Abrede zur Folge (siehe § 74 Rn 37). Der AG wiederum ist uneingeschränkt an die vertragliche Absprache gebunden.

§ 75e (weggefallen)

§ 75f Nichteinstellungsvereinbarung unter Prinzipalen

[1]Im Falle einer Vereinbarung, durch die sich ein Prinzipal einem anderen Prinzipal gegenüber verpflichtet, einen Handlungsgehilfen, der bei diesem im Dienst ist oder gewesen ist, nicht oder nur unter bestimmten Voraussetzungen anzustellen, steht beiden Teilen der Rücktritt frei. [2]Aus der Vereinbarung findet weder Klage noch Einrede statt.

Literatur: s. Literatur zu § 74

1 BAG 7.9.2004 – 9 AZR 612/03 – AP § 75 HGB Nr. 11.
2 Röhricht/v. Westphalen/*Wagner*, § 75d Rn 5 f.; Staub/*Konzen*/*Weber*, § 75d Rn 1.
3 BAG 12.11.1971 – 3 AZR 116/71 – AP § 74 HGB Nr. 28 = BB 1973, 474.
4 *Canaris*, Anm. zu AP § 74 HGB Nr. 28; Staub/*Konzen*/*Weber*, § 75d Rn 5; Schaub/*Schaub*, Arbeitsrechts-Handbuch, § 58 Rn 12.
5 *Bauer*/*Diller*, Rn 16; *Röhsler*/*Borrmann*, S. 138 ff.; *Baumbach*/*Hopt*, § 75d Rn 3.
6 BAG 7.8.2002 – 10 AZR 586/01 – AP § 75d HGB Nr. 4 = NZA 2002, 1282.

A. Allgemeines	1	2. Geheime Wettbewerbsverbote	3
B. Regelungsgehalt	2	II. Rechtsfolgen	5
I. Tatbestandsvoraussetzungen	2	1. Unverbindlichkeit der Abrede	5
1. Vertragsparteien	2	2. Ansprüche des Arbeitnehmers	6

A. Allgemeines

1 Die Regelung des § 75f vervollständigt den Schutz des AN vor zu weitgehenden Eingriffen in das Recht auf Berufsfreiheit. Die Vorschrift schützt umfassend vor Abreden zwischen AG, mit denen eine Konkurrenz um AN untersagt werden soll.

B. Regelungsgehalt

I. Tatbestandsvoraussetzungen

2 **1. Vertragsparteien.** Nach allgemeiner Ansicht findet § 75f sowohl auf kaufmännische wie nichtkaufmännische AG als auch auf AN jeder Art (und nicht nur Handlungsgehilfen) Anwendung.[1] Dabei müssen an der Abrede auch nicht immer zwei AG beteiligt sein; das Verbot greift auch bei Absprachen zwischen einer Mehrheit von AG, Konzernen oder Verbänden.[2] Schließlich kommt § 75f entsprechend zur Anwendung, wenn sich ein Dritter gegenüber dem AG verpflichtet, dessen Ang nach Ausscheiden nicht als selbstständigen Unternehmer zu beschäftigen.[3] Für Abreden zwischen Entleiher und Verleiher kommen die Vorschriften des AÜG zur Anwendung (vgl. § 9 AÜG Rn 32 ff.).

3 **2. Geheime Wettbewerbsverbote.** Bereits nach seinem Wortlaut erfasst § 75f nicht nur Abreden, durch die eine Einstellung des AN untersagt wird, sondern auch solche, bei denen die Einstellung von bestimmten Voraussetzungen abhängig gemacht wird. In der Praxis erfolgt dies häufig dergestalt, dass eine Einstellung des AN nur mit Zustimmung des Konkurrenten möglich sein soll oder aber eine Einstellung nur für dasselbe Entgelt erfolgen darf, um einen Preiskampf zu vermeiden.[4] Aber auch sonstige Sperrabreden zwischen AG, die letztlich die Arbeitsplatzwahl des AN einschränken, fallen unter den Anwendungsbereich. So fallen Namenslisten von Mitarbeitern, etwa Führungs- oder Schlüsselkräften, die bei dem jeweiligen Vertragspartner nicht eingestellt werden dürfen, wie auch Abreden unter den Anwendungsbereich, nach denen sich ein Dritter verpflichtet, den AN nach dessen Ausscheiden aus dem Arbverh als selbstständigen Unternehmer nicht zu beauftragen.[5]

4 Fraglich ist, ob unter die Regelung auch Abwerbungsverbote fallen, durch die sich die Vertragspartner verpflichten, eine aktive Abwerbung von Mitarbeitern untereinander zu unterlassen. An einer solchen Vereinbarung haben insb. Dienstleistungsunternehmen Interesse, die ihre Mitarbeiter zur Erbringung der Dienstleistung in fremde Unternehmen entsenden. Richtigerweise werden solche Absprachen von § 75f nicht erfasst.[6] Denn durch das Verbot wird die Arbeitsplatzwahl und -suche des AN nicht eingeschränkt.

II. Rechtsfolgen

5 **1. Unverbindlichkeit der Abrede.** Soweit durch die Abrede dem AN ein Arbeitsplatzwechsel praktisch unmöglich gemacht wird, etwa bei übergreifenden Absprachen zwischen AG einer bestimmten Branche, ist bereits nach § 138 BGB eine Nichtigkeit anzunehmen.[7] Nichtigkeit kann sich auch aus dem allgemeinen Kartellverbot des GWB ergeben. In allen sonstigen Fällen greift § 75f mit der Folge, dass die Vertragspartner von der Abrede jederzeit zurücktreten können (§ 75f S. 1). Auch die einredeweise Geltendmachung oder die Klage auf Erfüllung sind ausgeschlossen (§ 75f S. 2). Die Vorschrift stellt insoweit **kein gesetzliches Verbot** i.S.d. § 134 BGB dar, sondern ordnet lediglich die **Unverbindlichkeit** der Wettbewerbsuntersagung an. Die Rechtsfolgen des § 75f können vertraglich nicht ausgeschlossen oder dadurch umgangen werden, dass ein Verstoß gegen die Abrede mit einer Vertragsstrafe verknüpft wird.[8] Die Vertragspartner können ihr Rücktrittsrecht frist- und formfrei jederzeit ausüben, ohne Rücktrittsgründe vorweisen oder Schadensersatzansprüche befürchten zu müssen. Eine Verpflichtung zum Schadensersatz ist mit dem fehlenden Erfüllungsanspruch nicht zu vereinbaren. Der Rücktritt führt auch nicht zu einer Verpflichtung zur Rückabwicklung, sondern beseitigt die Sperrabrede nur für die Zukunft.

---

1 BGH 27.9.1983 – VI ZR 294/81 – AP § 611 BGB Konkurrenzklausel Nr. 29 = DB 1984, 111.
2 BGH 13.10.1972 – I ZR 88/71 – AP § 75f HGB Nr. 1 = DB 1973, 423.
3 BGH 27.9.1983 – VI ZR 294/81 – AP § 611 BGB Konkurrenzklausel Nr. 29 = DB 1984, 111.
4 BGH 13.10.1972 – I ZR 88/71 – AP § 75f HGB Nr. 1 = DB 1973, 423.
5 BGH 13.10.1972 – I ZR 88/71 – AP § 75f HGB Nr. 1 = DB 1973, 423.
6 HWK/*Diller*, § 75f HGB Rn 5; ErfK/*Oetker*, § 75f HGB Rn 1; a.A. BGH 30.4.1974 – VI ZR 132/72 – DB 1974, 1387.
7 Heymann/*Henssler*, § 75f Rn 8; Schlegelberger/*Schröder*, § 75f Rn 1.
8 BGH 30.4.1974 – VI ZR 132/72 – DB 1974, 1387.

2. Ansprüche des Arbeitnehmers. Der AN kann einen Rücktritt von der Sperrabrede nicht erzwingen und auch keine Unterlassung geltend machen.[9] Erfährt er von solchen Absprachen, was in der Praxis die eigentliche Schwierigkeit sein dürfte, kann er sowohl von seinem (früheren) AG als auch dessen Vertragspartner Schadensersatz nach § 826 BGB aufgrund **sittenwidriger Schädigung** verlangen. Unabhängig von dem weiteren Problem, dass der AN darlegungs- und beweislastpflichtig für den Umstand ist, dass er ohne die Abrede ein Arbeitsplatzangebot erhalten hätte, dürfte sich der Anwendungsbereich auf die wenigen Fälle beschränken, in denen die Abrede nicht bereits nach § 138 BGB nichtig ist.[10]

§ 75g Vertretungsmacht des Vermittlungsgehilfen

[1]§ 55 Abs. 4 gilt auch für einen Handlungsgehilfen, der damit betraut ist, außerhalb des Betriebs des Prinzipals für diesen Geschäfte zu vermitteln. [2]Eine Beschränkung dieser Rechte braucht ein Dritter gegen sich nur gelten zu lassen, wenn er sie kannte oder kennen mußte.

Während § 75f zumindest noch mittelbar dem Schutz des AN dient, haben §§ 75g, 75h keine arbeitsrechtliche Bedeutung. Ihr Regelungsgehalt gehört systematisch zum Handelsrecht und nicht zum Arbeitsrecht, da von ihm lediglich das Verhältnis zwischen dem AG und dessen Vertragspartner betroffen ist. § 75g findet auf nicht-kaufmännische AN keine Anwendung und gilt eingeschränkt nur für Handlungsgehilfen, die ausschließlich mit der Vermittlung von Geschäften beauftragt sind. Insoweit räumt sie dem Gehilfen entsprechend § 55 Abs. 4 eine besondere aktive und passive Vertretungsmacht für die Abwicklung des Handelsgeschäfts ein. Auf Handlungsgehilfen mit Abschlussvollmacht findet § 55 Abs. 4 unmittelbar Anwendung.

§ 75h Mangel der Vertretungsmacht

(1) Hat ein Handlungsgehilfe, der nur mit der Vermittlung von Geschäften außerhalb des Betriebs des Prinzipals betraut ist, ein Geschäft im Namen des Prinzipals abgeschlossen, und war dem Dritten der Mangel der Vertretungsmacht nicht bekannt, so gilt das Geschäft als von dem Prinzipal genehmigt, wenn dieser nicht dem Dritten gegenüber nicht unverzüglich das Geschäft ablehnt, nachdem er von dem Handlungsgehilfen oder dem Dritten über Abschluß und wesentlichen Inhalt benachrichtigt worden ist.
(2) Das gleiche gilt, wenn ein Handlungsgehilfe, der mit dem Abschluß von Geschäften betraut ist, ein Geschäft im Namen des Prinzipals abgeschlossen hat, zu dessen Abschluß er nicht bevollmächtigt ist.

Für § 75h gilt das Gleiche wie für § 75g: Die Vorschrift hat arbeitsrechtlich keine Bedeutung (siehe § 75g Rn 1). Auch sie betrifft nur das Verhältnis zwischen AG und Geschäftspartner bei Abschluss eines Handelsgeschäfts: Abweichend von § 177 BGB wird geregelt, dass bei einem Auftreten des Handlungsgehilfen als **Vertreter ohne Vertretungsmacht** eine ausdrückliche Genehmigung des Geschäfts nicht erforderlich ist, sondern es als genehmigt gilt, wenn der AG nicht unverzüglich nach Kenntnisnahme das Geschäft ablehnt. Während Abs. 1 das Verhalten des Vermittlungsgehilfen regelt, bezieht sich Abs. 2 nur auf den Abschlussgehilfen.

§ 82a Wettbewerbsverbote gegenüber Volontären

Auf Wettbewerbverbot gegenüber Personen, die, ohne als Lehrlinge angenommen zu sein, zum Zweck ihrer Ausbildung unentgeltlich mit kaufmännischen Diensten beschäftigt werden (Volontäre), finden die für Handlungsgehilfen geltenden Vorschriften insoweit Anwendung, als sie nicht auf das dem Gehilfen zustehende Entgelt Bezug nehmen.

§ 82a ist durch §§ 12 Abs. 1 S. 1, 26 BBiG **gegenstandslos** geworden.[1] Nach § 26 BBiG gilt § 12 BBiG für Volontäre entsprechend, so dass bereits nach § 12 Abs. 1 S. 1 BBiG alle Vereinbarungen nichtig sind, die den Volontär nach Beendigung des Vertragsverhältnisses in der Ausübung seiner beruflichen Tätigkeit beschränken (im Einzelnen vgl. §§ 10–12 BBiG Rn 14 ff.).

---

9 Heymann/*Henssler*, § 75f Rn 7; HWK/*Diller*, § 75f HGB Rn 11.
10 Staub/*Konzen/Weber*, § 75f Rn 7.

1 Heymann/*Henssler*, § 82a Rn 3; ErfK/*Schaub*, § 82a HGB Rn 1; Schlegelberger/*Schröder*, § 82a.

§ 83 Andere Arbeitnehmer

Hinsichtlich der Personen, welche in dem Betrieb eines Handelsgewerbes andere als kaufmännische Dienste leisten, bewendet es bei den für das Arbeitsverhältnis dieser Personen geltenden Vorschriften.

1 Die Vorschrift hat ihre Bedeutung verloren. Während die Vorschriften des 6. Abschnitts des HGB nach der ursprünglichen Konzeption nur für Handlungsgehilfen und insoweit abschließend gelten sollten, ist der Anwendungsbereich zunächst durch analoge Anwendung und schließlich über § 110 GewO für §§ 74 bis 75f ausdrücklich auf andere AN ausgedehnt worden. Die Aufspaltung zwischen kaufmännischen und nicht-kaufmännischen AN ist daher überholt.

Siebenter Abschnitt: Handelsvertreter

§ 84 Begriff

(1) ¹Handelsvertreter ist, wer als selbständiger Gewerbetreibender ständig damit betraut ist, für einen anderen Unternehmer (Unternehmer) Geschäfte zu vermitteln oder in dessen Namen abzuschließen. ²Selbständig ist, wer im wesentlichen frei seine Tätigkeit gestalten und seine Arbeitszeit bestimmen kann.
(2) Wer, ohne selbständig im Sinne des Absatzes 1 zu sein, ständig damit betraut ist, für einen Unternehmer Geschäfte zu vermitteln oder in dessen Namen abzuschließen, gilt als Angestellter.
(3) Der Unternehmer kann auch ein Handelsvertreter sein.
(4) Die Vorschriften dieses Abschnittes finden auch Anwendung, wenn das Unternehmen des Handelsvertreters nach Art oder Umfang einen in kaufmännischer Weise eingerichteten Geschäftsbetrieb nicht erfordert.

1 Wegen der Abgrenzung des AN vom Handelsvertreter vgl. § 611 BGB Rn 90 ff.

§ 85 Vertragsurkunde

¹Jeder Teil kann verlangen, daß der Inhalt des Vertrages sowie spätere Vereinbarungen zu dem Vertrag in eine vom anderen Teil unterzeichnete Urkunde aufgenommen werden. ²Dieser Anspruch kann nicht ausgeschlossen werden.

§ 86 Pflichten des Handelsvertreters

(1) Der Handelsvertreter hat sich um die Vermittlung oder den Abschluß von Geschäften zu bemühen; er hat hierbei das Interesse des Unternehmers wahrzunehmen.
(2) Er hat dem Unternehmer die erforderlichen Nachrichten zu geben, namentlich ihm von jeder Geschäftsvermittlung und von jedem Geschäftsabschluß unverzüglich Mitteilung zu machen.
(3) Er hat seine Pflichten mit der Sorgfalt eines ordentlichen Kaufmanns wahrzunehmen.
(4) Von den Absätzen 1 und 2 abweichende Vereinbarungen sind unwirksam.

§ 86a Pflichten des Unternehmers

(1) Der Unternehmer hat dem Handelsvertreter die zur Ausübung seiner Tätigkeit erforderlichen Unterlagen, wie Muster, Zeichnungen, Preislisten, Werbedrucksachen, Geschäftsbedingungen, zur Verfügung zu stellen.
(2) ¹Der Unternehmer hat dem Handelsvertreter die erforderlichen Nachrichten zu geben. ²Er hat ihm unverzüglich die Annahme oder Ablehnung eines vom Handelsvertreter vermittelten oder ohne Vertretungsmacht abgeschlossenen Geschäfts und die Nichtausführung eines von ihm vermittelten oder abgeschlossenen Geschäfts mitzuteilen. ³Er hat ihn unverzüglich zu unterrichten, wenn er Geschäfte voraussichtlich nur in erheblich geringerem Umfang abschließen kann oder will, als der Handelsvertreter unter gewöhnlichen Umständen erwarten konnte.
(3) Von den Absätzen 1 und 2 abweichende Vereinbarungen sind unwirksam.

§ 86b Delkredereprovision

(1) ¹Verpflichtet sich ein Handelsvertreter, für die Erfüllung der Verbindlichkeit aus einem Geschäft einzustehen, so kann er eine besondere Vergütung (Delkredereprovision) beanspruchen; der Anspruch kann im voraus nicht ausgeschlossen werden. ²Die Verpflichtung kann nur für ein bestimmtes Geschäft oder für solche Geschäfte mit bestimmten Dritten übernommen werden, die der Handelsvertreter vermittelt oder abschließt. ³Die Übernahme bedarf der Schriftform.
(2) Der Anspruch auf die Delkredereprovision entsteht mit dem Abschluß des Geschäfts.
(3) ¹Absatz 1 gilt nicht, wenn der Unternehmer oder der Dritte seine Niederlassung oder beim Fehlen einer solchen seinen Wohnsitz im Ausland hat. ²Er gilt ferner nicht für Geschäfte, zu deren Abschluß und Ausführung der Handelsvertreter unbeschränkt bevollmächtigt ist.

Die Vorschrift findet nur sehr eingeschränkt auf Handelsgehilfen/AN Anwendung. Die vertragliche Vereinbarung zur Übernahme der Delkrederehaftung ist im Arbverh grds. sittenwidrig und verstößt gegen § 619a BGB. Dem AN kann das wirtschaftliche Risiko eines Geschäftsabschlusses nicht übertragen werden. Den AN trifft jedoch die Nebenpflicht, sorgfältig zu prüfen, ob der Geschäftspartner kreditwürdig ist. Verletzt er diese Pflicht, kann er sich schadensersatzpflichtig machen.

§ 87 Anspruch auf Provision

(1) ¹Der Handelsvertreter hat Anspruch auf Provision für alle während des Vertragsverhältnisses abgeschlossenen Geschäfte, die auf seine Tätigkeit zurückzuführen sind oder mit Dritten abgeschlossen werden, die er als Kunden für Geschäfte der gleichen Art geworben hat. ²Ein Anspruch auf Provision besteht für ihn nicht, wenn und soweit die Provision nach Absatz 3 dem ausgeschiedenen Handelsvertreter zusteht.
(2) ¹Ist dem Handelsvertreter ein bestimmter Bezirk oder ein bestimmter Kundenkreis zugewiesen, so hat er Anspruch auf Provision auch für die Geschäfte, die ohne seine Mitwirkung mit Personen seines Bezirks oder seines Kundenkreises während des Vertragsverhältnisses abgeschlossen sind. ²Dies gilt nicht, wenn und soweit die Provision nach Absatz 3 dem ausgeschiedenen Handelsvertreter zusteht.
(3) Für ein Geschäft, das erst nach Beendigung des Vertragsverhältnisses abgeschlossen ist, hat der Handelsvertreter Anspruch auf Provision nur, wenn
1. er das Geschäft vermittelt hat oder es eingeleitet und so vorbereitet hat, daß der Abschluß überwiegend auf seine Tätigkeit zurückzuführen ist, und das Geschäft innerhalb einer angemessenen Frist nach Beendigung des Vertragsverhältnisses abgeschlossen worden ist oder
2. vor Beendigung des Vertragsverhältnisses das Angebot des Dritten zum Abschluß eines Geschäfts, für das der Handelsvertreter nach Absatz 1 Satz 1 oder Absatz 2 Satz 1 Anspruch auf Provision hat, dem Handelsvertreter oder dem Unternehmer zugegangen ist.

Der Anspruch auf Provision nach Satz 1 steht dem nachfolgenden Handelsvertreter anteilig zu, wenn wegen besonderer Umstände eine Teilung der Provision der Billigkeit entspricht.
(4) Neben dem Anspruch auf Provision für abgeschlossene Geschäfte hat der Handelsvertreter Anspruch auf Inkassoprovision für die von ihm auftragsgemäß eingezogenen Beträge.

Literatur: *Bamberger*, Zur Frage eines Ausgleichsanspruchs, insbesondere der Provisionsverluste des Handelsvertreters bei einer Vertriebsumstellung des Unternehmers, NJW 1984, 2670; *Bauer/Diller/Göpfert*, Zielvereinbarungen auf dem arbeitsrechtlichen Prüfstand, BB 2002, 882; *Becker-Schaffner*, Die Rechtsprechung zur Gewinnbeteiligung, AuR 1991, 304; *Behrens/Rinsdorf*, Beweislast für die Zielerreichung bei Vergütungsansprüchen aus Zielvereinbarungen, NZA 2003, 364; *Emde*, Anerkenntnis von Provisionsabrechnungen durch Schweigen, MDR 1996, 331; *Geffken*, Zielvereinbarungen – Eine Herausforderung für Personalwesen und Arbeitsrecht, NZA 2000, 1033; *Hergenröder*, Zielvereinbarungen, AR-Blattei SD 1855; *Hunold*, Arbeitsrecht im Außendienst, 2. Auflage, 2006; *Köppen*, Rechtliche Wirkungen arbeitsrechtlicher Zielvereinbarungen, DB 2002, 374; *Küstner*, Auf den Vermittlungserfolg kommt es an, VW 2002, 1024; *Maier*, Der Provisionsanspruch des Handelsvertreters bei Bestellungen von verbundenen Unternehmen oder Zweigniederlassungen, BB 1970, 1327; *Matthes*, Veränderungen der Bezugsgrößen bei leistungsabhängigen Vergütungsbestandteilen, Gehaltsanpassung 1994, 152; *Mauer*, Zielbonusvereinbarungen als Vergütungsgrundlage im Arbeitsverhältnis, NZA 2002, 540; *Stötter/Lindner/Karrer*, Die Provision und ihre Abrechnung, 2. Aufl. 1980; *Trinkhaus*, Provisionsvereinbarungen mit Arbeitnehmern, DB 1967, 859; *Westhoff*, Die Fortzahlung der Provisionen bei Krankheit, Urlaub und in anderen Fällen der Arbeitsverhinderung, NZA Beilage 1986, Nr. 3, 25; *Westphal*, Provisionskollisionen durch Zusammenwirken mehrerer Handelsvertreter für einen Geschäftsabschluss, BB 1991, 2027

A. Allgemeines	1	IV. Sonderfall: Bezirksvertreter	11
B. Regelungsinhalt	2	V. Abweichende vertragliche Vereinbarung	12
I. Bestehen eines Arbeitsverhältnisses	3	C. Verbindung zu anderen Rechtsgebieten und zum	
II. Geschäftsabschluss	7	Prozessrecht	14
III. Kausalität	9	D. Beraterhinweise	15

A. Allgemeines

1 Die Regelungen der §§ 87 Abs. 1 und 3 sowie 87a bis 87c finden auf das Arbverh Anwendung, wenn die Parteien vereinbart haben, dass dem AN für den Abschluss oder der Vermittlung von Geschäften eine Provision zustehen soll (vgl. § 65). Die folgende Kommentierung beschränkt sich daher im Wesentlichen auf den Anwendungsbereich im Arbverh. Dabei legt § 87 zunächst fest, welche Geschäfte provisionspflichtig sind und welche zeitlichen und sachlichen Voraussetzungen an die Entstehung eines aufschiebend bedingten Provisionsanspruchs zu stellen sind, während § 87a die Entstehung und Fälligkeit eines unbedingten Provisionsanspruchs regelt, insb. unter Berücksichtigung des Leistungsstörungsrechts; § 87b enthält schließlich Regelungen zur Höhe der Provision und § 87c regelt die Abrechnung der Provision sowie Kontrollrechte des AN.

B. Regelungsinhalt

2 Der Provisionsanspruch knüpft an den Erfolg der Vermittlungsbemühungen an, nämlich den Geschäftsabschluss. Auf den Umfang bzw. die Intensität der Vertretertätigkeit kommt es grds. nicht an; entscheidend ist die **Herbeiführung des Erfolges**. Dies wird besonders deutlich im Bereich der Bezirksvertreterprovision (Abs. 2, siehe Rn 11), die unabhängig von einer konkreten Tätigkeit des Vertreters entstehen kann. Diese Bestimmung findet aufgrund der eingeschränkten Verweisung in § 65 jedoch auf AN keine Anwendung. Die Unterscheidung zwischen erfolgsabhängiger Provision und tätigkeitsabhängiger Vergütung wird besonders relevant im Bereich des Ausgleichsrechts, das jedoch ebenfalls nur für Handelsvertreter gilt (s. § 89b). § 87 bestimmt, für welche Geschäftsabschlüsse ein zunächst aufschiebend bedingter Provisionsanspruch entsteht. Regelfall ist dabei der Geschäftsabschluss während des bestehenden Arbverh (Abs. 1 und 2), für nachvertragliche Geschäftsabschlüsse enthält Abs. 3 Sonderregelungen.

I. Bestehen eines Arbeitsverhältnisses

3 Der Provisionsanspruch setzt neben einer Provisionsabsprache überhaupt das Bestehen eines Arbverh voraus. In welcher Form und mit welchem Inhalt es zustande gekommen ist, ist grds. irrelevant. Stellt sich später heraus, dass das Vertragsverhältnis mit der Nichtigkeitsfolge wirksam angefochten wurde oder aus sonstigen Gründen rechtsunwirksam ist, scheidet der gesetzliche Provisionsanspruch grds. aus. Wurde das Arbverh jedoch in Vollzug gesetzt, kann nach den Grundsätzen des faktischen Arbverh auch ein Provisionsanspruch bestehen.

4 Das Vertragsverhältnis muss grds. nicht nur zum **Zeitpunkt der Vermittlungstätigkeit**, sondern auch zum Zeitpunkt des Geschäftsabschlusses bestehen. Ob die weitere Abwicklung des zustande gekommenen Geschäfts noch während des Vertragsverhältnisses erfolgt, ist dagegen unerheblich. Entsteht der unbedingte Provisionsanspruch (vgl. § 87a) erst nach Beendigung des Vertrages – etwa nach Zahlung des Kaufpreises durch den Kunden –, spricht man von einer **Überhangprovision**.[1] Diese ist jedoch nicht gleichzusetzen mit einer nachvertraglichen Provision nach Abs. 3, da der Geschäftsabschluss selbst noch während des Vertragsverhältnisses erfolgte.[2] Im Fall einer Künd ist nicht der Zugang der Künd-Erklärung, sondern die rechtliche Beendigung des Vertragsverhältnisses für die Frage entscheidend, ob ein Geschäftsabschluss noch während des Arbverh stattgefunden hat. Dabei entsteht ein Provisionsanspruch nach § 87 Abs. 1 S. 1 Alt. 1, wenn der während des Vertragsverhältnisses erfolgte Geschäftsabschluss auf eine Tätigkeit des Vertreters zurückzuführen ist; nach der 2. Alt. genügt es, dass Geschäfte mit einem vom Vertreter geworbenen Kunden während des Vertragsverhältnisses abgeschlossen werden, die in ihrer Art dem vermittelten Erstgeschäft gleichen (siehe Rn 10).

5 Für die **nach Vertragsende** zustande gekommenen Geschäfte sieht Abs. 3 Sonderregeln vor: Das Geschäft ist gleichwohl provisionspflichtig, wenn der Abschluss überwiegend auf eine Vermittlungstätigkeit des AN zurückgeht und zeitnah erfolgt (Nr. 1) oder der Dritte noch vor Vertragsende ein Angebot auf Abschluss des Geschäfts abgibt, für das eine Provision angefallen wäre (Nr. 2). Ein Geschäft ist vermittelt, wenn nicht nur der Kundenkontakt hergestellt wurde, sondern für das konkrete Geschäft die wesentlichen Vertragsbedingungen festliegen und nur noch die Willenserklärungen zum Abschluss des Vertrages fehlen. Ob der Geschäftsabschluss letztlich **überwiegend** auf die Tätigkeit des ausgeschiedenen Mitarbeiters zurückzuführen ist, ist abhängig von einer vergleichenden Betrachtung der

---

1 Röhricht/v. Westphalen/*Küstner*, § 87a Rn 3; *Baumbach/Hopt*, § 87 Rn 2.

2 Teilweise wird der Begriff der Überhangprovision gerade für die Fälle des § 87 Abs. 3 verwandt, vgl. Staub/*Brüggemann*, § 87 Rn 41.

Vermittlungs- und Verhandlungstätigkeiten vor und nach Beendigung des Arbverh.[3] Die Rspr. nimmt eine ausreichende Vermittlungstätigkeit an, wenn der AN ein Muster verkauft hat, dass lediglich der Erprobung und der Erforschung des endgültigen Bedarfs diente, und der Kunde später dem Muster entsprechende Ware abnimmt.[4] Auch die Beantwortung der Frage, ob das Geschäft nach Vertragsende **innerhalb einer angemessenen Zeit** zustande kommt, ist von den Umständen des Einzelfalles abhängig. Sie bestimmt sich nach Art und Umfang des Geschäfts, den Verkehrsgepflogenheiten und den üblichen Laufzeiten. Der Zeitraum muss es noch als möglich erscheinen lassen, dass der Willensentschluss zur Vertragsannahme auf die Tätigkeit des AN zurückgeht. Umstritten ist die Frage des **Fristbeginns**. Während der BGH mit Urteil vom 14.10.1957[5] festgestellt hat, dass die angemessene Frist erst mit Ende des Vertragsverhältnisses zu laufen beginne, wird teilweise der Fristbeginn auf den Abschluss der Vermittlungs- oder Vorbereitungstätigkeit gelegt.[6] Es sei mit dem Gesetzeszweck nicht vereinbar, wenn der Vertreter auch für solche nachvertraglichen Geschäfte noch Provision erhalte, die aufgrund des großen zeitlichen Abstands mit seiner Tätigkeit keinen Zusammenhang mehr hätten. Das Argument überzeugt insoweit nicht, als es in diesen Fällen bereits an einer überwiegenden Kausalität zwischen Vermittlungstätigkeit und Geschäftsabschluss fehlen dürfte, so dass nicht das Zeitargument einem Provisionsanspruch entgegenstünde. Wenn jedoch umgekehrt trotz großem zeitlichen Abstand zwischen Tätigkeit und Geschäftsabschluss dieser überwiegend auf die Vermittlungstätigkeit zurückgeht, besteht kein Bedürfnis, einen Provisionsanspruch auszuschließen. Die zeitliche Grenze zwischen dem Zeitpunkt der Vertragsbeendigung und dem Geschäftsabschluss soll vielmehr sicherstellen, dass der AG mit Ablauf der regelmäßigen Vertragsabwicklung die Provisionspflicht als endgültig beendet ansehen kann. Auch praktische Gründe sprechen für einen Fristbeginn erst mit dem Vertragsende: Es wird häufig kaum mehr feststellbar sein, wann der AN zuletzt Vermittlungstätigkeiten ausgeübt hat.

Die zweite Alternative (Nr. 2) beinhaltet eine klare zeitliche Grenze: Das verbindliche Angebot des Geschäftspartners muss dem AN oder AG noch vor Ende des Arbeitsvertrages **zugegangen** sein. Es gelten die allgemeinen Grundsätze, § 130 BGB. Steht dem ausgeschiedenen AN nach Nr. 1 oder Nr. 2 eine Provision zu, ist für den Nachfolger grds. ein Anspruch ausgeschlossen. Nach Abs. 3 S. 2 kann er nur dann eine anteilige Provision beanspruchen, wenn wegen besonderer Umstände eine Quotelung der Billigkeit entspricht. Eine Quotelung ist immer vorzunehmen, wenn auch bei Fortbestand des Arbverh nach den Vertragsbedingungen eine Provision zwischen den Beteiligten stattgefunden hätte.

II. Geschäftsabschluss

Weitere Voraussetzung ist der Abschluss eines Geschäfts zwischen dem AG und dem Geschäftspartner, denn nicht die Vermittlungstätigkeit, sondern der **geschäftliche Erfolg** ist zu vergüten. Ein Geschäft ist abgeschlossen, wenn es für beide Geschäftspartner rechtswirksam zustande gekommen ist. Abzustellen ist daher auf das Verpflichtungs- und nicht auf das Erfüllungsgeschäft. Ob der Vertrag von beiden Parteien später ordnungsgemäß erfüllt wird, ist für die Entstehung des Provisionsanspruchs zunächst irrelevant. Dieser steht jedoch unter der aufschiebenden bzw. auflösenden Bedingung weiterer Voraussetzungen: Der Ausführung des Geschäfts durch den AG oder die Erfüllung der vertraglichen Verpflichtung durch den Kunden – je nach vertraglicher Gestaltung (im Einzelnen vgl. § 87a Rn 2 ff.). Mit dem Geschäftsabschluss entsteht daher noch nicht der Provisionsanspruch, sondern nur eine Provisionsanwartschaft.[7] Bei **Sukzessivlieferverträgen** mit bloßen Einzelabrufen gilt das Geschäft als insgesamt abgeschlossen; der spätere Zeitpunkt der Abrufe ist unerheblich. Etwas anderes gilt nur dann, wenn lediglich ein Rahmenvertrag abgeschlossen wurde, der jeweils durch selbstständige Folgeverträge umgesetzt wird. Ist der AN für den Abschluss der Folgeverträge nicht mehr zuständig und aus dem Arbverh ausgeschieden, kann ein Provisionsanspruch gleichwohl noch aufgrund der Vermittlungstätigkeit nach Abs. 3 Nr. 1 in Betracht kommen. Im Hinblick auf die Rechtswirksamkeit des Geschäfts kann auf allgemeine Vertragsgrundsätze zurückgegriffen werden: Ist der Vertrag nichtig oder gilt er aufgrund wirksamer Anfechtung als von Anfang an nichtig oder wurde er wirksam widerrufen, besteht kein Provisionsanspruch. Gleiches gilt, wenn der AN als Vertreter ohne Vertretungsmacht gehandelt hat und der AG das Geschäft nicht genehmigt. Dagegen hat ein späterer vertraglicher oder gesetzlicher Rücktritt vom Vertrag keinen Einfluss auf den Provisionsanspruch. Da der AG grds. in seiner unternehmerischen Entscheidung frei ist, kann er ein vom AN vermitteltes Geschäft auch ohne Gründe ablehnen. Sofern der AN sich jedoch an seinen Verhandlungsrahmen gehalten hat, steht ihm gleichwohl ein Provisionsanspruch zu.[8]

Das Geschäft kann auch dann als abgeschlossen i.S.d. Provisionsabrede gelten, wenn es nicht mit dem AG selbst, sondern einem dritten zum AG in einer wirtschaftlichen Einheit stehenden Unternehmen zustande kommt. Eine sol-

---

3 BAG 4.11.1968 – 3 AZR 276/67 – AP § 65 HGB Nr. 5 = DB 1969, 266.
4 BGH 14.10.1957 – II ZR 129/56 – BB 1957, 1086.
5 BGH 14.10.1957 – II ZR 129/56 – BB 1957, 1068.
6 Röhricht/v. Westphalen/*Küstner*, § 87 Rn 29.
7 Röhricht/v. Westphalen/*Küstner*, § 87 Rn 13; Staub/*Brüggemann*, § 87 Rn 1.
8 BAG 9.12.1966 – 3 AZR 241/66 – AP § 87a HGB Nr. 2 = DB 1967, 471.

che wirtschaftliche Einheit ist insb. dann zu bejahen, wenn ein vom AG beherrschtes Unternehmen das Geschäft abschließt oder eine GmbH das Geschäft von ihrem Tochterunternehmen übernimmt.

III. Kausalität

9 Provisionspflichtig sind nur diejenigen Geschäfte, die auf eine Tätigkeit des AN zurückzuführen sind. Dabei genügt sowohl bei der Abschluss- als auch der Vermittlungsprovision eine **Mitursächlichkeit**, falls sie nicht ganz nebensächlich ist.[9] Dabei ist aus § 87 Abs. 3 in einem Umkehrschluss zu folgern, dass für den Abschluss eines Geschäfts, das noch vor Beendigung des Arbeitsvertrages zustande kommt, nicht einmal eine „überwiegende" Mitursächlichkeit erforderlich ist.[10] Grds. ist auch kein unmittelbarer zeitlicher Zusammenhang zwischen Tätigkeit des AN und geschäftlichen Erfolg erforderlich.[11] Im Einzelnen bestimmt die Provisionsabrede, welche Tätigkeit vom AN erwartet wird und bei welcher Art der Mitwirkung ein Provisionsanspruch entsteht.[12] Nicht ausreichend sind i.d.R. bloße Hilfstätigkeit bei der Bestellung, wie Schreibhilfen oder Übersetzungstätigkeiten,[13] das bloße Schaffen von Geschäftsbeziehungen, die Kontakt- oder Kundenpflege[14] oder das bloße Nachweisen der Gelegenheit zu Geschäften.[15] Eine Vermittlung ist auch dann abzulehnen, wenn es an einem **Dreipersonenverhältnis** fehlt, so bei Eigenbestellungen des AN.[16]

10 Eine Ursächlichkeit ist nach Abs. 1 S. 1 Alt. 2 zu bejahen, wenn Geschäftsabschlüsse mittelbar auf eine Tätigkeit des AN zurückgehen, nämlich denselben von ihm geworbenen Kunden betreffen und gleichartig sind. Hat der AN zu Vertragsbeginn Altkunden von seinem Vorgänger übernommen, kann ein Provisionsanspruch nach § 87 Abs. 1 S. 1 Alt. 2 gleichwohl in Betracht kommen, wenn die Provisionsverbindung aufgrund der Vermittlungstätigkeit des AN wesentlich erweitert wurde und das Folgegeschäft unter diesen „neuen" Geschäftsbereich fällt.[17] Hierunter fallen Nachbestellungen, auch bei veränderten Konditionen, und Folgeaufträge. Die Bestimmung der **Gleichartigkeit** ist abhängig von der Verkehrsanschauung, insb. dem vom AN betreuten Geschäftsbereich. Die Regelung ist vertraglich abdingbar. Um Streitigkeiten über die Ursächlichkeit eines späteren Geschäfts zu vermeiden, sollte der AG von dieser Möglichkeit Gebrauch machen. Abs. 1 S. 2 bestimmt darüber hinaus, dass ein Anspruch ausgeschlossen ist, wenn und soweit der ausgeschiedene Vorgänger einen Anspruch nach Abs. 3 hat. Für den AG soll vermieden werden, dass er aufgrund des nachvertraglichen Provisionsanspruchs zweimal zur Provisionszahlung verpflichtet ist.

IV. Sonderfall: Bezirksvertreter

11 Das Erfordernis der Kausalität zwischen Vermittlungstätigkeit und Geschäftsabschluss wird weitgehend aufgehoben durch die Regelung des § 87 Abs. 2: Der Bezirksvertreter hat einen Provisionsanspruch für alle Geschäfte mit **bezirks- oder kundenkreiszugehörigen Kunden** ohne Rücksicht auf den Grad seiner Vermittlungstätigkeit. Über die Verweisungsnorm des § 65 ist zwar § 87 Abs. 2 nicht ausdrücklich miteinbezogen.[18] Gleichwohl kann zwischen den Parteien eine Bezirksvertreterprovision vereinbart werden. Dem AN kann insoweit ein konkreter – namentlich benannter – Kundenkreis oder ein bestimmter örtlicher Bezirk zugeordnet werden. Ist die Zuordnung nicht widerruflich gestaltet, kann der AG in die Vertragsbedingungen nur noch über den Ausspruch einer Änderungs-Künd einseitig eingreifen.[19] Provisionspflichtig sind dann alle Geschäfte, die während des Vertragsverhältnisses mit den so bestimmten Kunden abgeschlossen werden. Bei einer Bezirksbezeichnung kommt es darauf an, dass der Kunde bei Vertragsabschluss seinen Sitz im Bezirk hat. Nicht provisionspflichtig sind daher Geschäfte, die nur im Bezirk abgeschlossen wurden oder nur innerhalb des Bezirks liegende Hauptniederlassung betreffen, die sämtlich außerhalb des Bezirks liegen. Anderweitige Vereinbarungen sind jedoch zulässig: So können die Parteien z.B. vereinbaren, dass es darauf ankommen soll, in welchem Bezirk der Empfänger der Ware seinen Sitz hat.

V. Abweichende vertragliche Vereinbarung

12 § 87 enthält kein zwingendes Recht; daher steht es den Parteien grds. frei, die Voraussetzungen für die Entstehung eines Provisionsanspruchs, insb. des nachvertraglichen Anspruchs, mit einem abweichenden Inhalt zu regeln oder in bestimmten zeitlichen Grenzen ganz auszuschließen. Die Vertragsparteien können grds. eine befristete Provisionsabrede neben einem Festgehalt vereinbaren. Da der Änderungskündigungsschutz nicht umgangen werden darf, darf

---

9 BAG 11.4.2000 – 9 AZR 266/99 – AP § 11 BUrlG Nr. 48 = DB 2000, 2531; BAG 22.1.1971 – 3 AZR 42/70 – AP § 87 HGB Nr. 2 = DB 71, 779.
10 BAG 11.4.2000 – 9 AZR 266/99 – AP § 11 BUrlG Nr. 48 = DB 2000, 2531.
11 LAG Köln 23.10.2006 – 14 Sa 459/06 – NZA-RR 2007, 236.
12 BAG 22.1.1971 – 3 AZR 42/70 – AP § 87 HGB Nr. 2 = DB 71, 779.
13 LAG Tübingen 10.3.1971 – 7 Sa 12/71 – DB 1971, 1016; OLG Köln 4.11.1970 – 2 U 35/70 – DB 1971, 327.
14 Zu Handelsvertretern BGH 19.5.1982 – I ZR 68/80 – AP § 84 HGB Nr. 4 = NJW 1983, 42.
15 Staub/*Brüggemann*, § 87 Rn 17.
16 *Baumbach/Hopt*, § 87 Rn 15; Staub/*Brüggemann*, § 87 Rn 13.
17 Röhricht/v. Westphalen/*Küstner*, § 87 Rn 9; *Schröder*, § 87 Rn 23b.
18 BAG 13.12.1965 – 3 AZR 446/64 – AP § 65 HGB Nr. 3.
19 BAG 7.10.1982 – 2 AZR 455/80 – AP § 620 BGB Teilkündigung Nr. 5 = DB 1983, 1368.

die Provision nicht mehr als 15 % des Gesamtgehalts ausmachen.[20] Steht die Provisionsabrede unter einem formularmäßigen Widerrufsvorbehalt, sind die engen Grenzen des § 308 Nr. 4 BGB zu beachten: Das Widerrufsrecht muss an triftige Gründe geknüpft werden, der widerrufbare Anteil am Gesamtverdienst muss unter 25 bis 30 % liegen und insgesamt das Tarifniveau unangetastet lassen.[21]

Auch die Regelung zur Provisionsteilung nach Abs. 3 S. 2 unterliegt der Vertragsfreiheit. Die bloße Vereinbarung, eine Umsatzbeteiligung werde im Folgejahr in monatlichen gleichen Raten gezahlt, beinhaltet jedoch noch keinen Anspruchsuntergang bei Vertragsbeendigung, sondern nur eine Regelung zur Leistungszeit.[22] Bei einem Ausschluss des nachvertraglichen Provisionsanspruchs sind die dem Handelsvertreter durch die Vertragsbeendigung entstehenden Nachteile im Rahmen des Ausgleichsanspruchs nach § 89b ggf. zu berücksichtigen. Da diese Regelung jedoch auf AN nicht entsprechend anwendbar ist, führt der Ausschluss nachvertraglicher Provisionsansprüche zu keinen weiteren finanziellen Verpflichtungen des AG. Allerdings gelten für AN nach der Rspr. des BAG bei der Beschränkung des Provisionsanspruchs nach Vertragsbeendigung insofern **Besonderheiten**, als verdiente, aber erst nach Vertragsbeendigung fällig werdende Provisionen nicht ohne **sachlichen Grund** entfallen dürfen.[23] Das Vorliegen des sachlichen Grundes unterliegt der gerichtlichen Billigkeitskontrolle.[24] Darüber hinaus dürfen Provisionsansprüche nicht mit Bindungsklauseln verknüpft werden, die als Anspruchsvoraussetzung das Fortbestehen des Arbverh über einen bestimmten Zeitraum festlegen. Darin läge eine unzulässige Künd-Erschwerung (vgl. § 622 Abs. VI BGB).[25] Zu vertraglichen Vereinbarungen im Hinblick auf die Höhe des Provisionsanspruchs vgl. § 87b.

C. Verbindung zu anderen Rechtsgebieten und zum Prozessrecht

Die Voraussetzungen für die Entstehung eines Provisionsanspruchs hat der AN als Gläubiger darzulegen.[26] Versäumt der AN es, sich im Rahmen eines Auskunftsverfahrens die notwendigen Informationen zur Konkretisierung seiner Vermittlungstätigkeit zu beschaffen, führt dies im Rahmen einer späteren Zahlungsklage nicht zur Umkehr der Darlegungs- und Beweislast aufgrund Beweisnot.[27]

D. Beraterhinweise

Da die gesetzlichen Provisionsregelungen nicht zwingend sind, sollten die Vertragsparteien die Entstehungsvoraussetzungen, Fälligkeit, Höhe und Abrechnung des Provisionsanspruchs konkret regeln. Insbesondere der nachvertragliche Zeitraum sollte einer ausdrücklichen Regelung unterworfen werden; so kann insbesondere der Zeitraum eines nachvertraglichen Provisionsanspruchs befristet werden („Für ein Geschäft, das erst nach Beendigung des Vertragsverhältnisses zustande kommt, steht dem Mitarbeiter ein Provisionsanspruch zu, wenn der Geschäftsabschluss überwiegend auf seine Tätigkeit zurückzuführen ist und das Geschäft innerhalb einer Frist von (...) Monaten nach Beendigung des Vertragsverhältnisses geschlossen wurde.").

Formulierungsmuster zu Provisionsregelungen (Anspruch, Kollision, nachtraglicher Anspruch, Abrechnung und Fälligkeit): *Hümmerich*, Arbeitsrecht, § 1 Rn 328 ff.

§ 87a	**Voraussetzungen des Anspruchs auf Provision**

(1) ¹Der Handelsvertreter hat Anspruch auf Provision, sobald und soweit der Unternehmer das Geschäft ausgeführt hat. ²Eine abweichende Vereinbarung kann getroffen werden, jedoch hat der Handelsvertreter mit der Ausführung des Geschäfts durch den Unternehmer Anspruch auf einen angemessenen Vorschuß, der spätestens am letzten Tag des folgenden Monats fällig ist. ³Unabhängig von einer Vereinbarung hat jedoch der Handelsvertreter Anspruch auf Provision, sobald und soweit der Dritte das Geschäft ausgeführt hat.

(2) Steht fest, daß der Dritte nicht leistet, so entfällt der Anspruch auf Provision; bereits empfangene Beträge sind zurückzugewähren.

(3) ¹Der Handelsvertreter hat auch dann einen Anspruch auf Provision, wenn feststeht, daß der Unternehmer das Geschäft ganz oder teilweise nicht oder nicht so ausführt, wie es abgeschlossen worden ist. ²Der Anspruch

---

20 BAG 21.4.1993 – 7 AZR 297/92 – AP § 2 KSchG 1969 Nr. 34 = NZA 1994, 476.
21 BAG 12.1.2005 – 5 AZR 364/04 – AP § 308 BGB Nr. 1 = NZA 2005, 465.
22 BAG 8.9.1998 – 9 AZR 223/97 – AP § 87a HGB Nr. 6 = NZA 1999, 420.
23 BAG 28.4.1984 – 3 AZR 472/81 – AP § 87 HGB Nr. 5 = DB 1984, 50.
24 BAG 4.7.1972 – 3 AZR 477/71 – AP § 65 HGB Nr. 6.
25 BAG 20.8.1996 – 9 AZR 471/95 – AP § 87 HGB Nr. 9 = NZA 1996, 1151; BAG 27.4.1982 – 3 AZR 814/79 – AP § 620 BGB Probearbeitsverhältnis Nr. 16 = DB 1982, 2406.
26 BAG 13.12.1988 – 3 AZR 205/87 – n.v.; BAG 28.6.1965 – 3 AZR 86/65 – AP § 614 BGB Gehaltsvorschuss Nr. 3.
27 BAG 13.12.1988 – 3 AZR 205/87 – n.v.

entfällt im Falle der Nichtausführung, wenn und soweit diese auf Umständen beruht, die vom Unternehmer nicht zu vertreten sind.
(4) Der Anspruch auf Provision wird am letzten Tag des Monats fällig, in dem nach § 87c Abs. 1 über den Anspruch abzurechnen ist.
(5) Von Absatz 2 erster Halbsatz, Absätzen 3 und 4 abweichende, für den Handelsvertreter nachteilige Vereinbarungen sind unwirksam.

Literatur: s. Literatur zu § 87

A. Allgemeines 1	1. Nichtausführung des Geschäfts durch den Kunden (§ 87a Abs. 2) 6
B. Regelungsinhalt 2	2. Nichtausführung des Geschäfts durch den Arbeitgeber (§ 87a Abs. 3) 9
I. Entstehung des unbedingten Provisionsanspruchs 2	
1. Ausführung durch Dritten 3	
2. Ausführung durch Arbeitgeber 4	III. Fälligkeit des Provisionsanspruchs (§ 87a Abs. 4) 13
II. Störungen in der Geschäftsdurchführung 6	C. Verbindung zu anderen Rechtsgebieten und zum Prozessrecht 15

A. Allgemeines

1 Aufgrund der umfassenden Verweisung in § 65 gilt § 87a uneingeschränkt für Handelsvertreter und AN. Er bestimmt, unter welchen Voraussetzungen der nach § 87 entstandene bedingte Provisionsanspruch unbedingt und fällig wird (vgl. auch § 87 Rn 12).

B. Regelungsinhalt

I. Entstehung des unbedingten Provisionsanspruchs

2 Das Gesetz knüpft für die unbedingte Anspruchsentstehung an zwei Tatbestände an: Entweder führt der AG (§ 87a Abs. 1 S. 1) oder der Dritte (§ 87a Abs. 1 S. 3) das Geschäft aus. In beiden Fällen erstarkt der zunächst bedingt entstandene Provisionsanspruch bei Eintritt der maßgeblichen aufschiebenden Bedingung zu einem unbedingten Anspruch.

3 **1. Ausführung durch Dritten.** Spätestens – und vertraglich unabdingbar[1] – entsteht der unbedingte Anspruch mit Ausführung des Geschäfts durch den Dritten. **Ausgeführt** ist das Geschäft, wenn der Dritte die ihm nach dem Vertrag obliegende Verpflichtung erbracht hat. Bei Wareneinkaufsgeschäften ist eine Ausführung des Geschäfts mit Lieferung der Ware, bei Warenverkaufsgeschäften bei Zahlung der Ware durch den Dritten zu bejahen. Entscheidend ist jeweils der Eintritt des wirtschaftlichen Erfolgs, der auf einem Beitrag des AN beruht und für den dieser vergütet werden soll. Der Provisionsanspruch entsteht auch dann bei Leistung des Dritten, wenn diese verfrüht erbracht wird. Eine Ausnahme gilt nur dann, wenn der AG die vorzeitige Leistung aus berechtigten Gründen zurückweist.[2] Bei verspäteter Leistung hat der AN keine Verzugsansprüche gegen den Dritten, da er zu diesem in keiner Vertragsbeziehung steht. Lediglich der AG könnte Verzugsschäden seines AN als sog. transitorisches Interesse geltend machen.[3] Bei teilweiser Erfüllung des Geschäfts entsteht der unbedingte Provisionsanspruch in entsprechendem Umfang. Ähnlich wie bei der verfrühten Leistung ist der Teilanspruch auf Provision nur dann ausgeschlossen, wenn der AG die Teilleistung aus berechtigten Gründen abgelehnt hat (§ 266 BGB). Der AN ist seinerseits nicht berechtigt, einen Teilprovisionsanspruch zurückzuweisen, da er der in diesem Zeitpunkt geschuldeten Leistung entspricht.

4 **2. Ausführung durch Arbeitgeber.** Das Gesetz knüpft als erste Alternative an die Ausführung des Geschäfts durch den AG an. Sobald der AG seine Pflicht aus dem vermittelten Vertrag erbracht hat, entsteht der unbedingte Provisionsanspruch. Diese Regelung ist jedoch **vertraglich abdingbar** (§ 87a Abs. 1 S. 2) und in der Praxis daher kaum relevant. Denn sie gewinnt nur dann Bedeutung, wenn der AG vor dem Dritten leistet, z.B. weil er vorleistungspflichtig ist; in diesem Fall hat der AG ein wirtschaftliches Interesse daran, die Provisionszahlung von der Leistung des Dritten zeitlich abhängig zu machen. Wird die Regelung jedoch nicht abbedungen, gelten die gleichen Grundsätze wie für die Leistung des Dritten (siehe Rn 3). Das Geschäft ist teilweise ausgeführt, wenn der Dritte eine Teilleistung nicht zurückweist oder kein Recht zur Zurückweisung hat. Bei Lieferung unter Eigentumsvorbehalt entsteht der Provisionsanspruch nicht erst mit der endgültigen Übereignung, sondern bereits mit der Leistung. Das Geschäft ist auch ausgeführt, wenn der AG an Stelle der ursprünglich geschuldeten eine andere Leistung erbringt, zu der er kraft Gesetzes oder Vereinbarung verpflichtet ist. Erfüllungssurrogate stehen der geschuldeten Leistung insofern gleich.[4]

---

1 Baumbach/Hopt, § 87a Rn 10; Staub/Brüggemann, § 87a Rn 9.
2 Staub/Brüggemann, § 87a Rn 4.
3 Staub/Brüggemann, § 87a Rn 4.
4 Baumbach/Hopt, § 87a Rn 11; Schlegelberger/Schröder, § 87a Rn 3.

Wird die Regelung des § 87a Abs. 1 S. 1 vertraglich abbedungen, hat der AN bei Ausführung des Geschäfts durch den 5
AG zumindest einen Anspruch auf **angemessenen Vorschuss** (§ 87a Abs. 1 S. 2). Die Höhe des Vorschusses bestimmt sich nach den Umständen des Einzelfalles unter Berücksichtigung der Interessen des AG und des AN, insb. nach der Nähe und Sicherheit der Geschäftsausführung, der Solvenz des Kunden, seiner Vertragstreue, des voraussichtlichen Zahlungseingangs und den Kosten und Bedürfnissen des AN.[5] Im Zweifel steht die Bestimmung der Höhe dem AN zu, vorbehaltlich einer Überprüfung durch das Gericht (§§ 316, 315 BGB). Gezahlte und nicht erdiente Vorschüsse sind vom AN zurückzuzahlen; eine Vertragsklausel, nach der die Rückzahlung mit Vertragsbeendigung fällig wird, ist weder überraschend noch benachteiligt sie den AN unangemessen.[6] Der Vorschussanspruch ist **unabdingbar**; Ausnahmen gelten nur für die Handelsvertreter im Nebenberuf (§ 92b) und Handelsvertreter mit Tätigkeitsgebiet außerhalb der EU (§ 92c). Ebenfalls nur zugunsten des AN abdingbar ist der Zeitpunkt der Fälligkeit des Vorschussanspruchs: Der Vorschuss wird – abweichend von der Fälligkeitsregelung der Provision in Abs. 4 – fällig am letzten Tag des Monats, der dem Monat folgt, in dem der AG das Geschäft ganz oder teilweise ausgeführt hat.

II. Störungen in der Geschäftsdurchführung

1. Nichtausführung des Geschäfts durch den Kunden (§ 87a Abs. 2). Soweit der Geschäftsabschluss erfolgt 6
ist, wirken sich Leistungsstörungen in der Geschäftsabwicklung nicht mehr zwingend zu Lasten des AN und seines Provisionsanspruchs aus. Der Gesetzgeber hat die Risikogrenze danach gezogen, ob die Störung in der beherrschbaren Sphäre des AG liegt; in diesem Fall soll der Provisionsanspruch unbedingt entstehen. Nur im Übrigen teilt der bedingt entstandene Provisionsanspruch das Schicksal der Gewinnchancen des AG. Der Anspruch auf Provision geht unter, wenn feststeht, dass der Dritte nicht leistet. Bereits vom AG gezahlte Provisionsbeträge sind zurückzugewähren. Der Wortlaut der Vorschrift ist insofern missverständlich, als nicht hinreichend deutlich wird, dass die Regelung zur Rückabwicklung nur den Fall des Abs. 1 S. 1 betrifft: Nur wenn der Provisionsanspruch aufgrund der Geschäftsausführung durch den AG entstanden ist, entfällt er nachträglich wegen der Nichtleistung des Dritten (auflösende Bedingung).[7] Der Fall ist in der Praxis daher wenig relevant (siehe Rn 4). Entsteht der Provisionsanspruch aufgrund vertraglicher Vereinbarung erst mit der Leistung des Dritten, bedarf es der Regelung des Abs. 2 nicht.

Der Anspruch entfällt erst, wenn **objektiv endgültig feststeht**, dass der Dritte nicht leistet. Dies ist anzunehmen, 7
wenn der Dritte das Geschäft wirksam angefochten hat oder das Geschäft aus sonstigen Gründen nichtig ist, eine auflösende Bedingung eintritt oder der Dritte wirksam von einem vertraglich eingeräumten Rücktrittsrecht Gebrauch gemacht hat. Die bloße Nichtleistung oder Wahrscheinlichkeit einer Nichtleistung genügen nicht. Der AG muss grds. auch gegen den Dritten vorgehen, um eine Leistung durchzusetzen. Ein gerichtliches Vorgehen ist aber dann unzumutbar, wenn der Dritte auf absehbare Zeit zahlungsunfähig ist, die Klage zu unverhältnismäßigen Kosten führen würde, der AG die bestrittene ordnungsgemäße eigene Leistung nicht beweisen könnte oder ein Prozess praktisch nur dem Provisionsanspruch des AN dienen würde.[8]

Muss der AN bereits empfangene Leistungen zurückgewähren, entsteht ein Rückgewährschuldverhältnis, welches 8
sich nach den §§ 346 ff. BGB richtet.[9] Die geleisteten Vorschüsse sind ab dem Zeitpunkt zu verzinsen, ab dem die Nichtleistung des Dritten feststeht.[10] Der AN kann sich nicht auf den Wegfall der Bereicherung berufen.

2. Nichtausführung des Geschäfts durch den Arbeitgeber (§ 87a Abs. 3). Im Unterschied zur Regelung in 9
Abs. 2 legt Abs. 3 S. 1 fest, dass die Nichtausführung des Geschäfts durch den AG den Provisionsanspruch unberührt lässt. Dieser besteht auch dann, wenn der AG das Geschäft ganz unausgeführt lässt, es nur teilweise erfüllt oder es anders als vereinbart ausführt. Voraussetzung für den Anspruch ist nur das wirksam abgeschlossene Geschäft mit dem Dritten. Ist es nichtig (z.B. aufgrund einer wirksamen Anfechtung) oder aus sonstigen Gründen unwirksam, entsteht bereits kein bedingt auflösender Provisionsanspruch; die Nichtausführung des Geschäfts durch den Unternehmer kann über § 87a Abs. 3 auch keinen solchen begründen. Die Nichtausführung oder unvollständige/mangelhafte Ausführung des Geschäfts muss **objektiv feststehen**.[11] Das ist z.B. der Fall, wenn die Leistung des AG unmöglich geworden ist, der AG die Leistung verweigert und der Dritte sich dem fügt oder die Geschäftsparteien den Vertrag aufheben.

Eine Ausnahme sieht das Gesetz nur dann vor, wenn und soweit der AG die Nichtausführung **nicht zu vertreten** hat 10
(§ 87a Abs. 3 S. 2). Betrifft das Nichtvertretenmüssen nur einen Teil der Leistung, geht entsprechend der Provisionsanspruch nur in diesem Umfang unter. Ein Vertretenmüssen beschränkt sich nicht nur auf Vorsatz, Fahrlässigkeit und

---

5 *Baumbach/Hopt*, § 87a Rn 9; ErfK/*Oetker*, § 87a HGB Rn 5.
6 LAG Rheinland-Pfalz 30.11.2007 – 9 Sa 517/07 – n.v.
7 BGH 19.11.1982 – I ZR 125/80 – DB 1983, 2135; Schlegelberger/*Schröder*, § 87a Rn 24; Staub/*Brüggemann*, § 87a Rn 14.

8 Staub/*Brüggemann*, § 87a Rn 16; *Baumbach/Hopt*, § 87a Rn 15.
9 BGH 12.11.1962 – VII ZR 259/61 – BB 1963, 8; Schlegelberger/*Schröder*, § 87a Rn 26; Staub/*Brüggemann*, § 87a Rn 17.
10 BGH 12.11.1962 – VII ZR 259/61– BB 1963, 8.
11 Staub/*Brüggemann*, § 87a Rn 16, 20.

Übernahme eines Beschaffungsrisikos (§§ 276, 278 BGB); der AG muss für die ihm zurechenbaren Risiken einstehen.[12] Er haftet daher auch bei Unmöglichkeit der Leistung, wenn diese auf Schwierigkeiten im eigenen Betrieb, auf fehlerhafter Kalkulation oder Schwierigkeiten mit der Finanzierung, auf Verschulden eines Erfüllungsgehilfen oder Problemen im Bereich des Warenbezugs oder der Warenlieferung beruhen. Während nach § 87a Abs. 3 S. 2 a.F. der Provisionsanspruch auch bei Unzumutbarkeit der Geschäftsausführung entfiel, beschränkt sich der Wortlaut nunmehr auf das Nichtvertretenmüssen. Gleichwohl wird nach h.M. unter Heranziehung der früheren Rspr. ein Provisionsanspruch auch dann ausgeschlossen, wenn dem AG die Ausführung des Geschäfts **unzumutbar** ist, insb. bei einem in der Person des Dritten begründeten wichtigen Grund.[13] Die Geschäftsausführung ist dem AG unzumutbar, wenn nach Vertragsabschluss Umstände bekannt werden, die den AG bei vorheriger Kenntnis von dem Geschäftsabschluss abgehalten hätten, etwa eine Vermögensverschlechterung oder ein Insolvenzverdacht gegen den Dritten mit Gefährdung der Kaufpreisforderung.[14]

11 Die Regelung des Abs. 3 ist zugunsten des AN einseitig zwingend (Abs. 5). So sind Klauseln unwirksam, nach denen der AN nur einen anteiligen Provisionsanspruch erhalten soll, wenn das Geschäft durch den AG nicht ausgeführt wird. Zulässig bleiben klarstellende Regelungen, die den Anwendungsbereich des Abs. 3 nicht berühren, etwa Definitionen zur Unzumutbarkeit der Geschäftsdurchführung.

12 Nach teilweise vertretener Auffassung findet § 87a Abs. 3 entsprechend Anwendung auf die Fälle, in denen der AN Provision für die Vermittlung oder den Abschluss eines Dauerschuldverhältnisses bekommt, das vom AG (vorzeitig) beendet wird. Wird ein Vertrag mit bestimmter Laufzeit vom AG vorzeitig gekündigt, solle der Provisionsanspruch auf der Grundlage des Entgelts berechnet werden, das für den gesamten vereinbarten Zeitraum geschuldet sei. Kündigt der AG einen Vertrag mit unbestimmter Laufzeit, falle ein Provisionsanspruch noch bis zu dem Zeitpunkt an, zu dem der Dritte erstmals den Vertrag habe kündigen können. Eine Ausnahme gelte nur dann, wenn der AG die vorzeitige Beendigung nicht zu vertreten habe, insbesondere eine Fortführung nicht zumutbar gewesen sei.[15] Dieser Betrachtung steht entgegen, dass die rechtmäßige Künd eines Dauerschuldverhältnisses mit der Nichtausführung eines Vertrages nicht vergleichbar ist. Dem Dauerschuldverhältnis wohnt von Anfang an die Gefahr inne, dass die Laufzeit durch rechtmäßige Künd zu einem bestimmten Zeitpunkt beendet wird. Der AG verhält sich in diesem Fall jedoch nicht vertragswidrig, sondern macht von einer ihm zustehenden Dispositionsbefugnis Gebrauch. In einem solchen Fall fehlt das für die Entstehung des Provisionsanspruchs notwendige Grundgeschäft; der Provisionsanspruch ist nur anteilig für die Laufzeit des Vertrages zu berechnen.[16]

III. Fälligkeit des Provisionsanspruchs (§ 87a Abs. 4)

13 Der unbedingt entstandene Provisionsanspruch ist am letzten Tag des Monats fällig, in dem nach § 87c Abs. 1 über den Anspruch abzurechnen ist. Da eine Abrechnung wiederum spätestens alle drei Monate zu erfolgen hat, tritt die Fälligkeit spätestens mit Ablauf des dritten auf den Entstehungsmonat folgenden Monats ein (z.B. Anspruchsentstehung: Januar; Abrechnung alle drei Monate; Fälligkeit: Ende April). Der Zeitpunkt der Fälligkeit ist insoweit zwingend an den jeweiligen **Abrechnungszeitraum** geknüpft. Entscheidend ist auch nicht die tatsächliche Durchführung der Abrechnung, sondern der Abrechnungsanspruch. Die Regelung ist zugunsten des AN zwingend (Abs. 5). Lediglich der Abrechnungszeitraum kann im Rahmen des § 87c auf ein bis drei Monate festgelegt werden, nicht aber abweichend hiervon der Zeitpunkt der Fälligkeit (unzulässig z.B. monatliche Abrechung und quartalsweise Fälligkeit).

14 Der AG gerät nur durch Mahnung in Verzug, da die Leistung kalendermäßig nicht bestimmt ist. Denn die Entstehung des Anspruchs selbst ist kalendermäßig nicht bestimmt.

C. Verbindung zu anderen Rechtsgebieten und zum Prozessrecht

15 Der AN, der einen Provisionsanspruch einklagt, hat neben dem wirksamen Geschäftsabschluss entweder darzulegen und zu beweisen, dass das Geschäft vom AG oder Dritten ausgeführt wurde (Abs. 1) oder dass die Nichtausführung durch den AG feststeht (Abs. 3). Der AG kann im zweiten Fall einen Anspruch dann nur abwenden, wenn er seinerseits die Voraussetzungen des Abs. 3 S. 2 für ein Nichtvertretenmüssen darlegt und beweist.[17] Hierzu gehört ggf. auch der Vortrag, dass die Ausführung der Leistung unzumutbar sei, weil der Dritte nicht leistungsbereit sei.

---

12 BGH 5.3.2008 – VIII ZR 31/07 – ZIP 2008, 1080; *Baumbach/Hopt*, § 87a Rn 26; ErfK/*Oetker*, § 87a HGB Rn 14.
13 ErfK/*Oetker*, § 87a HGB Rn 15; *Baumbach/Hopt*, § 87a Rn 28.
14 Schlegelberger/*Schröder*, § 87a Rn 40.
15 *Baumbach/Hopt*, § 87b Rn 16; MüKo-HGB/v. *Hoyningen-Huene*, § 87b Rn 41.
16 Ebenso Staub/*Brüggemann*, § 87b Rn 10, der nur für den Fall einer willkürlichen Künd eine Ausnahme machen will.
17 BGH 19.11.1982 – I ZR 125/80 – DB 1983, 2135; Staub/*Brüggemann*, § 87a Rn 39.

§ 87b Höhe der Provision

(1) Ist die Höhe der Provision nicht bestimmt, so ist der übliche Satz als vereinbart anzusehen.

(2) ¹Die Provision ist von dem Entgelt zu berechnen, das der Dritte oder der Unternehmer zu leisten hat. ²Nachlässe bei Barzahlung sind nicht abzuziehen; dasselbe gilt für Nebenkosten, namentlich für Fracht, Verpackung, Zoll, Steuern, es sei denn, daß die Nebenkosten dem Dritten besonders in Rechnung gestellt sind. ³Die Umsatzsteuer, die lediglich auf Grund der steuerrechtlichen Vorschriften in der Rechnung gesondert ausgewiesen ist, gilt nicht als besonders in Rechnung gestellt.

(3) ¹Bei Gebrauchsüberlassungs- und Nutzungsverträgen von bestimmter Dauer ist die Provision vom Entgelt für die Vertragsdauer zu berechnen. ²Bei unbestimmter Dauer ist die Provision vom Entgelt bis zu dem Zeitpunkt zu berechnen, zu dem erstmals von dem Dritten gekündigt werden kann; der Handelsvertreter hat Anspruch auf weitere entsprechend berechnete Provisionen, wenn der Vertrag fortbesteht.

Literatur: s. Literatur zu § 87

A. Allgemeines	1	II. Berechnungsgrundlage (§ 87b Abs. 2 und 3)	3
B. Regelungsinhalt	2	C. Beraterhinweise	10
I. Üblicher Satz (§ 87b Abs. 1)	2		

A. Allgemeines

§ 87b enthält Regelungen zur Berechnung der Provisionshöhe. Da die Regelungen insgesamt abdingbar sind,[1] spielen sie nur eine Rolle, wenn die Parteien weder schriftlich noch mündlich oder durch schlüssiges Verhalten eine konkrete Vereinbarung zur Höhe der Provision getroffen haben.

B. Regelungsinhalt

I. Üblicher Satz (§ 87b Abs. 1)

Sofern die Parteien nichts anderes bestimmt haben, ist für die Höhe der Provision der übliche Satz als vereinbart anzusehen. Über den Wortlaut hinaus ist auf die Üblichkeit nicht nur für den Satz, sondern für das gesamte Entgelt einschließlich seiner Berechnung abzustellen.[2] Maßgeblich ist der Handelsbrauch im **räumlichen und sachlichen Arbeitsgebiet** des AN, ggf. zu bestimmen durch Einholung eines SV-Gutachtens. Ist aufgrund der Besonderheiten des Einzelfalls eine Üblichkeit nicht zu bestimmen, erfolgt die Berechnung nach billigem Ermessen (§§ 315, 316 BGB).

II. Berechnungsgrundlage (§ 87b Abs. 2 und 3)

Während Abs. 1 auf den üblichen Satz für die Provisionshöhe abstellt, enthalten die Abs. 2 und 3 Regelungen zur Berechnungsgrundlage der Provision. Sie gelten nur, sofern abweichende vertragliche Regelungen fehlen.[3] Abs. 2 S. 1 legt zunächst fest, dass die Provision nach dem vom AG oder Dritten zu leistenden Entgelt zu berechnen ist. Das **vereinbarte Entgelt** umfasst sämtliche geldwerten Vorteile, bei einem Tauschgeschäft also den in Geld ausgedrückten Wert der Leistung des Dritten, bei einem Verkaufsgeschäft auch geldwerte Nebenvorteile des Unternehmers, etwa Preisnachlässe auf Gegenlieferungen. Wird statt eines vereinbarten Entgelts eine andere Leistung entgegengenommen, berechnet sich die Provision gleichwohl nach dem ursprünglich geschuldeten Entgelt. Wird das Entgelt in Devisen gezahlt, ist für die Berechnung der Umrechnungskurs am Tag des Zahlungseingangs beim AG maßgeblich.[4]

Von dem vereinbarten Entgelt sind keine **Nachlässe** bei Barzahlung abzuziehen (Abs. 2 S. 2, Hs. 1). Über den Wortlaut hinaus soll dies nach der amtlichen Begründung des Regierungsentwurfs auch für sonstige Treue- und Mengenrabatte gelten.[5] Diese Auslegung ist jedoch mit dem Zweck der Vorschrift nicht zu vereinbaren.[6] Der AN soll bei einem Barzahlungsrabatt nicht dafür bestraft werden, dass der Dritte pünktlich und zugunsten des AG in bar das vereinbarte Entgelt zahlt. Wird dem Dritten jedoch von vornherein vertraglich ein Kunden-, Treue- oder Mengenrabatt eingeräumt, entsteht erst gar keine höhere Entgeltverpflichtung, auf deren Grundlage eine Provision berechnet werden könnte. Die Provision ist nur dann nicht zu kürzen, wenn der AG dem Dritten aufgrund eines Treuebonus oder

---

1 BAG 12.4.1962 – 5 AZR 345/61 – AP § 65 HGB Nr. 1 = DB 1962, 939; LAG Frankfurt 18.2.1992 – 7 Sa 997/91 – NZA 1992, 799.
2 Baumbach/Hopt, § 87b Rn 2.
3 Röhricht/v. Westphalen/*Küstner*, § 87b Rn 4.
4 Staub/*Brüggemann*, § 87b Rn 5.
5 BT-Drucks I/3856.
6 ErfK/*Oetker*, § 87b HGB Rn 3; Staub/*Brüggemann* Rn 6; Röhricht/v. Westphalen/*Küstner*, § 87b Rn 7.

einer abgenommenen Gesamtmenge am Ende des Jahres einen bestimmten Betrag „zurückgewährt", ohne dass ihm dies im ursprünglichen Vertrag zugesagt worden wäre.

5 Der Provisionsanspruch bleibt auch unberührt von sonstigen **Nebenkosten** (Fracht, Verpackung, Zoll, Steuern u.a.), wenn diese dem Dritten nicht gesondert in Rechnung gestellt werden (Abs. 2 S. 2, Hs. 2). Liegt eine gesonderte Abrechnung der Nebenkosten vor, können gleichwohl hierin Leistungen enthalten sein, die provisionspflichtig sind. So sind zwar Nebenkosten, die einen Aufwendungsersatz darstellen, für die Provisionsabrechnung ohne Belang; stellen sie jedoch eine Vergütung für zusätzliche Leistungen wie die Montage einer verkauften Maschine dar, kann auf der Grundlage der konkreten Provisionsabrede auch insoweit Provision anfallen.[7] Speziell geregelt ist die Mehrwertsteuer: Die aufgrund gesonderter Vorschriften auszuweisende Mehrwertsteuer (vgl. § 14 UStG i.d.F. vom 21.2.2005) gilt nicht als besonders in Rechnung gestellt und ist daher von dem provisionspflichtigen Entgelt nicht abzuziehen.[8]

6 Abs. 3 enthält Sonderbestimmungen für **Dauerverträge** von bestimmter und nicht bestimmter Zeit. Die Vorschrift kommt nur zur Anwendung, wenn ein fest nach Zeitabschnitten bemessenes Entgelt vereinbart ist, das nicht von weiteren veränderlichen Umständen abhängig ist. Ist der Vertrag für eine bestimmte Laufzeit geschlossen, ist der Provisionsberechnung das für die gesamte Dauer geschuldete Entgelt zugrunde zu legen (Abs. 3 S. 1). Die Provision ist daher eine Einmalprovision, auch wenn das Entgelt in Raten geschuldet ist. Wird der Vertrag für eine bestimmte weitere Laufzeit verlängert, wird teilweise angenommen, es entstehe ein neuer Provisionsanspruch (unter den Voraussetzungen des § 87) auf der Grundlage des für den neuen Zeitraum geschuldeten Entgelts.[9] Dem Grunde nach steht dem AN jedoch aufgrund seiner Tätigkeit und des Vertragsabschlusses die Provision für den gesamten Zeitraum des Vertrages zu; bei fortlaufendem Vertrag trifft § 87b Abs. 3 daher nur eine Regelung zur weiteren Berechnung der Provisionshöhe.[10] Die Differenzierung spielt eine Rolle für die Auswirkungen einer Beendigung des Arbeitsvertrages noch vor der Verlängerung des Dauerschuldverhältnisses (siehe Rn 8). Die Vorschrift trifft keine Aussage über die Fälligkeit des Provisionsanspruchs, insofern kommt § 87a zur Anwendung.

7 Bei Verträgen mit unbestimmter Laufzeit ist die Provision auf der Grundlage des Entgelts zu berechnen, das bis zum ersten möglichen Künd-Termin des Dritten zu zahlen ist (Abs. 3 S. 2). Die Künd-Möglichkeit des AG ist unerheblich. Anschließend ist die Provision jeweils für die Zeiträume bis zum nächsten möglichen Künd-Termin zu berechnen. Kann zu jedem beliebigen Termin gekündigt werden, entsteht ein mit Vertragslauf ständig wachsender Provisionsanspruch, dessen zeitliche Gliederung sich nur noch aus den Abrechnungsperioden (§ 87c) ergibt.[11]

8 Zu einer vorzeitigen Künd des Dauerschuldverhältnisses durch den AG (vgl. § 87a Rn 12). Endet das Arbverh vor Ablauf des Vertrages mit bestimmter Dauer, erhält der AN gleichwohl die Einmalprovision für den gesamten Zeitraum. Denn für die Entstehung des Provisionsanspruchs ist nur erforderlich, dass zum Zeitpunkt des Geschäftsabschlusses das Arbverh bestand (siehe § 87 Rn 4). Für das Vertragsverhältnis auf unbestimmte Dauer ist die Rechtsfolge einer **Vertragsbeendigung** für den Provisionsanspruch umstritten. Teilweise wird angenommen, der Provisionsanspruch entstehe nur noch bis zum Ablauf der angebrochenen Nutzungsperiode, also bis zur nächsten Künd-Möglichkeit des Dritten nach Vertragsende; denn die Vertragsfortsetzung sei wie ein Neuabschluss zu behandeln.[12] Mehr spricht jedoch für die a.A., nach der eine Provision auch nach Beendigung des Arbeitsvertrages für die gesamte Laufzeit des Dauerschuldverhältnisses anfalle.[13] § 87b Abs. 3 enthält selbst keine Aussage über die Provisionspflicht bei Beendigung des Arbeitsvertrages. Es ist insofern auf die allgemeinen Grundsätze des § 87 abzustellen: Soweit der Vertrag auf unbestimmte Dauer unverändert fortgesetzt wird und auf der ursprünglichen Vermittlungstätigkeit des AN beruht, ist der Provisionsanspruch auch weiter an ihn zu zahlen. Anderweitige Regelungen für den Fall eines Ausscheidens aus dem Arbverh bleiben dem AG vorbehalten.

9 Etwas anderes gilt jedoch für den Fall einer **Künd** durch den Dritten oder den AG und einer anschließenden Vertragsfortsetzung. Denn durch die Künd wird das vermittelte Vertragsverhältnis beendet. Eine Vertragsfortsetzung beruht dann auf einem neuen nicht vermittelten Vertragsschluss. Auch wenn der Dritte aufgrund Vermittlungsbemühungen eines anderen AN die Künd mit Einverständnis des AG „zurücknimmt", beruht die Vertragsfortsetzung nicht mehr auf einer Tätigkeit des ausgeschiedenen AN; der Provisionsanspruch geht mit dem Zeitpunkt der Künd-Frist unter.[14] Eine Ausnahme gilt bei einem kollusiven Zusammenwirken von Drittem und AG zur Vermeidung der Provisionszahlung.

---

7 Staub/*Brüggemann*, § 87b Rn 7.
8 BAG 23.3.1982 – 3 AZR 637/79 – AP § 87c HGB Nr. 18 = DB 1982, 2249.
9 *Schröder*, § 87b Rn 14a.
10 Röhricht/v. Westphalen/*Küstner*, § 87b Rn 15.
11 MüKo-HGB/v. Hoynigen-Huene, § 87b Rn 38; Baumbach/Hopt, § 87b Rn 15.
12 *Baumbach/Hopt*, § 87b Rn 17; Staub/*Brüggemann*, § 87b Rn 11.
13 OLG Düsseldorf 11.1.1977 – 23 U 82/76 – DB 1977, 817; LAG Hamm 23.11.1983 – 15 Sa 1263/83 – DB 1984, 674; MüKo-HGB/v. Hoynigen-Huene, § 87b Rn 44.
14 Staub/*Brüggemann*, § 87b Rn 12; MüKo-HGB/v. Hoynigen-Huene, § 87b Rn 39.

C. Beraterhinweise

Da die Berechnungsregeln des § 87b abdingbar sind, ist dem AG zu einer konkreten Ausgestaltung der Provisionsabsprache zu raten. Dabei kann er in Abhängigkeit von Kosten und Nachlässen nicht nur die Berechnungsgrundlage bestimmen, sondern auch Provisionssätze entsprechend staffeln.[15] Insb. bei Dauerverträgen bietet sich eine abweichende vertragliche Regelung zu einer Einmalprovision an.

Formulierungsmuster zu Provisionsregelungen (Anspruch, Kollision, nachvertraglicher Anspruch, Abrechnung und Fälligkeit): *Hümmerich*, Arbeitsrecht Vertragsgestaltung/Prozessrecht, § 1 Rn 328 ff.

§ 87c Abrechnung

(1) [1]Der Unternehmer hat über die Provision, auf die der Handelsvertreter Anspruch hat, monatlich abzurechnen; der Abrechnungszeitraum kann auf höchstens drei Monate erstreckt werden. [2]Die Abrechnung hat unverzüglich, spätestens bis zum Ende des nächsten Monats, zu erfolgen.

(2) Der Handelsvertreter kann bei der Abrechnung einen Buchauszug über alle Geschäfte verlangen, für die ihm nach § 87 Provision gebührt.

(3) Der Handelsvertreter kann außerdem Mitteilung über alle Umstände verlangen, die für den Provisionsanspruch, seine Fälligkeit und seine Berechnung wesentlich sind.

(4) Wird der Buchauszug verweigert oder bestehen begründete Zweifel an der Richtigkeit oder Vollständigkeit der Abrechnung oder des Buchauszugs, so kann der Handelsvertreter verlangen, daß nach Wahl des Unternehmers entweder ihm oder einem von ihm zu bestimmenden Wirtschaftsprüfer oder vereidigten Buchsachverständigen Einsicht in die Geschäftsbücher oder die sonstigen Urkunden so weit gewährt wird, wie dies zur Feststellung der Richtigkeit oder Vollständigkeit der Abrechnung oder des Buchauszugs erforderlich ist.

(5) Diese Rechte des Handelsvertreters können nicht ausgeschlossen oder beschränkt werden.

Literatur: *Hunold*, Arbeitsrecht im Außendienst, 1993; *Müller-Stein*, Buchauszug nach § 87c Abs. 2 HGB, VersR 2001, 830; *Seetzen*, Die Kontrollrechte des Handelsvertreters nach § 87c HGB und ihre Durchsetzung, WM 1985, 213; im Übrigen s. Literatur zu § 87

A. Allgemeines 1	IV. Einsicht in Geschäftsbücher (§ 87c Abs. 4) 9
B. Regelungsinhalt 2	V. Abweichende vertragliche Regelung (§ 87c Abs. 5) 11
I. Abrechnung (§ 87c Abs. 1) 3	C. Verbindung zu anderen Rechtsgebieten und zum
II. Buchauszug (§ 87c Abs. 2) 7	Prozessrecht 12
III. Auskunftsanspruch (§ 87c Abs. 3) 8	

A. Allgemeines

Im Regelungszusammenhang mit den §§ 87 ff. sollen die in § 87c geregelten Nebenpflichten des AG zur Abrechnung die Durchsetzung des Provisionsanspruchs sichern und dem AN eine Kontrolle ermöglichen. Als unselbständige Nebenpflichten folgen sie dem Recht auf Provision; sie sind nicht selbständig abtretbar oder pfändbar. Sie bestehen daher auch nur solange der Provisionsanspruch besteht und durchsetzbar ist.[1] Hat der AN für einen bestimmten Zeitraum eine abgerechnete Provision anerkannt, kann er für denselben Zeitraum keine Auskunfts- oder weitere Abrechnungsansprüche mehr geltend machen.

B. Regelungsinhalt

Die Abrechnungs- und Kontrollrechte gelten nur für Provisionsansprüche nach § 87. Im Hinblick auf ein monatlich gezahltes Fixum oder eine Umsatzprovision, die nicht von den konkret vermittelten Geschäften abhängig ist, gelten die allgemeinen Abrechnungsgrundsätze (§ 108 GewO) und der Anspruch auf Rechnungslegung nach §§ 666, 675, 259 BGB.

I. Abrechnung (§ 87c Abs. 1)

In Abs. 1 ist zunächst die Abrechnungspflicht des AG im Hinblick auf den Abrechnungszeitraum und den -zeitpunkt geregelt. Der AG – in der Insolvenz der Insolvenzverwalter – hat dem AN über die provisionspflichtigen Geschäfte

---

15 LAG Frankfurt 18.2.1992 – 7 Sa 997/91 – NZA 1992, 799.

1 BAG 9.11.1982 – 3 AZR 1017/79 – n.v.; BAG 16.2.1973 – 3 AZR 286/72 – AP § 87c HGB Nr. 13; BGH 1.12.1978 – I ZR 7/77 – AP § 87c HGB Nr. 15.

eine Abrechnung zu erteilen. Der Abrechnungsanspruch entsteht jedoch nur, wenn aus dem Geschäft ein Provisionsanspruch entstanden ist und auch nicht wieder weggefallen ist. Die **Abrechnung** muss eine vollständige und klare Aufstellung der provisionspflichtigen Geschäfte und eine nachvollziehbare Berechnung der daraus abzuleitenden Provision umfassen. Der AN ist in die Lage zu versetzen, die Vollständigkeit der Aufstellung überprüfen und die Berechnung selbst vornehmen zu können. Sind nach Auffassung des AG im relevanten Zeitraum keine Provisionen angefallen, genügt er seiner Abrechnungspflicht durch Mitteilung, ein Anspruch sei nicht entstanden.[2] Die Abrechnungspflicht geht über den Bestand des Arbverh hinaus; sie besteht für den gesamten nachvertraglichen Zeitraum, solange noch Provisionsansprüche entstehen.

4 Umstritten ist, ob der Abrechnungsanspruch nur die unbedingt entstandenen Provisionsansprüche[3] oder auch die auflösend bedingten Ansprüche erfasst.[4] Da die Abrechnung der Zahlung vorausgeht und nach § 87b den Zeitpunkt der Fälligkeit bestimmt, ist eine Abrechnungspflicht nur für solche Ansprüche anzunehmen, deren Zahlung der AN verlangen kann: Voraussetzung ist daher nicht nur der Geschäftsabschluss, sondern auch die Ausführung des Geschäfts durch den AG oder Dritten (zu den Voraussetzungen einer Anspruchsentstehung vgl. § 87a Rn 2 ff.).

5 Das Gesetz sieht keine Formerfordernisse für die Abrechnung vor. Da dem AN über die Abrechnung jedoch eine Kontrollmöglichkeit eröffnet werden soll, ist gleichwohl von einem **Schriftformerfordernis** auszugehen.[5] Nach dem Zweck der Regelung genügt jedoch jede Form der Verkörperung. Ihrer Rechtsnatur nach ist die Abrechnung ein **abstraktes Schuldanerkenntnis** (§ 781 BGB), das vom AN grds. auch stillschweigend angenommen werden kann.[6] Ist das Anerkenntnis zwischen den Parteien zustande gekommen, ist der AG aus diesem zur Zahlung der abgerechneten Provision verpflichtet, der AN verliert Kontrollrechte aus § 87c. Aufgrund dieser Rechtsfolge sind an ein stillschweigendes Einverständnis mit der Abrechnung hohe Anforderungen zu stellen. Allein der Umstand, dass der AN zunächst keine weitergehenden Ansprüche geltend macht, lässt noch nicht auf eine stillschweigende Zustimmung schließen.[7] Beruht die anerkannte Abrechnung auf Irrtümern – etwa weil abzurechnende Geschäfte ausgelassen oder fehlerhaft berücksichtigt wurden –, kann jede Vertragspartei nach den Grundsätzen einer ungerechtfertigten Bereicherung das Schuldanerkenntnis zurückfordern.[8]

6 Der AG hat dem AN grds. über einen Zeitraum von einem Monat eine Abrechnung zu erteilen (§ 87c Abs. 1 S. 1 Hs. 1). Durch vertragliche Vereinbarung kann der **Abrechnungszeitraum** auf drei Monate verlängert werden (§ 87c Abs. 1 S. 1 Hs. 2). Die Parteien sind nicht an Kalendermonate gebunden; sie können auch andere Abrechnungsstichtage festlegen, solange ein Zeitraum von drei Monaten nicht überschritten wird. Neben dem Zeitraum regelt § 87c Abs. 1 auch den **Zeitpunkt**: Der AG soll während des Vertragsverhältnisses unverzüglich, spätestens binnen eines Monats nach Ablauf des Abrechnungszeitraums, eine Abrechnung erteilen. Bei einem Abrechnungszeitraum für das Quartal ist daher z.B. für die Monate Januar bis März spätestens am 30. April eine Abrechnung zu erteilen. Da die Pflicht zur Abrechnung nach dem Kalender bestimmt ist, gerät der AG ohne Mahnung in Verzug, wenn er zum letztmöglichen Zeitpunkt noch keine Abrechnung erteilt hat (§ 284 Abs. 2 BGB). Die Frist wird nach §§ 187 Abs. 1, 188 Abs. 1 BGB berechnet. Ist das Vertragsverhältnis beendet, hat der AG unabhängig von den Abrechnungszeiträumen die entstandenen Provisionsansprüche unverzüglich abzurechnen, da bei Vertragsbeendigung die beiderseitigen Pflichten gem. § 614 BGB unverzüglich abzuwickeln sind.

II. Buchauszug (§ 87c Abs. 2)

7 Der AN kann nach Abs. 2 von dem – auch sonst nicht buchführungspflichtigen – AG einen Buchauszug über die abzurechnenden provisionspflichtigen Geschäfte verlangen. Anders als der Abrechnungsanspruch entsteht der Anspruch auf Buchauszug erst mit **formlosem Verlangen** des AN.[9] Ein solches Verlangen ist rechtsmissbräuchlich, wenn dem AN sämtliche Abrechnungsunterlagen selbst vorliegen oder sich aus der erteilten Abrechnung bereits alle über den Buchauszug zu fordernden Informationen ergeben.[10] Andererseits erfordert der Anspruch auf Buchauszug keine Zweifel an Richtigkeit oder Vollständigkeit der Abrechnung. Der Anspruch steht dem AN zu, solange er die Abrechnung über die betroffenen Geschäfte noch nicht als vollständig und richtig anerkannt hat. Der Buchauszug ist umfassender als der Abrechnungsanspruch, da er dem AN die Nachprüfung ermöglichen soll, welche Geschäfte überhaupt zustande gekommen sind, für die ihm Provisionsansprüche zustehen könnten.[11] Da der Streit über die Provisionspflicht nicht den Buchauszug betreffen soll, sind in diesen auch die Daten der möglicherweise provisionspflichtigen Geschäfte aufzunehmen. Der AG hat eine geordnete Übersicht zu übergeben, die sämtliche für die Be-

---

2 BGH 7.2.1990 – IV ZR 314/88 – WM 1990, 710.
3 So *Baumbach/Hopt*, § 87c Rn 3.
4 Röhricht/v. Westphalen/*Küstner*, § 87c Rn 11; Heymann/Sonnenschein/*Weitemeyer*, § 87c Rn 4; Staub/*Brüggemann*, § 87c Rn 10.
5 MüKo-HGB/v. *Hoyningen-Huene*, § 87c Rn 20.
6 *Baumbach/Hopt*, § 87c Rn 4; MüKo-HGB/v. *Hoyningen-Huene*, § 87c Rn 21.
7 BGH 29.11.1995 – VIII ZR 293/94 – AP § 87c HGB Nr. 19 = BB 1996, 176; Röhricht/v. Westphalen/*Küstner*, § 87c Rn 14.
8 MüKo-HGB/v. *Hoyningen-Huene*, § 87c Rn 22; *Baumbach/Hopt*, § 87c Rn 4.
9 Heymann/Sonnenschein/*Weitemeyer*, § 87c Rn 11.
10 OLG Hamm 21.4.1994 – 18 U 140/93 – VersR 1995, 779; ErfK/*Oetker*, § 87c HGB Rn 4.
11 Röhricht/v. Westphalen/*Küstner*, § 87c Rn 20.

rechnung des Provisionsanspruchs erforderlichen Angaben enthält.[12] Hierzu zählen die umfassenden Kundendaten, sämtliche Angaben zum abgeschlossenen Geschäft, wie Umfang, Menge oder Zahl der Ware, Lieferdatum, Netto- und Bruttopreise, Angaben zur Abwicklung, wie Rückgaben, Rücktrittserklärungen oder Nichtausführung des Geschäfts.[13] Die Berechnung selbst hat jedoch der AN vorzunehmen. Die Kosten des Buchauszugs hat der AG zu tragen. Erfüllungsort ist i.d.R. der Sitz oder die Niederlassung des Unternehmens.[14]

III. Auskunftsanspruch (§ 87c Abs. 3)

Ein weitergehender Anspruch auf umfassende Auskunft ergibt sich aus Abs. 3: Der AG hat dem AN alle Umstände mitzuteilen, die für den Provisionsanspruch, seine Berechnung und Fälligkeit wesentlich sind. Damit wird der Buchauszug um Mitteilungen ergänzt, die sich nicht unmittelbar aus den Büchern ergeben, aber dem AN eine **Kontrolle** der Provisionsabrechnung ermöglichen.[15] So hat der am Umsatz beteiligte AN Anspruch auf Auskunft über die Verteilung der im Auftragsgebiet des AN eingegangenen Aufträge, wenn die durch Tatsachen gestützte Besorgnis gerechtfertigt ist, dass der AG den AN bei der Zuteilung der Aufträge benachteiligt hat.[16]

IV. Einsicht in Geschäftsbücher (§ 87c Abs. 4)

Verweigert der AG einen Buchauszug nach Abs. 3 oder bestehen begründete Zweifel an der Richtigkeit und Vollständigkeit der Abrechnung oder des Auszugs, kann der AN entweder unmittelbar auf Erteilung der Abrechnung oder des Auszugs klagen oder alternativ Einsicht in die Geschäftsbücher fordern.[17] Der AG hat seinerseits ein Wahlrecht, ob er dem AN selbst oder einem von ihm bestimmten Wirtschaftsprüfer oder vereidigten Buch-SV Einsicht gewährt. Übt er sein Wahlrecht nicht aus, geht es nach fruchtlosem Fristablauf auf den AN über (§ 264 BGB). Der Anspruch auf Bucheinsicht wird fällig, wenn der AG einen Buchauszug oder eine Abrechnung erteilt hat, an der begründete Zweifel bestehen, oder wenn ein Buchauszug verweigert wird und der AN entweder sein Wahlrecht zugunsten der Einsichtnahme ausgeübt oder einen Auszug klageweise geltend gemacht und erhalten hat. Die Kosten der Bucheinsicht trägt der AN; stellen sich die Zweifel dann als begründet heraus, kann er die Kosten im Wege des Schadenersatzes gegen den AG geltend machen.[18]

Der notwendige **begründete Zweifel** muss sich nicht auf die gesamte Abrechnung oder den gesamten Auszug beziehen: Es ist ausreichend, dass Abrechnung oder Auszug über den betroffenen Zeitraum in einem Punkt bzw. einem Geschäft unrichtig oder zweifelhaft sind.[19] Entsprechend ist die Einsichtnahme in die Bücher dann auch nur soweit zu gewähren, als dies zur Klärung des vorgetragenen Zweifels erforderlich ist.[20]

V. Abweichende vertragliche Regelung (§ 87c Abs. 5)

Die Regelungen in § 87c sind zu Lasten des AN **unabdingbar**. Eine vertragliche Klausel, nach der Ansprüche auf Abrechnung, Buchauszug oder sonstige Mitteilungen nach Maßgabe des § 87c ausgeschlossen oder eingeschränkt sind, ist unwirksam.[21] Auch eine vertragliche Regelung, nach der die widerspruchslose Hinnahme von Abrechnungen immer ein Einverständnis mit deren Inhalt und einen Verzicht auf das Recht auf Buchauszug zur Folge hat, ist unwirksam.[22] Die Abrechnungs- und Auskunftsansprüche unterliegen jedoch nicht nur den Verjährungsgrenzen, sondern können auch vertraglichen **Ausschlussfristen** unterfallen.[23] Nach Fälligkeit hat der AN seinen Anspruch daher fristgerecht geltend zu machen. Der Fristlauf beginnt nach Geschäftsabschluss mit dem Zeitpunkt, zu dem eine Abrechnung oder ein sonstiger Auskunftsanspruch verlangt werden kann.

C. Verbindung zu anderen Rechtsgebieten und zum Prozessrecht

Erfüllt der AG den Abrechnungsanspruch nicht, muss der AN Leistungsklage unter Bezeichnung des Abrechnungszeitraums und ggf. weiterer Konkretisierung der Abrechnungsdaten (Geschäftsbereich, Kunden o.ä.) erheben. Ist die erteilte Abrechnung unvollständig, ist die Leistungsklage entsprechend auf Ergänzung zu richten. Häufig wird für den AN die Erhebung einer **Stufenklage** (§ 254 ZPO) auf Abrechnung und Zahlung sinnvoll sein. Dies gilt insb., wenn der Zahlungsanspruch einer zweistufigen Verfallfrist unterliegt und auf zweiter Stufe der Klageerhebung erforderlich ist. Die Erhebung einer Klage auf Abrechnung unterbricht auch nicht die Verjährung des Zahlungsanspruchs.[24] Hat der AN einen Leistungstitel erwirkt, richtet sich die Vollstreckung nach § 887 ZPO (Ersatzvornah-

---

12 Zum Inhalt eines Buchauszugs beim Versicherungsvertreter: BGH 21.3.2001 – 8 ZR 149/99 – NJW 2001, 2333.
13 BGH 29.11.2995 – VIII ZR 293/94 – AP § 87c HGB Nr. 19 = BB 1996, 176.
14 Heymann/*Sonnenschein/Weitemeyer*, § 87c Rn 11.
15 BGH 20.2.1964 – VII ZR 147/62 – DB 1964, 583.
16 BAG 21.11.2000 – 9 AZR 665/99 – NZA 2001, 1093.
17 BGH 13.7.1959 – II ZR 192/57 – NJW 1959, 1964.
18 BGH 16.5.1960 – VII ZR 205/59 – BGHZ 32, 302 = NJW 1960, 1662.
19 OLG Köln 11.8.2000 – 19 U 84/00 – DB 2000, 2269.
20 OLG München 13.8.1964 – 1b W 989/64 – NJW 1964, 2257.
21 BAG 23.3.1982 – 3 AZR 698/79 – n.v.
22 *Hunold*, Arbeitsrecht im Außendienst, 2. Aufl., 2006, Rn 230.
23 BAG 27.11.1984 – 3 AZR 596/82 – AP § 4 TVG Ausschlussfristen Nr. 89 = DB 1985, 2154.
24 BAG 5.9.1995 – 9 AZR 660/94 – AP § 196 BGB Nr. 16 = NZA 1996, 251.

me); ist im Einzelfall eine Ersatzvornahme nicht möglich, erfolgt die Vollstreckung nach § 888 ZPO. Auch der Anspruch auf Buchauszug ist selbstständig einklagbar. Die Vollstreckung richtet sich ebenfalls grundsätzlich nach § 887 ZPO.

13 Neben den speziellen Kontrollrechten aus § 87c kann der AN als Ultima Ratio Rechte aus §§ 259, 260 BGB geltend machen. Hat der AG einen Buchauszug erteilt und kann der AN die inhaltliche Richtigkeit nicht auf anderem Weg – insb. nicht über Abs. 4 – überprüfen, kann er die Abgabe einer eidesstattlichen Versicherung verlangen. Teilweise wird angenommen, die Nebenrechte zur Provision aus § 87c seien abschließend; weitergehende Ansprüche stünden dem AN nicht zu.[25] Da die Regelungen in § 87c jedoch allein dem Schutz des AN dienen, ist nicht ersichtlich, warum der AN nicht auch auf allgemeine Auskunftsansprüche oder sonstige Nebenansprüche aus dem Vertrag zurückgreifen könnte. Die Spezialität der Regelung gibt lediglich die Reihenfolge der Geltendmachung vor, sie schließt jedoch allgemeine Ansprüche nicht aus.[26]

§ 87d Aufwendungsersatz

Der Handelsvertreter kann den Ersatz seiner im regelmäßigen Geschäftsbetrieb entstandenen Aufwendungen nur verlangen, wenn dies handelsüblich ist.

1 § 87d ist von der Verweisung in § 65 nicht erfasst und findet daher auf AN keine Anwendung. Es besteht auch kein Bedürfnis für einen Rückgriff auf die Regelung zum Aufwandsersatz, da der AN anders als der Handelsvertreter seine Aufwendungen grds. gerade nicht trägt, sondern einen Ersatzanspruch nach §§ 675, 670 BGB hat.

§ 88 (weggefallen)

§ 88a Zurückbehaltungsrecht

(1) Der Handelsvertreter kann nicht im voraus auf gesetzliche Zurückbehaltungsrechte verzichten.
(2) Nach Beendigung des Vertragsverhältnisses hat der Handelsvertreter ein nach allgemeinen Vorschriften bestehendes Zurückbehaltungsrecht an ihm zur Verfügung gestellten Unterlagen (§ 86a Abs. 1) nur wegen seiner fälligen Ansprüche auf Provision und Ersatz von Aufwendungen.

1 Die Regelung findet auf AN keine Anwendung. Es gelten die allgemeinen Grundsätze des Zurückbehaltungsrechts.

§ 89 Kündigungsfristen

(1) ¹Ist das Vertragsverhältnis auf unbestimmte Zeit eingegangen, so kann es im ersten Jahr der Vertragsdauer mit einer Frist von einem Monat, im zweiten Jahr mit einer Frist von zwei Monaten und im dritten bis fünften Jahr mit einer Frist von drei Monaten gekündigt werden. ²Nach einer Vertragsdauer von fünf Jahren kann das Vertragsverhältnis mit einer Frist von sechs Monaten gekündigt werden. ³Die Kündigung ist nur für den Schluß eines Kalendermonats zulässig, sofern keine abweichende Vereinbarung getroffen ist.
(2) ¹Die Kündigungsfristen nach Absatz 1 Satz 1 und 2 können durch Vereinbarung verlängert werden; die Frist darf für den Unternehmer nicht kürzer sein als für den Handelsvertreter. ²Bei Vereinbarung einer kürzeren Frist für den Unternehmer gilt die für den Handelsvertreter vereinbarte Frist.
(3) ¹Ein für eine bestimmte Zeit eingegangenes Vertragsverhältnis, das nach Ablauf der vereinbarten Laufzeit von beiden Teilen fortgesetzt wird, gilt als auf unbestimmte Zeit verlängert. ²Für die Bestimmung der Kündigungsfristen nach Absatz 1 Satz 1 und 2 ist die Gesamtdauer des Vertragsverhältnisses maßgeblich.

---

25 Staub/*Brüggemann*, § 87c Rn 3. 26 Ebenso MüKo-HGB/*v. Hoyningen-Huene*, § 87c Rn 8.

§ 89a Fristlose Kündigung

(1) ¹Das Vertragsverhältnis kann von jedem Teil aus wichtigem Grunde ohne Einhaltung einer Kündigungsfrist gekündigt werden. ²Dieses Recht kann nicht ausgeschlossen oder beschränkt werden.
(2) Wird die Kündigung durch ein Verhalten veranlaßt, das der andere Teil zu vertreten hat, so ist dieser zum Ersatz des durch die Aufhebung des Vertragsverhältnisses entstehenden Schadens verpflichtet.

§ 89b Ausgleichsanspruch

(1) Der Handelsvertreter kann von dem Unternehmer nach Beendigung des Vertragsverhältnisses einen angemessenen Ausgleich verlangen, wenn und soweit
1. der Unternehmer aus der Geschäftsverbindung mit neuen Kunden, die der Handelsvertreter geworben hat, auch nach Beendigung des Vertragsverhältnisses erhebliche Vorteile hat und
2. die Zahlung eines Ausgleichs unter Berücksichtigung aller Umstände, insbesondere der dem Handelsvertreter aus Geschäften mit diesen Kunden entgehenden Provisionen, der Billigkeit entspricht.

Der Werbung eines neuen Kunden steht es gleich, wenn der Handelsvertreter die Geschäftsverbindung mit einem Kunden so wesentlich erweitert hat, daß dies wirtschaftlich der Werbung eines neuen Kunden entspricht.
(2) Der Ausgleich beträgt höchstens eine nach dem Durchschnitt der letzten fünf Jahre der Tätigkeit des Handelsvertreters berechnete Jahresprovision oder sonstige Jahresvergütung; bei kürzerer Dauer des Vertragsverhältnisses ist der Durchschnitt während der Dauer der Tätigkeit maßgebend.
(3) Der Anspruch besteht nicht, wenn
1. der Handelsvertreter das Vertragsverhältnis gekündigt hat, es sei denn, daß ein Verhalten des Unternehmers hierzu begründeten Anlaß gegeben hat oder dem Handelsvertreter eine Fortsetzung seiner Tätigkeit wegen seines Alters oder wegen Krankheit nicht zugemutet werden kann, oder
2. der Unternehmer das Vertragsverhältnis gekündigt hat und für die Kündigung ein wichtiger Grund wegen schuldhaften Verhaltens des Handelsvertreters vorlag oder
3. auf Grund einer Vereinbarung zwischen dem Unternehmer und dem Handelsvertreter ein Dritter anstelle des Handelsvertreters in das Vertragsverhältnis eintritt; die Vereinbarung kann nicht vor Beendigung des Vertragsverhältnisses getroffen werden.

(4) ¹Der Anspruch kann im voraus nicht ausgeschlossen werden. ²Er ist innerhalb eines Jahres nach Beendigung des Vertragsverhältnisses geltend zu machen.
(5) ¹Die Absätze 1, 3 und 4 gelten für Versicherungsvertreter mit der Maßgabe, daß an die Stelle der Geschäftsverbindung mit neuen Kunden, die der Handelsvertreter geworben hat, die Vermittlung neuer Versicherungsverträge durch den Versicherungsvertreter tritt und der Vermittlung eines Versicherungsvertrages es gleichsteht, wenn der Versicherungsvertreter einen bestehenden Versicherungsvertrag so wesentlich erweitert hat, daß dies wirtschaftlich der Vermittlung eines neuen Versicherungsvertrages entspricht. ²Der Ausgleich des Versicherungsvertreters beträgt abweichend von Absatz 2 höchstens drei Jahresprovisionen oder Jahresvergütungen. ³Die Vorschriften der Sätze 1 und 2 gelten sinngemäß für Bausparkassenvertreter.

§ 90 Geschäfts- und Betriebsgeheimnisse

Der Handelsvertreter darf Geschäfts- und Betriebsgeheimnisse, die ihm anvertraut oder als solche durch seine Tätigkeit für den Unternehmer bekanntgeworden sind, auch nach Beendigung des Vertragsverhältnisses nicht verwerten oder anderen mitteilen, soweit dies nach den gesamten Umständen der Berufsauffassung eines ordentlichen Kaufmanns widersprechen würde.

§ 90a Wettbewerbsabrede

(1) ¹Eine Vereinbarung, die den Handelsvertreter nach Beendigung des Vertragsverhältnisses in seiner gewerblichen Tätigkeit beschränkt (Wettbewerbsabrede), bedarf der Schriftform und der Aushändigung einer vom Unternehmer unterzeichneten, die vereinbarten Bestimmungen enthaltenden Urkunde an den Handelsvertreter. ²Die Abrede kann nur für längstens zwei Jahre von der Beendigung des Vertragsverhältnisses an getroffen

werden; sie darf sich nur auf den dem Handelsvertreter zugewiesenen Bezirk oder Kundenkreis und nur auf die Gegenstände erstrecken, hinsichtlich deren sich der Handelsvertreter um die Vermittlung oder den Abschluß von Geschäften für den Unternehmer zu bemühen hat. [3]Der Unternehmer ist verpflichtet, dem Handelsvertreter für die Dauer der Wettbewerbsbeschränkung eine angemessene Entschädigung zu zahlen.

(2) Der Unternehmer kann bis zum Ende des Vertragsverhältnisses schriftlich auf die Wettbewerbsbeschränkung mit der Wirkung verzichten, daß er mit dem Ablauf von sechs Monaten seit der Erklärung von der Verpflichtung zur Zahlung der Entschädigung frei wird.

(3) Kündigt ein Teil das Vertragsverhältnis aus wichtigem Grund wegen schuldhaften Verhaltens des anderen Teils, kann er sich durch schriftliche Erklärung binnen einem Monat nach der Kündigung von der Wettbewerbsabrede lossagen.

(4) Abweichende für den Handelsvertreter nachteilige Vereinbarungen können nicht getroffen werden.

§ 91 Handelsvertreter von Nichtkaufleuten; Handelsvertreter ohne Abschlußvollmacht

(1) § 55 gilt auch für einen Handelsvertreter, der zum Abschluß von Geschäften von einem Unternehmer bevollmächtigt ist, der nicht Kaufmann ist.

(2) [1]Ein Handelsvertreter gilt, auch wenn ihm keine Vollmacht zum Abschluß von Geschäften erteilt ist, als ermächtigt, die Anzeige von Mängeln einer Ware, die Erklärung, daß eine Ware zur Verfügung gestellt werde, sowie ähnliche Erklärungen, durch die ein Dritter seine Rechte aus mangelhafter Leistung geltend macht oder sich vorbehält, entgegenzunehmen; er kann die dem Unternehmer zustehenden Rechte auf Sicherung des Beweises geltend machen. [2]Eine Beschränkung dieser Rechte braucht ein Dritter gegen sich nur gelten zu lassen, wenn er sie kannte oder kennen mußte.

§ 91a Mangel der Vertretungsmacht

(1) Hat ein Handelsvertreter, der nur mit der Vermittlung von Geschäften betraut ist, ein Geschäft im Namen des Unternehmers abgeschlossen, und war dem Dritten der Mangel an Vertretungsmacht nicht bekannt, so gilt das Geschäft als von dem Unternehmer genehmigt, wenn dieser nicht unverzüglich, nachdem er von dem Handelsvertreter oder dem Dritten über Abschluß und wesentlichen Inhalt benachrichtigt worden ist, dem Dritten gegenüber das Geschäft ablehnt.

(2) Das gleiche gilt, wenn ein Handelsvertreter, der mit dem Abschluß von Geschäften betraut ist, ein Geschäft im Namen des Unternehmers abgeschlossen hat, zu dessen Abschluß er nicht bevollmächtigt ist.

§ 92 Versicherungs- und Bausparkassenvertreter

(1) Versicherungsvertreter ist, wer als Handelsvertreter damit betraut ist, Versicherungsverträge zu vermitteln oder abzuschließen.

(2) Für das Vertragsverhältnis zwischen dem Versicherungsvertreter und dem Versicherer gelten die Vorschriften für das Vertragsverhältnis zwischen dem Handelsvertreter und dem Unternehmer vorbehaltlich der Absätze 3 und 4.

(3) [1]In Abweichung von § 87 Abs. 1 Satz 1 hat ein Versicherungsvertreter Anspruch auf Provision nur für Geschäfte, die auf seine Tätigkeit zurückzuführen sind. [2]§ 87 Abs. 2 gilt nicht für Versicherungsvertreter.

(4) Der Versicherungsvertreter hat Anspruch auf Provision (§ 87a Abs. 1), sobald der Versicherungsnehmer die Prämie gezahlt hat, aus der sich die Provision nach dem Vertragsverhältnis berechnet.

(5) Die Vorschriften der Absätze 1 bis 4 gelten sinngemäß für Bausparkassenvertreter.

§ 92a Mindestarbeitsbedingungen

(1) [1]Für das Vertragsverhältnis eines Handelsvertreters, der vertraglich nicht für weitere Unternehmer tätig werden darf oder dem dies nach Art und Umfang der von ihm verlangten Tätigkeit nicht möglich ist, kann das Bundesministerium der Justiz im Einvernehmen mit dem Bundesministerium für Wirtschaft und Technologie nach Anhörung von Verbänden der Handelsvertreter und der Unternehmer durch Rechtsverordnung,

die nicht der Zustimmung des Bundesrates bedarf, die untere Grenze der vertraglichen Leistungen des Unternehmers festsetzen, um die notwendigen sozialen und wirtschaftlichen Bedürfnisse dieser Handelsvertreter oder einer bestimmten Gruppe von ihnen sicherzustellen. ²Die festgesetzten Leistungen können vertraglich nicht ausgeschlossen oder beschränkt werden.

(2) ¹Absatz 1 gilt auch für das Vertragsverhältnis eines Versicherungsvertreters, der auf Grund eines Vertrags oder mehrerer Verträge damit betraut ist, Geschäfte für mehrere Versicherer zu vermitteln oder abzuschließen, die zu einem Versicherungskonzern oder zu einer zwischen ihnen bestehenden Organisationsgemeinschaft gehören, sofern die Beendigung des Vertragsverhältnisses mit einem dieser Versicherer im Zweifel auch die Beendigung des Vertragsverhältnisses mit den anderen Versicherern zur Folge haben würde. ²In diesem Falle kann durch Rechtsverordnung, die nicht der Zustimmung des Bundesrates bedarf, außerdem bestimmt werden, ob die festgesetzten Leistungen von allen Versicherern als Gesamtschuldnern oder anteilig oder nur von einem der Versicherer geschuldet werden und wie der Ausgleich unter ihnen zu erfolgen hat.

Literatur: *Evers*, Die Nichtigkeit von Handelsvertreterverträgen wegen zu geringer Verdienstmöglichkeiten und ihre Rückabwicklung, BB 1992, 1365 ff.

A. Allgemeines 1	III. Mindestbedingungen 4
B. Regelungsinhalt 2	IV. Verordnungsermächtigung 6
I. Arbeitnehmerähnliche Handelsvertreter 2	**C. Beraterhinweise** 7
II. Mehrfirmenversicherungsvertreter 3	

A. Allgemeines

§ 92a dient dem Schutz des Handels- und Versicherungsvertreters, der aufgrund eines beschränkten Tätigkeitsfelds in einer sozialen und wirtschaftlichen Abhängigkeit zu seinem Vertragspartner steht und insofern eine arbeitnehmerähnliche Stellung hat. Für diesen engen Anwendungsbereich enthält § 92a eine Ermächtigungsgrundlage für den Erlass einer Rechtsverordnung zur **Regelung von Mindestbedingungen**, namentlich Mindestentgelten. Die Vorschrift bildet das Pendant zum Mindestarbeitsbedingungengesetz, das zur Festsetzung von Mindestarbeitsbedingungen zur Befriedigung der notwendigen sozialen und wirtschaftlichen Bedürfnisse der AN ermächtigt. Beide Ermächtigungsgrundlagen sind bisher noch nie zur Anwendung gekommen. Eine Rechtsverordnung nach § 92a ist bisher auch nicht geplant.

B. Regelungsinhalt

I. Arbeitnehmerähnliche Handelsvertreter

Abs. 1 ermächtigt zur Festsetzung von Mindestbedingungen für **Einfirmenvertreter**, d.h. für Handelsvertreter, die nur für einen Unternehmer tätig werden. Unerheblich ist, ob dem Vertreter nach Vertrag ein Tätigwerden für andere untersagt oder ihm nach Art und Umfang der vertraglich verlangten Tätigkeit eine sonstige Vertretung nicht möglich ist. In der ersten Alternative ist entscheidend, ob der Vertreter nach der vertraglichen Gestaltung nicht für weitere Unternehmen tätig werden darf. Diese Voraussetzung ist auch erfüllt, wenn ein Tätigwerden unter Genehmigungsvorbehalt steht und eine solche Genehmigung nicht erteilt wurde, unabhängig davon, ob der Unternehmer bei Nachfrage eingewilligt hätte.[1] Der Anwendungsbereich wird nicht dadurch ausgeschlossen, dass dem Handelsvertreter „sonstige Erwerbstätigkeiten" gestattet sind bzw. er diese nur schriftlich anzeigen muss. Entscheidend ist vielmehr die Handelsvertretertätigkeit, § 92a auf das Merkmal „für weitere Unternehmer tätig werden" abstellt.[2] Nach der zweiten gesetzlichen Alternative kommt es allein auf die objektiven Umstände an, die ein Tätigwerden für Dritte faktisch ausschließen. Unter den Geltungsbereich der Vorschrift fallen auch Handelsvertreter im Nebenberuf (§ 92b).[3] Zwar ist der Handelsvertreter im Nebenberuf wirtschaftlich weniger schutzbedürftig. Diese Schutzbedürftigkeit ist aber nicht Tatbestandsvoraussetzung. Zudem kann die Geltung einer abstrakten Mindestbedingung nicht im Einzelfall davon abhängig gemacht werden, ob der Handelsvertreter aufgrund sonstigen Einkommens oder Vermögens auf die Mindestentgelte angewiesen ist.

II. Mehrfirmenversicherungsvertreter

Abs. 2 erweitert das Ermächtigungsrecht für Versicherungsvertreter, die formal nicht zu den Einfirmenvertretern zählen. Mindestbedingungen können auch für Versicherungsvertreter festgesetzt werden, die zwar aufgrund eines Vertrages oder mehrerer Verträge Geschäfte für mehrere Versicherer vermitteln oder abschließen, welche aber wie-

---

1 BAG 15.2.2005 – 5 AZB 13/04 – AP § 5 ArbGG Nr. 60 = NJW 2005, 1146; *Baumbach/Hopt*, § 92a Rn 3.
2 OLG Köln 6.4.2005 – 19 W 8/05 – OLGR Köln 2005, 309.
3 BAG 15.2.2005 – 5 AZB 13/04 – AP § 5 ArbGG Nr. 60 = NJW 2005, 1146.

derum zu einem Versicherungskonzern oder zu einer zwischen ihnen bestehenden Organisationsgemeinschaft gehören. Voraussetzung ist, dass die Vertragsbeendigung mit einem Versicherer im Zweifel die Beendigung des Vertragsverhältnisses mit den anderen Versicherern zur Folge hat. Auch wenn die Vorschrift anders als Abs. 1 nur auf die vertragliche Gestaltung abstellt, findet die Bestimmung auch Anwendung, wenn es dem Vertreter faktisch nur möglich ist, für Versicherer i.S.d. Abs. 2 tätig zu werden.[4]

III. Mindestbedingungen

4 Per Rechtsverordnung kann die **untere Grenze der vertraglichen Leistungen** des Unternehmers festgesetzt werden, um die notwendigen sozialen und wirtschaftlichen Bedürfnisse der Handels- und Versicherungsvertreter sicherzustellen, Abs. 1. Auch diese Regelung entspricht den Parallelbestimmungen des Mindestarbeitsbedingungengesetzes: Es kann nur die unterste Grenze der Arbeits- bzw. Vertragsbedingungen festgelegt werden. Diese richtet sich auch nicht nach den branchenangemessenen Bedingungen, wie etwa die Bestimmungen eines allgemeinverbindlichen Tarifvertrages, oder nach einem angemessenen Entgelt für erbrachte Leistungen, sondern nach den notwendigen sozialen und wirtschaftlichen Bedürfnissen der betroffenen AN bzw. arbeitnehmerähnlichen Vertreter. Da bisher noch keine Rechtsverordnung erlassen wurde, fehlt es an einem praxistauglichen Maßstab. Der Verordnungsgeber wird sich im Zweifel an den Grenzen zu orientieren haben, die sich aus den Bemessungen der Hilfe zum Lebensunterhalt ergeben. Zu den vertraglichen festzusetzenden Mindestbedingungen zählt nach dem Regelungszweck vorrangig ein Mindestentgelt; in Betracht kommen aber Festsetzungen eines Mindesturlaubs oder einer Mindestvergütung bei unverschuldeter Dienstverhinderung. Nach Abs. 2 kann zudem bestimmt werden, ob die Mindestbedingungen von allen Versicherern als Gesamtschuldner oder anteilig oder nur von einem Versicherer zu erbringen sind und wie die Versicherer im Innenverhältnis die Leistungen auszugleichen haben.

5 Mindestbedingungen können vertraglich nicht ausgeschlossen oder beschränkt werden. Damit sind sowohl abweichende vertragliche Bestimmungen als auch Ausschlussfristen unzulässig.

IV. Verordnungsermächtigung

6 Verordnungsgeber ist das Bundesministerium für Justiz. Dieses muss jedoch im Einvernehmen mit dem Bundesministerium für Wirtschaft und Technologie handeln. Vor Erlass der Verordnung sind die Verbände von Handelsvertretern und der Unternehmer anzuhören. Die Verordnung bedarf nicht der Zustimmung des Bundesrates.

C. Beraterhinweise

7 § 92a spielt mangels Rechtsverordnung in seinem unmittelbaren Anwendungsbereich bisher keine Rolle. Das Vorhandensein der Ermächtigungsgrundlage kann allerdings indirekt Auswirkungen auf einen Streit über angemessene Vertragsbedingungen haben: Solange eine Rechtsgrundlage existiert, die zur Festsetzung von Mindestbedingungen ermächtigt, fehlt es an einer unbewussten, der Ausfüllung durch die Gerichte für Arbeitssachen zugänglichen Regelungslücke. Sieht der Verordnungsgeber davon ab, Mindestbedingungen zum Schutz der Einfirmenvertreter festzulegen, haben die Gerichte für Arbeitssachen diese Entscheidung hinzunehmen.[5]

8 In der Praxis spielt die Vorschrift mittelbar durch den Verweis in § 5 Abs. 3 ArbGG eine wichtige Rolle: § 5 Abs. 3 ArbGG erstreckt die Zuständigkeit der Gerichte für Arbeitssachen auf selbstständige Einfirmenvertreter, wenn deren Verdienst unterhalb der dort festgelegten Grenze liegt. Die Regelung stellt die erfassten Einfirmenvertreter lediglich prozessual den AN gleich; einen über die prozessualen Erleichterungen hinausgehenden Schutzbedarf deckt die Regelung nicht ab.

§ 92b Nebenberuflicher Handelsvertreter

(1) [1]Auf einen Handelsvertreter im Nebenberuf sind §§ 89 und 89b nicht anzuwenden. [2]Ist das Vertragsverhältnis auf unbestimmte Zeit eingegangen, so kann es mit einer Frist von einem Monat für den Schluß eines Kalendermonats gekündigt werden; wird eine andere Kündigungsfrist vereinbart, so muß sie für beide Teile gleich sein. [3]Der Anspruch auf einen angemessenen Vorschuß nach § 87a Abs. 1 Satz 2 kann ausgeschlossen werden.

(2) Auf Absatz 1 kann sich nur der Unternehmer berufen, der den Handelsvertreter ausdrücklich als Handelsvertreter im Nebenberuf mit der Vermittlung oder dem Abschluß von Geschäften betraut hat.

(3) Ob ein Handelsvertreter nur als Handelsvertreter im Nebenberuf tätig ist, bestimmt sich nach der Verkehrsauffassung.

---

[4] LAG Nürnberg – 7 Ta 59/92 – NZA 1993, 652.

[5] BAG 24.10.2002 – 6 AZR 632/00 – AP § 89 HGB Nr. 3 = NJW 2003, 2627.

(4) Die Vorschriften der Absätze 1 bis 3 gelten sinngemäß für Versicherungsvertreter und für Bausparkassenvertreter.

§ 92c Handelsvertreter außerhalb des Europäischen Wirtschaftsraums

(1) Hat der Handelsvertreter seine Tätigkeit für den Unternehmer nach dem Vertrag nicht innerhalb des Gebietes der Europäischen Gemeinschaft oder der anderen Vertragsstaaten des Abkommens über den Europäischen Wirtschaftsraum auszuüben, so kann hinsichtlich aller Vorschriften dieses Abschnittes etwas anderes vereinbart werden.

(2) Das gleiche gilt, wenn der Handelsvertreter mit der Vermittlung oder dem Abschluß von Geschäften betraut wird, die die Befrachtung, Abfertigung oder Ausrüstung von Schiffen oder die Buchung von Passagen auf Schiffen zum Gegenstand haben.

Insolvenzordnung

Vom 5.10.1994, BGBl I S. 2866, I 2911, BGBl III 311-13

Zuletzt geändert durch Gesetz zur Umsetzung der Verbraucherkreditrichtlinie, des zivilrechtlichen Teils der Zahlungsdiensterichtlinie sowie zur Neuordnung der Vorschriften über das Widerrufs- und Rückgaberecht vom 29.7.2009, BGBl I S. 2355

– Auszug –

§ 38 Begriff der Insolvenzgläubiger

Die Insolvenzmasse dient zur Befriedigung der persönlichen Gläubiger, die einen zur Zeit der Eröffnung des Insolvenzverfahrens begründeten Vermögensanspruch gegen den Schuldner haben (Insolvenzgläubiger).

§ 55 Sonstige Masseverbindlichkeiten

(1) Masseverbindlichkeiten sind weiter die Verbindlichkeiten:
1. die durch Handlungen des Insolvenzverwalters oder in anderer Weise durch die Verwaltung, Verwertung und Verteilung der Insolvenzmasse begründet werden, ohne zu den Kosten des Insolvenzverfahrens zu gehören;
2. aus gegenseitigen Verträgen, soweit deren Erfüllung zur Insolvenzmasse verlangt wird oder für die Zeit nach der Eröffnung des Insolvenzverfahrens erfolgen muß;
3. aus einer ungerechtfertigten Bereicherung der Masse.

(2) [1]Verbindlichkeiten, die von einem vorläufigen Insolvenzverwalter begründet worden sind, auf den die Verfügungsbefugnis über das Vermögen des Schuldners übergegangen ist, gelten nach der Eröffnung des Verfahrens als Masseverbindlichkeiten. [2]Gleiches gilt für Verbindlichkeiten aus einem Dauerschuldverhältnis, soweit der vorläufige Insolvenzverwalter für das von ihm verwaltete Vermögen die Gegenleistung in Anspruch genommen hat.

(3) [1]Gehen nach Absatz 2 begründete Ansprüche auf Arbeitsentgelt nach § 187 des Dritten Buches Sozialgesetzbuch auf die Bundesagentur für Arbeit über, so kann die Bundesagentur diese nur als Insolvenzgläubiger geltend machen. [2]Satz 1 gilt entsprechend für die in § 208 Abs. 1 des Dritten Buches Sozialgesetzbuch bezeichneten Ansprüche, soweit diese gegenüber dem Schuldner bestehen bleiben.

§ 108 Fortbestehen bestimmter Schuldverhältnisse

(1) [1]Miet- und Pachtverhältnisse des Schuldners über unbewegliche Gegenstände oder Räume sowie Dienstverhältnisse des Schuldners bestehen mit Wirkung für die Insolvenzmasse fort. [2]Dies gilt auch für Miet- und Pachtverhältnisse, die der Schuldner als Vermieter oder Verpächter eingegangen war und die sonstige Gegenstände betreffen, die einem Dritten, der ihre Anschaffung oder Herstellung finanziert hat, zur Sicherheit übertragen wurden.

(2) Ein vom Schuldner als Darlehensgeber eingegangenes Darlehensverhältnis besteht mit Wirkung für die Masse fort, soweit dem Darlehensnehmer der geschuldete Gegenstand zur Verfügung gestellt wurde.

(3) Ansprüche für die Zeit vor der Eröffnung des Insolvenzverfahrens kann der andere Teil nur als Insolvenzgläubiger geltend machen.

Literatur: *Annuß*, Die Betriebsänderung in der Insolvenz, NZI 1999, 344; *Belling/Hartmann*, Die Tarifbindung in der Insolvenz, NZA 1998, 57; *Berkowsky*, Das neue Insolvenz-Kündigungsrecht, NZI 1999, 129; *Berscheid*, Stellung und Befugnis des vorläufigen Insolvenzverwalters aus arbeitsrechtlicher Sicht, ZInsO 1998, 9; *ders.*, Die Kündigung von Arbeitsverhältnissen nach § 113 InsO, (Teil I) ZInsO 1998, 115; *ders.*, Arbeitsrechtliche Probleme im Insolvenzeröffnungsverfahren, Kölner Schrift zur Insolvenzordnung, 2. Auflage 2000, S. 1361; *ders.*, Vorschläge zur Änderung arbeitsrechtlicher Vorschriften der Insolvenzordnung, ZInsO 2001, 64; *Boemke/Tietze*, Insolvenzarbeitsrecht und Sozialplan, DB 1999, 1389; *Bork*, § 55 Abs. 2 InsO, § 108 Abs. 2 InsO und der allgemeine Zustimmungsvorbehalt, ZIP 1999, 781; *ders.*, Zur Passivlegitimation des Insolvenzverwalters im Kündigungsschutzprozess, ZInsO 2001, 210; *ders.*, Die Insolvenzanfechtung von Lohnzahlungen, ZIP 2007, 2337; *Düwell*, Änderungs- und Beendigungskündigung nach dem neuen Insolvenzrecht, Kölner Schrift zur Insolvenzordnung, 2. Auflage 2000, S. 1433; *Ennemann*, Interessenausgleichsverhandlungen und arbeitsgerichtliche Beschlussverfahren in der Insolvenz, Kölner Schrift zur Insolvenzordnung, 2. Auflage 2000, S. 1473; *Heinze*, Kollektive Arbeitsbedingungen im Spannungsfeld zwischen Tarif- und Betriebsautonomie, NZA 1995, 5; *ders.*, Das Arbeitsrecht der Insolvenzordnung, NZA 1999, 57; *Lakies*, Arbeitsrechtliche Vorschriften der neuen Insolvenzordnung, BB 1998, 2638; *ders.*, Arbeitsrechtliche Bedeutung des Vorläufigen Insolvenzverwalters (§ 22 InsO), FA 1999, 40; *ders.*, Die arbeitsrechtliche Bedeutung der Eigenverwaltung in der Insolvenzordnung, BB 1999, 1759; *ders.*, Ausgewählte arbeitsrechtliche Probleme im Insolvenzeröffnungsverfahren, NZI 2000, 1; *ders.*, Das Beschlussverfahren zum Kündigungsschutz nach § 126 InsO, NZI 2000, 345; *ders.*, Vergütungsansprüche der Arbeitnehmer in der Insolvenz, NZA 2001, 521; *Müller*, Das arbeitsgerichtliche Beschlussverfahren nach der Insolvenzordnung, DZWIR 1999, 221; *Schaub*, Arbeitsrecht in der Insolvenz, DB 1999, 217; *Stiller*, Der Zeugnisanspruch in der Insolvenz des Arbeitgebers, NZA 2005, 330; *Weisemann*, Der vorläufige halbstarke Insolvenzverwalter, DZWIR 1999, 397

A. Allgemeines 1	a) Sonderzahlungen 27
B. Regelungsgehalt 4	b) Provisionen 28
I. Fortbestand des Arbeitsverhältnisses, § 108 Abs. 1 ... 4	c) Urlaubsentgelt, Urlaubsgeld und Urlaubsabgeltung 29
1. Arbeitgeberfunktion des Insolvenzverwalters . 4	d) Entgeltansprüche bei Altersteilzeit 31
2. Auswirkungen auf nicht in Vollzug gesetzte Arbeitsverhältnisse 9	e) Abfindungen 32
3. Kollektivrechtliche Wirkung der Insolvenz ... 10	4. Rückforderungsanspruch nach Anfechtung durch den Insolvenzverwalter 37
a) Tarifvertragsrecht 10	5. Zurückbehaltungsrecht des Arbeitnehmers ... 40
b) Betriebsverfassungsrecht 13	6. Erstattungsansprüche des Betriebsrats 42
4. Begründung neuer Arbeitsverhältnisse in der Insolvenz 14	III. Sonstige Ansprüche des Arbeitnehmers in der Insolvenz 43
5. Arbeitsrechtliche Stellung des vorläufigen Insolvenzverwalters 15	C. Verbindung zu anderen Rechtsgebieten und zum Prozessrecht 47
a) Vorläufiger „starker" Insolvenzverwalter, § 21 Abs. 2 Nr. 2 Alt. 1 16	D. Beraterhinweise 48
b) Vorläufiger „schwacher" Insolvenzverwalter, § 21 Abs. 2 Nr. 2 Alt. 2 18	I. Prozessführung in der Insolvenz 49
6. Besonderheiten bei der Eigenverwaltung 19	1. Klageverfahren gegen den Insolvenzverwalter 49
II. Entgeltansprüche in der Insolvenz 20	2. Klageverfahren gegen den vorläufigen Insolvenzverwalter 53
1. Ansprüche der Insolvenzgläubiger 20	3. Haftungsprozesse gegen den Insolvenzverwalter 55
2. Ansprüche der Massegläubiger 22	II. Durchsetzung der Entgeltforderungen 59
a) Masseforderungen nach § 55 Abs. 1 22	1. Durchsetzung von Insolvenzforderungen 59
b) Masseforderungen nach § 55 Abs. 2 23	2. Durchsetzung von Masseansprüchen 62
c) Masseforderungen nach § 55 Abs. 3 25	
3. Insolvenzrechtliche Einordnung von Entgeltansprüchen 26	

A. Allgemeines

Wie nach bisherigem Recht bleibt es auch unter Geltung der InsO bei dem Grundsatz, dass die Insolvenz des AG keinen **Einfluss auf die Fortgeltung des allgemeinen Arbeitsrechts** hat. Die Eröffnung des Insolvenzverfahrens hat daher grds. keine Auswirkung auf Bestand und Inhalt des Arbverh.[1] Dies folgt aus § 108 Abs. 1, der nunmehr bestimmt, dass Dienstverhältnisse mit Wirkung zur Insolvenzmasse fortbestehen.

Neben der Einführung der **arbeitsrechtlichen Sonderregelungen** der §§ 113, 120 bis 128 hat insb. die Behandlung der Arbeitsentgeltansprüche der AN in der Insolvenz eine wesentliche Änderung durch die InsO erfahren. Die Privilegierung der **Ansprüche auf rückständiges Arbeitsentgelt** aus der Zeit vor Eröffnung des Konkursverfahrens wurde abgeschafft. Dies betrifft zum einen die Einordnung der Entgeltansprüche für die letzten sechs Monate vor Konkurseröffnung als Masseschulden gem. § 59 Abs. 1 Nr. 3a KO und zum anderen die Einordnung der Entgeltansprüche für das letzte Jahr vor Konkurseröffnung als bevorrechtigte Konkursforderungen gem. § 61 Abs. 1 Nr. 1a KO. Diese Bevorrechtigung ist wie alle Abstufungen bei den einfachen Insolvenzforderungen entfallen. Sämtliche Forderungen auf rückständiges Arbeitsentgelt aus der Zeit vor Insolvenzeröffnung sind nunmehr einfache Insolvenzforderungen i.S.d. § 38. Lohn- und Gehaltsansprüche für die Zeit nach Verfahrenseröffnung sind dagegen Masseverbindlichkeiten gem. § 55 Abs. 1 Nr. 2. Maßgeblicher Zeitpunkt für die Einordnung des Arbeitsentgeltsanspruchs ist der Zeitpunkt des Entstehens des Anspruchs, nicht dessen Fälligkeit.[2] Unter den Voraussetzungen des § 55 Abs. 2 können Verbindlichkeiten aus Dauerschuldverhältnissen i.S.v. § 108 schon für die Zeit des Eröffnungsverfahrens zu Masseverbindlichkeiten werden, wenn sie auf Handlungen des „starken" vorläufigen Insolvenzverwalters beruhen. § 55 Abs. 2 S. 2 ist aber weder unmittelbar noch entsprechend auf Rechtshandlungen eines vorläufigen Insolvenzverwalters anzuwenden, auf den die Verwaltungs- und Verfügungsbefugnis über das Vermögen des Schuldners nicht übergegangen ist, sog. schwacher vorläufiger Insolvenzverwalter.[3]

---

1 *Hess*, § 113 Rn 81; *Berkowsky*, NZI 1999, 129.
2 *Lakies*, NZA 2001, 521; *Steindorf/Regh*, § 4 Rn 9.
3 BGH 18.7.2002 – IX ZR 264/01 – NJW 2002, 3253; LAG Hamm 12.11.2003 – 2 Sa 844/03 – ZInsO 2004, 576.

3 Anstelle des bisher gezahlten Konkursausfallgeldes (§§ 141a bis 141n AFG) wird nunmehr **Insolvenzgeld** gewährt, dessen Voraussetzungen in den §§ 183 bis 189 SGB III geregelt sind.[4]

B. Regelungsgehalt

I. Fortbestand des Arbeitsverhältnisses, § 108 Abs. 1

4 **1. Arbeitgeberfunktion des Insolvenzverwalters.** Mit Eröffnung des Insolvenzverfahrens geht gem. § 80 Abs. 1 das Verwaltungs- und Verfügungsrecht vom Schuldner auf den Insolvenzverwalter über. Der Insolvenzverwalter übernimmt kraft Gesetzes die **AG-Funktion**[5] mit allen damit zusammenhängenden Rechten und Pflichten,[6] gleichgültig, ob sie auf gesetzlicher, tarifvertraglicher, betriebsverfassungsrechtlicher oder einzelvertraglicher Regelung basieren.[7] Dies gilt auch für arbeitsrechtliche Nebenpflichten sowie die sozialversicherungs- und lohnsteuerrechtlichen Verpflichtungen.

5 Aus dem Grundsatz des **Fortbestandes des Arbverh** folgt, dass die Vertragsparteien zur Erbringung der wechselseitigen Leistungspflichten weiterhin verpflichtet sind. Der AN hat seine Arbeitsleistung zu erbringen und kann dafür die arbeitsvertraglich vereinbarte Vergütung verlangen. Erhalten bleiben alle vertraglichen Leistungen wie Gratifikationen, Prämien, Provisionen, Auslagenersatz, Handy-Nutzung oder die Stellung eines Firmenwagens. Der Insolvenzverwalter ist nicht berechtigt, vereinbarte Leistungen wegen der Eröffnung des Insolvenzverfahrens einseitig zu kürzen. Dies gilt auch für Leistungen aus vertraglicher Einheitsregelung, Gesamtzusagen und betrieblicher Übung.

6 Auch das **Direktionsrecht** des Insolvenzverwalters wird durch das Insolvenzverfahren weder erweitert noch beschränkt.[8] Lediglich in einer Not- oder Ausnahmesituation kann es dem AN eher zumutbar sein, auf Verlangen des Insolvenzverwalters vorübergehend auch solche Arbeiten auszuführen, zu denen er arbeitsvertraglich nicht verpflichtet ist.[9]

7 Der AN kann seinerseits die **Erbringung der Arbeitsleistung** nicht mit dem Hinweis auf die Eröffnung des Insolvenzverfahrens verweigern. Liegen Gehaltsrückstände vor, kann er u.U. von einem Zurückbehaltungsrecht Gebrauch machen oder das Arbverh nach vorheriger Abmahnung außerordentlich, fristlos kündigen und Schadensersatz nach § 628 Abs. 2 BGB verlangen.

8 Wird der AN im Falle der Betriebsstilllegung mit Eröffnung des Insolvenzverfahrens sofort von der Arbeit freigestellt, z.B. weil der Insolvenzverwalter die AN nicht mehr beschäftigen kann, behält er den Anspruch auf das Arbeitsentgelt. Ein **insolvenzspezifischer Freistellungsanspruch existiert** nach bestehender Rechtslage allerdings **nicht**.[10] Allein der Umstand, dass die Masse mit Vergütungsansprüchen belastet wird, rechtfertigt die Freistellung von AN nicht.[11] Auch bei Masseunzulänglichkeit folgt aus § 209 Abs. 2 Nr. 3 kein originäres Freistellungsrecht des Insolvenzverwalters.[12] Entschließt sich der Insolvenzverwalter dennoch AN freizustellen, so ist er bei seiner Freistellungsentscheidung nicht frei von rechtlichen Schranken, sondern muss sich in den Grenzen billigen Ermessens nach § 315 BGB halten und soziale Gesichtspunkte beachten.[13] Stellt der Insolvenzverwalter AN ohne Fortzahlung der Vergütung von der Arbeitspflicht frei, so kann dies der Mitbestimmung nach § 87 Abs. 1 Nr. 3 BetrVG unterfallen.[14] Der BR hat aber regelmäßig dann kein Mitbestimmungsrecht nach § 87 Abs. 1 Nr. 3 BetrVG, wenn der Insolvenzverwalter bei Masseunzulänglichkeit einen Großteil der AN im Hinblick auf eine beabsichtigte Betriebsstilllegung freistellt. § 87 Abs. 1 Nr. 3 BetrVG betrifft nur eine vorübergehende Veränderung der betriebsüblichen Arbeitszeit, nicht eine auf Dauer angelegte Freistellung.[15]

---

4 S. hierzu die Kommentierung zu §§ 183 bis 189a SGB III.
5 Gottwald/Heinze, § 102 Rn 24; anders Berscheid, Kölner Schrift, S. 1395 Rn 1 ff.
6 Nerlich/Römermann/Hamacher, vor § 113 Rn 15.
7 BAG GS 13.12.1978 – GS 1/77 – AP § 112 BetrVG 1972 Nr. 6; BAG 28.1.1987 – 4 AZR 150/86 – NZA 1987, 455.
8 Nerlich/Römermann/Hamacher, vor § 113 Rn 15.
9 BAG 8.10.1962 – 2 AZR 550/61 – AP § 611 BGB Direktionsrecht Nr. 18.
10 ArbG Kaiserslautern 4.5.2001 – 7 Ca 193/01 – ZInsO 2002, 1996; Steindorf/Regh, § 3 Rn 129; a.A. LAG Hamm 12.2.2001 – 4 Ta 277/00 – NZA-RR 2002, 157; LAG Hamm 6.9.2001 – 4 Sa 1276/01 – ZInsO 2002, 45: Bei reduziertem Beschäftigungsbedarf ergebe sich zur Schonung der Insolvenzmasse in §§ 55 Abs. 2, 209 Abs. 2 Nr. 3 ein „insolvenzspezifisches" Freistellungsrecht des Insolvenzverwalters bereits vor Ausspruch der Künd; ebenso LAG Hamm 27.9.2000 – 2 Sa 1178/00 – ZInsO 2001, 333; Berscheid, ZInsO 2001, 64, 66 ist für die gesetzliche Verankerung eines Freistellungsrechts durch Ergänzung der InsO.
11 ArbG Berlin 18.6.1996 – 9 Ga 17108/96 – ZAP ERW 1997, 62.
12 Hessisches LAG 6.6.2002 – 11 Sa 505/01 – juris; a.A. LAG Hamm 27.9.2000 – 2 Sa 1178/00 – ZInsO 2001, 333; ArbG Kaiserslautern 4.5.2001 – 7 Ca 193/01 – ZInsO 2002, 96.
13 LAG Hamm 27.9.2000 – 2 Sa 1178/00 – ZInsO 2001, 333; Hessisches LAG 6.6.2002 – 11 Sa 505/01 – juris für die Einhaltung der Grundsätze der Sozialauswahl.
14 ArbG Berlin 18.6.1996 – 9 Ga 17108/96 – ZAP ERW 1997, 62; ähnlich LAG Hamm 27.9.2000 – 2 Sa 1178/00 – ZInsO 2001, 333, 334.
15 LAG Hamm 20.9.2002 – 10 TaBV 95/02 – NZA-RR 2003, 422.

2. Auswirkungen auf nicht in Vollzug gesetzte Arbeitsverhältnisse. Wurde das Arbverh vor Insolvenzeröffnung noch nicht in Vollzug gesetzt, steht dem Insolvenzverwalter anders als unter Geltung von § 17 KO **kein Wahlrecht** zu. Das in § 103 Abs. 1 vorgesehene Wahlrecht des Insolvenzverwalters bei gegenseitigen Verträgen wird durch das Künd-Recht nach § 113 verdrängt.[16] Durch das Weglassen der Beschränkung auf das bereits „angetretene" Dienstverhältnis in § 113 hat der Gesetzgeber zum Ausdruck gebracht, dass damit ein für alle Dienstverhältnisse einheitliches Künd-Recht geschaffen werden sollte. Kündigt der Insolvenzverwalter das noch nicht in Vollzug gesetzte Arbverh, beginnt die Künd-Frist unbeschadet einer anders lautenden Vereinbarung bereits mit dem Zugang der Künd zu laufen.[17]

3. Kollektivrechtliche Wirkung der Insolvenz. a) Tarifvertragsrecht. Rechte und Pflichten, die sich aus kollektiv-rechtlichen Normen ergeben, bleiben von der Eröffnung des Insolvenzverfahrens prinzipiell unberührt. Nach einhelliger Auffassung beseitigt die Insolvenz die **Tarifgebundenheit** des AG nicht.[18] Mit der Wahrnehmung der AG-Funktion ist der Insolvenzverwalter an die vor und nach Insolvenzeröffnung abgeschlossenen TV gebunden.[19] Besteht Tarifbindung kraft Verbandszugehörigkeit, befreit auch der Austritt aus dem AG-Verband nicht von der Tarifbindung, die nach § 3 Abs. 3 TVG bestehen bleibt, bis der TV endet.[20] Selbst die Insolvenzeröffnung über das Vermögen des tarifschließenden AG-Verbandes beseitigt nicht den normativen Teil des TV, weil der AG-Verband mit Verfahrenseröffnung noch nicht endgültig aufgelöst ist. Es bedarf vielmehr einer Künd durch den das Vermögen des AG-Verbandes verwaltenden Insolvenzverwalter.[21]

Erleichterte Möglichkeiten, die **zwingende Wirkung des TV** zu beenden, stehen dem Insolvenzverwalter nicht zu. Ein Wahlrecht nach § 103 zugunsten des Insolvenzverwalters scheidet aus, weil der normative Teil des TV kein gegenseitiger Vertrag i.S.d. § 103 ist.[22] Die Insolvenz begründet auch kein außerordentliches Künd-Recht.[23] Z.T. wird vorgeschlagen, dass TV in der Insolvenz automatisch ihre zwingende Wirkung verlieren sollten, um so einen Systemwechsel zur Privatautonomie zu ermöglichen.[24] Allerdings bejahen auch diese Autoren die unveränderte zwingende Wirkung von TV, wenn mit Wahrscheinlichkeit zu erwarten sei, dass das Unternehmen liquidiert werde.[25] Denkbar ist auch, einen freiwilligen, individuellen Verzicht auf tarifvertraglich begründete Ansprüche seitens der AN zuzulassen.[26]

In prozessualer Hinsicht ist zu beachten, dass der Insolvenzverwalter sich vor dem LAG bei einem **Verbandsaustritt** nicht mehr durch den Vertreter eines AG-Verbands vertreten lassen kann, wenn nach der Verbandssatzung die Mitgliedschaft des Schuldners geendet hat und der Insolvenzverwalter nicht selbst Mitglied des Verbandes ist.[27]

b) Betriebsverfassungsrecht. Die Geltung des Betriebsverfassungsrechts wird durch die Eröffnung des Insolvenzverfahrens nicht berührt.[28] Für die Mitbestimmungs- und Mitwirkungsrechte des BR in wirtschaftlichen Angelegenheiten und Ansprüche der AN aus BV wurden durch die **§§ 120 bis 128** lediglich **Modifikationen** geschaffen. Darüber hinaus sieht die InsO einige insolvenzspezifische Informations- und Äußerungsrechte für den BR und den Sprecherausschuss der leitenden Ang vor. Nach § 156 Abs. 2 können BR und Sprecherausschuss eine Stellungnahme zum Bericht des Insolvenzverwalters abgeben. Ein Mitwirkungs- und Äußerungsrecht von BR und Sprecherausschuss bei der Aufstellung des Insolvenzplans sehen § 218 Abs. 3 und § 232 Abs. 1 Nr. 1 vor. Nach § 235 Abs. 3 sind BR und Sprecherausschuss zum Erörterungs- und Abstimmungstermin zu laden.

4. Begründung neuer Arbeitsverhältnisse in der Insolvenz. Werden durch den Insolvenzverwalter AN neu eingestellt, so ist zu differenzieren, ob der Insolvenzverwalter sich selbst oder die Insolvenzmasse verpflichten will. Stellt er neue AN für das insolvente Unternehmen ein, so schließt er aufgrund seiner AG-Funktion Arbeitsverträge zu Lasten der Insolvenzmasse, die nach Beendigung des Insolvenzverfahrens zum früheren Schuldner bestehen bleiben.[29] Stellt der Insolvenzverwalter für sich selbst in Wahrnehmung der Insolvenzverwalteraufgaben Hilfskräfte ein, so stehen sie in Arbverh zum Insolvenzverwalter. Die Löhne und Gehälter dieser AN gehören zu den durch

---

16 *Düwell*, Kölner Schrift, S. 1433, 1444, Rn 28, 17; *Berscheid*, ZInsO 1998, 115, 116; *Steindorf/Regh*, § 3 Rn 83; a.A. *Küttner/Kania*, Insolvenz des Arbeitgebers, Rn 6.
17 *Berscheid*, ZInsO 1998, 115, 117; *Nerlich/Römermann/Hamacher*, § 113 Rn 12; *Düwell*, Kölner Schrift, S. 1433, 1451 Rn 52.
18 BAG 28.1.1987 – 4 AZR 150/86 – NZA 1987, 455; *Belling/Hartmann*, NZA 1998, 57, 63.
19 BAG 19.1.2000 – 4 AZR 911/98 – KTS 2001, 186; LAG Baden-Württemberg 9.11.1998 – 15 Sa 86/98 – ZinsO 1999, 55.
20 BAG 13.12.1995 – 4 AZR 1062/94 – AP § 3 TVG Verbandsaustritt Nr. 3; *Heinze*, NZA 1995, 5.
21 BAG 27.6.2000 – 1 ABR 31/99 – NZA 2001, 334; LAG Berlin 25.5.1999 – 3 TaBV 369/99 – InVo 2000, 53, 54.
22 *Belling/Hartmann*, NZA 1998, 57, 63.
23 *Belling/Hartmann*, NZA 1998, 57, 63.
24 *Belling/Hartmann*, NZA 1998, 57, 63; *Nerlich/Römermann/Hamacher*, vor § 113 Rn 43.
25 *Belling/Hartmann*, NZA 1998, 57, 63, 66.
26 *Gottwald/Heinze*, § 102 Rn 70.
27 BAG 20.11.1997 – 2 AZR 52/97 – NZA 1998, 334, 336.
28 BAG 6.5.1986 – 1 AZR 553/84 – AP § 128 HGB Nr. 8; H/S/*Regh*, § 18 Rn 16.
29 *Berscheid*, ZInsO 1998, 115, 117.

die Verwaltervergütung abgegoltenen allgemeinen Geschäftskosten des Insolvenzverwalters und sind daher nicht aus der Masse zu begleichen. Ebenso gilt für diese Arbverh § 113 nicht.[30]

15 **5. Arbeitsrechtliche Stellung des vorläufigen Insolvenzverwalters.** Nach § 21 kann das **Insolvenzgericht vorläufige Sicherungsmaßnahmen** bis zur Eröffnung des Insolvenzverfahrens treffen. Das Insolvenzgericht kann dem Schuldner ein allgemeines Verfügungsverbot auferlegen oder anordnen, dass Verfügungen nur mit Zustimmung des vorläufigen Insolvenzverwalters wirksam sind. Die Unterscheidung zwischen der Bestellung des vorläufigen Insolvenzverwalters mit und ohne Verwaltungs- und Verfügungsbefugnis hat Auswirkungen auf die arbeitsrechtliche Stellung und die arbeitsrechtlichen Befugnisse des vorläufigen Insolvenzverwalters.

16 **a) Vorläufiger „starker" Insolvenzverwalter, § 21 Abs. 2 Nr. 2 Alt. 1.** Wird ein vorläufiger Insolvenzverwalter bestellt und dem Schuldner ein **allgemeines Verfügungsverbot** auferlegt, so geht die Verwaltungs- und Verfügungsbefugnis über das Vermögen des Schuldners auf den vorläufigen Insolvenzverwalter über, § 22 Abs. 1 S. 1. In diesem Fall geht auch die AG-Funktion auf den vorläufigen Insolvenzverwalter über.[31] Die Aufgaben des vorläufigen Insolvenzverwalters mit Verwaltungs- und Verfügungsbefugnis ergeben sich aus § 22 Abs. 1 S. 2. Danach hat er das Vermögen des Schuldners zu sichern und zu erhalten, das Unternehmen des Schuldners bis zur Entscheidung über die Eröffnung des Insolvenzverfahrens fortzuführen, soweit nicht das Insolvenzgericht einer Stilllegung zustimmt, um eine erhebliche Verminderung des Vermögens zu vermeiden und zu prüfen, ob das Vermögen des Schuldners die Kosten des Verfahrens decken wird. Das Gericht kann ihn zusätzlich beauftragen, als SV zu prüfen, ob ein Eröffnungsgrund vorliegt und welche Aussichten für eine Fortführung des Unternehmens des Schuldners bestehen.

17 Aus dem **Übergang der AG-Funktion** auf den vorläufigen Insolvenzverwalter folgt, dass nur er neue Arbeitsverträge abschließen, Arbverh kündigen und Verhandlungen mit dem BR führen kann. Die arbeitsrechtlichen Sonderregelungen der §§ 113, 120 bis 128 sind auf den vorläufigen Insolvenzverwalter allerdings nicht anwendbar.[32] In den §§ 113 ff. fehlt jeder Bezug auf die Vorschriften des vorläufigen Insolvenzverfahrens in § 21 ff.,[33] wie auch in § 22 Abs. 1 nicht auf die arbeitsrechtlichen Vorschriften der InsO verwiesen wird.[34] Der „starke" vorläufige Insolvenzverwalter und der – endgültige – Insolvenzverwalter haben unterschiedliche Funktionen und sind vom Gesetzgeber nicht völlig gleichgestellt worden.[35] Dieser Rechtszustand ist auch durch das Insolvenzrechtsänderungsgesetz[36] vom Gesetzgeber, trotz der geäußerten Kritik,[37] nicht geändert worden.

18 **b) Vorläufiger „schwacher" Insolvenzverwalter, § 21 Abs. 2 Nr. 2 Alt. 2.** Wird ein vorläufiger Insolvenzverwalter bestellt, ohne dass dem Schuldner ein allgemeines Verfügungsverbot auferlegt wird, so bestimmt das Gericht die Pflichten des vorläufigen Insolvenzverwalters im Anordnungsbeschluss, wobei diese nicht über die Pflichten nach § 22 Abs. 1 S. 2 hinausgehen dürfen. Die **AG-Funktion geht nicht auf den vorläufigen Insolvenzverwalter über**, sondern verbleibt beim Schuldner. Er kann auch weiterhin Künd aussprechen, solange die Befugnis dafür nicht auf den vorläufigen Insolvenzverwalter übertragen wird. Kündigt der „schwache" vorläufige Insolvenzverwalter im eigenen Namen, ist die Künd mangels Künd-Befugnis unwirksam. Von ihm ausgesprochene Künd können auch nicht nachträglich gem. §§ 180, 177 BGB genehmigt werden, wenn er seinen Vertreterwillen gegenüber dem Künd-Empfänger nicht zum Ausdruck gebracht hat.[38] Ein vom Insolvenzgericht angeordneter Zustimmungsvorbehalt, wonach Verfügungen der Schuldnerin über „Gegenstände seines Vermögens" nur noch mit Zustimmung des vorläufigen Insolvenzverwalters wirksam sind, erfasst auch die Künd von Arbverh. Der AN kann eine vom Schuldner mit Einwilligung des vorläufigen Insolvenzverwalters erklärte Künd zurückweisen, wenn ihm die Einwilligung nicht in schriftlicher Form vorgelegt wird (§ 182 Abs. 3 BGB i.V.m. § 111 S. 2 und S. 3 BGB). Aus dem Inhalt der Zurückweisungserklärung oder den Umständen muss sich ergeben, dass die Zurückweisung deshalb erfolgt ist, weil die Einwilligung nicht urkundlich nachgewiesen wurde.[39]

19 **6. Besonderheiten bei der Eigenverwaltung.** Ordnet das Insolvenzgericht die Eigenverwaltung an, behält der **Schuldner** ausnahmsweise weitgehend seine **AG-Stellung** inne. Bei diesem besonderen Insolvenzverfahren bleibt der Schuldner, allerdings notwendigerweise unter Aufsicht eines Sachverwalters, selbst verfügungsbefugt, §§ 270 bis 285. Gem. § 279 S. 1 finden die arbeitsrechtlichen Sondervorschriften mit der Maßgabe Anwendung, dass an die Stelle des Insolvenzverwalters der Schuldner tritt. Das Insolvenzgericht kann außerdem bei der Eigenverwaltung für bestimmte Rechtsgeschäfte anordnen, dass die Zustimmung des Sachverwalters erforderlich ist, § 277. Die Zu-

---

30 *Steindorff/Regh*, § 3 Rn 43.
31 *Lakies*, BB 1998, 2638, 2639; *Weisemann*, DZWIR, 1999, 397, 398.
32 BAG 20.1.2005 – 2 AZR 134/04 – DB 2005, 1691; *Steindorff/Regh*, § 3 Rn 63 ff.; *Lakies*, BB 1998, 2638, 2639 f.; *Berscheid*, ZInsO 1998, 9, 13; a.A. MüKo-InsO/*Caspers/Löwisch*, vor § 113 bis § 128 Rn 29 ff.
33 *Düwell*, Kölner Schrift, S. 1433, 1441, Rn 22.
34 *Lakies*, FA 1999, 40, 42; *Berscheid*, NZI 2000, 1, 4.
35 BAG 20.1.2005 – 2 AZR 134/04 – DB 2005, 1691.
36 BGBl I 2001 S. 2710.
37 *Berscheid*, NZI 2000, 1, 9 plädiert für folgende Ergänzung von § 22 Abs. 1: „Die Vorschriften des § 113 und der §§ 120 bis 122 und 125 bis 128 gelten entsprechend."
38 LAG Hamm 10.12.2003 – 2 Sa 1472/03 – ZIP 2004, 727.
39 BAG 10.10.2002 – 2 AZR 532/01 – NZA 2003, 909.

stimmungsbedürftigkeit gilt generell für die Ausübung der Rechte nach den §§ 120, 122, 126. Die Ausübung dieser Rechte ist unwirksam, solange die Zustimmung des Sachwalters fehlt.[40]

II. Entgeltansprüche in der Insolvenz

1. Ansprüche der Insolvenzgläubiger. Forderungen auf rückständiges Arbeitsentgelt aus der **Zeit vor Insolvenzeröffnung** sind einfache Insolvenzforderungen i.S.d. § 38. Dies wird durch § 108 Abs. 2 klargestellt. Insolvenzforderungen nehmen ausschließlich am Tabellenverfahren teil und werden i.d.R. im Insolvenzverfahren nur quotal befriedigt. Die Anmeldung zur Insolvenztabelle bewirkt die Hemmung der Verjährung und wahrt zugleich tarifliche Ausschlussfristen.[41]

Diese rechtliche Einordnung gilt auch, wenn vom Insolvenzgericht ein vorläufiger Insolvenzverwalter ohne Verwaltungs- und Verfügungsbefugnis bestellt wird. Die Rechtslage ändert sich, wenn ein vorläufiger Insolvenzverwalter mit Verwaltungs- und Verfügungsbefugnis bestellt wird. Nach § 55 Abs. 2 S. 1 gelten die von ihm begründeten Verbindlichkeiten als Masseverbindlichkeiten, wenn das Verfahren eröffnet wird.

2. Ansprüche der Massegläubiger. a) Masseforderungen nach § 55 Abs. 1. Nach Eröffnung des Insolvenzverfahrens sind die Arbeitsentgeltansprüche Masseverbindlichkeiten nach § 55 Abs. 1 Nr. 2. Hierbei kommt es nicht darauf an, ob der Insolvenzverwalter die Arbeitsleistung auch tatsächlich in Anspruch genommen hat.[42] Ansprüche aus neubegründeten Arbverh sind Masseverbindlichkeiten nach § 55 Abs. 1 Nr. 1.

b) Masseforderungen nach § 55 Abs. 2. Nach § 55 Abs. 2 S. 2 stehen den vom Insolvenzverwalter begründeten Verbindlichkeiten diejenigen aus einem Dauerschuldverhältnis gleich, wenn der **vorläufig „starke" Insolvenzverwalter** die Gegenleistung in Anspruch genommen hat. Angesichts der Pflicht zur Fortführung des Unternehmens nach § 22 Abs. 1 Nr. 2 wird der vorläufige Insolvenzverwalter in aller Regel auf diese Weise entstehende Masseverbindlichkeiten nicht vermeiden können. Eine Betriebsstilllegung kann der vorläufige Insolvenzverwalter nur mit Zustimmung des Insolvenzgerichts veranlassen, § 22 Abs. 1 Nr. 2 Hs. 2. Dieses Ergebnis ist im Hinblick auf § 108 Abs. 2 zwar umstr.[43] Die arbeitsgerichtliche Rspr. hat diese Gesetzeslage zwischenzeitlich allerdings bestätigt.[44] Hat der vorläufige Insolvenzverwalter die Arbeitsleistung hingegen nicht in Anspruch genommen, sondern die AN von der Arbeit freigestellt, dann sind die aus § 615 BGB erwachsenden Annahmeverzugsansprüche der AN nur einfache Insolvenzforderungen nach § 38.[45]

§ 55 Abs. 2 S. 2 ist aber weder unmittelbar noch entsprechend auf Rechtshandlungen eines **vorläufigen „schwachen" Insolvenzverwalters** anzuwenden, auf den die Verwaltungs- und Verfügungsbefugnis über das Vermögen des Schuldners nicht übergegangen ist, sog. schwacher vorläufiger Insolvenzverwalter.[46]

c) Masseforderungen nach § 55 Abs. 3. § 55 Abs. 3 stellt klar, dass die in § 55 Abs. 2 S. 2 geregelte Vorrang dann nicht gilt, wenn die **Entgeltansprüche auf die BA** wegen der Gewährung von Insolvenzgeld **übergegangen** sind. Die BA kann diese Ansprüche nur als Insolvenzgläubigerin geltend machen.[47]

3. Insolvenzrechtliche Einordnung von Entgeltansprüchen. Die insolvenzrechtliche Privilegierung bestimmter AN-Ansprüche als Masseverbindlichkeiten hängt davon ab, welchem **Zeitraum das Arbeitsentgelt zugeordnet** werden kann. Maßgeblich ist, für welchen Zeitraum das Arbeitsentgelt gezahlt wird, wann also der Arbeitsentgeltanspruch erarbeitet worden ist.

a) Sonderzahlungen. Bei **Gratifikationszahlungen** muss bei der Frage der rechtlichen Einordnung im Insolvenzverfahren anhand der Auslegung des Arbeitsvertrages ermittelt werden, ob der Anspruch auf die Gratifikation anteilig der Arbeitsleistung mehrerer Lohnzahlungszeiträume zuzuordnen ist und nur insgesamt zu einem bestimmten Zeitpunkt gezahlt wird oder ob der Anspruch lediglich an einen bestimmten Zeitpunkt knüpft. Bei **Sonderzahlungen**, die erst nach Insolvenzeröffnung fällig werden, aber für einen Bezugszeitraum geleistet werden, der zumindest teilweise auch vor der Insolvenzeröffnung liegt, ist anhand der konkreten Ausgestaltung der Anspruchsvoraussetzungen festzustellen, ob der Anspruch auf die Sonderzahlung erst nach Insolvenzeröffnung entsteht, oder ob die Ansprüche auf Sonderzahlung über den jeweiligen Bezugszeitraum hinweg verdient werden. Handelt es sich um arbeitsleistungsbezogene Sonderzahlungen, die als Vergütungsbestandteile in den jeweiligen Abrechnungsmonaten verdient, jedoch aufgespart und dann erst am vereinbarten Fälligkeitstag ausbezahlt werden, schuldet der

---

40 *Lakies*, BB 1999, 1759, 1761.
41 *Lakies*, NZA 2001, 521.
42 MünchArb/*Peters-Lange*, Bd. 1, § 77 Rn 5; *Lakies*, NZA 2001, 521, 524.
43 Wie hier *Steindorf/Regh*, § 4 Rn 51; MüKo-InsO/*Löwisch/Caspers*, vor §§ 113 bis 128 Rn 26; *Bork*, ZIP 1999, 781, 782; a.A. Nerlich/Römermann/*Hamacher*, vor § 113 Rn 23; *Berscheid*, NZI 2000, 1, 8.
44 BAG 3.4.2001 – 9 AZR 143/00 – ZInsO 2001, 1174; BAG 3.4.2001 – 9 AZR 301/00 – NZA 2002, 90.
45 MüKo-InsO/*Löwisch/Caspers*, vor §§ 113 bis 128 Rn 25.
46 BGH 18.7.2002 – IX ZR 264/01 – NJW 2002, 3253; LAG Hamm 12.11.2003 – 2 Sa 844/03 – ZInsO 2004, 576; LAG Hamm 12.11.2003 – 2 Sa 1186/03 – ZInsO 2004, 576.
47 So bereits zur früheren Rechtslage BAG 3.4.2001 – 9 AZR 143/00 – ZInsO 2001, 1174; *Lakies*, NZA 2001, 521, 523.

Insolvenzverwalter, der das Arbverh fortsetzt, die Sonderzahlung nur pro rata temporis für die nach der Insolvenzeröffnung liegende Zeit des Bezugszeitraums als Masseverbindlichkeit. Andernfalls haftet der Insolvenzverwalter für die gesamte Sonderzahlung.[48] Eine Verschiebung des Auszahlungszeitpunktes durch Betriebsvereinbarung zwischen Schuldner und Betriebsrat ist sittenwidrig und damit nichtig.[49]

28 **b) Provisionen. Gewinnbeteiligungen** ebenso wie Provisionen, die sich i.d.R. auf einen längeren Zeitraum erstrecken, sind entsprechend der unterschiedlichen Zeiträume vor dem Eröffnungsverfahren und nach der Verfahrenseröffnung aufzuteilen. Bei Provisionen, deren Entstehung i.d.R. durch die spätere Ausführung des Geschäfts bedingt sind, ist darauf abzustellen, ob die geschuldete Vermittlungstätigkeit und auch der durch ihn vermittelte Vertragsschluss in den insolvenzrechtlich privilegierten Zeitraum fällt. Entscheidend kommt es darauf an, in welchem Zeitraum der letzte Akt der geschuldeten Leistung, der die Entstehung wenigstens eines bedingten Anspruchs zur Folge hat, fällt.

29 **c) Urlaubsentgelt, Urlaubsgeld und Urlaubsabgeltung.** Ansprüche auf **Urlaubsentgelt** bzw. **Urlaubsgeld** bilden Masseverbindlichkeiten i.S.v. § 55 Abs. 1 Nr. 2, wenn sie in die Zeit zwischen Insolvenzeröffnung und Urlaubsende fallen. Bei einem bereits vor Eröffnung des Insolvenzverfahrens angetretenen Urlaub, der sich nur nach Insolvenzeröffnung fortsetzt, ist eine Aufteilung vorzunehmen, nach der Zahl der Urlaubstage vor Insolvenzeröffnung bzw. vor der Bestellung eines vorläufigen Insolvenzverwalters mit Verfügungsbefugnis und nach Insolvenzeröffnung bzw. nach Weiterbeschäftigung durch einen vorläufigen Insolvenzverwalter mit Verfügungsbefugnis. Ansprüche auf Urlaubsentgelt und Urlaubsgeld sind für die Zeit ab Insolvenzeröffnung bzw. ab Weiterbeschäftigung durch einen vorläufigen Insolvenzverwalter mit Verfügungsbefugnis Masseverbindlichkeiten gem. § 55 Abs. 1 Nr. 2 bzw. § 55 Abs. 2.[50] Die Ansprüche für den davor liegenden Zeitraum sind dagegen einfache Insolvenzforderungen gem. § 38.[51] Bei Urlaubsgewährung durch den Insolvenzverwalter liegt eine Inanspruchnahme der Gegenleistung des Arbeitsvertrages i.S.d. § 209 Abs. 2 Nr. 3 durch den Insolvenzverwalter nicht vor. Der Anspruch auf Urlaubsentgelt ist daher keine Masseverbindlichkeit i.S.d. § 209 Abs. 1 Nr. 2 sondern lediglich eine Masseverbindlichkeit i.S.d. § 209 Abs. 1 Nr. 3.[52] Denn der Urlaubsanspruch ist ein Freistellungsanspruch des AN gegen den AG, von den nach dem Arbverh entstehenden Arbeitspflichten befreit zu werden, ohne die übrigen Pflichten aus dem Arbverh, insb. die Pflicht zur Zahlung des Arbeitsentgelts, zu verändern. Der Anspruch eines AN auf Urlaubsentgelt und Urlaubsgeld, der vom Insolvenzverwalter unwiderruflich „unter Anrechnung auf offenen Urlaub" von jeder Arbeitsleistung freigestellt ist, begründet auch keine Neumasseverbindlichkeit i.S.v. § 209 Abs. 2.[53] Das Bestehen einer Neumasseverbindlichkeit lässt sich auch nicht aus § 209 Abs. 2 Nr. 3 i.V.m. § 209 Abs. 1 Nr. 2 herleiten. Die Vorschrift setzt voraus, dass der Verwalter nach der Anzeige der Masseunzulänglichkeit die Gegenleistung aus einem Dauerschuldverhältnis für die Insolvenzmasse in Anspruch genommen hat. Eine vom Insolvenzverwalter erklärte „Freistellung unter Anrechnung von Urlaub" erfüllt diese Anforderungen nicht.[54] Wird ein AN vom Insolvenzverwalter nach Anzeige der Masseunzulänglichkeit zur Arbeitsleistung herangezogen, so mindert das seinen urlaubsrechtlichen Anspruch auf Freistellung von der Arbeitspflicht nicht. Urlaubsentgelt/Urlaubsabgeltung sind jedoch nur anteilig als Neumasseverbindlichkeit zu berichtigen.[55]

30 Der **Urlaubsabgeltungsanspruch** nach § 7 Abs. 4 BUrlG ist Masseverbindlichkeit i.S.v. § 55 Abs. 1 Nr. 2 Alt. 2, wenn das Arbverh nach Eröffnung des Insolvenzverfahrens beendet worden ist.[56] Urlaubsabgeltungsansprüche entstehen erst mit Beendigung des Arbverh und können nicht einem früheren Zeitraum zugeordnet werden. Deshalb ist es für die Einordnung als Masseverbindlichkeit unerheblich, ob die Zeit nach Eröffnung des Insolvenzverfahrens bis zur Beendigung des Arbverh ausgereicht hätte, den Urlaubsanspruch durch Freistellung von der Arbeitspflicht zu erfüllen.[57]

31 **d) Entgeltansprüche bei Altersteilzeit.** Hinsichtlich der Entgeltansprüche aus einem Altersteilzeit-Arbverh ist wie folgt zu unterscheiden: Die in der Arbeitsphase für die Zeit vor der Insolvenzeröffnung erarbeiteten Entgeltansprüche sind Insolvenzforderungen. Dies gilt zunächst für Forderungen, die auf Zeiträume vor der Eröffnung entfallen. Wird das Insolvenzverfahren während der **Freistellungsphase** eröffnet, sind auch die nach der Eröffnung zu leistenden Zahlungen Insolvenzforderungen.[58] Denn die während der Freistellungsphase eines Altersteilzeit-Arbverh zu leistenden Zahlungen sind eine in der Fälligkeit hinausgeschobene Vergütung für die während der Arbeitsphase geleistete, über die hälftige Arbeitszeit hinausgehende Tätigkeit.[59] Davon werden auch Zusatzleistungen er-

---

48 LAG Schleswig-Holstein 12.3.2008 – 6 Sa 411/07 – ZInsO 2008, 1095.
49 BSG 18.3.2004 – B 11 AL 57/03 R – ArbRB 2004, 130.
50 BAG 4.6.1977 – 5 AZR 663/75 – AP § 59 KO Nr. 4.
51 BAG 4.6.1977 – 5 AZR 663/75 – AP § 59 KO Nr. 4.
52 LAG Köln 15.10.2003 – 8 Sa 832/03 – ZInsO 2004, 405.
53 BAG 15.6.2004 – 9 AZR 431/03 – ZIP 2004, 1660.
54 BAG 15.6.2004 – 9 AZR 431/03 – ZIP 2004, 1660.
55 BAG 21.11.2006 – 9 AZR 97/06 – NZA 2007, 696.
56 BAG 25.3.2003 – 9 AZR 174/02 – ZIP 2003, 1802; LAG Hamm 27.6.2002 – 4 Sa 468/02 – NZA-RR 2002, 538.
57 BAG 25.3.2003 – 9 AZR 174/02 – ZIP 2003, 1802.
58 BAG 23.2.2005 – 10 AZR 600/03 – EzA § 55 InsO Nr. 7; BAG 23.2.2005 – 10 AZR 601/03 – AuR 2005, 109; BAG 23.2.2005 – 10 AZR 672/03 – DB 2005, 1227.
59 BAG 23.2.2005 – 10 AZR 600/03 – EzA § 55 InsO Nr. 7; BAG 19.10.2004 – 9 AZR 647/03 – NZA 2005, 408.

fasst, die die Bereitschaft zur Altersteilzeit finanziell fördern sollen, z.B. Abfindungen.[60] Wird das Insolvenzverfahren während der Arbeitsphase eröffnet, ist die nach der Eröffnung verdiente Vergütung Masseforderung. Sie ist dann in der Freistellungsphase „spiegelbildlich" zu dem Zeitraum der Arbeitsphase auszuzahlen, in dem sie verdient wurde.[61] Hinsichtlich dieser Masseforderungen ist auch ein Betriebserwerber, auf den das Altersteilzeit-Arbverh übergegangen ist, zur Zahlung verpflichtet. Für Insolvenzforderungen haftet er dagegen nicht.[62]

Sind von einer GmbH keine Vorkehrungen getroffen worden, die der „Erfüllung der **Wertguthaben**" aus Altersteilzeitarbverh bei Zahlungsunfähigkeit der GmbH dienen, so haftet der Geschäftsführer der GmbH nicht persönlich nach § 823 Abs. 1 BGB oder § 823 Abs. 2 BGB i.V.m. § 7d SGB IV für Schäden, die den AN durch die Nichterfüllung ihrer Wertguthaben wegen Insolvenz der GmbH entstehen. Wertguthaben sind keine sonstigen Rechte sind i.S.d. § 823 Abs. 1 BGB. § 7d SGB IV ist kein Schutzgesetz i.S.d. § 823 Abs. 2 BGB.[63] Offengelassen hat das BAG aber die Frage, ob dies auch für die unterbliebene Insolvenzsicherung von Wertguthaben nach Inkrafttreten des § 8a AltersteilzeitG ab 1.7.2004 gilt.[64]

e) Abfindungen. Vereinbart der Insolvenzverwalter in einem **Aufhebungsvertrag, Abwicklungsvertrag oder gerichtlichen Vergleich** eine Abfindung, handelt es sich um eine Masseverbindlichkeit nach § 55 Abs. 1 Nr. 1, wenn der Insolvenzverwalter die Künd ausgesprochen[65] oder den zur Beendigung des Arbverh führenden Aufhebungsvertrag vereinbart hat.[66] Künd-Schutzabfindungen aus der Zeit vor Eröffnung des Insolvenzverfahrens sind hingegen einfache Insolvenzforderungen nach § 38, soweit der Aufhebungsvertrag vor Verfahrenseröffnung vereinbart wurde. **32**

Abfindungen aus **Sozialplänen** sind nicht wie bisher als bevorrechtigte Konkursforderungen eingeordnet, sondern als Masseforderungen, § 123 Abs. 2 S. 1. Dies ist gerechtfertigt, weil Sozialplanansprüche auf einer Einigung zwischen BR und Insolvenzverwalter beruhen und somit unter § 55 Abs. 1 Nr. 1 fallen.[67] Die Rechtstellung der AN mit Sozialplanforderungen wird allerdings nur formell verbessert. Die Vorschrift über die relative Begrenzung des Sozialplanvolumens bewirkt nämlich, dass die Sozialplangläubiger grds. nur befriedigt werden, wenn die übrigen Masseverbindlichkeiten voll erfüllt werden können.[68] Trotz ihrer Höherstufung stehen Sozialplanforderungen damit im Nachrang zu den herkömmlichen Masseforderungen. **33**

Forderungen aus Sozialplänen, die **früher als drei Monate vor dem Antrag auf Insolvenzeröffnung** geschlossen wurden, haben den Rang einfacher Insolvenzforderungen.[69] Wurde der Sozialplan innerhalb von drei Monaten vor dem Antrag auf Insolvenzeröffnung abgeschlossen (insolvenznaher Sozialplan) und unterbleibt der Widerruf nach § 124, sind Forderungen aus dem Sozialplan ebenfalls einfache Insolvenzforderungen i.S.d. § 38.[70] Nur in dem Fall, dass der Sozialplan von einem vorläufigen Insolvenzverwalter mit Verwaltungs- und Verfügungsbefugnis bei einer Betriebsänderung aufgestellt wurde, sind die Sozialplanforderungen aus insolvenznahen Sozialplänen gem. § 55 Abs. 2 Masseschulden.[71] Der Insolvenzverwalter kann abweichend im Zuge einer Auflösungsvereinbarung die Zahlung einer Abfindung vereinbaren oder sich verpflichten, eine Forderung aus einem Sozialplan als Masseschuld zu befriedigen. Dann wird aus dem Sozialplananspruch durch rechtsgeschäftliche Handlung des Insolvenzverwalters ein individualvertraglicher Abfindungsanspruch, der als Masseverbindlichkeit zu befriedigen ist.[72] **34**

Nachteilsausgleichsansprüche der AN aus der Zeit vor Insolvenzeröffnung sind Insolvenzforderungen nach § 38, sofern sie noch vom Schuldner oder vorläufigen Insolvenzverwalter ohne Verwaltungs- und Verfügungsbefugnis veranlasst wurden.[73] Führt der Unternehmer eine geplante Betriebsänderung durch, ohne über sie einen Interessenausgleich mit dem BR versucht zu haben, so sind die daraus folgenden Ansprüche entlassener AN auf Nachteilsausgleich im nach Zugang der Künd eröffneten Insolvenzverfahren auch dann einfache Insolvenzforderungen, wenn die Künd in Absprache mit dem vorläufigen Insolvenzverwalter und mit dessen Zustimmung erfolgten.[74] Hingegen sind Ansprüche, die der vorläufige Insolvenzverwalter mit Verwaltungs- und Verfügungsbefugnis durch ein betriebsverfassungsrechtswidriges Verhalten begründet hat, nach § 55 Abs. 2 Masseverbindlichkeiten.[75] Werden Nachteilsausgleichansprüche durch den Insolvenzverwalter begründet, handelt es sich um Masseverbindlichkeiten nach § 55 InsO.[76] Bei der Festsetzung der Höhe der Abfindung ist die Insolvenzsituation ohne Bedeutung.[77] Die Regelungen **35**

---

60 BAG 27.9.2007 – 6 AZR 975/06 – DB 2008, 764.
61 BAG 19.10.2004 – 9 AZR 647/03 – NZA 2005, 408.
62 BAG 19.10.2004 – 9 AZR 645/03 – NZA 2005, 527.
63 BAG 13.12.2005 – 9 AZR 436/04 – NZA 2006, 729; BAG 16.8.2005 – 9 AZR 470/04 – DB 2006, 677.
64 BAG 13.12.2005 – 9 AZR 436/04 – NZA 2006, 729.
65 *Gottwald/Heinze*, § 105 Rn 40.
66 BAG 12.6.2002 – 10 AZR 180/01 – BB 2002, 2609, mit Anm. *Regh*, BB 2004, 2611.
67 *Boemke/Tietze*, DB 1999, 1389, 1393; *Heinze*, NZA 1999, 57, 63.
68 FK/*Eisenbeis*, § 123 Rn 14; *Boemke/Tietze*, DB 1999, 1389, 1393.
69 ArbG Köln 12.9.2000 – 4 Ca 5308/00 – ZInsO 2001, 287, 288; *Schaub*, DB 1999, 217, 226; *Hess*, § 124 Rn 8; FK/*Eisenbeis*, § 124 Rn 3, *Berscheid*, Rn 793.
70 BAG 31.7.2002 – 10 AZR 275/01 – AP § 38 InsO Nr. 1.
71 *Annuß*, NZI 1999, 344, 351; Nerlich/Römermann/*Hamacher*, § 124 Rn 23; *Gottwald/Heinze*, § 105 Rn 69.
72 BAG 12.6.2002 – 10 AZR 323/01 – NZA 2002, 1231.
73 BAG 8.4.2003 – 2 AZR 15/02 – ZIP 2003, 1260; *Berscheid*, Rn 786.
74 BAG 4.12.2002 – 10 AZR 16/02 – NZA 2003, 665.
75 LAG Schleswig-Holstein 24.8.2006 – 6 Sa 556/05 – juris.
76 BAG 22.7.2003 – 1 AZR 541/02 – NZA 2004, 93.
77 BAG 22.7.2003 – 1 AZR 541/02 – NZA 2004, 93.

des § 123 Abs. 2 und 3 gelten nur für Sozialplanansprüche und können auch nicht analog auf die Nachteilsausgleichsansprüche angewendet werden.[78]

36 Das BAG hat sich zwischenzeitlich mehrfach mit der Frage der Einordnung von Abfindungsansprüchen befasst, die aus **Vereinbarungen aus der Zeit vor Insolvenzeröffnung** resultieren und diese als **Insolvenzforderungen** eingestuft. Abfindungsansprüche, die auf Vereinbarungen beruhen, die noch mit dem Schuldner geschlossen wurden, sind grundsätzlich nur Insolvenzforderungen nach § 38 InsO und nicht Masseverbindlichkeiten nach § 55 Abs. 1 Nr. 2 InsO, auch wenn diese erst nach Insolvenzeröffnung, z.B. durch den Ausspruch einer Künd des Insolvenzverwalters oder die Beendigung des ArbeitsV entstehen.[79] Dies gilt auch für den Fall, dass ein Rationalisierungs-TV die Zahlung einer Abfindung bei betriebsbedingter Künd vorsieht.[80] Daraus ist abzuleiten, dass alle Abfindungsansprüche aus TV, BV und Verträgen, deren Rechtsgrundlage vor Insolvenzeröffnung geschaffen worden, als Insolvenzforderungen einzustufen sind. Dies gilt auch für arbeitsvertraglich zugesagte Abfindungen, wie sie sich zuweilen insb. in Anstellungsverträgen mit Vorständen, Geschäftsführern und Führungskräften finden.

Der Anspruch des AN nach § 628 Abs. 2 BGB ist eine Insolvenzforderung, da er nicht aus Handlungen des Insolvenzverwalters abgeleitet wird.[81]

37 **4. Rückforderungsansprüche nach Anfechtung durch den Insolvenzverwalter.** Bestimmte **Rechtshandlungen und Rechtsgeschäfte**, die noch **vom Schuldner vor Eröffnung des Insolvenzverfahrens vorgenommen** werden, können nach §§ 129 ff. durch den Insolvenzverwalter angefochten werden.[82] Dazu können auch Zahlungen von Vergütung, Sonderzahlungen oder Abfindungen durch den Schuldner an den AN gehören. Leistet der Schuldner nach einem Antrag auf Eröffnung des Insolvenzverfahrens Vergütung, die der AN im Insolvenzverfahren nur als Insolvenzforderung geltend machen könnte, so kann der Insolvenzverwalter diese Rechtshandlung grds. auch anfechten und die Rückzahlung zur Insolvenzmasse verlangen, wenn er selbst als vorläufiger Insolvenzverwalter der Zahlung zugestimmt hatte.[83] Die Ausübung des Anfechtungsrechts durch den Insolvenzverwalter ist i.d.R. nicht treuwidrig, denn das Vertrauen von AN darauf, dass sie erhaltene Vergütung behalten dürfen, ist insb. wegen der mit der Auszahlung verbundenen Benachteiligung anderer Gläubiger nicht schutzwürdig.[84]

38 Überträgt der AG innerhalb des letzten Monats vor dem Antrag auf Eröffnung des Insolvenzverfahrens über sein Vermögen seine Rechte als Versicherungsnehmer aus einer **Direktversicherung** auf den versicherten AN, so kann der Insolvenzverwalter im Wege der Insolvenzanfechtung die Zurückgewährung zur Insolvenzmasse verlangen, wenn dem AN noch keine unverfallbare Anwartschaft i.S.d. Gesetzes zur Verbesserung der betrieblichen Altersversorgung zustand.[85] Dieser Anspruch des Insolvenzverwalters unterfällt keiner tarifvertraglichen Ausschlussfrist.

39 Fordert der Insolvenzverwalter vom AN Rückzahlung der vom Schuldner vor Insolvenzeröffnung geleisteten Vergütung wegen Anfechtbarkeit der Erfüllungshandlung (§§ 129 ff. InsO), ist nach Auffassung des BAG der **Rechtsweg zu den Gerichten für Arbeitssachen** eröffnet.[86] Es handelt sich um eine bürgerlich-rechtliche Streitigkeit zwischen AN und AG. Nach Ansicht des BGH ist der Rechtsweg zu den ordentlichen Gerichten eröffnet.[87]

40 **5. Zurückbehaltungsrecht des Arbeitnehmers.** Dem AN steht nach § 273 BGB ein Zurückbehaltungsrecht an seiner Arbeitsleistung zu, wenn der AG seine Lohnzahlungspflicht nicht erfüllt.[88] Das Zurückbehaltungsrecht besteht **vor Insolvenzeröffnung** gegenüber dem Schuldner bzw. gegenüber dem vorläufigen Insolvenzverwalter. Der AN muss dieses Zurückbehaltungsrecht gem. § 242 BGB unter Beachtung des Grundsatzes von Treu und Glauben ausüben. Danach darf er u.a. die Arbeit nicht verweigern, wenn der Lohnrückstand verhältnismäßig geringfügig ist, nur eine kurzfristige Verzögerung der Lohnzahlung zu erwarten ist, wenn dem AG ein unverhältnismäßig hoher Schaden entstehen kann oder wenn der Lohnanspruch auf andere Weise gesichert ist.[89] Nur eine schon bestehende anderweitige Sicherung des AN ist geeignet, die Verweigerung der Arbeitsleistung treuwidrig erscheinen zu lassen; es genügt nicht, dass die Entstehung dieses Rechts noch von dem Eintritt weiterer Umstände abhängt. Daher kann der

---

78 LAG Hamm 4.12.2003 – 4 Sa 1247/03 – ZInsO 2004, 824.
79 BAG 27.9.2007- 6 AZR 975/06 – DB 2008, 764.
80 BAG 27.4.2006 – 6 AZR 364/05 – NZA 2006, 1282.
81 LAG Rheinland-Pfalz 27.3.2003 – 6 Sa 25/03 – juris; ArbG Bayreuth 30.1.2002 – 3 Ca 997/01 – ZInsO 2002, 596.
82 Ausführlich zur Anfechtung von Lohnzahlungen Bork, ZIP 2007, 2337.
83 BAG 27.10.2004 – 10 AZR 123/04 – NZA 2005, 473.
84 BAG 27.10.2004 – 10 AZR 123/04 – NZA 2005, 473; LAG München 5.2.2004 – 2 Sa 774/03 – ZInsO 2004, 1157.
85 BAG 19.11.2003 – 10 AZR 110/03 – NZA 2004, 208.
86 BAG 27.2.2008 – 5 AZB 43/07 – NZI 2008, 455; ebenso: LAG Nürnberg 8.12.2008 – 2 Ta 187/08; LAG Thüringen 6.2.2008 – 1 Ta 157/07 – juris; LG Essen 6.10.2008 – 10 T 140/08.
87 BGH 2.4.2009 – IX ZB 182/08, DZWIR 259, n.rkr.; ebenso: AG Gera 9.7.2007 – 4 C 654/07 – ZInsO 2007, 1000; LAG Rheinland-Pfalz – 22.7.2005 – NZA-RR 2005, 654. Der BGH konnte aufgrund der abweichenden Rspr des BAG nicht abschließend entscheiden. Er hat das Verfahren ausgesetzt und die Rechtsfrage dem Gemeinsamen Senat der obersten Gerichtshöfe des Bundes zur Entscheidung vorgelegt.
88 BAG 25.10.1984 – 2 AZR 417/83 – NZA 1985, 355.
89 BAG 25.10.1984 – 2 AZR 417/83 – NZA 1985, 355.

AN grds. vor Insolvenzeröffnung nicht auf zu erwartende Ansprüche auf Insolvenzgeld verweisen.[90] Anders ist die Sach- und Rechtslage jedoch in den Fällen der **Vorfinanzierung des Insolvenzgeldes** zu beurteilen, denn sie ermöglicht nach Abschluss eines entsprechenden Forderungskaufvertrages mit der vorfinanzierenden Bank, die nicht Gläubigerin des Schuldnerunternehmens sein darf, die alsbaldige Auszahlung der jeweiligen Nettoarbeitsentgelte an die AN.[91]

Ein vor Eröffnung des Insolvenzverfahrens bestehendes Zurückbehaltungsrecht entfaltet nach Verfahrenseröffnung keine Wirkung mehr. Wird das Zurückbehaltungsrecht mit Zahlungsrückständen begründet, die durch das Insolvenzgeld gesichert sind, erlischt das Zurückbehaltungsrecht mit Stellung des Insolvenzgeldantrags, da der AN nicht mehr aktivlegitimiert ist. Aber auch für nicht gesicherte Zahlungsrückstände aus der Zeit vor Eröffnung des Insolvenzverfahrens kann das Zurückbehaltungsrecht keine Wirkung mehr entfalten. Denn es würde ein nach Insolvenzeröffnung nicht durchsetzbares Druckmittel darstellen. Der AN ist nach Insolvenzeröffnung zur Befriedigung seiner Insolvenzforderungen auf das Verteilungsverfahren nach §§ 187 ff. verwiesen und kann sie nicht außerhalb dieses Verfahrens durchsetzen.[92] Andernfalls könnte der AN u.U. eine Vorabbefriedigung einer einfachen Insolvenzforderung entgegen dem Grundsatz der Gläubigergleichbehandlung erzwingen. 41

Nach Eröffnung des Insolvenzverfahrens kann ein Zurückbehaltungsrecht entstehen, wenn der Insolvenzverwalter selbst mit der Lohnzahlungspflicht in Verzug gerät. Ein auf § 273 Abs. 1 BGB gestütztes Zurückbehaltungsrecht des AN als Massegläubiger entfaltet aber nach Anzeige der Masseunzulänglichkeit keine Wirkungen mehr. Denn das Zurückbehaltungsrecht stellt ein Zwangsmittel zur Durchsetzung einer Gegenforderung dar, das nach Anzeige der Masseunzulänglichkeit infolge des Vollstreckungsverbots gem. § 210 nicht zugelassen werden kann, da es dem Grundsatz der gleichmäßigen Befriedigung der Massegläubiger entgegenstünde.[93]

6. Erstattungsansprüche des Betriebsrats. Nimmt der Insolvenzverwalter ein vom AG eingeleitetes, in erster Instanz anhängiges, durch die Eröffnung des Insolvenzverfahrens über das Vermögen des AG nach § 240 ZPO unterbrochenes arbeitsgerichtliches Beschlussverfahren auf und führt dieses fort, sind die dem BR entstandenen, nach § 40 Abs. 1 BetrVG vom AG zu tragenden **Rechtsanwaltskosten** Masseverbindlichkeiten nach § 55 Abs. 1 Nr. 1. Das gilt auch für Rechtsanwaltgebühren, die bereits vor Eröffnung des Insolvenzverfahrens entstanden sind.[94] 42

Im **Beschlussverfahren nach den §§ 122, 126** hat der Insolvenzverwalter die erforderlichen Kosten der BR-Tätigkeit gem. § 40 BetrVG zu tragen, wobei die Hinzuziehung eines Anwalts aufgrund der Bedeutung der Entscheidung und Komplexität der Angelegenheit stets erforderlich sein dürfte.[95] Der **Kostenerstattungs- und Freistellungsanspruch nach § 40 BetrVG** ist dann Masseverbindlichkeit nach § 55 InsO.[96]

III. Sonstige Ansprüche des Arbeitnehmers in der Insolvenz

Ein bestehendes **nachvertragliches Wettbewerbsverbot** wird durch die Insolvenzeröffnung nicht berührt. Der Insolvenzverwalter kann wählen, ob er auf Einhaltung der Wettbewerbsabrede besteht oder die Erfüllung ablehnt.[97] U.U. kann der AN die Wettbewerbsabrede aber außerordentlich kündigen, wenn die Masse voraussichtlich nicht ausreicht, um den Anspruch auf Karenzentschädigung zu erfüllen.[98] 43

Wird das Arbverh vor Insolvenzeröffnung beendet, bleibt der AG Schuldner des Anspruchs auf Erteilung eines **Arbeitszeugnisses**.[99] Ein Zeugnisrechtsstreit wird nicht gem. § 240 ZPO durch die Eröffnung des Insolvenzverfahrens unterbrochen und ist deshalb gegen den Insolvenzschuldner fortzusetzen.[100] Ein titulierter Anspruch auf Erteilung eines Arbeitszeugnisses aus einem beendeten Arbverh ist auch im Fall einer nachfolgenden Insolvenzeröffnung weiterhin gegen den bisherigen AG vollstreckbar.[101] Führt der Insolvenzverwalter den Betrieb fort und beschäftigt er den AN weiter, ist er zur Zeugniserteilung auch für die Zeit vor der Eröffnung des Insolvenzverfahrens verpflichtet.[102] Der Insolvenzverwalter ist gehalten, die entsprechenden Auskünfte über den AN bei dem Insolvenzschuldner einzuholen, um auch den Teil des Arbverh beurteilen zu können, der vor der Insolvenzeröffnung liegt.[103] Wird der Betrieb jedoch nach Insolvenzeröffnung weitergeführt, so kann der AN auch für die Zeit vor Insolvenzeröffnung ein 44

---

90 BAG 25.10.1984 – 2 AZR 417/83 – NZA 1985, 355.
91 LAG Hamm 26.11.1998 – 4 (19) Sa 1360/98 - InVo 1999, 234; a.A.: ArbG Hamburg 30.11.1979 – 10 C 162/79 – MDR 1980, 524.
92 ArbG Hamburg 16.12.2004 – 4 Ca 338/04 – n.rkr. (n.v.).
93 LAG Berlin 24.10.2002 – 18 Sa 1251/02 – LAGE § 209 InsO Nr. 1.
94 BAG 17.8.2005 – 7 ABR 56/04 – NZA 2006, 109.
95 *Lakies*, NZI 2000, 345; *Müller*, DZWiR 1999, 221; Kübler/Prütting/*Moll*, § 126 Rn 52; DKK/*Däubler*, Anh zu §§ 111–113, § 126 Rn 29.
96 Kübler/Prütting/*Moll*, § 126 Rn 52; *Ennemann*, Kölner Schrift, S. 1473, 1509 Rn 93; FK/*Eisenbeis*, § 126 Rn 13; zur alten Rechtslage BAG 14.11.1978 – 6 ABR 85/75 – AP Nr. 6 zu § 59 KO.
97 Nerlich/Römermann/*Hamacher*, vor § 113 Rn 33; *Steindorff*/Regh, § 3 Rn 27.
98 FK/*Eisenbeis*, § 113 Rn 98.
99 BAG 23.6.2004 – 10 AZR 495/03 – NZA 2004, 1392; *Steindorff*/Regh, § 3 Rn 29 ff.
100 LAG Nürnberg 5.10.2002 – 2 Ta 137/02 – NZA-RR 2003, 463.
101 LAG Düsseldorf 7.11.2003 – 16 Ta 571/03 – n.v.
102 BAG 30.1.1991 – 5 AZR 32/90 – AP Nr. 18 zu § 630 BGB.
103 BAG 23.6.2004 – 10 AZR 495/03 – NZA 2004, 1392.

Zeugnis über Führung und Leistung vom Insolvenzverwalter verlangen.[104] Ein ehemaliger AN des Insolvenzschuldners (AG) dessen Arbverh vor der Eröffnung des Insolvenzverfahrens endete, kann den (endgültigen) Insolvenzverwalter dann auf Erteilung eines Zeugnisses in Anspruch nehmen, wenn dieser zum Zeitpunkt der Beendigung des Arbverh bereits zum vorläufigen Insolvenzverwalter bestellt war und die Stellung eines „starken" Insolvenzverwalters i.S.d. § 21 Abs. 2 Nr. 2 Alt. 1 i.V.m. § 22 Abs. 1 hatte.[105] Diese Verpflichtung trifft aber nicht den „schwachen" vorläufigen Insolvenzverwalter, auf den die Verwaltungs- und Verfügungsbefugnis nach § 22 Abs. 1 oder Abs. 2 nicht übergegangen ist.[106]

45   In § 97 Abs. 1 S. 1 i.V.m. § 101 wird nunmehr eine **insolvenzspezifische Auskunftspflicht** für organschaftliche Vertreter und Ang des Schuldnerunternehmens normiert.[107] § 101 erstreckt die Auskunftspflicht auch auf frühere Organmitglieder und Ang, sofern diese in den letzten beiden Jahren vor dem Antrag auf Eröffnung des Insolvenzverfahrens beim Schuldner tätig waren. Entgegen dem Wortlaut gilt die Vorschrift für alle AN, also nicht nur die „Ang" des Schuldners. Zuständig für eine Auskunftsklage sind nicht die Gerichte für Arbeitssachen, sondern die Zivilgerichte, da es sich um eine insolvenzspezifische Pflicht des AN und nicht um eine Verpflichtung aus dem Arbverh handelt. Dem AN steht folglich auch kein Zurückbehaltungsrecht nach § 273 BGB, z.B. wegen ausstehender Gehälter, zu.[108]

46   Bestehende **Urlaubsansprüche** sind durch den Insolvenzverwalter zu gewähren. Geht ein Betrieb in der Insolvenz über, hat der Betriebserwerber für die Erfüllung bestehender Urlaubsansprüche einzutreten. Das gilt auch für übertragene Urlaubsansprüche und für Ansprüche auf Ersatz für verfallenen Urlaub.[109] Vom Grundsatz der Haftungsbeschränkung eines Betriebserwerbers in der Insolvenz werden aber nur solche Urlaubsansprüche nicht erfasst, soweit sie nicht einem Zeitpunkt vor Eröffnung des Insolvenzverfahrens zugeordnet werden können.[110]

C. Verbindung zu anderen Rechtsgebieten und zum Prozessrecht

47   Die am 1.1.1999 in Kraft getretene InsO und hat die bis dahin geltende Konkurs-, Vergleichs-, Gesamtvollstreckungsordnung sowie das Gesetz über den Sozialplan im Konkurs abgelöst. Anders als das frühere Insolvenzrecht enthält die InsO in §§ 113, 120 bis 128 nunmehr **arbeitsrechtliche Sonderbestimmungen**. Die Vorschriften können als das Insolvenzarbeitsrecht bezeichnet werden, obwohl dieser Begriff die unzutreffende Assoziation hervorruft, als gelte in der Insolvenz ein das allgemeine Arbeitsrecht vollständig verdrängendes Sonderrecht.[111] Auch in der Insolvenz des AG existiert grds. kein besonderes Arbeitsrecht.[112] Mit der Eröffnung des Insolvenzverfahrens wird das für alle AN geltende Arbeitsrecht nicht suspendiert. Die zum Schutz der AN bestehenden arbeitsrechtlichen Bestimmungen treten durch die Sanierungsbedürftigkeit des AG nicht zurück. Daher findet das Arbeitsrecht auch in der Insolvenz Anwendung, soweit nicht die arbeitsrechtlichen Bestimmungen der InsO selbst oder eine Rechtfortbildung durch die arbeitsgerichtliche Rspr. Abweichungen bedingen.

D. Beraterhinweise

48   In der Praxis bereitet insb. die Durchsetzung arbeitsrechtlicher Ansprüche in der Insolvenz Schwierigkeiten. Aufgrund der Vorgaben des Insolvenzrechts sind bei der Geltendmachung und Durchsetzung von Forderungen Besonderheiten zu beachten.

I. Prozessführung in der Insolvenz

49   **1. Klageverfahren gegen den Insolvenzverwalter.** Bereits anhängige gerichtliche Verfahren, soweit sie die **Insolvenzmasse** betreffen, werden nach § 240 S. 1 ZPO kraft Gesetzes **unterbrochen**. Die Unterbrechung endet mit Aufhebung des Insolvenzverfahrens oder durch Aufnahme des Verfahrens durch den Insolvenzverwalter oder die andere Partei. Eine Aufnahme durch den klagenden AN ist nur unter den engen Voraussetzungen des § 86 möglich.

50   Wendet sich der AN gegen eine vor Insolvenzeröffnung ausgesprochene Künd, dann wird ein noch rechtshängiges Künd-Schutzverfahren gem. § 240 S. 1 ZPO i.V.m. § 46 Abs. 2 ArbGG durch die Eröffnung des Insolvenzverfahrens unterbrochen. Der AN muss seine **Künd-Schutzklage umstellen**, die sich dann **gegen den Insolvenzverwalter** richtet. Nach Eröffnung des Insolvenzverfahrens kann das unterbrochene Verfahren sowohl vom Insolvenzverwalter als auch nach § 86 Abs. 1 Nr. 3 vom AN wieder aufgenommen werden. Dies gilt auch dann, wenn der Insolvenzschuldner die Künd vor Insolvenzeröffnung ausgesprochen hat.[113] Die Klage auf Feststellung des Fortbestands des Arbverh betrifft jedenfalls mittelbar die Insolvenzmasse.[114] Bei Fortbestand des Arbverh erwachsen aus dem Arbverh Masse-

---

104 BAG 30.1.1991 – 5 AZR 32/90 – AP Nr. 18 zu § 630 BGB; Nerlich/Römermann/*Hamacher*, vor § 113 Rn 29; a.A. LAG Nürnberg 5.12.2002 – 2 Ta 137/02 – NZA-RR 2003, 463.
105 BAG 23.6.2004 – 10 AZR 495/03 – NZA 2004, 1392.
106 BAG 23.6.2004 – 10 AZR 495/03 – NZA 2004, 1392.
107 Ausführlich *Steindorf/Regh*, § 3 Rn 35 ff.
108 *Steindorf/Regh*, § 3 Rn 40.
109 BAG 18.11.2003 – 9 AZR 95/03 – NZA 2004, 651.
110 BAG 18.11.2003 – 9 AZR 347/03 – NZA 2004, 654.
111 *Steindorf/Regh*, § 3 Rn 1.
112 Nerlich/Römermann/*Hamacher*, vor § 113 Rn 5.
113 LAG Hamm 25.4.2007 – 2 Sa 945/06 – NZA-RR 2008, 198.
114 BAG 18.10.2006 – 2 AZR 563/05 – NZI 2007, 300; Nerlich/Römermann/*Hamacher*, § 113 Rn 6.

verbindlichkeiten nach § 55 Abs. 1 Nr. 2. Die Künd-Schutzklage dient insoweit der Vorbereitung dieser Ansprüche.[115] Betrifft eine Bestandsschutzstreitigkeit lediglich einen Zeitraum vor Insolvenzeröffnung (Einhaltung der Künd-Frist), so kann der Rechtsstreit nur nach Durchführung des insolvenzrechtlichen Feststellungsverfahrens wieder aufgenommen werden.[116]

Auf dem Boden der sog. **Amtstheorie**[117] ist richtiger Beklagter bei massebezogenen Prozessen der Insolvenzverwalter,[118] dies gilt auch, wenn sich der AN nach Insolvenzeröffnung gegen eine vorher vom Schuldner oder vorläufigen Insolvenzverwalter ausgesprochene Künd wendet.[119] Erhebt der AN durch seinen Prozessbevollmächtigten nach Eröffnung des Insolvenzverfahrens **Klage gegen den Schuldner**, sei es, dass die Künd noch vom Schuldner ausgesprochen wurde, sei es, dass die Künd sogar vom Insolvenzverwalter erklärt wurde, **wahrt diese Klage nicht die dreiwöchige Klagefrist nach § 4 KSchG**.[120] Eine Feststellungsklage gegen den Insolvenzschuldner macht den Insolvenzverwalter nicht zur Prozesspartei.[121] Ist ausweislich des Klagerubrums anstatt des Insolvenzverwalters der Insolvenzschuldner verklagt, so ist jedoch stets zu prüfen, ob der Fehler durch eine Rubrumsberichtigung beseitigt werden kann. Ergibt sich in einem Künd-Rechtsstreit aus dem Inhalt der Klageschrift oder etwa aus dem beigefügten Künd-Schreiben, dass sich die Künd-Schutzklage in Wahrheit gegen den Insolvenzverwalter richten soll, so ist die irrtümlich falsche Parteibezeichnung zu berichtigen.[122] Eine solche Berichtigung des Passivrubrums ist bei einem bloßen Zusatz „Insolvenz" bei der Adresse des Insolvenzschuldners nicht möglich.[123] Eine zulässige Klageberichtigung und nicht ein gewillkürter Parteiwechsel kann vorliegen, wenn ein RA, der Insolvenzverwalter über das Vermögen verschiedener Gemeinschuldner ist, als Insolvenzverwalter einer anderen Firma als dem richtigen AG in der Klageschrift bezeichnet wurde. Voraussetzung dafür ist, dass die Klageschrift für eine solche Auslegung tatsächliche Anhaltspunkte enthält (z.B. Bezugnahme auf beigefügtes Künd-Schreiben).[124] Wird bei einer nach Eröffnung des Insolvenzverfahrens zunächst gegen die Insolvenzschuldnerin gerichteten Künd-Schutzklage, nach Ablauf der Klagefrist ausdrücklich der Insolvenzverwalter im Wege der subjektiven Klagehäufung zusätzlich verklagt, wahrt die Klage nicht mehr die Klagefrist.[125] Denn die ursprüngliche Klage gegen den Insolvenzschuldner wäre allenfalls dann geeignet gewesen, die Klagefrist zu wahren, wenn sie von Anfang an als Klage zu verstehen gewesen wäre, die in Wahrheit gegen den Insolvenzverwalter in dieser Funktion gerichtet war.

Muster für ein Passivrubrum in der Insolvenz:
Rechtsanwalt XY, als Insolvenzverwalter über das Vermögen der Fa. ABC GmbH

Etwas Anderes gilt bei **Klagen nichtvermögensrechtlicher Art**, wie der Klage auf Zeugniserteilung oder -berichtigung, Erteilung der Arbeitsbescheinigung gem. § 312 SGB III, Herausgabe der Lohnsteuerkarte, die weiterhin gegen den Schuldner zu richten sind, wenn das Arbverh vor Insolvenzeröffnung beendet wurde.

2. Klageverfahren gegen den vorläufigen Insolvenzverwalter. Nach der **Amtstheorie** ist auch der vorläufige Insolvenzverwalter mit Verwaltungs- und Verfügungsbefugnis **Partei kraft Amtes**, da er die Rechtsstellung wie der endgültige Insolvenzverwalter innehat.[126] Aus diesem Grund sind Klagen, z.B. Künd-Schutzklagen, unmittelbar gegen ihn zu richten. Bereits anhängige Prozesse gegen den Schuldner, die die Insolvenzmasse betreffen, werden nach § 240 ZPO unterbrochen. Für die Aufnahme anhängiger Rechtsstreitigkeiten gelten gem. § 24 Abs. 2 die § 85 Abs. 2 (Aktivprozesse) und § 86 (Passivprozesse) entsprechend. Die gegen eine noch vom Schuldner ausgesprochene Künd gerichtete Künd-Schutzklage muss der AN gegen den vorläufigen „starken" Insolvenzverwalter richten oder, wenn sie bereits erhoben wurde, umstellen.

Muster für ein Passivrubrum bei vorläufiger Insolvenz:
Rechtsanwalt XY, als vorläufiger Insolvenzverwalter über das Vermögen der Fa. ABC GmbH

---

115 BAG 18.10.2006 – 2 AZR 563/05 – NZI 2007, 300.
116 BAG 18.10.2006 – 2 AZR 563/05 – NZI 2007, 300.
117 Danach ist der amtlich bestellte Vermögensverwalter vor Gericht nicht gesetzlicher Vertreter, sondern Partei kraft Amtes, BAG 20.11.1997 – 2 AZR 52/97 – NZA 1998, 334 und h.M. in der Lit. MüKo-InsO/*Caspers/Löwisch*, § 113 Rn 68 ff.
118 *Bork*, ZInsO 2001, 210, 211.
119 LAG Düsseldorf 20.11.1995 – 1 Ta 291/95 – EWiR 1996, 81; zust. *Kreitner*, EWiR 1996, 81, 82.
120 BAG 21.9.2006 – 2 AZR 573/05 – NJW 2007, 458; BAG 17.1.2002 – 2 AZR 57/01 – NZA 2002, 999; BAG 27.3.2003 – 2 AZR 272/02 – NZA 2003, 1391; BAG 18.4.2002 – 8 AZR 346/01 – NZI 2002, 620; BAG 18.4.2002 – 8 AZR 347/01 – ZInsO 2002, 1198; *Bork*, ZInsO 2001, 210, 211; *Steindorf/Regh*, § 3 Rn 78; a.A. LAG Hamm 23.11.2000 – 4 Sa 1179/00 – ZInsO 2001, 234; ArbG Berlin 6.8.2003 – 7 Ca 5097/03 – LAGE § 113 InsO Nr. 12. Vom Boden der sog. neuen Organ- oder Vertretertheorie soll richtige Partei in der Insolvenz der Schuldner, vertreten durch den Insolvenzverwalter sein. Vgl. i.Ü. *Steindorf/Regh*, § 3 Rn 68, 78 zur Parallelproblematik bei der Künd durch den vorläufigen Insolvenzverwalter.
121 BAG 21.9.2006 – 2 AZR 573/05 – NJW 2007, 458; BAG 17.1.2002 – 2 AZR 57/01 – NZA 2002, 999; BAG 27.3.2003 – 2 AZR 272/02 – NZA 2003, 1391.
122 BAG 21.9.2006 – 2 AZR 573/05 – NJW 2007, 458; BAG 17.1.2002 – 2 AZR 57/01 – NZA 2002, 999; BAG 27.3.2003 – 2 AZR 272/02 – NZA 2003, 1391.
123 BAG 17.1.2002 – 2 AZR 57/01 – NZA 2002, 999.
124 Hessisches LAG 26.3.2001 – 5 Ta 108/01 – ZInsO 2002, 48.
125 Hessisches LAG 17.5.2002 – 15 Ta 77/02 – juris.
126 *Lakies*, FA 1999, 40, 41; *Berkowsky*, NZI 1999, 129, 131.

54 Bei Bestellung eines **vorläufigen Insolvenzverwalters ohne Verwaltungs- und Verfügungsbefugnis werden laufende Prozesse nicht unterbrochen**;[127] § 240 S. 2 ZPO stellt allein auf den vorläufigen Insolvenzverwalter mit Verwaltungs- und Verfügungsbefugnis ab. Zu beachten ist, dass der Schuldner Prozesspartei bleibt, auch wenn der vorläufige „schwache" Insolvenzverwalter die Künd kraft einer ihm übertragenen Befugnis ausgesprochen hat.[128] Dies birgt für den AN erhebliche Risiken, da innerhalb der dreiwöchigen Klagefrist kaum in Erfahrung zu bringen sein wird, in welcher Funktion der vorläufige Insolvenzverwalter die Künd ausgesprochen hat. Die Künd-Schutzklage bei einer Künd durch einen vorläufigen Insolvenzverwalter kann gegen den Schuldner und den vorläufigen Insolvenzverwalter gerichtet werden. Nach Klärung der Frage spätestens im Gütetermin kann die Klage ohne Kostenrisiko gegen einen der Beklagten zurückgenommen werden.

55 **3. Haftungsprozesse gegen den Insolvenzverwalter.** Nach § 61 S. 1 ist der Insolvenzverwalter einem Massegläubiger zum Schadensersatz verpflichtet, wenn eine Masseverbindlichkeit, die durch eine Rechtshandlung des Insolvenzverwalters begründet worden ist, nicht voll erfüllt werden kann. Zwingende Voraussetzung des § 61 S. 1 ist, dass die Masseverbindlichkeit, für deren Erfüllung der Insolvenzverwalter haften soll, durch eine ihm zuzurechnende „Rechtshandlung" begründet worden ist.[129] Der Insolvenzverwalter haftet nach § 61 InsO aber nur dann, wenn er bei der Begründung der Verbindlichkeit erkennen konnte, dass die Masse voraussichtlich zur Erfüllung nicht ausreichen wird.[130] Aus § 61 InsO ist kein Anspruch auf Ersatz eines Schadens herzuleiten, der auf einem späteren Verhalten des Insolvenzverwalters beruht.[131] Die Haftung nach § 61 S. 1 gilt nicht für die sog. Altmassegläubiger, sondern beschränkt sich auf die sog. Neumassegläubiger. Der Insolvenzverwalter haftet nach § 61 S. 1 daher nicht für die Nichterfüllung der ohne sein Zutun entstandenen, „aufgezwungenen" Masseverbindlichkeiten, auf deren Entstehen und Höhe der Insolvenzverwalter keinerlei Einfluss hat. Hierunter fallen die Entgelt- und Urlaubsansprüche der AN, die der Insolvenzverwalter zum frühestmöglichen Künd-Termin gekündigt, aber nicht mehr einsetzt, sondern von der Arbeit freigestellt hat.[132]

56 § 61 InsO gewährt nur einen **Anspruch auf das negative Interesse**. Schließt der Insolvenzverwalter einen Vertrag, obwohl er erkennen kann, dass die Insolvenzmasse nicht zur Erfüllung der Verbindlichkeit ausreicht, so kann ihm nur der Vertragsschluss als solcher vorgeworfen werden, nicht aber die Unfähigkeit zur Befriedigung des Vertragspartners. Der AN kann daher nicht mit Erfolg die Erfüllung des Vertrages, die arbeitsvertragliche Gegenleistung, den Lohn, verlangen. Die Pflicht des Insolvenzverwalters, der erkennen kann, dass er die Verbindlichkeit aus einem von ihm aufrecht erhaltenen Arbverh nicht (voll) aus der Masse wird erfüllen können, geht dahin, den Arbeitsvertrag zu kündigen, nicht aber dahin, die Erfüllung des Vertrages, d.h. die Zahlung des Arbeitsentgelts, persönlich zu garantieren. Der AN kann ggf. nur verlangen, so gestellt zu werden, wie er stünde, wenn der Insolvenzverwalter das Arbverh nicht pflichtwidrig fortgeführt hätte.[133]

57 Für die Verletzung insolvenzspezifischer Pflichten haftet der Insolvenzverwalter gegenüber Dritten nach § 60 Abs. 1, für die schuldhafte Verletzung nicht insolvenzspezifischer Pflichten dagegen nach allgemeinem Recht. In Betracht kommen hier v.a. die deliktsrechtlichen Vorschriften der §§ 823 ff. BGB, Verschulden bei Vertragsschluss (§ 311 Abs. 2 BGB n.F.) sowie Verletzung von Verkehrssicherungspflichten und positive Vertragsverletzung (§ 280 Abs. 1 BGB n.F.).[134]

58 Für eine **Schadensersatzklage** gegen den Insolvenzverwalter wegen der Begründung einer arbeitsrechtlichen Masseverbindlichkeit, die nicht aus der Masse erfüllt werden kann, ist der Rechtsweg zu den Arbeitsgerichten gegeben.[135] Bei einem Rechtsstreit, der sich mit der persönlichen Haftung des Insolvenzverwalters im Zusammenhang mit der Abwicklung des Konkursverfahrens (Bedienung von Konkursausfallgeldforderungen) befasst, ist der Rechtsweg zu den Arbeitsgerichten nicht gegeben.[136]

II. Durchsetzung der Entgeltforderungen

59 **1. Durchsetzung von Insolvenzforderungen.** Nach § 174 Abs. 1 sind Insolvenzforderungen **schriftlich** beim Insolvenzverwalter unter Beifügung von Belegen und unter Angabe des Grundes und des Betrags der Forderung **anzumelden**. Nach § 28 Abs. 1 bestimmt das Gericht im Beschluss über die Eröffnung des Verfahrens die Anmeldungsfrist. Für verspätet angemeldete Forderungen entstehen zusätzliche Kosten, § 177 Abs. 1. Nach § 175 werden die Forderungen in die Insolvenztabelle eingetragen. Im Prüfungstermin werden unter Beteiligung der Gläubiger die Forderungen geprüft. Wird die Forderung nicht bestritten, wird sie nach § 178 Abs. 1 durch Aufnahme in die Tabelle festgestellt. Der Auszug aus der Insolvenztabelle ist ein Vollstreckungstitel, die Vollstreckungsklausel wird durch das Insolvenzgericht nach § 202 erteilt. Wird die Forderung vom Insolvenzverwalter oder einem Gläubiger bestritten, so wird sie nicht festgestellt. Ein nach § 240 ZPO unterbrochener Prozess kann fortgesetzt werden, der im Falle des

---

127 BAG 25.4.2001 – 5 AZR 360/99 – NZA 2002, 87.
128 *Berscheid*, NZI 2000, 1, 3.
129 BAG – 1.6.2006 – ZIP 2006, 1830.
130 BAG, Urt. v. 1.6.2006, ZIP 2006, 1830.
131 BAG, Urt. v. 1.62006, ZIP 2006, 1830.
132 LAG Hamm 4.12.2003 – 4 Sa 1116/03 – ZInsO 2004, 694.
133 BAG 19.1.2006 – 6 AZR 600/04 – ZIP 2006, 1058.
134 LAG Hamm 4.12.2003 – 4 Sa 1116/03 – ZInsO 2004, 694.
135 BGH 16.11.2006 – IX ZB 57/06 – NZI 2008, 63.
136 Hessisches LAG 12.3.2004 – 2 TA 47/04 – juris.

Bestreitens nunmehr gegen den Insolvenzverwalter zu richten ist.[137] Der Antrag ist auf die Feststellung zu richten, dass die streitbefangene Forderung zur Tabelle festgestellt wird.

Muster des Feststellungsantrags:
Es wird festgestellt, dass dem Kläger eine Insolvenzforderung in Höhe von ... EUR zusteht.

War die **ursprüngliche Klage** eine Leistungsklage, kann trotz dieses Feststellungsantrages nach Beendigung des Insolvenzverfahrens vollstreckt werden, da Grundlage der Vollstreckung die dann ergänzte Insolvenztabelle ist. War noch kein Prozess anhängig, kann der AN die Feststellungsklage vor dem ArbG erheben.[138] Eine Insolvenzfeststellungsklage nach § 179 ist auch dann zulässig, wenn der Insolvenzverwalter die zur Insolvenztabelle angemeldete Forderung nur vorläufig bestritten hat.

Nach § 181 kann die Feststellung nach Grund, Betrag und Rang der Forderung nur in der Weise begehrt werden, wie die Forderung in der Anmeldung oder im Prüfungstermin bezeichnet worden ist. Einer Beschränkung des Betrages steht der Schutzzweck des § 181 nicht entgegen.[139] Der **Streitwert** des Verfahrens richtet sich nach §§ 185 Abs. 3, 182 und ist auf den Betrag begrenzt, der bei der Verteilung der Insolvenzmasse für die Forderung zu erwarten ist.[140] Eine Besonderheit gilt für den Fall, dass die Gläubigerforderung bereits tituliert gewesen ist. In diesem Fall kehrt sich die Prozesslast um, der Widersprechende (Insolvenzverwalter oder andere Gläubiger) hat nach § 179 Abs. 2 das Verfahren zu betreiben oder aufzunehmen.

2. Durchsetzung von Masseansprüchen. Masseforderungen müssen nicht zur Tabelle angemeldet werden. Wird die Masseforderung nicht befriedigt, gelten keine Besonderheiten, es ist Klage gegen den Insolvenzverwalter zu erheben. Ist der Anspruch vollstreckbar tituliert, ordnet § 90 für einige Masseverbindlichkeiten ein **Vollstreckungsverbot** für die Dauer von sechs Monaten seit Eröffnung des Insolvenzverfahrens an, um dem Insolvenzverwalter eine Phase ungestörten Arbeitens zu garantieren. Nach § 123 Abs. 3 S. 2 ist die Zwangsvollstreckung in die Masse wegen einer Sozialplanforderung generell unzulässig.

Eine Besonderheit ergibt sich für den Fall der sog. **Masseunzulänglichkeit**. Masseunzulänglichkeit liegt vor, wenn die Insolvenzmasse nicht ausreicht, um die Kosten des Verfahrens zu decken. Bei abzusehender Masseunzulänglichkeit wird das Verfahren gar nicht erst eröffnet. Es ist jedoch der Fall denkbar und in § 207 geregelt, dass sich erst im Laufe des eröffneten Verfahrens die Masseunzulänglichkeit ergibt. Der Insolvenzverwalter hat die Masseunzulänglichkeit dem Insolvenzgericht gegenüber anzuzeigen.[141] Eine Anzeige vor Eröffnung des Insolvenzverfahrens durch den bloß vorläufigen Insolvenzverwalter kommt grds. nicht in Betracht. Nur wenn der vorläufige Insolvenzverwalter bereits in dem von ihm erstatteten Gutachten die Anzeige vorgenommen hat und dann auch zum Insolvenzverwalter bestellt wird, ist ausnahmsweise eine nochmalige Anzeige entbehrlich.[142]

Eine **Prüfung durch das Gericht findet nicht statt**. Nach § 208 Abs. 2 benachrichtigt das Gericht, das darüber hinaus die Masseunzulänglichkeit öffentlich bekannt macht, den Massegläubiger gesondert durch Zustellung. Die Anzeige der Massearmut hat die Unzulässigkeit sämtlicher Vollstreckungshandlungen in die Masse zur Folge, § 210, und führt nach § 211 zur Einstellung des Verfahrens. Der Insolvenzverwalter haftet nach § 61 persönlich, wenn wegen der Unzulänglichkeit der Masse eine Forderung unerfüllt bleibt, die er begründet hat.

Die Anzeige des Insolvenzverwalters, die Masse sei unzulänglich, führt zu einer **Neuordnung der Masseverbindlichkeiten**. Sog. **Neumasseverbindlichkeiten** sind in voller Höhe aus der Masse zu berichten, soweit der Insolvenzverwalter die Gegenleistung für die Insolvenzmasse in Anspruch genommen hat. Die Gläubiger von sog. **Altmasseverbindlichkeiten** sind dagegen auf eine nur quotale Berichtigung ihrer Forderungen beschränkt. Für den Fall der Masseunzulänglichkeit ordnet § 209 die Befriedigung der Massegläubiger in einer bestimmten Reihenfolge an. Nach den Kosten des Insolvenzverfahrens, § 209 Abs. 1 Nr. 1, sind die sog. Neumasseverbindlichkeiten, § 209 Abs. 1 Nr. 2, und sodann die übrigen Masseverbindlichkeiten (Altmasseverbindlichkeiten) zu befriedigen. Zu den Neumasseverbindlichkeiten gehören nach § 209 Abs. 2 u.a. Verbindlichkeiten aus einem Dauerschuldverhältnis für die Zeit nach dem ersten Termin, zu dem der Insolvenzverwalter nach der Anzeige der Masseunzulänglichkeit kündigen konnte und aus einem Dauerschuldverhältnis, soweit der Insolvenzverwalter nach der Anzeige der Masseunzulänglichkeit für die Insolvenzmasse die Gegenleistung in Anspruch genommen hat. Im Rahmen dieser Rangabstufung sind nach § 209 Abs. 1 Nr. 2 i.V.m. Abs. 2 Nr. 3 diejenigen Ansprüche aus einem Arbvern privilegiert, deren Gegenleistung der Verwalter für die Insolvenzmasse in Anspruch genommen hat. Im Falle der Masseunzulänglichkeit bedeutet dies, dass diejenigen AN, die vom Insolvenzverwalter freigestellt wurden, schlechter stehen als diejenigen, denen der Insolvenzverwalter eine Fortführung ihrer Tätigkeit gestattet hat. Hat der Insolvenzverwalter von dem nächstmöglichen Künd-Termin nach Anzeige der Masseunzulänglichkeit keinen Gebrauch gemacht, fallen ab diesem Zeitpunkt die Ansprüche auf das Arbeitsentgelt in die zweite Rangklasse nach § 209 Abs. 1 Nr. 2 und zwar un-

---

137 *Steindorf/Regh*, § 4 Rn 38.
138 Nerlich/Römermann/*Becker*, § 180 Rn 26.
139 LAG Niedersachsen 10.7.2003 – 4 Sa 3/03 – juris.
140 LAG Berlin 28.8.2001 – 17 Ta (Kost) 6089/01 – NZA-RR 2002, 157.
141 *Steindorf/Regh*, § 4 Rn 46.
142 BAG 23.2.2005 – 10 AZR 602/03 – NZA 2005, 694.

abhängig davon, ob der Insolvenzverwalter die Arbeitsleistung in Anspruch genommen hat oder nicht.[143] Für die Frage, ob der Insolvenzverwalter Neumasseverbindlichkeiten i.S.v. § 209 Abs. 1 Nr. 2 i.V.m. Abs. 2 Nr. 2 dadurch begründet hat, dass er ein Dauerschuldverhältnis nicht zum frühestmöglichen Termin gekündigt hat, kommt es nicht auf den subjektiven Kenntnisstand an. Grds. ist die Frage der frühesten Künd-Möglichkeit objektiv zu beurteilen.[144] Mit dem Begriff des „Könnens" i.S.v. § 209 Abs. 2 Nr. 2 ist ein rechtliches Können gemeint.[145]

66 Hat der Insolvenzverwalter die Masseunzulänglichkeit gem. § 208 Abs. 1 angezeigt, so können Forderungen i.S.d. § 209 Abs. 1 Nr. 3 nicht mehr mit der Leistungsklage verfolgt werden.[146] Die **Vollstreckung** solcher Forderungen ist nach § 210 **unzulässig**. Aus dem Vollstreckungsverbot des § 210 folgt, dass für Leistungsklagen das Rechtsschutzbedürfnis fehlt. Der Altmassegläubiger kann gegenüber dem Insolvenzverwalter lediglich die Feststellung seiner Forderungen verlangen. Bezüglich Neumasseverbindlichkeiten (§ 209 Abs. 1 Nr. 1 und Nr. 2) ist die Leistungsklage zulässig, wenn sich der Insolvenzverwalter nicht auf eine erneute Masseunzulänglichkeit beruft und diese im Prozess nachweist.[147] Hat der Insolvenzverwalter dem Insolvenzgericht angezeigt, die Masse sei unzulänglich (§ 208) und macht er außerdem geltend, die Masse genüge auch nicht zur Befriedigung der Neumasseverbindlichkeiten i.S.v. § 209 Abs. 2 (weitere Masseunzulänglichkeit), kann auch der Neumassegläubiger den Insolvenzverwalter nicht (mehr) auf Zahlung verklagen. Auch er ist dann auf die Erhebung einer Feststellungsklage über das Bestehen seiner Forderung beschränkt.[148]

Muster des Feststellungsantrags:
Es wird festgestellt, dass dem Kläger Masseansprüche in Höhe von ... EUR nebst Zinsen in Höhe von 5 Prozentpunkten über dem Basiszinssatz seit dem ... zustehen.

§ 113 Kündigung eines Dienstverhältnisses

¹Ein Dienstverhältnis, bei dem der Schuldner der Dienstberechtigte ist, kann vom Insolvenzverwalter und vom anderen Teil ohne Rücksicht auf eine vereinbarte Vertragsdauer oder einen vereinbarten Ausschluß des Rechts zur ordentlichen Kündigung gekündigt werden. ²Die Kündigungsfrist beträgt drei Monate zum Monatsende, wenn nicht eine kürzere Frist maßgeblich ist. ³Kündigt der Verwalter, so kann der andere Teil wegen der vorzeitigen Beendigung des Dienstverhältnisses als Insolvenzgläubiger Schadenersatz verlangen.

Literatur: *Berscheid*, Arbeitsverhältnisse in der Insolvenz, 1999; *Fischer*, Die Änderungskündigung in der Insolvenz, NZA 2002, 536; *Herbert/Oberrath*, Rechtsprobleme des Nichtvollzugs eines abgeschlossenen Arbeitsvertrages, NZA 2004, 121; *Henkel*, Zur Anwendbarkeit des § 113 InsO bei Neu-Einstellungen durch den Insolvenzverwalter, ZIP 2008, 1265; *Schaub*, Arbeitsrecht in der Insolvenz, DB 1999, 217; *Uhlenbruck*, Die Kündigung und Vergütung von Beratern, Vorständen und Geschäftsführern in der Unternehmensinsolvenz, BB 2003, 1185; *Zwanziger*, Die neuere Rechtsprechung des Bundesarbeitsgerichts in Insolvenzsachen, BB 2008, 946 ff.

A. Allgemeines 1	1. Kündigungsbefugnis 34
I. Normzweck 1	2. Anwendbarkeit des Kündigungsschutzgesetzes ... 38
II. Ablauf eines Insolvenzverfahrens – arbeitsrechtliche Auswirkung 4	3. Kündigungsgrund 40
1. Insolvenzantrag (§ 13) 5	4. Sozialauswahl 45
2. Insolvenzeröffnungsverfahren 6	5. Wegfall der Beschäftigungsmöglichkeit ... 47
3. Eröffnung des Insolvenzverfahrens 11	6. Wiedereinstellungsanspruch 48
4. Beendigung des Insolvenzverfahrens .. 17	7. Formalien der Kündigungserklärung 50
III. Unabdingbarkeit 18	a) Betriebsratsanhörung gemäß § 102 BetrVG ... 50
B. Regelungsgehalt 19	b) Schriftform/Mitteilung der Kündigungsgründe ... 52
I. Sachlicher Anwendungsbereich 19	c) Massenentlassung 53
1. Dienstverhältnis 19	8. Gesetzlicher Sonderkündigungsschutz ... 54
2. Insolvenz des Dienstberechtigten 28	a) Sonderkündigungsschutz der Betriebsratsmitglieder ... 58
3. Anwendung bei nicht angetretenen Dienstverhältnissen 29	b) Berufsausbildungsverhältnisse 59
4. Beendigungs- und Änderungskündigung ... 31	c) Schwerbehinderte 61
II. Zeitlicher Anwendungsbereich 32	d) Mutterschutz und Elternzeit 65
III. Ordentliche Kündigung des Dienstverhältnisses durch den Insolvenzverwalter ... 34	e) Block-Altersteilzeit 66
	f) Wehrdienstleistende 67

---

143 BAG 31.3.2004 – 10 AZR 253/03 – ZIP 2004, 1323; BAG 4.6.2003 – 10 AZR 586/02 – NZA 2003, 1087; *Steindorf/Regh*, § 4 Rn 47.
144 BAG 4.6.2003 – 10 AZR 586/02 – NZA 2003, 1087.
145 BAG 4.6.2003 – 10 AZR 586/02 – NZA 2003, 1087.
146 BAG 4.6.2003 – 10 AZR 586/02 – NZA 2003, 1087; BAG 11.12.2001 – 9 AZR 459/00 – ZIP 2002, 628; LAG Thüringen 7.11.2002 – 1 Sa 259/02 – ZinsO 2003, 579.
147 BAG 4.6.2003 – 10 AZR 586/02 – NZA 2003, 1087.
148 BAG 15.6.2004 – 9 AZR 431/03 – ZIP 2004, 1660.

	g) Parlamentarier	68		bb) Höhe des Schadensersatzanspruchs	87
9.	Kündigungsfrist	69		cc) Schadensersatzverpflichteter	92
	a) Höchstfrist	70		dd) Geltendmachung	93
	b) Maßgebliche kürzere Kündigungsfrist	71		b) Konkurrenz	94
	c) Unkündbarkeitsklauseln	74	IV.	Außerordentliche Kündigung durch den Insolvenzverwalter	95
	d) Befristete Arbeitsverträge	76			
	e) Nachkündigung durch den Insolvenzverwalter	77	V.	Änderungskündigung durch den Insolvenzverwalter	97
10.	Kündigungsschutzklage	81	VI.	Kündigung des Dienstverhältnisses durch den Arbeitnehmer	99
11.	Schadensersatzanspruch gegen den Insolvenzverwalter	85	VII.	Zeugnisanspruch	101
	a) Schadensersatzanspruch gemäß S. 3	85	VIII.	Freistellungsanspruch	107
	aa) Voraussetzung des Schadensersatzanspruches	86			

A. Allgemeines

I. Normzweck

Im Rahmen eines Insolvenzverfahrens kann es für beide Vertragsparteien eines Dienstverhältnisses von Interesse sein, das bestehende Vertragsverhältnis so schnell wie möglich zu beenden. Für den Schuldner bzw. den (vorläufigen) Insolvenzverwalter steht dabei insb. die Einsparung von Personalkosten und der damit verbundene Schutz der Insolvenzmasse bzw. die Chance einer Sanierung des insolventen Unternehmens im Vordergrund. Aber auch ein AN kann ein Interesse an einer möglichst schnellen Beendigung des Arbverh haben, bspw. dann, wenn er nicht von einer Sanierung des insolventen Unternehmens ausgeht und bereits ein Vertragsangebot eines anderen Unternehmens vorliegen hat. 1

Haben beide Vertragsparteien ein Interesse an einer schnellen Vertragsbeendigung, bedarf es der Regelung des § 113 nicht. Die Parteien werden in einem solchen Fall das Vertragsverhältnis i.d.R. vielmehr über einen Aufhebungsvertrag beenden. Oftmals liegt das Interesse an einer schnellen Vertragsbeendigung aber nur bei einer Vertragspartei. Müsste sich diese Vertragspartei in jedem Fall an die Einhaltung der anwendbaren gesetzlichen, kollektivrechtlichen (TV, BV) oder einzelvertraglichen Künd-Frist halten, wäre den insolvenzspezifischen Besonderheiten nicht genüge getan. 2

Zweck des § 113 ist es, beiden Vertragsparteien eines Dienstverhältnisses die Möglichkeit zu eröffnen, dieses Vertragsverhältnis zu beenden, ohne dabei an eine zu lange Künd-Frist gebunden zu sein. Die Regelung des § 113 gewährt den Vertragsparteien weder einen eigenständigen Künd-Grund noch werden die allgemeinen AN-Schutzrechte wie bspw. das KSchG ausgeschlossen. Die Norm regelt lediglich eine Höchst-Künd-Frist im Rahmen eines Insolvenzverfahrens von drei Monaten zum Monatsende, wobei diese erst ab dem Zeitpunkt der Eröffnung des Insolvenzverfahrens über das Vermögen des Schuldners durch Beschluss des Insolvenzgerichts Anwendung findet. Im Insolvenzeröffnungsverfahren findet die Norm des § 113 noch keine Anwendung.[1] Im eröffneten Insolvenzverfahren gilt die Höchst-Künd-Frist des § 113 von drei Monaten zum Monatsende zur Vermeidung einer erheblichen Belastung der Insolvenzmasse durch Personalkosten nicht nur für unbefristete, ordentlich kündbare Arbverh. Die Höchst-Künd-Frist gilt darüber hinaus sowohl für den Fall, dass die Möglichkeit der ordentlichen Künd des Dienstverhältnisses vertraglich ausgeschlossen ist als auch für befristete Dienstverhältnisse, wenn das Recht zur ordentlichen Künd nicht entsprechend § 15 Abs. 3 TzBfG vereinbart wurde. 3

II. Ablauf eines Insolvenzverfahrens – arbeitsrechtliche Auswirkung

In einem Insolvenzverfahren sind grds. folgende Verfahrensschritte zu unterscheiden: Insolvenzantrag, Insolvenzeröffnungsverfahren, eröffnetes Insolvenzverfahren und Beendigung des Insolvenzverfahrens. 4

1. Insolvenzantrag (§ 13). Die Eröffnung eines (vorläufigen) Insolvenzverfahrens setzt zunächst den **Antrag** eines Gläubigers oder des Schuldners voraus (§ 13). Die Antragstellung an sich hat keinerlei arbeitsrechtliche Auswirkungen. 5

2. Insolvenzeröffnungsverfahren. Erster Verfahrensabschnitt eines Insolvenzverfahrens ist das sog. **Insolvenzeröffnungsverfahren**. Dieses Insolvenzeröffnungsverfahren dient hauptsächlich der Sicherung der Insolvenzmasse, der Prüfung, ob ein Insolvenzgrund (§ 16) vorliegt und der Klärung, ob genügend Masse zur Eröffnung des Insolvenzverfahrens vorhanden ist. Im Falle einer Massearmut wird das Insolvenzverfahren nicht eröffnet, sondern mangels Masse abgewiesen. Allgemeiner Insolvenzgrund ist die Zahlungsunfähigkeit (§ 17), im Falle des Insolvenzantrags durch den Schuldner reicht die drohende Zahlungsunfähigkeit (§ 18) aus. Im Falle der Insolvenz einer juristischen Person kommt als Insolvenzgrund zudem die Überschuldung (§ 19) hinzu. Als Sicherungsmaßnahme wird in einem 6

---

1 BAG 20.1.2005 – 2 AZR 134/04 – juris.

Insolvenzeröffnungsverfahren grds. ein vorläufiger Insolvenzverwalter bestellt. Hierbei ist zwischen einem „starken" vorläufigen Insolvenzverwalter (§ 22 Abs. 1) und einem „schwachen" vorläufigen Insolvenzverwalter (§ 22 Abs. 2) zu unterscheiden. Bestellt das Insolvenzgericht einen vorläufigen Insolvenzverwalter und erlässt es gleichzeitig ein allgemeines Verfügungsverbot gegenüber dem Schuldner, handelt es sich um einen „starken" vorläufigen Insolvenzverwalter.[2] Erlässt das Insolvenzgericht hingegen kein allgemeines Verfügungsverbot gegenüber dem Schuldner, handelt es sich um einen „schwachen" vorläufigen Insolvenzverwalter. In diesem Fall kann das Insolvenzgericht die Pflichten und Befugnisse des vorläufigen Insolvenzverwalters gem. § 22 Abs. 1 S. 1 bestimmen.

7 Während des Insolvenzeröffnungsverfahrens bleiben die Rechte und Pflichten aus dem Arbvverh für beide Vertragsparteien zunächst unverändert bestehen. Dies gilt für alle Haupt- und Nebenpflichten. Dabei ist es unerheblich, ob es sich um Rechte und Pflichten aus einem Gesetz, einem TV, einer BV oder dem Arbeitsvertrag handelt. Das Arbeitsrecht gilt im Insolvenzeröffnungsverfahren uneingeschränkt und ohne Modifizierung fort.[3] Im Insolvenzeröffnungsverfahren findet auch die Regelung des § 113 noch keine Anwendung.[4] Dies gilt auch dann, wenn das Insolvenzgericht einen starken vorläufigen Insolvenzverwalter bestellt hat.[5]

8 Arbeitsrechtliche Auswirkungen hat die Differenzierung zwischen einem starken vorläufigen Insolvenzverwalter und einem schwachen vorläufigen Insolvenzverwalter bei der Frage, wem die AG-Funktion im Insolvenzeröffnungsverfahren zusteht.

9 Bestellt das Insolvenzgericht einen starken vorläufigen Insolvenzverwalter, indem es ein allgemeines Verfügungsverbot gegenüber dem Schuldner erlässt, geht die AG-Funktion auf diesen vorläufigen Insolvenzverwalter über.[6] Dem vorläufigen Insolvenzverwalter stehen dann alle Rechte aus dem Arbvverh zu. So ist der vorläufige Insolvenzverwalter bspw. alleine befugt, Künd auszusprechen. Gleichzeitig hat der vorläufige Insolvenzverwalter alle Pflichten aus dem Arbvverh wie bspw. die Zahlung der vereinbarten Vergütung zu erfüllen. Entgeltforderungen für die Zeit vor Eröffnung des Insolvenzverfahrens sind Insolvenzforderungen i.S.d. § 38.[7] Nähere Ausführungen zu der insolvenzrechtlichen Einstufung von Entgeltansprüchen finden sich unter § 108 Rn 20.

10 Spricht das Insolvenzgericht gegenüber dem Schuldner kein allgemeines Verfügungsverbot aus, ist zu prüfen, welche Befugnisse das Insolvenzgericht dem vorläufigen Insolvenzverwalter gem. § 22 übertragen hat. Überträgt das Insolvenzgericht dem vorläufigen Insolvenzverwalter die AG-Funktion, geht diese auf den vorläufigen Insolvenzverwalter über.[8] Er wird insoweit wie ein starker Insolvenzverwalter behandelt. Ist die AG-Funktion dem vorläufigen Insolvenzverwalter hingegen nicht durch Beschluss des Insolvenzgerichts übertragen worden, behält der Schuldner gegenüber den ANn die AG-Funktion.[9] Stellt das Insolvenzgericht gem. § 21 Abs. 2 Nr. 2 Alt. 2 Verfügungen des Schuldners unter den Zustimmungsvorbehalt des vorläufigen Insolvenzverwalters, sind davon auch Künd von Arbvverh umfasst.[10] Kündigt der AG mit Einwilligung des vorläufigen Insolvenzverwalters, kann der gekündigte AN die Künd gem. §§ 182 Abs. 3, 111 S. 2 und 3 BGB zurückweisen, wenn ihm die Einwilligung nicht in schriftlicher Form vorgelegt wird.[11] Bestehen Zweifel, wem die Künd-Befugnis auf AG-Seite zusteht bzw. ob der Unterzeichner die Künd-Erklärung in Vollmacht ausgesprochen hat, kann der AN die Künd-Befugnis gem. § 174 S. 1 BGB[12] bestreiten und die Unwirksamkeit der Künd geltend machen.[13] Die Künd eines Arbvverh durch den Schuldners ohne Zustimmung des vorläufigen Insolvenzverwalters ist gem. § 24 Abs. 1 i.V.m. § 81 Abs. 1 S. 1 absolut unwirksam.[14]

11 **3. Eröffnung des Insolvenzverfahrens.** Stellt der vorläufige Insolvenzverwalter am Ende des Insolvenzeröffnungsverfahrens fest, dass ein Insolvenzgrund (§ 16) vorliegt und keine Massearmut besteht, erfolgt i.d.R. die **Eröffnung des Insolvenzverfahrens** durch Beschluss des Insolvenzgerichts (§ 27). In diesem Beschluss wird grds. ein Insolvenzverwalter bestellt (§ 27 Abs. 2 Nr. 2). Ziel des eröffneten Insolvenzverfahrens ist in erster Linie die Verwertung und Verteilung der Insolvenzmasse. Die einfachen Insolvenzforderungen gem. § 38 sind beim Insolvenzverwalter anzumelden.

12 Auch nach der Eröffnung des Insolvenzverfahrens bestehen die Dienstverhältnisse unverändert mit Wirkung für die Insolvenzmasse fort (§ 108).[15]

13 Die Entgeltansprüche für die Zeit ab Eröffnung des Insolvenzverfahrens sind Masseverbindlichkeiten (§ 55 Abs. 1 Nr. 2). Diese Einstufung als Masseverbindlichkeit gilt unabhängig davon, ob der Insolvenzverwalter die Dienstleistung in Anspruch nimmt oder nicht.[16] Eine Differenzierung danach, ob die Dienstleistung in Anspruch genommen

---

2 KR/*Weigand*, §§ 113, 120 InsO Rn 3.
3 KR/*Weigand*, §§ 113, 120 InsO Rn 4.
4 BAG 20.6.2002 – 8 AZR 459/01 – EzA § 613a BGB Nr. 211; *Schaub*, DB 1999, 217, 220; Kübler/Prütting/*Moll*, § 113 Rn 24 ff.
5 BAG 20.1.2005 – 2 AZR 134/04 – juris.
6 KR/*Weigand*, §§ 113, 120 InsO Rn 5.
7 Kübler/Prütting/*Moll*, § 113 Rn 9.
8 KR/*Weigand*, §§ 113, 120 InsO Rn 5.
9 KR/*Weigand*, §§ 113, 120 InsO Rn 4.
10 BAG 10.10.2002 – 2 AZR 532/01 – EzA § 21 InsO Nr. 1.
11 LAG Düsseldorf 24.8.2001 – 18 Sa 671/01 – LAGE § 21 InsO Nr. 1.
12 Palandt/*Heinrichs*, § 174 Rn 1 ff.
13 BAG 29.6.2000 – 8 ABR 44/99 – EzA § 126 InsO Nr. 2.
14 LAG Düsseldorf 24.8.2001 – 18 Sa 671/01 – LAGE § 21 InsO Nr. 1.
15 KR/*Weigand*, §§ 113, 120 InsO Rn 6.
16 Kübler/Prütting/*Moll*, § 113 Rn 10.

wird oder nicht, ist aber bei der Reihenfolge der Befriedigung der Masseverbindlichkeiten in den Fällen der Masseunzulänglichkeit relevant.[17]

Mit der Eröffnung des Insolvenzverfahrens verliert der Schuldner spätestens die Befugnis zur Ausübung des Verwaltungs- und Verfügungsrechts über das zur Insolvenzmasse gehörende Vermögen. Diese Befugnis geht ebenso wie die AG-Funktion auf den Insolvenzverwalter über (§ 80 Abs. 1).[18]

Die Wahrnehmung der die Arbverh betreffenden Rechtshandlungen obliegt spätestens mit der Eröffnung des Insolvenzverfahrens dem Insolvenzverwalter. Dazu gehört insb. die Künd eines Arbverh. Der Insolvenzverwalter handelt als Partei kraft Amtes aufgrund einer eigenen Rechtsstellung im Interesse der Gläubiger.[19]

Beschließt der Insolvenzverwalter die Stilllegung des Betriebs, bedarf es zur Künd der Arbverh anders als im Insolvenzeröffnungsverfahren nicht der Zustimmung der Gläubigerversammlung oder des Gläubigerausschusses.[20]

4. Beendigung des Insolvenzverfahrens. Wird ein Insolvenzverfahren normal zu Ende geführt, wird es nach der **Schlussverteilung** durch Beschluss des Insolvenzgerichts aufgehoben (§ 200). Selbstständige arbeitsrechtliche Auswirkungen hat die Beendigung des Insolvenzverfahrens nicht.

III. Unabdingbarkeit

Die Norm des § 113 ist unabdingbar.[21] Vereinbarungen, durch welche die Anwendung des § 113 ausgeschlossen oder beschränkt wird, sind gem. § 119 unwirksam. Dabei ist es unbeachtlich, ob der Ausschluss oder die Beschränkung des § 113 durch individual- oder kollektivrechtliche Abreden getroffen wurde.[22]

B. Regelungsgehalt

I. Sachlicher Anwendungsbereich

1. Dienstverhältnis. Die Norm des § 113 bezieht sich ausschließlich auf Dienstverhältnisse i.S.d. §§ 611 ff. BGB. Die Regelung ist aber nicht auf Arbverh begrenzt.[23] Der Anwendungsbereich erstreckt sich vielmehr auch auf arbeitnehmerähnliche Personen wie bspw. Heimarbeiter, Heimgewerbetreibende und Einfirmenvertreter i.S.v. § 92a HGB. Dienstverträge sind auch die Verträge mit Freiberuflern wie bspw. Ärzten oder RA. Auch die Verträge von freien Mitarbeitern fallen unter den sachlichen Anwendungsbereich des § 113. Im Rahmen eines Arbverh spielt es für die Anwendbarkeit des § 113 keine Rolle, ob es sich um normale AN oder leitende Ang handelt. Auswirkungen hat die Einstufung eines Mitarbeiters als leitender Ang aber für die Nichtanwendbarkeit der Regelungen des BetrVG (§ 5 Abs. 3 BetrVG) sowie die Anwendbarkeit bzw. Rechtsfolgen des § 14 KSchG.

Soweit öffentlich-rechtliche AG der Insolvenzordnung unterfallen, findet die Vorschrift auch auf die Arb oder Ang des öffentlichen Dienstes Anwendung.[24]

Obgleich ein Berufsausbildungsverhältnis kein Dienstverhältnis ist, findet die Regelung des § 113 Anwendung.[25]

Dienst- oder Werksvertragsverhältnisse, die einen Auftrag oder eine Geschäftsbesorgung nach §§ 662, 675 BGB zum Gegenstand haben, unterfallen nicht der Regelung des § 113.[26] Anzuwenden sind hier vielmehr §§ 115, 116. Die Abgrenzung eines Dienstverhältnisses, auf das § 113 Anwendung findet, von einer Geschäftsbesorgung ist nicht immer eindeutig und im Einzelfall auf der Grundlage der Verkehrsanschauung durchzuführen. Entscheidend ist letztlich, ob die Elemente eines Dienstverhältnisses oder einer Geschäftsbesorgung im Vordergrund stehen.[27]

Bei Organen juristischer Personen wie bspw. Vorstandsmitglieder von AG, Genossenschaften oder Vereinen sowie Geschäftsführern einer GmbH ist regelmäßig zwischen dem Anstellungsverhältnis und der Organbestellung zu unterscheiden. Die Regelung des § 113 findet auf das Anstellungsverhältnis dieses Personenkreises lediglich insoweit Anwendung, als es um die Künd des Anstellungsverhältnisses geht. Auf das Anstellungsverhältnis dieses Personenkreises findet die Regelung des § 113 auch dann Anwendung, wenn es sich um Alleingesellschafter, Geschäftsführer oder Geschäftsführer einer Ein-Mann-Gesellschaft handelt.[28] Hinsichtlich der Organbestellung dieser Personen hat § 113 hingegen keinerlei Auswirkungen. Die Organbestellung bleibt trotz der Künd durch den Insolvenzverwalter bestehen. Alleine dem Gesellschaftsorgan obliegt nach Maßgabe der Satzung und der gesetzlichen Regelungen (§ 84 Abs. 3 AktG, § 46 Nr. 5 GmbHG, § 104 GenG) die Abberufung des Organs.

Das Dienstverhältnis eines Aufsichtsratsmitglieds kann vom Insolvenzverwalter nicht gekündigt werden.[29]

---

17 Kübler/Prütting/*Moll*, § 113 Rn 10.
18 KR/*Weigand*, §§ 113, 120 InsO Rn 6.
19 BAG 18.4.2002 – 8 AZR 346/01 – EzA § 613a BGB Nr. 207; KR/*Weigand*, §§ 113, 120 InsO Rn 6.
20 LAG Köln 5.7.2002 – 4 (6) Sa 161/02 – EzA-Schnelldienst 2002, Nr. 23, 14.
21 Kübler/Prütting/*Moll*, § 113 Rn 101.
22 Kübler/Prütting/*Moll*, § 113 Rn 101.
23 Kübler/Prütting/*Moll*, § 113 Rn 27.

24 MüKo-InsO/*Löwisch/Caspers*, § 113 Rn 7.
25 BAG 27.5.1993 – 2 AZR 601/92 – EzA § 22 KO Nr. 5.
26 KR/*Weigand*, § 113 Rn 13.
27 Palandt/*Putzo*, Einf. § 611 Rn 24.
28 BGH 25.6.1979 – II ZR 219/78 – NJW 1980, 66; OLG Hamm 27.1.1992 – 8 U 200/91 – ZIP 1992, 418; *Uhlenbruck*, BB 2003, 1185.
29 KR/*Weigand*, § 113 Rn 15.

25 Wird ein Dienstverhältnis durch den Insolvenzverwalter begründet, ist wie folgt zu differenzieren:

26 Schließt ein Insolvenzverwalter ein Dienstverhältnis zur Bewältigung seiner eigenen Verwaltungsaufgaben, findet § 113 keine Anwendung. Befristet der Insolvenzverwalter hierbei einen Arbeitsvertrag, ist im Anwendungsbereich des TzBfG die Regelung des § 14 TzBfG zu beachten. Bedarf es danach eines sachlichen Grundes gem. § 14 Abs. 2 TzBfG, stellt die Insolvenzabwicklung als solche keinen Sachgrund dar. Ebenso wenig reicht der pauschale Hinweis des Insolvenzverwalters, er müsse bei der Abwicklung flexibel reagieren können und außerdem masseschonend handeln.[30]

27 Erfolgt der Abschluss des Dienstverhältnisses hingegen zur Wahrnehmung von betrieblichen Aufgaben im Unternehmen des Schuldners findet die Regelung des § 113 Anwendung.[31,32] Für welchen Aufgabenkreis das Dienstverhältnis geschlossen wurde, entscheidet sich nach dem objektiven Erklärungswert gem. §§ 133, 157 BGB. Dabei kann den Vorschriften des NachwG, welches auch während eines Insolvenzverfahrens uneingeschränkt Anwendung findet, klärende Bedeutung zukommen.

28 **2. Insolvenz des Dienstberechtigten.** Die Regelung des § 113 betrifft ausschließlich die Insolvenz des Dienstberechtigten d.h. im Rahmen eines Arbverh die Insolvenz des AG.[33] Eine entsprechende Anwendung der Norm auf die (Verbraucher-)Insolvenz des Dienstverpflichteten kommt nicht in Betracht.[34] Es ist nicht erforderlich, dass im Falle eines Insolvenzverfahrens über das Vermögen des Dienstverpflichteten die Möglichkeit einer vorzeitigen Vertragsbeendigung durch die InsO eröffnet wird.

29 **3. Anwendung bei nicht angetretenen Dienstverhältnissen.** Die Regelung in Abs. 1 S. 1 stellt auf das Bestehen eines Dienstverhältnisses ab. Die nach der KO durchzuführende Unterscheidung zwischen angetretenen Dienstverhältnissen gem. § 22 KO und noch nicht angetretenen Dienstverhältnissen gem. § 17 KO mit den unterschiedlichen Rechtsfolgen ist durch die Neuregelung des § 113 abgelöst worden.[35] Für nicht angetretene Dienstverhältnisse gilt nach der InsO nicht § 103, sondern vielmehr auch § 113.[36] Der Gesetzeswortlaut spricht dafür, die Norm auch dann anzuwenden, wenn der Dienstvertrag zwar bereits abgeschlossen, das Dienstverhältnis aber noch nicht angetreten wurde.[37] Dies gilt auch dann, wenn vertraglich eine Künd vor Dienstantritt ausgeschlossen wurde.[38] Dem Regelungsbereich des § 103 unterfallen nur gegenseitige Verträge i.S.d. §§ 320 ff. BGB, die zum Zeitpunkt der Insolvenzeröffnung noch nicht vollständig erfüllt sind.

30 Die Frage, ob die Künd-Frist des § 113 mit dem Ausspruch der Künd oder mit Beginn des Dienstverhältnisses zu laufen beginnt, ist nach allgemeinen Grundsätzen zu entscheiden. Das Insolvenzverfahren bedingt insoweit keine Besonderheiten. Das BAG geht davon aus, dass die Vertragsparteien bei einer Künd vor Dienstantritt grds. und im Zweifel kein Interesse an einer zumindest vorübergehenden Durchführung des Arbeitsvertrages haben und deshalb die Künd-frist, wenn keine anderen Anhaltspunkte für einen abweichenden Parteiwillen bestehen, nicht erst mit Dienstantritt, sondern bereits mit Zugang der Künd beim Dienstverpflichteten beginnen sollen.[39] Von einem Beginn der Künd-Frist erst mit Dienstantritt ist aber auszugehen, wenn die Vertragsparteien eine Künd vor Dienstantritt vertraglich ausgeschlossen haben.

31 **4. Beendigungs- und Änderungskündigung.** Die Regelung des § 113 erfasst sowohl Änderungs- als auch Beendigungs-Künd.[40] Im Rahmen der Beendigungs-Künd werden sowohl ordentliche betriebsbedingte, personenbetriebsbedingte als auch verhaltensbedingte Beendigungstatbestände erfasst. Mangels einzuhaltender Künd-Frist findet § 113 hingegen keine Anwendung im Falle einer fristlosen Künd bzw. einer Vertragsbeendigung durch Abschluss eines Aufhebungsvertrages.

II. Zeitlicher Anwendungsbereich

32 Die Anwendung der Vorschrift des § 113 setzt die Eröffnung des Insolvenzverfahrens durch Beschluss des Insolvenzgerichts nach § 27 voraus.[41] Die Höchst-Künd-Frist von drei Monaten zum Monatsende findet während der gesamten Dauer des Insolvenzverfahrens Anwendung. Der Insolvenzverwalter ist daher nicht verpflichtet, eine Künd bereits unmittelbar nach Eröffnung des Insolvenzverfahrens auszusprechen, um in den Genuss der Sonder-Künd-Frist des § 113 zu kommen.

---

30 LAG Düsseldorf 8.3.1994 – 16 Sa 163/94 – LAGE § 620 BGB Nr. 33.
31 LAG Berlin – 23 Sa 450/07 – ZIP 2007, 2002; Henkel, ZIP 2008, 1265 ff.
32 KR/*Weigand*, § 13 Rn 19.
33 *Zwanziger*, § 113 InsO Rn 2.
34 Kübler/Prütting/*Moll*, § 113 Rn 31.
35 KR/*Weigand*, § 113 Rn 18.
36 ErfK/*Müller-Glöge*, § 113 InsO Rn 14; *Herbert/Oberrath*, NZA 2004, 121, 124.
37 Kübler/Prütting/*Moll*, § 113 Rn 32.
38 KR/*Weigand*, § 113 Rn 18.
39 BAG 25.3.2004 – 2 AZR 324/03 – AP § 620 BGB Kündigung vor Dienstantritt Nr. 1.
40 Kübler/Prütting/*Moll*, § 113 Rn 35.
41 Kübler/Prütting/*Moll*, § 113 Rn 22.

Eine analoge Anwendung der Norm für das Insolvenzeröffnungsverfahren scheidet aus.[42] Dies gilt auch, wenn in dem Insolvenzeröffnungsverfahren ein starker vorläufiger Insolvenzverwalter bestellt wurde, d.h. gegenüber dem Schuldner ein allgemeines Verfügungsverbot erlassen wurde.[43]

III. Ordentliche Kündigung des Dienstverhältnisses durch den Insolvenzverwalter

1. Kündigungsbefugnis. Die Künd-Befugnis steht regelmäßig den Vertragsparteien, d.h. im Arbverh dem AN und dem AG zu. Im Rahmen eines Insolvenzeröffnungsverfahrens ist zu klären, ob die AG-Funktion weiterhin von dem Schuldner oder aber durch den (vorläufigen) Insolvenzverwalter ausgeübt wird.

Im Insolvenzeröffnungsverfahren gilt Folgendes: Bestellt das Insolvenzgericht einen starken vorläufigen Insolvenzverwalter, d.h. erlässt es gleichzeitig ein allgemeines Verfügungsverbot gegen den Schuldner, steht dem vorläufigen Insolvenzverwalter die AG-Funktion zu. Bestellt das Insolvenzgericht hingegen einen schwachen vorläufigen Insolvenzverwalter, steht diesem die AG-Funktion nur dann zu, wenn sie ausdrücklich durch das Insolvenzgericht auf ihn übertragen wurde. Ein beschränkter Zustimmungsvorbehalt des Insolvenzgerichts nach § 21 Abs. 2 Nr. 2 Alt. 2, wonach Verfügungen des Schuldners über Gegenstände seines Vermögens nur noch mit Zustimmung des vorläufigen Insolvenzverwalters wirksam sind, belässt den Schuldner in seiner AG-Funktion. Ein solcher Zustimmungsvorbehalt erfasst aber auch Künd von Arbverh. Eine ohne Zustimmung des vorläufigen Insolvenzverwalters ausgesprochene Künd ist unwirksam (§ 24 Abs. 1 i.V.m. § 81 Abs. 1 S. 1). Der AN kann eine vom Schuldner mit Einwilligung des vorläufigen Insolvenzverwalters erklärte Künd zurückweisen, wenn die Einwilligung nicht in schriftlicher Form vorgelegt wird (§ 182 Abs. 3 BGB i.V.m. § 111 S. 2 und 3 BGB).[44] Aus dem Inhalt der Zurückweisungserklärung oder den Umständen muss sich ergeben, dass die Zurückweisung deshalb erfolgt, weil die Einwilligung nicht urkundlich nachgewiesen wurde. Zudem ist eine Beanstandung der Künd mangels Vorlage der Vollmachtserklärung gem. § 174 S. 1 BGB möglich.

Unabhängig von der Frage, wem im Insolvenzeröffnungsverfahren die AG-Funktion zusteht, kommt dem vorläufigen Insolvenzverwalter aber regelmäßig die Regelung des § 113 nicht zugute.[45]

Dem mit Eröffnung des Insolvenzverfahrens durch Beschluss des Insolvenzgerichts bestellten (endgültigen) Insolvenzverwalter steht in jeden Fall die AG-Funktion und damit auch die Künd-Befugnis zu.[46]

2. Anwendbarkeit des Kündigungsschutzgesetzes. Auch im Zusammenhang mit einer Künd im Rahmen eines Insolvenzverfahrens ist stets zu prüfen, ob das KSchG Anwendung findet. Dessen Anwendbarkeit wird nicht bereits durch den Insolvenzantrag, das Insolvenzeröffnungsverfahren oder das eröffnete Insolvenzverfahren ausgeschlossen.[47]

Aus **zeitlicher Sicht** muss das Arbverh mit demselben Betrieb oder Unternehmen ohne Unterbrechung länger als sechs Monate bestanden haben (§ 1 Abs. 1 KSchG). Die **betrieblichen Voraussetzungen** ergeben sich aus § 23 KSchG. Nach § 23 S. 3 KSchG gilt für AN, die erst nach dem 31.12.2003 eingestellt werden, das KSchG erst dann, wenn in dem Betrieb regelmäßig mindestens zehn AN beschäftigt sind. Die Rechtsposition der bereits vor dem 31.12.2003 beschäftigten AN wird hierdurch nicht angetastet. Hier sind regelmäßig mindestens fünf AN ausreichend. **Persönlich** ist der Anwendungsbereich des KSchG auf AN beschränkt. Im Wesentlichen ist nach der Rspr. des BAG AN, wer persönlich abhängig und weisungsgebunden tätig ist.[48] Nicht unter den Anwendungsbereich des KSchG fallen deshalb u.a. Personen, die als freie Mitarbeiter beschäftigt sind.

3. Kündigungsgrund. Bei Anwendbarkeit des KSchG bedarf es zur Wirksamkeit einer Künd durch den Insolvenzverwalter eines Künd-Grundes. Auch hier ergeben sich keine insolvenzrechtlichen Besonderheiten. Ein Insolvenzantrag stellt ebenso wie die Eröffnung eines Insolvenzverfahrens per se keinen Künd-Grund dar.[49] Es gelten vielmehr die Regelungen des KSchG.[50]

Normalerweise spricht der Insolvenzverwalter Künd aus betriebsbedingten Gründen. Betriebsbedingten Künd-Gründen können innerbetriebliche und außerbetriebliche Umstände zugrunde liegen.[51] Als Innerbetriebliche Umstände gelten alle Umstände, die sich aus den Verhältnissen des Betriebes selbst ergeben. Dies sind insb. die Stilllegung des Betriebes oder die Stilllegung von Betriebsteilen.[52] Außerbetriebliche Umstände sind hingegen Faktoren wie Auftragsmangel oder Umsatzrückgang.[53] Relevanz erlangt diese Differenzierung insb. bei der Darlegungs- und Beweislast.[54]

---

42 BAG 20.6.2002 – 8 AZR 459/01 – EzA § 613a BGB Nr. 211; Schaub, DB 1999, 217, 220; Kübler/Prütting/Moll, § 113 Rn 24 ff.
43 BAG 20.1.2005 – 2 AZR 134/04 – juris; zu dem früheren Meinungsstreit s. Kübler/Prütting/Moll, § 113 Rn 22 ff.
44 BAG 10.10.2002 – 2 AZR 532/01 – NZA 2003, 909.
45 Vgl. Fn 3, 4.
46 KR/Weigand, §§ 113, 120 InsO Rn 6.
47 Kübler/Prütting/Moll, § 113 Rn 17.
48 BAG 27.3.1991 – 5 AZR 194/90 – AP § 611 BGB Nr. 53; BAG 19.11.1997 – 5 AZR 653/96 – AP § 611 BGB Nr. 90.
49 BAG 20.9.2006 6 AZR 249/05 AP BGB § 613a Nr. 316.
50 BAG 26.7.2007 – 8 AZR 769/06 NZA 2008, 112 ff.
51 KR/Etzel, § 1 KSchG Rn 517 ff.
52 KR/Etzel, § 1 KSchG Rn 517.
53 KR/Etzel, § 1 KSchG Rn 519.
54 KR/Etzel, § 1 KSchG Rn 260 ff.

42 Im Rahmen eines Insolvenzverfahrens spielt als betriebsbedingter Künd-Grund insb. die Stilllegung des Betriebes oder von Betriebsteilen eine erhebliche Rolle. Kündigt ein starker vorläufiger Insolvenzverwalter, d.h. ein vorläufiger Insolvenzverwalter, auf den die Verwaltungs- und Verfügungsbefugnis übergegangen ist, die Arbverh der beim Schuldner beschäftigten AN wegen geplanter Betriebsstilllegung, ist diese Künd unwirksam, wenn die Zustimmung des Insolvenzgerichts zur Betriebsstilllegung gem. § 22 Abs. 2 Nr. 2 nicht im Zeitpunkt des Zugangs der Künd vorliegt.[55] Nach Eröffnung des Insolvenzverfahrens bedarf es einer solchen Zustimmung nicht mehr.

43 Kündigt ein Insolvenzverwalter einem AN wegen beabsichtigter Betriebsstilllegung, so spricht gegen eine endgültige Stilllegungsabsicht, wenn dem Insolvenzverwalter vor Erklärung der Künd ein Übernahmeangebot eines Interessenten vorliegt, das wenige Tage später zu konkreten Verhandlungen mit einer teilweisen Betriebsübernahme führt. Dies gilt jedenfalls dann, wenn im vorausgegangenen Interessenausgleich dessen Neuverhandlung vereinbart war, falls ein Betriebsübergang auf einen dritten Interessenten erfolgt[56]

44 Denkbar und möglich ist aber auch, dass sich der Insolvenzverwalter auf verhaltens- oder personenbedingte Künd-Gründe beruft. Auch hier gelten keine insolvenzrechtlichen Besonderheiten.

45 **4. Sozialauswahl.** Die Grundsätze der sozialen Auswahl gem. § 1 Abs. 3 KSchG sind auch von dem Insolvenzverwalter zu beachten. Dies gilt auch für den Fall der Betriebsstilllegung.[57]

46 Besonderheiten ergeben sich insoweit bei der Erstellung einer Namensliste gem. § 125.[58]

47 **5. Wegfall der Beschäftigungsmöglichkeit.** Eine betriebsbedingte Künd ist dann sozial nicht gerechtfertigt, wenn der betroffene AN im Betrieb oder Unternehmen weiterbeschäftigt werden kann.[59] Die anderweitige Beschäftigungsmöglichkeit muss sich zum einem auf vergleichbare und zum anderen auf freie Arbeitsplätze beziehen.[60] Frei sind Arbeitsplätze, die zum Zeitpunkt des Zugangs der Künd unbesetzt sind oder mit hinreichender Sicherheit bis zum Ablauf der Künd-Frist zur Verfügung stehen. Vergleichbar ist ein Arbeitsplatz dann, wenn dieser dem betroffenen AN aufgrund seiner Ausbildung und seiner bisherigen Tätigkeiten im Betrieb zumutbar ist, und darüber hinaus der AG den AN auf diesen anderen Arbeitsplatz im Rahmen seines Weisungsrechts ersetzen kann.[61] Insolvenzrechtliche Besonderheiten ergeben sich insoweit nicht.

48 **6. Wiedereinstellungsanspruch.** Eine gesetzliche Regelung eines Wiedereinstellungsanspruchs nach rechtswirksamer Künd besteht nicht. Die Notwendigkeit eines Wiedereinstellungsanspruchs ist aber allgemein anerkannt. Dies resultiert daraus, dass für die Beurteilung der Wirksamkeit einer Künd der Zeitpunkt des Künd-Zugangs maßgebend ist (§ 130 Abs. 1 BGB). Die Künd bleibt daher auch wirksam, wenn der Künd-Grund bei Zugang der Künd vorlag, bei Beendigung des Arbverh, d.h. nach Ablauf der Künd-Frist aber weggefallen ist. Grds. wird ein Wiedereinstellungsanspruch erst dann nicht mehr anerkannt, wenn der Künd-Grund erst nach Ablauf der Künd-Frist weggefallen ist.[62]

49 Im Rahmen eines Insolvenzverfahrens gilt es folgende Besonderheit zu berücksichtigen: Findet nach Ablauf der Frist einer insolvenzbedingten Künd ein Betriebsübergang statt, besteht kein Anspruch auf Wiedereinstellung bzw. Fortsetzung des Arbverh.[63]

50 **7. Formalien der Kündigungserklärung. a) Betriebsratsanhörung gemäß § 102 BetrVG.** Bei der Künd eines Arbverh im Rahmen eines Insolvenzverfahrens ist wie bei jeder Künd eines AN das Anhörungsrecht des BR gem. § 102 BetrVG zu berücksichtigen, sofern in dem den AN beschäftigenden Betrieb ein BR besteht.[64] Insoweit ergeben sich keine insolvenzrechtlichen Besonderheiten.

51 Eine einseitige vom AG bzw. Insolvenzverwalter veranlasste Verkürzung der gesetzlichen Anhörungsfrist des § 102 BetrVG von einer Woche ist auch in Eilfällen grds. nicht möglich.[65] Etwas anderes kann sich bei einer betriebsbedingten Künd nur dann ergeben, wenn sich die wirtschaftliche Lage des Betriebs plötzlich und unvorhergesehen derart verschlechtert, dass der Ausspruch der sofortigen Künd unabweisbar notwendig ist.[66]

52 **b) Schriftform/Mitteilung der Kündigungsgründe.** Auch im Rahmen eines Insolvenzverfahrens ist das Schriftformerfordernis aus § 623 BGB[67] zu berücksichtigen.

---

55 BAG 29.6.2000 – 8 ABR 44/99 – EzA § 126 InsO Nr. 2; LAG Düsseldorf 8.5.2003 – 10 (11) Sa 246/03 – LAGE § 22 InsO Nr. 1.
56 BAG 29.9.2005 – 8 AZR 647/04 – NZA 2006, 720.
57 BAG 16.9.1982 – 2 AZR 271/80 – EzA § 1 KSchG Betriebsbedingte Kündigung Nr. 18.
58 ErfK/*Ascheid*, § 125 InsO Rn 1 ff.
59 BAG 29.3.1990 – 2 AZR 369/89 – NZA 1991, 181.
60 BAG 7.2.1991 – 2 AZR 205/90 – NZA 1991, 806.
61 BAG 29.3.1990 – 2 AZR 369/89 – NZA 1991, 181.
62 KR/*Etzel*, § 1 KSchG Rn 733.
63 BAG 13.5.2004 – 8 AZR 198/03 – DB 2004, 2107.
64 *Fitting* u.a., § 102 Rn 1 ff.
65 KR/*Weigand*, § 113 InsO Rn 53.
66 BAG 13.11.1975 – 2 AZR 610/74 – EzA § 102 BetrVG 1972 Nr. 20; BAG 29.3.1977 – 1 AZR 46/75 – EzA § 102 BetrVG 1972 Nr. 27.
67 KR/*Spilger*, § 623 BGB Rn 1 ff.

In Einzelfällen erfordern gesetzliche Bestimmungen zur Wirksamkeit der Künd die Mitteilung der Künd-Gründe (§§ 21, 22 BBiG, § 9 MuSchG).[68]

c) Massenentlassung. Bei einer Künd im Rahmen eines Insolvenzverfahrens ist regelmäßig zu prüfen, inwieweit es sich um eine Künd im Rahmen einer Massenentlassung gem. §§ 17 ff. KSchG handelt. Ist dies der Fall, sind die Formalien der §§ 17, 18 KSchG, insb. die Massenentlassungsanzeige bei der zuständigen A.A., auch im Rahmen eines Insolvenzverfahrens zu beachten.

Ist eine Massenentlassungsanzeige unterblieben, ist das Arbverh durch die entsprechende Künd nicht aufgelöst worden, denn ohne die wirksame Anzeige kann eine wirksame Entlassung nicht erfolgen.[69]

8. Gesetzlicher Sonderkündigungsschutz. Eine Vielzahl von AN genießen einen **gesetzlichen** Sonder-Künd-Schutz. Hierbei ist im Einzelnen zu prüfen, inwieweit dieser gesetzliche Sonder-Künd-Schutz auch im Rahmen eines Insolvenzverfahrens Anwendung findet und welche Auswirkungen sich hierdurch auf die Künd des Insolvenzverwalters ergeben.

Für einen einzelvertraglich oder kollektivrechtlich (TV, BV) vereinbarten Ausschluss des Rechts zur ordentlichen Künd sieht S. 1 hingegen ausdrücklich das Recht zur ordentlichen Künd unter Einhaltung der maximalen Künd-Frist von drei Monaten zum Monatsende vor.[70] Mit Eröffnung des Insolvenzverfahrens kann der Insolvenzverwalter daher ein Arbverh auch dann ordentlich kündigen, wenn das Recht zur ordentlichen Künd tarifvertraglich oder einzelvertraglich ausgeschlossen ist. Die Regelung des § 113 verdrängt daher tarifvertragliche und einzelvertragliche Unkündbarkeitsklauseln.[71] Ist daher ein AN bspw. gem. § 53 Abs. 3 BAT ordentlich unkündbar, kann der Insolvenzverwalter das Arbverh über § 113 mit der Höchst-Künd-Frist von drei Monaten zum Monatsende kündigen.

Auch ein Dienstverhältnis auf Lebenszeit gem. § 624 BGB kann der Insolvenzverwalter unter Einhaltung der Höchst-Künd-Frist von drei Monaten zum Monatsende kündigen.[72]

Der Insolvenzverwalter ist auch nicht gehindert, ein Arbverh unter Einhaltung der Höchst-Künd-Frist des § 113 von drei Monaten zum Monatsende zu kündigen, wenn dafür nach einem anwendbaren (Firmen-)TV die Zustimmung des Insolvenzverwalters erforderlich ist.[73] Bei einer solchen tarifvertraglichen Klausel handelt es sich zwar nicht um den Ausschluss der ordentlichen Künd, sondern um die verfahrensmäßige Absicherung des individuellen Künd-Schutzes auf kollektiver Ebene. Diese verfahrensmäßige Absicherung des individuellen Künd-Schutzes ist aber insolvenzrechtlich wie der Ausschluss der ordentlichen Künd zu behandeln. Diese tarifvertragliche Künd-Beschränkung wird daher ebenfalls durch die Regelung des § 113 verdrängt.[74] Gleiches gilt, wenn die Wirksamkeit in einer BV oder im Anstellungsvertrag von der Zustimmung des BR abhängig gemacht wird.

a) Sonderkündigungsschutz der Betriebsratsmitglieder. BR-Mitglieder genießen aufgrund ihrer betriebsverfassungsrechtlichen Stellung einen Sonder-Künd-Schutz nach § 15 KSchG. Diesen Sonder-Künd-Schutz hat grds. auch der Insolvenzverwalter zu beachten.[75] Mithin kann der Insolvenzverwalter die Mitglieder des BR, einer Jugendvertretung, einer Bordvertretung oder eines See-BR grds. nicht ordentlich kündigen. Eine Ausnahme besteht insoweit lediglich im Fall einer Betriebsschließung (§ 15 Abs. 3 KSchG). Wenn lediglich die Betriebsabteilung stillgelegt wird, in der das BR-Mitglied beschäftigt ist, so ist das BR-Mitglied grds. in eine andere Betriebsabteilung zu übernehmen. Nur wenn eine solche Übernahme aus betrieblichen Gründen nicht möglich ist, kommt ausnahmsweise die ordentliche betriebliche Künd in Betracht (§ 15 Abs. 4 KSchG).[76]

b) Berufsausbildungsverhältnisse. Berufsausbildungsverhältnisse können auch im Rahmen eines Insolvenzverfahrens nur nach der Maßgabe des § 22 BBiG gekündigt werden.[77] Daher kann ein Berufsausbildungsverhältnis auch durch den Insolvenzverwalter nach Ablauf der Probezeit nur noch aus wichtigem Grund gekündigt werden.

Sofern allerdings der Betrieb stillgelegt wird und damit die Ausbildungsvoraussetzungen wegfallen und der Zweck der Ausbildung nicht mehr erreicht werden kann, steht sowohl dem Insolvenzverwalter als auch dem Auszubildenden grds. das Recht zur Künd des Vertrages zu.[78] In diesen Fällen hat der Insolvenzverwalter allerdings kein Recht zur ordentlichen Künd des Arbverh, sondern nur zur außerordentlichen Künd mit einer Auslauffrist, welche der anwendbaren gesetzlichen, tariflichen oder einzeltariflichen Künd-Frist entspricht. Erfolgt die Künd durch den Insolvenzverwalter nach Eröffnung des Insolvenzverfahrens, ist auch hier die Höchst-Künd-Frist des § 113 von drei Monaten

---

68 KR/*Bader*, § 9 MuSchG Rn 132b.
69 BAG 16.6.2005 – 6 AZR 451/04 – NZA 2005, 1109.
70 Kübler/Prütting/*Moll*, § 113 Rn 46.
71 BAG 20.9.2006 – 6 AZR 249/05 – NZA 2007, 387; BAG 19.1.2000 – 4 AZR 70/99 – EzA § 113 InsO Nr. 10; LAG Hamm 26.11.1998 – 8 Sa 1576/98 – ZInsO 1999, 302.
72 *Berscheid*, Rn 557.
73 BAG 19.1.2000 – 4 AZR 70/99 – EzA § 113 InsO Nr. 10; KR/*Weigand*, § 113 InsO Rn 42.
74 BAG 19.1.2000 – 4 AZR 70/99 – EzA § 113 InsO Nr. 10; KR/*Weigand*, § 113 InsO Rn 42.
75 KR/*Weigand*, § 113 InsO Rn 48.
76 KR/*Etzel*, § 15 KSchG Rn 78 ff.
77 KR/*Weigand*, §§ 14, 15 BBiG Rn 39 ff., 69.
78 BAG 27.5.1993 – 2 AZR 601/92 – EzA § 22 KO Nr. 5.

zum Monatsende zugrunde zu legen. Die Künd-Erklärung hat binnen zwei Wochen zu erfolgen, nachdem der Insolvenzverwalter Kenntnis von dem Wegfall der Ausbildungsvoraussetzungen erlangte (§ 22 Abs. 4 BBiG).

61 **c) Schwerbehinderte.** Der Insolvenzverwalter hat den Sonder-Künd-Schutz für Schwerbehinderte gem. §§ 85 bis 92 SGB IX zu beachten.[79] Insb. hat der Insolvenzverwalter die vorherige Zustimmung des Integrationsamts zur Künd einzuholen (§ 85 SGB IX).[80] Auch bei einer nur vorsorglich ausgesprochenen Künd durch den Insolvenzverwalter bedarf es der vorherigen Zustimmung des Integrationsamtes.[81]

62 Wird der insolvente Betrieb durch den Insolvenzverwalter stillgelegt, so hat das Integrationsamt die Zustimmung zur Künd zu erteilen, wenn zwischen dem Tag der Künd und dem Tag, bis zu dem Entgelt gezahlt wird, mindestens drei Monate liegen (§ 89 Abs. 1 S. 1 SGB IX). An der Wirksamkeit der Künd ändert sich auch dann nichts, wenn die Insolvenzmasse für den Betrag in Höhe von drei Monatsgehältern nicht ausreicht.[82] Die Zustimmung soll durch das Integrationsamt auch dann erteilt werden, wenn es zu einer dauerhaften wesentlichen Einschränkung des Betriebes kommt, sofern die Gesamtzahl der nach der Betriebseinschränkung verbleibenden Schwerbehinderten zur Erfüllung der Verpflichtung gem. § 71 SGB IX ausreicht (§ 89 Abs. 1 S. 2 SGB IX).

63 Diese beiden Einschränkungen der Ermessensentscheidung durch das Integrationsamt entfallen, wenn der behinderte AN mit seinem Einverständnis innerhalb des Betriebes auf einen freien Arbeitsplatz umgesetzt werden kann und dies dem Insolvenzverwalter zumutbar ist (§ 89 Abs. 1 S. 3 SGB IX). Ist eine solche Umsetzung im Einzelfall möglich, erteilt das Integrationsamt die erforderliche Zustimmung zur Künd nicht.

64 Gem. § 89 Abs. 3 SGB IX soll die Zustimmung durch das Integrationsamt nach Eröffnung des Insolvenzverfahrens erteilt werden, wenn der Schwerbehinderte in einer Namensliste des Interessenausgleichs gem. § 125 verzeichnet ist und wenn der Anteil der Schwerbehinderten in der Liste proportional zum Anteil der Schwerbehinderten im Betrieb ist, die Schwerbehindertenvertretung gem. § 95 SGB IX am Interessenausgleich mitgewirkt hat und die Gesamtzahl der im Betrieb verbleibenden Schwerbehinderten zur Erfüllung der Verpflichtung gem. § 71 SGB IX ausreicht. Erforderlich ist, dass alle vier Voraussetzungen kumulativ vorliegen.[83]

65 **d) Mutterschutz und Elternzeit.** Der Insolvenzverwalter hat auch die Künd-Verbote für Schwangere und Wöchnerinnen gem. § 9 MuSchG und für Väter und Mütter in Elternzeit gem. § 18 BEEG zu beachten.[84] In besonderen Fällen kann ausnahmsweise eine Künd von der für den Arbeitsschutz zuständigen obersten Landesbehörde für zulässig erklärt werden (§ 9 Abs. 3 MuSchG, § 18 Abs. 1 S. 2 BEEG). Diese Zustimmung ist insb. dann zu erteilen, wenn ein Betrieb stillgelegt wird und eine Beschäftigungsmöglichkeit auf einem anderen Arbeitsplatz nicht besteht.[85] Etwas anderes gilt allerdings dann, wenn trotz der Betriebsstilllegung eine Weiterbeschäftigungsmöglichkeit auf einem anderen Arbeitsplatz in Betracht kommt.[86] Eine ohne vorherige behördliche Zulässigkeitserklärung ausgesprochene Künd ist in jedem Fall unwirksam. Dies gilt selbst dann, wenn die Voraussetzungen eines besonderen Falls i.S.d. § 9 Abs. 3 MuSchG bzw. § 18 Abs. 1 S. 2 BEEG objektiv vorliegen.[87]

66 **e) Block-Altersteilzeit.** Im Rahmen eines Block-Altersteilzeitmodells ist der AN in der Freistellungsphase grds. nicht ordentlich kündbar. Die Stilllegung des Betriebes stellt dabei kein dringendes betriebliches Erfordernis dar, das nach § 1 Abs. 2 KSchG die Künd eines AN in der Freistellungsphase sozial rechtfertigen kann.[88] Auch die Besonderheiten des Insolvenzverfahrens rechtfertigen insoweit keine abweichende Beurteilung.[89] § 113 ermöglicht den Vertragsparteien lediglich die Künd mit einer maximalen Künd-Frist von drei Monaten zum Monatsende ohne Rücksicht auf eine vereinbarte Vertragsdauer, einen vereinbarten Ausschluss des Rechts zur ordentlichen Künd oder eine sonst maßgebliche längere Künd-Frist. Die Künd ist bei Anwendbarkeit des KSchG nur dann sozial gerechtfertigt, wenn die Voraussetzungen des § 1 KSchG vorliegen. Im Falle der Betriebsstilllegung durch den Insolvenzverwalter bedeutet dies, dass eine betriebsbedingte Künd gegenüber dem in Block-Altersteilzeit in der Freistellungsphase befindlichen AN gerechtfertigt ist, wenn eine Weiterbeschäftigungsmöglichkeit ausscheidet. Spielt der Wegfall der Beschäftigungsmöglichkeit keine Rolle mehr, weil sich der AN in der Freistellungsphase befindet, fehlt auch bei der Betriebsstilllegung in der Insolvenz ein dringendes betriebliches Erfordernis zur Künd.[90]

---

79 KR/*Etzel*, §§ 85 bis 90 SGB IX Rn 5.
80 BAG 4.6.2003 – 10 AZR 586/02 – EzA § 209 InsO Nr. 1; LAG Niedersachsen 4.4.2003 – 16 Sa 1646/02 – LAGE § 85 SGB IX Nr. 1.
81 LAG Hamm 12.2.2001 – 4 Ta 277/00 – NZA-RR 2002, 158.
82 LAG Düsseldorf 6.9.1989 – 11 Sa 782/89 – ZIP 1990, 529.
83 KR/*Weigand*, § 113 InsO Rn 60.
84 KR/*Weigand*, § 113 InsO Rn 61.
85 BVerwG 18.8.1977 – V C 8.77 – AP § 9 MuSchG 1968 Nr. 5; KR/*Bader*, § 9 MuSchG Rn 122.
86 BVerwG 18.8.1977 – V C 8.77 – AP § 9 MuSchG 1968 Nr. 5.
87 KR/*Bader*, § 9 MuSchG Rn 78; KR/*Bader*, § 18 BerzGG Rn 10.
88 BAG 5.12.2002 – 2 AZR 571/01 – NZA 2003, 789.
89 BAG 5.12.2002 – 2 AZR 571/01 – NZA 2003, 789.
90 BAG 5.12.2002 – 2 AZR 571/01 – NZA 2003, 789.

f) Wehrdienstleistende. Wehrdienstleistende AN genießen gem. § 2 Abs. 1 ArbPlSchG Sonder-Künd-Schutz.[91] **67** Dieser Sonder-Künd-Schutz bleibt auch im Rahmen eines Insolvenzverfahrens bestehen.[92] Im Falle einer Betriebsstilllegung kann das Arbverh aus wichtigem Grund mit einer Auslauffrist gekündigt werden, welche der vertraglichen, tariflichen oder gesetzlichen Künd-Frist entspricht. Die Höchst-Künd-Frist beträgt dabei im Insolvenzfall gem. § 113 drei Monate zum Monatsende.

g) Parlamentarier. Soweit AN, die als Abgeordnete Mitglieder des Deutschen Bundestages oder eines Parlaments **68** in den deutschen Ländern bzw. Volksvertretungen auf kommunaler oder Landeskreisebene sind, besonderen Künd-Schutz genießen, ist dieser auch im Rahmen eines Insolvenzverfahrens zu berücksichtigen. Im Falle einer insolvenzbedingten Betriebsstilllegung ist der Insolvenzverwalter berechtigt, eine außerordentliche Künd unter Beachtung einer Auslauffrist zu erklären. Diese Auslauffrist beträgt gem. § 113 höchstens drei Monate.

9. Kündigungsfrist. Im Insolvenzverfahren beträgt die Höchst-Künd-Frist gem. S. 2 drei Monate zum Monatsende. Diese Höchst-Künd-Frist ist lex specialis. Sie geht längeren Künd-Fristen unabhängig von ihrer Rechtsgrundlage vor.[93] **69**

a) Höchstfrist. Nach Eröffnung des Insolvenzverfahrens beträgt die maximale Künd-Frist gem. § 113 drei Monate **70** zum Monatsende. Arbeitsvertragliche, kollektivrechtliche (TV, BV) oder gesetzliche Künd-Fristen, welche diese dreimonatige Höchstfrist überschreiten, sind weder vom Insolvenzverwalter noch vom AN zu beachten. Die Verdrängung längerer tarifvertraglicher Künd-Fristen unterliegt auch keinen verfassungsrechtlichen Bedenken.[94]

b) Maßgebliche kürzere Kündigungsfrist. Bei der in § 113 normierten Künd-Frist von drei Monaten zum Monatsende handelt es sich lediglich um eine Höchst-Künd-Frist. Findet auf das Arbverh daher eine kürzere als die in § 113 normierte Künd-Frist Anwendung, ist diese auch im Rahmen eines Insolvenzverfahren zu berücksichtigen. Eine solche kürzere Künd-Frist kann sich dabei aus einer gesetzlichen, kollektivrechtlichen oder einzelvertraglichen Regelung ergeben. Dabei gibt es keine Hierarchie zwischen den einzelnen Rechtsgrundlagen (Gesetz, TV und Einzelarbeitsvertrag).[95] **71**

Entscheidend ist dabei regelmäßig, welche Künd-Frist im Zeitpunkt des Zugangs der Künd Anwendung findet. Ist **72** daher in einem Arbeitsvertrag bspw. eine vierwöchige Künd-Frist zum Ende des Kalendermonats vorgesehen, besteht das Arbverh aber bereits über 20 Jahre und würde daher die gesetzliche Künd-Frist sieben Monate zum Monatsende betragen, ist wiederum die dreimonatige Höchstfrist aus § 113 einschlägig. Von den Vorteilen des § 113 kann der Insolvenzverwalter auch dann Gebrauch machen, wenn das Arbverh vor Eröffnung bereits mit längeren regulären Künd-Fristen gekündigt war.[96]

Zu berücksichtigen sind in diesem Zusammenhang die Mindest-Künd-Fristen für bestimmte Personengruppen (§ 86 **73** SGB IX für Schwerbehinderte, § 29 Abs. 3 HAG für Heimarbeiter, § 63 SeemG für Heuerverhältnisse, § 78 Abs. 2 SeemG für Kapitäne auf Seeschiffen, § 21 Abs. 4 BEEG für AN in Elternzeit.

c) Unkündbarkeitsklauseln. Zweck der Regelung des § 113 ist es u.a., die Insolvenzmasse vor zu hohen Personalkosten zu schützen und eine Liquidation des insolventen Unternehmens auch dann zu ermöglichen, wenn einzelne Arbverh ordentlich nicht kündbar sind. Ein solcher Ausschluss der ordentlichen Unkündbarkeit kann sich dabei sowohl aus einer einzelvertraglichen Abrede als auch aus kollektivrechtlichen Vereinbarungen (TV, BV) ergeben.[97] **74**
Die Regelung des § 113 eröffnet beiden Vertragsparteien das Recht zur ordentlichen Künd des Arbverh auch dann, wenn ein solches Recht zur ordentlichen Künd des Dienstverhältnisses einzelvertraglich oder kollektivrechtlich ausgeschlossen ist. Ist ein AN im Anwendungsbereich des BAT gem. § 53 Abs. 3 BAT unkündbar, steht dem Insolvenzverwalter über § 113 das Recht zur ordentlichen Künd des Arbverh unter Einhaltung der Höchst-Künd-Frist von drei Monaten zum Monatsende zu.

Die Regelung des § 113 gewährt dem Insolvenzverwalter auch dann ein Künd-Recht unter Beachtung der Höchstfrist **75** gem. § 113, wenn nach einem Firmen-TV eine ordentliche Künd der Zustimmung des BR bedarf.[98] Nach der Rspr. des BAG ist die tarifvertragliche Zustimmungsklausel dahin einschränkend auszulegen, dass die Zustimmung des BR dann nicht erforderlich ist, wenn im Falle der Insolvenz allen AN wegen Betriebsschließung gekündigt wird.[99]

---

91 KR/*Weigand*, ParlKSch Rn 37 ff.
92 KR/*Weigand*, § 113 InsO Rn 63.
93 BAG 6.7.2000 – 2 AZR 695/99 – NZA 2001, 23; LAG Schleswig-Holstein 28.4.2004 – 3 Sa 551/03 – NZI 2004, 638.
94 BAG 19.1.2000 – 4 AZR 70/99 – EzA § 113 InsO Nr. 10; BAG 8.2.1999 – 1 BvL 25/97 – NZA 1999, 597 ff.; KR/*Weigand*, § 113 InsO Rn 24, 25.
95 BAG 3.12.1998 – 2 AZR 425/98 – EzA § 113 InsO Nr. 6.
96 BAG 26.7.2007 – 8 AZR 769/06 – NZA 2008, 112 ff.; *Zwanziger*, BB 2008, 946 ff.
97 BAG 19.1.2000 – 4 AZR 70/99 – EzA § 113 InsO Nr. 10.
98 BAG 19.1.2000 – 4 AZR 70/99 – EzA § 113 InsO Nr. 10.
99 BAG 19.1.2000 – 4 AZR 70/99 – EzA § 113 InsO Nr. 10.

76 **d) Befristete Arbeitsverträge.** Die Vertragsparteien sind unter Beachtung der Höchstfrist von drei Monaten zum Monatsende gem. § 113 auch zur ordentlichen Künd eines befristeten Arbverh befugt. Grds. darf ein befristetes Arbverh nur dann ordentlich gekündigt werden, wenn die Vertragsparteien dies vereinbart haben (§ 15 Abs. 3 TzBfG). Die Regelung des § 113 gewährt dem Insolvenzverwalter und dem AN aber auch ohne eine solche Vereinbarung im Arbeitsvertrag das Recht zur ordentlichen Künd unter Beachtung der Höchst-Künd-Frist.

77 **e) Nachkündigung durch den Insolvenzverwalter.** Sofern ein Arbverh bereits vor dem Insolvenzantrag oder im Rahmen des Insolvenzeröffnungsverfahrens durch den Schuldner bzw. den vorläufigen Insolvenzverwalter gekündigt wurde, ist der Insolvenzverwalter nach Eröffnung des Insolvenzverfahrens berechtigt, das Arbverh erneut unter Anwendung der dreimonatigen Höchstfrist zu kündigen.[100] Die Nach-Künd wird nicht dadurch unzulässig, dass die vorherige Künd mangels Künd-Schutzklage des AN wegen der Rechtswirkung des § 7 i.V.m. § 4 S. 1 KSchG bereits rechtswirksam geworden ist.[101]

78 Eine solche Nach-Künd ist für den Insolvenzverwalter immer dann von Interesse, wenn er infolge der dreimonatigen Höchst-Künd-Frist zu einer früheren Beendigung des Vertragsverhältnisses als nach der vor dem Insolvenzverfahren bzw. im Rahmen des Insolvenzeröffnungsverfahrens ausgesprochenen Künd gelangen kann. Erforderlich ist eine Nach-Künd auch dann, wenn die zuvor ausgesprochene Künd nicht zulässig war, bspw. weil das Recht zur ordentlichen Künd in einem befristeten Arbeitsvertrag nicht vorgesehen war.

79 Es liegt auch keine unzulässige „Wiederholungs-Künd" oder „Nach-Künd" vor, wenn die frühere Künd aus irgendwelchen Gründen (bspw. Formmangel oder fehlerhafte BR-Anhörung) unwirksam war oder sich der Insolvenzverwalter nach Verfahrenseröffnung auf weitere, neue Tatsachen stützen kann, die den bisherigen Künd-Sachverhalt verändern oder ergänzen.[102]

80 Der Insolvenzverwalter kann auch dann ein Arbverh mit der kürzeren Künd-Frist des § 113 kündigen, wenn er zuvor als vorläufiger Insolvenzverwalter unter Einhaltung der ordentlichen Künd-Frist zu einem späteren Zeitpunkt gekündigt hat.[103]

81 **10. Kündigungsschutzklage.** Im Falle einer ordentlichen Künd durch den Insolvenzverwalter hat der AN innerhalb von drei Wochen nach Zugang der Künd Künd-Schutzklage beim ArbG zu erheben. Dies folgt unmittelbar aus § 4 KSchG, dessen Regelung seit dem 1.1.2004 für alle Bestandstreitigkeiten gilt und zwar unabhängig davon, ob das KSchG Anwendung findet oder nicht. Vor dem 1.1.2004 war diese Drei-Wochen-Frist in Abs. 2 normiert.[104] Abs. 2 wurde zum 1.1.2004 gestrichen. Die dreiwöchige Klagefrist ist auch dann zu beachten, wenn die Unwirksamkeit der Künd auf eine nicht ordnungsgemäße Anhörung des BR gem. §§ 102, 103 BetrVG oder eine Unwirksamkeit infolge der Künd wegen Betriebsübergangs gem. § 613 Abs. 4 BGB gestützt werden soll.[105]

82 Die Drei-Wochen-Frist zur Anrufung des ArbG läuft, soweit die Künd der Zustimmung einer Behörde bedarf, erst von der Bekanntgabe der Entscheidung der Behörde an den AN ab (§ 4 S. 4 KSchG).[106] Dies ist bspw. bei Künd von Schwerbehinderten oder Frauen in Mutterschutz oder Personen in Elternzeit relevant. Kündigt bspw. der Insolvenzverwalter einen in Elternzeit befindlichen AN, kann dieser das Fehlen der nach § 18 Abs. 1 S. 2 BEEG erforderlichen Zustimmung bis zur Grenze der Verwirkung jederzeit geltend machen, wenn ihm die entsprechende Entscheidung der zuständigen Behörde nicht bekannt geworden ist.[107]

Bei fristgemäßer Klageerhebung kann sich der AN gem. § 6 KSchG bis zum Schluss der möglichen Verhandlung erster Instanz auch auf andere als innerhalb der Klagefrist geltend gemachte Begründungen zur Unwirksamkeit der Klage berufen.

83 Bei nicht rechtzeitiger Klageerhebung gem. § 4 S. 1 i.V.m. §§ 5, 6 KSchG gilt die Künd als grds. von Anfang an wirksam (§ 7 KSchG). Hat der AN die Drei-Wochen-Frist zur Einlegung einer Künd-Schutzklage versäumt, ist eine nachträgliche Klagezulassung unter den Voraussetzungen des § 5 KSchG möglich. Nach Ablauf von sechs Monaten, vom Ende der versäumten Frist gerechnet, ist eine nachträgliche Klagezulassung regelmäßig ausgeschlossen (§ 5 Abs. 3 KSchG).

84 Im Falle einer Künd des Arbverh durch den Insolvenzverwalter ist die Künd-Schutzklage gegen diesen als Partei kraft Amtes zu richten. Eine Klage gegen den Schuldner und nicht gegen den Insolvenzverwalter wahrt grds. nicht die Einhaltung der dreiwöchigen Klagefrist.[108] Allerdings kann das Rubrum einer irrtümlich gegen den Schuldner gerich-

---

100 BAG 8.4.2003 – 2 AZR 15/02 – EzA § 55 InsO Nr. 4; BAG 22.5.2003 – 2 AZR 255/02 – EzA § 113 InsO Nr. 12; BAG 19.1.2000 – 4 AZR 70/99 – EzA § 113 InsO Nr. 10; BAG 16.6.1999 – 4 AZR 191/98 – EzA § 113 InsO Nr. 9.
101 *Berscheid*, Rn 598.
102 BAG 16.6.1999 – 4 AZR 68/98 – ZInsO 1999, 714.
103 BAG 23.5.2003 – 2 AZR 255/02 – NZA 2003, 1086–1087.
104 KR/*Weigand*, § 113 InsO Rn 82.
105 Zu der bisherigen Regelung in § 113 Abs. 2 InsO: BAG 16.5.2002 – 8 AZR 320/01 – AP § 113 InsO Nr. 9.
106 BAG 27.3.2003 – 2 AZR 272/02 – EzA § 113 InsO Nr. 13.
107 BAG 3.7.2003 – 2 AZR 487/02 – EzA § 113 InsO Nr. 14.
108 KR/*Weigand*, § 113 InsO Rn 82.

teten Klage berichtigt werden, wenn sich aus der Klageschrift ergibt, dass die Klage gegen den Insolvenzverwalter gerichtet sein soll.[109]

11. Schadensersatzanspruch gegen den Insolvenzverwalter. a) Schadensersatzanspruch gemäß S. 3. Dem Dienstverpflichteten steht nach S. 3 ein Schadensersatzanspruch gegen den Insolvenzverwalter zu, wenn dieser das Dienstverhältnis nach Maßgabe der S. 1 und 2 vorzeitig kündigt. **85**

aa) Voraussetzung des Schadensersatzanspruches. Ein Schadensersatzanspruch setzt eine vorzeitige Künd des Insolvenzverwalters i.S.d. S. 3 voraus. Erforderlich ist daher, dass dem Dienstverpflichteten im Rahmen eines unbefristeten Dienstverhältnisses, in dem das Recht zur ordentlichen Künd nicht ausgeschlossen ist, nach dem Dienstvertrag, einer Kollektivvereinbarung (BV oder TV) oder nach dem Gesetz eine längere Künd-Frist als die dreimonatige Künd-Frist zum Monatsende nach S. 2 zustehen würde. Ein Schadensersatzanspruch kommt auch dann in Betracht, wenn der Insolvenzverwalter ein befristetes Dienstverhältnis, für das kein Recht zur ordentlichen Künd vereinbart wurde, nach § 113 kündigt. Gleiches gilt für ein unbefristetes Dienstverhältnis, in dem das Recht zur ordentlichen Künd ausgeschlossen war. **86**

bb) Höhe des Schadensersatzanspruchs. Der Schadensersatzanspruch nach S. 3 entsteht nur für die Zeitspanne von der tatsächlichen Beendigung des Dienstverhältnisses bis zum Ablauf der Frist mit der das Dienstverhältnis ohne den Insolvenzfall durch den AG vertragsgemäß hätte gekündigt werden können (sog. Verfrühungsschaden).[110] **87**

Kündigt der Insolvenzverwalter ein unbefristetes Arbverh, auf das (außerhalb des Insolvenzverfahrens) eine längere Künd-Frist als die in § 113 normierte Höchst-Künd-Frist von drei Monaten zum Monatsende Anwendung finden würde, ist dem Schadensersatzanspruch die Differenz zwischen der eigentlich anwendbaren Künd-Frist zu der Höchst-Künd-Frist des § 113 zugrunde zu legen. Im Falle der Künd eines befristeten Arbverh, für das die Möglichkeit einer ordentlichen Künd nicht vereinbart wurde, ergibt sich die Differenz aus dem eigentlichen Endtermin des Arbverh und dem tatsächlichen Ende unter Berücksichtigung des § 113. Wird ein Dienstverhältnis gekündigt, das ohne die Regelung des § 113 ordentlich unkündbar wäre, ist bei dieser Berechnung der vereinbarte Endtermin des Vertragsverhältnisses, i.d.R. die Vollendung des 65. Lebensjahres, zugrunde zu legen. **88**

Der Schaden des Dienstverpflichteten kann dabei in Verdienstausfällen einschließlich von Provisionen[111] oder auch entgangenen Naturalbezügen wie bspw. der Gewährung einer Wohnung oder von Verpflegung bestehen. Außerdem kann der Schaden auch im Verlust einer Pensionsberechtigung liegen.[112]

Bei der Berechnung des Schadensersatzes ist die Regelung des § 254 BGB zu berücksichtigen. Daher sind Einkünfte, die der AN nach der Beendigung seines Dienstverhältnisses in einem neuen Dienstverhältnis erzielt, zu berücksichtigen. Erhält der AN bei einer neuen Tätigkeit einen geringeren Lohn, so bemisst sich die Höhe des Schadens aus dem Differenzbetrag zu dem bisherigen Lohn beim Schuldner. Bleibt der AN nach der Beendigung seines Dienstverhältnisses beim Schuldner arbeitslos, so bemisst sich der Schadensersatz aus den vollen Dienstbezügen vermindert um ihm gewährtes Alg. Der Schadensersatzanspruch des AN mindert sich aber auch, wenn er es schuldhaft unterlässt, eine sich ihm bietende und zumutbare Tätigkeit anzunehmen. **89**

Der Schadensersatzanspruch kann durch vertragliche Abrede zwischen dem Insolvenzverwalter und dem AN im Voraus hinsichtlich der Voraussetzungen und seiner Berechnung geregelt werden.[113] Allerdings darf diese Vereinbarung den AN nicht besser stellen als andere Insolvenzgläubiger.[114] Unwirksam ist auch eine vertragliche Vereinbarung, nach welcher der Geschäftsführer im Fall der Insolvenz das Recht auf die ihm bis zur regulären Vertragsbeendigung zustehenden Bezüge durch Verwertung einer Grundschuld haben soll.[115] Durch diese Regelung würde dem Geschäftsführer eine unzulässige Besserstellung gegenüber den übrigen, durch den Insolvenzverwalter gekündigten AN eingeräumt. Zudem würde die Insolvenzmasse in unzulässiger Weise geschmälert. **90**

Auch bei der Künd eines Berufsausbildungsverhältnisses durch den Insolvenzverwalter ist dem Auszubildenden der daraus entstehende Verfrühungsschaden zu ersetzen.[116] Bei der Berechnung der Höhe des Schadensersatzes sind neben den unmittelbaren finanziellen Folgen (Verlust der Ausbildungsvergütung) auch mittelbare finanzielle Folgen zu ersetzen. Hierzu zählen bspw. die Folgen aus einem verspäteten Eintritt in das Berufsleben.[117] **91**

cc) Schadensersatzverpflichteter. Der Schadensersatzanspruch des AN richtet sich ausschließlich gegen den Insolvenzverwalter, was sich aus dem eindeutigen Wortlaut des S. 3 ergibt. **92**

---

109 BAG 27.3.2003 – 2 AZR 272/02 – EzA § 113 InsO Nr. 13; BAG 18.4.2002 – 8 AZR 346/01 – EzA § 613a BGB Nr. 207; BAG 17.1.2002 – 2 AZR 57/01 – EzA § 4 KSchG n.F. Nr. 62.
110 BAG 16.5.2007 – 8 AZR 772/06 – ZIP 2007, 1829 ff.
111 LAG Bremen 13.5.1953 – Sa 85/52 – BB 1953, 472.
112 KR/*Weigand*, § 113 InsO Rn 89.
113 KR/*Weigand*, § 113 InsO Rn 90.
114 FK-InsO/*Eisenbeis*, § 113 Rn 83.
115 LG Wiesbaden 20.3.1980 – 2 O 415/79 – ZIP 1980, 1074.
116 KR/*Weigand*, § 113 InsO Rn 96.
117 KR/*Weigand*, § 113 InsO Rn 96.

Macht der Dienstverpflichtete von seinem Künd-Recht nach § 113 Gebrauch, schuldet er dem Insolvenzverwalter keinen Schadensersatz.[118] Außerdem hat der Insolvenzverwalter auch kein Schadensersatzanspruch gegen den AN, wenn dieser das Arbverh unter Anwendung der Höchst-Künd-Frist des § 113 kündigt. Dies ergibt sich aus dem eindeutigen Wortlaut des S. 3.

93 **dd) Geltendmachung.** Der Schadensersatzanspruch steht dem Dienstverpflichteten nach dem eindeutigen Gesetzeswortlaut als Insolvenzgläubiger zu. Daher findet auf den Schadensersatzanspruch die Regelung des § 38 Anwendung. Der Schadensersatzanspruch des Dienstverpflichteten ist verfahrensmäßig wie alle anderen Ansprüche von Insolvenzgläubigern zu behandeln. Der Schadensersatzanspruch ist im Insolvenzverfahren entsprechend der §§ 174 ff. geltend zu machen. Der Schadensersatzanspruch wird, soweit er in die Zukunft gerichtet ist, nach Maßgabe der §§ 191, 198 berücksichtigt.

94 **b) Konkurrenz.** Der Schadensersatzanspruch nach S. 3 schließt die Schadensersatzansprüche nach Maßgabe anderer Anspruchsgrundlagen nicht aus, soweit deren Tatbestandsvoraussetzungen erfüllt sind.[119] In Betracht kommt insoweit ein Schadensersatzanspruch des Insolvenzverwalters oder des Dienstverpflichteten nach § 628 Abs. 2 BGB. Voraussetzung hierfür ist u.a. eine Künd aus wichtigem Grund.

IV. Außerordentliche Kündigung durch den Insolvenzverwalter

95 Die Regelung in S. 1 und S. 2 berührt die Möglichkeit beider Parteien zum Ausspruch einer außerordentlichen Künd nicht.[120] Der Dienstverpflichtete hat bspw. dann ein Recht zur außerordentlichen Künd, wenn die Entgeltzahlungen nicht ausreichend oder termingerecht erfolgen.[121] Der Insolvenzverwalter wird eine außerordentliche Künd zunächst dann aussprechen, wenn ein wichtiger Grund i.S.d. § 626 Abs. 1 BGB vorliegt. Zudem wird er auf die Möglichkeit einer außerordentlichen Künd zurückgreifen, wenn eine ordentliche Künd aufgrund gesetzlicher Regelung ausgeschlossen oder erschwert ist. Eine gesetzlich begründete „Unkündbarkeit" berechtigt den Insolvenzverwalter im Falle einer Betriebsstilllegung oder des Entfallens einer Beschäftigungsmöglichkeit zum Ausspruch einer außerordentlichen Künd. Erforderlich ist dann allerdings die Einhaltung einer der ordentlichen Künd-Frist entsprechenden Auslauffrist.[122] Die Zwei-Wochen-Frist des § 626 Abs. 2 BGB ist auf diese Fälle nicht anzuwenden, weil es sich um Dauertatbestände handelt.[123]

96 Eine außerordentliche Künd ist für den Insolvenzverwalter schließlich dann erforderlich, wenn es um die Künd eines Auszubildenden geht. Ein Ausbildungsverhältnis kann außerordentlich gekündigt werden, wenn die Ausbildungsmöglichkeit etwa infolge einer Betriebsstilllegung oder Betriebsreduzierung entfällt,[124] wobei eine der ordentlichen Künd-Frist entsprechende Auslauffrist wieder einzuhalten ist.[125]

V. Änderungskündigung durch den Insolvenzverwalter

97 Im Fall einer Änderungs-Künd gem. § 2 KSchG durch den Insolvenzverwalter findet die Höchst-Künd-Frist von drei Monaten zum Monatsende des S. 2 ebenfalls Anwendung.[126]

98 Auch der Insolvenzverwalter hat im Falle einer Künd eines Arbverh stets den Grundsatz der Verhältnismäßigkeit zu beachten und daher die Möglichkeit einer Änderungs- anstelle einer Beendigungs-Künd zu prüfen.[127]

VI. Kündigung des Dienstverhältnisses durch den Arbeitnehmer

99 Beabsichtigt der AN das Dienstverhältnis zu kündigen, findet auch auf diese Künd die Höchst-Künd-Frist von drei Monaten zum Monatsende aus S. 2 Anwendung.[128]

Eine außerordentliche Künd aus wichtigem Grunde wegen der Eröffnung des Insolvenzverfahrens scheidet grds. aus.[129] Der AN ist hinsichtlich seiner Lohn- und Gehaltsforderungen für die Zeit der Künd-Frist infolge der Einstufung dieser Forderungen als Masseverbindlichkeiten i.d.R. ausreichend geschützt. Vermag die Insolvenzmasse aber nicht einmal die Masseverbindlichkeiten zu befriedigen, steht dem AN ausnahmsweise das Recht zur fristlosen Künd zu.[130] In diesen Fällen steht dem AN ein Schadensersatzanspruch nach § 628 Abs. 2 BGB zu.

---

118 KR/*Weigand*, § 113 InsO Rn 91.
119 Kübler/Prütting/*Moll*, § 113 Rn 81.
120 Kölner Schrift/*Düwell*, § 1103 Rn 29; Kübler/Prütting/*Moll*, § 113 Rn 67.
121 *Schaub*, Arbeitsrechts-Handbuch, § 125 Rn 8, 1149.
122 BAG 18.9.1997 – 2 ABR 15/97 – AP § 103 BetrVG 1972 Nr. 35; BAG 15.2.1998 – 2 AZR 227/97 – AP § 626 BGB Nr. 143 = ZIP 1998, 1190; BAG 17.9.1998 – 2 AZR 419/97 – AP § 626 BGB Nr. 148 = ZIP 1999, 326.
123 BAG 5.2.1998 – 2 AZR 227/97 – AP § 626 BGB Nr. 143 = ZIP 1998, 1119.
124 BAG 5.7.1990 – 2 AZR 53/90 – AP § 4 KSchG 1969 Nr. 23.
125 BAG 27.5.1993 – 2 AZR 601/92 – NZA 1993, 845.
126 KR/*Weigand*, § 113 InsO Rn 26; *Fischer*, NZA 2002, 536.
127 KR/*Weigand*, § 113 InsO Rn 26.
128 KR/*Weigand*, § 113 InsO Rn 80.
129 KR/*Weigand*, § 113 InsO Rn 81.
130 ArbG Bayreuth 30.1.2002 – 3 Ca 997/01 H – DZWIR 2002, 282; Erman/*Hanau*, § 622 BGB Rn 11; a.A. LAG Hamm 6.12.1967 – 1 Sa 777/67 – BB 1968, 128.

Ein Recht zur außerordentlichen Künd steht dem AN auch dann zu, wenn wichtige Gründe i.S.d. § 626 Abs. 1 BGB vorliegen. Im Rahmen eines Insolvenzverfahrens ist dies insb. die Unzumutbarkeit der Fortsetzung des Arbverh aufgrund erheblicher Lohnrückstände.[131]

Kündigt der AN, steht grds. weder ihm noch dem Insolvenzverwalter ein Schadensersatzanspruch nach S. 3 zu. Dies ergibt sich aus dem eindeutigen Gesetzeswortlaut. Ein Schadensersatzanspruch kann sich aber zum einen aus § 628 Abs. 2 BGB im Falle einer fristlosen Künd und zum anderen aus allgemeinen Regelungen bei einer durch den AG verschuldeten Insolvenz ergeben.[132]

VII. Zeugnisanspruch

Im Falle einer Beendigung des Dienstverhältnisses steht dem Dienstverpflichteten ein Zeugnisanspruch zu und zwar unabhängig davon, wer das Dienstverhältnis gekündigt hat. Der Zeugnisanspruch ergibt sich aus § 109 GewO. Die Regelung des § 630 BGB hat mit Inkrafttreten des § 109 GewO zum 1.1.2003 ihre Bedeutung im Arbeitsrecht verloren.[133]

Hinsichtlich der Frage, ob den (vorläufigen) Insolvenzverwalter oder den Schuldner die Verpflichtung zur Erteilung des Zeugnisses trifft, ist nach den unterschiedlichen Verfahrensabschnitten des Insolvenzverfahrens zu unterscheiden.

Der Anspruch auf Erteilung eines Zeugnisses richtet sich für die Zeit vor Eröffnung des Insolvenzverfahrens grds. gegen den Schuldner als AG.[134] War der AN vor Eröffnung des Insolvenzverfahrens aus dem Unternehmen ausgeschieden und hat er bereits vor diesem Zeitpunkt Klage auf Erteilung eines Zeugnisses erhoben, muss er den Rechtsstreit nach Eröffnung des Insolvenzverfahrens gegen den Schuldner fortsetzen.[135] Der Zeugnisstreit wird auch nicht durch die Eröffnung des Insolvenzverfahrens gem. § 240 ZPO unterbrochen.[136]

Wurde im Insolvenzeröffnungsverfahren ein starker vorläufiger Insolvenzverwalter bestellt, trifft diesen die Pflicht zur Erteilung des Zeugnisses.[137] Dies gilt unabhängig davon, ob und wie lange der AN beim vorläufigen Insolvenzverwalter beschäftigt gewesen ist. Unbeachtlich ist auch, inwieweit der vorläufige Insolvenzverwalter eigene Kenntnisse über die Arbeitsleistung des AN hat. Zur Erfüllung dieser Verpflichtung zur Zeugniserteilung steht dem Insolvenzverwalter ein Auskunftsanspruch gegenüber dem Schuldner nach § 97 zu.[138] Der Anspruch auf Erteilung eines Zeugnisses richtet sich im Rahmen des Insolvenzeröffnungsverfahrens auch gegen einen schwachen vorläufigen Insolvenzverwalter, sofern die Verwaltungs- und Verfügungsbefugnis gem. § 22 auf diesen übergegangen ist.

Wurde im Insolvenzeröffnungsverfahren durch das Insolvenzgericht ein schwacher vorläufiger Insolvenzverwalter bestellt, auf den die Verwaltungs- und Verfügungsbefugnis weder gem. § 22 Abs. 1 noch aufgrund einer Einzelermächtigung gem. § 22 Abs. 2 übergegangen ist, trifft die Verpflichtung zur Erteilung des Zeugnisses weiterhin den Schuldner.

Setzt der Insolvenzverwalter nach Eröffnung des Insolvenzverfahrens das Arbverh fort, trifft ihn die Verpflichtung zur Erteilung des Zeugnisses.[139] Diese Verpflichtung gilt für die gesamte Dauer des Arbverh vor und nach Eröffnung des Insolvenzverfahrens.[140] Für die Zeit vor dem Insolvenzverfahren bzw. vor Eröffnung des Insolvenzverfahrens hat der Insolvenzverwalter wiederum einen Auskunftsanspruch gem. § 97 gegen den Schuldner.[141]

Der Zeugnisanspruch stellt keine Insolvenzforderung dar. Er kann daher auch während des Insolvenzverfahrens gegen den Insolvenzverwalter eingeklagt werden.[142]

VIII. Freistellungsanspruch

Das Recht zur Freistellung des AN durch den AG nach Ausspruch einer Künd entscheidet sich in erster Linie danach, ob sich der AG dieses Recht zur Freistellung in dem Arbeitsvertrag vorbehalten hat. Ist dies der Fall, ist die Freistellungsklausel aufgrund der Schuldrechtsmodernisierung einer Inhaltskontrolle gem. §§ 305 ff. BGB zu unterziehen. Teilweise wird eine solche Freistellungsvereinbarung aufgrund unverhältnismäßiger Benachteiligung des AN gem. § 307 Abs. 1 S. 1, Abs. 2 Nr. 2 BGB für unwirksam erachtet.[143]

---

131 BAG 25.7.1963 – 2 AZR 510/62 – AP § 448 ZPO Nr. 1; Hessisches LAG 27.10.1964 – 5 Sa 154/64 – DB 1965, 186.
132 KR/*Weigand*, § 113 InsO Rn 91.
133 ErfK/*Müller-Glöge*, § 630 BGB Rn 1.
134 KR/*Weigand*, § 113 InsO Rn 118.
135 BAG 23.6.2004 – 10 AZR 495/03 – NZA 2004, 1392; BAG 28.11.1966 – 5 AZR 190/66 – AP § 275 ZPO Nr. 2.
136 LAG Nürnberg 5.12.2002 – 2 Ta 137/02 – NZA-RR 2003, 463.
137 BAG 23.6.2004 – 10 AZR 495/03 – NZA 2004, 1392.
138 BAG 23.6.2004 – 10 AZR 495/03 – NZA 2004, 1392.
139 LAG Nürnberg 5.12.2002 – 2 Ta 137/02 – NZA-RR 2003, 463; KR/*Weigand*, § 113 InsO Rn 118.
140 KR/*Weigand*, § 113 InsO Rn 118.
141 BAG 23.6.2004 – 10 AZR 495/03 – NZA 2004, 1392; BAG 30.1.1991 – 5 AZR 32/90 – EzA § 630 BGB Rn 13; LAG Köln 30.7.2001 – 2 Sa 1457/00 – LAGE § 55 InsO Nr. 4.
142 Kübler/Prütting/*Moll*, § 113 InsO Rn 14.
143 ArbG Frankfurt a.M. 19.11.2003 – 2 Ga 251/03 – DB 2004, 934 ff.

108 Der Insolvenzverwalter kann aus insolvenzspezifischen Gründen berechtigt sein, einen Teil der Belegschaft freizustellen. Er ist bei der Ausübung des Freistellungsrechts an die Grenzen des billigen Ermessens gem. § 315 Abs. 1 BGB gebunden.[144]

§ 114 Bezüge aus einem Dienstverhältnis

(1) Hat der Schuldner vor der Eröffnung des Insolvenzverfahrens eine Forderung für die spätere Zeit auf Bezüge aus einem Dienstverhältnis oder an deren Stelle tretende laufende Bezüge abgetreten oder verpfändet, so ist diese Verfügung nur wirksam, soweit sie sich auf die Bezüge für die Zeit vor Ablauf von zwei Jahren nach dem Ende des zur Zeit der Eröffnung des Verfahrens laufenden Kalendermonats bezieht.

(2) [1]Gegen die Forderung auf die Bezüge für den in Absatz 1 bezeichneten Zeitraum kann der Verpflichtete eine Forderung aufrechnen, die ihm gegen den Schuldner zusteht. [2]Die §§ 95 und 96 Nummer 2 bis 4 bleiben unberührt.

(3) [1]Ist vor der Eröffnung des Verfahrens im Weg der Zwangsvollstreckung über die Bezüge für die spätere Zeit verfügt worden, so ist diese Verfügung nur wirksam, soweit sie sich auf die Bezüge für den zur Zeit der Eröffnung des Verfahrens laufenden Kalendermonat bezieht. [2]Ist die Eröffnung nach dem fünfzehnten Tag des Monats erfolgt, so ist die Verfügung auch für den folgenden Kalendermonat wirksam. [3]§ 88 bleibt unberührt; § 89 Absatz 2 Satz 2 gilt entsprechend.

Literatur: *Hümmerich*, Gestaltung von Arbeitsverträgen nach der Schuldrechtsreform, NZA 2003, 753; *Ries*, Die Praxis des Vertragsarztrechts in der Insolvenz; die Masse zahlt alle Betriebskosten und die Bank kassiert das Honorar?, ZInsO 2003, 1079; *Ries*, Anfechtbarkeit vor Befriedigung der Bank aus abgetretenem Vertragsarzthonorar, ZVI 2007, 398

A. Allgemeines	1
B. Regelungsgehalt	6
I. Wirksamkeit von Vorausverfügungen (Abs. 1)	6
1. Sachlicher Anwendungsbereich	8
a) Verfügungen	8
aa) Abtretungen	9
(1) Abtretungsverbot	10
(2) Unpfändbares Arbeitsentgelt	13
bb) Verpfändung	14
b) Dienstverhältnis	16
c) Bezüge aus dem Dienstverhältnis bzw. an deren Stelle tretende laufende Bezüge	19
aa) Bezüge aus einem Dienstverhältnis	20
bb) An die Stelle der Bezüge aus einem Dienstverhältnis tretende Bezüge	25
2. Zeitlicher Anwendungsbereich – Verfügungen vor Verfahrenseröffnung	30
3. Auswirkungen der Eröffnung des Insolvenzverfahrens auf die Vorausverfügung	33
a) Zeitraum der Begrenzung der Wirksamkeit der Vorausverfügung	34
b) Zeitraum der Wirksamkeit der Vorausverfügung	38
II. Wirksamkeit einer Aufrechnung (Abs. 2)	39
1. Aufrechnung im Insolvenzverfahren	41
a) Voraussetzungen einer Aufrechnung	42
aa) Gegenforderung des Dienstberechtigten	42
bb) Hauptforderung des Dienstverpflichteten	46
cc) Allgemeine Voraussetzungen der Aufrechnung	48
dd) Erklärung der Aufrechnung	49
b) Ausschluss der Aufrechnung	50
c) Zeitliche Begrenzung der Aufrechnungsmöglichkeit	54
d) Sonderproblem: Verhältnis Abs. 2 – § 52 SGB I	55
e) Kollision von Aufrechnungsbefugnis und Abtretung/Verpfändung	56
2. Aufrechnung nach Beendigung des Insolvenzverfahrens	57
III. Wirksamkeit einer Verfügung im Wege der Zwangsvollstreckung (Abs. 3)	58
C. Beraterhinweise	65

A. Allgemeines

1 Mit dem bundeseinheitlichen Inkrafttreten der Insolvenzordnung[1] v. 5.10.1994 zum 1.1.1999 wurde natürlichen Personen erstmals im deutschen Insolvenzrecht die Möglichkeit einer Restschuldbefreiung eröffnet. Weder die Konkurs-, Vergleichs- noch die Gesamtvollstreckungsordnung sahen die Chance eines solchen wirtschaftlichen Neubeginns (sog. fresh start) vor. Die Restschuldbefreiung ist natürlichen Personen vorbehalten. Für juristische Personen gibt es nur die Alternative zwischen einer Liquidation einerseits und einer Reorganisation der Gesellschaft aufgrund eines Planverfahrens[2] andererseits. Voraussetzung einer Restschuldbefreiung für natürliche Personen ist u.a., dass der Schuldner während einer Wohlverhaltensperiode seine pfändbaren Bezüge an einen Treuhänder abtritt,

---

144 LAG Hamm 27.9.2000 – 2 Sa 1178/00 – LAGE § 55 InsO Nr. 3; LAG Düsseldorf 4.12.2002 – 6 Sa 1411/02 – AiB 2004, 510 ff.

1 BGBl I 1994 S. 2866.
2 *Steindorf/Regh*, § 2 Rn 153 ff.

welcher diese Bezüge dann – i.d.R. quotal – an die Insolvenzgläubiger verteilt. Die Wohlverhaltensperiode beginnt regelmäßig mit der Beendigung des Insolvenzverfahrens. Grds. handelt es sich dabei um ein Verbraucherinsolvenzverfahren gem. §§ 304 ff.[3] Aber auch persönlich haftende Unternehmer haben die Möglichkeit in den Genuss einer Restschuldbefreiung zu kommen. Hierfür müssen sie zunächst ein Regelinsolvenzverfahren (Unternehmensinsolvenzverfahren) durchlaufen haben. Die sich an das Insolvenzverfahren anschließende Wohlverhaltensperiode dauert grds. sechs Jahre (§ 287 Abs. 2 S. 1), bei einer Zahlungsunfähigkeit des Schuldners bereits vor dem 1.1.1997 nur fünf Jahre (Art. 107 EGInsO). Der Schuldner hat gem. § 287 Abs. 2 S. 1 schon in dem an das zuständige Insolvenzgericht gerichteten Antrag auf Eröffnung des Verbraucherinsolvenzverfahrens verbunden mit dem Antrag auf Erteilung der Restschuldbefreiung eine entsprechende Abtretungserklärung an einen – vom Insolvenzgericht zu bestellenden – Treuhänder beizulegen. Gleichzeitig ist der Schuldner nach S. 2 dieser Regelung verpflichtet, in der Erklärung auf zu diesem Zeitpunkt bestehende Abtretungen und Verpfändungen hinzuweisen.

Bei Privatpersonen, welche die Eröffnung eines Verbraucherinsolvenzverfahrens i.V.m. der Erteilung einer Restschuldbefreiung beantragen, ist häufig festzustellen, dass diese Personen bspw. zum Zwecke einer Kreditsicherung gegenüber einem Kreditinstitut eine Lohnabtretung oder Lohnverpfändung getätigt haben oder Gläubiger bereits im Wege der Zwangsvollstreckung über eine Lohnpfändung gegen den Schuldner vollstrecken. Diese Vorausverfügungen bzw. Vollstreckungsmaßnahmen sind mit der gesetzlichen Möglichkeit der Erteilung der Restschuldbefreiung für den Schuldner in Einklang zu bringen.[4] Die Interessen des Schuldners sind mit denen der gesicherten Gläubiger und der übrigen Insolvenzgläubiger abzuwägen. Die Erteilung der Restschuldbefreiung soll einerseits dem Schuldner die Möglichkeit eines wirtschaftlichen Neubeginns eröffnen, indem grds. alle seine Verbindlichkeiten gegenüber Insolvenzgläubigern nach Beendigung der Wohlverhaltensperiode wegfallen. Dies gilt jedenfalls dann, wenn der Schuldner alle ihm durch die InsO bzw. das Insolvenzgericht auferlegten Pflichten ordnungsgemäß erfüllt. Die gesicherten Gläubiger haben hingegen ein Interesse daran, auf die ihnen durch den Schuldner in der Vergangenheit gewährte Sicherheit zu vertrauen. Schließlich sollen die Insolvenzgläubiger im Laufe des Insolvenzverfahrens und während der Wohlverhaltensperiode so weit wie möglich aus dem Vermögen des Schuldners befriedigt werden. Die Erteilung der Restschuldbefreiung, d.h. der Wegfall der Forderungen der Insolvenzgläubiger gegenüber dem Schuldner nach Ablauf der fünf- bzw. sechs-jährigen Wohlverhaltensperiode, wäre sachlich nicht gerechtfertigt, wenn der Schuldner bereits im Vorfeld in vollem Umfang über seine pfändbaren Bezüge verfügt hätte und die Insolvenzgläubiger daher leer ausgehen würden. Der Gesetzgeber versucht in der Regelung des § 114 einen angemessenen Ausgleich der Interessen des Schuldners, der Gläubiger und der Insolvenzgläubiger herzustellen.

In § 114 wird zwischen der Abtretung und Verpfändung (Abs. 1), der Aufrechnung (Abs. 2) und der Pfändung im Wege der Zwangsvollstreckung (Abs. 3) differenziert. Der Gesetzgeber hat dabei nicht den Weg gewählt, dass jede Lohnabtretung, Lohnverpfändung, Lohnpfändung oder Aufrechnung mit Eröffnung des Insolvenzverfahrens unwirksam wird. Die Wirksamkeit einer solchen Vorausverfügung wird lediglich zeitlich begrenzt.

Abtretungen oder Verpfändungen werden nach Abs. 1 zwei Jahre nach Eröffnung des Insolvenzverfahrens zum Monatsende unwirksam, sofern die Insolvenzeröffnung nach dem 1.12.2001 erfolgt. Bei einer Insolvenzeröffnung vor dem 1.12.2001 galt insoweit noch eine Frist von drei Jahren zum Monatsende. Zweck der Verkürzung dieser Frist von drei auf zwei Jahre[5] ist die Erweiterung der Insolvenzmasse und verbunden damit die Stärkung der Interessen der Insolvenzgläubiger durch eine möglichst weit gehende Befriedigung aus der Insolvenzmasse. Die Regelung in Abs. 2 beschränkt die Aufrechnungsmöglichkeit des Dienstberechtigten (i.d.R. der AG) gegen Entgeltforderungen des Dienstverpflichteten (i.d.R. der AN). Dabei wird die Aufrechnung zeitlich in gleicher Weise zugelassen wie eine Vorausverfügung in Form einer Abtretung oder Verpfändung, d.h. im Rahmen eines nach dem 1.12.2001 eröffneten Insolvenzverfahrens für einen Zeitraum von zwei Jahren zum Monatsende nach Eröffnung des Insolvenzverfahrens. Die Regelung in Abs. 3 schränkt schließlich die Wirksamkeit einer vor Verfahrenseröffnung in die Bezüge des Schuldners erfolgten Zwangsvollstreckung in Form einer Pfändung ein. Die Pfändung hat grds. nur für einen Monat nach Eröffnung des Insolvenzverfahrens Bestand. Erfolgt die Eröffnung des Insolvenzverfahrens nach dem fünfzehnten Tag des Monats, ist die Verfügung auch für den folgenden Monat wirksam (Abs. 3 S. 2). Damit soll der Möglichkeit vorgebeugt werden, dass ein Gläubiger durch frühzeitig eingeleitete Zwangsvollstreckungsmaßnahmen während des gesamten Insolvenzverfahrens einen zeitlichen Vorsprung gegenüber den übrigen Insolvenzgläubigern erlangt.

Diese Rechtsfolgen des § 114 sind nicht davon abhängig, ob dem Schuldner letztlich nach Beendigung der Wohlverhaltensperiode durch das Insolvenzgericht Restschuldbefreiung erteilt wird oder nicht. Die Rechtsfolgen treten vielmehr bereits mit der Eröffnung des Insolvenzverfahrens ein, was sich unmittelbar aus § 289 ergibt.

Die Regelung des § 114 ist zwingend und damit nicht abdingbar.

---

3 *Steindorf/Regh*, § 2 Rn 181 ff.
4 *Hess*, AR-Blattei SD Insolvenz II 915.2 Rn 6.

5 Gesetz zur Änderung der Insolvenzordnung und anderer Gesetze (InsOÄndG) v. 26.10.2001, BGBl I S. 2710, 2712.

B. Regelungsgehalt
I. Wirksamkeit von Vorausverfügungen (Abs. 1)

6 Die Regelung in Abs. 1 setzt voraus, dass der Schuldner vor der Eröffnung des Insolvenzverfahrens eine Forderung für die spätere Zeit auf Bezüge aus einem Dienstverhältnis oder an deren Stelle tretende laufende Bezüge abgetreten oder verpfändet hat. Die Wirksamkeit einer solchen Verfügung wird durch die Eröffnung des Insolvenzverfahrens zeitlich begrenzt. Ausgenommen von dieser zeitlichen Beschränkung der Wirksamkeit von Vorausverfügungen sind ausschließlich die Abtretungen des Schuldners gegenüber dem Treuhänder für die Zeit der Wohlverhaltensperiode. Diese Vorausverfügung behält für die gesamte Dauer der Wohlverhaltensperiode ihre Wirksamkeit.

7
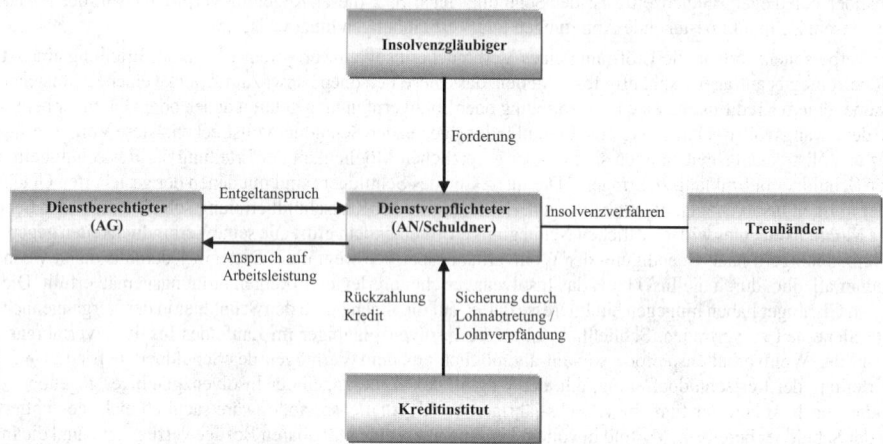

8 **1. Sachlicher Anwendungsbereich. a) Verfügungen.** Verfügungen im Sinne dieser Regelung sind Abtretungen und Verpfändungen.

9 **aa) Abtretungen.** Ein Schuldner kann gem. § 398 BGB Entgeltansprüche aus einem Dienstverhältnis grds. abtreten. Der Anspruch des Zessionars richtet sich im Falle einer wirksamen Abtretung auf die aus der Bruttovergütung resultierenden Nettovergütung abzüglich des unpfändbaren Teils (§ 400 BGB). Von diesem Grundsatz ergeben sich allerdings zwei wichtige Ausnahmen: Eine Abtretung von Entgeltansprüchen ist zum einen dann nicht möglich, wenn dies zwischen den Vertragsparteien des Dienstvertrages wirksam vereinbart wurde und zum anderen soweit von der Abtretung unpfändbare Entgeltbestandteile umfasst sind. Eine entgegen einem wirksamen Abtretungsverbot vorgenommene Leistung an den Zessionar, ist unwirksam und der AG muss ggf. nochmals an den AN leisten.

10 **(1) Abtretungsverbot.** Eine Forderungsabtretung ist zunächst nach § 399 BGB dann ausgeschlossen, wenn dies zwischen dem Gläubiger und dem Schuldner des Entgeltanspruchs wirksam vereinbart wurde. Ein solches Abtretungsverbot findet sich in einer Vielzahl von TV, BV, Dienstvereinbarungen und Anstellungsverträgen. Im Falle einer tarifvertraglichen Regelung ist i.d.R. von der Wirksamkeit des Abtretungsverbots auszugehen.[6] Ein Abtretungsverbot kann aber grds. auch in einer BV wirksam vereinbart werden.[7] Konkrete Ausführungen zu den Einschränkungen hinsichtlich der Vereinbarung eines Abtretungsverbots in einer Dienstvereinbarung finden sich in der Entscheidung des BAG vom 26.1.1983.[8] Erforderlich ist nach dieser Entscheidung eine Rechtsgrundlage für das Abtretungsverbot im Personalvertretungsgesetz.

Ein stillschweigend vereinbartes Abtretungsverbot kann auch bei Arbeitsverträgen in Großunternehmen nicht angenommen werden.[9]

11 Einzelvertragliche Abtretungsverbote in Formularanstellungsverträgen wurden jedenfalls vor der Schuldrechtsmodernisierung im Jahre 2001 und der damit gem. §§ 305 ff. BGB durchzuführenden Inhaltskontrolle überwiegend für zulässig erachtet.[10] Das ArbG Hamburg vertritt in einer Entscheidung[11] allerdings die Auffassung, dass der Ausschluss der Abtretbarkeit den AN in seiner durch Art. 2 Abs. 1 GG garantierten Entfaltungsfreiheit behindere und

---

6 *Boewer/Bommermann*, Rn 109 ff.
7 BAG 2.6.1966 – 2 AZR 322/65 – NJW 1966 1727; BAG 5.9.1960 – 1 AZR 509/57 – DB 1960, 1309.
8 BAG 26.1.1983 – 4 AZR 206/80 – AP § 75 LPVG RP Nr. 1.
9 BGH 20.12.1956 – VII ZR 279/56 – AP § 398 BGB Nr. 1.
10 *Preis*, II A 10 4.
11 ArbG Hamburg 6.1.1977 – 12 Ca 203/76 – juris.

daher unwirksam sei. Begründet wird diese Behinderung der Entfaltungsfreiheit insb. damit, dass ein Abtretungsverbot den AN in unzulässiger Weise an der Kreditaufnahme hindere, da eine Gehaltsabtretung in der Bundesrepublik Deutschland i.d.R. Voraussetzung für den Abschluss eines Darlehensvertrages mit einer Bank sei. *Preis* hält diese Argumentation für nicht überzeugend und begründet dies u.a. mit Studien aus den USA.[12] Dort seien die Konsumentenkredite nach Einführung eines Abtretungsverbotes nicht gesunken, sondern vielmehr gestiegen.

Inwieweit Abtretungsverbote unter Berücksichtigung der Schuldrechtsmodernisierung noch zulässig in Arbeitsverträgen vereinbart werden können, ist bislang noch nicht abschließend geklärt.[13] Verbindliche höchstrichterliche Rspr. zu dieser Frage existiert noch nicht. Es kann jedenfalls nicht davon ausgegangen werden, dass Abtretungsverbote infolge des Überraschungsschutzes gem. § 305c BGB als unwirksam gewertet werden können, da solche Klauseln bereits seit vielen Jahren in Arbeitsverträgen verwandt werden und damit dem AN bekannt sind oder zumindest bekannt sein müssten bzw. könnten. Unklar ist aber, ob es sich bei einer Abtretungsklausel um eine unangemessene Klausel i.S.d. § 307 Abs. 1 S. 1 BGB handelt. Jedenfalls ist das Argument des ArbG Hamburg nicht von der Hand zu weisen, dass eine Kreditgewährung durch eine Bank durch ein Abtretungsverbot erschwert werden kann. Die Zweifel an der Wirksamkeit eines arbeitsvertraglichen Abtretungsverbotes werden dadurch verstärkt, wenn man berücksichtigt, dass dem AG durch ein Abtretungsverbot keine erheblichen Nachteile drohen. Eine andere Frage in diesem Zusammenhang ist, inwieweit zugunsten des AG für den Fall, dass er von einem Zessionar in Anspruch genommen wird, bereits in einem TV, einer BV oder in einem Anstellungsvertrag eine Bearbeitungsgebühr für den Verwaltungsaufwand vereinbart werden kann.[14] Eine verhältnismäßige Bearbeitungsgebühr ist dabei als zulässig anzusehen.

(2) Unpfändbares Arbeitsentgelt. Eine zweite Ausnahme von dem Recht, einen Entgeltanspruch abzutreten, besteht insoweit, als stets der Pfändungsschutz der §§ 850 ff. ZPO zu berücksichtigen ist. Danach kann in Geld zahlbares Einkommen insb. nur soweit gepfändet und abgetreten werden, wie die für den Lebensunterhalt des AN in § 850c ZPO[15] gesetzlich bestimmten Pfändungsfreigrenzen überschritten sind.[16]

bb) Verpfändung. Alternativ zur Abtretung von Entgeltansprüchen besteht für den Schuldner die Möglichkeit, zur Sicherung einer Forderung ein Pfandrecht an Entgeltansprüchen aus einem Dienstverhältnis zu bestellen. Dabei handelt es sich um eine rechtsgeschäftliche Verfügung des Dienstverpflichteten. Eine Forderungspfändung im Rahmen einer Zwangsvollstreckung wird hingegen von Abs. 3 erfasst. Der Gläubiger ist im Falle einer Verpfändung berechtigt, sich aus der Forderung zu befriedigen (§§ 1004, 1273, 1279 BGB).

Wirksamkeitsvoraussetzung für die Entstehung des Pfandrechts ist die Anzeige an den Drittschuldner (hier den Dienstberechtigten).[17] Diese Anzeigepflicht hat in der Praxis dazu geführt, dass die Verpfändung größtenteils durch die Sicherungsabtretung verdrängt worden ist.[18]

Der Pfandgläubiger ist bei Fälligkeit der gesicherten Forderung (Pfandreife) gem. § 1282 Abs. 2 BGB zur Einziehung der verpfändeten Forderung berechtigt. Der Drittschuldner kann nur an ihn befreiend leisten.

b) Dienstverhältnis. Der Schuldner muss in einem Dienstverhältnis zu einem Dritten stehen. Der Anwendungsbereich des § 114 ist dabei nicht auf Bezüge aus einem Arbverh begrenzt. Erfasst werden vielmehr auch Bezüge aus einem Dienstverhältnis eines Selbstständigen, einer arbeitnehmerähnlichen Person, eines Organmitglieds oder eines Freiberuflers (bspw. RA, Ärzte und Steuerberater).[19] Mithin ist für die Anwendbarkeit des § 114 die in der Praxis oftmals schwierige Abgrenzung einer selbstständigen Tätigkeit von einer abhängigen Tätigkeit nicht relevant und damit nicht durchzuführen.

Der Sinn und Zweck der Vorschrift gebietet auch eine Anwendung auf Bezüge aus einem öffentlich-rechtlichen Dienstverhältnis, d.h. insb. auf die Beamtenbesoldung.[20] Von der Anwendbarkeit des § 114 auf Beamte geht auch das OLG Düsseldorf in seiner Entscheidung vom 31.10.2003[21] aus.

Die Regelung des § 114 kann hingegen nicht auf Vertragsarzthonorare angewandt werden.[22] Während das reine Arbverh und die Arbeitskraft eines Schuldners gar nicht zur Disposition des Insolvenzverwalters stehen, begegnet er in einer freiberuflichen Praxis fortbestehenden Dauerschuldverhältnissen, insbesondere solchen gem. § 108 Abs. 1.[23]

c) Bezüge aus dem Dienstverhältnis bzw. an deren Stelle tretende laufende Bezüge. Die Abtretung oder Verpfändung durch den Dienstverpflichteten muss Bezüge aus einem Dienstverhältnis oder an deren Stelle tretende laufende Bezüge betreffen. Handelt es sich hingegen nicht um Bezüge aus einem Dienstverhältnis oder an deren

---

12 *Preis*, II A 10 8.
13 *Hümmerich*, NZA 2003, 753, 754 ff.
14 *Preis*, II A 10 36 ff.
15 Zöller/*Stöber*, § 850c Rn 1 ff.
16 BAG 21.11.2000 – 9 AZR 692/99 – NZA 2001, 654 ff.
17 Palandt/*Bassenge*, § 1280 Rn 1.
18 Kübler/Prütting/*Moll*, § 114 Rn 18; Obermüller/Hess, § 270 Rn 1357.
19 Kübler/Prütting/*Moll*, § 114 Rn 11; MüKo-InsO/*Löwisch*/Caspers, § 114 Rn 4.
20 MüKo-InsO/*Löwisch*/Caspers, § 114 Rn 5.
21 OLG Düsseldorf 31.10.2003 – 4 U 110/03 – ZInsO 2003, 1149.
22 BGH 11.5.2006 – IX ZR 247/03 – ZIP 2006, 1254.
23 *Ries*, ZVI 2007, 398 ff.

Stelle tretende laufende Bezüge, findet § 114 keine Anwendung. Solche Bezüge kommen daher den durch eine Lohnabtretung gesicherten Gläubigern im Rahmen eines Insolvenzverfahrens nicht zugute.

20 **aa) Bezüge aus einem Dienstverhältnis.** Bezüge aus einem Dienstverhältnis umfassen alles, was der Dienstverpflichtete als Gegenleistung für seine Dienste erhält,[24] unabhängig davon, ob der Entgeltanspruch auf einer gesetzlichen, kollektivrechtlichen (TV, BV) oder einzelvertraglichen Rechtsgrundlage beruht.[25]

Umfasst ist daher in erster Linie das vertraglich vereinbarte Arbeitsentgelt in Form des Grundgehalts[26] oder der Zulagen (Zeit-, Akkord-, Prämienlohn, Sonn- und Feiertagszuschläge).[27] Auch ein Urlaubsentgelt zählt zu den Bezügen aus einem Dienstverhältnis.[28]

21 Es kommt nicht darauf an, ob diese Bezüge fortlaufend gewährt werden oder ob es sich um einmalige Bezüge handelt.[29] So gelten auch vom Jahresabschluss abhängige Gewinnbeteiligungen oder einmalige Provisionen als Bezüge aus dem Dienstverhältnis.[30] Ebenfalls als Bezüge aus dem Dienstverhältnis gelten Sozialleistungen des AG wie bspw. Gratifikationen, Jubiläumszuwendungen oder Leistungen der betrieblichen Altersversorgung.[31]

22 Ausreichend ist auch ein mittelbarer Bezug der Bezüge zu dem Dienstverhältnis. Zu den Bezügen aus einem Dienstverhältnis zählen daher auch Aufwandsentschädigungen, die dem Dienstverpflichteten gewährt werden, wie bspw. Kilometergeld für den Einsatz eines privaten Pkw oder Auslösungsgelder für auswärtige Tätigkeiten.[32]

23 Nicht als Bezüge aus dem Dienstverhältnis sind hingegen Schadensersatz- oder Schmerzensgeldansprüche zu werten, welche dem Dienstverpflichteten bspw. infolge einer Verletzung durch einen Dritten am Arbeitsplatz gewährt werden.[33]

24 Umstr. ist, inwieweit Abfindungen als Bezüge aus dem Dienstverhältnis anzusehen sind.[34] Abfindungen werden dem Dienstverpflichteten grds. wegen Verlusts seines Arbeits- bzw. Dienstverhältnisses und nicht als Gegenleistung für seine Tätigkeit gewährt. Ein durch eine Lohnabtretung gesicherter Gläubiger erwartet lediglich monatliche Einkünfte des Schuldners in der ihm bekannten Höhe und nicht eine hohe Abfindungszahlung. Nach dem Verlust des Arbeitsplatzes erhält der Schuldner i.d.R. Alg (ggf. nach Ablauf einer Sperrzeit oder eines Ruhenstatbestandes). Dieses Alg unterliegt ebenfalls dem Zugriff der durch eine Lohnabtretung gesicherten Gläubiger.[35] Dieser Schutz erscheint ausreichend. Zudem soll die Regelung des Abs. 1 der Sicherung und Erweiterung der Insolvenzmasse und verbunden damit der Rechtfertigung einer Restschuldbefreiung des Schuldners dienen. Auch dies spricht dafür, Abfindungen nicht als Bezüge aus dem Dienstverhältnis anzusehen. Damit unterliegt die Abfindung unmittelbar und ohne Berücksichtigung der Regelung in Abs. 1 dem Zugriff des Insolvenzverwalters. Etwas anderes gilt für verschleiertes Arbeitseinkommen, welches für die Tätigkeit des Dienstverpflichteten gezahlt und lediglich als Abfindung deklariert wird. In diesen Fällen unterliegt die Abfindung dem Anwendungsbereich des Abs. 1.

25 **bb) An die Stelle der Bezüge aus einem Dienstverhältnis tretende Bezüge.** Von der Regelung in Abs. 1 sind nicht nur Bezüge aus dem Dienstverhältnis, sondern auch an deren Stelle tretende laufende Bezüge umfasst. Hierunter fallen insb. Entgeltersatzleistungen des AG wie bspw. die Entgeltfortzahlung an Feiertagen (§ 2 EFZG) oder im Krankheitsfall (§ 3 EFZG), sowie bei persönlicher Verhinderung (§ 616 BGB) oder Leistungen des AG im Mutterschaftsfall (§ 13 MuSchG).[36]

26 Diese Regelung umfasst aber auch Leistungen von Sozialversicherungsträgern soweit sie eine entgeltersetzende Funktion haben. Dies sind bspw. das Krankengeld gem. §§ 44 ff. SGB V,[37] die Entgeltersatzleistungen der BA wie Alg, Übergangsgeld, Kurzarbeitergeld, Insolvenzgeld, aber auch Renten aus der gesetzlichen Rentenversicherung.[38] Gleiches gilt für Renten aus der gesetzlichen Unfallversicherung.

27 Aber auch Leistungen Dritter können als Geldersatz eingestuft werden. Dies gilt insb. für Leistungen von privaten Versicherungsunternehmen etwa für den Fall der Erwerbsunfähigkeit[39] sowie Unterstützungsleistungen von Gewerkschaften wie bspw. im Arbeitskampf.[40]

28 Auch das Arbeitsentgelt eines Strafgefangenen für eine im Strafvollzug geleistete Arbeit (§ 43 StVollzG) gehört zum Entgeltersatz.[41]

---

24 *Hess*, § 114 Rn 10 ff.
25 MüKo-InsO/*Löwisch*/*Caspers*, § 114 Rn 7.
26 MüKo-InsO/*Löwisch*/*Caspers*, § 114 Rn 7.
27 *Hess*, § 114 Rn 11.
28 BAG 20.6.2000 – 9 AZR 405/99 – AP § 7 BUrlG Nr. 28; MüKo-InsO/*Löwisch*/*Caspers*, § 114 Rn 7.
29 *Hess*, § 114 Rn 11 ff.
30 MüKo-InsO/*Löwisch*/*Caspers*, § 114 Rn 7.
31 MüKo-InsO/*Löwisch*/*Caspers*, § 114 Rn 8.
32 MüKo-InsO/*Löwisch*/*Caspers*, § 114 Rn 8.
33 MüKo-InsO/*Löwisch*/*Caspers*, § 114 Rn 10.
34 Abl. Kübler/Prütting/*Moll*, § 114 Rn 12; *Schaub*, Arbeitsrechts-Handbuch, § 66 I 1 b; zust. MüKo-InsO/*Löwisch*/*Caspers*, § 114 Rn 9.
35 Kübler/Prütting/*Moll*, § 114 Rn 12.
36 Kübler/Prütting/*Moll*, § 114 Rn 13.
37 Kübler/Prütting/*Moll*, § 114 Rn 13; MüKo-InsO/*Löwisch*/*Caspers*, § 114 Rn 11.
38 Kübler/Prütting/*Moll*, § 114 Rn 12.
39 MüKo-InsO/*Löwisch*/*Caspers*, § 114 Rn 13.
40 MüKo-InsO/*Löwisch*/*Caspers*, § 114 Rn 13.
41 Vgl. BegrRE zu § 92 BT-Drucks 12/2443, S. 136.

Eine Karenzentschädigung nach §§ 74 ff. HGB ist ebenfalls als Entgeltersatz in diesem Sinne einzustufen.[42] Gleiches gilt für Ausgleichansprüche eines Handelsvertreters gem. §§ 87, 89b, 90a HGB.[43]

2. Zeitlicher Anwendungsbereich – Verfügungen vor Verfahrenseröffnung. Der zeitliche Anwendungsbereich der Regelung in § 114 ist darauf begrenzt, dass der Schuldner **vor** der Eröffnung des Insolvenzverfahrens über eine Forderung für die spätere Zeit auf Bezüge aus einem Dienstverhältnis oder an deren Stelle tretende laufende Bezüge in Form einer Abtretung oder Verpfändung verfügt hat.

Erfolgt eine solche Verfügung erst **nach** Eröffnung des Insolvenzverfahrens ist diese Verfügungen unmittelbar unwirksam und zwar auch für die Zeit nach Verfahrensbeendigung, was ausdrücklich in § 81 Abs. 2 S. 1 i.V.m. Abs. 1 geregelt ist.[44]

Sofern der Schuldner am **Tag der Eröffnung** des Insolvenzverfahrens über die Bezüge verfügt hat, greift die widerlegbare Vermutung des § 81 Abs. 3 ein, wonach die Verfügung als nach Verfahrenseröffnung getätigt gilt, was wiederum zur Unwirksamkeit der Verfügung führt.

3. Auswirkungen der Eröffnung des Insolvenzverfahrens auf die Vorausverfügung. Die Wirksamkeit einer Vorausverfügung wird durch Abs. 1 zeitlich beschränkt, was zu einer Unterscheidung zwischen folgenden zwei Zeitspannen führt:

a) Zeitraum der Begrenzung der Wirksamkeit der Vorausverfügung. Hat der Schuldner vor Eröffnung des Insolvenzverfahrens über eine zukünftige Forderung auf Bezüge aus einem Dienstverhältnis oder an deren Stelle tretende laufende Bezüge verfügt, ist diese Verfügung im Falle der Eröffnung eines Insolvenzverfahrens über das Vermögen des Dienstverpflichteten nur zeitlich begrenzt wirksam.

Wurde das Insolvenzverfahren bereits vor dem 1.12.2001 eröffnet, sah der ursprüngliche Gesetzestext des Abs. 1 eine Wirksamkeit der Verfügung für eine Zeit von drei Jahren zum Monatsende nach der Eröffnung des Insolvenzverfahrens vor.[45] Maßgebend ist insoweit der Zeitpunkt des Eröffnungsbeschlusses i.S.d. § 27.

Durch das Gesetz zur Änderung der Insolvenzordnung und anderer Gesetze (InsOÄndG) 2001 ist m.W.v. 1.12.2001 die ursprüngliche Frist von drei Jahren auf zwei Jahre zum Monatsende verkürzt worden. Diese Änderung soll zum Schutz der Insolvenzmasse verbunden mit der weit gehenderen Befriedigung der Insolvenzgläubiger beitragen. Wurde bspw. ein Insolvenzverfahren am 10.1.2002 eröffnet, bleibt die Verfügung in Form einer Abtretung oder Verpfändung grds. bis zum 29.2.2004 wirksam. Danach wird sie unwirksam. Ab diesem Zeitpunkt hat der Dienstberechtigte den pfändbaren Teil der Bezüge aus dem Dienstverhältnis an den vom Insolvenzgericht bestellten Treuhänder auszuzahlen.

Die Abtretung/Verpfändung endet nach zwei Jahren auch dann, wenn der Schuldner nicht die Erteilung der Restschuldbefreiung beantragt hat bzw. ihm trotz seines Antrags die Restschuldbefreiung durch das Insolvenzgericht versagt wird.[46] Daher verliert eine Abtretung oder Verpfändung von Entgeltansprüchen im Insolvenzfall nach zwei Jahren regelmäßig ihre Wirksamkeit.

b) Zeitraum der Wirksamkeit der Vorausverfügung. Für den Zeitraum, in dem die Wirksamkeit einer Lohnabtretung unberührt bleibt, d.h. bis zum Ablauf von zwei Jahren zum Monatsende nach Eröffnung des Insolvenzverfahrens, ergeben sich für den Drittschuldner (Dienstberechtigten) gegenüber dem Zeitraum vor Eröffnung des Insolvenzverfahrens keine Besonderheiten.[47] Der Dienstberechtigte ist gegenüber dem Abtretungsempfänger als neuem Gläubiger nur gegen Aushändigung der Abtretungsurkunde zur Zahlung verpflichtet (§ 410 BGB). Der Dienstverpflichtete muss sich die Abtretung gegenüber dem Dienstverpflichteten in der Entgeltabrechnung anrechnen lassen (§ 409 BGB). Der Dienstberechtigte ist berechtigt, dem Abtretungsempfänger die Einwendungen entgegen zu halten, die zurzeit der Abtretung der Forderung gegen den Dienstverpflichteten als bisheriger Gläubiger begründet gewesen sind (§ 404 BGB). Der Dienstberechtigte kann auch gegenüber dem neuen Gläubiger mit Gegenforderungen gegen den Dienstverpflichteten aufrechnen (§ 406 BGB).

II. Wirksamkeit einer Aufrechnung (Abs. 2)

Bei der Prüfung der Zulässigkeit einer Aufrechnung ist aus zeitlicher Sicht zwischen einer Aufrechnung im Insolvenzverfahren, d.h. nach Eröffnung des Insolvenzverfahrens durch Beschluss des Insolvenzgerichts (§ 27) und einer Aufrechnung nach Beendigung des Insolvenzverfahrens zu differenzieren.[48] Die Wirksamkeit einer Aufrechnung vor Eröffnung des Insolvenzverfahrens wird hingegen durch § 114 nicht beschränkt.

---

42 Zöller/*Stöber*, § 850 Rn 2 ff.
43 Zöller/*Stöber*, § 850 Rn 2 ff.
44 Kübler/Prütting/*Moll*, § 114 Rn 26.
45 Bei einer Eröffnung des Insolvenzverfahrens vor dem 1.12.2001 fand auch dann die Zwei-Jahres-Frist Anwendung, wenn der Schuldner bereits vor dem 1.1.1997 zahlungsunfähig gewesen ist (Art. 107 EGInsO). In diesem Fall beträgt auch die Wohlverhaltensperiode nur fünf Jahre (Art. 107 EGInsO).
46 Kübler/Prütting/*Moll*, § 114 Rn 22.
47 Kübler/Prütting/*Moll*, § 114 Rn 23.
48 *Steindorf/Regh*, § 2 Rn 106 ff.

40

[Diagramm: Insolvenzgläubiger — Forderung → Treuhänder ← Insolvenzverfahren — Dienstverpflichteter (AN/Schuldner); Entgeltanspruch = Hauptforderung und Rückzahlungsanspruch = Gegenforderung zwischen Dienstberechtigter (AG) und Dienstverpflichteter; Anspruch auf Arbeitsleistung]

41 **1. Aufrechnung im Insolvenzverfahren.** Hat bspw. ein Dienstberechtigter (AG) seinem Dienstverpflichteten (AN) in der Vergangenheit ein Darlehen gewährt, hat er insb. in der wirtschaftlichen Krise des AN ein Interesse daran, gegen die Bezüge aus dem Dienstverhältnis aufzurechnen, um eine Rückzahlung des Darlehns zu gewährleisten.

42 **a) Voraussetzungen einer Aufrechnung. aa) Gegenforderung des Dienstberechtigten.** Der Dienstberechtigte, bspw. ein AG, kann mit allen Forderungen aufrechnen, die ihm im Zeitpunkt der Eröffnung des Insolvenzverfahrens gegen den Dienstverpflichteten zustehen, d.h. bereits entstanden sind. In Betracht kommen dabei in erster Linie Ansprüche aus Darlehensvereinbarungen, Schadensersatz, ungerechtfertigte Bereicherung oder Geschäftsbesorgung. Ein Zusammenhang der Forderung mit dem Dienstverhältnis ist aber nicht erforderlich.[49] Denkbar ist daher auch, die Aufrechnung gegen Ansprüche aus einem Kaufvertrag, den der Dienstverpflichtete mit dem Dienstberechtigten bspw. über Waren aus der Herstellung des Dienstberechtigten abgeschlossen hat.

43 Diese Gegenforderung muss im Zeitpunkt der Aufrechnung wirksam und fällig sein.[50] Voraussetzung für die Fälligkeit der Gegenforderung ist insb., dass diese Forderung nicht gestundet ist. Wenn zwischen dem Dienstberechtigten und dem Dienstverpflichteten eine Darlehensvereinbarung abgeschlossen wurde, nach der das Darlehen in monatlichen Raten zurück zu zahlen ist, so ändert auch ein Insolvenzantrag bzw. die Eröffnung des Insolvenzverfahrens nichts an dieser Fälligkeitsabrede.

44 Ist die Gegenforderung bereits vor Eröffnung des Insolvenzverfahrens entstanden, jedoch erst nach Verfahrenseröffnung fällig, kann die Aufrechnung gem. § 95 Abs. 1 S. 1 nach Verfahrenseröffnung erfolgen, sobald die Fälligkeit eingetreten ist.

45 Erwirbt der Dienstberechtigte erst nach Eröffnung des Insolvenzverfahrens eine Forderung gegen den Dienstverpflichteten, ist die Aufrechnung regelmäßig gem. Abs. 2 S. 2 i.V.m. § 96 ausgeschlossen. Wird hingegen die Gegenforderung des Dienstberechtigten durch einen Vertrag mit dem Insolvenzverwalter begründet, ist diese Forderung als Masseforderung einzustufen und eine Aufrechnung ist ohne weiteres zulässig.[51]

46 **bb) Hauptforderung des Dienstverpflichteten.** Eine Aufrechnung ist gegen alle Forderungen des Schuldners auf Bezüge aus dem Dienstverhältnis oder an deren Stelle tretende laufende Bezüge möglich (vgl. Rn 42). Erforderlich ist, dass die Ansprüche des Dienstverpflichteten auf Bezüge dem Grunde nach bereits im Zeitpunkt der Eröffnung des Insolvenzverfahrens bestehen. Dadurch soll verhindert werden, dass sich Dienstberechtigte, die nach Eröffnung des Insolvenzverfahrens mit dem Schuldner einen Dienstvertrag abschließen, vor anderen Gläubigern im Wege der Aufrechnung befriedigen können.

47 Eine wirksame Aufrechnung setzt aus insolvenzrechtlicher Sicht voraus, dass die Hauptforderung auf die Bezüge entweder vor Eröffnung des Insolvenzverfahrens bereits bestand oder aber in dem Zwei-Jahres-Zeitraum entstanden ist.[52] Gegen Bezüge, die erst nach Ablauf der Zwei-Jahres-Frist durch eine entsprechende Dienstleistung erdient wird, ist eine Aufrechnung nicht möglich.[53]

48 **cc) Allgemeine Voraussetzungen der Aufrechnung.** Im Rahmen der Aufrechung im Insolvenzverfahren sind neben den insolvenzrechtlichen Vorschriften wie bspw. Abs. 2 die allgemeinen Regelungen des BGB zu berücksichtigen.[54]

---

49 MüKo-InsO/*Löwisch*/*Caspers*, § 114 Rn 30.
50 Palandt/*Heinrichs*, § 387 Rn 11; MüKo-InsO/*Löwisch*/*Caspers*, § 114 Rn 25.
51 Kübler/Prütting/*Lüke*, § 96 Rn 7.
52 MüKo-InsO/*Löwisch*/*Caspers*, § 114 Rn 29.
53 MüKo-InsO/*Löwisch*/*Caspers*, § 114 Rn 29.
54 MüKo-InsO/*Löwisch*/*Caspers*, § 114 Rn 25.

Nach § 387 BGB muss die Hauptforderung, gegen die aufgerechnet werden soll (Forderung des Dienstverpflichteten auf die Bezüge), erfüllbar sein. Entsprechend der Regelung in § 271 BGB setzt Erfüllbarkeit hierbei regelmäßig voraus, dass die Forderung entstanden ist. Auf die Fälligkeit der Hauptforderung kommt es hingegen nicht an. Eine Aufrechnung setzt nach § 387 BGB zudem Gleichartigkeit der Forderungen voraus. Diesbezüglich ist allerdings die Sonderregelung in § 95 Abs. 2 zu berücksichtigen. Danach ist eine Aufrechnung auch dann zulässig, wenn die Forderungen auf unterschiedliche Währungen lauten, wenn die Währungen frei tauschbar sind. Schließlich setzt die Aufrechnung gem. § 387 BGB die Fälligkeit der Gegenforderung des Dienstberechtigten, mit der aufgerechnet werden soll, voraus. Eine Aufrechnung kann daher nach § 95 Abs. 1 erst zu dem Zeitpunkt erfolgen, zu dem die Fälligkeit eingetreten ist.

dd) Erklärung der Aufrechnung. Die Aufrechnung erfolgt gem. § 388 S. 1 BGB durch Erklärung gegenüber dem anderen Teil. Im Rahmen des Insolvenzverfahrens ist die Aufrechnung daher gegenüber dem Insolvenzverwalter bzw. Treuhänder zu erklären. 49

b) Ausschluss der Aufrechnung. Gem. Abs. 2 S. 2 bleiben die Regelungen des § 96 Nr. 2 bis 4 unberührt. 50

Nach § 96 Nr. 2 ist die Aufrechnung dann ausgeschlossen, wenn der Dienstberechtigte seine Forderungen gegen den Dienstverpflichteten erst nach der Eröffnung des Insolvenzverfahrens von einem anderen Gläubiger erworben hat.

Unzulässig ist die Aufrechnung nach § 96 Nr. 3 auch dann, wenn sich der Dienstberechtigte die Möglichkeit der Aufrechnung durch eine nach §§ 129 ff. anfechtbare Rechtshandlung verschafft hat. 51

Nach § 96 Nr. 4 ist die Aufrechnung schließlich dann ausgeschlossen, wenn ein Gläubiger, dessen Forderung aus dem freien Vermögen des Schuldners zu erfüllen ist, etwas zur Insolvenzmasse schuldet. Diese Regelung hat lediglich klarstellende Bedeutung dahingehend, dass der Dienstberechtigte nicht mit Forderungen aufrechnen darf, die erst nach Insolvenzeröffnung entstanden sind.[55] Dies ergibt sich bereits aus § 94.

Schließlich gilt es auch im Rahmen einer Aufrechnung nach Abs. 2 das allgemeine Aufrechnungsverbot des § 394 BGB zu berücksichtigen. Daher ist auch im Insolvenzverfahren nur eine Aufrechnung gegen den jeweils pfändbaren Teil der Bezüge des Dienstverpflichteten zulässig. Die Pfändungsfreigrenze für Arbeitsentgelt ergibt sich aus § 850c ZPO.[56] 52

Abschließend sind vertragliche Aufrechnungsverbote zu berücksichtigen.[57] Liegt ein solches vertragliches Aufrechnungsverbot vor, ist allerdings anhand einer Auslegung der Vereinbarung zu prüfen, inwieweit dieses auch für den Fall der Insolvenz des Dienstverpflichteten gelten soll.[58] 53

c) Zeitliche Begrenzung der Aufrechnungsmöglichkeit. Nach Eröffnung des Insolvenzverfahrens ist eine Aufrechnung des Dienstberechtigten mit einer Forderung gegen den Dienstverpflichteten nur in dem gleichen Zeitraum zulässig, für den eine Abtretung oder Verpfändung der Bezüge aus einem Dienstverhältnis oder an deren Stelle tretenden Bezüge wirksam wäre. Die Aufrechnungsbefugnis gegen Bezüge, welche dem Schuldner aus einem Dienstverhältnis zustehen, wird somit in gleichem Umfang respektiert wie eine Vorausabtretung oder Verpfändung. Der AG wird daher in gleichem Maße geschützt wie ein anderer Darlehensgeber, dem der AN als Sicherheit die Forderung auf seine künftigen Bezüge zur Sicherheit abgetreten oder verpfändet hat. 54

d) Sonderproblem: Verhältnis Abs. 2 – § 52 SGB I. Ein Sonderproblem kann sich im Rahmen des Insolvenzverfahrens über das Vermögen eines Arztes stellen, konkret das Verhältnis zwischen § 52 SGB I und Abs. 2. Die Regelung des § 52 SGB I eröffnet einem Sozialversicherungsträger die Möglichkeit, Sozialleistungen mit Ansprüchen eines anderen Sozialversicherungsträgers gegen den Berechtigten zu verrechnen. Hat bspw. eine Krankenkasse als Einzugsstelle Beitragsansprüche für Beschäftigte einer Arztpraxis gegen den Arzt, kann der Rentenversicherungsträger Altersrentenansprüche des Arztes gegen diese Forderungen verrechnen. Wird sodann das Insolvenzverfahren über das Vermögen des Arztes eröffnet, stellt sich die Frage, inwieweit eine solche Verrechnung nach § 52 SGB I noch zulässig ist bzw. inwieweit die Regelung des Abs. 2 Anwendung findet. Das BSG hat nunmehr entschieden, dass sich die Regelung des Abs. 2 auch auf die Verrechnung nach § 52 SGB I erstreckt.[59] Das BSG argumentiert hierbei dahingehend, dass es sich bei der Verrechnung nach § 52 SGB I um eine Aufrechnung unter Verzicht auf die Gegenseitigkeit handelt. D.h. die Verrechnung ist in gleichem Umfang zulässig wie eine Aufrechnung. § 52 SGB I beruhe auf der Erwägung, dass im Sozialrecht angesichts ähnlicher Zielsetzung aller Sozialleistungen zur Verwaltungsvereinfachung auf die Gegenseitigkeit verzichtet werden könne. Die Grundvorschrift zur Aufrechnung in § 94 stelle auf die Aufrechnung „kraft Gesetzes oder aufgrund einer Vereinbarung" ab. Daran zeige sich, so das BSG, dass der Gesetzgeber einen weiten Aufrechnungsbegriff zugrunde lege, der auch Drittaufrechnungen wie bspw. Verrechnungen gem. § 52 SGB I erfasse. 55

---

55 MüKo-InsO/*Löwisch/Caspers*, § 114 Rn 36.
56 Zöller/*Stöber*, § 850c Rn 2 ff.
57 *Preis*, II A 110 2 f., 8 ff., 13 ff.
58 Jauernig/*Stürmer*, § 387 Rn 10.

59 BSG 10.12.2003 – B 5 RJ 18/03 R – ZInsO 2004, 741; so auch OLG Düsseldorf 31.10.2003 – I-4 U 110/03, 4 U 110/03 – ZInsO 2003, 1149; a.A. *Ries*, ZInsO 2003, 1079.

e) Kollision von Aufrechnungsbefugnis und Abtretung/Verpfändung. Sofern im Einzelfall eine Aufrechnungsbefugnis mit einer Abtretung/Verpfändung kollidiert, richtet sich die Rechtslage nach §§ 392, 406 BGB.[60] Danach kann der Dienstberechtigte gegen die Forderung des Dienstverpflichteten auf Bezüge nicht aufrechnen, wenn er seinen Anspruch nach der Abtretung/Verpfändung erworben hat oder wenn seine Forderung erst nach der Abtretung/Verpfändung und später als die Entgeltforderung fällig geworden ist.[61]

2. Aufrechnung nach Beendigung des Insolvenzverfahrens. Nach Beendigung des Insolvenzverfahrens ist während der Wohlverhaltensperiode die Regelung des § 294 Abs. 3 zu berücksichtigen. Danach kann der Dienstberechtigte (AG) mit einer Forderung gegen den Schuldner gegen die Forderung des Dienstverpflichteten (AN) auf Bezüge, die von der Abtretungserklärung an den Treuhänder erfasst werden, nur dann aufrechnen, wenn er bei einer Fortdauer des Insolvenzverfahrens nach Abs. 2 zur Aufrechnung berechtigt gewesen wäre. Erwirbt der Dienstberechtigte (AG) bspw. nach Eröffnung des Insolvenzverfahrens eine neue Forderung gegen den Schuldner, so ist die Aufrechnung bis zum Ende der Wohlverhaltensperiode gem. Abs. 2 S. 2 i.V.m. § 96 Nr. 4 ausgeschlossen. Dieses Verbot der Aufrechnung umfasst lediglich die pfändbaren Bezüge des Schuldners. Eine Aufrechnung gegen den unpfändbaren Teil der Bezüge, den die Abtretung an den Treuhänder während der Wohlverhaltensperiode nicht erfasst, wird durch diese Regelung nicht ausgeschlossen. Zu berücksichtigen ist hier allerdings, dass eine solche Aufrechnung gegen unpfändbare Forderungen nur in eng umgrenzten Ausnahmefällen zulässig ist. So erkennt die Rspr. eine Aufrechnung gegen den unpfändbaren Teil der Bezüge an, wenn der Schuldner seinem AG vorsätzlich Schaden zufügt.[62]

Wird die Wohlverhaltensperiode durch Erteilung der Restschuldbefreiung beendet, kommt eine Aufrechnung mit früheren Forderungen für Insolvenzgläubiger nicht mehr in Betracht, da diese mit Erteilung der Restschuldbefreiung erlöschen.

III. Wirksamkeit einer Verfügung im Wege der Zwangsvollstreckung (Abs. 3)

Die Regelung in Abs. 3 betrifft Zwangsvollstreckungsmaßnahmen in Form einer wirksamen Pfändung. Solche Pfändungen von Bezügen aus einem Dienstverhältnis für die spätere Zeit, die im Wege der Zwangsvollstreckung vor Eröffnung des Insolvenzverfahrens erfolgen, sind nur soweit wirksam, als sie sich auf Bezüge für zurzeit der Eröffnung des Verfahrens laufende Monate beziehen. Ist die Eröffnung des Insolvenzverfahrens nach dem 15. Tag des Monats erfolgt, so ist die Verfügung auch für den folgenden Kalendermonat zulässig (Abs. 3 S. 2).

Diese Regelung erfasst alle Bezüge aus einem Dienstverhältnis wie auch an deren Stelle tretende laufende Bezüge.

Ziel dieser Regelung ist es, einen zufälligen zeitlichen Vorsprung eines Gläubigers gegenüber den übrigen Insolvenzgläubigern für die gesamte Dauer des Insolvenzverfahrens durch frühzeitige Einleitung von Zwangsvollstreckungsmaßnahmen zu vermeiden.

Eine Zwangsvollstreckung nach Eröffnung des Insolvenzverfahrens ist gem. § 89 nicht zulässig.

Sofern Einwendungen gegen die Zulässigkeit einer Zwangsvollstreckung in künftige Forderungen auf Bezüge aus einem Dienstverhältnis des Schuldners oder an deren Stelle tretende laufende Bezüge geltend gemacht wird, ist hiergegen die Erinnerung gem. § 766 ZPO statthaft. Über diese Erinnerung entscheidet allerdings nicht wie üblich das Vollstreckungsgericht, sondern infolge der Sachnähe zum Insolvenzverfahren das Insolvenzgericht (§ 89 Abs. 3 S. 1). Das Insolvenzgericht ist dabei auch befugt, einstweilige Anordnungen zu erlassen (§ 89 Abs. 3 S. 2).

Zwangsvollstreckungsmaßnahmen wegen Unterhaltsansprüchen oder aus vorsätzlich unerlaubter Handlung bleiben sowohl für die Zeit vor als auch nach Eröffnung des Insolvenzverfahrens zulässig (§ 113 Abs. 3 i.V.m. § 89 Abs. 2 S. 2).

Nach Abs. 3 S. 3 Hs. 1 bleibt die Regelung des § 88 unberührt. Daher werden zwangsvollstreckungsrechtliche Sicherungen, die ein Insolvenzgläubiger im letzten Monat vor dem Antrag auf Eröffnung des Insolvenzverfahrens oder danach erlangt hat, mit der Eröffnung des Insolvenzverfahrens unwirksam. Aufgrund dieser sog. Rückschlagsperre bedarf es in diesen Fällen keiner Anwendung des Abs. 3.

Bei Pfändungen innerhalb eines Zeitraums von drei Monaten vor dem Insolvenzantrag kommt u.U. eine insolvenzrechtliche Anfechtung nach §§ 129 ff. in Betracht.

Die Regelung des Abs. 3 InsO schließt die Anwendbarkeit der Anfechtungsvorschriften auf Zwangsvollstreckungsmaßnahmen hinsichtlich der Bezüge eines AN nicht aus.[63]

---

60 Kübler/Prütting/*Moll*, § 114 Rn 37.
61 Kübler/Prütting/*Moll*, § 114 Rn 37.
62 BAG 28.8.1964 – 1 AZR 414/63 – NJW 1965, 70; BAG 18.3.1997 – 3 AZR 756/95 – AP § 394 BGB Nr. 30.
63 BGH 26.6.2008 – IX ZR 87/07 – ZIP 2008, 1488 ff.

C. Beraterhinweise

	Voraussetzungen	Wirksamkeit der Verfügung/ Zwangsvollstreckung	Anmerkungen
Abtretung/ Verpfändung (Abs. 1)	1. Wirksame Abtretung/Verpfändung vor Verfahrenseröffnung 2. Dienstvertrag 3. Bezüge bzw. an deren Stelle tretende Bezüge	Zwei Jahre zum Monatsende nach Eröffnung des Insolvenzverfahrens	Abtretung und Verpfändung nach Verfahrenseröffnung unwirksam (§ 81)
Aufrechnung (Abs. 2)	1. Wirksame und fällige Gegenforderung des Dienstberechtigten 2. Fälligkeit der Hauptforderung des Dienstverpflichteten 3. Aufrechnungserklärung nach Verfahrenseröffnung 4. Kein Anspruch der Aufrechnung	Zwei Jahre zum Monatsende nach Eröffnung des Insolvenzverfahrens	Aufrechnung vor Verfahrenseröffnung: keine Beschränkung in § 114 Aufrechnung nach Beendigung des Insolvenzverfahrens (§ 294 Abs. 3)
Zwangsvollstreckung (Abs. 3)	1. Voraussetzung Zwangsvollstreckung 2. Zwangsvollstreckung vor Eröffnung Insolvenzverfahren	Laufender Monat der Eröffnung des Insolvenzverfahrens Bei Verfahrenseröffnung nach dem 15. eines Monats Wirksamkeit auch für den darauf folgenden Monat	Zwangsvollstreckung nach Eröffnung des Verfahrens unwirksam (§ 89)

---

§ 120 Kündigung von Betriebsvereinbarungen

(1) ¹Sind in Betriebsvereinbarungen Leistungen vorgesehen, welche die Insolvenzmasse belasten, so sollen Insolvenzverwalter und Betriebsrat über eine einvernehmliche Herabsetzung der Leistungen beraten. ²Diese Betriebsvereinbarungen können auch dann mit einer Frist von drei Monaten gekündigt werden, wenn eine längere Frist vereinbart ist.

(2) Unberührt bleibt das Recht, eine Betriebsvereinbarung aus wichtigem Grund ohne Einhaltung einer Kündigungsfrist zu kündigen.

Literatur: *Braun*, Insolvenzordnung, Kommentar, 3. Aufl. 2007; *Kübler/Prütting*, Kommentar zur Insolvenzordnung, Loseblatt, Stand: Oktober 2008; *Lakies*, Zu den seit 1.10.1996 geltenden arbeitsrechtlichen Vorschriften der Insolvenzordnung, RdA 1997, 145; Münchener Kommentar zur Insolvenzordnung, 2. Aufl. 2008; *Nerlich/Römermann*, Insolvenzordnung, Kommentar, Loseblatt, 15. Aufl. 2008; *Warrikoff*, Die Stellung der Arbeitnehmer nach der neuen Insolvenzordnung, BB 1994, 2338; *Zwanziger*, Das Arbeitsrecht der Insolvenzordnung, Kommentar, 3. Aufl. 2006

A. Allgemeines

BV führen häufig zu nicht unerheblichen Belastungen für ein Unternehmen. Da die eingetretene Insolvenz eines Unternehmens nahe legt, dass dieses derartigen Belastungen gegenwärtig nicht gewachsen ist,[1] ermöglicht § 120 es dem Insolvenzverwalter, Belastungen der Insolvenzmasse aufgrund von Leistungen aus BV zusammen mit dem BR herabzusetzen oder durch Künd völlig auszuschließen. Die Vorschrift dient damit dem Schutz der Insolvenzmasse und der Insolvenzgläubiger.[2] Zudem soll die kurzfristige Entlastung eine übertragende Sanierung erleichtern und verhindern, dass potenzielle Betriebserwerber durch belastende BV abgeschreckt werden.[3]

---

[1] MüKo-InsO/*Löwisch/Caspers*, § 120 Rn 1.
[2] Nerlich/Römermann/*Hamacher*, § 120 Rn 3.
[3] Nerlich/Römermann/*Hamacher*, § 120 Rn 1.

B. Regelungsgehalt

2 Tatbestandsvoraussetzung ist eine **Belastung der Insolvenzmasse** durch Leistungen aus BV i.S.d. BetrVG (vgl. dortige Kommentierung zur Begriffsbestimmung).[4] **Beispiele** hierfür sind u.a. die Unterhaltung einer Kantine, eines Kindergartens oder eines Erholungsheimes, die Zahlung von Überstundenzuschlägen, Gratifikationen, Prämien, Urlaubsgeldern, Essenszuschüssen und Ausbildungsbeihilfen und sogar die betriebliche Altersversorgung.[5] Für Letztere ist über §§ 7 ff. BetrAVG aber ein Mindestinsolvenzschutz gewährleistet. Bei Betriebsfaktoren, die das leistungsbezogene Entgelt festlegen, ist dagegen eine Künd nach § 120 nicht möglich, da sie durch den Gegenwert der Arbeitsleistung ausgeglichen werden.[6] Dies betrifft z.B. BV nach § 87 Abs. 1 Nr. 11 BetrVG, da diese die Vergütungspflicht des AG betreffen.[7] Weiterhin muss es sich um Leistungen handeln, so dass mittelbare Belastungen, z.B. aus organisatorischen Regelungen zur Arbeitszeit, nicht von § 120 erfasst werden.[8] Es genügt i.Ü. nicht, dass der Insolvenzverwalter subjektiv von einer Belastung ausgeht, eine solche muss vielmehr objektiv gegeben sein.[9] Enthalten nur Teile einer BV Ansprüche auf belastende Leistungen, kann die Künd mit der Frist des § 120 nur in Ausnahmefällen auf diesen Teil beschränkt werden.[10] Voraussetzung für eine solche Teil-Künd ist, dass diese entweder bereits in der BV vorgesehen war oder dass der zu kündigende Teil einen eigenständigen Regelungsgehalt hat und dass die Parteien bei zutreffender Auslegung ein selbstständiges Schicksal der BV-Teile gewollt hätten.[11] Ausgeschlossen ist eine Teil-Künd, wenn ein innerer Zusammenhang mit den übrigen Regelungsbereichen besteht oder die Gesamtheit der Regelungen einer BV das Ergebnis eines mitbestimmten Verhandlungsprozesses ist.[12] Ist eine Teil-Künd nicht möglich, verbleibt es bei der Gesamt-Künd.

3 Liegen die Voraussetzungen des § 120 vor, sieht die Vorschrift zunächst **Verhandlungen** zwischen dem Insolvenzverwalter und dem BR über eine einvernehmliche Herabsetzung der Leistung vor. Zudem räumt sie dem Insolvenzverwalter und dem BR die Möglichkeit ein, die BV mit einer verkürzten Frist von drei Monaten zu kündigen, falls eine längere Frist vereinbart war. Insoweit bietet diese Vorschrift eine Parallele zur verkürzten Künd-Frist von Dienstverhältnissen nach § 113 S. 2. War zwischen den Betriebsparteien eine kürzere Künd-Frist vereinbart, verbleibt es bei dieser. Nach dem Wortlaut von Abs. 1 S. 1 handelt es sich hinsichtlich der **Beratung mit dem BR** lediglich um eine Sollvorschrift.[13] Die vorhergehende Beratung ist deshalb keine Voraussetzung für die Künd mit der verkürzten Frist nach Abs. 1 S. 2.[14] Ein sachlicher **Künd-Grund** ist nicht erforderlich.[15] Im Rahmen der Verhandlungen können die Betriebsparteien die BV nicht nur abändern, sondern auch aufheben. Dies ergibt sich aus ihrem grds. Recht, BV jederzeit auch zu Lasten der AN aufzuheben oder abzulösen,[16] das durch § 120 nicht beschränkt werden soll.[17]

4 Handelt es sich um **erzwingbare BV**, die über die Einigungsstelle durchgesetzt werden können, gilt im Anschluss an die Künd die **Nachwirkung** gem. § 77 Abs. 6 BetrVG.[18] Sie gelten damit fort, bis sie durch eine neue Vereinbarung ersetzt werden. **Freiwillige BV** enden dagegen grds. auch in der Insolvenz unmittelbar mit Ablauf der Künd-Frist.[19] Ob eine freiwillig vereinbarte Nachwirkung in der Insolvenz Bestand hat, ist strittig. Der Schutz der Insolvenzgläubiger verlangt aber die Unbeachtlichkeit einer solchen vereinbarten Nachwirkung.[20]

5 Eine Künd unter Einhaltung der Drei-Monats-Frist ist auch dann möglich, wenn die ordentliche Künd, z.B. durch eine Befristung, ausgeschlossen ist.[21] Da wegen des Zwecks der Vorschrift, die Insolvenzmasse im Gläubigerinteresse von Personalkosten zu entlasten, von § 120 nicht abgewichen werden darf, bleibt eine Künd auch dann ohne weitere Voraussetzungen möglich, wenn die Betriebspartner materielle Künd-Erschwerungen, z.B. das Vorliegen eines bestimmten Künd-Grundes, vorgesehen haben.[22]

---

[4] Nerlich/Römermann/*Hamacher*, § 120 Rn 23.
[5] MüKo-InsO/*Löwisch*/*Caspers*, § 120 Rn 8 mit Einzelheiten, Rn 36 f.
[6] Nerlich/Römermann/*Hamacher*, § 120 Rn 25.
[7] Nerlich/Römermann/*Hamacher*, § 120 Rn 25; *Zwanziger*, § 120 Rn 2; a.A. *Warrikoff*, BB 1994, 2338.
[8] MüKo-InsO/*Löwisch*/*Caspers*, § 120 Rn 12.
[9] Nerlich/Römermann/*Hamacher*, § 120 Rn 27; *Zwanziger*, § 120 Rn 2.
[10] MüKo-InsO/*Löwisch*/*Caspers*, § 120 Rn 24.
[11] MüKo-InsO/*Löwisch*/*Caspers*, § 120 Rn 24; allgemein Richardi/*Richardi*, BetrVG § 77 Rn 206 m.w.N.; unklar Braun/*Wolf*, § 120 Rn 9; a.A. Nerlich/Römermann/*Hamacher*, § 120 Rn 38.
[12] LAG Baden-Württemberg 15.6.2005 – 12 TaBV 6/04 – juris, n.r.
[13] Nerlich/Römermann/*Hamacher*, § 120 Rn 28; Braun/*Wolf*, § 120 Rn 7; a.A. *Zwanziger*, § 120 Rn 8.
[14] HWK/*Annuß*, § 120 InsO Rn 6; Kübler/*Moll*, § 120 InsO Rn 21f und 31; Braun/*Wolf*, § 120 Rn 7; MüKo-InsO/*Löwisch*/*Caspers*, § 120 Rn 21; a.A. *Zwanziger*, § 120 Rn 8.
[15] MüKo-InsO/*Löwisch*/*Caspers*, § 120 Rn 28.
[16] BAG GS 16.3.1956 – GS 1/55 – AP § 57 BetrVG Nr. 1.
[17] Nerlich/Römermann/*Hamacher*, § 120 Rn 29.
[18] Braun/*Wolf*, § 120 Rn 11; MüKo-InsO/*Löwisch*/*Caspers*, § 120 Rn 31.
[19] MüKo-InsO/*Löwisch*/*Caspers*, § 120 Rn 3.
[20] HWK/*Annuß*, § 120 InsO Rn 8; MüKo-InsO/*Löwisch*/*Caspers*, § 120 Rn 34; Kübler/*Moll*, § 120 Rn 41 ff.; a.A. *Zwanziger*, § 120 Rn 10.
[21] Nerlich/Römermann/*Hamacher*, § 120 Rn 37; *Lakies*, RdA 1997, 145; Kübler/*Moll*; § 120 Rn 25; *Schrader*, NZA 1997, 70; a.A. *Müller*, NZA 1998, 1315.
[22] Kübler/*Moll*, § 120 Rn 28; MüKo-InsO/*Löwisch*/*Caspers*, § 120 Rn 31.

Neben Konzern-[23] und GBV[24] sowie **Regelungsabreden**[25] unterfallen auch **Sozialpläne** der Regelung des § 120, soweit sie früher als drei Monate vor dem Insolvenzeröffnungsantrag aufgestellt wurden und deshalb nicht von der Sonderregelung des § 124 erfasst werden.[26] Demgegenüber sollen **RL** nach § 28 Abs. 2 SprAuG nicht erfasst sein.[27] Auch öffentlich-rechtliche **Dienstvereinbarungen** werden wegen der fehlenden Gesetzgebungskompetenz des Bundes für das Personalvertretungsrecht nicht erfasst, selbst wenn die sie vereinbarende juristische Person ausnahmsweise insolvenzfähig sein sollte.[28]

Die **außerordentliche** Künd bleibt nach Abs. 2 ausdrücklich unberührt. Dies gilt ebenso für evtl. Anfechtungsrechte oder einen WGG.[29] Insoweit gelten die allg. Regelungen. Die außerordentliche Künd ist deshalb auch in der Insolvenz nur möglich, wenn einer Betriebspartei nicht zugemutet werden kann, auch nur bis zum Ablauf der Künd-Frist von drei Monaten an der BV fest zu halten.[30] Dabei sind die Umstände des Einzelfalls zu berücksichtigen und die jeweiligen Parteiinteressen gegeneinander angemessen abzuwägen. § 120 macht dabei klar, dass weder die akute Finanznot noch die Eröffnung des Insolvenzverfahrens für sich allein als außerordentlicher Künd-Grund ausreichen. Eine Umdeutung der außerordentlichen Künd in eine ordentliche Künd mit dreimonatiger Künd-Frist ist jedoch grds. möglich.[31]

C. Verbindung zu anderen Rechtsgebieten und zum Prozessrecht

Für Streitigkeiten über die Künd von BV gem. § 120 ist das ArbG im **Beschlussverfahren** zuständig, § 2a Abs. 1 ArbGG. Macht allerdings ein AN Rechte aus einer gekündigten BV geltend, ist hierüber gem. § 2 Abs. 1 Nr. 3 ArbGG im Urteilsverfahren zu entscheiden.

D. Beraterhinweise

Eine einvernehmliche Einigung der Betriebsparteien, mit der nicht nur eine Beendigung der belastenden BV erreicht wird, sondern ggf. deren adäquate Anpassung an die Krisensituation des Unternehmens, wird insb. im Fall einer geplanten Unternehmensfortführung sinnvoll sein. Diese Vorgehensweise ermöglicht einerseits eine schnelle Lösung, die die Überlebenschancen des Unternehmens verbessert, da die Drei-Monats-Frist nicht abgewartet werden muss, bietet andererseits aber auch dem BR die Möglichkeit, evtl. zumindest eine abgespeckte Version der Leistungszusagen für die Belegschaft zu erhalten.

§ 121 Betriebsänderungen und Vermittlungsverfahren

Im Insolvenzverfahren über das Vermögen des Unternehmers gilt § 112 Abs. 2 Satz 1 des Betriebsverfassungsgesetzes mit der Maßgabe, daß dem Verfahren vor der Einigungsstelle nur dann ein Vermittlungsversuch vorangeht, wenn der Insolvenzverwalter und der Betriebsrat gemeinsam um eine solche Vermittlung ersuchen.

Literatur: *Braun,* Insolvenzordnung, Kommentar, 3. Aufl. 2007; Münchener Kommentar zur Insolvenzordnung, 2. Aufl. 2008; *Nerlich/Römermann,* Insolvenzordnung, Kommentar, Loseblatt, 15. Aufl. 2008

A. Allgemeines

Diese Norm dient der Beschleunigung des Insolvenzverfahrens bei der Durchführung eines Einigungsstellenverfahrens. Auch im Insolvenzverfahren sind geplante Betriebsänderungen gem. §§ 111 ff. BetrVG in Unternehmen mit mehr als 20 AN vorab mit dem BR zu verhandeln.[1] Das hierfür vorgesehene Verfahren kann extrem zeitaufwändig sein und damit eine Gefahr für eine Betriebsfortführung darstellen. Die nach § 112 Abs. 2 S. 1 BetrVG fakultativ einer Seite eingeräumte Möglichkeit, ein Vermittlungsersuchen an den Vorstand der BA zu richten, wird deshalb dahingehend eingeschränkt, dass nur beide Parteien einvernehmlich um eine solche Vermittlung ersuchen dürfen. Dadurch kann insb. der BR das Verfahren nicht einseitig verzögern.

---

23 Kübler/*Moll*, § 120 Rn 13; MüKo-InsO/*Löwisch/Caspers*, § 120 Rn 7.
24 Nerlich/Römermann/*Hamacher*, § 120 Rn 23; Kübler/*Moll*, § 120 Rn 12.
25 Kübler/*Moll*, § 120 Rn 15; Braun/*Wolf*, § 120 Rn 2.
26 Kübler/*Moll*, § 120 Rn 16; MüKo-InsO/*Löwisch/Caspers*, § 120 Rn 4; ungenau insoweit Braun/*Wolf*, § 120 Rn 5.
27 MüKo-InsO/*Löwisch/Caspers*, § 120 Rn 14.
28 MüKo-InsO/*Löwisch/Caspers*, § 120 Rn 15.
29 Nerlich/Römermann/*Hamacher*, § 120 Rn 49 ff.
30 LAG Baden-Württemberg 15.6.2005 – 12 TaBV 6/04 – juris, n.r.
31 LAG Baden-Württemberg 15.6.2005 – 12 TaBV 6/04 – juris, n.r.
1 MüKo-InsO/*Löwisch/Caspers*, §§ 121, 122 Rn 4; Braun/*Wolf*, § 121 Rn 2.

B. Regelungsgehalt

2 Tatbestandsvoraussetzung dieser Ausnahme zu § 112 Abs. 2 S. 1 BetrVG ist – neben der Anwendbarkeit der §§ 111 ff. BetrVG[2] – lediglich die Eröffnung des Insolvenzverfahrens über das Vermögen des Unternehmers. Soweit die Betriebsparteien abgesprochen hatten, um Vermittlung zu ersuchen, sind sie an diese Absprache gebunden.[3] Eine derartige vorherige Absprache ist für die Zulässigkeit des Vermittlungsversuches allerdings nicht erforderlich; es reicht aus, wenn die jeweils andere Seite diesem vor seinem Beginn zustimmt.[4]

C. Verbindung zu anderen Rechtsgebieten und zum Prozessrecht

3 Im Interesse einer weitgehenden Beschleunigung des Verfahrens wird § 121 durch § 122 ergänzt. Nach einem Zeitraum von drei Wochen ergebnisloser Verhandlungen kann der Insolvenzverwalter eine gerichtliche Entscheidung über die geplante Betriebsänderung beantragen.

4 Unberührt von § 121 bleibt die Möglichkeit einer Teilnahme eines Mitglieds des Vorstands der BA im Einigungsstellenverfahren auf Ersuchen des Einigungsstellenvorsitzenden gem. § 112 Abs. 2 S. 3 BetrVG.[5]

D. Beraterhinweise

5 Die praktische Bedeutung der Vorschrift hält sich in Grenzen, da auch außerhalb der Insolvenz nur in wenigen Fällen ein Vermittlungsersuchen an die BA gerichtet wird. § 120 gibt dem Insolvenzverwalter allerdings eine zusätzliche Sicherheit im Hinblick auf den Ausschluss von Nachteilsausgleichsansprüchen.

§ 122 Gerichtliche Zustimmung zur Durchführung einer Betriebsänderung

(1) [1]Ist eine Betriebsänderung geplant und kommt zwischen Insolvenzverwalter und Betriebsrat der Interessenausgleich nach § 112 des Betriebsverfassungsgesetzes nicht innerhalb von drei Wochen nach Verhandlungsbeginn oder schriftlicher Aufforderung zur Aufnahme von Verhandlungen zustande, obwohl der Verwalter den Betriebsrat rechtzeitig und umfassend unterrichtet hat, so kann der Verwalter die Zustimmung des Arbeitsgerichts dazu beantragen, daß die Betriebsänderung durchgeführt wird, ohne daß das Verfahren nach § 112 Abs. 2 des Betriebsverfassungsgesetzes vorangegangen ist. [2]§ 113 Abs. 3 des Betriebsverfassungsgesetzes ist insoweit nicht anzuwenden. [3]Unberührt bleibt das Recht des Verwalters, einen Interessenausgleich nach § 125 zustande zu bringen oder einen Feststellungsantrag nach § 126 zu stellen.

(2) [1]Das Gericht erteilt die Zustimmung, wenn die wirtschaftliche Lage des Unternehmens auch unter Berücksichtigung der sozialen Belange der Arbeitnehmer erfordert, daß die Betriebsänderung ohne vorheriges Verfahren nach § 112 Abs. 2 des Betriebsverfassungsgesetzes durchgeführt wird. [2]Die Vorschriften des Arbeitsgerichtsgesetzes über das Beschlußverfahren gelten entsprechend; Beteiligte sind der Insolvenzverwalter und der Betriebsrat. [3]Der Antrag ist nach Maßgabe des § 61a Abs. 3 bis 6 des Arbeitsgerichtsgesetzes vorrangig zu erledigen.

(3) [1]Gegen den Beschluß des Gerichts findet die Beschwerde an das Landesarbeitsgericht nicht statt. [2]Die Rechtsbeschwerde an das Bundesarbeitsgericht findet statt, wenn sie in dem Beschluß des Arbeitsgerichts zugelassen wird; § 72 Abs. 2 und 3 des Arbeitsgerichtsgesetzes gilt entsprechend. [3]Die Rechtsbeschwerde ist innerhalb eines Monats nach Zustellung der in vollständiger Form abgefaßten Entscheidung des Arbeitsgerichts beim Bundesarbeitsgericht einzulegen und zu begründen.

Literatur: *Annuß*, Die Betriebsänderung in der Insolvenz, NZI 1999, 344; *Berscheid*, Aktuelle Probleme bei Interessenausgleichsverhandlungen im Konkurs, InVo 1997, 309; *Braun*, Insolvenzordnung, Kommentar, 3. Aufl. 2007; *Caspers*, Personalabbau und Betriebsänderung im Insolvenzverfahren: Die Neuregelungen zum Kündigungsschutz und zur Mitbestimmung bei Betriebsänderungen durch die Insolvenzordnung und das arbeitsrechtliche Beschäftigungsgesetz 1996, 1998; Frankfurter Kommentar zur Insolvenzordnung, hrsg. v. Wimmer, 5. Aufl. 2008; *Giesen*, Die Betriebsverfassung nach dem Insolvenzrecht, ZIP 1998, 142; *Kocher*, Statt Kündigungsschutz: ein kollektives Kündigungsverfahren – Der Interessenausgleich in der neuen Insolvenzordnung, BB 1998, 213; *Kübler/Prütting*, Kommentar zur Insolvenzordnung, Loseblatt, Stand: Oktober 2008; *Lakies*, Die arbeitsrechtliche Bedeutung der Eigenverwaltung in der Insolvenzordnung, BB 1999, 1759; *Lohkemper*, Die Bedeutung des neuen Insolvenzrechts für das Arbeitsrecht, KTS 1996, 1; *Löwisch*, Neugestaltung des Interessenausgleichs durch das Arbeitsrechtliche Beschäftigungsförderungsgesetz, RdA 1997, 80; Münchener Kommentar zur Insolvenzordnung, 2. Aufl. 2008; *Nerlich/Römermann*, Insolvenzordnung, Kommentar, Loseblatt, 15. Aufl. 2008; *Oetker/Friese*, Der Interessenausgleich in der Insolvenz (I), DZWIR 2001, 133; *Rum-*

---

2 BAG 22.7.2003 – 1 AZR 541/02 – NZA 2004, 93; LAG Berlin 12.11.2004 – 2 Sa 1863/04 – ZInsO 2005, 1061, n.r.
3 KDZ/*Däubler*, § 121 Rn 2.
4 Nerlich/Römermann/*Hamacher*, § 121 Rn 5.
5 MüKo-InsO/*Löwisch/Caspers*, §§ 121, 122 Rn 30.

mel, Der Interessenausgleich im Konkurs, DB 1997, 774; *Schaub*, Arbeitsrecht in der Insolvenz, DB 1999, 217; *Smid*, Insolvenzordnung, Kommentar, 2. Aufl. 2001; *Schrader*, Übergangsregelungen zum Konkursrecht, NZA 1997, 70

A. Allgemeines

Diese Norm zielt auf eine zügige Durchführung des Insolvenzverfahrens. Das u.U. langwierige Beratungsverfahren mit dem BR gem. § 112 BetrVG über einen Interessenausgleich, der Voraussetzung für die Vermeidung von Nachteilsausgleichsansprüchen der gekündigten AN ist, verträgt sich mit der Eilbedürftigkeit des Insolvenzfalls nicht. Es soll deshalb durch den Verzicht auf ein umfassendes Einigungsverfahren beschleunigt werden, um möglichst rasch die erforderlichen Betriebsänderungen, z.B. eine (teilweise) Betriebseinstellung, umsetzen zu können. Um einen Missbrauch durch den Insolvenzverwalter auszuschließen, sieht die Regelung allerdings das Erfordernis einer gerichtlichen Zustimmung vor.[1] Die über § 122 zu vermeidende Gefahr von Nachteilsausgleichsansprüchen gem. § 113 BetrVG ist im Insolvenzfall v.a. deshalb eine besondere Bedrohung, weil ihre Höhe insg. weit über das maximale Sozialplanvolumen nach § 123 hinausgehen kann. Ihre Anrechnung auf Sozialplanleistungen bietet deshalb i.d.R. keine Hilfe für den Insolvenzverwalter.[2]

B. Regelungsgehalt

Der Insolvenzverwalter (nicht: der vorläufige Insolvenzverwalter)[3] kann die Zustimmung des ArbG zur Durchführung einer bestimmten Betriebsänderung beantragen, ohne dass das Verfahren nach § 112 Abs. 2 BetrVG vorangegangen ist, wenn der Interessenausgleich nicht innerhalb von drei Wochen nach Verhandlungsbeginn bzw. schriftlicher Aufforderung zur Aufnahme von Verhandlungen zustande kommt. Auf § 122 kann sich – im Einvernehmen mit dem Sachwalter – auch der Schuldner selbst stützen, wenn ihm die Eigenverwaltung erlaubt wurde.[4]

Die Einhaltung der Drei-Wochen-Frist stellt eine Zulässigkeitsvoraussetzung des Verfahrens nach § 122 dar, so dass die Frist erst im Zeitpunkt der letzten Anhörung abgelaufen zu sein braucht.[5] Die **Drei-Wochen-Frist** beginnt jedoch nur zu laufen, wenn der Insolvenzverwalter den BR rechtzeitig und umfassend unterrichtet hat. Das Erfordernis der rechtzeitigen und umfassenden Unterrichtung knüpft an die Voraussetzungen des § 111 BetrVG an.[6] Bezüglich der Rechtzeitigkeit genügt es jedoch, wenn der BR zu einem Zeitpunkt informiert wird, in dem die Durchführung eines Interessenausgleichsverfahrens vor einer tatsächlichen Umsetzung der geplanten Betriebsänderung noch möglich ist.[7] Wenn der Insolvenzverwalter und der BR Verhandlungen schon aufnehmen, bevor eine ausreichende Unterrichtung des BR erfolgt ist, so beginnt die Drei-Wochen-Frist erst mit der späteren vollständigen Information.[8] Teilweise wird unter Hinweis auf das Vorliegen einer objektiven Verfahrensvoraussetzung angenommen, dass die Drei-Wochen-Frist erst mit vollständiger Unterrichtung des BR zu laufen beginnt.[9] Unter Berücksichtigung der Rspr. des BAG zu § 99 BetrVG überzeugt dies jedoch nicht, da der BR nach dem Grundsatz der vertrauensvollen Zusammenarbeit eine aus seiner Sicht unvollständige Unterrichtung unverzüglich rügen müsse und die angeblich fehlenden Informationsgegenstände benennen muss. Diese Rügeobliegenheit führt dazu, dass die Drei-Wochen-Frist auch ohne vorherige ausreichende Unterrichtung bereits bei Verhandlungsaufnahme bzw. mit Zugang der Aufforderung zur Verhandlungsaufnahme zu laufen beginnt.[10]

Der Verhandlungsbeginn oder die schriftliche Aufforderung allein genügen nicht, um die Voraussetzungen des Abs. 1 zu erfüllen. Vielmehr muss der Insolvenzverwalter mit dem BR innerhalb der Frist auch ernsthaft verhandeln, soweit der BR dazu bereit ist.[11] Eine Verbindung der Verhandlungsaufforderung mit der umfassenden Unterrichtung ist möglich.[12] Kommen für die Verhandlungen mehrere AN-Vertretungen als Verhandlungspartner in Betracht, unterrichtet der Insolvenzverwalter zweckmäßigerweise alle und fordert sie auf, den zuständigen Verhandlungspartner zu benennen und die Verhandlungen zu beginnen.[13] Auf diese Weise hat er zumindest auch den zuständigen BR informiert und zu Verhandlungen aufgefordert, so dass die Drei-Wochen-Frist zu laufen beginnt.

---

1 Nerlich/Römermann/*Hamacher*, § 122 Rn 6.
2 KDZ/*Däubler*, § 122 InsO Rn 1.
3 Nerlich/Römermann/*Hamacher*, § 122 Rn 39.
4 KDZ/*Däubler*, § 122 InsO Rn 2a, 5; DKK/*Däubler*, Anhang §§ 111–113 § 122 InsO Rn 5; *Lakies*, BB 1999, 1759.
5 ArbG Lingen 9.7.1999 – 2 BV 4/99 – ZIP 1999, 1892; Kübler/*Moll*, § 122 InsO Rn 25.
6 ArbG Berlin 26.3.1998 – 5 BV 5735/98 – DZWIR 1999, 242; ArbG Lingen 9.7.1999 – 2 BV 4/99 – ZIP 1999, 1892; KDZ/*Däubler*, § 122 InsO Rn 2.
7 *Annuß*, NZI 1999, 344; FK/*Eisenbeis*, § 122 InsO Rn 11; Smid/*Weisemann/Streuber*, § 122 InsO Rn 9.
8 HWK/*Annuß*, § 122 InsO Rn 2.
9 I.E. ebenso KDZ/*Däubler*, § 122 InsO Rn 3; DKK/*Däubler*, Anhang §§ 111–113 § 122 InsO Rn 3.
10 ArbG Lingen 9.7.1999 – 2 BV 4/99 – ZIP 1999, 1892; *Oetker/Friese*, DZWIR 2001, 133; Kübler/*Moll*, § 122 InsO Rn 17; Braun/*Wolf*, § 122 Rn 3.
11 ArbG Lingen 9.7.1999 – 2 BV 4/99 – ZIP 1999, 1892; KDZ/*Däubler*, § 122 InsO Rn 4; MüKo-InsO/*Löwisch/Caspers*, §§ 121, 122 Rn 30; *Lohkemper*, KTS 1996, 1, 18 f.; *Oetker/Friese*, DZWIR 2001, 133; *Rummel*, DB 1997, 774; *Schrader*, NZA 1997, 70; kritisch Nerlich/Römermann/*Hamacher*, § 122 InsO Rn 17; unklar *Giesen*, ZIP 1998, 142.
12 Braun/*Wolf*, § 122 Rn 3.
13 MüKo-InsO/*Löwisch/Caspers*, §§ 121, 122 Rn 36.

5 Die **Schriftform** der Verhandlungsaufforderung ist eine Wirksamkeitsvoraussetzung.[14] Umstr. ist, ob damit die Schriftform i.S.d. § 126 BGB[15] gemeint ist oder ob der Begriff eigenständig zu interpretieren ist. Wegen der gleichen Interessenlage wie bei § 99 Abs. 3 S. 1 BetrVG[16] ist eine identische Auslegung geboten, so dass die Übermittlung per Fax genügt.[17]

6 Der **Fristablauf** richtet sich nach § 188 Abs. 2 BGB. Das Verstreichen der Drei-Wochen-Frist ist auch dann anzunehmen, wenn der Schuldner oder der vorläufige Insolvenzverwalter schon vor Eröffnung des Insolvenzverfahrens länger als drei Wochen mit dem BR ergebnislos über die Betriebsänderung beraten hatten.[18] Der Insolvenzverwalter kann dann nach Eröffnung des Insolvenzverfahrens sofort die Zustimmung des ArbG beantragen.

7 Das Gericht stimmt der Betriebsänderung zu, wenn wegen der **wirtschaftlichen Lage** des insolventen Unternehmens auch unter Berücksichtigung der sozialen Belange der AN die vollständige Durchführung des Interessenausgleichsverfahrens nach § 112 Abs. 2 BetrVG einschließlich Anrufung der Einigungsstelle und Durchführung des Einigungsstellenverfahrens unzumutbar ist. Streitgegenstand ist also nicht die geplante Betriebsänderung selbst, sondern ihre **Eilbedürftigkeit**.[19] Dazu ist in einem ersten Schritt die Erforderlichkeit der geplanten Betriebsänderung anhand der wirtschaftlichen Situation des Unternehmens zu prüfen; erst in einem zweiten Schritt sind dann die AN-Interessen einzubeziehen.[20]

8 Der Begriff der wirtschaftlichen Lage des Unternehmens ist dabei im Hinblick auf die Besonderheiten der Insolvenz zu interpretieren und als „Nachteile für die Insolvenzmasse" zu verstehen.[21] Untersucht werden muss deshalb letztlich die Frage, ob und welche Nachteile sich für die Gläubiger bei einer Verzögerung der Betriebsänderung ergeben. Die auf den Erhalt der Insolvenzmasse gerichteten Interessen der Gläubiger sind zumindest insoweit ausschlaggebend, als es um die Zerschlagung und die Liquidation des Unternehmens geht.[22] Eine Betriebsänderung ist grds. dann wirtschaftlich geboten, wenn sie dazu dient, die Entstehung von weiteren im Verhältnis zur Gesamtmasse nicht unerheblichen **Verlusten** zu vermeiden bzw. diese Verluste zu minimieren.[23] Es sind also über die Insolvenz hinausgehende Dringlichkeitsgründe erforderlich, deren Vorliegen der Insolvenzverwalter dezidiert darlegen muss.[24] Dies kann insb. dann gegeben sein, wenn der Betrieb nicht produktiv genug ist, um seine laufenden Kosten zu decken.[25] Wirtschaftlich geboten ist die Betriebsänderung auch dann, wenn sie Voraussetzung für die Wahrnehmung von **Veräußerungschancen** ist.[26]

9 Ist die wirtschaftliche Erforderlichkeit (= Dringlichkeit) der Betriebsänderung gegeben, ist zu prüfen, ob die sozialen Belange der AN deren Durchführung ohne Einigungsverfahren entgegenstehen. Hinsichtlich der **sozialen Belange der AN** ist entscheidend, ob die AN-Belange durch die Einhaltung des Verfahrens nach § 112 Abs. 2 BetrVG überhaupt qualitativ besser gewahrt würden, mithin sozialverträglichere Lösungen erzielt werden könnten.[27] Das bloße Interesse an einer Verzögerung der Betriebsänderung bzw. der mit ihr verbundenen Künd ist nicht zu berücksichtigen.[28] I.Ü. ist zu beachten, dass eine Verzögerung der Betriebsänderung häufig zu einer Massereduzierung und damit zu geringeren Sozialplananspr üchen für die AN führt.[29] Die AN-Belange können nur in extremen Ausnahmefällen überwiegen; ihre Berücksichtigung soll v.a. einen Missbrauch der Vorschrift durch den Insolvenzverwalter verhindern.[30] Im Verfahren obliegt es dem BR, die sozialen Belange der AN unter Darstellung möglicher Alternativkonzepte substantiiert vorzutragen.[31]

10 Sind die Voraussetzungen des Abs. 2 nicht hinsichtlich der gesamten Betriebsänderung gegeben und ist eine Aufspaltung derselben möglich, kann das ArbG die Zustimmung auf die Durchführung eines Teils der geplanten Betriebs-

---

14 HWK/*Annuß*, § 122 InsO, Rn 3; a.A. FK/*Eisenbeis*, § 122 InsO Rn 11; *Oetker/Friese*, DZWIR 2001, 133.
15 Kübler/*Moll*, § 122 InsO Rn 21; a.A. *Oetker/Friese*, DZWIR 2001, 133.
16 BAG 11.6.2002 – 1 ABR 43/01 – NZA 2003, 226.
17 HWK/*Annuß*, § 122 InsO Rn 3.
18 *Annuß*, NZI 1999, 344; *Berscheid*, InVo 1997, 309; FK/*Eisenbeis*, § 122 InsO Rn 13; Kübler/*Moll*, § 122 InsO Rn 21a; Braun/*Wolf*, § 122 Rn 4; a.A. KDZ/*Däubler*, § 122 InsO Rn 5; DKK/*Däubler*, Anhang §§ 111–113 § 122 InsO Rn 5; *Oetker/Friese*, DZWIR 2001, 133.
19 Nerlich/Römermann/*Hamacher*, § 122 Rn 44; MüKo-InsO/*Löwisch/Caspers*, §§ 121, 122 Rn 40; *Oetker/Friese*, DZWIR 2001, 133.
20 MüKo-InsO/*Löwisch/Caspers*, §§ 121, 122 Rn 39; KDZ/*Däubler*, § 122 InsO Rn 6.
21 Kübler/*Moll*, § 122 InsO Rn 30; MüKo-InsO/*Löwisch/Caspers*, §§ 121, 122 Rn 41.
22 Kübler/*Moll*, § 122 InsO Rn 30; *Oetker/Friese*, DZWIR 2001, 133.
23 ArbG Lingen 9.7.1999 – 2 BV 4/99 – ZIP 1999, 1892; Braun/*Wolf*, § 122 Rn 7; *Annuß*, NZI 1999, 344; *Caspers*, Rn 413; *Oetker/Friese*, DZWIR 2001, 133.
24 KDZ/*Däubler*, § 122 InsO Rn 6; Braun/*Wolf*, § 122 Rn 7.
25 ArbG Lingen 9.7.1999 – 2 BV 4/99 – ZIP 1999, 1892; Braun/*Wolf*, § 122 Rn 7.
26 KDZ/*Däubler*, § 122 InsO Rn 6.
27 KDZ/*Däubler*, § 122 InsO Rn 7.
28 ArbG Lingen 9.7.1999 – 2 BV 4/99 – ZIP 1999, 1892; *Caspers*, Rn 414; Nerlich/Römermann/*Hamacher*, § 122 InsO Rn 59; Kübler/*Moll*, § 122 InsO Rn 35a; Braun/*Wolf*, § 122 Rn 7; *Oetker/Friese*, DZWIR 2001, 133.
29 MüKo-InsO/*Löwisch/Caspers*, §§ 121, 122 InsO Rn 44.
30 *Annuß*, NZI 1999, 344; *Caspers*, Rn 415.
31 ArbG Lingen 9.7.1999 – 2 BV 4/99 – ZIP 1999, 1892; Kübler/*Moll*, § 122 InsO Rn 36; Braun/*Wolf*, § 122 Rn 7; *Oetker/Friese*, DZWIR 2001, 133.

änderung beschränken.³² Entscheidet das ArbG rechtskräftig zugunsten des Insolvenzverwalters, ist wegen Abs. 1 S. 2 kein Raum für **Nachteilsausgleichsansprüche** der betroffenen AN nach § 113 Abs. 3 BetrVG.

C. Verbindung zu anderen Rechtsgebieten und zum Prozessrecht

Das ArbG entscheidet über den Antrag auf Zustimmung im **Beschlussverfahren.** Dabei ist keine Güteverhandlung durchzuführen, da Abs. 2 S. 3 nur auf § 61a Abs. 3 bis 6 ArbGG, nicht aber auf dessen Abs. 2 verweist.³³ Die Zustimmung gilt erst dann als erteilt, wenn der Beschluss in Rechtskraft erwachsen ist. Angesichts der eingeschränkten Zulässigkeit von Rechtsmitteln stellt die erste Entscheidung regelmäßig aber zugleich die Letztentscheidung dar.³⁴

Da die Vorschriften des Beschlussverfahrens Anwendung finden, hat das ArbG auch den in § 83 ArbGG verankerten **Untersuchungsgrundsatz** zu beachten. Dies führt wegen des Beschleunigungsgebotes für Verfahren nach § 122 jedoch nicht zu einer umfassenden Tatsachenermittlung durch das Gericht, sondern erfordert nur dann eine Untersuchung durch das Gericht, wenn nach dem ihm bekannten Sachverhalt und dem Vorbringen der Beteiligten Anhaltspunkte dafür bestehen, dass weitere Aufklärung erforderlich ist und die Parteien an dieser ausreichend mitarbeiten.³⁵ Im Fall des § 122 sind im Gegensatz zur Regelung des § 126 nur der Insolvenzverwalter und der BR **Beteiligte** des Verfahrens,³⁶ nicht jedoch die von der geplanten Betriebsänderung betroffenen AN.

Einer **einstweiligen Verfügung**, z.B. zur Durchsetzung eines Unterlassungsanspruchs des BR im Hinblick auf eine nicht (ausreichend) verhandelte Betriebsänderung, steht das Beschleunigungsgebot des § 122 entgegen.³⁷ Durch § 122 soll jede Verzögerung des Verfahrens durch den BR verhindert werden. Die Nichtbeachtung der betriebsverfassungsrechtlichen Beteiligungspflicht wird durch die Nachteilsausgleichsansprüche nach § 113 Abs. 3 BetrVG ausreichend sanktioniert. Grds. möglich ist allerdings ein Antrag auf einstweilige Verfügung seitens des Insolvenzverwalters auf Zustimmung zur Betriebsänderung. Da eine solche Zustimmung allerdings die Hauptsache vorwegnimmt, darf die beantragte einstweilige Verfügung nur in besonderen Ausnahmesituationen ergehen, etwa wenn feststeht, dass ohne sofortige Durchführung der Betriebsänderung die Einstellung des Insolvenzverfahrens nach § 207 Abs. 1 droht.³⁸

Aus Abs. 3 ergibt sich, dass in diesem Verfahren grds. nur eine Instanz vorgesehen ist. Nur in Ausnahmefällen findet die **Rechtsbeschwerde** zum BAG statt, wenn das ArbG sie in entsprechender Anwendung des § 72 Abs. 2 ArbGG zugelassen hat. Bei der Frage der Divergenz ist dabei auf die Entscheidung anderer ArbG abzustellen.³⁹ In Abs. 3 S. 3 wird eine von den allgemeinen Bestimmungen der § 92 Abs. 2 S. 1 i.V.m. § 74 Abs. 1 S. 1 ArbGG abweichende Regel über die Einlegung und Begründung der Rechtsbeschwerde aufgestellt; danach ist diese innerhalb eines Monats nach Zustellung der Entscheidung einzulegen und zu begründen. Gegen die Nichtzulassung der Rechtsbeschwerde durch das ArbG ist eine Beschwerde zum BAG nicht möglich.⁴⁰

D. Beraterhinweise

Die Voraussetzung einer „rechtzeitigen und umfassenden Unterrichtung" und die unsichere Beurteilung dieses unbestimmten Rechtsbegriffs lassen diese Vorschrift wegen des verbleibenden Risikos in der Praxis weniger hilfreich sein, als es auf den ersten Blick scheinen mag. Entstehende Nachteilsausgleichsansprüche sind „echte" Masseverbindlichkeiten i.S.d. § 55 Abs. 1 S. 1 Nr. 1, so dass der Insolvenzverwalter für diese u.U. nach § 60 persönlich einstandspflichtig ist und sie auf alle Fälle vermeiden wollen wird.⁴¹ Zudem ist trotz der erheblich beschleunigten Verfahrens des § 120 und der vorrangigen Behandlung durch die ArbG nicht auszuschließen, dass die gerichtliche Zustimmung erst nach einigen Monaten erreicht werden kann. Dies führt dazu, dass die Durchführung eines Einigungsstellenverfahrens in der Praxis effektiver und schneller sein kann.

Parallel zu dem Verfahren nach Abs. 1 S. 1 kann der Insolvenzverwalter die Interessenausgleichsverhandlungen fortführen oder einen speziellen Interessenausgleich nach § 125 versuchen bzw. das Beschlussverfahren nach § 126 Abs. 1 betreiben. Nichts anderes bleibt ihm auch übrig, wenn sein Antrag auf Zustimmung des ArbG von diesem abgewiesen wurde. Das Nebeneinander von § 122 und §§ 125, 126 ist dadurch gerechtfertigt, dass die Verfahren ver-

---

32 *Caspers*, Rn 419; KDZ/*Däubler*, § 122 InsO Rn 10; MüKo-InsO/*Löwisch*/*Caspers*, §§ 121, 122 Rn 49; *Löwisch*, RdA 1997, 80; *Oetker*/*Friese*, DZWIR 2001, 133.
33 KDZ/*Däubler*, § 122 InsO Rn 8.
34 KDZ/*Däubler*, § 122 InsO Rn 9.
35 ArbG Lingen 9.7.1999 – 2 BV 4/99 – ZIP 1999, 1892; Braun/*Wolf*, § 122 Rn 5; MüKo-InsO/*Löwisch*/*Caspers*, §§ 121, 122 Rn 47; Nerlich/Römermann/*Hamacher*, § 122 Rn 31.
36 KDZ/*Däubler*, § 122 InsO Rn 8; Braun/*Wolf*, § 122 Rn 5.
37 Braun/*Wolf*, § 122 Rn 12; *Kocher*, BB 1998, 213; *Schaub*, DB 1999, 217; a.A. *Giesen*, ZIP 1998, 146.
38 Nerlich/Römermann/*Hamacher*, § 122 Rn 80; MüKo-InsO/*Löwisch*/*Caspers*, §§ 121, 122 Rn 57, *Oetker*/*Friese*, DZWIR 2001, 133; *Annuß*, NZI 1999, 344; Kübler/*Moll*, § 122 Rn 43.
39 Kübler/*Moll*, § 122 Rn 40; KDZ/*Däubler*, § 122 InsO Rn 12; Braun/*Wolf*, § 122 Rn 13; *Oetker*/*Friese*, DZWIR 2001, 133; a.A. *Rommel*, DB 1997, 774.
40 BAG 14.8.2001 – 2 ABN 20/01 – BB 2001, 2535; KDZ/*Däubler*, § 122 InsO Rn 12; *Kocher*, BB 1998, 213, 215.
41 BAG 18.11.2003 – 1 AZR 30/03 – NZI 2004, 161; Braun/*Wolf*, § 122 Rn 11.

schiedene Ziele haben: Während § 122 das Verfahren über den allgemeinen Interessenausgleich betrifft und einen sicheren Schutz vor Nachteilsausgleichsansprüchen gewähren soll, zielen §§ 125, 126 auf die konkrete Umsetzung einer Betriebsänderung durch den Ausspruch von Künd, ohne einen allgemeinen Interessenausgleich zu ersetzen.

§ 123 Umfang des Sozialplans

(1) In einem Sozialplan, der nach der Eröffnung des Insolvenzverfahrens aufgestellt wird, kann für den Ausgleich oder die Milderung der wirtschaftlichen Nachteile, die den Arbeitnehmern infolge der geplanten Betriebsänderung entstehen, ein Gesamtbetrag von bis zu zweieinhalb Monatsverdiensten (§ 10 Abs. 3 des Kündigungsschutzgesetzes) der von einer Entlassung betroffenen Arbeitnehmer vorgesehen werden.

(2) [1]Die Verbindlichkeiten aus einem solchen Sozialplan sind Masseverbindlichkeiten. [2]Jedoch darf, wenn nicht ein Insolvenzplan zustande kommt, für die Berichtigung von Sozialplanforderungen nicht mehr als ein Drittel der Masse verwendet werden, die ohne einen Sozialplan für die Verteilung an die Insolvenzgläubiger zur Verfügung stünde. [3]Übersteigt der Gesamtbetrag aller Sozialplanforderungen diese Grenze, so sind die einzelnen Forderungen anteilig zu kürzen.

(3) [1]Sooft hinreichende Barmittel in der Masse vorhanden sind, soll der Insolvenzverwalter mit Zustimmung des Insolvenzgerichts Abschlagszahlungen auf die Sozialplanforderungen leisten. [2]Eine Zwangsvollstreckung in die Masse wegen einer Sozialplanforderung ist unzulässig.

Literatur: *Balz*, Der Sozialplan im Konkurs- und Vergleichsverfahren, DB 1985, 689; *Boemke/Tietze*, Der Sozialplan im Konkurs- und Vergleichs-Verfahren, DB 1999, 1389; *Heinze*, Das Arbeitsrecht der Insolvenzordnung, NZA 1999, 57; *Gaul*, Gestaltungsspielräume bei Sozialplanabfindungen, DB 1998, 1513; *v. Hoyningen-Huene*, Die wirtschaftliche Vertretbarkeit von Sozialplänen, RdA 1986, 102

A. Allgemeines 1	5. Höhe der Sozialplanansprüche der einzelnen Arbeitnehmer 26
B. Regelungsgehalt 5	6. Absolute Obergrenze im Insolvenzplanverfahren 28
I. Zeitlicher Anwendungsbereich – Aufstellung des Sozialplan nach Eröffnung des Insolvenzverfahrens 5	7. Rechtsfolgen bei Überschreiten der absoluten Höchstgrenze 29
1. Eröffnung des Insolvenzverfahrens 6	8. Rechtsbehelfe bei Überschreiten der absoluten Obergrenze 34
2. Aufstellung des Sozialplans 7	9. Individualklagen von Arbeitnehmern 35
II. Sachlicher Anwendungsbereich – Art und Inhalt des Sozialplans 10	IV. Relative Höchstgrenze (Abs. 2) 36
III. Absolute Höchstgrenze des Sozialplanvolumens .. 14	1. Berechnung der relativen Höchstgrenze 37
1. Von der Entlassung betroffene Arbeitnehmer . 15	2. Sachlicher Anwendungsbereich der relativen Höchstgrenze 39
a) Arbeitnehmer i.S.d. § 124 15	
b) Von der Entlassung betroffene Arbeitnehmer 16	3. Rechtsfolge bei Überschreiten der relativen Höchstgrenze 40
2. Berechnung des Monatsverdienstes 18	V. Masseverbindlichkeiten 41
a) Zugrunde zu legender Monat 18	VI. Abschlagszahlungen (Abs. 3 S. 1) 42
b) Höhe des Monatsverdiensts 20	VII. Verbot der Zwangsvollstreckung (Abs. 3 S. 2) ... 44
3. Sozialplandotierung 22	
4. Berechnung der absoluten Höchstgrenze 25	

A. Allgemeines

1 In der wirtschaftlichen Notlage eines Unternehmens werden häufig Betriebsänderungen, insb. in Form einer Einschränkung oder Stillegung des gesamten Betriebes oder von wesentlichen Betriebsteilen i.S.d § 111 S. 2 Nr. 1 BetrVG vorgenommen. Die Anwendbarkeit der §§ 111 ff. BetrVG wird durch die wirtschaftliche Lage eines Unternehmens nicht beeinflusst. Diese Regelungen finden auch im Rahmen eines Insolvenzverfahrens Anwendung.[1] Plant daher ein (vorläufiger) Insolvenzverwalter eine Betriebsänderung, hat er zunächst die Beratungs- und Unterrichtungspflichten aus § 111 S. 1 BetrVG zu beachten. Zudem hat er zu versuchen, mit dem BR einen Interessensausgleich aufzustellen.[2] Schließlich hat er die Sozialplanpflicht zu berücksichtigen.[3] Die Aufstellung eines Sozialplans ist grds. erzwingbar, d.h. der Sozialplan kommt durch den Spruch der Einigungsstelle zustande, wenn sich AG bzw. Insolvenzverwalter auf der einen Seite und BR auf der anderen Seite nicht einigen. Besteht die Betriebsänderung al-

---

1 BAG 22.7.2003 – 1 AZR 541/02 – DB 2003, 2708; BAG 17.9.1974 – 1 AZR 16/74 – AP § 113 BetrVG 1972 Nr. 1; BAG GS 13.12.1978 – GS 1/77 – AP § 112 BetrVG 1972 Nr. 6; BT-Drucks 12/2443, S. 97.

2 *Fitting* u.a., §§ 112, 112a Rn 11 ff.

3 *Fitting* u.a., §§ 112, 112a Rn 77 ff.

leine in der Entlassung von AN ist hinsichtlich der Erzwingbarkeit des Sozialplans die Sonderregelung in § 112a Abs. 1 S. 2 BetrVG zu beachten.[4]

Neben den Regelungen des BetrVG sind die insolvenzspezifischen Normen zu berücksichtigen, die in ihrem Anwendungsbereich als speziellere Normen gegenüber den Regelungen im BetrVG stets Vorrang genießen.[5] Bis Ende 1998 waren die insolvenzspezifischen Normen im Zusammenhang mit einer Betriebsänderung in dem Gesetz über den Sozialplan im Konkurs- und Vergleichsverfahren v. 20.2.1985[6] geregelt. Diese Normen wurden durch die am 1.1.1999 in Kraft getretene InsO[7] abgelöst. Ziel der Insolenzordnung ist u.a. eine Erweiterung der Insolvenzmasse und eine möglichst gerechte Verteilung der Insolvenzmasse an die Gläubiger des Schuldners.

Im Zusammenhang mit einem Insolvenzverfahren sind aus zeitlicher Sicht folgende drei Arten von Sozialplänen zu unterscheiden:
In § 123 findet sich eine Sonderregelung für Sozialpläne, die nach der Eröffnung des Insolvenzverfahrens aufgestellt werden. § 124 betrifft hingegen Sozialpläne, die zwar vor der Eröffnung des Insolvenzverfahrens, jedoch nicht früher als drei Monate vor dem Eröffnungsantrag aufgestellt worden sind. Keine insolvenzrechtliche Sonderregelung gibt es hingegen für Sozialpläne, deren Aufstellung länger als drei Monate vor dem Eröffnungsantrag erfolgt ist. Hier finden ausschließlich die allgemeinen Regelungen des BetrVG Anwendung.

Die Regelung in § 123 findet daher ausschließlich Anwendung auf Sozialpläne, die erst nach Eröffnung des Insolvenzverfahrens, d.h. i.d.R. unter Mitwirkung des Insolvenzverwalters, aufgestellt wurden. Zweck dieser Regelung ist eine Abwägung der Interessen der AN, denen Ansprüche aus einem solchen Sozialplan zustehen und den Interessen der übrigen Insolvenz- und Massegläubiger. Diese Abwägung erfolgt dahingehend, dass in Abs. 1 eine absolute Begrenzung des Sozialplanvolumens geregelt ist. In Abs. 2 finden sich zum einen eine relative Begrenzung des Sozialplanvolumens und zum anderen die Einstufung der Sozialplansprüche als Masseverbindlichkeiten. Durch diese absoluten und relativen Begrenzungen des Sozialplanvolumens soll verhindert werden, dass die Insolvenzmasse zu stark durch Sozialplanansprüche von AN gemindert wird und damit gleichzeitig andere Gläubiger in der Befriedigung benachteiligt werden. Schließlich ist in Abs. 3 eine Regelung zu den Auszahlungsmodalitäten von Sozialplansprüchen normiert. Es ist vorgesehen, dass der Insolvenzverwalter mit Zustimmung des Insolvenzgerichts sooft wie möglich Abschlagszahlungen auf die Sozialplanforderung leisten soll.

B. Regelungsgehalt

I. Zeitlicher Anwendungsbereich – Aufstellung des Sozialplan nach Eröffnung des Insolvenzverfahrens

Die Regelung in § 123 betrifft ausschließlich Sozialpläne, die erst nach Eröffnung des Insolvenzverfahrens aufgestellt werden.

1. Eröffnung des Insolvenzverfahrens. Der konkrete Zeitpunkt der Verfahrenseröffnung bestimmt sich nach § 27. Danach erfolgt die Eröffnung des Insolvenzverfahrens über das Vermögen des Schuldners durch den Eröffnungsbeschluss des Insolvenzgerichts. Dieser Eröffnungsbeschluss hat nach § 27 Abs. 2 Nr. 3 die Stunde der Eröffnung des Insolvenzverfahrens anzugeben. Ist die Stunde der Verfahrenseröffnung in dem Beschluss des Insolvenzgerichts nicht angegeben, so gilt als Zeitpunkt der Eröffnung die Mittagsstunde des Tages, an dem der Beschluss erlassen wurde (§ 27 Abs. 3).

2. Aufstellung des Sozialplans. Ein Sozialplan ist dann aufgestellt, wenn er zustande gekommen ist. Hinsichtlich des genauen Zeitpunkts ist danach zu unterscheiden, ob der Sozialplan durch eine Einigung zwischen den Betriebsparteien oder durch Spruch der Einigungsstelle zustande gekommen ist.

Kommt der Sozialplan durch eine Einigung zwischen den Betriebsparteien, d.h. dem Insolvenzverwalter und dem BR zustande, unterliegt die Einigung gem. § 112 Abs. 1 S. 2, Abs. 3 S. 2 BetrVG dem Schriftformerfordernis.[8] Der Sozialplan ist in diesen Fällen daher mit der Unterzeichnung durch beide Parteien zustande gekommen.[9]

Ein Sozialplan kommt hingegen durch den Spruch der Einigungsstelle zustande, wenn sich die Betriebsparteien nicht über den Inhalt des Sozialplans einigen können. Der Spruch der Einigungsstelle ersetzt dann nach § 112 Abs. 4 S. 2 BetrVG die Einigung zwischen Insolvenzverwalter und BR. Ein solcher Sozialplan kommt durch Beschlussfassung zustande (§ 76 S. 3 Abs. 2 BetrVG). Der Sozialplan ist von dem Vorsitzenden der Einigungsstelle zu unterschreiben (§ 112 Abs. 3 S. 3 BetrVG). Der Sozialplan ist in solchen Fällen dann aufgestellt, wenn der Beschluss der Einigungsstelle schriftlich niedergelegt ist (§ 76 Abs. 3 S. 3 BetrVG).[10] Entscheidend ist die Niederlegung in Schriftform mit

---

4 *Fitting* u.a., §§ 112, 112a Rn 81 ff.
5 *Fitting* u.a., §§ 112, 112a Rn 254; *Ahrends*, ZInsO 13/2003; *Boemke/Tietze*, DB 1999, 1389; *Heinze*, NZA 1999, 57.
6 *Fitting* u.a., 19. Aufl. Anhang 3.
7 BGBl I 1994 S. 2866.
8 *Fitting* u.a., §§ 112, 112a Rn 112.
9 *Fitting* u.a., §§ 112, 112a Rn 112.
10 *Kübler/Prütting/Moll*, §§ 123, 124 Rn 25.

der Unterschrift des Einigungsstellenvorsitzenden (§ 76 Abs. 3 S. 3 BetrVG). Die Zuleitung des Beschlusses an den Insolvenzverwalter und den BR ist hingegen kein Bestandteil oder Erfordernis der Aufstellung des Sozialplans.[11]

II. Sachlicher Anwendungsbereich – Art und Inhalt des Sozialplans

10 Fraglich ist zunächst, ob die Regelung der §§ 123, 124 ohne Rücksicht auf die inhaltliche Qualifizierung des Sozialplans anzuwenden sind, oder ob lediglich Sozialpläne bzw. Teile von Sozialplänen erfasst werden, die Sozialplanleistungen für entlassene AN regeln.[12]

11 Diese Frage ist für §§ 123 und 124 einheitlich zu beurteilen, da die Abs. 2 und 3 des § 124 eine Verknüpfung mit § 123 herstellen. Danach werden die AN mit Forderungen aus einem nach § 124 widerrufenen Sozialplan in einem Sozialplan nach § 123 berücksichtigt und die ggf. bereits erbrachten Leistungen, die nicht zurückgefordert werden können, werden auf die absolute Obergrenze des § 123 angerechnet.

12 Bereits aufgrund des Gesetzeswortlauts, der allgemein von Sozialplänen spricht und keine inhaltliche Einschränkung enthält, ist davon auszugehen, dass die Regelungen der §§ 123 und 124 auf alle Sozialpläne unabhängig von ihrem Inhalt anzuwenden sind.[13] In § 123 spielt der Inhalt des Sozialplans erst bei der Statuierung der absoluten Obergrenze des Sozialplanvolumens eine Rolle. Diese Obergrenze beträgt zweieinhalb Monatsverdienste der von der Entlassung betroffenen AN. Für die Regelung in § 124 ist es ebenfalls sinnvoll, diese Norm auf Sozialpläne unabhängig von deren Inhalt anzuwenden. Auch Sozialplanleistungen für AN, die nicht von einer Entlassung betroffen sind, sondern vielmehr weiterbeschäftigt werden, können zu Beeinträchtigungen der Insolvenzmasse führen. Ziel der InsO allgemein und speziell des § 124 ist es, in dessen zeitlichem Anwendungsbereich insb. dem Insolvenzverwalter die Möglichkeit zu geben, zum Schutz der Insolvenzmasse durch Widerruf eines solchen Sozialplans dessen Wirksamkeit zu beenden.

13 Ebenso sind auch freiwillige Sozialpläne in den Anwendungsbereich der §§ 123 und 124 aufzunehmen.[14] Im Anwendungsbereich des § 123 spielen freiwillige Sozialpläne aufgrund des persönlichen Haftungsrisikos eines Insolvenzverwalters aber nur eine geringe Rolle.

III. Absolute Höchstgrenze des Sozialplanvolumens

14 Die absolute Höchstgrenze des Sozialplanvolumens eines nach Eröffnung des Insolvenzverfahrens aufgestellten Sozialplans beträgt gem. Abs. 1 die Summe von zweieinhalb Monatsverdiensten aller von einer Entlassung betroffenen AN.

15 **1. Von der Entlassung betroffene Arbeitnehmer. a) Arbeitnehmer i.S.d. § 124.** Von einer Entlassung betroffene AN können nur AN i.S.d. § 5 BetrVG sein, da Abs. 1 nur solche Sozialpläne betrifft, die im Rahmen der Betriebsverfassung aufgestellt werden.[15] Nicht als AN in diesem Sinne zählen daher u.a. in Betrieben einer juristischen Person die Mitglieder des Organs, das zur gesetzlichen Vertretung der juristischen Person berufen ist, d.h. insb. Geschäftsführer einer GmbH oder Vorstände einer AG (§ 5 Abs. 2 Nr. 1 BetrVG).[16] Bei der Berechnung der absoluten Obergrenze sind auch die leitenden Ang nicht zu berücksichtigen, da diese grds. keine Ansprüche aus Sozialplänen geltend machen können.[17] Leitende Ange sind nicht als AN i.S.d. BetrVG anzusehen.[18] Dies ergibt sich bereits aus der fehlenden Zuständigkeit des BR für leitende Ang.[19] Leitende Ang können Ansprüche aus einem Sozialplan auch nicht auf den Gleichbehandlungsgrundsatz stützen.[20] In wieweit die Parteien des Sozialplans den Anwendungsbereich des Sozialplans auf leitende Ang ausdehnen können, ist umstr.[21] Dieser Meinungsstreit ist allerdings im Rahmen des § 123 ohne Bedeutung. Nach dem eindeutigen Gesetzeswortlaut dieser Norm ist für die Berechnung der absoluten Obergrenze nach Abs. 1 ausnahmslos auf AN i.S.d. BetrVG abzustellen.[22] I.Ü. wird ein Insolvenzverwalter i.d.R. leitende Ang zum Schutz der Insolvenzmasse ohnehin nicht in den persönlichen Anwendungsbereich des Sozialplans aufnehmen.

16 **b) Von der Entlassung betroffene Arbeitnehmer.** Bei der Berechnung der absoluten Obergrenze des Sozialplans sind die von einer Entlassung betroffenen AN zu berücksichtigen. Von einer Entlassung bedroht sind nicht nur solche AN, denen betriebsbedingt gekündigt werden soll.[23] Vielmehr fallen auch AN unter den Anwendungsbereich des § 123, die einen Aufhebungsvertrag unterzeichnen oder eine Eigen-Künd aussprechen, sofern diese Ver-

---

11 Kübler/Prütting/*Moll*, §§ 123, 124 Rn 26; a.A. Kölner Schrift/*Schwerdtner*, Rn 66 ff.
12 Kübler/Prütting/*Moll*, §§ 123, 124 Rn 29 ff.
13 A.A. Kübler/Prütting/*Moll*, §§ 123, 124 Rn 30 ff.
14 Kübler/Prütting/*Moll*, §§ 123, 124 Rn 36.
15 Kübler/Prütting/*Moll*, §§ 123, 124 Rn 39.
16 *Fitting* u.a., § 5 Rn 287; Däubler/*Trümmer*, BetrVG, § 5 Rn 117 ff.
17 BAG 31.1.1979 – 5 AZR 454/77 – AP § 112 BetrVG 1972 Nr. 8; BAG 16.7.1985 – 1 AZR 206/81 – ZIP 1985, 1285.
18 *Fitting* u.a., § 5 Rn 309.
19 *Fitting* u.a., §§ 112, 112a Rn 130.
20 BAG 16.7.1985 – 1 AZR 206/81 – ZIP 1985, 1285.
21 S.a. MünchArb/*Matthes*, Bd. 3, § 354 Rn 19; Kölner Schrift/*Schwerdtner*, Rn 34.
22 Kübler/Prütting/*Moll*, §§ 123, 124 Rn 39; *Balz*, DB 1985, 689, 691.
23 *Fitting* u.a., §§ 112, 112a Rn 153 ff.

tragsbeendigung durch die geplante Betriebsänderung des AG veranlasst ist.[24] Die Aufnahme von Stichtagsregelungen in dem Sozialplan ist grds. zulässig.[25]

AN, deren Arbverh auf sonstige Weise beendet wird, sind hingegen bei der Berechnung der absoluten Obergrenze nicht zu berücksichtigen. Dies sind insb. Arbverh, die durch Anfechtung, Befristung oder durch Künd aus personen- oder verhaltensbedingten Gründen enden.[26]

Sind AN von der Entlassung betroffen, ist es unbeachtlich, ob diese AN bei Aufstellung des Sozialplans bereits aus dem Unternehmen ausgeschieden sind oder nicht.[27] Entscheidend ist, dass der AN von der Betriebsänderung betroffen war bzw. ist. Es ist denkbar, dass ein Sozialplan erst erhebliche Zeit nach dem Ausscheiden von AN im Zuge einer Betriebsänderung aufgestellt wird. Auch diese bereits ausgeschiedenen AN können von einer Entlassung betroffen sein, die auf der Betriebsänderung beruht.

2. Berechnung des Monatsverdienstes. a) Zugrunde zu legender Monat. Die Berechnung des Monatsverdienstes der von der Entlassung bedrohten AN bestimmt sich nach Abs. 1 i.V.m. § 10 Abs. 3 KSchG. Nach § 10 Abs. 3 KSchG gilt als Monatsverdienst das, was dem AN bei der für ihn maßgebenden regelmäßigen Arbeitszeit in dem Monat an Geld und Sachbezügen zusteht, in dem das Arbverh endet.

Trotz des eindeutigen Wortlauts des § 10 Abs. 3 KSchG wird die Frage, auf welchen Monat bei der Berechnung des Monatsverdientes abzustellen ist, unterschiedlich beurteilt.[28] Eine Ansicht stellt entsprechend dem Wortlaut des § 10 Abs. 3 KSchG auf den Zeitpunkt der Betriebsänderung ab, bzw. darauf, wann die meisten AN aufgrund der Betriebsänderung entlassen werden.[29] Eine a.A. stellt auf den Zeitpunkt des Abschlusses des Sozialplans ab.[30] Aus Gründen der Praktikabilität ist der zweiten Auffassung zuzustimmen und bei der Berechnung auf den Abschlusszeitpunkt des Sozialplans abzustellen. Die erste Auffassung übersieht, dass der Beratung und Verhandlung über einen Sozialplan häufig noch nicht feststeht, wann die Betriebsänderung tatsächlich durchgeführt wird und die AN entlassen werden. Eine verlässliche Berechnungsgrundlage liegt somit nicht vor. Dies gilt umso mehr, wenn man die Rechtsfolgen einer Überschreitung der absoluten Obergrenze betrachtet (vgl. hierzu Rn 29 ff.).

b) Höhe des Monatsverdiensts. Bei der Höhe des Arbeitsentgelts sind alle Bezüge des AN, d.h. neben dem Grundgehalt auch Zulagen, wie bspw. Schicht- oder Akkordzulagen, zu berücksichtigen. Erhält der AN eine jährliche Sonderzahlung, wie bspw. ein Weihnachtsgeld, sind diese monatsanteilig in die Berechnung einzubeziehen.[31] Nicht zu berücksichtigen sind hingegen Zahlungen an den AN mit Aufwendungsersatzcharakter, wie bspw. Spesen.[32] Bei der Berechnung des Monatsverdienstes ist stets von dem Bruttoeinkommen auszugehen, d.h. von dem Einkommen ohne Abzug der Lohnsteuer und AN-Anteile zur Sozialversicherung.

Die Höhe des Monatsverdienstes berechnet sich nach der regelmäßigen Arbeitszeit des betroffenen AN. Daher ist nicht einfach auf die betriebsübliche regelmäßige Arbeitszeit abzustellen.[33] Entscheidend ist die regelmäßige Arbeitszeit des einzelnen AN. Ebenso sind Kurzarbeit oder Überstunden außer Betracht zu lassen, weil auf die regelmäßige Arbeitszeit abzustellen ist.[34] Etwas anderes gilt nur dann, wenn solche Abweichungen so nachhaltig sind, dass diese nunmehr als regelmäßig angesehen werden können. Dieselbe Rechtslage besteht insoweit bei § 4 Abs. 1 EFZG.[35]

3. Sozialplandotierung. Die Dotierung eines Sozialplans im Rahmen eines Insolvenzverfahrens kann, muss aber nicht, die absolute Höchstgrenze von zweieinhalb Monatsverdiensten aller von der Entlassung betroffenen AN erreichen. Die Dotierung kann vielmehr auch geringer sein.[36] Das BAG hat in einer Entscheidung darauf hingewiesen, dass Fälle denkbar sind, in denen Sozialplanabfindungen in der Insolvenz gar nicht oder nur in einem geringen Umfang gerechtfertigt sind, weil die Rücksicht auf Dritte dies gebiete.[37]

Nach § 112 Abs. 5 S. 1 BetrVG ist bei der Sozialplandotierung die wirtschaftliche Vertretbarkeit für das Unternehmen zu berücksichtigen und nach § 112 Abs. 5 S. 2 Nr. 3 BetrVG ist auf den Fortbestand des Unternehmens zu achten und die nach Durchführung der Betriebsänderung verbleibenden Arbeitsplätze dürfen nicht gefährdet werden. Bei diesen Regelungen handelt es sich unmittelbar nur um eine Ermessensvorgabe für die Aufstellung eines Sozialplans durch Spruch der Einigungsstelle.

---

24 Kübler/Prütting/*Moll*, §§ 123, 124 Rn 40 ff.; *Fitting* u.a., §§ 112, 112a Rn 159, 160, 262 f.
25 *Fitting* u.a., §§ 112, 112a Rn 161 ff.
26 *Fitting* u.a., §§ 112, 112a Rn 161.
27 Kübler/Prütting/*Moll*, §§ 123, 124 Rn 43.
28 Zum Meinungsstand GK-BetrVG/*Fabricius*/*Oetker*, §§ 112, 112a Rn 288; *Fitting* u.a., §§ 112, 112a Rn 265.
29 HK-InsO/*Irschlinger*, § 123 Rn 19, 23.
30 Nerlich/Römermann/*Hamacher*, § 123 Rn 17.
31 Kübler/Prütting/*Moll*, §§ 123, 124 Rn 45.
32 Kübler/Prütting/*Moll*, §§ 123, 124 Rn 45.
33 *Fitting* u.a., § 2 SozPlG Rn 14.
34 Kübler/Prütting/*Moll*, §§ 123, 124 Rn 46.
35 BAG 7.11.1984 – 5 AZR 378/82 – AP § 1 LohnFG Nr. 59; BAG 16.3.1988 – 5 AZR 40/87 – AP § 1 LohnFG Nr. 78; BAG 3.5.1989 – 5 AZR 249/88 – AP § 2 LohnFG Nr. 19.
36 BT-Drucks 12/2443, S. 154.
37 BAG GS 13.12.1978 – GS 1/77 – AP § 112 BetrVG 1972 Nr. 6.

24 Umstritten ist das Verhältnis der §§ 123, 124 InsO zu § 112 Abs. 5 BetrVG insb. die Frage, inwieweit die Regelung des § 112 Abs. 5 BetrVG auch im Rahmen eines Insolvenzverfahrens Anwendung findet. Teilweise wird eine Anwendung des § 112 Abs. 5 BetrVG auch im Insolvenzfall uneingeschränkt bejaht.[38] Eine a.A. weist darauf hin, dass durch die Sonderregelungen in §§ 123, 124 gesetzlich normiert sei, inwieweit Betriebspartner und Einigungsstelle bei der Gesamthöhe der Sozialplanleistungen auf die Interessen der Gläubiger Rücksicht nehmen müssten.[39] Eine vermittelnde Ansicht wendet § 112 Abs. 5 BetrVG nur dann an, wenn der Unternehmensträger fortgeführt wird und der Fortbestand des Unternehmens und der Arbeitsplätze in dem insolvenzbefangenen Unternehmen auf dem Spiel stünden.[40] Zuzustimmen ist der vermittelnden Ansicht. Im Falle der Liquidation des Unternehmensträgers ist es nicht erforderlich, den Betriebspartnern bzw. der Einigungsstelle über die Regelungen in §§ 123, 124 Abwägungsgebote und Rücksichtnahmepflichten im Hinblick auf die Interessen der Insolvenzgläubiger aufzuerlegen. Im Falle der Fortführung des Unternehmensträgers ist es hingegen sinnvoll, die Auslegungsregelungen des § 112 Abs. 5 BetrVG auch im Rahmen eines Insolvenzverfahrens zu berücksichtigen. Zunächst ist zu beachten, dass §§ 123, 124 nur Höchstgrenzen und keine starren Grenzen für die Dotierung des Sozialplans aufstellen. Auch im Rahmen eines Insolvenzverfahrens muss den Betriebsparteien bzw. der Einigungsstelle bei der Frage der Sozialplandotierung ein Ermessen verbleiben. Hinsichtlich der Ermessensausübung sind auch im Insolvenzverfahren die Kriterien des § 112 Abs. 5 BetrVG geeignet. Zu bedenken ist auch, dass ein Ziel der Insolvenzordnung die Fortführung des Unternehmens ist. Eine solche Fortführung kann bei Anwendung der Auslegungsregel in § 112 Abs. 5 BetrVG erheblich gefördert werden.

25 **4. Berechnung der absoluten Höchstgrenze.** Der Gesamtbetrag der absoluten Höchstgrenze aus Abs. 1 ermittelt sich aus zwei Kriterien, den von der Entlassung betroffenen AN und deren Monatsverdienst. In einem ersten Schritt sind die von der Entlassung betroffenen AN zu bestimmen. In einem zweiten Schritt sind deren Monatsverdienste zu ermitteln. Schließlich ist in einem dritten Schritt die Summe dieser Monatsverdienste mit dem Faktor 2,5 zu multiplizieren, was die absolute Obergrenze ergibt. Die Sozialplandotierung darf diesen Betrag nicht überschreiten. Dabei ist das Sozialplanvolumen nicht auf Abfindungszahlungen im formellen Sinn zu begrenzen. Wären in einem Sozialplan bspw. die Jubiläumsgelder oder Gratifikationsansprüche für AN vorgesehen, die das Unternehmen verlassen, sind diese in die Berechnung einzubeziehen.[41] Es sind alle Zahlungen in die Berechnung der absoluten Höchstgrenze einzubeziehen, die den von der Entlassung betroffenen AN für den Verlust ihres Arbeitsplatzes gezahlt werden.

26 **5. Höhe der Sozialplanansprüche der einzelnen Arbeitnehmer.** Die Höhe der absoluten Obergrenze bzw. die Berechnung dieser absoluten Obergrenze besagen nichts über die Höhe der Sozialplananspräche der einzelnen AN.[42] Vielmehr ist die Verteilung des Gesamtsozialplanvolumens Sache der den Sozialplan aufstellenden Betriebspartner bzw. der Einigungsstelle.[43] Maßgeblich sind die sozialen Verhältnisse der einzelnen AN. Aus der Begründung des Regierungsentwurfs ergibt sich Folgendes: „Bei besonderen sozialen Härten sollen höhere, in anderen Fällen geringere Beträge oder auch – wenn ein entlassener AN sofort einen entsprechenden neuen Arbeitsplatz gefunden hat – gar keine Leistungen vorgesehen werden".[44] Der Sozialplan soll lediglich einen Ausgleich oder die Milderung wirtschaftlicher Nachteile, die im Zusammenhang mit dem Arbeitsplatzverlust stehen, ausgleichen. Immaterielle Nachteile, wie bspw. der Verlust sozialer Beziehungen, sind nicht zu berücksichtigen.[45]

27 Die Sozialplanregelungen haben § 75 Abs. 1 BetrVG zu beachten und insb. dem Gleichbehandlungsgrundsatz Rechnung zu tragen.[46]

28 **6. Absolute Obergrenze im Insolvenzplanverfahren.** Die absolute Obergrenze aus Abs. 1 gilt auch im Rahmen eines Insolvenzplanverfahrens. Dies ergibt sich aus dem eindeutigen Gesetzeswortlaut.[47] Eine im Schrifttum teilweise vertretene a.A. überzeugt nicht.[48]

29 **7. Rechtsfolgen bei Überschreiten der absoluten Höchstgrenze.** Übersteigt ein Sozialplan die absolute Höchstgrenze aus Abs. 1 werden hinsichtlich der Rechtsfolgen eine Vielzahl von Meinungen vertreten. Übereinstimmung besteht insoweit lediglich darin, dass der Sozialplan als unwirksam anzusehen ist. Eine Vielzahl von Meinungen werden hingegen vertreten, welche Auswirkungen eine solche Unwirksamkeit konkret mit sich bringt. Eine Ansicht hält einen Sozialplan, der die absolute Höchstgrenze des Abs. 1 übersteigt, gem. § 134 BGB für nichtig.[49] Nach

---

[38] Fitting u.a., § 2 SozPlG Rn 9; Kölner Schrift/*Schwerdtner*, Rn 56 ff., 60.
[39] MünchArb/*Matthes*, Bd. 3, § 355 Rn 5.
[40] KK/*Schneider*, Anh. zu §§ 111 bis 113, § 123 InsO Rn 19; v. Hoyningen-Huene, RdA 1986, 102, 114; Fitting u.a., §§ 112, 112a Rn 261.
[41] Kübler/Prütting/*Moll*, §§ 123, 124, Rn 54 f.
[42] Kölner Schrift/*Schwerdtner*, S. 1127 Rn 30; Obermüller/Hess, Rn 637.
[43] BAG 12.2.1985 – 1 AZR 40/84 – AP § 112 BetrVG 1972 Nr. 25; Fitting u.a., § 2 SozPlG Rn 9.
[44] Begr. RegEntw BT-Drucks 12/2443, S. 154.
[45] GK-BetrVG/*Fabricius*, §§ 112, 112a Rn 33.
[46] BAG 11.2.1998 – 10 AZR 22/97 – ZIP 1989, 802; Gaul, DB 1998, 1513, 1514.
[47] Kübler/Prütting/*Moll*, §§ 123, 124 Rn 61.
[48] Kölner Schrift/*Schwerdtner*, S. 1127 Rn 48.
[49] HK-InsO/*Irschlinger*, § 123 Rn 23.

dieser Auffassung ist es stets erforderlich, einen neuen Sozialplan zwischen den Betriebspartnern zu vereinbaren bzw. die Einigungsstelle einzuschalten. Nach a.A. ist grds. von der Nichtigkeit des Sozialplans auszugehen, im Einzelfall kann sich allerdings ergeben, dass der Sozialplan ausnahmsweise aufrechterhalten werden kann.[50] Nach a.A. ist der Sozialplan jedenfalls dann durch anteilige Kürzungen aufrecht zu erhalten, wenn der Sozialplan entsprechende Verteilungsmaßstäbe eindeutig erkennen lässt.[51] Schließlich wird die Ansicht vertreten, dass der Sozialplan nicht insgesamt nichtig ist, sondern mit dem rechtlich zulässigen Volumen weiter gilt.[52]

Zuzustimmen ist der Auffassung, dass ein Sozialplan, dem ein eindeutiger Verteilungsschlüssel zugrunde liegt, auch bei Überschreitung der absoluten Höchstgrenze nicht als nichtig angesehen werden kann. Ziel der InsO ist u.a. die zügige und reibungslose Abwicklung eines Insolvenzverfahrens. Insb. die arbeitsrechtlichen Verfahrensschritte im Rahmen eines Insolvenzverfahrens, wie bspw. die mit einem Personalabbau verbundenen Verhandlungen zwischen den Betriebsparteien über den konkreten Inhalt eines Sozialplans verzögern oftmals einen solchen zügigen Ablauf des Verfahrens. Würden die Betriebsparteien selbst dann zu neuen Verhandlungen verpflichtet, wenn der Sozialplan einen eindeutigen Verteilungsschlüssel enthält, würde ein zügiger Verfahrensablauf stark gefährdet. In diesen Fällen ist der Sozialplan vielmehr entsprechend diesem Verteilungsschlüssel anteilig zu kürzen und unter Einhaltung der absoluten Höchstgrenze aufrecht zu halten. **30**

Von einer Nichtigkeit des Sozialplans kann auch dann nicht ausgegangen werden, wenn der Sozialplan explizit eine Regelung für den Fall des Überschreitens der absoluten Höchstgrenze enthält. Dies ist bspw. der Fall, wenn der Sozialplan für den Fall des Überschreitens der absoluten Höchstgrenze eine konkrete Kürzungsformel vorsieht. In diesem Fall ist der Sozialplan unter Berücksichtigung dieser Regel aufrecht zu halten. **31**

Enthält der Sozialplan hingegen weder eine Regelung für den Fall des Überschreitens der absoluten Höchstgrenze noch einen eindeutigen Verteilungsmaßstab, ist von der Nichtigkeit des Sozialplans auszugehen, mit der Folge, dass der Insolvenzverwalter erneut mit dem BR über den Abschluss eines Sozialplans verhandeln muss, der ggf. dann durch Spruch der Einigungsstelle zustande kommt. **32**

Fraglich ist, ob eine nachträgliche Klagezulassung nach § 5 KSchG in Betracht kommt, wenn ein AN im Vertrauen auf einen wirksamen Sozialplan innerhalb der Drei-Wochen-Frist des § 4 KSchG keine Künd-Schutzklage gegen eine ihm zugegangene Künd anhängig gemacht hat. Sieht der Sozialplan für den Fall des Überschreitens der absoluten Höchstgrenze keine Regelung vor, die dem AN bekannt war bzw. bekannt sein musste, ist eine nachträgliche Klagezulassung zuzulassen. Sechs Monate nach Ablauf der versäumten Frist ist eine nachträgliche Klagezulassung nicht mehr möglich (§ 5 Abs. 3 S. 3 KSchG). **33**

8. Rechtsbehelfe bei Überschreiten der absoluten Obergrenze. Überschreitet ein Sozialplan die absolute Obergrenze des Abs. 1, kann dies im Beschlussverfahren jederzeit geltend gemacht werden.[53] Die Zwei-Wochen-Frist des § 76 Abs. 5 S. 4 BetrVG ist in soweit nicht einzuhalten, da nicht eine Ermessensüberschreitung der Einigungsstelle, sondern ein Rechtsfehler gerügt wird. **34**

9. Individualklagen von Arbeitnehmern. Hat der Insolvenzverwalter im Rahmen der Sozialplanregelungen darauf geachtet, dass sowohl die absolute als auch die relative Höchstgrenze eingehalten wird, besteht noch die Gefahr, dass einzelne AN gerichtlich geltend machen, dass sie im Rahmen des Sozialplans entgegen § 75 Abs. 1 BetrVG (Gleichbehandlungsgrundsatz) benachteiligt wurden oder im Rahmen eines Künd-Schutzverfahrens versuchen, eine höhere – als im Sozialplan vorgesehene – Abfindung zu erzielen. Bereits aus Gründen der Rechtssicherheit ist eine Überschreitung der absoluten und relativen Höchstgrenze aufgrund derartiger Zusatzforderungen nicht möglich.[54] I.Ü. spricht der Wortlaut des § 123, der ausschließlich auf die Leistung in einem Sozialplan abstellt, eindeutig für diese Auslegung. **35**

IV. Relative Höchstgrenze (Abs. 2)

Als relative Höchstgrenze eines Sozialplans darf für die Berichtigung der Sozialplanforderungen der von der Entlassung betroffenen AN nicht mehr als ein Drittel der zur Verteilung stehenden Insolvenzmasse verwendet werden (Abs. 2). **36**

1. Berechnung der relativen Höchstgrenze. Für die Berechnung der relativen Höchstgrenze ist in einem ersten Schritt festzustellen, welche Insolvenzmasse für die Verteilung an die Insolvenzgläubiger zur Verfügung stünde, wenn ein Sozialplan nicht abgeschlossen wäre (sog. relative Teilungsmasse). Nicht zu dieser Insolvenzmasse zählen dabei Aussonderungs- oder Absonderungsrechte. Von der Insolvenzmasse sind gem. § 53 die Kosten des Insolvenzverfahrens (Gerichtskosten und Vergütung des – vorläufigen – Insolvenzverwalters) und die sonstigen Masseverbindlichkeiten abzuziehen. Übrig bleibt die relative Teilungsmasse, die zur Verteilung an die Insolvenzgläubiger zur Verfügung stünde, **37**

---

50 *Hess*, § 123 Rn 13.
51 Nerlich/Römermann/*Hamacher*, § 123 Rn 24.
52 Kübler/Prütting/*Moll*, §§ 123, 124 Rn 69.

53 Kübler/Prütting/*Moll*, §§ 123, 124 Rn 71.
54 *Balz*, DB 1985, 689, 694; Kübler/Prütting/*Moll*, §§ 123, 124 Rn 87.

wenn es keinen Sozialplan gäbe. In einem zweiten Schritt ist ein Drittel dieser relativen Teilungsmasse zu bestimmen. Dieser Betrag darf maximal zur Befriedigung der Sozialplanforderungen verwendet werden.

Beispiel: In einem Insolvenzverfahren ergibt sich folgendes Bild: Insolvenzmasse 100.000 EUR, Aus- und Absonderungsrechte 20.000 EUR, Kosten des Insolvenzverfahrens 5.000 EUR, Masseverbindlichkeiten 5.000 EUR

38 Die Insolvenzmasse beträgt 100.000 EUR. Die Aus- und Absonderungsrechte i.H.v. 20.000 EUR werden bei der Insolvenzmasse nicht berücksichtigt. Von der Insolvenzmasse sind die Kosten des Insolvenzverfahrens und die Masseverbindlichkeiten in Abzug zu bringen. Übrig bleibt die relative Teilungsmasse in Höhe von 90.000 EUR. Die relative Höchstgrenze nach Abs. 2 beträgt ein Drittel dieser relativen Teilungsmasse, d.h. 30.000 EUR.

39 **2. Sachlicher Anwendungsbereich der relativen Höchstgrenze.** Diese relative Höchstgrenze des Sozialplans gilt nur, soweit die Verteilung der Insolvenzmasse nicht durch einen Insolvenzplan i.S.d. § 217[55] abweichend geregelt wird. Findet sich in einem Sozialplan eine entsprechende Verteilungsregelung, findet die relative Höchstgrenze keine Anwendung.

40 **3. Rechtsfolge bei Überschreiten der relativen Höchstgrenze.** Die relative Höchstgrenze stellt, anders als die absolute Höchstgrenze, keine Wirksamkeitsschranke für Sozialplanabreden dar. Ein Überschreiten der relativen Höchstgrenze führt nicht zur Unwirksamkeit des Sozialplans verbunden mit dem Erlöschen der Sozialplanansprüche. Es handelt sich lediglich um eine Verteilungssperre.[56] Für den Fall, dass die relative Höchstgrenze überschritten wird, ist die Rechtsfolge in Abs. 2 S. 3 explizit geregelt. Danach ist bei Überschreitung der relativen Höchstgrenze eine anteilige Kürzung der einzelnen Sozialplanforderungen der AN vorzunehmen. Würde damit in obigem Beispiel (siehe Rn 38) ein Sozialplan mit einem Volumen von 40.000 EUR zwischen den Betriebsparteien vereinbart, wäre dieser Sozialplan auf 30.000 EUR zu kürzen. Auch für diesen Fall der Kürzung der Sozialplandotierung ist es wichtig, in dem Sozialplan einen transparenten Verteilungsmaßstab aufzunehmen.

V. Masseverbindlichkeiten

41 Die Verbindlichkeiten aus einem Sozialplan, der nach Eröffnung des Insolvenzverfahrens abgeschlossen wurde, sind Masseverbindlichkeiten i.S.d. § 55. Im Rahmen der Verteilung der Insolvenzmasse an die Massegläubiger gem. § 209 gelten Sozialplanforderungen aber als letztrangige Masseverbindlichkeiten i.S.d. § 209 Abs. 1 Nr. 3.[57] Diese Einstufung als letztrangige Masseverbindlichkeiten ergibt sich daraus, dass die tatsächliche Höhe der Sozialplanansprüche erst dann festgestellt werden kann, wenn alle anderen Masseverbindlichkeiten berichtigt sind. Die relative Höchstgrenze bewirkt, dass in Fällen der Masseunzulänglichkeiten (§ 207 ff.) Sozialplanforderungen nicht befriedigt werden. In diesen Fällen der Masseunzulänglichkeit reicht die Insolvenzmasse nämlich nicht aus, um alle Masseverbindlichkeiten zu erfüllen. Dennoch führt die Einstufung der Sozialplanforderung als Masseverbindlichkeit zu einer erheblich größeren Chance bei der Befriedigung aus der Insolvenzmasse gegenüber einfachen Insolvenzforderungen von Insolvenzgläubigern nach § 38. Eine vollständige Befriedigung der Sozialplanforderungen erfolgt in allen nicht massenunzulänglichen Verfahren. Zudem hat die Einstufung der Sozialplanforderung als Masseverbindlichkeit den Vorteil, dass eine Anmeldung der Sozialplanforderung gegenüber dem Insolvenzverwalter zur Insolvenztabelle entfällt.

Die Masseverbindlichkeiten unterliegen den tariflichen Verfallklauseln.[58]

VI. Abschlagszahlungen (Abs. 3 S. 1)

42 Nach Abs. 3 S. 1 sollen AN möglichst frühzeitig Abschlagszahlungen auf ihre Sozialplanforderungen erhalten. Diese Abschlagszahlung durch den Insolvenzverwalter sind deshalb zu leisten, weil es sich bei den Sozialplanansprüchen um letztrangige Masseverbindlichkeiten handelt. Eine vollständige Befriedigung der AN kommt daher in der Anfangsphase des Insolvenzverfahrens i.d.R. nicht in Betracht. Erforderlich hierfür ist allerdings die Zustimmung des Insolvenzgerichts. Durch diese Zustimmung des Insolvenzgerichts soll die Gefährdung der Befriedigung anderer Massegläubiger durch zu hohe Abschlagszahlungen gesichert werden. Bei dieser Regelung handelt es sich grds. um eine Sollvorschrift. Im Einzelfall kann ein Sozialplangläubiger aber auch einen Anspruch auf eine Abschlagszahlung haben.[59] Dies setzt aber entsprechende Barmittel und die Zustimmung des Insolvenzgerichts voraus. Zu berücksichtigen ist dabei im Einzelfall auch das Risiko der persönlichen Haftung des Insolvenzverwalters nach § 60 Abs. 1. Dieser hat stets dafür Sorge zu tragen, dass die relative Obergrenze des Abs. 2 S. 2 bei Abschluss des Insolvenzverfahrens nicht überschritten ist.

---

55 *Steindorf/Regh*, § 2 Rn 153 ff.
56 MünchArb/*Matthes*, Bd. 3, § 355 Rn 9; Kölner Schrift/ *Schwerdtner*, S. 1127 Rn 45.
57 Begründung RegE, BT-Drucks 12/2443, S. 154; Kübler/ Prütting/*Moll*, §§ 123, 124 Rn 72.
58 LAG Hamm – 2 Sa 1333/07 – juris.
59 Kölner Schrift/*Schwerdtner*, S. 1127 Rn 64.

Abschlagszahlungen nach Abs. 3 S. 1 kann ein Sozialplangläubiger zudem nur im Rahmen der Fälligkeitsregelungen des Sozialplans verlangen. So lange nach den Regelungen im Sozialplan noch keine Fälligkeit eingetreten ist, hat der Insolvenzverwalter keinen Anlass für vorzeitige Zahlungen.

VII. Verbot der Zwangsvollstreckung (Abs. 3 S. 2)

Nach Abs. 3 S. 2 ist eine Zwangsvollstreckung in die Insolvenzmasse wegen einer Sozialplanforderung unzulässig. Diese Regelung ist erforderlich, da den Sozialplangläubigern die Zwangsvollstreckung nicht bereits durch § 89 verboten ist, weil sie keine Insolvenzgläubiger sondern Massegläubiger sind. Auch die Regelung in § 90 bietet keinen Schutz vor Zwangsvollstreckung, da es sich bei den Sozialplanverpflichtungen aus § 123 um Masseverbindlichkeiten handelt, die durch eine Rechtshandlung des Insolvenzverwalters begründet sind.

§ 124 Sozialplan vor Verfahrenseröffnung

(1) Ein Sozialplan, der vor der Eröffnung des Insolvenzverfahrens, jedoch nicht früher als drei Monate vor dem Eröffnungsantrag aufgestellt worden ist, kann sowohl vom Insolvenzverwalter als auch vom Betriebsrat widerrufen werden.
(2) Wird der Sozialplan widerrufen, so können die Arbeitnehmer, denen Forderungen aus dem Sozialplan zustanden, bei der Aufstellung eines Sozialplans im Insolvenzverfahren berücksichtigt werden.
(3) ¹Leistungen, die ein Arbeitnehmer vor der Eröffnung des Verfahrens auf seine Forderung aus dem widerrufenen Sozialplan erhalten hat, können nicht wegen des Widerrufs zurückgefordert werden. ²Bei der Aufstellung eines neuen Sozialplans sind derartige Leistungen an einen von einer Entlassung betroffenen Arbeitnehmer bei der Berechnung des Gesamtbetrags der Sozialplanforderungen nach § 123 Abs. 1 bis zur Höhe von zweieinhalb Monatsverdiensten abzusetzen.

Literatur: *Kania*, Arbeitsrecht in Konkurs und Insolvenz, DStR 1996, 832; *Warrikoff*, Die Stellung der Arbeitnehmer nach der neuen Insolvenzordnung, BB 1994, 2338

A. Allgemeines	1	3. Formalien des Widerrufs	10
B. Regelungsgehalt	3	III. Rechtsfolgen des Widerrufs eines Sozialplans	11
I. Anwendungsbereich	3	IV. Rechtsfolgen bei unterlassenem Widerruf	15
1. Sachlicher Anwendungsbereich	3	V. Rang der Sozialplanforderungen aus einem neuen	
2. Zeitlicher Anwendungsbereich	4	Sozialplan	16
II. Widerrufsmöglichkeit	8	VI. Sozialplan außerhalb des Anwendungsbereichs der	
1. Widerrufsberechtigung	8	§§ 123, 124	17
2. Kann-Vorschrift	9		

A. Allgemeines

Unabhängig von der wirtschaftlichen Lage eines Unternehmens ist bei Vorliegen der Voraussetzungen einer Betriebsänderung i.S.d. § 111 BetrVG zwischen den Betriebsparteien ein Interessenausgleich zu versuchen und ein Sozialplan abzuschließen. §§ 111 ff. BetrVG finden auch im Rahmen eines Insolvenzverfahrens Anwendung.[1] Können sich die Betriebsparteien nicht über den Inhalt eines Sozialplans einigen, ist die Einigungsstelle anzurufen und der Spruch der Einigungsstelle ersetzt die Einigung zwischen den Betriebsparteien (§ 112 Abs. 4 BetrVG). Besteht die Betriebsänderung ausschließlich in der Entlassung von AN, sind hinsichtlich der Erzwingbarkeit des Sozialplans die Besonderheiten des § 112a BetrVG zu beachten.[2] Nach dem BetrVG abgeschlossene Sozialpläne sind grds. wirksam und bindend. Änderungen sind durch Künd des Sozialplans oder durch die Grundsätze des WGG denkbar.[3] Daran ändert auch ein Insolvenzantrag bzw. die Eröffnung eines Insolvenzverfahrens nichts. Insolvenzrechtliche Besonderheiten insb. zur Dotierung und Wirksamkeit hinsichtlich eines Sozialplans finden sich in §§ 123, 124.

Bei der insolvenzrechtlichen Beurteilung der Auswirkungen eines Insolvenzverfahrens auf Sozialpläne ist aus zeitlicher Sicht eine Dreiteilung vorzunehmen. Die Regelung für einen Sozialplan, der erst nach Eröffnung des Insolvenzverfahrens aufgestellt wird, findet sich in § 123.[4] Der zeitliche Anwendungsbereich des § 124 betrifft Sozialpläne, die zum einen bereits vor Eröffnung des Insolvenzverfahrens und zum anderen nicht früher als drei Monate vor dem Eröffnungsantrag aufgestellt worden sind. Für Sozialpläne, die länger als drei Monate vor dem Eröffnungs-

---

1 BAG 22.7.2003 – 1 AZR 541/02 – DB 2003, 2708; BAG 17.9.1974 – 1 AZR 16/74 – AP § 113 BetrVG 1972 Nr. 1; BAG GS 13.12.1978 – GS 1/77 – AP § 112 BetrVG 1972 Nr. 6; BT-Drucks 12/2443, S. 97.
2 *Fitting* u.a., §§ 112, 112a Rn 81 ff.
3 *Fitting* u.a., §§ 112, 112a Rn 204 ff.
4 Kübler/Prütting/*Moll*, §§ 123, 124 Rn 1.

antrag aufgestellt wurden, finden sich hingegen keine insolvenzrechtlichen Besonderheiten. Hier gelten die allgemeinen Grundsätze des BetrVG.

B. Regelungsgehalt

I. Anwendungsbereich

1. Sachlicher Anwendungsbereich. Nach zutreffender Ansicht ist § 124 wie auch § 123 auf alle Sozialpläne unabhängig von deren Inhalt anzuwenden.[5] Damit ist der Anwendungsbereich nicht auf Sozialpläne beschränkt, die Regelungen für entlassene bzw. zu entlassende AN beinhalten. Der Anwendungsbereich des § 124 umfasst vielmehr auch Sozialpläne, die Regelungen für AN beinhalten, die im Unternehmen verbleiben.

2. Zeitlicher Anwendungsbereich. Der zeitliche Anwendungsbereich des § 124 betrifft ausschließlich Sozialpläne, die zum einen bereits vor Eröffnung des Insolvenzverfahrens und zum anderen nicht früher als drei Monate vor dem Eröffnungsantrag aufgestellt worden sind.

Hinsichtlich des Zeitpunkts, zu dem ein Sozialplan aufgestellt ist, ist danach zu differenzieren, ob der Sozialplan durch Vereinbarung zwischen den Betriebsparteien oder über einen Spruch der Einigungsstelle zustande kommt.

Ein Sozialplan ist im Falle der Einigung zwischen den Betriebsparteien zu dem Zeitpunkt zustande gekommen, sobald er von beiden Seiten schriftlich unterzeichnet wurde und damit schriftlich niedergelegt wurde (§ 112 Abs. 1 S. 1 BetrVG).[6] Unbeachtlich ist dabei, ob der Sozialplan auf Unternehmensseite durch den AG oder einen vorläufigen Insolvenzverwalter unterzeichnet wurde.

Scheitert eine Einigung zwischen den Betriebsparteien, kommt ein Sozialplan durch Spruch der Einigungsstelle zustande (§ 112 Abs. 4 S. 1 BetrVG). In diesen Fällen ist der Sozialplan dann aufgestellt, wenn der Beschluss des Einigungsstellenvorsitzenden schriftlich niedergelegt, von diesem unterschrieben und dem AG bzw. dem vorläufigen Insolvenzverwalter sowie dem BR zugeleitet wurde (§ 76 Abs. 3 BetrVG).[7]

Die konkrete Fristenberechnung bestimmt sich nach §§ 186 ff. BGB.

II. Widerrufsmöglichkeit

1. Widerrufsberechtigung. Wurde der Sozialplan vor Eröffnung des Insolvenzverfahrens, jedoch nicht früher als drei Monate vor dem Eröffnungsantrag aufgestellt, kann der Sozialplan sowohl von dem Insolvenzverwalter als auch von dem BR widerrufen werden. Der BR kann dabei insb. ein Interesse an einem Widerruf haben, wenn der Sozialplan im Wesentlichen noch nicht erfüllt wurde.[8] Der Insolvenzverwalter wird sich grds. aus wirtschaftlichen Überlegungen leiten lassen. Kann er die Insolvenzmasse durch einen Widerruf erweitern, wird er diesen Widerruf i.d.R. auch aussprechen. Ein Widerruf vonseiten des Insolvenzverwalters kommt insb. dann in Betracht, wenn der bestehende Sozialplan die absoluten und relativen Obergrenzen des § 123 Abs. 1 und Abs. 2 überschreitet und damit das Sozialplanvolumen in einem neuen Sozialplan geringer wäre.

2. Kann-Vorschrift. Das Recht zum Widerruf des Sozialplans nach Abs. 1 stellt eine Kann-Vorschrift dar. Teilweise wird der Insolvenzverwalter als verpflichtet angesehen, den Widerruf zu erklären, wenn der vor der Insolvenzeröffnung aufgestellte Sozialplan die Höchstgrenze des § 123 Abs. 1 überschreitet.[9] Dieser Auslegung widerspricht eindeutig der Gesetzeswortlaut. Danach wird dem Insolvenzverwalter und dem BR lediglich das Recht zum Widerruf eingeräumt.

3. Formalien des Widerrufs. Ein Widerruf des Sozialplans ist weder an eine bestimmte Frist gebunden, noch bedarf es eines besonderen Grundes zur Ausübung des Widerrufs. Eine Verwirkung des Widerspruchsrechts ist selbstverständlich möglich. Erforderlich ist hierfür nach den allgemeinen Grundsätzen der Verwirkung ein Zeit- und ein Umstandsmoment. Der Widerruf in Schriftform empfiehlt sich aber bereits aus Beweisgesichtspunkten. Der Widerruf ist eine einseitige empfangsbedürftige Willenserklärung und muss dem jeweils anderen Betriebspartner zugehen. Dies gilt auch dann, wenn der Sozialplan durch einen Spruch der Einigungsstelle zustande gekommen ist. Der Widerruf erfolgt dann nicht gegenüber dem Einigungsstellenvorsitzenden, sondern weiterhin gegenüber dem anderen Betriebspartner.[10] Einzelheiten hinsichtlich des Zugangs ergeben sich aus § 130 BGB.

III. Rechtsfolgen des Widerrufs eines Sozialplans

Mit dem Widerruf des Sozialplans durch eine Betriebspartei gegenüber der anderen Betriebspartei entfällt der Sozialplan rückwirkend und entfaltet keine Rechtswirkung mehr.[11] In dieser Rechtsfolge liegt der wesentliche Unterschied zur Künd des Sozialplans.[12] Eine solche Künd würde, bei einem aufgrund einer mitbestimmungspflichtigen Be-

---

5 Kübler/Prütting/*Moll*, §§ 123, 124 Rn 29 ff.
6 *Fitting* u.a., §§ 112, 112a Rn 112.
7 Kübler/Prütting/*Moll*, §§ 123, 124 Rn 25.
8 Kölner Schrift/*Schwerdtner*, S. 1127 Rn 66.
9 *Uhlenbruck*, S. 53; *Warrikoff*, BB 1994, 2338, 2444.
10 Kübler/Prütting/*Moll*, §§ 123, 124 Rn 93.
11 Kübler/Prütting/*Moll*, §§ 123, 124 Rn 95.
12 Kübler/Prütting/*Moll*, §§ 123, 124 Rn 92.

triebsänderung i.S.d. §§ 111 ff. BetrVG aufgestellten Sozialplan, diesen lediglich in das Nachwirkungsstadium nach § 77 Abs. 6 BetrVG eintreten lassen und eine neue Festsetzung ermöglichen, aber auch erforderlich machen.[13] Keine Auswirkung hat der Widerruf des Sozialplans hingegen auf einen abgeschlossenen Interessenausgleich. Dieser bleibt bestehen. Daher scheiden allein durch den Widerruf des Sozialplans Nachteilsausgleichsansprüche nach § 113 BetrVG aus.

Mit dem Wegfall des Sozialplans lebt bei Vorliegen einer Betriebsänderung i.S.d. § 111 BetrVG die Sozialplanpflicht wieder auf und zwar selbst dann, wenn die Betriebsänderung bereits begonnen hat oder schon durchgeführt wurde.[14] Der Insolvenzverwalter muss sich erneut mit dem BR über den Abschluss eines Sozialplans einigen und bei Scheitern dieser Verhandlungen ggf. die Einigungsstelle anrufen.

Hinsichtlich des Sozialplanvolumens des neuen Sozialplans sind die Regelungen des § 123 zu beachten. D.h. hinsichtlich des Sozialplanvolumens sind die absoluten und relativen Höchstgrenzen zu beachten. Bei der Aufstellung dieses Sozialplans können gem. Abs. 2 auch AN berücksichtigt werden, denen bereits aus dem früheren, widerrufenen Sozialplan Leistungen zustanden. Dabei handelt es sich ausdrücklich nur um eine Kann-Vorschrift. Insb. aufgrund der im Rahmen eines Insolvenzverfahrens wirtschaftlich schwierigen Lage können die AN in dem neuen Sozialplan auch nicht berücksichtigt werden oder nur in einem geringeren Umfang als in dem widerrufenen Sozialplan vorgesehen. Der Inhalt des widerrufenen Sozialplans entfaltet keinerlei Bindungswirkung für den neuen Sozialplan. Der persönliche und sachliche Anwendungsbereich bestimmt sich ebenso wie die Entscheidung über die Höhe des Sozialplans nach den Umständen zum Zeitpunkt des Abschlusses des neuen Sozialplans. Hinsichtlich der in den Anwendungsbereich des neuen Sozialplans einzubeziehenden AN, sowie in Bezug auf den Verteilungsmaßstab, ist allerdings der betriebsverfassungsrechtliche Gleichbehandlungsgrundsatz gem. § 75 Abs. 1 BetrVG zu beachten.[15] Danach sind alle AN in gleicher Lage auch grds. gleich zu behandeln. Für eine Abweichung von dieser Gleichbehandlung bedarf es eines sachlichen Grundes.

Mit dem Widerruf des Sozialplans entfällt gleichzeitig der Rechtsgrund für Leistungen, die aufgrund des widerrufenen Sozialplans bereits erbracht wurden. Zur Vermeidung von Erstattungsansprüchen aus den Grundsätzen der ungerechtfertigten Bereicherung sieht Abs. 3 S. 1 vor, dass bereits an AN geleistete Zahlungen nicht wegen des Widerrufs zurückgefordert werden können.[16] Allerdings müssen diese Zahlungen, die bereits an die AN erfolgten, in einem neuen Sozialplan berücksichtigt bzw. angerechnet werden, sofern dem AN auch nach dem neuen Sozialplan Ansprüche zustehen Abs. 3 S. 2). Dieser anzurechnende Betrag ist auch bei der absoluten Höchstgrenze des Sozialplanvolumens nach § 123 Abs. 1 zu berücksichtigen.

IV. Rechtsfolgen bei unterlassenem Widerruf

Wird das Widerrufsrecht des Abs. 1 von beiden Betriebsparteien nicht ausgeübt, so bleibt der Sozialplan weiterhin in Kraft. Die Sozialplanforderungen der im Sozialplan begünstigten AN bleiben bestehen. Auf diesen Sozialplan findet weder die absolute noch die relative Höchstgrenze des § 123 Anwendung.

Sozialplanforderungen von AN aus einem nicht widerrufenen Sozialplan, der vor Eröffnung des Insolvenzverfahrens aufgestellt wurde, sind einfache Insolvenzforderungen gem. § 38.[17]

V. Rang der Sozialplanforderungen aus einem neuen Sozialplan

Wird ein Sozialplan wirksam nach § 124 von einer Betriebspartei widerrufen und ein neuer Sozialplan aufgestellt, begründen die Ansprüche der AN aus dem neu aufgestellten Sozialplan gem. § 123 Abs. 2 S. 1 Masseverbindlichkeiten.

VI. Sozialplan außerhalb des Anwendungsbereichs der §§ 123, 124

Unterliegt ein Sozialplan nicht dem Anwendungsbereich der §§ 123, 124, weil er bereits früher als drei Monate vor dem Insolvenzantrag aufgestellt wurde, gelten die Ansprüche aus diesem Sozialplan nur als Insolvenzforderung gem. § 38 und sind daher gegenüber dem Insolvenzverwalter zur Insolvenztabelle anzumelden. Mit einer vollständigen Befriedigung der Insolvenzforderung kann i.d.R. mangels genügend Insolvenzmasse nicht gerechnet werden.

Weder dem BR noch dem Insolvenzverwalter steht allein wegen des Insolvenzantrags bzw. der Eröffnung des Insolvenzverfahrens das Recht zu, die Aufstellung eines neuen Sozialplans zu verlangen.[18] Es ist vielmehr im Einzelfall zu prüfen, inwieweit eine Künd des Sozialplans in Frage kommt oder der WGG geltend gemacht werden kann.[19]

---

13 Richardi/*Richardi*, § 112 Rn 150.
14 *Fitting* u.a., §§ 112, 112a Rn 79; Kübler/Prütting/*Moll*, §§ 123, 124 Rn 96.
15 *Fitting* u.a., §§ 112, 112a Rn 118.
16 Kübler/Prütting/*Moll*, §§ 123, 124 Rn 95.
17 Kübler/Prütting/*Moll*, §§ 123, 124 Rn 104; a.A. *Kania*, DStR 1996, 832, 835; *Warrikoff*, BB 1994, 2338, 2444.
18 BAG 10.8.1994 – 10 ABR 61/93 – ZIP 1995, 1037 ff.
19 *Fitting* u.a., §§ 112, 112a Rn 204 ff.; Kübler/Prütting/*Moll*, §§ 123, 124 Rn 107 ff.

§ 125 Interessenausgleich und Kündigungsschutz

(1) Ist eine Betriebsänderung (§ 111 des Betriebsverfassungsgesetzes) geplant und kommt zwischen Insolvenzverwalter und Betriebsrat ein Interessenausgleich zustande, in dem die Arbeitnehmer, denen gekündigt werden soll, namentlich bezeichnet sind, so ist § 1 des Kündigungsschutzgesetzes mit folgenden Maßgaben anzuwenden:

1. es wird vermutet, daß die Kündigung der Arbeitsverhältnisse der bezeichneten Arbeitnehmer durch dringende betriebliche Erfordernisse, die einer Weiterbeschäftigung in diesem Betrieb oder einer Weiterbeschäftigung zu unveränderten Arbeitsbedingungen entgegenstehen, bedingt ist;
2. die soziale Auswahl der Arbeitnehmer kann nur im Hinblick auf die Dauer der Betriebszugehörigkeit, das Lebensalter und die Unterhaltspflichten und auch insoweit nur auf grobe Fehlerhaftigkeit nachgeprüft werden; sie ist nicht als grob fehlerhaft anzusehen, wenn eine ausgewogene Personalstruktur erhalten oder geschaffen wird.

Satz 1 gilt nicht, soweit sich die Sachlage nach Zustandekommen des Interessenausgleichs wesentlich geändert hat.

(2) Der Interessenausgleich nach Absatz 1 ersetzt die Stellungnahme des Betriebsrats nach § 17 Abs. 3 Satz 2 des Kündigungsschutzgesetzes.

Literatur: *Berscheid*, Interessenausgleich mit Namensliste – Auswirkungen auf den Bestandsschutz, MDR 1998, 942; *Fischer*, Die Kündigungsliste nach § 1 Abs. 5 KSchG, AuR 1998, 261; *Fischermeier*, Die betriebsbedingte Kündigung nach den Änderungen durch das Arbeitsrechtliche Beschäftigungsförderungsgesetz, NZA 1997, 1089; *Giesen*, Das neue Kündigungsschutzrecht in der Insolvenz, ZIP 1998, 46; *Grunsky*, Probleme des Beschlussverfahrens nach § 126 InsO, Festschrift für Lücke; *Heinze*, Das Arbeitsrecht in der Insolvenzordnung, NZA 1999, 57; *Hohenstatt*, Der Interessenausgleich in einem veränderten rechtlichen Umfeld, NZA 1998, 846; *Kothe*, Die vertrackte Namensliste, BB 1998, 946; *Kübler/Prütting*, Kommentar zur Insolvenzordnung, Loseblatt, Stand: Oktober 2008; *Lakies*, Zu den seit 1.10.1996 geltenden arbeitsrechtlichen Vorschriften der Insolvenzordnung, RdA 1997, 145; *ders.*, Insolvenz und Betriebsänderung, BB 1999, 206; *ders.*, Rechtsprobleme der Neuregelung des Kündigungsschutzgesetzes, NJ 1997, 121; *Löwisch*, Neugestaltung des Interessenausgleichs durch das Arbeitsrechtliche Beschäftigungsförderungsgesetz, RdA 1997, 80; Münchener Kommentar zur Insolvenzordnung, 2. Aufl. 2008; *Neef*, Die Neuregelungen des Interessenausgleichs und ihre praktischen Folgen, NZA 1997, 65; *Nerlich/Römermann*, Insolvenzordnung, Kommentar, Loseblatt, 15. Aufl. 2008; *Preis*, Aktuelle Tendenzen im Kündigungsschutzrecht, NZA 1997, 1073; *Richardi*, Individualrechtsschutz vor Betriebspartnerherrschaft, NZA 1999, 617; *Schiefer*, Das Arbeitsrechtliche Beschäftigungsförderungsgesetz in der Praxis – Instanzgerichtliche Entscheidungen zu § 1 V KSchG und § 113 III BetrVG, NZA 1997, 915; *Schrader*, Übergangsregelungen zum Konkursrecht, NZA 1997, 70; *Warrikoff*, Die Stellung der Arbeitnehmer nach der neuen Insolvenzordnung, BB 1994, 2338; *Wellensiek*, Probleme bei der Betriebsveräußerung aus der Insolvenz, NZI 2005, 603; *Zwanziger*, Voraussetzungen und Auswirkungen des Interessenausgleichs mit Nennung der zu kündigenden Arbeitnehmer, AuR 1997, 427; *ders.*, Die aktuelle Rechtsprechung des Bundesarbeitsgerichts in Insolvenzsachen, BB 2006, 31

	Rn		Rn
A. Allgemeines	1	4. Privilegierung einer ausgewogenen Personalstruktur (Abs. 1 S. 1 Nr. 2 Hs. 2)	18
I. Regelungszweck	1	5. Wesentliche Änderung der Sachlage (Abs. 1 S. 2)	22
II. Anwendungsbereich	2	**C. Verbindung zu anderen Rechtsgebieten und zum Prozessrecht**	25
B. Regelungsgehalt	3	I. Ersetzung der Stellungnahme des Betriebsrats i.S.d. § 17 Abs. 3 S. 2 KSchG (Abs. 2)	25
I. Tatbestandselemente	3	II. Verhältnis zur Betriebsratsanhörung nach § 102 BetrVG	26
1. Interessenausgleich aufgrund Betriebsänderung	3	III. Darlegungs- und Beweislast	27
2. Arbeitnehmer, denen gekündigt werden soll	7	**D. Beraterhinweise**	29
3. Namentlich bezeichnet	8		
II. Rechtsfolgen	13		
1. Umfang der Vermutung	13		
2. Überprüfung der Sozialauswahl	15		
3. Grobe Fehlerhaftigkeit	17		

A. Allgemeines

I. Regelungszweck

1 In § 125 wird im Zusammenspiel mit §§ 126 bis 128 ein kollektives Künd-Verfahren geregelt, das die Vorgaben des KSchG an die besonderen Gegebenheiten eines Insolvenzfalles anpasst.[1] § 125 ist daher lex specialis zu § 1 KSchG und verdrängt die Regelung in § 1 Abs. 4 KSchG;[2] dies gilt allerdings nur, soweit keine tarifliche Auswahl-RL be-

---

1 KR/*Weigand*, § 125 InsO Rn 1.

2 KR/*Weigand*, § 125 InsO Rn 2; ErfK/l*Kiel*, § 125 InsO Rn 1.

steht, da der TV als höherrangiges Recht nicht durch eine BV verdrängt werden kann.[3] Die Regelung soll marktwirtschaftlich sinnvolle **Sanierungen** von insolventen Unternehmen ermöglichen.[4] Sanierungen erfordern meist größere Personalreduzierungen, die entweder selbst oder i.V.m. weiteren organisatorischen Maßnahmen Betriebsänderungen i.S.d. §§ 111 ff. BetrVG darstellen. Um diese für die Sanierung erforderlichen Betriebsänderungen entsprechend der Erfordernisse im Insolvenzverfahren zu beschleunigen, soll der Insolvenzverwalter u.a. vor langwierigen Künd-Schutzprozessen mit unsicherem Ausgang geschützt werden.[5] Zudem sollen potenzielle Erwerber des insolventen Betriebs möglichst kurzfristig abschätzen können, welche Arbverh nach § 613a BGB bei einer Übernahme des Betriebs übergehen würden.[6] Die §§ 125 bis 128 stellen durch die in ihnen vorgesehene Einschränkung des Künd-Schutzes der einzelnen AN ein Verfahren zur schnellen und gemeinschaftlichen Klärung der Wirksamkeit aller im Zusammenhang mit einer Betriebsänderung ausgesprochenen Künd dar.[7] Den Interessen der AN wird dabei dadurch Rechnung getragen, dass das den Künd zugrunde liegende Gesamtkonzept zwischen den Betriebsparteien abzustimmen ist. Gegenüber § 15 KSchG ist § 125 nicht lex specialis.[8]

II. Anwendungsbereich

§ 125 greift nur ein, wenn im Insolvenzverfahren eine **Betriebsänderung** i.S.d. § 111 BetrVG geplant wird.[9] Ein freiwilliger Interessenausgleich, der vereinbart wird, obwohl die Voraussetzungen des § 111 BetrVG nicht erfüllt sind, vermag die Fiktionswirkung des § 125 nicht auszulösen, da das Künd-Schutzrecht der einzelnen AN nicht zur Disposition der Betriebspartner steht.[10] Dies gilt auch, wenn die Voraussetzungen einer Betriebsänderung erst durch eine Änderung der Planung während der Verhandlungen nicht mehr gegeben sind.[11] I.Ü. gilt die Vorschrift für betriebsbedingte Beendigungs- sowie Änderungs-Künd im Insolvenzfall,[12] wenn die Arbverh vom KSchG erfasst werden.[13] Liegen gleichzeitig hinsichtlich eines AN auch verhaltens- oder personenbedingte Künd-Gründe vor, so kann der Insolvenzverwalter entscheiden, ob er betriebsbedingt kündigt und den AN in die Verhandlungen nach § 125 einbeziehe oder ob er aus anderen Gründen kündigt und ein individuelles Künd-Schutzverfahren in Kauf nimmt.[14] Der **vorläufige Insolvenzverwalter** kann die Möglichkeit des § 125 nicht nutzen.[15] Einem Betriebserwerber bleibt die Begünstigung jedoch insoweit erhalten, als nach § 128 Abs. 1 S. 1 die Anwendung der §§ 125 bis 127 nicht dadurch ausgeschlossen wird, dass die Betriebsänderung, die dem Interessenausgleich zugrunde liegt, erst nach einer Betriebsveräußerung durchgeführt werden soll. § 125 gilt nicht für **leitende Ang**[16] Ebenso wenig kann die Vorschrift analog auf **Befristungen** angewendet werden.[17]

B. Regelungsgehalt

I. Tatbestandselemente

1. Interessenausgleich aufgrund Betriebsänderung. § 125 setzt voraus, dass der Insolvenzverwalter und der zuständige BR sich auf einen Interessenausgleich einigen, in dem die AN, denen gekündigt werden soll, abschließend **namentlich bezeichnet** sind. Ein Sozialplan kann diesen Anforderungen nur entsprechen und den Interessenausgleich ersetzen, wenn er freiwillig abgeschlossen wurde.[18] Die Betriebsänderung, auf die sich der Interessenausgleich bezieht, ist näher zu bezeichnen; dies gilt insb., wenn mehrere Betriebsänderungen zur gleichen Zeit geplant werden.[19]

Entgegen der bisher h.M. stellt der in § 125 vorgesehene Interessenausgleich lediglich eine Unterform des **Interessenausgleichs nach § 112 BetrVG** dar. Es handelt sich hier nicht um unabhängige, voneinander losgelöste Verfahren.[20] Aus der Bezugnahme auf § 111 BetrVG ergibt sich, dass auch in der Insolvenz die allgemeinen Begriffe und

---

3 Nerlich/Römermann/*Hamacher*, § 125 Rn 4.
4 BT-Drucks 12/2443, S. 77.
5 BT-Drucks 12/2443, S. 149.
6 APS/*Dörner*, § 125 InsO Rn 18; *Schiefer*, NZA 1997, 915; KR/*Weigand*, § 125 InsO Rn 1.
7 APS/*Dörner*, § 124 InsO Rn 18.
8 BAG 17.11.2005 6 AZR 118/05 – NZA 2006, 370; LAG Hamm 4.3.2005 – 10 Sa 1832/04 – LAGReport 2005, 351; *Zwanziger*, BB 2006, 31.
9 BAG 26.4.2007 – 8 AZR 695/05 – AP InsO § 125 Nr. 4; BAG 26.4.2007 – 8 AZR 612/06 – AP InsO § 125 Nr. 5; BAG 16.5.2002 – 8 AZR 319/01 – NZA 2003, 93.
10 LAG Hamm 14.10.2004 – 4 Sa 1102/04 – LAGReport 2005, 182; Nerlich/Römermann/*Hamacher*, § 125 Rn 18, ArbG Senftenberg 5.2.98 – 3 Ca 2923/97 – NZA-RR 1998, 299; *Kohte*, BB 1998, 946; *Hohenstatt*, NZA 1998, 846; *Richardi*, NZA 1999, 617; *Zwanziger*, AuR 1997, 427; a.A. *Schiefer*, NZA 1997, 915; *Giesen*, ZIP 1998, 46.
11 LAG Hamm 14.10.2004 – 4 Sa 1102/04 – LAGReport 2005, 182; a.A. ArbG Lübeck 22.2.2005 – 3 Ca 3449/04 – ZIP 2005, 591.
12 KR/*Weigand*, § 125 InsO Rn 5; APS/*Dörner*, § 125 InsO Rn 19.
13 Nerlich/Römermann/*Hamacher*, § 125 Rn 33; MüKo-InsO/*Löwisch/Caspers*, § 125 Rn 11.
14 MüKo-InsO/*Löwisch/Caspers*, § 125 Rn 71.
15 LAG Hamm 22.5.2002 – 2 Sa 1560/01 – NZA-RR 2003, 378; ErfK/*Kiel*, § 125 InsO Rn 1.
16 MüKo-InsO/*Löwisch/Caspers*, § 125 Rn 10.
17 LAG Düsseldorf 11.2.2000 – 14 (11) Sa 1557/99 – juris.
18 ErfK/*Kiel*, § 125 InsO Rn 4; *Schiefer*, NZA 1997, 915; a.A. *Lakies*, RdA 1997, 145.
19 Nerlich/Römermann/*Hamacher*, § 125 Rn 27.
20 A.A. LAG Hamm 14.10.2004 – 4 Sa 1102/04 – LAGReport 2005, 182; *Lakies*, RdA 1997, 145; *Hohenstatt*, NZA 1998, 846; APS/*Dörner*, § 125 InsO Rn 20; Nerlich/Römermann/*Hamacher*, § 125 Rn 14; *Fischermeier*, NZA 1997, 1089; *Schrader*, NZA 1997, 70.

Grundlagen im Zusammenhang mit Betriebsänderungen gelten.[21] Ein neuer Interessenausgleichsbegriff ist deshalb nicht haltbar. Damit steht auch ein Interessenausgleich nach § 125 Nachteilsausgleichsansprüchen nach § 113 BetrVG entgegen.[22]

5 Der Interessenausgleich muss als **Mindestangabe** nur die Namen der zu kündigenden AN enthalten; i.Ü. sind weder die Künd-Fristen noch die dringenden betrieblichen Erfordernisse noch die für die Sozialauswahl maßgeblichen Kriterien zwingend aufzunehmen.[23] Letztlich kann der Kerninhalt des Interessenausgleiches nach § 125 damit praktisch auf eine reine Namensliste beschränkt werden.

6 Der Interessenausgleich bedarf der **Schriftform** nach § 126 BGB.[24] Erforderlich ist somit die eigenhändige Unterschrift des Insolvenzverwalters und des BR-Vorsitzenden.[25] Er ist nicht erzwingbar.[26] Da grds. das Verfahren nach § 112 BetrVG anzuwenden ist, kann der Interessenausgleich auch freiwillig vor der Einigungsstelle abgeschlossen werden.[27]

7 **2. Arbeitnehmer, denen gekündigt werden soll.** § 125 greift nur ein, wenn die AN nach Abschluss des Interessenausgleichs bzw. nach Unterzeichnung der Namensliste gekündigt werden, da für die Wirksamkeit der Künd der Zeitpunkt des Zugangs entscheidend ist.[28] AG und BR sollen einen Ausgleich versuchen, bevor über die Künd entschieden wird.[29] Diese Voraussetzung ist auch erfüllt, wenn die Künd im Interessenausgleich vom Widerspruch des AN gegen den Übergang seines Arbverh gem. § 613a BGB abhängig gemacht wird.[30]

8 **3. Namentlich bezeichnet.** AN sind nur dann im Interessenausgleich namentlich bezeichnet, wenn der Interessenausgleich und die Namensliste eine **Gesamturkunde** bilden. Die Zusammengehörigkeit der einzelnen Blätter muss daher erkennbar sein. Ist der Interessenausgleich z.B. mittels einer Heftmaschine fest mit einer nicht unterschriebenen Namensliste verbunden, so sind die auf der Namensliste aufgeführten AN in dem Interessenausgleich namentlich bezeichnet,[31] es sei denn, die Heftung wird später gelöst.[32] Teilweise wird es für ausreichend gehalten, dass der Zusammenhang nur durch eine Inbezugnahme hergestellt wird, ohne dass es einer mechanischen Verbindung der Blätter bedarf.[33] Wegen der weitreichenden Auswirkungen des Interessenausgleichs mit Namensliste auf den Künd-Schutz der genannten Mitarbeiter wird teilweise jedoch zumindest eine mechanische Bindung, die nur mit Gewalt zu lösen ist, gefordert;[34] nur dann sei sicher festzustellen, wer tatsächlich betroffen ist. Der BGH fordert zwar keine körperliche Verbindung der einzelnen Blätter, nach seiner Ansicht muss sich die Einheit der Urkunde jedoch zumindest aus fortlaufender Paginierung sowie Nummerierung der einzelnen Bestimmungen, einheitlicher graphischer Gestaltung, dem inhaltlichen Zusammenhang des Texts oder vergleichbaren Merkmalen zweifelsfrei ergeben.[35] Ebenso reicht es aus, wenn die Namensliste zwar getrennt vom Interessenausgleich erstellt wird, sie jedoch von den Betriebsparteien unterzeichnet wird und entweder in ihr auf den Interessenausgleich oder im Interessenausgleich auf sie Bezug genommen wird.[36] Einer ausdrücklichen Überschrift der Anlage zum Interessenausgleich bedarf es ebenso wenig wie der Angabe von Ort und Datum.[37] Die Namensliste muss jedoch als Bestandteil des Interessenausgleichs kenntlich gemacht sein; die gemeinsame Aufbewahrung in einer Plastikhülle genügt nicht.[38] Um die für alle Beteiligten erforderliche Rechtssicherheit zu erreichen, muss die Namensliste jeweils zeitgleich mit dem Interessenausgleich nach § 125 vereinbart werden – anderenfalls könnte auch nicht mehr von einer Regelung „im Interessenausgleich" gesprochen werden.[39]

---

21 LAG Hamm 14.10.2004 – 4 Sa 1102/04 – LAGReport 2005, 182.
22 A.A. Nerlich/Römermann/*Hamacher*, § 125 Rn 5.
23 MüKo-InsO/*Löwisch*/*Caspers*, § 125 Rn 77; a.A. *Berscheid*, MDR 1998, 942.
24 BAG 7.5.1998 – 2 AZR 55/98 – NZA 1998, 1110; Nerlich/Römermann/*Hamacher*, § 125 Rn 21.
25 MüKo-InsO/*Löwisch*/*Caspers*, § 125 Rn 76.
26 Nerlich/Römermann/*Hamacher*, § 125 Rn 19.
27 Nerlich/Römermann/*Hamacher*, § 125 Rn 19.
28 LAG Rheinland-Pfalz 17.10.1997 – 9 Sa 401/97 – InVo 1998, 70; Nerlich/Römermann/*Hamacher*, § 125 Rn 24, 32; *Lakies*, RdA 1997, 145; *Zwanziger*, AuR 1997, 427; a.A. *Grunsky*/*Moll*, Rn 365.
29 MüKo-InsO/*Löwisch*/*Caspers*, § 125 Rn 67.
30 BAG 24.2.2000 – 8 AZR 180/99 – NZA 2000, 785.
31 BAG 26.4.2007 – 8 AZR 610/06 – AP BGB § 613a Nr. 323; BAG 26.4.2007 – 8 AZR 695/05 – AP InsO § 125 Nr. 4; BAG 7.5.1998 – 2 AZR 55/98 – NZA 1998, 1110; ArbG Hannover 22.8.1997 – 1 Ca 775/96 – DB 1998, 207.
32 LAG Hamm 6.7.2000 – 4 Sa 233/00 – ZInsO 2001, 336.
33 LAG Schleswig-Holstein 22.4.1998 – 2 Sa 556/97 – AuA 1998, 320; BAG 30.10.1984 – 3 AZR 213/82 – DB 1985, 709; BGH 24.9.1997 – XII ZR 234/95 – NJW 1998, 58.
34 LAG Rheinland-Pfalz 17.10.1997 – 9 Sa 401/97 – InVo 1998, 70; KDZ/*Däubler*, § 125 InsO Rn 11.
35 BGH 24.9.1997 – XII ZR 234/95 – NJW 1998, 58.
36 BAG 21.2.2002 – 2 AZR 581/00 – BAGReport 2003, 16.
37 BAG 7.5.1998 – 2 AZR 55/98 – NZA 1998, 1110.
38 BAG 20.5.99 – 2 AZR 278/98 – ZInsO 2000, 351.
39 LAG Düsseldorf 25.2.1998 – 17 (4) Sa 1788/97 – BB 1998, 2268; LAG Rheinland-Pfalz 17.10.1997 – 9 Sa 401/97 – InVo 1998, 70.

Die Liste muss so detailliert sein, dass die einzelnen AN sicher identifiziert werden können.[40] Eine Negativliste genügt nicht.[41] Eine nachträgliche Konkretisierung oder Änderung der Liste allein ist nicht möglich, in diesem Fall müsste ein Änderungsinteressenausgleich abgeschlossen werden.[42]

In den einzelnen Vergleichsgruppen kann eine **Reihenfolge** der zu kündigenden AN festgelegt werden.[43] Werden nach Abschluss des Interessensausgleich Arbeitsplätze z.B. durch Eigen-Künd frei, so dass weniger AN gekündigt werden müssen als zunächst beabsichtigt, wird hierdurch ersichtlich, welcher der aufgelisteten AN der sozial Schutzwürdigste ist und nun doch nicht entlassen wird. Der Insolvenzverwalter erhält auf diesem Wege für den Fall späterer Änderungen eine zusätzliche Sicherheit. Werden die Arbeitsplätze erst nach Zugang der Künd frei, kann sich ein Wiedereinstellungsanspruch aufgrund einer wesentlichen Änderung der Sachlage (vgl. Rn 22 ff.) ergeben.[44]

Sollen die Entlassungen **etappenweise** erfolgen, ist im Interessenausgleich festzulegen, welche AN zu welchem Zeitpunkt gekündigt werden sollen.[45] Weicht der Insolvenzverwalter von dem Zeitplan ab, entfällt die Wirkung des § 125.[46]

Eine **Teileinigung** ist insoweit möglich, als nicht alle AN, denen gekündigt werden soll, in die Liste aufgenommen werden müssen.[47] Die Wirkung des § 125 bezieht sich in diesem Fall nur auf die genannten AN.[48] Eine spätere Ergänzung des Interessenausgleichs nach § 125 ist aber auch in diesem Fall nicht möglich.

II. Rechtsfolgen

1. Umfang der Vermutung. Liegt ein Interessenausgleich mit Namensliste i.S.d. § 125 vor, wird im Hinblick auf § 1 KSchG vermutet, dass die Künd der namentlich genannten AN durch dringende betriebliche Erfordernisse bedingt ist, die einer Weiterbeschäftigung in diesem Betrieb oder zu unveränderten Arbeitsbedingungen entgegenstehenDie **Vermutung** umfasst das Vorliegen einer Unternehmerentscheidung[49] ebenso wie das Fehlen einer Weiterbeschäftigungsmöglichkeit im Betrieb.[50] Die Richtigkeit der Sozialauswahl wird von der Vermutungsregel nicht erfasst; sie kann jedoch nur in eingeschränktem Umfang und nur auf grobe Fehlerhaftigkeit überprüft werden (siehe Rn 15). Eine grobe Fehlerhaftigkeit ist dabei ausgeschlossen, wenn eine ausgewogene Personalstruktur erhalten oder geschaffen wird (siehe Rn 18). Den Betriebspartnern wird insoweit ein erweiterter Beurteilungsspielraum eingeräumt.[51]

Die Einschränkung der Prüfung zur Wirksamkeit der Künd soll mehr **Rechtssicherheit** schaffen.[52] Im Anschluss an einen Interessenausgleich mit Namensliste kann die Individualklage eines AN daher nur erfolgreich sein, wenn das ArbG eine grob fehlerhafte Sozialauswahl feststellt.[53] Da das Fehlen einer Weiterbeschäftigungsmöglichkeit in einem anderen Betrieb des Unternehmers nicht vermutet wird, kann dies ggf. im Individualprozess geltend gemacht werden.[54] Nach § 128 Abs. 2 erstreckt sich die Vermutung ggf. weiterhin darauf, dass nicht wegen des Betriebsübergangs gekündigt wurde.

2. Überprüfung der Sozialauswahl. Nach Abs. 1 Nr. 2 gilt hinsichtlich der Sozialauswahl ein gegenüber den Bestimmungen des KSchG **abgeänderter Prüfungsmaßstab**. Die Sozialauswahl kann nur mit Blick auf die **Kriterien** Dauer der Betriebszugehörigkeit, Lebensalter und Unterhaltspflichten überprüft werden. Neben den genannten Kriterien können weitere Sozialdaten berücksichtigt werden, diese sind jedoch vom ArbG nicht zu überprüfen.[55] Anders als in § 1 Abs. 3 KSchG fällt hierunter auch die Schwerbehinderung, die hier kein zwingendes Merkmal für die Sozialauswahl darstellt.

Zudem kann die Sozialauswahl lediglich auf **grobe Fehlerhaftigkeit** (vgl. Rn 17) überprüft werden. Der Prüfungsmaßstab der groben Fehlerhaftigkeit bezieht sich dabei auch auf die Bildung der Gruppe vergleichbarer AN,[56] da diese im Rahmen der Sozialauswahl erfolgt, sowie auf die Herausnahme von AN aus der Sozialauswahl.[57] Obwohl

---

40 ErfK/*Kiel*, § 125 InsO Rn 5 i.V.m. § 1 KSchG Rn 362.
41 ErfK/*Kiel*, § 125 InsO Rn 5 i.V.m. § 1 KSchG Rn 362; MüKo-InsO/*Löwisch/Caspers*, § 125 Rn 74.
42 LAG Hamm 4.6.2002 – 4 Sa 57/02 – ZInsO 2003, 52; Nerlich/Römermann/*Hamacher*, § 125 Rn 25; *Fischer*, AuR 1998, 261.
43 Nerlich/Römermann/*Hamacher*, § 125 Rn 26; MüKo-InsO/*Löwisch/Caspers*, § 125 Rn 79; *Heinze*, NZA 1999, 57; *Giesen*, ZIP 1998, 46; a.A. Kübler/*Moll*, § 125 Rn 70.
44 Nerlich/Römermann/*Hamacher*, § 125 Rn 26a.
45 MüKo-InsO/*Löwisch/Caspers*, § 125 Rn 78.
46 MüKo-InsO/*Löwisch/Caspers*, § 125 Rn 78.
47 Nerlich/Römermann/*Hamacher*, § 125 Rn 16.
48 MüKo-InsO/*Löwisch/Caspers*, § 125 Rn 80.
49 Nerlich/Römermann/*Hamacher*, § 125 Rn 39.
50 ErfK/*Kiel*, § 125 InsO Rn 7 i.V.m. § 1 KSchG Rn 364.
51 BAG 2.12.1999 – 2 AZR 757/98 – NZA 2000, 531; LAG Köln 26.5.1998 – 9 Sa 143/98; Nerlich/Römermann/*Hamacher*, § 125 Rn 43.
52 Nerlich/Römermann/*Hamacher*, § 125 Rn 45.
53 Nerlich/Römermann/*Hamacher*, § 125 Rn 46; *Lakies*, RdA 1997, 145.
54 Nerlich/Römermann/*Hamacher*, § 125 Rn 41.
55 Nerlich/Römermann/*Hamacher*, § 125 Rn 42.
56 BAG 28.8.2003 – 2 AZR 368/02 – NZA 2004, 432; LAG Hamm 12.11.2003 – 2 Sa 1232/03 – ZInsO 2004, 1097; BAG 7.5.1998 – 2 AZR 536/97 – NZA 1998, 933; BAG 21.1.1999 – 2 AZR 624/98 – NZA 1999, 866; MüKo-InsO/*Löwisch/Caspers*, § 125 Rn 92.
57 BAG 28.8.2003 – 2 AZR 368/02 – NZA 2004, 432; BAG 7.5.1998 – 2 AZR 536/97 – NZA 1998, 933; LAG Niedersachsen 12.4.2002 – 3 Sa 1638/01 – NZA-RR 2002, 517; KR/*Weigand*, § 125 InsO Rn 22; *Neef*, NZA 1997, 65; *Schiefer*, NZA 1997, 915.

dies dem Gesetzeswortlaut nicht zu entnehmen ist, ist davon auszugehen, dass der Gesetzgeber die Herausnahme von AN aufgrund betrieblicher Bedürfnisse in die Regelung des Abs. 1 S. 1 Nr. 2 einbeziehen wollte.[58] Dies gilt in jedem Fall für die Herausnahme von AN aus einer Vergleichsgruppe, soweit dies dem Erhalt oder der Schaffung einer ausgewogenen Personalstruktur dient.[59]

17 **3. Grobe Fehlerhaftigkeit.** Die Sozialauswahl ist grob fehlerhaft, wenn z.B. bei der Verwendung der maßgeblichen Kriterien jede Ausgewogenheit fehlt[60] oder vergleichbare AN nicht in die Sozialauswahl einbezogen wurden.[61] So ist z.B. eine Sozialauswahl grob fehlerhaft, wenn der Gekündigte bei gleich zu gewichtenden Unterhaltspflichten aufgrund erheblich längerer Betriebszugehörigkeit sowie höherem Lebensalter eindeutig schutzwürdiger wäre.[62] Grobe Fehlerhaftigkeit liegt auch vor, wenn sachfremde Erwägungen wie die Gewerkschaftsangehörigkeit herangezogen werden oder die Sozialauswahl offensichtlich willkürlich ist, weil der auswahlrelevante Personenkreis willkürlich bestimmt oder nach unsachlichen Gesichtspunkten eingegrenzt wurde.[63] Ebenso liegt grobe Fehlerhaftigkeit vor, wenn unsystematische Altersgruppen mit wechselnden Zeitsprüngen gebildet wurden, eines der drei sozialen Grundkriterien überhaupt nicht berücksichtigt oder zusätzlichen Kriterien eine überhöhte Bewertung beigemessen wurde oder die der Auswahl nach sozialen Gesichtspunkten entgegenstehenden Gründe nicht nach sachlichen Gesichtspunkten konkretisiert wurden.[64] Andererseits ist der Interessenausgleich nicht fehlerhaft, wenn weniger AN entlassen werden sollen als nach der Bedarfsberechnung notwendig wären, da es zum freien unternehmerischen Ermessen gehört, Personalreserven zu bilden.[65] Wird ein Betriebsteil veräußert und nur der Restbetrieb stillgelegt, so ist die Sozialauswahl nicht fehlerhaft, wenn die AN des veräußerten Betriebsteils nicht in die Sozialauswahl einbezogen wurden.[66] Auch dürfen die Betriebsparteien das Schwergewicht auf eines der Sozialkriterien legen, da keine Rangfolge der Sozialkriterien besteht.[67] Als „soeben noch nicht grob fehlerhaft"[68] wurde eine Sozialauswahl eingestuft, bei der die Gruppenbildung anhand des jeweiligen im Fall der Weiterbeschäftigung bestehenden Schulungsbedarfs durchgeführt wurde.

18 **4. Privilegierung einer ausgewogenen Personalstruktur (Abs. 1 S. 1 Nr. 2 Hs. 2).** Eine grob fehlerhafte Sozialauswahl ist gem. dem Wortlaut des § 125 nicht zu beanstanden, wenn hierdurch eine ausgewogene Personalstruktur erhalten oder geschaffen wird.[69] Die Vorschrift privilegiert somit die Schaffung einer ausgewogenen Personalstruktur gegenüber den allgemeinen Grundsätzen der Sozialauswahl. Die Erhaltung oder Schaffung einer ausgewogenen Personalstruktur wird als berechtigter betrieblicher Belang angesehen.[70] Im Unterschied zu § 1 Abs. 3 S. 2 KSchG wird die **Schaffung** einer ausgewogenen Personalstruktur miteinbezogen, um eine Sanierung des Unternehmens zu erleichtern.[71] Jedoch muss die Personalstruktur bewusst und zielgerichtet erhalten oder geschaffen werden; Zufallsergebnisse sollen nicht abgesegnet werden.[72] Auch die Frage, ob die personellen Maßnahmen der Erhaltung oder Schaffung einer ausgewogenen Personalstruktur dienen, ist, wie alle in § 125 enthaltenen Aspekte, nur auf grobe Fehlerhaftigkeit hin zu überprüfen.[73]

19 Der gewählte Begriff der **Personalstruktur** ist weiter als der Begriff der Altersstruktur.[74] Der Begriff Personalstruktur meint die Zusammensetzung der Belegschaft nach bestimmten Eigenschaften wie z.B. Alter, Leistung, bestimmte Verhaltensweisen, Fehlzeiten oder Geschlecht. Da Personalstrukturen stets nur hinsichtlich einer Mehrzahl von Personen mit bestimmten Eigenschaften ausgemacht werden können, werden sie durch die Entlassung nur einiger weniger AN im Allgemeinen nicht wesentlich berührt oder verschlechtert. Vom Gesetzeswortlaut her ist das Merkmal

---

58 LAG Köln 10.5.2005 – 1 Sa 1510/04 – ZIP 2005, 1524; Nerlich/Römermann/*Hamacher*, § 125 Rn 54; *Giesen*, ZIP 1998, 46; BAG 7.5.1998 – 2 AZR 536/97 – NZA 1998, 933 zu § 1 Abs. 3 S. 2 KSchG; a.A. LAG Düsseldorf 4.3.1998; ArbG Senftenberg 5.2.1998 – 3 Ca 2923/97 – NZA-RR 1998, 299; *Preis*, NZA 1997, 1073.
59 BAG 28.8.2003 – 2 AZR 368/02 – NZA 2004, 432.
60 BAG 20.9.2006 – 6 AZR 249/05 – NZA 2007, 387; BAG 17.11.2005 6 AZR 107/05 – NZA 2006, 661; BAG 21.7.2005 – 6 AZR 592/04 – NZA 2006, 162; BAG 21.7.1999 – 2 AZR 624/98 – NZA 1999, 866.
61 ArbG Stuttgart 8.7.1997 – 9 Ca 13/97 – NZA-RR 1998, 162; Nerlich/Römermann/*Hamacher*, § 125 Rn 50.
62 BAG 21.7.2005 – 6 AZR 592/04 – NZA 2006, 162; LAG Düsseldorf 25.2.1998 – 17 (4) Sa 1788/97 – BB 1998, 2268.
63 LAG Hamm 5.6.2003 – 4 (16) Sa 1976/02 – ZInsO 2003, 1060; Nerlich/Römermann/*Hamacher*, § 125 Rn 48.
64 LAG Hamm 5.6.2003 – 4 (16) Sa 1976/02 – ZInsO 2003, 1060.
65 BAG 7.5.1998 – 2 AZR 55/98 – NZA 1998, 1110.
66 LAG Hamm 18.2.2004 – 2 Sa 1372/03 – juris.
67 BAG 20.9.2006 – 6 AZR 249/05 – NZA 2007, 387; BAG 21.7.2005 – 6 AZR 592/04 – NZA 2006, 162; Nerlich/Römermann/*Hamacher*, § 125 Rn 48; BAG 2.12.1999 – 2 AZR 757/98 – NZA 2000, 531.
68 LAG Köln 2.5.2005 – 1 Sa 1511/04 – juris.
69 LAG Niedersachsen 30.11.2000 – 8 Sa 1012/00 – ZInsO 2001, 776; *Wellensiek*, NZI 2005, 603, 604.
70 APS/*Dörner*, § 125 InsO Rn 26; MüKo-InsO/*Löwisch/Caspers*, § 125 Rn 94.
71 Nerlich/Römermann/*Hamacher*, § 125 Rn 52.
72 ErfK/*Kiel*, § 125 InsO Rn 14.
73 KR/*Weigand*, § 125 InsO Rn 25; APS/*Dörner*, § 125 InsO Rn 25; *Warrikoff*, BB 1994, 2338; *Schrader*, NZA 1997, 70; *Schiefer*, NZA 1997, 915; a.A. *Zwanziger*, AuR 1997, 427; Nerlich/Römermann/*Hamacher*, § 125 Rn 56; Küttner/*Kania*, 231 „Insolvenz des Arbeitgebers" Rn 15.
74 BAG 28.8.2003 – 2 AZR 368/02 – NZA 2004, 432; KR/*Weigand*, § 125 InsO Rn 27; zweifelnd *Lakies*, NJ 1997, 121; *Preis*, NZA 1997, 1073, 1084.

der Änderung der Personalstruktur zwar nicht auf Massenentlassungen beschränkt;[75] die Darlegungslast des Insolvenzverwalters wird jedoch deutlich steigen, wenn er bei nur wenigen betriebsbedingten Künd eine grob fehlerhafte Sozialauswahl unter dem Gesichtspunkt der geänderten Personalstruktur rechtfertigen will.[76]

Praktisch erfolgt die Sozialauswahl zur Erhaltung oder Schaffung einer bestimmten Personalstruktur, indem innerhalb des in Betracht kommenden Personenkreises abstrakte Gruppen mit unterschiedlichen Strukturmerkmalen gebildet werden und aus jeder Gruppe eine bestimmte Prozentzahl für Künd vorgesehen wird.[77] Innerhalb der so gebildeten Gruppen wird dann die Sozialauswahl vorgenommen.[78] Hinsichtlich der Gruppenbildung steht dem Insolvenzverwalter ein gewisser **Beurteilungsspielraum** zu, der nur daraufhin überprüft werden kann, ob die Gruppenbildung unsachlich war und zielgerichtet zur Künd einzelner unliebsamer AN vorgenommen wurde.[79]

Soll das Verhältnis der älteren zu den jüngeren Mitarbeitern in etwa gleich bleiben bzw. den Erfordernissen einer leistungsfähigen Belegschaft angepasst werden, so geht es um die Erhaltung oder Schaffung einer ausgewogenen **Altersstruktur**.[80] Diese stellt einen Unterfall der Personalstruktur dar. Da auch die unterschiedliche Leistungsstärke der Belegschaft zur Personalstruktur gehört, kann auch ein ausgewogenes Verhältnis zwischen leistungsstärkeren und leistungsschwächeren AN zur Erreichung der Sanierungsfähigkeit des Betriebs beabsichtigt werden.[81] Auch der Aspekt der **Ausbildung und Qualifikation** im Betrieb kann herangezogen werden, so dass die Bildung entsprechender Qualifikationsgruppen und -bereiche (z.B. Verkäufer mit und ohne einschlägige kaufmännische Ausbildung) in Betracht kommt.[82] Die Schaffung und Erhaltung einer ausgewogenen Personalstruktur mit Blick auf die **Vertragstreue** der Belegschaft bzw. den auftretenden Pflichtverletzungen kann erreicht werden, indem entweder dafür gesorgt wird, dass das Verhältnis der vertragstreuen zu den weniger vertragstreuen AN in etwa gleich bleibt bzw. bei signifikanten Unterschieden ausgeglichen wird. Hinsichtlich der **Fehlzeiten** der Belegschaft kann somit auch das Verhältnis der AN mit hohen zu den AN mit geringeren Fehlzeiten erhalten bzw. ausgeglichen werden. Je nach betrieblichen Gegebenheiten sind weitere Gesichtspunkte denkbar, aufgrund derer eine Erhaltung oder Schaffung einer ausgewogenen Personalstruktur erforderlich erscheint. Dabei darf jedoch nicht gegen ein Diskriminierungsverbot verstoßen werden.[83] Die Kriterien, auf die sich die Auswahl letztendlich stützt, sind vom Insolvenzverwalter zu benennen.[84] Dies gilt auch für die Kriterien, nach denen die jeweiligen Gruppen gebildet wurden.[85]

5. Wesentliche Änderung der Sachlage (Abs. 1 S. 2). Der Insolvenzverwalter bzw. der AG kann sich nicht mehr auf die Vermutung und die Privilegierungen des Abs. 1 S. 1 berufen, wenn sich die Sachlage zwischen Zustandekommen des Interessenausgleichs und Zugang der Künd wesentlich geändert hat.[86] Anderenfalls würde der Rechtsschutz der AN zu sehr eingeschränkt.[87] Eine solche wesentliche Änderung liegt insb. dann vor, wenn letztendlich keine oder eine völlig andere Betriebsänderung durchgeführt wird.[88] Von einer Wesentlichkeit der Änderung ist nur auszugehen, wenn die Betriebsparteien den Interessenausgleich ohne ernsthaften Zweifel in Kenntnis der tatsächlich eingetretenen Umstände nicht so abgeschlossen hätten.[89] Es geht somit um den Fall einer **Änderung der Geschäftsgrundlage**.[90]

Davon ist z.B. auszugehen, wenn letztendlich wesentlich weniger Mitarbeiter als im Interessenausgleich geplant entlassen werden.[91] Dies gilt nicht, falls im Interessenausgleich eine Rangfolge vorgesehen wurde (vgl. Rn 10).[92] Hält sich der Insolvenzverwalter an diese Rangfolge, gelten weiterhin die Vermutung und der eingeschränkte Prüfungsmaßstab.[93] Es reicht für die Annahme einer wesentlichen Änderung der Sachlage allerdings nicht aus, wenn nur die Streichung eines von 36 Arbeitsplätzen nicht durch Auslagerung der Funktionen, sondern durch Verteilung auf verbliebene AN umgesetzt wird.[94] Die Übernahme des Betriebs durch einen Erwerber anstelle der im Interessenausgleich vereinbarten Betriebsstilllegung nach Zugang der Künd wird regelmäßig eine wesentliche Änderung darstellen.[95] Auch eine Veränderung der sozialen Gesichtspunkte, wie z.B. weitere Unterhaltspflichten eines AN oder der

---

75 KR/*Weigand*, § 125 InsO Rn 28; *Preis*, NZA 1997, 1073, 1085.
76 *Fischermeier*, NZA 1997, 1089, 1093; KR/*Weigand*, § 125 InsO Rn 28.
77 KR/*Weigand*, § 125 InsO Rn 29; a.A. Nerlich/Römermann/*Hamacher*, § 125 Rn 55a.
78 KR/*Weigand*, § 125 InsO Rn 29; a.A. Nerlich/Römermann/*Hamacher*, § 125 Rn 55a.
79 KR/*Weigand*, § 125 InsO Rn 29.
80 KR/*Weigand*, § 125 InsO Rn 30.
81 KR/*Weigand*, § 125 InsO Rn 31.
82 BAG 28.8.2003 – 2 AZR 368/02 – NZA 2004, 432; LAG Niedersachsen 12.4.2002 – 3 Sa 1638/01 – NZA-RR 2002, 517.
83 KR/*Weigand*, § 125 InsO Rn 34; *Fischermeier*, NZA 1997, 1086, 1093; Nerlich/Römermann/*Hamacher*, § 125 Rn 55.
84 KR/*Weigand*, § 125 InsO Rn 36.
85 KR/*Weigand*, § 125 InsO Rn 36.
86 BAG 21.2.2001 – 2 AZR 39/00 – ZIP 2001, 1825.
87 Nerlich/Römermann/*Hamacher*, § 125 Rn 59.
88 *Lakies*, RdA 1997, 145.
89 LAG Köln 1.8.1997 – 11 Sa 355/97 – DB 1997, 2181; APS/*Dörner*, § 125 InsO Rn 28; Nerlich/Römermann/*Hamacher*, § 125 Rn 61.
90 BAG 7.5.1998 – 2 AZR 536/97 – NZA 1998, 933; LAG Köln 1.8.1997 – 11 Sa 355/97 – DB 1997, 2181; KR/*Weigand*, § 125 InsO Rn 37.
91 LAG Schleswig-Holstein 22.4.1998 – 2 Sa 556/97 – AuA 98, 320.
92 Nerlich/Römermann/*Hamacher*, § 125 Rn 62; *Löwisch*, RdA 1997, 80.
93 MüKo-InsO/*Löwisch*/*Caspers*, § 125 Rn 104.
94 LAG Köln 1.8.1997 – 11 Sa 355/97 – DB 1997, 2181.
95 APS/*Dörner*, § 125 InsO Rn 29; a.A. *Schrader*, NZA 1997, 70.

Wegfall des Interesses an der Weiterbeschäftigung bestimmter, nicht benannter AN kann eine wesentliche Änderung begründen.[96]

24 Ändert sich die Sachlage erst nach Zugang der Künd, aber vor Ablauf der Künd-Frist, besteht für den AN ein **Wiedereinstellungsanspruch**.[97] Die Betriebspartner können für diesen Fall vereinbaren, welchen AN vorrangig ein Wiedereinstellungsangebot zu unterbreiten ist.[98] Die Auswahl hat ggf. wiederum nach sozialen Kriterien zu erfolgen. Welcher Maßstab dabei zu beachten ist, wurde von der Rspr. offen gelassen.[99] Im Fall einer diesbezüglichen Vereinbarung zwischen den Betriebspartnern dürfte die Regelung des Abs. 1 S. 1 Nr. 2 wieder eingreifen.[100]

Da eine wesentliche Änderung der Sachlage die Anwendung von Abs. 1 S. 1 nur ausschließt, „soweit" die Änderung reicht, bleibt die Vermutung teilweise bestehen, wenn der Personalabbau nur in Teilen durchgeführt wird und diese Aufteilung sinnvoll möglich ist.[101]

C. Verbindung zu anderen Rechtsgebieten und zum Prozessrecht

I. Ersetzung der Stellungnahme des Betriebsrats i.S.d. § 17 Abs. 3 S. 2 KSchG (Abs. 2)

25 Grds. ist der BR bei einer geplanten **Massenentlassung** unabhängig von bereits stattfindenden Verhandlungen zu einer darin ggf. liegenden Betriebsänderung gesondert über diese zu informieren und seine Stellungnahme der Anzeige an die A.A. beizufügen. Diese Stellungnahme wird durch einen „normalen" Interessenausgleich nach § 112 BetrVG nicht ersetzt. Der Interessenausgleich nach § 125 ersetzt demgegenüber die Stellungnahme des BR i.S.d. § 17 Abs. 3 S. 2 KSchG. Wiederum soll dadurch das Verfahren bei Massenentlassungen zur Erleichterung von Sanierungen beschleunigt werden.[102] Eine gesonderte Unterrichtung des BR nach § 17 Abs. 2 KSchG ist hier deshalb nicht mehr erforderlich.

II. Verhältnis zur Betriebsratsanhörung nach § 102 BetrVG

26 Der Interessenausgleich nach § 125 erübrigt nicht zugleich die **Anhörung des BR** zu den einzelnen Künd nach § 102 BetrVG.[103] Obwohl dies aus Beschleunigungsgründen wünschenswert wäre, ist nach der Rspr. des BAG eine gesonderte Anhörung erforderlich.[104] Eine Verbindung der Anhörung mit den Verhandlungen zum Interessenausgleich ist aber möglich.[105] Somit ist das Anhörungsverfahren nicht erforderlich, wenn im Interessenausgleich mit Namensliste zum Ausdruck gebracht wird, dass gleichzeitig das Anhörungsverfahren hinsichtlich der in der Namensliste genannten AN eingeleitet wurde und der BR bezüglich eines AN durch den Interessenausgleich eine abschließende Stellungnahme abgibt.[106] Tatsachen, von denen der BR aus den Verhandlungen über den Interessenausgleich hinsichtlich des Künd-Sachverhalts bereits Kenntnis hat, müssen ihm i.Ü. im Rahmen der Anhörung nach § 102 BetrVG nicht erneut mitgeteilt werden.[107]

III. Darlegungs- und Beweislast

27 Kommt ein Interessenausgleich i.S.d. § 125 zustande, so hat der AG die Voraussetzungen der gesetzlichen Vermutung darzulegen. Er muss also substantiiert darlegen und ggf. beweisen, dass der Interessenausgleich wegen einer bestimmten **Betriebsänderung** rechtswirksam zustande gekommen ist, dass der AN wegen der diesem Interessenausgleich zugrunde liegenden Betriebsänderung entlassen worden ist, ggf. dass der AN einem bestimmten Betrieb oder Betriebsteil zugeordnet worden ist sowie dass der gekündigte AN in diesem Interessenausgleich **namentlich bezeichnet** ist.[108] Sodann greift § 292 ZPO zugunsten des AG ein.[109] Es handelt sich um eine **widerlegbare Vermutung**.[110] Daher obliegt es dann dem AN darzulegen und zu beweisen, dass der Interessenausgleich, in dem er namentlich genannt wird, nicht wirksam zustande gekommen ist bzw. dass sein Arbeitsplatz nicht entfallen ist oder für ihn eine anderweitige Weiterbeschäftigungsmöglichkeit besteht,[111] die im Interessenausgleich vorgesehene Still-

---

96 MüKo-InsO/*Löwisch/Caspers*, § 125 Rn 103.
97 BAG 13.5.2004 – 8 AZR 198/03 – DB 2004, 2107; LAG Niedersachsen 2.4.2004 – 3 Sa 1870/03 – NZA-RR 2004, 567; KDZ/*Däubler*, § 125 InsO Rn 28.
98 BAG 2.12.1999 – 2 AZR 757/98 – NZA 2000, 531.
99 BAG 2.12.1999 – 2 AZR 757/98 – NZA 2000, 531.
100 Nerlich/Römermann/*Hamacher*, § 125 Rn 26a.
101 MüKo-InsO/*Löwisch/Caspers*, § 125 Rn 104.
102 Nerlich/Römermann/*Hamacher*, § 125 Rn 69.
103 So aber *Schrader*, NZA 1997, 75.
104 BAG 28.8.2003 – 2 AZR 377/02 – DB 2004, 937; BAG 20.5.1999 – 2 AZR 532/98 – NZA 1999, 1101; BAG 20.5.1999 – 2 AZR 148/99 – NZA 1999, 1039; *Wellensiek*, NZI 2005, 603, 604.
105 BAG 21.7.2005 – 6 AZR 592/04 – NZA 2006, 162; BAG 20.5.1999 – 2 AZR 532/98 – NZA 1999, 1101; LAG Düsseldorf 23.1.2003 – 11 (12) Sa 1057/02 – ZIP 2003, 817; LAG Nürnberg 10.2.1999 – 4 Sa 900/98; LAG Hamm 5.5.2004 – 2 Sa 2182/03 – LAGReport 2005, 17; LAG Hamm 4.6.2002 – 4 Sa 81/02 – NZA-RR 2003, 293; *Schiefer*, NZA 1997, 915, 918; KR/*Weigand*, § 125 InsO Rn 40.
106 LAG Düsseldorf 23.1.2003 – 11 (12) Sa 1057/02 – ZIP 2003, 817.
107 BAG 28.8.2003 – 2 AZR 377/02 – DB 2004, 937.
108 LAG Hamm 27.11.2003 – 4 Sa 767/03 – ZInsO 2004, 576; ähnlich BAG 7.5.1998 – 2 AZR 55/98 – NZA 1998, 1110.
109 APS/*Dörner*, § 125 InsO Rn 22; KR/*Weigand*, § 125 InsO Rn 15; *Lakies*, BB 1999, 207.
110 ErfK/*Kiel*, § 125 InsO Rn 8 i.V.m. § 1 KSchG Rn 364.
111 LAG Köln 26.2.2004 – 6 Sa 875/03 – juris; APS/*Dörner*, § 125 InsO Rn 22.

legung nicht geplant sei oder nicht durchgeführt werde bzw. dass die Stilllegung seine Künd nicht bedinge.[112] Auch das **Fehlen einer anderweitigen Beschäftigungsmöglichkeit** im Betrieb wird von der Vermutungsregelung umfasst.[113] Aufgrund der Vermutungsregelung trifft den AN auch die Beweislast, wenn er sich darauf beruft, der BR-Vorsitzende habe die BV ohne einen entsprechenden BR-Beschluss vereinbart und unterzeichnet.[114] Dem AN obliegt insoweit der **Vollbeweis** des Gegenteils.[115] Nach der Beweisaufnahme verbleibende Unklarheiten gehen zu Lasten des AN.[116]

Für die Darlegungs- und Beweislast bezüglich der **Sozialauswahl** gelten die allgemeinen Grundsätze aus § 1 Abs. 3 KSchG, da sich die Vermutung des Abs. 1 S. 1 Nr. 1 nicht auf die Sozialauswahl erstreckt.[117] Auf Verlangen hat der Insolvenzverwalter somit die Sozialauswahl darzulegen und zu beweisen (§ 1 Abs. 3 S. 1 Hs. 2. KSchG), wobei jedoch eine Darlegung „in groben Zügen" aufgrund der eingeschränkten Überprüfbarkeit der Sozialauswahl zunächst genügt.[118] Konkreter vortragen muss der Insolvenzverwalter im Rahmen der abgestuften Beweislast erst auf substantiierten Gegenvortrag des AN. Da es sich bei der **ausgewogenen Personalstruktur** lediglich um einen berechtigten betrieblichen Belang[119] und nicht um eine Fiktion[120] oder Vermutung handelt, muss der Insolvenzverwalter insoweit vortragen und beweisen, wie die Personalstruktur beschaffen ist, welche Struktur erreicht werden soll[121] und nach welchen Gesichtspunkten die Auswahl innerhalb der gebildeten Gruppen vorgenommen wurde. Auch die objektive Ausgewogenheit macht diesen Vortrag nicht entbehrlich.[122] Abs. 1 S. 1 Nr. 2 Hs. 2 stellt eine Ausnahmevorschrift dar, so dass der Insolvenzverwalter das für ihn günstige Vorliegen der Ausnahme zu beweisen hat.[123]

Die Darlegungs- und Beweislast für eine **wesentliche Änderung der Sachlage** nach Abs. 1 S. 2 trägt der AN.[124]

D. Beraterhinweise

Der Insolvenzverwalter sollte in den Verhandlungen mit dem BR zweifelsfrei klarstellen, dass er das Verfahren nach §§ 125 ff. durchführt; dies ergibt sich nicht automatisch, da es ihm auch offen steht, Interessenausgleichsverfahren und Künd nach dem BetrVG und dem KSchG und somit nach dem herkömmlichen langwierigen Verfahren durchzuführen.[125] Kommt ein Interessenausgleich zustande, sollte die Betriebsänderung in dem Interessenausgleich selbst beschrieben werden, um Beweisprobleme in evtl. Folgeverfahren zu vermeiden.

Musterformulierung für die Anhörung des BR während der Verhandlungen über den Interessenausgleich:[126]

„Der BR ist unter Beachtung des § 102 BetrVG ordnungsgemäß zu den einzelnen Künd und nach § 17 Abs. 2 KSchG ordnungsgemäß zur Massenentlassung angehört worden. Diese BV ersetzt (ist) zugleich die Stellungnahme des BR nach § 17 Abs. 3 S. 2 KSchG. Der BR stimmt den beabsichtigten Künd zu. Eine Liste der betroffenen AN ist entsprechend § 125 InsO dieser Vereinbarung beigefügt und Bestandteil derselben. Die Liste ist von beiden Vertragsparteien auf jeder Seite unterzeichnet."

---

112 BAG 7.5.1998 – 2 AZR 536/97 – NZA 1998, 933; APS/*Dörner*, § 125 InsO Rn 22.
113 BAG 7.5.1998 – 2 AZR 536/97 – NZA 1998, 933; LAG Hamm 27.10.2004 – 2 Sa 2186/03 – LAGReport 2005, 307; a.A. *Fischermeier*, NZA 1997, 1089.
114 BAG 21.2.2002 – 2 AZR 581/00 – BAGReport 2003, 16.
115 BAG 7.5.1998 – 2 AZR 536/97 – NZA 1998, 933; LAG Düsseldorf 23.1.2003 – 11 (12) Sa 1057/02 – ZIP 2003, 817; LAG Hamm 27.11.2003 – 4 Sa 767/03 – ZInsO 2004, 576; ErfK/*Kiel*, § 125 InsO Rn 8 i.V.m. § 1 KSchG Rn 364; a.A. *Preis*, NZA 1997, 1073.
116 BAG 26.4.2007 – 8 AZR 610/06 – AP BGB § 613a Nr. 323; BAG 26.4.2007 – 8 AZR 695/05 – AP InsO § 125 Nr. 4; BAG 26.4.2007 – 8 AZR 612/06 – AP InsO § 125 Nr. 5; ErfK/*Kiel*, § 125 InsO Rn 8 i.V.m. § 1 KSchG Rn 364.
117 BAG 10.2.1999 – 2 AZR 716/98 – NZA 1999, 702; LAG Düsseldorf 29.1.1998 – 5 (4) (3) Sa 1913/97 – DB 1998, 1235; LAG Hamm 28.5.1998 – 8 Sa 76/98 – NZA-RR 1998, 536.
118 LAG Köln 10.5.2005 – 1 Sa 1510/04 – ZIP 2005, 1524.
119 LAG Hamm 28.5.1998 – 8 Sa 76/98 – NZA-RR 1998, 536; APS/*Dörner*, § 125 InsO Rn 26; MüKo-InsO/*Löwisch/Caspers*, § 125 Rn 94.
120 So aber KR/*Weigand*, § 125 InsO Rn 24; *Warrikoff*, BB 1994, 2338.
121 LAG Schleswig-Holstein 9.11.2004 – 2 Sa 349/04 – NZA-RR 2005, 545.
122 LAG Hamm 28.5.1998 – 8 Sa 76/98 – NZA-RR 1998, 536.
123 Nerlich/Römermann/*Hamacher*, § 125 Rn 58.
124 ArbG Freiburg 14.1.2003 – 4 Ca 369/02 – AuR 2003, 122; ErfK/*Kiel*, § 125 InsO Rn 8 i.V.m. § 1 KSchG Rn 364; *Fischermeier*, NZA 1997, 1089, 1097; KR/*Weigand*, § 125 InsO Rn 38.
125 LAG Hamm 1.4.2004 – 4 Sa 1340/03 – LAGReport 2005, 21.
126 Entschieden: LAG Hamm 5.5.2004 – 2 Sa 2182/03 – LAGReport 2005, 17.

| § 126 | Beschlußverfahren zum Kündigungsschutz |

(1) ¹Hat der Betrieb keinen Betriebsrat oder kommt aus anderen Gründen innerhalb von drei Wochen nach Verhandlungsbeginn oder schriftlicher Aufforderung zur Aufnahme von Verhandlungen ein Interessenausgleich nach § 125 Abs. 1 nicht zustande, obwohl der Verwalter den Betriebsrat rechtzeitig und umfassend unterrichtet hat, so kann der Insolvenzverwalter beim Arbeitsgericht beantragen festzustellen, daß die Kündigung der Arbeitsverhältnisse bestimmter, im Antrag bezeichneter Arbeitnehmer durch dringende betriebliche Erfordernisse bedingt und sozial gerechtfertigt ist. ²Die soziale Auswahl der Arbeitnehmer kann nur im Hinblick auf die Dauer der Betriebszugehörigkeit, das Lebensalter und die Unterhaltspflichten nachgeprüft werden.
(2) ¹Die Vorschriften des Arbeitsgerichtsgesetzes über das Beschlußverfahren gelten entsprechend; Beteiligte sind der Insolvenzverwalter, der Betriebsrat und die bezeichneten Arbeitnehmer, soweit sie nicht mit der Beendigung der Arbeitsverhältnisse oder mit den geänderten Arbeitsbedingungen einverstanden sind. ²§ 122 Abs. 2 Satz 3, Abs. 3 gilt entsprechend.
(3) ¹Für die Kosten, die den Beteiligten im Verfahren des ersten Rechtszugs entstehen, gilt § 12a Abs. 1 Satz 1 und 2 des Arbeitsgerichtsgesetzes entsprechend. ²Im Verfahren vor dem Bundesarbeitsgericht gelten die Vorschriften der Zivilprozeßordnung über die Erstattung der Kosten des Rechtsstreits entsprechend.

Literatur: *Fischermeier*, Die betriebsbedingte Kündigung nach den Änderungen durch das arbeitsrechtliche Beschäftigungsförderungsgesetz, NZA 1997, 1089; *Giesen*, Das neue Kündigungsschutzrecht in der Insolvenz, ZIP 1998, 46; *Heinze*, Das Arbeitsrecht der Insolvenz, NZA 1999, 57; *Kocher*, Statt Kündigungsschutz: ein kollektives Kündigungsschutzverfahren – Der Interessenausgleich in der neuen Insolvenzordnung, BB 1998, 213; *Lakies*, Zu den seit 1.10.1996 geltenden arbeitsrechtlichen Vorschriften der Insolvenzordnung, RdA 1997, 145; *ders.*, Das Beschlussverfahren zum Kündigungsschutz nach § 126 InsO, NZI 2000, 345; *Müller*, Praktische Probleme, der seit 1.10.1996 geltenden arbeitsrechtlichen Vorschriften der Insolvenzordnung, NZA 1998, 1315; Münchener Kommentar zur Insolvenzordnung, 2. Aufl. 2008; *Nerlich/Römermann*, Insolvenzordnung, Kommentar, Loseblatt, 15. Aufl. 2008; *Rieble*, Das insolvenzarbeitsrechtliche Beschlussverfahren des § 126 InsO, NZA 2007, 1393; *Warrikoff*, Die Stellung der Arbeitnehmer nach der neuen Insolvenzordnung, BB 1994, 2338; *Zwanziger*, Insolvenzordnung und materielle Voraussetzungen betriebsbedingter Kündigungen, BB 1997, 626

A. Allgemeines	1	**C. Verbindung zu anderen Rechtsgebieten und zum Prozessrecht**	11
I. Regelungszweck	1	I. Verfahrensablauf	11
II. Anwendungsbereich	2	II. Kosten	19
B. Regelungsgehalt	3	III. Darlegungs- und Beweislast	20
I. Tatbestandselemente	3	**D. Beraterhinweise**	21
II. Rechtsfolgen	7		

A. Allgemeines

I. Regelungszweck

1 Das in § 126 vorgesehene Verfahren ergänzt die Regelung des § 125. Es greift ein, wenn ein Interessenausgleich nach § 125 nicht oder nicht binnen drei Wochen zustande kommt. Die Regelung ermöglicht dem Insolvenzverwalter auch bei Differenzen mit dem BR oder bei Fehlen eines solchen die **Beschleunigung** der Künd-Schutzverfahren und eine Absicherung hinsichtlich deren Ausgang. Prozessziel des Insolvenzverwalters ist die Feststellung, dass die geplanten Künd sozial gerechtfertigt sind. Mittels dieses Verfahrens soll der Insolvenzverwalter unterschiedliche Urteile oder Vergleichsvorschläge verschiedener Kammern vermeiden können.[1] Ein Verfahren nach § 126 ist aufgrund dieser Zielsetzung ausgeschlossen, wenn nur eine einzige Künd in Streit steht.[2] Das Beschlussverfahren ersetzt einen Interessenausgleich gem. § 112 BetrVG nicht, es ersetzt lediglich die Vereinbarung der Namensliste.[3] Daher drohen **Nachteilsausgleichsansprüche**, wenn der Insolvenzverwalter vor Abschluss eines Interessenausgleichs bzw. vor Einholung der Entscheidung nach § 122 die Künd ausspricht.[4]

II. Anwendungsbereich

2 Die Anwendbarkeit des § 126 ist nur gegeben, wenn die Voraussetzungen des § 111 BetrVG vorliegen, also insb., wenn das Unternehmen mehr als 20 AN beschäftigt und die Künd die Schwellenwerte des § 17 KSchG übersteigen.

---

1 MüKo-InsO/*Löwisch*/*Caspers*, § 126 Rn 2.
2 LAG München 2.1.2003 – 4 Ta 292/02 – ZInsO 2003, 339.
3 Nerlich/Römermann/*Hamacher*, § 126 Rn 4.
4 Nerlich/Römermann/*Hamacher*, § 126 Rn 4; *Fischermeier*, NZA 1997, 1089; DKK/*Däubler*, Anh §§ 111–113 § 126 InsO Rn 32.

Dies gilt auch im betriebsratlosen Betrieb.[5] Von § 126 werden nur Arbverh erfasst, die unter das KSchG fallen,[6] in diesem Fall auch **Änderungs-Künd**.[7] Das Beschlussverfahren kann zudem lediglich für **betriebsbedingte Künd** in Anspruch genommen werden.[8] Liegen außer betriebsbedingten auch personen- oder verhaltensbedingte Künd-Gründe vor, so kann der Insolvenzverwalter entscheiden, auf welchen Grund er die Künd stützt.[9] Die Künd selbst können dabei bereits vor Einleitung des Beschlussverfahrens ausgesprochen werden, um zeitliche Verzögerungen zu verhindern.[10] Das Anhörungsrecht des BR nach § 102 BetrVG ist dabei jedoch zu beachten.

B. Regelungsgehalt

I. Tatbestandselemente

Die Anwendung des § 126 setzt voraus, dass der insolvente Betrieb entweder keinen BR hat oder trotz Bestehens des BR innerhalb von drei Wochen nach Verhandlungsbeginn oder schriftlicher Aufforderung hierzu kein Interessenausgleich nach § 125 Abs. 1 zustande kommt, obwohl der BR rechtzeitig und umfassend unterrichtet wurde.

Im **betriebsratlosen Betrieb** muss der Insolvenzverwalter nicht zunächst den Versuch unternehmen, sich mit der Belegschaft über ein freiwilliges Ausscheiden zu einigen; vielmehr kann er, wenn kein BR vorhanden ist, sofort das Beschlussverfahren betreiben.[11]

Besteht ein BR, kann das Beschlussverfahren nach § 126 durchgeführt werden, wenn mit diesem **keine Einigung** über den Interessenausgleich erzielt wird. Ein Restmandat des BR nach § 21b BetrVG reicht aus.[12] In diesem Fall ist Voraussetzung für die Einleitung des Beschlussverfahrens, dass der BR schriftlich zur Aufnahme von Verhandlungen aufgefordert wurde und rechtzeitig und umfassend über die Betriebsänderung unterrichtet wurde (vgl. die Kommentierung zu § 111 BetrVG). Zudem müssen seit Beginn der Verhandlungen bzw. der Aufforderung zu deren Aufnahme drei Wochen verstrichen sein. Einvernehmlich kann auch vorzeitig das Scheitern der Verhandlungen erklärt werden.[13]

Kommt ein Interessenausgleich nach § 125 zustande, scheidet ein Beschlussverfahren nach § 126 aus. Durch die Voraussetzung der fehlenden Einigung übt Abs. 1 S. 1 insoweit eine Sperrwirkung aus, als er die **Ergänzung oder Erweiterung eines bereits bestehenden Interessenausgleichs**, auch im Fall eines in mehreren Stufen über einen längeren Zeitraum durchgeführten Personalabbaus, verhindert.[14] Der Insolvenzverwalter kann mit dem Verfahren nach § 126 nicht nachträglich AN in einen Personalabbau einbeziehen, die nicht auf der zur bereits abgeschlossenen Interessenausgleich gehörigen Liste stehen.[15] Kommt es zu einer neuen Planungsentscheidung, kann hinsichtlich dieser zweiten Entscheidung wieder das Beschlussverfahren nach § 126 durchgeführt werden – allerdings erst, wenn zuvor erfolglos ein neuer Interessenausgleich versucht wurde.[16] Gleiches gilt nach einer wesentlichen Änderung der Sachlage und wenn der abgeschlossene Interessenausgleich von vornherein auf einen bestimmten Sachverhalt oder Betriebsteil beschränkt war.[17]

Eine beantragte Entscheidung nach § 122 ist vor Einleitung des Verfahrens nach § 126 nicht abzuwarten. Beide Anträge können ohne weiteres gleichzeitig gestellt werden, um Zeitverluste zu vermeiden.[18]

II. Rechtsfolgen

Der Antrag des Insolvenzverwalters zur Einleitung des Beschlussverfahrens richtet sich auf die **Feststellung** der sozialen Rechtfertigung der Künd bestimmter, im Antrag bezeichneter AN aufgrund dringender betrieblicher Erfordernisse. Die Bezeichnung der AN muss so genau vorgenommen werden, dass eine Identifikation möglich ist.[19] Hilfs-

---

5 *Fischermeier*, NZA 1997, 1089; KDZ/*Däubler*, § 126 InsO Rn 7; *Müller*, NZA 1998, 1315; Nerlich/Römermann/*Hamacher*, § 126 Rn 8; a.A. ErfK/*Kiel*, § 126 InsO Rn 1; KR/*Weigand*, § 126 InsO Rn 3; offen gelassen in BAG 29.6.2000 – 8 ABR 44/99 – NZA 2000, 1180.
6 *Heinze*, NZA 1999, 57; KR/*Weigand*, § 126 InsO Rn 8; KDZ/*Däubler*, § 126 InsO Rn 8; *Rieble*, NZI 2007, 1393, 1394.
7 KR/*Weigand*, § 126 InsO Rn 8; KDZ/*Däubler*, § 126 InsO Rn 9; *Lakies*, NZI 2000, 345; *Rieble*, NZI 2007, 1393.
8 KR/*Weigand*, § 126 InsO Rn 8.
9 MüKo-InsO/*Löwisch*/*Caspers*, § 126 Rn 3.
10 BAG 29.6.2000 – 8 ABR 44/99 – NZI 2000, 495; ErfK/*Kiel*, § 126 InsO Rn 1; *Rieble*, NZI 2007, 1393, 1395.
11 BAG 29.6.2000 – 8 ABR 44/99 – NZI 2000, 495; ErfK/*Kiel*, § 126 InsO Rn 2; *Kocher*, BB 1998, 213, 215; *Warrikoff*, BB 1994, 2338; Nerlich/Römermann/*Hamacher*, § 126 Rn 5 *Lakies*, NZI 2000, 345; a.A. KDZ/*Däubler*, § 126 InsO Rn 6.
12 Nerlich/Römermann/*Hamacher*, § 126 Rn 8; MüKo-InsO/*Löwisch*/*Caspers*, § 126 Rn 5.
13 KR/*Weigand*, § 126 InsO Rn 7; KDZ/*Däubler*, § 126 InsO Rn 5.
14 BAG 20.1.2000 – 2 ABR 30/99 – NZA 2001, 170; KR/*Weigand*, § 126 InsO Rn 5; KDZ/*Däubler*, § 126 InsO Rn 3; *Zwanziger*, BB 1997, 626; a.A. *Warrikoff*, BB 1994, 2338, 2342 f.
15 Nerlich/Römermann/*Hamacher*, § 126 Rn 5; a.A. *Warrikoff*, BB 1994, 2338, 2342 f.
16 BAG 20.1.2000 – 2 ABR 30/99 – NZA 2001, 170; *Lakies*, NZI 2000, 345, 346.
17 Nerlich/Römermann/*Hamacher*, § 126 Rn 5.
18 ErfK/*Kiel*, § 126 InsO Rn 2; *Warrikoff*, BB 1994, 2338.
19 Nerlich/Römermann/*Hamacher*, § 126 Rn 30.

weise können weitere AN in den Kreis der zu Kündigenden einbezogen werden, falls der Hauptantrag teilweise abgewiesen wird.[20]

8 Im Verfahren ist zu prüfen, ob die unternehmerische Entscheidung des Insolvenzverwalters wirksam getroffen wurde und ob durch deren Umsetzung das Beschäftigungsbedürfnis für die benannten AN entfällt. Da der Antrag nur begründet sein kann, wenn der den Antrag stellende Insolvenzverwalter auch künd-berechtigt ist, ist auch seine **Künd-Berechtigung** zu überprüfen.[21] Außerdem sind das Vorliegen dringender **betrieblicher Erfordernisse** und die **Sozialauswahl** zu prüfen. Die Überprüfung ist jedoch auf die in Abs. 1 S. 2 genannten drei Merkmale der Dauer der Betriebszugehörigkeit, des Lebensalters und der Unterhaltsverpflichtung beschränkt. Sie beinhaltet aber die Herausnahme von Leistungsträgern gem. § 1 Abs. 3 S. 2 KSchG[22] und die Bildung von Vergleichsgruppen.[23] Eine Beschränkung des Prüfungsmaßstabs auf die grobe Fehlerhaftigkeit der Sozialauswahl wie bei § 125 findet nicht statt.[24] Ebenso wenig ist eine Rechtfertigung der getroffenen Sozialauswahl aufgrund der Schaffung und Erhaltung einer **ausgewogenen Personalstruktur** vorgesehen.[25] Die Bildung einer solchen Personalstruktur ist zwar auch im Rahmen des § 126 zulässig, ihre Richtigkeit wird hier jedoch nicht fingiert.[26] Eine Überprüfung der Rechtmäßigkeit der Künd über ihre soziale Rechtfertigung hinaus, z.B. auf **Sonderkünd-Schutz** oder ordnungsgemäße **Anhörung des BR** findet nicht statt. Dazu ist der AN vielmehr auf das individuelle Künd-Schutzverfahren zu verweisen.[27] Die erforderlichen behördlichen Zustimmungen sind durch den Insolvenzverwalter gesondert einzuholen. Für das Verhältnis des Verfahrens nach § 126 zur individuellen Künd-Schutzklage gilt § 127 Abs. 2.

9 Dem Antrag des Insolvenzverwalters ist stattzugeben, wenn die Künd im Zeitpunkt der letzten mündlichen Verhandlung betriebsbedingt sozial gerechtfertigt sind (vgl. § 127 Abs. 1). Wurde die Künd bereits ausgesprochen, so ist wie im Künd-Schutzprozess auf den Zeitpunkt des Zugangs der Künd abzustellen.

10 Anders als im Fall des § 125 wird sich im Feststellungsverfahren eine verbindliche Rangfolge der zu kündigenden AN nicht durchsetzen lassen. Diese wäre zwar für den Fall hilfreich, dass während des Verfahrens nicht benannte AN von sich aus kündigen, so dass weniger Arbeitsplätze wegfallen als erwartet, um die Gefahr einer wesentlichen Änderung des Sachverhalts i.S.d. § 127 Abs. 1 S. 2 zu vermeiden.[28] Gegen die Angabe einer Rangfolge spricht jedoch, dass dies die bezweckte Beschleunigung des Verfahrens vereiteln könnte.[29] Zudem stellt die Rangfolge kein gerichtlich feststellbares Rechtsverhältnis dar.[30]

C. Verbindung zu anderen Rechtsgebieten und zum Prozessrecht
I. Verfahrensablauf

11 Das Verfahren nach Abs. 1 wird gem. Abs. 2 nach den Vorschriften des ArbGG über das **Beschlussverfahren** durchgeführt. Damit gelten die Regelungen der §§ 80 ff. ArbGG. Die örtliche Zuständigkeit ergibt sich aus § 82 ArbGG. Rechtsweg und sachliche Zuständigkeit ergeben sich direkt aus § 126.

12 Der Antrag nach § 126 stellt einen **Feststellungsantrag** dar. Antragsbefugt ist allein der Insolvenzverwalter. Das Feststellungsinteresse ergibt sich aus der Eilbedürftigkeit sowie der Bindungswirkung nach § 127.[31] Das Verfahren nach § 126 ist gem. Abs. 2 S. 2 i.V.m. § 122 Abs. 2 S. 3, Abs. 3 und § 61a Abs. 3 bis Abs. 6 ArbGG **vorrangig** zu erledigen.

13 **Beteiligte des Verfahrens** gem. Abs. 1 sind der Insolvenzverwalter, der BR sowie die bezeichneten AN. Zudem ist nach § 128 Abs. 1 S. 2 ggf. auch der **Betriebserwerber** beteiligt. Welche AN beteiligt sind, bestimmt der Insolvenzverwalter durch die Auflistung in seinem Antrag. Dies stellt eine Abweichung von § 83 Abs. 3 ArbGG dar. Das ArbG kann deshalb nicht alle AN, die materiell betroffen sein könnten, am Antrag beteiligen.[32] Die AN verlieren ihre Beteiligtenstellung, wenn sie ihr Einverständnis zur Künd erklären.[33] Wegen dieses Verlustes der **Beteiligtenstellung** muss das **Einverständnis** eindeutig erklärt werden und kann keinesfalls aus einer bloßen Untätigkeit im Beschlussverfahren gefolgert werden.[34] Das Einverständnis kann auch noch während des laufenden Verfahrens erklärt werden und ist im Rahmen der Beteiligtenstellung zu jeder Zeit vom Gericht zu überprüfen.[35] Der Antrag gegen den

---

20 KR/*Weigand*, § 126 InsO Rn 13.
21 BAG 29.6.2000 – 8 ABR 44/99 – NZI 2000, 495.
22 Nerlich/Römermann/*Hamacher*, § 126 Rn 40; *Boewer*, RdA 2001, 380; *Kohte*, BB 1998, 946; a.A *Berkowsky*, NZI 1999, 129; *Lakies*, BB 1999, 206; *Lakies*, NZI 2000, 345.
23 Nerlich/Römermann/*Hamacher*, § 126 Rn 40.
24 Nerlich/Römermann/*Hamacher*, § 126 Rn 42; *Lakies*, NZI 2000, 345, 346.
25 ErfK/*Kiel*, § 126 InsO Rn 5; *Warrikoff*, BB 1994, 2338, 2343.
26 ErfK/*Kiel*, § 126 InsO Rn 5.
27 KR/*Weigand*, § 126 InsO Rn 19; *Fischermeier*, NZA 1997, 1089, 1100; KDZ/*Däubler*, § 126 InsO Rn 23; a.A. *Zwanziger*, BB 1997, 626, 628.
28 Nerlich/Römermann/*Hamacher*, § 126 Rn 33.
29 Nerlich/Römermann/*Hamacher*, § 126 Rn 33; *Grunsky*, in: FS für Lüke, S. 201.
30 MüKo-InsO/*Löwisch*/*Caspers*, § 126 Rn 16.
31 Nerlich/Römermann/*Hamacher*, § 126 Rn 29a.
32 BAG 29.6.2000 – 8 ABR 44/99 – NZA 2000, 1180.
33 BAG 20.1.2000 – 2 ABR 30/99 – NZA 2001, 170; BAG 29.6.2000 – 8 ABR 44/99 – NZA 2000, 1180.
34 Nerlich/Römermann/*Hamacher*, § 126 Rn 21, 23.
35 Nerlich/Römermann/*Hamacher*, § 126 Rn 23.

Nichtbeteiligten ist als unzulässig abzuweisen, kann jedoch auch zurückgenommen werden (§ 81 Abs. 2 ArbGG);[36] eine ein- oder zweiseitige Erledigungserklärung ist ebenfalls möglich.[37] Die einseitige Erledigungserklärung ist gem. § 83a Abs. 3 ArbGG zu behandeln,[38] so dass allein ein erledigendes Ereignis erforderlich ist, während der Antrag ursprünglich nicht zwingend zulässig und begründet gewesen sein muss.[39]

Der Antrag ist allen Beteiligten zuzustellen. Nach § 83 Abs. 3 ArbGG sind im Verfahren auch alle Beteiligten zu hören. Dies kann über das entschuldigte Fehlen einzelner oder mehrerer AN zu erheblichen Verzögerungen des Verfahrens führen.[40]

Eine **Rücknahme** des Antrags ohne Zustimmung der anderen Beteiligten ist gem. § 89 Abs. 2 S. 1 ArbGG vor Beschlussfassung jederzeit möglich. Endet das Verfahren durch **Vergleich** zwischen AG und BR i.S.d. § 83a ArbGG, so ist keine Einwilligung der AN erforderlich, da diese Situation der des § 125 entspricht.[41]

Der Antrag ist als **unzulässig** abzuweisen, wenn die Voraussetzungen des Abs. 1 S. 1 nicht im Zeitpunkt des letzten Anhörungstermins (Verkündungstermin im Fall des § 83 Abs. 4 S. 3 ArbGG)[42] vorliegen.[43] Der Antrag kann daher vorsorglich schon vor Ablauf der dreiwöchigen Verhandlungsfrist gestellt werden, soweit diese bis zum letzten Anhörungstermin abgelaufen ist.[44] Wird während des Verfahrens nach § 126 das individuelle Künd-Schutzverfahren eines im Antrag genannten AN rechtskräftig abgeschlossen, weil das Ruhen des Verfahrens nicht beantragt wurde, so entfällt insoweit das **Feststellungsinteresse** und der Antrag wird unzulässig, soweit er sich auf diesen AN bezieht.[45]

Obwohl die Verweisung auf das Beschlussverfahren die Vorschrift des § 85 Abs. 2 S. 1 ArbGG nicht ausnimmt, ist ein **einstweiliges Verfügungsverfahren** nicht zulässig. Dieses widerspräche der gesetzlich vorgesehenen Verfahrensbeschleunigung. Zudem kann die angestrebte Rechtssicherheit im Hinblick auf die einzelnen Künd-Schutzverfahren durch eine einstweilige Verfügung nicht erreicht werden;[46] diese wäre deshalb sinnentleert.

Eine Beschwerde zum LAG ist nicht vorgesehen. Jedoch kann das ArbG die **Rechtsbeschwerde** zum BAG zulassen. Das BAG ist an diese Entscheidung gem. Abs. 2 S. 2, § 122 Abs. 3 S. 2 i.V.m. § 72 Abs. 3 ArbGG gebunden.[47] Auf AN-Seite kann jeder einzelne AN selbstständig Rechtsbeschwerde einlegen, um die Rechtskraft des Beschlusses des ArbG insoweit zu verhindern.[48] Eine **Nichtzulassungsbeschwerde** steht dem AN im Fall der Nichtzulassung der Rechtsbeschwerde nicht zu.[49] § 565 Abs. 1 S. 2 ZPO wird entsprechend angewendet.[50]

Der rechtskräftige Feststellungsbeschluss ist nicht vollstreckbar.[51] Er ist allen Beteiligten von Amts wegen zuzustellen.

II. Kosten

Gerichtskosten entstehen in diesem Verfahren gem. § 12 Abs. 5 ArbGG nicht.[52] Die Kosten des BR trägt nach § 40 BetrVG der Insolvenzverwalter als AG, sie stellen **Masseverbindlichkeiten** gem. § 55 dar.[53] Für das Verfahren vor dem BAG ist eine Erstattung der außergerichtlichen Kosten nach Abs. 3 S. 2 vorgesehen. Für die Berechnung der **Anwaltsgebühren** ist § 2 Abs. 2 GKG entsprechend anzuwenden, nach dem der Streitwert von Künd-Schutzprozessen dem Vierteljahresbetrag des Arbeitsentgelts entspricht.[54] Für den Anwalt des Insolvenzverwalters gilt insoweit die Summe der AN-Werte.[55]

III. Darlegungs- und Beweislast

Im Beschlussverfahren findet grds. der **Amtsermittlungsgrundsatz** Anwendung. Aufgrund der Einschränkungen nach § 83 Abs. 1, 1a ArbGG sind insoweit aber Besonderheiten zu beachten. Erfolgt kein ausreichender Sachvortrag, kann das ArbG deshalb nicht von sich aus Überlegungen anstellen, ob evtl. ein nicht vorgetragener Sachverhalt geeignet wäre, eine ausreichende Begründung für das mit dem Antrag verfolgte Begehren zu liefern.[56] Kann der Sachverhalt nicht zweifelsfrei festgestellt werden, trägt nach den allgemeinen Grundsätzen derjenige die Beweislast, zu

---

36 Nerlich/Römermann/*Hamacher*, § 126 Rn 25.
37 Nerlich/Römermann/*Hamacher*, § 126 Rn 24.
38 Nerlich/Römermann/*Hamacher*, § 126 Rn 24.
39 BAG 10.2.1999 – 10 ABR 42/98 – NZA 1999, 1225; BAG 10.2.1999 – 10 ABR 49/98 – NZA 1999, 1226; BAG 19.6.2001 – 1 ABR 48/00 – NZA 2002, 756; ErfK/*Eisemann*, § 83a ArbGG Rn 4.
40 Nerlich/Römermann/*Hamacher*, § 126 Rn 36; *Giesen*, ZIP 1998, 46.
41 Nerlich/Römermann/*Hamacher*, § 126 Rn 35.
42 MüKo-InsO/*Löwisch/Caspers*, § 126 Rn 21.
43 BAG 20.1.2000 – 2 ABR 30/99 – NZA 2001, 170.
44 Nerlich/Römermann/*Hamacher*, § 126 Rn 15.
45 Nerlich/Römermann/*Hamacher*, § 126 Rn 15.
46 *Lakies*, RdA 1997, 145; Nerlich/Römermann/*Hamacher*, § 126 Rn 16.
47 BAG 29.6.2000 – 8 ABR 44/99 – NZA 2000, 1180.
48 BAG 29.6.2000 – 8 ABR 44/99 – NZA 2000, 1180.
49 BAG 14.8.2001 – 2 ABN 20/01 – BB 2001, 2535; ErfK/*Kiel*, § 126 InsO Rn 8 *Rieble*, NZI 2007, 1393, 1399; *Warrikoff*, BB 1994, 2338, 2341.
50 BAG 20.1.2000 – 2 ABR 30/99 – NZA 2001, 170.
51 Nerlich/Römermann/*Hamacher*, § 126 Rn 37; Schwab/*Walker*, § 85 Rn 7.
52 BT-Drucks 12/2443, S. 150.
53 Nerlich/Römermann/*Hamacher*, § 126 Rn 57.
54 BT-Drucks 12/2443, S. 150.
55 Nerlich/Römermann/*Hamacher*, § 126 Rn 58.
56 BAG 29.6.2000 – 8 ABR 44/99 – NZI 2000, 495.

dessen Gunsten die Tatsache wirken würde.[57] Die Nachprüfung des ArbG umfasst insb. die unternehmerische Entscheidung des Insolvenzverwalters.[58] Insoweit hat zunächst der Insolvenzverwalter die Voraussetzungen seines Antrags substantiiert vorzubringen. Ist eine Aufklärung dann nicht vollständig möglich, so trägt er die Beweislast für die Anspruchsvoraussetzungen, insb. auch die rechtzeitige und umfassende Unterrichtung des BR[59] und die soziale Rechtfertigung der Künd.[60] Der AN trägt die Beweislast für die mangelnde Sozialauswahl. Allerdings muss er in diesem Verfahren keinen weniger schutzbedürftigen AN benennen, aufgrund des Amtsermittlungsgrundsatzes genügt hier das Bestreiten der ordnungsgemäßen Sozialauswahl.

D. Beraterhinweise

21 Zur Beschleunigung des Verfahrens sollte der **Antrag nach § 126** bereits unmittelbar nach der Information und Aufforderung des BR zu Verhandlungen gestellt werden. Käme später ein Interessenausgleich i.S.d. § 125 Abs. 1 zustande, würde der Antrag zwar unzulässig; eine Rücknahme des Antrags ist jedoch auch ohne Zustimmung der anderen Beteiligten nach § 81 Abs. 2 ArbGG jederzeit möglich.

22 Besteht kein BR, so kann es ratsam sein, die **Künd** auszusprechen, bevor der Antrag nach § 126 gestellt wird. Der Insolvenzverwalter kann dann abwarten, welche AN fristgerecht Künd-Schutzklage einreichen und seinen Antrag auf diese AN beschränken.[61] Läuft die Klagefrist hinsichtlich im Antrag benannter AN erst nach Antragstellung ab, wäre der Antrag ggf. zurückzunehmen. Mangels Rechtsschutzinteresse wäre er ansonsten insoweit unzulässig.[62] Wird eine Künd-Schutzklage nach § 113 Abs. 2 S. 2 i.V.m. § 5 KSchG nachträglich zugelassen, ist der Antrag entsprechend zu ergänzen.[63]

23 Im Unterschied zu § 125 Abs. 2 ersetzt das Verfahren nach § 126 die **Stellungnahme des BR** nach § 17 Abs. 3 S. 2 KSchG nicht, so dass im Rahmen einer Massenentlassung eine entsprechende rechtzeitige Unterrichtung des BR sowie die Beifügung seiner Stellungnahme bei der Information der A.A. erforderlich sind.[64]

§ 127 Klage des Arbeitnehmers

(1) ¹Kündigt der Insolvenzverwalter einem Arbeitnehmer, der in dem Antrag nach § 126 Abs. 1 bezeichnet ist, und erhebt der Arbeitnehmer Klage auf Feststellung, daß das Arbeitsverhältnis durch die Kündigung nicht aufgelöst oder die Änderung der Arbeitsbedingungen sozial ungerechtfertigt ist, so ist die rechtskräftige Entscheidung im Verfahren nach § 126 für die Parteien bindend. ²Dies gilt nicht, soweit sich die Sachlage nach dem Schluß der letzten mündlichen Verhandlung wesentlich geändert hat.

(2) Hat der Arbeitnehmer schon vor der Rechtskraft der Entscheidung im Verfahren nach § 126 Klage erhoben, so ist die Verhandlung über die Klage auf Antrag des Verwalters bis zu diesem Zeitpunkt auszusetzen.

Literatur: *Braun,* Insolvenzordnung, Kommentar, 3. Aufl. 2007; *Giesen,* Das neue Kündigungsschutzrecht in der Insolvenz, ZIP 1998, 46; *Grunsky,* Probleme des Beschlussverfahrens nach § 126 InsO, Festschrift für Lücke; *Kübler/Prütting,* Kommentar zur Insolvenzordnung, Loseblatt, Stand: Oktober 2008; *Lakies,* Zu den seit 1.10.1996 geltenden arbeitsrechtlichen Vorschriften der Insolvenzordnung, RdA 1997, 145; Münchener Kommentar zur Insolvenzordnung, 2. Aufl. 2008; *Nerlich/Römermann,* Insolvenzordnung, Kommentar, Loseblatt, 15. Aufl. 2008; *Rieble,* Das insolvenzarbeitsrechtliche Beschlussverfahren des § 126 InsO, NZA 2007, 1393; *Schrader,* Übergangsregelungen zum Konkursrecht, NZA 1997, 70; *Warrikoff,* Die Stellung der Arbeitnehmer nach der neuen Insolvenzordnung, BB 1994, 2338; *Zwanziger,* Das Arbeitsrecht der Insolvenzordnung, Kommentar, 3. Aufl. 2006

A. Allgemeines	1	2. Änderung der Sachlage (Abs. 1 S. 2)	8
B. Regelungsgehalt	3	3. Aussetzung des Verfahrens (Abs. 2)	12
I. Tatbestandsvoraussetzungen	3	C. Verbindung zu anderen Rechtsgebieten und zum	
II. Rechtsfolgen	5	Prozessrecht	14
1. Bindungswirkung (Abs. 1 S. 1)	5	D. Beraterhinweise	16

A. Allgemeines

1 Die Vorschrift vervollständigt die Wirkung des Feststellungsverfahrens nach § 126. Das Ergebnis des kollektiven Künd-Schutzverfahrens nach § 126, mit dem die soziale Rechtfertigung der Künd bestimmter AN festgestellt wird,

---

57 Nerlich/Römermann/*Hamacher*, § 126 Rn 44; KDZ/*Däubler*, § 126 InsO Rn 12.
58 BAG 29.6.2000 – 8 ABR 44/99 – NZI 2000, 495.
59 KR/*Weigand*, § 126 InsO, Rn 6.
60 KR/*Weigand*, § 126 InsO, Rn 17.
61 Nerlich/Römermann/*Hamacher*, § 126 Rn 26.
62 Nerlich/Römermann/*Hamacher*, § 126 Rn 26.
63 Nerlich/Römermann/*Hamacher*, § 126 Rn 27.
64 ErfK/*Kiel*, § 125 InsO Rn 20.

soll auch bei evtl. von einzelnen AN erhobenen Individualkünd-Schutzklagen berücksichtigt werden. Könnten die Feststellungen im Verfahren nach § 126 später durch die Künd-Schutzverfahren wieder in Frage gestellt werden, verlöre § 126 seinen Sinn. Zugleich dient diese Regelung der Beschleunigung des Insolvenzverfahrens und verhindert widersprüchliche Entscheidungen in Bezug auf die im Verfahren nach § 126 geklärte Vorfrage.

Abs. 2 koordiniert die zeitliche Abfolge von Beschlussverfahren und individuellen Künd-Schutzverfahren, wenn die Künd bereits vor Abschluss des Beschlussverfahrens ausgesprochen wurde. Die vorgesehene Aussetzung des Künd-Schutzverfahrens betont den Vorrang des Beschlussverfahrens und stellt sicher, dass dessen Ausgang abgewartet wird und für das Urteil im Künd-Schutzprozess Berücksichtigung finden kann.

B. Regelungsgehalt

I. Tatbestandsvoraussetzungen

Die Regelung greift ein, wenn ein vom Insolvenzverwalter **betriebsbedingt gekündigter** AN, der in einem zuvor nach § 126 Abs. 1 gestellten Antrag namentlich bezeichnet wurde, Klage gegen die Künd oder Änderungs-Künd erhebt. Erfasst werden sowohl Künd-Schutzklagen als auch Änderungsschutzklagen der AN.[1]

Über den Antrag nach § 126 muss rechtskräftig entschieden worden sein,[2] um die Bindungswirkung der Entscheidung auszulösen. Die **Rechtskraft** tritt mit Verkündung des Beschlusses ein, wenn das ArbG die Rechtsbeschwerde nicht zulässt.[3] Wird die Rechtsbeschwerde zugelassen, tritt die Rechtskraft mit Ablauf der Rechtsbeschwerdefrist von einem Monat ein, wenn keine Rechtsbeschwerde eingelegt wird, ansonsten mit der Entscheidung des BAG.[4]

II. Rechtsfolgen

1. Bindungswirkung (Abs. 1 S. 1). Liegen die eben genannten Voraussetzungen vor, ordnet § 127 eine **Bindungswirkung** der rechtskräftigen Entscheidung nach § 126 an. Die Bindungswirkung bezieht sich auf alle AN, die in dem Antrag nach § 126 Abs. 1 genannt wurden. Sie müssen im Beschlussverfahren über den Feststellungsantrag nach § 126 zudem **ordnungsgemäß beteiligt** worden sein.[5] Dafür ist neben der Ladung des AN und der Zustellung der Antragsschrift auch die Möglichkeit zur Stellungnahme erforderlich.[6] Für AN, die nicht beteiligt wurden, kann die Entscheidung nach § 126 keine Bindungswirkung entfalten. Dies muss richtigerweise auch dann gelten, wenn die Beteiligung nur unterblieb, weil sich der betroffene AN bereits vorab mit der Künd einverstanden erklärt hatte.[7] Eine Erstreckung der Bindungswirkung scheidet hier wegen deren weitreichender Konsequenz für das individuelle Künd-Schutzverfahren aus, die nur an die formelle Rechtskraft anknüpfen kann; diese besteht aber gerade gegenüber dem am Verfahren Beteiligten. Aus dem gegenüber dem BR ergehenden Beschluss lässt sich eine Bindungswirkung nicht ableiten, da es sich wegen der Konsequenz für den individuellen Künd-Schutz nicht um eine rein kollektivrechtliche Streitigkeit handelt.[8] Wurde der AN allerdings formell ordnungsgemäß am Beschlussverfahren beteiligt, nutzte er dies jedoch wegen seines Einverständnisses mit der Künd lediglich tatsächlich nicht zu einer aktiven Beteiligung, verbleibt es bei der Bindungswirkung.[9]

Die Bindungswirkung gilt in beide Richtungen: Wird dem Antrag des Insolvenzverwalters stattgegeben und die soziale Rechtfertigung der Künd festgestellt, steht diese bindend auch für das individuelle Künd-Schutzverfahren des AN fest. Im Fall der **Abweisung des Antrags** des Insolvenzverwalters steht umgekehrt – dies ist allerdings strittig – auch für die Individual-Künd-Schutzklage bereits bindend fest, dass die Künd nicht durch dringende betriebliche Erfordernisse bedingt ist bzw. nicht sozial gerechtfertigt ist.[10] Soweit hiergegen z.T. eingewandt wird, dies widerspreche dem Beschleunigungszweck der Vorschrift bzw. dem Insolvenzverwalter müsse eine Berichtigung von „in der Eile" unvermeidbaren Fehlern möglich sein,[11] ist anzumerken, dass §§ 126, 127 dem Insolvenzverwalter zwar schnelle Rechtssicherheit geben sollen, ihn aber grds. von einer sorgfältigen Vorbereitung der Künd befreien wollen. Die erforderliche Rechtssicherheit besteht auch im Fall des abweisenden Beschlusses, der gerade die Unwirksamkeit der geplanten bzw. ausgesprochenen Künd feststellt. Zudem ist kein Grund für eine doppelte Prüfung dieser Frage durch das ArbG ersichtlich.

Die Bindungswirkung beschränkt sich auf die Feststellung der sozialen Rechtfertigung der Künd durch betriebsbedingte Gründe. **Andere Gründe** können weiterhin zur Unwirksamkeit der Künd führen, wie z.B. die fehlende ord-

---

1 Nerlich/Römermann/*Hamacher*, § 127 Rn 1.
2 MüKo-InsO/*Löwisch*/*Caspers*, § 127 Rn 3.
3 MüKo-InsO/*Löwisch*/*Caspers*, § 125 Rn 4.
4 MüKo-InsO/*Löwisch*/*Caspers*, § 125 Rn 4.
5 ErfK/*Kiel*, § 127 InsO Rn 2; *Giesen*, ZIP 1998, 46.
6 Nerlich/Römermann/*Hamacher*, § 127 Rn 6; Kübler/Prütting/*Moll*, § 127 Rn 20.
7 Nerlich/Römermann/*Hamacher*, § 127 Rn 6; MüKo-InsO/ *Löwisch*/*Caspers*, § 127 Rn 6; a.A. APS/*Dörner*, § 127 InsO Rn 46.
8 MüKo-InsO/*Löwisch*/*Caspers*, § 127 Rn 6.
9 ErfK/*Kiel*, § 127 InsO Rn 2.
10 KR/*Weigand*, § 127 InsO Rn 1; MüKo-InsO/*Löwisch*/*Caspers*, § 127 InsO Rn 10; ErfK/*Kiel*, § 127 InsO Rn 2; APS/*Dörner*, § 127 InsO Rn 47; Nerlich/Römermann/*Hamacher*, § 127 Rn 4; a.A. Kübler/Prütting/*Moll*, § 127 Rn 22; *Grunsky*, in: FS für Lüke, S. 191.
11 Braun/*Wolf*, § 127 Rn 11.

nungsgemäße Anhörung des BR oder fehlende behördliche Genehmigungen im Fall von Sonder-Künd-Schutz.[12] Auch dem Insolvenzverwalter bleibt es deshalb unbenommen, sich im Fall der Abweisung seines Feststellungsantrages nach § 126 zur Begründung der Künd im Künd-Schutzprozess auf andere Künd-Gründe (verhaltens- oder personenbedingte) zu stützen.[13] Die Bindungswirkung tritt unabhängig davon ein, ob die Künd-Erklärung vor oder nach Einleitung des Beschlussverfahrens erfolgte.[14]

2. Änderung der Sachlage (Abs. 1 S. 2). Die Bindungswirkung gem. Abs. 1 S. 1 tritt nicht ein, wenn sich die Sachlage nach dem Schluss der letzten mündlichen Verhandlung im Beschlussverfahren nach § 126 wesentlich geändert hat.[15] Bei Entscheidung ohne mündliche Verhandlung ist der Verkündungstermin des Beschlusses entscheidend.[16] Abzustellen ist jeweils auf die Verhandlung vor dem ArbG, da es die einzige Tatsacheninstanz ist.[17] Das Gericht entscheidet im Individualprozess inzident, ob und inwieweit der Beschluss nach § 126 noch Bindungswirkung entfaltet.[18]

Anders als bei § 125 kann zur Bestimmung des Begriffs der **wesentlichen Änderung** bei § 127 nicht auf die Vorstellungen der Betriebsparteien abgestellt werden.[19] Vielmehr ist hier dann von einer wesentlichen Änderung auszugehen, wenn sich die Tatsachen geändert haben, die für die in der Entscheidung ausgesprochene Rechtsfolge als maßgeblich angesehen wurden.[20]

Anknüpfungspunkt für die Entscheidung und damit auch für die Frage der „wesentlichen Änderung" ist die geplante Betriebsänderung.[21] Beispiele für eine wesentliche Änderung der Sachlage sind deshalb eine Betriebsveräußerung anstelle einer Betriebsstilllegung, eine deutlich verringerte Anzahl von Künd,[22] aber auch ein erheblich anderer Personalbedarf als zunächst geplant oder eine Änderung der sozialen Gesichtspunkte (z.B. neue Unterhaltspflichten).[23]

Mit Blick auf bereits vor Einleitung des Beschlussverfahrens ausgesprochene Künd kann bei einer wesentlichen Änderung der Sachlage nach rechtskräftigem Abschluss des Beschlussverfahrens lediglich ein **Wiedereinstellungsanspruch** bestehen, da hinsichtlich der Wirksamkeit der Künd auf den Zeitpunkt des Zugangs der Künd abzustellen ist.[24] Dies ist bereits im Beschlussverfahren zu berücksichtigen. Ergibt sich die wesentliche Änderung erst nach Ablauf der Künd-Frist, ist ein Wiedereinstellungsanspruch ausgeschlossen.[25]

3. Aussetzung des Verfahrens (Abs. 2). Hat der AN das Individual-Künd-Schutzverfahren bereits vor der rechtskräftigen Entscheidung des Beschlussverfahrens erhoben, kann der Insolvenzverwalter die Bindungswirkung des Beschlussverfahrens dadurch sicherstellen, dass er die **Aussetzung des Künd-Schutzverfahrens** bis zur Entscheidung im Beschlussverfahren beantragt. Diese Möglichkeit besteht für den Insolvenzverwalter selbst dann, wenn der AN seine Klage bereits vor Einleitung des Verfahrens nach § 126 erhoben hatte.[26] Ein Ermessen des Gerichts besteht insoweit nicht.[27] Stellt der Insolvenzverwalter keinen Aussetzungsantrag – er ist hierzu nicht verpflichtet –,[28] kann das ArbG die **Aussetzung nach § 148 ZPO** auch von Amts wegen anordnen.[29]

Kommt es nicht zur Aussetzung und wird die Entscheidung im Individual-Künd-Schutzverfahren rechtskräftig, bevor über das Beschlussverfahren entschieden wird, bleibt die Rechtskraftwirkung des Individualprozesses bestehen.[30] In diesem Fall wird der Feststellungsantrag nach § 126 für den betroffenen AN unzulässig, weil das Feststellungsinteresse entfällt.[31]

---

12 MüKo-InsO/*Löwisch/Caspers*, § 127 Rn 9; Nerlich/Römermann/*Hamacher*, § 127 Rn 3.
13 MüKo-InsO/*Löwisch/Caspers*, § 127 Rn 11.
14 ErfK/*Kiel*, § 127 InsO Rn 3; KR/*Weigand*, § 127 InsO Rn 2; APS/*Dörner*, § 127 InsO Rn 49; *Warrikoff*, BB 1994, 2338; a.A. *Lakies*, RdA 1997, 154.
15 Nerlich/Römermann/*Hamacher*, § 127 Rn 4; *Giesen*, ZIP 1998, 46.
16 Nerlich/Römermann/*Hamacher*, § 127 Rn 10; *Zwanziger*, § 127 Rn 4.
17 Nerlich/Römermann/*Hamacher*, § 127 Rn 10.
18 Nerlich/Römermann/*Hamacher*, § 127 Rn 7.
19 Nerlich/Römermann/*Hamacher*, § 127 Rn 8.
20 BAG 20.3.1996 – 7 ABR 41/95 – AP Nr. 32 zu § 19 BetrVG 1973; Nerlich/Römermann/*Hamacher*, § 127 Rn 8; MüKo-InsO/*Löwisch/Caspers*, § 127 Rn 13; a.A. Kübler/Prütting/*Moll*, § 127 Rn 34.
21 Nerlich/Römermann/*Hamacher*, § 127 Rn 9.
22 Nerlich/Römermann/*Hamacher*, § 127 Rn 9.
23 MüKo-InsO/*Löwisch/Caspers*, § 125 Rn 14.
24 LAG Niedersachsen 2.4.2004 – 3 Sa 1870/03 – NZA-RR 2004, 567; Nerlich/Römermann/*Hamacher*, § 127 Rn 11; MüKo-InsO/*Löwisch/Caspers*, § 127 Rn 16; Braun/*Wolf*, § 127 Rn 9.
25 BAG 13.5.2004 – 8 AZR 198/03 – DB 2004, 2107.
26 ErfK/*Kiel*, § 127 InsO Rn 4; KDZ/*Däubler*, § 127 InsO Rn 6.
27 APS/*Dörner*, § 127 InsO Rn 50; *Rieble*, NZI 2007, 1393, 1394.
28 *Giesen*, ZIP 1998, 46; APS/*Dörner*, § 127 InsO Rn 50; a.A. *Warrikoff*, BB 1994, 2343; *Schrader*, NZA 1997, 77.
29 APS/*Dörner*, § 127 InsO Rn 50; MüKo-InsO/*Löwisch/Caspers*, § 127 Rn 19; Braun/*Wolf*, § 127 Rn 12.
30 KR/*Weigand*, § 127 InsO Rn 4; a.A. *Zwanziger*, § 127 Rn 11.
31 Nerlich/Römermann/*Hamacher*, § 127 Rn 14; Kübler/Prütting/*Moll*, § 127 Rn 26.

C. Verbindung zu anderen Rechtsgebieten und zum Prozessrecht

Die Bindungswirkung des § 127 gilt auch für andere Verfahren, in denen die Wirksamkeit der Künd inzident geprüft wird, z.B. eine Zahlungsklage des AN auf Gehalt für einen Zeitraum nach Ablauf der Künd-Frist.[32]

Gegen den Beschluss, der die Aussetzung oder Nichtaussetzung des Individualverfahrens festlegt, ist das Rechtsmittel der **sofortigen Beschwerde** gegeben, § 46 Abs. 2 ArbGG i.V.m. § 252 ZPO.[33]

D. Beraterhinweise

Da die **Bindungswirkung nur gegenüber formell beteiligten AN** besteht, sollte der Insolvenzverwalter darauf achten, dass alle AN, deren Künd-Schutzklage noch nicht verfristet ist, in den Antrag nach § 126 aufgenommen werden. Gegenüber AN, die sich zunächst außergerichtlich mit der Kündigung einverstanden erklärt hatten, anschließend aber doch Künd-Schutzklage einreichen und sich mit dem Argument der fehlenden Beteiligung im Beschlussverfahren gegen die Bindungswirkung des § 127 wehren, kann sich der Insolvenzverwalter anderenfalls allenfalls auf Treuwidrigkeit berufen – ein unnötiges Risiko. Soweit sich bei einzelnen AN das Einverständnis mit der Künd im Beschlussverfahren bestätigt, kann der Antrag insoweit jederzeit zurückgenommen werden.

Wurde der Feststellungsantrag des Insolvenzverwalters abgewiesen, kann dieser die für ihn nun **nachteilige Bindungswirkung** ggf. über die Beschränkung des Abs. 1 S. 2 (wesentliche Änderung der Sachlage) entfallen lassen. Der Feststellungsbeschluss entfaltet keine Wirkung für die individuellen Künd-Schutzverfahren mehr, wenn die Betriebsänderung nach Abschluss des Beschlussverfahrens anders als zunächst geplant durchgeführt wird.

Für die AN ist es wichtig, die **Klageerhebungsfrist des § 4 S. 1 KSchG** auch im Fall der Abweisung des Feststellungsantrags des Insolvenzverwalters einzuhalten. Da durch die Abweisung die Unwirksamkeit der Künd nicht abschließend feststeht, sondern sich hieraus lediglich die fehlende soziale Rechtfertigung auf betriebsbedingter Basis ergibt, gibt er anderenfalls seinen Künd-Schutz auf.

§ 128 Betriebsveräußerung

(1) ¹Die Anwendung der §§ 125 bis 127 wird nicht dadurch ausgeschlossen, daß die Betriebsänderung, die dem Interessenausgleich oder dem Feststellungsantrag zugrundeliegt, erst nach einer Betriebsveräußerung durchgeführt werden soll. ²An dem Verfahren nach § 126 ist der Erwerber des Betriebs beteiligt.

(2) Im Fall eines Betriebsübergangs erstreckt sich die Vermutung nach § 125 Abs. 1 Satz 1 Nr. 1 oder die gerichtliche Feststellung nach § 126 Abs. 1 Satz 1 auch darauf, daß die Kündigung der Arbeitsverhältnisse nicht wegen des Betriebsübergangs erfolgt.

Literatur: *Braun*, Insolvenzordnung, Kommentar, 3. Aufl. 2007; *Kübler/Prütting*, Kommentar zur Insolvenzordnung, Loseblatt, Stand: Oktober 2008; *Lakies*, Zu den seit 1.10.1996 geltenden arbeitsrechtlichen Vorschriften der Insolvenzordnung, RdA 1997, 145; *ders.*, Das Beschlussverfahren zum Kündigungsschutz nach § 126 InsO, NZI 2000, 345; *Müller*, Praktische Probleme der seit 1.10.1996 geltenden arbeitsrechtlichen Vorschriften der Insolvenzordnung, NZA 1998, 1315; Münchener Kommentar zur Insolvenzordnung, 2. Aufl. 2008; *Nerlich/Römermann*, Insolvenzordnung, Kommentar, Loseblatt, 15. Aufl. 2008; *Schaub*, Arbeitsrecht in der Insolvenzordnung, DB 1999, 217; *Wellensiek*, Probleme bei der Betriebsveräußerung aus der Insolvenz, NZI 2005, 603; *Zwanziger*, Das Arbeitsrecht der Insolvenzordnung, Kommentar, 3. Aufl. 2006

A. Allgemeines 1	II. Umfang der Vermutung/Feststellung bei Betriebsübergang (Abs. 2) 7
B. Regelungsgehalt 3	C. Verbindung zu anderen Rechtsgebieten und zum Prozessrecht 9
I. Anwendbarkeit der §§ 125 bis 127 bei Betriebsveräußerung (Abs. 1) 3	D. Beraterhinweise 11

A. Allgemeines

§ 128 stellt klar, dass die Verfahren nach § 125 und § 126 auch zur Verfügung stehen, wenn die geplanten Betriebsänderungen erst nach einer **Betriebsveräußerung** durchgeführt werden sollen. Dies ermöglicht es, das betroffene Unternehmen bzw. den Betrieb bereits auf die Erfordernisse eines Betriebsfortführers einzustellen.[1] Dadurch wird sichergestellt, dass der Insolvenzverwalter nicht gezwungen ist, den Betrieb zunächst selbst zu rationalisieren, bevor

---

32 MüKo-InsO/*Löwisch/Caspers*, § 127 Rn 8.
33 Nerlich/Römermann/*Hamacher*, § 127 Rn 15, MüKo-InsO/*Löwisch/Caspers*, § 127 Rn 20.

1 Braun/*Wolf*, § 128 Rn 1.

er ihn verkaufen kann.[2] Voraussetzung des § 128 ist das Vorliegen eines Interessenausgleichs nach § 125 bzw. eines Feststellungsantrags nach § 126. Der Anwendungsbereich entspricht i.Ü. dem der §§ 125, 126.[3] Erfasst werden deshalb auch betriebsbedingte Künd, die keine Betriebsänderungen darstellen, ebenso wie **Änderungs-Künd**.[4] Die Betriebsveräußerung muss aber bereits unmittelbar bevorstehen und Grundlage des Interessenausgleichs sein bzw. in das Feststellungsverfahren eingeführt werden; ansonsten würde sie eine wesentliche Änderung der Sachlage darstellen und erneute Verhandlungen erfordern.[5]

2 Ergänzt wird das Ziel der Regelung, dem Betriebserwerber ein hohes Maß an Sicherheit hinsichtlich der Wirksamkeit von erforderlichen Künd zu geben, durch Abs. 2. Dieser verhindert, dass sich AN, denen nach §§ 125, 126 wirksam gekündigt werden kann, auf eine Unwirksamkeit der Künd „wegen des Betriebsübergangs" berufen können. Die hemmende Wirkung des § 613a BGB für übertragende Sanierungen wird dadurch reduziert.

B. Regelungsgehalt

I. Anwendbarkeit der §§ 125 bis 127 bei Betriebsveräußerung (Abs. 1)

3 Erfolgt im Rahmen des Insolvenzverfahrens eine Betriebsveräußerung, finden §§ 125 bis 127 auch dann Anwendung, wenn die Betriebsänderung, die dem verhandelten Interessenausgleich oder dem Feststellungsantrag zugrunde liegt, erst nach dieser Betriebsveräußerung durchgeführt werden soll. Der Insolvenzverwalter kann daher Künd aussprechen, die sich erst auf betriebliche Gründe des Übernehmers stützen, etwa auf dessen **Sanierungskonzept**. Es kommt nicht darauf an, ob auch der Verwalter diesen Plan hätte umsetzen können oder wollen.[6] Insoweit ist allerdings zu fordern, dass das Konzept des Erwerbers bereits verbindlich feststeht, z.B. durch einen Sanierungsplan oder einen Vorvertrag.[7]

4 Der Erwerber selbst kann nach der Veräußerung nicht von den Möglichkeiten der §§ 125 ff. Gebrauch machen, selbst wenn er den Betrieb aus der Insolvenz erwirbt. §§ 125 ff. stehen nur dem **Insolvenzverwalter** zur Verfügung.[8] Dies bedeutet, dass die Interessenausgleichsverhandlungen bzw. das Feststellungsverfahren durch den Insolvenzverwalter geführt werden müssen. Unzulässig wäre es, Künd des Erwerbers erst im Nachhinein durch einen Interessenausgleich zwischen dem Insolvenzverwalter und dem BR nach § 128 zu rechtfertigen.[9] Möglich ist es aber, dass erst der Erwerber die Künd ausspricht, z.B. weil zwar der Beschluss nach § 126 rechtskräftig ist, ein Verfahren nach § 122 jedoch noch läuft.[10] Lediglich die Vorbereitung der Betriebsänderung muss durch den Insolvenzverwalter abgeschlossen sein.

5 Werden einzelne Mitarbeiter vom Erwerber vorläufig noch benötigt, ist es möglich, sie bereits vor der Übertragung in den Interessenausgleich nach § 125 einzubeziehen, aber erst einige Zeit nach dem Übergang zu kündigen.[11] Auch hierfür ist allerdings erforderlich, dass der Betriebsübergang zurzeit des Abschlusses des Interessenausgleichs bereits bekannt und hinreichend konkretisiert ist, da er andernfalls eine wesentliche Änderung der im Interessenausgleich geregelten Sachlage darstellen würde.[12]

6 Der Erwerber ist gem. Abs. 1 S. 2 in einem laufenden Verfahren nach § 126 **Beteiligter**. Dies gilt auch für einen potenziellen Erwerber bei einer geplanten Übernahme, da er die Folgen der Entscheidung nach § 126 trägt.[13] Die **Erwerbsabsicht** muss hierfür aber bereits abgesichert sein, z.B. durch einen Vorvertrag.[14] Theoretisch können auch mehrere zum Kauf entschlossene potenzielle Erwerber an dem Verfahren beteiligt werden.[15] Ein bloßes Kaufinteresse genügt jedoch nicht, um die Beteiligtenstellung zu erwerben.[16] Abgeschlossen darf die Betriebsveräußerung noch nicht sein, da es sonst an der erforderlichen AG-Rolle des Insolvenzverwalters fehlen würde.[17]

II. Umfang der Vermutung/Feststellung bei Betriebsübergang (Abs. 2)

7 Stellt die Betriebsveräußerung gleichzeitig einen Betriebsübergang (vgl. hierzu die Kommentierung zu § 613a BGB) dar, so bestimmt Abs. 2, dass sich die Vermutung nach § 125 Abs. 1 Nr. 1 bzw. die gerichtliche Feststellung nach § 126

---

2 APS/*Dörner*, § 128 InsO Rn 1; Nerlich/Römermann/*Hamacher*, § 128 Rn 62.
3 MüKo-InsO/*Löwisch/Caspers*, § 128 Rn 4.
4 MüKo-InsO/*Löwisch/Caspers*, § 128 Rn 4f.
5 Nerlich/Römermann/*Hamacher*, § 128 Rn 69, 71.
6 BAG 20.3.2003 – 8 AZR 97/02 – BB 2003, 2180; LAG Köln 26.2.2004 – 6 Sa 875/03 – juris; MüKo-InsO/ *Löwisch/Caspers*, § 128 Rn 32; Nerlich/Römermann/*Hamacher*, § 128 Rn 65.
7 Nerlich/Römermann/*Hamacher*, § 128 Rn 66.
8 MüKo-InsO/*Löwisch/Caspers*, § 128 Rn 35.
9 Braun/*Wolf*, § 128 Rn 2; Kübler/Prütting/*Moll*, § 128 Rn 29; Nerlich/Römermann/*Hamacher*, § 128 Rn 67.
10 MüKo-InsO/*Löwisch/Caspers*, § 128 Rn 33; KR/*Weigand*, § 128 InsO Rn 1; unklar Nerlich/Römermann/*Hamacher*, § 128 Rn 67.
11 MüKo-InsO/*Löwisch/Caspers*, § 128 Rn 34.
12 MüKo-InsO/*Löwisch/Caspers*, § 128 Rn 34.
13 MüKo-InsO/*Löwisch/Caspers*, § 128 Rn 36; *Lakies*, NZI 2000, 345, 347.
14 Nerlich/Römermann/*Hamacher*, § 128 Rn 72; weiter MüKo-InsO/*Löwisch/Caspers*, § 128 Rn 36; wohl enger *Müller*, NZA 1998, 1315.
15 Braun/*Wolf*, § 128 Rn 14.
16 Nerlich/Römermann/*Hamacher*, § 128 Rn 72.
17 Nerlich/Römermann/*Hamacher*, § 128 Rn 72.

Abs. 1 S. 1 auch darauf erstreckt, dass die Künd des Arbverh nicht wegen des Betriebsübergangs erfolgt ist (§ 613a Abs. 4 BGB).[18]

Die Bestimmung des Abs. 2 hat im Wesentlichen nur **klarstellende Funktion**,[19] da der AN bei Berufung auf § 613a Abs. 4 S. 1 BGB sowieso beweispflichtig ist.[20] Soweit im Anwendungsbereich des KSchG der AG beweisen muss, dass eine Künd aus anderen Gründen i.S.d. § 613a Abs. 4 S. 2 BGB vorliegt, kann er sich auf die **Vermutung des § 125** berufen, nach der die Künd durch betriebliche Gründe bedingt ist. Wegen § 46 Abs. 2 ArbGG i.V.m. § 292 S. 1 ZPO[21] muss der AN dann den **Vollbeweis** erbringen, dass die Künd einen Verstoß gegen § 613a Abs. 4 S. 1 BGB darstellt.[22] Beweiserleichterungen zugunsten des AN scheiden hier wegen Abs. 2 aus. In der Lit. wird z.T. angenommen, dass Abs. 2 eine eigenständige Bedeutung zukommt, wenn AN sich auf § 613a Abs. 4 BGB berufen, die z.B. die Wartezeit des KSchG noch nicht erfüllt haben. Insoweit ist aber darauf zu verweisen, dass diese von §§ 125 ff. nicht erfasst werden, da sich deren Anwendungsbereich auf Künd nach dem KSchG beschränkt. Auch insoweit kann die Regelung also keine Rolle spielen.[23]

Zu beachten ist, dass nicht jeder Betriebsübergang i.S.d. § 613a BGB erfasst wird, sondern nach dem eindeutigen Wortlaut lediglich Betriebsveräußerungen sowie Betriebsteilveräußerungen.[24]

C. Verbindung zu anderen Rechtsgebieten und zum Prozessrecht

In dem Individual-Künd-Schutzverfahren gegen eine im Rahmen einer nach der Betriebsveräußerung durchgeführten Betriebsänderung erklärten Künd trägt der AN nach Abs. 2 die volle Darlegungs- und Beweislast für den Verstoß der Künd gegen § 613a Abs. 4 S. 1 BGB, wenn er in einem Interessenausgleich nach § 125 oder in einem Feststellungsbeschluss nach § 126 genannt wird.[25] Hierbei muss er eine doppelte Vermutung widerlegen: einerseits, dass sein Arbverh nicht wegen des Betriebsübergangs gekündigt wurde (Abs. 2), und andererseits, dass die Künd durch dringende betriebliche Erfordernisse bedingt (§ 125 Abs. 1 S. 1 Nr. 1) ist.[26]

Der AN hat die Klage gegen die Künd anlässlich des Betriebsübergangs innerhalb der Drei-Wochen-Frist des § 4 S. 1 KSchG einzureichen.[27]

D. Beraterhinweise

Bei der Auswahl des richtigen Beklagten für die Künd-Schutzklage kann sich der AN darauf verlassen, dass derjenige, der die Künd ausgesprochen hat, auch für die Klage zuständig bleibt. Dies gilt auch, wenn die Klage erst nach dem Betriebsübergang erhoben wird, die Künd aber noch davor von dem Insolvenzverwalter ausgesprochen worden war.[28] Die Künd-Schutzklage ist deshalb stets gegen den Insolvenzverwalter zu richten, wenn dieser die Künd aussprach, und gegen den Erwerber des Betriebes, wenn erst dieser kündigte.

---

18 BAG 20.9.2006 – 6 AZR 149/05 – NZA 2007, 387; BAG 29.9.2005 – 8 AZR 647/04 – NZA 2006, 720; LAG Hamm 4.6.2002 – 4 Sa 81/02 – NZA-RR 2003, 293; *Schaub*, DB 1999, 217, 224; *Lakies*, RdA 1997, 145; *Wellensiek*, NZI 2005, 603, 604.
19 MüKo-InsO/*Löwisch/Caspers*, § 128 Rn 38; Nerlich/Römermann/*Hamacher*, § 128 Rn 75.
20 ErfK/*Kiel*, § 128 InsO Rn 2.
21 LAG Hamm 4.6.2002 – 4 Sa 81/02 – NZA-RR 2003, 293.
22 LAG Hamm 4.6.2002 – 4 Sa 81/02 – NZA-RR 2003, 293.
23 Nerlich/Römermann/*Hamacher*, § 128 Rn 76; a.A. MüKo-InsO/*Löwisch/Caspers*, § 128 Rn 39.
24 Nerlich/Römermann/*Hamacher*, § 128 Rn 63; *Zwanziger*, § 128 Rn 4; a.A. KDZ/*Däubler*, § 128 InsO Rn 6; Kübler/Prütting/*Moll*, § 128 Rn 20.
25 LAG Hamm 27.11.2003 – 4 Sa 767/03 – ZInsO 2004, 576; KR/*Weigand*, § 128 InsO Rn 3.
26 LAG Hamm 27.11.2003 – 4 Sa 767/03 – ZInsO 2004, 576; Nerlich/Römermann/*Hamacher*, § 128 Rn 75.
27 KR/*Weigand*, § 128 InsO Rn 3.
28 BAG 26.5.1983 – 2 AZR 477/81 – DB 1983, 2690; BAG 27.9.1984 – 2 AZR 309/83 – DB 1985, 1399; kritisch: Braun/*Wolf*, § 128 Rn 19.

Gesetz zum Schutz der arbeitenden Jugend
(Jugendarbeitsschutzgesetz – JArbSchG)

Vom 12.4.1976, BGBl I S. 965, BGBl III 8051-10

Zuletzt geändert durch Gesetz zur Umsetzung des Rahmenbeschlusses des Rates der Europäischen Union zur Bekämpfung der sexuellen Ausbeutung von Kindern und der Kinderpornographie vom 31.10.2008, BGBl I S. 2149, 2151

Erster Abschnitt: Allgemeine Vorschriften

§ 1 Geltungsbereich

(1) Dieses Gesetz gilt für die Beschäftigung von Personen, die noch nicht 18 Jahre alt sind,
1. in der Berufsausbildung,
2. als Arbeitnehmer oder Heimarbeiter,
3. mit sonstigen Dienstleistungen, die der Arbeitsleistung von Arbeitnehmern oder Heimarbeitern ähnlich sind,
4. in einem der Berufsausbildung ähnlichen Ausbildungsverhältnis.

(2) Dieses Gesetz gilt nicht
1. für geringfügige Hilfeleistungen, soweit sie gelegentlich
   a) aus Gefälligkeit,
   b) auf Grund familienrechtlicher Vorschriften,
   c) in Einrichtungen der Jugendhilfe,
   d) in Einrichtungen zur Eingliederung Behinderter
   erbracht werden,
2. für die Beschäftigung durch die Personensorgeberechtigten im Familienhaushalt.

§ 2 Kind, Jugendlicher

(1) Kind im Sinne dieses Gesetzes ist, wer noch nicht 15 Jahre alt ist.
(2) Jugendlicher im Sinne dieses Gesetzes ist, wer 15, aber noch nicht 18 Jahre alt ist.
(3) Auf Jugendliche, die der Vollzeitschulpflicht unterliegen, finden die für Kinder geltenden Vorschriften Anwendung.

§ 3 Arbeitgeber

Arbeitgeber im Sinne dieses Gesetzes ist, wer ein Kind oder einen Jugendlichen gemäß § 1 beschäftigt.

Literatur: *Anzinger*, Die neue Kinderarbeitsschutzverordnung, BB 1998, 1843; *ders.*, Die aktuellen Änderungen des Jugendarbeitsschutzgesetzes, AuA 1997, 185; *ders.*, Die neue Kinderarbeitsschutzverordnung, BB 1998, 1843; *Bergwitz*, Das betriebliche Rauchverbot, NZA-RR 2004, 169; *Carstensen*, Musterbetriebsvereinbarungen zur Anrechnung von Berufsschultagen, Arbeit im Betrieb, 1998; *Dembkowsky*, Neue Entwicklungen im Kinder- und Jugendarbeitsschutz, NJW 1998, 3540; *Düwell*, Kinderarbeit – Beseitigung der schlimmsten Formen, AuA 2000, 492; *ders.*, Das IAO Übereinkommen Nr. 182 zur Beseitigung der schlimmsten Formen der Kinderarbeit, NZA 2000, 308; *ders.*, Kinderarbeitsschutzverordnung, FA 1998, 211; *ders.*, Die Neuregelung des Kinderarbeitsschutzes, AuR 1998, 232; *Kohte*, juris PR ArbR 36/2004; *Kollmer*, Aushangpflichtige Arbeitsschutzgesetze im Betrieb, DB 1995, 1662; *ders.*, Grundzüge der neuen Kinderarbeitsschutz-Verordnung, NZA 1998, 1268; *Molkentin*, Das Recht auf Arbeitsverweigerung bei Gesundheitsgefährdung, NZW 1997, 849; *Rudolph*, Kinderarbeitsschutzverordnung, AiB 1999, 123; *Schlüter*, Änderungen des Jugendarbeitsschutzes in Kraft getreten, BuW 1997, 229; *Schmidt, M.*, Defizite im Jugendarbeitsschutz, BB 1998, 1362; *Schoden*, Neues zum Jugendarbeitsschutz, AiB 1997, 256; *Stück*, Die ärztliche Untersuchung des Arbeitnehmers, NZA-RR 2005, 505; *Taubert*, Die Arbeitszeit von Jugendlichen und Kindern, AuA 1992, 333; *Wenzel*, Einsatz von Minderjährigen bei Inventuren, DB 2001, 1613

A. Allgemeines	1	b) Sonstige nicht erfasste Beschäftigungen	13
B. Regelungsgehalt	2	III. Persönlicher Geltungsbereich	14
I. Räumlicher Geltungsbereich	2	1. Geschützte Personen (§ 1 Abs. 1, 2)	14
II. Sachlicher Geltungsbereich (§ 1)	3	2. Arbeitgeber (§ 3)	16
1. Beschäftigungsverhältnisse	3	C. Verbindung zu anderen Rechtsgebieten und zum Prozessrecht	17
2. Nicht erfasste Beschäftigungen	8		
a) Ausnahmen nach § 1 Abs. 2	8	D. Beraterhinweise	18

A. Allgemeines

Die körperliche und geistige Leistungsfähigkeit junger Menschen ist i.d.R. durch den Schulbesuch ausgelastet. Aus diesem Grund geht man etwa im Zusammenhang mit § 8 Abs. 2 SGB II von einer Nichterwerbsfähigkeit von Kindern gem. § 5 Abs. 1 aus.[1] Zusätzliche Erwerbstätigkeit kann den Erfolg der schulischen Ausbildung gefährden und die körperliche und seelische Entwicklung des Kindes nachhaltig negativ beeinträchtigen. Eine angemessene Arbeitserfahrung kann aber helfen, junge Menschen auf das berufliche und gesellschaftliche Leben als Erwachsene vorzubereiten. Sie verfügen aber weder über die körperliche Kraft noch über die Erfahrungen eines Erwachsenen. Sie müssen im besonderen Maße vor einer Überbeanspruchung und vor den Gefahren am Arbeitsplatz geschützt werden. Das JArbSchG setzt die hierzu erlassene RL 94/33/EG v. 22.6.1994 über den Jugendarbeitsschutz (ABl EG L 216, S. 1 ff.) um.[2]

B. Regelungsgehalt

I. Räumlicher Geltungsbereich

Das JArbSchG erfasst jede Beschäftigung auf dem Hoheitsgebiet der BRD. Es gilt das Territorialitätsprinzip. Für Entsendefälle gilt § 7 Abs. 1 Nr. 6 AEntG.

II. Sachlicher Geltungsbereich (§ 1)

1. **Beschäftigungsverhältnisse.** Der sachliche Geltungsbereich ist durch den Begriff „Beschäftigung" geprägt. Erfasst wird jede Form der Beschäftigung in der Berufsausbildung, in einem Arbeits- oder Heim-Arbverh sowie in anderen ähnlichen Beschäftigungs- bzw. Ausbildungsverhältnissen. Mit § 1 Abs. 1 Nr. 3, 4 stellt das JArbSchG klar, dass möglichst jede Beschäftigung von seinem Schutz erfasst werden soll.

Die Beschäftigung „in der Berufsausbildung" (Abs. 1 Nr. 1) ist ein Arbverh. Der Auszubildende wird zu seiner Ausbildung im Dienst eines anderen beschäftigt. Erfasst wird die betriebliche Ausbildung und die Beschäftigung in einer Bildungseinrichtung, nicht die im Rahmen der schulischen Ausbildung an berufsbildenden Schulen.

Der Begriff **AN** i.S.d. § 1 Abs. 1 Nr. 2 ist im allg. arbeitsrechtlichen Sinn zu verstehen. AN ist, wer aufgrund eines privatrechtlichen Vertrags im Dienst eines anderen gegen Vergütung zur Leistung weisungsgebundener, fremdbestimmter Arbeit in persönlicher Abhängigkeit verpflichtet ist, wobei seine Eingliederung in eine fremdbestimmte Arbeitsorganisation für eine Weisungsgebundenheit spricht.[3] **Heimarbeiter** ist, wer in selbst gewählter Arbeitsstätte allein oder mit seinen Familienangehörigen im Auftrag von Gewerbetreibenden oder Zwischenmeistern erwerbsmäßig arbeitet, jedoch die Verwertung der Arbeitsergebnisse dem unmittelbar oder mittelbar auftraggebenden Gewerbetreibenden überlässt (§ 2 Abs. 1 HAG).

Der Auffangtatbestand „**sonstige ähnliche Dienstleistungen**" (Abs. 1 Nr. 3) will möglichst jede Beschäftigung erfassen. Sie muss aber einer Beschäftigung „in der Berufsbildung" und „als AN (...)" ähnlich sein, also ihrem Wesen nach eine geldwerte weisungsgebundene Arbeitsleistung beinhalten. Das JArbSchG regelt nicht das Vertragsrecht. Die Wirksamkeit der zugrunde liegenden Vereinbarung ist unerheblich. Es genügt eine faktische Beschäftigung.[4] Ihr Motiv (Lebensunterhalt, Hobby, Taschengeld etc.) ist ohne Belang. Ihr Inhalt, zeitlicher Umfang oder Regelmäßigkeit spielen keine wesentliche Rolle. Erforderlich ist aber eine gewisse, nicht zu vernachlässigende Intensität der Inanspruchnahme.[5] Sie muss nicht ausdrücklich durch den AG veranlasst sein. Seine wissentliche Duldung genügt.[6] Auch die Vergütung ist kein wesentliches Kriterium. Es muss aber eine Leistung im wirtschaftlichen Sinne erbracht werden, die dem Beschäftigter zugute kommt. Betätigen sich junge Menschen in einem Verein und werden hierbei in eine Organisationsstruktur eingebunden und nachhaltig angehalten, bei der Vermarktung der Vereinstätigkeit mitzuwirken, unterfallen die Tätigkeiten dem JArbSchG, ohne dass es darauf ankäme, ob sie selbst einen wirtschaftlichen Vorteil erlangen. Sind jugendliche Hausgewerbetreibende (§ 2 Abs. 2 HAG) nicht selbst AG, kann ihre Arbeit dem Erscheinungsbild von Heimarbeitern ähnlich sein.[7]

---

1 LSG Nordrhein-Westfalen 11.12.2008 – L 9 AS 34/08 – juris.
2 BT-Drucks 13/5494, S. 1, 7.
3 BAG 20.8.2003 – 5 AZR 610/02 – DB 2004, 549.
4 OVG NW 17.2.1986 – 12 A 1453/85 – NJW 1987, 1443, 1444.
5 AG Bielefeld 16.12.1977 – 8 OWi/56 Js 726/77 – juris.
6 BayObLG 26.2.1982 – 3 Ob OWi 23/82 – DB 1882, 1627.
7 *Molitor/Volmer/Germelmann*, § 1 Rn 57, 58.

7 In einem „**ähnlichen Ausbildungsverhältnis**" (Abs. 1 Nr. 4) werden außerhalb einer Berufsausbildung i.S.d. BBiG berufliche Kenntnisse, Fertigkeiten oder Erfahrungen erworben (§ 26 BBiG; Volontäre, Betriebspraktikanten), etwa wie in einer „Schnupperlehre", bei der mehrere Kandidaten als Eignungstest für eine Ausbildungsstelle vorab beschäftigt werden, um für den Ausbilder das wirtschaftliche Risiko eines Ausbildungsabbruchs zu minimieren.[8]

8 **2. Nicht erfasste Beschäftigungen. a) Ausnahmen nach § 1 Abs. 2.** Das JArbSchG nimmt einen Teil der von § 1 Abs. 1 erfassten Tätigkeiten aus seinem Geltungsbereich aus. Es handelt sich um Tätigkeiten, die wegen ihrer nur geringen gesundheitlichen Auswirkungen den Schutz des JArbSchG nicht erfordern (§ 1 Abs. 2 Nr. 1). § 1 Abs. 2 Nr. 2 nimmt Rücksicht auf die Erziehung junger Menschen und deren Stellung innerhalb ihres engsten sozialen Umfelds.

9 Werden nur gelegentlich geringfügige Hilfeleistungen aus Gefälligkeit erbracht (§ 1 Abs. 2 Nr. 1a), unterliegen sie nicht den Beschränkungen des JArbSchG. Hilfeleistung ist eine unterstützende Tätigkeit für einen anderen, der auf Beistand angewiesen ist, ohne dass eine Notlage erforderlich wäre. Hilfe kann auch durch eine typische Arbeitsleistung erbracht werden. Sie muss aus Gefälligkeit erfolgen, d.h. aus der inneren Bereitschaft, zu helfen. Eine Belohnung steht dem nicht entgegen,[9] solange die Hilfeleistung nicht von vornherein auf den Austausch von Leistung und Gegenleistung gerichtet ist.[10] Sie werden nur gelegentlich erbracht, wenn sie das für diese Leistungen übliche zeitliche Maß nicht überschreiten.[11] Die Geringfügigkeit beurteilt sich nach dem Alter und dem individuellen Entwicklungsstand des jungen Menschen sowie nach seiner zeitlichen und körperlichen Inanspruchnahme. Wird eine Hilfeleistung im Zusammenhang mit einem Arbeits- bzw. Ausbildungsverhältnis erbracht, wird sie zur Berechnung der Arbeitszeit (§§ 8 ff.) mit berücksichtigt.[12]

10 Das JArbSchG erfasst nicht geringfügige gelegentliche Hilfeleistung aufgrund familienrechtlicher Vorschriften (Abs. 2 Nr. 1b). In Betracht kommen die Bestimmungen über die Mitarbeit und Unterhaltsgewährung unter Ehegatten (§§ 1356 Abs. 2, 1360 S. 2 BGB) und über das Verhältnis zwischen Kindern und Eltern (§§ 1601 ff., 1619 BGB). Außerhalb des Familienhaushalts dürfen Eltern ihre Kinder nur gelegentlich zu geringfügigen Hilfeleistungen heranziehen. Innerhalb des Familienhaushalts gilt die Sonderregelung in § 1 Abs. 2 Nr. 2 (siehe Rn 12).

11 Eine Beschäftigung in Einrichtungen der Jugendhilfe (§ 45 SGB VIII; Kinder-, Schülerheime, Freizeit- und Bildungseinrichtungen etc.) oder in Einrichtungen zur Eingliederung Behinderter (Berufsbildungs- und Berufsförderungseinrichtungen etc.) unterfällt dem JArbSchG. Wohnen, essen und schlafen junge Menschen auch in diesen Einrichtungen, muss die Möglichkeit bestehen, sie wie in einer Familie zu vergleichbaren täglichen Arbeiten heranzuziehen. Sie müssen den Gemeinschaftsinteressen dienen und sich auf geringfügige, gelegentliche Hilfeleistung beschränken.[13]

12 Die Mithilfe in der Familie ist ein wichtiges Erziehungsmittel. Es soll durch das JArbSchG nicht beeinflusst werden. Es gilt daher nicht für die Beschäftigung durch einen Personensorgeberechtigten im Familienhaushalt (§ 1 Abs. 2 Nr. 2). Das Personensorgerecht haben die Eltern (§§ 1626, 1626a, 1628, 1671, 1672 BGB), der Aufnehmende bei einer Adoption (§ 1754 BGB) und der Vormund (§ 1800 BGB), wenn er die Personensorge tatsächlich ausübt und den jungen Menschen in seinen Haushalt aufgenommen hat.

13 **b) Sonstige nicht erfasste Beschäftigungen.** Nicht erfasst wird eine eigenwirtschaftliche **selbstständige Tätigkeit**. Karitative Tätigkeiten in Ausübung religiöser Nächstenliebe (Sammlungen, Hilfe für Kranke etc.) und religiöse Kulthandlungen (Messdiener, Chor etc.) sind unter Beachtung des Selbstbestimmungsrechts der **Kirchen** zu beurteilen (Art. 140 GG, Art. 137 Abs. 3 WRV). Das JArbSchG setzt diesem Recht Schranken und ist zugleich unter Beachtung der verfassungsrechtlichen Garantie der Kirchen auszulegen. Die Normen des JArbSchG sind überwiegend nicht anwendbar.[14] Für Tätigkeiten außerhalb des durch Art. 140 GG geschützten Bereichs gilt das JArbSchG.[15] Für **jugendliche Beamte** gilt das JArbSchG mit besonderen Maßgaben entspr. (§§ 65, 66; § 80a BBG, § 55a BRRG). Die Beschäftigung im **Vollzug einer Freiheitsentziehung** regelt § 62. Das Teilnahmeverhältnis im freiwilligen sozialen Dienst oder im freiwilligen ökologischen Dienst ist kein Arbeitsverhältnis im engeren Sinne.[16] Die Arbeitsschutzbestimmungen des JArbSchG finden aber entsprechende Anwendung (§ 13 JugendfreiwilligendiensteG).

III. Persönlicher Geltungsbereich

14 **1. Geschützte Personen (§ 1 Abs. 1, 2).** § 1 Abs. 1 erfasst Personen, die noch nicht 18 Jahre alt sind. § 2 teilt sie in verschiedene Altersgruppen auf. Bei der Berechnung des Alters wird der Tag der Geburt mitgerechnet (§ 187 Abs. 2

---

8 OLG Hamm 14.8.1987 – 6 Ss OWi 445/86 – AiB 1989, 267–268.
9 BayObLG 21.12.1973 – RReg. 4 St 157/73 – AP § 66 JArbSchG Nr. 1.
10 *Wenzel*, DB 2001, 1613, 1614.
11 OLG Hamm 28.2.1992 – 4 Ss OWi 444/78 – OLGSt zu § 1 JArbSchG; *Anzinger*, BB 1998, 1843.
12 BayObLG 26.2.1982 – 3 Ob OWi 23/82 – DB 1982, 1627.
13 Zmarzlik/Anzinger/*Zmarzlik*, JArbSchG, § 1 Rn 38.
14 ErfK/*Schlachter*, § 1 JArbSchG Rn 6.
15 *Gröninger/Gehring/Taubert*, § 1 Rn 9.
16 BT-Drucks 16/6519, S. 15.

S. 2 BGB). Das Lebensjahr wird mit dem Tag vollendet, der dem jeweiligen Lebensjahr vorangeht (§ 188 Abs. 2 BGB). Einige Normen des JArbSchG finden auch auf erwachsene Auszubildende Anwendung (§§ 9, 19).

Kind ist, wer noch nicht 15 Jahre alt ist, **Jugendlicher**, wer 15, aber noch nicht 18 Jahre alt ist. Gehen Jugendliche noch zur Schule, hat der erfolgreiche Schulbesuch absoluten Vorrang vor einer zusätzlichen Erwerbstätigkeit. Auf **vollzeitschulpflichtige Jugendliche** finden daher die Vorschriften für Kinder Anwendung. Die Vollzeitschulpflicht wird in den Schulgesetzen der Länder geregelt.[17] Sie beginnt i.d.R. für alle Kinder, die bis zum 30. Juni des laufenden Kalenderjahrs das sechste Lebensjahr vollendet haben. Sie dauert unabhängig von der Schulart in Berlin, Bremen, Brandenburg und in Nordrhein-Westfalen neun Jahre, in den anderen Bundesländern zehn Jahre. Sie endet mit Abschluss des neunten/zehnten Vollzeitschuljahrs, auch wenn dieses Schuljahr wiederholt werden muss.[18]

2. Arbeitgeber (§ 3). AG ist, wer einen jungen Menschen gem. § 1 beschäftigt. Das ist ein AG im arbeitsrechtlichen Sinne, ein Auftraggeber (§ 1 Abs. 2a HAG) oder ein Ausbildender (§ 10 Abs. 1 BBiG). Entsprechend des weit gefassten Beschäftigungsbegriffs gem. § 1 ist auch der AG-Begriff weit gefasst.[19] AG ist auch, wer einen jungen Menschen mit ähnlichen Dienstleistungen i.S.d. § 1 Abs. 1 Nr. 3 und 4 beschäftigt oder Hilfeleistungen in Überschreitung der Grenzen des § 1 Abs. 2 in Anspruch nimmt oder wer einen jungen Menschen in nicht zu vernachlässigendem Umfang anweist und in Anspruch nimmt bzw. eine solche Betätigung duldet. Ein eigener unmittelbarer finanzieller Vorteil ist nicht erforderlich, solange eine Dienstleistung von einem gewissen wirtschaftlichen Nutzen entgegen genommen wird. AG ist daher nicht nur der Vertragspartner, sondern jede weitere Person, die Aufgaben und Funktionen eines AG ausübt (**funktionaler AG**). Dies erfasst die handelnden Organe und Vertreter juristischer Personen, Ausbilder (§ 28 Abs. 2 BBiG), Betriebs- und Abteilungsleiter etc. Sind die AG-Funktionen aufgeteilt, ist zu prüfen, ob die betreffende Norm des JArbSchG auf ein Handeln oder Unterlassen abstellt. Die Verantwortung für ihre Einhaltung trifft den jeweiligen funktionalen AG, Zahlungspflichten den Vertragsarbeitgeber.[20]

C. Verbindung zu anderen Rechtsgebieten und zum Prozessrecht

§§ 1 bis 3 enthalten selbstständige Begriffsbestimmungen. Sie gehen als **Sonderregelungen** denen anderer Gesetze vor. Erfolgt die Beschäftigung im Ausland, schränken die Normen des JArbSchG als zwingende Bestimmungen nach Art. 30 Abs. 1 EGBGB die Freiheit der Rechtswahl nach Art. 27 EGBGB ein.

Das JArbSchG muss **richtlinienkonform ausgelegt** werden.[21] Es dient der Umsetzung der RL 94/33/EG.

Verstöße gegen das JArbSchG sind grds. **bußgeld- bzw. strafbewehrt** (§§ 58, 59). Die Verantwortlichkeit für die Verstöße treffen den handelnden, ggf. nur funktionalen AG (siehe §§ 58 bis 60 Rn 4).[22] Der Vertrags-AG ist zudem dafür verantwortlich, nur solche Personen mit der Beschäftigung junger Menschen zu betrauen, die hierfür geeignet sind (§§ 25 Abs. 2, 58 Abs. 2).[23]

D. Beraterhinweise

§§ 1 bis 3 sind **zwingend**. Auf ihren Schutz kann nicht verzichtet werden. Einzel- und kollektivrechtliche Vereinbarungen zu **Ungunsten** junger Menschen sind nichtig (§ 134 BGB). Das gilt v.a. für sog. Stellvertreterverträge mit Erwachsenen. Das JArbSchG stellt auf das äußere Erscheinungsbild der Beschäftigung ab. Es kann nicht durch eine vermeintlich eigenwirtschaftliche Selbstständigkeit umgangen werden, solange die Beschäftigung tatsächlich weisungsgebunden erfolgt.[24] Der AG kann sich nicht von seiner Verantwortlichkeit nach dem JArbSchG freistellen lassen. Seine öffentlichrechtlichen Pflichten gegenüber dem Staat sind für ihn nicht disponibel. Haftungsfreistellungen zwischen dem Vertrags-AG und dem funktionalen AG wirken nur im Innenverhältnis. Vereinbarungen **zugunsten** junger Menschen und solche, die das JArbSchG konkretisieren, sind zulässig.

§ 4 Arbeitszeit

(1) Tägliche Arbeitszeit ist die Zeit vom Beginn bis zum Ende der täglichen Beschäftigung ohne die Ruhepausen (§ 11).

(2) Schichtzeit ist die tägliche Arbeitszeit unter Hinzurechnung der Ruhepausen (§ 11).

---

17 BT-Drucks 13/5494, S. 8.
18 *Wenzel*, DB 2001, 1613, 1614.
19 BT-Drucks 7/2305, S. 26.
20 Zmarzlik/Anzinger/*Zmarzlik*, JArbSchG, § 3 Rn 8.
21 Umfassend: *Schmidt*, BB 1998, 1362.
22 BayObLG 29.5.1963 – 4 St 17/63 – DB 1963, 967.
23 OLG Hamm 9.6.1992 – 1 VAs 21/92 – Ez.B. § 25 JArbSchG Nr. 2.
24 OVG NW 17.2.1986 – 12 A 1453/85 – NJW 1987, 1443, 1444.

(3) ¹Im Bergbau unter Tage gilt die Schichtzeit als Arbeitszeit. ²Sie wird gerechnet vom Betreten des Förderkorbes bei der Einfahrt bis zum Verlassen des Förderkorbes bei der Ausfahrt oder vom Eintritt des einzelnen Beschäftigten in das Stollenmundloch bis zu seinem Wiederaustritt.

(4) ¹Für die Berechnung der wöchentlichen Arbeitszeit ist als Woche die Zeit von Montag bis einschließlich Sonntag zugrunde zu legen. ²Die Arbeitszeit, die an einem Werktag infolge eines gesetzlichen Feiertags ausfällt, wird auf die wöchentliche Arbeitszeit angerechnet.

(5) Wird ein Kind oder ein Jugendlicher von mehreren Arbeitgebern beschäftigt, so werden die Arbeits- und Schichtzeiten sowie die Arbeitstage zusammengerechnet.

A. Allgemeines

1 § 4 definiert wesentliche Begriffe zur Arbeitszeit von Jugendlichen. Deren höchstzulässige Dauer wird in §§ 8 ff. festgelegt.

B. Regelungsgehalt

2 Abs. 1 definiert die **tägliche Arbeitszeit** und stellt hierbei bewusst auf die „Zeit der Beschäftigung" ab. Erfasst wird die gesamte Zeit, während der der Jugendliche dem Weisungsrecht des AG unterliegt. Arbeitszeit ist damit die Zeit der Arbeitsleistungen inkl. der Vorbereitungs- bzw. Abschlussarbeiten sowie sämtliche weiteren Zeiten, in denen die Arbeitskraft bei fortbestehendem Weisungsrecht trotz Arbeitsbereitschaft nicht abgerufen wird. Ruhepausen (§ 11) werden nicht hinzugerechnet. Sie müssen dem Jugendlichen aber zur freien Verfügung stehen (siehe §§ 11 bis 14 Rn 2). Sonstige Arbeitsunterbrechungen gelten als Arbeitszeit.¹ Das gilt v.a. für Bereitschaftsdienste. Während sie für Erwachsene zunächst als Ruhezeit galten² und erst seit dem ArbZG zur Arbeitszeit zählen,³ unterfielen sie wegen des fortdauernden Weisungsrechts stets dem Arbeitszeitbegriff des JArbSchG.⁴ Zeiten einer Rufbereitschaft sind Arbeitszeit. Auch hier muss sich der Jugendliche auf Abruf zur Arbeit bereithalten.⁵ Die Einschränkung für Erwachsene, wonach nur die Zeit tatsächlich erbrachter Arbeitsleistungen als Arbeitszeit zählt,⁶ gilt nicht. Während betrieblich organisierter Fahrten zu auswärtigen Arbeitsstätten unterliegt der Jugendliche dem Weisungsrecht des AG. Es handelt sich um Arbeitszeit.⁷ Wegzeiten von der Wohnung zur Arbeit, von und zur Berufsschule, Zeiten des Berufsschulunterrichts und der Prüfungen sind keine Arbeitszeit, auch wenn sie z.T. auf sie angerechnet werden (siehe §§ 9, 10 Rn 4, 7). Zeiten theoretischer Ausbildungsmaßnahmen des AG sind Arbeitszeit, wenn er zumindest mittelbar Druck zur Teilnahme ausübt.⁸

3 **Schichtzeit** i.S.d. Abs. 2 ist die Zeit, während der der Jugendliche im Laufe eines Tages durch die Arbeitszeit inkl. der Ruhepausen (§ 11) in Anspruch genommen wird. Maßgeblich ist der Kalendertag von 0.00 Uhr bis 24.00 Uhr.⁹ Im **Bergbau unter Tage** gilt die Schichtzeit als Arbeitszeit (Abs. 3). Die Schichtzeit beginnt mit dem Betreten des Förderkorbs bei der Einfahrt bis zum Verlassen des Förderkorbs bei der Ausfahrt bzw. vom Eintritt des Jugendlichen in das Stollenmundloch bis zu seinem Wiederaustritt. Daher sind Vor- bzw. Nacharbeiten im Bergbau keine Arbeitszeit.

4 Abs. 4 bestimmt den Begriff der **wöchentlichen Arbeitszeit** als die Zeit von Montag bis einschl. Sonntag. Fällt infolge eines gesetzlichen Feiertags an einem Werktag Arbeitszeit aus, wird diese Zeit auf die wöchentliche Arbeitszeit angerechnet. Dies gilt entsprechend, wenn in einem der Ausnahmefälle des § 17 die Arbeit planmäßig an einem Sonntag zu erbringen wäre und diese infolge eines auf diesen Tag fallenden gesetzlichen Feiertags ausfällt. Die Arbeitszeit muss allein „infolge" des Feiertags ausfallen. Es gelten die zu § 2 Abs. 2 EFZG entwickelten Kausalitätsgrundsätze.¹⁰ Anzurechnen ist die tatsächlich ausfallende Arbeitszeit.

5 Wird der Jugendliche von **mehreren AG** beschäftigt, werden die Arbeits- und Schichtzeiten sowie die Arbeitstage zusammengerechnet (Abs. 5). Dies betrifft v.a. Jugendliche, die neben der Ausbildung nach Feierabend oder am Wochenende weitere unter den Geltungsbereich des JArbSchG fallende Arbeiten ausüben (Bedienung, Aushilfen etc.).

---

1 *Gröninger/Gehring/Taubert*, § 4 Rn 10.
2 BAG 18.2.2003 – 1 ABR 2/02 – BAGE 105, 32–58 = NZA 2003, 742.
3 BAG 16.3.2004 – 9 AZR 93/03 – BAGE 110, 60 = NZA 2004, 927.
4 BT-Drucks 7/2305, S. 27.
5 *Schoden*, JArbSchG, § 4 Rn 5; a.A.: *Molitor/Volmer/Germelmann*, § 4 Rn 14.
6 BAG 18.2.2003 – 1 ABR 2/02 – BAGE 105, 32–58 ,= NZA 2003, 742.
7 BayObLG 23.3.1992 – 3 Ob OWi 18/92 – NZA 1992, 811.
8 VG Saarland 15.1.1979 – 5 K 264/77 – Ez.B. § 8 JArbSchG Nr. 1.
9 BayObLG 28.1.1982 – 3 Ob OWi 213/81 – DB 1982, 1680.
10 BAG 24.10.2001 – 5 AZR 245/00 – DB 2002, 1110.

C. Verbindung zu anderen Rechtsgebieten und zum Prozessrecht

Die Legaldefinitionen des § 4 gehen als **Sonderregelungen** denen des ArbZG vor. Im Verhältnis zu § 2 Abs. 1 EFZG regelt § 4 Abs. 4 S. 2 die Anrechnung der infolge des Feiertags ausfallenden Arbeitszeit, nicht aber einen Anspruch auf Vergütung der ausfallenden Arbeitszeit.

D. Beraterhinweise

§ 4 ist **zwingend**. Regelungen zu **Ungunsten** der Jugendlichen sind nichtig (§ 134 BGB). Von § 4 kann weder einzel- noch kollektivvertraglich abgewichen werden. **Günstigere** Regelungen und solche zur Konkretisierung des § 4 sind zulässig.

Der AG sollte sich vor der Aufnahme der Beschäftigung eine **Erklärung** über das Alter des Jugendlichen, weitere Beschäftigungsverhältnisse und eine bestehende Vollzeitschulpflicht unterzeichnen zu lassen. Sie sollte einen Hinweis auf die Pflicht zur Mitteilung späterer Änderungen enthalten. Der AG hat gem. Abs. 5 ein berechtigtes Interesse, Auskunft über die Beschäftigung durch weitere AG zu erlangen.[11] Er kann sie vom Jugendlichen ggf. im Wege einer **Auskunftsklage** verlangen.

Zweiter Abschnitt: Beschäftigung von Kindern

§ 5 Verbot der Beschäftigung von Kindern

(1) Die Beschäftigung von Kindern (§ 2 Abs. 1) ist verboten.
(2) Das Verbot des Absatzes 1 gilt nicht für die Beschäftigung von Kindern
1. zum Zweck der Beschäftigungs- und Arbeitstherapie,
2. im Rahmen des Betriebspraktikums während der Vollzeitschulpflicht,
3. in Erfüllung einer richterlichen Weisung.

Auf die Beschäftigung finden § 7 Satz 1 Nr. 2 und die §§ 9 bis 46 entsprechende Anwendung.

(3) ¹Das Verbot des Absatzes 1 gilt ferner nicht für die Beschäftigung von Kindern über 13 Jahre mit Einwilligung des Personensorgeberechtigten, soweit die Beschäftigung leicht und für Kinder geeignet ist. ²Die Beschäftigung ist leicht, wenn sie auf Grund ihrer Beschaffenheit und der besonderen Bedingungen, unter denen sie ausgeführt wird,
1. die Sicherheit, Gesundheit und Entwicklung der Kinder,
2. ihren Schulbesuch, ihre Beteiligung an Maßnahmen zur Berufswahlvorbereitung oder Berufsausbildung, die von der zuständigen Stelle anerkannt sind, und
3. ihre Fähigkeit, dem Unterricht mit Nutzen zu folgen,

nicht nachteilig beeinflußt. ³Die Kinder dürfen nicht mehr als zwei Stunden täglich, in landwirtschaftlichen Familienbetrieben nicht mehr als drei Stunden täglich, nicht zwischen 18 und 8 Uhr, nicht vor dem Schulunterricht und nicht während des Schulunterrichts beschäftigt werden. ³Auf die Beschäftigung finden die §§ 15 bis 31 entsprechende Anwendung.

(4) ¹Das Verbot des Absatzes 1 gilt ferner nicht für die Beschäftigung von Jugendlichen (§ 2 Abs. 3) während der Schulferien für höchstens vier Wochen im Kalenderjahr. ²Auf die Beschäftigung finden die §§ 8 bis 31 entsprechende Anwendung.

(4a) Die Bundesregierung hat durch Rechtsverordnung mit Zustimmung des Bundesrats die Beschäftigung nach Absatz 3 näher zu bestimmen.

(4b) Der Arbeitgeber unterrichtet die Personensorgeberechtigten der von ihm beschäftigten Kinder über mögliche Gefahren sowie über alle zu ihrer Sicherheit und ihrem Gesundheitsschutz getroffenen Maßnahmen.

(5) Für Veranstaltungen kann die Aufsichtsbehörde Ausnahmen gemäß § 6 bewilligen.

---

11 Zu § 5 ArbZG: BAG 11.12.2001 – 9 AZR 464/00 – NZA 2002, 965.

§ 6 Behördliche Ausnahmen für Veranstaltungen

(1) Die Aufsichtsbehörde kann auf Antrag bewilligen, daß
1. bei Theatervorstellungen Kinder über sechs Jahre bis zu vier Stunden täglich in der Zeit von 10 bis 23 Uhr,
2. bei Musikaufführungen und anderen Aufführungen, bei Werbeveranstaltungen sowie bei Aufnahmen im Rundfunk (Hörfunk und Fernsehen), auf Ton- und Bildträger sowie bei Film- und Fotoaufnahmen
    a) Kinder über drei bis sechs Jahre bis zu zwei Stunden täglich in der Zeit von 8 bis 17 Uhr,
    b) Kinder über sechs Jahre bis zu drei Stunden täglich in der Zeit von 8 bis 22 Uhr

gestaltend mitwirken und an den erforderlichen Proben teilnehmen. Eine Ausnahme darf nicht bewilligt werden für die Mitwirkung in Kabaretts, Tanzlokalen und ähnlichen Betrieben sowie auf Vergnügungsparks, Kirmessen, Jahrmärkten und bei ähnlichen Veranstaltungen, Schaustellungen oder Darbietungen.

(2) Die Aufsichtsbehörde darf nach Anhörung des zuständigen Jugendamtes die Beschäftigung nur bewilligen, wenn
1. die Personensorgeberechtigten in die Beschäftigung schriftlich eingewilligt haben,
2. der Aufsichtsbehörde eine nicht länger als vor drei Monaten ausgestellte ärztliche Bescheinigung vorgelegt wird, nach der gesundheitliche Bedenken gegen die Beschäftigung nicht bestehen,
3. die erforderlichen Vorkehrungen und Maßnahmen zum Schutz des Kindes gegen Gefahren für Leben und Gesundheit sowie zur Vermeidung einer Beeinträchtigung der körperlichen oder seelisch-geistigen Entwicklung getroffen sind,
4. Betreuung und Beaufsichtigung des Kindes bei der Beschäftigung sichergestellt sind,
5. nach Beendigung der Beschäftigung eine ununterbrochene Freizeit von mindestens 14 Stunden eingehalten wird,
6. das Fortkommen in der Schule nicht beeinträchtigt wird.

(3) Die Aufsichtsbehörde bestimmt,
1. wie lange, zu welcher Zeit und an welchem Tag das Kind beschäftigt werden darf,
2. Dauer und Lage der Ruhepausen,
3. die Höchstdauer des täglichen Aufenthalts an der Beschäftigungsstätte.

(4) [1]Die Entscheidung der Aufsichtsbehörde ist dem Arbeitgeber schriftlich bekanntzugeben. [2]Er darf das Kind erst nach Empfang des Bewilligungsbescheides beschäftigen.

§ 7 Beschäftigung von nicht vollzeitschulpflichtigen Kindern

Kinder, die der Vollzeitschulpflicht nicht mehr unterliegen, dürfen
1. im Berufsausbildungsverhältnis,
2. außerhalb eines Berufsausbildungsverhältnisses nur mit leichten und für sie geeigneten Tätigkeiten bis zu sieben Stunden täglich und 35 Stunden wöchentlich

beschäftigt werden. Auf die Beschäftigung finden die §§ 8 bis 46 entsprechende Anwendung.

Verordnung über den Kinderarbeitsschutz
Vom 23.6.1998, BGBl I S. 1508, BGBl III 8051-10-2

KindArbSchV § 1 – Beschäftigungsverbot
Kinder über 13 Jahre und vollzeitschulpflichtige Jugendliche dürfen nicht beschäftigt werden, soweit nicht das Jugendarbeitsschutzgesetz und § 2 dieser Verordnung Ausnahmen vorsehen.

KindArbSchV § 2 – Zulässige Beschäftigungen
(1) Kinder über 13 Jahre und vollzeitschulpflichtige Jugendliche dürfen nur beschäftigt werden
1. mit dem Austragen von Zeitungen, Zeitschriften, Anzeigenblättern und Werbeprospekten,
2. in privaten und landwirtschaftlichen Haushalten mit
    a) Tätigkeiten in Haushalt und Garten,
    b) Botengängen,
    c) der Betreuung von Kindern und anderen zum Haushalt gehörenden Personen,
    d) Nachhilfeunterricht,

e) der Betreuung von Haustieren,
f) Einkaufstätigkeiten mit Ausnahme des Einkaufs von alkoholischen Getränken und Tabakwaren,
3. in landwirtschaftlichen Betrieben mit Tätigkeiten bei
   a) der Ernte und der Feldbestellung,
   b) der Selbstvermarktung landwirtschaftlicher Erzeugnisse,
   c) der Versorgung von Tieren,
4. mit Handreichungen beim Sport,
5. mit Tätigkeiten bei nichtgewerblichen Aktionen und Veranstaltungen der Kirchen, Religionsgemeinschaften, Verbände, Vereine und Parteien,

wenn die Beschäftigung nach § 5 Abs. 3 des Jugendarbeitsschutzgesetzes leicht und für sie geeignet ist.
(2) Eine Beschäftigung mit Arbeiten nach Absatz 1 ist nicht leicht und für Kinder über 13 Jahre und vollzeitschulpflichtige Jugendliche nicht geeignet, wenn sie insbesondere
1. mit einer manuellen Handhabung von Lasten verbunden ist, die regelmäßig das maximale Lastgewicht von 7,5 kg oder gelegentlich das maximale Lastgewicht von 10 kg überschreiten; manuelle Handhabung in diesem Sinne ist jedes Befördern oder Abstützen einer Last durch menschliche Kraft, unter anderem das Heben, Absetzen, Schieben, Ziehen, Tragen und Bewegen einer Last,
2. infolge einer ungünstigen Körperhaltung physisch belastend ist oder
3. mit Unfallgefahren, insbesondere bei Arbeiten an Maschinen und bei der Betreuung von Tieren, verbunden ist, von denen anzunehmen ist, daß Kinder über 13 Jahre und vollzeitschulpflichtige Jugendliche sie wegen mangelnden Sicherheitsbewußtseins oder mangelnder Erfahrung nicht erkennen oder nicht abwenden können.

Satz 1 Nr. 1 gilt nicht für vollzeitschulpflichtige Jugendliche.
(3) Die zulässigen Beschäftigungen müssen im übrigen den Schutzvorschriften des Jugendarbeitsschutzgesetzes entsprechen.

KindArbSchV § 3 – Behördliche Befugnisse
Die Aufsichtsbehörde kann im Einzelfall feststellen, ob die Beschäftigung nach § 2 zulässig ist.

KindArbSchV § 4 – Inkrafttreten
Diese Verordnung tritt am ersten Tage des auf die Verkündung folgenden Kalendermonats in Kraft.

A. Allgemeines 1	V. Unterrichtungspflicht des Arbeitgebers
B. Regelungsgehalt 2	(§ 5 Abs. 4b) 11
I. Verbot von Kinderarbeit (§ 5 Abs. 1) 2	VI. Behördliche Ausnahmen für Veranstaltungen
II. Altersunabhängige Ausnahmen (§ 5 Abs. 2) ... 3	(§ 5 Abs. 5 i.V.m. § 6) 12
III. Ausnahmen für Kinder über 13 Jahre 4	1. Bewilligungsfähige Veranstaltungen
1. Zulässige Beschäftigungen nach § 5 Abs. 3 ... 4	(§ 6 Abs. 1) 13
2. Konkretisierung zulässiger Beschäftigungen	2. Bewilligungsvoraussetzungen (§ 6 Abs. 1, 2) . 14
(§ 2 KindArbSchV) 5	VII. Ausnahmen für nicht mehr vollzeitschulpflichtige
3. Beschränkung zulässiger Beschäftigungen	Kinder (§ 7) 16
(§ 5 Abs. 3, § 2 Abs. 3 KindArbSchV) 8	C. Verbindung zu anderen Rechtsgebieten und zum
4. Behördliche Feststellung der Zulässigkeit einer	Prozessrecht 17
Beschäftigung (§ 3 KindArbSchV) 9	D. Beraterhinweise 22
IV. Ausnahmen während der Schulferien (§ 5 Abs. 4) 10	

A. Allgemeines

Auch in „fortschrittlichen" Industriestaaten besteht zunehmend die Gefahr, dass Kinder als billige Arbeitskräfte missbraucht werden.[1] Je jünger Kinder sind, desto größer ist die Gefahr, dass Kinderarbeit zu einer nicht wieder gutzumachenden Schädigung der körperlichen, psychischen oder seelischen Gesundheit und Entwicklung führt. Kinder müssen ganz besonders geschützt werden. Vor ihrer Einschulung ist grds. jede Erwerbstätigkeit verboten. Mit ihrer Einschulung sind sie i.d.R. durch den Schulbesuch voll auslastet. Eine erfolgreiche Schulbildung hat absoluten Vorrang vor den Interessen an einer Erwerbstätigkeit. Mit zunehmendem Alter der Kinder lässt das JArbSchG alters- und kindgerechte Ausnahmen zu. Das JArbSchG und die KindArbSchV dienen der Umsetzung der Verpflichtungen der BRD aus Internationalem und Europäischem Recht (Übk. Nr. 138 der ILO „über das Mindestalter für die Zulassung zur Beschäftigung", Übk. Nr. 182 der ILO „über das Verbot und unverzügliche Maßnahmen zur Beseitigung der schlimmsten Formen der Kinderarbeit" der IAO, RL 94/33/EG). Zu beanstanden sind die nach wie vor bestehenden

---
1 *Schoden*, AiB 1997, 256.

Defizite im Hinblick auf eine effiziente Überwachung und Durchsetzung der Schutzbestimmungen.[2] Z.T. werden weitere Umsetzungsmängel gesehen.[3]

B. Regelungsgehalt

I. Verbot von Kinderarbeit (§ 5 Abs. 1)

Die Beschäftigung von Kindern ist verboten (§ 5 Abs. 1). Das Verbot erfasst **jede Beschäftigung** i.S.d. § 1 Abs. 1. Eine Betätigung außerhalb des Geltungsbereichs des JArbSchG (vgl. §§ 1 bis 3 Rn 8 bis 13) ist nicht gem. § 5 Abs. 1 verboten. § 5 Abs. 1 erwähnt **Kinder** i.S.d. § 2 Abs. 1. Das Verbot gilt gem. § 2 Abs. 3 auch für **vollzeitschulpflichtige Jugendliche**.

II. Altersunabhängige Ausnahmen (§ 5 Abs. 2)

§ 5 Abs. 1 will eine Gefährdung von Kindern durch eine schädliche Erwerbstätigkeit verhindern. Beschäftigungen, die gerade die körperliche und geistig-seelische Entwicklung von Kindern unterstützen sollen, will das JArbSchG nicht ausschließen. Zulässig ist daher eine Beschäftigung zum Zweck einer **Beschäftigungs- und Arbeitstherapie** (Abs. 2 Nr. 1). Über ihre Erforderlichkeit entscheidet der Arzt. Abs. 2 Nr. 2 lässt eine Beschäftigung im Rahmen eines **Betriebspraktikums** während der Vollzeitschulpflicht zu. Zulässig sind die in den Landesschulgesetzen geregelten Veranstaltungen des berufsorientierten schulischen Unterrichts. § 5 Abs. 1 S. 1 Nr. 2 unterschreitet die Altersgrenze von 14 Jahren und weicht damit von Art. 4 Abs. 2 RL 94/33/EG ab. § 5 Abs. 2 Nr. 3 erlaubt eine Beschäftigung in Erfüllung einer **richterlichen Weisung** (Weisungen im Rahmen von Erziehungsmaßregeln gem. § 10 JGG, im Rahmen der Aussetzung einer Jugendstrafe zur Bewährung gem. § 23 JGG, des FamG bzw. VormG gem. §§ 1631, 1666 ff., 1915, 1837 BGB). Die RL 94/33/EG sieht eine § 5 Abs. 2 S. 1 Nr. 1 und 3 entsprechende Ausnahme nicht vor, gilt aber nur für eine Beschäftigung in einem Arbverh.[4] § 5 Abs. 2 S. 2 verlangt eine **entsprechende Anwendung** von § 7 S. 1 Nr. 2, §§ 9 bis 46. Wegen des geringen Alters von Kindern muss besonders sorgfältig geprüft werden, ob es sich tatsächlich um eine leichte und geeignete Tätigkeit i.S.d. § 7 S. 1 Nr. 2 handelt. Im Rahmen der entsprechenden Anwendung der §§ 9 bis 46 ist zu beachten, dass ihre Bestimmungen für ältere Jugendliche geschaffen wurden. § 9 gilt entsprechend für den Schulunterricht. Es ist auf die höchste Stufe der Urlaubsdauer gem. § 19 zurückzugreifen.

III. Ausnahmen für Kinder über 13 Jahre

1. Zulässige Beschäftigungen nach § 5 Abs. 3. § 5 Abs. 3 lockert das Beschäftigungsverbot für Kinder über 13 Jahre und lässt bestimmte Tätigkeiten zu. Nicht jede Beschäftigung ist gleichermaßen verwerflich. Nach wissenschaftlichen Erkenntnissen können geeignete Arbeiten für die körperliche und psychische Entwicklung eines Kindes mitunter von Vorteil sein.[5] § 5 Abs. 3 S. 2 steckt den **gesetzlichen Rahmen** ab, wann eine solche Beschäftigung als zulässig anzusehen ist. Das Kind muss **älter als 13 Jahre** sein. Die Personensorgeberechtigten müssen ihre **Einwilligung** erteilt, d.h. der Beschäftigung vor ihrer Aufnahme zugestimmt haben. Es muss sich um eine **leichte und für Kinder geeignete Beschäftigung** handeln. Sie ist leicht, wenn sie aufgrund ihrer Beschaffenheit und der besonderen Bedingungen, unter denen sie ausgeführt wird, die Sicherheit, Gesundheit und Entwicklung der Kinder (Nr. 1), ihren Schulbesuch, ihre Beteiligung an Maßnahmen zur Berufswahlvorbereitung oder Berufsausbildung, die von der zuständigen Stelle anerkannt sind (Nr. 2) und ihre Fähigkeit, dem Unterricht mit Nutzen zu folgen (Nr. 3), nicht nachteilig beeinflusst. Mit der Formulierung „für Kinder" geeignet, stellt das JArbSchG auf die Eignung für ein durchschnittlich entwickeltes Kind des betreffenden Alters ab. Die **nähere Konkretisierung** der hiernach erlaubten Tätigkeiten überlässt das JArbSchG einer von der BReg mit Zustimmung des BRates zu erlassenden Rechts-VO (§ 5 Abs. 4a), der **KindArbSchV**.[6] Mit ihr soll mehr Rechtssicherheit geschaffen werden,[7] um so eine Umgehung des Kinderarbeitsverbots zu erschweren.[8]

2. Konkretisierung zulässiger Beschäftigungen (§ 2 KindArbSchV). § 1 KindArbSchV wiederholt zunächst aus Gründen der besseren Lesbarkeit das Verbot einer Beschäftigung von Kindern, soweit nicht Ausnahmen in § 5 Abs. 3 und § 2 KindArbSchV zugelassen sind.[9] **§ 2 KindArbSchV** konkretisiert die unbestimmten Rechtsbegriffe einer leichten und für Kinder geeigneten Beschäftigung i.S.d. § 5 Abs. 3. Die KindArbSchV regelt allein Beschäftigungen gem. § 5 Abs. 3. Andere Tätigkeiten, etwa nach § 5 Abs. 4 oder § 6 werden nicht tangiert. Daher listet § 2 Abs. 1 KindArbSchV nur solche Tätigkeiten auf, die grds. als leicht und geeignet i.S.d. § 5 Abs. 3 gelten. Die Aufzählung in § 2 Abs. 1 KindArbSchV ist abschließend.[10] Nicht erwähnte Beschäftigungen gelten daher als nicht leicht und nicht geeignet.[11] Sie sind spätestens seit Erlass der KindArbSchV unzulässig.[12]

---

2 *Düwell*, AuA 2000, 492.
3 *Schmidt*, BB 1998, 1362.
4 *Schmidt*, BB 1998, 1362.
5 *Düwell*, NZA 2000, 308.
6 *Kollmer*, NZA 1998, 1268.
7 *Düwell*, AuA 2000, 492.
8 BT-Drucks 13/5494, S. 8.
9 *Anzinger*, BB 1998, 1843.
10 *Kollmer*, NZA 1998, 1268.
11 *Düwell*, FA 1998, 211.
12 *Wenzel*, DB 2001, 1613.

§ 2 Abs. 1 Nr. 1 KindArbSchV sieht im **Austragen von Zeitungen, Zeitschriften, Anzeigenblättern und Werbeprospekten** eine für Kinder über 13 Jahre und vollzeitschulpflichtige Jugendliche grds. geeignete Beschäftigung. Die Ausnahme für diesen Dienstleistungssektor kann nur historisch[13] oder mit einer erfolgreichen Lobbyarbeit[14] begründet werden. Sie darf nicht auf andere vergleichbare Tätigkeiten erweitert werden. § 2 Abs. 1 Nr. 2 KindArbSchV lässt eine **Beschäftigung in privaten und landwirtschaftlichen Haushalten** mit bestimmten, im Einzelnen aufgezählten Tätigkeiten zu. Kinder dürfen Tätigkeiten in Haushalt und Garten ausführen, Botengänge erledigen, Kinder und andere zum Haushalt gehörende Personen betreuen, Nachhilfeunterricht erteilen, Haustiere betreuen und Einkaufstätigkeiten mit Ausnahme des Einkaufs von alkoholischen Getränken und Tabakwaren ausüben. Es handelt sich um typische, schon immer von jungen Menschen in ihrem engsten sozialen Umfeld ausgeübte Tätigkeiten. Erlaubt sind nicht nur Arbeiten im eigenen, sondern auch in fremden Haushalten.[15] § 2 Abs. 1 Nr. 3 KindArbSchV erlaubt, Kinder **in landwirtschaftlichen Betrieben** (siehe § 8 Rn 5) mit Tätigkeiten bei der Ernte und der Feldbestellung, der Selbstvermarktung landwirtschaftlicher Erzeugnisse und der Versorgung von Tieren zu beschäftigen (Unkrautjäten, Stallreinigen, Tierhüten etc.). § 2 Abs. 1 Nr. 4 KindArbSchV gestattet Handreichungen beim **Sport** (Balljunge etc.). Das gilt für gewerbliche und nicht gewerbliche Sportveranstaltungen.[16] § 2 Abs. 1 Nr. 5 KindArbSchV erlaubt Tätigkeiten bei **nicht gewerblichen Aktionen und Veranstaltungen** der Kirchen, Religionsgemeinschaften, Verbände, Vereine und Parteien. Bei einer auf Gewinnerzielung ausgerichteten Veranstaltung ist die Mitwirkung von Kindern und vollzeitschulpflichtigen Jugendlichen verboten.[17]

Eine in § 2 Abs. 1 KindArbSchV genannte Betätigung, die grds. als leicht und für Kinder geeignet gilt, steht gleichwohl **unter dem Vorbehalt**, dass ihre konkrete Ausübung tatsächlich gem. § 5 Abs. 3 leicht und geeignet ist. Das ist nach § 2 Abs. 2 KindArbSchV dann nicht der Fall, wenn die Beschäftigung mit solchen körperlichen und psychischen Belastungen oder Unfallgefahren verbunden ist, wie sie in § 2 Abs. 2 Nr. 1 bis 3 KindArbSchV aufgeführt sind. Nicht erlaubt ist eine Beschäftigung von Kindern mit Arbeiten, die mit einer **manuellen Handhabung von Lasten** verbunden sind, die entweder regelmäßig das max. Lastgewicht von 7,5 kg oder gelegentlich das max. Lastgewicht von zehn kg überschreiten (§ 2 Abs. 2 Nr. 1 KindArbSchV). Unter manueller Handhabung ist jedes Befördern oder Abstützen einer Last durch menschliche Kraft zu verstehen, u.a. also das Heben, Absetzen, Schieben, Ziehen, Tragen und Bewegen einer Last. Diese Einschränkung gilt nicht für vollzeitschulpflichtige Jugendliche (§ 2 Abs. 2 S. 2 KindArbSchV). Für sie gilt die LasthandhabV v. 2.12.1996 (BGBl I S. 1841).[18] Ungeeignet und nicht leicht ist eine Beschäftigung für Kinder und vollzeitschulpflichtige Jugendliche, wenn sie infolge einer **ungünstigen Körperhaltung** physisch belastend (§ 2 Abs. 2 Nr. 2 KindArbSchV) oder mit **Unfallgefahren** verbunden ist (§ 2 Abs. 2 Nr. 3 KindArbSchV). Damit sollen Unfallgefahren bei Arbeiten an Maschinen und bei der Betreuung von Tieren ausgeschlossen werden, von denen anzunehmen ist, dass Kinder über 13 Jahre und vollzeitschulpflichtige Jugendliche sie wegen ihres mangelnden Sicherheitsbewusstseins oder mangelnder Erfahrung nicht erkennen oder nicht abwenden können (Motorsägen, Gartenhäcksler etc.).

3. Beschränkung zulässiger Beschäftigungen (§ 5 Abs. 3, § 2 Abs. 3 KindArbSchV).

Auch soweit Tätigkeiten nach § 5 Abs. 3 i.V.m. § 2 KindArbSchV grds. erlaubt sind, dürfen junge Menschen in ihrer Sicherheit, Gesundheit und Entwicklung nicht nachteilig beeinflusst werden. § 5 Abs. 3 erlaubt ihre Ausübung daher nur, wenn die jungen Menschen hierdurch nicht bei ihrer Beteiligung an Maßnahmen zur Berufswahlvorbereitung bzw. Berufsausbildung und in ihrer Fähigkeit beeinträchtigt werden, dem Unterricht mit Nutzen zu folgen (**§ 5 Abs. 3 S. 1**). Um dies sicherzustellen, verlangt **§ 5 Abs. 3 S. 4**, § 2 Abs. 3 KindArbSchV die entspr. Anwendung der §§ 15 bis 31. Im Rahmen der entsprechenden Anwendung der in erster Linie für Jugendliche geltenden Vorschriften muss das geringere Alter der von § 5 Abs. 3 erfassten Personen und deren individueller Entwicklungsstand besonders berücksichtigt werden.[19] Im Hinblick auf § 19 ist auf die höchste Stufe der Urlaubsdauer zurückzugreifen. Abweichend von §§ 8 bis 14 trifft **§ 5 Abs. 3 S. 3** Sonderregelungen zur Festlegung der für Kinder maßgeblichen Arbeitszeit. Sie dürfen nicht mehr als zwei Stunden täglich, in landwirtschaftlichen Familienbetrieben nicht mehr als drei Stunden täglich, nicht zwischen 18 und 8 Uhr, nicht vor dem Schulunterricht und nicht während des Schulunterrichts beschäftigt werden. Werden die Grenzen des § 5 Abs. 3 nicht beachtet, spricht eine unwiderlegbare Vermutung dafür, dass die Beschäftigung nicht leicht und geeignet und damit ein Fall verbotener Kinderarbeit ist.[20]

4. Behördliche Feststellung der Zulässigkeit einer Beschäftigung (§ 3 KindArbSchV).

Entspricht eine Beschäftigung den Voraussetzungen des § 5 Abs. 3 i.V.m. § 2 KindArbSchV, bedarf es keiner weiteren behördlichen Erlaubnis.[21] Bestehen Zweifel, kann die Aufsichtsbehörde (§ 51) gem. **§ 3 KindArbSchV** im Einzelfall ihre Zulässigkeit feststellen. Hierbei kann sie weder den gesetzlich festgelegten Kreis zulässiger Tätigkeiten noch die Grenzen

---

13 *Dembkowsky*, NJW 1998, 3540.
14 *Düwell*, AuA 1998, 232; *Rudolph*, AiB 1999, 123.
15 *Gröninger/Gehring/Taubert*, § 5 Anh. Rn 8.
16 BT-Drucks 186/98, S. 9.
17 *Dembkowsky*, NJW 1998, 3540.
18 *Anzinger*, BB 1998, 1843.
19 BT-Drucks 186/98, S. 10.
20 *Kollmer*, NZA 1998, 1268.
21 *Anzinger*, AuA 1997, 185.

ihrer Ausübung erweitern bzw. einschränken.[22] Ihr obliegt nur die Auslegung und Anwendung des § 5 Abs. 3 i.V.m. § 2 KindArbSchV im Einzelfall. Sie wird auf Antrag oder von Amts wegen tätig. Anregungen können vom AG, dem jungen Menschen, den Personensorgeberechtigten oder vom BR bzw. von der JAV ausgehen.[23] Die Aufsichtsbehörde kann ihre Entscheidung durch einen feststellenden VA mit einer weitergehenden Gebots- oder Unterlassungsverfügung verbinden und deren sofortigen Vollzug gem. § 80 Abs. 2 Nr. 4 VwGO anordnen (siehe Rn 19).

IV. Ausnahmen während der Schulferien (§ 5 Abs. 4)

10 Das Beschäftigungsverbot des § 5 Abs. 1 gilt nicht für die Beschäftigung eines **vollzeitschulpflichtigen Jugendlichen** während der Schulferien für höchstens vier Wochen im Kalenderjahr. Der Zeitraum kann auf mehrere Ferienjobs aufgeteilt werden. Zum Schutz des Jugendlichen finden §§ 8 bis 31 entsprechende Anwendung (§ 5 Abs. 4 S. 2). Wegen der zeitlichen Beschränkung der Beschäftigung auf höchstens vier Wochen kommt § 19 faktisch keine Bedeutung zu. Im Rahmen der Beurteilung der Arbeitsbedingungen (§ 28a) und der Unterweisung über Gefahren (§ 29) muss das geringe Alter, fehlende Erfahrung und das mangelnde Risikobewusstsein besonders beachtet werden. Für Kinder unter 15 Jahren ist ein Ferienjob nicht gestattet (§ 5 Abs. 4 i.V.m. § 3 Abs. 3 und 2).

V. Unterrichtungspflicht des Arbeitgebers (§ 5 Abs. 4b)

11 Der AG muss die Personensorgeberechtigten über mögliche Gefahren sowie über alle zur Sicherheit und zum Schutz der Gesundheit der jungen Menschen getroffenen Maßnahmen unterrichten (§ 5 Abs. 4b). Die Vorschrift dient der Umsetzung von Art. 6 Abs. 3 RL 94/33/EG. Sie zwingt zu einer sinnvollen Selbstkontrolle des AG[24] und ergänzt seine Pflichten aus § 28a.[25]

VI. Behördliche Ausnahmen für Veranstaltungen (§ 5 Abs. 5 i.V.m. § 6)

12 Nach § 5 Abs. 5 kann die Aufsichtsbehörde (§ 51) für Veranstaltungen gem. § 6 Ausnahmen bewilligen. § 6 betrifft die Teilnahme an einer Veranstaltung, wenn die Beschäftigung von § 1 Abs. 1 (siehe §§ 1 bis 3 Rn 6) und damit vom Beschäftigungsverbot nach § 5 Abs. 1 erfasst wird.

13 **1. Bewilligungsfähige Veranstaltungen (§ 6 Abs. 1).** Die Aufsichtsbehörde kann bewilligen, dass bei **Theatervorstellungen** (Theater, Opern, Musicals etc.) Kinder über sechs Jahre bis zu vier Stunden täglich in der Zeit von 10 bis 23 Uhr gestaltend mitwirken und an den Proben teilnehmen (Abs. 1 Nr. 1). Bewilligungsfähig ist auch die gestaltende Mitwirkung und Teilnahme an Proben bei **Musikaufführungen** und **anderen Aufführungen**, bei **Werbeveranstaltungen** sowie bei **Aufnahmen** im Rundfunk, auf Ton- und Bildträger sowie bei Film- und Fotoaufnahmen (Abs. 1 Nr. 2). Für Kinder über drei bis sechs Jahre ist eine Teilnahme bis zu zwei Stunden täglich in der Zeit von 8 bis 17 Uhr möglich (Abs. 1 Nr. 2a). Kinder über sechs Jahre hier dürfen bis zu drei Stunden täglich in der Zeit von 8 bis 22 Uhr beschäftigt werden (Abs. 1 Nr. 2b). Musikaufführungen sind öffentliche Gesangs- oder Musikdarbietungen, soweit sie nicht bereits als Theatervorstellung gelten. „Andere Aufführungen" sind z.B. Zirkus-, Varieté- oder Karnevalsvorstellungen. Werbeveranstaltungen sind öffentliche Aufführungen zu Werbezwecken (Modenschauen, Messen etc.). Aufnahmen sind anders als nach § 17 Abs. 2 Nr. 5 nicht auf Direktsendungen beschränkt (Aufzeichnungen, Werbefilme, Schallplatten, Fotoaufnahmen etc.). Es darf nur die **gestaltende Mitwirkung** (Darsteller, Model, Sänger, Musiker etc.), nicht aber sonstige Beschäftigungen (Verkauf, Platzanweiser, Garderobiere, technisches Personal) genehmigt werden.[26] Das Niveau und der „künstlerische Wert" sind unerheblich. § 6 Abs. 1 S. 2 zählt exemplarisch **nicht bewilligungsfähige Veranstaltungen** auf. Ausgeschlossen ist die Mitwirkung in Kabaretts, Tanzlokalen und ähnlichen Betrieben, in Vergnügungsparks, Kirmessen, Jahrmärkten und bei ähnlichen Veranstaltungen, Schaustellungen oder Darbietungen. Veranstaltungen sind ähnlich, wenn sie wegen ihrer Art und äußeren Umstände für die Gesundheit und Entwicklung von Kindern nachteilig sind.

14 **2. Bewilligungsvoraussetzungen (§ 6 Abs. 1, 2).** Dem AG muss **vor der Teilnahme** des Kindes der Bewilligungsbescheid vorliegen (§ 6 Abs. 4 S. 2). Der Bescheid kann vom Personensorgeberechtigten oder vom AG beantragt werden. Verantwortlich für eine nicht genehmigte Teilnahme des Kindes ist gem. §§ 58, 59 der AG. In dessen vorrangigen Interesse liegt daher die rechtzeitige Antragsstellung.

15 Es ist ein strenger Maßstab anzulegen. Selbst wenn alle Voraussetzungen vorliegen, ist die Aufsichtsbehörde nicht verpflichtet, die Teilnahme unter Ausschöpfen des vollen Beschäftigungsrahmens zu genehmigen. Sie trifft ihre Entscheidung nach **pflichtgemäßem Ermessen** unter Berücksichtigung der konkreten Umstände des Einzelfalls und der betroffenen Interessen. Entsprechend der Ziele des JArbSchG genießt das Kindeswohl absoluten Vorrang. Aus diesem Grund darf die Aufsichtsbehörde die Teilnahme erst nach **Anhörung des zuständigen Jugendamts** bewilligen (§ 6 Abs. 2). Sie ist an deren Stellungnahme nicht gebunden. Sämtliche Personensorgeberechtigten müssen ihre **schriftliche Einwilligung** erteilt haben (§ 6 Abs. 2 Nr. 1, § 126 BGB). Der Aufsichtsbehörde muss eine nicht länger

---

22 *Kollmer*, NZA 1998, 1268.
23 *Dembkowsky*, NJW 1998, 3540.
24 *Schoden*, AiB 1997, 256.
25 *Schlüter*, BuW 1997, 229.
26 *Taubert*, AuA 1992, 333.

als vor drei Monaten ausgestellte **ärztliche Bescheinigung** vorliegen, nach der gesundheitliche Bedenken gegen die Beschäftigung nicht bestehen (§ 6 Abs. 2 Nr. 2). Die Bescheinigung muss sich auf die konkret zu bewilligende Beschäftigung beziehen.[27] Spätestens mit Beginn der Teilnahme müssen die erforderlichen **Vorkehrungen und Maßnahmen zum Schutz des Kindes** vor Gefahren für Leben und Gesundheit sowie zur Vermeidung einer Beeinträchtigung der körperlichen oder seelisch-geistigen Entwicklung getroffen sein (§ 6 Abs. 2 Nr. 3). Die **Betreuung und Beaufsichtigung des Kindes** bei der Beschäftigung muss sichergestellt sein (§ 6 Abs. 2 Nr. 4). Es muss während seiner gesamten Anwesenheit von einer zuverlässigen erwachsenen Person betreut werden. Nach der Beschäftigung ist eine **ununterbrochene Freizeit** von mind. 14 Stunden einzuhalten (§ 6 Abs. 2 Nr. 5). Als Unterbrechung zählt jede andere Beschäftigung i.S.d. § 1 Abs. 1, nicht aber ein Schulbesuch. Das **Fortkommen in der Schule** darf nicht beeinträchtigt sein (§ 6 Abs. 2 Nr. 6). Dabei kann schon die Gefahr sich verschlechternder Schulnoten zur Versagung der Genehmigung führen. Die Aufsichtsbehörde wird i.d.R. eine Stellungnahme der Schule verlangen und entscheidet gem. § 6 Abs. 4 S. 1 durch einen **schriftlichen VA**, wie lange, zu welcher Zeit und an welchem Tag das Kind beschäftigt werden darf (§ 6 Abs. 3 Nr. 1), sowie über die Dauer und Lage der Ruhepausen (§ 6 Abs. 3 Nr. 2) und über die Höchstdauer des täglichen Aufenthalts an der Beschäftigungsstätte (§ 6 Abs. 3 Nr. 3). Die Bewilligung kann gem. § 54 mit weiteren Auflagen verbunden werden. Ist zu befürchten, dass Kinder trotz versagter Bewilligung beschäftigt werden, kann eine sofort vollziehbare und mit Zwangsgeld bewehrte Unterlassungsverfügung ergehen.[28]

VII. Ausnahmen für nicht mehr vollzeitschulpflichtige Kinder (§ 7)

Nicht mehr vollzeitschulpflichtige Kinder dürfen **in einem Berufsausbildungsverhältnis** beschäftigt werden (§ 7 S. 1 Nr. 1). §§ 8 bis 46 finden entsprechende Anwendung (§ 7 S. 2). Dabei muss das geringere Alter des Kindes und sein individueller Entwicklungsstand berücksichtigt werden. Es ist auf die höchste Stufe der Urlaubsdauer gem. § 19 zurückzugreifen. Zulässig ist auch eine Beschäftigung **außerhalb eines Berufsausbildungsverhältnisses** (§ 7 S. 1 Nr. 2). Auch insoweit gelten §§ 8 bis 46 entsprechend mit der Einschränkung, dass es sich um leichte und für das Kind geeignete Tätigkeiten handeln muss. Es ist ein Beschäftigungsrahmen von bis zu sieben Stunden täglich und 35 Stunden wöchentlich zu beachten. Damit soll dem geringeren Alter dieser Kinder im Vergleich zu Jugendlichen Rechnung getragen werden. Leicht und geeignet ist eine Tätigkeit, die der individuellen körperlichen bzw. geistig-psychischen Leistungsfähigkeit des Kindes entspricht und weder seine Gesundheit noch seine Entwicklung negativ beeinflusst. Wegen der Geltung der §§ 8 bis 46 und der hiernach möglichen Ausnahmen werden Bedenken im Hinblick auf eine richtlinienkonforme Umsetzung des Kinderschutzes nach Art. 4, 8 und 9 RL 94/33/EG erhoben.[29]

C. Verbindung zu anderen Rechtsgebieten und zum Prozessrecht

§§ 5 bis 7 sind **verfassungsrechtlich nicht zu beanstanden**. Das Verbot der Kinderarbeit gilt ohnehin nur für Beschäftigungen i.S.d. § 1 Abs. 1 (siehe §§ 1 bis 3 Rn 3 bis 7). Damit nimmt das Gesetz Rücksicht auf eigenwirtschaftliche selbstständige Tätigkeiten (Art. 12 GG), karitative oder religiöse Betätigungen (Art. 140 GG, Art. 137 Abs. 3 WRV) oder die Interessen der Eltern (Art. 6 Abs. 2 GG). I.Ü. sind die Einschränkungen wegen des Gesundheitsschutzes junger Menschen als überragend wichtiges Gemeinschaftsgut mit Art. 12 GG vereinbar.[30] Die unterschiedliche Dauer der Vollzeitschulpflicht (siehe §§ 1 bis 3 Rn 15) und damit des Beschäftigungsverbots gem. § 7 verstößt nicht gegen Art. 3 Abs. 1 GG.[31]

Ein Verstoß gegen § 5 Abs. 3 S. 1 oder S. 3 stellt eine **OWi**, ggf. eine **Straftat** (§ 58 Abs. 1 Nr. 1 u. 2, Abs. 5 und 6) dar. Das Gleiche gilt für eine Beschäftigung nach § 5 Abs. 2 unter Verstoß gegen die Vorschriften des § 7 S. 1 Nr. 2 und der §§ 9 bis 46 (§ 58 Abs. 3, Abs. 5 und 6 i.V.m. § 58 Abs. 1 Nr. 4, 6 bis 29 und Abs. 2) und für eine Beschäftigung nach § 7 S. 1 Nr. 2 entgegen §§ 8 bis 46 (§ 58 Abs. 1 Nr. 4, Abs. 5 und 6; Abs. 3 i.V.m. § 58 Abs. 1 Nr. 6 bis 29, Abs. 2).

Zu den **behördlichen Handlungsmöglichkeiten** bei Verstößen vgl. §§ 51 bis 54 Rn 2. Zum **Beschäftigungsverbot gem. § 25** und der **Untersagung der Ausbildung** vgl. §§ 22 bis 27 Rn 22.

Der **BR** und die **JAV** haben die Einhaltung der §§ 5 bis 7 zu **überwachen** (§§ 80 Abs. 1 Nr. 1, 70 Abs. 1 Nr. 2 BetrVG).[32] Sie können ein Tätigwerden der Aufsichtsbehörde anregen.[33] Sie müssen sich an der Bekämpfung von Gefahren für Leib und Leben der Beschäftigten im Betrieb beteiligen (§ 89 BetrVG).

Die Verletzung der §§ 5 bis 7 kann **Schadensersatzansprüche** nach § 280 BGB und § 823 Abs. 1 BGB begründen. §§ 5 bis 7 sind Schutzgesetze i.S.d. § 823 Abs. 2 BGB. Es gelten die Ausführungen in §§ 22 bis 27 Rn 35. Dem Jugendlichen steht ein **Leistungsverweigerungsrecht** nach § 273 BGB zu.

---

27 *Molitor/Volmer/Germelmann*, § 6 Rn 39.
28 OVG NW 17.2.1986 – 12 A 1453/85 – NJW 1987, 1443.
29 *Schmidt*, BB 1998, 1362.
30 Zmarzlik/Anzinger/*Zmarzlik*, JArbSchG, § 5 Rn 8.
31 OLG Hamm 2.5.1963 – 2 Ss 1492/62 – BB 1963, 899.
32 *Rudolph*, AiB 1999, 123.
33 *Dembkowsky*, NJW 1998, 3540.

D. Beraterhinweise

22 §§ 5 bis 7 sind **zwingend**. Die in §§ 5 bis 7 i.V.m. KindArbSchV zugelassenen Ausnahmen sind **abschließend** und keiner ergänzenden Auslegung zugänglich. Jede Umgehung ist nichtig (§ 134 BGB). Von §§ 5 bis 7 kann auch durch einen TV oder eine BV nicht abgewichen werden (vgl. §§ 21 bis 21b). In einem Notfall mit ganz außergewöhnlichen Umständen wird z.T. eine Rechtfertigung in Form eines sog. übergesetzlichen Notstands als möglich erachtet.[34]

23 **Formulare** für den Antrag, die Einwilligung der Personensorgeberechtigten, die ärztliche Bescheinigung und die Unbedenklichkeitserklärung der Schule können über das Internet bezogen werden (z.B. www.lagetsi.berlin.de). Der AG sollte sich stets eine schriftliche Einwilligung des Personensorgeberechtigten sowie eine Erklärung über das Alter des jungen Menschen aushändigen lassen. Im Zweifelsfall muss er sich die Geburtsurkunde zeigen lassen.

Dritter Abschnitt: Beschäftigung Jugendlicher

Erster Titel: Arbeitszeit und Freizeit

§ 8 Dauer der Arbeitszeit

(1) Jugendliche dürfen nicht mehr als acht Stunden täglich und nicht mehr als 40 Stunden wöchentlich beschäftigt werden.

(2) [1]Wenn in Verbindung mit Feiertagen an Werktagen nicht gearbeitet wird, damit die Beschäftigten eine längere zusammenhängende Freizeit haben, so darf die ausfallende Arbeitszeit auf die Werktage von fünf zusammenhängenden, die Ausfalltage einschließenden Wochen nur dergestalt verteilt werden, daß die Wochenarbeitszeit im Durchschnitt dieser fünf Wochen 40 Stunden nicht überschreitet. [2]Die tägliche Arbeitszeit darf hierbei achteinhalb Stunden nicht überschreiten.

(2a) Wenn an einzelnen Werktagen die Arbeitszeit auf weniger als acht Stunden verkürzt ist, können Jugendliche an den übrigen Werktagen derselben Woche achteinhalb Stunden beschäftigt werden.

(3) In der Landwirtschaft dürfen Jugendliche über 16 Jahre während der Erntezeit nicht mehr als neun Stunden täglich und nicht mehr als 85 Stunden in der Doppelwoche beschäftigt werden.

A. Allgemeines

1 Jugendliche sind nicht so lange belastbar wie Erwachsene. Sie brauchen mehr Freizeit, um sich zu erholen. Mit einer flexibleren Verteilung der Arbeitszeit soll eine sinnvolle Zusammenarbeit zwischen Jugendlichen und Erwachsenen erleichtert werden.

B. Regelungsgehalt

2 Abs. 1 regelt die höchstzulässige **Dauer** der täglichen und wöchentlichen **Arbeitszeit**. Die tägliche Arbeitszeit wird auf höchstens acht Stunden, die wöchentliche auf höchstens 40 Stunden begrenzt. Der Begriff der Arbeitszeit ist in § 4 Abs. 1, 4 definiert. Der Besuch der Berufsschule und die Teilnahme an Prüfungen sind keine Arbeitszeit i.S.d. § 4. Diese Zeiten werden nach §§ 9, 10 auf die Arbeitszeit angerechnet und dürfen so insgesamt die Grenzen des Abs. 1 nicht überschreiten. Die Verteilung der zulässigen Arbeitszeit auf den Arbeitstag und die Arbeitswoche wird in §§ 11 bis 14 bzw. §§ 15 bis 18 geregelt.

3 Wird an einem Werktag **im Zusammenhang mit einem Feiertag** nicht gearbeitet und fällt allein aus diesem Grund Arbeitszeit aus, kann diese vor- oder nachgearbeitet werden. Damit soll Jugendlichen eine längere zusammenhängende Freizeit ermöglicht werden. Für die am Feiertag ausfallende Arbeitszeit gilt § 4 Abs. 4 S. 2 (siehe § 4 Rn 4). Um die ausfallende Arbeitszeit vor- oder nachzuarbeiten, kann die Arbeitszeit in einem Zeitraum von längstens fünf zusammenhängenden Wochen auf täglich achteinhalb Stunden verlängert werden. Die Wochenarbeitszeit darf aber im Durchschnitt 40 Stunden nicht überschreiten. Abs. 2 erfasst nicht nur gesetzliche Feiertage.[1] Die Werktage stehen auch dann mit dem Feiertag in Verbindung, wenn zwischen ihnen ein arbeitsfreier Samstag oder Sonntag liegt.[2]

---

34 *Gröninger/Gehring/Taubert*, § 5 Rn 3.
1 *Gröninger/Gehring/Taubert*, § 8 Rn 3a.
2 Zmarzlik/Anzinger/*Anzinger*, JArbSchG, § 8 Rn 32, 41.

Das JArbSchG geht von einer gleichmäßigen Verteilung der täglichen Arbeitszeit aus. Abs. 2a eröffnet aber die Möglichkeit einer **unterschiedlichen Verteilung** auf die Woche. Wird die Arbeitszeit an einzelnen Werktagen auf weniger als acht Stunden verkürzt, kann sie an den übrigen Werktagen derselben Woche auf achteinhalb Stunden verlängert werden. Die §§ 16, 17 müssen beachtet werden. Die Verlängerung muss in ihrem Umfang der Verkürzung entsprechen. 4

Abs. 3 nimmt Rücksicht auf die in der **Landwirtschaft während der Ernte** herrschenden besonderen Verhältnisse. Jugendliche über 16 Jahre dürfen in dieser Zeit bis zu neun Stunden täglich und bis zu 85 Stunden in der Doppelwoche beschäftigt werden. Das Gesetz geht davon aus, dass diese Mehrarbeit im restlichen Jahr ausgeglichen wird. Landwirtschaft ist die planmäßige Nutzung des Bodens und die mit der Bodennutzung verbundene Tierhaltung zur Gewinnung pflanzlicher oder tierischer Erzeugnisse (Acker-, Obst-, Weinbau, Weide- und Forstwirtschaft, Tierzucht, Tierhaltung mit einer Futtermittelgewinnung aus der eigenen Landwirtschaft, Teichwirtschaft, Fischerei in Binnengewässer).[3] Erfasst werden auch die Verwertung und der Absatz der Erzeugnisse. Nebenbetriebe (Brennerei, Kelterei, Mühle etc.) werden einbezogen, wenn der Inhaber des Haupt- und des Nebenbetriebs identisch ist. Das ist nicht der Fall, wenn der Landwirt nur Mitglied der Genossenschaft ist, die den Nebenbetrieb führt.[4] Erntezeit ist die Zeit, in der die Früchte aufgrund ihres Reifegrads planmäßig vom Boden oder der Pflanze getrennt werden. 5

C. Verbindung zu anderen Rechtsgebieten und zum Prozessrecht

§ 8 ist eine **Sonderregelung** zu § 2 ArbZG. Mit der Überschreitung der Grenzen des § 8 liegt eine verbotene Mehrarbeit vor. Sie ist selbst dann eine **OWi**, ggf. eine **Straftat** (§ 58 Abs. 1 Nr. 5, Abs. 5, 6), wenn sie auf ausdrücklichen Wunsch des Jugendlichen geleistet wird. 6

Zu den **behördlichen Handlungsmöglichkeiten** bei Verstößen vgl. §§ 51 bis 54 Rn 2. Zum **Beschäftigungsverbot gem. § 25** und der **Untersagung der Ausbildung** vgl. §§ 22 bis 27 Rn 22.

Der **BR** und die **JAV** haben die Einhaltung des § 8 zu **überwachen** (§§ 80 Abs. 1 Nr. 1, 70 Abs. 1 Nr. 2 BetrVG). Sie können ein Tätigwerden der Aufsichtsbehörde anregen.[5] Im Hinblick auf die Festlegung und Verteilung der Arbeitszeit hat der BR ein erzwingbares **Mitbestimmungsrecht** (§ 87 Abs. 1 Nr. 2 BetrVG).[6]

Die Verletzung des § 8 kann **Schadensersatzansprüche** nach § 280 BGB und § 823 Abs. 1 BGB begründen. § 8 ist ein Schutzgesetz i.S.d. § 823 Abs. 2 BGB. Es gelten die Ausführungen in §§ 22 bis 27 Rn 35. Dem Jugendlichen steht ein **Leistungsverweigerungsrecht** nach § 273 BGB zu.[7] Für geleistete verbotene Mehrarbeit hat der Jugendliche einen **Vergütungsanspruch**. Dieser folgt ebenso wie ein Anspruch auf Zahlung eines Zuschlags für Mehrarbeit allein aus den i.Ü. geltenden individual- bzw. kollektivrechtlichen Vereinbarungen.

Verstößt der AG wiederholt gegen § 8, kann der Jugendliche das Berufsausbildungsverhältnis aus wichtigem Grund vorzeitig beenden, ohne dass eine **Sperrzeit nach § 144 SGB III** ausgelöst wird.[8]

D. Beraterhinweise

§ 8 ist zwingend. **Vereinbarungen zu Ungunsten** des Jugendlichen sind nichtig (§ 134 BGB), soweit abweichende Regelungen nicht nach Maßgabe der §§ 21 bis 21b zugelassen sind. In den Grenzen des § 21a Abs. 1 Nr. 1 können Jugendliche an Gleitzeitregelungen und einem Arbeitszeitausgleich teilnehmen (siehe §§ 20 bis 21b Rn 10). **Günstigere Regelungen** und solche, die § 8 lediglich konkretisieren, sind zulässig. 7

Das JArbSchG begrenzt das Direktionsrecht des AG nach § 106 GewO. Bei einem Verstoß kann der Jugendliche im Wege einer **Feststellungsklage** geltend machen, dass er nicht verpflichtet sei, der Anordnung Folge zu leisten. Der AG muss **darlegen und beweisen**, dass die gesetzlichen Grenzen gewahrt sind.

Im Hinblick auf § 4 Abs. 5 und eine mögliche Auskunftsklage des AG siehe § 4 Rn 8.

§ 9 Berufsschule

(1) [1]Der Arbeitgeber hat den Jugendlichen für die Teilnahme am Berufsschulunterricht freizustellen. [2]Er darf den Jugendlichen nicht beschäftigen

1. vor einem vor 9 Uhr beginnenden Unterricht; dies gilt auch für Personen, die über 18 Jahre alt und noch berufsschulpflichtig sind,
2. an einem Berufsschultag mit mehr als fünf Unterrichtsstunden von mindestens je 45 Minuten, einmal in der Woche,

---

3 *Taubert*, AuA 1992, 332.
4 BAG 25.4.1995 – 3 AZR 528/94 – NZA 1995, 1205.
5 *Dembkowsky*, NJW 1998, 3540.
6 BAG 22.7.2003 – 1 ABR 28/02 – AP § 87 BetrVG 1972 Nr. 108.
7 *Molkentin*, NZA 1997, 849.
8 BSG 13.3.1990 – 11 Rar 69/88 – NZA 1990, 956.

3. in Berufsschulwochen mit einem planmäßigen Blockunterricht von mindestens 25 Stunden an mindestens fünf Tagen; zusätzliche betriebliche Ausbildungsveranstaltungen bis zu zwei Stunden wöchentlich sind zulässig.

(2) Auf die Arbeitszeit werden angerechnet
1. Berufsschultage nach Absatz 1 Nr. 2 mit acht Stunden,
2. Berufsschulwochen nach Absatz 1 Nr. 3 mit 40 Stunden,
3. im übrigen die Unterrichtszeit einschließlich der Pausen.

(3) Ein Entgeltausfall darf durch den Besuch der Berufsschule nicht eintreten.

(4) (aufgehoben)

§ 10 Prüfungen und außerbetriebliche Ausbildungsmaßnahmen

(1) Der Arbeitgeber hat den Jugendlichen
1. für die Teilnahme an Prüfungen und Ausbildungsmaßnahmen, die auf Grund öffentlich-rechtlicher oder vertraglicher Bestimmungen außerhalb der Ausbildungsstätte durchzuführen sind,
2. an dem Arbeitstag, der der schriftlichen Abschlußprüfung unmittelbar vorangeht,

freizustellen.

(2) Auf die Arbeitszeit werden angerechnet
1. die Freistellung nach Absatz 1 Nr. 1 mit der Zeit der Teilnahme einschließlich der Pausen,
2. die Freistellung nach Absatz 1 Nummer 2 mit acht Stunden.

Ein Entgeltausfall darf nicht eintreten.

A. Allgemeines 1	1. Freistellung (§ 10 Abs. 1) 6
B. Regelungsgehalt 2	2. Anrechnung auf die Arbeitszeit (§ 10 Abs. 2 S. 1) 7
I. Berufsschulunterricht (§ 9) 2	3. Entgeltausfall (§ 10 Abs. 2 S. 2) 8
1. Freistellung (§ 9 Abs. 1 S. 1) 2	C. Verbindung zu anderen Rechtsgebieten und zum Prozessrecht 9
2. Beschäftigungsverbot (§ 9 Abs. 1 S. 2) 3	D. Beraterhinweise 10
3. Anrechnung auf die Arbeitszeit (§ 9 Abs. 2) 4	
4. Entgeltausfall (§ 9 Abs. 3) 5	
II. Prüfungen und außerbetriebliche Ausbildungsmaßnahmen (§ 10) 6	

A. Allgemeines

1 §§ 9, 10 sollen ein Nebeneinander von schulischer und praktischer Ausbildung ermöglichen. Daher ist der Jugendliche zum Besuch der Berufsschule freizustellen. Um eine Überforderung aus der Doppelbelastung zu verhindern, wird die Berufsschulzeit auf die Arbeitszeit angerechnet. Damit die erfolgreiche Berufsschulausbildung nicht aus einem Entgeltinteresse heraus gefährdet wird, wird auch dieser Aspekt in §§ 9, 10 geregelt.

B. Regelungsgehalt

I. Berufsschulunterricht (§ 9)

2 **1. Freistellung (§ 9 Abs. 1 S. 1).** Der AG muss den Jugendlichen **zur Teilnahme am Berufsschulunterricht** freistellen. § 9 setzt eine Berufsschulpflicht voraus. Sie wird in den Landesschulgesetzen geregelt. Der Jugendliche muss für den Unterricht, die Pausen, alle verbindlichen Schulveranstaltungen (Schulausflüge, Skikurs, Betriebsbesichtigungen etc.)[1] und die zur Teilnahme anfallenden Wegezeiten freigestellt werden.[2] Für freiwillige Schulveranstaltungen, Schulferien, Hausaufgaben[3] und das Führen der Berichtshefte[4] besteht kein Anspruch auf Freistellung.

3 **2. Beschäftigungsverbot (§ 9 Abs. 1 S. 2).** § 9 Abs. 1 S. 2 bestimmt ein ausdrückliches Beschäftigungsverbot. Jugendliche dürfen nicht „**vor einem vor 9 Uhr beginnenden Unterricht**" beschäftigt werden (§ 9 Abs. 1 Nr. 1). Sie sollen dem Unterricht ausgeruht folgen können. Maßgebend ist der planmäßig vorgesehene Unterrichtsbeginn. Unplanmäßige Änderungen sind nur bei einer rechtzeitigen Bekanntgabe zu berücksichtigen. Beginn der Unterricht

---

1 ArbG Wuppertal 17.5.1990 – 3 Ca 3388/89 – Ez.B. § 7 BBiG Nr. 25.
2 Zu § 7 BBiG: BAG 26.3.2001 – 5 AZR 413/99 – AP § 7 BBiG Nr. 1.
3 LAG Bremen 9.3.1984 – 1 Sa 130/83 – Ez.B. § 9 JArbSchG Nr. 4.
4 Zu § 7 BBiG: BAG 11.1.1973 – 5 AZR 467/72 – DB 1973, 831.

nach 9 Uhr, kann der Jugendliche beschäftigt werden, solange die rechtzeitige Teilnahme am Unterricht gesichert ist. Dieses Beschäftigungsverbot gilt auch für erwachsene Auszubildende. Die weiteren Beschäftigungsverbote nach § 9 Abs. 1 Nr. 2 und 3 gelten nur für Jugendliche. Sie dürfen **an einem Berufsschultag** mit mehr als fünf Unterrichtsstunden von mind. 45 Minuten nicht beschäftigt werden, allerdings nur **einmal in der Woche.** Maßgeblich ist der tatsächlich abgehaltene Unterrichtsumfang. Pausen werden nicht hinzugezählt. Werden fünf oder weniger Unterrichtsstunden erteilt, greift das Beschäftigungsverbot nicht. Fallen Unterrichtsstunden ohne rechtzeitige Ankündigung kurzfristig aus, werden sie berücksichtigt, wenn der Jugendliche die Berufsschule bereits aufgesucht hat und sich noch weitere Unterrichtsstunden anschließen. Entfallen die letzten Stunden, muss der Jugendliche nach dem Unterricht in den Betrieb, soweit eine sinnvolle Beschäftigung noch möglich ist.[5] Hat der Jugendliche an mehr als einem Tag Unterricht, kann der AG den Tag, für den er den Jugendlichen freistellt, nach § 106 GewO festlegen.[6] Wird der Unterricht in Form eines **Blockunterrichts** von mind. 25 Stunden an mind. fünf Tagen abgehalten, ist der Jugendliche nach § 9 Abs. 1 Nr. 3 für diese Woche freizustellen. Zusätzliche betriebliche Ausbildungsveranstaltungen bleiben bis zu 2 Stunden in der Woche erlaubt. Maßgeblich ist die planmäßige Unterrichtsdauer. Erlangt der Jugendliche von kurzfristigen Änderungen rechtzeitig Kenntnis, entfällt das Beschäftigungsverbot.[7] Wird ein planmäßig geringeres Unterrichtsvolumen unvorhergesehen überschritten, besteht ein Beschäftigungsverbot.

3. Anrechnung auf die Arbeitszeit (§ 9 Abs. 2). Die Zeit des Berufsschulunterrichts ist keine Arbeitszeit. Sie müsste nachgearbeitet werden. Dies widerspräche dem Überforderungsschutz. § 9 Abs. 2 ordnet daher die Anrechnung der infolge der Teilnahme am Berufsschulunterricht ausfallenden Arbeitszeit auf die Arbeitszeit an. Ein **Berufsschultag** i.S.d. Abs. 1 Nr. 2 wird mit acht Stunden (§ 9 Abs. 2 Nr. 1) und eine **Berufsschulwoche** i.S.d. Abs. 1 Nr. 3 mit 40 Stunden (§ 9 Abs. 2 Nr. 2) angerechnet. § 9 Abs. 2 stellt auf die gesetzliche Höchstarbeitszeit gem. § 8 ab. Wird ein Jugendlicher an einem Berufsschultag in der Woche freigestellt, wird dieser Tag nach § 9 Abs. 2 Nr. 1 mit acht Stunden angerechnet. Er kann also weitere 32 Stunden im Betrieb beschäftigt werden. Das gilt auch, wenn die individuelle tägliche Arbeitszeit weniger als acht Stunden dauert. Sollen die in § 9 Abs. 2 Nr. 1 genannten acht Stunden auf die verkürzte tarifliche Wochenarbeitszeit oder anteilig auf die tatsächlich ausfallende tarifliche Arbeitszeit angerechnet werden, muss dies tariflich ausdrücklich geregelt werden.[8] Nach § 9 Abs. 2 Nr. 3 wird i.Ü. die tatsächliche **Unterrichtszeit** angerechnet. Pausenzeiten werden hierbei ausdrücklich als anzurechnende Zeit erwähnt, nicht aber Wegezeiten. Jugendliche müssen daher für die erforderlichen Wegezeiten freigestellt werden, ohne dass aber eine Anrechnung auf die Arbeitszeit erfolgt.[9] Fällt der Berufsschultag auf einen Feiertag, einen freien Arbeitstag oder einen Samstag, erfolgt gleichfalls eine Anrechnung. § 9 Abs. 2 will verhindern, dass der Jugendliche inkl. des Berufsschulbesuchs für mehr als die gesetzliche Höchstarbeitszeit in Anspruch genommen wird.[10]

4. Entgeltausfall (§ 9 Abs. 3). Mit der Zweiteilung der Ausbildung im dualen System hat der AG die Kosten der betrieblichen Ausbildung zu tragen. Die Kosten der schulischen Ausbildung inkl. etwaiger Fahrt-[11] und Unterbringungskosten[12] treffen ihn nicht. § 9 Abs. 3 beteiligt den AG nur insoweit an den finanziellen Folgen des Schulbesuchs, als er die durch den Schulbesuch ausfallende Vergütung fortzahlen muss. Hierbei gilt das **Entgeltausfallprinzip**. Ist im Betrieb Kurzarbeit eingeführt, fällt die Arbeit aus anderen Gründen unbezahlt aus oder schwänzt der Jugendliche die Berufsschule, hat er keinen Entgeltanspruch.[13] Fällt der Unterricht auf einen arbeitsfreien Tag, ist die Unterrichtszeit zu vergüten, soweit sie auf die höchstzulässige Arbeitszeit (§ 8) anzurechnen ist (siehe Rn 3). Überschreitet er die höchstzulässige Arbeitszeit, ist diese Zeit als Mehrarbeit zu vergüten.[14] Der Entgeltanspruch besteht in Höhe der Grundvergütung inkl. etwaiger Provisionen, Zuschüsse oder Erschwerniszuschläge.[15]

II. Prüfungen und außerbetriebliche Ausbildungsmaßnahmen (§ 10)

1. Freistellung (§ 10 Abs. 1). Nach § 10 Abs. 1 Nr. 1 besteht eine Freistellungspflicht zunächst für die Teilnahme an **Prüfungen** und Ausbildungsmaßnahmen außerhalb der Ausbildungsstätte, die aufgrund öffentlichrechtlicher oder vertraglicher Bestimmungen durchgeführt werden (Zwischen-, Abschluss- und Wiederholungsprüfungen gem. §§ 37, 48 BBiG). Öffentlichrechtlich vorgesehene **Ausbildungsmaßnahmen** sind z.B. die entsprechend der Ausbildungsordnungen (§ 5 BBiG, § 26 HwO) bzw. gem. § 9 BBiG, § 41 HwO zu absolvierenden Maßnahmen. § 10 erfasst auch die vertraglich vereinbarte bzw. betrieblich erwünschte Teilnahme an weiteren Prüfungen oder Aus-

---

5 Zmarzlik/Anzinger/*Anzinger*, JArbSchG, § 9 Rn 27.
6 ArbG Mannheim 29.8.1986 – 2 Ca 167/86 – Ez.B. § 9 JArbSchG Nr. 11.
7 OVG NW 11.3.1985 – 12 A 2697/82 – Ez.B. § 9 JArbSchG Nr. 10.
8 BAG 27.5.1992 – 5 AZR 252/91 – Ez.B. § 9 JArbSchG Nr. 20.
9 BAG 12.10.1962 – 1 AZR 379/61 – Ez.B. § 13 JArbSchG Nr. 1, LAG Köln 18.9.1998 – 12 Sa 549/98 – Ez.B. § 7 BBiG Nr. 31.
10 LAG Schleswig-Holstein 16.8.1966 – 1 Sa 109/66 – Ez.B. § 13 JArbSchG Nr. 2.
11 LAG Köln 18.9.1998 – 12 Sa 549/98 – Ez.B. § 7 BBiG Nr. 31.
12 BAG 26.9.2002 – 6 AZR 486/00 – DB 2003, 1123.
13 BAG 17.11.1972 – 3 AZR 112/72 – Ez.B. § 13 JArbSchG Nr. 3.
14 LAG Schleswig-Holstein 16.8.1966 – 1 Sa 109/66 – Ez.B. § 13 JArbSchG Nr. 2.
15 ErfK/*Schlachter*, § 9 JArbSchG Rn 14.

bildungsmaßnahmen[16] (Computer-, Fremdsprachenkurse etc.). Die Freistellung erstreckt sich auf die Teilnahme an der Prüfung und auf die erforderlichen Wege-, Vorbereitungs- und Pausenzeiten. § 10 Abs. 1 Nr. 2 erweitert den Freistellungsanspruch auf den gesamten **Tag vor einer schriftlichen Abschlussprüfung**. Die Erweiterung erstreckt sich nur auf den Tag unmittelbar vor der schriftlichen Prüfung, nicht auf einen anderen Tag oder eine praktische bzw. mündliche[17] Prüfung. Erstreckt sich die Abschlussprüfung auf mehrere zusammenhängende Tage, ist der Jugendliche für den Tag vor dem ersten Prüfungstag freizustellen, anderenfalls für jeden Tag vor einem Prüfungstag. Fällt der Freistellungstag auf einen arbeitsfreien Tag, besteht kein weitergehender Freistellungsanspruch.[18] Besteht an diesem Tag Berufsschulpflicht, kann nur die zuständige Schulbehörde den Jugendlichen freistellen.

7   **2. Anrechnung auf die Arbeitszeit (§ 10 Abs. 2 S. 1).** Auf die Arbeitszeit wird zunächst die Zeit der Teilnahme gem. § 10 Abs. 1 Nr. 1 inkl. der Pausen angerechnet (§ 10 Abs. 2 S. 1 Nr. 1). Prüfungszeiten sind wie Berufsschulzeiten keine Arbeitszeit. Daher ist eine **Anrechnung** erforderlich. Angerechnet werden zunächst die **Prüfungszeiten**, für die eine Freistellung verlangt werden kann. Das mit § 10 verfolgte Ziel des Überforderungsschutzes verlangt eine Anrechnung auch solcher Prüfungszeiten, für die der Jugendliche etwa mangels Arbeitspflicht keine Freistellung verlangen kann, im gleichen Maße aber belastet wird. Auch in diesem Fall darf der Jugendliche nicht über die Grenzen des § 8 in Anspruch genommen werden. Angerechnet werden Prüfungszeiten und Pausen. Nicht erwähnt werden Wegezeiten etc. Da die Teilnahme an einer **außerbetrieblichen Ausbildungsmaßnahme** eine Arbeitsleistung darstellt, wäre eine Anrechnung nicht erforderlich. Die Regelungswirkung des § 10 Abs. 2 S. 1 Nr. 1 beschränkt sich hier auf die Anrechnung der Pausenzeiten. § 10 Abs. 2 S. 1 Nr. 2 bestimmt, dass die Freistellung am **Arbeitstag vor der schriftlichen Abschlussprüfung** angerechnet wird. Fällt die Prüfung aus und kann der Jugendliche noch rechtzeitig im Betrieb erscheinen, muss er die Arbeit antreten. Die bereits ausgefallene Zeit ist anzurechnen. Kann er nicht mehr rechtzeitig erscheinen, ist die gesamte Zeit anzurechnen. Für § 10 Abs. 2 S. 1 Nr. 2 enthält das JArbSchG eine Bestimmung über den **Umfang** der anzurechnenden Zeit. Sie ist mit acht Stunden anzurechnen. Eine entsprechende Bestimmung fehlt für § 10 Abs. 2 S. 1 Nr. 1. Im Hinblick auf §§ 10 Abs. 2 Nr. 2, 9 Abs. 2 erfolgt auch hier eine Anrechnung von höchstens acht Stunden täglich.[19]

8   **3. Entgeltausfall (§ 10 Abs. 2 S. 2).** Für den Entgeltausfall nach § 10 Abs. 2 S. 2 geltend die Ausführungen zu § 9 Abs. 3 (siehe Rn 5).

C. Verbindung zu anderen Rechtsgebieten und zum Prozessrecht

9   Ein Verstoß gegen § 9 Abs. 1, 4 i.V.m. Abs. 1 oder § 10 Abs. 1 stellt eine **OWi** ggf. eine **Straftat** dar (§ 58 Abs. 1 Nr. 6, Nr. 7, Abs. 5, 6).

Der **BR** und die **JAV** haben die Einhaltung der §§ 5 bis 7 zu **überwachen** (§§ 80 Abs. 1 Nr. 1, 70 Abs. 1 Nr. 2 BetrVG). Sie können ein Tätigwerden der Aufsichtsbehörde anregen.[20]

Zu den **behördlichen Handlungsmöglichkeiten** bei Verstößen vgl. §§ 51 bis 54 Rn 2. Zum **Beschäftigungsverbot gem. § 25** und zur **Untersagung der Ausbildung** vgl. §§ 22 bis 27 Rn 22.

Die Landesschulgesetze und § 6 Abs. 1 Nr. 4 BBiG verlangen vom AG, den Jugendlichen zum Schulbesuch anzuhalten. Er muss jede betriebliche Gelegenheit vermeiden, die den Jugendlichen vom Schulbesuch abhalten könnte.[21] Durch ein **Schuleschwänzen** wird das Beschäftigungsverbot des § 9 nicht aufgehoben. Wiederholtes Schwänzen trotz Abmahnung kann u.U. den Ausspruch einer außerordentlichen **Künd** des Ausbildungsverhältnisses rechtfertigen.[22]

Die Verletzung der §§ 9, 10 kann **Schadensersatzansprüche** nach § 280 BGB und § 823 Abs. 1 BGB begründen. Sie sind Schutzgesetze i.S.d. § 823 Abs. 2 BGB (siehe §§ 22 bis 27 Rn 35). Dem Jugendlichen steht ein **Leistungsverweigerungsrecht** nach § 273 BGB zu. Kündigt er sein Berufsausbildungsverhältnis, gelten zur **Sperrzeit nach § 144 SGB III** die Ausführungen zu § 8 Rn 6.

D. Beraterhinweise

10   §§ 9, 10 sind zwingend. Das gilt auch für die Regelungen zur Entgeltfortzahlung.[23] Vereinbarungen zu **Ungunsten** des Jugendlichen sind nichtig (§ 134 BGB). §§ 9, 10 sind in §§ 21a, 21b nicht erwähnt. Auch in Notfällen (§ 21) kann von §§ 9, 10 nicht abgewichen werden. Da die Freistellungspflicht des AG von der Berufsschulpflicht des Jugendlichen abhängt, kann allenfalls eine Unterrichtsbefreiung bei der Schulbehörde beantragt werden. **Günstigere** Rege-

---

16 *Schoden*, JArbSchG, § 10 Rn 7.
17 *Gröninger/Gehring/Taubert*, § 10 Rn 7; a.A.: ErfK/*Schlachter*, § 10 JArbSchG Rn 3.
18 LAG Hamm 12.1.1987 – 12 (9) Sa 1409/77 – EzB. § 10 JArbSchG Nr. 1.
19 Zmarzlik/Anzinger/*Anzinger*, JArbSchG, § 10 Rn 26.
20 *Dembkowsky*, NJW 1998, 3540.
21 OLG Köln 9.3.1990 – Ss 50/90 – NStZ 1990, 444.
22 LAG Niedersachsen 15.9.1989 – 15 Sa 801/89 – juris.
23 ArbG Bayreuth 1.6.1978 – 2 Ca 25/78 – Ez.B. § 9 JArbSchG Nr. 2.

lungen und solche, die §§ 9, 10 nur konkretisieren, sind zulässig. Denkbar sind Vereinbarungen in einem TV oder einer BV über eine Anrechnung von Berufsschultagen auf die individuelle bzw. tarifliche Arbeitszeit, über eine weitergehende Freistellung oder zur Gleichstellung jugendlicher und erwachsener Auszubildender.[24]

Zur Durchsetzung seines Anspruchs auf Freistellung und Anrechnung kann der Jugendliche Klage mit dem **Leistungsantrag** erheben, den AG zu verurteilen, ihn an den im Einzelnen konkret zu benennenden Tagen für die Dauer des Berufsschulunterrichts inkl. der hierfür erforderlichen Wegezeiten freizustellen oder Zeiten des Berufsschulunterrichts auf die Arbeitszeit anzurechnen. Die anzurechnenden Zeiten müssen konkret bezeichnet werden. Soll der Streit insgesamt auch für die Zukunft abschließend geklärt werden, besteht i.d.R. das erforderliche Feststellungsinteresse gem. § 256 Abs. 1 ZPO.[25] Er kann eine **Feststellungsklage** mit dem Antrag erheben, „festzustellen, dass der AG verpflichtet ist, ihn an den Berufsschultagen in der Zeit vom Beginn der ersten Unterrichtsstunde bis zum Ende der letzten Unterrichtsstunde einschl. der notwendigen Wegezeiten von der Berufsschule zur Betriebsstätte unter Fortzahlung seiner Vergütung von der betrieblichen Arbeit freizustellen und die vorgenannten Zeiten auf die betriebliche Arbeitszeit anzurechnen".[26] Entgeltansprüche gem. §§ 9, 10 können durch eine konkret bezifferte **Zahlungsklage** geltend gemacht werden.

§ 11 Ruhepausen, Aufenthaltsräume

(1) ¹Jugendlichen müssen im voraus feststehende Ruhepausen von angemessener Dauer gewährt werden. ²Die Ruhepausen müssen mindestens betragen
1. 30 Minuten bei einer Arbeitszeit von mehr als viereinhalb bis zu sechs Stunden,
2. 60 Minuten bei einer Arbeitszeit von mehr als sechs Stunden.

Als Ruhepause gilt nur eine Arbeitsunterbrechung von mindestens 15 Minuten.
(2) ¹Die Ruhepausen müssen in angemessener zeitlicher Lage gewährt werden, frühestens eine Stunde nach Beginn und spätestens eine Stunde vor Ende der Arbeitszeit. ²Länger als viereinhalb Stunden hintereinander dürfen Jugendliche nicht ohne Ruhepause beschäftigt werden.
(3) Der Aufenthalt während der Ruhepausen in Arbeitsräumen darf den Jugendlichen nur gestattet werden, wenn die Arbeit in diesen Räumen während dieser Zeit eingestellt ist und auch sonst die notwendige Erholung nicht beeinträchtigt wird.
(4) Absatz 3 gilt nicht für den Bergbau unter Tage.

§ 12 Schichtzeit

Bei der Beschäftigung Jugendlicher darf die Schichtzeit (§ 4 Abs. 2) 10 Stunden, im Bergbau unter Tage 8 Stunden, im Gaststättengewerbe, in der Landwirtschaft, in der Tierhaltung, auf Bau- und Montagestellen 11 Stunden nicht überschreiten.

§ 13 Tägliche Freizeit

Nach Beendigung der täglichen Arbeitszeit dürfen Jugendliche nicht vor Ablauf einer ununterbrochenen Freizeit von mindestens 12 Stunden beschäftigt werden.

§ 14 Nachtruhe

(1) Jugendliche dürfen nur in der Zeit von 6 bis 20 Uhr beschäftigt werden.
(2) Jugendliche über 16 Jahre dürfen
1. im Gaststätten- und Schaustellergewerbe bis 22 Uhr,
2. in mehrschichtigen Betrieben bis 23 Uhr,

---

[24] BAG 26.3.2001 – 5 AZR 413/99 – AP § 7 BBiG Nr. 2; Carstensen, AiB 1998, 150 mit einer MusterBV.
[25] BAG 24.6.2004 – 8 AZR 280/03 – juris.
[26] BAG 27.5.1992 – 5 AZR 252/91 – EzB. § 9 JArbSchG Nr. 20; LAG Köln 18.9.1998 – 12 Sa 549/98 – EzB. § 7 BBiG Nr. 31.

3. in der Landwirtschaft ab 5 Uhr oder bis 21 Uhr,
4. in Bäckereien und Konditoreien ab 5 Uhrbeschäftigt werden.

(3) Jugendliche über 17 Jahre dürfen in Bäckereien ab 4 Uhr beschäftigt werden.

(4) An dem einem Berufsschultag unmittelbar vorangehenden Tag dürfen Jugendliche auch nach Absatz 2 Nr. 1 bis 3 nicht nach 20 Uhr beschäftigt werden, wenn der Berufsschulunterricht am Berufsschultag vor 9 Uhr beginnt.

(5) [1]Nach vorheriger Anzeige an die Aufsichtsbehörde dürfen in Betrieben, in denen die übliche Arbeitszeit aus verkehrstechnischen Gründen nach 20 Uhr endet, Jugendliche bis 21 Uhr beschäftigt werden, soweit sie hierdurch unnötige Wartezeiten vermeiden können. [2]Nach vorheriger Anzeige an die Aufsichtsbehörde dürfen ferner in mehrschichtigen Betrieben Jugendliche über 16 Jahre ab 5.30 Uhr oder bis 23.30 Uhr beschäftigt werden, soweit sie hierdurch unnötige Wartezeiten vermeiden können.

(6) [1]Jugendliche dürfen in Betrieben, in denen die Beschäftigten in außergewöhnlichem Grade der Einwirkung von Hitze ausgesetzt sind, in der warmen Jahreszeit ab 5 Uhr beschäftigt werden. [2]Die Jugendlichen sind berechtigt, sich vor Beginn der Beschäftigung und danach in regelmäßigen Zeitabständen arbeitsmedizinisch untersuchen zu lassen. [3]Die Kosten der Untersuchungen hat der Arbeitgeber zu tragen, sofern er diese nicht kostenlos durch einen Betriebsarzt oder einen überbetrieblichen Dienst von Betriebsärzten anbietet.

(7) [1]Jugendliche dürfen bei Musikaufführungen, Theatervorstellungen und anderen Aufführungen, bei Aufnahmen im Rundfunk (Hörfunk und Fernsehen), auf Ton- und Bildträger sowie bei Film- und Fotoaufnahmen bis 23 Uhr gestaltend mitwirken. [2]Eine Mitwirkung ist nicht zulässig bei Veranstaltungen, Schaustellungen oder Darbietungen, bei denen die Anwesenheit Jugendlicher nach den Vorschriften des Jugendschutzgesetzes verboten ist. [3]Nach Beendigung der Tätigkeit dürfen Jugendliche nicht vor Ablauf einer ununterbrochenen Freizeit von mindestens 14 Stunden beschäftigt werden.

A. Allgemeines 1	1. Nachtarbeitsverbot (§ 14 Abs. 1) 9
B. Regelungsgehalt 2	2. Ausnahmen vom Nachtarbeitsverbot (§ 14 Abs. 2–7) 10
I. Ruhepausen während der täglichen Arbeitszeit (§ 11) 2	3. Grenzen zulässiger Nachtarbeit 15
II. Begrenzung der täglichen Inanspruchnahme durch Schichtzeiten (§ 12) 7	C. Verbindung zu anderen Rechtsgebieten und zum Prozessrecht 17
III. Tägliche Freizeit (§ 13) 8	D. Beraterhinweise 18
IV. Nachtruhe (§ 14) 9	

A. Allgemeines

1 § 11 will mit der Anordnung von Ruhepausen Jugendliche vor einer Überlastung schützen. Pausen verlängern zugleich die Anwesenheit am Arbeitsplatz und verkürzen so die Freizeit des Jugendlichen. Dem setzt die Regelung über die höchstzulässigen Schichtzeiten in § 12 Grenzen. Nach jeder Schichtzeit muss der Jugendliche eine Phase ungestörter Freizeit haben. § 13 erweitert die tägliche Mindestfreizeit für Jugendliche im Vergleich zu § 5 ArbZG auf zwölf Stunden § 14 bestimmt, dass die Freizeit zur Nachtzeit gewährt werden muss.

B. Regelungsgehalt

I. Ruhepausen während der täglichen Arbeitszeit (§ 11)

2 Ruhepausen sind im Voraus festgelegte Unterbrechungen der Arbeitszeit. Sie müssen von bestimmter Dauer sein und der Erholung dienen, d.h. der Jugendliche muss diese Zeiten ohne Arbeitsbereitschaft zur freien Verfügung haben.[1] Ihre Anordnung liegt im Direktionsrecht des AG (§ 106 GewO).[2]

3 Der AG muss die Pausen **im Voraus festlegen**. Die Vorhersehbarkeit erhöht den Erholungswert von Pausen. Kurzfristig zu Pausen erklärte Arbeitsunterbrechungen sind keine Ruhepausen i.S.d. § 11. Pausen dürfen auch nicht täglich oder wöchentlich neu festgelegt werden. Ihre Festlegung darf nicht dem Jugendlichen überlassen werden.

4 Ruhepausen müssen **von bestimmter Dauer** sein. Bei einer Arbeitszeit von mehr als 4,5 bis zu sechs Stunden muss sie 30 Minuten (§ 11 Abs. 1 Nr. 1), bei einer Arbeitszeit von mehr als sechs Stunden 60 Minuten (§ 11 Abs. 1 Nr. 2) betragen. Gem. § 11 Abs. 1 S. 3 können diese Gesamtpausenzeiten in mehrere kürzere Pausen unterteilt werden, solange jede Kurzpause mind. 15 Minuten dauert. Gem. § 4 Abs. 5 müssen die Arbeitszeiten bei sämtlichen AG berücksichtigt werden. Wegezeiten zwischen verschiedenen Arbeitsplätzen[3] und solche von und zur Berufsschule gelten nicht als Ruhepause. Die Ruhepausen müssen jeweils **von angemessener Dauer** sein. Dies bemisst sich nach

---

1 BAG 1.7.2003 – 1 ABR 20/02 – NZA 2004, 620.
2 Küttner/*Reinecke*, Pause, Rn 7.
3 *Wenzel*, DB 2001, 1613.

dem individuellen Erholungsbedürfnis des Jugendlichen im Einzelfall (Alter, Gesundheitszustand, Art der Tätigkeit, betriebliche Belange). § 11 regelt die Mindestdauer, § 12 die **Höchstdauer** der Pausen. Bei einer höchstzulässigen Arbeitszeit von acht Stunden darf eine Schichtzeit von zehn Stunden nicht überschritten werden. Die Verkürzung der Freizeit durch lange Ruhepausen ist im Rahmen der Angemessenheitsprüfung zu berücksichtigen.[4]

Die Pausen müssen **in angemessener Lage** gewährt werden (§ 11 Abs. 2). Sie sind unter Berücksichtigung der individuellen Bedürfnisse des Jugendlichen und der betrieblichen Erfordernisse sinnvoll zu verteilen. Nach § 11 Abs. 2 kann eine Pause frühestens eine Stunde nach Beginn und spätestens eine Stunde vor Ende der Arbeitszeit gewährt werden.

Dem Jugendlichen darf während der Pausen der **Aufenthalt in Arbeitsräumen** nur gestattet werden, wenn die Arbeit in diesen Räumen während der Pause eingestellt und auch i.Ü. die notwendige Erholung nicht beeinträchtigt ist. § 11 erlaubt ihm nicht, den Betrieb zu verlassen. Es sind vielmehr geeignete Pausenräume (vgl. § 29 ArbStättV) bereitzustellen.[5] Im Bergbau gilt die Einschränkung zum Aufenthaltsort nicht (§ 11 Abs. 4).

II. Begrenzung der täglichen Inanspruchnahme durch Schichtzeiten (§ 12)

Schichtzeit ist gem. § 4 Abs. 2 die tägliche Arbeitszeit inkl. der Ruhepausen. Aufgrund des weit gefassten Arbeitszeitbegriffs (siehe § 4 Rn 2) erfasst sie die gesamte Zeit zwischen Beginn und Ende der Beschäftigung während eines Tages. § 12 beschränkt die **Dauer einer Schicht** auf grds. zehn Stunden Die höchstzulässige Arbeitszeit gem. § 8 darf nicht überschritten werden. Im Gaststättengewerbe, in der Landwirtschaft (vgl. § 8 Rn 5), der Tierhaltung und auf Bau- und Montagestellen gilt eine Schichtzeit von elf Stunden. Als Betriebe des Gaststättengewerbes gelten gewerbliche Betriebe i.S.d. GastG und vergleichbare nicht gewerbliche Betriebe, wie Kantinen, Internate etc. Betriebe der Tierhaltung sind solche, die sich, ohne ein landwirtschaftlicher Betrieb zu sein, mit dem Halten und Züchten von Tieren befassen (Fleisch-, Milch- oder Eierproduktionsbetriebe, Zoo, Reitstall). Auf Baustellen werden Bauarbeiten aller Art ausgeübt. Auf Montagestellen werden Anlagen, Maschinen und Geräte zusammengebaut. Im Bergbau unter Tage gilt eine Schichtzeit von acht Stunden.

III. Tägliche Freizeit (§ 13)

Nach § 13 darf ein Jugendlicher nach der Beendigung der täglichen Arbeitszeit eines Tages nicht vor Ablauf einer ununterbrochenen Freizeit von mind. zwölf Stunden erneut beschäftigt werden. Die Freizeit darf nicht durch eine Beschäftigung i.S.d. § 1 Abs. 1, d.h. auch nicht nur einen Bereitschaftsdienst[6] oder eine Arbeits- bzw. Rufbereitschaft unterbrochen werden.[7] Die Zeiten mehrerer Beschäftigungen sind zusammen zu betrachten.[8] Berufsschulunterricht unterbricht die Freizeit nicht. Für Jugendliche, die gem. § 14 Abs. 7 Nachtarbeit geleistet haben, gilt eine Sonderregelung (siehe Rn 14).

IV. Nachtruhe (§ 14)

1. Nachtarbeitsverbot (§ 14 Abs. 1). Jugendliche dürfen nur in der Zeit **von 6 bis 20 Uhr** beschäftigt werden (§ 14 Abs. 1). In der Zwischenzeit ist ihre Beschäftigung verboten.

2. Ausnahmen vom Nachtarbeitsverbot (§ 14 Abs. 2–7). Die Liste der Ausnahmen ist **abschließend**. Auch bei einer vergleichbaren Interessenlage ist eine erweiternde **Auslegung** nicht zulässig.[9]

Im **Gaststättengewerbe** (siehe Rn 7) und im **Schaustellergewerbe** können Jugendliche über 16 Jahre bis 22 Uhr beschäftigt werden (§ 14 Abs. 2 Nr. 1). Handelt es sich um eine mehrschichtig betriebene Gaststätte ist ggf. § 14 Abs. 2 Nr. 2 zu beachten. Betriebe des Schaustellergewerbes sind Geschäfte auf Jahrmärkten und Volksfesten, die der Belustigung (Fahrgeschäft, Losbuden), dem Verzehr oder dem Verkauf dienen. In der **Landwirtschaft** (siehe § 8 Rn 5) dürfen Jugendliche über 16 Jahre alternativ entweder bereits ab 5 Uhr oder bis 21 Uhr beschäftigt werden (§ 14 Abs. 2 Nr. 3). In **Bäckereien** dürfen Jugendliche über 16 Jahre ab 5 Uhr (§ 14 Abs. 2 Nr. 4) und Jugendliche über 17 Jahre ab 4 Uhr (§ 14 Abs. 3) beschäftigt werden. In **Konditoreien** dürfen Jugendliche über 16 Jahre ab 5 Uhr beschäftigt werden (§ 14 Abs. 2 Nr. 4). Voraussetzung ist, dass in dem Betrieb Bäcker- und Konditorenwaren üblicherweise schon in den frühen Morgenstunden hergestellt werden. Nicht erfasst werden tageszeitlich unabhängig produzierende Betriebe für Dauerbackwaren oder reine Verkaufsbetriebe. In Mischbetrieben dürfen Jugendliche gem. § 14 Abs. 3 in der Zeit zwischen 4 und 5 Uhr nur zur Herstellung von Backwaren eingesetzt werden.[10] In einem **mehrschichtigen Betrieb** dürfen Jugendliche über 16 Jahre bis 23 Uhr beschäftigt werden (§ 14 Abs. 2 Nr. 2). Ein Betrieb arbeitet mehrschichtig, wenn eine Arbeitsaufgabe über die Arbeitszeit eines AN hinausgeht und deswegen von mehreren AN in einer feststehenden und überschaubaren zeitlichen Reihenfolge so erfüllt wird, dass ein Teil der

---

[4] BayObLG 28.1.1982 – 3 Ob OWi 213/81 – Ez.B. § 4 JArbSchG Nr. 1.
[5] BAG 21.8.1990 – 1 AZR 567/89 – AP § 87 BetrVG Nr. 17.
[6] Zu § 5 ArbZG: BAG 16.3.2004 – 9 AZR 93/03 – DB 2004, 1732.
[7] Zu § 5 ArbZG: BAG 5.6.2003 – 6 AZR 114/02 – NZA 2004, 164.
[8] *Gröninger/Gehring/Taubert*, § 13 Rn 9; zu § 5 ArbZG: BAG 11.12.2001 – 9 AZR 464/00 – NZA 2002, 965.
[9] *Wenzel*, DB 2001, 1613.
[10] *Schoden*, JArbSchG, § 14 Rn 15.

Belegschaft arbeitet, während ein anderer Teil arbeitsfrei hat.[11] Voraussetzung ist, dass der Jugendliche selbst in Schichten arbeitet. Gem. § 14 Abs. 5 S. 2 kann die Arbeitszeit zur Vermeidung unnötiger Wartezeiten alternativ auf die Zeit ab 5.30 Uhr oder bis 23.30 Uhr gelegt werden. Hierzu muss der Jugendliche älter als 16 Jahre sein, die Beschäftigung muss der Aufsichtsbehörde angezeigt sein (siehe Rn 12).

12 Endet in einem Betrieb die übliche Arbeitszeit **aus verkehrstechnischen Gründen** nach 20 Uhr, kann ein Jugendlicher bis 21 Uhr beschäftigt werden (§ 14 Abs. 5 S. 1). Die Arbeitszeiten und die Fahrpläne des ÖPNV sind häufig aufeinander abgestimmt. Jugendliche sind oft auf die Mitfahrt in Werksbussen oder Fahrgemeinschaften angewiesen. Die Arbeitszeit im Betrieb muss üblicherweise, d.h. für eine Vielzahl von AN und nicht nur ausnahmsweise nach 20 Uhr enden. Allein der Wunsch des Jugendlichen genügt nicht.[12] Voraussetzung ist, dass unnötige verkehrsbedingte Wartezeiten vermieden werden können. Diese Nachtarbeit muss vorher der Aufsichtsbehörde (§ 51) angezeigt, nicht aber genehmigt werden. Sie kann die Nachtarbeit aber gem. § 51 untersagen oder mit Auflagen verbinden (§ 54). In mehrschichtigen Betrieben kann die Arbeitszeit für Jugendliche über 16 Jahre alternativ auf die ab 5.30 Uhr oder bis 23.30 Uhr gelegt werden (§ 14 Abs. 5 S. 2).

13 In **Hitzebetrieben** dürfen Jugendliche in der warmen Jahreszeit bereits ab 5 Uhr beschäftigt werden (§ 14 Abs. 6). Betroffen sind i.d.R. die Monate von Mai/Juni bis August/September. Die Beschäftigten müssen in einem außergewöhnlichen Grad der Einwirkung von Hitze ausgesetzt sein (Stahlwerk, Gießerei, ungeschützte Außenarbeitsstelle).[13] Der Jugendliche selbst muss nicht unmittelbar betroffen sein, solange die Hitze organisatorische Maßnahmen bedingt, die auch eine Verlegung der Arbeitszeit des Jugendlichen erfordert. Zum Abbau des vom Gesetzgeber als hemmend betrachteten bisherigen Verfahrens wurde die Pflicht einer vorherigen Genehmigung durch die Aufsichtsbehörde abgeschafft.[14] Allerdings haben Jugendliche nunmehr die Möglichkeit, sich vor Beginn der Beschäftigung und danach in regelmäßigen Abständen auf Kosten des Arbeitgebers untersuchen zu lassen.

14 Bei **Musikaufführungen, Theatervorstellungen** und bei **anderen Aufführungen** und **Aufnahmen** im Rundfunk (Hörfunk und Fernsehen) auf Ton- und Bildträger sowie Film- und Fotoaufnahmen dürfen Jugendliche bis 23 Uhr **gestaltend mitwirken** (§ 14 Abs. 7). Es gelten die Ausführungen zu § 6 (siehe §§ 5 bis 7 Rn 13). § 14 Abs. 7 erlaubt jedoch nicht die Teilnahme an **Proben** während der Nachtzeit. Nicht zulässig ist darüber hinaus die Teilnahme an einer Veranstaltung, Schaustellung oder Darbietung, bei denen die Anwesenheit von Jugendlichen verboten ist (§ 14 Abs. 7 S. 2). Nach §§ 4 bis 10 JuSchG ist der Aufenthalt in Gaststätten, die als Nachtbar oder Nachtclub geführt werden, in vergleichbaren Vergnügungsbetrieben, in öffentlichen Spielhallen oder ähnlichen vorwiegend dem Spielbetrieb dienenden Räumlichkeiten nicht gestattet (§§ 4 Abs. 3, 6 Abs. 1 JuSchG). Im Einzelfall ist auch eine Beschäftigung an sonstigen jugendgefährdenden Veranstaltungen oder Orten (§§ 7, 8 JuSchG) nicht bewilligungsfähig. Nach der Beendigung der Nachtarbeit gem. § 14 Abs. 7 muss dem Jugendlichen eine **ununterbrochene Freizeit** (siehe Rn 8) von mind. 14 Stunden gewährt werden (§ 14 Abs. 7 S. 3).

15 3. Grenzen zulässiger Nachtarbeit. Nach § 14 Abs. 4 darf der Jugendliche an dem **Tag, der einem Berufsschultag unmittelbar vorangeht**, nach § 14 Abs. 2 Nr. 1 bis 3 nicht über 20 Uhr hinaus beschäftigt werden, wenn der Berufsschulunterricht planmäßig am **Berufsschultag vor 9 Uhr beginnt**. § 14 Abs. 4 ergänzt § 9. Fällt infolge des Beschäftigungsverbots nach § 14 Abs. 4 Arbeit aus, hat der Jugendliche entsprechend § 9 Abs. 3 einen Entgeltanspruch. § 14 Abs. 4 gilt nicht für eine Nachtarbeit nach § 14 Abs. 5 S. 1. Wegen der ohnehin anfallenden Wartezeiten kann der Zweck des Abs. 4 nicht erreicht werden. Da § 14 Abs. 5 S. 2 nur ein Sonderfall des § 14 Abs. 2 Nr. 2 ist, gilt die Schranke des § 14 Abs. 4 auch für diesen Fall.[15] Für eine Beschäftigung an **Berufsschultagen** ist § 9 Abs. 1 Nr. 1 zu beachten.

16 Sämtliche Ausnahmen gem. § 14 Abs. 2 bis 7 stehen unter dem Vorbehalt, dass im Einzelfall kein Beschäftigungsverbot **aus Gründen des Gesundheitsschutzes** besteht (§§ 39 Abs. 2, 40). Auch alle sonstigen Bestimmungen des JArbSchG sind zu beachten.

C. Verbindung zu anderen Rechtsgebieten und zum Prozessrecht

17 §§ 11 bis 14 sind im Verhältnis zum ArbZG **Sonderreglungen**. Ein Verstoß gegen §§ 11 Abs. 1 oder 2, 12, 13 stellt eine **OWi**, ggf. eine **Straftat** dar (§ 58 Abs. 1 Nr. 8 bis 10, Abs. 5 und 6). Wer entgegen § 11 Abs. 3 den Aufenthalt in Arbeitsräumen gestattet, begeht eine OWi nach § 59 Abs. 1 Nr. 2. Beschäftigt der AG einen Jugendlichen entgegen § 14 Abs. 1 oder entgegen § 14 Abs. 7 S. 3, begeht er eine OWi ggf. eine Straftat nach §§ 58 Abs. 1 Nr. 11, Abs. 5 und 6. Überschreitet er die Grenzen der § 14 Abs. 2 bis 7, verstößt er gegen § 14 Abs. 1.

Der **BR** und die **JAV** haben die Einhaltung der §§ 11 bis 14 zu **überwachen** (§§ 80 Abs. 1 Nr. 1, 70 Abs. 1 Nr. 2 BetrVG). Sie können ein Tätigwerden der Aufsichtsbehörde anregen.[16] Dem BR steht bei der Festlegung der Arbeits-

---

11 BAG 24.1.2001 – 10 AZR 106/00 – EzA § 4 TVG Großhandel Nr. 6.
12 *Gröninger/Gehring/Taubert*, § 14 Rn 25.
13 BT-Drucks 7/4544, S. 5.
14 BT-Drucks 15/4646, S. 28; BT-Drucks 15/5480, S. 2.
15 *Zmarzlik/Anzinger/Anzinger*, JArbSchG, § 14 Rn 27.
16 *Dembkowsky*, NJW 1998, 3540.

zeit und Pausen ein **Mitbestimmungsrecht** zu (§ 87 Abs. 1 Nr. 2 BetrVG).[17] Ob der Jugendliche während der Pausen den Betrieb verlassen darf, betrifft die betriebliche Ordnung (§ 87 Abs. 1 Nr. 1 BetrVG).[18]

Zu den **behördlichen Handlungsmöglichkeiten** bei Verstößen vgl. §§ 51 bis 54 Rn 2. Zum **Beschäftigungsverbot gem.** § 25 und zur **Untersagung der Ausbildung** vgl. §§ 22 bis 27 Rn 22.

Die Verletzung der §§ 11 bis 14 kann **Schadensersatzansprüche** nach § 280 BGB und § 823 Abs. 1 BGB begründen. Sie sind Schutzgesetze i.S.d. § 823 Abs. 2 BGB (siehe §§ 22 bis 27 Rn 35). Dem Jugendlichen steht ein **Leistungsverweigerungsrecht** nach § 273 BGB zu. Kündigt er sein Berufsausbildungsverhältnis, gelten zur **Sperrzeit nach** § 144 SGB III die Ausführungen zu § 8 Rn 6.

Gem. § 14 veränderte Arbeitszeiten unterliegen der **Aushangpflicht** (siehe §§ 47 bis 50 Rn 3).

D. Beraterhinweise

§§ 11 bis 14 sind **zwingend**. In einem **Notfall** gilt § 21 (siehe §§ 20 bis 21b Rn 5). **Ungünstigere Regelungen** sind grds. nichtig (§ 134 BGB). Nach Maßgabe der §§ 21a, 21b können in einem TV, aufgrund eines TV in einer BV oder in einer Rechts-VO Ausnahmen geregelt werden. **Günstigere Regelungen** und solche, die §§ 11 bis 14 nur konkretisieren, sind zulässig.

Überschreitet der AG sein **Direktionsrecht**, gelten die Ausführungen zu § 8 Rn 6, 7.

Gegen die Versagung einer Ausnahmegenehmigung nach § 14 Abs. 6 und 7 kann vor dem **VG** Verpflichtungsklage erhoben werden (vgl. §§ 51 bis 54 Rn 7).

Im Hinblick auf § 4 Abs. 5 und eine mögliche **Auskunftsklage** des AG gelten die Ausführungen zu § 4 Rn 8.

Ob der Jugendliche zu Nachtarbeit verpflichtet ist, beurteilt sich nach den einzel- oder kollektivrechtlichen Vereinbarungen. Zur Vermeidung späterer Änderungsverträge oder Änderungs-Künd ist eine abschließende **Vereinbarung der Arbeits- und Pausenzeiten** nicht anzuraten. Zu empfehlen ist folgende Regelung: „Beginn und Ende der täglichen Arbeitszeit sowie der Pausen werden von der Firmenleitung festgelegt. Derzeit gelten folgende Arbeits- und Pausenzeiten: (…)."

§ 15 Fünf-Tage-Woche

¹Jugendliche dürfen nur an fünf Tagen in der Woche beschäftigt werden. ²Die beiden wöchentlichen Ruhetage sollen nach Möglichkeit aufeinander folgen.

§ 16 Samstagsruhe

(1) An Samstagen dürfen Jugendliche nicht beschäftigt werden.
(2) Zulässig ist die Beschäftigung Jugendlicher an Samstagen nur
1. in Krankenanstalten sowie in Alten-, Pflege- und Kinderheimen,
2. in offenen Verkaufsstellen, in Betrieben mit offenen Verkaufsstellen, in Bäckereien und Konditoreien, im Friseurhandwerk und im Marktverkehr,
3. im Verkehrswesen,
4. in der Landwirtschaft und Tierhaltung,
5. im Familienhaushalt,
6. im Gaststätten- und Schaustellergewerbe,
7. bei Musikaufführungen, Theatervorstellungen und anderen Aufführungen, bei Aufnahmen im Rundfunk (Hörfunk und Fernsehen), auf Ton- und Bildträger sowie bei Film- und Fotoaufnahmen,
8. bei außerbetrieblichen Ausbildungsmaßnahmen,
9. beim Sport,
10. im ärztlichen Notdienst,
11. in Reparaturwerkstätten für Kraftfahrzeuge.

Mindestens zwei Samstage im Monat sollen beschäftigungsfrei bleiben.

---

17 Allg.: BAG 22.7.2003 – 1 ABR 28/02 – AP § 87 BetrVG 1972 Nr. 108.
18 BAG 21.8.90 – 1 AZR 567/89 – AP § 87 BetrVG Nr. 17.

(3) ¹Werden Jugendliche am Samstag beschäftigt, ist ihnen die Fünf-Tage-Woche (§ 15) durch Freistellung an einem anderen berufsschulfreien Arbeitstag derselben Woche sicherzustellen. ²In Betrieben mit einem Betriebsruhetag in der Woche kann die Freistellung auch an diesem Tag erfolgen, wenn die Jugendlichen an diesem Tag keinen Berufsschulunterricht haben.

(4) Können Jugendliche in den Fällen des Absatzes 2 Nr. 2 am Samstag nicht acht Stunden beschäftigt werden, kann der Unterschied zwischen der tatsächlichen und der nach § 8 Abs. 1 höchstzulässigen Arbeitszeit an dem Tag bis 13 Uhr ausgeglichen werden, an dem die Jugendlichen nach Absatz 3 Satz 1 freizustellen sind.

§ 17 Sonntagsruhe

(1) An Sonntagen dürfen Jugendliche nicht beschäftigt werden.
(2) Zulässig ist die Beschäftigung Jugendlicher an Sonntagen nur
1. in Krankenanstalten sowie in Alten-, Pflege- und Kinderheimen,
2. in der Landwirtschaft und Tierhaltung mit Arbeiten, die auch an Sonn- und Feiertagen naturnotwendig vorgenommen werden müssen,
3. im Familienhaushalt, wenn der Jugendliche in die häusliche Gemeinschaft aufgenommen ist,
4. im Schaustellergewerbe,
5. bei Musikaufführungen, Theatervorstellungen und anderen Aufführungen sowie bei Direktsendungen im Rundfunk (Hörfunk und Fernsehen),
6. beim Sport,
7. im ärztlichen Notdienst,
8. im Gaststättengewerbe.

Jeder zweite Sonntag soll, mindestens zwei Sonntage im Monat müssen beschäftigungsfrei bleiben.
(3) ¹Werden Jugendliche am Sonntag beschäftigt, ist ihnen die Fünf-Tage-Woche (§ 15) durch Freistellung an einem anderen berufsschulfreien Arbeitstag derselben Woche sicherzustellen. ²In Betrieben mit einem Betriebsruhetag in der Woche kann die Freistellung auch an diesem Tag erfolgen, wenn die Jugendlichen an diesem Tag keinen Berufsschulunterricht haben.

§ 18 Feiertagsruhe

(1) Am 24. und 31. Dezember nach 14 Uhr und an gesetzlichen Feiertagen dürfen Jugendliche nicht beschäftigt werden.
(2) Zulässig ist die Beschäftigung Jugendlicher an gesetzlichen Feiertagen in den Fällen des § 17 Abs. 2, ausgenommen am 25. Dezember, am 1. Januar, am ersten Osterfeiertag und am 1. Mai.
(3) ¹Für die Beschäftigung an einem gesetzlichen Feiertag, der auf einen Werktag fällt, ist der Jugendliche an einem anderen berufsschulfreien Arbeitstag derselben oder der folgenden Woche freizustellen. ²In Betrieben mit einem Betriebsruhetag in der Woche kann die Freistellung auch an diesem Tag erfolgen, wenn die Jugendlichen an diesem Tag keinen Berufsschulunterricht haben.

A. Allgemeines 1	4. Fünf-Tage-Woche durch Freistellung
B. Regelungsgehalt 2	(§§ 16 Abs. 3, 17 Abs. 3) 10
I. Grundsatz der Fünf-Tage-Woche (§ 15) 2	IV. Ausnahmen vom Grundsatz der Fünf-Tage-Woche 11
II. Beschäftigungsverbot an Samstagen und Sonntagen	V. Verlängerung der Fünf-Tage-Woche durch Feier-
(§§ 16 Abs. 1, 17 Abs. 1) 4	tagsruhe (§ 18) 13
III. Zulässige Samstags- bzw. Sonntagsarbeit (§§ 16	1. Beschäftigungsverbot an Feiertagen
Abs. 2, 17 Abs. 2)	(§ 18 Abs. 1) 13
1. Zulässige Samstagsarbeit (§ 16 Abs. 2 S. 1) .. 6	2. Ausnahmen vom Beschäftigungsverbot
2. Zulässige Sonntagsarbeit (§ 17 Abs. 2) 7	(§ 18 Abs. 2) 14
3. Einschränkung zulässiger Samstags- bzw.	3. Freistellung für Feiertagsarbeit (§ 18 Abs. 3) . 15
Sonntagsarbeit (§§ 16 Abs. 2 S. 2, 17 Abs. 2	C. Verbindung zu anderen Rechtsgebieten und
S. 2) 9	zum Prozessrecht 16
	D. Beraterhinweise 21

A. Allgemeines

Jugendliche benötigen zu ihrer Erholung eine längere zusammenhängende Freizeit pro Woche. Sie soll möglichst am Wochenende liegen. Daher schreibt § 15 eine Fünf-Tage-Woche vor. §§ 16, 17 stellen sicher, dass die zwei freien Tage grds. auf das Wochenende fallen. Sie lassen Ausnahmen zu, damit sich Jugendliche ein Bild von den Arbeitszeiten ihres künftigen Berufs machen können.[1] § 18 gewährt zusätzliche Freizeit im Zusammenhang mit Feiertagen.

B. Regelungsgehalt

I. Grundsatz der Fünf-Tage-Woche (§ 15)

Jugendliche dürfen grds. nur an **fünf Arbeitstagen** in der Woche (§ 4 Abs. 4 S. 1) beschäftigt werden. Erbringt ein Jugendlicher eine geringfügige Hilfeleistung gem. § 1 Abs. 2, steht diese aber im Zusammenhang mit seinem Arbeits- bzw. Ausbildungsverhältnis, sind im Hinblick auf § 15 beide Zeiten zu beachten.[2] Beschäftigungstage bei mehreren AG werden zusammengerechnet (§ 4 Abs. 5). Feiertage wirken sich auf § 15 nicht aus. Die ausfallenden Arbeitstage gelten als Arbeitstage i.S.d. § 15 (§ 4 Abs. 4 S. 2). Freistellungszeiten nach §§ 9, 10 sind keine Arbeitszeit. Sie werden auf diese nur angerechnet, wenn infolge des Unterrichts Arbeitszeit des Jugendlichen ausfällt.[3] Fällt der Unterricht auf einen Arbeitstag, kann er nur an vier Tagen im Betrieb beschäftigt werden. Findet der Unterricht an einem arbeitsfreien Tag statt, kann er an fünf Arbeitstagen im Betrieb beschäftigt werden.[4] Arbeitet er nach dem Unterricht noch im Betrieb, gilt dieser Tag als Arbeitstag gem. § 15.

Die beiden **wöchentlichen Ruhetage** sollen aufeinander folgen (§ 15 S. 2). Es handelt sich nur um eine Sollvorschrift.[5] Die Festlegung liegt im Direktionsrecht des AG (§ 106 GewO). Er muss neben den betrieblichen Interessen das Ziel des § 15 beachten, die Gesundheit des Jugendlichen zu schützen. Daher wird ein Abweichen von der gesetzlichen Vorstellung nur bei unerlässlichen dringenden betrieblichen Gründen in Betracht kommen.[6]

II. Beschäftigungsverbot an Samstagen und Sonntagen (§§ 16 Abs. 1, 17 Abs. 1)

Die Beschäftigung von Jugendlichen ist grds. an allen Samstagen/Sonntagen jeweils von 0 bis 24 Uhr verboten (§§ 16 Abs. 1, 17 Abs. 1). Unzulässig ist jede Inanspruchnahme, durch die der Jugendliche weisungsgebunden über seine Zeit nicht frei entscheiden kann (Arbeits- oder Rufbereitschaft, Bereitschaftsdienste, theoretische und praktische betriebliche Ausbildungsmaßnahmen). Berufsschulunterricht, Prüfungen oder Schularbeiten werden nicht erfasst.

III. Zulässige Samstags- bzw. Sonntagsarbeit (§§ 16 Abs. 2, 17 Abs. 2)

Die Liste der Ausnahmen ist **abschließend.** Auch bei einer vergleichbaren Interessenlage ist eine erweiternde **Auslegung** nicht zulässig.

1. Zulässige Samstagsarbeit (§ 16 Abs. 2 S. 1). Nach § 16 Abs. 2 Nr. 1 ist Samstagsarbeit in **Krankenanstalten** sowie in **Alten-, Pflege-** und **Kinderheimen** zulässig. Krankenanstalten sind Anstalten zur Pflege, Heilung oder Linderung von Krankheiten, nicht aber rein kosmetischen oder sportlichen Zwecken dienende Einrichtungen. Heime i.S.d. § 16 Abs. 2 sind auch betreute Wohngemeinschaften oder Wohnungen.[7] § 16 Abs. 2 Nr. 2 lässt Samstagsarbeit in offenen Verkaufsstellen, in Betrieben mit offenen Verkaufsstellen, in Bäckereien und Konditoreien, im Friseurhandwerk und im Marktverkehr zu. „**Offene Verkaufsstelle**" ist ein Ladengeschäft (§ 1 Abs. 1 LSchlG), d.h. eine Einrichtung an fester Stelle, in der Waren zum Verkauf an jedermann feilgehalten werden (Apotheke, Tankstelle, Kiosk, Warenautomat). Nach h.M. muss sie nicht tatsächlich während der Samstagsarbeit des Jugendlichen geöffnet sein (z.B. Inventur, Lagerarbeit).[8] In einem **Betrieb mit offener Verkaufsstelle** sind neben der Verkaufsstelle weitere Räume vorhanden, in denen die angebotenen Waren überwiegend selbst hergestellt, aufbereitet oder wesentlich geändert werden, ohne dass es sich um verderbliche Waren handeln muss (Gärtnerei, Metzgerei, Uhrmacher etc. mit eigener Verkaufsstelle).[9] Es muss ein funktioneller Zusammenhang, kein unmittelbarer räumlicher Bezug bestehen.[10] Dort müssen Waren hergestellt, aufbereitet oder geändert werden, die (auch) in den Verkaufsstellen verkauft werden. In **Bäckereien** und **Konditoreien** ist ein funktioneller Zusammenhang mit einer Verkaufsstelle nicht erforderlich. Das gilt auch im **Friseurhandwerk.** Daher sind Hausbesuche zulässig.[11] Der Begriff **Marktverkehr** erfasst Messen, Groß- und Wochenmärkte, Spezial- und Jahrmärkte i.S.d. §§ 64 bis 68 GewO. Im **Verkehrswesen** ist Samstagsarbeit zulässig (§ 16 Abs. 2 Nr. 3). Das sind Betriebe, die Personen (Verkehrsbetriebe, Taxis etc.), Güter (Speditionen etc.) oder Nachrichten (Rundfunk- u. Fernsehsender, Zeitungs- u. Zeitschriftenvertrieb,[12] Postbetriebe etc.) transportieren. Erfasst werden auch ihre Hilfs- oder Nebenbetriebe, ohne die Betriebe des Verkehrswesens nicht stö-

---

1 BT-Drucks 7/2305, S. 31.
2 BayObLG 26.2.1982 – 3 Ob OWi 23/82 – DB 1982, 1627.
3 OLG Schleswig-Holstein 6.9.1982 – 2 Ss OWi 692/81 – Ez.B. § 15 JArbSchG Nr. 2.
4 *Gröninger/Gehring/Taubert*, § 15 Rn 13.
5 *Schoden*, AiB 1997, 256.
6 *Taubert*, BB 1997, 575.
7 *Molitor/Volmer/Germelmann*, § 16 Rn 20.
8 *Wenzel*, DB 2001, 1613.
9 ErfK/*Schlachter*, § 16 JArbSchG Rn 6.
10 VG Arnsberg 3.7.1980 – 5 K 2301/79 – Ez.B. § 16 JArbSchG Nr. 2.
11 *Taubert*, AuA 1992, 332.
12 BVerwG 7.4.1983 – 1 C 15/82 – DÖV 1983, 731.

rungsfrei arbeiten können (Tankstellen, Werkstätten der Verkehrsbetriebe, Speisewagenbetrieb etc.). Es muss eine nicht nur auf einem zufälligen Kontakt basierende dauerhafte Beziehung zwischen dem Haupt- und dem Hilfsbetrieb bestehen.[13] Samstagsarbeit ist nach § 16 Abs. 2 Nr. 4 in der **Landwirtschaft** (siehe § 8 Rn 5), in der **Tierhaltung** (siehe §§ 11–14 Rn 7) und im **Familienhaushalt** (§ 16 Abs. 2 Nr. 5) zulässig. Nach § 1 Abs. 2 Nr. 2 gilt das JArbSchG nicht für eine Beschäftigung durch den Personensorgeberechtigten im Familienhaushalt. § 16 Abs. 2 Nr. 5 erfasst damit nur die Beschäftigung durch andere Personen, etwa als Hausgehilfe, Kindermädchen. Nach § 16 Abs. 2 Nr. 6 ist eine Beschäftigung am Samstag auch im **Gaststätten- und Schaustellergewerbe** (siehe § 14 Rn 11) zulässig. § 16 Abs. 2 Nr. 7 erlaubt Samstagsarbeit bei **Musikaufführungen, Theatervorstellungen** und **anderen Aufführungen,** bei **Aufnahmen im Rundfunk** (Hörfunk und Fernsehen), **auf Ton- und Bildträger** sowie bei **Film- und Fotoaufnahmen.** Es gelten die Ausführungen zu § 6 (siehe §§ 5 bis 7 Rn 13). § 16 beschränkt die Beschäftigung nicht auf eine gestaltende Mitwirkung. In der Nachtzeit ist aber § 14 Abs. 7 zu beachten (siehe §§ 11–14 Rn 14). Samstagsarbeit ist bei **außerbetrieblichen Ausbildungsmaßnahmen** zulässig (§ 16 Abs. 2 Nr. 8). Erlaubt wird so die Teilnahme an Lehrgängen in über- und außerbetrieblichen Lehrwerkstätten.[14] Beim **Sport** ist Samstagsarbeit durch eigene sportliche Betätigungen oder durch Hilfstätigkeiten (Balljunge, Techniker, Platzanweiser) zulässig (§ 16 Abs. 2 Nr. 9). **Ärztliche Notdienste** gem. § 16 Abs. 2 Nr. 10 sind die Bereitschaftsdienste für Ärzte, Zahnärzte oder Tierärzte außerhalb der Kranken- und Pflegeheime (vgl. § 16 Abs. 2 Nr. 1). Der Apothekennotdienst wird von § 16 Abs. 2 Nr. 2 erfasst. Die Ausnahme erlaubt allein eine Beschäftigung „im ärztlichen Notdienst", d.h. mit dem Notdienst des Arztes zusammenhängende Tätigkeiten (Laborarbeit, medizinische Hilfestellung). Samstagsarbeit ist nach § 16 Abs. 2 Nr. 11 zulässig in **Reparaturwerkstätten für Kraftfahrzeuge** (PKW, Omnibusse, Lastwagen, Krafträder). Diese können bereits von § 16 Abs. 2 Nr. 3. oder Nr. 4 erfasst sein.

2. Zulässige Sonntagsarbeit (§ 17 Abs. 2). Nicht jede an Samstagen zulässige Tätigkeit ist auch an Sonntagen erlaubt. § 17 Abs. 2 bestimmt die zulässigen Arbeiten. Grds. gelten die Ausführungen zu den Ausnahmen für Samstagsarbeit (siehe Rn 6). Erlaubt ist eine Beschäftigung an Sonntagen in **Krankenanstalten,** in **Alten-, Pflege- und Kinderheimen** (§ 17 Abs. 2 Nr. 1), im **Schaustellergewerbe** (§ 17 Abs. 2 Nr. 4), beim **Sport** (§ 17 Abs. 2 Nr. 6), im **ärztlichen Notdienst** (§ 17 Abs. 2 Nr. 7) und **im Gaststättengewerbe** (§ 17 Abs. 2 Nr. 8).

Besonderheiten für Sonntagsarbeit gelten für eine Beschäftigung in der **Landwirtschaft** und **Tierhaltung** (§ 17 Abs. 2 Nr. 2). Es muss sich um Tätigkeiten handeln, die naturnotwendig auch an Sonntagen vorgenommen werden müssen (Füttern und Melken von Tieren, Bewässern von Pflanzungen). Eine Beschäftigung an einem Sonntag im **Familienhaushalt** setzt voraus, dass der Jugendliche in die Hausgemeinschaft (vgl. §§ 28–30 Rn 5) aufgenommen ist (§ 17 Abs. 2 Nr. 3). **Im Rundfunk** dürfen Jugendliche am Sonntag nur bei Direktsendungen beschäftigt werden. Ton- und Bildträgeraufnahmen sowie Film- und Fernsehaufnahmen sind an Sonntagen nicht erlaubt.

3. Einschränkung zulässiger Samstags- bzw. Sonntagsarbeit (§§ 16 Abs. 2 S. 2, 17 Abs. 2 S. 2). Auch wenn Jugendliche an **Samstagen** beschäftigt werden dürfen, **sollen** sie an mind. zwei Samstagen im Monat beschäftigungsfrei bleiben (§ 16 Abs. 2 S. 2). Dürfen Jugendliche an **Sonntagen** beschäftigt werden, bestimmt § 17 Abs. 2 S. 2, dass sie **zwingend** an mind. zwei Sonntagen im Monat beschäftigungsfrei bleiben müssen. Maßgeblich ist der jeweilige Kalendermonat. Die Freistellung kann nicht nachgeholt oder im Vormonat gewährt werden. Es soll möglichst jeder zweite Sonntag frei bleiben. Die Festlegung der Tage gem. §§ 16 Abs. 2, 17 Abs. 2 liegt im Direktionsrecht des AG (§ 106 GewO). Dabei muss er neben den betrieblichen Interessen die in §§ 16 Abs. 2, 17 Abs. 2 zum Ausdruck kommende Vorstellung des JArbSchG über einen ausreichenden Gesundheitsschutz beachten.

4. Fünf-Tage-Woche durch Freistellung (§§ 16 Abs. 3, 17 Abs. 3). Auch soweit Arbeiten an Samstagen/Sonntagen für zulässig erklärt werden, verlangt § 15 die Einhaltung der Fünf-Tage-Woche. Zu diesem Zweck bestimmt § 16 Abs. 3 bzw. § 17 Abs. 3, dass der Jugendliche an einem **anderen berufsschulfreien Arbeitstag** freizustellen ist. Der Ersatzruhetag muss ein Arbeitstag sein, an dem also in dem Betrieb üblicherweise gearbeitet wird. Das kann auch ein Sonn- oder Feiertag sein.[15] Es darf kein Berufsschulunterricht stattfinden. Prüfungen sind nicht ausgeschlossen. Der Jugendliche ist unabhängig vom Umfang der geleisteten Samstags- bzw. Sonntagsarbeit für den ganzen Ersatzruhetag freizustellen. Die Freistellung muss **in derselben Woche** (§ 4 Abs. 4) erfolgen.[16] In Betrieben mit einem Betriebsruhetag kann der Jugendliche auch an diesem Tag freigestellt werden, soweit kein Berufsschulunterricht stattfindet (§§ 16 Abs. 3 S. 2, 17 Abs. 3 S. 2). Hat der Jugendliche in einem Notfall (§ 21) an einem Samstag/Sonntag gearbeitet, gehen die speziellen Ausgleichsregelungen des § 21 Abs. 2 vor.

IV. Ausnahmen vom Grundsatz der Fünf-Tage-Woche

In offenen Verkaufsstellen, Betrieben mit offenen Verkaufsstellen, Bäckereien und Konditoreien, im Friseurhandwerk und im Marktwesen können Jugendliche gem. § 16 Abs. 4 in einer **Sechs-Tage-Woche** beschäftigt werden.

---

13 OLG Karlsruhe 14.1.1983 – 3 Ss 132/82 – AP § 16 JArbSchG Nr. 1.
14 *Schoden,* JArbSchG, § 16 Rn 15.
15 Zmarzlik/Anzinger/*Anzinger,* JArbSchG, § 16 Rn 47.
16 BayObLG 21.2.1983 – 3 Ob OWi 14/83 – AP § 16 JArbSchG Nr. 4.

Bei allen erwähnten Tätigkeiten ist Samstagsarbeit üblich und gem. § 16 Abs. 2 erlaubt. Können Jugendliche an einem Samstag keine acht Stunden beschäftigt werden, könnten sie bei einer zwingenden Fünf-Tage-Woche ihre wöchentliche Arbeitszeit von höchstzulässig 40 Stunden nicht erreichen. Daher können sie entgegen § 16 Abs. 3 auch an dem entsprechenden Ersatzruhetag beschäftigt werden, allerdings nur im Umfang des Unterschieds zwischen der tatsächlichen und der höchstzulässigen Arbeitszeit, längstens bis 13 Uhr. Den Ausgleich anderer Fehlstunden erlaubt § 16 Abs. 4 nicht.

Der AG kann in einem **Notfall** von §§ 15 bis 17 abweichen (siehe §§ 20 bis 21b Rn 5). Ausnahmen können in Regelungen gem. **§§ 21a und 21b** zugelassen sein (siehe §§ 20 bis 21b Rn 8, 12).

V. Verlängerung der Fünf-Tage-Woche durch Feiertagsruhe (§ 18)

1. Beschäftigungsverbot an Feiertagen (§ 18 Abs. 1). An **gesetzlichen Feiertagen** besteht ein ganztägiges Beschäftigungsverbot. Zusätzlich bezieht § 18 Abs. 1 den 24. und 31. Dezember, die keine Feiertage sind, jeweils nach 14 Uhr mit ein. Kirchliche Feiertage werden nicht erfasst.

2. Ausnahmen vom Beschäftigungsverbot (§ 18 Abs. 2). Ist eine Beschäftigung an Sonntagen erlaubt (§ 17 Abs. 2), gestattet § 18 Abs. 2 auch eine Beschäftigung an gesetzlichen Feiertagen. Bestimmte „hohe" Feiertage werden hiervon aber ausgenommen. Wegen ihrer besonderen Bedeutung darf am 25. Dezember, am 1. Januar, am 1. Osterfeiertag und am 1. Mai nicht gearbeitet werden.[17] § 18 gestattet Feiertagsarbeit nur an Feiertagen, ohne zusätzlich den 24. oder 31. Dezember zu erwähnen (vgl. § 18 Abs. 1). Eine Beschäftigung an diesen Tagen nach 14 Uhr bleibt verboten.

3. Freistellung für Feiertagsarbeit (§ 18 Abs. 3). Fällt der gesetzliche Feiertag auf einen Werktag, muss der Jugendliche für eine an diesem Tag geleistete Arbeit an einem **anderen berufsschulfreien Arbeitstag** freigestellt werden (§ 18 Abs. 3). Es gelten die Ausführungen zu §§ 16 Abs. 3, 17 Abs. 3 (siehe Rn 10). Die Freistellung kann aber nach § 18 Abs. 3 sowohl in **derselben Woche** als auch in der **folgenden Woche** gewährt werden. In Betrieben mit einem Betriebsruhetag in der Woche kann die Freistellung auch an diesem Tag erfolgen, wenn an diesem Tag kein Berufsschulunterricht stattfindet (§ 18 Abs. 3 S. 2). Fällt der Feiertag auf einen Samstag oder Sonntag, sind die spezielleren Bestimmungen der § 16 Abs. 3 bzw. § 17 Abs. 3 einschlägig. Für Feiertagsarbeit in einem Notfall gem. § 21 Abs. 1 gilt die Sonderregelung des § 21 Abs. 2.

C. Verbindung zu anderen Rechtsgebieten und zum Prozessrecht

Der Verstoß gegen §§ 15 Abs. 1, 16 Abs. 1, 17 Abs. 1 stellt eine **OWi**, u.U. eine **Straftat** dar (§ 58 Abs. 1 Nr. 12, Abs. 5 und 6). Werden die Ersatzruhetage entgegen § 15 S. 2 nicht zusammenhängend gewährt, ist dies nicht strafbewehrt. Wird dem Jugendlichen entgegen §§ 16 Abs. 3, 17 Abs. 2 oder Abs. 3 kein Ersatzruhetag gewährt, stellt dies eine OWi bzw. Straftat nach § 58 Abs. 1 Nr. 13, Nr. 14, Abs. 5 und 6 dar. Bei einer Beschäftigung durch mehrere AG ist grds. jeder AG für die Einhaltung der §§ 15 bis 17 verantwortlich. Eine besondere Verantwortung trifft den AG, der den Jugendlichen am Ende der Woche beschäftigt.[18] Wer einen Jugendlichen entgegen § 18 Abs. 1 am 24. oder 31. Dezember nach 14 Uhr oder an gesetzlichen Feiertagen beschäftigt oder entgegen § 18 Abs. 3 nicht freistellt, verstößt gegen § 58 Abs. 1 Nr. 15, Abs. 5 und 6.

Der **BR** und die **JAV** haben die Einhaltung der §§ 15 bis 18 zu **überwachen** (§§ 80 Abs. 1 Nr. 1, 70 Abs. 1 Nr. 2 BetrVG). Sie können ein Tätigwerden der Aufsichtsbehörde anregen.[19] Der BR hat bei der Verteilung der Arbeitszeit ein **Mitbestimmungsrecht** (§ 87 Abs. 1 Nr. 2 BetrVG). Hierbei ist den besonderen Bedürfnissen Jugendlicher Rechnung zu tragen.[20]

Zu den **behördlichen Handlungsmöglichkeiten** bei Verstößen vgl. §§ 51 bis 54 Rn 2. Zum **Beschäftigungsverbot gem. § 25** und zur **Untersagung der Ausbildung** vgl. §§ 22 bis 27 Rn 22.

Die Verletzung der §§ 15 bis 18 kann **Schadenersatzansprüche** nach § 280 BGB und § 823 Abs. 1 BGB begründen. Sie sind Schutzgesetze i.S.d. § 823 Abs. 2 BGB (siehe §§ 22 bis 27 Rn 35). Dem Jugendlichen steht ein **Leistungsverweigerungsrecht** nach § 273 BGB zu. Kündigt er sein Berufsausbildungsverhältnis, gelten zur **Sperrzeit nach § 144 SGB III** die Ausführungen zu § 8 Rn 6.

§§ 15 bis 18 bestimmen den möglichen Rahmen zulässiger Arbeiten, ohne eine **Pflicht des Jugendlichen** zu solchen Arbeiten oder seine **Vergütung** zu regeln. Insoweit gelten die i.Ü. maßgeblichen einzel- oder kollektivrechtlichen Vereinbarungen. Im Geltungsbereich des § 2 EFZG ist der Vergütungsanspruch gesetzlich geregelt.

---

17 BT-Drucks 7/2305, S. 31.
18 *Gröninger/Gehring/Taubert*, § 15 Rn 10.
19 *Dembkowsky*, NJW 1998, 3540.
20 BT-Drucks 7/4544, S. 6.

D. Beraterhinweise

21 §§ 15 bis 18 sind **zwingend**. In einem **Notfall** gem. § 21 Abs. 1 kann der AG von §§ 15 bis 18 abweichen (siehe §§ 20 bis 21b Rn 5). **Ungünstigere** Regelungen sind unabhängig von einer Einwilligung des Jugendlichen nichtig (§ 134 BGB), soweit sie nicht nach Maßgabe der §§ 21a, 21b zugelassen sind (siehe §§ 20 bis 21b Rn 8, 12). **Günstigere** Regelungen und solche zur Konkretisierung der §§ 15 bis 18 sind zulässig.

Überschreitet der AG mit einem Verstoß sein **Direktionsrecht**, gelten die Ausführungen zu § 8 Rn 6, 12.

Im Hinblick auf § 4 Abs. 5 und eine mögliche **Auskunftsklage** des AG gelten die Ausführungen zu § 4 Rn 8.

§ 19 Urlaub

(1) Der Arbeitgeber hat Jugendlichen für jedes Kalenderjahr einen bezahlten Erholungsurlaub zu gewähren.
(2) Der Urlaub beträgt jährlich
1. mindestens 30 Werktage, wenn der Jugendliche zu Beginn des Kalenderjahrs noch nicht 16 Jahre alt ist,
2. mindestens 27 Werktage, wenn der Jugendliche zu Beginn des Kalenderjahrs noch nicht 17 Jahre alt ist,
3. mindestens 25 Werktage, wenn der Jugendliche zu Beginn des Kalenderjahrs noch nicht 18 Jahre alt ist.

Jugendliche, die im Bergbau unter Tage beschäftigt werden, erhalten in jeder Altersgruppe einen zusätzlichen Urlaub von drei Werktagen.

(3) [1]Der Urlaub soll Berufsschülern in der Zeit der Berufsschulferien gegeben werden. [2]Soweit er nicht in den Berufsschulferien gegeben wird, ist für jeden Berufsschultag, an dem die Berufsschule während des Urlaubs besucht wird, ein weiterer Urlaubstag zu gewähren.

(4) [1]Im übrigen gelten für den Urlaub der Jugendlichen § 3 Abs. 2, §§ 4 bis 12 und § 13 Abs. 3 des Bundesurlaubsgesetzes. [2]Der Auftraggeber oder Zwischenmeister hat jedoch abweichend von § 12 Nr. 1 des Bundesurlaubsgesetzes den jugendlichen Heimarbeitern für jedes Kalenderjahr einen bezahlten Erholungsurlaub entsprechend Absatz 2 zu gewähren; das Urlaubsentgelt der jugendlichen Heimarbeiter beträgt bei einem Urlaub von 30 Werktagen 11,6 vom Hundert, bei einem Urlaub von 27 Werktagen 10,3 vom Hundert und bei einem Urlaub von 25 Werktagen 9,5 vom Hundert.

A. Allgemeines

1 Die Verlängerung des Urlaubs soll die Gesundheit und Arbeitsfähigkeit des Jugendlichen erhalten.[1] Die stufenweise Rückführung des erhöhten Urlaubs führt zu einem gleitenden Übergang in das Arbeitsleben Erwachsener.[2] § 19 enthält ebenso wie die anderen Bestimmungen des JArbSchG zunächst allein öffentlichrechtliche Pflichten des AG. Aus ihnen erwachsen zugleich Pflichten gegenüber dem Jugendlichen, so dass § 19 einen durchsetzbaren bürgerlichrechtlichen Anspruch auf Urlaubsgewährung eröffnet.[3]

B. Regelungsgehalt

2 Der AG muss Jugendlichen (Kinder: vgl. §§ 5 bis 7 Rn 3, 8, 10, 16) für jedes Kalenderjahr **Erholungsurlaub** gewähren (Abs. 1). Enthält § 19 keine spezielle Regelung, gelten §§ 3 Abs. 2, 4 bis 12 und 13 Abs. 3 BUrlG (Abs. 4).

3 Der AG muss den Jugendlichen von jeder Arbeitspflicht freistellen. Die Freistellung muss allein der **Gewährung von Erholungsurlaub** dienen. Der Jugendliche muss sich diesem Zweck entsprechend verhalten (§ 8 BUrlG). Der AG legt den Zeitpunkt des Urlaubs fest (§ 7 BUrlG). Er muss ihn rechtzeitig anbieten und hierbei die fehlende berufliche Erfahrung des Jugendlichen berücksichtigen.[4] Für Berufsschüler enthält Abs. 3 S. 1 die dringende Empfehlung, den Urlaub in die Zeit der **Berufsschulferien** zu legen. Unterricht während des Urlaubs hat nicht den vollen Erholungswert. Der AG darf von der Sollvorschrift nur aus berechtigten betrieblichen Interessen (Betriebsferien etc.) oder wegen persönlicher Belange des Auszubildenden abweichen.[5] Urlaub kann grds. nur für solche Tage gewährt werden, an denen i.Ü. eine Arbeitspflicht bestünde. An Berufsschultagen besteht gem. §§ 9 Abs. 1, 15 BBiG keine Arbeitspflicht. Abs. 3 bestimmt, dass sie bei der Gewährung des Urlaubs gleichwohl nicht mitgerechnet werden. Für jeden Tag, „an dem die **Berufsschule** während des Urlaubs besucht wird", erhält der Jugendliche unabhängig von der Unterrichtsdauer[6] einen

---

1 BAG 14.11.1984 – 5 AZR 443/80 – BAGE 47, 187.
2 BT-Drucks 7/2305, S. 31.
3 BAG 4.10.1963 – 1 AZR 488/62 – BAGE 15, 40, *Gröninger/Gehring/Taubert*, § 19 Rn 9; a.A.: ErfK/*Schlachter*, § 19 JArbSchG Rn 1.
4 ArbG Marburg 7.12.1987 – 2 Ca 438/87 – DB 1988, 2466.
5 OLG Köln 9.3.1990 – Ss 50/90 – Ez.B. § 19 JArbSchG Nr. 1.
6 BT-Drucks 7/2305, S. 31.

weiteren Urlaubstag. Abs. 3 S. 2 setzt damit den tatsächlichen Besuch der Berufsschule voraus.[7] Z.T. wird vertreten, dass auch ein Jugendlicher, der die Berufsschule schwänzt, Anspruch auf einen Ersatzurlaubstag hat.[8]

Abs. 2 staffelt die **Urlaubsdauer** entsprechend des Alters des Jugendlichen. Im Bergbau unter Tage erhalten Jugendliche aller Altersgruppen einen Zusatzurlaub von drei Werktagen. Wechseln sie in eine Beschäftigung über Tag, erhalten sie den Zusatzurlaub entsprechend § 5 BUrlG anteilig für jeden Monat der Untertagearbeit.[9] Maßgeblich ist das Alter jeweils zu Beginn des Kalenderjahrs.[10] Wird im Betrieb nicht an allen **Werktagen** gearbeitet, muss die Urlaubsdauer entsprechend der Arbeitstage umgerechnet werden.[11] Das Gleiche gilt, wenn der Jugendliche nur in Teilzeit arbeitet (vgl. § 4 TzBfG).[12] **4**

Der AG muss den Jugendlichen **unter Fortzahlung der Vergütung** freistellen (Abs. 1). Das Urlaubsentgelt berechnet sich nach § 11 BUrlG. **5**

Der Urlaub **jugendlicher Heimarbeiter** ist in Abs. 4 S. 2 abweichend von § 12 Nr. 1 BUrlG gesondert geregelt. Die Vergütungsbestimmung ist die rechnerische Konsequenz aus der Verlängerung des Urlaubs.[13] **6**

C. Verbindung zu anderen Rechtsgebieten und zum Prozessrecht

Im Verhältnis zum BUrlG enthält § 19 **Sonderregelungen**. Sie gelten nicht für erwachsene Auszubildende, können aber als allg. Empfehlungen für Auszubildende in die Interessenabwägung gem. § 7 BUrlG einfließen.[14] Für schwerbehinderte Jugendliche gilt zudem § 125 SGB IX. **7**

Gewährt der AG den Urlaub nicht oder nicht mit der vorgeschriebenen Dauer (vgl. Abs. 1, auch i.V.m. Abs. 2 S. 1 o. 2, Abs. 3 S. 2, Abs. 4 S. 2), begeht er eine **OWi**, ggf. eine **Straftat** (§ 58 Abs. 1 Nr. 16, Abs. 5, 6). **8**

Der **BR** und die **JAV** haben die Einhaltung des § 19 zu **überwachen** (§§ 80 Abs. 1 Nr. 1, 70 Abs. 1 Nr. 2 BetrVG). Sie können ein Tätigwerden der Aufsichtsbehörde anregen.[15] Der BR hat beim Aufstellen des Urlaubsplans und allg. Urlaubsgrundsätze ein **Mitbestimmungsrecht** (§ 87 Abs. 1 Nr. 5 BetrVG). **9**

Zu den **behördlichen Handlungsmöglichkeiten** bei Verstößen vgl. §§ 51 bis 54 Rn 2. Zum **Beschäftigungsverbot** gem. § 25 und zur **Untersagung der Ausbildung** vgl. §§ 22 bis 27 Rn 22. **10**

Die Verletzung des § 19 kann **Schadensersatzansprüche** nach § 280 BGB und § 823 Abs. 1 BGB begründen. Auch § 19 ist ein Schutzgesetz i.S.d. § 823 Abs. 2 BGB (siehe §§ 22 bis 27 Rn 35). **11**

§ 19 eröffnet **kein Selbstbeurlaubungsrecht**. Die eigenmächtige Urlaubsnahme kann dem AG ein Recht zur Künd geben. Hierbei sind Umstände des Einzelfalls, v.a. die arbeitsrechtliche Erfahrung des Jugendlichen und eine vorherige Abmahnungen zu berücksichtigen.[16] **12**

D. Beraterhinweise

§ 19 ist **zwingend**. Abweichende Regelungen **zu Ungunsten** des Jugendlichen sind nichtig (§ 134 BGB). Der Gesundheitsschutz kann grds. nicht durch eine einzel- oder kollektivvertragliche Kürzung des Urlaubs umgangen werden.[17] Abs. 4 verweist nur auf Abs. 3 der Öffnungsklausel in § 13 BUrlG. Daher kann nur in einem TV der Deutschen Bahn AG, einer ihr ausgegliederten Gesellschaft und im Bereich der Nachfolgeunternehmen der Deutschen Bundespost von § 1 BUrlG abgewichen werden. §§ 20, 21, 21a oder 21b erwähnen § 19 nicht. **Günstigere** Regelungen oder solche, die § 19 nur konkretisieren, sind möglich. Nach allg. Grundsätzen des Urlaubsrechts muss zur Beurteilung der Günstigkeit auf die betreffende Regelung abgestellt werden. Ein Gesamtvergleich ist unzulässig.[18] Eröffnet ein TV einen Anspruch auf zusätzliches Urlaubsgeld, muss ggf. durch Auslegung ermittelt werden, ob dieses für gesetzliche oder tarifliche Urlaubstage gezahlt werden soll.[19] **13**

Erfüllt der AG seine Pflichten aus § 19 nicht, kann der Jugendliche **Klage** mit dem Ziel erheben, den AG zu verpflichten, ihm in einem bestimmten Zeitraum **Urlaub zu gewähren**.[20] Die Klage richtet sich auf die Abgabe einer Willenserklärung. Ihre Vollstreckung setzt gem. § 894 ZPO die Rechtskraft der Entscheidung voraus. Im Einzelfall kann ein Verfügungsgrund für den Erlass einer einstweiligen Verfügung vorliegen.[21] Ein Antrag auf Gewährung von Urlaub **14**

---

7 *Schoden*, JArbSchG, § 19 Rn 13.
8 ErfK/*Schlachter*, § 19 JArbSchG Rn 8.
9 *Gröninger/Gehring/Taubert*, § 19 Rn 55.
10 *Zmarzlik/Anzinger/Viethen*, JArbSchG, § 19 Rn 19.
11 Zu § 3 BUrlG: BAG 10.2.2004 – 9 AZR 116/03 – NZA 2004, 986.
12 BAG 5.9.2002 – 9 AZR 244/01 – DB 2003, 1521.
13 BT-Drucks 7/2305, S. 31.
14 OLG Köln 9.3.1990 – Ss 50/90 – Ez.B. § 19 JArbSchG Nr. 1.

15 *Dembkowsky*, NJW 1998, 3540.
16 BAG 16.3.2000 – 2 AZR 75/99 – NZW 2000, 1332; 17.6.1998 – 2 AZR 741/97 – juris.
17 BAG 14.11.1984 – 5 AZR 443/80 – BAGE 47, 187.
18 BAG 22.1.2002 – 9 AZR 601/00 – DB 2002, 1835.
19 LAG Schleswig-Holstein 22.6.1989 – 6 Sa 678/88 – Bibliothek BAG.
20 Vgl. *Hümmerich*, Arbeitsrecht, § 6 Rn 237.
21 LAG Düsseldorf 20.4.2004 – 8 Sa 435/04 – AuA 2004, 84.

führt i.d.R. zur Vorwegnahme der Hauptsacheentscheidung. Der Antrag ist daher nur auf die Verurteilung des AG zu richten, dem Jugendlichen zu gestatten, im streitigen Zeitraum von der Arbeit fernbleiben zu dürfen.[22] Der Anspruch auf Zahlung des Urlaubsentgelts oder Abgeltung des Urlaubsanspruchs ist durch eine **Leistungsklage** zur verfolgen.

§ 20 Binnenschiffahrt

In der Binnenschiffahrt gelten folgende Abweichungen:
1. Abweichend von § 12 darf die Schichtzeit Jugendlicher über 16 Jahre während der Fahrt bis auf 14 Stunden täglich ausgedehnt werden, wenn ihre Arbeitszeit sechs Stunden täglich nicht überschreitet. Ihre tägliche Freizeit kann abweichend von § 13 der Ausdehnung der Schichtzeit entsprechend bis auf 10 Stunden verkürzt werden.
2. Abweichend von § 14 Abs. 1 dürfen Jugendliche über 16 Jahre während der Fahrt bis 22 Uhr beschäftigt werden.
3. Abweichend von §§ 15, 16 Abs. 1, § 17 Abs. 1 und § 18 Abs. 1 dürfen Jugendliche an jedem Tag der Woche beschäftigt werden, jedoch nicht am 24. Dezember, an den Weihnachtsfeiertagen, am 31. Dezember, am 1. Januar, an den Osterfeiertagen und am 1. Mai. Für die Beschäftigung an einem Samstag, Sonntag und an einem gesetzlichen Feiertag, der auf einen Werktag fällt, ist ihnen je ein freier Tag zu gewähren. Diese freien Tage sind den Jugendlichen in Verbindung mit anderen freien Tagen zu gewähren, spätestens, wenn ihnen 10 freie Tage zustehen.

§ 21 Ausnahmen in besonderen Fällen

(1) Die §§ 8 und 11 bis 18 finden keine Anwendung auf die Beschäftigung Jugendlicher mit vorübergehenden und unaufschiebbaren Arbeiten in Notfällen, soweit erwachsene Beschäftigte nicht zur Verfügung stehen.
(2) Wird in den Fällen des Absatzes 1 über die Arbeitszeit des § 8 hinaus Mehrarbeit geleistet, so ist sie durch entsprechende Verkürzung der Arbeitszeit innerhalb der folgenden drei Wochen auszugleichen.
(3) (aufgehoben)

§ 21a Abweichende Regelungen

(1) In einem Tarifvertrag oder auf Grund eines Tarifvertrages in einer Betriebsvereinbarung kann zugelassen werden
1. abweichend von den §§ 8, 15, 16 Abs. 3 und 4, § 17 Abs. 3 und § 18 Abs. 3 die Arbeitszeit bis zu neun Stunden täglich, 44 Stunden wöchentlich und bis zu fünfeinhalb Tagen in der Woche anders zu verteilen, jedoch nur unter Einhaltung einer durchschnittlichen Wochenarbeitszeit von 40 Stunden in einem Ausgleichszeitraum von zwei Monaten,
2. abweichend von § 11 Abs. 1 Satz 2 Nr. 2 und Abs. 2 die Ruhepausen bis zu 15 Minuten zu kürzen und die Lage der Pausen anders zu bestimmen,
3. abweichend von § 12 die Schichtzeit mit Ausnahme des Bergbaus unter Tage bis zu einer Stunde täglich zu verlängern,
4. abweichend von § 16 Abs. 1 und 2 Jugendliche an 26 Samstagen im Jahr oder an jedem Samstag zu beschäftigen, wenn statt dessen der Jugendliche an einem anderen Werktag derselben Woche von der Beschäftigung freigestellt wird,
5. abweichend von den §§ 15, 16 Abs. 3 und 4, § 17 Abs. 3 und § 18 Abs. 3 Jugendliche bei einer Beschäftigung an einem Samstag oder an einem Sonn- oder Feiertag unter vier Stunden an einem anderen Arbeitstag derselben oder der folgenden Woche vor- oder nachmittags von der Beschäftigung freizustellen,
6. abweichend von § 17 Abs. 2 Satz 2 Jugendliche im Gaststätten- und Schaustellergewerbe sowie in der Landwirtschaft während der Saison oder der Erntezeit an drei Sonntagen im Monat zu beschäftigen.

---

22 Vgl. *Hümmerich*, Arbeitsrecht, § 6 Rn 238.

(2) Im Geltungsbereich eines Tarifvertrages nach Absatz 1 kann die abweichende tarifvertragliche Regelung im Betrieb eines nicht tarifgebundenen Arbeitgebers durch Betriebsvereinbarung oder, wenn ein Betriebsrat nicht besteht, durch schriftliche Vereinbarung zwischen dem Arbeitgeber und dem Jugendlichen übernommen werden.

(3) Die Kirchen und die öffentlich-rechtlichen Religionsgesellschaften können die in Absatz 1 genannten Abweichungen in ihren Regelungen vorsehen.

§ 21b Ermächtigung

Das Bundesministerium für Arbeit und Soziales kann im Interesse der Berufsausbildung oder der Zusammenarbeit von Jugendlichen und Erwachsenen durch Rechtsverordnung mit Zustimmung des Bundesrats Ausnahmen von den Vorschriften

1. des § 8, der §§ 11 und 12, der §§ 15 und 16, des § 17 Abs. 2 und 3 sowie des § 18 Abs. 3 im Rahmen des § 21a Abs. 1,
2. des § 14, jedoch nicht vor 5 Uhr und nicht nach 23 Uhr, sowie
3. des § 17 Abs. 1 und des § 18 Abs. 1 an höchstens 26 Sonn- und Feiertagen im Jahr zulassen, soweit eine Beeinträchtigung der Gesundheit oder der körperlichen oder seelisch-geistigen Entwicklung der Jugendlichen nicht zu befürchten ist.

A. Allgemeines 1	IV. Abweichungen in einer Rechtsverordnung (§ 21b) 12
B. Regelungsgehalt 2	C. Verbindung zu anderen Rechtsgebieten und zum
I. Abweichungen in der Binnenschifffahrt (§ 20) ... 2	Prozessrecht 14
II. Abweichungen in Notfällen (§ 21) 5	D. Beraterhinweise 19
III. Abweichungen in Tarifvertrag oder Betriebsvereinbarung (§ 21a) 8	

A. Allgemeines

Trotz des Ziels eines umfassenden Gesundheits- und Überforderungsschutzes will das JArbSchG eine Ausbildung zulassen, die es dem Jugendlichen ermöglicht, sich frühzeitig auf die Bedingungen des künftigen Berufs einzustellen. Bereits §§ 8 bis 18 nehmen auf die besonderen Arbeitszeiten in zahlreichen Gewerbezweigen Rücksicht. Die Bedingungen in der Binnenschifffahrt erfordern weitere Ausnahmen.[1] Daher regelt § 20 die Arbeitszeit dieser Jugendlichen gesondert. Im Vergleich zu gesetzlichen Regelungen können TV, BV oder Rechts-VO flexibler und zielgerichteter den örtlichen und aktuellen Besonderheiten der Praxis Rechnung tragen.[2] Daher enthalten §§ 21a, 21b Öffnungsklauseln, die zur Gewährung eines Mindestschutzes aber eingeschränkt sind. In einem Notfall gestattet auch das JArbSchG mit § 21 einen situationsgerechten Noteinsatz des Jugendlichen. 1

B. Regelungsgehalt

I. Abweichungen in der Binnenschifffahrt (§ 20)

Aufgrund seiner Stellung im 3. Abschnitt (§§ 8 bis 21b) und seines Wortlauts regelt § 20 nur die **Arbeits- und Freizeit** der Jugendlichen in der Binnenschifffahrt. I.Ü. gelten die allgemeinen Vorschriften des JArbSchG. § 20 ist **abschließend** und wegen des Regel-Ausnahme-Verhältnisses **eng auszulegen**. 2

Binnenschifffahrt wird unabhängig von der Nationalität des Schiffes und der Mannschaft (siehe §§ 1 bis 3 Rn 2) auf Schiffen, Schwimmkränen, Schwimmbaggern etc. auf Binnengewässern der BRD ausgeführt.[3] In der Hochsee- und Küstenschifffahrt gilt das SeemG. Er erfasst nicht die Beschäftigung in Landbetrieben, die nur im Zusammenhang mit der Binnenschifffahrt betrieben werden und die besondere Arbeitszeitregelungen nicht erfordern (Schwimmdock, Verwaltung, Werft etc.). 3

Nr. 1 erlaubt **abweichend von § 12** während der Fahrt für Jugendliche über 16 Jahre eine Schichtzeit (§ 4 Abs. 2) von bis zu 14 Stunden, wenn ihre Arbeitszeit (§ 4 Abs. 1) sechs Stunden täglich nicht überschreitet. Wird die Schichtzeit verlängert, kann in diesem Umfang die tägliche Freizeit **abweichend von § 13** auf bis zu 10 Stunden verkürzt werden. Nr. 1 weicht nicht von § 8 ab. Für die Berechnung der Arbeitszeit nach § 8 wird daher nur die gem. § 20 Nr. 1 tatsächlich geleistete Arbeitszeit herangezogen.[4] Jugendliche über 16 Jahre dürfen während der Fahrt **abweichend von § 14 Abs. 1** bis 22 Uhr beschäftigt werden (Nr. 2). Jugendliche können **abweichend von §§ 15, 16 Abs. 1, 17 Abs. 1 und 18 Abs. 1** an jedem Tag der Woche und grds. an allen Samstagen, Sonn- und Feiertagen beschäftigt werden (Nr. 3). Das 4

---

1 BT-Drucks 7/2305, S. 31.
2 BT-Drucks 10/2012, S. 14.
3 ErfK/*Schlachter*, § 20 JArbSchG Rn 1.
4 Zmarzlik/Anzinger/*Zmarzlik*, JArbSchG, § 20 Rn 12.

Beschäftigungsverbot besteht am 24.12. und 31.12. für den gesamten Tag. § 20 Nr. 3 erweitert den Kreis der „hohen" Feiertage auf den 1.1., 1.5. und sämtliche Weihnachts- und Osterfeiertage. Für die Beschäftigung an einem Samstag, Sonntag oder einem gesetzlichen Feiertag, der auf einen Werktag fällt, muss ein **Ersatzruhetag** gewährt werden. Die freien Tage müssen ihm in Verbindung mit anderen freien Tagen spätestens dann gewährt werden, wenn ihm zehn freie Tage zustehen.

II. Abweichungen in Notfällen (§ 21)

5 § 21 ist **abschließend** und wegen des Regel-Ausnahme-Verhältnisses **eng auszulegen**. Der Eintritt eines „außergewöhnlichen Falls" i.S.d. § 14 ArbZG genügt nicht. Es muss ein **Notfall** sein, d.h. ein nicht planbares und unabhängig vom Willen der Betroffenen eintretendes Ereignis.[5] Er muss die Gefahr eines unverhältnismäßig schwerwiegenden Schadens für gewichtige Rechtsgüter mit sich bringen und zu unaufschiebbaren Maßnahmen zwingen, ohne dass ein öffentliches Interesse an der Schadensabwendung bestehen muss[6] (Erdbeben, Fluten, Brände, Hagel, Kälteeinbruch). Absehbare Rohstoffmängel, Wetterumschwünge etc. sind keine Notfälle. § 21 setzt voraus, dass **vorübergehende,** aber **unaufschiebbare Arbeiten** unerledigt bleiben würden. **Erwachsene Beschäftigte** dürfen nicht zur Verfügung stehen.

6 Liegt ein Notfall vor, rechtfertigt dies nur ein **Abweichen** von den **Arbeitszeitregelungen** der §§ 8, 11 bis 18, nicht von sonstigen Regelungen des JArbSchG. Die Arbeitszeitregelungen in § 20 werden nicht genannt. Als Sonderregelungen zu den §§ 8, 11 bis 18 gestatten sie bereits im Normalfall eine weitergehende zeitliche Inanspruchnahme. Von ihnen kann erst recht abgewichen werden.

7 Leistet der Jugendliche in einem Notfall über die **gesetzliche Höchstarbeitszeit** des § 8 hinaus **Mehrarbeit,** muss er binnen drei Wochen für diese Zeit einen Ausgleich durch eine entspr. Arbeitszeitverkürzung erhalten (§ 21 Abs. 2). Die Regelung des **Freizeitausgleichs** geht als speziellere Norm den Vorschriften zu den Ersatzruhetagen gem. §§ 15 bis 18 auch dann vor, wenn der Jugendliche mangels Überschreiten der gesetzlichen Höchstarbeitszeit keinen Freizeitausgleich gem. § 21 Abs. 2 verlangen kann.[7] Die Festlegung des Freizeitausgleichs liegt im Direktionsrecht des AG (§ 106 GewO).

III. Abweichungen in Tarifvertrag oder Betriebsvereinbarung (§ 21a)

8 Die Tariföffnungsklausel überträgt die Regelungskompetenz in erster Linie den **TV-Parteien,** die sie an die **Betriebspartner** delegieren können. Sie ist nicht auf bestimmte Gewerbezweige beschränkt. Der TV muss eine unmissverständliche Zuweisung enthalten.[8] § 21a beseitigt die Sperrwirkung der §§ 87 Abs. 1, 77 Abs. 3 BetrVG.[9] **Kirchen** und öffentlichrechtliche Religionsgesellschaften nehmen am Tarifsystem nicht teil. Ihr Selbstverwaltungsrecht verlangt die gleiche Möglichkeit abweichender Regelungen (Art. 140 GG, Art. 137 WRV). § 21a Abs. 3 gewährt dies in den Grenzen des § 21a Abs. 1. Aus europarechtlicher Sicht ist allerdings fraglich, ob und unter welchen Voraussetzungen kirchliche Regelungen als „Vereinbarungen zwischen den Sozialpartnern" i.S.d. Art 18 RL 2003/88/EG v. 4.11.2003 über bestimmte Aspekte der Arbeitszeitgestaltung[10] angesehen werden können.[11]

9 Tarifnormen gelten nach § 4 Abs. 1 TVG zwischen **beiderseits Tarifgebundenen.** Ist **nur der AG tarifgebunden,** finden nur die Betriebsnormen eines TV Anwendung (§§ 3 Abs. 2, 4 Abs. 1 S. 2 TVG). Das sind Normen, die unmittelbar die Organisation und Gestaltung des Betriebs regeln. Sie betreffen das Rechtsverhältnis des AG zur Belegschaft als Kollektiv.[12] Weicht eine Tarifnorm vom öffentlichrechtlichen Arbeitszeitrecht des JArbSchG ab, betrifft sie Fragen der allg. betrieblichen Ordnung und ist daher eine Betriebsnorm. Regelt sie auch materielle Arbeitspflichten, ist zugleich deren Inhaltsnorm, deren Geltung vertraglich vereinbart werden muss.[13] Ist auch der **AG nicht tarifgebunden,** können nach § 21a Abs. 2 im Geltungsbereich eines TV abweichende Regelungen auch in diesem Betrieb gelten. Sie müssen durch eine BV, anderenfalls durch eine schriftliche Vereinbarung (§ 126 BGB) zwischen dem AG und dem Jugendlichen übernommen werden. In einem inneren Zusammenhang stehende Regelungen müssen insgesamt übernommen werden. Wegen des zwingenden Charakters des JArbSchG tritt **keine Nachwirkung** gem. § 4 Abs. 5 TVG ein. Es gelten wieder die Regelungen des JArbSchG.[14]

10 § 21a Abs. 1 Nr. 1 lässt abweichende Regelungen von §§ 8, 15, 16 Abs. 3 und 4, 17 Abs. 3, 18 Abs. 3 zu. Diese Normen bestimmen die grds. gleichmäßige Verteilung der Arbeitszeit. Soweit abweichend hiervon die Arbeitszeit auf bis zu neun Stunden täglich und 44 Stunden in der Woche verteilt wird, wird dies nur an bis zu 5,5 Tagen in der Woche erlaubt. Zudem muss eine durchschnittliche Wochenarbeitszeit von 40 Stunden in einem Ausgleichszeitraum von zwei Monaten eingehalten werden. Während die Abweichungen von der höchstzulässigen Arbeitszeit des § 8 Abs. 1 gem. § 8 Abs. 2 und 2a europarechtskonform nur bei Ausnahme- oder sonst objektiv gerechtfertigten Fällen

---

5 Vgl. BAG 16.3.2004 – 9 AZR 93/03 – DB 2004, 1732.
6 BAG 13.7.1977 – 1 AZR 336/75 – DB 1977, 2235.
7 *Gröninger/Gehring/Taubert,* § 21 Rn 11.
8 *Zmarzlik/Anzinger/Wolter,* JArbSchG, § 21a Rn 6.
9 *Molitor/Volmer/Germelmann,* § 21a Rn 29.
10 ABl EG L 299, S. 9 ff.
11 *Kohte,* jurisPR-ArbR 36/2004 Anm. 1.
12 BAG 17.6.1997 – 1 ABR 3/97 – AP § 3 TVG Betriebsnormen Nr. 2.
13 *Zmarzlik/Anzinger/Wolter,* JArbSchG, § 21a Rn 6.
14 *Gröninger/Gehring/Taubert,* § 21a Rn 9.

zulässig ist, setzt § 21a Abs. 1 Nr. 1 den TV oder BV keine solche Grenze. Es wird vertreten, dass § 21a Abs. 1 Nr. 1 insoweit mit Art. 8 Abs. 5 RL 94/33/EG unvereinbar ist.[15] Nach **§ 21a Abs. 1 Nr. 2** kann eine Ruhepause gekürzt und ihre Lage anders bestimmt werden. Mit Ausnahme der Schichtzeit im Bergbau unter Tage können die Schichtzeiten verlängert werden (**§ 21a Abs. 1 Nr. 3**). Nach **§ 21a Abs. 1 Nr. 4** kann unabhängig von den in § 16 Abs. 2 genannten Gewerbezweigen Samstagsarbeit gestattet werden, ohne dass der Ersatzruhetag berufsschulfrei sein muss. Gem. **§ 21a Abs. 1 Nr. 5** kann die Ersatzruhezeit für Samstags-, Sonntags- und Feiertagsarbeit verkürzt und gem. **§ 21a Abs. 1 Nr. 6** in bestimmten Gewerbezweigen die Sonntagsarbeit erweitert werden.

§ 21a ist **abschließend** und wegen des Regel-Ausnahme-Verhältnisses **eng auszulegen**. Bei **Unklarheiten** ist auf das JArbSchG zurückzugreifen.[16]

IV. Abweichungen in einer Rechtsverordnung (§ 21b)

Das BMAS kann im Interesse der Berufsausbildung oder der Zusammenarbeit von Jugendlichen und Erwachsenen durch Rechts-VO mit Zustimmung des BR von §§ 8, 11, 12, 15, 16, 17 Abs. 2 und 3, 18 Abs. 3 im Rahmen des § 21a Abs. 1 Ausnahmen zulassen (**§ 21b Nr. 1**). Unter den gleichen Voraussetzungen kann gem. **§ 21b Nr. 2** von § 14 abgewichen und können nach **§ 21b Nr. 3** Ausnahmen von §§ 17 Abs. 1, 18 Abs. 1 zugelassen werden. Voraussetzung ist, dass eine Beeinträchtigung der Gesundheit oder der körperlichen oder seelisch-geistigen Entwicklung der Jugendlichen nicht zu befürchten ist, wobei auf den allg. Gesundheits- und Entwicklungsstand der Jugendlichen des betreffenden Beschäftigungsbereichs abzustellen ist. Die Regelungskompetenz des § 21a geht der in § 21b vor.[17]

§ 21b ist **abschließend** und wegen des Regel-Ausnahme-Verhältnisses **eng auszulegen**. Bei **Unklarheiten** ist auf das JArbSchG zurückzugreifen.

C. Verbindung zu anderen Rechtsgebieten und zum Prozessrecht

§§ 20 bis 21b erlauben eine von §§ 8 bis 18 abweichende Beschäftigung. Werden ihre Grenzen überschritten, liegt zugleich ein Verstoß gegen §§ 8 bis 18 und damit eine **OWi**, ggf. eine **Straftat** vor (§§ 58 Abs. 1 Nr. 9 bis 15, Abs. 5 und 6).[18] Ein Verstoß gegen § 21 Abs. 2 wird gem. § 58 Abs. 1 Nr. 17, Abs. 5, 6 geahndet.

Zu den **behördlichen Handlungsmöglichkeiten** bei Verstößen vgl. §§ 51 bis 54 Rn 2. Zum **Beschäftigungsverbot gem. § 25** und der **Untersagung der Ausbildung** vgl. §§ 22 bis 27 Rn 22.

Der **BR** und die **JAV** haben die Einhaltung der §§ 20 bis 21b i.V.m. §§ 8 bis 18 zu **überwachen** (§§ 80 Abs. 1 Nr. 1, 70 Abs. 1 Nr. 2 BetrVG). Sie können ein Tätigwerden der Aufsichtsbehörde anregen.[19] Trifft der AG für einen Notfall eine nicht nur auf den Einzelfall beschränkte Regelung zum Freizeitausgleich, hat der BR ein **Mitbestimmungsrecht** nach § 87 Abs. 1 Nr. 2 BetrVG.

§§ 20 bis 21b konkretisieren i.V.m. §§ 12 bis 18 die Fürsorgepflicht des AG gegenüber dem Jugendlichen. Ihre Verletzung kann **Schadensersatzansprüche** nach § 280 BGB und § 823 Abs. 1 BGB begründen. Sie sind Schutzgesetze i.S.d. § 823 Abs. 2 BGB (siehe §§ 22 bis 27 Rn 35). Dem Jugendlichen steht ein **Leistungsverweigerungsrecht** nach § 273 BGB zu. Kündigt er sein Berufsausbildungsverhältnis, gelten zur **Sperrzeit nach § 144 SGB III** die Ausführungen zu § 8 Rn 6.

§§ 20 bis 21b lassen Ausnahmen von §§ 8 bis 18 lediglich zu, ohne eine **Pflicht des Jugendlichen** zu solchen Arbeiten oder einen Anspruch auf **Zuschläge** zu regeln. Maßgeblich sind insoweit die i.Ü. geltenden einzel- oder kollektivvertraglichen Vereinbarungen. In Notfällen kann es der Fürsorgepflicht des Jugendlichen gegenüber seinem AG entsprechen, nach Maßgabe des § 21 zu arbeiten. Eine beharrliche **Arbeitsverweigerung** kann unter Berücksichtigung des Einzelfalls und der arbeitsrechtlichen Erfahrungen des Jugendlichen nach vorheriger Abmahnung ggf. eine Künd rechtfertigen.

D. Beraterhinweise

§§ 20 bis 21b sind **zwingend** und **abschließend.** Weitergehende Abweichungen **zu Ungunsten** des Jugendlichen sind nichtig (§ 134 BGB). Von §§ 20, 21 kann auch nach §§ 21a, 21b nicht abgewichen werden. **Günstigere Regelungen** und solche, die die Regelungen gem. §§ 20 bis 21b nur konkretisieren, sind zulässig.

Überschreitet der AG mit einem Verstoß sein **Direktionsrecht,** gelten die Ausführungen zu § 8 Rn 7.

Macht der Jugendliche im Rahmen eines **Schadensersatzprozesses** geltend, dass ihm durch die Missachtung der §§ 20 bis 21b ein Schaden entstanden sei, sind die in §§ 22 bis 27 Rn 35 dargestellten Grundsätze zu beachten.

---

15 *Schmidt*, BB 1998, 1362.
16 BAG 27.5.1992 – 5 AZR 252/91 – Ez.B. § 9 JArbSchG Nr. 20.
17 Zmarzlik/Anzinger/*Zmarzlik*, JArbSchG, § 21b Rn 9.
18 *Gröninger/Gehring/Taubert*, § 20 Rn 17.
19 *Dembkowsky*, NJW 1998, 3540.

Zweiter Titel: Beschäftigungsverbote und -beschränkungen

§ 22 Gefährliche Arbeiten

(1) Jugendliche dürfen nicht beschäftigt werden
1. mit Arbeiten, die ihre physische oder psychische Leistungsfähigkeit übersteigen,
2. mit Arbeiten, bei denen sie sittlichen Gefahren ausgesetzt sind,
3. mit Arbeiten, die mit Unfallgefahren verbunden sind, von denen anzunehmen ist, daß Jugendliche sie wegen mangelnden Sicherheitsbewußtseins oder mangelnder Erfahrung nicht erkennen oder nicht abwenden können,
4. mit Arbeiten, bei denen ihre Gesundheit durch außergewöhnliche Hitze oder Kälte oder starke Nässe gefährdet wird,
5. mit Arbeiten, bei denen sie schädlichen Einwirkungen von Lärm, Erschütterungen oder Strahlen ausgesetzt sind,
6. mit Arbeiten, bei denen sie schädlichen Einwirkungen von Gefahrstoffen im Sinne des Chemikaliengesetzes ausgesetzt sind,
7. mit Arbeiten, bei denen sie schädlichen Einwirkungen von biologischen Arbeitsstoffen im Sinne der Richtlinie 90/679/EWG des Rates vom 26. November 1990 zum Schutz der Arbeitnehmer gegen Gefährdung durch biologische Arbeitsstoffe bei der Arbeit ausgesetzt sind.

(2) Absatz 1 Nr. 3 bis 7 gilt nicht für die Beschäftigung Jugendlicher, soweit
1. dies zur Erreichung ihres Ausbildungszieles erforderlich ist,
2. ihr Schutz durch die Aufsicht eines Fachkundigen gewährleistet ist und
3. der Luftgrenzwert bei gefährlichen Stoffen (Absatz 1 Nr. 6) unterschritten wird.

Satz 1 findet keine Anwendung auf den absichtlichen Umgang mit biologischen Arbeitsstoffen der Gruppen 3 und 4 im Sinne der Richtlinie 90/679/EWG des Rates vom 26. November 1990 zum Schutz der Arbeitnehmer gegen Gefährdung durch biologische Arbeitsstoffe bei der Arbeit.

(3) Werden Jugendliche in einem Betrieb beschäftigt, für den ein Betriebsarzt oder eine Fachkraft für Arbeitssicherheit verpflichtet ist, muß ihre betriebsärztliche oder sicherheitstechnische Betreuung sichergestellt sein.

§ 23 Akkordarbeit; tempoabhängige Arbeiten

(1) Jugendliche dürfen nicht beschäftigt werden
1. mit Akkordarbeit und sonstigen Arbeiten, bei denen durch ein gesteigertes Arbeitstempo ein höheres Entgelt erzielt werden kann,
2. in einer Arbeitsgruppe mit erwachsenen Arbeitnehmern, die mit Arbeiten nach Nummer 1 beschäftigt werden,
3. mit Arbeiten, bei denen ihr Arbeitstempo nicht nur gelegentlich vorgeschrieben, vorgegeben oder auf andere Weise erzwungen wird.

(2) Absatz 1 Nr. 2 gilt nicht für die Beschäftigung Jugendlicher,
1. soweit dies zur Erreichung ihres Ausbildungszieles erforderlich ist
oder
2. wenn sie eine Berufsausbildung für diese Beschäftigung abgeschlossen haben
und ihr Schutz durch die Aufsicht eines Fachkundigen gewährleistet ist.

§ 24 Arbeiten unter Tage

(1) Jugendliche dürfen nicht mit Arbeiten unter Tage beschäftigt werden.
(2) Absatz 1 gilt nicht für die Beschäftigung Jugendlicher über 16 Jahre,
1. soweit dies zur Erreichung ihres Ausbildungszieles erforderlich ist,
2. wenn sie eine Berufsausbildung für die Beschäftigung unter Tage abgeschlossen haben oder

3. wenn sie an einer von der Bergbehörde genehmigten Ausbildungsmaßnahme für Bergjungarbeiter teilnehmen oder teilgenommen haben

und ihr Schutz durch die Aufsicht eines Fachkundigen gewährleistet ist.

§ 25 Verbot der Beschäftigung durch bestimmte Personen

(1) Personen, die
1. wegen eines Verbrechens zu einer Freiheitsstrafe von mindestens zwei Jahren,
2. wegen einer vorsätzlichen Straftat, die sie unter Verletzung der ihnen als Arbeitgeber, Ausbildender oder Ausbilder obliegenden Pflichten zum Nachteil von Kindern oder Jugendlichen begangen haben, zu einer Freiheitsstrafe von mehr als drei Monaten,
3. wegen einer Straftat nach den §§ 109h, 171, 174 bis 184g, 225, 232 bis 233a des Strafgesetzbuchs,
4. wegen einer Straftat nach dem Betäubungsmittelgesetz oder
5. wegen einer Straftat nach dem Jugendschutzgesetz oder nach dem Gesetz über die Verbreitung jugendgefährdender Schriften wenigstens zweimal

rechtskräftig verurteilt worden sind, dürfen Jugendliche nicht beschäftigen sowie im Rahmen eines Rechtsverhältnisses im Sinne des § 1 nicht beaufsichtigen, nicht anweisen, nicht ausbilden und nicht mit der Beaufsichtigung, Anweisung oder Ausbildung von Jugendlichen beauftragt werden. ²Eine Verurteilung bleibt außer Betracht, wenn seit dem Tag ihrer Rechtskraft fünf Jahre verstrichen sind. ³Die Zeit, in welcher der Täter auf behördliche Anordnung in einer Anstalt verwahrt worden ist, wird nicht eingerechnet.

(2) ¹Das Verbot des Absatzes 1 Satz 1 gilt auch für Personen, gegen die wegen einer Ordnungswidrigkeit nach § 58 Abs. 1 bis 4 wenigstens dreimal eine Geldbuße rechtskräftig festgesetzt worden ist. ²Eine Geldbuße bleibt außer Betracht, wenn seit dem Tag ihrer rechtskräftigen Festsetzung fünf Jahre verstrichen sind.

(3) Das Verbot des Absatzes 1 und 2 gilt nicht für die Beschäftigung durch die Personensorgeberechtigten.

§ 26 Ermächtigungen

Das Bundesministerium für Arbeit und Soziales kann zum Schutz der Jugendlichen gegen Gefahren für Leben und Gesundheit sowie zur Vermeidung einer Beeinträchtigung der körperlichen oder seelisch-geistigen Entwicklung durch Rechtsverordnung mit Zustimmung des Bundesrats
1. die für Kinder, die der Vollzeitschulpflicht nicht mehr unterliegen, geeigneten und leichten Tätigkeiten nach § 7 Satz 1 Nr. 2 und die Arbeiten nach § 22 Abs. 1 und den §§ 23 und 24 näher bestimmen,
2. über die Beschäftigungsverbote in den §§ 22 bis 25 hinaus die Beschäftigung Jugendlicher in bestimmten Betriebsarten oder mit bestimmten Arbeiten verbieten oder beschränken, wenn sie bei diesen Arbeiten infolge ihres Entwicklungsstandes in besonderem Maß Gefahren ausgesetzt sind oder wenn das Verbot oder die Beschränkung der Beschäftigung infolge der technischen Entwicklung oder neuer arbeitsmedizinischer oder sicherheitstechnischer Erkenntnisse notwendig ist.

§ 27 Behördliche Anordnungen und Ausnahmen

(1) ¹Die Aufsichtsbehörde kann in Einzelfällen feststellen, ob eine Arbeit unter die Beschäftigungsverbote oder -beschränkungen der §§ 22 bis 24 oder einer Rechtsverordnung nach § 26 fällt. ²Sie kann in Einzelfällen die Beschäftigung Jugendlicher mit bestimmten Arbeiten über die Beschäftigungsverbote und -beschränkungen der §§ 22 bis 24 und einer Rechtsverordnung nach § 26 hinaus verbieten oder beschränken, wenn diese Arbeiten mit Gefahren für Leben, Gesundheit oder für die körperliche oder seelisch-geistige Entwicklung der Jugendlichen verbunden sind.

(2) Die zuständige Behörde kann
1. den Personen, die die Pflichten, die ihnen kraft Gesetzes zugunsten der von ihnen beschäftigten, beaufsichtigten, angewiesenen oder auszubildenden Kinder und Jugendlichen obliegen, wiederholt oder gröblich verletzt haben,
2. den Personen, gegen die Tatsachen vorliegen, die sie in sittlicher Beziehung zur Beschäftigung, Beaufsichtigung, Anweisung oder Ausbildung von Kindern und Jugendlichen ungeeignet erscheinen lassen,

verbieten, Kinder und Jugendliche zu beschäftigen oder im Rahmen eines Rechtsverhältnisses im Sinne des § 1 zu beaufsichtigen, anzuweisen oder auszubilden.

(3) Die Aufsichtsbehörde kann auf Antrag Ausnahmen von § 23 Abs. 1 Nr. 2 und 3 für Jugendliche über 16 Jahre bewilligen,

1. wenn die Art der Arbeit oder das Arbeitstempo eine Beeinträchtigung der Gesundheit oder der körperlichen oder seelisch-geistigen Entwicklung des Jugendlichen nicht befürchten lassen und
2. wenn eine nicht länger als vor drei Monaten ausgestellte ärztliche Bescheinigung vorgelegt wird, nach der gesundheitliche Bedenken gegen die Beschäftigung nicht bestehen.

A. Allgemeines 1	1. Beschäftigungsverbot (§ 24 Abs. 1) 14
B. Regelungsgehalt 4	2. Ausnahmen (§ 24 Abs. 2) 15
I. Gefährliche Arbeiten (§ 22) 4	IV. Verbot der Beschäftigung durch bestimmte Personen
1. Beschäftigungsverbot (§ 22 Abs. 1) 4	(§ 25) 16
2. Ausnahmen (§ 22 Abs. 2) 10	V. Ermächtigungen (§ 26) 20
II. Akkordarbeit und tempoabhängige Arbeiten (§ 23) 12	VI. Behördliche Anordnungen und Ausnahmen (§ 27) 21
1. Beschäftigungsverbot (§ 23 Abs. 1) 12	C. Verbindung zu anderen Rechtsgebieten und zum
2. Ausnahmen (§ 23 Abs. 2) 13	Prozessrecht 24
III. Arbeiten unter Tage (§ 24) 14	D. Beraterhinweise 32

A. Allgemeines

1 Bestimmte Arbeiten können das Leben, die Gesundheit oder die Persönlichkeitsentwicklung von Jugendlichen gefährden. Zur besseren Übersicht über verbotene Tätigkeiten fasst § 22 diese zusammen.[1] § 23 hebt die besondere Gefährlichkeit einer Beschäftigung unter Leistungsdruck hervor. Jugendliche können ihre Leistungsfähigkeit noch nicht sicher einschätzen. Sie neigen dazu, für ein höheres Entgelt ihr Arbeitstempo gesundheitsschädlich zu übersteigern.[2] § 24 beschränkt die Beschäftigung unter Tage und schafft die Voraussetzungen zur Ratifizierung des Übk. Nr. 123 der ILO über das Mindestalter für die Zulassung zu Untertagearbeiten in Bergwerken und die Empf. Nr. 124 der ILO betreffend das Mindestalter für die Zulassung zu Untertagearbeiten in Bergwerken.[3] Um eine praxisgerechte Ausbildung zu ermöglichen, lassen §§ 22 bis 24 Ausnahmen zu.

2 Gefahren können nicht nur von der Tätigkeit ausgehen. Jugendliche nehmen ihre Betreuungspersonen häufig zum Vorbild. Besteht nach Maßgabe des § 25 ein begründeter Zweifel an ihrer Zuverlässigkeit, verbietet das JArbSchG eine Zusammenarbeit.

3 Das Gesetz kann nicht jede Tätigkeit angemessen regeln. Um den Besonderheiten bestimmter Wirtschaftszweige und dem jeweiligen Stand des technischen Fortschritts flexibel Rechnung zu tragen, erlaubt § 26 den Erlass von Rechts-VO.[4] Bestehen Zweifel über die Anwendung und Auslegung der §§ 22 bis 24, kann die Aufsichtsbehörde gem. § 27 durch eine Einzelfallregelung den Schutz noch effektiver gestalten.

B. Regelungsgehalt

I. Gefährliche Arbeiten (§ 22)

4 **1. Beschäftigungsverbot (§ 22 Abs. 1).** Jugendliche dürfen nicht mit Arbeiten beschäftigt werden, die objektiv ihre **physische** oder **psychische Leistungsfähigkeit** übersteigen (§ 22 Abs. 1 Nr. 1). Entscheidend ist die konkrete Arbeitssituation des Jugendlichen. Die Leistungsfähigkeit darf nicht bis an ihre Grenze ausgetestet werden. Es genügt die hinreichend wahrscheinliche Gefahr, dass die Grenze der individuellen Leistungsfähigkeit erreicht ist. Sie besteht v.a. beim Heben und Tragen schwerer Lasten, bei erzwungenen Körperhaltungen, Arbeiten, die das Sehvermögen besonders anstrengen, und hohen gleichmäßigen Dauerleistungen.

5 Jugendliche dürfen bei ihren Arbeiten keinen **sittlichen Gefahren** ausgesetzt werden (§ 22 Abs. 1 Nr. 2). Sie dürfen durch ihre Wahrnehmungen und Handlungen während der Arbeit sittlich nicht negativ beeinflusst werden. Es ist ein objektiver moralischer Wertungsmaßstab anzulegen.[5] Er orientiert sich an allen zum Schutz der Jugendlichen vor sittlichen Gefahren erlassenen Bestimmungen (v.a. Jugendschutz in der Öffentlichkeit, §§ 4 bis 10 JuSchG; Schutz vor jugendgefährdenden Medien, §§ 11 bis 16 JuSchG, StGB, ArbStättV).

6 § 22 Abs. 1 Nr. 3 verbietet Arbeiten, die mit **Unfallgefahren** verbunden sind, von denen anzunehmen ist, dass Jugendliche sie wegen mangelndem Sicherheitsbewusstsein oder ungenügender Erfahrung nicht erkennen oder nicht abwenden können. Erfasst werden alle Arbeiten, zu deren Ausführung Maßnahmen zur Abwehr von Unfallgefahren erforderlich sind (Arbeiten auf Gerüsten, Abbrucharbeiten, schnell laufende Geräte, Arbeiten mit explosiven, leicht-

---

1 Schlüter, BuW 1997, 229; Anzinger, AuA 1997, 185.
2 OLG Düsseldorf 28.1.1986 – 5 Ss (OWi) 75/85 – 65/85 I GewArch 1986, 167.
3 BT-Drucks 7/2305, S. 33.
4 BT-Drucks 7/2305, S. 34.
5 Zmarzlik/Anzinger/Dembkowsky, JArbSchG, § 22 Rn 5.

entzündlichen Stoffen oder Strom etc.). Wegen des typischen Leichtsinns von Jugendlichen und ihres häufig noch spielerischen Verhaltens ist zu befürchten, dass sie die erforderlichen Maßnahmen nicht lückenlos ergreifen.

§ 22 Abs. 1 Nr. 4 verbietet eine Beschäftigung mit Arbeiten, bei denen die Gesundheit der Jugendlichen durch **außergewöhnliche Hitze oder Kälte** oder **starke Nässe** gefährdet wird. Erfasst werden z.B. Arbeiten in Stahlwerken, in Gießereien oder in Kühlräumen von Metzgereien,[6] wenn der Jugendliche bei seiner Arbeit unmittelbar den ungünstigen Einwirkungen ausgesetzt ist.

§ 22 Abs. 1 Nr. 5 bis 7 verbietet diverse Arbeiten unter schädlichen **Einwirkungen**. Einwirkungen sind **schädlich**, wenn aufgrund hinreichender ärztlicher oder betrieblicher Erfahrungen das Risiko einer Gesundheitsschädigung in Form akuter oder chronischer Gesundheitsstörungen besteht. Der Einschätzung sind die Grenz- und Schwellenwerte der einschlägigen Gesetze, VO, RL zugrunde zu legen (ArbStättV, BildscharbV, StrlSchV, RöV, GefStoffV, VDI-Richtlinien, Unfallverhütungsvorschriften der Berufsgenossenschaften z.B. für „Laserstrahlung"). Entscheidend ist der aktuelle Stand der Wissenschaft. Die Beurteilung obliegt dem AG. Er sollte einen Betriebsarzt oder eine Fachkraft für Arbeitssicherheit beteiligen. In Zweifelsfällen kann gem. § 27 die Aufsichtsbehörde entscheiden. Arbeiten unter Einwirkung von **Lärm** sind verboten, wenn die Geräuscheinwirkung, u.U. erst über einen längeren Zeitraum, die Gesundheit des Jugendlichen beeinträchtigen kann. **Erschütterungen** sind mechanische Schwingungen, die v.a. den Stütz- und Bewegungsapparat des Jugendlichen schädigen können (Arbeiten mit Pressluft, Motorsägen, nicht genügend gefederten Transport- oder Arbeitsmitteln). Schädigende Einwirkungen durch **Strahlen** können im Umgang mit radioaktiven Strahlen, Röntgenstrahlen oder Laserstrahlen oder an Bildschirmarbeitsplätzen entstehen. § 22 Abs. 1 Nr. 6 erfasst Arbeiten mit **Gefahrstoffen** i.S.d. ChemG (§§ 3, 3a ChemG). § 22 Abs. 1 Nr. 7 verbietet Arbeiten mit schädlichen Einwirkungen von **biologischen Arbeitsstoffen**. Die in Nr. 7 genannte RL 90/679/EWG wurde wiederholt in wesentlichen Punkten geändert. Aus Gründen der Übersichtlichkeit wurde sie durch die RL 2000/54/EWG v. 18.9.2000 neu kodifiziert.[7] Nach Art. 2 RL 2000/54/EWG sind biologische Arbeitsstoffe Mikroorganismen, Zellkulturen und Humanendoparasiten, die Infektionen, Allergien oder toxische Wirkungen hervorrufen können (Hepatitis A und B, HIV, Pocken etc.).

Werden die in § 22 Abs. 1 genannten ungünstigen Einwirkungen durch entsprechende Vorkehrungen oder **Schutzmaßnahmen** gemindert oder ausgeschlossen, sind die Arbeiten nicht verboten. Die korrekte und konsequente Einhaltung der Schutzmaßnahmen kann ggf. die physische Grenzen oder die psychische Leistungsfähigkeit des einzelnen Jugendlichen überschreiten. Dann besteht ein Beschäftigungsverbot nach § 22 Abs. 1 Nr. 1.[8]

2. Ausnahmen (§ 22 Abs. 2). § 22 Abs. 2 S. 1 lässt Ausnahmen von den Beschäftigungsverboten nach § 22 Abs. 1 Nr. 3 bis 7 zu, nicht aber von § 22 Abs. 1 Nr. 1 und Nr. 2. Erforderlich ist, dass der Jugendliche in einem **Ausbildungsverhältnis** steht und die Arbeiten **zum Erreichen des Ausbildungsziels erforderlich** sind. Maßgeblich sind die einschlägigen Ausbildungsordnungen, u.U. das Berufsbild des Ausbildungsgangs.[9] Die Beschäftigung darf nur **unter der Aufsicht eines Fachkundigen** erfolgen. Dies erfordert ein umfassendes theoretisches und praktisches Wissen über den Inhalt der Arbeiten und die hiermit verbundenen Gefahren für Jugendliche.[10] Fachkundig ist i.d.R. der Ausbildende oder der Ausbilder (§§ 10, 28 BBiG, § 22 HwO). Der Fachkundige muss den Jugendlichen umfassend über die Arbeiten, deren Gefahren und die Maßnahmen zur Gefahrenvermeidung unterweisen. Er muss die Ausübung der Tätigkeiten und das Einhalten der Schutzvorkehrungen kontrollieren. Seine ständige Aufsicht ist nicht erforderlich. Bei Bedarf muss er sie intensivieren. Ist für den Betrieb ein Betriebsarzt (§§ 2 bis 4 ASiG) oder eine Fachkraft für Arbeitssicherheit (§§ 5 bis 7 ASiG) verpflichtet, muss die **betriebsärztliche** oder **sicherheitstechnische Betreuung** sichergestellt sein (§ 22 Abs. 3).

Geht der Jugendliche mit **gefährlichen Stoffen** i.S.d. § 22 Abs. 1 Nr. 6 um, ist die Tätigkeit auch zu Ausbildungszwecken nur erlaubt, wenn der zulässige **Luftgrenzwert unterschritten** ist. Erwachsene dürfen solche Arbeiten nur mit der erforderlichen Schutzausrüstung ausführen. Das Risiko, dass Jugendliche die Schutzmaßnahmen außer Acht lassen, ist zu groß. Es besteht ein absolutes Beschäftigungsverbot. Aus dem gleichen Grund verbietet § 22 Abs. 2 S. 2 den **absichtlichen Umgang** mit biologischen **Arbeitsstoffen** der Gruppe 3 und 4 der RL 90/679/EWG, jetzt RL 2000/54/EWG. Erfasst sind besonders infektiöse Arbeitsstoffe. Der Umgang mit ihnen setzt Erfahrungen und eine Gewissenhaftigkeit voraus, die bei Jugendlichen nicht vorausgesetzt werden können.[11] Absichtlich ist der Umgang bei der Produktion dieser Stoffe und in Speziallabors, unabsichtlich z.B. bei der Krankenbetreuung.

II. Akkordarbeit und tempoabhängige Arbeiten (§ 23)

1. Beschäftigungsverbot (§ 23 Abs. 1). § 23 Abs. 1 Nr. 1 verbietet die Beschäftigung eines Jugendlichen mit Akkordarbeit und sonstigen Arbeiten, bei denen er **durch ein gesteigertes Arbeitstempo ein höheres Entgelt** erzielen kann. Erfasst werden alle Arbeiten, bei denen die Vergütung ganz oder z.T. vom erzielten Arbeitsergebnis ab-

---

6 LAG Baden-Württemberg 7.12.1994 – 2 Sa 14/93 – Bibliothek BAG.
7 ABl EG L 262 v. 17.10.2000, S. 21 ff.
8 BT-Drucks 7/2305, S. 33.
9 LAG Baden-Württemberg 7.12.1994 – 2 Sa 14/93 – Bibliothek BAG.
10 *Gröninger/Gehring/Taubert*, § 22 Rn 47.
11 BT-Drucks 13/5494, S. 10.

hängt. Wird zwar nicht der Jugendliche selbst tempoabhängig vergütet, arbeitet er aber **in einer Arbeitsgruppe** mit **tempoabhängig bezahlten Erwachsenen** zusammen, ist auch diese Beschäftigung verboten. Bereits durch Zuarbeiten ist er zwangsläufig dem unerwünschten Leistungsdruck ausgesetzt. Verboten ist auch eine Beschäftigung mit Arbeiten, bei denen das **Arbeitstempo** der Jugendlichen nicht nur gelegentlich vorgeschrieben, vorgegeben oder auf andere Weise **erzwungen** wird (Nr. 3).

13 **2. Ausnahmen (§ 23 Abs. 2).** Von dem Beschäftigungsverbot nach § 23 Abs. 1 Nr. 2 kann abgewichen werden, wenn die Beschäftigung entweder **zur Erreichung seines Ausbildungsziels erforderlich** ist (§ 23 Abs. 2 Nr. 1; siehe Rn 10) oder wenn der Jugendliche für diese Beschäftigung eine **Berufsausbildung abgeschlossen** hat und sein Schutz durch die Aufsicht eines Fachkundigen (siehe Rn 10) gewährleistet ist (§ 23 Abs. 2 Nr. 2). Wird jedoch die physische oder psychische Leistungsfähigkeit des Jugendlichen übersteigert, greift das Verbot des § 22 Abs. 1 Nr. 1. Ein Abweichen von den Beschäftigungsverboten der § 23 Abs. 1 Nr. 1 oder Nr. 3 sieht Abs. 2 nicht vor. Jugendliche dürfen bei Vorliegen der Voraussetzungen des § 23 Abs. 2 zwar in einer Arbeitsgruppe mit tempoabhängig vergüteten Erwachsenen zusammenarbeiten, selbst aber nicht auf diese Art beschäftigt werden.[12]

III. Arbeiten unter Tage (§ 24)

14 **1. Beschäftigungsverbot (§ 24 Abs. 1).** Jugendliche dürfen nicht mit „**Arbeiten unter Tage**" beschäftigt werden. Der Wortlaut ist nicht identisch mit dem Begriff „Bergbau unter Tage" (vgl. §§ 4 Abs. 3, 12, 19 Abs. 2). Er erfasst weitere Arbeiten, die ihrer Zweckbestimmung nach unter Tage in unterirdischen Anlagen ausgeführt werden. Erforderlich ist, dass sie ihrer Zweckbestimmung nach unterirdisch ausgeübt werden müssen und mit den typischen klimatischen und psychischen Belastungen einer Untertagearbeit ohne Tageslicht (geringe Frischluft, Enge, Hitze) und ihren besonderen Gefahren (Wasser-, Gas-, Gesteinseinbruch) verbunden sind. Dies sind v.a. Betriebe zum Gewinnen von Kohle oder sonstigen Bodenschätzen, nicht aber Arbeiten ohne die typischen besonderen Erschwernisse dieser Arbeiten unter Tage (Arbeiten in unterirdischen Aufbereitungs- und Entsorgungsanlagen, Arbeiten in der Kanalisation,[13] in offenen Gruben, Arbeiten in Kellergaststätten).

15 **2. Ausnahmen (§ 24 Abs. 2).** § 24 Abs. 2 erlaubt eine Beschäftigung, wenn der Jugendliche **über 16 Jahre alt** ist und alternativ eine der Voraussetzungen des § 24 Abs. 2 Nr. 1 bis 3 vorliegt. Nach § 24 Abs. 2 Nr. 1 ist die Beschäftigung eines Jugendlichen zulässig, wenn sie **zur Erreichung seines Ausbildungsziels erforderlich** ist (vgl. Rn 10). § 24 Abs. 2 Nr. 2 erlaubt eine Beschäftigung, wenn der Jugendliche eine **Berufsausbildung** für die Beschäftigung unter Tage bereits **abgeschlossen** hat. Es soll vermieden werden, dass der Jugendliche zwar zu Ausbildungszwecken unter Tage beschäftigt werden, nach Abschluss der Ausbildung aber bis zu seiner Volljährigkeit nicht mehr eingesetzt werden dürfte. § 24 Abs. 2 Nr. 3 gestattet eine Beschäftigung, wenn der Jugendliche an einer von der Bergbehörde genehmigten Ausbildungsmaßnahme für Bergjungarbeiter teilnimmt oder teilgenommen hat und sein Schutz durch die Aufsicht eines Fachkundigen (vgl. Rn 10) gewährleistet ist.

IV. Verbot der Beschäftigung durch bestimmte Personen (§ 25)

16 Jugendliche stehen dem Verhalten erwachsener Arbeitskollegen und Vorgesetzter häufig noch unkritisch gegenüber. Bestehen begründete Zweifel an der erforderlichen Zuverlässigkeit einer Kontaktperson, verbietet § 25 dieser „**Person**", einen Jugendlichen zu beschäftigen, ihn zu beaufsichtigen, anzuweisen oder auszubilden. Sein Wortlaut erfasst nicht nur AG (§ 3), sondern jede Kontaktperson. Demgemäß erfasst die Straf- und Bußgeldvorschrift in § 58 Abs. 2 nicht wie § 58 Abs. 1 nur „AG", sondern jedermann („wer"). § 25 Abs. 1 S. 1 Alt. 1 verbietet es jeder gem. § 25 Abs. 1 Nr. 1 bis 5 unzuverlässigen Person, mit Jugendlichen **zusammenzuarbeiten.** § 25 Abs. 1 S. 1 Alt. 2 richtet ein weiteres Verbot an den AG, eine unzuverlässige Person **mit der Zusammenarbeit zu beauftragen.** Es genügt jeweils die Möglichkeit eines Kontakts, ohne dass es tatsächlich zu einer Zusammenarbeit kommen muss.[14] Besteht die Möglichkeit, darf der Jugendliche in diesem Betrieb nicht beschäftigt werden.

17 Das Beschäftigungsverbot setzt eine formell rechtskräftige Verurteilung wegen einer in § 25 Abs. 1 Nr. 1 bis 5 abschließend aufgezählten **Straftat** voraus. Es endet, wenn seit dem Tag der Rechtskraft fünf Jahre verstrichen sind. Fordert § 25 Abs. 1 eine zweimalige Verurteilung, beginnt die Frist mit dem Tag der Rechtskraft der zweiten Verurteilung (§ 25 Abs. 1 S. 2; §§ 187 Abs. 1, 188 Abs. 2 BGB). Wird der Täter auf behördliche Anordnung in einer Anstalt verwahrt oder entzieht er sich der Verbüßung der Straftat, wird diese Zeit nicht eingerechnet (§ 25 Abs. 1 S. 3). Ein Beschäftigungsverbot besteht, wenn der Betroffene wegen eines Verbrechens rechtskräftig zu einer Freiheitsstrafe von mind. zwei Jahren verurteilt wurde (**Nr. 1**). Das Gleiche gilt, wenn der Betreffende wegen einer vorsätzlichen Straftat, die er unter Verletzung der ihm als AG, Ausbildender oder Ausbilder obliegenden Pflichten zum Nachteil von Kindern oder Jugendlichen begangen hat und hierfür rechtskräftig zu einer Freiheitsstrafe von mehr als drei Monaten verurteilt wurde (**Nr. 2**). Für die folgenden Beschäftigungsverbote nach § 25 Abs. 1 Nr. 3 bis 5 kommt es hingegen nicht auf die Art und das Maß der verhängten Strafe an. Ein Beschäftigungsverbot besteht nach einer

---

12 Zmarzlik/Anzinger/*Dembkowsky*, JArbSchG, § 23 Rn 19.   14 *Gröninger/Gehring/Taubert*, § 25 Rn 5.
13 *Schoden*, JArbSchG, § 24 Rn 1.

rechtskräftigen Verurteilung wegen einer der in **Nr. 3** genannten Straftaten (§§ 109h, 171, 174–184g, 225, 232 bis 233a StGB). Die Verurteilung wegen einer Sexualstraftat zu Lasten einer weiblichen Jugendlichen, rechtfertigt ein Beschäftigungsverbot für männliche Jugendliche.[15] Zur Vorbildwirkung gehört auch, männlichen Jugendlichen das Verbot sexueller Belästigungen am Arbeitsplatz glaubhaft zu vermitteln.[16] Weiterhin besteht ein Beschäftigungsverbot bei einer rechtskräftigen Verurteilung wegen einer Straftat nach dem BtMG (**Nr. 4**) und wegen einer wenigstens zweimaligen rechtskräftigen Verurteilung wegen einer Straftat nach dem JuSchG oder nach dem Gesetz über die Verbreitung jugendgefährdender Schriften (vgl. jetzt: §§ 11 bis 16 JuSchG; **Nr. 5**).

§ 25 Abs. 2 erweitert das Beschäftigungsverbot für den Fall, dass gegen eine Person wegen einer **OWi** nach § 58 Abs. 1 bis 4 wenigstens dreimal eine Geldbuße rechtskräftig festgesetzt wurde. Es muss nicht stets dieselbe Vorschrift des JArbSchG verletzt worden sein. Eine Geldbuße bleibt außer Betracht, wenn seit dem Tag ihrer rechtskräftigen Festsetzung fünf Jahre verstrichen sind.

§ 25 Abs. 3 schränkt das staatliche Ordnungsrecht gegenüber **Personensorgeberechtigten** ein. Für sie gelten die Beschäftigungsverbote nach § 25 Abs. 1 und 2 nicht. Hier soll das Familienrecht, ggf. unter Einschalten des VormG, den Konflikt lösen.

V. Ermächtigungen (§ 26)

§§ 22 bis 24 setzen einen allg. gesetzlichen Rahmen für gefährliche und deswegen grds. verbotene und nur im Ausnahmefall zugelassene Arbeiten. § 26 gestattet ihre nähere **Konkretisierung durch Rechts-VO**. Das BMAS kann mit Zustimmung des BRats eine Rechts-VO erlassen, um junge Menschen gegen Gefahren für Leben und Gesundheit zu schützen und eine Beeinträchtigung der körperlichen oder seelisch-geistigen Entwicklung zu vermeiden. § 26 Nr. 1 gestattet den Erlass von Rechts-VO, die für nicht mehr vollzeitschulpflichtige Kinder geeignete und leichte Tätigkeiten gem. § 7 S. 1 Nr. 2 und die Arbeiten nach §§ 22 Abs. 1, 23 und 24 näher bestimmen. Von dieser Ermächtigung wurde bislang kein Gebrauch gemacht. Daher gelten die Bestimmungen des JArbSchG.[17] § 26 Nr. 2 erlaubt Rechts-VO, welche die Beschäftigung von Jugendlichen in bestimmten Betriebsarten oder mit bestimmten Arbeiten **über** die Beschäftigungsverbote in den **§§ 22 bis 25 hinaus verbieten oder beschränken**. Dies setzt voraus, dass Jugendliche wegen ihres Entwicklungsstandes bei diesen Arbeiten in besonderem Maß Gefahren ausgesetzt sind oder das Verbot bzw. die Beschränkung infolge der technischen Entwicklung oder neuer arbeitsmedizinischer oder sicherheitstechnischer Erkenntnisse notwendig ist.

VI. Behördliche Anordnungen und Ausnahmen (§ 27)

Die Aufsichtsbehörde (§ 51) kann bei **Zweifeln über die Auslegung und Anwendung** durch eine **Einzelfallentscheidung** feststellen, ob eine konkrete Beschäftigung nach dem JArbSchG, ggf. i.V.m. einer Rechts-VO, zulässig oder verboten ist (§ 27 Abs. 1 S. 1). Sie wird auf Antrag oder von Amts wegen tätig. § 27 Abs. 1 S. 2 erweitert ihre Kompetenz. Sie kann über §§ 22 bis 24, § 26 hinaus eine **gefährliche Beschäftigung im Einzelfall** verbieten oder durch bestimmte Auflagen oder Bedingungen beschränken, wenn bestimmte Arbeiten im Einzelfall mit Gefahren für Leben, Gesundheit oder für die körperliche oder seelisch-geistige Entwicklung für Jugendliche verbunden sind. Erforderlich ist eine generelle objektive Gefährlichkeit.

Die Aufsichtsbehörde kann zur Durchsetzung eines Beschäftigungsverbots nach § 25 gem. § 51 eine mit Zwangsgeld versehene Unterlassungsverfügung erlassen. § 27 Abs. 2 Nr. 1 ermächtigt sie zudem, im Einzelfall ein über § 25 Abs. 1 hinausgehendes **Beschäftigungsverbot für eine bestimmte Person** zu verhängen, wenn diese Person die ihr zugunsten junger Menschen obliegenden gesetzlichen Pflichten wiederholt oder gröblich verletzt hat. Der Kreis der möglichen verletzten Pflichten ist nicht auf die des § 25 beschränkt. Es muss sich aber um nachgewiesene gröbliche, d.h. in ihrem Motiv und ihrer Art besonders verwerfliche Pflichtverletzungen handeln.[18] Die Aufsichtsbehörde kann ein Beschäftigungsverbot auch gegenüber einer Person erlassen, gegen den Tatsachen vorliegen, die sie in sittlicher Beziehung zur Beschäftigung, Beaufsichtigung, Anweisung oder Ausbildung von Kindern/Jugendlichen ungeeignet erscheinen lassen (§ 27 Abs. 2 Nr. 2). Das ist dann der Fall, wenn die Person zu moralischem Fehlverhalten neigt und damit Kinder/Jugendliche in ihren Wertmaßstäben verunsichern oder sie abstumpfen lassen könnten (wiederholt Straffällige, Alkohol- oder Drogensüchtige). Es genügt, dass sie als ungeeignet erscheint. Die Einschätzung muss auf konkreten nachvollziehbaren Tatsachen beruhen (Strafakten, behördliche Auskünfte, Zeugenaussagen). § 27 dient nicht der Bestrafung vergangenen Verhaltens. Maßgeblich ist nur die Eignung, künftig junge Menschen zu beschäftigen. Im Rahmen des § 27 ist die Aufsichtsbehörde nicht an eine rechtskräftige Entscheidung oder eine Frist von fünf Jahren gebunden (vgl. § 25) gebunden. Sie muss ihren VA nicht auf fünf Jahre befristen. Hat sie zur Durchsetzung des gesetzlichen Beschäftigungsverbots gem. § 25 eine Entscheidung getroffen, muss sie im Hinblick

---

15 OVG Saarland 10.6.1976 – I R 89/75 – Ez.B. § 24 HwO Nr. 5.
16 BayVGH 12.8.2004 – 22 CS 04.1679 – GewArch 2005, 36.
17 BT-Drucks 7/2305, S. 32.
18 ErfK/*Schlachter*, § 27 JArbSchG Rn 3.

auf § 25 Abs. 1 S. 2 nach Ablauf der gesetzlichen Frist von Amts wegen prüfen, ob sie dieses Verbot aufhebt oder ggf. im Rahmen ihrer Kompetenz gem. § 27 Abs. 2 aufrechterhält.[19]

23 § 27 Abs. 3 überträgt der Aufsichtsbehörde die Aufgabe, auf Antrag **Ausnahmen von § 23 Abs. 1 Nr. 2 und 3 zu bewilligen**. Die Bewilligung setzt voraus, dass der Jugendliche über 16 Jahre alt ist und weder die Art der Arbeit noch das Arbeitstempo eine Beeinträchtigung der Gesundheit oder der körperlichen oder seelisch-geistigen Entwicklung des Jugendlichen befürchten lassen (Nr. 1). Es muss eine nicht länger als vor drei Monaten ausgestellte ärztliche Bescheinigung vorliegen, nach der gesundheitliche Bedenken gegen die Beschäftigung nicht bestehen (Nr. 2). Für Arbeiten gem. § 23 Abs. 1 Nr. 1 kann eine Ausnahmebewilligung nicht erteilt werden. Die Entscheidung steht im Ermessen der Aufsichtsbehörde („kann"). Sie muss nicht bereits bei Vorliegen aller gesetzlichen Voraussetzungen erteilt werden. In Ausübung pflichtgemäßen Ermessens hat die Aufsichtsbehörde unter Berücksichtigung der Ziele des JArbSchG zu entscheiden.[20] Gem. § 54 Abs. 3 ist die Ausnahmebewilligung grds. zu befristen (siehe §§ 51 bis 54 Rn 5).

C. Verbindung zu anderen Rechtsgebieten und zum Prozessrecht

24 Das SprengstoffG stellt im Verhältnis zum JArbSchG die **speziellere Regelung** dar.[21] Die i.Ü. geltenden Arbeitsschutzbestimmungen (ArbSchG, GefStoffV, Geräte- und Produktsicherheitsgesetz) und Unfallverhütungsvorschriften gen. § 15 SGB VII sind auch für Jugendliche zu beachten. Für schwangere Jugendliche gelten die Beschäftigungsverbote nach §§ 3 bis 8 MuSchG. § 11 Abs. 2 S. 3 HAG enthält für jugendliche Heimarbeiter eine Sonderregelung für tempoabhängige Arbeiten.

25 Über die Beschäftigungsverbote des JArbSchG hinaus, kann dem AG gem. § 33 BBiG, § 24 HwO das **Einstellen** und **Ausbilden** von **Auszubildenden untersagt** werden, wenn die nach §§ 27 bis 31 BBiG bzw. die nach §§ 21 bis 23 HwO erforderliche fachliche und persönliche Eignung nicht oder nicht mehr vorliegt.[22] Zuständig ist die entsprechend dem BBiG bzw. HwO nach Landesrecht zuständige Verwaltungsbehörde. Die Regelungen in §§ 25, 27 konkretisiert den unbestimmten Rechtsbegriff der persönlichen Eignung für die Ausbildung jugendlicher Auszubildender. Bei einer entsprechend § 25 Abs. 1 rechtskräftig vorbestraften Person wird die fehlende Eignung für die Ausbildung eines Jugendlichen unwiderlegbar vermutet.[23] Wiederholte Verstöße eines Ausbilders gegen das JArbSchG im Einverständnis mit seinem AG sind nicht nur dem Ausbilder, sondern auch dem AG im Rahmen der Eignungsfeststellung gem. § 32 BBiG, § 23 HwO zuzurechnen.[24]

25a Ist einem Schiffsführer nach § 25 die Beschäftigung, Beaufsichtigung, Anweisung oder Ausbildung von Jugendlichen untersagt, kann ihm das Patent nach der RheinPatV unter Hinzufügen von Nebenbestimmungen nach § 36 VwVfG erteilt werden, die § 25 berücksichtigen, um so eine unverhältnismäßige Beschränkung der Berufsfreiheit durch die vollständige Entziehung des Patentes zu vermeiden.[25]

26 Ein Verstoß gegen §§ 22 Abs. 1, 23 Abs. 1, 24 Abs. 1, jeweils auch i.V.m. einer Rechts-VO (§ 26 Nr. 1) stellt eine **OWi**, ggf. eine **Straftat** dar (§ 58 Abs. 1 Nr. 18, Nr. 19, Nr. 20, Abs. 5 und 6). Die gleiche Verantwortung trifft den AG, wenn er die Grenzen der Ausnahmevorschriften der §§ 22 Abs. 2, 23 Abs. 3 und 24 Abs. 2 überschreitet. Ein Verstoß gegen eine Rechts-VO gem. § 26 Nr. 2 erfüllt den Tatbestand des § 58 Abs. 1 Nr. 26a, ggf. des § 58 Abs. 5 oder 6. Wer trotz eines Beschäftigungsverbots nach § 25 Abs. 1 S. 1 oder Abs. 2 S. 1 einen Jugendlichen beschäftigt, beaufsichtigt, anweist oder ausbildet, oder eine unzuverlässige Person mit solchen Tätigkeiten beauftragt, begeht eine OWi, ggf. eine Straftat nach § 58 Abs. 2, Abs. 5 und 6.

27 Missachtet der AG eine **vollziehbare Anordnung oder Auflage** gem. § 27 Abs. 1 S. 2, Abs. 3 bzw. gem. einer Rechts-VO nach § 26 Nr. 2, begeht er eine OWi, ggf. eine Straftat nach § 58 Abs. 1 Nr. 27, 28, 29, Abs. 5 oder 6. Die Verwaltungsbehörde bzw. die StA prüft bei der Verfolgung und Ahndung von Verstößen gegen vollziehbare Anordnungen oder Auflagen nur, ob dieser VA zum Tatzeitpunkt erlassen und vollziehbar war. Vollziehbar ist ein VA, wenn er unanfechtbar war für sofort vollziehbar erklärt wurde (§ 80 Abs. 2 Nr. 4 VwGO) oder die sofortige Vollziehung nicht ausgesetzt war (§ 80 Abs. 4 VwGO). Die Prüfung der Rechtmäßigkeit des VA obliegt ihnen jedoch nicht (siehe Rn 33).

28 Wird ein Beschäftigungsverbot nach dem JArbSchG verfügt, erfolgt ein **Eintrag** in das beim Bundeszentralregister eingerichtete **Gewerberegister** (§ 149 Abs. 2 Nr. 1d GewO). Wird das Beschäftigungsverbot nicht im Gewerbezentralregister eingetragen, erfolgt bei vollziehbaren und nicht mehr anfechtbaren Entscheidungen von Verwaltungsbehörden und Gerichten ein Eintrag in das **Bundeszentralregister** (§ 10 Abs. 2 Nr. 4 BZRG). Zudem erfolgt ein Eintrag in das **Führungszeugnis** nach § 32 BZRG (siehe Rn 34). Betätigt sich eine mit einem Beschäftigungsverbot nach § 25 belegte Person mit der ehrenamtlichen Betreuung von Kindern und Jugendlichen, dürfen die Träger der öffentlichen Jugendhilfe die Eltern nach § 1 Abs. 2 S. 2 SGB VIII über die Verurteilung wegen der jeweiligen Delikte informieren.[26]

---

19 OVG Saarland 10.6.1976 – I R 89/75 – Ez.B. § 24 HwO Nr. 5.
20 BVerwG 8.7.1964 – V C 126/62 – BB 1964, 1124.
21 BT-Drucks 13/5494 Anl. 3, S. 14.
22 VG Ansbach 26.2.2007 – AN 4 S 06.02992.
23 VG Augsburg 2.2.2000 – Au 4 K 98.940 – juris.
24 VG Meiningen 22.11.2000 – 5 E 585/00 Me – juris.
25 VG Mainz 13.2.2008 – 7 K 35/07.MZ – juris.
26 VG Münster 8.11.2007 9 K 1619/05.

Der **BR** und die **JAV** haben die Einhaltung der §§ 22 bis 25 zu **überwachen** (§§ 80 Abs. 1 Nr. 1, 70 Abs. 1 Nr. 2 BetrVG). Sie können ein Tätigwerden der Aufsichtsbehörde anregen.[27] Sie haben die Aufgabe, sich an der Bekämpfung von Gefahren für Leib und Leben der Beschäftigten im Betrieb zu beteiligen (§ 89 BetrVG). Gem. § 87 Abs. 1 Nr. 7 BetrVG ist eine konkretisierende **BV** über Arbeiten, die nach §§ 22 bis 24 zu Ausbildungszwecken zugelassen sind, denkbar. Dem BR und der JAV obliegt die **Information** der Jugendlichen über die Gefahren ihres Arbeitsplatzes. 29

Dem Jugendlichen kann aus der Verletzung der §§ 22 bis 25 ein **Schadensersatzanspruch** zustehen (vgl. Rn 35). Dem Jugendlichen steht ein **Leistungsverweigerungsrecht** nach § 273 BGB zu. Kündigt er sein Berufsausbildungsverhältnis, gelten zur **Sperrzeit nach § 144 SGB III** die Ausführungen zu § 8 Rn 6. 30

Die Zahlung der **Vergütung** wird durch §§ 22 bis 24 nicht geregelt. Maßgeblich sind die i.Ü. geltenden einzel- oder kollektivvertraglichen Vereinbarungen. 31

D. Beraterhinweise

Die Verbotstatbestände der §§ 22 bis 25 sind **zwingend**. Eine Beschäftigung ist nur erlaubt, soweit sie in diesen Vorschriften ausdrücklich zugelassen sind. Einzelvertragliche **Regelungen zu Ungunsten** Jugendlicher sind nichtig (§ 134 BGB). Abweichungen sind weder durch TV oder BV zulässig. §§ 26, 27 erlauben ein Abweichen durch Rechts-VO oder VA nur, soweit über die Beschäftigungsverbote der §§ 22 bis 25 hinaus Beschäftigungsverbote oder -beschränkungen erlassen werden. Auch in einem Notfall ist ein Abweichen unzulässig (vgl. § 21). 32

Erlässt die Aufsichtsbehörde eine Gebots- oder Verbotsverfügung, können die Betroffenen diese vor dem **VG** überprüfen lassen (vgl. §§ 51 bis 54 Rn 7). Verstößt der AG trotz Anordnung der sofortigen Vollziehbarkeit gegen den VA, erfüllt er den Tatbestand des § 58, auch wenn später die Rechtswidrigkeit des VA festgestellt wird (siehe Rn 27). Er sollte ggf. die **Aussetzung der sofortigen Vollziehung** beantragen (§ 80 Abs. 4 VwGO). 33

Im Hinblick auf § 58 Abs. 2 sollte sich der AG von Personen i.S.d. § 25 Abs. 1 ein **Führungszeugnis** nach § 30 BZRG vorlegen lassen. In diesem sind Nebenfolgen eines Strafurteils und so u.U. Beschäftigungsverbote nach § 25 JArbSchG aufgeführt (§ 5 Abs. 1 Nr. 7 BZRG). Der Antrag auf Entfernung der Eintragung (§ 25 BZRG) oder vorzeitige Nichtaufnahme (§ 39 BZRG) ist solange ohne Erfolg, wie die Voraussetzungen des § 25 JArbSchG vorliegen. Auch die Anordnung der vorzeitigen Tilgung im Register (§ 49 BZRG) hat hierauf keinen Einfluss. Das mit der Tilgung eintretende Verwertungsverbot erstreckt sich nicht auf gesetzliche Nebenfolgen (§ 51 Abs. 2 BZRG) und so nicht auf das kraft Gesetzes bestehende Beschäftigungsverbot gem. § 25 JArbSchG. 34

Überschreitet der AG mit einem Verstoß sein **Direktionsrecht**, gelten die Ausführungen zu § 8 Rn 7.

Das JArbSchG enthält in erster Linie öffentlichrechtliche Pflichten des AG gegenüber dem Staat, die aber zugleich die Fürsorgepflicht des AG gegenüber dem Jugendlichen konkretisieren. Ihre Verletzung kann einen Anspruch nach § 280 BGB begründen. Wird die Gesundheit oder ein anderes geschütztes Rechtsgut verletzt, kann der AG zum **Schadensersatz** nach § 823 Abs. 1 BGB verpflichtet sein. Die Bestimmungen des JArbSchG sind Schutzgesetze i.S.d. § 823 Abs. 2 BGB,[28] soweit es sich nicht ausnahmsweise um reine Ordnungsvorschriften handelt (siehe §§ 47 bis 50 Rn 6). Nimmt ein funktionaler AG für den Vertrags-AG AG-Funktionen wahr, haftet er als AG i.S.d. § 3 unmittelbar nach §§ 280, 823 BGB. Der Vertrags-AG haftet gem. § 831 Abs. 1 BGB für seinen Verrichtungsgehilfen. Der Jugendliche muss grds. die Kausalität zwischen der Pflichtverletzung und der Entstehung des Schadens darlegen und beweisen. Es wird die Auffassung vertreten, dass im Fall wiederholter Verstöße gegen das JArbSchG die tatsächliche Vermutung bestehe, dass es bei Beachten der Schutzvorschriften nicht zum Schadensfall gekommen wäre.[29] Im Rahmen des § 254 BGB ist die Unerfahrenheit des Jugendlichen zu berücksichtigen.[30] Liegt ein Arbeitsunfall i.S.d. §§ 8 ff. SGB VII vor, ist er der Berufsgenossenschaft zu melden. Gem. § 104 SGB VII wird die zivilrechtliche Schadensersatzpflicht des AG einschließlich etwaiger **Schmerzensgeldansprüche**[31] durch den öffentlichrechtlichen Entschädigungsanspruch gegen die Berufsgenossenschaft verdrängt. Das gilt auch bei einem Verstoß gegen das Kinderarbeitsverbot.[32] Die Haftungsbeschränkung greift nicht, wenn der Versicherungsfall vorsätzlich herbeigeführt wurde, d.h. sowohl vorsätzlich gegen das JArbSchG verstoßen als auch der Eintritt des Arbeitsunfalls gewollt bzw. billigend in Kauf genommen wurde.[33] Hat ein AG den Versicherungsfall vorsätzlich oder grob fahrlässig herbeigeführt, besteht ein **Regressanspruch** der Sozialversicherungsträger für die infolge des Versicherungsfalls entstandenen Aufwendungen bis zur Höhe des zivilrechtlichen Schadensersatzanspruchs (§ 110 Abs. 1 SGB VII). Die Unkenntnis der Bestimmungen des JArbSchG steht dem Vorwurf grober Fahrlässigkeit nicht entgegen.[34] 35

---

27 *Dembkowsky*, NJW 1998, 3540.
28 LAG Baden-Württemberg 7.12.1994 – 2 Sa 14/93 – Bibliothek BAG.
29 OLG Köln 4.6.1998 – 18 U 68/97 – www.justiz.nrw.de.
30 LAG Baden-Württemberg 7.12.1994 – 2 Sa 14/93 – Bibliothek BAG.
31 ErfK/*Rolfs*, § 104 SGB VII Rn 29; kritisch: Küttner/*Griese*, Arbeitgeberhaftung Rn 9.
32 BGH 29.1.1980 – VI ZR 125/79 – NJW 1980, 1948.
33 BAG 27.6.1975 – 3 AZR 457/74 – BB 1975, 2448; BGH 29.1.1980 – VI ZR 125/79 – NJW 1980, 1948.
34 OLG Köln 4.6.1998 – 18 U 68/97 – www.justiz.nrw.de.

Dritter Titel: Sonstige Pflichten des Arbeitgebers

§ 28 Menschengerechte Gestaltung der Arbeit

(1) ¹Der Arbeitgeber hat bei der Einrichtung und der Unterhaltung der Arbeitsstätte einschließlich der Maschinen, Werkzeuge und Geräte und bei der Regelung der Beschäftigung die Vorkehrungen und Maßnahmen zu treffen, die zum Schutz der Jugendlichen gegen Gefahren für Leben und Gesundheit sowie zur Vermeidung einer Beeinträchtigung der körperlichen oder seelisch-geistigen Entwicklung der Jugendlichen erforderlich sind. ²Hierbei sind das mangelnde Sicherheitsbewußtsein, die mangelnde Erfahrung und der Entwicklungsstand der Jugendlichen zu berücksichtigen und die allgemein anerkannten sicherheitstechnischen und arbeitsmedizinischen Regeln sowie die sonstigen gesicherten arbeitswissenschaftlichen Erkenntnisse zu beachten.

(2) Das Bundesministerium für Arbeit und Soziales kann durch Rechtsverordnung mit Zustimmung des Bundesrats bestimmen, welche Vorkehrungen und Maßnahmen der Arbeitgeber zur Erfüllung der sich aus Absatz 1 ergebenden Pflichten zu treffen hat.

(3) Die Aufsichtsbehörde kann in Einzelfällen anordnen, welche Vorkehrungen und Maßnahmen zur Durchführung des Absatzes 1 oder einer vom Bundesministerium für Arbeit und Soziales gemäß Absatz 2 erlassenen Verordnung zu treffen sind.

§ 28a Beurteilung der Arbeitsbedingungen

¹Vor Beginn der Beschäftigung Jugendlicher und bei wesentlicher Änderung der Arbeitsbedingungen hat der Arbeitgeber die mit der Beschäftigung verbundenen Gefährdungen Jugendlicher zu beurteilen. ²Im übrigen gelten die Vorschriften des Arbeitsschutzgesetzes.

§ 29 Unterweisung über Gefahren

(1) ¹Der Arbeitgeber hat die Jugendlichen vor Beginn der Beschäftigung und bei wesentlicher Änderung der Arbeitsbedingungen über die Unfall- und Gesundheitsgefahren, denen sie bei der Beschäftigung ausgesetzt sind, sowie über die Einrichtungen und Maßnahmen zur Abwendung dieser Gefahren zu unterweisen. ²Er hat die Jugendlichen vor der erstmaligen Beschäftigung an Maschinen oder gefährlichen Arbeitsstellen oder mit Arbeiten, bei denen sie mit gesundheitsgefährdenden Stoffen in Berührung kommen, über die besonderen Gefahren dieser Arbeiten sowie über das bei ihrer Verrichtung erforderliche Verhalten zu unterweisen.

(2) Die Unterweisungen sind in angemessenen Zeitabständen, mindestens aber halbjährlich, zu wiederholen.

(3) Der Arbeitgeber beteiligt die Betriebsärzte und die Fachkräfte für Arbeitssicherheit an der Planung, Durchführung und Überwachung der für die Sicherheit und den Gesundheitsschutz bei der Beschäftigung Jugendlicher geltenden Vorschriften.

§ 30 Häusliche Gemeinschaft

(1) Hat der Arbeitgeber einen Jugendlichen in die häusliche Gemeinschaft aufgenommen, so muß er
1. ihm eine Unterkunft zur Verfügung stellen und dafür sorgen, daß sie so beschaffen, ausgestattet und belegt ist und so benutzt wird, daß die Gesundheit des Jugendlichen nicht beeinträchtigt wird, und
2. ihm bei einer Erkrankung, jedoch nicht über die Beendigung der Beschäftigung hinaus, die erforderliche Pflege und ärztliche Behandlung zuteil werden lassen, soweit diese nicht von einem Sozialversicherungsträger geleistet wird.

(2) Die Aufsichtsbehörde kann im Einzelfall anordnen, welchen Anforderungen die Unterkunft (Absatz 1 Nr. 1) und die Pflege bei Erkrankungen (Absatz 1 Nr. 2) genügen müssen.

§ 31 Züchtigungsverbot; Verbot der Abgabe von Alkohol und Tabak

(1) Wer Jugendliche beschäftigt oder im Rahmen eines Rechtsverhältnisses im Sinne des § 1 beaufsichtigt, anweist oder ausbildet, darf sie nicht körperlich züchtigen.

(2) ¹Wer Jugendliche beschäftigt, muß sie vor körperlicher Züchtigung und Mißhandlung und vor sittlicher Gefährdung durch andere bei ihm Beschäftigte und durch Mitglieder seines Haushalts an der Arbeitsstätte und in seinem Hause schützen. ²Er darf Jugendlichen unter 16 Jahren keine alkoholischen Getränke und Tabakwaren, Jugendlichen über 16 Jahre keinen Branntwein geben.

A. Allgemeines	1	V. Züchtigungsverbot; Verbot der Abgabe von Alkohol und Tabak (§ 31)	6
B. Regelungsgehalt	2		
I. Menschengerechte Gestaltung der Arbeit (§ 28)	2	C. Verbindung zu anderen Rechtsgebieten und zum Prozessrecht	7
II. Beurteilung der Arbeitsbedingungen (§ 28a)	3		
III. Unterweisung über Gefahren (§ 29)	4	D. Beraterhinweise	10
IV. Häusliche Gemeinschaft (§ 30)	5		

A. Allgemeines

§ 28 dient der Selbstkontrolle des AG. Er soll sich der besonderen Schutzbedürftigkeit Jugendlicher bewusst werden (§ 28a) und die Jugendlichen auf Gefahren hinweisen (§ 29). Wird der Jugendliche in die häusliche Gemeinschaft des AG aufgenommen, entsteht nach § 30 eine besondere Fürsorgepflicht.

B. Regelungsgehalt

I. Menschengerechte Gestaltung der Arbeit (§ 28)

§ 618 BGB verpflichtet den AG, das Leben und die Gesundheit seiner AN vor arbeitsbedingten Gefahren zu schützen. § 28 wiederholt und erweitert diese Pflicht gegenüber Jugendlichen. Für sie müssen bei der **Einrichtung und Unterhaltung der Arbeitsstätte** inkl. der Maschinen, Werkzeuge und Geräte alle erforderlichen Vorkehrungen und Maßnahmen getroffen werden, um eine Beeinträchtigung ihrer körperlichen oder geistig-seelischen Entwicklung zu vermeiden.[1] Arbeitsstätte ist jeder Ort, an dem der Jugendliche tätig ist. Der Begriff geht über die Beispiele in § 2 ArbStättV hinaus.[2] Er erfasst die Arbeits- und Ausbildungsräume, alle Lager-, Maschinen-, Pausen-, Umkleide- und Sanitärräume, sowie alle Verkehrswege. § 28 erfasst auch die **Regelungen der Beschäftigung** (Beginn, Ende und Lage der Arbeitszeit und der Ruhepausen, Bereitstellen von Arbeitsschutzmitteln etc.). Hierbei ist dem mangelnden Sicherheitsbewusstsein, der fehlenden Erfahrung und dem Entwicklungsstand des konkret betroffenen Jugendlichen Rechnung zu tragen. Maschinen müssen auf seine Größe und sein Gewicht eingestellt werden. Die Laufgeschwindigkeit muss seiner Leistungsfähigkeit entsprechen. Es sind die anerkannten sicherheitstechnischen und arbeitsmedizinischen Regeln und gesicherten arbeitswissenschaftlichen Erkenntnisse zu beachten (ArbSchG, GefStoffV, ArbStättV, Unfallverhütungsvorschriften gem. § 15 SGB VII, DIN- oder ISO-Normen etc.). Zum Schutz der seelisch-geistigen Entwicklung muss der Jugendliche frei von nachhaltig negativen Einflüssen arbeiten können (vgl. dauerndes Schimpfen, Anbrüllen ohne Grund, unflätige Ausdrücke, Bedrohungen, Schüren von Angst).[3] Gem. § 28 Abs. 2 und 3 können die Pflichten nach § 28 konkretisiert werden. Eine Rechts-VO nach Abs. 2 ist bislang nicht erlassen. Für die Anordnungen der Aufsichtsbehörde gelten die Ausführungen in §§ 51 bis 54 Rn 2.

II. Beurteilung der Arbeitsbedingungen (§ 28a)

Unterlässt der AG die Beurteilung der Arbeitsbedingungen, kann er bereits seine Pflicht aus § 28 nicht erfüllen.[4] § 28a dient der Umsetzung von Art. 6 Abs. 2 RL 94/33/EG. Die Beurteilung muss vor der Arbeitsaufnahme und bei wesentlichen Änderungen der Arbeitsbedingungen erfolgen. Umfang und Gegenstand der Beurteilung sowie etwaige Dokumentationspflichten richten sich nach den Vorschriften des ArbSchG.[5]

III. Unterweisung über Gefahren (§ 29)

Der AG muss den Jugendlichen vor Beginn der Beschäftigung und bei allen wesentlichen Änderungen der Arbeitsbedingungen über die Unfall- und Gesundheitsgefahren sowie über Einrichtungen und Maßnahmen zur Abwendung dieser Gefahren unterweisen. Er hat ihn zudem vor der erstmaligen Beschäftigung an Maschinen oder gefährlichen Arbeitsstellen oder mit Arbeiten, bei denen er mit gesundheitsgefährdenden Stoffen in Berührung kommt, über die besonderen Gefahren dieser Arbeiten sowie über das bei ihrer Verrichtung erforderliche Verhalten zu unterweisen.

---

1 BT-Drucks 7/2305, S. 34, 35.
2 Zmarzlik/Anzinger/*Mozet*, JArbSchG, § 28 Rn 4.
3 VG Augsburg 2.2.2000 – Au 4 K 98.940 – juris.
4 *Schlüter*, BuW, 1997, 229.
5 *Anzinger*, AuA 1997, 185.

Er kann dies mündlich oder durch Übergabe von Merkzetteln tun. Die Unterweisung muss sich auf alle vom Jugendlichen zu erledigenden Arbeiten erstrecken. Sie ist in angemessenen Zeitabständen, mind. jedes halbe Jahr, zu wiederholen. Der AG muss sich davon überzeugen, dass der Jugendliche die Unterweisungen verstanden hat.[6] Der AG muss bei der Planung, Durchführung und Überwachung der für die Sicherheit und den Gesundheitsschutz zugunsten Jugendlicher geltenden Vorschriften Betriebsärzte und Fachkräfte für Arbeitssicherheit (§§ 1 ff. ASiG) beteiligen.

IV. Häusliche Gemeinschaft (§ 30)

5   Ein Jugendlicher wird in die Hausgemeinschaft des AG aufgenommen, wenn er dort seinen Lebensmittelpunkt findet, d.h. dort wohnt, schläft und isst. § 30 erfasst auch die Aufnahme in Lehrlingsheime u.ä., die der AG einrichtet und zur Verfügung stellt.[7] Es entsteht eine über die Beschäftigung hinausgehende Beziehung mit einer gesteigerten Fürsorgepflicht des AG. Die **Unterkunft** darf die Gesundheit des Jugendlichen nicht beeinträchtigen (§ 30 Abs. 1 Nr. 1). Sie muss v.a. arbeitssicherheitsrechtlichen Bestimmungen entsprechen (z.B. §§ 45–49 ArbStättV). § 30 Abs. 1 Nr. 2 verlangt vom AG, dem Jugendlichen bei einer Erkrankung die erforderliche Pflege und ärztliche Behandlung zuteil werden zu lassen. Die Pflicht zur **Krankenfürsorge** besteht unabhängig von einem Verschulden des Jugendlichen (anders: § 617 BGB). Die Erkrankung muss keine Arbeitsunfähigkeit zur Folge haben. Die Krankenfürsorge ist nicht auf sechs Wochen beschränkt. Der AG kann seine gem. § 30 Abs. 1 Nr. 2 aufgewendeten Kosten entsprechend § 617 Abs. 1 S. 3 BGB auf einen etwaigen Entgeltfortzahlungsanspruch nach § 3 EFZG, § 19 Abs. 1 Nr. 2 BBiG anrechnen.[8] Die Krankenfürsorge nach § 30 entfällt, wenn die erforderliche Pflege und ärztliche Behandlung von einem Sozialversicherungsträger geleistet wird, i.Ü. mit der Beendigung der Beschäftigung.

V. Züchtigungsverbot; Verbot der Abgabe von Alkohol und Tabak (§ 31)

6   Wer Jugendliche beschäftigt oder gem. § 31 § 1 Abs. 1 beaufsichtigt, anweist oder ausbildet, darf sie nicht körperlich züchtigen (§ 31 Abs. 1). Unter **körperlicher Züchtigung** versteht man eine Einwirkung auf den Körper.[9] Geistig-seelische Misshandlungen sind dem AG bereits gem. § 28 Abs. 1 verboten (s. Rn 2). Nach § 31 Abs. 2 muss der Jugendliche zudem vor jeder körperlichen Züchtigung, **Misshandlung** und **sittlicher Gefährdung** (siehe §§ 22 bis 27 Rn 5) durch andere beim AG Beschäftigte oder Mitglieder des Haushalts geschützt werden. Derartige Beeinträchtigungen müssen unverzüglich durch geeignete Maßnahmen (Versetzung, Abmahnung, Künd des Störers) unterbunden werden. Jugendlichen unter 16 Jahren dürfen keine alkoholischen Getränke und Tabakwaren, Jugendlichen über 16 Jahren kein Branntwein (Schnaps, Likör, entspr. Mischgetränke) gegeben werden. Der AG muss sicherstellen, dass Jugendlichen diese Waren auch in von ihm betriebenen Kantinen oder Automaten nicht zugänglich sind. Aus § 31 folgt jedoch keine Verpflichtung des Arbeitgebers, ein allgemeines betriebliches Rauchverbot zu erlassen.[10]

C. Verbindung zu anderen Rechtsgebieten und zum Prozessrecht

7   Mangels Bestimmtheit der in § 28 nur sehr allg. umschriebenen Pflichten, fehlt eine **Bußgeld- oder Strafandrohung** für einen Verstoß. Nur wenn sie durch eine Rechts-VO (§ 28 Abs. 2) oder durch einen vollziehbaren VA (§§ 28 Abs. 3, 30 Abs. 2) konkretisiert wurden, stellt ein Verstoß hiergegen eine **OWi**, ggf. eine **Straftat** dar (§ 58 Abs. 1 Nr. 26, 27, 29, Abs. 5, 6). Im Hinblick auf die rechtlichen Folgen der Anfechtung des VA auf § 58 gelten die Ausführungen in §§ 22 bis 27 Rn 27. Unterlässt der AG erforderliche Schutzmaßnahmen (§§ 28, 30) kann ggf. eine Strafbarkeit gem. §§ 223 ff., 212, 222 StGB durch Unterlassen (§ 13 StGB) in Betracht kommen. Eine Züchtigung oder Misshandlung i.S.d. § 31 kann eine Beleidigung (§§ 195 ff. StGB), eine Straftat gegen die sexuelle Selbstbestimmung (§§ 174 ff. StGB), eine Straftat gegen die persönliche Freiheit (§§ 234 ff. StGB) oder eine Körperverletzung (§§ 223 ff. StGB) sein. Ein Verstoß gegen § 31 Abs. 2 S. 2 ist eine OWi, ggf. eine Straftat (§ 58 Abs. 1 Nr. 21, Abs. 5, 6), ein Verstoß gegen § 29 nur eine OWi gem. § 59 Abs. 1 Nr. 3.

8   Der **BR** und die **JAV** haben das Einhalten der §§ 28 bis 31 im Betrieb zu **überwachen** (§§ 80 Abs. 1 Nr. 1, 70 Abs. 1 Nr. 2 BetrVG). Sie können ein Tätigwerden der Aufsichtsbehörde anregen.[11] Sie haben die Aufgabe, sich an der Bekämpfung von Gefahren für Leib und Leben der Beschäftigten im Betrieb zu beteiligen (§ 89 BetrVG). Ihnen obliegt die **Information** der Jugendlichen über die Gefahren ihres Arbeitsplatzes. Sie können sich auch an Betriebsärzte, Sicherheitsingenieure bzw. Fachkräfte für Arbeitssicherheit (§§ 1 ff. ASiG) oder Sicherheitsbeauftragte (§ 22 SGB VII) wenden.

9   Zu den **behördlichen Handlungsmöglichkeiten** bei Verstößen vgl. §§ 51 bis 54 Rn 2. Zum **Beschäftigungsverbot gem. § 25** und zur **Untersagung der Ausbildung** vgl. §§ 22 bis 27 Rn 16, 21.

Die **Kosten** der nach §§ 28 bis 31 erforderlichen Schutzmaßnahmen hat der AG zu tragen.[12]

---

6 Schoden, JArbSchG, § 29 Rn 2.
7 Zmarzlik/Anzinger/*Anzinger*, JArbSchG, § 30 Rn 4.
8 Gröninger/Gehring/Taubert, § 31 Rn 6.
9 ErfK/*Schlachter*, §§ 28–31 JArbSchG Rn 17.
10 Bergwitz, NZA-RR 2004, 169.
11 Dembkowsky, NJW 1998, 3540.
12 Zu § 618 BGB vgl. BAG 14.2.1996 – 5 AZR 978/94 – DB 1996, 1288.

Die Verletzung der §§ 28 bis 31 kann **Schadensersatzansprüche** nach § 280 BGB und § 823 Abs. 1 BGB begründen. Sie sind Schutzgesetze i.S.d. § 823 Abs. 2 BGB. Es gelten die Ausführungen in §§ 22 bis 27 Rn 35. Dem Jugendlichen steht ein **Leistungsverweigerungsrecht** nach § 273 BGB zu. Kündigt er sein Berufsausbildungsverhältnis, gelten zur **Sperrzeit nach § 144 SGB III** die Ausführungen zu § 8 Rn 6.

D. Beraterhinweise

§§ 28 bis 31 sind **zwingend** (anders: §§ 618, 619 BGB). Vertragliche **Regelungen zu Ungunsten** Jugendlicher sind nichtig (§ 134 BGB). Die Personensorgeberechtigten können nicht wirksam in einen Verstoß gegen § 31 **einwilligen**. Sind sie selbst der AG, verbietet ihnen zudem das Recht Jugendlicher auf gewaltfreie Erziehung gem. § 1613 Abs. 2 BGB jede körperliche Züchtigung. Der Jugendliche kann wegen der zwingenden Sonderregelung in § 31 keine wirksame Einwilligung gem. § 228 StGB erklären.[13] Abweichungen sind weder durch TV oder BV noch in einem Notfall (§ 21) zulässig.

10

Zur Durchsetzung des § 28 kann der Jugendliche eine **Leistungsklage** mit dem Antrag erheben, den AG zu verurteilen, einen Arbeitsplatz zur Verfügung zu stellen, der frei von Beeinträchtigungen i.S.d. § 28 ist (z.B. frei von Asbestbelastung, Tabakrauch etc). Der Antrag muss hinreichend bestimmt sein und die Beeinträchtigungen konkret bezeichnen.[14] Er kann seine Klage auch darauf richten, dem AG aufzugeben, künftig Verstöße gegen §§ 28 bis 31 zu unterlassen oder erforderliche Schutzmaßnahmen zu ergreifen.[15] Überschreitet der AG mit einem Verstoß sein **Direktionsrecht**, gelten die Ausführungen zu § 8 Rn 7. Macht der Jugendliche in einem **Schadensersatzprozess** geltend, dass ihm durch die Missachtung der §§ 28 bis 31 ein Schaden entstanden sei, gelten die Ausführungen in §§ 22 bis 27 Rn 35.

11

Vierter Titel: Gesundheitliche Betreuung

§ 32 Erstuntersuchung

(1) Ein Jugendlicher, der in das Berufsleben eintritt, darf nur beschäftigt werden, wenn
1. er innerhalb der letzten vierzehn Monate von einem Arzt untersucht worden ist (Erstuntersuchung) und
2. dem Arbeitgeber eine von diesem Arzt ausgestellte Bescheinigung vorliegt.

(2) Absatz 1 gilt nicht für eine nur geringfügige oder eine nicht länger als zwei Monate dauernde Beschäftigung mit leichten Arbeiten, von denen keine gesundheitlichen Nachteile für den Jugendlichen zu befürchten sind.

§ 33 Erste Nachuntersuchung

(1) ¹Ein Jahr nach Aufnahme der ersten Beschäftigung hat sich der Arbeitgeber die Bescheinigung eines Arztes darüber vorlegen zu lassen, daß der Jugendliche nachuntersucht worden ist (erste Nachuntersuchung). ²Die Nachuntersuchung darf nicht länger als drei Monate zurückliegen. ³Der Arbeitgeber soll den Jugendlichen neun Monate nach Aufnahme der ersten Beschäftigung nachdrücklich auf den Zeitpunkt, bis zu dem der Jugendliche ihm die ärztliche Bescheinigung nach Satz 1 vorzulegen hat, hinweisen und ihn auffordern, die Nachuntersuchung bis dahin durchführen zu lassen.

(2) ¹Legt der Jugendliche die Bescheinigung nicht nach Ablauf eines Jahres vor, hat ihn der Arbeitgeber innerhalb eines Monats unter Hinweis auf das Beschäftigungsverbot nach Absatz 3 schriftlich aufzufordern, ihm die Bescheinigung vorzulegen. ²Je eine Durchschrift des Aufforderungsschreibens hat der Arbeitgeber dem Personensorgeberechtigten und dem Betriebs- oder Personalrat zuzusenden.

(3) Der Jugendliche darf nach Ablauf von 14 Monaten nach Aufnahme der ersten Beschäftigung nicht weiterbeschäftigt werden, solange er die Bescheinigung nicht vorgelegt hat.

---

13 *Molitor/Volmer/Germelmann*, § 31 Rn 3.
14 BAG 17.2.1998 – 9 AZR 84/97 – BAGE 88, 63 = DB 1998, 2068.
15 Zu § 618 BGB vgl. BAG 16.3.2004 – 9 AZR 93/03 – NZA 2004, 927.

§ 34 Weitere Nachuntersuchungen

¹Nach Ablauf jedes weiteren Jahres nach der ersten Nachuntersuchung kann sich der Jugendliche erneut nachuntersuchen lassen (weitere Nachuntersuchungen). ²Der Arbeitgeber soll ihn auf diese Möglichkeit rechtzeitig hinweisen und darauf hinwirken, daß der Jugendliche ihm die Bescheinigung über die weitere Nachuntersuchung vorlegt.

§ 35 Außerordentliche Nachuntersuchung

(1) Der Arzt soll eine außerordentliche Nachuntersuchung anordnen, wenn eine Untersuchung ergibt, daß
1. ein Jugendlicher hinter dem seinem Alter entsprechenden Entwicklungsstand zurückgeblieben ist,
2. gesundheitliche Schwächen oder Schäden vorhanden sind,
3. die Auswirkungen der Beschäftigung auf die Gesundheit oder Entwicklung des Jugendlichen noch nicht zu übersehen sind.

(2) Die in § 33 Abs. 1 festgelegten Fristen werden durch die Anordnung einer außerordentlichen Nachuntersuchung nicht berührt.

§ 36 Ärztliche Untersuchungen und Wechsel des Arbeitgebers

Wechselt der Jugendliche den Arbeitgeber, so darf ihn der neue Arbeitgeber erst beschäftigen, wenn ihm die Bescheinigung über die Erstuntersuchung (§ 32 Abs. 1) und, falls seit der Aufnahme der Beschäftigung ein Jahr vergangen ist, die Bescheinigung über die erste Nachuntersuchung (§ 33) vorliegen.

§ 37 Inhalt und Durchführung der ärztlichen Untersuchungen

(1) Die ärztlichen Untersuchungen haben sich auf den Gesundheits- und Entwicklungsstand und die körperliche Beschaffenheit, die Nachuntersuchungen außerdem auf die Auswirkungen der Beschäftigung auf Gesundheit und Entwicklung des Jugendlichen zu erstrecken.

(2) Der Arzt hat unter Berücksichtigung der Krankheitsvorgeschichte des Jugendlichen auf Grund der Untersuchungen zu beurteilen,
1. ob die Gesundheit oder die Entwicklung des Jugendlichen durch die Ausführung bestimmter Arbeiten oder durch die Beschäftigung während bestimmter Zeiten gefährdet wird,
2. ob besondere der Gesundheit dienende Maßnahmen erforderlich sind,
3. ob eine außerordentliche Nachuntersuchung (§ 35 Abs. 1) erforderlich ist.

(3) Der Arzt hat schriftlich festzuhalten:
1. den Untersuchungsbefund,
2. die Arbeiten, durch deren Ausführung er die Gesundheit oder die Entwicklung des Jugendlichen für gefährdet hält,
3. die besonderen der Gesundheit dienenden Maßnahmen,
4. die Anordnung einer außerordentlichen Nachuntersuchung (§ 35 Abs. 1).

§ 38 Ergänzungsuntersuchung

Kann der Arzt den Gesundheits- und Entwicklungsstand des Jugendlichen nur beurteilen, wenn das Ergebnis einer Ergänzungsuntersuchung durch einen anderen Arzt oder einen Zahnarzt vorliegt, so hat er die Ergänzungsuntersuchung zu veranlassen und ihre Notwendigkeit schriftlich zu begründen.

§ 39 Mitteilung, Bescheinigung

(1) Der Arzt hat dem Personensorgeberechtigten schriftlich mitzuteilen:
1. das wesentliche Ergebnis der Untersuchung,
2. die Arbeiten, durch deren Ausführung er die Gesundheit oder die Entwicklung des Jugendlichen für gefährdet hält,
3. die besonderen der Gesundheit dienenden Maßnahmen,
4. die Anordnung einer außerordentlichen Nachuntersuchung (§ 35 Abs. 1).

(2) Der Arzt hat eine für den Arbeitgeber bestimmte Bescheinigung darüber auszustellen, daß die Untersuchung stattgefunden hat und darin die Arbeiten zu vermerken, durch deren Ausführung er die Gesundheit oder die Entwicklung des Jugendlichen für gefährdet hält.

§ 40 Bescheinigung mit Gefährdungsvermerk

(1) Enthält die Bescheinigung des Arztes (§ 39 Abs. 2) einen Vermerk über Arbeiten, durch deren Ausführung er die Gesundheit oder die Entwicklung des Jugendlichen für gefährdet hält, so darf der Jugendliche mit solchen Arbeiten nicht beschäftigt werden.

(2) Die Aufsichtsbehörde kann die Beschäftigung des Jugendlichen mit den in der Bescheinigung des Arztes (§ 39 Abs. 2) vermerkten Arbeiten im Einvernehmen mit einem Arzt zulassen und die Zulassung mit Auflagen verbinden.

§ 41 Aufbewahren der ärztlichen Bescheinigungen

(1) Der Arbeitgeber hat die ärztlichen Bescheinigungen bis zur Beendigung der Beschäftigung, längstens jedoch bis zur Vollendung des 18. Lebensjahres des Jugendlichen aufzubewahren und der Aufsichtsbehörde sowie der Berufsgenossenschaft auf Verlangen zur Einsicht vorzulegen oder einzusenden.

(2) Scheidet der Jugendliche aus dem Beschäftigungsverhältnis aus, so hat ihm der Arbeitgeber die Bescheinigungen auszuhändigen.

§ 42 Eingreifen der Aufsichtsbehörde

Die Aufsichtsbehörde hat, wenn die dem Jugendlichen übertragenen Arbeiten Gefahren für seine Gesundheit befürchten lassen, dies dem Personensorgeberechtigten und dem Arbeitgeber mitzuteilen und den Jugendlichen aufzufordern, sich durch einen von ihr ermächtigten Arzt untersuchen zu lassen.

§ 43 Freistellung für Untersuchungen

¹Der Arbeitgeber hat den Jugendlichen für die Durchführung der ärztlichen Untersuchungen nach diesem Abschnitt freizustellen. ²Ein Entgeltausfall darf hierdurch nicht eintreten.

§ 44 Kosten der Untersuchungen

Die Kosten der Untersuchungen trägt das Land.

§ 45 Gegenseitige Unterrichtung der Ärzte

(1) Die Ärzte, die Untersuchungen nach diesem Abschnitt vorgenommen haben, müssen, wenn der Personensorgeberechtigte und der Jugendliche damit einverstanden sind,

1. dem staatlichen Gewerbearzt,
2. dem Arzt, der einen Jugendlichen nach diesem Abschnitt nachuntersucht,

auf Verlangen die Aufzeichnungen über die Untersuchungsbefunde zur Einsicht aushändigen.

(2) Unter den Voraussetzungen des Absatzes 1 kann der Amtsarzt des Gesundheitsamtes einem Arzt, der einen Jugendlichen nach diesem Abschnitt untersucht, Einsicht in andere in seiner Dienststelle vorhandene Unterlagen über Gesundheit und Entwicklung des Jugendlichen gewähren.

§ 46 Ermächtigungen

(1) Das Bundesministerium für Arbeit und Soziales kann zum Zweck einer gleichmäßigen und wirksamen gesundheitlichen Betreuung durch Rechtsverordnung mit Zustimmung des Bundesrats Vorschriften über die Durchführung der ärztlichen Untersuchungen und über die für die Aufzeichnungen der Untersuchungsbefunde, die Bescheinigungen und Mitteilungen zu verwendenden Vordrucke erlassen.

(2) Die Landesregierung kann durch Rechtsverordnung
1. zur Vermeidung von mehreren Untersuchungen innerhalb eines kurzen Zeitraumes aus verschiedenen Anlässen bestimmen, daß die Untersuchungen nach den §§ 32 bis 34 zusammen mit Untersuchungen nach anderen Vorschriften durchzuführen sind, und hierbei von der Frist des § 32 Abs. 1 Nr. 1 bis zu drei Monaten abweichen,
2. zur Vereinfachung der Abrechnung
   a) Pauschbeträge für die Kosten der ärztlichen Untersuchungen im Rahmen der geltenden Gebührenordnungen festsetzen,
   b) Vorschriften über die Erstattung der Kosten beim Zusammentreffen mehrerer Untersuchungen nach Nummer 1 erlassen.

A. Allgemeines 1	IX. Bescheinigung mit Gefährdungsvermerk (§ 40) .. 10
B. Regelungsgehalt 2	X. Aufbewahren der ärztlichen Bescheinigungen
I. Erstuntersuchung (§ 32) 2	(§ 41) 11
II. Erste Nachuntersuchung (§ 33) 3	XI. Eingreifen der Aufsichtsbehörde (§ 42) 12
III. Weitere Nachuntersuchungen (§ 34) 4	XII. Freistellung für Untersuchungen (§ 43) 13
IV. Außerordentliche Nachuntersuchung (§ 35) 5	XIII. Kosten der Untersuchungen (§ 44) 14
V. Ärztliche Untersuchungen und Arbeitgeberwechsel	XIV. Gegenseitige Unterrichtung der Ärzte (§ 45) 15
(§ 36) 6	XV. Ermächtigungen (§ 46) 16
VI. Inhalt und Durchführung der ärztlichen Untersuchungen (§ 37) 7	C. Verbindung zu anderen Rechtsgebieten und zum Prozessrecht 17
VII. Ergänzungsuntersuchung (§ 38) 8	D. Beraterhinweise 25
VIII. Mitteilung, Bescheinigung (§ 39) 9	

A. Allgemeines

1 Jugendliche sollen ihre Berufswahl auf der Grundlage einer ärztlichen Einschätzung entsprechend ihrer Gesundheit treffen. In die Entscheidungsfindung sollen die Personensorgeberechtigten einbezogen werden. Durch Nachuntersuchungen sollen die gesundheitlichen Auswirkungen der Beschäftigung erfasst werden, damit Fehlentwicklungen frühzeitig entgegengewirkt werden kann. Um eine möglichst gleichmäßige gesundheitliche Betreuung sicherzustellen, werden Form, Inhalt und Grundlagen der Untersuchungen vorgeschrieben.

B. Regelungsgehalt

I. Erstuntersuchung (§ 32)

2 Bei **Eintritt ins Berufsleben** ist eine Erstuntersuchung durchzuführen, d.h. bei Aufnahme einer Tätigkeit als künftigen Beruf. Solange der Jugendliche nicht innerhalb der letzten 14 Monate von einem Arzt untersucht und die hierüber erstellte ärztliche Bescheinigung dem AG vorgelegt wird, besteht ein **Beschäftigungsverbot**.[1] Der AG hat zu prüfen, ob eine Bescheinigung vorliegt, diese ordnungsgemäß ausgefüllt, ggf. ein Gefährdungsvermerk (§ 40) eingetragen und die Untersuchungsfrist gewahrt ist. Wird der Jugendliche nur mit **leichten Arbeiten** (vgl. §§ 5 bis 7 Rn 4) beschäftigt, verzichtet § 32 auf die Erstuntersuchung, wenn durch sie keine gesundheitlichen Nachteile zu befürchten

---

1 BAG 22.2.1972 – 2 AZR 205/71 – BAGE 24, 133 = BB 1972, 1191.

sind und die Beschäftigung entweder geringfügig ist oder nicht länger als zwei Monate dauert (§ 32 Abs. 2). Eine geringfügige Beschäftigung mit leichten Arbeiten kann zeitlich unbefristet ausgeübt werden.

II. Erste Nachuntersuchung (§ 33)

Wird eine Erstuntersuchung durchgeführt, soll der AG den Jugendlichen neun Monate nach Aufnahme der Beschäftigung nachdrücklich darauf hinweisen, dass er die erste Nachuntersuchung durchführen lassen und eine ärztliche Bescheinigung hierüber vorlegen muss (§ 33 Abs. 1). Die Bescheinigung muss dem AG spätestens ein Jahr nach Aufnahme der Beschäftigung vorliegen und nicht älter als drei Monate sein. Die erste Nachuntersuchung muss also zwischen dem neunten und zwölften Beschäftigungsmonat durchgeführt werden. Die Fristversäumung führt nicht sofort, sondern erst nach Ablauf von 14 Monaten seit der Erstuntersuchung zu einem **Beschäftigungsverbot** (§ 33 Abs. 3). Legt der Jugendliche die Bescheinigung nicht rechtzeitig vor, muss ihn der AG unter Hinweis auf das drohende Beschäftigungsverbot schriftlich zur Vorlage auffordern und eine Durchschrift an die Personensorgeberechtigten und den BR oder PR senden (§ 33 Abs. 2). 3

III. Weitere Nachuntersuchungen (§ 34)

Eine Pflicht zu weiteren Nachuntersuchungen besteht nicht. § 34 bestimmt **kein Beschäftigungsverbot**, sondern eröffnet nur ein Angebot, sich auf Kosten des Landes regelmäßig nachuntersuchen zu lassen. Der AG soll den Jugendlichen auf diese Möglichkeit hinweisen und darauf hinwirken, dass ihm die ärztlichen Bescheinigungen vorgelegt werden. 4

IV. Außerordentliche Nachuntersuchung (§ 35)

Ist der Jugendliche hinter seinem altersgerechten Entwicklungsstand zurückgeblieben, sind gesundheitliche Schwächen oder Schäden vorhanden oder können die Auswirkungen der Beschäftigung noch nicht übersehen werden, soll der Arzt gem. § 35 eine zusätzliche Nachuntersuchung anordnen. Der Arzt entscheidet nach pflichtgemäßem Ermessen entsprechend der Regeln ärztlicher Kunst. Der Jugendliche muss der Anordnung nicht nachkommen. Es entsteht **kein Beschäftigungsverbot**. Eine Untersuchung nach § 35 beeinflusst nicht die Frist des § 33 Abs. 1 (§ 35 Abs. 2). Wird sie in dieser Zeit durchgeführt, kann sie zur Vermeidung einer Doppeluntersuchung als Erfüllung der Pflicht nach § 33 angesehen werden.[2] 5

V. Ärztliche Untersuchungen und Arbeitgeberwechsel (§ 36)

Wechselt der Jugendliche den AG müssen durchgeführte Pflichtuntersuchungen nicht wiederholt werden. Der neue AG darf den Jugendlichen aber erst beschäftigen, wenn ihm die Bescheinigungen gem. §§ 32 bzw. 33 vorliegen. Versäumnisse des alten AG befreien den neuen AG nicht von seiner Pflicht nach § 36. Er muss dafür sorgen, dass die Untersuchungen nachgeholt und ihm die Bescheinigungen vorgelegt werden. Fehlt die erste Nachuntersuchung, tritt das **Beschäftigungsverbot** abweichend von der Frist des § 33 sofort ein, falls seit der Aufnahme der Beschäftigung ein Jahr vergangen ist. 6

VI. Inhalt und Durchführung der ärztlichen Untersuchungen (§ 37)

Zur Sicherstellung einheitlicher Untersuchungen bestimmt § 37 deren Inhalt (Abs. 1) und Zielrichtung (Abs. 2). Es besteht aber das Recht der freien Arztwahl.[3] Der Arzt muss den Jugendlichen unter Berücksichtigung der Krankheitsvorgeschichte und der Vorgaben zur Durchführung der Untersuchung gem. § 1 JArbSchUV (vgl. § 46) umfassend körperlich untersuchen. Er muss hierbei die auszuübende Beschäftigung und deren Rahmenbedingungen erfassen. Zur Vorbereitung der Untersuchungen schreibt § 3 JArbSchUV diverse **Erhebungsbögen** vor (JArbSchUV Anl. 1 bzw. 1a), die vom Personensorgeberechtigten ausgefüllt, von ihm und dem Jugendlichen unterschrieben und danach dem Arzt bei der Untersuchung vorgelegt werden müssen. Das Untersuchungsergebnis muss der Arzt in standardisierten **Untersuchungsbögen** festhalten (§ 37 Abs. 3 Nr. 1), die er zehn Jahre aufzubewahren hat (JArbSchUV Anl. 2, 2a). Können Arbeiten die Gesundheit und Entwicklung des Jugendlichen gefährden, müssen diese ebenso festgehalten werden, wie besondere, der Gesundheit dienende Maßnahmen oder eine erforderliche Anordnung gem. § 35 Abs. 1. 7

VII. Ergänzungsuntersuchung (§ 38)

Eine Ergänzungsuntersuchung ist anzuordnen, wenn der untersuchende Arzt den Gesundheits- und Entwicklungsstand des Jugendlichen selbst nicht abschließend beurteilen kann. Er muss dies im Untersuchungsbogen nach § 37 Abs. 3 schriftlich begründen und die Fachrichtung der Ergänzungsuntersuchung angeben. Es handelt sich v.a. um fachärztliche Untersuchungen. Für diese Untersuchungen sind keine besonderen Formvorschriften angeordnet. Nach Mitteilung des Ergebnisses der Ergänzungsuntersuchung erfolgt die abschließende Beurteilung durch den erstuntersuchenden Arzt. Der Jugendliche muss einer ärztlichen Anordnung gem. § 38 nicht nachkommen. In diesem Fall darf der erstuntersuchende Arzt die Bescheinigung nach §§ 32, 33 nicht erteilen. Es entsteht ein **Beschäftigungsverbot** nach §§ 32, 33. 8

---

2 ErfK/*Schlachter*, §§ 35–36 JArbSchG Rn 1.   3 BT-Drucks 7/2305, S. 36.

VIII. Mitteilung, Bescheinigung (§ 39)

9   Der Arzt hat für die **Mitteilung an den Personensorgeberechtigten** (§ 39 Abs. 1) das Formblatt nach § 5 JArbSchUV, Anl. 3 bzw. 3a zu verwenden. Er muss über das wesentliche Ergebnis der Untersuchung, Arbeiten, durch deren Ausführung die Gesundheit oder Entwicklung des Jugendlichen für gefährdet erachtet wird, über besondere gesundheitsdienliche Maßnahmen und über eine Anordnung gem. § 35 unterrichten. Der Personensorgeberechtigte soll Gelegenheit erhalten, zur Einhaltung eines möglichen Beschäftigungsverbots beizutragen. Der Arzt hat zudem unter Verwendung der Formulare gem. § 6 JArbSchUV, Anl. 4 bzw. 4a eine **Bescheinigung für den AG** (§ 39 Abs. 2) auszustellen. Er bescheinigt, dass die fragliche Untersuchung stattgefunden hat und durch welche Arbeiten er die Gesundheit oder Entwicklung des Jugendlichen für gefährdet hält (vgl. § 40). Darüber hinaus unterliegt der Arzt seiner ärztlichen Schweigepflicht. Er muss die Bescheinigung dem AG umgehend zuleiten. Hat der Jugendliche die Beschäftigung noch nicht aufgenommen, übergibt er sie dem Jugendlichen bzw. dessen Personensorgeberechtigten.

IX. Bescheinigung mit Gefährdungsvermerk (§ 40)

10 Enthält die Bescheinigung nach § 39 Abs. 2 einen Vermerk über Arbeiten, bei deren Ausführung der Arzt die Gesundheit oder Entwicklung des Jugendlichen für gefährdet erachtet, bestimmt § 40 ein **Beschäftigungsverbot**. Die Aufsichtsbehörde (§ 51) kann auf Antrag des AG, des Jugendlichen oder von Amts wegen die aufgeführten Arbeiten ganz oder z.T. zulassen (§ 40 Abs. 2). Sie muss zuvor das Einvernehmen mit einem, nicht notwendigerweise dem bescheinigenden, Arzt herstellen. Die Ausnahmebewilligung kann gem. § 54 mit Auflagen, z.B. zur Anpassung der Arbeitsbedingungen, verbunden werden. Werden sie erfüllt, entfällt das Beschäftigungsverbot.

X. Aufbewahren der ärztlichen Bescheinigungen (§ 41)

11 Der AG muss alle in seinen Besitz gelangten Bescheinigungen so aufbewahren, dass sie jederzeit der Aufsichtsbehörde und der Berufsgenossenschaften zur Einsichtnahme vorgelegt werden können (§ 41 Abs. 1). Die Aufbewahrungspflicht endet mit der Volljährigkeit des Jugendlichen oder mit der Beendigung der Beschäftigung. Der AG erlangt kein Eigentum an den Bescheinigungen und muss diese vollständig, inkl. etwaiger Kopien an den Jugendlichen aushändigen (§ 41 Abs. 2).

XI. Eingreifen der Aufsichtsbehörde (§ 42)

12 Erhält die Aufsichtsbehörde davon Kenntnis, dass die einem Jugendlichen übertragenen Arbeiten Gefahren für seine Gesundheit befürchten lassen, muss sie dies dem Personensorgeberechtigten und dem AG mitteilen. Es genügt das Befürchten einer Gefahr. Um eine tatsächliche Gefahr feststellen zu können, muss sie den Jugendlichen auffordern, sich durch einen von ihr ermächtigten Arzt untersuchen zu lassen. Die Untersuchung erfolgt entsprechend § 32 ff. i.V.m. JArbSchUV, wobei das Recht zur freien Arztwahl beschränkt ist.[4] Der Jugendliche kann nicht zur Untersuchung gezwungen werden. § 42 bestimmt kein **Beschäftigungsverbot**. Die Aufsichtsbehörde kann aber gem. §§ 27 Abs. 1 S. 2, 51 ein Beschäftigungsverbot für diese Arbeiten anordnen.

XII. Freistellung für Untersuchungen (§ 43)

13 Der AG muss den Jugendlichen zur Durchführung der Untersuchungen (§§ 32 ff., 34), d.h. für die Zeit der Untersuchung und die erforderlichen Wegezeiten, freistellen. Fällt hierdurch Arbeitszeit aus, muss er das Entgelt nach den Grundsätzen des Entgeltausfallprinzips fortzahlen. Fahrtkosten sind nicht zu zahlen.[5] Ohne Anordnung der Freistellung darf der Jugendliche der Arbeit nicht fernbleiben. Der Untersuchungstermin sollte möglichst außerhalb der Arbeitszeit liegen. Die Zeit der Freistellung wird nicht auf die Arbeitszeit angerechnet.

XIII. Kosten der Untersuchungen (§ 44)

14 § 44 gibt dem Arzt einen öffentlich-rechtlichen Anspruch gegen das Land auf Vergütung seiner ärztlichen Leistungen nach §§ 32 ff.[6] Die nach Landesrecht zuständige Stelle gibt an den Jugendlichen einen Untersuchungsberechtigungsschein nach § 2 JArbSchUV zur Vorlage beim Arzt aus. Gem. § 46 Abs. 2 Nr. 2 können Pauschbeträge zur Kostenabrechnung festgesetzt werden. § 44 regelt die Kosten der Untersuchungen nach §§ 32 ff., nicht sonstige Behandlungs- oder Fahrtkosten. Ohne Vorlage des Berechtigungsscheins muss der Jugendliche die Kosten tragen.[7]

XIV. Gegenseitige Unterrichtung der Ärzte (§ 45)

15 § 45 verpflichtet den untersuchenden Arzt, Aufzeichnungen über die Untersuchungsbefunde auf Verlangen dem nachuntersuchenden Arzt bzw. dem staatlichen Gewerbearzt zur Einsicht auszuhändigen. Sie müssen ihm nach der Einsicht zurückgegeben werden. Die Aushändigung setzt voraus, dass der Personensorgeberechtigte und der Jugendliche damit einverstanden sind.

---

4 *Schoden*, JArbSchG, § 42 Rn 1.
5 *Molitor/Volmer/Germelmann*, § 43 Rn 17.
6 OVG NW 4.9.1970 – XI A 225/69 – VerwRspr 22, 616; BVerwG 28.11.1974 – V C 30.73 – BVerwGE 47, 229.
7 *Gröninger/Gehring/Taubert*, § 43 Rn 3.

XV. Ermächtigungen (§ 46)

Auf der Grundlage von § 46 Abs. 1 wurde die VO über die ärztlichen Untersuchungen nach dem JArbSchG[8] erlassen. § 46 Abs. 2 Nr. 1 ermächtigt Landesregierungen, durch VO zu bestimmen, dass Untersuchungen nach §§ 32 ff. und nach anderen Vorschriften zusammen durchzuführen sind, um mehrere Untersuchungen innerhalb kurzer Zeit zu vermeiden. Sie können zudem die Fragen der hierbei vorzunehmenden Kostenerstattung und die Pauschalierung der Kosten gem. §§ 32 ff. durch VO regeln (§ 46 Abs. 2 Nr. 2).   **16**

C. Verbindung zu anderen Rechtsgebieten und zum Prozessrecht

Ein Verstoß gegen die Beschäftigungsverbote der §§ 32 ff. ist eine **OWi**, ggf. eine **Straftat** (§ 58 Abs. 1 Nr. 22, 23, 24 u. 25, Abs. 5 oder 6). Unterlässt der AG die Aufforderung nach § 33 Abs. 2 S. 1, das Aufbewahren der Unterlagen gem. § 41 oder eine Freistellung gem. § 43, begeht er eine OWi nach § 59 Abs. 1 Nr. 4, Nr. 5, Nr. 6. Sonstige, nicht genannte Verstöße bleiben ohne Sanktion.   **17**

Der **BR** und die **JAV** haben die Einhaltung der §§ 32, 33, 36, 40 zu **überwachen** (§§ 80 Abs. 1 Nr. 1, 70 Abs. 1 Nr. 2 BetrVG). Sie können ein Tätigwerden der Aufsichtsbehörde anregen.[9]   **18**

Zu den **behördlichen Handlungsmöglichkeiten** bei Verstößen vgl. §§ 51 bis 54 Rn 2. Zum **Beschäftigungsverbot gem. § 25** und der **Untersagung der Ausbildung** vgl. §§ 22 bis 27 Rn 16, 21.   **19**

Die Verletzung der §§ 32 bis 43 kann **Schadensersatzansprüche** nach § 280 BGB und § 823 Abs. 1 BGB begründen. §§ 32 bis 36 und § 41 sind Schutzgesetze i.S.d. § 823 Abs. 2 BGB. Verliert der AG nach § 41 aufzubewahrende Bescheinigungen, muss er auf seine Kosten Ersatzpapiere besorgen und einen Verspätungsschaden ersetzen (siehe §§ 22 bis 27 Rn 35).   **20**

Der Jugendliche muss sich nicht untersuchen lassen. §§ 32, 33, 36 und 42 begründen aber eine **vertragliche Nebenpflicht des Jugendlichen** gegenüber dem AG. Erfüllt er diese Nebenpflicht beharrlich nicht, kann dies nach vorheriger Abmahnung eine Künd des AG rechtfertigen.[10]   **21**

Ein **Vertrag**, der auf eine Beschäftigung ohne vorherige Untersuchung zielt, ist nichtig (§ 134 BGB). Fehlt es nur an der geplanten Vorlage, ist der Vertrag wirksam (§ 311a BGB).[11] Wegen des Beschäftigungsverbots ist es dem Jugendlichen rechtlich unmöglich, die Arbeitsleistung zu erbringen. Der AG kann sie nicht einfordern (§ 275 Abs. 1 BGB), wird aber nach § 326 BGB von seiner **Vergütungspflicht** frei. Nimmt er die **Arbeitsleistungen** trotz des Beschäftigungsverbots an, muss er sie vergüten.   **22**

Bei Auszubildenden müssen die Bescheinigungen gem. §§ 32, 33 zusätzlich den für die Ausbildung zuständigen Stellen vorgelegt werden (§ 35 Abs. 1 Nr. 3 BBiG, § 29 Abs. 1 Nr. 3 HwO). Anderenfalls wird der Ausbildungsvertrag nicht in das **Verzeichnis der Berufsausbildungsverhältnisse/Lehrlingsrolle** eingetragen bzw. bei Nichtvorlage der Bescheinigung gem. § 33 die Eintragung gelöscht. Sie ist Voraussetzung für die Zulassung zu den Prüfungen (§§ 35 Abs. 2, 43 Abs. 1 Nr. 3 BBiG, §§ 29 Abs. 2, 36 Abs. 1 Nr. 3 HwO).   **23**

Verstößt der Arzt gegen §§ 35, 37 bis 39, ist dies nicht gem. §§ 58, 59 bußgeld- oder strafbewehrt. Ein Verstoß gegen die ärztliche Schweigepflicht ist nach § 203 Abs. 1 Nr. 1 StGB strafbar. Er handelt nicht als staatliches Organ. Seine Bescheinigung ist kein VA. Versagt er eine Bescheinigung oder erteilt er eine Bescheinigung gem. § 40, kann dies gerichtlich nicht überprüft werden. Handelt er bei Ausüben seiner Pflichten nach §§ 32 ff. schuldhaft, kann dies eine Verletzung des Arztvertrags oder eine unerlaubte Handlung (§§ 823 ff. BGB) darstellen und zum Schadensersatz verpflichten (siehe Rn 25).   **24**

D. Beraterhinweise

Die Beschäftigungsverbote in §§ 32, 33, 36 und 40 Abs. 1 und ihre Formvorschriften i.V.m. JArbSchUV sind **zwingend**.[12] Abweichende Regelungen **zu Ungunsten** der Jugendlichen sind nichtig (§ 134 BGB). Von ihnen kann weder durch TV noch BV abgewichen werden. Der Jugendliche kann versuchen, bei einem anderen Arzt die Bescheinigung, ggf. ohne Beschränkungen, zu erlangen. Dann endet das Beschäftigungsverbot. Eine Gefälligkeitsbescheinigung kann den Arzt zum Schadensersatz für hieraus entstehende Schäden verpflichten. Ärztliche Bescheinigungen, die nicht der Form der JArbSchUV entsprechen, erfüllen die Untersuchungspflichten der §§ 32 ff. auch dann nicht, wenn der Arzt bestätigt, eine solche Untersuchung durchgeführt zu haben. Der Anspruch auf Freistellung und Vergütung (§ 43) ist gleichfalls unabdingbar (anders: § 616 Abs. 1 BGB).[13] Es kann nur vereinbart werden, dass die Un-   **25**

---

8 JArbSchUV v. 16.10.1990, BGBl I S. 2221.
9 *Dembkowsky*, NJW 1998, 3540.
10 *Molitor/Volmer/Germelmann*, § 32 Rn 8, 42; *Stück*, NZA-RR 2005, 505.
11 Zu §§ 308, 309 BGB a.F.: BAG 22.2.1972 – 2 AZR 205/71 – BB 1972, 1191.
12 OLG Koblenz 21.3.1974 – 1 Ws (a) 67/74 – AP § 45 JArbSchG Nr. 2.
13 *Gröninger/Gehring/Taubert*, § 43 Rn 2.

tersuchung in der arbeits- und damit vergütungsfreien Zeit erfolgt. Regelungen **zugunsten** des Jugendlichen und solche, die §§ 32 ff. nur konkretisieren, sind zulässig.

Der AG kann wegen der Verletzung der vertraglichen Nebenpflicht gegen den Jugendlichen **Klage auf Schadensersatz** erheben. Z.T. wird die Auffassung vertreten, dass der AG auch Klage auf Erfüllung erheben kann (vgl. aber Rn 5, 8).[14]

Eine Entscheidung der Aufsichtsbehörde nach §§ 40 Abs. 2,4 und zur Durchsetzung eines Beschäftigungsverbots ist ein VA, den die Betroffenen vor dem **VG** überprüfen lassen können (s. §§ 51 bis 54 Rn 7). Dem untersuchenden Arzt fehlt zur Anfechtung einer Ausnahmebewilligung nach § 40 Abs. 2 die Beschwer.

Vordrucke für den **Erhebungs-** u. **Untersuchungsbogen,** die **Mitteilung an den Personensorgeberechtigten**, die **Bescheinigung für den AG** und den **Untersuchungsberechtigungsschein** sind im Internet erhältlich (z.B. www.gaa-wue.bayern.de). Weitere Bezugsquellen teilen die Aufsichtsbehörden und zuständigen Ärztekammern mit.

Vierter Abschnitt: Durchführung des Gesetzes

Erster Titel: Aushänge und Verzeichnisse

§ 47 Bekanntgabe des Gesetzes und der Aufsichtsbehörde

Arbeitgeber, die regelmäßig mindestens einen Jugendlichen beschäftigen, haben einen Abdruck dieses Gesetzes und die Anschrift der zuständigen Aufsichtsbehörde an geeigneter Stelle im Betrieb zur Einsicht auszulegen oder auszuhängen.

§ 48 Aushang über Arbeitszeit und Pausen

Arbeitgeber, die regelmäßig mindestens drei Jugendliche beschäftigen, haben einen Aushang über Beginn und Ende der regelmäßigen täglichen Arbeitszeit und der Pausen der Jugendlichen an geeigneter Stelle im Betrieb anzubringen.

§ 49 Verzeichnisse der Jugendlichen

Arbeitgeber haben Verzeichnisse der bei ihnen beschäftigten Jugendlichen unter Angabe des Vor- und Familiennamens, des Geburtsdatums und der Wohnanschrift zu führen, in denen das Datum des Beginns der Beschäftigung bei ihnen, bei einer Beschäftigung unter Tage auch das Datum des Beginns dieser Beschäftigung, enthalten ist.

§ 50 Auskunft; Vorlage der Verzeichnisse

(1) Der Arbeitgeber ist verpflichtet, der Aufsichtsbehörde auf Verlangen
1. die zur Erfüllung ihrer Aufgaben erforderlichen Angaben wahrheitsgemäß und vollständig zu machen,
2. die Verzeichnisse gemäß § 49, die Unterlagen, aus denen Name, Beschäftigungsart und -zeiten der Jugendlichen sowie Lohn- und Gehaltszahlungen ersichtlich sind, und alle sonstigen Unterlagen, die sich auf die nach Nummer 1 zu machenden Angaben beziehen, zur Einsicht vorzulegen oder einzusenden.

(2) Die Verzeichnisse und Unterlagen sind mindestens bis zum Ablauf von zwei Jahren nach der letzten Eintragung aufzubewahren.

A. Allgemeines	1	IV. Auskünfte (§ 50)	5
B. Regelungsgehalt	2	C. Verbindung zu anderen Rechtsgebieten und zum	
I. Bekanntgaben (§ 47)	2	Prozessrecht	6
II. Aushänge (§ 48)	3	D. Beraterhinweise	7
III. Verzeichnisse (§ 49)	4		

---

14 Zmarzlik/Anzinger/*Schlüter*, JArbSchG, § 32 Rn 18.

A. Allgemeines

Jugendliche sollen sich jederzeit unbefangen über die sie betreffenden Schutzvorschriften informieren können. Die hierzu erlassenen Aushang- und Verzeichnispflichten sollen auch die Verantwortlichen daran erinnern, das JArbSchG einzuhalten.[1] Die §§ 49, 50 sollen i.Ü. die Kontrolltätigkeit der Aufsichtsbehörden erleichtern.

B. Regelungsgehalt

I. Bekanntgaben (§ 47)

Wer nicht nur gelegentlich einen Jugendlichen beschäftigt, muss einen **Abdruck des JArbSchG** und die **Anschriften der zuständigen Aufsichtsbehörden** (siehe §§ 51 bis 57 Rn 2) an geeigneter Stelle im Betrieb auslegen oder aushängen. § 47 erfasst eine Beschäftigung **in einem Betrieb**,[2] nicht eine solche in einem Privat- oder Familienhaushalt.[3] Geeignet sind leicht zugängliche Stellen, an denen der Jugendliche die Bekanntgabe ohne Störung zur Kenntnis nehmen kann. Bekanntzugeben ist das JArbSchG in aktueller, lesbarer Fassung in deutscher Sprache (siehe Rn 7).

II. Aushänge (§ 48)

Beschäftigt der AG in seinem Betrieb regelmäßig mind. drei Jugendliche, muss er einen Aushang anbringen, mit dem er über Beginn und Ende der **regelmäßigen Arbeitszeit** der Jugendlichen und Beginn und Ende deren **Ruhepausen** i.S.d. § 11 informiert. Die Regelmäßigkeit von Arbeitszeiten setzt eine feste Ordnung von gewisser Dauer voraus. Änderungen für eine gewisse Dauer (z.B. Kurzarbeit) sind daher auszuhängen.[4] § 54 Abs. 3 ordnet einen Aushang an, soweit die Arbeitszeit durch eine Ausnahmebewilligung gem. § 54 Abs. 1 festgelegt ist.

III. Verzeichnisse (§ 49)

Der AG muss jeden bei ihm beschäftigten Jugendlichen unter Angabe der in § 49 genannten Personen- und Beschäftigungsdaten in einem Verzeichnis auflisten. Er darf hierbei auf die Angaben des Jugendlichen vertrauen.

IV. Auskünfte (§ 50)

Auf Verlangen der Aufsichtsbehörde muss der AG wahrheitsgemäß und vollständig alle Informationen zur Verfügung stellen, damit die Behörde ihre Kontrollaufgaben wahrnehmen kann (§ 50 Abs. 1 Nr. 1). Stehen die verlangten Angaben ersichtlich in einem Zusammenhang mit dem JArbSchG, darf er sie nicht verweigern. Die Information erfolgt durch Vorlage oder Zusenden der in § 50 Abs. 1 Nr. 2 genannten Unterlagen und Angaben (Zeiterfassungsunterlagen, BV, Schriftverkehr etc.). Zur Absicherung der Informationsrechte verlangt § 50 Abs. 2, dass Verzeichnisse und Unterlagen auch bei Beendigung des Beschäftigungsverhältnisses mind. bis zum Ablauf von zwei Jahren nach der letzten Eintragung aufbewahrt werden.

C. Verbindung zu anderen Rechtsgebieten und zum Prozessrecht

Ein Verstoß gegen §§ 47 bis 50 ist eine **OWi** (§ 59 Abs. 1 Nr. 7, 8, 9 oder 10).
Der **BR** und die **JAV** haben die Einhaltung der §§ 47 bis 50 zu **überwachen** (§§ 80 Abs. 1 Nr. 1, 70 Abs. 1 Nr. 2 BetrVG). Hierzu können sie Einsicht in das Verzeichnis nach § 49 nehmen (§§ 80 Abs. 2, 70 Abs. 2 BetrVG).[5] Sie können ein Tätigwerden der Aufsichtsbehörde anregen.[6]
Zur Durchsetzung der §§ 47 bis 50 kann die Aufsichtsbehörde eine **Gebots- bzw. Verbotsverfügung** erlassen (siehe §§ 51 bis 54 Rn 2).[7]
§§ 47 bis 50 begründen Pflichten gegenüber dem Staat, sind i.Ü. aber nur **Ordnungsvorschriften**. Sie dienen nicht dem Schutz von Individualinteressen. Ihre Verletzung begründen wie ein Verstoß gegen § 8 TVG keine Schadensersatzansprüche.[8]

D. Beraterhinweise

§§ 47 bis 50 sind **zwingend**. Sie können weder einzel- noch kollektivvertraglich abbedungen werden.
Fremdsprachiges Informationsmaterial zum JArbSchG kann über Gewerkschaften oder Verbände bezogen werden.

---

1 *Kollmer*, DB 1995, 1662.
2 BAG 31.5.2000 – 7 ABR 78/98 – BAGE 95, 15 = NZA 2000, 1350.
3 Zmarzlik/Anzinger/*Zmarzlik*, JArbSchG, § 33 Rn 2.
4 *Schoden*, JArbSchG, § 48 Rn 1a.
5 BT-Drucks 7/2305, S. 36.
6 *Dembkowsky*, NJW 1998, 3540.
7 VG Saarland 15.1.1979 – 5 K 264/77 – Ez.B. § 8 JArbSchG Nr. 1.
8 BAG 23.1.2002 – 4 AZR 56/01 – NZA 2002, 800.

Zweiter Titel: Aufsicht

§ 51 Aufsichtsbehörde; Besichtigungsrechte und Berichtspflicht

(1) ¹Die Aufsicht über die Ausführung dieses Gesetzes und der auf Grund dieses Gesetzes erlassenen Rechtsverordnungen obliegt der nach Landesrecht zuständigen Behörde (Aufsichtsbehörde). ²Die Landesregierung kann durch Rechtsverordnung die Aufsicht über die Ausführung dieser Vorschriften in Familienhaushalten auf gelegentliche Prüfungen beschränken.
(2) ¹Die Beauftragten der Aufsichtsbehörde sind berechtigt, die Arbeitsstätten während der üblichen Betriebs- und Arbeitszeit zu betreten und zu besichtigen; außerhalb dieser Zeit oder wenn sich die Arbeitsstätten in einer Wohnung befinden, dürfen sie nur zur Verhütung von dringenden Gefahren für die öffentliche Sicherheit und Ordnung betreten und besichtigt werden. ²Der Arbeitgeber hat das Betreten und Besichtigen der Arbeitsstätten zu gestatten. ³Das Grundrecht der Unverletzlichkeit der Wohnung (Artikel 13 des Grundgesetzes) wird insoweit eingeschränkt.
(3) Die Aufsichtsbehörden haben im Rahmen der Jahresberichte nach § 139b Abs. 3 der Gewerbeordnung über ihre Aufsichtstätigkeit gemäß Absatz 1 zu berichten.

§ 52 Unterrichtung über Lohnsteuerkarten an Kinder

Über die Ausstellung von Lohnsteuerkarten an Kinder im Sinne des § 2 Abs. 1 und 3 ist die Aufsichtsbehörde durch die ausstellende Behörde zu unterrichten.

§ 53 Mitteilung über Verstöße

¹Die Aufsichtsbehörde teilt schwerwiegende Verstöße gegen die Vorschriften dieses Gesetzes oder gegen die auf Grund dieses Gesetzes erlassenen Rechtsverordnungen der nach dem Berufsbildungsgesetz oder der Handwerksordnung zuständigen Stelle mit. ²Die zuständige Agentur für Arbeit erhält eine Durchschrift dieser Mitteilung.

§ 54 Ausnahmebewilligungen

(1) ¹Ausnahmen, die die Aufsichtsbehörde nach diesem Gesetz oder den auf Grund dieses Gesetzes erlassenen Rechtsverordnungen bewilligen kann, sind zu befristen. ²Die Ausnahmebewilligungen können
1. mit einer Bedingung erlassen werden,
2. mit einer Auflage oder mit einem Vorbehalt der nachträglichen Aufnahme, Änderung oder Ergänzung einer Auflage verbunden werden und
3. jederzeit widerrufen werden.

(2) Ausnahmen können nur für einzelne Beschäftigte, einzelne Betriebe oder einzelne Teile des Betriebs bewilligt werden.
(3) Ist eine Ausnahme für einen Betrieb oder einen Teil des Betriebs bewilligt worden, so hat der Arbeitgeber hierüber an geeigneter Stelle im Betrieb einen Aushang anzubringen.

A. Allgemeines 1	III. Mitteilung über Verstöße (§ 53) 4
B. Regelungsgehalt 2	IV. Ausnahmebewilligungen (§ 54) 5
I. Rechte und Pflichten der Aufsichtsbehörde (§ 51) 2	C. Verbindung zu anderen Rechtsgebieten und zum
II. Unterrichtung über Lohnsteuerkarten an Kinder	Prozessrecht 6
(§ 52) 3	D. Beraterhinweise 7

A. Allgemeines

1 Die BRD ist nach Internationalem und Europäischem Recht verpflichtet, alle Maßnahmen zu ergreifen, um junge Menschen effektiv vor einer unzulässiger Beschäftigung zu schützen (vgl. §§ 5 bis 7 Rn 1). Das JArbSchG beauftragt hierzu Behörden, denen in erster Linie die Überwachung des technischen Arbeitsschutzes übertragen ist. Da verbotene Kinderarbeit häufig nicht nur in Betrieben stattfindet und nur z.T. Lohnsteuerkarten beantragt werden,[1] kann an der tatsächlichen Effektivität der Schutzmaßnahmen gezweifelt werden.[2] Eine umfassende Meldepflicht jeglicher Inanspruchnahme junger Menschen wird andererseits als nicht praktikabel erachtet.[3]

B. Regelungsgehalt

I. Rechte und Pflichten der Aufsichtsbehörde (§ 51)

Die Aufsicht über die Ausführung des JArbSchG, auch der hiernach erlassenen RechtsVO, obliegt der nach Landesrecht zuständigen Behörde (**Aufsichtsbehörde**). In Brandenburg, Hamburg und Thüringen sind dies die Ämter für Arbeitsschutz, in Berlin das Landesamt für Arbeitsschutz, Gesundheitsschutz und technische Sicherheit und in Hessen das Staatliche Amt für Arbeitsschutz und Sicherheitstechnik. In den übrigen Ländern sind die Staatlichen Gewerbeaufsichtsämter zuständig. Ihre örtliche Zuständigkeit richtet sich nach den VwVfG der Länder. Die Länder haben von der Möglichkeit nach § 51 Abs. 1 S. 2 Gebrauch gemacht und ihre Aufsicht in Familienhaushalten auf gelegentliche Prüfungen beschränkt. **Aufgabe** der Aufsichtsbehörde ist die Prüfung der nach § 14 Abs. 5 angezeigten Arbeitszeit, die Entscheidung beantragter Ausnahmebewilligungen (§§ 5 Abs. 5, 6 Abs. 1, 14 Abs. 6 und 7, 27 Abs. 3), die Zulassung von Arbeiten gem. § 40 Abs. 2, Anordnungen nach §§ 28 Abs. 3, 30 Abs. 2 zu treffen, AG und die Personensorgeberechtigten gem. § 42 zu informieren und festzustellen, ob das Verbot oder die Beschränkung einer Beschäftigung erforderlich ist (§ 27 Abs. 1). Hierzu kann sie gegenüber dem AG **Einsichts- und Auskunftsrechte** geltend machen (§§ 41, 50) und während der üblichen Betriebs- und Arbeitszeit die Arbeitsstätten betreten und besichtigen (**Betriebsbesichtigung**). Außerhalb der üblichen Zeiten darf sie Arbeitsstätten nur zur Verhütung dringender Gefahren für die öffentliche Sicherheit und Ordnung betreten und besichtigen. Das Gleiche gilt, wenn sich die Arbeitsstätte in einer Wohnung befindet. Der AG muss die Betriebsbesichtigung gestatten. Die Anordnung ihrer Duldung ist ein VA, der das Grundrecht der Unverletzlichkeit der Wohnung (Art. 13 GG) auf der Grundlage des § 51 Abs. 2 S. 3 einschränkt. Stellt die Aufsichtsbehörde einen Verstoß fest, wird sie den AG in einem sog. **Revisionsschreiben** zunächst hierüber belehren, Abhilfe verlangen und vor Wiederholungen warnen. Es ist eine Verwaltungsmitteilung, kein VA. Bleibt es ohne Erfolg oder erscheint es aussichtslos, kann die Aufsichtsbehörde genau bezeichnete Gebote oder Verbote erlassen (**Anordnungen**). Diese VA werden nach dem VwVfG und VwVG der Länder erlassen und vollstreckt. Geeignete Zwangsmittel sind u.a. Zwangsgelder, Ersatzvornahmen und unmittelbarer Zwang.[4] Ist die Aufsichtsbehörde zugleich Verwaltungsbehörde gem. § 35 OWiG, kann sie zudem Verwarnungen oder Geldbußen gem. §§ 58, 59, §§ 46 ff. OWiG aussprechen (siehe §§ 58 bis 60 Rn 2). Anderenfalls beantragt sie bei der zuständigen Verwaltungsbehörde die Einleitung eines **Ermittlungsverfahrens**. Über ihre Tätigkeit berichtet die Aufsichtsbehörde in einem **Jahresbericht** (§ 51 Abs. 3, § 139b Abs. 3 GewO).

II. Unterrichtung über Lohnsteuerkarten an Kinder (§ 52)

Wird einem jungen Menschen eine Lohnsteuerkarte ausgestellt, muss die ausstellende Behörde die Aufsichtsbehörde hierüber unaufgefordert unterrichten. Häufig werden nur geringfügige oder kurzfristige Beschäftigungen ausgeübt, für die eine Lohnsteuerkarte nicht erforderlich ist. Z.T. werden Lohnsteuerkarten beantragt, ohne dass die Arbeit später aufgenommen wird. § 52 geht i.d.R. ins Leere.[5] § 52 erlaubt nicht die Mitteilung über weitere Erkenntnisse der ausstellenden Behörde, etwa über die Person des AG. Sie unterliegen daher dem Steuergeheimnis.[6]

III. Mitteilung über Verstöße (§ 53)

Die Erlaubnis zur Ausbildung von Auszubildenden verlangt eine persönliche Eignung (§§ 27 bis 33 BBiG, §§ 21 bis 24 HwO). Ihre Überwachung obliegt der nach §§ 32 i.V.m. 71 ff. BBiG, § 41a HwO zuständigen Stelle. Zu diesem Zweck wird sie von der Aufsichtsbehörde über schwerwiegende Verstöße gegen das JArbSchG und hiernach erlassenen VO unterrichtet. Die für die Vermittlung von Ausbildungsstellen zuständige A.A. erhält hiervon eine Abschrift. Schwerwiegend ist ein Verstoß, wenn er nach § 58 bußgeld- bzw. strafbewehrt ist oder der AG wiederholt, uneinsichtig bzw. rücksichtslos gegen eine nach § 59 bußgeldbewehrte Pflicht verstößt. Die nach § 71 BBiG, § 41a HwO zuständigen Stellen unterrichten ihrerseits die Aufsichtsbehörden über Wahrnehmungen, die für die Durchführung des JArbSchG von Bedeutung sein können (§ 76 Abs. 5 BBiG, § 41a Abs. 4 HwO).

IV. Ausnahmebewilligungen (§ 54)

Die Vorschriften des JArbSchG sind zwingend, soweit das Gesetz ein Abweichen nicht erlaubt. Um eine einheitliche Bewilligungspraxis für Ausnahmen sicherzustellen, schränkt § 54 die Entscheidungsmöglichkeiten der Aufsichtsbehörden ein. Nach § 54 Abs. 2 muss die Ausnahme auf eine **Einzelfallregelung** beschränkt sein, d.h. nur für einzelne Beschäftigte, einzelne Betriebe oder einzelne Betriebsteile bewilligt werden. Sie muss eine **Befristung** enthalten.[7]

---

1 *Düwell*, AuR 1998, 232.
2 *Düwell*, AuA 2000, 492.
3 *Dembkowsky*, NJW 1998, 3540.
4 *Schoden*, JArbSchG, § 51 Rn 8.
5 *Düwell*, NZA 2000, 308.
6 *Anzinger*, BB 1998, 1843.
7 *Gröninger/Gehring/Taubert*, § 54 Rn 5.

Nach pflichtgemäßem Ermessen ist zu prüfen, ob sie mit weiteren Bedingungen, Auflagen und Vorbehalten, etwa dem des jederzeitigen Widerrufs verbunden wird. § 54 Abs. 3 verpflichtet zum Aushang der Ausnahmebewilligung, einschl. ihrer Beschränkungen und ihres Widerrufs (vgl. § 47).

C. Verbindung zu anderen Rechtsgebieten und zum Prozessrecht

6 Der **BR** muss gem. § 89 Abs. 2 BetrVG bei Betriebsbesichtigungen hinzugezogen werden. Er kann diese anregen.[8] I.Ü. haben der **BR** und die **JAV** die Einhaltung des JArbSchG zu **überwachen** (§§ 80 Abs. 1 Nr. 1, 70 Abs. 1 Nr. 2 BetrVG).

Ein Verstoß gegen §§ 51 Abs. 2, 54 Abs. 3 ist eine **OWi** (§ 59 Abs. 1 Nr. 11, 12).

D. Beraterhinweise

7 Die elektronische und postalische Anschrift der Aufsichtsbehörden können über die gängigen Suchmaschinen im Internet ermittelt werden.

Ein Rechtsmittel gegen Revisionsschreiben ist nicht vorgesehen. Denkbar ist eine **Gegenvorstellung** bei der Aufsichtsbehörde oder eine **Dienstaufsichtsbeschwerde** bei der vorgesetzten Dienstbehörde. Gegen einen VA der Aufsichtsbehörde kann jeder in seinen Rechten Betroffene (AG, Jugendlicher, ggf. BR) vor dem VG nach erfolglosem Widerspruch **Anfechtungsklage** erheben. Der Erlass einer beantragten Entscheidung kann im Wege einer **Verpflichtungsklage**, ggf. einer **Untätigkeitsklage** verfolgt werden. Zu beachten ist, dass die Entscheidungen im pflichtgemäßen Ermessen der Aufsichtsbehörde stehen und neben dem Vorliegen der Bewilligungsvoraussetzungen ein Ermessensfehler dargelegt werden muss. Ggf. kommen **Amtshaftungsansprüche** (§ 839 BGB, Art. 34 GG) in Betracht.

Dritter Titel: Ausschüsse für Jugendarbeitsschutz

§ 55 Bildung des Landesausschusses für Jugendarbeitsschutz

(1) Bei der von der Landesregierung bestimmten obersten Landesbehörde wird ein Landesausschuß für Jugendarbeitsschutz gebildet.

(2) Dem Landesausschuß gehören als Mitglieder an:
1. je sechs Vertreter der Arbeitgeber und der Arbeitnehmer,
2. ein Vertreter des Landesjugendringes,
3. ein von der Bundesagentur für Arbeit benannter Vertreter und je ein Vertreter des Landesjugendamtes, der für das Gesundheitswesen zuständigen obersten Landesbehörde und der für die berufsbildenden Schulen zuständigen obersten Landesbehörde und
4. ein Arzt.

(3) Die Mitglieder des Landesausschusses werden von der von der Landesregierung bestimmten obersten Landesbehörde berufen, die Vertreter der Arbeitgeber und Arbeitnehmer auf Vorschlag der auf Landesebene bestehenden Arbeitgeberverbände und Gewerkschaften, der Arzt auf Vorschlag der Landesärztekammer, die übrigen Vertreter auf Vorschlag der in Absatz 2 Nummer 2 und 3 genannten Stellen.

(4) ¹Die Tätigkeit im Landesausschuß ist ehrenamtlich. ²Für bare Auslagen und für Entgeltausfall ist, soweit eine Entschädigung nicht von anderer Seite gewährt wird, eine angemessene Entschädigung zu zahlen, deren Höhe nach Landesrecht oder von der von der Landesregierung bestimmten obersten Landesbehörde festgesetzt wird.

(5) Die Mitglieder können nach Anhören der an ihrer Berufung beteiligten Stellen aus wichtigem Grund abberufen werden.

(6) ¹Die Mitglieder haben Stellvertreter. ²Die Absätze 2 bis 5 gelten für die Stellvertreter entsprechend.

(7) ¹Der Landesausschuß wählt aus seiner Mitte einen Vorsitzenden und dessen Stellvertreter. ²Der Vorsitzende und sein Stellvertreter sollen nicht derselben Mitgliedergruppe angehören.

(8) ¹Der Landesausschuß gibt sich eine Geschäftsordnung. ²Die Geschäftsordnung kann die Bildung von Unterausschüssen vorsehen und bestimmen, daß ihnen ausnahmsweise nicht nur Mitglieder des Landesausschus-

---

8 *Fitting* u.a., § 89 Rn 18, 25.

ses angehören. ³Absatz 4 Satz 2 gilt für die Unterausschüsse hinsichtlich der Entschädigung entsprechend. ⁴An den Sitzungen des Landesausschusses und der Unterausschüsse können Vertreter der beteiligten obersten Landesbehörden teilnehmen.

§ 56 Bildung des Ausschusses für Jugendarbeitsschutz bei der Aufsichtsbehörde

(1) ¹Bei der Aufsichtsbehörde wird ein Ausschuß für Jugendarbeitsschutz gebildet. ²In Städten, in denen mehrere Aufsichtsbehörden ihren Sitz haben, wird ein gemeinsamer Ausschuß für Jugendarbeitsschutz gebildet. ³In Ländern, in denen nicht mehr als zwei Aufsichtsbehörden eingerichtet sind, übernimmt der Landesausschuß für Jugendarbeitsschutz die Aufgaben dieses Ausschusses.
(2) Dem Ausschuß gehören als Mitglieder an:
1. je sechs Vertreter der Arbeitgeber und der Arbeitnehmer,
2. ein Vertreter des im Bezirk der Aufsichtsbehörde wirkenden Jugendringes,
3. je ein Vertreter eines Arbeits-, Jugend- und Gesundheitsamtes,
4. ein Arzt und ein Lehrer an einer berufsbildenden Schule.
(3) ¹Die Mitglieder des Jugendarbeitsschutzausschusses werden von der Aufsichtsbehörde berufen, die Vertreter der Arbeitgeber und Arbeitnehmer auf Vorschlag der im Aufsichtsbezirk bestehenden Arbeitgeberverbände und Gewerkschaften, der Arzt auf Vorschlag der Ärztekammer, der Lehrer auf Vorschlag der nach Landesrecht zuständigen Behörde, die übrigen Vertreter auf Vorschlag der in Absatz 2 Nr. 2 und 3 genannten Stellen. ²§ 55 Absatz 4 bis 8 gilt mit der Maßgabe entsprechend, daß die Entschädigung von der Aufsichtsbehörde mit Genehmigung der von der Landesregierung bestimmten obersten Landesbehörde festgesetzt wird.

§ 57 Aufgaben der Ausschüsse

(1) ¹Der Landesausschuß berät die oberste Landesbehörde in allen allgemeinen Angelegenheiten des Jugendarbeitsschutzes und macht Vorschläge für die Durchführung dieses Gesetzes. ²Er klärt über Inhalt und Ziel des Jugendarbeitsschutzes auf.
(2) Die oberste Landesbehörde beteiligt den Landesausschuß in Angelegenheiten von besonderer Bedeutung, insbesondere vor Erlaß von Rechtsvorschriften zur Durchführung dieses Gesetzes.
(3) Der Landesausschuß hat über seine Tätigkeit im Zusammenhang mit dem Bericht der Aufsichtsbehörden nach § 51 Abs. 3 zu berichten.
(4) ¹Der Ausschuß für Jugendarbeitsschutz bei der Aufsichtsbehörde berät diese in allen allgemeinen Angelegenheiten des Jugendarbeitsschutzes und macht dem Landesausschuß Vorschläge für die Durchführung dieses Gesetzes. ²Er klärt über Inhalt und Ziel des Jugendarbeitsschutzes auf.

A. Allgemeines 1	III. Aufgaben der Ausschüsse (§ 57) 4
B. Regelungsgehalt 2	C. Verbindung zu anderen Rechtsgebieten und zum Prozeßrecht 5
I. Bildung des Landesausschusses (§ 55) 2	D. Beraterhinweise 6
II. Bildung des Ausschusses bei der Aufsichtsbehörde (§ 56) 3	

A. Allgemeines

Die Ausschüsse sollen über die Bestimmungen aufklären und beratend tätig werden. Der Landesausschuss berät die 1
obersten Landesbehörden. Die Ausschüsse gem. § 56 sollen einen möglichst unmittelbaren Kontakt zu den betroffenen Jugendlichen und AG sicherstellen.

B. Regelungsgehalt

I. Bildung des Landesausschusses (§ 55)

In jedem Bundesland ist ein Landesausschuss zu bilden. Mit der Bildung sind in allen Ländern die mit den Ressorts 2
Arbeit bzw. Soziales betrauten Ministerien beauftragt. Die in § 55 vorgesehene Zusammensetzung des Ausschusses ist zwingend. Die Mitglieder werden von den in § 55 Abs. 2 genannten Gruppen vorgeschlagen (§ 55 Abs. 3) und von der obersten Landesbehörde berufen. Die Landesbehörde ist an die Vorschläge gebunden. Sie kann Mitglieder nach Anhörung der vorschlagenden Stellen aus wichtigem Grund abberufen (§ 55 Abs. 5) und diese Gründe bereits bei der

Berufung beachten. Für die Mitglieder der jeweiligen Interessengruppe werden in entspr. Anwendung des § 55 Abs. 2 bis 5 Stellvertreter berufen (§ 55 Abs. 6). Die **Dauer der Mitgliedschaft** ist nicht geregelt, kann aber in der **Geschäftsordnung** gem. § 55 Abs. 8 begrenzt werden.[1] Die innere **Organisation** des Ausschusses sieht einen aus seinen Mitgliedern gewählten Vorsitzenden und Stellvertreter, möglichst aus verschiedenen Mitgliedergruppen, vor (§ 55 Abs. 7). Die Mitgliedschaft im Ausschuss ist ein **Ehrenamt** (§ 55 Abs. 4). Für bare Auslagen (Reisekosten, Fachliteratur etc.) und einen Entgeltausfall wird eine landesrechtlich festgelegte angemessene Entschädigung gezahlt. Mitglieder der Landesbehörde dürfen ohne ein eigenes Stimmrecht an Sitzungen des Ausschusses teilnehmen (§ 55 Abs. 8 S. 4).

II. Bildung des Ausschusses bei der Aufsichtsbehörde (§ 56)

3 Bei jeder Aufsichtsbehörde ist ein Ausschuss für Jugendarbeitsschutz zu bilden. In einer Stadt mit mehreren Aufsichtsbehörden wird ein gemeinsamer Ausschuss gebildet (§ 56 Abs. 1 S. 2). In Ländern mit nicht mehr als zwei Aufsichtsbehörden (Berlin, Bremen, Hamburg, Saarland), übernimmt der Landesausschuss die Aufgaben des § 56 (Abs. 1 S. 3). I.Ü. bestehen keine Weisungs- oder Kontrollrechte.[2] Die Mitglieder werden von der Aufsichtsbehörde auf Vorschlag der im Aufsichtsbezirk bestehenden örtlichen Gruppen **berufen** (§ 56 Abs. 2). Wegen der **entsprechenden Anwendung** des § 55 Abs. 4 bis 8 kann bzgl. der Berufung, der inneren Organisation, des Ehrenamts und der Entschädigung der Mitglieder auf Rn 2 verwiesen werden. Es gilt nur die Besonderheit, dass die Entschädigung von der Aufsichtsbehörde mit Genehmigung der von der LReg bestimmten obersten Landesbehörde festgesetzt wird (§ 56 Abs. 3).

III. Aufgaben der Ausschüsse (§ 57)

4 Der **Landesausschuss gem. § 55** berät die oberste Landesbehörde in allen allg. Angelegenheiten des Jugendarbeitsschutzes und unterbreitet Vorschläge zur besseren Durchführung des JArbSchG (§ 57 Abs. 1 S. 1). Die Tätigkeit zielt nicht auf den Einzelfall, sondern auf Anregungen zum Erlass oder zur Änderung von Rechts-VO, Verwaltungsvorschriften, RL oder Runderlassen. § 57 begründet kein Weisungs- oder Kontrollrecht gegenüber der obersten Landesbehörde.[3] Die Landesbehörde muss den Landesausschuss in Angelegenheiten von besonderer Bedeutung (z.B. Erlass einer Rechts-VO nach dem JArbSchG) beteiligen (§ 57 Abs. 2). Der Landesausschuss klärt i.Ü. durch das Herausgeben von Broschüren, Unterrichtsmaterial etc. oder z.B. durch Informationsveranstaltungen über Inhalt und Ziele des Jugendarbeitsschutzes auf (§ 57 Abs. 1 S. 2).[4] Teil der Öffentlichkeitsarbeit ist der gem. § 57 Abs. 3 zu erstellende Tätigkeitsbericht. Zur Bündelung der unterschiedlichen Berichte wird der Tätigkeitsbericht des Landesausschusses gemeinsam mit dem Jahresbericht der Aufsichtsbehörden (§ 51 Abs. 3) veröffentlicht. Die **Ausschüsse gem. § 56** beraten die Aufsichtsbehörden in allen allg. Angelegenheiten des Jugendarbeitsschutzes und machen Vorschläge zur Durchführung des JArbSchG, ohne einen Einzelfall zu behandeln. Auch sie klären über Inhalte und Ziele des Jugendarbeitsschutzes auf (§ 57 Abs. 4).

C. Verbindung zu anderen Rechtsgebieten und zum Prozessrecht

5 Das Berufen und Abberufen der Ausschussmitglieder ist ein VA, zu deren Überprüfung der Betroffene Klage vor dem **VG** erheben kann.

D. Beraterhinweise

6 §§ 55, 56 sind **zwingend**. Von der Bildung der Ausschüsse kann auch aus haushaltsrechtlichen Überlegungen nicht abgewichen werden.[5] Zwingend sind auch die zugewiesenen Aufgaben. Sie können weder durch Verwaltungsvorschriften, Rechts-VO oder durch die Geschäftsordnung der Ausschüsse erweitert oder beschränkt werden.[6]

Die Kontaktadressen der Ausschüsse können über die gängigen Suchmaschinen im Internet ermittelt werden.

Das **Ehrenamt** kann nur freiwillig übernommen werden. Seine Ausübung steht im öffentlichen Interesse und hat grds. Vorrang vor **sonstigen Dienstpflichten**. Der AG muss das Mitglied zur ordnungsgemäßen Wahrnehmung des Ehrenamts freistellen.[7] Die Übernahme kann durch eine sog. Ehrenamtsklausel arbeitsvertraglich nicht ausgeschlossen werden, der AN aber zur rechtzeitigen Anzeige einer erforderlichen Freistellung verpflichtet werden.

---

1 BT-Drucks 7/2305, S. 37.
2 *Molitor/Volmer/Germelmann*, § 56 Rn 5.
3 *Gröninger/Gehring/Taubert*, § 57 Rn 3.
4 *Zmarzlik/Anzinger/Naujoks*, JArbSchG, § 57 Rn 10.
5 *Schoden*, JArbSchG, § 55 Rn 3.
6 *Molitor/Volmer/Germelmann*, § 57 Rn 3.
7 *Schoden*, JArbSchG, § 55 Rn 21.

Fünfter Abschnitt: Straf- und Bußgeldvorschriften

§ 58 Bußgeld- und Strafvorschriften

(1) Ordnungswidrig handelt, wer als Arbeitgeber vorsätzlich oder fahrlässig
1. entgegen § 5 Abs. 1, auch in Verbindung mit § 2 Abs. 3, ein Kind oder einen Jugendlichen, der der Vollzeitschulpflicht unterliegt, beschäftigt,
2. entgegen § 5 Abs. 3 Satz 1 oder Satz 3, jeweils auch in Verbindung mit § 2 Abs. 3, ein Kind über 13 Jahre oder einen Jugendlichen, der der Vollzeitschulpflicht unterliegt, in anderer als der zugelassenen Weise beschäftigt,
3. (aufgehoben)
4. entgegen § 7 Satz 1 Nr. 2, auch in Verbindung mit einer Rechtsverordnung nach § 26 Nr. 1, ein Kind, das der Vollzeitschulpflicht nicht mehr unterliegt, in anderer als der zugelassenen Weise beschäftigt,
5. entgegen § 8 einen Jugendlichen über die zulässige Dauer der Arbeitszeit hinaus beschäftigt,
6. entgegen § 9 Abs. 1 oder 4 in Verbindung mit Absatz 1 eine dort bezeichnete Person an Berufsschultagen oder in Berufsschulwochen nicht freistellt,
7. entgegen § 10 Abs. 1 einen Jugendlichen für die Teilnahme an Prüfungen oder Ausbildungsmaßnahmen oder an dem Arbeitstag, der der schriftlichen Abschlußprüfung unmittelbar vorangeht, nicht freistellt,
8. entgegen § 11 Abs. 1 oder 2 Ruhepausen nicht, nicht mit der vorgeschriebenen Mindestdauer oder nicht in der vorgeschriebenen zeitlichen Lage gewährt,
9. entgegen § 12 einen Jugendlichen über die zulässige Schichtzeit hinaus beschäftigt,
10. entgegen § 13 die Mindestfreizeit nicht gewährt,
11. entgegen § 14 Abs. 1 einen Jugendlichen außerhalb der Zeit von 6 bis 20 Uhr oder entgegen § 14 Abs. 7 Satz 3 vor Ablauf der Mindestfreizeit beschäftigt,
12. entgegen § 15 einen Jugendlichen an mehr als fünf Tagen in der Woche beschäftigt,
13. entgegen § 16 Abs. 1 einen Jugendlichen an Samstagen beschäftigt oder entgegen § 16 Abs. 3 Satz 1 den Jugendlichen nicht freistellt,
14. entgegen § 17 Abs. 1 einen Jugendlichen an Sonntagen beschäftigt oder entgegen § 17 Abs. 2 Satz 2 Halbsatz 2 oder Abs. 3 Satz 1 den Jugendlichen nicht freistellt,
15. entgegen § 18 Abs. 1 einen Jugendlichen am 24. oder 31. Dezember nach 14 Uhr oder an gesetzlichen Feiertagen beschäftigt oder entgegen § 18 Abs. 3 nicht freistellt,
16. entgegen § 19 Abs. 1, auch in Verbindung mit Abs. 2 Satz 1 oder 2, oder entgegen § 19 Abs. 3 Satz 2 oder Abs. 4 Satz 2 Urlaub nicht oder nicht mit der vorgeschriebenen Dauer gewährt,
17. entgegen § 21 Abs. 2 die geleistete Mehrarbeit durch Verkürzung der Arbeitszeit nicht ausgleicht,
18. entgegen § 22 Abs. 1, auch in Verbindung mit einer Rechtsverordnung nach § 26 Nr. 1, einen Jugendlichen mit den dort genannten Arbeiten beschäftigt,
19. entgegen § 23 Abs. 1, auch in Verbindung mit einer Rechtsverordnung nach § 26 Nr. 1, einen Jugendlichen mit Arbeiten mit Lohnanreiz, in einer Arbeitsgruppe mit Erwachsenen, deren Entgelt vom Ergebnis ihrer Arbeit abhängt, oder mit tempoabhängigen Arbeiten beschäftigt,
20. entgegen § 24 Abs. 1, auch in Verbindung mit einer Rechtsverordnung nach § 26 Nr. 1, einen Jugendlichen mit Arbeiten unter Tage beschäftigt,
21. entgegen § 31 Abs. 2 Satz 2 einem Jugendlichen für seine Altersstufe nicht zulässige Getränke oder Tabakwaren gibt,
22. entgegen § 32 Abs. 1 einen Jugendlichen ohne ärztliche Bescheinigung über die Erstuntersuchung beschäftigt,
23. entgegen § 33 Abs. 3 einen Jugendlichen ohne ärztliche Bescheinigung über die erste Nachuntersuchung weiterbeschäftigt,
24. entgegen § 36 einen Jugendlichen ohne Vorlage der erforderlichen ärztlichen Bescheinigungen beschäftigt,
25. entgegen § 40 Abs. 1 einen Jugendlichen mit Arbeiten beschäftigt, durch deren Ausführung der Arzt nach der von ihm erteilten Bescheinigung die Gesundheit oder die Entwicklung des Jugendlichen für gefährdet hält,
26. einer Rechtsverordnung nach
    a) § 26 Nr. 2 oder
    b) § 28 Abs. 2
    zuwiderhandelt, soweit sie für einen bestimmten Tatbestand auf diese Bußgeldvorschrift verweist,

27. einer vollziehbaren Anordnung der Aufsichtsbehörde nach § 6 Abs. 3, § 27 Abs. 1 Satz 2 oder Abs. 2, § 28 Abs. 3 oder § 30 Abs. 2 zuwiderhandelt,
28. einer vollziehbaren Auflage der Aufsichtsbehörde nach § 6 Abs. 1, § 14 Abs. 7, § 27 Abs. 3 oder § 40 Abs. 2, jeweils in Verbindung mit § 54 Abs. 1, zuwiderhandelt,
29. einer vollziehbaren Anordnung oder Auflage der Aufsichtsbehörde auf Grund einer Rechtsverordnung nach § 26 Nr. 2 oder § 28 Abs. 2 zuwiderhandelt, soweit die Rechtsverordnung für einen bestimmten Tatbestand auf die Bußgeldvorschrift verweist.

(2) Ordnungswidrig handelt, wer vorsätzlich oder fahrlässig entgegen § 25 Abs. 1 Satz 1 oder Abs. 2 Satz 1 einen Jugendlichen beschäftigt, beaufsichtigt, anweist oder ausbildet, obwohl ihm dies verboten ist, oder einen anderen, dem dies verboten ist, mit der Beaufsichtigung, Anweisung oder Ausbildung eines Jugendlichen beauftragt.

(3) [1]Absatz 1 Nr. 4, 6 bis 29 und Absatz 2 gelten auch für die Beschäftigung von Kindern (§ 2 Abs. 1) oder Jugendlichen, die der Vollzeitschulpflicht unterliegen (§ 2 Abs. 3), nach § 5 Abs. 2.[2]Absatz 1 Nr. 6 bis 29 und Absatz 2 gelten auch für die Beschäftigung von Kindern, die der Vollzeitschulpflicht nicht mehr unterliegen, nach § 7.

(4) Die Ordnungswidrigkeit kann mit einer Geldbuße bis zu fünfzehntausend Euro geahndet werden.

(5) [1]Wer vorsätzlich eine in Absatz 1, 2 oder 3 bezeichnete Handlung begeht und dadurch ein Kind, einen Jugendlichen oder im Falle des Absatzes 1 Nr. 6 eine Person, die noch nicht 21 Jahre alt ist, in ihrer Gesundheit oder Arbeitskraft gefährdet, wird mit Freiheitsstrafe bis zu einem Jahr oder mit Geldstrafe bestraft. [2]Ebenso wird bestraft, wer eine in Absatz 1, 2 oder 3 bezeichnete Handlung beharrlich wiederholt.

(6) Wer in den Fällen des Absatzes 5 Satz 1 die Gefahr fahrlässig verursacht, wird mit Freiheitsstrafe bis zu sechs Monaten oder mit Geldstrafe bis zu einhundertachtzig Tagessätzen bestraft.

§ 59 Bußgeldvorschriften

(1) Ordnungswidrig handelt, wer als Arbeitgeber vorsätzlich oder fahrlässig
1. entgegen § 6 Abs. 4 Satz 2 ein Kind vor Erhalt des Bewilligungsbescheides beschäftigt,
2. entgegen § 11 Abs. 3 den Aufenthalt in Arbeitsräumen gestattet,
3. entgegen § 29 einen Jugendlichen über Gefahren nicht, nicht richtig oder nicht rechtzeitig unterweist,
4. entgegen § 33 Abs. 2 Satz 1 einen Jugendlichen nicht oder nicht rechtzeitig zur Vorlage einer ärztlichen Bescheinigung auffordert,
5. entgegen § 41 die ärztliche Bescheinigung nicht aufbewahrt, vorlegt, einsendet oder aushändigt,
6. entgegen § 43 Satz 1 einen Jugendlichen für ärztliche Untersuchungen nicht freistellt,
7. entgegen § 47 einen Abdruck des Gesetzes oder die Anschrift der zuständigen Aufsichtsbehörde nicht auslegt oder aushängt,
8. entgegen § 48 Arbeitszeit und Pausen nicht oder nicht in der vorgeschriebenen Weise aushängt,
9. entgegen § 49 ein Verzeichnis nicht oder nicht in der vorgeschriebenen Weise führt,
10. entgegen § 50 Absatz 1 Angaben nicht, nicht richtig oder nicht vollständig macht oder Verzeichnisse oder Unterlagen nicht vorlegt oder einsendet oder entgegen § 50 Abs. 2 Verzeichnisse oder Unterlagen nicht oder nicht vorschriftsmäßig aufbewahrt,
11. entgegen § 51 Abs. 2 Satz 2 das Betreten oder Besichtigen der Arbeitsstätten nicht gestattet,
12. entgegen § 54 Abs. 3 einen Aushang nicht anbringt.

(2) Absatz 1 Nr. 2 bis 6 gilt auch für die Beschäftigung von Kindern (§ 2 Abs. 1 und 3) nach § 5 Abs. 2 Satz 1.

(3) Die Ordnungswidrigkeit kann mit einer Geldbuße bis zu zweitausendfünfhundert Euro geahndet werden.

§ 60 Verwaltungsvorschriften für die Verfolgung und Ahndung von Ordnungswidrigkeiten

Der Bundesminister für Arbeit und Sozialordnung kann mit Zustimmung des Bundesrats allgemeine Verwaltungsvorschriften für die Verfolgung und Ahndung von Ordnungswidrigkeiten nach §§ 58 und 59 durch die Verwaltungsbehörde (§ 35 des Gesetzes über Ordnungswidrigkeiten) und über die Erteilung einer Verwarnung (§§ 56, 58 Abs. 2 des Gesetzes über Ordnungswidrigkeiten) wegen einer Ordnungswidrigkeit nach §§ 58 und 59 erlassen.

A. Allgemeines	1	IV. Tathandlung	5
B. Regelungsgehalt	2	V. Vorsatz und Verschulden	6
I. Ordnungswidrigkeiten (§§ 58 Abs. 1 bis 4, 59, 60)	2	C. Verbindung zu anderen Rechtsgebieten und zum Prozessrecht	7
II. Straftaten (§ 58 Abs. 5, 6)	3	D. Beraterhinweise	8
III. Täter	4		

A. Allgemeines

Die bußgeld- und strafrechtlichen Folgen gem. §§ 58, 59 zielen auf eine wirksame Durchsetzung des JArbSchG.[1] Um die Verfolgung und Ahndung von Verstößen zu intensivieren und zu vereinheitlichen, können Verwaltungsvorschriften erlassen werden (§ 60).[2]

B. Regelungsgehalt

I. Ordnungswidrigkeiten (§§ 58 Abs. 1 bis 4, 59, 60)

§ 58 Abs. 1 bis 4 erfasst schwerwiegende OWi, § 59 leichtere OWi. Ihre Ahndung erfolgt durch die zuständige Verwaltungsbehörde nach den Vorschriften des OWiG (§§ 35, 36 OWiG), i.d.R. durch die Aufsichtsbehörden (§ 51). Das BMWA kann nach § 60 mit Zustimmung des Bundesrats Verwaltungsvorschriften für die Verfolgung und Ahndung dieser OWi erlassen (vgl. Art. 84 Abs. 2 GG). Allein in § 60 unterblieb die wegen der Neuordnung der Ressorts notwendige Änderung der Bezeichnung des zuständigen Ministeriums. Es handelt sich um ein redaktionelles Versehen. Von der Ermächtigung wurde bislang kein Gebrauch gemacht. Die Länder können gem. Art. 83, 84 Abs. 1 GG RL für die Verfolgung und Ahndung von Verstößen gegen das JArbSchG erlassen. Der Länderausschuss für Arbeitsschutz und Sicherheitstechnik (LASI) hat eine RL mit Bußgeldkatalog zur Übernahme in allen Bundesländern erlassen.[3]

II. Straftaten (§ 58 Abs. 5, 6)

In besonders schweren Fällen qualifizieren § 58 Abs. 5 und 6 einen Verstoß als Straftat. In diesem Fall schaltet die Verwaltungsbehörde die für die Verfolgung von Straftaten zuständige StA ein (§§ 40 bis 45 OWiG). Eine Straftat liegt vor, wenn der AG bei einer Tat gem. § 58 Abs. 1 bis 3 vorsätzlich handelt und hierdurch ein Kind, einen Jugendlichen oder nach § 58 Abs. 1 Nr. 6 einen erwachsenen, noch keine 21 Jahre alten Berufsschüler in seiner Gesundheit oder Arbeitskraft gefährdet (**§ 58 Abs. 5 Alt. 1**). Es genügt eine vom Vorsatz des AG erfasste konkrete, nicht nur abstrakte Gefährdung.[4] Als Strafe kann eine Freiheitsstrafe bis zu einem Jahr oder eine Geldstrafe verhängt werden. Handelt der AG vorsätzlich, verursacht er die Gefahr aber nur fahrlässig, begeht er eine Straftat nach **§ 58 Abs. 6**. Sie wird mit einer Freiheitsstrafe bis zu sechs Monaten oder eine Geldstrafe bis zu 180 Tagessätzen geahndet. Das gilt nach **§ 58 Abs. 5 Alt. 2** auch dann, wenn der AG eine in § 58 Abs. 1, 2 oder 3 bezeichnete Handlung beharrlich wiederholt.

III. Täter

Täter kann zunächst der AG (siehe §§ 1 bis 3 Rn 16) sein, d.h. der Vertrags-AG, bei juristischen Personen die Organe oder gesetzlichen Vertreter und bei Personengesellschaften die Gesellschafter (§ 9 Abs. 1 OWiG, § 14 Abs. 1 StGB). Der funktionale AG übernimmt mit der Wahrnehmung der übertragenen AG-Funktionen die Verantwortung, das JArbSchG zu beachten. Der Vertrags-AG ist dann nicht mehr Täter[5] (vgl. § 9 Abs. 2 OWiG, § 14 Abs. 2 StGB). Beauftragt er aber vorsätzlich oder fahrlässig eine Person mit der Beaufsichtigung, Anweisung oder Ausbildung von jungen Menschen, die einem Beschäftigungsverbot nach § 25 unterliegen, ist er Täter i.S.d. § 58 Abs. 2, 3. I.Ü. kann der Auffangtatbestand des § 130 OWiG eingreifen.[6] Der Jugendliche ist selbst dann nicht Täter, wenn er den Verstoß veranlasst hat.[7]

IV. Tathandlung

Als Tathandlung kommt ein Tun oder Unterlassen in Betracht. Der Versuch ist nicht strafbar. Entscheidend ist nicht der Vertragsabschluss, sondern erst die tatsächliche verbotswidrige Beschäftigung.[8] Verletzt der AG durch eine Tathandlung zugleich mehrere Vorschriften des JArbSchG oder verstößt er in einem unmittelbaren räumlichen und zeitlichen Zusammenhang mehrfach gegen dieselbe Vorschrift,[9] liegt ein Fall der Tateinheit vor. Dienen Arbeitsschutzvorschriften in erster Linie dem Schutz der betroffenen AN und missachtet er sie gegenüber mehreren AN, liegen

---

1 *Anzinger*, AuA 1997, 185.
2 BT-Drucks 7/2305, S. 38.
3 Zmarzlik/Anzinger/*Zmarzlik*, JArbSchG, § 60 Rn 5 und Anh. 8.
4 *Gröninger/Gehring/Taubert*, § 58 Rn 10.
5 BayObLG 29.5.1963 – 4 St 17/63 – AP § 69 JArbSchG Nr. 1.
6 KG Berlin 30.1.1997 – 2 Ss 10/97 – 5 Ws (B) 35/97 – juris.
7 *Schoden*, JArbSchG, § 58 Rn 4.
8 OLG Hamm 4.9.1973 – 2 Ss OWi 1114/73 – NJW 1974, 72.
9 OLG Köln 9.3.1990 – Ss 50/90 – Ez.B. JArbSchG § 19 Nr. 1.

mehrere Tathandlungen in Tateinheit vor (§ 19 OWiG).[10] Der Tatbestand der §§ 58, 59 wird während der Gesamtdauer der gesetzeswidrigen Beschäftigung verwirklicht. Die Dauer-OWi bzw. -straftat wird solange nicht beendet, wie der Wille zur Beschäftigung andauert.[11]

V. Vorsatz und Verschulden

6 Eine OWi (§§ 58, 59) kann vorsätzlich oder fahrlässig begangen werden (§ 10 OWiG). Eine Straftat gem. § 58 Abs. 5 und 6 erfordert z.T. vorsätzliches, z.T. fahrlässiges Handeln (§ 15 StGB). Der AG handelt vorsätzlich, wenn er das Alter des Betroffenen kennt, das Unterschreiten der Altersgrenze jedenfalls billigend in Kauf nimmt (Vorsatz). Er handelt fahrlässig, wenn er das Alter bei sorgfältiger Prüfung der Umstände hätte erkennen können.[12] Im Zweifelsfall muss er sich über das tatsächliche Alter versichern.[13] Irrt der AG über die Verbotswidrigkeit seines Handelns, kann ein **Verbotsirrtum** vorliegen[14] (§ 11 OWiG, § 17 StGB). Eine Einwilligung des Betroffenen oder dessen Personensorgeberechtigten bildet keinen Rechtfertigungsgrund, kann aber einen Verbotsirrtum begründen. Der **Grad des Verschuldens** wird maßgeblich durch das festzustellende Alter des jungen Menschen zum Tatzeitpunkt,[15] das Tatmotiv (Vorbereitung zur Prüfung auf Wunsch des Jugendlichen),[16] ein zeitnah verhängtes Bußgeld gem. §§ 58, 59,[17] vorherige Belehrungen zum JArbSchG[18] oder das Maß der Gefährdung bestimmt. Ein vermeidbarer Verbotsirrtum kann strafmindernd berücksichtigt werden.[19]

C. Verbindung zu anderen Rechtsgebieten und zum Prozessrecht

7 §§ 58, 59 enthalten **Sonderregelungen** zu den Bußgeldvorschriften der §§ 22, 23 ArbZG.

Die zur Durchsetzung des JArbSchG erlassenen **VA** der Aufsichtsbehörde (siehe §§ 51 bis 54 Rn 2), dienen einem ordnungsrechtlichen Zweck. Die Einstellung des Verfahrens nach §§ 58, 59 wegen geringer Schuld oder mangelnden öffentlichen Interesses hat auf den VA keinen Einfluss.[20]

D. Beraterhinweise

8 Der Katalog der Verstöße nach §§ 58 und 59 ist **abschließend.** Seine Tatbestände können weder in Rechts-VO noch einzel- oder kollektivrechtlich erweitert werden. Das **Analogieverbot** nach § 1 OWiG, § 1 StGB ist zu beachten.

Sechster Abschnitt: Schlußvorschriften

§ 61 Beschäftigung von Jugendlichen auf Kauffahrteischiffen

(1) Für die Beschäftigung von Jugendlichen auf Kauffahrteischiffen als Besatzungsmitglieder im Sinne des § 3 des Seemannsgesetzes gilt an Stelle dieses Gesetzes das Seemannsgesetz mit den nachfolgenden Änderungen.
(2) Änderung des Seemanngesetzes

§ 62 Beschäftigung im Vollzug einer Freiheitsentziehung

(1) Die Vorschriften dieses Gesetzes gelten für die Beschäftigung Jugendlicher (§ 2 Abs. 2) im Vollzuge einer gerichtlich angeordneten Freiheitsentziehung entsprechend, soweit es sich nicht nur um gelegentliche, geringfügige Hilfeleistungen handelt und soweit in den Absätzen 2 bis 4 nichts anderes bestimmt ist.
(2) Im Vollzug einer gerichtlich angeordneten Freiheitsentziehung finden § 19, §§ 47 bis 50 keine Anwendung.

---

10 KG Berlin 4.12.1997 – 2 Ss 133/97 – 5 Ws (B) 35/97 – juris; a.A.: BayObLG 21.12.1973 – RReg. 4 St 157/73 – AP § 66 JArbSchG Nr. 1.
11 KG 30.1.1997 – 2 Ss 10/97 – juris.
12 KG 30.1.1997 – 2 Ss 10/97 – juris.
13 BayObLG 11.11.1981 – 3 Ob OWi 186/81 – AP § 5 JArbSchG Nr. 1.
14 BayObLG 23.3.1992 – 3 Ob OWi 18/92 – NZA 1992, 811.
15 BayObLG 21.2.1983 – 3 Ob OWi 14/83 – AP § 16 JArbSchG Nr. 4.
16 BayObLG 26.2.1982 – 3 Ob OWi 23/82 – AP § 1 JArbSchG Nr. 1.
17 KG 30.1.1997 – 2 Ss 10/97 – juris.
18 BayObLG 23.3.1992 – 3 Ob OWi 18/92 – NZA 1992, 811.
19 LG Düsseldorf 16.11.1976 – VII 173/75 – Ez.B. § 16 JArbSchG Nr. 1.
20 VGH BaWü 9.10.1987 – 14 S 2104/87 – Ez.B. § 24 HwO Nr. 8.

(3) Die §§ 13, 14, 15, 16, 17 und 18 Abs. 1 und 2 gelten im Vollzug einer gerichtlich angeordneten Freiheitsentziehung nicht für die Beschäftigung jugendlicher Anstaltsinsassen mit der Zubereitung und Ausgabe der Anstaltsverpflegung.

(4) § 18 Abs. 1 und 2 gilt nicht für die Beschäftigung jugendlicher Anstaltsinsassen in landwirtschaftlichen Betrieben der Vollzugsanstalten mit Arbeiten, die auch an Sonn- und Feiertagen naturnotwendig vorgenommen werden müssen.

A. Allgemeines	1	II. Beschäftigung im Vollzug einer Freiheitsentziehung (§ 62)	3
B. Regelungsgehalt	2	C. Verbindung zu anderen Rechtsgebieten und zum Prozessrecht	4
I. Jugendliche auf Kauffahrteischiffen (§ 61)	2		

A. Allgemeines

Sonderregelungen neben dem JArbSchG bestehen heute nur noch in den Bereichen, in denen Abweichungen unbedingt notwendig sind.[1] **1**

B. Regelungsgehalt

I. Jugendliche auf Kauffahrteischiffen (§ 61)

Für jugendliche Besatzungsmitglieder i.S.d. § 3 SeemG gilt nicht das JArbSchG, sondern das SeemG. Kauffahrteischiffe sind Handelsschiffe, die nach dem FlaggenrechtsG die Bundesflagge führen. Für sonstige an Bord tätige Jugendliche (§ 7 Abs. 1 SeemG; Kellner, Verkäufer etc.) findet das JArbSchG mit der Maßgabe Anwendung, dass Jugendliche unter 16 Jahren auf Schiffen nicht beschäftigt werden dürfen (§ 103 SeemG). **2**

II. Beschäftigung im Vollzug einer Freiheitsentziehung (§ 62)

Im Vollzug einer Freiheitsentziehung erfolgt die Beschäftigung in einem öffentlichrechtlichen Beschäftigungsverhältnis, das nicht dem JArbSchG unterfällt. Das JArbSchG ist nur insoweit entsprechend anwendbar, als dies die besonderen Verhältnisse des Freiheitsentzugs zulassen. Das besondere öffentlichrechtliche Gewaltverhältnis ist zu berücksichtigen. Eine Unterscheidung nach § 2 Abs. 2 und 3 unterbleibt.[2] **3**

C. Verbindung zu anderen Rechtsgebieten und zum Prozessrecht

§ 62 nennt nicht die §§ 58, 59. Verstöße gegen die entsprechend anzuwendenden Vorschriften des JArbSchG sind nicht bußgeld- oder strafbewehrt. Die Justizvollzugsbediensteten stehen unter der (Disziplinar-)Aufsicht der Landesjustizverwaltungen (§ 151 StVollzG). **4**

§ 63	Änderung des Berufsbildungsgesetzes

§ 64	Änderung der Handwerksordnung

§ 65	Änderung des Bundesbeamtengesetzes

§ 66	Änderung des Beamtenrechtsrahmengesetzes

§ 67	Änderung des Bundeszentralregistergesetzes

---

[1] BT-Drucks 7/2305, S. 39.

[2] Zmarzlik/Anzinger/*Zmarzlik*, JArbSchG, § 62 Rn 2.

| § 68 | Änderung der Gewerbeordnung |

| § 69 | Änderung von Verordnungen |

| § 70 | Änderung des Gesetzes über Betriebsärzte, Sicherheitsingenieure und andere Fachkräfte für Arbeitssicherheit |

| § 71 | (gegenstandslos) |

| § 72 | Inkrafttreten |

(1) Dieses Gesetz tritt am 1. Mai 1976 in Kraft.
(2) Zum gleichen Zeitpunkt treten außer Kraft
1. das Jugendschutzgesetz vom 30. April 1938 (RGBl. I S. 437), zuletzt geändert durch das Zuständigkeitslockerungsgesetz vom 10.März 1975 (BGBl. I S. 685),
2. das Jugendarbeitsschutzgesetz vom 9. August 1960 (BGBl. I S. 665), zuletzt geändert durch Artikel 244 des Einführungsgesetzes zum Strafgesetzbuch vom 2. März 1974 (Bundesgesetzblatt I S. 469),
3. die auf § 80 Nr. 3 des Bundesbeamtengesetzes gestützten Rechtsvorschriften.
(3) ^{1}Die auf Grund des § 37 Abs. 2 und des § 53 des Jugendarbeitsschutzgesetzes vom 9. August 1960, des § 20 Abs. 1 des Jugendschutzgesetzes vom 30. April 1938 und des § 120e der Gewerbeordnung erlassenen Vorschriften bleiben unberührt. ^{2}Sie können, soweit sie den Geltungsbereich dieses Gesetzes betreffen, durch Rechtsverordnungen auf Grund des § 26 oder des § 46 geändert oder aufgehoben werden.
(4) Vorschriften in Rechtsverordnungen, die durch § 69 dieses Gesetzes geändert werden, können vom Bundesministerium für Arbeit und Soziales im Rahmen der bestehenden Ermächtigungen geändert oder aufgehoben werden.
(5) Verweisungen auf Vorschriften des Jugendarbeitsschutzgesetzes vom 9. August 1960 gelten als Verweisungen auf die entsprechenden Vorschriften dieses Gesetzes oder der auf Grund dieses Gesetzes erlassenen Rechtsverordnungen.Das vorstehende Gesetz wird hiermit verkündet.

Kündigungsschutzgesetz

Vom 10.8.1951, BGBl I S. 499, BGBl III 800-2

Zuletzt geändert durch Gesetz zur Änderung des Sozialgerichtsgesetzes und des Arbeitsgerichtsgesetzes vom 26.3.2008, BGBl I S. 444

Erster Abschnitt: Allgemeiner Kündigungsschutz

§ 1 Sozial ungerechtfertigte Kündigungen

(1) Die Kündigung des Arbeitsverhältnisses gegenüber einem Arbeitnehmer, dessen Arbeitsverhältnis in demselben Betrieb oder Unternehmen ohne Unterbrechung länger als sechs Monate bestanden hat, ist rechtsunwirksam, wenn sie sozial ungerechtfertigt ist.

(2) ¹Sozial ungerechtfertigt ist die Kündigung, wenn sie nicht durch Gründe, die in der Person oder in dem Verhalten des Arbeitnehmers liegen, oder durch dringende betriebliche Erfordernisse, die einer Weiterbeschäftigung des Arbeitnehmers in diesem Betrieb entgegenstehen, bedingt ist. ²Die Kündigung ist auch sozial ungerechtfertigt, wenn

1. in Betrieben des privaten Rechts
   a) die Kündigung gegen eine Richtlinie nach § 95 des Betriebsverfassungsgesetzes verstößt,
   b) der Arbeitnehmer an einem anderen Arbeitsplatz in demselben Betrieb oder in einem anderen Betrieb des Unternehmens weiterbeschäftigt werden kann

   und der Betriebsrat oder eine andere nach dem Betriebsverfassungsgesetz insoweit zuständige Vertretung der Arbeitnehmer aus einem dieser Gründe der Kündigung innerhalb der Frist des § 102 Abs. 2 Satz 1 des Betriebsverfassungsgesetzes schriftlich widersprochen hat,

2. in Betrieben und Verwaltungen des öffentlichen Rechts
   a) die Kündigung gegen eine Richtlinie über die personelle Auswahl bei Kündigungen verstößt,
   b) der Arbeitnehmer an einem anderen Arbeitsplatz in derselben Dienststelle oder in einer anderen Dienststelle desselben Verwaltungszweigs an demselben Dienstort einschließlich seines Einzugsgebiets weiterbeschäftigt werden kann

   und die zuständige Personalvertretung aus einem dieser Gründe fristgerecht gegen die Kündigung Einwendungen erhoben hat, es sei denn, daß die Stufenvertretung in der Verhandlung mit der übergeordneten Dienststelle die Einwendungen nicht aufrechterhalten hat.

³Satz 2 gilt entsprechend, wenn die Weiterbeschäftigung des Arbeitnehmers nach zumutbaren Umschulungs- oder Fortbildungsmaßnahmen oder eine Weiterbeschäftigung des Arbeitnehmers unter geänderten Arbeitsbedingungen möglich ist und der Arbeitnehmer sein Einverständnis hiermit erklärt hat. ⁴Der Arbeitgeber hat die Tatsachen zu beweisen, die die Kündigung bedingen.

(3) ¹Ist einem Arbeitnehmer aus dringenden betrieblichen Erfordernissen im Sinne des Absatzes 2 gekündigt worden, so ist die Kündigung trotzdem sozial ungerechtfertigt, wenn der Arbeitgeber bei der Auswahl des Arbeitnehmers die Dauer der Betriebszugehörigkeit, das Lebensalter, die Unterhaltspflichten und die Schwerbehinderung des Arbeitnehmers nicht oder nicht ausreichend berücksichtigt hat; auf Verlangen des Arbeitnehmers hat der Arbeitgeber dem Arbeitnehmer die Gründe anzugeben, die zu der getroffenen sozialen Auswahl geführt haben. ²In die soziale Auswahl nach Satz 1 sind Arbeitnehmer nicht einzubeziehen, deren Weiterbeschäftigung, insbesondere wegen ihrer Kenntnisse, Fähigkeiten und Leistungen oder zur Sicherung einer ausgewogenen Personalstruktur des Betriebes, im berechtigten betrieblichen Interesse liegt. ³Der Arbeitnehmer hat die Tatsachen zu beweisen, die die Kündigung als sozial ungerechtfertigt im Sinne des Satzes 1 erscheinen lassen.

(4) Ist in einem Tarifvertrag, in einer Betriebsvereinbarung nach § 95 des Betriebsverfassungsgesetzes oder in einer entsprechenden Richtlinie nach den Personalvertretungsgesetzen festgelegt, wie die sozialen Gesichtspunkte nach Absatz 3 Satz 1 im Verhältnis zueinander zu bewerten sind, so kann die Bewertung nur auf grobe Fehlerhaftigkeit überprüft werden.

(5) ¹Sind bei einer Kündigung auf Grund einer Betriebsänderung nach § 111 des Betriebsverfassungsgesetzes die Arbeitnehmer, denen gekündigt werden soll, in einem Interessenausgleich zwischen Arbeitgeber und Betriebsrat namentlich bezeichnet, so wird vermutet, dass die Kündigung durch dringende betriebliche Erfordernisse im Sinne des Absatzes 2 bedingt ist. ²Die soziale Auswahl der Arbeitnehmer kann nur auf grobe Fehler-

haftigkeit überprüft werden. ³Die Sätze 1 und 2 gelten nicht, soweit sich die Sachlage nach Zustandekommen des Interessenausgleichs wesentlich geändert hat. ⁴Der Interessenausgleich nach Satz 1 ersetzt die Stellungnahme des Betriebsrates nach § 17 Abs. 3 Satz 2.

A. Allgemeines	1
I. Historische Entwicklung des Kündigungsschutzes	1
II. Verfassungsrechtliche Grundlagen	10
III. AGG und Kündigungsschutz	14
IV. Normzweck	23
V. Rechtsnatur des Kündigungsschutzes	24
1. Einseitig zwingendes Recht	24
2. Verzicht auf Kündigungsschutz	27
3. Fehlender Schutzgesetzcharakter des KSchG	31
VI. Grundlagen der Kündigung	32
1. Begriff und Wesen der ordentlichen Kündigung	32
2. Abgrenzung zu anderen arbeitsrechtlichen Gestaltungsmitteln	34
a) Eigenkündigung	34
b) Außerordentliche Kündigung	35
c) Teilkündigung und Widerruf	36
d) Nichtigkeit und Anfechtung	37
e) Aufhebungsvertrag	38
f) Suspendierung/Freistellung	39
g) Befristung und Bedingung	40
h) Nichtfortsetzungserklärung (§ 12 Abs. 1)	41
i) Rücktritt	42
j) Wegfall der Geschäftsgrundlage	43
3. Kündigung und Vertretung	44
a) Vertretung durch Vollmacht bei Abgabe der Kündigungserklärung	45
b) Vertretung durch Vollmacht beim Kündigungsempfang	51
c) Kündigung und gesetzliche Vertretung	57
d) Kündigung während laufenden Rechtsstreits	62
4. Form und Inhalt der Kündigungserklärung	63
a) Schriftform nach § 623 BGB	63
b) Gesteigerte Schriftformerfordernisse	71
c) Klarheit und Bestimmtheit der Kündigungserklärung	72
d) Bedingungsfeindlichkeit der Kündigungserklärung	74
e) Kein Begründungserfordernis	78
5. Zugang der Kündigungserklärung	79
a) Zugang unter Anwesenden	81
b) Zugang unter Abwesenden	82
c) Einzelfälle	89
d) Verhinderung und Verzögerung des Zugangs	90
e) Darlegungs- und Beweislast	92
6. Rücknahme der Kündigung	94
VII. Allgemeine Voraussetzungen des Kündigungsschutzes	99
1. Persönlicher Anwendungsbereich	100
a) Arbeitnehmer	100
aa) Aushilfsarbeit	101
bb) Ausländische Arbeitnehmer	102
cc) Auszubildende, Anlernlinge, Praktikanten und Volontäre	103
dd) Einheitliches Arbeitsverhältnis mit mehreren Arbeitgebern	106
ee) Faktisches Arbeitsverhältnis	108
ff) Familienarbeitsverhältnis	109
gg) Gruppenarbeitsverhältnis	110
hh) Hafenarbeiter	113
ii) Kirchliches Arbeitsverhältnis/Tendenzbetriebe	114
jj) Leiharbeitsverhältnis	116
kk) Mittelbares Arbeitsverhältnis	120
ll) Probearbeitsverhältnis	122
mm) Teilzeitarbeitsverhältnis	123
nn) Telearbeit, Heimarbeit	125
oo) Sonstige Berufsgruppen	127
b) Ausgenommen Personengruppen	151
aa) Arbeitnehmerähnliche Personen	152
bb) Beamte	153
cc) Ein-Euro-Jobber	153a
dd) Gesellschafter	154
ee) Gesetzliche Vertreter juristischer Personen	155
c) „Geschäftsführer", Betriebsleiter und ähnliche leitende Angestellte	156
2. Zeitlicher Geltungsbereich – Wartezeit nach Abs. 1	158
a) Zweck und Bedeutung	159
b) Abweichende Vereinbarungen	160
c) Betriebs- und Unternehmensbezug	161
d) Rechtsnachfolge	162
e) Berechnung der Wartezeit	163
3. Betrieblicher Geltungsbereich – § 23	169
4. Räumlicher Geltungsbereich	172
5. Gegenständlicher Geltungsbereich	173
VIII. Sozialwidrigkeit der ordentlichen Arbeitgeberkündigung	175
1. Systematik der fehlenden sozialen Rechtfertigung	175
2. Struktur des sozial rechtfertigenden Kündigungsgrundes	176
a) Kündigungsgrund „an sich" – Störung des vertraglichen Austauschverhältnisses	176
b) Beurteilungsmaßstab und -zeitpunkt	177
c) Prognoseprinzip	179
d) Ultima-Ratio-Prinzip	181
aa) Abmahnung	182
bb) Weiterbeschäftigung in demselben Betrieb	183
e) Interessenabwägung	185
f) Überprüfung in der Revisionsinstanz	186
3. Konkurrenz von Kündigungsgründen	187
a) Mehrere Sachverhalte	188
b) Mischtatbestände	189
4. Nachschieben von Kündigungsgründen	190
a) Nachträglich bekannt gewordene Kündigungsgründe	191
b) Im Zeitpunkt des Ausspruchs der Kündigung bekannte Gründe	192
c) Nach der Kündigung entstandene Gründe	193
5. Verzicht/Verwirkung	194
6. Verhältnis von ordentlicher zu außerordentlicher Arbeitgeberkündigung	196
7. Wiedereinstellungsanspruch	197
a) Rechtsgrundlage	198
b) Voraussetzungen des Anspruchs	199
aa) Beendigung des Arbeitsverhältnisses durch wirksame arbeitgeberseitige Kündigung	200
bb) Anwendbarkeit des KSchG	201
cc) Nachträglicher Wegfall des Kündigungsgrundes innerhalb der Kündigungsfrist	202
dd) Keine anderweitigen Dispositionen des Arbeitgebers	203
c) Rechtsfolgen	204
aa) Weiterbeschäftigungsanspruch	204

bb) Informationsanspruch 205
cc) Darlegungs- und Beweislast 206
dd) Prozessuales 207
8. Notwendigkeit der fristgebundenen Klageerhebung 208
9. Verhältnis zu sonstigen Unwirksamkeitsgründen 209
B. Regelungsgehalt 210
I. Personenbedingte Kündigung 210
1. Begriff 210
2. Abgrenzung zur verhaltensbedingten/betriebsbedingten Kündigung 211
3. Verschulden als Faktor der Interessenabwägung 215
4. Dreistufiger Prüfungsmaßstab 216
   a) Fehlende Fähigkeit und Eignung des Arbeitnehmers 217
   b) Erhebliche Beeinträchtigungen der betrieblichen Interessen 218
   c) Interessenabwägung 219
5. Darlegungs- und Beweislast 223
6. Personenbedingte Gründe im Überblick 225
   a) AIDS 225
      aa) HIV-Infektion 226
      bb) AIDS-Erkrankung 229
   b) Alkoholismus und Drogensucht 230
   c) Alter 236
   d) Arbeitserlaubnis und Berufsausübungserlaubnis 237
   e) Betriebsgeheimnis/Gefahr des unlauteren Wettbewerbs 240
   f) Druckkündigung 241
   g) Ehe 243
   h) Ehrenamt 247
   i) Eignung/Tendenzbetriebe 248
   j) Familiäre Verpflichtungen 251
   k) Gewissenskonflikt 252
   l) Haft und Untersuchungshaft 254
   m) Kirchenrecht 256
   n) Krankheit 259
      aa) Allgemeine Grundsätze 259
      bb) Häufige Kurzerkrankungen 261
         (1) Negative Gesundheitsprognose . 262
         (2) Erhebliche Beeinträchtigung betrieblicher Interessen 267
         (3) Interessenabwägung 270
      cc) Lang anhaltende Krankheit 278
         (1) Negative Gesundheitsprognose . 279
         (2) Erhebliche Beeinträchtigung betrieblicher Interessen 281
         (3) Interessenabwägung 285
      dd) Krankheitsbedingte dauernde Leistungsunfähigkeit 286
      ee) Krankheitsbedingte Leistungsminderung 291
   o) Eingeschränkte Leistungsfähigkeit/Leistungsmängel 293
   p) Sicherheitsbedenken 294
   q) Straftat 295
   r) Wehrdienst 296
II. Verhaltensbedingte Kündigung 300
1. Begriff 300
2. Prüfungsraster 303
   a) Arbeitsvertragswidriges Verhalten 304
   b) Verschulden 307
   c) Abmahnung 309
      aa) Erforderlichkeit der Abmahnung 309
      bb) Entbehrlichkeit der Abmahnung 311
      cc) Funktionen der Abmahnung 312
         (1) Warnfunktion 313
         (2) Rügefunktion 315

(3) Beweis- und Dokumentationsfunktion 316
(4) Keine Generalpräventions- oder Sanktionsfunktion 317
dd) Voraussetzungen einer wirksamen Abmahnung 318
ee) Abmahnung als Kündigungsvorstufe 321
ff) Reaktionsmöglichkeiten des Arbeitnehmers 325
   d) Negative Zukunftsprognose 326
   e) Mildere Mittel (Ultima-Ratio-Prinzip) ... 327
   f) Interessenabwägung 328
3. Darlegungs- und Beweislast 329
4. Abgrenzung zur außerordentlichen Kündigung . 331
5. Verhaltensbedingte Gründe im Überblick 332
III. Betriebsbedingte Kündigung 363
1. Begriff und Überblick 363
2. Dringende betriebliche Erfordernisse (Abs. 2 S. 1) 365
   a) Definition des unbestimmten Rechtsbegriffs 365
   b) Außerbetrieblicher Grund 369
   c) Innerbetrieblicher Grund 371
   d) Grenzen der Unternehmerentscheidung und gerichtliche Prüfung 374
   e) Weiterbeschäftigungspflicht (Abs. 2 S. 2) 384
      aa) Grundlagen 384
      bb) Weiterbeschäftigung im Betrieb, Unternehmen und Konzern 386
      cc) Weiterbeschäftigung im öffentlichen Dienst 392
      dd) Freier Arbeitsplatz 396
      ee) Weiterbeschäftigung nach Umschulung und Fortbildung 403
      ff) Weiterbeschäftigung zu geänderten Arbeitsbedingungen 408
      gg) Weiterbeschäftigung und Beteiligung des Betriebsrats 410
      hh) Darlegungs- und Beweislast 413
   f) Dringlichkeit und Interessenabwägung ... 416
   g) Beurteilungszeitpunkt 418
   h) Fallgruppen 421
      aa) Abbau einer Hierarchiestufe 421
      bb) Abkehrwille 422
      cc) Anforderungsprofil 423
      dd) Auftragsmangel und Umsatzrückgang 424
      ee) Austauschkündigung 428
      ff) (Teil-)Betriebsstilllegung 429
      gg) Betriebsübergang 433
      hh) Drittmittel 436
      ii) Druckkündigung 439
      jj) Energie- und Rohstoffmangel 442
      kk) Öffentlicher Dienst 443
      ll) Outsourcing (Fremdvergabe von Arbeiten), Umstellung auf freie Mitarbeit 447
      mm) Rationalisierung 453
      nn) Rentabilität, Gewinnsteigerung 456
      oo) Leistungsverdichtung (Stellenstreichung) 459
      pp) Wechsel von Teilzeit in Vollzeit ... 466
      qq) Witterungsgründe 470
3. Sozialauswahl 474
   a) Allgemeines 478
   b) Prüfungsmaßstab und -reihenfolge 483
   c) Auswahlrelevanter Personenkreis 485
      aa) Betriebsbezogenheit der Sozialauswahl 485
      bb) Vergleichbarkeit der Arbeitnehmer . 494
      cc) Nicht einzubeziehende Arbeitnehmer 507
   d) Soziale Auswahlkriterien 513

aa)	Gewichtung der Kriterien und Beurteilungsspielraum des Arbeitgebers	513	bb) Herausnahme von Leistungsträgern	543
bb)	Dauer der Betriebszugehörigkeit	520	cc) Sicherung einer ausgewogenen Personalstruktur	549
cc)	Lebensalter	524	f) Auskunftsanspruch des Arbeitnehmers	555
dd)	Unterhaltspflichten	528	g) Darlegungs- und Beweislast	558
ee)	Schwerbehinderung	534	h) Auswahlrichtlinie (Abs. 4)	559
ff)	Ermittlung der Auswahlkriterien	536	i) Interessenausgleich mit Namensliste	573
e) Herausnahme bestimmter Arbeitnehmer		538	4. Wiedereinstellungsanspruch	581
aa) Sozialauswahl und berechtigte betriebliche Interessen		538		

A. Allgemeines

I. Historische Entwicklung des Kündigungsschutzes

1 Das Prinzip der Vertragsfreiheit herrschte im vom Liberalismus geprägten 19. Jahrhundert. Im Bereich der Arbeitsverträge führte dies zu einem Ungleichgewicht der Vertragsparteien zu Ungunsten der AN, die durch die Industrialisierung einen immer größeren Teil der Bevölkerung darstellten. Der AN musste jederzeit die Künd des Arbverh und damit den Wegfall seiner wirtschaftlichen Existenzgrundlage befürchten. Der Staat sah sich deshalb gezwungen, zum Schutz der AN in die Vertragsfreiheit regulierend einzugreifen.

2 Mit dem **Betriebsrätegesetz (BRG) vom 4.2.1920**[1] wurde erstmals eine Regelung zum Schutz bei sozialwidrigen Künd geschaffen. Das Gesetz war für Betriebe mit mind. 20 AN anwendbar und regelte zum überwiegenden Teil kollektivrechtliche Gesichtspunkte. Es sah unter anderem die Möglichkeit für den AN vor, bei dem BR gegen eine Künd, die für ihn eine unbillige Härte darstellte, Einspruch einzulegen. Nahm der BR den Einspruch an und führten seine Vermittlungsversuche zwischen AG und AN nicht zum Erfolg, konnte sowohl der AN als auch der BR zugunsten des AN Klage vor dem ArbG erheben und eine materielle Entschädigung einklagen.

3 Der allg. Künd-Schutz im **Gesetz zur Ordnung der nationalen Ordnung (AOG) vom 20.1.1934**[2] baute kollektivrechtliche Beteiligungsrechte ab und ersetzte den BR durch den Vertrauensrat, der nur noch beratend an innerbetrieblichen Güteverfahren mitwirkte und dem der AG als Betriebsführer vorstand.[3] Der Künd-Schutz wurde durch das AOG auf Betriebe mit mind. zehn AN ausgeweitet.

4 Mit Wirkung zum 1.1.1947 wurde das AOG durch die Militärregierung aufgehoben. Die Rspr. gewährte fortan über die Generalklauseln des BGB (§§ 138, 242 BGB) Künd-Schutz. In der amerikanischen und französischen Besatzungszone wurden in den Jahren 1947 bis 1950 verschiedene Künd-Schutzgesetze eingeführt:

5 Das **Künd-Schutzgesetz vom 10.8.1951**[4] vereinheitlichte den Künd-Schutz für das Gebiet der Bundesrepublik und erweiterte den Künd-Schutz auf Betriebe mit mind. fünf AN.

6 Das **Erste Arbeitsrechtsbereinigungsgesetz vom 14.8.1969**[5] führte zur Neufassung des KSchG vom 25.8.1969[6] und brachte wesentliche Änderungen, wie bspw. die Herabsetzung der Altersgrenze von 20 auf 18 Jahre, mit sich.

7 Das arbeitsrechtliche **Beschäftigungsförderungsgesetz (BeschFG 1996) vom 25.9.1996**[7] erweiterte mit Wirkung zum 1.10.1996 den Ausschluss von Kleinbetrieben mit i.d.R. bis zu zehn AN, führte zu Änderungen bei der Sozialauswahl und Erleichterungen für betriebsbedingte Künd.

8 Die vor dem 1.10.1996 geltende Rechtslage wurde im Wesentlichen durch das sog. **Korrekturgesetz (Gesetz zu Korrekturen in der Sozialversicherung und zur Sicherung der Arbeitnehmerrechte) vom 19.12.1998**[8] wiederhergestellt.

9 Durch das **Gesetz zu Reformen am Arbeitsmarkt vom 24.12.2003**[9] wurde u.a. eine einheitliche Klagefrist für alle Künd, der in § 1a geregelte Abfindungsanspruch und die Änderung des Schwellenwertes des § 23 auf zehn AN für AN, deren Arbverh nach dem 31.12.2003 begonnen hat, eingeführt. Ansonsten kehrte das Gesetz weitgehend zu den Regelungen des BeschFG 1996 zurück.

II. Verfassungsrechtliche Grundlagen

10 Das Interesse des AN ist in erster Linie auf den **Bestandsschutz** für sein Arbverh gerichtet. Die unselbstständige, fremdbestimmte Arbeit des AN wird durch Art. 12 Abs. 1 GG geschützt. Dem AG ist demgegenüber an einer größtmöglichen **Künd-Freiheit** gelegen, um in Personalfragen und Kostenfragen möglichst flexibel agieren und/oder reagieren zu können. Die unternehmerische Entscheidungsfreiheit des AG ist über die Art. 12, 14 und 2 Abs. 1 GG verfassungsrechtlich abgesichert. Auf diese Weise wird das Grundrecht des Art. 12 GG sowohl hinsichtlich seiner

---

1 RGBl I S. 147.
2 RGBl I S. 45.
3 HaKo-KSchR/*Fiebig*, Einleitung Rn 105.
4 BGBl I S. 499.
5 BGBl I S. 1106.
6 BGBl I S. 1317.
7 BGBl I S. 1476.
8 BGBl I S. 3843 ff.
9 BGBl I S. 3002.

Schutz-, als auch hinsichtlich seiner Abwehrfunktion angesprochen.[10] Der Künd-Schutz des AN schränkt die Künd-Freiheit des AG ein. Art. 12 Abs. 1 GG entfaltet eine Drittwirkung im Verhältnis von AN und AG.

Soweit gesetzlich bestimmten AN der allg. Künd-Schutz verwehrt wird, wie bspw. durch die Kleinbetriebklausel des § 23, ist fraglich, ob hierdurch in den Schutzbereich des Art. 12 Abs. 1 GG derart eingegriffen wird, dass kein angemessener Ausgleich zwischen den widerstreitenden Interessen mehr gegeben ist. Sowohl das BVerfG als auch das BAG haben zu dieser Frage entschieden, dass sachliche Differenzierungskriterien in Form der engen persönlichen Beziehung des Kleinbetriebinhabers zu seinen AN, die geringe verwaltungsmäßige und wirtschaftliche Belastbarkeit der Kleinbetriebe und die Gewährleistung größerer personeller Flexibilität aus Gründen des Mittelstandsschutzes die Unterscheidung rechtfertigen, so dass kein Verstoß gegen den Gleichheitsgrundsatz des Art. 3 GG vorliege und § 23 verfassungsgemäß sei.[11]

Neben den durch Art. 12 GG geschützten Rechten ist es denkbar, dass zu Lasten des AG in dem Fall der nachhaltigen Beeinträchtigung der materiellen und immateriellen Betriebs- und Produktionsmittel ein Eingriff in das Grundrecht aus Art. 14 GG vorliegt.[12] Das ist insb. der Fall, wenn nicht nur die unternehmerische Handlungsfreiheit, d.h. die Chance auf Erwerb, betroffen ist, sondern die Beibehaltung und Verwendung des Erworbenen.[13] Ob dazu auch der „eingerichtete und ausgeübte Gewerbebetrieb" gehört, wurde bislang vom BVerfG nicht entschieden und ist umstr.

Das Grundgesetz enthält eine Reihe unmittelbarer Schutznormen: Art. 3 Abs. 3 GG schützt vor Diskriminierung, Art. 9 Abs. 3 S. 2 GG schützt gewerkschaftliche Betätigungen, Art. 6 Abs. 4 GG betrifft den Mutterschutz, Art. 48 Abs. 2 GG schützt Bundestagsabgeordnete und Art. 4, 140 GG i.V.m. Art. 136 f. WRV schützen das Selbstbestimmungsrecht der Kirchen. Darüber hinaus zieht die Rspr. einige Grundrechte, wie bspw. Art. 5 Abs. 1 S. 1, 4 Abs. 1, 6 Abs. 4 oder 17 GG, im Rahmen der Auslegung unbestimmter Rechtsbegriffe wie zivilrechtlicher Generalklauseln heran, um Schutz gegen Grundrechtsverletzungen durch andere Grundrechtsträger zu gewähren.[14] Eine Rolle spielt diese „Ausstrahlungswirkung" der Grundrechte insb. bei der Bewertung verhaltens- oder personenbedingter Künd.

III. AGG und Kündigungsschutz

Das KSchG beurteilt die Wirksamkeit einer ordentlichen Künd danach, ob ausreichende Künd-Gründe vorliegen (Abs. 2). Das Künd-Schutzrecht vieler anderer Länder, wie etwa der USA, folgt einem gegenläufigen Ansatz. In diesen Ländern ist die Künd grds. wirksam, es sei denn, der Arbeitgeber handelt aus verwerflichen Motiven. Der „Positivliste" des deutschen KSchG steht in anderen Ländern eine „Negativliste" unzulässiger Künds-Motive gegenüber. Hierbei handelt es sich zumeist um Diskriminierungsverbote.[15]

Würde das AGG auch auf Künden ohne Einschränkungen Anwendung finden,[16] würde die „Positivliste" des KSchG um eine „Negativliste" im vorgenannten Sinne ergänzt. Folge wäre ein „doppelter Künd-Schutz". Um dieses unerwünschte Ergebnis zu vermeiden, wurde in § 2 AGG folgender Abs. 4 eingefügt: „Für Künd gelten ausschließlich die Bestimmungen zum allgemeinen und besonderen Künd-Schutz." Die angesprochenen Bestimmungen zum allgemeinen Künd-Schutz sind in erster Linie das KSchG mit seiner zentralen Regelung in § 1. Darüber hinaus zählen zum allgemeinen KündSchutz, wie die Gesetzesbegründung klarstellt, auch die Regelungen des Bürgerlichen Gesetzbuches (§§ 626, 138 und 242 BGB). Besondere Künd-Schutzbestimmungen sind Regelungen, die nur für bestimmte ANGruppen gelten, z.B. §§ 15, 9 MuSchG, §§ 18, 19 BEEG und §§ 85 ff. SGB IX.[17]

In seiner **Mangold-Entscheidung**[18] hat der EuGH erwogen, das Diskriminierungsverbot wegen Alters sei als allgemeiner Grundsatz des Gemeinschaftsrechts anzusehen, dem unmittelbare Drittwirkung zukommen könne und der daher geeignet seil, nationales Recht zu überspielen.[19] Angesichts dieser höchstrichterlichen Vorgaben zählt § 2 Abs. 4 AGG zu denjenigen Regelungen moderner Gesetzgebung, die den Rechtsanwender ratlos zurücklassen. Unklar bleibt, welches wechselseitige Verhältnis zwischen dem AGG einerseits und den Bestimmungen des allgemeinen und besonderen Künds-Schutzes andererseits besteht.[20] Trennscharfe Abgrenzungen werden noch immer vermisst.[21] Nach Auff. des LAG Düsseldorf ist § 2 Abs. 4 AGG **nicht europarechtswidrig**. Der Diskriminierungs-

---

10 APS/*Preis*, Grundlagen A Rn 22.
11 BVerfG 27.1.1998 – 1 BvL 15/87 – AP § 23 KSchG 1969 Nr. 17; BAG 19.4.1990 – 2 AZR 487/89 – AP § 23 KSchG 1969 Nr. 8.
12 HWK/*Quecke*, vor § 1 KSchG Rn 8.
13 BVerfG 25.5.1993 – 1 BvR 345/83 – BVerfGE 88, 366; BVerfG 10.3.1992 – 1 BvR 454/91 – AP Art. 38 EinigungsV Nr. 1.
14 BVerfG 15.7.1998 – 1 BvR 1554/89 – AP § 18 BertrAVG Nr. 26; BVerfG 19.10.1993 – 1 BvR 567/89 – AP Art. 2 GG Nr. 35; BVerfG v. 7.2.1990 – 1 BvR 26/84 – AP Art. 12 GG Nr. 65; BVerfG 28.4.1976 – 1 BvR 71/73 – AP § 74 BetrVG Nr. 2.
15 *Diller/Krieger/Arnold*, NZA 2006, 887; *Thüsing*, NZA 2001, 1061.
16 Zur Kündigung zwischen allgemeinem und besonderem Kündigungsschutz, AGG und Europarecht *Hein*, NZA 2008, 1033.
17 *Diller/Krieger/Arnold*, NZA 2006, 887.
18 EuGH 22.11.2005 – C 144/04, DB 2005, 2638.
19 *Bayreuther*, DB 2006, 1842.
20 *Diller/Krieger/Arnold*, NZA 2006, 887 ff.; *Bayreuther*, DB 2006, 1842 ff.; *Löwisch*, BB 2006, 2189 ff.; *Gaul/Naumann*, ArbRB 2007, 15; *Willemsen/Schweibert*, NJW 2006, 2583 ff.
21 *Hein*, NZA 2008, 1033.

schutz könne im geltenden nationalen Recht durch eine **europarechtskonforme Auslegung des KSchG** erreicht werden (anders wohl Aufforderungsschreiben der EG-Kommission vom 31.1.2008 – 2007/23620 K (2008) 0103 –). Das in Art. 2 Abs. 1 RL 2000/78/EG enthaltene europarechtliche Verbot der Altersdiskriminierung stehe der Verwendung einer Punktetabelle zur Sozialauswahl (vgl. Abs. 3 S. 1), die eine lineare Berücksichtigung des Lebensalters vorsieht, nicht im Wege, wenn sie durch legitime Ziele gerechtfertigt sei (vgl. Art. 6 Abs. 1 RL 2000/78/EG). Einer Einzelfallprüfung im Hinblick auf die individuellen Chancen auf dem Arbeitsmarkt bedürfe es auch nach Inkrafttreten des AGG nicht. Die Anforderungen des Art. 6 Abs. 1 RL 2000/78/EG seien auch bei einer typisierten Betrachtungsweise, wie sie einem Punkteschema eigen seien, erfüllt.[22] Verstößt eine ordentliche Kündigung gegen Diskriminierungsverbote des AGG (§§ 1–10 AGG), kann dies nach Auffassung des BAG zur Sozialwidrigkeit der Kündigung nach § 1 führen. Dem steht § 2 Abs. 4 AGG nicht entgegen. Die in § 1 Abs. 3 S. 1 vorgesehene Berücksichtigung des Lebensalters als Sozialdatum stellt zwar eine an das Alter anknüpfende unterschiedliche Behandlung dar. Sie ist jedoch nach § 10 S. 1, 2 AGG gerechtfertigt. Auch die Bildung von Altersgruppen kann nach § 10 S. 1, 2 AGG durch legitime Ziele gerechtfertigt sein. Davon ist regelmäßig auszugehen, wenn die Altersgruppenbildung bei Massenkündigungen aufgrund einer Betriebsänderung erfolgt.[23]

17 Entgegen § 2 Abs. 4 AGG ist es mit Blick auf die europarechtlichen Vorgaben ratsam, den Vorgaben des AGG auch bei Ausspruch von Künd durch eine **richtlinienkonforme Auslegung** Rechnung zu tragen. Wer sich auf den gesetzlichen Ausschluss von Künd aus dem Anwendungsbereich des AGG verlässt, riskiert die Unwirksamkeit der Künd. In jedem Fall müssen die vielfach inhaltsgleichen Vorgaben der europäischen Richtlinien bei der Auslegung und Anwendung des Abs. 3 beachtet werden.[24] Mit Blick auf die europarechtlichen Vorgaben besteht arbeitsrechtliches Risikopotenzial insb. im Bereich der Sozialauswahl bei der Berücksichtigung des Alters. Die Frage, ob bzw. inwieweit die Rentennähe im Rahmen der Sozialauswahl berücksichtigt werden kann, bleibt mit Blick auf neuerliche Gesetzesentwicklung kritisch zu hinterfragen.

18 Fest steht, dass der Gesetzgeber als „redaktionelle Anpassung an § 2 Abs. 4 AGG" beschlossen hat, die ursprünglich in § 10 S. 3 Nr. 6 AGG enthaltene Regelung zu streichen.[25] Danach konnte eine unterschiedliche Behandlung wegen des Alters eine Berücksichtigung des Alters bei der Sozialauswahl anlässlich einer betriebsbedingten Künd i.S.d. § 1 einschließen, soweit dem Alter kein genereller Vorrang gegenüber anderen Auswahlkriterien zukam, sondern die Besonderheiten des Einzelfalles und die individuellen Unterschiede zwischen den vergleichbaren Beschäftigten, insb. die Chancen auf dem Arbeitsmarkt, entschieden.[26]

19 Mit Blick auf die Streichung der ursprünglich in § 10 S. 3 Nr. 6 AGG enthaltenen Regelung empfiehlt es sich, dem Merkmal Alter im Rahmen der Sozialauswahl kein erhöhtes Gewicht gegenüber den anderen Merkmalen einzuräumen. Anderenfalls besteht die begründete Gefahr, dass gekündigte AN sich möglicherweise auf eine Diskriminierung wegen Alters berufen können.[27]

20 Ein genereller Verzicht auf die Berücksichtigung des Alters ist jedoch weder mit dem KSchG vereinbar noch durch europarechtliche Vorgaben geboten. Deutlich zeigt das § 10 S. 3 Nr. 1 AGG, der eine Berücksichtigung des Alters zum Schutz älterer AN vor Entlassungen weiterhin zulässt. So ist die Bildung von Altersgruppen in einem Interessenausgleich mit Namensliste grds. auch unter Geltung des AGG zulässig. Es bedarf aber auf den Betrieb bezogener Gründe für die Bildung der Altersgruppen. An den Sachvortrag dürfen dabei keine überhöhten Anforderungen gestellt werden.[28]

21 Außer bei der Sozialauswahl nach Abs. 3 ergibt sich Anpassungsbedarf im Bereich des tariflichen Sonderkünd-Schutzes. Tarifliche Sonderkünd-Schutzregelungen knüpfen in der Regel an das Lebensalter und die Betriebszugehörigkeit des Arbeitnehmers an. Umso stärker im Rahmen des tariflichen Sonderkünd-Schutzes das Alter ins Gewicht fällt, desto eher wird man annehmen müssen, dass mit dem Sonderkünd-Schutz zugunsten der älteren AN eine unangemessene Gleichbehandlung jüngerer AN bewirkt wird. Insoweit steht zu erwarten, dass die Gerichte u.U. entsprechende Klauseln an § 10 AGG bzw. den europarechtlichen Vorgaben zum Verbot einer Diskriminierung wegen Alters messen werden.[29] In der Praxis wird es sich als schwierig darstellen, die Plausibilität und berechtigte Differenzierung darzulegen, wenn einerseits ein 40-Jähriger mit 15 Jahren Betriebszugehörigkeit unkündbar ist, während ein 39-Jähriger mit 20-Jähriger Betriebszugehörigkeit weiterhin der ordentlichen Künd unterliegt. Trotz gleichzeitiger Anknüpfung an die Betriebszugehörigkeit erfolgt in diesen Fällen letztlich lediglich eine Differenzierung wegen des Alters.[30]

22 Der AN erhält keinen doppelten Künd-Schutz auf der Grundlage des KSchG einerseits und des AGG andererseits. § 2 Abs. 4 AGG stellt klar, dass es für die Wirksamkeit einer Künd nach § 1 oder § 626 BGB ausschließlich darauf an-

---

22 LAG Düsseldorf 16.4.2008 – 2 Sa 1/08.
23 BAG 6.11.2008 – 2 AZR 523/07 – NZA 2009, 361.
24 *Gaul/Naumann*, ArbRB 2007, 15.
25 BT-Drucks 16/2007, S. 20.
26 *Gaul/Naumann*, ArbRB 2007, 15, *Hein*, NZA 2008, 1033.
27 *Gaul/Naumann*, ArbRB 2007, 15.

28 BAG 12.3.2009 – 2 AZR 418/07 – DB 2009, 1932; LAG Niedersachsen 9.11.2007 – 16 Sa 311/07 – NZA-RR 2008, 348.
29 *Gaul/Naumann*, ArbRB 2007, 15.
30 *Bauer/Preis/Schunder*, NZA 2006, 1261.

kommt, ob Künd-Gründe vorhanden sind und die formellen Voraussetzungen einer Künd eingehalten sind. Ob der Künd ein diskriminierendes Motiv zugrunde liegt, spielt grds. keine Rolle. Fehlt ein Künd-Grund, ist die Künd schon nach den allgemeinen Vorschriften des KSchG bzw. nach § 626 BGB unwirksam. Wegen § 242 BGB unwirksam ist auch die allein auf diskriminierenden Motiven beruhende Künd im Kleinbetrieb oder während der Wartezeit. Problematisch stellt sich das Verhältnis zwischen AGG und KSchG (bzw. § 626 BGB) in den Fällen dar, in denen die Künd zwar objektiv durch einen Künd-Grund gerechtfertigt ist, der Kündigende mit der Künd aber zugleich (auch) diskriminierende Motive verfolgt. In diesen Fällen sperrt § 2 Abs. 4 AGG eine Anwendbarkeit des AGG im Hinblick auf die Beendigungswirkung der Künd. Die Vorschrift ist jedoch richtlinienkonform dahingehend auszulegen, dass die Geltendmachung eines Entschädigungsanspruchs nach § 15 Abs. 2 AGG in diesen Fällen nicht ausgeschlossen ist. Die Künd ist wirksam, der AN kann aber Zahlung einer angemessenen Entschädigung für den erlittenen immateriellen Schaden verlangen.[31]

IV. Normzweck

§ 1 schränkt die Künd-Freiheit des AG ein, um dem AN erhöhten Schutz zu gewähren. Als Regel strebt das KSchG den Fortbestand des Arbverh an. Die Künd soll die vom AG zu rechtfertigende Ausnahme darstellen.[32] Das folgt aus Abs. 1, demzufolge eine ordentliche Künd nur wirksam ist, wenn sie sozial gerechtfertigt ist. Eine nicht sozial gerechtfertigte Künd führt nach der gerichtlichen Feststellung der Sozialwidrigkeit zu einem Fortbestehen des Arbverh. Der AG ist, wenn er dem AN nach Ablauf der Künd-Frist kein Gehalt – z.B. im Rahmen einer Prozessbeschäftigung – mehr auszahlt, aufgrund Annahmeverzugs verpflichtet, Gehalt nachzuzahlen. Das Gesetz verschafft dem AG jedoch durch die Vorschriften der §§ 1a und 9 Erleichterungen, indem es unter bestimmten Umständen den Bestandsschutz zugunsten der Zahlung einer Abfindung zur Seite stellt. Gemessen an dem Anspruch des KSchG ein „Bestandsschutzgesetz" und kein „Abfindungsgesetz" zu sein,[33] stellt sich die betriebliche und gerichtliche Praxis anders dar. Die überwiegende Anzahl der Künd-Schutzprozesse endet durch Abfindungsvergleiche und nur ein geringer Prozentsatz der Kläger wird nach Abschluss des gerichtlichen Verfahrens auf unbestimmte Zeit bei dem alten AG weiterbeschäftigt.[34] Grund dafür ist zum einen, dass ein gekündigter AN zumeist nach Ablauf der Künd-Frist aus dem Betrieb ausscheidet und zum anderen je nach Länge des gerichtlichen Verfahrens, die oft auch ein zweitinstanzliches Verfahren umfasst, im Falle der Weiterbeschäftigung beträchtliche Gehaltsnachzahlungen auf den AG zukommen können. Hinzu kommt, dass in vielen Fällen auch der AN, nachdem ihm gekündigt worden ist, kein wirkliches Interesse mehr verspürt, weiterbeschäftigt zu werden. Das Verhältnis zwischen dem AN und dem AG ist durch die ausgesprochene Künd i.d.R. empfindlich gestört, was sich insb. in kleineren Betrieben negativ auf die Motivation zur Weiterbeschäftigung auswirkt. Auch weil der gekündigte AN in der Zwischenzeit ein neues Arbverh eingegangen ist, besteht bei ihm oftmals kein Interesse mehr an dem Fortbestand des alten Arbverh. In diesen Fällen steht deshalb zumeist die Zahlung einer Abfindung bzw. einer sinnvollen wirtschaftlichen Gesamtregelung bei den gerichtlichen Verfahren im Vordergrund.

V. Rechtsnatur des Kündigungsschutzes

1. Einseitig zwingendes Recht.
Als Schutzbestimmung ist § 1 zugunsten des AN zwingend. Zum Nachteil des AN gereichende vorherige Vereinbarungen sind unwirksam.[35] Aufgrund des zwingenden Charakters des Künd-Schutzes sind sowohl im Voraus geschlossene individualvertragliche Abreden, als auch TV oder BV, die den Schutz beschränken oder ausschließen, unwirksam. Dementsprechend sind auch tarifvertragliche Regelungen und Auswahlrichtlinien i.S.d. § 95 BetrVG, die die Sozialauswahl abweichend von Abs. 3 regeln, unzulässig.[36] Weitere Beispiele für unzulässige Beschränkungen des Künd-Schutzes sind die Einführung von Höchst- oder Mindestaltersgrenzen für den Künd-Schutz, ein unter eine Bedingung gestellter Aufhebungsvertrag, dass der AN zu spät aus dem Urlaub zurückkehrt,[37] die Festlegung auf bestimmte „absolute" Künd-Gründe durch Vertrag,[38] die Verlängerung der gesetzlich vorgesehenen Wartezeit gem. Abs. 1, die Vereinbarung der Berechtigung des AG den AN bei Erreichen eines bestimmten Alters vorzeitig zu pensionieren und so das aktive Arbverh zu beenden.[39]

Gesetzlich kann der allg. Künd-Schutz nach § 1 eingeschränkt werden. Dies ist insb. in Form der Einführung neuer oder Erweiterung der bestehenden in § 1 vorgesehenen Künd-Gründe möglich.[40] Als Beispiel für eine solche Einschränkung des Künd-Schutzes ist die Regelung der Anlage I Kapitel XIX Sachgebiet A Abschnitt III Nr. 1

---

31 Diller/Krieger/Arnold, NZA 2006, 887.
32 BAG 5.11.1964 – 2 AZR 15/64 – AP § 7 KSchG Nr. 20.
33 BAG 7.5.1987 – 2 AZR 271/86 – AP § 9 KSchG 1969 Nr. 19; BAG 5.11.1964 – 2 AZR 15/64 – AP § 7 KSchG Nr. 20.
34 HaKo-KSchR/Fiebig, § 1 KSchG Rn 4.
35 APS/Dörner, § 1 Rn 5; v. Hoyningen-Huene/Linck, § 1 Rn 7; KR/Etzel, § 1 KSchG Rn 31.
36 BAG 11.3.1976 – 2 AZR 43/75 – AP § 95 BetrVG 1972 Nr. 1; v. Hoyningen-Huene/Linck, § 1 Rn 7.
37 BAG 19.12.1974 – 2 AZR 565/73 – AP § 620 BGB Bedingung Nr. 3.
38 BAG 11.3.1976 – 2 AZR 43/75 – AP § 95 BetrVG 1972 Nr. 1.
39 Hessisches LAG 20.9.1999 – 16 Sa 2617/98 – NZA-RR 2000, 413.
40 KR/Etzel, § 1 KSchG Rn 33.

Abs. 4 EinigungsV anzuführen, die für den öffentlichen Dienst in den neuen Bundesländern besondere Künd-Gründe für eine ordentliche Künd vorsah.

26 Da der allg. Künd-Schutz im Gegensatz zu § 626 BGB nur **einseitig zwingend** ist, sind zugunsten des AN von den gesetzlichen Vorschriften abweichende Vereinbarungen ohne Weiteres zulässig.[41] Bspw. kann die Wartezeit des Abs. 1 vertraglich verkürzt[42] oder die Geltung des allg. Künd-Schutzes in Kleinbetrieben vereinbart werden.[43] Auf tarifvertraglicher Ebene (z.B. durch tarifliche Rationalisierungsschutzabkommen) existieren zahlreiche Verbesserungen der kündigungsschutzrechtlichen Position des AN. In vielen TV finden sich bspw. Künd-Ausschlüsse für ältere AN, die Verpflichtung des AG bei sozial gerechtfertigten betriebsbedingten Künd eine Abfindung zu zahlen, die Beschränkung des Rechts zur ordentlichen Künd auf personen- und verhaltensbedingte Künd oder sog. Entlassungssperren, in denen der AG sich verpflichtet, für einen bestimmten Zeitraum von betriebsbedingten Künd abzusehen. Bei dem Ausschluss ordentlicher Künd gegenüber älteren AN durch TV besteht die Problematik, dass sich dieser Ausschluss bei betriebsbedingten Künd verdrängend zu Lasten der übrigen AN auswirken und damit einen Verstoß gegen Abs. 3 darstellen kann. Eine unzulässige Umgehung der Sozialauswahl dürfte insb. dann anzunehmen sein, wenn betriebsbedingte Künd konkret bevorstehen und ohne sachlichen Grund einzelvertraglich Künd-Ausschlüsse vereinbart werden.[44]

27 **2. Verzicht auf Kündigungsschutz.** Der AN kann aufgrund der zwingenden Wirkung des KSchG **vor dem Zugang einer Künd** nicht wirksam auf den Künd-Schutz verzichten.[45] Praktische Bedeutung erhält der Verzicht auf die Erhebung einer Künd-Sschutzklage im Rahmen von in Sozialplänen vorgesehenen Abfindungen. Diese dürfen aufgrund der Unzulässigkeit des Verzichts auf Künd-Schutz im Vorfeld der Künd nicht von der Erklärung der betreffenden AN abhängig gemacht werden, dass sie keine rechtlichen Schritte gegen die Künd unternehmen werden.[46] Zulässig ist aber eine Vereinbarung in einem Sozialplan, nach der die Fälligkeit der Abfindung auf den Zeitpunkt des rechtskräftigen Abschlusses eines Künd-Rechtsstreites hinausgeschoben und bestimmt wird, dass eine Abfindung nach den §§ 9, 10 auf die Sozialplanabfindung anzurechnen ist.[47] Einem AN ist es nach diesem Grundsatz gestattet, nach Zugang einer Künd, zu der er seinen AG aufgefordert hat, Künd-Schutzklage zu erheben.[48] Andernfalls würde einem vor dem Ausspruch der Künd erfolgten Verzicht auf den Künd-Schutz über diese Konstellation doch zur Wirksamkeit verholfen. Ein Verzicht auf den Künd-Schutz ist nicht durch einseitige Erklärung des AN möglich, sondern bedarf immer eines Vertrages mit dem AG.[49] Die Erhebung einer Künd-Schutzklage kann lediglich in Ausnahmefällen gegen Treu und Glauben verstoßen, wenn der AN die Künd besonders beharrlich verlangt hat.[50]

28 **Nach Ausspruch der Künd** durch den AG kann der AN wirksam auf seinen Künd-Schutz verzichten. Dabei muss er nicht die dreiwöchige Frist des § 4 beachten, sondern kann innerhalb der Frist von seiner Entscheidungsfreiheit Gebrauch machen, da er andernfalls ohne einen gesetzlichen oder sonst als zwingend anzuerkennenden Grund in seiner Entscheidungsfreiheit eingeschränkt würde.[51] Die Zulässigkeit des Verzichts ergibt sich daraus, dass das KSchG im Gegensatz zu anderen Gesetzen, die einen Verzicht auf bestimmte Rechte für unzulässig erklären (so bspw. § 4 Abs. 4 TVG, § 13 BUrlG, § 77 Abs. 4 BetrVG), keine Regelung trifft, die dem AN den Verzicht auf den Künd-Schutz untersagt.[52] Die Erklärung, auf den Künd-Schutz zu verzichten, kann je nach Lage des Falles einen **Aufhebungsvertrag**, einen **Vergleich**, einen **Klageverzichtsvertrag** oder ein **vertragliches Klagerücknahmeversprechen** darstellen.[53] Ebenso kann der Verzicht in einer **Ausgleichsquittung** erfolgen. Ausgleichsquittungen sind durch den AG vorformulierte Erklärungen, die dem AN nach einer Künd zur Unterschrift vorgelegt werden und die neben einer Quittierung des Erhalts offener Lohnansprüche und/oder der Arbeitspapiere oftmals weitere Erklärungen enthalten. Die Erklärung des AN über den Erhalt von Arbeitspapieren und/oder Lohnrückständen, auf die der AG nach § 368 S. 1 BGB einen Rechtsanspruch hat, stellt **eine reine Wissenserklärung** dar. Durch die Verbindung der Erklärung, die keinen rechtsgeschäftlichen Inhalt hat, mit einer rechtsgeschäftlichen Verzichtserklärung auf einer mit „Ausgleichsquittung" überschriebenen Urkunde kann es zu einer Irreführung des AN kommen.[54] Problematisch ist die Frage, in welchen Fällen eines vom AG in einer Ausgleichsquittung vorformulierten Verzichts von einer wirksamen

---

41 HWK/*Quecke*, vor § 1 Rn 24; *v. Hoyningen-Huene/Linck*, § 1 Rn 9.
42 BAG 18.2.1967 – 2 AZR 114/66 – AP § 1 KSchG Nr. 81.
43 KR/*Etzel*, § 1 KSchG Rn 34.
44 HaKo-KSchR/*Fiebig*, § 1 KSchG Rn 11; HWK/*Quecke*, § 1 KSchG Rn 25.
45 *V. Hoyningen-Huene/Linck*, § 1 Rn 10 m.w.N.
46 BAG 20.6.1985 – 2 AZR 427/84 – AP § 112 BetrVG 1972 Nr. 33; BAG 20.12.1983 – 1 AZR 442/82 – NZA 1984, 53.
47 BAG 20.6.1985 – 2 AZR 427/84 – AP § 112 BetrVG 1972 Nr. 33.
48 Hessisches LAG 24.4.1987 – 13 Sa 1194/86 – LAGE § 4 KSchG Verzicht Nr. 1; HaKo-KSchR/*Fiebig*, § 1 Teil A Rn 12; KR/*Friedrich*, § 4 KSchG Rn 296a; a.A. LAG Köln 11.1.1984 – 7 Sa 1094/83 – DB 1984, 1150; APS/*Dörner*, § 1 KSchG Rn 18; KR/*Etzel*, § 1 KSchG Rn 36.
49 Vgl. LAG Düsseldorf 18.4.2007 – 12 Sa 132/07 – LAGE § 130 BGB 2002 Nr. 5.
50 HaKo-KSchR/*Fiebig*, § 1 Teil A Rn 12.
51 BAG 3.5.1979 – 2 AZR 679/77 – AP § 4 KSchG 1969 Nr. 6.
52 BAG 3.5.1979 – 2 AZR 679/77 – AP § 4 KSchG 1969 Nr. 6.
53 BAG 3.5.1979 – 2 AZR 679/77 – AP § 4 KSchG 1969 Nr. 6.
54 LAG Schleswig-Holstein 24.9.2003 – 3 Sa 6/03 – NZA-RR 2004, 74.

Verzichtserklärung des AN auszugehen und in welchen Fällen eine überraschende Klausel i.S.v. § 305c Abs. 1 BGB anzunehmen ist. Der AN, dem von dem AG eine Ausgleichsquittung mit Künd-Schutzverzicht vorgelegt wird, rechnet aufgrund der Überschrift der Urkunde zunächst damit, dass er lediglich den Erhalt von Arbeitspapieren/Restlohn quittiert. Ein Erkennen der Tragweite der Verzichtserklärung ist ihm in dieser Situation nicht ohne Weiteres zuzumuten. Aus diesem Grund fordert das BAG, dass ein Verzicht in einer Ausgleichsquittung aus Gründen der Rechtsklarheit in der Urkunde selbst unmissverständlich zum Ausdruck kommen muss, etwa in der Weise, dass der AN erklärt, er wolle auf das Recht verzichten, das Fortbestehen des Arbverh geltend zu machen, oder er wolle eine mit diesem Ziel bereits erhobene Klage nicht mehr durchführen.[55] Die Formulierung „Ich erkläre, dass mir auch aus Anlass der Beendigung des Arbverh keine Ansprüche mehr zustehen." genügt nicht.[56] Sie führt dem AN die Tragweite seiner Erklärung nicht präzise genug vor Augen.

Die Rspr. geht davon aus, dass es aufgrund der strengen Voraussetzungen, die an die Formulierung des Künd-Schutzverzichts gestellt werden, einer zusätzlichen Aufklärung durch den AG über Inhalt und Bedeutung einer Ausgleichsquittung mit Künd-Verzicht nicht bedarf.[57] Ein großer Teil der Lit.[58] lässt in den Fällen der Ausgleichsquittung mit Künd-Verzicht die bloße Aufnahme der Verzichtserklärung in das Formular der Ausgleichsquittung zur Wirksamkeit des Verzichts nicht ausreichen. Dies scheint im Hinblick darauf gerechtfertigt, dass durch § 310 Abs. 4 BGB seit der Schuldrechtsreform die Inhaltskontrolle für AGB in das BGB verlagert wurde und auch im Arbeitsrecht die Vorschrift des § 305c BGB unmittelbar anwendbar ist. Dafür spricht auch, dass das BAG die Frage, ob ein AN Verbraucher i.S.d. § 13 BGB ist, zwischenzeitlich positiv beschieden hat.[59] Ist der AN Verbraucher, sind vom AG einseitig vorformulierte Ausgleichsquittungen als vorformulierte Vertragsbedingungen i.S.v. § 310 Abs. 3 Nr. 2 BGB anzusehen. Sie unterliegen der Kontrolle des § 305c Abs. 1 BGB. Es ist im Einzelfall unter Berücksichtigung der Formulierung, Hervorhebung, Qualifikation des AN und sonstiger Umstände der konkreten Situation, in der der AN die Verzichtserklärung im Rahmen der Ausgleichsquittung unterschreibt, zu prüfen, ob es sich um eine unwirksame überraschende Klausel gem. § 305c Abs. 1 BGB handelt oder nicht. Lässt sich ein AG eine in deutscher Sprache formulierte Ausgleichsquittung mit Künd-Verzicht von einem ausländischen AN unterschreiben, der der deutschen Sprache und Schrift nicht mächtig ist, ist der Verzicht jedenfalls unwirksam.[60] Verzichtet der AN unentgeltlich ohne kompensatorische Gegenleistung des AG auf ein Recht, indiziert dies bereits eine unangemessene Benachteiligung i.S.d. § 307 Abs. 1 S. 1 BGB.[61]

Der AN kann eine Klageverzichtserklärung wegen widerrechtlicher Drohung i.S.d. § 123 Abs. 1 BGB anfechten, wenn der AG ihm zuvor in Aussicht gestellt hat, statt einer fristlosen eine ordentliche Künd auszusprechen, wenn er auf die Erhebung einer Künd-Schutzklage verzichtet. Die Drohung mit einer fristlosen Künd ist nur dann nicht widerrechtlich i.S.d. § 123 Abs. 1 BGB, wenn ein verständiger AG eine fristlose Künd in der betreffenden Situation ernsthaft in Erwägung ziehen durfte.[62] In einem bloßen **Schweigen** des AN auf eine Künd-Erklärung des AG kann noch kein Verzicht auf den Künd-Schutz gesehen werden.[63] Geht der AN nicht innerhalb der dreiwöchigen Frist des § 4 KSchG gegen die Künd vor, erklärt er damit den Verzicht auf den Künd-Schutz. Bei einer sozialwidrigen Künd tritt in diesem Fall die Fiktion des § 7 KSchG ein, so dass die Künd als von Anfang an wirksam betrachtet wird.[64] Da es sich bei einem Verzicht auf den Künd-Schutz um eine materiell-rechtliche Erklärung handelt, betrifft die Frage der Wirksamkeit des Verzichts die Begründetheit der Klage, nicht deren Zulässigkeit.[65]

3. Fehlender Schutzgesetzcharakter des KSchG. Die Bestimmungen der §§ 1 ff. regeln die vertraglichen Beziehungen zwischen AG und AN und räumen dem AN keine deliktsrechtlich geschützte Position ein. Bei den Vorschriften des allg. Künd-Schutzes handelt es sich nicht um Schutzgesetze i.S.v. § 823 Abs. 2 BGB.[66] Eine deliktsrechtliche Bedeutung kann sich jedoch aus einer sozialwidrigen Künd ergeben, wenn durch sie das allg. Persönlichkeitsrecht als Rechtsgut des § 823 Abs. 1 BGB verletzt wird.[67] Denkbar ist dies bspw. durch ehrverlet-

---

55 BAG 29.6.1978 – 2 AZR 681/76 – AP § 4 KSchG 1969 Nr. 5.
56 BAG 3.5.1979 – 2 AZR 679/77 – AP § 4 KSchG 1969 Nr. 6.
57 BAG 20.6.1985 – 2 AZR 427/84 – AP § 112 BetrVG 1972 Nr. 33; BAG 20.8.1980 – 5 AZR 759/78 – AP § 9 LohnFG Nr. 3; BAG 3.5.1979 – 2 AZR 679/77 – AP § 4 KSchG 1969 Nr. 6 = NJW 1979, 2267.
58 HWK/*Quecke*, vor § 1 KSchG Rn 29, der unter Hinweis auf die Schuldrechtsreform davon ausgeht, dass der formularmäßige Verzicht auf Künd-Schutz in einer Ausgleichsquittung nach den Vorschriften des § 305c Abs. 1, BGB oder des § 307 Abs. 1 S. 1 BGB unwirksam ist; v. Hoyningen-Huene/*Linck*, § 1 Rn 17, die gesonderte Unterschriften jeder Erklärung verlangen; ebenso KR/*Friedrich*, § 4 KSchG Rn 308, mit der Forderung nach zwei getrennten Formularen; HaKo-KSchR/*Fiebig*, § 1 KSchG Rn 19, der eine drucktechnische Hervorhebung des Verzichtsteils fordert.
59 BAG 25.5.2005 – 5 AZR 572/04.
60 LAG Hamm 12.10.2004 – 6 Sa 621/04 – EzA-SD 2005, Nr. 11, 10; LAG Hamm 14.12.1984 – 16 Sa 670/84 – LAGE § 4 KSchG Ausgleichsquittung Nr. 1; LAG Hamm 2.1.1976 – 3 Sa 1121/75 – BB 76, 553.
61 BAG 6.9.2007 – 2 AZR 722/06 – NZA 2008, 219; ArbG Lübeck 30.11.2006 – 2 Ca 1875/06 – AE 2007, 233.
62 ArbG Berlin 9.3.2007 – 28 Ca 1174/07; ArbG Berlin 14.10.2005 – 28 Ca 12710/05.
63 APS/*Dörner*, § 1 KSchG Rn 16; KR/*Friedrich*, § 4 KSchG Rn 311.
64 KR/*Etzel*, § 1 KSchG Rn 36.
65 HaKo-KSchR/*Fiebig*, § 1 KSchG Rn 22.
66 APS/*Dörner*, § 1 KSchG Rn 19.
67 KR/*Spilger*, § 10 KSchG Rn 77.

zende Behauptungen im Künd-Schreiben, die die Leistung oder Arbeitsweise des AN unzutreffend herabwürdigen. In einem solchen Fall kann der AN den ihm entstandenen immateriellen Schaden über die Vorschriften der §§ 823 Abs. 1, 253 Abs. 2 BGB geltend machen.

VI. Grundlagen der Kündigung

32 **1. Begriff und Wesen der ordentlichen Kündigung.** Die Künd ist eine einseitige, empfangsbedürftige, rechtsgestaltende Willenserklärung, durch die das Arbverh zu einem zukünftigen Zeitpunkt beendet werden soll.[68] Die Künd bedarf keiner Annahme. Sie ist gegenüber der anderen Vertragspartei oder deren Vertreter zu erklären und wird mit ihrem Zugang wirksam (§ 130 BGB).[69] Als Rechtsgeschäft unterliegt die Künd den allg. Regeln des BGB, wie Geschäftsfähigkeit, Anfechtbarkeit, Nichtigkeit etc.[70] Die Künd bedarf nach § 623 BGB zu ihrer Wirksamkeit zwingend der Schriftform. Sie muss zweifelsfrei von der zur Künd berechtigten Vertragspartei oder einer bevollmächtigten Person gegenüber der anderen Vertragspartei oder deren Vertreter erklärt werden.[71] Die Künd ist ein Gestaltungsrecht, das jeder Partei zusteht. Zu unterscheiden ist zwischen der ordentlichen Künd, mit der das Arbverh fristgerecht aufgelöst werden soll, und der außerordentlichen Künd aus wichtigem Grund gem. § 626 Abs. 1 BGB, die grundsätzlich auf eine fristlose, sofortige Beendigung des Arbverh gerichtet ist. In jedem Fall muss der Kündigende zweifelsfrei klarstellen, ob eine ordentliche oder eine außerordentliche Künd gewünscht ist.[72]

33 Die **Änderungs-Künd** zielt auf eine Veränderung der Arbeitsbedingungen ab. Nach § 2 liegt eine Änderungs-Künd vor, wenn der AG dem AN das Arbverh kündigt und im Zusammenhang mit der Künd die Fortsetzung des Arbverh zu geänderten Arbeitsbedingungen anbietet. Die Änderungs-Künd stellt ein **zweiaktiges, zusammengesetztes Rechtsgeschäft** dar, das aus zwei Willenserklärungen besteht: sie enthält zum einen die Künd- und zum anderen die Angebotserklärung zur Änderung der Arbeitsbedingungen.[73]

34 **2. Abgrenzung zu anderen arbeitsrechtlichen Gestaltungsmitteln. a) Eigenkündigung.** Die Künd des AN fällt nicht unter das KSchG. Die Künd des AN ist sowohl als ordentliche als auch als außerordentliche Künd – ggf. nach vorheriger einschlägiger Abmahnung – möglich. Die ordentliche Künd des AN kann nur aus den allg. Unwirksamkeitsgründen wie Anfechtung und Nichtigkeit unwirksam sein. Eine außerordentliche arbeitnehmerseitige Künd ist in dem Fall, dass es ihr an einem wichtigen Grund i.S.d. § 626 BGB fehlt, regelmäßig in eine ordentliche Künd umzudeuten.[74]

35 **b) Außerordentliche Kündigung.** Die außerordentliche Künd kann als fristlose oder als fristgebundene unter Einräumung einer sozialen Auslauffrist ausgesprochen werden. Gem. § 13 Abs. 1 S. 1 ist die außerordentliche Künd wegen wichtigen Grundes vom Künd-Schutz des KSchG ausgeschlossen. Maßstab für ihre Rechtmäßigkeit ist der wichtige Grund i.S.d. § 626 BGB und nicht die soziale Rechtfertigung nach § 1. Fehlt der wichtige Grund, kann die Künd nach h.M. in eine ordentliche Künd umgedeutet werden (§ 140 BGB), die dem allg. Künd-Schutz des KSchG unterliegt.[75] Nach hier vertretener Ansicht steht § 623 BGB ggf. einer Umdeutung entgegen (vgl. § 623 BGB Rn 10 ff.) Das Recht zur Künd muss nach § 626 Abs. 2 BGB innerhalb von zwei Wochen ab Kenntnis des Künd-Grundes ausgeübt werden. Die Unwirksamkeit der außerordentlichen Künd muss nach § 13 Abs. 1 S. 2 innerhalb der Dreiwochenfrist des § 4 S. 1 bei Gericht geltend gemacht werden.

36 **c) Teilkündigung und Widerruf.** Mit einer Teil-Künd sollen einzelne Vertragsteile einseitig geändert werden. Das Arbverh wird durch eine Teil-Künd nicht beendet; vielmehr werden einzelne Rechte und Pflichten aus dem Arbeitsvertrag gekündigt.[76] Die Teil-Künd ist, da sie in das Äquivalenz- und Leistungsgefüge des Arbeitsvertrages eingreift, grds. unzulässig.[77] Rechtlich zulässig ist sie nur, wenn sie wirksam einzelvertraglich, tarifvertraglich oder durch BV vereinbart ist und nicht das Verhältnis von Leistung und Gegenleistung stark verändert, so dass eine Umgehung des gesetzlichen Künd-Schutzes die Folge ist.[78] Statthaft ist die einseitige Änderung von Arbeitsbedingungen etwa dann, wenn ein Gesamtvertragsverhältnis sich aus mehreren Teilverträgen zusammensetzt und diese Teilverträge selbst nach dem Gesamtbild des Vertrages jeweils für sich als nach dem Vertrag selbstständig lösbar angesprochen sind und von vornherein eindeutig als selbstständig lösbar aufgefasst werden müssen.[79]

---

68 KR/*Spilger*, § 622 BGB Rn 122.
69 Berscheid/Kunz/Brand/*Hänsch*, Teil 4 Rn 327.
70 ErfK/*Müller-Glöge*, § 620 BGB Rn 188.
71 *Stahlhacke/Preis/Vossen*, Rn 2.
72 BAG 13.1.1982 – 7 AZR 757/79 – AP § 620 BGB Kündigungserklärung Nr. 2.
73 HaKo-KSchR/*Pfeiffer*, § 2 KSchG Rn 5.
74 HWK/*Quecke*, § 1 KSchG Rn 39.
75 BAG 15.11.2001 – 2 AZR 310/00 – AP § 140 BGB Nr. 13.
76 BAG 22.1.1997 – 5 AZR 658/95 – NZA 1997, 711.
77 BAG 23.8.1989 – 5 AZR 569/88 – NZA 1990, 91; BAG 25.2.1988 – 2 AZR 346/87 – AP § 611 BGB Arzt-Krankenhaus-Vertrag Nr. 18; BAG 7.10.1982 – 2 AZR 455/80 – AP § 620 Teilkündigung Nr. 5.
78 BAG 14.11.1990 – 5 AZR 509/89 – AP § 611 BGB Arzt-Krankenhaus-Vertrag Nr. 25; BAG 2.12.1984 – 7 AZR 509/83 – AP § 2 KSchG 1969 Nr. 6.
79 BAG 14.11.1990 – 5 AZR 509/89 — NZA 1991, 377.

d) **Nichtigkeit und Anfechtung.** Beide Parteien können sich, sofern geeignete Gründe vorliegen, auf die Nichtigkeit des Arbverh berufen oder den Arbeitsvertrag gem. §§ 119, 120, 123 BGB anfechten.[80] Bei einem vollzogenen Arbverh wird es grds. ex nunc aufgelöst, da andernfalls nicht befriedigend lösbare Rückabwicklungsschwierigkeiten aufträten. Besteht das Arbverh noch nicht oder ist es außer Funktion gesetzt, wirkt eine Anfechtung nach § 142 Abs. 1 BGB ex tunc.[81] Ebenso wirkt die Berufung auf die Nichtigkeit des Arbeitsvertrages nur für die Zukunft, wenn das Arbverh in Vollzug gesetzt war.[82] Obwohl Anfechtung, Nichtigkeit und Künd sowohl von der Rechtsnatur als auch von den Rechtsfolgen rechtliche Berührungspunkte aufweisen, decken sie sich weder in ihren Voraussetzungen noch in ihren Wirkungen (eine dem § 122 BGB entsprechende Regelung zum Ersatz des Vertrauensschadens gibt es für den Kündigenden bspw. nicht). Gründe die zu einer Künd führen, entstehen i.d.R. während des Arbverh, wohingegen die Anfechtung oder die Nichtigkeit des Rechtsverhältnisses einen Grund voraussetzen, der bereits vor bzw. bei Abschluss des Arbeitsvertrages bestand. In der Praxis ergeben sich oftmals rechtliche Schnittmengen zwischen der Anfechtung und der außerordentlichen Künd, die daraus resultieren können, dass der Anfechtungsgrund im Zeitpunkt der Anfechtungserklärung so stark nachwirkt, dass die Fortsetzung des Arbverh zugleich unzumutbar ist.[83] Auf die Anfechtung finden die Künd-Schutzbestimmungen grds. keine Anwendung, BR oder Personalrat sind nicht zu beteiligen.[84] Die Einhaltung der Klagefrist des § 4 durch den AN ist weder erforderlich, wenn er sich gegen die Wirksamkeit einer Anfechtung wendet, noch bei Berufung des AG auf Nichtigkeit des Arbeitsvertrages.[85] Allerdings kann das Klagerecht, mit dem eine Anfechtung angegriffen wird, verwirken.[86]

37

e) **Aufhebungsvertrag.** Der Aufhebungsvertrag bedarf nach § 623 BGB der Schriftform. Da er mit übereinstimmendem Willen der Parteien geschlossen wird, ist der AN grds. unter Berücksichtigung sich aus besonderen Umständen ggf. ergebender Aufklärungs- und Hinweispflichten[87] nicht schutzwürdig. Die allg. Regelungen des Künd-Schutzes finden keine Anwendung. Eine am Arbeitsplatz geschlossene arbeitsrechtliche Beendigungsvereinbarung ist kein Haustürgeschäft i.S.d. § 312 Abs. 1 S. 1 Nr. 1 BGB. Der AN ist deshalb nicht zum Widerruf seiner Erklärung nach §§ 312, 355 BGB berechtigt.[88]

38

f) **Suspendierung/Freistellung.** Die Suspendierung bzw. Freistellung von der Arbeitspflicht führt nicht zur Beendigung des Arbverh. Vielmehr kommt es lediglich zum teilweisen oder vollständigen Ruhen der Rechte und Pflichten aus dem Arbverh.[89]

39

g) **Befristung und Bedingung.** Endet ein befristeter Arbeitsvertrag durch Zeitablauf oder Zweckerreichung, führt das zu der Beendigung des Arbverh. Entsprechendes gilt bei der Vereinbarung einer auflösenden Bedingung.[90] Das KSchG sowie alle übrigen Künd-Schutzbestimmungen finden auf diese Beendigungstatbestände keine Anwendung. Eine wirksame Befristung oder Bedingung setzt gem. § 14 Abs. 1 TzBfG grds. einen sachlichen Grund voraus. Ausnahmen sind nur in engen Grenzen nach § 14 Abs. 2 TzBfG möglich.

40

h) **Nichtfortsetzungserklärung (§ 12 Abs. 1).** Bei der Nichtfortsetzungserklärung nach § 12 S. 1 handelt es sich um den Fall eines gesetzlichen, außerordentlichen Künd-Rechts, das nicht den Regeln des § 626 BGB unterliegt.[91] Der AN erhält durch § 12 Abs. 1 nach einem gewonnenen Künd-Schutzprozess die Möglichkeit, das Arbverh zum bisherigen AG binnen einer Woche nach Rechtskraft des Urteils zu beenden.

41

i) **Rücktritt.** Das vereinbarte sowie das gesetzliche Rücktrittsrecht gem. den §§ 323 ff. BGB ist durch die allg. Künd-Schutzregelungen bzw. durch § 626 BGB als leges speciales ausgeschlossen.[92] Die Erklärung des Rücktritts durch den AN ist in eine außerordentliche Künd umzudeuten.[93]

42

j) **Wegfall der Geschäftsgrundlage.** § 313 Abs. 3 S. 2 BGB regelt ausdr., dass die Künd dem WGG bei Dauerschuldverhältnissen vorgeht, so dass der WGG als Beendigungstatbestand eines Arbverh ausscheidet.

43

3. Kündigung und Vertretung. Im Grundsatz muss die Künd-Erklärung von dem einen Vertragspartner gegenüber dem anderen Vertragspartner erklärt werden. Bei juristischen Personen sind die Organe zur Abgabe bzw. Entgegennahme der Erklärung zuständig. Eine Berechtigung zur Abgabe bzw. zum Empfang einer Künd-Erklärung kann jedoch auch aus gesetzlicher Vertretung, rechtsgeschäftlicher Bevollmächtigung oder aus der Stellung als Par-

44

---

80 BAG 28.5.1998 – 2 AZR 549/97 – NZA 1998, 1052; BAG 5.10.1995 – 2 AZR 923/94 – NZA 1996, 371; BAG 21.2.1991 – 2 AZR 449/90 – NZA 1991, 719.
81 BAG 3.12.1998 – 2 AZR 754/97 – NZA 1999, 584; BAG 16.9.1982 – 2 AZR 228/80 – AP § 123 BGB Nr. 24.
82 HaKo-KSchR/*Fiebig*, Einleitung Rn 9.
83 Mues u.a./*Legerlotz*, Hdb. z. KüR, Teil 1 Rn 652.
84 HWK/*Quecke*, § 1 KSchG Rn 43; *Stahlhacke/Preis/Vossen*, Rn 148.
85 BAG 14.12.1979 – 7 AZR 38/78 – AP § 119 BGB Nr. 4.
86 HWK/*Quecke*, § 1 KSchG Rn 43.
87 BAG 11.12.2001 – 3 AZR 339/00 – NZA 2002, 1150.
88 BAG 22.2.2004 – 2 AZR 281/03 – AP § 620 BGB Aufhebungsvertrag Nr. 27; BAG 27.11.2003 – 2 AZR 135/03 – NZA 2004, 597.
89 BAG 12.12.2007 – 10 AZR 97/07 – NZA 2008, 409; BAG 6.9.2006 – 5 AZR 703/05 – NZA 2007, 36; BAG 5.4.2001 – 2 AZR 217/00 – NZA 2001, 837.
90 BAG 2.7.2003 – 7 AZR 612/02 – NZA 2004, 311.
91 Staudinger/*Preis*, § 626 BGB Rn 17.
92 *Stahlhacke/Preis/Vossen*, Rn 150.
93 KR/*Fischermeier*, § 626 BGB Rn 41.

tei kraft Amtes (z.B. Insolvenzverwalter, Testamentsvollstrecker) folgen. Ein vertraglicher Ausschluss der rechtsgeschäftlichen Vertretung ist möglich.[94]

45 **a) Vertretung durch Vollmacht bei Abgabe der Kündigungserklärung.** Insb. auf AG-Seite spielt die Künd durch einen rechtsgeschäftlich Bevollmächtigten eine große Rolle. In diesen Fällen wirkt die Künd gem. § 164 Abs. 1 S. 1 BGB unmittelbar für und gegen den AG. Die Bevollmächtigung erfolgt nach § 167 Abs. 1 BGB durch Erklärung gegenüber dem zu Bevollmächtigenden oder dem Dritten, dem gegenüber die Vertretung stattfinden soll. Die Erteilung der Vollmacht ist formlos möglich (§ 167 Abs. 2 BGB). Sie muss vor der Künd erteilt werden, da die Künd ansonsten von einem Vertreter ohne Vertretungsmacht erklärt würde und mithin nach § 180 S. 1 BGB unwirksam ist. Wird die Künd-Erklärung für den AG von einem Vertreter mit dem Zusatz „i.A." unterzeichnet, ergibt sich daraus allein noch nicht, dass der Erklärende lediglich als Bote gehandelt hat. Maßgeblich sind vielmehr gem. §§ 133, 157 BGB die Gesamtumstände. Der so ermittelte rechtsgeschäftliche Vertretungswille muss in der Urkunde jedenfalls andeutungsweise Ausdruck gefunden haben.[95]

46 In vielen Fällen ist die Vollmacht zur Erklärung von Künd in einer umfassenden Vollmacht enthalten, wie bspw. der **Prokura** nach § 48 Abs. 1 HGB, der **Generalvollmacht** oder der **Handlungsvollmacht** gem. § 54 Abs. 1 HGB. Wird die Künd von einem Prokuristen des AG ausgesprochen, dessen Prokura im Handelsregister eingetragen und vom Registergericht gem. § 10 Abs. 1 HGB bekannt gemacht worden ist, bedarf es für die Wirksamkeit der Künd nicht der Vorlage einer Vollmachtsurkunde durch den Prokuristen nach Maßgabe des § 174 S. 1 BGB. Der Gekündigte muss die Prokuraerteilung gem. § 15 Abs. 2 HGB gegen sich gelten lassen. Dies gilt auch, wenn der Prokurist entgegen § 51 HGB nicht mit einem die Prokura andeutenden Zusatz unterzeichnet.[96] Ebenso besitzen der **Betriebs- und Personalleiter** sowie Leiter von Personalabteilungen regelmäßig eine Vollmacht zur Künd, ohne dass diese gesondert erteilt werden müsste.[97] Ein Personalleiter ist kraft der ihm übertragenen Tätigkeit auch grds. zur Künd eines Abteilungsleiters befugt, der auf derselben Ebene wie der Personalleiter arbeitet. Eine Zurückweisung der Künd wegen mangelnder Vollmacht kommt nicht in Betracht.[98] **Referatsleiter** innerhalb einer Personalabteilung oder **Personalsachbearbeiter** müssen hingegen ausdr. zur Künd bevollmächtigt werden.[99] Auch bei Ausspruch einer Künd im Bereich des öffentlichen Dienstes sind bestimmte Personen aufgrund ihrer Tätigkeit bzw. Stellung zur Künd ohne gesonderte Bevollmächtigung befugt. Es hängt jeweils von den konkreten Umständen ab, ob mit der Stellung eines Sachbearbeiters einer mit Personalangelegenheiten befassten Abteilung einer Behörde das Künd-Recht derart verbunden ist, dass die AN, die mit dem Sachbearbeiter zu tun haben, von seiner Künd-Vollmacht i.S.d. § 174 Abs. 2 BGB in Kenntnis gesetzt sind.[100] Im **öffentlichen Dienst** gilt jedoch die Besonderheit, dass in dem Fall, dass in einer größeren Verwaltung die Personalabteilung nur für die Sachbearbeitung und für Grundsatzfragen zuständig ist, während die Federführung in Personalfragen den einzelnen Amtsleitern vorbehalten bleibt, die Amtsleiter und nicht die Leiter des Personalamtes zur Künd befugt sind. Die Amtsleiter können deshalb gem. § 174 S. 2 BGB bei entsprechender Kenntnis des betreffenden AN ohne Vollmachtsvorlage kündigen.[101] Je nach den Umständen des Einzelfalls besteht auch eine Künd-Befugnis beim **Personalsachbearbeiter**.[102] Der **Leiter einer Niederlassung** eines Unternehmens des Transportgewerbes ist regelmäßig nach der Verkehrsanschauung gegenüber den gewerblichen AN als kündigungsberechtigt anzusehen.[103] Wird die Künd durch einen besonderen **Vereinsvertreter** i.S.d. § 30 BGB erklärt, dem satzungsmäßig eine Künd-Befugnis erteilt ist, bedarf es für die Wirksamkeit der Künd nicht der Vorlage einer Vollmachtsurkunde.[104]

47 Wird die Künd ohne Vorlage der Originalvollmacht von Personen ausgesprochen, die nicht der Gruppe der zuvor genannten Vertreter angehören, kann der Künd-Empfänger die Künd mangels Vorlage einer Originalvollmacht nach § 174 BGB unverzüglich i.S.v. § 121 BGB zurückweisen. Bei rechtzeitiger Zurückweisung ist die Künd unheilbar unwirksam und eine Neuvornahme erforderlich.[105] Die Bestimmung des § 174 BGB steht in einem inneren Zusammenhang mit dem Verbot vollmachtlosen Handelns bei einseitigen Rechtsgeschäften gem. § 180 S. 1 BGB. Zweck der Vorschrift ist die Wahrung der Gewissheitsinteressen des Dritten, dem gegenüber der Vertreter ein einseitiges, empfangsbedürftiges Rechtsgeschäft vornimmt.[106] Die Künd ist ein einseitiges Rechtsgeschäft, bei dem gem. § 180 S. 1 BGB eine Vertretung ohne Vertretungsmacht unzulässig ist. Nach § 180 S. 2 BGB findet jedoch § 177 BGB (Genehmigung) entsprechende Anwendung, wenn der Erklärungsempfänger die von dem Vertreter be-

---

94 BAG 9.10.1975 – 2 AZR 332/74 – AP § 626 BGB Nr. 8.
95 BAG 13.12.2007 – 6 AZR 145/07 – NZA 2008, 403.
96 BAG 11.7.1991 – 2 AZR 107/91 – NZA 1992, 449.
97 BAG 6.2.1997 – 2 AZR 128/96 – AP § 620 BGB Kündigungserklärung Nr. 10; BAG 30.5.1972 – 2 AZR 298/71 – AP § 174 BGB Nr. 1; BAG 29.10.1992 – 2 AZR 460/92 – AP § 174 BGB Nr. 10.
98 LAG Niedersachsen 19.9.2003 – 16 Sa 694/03.
99 BAG 20.8.1997 – 2 AZR 518/96 – AP § 620 BGB Kündigungserklärung Nr. 11.
100 BAG 29.6.1989 – 2 AZR 482/88 – AP § 174 BGB Nr. 7.
101 BAG 7.11.2002 – 2 AZR 493/01 – AP § 620 BGB Kündigungserklärung Nr. 18.
102 BAG 29.6.1989 – 2 AZR 482/88 – AP § 174 BGB Nr. 7.
103 Hessisches LAG 20.6.2000 – 9 Sa 1899/99 – LAGE § 174 BGB Nr. 7.
104 BAG 18.1.1990 – 2 AZR 358/89 – NZA 1990, 520.
105 HWK/*Quecke*, § 1 KSchG Rn 31.
106 MüKo-BGB/*Schramm*, § 173 Rn 1.

hauptete Vertretungsmacht nicht bei der Vornahme des Rechtsgeschäfts, also unverzüglich gem. §§ 174 S. 1, 121 Abs. 1 S. 1 BGB beanstandet.[107]

„**Unverzüglich**" bedeutet, dass der Erklärungsempfänger ohne schuldhaftes Zögern handeln muss. Dazu wird nicht ein sofortiges Handeln des Künd-Empfängers verlangt. Dem AN steht eine gewisse Überlegungsfrist und auch eine Zeit zur Einholung von Rechtsrat zur Verfügung.[108] Die Umstände des Einzelfalls sind maßgebend.[109] Das BAG hält die Zurückweisung einer Künd innerhalb von drei Tagen bzw. von fünf Tagen gerechnet ab Zugang der Künd-Erklärung noch für „unverzüglich", wenn ein Wochenende dazwischen liegt.[110] Eine Zeitspanne zwischen Zugang der Künd und Zugang des Rügeschreibens nach § 174 S. 1 BGB von wenigen Tagen bis zu einer Woche (unter Einbeziehung eines Wochenendes) ist laut LAG Hessen[111] nicht zu beanstanden. Erst wenn die Frist zwischen Zugang der Künd und Zugang der Zurückweisung diese Frist überschreitet, ohne dass konkret dargelegte Umstände eine solche Zeitdauer rechtfertigen, ist sie unangemessen und nicht mehr unverzüglich i.S.v. § 121 Abs. 1 S. 1 BGB. Eine unverzügliche Zurückweisung i.S.v. § 174 BGB muss in der Regel innerhalb einer Höchstfrist von zwei Wochen durch Zugang der Zurückweisungserklärung beim Kündigenden vorgenommen werden. So liegt nach einer Entscheidung des LAG Hamm[112] eine unverzügliche Rüge der fehlenden Vollmacht nur dann vor, wenn sie spätestens innerhalb zwei Wochen nach Kenntnis der maßgebenden Tatsachen erfolgt.[113] Nach Ansicht des LAG Rheinland-Pfalz[114] ist die Unverzüglichkeit abzulehnen, wenn der Künd-Empfänger vier Tage nach dem Zugang der Künd einen Rechtsanwalt aufsucht und die Erklärung über die Zurückweisung der Künd wegen fehlender Vollmachtsvorlage erst 13 Tage nach Zugang der Künd durch Zustellung der nur in der Klageschrift enthaltenen Zurückweisungserklärung dem Kündigenden zur Kenntnis gelangt. Im Allg. dürfte der Zeitraum von einer Woche noch nicht zu lang sein.[115] Das LAG Düsseldorf ist der Auffassung, eine unverzügliche Zurückweisung i.S.d. § 174 BGB sei mangels besonderer Umstände nicht mehr gegeben, wenn eine Frist von 10 Tagen überschritten worden sei.[116] Eine unverzügliche Rüge kann i.d.R. nicht mehr angenommen werden, wenn sie nicht innerhalb einer Frist von zwei Wochen nach Kenntnis der maßgebenden Tatsachen (§ 626 BGB analog) erfolgt.[117] Wird eine Künd gegenüber einem AN mangels Vorlage der Vollmacht des Kündigenden erst nach Ablauf der dreiwöchigen Klagefrist des § 4 gem. 174 S. 1 BGB zurückgewiesen, ist dies jedenfalls nicht mehr unverzüglich i.S.d. § 121 Abs. 1 BGB.[118]

Bestreitet der anwaltlich vertretene Kläger in einer Künd-Schutzklage „dass die Künd-Erklärung von der Person unterzeichnet wurde, die hierzu bevollmächtigt ist", ist anzunehmen, dass der Kläger mit dieser Erklärung lediglich die fehlende Vertretungsmacht nach § 180 BGB bestreitet und die Künd nicht wegen fehlender Vorlage der Vollmachtsurkunde nach § 174 BGB zurückweist.

48

§ 174 S. 2 BGB sieht vor, dass der Vollmachtgeber den Dritten, demgegenüber der Bevollmächtigte wirksam handeln können soll, von der Bevollmächtigung in Kenntnis setzt. Nicht ausreichend ist, dass der Bevollmächtigte den Dritten selbst von der Vollmacht in Kenntnis setzt. Ein Aushang über die Bevollmächtigung für Künd am „Schwarzen Brett" reicht nicht ohne Weiteres aus für das Inkenntnissetzen i.S.d. § 174 S. 2 BGB.[119] Bevollmächtigt ein Gesamtvertreter im Innenverhältnis den anderen, für sie beide eine Erklärung abzugeben, bedarf es im Außenverhältnis einer Vollmachtsurkunde, die diese Bevollmächtigung belegt.[120] Besteht nach dem Handelsregister die Prokura nur gemeinsam mit dem Geschäftsführer der GmbH, können sich Dritte im Rechtsverkehr nach § 15 HGB auf die Eintragung im Handelsregister berufen. Beanstandet der AN bei Ausspruch der Künd durch den Prokuristen die Künd-Erklärung dahingehend, er verlange die Erklärung durch den Geschäftsführer, liegt darin die Zurückweisung der Künd i.S.d. § 174 S. 1 BGB.[121] Die Vorlage einer Vollmachtsurkunde bei Ausspruch der Künd ist nicht erforderlich, wenn dem AN die Bevollmächtigung bereits bekannt gemacht wurde. Das ist bspw. bei Vereinsvorsitzenden oder auch besonderen Vertretern eines Vereins i.S.d. § 30 BGB, dem satzungsmäßig Künd-Befugnis erteilt ist, anzunehmen.[122] Gleichfalls ist eine Zurückweisung nach § 174 BGB ausgeschlossen, wenn der Erklärungsgegner über einen bekannt gemachten Geschäftsverteilungsplan oder ein Rundschreiben an die Mitarbeiter von der Vollmacht in Kenntnis gesetzt wurde.[123] So ist die Zurückweisung einer Künd gem. § 174 S. 1 BGB nach § 174 S. 2 BGB ausgeschlossen, wenn der die Künd aussprechende Vertreter des Personalabteilungsleiters in dem bei dem AG bestehenden Geschäftsver-

49

---

107 BAG 11.12.1997 – 8 AZR 699/96.
108 Küttner/*Eisemann*, Krankheit (Arbeitnehmer) Rn 47.
109 BAG 30.5.1978 – 2 AZR 633/76 – AP § 174 BGB Nr. 2.
110 BAG 11.7.1991 – 2 AZR 107/91 – NZA 1992, 449; BAG 31.8.1979 – 7 AZR 674/77 – AP § 174 BGB Nr. 3.
111 LAG Hessen 12.3.2001 – 13 Sa 887/00 – FA 2001, 207.
112 LAG Hamm 6.9.1996 – 10 Sa 1032/95 – LAGE § 613a BGB Nr. 56.
113 BAG 14.12.1979 – 7 AZR 38/78 – AP § 119 BGB Nr. 4.
114 LAG Rheinland-Pfalz 6.2.2001 – 2 Sa 1416/00 – LAGReport 2002, 13.
115 LAG Hamm 6.9.1996 – 10 Sa 1032/95 – LAGE § 613a BGB Nr. 56; BAG 31.8.1979 – 7 AZR 674/77 – AP § 174 BGB Nr. 3; BAG 11.12.1997 – 8 AZR 699/96.
116 LAG Düsseldorf 22.2.1995 – 4 Sa 1817/94 – NZA 1995, 994.
117 LAG Hamm 21.10.1999 – 4 (16) Sa 285/98.
118 BAG 11.3.1999 – 2 AZR 427/98.
119 LAG Köln 3.5.2002 – 4 Sa 1285/01 – NZA-RR 2003, 194.
120 BAG 18.12.1980 – 2 AZR 980/78 – AP § 174 BGB Nr. 1.
121 ArbG Berlin – 29 Ca 34540/99 – EzA § 174 BGB Nr. 15.
122 BAG 18.1.1990 – 2 AZR 358/89 – NZA 1990, 520.
123 BAG 20.8.1997 – 2 AZR 518/96 – NZA 1997, 1343.

teilungsplan im Rahmen einer Vertretungsregelung als Vertreter ausgewiesen ist.[124] Es genügt, wenn der AG dem AN einen bestimmten Vorgesetzten mit der Maßgabe zugewiesen hat, dass dieser die Künd aussprechen darf.[125]

50 Beruht die Vertretungsmacht nicht auf der Erteilung einer Vollmacht durch den Vertretenen, sondern auf gesetzlicher Grundlage, scheidet eine Zurückweisung aus. Die gesetzliche Vertretungsmacht beruht nicht auf einer Willensentscheidung des Vertretenen. Sie kann auch nicht durch eine Vollmachtsurkunde nachgewiesen werden. § 174 BGB kann beispielsweise nicht auf die Vorlage der **Bestallungsurkunden von Vormund, Betreuer oder Pfleger als gesetzlichen Vertretern oder von gerichtlich bestellten Verwaltern (z.B. Insolvenzverwalter)** angewendet werden, weil diese Urkunden nicht die Funktion einer Vollmachtsurkunde haben. **§ 174 BGB mutet die mit der Inanspruchnahme gesetzlicher Vertretung verbundene Unsicherheit über die Wirksamkeit des Bestehens der behaupteten Vertretungsmacht dem Erklärungsempfänger zu.** Eine Anregung, eine dem § 174 BGB entsprechende Vorschrift für die Fälle gesetzlicher Vertretungsmacht zu schaffen, wurde ausdr. verworfen, da eine solche dem geltenden Recht unbekannte Vorschrift undurchführbar und nur geeignet sein würde, unübersehbare Schwierigkeiten hervorzurufen.[126] Hat das AG in einem Insolvenzeröffnungsverfahren bestimmt, dass „Verfügungen der Schuldnerin über Gegenstände ihres Vermögens" nur mit Zustimmung des vorläufigen Insolvenzverwalters wirksam sind, erfasst der Zustimmungsvorbehalt auch die Künd von Arbverh. Eine ohne Zustimmung erklärte Künd ist nach § 24 i.V.m. § 81 Abs. 1 S. 1 InsO unwirksam. Liegt die Einwilligung des vorläufigen Insolvenzverwalters vor, kann der gekündigte AN die Künd nach den §§ 182 Abs. 3, 111 S. 2 und 3 BGB zurückweisen, wenn ihm die Einwilligung nicht in schriftlicher Form vorgelegt wird. Hat auf dem Künd-Schreiben ein Dritter als Vertreter des Insolvenzverwalters die Einwilligung zur Künd erklärt und weist der gekündigte AN die Künd zurück, „weil eine den Unterzeichnenden ordnungsgemäß legitimierende Vollmachtsurkunde des vorläufigen Insolvenzverwalters nicht beigefügt war", bedeutet diese an § 174 BGB angelehnte Rüge i.d.R. zugleich eine Rüge nach den §§ 182 Abs. 3, 111 S. 2 BGB.[127] Besitzt ein Vorgesetzter nur die Befugnis, einer bestimmten Gruppe von AN zu kündigen, wie etwa den Arb, ist er nicht zur Künd anderer AN befugt.[128]

51 **b) Vertretung durch Vollmacht beim Kündigungsempfang.** Nach § 164 Abs. 3 BGB ist auch bei dem Empfang der Künd-Erklärung Vertretung möglich. Die Bevollmächtigung ist formlos und stillschweigend möglich. Trotz bestehender Bevollmächtigung ist jederzeit die Künd an den Erklärungsadressaten möglich; dieser kann den Kündigenden nicht an seinen Bevollmächtigten verweisen.[129] In der Praxis kommt die Vertretung beim Künd-Empfang nur selten vor. Typischer Fall ist die Vertretung des AG durch Vorgesetzte oder Mitarbeiter der Personalabteilung bei einer arbeitnehmerseitigen Künd. Im Fall der Gesamtvertretung ist jeder Gesamtvertreter berechtigt, die Künd allein entgegenzunehmen.[130]

52 Erfolgt eine Künd gegenüber einer **nicht bevollmächtigten Person** ist sie gem. § 180 S. 1 i.V.m. § 180 S. 3 BGB unwirksam. Der Kündigende muss die Künd daraufhin gegenüber dem richtigen Adressaten erklären, da die Genehmigung der gegenüber dem Dritten abgegebenen Erklärung durch den Adressaten der Künd i.s.v. § 184 BGB nicht möglich ist.[131] Die Künd kann auch dadurch Wirksamkeit erlangen, dass der nichtberechtigte Empfänger der Erklärung diese an den Adressaten der Erklärung weiterreicht und so der Zugang erfolgt.

53 Der **Prozessbevollmächtigte** ist zur Abgabe und Empfangnahme einer Künd-Erklärung nur dann ermächtigt, wenn er über eine entsprechende Vollmacht verfügt. Ohne entsprechende Vollmacht geht die Künd-Erklärung erst mit Aushändigung an den Mandanten zu.[132] Kommt es zu einer erneuten **Künd im Künd-Schutzprozess**, kann nach der sog. punktuellen Streitgegenstandstheorie ebenfalls nicht angenommen werden, dass der Prozessbevollmächtigte des AN zur Abgabe bzw. zum Empfang der Künd-Erklärung bevollmächtigt ist, da sich der Streitgegenstand auf die Frage beschränkt, ob ein Arbverh aus Anlass einer bestimmten Künd zu dem von dieser Künd gewollten Termin aufgelöst worden ist oder nicht. Die Prozessvollmacht nach § 81 ZPO hat i.d.R. einen standardisierten Inhalt und umfasst nur solche Prozesshandlungen, die zur Rechtsverfolgung und Verteidigung notwendig sind. Es bedarf mithin einer **besonderen Bevollmächtigung zur Abgabe und zum Empfang einer Künd-Erklärung** für den Mandanten, die formlos erteilt werden kann.[133] Wird die Künd in einem Schriftsatz ausgesprochen (**sog. Schriftsatz-Künd**), geht sie bei fehlender besonderer Bevollmächtigung erst mit Zugang des Schriftsatzes beim AN zu, so dass ab diesem Zeitpunkt die Klagefrist des § 4 zu laufen beginnt.[134] In diesem Fall stellt sich die Frage, wann die Künd zugegangen ist. Da eine Künd in Schriftsätzen über den Streitgegenstand hinausgeht und nicht dem üblichen Vorgehen entspricht, eine Künd-Erklärung abzugeben, muss die den Schriftsatz erhaltende Partei grds. auch nicht mit einer entsprechenden Erklärung rechnen. Ein Zugang der Künd-Erklärung kann mithin nicht bereits dann angenommen werden, wenn

---

124 LAG Mecklenburg-Vorpommern 1.2.2006 – 3 Sa 309/05.
125 ErfK/*Müller-Glöge*, § 620 BGB Rn 198.
126 BAG 20.9.2006 – 6 AZR 82/06 – NZA 2007, 377; BAG 10.2.2005 – 2 AZR 584/03 – AP § 174 BGB Nr. 18.
127 LAG Düsseldorf – 18 Sa 671/01 – LAGE § 21 InsO Nr. 1.
128 BAG 28.10.1971 – 2 AZR 32/71 – AP § 626 BGB Ausschlussfristen Nr. 1.
129 APS/*Preis*, Grundlagen D Rn 82.
130 BAG 12.2.1975 – 5 AZR 79/74 – AP § 78 BetrVG 1972 Nr. 1.
131 HaKo-KSchR/*Fiebig*, Einleitung Rn 81.
132 LAG Baden-Württemberg 25.9.1967 – 7 Ta 11/67 – DB 1967, 1815.
133 APS/*Preis*, Grundlagen D Rn 87.
134 Schaub/*Linck*, Arbeitsrechts-Handbuch, § 123 Rn 13.

der Schriftsatz in den Machtbereich der anderen Partei gelangt ist. Vielmehr ist der Zugang in diesen Fällen erst mit der **Kenntnisnahme des Inhalts des Schriftsatzes** durch die Partei erfolgt.[135] Allein die Parteivernehmung kann somit in einem Prozess Aufschluss über den Zeitpunkt des Zugangs geben. Die Schriftsatz-Künd birgt dementsprechend Rechtsunsicherheiten bei der Bestimmung des Fristbeginns nach § 4. Aus diesem Grund sollte eine weitere Künd durch gesondertes Künd-Schreiben und nicht im Wege einer Schriftsatz-Künd ausgesprochen werden.

Etwas anderes gilt, wenn eine Künd mit einer Klage angegriffen wird, in der der Antrag nach § 4 mit dem allg. Feststellungsantrag nach § 256 ZPO („sog. Schleppnetzantrag") verbunden wird, dass das Arbverh über die Künd hinaus fortbesteht. In diesem Fall ist die Frage Streitgegenstand, ob das Arbverh bis zu dem im Klageantrag genannten Zeitpunkt fortbesteht, d.h. das Bestehen des Arbverh im Zeitpunkt der letzten mündlichen Verhandlung ist Streitgegenstand. Von einer solchen Klage werden weitere Künd erfasst, die der AG im streitbefangenen Zeitraum ausspricht, und zwar unabhängig davon, wann sie in den Prozess eingeführt werden. Die Prozessvollmacht, aufgrund der eine Künd mit der allg. Feststellungsklage nach § 256 ZPO angegriffen wird, bevollmächtigt den Prozessbevollmächtigten zur Entgegennahme aller Künd, die den mit dem Feststellungsantrag verbundenen weiteren Streitgegenstand betreffen. Es kommt nicht darauf an, ob und wann die Künd auch dem AN selbst zugegangen ist.[136]

In der Praxis werden Prozessvollmachten üblicherweise über den gesetzlichen Rahmen des § 81 ZPO hinaus erweitert und der Anwalt zur Abgabe und Entgegennahme von einseitigen Willenserklärungen, wie Künd, in der betreffenden arbeitsrechtlichen Angelegenheit bevollmächtigt.[137] Auch eine formlose Erweiterung der vom AG erteilten Prozessvollmacht ist in engen Grenzen möglich. Das BAG nimmt eine solche Erweiterung an, wenn zwei auf denselben Grund gestützte Künd mit Formfehlern behaftet (fehlende Anhörung des PR; unzulässige Bedingung) und deshalb unwirksam waren und der Prozessbevollmächtigte während des Rechtsstreits um die Rechtswirksamkeit der zweiten Künd eine dritte Künd erklärt, die auf denselben Künd-Grund gestützt wird. In diesem Fall könne die dem Prozessbevollmächtigten des AG erteilte Prozessvollmacht auch die dritte Künd decken.[138] Das regelmäßig vorhandene Interesse an einer Künd reicht für die Annahme einer formlosen Erweiterung nicht aus, da es ansonsten zu einer unzulässigen Ausdehnung des gesetzlichen Umfangs der Prozessvollmacht käme.[139]

Anwälte, die im Auftrag ihres Mandanten Künd erklären, sollten mit Blick auf die Möglichkeit der Zurückweisung der Künd gem. § 174 BGB stets darauf achten, eine Originalvollmacht zur Künd vorzulegen. Dies gilt auch, wenn die Künd durch Schriftsatz im Künd-Rechtsstreit ausgesprochen wird. Eine beglaubigte Kopie oder die Übersendung einer Faxkopie genügt den Formerfordernissen nicht.[140] Der Nichtvorlage der Vollmachtsurkunde steht die Vorlage einer allgemeinen Prozessvollmacht gleich, wenn diese nicht ausdr. zur Vornahme einer Künd berechtigt.[141]

Angesichts des **Formzwangs des § 623 BGB** muss der Kündigende bzw. sein Bevollmächtigter die Künd-Erklärung eigenhändig unterschreiben. Dabei reicht es aus, wenn die für das Gericht bestimmte Urschrift eigenhändig unterzeichnet ist und der Künd-Empfänger eine mit einem Beglaubigungsvermerk versehene Abschrift erhält. Allerdings muss in diesem Fall der Beglaubigungsvermerk vom Verfasser des die Künd-Erklärung enthaltenden Schriftsatzes eigenhändig unterzeichnet sein.[142] Sind Verfasser des Schriftsatzes und die den Beglaubigungsvermerk unterzeichnende Person nicht identisch, ist die erforderliche Schriftform des § 623 BGB nicht gewahrt.[143]

c) **Kündigung und gesetzliche Vertretung.** Bei juristischen Personen ist die Künd-Erklärung grds. durch das vertretungsberechtigte Organ abzugeben, soweit kein bevollmächtigter Vertreter eingeschaltet wird. In dem Fall der **Gesamtvertretung**, d.h. wenn das Organ aus mehreren Personen besteht, müssen alle Vertreter bei der Abgabe der Künd-Erklärung mitwirken. Dies ist auch dadurch möglich, dass ein Gesamtvertreter von dem bzw. den anderen Gesamtvertreter(n) stillschweigend oder formlos ermächtigt und dieser die Erklärung alleine abgibt.[144] Ebenso kann sich eine **Einzelvertretung** aus dem Gesellschaftsvertrag bzw. der Satzung ergeben. Nach den Vorschriften der § 125 Abs. 2 S. 3 HGB, § 35 Abs. 2 S. 3 GmbHG, § 78 Abs. 2 S. 2 AktG ist jedes Organmitglied zur **Passivvertretung** allein berufen. Der sich aus diesen Regelungen ergebende allg. Rechtsgedanke lässt sich auf alle Fälle der Gesamtvertretung übertragen. Mit Eröffnung des Insolvenzverfahrens ist allein der **Insolvenzverwalter** befugt, Künd-Erklärungen abzugeben und solche der AN entgegenzunehmen.

Im **öffentlichen Dienst** gelten teilweise besondere Vorschriften über die Einschränkung der Vertretungsmacht. In diesen Fällen schreibt das Gesetz oder ein Satzungswerk das Zusammenwirken mehrerer Organe bei der Abgabe privatrechtlicher Willenserklärungen vor. Eine ohne die nötige Vertretungsmacht erklärte Künd kann nach Maßgabe der §§ 180 S. 2, 177 Abs. 1, 184 Abs. 1 BGB von dem bzw. den Vertretenen rückwirkend genehmigt werden, wobei

---

135 APS/*Preis*, Grundlagen D Rn 89.
136 BAG 27.10.1988 – 2 AZR 160/88 – RzK I 2b 9; BAG 21.1.1988 – 2 AZR 581/86 – EzA § 4 n.F. KSchG Nr. 33.
137 HaKo-KSchR/*Fiebig*, Einleitung Rn 68.
138 BAG 10.8.1977 – 5 AZR 394/76 – AP § 81 ZPO Nr. 2.
139 HaKo-KSchR/*Fiebig*, Einleitung Rn 69.
140 BGH 4.2.1981 – VIII ZR 313/79 – AP § 174 BGB Nr. 5; OLG Hamm 26.10.1990 – 20 U 71/90 – NJW 1991, 1185; LAG Düsseldorf 22.2.1995 – 4 Sa 1817/94 – NZA 1995, 994.
141 APS/*Preis*, Grundlagen D Rn 87.
142 LAG Niedersachsen 30.11.2001 – 10 Sa 1046/01 – NZA-RR 2002, 242.
143 APS/*Preis*, Grundlagen D Rn 86.
144 BAG 18.12.1980 – 2 AZR 980/78 – AP § 173 BGB Nr. 4.

59 Bei der Künd eines **Minderjährigen** ist die Vorschrift des § 107 BGB zu beachten. Nach dieser Norm bedarf der Minderjährige für eine Künd gegenüber seinem AG der vorherigen Einwilligung seines gesetzlichen Vertreters. Andernfalls ist die Künd nach § 111 S. 1 BGB unwirksam. Nach § 111 S. 2 BGB ist die Künd auch dann unwirksam, wenn eine Einwilligung durch den gesetzlichen Vertreter besteht, der Minderjährige diese jedoch nicht schriftlich vorgelegt und der Künd-Empfänger daraufhin unverzüglich die Künd zurückgewiesen hat. Etwas anderes gilt gem. § 111 S. 3 BGB nur dann, wenn der Künd-Empfänger zuvor von dem gesetzlichen Vertreter über die Einwilligung informiert worden ist. Eine Genehmigung der Erklärung der Künd durch den gesetzlichen Vertreter scheidet aus. Eine Genehmigung kann allerdings als Neuvornahme der Künd durch den gesetzlichen Vertreter selbst gedeutet werden (§ 141 Abs. 1 BGB).[147]

60 Nach § 113 Abs. 1 BGB kann der Minderjährige das Arbverh kündigen, wenn er zum selbstständigen Betrieb eines Erwerbsgeschäfts i.S.v. § 112 BGB ermächtigt ist. Die Vorschrift des § 113 BGB findet keine Anwendung auf Berufsausbildungsverhältnisse.[148] Solange die Ermächtigung wirkt, kann der gesetzliche Vertreter die Künd nicht aussprechen. Da die Ermächtigung gem. § 113 S. 2 BGB jederzeit von dem gesetzlichen Vertreter widerrufen werden kann, ist in einer Künd durch den gesetzlichen Vertreter eine Einschränkung der Ermächtigung zu sehen.

61 Wird einem Minderjährigen gekündigt, tritt die Wirksamkeit der Künd-Erklärung erst zu dem Zeitpunkt ein, in dem die Erklärung dem gesetzlichen Vertreter zugeht (§ 131 Abs. 2 S. 1 i.V.m. Abs. 1 BGB). Dabei genügt für das Wirksamwerden der Künd, dass der gesetzliche Vertreter von der Künd-Erklärung Kenntnis erlangt.[149] Ebenso genügt der Zugang bei einem Elternteil, da ein Fall der Gesamtvertretung vorliegt.

Wird einem Minderjährigen, der in einem **Berufsausbildungsverhältnis** steht, gekündigt, ist die Besonderheit des § 22 Abs. 2, 3 BBiG zu beachten, nach der dem gesetzlichen Vertreter auch die schriftlichen Künd-Gründe mitgeteilt werden müssen.

62 **d) Kündigung während laufenden Rechtsstreits.** Eine Künd im laufenden Rechtsstreit bereitet verschiedene Probleme, die im Zusammenhang mit der Frist des § 4 in der Praxis von entscheidender Bedeutung sind. Hinsichtlich dieser Problematik wird auf die obigen Ausführungen (siehe Rn 53) verwiesen.

63 **4. Form und Inhalt der Kündigungserklärung. a) Schriftform nach § 623 BGB.** Die Beendigung von Arbverh durch Künd oder Auflösungsvertrag bedürfen seit dem 1.5.2000 zu ihrer Wirksamkeit gem. § 623 BGB der Schriftform, andernfalls sind sie nach § 125 S. 1 BGB nichtig. Die elektronische Form ist ausgeschlossen. Die notarielle Beurkundung oder die Aufnahme in ein nach Vorschriften der ZPO errichtetes Protokoll über einen Vergleichsabschluss (Prozessvergleich) wahren die Schriftform (§§ 126 Abs. 4, 127a BGB).[150] § 623 BGB stellt ein **konstitutives gesetzliches Schriftformerfordernis** i.S.d. § 126 BGB dar, das weder durch TV noch durch BV abbedungen werden kann. Das Formerfordernis des § 623 BGB gilt sowohl für die ordentliche als auch für die außerordentliche Künd. Es ist nicht auf die Künd des AG beschränkt, sondern gilt auch für die Künd des AN.[151] Eine per Telefax erklärte Eigenkündigung des AN wahrt nicht die nach § 623 BGB erforderliche Schriftform. Die nach § 125 S. 1 BGB eintretende Rechtsfolge der Nichtigkeit der Künd entfällt auch nicht deshalb, weil der AG mit der nicht formgerechten Künd einverstanden ist. Ein solches Einverständnis ersetzt nicht den Mangel der Form. Dem AN ist es nach Treu und Glauben (§ 242 BGB) nicht verwehrt, sich auf den Formmangel zu berufen.[152]

64 § 623 BGB ist nur auf Künd anwendbar, die seit dem Inkrafttreten der Vorschrift am 1.5.2000 zugegangen sind, und auf Auflösungsverträge, die seit dem 1.5.2000 zustande gekommen sind. Mündlich vereinbarte Vertragsauflösungen vor diesem Zeitpunkt sind weiterhin wirksam, auch wenn der Zeitpunkt der Beendigung des Arbverh nach dem 1.5.2000 liegt.[153]

65 Bis zum 31.12.2000 war auch die Befristung von Arbeitsverträgen in § 623 BGB genannt. Durch Art. 2 Nr. 2 des am 1.1.2001 in Kraft getretenen TzBfG wurde die Befristung aus § 623 BGB gestrichen. Für neue Befristungen ist § 14 Abs. 4 TzBfG einschlägig, der ebenfalls Schriftform vorsieht. Damit gilt das Schriftformerfordernis nicht für Befristungen, die vor dem 1.5.2000 vereinbart wurden, auch wenn der Beendigungszeitpunkt nach dem 1.5.2000 liegt. Das Schriftformerfordernis findet über § 623 BGB für zwischen dem 1.5.2000 und dem 31.12.2000 vereinbarte Befristungen und über § 14 TzBfG für ab dem 1.1.2001 vereinbarte Befristungen Anwendung.

---

145 BAG 4.2.1987 – 7 AZR 583/85 – AP § 626 BGB Nr. 24; BAG 26.3.1986 – 7 AZR 585/84 – AP § 180 BGB Nr. 2.
146 BAG 14.11.1984 – 7 AZR 133/83 – AP § 626 BGB Nr. 89.
147 KR/*Friedrich*, § 13 KSchG Rn 293.
148 LAG Schleswig Holstein 22.12.1982 – 2 Sa 270/82 – 2 Sa 270/82 – EzB. BGB § 113 Nr. 2; HaKo-KSchR/*Fiebig*, Einleitung Rn 89.
149 LAG Hamm 20.10.1974 – 3 Sa 881/74 – BB 1975, 282.
150 ErfK/*Müller-Glöge*, § 623 BGB Rn 25.
151 *Stahlhacke/Preis/Vossen*, Rn 153; *Richardi*, NZA 2001, 57.
152 LAG Rheinland-Pfalz 31.1.2008 – 9 Sa 416/07.
153 HWK/*Bittner*, § 623 BGB Rn 6.

Um der gesetzlichen Schriftform zu genügen, muss die Urkunde nach § 126 Abs. 1 BGB von dem Aussteller eigenhändig durch **Namensunterschrift** oder mittels **notariell beglaubigten Handzeichens** unterzeichnet werden. Bei einem Auflösungs- bzw. Aufhebungsvertrag muss die Unterzeichnung gem. § 126 Abs. 2 BGB grds. auf derselben Urkunde erfolgen. Werden über den Vertrag mehrere gleichlautende Urkunden aufgenommen, genügt es, wenn jede Partei die für die andere Partei bestimmte Urkunde unterzeichnet.[154] Handelt auf Seiten des Erklärenden ein Vertreter, bedarf die vom Vertreter abgegebene Willenserklärung der Form des § 623 BGB, wohingegen die Vollmachtserteilung gem. § 167 Abs. 2 BGB formfrei erfolgen kann.[155] Einschränkungen gelten, wenn ein AN im Einzelfall mit dem Ausspruch einer Künd (der Unterzeichnung des Künd-Schreibens als Vertreter) beauftragt wird. In diesem Fall sollte der Bevollmächtigte mit der Künd eine **Originalvollmacht** dem zu Kündigenden überreichen. Wird keine Originalvollmacht beigefügt, kann der Gekündigte die Künd gem. § 174 BGB zurückweisen, was die Unwirksamkeit der Künd zur Folge hat. Die Vertretung muss in der Künd durch **einen das Vertretungsverhältnis anzeigenden Zusatz** hinreichend deutlich zum Ausdruck kommen. Bei der **Künd einer Gesellschaft bürgerlichen Rechts (GbR)** wird die erforderliche Schriftform nur gewahrt, wenn alle Gesellschafter, die im Briefkopf und maschinenschriftlich in der Unterschriftszeile aufgeführt sind, das Künd-Schreiben handschriftlich unterzeichnen. Es reicht nicht aus, wenn lediglich ein Teil der GbR-Gesellschafter ohne weiteren Vertretungszusatz das Künd-Schreiben unterzeichnet.[156]

Das Schriftformerfordernis setzt voraus, dass die Künd-Erklärung dem AN in Schriftform zugeht. Der Adressat muss **(alleinige) Verfügungsgewalt** über das Schriftstück erlangen. Es reicht nicht aus, wenn es ihm nur zum Durchlesen überlassen wird.[157] Unter besonderen Umständen ist die gewillkürte Schriftform i.S.d. § 127 BGB gewahrt, wenn eine unbeglaubigte Fotokopie der ordnungsgemäß unterzeichneten Originalurkunde ausgehändigt und dem Empfänger gleichzeitig in Anwesenheit des Erklärenden (oder dessen Vertreters) ermöglicht wird, Einsicht in das unterschriebene Original zu nehmen.[158] Diese Grundsätze sollen nach Ansicht des LAG Hamm auf den Fall der gesetzlichen Schriftform nach § 126 BGB ausnahmsweise übertragen werden können, wenn dem AN versehentlich das Original der Künd-Erklärung zur Empfangsbestätigung vorgelegt und ihm nach Unterzeichnung eine Fotokopie des Künd-Schreibens zum Verbleib ausgehändigt werde, da der AN auch hier bei dem Zugang der Künd-Erklärung die Möglichkeit habe, sich davon zu überzeugen, dass die Fotokopie mit dem Original übereinstimme.[159] Das LAG Düsseldorf[160] vertritt den gegenläufigen Ansatz und stellt hierzu fest: „Eine Künd ist dem AN nicht in der gesetzlich vorgeschriebenen Schriftform zugegangen, wenn ihm das Künd-Schreiben lediglich in Kopie übergeben wird. Dass dem Empfänger anlässlich der Übergabe der Kopie das Originalschreiben zur Ansicht und nicht zur Mitnahme vorgelegt wird („Nur gucken, nicht anfassen"), genügt nicht für die in § 130 Abs. 1 BGB präsumierte Erlangung der Verfügungsgewalt."

Auch die **Änderungs-Künd** nach § 2 wird vom Schriftformerfordernis umfasst, da die Nichtannahme des Änderungsangebotes durch den AN zu einer Beendigung des Arbverh führt. Da bei einer Änderungs-Künd das Änderungsangebot gem. § 2 S. 1 „im Zusammenhang mit der Künd" steht, bezieht sich das **Schriftformerfordernis** nicht nur auf die Künd, sondern auch auf das **Änderungsangebot**.[161] Die Nichteinhaltung der Schriftform bei dem Änderungsangebot führt zwar nicht zu dessen Nichtigkeit nach § 125 S. 1 BGB, da der Gesetzgeber für den Arbeitsvertrag keine Schriftform vorsieht. Jedoch ist die Künd nichtig, § 125 S. 1 BGB.[162]

Nicht formbedürftig ist die Anfechtung des Arbeitsvertrages.[163] Die Anfechtung setzt einen Grund voraus, der schon vor bzw. bei Abschluss des Vertrages vorlag, während die Künd dazu dient, ein nachträglich „krank oder sinnlos" gewordenes Arbverh zu beenden.[164] Ebenso stellen die Beendigung eines fehlerhaften Arbverh durch einseitige Erklärung sowie der Widerruf einzelner Arbeitsbedingungen und der Widerspruch nach § 625 BGB keine Künd dar. Sie unterfallen nicht § 623 BGB.[165]

Bei formnichtigen Künd des AG ist der AN nicht gezwungen, Feststellungsklage innerhalb von drei Wochen nach Zugang der Künd gem. § 4 zu erheben.[166] Allerdings ist die Verwirkung des Klagerechts als zeitliche Grenze zur Klageerhebung zu beachten.[167]

Der Verzicht des AN auf Erhebung einer Künd-Schutzklage ist nicht nach § 623 BGB formbedürftig, da das Arbverh nicht durch die Klageverzichtsvereinbarung, sondern durch die formwirksame Künd beendet wird.[168]

b) Gesteigerte Schriftformerfordernisse. Strengere Formvorschriften können in TV, BV und einzelvertraglich vorgesehen werden. Insb. in TV für den öffentlichen Dienst finden sich Formvorschriften.[169] So schreibt § 54 des

---

154 *Worzalla*, PuR 2007, 11.
155 *Richardi*, NZA 2001, 57.
156 BAG 21.4.2005 – 2 AZR 162/04.
157 LAG Hamm 4.12.2003 – 4 Sa 900/03.
158 BAG 20.8.1998 – 2 AZR 603/97 – AP § 127 BGB Nr. 5.
159 LAG Hamm 4.12.2003 – 4 Sa 900/03.
160 LAG Düsseldorf 18.4.2007 – 12 Sa 132/07 – LAGE § 130 BGB 2002 Nr. 5.
161 BAG 16.9.2004 – 2 AZR 628/03 – NZA 2005, 635.
162 *Richardi*, NZA 2001, 57.
163 *Stahlhacke/Preis/Vossen*, Rn 154.
164 BAG 28.3.1974 – 2 AZR 92/73 – AP § 119 BGB Nr. 3.
165 HWK/*Bittner*, § 623 BGB Rn 29.
166 HaKo-KSchR/*Gallner*, § 4 KSchG Rn 2a; HWK/*Pods/Quecke*, § 4 KSchG Rn 5, 31.
167 HWK/*Pods/Quecke*, § 7 KSchG Rn 4.
168 LAG Hamm 9.10.2003 – 11 Sa 515/03.
169 HWK/*Bittner*, § 623 BGB Rn 40.

Bundesmanteltarifs für Arbeiter gemeindlicher Verwaltungen und Betriebe (BMT-G II) fest, dass Künd durch den AG nach der Probezeit und fristlose Entlassungen der Schriftform unter Angabe des Grundes bedürfen. Die Verletzung der tariflichen Schriftform betreffend die Gründe der Künd hat die Nichtigkeit wegen Formmangels zur Folge.

72 **c) Klarheit und Bestimmtheit der Kündigungserklärung.** Die Künd muss deutlich, zweifelsfrei und **bestimmt** erklärt werden. Etwaige Unklarheiten gehen grds. zu Lasten des Kündigenden.[170] Der Gesamtzusammenhang muss erkennen lassen, dass es sich um eine einseitige Beendigung des Arbverh handelt. Die Verwendung des Wortes „Künd" bei Ausspruch der Erklärung ist nicht erforderlich.[171] Die Künd muss als einseitige empfangsbedürftige Willenserklärung den Empfänger wie den Erklärenden hinreichend deutlich erkennen lassen. Daraus folgt aber nicht, dass die Künd von den allgemein für Willenserklärungen geltenden Vorschriften ausgenommen wäre. Vielmehr gilt auch für Künd die **Auslegungsregel des § 133 BGB**, wonach bei der Auslegung einer Willenserklärung der wirkliche Wille zu erforschen und nicht an dem buchstäblichen Sinne des Ausdrucks zu haften ist. Dabei kommt es maßgeblich auf den Standpunkt des Künd-Empfängers an, wie dieser die Erklärung unter Würdigung der ihm bekannten Umstände nach Treu und Glauben unter Berücksichtigung der Verkehrssitte auffassen musste.[172]

73 Der Bestimmtheitsgrundsatz[173] trägt dem Umstand Rechnung, dass eine Künd einseitig in die Rechte der Vertragsparteien und damit das vertragliche Synallagma eingreift. Die Künd darf nicht von Umständen abhängig gemacht werden, durch die der Künd-Empfänger in Unsicherheit über die Beendigung des Arbverh oder den Lauf der Künd-Frist gesetzt wird.[174] Der Künd-Erklärung fehlt es an Klarheit und Bestimmtheit, wenn in ihr mehrere Termine für die Beendigung des Arbverh genannt werden und für den Erklärungsempfänger nicht erkennbar ist, welcher Termin gelten soll.[175]

74 **d) Bedingungsfeindlichkeit der Kündigungserklärung.** Als einseitiges Rechtsgeschäft ist die Künd eines Arbverh **bedingungsfeindlich**. Die Verbindung mit einer unzulässigen (auflösenden) Bedingung führt aus Gründen der Rechtssicherheit zur Unwirksamkeit der Künd.[176]

75 Eine Ausnahme gilt bei der sog. **Potestativbedingung**, das heißt einer Bedingung, bei der der Eintritt der Bedingung vom Willen einer Partei abhängt. So ist eine bedingte außerordentliche Künd wirksam, wenn der Eintritt der Bedingung allein vom Willen des Künd-Empfängers abhängt, wenn der Gekündigte sich im Zeitpunkt der Künd sofort entschließen kann, ob er die Bedingung erfüllen will oder nicht.[177] Der Hauptfall der Künd unter einer Potestativbedingung ist der Änderungs-Künd nach § 2 KSchG.

76 Auch ist es möglich, für den Fall der Unwirksamkeit der außerordentlichen Künd auszusprechen (sog. **Verbund- oder Zweit-Künd**). Es liegt eine zulässige Rechtsbedingung vor.[178]

77 Eine **vorsorgliche Künd** kommt in zwei Ausprägungen vor: In der einen Variante behält sich der Kündigende vor, die Künd ggf. zurückzunehmen. In der anderen Variante spricht der Kündigende eine Künd aus, die einer bereits ausgesprochenen Künd für den Fall der Unwirksamkeit der vorangegangenen Künd nachfolgt (**Nachkündigung**). Eine vorsorgliche Künd ist eine zulässige unbedingte Künd.[179] Der AN muss auch bei der vorsorglichen Künd die Klagefrist des § 4 einhalten, da sonst die Wirkungen des § 7 eintreten.[180]

78 **e) Kein Begründungserfordernis.** Eine Verpflichtung, die ordentliche oder die außerordentliche Künd zu begründen, besteht ungeachtet des in § 623 BGB normierten konstitutiven Schriftformerfordernisses grds. nicht.[181] Gesetzliche Ausnahmen von diesem Grundsatz sind in § 9 Abs. 3 MuSchG und § 22 Abs. 3 BBiG normiert, die bei der Künd die Angabe der Gründe verlangen. Ebenso können TV, BV oder Arbeitsverträge eine schriftliche Begründung der Künd fordern. Beispielhaft sind insoweit die §§ 54 BMT-G II, 57 BAT zu nennen, die der Vorschrift des § 22 BBiG nachgebildet sind. Durch Auslegung der getroffenen kollektiv- oder einzelvertraglichen Vereinbarung muss ermittelt werden, ob es sich um ein **konstitutives oder deklaratorisches Formerfordernis** handelt. Nur in dem Fall, dass der Wille der Parteien dahin geht, die Begründung als Wirksamkeitsvoraussetzung für die Künd anzusehen, folgt aus der Verletzung der Begründungspflicht die Nichtigkeit der Künd nach § 125 BGB.[182] In welchem Umfang die Künd-Gründe schriftlich mitgeteilt werden müssen, hängt vom Einzelfall ab. Der gekündigte AN muss jedenfalls genügend klar erkennen können, was ihm im Einzelnen vorgeworfen wird.[183]

---

170 BAG 15.1.2009 – 2 AZR 641/07 – DB 2009, 1299; BAG 11.6.1959 – 2 AZR 334/57 – AP § 130 BGB Nr. 1.
171 BAG 15.3.1991 – 2 AZR 516/90 – NZA 1992, 452; BAG 19.1.1956 – 2 AZR 80/54 – AP § 620 Kündigungserklärung Nr. 1.
172 BAG 28.2.1980 – 2 AZR 870/78.
173 LAG Sachsen 7.5.2004 – 2 Sa 40/04.
174 Berscheid/Kunz/Brand/*Hänsch*, Teil 4 Rn 331.
175 BAG 21.10.1981 – 2 AZR 407/79.
176 BAG 15.3.2001 – 2 AZR 705/99 – NZA 2001, 1070; BAG 27.6.1968 – 2 AZR 329/67 – AP § 626 BGB Bedingung Nr. 1.
177 BAG 27.6.1968 – 2 AZR 329/67 – AP § 626 BGB Bedingung Nr. 1.
178 ErfK/*Müller-Glöge*, § 620 BGB Rn 173.
179 KR/*Etzel*, § 1 KSchG Rn 169; Schaub/*Linck*, Arbeitsrechts-Handbuch, § 123 Rn 48.
180 APS/*Preis*, Grundlagen D Rn 17.
181 BAG 21.3.1959 – 2 AZR 375/56 – AP § 1 KSchG Nr. 55.
182 *V. Hoyningen-Huene/Linck*, § 1 KSchG Rn 161.
183 BAG 25.8.1977 – 3 AZR 705/75 – AP § 54 BMT-G II Nr. 1.

5. Zugang der Kündigungserklärung. Der Zugang der Künd nach § 130 Abs. 1 S. 1 BGB ist Voraussetzung für ihre Wirksamkeit. Für den Zugang der Künd und dessen Zeitpunkt trägt der Kündigende im Rechtsstreit die **Darlegungs- und Beweislast**. Obwohl § 130 BGB ausdr. nur den Zugang unter Abwesenden regelt, gelten die § 130 BGB entwickelten Grundsätze ebenso beim Zugang unter Anwesenden.[184] Hat der Erklärungsempfänger einen Vertreter zum Empfang der Künd bestellt, ist der Zugang bei diesem maßgeblich.

Der Zugang der Künd spielt prozessual und bei außergerichtlichen Verhandlungen unter zwei Gesichtspunkten eine entscheidende Rolle. Zum einen bei der Frage, ob die Zweiwochenfrist des § 626 Abs. 2 BGB eingehalten ist und zum anderen bei der Frage, ob die Dreiwochenfrist zur Anrufung des ArbG zur Überprüfung der sozialen Rechtfertigung der Künd gem. § 4 KSchG beachtet wurde. Darüber hinaus ist der Zeitpunkt, in dem die Künd zugeht, entscheidend für den Beginn und die Berechnung der Künd-Frist.

a) Zugang unter Anwesenden. Die schriftliche Künd-Erklärung wird mit Aushändigung des Schriftstücks an den Erklärungsempfänger wirksam, ohne dass es darauf ankommt, ob der Empfänger das ihm übergebene Schreiben tatsächlich liest.[185] Aufgrund der den Kündigenden treffenden Beweislast hinsichtlich des Zugangs der Erklärung ist es ratsam für den Erklärenden, die Künd unter Zeugen an den Erklärungsempfänger auszuhändigen, wobei die Zeugen den Inhalt des übergebenen Schreibens kennen müssen. Idealerweise quittiert der Empfänger der Erklärung den Erhalt des Schreibens auf einer mit Datum versehenen Kopie der Künd-Erklärung. Lehnt der Gekündigte die Quittierung ab, ist es empfehlenswert, dass der AN, der den Zugang später bezeugen soll, auf einer zuvor gefertigten Kopie der Künd-Erklärung handschriftlich die Übergabe und deren Zeitpunkt an den zu kündigenden AN vermerkt.

b) Zugang unter Abwesenden. Der Zugang unter Abwesenden ist erfolgt, wenn die Künd-Erklärung so in den **Machtbereich des Erklärungsempfängers** gelangt ist, dass er unter gewöhnlichen Verhältnissen die Möglichkeit hatte, von dem Schreiben Kenntnis zu nehmen.[186] Es ist unerheblich, wann der Erklärungsempfänger die Erklärung tatsächlich zur Kenntnis genommen hat oder ob er daran durch Krankheit, zeitweilige Abwesenheit oder andere besondere Umstände zunächst gehindert war.[187] Grds. gilt, dass der Postweg in all seinen Erscheinungsformen (einfacher Brief, Einschreiben, Einschreiben gegen Rückschein) nicht geeignet ist, den Zugang eines Künd-Schreibens im Rechtsstreit rechtssicher zu beweisen.[188] Ist die Postsendung jedoch nachweislich in den Risikobereich des AN gelangt, bedarf es der Darlegung und Glaubhaftmachung besonderer Umstände, wenn sich der AN darauf berufen will, schuldlos keine Kenntnis von der Künd-Erklärung erlangt zu haben. Solche besonderen Umstände liegen bspw. vor, wenn sich die **Ehefrau eines ausländischen AN**, die die deutsche Sprache nicht lesen kann, wegen einer ernsten Erkrankung ihrer Mutter in einer Ausnahmesituation befand und ihrem Ehemann das an ihn adressierte Künd-Schreiben nicht rechtzeitig ausgehändigt hat.[189] Wird eine Künd auf dem Postweg übermittelt und vom Postzusteller in den **Briefkasten** gegeben, ist sie damit zugegangen, da davon ausgegangen werden kann, dass der Briefkasten gewöhnlich nach der regelmäßigen Postzustellung geleert wird.[190] Es ist für einen ordnungsgemäßen Zugang einer Künd-Erklärung nicht ausreichend, wenn das Künd-Schreiben in einen Sammelbriefkasten respektive den Türschlitz eines Mehrparteienhauses eingeworfen wird. Gleichermaßen unzureichend ist es, wenn das Künd-Schreiben auf einen Stapel Post gelegt wird, der im Treppenhaus eines von mehreren Parteien bewohnten Hauses liegt. Ist ein dem AN eindeutig zuzuordnender Briefkasten nicht zu finden, muss das Schreiben in sonstiger geeigneter Weise in seinen Herrschaftsbereich gelangen. Das gilt auch für die in der Praxis zu beobachtenden Fälle, in denen der AN seinen Briefkasten zur Vermeidung der Zustellung einer Künd entfernt.[191] Ein durch einen Boten nach ortsüblicher, jedoch noch zu **allg. üblicher Postzustellzeit** in den Hausbriefkasten des AN eingeworfenes Künd-Schreiben geht diesem noch am selben Tag zu.[192] Erreicht ein Künd-Schreiben den Briefkasten des Empfängers zu einer für die Postzustellung unüblichen Zeit, zu der mit einer Entnahme des Empfängers nicht mehr gerechnet werden kann, geht das Künd-Schreiben erst am darauf folgenden Tag zu.[193] Auch von einem AN, der sich wegen einer Krankheit oder einer sonstigen Arbeitsfreistellung gewöhnlich zu Hause aufhält, ist nach der Verkehrsanschauung nicht zu erwarten, dass er nach den allg. Postzustellungszeiten seinen Wohnungsbriefkasten nochmals überprüft.[194]

Geht dem AN eine AG-Künd per **Übergabe-Einschreiben** zu, gilt die in dem Schreiben enthaltene Willenserklärung nicht als zugegangen, während sie bei der Post niedergelegt ist und der Erklärungsempfänger lediglich durch einen Benachrichtigungszettel im Briefkasten von der Sendung informiert wurde. Dies folgt daraus, dass dem Benachrichtigungszettel weder zu entnehmen ist, wer Absender des Schreibens ist, noch welchen Inhalt es hat.[195] Der Zugang erfolgt erst durch Aushändigung in der Poststelle, da der Empfänger erst dadurch in die Lage versetzt wird, das Ein-

---

184 BAG 9.8.1984 – 2 AZR 400/83 – NZA 1985, 124; HaKo-KSchR/*Fiebig*, Einleitung Rn 34.
185 BAG 16.2.1983 – 7 AZR 134/81 – AP § 123 BGB Nr. 22.
186 BAG 2.3.1989 – 2 AZR 275/88 – NZA 1989, 635; BAG 16.1.1976 – 2 AZR 619/74 – AP § 130 BGB Nr. 7.
187 BAG 16.1.1976 – 2 AZR 619/74 – AP § 130 BGB Nr. 7.
188 *Worzalla*, PuR 2007, 11, 12.
189 LAG Hamm 28.7.1988 – 8 Ta 222/88 – DB 1988 1759.
190 Schaub/*Linck*, Arbeitsrechts-Handbuch, § 123 Rn 17.
191 *Worzalla*, PuR 2007, 11, 12.
192 LAG Nürnberg 5.1.2004 – 9 Ta 162/03.
193 BAG 14.11.1984 – 7 AZR 174/83 – NZA 1986, 97.
194 BAG 8.12.1983 – 2 AZR 337/82 – NZA 1984, 31.
195 BGH 26.11.1997 – VIII ZR 22/97 – DB 1998, 618; BAG 25.4.1996 – 2 AZR 13/95 – NZA 1996, 1227.

schreiben in seinen Machtbereich zu bringen.[196] Das gilt auch dann, wenn der AN das Einschreiben zwar nicht alsbald, aber noch innerhalb der ihm von der Post mitgeteilten Aufbewahrungsfrist abholt oder abholen lässt.[197] Wird die Briefsendung nicht innerhalb der Abholungsfrist von sieben Werktagen bei der zuständigen Poststelle abgeholt, wird sie an den Absender zurückgesendet, ohne dass ein Zugang hätte erfolgen können.[198] Bei Angabe einer **postlagernden Anschrift oder Postfachanschrift** geht die Künd zu, sobald die Post sie zum Abholen bereit hält oder in das Postfach einlegt und üblicherweise noch mit der Abholung gerechnet werden kann.[199] Wird das Übergabe-Einschreiben entgegen den Vorschriften dem Vermieter des Adressaten übergeben, geht die Erklärung zu.[200] Die gleichen Grundsätze, die für den Zugang der Einschreibesendung gelten, finden auch für die Künd im Wege der **Postzustellung** Anwendung. Auch bei der Postzustellung erfolgt der Zugang erst mit Abholung der Sendung durch den Empfänger.[201]

84 Auch ein **Einschreiben mit Rückschein** ändert nichts daran, dass der Künd-Empfänger den Zugang dadurch vereiteln kann, dass er das Einschreiben zu Hause nicht entgegennimmt und auch nicht bei der Post abholt. Der Rückschein ermöglicht für den Fall der schriftlichen Bestätigung des Erhalts durch den AN nur eine Kontrolle, ob und wann das Schriftstück zugegangen ist. Die Gegenzeichnung durch eine nicht empfangsbevollmächtigte Person genügt nicht für die ordnungsgemäße Zustellung.[202]

85 Das **Einwurf-Einschreiben** geht wie ein normaler Brief zu, unabhängig davon, ob der Empfänger an- oder abwesend ist. Der Postzusteller bestätigt den Einwurf des Einschreibens unter Angabe von Datum und Uhrzeit mit seiner Unterschrift bzw. seinem Kürzel auf einem Auslieferungsbeleg. Damit ist noch kein Beweis des Zugangs erbracht, jedoch besteht in einem Prozess die Möglichkeit, den Postzusteller zum Beweis des Zugangs entsprechend der Angaben auf dem Auslieferungsbeleg als Zeugen zu benennen.[203] Nach praktischen Erfahrungswerten ist infolge Zeitablaufs der Zusteller i.d.R. aber nicht in der Lage im Künd-Schutzprozess zu bezeugen, dass dem AN die Künd-Erklärung zugegangen ist.

86 Nach § 132 Abs. 1 BGB gilt die Künd-Erklärung als zugegangen, wenn sie durch einen **Gerichtsvollzieher** zugestellt wurde. In diesem Fall gilt der Brief, wenn der Künd-Empfänger nicht anwesend ist und die Zustellung durch Niederlegung gem. § 182 ZPO erfolgt, mit der Niederlegung des Schriftstücks und Einwurf der entsprechenden Benachrichtigung in den Briefkasten des Empfängers als zugegangen.[204]

87 Ist dem Kündigenden der Aufenthaltsort des Künd-Empfängers nicht bekannt, kann er die **öffentliche Zustellung** der Künd-Erklärung nach § 132 Abs. 2 BGB, §§ 185 bis 188 ZPO beim zuständigen Amtsgericht beantragen.

88 Es genügt, wenn ein Brief an eine **Person** ausgehändigt wird, die **nach der Verkehrsauffassung** als **ermächtigt** anzusehen ist, den **Empfänger bei der Empfangnahme zu vertreten**. Der Zugang wird auch bewirkt, wenn der Vertreter das Schreiben wieder zurücksendet und nicht dem Empfangsberechtigten aushändigt.[205] Es ist nicht erforderlich, dass demjenigen, der die Erklärung für den Empfänger entgegennimmt, eine besondere Vollmacht oder Ermächtigung erteilt worden ist.[206] Ohne besondere Vollmacht sind nach der Verkehrsauffassung **Familienangehörige**,[207] **Lebensgefährten**[208] der **Vermieter**,[209] wenn nicht jeglicher persönlicher Kontakt zwischen den Mietvertragsparteien fehlt, **Haus- und Büroangestellte** des Empfängers, sowie der Buchhalter eines Hotels für den angestellten Hotelleiter[210] zum Empfang der Künd ermächtigt. Lehnt ein als Empfangsbote anzusehender Familienangehöriger des abwesenden AN die Annahme des Künd-Schreibens des AG ab, muss der AN die Künd nur dann als zugegangen gegen sich gelten lassen, wenn er auf die Annahmeverweigerung, etwa durch vorherige Absprache mit dem Angehörigen, Einfluss genommen hat.[211] Der **Prozessbevollmächtigte** ist zur Empfangnahme eines Künd-Schreibens nur dann ermächtigt, wenn er über eine entsprechende Vollmacht verfügt. Ohne entsprechende Vollmacht geht die Künd-Erklärung erst mit Aushändigung an den Mandanten zu.[212] Auf die Ausführungen zu dem Bereich der Vertretung durch Vollmacht beim Künd-Empfang wird verwiesen.

89 **c) Einzelfälle.** Besondere Zugangsprobleme ergeben sich, wenn der Künd-Empfänger sich infolge **Umzugs, Urlaubs, Krankheit, Kur** oder **Haft** nicht an seinem gewöhnlichen Aufenthaltsort aufhält. Bei der Frage, ob und wann der Zugang erfolgt ist, kommt es darauf an, ob nach dem gewöhnlichen Verlauf der Dinge **mit der Möglichkeit der**

---

196 BAG 7.11.2002 – 2 AZR 475/01 – NZA 2003, 719.
197 BAG 25.4.1996 – 2 AZR 13/95 – NZA 1996, 1227.
198 HaKo-KSchR/*Fiebig*, Einleitung Rn 41.
199 BAG 24.10.1985 – 2 AZR 521/84 – AP § 794 ZPO Nr. 38.
200 BAG 16.1.1976 – 2 AZR 619/74 – AP § 130 BGB Nr. 7.
201 BAG 30.6.1983 – 2 AZR 10/82 – AP § 12 SchwbG Nr. 11; APS/*Preis*, Grundlagen D Rn 54.
202 BAG 7.11.2002 – 2 AZR 475/01 – NZA 2003, 719.
203 HaKo-KSchR/*Fiebig*, Einleitung Rn 41.
204 Zöller/*Stöber*, § 182 ZPO Rn 5.
205 BAG 13.10.1976 – 5 AZR 510/75 – AP § 130 BGB Nr. 8.
206 BAG 8.12.1983 – 2 AZR 354/82; BAG 18.2.1977 – 2 AZR 770/75 – AP § 130 BGB Nr. 10; BAG 16.1.1976 – 2 AZR 619/74 – AP § 130 BGB Nr. 7; BAG 13.10.1976 – 5 AZR 510/75 – AP § 130 BGB Nr. 8.
207 LAG Hamm 28.7.1988 – 8 Ta 222/88 – DB 1988, 1759; LAG Hamburg 6.7.1990 – 1 Ta 3/90 – LAGE § 130 BGB Nr. 16.
208 LAG Bremen 17.2.1988 – 3 Ta 79/87 – NZA 1988, 548.
209 BAG 16.1.1976 – 2 AZR 619/74 – AP § 130 BGB Nr. 7.
210 13.10.1976 – 5 AZR 510/75 – AP § 130 BGB Nr. 8.
211 BAG 11.11.1992 – 2 AZR 328/92 – NZA 1993, 259.
212 LAG Baden-Württemberg 25.9.1967 – 7 Ta 11/67 – DB 1967, 1815.

Kenntnisnahme durch den Empfänger zu rechnen war; konkrete Umstände in der Sphäre des Empfängers, z.B. die Unkenntnis der Sprache oder Analphabetismus fallen in die Risikosphäre des Empfängers und bleiben unbeachtet.[213] Es obliegt dem Empfänger, dafür Sorge zu tragen, dass die an seine alte Anschrift gesendete Post ihn erreicht. Tut er das nicht, geht trotz seiner (längeren) Abwesenheit eine an die alte Wohnanschrift des AN übermittelte schriftliche Künd-Erklärung zu.[214] Das gilt grds. sogar dann, wenn dem AG bekannt ist, dass der AN während seines Urlaubs verreist ist[215] oder sich in Untersuchungshaft oder in Auslieferungshaft im Ausland befindet.[216] Der Zeitpunkt des Zugangs bestimmt sich dann danach, wann nach Einwurf der Sendung üblicherweise der Hausbriefkasten zum nächsten Mal geleert worden wäre.[217] Der Zugang erfolgt in diesen Fällen nicht nur durch den Einwurf des Künd-Schreibens in den Hausbriefkasten, sondern auch, wenn einem Familienangehörigen des urlaubs- oder aus sonstigen Gründen abwesenden AN das Künd-Schreiben ausgehändigt wird.[218] Bei einem Umzug ist die Sendung der Erklärung an die alte Anschrift möglich, solange die neue Anschrift nicht mitgeteilt ist und kein Nachsendeantrag gestellt ist.[219] Erlangt der Erklärungsempfänger nach Ablauf der Frist des § 4 Kenntnis von der bereits zugegangenen Künd, besteht für ihn jedoch die Möglichkeit, die nachträgliche Zulassung der Künd-Schutzklage nach § 5 zu beantragen. Unterhält der Künd-Empfänger einen Zweitwohnsitz, von dem aus er seinen Arbeitsplatz aufsucht, geht ein an den Zweitwohnsitz gesendetes Künd-Schreiben des AG an den Zweitwohnsitz auch dann zu, wenn der AN sich aufgrund einer Erkrankung nicht an seinem Zweit-, sondern an seinem Erstwohnsitz aufhält.[220] A.A. ist das LAG Düsseldorf[221] in dem Fall, dass der AN einen Zweitwohnsitz am Arbeitsort unterhält, im Arbeitsvertrag jedoch der Hauptwohnsitz des AN aufgeführt ist. Ein AG könne ohne Hinzutreten besonderer Umstände nicht annehmen, dass der AN in jeder dieser Wohnungen Vorkehrungen getroffen habe, die es ihm ermöglichten, sich zeitnah Kenntnis von einem Künd-Schreiben zu verschaffen.

d) Verhinderung und Verzögerung des Zugangs. Wird der Zugang der Künd durch einen Umstand vereitelt oder verzögert, den der Erklärungsempfänger zu vertreten hat, kann es ihm nach **Treu und Glauben** verwehrt sein, sich auf den verspäteten Zeitpunkt des Zugangs der Künd zu berufen. Ein solcher Fall ist anzunehmen, wenn das **Zugangshindernis dem Empfänger zuzurechnen** ist, der Erklärende nicht damit zu rechnen brauchte und er nach Kenntnis von dem noch nicht erfolgten Zugang unverzüglich erneut eine Zustellung vorgenommen hat. Nicht erforderlich ist es, dass der Empfänger den Zugang schuldhaft vereitelt hat. Es reicht aus, wenn die Verzögerung auf Umstände zurückzuführen ist, die zu seinem Einflussbereich gehören.[222] Das aus dem Fehlen eines Briefkastens erwachsende Zugangsrisiko trifft den AN. Wird ihm ein Brief in der Türspalt der Wohnungstür geklemmt, kann er sich nicht darauf berufen, den Brief erst 20 Stunden später im Hausflur gefunden zu haben.[223] Ebenso gilt ein Künd-Schreiben als zugegangen, das der Bote mangels Hausbriefkastens nach vergeblichem Klingeln auffällig zwischen Glasscheibe und Metallgitter der von der Straße aus nicht einsehbaren Haustür des Einfamilienhauses des Künd-Empfängers gesteckt hat.[224] Der AN, dem eine befristete Künd zu einem festbestimmten Termin angekündigt worden ist, der aber in der Zeit, in der mit dem Zugang dieser Künd zu rechnen ist, ohne Hinterlassung der von ihm angeforderten Urlaubsanschrift in einen Campingurlaub fährt, aus dem er erst einen Tag nach Ablauf des Künd-Termins zurückkehrt, kann sich, wenn ihm die Künd-Erklärung dann sogleich zugeht, nicht auf die kurzfristige Überschreitung des Künd-Termins berufen, sondern muss die Künd als dann noch rechtzeitig erklärt hinnehmen.[225] Gibt der AN bewusst eine falsche Anschrift an, damit ihn ein etwaiges Künd-Schreiben nicht rechtzeitig erreichen kann, so gilt die Künd mit Zustellung unter der falschen Adresse als zugegangen. AN können sich nach Treu und Glauben nicht auf den verspäteten Zugang einer Künd berufen, wenn sie die Zugangsverzögerung selbst zu vertreten haben. Das gilt allerdings nur, wenn der AG alles Erforderliche und Zumutbare getan hat, damit seine Künd den AN erreicht.[226]

Verweigert der Künd-Empfänger grundlos die Annahme der Künd, gilt sie ohne Wiederholung als zugegangen.[227] Verhindert jedoch ein nur als Empfangsbote in Betracht kommender Dritter durch Annahmeverweigerung den Zugang der Willenserklärung, kann dies dem Adressaten nicht zugerechnet werden, wenn er hierauf keinen Einfluss

---

213 LAG Köln 24.3.1988 – 8 Ta 46/88 – NJW 1988, 1870.
214 BAG 2.3.1989 – 2 AZR 275/88 – NZA 1989, 635; BAG 16.3.1988 – 7 AZR 587/87 – NZA, 1988, 875; jeweils unter Aufgabe der gegenteiligen früheren Rspr., nach der der Zugang bei einer dem AG bekannten urlaubsbedingten Abwesenheit des Erklärungsempfängers erst mit dessen Rückkehr erfolgte, vgl. BAG 16.12.1980 – 7 AZR 1148/78 – AP § 130 BGB Nr. 11; a.A. LAG Köln 9.2.2004 – 3 Ta 430/03 – AuR 2004, 279.
215 BAG 16.3.1988 – 7 AZR 587/87 – NZA, 1988, 875.
216 BAG 2.3.1989 – 2 AZR 275/88 – NZA 1989, 635.
217 LAG Rostock 20.5.2003 – 5 Sa 452/02.
218 BAG 11.8.1988 – 2 AZR 11/88 – AuB 1989, 374; BAG 8.12.1983 – 2 AZR 354/82; BAG 25.8.1978 – 2 AZR 693/76.
219 Schaub/*Linck*, Arbeitsrechts-Handbuch, § 123 Rn 21.
220 ArbG Stade 6.8.1990 – 2 Ca 270/90; HaKo-KSchR/*Fiebig*, Einleitung Rn 52; KR/*Friedrich*, § 4 KSchG Rn 112.
221 LAG Düsseldorf 7.12.1995 – 5 Sa 1035/95 – LAGE § 130 BGB Nr. 20.
222 BAG 3.4.1986 – 2 AZR 258/85 – AP § 18 SchwbG Nr. 9; BAG 18.2.1977 – 2 AZR 770/75 – AP § 130 BGB Nr. 10; LAG Rheinland-Pfalz 26.11.2007 – 9 Ta 240/07.
223 ArbG Köln 16.3.1981 – 6 Ca 9206/80.
224 LAG Hamm 25.2.1993 – 8 Ta 333/92 – NZA 1994, 32.
225 BAG 4.3.1965 – 2 AZR 261/64 – AP § 130 BGB Nr. 5.
226 BAG 22.9.2005 – 2 AZR 366/04.
227 BAG 11.8.1992 – 2 AZR 328/92 – NZA 1993, 259; BGH 27.10.1982 – V ZR 24/82 – NJW 1983, 929; APS/*Preis*, Grundlagen D Rn 59.

hat.[228] Eine Obliegenheit, ein Einschreiben frühestmöglich bei der zuständigen Poststelle abzuholen, besteht nicht. Es reicht aus, wenn das Einschreiben innerhalb der dem Empfänger von der Post mitgeteilten Aufbewahrungsfrist beim zuständigen Postamt abgeholt wird.[229] Wer als AG die ordentliche Frist zur Künd in der Weise ausnutzen will, dass er dem AN am Abend des letzten Tages des Monats die Künd-Erklärung am Arbeitsplatz übergeben will, kann sich nicht auf eine Zugangsvereitelung durch den AN berufen, wenn dieser kurz vor Arbeitsschluss bereits gegangen ist.[230]

92 **e) Darlegungs- und Beweislast.** Für den Zugang der Erklärung trägt der Erklärende die Beweislast.[231] Ein Anscheinsbeweis für die Tatsache, dass ein zur Post gegebener Brief ordnungsgemäß zugestellt wurde, existiert nicht.[232] Ebenso rechtfertigt bei einer Künd durch Telefax die Absendung oder der Vermerk „OK" im Sendeprotokoll keinen Anscheinsbeweis. Der Sendebericht vermag allenfalls ein Indiz für den Zugang zu liefern.[233]

93 Angesichts der bestehenden Rechtsunsicherheiten und Beweisschwierigkeiten ist dem Kündigenden von der postalischen Zustellung der Künd im Wege des Übergabe-Einschreibens, Einwurf-Einschreibens oder Einschreibens mit Rückschein abzuraten.[234] Der sicherste Weg besteht darin, das Künd-Schreiben persönlich dem Erklärungsempfänger bzw. dem von ihm bestellten Vertreter zu übergeben. Die Übergabe sollte zu Beweiszwecken in Anwesenheit von Zeugen erfolgen, die zuvor die Möglichkeit hatten, Einsicht in das Künd-Schreiben zu nehmen. Ebenso ist eine Quittierung des Erhalts des Schreibens durch den Erklärungsempfänger empfehlenswert.

94 **6. Rücknahme der Kündigung.** Die Rücknahme der Künd durch den AG kann durch verschiedene Gründe motiviert sein. Einerseits kommt eine Änderung der Sachlage nach Ausspruch der Künd in Betracht, bspw. wenn die betriebsbedingten Gründe nachträglich weggefallen sind, sich die Unschuld eines zuvor einer Straftat verdächtigten AN erwiesen hat oder eine Überprüfung der Rechtslage ergibt, dass die Künd unwirksam ist. Andererseits kann die Rücknahme einer Künd auch aus taktischen Gründen erfolgen. Denkbar ist eine Künd-Rücknahme durch den AG z.B. in dem Fall, dass er Kenntnis von einer neuen Beschäftigung des gekündigten AN hat und aus diesem Grund davon ausgeht, der Gekündigte werde das Arbverh nicht fortsetzen wollen.

95 Die einseitige Rücknahme der Künd ist **nicht möglich**.[235] Eine Künd kann wegen ihrer unmittelbaren Gestaltungswirkung nach ihrem Zugang nicht mehr einseitig widerrufen oder zurückgenommen werden. Das gilt auch, wenn der Erklärungsempfänger von der Künd-Erklärung tatsächlich noch keine Kenntnis erlangt hat.[236] Gem. § 130 Abs. 1 S. 2 BGB wird die Willenserklärung nur dann nicht wirksam, wenn dem Künd-Empfänger vor Zugang der Künd oder gleichzeitig ein Widerruf zugeht.[237]

96 Allenfalls kann die Künd-Rücknahme im Rahmen einer auf Beseitigung der Künd und ihrer Folgen gerichteten **einvernehmlichen Vereinbarung** Bedeutung erlangen. Die Rücknahme der Künd stellt ein Angebot des AG dar, entweder ein neues Arbverh abzuschließen oder das alte ist nicht gekündigt zu den bisherigen Bedingungen fortzusetzen.[238] Dieses Angebot kann der AN ausdr., stillschweigend oder konkludent annehmen.[239] Nimmt der AN das Angebot zur Fortführung des Arbverh an, kommt ein Vertrag über die Aufhebung der Künd zustande, dessen Rechtsfolge die unveränderte Fortsetzung des Arbverh ist.[240] Bei einer Rücknahme vor Klageerhebung wird die Künd insofern als nicht existent betrachtet, als die Fiktionswirkung des § 7 nicht eintreten kann.[241]

97 In der **Erhebung einer Künd-Schutzklage** kann nicht die Zustimmung des AN zu einer „Beendigungs-Künd-Rücknahme" gesehen werden.[242] Der Wegfall des Rechtsschutzinteresses durch eine Künd-Rücknahme ist nach der Rspr. im Einzelfall aufgrund besonders gelagerter Umstände zwar nicht auszuschließen, jedoch kann generell davon nicht ausgegangen werden. I.d.R. hat der AN ein berechtigtes rechtliches Interesse an der gerichtlichen Feststellung, dass die „zurückgenommene" Künd sozialwidrig ist und das Arbverh nicht aufgelöst hat.[243] In der Stellung des Auflösungsantrages gem. § 9 nach der erklärten Künd-Rücknahme durch den AG liegt i.d.R. die Ablehnung des AG-Angebots, die Wirkungen der Künd einvernehmlich rückgängig zu machen und das Arbverh fortzusetzen.[244] Eine einvernehmliche Künd-Rücknahme in Form eines außergerichtlichen oder gerichtlichen Vergleichs führt erst dann zur Beseitigung des arbeitgeberseitigen Annahmeverzugs, wenn der AG die ihm obliegende Mitwirkungshandlung vor-

---

228 BAG 11.11.1992 – 2 AZR 328/92 – NZA 1993, 259.
229 BAG 25.4.1996 – 2 AZR 13/95 – NZA 1996, 1227.
230 LAG Köln 10.4.2006 – 14 (4) 61/06 – NZA-RR 2006, 466.
231 Schaub/*Linck*, Arbeitsrechts-Handbuch, § 123 Rn 15.
232 BAG 14.7.1960 – 2 AZR 173/59 – AP § 130 BGB Nr. 3.
233 BGH 7.12.1994 – VIII ZR 153/93 – EzA § 130 BGB Nr. 26.
234 *Laber*, FA 1998, 170; *Ettwig*, FA 1998, 368.
235 BAG 17.4.1986 – 2 AZR 308/85 – NZA 1987, 17.
236 ErfK/*Müller-Glöge*, § 620 BGB Rn 229.
237 BAG 19.8.1982 – 2 AZR 230/80 – AP § 9 KSchG 1969 Nr. 9.
238 BAG 19.8.1982 – 2 AZR 230/80 – AP § 9 KSchG 1969 Nr. 9.
239 APS/*Ascheid*, § 4 KSchG Rn 127; KR/*Friedrich*, § 4 KSchG Rn 55.
240 BAG 19.8.1982 – 2 AZR 230/80 – AP § 9 KSchG 1969 Nr. 9.
241 APS/*Ascheid*, § 4 KSchG Rn 129.
242 BAG 19.8.1982 – 2 AZR 230/80 – AP § 9 KSchG 1969 Nr. 9; APS/*Ascheid*, § 4 KSchG Rn 131.
243 BAG 19.8.1982 – 2 AZR 230/80 – AP § 9 KSchG 1969 Nr. 9.
244 BAG 19.8.1982 – 2 AZR 230/80 – AP § 9 KSchG 1969 Nr. 9.

nimmt und einen funktionsfähigen Arbeitsplatz zur Verfügung stellt, sowie dem AN Arbeit zuweist bzw. die versäumte Arbeitsaufforderung nachholt.[245]

Von einer Künd-Rücknahme ist das **Anerkenntnis nach § 307 ZPO** zu trennen. Der AN kann in dem Fall, dass der AG das prozessuale Begehren des AN annimmt, ein Anerkenntnisurteil erwirken.[246]

VII. Allgemeine Voraussetzungen des Kündigungsschutzes

Der Anwendungsbereich des allgemeinen Künd-Schutzes nach dem KSchG ist in den §§ 1, 14, 23–25 geregelt. Das gesetzliche Künd-Schutzrecht ist zwingend, so dass von ihm nicht zum Nachteil des AN abgewichen werden darf. Die Berufsfreiheit des Art. 12 Abs. 1 GG schützt nicht nur die unternehmerische Freiheit, sondern gewährt auch einen Mindestbestandsschutz für den AN. Zwar ist mit der durch Art. 12 Abs. 1 GG geschützten Berufswahlfreiheit kein unmittelbarer Schutz gegen den Verlust des Arbeitsplatzes aufgrund privater Disposition verbunden. Insofern obliegt dem Staat aber eine aus dem Grundrecht des Art. 12 Abs. 1 GG folgende **Schutzpflicht**, der sowohl der Gesetzgeber als auch die Gerichte Rechnung tragen müssen. Der **verfassungsrechtlich gebotene Mindestbestandsschutz** für ein Arbverh strahlt auf die Auslegung und Anwendung der Vorschriften des Künd-Schutzgesetzes aus. Die Gerichte haben von Verfassungs wegen zu prüfen, ob von ihrer Anwendung im Einzelfall das Grundrecht des Art. 12 Abs. 1 GG berührt wird. Trifft das zu, so haben die Gerichte die Vorschriften des Künd-Schutzgesetzes im Lichte der Grundrechte auszulegen und anzuwenden.[247] Das Recht zur Künd kann hingegen sowohl für den AG als auch für den AN einzel- oder tarifvertraglich eingeschränkt werden, wobei das Künd-Recht des AN nicht stärker eingeschränkt werden darf, als das Recht des AG.[248]

1. Persönlicher Anwendungsbereich. a) Arbeitnehmer. Der besondere Schutz des KSchG entfaltet lediglich Wirkung für AN. Für den Begriff des AN enthält das Gesetz **keine Legaldefinition**, so dass auf die allg., von der Rspr. entwickelten Grundsätze zurück zu greifen ist.[249] Danach ist derjenige AN, der aufgrund eines privatrechtlichen Vertrags im Dienste eines anderen zur Leistung weisungsgebundener, fremdbestimmter Arbeit in persönlicher Abhängigkeit verpflichtet ist.[250] Die Abgrenzung zu einer selbstständigen Tätigkeit ist im Einzelfall nicht immer leicht.[251] Im Folgenden werden verschiedene Fallgruppen dargestellt, anhand der die typologische Abgrenzung der nichtselbstständigen von der selbstständigen Tätigkeit deutlich wird.

aa) Aushilfsarbeit. Aushilfs-Arbverh fallen unter den Schutz des KSchG, wenn die dafür erforderlichen Voraussetzungen erfüllt und insb. die Wartezeit von sechs Monaten i.S.v. Abs. 1 und der Schwellenwert des § 23 überschritten sind. Die Eigenart der Aushilfsarbeit besteht darin, dass sie i.d.R. nur für kurze Zeiträume ausgeübt und so die Wartezeit des Abs. 1 nur selten überschritten wird. Dem Künd-Schutz kommt daher bei der Aushilfsarbeit in der Praxis nur untergeordnete Bedeutung zu.[252]

bb) Ausländische Arbeitnehmer. § 23 Abs. 1 erfasst nur Betriebe, die in der Bundesrepublik Deutschland liegen.[253] Ein ausländischer AN genießt den Schutz des KSchG, wenn sich der Arbeitsvertrag nach deutschem Arbeitsrecht richtet. Das ist anhand der derzeit geltenden Regelungen des IPR und IAR zu prüfen.[254]

cc) Auszubildende, Anlernlinge, Praktikanten und Volontäre. **Auszubildende** stehen unter dem besonderen Künd-Schutz des § 22 BBiG, der in Abs. 2 regelt, dass das Berufsausbildungsverhältnis nach der Probezeit nur aus wichtigem Grund ohne Einhaltung einer Künd-Frist oder vom Auszubildenden mit einer Frist von vier Wochen gekündigt werden kann. Der Ausschluss der ordentlichen Künd kommt sowohl dem Auszubildenden als auch dem AG zugute. Der AG erhält die Sicherheit, dass ihm der Auszubildende, dessen Beschäftigung anfänglich für ihn mit wirtschaftlichen Einbußen verbunden ist, auch dann erhalten bleibt, wenn er als Arbeitskraft durch die voranschreitende Ausbildung wertvoller geworden ist. Für den Auszubildenden ist gewährleistet, dass er seine Ausbildung, abgesehen von Fällen eigenen Fehlverhaltens, die eine außerordentliche Künd nach sich ziehen können, bis zum Abschluss bei dem gleichen AG ohne die Gefahr einer willkürlichen Künd durch diesen absolvieren kann. Letzteres ist der Grund, warum eine vertragliche Vereinbarung, die eine ordentliche Künd des Ausbildungsverhältnisses regelt, gem. § 25 BBiG nichtig ist. Eine solche Abrede würde dem Auszubildenden seinen durch das Gesetz geschaffenen Schutz nehmen.

Innerhalb der Probezeit, die nach § 20 BBiG mind. einen Monat betragen muss und höchstens vier Monate betragen darf, kann das Ausbildungsverhältnis gem. § 22 Abs. 1 BBiG jederzeit ohne Einhaltung einer Künd-Frist gekündigt

---

245 BAG 19.1.1999 – 9 AZR 679/97 – AP § 615 BGB Nr. 79.
246 APS/*Ascheid*, § 4 KSchG Rn 137.
247 BAG 26.9.2002 – 2 AZR 636/01 – NZA 2003, 549 m.w.N.
248 HaKo-KSchR/*Fiebig*, Einleitung Rn 3.
249 BAG 24.3.2004 – 5 AZR 233/03 – EzA § 134 BGB 2002 Nr. 2.
250 BAG 24.3.2004 – 5 AZR 233/03; BAG 26.9.2002 – 5 AZB 19/01 – NZA 2002, 1412; BAG 16.2.2000 – 5 AZB 71/99 – NZA 2000, 385; Ascheid/*Dörner*, § 1 Rn 21; ErfK/*Ascheid*, § 1 Rn 62 ff.
251 Vgl. BAG 8.5.2007 – 9 AZR 777/06 – AP § 611 BGB Arbeitnehmerähnlichkeit Nr. 15.
252 KR/*Etzel*, § 1 Rn 42.
253 BAG 17.1.2008 – 2 AZR 902/06 – NZA 2008, 872.
254 Vgl. LAG Hessen 28.5.2008 – 8 Sa 2179/06.

werden. In dieser Zeit genießt der Auszubildende keinen gesteigerten Künd-Schutz, da beide Vertragspartner in dieser Zeit herausfinden sollen, ob die von dem Auszubildenden getroffene Berufswahl die richtige war.[255]

105 Gem. § 26 BBiG gilt Vorstehendes auch für **Anlernlinge**, **Praktikanten** und **Volontäre**, wenn der mit dem AG geschlossene Vertrag den praktischen Ausbildungszweck in den Vordergrund stellt, d.h. die betreffende Person muss eingestellt worden sein, um berufliche Kenntnisse, Fähigkeiten und Erfahrungen zu sammeln.[256]

106 dd) **Einheitliches Arbeitsverhältnis mit mehreren Arbeitgebern.** Ein Arbverh kann auch zwischen einem AN und mehreren AG zustande kommen. Man spricht in diesem Fall von einem einheitlichen Arbverh. Erforderlich ist ein **rechtlicher Zusammenhang zwischen den arbeitsvertraglichen Beziehungen des AN zu den einzelnen AG**, der es verbietet, diese Beziehungen rechtlich getrennt zu behandeln.[257] Unter welchen Voraussetzungen ein solcher rechtlicher Zusammenhang anzunehmen ist, muss nach der Rspr. des BAG im Einzelfall entschieden werden. Dies hängt von dem Vorliegen verschiedener Indizien ab, wie bspw. dem Führen eines einheitlichen Betriebs durch die beteiligten AG[258] oder einem rechtlichen Zusammenhang zwischen den AG. Ein rechtlicher Zusammenhang kann darin bestehen, dass die AG über wechselseitige Einflussmöglichkeiten bei dem Abschluss bzw. der Durchführung der von dem AN mit einem jeweils anderen AG getroffenen Vereinbarungen verfügen.[259] Entscheidend ist, ob die verschiedenen Vereinbarungen zwischen dem AN und den beteiligten AG von den Parteien nur gemeinsam gewollt waren und gemeinsam durchgeführt wurden.[260] Des Weiteren ist ein rechtlicher Zusammenhang zwischen den arbeitsvertraglichen Beziehungen des AN zu den einzelnen AG dann anzunehmen, wenn eine Verflechtung zwischen den vertraglichen Vereinbarungen des AN mit den verschiedenen AG vorliegt, die ergibt, dass die eine ohne die andere Vereinbarung nicht wirksam sein sollte.[261] Nicht notwendig für die Annahme eines einheitlichen Arbverh ist, dass die Vereinbarung zwischen AN und mehreren AG in einem einheitlichen Akt, bspw. in einer gemeinsamen Vertragsurkunde, getroffen wurde. Gegen das Vorliegen eines einheitlichen Arbverh spricht bspw. ein ständiger Wechsel der VertragsAG, da dies deutlich macht, dass Wert auf die rechtliche Zuordnung zu den einzelnen Firmen erfolgen und keine rechtliche Verbindung zwischen ihnen hergestellt werden soll.[262]

107 Liegt ein einheitliches Arbverh vor, kann das Arbverh nur von und gegenüber allen auf einer Vertragsseite Beteiligten gekündigt werden, wobei die Künd-Voraussetzungen grds. im Verhältnis zu jedem der Beteiligten gegeben sein müssen. Das Vorliegen eines Künd-Grundes i.S.d. Abs. 2 im Verhältnis des AN zu einem der AG kann sich auf die Beziehungen zwischen dem AN und anderen AG auswirken.[263]

108 ee) **Faktisches Arbeitsverhältnis.** Ein faktisches Arbverh im üblichen Sinne setzt voraus, dass die Beschäftigung des AN zwar ohne Rechtsgrund, aber doch regelmäßig mit Wissen und Willen des AG erfolgt.[264] Ein faktisches Arbverh liegt vor, wenn der Arbeitsvertrag[265] oder wirksam angefochten ist. Da es sich bei der Geltendmachung der Nichtigkeit des Arbverh nicht um eine Künd handelt, besteht kein Künd-Schutz nach dem KSchG.[266] Die Parteien können sich grds. ex nunc von dem Vertrag durch einseitige Erklärung lossagen, ohne dabei an eine Frist gebunden zu sein.[267] Bis zu der Ausübung dieses Rechts ist das faktische Arbverh wie ein vertraglich wirksam begründetes Arbverh zu behandeln.[268] Ist der nichtige oder durch Anfechtung beseitigte Vertrag noch nicht in Funktion gesetzt worden, findet § 142 Abs. 1 BGB Anwendung. Die Anfechtung vernichtet die Willenserklärung rückwirkend (ex-tunc). Auch wenn ein bereits aufgenommenes Arbverh später wieder außer Funktion gesetzt wird und der AN ab diesem Zeitpunkt keine Arbeitsleistung mehr erbringt, wirkt die Anfechtung auf den Zeitpunkt zurück, in dem das Arbverh außer Funktion gesetzt wurde.[269]

109 ff) **Familienarbeitsverhältnis.** Erbringt ein Familienangehöriger Dienstleistungen, genießt er nur dann allgemeinen Künd-Schutz nach dem KSchG, wenn ein Arbverh zugrunde liegt.[270] Erschöpft sich die Tätigkeit in der Erfüllung familienrechtlicher Verpflichtungen, kommen die Vorschriften der §§ 1356, 1619 BGB zur Anwendung.[271] Ob ein Arbverh vorliegt, bestimmt sich nach dem Parteiwillen und den Umständen des Einzelfalls. Folgende Indizien können für die Annahme eines abhängigen Beschäftigungsverhältnisses sprechen: die Vereinbarung einer Ver-

---

255 KR/*Weigand*, §§ 14, 15 BBiG Rn 42.
256 BAG 18.12.1986 – 2 AZR 717/85.
257 BAG 27.3.1981 – 7 AZR 523/78 – AP § 611 BGB Arbeitgebergruppe Nr. 1.
258 BAG 1.12.2007 – 1 AZR 824/06 – NZA-RR 2008, 298.
259 BAG 27.3.1981 – 7 AZR 523/78 – AP § 611 BGB Arbeitgebergruppe Nr. 1.
260 BAG 27.3.1981 – 7 AZR 523/78 – AP § 611 BGB Arbeitgebergruppe Nr. 1.
261 LAG Rheinland-Pfalz 2.7.1997 – 8 Sa 230/96.
262 BAG 26.8.1999 – 8 AZR 588/98.
263 BAG 27.3.1981 – 7 AZR 523/78 – AP § 611 BGB Arbeitgebergruppe Nr. 1; KR/*Etzel*, § 1 KSchG Rn 46; MüKoBGB/*Hergenröder*, § 1 KSchG Rn 17.
264 BAG 27.2.1985 – GS 1/84 – NZA 1985, 702.
265 BAG 26.2.2003 – 5 AZR 690/01 – NZA 2004, 314 „Schwarzgeldabrede".
266 ArbG Nürnberg 5.5.1971 – 1 Ca 343/70; KR/*Etzel*, § 1 KSchG Rn 47; *Picker*, ZfA 1981, 1 ff.
267 BGH 3.7.2000 – II ZR 282/98 – NZA 2000, 945; BAG 7.12.1961 – 1 Ca 343/70 – AP § 611 BGB Faktisches Arbeitsverhältnis Nr. 1.
268 H/S/*Alpers*, Das arbeitserchtliche Mandat, § 3 Rn 593.
269 BAG 3.12.1998 – 2 AZR 754/97 – NZA 1999, 584.
270 MüKo-BGB/*Hergenröder*, § 1 KSchG Rn 5.
271 APS/*Preis*, Grundlagen F. Rn 49.

gütung, die Einhaltung bestimmter Arbeitszeiten und die Einordnung in das in dem Betrieb übliche Direktions- und Weisungssystem.[272]

gg) Gruppenarbeitsverhältnis. Bei dem Gruppen-Arbverh muss zwischen der Betriebsgruppe und der Eigengruppe differenziert werden. Bei der **Betriebsgruppe** handelt es sich um eine von dem AG nach dem Abschluss der einzelnen Arbeitsverträge gebildete Personenmehrheit, bei der **zwischen den Personen der Gruppe keine vertraglichen Beziehungen** bestehen. Die Betriebsgruppe wird von dem AG zusammengestellt, um etwa als Einheit einen bestimmten Arbeitserfolg herbeizuführen, wie bspw. Montagekolonnen. Für die Personen einer Betriebsgruppe gelten den allgemeinen Künd-Schutz betreffend keinerlei Besonderheiten.

110

Die Beteiligten einer **Eigengruppe** bilden die Gruppe selbst vor Vertragsschluss mit dem AG und verpflichten sich in einem **gebündelten Arbeitsvertrag** gegenüber dem AG zu einer **gemeinsamen Dienstleistung**. Typischer Fall einer Eigengruppe ist eine Musikkapelle[273] oder einer Artistengruppe. Schließt der AG mit den einzelnen Gruppenmitgliedern Arbeitsverträge, gilt das für die Beteiligten einer Betriebsgruppe Gesagte entsprechend. Der AG kann jedoch ebenso ein Vertrag schließen, bei dem die Eigengruppe selbst als Vertragspartner auftritt.[274] Einen Sonderfall der Eigengruppe können auch Ehepaare bilden. Denkbar sind bspw. Fälle in denen ein Hausmeister- oder Heimleiterehepaar[275] eingestellt wird.

111

In dem Fall des Vertragsschlusses mit einer Eigengruppe ist der AG gehalten, der gesamten Gruppe zu kündigen, da die Leistung nur sinnvoll ist, wenn die gesamte Gruppe tätig wird.[276] Ein verhaltens- oder personenbedingter Künd-Grund i.S.v. Abs. 2 gegenüber einem Beteiligten der Eigengruppe wird dabei den übrigen Gruppenmitgliedern zugerechnet.[277] Ist eine Abmahnung notwendig, muss diese gegenüber allen Gruppenmitgliedern ausgesprochen werden. Auch eine arbeitnehmerseitige Künd ist nur durch alle AN gemeinsam möglich.[278]

112

hh) Hafenarbeiter. Bei Hafenarbeitern besteht oftmals die Besonderheit, dass sie sowohl mit einem **Einzelhafenbetrieb** als auch mit einer **Gesamthafenbetriebsgesellschaft** in einem Arbverh stehen. Der Künd-Schutz besteht in diesen Fällen in beiden Arbverh nebeneinander, da es sich um zwei einzelne Betriebe und damit um zwei voneinander unabhängig geschlossene Arbeitsverträge handelt.[279]

113

ii) Kirchliches Arbeitsverhältnis/Tendenzbetriebe. Der Künd-Schutz nach dem KSchG ist bezüglich bestimmter AN-Gruppen eingeschränkt. So sind **Mitarbeiter im kirchlichen Dienst** dazu verpflichtet, besonderen Loyalitätspflichten nachzukommen.[280] Die autonome Selbstbestimmung, die den Kirchen und Religionsgemeinschaften nach Art. 140 GG i.V.m. Art. 137 Abs. 3 WRV eingeräumt ist, erstreckt sich über Glaubensfragen hinaus auf die Organisation und Leitung von kirchlichen Einrichtungen wie Kindergärten und Schulen. Mitarbeiter in diesen Einrichtungen sind verpflichtet, bei ihrer Tätigkeit die religiösen Grundsätze ihres AG zu beachten und sich im privaten Bereich ebenfalls in einer Art und Weise zu verhalten, dass keine Widersprüche zu den kirchlichen Glaubensgrundsätzen bestehen. Ein Verstoß gegen kirchenrechtliche Loyalitätsgebote kann zu einer ordentlichen oder außerordentlichen Künd führen, da es in diesen Fällen an der persönlichen Eignung des AN fehlt. Die Kirchenautonomie hindert jedoch die Gerichte nicht daran, eine Interessenabwägung nach §§ 1, 626 BGB durchzuführen.[281] Neben einem Beamtenverhältnis kann auch gleichzeitig mit dem Dienstträger ein privatrechtliches Arbverh begründet werden, sofern besondere Anhaltspunkte vorliegen, die an die tatsächlichen Voraussetzungen eines privatrechtlichen Arbeitsvertragsabschlusses geknüpft sind. Allein der Umstand, dass Bestimmungen des bürgerlichen Rechts angesprochen werden, vermag ohne Hinzutreten besonderer Umstände nicht den Schluss zu rechtfertigen, dass die Parteien ein privatrechtliches Arbverh neben einem bestehenden Kirchenbeamtenverhältnis begründen wollen.[282]

114

Tendenzbetriebe sind Betriebe, die unmittelbar und überwiegend politischen, koalitionspolitischen, konfessionellen, karitativen, erzieherischen, wissenschaftlichen oder künstlerischen Bestimmungen dienen (§ 118 BetrVG). Der Zweck muss unmittelbar mit dem Betrieb erreicht werden. Das vorstehend zu kirchlichen Arbverh Gesagte gilt für Arbverh in Tendenzbetrieben entsprechend. Verstöße gegen die vom Unternehmer bestimmte Tendenz können im Verhältnis zu einem Tendenzträger, also einem AN, der im Rahmen der von ihm geschuldeten Arbeitsleistung an der geistig-ideellen Zielsetzung des Unternehmers mitwirken soll, einen Künd-Grund bilden.

115

---

272 KR/*Etzel*, § 1 KSchG Rn 48; MüKo-BGB/*Hergenröder*, § 1 KSchG Rn 5.
273 BAG 9.2.1960 – 2 AZR 585/57 – AP § 626 BGB Nr. 39.
274 MüKo-BGB/*Hergenröder*, § 1 KSchG Rn 16.
275 BAG 21.10.1971 – 2 AZR 17/71 – AP § 611 BGB Gruppenarbeitsverhältnis Nr. 1.
276 APS/*Preis*, Grundlagen F. Rn 44; KR/*Etzel*, § 1 KSchG Rn 51.
277 BAG 9.2.1960 – 2 AZR 585/57 – AP § 626 BGB Nr. 39; für den Ehegattenvertrag BAG 21.10.1971 – 2 AZR 17/71 – AP § 611 BGB Gruppenarbeitsverhältnis Nr. 1.
278 LAG Sachsen-Anhalt 8.3.2000 – 6 Sa 921/99 – NZA-RR 2000, 528, KR/*Etzel*, § 1 KSchG Rn 53.
279 BAG 30.5.1985 – 2 AZR 321/84 – NZA 1986, 155; BAG 23.7.1970 – 2 AZR 426/69 – AP § 1 KSchG Gesamthafenbetriebsgesellschaft Nr. 3; KR/*Etzel*, § 1 KSchG Rn 57.
280 Vgl. LAG Rheinland-Pfalz 2.7.2008 – 7 Sa 250/08.
281 KR/*Etzel*, § 1 KSchG Rn 72.
282 LAG Rheinland-Pfalz 6.3.2008 – 2 Sa 647/07; vgl. auch LAG Rheinland-Pfalz 14.4.2008 – 2 Ta 244/07.

116 jj) Leiharbeitsverhältnis. Bei einem Leih-Arbverh überlässt der AG seinen AN einem anderen AG zu Arbeitsleistungen. Es ist zwischen dem **echten und unechten Leih-Arbverh** zu unterscheiden. Bei dem echten Leih-Arbverh wird der AN nur für eine begrenzte Zeit ausgeliehen, wohingegen er bei einem unechten Leih-Arbverh nur zu dem Zweck der gewerbsmäßigen Leihe an andere AG eingestellt wurde. Der AN genießt in dem Fall des echten Leih-Arbverh Künd-Schutz gegenüber dem ausleihenden AG. Im Fall des unechten Leih-Arbverh greift das AÜG ein. Dieses regelt in § 1 Abs. 1 S. 1 AÜG, dass der gewerbsmäßig verleihende AG eine Erlaubnis für das Ausleihen von AN benötigt. Ist der Verleiher im Besitz einer solchen Erlaubnis, genießt der AN Künd-Schutz gegenüber dem Verleihbetrieb. Fehlt eine Erlaubnis i.S.d. § 1 Abs. 1 S. 1 AÜG, ist der Vertrag zwischen Verleiher und Entleiher sowie zwischen Verleiher und Leih-AN nach § 9 Nr. 1 AÜG unwirksam. In diesem Fall tritt eine Fiktion ein, die gem. § 10 Abs. 1 S. 1 AÜG ein Arbverh zwischen dem Entleiher und dem Leih-AN für den Zeitpunkt des Beginns der Tätigkeit annimmt. Dem Leih-AN steht dann ein Künd-Schutz gegenüber dem Entleiher zu.

117 Schwierigkeiten bereitet oftmals die **Abgrenzung des Leih-Arbverh zum Werk- oder Dienstvertrag**, bei dem der AN als Erfüllungsgehilfe beim Besteller tätig wird. Die Rspr. unterscheidet zwischen den verschiedenen Erscheinungsformen der drittbezogenen Personalüberlassung anhand folgender Kriterien:[283]

118 Bei dem **Leih-Arbverh** werden dem Entleiher die Arbeitskräfte zur Verfügung gestellt. Der Entleiher setzt sie nach seinen Vorstellungen und Zielen in seinem Betrieb wie eigene AN ein. Die Arbeitskräfte sind voll in den Betrieb des Entleihers eingegliedert und führen ihre Arbeit allein nach dessen Weisungen aus. Die Vertragspflicht des Verleihers gegenüber dem Entleiher endet, wenn er den AN ausgewählt und dem Entleiher zur Arbeitsleistung zur Verfügung gestellt hat. Er haftet nur für Verschulden bei der Auswahl der verliehenen AN. Gewerbsmäßig handelt der AG, der die AÜ nicht nur gelegentlich betreibt, sondern auf gewisse Dauer anlegt und damit unmittelbare oder mittelbare wirtschaftliche Vorteile erzielen will.

119 Beim **Werk- oder Dienstvertrag** wird der Unternehmer für einen anderen tätig. Er organisiert die zur Erreichung eines wirtschaftlichen Erfolges notwendigen Handlungen nach eigenen betrieblichen Voraussetzungen und bleibt für die Erfüllung der im Vertrag vorgesehenen Dienste oder für die Herstellung des geschuldeten Werkes gegenüber dem Vertragspartner verantwortlich. Die zur Ausführung des Dienst- oder Werkvertrages eingesetzten AN unterliegen weiterhin der Weisung des Unternehmers und sind dessen Erfüllungsgehilfen (§ 278 BGB).

120 kk) Mittelbares Arbeitsverhältnis. Bei einem mittelbaren Arbverh handelt es sich um die arbeitsrechtliche Vertragsbindung zwischen einem AN und einer Mittelsperson (AG erster Stufe), die letzterer zum Zweck der Erfüllung seiner Arbeitspflichten gegenüber einem weiteren AG (AG zweiter Stufe) begründet. Diese Fälle sind bspw. bei Orchestern gegeben, wenn der Leiter des Orchesters, der mit jedem Musiker vertraglich verbunden ist, einen Vertrag mit einer Rundfunkanstalt oder einer sonstigen kulturellen Institution schließt.[284]

121 Eine Künd ist in diesen Fällen jeweils zwischen den einzelnen Vertragsparteien auszusprechen, so dass sich eine Künd-Schutzklage des AN gegen den Mittelsmann und nicht gegen den mittelbaren AG richten muss.[285] Dabei trägt der AN in solchen Fällen des mittelbaren Arbverh ein besonderes Risiko, da die Sozialwidrigkeit einer Künd von den Verhältnissen bei dem AG erster Stufe abhängt, so dass in dem Fall der Künd des AG zweiter Stufe gegenüber dem AG erster Stufe eine betriebsbedingte Künd mangels Beschäftigungsbedarfs gegenüber dem AN in Betracht kommt.[286] Als ebenso problematisch stellt sich für den AN der Fall dar, dass der AG erster Stufe durchgängig weniger als zehn AN beschäftigt, so dass dem AN kein allg. Künd-Schutz aus dem KSchG gewährt wird. Der AG zweiter Stufe haftet nur subsidiär, wenn sich Ansprüche gegen den Mittelsmann (AG erster Stufe) nicht durchsetzen lassen. Eine unmittelbare Inanspruchnahme des AG zweiter Stufe kommt allein dann in Betracht, wenn die Begründung eines mittelbaren Arbverh sich als Rechtsmissbrauch darstellt.[287] Dies sind Fälle, in denen die Mittelsperson keine unternehmerische Entscheidung treffen und keinen Gewinn erzielen kann, so dass die Konstruktion des mittelbaren Arbverh lediglich die Umgehung zwingenden Gesetzes- und Tarifrechts bewirkt.[288]

122 ll) Probearbeitsverhältnis. Während einer vereinbarten Probezeit, die in Ansehung der Wartezeit nach Abs. 1 sechs Monate oder kürzer ist, kommt der allg. Künd-Schutz nicht zur Anwendung. Gesetzlich ist in § 622 Abs. 3 BGB während der Probezeit eine kurze Künd-Frist von zwei Wochen vorgesehen. Der Ablauf der Künd-Frist muss nicht innerhalb der Probezeit liegen. Vielmehr reicht es aus, wenn die Künd innerhalb der Probezeit zugeht.[289]

---

283 BAG 6.8.2003 – 7 AZR 180/03 – AP § 9 AÜG Nr. 6; BAG 3.12.1997 – 7 AZR 764/96 – NZA, 1998, 876; BAG 26.4.1995 – 7 AZR 850/94 – NZA 1996, 92; BAG 28.11.1989 – 1 ABR 90/88 – NZA 1990, 364; BAG 14.8.1985 – 5 AZR 225/84 – EzAÜG § 10 AÜG Fiktion Nr. 42.
284 BAG 22.7.1982 – 2 AZR 57/81 – EzAÜG § 611 BGB Leiharbeitsverhältnis Nr. 5; BAG 9.4.1957 – 3 AZR 435/54 – AP § 611 BGB Mittelbares Arbeitsverhältnis Nr. 2.
285 BAG 21.2.1990 – 5 AZR 162/89 – AP § 611 BGB Abhängigkeit Nr. 57.
286 KR/*Etzel*, § 1 KSchG Rn 63.
287 BAG 21.2.1990 – 5 AZR 162/89 – AP § 611 BGB Abhängigkeit Nr. 57.
288 BAG 20.7.1982 – 3 AZR 446/80 – AP § 611 BGB Mittelbares Arbeitsverhältnis Nr. 5.
289 APS/*Preis*, Grundlagen F. Rn 14.

Bei einer vereinbarten Probezeit über sechs Monaten Dauer, die allerdings nur bei hochqualifizierten AN, deren Erprobung länger als sechs Monate in Anspruch nimmt, für zulässig erachtet wird,[290] greift der Schutz des KSchG.

mm) Teilzeitarbeitsverhältnis. Die Legaldefinition der Teilzeitbeschäftigung findet sich in § 2 Abs. 1 TzBfG. Danach ist der AN teilzeitbeschäftigt, dessen regelmäßige Wochenarbeitszeit kürzer ist als die eines vergleichbaren vollzeitbeschäftigten AN. Da es sich bei der Beschäftigungsform um reguläre Arbverh handelt, ist unabhängig vom Umfang der Arbeitszeit der allgemeine Künd-Schutz nach den Regeln für Vollzeit-Arbverh anwendbar. Nichts anderes gilt, wenn der AN das Teilzeit-Arbverh als **Nebenbeschäftigung** neben anderen Beschäftigungen ausübt. In diesem Fall gilt der Künd-Schutz für jedes dieser Arbverh.[291] Steht ein AN in **mehreren Teilzeit-Arbverh mit demselben AG**, werden seine Arbverh kündigungsrechtlich als ein Arbverh behandelt. Andernfalls könnten durch die Vereinbarung mehrerer Arbverh die Unzulässigkeit von Teil-Künd und die zwingenden Vorschriften der Änderungs-Künd nach § 2 umgangen werden.[292]   **123**

Für sog. **Job-Sharing-Arbverh** regelt § 13 Abs. 2 TzBfG, dass ein Ausscheiden eines AN auf einer geteilten Arbeitsstelle keinen Künd-Grund für eine Künd der übrigen in die Arbeitsplatzteilung einbezogenen AN darstellt.   **124**

Bei der Ermittlung des Schwellenwertes des § 23 Abs. 1 werden Teilzeit-Arbverh nach Maßgabe des § 23 Abs. 1 S. 4 berücksichtigt.

nn) Telearbeit, Heimarbeit. Heimarbeiter unterfallen nicht dem Schutz des KSchG. Es fehlt an einem Arbverh i.S.v. § 1.   **125**

Bei der **Telearbeit** handelt es sich um Arbeit, die außerhalb des Betriebes verrichtet wird und bei der der Mitarbeiter durch elektronische Medien mit dem Betrieb verbunden ist. Telearbeit kann zum einen so ausgestaltet sein, dass der betreffende Mitarbeiter sich in andauernder Rufbereitschaft hält, online mit dem Betrieb verbunden ist, ständiger Kontrolle unterliegt oder bestimmten Zeitvorgaben unterworfen ist. In diesen Fällen ist er AN und erfüllt alle Voraussetzungen für die Anwendbarkeit des allg. Künd-Schutzes.   **126**

oo) Sonstige Berufsgruppen. Ein **Frachtführer** i.S.d. § 407 HGB übt grds. ein selbstständiges Gewerbe aus. Ausnahmsweise kann ein Arbverh zwischen ihm und seinem Auftraggeber angenommen werden, wenn die Tätigkeit des Frachtführers durch den Auftraggeber stärker eingeschränkt wird, als es aufgrund der gesetzlichen Regelungen geboten ist.[293]   **127**

Von einem Arbverh kann u.U. auch dann ausgegangen werden, wenn ein Kraftfahrer im Rahmen eines Franchise-Systems Transporte für ein Unternehmen ausführt. Je nach Ausprägung der Abhängigkeit von dem Auftraggeber liegt entweder ein selbstständiges Gewerbe gem. den §§ 407 ff. HGB oder ein Arbverh vor. Eine AN-Eigenschaft kann auch vorliegen, wenn der Fahrer vertraglich eine Erfolgsgarantie übernimmt, selbst das Betriebsmittel in Form des Kfz stellt und berechtigt bzw. verpflichtet ist, die Leistung durch einen Dritten erbringen zu lassen.[294]   **128**

Gegen die Annahme eines Arbverh zwischen Frachtführer und Auftraggeber spricht nach den Grundsätzen des BAG, wenn der Frachtführer durch Vertrag berechtigt ist, seine Tätigkeit frei zu gestalten. Dies ist z.B. der Fall, wenn er seine Arbeitszeit frei einteilen, eigenes Personal einsetzen oder Transporte für eigene Kunden auf eigene Rechnung durchführen kann. Dabei ist es unerheblich, ob von diesen vertraglich eingeräumten Möglichkeiten tatsächlich Gebrauch gemacht wird.[295]   **129**

Als selbstständiger Gewerbetreibender ist ein Frachtführer auch dann anzusehen, wenn er aufgrund eines auf Dauer angelegten Rahmenvertrags mit dem Auftraggeber tätig ist und das Fahrzeug, wie es branchenüblich ist, die Farben und das Firmenzeichen eines anderen Unternehmers aufweist oder der Frachtführer sich, wie es bei Franchise- und ähnlichen Verträgen vorkommt, in bestimmter Weise kleidet.[296]   **130**

Franchisenehmer ist, wer sich im Rahmen eines Dauerschuldverhältnisses gegenüber dem Franchisegeber verpflichtet, den Vertrieb bestimmter Waren und/oder Dienstleistungen unter Verwendung von Namen, Warenzeichen, Ausstattung oder sonstigen Schutzrechten sowie der technischen Erfahrung des Franchisegebers und unter Beachtung des von diesem entwickelten Organisations- und Werbesystems zu vertreiben, wobei ihm vom Franchisegeber Beistand, Rat und Schulung gewährt werden und diesem auch gewisse Kontrollrechte zustehen.[297] Vielfach wird angenommen, dass bei einem Franchisenehmer grds. von einer selbstständigen Tätigkeit auszugehen sei, da ein Franchisevertrag die persönliche Abhängigkeit des Franchisenehmers per definitionem ausschließe.[298] Diese Auffassung   **131**

---

[290] Für Orchestermusiker: BAG 7.5.1980 – 5 AZR 593/78 – AP § 611 BGB Abhängigkeit Nr. 36.
[291] BAG 13.3.1987 – 7 AZR 724/85 – NZA 1987, 629; MüKo-BGB/*Hergenröder*, § 1 KSchG Rn 13.
[292] KR/*Etzel*, § 1 KSchG Rn 65.
[293] BAG 19.11.1997 – 5 AZR 653/96 – NZA 1998, 364; LAG Hamm 7.2.2001 – 18 Sa 1564/00.
[294] LAG Hamm 9.9.1999 – 4 Sa 714/99 – NZA-RR 2000, 575; LAG Düsseldorf 4.9.1996 – 5 Sa 909/96 – BB 1997, 891.
[295] BAG 30.9.1998 – 5AZR 563/97 – NZA 1999, 374; BAG 19.11.1997 – 5 AZR 653/96 – NZA 1998, 36.
[296] BAG 30.9.1998 – 5 AZR 563/97 – NZA 1999, 374; LAG Hamburg 2.6.1999 – 4 Sa 54/97 – LAGE § 611 BGB Arbeitnehmerbegriff Nr. 39.
[297] KR/*Etzel*, § 1 KSchG Rn 86.
[298] LAG Rheinland-Pfalz 12.7.1996 – 4 Ta 21/96; OLG Schleswig 27.8.1986 – 4 U 27/85 – NJW-RR 1987, 220.

überzeugt nicht. Sie führt zu dem unbefriedigenden Ergebnis, dass bei einem Franchisevertrag, dessen Wesen die Eingliederung und Einbindung des Franchisenehmers in das System des Franchisegebers ist, was für eine Weisungsgebundenheit und damit für die AN-Eigenschaft des Franchisenehmers spricht, aufgrund der bloßen Tatsache, dass es sich um einen Franchisevertrag handelt, ein Arbverh ausgeschlossen sein soll. Zutreffend ist, aus einer bloß verbalen Typisierung der Vertragsart keine Rückschlüsse auf die Frage der AN-Eigenschaft zu ziehen. Ob ein Franchisenehmer AN ist und dementsprechend den Schutz des KSchG genießt oder ob er selbstständig tätig ist, hängt davon ab, ob er weisungsgebunden und abhängig ist oder ob er seine Chancen auf dem Markt selbstständig und im Wesentlichen weisungsfrei suchen kann.[299]

132 Bei dem **Gaststättenbetreiber** hängt die AN-Eigenschaft bei der Vornahme einer Gesamtbetrachtung seiner Tätigkeit nach der Rspr. von folgenden Kriterien ab: Vereinbarung einer Umsatzbeteiligung des Betreibers und Nichtzahlung eines Pachtzinses; Festlegung der Öffnungszeiten, des angebotenen Warensortiments und der Verkaufspreise durch den Auftraggeber.[300]

133 Ein **Grundstücksmakler**, der laut Dienstvertrag verpflichtet ist, Weisungen in Bezug auf seine Tätigkeit zu befolgen, ist AN, auch wenn bei der Durchführung des Vertrages keine Weisungen erfolgten.[301]

134 Vertritt der **Hauptgeschäftsführer einer Kreishandwerkerschaft** diese kraft Satzung in den laufenden Geschäften, unterfällt er grds. als Organvertreter der Regelung des § 14 Abs. 1 Nr. 1 mit der Folge, dass der allgemeine Künd-Schutz des KSchG nicht greift.[302] Der Anwendung des § 14 Abs. 1 Nr. 1 steht nicht entgegen, wenn der Hauptgeschäftsführer in seinen Vertretungsbefugnissen eingeschränkt war und er im tatsächlichen Sinne nicht einmal die Befugnisse eines Handlungsbevollmächtigten hatte. Es entspricht der Rechtsnatur einer negativen gesetzlichen Fiktion, dass das Organmitglied selbst dann von den arbeitsrechtlichen Schutzbestimmungen, z.B. des KSchG, ausgeschlossen ist, wenn es im Einzelfall aufgrund seiner Weisungsabhängigkeit einem AN gleichzustellen ist.[303] Eine a.A. vertritt das LAG Hamm in einer Entscheidung vom 5.7.2002.[304] Der Hauptgeschäftsführer sei gem. §§ 89, 60 HandwO nicht als Organ der Kreishandwerkerschaft anzusehen. Auch durch Satzung könnten keine weiteren Organe für die Kreishandwerkerschaft eingeführt werden. Soweit der Hauptgeschäftsführer im Rahmen seiner Tätigkeit hinsichtlich Zeit, Ort, Inhalt und/oder Durchführung weisungsgebunden sei, wäre er als AN zu qualifizieren und könne den Schutz des KSchG für sich in Anspruch nehmen.

135 Bei Handelsvertretern, Außendienstmitarbeitern und Versicherungsvertretern stellt sich die Abgrenzung zwischen AN- und Selbstständigen-Status besonders schwierig dar. Auf der einen Seite gibt es den selbstständigen Handelsvertreter (§ 84 HGB), auf der anderen Seite den angestellten Außendienstmitarbeiter, die beide Geschäfte für einen Unternehmer vermitteln und insofern vergleichbare Aufgaben wahrnehmen. Dabei bleibt es einer unternehmerischen Entscheidung überlassen, ob der Unternehmer seinen Außendienst von Handelsvertretern oder Außendienstmitarbeitern ausführen lässt.[305] Problematisch ist der Fall, dass ein Handelsvertreter entgegen dem gesetzlichen Leitbild von dem auftraggebenden Unternehmen wie ein abhängiger Angestellter oder ein Außendienstmitarbeiter wie ein Selbstständiger eingesetzt wird. Nach § 84 Abs. 1 HGB ist Handelsvertreter, wer als selbstständiger Gewerbetreibender ständig damit betraut ist, für einen anderen Unternehmer Geschäfte zu vermitteln oder in dessen Namen abzuschließen. Selbstständig ist, wer im Wesentlichen frei seine Tätigkeit gestalten und seine Arbeitszeit bestimmen kann. Wird auch nur eines der beiden Merkmale des gesetzlichen Leitbildes in seinem Kernbereich beschränkt, ist die Selbstständigkeit zu verneinen und die Angestellteneigenschaft zu bejahen.[306] Dabei geht das BAG davon aus, dass der AN zum Umfang des Spielraums bei der Arbeitszeitgestaltung darlegungs- und beweisbelastet sei.[307] I.S.v. § 84 Abs. 2 HGB gilt als Angestellter, wer, ohne selbstständig i.S.d. Abs. 1 zu sein, ständig damit betraut ist, für einen Unternehmer Geschäfte zu vermitteln oder in dessen Namen abzuschließen. Die Rspr. orientiert sich in diesen Fällen an den allg. Indizien, die für bzw. gegen eine Abhängigkeit und damit ein Arbverh sprechen. Für eine selbstständige Tätigkeit eines Versicherungsvermittlers spricht neben der Möglichkeit der freien Arbeitszeiteinteilung und Tätigkeitsbestimmung insb. seine Weisungsfreiheit, seine Freiheit im Einsatz der Arbeitskraft, das eigene Unternehmen und das eigene Unternehmerrisiko.[308] Dem steht nicht entgegen, wenn eine Pflicht besteht, einmal wöchentlich dem Orgaleiter in dessen Büro zur Verfügung zu stehen, Arbeitskollegen die gleichen Aufträge erhalten, jedoch auf der Grundlage von Arbeitsverträgen tätig sind oder eine Berichtspflicht gegeben ist.[309] Mit dem Selbstständigen-Status ist es auch vereinbar, wenn eine fachliche Weisungsgebundenheit vorliegt und diese im Vertrag konkretisiert ist oder eine Zuweisung von Kunden erfolgt, die sich zuvor an die Zentrale des Unternehmers gewandt haben.[310] Ebenso

---

299 BAG 16.7.1997 – 5 AZB 29/96 – NZA 1997, 1126.
300 LAG Rheinland-Pfalz 10.9.2001 – 2 Ta 1051/01 – LAG Report 2002, 19.
301 LAG Köln 18.12.2000 – 7 Ta 184/00 – AuR 2001, 154.
302 BGH 25.7.2002 – III ZR 207/01 – AP § 14 KSchG 1969 Nr. 9.
303 BAG 11.4.1997 – 5 AZR 32/96 – NZA 1997, 902; LAG Düsseldorf 12.12.1997 – 11 Sa 1584/97 – LAGE § 14 KSchG Nr. 3.
304 LAG Hamm 5.7.2002 – 15 Sa 1756/01.
305 Kittner/Zwanziger/*Mayer*, Arbeitsrechts-Handbuch, § 142 Rn 7.
306 LAG Hamm 11.5.2000 – 4 Sa 1694/98.
307 BAG 20.8.2003 – 5 AZR 610/02 – NZA 2004, 39.
308 BAG 21.1.1966 – 3 AZR 183/65 – AP § 92 HGB Nr. 2.
309 LAG Hamburg 21.11.2001 – 8 Sa 15/01.
310 BAG 20.9.2000 – 5 AZR 271/99 – NZA 2001, 210.

spricht weder die Zuweisung eines bestimmten Arbeitsbezirks noch das Fehlen einer eigenen Organisation und eigenen Kapitals zwangsläufig für eine AN-Eigenschaft.[311]

Die Frage des AN-Status eines freien Mitarbeiters beurteilt sich bei **Versicherungsvertretern** nach § 84 Abs. 1 S. 2 HGB entsprechend den vom 5. Senat des BAG[312] in seinen Entscheidungen vom 15.12.1999 dargelegten Grundsätzen.[313] **Einfirmenvertreter i.S.d. § 92a HGB**, die hauptsächlich in der Versicherungsbranche auftreten, gelten als abhängige AN, wenn sie eine Verdienstgrenze von 1.000 EUR monatlich nicht überschreiten.[314] Bei der Abgrenzung zwischen dem Einfirmenvertreter einerseits und dem Angestellten im Außendienst andererseits ist allein auf rechtliches Dürfen und Müssen abzustellen. Wer im Verhältnis zum Unternehmer tätig werden muss, ist Angestellter im Außendienst, wer dagegen frei entscheiden darf, ob, wann und wie er tätig werden will, ist Handelsvertreter.[315]

Ein **Kommissionär** ist grds. ein selbstständig Gewerbetreibender und kein AN. Seine Tätigkeit ist von gewerbsmäßigem Handeln bestimmt. Die Tatsache, dass der Kommissionär nach § 384 Abs. 1 HGB den Weisungen seines Kommittenten unterliegt, ändert daran nichts. Etwas anderes gilt nur, wenn der Kommissionär durch Vereinbarungen so stark eingeschränkt wird, dass er im Wesentlichen nicht mehr frei seine Tätigkeit gestalten und seine Arbeitszeiten bestimmen kann.[316]

Im Gegensatz zu dem Frachtführer i.S.d. §§ 407 ff. HGB geht die Rspr. bei einem **Kurier** grds. nicht von einem selbstständigen Gewerbe aus. Vielmehr ist der Kurier in einem Arbverh tätig. Dies gilt selbst dann, wenn der Kurier durch Vertrag berechtigt ist, die geschuldete Leistung in Ausnahmefällen durch Dritte erbringen zu lassen. Zwar gilt innerhalb eines Arbverh der Grundsatz, dass Leistungen i.d.R. persönlich zu erbringen sind, jedoch wird das Gesamtbild der Tätigkeit durch seltene Ausnahmefälle der Leistungserbringung durch Dritte nicht nennenswert verändert.[317]

Das BAG unterscheidet bei der Statusbeurteilung von **Lehrpersonal** nach dem Ort der Beschäftigung, da verschiedene Formen von Lehreinrichtungen die lehrenden Mitarbeiter in unterschiedlichem Ausmaß in den Unterrichtsbetrieb einbinden und eine freie Gestaltung durch die Lehrkraft mal mehr und mal weniger zulassen.[318] Lehrer an allgemeinbildenden Schulen sind grds. als AN tätig. Dies ist auch der Fall, wenn die Tätigkeit nebenberuflich ausgeübt wird.[319] Ebenso sind Lehrkräfte in schulischen Kursen des zweiten Bildungsweges in aller Regel als AN zu betrachten. Allerdings ist in beiden Schulformen von einer freien Mitarbeit auszugehen, wenn die Lehrkraft lediglich an die Unterrichtsstunden gebunden ist, ansonsten hinsichtlich Methodik und Didaktik keinen verbindlichen Weisungen unterworfen und nicht zu Vertretungen verpflichtet ist.[320] Volkshochschuldozenten und Musikschullehrer, die außerhalb schulischer Lehrgänge unterrichten, sind i.d.R. freie Mitarbeiter, selbst wenn es sich bei ihrem Unterricht um aufeinander abgestimmte Kurse mit zuvor festgelegtem Programm handelt. Etwas anderes gilt, wenn das Lehrpersonal aufgrund einer Vereinbarung, einseitig vorgegebener Stundenpläne oder sonstiger im Einzelfall festzustellender Umstände in einem persönlichen Abhängigkeitsverhältnis steht.[321] Eine Volkshochschuldozentin ist AN, wenn sie in schulischen Kursen des zweiten Bildungsweges zur Vorbereitung auf eine staatliche Prüfung eingesetzt ist, insb., wenn ihr die Aufgaben einer Studienleiterin übertragen sind.[322]

Der Status von **Medienmitarbeitern** ist mit Blick auf die durch Art. 5 GG gewährleistete Freiheit in der Berichterstattung umst. Mitarbeiter in Rundfunk- und Fernsehanstalten werden besonders häufig als freie Mitarbeiter beschäftigt. Das BAG hat, um einer Umgehung des KSchG entgegenzuwirken, freie Mitarbeiter in Medienberufen als AN angesehen.[323] Daraufhin erhoben Rundfunkanstalten erfolgreich Verfassungsbeschwerde. Das BVerfG stellte in seinem Beschl. vom 13.1.1982[324] fest, den Rundfunkanstalten werde die zur Erfüllung ihres Programmauftrags notwendige Freiheit und Flexibilität genommen, wenn alle bei ihnen beschäftigten Mitarbeiter als AN angesehen würden. Aufgrund dieser Entscheidung änderte das BAG seine Rspr. dahingehend, dass es im Bereich von Rundfunk und Fernsehen unter bestimmten Voraussetzungen freie Mitarbeiterverträge zulässt. Eine AN-Eigenschaft wird jedoch angenommen, wenn der Mitarbeiter in ständiger Dienstbereitschaft gegenüber dem Sender steht und ihm Arbeit in umfangreichem Ausmaß zugetragen wird.[325] Eine Abgrenzung zwischen AN und freien Mitarbeitern ist anhand der Weisungsgebundenheit und Abhängigkeit des Mitarbeiters zu treffen. Das BAG stützt die Abgrenzung

---

311 BAG 20.9.2000 – 5 AZR 271/99 – NZA 2001, 210.
312 BAG 15.12.1999 – 5 AZR 169/99 – NZA 2000, 1162; BAG 15.12.1999 – 5 AZR 457/98 – NZA 2000, 775; BAG 15.12.1999 – 5 AZR 566/98 – NZA 2000, 447; BAG 15.12.1999 – 5 AZR 3/99 – NZA 2000, 534; BAG 15.12.1999 – 5 AZR 168/99.
313 LAG Hamburg 21.11.2001 – 8 Sa 15/01.
314 LAG Hamm 15.8.2003 – 2 Ta 815/02.
315 LAG Hamm 11.5.2000 – 4 Sa 1694/98.
316 BAG 4.12.2002 – 5 AZR 667/01 – AP § 611 BGB Abhängigkeit Nr. 115.
317 BAG 19.11.1997 – 5 AZR 6531/96 – NZA 1998, 364.
318 BAG 9.7.2003 – 5 AZR 595/02 – NZA-RR 2004, 9.
319 BAG 9.7.2003 – 5 AZR 595/02 – NZA-RR 2004, 9; BAG 19.11.1997 – 5 AZR 21/97 – NZA 1998, 595; BAG 24.6.1992 – 5 AZR 384/91 – NZA 1993, 174.
320 BAG 7.2.1990 – 5 AZR 89/89 – EzB. § 611 BGB Arbeitnehmerbegriff Nr. 8.
321 Hessisches LAG 11.9.2002 – 6 Sa 554/02.
322 LAG Niedersachen 28.1.2003 – 13 Sa 1381/02 – MDR 2003, 1239.
323 BAG 22.6.1977 – 5 AZR 753/75 – AP § 611 BGB Abhängigkeit Nr. 22.
324 BVerfG 13.1.1982 – 1 BvR 848/77 – AP Art. 5 Abs. 1 GG Rundfunkfreiheit Nr. 1.
325 BAG 9.6.1993 – 5 AZR 123/92 – NZA 1994, 169.

maßgebend auf das Merkmal der Programmgestaltung. Programmgestaltende Mitarbeiter sind i.d.R. freier in der Einteilung ihrer Arbeitszeit oder der Wahl des Arbeitsortes. Sie unterliegen weniger den Vorgaben der Rundfunk- oder Fernsehanstalt.

141 **Mitarbeiter in freien Berufen**, wie bspw. RA, Architekten oder StB, können sowohl im Rahmen eines Arbverh als auch unabhängig beschäftigt sein. Bei **RA** spricht für die Annahme einer abhängigen Beschäftigung, wenn der Anwalt ein festes Entgelt erhält, an bestimmte Dienstzeiten gebunden ist, ihm ein Arbeitsgebiet und/oder Mandate zugewiesen werden.[326] Wenn der Anwalt auf der Basis eines Gesellschaftsvertrages (§ 705 BGB) tätig ist, ist er grds. weder AN noch arbeitnehmerähnliche Person, selbst wenn er von der Sozietät wirtschaftlich abhängig ist.[327] Ein **Architekt** ist auch dann, wenn er zehn Jahre lang als „freier Mitarbeiter" für ein Sachverständigenbüro für ein monatliches Entgelt von 10.000 DM bzw. später 12.000 DM gearbeitet hat, nicht „AN", wenn er nicht in die Betriebsorganisation des Büros eingegliedert war, hinsichtlich seiner Zeit- und Urlaubsplanung frei entscheiden konnte und frei war, (SV-)Aufträge abzulehnen.[328] Ein **StB**, der auf der Basis freiberuflicher Zusammenarbeit für eine Wirtschaftsprüfungs- und Steuerberatungsgesellschaft tätig ist, ist i.d.R. weder AN noch arbeitnehmerähnliche Person.[329] Ist der Mitarbeiter eines **Steuerberaters** an bestimmten, selbstgewählten Tagen zuhause mit der Vorbereitung von Steuererklärungen und Jahresabschlüssen tätig, ist er ein freier Mitarbeiter.[330]

142 Der über mehrere Jahre turnusmäßig erfolgende Einsatz eines **Orchestermusikers** auf einer Position, die nach der künstlerischen Ausrichtung des Orchesters regelmäßig bei bestimmten Stücken zu besetzen ist, führt zu einer persönlichen Abhängigkeit und damit zum Entstehen eines Arbverh.[331] Auch im Fall des als „freier Mitarbeiter" beschäftigten Musikers ist von einem Arbverh zu der Orchestergesellschaft auszugehen, wenn er zeitlich im Wesentlichen in derselben Weise und in demselben Umfang wie andere im Anstellungsverhältnis beschäftigte Musiker in den Orchesterbetrieb eingegliedert ist.[332] Für den AN-Status eines zur Aushilfe engagierten Orchestermusikers ist entscheidend, ob der Mitarbeiter auch im Rahmen des übernommenen Engagements seine Arbeitszeit noch im Wesentlichen frei gestalten kann oder insoweit einem umfassenden Weisungsrecht der Orchesterleitung unterliegt.[333]

143 Die Ernennung zum **Prokuristen** führt zu einer engen Bindung des Bevollmächtigten an den Betrieb. Bedingt durch die enge Bindung der Vertretung nach außen liegt der Erteilung der Prokura als Rechtsgeschäft typischerweise ein Arbverh oder ein Dienstvertrag zu Grunde. Absolut untypisch ist ein freies Mitarbeiterverhältnis, da der Prokurist, der gerade nicht für mehrere Auftraggeber tätig werden soll, eine besondere Verantwortung für ein Unternehmen hat.[334]

144 Personen, die nach einer kurzen Schulung im Rahmen einer vorgegebenen Einsatz- und Tourenplanung als „**Promoter**" für eine bestimmte Produktgruppe in Warenhäusern eingesetzt werden, sind als AN anzusehen.[335]

145 Ein **Sportler**, der sich gegen Zahlung finanzieller Zuwendungen unwiderruflich verpflichtet, über mehrere Spielzeiten für seinen Verein zu spielen, ist AN des Vereins.[336] Sowohl Berufssportler als auch Vertragsamateure sind als AN anzusehen, wenn sie aufgrund der jeweiligen Vertragsgestaltung und -abwicklung ihre Leistung für den Verein in einer für ein Arbverh typischen persönlichen Abhängigkeit erbringen, die über die bereits durch die Vereinsmitgliedschaft begründete Weisungsgebundenheit hinausgeht.[337] Im Fall eines Eishockeyspielers, der sich vertraglich verpflichtet hatte, für einen Verein zu spielen, und dafür lediglich eine Pauschale zur Abdeckung der anfallenden Fahrtkosten zwischen Wohnort und Vereinssitz erhielt, entschied das LAG Nürnberg,[338] er sei weder AN des Vereins noch arbeitnehmerähnliche Person.

146 In dem Fall einer im Anstellungsvertrag geregelten Weisungsgebundenheit eines **Sporttrainers** gegenüber dem Vereinsvorstand (abgesehen von der Leitung des Trainings sowie der Aufstellung der Mannschaft) ist von einer AN-Eigenschaft des Trainers auszugehen.[339] Dies gilt auch, wenn der Trainer einer Fußball-Oberligamannschaft, der neben dem Trainervertrag mit dem Verein einen Arbeitsvertrag mit einer Sponsorfirma abgeschlossen hat, dort jedoch von jeder Arbeitsleistung freigestellt ist, dem Präsidium/Vorstand des Vereins unterstellt ist.[340] Wer hingegen neben-

---

326 OLG Brandenburg 7.2.2002 – 14 W 10/01 – NJW 2002, 1659; LAG Thüringen 6.2.1998 – 8 Ta 205/97 – NZA-RR 1998, 296; LAG Thüringen 28.3.1996 – 3 Ta 75/95 – LAGE § 611 BGB Arbeitnehmerbegriff Nr. 31; Hessisches LAG 1.6.1995 – 12 Ta 447/94 – NZA-RR 1996, 64.
327 BAG 15.4.1993 – 2 AZB 32/92 – NZA 1993, 789; ArbG Berlin 9.10.2003 – 1 Ca 4598/03 – NZA-RR 2004, 328.
328 OLG Hamm 5.10.2000 – 21 U 76/99 – IBR 2001, 27.
329 OLG Köln 3.12.2001 – 8 W 15/01 – VersR 2003, 881.
330 LAG Berlin 29.5.1989 – 9 Sa 17/89 – LAGE § 611 BGB Arbeitnehmerbegriff.
331 BAG 9.10.2002 – 5 AZR 405/01 – AP § 611 BGB Abhängigkeit Nr. 114; BAG 7.5.1980 – 5 AZR 593/78 – AP § 611 BGB Abhängigkeit Nr. 36.
332 BAG 29.7.1976 – 3 AZR 7/75 – AP § 620 BGB Befristeter Arbeitsvertrag Nr. 41; BAG 3.10.1975 – 5 AZR 427/74 – AP § 611 BGB Abhängigkeit Nr. 16.
333 BAG 22.8.2001 – 5 AZR 502/99 – NZA 2003, 662.
334 LAG Berlin 11.12.2001 – 19 Ta 2077/01 – MDR 2002, 650.
335 LAG Köln 23.6.2004 – 5 Ta 187/04.
336 OLG Stuttgart 17.11.1977 – 3 U 108/77 – AuR 1978, 125.
337 BAG 10.5.1990 – 2 AZR 607/89 – AP § 611 BGB Abhängigkeit Nr. 51; LAG Rheinland-Pfalz 27.1.2000 – 7 Ta 195/99 – SpuRt 2000, 119.
338 LAG Nürnberg 27.1.1995 – 7 Ta 187/94 – NZA-RR 1996, 1.
339 LAG München 19.3.1999 – 9 Ta 26/99.
340 Thüringer LAG 1.3.2002 – 1 Ta 84/01.

beruflich in einem kleineren Verein Fußballmannschaften trainiert, ist regelmäßig kein AN.[341] Ebenso ist der nebenberufliche Übungsleiter eines Amateurvereins im Allgemeinen als freier Dienstnehmer tätig, auch wenn er in einem gewissen Abhängigkeitsverhältnis zum Verein bezüglich der ihm zugeteilten Trainingsstätten und Trainingsstunden steht.[342]

Taxifahrer arbeiten sowohl im Rahmen von Arbverh als auch im Rahmen freier Mitarbeiterverhältnisse.[343] Alleine die Tatsache, dass dem einzelnen Fahrer von der Zentrale eine bestimmte Fahrt zugewiesen wird, die er auszuführen hat, sowie die Verpflichtung zur Einhaltung von Terminen und Zeitvorgaben stellen keinen Hinweis auf ein Arbverh dar. Auch bei freien Dienst- oder Werkverträgen sind Vorgaben durch den Dienstberechtigten oder Werkbesteller denkbar, ohne dass ein Arbverh angenommen wird. Allerdings ist von einer selbstständigen Tätigkeit eines Taxifahrers auszugehen, wenn die Tätigkeit nicht in persönlicher Abhängigkeit verrichtet wird.[344] Das hat das BAG bei einer Aushilfstätigkeit als Taxifahrer mit der Begründung bejaht, dass der Fahrer in dem der Entscheidung zugrunde liegenden Fall über die Möglichkeit verfügte, sich jederzeit bei der Zentrale „abzumelden" und das Taxi zurückzugeben oder bestimmte Fahrten abzulehnen, so dass eine Weisungsgebundenheit nicht vorliege.[345]

Auch bei der Frage, ob **Vereinsmitglieder** in einem AN-Verhältnis stehen, stellt das BAG auf die Umstände des Einzelfalls und darauf ab, ob eine persönliche Abhängigkeit und eine über die normale Vereinsmitgliedschaft hinausgehende Weisungsgebundenheit besteht.[346] Bejaht hat das BAG die AN-Eigenschaft bei Vertragsamateuren i.S.d. § 15 der Spielordnung des Deutschen Fußballbundes (DFB).[347] Als Rechtsgrundlage für die Leistung von Diensten kommt in diesen Fällen die Vereinsmitgliedschaft in Betracht,[348] wobei die Begründung vereinsrechtlicher Arbeitspflichten nicht zu einer Umgehung zwingender arbeitsrechtlicher Schutzbestimmungen führen darf.[349] Auch in dem Fall der hauptamtlichen (aktiv tätigen) außerordentlichen Mitgliedschaft in der **Scientology-Gemeinschaft** hat das BAG eine AN-Eigenschaft angenommen.[350] Da die Scientology ein wirtschaftlicher Verein sei und das außerordentliche Mitglied „praktisch rechtslos" sei, liege der Schwerpunkt auf dem Arbverh.

Verneint hat das BAG die AN-Eigenschaft von in einem Verein engagierten Schwimmsportlern[351] und **Rote-Kreuz-Schwestern**.[352] Im zweiten Fall gab das BAG als Begründung an, das Rechtsverhältnis zwischen Schwesternschaft und ihren Mitgliedern erschöpfe sich in den vereinsrechtlichen Rechten und Pflichten, die nicht zugleich arbeitsrechtliche Rechte und Pflichten sein könnten. Den Rote-Kreuz-Schwestern stünden **Mitgliedschaftsrechte** zu, mit denen sie Einfluss bei der Organisation des Vereins und damit auf Arbeitsabläufe ausüben könnten. Derartige Möglichkeiten, die im Fall des hauptamtlichen außerordentlichen Mitglieds der Scientology nicht bestanden, sprechen gegen eine strikte Weisungsgebundenheit der Schwestern und mithin gegen ein Arbverh.

Die Rspr. geht bei der Tätigkeit eines **Zeitungszustellers** teilweise von einem Arbverh und teilweise von einer selbstständigen Arbeit aus.[353] Überwiegend sind Zeitungszusteller jedoch aufgrund der fehlenden Gestaltungsmöglichkeiten der Tätigkeit und der strikten Weisungsgebundenheit bestimmte Bezirke zu beliefern sowohl in der arbeitsrechtlichen, als auch in der finanz- und sozialgerichtlichen Rspr. überwiegend als AN angesehen worden.[354] Allerdings können auch hier die Umstände des Einzelfalls etwas anderes ergeben. Steht dem Zeitungszusteller ein gewisser Gestaltungsspielraum zu, was bspw. der Fall ist, wenn das ihm übertragene Kontingent an auszuliefernden Zeitungen so groß ist, dass er es alleine nicht bewältigen kann und er deshalb auf die Einschaltung von Hilfskräften angewiesen ist, ist von einer selbstständigen Tätigkeit auszugehen.[355]

b) Ausgenommene Personengruppen. Neben den vorstehend behandelten Fällen von Personengruppen, die nicht dem allg. Künd-Schutz unterfallen, können sich auch folgende Personen nicht auf den Künd-Schutz des KSchG berufen:

aa) Arbeitnehmerähnliche Personen. Das KSchG gilt nicht für arbeitnehmerähnliche Personen.[356] In § 12a Abs. 1 Nr. 1 TVG findet sich eine Legaldefinition des Begriffs der arbeitnehmerähnlichen Person. Nach dieser Vor-

---

341 Hessisches LAG 27.10.1964 – 5 Sa 136/64 – AP § 611 BGB Abhängigkeit Nr. 4.
342 LAG Düsseldorf 26.3.1992 – 7 Ta 20/92 – LAGE § 611 BGB Arbeitnehmerbegriff Nr. 25.
343 BAG 29.5.1991 – 7 ABR 67/90 – NZA 1992, 36.
344 BAG 15.4.1986 – 1 ABR 44/84 – NZA 1986, 688.
345 BAG 29.5.1991 – 7 ABR 67/90 – NZA 1992, 36.
346 BAG 10.5.1990 – 2 AZR 607/89 – AP § 611 BGB Abhängigkeit Nr. 51.
347 BAG 10.5.1990 – 2 AZR 607/89 – AP § 611 BGB Abhängigkeit Nr. 51.
348 Soergel/*Hadding*, § 58 Rn 3; RGRK/*Steffen*, § 58 Rn 2.
349 BAG 6.7.1995 – 5 AZR 9/93 – NZA 1996, 33.
350 BAG 22.3.1995 – 5 AZB 21/94 – NZA 1995, 823.
351 BAG 5.2.2004 – 8 AZR 639/02 – NZA 2004, 845.
352 BAG 6.7.1995 – 5 AZR 9/93 – NZA 1996, 33.
353 BAG 16.7.1997 – 5 AZR 312/96 – NZA 1998, 368.
354 BAG 29.1.1992 – 7 ABR 27/91 – 1992, 894; LAG Hamm 8.9.1977 – 8 Sa 468/77 – EzA § 611 BGB Arbeitnehmerbegriff Nr. 12; LAG München 26.6.1953 – I 6/53 – RDA 1953, 438; BFH 2.10.1968 – VI R 29/68 – BFHE 94, 189; BFH 24.1.1975 – VI R 89/72; BFH 21.11.1980 – VI S 4/80; BFH 24.7.1992 – VI R 126/88 – BFHE 169, 154; BSG 15.3.1979 – 2 Ru 80/78 – SozSich 1979, 187; BSG 19.1.1968 – 3 RK 101/64 – USK 6801; BSG 26.2.1960 – 3 RK 71/57 – SozR § 165 RVO Nr. 19; a.A. ArbG Oldenburg, 7.6.1996 – 3 Ca 819/95 – BB 1996, 2148; FinG Hessen 25.2.1976 – I 224/72 – EFG 1976, 387.
355 BAG 16.7.1997 – 5 AZR 312/96 – NZA 1998, 368.
356 Vgl. BAG 8.5.2007 – 9 AZR 777/06, AP § 611 BGB Arbeitnehmerähnlichkeit Nr. 15; BAG 21.2.2007 – 5 AZB 52/06 – NZA 2007, 699.

schrift sind dies Personen, die wirtschaftlich abhängig und vergleichbar einem AN sozial schutzwürdig sind, wenn sie aufgrund von Dienst- oder Werkverträgen für andere Personen tätig sind, die geschuldeten Leistungen persönlich und im Wesentlichen ohne Mitarbeit von AN erbringen und überwiegend für eine Person tätig sind oder ihnen von einer Person im Durchschnitt mehr als die Hälfte des Entgelts zusteht, das ihnen für ihre Erwerbstätigkeit insg. zusteht. Kernpunkte der Definition sind die **wirtschaftliche Abhängigkeit** und die **soziale Schutzbedürftigkeit** der betreffenden Person. Zu den arbeitnehmerähnlichen Personen zählen v.a. die freien Mitarbeiter.[357] Im Einzelfall ist jedoch zu prüfen, ob die konkrete Ausgestaltung des Vertrags einen AN-Status rechtfertigt.[358] Soweit der Gesetzgeber arbeitnehmerähnliche Personen besonders schützen wollte, hat er das ausdr. bestimmt. So finden sich Regelungen in § 5 Abs. 1 S. 2 ArbGG, § 2 S. 2 BUrlG, § 1 Abs. 2 Ziff. 1 BeschSchG, § 2 Abs. 2 Nr. 3 ArbSchG, § 12a TVG und § 138 Abs. 1 SGB IX.

153 **bb) Beamte.** Beamte sind keine AN. Sie genießen nicht den allg. Künd-Schutz des KSchG, vielmehr finden beamtenrechtliche Vorschriften Anwendung. **Ang des öffentlichen Dienstes** sind AN. Sie unterliegen nicht dem Beamtenrecht, für sie gelten jedoch eine Reihe von Spezialregeln, die größtenteils auf tarifvertragliche Vereinbarungen zurückgehen[359] und eine dem Beamtenrecht angenäherte Rechtsstellung zur Folge haben. Unter den persönlichen Geltungsbereich des allg. Künd-Schutzes (§§ 1 bis 14) fallen auch solche AN, die neben einer hauptamtlichen Beamtentätigkeit in geringem zeitlichen Umfang Arbeitsleistungen im Rahmen einer Nebenbeschäftigung erbringen.[360]

153a **cc) Ein-Euro-Jobber.** Arbeitsgelegenheiten mit Mehraufwandsentschädigung, wie sie in § 16 Abs. 3 S. 2 SGB II geregelt sind, begründen ein von Rechtssätzen des öffentlichen Rechts geprägtes Rechtsverhältnis und kein Arbverh. Die Einbeziehung eines (privaten) Dritten, eines Maßnahmeträgers, wie sie nach § 17 Abs. 1 S. 1 SGB II bei der Erbringung von Leistungen zur Eingliederung in Arbeit die Regel sein soll, führt nicht dazu, dass das Rechtsverhältnis zwischen dem Hilfebedürftigen und dem Dritten privatrechtlich gestaltet ist. Ein privatrechtliches Rechtsverhältnis entsteht auch dann nicht, wenn bei der Verschaffung der Arbeitsgelegenheit die gesetzlichen Zulässigkeitsschranken nach § 16 Abs. 3 SGB II für Arbeitsgelegenheiten mit Mehraufwandsentschädigung nicht eingehalten werden. Eine Missachtung der gesetzlichen Grenzen führt allenfalls zur Rechtswidrigkeit der Durchführung der Arbeitsgelegenheit, aber nicht zu deren Nichtigkeit und auch nicht zu einem privatrechtlichen Vertragsverhältnis zwischen den Parteien.[361]

154 **dd) Gesellschafter.** Mangels persönlicher Abhängigkeit unterfallen Gesellschafter grds. nicht dem AN-Begriff mit der Folge, dass das KSchG nicht anwendbar ist.[362] Ist ein Gesellschafter allerdings unabhängig von seiner Gesellschafterstellung bei der Gesellschaft angestellt, und unterliegt er mangels eines entsprechend großen Kapitalanteils und damit mangels Leitungsmacht dem Weisungsrecht des Geschäftsführers, kann er als AN anzusehen und der allg. Künd-Schutz anwendbar sein.[363]

155 **ee) Gesetzliche Vertreter juristischer Personen.** Gesetzliche Vertreter juristischer Personen unterfallen nach § 14 Abs. 1 nicht dem allg. Künd-Schutz.

156 **c) „Geschäftsführer", Betriebsleiter und ähnliche leitende Angestellte.** Nach § 14 Abs. 2 S. 1 finden die Vorschriften des ersten Abschnitts des KSchG mit Ausnahme des § 3 auf Geschäftsführer, Betriebsleiter und ähnliche leitende Ang Anwendung. Dabei ist jedoch die Begrifflichkeit dieser Personengruppen irreführend. Zweck der Vorschrift ist es, leitenden Ang die allg. Grundsätze des Künd-Schutzes zugute kommen zu lassen. Beispielhaft für die Gruppe von leitenden Ang sind Geschäftsführer und Betriebsleiter aufgeführt. **Geschäftsführer** einer GmbH werden von der negativen Fiktion des § 14 Abs. 1 Nr. 1 erfasst.[364] Der Begriff des Geschäftsführers in § 14 Abs. 2 erfasst Personen, die leitende unternehmerische Aufgaben etwa im kaufmännischen, organisatorischen, technischen oder personellen Bereich wahrnehmen. **Betriebsleitern** obliegt hingegen die Führung eines Unternehmens oder eines Betriebes bzw. Betriebsteiles.[365] Wenn der Gesetzgeber in § 14 Abs. 2 den Betriebsleiter als Regelbeispiel eines leitenden Ang nennt, so folgt daraus, dass ein Betriebsleiter, der die entsprechende Einstellungs- oder Entlassungsbefugnis besitzt, regelmäßig als leitender Ang i.S.v. § 14 Abs. 2 anzusehen ist. Wer einen selbstständigen Betrieb mit zahlreichen AN eigenverantwortlich leitet und dabei sowohl auf personellem als auch auf wirtschaftlichem Gebiet bedeutende Befugnisse und Entscheidungsspielräume hat, fällt unter den Begriff des Betriebsleiters i.S.v. § 14 Abs. 2. Ein solcher AN nimmt wesentliche unternehmerische Teilaufgaben eigenverantwortlich wahr und unterscheidet sich damit erheblich von einem AN, der bspw. in einem Filialbetrieb, der im Wesentlichen von der Zentrale aus gesteuert

---

357 BAG 13.1.1983 – 5 AZR 149/82 – AP § 611 BGB Abhängigkeit Nr. 42; ErfK/*Ascheid*, § 1 KSchG Rn 51.
358 ErfK/*Ascheid*, § 1 KSchG Rn 51.
359 Schaub/*Schaub*, Arbeitsrechts-Handbuch, § 15 Rn 5 und Fn 3 m.w.N.
360 BAG 13.3.1987 – 7 AZR 724/85 – NZA 1987, 629.
361 BAG 26.9.2007 – 5 AZR 857/06 – NZA 2007, 1422.
362 BGH 9.2.1978 – II ZR 189/76 – AP § 38 GmbHG Nr. 1.
363 BAG 26.5.1999 – 5 AZR 664/98 – NZA 1999, 987; BAG 27.6.1985 – 2 AZR 425/84 – AP § 1 AngestelltenkündigungsG Nr. 2.
364 MüKo-BGB/*Hergenröder*, § 14 KSchG Rn 6.
365 MüKo-BGB/*Hergenröder*, § 14 KSchG Rn 17.

wird, lediglich Aufsichtsfunktionen gegenüber den AN ausübt und den technischen Betriebsablauf überwacht.[366]
Ähnliche leitende Ang i.S.d. § 14 Abs. 2 müssen mit den von Geschäftsführern und Betriebsleitern vergleichbare Funktionen ausüben, eine adäquate hierarchische Position im Betrieb bekleiden, Führungsaufgaben wahrnehmen und selbstständig zu Einstellungen und Entlassungen berechtigt sein.[367]

§ 14 Abs. 2 schränkt den Künd-Schutz für leitende Ang in zweierlei Hinsicht ein. Zum einen findet nach § 14 Abs. 2 S. 1 § 3 bei dieser Personengruppe keine Anwendung mit der Folge, dass dem leitenden Ang bei der Künd der Einspruch beim BR verwehrt ist. Zum anderen regelt § 14 Abs. 2 S. 2, dass § 9 Abs. 1 S. 2 mit der Maßgabe Anwendung findet, dass der Antrag des AG auf Auflösung des Arbverh keiner Begründung bedarf.

2. Zeitlicher Geltungsbereich – Wartezeit nach Abs. 1. Voraussetzung des Eingreifens des Künd-Schutzes ist gem. Abs. 1 eine sechsmonatige Wartezeit, d.h. der Gekündigte kann sich nur dann auf den allg. Künd-Schutz berufen, wenn sein Arbverh vor dem Zugang der Künd länger als sechs Monate bestanden hat. Diese Regelung ermöglicht den Arbeitsvertragsparteien, sechs Monate zu prüfen, ob sie sich auf Dauer binden wollen. Die sechsmonatige Frist des Abs. 1 läuft dabei ohne Rücksicht auf die Art der geschuldeten Tätigkeit, eine einzelfallbezogene Prüfung ihrer Angemessenheit findet nicht statt. Auch die Vorschriften über den Künd-Schutz schwerbehinderter Menschen gelten unabhängig von den Umständen des Einzelfalls nicht, wenn das Arbverh zum Zeitpunkt des Zugangs der Künd-Erklärung ohne Unterbrechung noch nicht länger als sechs Monate bestanden hat (§ 90 Abs. 1 Nr. 1 SGB IX).[368]

a) Zweck und Bedeutung. Die Wartezeit dient – von Missbrauchsfällen abgesehen – dazu, dem AG Gelegenheit zu geben, sich eine subjektive Meinung über Leistung und Führung des AN zu bilden, die einer Überprüfung nach objektiven Maßstäben nicht unterliegt, und im Fall eines aus seiner Sicht negativen Ergebnisses dieser Prüfung das Arbverh frei kündigen zu können, ohne dass es auf entgegenstehende Interessen des AN ankommt.[369] Die Wartezeit führt dazu, dass die §§ 1 bis 14 erst nach Ablauf der ersten sechs Monate nach der Begründung des Arbverh Anwendung finden. Entscheidend ist der rechtliche Bestand des Arbverh, so dass es nicht darauf ankommt, ob der AN während der sechsmonatigen Wartezeit bspw. krank oder vom Dienst suspendiert war.[370]

b) Abweichende Vereinbarungen. Die Regelung zur Wartezeit des Abs. 1 ist zwingendes Recht und kann nicht zu Ungunsten des AN verändert, also verlängert werden.[371] Es kann dementsprechend zwischen den Parteien nicht vereinbart werden, dass nur die Zeit der tatsächlichen Beschäftigung angerechnet und der rechtliche Bestand des Arbverh außer acht gelassen wird, ausgeschlossen werden.[372] Die gesetzlich vorgesehene Wartezeit von sechs Monaten kann durch eine Vereinbarung zwischen AG und AN verkürzt werden.[373] Dies ist auch konkludent möglich.[374] Solch eine Vereinbarung kann bspw. angenommen werden, wenn ein AN, bevor er seine bisherige Stelle aufgrund eines Angebots des neuen AG aufgibt, diesem gegenüber erklärt, er lege nur Wert auf eine Dauerstellung.[375] Ebenso kann ein vertraglicher Verzicht auf die Probezeit als Verzicht auf die Wartezeit des Abs. 1 ausgelegt werden.[376] Ist hingegen eine Abkürzung der Wartezeit nicht vertraglich vereinbart, steht es dem AG frei, den AN jederzeit ohne Angabe eines Grundes zu kündigen. Die Anwendung des § 102 BetrVG und damit die Anhörung des BR ist im Falle einer Künd während der Wartezeit nicht ausgeschlossen.[377] Grenzen findet das arbeitgeberseitige Künd-Recht lediglich mit Blick auf das Schikane- und Willkürverbot.[378]

c) Betriebs- und Unternehmensbezug. Die gesetzliche Wartezeit des Abs. 1 wird nur erfüllt, wenn der AN sechs Monate lang ohne Unterbrechung demselben Betrieb oder Unternehmen angehörte. Die Beschäftigung bei einer anderen Betriebsstätte kann nur dann auf die sechs Monate angerechnet werden, wenn diese mit dem Beschäftigungsbetrieb einen einheitlichen Betrieb bildet. Ein solcher wird angenommen, wenn die in einer Betriebsstätte vorhandenen materiellen oder immateriellen Betriebsmittel für den oder die verfolgten arbeitstechnischen Zwecke zusammengefasst geordnet und gezielt eingesetzt werden und der Einsatz der menschlichen Arbeitskraft von einem einheitlichen Leitungsapparat gesteuert wird.[379] Die Wartezeit ist unternehmensbezogen ausgestaltet, so dass die bei einem anderen rechtlich selbstständigen Unternehmen, welches demselben Konzern angehört, zurückgelegte Beschäftigungszeit nicht ohne Weiteres auf die sechsmonatige Wartezeit angerechnet werden kann.[380]

---

366 BAG 25.11.1993 – 2 AZR 517/93 – NZA 1994, 837.
367 MüKo-BGB/*Hergenröder*, § 14 KSchG Rn 19.
368 BAG 24.1.2008 – 6 AZR 519/07 – NZA 2008, 521; BAG 24.11.2005 – 2 AZR 614/04 – NZA 2006, 366.
369 BAG 16.3.2000 – 2 AZR 828/98 – NZA 2000, 1337.
370 *Stahlhacke/Preis/Vossen*, Rn 903.
371 ErfK/*Ascheid*, § 1 KSchG Rn 66.
372 MüKo-BGB/*Hergenröder*, § 1 KSchG Rn 22.
373 BAG 24.10.1996 – 2 AZR 874/95; BAG 18.2.1967 – 2 AZR 114/66 – AP § 1 KSchG Nr. 81; Schaub/*Linck*, Arbeitsrechts-Handbuch, § 128 Rn 16.
374 MüKo-BGB/*Hergenröder*, § 1 KSchG Rn 22.
375 BAG 18.2.1967 – 2 AZR 114/66 – AP § 1 KSchG Nr. 81.
376 LAG Köln 15.2.2002 – 4 (2) Sa 575/01 – MDR 2002, 1323.
377 BAG 11.5.1983 – 7 AZR 358/81; BAG 28.9.1978 – 2 AZR 2/77 – AP § 102 BetrVG 1972 Nr. 19.
378 BAG 16.2.1989 – 2 AZR 347/88 – NZA 1989, 962.
379 BAG 18.1.1990 – 2 AZR 355/89 – NZA 1990, 977; BAG 14.9.1988 – 7 ABR 10/87 – NZA 1989, 190.
380 BAG 29.8.1980 – 7 AZR 420/78.

162 **d) Rechtsnachfolge.** Bei einem Betriebsinhaberwechsel sind die beim Betriebsveräußerer erbrachten Beschäftigungszeiten bei der Berechnung der Wartezeit nach Abs. 1 für eine vom Betriebsübernehmer ausgesprochene Künd zu berücksichtigen. Dies gilt auch dann, wenn zum Zeitpunkt des Betriebsübergangs das Arbverh kurzfristig unterbrochen war, die Arbverh aber in einem engen sachlichen Zusammenhang stehen.[381]

163 **e) Berechnung der Wartezeit.** Im Zeitpunkt des Wirksamwerdens der Künd, also im Zeitpunkt des Zugangs, muss ein mindestens sechs Monate dauerndes Arbverh bestehen, damit der allg. Künd-Schutz zum Tragen kommt.[382] Für die Wartezeit nach Abs. 1 ist der ununterbrochene rechtliche Bestand des Arbverh mit demselben AG entscheidend.[383]

164 Abs. 1 verwendet zur Kennzeichnung des Rechtsverhältnisses, dessen Bestehen nach Ablauf von sechs Monaten geschützt werden soll, den **Begriff des Arbverh** und bezeichnet die geschützte Person als AN. Grds. können deshalb Zeiten einer Tätigkeit, die nicht im Rahmen eines Arbverh erbracht wurde, auf die Wartezeit keine Anrechnung finden. Schon aus dem Wortlaut des Gesetzes ergibt sich, dass der Gesetzgeber das mit dem Eingliederungsvertrag zustande gekommene Beschäftigungsverhältnis grds. nicht als Arbverh verstanden und behandelt wissen wollte. § 229 SGB III spricht nicht etwa von AN sondern von „Arbeitslosen", die „aufgrund eines Eingliederungsvertrages mit dem Ziel beschäftigt werden, sie nach erfolgreichem Abschluss der Eingliederung in ein Arbverh zu übernehmen". Damit wird deutlich, dass die Beschäftigung vor der Übernahme nicht schon im Rahmen eines Arbverh erfolgt.[384]

165 Bei der Berechnung der Wartezeit nach Abs. 1 ist ein **betriebliches Praktikum**, das der beruflichen Fortbildung gedient hat, nur dann anzurechnen, wenn es im Rahmen eines Arbverh abgeleistet worden ist.[385] Ein **Berufsausbildungsverhältnis** nach §§ 1 Abs. 3, 4 ff. BBiG, auf das nach § 10 Abs. 2 BBiG die für den Arbeitsvertrag geltenden Rechtsvorschriften anzuwenden sind, ist bei der Berechnung der Wartezeit nach Abs. 1 einem Arbverh zumindest gleichzustellen.[386]

166 Eine von den Parteien vereinbarte **Probezeit** hat keinen Einfluss auf die Wartezeit. Dementsprechend führt eine einvernehmliche Verlängerung einer zunächst auf sechs Monate festgelegten Probezeit auf neun Monate nicht zu einer Beeinträchtigung des nach sechs Monaten eintretenden Künd-Schutzes.[387]

167 Eine Künd, auf die wegen Nichterfüllung der sechsmonatigen Wartezeit nach Abs. 1 das KSchG keine Anwendung findet, kann wegen **Verstoßes gegen den Grundsatz von Treu und Glauben nach § 242 BGB** unwirksam sein. Zu den typischen Tatbeständen einer treuwidrigen Künd zählen Rechtsmissbrauch und Diskriminierung.[388] In diesem Fall wird § 162 BGB analog angewendet. Der AN ist so zu behandeln, als wäre die Wartezeit bereits erfüllt.[389] Kündigt der AG kurz vor Ablauf der Wartefrist, um z.B. einen Rechtsstreit über die etwaige Sozialwidrigkeit der Künd zu vermeiden, so liegt hierin noch kein Verstoß gegen Treu und Glauben. Der AG übt lediglich die ihm gem. Abs. 1 eingeräumte Künd-Freiheit aus.[390] Eine analoge Anwendung des § 162 BGB kommt erst dann in Betracht, wenn der AG die Künd nur deshalb vor Ablauf der sechsmonatigen Wartefrist erklärt, um den Eintritt des Künd-Schutzes zu verhindern und wenn dieses Vorgehen unter Berücksichtigung der im Einzelfall gegebenen Umstände gegen Treu und Glauben verstößt.[391] Eine vor Ablauf der sechsmonatigen Wartezeit des Abs. 1 erklärte Künd gegenüber einem im öffentlichen Dienst beschäftigten AN verstößt gegen Treu und Glauben (§ 242 BGB), wenn der AN zum Zeitpunkt der Künd aufgrund des Art. 33 Abs. 2 GG einen Einstellungsanspruch gehabt hätte und der AG ihn deshalb zugleich mit dem Ablauf der Künd-Frist wieder hätte einstellen müssen.[392]

Sittenwidrig nach § 138 BGB ist eine während der gesetzlichen Wartezeit erklärte ordentliche AG-Künd nur in besonders krassen Fällen.[393]

168 Auf die Wartezeit nach Abs. 1 sind **Zeiten eines früheren Arbverhs** mit demselben AG anzurechnen, wenn das neue Arbverh in einem **engen sachlichen Zusammenhang** mit dem früheren Arbverh steht; dabei kommt es insb. auf Anlass und Dauer der Unterbrechung sowie auf die Art der Weiterbeschäftigung an.[394] Eine feste Grenze für den Zeitraum, bis zu dem Unterbrechungen außer Betracht bleiben können, besteht nicht. Es können jedoch nur kurzfristige

---

381 BAG 27.6.2002 – 2 AZR 270/01 – NZA 2003, 145.
382 Hessisches LAG 21.3.2001 – 6 Ca 6950/00.
383 BAG 16.2.1995 – 8 AZR 714/93 – NZA 1995, 881; BAG 23.9.1976 – 2 AZR 309/75 – AP § 1 KSchG 1969 Wartezeit Nr. 1.
384 BAG 17.5.2001 – 2 AZR 10/00 – AP § 1 KSchG 1969 Wartezeit Nr. 14.
385 BAG 18.11.1999 – 2 AZR 89/99 – NZA 2000, 529.
386 BAG 26.8.1976 – 2 AZR 377/75 – AP § 626 BGB Nr. 68.
387 Hessisches LAG 13.3.1986 – 3 Sa 862/85 – NZA 1987, 384.
388 BAG 22.5.2003 – 2 AZR 426/02 – AP § 1 KSchG 1969 Wartezeit Nr. 18.
389 BAG 18.8.1982 – 7 AZR 437/80 – AP § 102 BetrVG 1972 Nr. 24.
390 BAG 28.9.1978 – 2 AZR 2/77 – AP § 102 BetrVG 1972 Nr. 19.
391 BAG 18.8.1982 – 7 AZR 437/80 – AP § 102 BetrVG 1972 Nr. 24.
392 BAG 1.7.1999 – 2 AZR 926/98 – AP § 242 BGB Künd Nr. 10; BAG 12.3.1986 – 7 AZR 20/83 – AP Art. 33 Abs. 2 GG Nr. 23.
393 BAG 24.10.1996 – 2 AZR 874/95 – RzK I 8l Nr. 22.
394 BAG 28.8.2008 – 2 AZR 101/07 –; BAG 22.5.2003 – 2 AZR 426/02 – AP § 1 KSchG 1969 Wartezeit Nr. 18; BAG 16.4.2003 – 7 AZR 187/02 – NZA 2004, 40; BAG 10.5.1989 – 7 AZR 450/88 – NZA 1990, 221; BAG 20.8.1998 – 2 AZR 83/98 – AP § 1 KSchG 1969 Wartezeit Nr. 10.

rechtliche Unterbrechungen als unschädlich angesehen werden.[395] Je länger die zeitliche Unterbrechung gedauert hat, desto gewichtiger müssen die für einen sachlichen Zusammenhang sprechenden Umstände sein. Der enge sachliche Zusammenhang für die Berechnung der Wartefrist des Abs. 1 ist nicht schon zu verneinen, wenn die Unterbrechung **drei Wochen** gedauert hat.[396] Werden zwei Lehrer-Arbverh lediglich durch die Schulferien voneinander getrennt, so wird ein enger sachlicher Zusammenhang u.a. dadurch indiziert, dass im ersten befristeten Arbeitsvertrag für die Zeit nach dessen Ablauf eine bevorzugte Berücksichtigung bei der Besetzung von Dauerarbeitsplätzen zugesagt war.[397] Ein enger zeitlicher Zusammenhang zwischen zwei Arbverh liegt nicht vor, wenn ein angestellter Lehrer vor und nach den Sommerferien in unterschiedlichen Schultypen und Klassenstufen an Schulen in Nordrhein-Westfalen als Lehrer eingesetzt worden ist.[398] Beträgt der zeitliche Abstand zwischen dem früheren und dem neuen Arbverh fast sieben Wochen, sind nur außergewöhnlich gewichtige Umstände in der Lage, einen sachlichen Zusammenhang zu begründen.[399] Eine Unterbrechung des Arbverh von sechs Wochen ist grds. erheblich nach Abs. 1.[400] Ein enger sachlicher Zusammenhang zwischen zwei rechtlich unterbrochenen Arbverh, der dazu führt, dass die frühere Zeit der Betriebszugehörigkeit auf die Wartezeit nach Abs. 1 angerechnet ist, ist in aller Regel zu verneinen, wenn die Zeit der Unterbrechung über vier Monate gedauert hat. In diesem Falle beginnt die Wartezeit mit der Begründung des zweiten Arbverh neu zu laufen.[401]

3. Betrieblicher Geltungsbereich – § 23. Der allgemeine Künd-Schutz nach den Vorschriften des ersten und zweiten Abschnitts des KSchG findet gem. § 23 Abs. 1 S. 1 nur für Betriebe und Verwaltungen des privaten und des öffentlichen Rechts, vorbehaltlich der Vorschriften des § 24, Anwendung. Für Betriebe und Verwaltungen, in denen i.d.R. fünf oder weniger AN ausschließlich der zu ihrer Berufsbildung Beschäftigten beschäftigt werden, gelten ausschließlich die Vorschriften der §§ 4 bis 7 und 13 Abs. 1 S. 1 und 2; die übrigen Vorschriften des ersten Abschnitts des KSchG gelten nicht. Mit der gesetzlichen Neufassung des § 23 Abs. 1 zum 1.1.2004 wurde hinsichtlich des Schwellenwertes der zwischen 1996 und 1998 geltende Rechtszustand wieder hergestellt, so dass in Betrieben und Verwaltungen, in denen **i.d.R. zehn oder weniger AN** ausschließlich der zu ihrer Berufsbildung Beschäftigten beschäftigt werden, ausschließlich die Vorschriften des ersten Abschnitts des KSchG mit der Ausnahme der §§ 4 bis 7 und 13 Abs. 1 S. 1 und 2 nicht für AN gelten, deren Arbverh nach dem 31.12.2003 begonnen hat; diese AN sind bei der Feststellung der Zahl der beschäftigten AN nach S. 2 bis zur Beschäftigung von i.d.R. zehn AN nicht zu berücksichtigen (sog. Kleinbetriebsklausel). Teilzeitbeschäftigte AN mit einer regelmäßigen wöchentlichen Arbeitszeit von nicht mehr als 20 Stunden sind mit 0,5 und AN, die wöchentlich weniger als 30 Stunden beschäftigt werden, sind gem. § 23 Abs. 1 S. 4 mit 0,75 zu berücksichtigen.

Der Begriff des Betriebes ist im KSchG nicht definiert und ist im Lichte des Schutzgedankens des § 23 Abs. 1 S. 2 und 3 zu werten. Er ist nicht mit dem Betriebsbegriff des BetrVG identisch.[402] Die Betriebsdefinition muss deshalb weniger auf die Struktureinheit Betrieb als auf die organisatorische Einheit i.S.d. AG abstellen, so dass insb. erforderlich ist, dass die AG-Funktionen im Bereich der sozialen und personellen Angelegenheiten sowie die unternehmerischen Funktionen im Bereich der wirtschaftlichen Angelegenheiten von einem einheitlichen Leitungsapparat der beteiligten Unternehmen wahrgenommen werden.[403]

Der **Herausnahme der Kleinbetriebe aus dem Künd-Schutz nach dem KSchG** liegen arbeitsmarktpolitische Überlegungen zugrunde. Die Privilegierung von Kleinbetrieben erkennt an, dass die Inhaber von Kleinbetrieben Schwierigkeiten bei der Anwendung des komplizierten Künd-Rechts haben, dass i.d.R. ein enges persönliches Verhältnis zwischen AG und AN besteht, dass diese Betriebe Probleme haben, langwierige Künd-Schutzverfahren zu führen und etwaige Abfindungsleistungen zu erbringen und dass bei Kleinbetrieben eine höhere personalwirtschaftliche Flexibilität erforderlich ist.[404]

Der Ausschluss der Kleinbetriebe aus dem Geltungsbereich des KSchG und die erneute Anhebung des Schwellenwertes von bisher fünf auf nunmehr zehn AN ist verfassungsrechtlich unbedenklich und insb. mit den Art. 12 Abs. 1 und Art. 3 Abs. 1 GG vereinbar.[405]

4. Räumlicher Geltungsbereich. § 1 findet auf alle **im deutschen Hoheitsgebiet befindlichen Betriebe** Anwendung.[406] Eingeschlossen sind damit auch ausländische Unternehmen und deren in- und ausländische AN. Dies ergibt

---

395 BAG 31.5.1989 – 7 AZR 466/88.
396 BAG 4.4.1990 – 7 AZR 310/89 – RzK I 4d 15; BAG 10.5.1989 – 7 AZR 450/88 – AP § 1 KSchG 1969 Wartezeit Nr. 7; LAG Rheinland-Pfalz 1.3.2007 – 2 Sa 806/06; LAG Hamm 14.12.2006 – 15 Sa 1137/06.
397 BAG 20.8.1998 – 2 AZR 76/98 – NZA 1999, 481; vgl. auch BAG 19.6.2007 – 2 AZR 94/06 – NZA 2007, 1103.
398 BAG 28.8.2008 – 2 AZR 101/07 – AE 2009, 57.
399 BAG 22.5.2003 – 2 AZR 426/02 – AP § 1 KSchG 1969 Wartezeit Nr. 18.
400 BAG 28.8.2008 – 2 AZR 101/07.
401 BAG 18.1.1979 – 2 AZR 254/77 – AP § 1 KSchG 1969 Wartezeit Nr. 3.
402 *Löwisch*, BB 2004, 154.
403 BAG 3.6.2004 – 2 AZR 386/03 – NZA 2004, 1380; BAG 5.3.1987 – 2 AZR 623/85 – NZA 1988, 32.
404 BT-Drucks 13/4612 S. 9; BAG 19.4.1990 – 2 AZR 487/89 – NZA 1990, 724.
405 BVerfG 27.1.1998 – 1 BvL 15/87 – NZA 1998, 470.
406 BAG 26.3.2009 – 2 AZR 883/07 – DB 2009, 1409; BAG 17.1.2008 – 2 AZR 902/06 – NZA 2008, 872; BAG 9.10.1997 – 2AZR 64/97 – NZA 1998, 141.

sich aus den Vorschriften des Internationalen Privatrechts, insb. aus den Art. 27 ff. EGBGB. Die verschiedenen Arten des Erlöschens vertraglicher Verpflichtungen werden von Art. 32 Abs. 1 Nr. 4 EGBGB erfasst und dem Vertragsstatut unterstellt. Den Parteien steht nach Art. 27 Abs. 1 EGBGB zunächst die Möglichkeit einer Rechtswahl offen. Ist eine solche vertraglich nicht erfolgt, richtet sich das geltende Recht nach Art. 30 EGBGB. Arbeitsverträge sowie Arbverh – und damit das Künd-Schutzrecht – unterliegen nach dieser Vorschrift grds. dem Recht des Staates, in dem der AN in Erfüllung des Vertrages gewöhnlich seine Arbeit verrichtet, selbst wenn er vorübergehend in einen anderen Staat entsandt ist, oder in dem sich die Niederlassung befindet, die den AN eingestellt hat, sofern dieser seine Arbeit gewöhnlich nicht in ein und demselben Staat verrichtet.

173 **5. Gegenständlicher Geltungsbereich.** § 1 begründet einen besonderen Künd-Schutz gegenüber einer ordentlichen Künd des AN. Andere Beendigungstatbestände, wie ein Aufhebungsvertrag oder der Eintritt einer Bedingung oder Befristung werden nicht erfasst.[407] Bei der ordentlichen Künd handelt es sich um ein **Gestaltungsrecht**, durch das der AG dem betreffenden AN gegenüber **einseitig** die Beendigung des auf unbestimmte Zeit eingegangene Arbverh erklärt. Die Künd ist als einseitiges Rechtsgeschäft **bedingungsfeindlich**.[408] Allein **Potestativbedingungen**, bei denen der AN selbst in der Hand hat, ob er die Künd wirksam werden lässt oder nicht, sind möglich.[409] Auch ist es möglich, eine Künd vorbehaltlich der Unwirksamkeit einer vorangegangenen Künd (sog. Nachkündigung) auszusprechen. Damit wird keine bedingte Künd erklärt, die wegen Bedingungsfeindlichkeit der Künd-Erklärung unzulässig wäre. Es handelt sich insoweit nur um eine so genannte **Rechtsbedingung**. Diese ist rechtlich zulässig.[410]

174 Abs. 2 S. 4 verteilt die Beweislast im Künd-Schutzprozess. Der AG hat die Tatsachen zu beweisen, die die Künd bedingen. Der AG muss insb. beweisen, dass die Künd sozial gerechtfertigt ist.[411] Ebenso obliegt ihm die Darlegungs- und Beweislast dafür, dass die Tatsachen eines von dem AN vorgebrachten Rechtfertigungsgrundes nicht vorliegen. Hingegen obliegt dem AN der Nachweis der Anwendbarkeit des KSchG.[412]

VIII. Sozialwidrigkeit der ordentlichen Arbeitgeberkündigung

175 **1. Systematik der fehlenden sozialen Rechtfertigung.** Die Sozialwidrigkeit einer Künd nach Abs. 1 stellt einen rein **rechtstechnischen Begriff** dar, und ist nicht nach allg. sozialen Kriterien auslegungsfähig.[413] Nach Abs. 1 ist eine Künd rechtsunwirksam, wenn sie sozial ungerechtfertigt ist. Die Sozialwidrigkeit ist nicht legal definiert. Sie ist gegeben, wenn keiner der in Abs. 2 S. 1 oder S. 2 genannten Gründe einschlägig ist, also weder eine personen-, verhaltens- noch eine betriebsbedingte Künd i.S.d. Abs. 2 S. 1 vorliegt, noch die Voraussetzungen des Abs. 2 S. 2 gegeben sind. Dabei ist zu beachten, dass die Geltendmachung der Widerspruchsgründe in Abs. 2 S. 2 von einer Interessenabwägung unabhängig ist. Bereits das Vorliegen dieser Gründe führt zu einer Sozialwidrigkeit der Künd, so dass sie daher als sog. absolute Unwirksamkeitsgründe bezeichnet werden. Im Rahmen der Überprüfung der Rechtfertigung einer personen-, verhaltens- oder betriebsbedingten Künd sind hingegen zentrale Prinzipien, wie das **Ultima-Ratio-Prinzip**, das **Prognoseprinzip** und mit gewissen Einschränkungen das **Interessenabwägungsprinzip** zu berücksichtigen.

Eine sozial nicht gerechtfertigte Künd ist nach dem KSchG zunächst schwebend unwirksam. Erhebt der von der Künd betroffene AN nicht innerhalb der Frist der §§ 4 bis 6 Künd-Schutzklage, gilt die Künd gem. § 7 als von Anfang an rechtswirksam.

176 **2. Struktur des sozial rechtfertigenden Kündigungsgrundes. a) Kündigungsgrund „an sich" – Störung des vertraglichen Austauschverhältnisses.** Die soziale Rechtfertigung jeder Künd setzt **eine konkrete Störung des vertraglichen Austauschverhältnisses** von Arbeitsleistung gegen Arbeitsentgelt voraus.[414] Rechtlich relevant sind nur erhebliche Beeinträchtigungen des Arbverh, geringfügige Störungen der unternehmerischen Interessen sind hinzunehmen.[415] Unabhängig von der Intensität der Beeinträchtigung ist es zur sozialen Rechtfertigung der Künd erforderlich, dass es sich um eine **arbeitsvertragsbezogene Beeinträchtigung** handelt, d.h. es müssen Umstände vorliegen, die sich auf die Erfüllung der arbeitsvertraglichen Haupt- oder Nebenpflichten auswirken.[416]

177 **b) Beurteilungsmaßstab und -zeitpunkt.** Bei der Frage nach dem **Beurteilungsmaßstab** hinsichtlich der Rechtmäßigkeit einer Künd ist allein auf objektive Verhältnisse abzustellen.[417] Es ist aus der Sicht eines ruhig und verständig urteilenden AG über die Sozialwidrigkeit der Künd zu entscheiden, subjektive Motive des AG sind unbeachtlich.[418]

---

407 APS/*Dörner*, § 1 KSchG Rn 56.
408 MüKo-BGB/*Hergenröder*, § 1 KSchG Rn 41.
409 APS/*Dörner*, § 1 KSchG Rn 55.
410 BAG 3.4.2008 – 2 AZR 500/06 – NZA 2008, 812; BAG 27.3.1987 – 7 AZR 527/85 – AP § 242 BGB Betriebliche Übung Nr. 22.
411 BAG 13.2.2008 – 2 AZR 1041/06 – NZA 2008, 819.
412 MüKo-BGB/*Hergenröder*, § 1 KSchG Rn 81.
413 BAG 20.1.1961 – 2 AZR 495/59 – AP § 1 KSchG Betriebsbedingte Künd Nr. 7.
414 BAG 30.4.1987 – 2 AZR 184/86 – NZA 1987, 776; BAG 17.3.1988 – 2 AZR 576/87 – NZA 1989, 261.
415 APS/*Dörner*, § 1 KSchG Rn 64; MüKo-BGB/*Hergenröder*, § 1 KSchG Rn 77.
416 APS/*Dörner*, § 1 KSchG Rn 64.
417 KR/*Etzel*, § 1 KSchG Rn 235.
418 BAG 21.11.1996 – 2 AZR 357/95 – NZA 1997, 487; BAG 13.12.1990 – 2 AZR 342/90 – RzK I 5g 42; MüKo-BGB/*Hergenröder*, § 1 KSchG Rn 82.

Maßgeblicher **Zeitpunkt für die Beurteilung** der sozialen Rechtfertigung der Künd ist ihr Zugang beim Gekündigten.[419] Dies ergibt sich daraus, dass es sich bei der Künd um ein rechtsgestaltendes einseitiges Rechtsgeschäft handelt, das durch eine empfangsbedürftige Willenserklärung wirksam wird.[420] Umstände, die nach dem Zugang der Künd eintreten, müssen bei der Prüfung der Rechtmäßigkeit der Künd unberücksichtigt bleiben.[421] Bspw. kann eine Verschlechterung der Auftragslage nach dem Zugang der Künd nicht zu einer Rechtfertigung der Künd führen; in diesem Fall muss der AG eine erneute Künd aussprechen, die sich auf die Verschlechterung der Auftragslage stützt.[422]

c) Prognoseprinzip. Eine Künd kann nur dann gerechtfertigt sein, wenn eine Weiterbeschäftigung des betreffenden AN in Zukunft nicht mehr tragbar ist. Das ist der Fall, wenn in der Vergangenheit liegende Umstände das Arbvernh in Zukunft weiter belasten werden, so dass eine Künd gerechtfertigt erscheint.[423] Dieser Grundsatz gilt für alle drei Künd-Gründe. Eine Künd ist **zukunftsbezogen** und setzt eine **negative Prognose** voraus.[424] Objektive Umstände, betriebliche Erfordernisse oder die Einstellung bzw. das Verhalten des Gekündigten kommen als Gesichtspunkte in Betracht, die das Arbvernh konkret beeinträchtigen und eine Fortsetzung desselben unzumutbar machen können.[425]

Dem AN kann u.U. ein **Wiedereinstellungsanspruch** zustehen. Voraussetzung dafür ist, dass sich die negative Prognose in dem Zeitraum zwischen Künd und Ablauf der Künd-Frist als falsch erweist.[426] Als Rechtsgrundlage für einen solchen Anspruch kommt die fortbestehende nachvertragliche (Fürsorge-)Pflicht des AG in Betracht.[427] Ein Wiedereinstellungsanspruch kann sich auch nach Abschluss eines Aufhebungsvertrages ergeben.[428] Dem Wiedereinstellungsanspruch des AN können berechtigte Interessen des AG entgegenstehen, wie bspw. die Neubesetzung des Arbeitsplatzes. Etwas anderes gilt nur, wenn der AG die Wiedereinstellung des Gekündigten durch die Neueinstellung eines anderen AN treuwidrig vereiteln will.[429] Erweist sich die Prognose nach Ablauf der Künd-Frist als unrichtig, kann sich ein Anspruch des Gekündigten auf Wiedereinstellung nicht ergeben.[430]

d) Ultima-Ratio-Prinzip. Das KSchG schützt den Bestand von Arbvernh. Ein AG soll nur dann ein Arbvernh kündigen dürfen, wenn keine alternative, weniger einschneidende Maßnahme (Verhältnismäßigkeitsprüfung) in Betracht kommt, um die Künd zu verhindern.[431] Als mildere Mittel gegenüber der Künd kommen bspw. eine Abmahnung und eine Weiterbeschäftigung auf einem anderen, freien Arbeitsplatz, ggf. zu geänderten Arbeitsbedingungen, in Betracht.[432] Stellt eine Künd nicht das mildeste Mittel dar, erfolgt sie ohne Künd-Grund. Die Künd ist unwirksam. Der Ultima-Ratio-Grundsatz kommt nach der Rspr. nicht erst bei der Interessenabwägung zum Tragen.[433] Eine klare Abgrenzung zwischen der Verhältnismäßigkeitsprüfung einerseits und der Interessenabwägung andererseits ist indes schwierig, da beide Aspekte eng miteinander verknüpft sind.[434]

aa) Abmahnung. Eine Abmahnung kommt als milderes Mittel zu einer Künd in Betracht, wenn die Abmahnung sicherstellt, dass das Arbvernh zu den vereinbarten Bedingungen störungsfrei fortgesetzt werden kann.[435]

bb) Weiterbeschäftigung in demselben Betrieb. Eine – u.U. auch zu geänderten Arbeitsbedingungen –[436] Weiterbeschäftigung geht einer Künd vor, wenn zum Zeitpunkt der Künd oder bis zum Ablauf der Künd-Frist[437] ein anderweitiger **freier und vergleichbarer Arbeitsplatz** zur Verfügung steht. In diesem Fall ist die Künd unwirksam. Vergleichbar ist ein Arbeitsplatz, wenn er den Fähigkeiten des AN entspricht und seine Weiterbeschäftigung auf dem neuen Arbeitspatz qua Direktionsrecht des AG ohne Änderungen des Arbeitsvertrages möglich ist.[438] Die Frage, ob der AN auf einem anderen, zum Zeitpunkt der Künd besetzten Arbeitsplatz weiter zu beschäftigen ist, spielt nur bei betriebsbedingten Künd bei der Sozialauswahl eine Rolle.[439] Dem AG ist es verwehrt, sich auf das Fehlen einer Wei-

---

419 BAG 13.12.1990 – 2 AZR 342/90 – RzK I 5g 42; BAG 10.8.1983 – 7 AZR 362/81.
420 MüKo-BGB/*Hergenröder*, § 1 KSchG Rn 83.
421 MüKo-BGB/*Hergenröder*, § 1 KSchG Rn 84.
422 KR/*Etzel*, § 1 KSchG Rn 237; MüKo-BGB/*Hergenröder*, § 1 KSchG Rn 84.
423 MüKo-BGB/*Hergenröder*, § 1 KSchG Rn 85.
424 BAG 13.3.1997 – 2 AZR 506/96 – RzK I 5h Nr. 39; BAG 7.2.1991 – 2 AZR 205/90 – NZA 1991, 806; BAG 17.1.1991 – 2 AZR 375/90 – NZA 1991, 557.
425 KR/*Etzel*, § 1 KSchG Rn 110.
426 BAG 16.5.2007 – 7 AZR 621/06 – AP § 1 KSchG 1969 Wiedereinstellung Nr. 14; BAG 9.11.2006 – 2 AZR 509/05 – AP § 311a BGB Nr. 1; BAG 4.12.1997 – 2 AZR 140/97 – NZA 1998, 701.
427 BAG 22.4.2004 – 2 AZR 281/03 – AP § 620 BGB Aufhebungsvertrag Nr. 27.
428 BAG 8.5.2008 – 6 AZR 517/07.
429 BAG 23.2.2000 – 7 AZR 891/98 – NZA 2000, 894.
430 Schaub/*Linck*, Arbeitsrechts-Handbuch, § 128 Rn 28.
431 BAG 21.9.2006 – 2 AZR 607/05 – NZA 2007, 431; KR/*Etzel*, § 1 KSchG Rn 215; Schaub/*Linck*, Arbeitsrechts-Handbuch, § 128 Rn 24.
432 BAG 5.6.2008 – 2 AZR 107/07; BAG 21.9.2006 – 2 AZR 607/05 – NZA 2007, 431; BAG 21.4.2005 – 2 AZR 132/04 – NZA, 2005, 1289; BAG 17.1.1991 – 2 AZR 375/90 – NZA 1991, 557; BAG 10.11.1988 – 2 AZR 215/88 – NZA 1989, 633.
433 BAG 2.11.1989 – 2 AZR 335/89.
434 MüKo-BGB/*Hergenröder*, § 1 KSchG Rn 104.
435 KR/*Etzel*, § 1 KSchG Rn 216.
436 BAG 21.4.2005 – 2 AZR 132/04 – NZA 2005, 1289.
437 BAG 1.3.2007 – 2 AZR 650/05 – AP § 1 KSchG 1969 betriebsbedingte Kündigung Nr. 164.
438 BAG 5.6.2008 – 2 AZR 107/07; zur Erweiterung des Direktionsrechts durch Tarifvertrag vgl. LAG Berlin-Brandenburg 8.5.2008 – 14 Sa 1677/05.
439 KR/*Etzel*, § 1 KSchG Rn 220.

terbeschäftigungsmöglichkeit zu berufen, wenn er diesen Zustand selbst treuwidrig hervorgerufen hat.[440] Der AG hat es nicht in der Hand, den Künd-Schutz dadurch leerlaufen zu lassen, dass er zunächst einen freien Arbeitsplatz besetzt und erst später eine Beendigungskündigung wegen einer fehlenden Weiterbeschäftigungsmöglichkeit ausspricht. Eine **treuwidrige Vereitelung der Weiterbeschäftigungsmöglichkeit** kann dem AG aber nur dann vorgehalten werden, wenn sich ihm die Möglichkeit der Weiterbeschäftigung aufdrängen musste.[441]

184 Falls kein vergleichbarer Arbeitsplatz frei ist, stellt die Weiterbeschäftigung auf einem freien Arbeitsplatz im Betrieb zu **geänderten Arbeitsbedingungen** u.U. auch ein milderes Mittel zur Künd dar. Das Angebot einer Weiterbeschäftigung zu geänderten (schlechteren) Bedingungen kann lediglich in Extremfällen unterbleiben. Eine Weiterbeschäftigung hat auch dann vorrangig zu erfolgen, wenn sie erst nach einer Einarbeitung des Arbeitnehmers auf einer freien Stelle, gegebenenfalls erst nach einer dem AN anzubietenden zumutbaren Umschulungs- oder Fortbildungsmaßnahme möglich ist.[442] Da das Ultima-Ratio-Prinzip lediglich den bisherigen Bestand und Inhalt des Arbverh schützt, kann nicht das Vorhandensein einer freien Stelle mit höherwertigen Arbeitsbedingungen (sog. **„Beförderungsstelle"**) zu einer Unwirksamkeit der Künd führen,[443] sondern nur das einer Stelle mit gleichwertigen oder geringer wertigen Arbeitsbedingungen. Im Falle geringer wertiger Arbeitsbedingungen muss die neue Tätigkeit dem AN zumutbar sein, es sei denn der AN erklärt sich mit den geringer wertigen Arbeitsbedingungen auf ein Angebot des AG hin ausdr. einverstanden.[444]

185 e) Interessenabwägung. Ergibt sich nach dem Ultima-Ratio-Prinzip keine Möglichkeit eines milderen Mittels, ist im Rahmen einer umfassenden Interessenabwägung abschließend zu prüfen, ob das Interesse des AG an der Beendigung des Arbverh das Interesse des AN an dessen Fortbestand überwiegt. Grds. bedarf es lediglich bei personen- oder verhaltensbedingten Künd einer Interessenabwägung, wohingegen bei betriebsbedingten Künd für eine Verhältnismäßigkeitsprüfung im engeren Sinne kein Raum ist.[445] Die Rspr. lässt jedoch eng umgrenzte Ausnahmen von diesem Grundsatz zu und hält eine zumeist nur vorübergehende Weiterbeschäftigung des AN dem AG etwa dann für zumutbar, wenn der AN aufgrund schwerwiegender persönlicher Umstände besonders schutzbedürftig ist.[446] Die Interessenabwägung muss alle wesentlichen Umstände berücksichtigen und widerspruchsfrei sein.[447]

186 f) Überprüfung in der Revisionsinstanz. Die Entscheidung des Berufungsgerichts über die Sozialwidrigkeit einer Künd ist in der Revisionsinstanz nur beschränkt nachprüfbar. Bei der Frage der Sozialwidrigkeit (Abs. 2) handelt es sich um die Anwendung eines unbestimmten Rechtsbegriffs, die vom Revisionsgericht nach ständiger Rspr. des BAG nur darauf geprüft werden kann, ob das Berufungsgericht den Rechtsbegriff selbst verkannt hat, ob es bei der Unterordnung des Sachverhalts unter die Rechtsnorm des § 1 Denkgesetze oder allg. Erfahrungssätze verletzt hat, ob es bei der gebotenen Interessenabwägung, bei der dem Tatsachenrichter ein Beurteilungsspielraum zusteht, alle wesentlichen Umstände berücksichtigt hat und ob die Entscheidung in sich widerspruchsfrei ist.[448]

187 3. Konkurrenz von Kündigungsgründen. Abs. 2 S. 1 geht davon aus, dass eine Künd entweder als betriebs-, personen- oder verhaltensbedingt eingeordnet werden kann. Dabei bleiben solche Fälle unberücksichtigt, in denen durch die Künd verschiedene der genannten Bereiche berührt werden.

188 a) Mehrere Sachverhalte. Eine Künd kann auf mehrere Künd-Sachverhalte gestützt werden, die verschiedenen Künd-Gründen i.S.d. Abs. 2 S. 1 zuzuordnen sind. Jeder Sachverhalt muss alleine eine Künd begründen können.[449] Erst wenn die isolierte Betrachtungsweise nicht bereits zur Sozialwidrigkeit der Künd führt, ist im Wege einer einheitlichen Betrachtungsweise zu prüfen, ob die einzelnen Künd-Gründe in ihrer Gesamtheit Umstände darstellen, die bei verständiger Würdigung in Abwägung der Interessen der Vertragsparteien und des Betriebes die Künd als billigenswert und angemessen erscheinen lassen.[450] Dies wurde von der Rspr. allerdings lediglich bei verschiedenen vorwerfbaren Pflichtverletzungen des AN und damit verhaltensbedingten Künd-Gründen entschieden. Betreffen die Künd-Sachverhalte Künd-Gründe aus den drei verschiedenen Bereichen, scheidet nach dem Grundsatz der alternativen Gesetzeskonkurrenz eine Gesamtbetrachtung aus.[451]

---

440 BAG 6.12.2001 – 2 AZR 695/00 – NZA 2002, 927.
441 BAG 5.6.2008 – 2 AZR 107/07.
442 BAG 5.6.2008 – 2 AZR 107/07.
443 LAG Köln 14.1.2008 – 14 Sa 1079/07 – AuR 2008, 276 (LS).
444 BAG 29.3.1990 – 2 AZR 369/89 – NZA 1991, 181; BAG 27.9.1984 – 2 AZR 62/83 – NZA 1985, 455; KR/*Etzel*, § 1 KSchG Rn 224 f.
445 APS/*Dörner*, § 1 KSchG Rn 80.
446 BAG 30.4.1987 – 2 AZR 184/86 – NZA 1987, 776.
447 BAG 27.2.1997 – 2 AZR 302/96 – NZA 1997, 761.
448 BAG 18.11.1986 – 7 AZR 674/84 – AP § 1 KSchG 1969 Verhaltensbedingte Kündigung Nr. 17; BAG 27.2.1997 – 2 AZR 302/96 – AP § 1 KSchG 1969 Verhaltensbedingte Kündigung Nr. 36.
449 BAG 20.11.1992 – 2 AZR 643/96 – AP § 1 KSchG 1969 Nr. 43; BAG 10.12.1992 – 2 ABR 32/92 – AP § 87 ArbGG 1979 Nr. 4; BAG 22.7.1982 – 2 AZR 30/81 – AP § 1 KSchG 1969 Verhaltensbedingte Kündigung Nr. 5; BAG 10.4.1975 – 2 AZR 113/74 – AP § 626 BGB Ausschlussfrist Nr. 7; BAG 4.8.1955 – 2 AZR 88/54 – AP § 626 BGB Nr. 3.
450 BAG 22.7.1982 – 2 AZR 30/81 – AP § 1 KSchG 1969 Verhaltensbedingte Kündigung Nr. 5.
451 HWK/*Quecke*, § 1 KSchG Rn 69; *Stahlhacke/Preis/Vossen*, Rn 926.

b) Mischtatbestände. Ein einheitlicher Künd-Sachverhalt kann ebenso verschiedene der drei genannten Bereiche berühren. In diesem Fall liegt ein sog. „Mischtatbestand" vor.[452] Die soziale Rechtfertigung der Künd richtet sich nach den Kriterien desjenigen Künd-Grundes, aus dessen Sphäre die Störung des Arbverh primär kommt.[453]

4. Nachschieben von Kündigungsgründen. Für die Beurteilung der Sozialwidrigkeit der Künd kommt es alleine auf die objektiven Umstände zum Zeitpunkt der Künd an.[454] Daraus ergeben sich folgende Grundsätze:

a) Nachträglich bekannt gewordene Kündigungsgründe. Künd-Gründe, die bereits bei Zugang der Künd entstanden waren, die dem AG zum Zeitpunkt der Künd aber nicht bekannt waren, können unter kündigungsschutzrechtlichen Gesichtspunkten uneingeschränkt nachgeschoben werden.[455] Das betriebsverfassungsrechtliche Verwertungsverbot des § 102 Abs. 1 BetrVG macht es jedoch in Betrieben, in denen ein BR existiert, erforderlich, dass der AG den BR zu den nachträglich bekannt gewordenen Gründen anhören muss, bevor er sie im Künd-Schutzprozess nachschiebt.[456]

b) Im Zeitpunkt des Ausspruchs der Kündigung bekannte Gründe. Sind dem AG beim Zugang der Künd Gründe bekannt, die zuvor entstanden sind, steht dem Nachschieben der Gründe zwar kein individualrechtliches Hindernis, jedoch das betriebsverfassungsrechtliche Verwertungsverbot des § 102 Abs. 1 BetrVG entgegen. Der BR kann bei zum Zeitpunkt der Künd bekannt gewesenen Gründen nicht nachträglich wirksam beteiligt werden, da der AG die Möglichkeit hatte, dem BR die Gründe bei dem Anhörungsverfahren nach § 102 BetrVG mitzuteilen und von dieser Möglichkeit keinen Gebrauch gemacht hat.[457]

c) Nach der Kündigung entstandene Gründe. Künd-Gründe, die erst nach dem Zugang der Künd entstanden sind, rechtfertigen allenfalls eine neue Künd.[458]

5. Verzicht/Verwirkung. Der AG kann sowohl von seinem Künd-Recht Gebrauch machen, als auch auf die Ausübung dieses Gestaltungsrechts **verzichten**. Der Verzicht stellt eine empfangsbedürftige Willenserklärung dar, die mit Zugang beim AN wirksam wird. Der AG kann dann eine spätere Künd nicht mehr alleine auf die Künd-Gründe der Künd, auf die er verzichtet hat, stützen.[459]

Erhält der AG Kenntnis von einem bestimmten Künd-Grund und kündigt er dem betreffenden AN daraufhin nicht zeitnah (Zeitmoment), so dass der AG den Eindruck erweckt und der AN davon ausgehen darf, der AG werde nicht mehr kündigen (Umstandsmoment), tritt ggf. eine **Verwirkung** des Künd-Rechts nach § 242 BGB ein. Die Frage, nach welcher Zeitspanne von einer Verwirkung auszugehen ist, hängt von den Umständen des Einzelfalls ab, wird aber i.d.R. erst nach dem Verstreichen mehrerer Wochen oder Monate in Betracht kommen.[460]

6. Verhältnis von ordentlicher zu außerordentlicher Arbeitgeberkündigung. Das Arbverh kann nach § 626 Abs. 1 BGB sowohl vom AG als auch vom AN aus wichtigem Grund ohne Einhaltung einer Künd-Frist gekündigt werden. Die außerordentliche Künd unterscheidet sich von der sozial gerechtfertigten ordentlichen Künd dadurch, dass ein Fortsetzen des Arbverh dem Kündigenden bis zum Ablauf der Künd-Frist aufgrund der **Schwere und Intensität der Vertragsstörung** nicht zumutbar ist.[461] Die ordentliche Künd steht damit zu der außerordentlichen Künd in einem Stufenverhältnis. Das Recht zur außerordentlichen Künd kann im Gegensatz zur ordentlichen Künd nicht tarif- oder einzelvertraglich ausgeschlossen werden.[462] Betriebsbedingte Künd sind grds. nur in Form ordentlicher Künd denkbar, da sonst eine unzulässige Verlagerung des Wirtschafts- und Betriebsrisikos vom AG auf den AN stattfinden würde.[463] Das Recht zur außerordentlichen Künd muss nach § 626 Abs. 2 BGB innerhalb von zwei Wochen ab Kenntnis des Kündigenden vom Künd-Grund ausgeübt werden, so dass die Problematik der Verwirkung, die bei der ordentlichen Künd auftreten kann, bei der außerordentlichen Künd nicht zum Tragen kommen kann.

7. Wiedereinstellungsanspruch. Der gekündigte AN kann u.U. einen Anspruch gegen den kündigenden AG auf Wiedereinstellung haben. Das ist dann der Fall, wenn die zum Zeitpunkt der Künd bestehende negative Prognose sich nachträglich als unzutreffend erweist, da in diesem Fall kein Künd-Grund besteht, der die Künd sozial

---

452 HaKo-KSchR/*Pfeiffer*, § 1 Teil C Rn 150.
453 BAG 17.5.1984 – 2 AZR 109/83 – AP § 1 KSchG 1969 Betriebsbedingte Kündigung Nr. 21.
454 HaKo-KSchR/*Pfeiffer*, § 1 Teil C Rn 158.
455 BAG 11.4.1985 – 2 AZR 239/84 – NZA 1986, 674; BAG 18.1.1980 – 7 AZR 260/78 – AP § 626 BGB Nachschieben von Kündigungsgründen Nr. 1.
456 BAG 11.4.1985 – 2 AZR 239/84 – NZA 1986, 674.
457 HaKo-KSchR/*Pfeiffer*, § 1 Teil C Rn 159.
458 HaKo-KSchR/*Pfeiffer*, § 1 Teil C Rn 159.
459 HWK/*Quecke*, § 1 KSchG Rn 72.
460 HWK/*Quecke*, § 1 KSchG Rn 72.
461 BAG 18.2.1993 – 2 AZR 526/92 – AP § 15 KSchG 1969 Nr. 35; HWK/*Quecke*, § 1 KSchG Rn 66.
462 HaKo-KSchR/*Fiebig*, Einleitung Rn 95.
463 BAG 18.3.1985 – 2 AZR 113/84 – AP § 626 BGB Nr. 86; BAG 28.9.1972 – 2 AZR 506/71 – EzA § 626 BGB Nr. 17; *Stahlhacke/Preis/Vossen*, Rn 767.

rechtfertigen könnte.[464] Das Prognoserisiko darf im Lichte des Art. 12 GG nicht zu Lasten des AN gehen. Das gilt umso mehr, wenn sich die Fehlerhaftigkeit der Prognose zeitnah zur Künd offenbart[465] (vgl. Rn 180, 581).

198 **a) Rechtsgrundlage.** Methodisch wird der Anspruch aus der Fürsorgepflicht des AG,[466] dem Verbot des venire contra factum proprium,[467] dem Grundsatz des Vertrauensschutzes,[468] einer systemimmanenten Rechtsfortbildung[469] oder auch aus der erweiternden Auslegung des Abs. 3[470] hergeleitet. Der 2. Senat des BAG hat im Urteil vom 27.2.1997[471] ohne ausdrückliche methodische Rangfolge nebeneinander die Gesichtspunkte angeführt, die für den Wiedereinstellungsanspruch sprechen. Der 7. Senat sieht den Fortsetzungs- bzw. Wiedereinstellungsanspruch als vertragliche Nebenpflicht aus dem noch fortbestehenden Arbverh an. Zu den letztlich auf § 242 BGB beruhenden arbeitsvertraglichen Nebenpflichten gehöre auch die Pflicht, auf die berechtigten Interessen des Vertragspartners Rücksicht zu nehmen.[472]

199 **b) Voraussetzungen des Anspruchs.** Der Anspruch auf Wiedereinstellung hat im Wesentlichen vier Voraussetzungen:
- die Beendigung des Arbverh durch wirksame arbeitgeberseitige Künd,
- die Anwendbarkeit des KSchG,
- der nachträgliche Wegfall des Künd-Grundes innerhalb der Künd-Frist (positive Prognose) und
- keine anderweitigen Dispositionen des AG.

200 **aa) Beendigung des Arbeitsverhältnisses durch wirksame arbeitgeberseitige Kündigung.** Der Anspruch auf Wiedereinstellung setzt die wirksame Beendigung des Arbverh durch eine Künd des AG voraus, d.h. eine Künd-Schutzklage muss rechtskräftig abgewiesen worden, gar nicht erhoben oder zurückgenommen worden sein. Ein Wiedereinstellungsantrag kann hilfsweise mit einem Künd-Schutz- oder allg. Feststellungsantrag verbunden werden.[473]

201 **bb) Anwendbarkeit des KSchG.** Das Gesetz fordert sowohl für die ordentliche als auch für die außerordentliche Künd einen Künd-Grund und damit letztlich eine negative Prognose als zwingende Wirksamkeitsvoraussetzung der Künd. Das bedeutet im Umkehrschluss, dass nur in den Fällen, in denen das Gesetz einen Künd-Grund verlangt, ein Prognoserisiko besteht und deshalb entsprechend ein Wiedereinstellungsanspruch i.d.R. die Anwendbarkeit des KSchG voraussetzt.[474]

202 **cc) Nachträglicher Wegfall des Kündigungsgrundes innerhalb der Kündigungsfrist.** Die zum Künd-Zeitpunkt bestehende negative Prognose muss sich nachträglich in der Weise ändern, dass der Künd-Grund entfällt. Da das Vorliegen eines sozial gerechtfertigten Künd-Grundes nach dem Ultima-Ratio-Prinzip auch das Nichtvorhandensein einer anderweitigen Beschäftigung im Betrieb des AG beinhaltet, kann ein Künd-Grund auch dann entfallen, wenn sich nachträglich eine solche Beschäftigungsmöglichkeit ergibt.[475] Ein Wiedereinstellungsanspruch kommt aus Gründen der Rechtssicherheit und Rechtsklarheit grds. nur in Betracht, wenn der **Nichteintritt des prognostizierten Künd-Grundes noch innerhalb der Künd-Frist** feststeht.[476] Bei der außerordentlichen Künd ist auf die Laufzeit der Künd-Frist einer ordentlichen Künd abzustellen. Eine Ausnahme sollte jedoch in den Fällen zugelassen werden, in denen ein AG mehreren AN wegen beabsichtigter Betriebsstilllegung kündigt und sich später entschließt, einen Teil des Betriebs aufrecht zu erhalten. In diesen Fällen könnte es andernfalls zu einer ungerechtfertigten Schlechterstellung von AN mit kürzeren Künd-Fristen gegenüber AN mit längeren Künd-Fristen kommen. Eine weitere Ausnahme greift bei Verdachts-Künd wegen des Wiedergutmachungsinteresses des Gekündigten.[477]

203 **dd) Keine anderweitigen Dispositionen des Arbeitgebers.** Aus Gründen des Vertrauensschutzes muss Rücksicht auf eventuelle **Dispositionen des AG** genommen werden. Hat er den Arbeitsplatz bereits anderweitig vergeben, ist ihm eine Wiedereinstellung des AN grds. nicht zuzumuten.[478] Anders liegt der Fall, wenn der AG treuwidrig einen anderen AN eingestellt hat, nur um den Wiedereinstellungsanspruch des Gekündigten zu vereiteln. Hier steht dem AG nach dem Grundsatz von Treu und Glauben gem. § 242 BGB kein Vertrauensschutz zu.[479] Ebenso kann sich der AG bei einer betriebsbedingten Künd wegen Wegfalls des Arbeitsplatzes und neuer Besetzung der Stelle des Gekündigten nicht auf Vertrauensschutz und eine Unzumutbarkeit der Wiedereinstellung berufen.

---

464 BAG 27.2.1997 – 2 AZR 160/96 – AP § 1 KSchG 1969 Wiedereinstellung Nr. 1.
465 HWK/*Quecke*, § 1 KSchG Rn 75.
466 KR/*Etzel*, § 1 KSchG Rn 569.
467 *Boewer*, NZA 1999, 1121.
468 V. *Hoyningen-Huene/Linck*, § 1 KSchG Rn 156b.
469 *Raab*, RdA 2000, 147.
470 *Zwanziger*, BB 1997, 42.
471 BAG 27.2.1997 – 2 AZR 160/96 – NZA 1997, 757.
472 BAG 28.6.2000 – 7 AZR 904/98 – NZA 2000, 1097.
473 HWK/*Quecke*, § 1 KSchG Rn 78.
474 Hessisches LAG 7.3.2000 – 9 Sa 1077/99 – NZA 2001, 553.
475 BAG 28.6.2000 – 7 AZR 904/98 – NZA 2000, 1097.
476 BAG 28.6.2000 – 7 AZR 904/98 – NZA 2000, 1097.
477 BAG 14.9.1994 – 2 AZR 164/94 – NZA 1995, 269; BAG 4.6.1964 – 2 AZR 310/63, EzA § 626 BGB Nr. 5; BAG 14.12.1956 – 1 AZR 29/55 – AP § 611 BGB Fürsorgepflicht Nr. 3.
478 BAG 27.2.1997 – 2 AZR 160/96 – NZA 1997, 757.
479 BAG 28.6.2000 – 7 AZR 904/98 – NZA 2000, 1097.

c) Rechtsfolgen. aa) Weiterbeschäftigungsanspruch. Steht dem Kläger ein Anspruch auf Wiedereinstellung zu, bedarf es des Neuabschlusses **des** Arbeitsvertrages.[480] Der Inhalt des Arbeitsvertrages bleibt unverändert. Der AN erhält die Rechtspositionen und Vordienstzeiten aus seinem alten Arbverh.[481] Kommen verschiedene gekündigte AN für eine Wiedereinstellung in Betracht, hat der AG anhand betrieblicher Belange und sozialer Gesichtspunkte eine den §§ 242, 315 BGB genügende Auswahlentscheidung zu treffen.[482] Eine analoge Anwendung des Abs. 3 auf den Wiedereinstellungsanspruch lehnt das BAG ab.[483]

bb) Informationsanspruch. Aus dem Grundsatz von Treu und Glauben gem. § 242 BGB kann der AG verpflichtet sein, gekündigte AN über eine sich unvorhergesehen ergebende Beschäftigungsmöglichkeit zu informieren.[484] Dies dürfte insb. dann der Fall sein, wenn andernfalls der Wiedereinstellungsanspruch vereitelt würde und/oder der AG an einer selbst getroffenen unternehmerischen Entscheidung nicht länger festhält.[485]

cc) Darlegungs- und Beweislast. Grds. hat der AN die Anspruchsvoraussetzungen für einen Wiedereinstellungsantrag darzulegen und ggf. zu beweisen. Das betrifft in erster Linie den Wegfall der negativen Prognose. Aufgrund der Tatsache, dass sich der Sachvortrag auf Umstände aus der Sphäre des AG bezieht, dürfen allerdings im Sinne einer abgestuften Darlegungs- und Beweislast an dieselbe nicht zu strenge Anforderungen gestellt werden und der AG ist gehalten, gem. § 138 Abs. 2 ZPO substantiiert zu bestreiten.[486] Dem AG obliegt die Darlegungs- und Beweislast für eine Unzumutbarkeit der Wiedereinstellung und mithin für anderweitige Dispositionen hinsichtlich des Arbeitsplatzes des Gekündigten.[487]

dd) Prozessuales. Der Antrag des AN richtet sich auf Wiedereinstellung und damit auf die Abgabe einer Willenserklärung durch den AG, das in der Klage enthaltene Angebot auf Abschluss eines Arbeitsvertrages anzunehmen.[488] Macht der AN seinen Wiedereinstellungsanspruch geltend und weigert sich der AG daraufhin, die entsprechende Willenserklärung abzugeben, kann der AN ohne den zwangsvollstreckungsrechtlichen Umweg über § 894 ZPO auf Weiterbeschäftigung klagen.[489]

8. Notwendigkeit der fristgebundenen Klageerhebung. Um die Sozialwidrigkeit der Künd oder einen anderen Unwirksamkeitsgrund geltend zu machen, ist der AN gem. **§ 4** gehalten, eine Feststellungsklage bis **spätestens drei Wochen nach dem Zugang der Künd** beim ArbG anhängig zu machen. Ansonsten gilt die Künd nach § 7 Hs. 1 als von Anfang an rechtswirksam. Zweck der Vorschrift ist es, dem AG möglichst schnell die Möglichkeit zu geben, zu erfahren, ob der AN die Künd hinnimmt oder nicht und damit Gewissheit über den Stand des Arbverh zu schaffen.[490] Das am 1.1.2004 in Kraft getretene Gesetz zu Reformen am Arbeitsmarkt änderte die Rechtslage insoweit, dass sich die Dreiwochenfrist seither nicht länger nur auf die Geltendmachung der Sozialwidrigkeit der Künd bezieht, sondern auch auf andere Unwirksamkeitsgründe, wenn die Künd dem Schriftformerfordernis des § 623 BGB entspricht. Mit der Gesetzesänderung ist eine weitergehende Rechtssicherheit bezweckt.[491]

9. Verhältnis zu sonstigen Unwirksamkeitsgründen. § 6 gestattet dem AN, die Unwirksamkeit der Künd aus jeglichem Unwirksamkeitsgrund noch später als drei Wochen nach Zugang der schriftlichen Künd geltend zu machen. Im Gegensatz zu der Fassung des § 6 vor dem 1.1.2004 kann der AN mithin nun auch Gründe, die der sozialen Rechtfertigung der Künd entgegenstehen, nach der Dreiwochenfrist des § 4 geltend machen, wenn er innerhalb der Frist die Unwirksamkeit der Künd geltend gemacht hat. Die Vorschrift des § 6 soll verhindern, dass der häufig rechtsunkundige AN den Künd-Schutz aus formalen Gründen verliert, wenn er das Gericht rechtzeitig anruft und sein prozessuales Vorgehen den Willen, die Wirksamkeit der Künd anzugreifen, klar genug zum Ausdruck bringt.[492]

Für die Rechte aus den §§ 9 und 12 ist auch nach der Reform von 2004 weiterhin erheblich, ob die Künd auch sozialwidrig oder nur aus einem sonstigen Grund unwirksam ist.

---

480 BAG 17.6.1999 – 2 AZR 639/98 – NZA 1999, 1328.
481 *Raab*, RdA 2000, 147; *Oetker*, ZIP 2000, 1787.
482 BAG 4.12.1997 – 2 AZR 140/97 – NZA 1998, 701.
483 BAG 15.3.1984 – 2 AZR 24/83 – NZA 1984, 226.
484 BAG 28.6.2000 – 7 AZR 904/98 – NZA 2000, 1097; ablehnend *Löwisch*, KSchG § 1 Rn 263.
485 HWK/*Quecke*, § 1 KSchG Rn 85.
486 HWK/*Quecke*, § 1 KSchG Rn 86; *Ziemann*, MDR 1999, 716.
487 HWK/*Quecke*, § 1 KSchG Rn 86; Kittner/Zwanziger/*Appel*, Arbeitsrechts-Handbuch § 107 Rn 9.
488 BAG 28.6.2000 – 7 AZR 904/98 – NZA 2000, 1097; BAG 6.8.1997 – 7 AZR 557/96 – NZA 1998, 254.
489 BAG 27.2.1997 – 2 AZR 160/96 – NZA 1997, 757.
490 HaKo-KSchR/*Gallner*, § 4 KSchG Rn 2.
491 *Preis*, DB 2004, 70.
492 HaKo-KSchR/*Gallner*, § 6 KSchG Rn 1.

B. Regelungsgehalt

I. Personenbedingte Kündigung

Literatur: *Adam*, Religionsfreiheit im Arbeitsrecht, NZA 2003, 1375; *Andelewski*, Wiedereinstellungsanspruch bei personenbedingter Kündigung, NJ 2003, 162; *App/Zöllner*, Prüfungspunkte bei einer beabsichtigten krankheitsbedingten Kündigung eines Arbeitsverhältnisses, BuW 2003, 1007; *Ascheid*, in: Henssler/Moll, Kündigung und Kündigungsschutz in der betrieblichen Praxis 2000, 65; *Bährle*, Grundsätze der personenbedingten Kündigung, BuW 2001, 923; *Balders/Lepping*, Das betriebliche Eingliederungsmanagement nach SGB IX, NZA 2005, 854; *Becker-Schaffner*, Fragen und Grundsätzliches zur personenbedingten Kündigung, ZTR 1997, 49; *Bengelsdorf*, Alkoholkonsum und personenbedingte Kündigung, NZA-RR 2002, 57; *Berkowsky*, Die personenbedingte Kündigung – Teil 1, NZA-RR 2001, 293; *ders.*, Die personenbedingte Kündigung – Teil 2, NZA-RR 2001, 449; *Boßmann*, Kündigung wegen Krankheit und krankheitsbedingter Leistungsminderung, Betriebliche Personal- und Sozialpolitik 1999, 521; *Brose*, Das betriebliche Eingliederungsmanagement nach § 84 Abs. 2 SGB IX als eine neue Wirksamkeitsvoraussetzung für die krankheitsbedingte Kündigung?, DB 2005, 390; *Franke*, Trennen vom kranken Mitarbeiter?, AuA 1999, 207; *Freihube*, Beschaffungskriminalität zulasten des Arbeitgebers zur Befriedigung der Spielsucht, DB 2005, 1274; *Gaul/Süßbrich/Kulejewski*, Keine krankheitsbedingte Kündigung ohne „betriebliches Eingliederungsmanagement", ArbRB 2004, 308; *Güssone*, Krankheit im Arbeitsverhältnis, AiB 1996, 5; *Haag/Wippenbeck*, Unzureichende Arbeitsleistung, AiB 2005, 97; *Haupt*, Kündigung wegen Langzeiterkrankung – Rechtsprechungsänderung –, BuW 1999, 872; *Hemming*, Die alkoholbedingte Kündigung, BB 1998, 1998; *Hennige*, Die krankheitsbedingte Kündigung im Spiegel der Rechtsprechung, AuA 1995, 145; *Hoß*, Die krankheitsbedingte Kündigung, MDR 1999, 777; *ders.*, Die alkoholbedingte Kündigung, MDR 1999, 911; *Hunold*, Krankheitsbedingte Kündigung – betriebliches Eingliederungsmanagement, AuA 2005, 854; *ders.*, Die Kündigung wegen mangelhafter Kenntnisse des Mitarbeiters, NZA 2000, 802; *Isensee*, Kündigung wegen häufiger Kurzerkrankungen, AiB 1995, 803; *Jünemann/Kießling*, Dienstbefreiung, Entgeltfortzahlung und Kündigung bei der Erkrankung von Kindern, DB 2005, 1684; *Koberski*, Die Rechtsprechung des BAG zur krankheitsbedingten Kündigung, AuA 1993, 296; *Lepke*, Hepatitis-Infektion des Arbeitnehmers als Grund für eine fristgerechte Kündigung durch den Arbeitgeber, DB 2008, 467; *ders.*, Zum Wiedereinstellungsanspruch nach krankheitsbedingter Kündigung, NZA-RR 2002, 617; *ders.*, Trunksucht als Kündigungsgrund, DB 2001, 269; *Leser*, Alkoholismus als Kündigungsgrund, ZMV 2000, 156; *Leuchten/Zimmer*, Kündigung wegen subjektiver Eignungsmängel, BB 1999, 1973; *Löw*, Betriebliches Eingliederungsmanagement – Die Auswirkungen auf krankheitsbedingte Kündigungen, MDR 2005, 608; *ders.*, Erkrankung als Grund für eine personenbedingte Kündigung, MDR 2004, 1340; *Mathern*, Die krankheitsbedingte Kündigung, NJW 1996, 818; *Mittag*, Personenbedingte Kündigung, AiB 1993, 38; *Müller*, Zum Ausschluss personenbedingt gekündigter Arbeitnehmer aus dem Geltungsbereich von Sozialplänen, BB 2001, 255; *Natzel/Namendorf*, Betriebliches Eingliederungsmanagement nach § 84 Abs. 2 SGB IX und seine arbeitsrechtlichen Implikationen, DB 2005, 1794; *Rambach/Sartorius*, Die personenbedingte Kündigung, ZAP Fach 17, 621; *Roos*, Kündigung wegen Krankheit, AiB 1995, 658; *Schiefer*, Krankheitsbedingte Kündigung/Kündigung wegen häufiger Kurzerkrankungen, FA-Spezial 2000, Beilage zu Heft 5, I-VIII; *Schmitt*, Vom Wert vertrauensärztlicher Untersuchungen, AuA 1999, 210; *Schwan/Zöller*, Alkohol im Betrieb als Kündigungsgrund, ZTR 1996, 62; *Sibben*, Die Möglichkeit der Weiterbeschäftigung bei krankheitsbedingter Kündigung, FS Dieter Stege 1997, S. 283; *Stück*, Empfehlendes ärztliches Attest und Kündigung aus Fürsorge, MDR 2000, 376; *Tschöpe*, Krankheitsbedingte Kündigung und betriebliches Eingliederungsmanagement, NZA 2008, 398; *ders.*, Personenbedingte Kündigung, BB 2001, 2110; *Twesten*, Die Rechtsstellung des Arbeitgebers bei krankheitsbedingter Arbeitsunfähigkeit eines Mitarbeiters, Die Leistungen 2005, 321; *Voigt*, Rechtliche Reaktionsmöglichkeiten auf eine Fehlprognose bei der krankheitsbedingten Kündigung, DB 1996, 526

1. Begriff. Nach Abs. 2 S. 1 ist eine Künd u.a. sozial ungerechtfertigt, wenn sie nicht durch Gründe bedingt ist, die in der Person des AN liegen. Dabei gibt es eine Vielzahl von in der Person des AN liegenden Gründen, die zu einer kündigungsrelevanten Störung des Arbverh führen können.

2. Abgrenzung zur verhaltensbedingten/betriebsbedingten Kündigung. Eine Abgrenzung der drei in Abs. 2 normierten Künd-Gründe ist geboten, da die Tatbestandsvoraussetzungen der einzelnen Künd-Formen divergieren.[493] So ist eine Abmahnung bei der personenbedingten Künd mangels Änderungs- und Einwirkungsmöglichkeiten des AN entbehrlich, wohingegen sie bei der verhaltensbedingten Künd stets erforderlich ist.[494]

Während bei der betriebsbedingten Künd Gründe Anlass zu der Künd geben, die sich auf den Arbeitsplatz des AN und den dort ersatzlos entfallenen Beschäftigungsbedarf beziehen, sind es bei der personen- und verhaltensbedingten Künd Gründe, die die persönlichen Verhältnisse des AN betreffen. In Abgrenzung zu der verhaltensbedingten Künd, die an das Verhalten des AN anknüpft, greift die personenbedingte Künd, wenn zur Durchführung des Arbverh erforderliche persönliche Eigenschaften, wie Fähigkeiten und Eignung, des AN entfallen sind. Dementsprechend setzt die personenbedingte Künd voraus, dass der AN bei Zugang der Künd und voraussichtlich auch alsbald danach die von ihm **arbeitsvertraglich geschuldete Leistung aufgrund mangelnder Fähigkeiten oder Eignung nicht erfüllen kann.**[495] Da es für das Vorliegen der Voraussetzungen der Künd auf den Zeitpunkt deren Zugangs ankommt, ist es unerheblich, ob der AN die betreffende Fähigkeit oder Eignung je besessen hat oder ob er sie irgendwann (wie-

---

493 LAG Sachsen 16.2.2006 – 8 Sa 968/04.
494 BAG 13.12.2007 – 2 AZR 818/06 – NZA 2008, 589; LAG Rheinland-Pfalz 30.3.2006 – 11 Sa 644/05 – AE 2007, 59 „Kündigung wegen einmaligen Fehlverhaltens mit hoher Schadensfolge"; *v. Hoyningen-Huene/Linck*, § 1 KSchG Rn 185.
495 KR/*Etzel*, § 1 KSchG Rn 266.

der-)erlangen kann.⁴⁹⁶ Es liegt kein personenbedingter Grund zur Künd i.S.v. Abs. 2 vor, wenn ein im Bodendienst eines Flughafens tätiger Student aufgrund seiner überlangen Studiendauer von den Sozialversicherungsträgern nicht mehr als sozialversicherungsfrei angesehen wird.⁴⁹⁷

Teilweise wird die Auffassung vertreten, dass die fehlende Steuerbarkeit durch den AN kein dienliches Kriterium für eine rechtssichere Abgrenzung zwischen personen- und verhaltensbedingter Künd sei.⁴⁹⁸ Dem muss entgegengehalten werden, dass gerade die willensgetragene Steuerbarkeit eine trennscharfe Abgrenzung ermöglicht.⁴⁹⁹ Schlagwortartig lässt sich zwischen verhaltens- und personenbedingter Künd wie folgt abgrenzen: **Ein personenbedingter Künd-Grund liegt vor, wenn der AN will, aber nicht kann. Ein verhaltensbedingter Grund, wenn der AN kann, aber nicht will**. Vor diesem Hintergrund rechtfertigt sich auch, dass bei personenbedingten Künd das Erfordernis einer vorherigen Abmahnung generell entfällt.⁵⁰⁰ Werden dem AN vertragswidrige Handlungen zu Last gelegt, ist der verhaltensbedingte Künd-Grund im Verhältnis zum personenbedingten Grund spezieller.⁵⁰¹

Personenbedingte Künd-Gründe können zum einen auf objektiven Leistungsmängeln beruhen, wie dem Fehlen eines Gesundheitszeugnisses eines Ang in der Gastronomie, dem Verlust der Fahrerlaubnis eines Kraftfahrers,⁵⁰² der Versagung einer Arbeitserlaubnis eines ausländischen AN oder aus belastenden Fehlzeiten des AN (Krankheit oder Freiheitsstrafe).⁵⁰³ Zum anderen können sich personenbedingte Künd-Gründe aus subjektiven, unmittelbar in der Person des AN begründeten Leistungsdefiziten ergeben, wenn ihm die geistige, körperliche oder charakterliche Befähigung zur Durchführung der Arbeitsaufgaben fehlt.⁵⁰⁴ Hauptanwendungsbereich der personenbedingten Künd in der Praxis ist der Fall einer Künd aufgrund einer Erkrankung des AN.⁵⁰⁵

3. Verschulden als Faktor der Interessenabwägung. Ein Verschulden des zu der Unfähigkeit zur Leistungserbringung führenden Zustandes ist grds. unerheblich. Allerdings kann ein Verschulden im Rahmen der Interessenabwägung zu Lasten der jeweiligen Vertragspartei gehen.⁵⁰⁶

4. Dreistufiger Prüfungsmaßstab. Die rechtliche Prüfung der Sozialwidrigkeit einer personenbedingten Künd erfolgt nach der Rspr. in drei Stufen. Das Prüfungsschema gilt für alle personenbedingten Künd und wurde vom BAG zur krankheitsbedingten Künd entwickelt.⁵⁰⁷ Bei dieser ist zunächst eine **negative Prognose** hinsichtlich des voraussichtlichen Gesundheitszustands erforderlich. Die bisherigen und nach der Prognose zu erwartenden Auswirkungen des Gesundheitszustands des AN müssen weiter zu **einer erheblichen Beeinträchtigung der betrieblichen Interessen** führen. Sie können durch Störungen im Betriebsablauf oder durch wirtschaftliche Belastungen hervorgerufen werden. In der dritten Stufe erfolgt eine **Interessenabwägung** der widerstreitenden Interessen von AG und AN. Das Lösungsinteresse des AG muss die Bestandsschutzbelange des AN überwiegen.⁵⁰⁸

a) Fehlende Fähigkeit und Eignung des Arbeitnehmers. Auf der ersten Stufe prüft das BAG die fehlende Fähigkeit und Eignung des AN, die geschuldete Arbeitsleistung künftig zu erbringen (negative Prognose). Auf dieser Prüfungsstufe wird festgestellt, ob „**an sich**" ein **personenbedingter Künd-Grund** vorliegt. Das Erfordernis einer negativen Zukunftsprognose dient nicht der Bewertung vorangegangener Verletzungen arbeitsvertraglicher Pflichten, da die Erforderlichkeit einer Künd immer zukunftsbezogen zu beurteilen ist. Die negative Prognose dient vielmehr dazu, das Arbverh im Hinblick auf zukünftig zu erwartende Beeinträchtigungen zu überprüfen.⁵⁰⁹ Anhand objektiver Maßstäbe muss ermittelt werden, ob mit einer baldigen Wiederherstellung der persönlichen Eignung und/oder Fähigkeiten des ANs zur ordnungsgemäßen Erbringung seiner arbeitsvertraglich geschuldeten Leistung gerechnet werden kann. Es sind die objektiven Tatsachen und Umstände zum Zeitpunkt der Künd⁵¹⁰ und nicht die subjektiven Mutmaßungen und Einschätzungen des AG oder AN maßgebend.⁵¹¹

b) Erhebliche Beeinträchtigungen der betrieblichen Interessen. Das Bestehen des Künd-Grundes „an sich" vermag die Künd jedoch nur sozial zu rechtfertigen, wenn gleichzeitig auf der zweiten Stufe eine erhebliche Beeinträchtigung betrieblicher Interessen festgestellt werden kann. Die Beeinträchtigung der betrieblichen Interessen kann durch **Störungen im Betriebsablauf oder wirtschaftliche Belastungen** hervorgerufen werden.⁵¹² Die Störungen

---

496 APS/*Dörner*, § 1 KSchG Rn 118; KR/*Etzel*, § 1 KSchG Rn 266.
497 BAG 18.1.2007 – 2 AZR 731/05, NZA 2007, 680.
498 KR/*Etzel*, § 1 KSchG Rn 266.
499 APS/*Dörner*, § 1 KSchG Rn 120; HaKo-KSchR/*Gallner*, § 1 Teil E Rn 427; v. *Hoyningen-Huene/Linck*, § 1 KSchG Rn 185a; HWK/*Thies*, § 1 KSchG Rn 98; vgl. auch BAG 17.1.2008 – 2 AZR 536/06 – NZA 2008, 693 „Kündigung – Minderleistung".
500 LAG Düsseldorf 6.3.1986 – 5 Sa 1224/85 – LAGE § 611 BGB Fürsorgepflicht Nr. 9.
501 HaKo-KSchR/*Gallner*, § 1 Teil E Rn 427.
502 BAG 5.6.2008 – 2 AZR 984/06.
503 LAG Rheinland-Pfalz 25.9.2007 – 9 Sa 387/07.
504 HWK/*Thies*, § 1 KSchG Rn 94.
505 HaKo-KSchR/*Gallner*, § 1 Teil E Rn 426.
506 HWK/*Thies*, § 1 KSchG Rn 96.
507 BAG 9.4.1987 – 2 AZR 210/86 – NZA 1987, 811; BAG 16.2.1989 – 2 AZR 299/88 – NZA 1989, 923.
508 HaKo-KSchR/*Gallner*, § 1 Teil E Rn 433.
509 Kittner/Zwanziger/*Appel*, Arbeitsrechts-Handbuch, § 93 Rn 5.
510 BAG 12.4.2002 – 2 AZR 148/01 – NZA 2002, 1081.
511 HWK/*Thies*, § 1 KSchG Rn 103; Kittner/Zwanziger/*Appel*, Arbeitsrechts-Handbuch, § 93 Rn 5.
512 *Tschöpe*, BB 2001, 2110.

müssen konkrete Auswirkungen auf das Arbverh haben, um eine Künd zu rechtfertigen. Bloße abstrakte oder konkrete Gefährdungen reichen nicht.[513] So kann etwa dem Leiter einer Bankfiliale nicht allein wegen häufiger Spielbankbesuche fristlos gekündigt werden, wenn durch diese Besuche das Arbverh konkret nicht berührt wird.[514] Eine wegen langanhaltender Krankheit ausgesprochene Künd ist sozial nicht gerechtfertigt, wenn eine mittels Direktionsrechts durchgeführte Einsatzmöglichkeit des AN in einer anderen Abteilung besteht, bei der Beeinträchtigungen durch die Krankheit nicht gegeben sind.[515]

219 **c) Interessenabwägung.** In Stufe drei prüft das BAG, ob die erhebliche Beeinträchtigung betrieblicher Interessen zu einer billigerweise nicht mehr hinzunehmenden Belastung des AG führt oder ob die Künd aus der Sicht eines verständigen AG als billigenswert und angemessen erscheint.[516] Bei der Abwägung der widerstreitenden Interessen der Vertragsparteien sind strenge Maßstäbe anzulegen.[517]

220 Da im Gegensatz zu einer verhaltensbedingten Künd, die auf eine schuldhafte, vom AN ausgehende Vertragsverletzung gestützt wird, dem AN bei der personenbedingten Künd (i.d.R.) kein schuldhafter Verstoß gegen vertragliche Pflichten vorgeworfen wird, ist seiner Schutzbedürftigkeit bei der Abwägung in besonderem Maß Rechnung zu tragen.[518] Beruht der personenbedingte Künd-Grund auf Vorgängen, die ihren Ursprung im Arbverh selbst haben, wie bspw. im Fall einer **Berufskrankheit** oder einer **körperlichen bzw. geistigen Beeinträchtigung** des AN, die auf einen **Betriebsunfall** zurück zu führen ist, ist dieser Umstand bei der Interessenabwägung zugunsten des AN zu berücksichtigen.[519] Auf der Seite des AN sind weiterhin folgende Punkte entscheidend: die **Dauer seiner Betriebszugehörigkeit**, sein **Lebensalter**, der **ungestörte Ablauf des Arbverh**, seine **Chancen auf dem Arbeitsmarkt**, der **Umfang seiner Unterhaltspflichten**. Zuungunsten des AN ist zu berücksichtigen, wenn er den Umstand, auf dem der Künd-Grund beruht, durch unvorsichtiges Verhalten herbeigeführt oder selbst verschuldet hat. Dies gilt auch für **genesungswidriges oder gesundheitsschädliches Verhalten**.[520]

221 Auf der Seite des AG ist zu berücksichtigen, ob ihm angemessene Maßnahmen zur Verfügung stehen, um der Beeinträchtigung seiner betrieblichen Interessen zu begegnen.[521] Dabei hängt die **wirtschaftliche Belastbarkeit des AG** im Wesentlichen von der Größe des Betriebes ab. **Überbrückungsmaßnahmen** des AG können insb. dann als angemessen angesehen werden, wenn mit der Wiedererlangung der Eignung oder Fähigkeit des AN, die geschuldete Leistung zu erbringen, in absehbarer Zeit gerechnet werden kann.[522] Steht aber z.B. die krankheitsbedingte dauernde Leistungsunfähigkeit eines Arbeitnehmers fest, kann es auf etwaige Vertretungsmöglichkeiten nicht ankommen. Das gilt auch dann, wenn die Vertretungsmöglichkeit durch befristet eingestellte AN über 24 Monate hinaus möglich ist, weil eine betriebliche Fachgruppe besteht, die ausdr. auch zur Vertretung langzeitig erkrankter AN dienen soll.[523]

222 Auch für die personenbedingte Künd gilt das **Ultima-Ratio-Prinzip**.[524] Vor Ausspruch einer Künd muss der AG insb. geeignete vorhandene Weiterbeschäftigungsmöglichkeiten für den AN prüfen. Als Weiterbeschäftigungsmöglichkeiten kommen Versetzungen, zumutbare Umschulungs- und Fortbildungsmaßnahmen,[525] sowie das Anbieten eines den Kräften eines leistungsgeminderten AN entsprechenden freien Arbeitsplatzes, soweit ein solcher vorhanden ist, in Betracht.

223 **5. Darlegungs- und Beweislast.** Für die personenbedingten Künd-Gründe und insb. die negative Zukunftsprognose trägt grds. der AG die Darlegungs- und Beweislast. Das folgt aus § 1 Abs. 2 S. 4. Der AG muss alle relevanten Tatsachen darlegen und beweisen, aus denen sich die – nicht nur vorübergehende – unzureichende oder völlig fehlende Eignung oder Befähigung des AN zur Erbringung einer ordnungsgemäßen Arbeitsleistung ergibt.[526]

224 Besonders strenge Anforderungen an die Darlegungs- und Beweislast des AG ergeben sich bzgl. einer anderweitigen Weiterbeschäftigung im Betrieb oder Unternehmen, die unter Ultima-Ratio-Gesichtspunkten als milderes Mittel einer personenbedingten Künd entgegensteht. Insoweit gilt der **Grundsatz der sog. abgestuften Darlegungs- und Beweislast**. Behauptet der AG unter Beweisantritt pauschal, über keine anderweitige Beschäftigungsmöglichkeit (keine freien zumutbaren Arbeitsplätze und keine Versetzungsmöglichkeit im Wege eines „Ringtausches") zu verfügen, muss der betroffene AN konkret darlegen, wie er sich seine weitere, anderweitige Beschäftigung vorstellt.[527] Das gilt auch für AN eines Großunternehmens.[528] In Erwiderung auf diesen Sachvortrag muss der AG anschließend

---

513 HaKo-KSchR/*Gallner*, § 1 Teil E Rn 436.
514 LAG Hamm 14.1.1998 – 3 Sa 1087/97 – LAGE § 626 BGB Nr. 119.
515 LAG Nürnberg 21.1.2003 – 6 (5) Sa 628/01 – LAGE § 1 KSchG Krankheit Nr. 34.
516 APS/*Dörner*, § 1 KSchG Rn 126.
517 BAG 10.12.1956 – 2 AZR 288/54 – AP § 1 KSchG Nr. 21.
518 BAG 10.12.1956 – 2 AZR 288/54 – AP § 1 KSchG Nr. 21; BAG 20.10.1954 – 1 AZR 193/54 – AP § 1 KSchG Nr. 6.
519 HaKo-KSchR/*Gallner*, § 1 Teil E Rn 444.
520 HWK/*Thies*, § 1 KSchG Rn 115.
521 KR/*Etzel*, § 1 KSchG Rn 276.
522 BAG 5.8.1976 – 3 AZR 110/75 – AP § 1 KSchG 1969 Krankheit Nr. 1; HWK/*Thies*, § 1 KSchG Rn 116; KR/*Etzel*, § 1 KSchG Rn 276.
523 BAG 19.4.2007 – 2 AZR 239/06 – NZA 2007, 1041.
524 Hessisches LAG 30.3.2006 – 5 Sa 1052/05.
525 BAG 7.2.1991 – 2 AZR 205/90 – NZA 1991, 806.
526 Mues u.a./*Laber*, Hdb. z. KüR, Teil 3 Rn 56.
527 BAG 5.8.1976 – 3 AZR 110/75 – AP § 1 KSchG 1969 Krankheit Nr. 1.
528 BAG 25.2.1988 – 2 AZR 500/87 – RzK I 5c Nr. 26.

substantiiert darlegen, warum sich die Vorstellungen des AN nicht umsetzen lassen. Dabei muss der AG den Ausbildungsstand und die Qualifikation des AN, die Anforderungen des beanspruchten Arbeitsplatzes, die betrieblichen Gegebenheiten und Abläufe berücksichtigen sowie ggf. zu der Frage qualifiziert Stellung nehmen, ob der vom AN bezeichnete Arbeitsplatz eventuell durch Ausübung des arbeitgeberseitigen Direktionsrechts nach § 106 GewO freigemacht werden kann.[529]

6. Personenbedingte Gründe im Überblick. a) AIDS. Kündigungsrechtlich ist zwischen der Infektion mit dem HIV-Virus und der AIDS-Erkrankung zu unterscheiden. Die HIV-Infektion kann bereits mehrere Jahre bestehen, ohne dass es zwangsläufig zu einem Ausbruch der Krankheit und damit zu körperlichen Beschwerden kommt. 225

aa) HIV-Infektion. Mangels körperlicher Symptome während der Phase der bloßen HIV-Infektion ist eine auf die Infektion als Künd-Grund gestützte Künd regelmäßig – mangels Beeinträchtigung betrieblicher Interessen – nicht gerechtfertigt. Nimmt der AG eine ihm bekannt gewordene HIV-Infektion zum Anlass einer Künd des infizierten AN, stellt sich die Künd als treuwidrig i.S.v. § 242 BGB dar, weil sie den AN aus einem Grund benachteiligt, der keine Beeinträchtigungen des Arbverh mit sich bringt. Die Künd ist nichtig.[530] 226

Abweichend ist der Fall zu bewerten, dass die Tätigkeit des infizierten AN die Gefahr birgt, Arbeitskollegen oder Dritte mit dem Virus zu infizieren. Dies ist bspw. im Krankenhausbereich der Fall. Hier liegt aufgrund der Gefährdung ein personenbedingter Künd-Grund vor. Dies gilt allerdings nur, wenn eine Versetzung des AN auf einen Arbeitsplatz, auf dem er andere Personen nicht gefährdet, nicht möglich ist.[531] 227

Denkbar ist außerdem eine Künd des HIV-infizierten AN nach den Grundsätzen einer Druck-Künd. Erfahren die übrige Belegschaft, der BR oder die Kunden von der Infektion eines AN und wird dem AG ein schwerer Nachteil bspw. in Form von Massen-Künd, Auftragsabzug etc. angedroht, kann eine Künd nach den Umständen des Einzelfalls gerechtfertigt sein, wenn der AG zuvor mit allen möglichen und ihm zumutbaren Mitteln versucht hat, die Drucksituation zu beseitigen.[532] Es handelt sich in einem solchen Fall um eine „echte" Druck-Künd, da hier im Gegensatz zu einer „unechten" Druck-Künd kein Druck-Künd-Grund gegeben ist.[533] 228

bb) AIDS-Erkrankung. Nach dem Ausbruch der Erkrankung kommt eine Künd nach den Grundsätzen der krankheitsbedingten Künd in Betracht. Die Art der Erkrankung selbst stellt keinen Künd-Grund dar.[534] Ebenso wie bei der HIV-Infektion kann auch eine AIDS-Erkrankung unter Umständen eine echte Druck-Künd nach den o.g. Grundsätzen der Druck-Künd rechtfertigen.[535] 229

b) Alkoholismus und Drogensucht. Die Künd alkoholabhängiger und drogensüchtiger AN richtet sich gleichfalls nach den vorstehenden Grundsätzen.[536] I.d.R. handelt es sich bei einer Künd aufgrund von Alkoholismus oder Drogensucht um eine personenbedingte Künd. Hat der Alkohol- oder Drogenabhängige ein Stadium erreicht, in dem der Sucht ein medizinischer Krankheitswert zukommt, sind auf die Künd die Grundsätze krankheitsbedingter Künd anzuwenden.[537] Das ist der Fall, wenn der AN seinen übermäßigen, gewohnheitsmäßigen Alkohol- oder Drogenkonsum trotz besserer Einsicht nicht aufgeben oder verringern kann.[538] Die Parallele zur Krankheit ist darin zu sehen, dass der süchtige AN sein Verhalten nicht willentlich steuern und ihm daher kein Schuldvorwurf gemacht werden kann. Bevor der Konsum von Alkohol oder Drogen soweit fortgeschritten ist, dass ihm ein medizinischer Krankheitswert zukommt, ist von einem verhaltensbedingten Künd-Grund auszugehen.[539] Nach Auff. des BAG kommt eine verhaltensbedingte Künd nur in Betracht, wenn der AG darlegt und beweist, dass der AN die Sucht schuldhaft herbeigeführt hat.[540] Die Alkoholabhängigkeit als solche ist kein Künd-Grund, wenn und soweit betriebliche Interessen nicht beeinträchtigt werden.[541] 230

Bei einer Suchterkrankung des AN sind im Rahmen der personenbedingten Künd nur geringe Anforderungen an die negative Gesundheitsprognose zu stellen. Einer negativen Zukunftsprognose steht eine im Zeitpunkt des Zugangs der Künd bestehende Therapiebereitschaft des AN entgegen. Eine derartige Bereitschaft ist zu unterstellen, wenn der AN eine vom Arzt angeordnete ambulante Behandlung durchführt.[542] Vor dem Ausspruch einer Künd wegen Alkohol- oder Drogenmissbrauchs hat der AG deshalb dem AN i.d.R. nach dem Grundsatz der Verhältnismäßigkeit die 231

---

529 Mues u.a./*Laber*, Hdb. z. KüR, Teil 3 Rn 57.
530 HaKo-KSchR/*Gallner*, § 1 Teil E Rn 454; HWK/*Thies*, § 1 KSchG Rn 118; KR/*Etzel*, § 1 KSchG Rn 282.
531 *V. Hoyningen-Huene/Linck*, § 1 KSchG Rn 187; HaKo-KSchR/*Gallner*, § 1 Teil E Rn 455.
532 BAG 31.1.1996 – 2 AZR 158/95 – AP § 626 BGB Druckkündigung Nr. 13; *v. Hoyningen-Huene/Linck*, § 1 KSchG Rn 189; HaKo-KSchR/*Gallner*, § 1 Teil E Rn 456; KR/*Etzel*, § 1 KSchG Rn 283.
533 Kittner/Zwanziger/*Appel*, Arbeitsrechts-Handbuch, § 93 Rn 15.
534 *V. Hoyningen-Huene/Linck*, § 1 KSchG Rn 187.
535 HaKo-KSchR/*Gallner*, § 1 Teil E Rn 457.
536 *V. Hoyningen-Huene/Linck*, § 1 KSchG Rn 193; KR/*Etzel*, § 1 KSchG Rn 283.
537 BAG 9.4.1987 – 2 AZR 210/86 – NZA 1987, 811.
538 HaKo-KSchR/*Gallner*, § 1 Teil E Rn 458.
539 APS/*Dörner*, § 1 KSchG Rn 228; KR/*Etzel*, § 1 KSchG Rn 287.
540 BAG 1.6.1983 – 5 AZR 536/80 – AP § 1 LohnFG Nr. 52.
541 LAG Rheinland-Pfalz 20.3.2008 – 2 Sa 612/07.
542 LAG Hamm 21.9.2007 – 7 Sa 916/07.

Chance zu einer **Entziehungskur** zu geben.[543] Tritt der AN eine Entziehungskur an, ist der AG gehalten, deren Erfolg abzuwarten.[544] Etwas anderes gilt, wenn der betroffene AN bereits erfolglos an Entziehungsmaßnahmen teilgenommen hat und ihn der AG in der Vergangenheit davon in Kenntnis gesetzt hat, dass er im Falle der Fortsetzung des Drogen- oder Alkoholkonsums mit einer Künd zu rechnen habe.[545] Eine weitere Ausnahme liegt vor, wenn dem Abwarten dringende betriebliche Gründe entgegenstehen, weil der Arbeitsplatz dauerhaft anderweitig besetzt werden muss und eine Überbrückung durch Aushilfskräfte nicht möglich ist.[546]

232 Eine **Therapiebereitschaft**, die erst nach Ausspruch der Künd zutage tritt, ändert nichts an der negativen Prognose zum Zeitpunkt des Ausspruchs der Künd, da allein die Umstände zum Zeitpunkt der Künd entscheidend sind.[547] Verweigert der alkohol- oder drogensüchtige AN auf die Aufforderung seines AG hin die Teilnahme an einer Therapie oder bestreitet er, krank zu sein, ist davon auszugehen, dass er von seiner Sucht in absehbarer Zeit nicht geheilt wird. Die negative Prognose ist zu bejahen.[548]

233 Ein alkohol- oder drogenabhängiger AN ist grds. nicht verpflichtet, den AG bei der Eingehung eines Arbverh von seiner Sucht in Kenntnis zu setzen, soweit er in der Lage ist, die von ihm vertraglich geschuldete Leistung zu erbringen.[549] Ebenso besteht keine Verpflichtung des AN, sich im laufenden Arbverh routinemäßig **Blutuntersuchungen (sog. Screenings)** zur Klärung der Frage, ob er alkohol- oder drogenabhängig ist, zu unterziehen.[550] Ein AN, der sich durch das Ergebnis einer Blutuntersuchung selbst entlasten will, muss den Wunsch zu einer derartigen Untersuchung wegen des damit verbundenen Eingriffs in sein Persönlichkeitsrecht selbst an den AG herantragen.[551]

234 Die Ursache der Alkohol- oder Drogenerkrankung und die Umstände und das Verhalten des alkoholkranken AN, das zu einem Rückfall geführt hat, sind bei der Interessenabwägung zu berücksichtigen.[552]

235 Eine krankheitsbedingte Beeinträchtigung infolge Alkoholismus oder Drogensucht kommt auch im Fall sog. (insb. tariflicher) Unkündbarkeit (§§ 54, 55 Abs. 1 BAT respektive § 34 Abs. 2 TVöD) je nach den Umständen auch als wichtiger Grund i.S.v. § 626 BGB in Betracht.

236 **c) Alter.** Das Alter eines AN bildet für sich genommen noch keinen personenbedingten Künd-Grund.[553] Auch das Erreichen einer bestimmten Altersgrenze und der damit einhergehende Anspruch des AN auf Altersrente ist gem. § 41 S. 1 SGB VI nicht als Grund anzusehen, der eine personenbedingte Künd rechtfertigen kann.[554] Nach § 8 Abs. 1 AltersteilzeitG rechtfertigt auch die Inanspruchnahme von Altersteilzeit keine Künd. Einen nachweisbaren altersbedingten Leistungsabfall hat der AG grds. hinzunehmen. Nur wenn das fortgeschrittene Alter des AN seine Eignung oder Fähigkeit die von ihm geschuldete Arbeitsleistung zu erbringen, in erheblichem Umfang beeinträchtigt, ist eine personenbedingte Künd u.U. gerechtfertigt.[555] Die Künd älterer AN zur Sicherung oder Herstellung einer gesunden Altersstruktur betrifft nicht die personenbedingte, sondern die betriebsbedingte Künd.

237 **d) Arbeitserlaubnis und Berufsausübungserlaubnis.** Ist einem ausländischen AN die nach § 19 Abs. 1 AFG (§ 284 SGB III) erforderliche Arbeitserlaubnis rechtskräftig versagt worden, ist eine ordentliche Künd regelmäßig sozial gerechtfertigt, weil der AN in diesem Fall die vertraglich geschuldete Leistung dauerhaft nicht erbringen kann. Der AG ist in diesem Fall der Darlegung enthoben, durch die fehlende Berufsausübungserlaubnis seien betriebliche Interessen erheblich beeinträchtigt.[556] Ist über die von dem ausländischen AN beantragte Arbeitserlaubnis noch nicht rechtskräftig entschieden, ist für die soziale Rechtfertigung einer wegen Fehlens der Erlaubnis ausgesprochenen Künd darauf abzustellen, ob für den AG bei objektiver Beurteilung im Zeitpunkt des Zugangs der Künd mit der Erteilung der Erlaubnis in absehbarer Zeit nicht zu rechnen war und der Arbeitsplatz für den AN ohne erhebliche betriebliche Beeinträchtigungen nicht offen gehalten werden konnte.[557]

238 Die gleichen Grundsätze gelten, wenn dem AN eine zur Ausübung seines Berufs notwendige Erlaubnis fehlt oder entzogen wird. Entfallen Erlaubnisse, die zur Berufsausübung notwendig sind, wie bspw. eine schulaufsichtliche

---

543 LAG Hamm 23.5.2007 – 5 Sa 2044/06; Hamm 19.9.1986 – 16 Sa 833/86 – NZA 1987, 669; Hessisches LAG 26.6.1986 – 12 Sa 259/86 – LAGE § 1 KSchG Verhaltensbedingte Kündigung Nr. 8; *v. Hoyningen-Huene/Linck*, § 1 KSchG Rn 192; kritisch *Lepke*, DB 1982, 175.
544 *V. Hoyningen-Huene/Linck*, § 1 KSchG Rn 192; LAG Rheinland-Pfalz 20.3.2008 – 2 Sa 612/07.
545 BAG 13.12.1990 – 2 AZR 336/90 – EzA § 1 KSchG Krankheit Nr. 33.
546 HaKo-KSchR/*Gallner*, § 1 Teil E Rn 461.
547 BAG 13.12.1990 – 2 AZR 336/90 – EzA § 1 KSchG Krankheit Nr. 33; BAG 9.4.1987 – 2 AZR 210/86 – NZA 1987, 811.
548 BAG 13.12.1990 – AZR 336/90 – EzA § 1 KSchG Krankheit Nr. 33; LAG Hamm 21.9.2007 – 7 Sa 916/07.
549 HaKo-KSchR/*Gallner*, § 1 Teil E Rn 462; *v. Hoyningen-Huene/Linck*, § 1 KSchG Rn 192a.
550 BAG 12.8.1999 – 2 AZR 55/99 – NZA 1999, 1209.
551 BAG 16.9.1999 – 2 AZR 123/99 – NZA 2000, 141; BAG 26.1.1995 – 2 AZR 649/94 – NZA 1995, 517.
552 LAG Hamm 17.3.1999 – 18 Sa 1750/98.
553 Ständige Rspr. seit BAG 28.9.1961 – 2 AZR 428/60 – AP § 1 KSchG Personenbedingte Kündigung Nr. 1.
554 Kittner/Zwanziger/*Appel*, Arbeitsrechts-Handbuch, § 93 Rn 13; *Stahlhacke/Preis/Vossen*, Rn 1206.
555 BAG 28.9.1961 – 2 AZR 428/60 – AP § 1 KSchG Personenbedingte Kündigung Nr. 1.
556 BAG 7.2.1990 – 2 AZR 359/89 – NZA 1991, 341.
557 BAG 7.2.1990 – 2 AZR 359/89 – NZA 1991, 341.

Genehmigung,[558] eine Fahrerlaubnis,[559] die Fluglizenz eines Verkehrsflugzeugführers[560] oder die polizeilichen Befugnisse eines Wachmanns,[561] kann eine personenbedingte Künd gerechtfertigt sein, wenn die geschuldete Arbeitsleistung dadurch dauerhaft unmöglich wird.[562] In diesen Fällen besteht ein gesetzliches Beschäftigungsverbot, das verhindert, dass der AG in Annahmeverzug gerät. In allen Fällen fehlender Berufsausübungserlaubnisse kommt es entscheidend darauf an, ob die Erlaubnis dauerhaft wegfällt, der Ausfall des AN zeitlich überbrückt werden kann oder die Möglichkeit besteht, den AN auf einen Arbeitsplatz zu versetzen, auf dem die Erlaubnis nicht erforderlich ist.[563]

Der Entzug der Fahrerlaubnis begründet nur bei einem Berufskraftfahrer die soziale Rechtfertigung der Künd. Verliert bspw. ein Außendienstmitarbeiter die Fahrerlaubnis, stützt dieser Umstand nicht notwendigerweise eine personenbedingte Künd, da die Fahrtätigkeit hier eine Nebenpflicht darstellt, der Berufskraftfahrer hingegen ohne Fahrerlaubnis nicht in der Lage ist, seiner Hauptleistungspflicht nachzukommen.[564] Bietet ein AN, dem die Fahrerlaubnis entzogen wurde und zu dessen vertraglich geschuldeter Arbeitsleistung notwendigerweise (auch) das Führen eines Kraftfahrzeuges gehört, dem AG an, ein Dritter werde für die Dauer des Entzuges der Erlaubnis die Fahrten für ihn übernehmen, braucht der AG sich hierauf nicht einzulassen.[565] Dies ergibt sich aus § 613 BGB, nach dem ein AN seine vertraglich geschuldete Leistung in Person zu erbringen hat. Zudem kann dem AG ein Einsatz Dritter i.d.R. wegen der damit verbundenen haftungsrechtlichen Risiken nicht zugemutet werden.

e) Betriebsgeheimnis/Gefahr des unlauteren Wettbewerbs. Besteht eine eheliche, verwandtschaftliche oder freundschaftliche Verbindung zwischen einem AN und einem Inhaber oder Beschäftigten eines Konkurrenzunternehmens und liegen konkrete Tatsachen vor, die Bedenken des AG rechtfertigen, der AN werde durch sein Verhalten konkrete Sicherheitsinteressen des AG beeinträchtigen, kann eine personenbedingte Künd gerechtfertigt sein.[566] Hat hingegen bereits ein Verrat von Betriebsgeheimnissen stattgefunden, kommt nur eine verhaltensbedingte (Verdachts-)Künd in Betracht.

f) Druckkündigung. Wird die Künd eines AN von Dritten verlangt oder gefordert, und kündigt der AG dem betreffenden AN daraufhin, wird von einer „Druck-Künd" gesprochen.[567] Als Dritte kommen bspw. die übrige Belegschaft, der BR, Kunden, Auftraggeber oder Lieferanten in Betracht. Bei der Druck-Künd sind zwei verschiedene Konstellationen zu unterscheiden: Wenn der Künd ein personen- oder verhaltensbedingter Künd-Grund zugrunde liegt, wird von einer unechten Druck-Künd gesprochen, da die Künd nicht ausschließlich auf der Forderung von Dritten beruht, sondern sich auf andere Gründe stützt. Kündigt der AG hingegen alleine aufgrund des auf ihn durch Dritte ausgeübten Drucks, ohne dass der Künd ein sonstiger anerkannter Künd-Grund zugrunde liegt, handelt es sich um eine echte Druck-Künd, die nach überwiegender Auffassung eine betriebsbedingte Künd darstellt.[568] Das BAG hat allerdings mit Urteil vom 31.1.1996[569] entschieden, dass eine echte Druck-Künd auch personenbedingt sein kann. So könne ein autoritärer Führungsstil und mangelnde Fähigkeit zur Menschenführung bei einem sog. unkündbaren AN eine außerordentliche personenbedingte (Änderungs-) Druck-Künd nach § 55 Abs. 1 BAT rechtfertigen.

Der AG darf sich bei Ausspruch der Künd nicht allein auf die Beurteilung der Situation durch Dritte verlassen. Vielmehr muss er eigenverantwortlich selbst prüfen, ob Künd-Gründe bestehen, insb. den betroffenen AN anhören.[570] So ist es denkbar, dass ein Dritter beim AG unter Androhung von wirtschaftlichen Nachteilen für den Betrieb die Entlassung eines Mitarbeiters fordert, ohne dass objektiv Künd-Gründe in der Person oder im Verhalten des betroffenen AN bestehen. In diesem Fall hat sich nach der Rspr. des BAG der AG schützend vor den AN zu stellen und alles ihm Zumutbare zu versuchen, um Dritte von deren Drohung abzubringen. Nur dann, wenn diese Versuche des AG keinen Erfolg haben, die Belegschaft also bspw. ernsthaft die Zusammenarbeit mit dem betroffenen AN verweigert, kann eine Künd gerechtfertigt sein.[571] Die Drucksituation muss derart gestaltet sein, dass nach vernünftiger und nachvollziehbarer Einschätzung des AG ohne Ausspruch der Künd mit schweren wirtschaftlichen Nachteilen gerechnet werden muss und sich die Künd, unter Berücksichtigung des Grundsatzes der Verhältnismäßigkeit als einziges Mittel zur Vermeidung dieser Nachteile darstellt.[572] Das Instrument der Druck-Künd hat, wie die wenigen entschiedenen Fälle

---

558 BAG 11.7.1980 – 7 AZR 552/78 – AP § 611 BGB Lehrer, Dozenten Nr. 18.
559 BAG 30.5.1978 – 2 AZR 630/76 – AP § 626 BGB Nr. 70.
560 BAG 31.1.1996 – 2 AZR 68/95 – NZA 1996, 819.
561 BAG 18.3.1981 – 5 AZR 1096/78 – AP § 611 BGB Arbeitsleistung Nr. 2.
562 LAG Hamm 9.2.1999 – 6 Sa 1700/98 – LAGE § 1 KSchG Personenbedingte Kündigung Nr. 16.
563 *Stahlhacke/Preis/Vossen*, Rn 1208.
564 HaKo-KSchR/*Gallner*, § 1 Teil E Rn 476.
565 LAG Schleswig-Holstein 16.6.1986 – 4 (5) Sa 684/85 – NZA 1987, 669; *v. Hoyningen-Huene/Linck*, § 1 KSchG Rn 199a; a.A. HaKo-KSchR/*Gallner*, § 1 Teil E Rn 476; offen gelassen durch BAG 14.2.1991 – 2 AZR 525/90 – RzK I 6 a Nr. 70.
566 BAG 20.7.1989 – 2 AZR 114/87 – AP § 1 KSchG 1969 Sicherheitsbedenken Nr. 2; BAG 21.3.1996 – 2 AZR 479/95; BAG 27.9.1960 – 3 AZR 171/58 – AP § 1 KSchG Sicherheitsbedenken Nr. 1.
567 BAG 10.12.1992 – 2 AZR 271/92 – NZA 1993, 593.
568 BAG 4.10.1990 – 2 AZR 201/90 – NZA 1991, 468; HaKo-KSchR/*Gallner*, § 1 Teil E Rn 484.
569 BAG 31.1.1996 – 2 AZR 158/95 – NZA 1996, 581.
570 BAG 18.9.1975 – 2 AZR 311/74 – AP § 626 BGB Druckkündigung Nr. 10.
571 BAG 31.1.1996 – 2 AZR 158/95 – NZA 1996, 581.
572 Kittner/Zwanziger/*Appel*, Arbeitsrechts-Handbuch, § 93 Rn 15.

zeigen, nur einen geringen Anwendungsbereich und ist aus AG-Sicht auch nur selten „von Erfolg gekrönt". So kann sich der AG zur Rechtfertigung einer Künd nicht auf die Grundsätze der Druck-Künd berufen, wenn er die Drucksituation selbst herbeigeführt hat,[573] er bspw. der gesamten Belegschaft mitgeteilt hat, ein bestimmter AN sei mit dem AIDS-Virus infiziert.[574]

243 **g) Ehe.** Grds. stellt eine **Eheschließung** keinen personenbedingten oder verhaltensbedingten Künd-Grund dar. Auch einzelvertraglich kann ein solches Künd-Recht i.d.R. nicht wirksam vereinbart werden. Sog. **Zölibatsklauseln** in Arbeitsverträgen verstoßen gegen Art. 6 Abs. 1 GG sowie Art. 1 und 2 GG. Ferner umgehen sie den allg. Künd-Schutz und sind deshalb nichtig.[575] Allerdings gelten für den kirchlichen Bereich Besonderheiten. Hier kann u.U. eine Eheschließung eine personenbedingte Künd rechtfertigen, wenn sie gegen fundamentale Grundsätze der kirchlichen Gemeinschaft verstößt.[576] Bei der Frage, ob die Künd eines kirchlichen Mitarbeiters sozial gerechtfertigt ist, sind die Besonderheiten des Einzelfalls im Rahmen einer umfassenden Interessenabwägung zu berücksichtigen, bei der das Selbstordnungs- und Selbstverwaltungsrecht der Kirche, das ihr durch Art. 140 GG i.V.m. Art. 137 Abs. 3 WRV gewährt wird, den Grundrechten des AN – insb. aus Art. 6 Abs. 1 GG – gegenübersteht.[577]

244 Ein **Verstoß gegen die fundamentalen Grundsätze der Kirche** durch Heirat kann jedoch nur dann eine personen- oder verhaltensbedingte Künd rechtfertigen, wenn der kirchliche Mitarbeiter in einem **spezifischen Näheverhältnis** zu der von der betreffenden kirchlichen Institution wahrzunehmenden Aufgabe steht, wie das bspw. bei Kindergartenleitern und Lehrern der Fall ist.[578] So setzt eine katholische Leiterin eines katholischen Pfarrkindergartens, die in weltlicher Ehe einen geschiedenen Mann heiratet, damit einen personen- und betriebsbedingten Grund für ihre fristgemäße Künd.[579] Eine im Bereich der evangelischen Kirche beschäftigte Sozialpädagogin in einer Beratungsstelle für Erziehungs-, Ehe- und Lebensfragen wirkt unmittelbar an der Verwirklichung der karitativen Aufgaben der von der Kirche getragenen Einrichtung mit. Da sie unmittelbar in den Verkündungsauftrag der Kirche einbezogen ist, verstößt sie durch ihren Kirchenaustritt in so schwerwiegender Weise gegen ihre Loyalitätsobliegenheit, dass ein wichtiger Grund i.S.v. § 626 Abs. 1 BGB vorliegt.[580] Der kirchliche AG darf eine fristlose Künd in Erwägung ziehen, wenn ein von ihm in der Erziehungs- und Eheberatung beschäftigter Diplompsychologe sich auf sexuelle Beziehungen mit einer verheirateten Patientin einlässt, die seine Beratung wegen ihrer Eheprobleme vor dem Hintergrund traumatischer Kindheitserlebnisse aufgesucht hat und zwar auch dann, wenn die Initiative allein bei der Patientin lag und der Psychologe zunächst nachhaltigen Widerstand geleistet hat. In diesem Fall ist ein mit der Drohung fristloser Entlassung herbeigeführter Aufhebungsvertrag nicht wegen widerrechtlicher Drohung anfechtbar.[581]

245 Besteht ein solches Näheverhältnis nicht, stellt eine Eheschließung oder -scheidung, die gegen das kanonische Recht verstößt, keinen personen- oder verhaltensbedingten Künd-Grund dar.[582] Ein Näheverhältnis zu der von der betreffenden kirchlichen Institution wahrzunehmenden Aufgabe ist bspw. bei einer Reinigungs- oder Schreibkraft, sowie bei Handwerkern oder Küchenpersonal abzulehnen.

246 Eine **Ehescheidung** kann eine Künd gem. Abs. 2 sozial rechtfertigen, wenn sich die ehelichen Auseinandersetzungen nach den tatsächlichen Umständen des Einzelfalles dergestalt auf das Arbverh auswirken, dass der AG Gründe zur Annahme hat, der AN werde seine arbeitsvertraglichen Pflichten nicht mit der geschuldeten Sorgfalt und Loyalität erfüllen bzw. es werde im Arbverh zu einer Fortsetzung der ehelichen Streitigkeiten und damit zu einer Störung des Betriebsfriedens kommen. Ohne konkrete nachteilige Auswirkungen auf das Arbverh ist die Zerrüttung bzw. das Scheitern der Ehe für die Frage der sozialen Rechtfertigung der Künd ohne Aussagekraft.[583]

247 **h) Ehrenamt.** In einigen Landesverfassungen ist ausdr. die Pflicht zur Übernahme von Ehrenämtern durch die Bürger normiert (so bspw. in der Verfassung des Landes Bayern). Daraus kann geschlossen werden, dass, auch wenn im Einzelfall keine solche Pflicht normiert ist, der AN grds. jedenfalls nicht wegen der Ausübung eines Ehrenamtes benachteiligt werden darf. In dem Fall, dass die Ausübung des Ehrenamtes das Arbverh konkret nachteilig beeinflusst, kann allerdings im Einzelfall eine verhaltensbedingte Künd gerechtfertigt sein.[584] Besondere Künd-Verbote existieren für politische Mandatsträger, wie für Abgeordnete des Bundestages, der Länder-, Kreis- und Gemeindeparlamente in den Vorschriften der Art. 48 Abs. 2 GG und § 2 Abs. 3 AbgeordnetenG.

---

573 BAG 26.1.1962 – 2 AZR 244/61 – AP § 626 BGB Bedingung Nr. 8.
574 ArbG Berlin 16.6.1987 – 24 Ca 319/86 – NZA 1987, 637.
575 BAG 10.5.1957 – 1 AZR 249/56 – AP Art. 6 Abs. 1 GG Ehe und Familie Nr. 1.
576 *Berkowsky*, NZA-RR 2001, 449.
577 BAG 4.3.1980 – 1 AZR 125/78 – AP Art. 140 GG Nr. 3.
578 BAG 31.10.1984 – 7 AZR 232/83 – AP Art. 140 GG Nr. 20; BAG 25.4.1978 – 1 AZR 70/76 – AP Art. 140 GG Nr. 2.
579 BAG 25.4.1978 – 1 AZR 70/76 – AP Art. 140 GG Nr. 2.
580 LAG Rheinland-Pfalz 9.1.1997 – 11 Sa 428/96 – LAGE § 611 BGB Kirchliche Arbeitnehmer Nr. 8.
581 LAG Köln 13.11.1998 – 11 Sa 25/98 – LAGE § 105 BGB Nr. 1.
582 BAG 14.10.1980 – 1 AZR 1274/79 – AP Art. 140 GG. Nr. 7.
583 BAG 9.2.1995 – 2 AZR 389/94 – NZA 1996, 249; ArbG Berlin 20.3.1990 – 27 Ca 14/90 – EzA § 1 KSchG Personenbedingte Kündigung Nr. 4; ArbG Siegburg 8.7.1986 – 4 Ca 2611/85 – EzA § 1 KSchG Verhaltensbedingte Kündigung Nr. 17.
584 KR/*Etzel*, § 1 KSchG Rn 302; HaKo-KSchR/*Gallner*, § 1 Teil E Rn 489.

i) Eignung/Tendenzbetriebe. Die fehlende körperliche und/oder geistige Eignung eines AN für die vertraglich geschuldete Arbeitsleistung kann grds. einen personenbedingten Künd-Grund darstellen.[585]

Von dem AN steuerbare Eignungsmängel können lediglich eine verhaltensbedingte Künd rechtfertigen. Da die personenbedingte Kündvoraussetzt, dass der AN keinen Einfluss auf die fehlende Eignung zur vertraglich geschuldeten Leistung hat, ist eine Abmahnung nach zutreffender Auffassung regelmäßig entbehrlich. Da es in der Praxis oftmals schwierig ist, personenbedingte Eignungsmängel von unzureichenden Arbeitsleistungen, die nur eine verhaltensbedingte Künd rechtfertigen können und einer vorausgegangenen Abmahnung bedürfen, abzugrenzen, ist es für den AG sinnvoll, in solchen Fällen sicherheitshalber eine Abmahnung auszusprechen.

Als persönliche Eignungsmängel kommen bspw. **außerdienstliche Straftaten** des AN in Betracht, die zwar nicht unmittelbar das Arbverh betreffen, aber in einem Verhältnis zu der Art der ausgeübten Tätigkeit stehen, die einer Fortsetzung des Arbverh entgegensteht. So kann die Künd eines Lehrers oder Erziehers wegen der Begehung eines Sittlichkeits- oder Sexualdelikts[586] oder die Künd eines AN, dem Vermögenswerte des AG anvertraut sind (z.B. Kassierern), wegen der Begehung von Vermögensdelikten[587] gerechtfertigt sein. In kirchlichen oder künstlerischen Tendenzbetrieben kommen **tendenzbezogene persönliche Eignungsmängel** in Betracht. Personenbedingte Gründe liegen bspw. bei der Künd eines im Dienst des Diakonischen Werks einer evangelischen Landeskirche stehenden, im Bereich der Konfliktberatung (Familienhilfe) eingesetzten homophil veranlagten Diplom-Psychologen wegen außerdienstlich ausgeübter homosexueller Praxis vor.[588] Ebenso liegen personenbedingte Eignungsmängel zugrunde, wenn bei der Hornistin eines Orchesters nicht behebbare veranlagungsbedingte Mängel im Atmungsansatz vorliegen.[589] Ein personenbedingter Künd-Grund kann auch bei einer DGB-Gewerkschaftssekretärin eine Künd u.U. sozial rechtfertigen, wenn sie Mitglied im Kommunistischen Bund Westdeutschland (KBW) ist. Der DGB ist wegen seiner koalitionspolitischen Bestimmung als Tendenzunternehmen anzusehen. AN des DGB unterliegen, soweit sie wie Gewerkschaftssekretäre Tendenzträger sind, in ihrem außerdienstlichen Verhalten einer weitergehenden Bindung als in anderen Arbverh. Das BAG sieht in einem solchen Fall eine verhaltensbedingte Künd als gerechtfertigt an.[590] Einen Sonderfall des Fehlens der persönlichen Eignung eines AN im öffentlichen Dienst stellt eine **Tätigkeit für den Staatssicherheitsdienst der ehemaligen DDR** dar.[591] Nach Art. 20 Abs. 1 EV gelten für die Arbverh der Angehörigen des öffentlichen Dienstes zum Zeitpunkt des Beitritts die in der Anlage I zum Einigungsvertrag vereinbarten Künd-Regelungen. Diese Regelungen sehen im Kapitel XIX Sachgebiet A Abschnitt III Nr. 1 Abs. 5 unter bestimmten Voraussetzungen bei früherer „Stasi-Tätigkeit" des betreffenden Mitarbeiters ein Recht zur außerordentlichen Künd vor. Für die Frage der sozialen Rechtfertigung der Künd kommt es auf den Einzelfall an. Entscheidend ist, wie sich die Vorbelastung des AN auf das Arbverh auswirkt. Denkbar ist, dass der AN eine Vertrauensstellung inne hat, die ein besonderes Maß an Integrität erfordert.[592] Ebenso ist zu berücksichtigen, von welcher Art und Dauer die Stasi-Tätigkeit war, da eine informelle Tätigkeit bei der Staatssicherheit sich weniger belastend auf das derzeitige Arbverh auswirkt, als eine hauptamtliche.[593] Beantwortet ein AN im **öffentlichen Dienst** die in einem Personalfragebogen gestellte Frage nach einer Tätigkeit für die Stasi nicht wahrheitsgemäß und verleugnet seine Tätigkeit, offenbart er nach ständiger Rspr. des BAG seine mangelnde persönliche Eignung für eine Tätigkeit im öffentlichen Dienst.[594]

j) Familiäre Verpflichtungen. Ebenso wie in dem Fall einer Eheschließung oder -scheidung kommt auch wegen bestehender familiärer Verpflichtungen des AN grds. weder eine personenbedingte noch eine verhaltensbedingte Künd in Betracht. Etwas anderes gilt nur, wenn die Verpflichtungen sich konkret nachteilig auf das Arbverh auswirken und der AN bspw. Schlechtleistungen erbringt, häufig zu spät kommt oder nicht mehr in der Lage ist, die vertraglich vereinbarten Arbeitszeiten einzuhalten.[595] In diesen Fällen kann eine Künd auf verhaltensbedingte Gründe mit der Maßgabe einer vorherigen Abmahnung gestützt werden.

---

585 HaKo-KSchR/*Gallner*, § 1 Teil E Rn 490; *v. Hoyningen-Huene/Linck*, § 1 KSchG Rn 211; KR/*Etzel*, § 1 KSchG Rn 303; *Stahlhacke/Preis/Vossen*, Rn 1211.
586 LAG Berlin 15.12.1989 – 2 Sa 29/89 – LAGE § 626 BGB Nr. 45.
587 HaKo-KSchR/*Gallner*, § 1 Teil E Rn 492; *v. Hoyningen-Huene/Linck*, § 1 KSchG Rn 211.
588 BAG 30.6.1983 – 2 AZR 524/81 – AP Art. 140 GG Nr. 15.
589 LAG Brandenburg 21.3.1994 – 4 (5/4) Sa 369/92 – LAGE § 1 KSchG Personenbedingte Kündigung Nr. 12.
590 BAG 6.12.1979 – 2 AZR 1055/77 – AP § 1 KSchG 1969 Verhaltensbedingte Kündigung Nr. 2; a.A. *v. Hoyningen-Huene/Linck*, § 1 KSchG Rn 259, die hier einen personenbedingten Künd-Grund annehmen, da aufgrund der Mitgliedschaft im KBW die persönliche Eignung für die Tätigkeit als Gewerkschaftssekretärin fehle.
591 BAG 27.4.2006 – 2 AZR 426/05 – DVBl 2006, 1394.
592 HaKo-KSchR/*Gallner*, § 1 Teil E Rn 492.
593 *V. Hoyningen-Huene/Linck*, § 1 KSchG Rn 212c.
594 BAG 27.3.2003 – 2 AZR 699/01 – AP Einigungsvertrag Anlage I Kap XIX B I 2 b Nr. 81; BAG 21.6.2001 – 2 AZR 291/00 – EzA § 626 BGB Nr. 190; BAG 18.10.2000 – 2 AZR 369/99 – RzK I 5 h Nr. 56; BAG 14.12.1995 – 8 AZR 356/94 – AP Einigungsvertrag Anlage I Kap XIX Nr. 56; BAG 26.8.1993 – 8 AZR 561/92 – AP Art. 20 Einigungsvertrag Nr. 8; *v. Hoyningen-Huene/Linck*, § 1 KSchG Rn 212b; a.A. HaKo-KSchR/*Gallner*, § 1 Teil E Rn 492.
595 HaKo-KSchR/*Gallner*, § 1 Teil E Rn 493; KR/*Etzel*, § 1 KSchG Rn 313.

252 **k) Gewissenskonflikt.** Bei der Bestimmung des Begriffs des Gewissens geht das BAG in Übereinstimmung mit der Rspr. von BVerfG und BVerwG von einem **subjektiven Gewissensbegriff** aus.[596] Danach ist das Gewissen i.S.d. allg. Sprachgebrauchs und des Art. 4 GG als ein real erfahrbares seelisches Phänomen zu verstehen, dessen Forderungen, Mahnungen und Warnungen für den Menschen unmittelbar evidente Gebote unbedingten Sollens sind. Als Gewissensentscheidung sei **jede ernste sittliche d.h. an den Kategorien von „gut" und „böse" orientierte Entscheidung** anzusehen, die der Einzelne in einer bestimmten Lage als für sich bindend und unbedingt verpflichtend innerlich erfährt, so dass er gegen sie nicht ohne ernste Gewissensnot handeln könne. Den AG trifft nach § 315 Abs. 1 BGB die Obliegenheit, einen ihm gegenüber offenbarten Gewissenskonflikt des AN im Rahmen billigen Ermessens zu berücksichtigen. Verbietet eine nach § 315 Abs. 1 BGB im Rahmen des billigen Ermessens erhebliche Gewissensentscheidung dem AG, dem AN eine an sich geschuldete Arbeit zuzuweisen, so kann ein in der Person des AN liegender Grund gegeben sein, das Arbverh zu kündigen, wenn eine andere Beschäftigungsmöglichkeit für den AN nicht besteht. Die Gewissensentscheidung des AN schränkt die unternehmerische Freiheit, den Inhalt der Produktion zu bestimmen, nicht ein. Der AN ist vielmehr nach § 297 BGB außerstande, die geschuldete Leistung zu erbringen.[597]

253 Ist eine Weiterbeschäftigungsmöglichkeit des AN unter Ausschluss der ihn in den Gewissenskonflikt bringenden Tätigkeit möglich, muss der AG grds. die Gewissensentscheidung des AN respektieren und darf dementsprechend dem AN solche Tätigkeiten nicht zuweisen. Das setzt jedoch voraus, dass der AN den AG durch Darlegung konkreter Tatsachen über die Umstände seines Gewissenskonflikts informiert. Seine Gewissensnot und die Ernsthaftigkeit des Konflikts, in dem er sich befindet, müssen deutlich werden. Der AN kann sich jedoch nicht auf ein Leistungsverweigerungsrecht wegen eines Gewissenskonflikts berufen, wenn er bei seiner Einstellung mit derartigen Tätigkeiten rechnen musste. In diesen Fällen ist aufgrund der Leistungsverweigerung unter Umständen eine verhaltensbedingte Künd gerechtfertigt.[598]

254 **l) Haft und Untersuchungshaft.** Einem AN der aufgrund einer Freiheitsstrafe oder Untersuchungshaft daran gehindert ist, die arbeitsvertraglich geschuldete Leistung zu erbringen, kann personenbedingt und je nach Schwere der Beeinträchtigung des Arbverh auch außerordentlich gekündigt werden. Bei der Interessenabwägung ist zu überprüfen, ob für den AG **zumutbare Überbrückungsmöglichkeiten** bestehen.[599] Da der AN für die Arbeitsverhinderung selbst verantwortlich ist, sind an die Überbrückungsmaßnahmen geringere Anforderungen zu stellen, als bspw. bei einer Arbeitsverhinderung aufgrund einer Erkrankung.[600] Aufgrund seiner Fürsorgepflicht kann der AG gehalten sein, bei der Erlangung des **Freigängerstatus** mitzuwirken, um Störungen für das Arbverh gering zu halten. Im Fall der AG-Künd steht der unternehmerischen Freiheit des AG einschließlich der Entscheidung darüber, welche AN er wie lange beschäftigen will, das auch die Beibehaltung des gewählten Arbeitsplatzes umfassende Freiheitsrecht des AN aus Art. 12 Abs. 1 GG gegenüber. Letzteres überwiegt, wenn die der Haft zugrunde liegende Straftat keinen Bezug zum Arbverh hat und der AG Störungen der betrieblichen Belange dadurch ausschließen kann, dass er dem AN zum Freigang verhilft.[601]

255 Dies setzt allerdings voraus, dass der AN den AG über die Umstände der Straftat, des Strafverfahrens und der Haft nicht täuscht bzw. im Unklaren lässt. Eine Pflicht zur Mitwirkung des AG an der Eröffnung der Möglichkeit des Freigangs entfällt, wenn trotz der Bewilligung des Freigangs weitere Störungen des Arbverh zu befürchten sind.[602]

256 **m) Kirchenrecht.** Im kirchlichen und karitativen Bereich spielen **tendenzbezogene Eignungsmängel** kündigungsrechtlich immer wieder eine gewichtige Rolle. Neben der Eheschließung katholischer Kirchenbediensteter mit geschiedenen Ehepartnern stellt nach der Rspr. des BAG insb. der Kirchenaustritt einen personenbedingten Künd-Grund dar. Die Kirche ist, als Folge des ihr in Art. 140 GG i.V.m. Art. 137 WRV eingeräumten Selbstbestimmungsrechts berechtigt, nach eigenem Selbstverständnis ihren Mitarbeitern Loyalitätspflichten aufzuerlegen und zu bestimmen, welche Grundsätze der kirchlichen Glaubens- und Sittenlehre auch im privaten Bereich einzuhalten sind, wobei eine Grenze lediglich durch das Willkürverbot, die guten Sitten und den ordre public gebildet wird. Nach den Grundsätzen der katholischen Kirche ist eine Ehe grds. nicht durch Scheidung aufzulösen, eine zivilrechtliche Wiederheirat mithin nicht möglich und eine dennoch erfolgte zivilrechtliche Wiederheirat ein schwerwiegender Verstoß gegen die Glaubensordnung, der zur Künd berechtigt.[603]

257 Bei einem Mitarbeiter des kirchlichen Dienstes kann eine fristlose Künd gerechtfertigt sein, wenn es um **schwerwiegende Verstöße gegen die Grundsätze der katholischen Glaubens- und Sittenlehre und einschlägige kirchliche Bestimmungen** geht. Ein schwerwiegender Loyalitätsverstoß liegt nach katholisch-kirchlichen Grundsätzen nicht nur dann vor, wenn ein pastoral tätiger Mitarbeiter eine nach dem Glaubensverständnis und der Rechtsordnung der katholischen Kirche ungültige Ehe eingeht, sondern kann auch dann gegeben sein, wenn er ohne neuerliche Ehe-

---

596 BAG 24.5.1989 – 2 AZR 285/88 – AP § 611 BGB Gewissensfreiheit Nr. 1; BAG 20.12.1984 – 2 AZR 436/83 – AP § 611 BGB Direktionsrecht Nr. 27; BVerfGE 48, 127, 173; 69, 1, 23; BVerwGE 7, 242, 246; 75, 188, 195; 79, 24, 27.
597 BAG 24.5.1989 – 2 AZR 285/88 – NZA 1990, 144.
598 KR/Etzel, § 1 KSchG Rn 315 f.
599 BAG 22.9.1994 – 2 AZR 719/93 – NZA 1995, 119; BAG 15.11.1984 – 2 AZR 613/83 – NZA 1985, 661.
600 BAG 22.9.1994 – 2 AZR 719/93 – NZA 1995, 119.
601 Hessisches LAG 3.6.2004 – 11 Sa 704/03.
602 BAG 9.3.1995 – 2 AZR 497/94 – NZA 1995, 777.
603 BAG 24.4.1997 – 2 AZR 268/96 – NZA 1998, 145.

schließung mit einem geschiedenen Partner in einer Lebensgemeinschaft zusammenlebt.[604] Die standesamtliche Ehe einer im katholisch-kirchlichen Dienst stehenden Lehrerin mit einem geschiedenen katholischen Mann stellt nach der Rspr. des BAG einen schwerwiegenden und fortdauernden Verstoß gegen den **Grundsatz der Unauflöslichkeit der Ehe** dar, der geeignet ist, eine ordentliche Künd sozial zu rechtfertigen. Denn die Lehrkräfte wirken unmittelbar an der Verwirklichung des Erziehungsziels der Kirche mit und nehmen im Rahmen ihres erzieherischen Auftrags eine wichtige Leitbildfunktion bei der Vermittlung von Verhaltensmaximen innerhalb der Bereiche Familie, Staat, Gesellschaft und Kirche ein.[605] Eine AN in einem evangelischen Kindergarten, die in der Öffentlichkeit werbend für eine andere Glaubensgemeinschaft auftritt und deren von den Glaubenssätzen der evangelischen Kirche erheblich abweichende Lehre verbreitet, bietet regelmäßig keine hinreichende Gewähr dafür, dass sie der **arbeitsvertraglich übernommenen Verpflichtung zur Loyalität** gegenüber der evangelischen Kirche nachkommt. Ein solches Verhalten kann eine außerordentliche Künd rechtfertigen.[606] Es kann einen wichtigen Grund zur fristlosen Künd eines Chefarztes in einem katholischen Krankenhaus darstellen, wenn dieser mit seinen Behandlungsmethoden (homologe Insemination) gegen tragende Grundsätze des geltenden Kirchenrechts verstößt. Bestehen zwischen dem kirchlichen Krankenhausträger und dem Chefarzt Meinungsverschiedenheiten darüber, welche konkreten Behandlungsmethoden nach den Äußerungen des Lehramts der Kirche zulässig sind und hat der Krankenhausträger dem Chefarzt angekündigt, er werde die umstrittene Frage durch Rücksprache mit den kirchenamtlich zuständigen Stellen klären, so kann auch unter Berücksichtigung des Selbstbestimmungsrechts der Kirche im Einzelfall vor Ausspruch einer Künd dann eine Abmahnung erforderlich sein, wenn der Chefarzt eine bestimmte Behandlungsmethode bereits vor der endgültigen Klärung ihrer kirchenrechtlichen Zulässigkeit anwendet.[607] Nicht jede Tätigkeit in einem Arbverh zur Kirche hat eine solche Nähe zu spezifisch kirchlichen Aufgaben, dass der sie ausübende AN sich voll mit den Lehren der Kirche identifizieren muss und deshalb die Glaubwürdigkeit der Kirche berührt wird, wenn er sich in seiner privaten Lebensführung nicht an die tragenden Grundsätze der kirchlichen Glaubens- und Sittenlehre hält. Ein in einem katholischen Krankenhaus beschäftigter Arzt ist verpflichtet, sich öffentlicher Stellungnahmen für den legalen Schwangerschaftsabbruch zu enthalten. Durch diese ihm auferlegte Loyalitätspflicht wird der Arzt in seinem Grundrecht auf Freiheit der Meinungsäußerung aus Art. 5 Abs. GG nicht verletzt. Ein Verstoß gegen diese Loyalitätspflicht kann einen Grund zur sozialen Rechtfertigung einer ordentlichen Künd abgeben. Ob diese Pflichtverletzung auch gewichtig genug ist, im konkreten Fall die Künd sozial zu rechtfertigen, ist im Rahmen der nach Abs. 2 gebotenen Interessenabwägung zu prüfen. Diese Prüfungskompetenz der staatlichen Gerichte ist durch das **Selbstbestimmungsrecht der Kirchen** nicht ausgeschlossen.[608] Das BAG entschied in einem Urteil vom 30.6.1983,[609] dass die außerdienstlich ausgeübte homosexuelle Lebensweise eines im Dienst des Diakonischen Werks der evangelischen Landeskirche stehenden, im Bereich der Konfliktberatung (Familienhilfe) eingesetzten homophil veranlagten Diplom- Psychologen grds. einen geeigneten Künd-Grund darstellt. Voraussetzung sei allerdings eine vorausgegangene Abmahnung. Hier ist kritisch anzumerken, dass es sich bei Homosexualität nicht um einen von der Person steuerbaren Zustand handelt. Vielmehr stellt Homosexualität eine persönliche Eigenschaft dar, die allenfalls einen in der Person des betreffenden AN liegenden Grund für eine Künd abgeben kann. Die allein außerdienstlich in Erscheinung tretende Homosexualität dürfte eine Künd kaum sozial rechtfertigen.

Hat sich ein AG selbst gebunden, bei bestimmten Verhaltensverstößen vor Ausspruch einer Künd zunächst mit dem AN ein klärendes Gespräch zu führen, verstößt eine Künd, die der AG ausspricht, ohne ein solches Gespräch zu führen, regelmäßig gegen den Verhältnismäßigkeitsgrundsatz und ist deshalb sozialwidrig.[610] Art. 5 Abs. 1 der Grundordnung der katholischen Kirche für den kirchlichen Dienst im Rahmen kirchlicher Arbverh vom 22.9.1993, wonach bei Verstößen gegen Loyalitätsobliegenheiten vor Ausspruch einer Künd mit der kirchlichen Mitarbeiterin bzw. mit dem kirchlichen Mitarbeiter ein Beratungsgespräch bzw. u.a. ein „klärendes Gespräch" zu führen ist, enthält eine solche bindende Verfahrensnorm. Die Verfahrensgrundsätze der Grundordnung stehen, gerade wenn sie kein zusätzliches säkulares Recht enthalten, auf einer Ebene mit den Dienstanweisungen, mit denen etwa ein privater AG festlegt, wie er auf bestimmte Pflichtverstöße des AN zu reagieren beabsichtigt.[611]

n) Krankheit. aa) Allgemeine Grundsätze. Die krankheitsbedingte Künd stellt die in der Praxis bedeutsamste Fallgruppe der personenbedingten Künd dar. Unter Krankheit im medizinischen Sinne wird ein regelwidriger körperlicher oder geistiger Zustand verstanden, der die **Notwendigkeit einer Heilbehandlung** zur Folge hat.[612] Der arbeitsrechtliche Krankheitsbegriff knüpft an diese Definition an, so dass auch Suchtkrankheiten,[613] seelische Erkrankungen,[614]

---

604 ArbG Oberhausen 24.5.1994 – 3 Ca 356/94 – KirchE 32, 169.
605 BAG 25.5.1988 – 7 AZR 506/87 – AP Art. 140 GG Nr. 36.
606 BAG 21.2.2001 – 2 AZR 139/00 – NZA 2001, 1136.
607 BAG 7.10.1993 – 2 AZR 226/93 – NZA 1994, 443.
608 BAG 21.10.1982 – 2 AZR 591/80 – AP Art. 140 GG Nr. 14.
609 BAG 30.6.1983 – 2 AZR 524/81 – AP Art. 140 GG Nr. 15.
610 BAG 25.4.1996 – 2 AZR 74/95 – NZA 1996, 1201.
611 BAG 16.9.1999 – 2 AZR 712/98 – NZA 2000, 208.
612 BAG 5.4.1976 – 5 AZR 397/75 – AP § 1 LohnFG Nr. 40.
613 BAG 16.9.1999 – 2 AZR 123/99 – NZA 2000, 141; BAG 13.12.1990 – 2 AZR 336/90 – EzA § 1 KSchG Krankheit Nr. 33; BAG 9.4.1987 – 2 AZR 210/86 – NZA 1987, 811.
614 BAG 18.10.1990 – 2 AZR 204/90 – RzK I 10h Nr. 30; BAG 6.10.1959 – 3 AZR 313/56 – AP § 14 SchwBeschG Nr. 19.

sowie epileptische Anfälle[615] u.U. eine krankheitsbedingte Künd rechtfertigen können. Bei einer krankheitsbedingten Künd stellt die Krankheit selbst keinen Künd-Grund dar. Kündigungsrechtlich relevant wird die Krankheit, wenn es durch sie zu störenden Auswirkungen auf das Arbverh kommt.[616]

260 Die krankheitsbedingte Künd wird wie andere personenbedingte Künd in **drei Stufen** geprüft. Sie ist sozial gerechtfertigt, wenn eine **negative Gesundheitsprognose** vorliegt, es zu einer **erheblichen Beeinträchtigung betrieblicher Interessen** gekommen ist und eine **Interessenabwägung** zugunsten des AG ausfällt. Das **Erfordernis eines betrieblichen Eingliederungsmanagements** nach § 84 Abs. 2 SGB IX besteht für alle AN, nicht nur für behinderte Menschen. Die Durchführung eines betrieblichen Eingliederungsmanagements nach § 84 Abs. 2 SGB IX ist keine formelle Wirksamkeitsvoraussetzung für den Ausspruch einer krankheitsbedingten Künd. Die Regelung des § 84 Abs. 2 SGB IX stellt eine Konkretisierung des dem gesamten Künd-Schutzrecht innewohnenden Verhältnismäßigkeitsgrundsatzes dar.[617] Da eine krankheitsbedingte Künd auch bei Geltung des KSchG zulässig ist, ist sie erst recht nicht im Kleinbetrieb ausgeschlossen. Die Grenze der Treuwidrigkeit einer krankheitsbedingten Künd im Kleinbetrieb ist deutlich unterhalb der Schwelle zu ziehen, die für die soziale Rechtfertigung einer krankheitsbedingten Künd nach Abs. 2 gilt. Die vorzunehmende Interessenabwägung im Rahmen der Prüfung einer krankheitsbedingten Künd im Kleinbetrieb hat sich darauf zu beschränken, ob sich das auf krankheitsbedingte Fehlzeiten gestützte Künd-Motiv auch angesichts der Betriebszugehörigkeit des AN als einleuchtend erweist.[618]

261 bb) **Häufige Kurzerkrankungen.** Bei der Künd aufgrund häufiger Kurzerkrankungen handelt es sich um die in der Praxis häufigste Erscheinungsform der krankheitsbedingten Künd. Den tragenden Grund für die Künd bildet die **wirtschaftliche Belastung des AG** und die Gefahr, dass sich die krankheitsbedingten Arbeitsausfälle in der Zukunft in dem gleichen Umfang fortsetzen werden.[619]

262 (1) **Negative Gesundheitsprognose.** Jede krankheitsbedingte Künd erfordert eine negative Prognose. D.h. es **muss im Zeitpunkt des Zugangs der Künd** davon auszugehen sein, dass aufgrund der Erkrankung des AN auch nach dem Künd-Termin mit weiteren Störungen bei der Leistungserbringung zu rechnen ist.[620] Einem kranken AN, bei dem feststeht, dass er zum Zeitpunkt des Künd-Termins wieder gesund sein und auf absehbare Zeit nicht wieder erneut erkranken wird, kann i.d.R. nicht allein aufgrund seiner in der Vergangenheit liegenden Erkrankung gekündigt werden.[621] Grds. trägt der AG für die Tatsachen, aus denen sich die negative Gesundheitsprognose ergibt, die **Darlegungs- und Beweislast**. Bei der Künd wegen häufiger Kurzerkrankungen können **häufige Kurzerkrankungen in der Vergangenheit** für einen entsprechenden Krankheitsverlauf in der Zukunft sprechen. Der AG darf sich in einem solchen Fall zunächst darauf beschränken, die Fehlzeiten (nach Zahl, Dauer und zeitlicher Abfolge) darzulegen. Der AN muss im Rahmen seiner prozessualen Mitwirkungspflicht nach § 138 Abs. 2 ZPO dartun, weshalb die Besorgnis weiterer Erkrankungen unberechtigt sein soll. Dieser Mitwirkungspflicht genügt der AN schon dann, wenn er die Behauptung des AG bestreitet und die Ärzte, die ihn behandelt haben, von der Schweigepflicht entbindet, soweit darin die Darstellung liegt, die Ärzte hätten die künftige gesundheitliche Entwicklung ihm gegenüber bereits tatsächlich positiv beurteilt. Trägt er selbst konkrete Umstände, wie die Krankheitsursache vor, müssen diese geeignet sein, die **Indizwirkung der bisherigen Fehlzeiten** zu **erschüttern**; er muss jedoch nicht den Gegenbeweis führen, dass in der Zukunft nicht mit weiteren Erkrankungen zu rechnen sei.[622] Soweit (tarif-)vertraglich eine Pflicht des AN geregelt ist, sich bei Bedarf ärztlich untersuchen zu lassen, hat das BAG von dieser Regelung auch die Pflicht umfasst gesehen, die behandelnden Ärzte, soweit es um die Feststellung der Berufs- und Erwerbsunfähigkeit geht, von ihrer Schweigepflicht zu entbinden.[623] Beantragt der AN die Vernehmung seiner behandelnden Ärzte als sachverständige Zeugen nur für die Krankheitsursachen und nicht auch für die von ihm behauptete positive Gesundheitsprognose, so ist der Tatrichter im Rahmen seines Ermessens nach § 144 ZPO nur dann zur Erhebung von SV-Beweis verpflichtet, wenn ihm die Sachkunde zur Prüfung fehlt, ob der bisherige Krankheitsverlauf ausreichende Indizien für eine negative Prognose enthält.[624] Dem Ergebnis eines arbeitsmedizinischen Sachverständigengutachtens, das auf der Einschätzung und Beurteilung der Arbeitsfähigkeit des AN durch den Sachverständigen beruht, steht eine entgegengesetzte Einschätzung und Beurteilung durch einen sachverständigen Zeugen – den behandelnden Hausarzt – aus prozessualen Gründen nicht entgegen. Auch der sachverständige Zeuge gibt nur seine (Sachverständigen-)Wahrnehmung wieder. Die Bewertung dieser Wahrnehmungen, soweit es sich um Einschätzung und Beurteilung von Geschehensabläufen handelt, obliegen dem Sachverständigen.[625]

---

615 BAG 28.3.1974 – 2 AZR 92/73 – AP § 119 BGB Nr. 3; LAG Tübingen 16.11.1965 – 7 Sa 7/65 – AP § 1 KSchG Nr. 80.
616 APS/*Dörner*, § 1 KSchG Rn 136.
617 BAG 12.7.2007 – 2 AZR 716/06 – NZA 2008, 173.
618 LAG Baden-Württemberg 18.6.2007 – 4 Sa 14/07 m.w.N.
619 BAG 8.11.2007 – 2 AZR 292/06 – NZA 2008, 593; BAG 23.6.1983 – 2 AZR 15/82 – AP § 1 KSchG 1969 Krankheit Nr. 10; LAG Hamm 10.1.2008 – 15 Sa 110/05; LAG Hamm 13.6.2007 – 18 Sa 85/07; HaKo-KSchR/*Gallner*, § 1 Teil E Rn 506.
620 BAG 6.9.1989 – 2 AZR 19/89 – NZA 1990, 307; BAG 16.2.1989 – 2 AZR 299/88 – NZA 1989, 923.
621 V. Hoyningen-Huene/*Linck*, § 1 KSchG Rn 222.
622 BAG 6.9.1989 – 2 AZR 19/89 – NZA 1990, 307.
623 BAG 6.11.1997 – 2 AZR 801/96 – NZA 1998, 326.
624 BAG 6.9.1989 – 2 AZR 19/89 – NZA 1990, 307.
625 LAG Rheinland-Pfalz 10.1.2008 – 11 Sa 579/07.

Unterschiedliche Erkrankungen können den Schluss auf eine gewisse **Krankheitsanfälligkeit des AN** zulassen und damit eine negative Prognose begründen.[626] Für eine der Vergangenheit entsprechende Prognose scheiden allerdings solche **Erkrankungen** aus, bei denen **keine Wiederholungsgefahr** besteht,[627] wie etwa ausgeheilte Leiden,[628] Unfälle (soweit es sich um einmalige Ereignisse handelt)[629] und sonstige offenkundige einmalige, vorübergehende Gesundheitsschäden (Blinddarmoperation).[630]

263

Der **Zeitraum** von Fehlzeiten, aus denen eine **Indizwirkung** hergeleitet werden kann, wird von der BAG-Rspr. nicht einheitlich beurteilt. In seiner Entscheidung vom 19.5.1993[631] geht das BAG bereits aufgrund von Kurzerkrankungen über einen **Zeitraum von 15 Monaten** von einer negativen Gesundheitsprognose aus. Von dieser Entscheidung des BAG abgesehen, geht die Entscheidungspraxis der Gerichte von einem **Beobachtungszeitraum von mind. zwei Jahren**, in vielen Fällen auch von **vier Jahren** aus.[632] Zu beurteilen ist immer der Einzelfall. Dabei kann auch die betriebliche Situation, insb. die Betriebsgröße, eine Rolle spielen.[633]

264

Um eine Prognoseentscheidung treffen zu können, ist es für den AG ratsam, wenn er sich vor dem Ausspruch der Künd bei dem betreffenden AN über dessen Gesundheitszustand erkundigt.[634] Eine **Erkundigungspflicht**, deren Verletzung zu der Sozialwidrigkeit der Künd führen würde, besteht jedoch nicht.[635] Dementsprechend trifft den AN mangels Rechtsgrundlage auch keine **Auskunftspflicht** hinsichtlich seines Gesundheitszustandes.[636] Bei einem im Zeitpunkt der Künd gerade zweiundzwanzigjährigen AN mit exorbitant hohen krankheitsbedingten Fehlzeiten kann im Einzelfall dennoch die Gesundheitsprognose positiv sein. Für die für eine wirksame krankheitsbedingte Künd erforderliche negative Gesundheitsprognose kommt es nicht auf die subjektive Einschätzung des Gesundheitszustandes und der weiteren gesundheitlichen Entwicklung durch den AN, z.B. im Rahmen eines mit diesem geführten Personalgesprächs an, sondern auf **objektive, also medizinisch begründbare Tatsachen**. Die negative Gesundheitsprognose muss i.d.S. eine objektive sein.[637]

265

Treten nach dem Ausspruch der Künd **neue Tatsachen** ein, können diese die zuvor erstellte **Prognose** nicht beeinträchtigen. Die **nachträgliche Korrektur** durch einen neuen Sachverhalt ist nicht möglich.[638] Ein wegen Krankheit wirksam gekündigter AN kann eine Wiedereinstellung jedenfalls dann nicht verlangen, wenn die nachträgliche überraschende grundlegende Besserung seines Gesundheitszustands erst nach Ablauf der Künd-Frist eingetreten ist.[639]

266

(2) Erhebliche Beeinträchtigung betrieblicher Interessen. Die prognostizierten Fehlzeiten können eine krankheitsbedingte Künd nur dann sozial rechtfertigen, wenn sie zu erheblichen Beeinträchtigungen betrieblicher Interessen führen. Besteht zwar eine negative Zukunftsprognose im Hinblick auf weitere erhebliche krankheitsbedingte Fehlzeiten eines AN, kann jedoch der AG keine konkreten Betriebsablaufstörungen vortragen, so ist eine personenbedingte Künd unwirksam. Der pauschale Vortrag, dass es zu betriebsbedingten Ablaufstörungen durch den Ausfall des kranken AN infolge von vorzunehmenden kurzfristigen Schichtumsetzungen bzw. dem Einsatz von Leiharbeitnehmern komme, genügt nicht.[640] Die Beeinträchtigung betrieblicher Interessen knüpft an zwei verschiedene Aspekte an, an etwaige Störungen des Betriebsablaufs sowie an erhebliche wirtschaftliche Belastungen.[641] Häufige Kurzerkrankungen wirken sich aufgrund der dauerhaften und sich wiederholenden Störung des Austauschverhältnisses und insb. der mit ihnen verbundenen erheblichen Lohnfortzahlungskosten betrieblich und wirtschaftlich besonders belastend auf den AG aus.[642]

267

Mögliche **Betriebsablaufstörungen** sind bspw. **Störungen im Fertigungsprozess** durch stillstehende Maschinen, **Produktionsrückgang durch noch erst einzuarbeitendes Ersatzpersonal** oder der **Abzug von Personal in anderen Arbeitsbereichen**, sowie die nicht mehr gegebene Möglichkeit der Einplanung des AG in einen Schichtplan[643]

268

---

626 BAG 10.11.2005 – 2 AZR 44/05 – NZA 2006, 655; LAG Köln 18.5.2007 – 11 Sa 632/06.
627 BAG 7.11.2002 – 2 AZR 599/01 – AP § 1 KSchG 1969 Krankheit Nr. 40.
628 BAG 12.12.1996 – 2 AZR 7/96 – EzA § 1 KSchG Krankheit Nr. 41.
629 BAG 7.12.1989 – 2 AZR 225/89 – EzA § 1 KSchG Krankheit Nr. 30.
630 HaKo-KSchR/*Gallner*, § 1 Teil E Rn 510.
631 BAG 19.5.1993 – 2 AZR 598/92 – EEK II/217.
632 BAG 29.7.1993 – 2 AZR 155/93 – NZA 1994, 67; BAG 5.7.1990 – 2 AZR 154/90 – NZA 1991, 185; BAG 6.9.1989 – 2 AZR 118/89 – NZA 1990, 305; BAG 6.9.1989 – 2 AZR 19/89 – NZA 1990, 307; BAG 16.2.1989 – 2 AZR 299/88 – NZA 1989, 823; BAG 23.6.1983 – 2 AZR 15/82 – AP § 1 KSchG 1969 Krankheit Nr. 10.
633 Kittner/Zwanziger/*Appel*, Arbeitsrechts-Handbuch, § 93 Rn 30.
634 *V. Hoyningen-Huene/Linck*, § 1 KSchG Rn 223.
635 BAG 25.11.1982 – 2 AZR 21/81 – AP § 1 KSchG 1969 Krankheit Nr. 7; BAG 10.3.1977 – 2 AZR 79/76 – AP § 1 KSchG 1969 Krankheit Nr. 4; LAG Köln 18.5.2007 – 11 Sa 632/06.
636 BAG 25.11.1982 – 2 AZR 21/81 – AP § 1 KSchG 1969 Krankheit Nr. 7.
637 LAG München 29.11.2007 – 3 Sa 676/06; LAG München 7.12.2006 – 3 Sa 735/05.
638 BAG 17.6.1999 – 2 AZR 639/98 – NZA 1999, 1328; BAG 29.4.1999 – 2 AZR 431/98 – NZA 1999, 978.
639 BAG 27.6.2001 – 7 AZR 662/99 – NZA 2001, 1135.
640 LAG Hamm 8.8.2007 – 18 Sa 396/07.
641 BAG 6.9.1989 – 2 AZR 224/89 – AP § 1 KSchG 1969 Krankheit Nr. 23; LAG Rheinland-Pfalz 12.9.2007 – 7 Sa 253/07.
642 BAG 23.6.1983 – 2 AZR 15/82 – AP § 1 KSchG 1969 Krankheit Nr. 10.
643 BAG 6.2.1992 – 2 AZR 364/91.

oder die **Überlastung anderer AN durch Mehrarbeit**.[644] Betriebsablaufstörungen sind nur dann als Künd-Grund geeignet, wenn sie nicht durch mögliche **Überbrückungsmaßnahmen** vermieden werden können. Die Möglichkeit der Einstellung von Aushilfskräften ist bei Kurzerkrankungen gegenüber Langzeiterkrankungen eingeschränkt. Können und werden Ausfälle überbrückt, liegt bereits objektiv keine erhebliche Betriebsablaufstörung und kein zur sozialen Rechtfertigung der Künd geeigneter Grund vor.[645] Als Überbrückungsmaßnahmen kommen **Überstunden**, die Einstellung einer **Aushilfskraft** oder der Einsatz eines AN aus einer vorgeschalteten **Personalreserve** in Betracht. Der AG ist nicht verpflichtet, eine Personalreserve vorzuhalten.[646] Bei der Feststellung, ob Betriebsablaufstörungen vorliegen, prüft das BAG insb. auch, ob die Möglichkeit besteht, den kranken AN an einem anderen Arbeitsplatz weiter zu beschäftigen, um weitere Betriebsablaufstörungen zu verhindern. Dazu muss der AG über einen freien Arbeitsplatz verfügen.[647] Besitzt der AN nicht die erforderliche Qualifikation, ist der AG nicht grds. verpflichtet, Umschulungsmaßnahmen zugunsten des AN zu ergreifen, wenn nicht mit Sicherheit die Weiterbeschäftigung des AN nach der Maßnahme vorhersehbar ist.[648] Es ist Sache des AG **darzulegen** und ggf. **zu beweisen**, welche erheblichen Betriebsbeeinträchtigungen durch die Erkrankungen des AN entstanden sind und durch die zu erwartenden Fehlzeiten voraussichtlich eintreten werden.[649]

269 Zu den **wirtschaftlichen Belastungen** gehören neben den Kosten für die Beschäftigung von Aushilfskräften grds. auch die **Entgeltfortzahlungskosten**. Allein die entstandenen und künftig zu erwartenden Lohnfortzahlungskosten, die jährlich jeweils für einen Zeitraum von mehr als sechs Wochen aufzuwenden sind, stellen nach der Rspr. des BAG einen zur sozialen Rechtfertigung der Künd geeigneten Grund dar.[650] Wie sich aus § 3 EFZG ergibt, hat der AG krankheitsbedingte Ausfälle in einem geringeren Umfang hinzunehmen. Kommt es durch häufige Kurzerkrankungen eines AN neben Entgeltfortzahlungen zu Betriebsablaufstörungen, können auch schon jährliche Ausfallzeiten von weniger als sechs Wochen kündigungsrelevant sein.[651] In dem Fall, dass tarifliche Regelungen eine Entgeltfortzahlung oder Beteiligung des AG am Krankengeld über einen Zeitraum von sechs Wochen hinaus vorsehen, bedeutet das nicht, dass erst nach Überschreitung der tariflichen Frist eine Künd sozial gerechtfertigt sein kann. Etwas anderes kann nur gelten, wenn sich aus dem TV hinreichend deutlich ergibt, dass mit der verlängerten Entgeltfortzahlung ein erhöhter Künd-Schutz einhergehen soll.[652] Ob **Urlaubsgeld** oder **Jahressonderzahlungen**, die der AG auch während krankheitsbedingter Arbeitsunfähigkeit zu leisten hat, ebenso wie die Entgeltfortzahlung als wirtschaftliche Belastung des AG zu werten sind, hat das BAG in seiner Entscheidung vom 21.5.1992[653] ausdr. offen gelassen. Da hinsichtlich der finanziellen Beeinträchtigung des AG kein Unterschied zwischen Entgeltfortzahlung und Sonderzahlungen oder der Leistung von Urlaubsgeld besteht, ist kein Grund ersichtlich, warum nicht auch diese Leistungen wirtschaftliche Belastungen darstellen sollen, die u.U. eine krankheitsbedingte Künd sozial rechtfertigen können. In einem Rechtsstreit empfiehlt es sich für den AG stets eine Aufstellung der Entgeltfortzahlungskosten, sowie der Kosten für Überstunden anderer Mitarbeiter, Kosten für Aushilfskräfte und Produktionsausfallkosten zu erstellen und dem Gericht vorzulegen.

270 **(3) Interessenabwägung.** Liegt eine negative Gesundheitsprognose vor und kann eine erhebliche Beeinträchtigung betrieblicher Interessen bejaht werden, ist eine Abwägung der widerstreitenden Interessen vorzunehmen. Feste Maßstäbe, welche Kriterien in die Interessenabwägung einzubeziehen sind und wie sie zueinander zu gewichten sind, gibt es nicht. Verfehlt ist eine allgemeine Billigkeitsabwägung. Erforderlich ist eine auf das Arbverh bezogene Abwägung, die mit folgender Formel beschrieben werden kann: Eine personenbedingte Künd ist nur gerechtfertigt, wenn unter Berücksichtigung der in der Rechtsordnung verankerten Wertentscheidungen zum Schutz der Person des AN eine so starke Beeinträchtigung schützenswerter betrieblicher, unternehmerischer oder vertraglicher Interessen des AG vorliegt, dass diese im konkreten Fall die zugunsten des AN bestehenden Rechtspositionen überwiegen.[654]

271 Auf der Seite des **AN** ist zunächst die **Ursache der Krankheit** zu berücksichtigen.[655] Zugunsten des AN wirkt sich eine Erkrankung aus, die im Zusammenhang mit seiner Arbeitsleistung steht, wie etwa ein Betriebsunfall. Beruht eine Erkrankung auf der vom AN bislang ausgeübten Tätigkeit, sind bei der Interessenabwägung im Falle einer Künd wegen einer Berufskrankheit besonders strenge Maßstäbe anzulegen.[656] Dies gilt auch, wenn der AN einen Betriebsunfall erlitten hat und deshalb in seiner Leistungsfähigkeit gemindert ist oder anschließend häufige Erkrankungen erfährt.[657] Zulasten des AN wirkt es sich aus, wenn er selbst die Krankheiten etwa aufgrund unvorsichtigen Verhaltens verschuldet hat oder sie darauf beruhen, dass ihn Umstände außerhalb des Arbverh besonders beanspruchen, wie etwa eine Nebentätigkeit.[658]

---

644 BAG 16.2.1989 – 2 AZR 299/88 – NZA 1989, 923.
645 BAG 16.2.1989 – 2 AZR 299/88 – NZA 1989, 923.
646 BAG 29.7.1993 – 2 AZR 155/93 – NZA 1994, 67.
647 BAG 7.2.1991 – 2 AZR 205/90 – NZA 1991, 806; BAG 5.7.1990 – 2 AZR 154/90 – NZA 1991, 185.
648 BAG 7.2.1991 – 2 AZR 205/90 – NZA 1991, 806.
649 V. Hoyningen-Huene/Linck, § 1 KSchG Rn 232.
650 BAG 29.7.1993 – 2 AZR 155/93 – NZA 1994, 67; BAG 10.5.1990 – 2 AZR 580/89 – EzA § 1 KSchG Krankheit Nr. 31; BAG 16.2.1989 – 2 AZR 299/88 – NZA 1989, 923.
651 BAG 6.9.1989 – 2 AZR 224/89 – NZA 1990, 434.
652 KR/*Etzel*, § 1 KSchG Rn 343.
653 BAG 21.5.1992 – 2 AZR 399/91 – NZA 1993, 497.
654 APS/*Dörner*, § 1 KSchG Rn 184.
655 BAG 6.9.1989 – 2 AZR 118/89 – NZA 1990, 305.
656 BAG 6.9.1989 – 2 AZR 224/89 – NZA 1990, 434; LAG Köln 8.7.1982 – 3 Sa 370/81 – BB 1982, 1370.
657 APS/*Dörner*, § 1 KSchG Rn 174.
658 HaKo-KSchR/*Gallner*, § 1 Teil E Rn 523.

Weiterhin ist die **Dauer des ungestörten Verlaufs des Arbverh** zu berücksichtigen. Je länger ein Arbverh ungestört bestanden hat, desto mehr Rücksichtnahme ist vom AG zu erwarten.[659] Einem AN, der 20 Jahre zur Zufriedenheit gearbeitet hat und dann häufig erkrankt, schuldet der AG erheblich mehr Rücksichtnahme als einem AN, der seit dem ersten Jahr der Betriebszugehörigkeit erhebliche und steigende krankheitsbedingte Ausfälle aufweist.[660] Ein ungestörter Verlauf des Arbverh liegt nicht schon dann vor, wenn der AN im Jahr nicht länger als sechs Wochen arbeitsunfähig erkrankt war. Auch wenn die Ausfallzeiten des AN für sich genommen nicht geeignet sind, einen Künd-Grund darzustellen, sind sie dennoch eine Belastung für das Arbverh, die den späteren krankheitsbedingten Fehlzeiten des AN mehr Gewicht verleihen.[661]

Auf Seiten des AN kann darüber hinaus sein **Alter** Berücksichtigung finden. Je jünger der AN ist, desto höher sind die zu erwartenden Kosten für Entgeltfortzahlung und Belastungen des Arbverh mit krankheitsbedingten Ausfällen.[662]

Schwerbehinderung und **Unterhaltspflichten** sind ebenfalls von den Gerichten zu berücksichtigende Kriterien.[663] Sowohl schwerbehinderte Mitarbeiter als auch solche, die umfangreiche Unterhaltspflichten zu tragen haben, sollen einen höheren sozialen Schutz genießen. Auch die **Situation auf dem Arbeitsmarkt** darf in die Abwägung einfließen.[664]

Auf Seiten des **AG** ist zu berücksichtigen, wenn ihm bei der Einstellung eine **chronische Erkrankung** des AN bekannt war. In einem solchen Fall muss der AG bei diesem AN längere Fehlzeiten hinnehmen als bei anderen AN.[665]

Auch die Zumutbarkeit weiterer **Überbrückungsmaßnahmen** und die **Höhe der Lohnfortzahlungskosten** können abgewogen werden.[666] Ist die Ausfallquote der Kollegen auch besonders hoch, kann nur eine erheblich höhere, überdurchschnittliche Ausfallquote eine Künd rechtfertigen.[667]

Außerdem kann für den AG sprechen, wenn er eine **Personalreserve** vorhält. Diese Kosten sind zwar nicht konkret anteilig auf die Ausfallzeiten bestimmter AN umzurechnen und ihnen unmittelbar anzulasten. Sie sind aber bei der Ermittlung der krankheitsbedingten wirtschaftlichen Belastungen im Rahmen der Interessenabwägung zu berücksichtigen, weil die Vorhaltereserve auch dazu dient, noch zusätzliche Störungen des Betriebsablaufs aufgrund der Fehlzeiten zu vermeiden oder zu vermindern.[668]

cc) Lang anhaltende Krankheit. Den tragenden Grund für die Künd bildet bei der lang anhaltenden Krankheit die Tatsache, dass die **Wiederherstellung der Arbeitsfähigkeit im Zeitpunkt des Zugangs der Künd objektiv nicht absehbar** ist und dem AG diese Unsicherheit wegen ihrer betrieblichen Auswirkungen nicht zumutbar ist.[669] Von einer lang anhaltenden Krankheit kann frühestens gesprochen werden, wenn der Entgeltfortzahlungszeitraum des § 3 EFZG von sechs Wochen überschritten wird.[670]

(1) Negative Gesundheitsprognose. Eine negative Gesundheitsprognose bei einer Langzeiterkrankung liegt vor, wenn die Krankheit bei Zugang der Künd noch andauert und der Zeitpunkt der Wiederherstellung der Leistungsfähigkeit objektiv nicht absehbar ist bzw. der erkrankte AN die (vertraglich) geschuldete Leistung zukünftig nicht mehr erbringen kann.[671] Es ist erforderlich, dass der AG zum Zeitpunkt des Zugangs der Künd aus dem Vorliegen objektiver Kriterien schließen kann, dass der AN noch für eine längere Zeit arbeitsunfähig erkrankt sein wird.[672] Der spätere tatsächliche Verlauf der Erkrankung ist unbeachtlich. Ebenso ist die bisherige Dauer der Erkrankung unerheblich, da die Wiederherstellung der Arbeitsfähigkeit kurz bevorstehen kann.[673] Entscheidend ist, ob in der Zukunft mit betrieblichen Beeinträchtigungen durch eine lange Arbeitsunfähigkeit zu rechnen ist.[674] Eine krankhafte Persönlichkeitsstörung mit paranoiden und narzisstischen Anteilen rechtfertigt keine Künd aus personenbedingten Gründen, wenn eine dauernde Leistungsunfähigkeit nicht festgestellt werden kann und die Möglichkeit besteht, dass die krankheitsbedingten Defizite im Bereich des zwischenmenschlichen Beziehungsverhaltens, der Anpassungsfähigkeit sowie der Teamfähigkeit durch eine Therapie verbessert werden können.[675] Ein AN, dessen Arbverh wegen langandauernder Erkrankung gekündigt worden ist, kann die negative Gesundheitsprognose des AG nur erschüttern, wenn er darlegt, aufgrund welcher Tatsachen nunmehr, trotz weiter bestehender Arbeitsunfähigkeit, mit einer Wiederherstellung der Arbeitsfähigkeit zu rechnen ist. Es reicht nicht aus, wenn er die Namen seiner Ärzte benennt und sie von der

---

659 BAG 15.2.1984 – 2 AZR 573/82 – NZA 1984, 86.
660 BAG 6.9.1989 – 2 AZR 224/89 – NZA 1990, 434.
661 BAG 6.9.1989 – 2 AZR 224/89 – NZA 1990, 434.
662 BAG 27.11.1991 – 2 AZR 309/91 – RzK I 5 g Nr. 45.
663 BAG 20.1.2000 – 2 AZR 378/99 – NZA 2000, 768.
664 HaKo-KSchR/*Gallner*, § 1 Teil E Rn 523.
665 BAG 10.6.1969 – 2 AZR 94/68 – AP § 1 KSchG Krankheit Nr. 2.
666 BAG 6.9.1989 – 2 AZR 19/89 – NZA 1990, 307.
667 BAG 16.2.1989 – 2 AZR 299/88 – NZA 1989, 923.
668 BAG 6.9.1989 – 2 AZR 19/89 – NZA 1990, 307.
669 HaKo-KSchR/*Gallner*, § 1 Teil E Rn 506; BAG 18.1.2007 – 2 AZR 759/05; LAG Hamm 16.1.2008 – 18 Sa 779/07.
670 Kittner/Zwanziger/*Appel*, Arbeitsrechts-Handbuch, § 93 Rn 36.
671 BAG 25.11.1982 – 2 AZR 140/81 – AP § 1 KSchG 1969 Krankheit Nr. 7; LAG Hamm 16.1.2008 – 18 Sa 779/07; LAG Köln 11.6.2007 – 14 Sa 1391/06.
672 BAG 25.11.1982 – 2 AZR 140/81 – AP § 1 KSchG 1969 Krankheit Nr. 7.
673 *Stahlhacke/Preis/Vossen*, Rn 752.
674 HaKo-KSchR/*Gallner*, § 1 Teil E Rn 526; v. Hoyningen-Huene/*Linck*, § 1 KSchG Rn 243.
675 LAG Hamm 24.1.2008 – 15 Sa 876/07.

Schweigepflicht befreit. Macht der AN geltend, er sei wegen einer Mobbingsituation im Betrieb erkrankt, kann dies nur berücksichtigt werden, wenn er im Detail angibt, auf welche Weise und von wem das Mobbing ausgeht. Das Schlagwort „Mobbing" alleine genügt nicht.[676]

280 Nach der Rspr. können die Beweisanforderungen für die Feststellung der nicht absehbaren Dauer der Arbeitsunfähigkeit nicht mithilfe des Anscheinsbeweises erleichtert werden, da es keinen Erfahrungssatz gibt, aus der langanhaltenden Dauer der Arbeitsunfähigkeit in der Vergangenheit auf eine negative gesundheitliche Entwicklung in der Zukunft zu schließen. Unter anderem sind Art der Krankheit, Konstitution, Therapie und Entwicklungsstand der Wissenschaft bei der Prognose zu berücksichtigen.[677]

281 **(2) Erhebliche Beeinträchtigung betrieblicher Interessen.** Viel intensiver als bei den häufigen Kurzerkrankungen ist das Augenmerk bei der lang anhaltenden Krankheit auf **Überbrückungsmaßnahmen** zu richten. Da einem AG die Überbrückung bei einer einheitlichen langen Abwesenheit des AN i.d.R. leichter fällt als bei unvorhersehbaren, häufigen Fehlzeiten, besteht die entscheidende Frage darin, ob eine langfristige Überbrückungsmaßnahme dem AG **zumutbar** ist.[678] Zu den vom AG in Erwägung zu ziehenden Überbrückungsmaßnahmen gehört auch die Einstellung einer Aushilfskraft auf unbestimmte Zeit. Der AG hat konkret darzulegen, weshalb ggf. die Einstellung einer Aushilfskraft nicht möglich oder nicht zumutbar sein soll.[679]

282 Grds. sind langanhaltende Erkrankungen für den AG eher hinzunehmen als die betrieblich und wirtschaftlich in besonderem Maße belastenden häufigen Kurzerkrankungen. Bei der langanhaltenden Krankheit endet der Zeitraum der Entgeltfortzahlung, wenn nicht (tarif-) vertraglich etwas anderes bestimmt ist, nach Ablauf von sechs Wochen.

283 Feste Fristen, nach deren Ablauf von einer erheblichen Beeinträchtigung der betrieblichen Interessen gesprochen werden kann, gibt es nicht. Welche Fehlzeiten in der Zukunft hinzunehmen sind, hängt von den Umständen des Einzelfalls ab.[680]

284 Das am 1.5.2004 in Kraft getretene Gesetz zur Förderung der Ausbildung und Beschäftigung schwerbehinderter Menschen[681] hat in § 84 Abs. 2 SGB IX die Verpflichtung des AG zur Durchführung eines „betrieblichen Eingliederungsmanagements" (BEM) bei gesundheitlichen Störungen von AN eingeführt, die auch AN ohne Behinderung einbezieht.[682] Stimmen in der Lit.[683] vertreten die Auff., eine krankheitsbedingte Künd, die ohne vorherige Durchführung eines BEM ausgesprochen werde, sei künftig regelmäßig unverhältnismäßig und sozialwidrig. Der Ausspruch der krankheitsbedingten Künd sei in diesem Fall nicht letztes mögliches Mittel zur Beseitigung der betrieblichen Beeinträchtigung, wenn der AG zuvor nicht zumindest versucht habe, ein BEM durchzuführen.[684] Dieser Auff. kann im Ergebnis nicht gefolgt werden. Der Wortlaut der Vorschrift, die Motive des Gesetzgebers und der systematische Zusammenhang stehen einer entsprechenden Interpretation der Norm entgegen. So ordnet der Wortlaut des § 84 Abs. 2 SGB IX etwa im Gegensatz zu § 85 SGB IX keine kündigungsschutzrechtliche Folge für einen Verstoß gegen die Vorschrift an. Auch die Gesetzesbegründung enthält keinerlei Hinweis auf eine kündigungsschutzrechtliche Wirkung. § 84 Abs. 2 S. 1 SGB IX spricht vielmehr nur davon, wie der konkrete Arbeitsplatz erhalten werden kann, nicht jedoch das Arbverh. Dagegen nennt das SGB IX, wie z.B. in § 85 SGB IX, ausdr. das Arbverh, wenn es dessen Beendigung regelt. Überdies steht die Norm des § 84 Abs. 2 SGB IX in Einklang mit der bisherigen Rspr. zur krankheitsbedingten Künd, wonach der AG vor Ausspruch einer krankheitsbedingten Künd im Einzelfall unter Überbrückungsmaßnahmen prüfen muss, ob etwa der Arbeitsplatz mit zumutbaren Aufwand umgestaltet werden kann oder eine Versetzung auf einen anderen Arbeitsplatz in Betracht kommt. Mit Blick auf diese Vorgaben bedarf es einer kündigungsrelevanten Prüfungsanforderung durch das BEM nicht.[685]

285 **(3) Interessenabwägung.** Hinsichtlich der Interessenabwägung ergeben sich keine Unterschiede zu der Interessenabwägung bei häufigen Kurzerkrankungen. Auf die einschlägigen Ausführungen wird verwiesen.

286 **dd) Krankheitsbedingte dauernde Leistungsunfähigkeit.** Die krankheitsbedingte dauernde Arbeitsunfähigkeit berechtigt den AG zu einer ordentlichen Künd.[686] Ebenso wie bei den häufigen Kurzerkrankungen und der lang anhaltenden Krankheit wird in drei Stufen geprüft, ob eine Künd sozial gerechtfertigt ist. Dabei indiziert die negative Gesundheitsprognose einer dauerhaften krankheitsbedingten Arbeitsunfähigkeit das Vorliegen einer erheblichen betrieblichen Beeinträchtigung.[687] Weitere Beeinträchtigungen betrieblicher Interessen müssen durch den

---

676 LAG Schleswig-Holstein 11.3.2008 – 2 Sa 11/08; ArbRB 2008, 161.
677 BAG 21.5.1992 – 2 AZR 399/91 – NZA 1993, 497.
678 Kittner/Zwanziger/*Appel*, Arbeitsrechts-Handbuch, § 93 Rn 35.
679 BAG 21.5.1992 – 2 AZR 399/91 – NZA 1993, 497.
680 BAG 25.11.1982 – 2 AZR 140/81 – AP § 1 KSchG 1969 Krankheit Nr. 7.
681 BGBl I 2004, 606 ff.
682 *Gaul/Süßbrich/Kulejewski*, ArbRB 2004, 308.
683 *Brose*, DB 2005, 390 (393); *v. Steinau-Steinrück/Hagemeister*, NJW-Spezial 2005, 130; *Gaul/Süßbrich/Kulejewski*, ArbRB 2004, 308.
684 *Balders/Lepping*, NZA 2005, 854, 857.
685 *Balders/Lepping*, NZA 2005, 854, 857.
686 BAG 12.7.1995 – 2 AZR 762/94 – NZA 1995, 1100; BAG 28.2.1990 – 2 AZR 401/89 – NZA 1990, 727; BAG 30.1.1986 – 2 AZR 668/84 – NZA 1987, 555.
687 BAG 3.12.1998 – 2 AZR 773/97 – NZA 1999, 440.

AG nicht dargetan werden. Diese bestehen bereits darin, dass der AG davon ausgehen muss, der AN werde seine arbeitsvertraglich geschuldete Leistung auf Dauer nicht mehr erbringen. In diesem Fall besteht kein schützenswertes Interesse des AN daran, den AG daran zu hindern, eine unbefristete Kraft für den erkrankten AN einzustellen.[688] Der AG hat in diesem Fall jedoch die dauernde Arbeitsunfähigkeit im Zeitpunkt des Künd-Zugangs nachzuweisen.[689] Die Interessenabwägung fällt bei der krankheitsbedingten dauernden Leistungsfähigkeit des AN regelmäßig zugunsten des AG aus, da das Interesse des AG an einer Beendigung des sinnentleerten Vertragsverhältnisses besteht.[690]

Die **Ungewissheit der Wiederherstellung der Arbeitsfähigkeit** steht einer krankheitsbedingten dauernden Leistungsunfähigkeit gleich, wenn in den kommenden 24 Monaten nach dem Zugang der Künd mit einer anderen Prognose nicht gerechnet werden kann.[691]

287

Zu beachten ist, dass der arbeitsrechtliche Begriff der **Arbeitsunfähigkeit** nicht mit dem rentenrechtlichen Begriff der **Erwerbsunfähigkeit** übereinstimmt. Die Bewilligung einer nur befristeten Erwerbsunfähigkeitsrente begründet daher auch nicht die unwiderlegliche Vermutung einer nur zeitweiligen Arbeitsunfähigkeit.[692]

288

Ist ein AN auf Dauer krankheitsbedingt nicht mehr in der Lage, die geschuldete Arbeit auf seinem bisherigen Arbeitsplatz zu leisten, so ist er zur Vermeidung einer Künd auf einem leidensgerechten Arbeitsplatz im Betrieb oder Unternehmen **weiter zu beschäftigen**, falls ein gleichwertiger oder jedenfalls zumutbarer Arbeitsplatz frei und der AN für die dort zu leistende Arbeit geeignet ist. Ggf. hat der AG einen solchen Arbeitsplatz durch Ausübung seines Direktionsrechts frei zu machen und sich auch um die evtl. erforderliche Zustimmung des BR zu bemühen. Zu einer weitergehenden Umorganisation oder zur Durchführung eines Zustimmungsersetzungsverfahrens gem. § 99 Abs. 4 BetrVG ist der AG dagegen nicht verpflichtet.[693]

289

Die Vorlage eines ärztlichen Attests allein rechtfertigt nicht die Künd; erforderlich ist vielmehr, dass die allg. Voraussetzungen einer krankheitsbedingten dauernden Leistungsunfähigkeit vorliegen.[694]

290

ee) Krankheitsbedingte Leistungsminderung. Eine krankheitsbedingte Leistungsminderung des AN kann, anders als die anderen typischen Gründe einer krankheitsbedingten Künd (häufige Kurzerkrankungen, langanhaltende Krankheit oder krankheitsbedingte dauernde Leistungsunfähigkeit) nur mit großer Zurückhaltung als ein Künd-Grund nach Abs. 2 in Betracht gezogen werden.[695] Geringe Leistungsminderungen scheiden von vorneherein als Künd-Grund aus; erst eine **erhebliche Beeinträchtigung der Leistungsfähigkeit (objektiv messbarer Leistungsabfall in quantitativer oder qualitativer Hinsicht)** kann zu einer unzumutbaren wirtschaftlichen Belastung des AG werden, weil der Gehaltszahlung durch den AG in diesem Fall keine adäquate Gegenleistung mehr gegenübersteht. Auch hier ist in den drei Stufen (negative Prognose, erhebliche Beeinträchtigung betrieblicher Interessen und Interessenabwägung) zu prüfen, ob die Künd sozial gerechtfertigt ist. Es muss im Zeitpunkt der Künd vorhersehbar sein, dass der AN auch zukünftig in erheblichem Umfang Minderleistungen erbringen wird.[696] Eine erhebliche Beeinträchtigung betrieblicher Interessen hat das BAG bei einer Minderleistung von $^2/_3$ der Normalleistung anerkannt.[697] Bei der Interessenabwägung ist insb. die Ursache der Krankheit, die Dauer der Betriebszugehörigkeit, der Verlauf des Arbverh und das Lebensalter des AN zu berücksichtigen.[698]

291

In dem Fall krankheitsbedingter Leistungsminderung ist der AG v.a. bei älteren AN gehalten zu prüfen, ob der Minderung ihrer Leistungsfähigkeit nicht durch **organisatorische Maßnahmen** (Änderung des Arbeitsablaufs, Umgestaltung des Arbeitsplatzes, Umverteilung der Aufgaben) begegnet werden kann.[699]

292

o) Eingeschränkte Leistungsfähigkeit/Leistungsmängel. Grds. kann eine körperliche, geistige, fachliche oder charakterliche Einschränkung der Leistungsfähigkeit einen personenbedingten Künd-Grund darstellen.[700] Das ist der Fall, wenn der AN keine Steuerungsmöglichkeit hat. Andernfalls ist eine verhaltensbedingte Künd nach vorheriger Abmahnung denkbar. Die mangelnde Eignung eines AN für einen bestimmten Arbeitsplatz ergibt sich aus dem Vergleich zwischen arbeitsplatzbezogenem Anforderungsprofil und Leistungsprofil des AN. Allerdings begründet nicht jede noch so kleine Abweichung die mangelnde Eignung. Die Abweichung muss so ausgeprägt sein, dass die **Leistung des AN in signifikantem Umfang ihren arbeitsvertraglich bestimmten Zweck verfehlt**.[701] Fachlich bedingte Einschränkungen der Leistungsfähigkeit können u.U. eine personenbedingte Künd rechtfertigen, wenn der AN nicht in der Lage ist, die für die arbeitsvertraglich geschuldete Leistung erforderlichen Kenntnisse oder Fertigkeiten in absehbarer Zeit zu erwerben.[702] Ein **altersbedingtes Nachlassen der Arbeitsleistung** ist

293

---

688 BAG 28.2.1990 – 2 AZR 401/89 – NZA 1990, 727.
689 Kittner/Zwanziger/*Appel*, Arbeitsrechts-Handbuch, § 93 Rn 37.
690 BAG 28.2.1990 – 2 AZR 401/89 – NZA 1990, 727.
691 BAG 29.4.1999 – 2 AZR 431/98 – NZA 1999, 978.
692 BAG 3.12.1998 – 2 AZR 773/97 – NZA 1999, 440.
693 BAG 29.1.1997 – 2 AZR 9/96 – NZA 1997, 709.
694 *V. Hoyningen-Huene/Linck*, § 1 KSchG Rn 252c.
695 LAG Nürnberg 12.6.2007 – 6 Sa 37/07.
696 BAG 26.9.1991 – 2 AZR 132/91 – NZA 1992, 1073.
697 BAG 26.9.1991 – 2 AZR 132/91 – NZA 1992, 1073.
698 BAG 26.9.1991 – 2 AZR 132/91 – NZA 1992, 1073.
699 BAG 12.7.1995 – 2 AZR 762/94 – NZA 1995, 1100.
700 *Berkowsky*, NZA-RR 2001, 393; *Leuchten/Zimmer*, BB 1999, 1973; *Hunold*, NZA 2000, 802 ff.
701 *Berkowsky*, NZA-RR 2001, 393.
702 LAG Tübingen 27.6.1963 – 4 Sa 13/63 – DB 1963, 1436; LAG Berlin 20.12.1962 – 4 Sa 28/62 – WA 1963, 93; LAG Düsseldorf 25.11.1960 – 2 Sa 409/59 – BB 1961, 333.

generell von dem AG hinzunehmen und stellt nur dann einen personenbedingten Künd-Grund dar, wenn der Leistungsabfall im Gegensatz zu vergleichbaren älteren AN erheblich stärker ausfällt.[703]

294 **p) Sicherheitsbedenken.** Sicherheitsbedenken können grds. eine personenbedingte Künd rechtfertigen, wenn konkrete Hinweise dafür bestehen, dass eine **Gefährdung der Sicherheit** auftreten kann. Die Künd eines AN der Bundeswehr wegen Sicherheitsbedenken kann nicht allein auf die Erklärung einer Dienststelle gestützt werden, es bestünden Sicherheitsbedenken, ohne dass tatsächliche Umstände vorgetragen werden, die diese Annahme stützen könnten. Es ist in einem solchen Fall Sache des Gerichts zu entscheiden, ob wegen des vorgetragenen Sachverhalts und eines sich daraus ergebenden Sicherheitsbedenkens die Künd sozial gerechtfertigt ist.[704] In **Rüstungsbetrieben** oder **Energieversorgungsunternehmen** stellen Sicherheitsbedenken einen Grund zur personenbedingten Künd dar, wenn greifbare Tatsachen vorliegen, die erkennen lassen, der AN werde berechtigte Sicherheitsinteressen des Unternehmens beeinträchtigen.[705]

295 **q) Straftat.** Bei der Begehung von Straftaten durch einen AN ist zu unterscheiden, ob es sich um **Straftaten im dienstlichen oder im außerdienstlichen Bereich** handelt. Straftaten im dienstlichen Bereich stellen eine Verletzung des Arbeitsvertrages dar und können daher u.U. eine verhaltensbedingte oder, je nach Schwere des Falls, eine außerordentliche Künd rechtfertigen. Straftaten im außerdienstlichen Bereich verstoßen zwar nicht gegen den Arbeitsvertrag können aber im Einzelfall die Eignung des betreffenden AN für die von ihm geschuldete Arbeitsleistung entfallen lassen und so ggf. eine personenbedingte Künd rechtfertigen.[706] Beispiele aus der Rspr. für Künd-Gründe aufgrund der Begehung einer Straftat, bei denen das Gericht im Einzelnen jedoch ausdr. darauf hingewiesen hat, dass es sich um eine verhaltensbedingte Künd handelt sind: Ladendiebstahl in der Freizeit zum Nachteil einer Konzernschwester des AG,[707] Ladendiebstahl einer als Gerichtshelferin Angestellten der Staatsanwaltschaft,[708] private Trunkenheitsfahrt eines Berufskraftfahrers, Entzug der Fahrerlaubnis,[709] Trunkenheitsfahrt und unerlaubtes Entfernen vom Unfallort durch den Leiter einer Kfz-Prüfstelle,[710] fortgesetzte erhebliche Steuerhinterziehung eines Angestellten der Finanzverwaltung,[711] mehrfacher Ladendiebstahl sowie Vergehen gegen das Betäubungsmittelgesetz durch eine Erzieherin und spätere Lehrerin.[712]

296 **r) Wehrdienst.** Bei einer Künd, die wegen des Wehrdienstes ausgesprochen wird, ist zwischen deutschen AN bzw. ausländischen AN, die einem EU-Staat angehören und ausländischen AN, die keinem EU-Staat angehören, zu differenzieren.

297 Nach § 2 Abs. 1 ArbPlSchG darf der AG im Falle eines **deutschen AN** das Arbverh von der Zustellung des Einberufungsbescheides bis zur Beendigung des Grundwehrdienstes sowie während einer Wehrübung nicht kündigen. Die Künd eines zum Wehrdienst einberufenen AN ist auch dann unzulässig, wenn sie während der Probezeit ausgesprochen wird. Das Künd-Verbot entfaltet seine Wirkung in allen Betrieben und Unternehmen der privaten Wirtschaft und des öffentlichen Dienstes, auch für Kleinbetriebe, und besteht während der gesamten Dauer der Einberufung bzw. Ableistung des Wehrdienstes fort.[713] Auf **Angehörige eines EU-Mitgliedstaates**, die in der BRD beschäftigt sind, finden nach Art. 7 der Verordnung des Rates über die Freizügigkeit der AN innerhalb der Gemeinschaft[714] die Regelungen über den allg. Künd-Schutz für deutsche AN Anwendung, so dass auch ihnen gegenüber während des Wehrdienstes oder Wehrübungen ein Künd-Verbot besteht.

298 Für **andere ausländische AN**, die in der BRD beschäftigt sind, gilt das ArbPlSchG nicht, auch nicht entsprechend. Aus diesem Grund kann sich ein AN, auf den wegen seiner fremdstaatlichen Staatsangehörigkeit das ArbPlSchG nicht anzuwenden ist, hinsichtlich seiner Arbeitspflicht nicht auf ein Leistungsverweigerungsrecht berufen, wenn er in seinem Heimatstaat **eine Wehrpflicht von mehr als zwei Monaten** abzuleisten hat. In diesem Fall kann eine ordentliche Künd aus einem in der Person des AN liegenden Grund nach Abs. 2 sozial gerechtfertigt sein, wenn der **wehrdienstbedingte Ausfall** zu einer **erheblichen Beeinträchtigung der betrieblichen Interessen** führt und nicht durch zumutbare personelle oder organisatorische Maßnahmen zu überbrücken ist. Zu den zumutbaren Überbrückungsmaßnahmen kann auch eine Stellenausschreibung für eine Aushilfskraft über den Bereich des Beschäftigungsbetriebes hinaus gehören, und zwar dann, wenn der AG im Unternehmensbereich einen Personalabbau

---

703 V. Hoyningen-Huene/Linck, § 1 KSchG Rn 253; KR/Etzel, § 1 KSchG Rn 385.
704 BAG 21.3.1996 – 2 AZR 479/95 – RzK I 5h Nr. 30.
705 BAG 26.10.1978 – 2 AZR 24/77 – AP § 1 KSchG 1969 Sicherheitsbedenken Nr. 1.
706 V. Hoyningen-Huene/Linck, § 1 KSchG Rn 255; KR/Etzel, § 1 KSchG Rn 390.
707 BAG 20.9.1984 – 2 AZR 233/83 – NZA 1985, 285.
708 Hessisches LAG 4.7.1985 – 12 Sa 1329/84 – LAGE § 626 BG Nr. 22.
709 BAG 30.5.1978 – 2 AZR 630/76 – AP § 626 BGB Nr. 70.
710 LAG Köln 25.8.1988 – 8 Sa 1334/87 – LAGE § 626 BGB Nr. 34.
711 LAG Düsseldorf 20.5.1980 – 19 Sa 624/79 – EzA § 626 BGB n.F. Nr. 72.
712 BAG 23.9.1976 – 2 AZR 309/75 – AP § 1 KSchG 1969 Wartezeit Nr. 1.
713 ArbG Solingen 30.10.1986 – 1 Ca 1669/86 – RzK IV 2 Nr. 2.
714 VO 1612/68/EWG vom 15.10.1968 (Abl L 257/1), geändert durch die VO 312/76/EWG vom 9.2.1976 (Abl L 39/2).

betreibt oder plant.[715] Folge des Vorstehenden ist, dass eine Künd lediglich in dem Fall eines **verkürzten Wehrdienstes**, wie er bspw. in der Türkei durchgeführt wird, wo er zwei Monate dauert, nicht gerechtfertigt ist. Das BAG[716] sieht ein Leistungsverweigerungsrecht des AN, das sowohl eine verhaltens- als auch eine personenbedingte Künd ausschließe, so dass der AG gegen Treu und Glauben nach § 242 BGB verstoße, wenn er in den genannten zwei Monaten auf die Erbringung der arbeitsvertraglich geschuldeten Leistung bestehe. In dem Fall einer Wehrdienstableistung über die volle Wehrdienstzeit kommt grds. eine personenbedingte Künd in Betracht. Aufgrund der Pflichtenkollision ist es dem AN unmöglich, seine arbeitsvertraglichen Leistung in der BRD zu erbringen, so dass er die Gründe für seine Nichtleistung nicht steuern kann und mithin eine verhaltensbedingte Künd ausscheidet.[717]

§ 2 Abs. 2 S. 3 ArbPlSchG enthält zugunsten des AN eine **Vermutung**, dass die Künd eines zum Wehrdienst einberufenen AN aus Anlass des Wehrdienstes ausgesprochen worden ist. Diese Vermutung ist widerlegbar. Bringt ein AG vor, die Künd sei aus einem nicht mit dem bevorstehenden Wehrdienst zusammenhängenden Grund erfolgt, muss er einen Anlass darlegen, der unabhängig von der Einberufung des AN bei einem verständig denkenden AG ein Motiv für die Auflösung des Arbverh bilden kann.[718] Die gesetzliche Vermutung des § 2 ArbPlSchG gilt auch dann, wenn der ursprüngliche Einberufungsbescheid zunächst zurückgenommen und die Einberufung aufgehoben wird, der AG jedoch alsdann vor der erneuten Einberufung kündigt.[719]

II. Verhaltensbedingte Kündigung

Literatur: *Adam*, Die zweifelhafte Wirkung der Prognose im Kündigungsrecht, ZTR 1999, 113; *ders.*, Außerdienstliches Verhalten des Arbeitnehmers als Kündigungsgrund; ZTR 1999, 292; *ders.*, Grundfragen der Abmahnung im Arbeitsverhältnis, AuR 2001, 41; *Bader*, Die arbeitsrechtliche Abmahnung und ihre Entfernung aus der Personalakte – Versuch einer Rückbesinnung auf die Grundlagen, ZTR 1999, 200; *Bayreuther*, Videoüberwachung am Arbeitsplatz, NZA 2005, 1038; *Becker-Schaffner*, Rechtsfragen zur Abmahnung, ZTR 1999, 105; *ders.*, Fragen und Grundsätzliches zur verhaltensbedingten Kündigung, ZTR 1997, 3; *Bengelsdorf*, Die verhaltensbedingte Kündigung des alkohol-/drogensüchtigen Mitarbeiters, in: Festschrift für Wolfgang Hromadka zum 70. Geburtstag 2008, Seite 9; *ders.*, Alkoholkonsum und verhaltensbedingte Kündigung, NZA 2001, 983; *Bergwitz*, Abmahnung und Vertrauensstörungen im Arbeitsrecht, BB 1998, 2310; *Berkowsky*; Die verhaltensbedingte Kündigung – Teil 1 und Teil 2, NZA-RR 2001, 1 und 57; *Braun*, Zulässigkeit, Grenzen und Probleme der Nebentätigkeit, DB 2003, 2282; *Breucker*, Die Druckkündigung im Sport, NZA 2008, 1046; *Enderlein*, Das erschütterte Arbeitgebervertrauen im Recht der verhaltensbedingten Tat- und Verdachtskündigung, RdA 2000, 325; *Ernst*, Der Arbeitgeber, die E-Mail und das Internet, NZA 2002, 585; *Etzel*, Die „Orlando-Kündigung": Kündigung tariflich unkündbarer Arbeitnehmer, ZTR 2003, 210; *Fromm*, Tätlichkeiten im Betrieb, BB 1997, 1946; *ders.*, „Konkrete Gefährdung" der Betriebs- oder Arbeitsordnung, BB 1995, 2578; *Gaul/Süßbrich/Aletter*, Umgang mit „Low-Performern", ArbRB 2005, 82; *Gerhards*, Abmahnungserfordernis bei Vertrauensstörungen, BB 1996, 794; *Gottwald*, Nochmals – Verhaltensbedingte Kündigung bei krankhaftem Alkoholismus, NZA 1999, 180; *ders.*, Verhaltensbedingte Kündigung bei krankhaftem Alkoholismus, NZA 1997, 635; *Haag/Wippenbeck*, Unzureichende Arbeitsleistung, AiB 2005, 97; *Hemming*, Die alkoholbedingte Kündigung, BB 1998, 2310; *Hoevels*, Kopftuch als Kündigungsgrund?, NZA 2003, 701; *v. Hoyningen-Huene*, Alkoholmissbrauch und Kündigung, DB 1995, 142; *Hoß*, Die verhaltensbedingte Kündigung, MDR 1998, 869; *Hunold*, Zur Kündigung wegen mangelnder Leistungsfähigkeit, NJW 2008, 3022; *ders.*, Die Rechtsprechung zur Abmahnung und Kündigung bei Vertragsstörungen im Vertrauensbereich, NZA-RR 2003, 57; *ders.*, Teure Fehler bei Kündigungen vermeiden, AuA 2003, 12; *ders.*, Die Rechtsprechung zur Abmahnung, NZA-RR 2000, 169; *Kammerer*, Die „letzte Abmahnung" in der Rechtsprechung des BAG, BB 2002, 1747; *Kappes/Aabadi*, Nebentätigkeit und Abmahnung, DB 2003, 936; *Kliemt/Vollstädt*, Unverschuldeter Rechtsirrtum – Wunderwaffe bei beharrlicher Arbeitsverweigerung?, NZA 2003, 357; *Koch*, Kündigungsschutz im unternehmerischen Alltag, ZfA 2002, 445; *Künzl*, Letztmals: Verhaltensbedingte Kündigung bei Verweigerung einer Alkoholtherapie, NZA 1999, 744; *ders.*, Arbeitsvertragliche Nebenpflicht zur Durchführung einer Alkoholtherapie?, NZA 1998, 122; *Lausnitzer/Schwirtzek*, Außerdienstliches fremdenfeindliches Verhalten des Arbeitnehmers als Kündigungsgrund?, DB 2001, 865; *Lepke*, Pflichtverletzungen des Arbeitnehmers bei Krankheit als Kündigungsgrund, NZA 1995, 1090; *ders.*, Trunksucht als Kündigungsgrund, DB 2001, 269; *Mauer/Schüßler*, Kündigung unkündbarer Arbeitnehmer, BB 2001, 466; *Marzodko/Rinne*, Sexuelle Belästigung am Arbeitsplatz, ZTR 2000, 305; *Müller*, Abgemahnt, was tun?, AiB 2008, 398; *Polzer/Powietzka*, Rechtsextremismus als Kündigungsgrund?, NZA 2000, 970; *Preis*, Die verhaltensbedingte Kündigung (1), DB 1990, 632; *ders.*, Die verhaltensbedingte Kündigung (2), DB 1990, 687; *Preis/Stoffels*, Kündigung wegen politischer Betätigung, RdA 1996, 210; *Quecke*, Aktuelle Entwicklungen in der Rechtsprechung zur verhaltensbedingten Kündigung, ZTR 2003, 6; *Reichel*, Entwendung geringwertiger Sachen des Arbeitgebers als Kündigungsgrund, AuR 2004, 250; *Reufels/Schmülling*, Spesenbetrug als Kündigungsgrund, ArbRB 2005, 217; *Reuter*, Das Verhältnis von ordentlicher und außerordentlicher Kündigung des Arbeitgebers – ein Stufenverhältnis?, in: Festschrift für Reinhard Richardi zum 70. Geburtstag 2007, Seite 361; *Sauer*, Whistleblowing – notwendiger Bestandteil moderner Personalpolitik?, DÖD 2005, 121; *Schäfer*, Pflicht zu gesundheitsförderndem Verhalten?, NZA 1992, 534; *Schaub*, Die Abmahnung als zusätzliche Kündigungsvoraussetzung, NZA 1997, 1186; *Scheuring*, Außerdienstliches Fehlverhalten von Arbeitnehmern des öffentlichen Dienstes als Verletzung arbeitsvertraglicher Pflichten (Teil I – Nrn. 1 bis 7), ZTR 1999, 337; *ders.*, Außerdienstliches Fehlverhalten von Arbeitnehmern des öffentlichen Dienstes als Verletzung arbeitsvertraglicher Pflichten (Teil II Nrn. 8 bis 15.), ZTR 1999, 387; *Schiefer*, Beendigung des Arbeitsverhältnisses – Aktuelle Entwicklungen, DB 2000, 669; *Schlachter*, Fristlose Kündigung wegen Entwendung geringwertiger Sachen des Arbeitgebers, NZA 2005, 433; *Schmitz-Scholemann*, Ehrverletzungen als Kündigungsgrund, BB 2000, 669; *Schulte Westenberg*, Die außerordentliche

---

715 BAG 20.5.1988 – 2 AZR 682/87 – NZA 1989, 464.
716 BAG 7.9.1983 – 7 AZR 433/82 – AP § 1 KSchG 1969 Verhaltensbedingte Kündigung Nr. 7.
717 BAG 20.5.1988 – 2 AZR 682/87 – NZA 1989, 464.
718 Hessisches LAG 7.3.1969 – 3 Sa 443/68 – AP § 2 ArbPlSchG Nr. 1.
719 LAG Köln 6.10.1982 – 5 Sa 532/82 – EzB ArbPlSchG § 2 Nr. 1 = DB 1983, 124.

Kündigung im Spiegel der neueren Rechtsprechung, NZA-RR 2002, 561; *Schuhmacher-Mahr*, Das Abmahnungserfordernis im Fall der außerordentlichen Kündigung von Organmitgliedern, DB 2002, 1606; *Schmitz*, Verhaltensbedingte Kündigung und Abmahnung – Ausschlussfristen, Verwirkung, Verzicht, ZMV 2005, 125; *Sibben*, Abschied vom Erfordernis der „einschlägigen" Abmahnung, NZA 1993, 584; *Steinkühler/Raif*, Wird Whistleblowing künftig einfacher?, AuA 2008, 406; *Stückmann/Kohlepp*, Verhältnismäßigkeitsgrundsatz und „ultima-ratio-Prinzip" im Kündigungsrecht, RdA 2000, 331; *Subatzus*, Wenn der Mitarbeiter Krankheit vortäuscht, AuA 2002, 174; *Tschöpe*, Verhaltensbedingte Kündigung – Eine systematische Darstellung im Lichte der BAG-Rechtsprechung, BB 2002, 778; *ders.*, „Low Performer" im Arbeitsrecht, BB 2006, 213; *Walker*, Fehlentwicklungen bei der Abmahnung im Arbeitsrecht, NZA 1995, 602; *Weber*, Zur verhaltensbedingten Kündigung bei Falschbeantwortung der Frage zur Zusammenarbeit mit dem MfS in einem Personalfragebogen, NJ 1998, 274; *Wertheimer/Krug*, Rechtsfragen zur Nebentätigkeit von Arbeitnehmern, BB 2000, 1462; *Wilhelm*, Anhörung des Arbeitnehmers vor Ausspruch einer Abmahnung?, NZA-RR 2002, 449; *Winzer*, Minderleistung und Low-Performer, BB 2007, 1231; *Zirnbauer*, Die Abmahnung – muss sie wirklich raus?, FA 2001, 171; *Zuber*, Das Abmahnungserfordernis vor Ausspruch verhaltensbedingter Kündigungen, NZA 1999, 1142; *Zwanziger*, Neue Tatsachen nach Zugang einer Kündigung BB 1997, 43

300 1. Begriff. Neben den Gründen in der Person können auch Gründe, die im Verhalten des AN liegen, eine Künd rechtfertigen. In Abgrenzung zu der personenbedingten Künd erfordert die verhaltensbedingte Künd ein **steuer- und zurechenbares Verhalten.** (Zu der Abgrenzung zwischen Personen- und verhaltensbedingter Künd vgl. Rn 203). Eine verhaltensbedingte Künd ist, ebenso wie die personenbedingte Künd, **zukunftsbezogen.** Sie ist **keine Sanktion** für ein in der Vergangenheit liegendes Fehlverhalten.[720] Sie soll weiteren – zukünftigen – vergleichbaren Störungen vorbeugen. Deshalb ist stets festzustellen, welcher (konkreten) Störung durch die Künd vorgebeugt werden soll und ob dieser prognostizierten Störung nicht auf andere, weniger einschneidende Weise vorgebeugt werden kann. Ist dies der Fall, ist eine Künd des Arbverh nicht gerechtfertigt.[721]

301 Bei einer Künd, die auf **mehrere gleichartige Gründe** gestützt wird, ist zunächst zu prüfen, ob jeder Sachverhalt für sich allein geeignet ist, die Künd zu begründen. Erst wenn die isolierte Betrachtungsweise nicht bereits zur sozialen Rechtfertigung der Künd führt, ist im Wege einer einheitlichen Betrachtungsweise zu prüfen, ob die einzelnen Künd-Gründe in ihrer Gesamtheit Umstände darstellen, die eine verhaltensbedingte Künd sozial rechtfertigen können.[722] Dabei ist eine Gleichartigkeit der Verstöße dann anzunehmen, wenn sie zu vergleichbaren Störungen des Arbverh führen und Ausdruck einer spezifischen Unzuverlässigkeit des AN sind.[723]

302 Hat sich der AN eine **Reihe von Pflichtverletzungen** zuschulden kommen lassen, die der AG abgemahnt hat, kommt als Künd-Grund nur ein neuer Verstoß in Betracht, da die davor liegenden Pflichtverletzungen bereits durch die Abmahnungen „verbraucht" wurden.[724] Der **„Verbrauch" des Künd-Rechts** durch eine Abmahnung folgt aus dem mit ihr verbundenen Hinweis, der Bestand des Arbverh werde durch künftige gleichartige Vertragsverletzungen gefährdet.[725] Allerdings können die abgemahnten Vorfälle zur zusätzlichen Begründung der Künd – insb. bei der vorzunehmenden Interessenabwägung – mit herangezogen werden.[726]

303 2. Prüfungsraster. Das BAG wendet bei der Prüfung einer verhaltensbedingten Künd ein zweistufiges Prüfungsraster an. In der ersten Stufe prüft es, ob der Sachverhalt ohne Berücksichtigung der besonderen Umstände des Einzelfalls die abstrakte Eignung aufweist, einen verhaltensbedingten Künd-Grund abzugeben (**sog. Künd-Grund „an sich"**). Anschließend wird der jeweilige Einzelfall unter Berücksichtigung aller Umstände untersucht und eine Interessenabwägung durchgeführt. In der Lit. existieren verschiedene Prüfungsraster. Nachstehend wird dem Prüfungsaufbau von *Berkowsky*[727] und *Schiefer*[728] gefolgt, der im Gegensatz zu der Prüfung des BAG wie folgt weiterdifferenziert:

– arbeitsvertragswidriges Verhalten
– Verschulden
– Abmahnung
– negative Zukunftsprognose
– mildere Mittel (Ultima-Ratio-Prinzip)
– Interessenabwägung

304 a) Arbeitsvertragswidriges Verhalten. Zu den Künd-Gründen im Verhalten des AN gehören *Vertragspflichtverletzungen* verschiedenster Art. Es kann sich dabei sowohl um die Verletzung von Hauptleistungs- als auch ver-

---

720 LAG Hamm 30.5.1996 – 4 Sa 2342/95 – NZA 1997, 1056.
721 *Berkowsky*, NZA-RR 2001, 1.
722 BAG 9.8.1990 – 2 AZR 623/89 – RzK I 5i 63; zum Zusammenhang zwischen dem eigentlichen Kündigungsgrund und länger zurückliegenden Ereignissen vgl. LAG Baden-Württemberg 28.3.2007 – 12 Sa 81/06 – NZA-RR 2007, 350.
723 LAG Berlin – 12 Sa 111/95 – LAGE § 1 KSchG Verhaltensbedingte Kündigung Nr. 52.
724 *Stahlhacke/Preis/Vossen*, Rn 1170.
725 BAG 9.3.1995 – 2 AZR 644/94 – NZA 1996, 875; LAG Berlin 16.2.2006 – 10 Sa 1618/05 – LAGE § 611 BGB 2002 Abmahnung Nr. 4.
726 LAG Berlin – 12 Sa 111/95 – LAGE § 1 KSchG Verhaltensbedingte Kündigung Nr. 52; LAG Hamm 27.5.1992 – 15 Sa 300/92 – LAGE § 1 KSchG Verhaltensbedingte Kündigung Nr. 38.
727 *Berkowsky*, NZA-RR 2001, 1.
728 *Schiefer*, FA-Spezial, Heft 12/2000.

traglichen Nebenpflichten handeln.[729] Das Recht des AN, sein Tun und Lassen frei zu gestalten, ist durch das Vertragsrecht begrenzt. Darüber hinausgehende Einschränkungen der Freiheit des AN durch den AG bestehen nicht. Dementsprechend kann eine Künd ausschließlich auf ein vertragswidriges Verhalten des AN gestützt werden.[730]

Die Hauptleistungspflichten werden durch den Arbeitsvertrag bestimmt, die Nebenpflichten zusätzlich durch gesetzliche und kollektivvertragliche Regelungen. Darüber hinaus ergibt sich aus § 242 BGB der Grundsatz, dass jeder Vertragspartner dafür Sorge zu tragen hat, dass Personen, Eigentum und sonstige Rechtsgüter des anderen Vertragsteils bei der Durchführung des Schuldverhältnisses nicht verletzt werden (sog. gegenseitige Rücksichtnahmepflichten), und dass er alles zu unterlassen hat, was geeignet ist, das vertragsnotwendige Vertrauen zu erschüttern.[731]

Die Pflichtverletzung des AN vor Ausspruch einer verhaltensbedingten Künd muss so intensiv sein, dass sie eine *Betriebs- oder Vertrauensstörung* zur Folge hat. Dabei ist ein objektiver Prüfungsmaßstab anzulegen. Das BAG verwendet in diesem Zusammenhang die Formel des „ruhig und verständig urteilenden AG".[732] Nur ein Umstand, den ein solcher AG zur Künd heranziehen könne, komme als verhaltensbedingter Künd-Grund in Betracht.

b) Verschulden. Eine verhaltensbedingte Künd setzt eine schuldhafte Pflichtverletzung voraus.[733] Wenn das BAG in Ausnahmefällen feststellt, auch ohne ein nachweisbares Verschulden könne eine schwere Vertragspflichtverletzung eine verhaltensbedingte Künd rechtfertigen,[734] führt dies im Ergebnis zu unerwünschten Abgrenzungsschwierigkeiten zwischen der personen- und der verhaltensbedingten Künd. Von daher erscheint es vorzugswürdig, für eine verhaltensbedingte Künd ein steuer- und zurechenbares Verhalten zu fordern. Mangels Verschuldens scheidet bei dieser Rechtsauffassung eine verhaltensbedingte Künd aus. In Betracht kommt dann zumeist eine personenbedingte Künd, da zahlreiche unverschuldete Vertragsverstöße die für die Erfüllung der arbeitsvertraglich geschuldeten Leistung erforderliche Eignung des AN in Frage stellen. Als Beispiel sei ein alkoholkranker AN angeführt, dem mangels langer Fehlzeiten nicht krankheitsbedingt gekündigt werden kann. Fügt dieser AN seinem AG aufgrund seines Verhaltens im alkoholisierten Zustand hohe Schäden zu, scheidet eine verhaltensbedingte Künd wegen der fehlenden Steuer- und Zurechenbarkeit des Verhaltens aus. In diesem Fall kann aber eine personenbedingte Künd sehr wohl sozial gerechtfertigt sein, da die Störung des Betriebs auf eine Ursache zurückzuführen ist, die in der Person des AN liegt.[735]

Das Verschulden erfordert nicht **vorsätzliches** Verhalten des AN, auch **fahrlässig** begangene Pflichtwidrigkeiten reichen aus.[736] Je stärker das Verschulden ausfällt, desto eher ist eine **negative Zukunftsprognose** gerechtfertigt.[737] Ein nicht verschuldeter **Rechtsirrtum** (Verbotsirrtum) ist bei der Interessenabwägung zugunsten des AN zu berücksichtigen.[738] Bei der Prüfung, ob ein Irrtum vermeidbar war oder nicht, ist ein strenger Maßstab anzulegen. Ein Irrtum ist dann unvermeidbar, wenn der AN nach sorgfältiger Erkundigung und Prüfung die Überzeugung gewinnen durfte, zu der Handlung bzw. dem Unterlassen befugt zu sein.[739]

c) Abmahnung. aa) Erforderlichkeit der Abmahnung. Vor dem Ausspruch einer sozial gerechtfertigten, verhaltensbedingten Künd muss der AG den AN grds. abmahnen.[740] Dies folgt aus dem Ultima-Ratio-Prinzip und entspricht ganz h.M. in Rspr. und Lit. Aufgrund ihrer schwerwiegenden, existenziellen Rechtsfolgen für den AN stellt die Künd das schärfste Sanktionsinstrument des AG dar. Vor Ausspruch der Künd hat der AG deshalb unter Berücksichtigung des Verhältnismäßigkeitsgrundsatzes ihm alternativ zur Verfügung stehende geeignete, einschneidende Mittel, wie die Abmahnung, vorrangig einzusetzen. Die einer verhaltensbedingten Künd vorangegangenen Abmahnungen müssen sich auf gleichartige Pflichtverletzungen beziehen. Verletzt der AN erneut seine vertraglichen Pflichten, kann regelmäßig davon ausgegangen werden, es werde auch zukünftig zu weiteren Vertragsstörungen kommen. Es ist für eine negative Prognose ausreichend, wenn die jeweiligen Pflichtwidrigkeiten aus demselben Bereich stammen und somit Abmahnung und Kündigungsgründe in einem inneren Zusammenhang stehen.[741]

---

729 BAG 16.8.1991 – 2 AZR 604/90 – NZA 1993, 17.
730 HaKo-KSchR/*Fiebig*, § 1 Teil D Rn 173; v. *Hoyningen-Huene/Linck*, § 1 KSchG Rn 272; KR/*Etzel*, § 1 KSchG Rn 450.
731 HaKo-KSchR/*Fiebig*, § 1 Teil D Rn 180; v. *Hoyningen-Huene/Linck*, § 1 KSchG Rn 273; KR/*Etzel*, § 1 KSchG Rn 452.
732 BAG 21.5.1992 – 2 AZR 10/92 – AP § 1 KSchG 1969 Verhaltensbedingte Kündigung Nr. 29; BAG 13.3.1987 – 7 AZR 601/95 – AP § 1 KSchG 1969 Verhaltensbedingte Kündigung Nr. 18.
733 BAG 21.5.1992 – 2 AZR 551/91 – AP § 1 KSchG 1969 Verhaltensbedingte Kündigung Nr. 28; BAG 16.3.1961 – 2 AZR 539/59 – AP § 1 KSchG Verhaltensbedingte Kündigung Nr. 2; HaKo-KSchR/*Fiebig*, § 1 Teil D Rn 194 ff.; v. *Hoyningen-Huene/Linck*, § 1 KSchG Rn 279; *Stahlhacke/Preis/Vossen*, Rn 1168.
734 BAG 21.1.1999 – 2 AZR 665/98 – NZA 1999, 863.
735 KR/*Etzel*, § 1 KSchG Rn 396; HaKo-KSchR/*Fiebig*, § 1 KSchG Rn 197.
736 BAG 25.10.1984 – 2 AZR 414/83.
737 *Stahlhacke/Preis/Vossen*, Rn 1168.
738 BAG 13.3.1997 – 2 AZR 506/96 – RzK I 5h Nr. 39; BAG 12.4.1973 – 2 AZR 291/72 – AP § 611 BGB Direktionsrecht Nr. 24.
739 *Stahlhacke/Preis/Vossen*, Rn 1168.
740 BAG 13.12.2007 – 2 AZR 816/06 – NZA 2008, 589; BAG 15.11.2001 – 2 AZR 605/00 – AP § 626 BGB Nr. 175; BAG 17.2.1994 – 2 AZR 616/93 – NZA 1994, 656; BAG 21.11.1985 – 2 AZR 21/85 – NZA 1986, 713; LAG Mecklenburg-Vorpommern 7.9.2007 – 3 Sa 107/07.
741 BAG 13.12.2007 – 2 AZR 816/06 – NZA 2008, 589.

310 In der Vergangenheit ging das BAG davon aus, dass eine Abmahnung bei **Störungen im Vertrauensbereich** grds. entbehrlich sei, wenn nicht der AN mit vertretbaren Gründen annehmen konnte, sein Verhalten sei nicht vertragswidrig oder werde vom AG zumindest nicht als ein erhebliches, den Bestand des Arbverh gefährdendes Fehlverhalten angesehen.[742] In seiner jüngeren Rspr. hat das BAG diese Rspr. aufgegeben und hat die Prüfung des Abmahnungserfordernisses bei Störungen im Vertrauensbereich den bereits geltenden Grundsätzen für die Künd wegen Störungen im Leistungsbereich unterworfen.[743]

311 **bb) Entbehrlichkeit der Abmahnung.** Damit ist i.d.R. bei jeder verhaltensbedingten Künd zu prüfen, ob zuvor eine Abmahnung erfolgt ist, wenn nicht eine der folgenden **Ausnahmen** vorliegt: Befindet sich ein AN in der **Wartezeit** (Abs. 1) oder handelt es sich um einen **Kleinbetrieb** i.S.v. § 23 Abs. 1, muss der Künd mangels Anwendbarkeit des KSchG keine Abmahnung vorausgehen, da der Grundsatz der Verhältnismäßigkeit nur zu beachten ist, wenn das Arbverh in seinem Bestand geschützt ist.[744] Das BAG nimmt bei **schwerwiegenden Pflichtverstößen**, bei denen die Pflichtwidrigkeit dem AN ohne Weiteres erkennbar war und er mit einer Billigung seines Verhaltens seitens des AG nicht rechnen konnte, an, dass eine Abmahnung im Vorfeld der Künd nicht erforderlich sei.[745] Das gelte auch im Rahmen eines Berufsausbildungsverhältnisses.[746] Eine Abmahnung als **Vorstufe zu einer außerordentlichen Künd** ist grds. ebenfalls entbehrlich.[747] Das ergibt sich daraus, dass dem AG bei der außerordentlichen Künd zusätzlich zu der Unzumutbarkeit der grundsätzlichen Weiterführung des Arbverh sogar eine Weiterführung bis zum Ablauf der Künd-Frist als nicht zumutbar zuerkannt wird. Dem würde es widersprechen, wenn das betreffende pflichtverletzende Verhalten des AN erst abgemahnt werden müsste, bevor bei einem neuerlichen Verstoß eine fristlose Künd ausgesprochen werden könnte. Zerstört die durch einen AN begangene Pflichtverletzung die Vertrauensgrundlage zwischen AN und AG, kann es dementsprechend nicht darauf ankommen, ob zuvor eine Abmahnung erfolgt ist oder nicht. Die Vertrauensstörung kann durch eine Abmahnung nicht beseitigt werden. Eine Abmahnung ist ebenso nicht erforderlich, wenn der AN **nicht willens** oder **nicht in der Lage** ist, sich vertragstreu zu verhalten.[748] In diesen Fällen würde die Abmahnung eine **sinnlose Förmelei** darstellen, da eine Änderung des Verhaltens nicht zu erwarten ist. Aus dem gleichen Grund ist eine Abmahnung auch bei **personenbedingten Künd** nicht erforderlich.

312 **cc) Funktionen der Abmahnung.** Die Abmahnung erfüllt verschiedene **Funktionen**: die Warnfunktion, die Rügefunktion und die Beweis- und Dokumentationsfunktion. Weder soll sie generalpräventive Zwecke erfüllen, noch der Sanktion begangener Pflichtverletzungen dienen.

313 **(1) Warnfunktion.** Die Abmahnung soll dem AN vor Augen führen, dass eine Wiederholung der Pflichtverletzung den Inhalt oder Bestand des Arbverh gefährden kann. Dabei muss dem AN nicht ausdr. eine bestimmte kündigungsrechtliche Maßnahme, wie bspw. eine ordentliche Beendigungs-Künd, in Aussicht gestellt werden.[749] Die Androhung einer „kündigungsrechtlichen Konsequenz" reicht aus.[750] Nicht ausreichend dürfte das In-Aussicht-Stellen „Konsequenzen arbeitsrechtlicher Art" sein, obwohl das BAG[751] diese Formulierung als ausreichend angesehen hat. In der Praxis kann der Satz empfohlen werden: „Im Wiederholungsfall müssen Sie mit einer Künd rechnen." Eine **unwirksame Künd** kann die Wirkung einer Abmahnung entfalten, weil aufgrund des Künd-Vorganges der AN hinreichend gewarnt ist, den mit der unwirksamen Künd geahndeten Vertragspflichten nachzukommen.[752]

314 Findet sich in einem betrieblichen Aushang eine Formulierung, wie „die Geschäftsleitung behält sich vor, bei solchen Zuwiderhandlungen entsprechende personelle Maßnahmen bis hin zur Künd zu ergreifen", ist darin eine sog. **vorweggenommene Abmahnung** zu sehen. Das LAG Köln[753] betrachtet dies als eine vollwertige Abmahnung. I.d.R. kann jedoch ein betrieblicher Aushang eine Abmahnung als Vorstufe zur Künd nicht ersetzen, da die Abmahnung eine Reaktion des AG auf einen **individuellen Pflichtenverstoß** darstellt und einer antizipierten Abmahnung die typische zugespitzte Warnwirkung fehlt.

---

742 BAG 14.2.1996 – 2 AZR 274/95 – NZA 1996, 873; BAG 7.10.1993 – 2 AZR 226/93 – NZA 1994, 443; BAG 17.5.1984 – 2 AZR 3/83 – NZA 1985, 91.
743 BAG 11.3.1999 – 2 AZR 427/98 – NZA 1999, 818; BAG 11.3.1999 – 2 AZR 51/98 – RzK I 10g Nr. 10; BAG 4.6.1997 – 2 AZR 526/96 – AP § 626 BGB Nr. 137.
744 BAG 21.2.2001 – 2 AZR 579/99 – NZA 2001, 951; APS/Dörner, § 1 KSchG Rn 345; HaKo-KSchR/Fiebig, § 1 Teil D Rn 222.
745 BAG 23.6.2009 – 2 AZR 283/08 – juris; BAG 21.6.2001 – 2 AZR 325/00 – NZA 2002, 1030; BAG 11.3.1999 – 2 AZR 427/98 – NZA 1999, 818; BAG 11.3.1999 – 2 AZR 507/98 – NZA 1999, 587; BAG 10.2.1999 – 2 ABR 31/98 – NZA 1999, 708; BAG 24.4.1997 – 2 AZR 268/96 – NZA 1998, 145; BAG 26.8.1993 – 2 AZR 154/93 – NZA 1994, 63.
746 BAG 1.7.1999 – 2 AZR 676/98 – NZA 1999, 1270.
747 V. Hoyningen-Huene/Linck, § 1 KSchG Rn 286a, b; a.A. BAG 17.2.1994 – 2 AZR 616/93 – NZA 1994, 656.
748 BAG 26.1.1995 – 2 AZR 649/94 – NZA 1995, 517; BAG 12.7.1984 – 2 AZR 320/83 – NZA 1985, 96; BAG 18.5.1994 – 2 AZR 626/93 – NZA 1995, 65; v. Hoyningen-Huene/Linck, § 1 KSchG Rn 285.
749 BAG 18.1.1980 – 7 AZR 75/78 – AP § 1 KSchG 1969 Verhaltensbedingte Kündigung Nr. 3.
750 HaKo-KSchR/Fiebig, § 1 Teil D Rn 211.
751 BAG 18.5.1994 – 2 AZR 626/93 – NZA 1995, 65; BAG 15.7.1992 – 7 AZR 466/91 – NZA 1993, 220.
752 BAG 15.12.1994 – 2 AZR 251/94.
753 LAG Köln 6.8.1999 – 11 Sa 1085/98 – NZA-RR 2000, 24.

(2) Rügefunktion. Der AG muss den gerügten **Pflichtenverstoß** in der Abmahnung **so konkret wie möglich bezeichnen**.[754] Der tatsächliche Sachverhalt des vorwerfbaren Pflichtenverstoßes ist detailliert zu schildern, insb. nach Ort und beteiligten Personen, sowie nach Datum und Uhrzeit.[755] Die Darstellung des pflichtwidrigen Verhaltens muss erwiderungsfähig sein, sollte aber keine unnötigen Wertungen oder zusätzlichen Schilderungen des Sachverhalts aufweisen, die keinen Bezug zum gerügten Pflichtenverstoß aufweisen. Mit der Wertung „Betrug" in einer Abmahnung ist bspw. die Tatsachenbehauptung verbunden, der AN habe den AG mit dem beanstandeten Verhalten in seinem Vermögen geschädigt. Kann der AG eine solche Vermögensschädigung nicht darlegen, läuft er Gefahr, dass die Abmahnung bereits aus diesem Grund unwirksam ist.[756] Durch das Erfordernis einer vergeblich gebliebenen Abmahnung vor Ausspruch einer verhaltensbedingten Künd soll der mögliche Einwand des AN ausgeräumt werden, er habe die Pflichtwidrigkeit seines Verhaltens nicht gekannt oder jedenfalls nicht damit rechnen müssen, der AG sehe dieses Verhalten als so schwerwiegend an, dass er zu kündigungsrechtlichen Konsequenzen greifen werde.[757]

(3) Beweis- und Dokumentationsfunktion. Der AG ist befugt, eine Kopie der schriftlichen Abmahnung zu der Personalakte zu nehmen. Ist der Zugang der Abmahnung bewiesen, kann, sofern der AN eine gleichartige Pflichtverletzung begeht, eine verhaltensbedingte Künd wirksam auf sie gestützt werden und der AN kann in einem Künd-Schutzprozess nicht mit Erfolg einwenden, er habe die Abmahnung nicht erhalten. Durch die Abmahnung wird allerdings nicht bewiesen, dass der AN sich tatsächlich des ihm vorgeworfenen Verhaltens schuldig gemacht hat. Für den AN besteht **keine Obliegenheit sich klageweise gegen eine Abmahnung zu wehren**. Hat der AN davon abgesehen, die Berechtigung einer Abmahnung gerichtlich überprüfen zu lassen, so ist er grds. nicht daran gehindert, die Richtigkeit der abgemahnten Pflichtwidrigkeiten in einem späteren Künd-Schutzprozess zu bestreiten.[758]

(4) Keine Generalpräventions- oder Sanktionsfunktion. Die Abmahnung soll nicht der Abschreckung anderer AN dienen.[759] Das würde voraussetzen, dass die Abmahnung betriebsöffentlich gemacht würde, was einem „An-den-Pranger-Stellen" gleichkäme und nicht verhältnismäßig ist.[760] Der AN soll durch die Abmahnung nicht bestraft werden, sondern zu zukünftigem vertragsgemäßen Verhalten angehalten werden.[761]

dd) Voraussetzungen einer wirksamen Abmahnung. Eine wirksame Abmahnung erfordert, dass der AG den AN ernsthaft ermahnt und auffordert, ein von ihm genau bezeichnetes Fehlverhalten aufzugeben oder zu ändern (Rügefunktion), und für den Wiederholungsfall Konsequenzen für den Inhalt und den Bestand des Arbvertr androht (Warnfunktion).[762] An die inhaltliche Bestimmtheit sind strenge Anforderungen zu stellen. Der AN muss eindeutig erkennen können, welches Fehlverhalten in Zukunft nicht mehr vorkommen darf.[763] Die Abmahnung ist an **keine Form** gebunden und kann sowohl mündlich als auch schriftlich erfolgen. In der Praxis ist es aus Gründen der Beweissicherung und Dokumentation unerlässlich, die Abmahnung schriftlich zu erteilen. Das Wort „Abmahnung" muss nicht verwendet werden, allerdings muss durch Auslegung ermittelt werden können, dass es sich um eine Abmahnung handelt.[764] Es empfiehlt sich zur Vermeidung von Unklarheiten, das Wort „Abmahnung" ausdr. zu verwenden. Als **geschäftsähnliche Handlung** muss die Abmahnung zu ihrer Wirksamkeit dem Empfänger **gem. § 130 BGB zugehen**. Der Empfänger muss zur Wirksamkeit der Abmahnung nach der Rspr. auch Kenntnis vom Inhalt der Abmahnung erlangt haben.[765] Dieses Erfordernis ergibt sich aus den Funktionen der Abmahnung, ein Fehlverhalten zu rügen und den Empfänger hinsichtlich weiterer Schritte im Wiederholungsfall zu warnen. Diese Zwecke kann nur eine Abmahnung erfüllen, von der tatsächlich Kenntnis erlangt wurde. Eine **Anhörung** des Empfängers vor dem Ausspruch einer Abmahnung ist im Gesetz nicht vorgesehen. Es gibt **keine Regelausschlussfrist** innerhalb der eine Abmahnung ausgesprochen werden muss.[766] Andere gesetzlich vorgesehene Ausschlussfristen, wie die der Anfechtung (§§ 121, 123 BGB) oder die der außerordentlichen Künd (§ 626 Abs. 2 BGB), sind nicht entsprechend auf die Abmahnung anwendbar. Auch tarifliche Ausschlussfristen finden auf die Abmahnung keine Anwendung, da das Recht des AG, dem AN eine Abmahnung zu erteilen, keinen Anspruch, sondern die Ausübung eines Gläubigerrechts darstellt.[767] Grds. ist der AG daher berechtigt, einen Mitarbeiter wegen einer mehrere Monate zurückliegenden Pflichtverletzung abzumahnen. Allerdings kann das Recht zum Erteilen einer Abmahnung **verwirken**. Voraussetzung dafür ist, dass neben das Zeitmoment ein Umstandsmoment tritt, der AG also beim AN den Eindruck erweckt, er werde von einer Abmahnung hinsichtlich eines bestimmten Verhaltens des AN absehen. **Abmahnungsberechtigt** sind alle Per-

---

754 BAG 9.8.1984 – 2 AZR 400/83 – NZA 1985, 124.
755 LAG Baden-Württemberg 17.10.1990 – 12 Sa 98/89 – LAGE § 611 BGB Abmahnung Nr. 25.
756 LAG Rheinland-Pfalz 13.4.1989 – 5 Sa 1013/88 – LAGE § 611 BGB Abmahnung Nr. 18.
757 BAG 31.8.1989 – 2 AZR 13/89 – NZA 1990, 433; BAG 18.11.1986 – 7 AZR 674/84 – NZA 1987, 418.
758 BAG 13.3.1987 – 7 AZR 601/85 – NZA 1987, 518.
759 *V. Hoyningen-Huene/Linck*, § 1 KSchG Rn 282; HaKo-KSchR/*Fiebig*, § 1 Teil D Rn 217.
760 HaKo-KSchR/*Fiebig*, § 1 Teil D Rn 217.
761 *V. Hoyningen-Huene/Linck*, § 1 KSchG Rn 282.
762 BAG 18.1.1980 – 7 AZR 75/78 – AP § 1 KSchG 1969 Verhaltensbedingte Kündigung Nr. 3; *v. Hoyningen-Huene/Linck*, § 1 KSchG Rn 287.
763 *Stahlhacke/Preis/Vossen*, Rn 12.
764 *V. Hoyningen-Huene/Linck*, § 1 KSchG Rn 287.
765 BAG 9.8.1984 – 2 AZR 400/83 – NZA 1985, 124.
766 BAG 15.1.1986 – 5 AZR 70/84 – NZA 1986, 421.
767 BAG 14.12.1994 – 5 AZR 137/94 – NZA 1995, 676.

sonen, die aufgrund ihrer Aufgabenstellung dazu befugt sind, verbindliche Anweisungen bezüglich Ort, Zeit sowie Art und Weise der Arbeitsleistung zu erteilen.[768] Nach der Rspr. fällt die Abmahnungsberechtigung mit der Weisungsbefugnis zusammen. Damit entspricht der Kreis dem der abmahnungsberechtigten – nicht dem der kündigungsberechtigten – Personen. Schließlich muss die Abmahnung **verhältnismäßig** sein.[769] Eine dezidierte Interessenabwägung, wie sie bei der Prüfung einer Künd auf ihre soziale Rechtfertigung hin erfolgen muss, ist bei der Abmahnung allerdings nicht erforderlich.[770] Der Verhältnismäßigkeitsgrundsatz wird von der Rspr. als Übermaßverbot zur Vermeidung schwerwiegender Rechtsfolgen bei nur geringfügigen Pflichtverletzungen verstanden.[771] Das beanstandete Verhalten muss dementsprechend eine gewisse Intensität aufweisen. Das bedeutet nicht, dass nur ein Verhalten abgemahnt werden kann, dass im Wiederholungsfall zum Ausspruch einer Künd berechtigt.[772] Ein **Verschulden** des AN ist grds. keine Voraussetzung für eine wirksame Abmahnung.[773] Eine objektive Pflichtverletzung reicht aus.

319 Werden in einer Abmahnung **mehrere Pflichtverletzungen** gerügt, müssen alle Vorwürfe berechtigt sein. Ist nur ein Vorwurf unzutreffend oder nicht beweisbar, führt dies zur Unwirksamkeit der Abmahnung insg.; das Abmahnungsschreiben muss auf Verlangen des AN vollständig aus der Akte entfernt werden und kann nicht teilweise aufrechterhalten bleiben.[774] Damit ist eine solche Abmahnung als Vorstufe für eine verhaltensbedingte Künd ungeeignet. In der Praxis sollte deshalb jede Abmahnung nur eine konkrete Pflichtverletzung des AN beanstanden.

320 **Zahlreiche Abmahnungen wegen gleichartiger Pflichtverletzungen**, denen keine weiteren Konsequenzen folgen, können die Warnfunktion der Abmahnungen abschwächen. Der AG muss dann die letzte Abmahnung vor Ausspruch einer Künd besonders eindringlich gestalten, um dem AN klar zu machen, dass weitere derartige Pflichtverletzungen nunmehr zum Ausspruch einer Künd führen werden.[775]

321 **ee) Abmahnung als Kündigungsvorstufe.** Bei der Abmahnung als Künd-Vorstufe ist zu beachten, dass die **Warnfunktion** der Abmahnung nur erfüllt wird, wenn sich die verhaltensbedingte Künd auf **gleichartige oder vergleichbare Pflichtverstöße** bezieht.[776] Die abgemahnten Leistungsmängel oder Verhaltensweisen können erst dann zur Rechtfertigung einer Künd herangezogen werden, wenn nach erklärter Abmahnung erneut ein Leistungs- oder Verhaltensmangel der gerügten Art auftritt.[777] Das ist der Fall, wenn die Pflichtverletzungen unter einem einheitlichen Gesichtspunkt zusammengefasst werden können und sie zu vergleichbaren Störungen des Arbverh führen.[778]

322 Ein abgemahnter Pflichtenverstoß kann nicht mehr als Grund für eine Künd dienen.[779] Mit der Abmahnung erlischt das Künd-Recht durch konkludenten Verzicht. Die Tatsache, dass sich das Künd-Recht durch die Abmahnung „verbraucht", resultiert daraus, dass eine Abmahnung dazu dient, gleichartige Pflichtverletzungen für die Zukunft zu unterbinden (Warnfunktion). Erst die erneute Pflichtverletzung kann einen Grund für eine Künd darstellen.

323 Eine bestimmte Frist für die **Wirkungsdauer** einer Abmahnung bei länger anhaltender Vertragstreue des AN existiert nicht. Es ist nach den Umständen des Einzelfalls zu beurteilen, ob es dem AG nach dem Verstreichen einer gewissen Zeit ohne neuerliche Pflichtverletzungen des AN verwehrt ist, sich bei einer Künd auf die Abmahnung zu berufen.[780] Maßgeblich hierfür sind die Art der Verfehlung des AN und seines Verhaltens im Anschluss an die Abmahnung. Das Hessische LAG[781] hat bspw. in einem Fall, in dem sich der AN seit Ausspruch der Abmahnung etwa 2 ½ Jahre lang beanstandungsfrei geführt hat, angenommen, dass sich der AG nicht mehr auf die Abmahnung berufen könne.

324 Eine verhaltensbedingte Künd kann grds. jedoch auch nicht in einem zu kurzen zeitlichen Abstand auf die Abmahnung folgen. Der Sinn einer Abmahnung besteht darin, den AN auf ein Fehlverhalten hinzuweisen und ihn zu künftigem vertragsgetreuen Verhalten anzuhalten. Aus diesem Grund muss ihm die Gelegenheit gegeben werden, sein Verhalten zu ändern, indem ihm ein angemessener **Bewährungszeitraum** zugestanden wird. Rügt ein AG bspw. eine zu geringe Arbeitsleistung des AN, muss er dem AN genügend Zeit zur Steigerung seiner Leistung geben, bevor er ihm wegen dieser Pflichtverletzung kündigt.[782] Etwas anderes gilt, wenn der AG eine Pflichtverletzung abgemahnt

---

768 BAG 8.2.1989 – 5 AZR 47/88 – RzK I 1 Nr. 48 II; BAG 18.1.1980 – 7 AZR 75/78 – AP § 1 KSchG 1969 Verhaltensbedingte Kündigung Nr. 3.
769 BAG 30.5.1996 – 6 AZR 537/95 – NZA 1997, 145; BAG 31.8.1994 – 7 AZR 893/93 – NZA 1995, 225; BAG 13.11.1991 – 5 AZR 74/91 – NZA 1992, 690.
770 LAG Köln 14.3.1990 – 7 Sa 1222/89 – LAGE § 611 BGB Abmahnung Nr. 22.
771 HaKo-KSchR/*Fiebig*, § 1 Teil D Rn 248; *Stahlhackel Preis/Vossen*, Rn 12.
772 BAG 30.5.1996 – 6 AZR 537/95 – NZA 1997, 145; BAG 13.11.1991 – 5 AZR 74/91 – NZA 1992, 690.
773 BAG 10.11.1993 – 7 AZR 682/92 – NZA 1994, 500; BAG 7.9.1988 – 5 AZR 625/87 – NZA 1989, 272.
774 BAG 13.3.1991 – 5 AZR 133/90 – NZA 1991, 768.
775 BAG 15.11.2001 – 2 AZR 609/00 – NZA 2002, 968.
776 BAG 13.12.2007 – 2 AZR 818/06 – NZA 2008, 589; BAG 24.3.1988 – 2 AZR 680/87 – RzK I 5i Nr. 35.
777 BAG 27.2.1985 – 7 AZR 525/83 – RzK I 1 Nr. 5.
778 BAG 10.11.1988 – 2 AZR 215/88 – NZA 1989, 633; Hessisches LAG 9.7.1999 – 2 Sa 2096/98 – PersR 2000, 217; Hessisches LAG 7.7.1996 – 16 Sa 2328/96 – LAGE § 626 BGB Nr. 115; LAG Berlin 5.12.1995 – 12 Sa 111/95 – LAGE § 1 KSchG Verhaltensbedingte Kündigung Nr. 52.
779 BAG 24.3.1988 – 2 AZR 680/87 – RzK I 5i Nr. 35.
780 BAG 21.5.1987 – 2 AZR 313/86 – DB 1987, 2367; BAG 18.11.1986 – 7 AZR 674/84 – NZA 1987, 418.
781 Hessisches LAG 6.6.1999 – 2 Sa 1231/98.
782 LAG Hamm 15.3.1983 – 11 (10) Sa 904/82 – DB 1983, 1930, das einen Zeitraum zur Leistungssteigerung von neun Tagen als zu kurz erachtete.

ff) Reaktionsmöglichkeiten des Arbeitnehmers. Eine Abmahnung verdeutlicht dem AN, dass der AG eine 325
Künd des Arbverh erwogen hat und der Bestand des Arbverh gefährdet ist. Deshalb bedeutet eine Abmahnung
eine ernst zu nehmende Gefährdung des Arbverh. Für den AN besteht jedoch weder eine arbeitsvertragliche Nebenpflicht noch eine Obliegenheit, gegen die Abmahnung gerichtlich vorzugehen.[783] Im Einzelfall ist prozesstaktisch
das Für und Wider eines Vorgehens gegen die Abmahnung abzuwägen, da es in einigen Fällen angezeigt sein kann,
nichts gegen die Abmahnung zu unternehmen. Leidet die Abmahnung bspw. unter einem formalen Mangel, kann das
nach darauf gestützter Künd in einem Künd-Schutzprozess zu der Unwirksamkeit der Abmahnung und ggf. damit zu
der Unwirksamkeit der Künd führen. Möchte der AN gegen eine Abmahnung vorgehen, besteht zunächst die Möglichkeit, eine **Gegendarstellung** zu verfassen. Nach § 83 Abs. 2 BetrVG hat jeder AN das Recht, Erklärungen zum
Inhalt der Personalakte und damit zu etwaigen darin enthaltenen Abmahnungen abzugeben, die der Personalakte beizufügen sind. Eine Gegendarstellung zu einer Abmahnung weist den Vorteil auf, dass der AG über die Sicht des AN
hinsichtlich der ihm vorgeworfenen Pflichtverletzung informiert wird und eine zeitnahe Dokumentation der abweichenden Sicht erfolgt. Nach § 84 Abs. 1 S. 1 BetrVG steht dem AN ein **Beschwerderecht** zu. Er kann sich bei der
zuständigen Stelle des Betriebs beschweren, wenn er sich vom AG oder von anderen AN im Betrieb benachteiligt,
ungerecht behandelt oder in sonstiger Weise beeinträchtigt fühlt. Der AG hat nach § 84 Abs. 2 BetrVG den AN über
die Behandlung der Beschwerde zu bescheiden und der Beschwerde, in dem Fall, dass er sie für berechtigt erachtet,
abzuhelfen. Sinnvoll kann ein solches Vorgehen insb. in einem großen Betrieb sein, in dem ein AN von seinem Vorgesetzten eine Abmahnung erhält und die Personalabteilung keine Kenntnis von den genauen Umständen der dem
AN vorgeworfenen Pflichtverletzung hat. § 85 BetrVG räumt dem AN das Recht ein, sich mit seiner Beschwerde
an den BR zu wenden. Dieser hat in dem Fall, dass er die Beschwerde für berechtigt hält, bei dem AG auf Abhilfe
hinzuwirken (§ 85 Abs. 1 BetrVG). Bei Meinungsverschiedenheiten zwischen AG und BR, ist gem. § 85 Abs. 2
BetrVG eine Einigungsstelle anzurufen, deren Spruch die Einigung zwischen den Parteien ersetzt. Schließlich steht
es dem AN offen, gerichtlich gegen die Abmahnung vorzugehen. Er kann **Klage auf Entfernung der Abmahnung
aus der Personalakte** erheben.[784] Das setzt voraus, dass die Abmahnung schriftlich erteilt und zu der Personalakte
genommen wurde. Nach ständiger Rspr. des BAG kann die Klage auf Entfernung der Abmahnung aus der Personalakte mit einer **Klage auf Widerruf der Abmahnung** im Wege der objektiven Klagehäufung verbunden werden oder
nur eine Klage auf Widerruf der Abmahnung erhoben werden.[785] Der Anspruch auf Widerruf der Abmahnung geht
weiter als der Anspruch auf Entfernung der Abmahnung aus der Personalakte, da ein Widerruf auf die Beseitigung
des Vorwurfs und eine dahingehende Erklärung des AG, die er nach rechtskräftiger Verurteilung abzugeben hat, gerichtet ist. Ein Widerrufsanspruch kann insb. bei mündlichen Abmahnungen bestehen, wenn sie unrichtige Tatsachenbehauptungen enthalten.[786] Ein Anspruch auf Widerruf kann auch noch nach der Entfernung der Abmahnung
aus der Personalakte bestehen.[787] In einem gerichtlichen Verfahren, das die Entfernung oder den Widerruf einer
Abmahnung zum Gegenstand hat, trägt der AG die **Darlegungs- und Beweislast**.[788] Das ergibt sich daraus, dass
den AG gem. Abs. 2 S. 4 im Künd-Schutzprozess die Darlegungs- und Beweislast für die Tatsachen trifft, die die
Künd bedingen. Damit wird von dieser Regel auch der Sachverhalt einer kündigungsrechtlich relevanten Abmahnung erfasst. Nach den Grundsätzen der **abgestuften Darlegungs- und Beweislast** muss der AN, soweit er **Rechtfertigungsgründe** geltend macht, substantiiert Tatsachen vortragen, aus denen sich die Rechtfertigung des gerügten
Verhaltens ergeben soll. Der AG muss dann seinerseits beweisen, dass dieser Rechtfertigungsgrund nicht bestanden
hat. Wird in einem **Prozessvergleich** vereinbart, dass eine Abmahnung eine bestimmte Zeit in der Personalakte verbleiben und dann entfernt werden soll, liegt darin mangels einer entsprechenden ausdrücklichen Erklärung des Klägers keine Anerkennung der Begründetheit der Abmahnung, weshalb das ihr zugrunde liegende Fehlverhalten in einem nachfolgenden Künd-Prozess noch bestritten werden kann.[789]

d) Negative Zukunftsprognose. Die verhaltensbedingte Künd ist zukunftsbezogen. Durch sie sollen künftige 326
Vertragsverletzungen ausgeschlossen werden.[790] Das BAG erkennt auch bei der verhaltensbedingten Künd das Prinzip der Negativprognose an.[791] Aus diesem Grund muss zum Zeitpunkt der Künd mit einer Fortsetzung der sich negativ auf das Arbverh auswirkenden Vertragsverletzungen durch den AN zu rechnen sein (**Wiederholungsgefahr**).[792] Eine negative Prognose kann sich darauf gründen, dass sich der AN eine **einschlägige Abmahnung**
nicht hat zur Warnung dienen lassen. Sie kann sich aber auch aus dem **Grad des Verschuldens** ergeben. Je stärker

---

[783] BAG 13.3.1987 – 7 AZR 601/85 – NZA 1987, 518.
[784] HWK/*Quecke*, § 1 KSchG Rn 207.
[785] BAG 15.4.1999 – 7 AZR 716/97 – NZA 1999, 1037; BAG 13.12.1989 – 5 AZR 10/89 – RzK I 1 Nr. 57; BAG 15.1.1986 – 5 AZR 70/84 – NZA 1986, 421; BAG 27.11.1985 – 5 AZR 101/84 – NZa 1986, 227.
[786] HaKo-KSchR/*Fiebig*, § 1 Teil D Rn 279.
[787] BAG 15.4.1999 – 7 AZR 716/97 – NZA 1999, 1037.
[788] HaKo-KSchR/*Fiebig*, § 1 Teil D Rn 281; HWK/*Quecke*, § 1 KSchG Rn 207.
[789] LAG Hamm 5.2.1990 – 2 Sa 1487/89 – LAGE § 611 BGB Abmahnung Nr. 20.
[790] *Stahlhacke/Preis/Vossen*, Rn 1180.
[791] BAG 26.1.1995 – 2 AZR 649/94 – NZA 1995, 517; BAG 10.11.1988 – 2 AZR 215/88 – NZA 1989, 633.
[792] BAG 21.1.1999 – 2 AZR 665/98 – NZA 1999, 863.

sich das Verschulden darstellt, desto eher ist eine negative Zukunftsprognose gerechtfertigt.[793] Die negative Zukunftsprognose kann auch darauf beruhen, dass eine konkrete Vertragsverletzung die notwendige **Vertrauensgrundlage** in einem Maß **beschädigt**, dass eine sinnvolle Zusammenarbeit zwischen AN und AG oder der AN untereinander in der Zukunft nicht möglich erscheint.[794]

327 **e) Mildere Mittel (Ultima-Ratio-Prinzip).** Die verhaltensbedingte Künd ist nur sozial gerechtfertigt, wenn sie das letzte mögliche Mittel zur Vermeidung von weiteren Vertragspflichtverletzungen ist. Solange geeignete mildere Mittel zur Verfügung stehen, verstößt die Künd gegen den Verhältnismäßigkeitsgrundsatz. Als milderes Mittel kommt zunächst die **Abmahnung** in Betracht. Auch bei hohem Sachschaden berechtigt ein einmaliges Fehlverhalten ohne vorangegangene Abmahnung nicht ohne weiteres eine arbeitgeberseitige Künd.[795] Eine Abmahnung kann auch dann als milderes Mittel in Betracht zu ziehen sein, wenn zuvor bereits eine Abmahnung wegen eines gleichartigen Pflichtenverstoßes ausgesprochen wurde. Ob eine Abmahnung der Künd vorzuziehen ist, hängt im Einzelfall von der Wirkkraft der früheren Abmahnung und dem Gewicht des abgemahnten und neuerlichen Pflichtenverstoßes ab.[796] Daneben kann u.U. eine **Weiterbeschäftigung** auf einem anderen Arbeitsplatz in Betracht zu ziehen sein, wenn dort keine erneuten Vertragspflichtverstöße zu befürchten sind. Nach dem Grundsatz der Verhältnismäßigkeit muss der AG vor jeder Künd prüfen, ob eine Umsetzung oder Versetzung des AN auf einen anderen Arbeitsplatz möglich und zumutbar ist. Eine Um- oder Versetzung kommt in Betracht, wenn ein freier Arbeitsplatz besteht, auf dem der AN die verlangte Tätigkeit anforderungsgerecht ausführen kann und objektive Anhaltspunkte dafür bestehen, dass der AN das beanstandete Verhalten auf dem anderen Arbeitsplatz nicht fortsetzen wird, es sich also nicht um arbeitsplatzunabhängige Pflichtverstöße handelt.[797] Als Beispiele für derartige Pflichtverstöße sind bspw. die Verletzung von Nachweis- und Anzeigepflichten bei Krankheiten, häufige Unpünktlichkeit, Verstöße gegen betriebliche Rauch- und Alkoholverbote etc. zu nennen.[798] In diesen Fällen ist eine Weiterbeschäftigung als milderes Mittel zur Künd ungeeignet. Eine **Betriebsbuße** scheidet als milderes Mittel zur Künd aus. Betriebsbußen, die in Betriebsvereinbarungen geregelt sind, erfüllen alleine den Zweck, eine Pflichtverletzung des AN zu sanktionieren. Das ist mit der Zielsetzung der verhaltensbedingten Künd nicht in Einklang zu bringen, da diese zukünftige Pflichtverletzungen und damit Belastungen des Arbverh verhindern soll. Zudem sieht § 87 Abs. 1 Nr. 1 BetrVG eine Mitbestimmung des BR vor. Vor dem Ausspruch einer verhaltensbedingten Künd ist der BR nach § 102 BetrVG lediglich anzuhören. Müsste der AG eine Betriebsbuße als milderes Mittel und Vorstufe einer Künd verhängen, käme es zu dem unbilligen Ergebnis, dass an die Vorstufe zur Künd strengere Voraussetzungen geknüpft wären als an die Künd selbst.[799]

328 **f) Interessenabwägung.** Vor Ausspruch der verhaltensbedingten Künd ist eine umfassende Interessenabwägung durchzuführen. Das Interesse des AN an der Erhaltung des Arbeitsplatzes ist dem Interesse des AG an der Auflösung des Arbverh gegenüberzustellen. Die Interessenabwägung hat **auf der Grundlage eines objektiven Beurteilungsstandpunkts** zu erfolgen. In seiner Entscheidung vom 21.5.1992 führt das BAG[800] hierzu aus, für eine verhaltensbedingte Künd genügten solche im Verhalten des AN liegenden Umstände, die bei verständiger Würdigung in Abwägung der Interessen der Vertragsparteien und des Betriebes die Künd als billigenswert und angemessen erscheinen ließen. Dabei sei nicht von dem jeweiligen Standpunkt des AG auszugehen. Vielmehr gelte ein objektiver Maßstab. Bei der verhaltensbedingten Künd sind auf der Seite des AN Art, Schwere und Häufigkeit des Fehlverhaltens, früheres beanstandungsloses Verhalten, Mitverschulden des AG, Dauer der Betriebszugehörigkeit, Lebensalter, Unterhaltspflichten, sowie die Arbeitsmarktsituation zu berücksichtigen. Auf der Seite des AG fallen der durch das Fehlverhalten angerichtete Schaden, verursachte Betriebsablaufstörungen,[801] Arbeits- und Betriebsdisziplin, Vermögensschäden, Wiederholungsgefahr, Schäden des Ansehens, und der Schutz der Belegschaft ins Gewicht.[802] Im Rahmen der Interessenabwägung sind darüber hinaus der betriebliche oder branchenübliche Umgangston, der Bildungsgrad und psychische Zustand eines AN, die Gesprächssituation und der Ort und Zeitpunkt des Geschehens zu berücksichtigen.[803] Auch der Grad des individuellen Verschuldens spielt eine Rolle. Vorsätzliche Pflichtverstöße wiegen grds. schwerer als Pflichtenverstöße aus Nachlässigkeit oder Unaufmerksamkeit.[804]

329 **3. Darlegungs- und Beweislast.** Dem AG obliegt die Darlegungs- und Beweislast für die verhaltensbedingten Künd-Gründe (**Abs. 2 S. 4**) und damit auch für die Rechtswidrigkeit des Vertragsverstoßes und ein eventuelles Ver-

---

793 *Stahlhacke/Preis/Vossen*, Rn 1168.
794 *Berkowsky*, NZA-RR 2001, 1.
795 LAG Rheinland-Pfalz 30.3.2006 – 11 Sa 644/05 – AE 2007, 59.
796 HWK/*Quecke*, § 1 KSchG Rn 189.
797 BAG 16.1.1997 – 2 AZR 98/96; BAG 31.3.1993 – 2 AZR 492/92 – NZA 1994, 409; BAG 22.7.1982 – 2 AZR 30/81 – AP § 1 KSchG 1969 Verhaltensbedingte Kündigung Nr. 5.
798 HaKo-KSchR/*Fiebig*, § 1 Teil D Rn 287.
799 HaKo-KSchR/*Fiebig*, § 1 Teil D Rn 290; HWK/*Quecke*, § 1 KSchG Rn 285.
800 BAG 21.5.1992 – 2 AZR 10/92 – NZA 1993, 115.
801 BAG 17.1.1991 – 2 AZR 375/90 – NZA 1991, 557.
802 LAG Hamm 30.5.1996 – 4 Sa 2342/95 – NZA 1997, 1056.
803 APS/*Dörner*, § 1 KSchG Rn 296.
804 Kittner/Zwanziger/*Appel*, Arbeitsrechts-Handbuch, § 94 Rn 10.

schulden des AN.[805] Der AG muss jedoch nicht von sich aus jeden erdenklichen Rechtfertigungs- oder Entschuldigungsgrund vorsorglich ausschließen. Vielmehr kann er sich nach dem Grundsatz der abgestuften Darlegungs- und Beweislast zunächst darauf beschränken, den objektiven Tatbestand der Pflichtverletzung darzulegen. Möchte ein AN einen Rechtfertigungs- oder Entschuldigungstatbestand geltend machen, muss er diesen substantiiert vortragen.[806] Ist der AN seiner Darlegungspflicht nachgekommen, hat der AG seinerseits die Umstände, die die Rechtfertigungs- bzw. Entschuldigungsgründe ausschließen sollen, substantiiert vorzutragen und unter Beweis zu stellen. Gelingt der Beweis nicht, geht dies zu Lasten des AG.[807]

Auch das Vorliegen einer ordnungsgemäßen und berechtigten Abmahnung trifft im Fall des Bestreitens den AG. Hat sich der AN gegenüber einer ihm ausgesprochenen Abmahnung zunächst nicht zur Wehr gesetzt, hindert ihn dies nicht, die Abmahnung im späteren Künd-Schutzprozess gerichtlich überprüfen zu lassen und die Entfernung der unberechtigten Abmahnung aus der Personalakte zu beantragen.

4. Abgrenzung zur außerordentlichen Kündigung. Die Voraussetzungen für eine verhaltensbedingte ordentliche und eine verhaltensbedingte außerordentliche Künd sind grds. ähnlich, jedoch bestehen in zeitlicher Hinsicht (Künd-Erklärungsfrist nach § 626 Abs. 2 S. 1 BGB) und in Bezug auf die erforderliche Intensität des Pflichtverstoßes gewichtige Unterschiede. Außerordentliche und ordentliche Künd stehen in einem Stufenverhältnis. Bei einer Künd aus wichtigem Grund müssen gem. § 626 Abs. 1 BGB Tatsachen vorliegen, aufgrund derer dem Kündigenden wegen der Gefahr weiterer Vertragspflichtverletzungen die Fortführung des Arbverh ab sofort nicht mehr zumutbar ist. Daraus folgt, dass eine außerordentliche Künd nur gerechtfertigt ist, wenn eine ordentliche Künd gerechtfertigt wäre und zusätzlich die ordentliche Künd als denkbares milderes Mittel aufgrund der Intensität der Pflichtverletzungen eine sofortige Auflösung des Arbverh rechtfertigt. Im Rahmen der Interessenabwägung sind die Auswirkungen einer fristlosen Künd auf den weiteren beruflichen Werdegang des AN zu berücksichtigen.[808]

5. Verhaltensbedingte Gründe im Überblick. Abkehrwille

Grds. rechtfertigt der Abkehrwille eines AN – also die Absicht des AN, das Arbverh zu beenden – weder eine außerordentliche noch eine ordentliche Künd aus verhaltensbedingten Gründen, da es an einem vertragspflichtwidrigen Verhalten fehlt.[809] Nur, wenn der AN bei der Vorbereitung des AG-Wechsels oder seiner Existenzgründung vertragspflichtverletzend tätig wird, bspw. in **Konkurrenz zu seinem AG** tritt, Kunden oder Kollegen abwirbt, Betriebsgeheimnisse verrät, etc., ist ggf. eine verhaltensbedingte Künd gerechtfertigt. Allein die unsubstanzierte Vermutung, es könne zu derartigen Vertragspflichtverletzungen kommen, kann jedoch eine Künd nicht rechtfertigen.[810]

Die Rspr. sieht bei Vorliegen eines Abkehrwillens in Spezial- und Mangelberufen u.U. einen betriebsbedingten Künd-Grund als erfüllt an, wenn es sich für den AG schwierig darstellt, eine geeignete Ersatzkraft für den abkehrwilligen AN zu finden und einzustellen.[811] In der Lit. wird dies teilweise als systemwidrig kritisiert, da es den Grundsätzen der betriebsbedingten Künd widerspreche, einen allein aus der Sphäre des AN kommenden Grund für die Künd ausreichen zu lassen.[812] Zudem bestehe kein verringerter Personalbedarf.[813]

Abwerbung

Ein AN, der den Betrieb seines AG verlassen und sich mit einem Konkurrenzunternehmen selbstständig machen will, darf seine Kollegen über sein Vorhaben informieren, ohne damit einen Grund für eine Künd zu bieten.[814] Es gehört zu der durch Art. 12 GG geschützten Berufsfreiheit, sich selbstständig zu machen und die dafür notwendigen Vorkehrungen zu treffen. Anders sieht es aus, wenn der AN gezielt auf seine Kollegen einwirkt, um sie abzuwerben. Da der AN nebenvertraglich verpflichtet ist, alle Handlungen zu unterlassen, die seinen AG schädigen, kann ein Verletzung dieser Pflicht eine ordentliche, in schwerwiegenden Fällen auch eine außerordentliche, verhaltensbedingte Künd rechtfertigen.[815] Streitig ist, ob bereits jede abwerbende Handlung des AN ausreicht,[816] um eine Künd zu rechtfertigen, oder ob noch besondere Umstände hinzukommen müssen, die die Abwerbung als rechts- oder sittenwidrig erscheinen lassen.[817]

---

805 BAG 21.5.1992 – 2 AZR 10/92 – NZA 1993, 115; BAG 31.5.1990 – 2 AZR 535/89 – RzK I 10h Nr. 28; BAG 19.12.1991 – 2 AZR 367/91 – RzK I 6a Nr. 82; BAG 6.9.1989 – 2 AZR 118/89 – NZA 1990, 305.
806 BAG 21.5.1992 – 2 AZR 10/92 – NZA 1993, 115.
807 Küttner/*Eisemann*, Kündigung, personenbedingte Rn 17.
808 HaKo-KSchR/*Fiebig*, § 1 Teil D Rn 310.
809 KR/*Etzel*, § 1 KSchG Rn 415; *Stahlhacke/Preis/Vossen*, Rn 679.
810 *Stahlhacke/Preis/Vossen*, Rn 679; LAG Rheinland-Pfalz 15.5.2003 – 11 Sa 1219/02.
811 BAG 22.10.1964 – 2 AZR 515/63 – AP § 1 KSchG Betriebsbedingte Kündigung Nr. 16; KR/*Etzel*, § 1 KSchG Rn 416; *Stahlhacke/Preis/Vossen*, Rn 679.
812 HaKo-KSchR/*Fiebig*, § 1 Teil D, Rn 318; *Stahlhacke/Preis/Vossen*, Rn 679.
813 *Stahlhacke/Preis/Vossen*, Rn 679.
814 HaKo-KSchR/*Fiebig*, § 1 Teil D, Rn 321; Kittner/Zwanziger/*Appel*, Arbeitsrechts-Handbuch, § 94 Rn 14; *Stahlhacke/Preis/Vossen*, Rn 680.
815 HaKo-KSchR/*Fiebig*, § 1 Teil D, Rn 319.
816 LAG Schleswig-Holstein 6.7.1989 – 4 Sa 601/88 – LAGE § 626 BGB Nr. 42; HaKo-KSchR/*Fiebig*, § 1 Teil D, Rn 319; *Stahlhacke/Preis/Vossen*, Rn 680.
817 LAG Rheinland-Pfalz 7.2.1992 – 6 Sa 528/91 – LAGE § 626 BGB Nr. 64; KR/*Etzel*, § 1 KSchG Rn 418; Küttner/*Eisemann*, Kündigung, personenbedingte Rn 20; Kittner/Zwanziger/*Appel*, Arbeitsrechts-Handbuch, § 94 Rn 14.

Während des rechtlichen Bestehens eines Arbverh ist dem AN grds. jede **Konkurrenztätigkeit** zum Nachteil seines AG untersagt, auch wenn der Einzelarbeitsvertrag keine ausdrücklichen Regelungen enthält.[818] So hat das BAG bereits ein „Vorfühlen" bei potenziellen Kunden als unzulässige Vorbereitungshandlung angesehen, und zwar selbst dann, wenn der AN sich darauf beschränkte, Kontakte herzustellen, und noch davon abgesehen hat, bereits Geschäfte abzuschließen.[819] Deshalb hat das Gericht in der Beteiligung des AN an einer Ausschreibung, die der Tätigkeit seines AG den Boden (teilweise) entzog, einen Wettbewerbsverstoß gesehen.

334 Alkohol- und Drogenmissbrauch

Ein nicht auf **Alkoholabhängigkeit (Krankheit)** beruhender Alkoholmissbrauch im Betrieb ist an sich geeignet, eine verhaltensbedingte Künd i.S.d. Abs. 2 zu rechtfertigen.[820] Liegt eine Alkoholabhängigkeit, also eine Krankheit im medizinischen Sinne, vor, kommt lediglich eine personenbedingte Künd in Frage.[821] Eine verhaltensbedingte Künd scheidet mangels Steuerbarkeit des Verhaltens aus. Als Grund für eine verhaltensbedingte Künd kommt in Betracht, dass der AN sich über ein bestehendes **betriebliches Alkoholverbot** hinwegsetzt. Besonders strenge Anforderungen sind zu stellen, wenn der **Konsum von Alkohol mit der vom AN vertraglich geschuldeten Tätigkeit unvereinbar** ist, wie bspw. bei Berufskraftfahrern, oder mit besonderen Gefahren für Dritte verbunden ist. Hier kann u.U. bereits ein einmaliger Verstoß eine Künd rechtfertigen.[822] Lässt ein AG den Ausschank von alkoholischen Getränken in der Betriebskantine zu, kann dies bei der Interessenabwägung zugunsten des AN berücksichtigt werden.[823] Die Entscheidung des AN, nach einer erfolgreichen Entziehungskur die zunächst aufgenommenen Besuche in einer Selbsthilfegruppe von anonymen Alkoholikern abzubrechen, gehört zum privaten Lebensbereich. Hiermit verletzt er keine Haupt- oder Nebenpflichten aus dem Arbverh. Selbst wenn er dem AG, der einen solchen Besuch einer Selbsthilfegruppe verlangt, vortäuscht, er setze diese Besuche fort, rechtfertigt dies keine ordentliche verhaltensbedingte Künd.[824] Auch ein übermäßiger privater Alkoholkonsum, der noch nicht die Grenze zur Alkoholabhängigkeit und damit zu der möglichen Begründung einer personenbedingten Künd überschritten hat, rechtfertigt für sich genommen noch keine verhaltensbedingte Künd.[825] Alkoholbedingte **Schlecht- oder Minderleistungen** können eine verhaltensbedingte Künd wie jede Schlecht- oder Minderleistung rechtfertigen.[826]

Ein AN kann vom seinem AG nicht gezwungen werden, einen Alkoholtest zu absolvieren oder seinen Blutalkoholwert untersuchen zu lassen.[827] Ein AN ist regelmäßig auch nicht verpflichtet, im laufenden Arbverh routinemäßigen Blutuntersuchungen zur Klärung, ob er alkohol- oder drogenabhängig ist, zuzustimmen.[828] Im Streitfall hat der AG die Alkoholisierung des AN **darzulegen und zu beweisen**.[829] Dabei kann er sich i.d.R. lediglich auf Zeugenaussagen oder Indizien wie bspw. eine Alkoholfahne oder einen schwankenden Gang stützen. Dem AN ist bei einem Verdacht des Alkoholmissbrauchs die Möglichkeit einzuräumen, durch entsprechende Tests den Vorwurf zu entkräften.[830]

Wirkt ein Heimerzieher trotz des im Heim bestehenden generellen Drogenverbots an dem Cannabisverbrauch eines der ihm anvertrauten Heiminsassen mit, so ist dies als wichtiger Grund zur außerordentlichen Künd nach § 626 BGB an sich geeignet.[831] Ist eine Polizeiangestellte dringend verdächtig, Kokain zum drei- bis viermaligen Eigenverbrauch über einen Zeitraum von ca. einem Monat erworben zu haben, berechtigt das den AG zum Ausspruch einer ordentlichen Künd. Daran ändert nichts, dass gem. § 29 Abs. 5 BtMG 1981 von der Bestrafung abgesehen werden kann, wenn der Täter die Betäubungsmittel lediglich zum Eigenverbrauch in geringer Menge erwirbt oder besitzt. Eine Abmahnung ist in diesem Fall eines außerdienstlichen Verhaltens entbehrlich, das in direktem Gegensatz zu den Aufgaben der Dienstbehörde der AN steht.[832]

335 Anzeigen gegen Arbeitgeber

Zeigt ein AN seinen AG **wider besseres Wissen** oder **leichtfertig** bei staatlichen Ermittlungsbehörden an, ist eine verhaltensbedingte Künd grds. gerechtfertigt.[833] Im Zusammenhang mit gegen den AG gerichteten Strafanzeigen des AN stellt sich stets die Frage, ob und in welchem Umfang der AN im Hinblick auf die gegenseitige **Rücksicht-**

---

818 BAG 26.1.1995 – 2 AZR 355/94 – EzA § 626 n.F. BGB Nr. 155; BAG 16.8.1990 – 2 AZR 113/90 – NZA 1991, 141.
819 BAG 28.9.1989 – 2 AZR 97/89 – RzK I 6 a Nr. 58.
820 BAG 26.1.1995 – 2 AZR 649/94 – NZA 1995, 517.
821 BAG 26.1.1995 – 2 AZR 649/94 – NZA 1995, 517.
822 LAG Hamm 22.12.1977 – 8 Sa 1258/77 – DB 1978, 750; vgl. auch LAG Schleswig-Holstein 14.8.2007 – 5 Sa 150/07 – NZA-RR 2007, 634 „Verstoß gegen Sicherheitsvorschriften"; KR/*Etzel*, § 1 KSchG Rn 425; Küttner/*Eisemann*, Kündigung, personenbedingte Rn 21.
823 LAG Köln 11.9.1987 – 9 Sa 222/87 – LAGE § 1 KSchG Verhaltensbedingte Kündigung Nr. 14.
824 LAG Düsseldorf 25.2.1997 – 8 Sa 1673/96 – LAGE § 1 KSchG Verhaltensbedingte Kündigung Nr. 57.
825 BAG 4.6.1997 – 2 AZR 526/96 – AP § 626 BGB Nr. 137.
826 KR/*Etzel*, § 1 KSchG Rn 422.
827 BAG 26.1.1995 – 2 AZR 649/94 – NZA 1995, 517.
828 BAG 12.8.1999 – 2 AZR 55/99 – NZA 1999, 1209.
829 BAG 26.1.1995 – 2 AZR 649/94 – NZA 1995, 517; KR/*Etzel*, § 1 KSchG Rn 426.
830 BAG 26.1.1995 – 2 AZR 649/94 – NZA 1995, 517.
831 BAG 18.10.2000 – 2 AZR 131/00 – NZA 2001, 383.
832 LAG Berlin-Brandenburg 19.1.2007 – 6 Sa 1726/06.
833 BAG 7.12.2006 – 2 AZR 400/05 – NZA 2007, 502; BAG 3.7.2003 – 2 AZR 235/02 – NZA 2004, 427; LAG Rheinland-Pfalz 24.10.2007 – 7 Sa 451/07; LAG Rheinland-Pfalz 20.12.2005 – 5 Sa 504/05; LAG Niedersachsen 13.6.2005 – 5 Sa 137/02 – LAGE § 1 KSchG Verhaltensbedingte Kündigung Nr. 90.

nahmepflicht im Arbverh ggf. verpflichtet ist, vor Erstattung der Strafanzeige eine **innerbetriebliche Klärung** anzustreben.[834] Handelt es sich bei den angezeigten Unregelmäßigkeiten/Straftaten um schwerwiegende Vorfälle und nicht um Bagatelldelikte und werden diese Delikte durch den AG bzw. die für ihn handelnden Organe selbst begangen, muss die Pflicht des AN zur Rücksichtnahme regelmäßig zurückstehen. Jeder AN – auch der von einem gehobenen Selbstwertgefühl des AG als „schlicht" eingestufte – nimmt, wenn er eine Strafanzeige erstattet, **ein staatsbürgerliches Recht** wahr, das ihm unabhängig von seiner beruflichen Stellung und deren Bewertung durch den AG oder Dritte zusteht.[835] Die vertragliche Rücksichtnahmepflicht wird vom BAG dahingehend konkretisiert, dass sich die Anzeige des Arbeitnehmers nicht als eine unverhältnismäßige Reaktion auf ein Verhalten des AG oder seines Repräsentanten darstellen darf. Eine zur Künd berechtigende arbeitsvertragliche Pflichtverletzung eines AN liegt nicht nur dann vor, wenn der AN in einer Strafanzeige gegen den AG oder einen seiner Repräsentanten wissentlich oder leichtfertig falsche Angaben gemacht hat. Eine kündigungsrelevante erhebliche Verletzung arbeitsvertraglicher Nebenpflichten kann sich im Zusammenhang mit der Erstattung einer Strafanzeige im Einzelfall auch aus anderen Umständen ergeben.[836]

Je nach den besonderen Umständen des Einzelfalls dürfte es grds. weiterhin vertretbar sein, von dem AN aufgrund seiner aus den Vorschriften der §§ 241 Abs. 2, 242 BGB abzuleitenden Nebenpflicht, Schaden von dem AG abzuwenden, zu verlangen, diesen zunächst auf den gesetzeswidrigen Zustand im Betrieb oder Unternehmen hinzuweisen und Abhilfe zu verlangen.[837] Das gilt insb., wenn es sich um das Fehlverhalten anderer Betriebsangehöriger handelt, das sich gegen den AG selbst richtet und bei objektiver Betrachtung ein Nachgehen der Beschwerde durch den AG zu erwarten ist.[838] Besteht allerdings die Gefahr, dass der AN sich durch Untätigkeit **selbst strafbar** macht, ist er grds. auch ohne vorherige Mitteilung an den AG befugt, öffentliche Ermittlungsbehörden einzuschalten, wenn dem AG der gesetzeswidrige Zustand bekannt war oder hätte bekannt sein müssen.[839] Eine Information der **Öffentlichkeit**, insb. der **Presse**, darf nur das letzte mögliche Mittel für den AN sein, um die Missstände zu beheben, andernfalls rechtfertigt dieses Vorgehen eine verhaltensbedingte, i.d.R. außerordentliche, Künd.[840] Bereits die Drohung eines AG im hier einschlägigen Kontext, er werde sich an die Presse wenden, ist grds. geeignet, einen wichtigen Grund i.S.v. § 626 BGB abzugeben.[841]

Arbeitskampf

336

Einem AN steht das Recht zu, an einem rechtmäßigen Arbeitskampf (Streik, Boykott) teilzunehmen. Da der AN durch seine Teilnahme an dem Arbeitskampf keine Vertragspflichtverletzungen begeht, ist i.d.R. weder eine außerordentliche noch eine ordentliche Künd gerechtfertigt.[842] Bei der Teilnahme an einem **rechtswidrigen Arbeitskampf** (bspw. Führung eines Streiks durch eine tarifunzuständige Gewerkschaft) kommt es darauf an, ob dem AN die Rechtswidrigkeit bekannt war. War die Rechtswidrigkeit für den AN nicht erkennbar, rechtfertigt die Teilnahme auch in diesem Fall grds. weder eine außerordentliche noch eine ordentliche Künd.[843] Hat sich der AN hingegen bewusst an einem rechtswidrigen Arbeitskampf beteiligt, kann eine – u.U. auch außerordentliche – verhaltensbedingte Künd nach vorherigem Ausspruch einer Abmahnung gerechtfertigt sein.[844]

Arbeitspapiere

337

Kommt ein AN trotz wiederholter Abmahnung seiner arbeitsvertraglichen Nebenpflicht nicht nach, seine Arbeitspapiere rechtzeitig bei seinem AG vorzulegen, um diesem ein ordnungsgemäßes Abführen von Steuern und Sozialabgaben zu ermöglichen, kann eine (außerordentliche) verhaltensbedingte Künd u.U. gerechtfertigt sein.[845]

Arbeitsverweigerung

338

Verweigert ein AN trotz vorausgegangener Abmahnung die von ihm vertraglich geschuldete Leistung, kann dies nach den Umständen des Einzelfalls eine außerordentliche oder ordentliche Künd rechtfertigen. Ein Grund an sich für eine außerordentliche Künd kann schon dann bestehen, wenn in der Vergangenheit zwar keine pflichtwidrige Arbeitsverweigerung vorliegt, diese aber im Künd-Zeitpunkt für die Zukunft **ernsthaft angekündigt** wird. Die Ankündigung des AN kann eine ausreichende Basis für die Prognose einer zukünftig befürchteten Störung (im Leistungsbereich) sein.[846] Bekundet ein AN unter Kollegen, dass er die Arbeit in einem anderen Betrieb des Unterneh-

---

834 BAG 5.2.1959 – 2 AZR 60/56 – AP § 70 HGB Nr. 2; LAG Berlin 28.3.2006 – 7 Sa 1884/05 – LAGE § 626 BGB 2002 Nr. 7b.
835 BVerfG 2.7.2001 – 1 BvR 2049/00 – NZA 2001, 888; BAG 7.12.2006 – 2 AZR 400/05 – NZA 2007, 502.
836 BAG 3.7.2003 – 2 AZR 235/02 – NZA 2004, 427.
837 HaKo-KSchR/*Fiebig*, § 1 Teil D Rn 335.
838 BAG 3.7.2003 – 2 AZR 235/02 – NZA 2004, 427; HWK/*Quecke*, § 1 KSchG Rn 219.
839 LAG Hamm 12.11.1990 – 19 (16) Sa 6/90 – LAGE § 626 BGB Nr. 54.
840 HaKo-KSchR/*Fiebig*, § 1 Teil D Rn 337; *Stahlhacke/Preis/Vossen*, Rn 693.
841 BAG 11.3.1999 – 2 AZR 507/98 – NZA 1999, 587; BAG 30.3.1984 – 2 AZR 362/82.
842 BAG 17.12.1976 – 1 AZR 605/75 – AP Art. 9 GG Arbeitskampf Nr. 51.
843 BAG 12.1.1988 – 1 AZR 219/86 – NZA 1988, 474.
844 BAG 29.11.1983 – 1 AZR 469/82 – NZA 1984, 34; BAG 14.2.1978 – 1 AZR 76/76 – AP Art. 9 GG Nr. 58; BAG 14.2.1978 – 1 AZR 103/76 – AP Art. 9 GG Nr. 59.
845 LAG Düsseldorf 23.2.1961 – 2 Sa 3/61 – BB 1961, 677.
846 LAG Nürnberg 16.10.2007 – 7 Sa 233/07 – NZA-RR 2008, 68.

mens nicht aufnehmen werde, so liegt alleine darin noch kein Grund für eine verhaltensbedingte Künd wegen Arbeitsverweigerung. Hat der AN die Arbeitsleistung nicht ernsthaft und endgültig verweigert, so bedarf es vor einer verhaltensbedingten Künd wegen Arbeitsverweigerung einer Abmahnung.[847] Eine außerordentliche Künd kommt bei einer **beharrlicher Arbeitsverweigerung** in Betracht.[848] Nach dem Ultima-Ratio-Prinzip schließt dies aber im Einzelfall nicht aus, dass nur eine ordentliche Künd gerechtfertigt ist.[849] Das ist etwa der Fall, wenn sich die erforderliche Nachhaltigkeit und Obstruktionshaltung im Willen des AN nicht feststellen lässt, d.h., wenn der AN bspw. trotz eines gegenteiligen Hinweises des AG dem **Rechtsirrtum** unterliegt, zu einer bestimmten Tätigkeit vertraglich nicht verpflichtet zu sein, wenn er sich über die Voraussetzungen eines **Leistungsverweigerungsrechts** bzw. über das Vorliegen einer krankheitsbedingten Arbeitsunfähigkeit irrt.[850] Welche Leistung der AN konkret schuldet, ergibt sich in erster Linie aus dem Arbeitsvertrag.[851] Auch BV, auf das Arbverh anwendbare TV und gesetzliche Vorschriften können die Leistungspflichten des AG bestimmen.[852] Der AG kann dem AN in diesem Rahmen durch Ausübung seines Direktionsrechts Tätigkeiten zuweisen. Dabei hat er die Grenzen billigen Ermessens nach § 106 GewO i.V.m. § 315 BGB einzuhalten.[853] Verweigert ein AN die Ableistung von Überstunden, stellt dies grds. keinen verhaltensbedingten Künd-Grund dar, da der AN grds. nur die arbeitsvertraglich vereinbarte Arbeitsleistung schuldet.[854] Etwas anderes gilt, wenn eine BV oder ein auf das Arbverh anwendbarer TV die Ableistung von Überstunden als Pflicht des AN ausdr. vorsehen. Ist der AN unter diesen Voraussetzungen zu einer Ableistung von Überstunden verpflichtet, hat der AG bei der Anordnung die Grenzen billigen Ermessens gem. § 106 GewO i.V.m. § 315 BGB zu beachten.[855] Wiederholtes, unentschuldigtes **Fehlen** rechtfertigt i.d.R. eine (u.U. auch außerordentliche) verhaltensbedingte Künd.[856] Das Gleiche gilt für **Verspätungen**[857] und ein **unbefugtes Verlassen des Arbeitsplatzes**.[858] Von Bedeutung ist insb., wie oft in einem wie großen Zeitraum der AN zu spät kommt und welchen Zeitraum die Verspätungen umfassen. Von einem wegen seiner Verspätungen abgemahnten AN ist zu erwarten, dass er besondere Vorkehrungen trifft, nicht erneut zu spät zu kommen.[859]

Eine verhaltensbedingte Künd scheidet mangels Vertragspflichtverletzung aus, wenn die Arbeitsverweigerung durch Rechtfertigungsgründe gedeckt ist. U.U. kann dem AN ein **Leistungsverweigerungsrecht** zustehen. Dies kann bspw. bei Tätigkeiten der Fall sein, die einen **Gewissenskonflikt** bei dem AN auslösen oder gegen seinen **Glauben** verstoßen.[860] Der AN kann sich jedoch nicht auf ein Leistungsverweigerungsrecht wegen eines Gewissenskonflikts berufen, wenn er bei seiner Einstellung mit derartigen Tätigkeiten rechnen musste. In diesen Fällen ist aufgrund der Leistungsverweigerung u.U. eine verhaltensbedingte Künd gerechtfertigt.[861] Eine **Pflichtenkollision** rechtfertigt u.U. ein **Leistungsverweigerungsrecht**. Das hat das BAG bspw. in dem Fall eines türkischen AN entschieden, der zum verkürzten Wehrdienst in sein Heimatland berufen wird.[862] Der AN kann berechtigt sein, seine Arbeitsleistung zu verweigern, wenn der AG oder einer seiner Repräsentanten (§ 278 BGB) die Gesundheit des AN oder dessen Persönlichkeitsrecht in erheblicher Weise verletzt und mit weiteren Verletzungen zu rechnen ist. Verletzt der AG seine vertraglich geschuldete Rücksichtnahmepflicht nach § 241 Abs. 2 BGB, kann der AN berechtigt sein, ein Zurückbehaltungsrecht auszuüben.[863] Ein AN kann seine Arbeitsleistung auf einem ihm durch Versetzung zugewiesenen Arbeitsplatz verweigern, wenn der BR zu der arbeitsvertraglich an sich zulässigen Versetzung (noch) nicht zugestimmt hat bzw. die Zustimmung nicht gerichtlich gem. § 99 BetrVG ersetzt ist.[864] Der AN kann u.U. auch dazu berechtigt sein, ein **Zurückbehaltungsrecht** auszuüben. Das ist bspw. der Fall, wenn der AG mit der Gehaltszahlung nicht unerheblich in Verzug ist.[865] Ebenso kann der AN sich zu Recht auf ein Zurückbehaltungsrecht berufen, wenn der AG seiner vertraglichen oder gesetzlichen Schutzpflicht nicht nachkommt, den Arbeitsplatz des AN gegen Gefahren für Leib und Gesundheit insoweit zu sichern, als es die Art der Tätigkeit zulässt[866] oder seinen Schutzpflichten nach § 12 AGG nicht nachkommt.

---

847 LAG Rheinland-Pfalz 23.1.2004 – 3 Sa 941/03.
848 BAG 9.5.1996 – 2 AZR 387/95 – NZA 1996, 1085; BAG 17.6.1992 – 2 AZR 568/91; BAG 31.1.1985 – 2 AZR 486/83 – NZA 1986, 138; BAG 12.7.1984 – 2 AZR 290/83; LAG Hamm 3.4.2008 – 15 Sa 2149/07.
849 BAG 21.11.1996 – 2 AZR 357/95 – NZA 1997, 487.
850 KR/*Etzel*, § 1 KSchG Rn 433.
851 LAG Nürnberg 9.1.2007 – 7 Sa 79/06 – NZA-RR 2007, 357.
852 HaKo-KSchR/*Fiebig*, § 1 Teil D Rn 339.
853 KR/*Etzel*, § 1 KSchG Rn 433.
854 HWK/*Quecke*, § 1 KSchG Rn 223; KR/*Etzel*, § 1 KSchG Rn 437.
855 LAG Köln 27.4.1999 – 13 Sa 1380/98 – LAGE § 626 BGB Nr. 126; HaKo-KSchR/*Fiebig*, § 1 Teil D Rn 345.
856 BAG 16.3.2000 – 2 AZR 75/99 – NZA 2000, 1332; BAG 17.1.1991 – 2 AZR 375/90 – NZA 1991, 557.
857 BAG 13.3.1987 – 7 AZR 601/85 – NZA 1987, 518.
858 LAG Schleswig-Holstein 14.10.2002 – 4 Sa 71/02; LAG Niedersachsen 4.2.1982 – 11 Sa 101/81.
859 BAG 27.2.1997 – 2 AZR 302/96 – NZA 1997, 761.
860 BAG 24.5.1989 – 2 AZR 285/88 – NZA 1990, 144; BAG 20.12.1984 – 2 AZR 436/83 – NZA 1986, 21.
861 KR/*Etzel*, § 1 KSchG Rn 315 f.
862 BAG 22.12.1982 – 2 AZR 282/82 – AP § 123 BGB Nr. 23.
863 BAG 13.3.2008 – 2 AZR 88/07.
864 BAG 30.9.1993 – 2 AZR 283/93 – NZA 1994, 615.
865 BAG 9.5.1996 – 2 AZR 387/95 – NZA 1996, 1085.
866 BAG 2.2.1994 – 5 AZR 273/93 – NZA 1994, 610.

Außerdienstliches Verhalten und Lebenswandel

Der AG hat keinen Anspruch gegen den AN aus dem Arbeitsvertrag, dass dieser seine private Lebensführung an den Interessen des AG orientiert. Nach der Rspr. des BAG kann außerdienstliches Verhalten eine ordentliche Künd nur rechtfertigen, wenn das Arbverh konkret nachteilig berührt wird.[867] Eine verhaltensbedingte Künd kann somit nur dann auf außerdienstliches Verhalten gestützt werden kann, wenn der AN durch sein Verhalten arbeitsvertragliche Pflichten verletzt.[868] Scheitert eine verhaltensbedingte Künd daran, dass das außerbetriebliche Verhalten des AN sich nicht als vertragswidrig darstellt, kann der AN u.U. mangels persönlicher Eignung nicht zur Erbringung der geschuldeten Tätigkeit in der Lage sein, so dass evtl. eine personenbedingte Künd in Betracht kommt.[869]

Nicht vertragswidrig und damit nicht geeignet einen verhaltensbedingten Künd-Grund darzustellen sind bspw. Eheschließungen, Partnerbeziehungen, außereheliche Schwangerschaften oder der allg. Lebenswandel.[870] Mit dem geltenden deutschen Recht ist es unvereinbar, einen Ehegatten zur Erfüllung seiner ehelichen Pflichten durch unmittelbaren oder mittelbaren staatlichen Zwang anzuhalten. Deshalb kann eine arbeitgeberseitige Künd außer bei kirchlichen Einrichtungen von vornherein nicht darauf gestützt werden, dass ein AN außerdienstliche intime Beziehungen zu einer verheirateten Person unterhält. Die sich aufgrund einer Scheidung ergebende Verpflichtung des AN zur Zahlung von Unterhalt und des Versorgungsausgleichs nach den §§ 1569 ff., 1587 ff. BGB rechtfertigt ebenfalls keine arbeitgeberseitige Künd des Arbverh wegen verschuldeter Vermögenslosigkeit. Denn nach der deutschen Gesetzeslage gibt es keinen staatlich durchsetzbaren Anspruch darauf, dass ein Ehegatte bis zum Tode an einer Ehe festhält.[871]

Ebenso stellt eine **politische Betätigung** in der Freizeit keinen Grund für eine verhaltensbedingte Künd dar, soweit sie kein vertragswidriges Verhalten darstellt.[872] **Außerdienstlich begangene Straftaten** können auch nur dann eine verhaltensbedingte Künd rechtfertigen, wenn sie eine Vertragspflichtverletzung darstellen. Das ist bspw. der Fall, wenn ein AN in seiner Freizeit in einem entfernt liegenden Betrieb seines AG einen Diebstahl begeht.[873]

Anders liegt der Fall, wenn es sich bei dem zu kündigenden AN um einen Tendenzträger in einem **Tendenzbetrieb** handelt. Tendenzbetriebe sind Betriebe, die unmittelbar und überwiegend politischen, koalitionspolitischen, konfessionellen, karitativen, erzieherischen, wissenschaftlichen oder künstlerischen Bestimmungen dienen. Der Zweck muss unmittelbar mit dem Betrieb erreicht werden. Diejenigen AN, die durch ihre Tätigkeit in einem maßgebenden Einfluss auf die Tendenzverwirklichung haben, sind verpflichtet, sich außerdienstlich nicht gegen die grds. Zielsetzung des AG zu wenden. Der Redakteur einer Tageszeitung gehört zu den Tendenzträgern, so dass er außerbetrieblichen Beschränkungen der Meinungsäußerungsfreiheit unterliegen kann.[874] Eine Zuwiderhandlung rechtfertigt i.d.R. eine verhaltensbedingte Künd.[875] Für **kirchliche Mitarbeiter**, die zu den sog. Funktionsträgern zählen, bestehen gesteigerte sittliche Verhaltensanforderungen im außerdienstlichen Bereich.[876]

Beleidigung

Hat ein knapp neun Monate beschäftigter AN seinem Kollegen auf dessen Bemerkung **„Du Arschloch"** ins Gesicht gespuckt, kann aus verhaltensbedingten Gründen eine ordentliche Künd auch dann gerechtfertigt sein, wenn der AN anschließend durch einen **Faustschlag** des Arbeitskollegen verletzt wurde, danach beide Beteiligten dem Vorgesetzten erklärten, sich wieder zu vertragen und aufgrund der fristlosen Entlassung des Arbeitskollegen eine Wiederholungsgefahr entfällt.[877] Eine ordentliche Künd des AG, aufgrund der Tatsache, dass der AN einen Vorgesetzten in spanischer Sprache als **„Hurensohn"** bezeichnet hat, ist wirksam.[878] Beleidigt der AN den AG, kann das eine Künd rechtfertigen (§ 626 BGB). Ob die Äußerungen **„Blödmann, Armleuchter"** i.d.S. als Beleidigungen zu werten sind, hängt aber immer von den Umständen des Einzelfalles ab.[879]

Eine verhaltensbedingte fristgemäße Künd ist gerechtfertigt, wenn ein AN im **Internet** unter der Bezeichnung „**News der Woche**" mehrere Nachrichten verbreitet, die seinen Dienstherrn beleidigen und herabsetzen.[880] Ein Lehrer, der in einem offenen Brief an einen Schulamtsleiter **ehrverletzende und nicht belegbare Behauptungen** aufstellt, die nicht vom Recht auf freie Meinungsäußerung nach Art. 5 Abs. 1 GG gedeckt sind, verletzt seine arbeitsvertraglichen Pflichten in einer Weise, die grds. geeignet ist, eine außerordentliche Künd ohne vorherige Abmahnung zu rechtfertigen.[881]

---

867 BAG 24.9.1987 – 2 AZR 26/87 – AP § 1 KSchG 1969 Verhaltensbedingte Kündigung Nr. 19.
868 HaKo-KSchR/*Fiebig*, § 1 Teil D Rn 372; KR/*Etzel*, § 1 KSchG Rn 450; *Stahlhacke/Preis/Vossen*, Rn 697.
869 KR/*Etzel*, § 1 KSchG Rn 450.
870 LAG Hamm 1.3.1990 – 17 Sa 1326/89 – LAGE § 1 KSchG Verhaltensbedingte Kündigung Nr. 28; *Stahlhacke/Preis/Vossen*, Rn 699.
871 LAG Hamm 1.3.1990 – 17 Sa 1326/89 – LAGE § 1 KSchG Verhaltensbedingte Kündigung Nr. 28.
872 KR/*Etzel*, § 1 KSchG Rn 457.
873 BAG 20.9.1984 – 2 AZR 633/82 – NZA 1985, 286.
874 BAG 23.10.2008 – 2 AZR 483/07 – DB 2009, 1544; LAG Berlin 6.12.1982 – 9 Sa 80/82 – LAGE § 1 KSchG Tendenzbetrieb Nr. 4.
875 BAG 6.12.1979 – 2 AZR 1055/77 – AP § 1 KSchG 1969 Nr. 2.
876 BAG 30.3.1983 – 2 AZR 524/81 – AP Art 140 GG Nr. 15.
877 LAG Düsseldorf 21.7.2004 – 12 Sa 620/04 – LAGE § 1 KSchG Verhaltensbedingte Kündigung Nr. 85.
878 Hessisches LAG 7.11.1996 – 3 Sa 1915/95 – NZA-RR 1997, 383.
879 LAG Köln 29.4.1987 – 5 Sa 85/87.
880 LAG Schleswig-Holstein 4.11.1998 – 2 Sa 330/98 – NZA-RR 1999, 132.
881 LAG Mecklenburg-Vorpommern 10.1.2008 – 1 Sa 133/07.

Eine „grobe" Beleidigung des AG oder seines Vertreters, die eine Künd ohne Abmahnung rechtfertigen soll, erfordert eine **erhebliche Ehrverletzung des Betroffenen**, eine solche scheidet aus, wenn sich der Adressat selber nicht nennenswert gekränkt gefühlt hat („Mittelfinger").[882] Hat sich eine Gemeindearbeiterin, die **nach erkennbar unberechtigter Denunziation** (wegen Krankheitsverhaltens) zu einer Rücksprache in der Personalabteilung erschienen war, von dem dortigen Sachbearbeiter mit den Worten „**blöder Sack**" verabschiedet, dann rechtfertigt dies keine verhaltensbedingte Künd, wenn diese Äußerung durch **unangemessenes Verhalten der AG-Seite provoziert** worden ist.[883]

Die objektiv nicht besonders schwerwiegende Beleidigung eines Kollegen, der in einer kleinen Gruppe von Sozialarbeitern auch Leitungsfunktion hat, kann selbst dann, wenn sie für den AG erstmalig persönliche, den Arbeitsablauf störende Spannungen auffällig macht, regelmäßig erst nach vergeblicher Abmahnung oder einem vergeblichen Vermittlungsversuch als wichtiger Grund zur außerordentlichen Künd geeignet sein. Auch eine schwere verbale Entgleisung („Du altes Arschloch") ist nicht ohne Weiteres eine grobe Beleidigung und ein ohne Abmahnung ausreichender Künd-Grund; entscheidend ist die Verhältnismäßigkeit und Zumutbarkeit einer Maßnahme im konkreten Fall.[884]

Die **wahrheitswidrige Behauptung der sexuellen Belästigung** durch eine(n) Vorgesetzte(n) ist als beleidigende Äußerung grds. geeignet, eine Künd zu rechtfertigen. Erhebt der/die AN(-in) im Künd-Schutzprozess konkrete Vorwürfe der sexuellen Belästigung, so trägt der AG die Darlegungs- und Beweislast für die Wahrheitswidrigkeit dieser Vorwürfe, wenn er die Künd darauf stützen will.[885]

Äußerungen über Vorgesetzte, selbst wenn sie unwahr oder ehrenrührig sind, stellen dann keinen Grund für eine verhaltensbedingte Künd dar, wenn sie im Kollegenkreis in der sicheren Erwartung erfolgen, sie würden **nicht über den Kreis der Gesprächsteilnehmer hinaus dringen**. Das gilt erst recht für Äußerungen des AN gegenüber dem BR, wenn kein Grund zur Annahme besteht, die **Vertraulichkeit der Mitteilung** werde gebrochen.[886] Die bloße **Formalbeleidigung des AG** ohne Tatsachenhintergrund (Schimpfwort; „Verbrecher"), geäußert in dessen Abwesenheit im Kollegenkreis ohne besondere Anhaltspunkte für die Erwartung, die Äußerung werde dem AG hinterbracht werden, ist im Allg. kein wichtiger Grund für eine außerordentliche Künd ohne Abmahnung.[887]

Zynisch herabwürdigende Äußerungen von in der **Altenpflege** beschäftigten Personen gegenüber den ihnen anvertrauten hilfsbedürftigen Menschen sind unabhängig von den konkreten Umständen geeignet, eine außerordentliche Künd zu begründen.[888]

341 **Betriebsfrieden**

Der bislang weder eindeutig noch befriedigend geklärte Begriff des Betriebsfriedens ist abhängig und wird bestimmt von der Summe aller derjenigen Faktoren, die – unter Einschluss des Betriebsinhabers (AG) – das Zusammenleben und Zusammenwirken der in einem Betrieb tätigen Betriebsangehörigen ermöglichen, erleichtern oder auch nur erträglich machen. Der Betriebsfrieden als ein die Gemeinschaft aller Betriebsangehörigen umschließender Zustand ist daher immer gestört, wenn das störende Ereignis einen kollektiven Bezug aufweist, mögen unmittelbar hiervon auch nur wenige AN betroffen sein. Eine Störung des Betriebsfriedens erfordert nicht, dass die gesamte oder die Mehrheit der Belegschaft oder ganze Betriebsabteilungen über einen Vorgang im Betrieb in Unruhe geraten, in Empörung ausbrechen oder ihren Unmut in spontanen Kundgebungen äußern.

Zur **arbeitsvertraglichen Treuepflicht** eines AN gehört es, den **Betriebsfrieden zu wahren**, d.h. mit dem AG und den Arbeitskollegen vertrauensvoll zusammenzuarbeiten, deren Privatsphäre zu achten und private Konflikte nicht in den Betrieb zu tragen.[889]

Das Arbverh kann von dem AG aus wichtigem Grund ohne Einhaltung einer Künd-Frist gekündigt werden, wenn Tatsachen vorliegen, aufgrund derer ihm unter Berücksichtigung aller Umstände des Einzelfalls und unter Abwägung der Interessen beider Vertragsteile die Fortsetzung des Arbverh selbst bis zum Ablauf der Künd-Frist nicht zugemutet werden kann, § 626 Abs. 1 BGB. Dabei ist auch eine Störung des Betriebsfriedens durch den AN „an sich" geeignet, eine außerordentliche Künd zu rechtfertigen. Der AN muss dabei das Zusammenleben und Zusammenwirken der in dem Betrieb tätigen Betriebsangehörigen konkret und nachhaltig in einer Weise beeinträchtigt haben, die es dem AG, der gemeinsam mit dem BR für eine friedliche Zusammenarbeit der Mitarbeiter verantwortlich ist, unmöglich macht, das Arbverh mit dem störenden AN fortzusetzen. Die Störung des Betriebsfriedens dergestalt, dass ein **AN verschiedenen Mitarbeitern angedroht** hat, sie „**fertig machen zu wollen**", kann dann einen wichtigen Grund für eine außerordentliche Künd darstellen, wenn diese Äußerungen nicht nur Ausdruck eines momentanen

---

[882] LAG Köln 21.8.1998 – 11 Sa 155/97 – NZA-RR 1999, 186.
[883] LAG Köln 7.12.1995 – 10 Sa 717/95 – LAGE § 1 KSchG Verhaltensbedingte Kündigung Nr. 50.
[884] LAG Köln 4.7.1996 – 10 Sa 337/96 – NZA-RR 1997, 171.
[885] LAG Rheinland-Pfalz 16.2.1996 – 10 Sa 1090/95 – LAGE § 1 KSchG Verhaltensbedingte Kündigung Nr. 54.
[886] LAG Köln 16.1.1998 – 11 Sa 146/97 – LAGE § 1 KSchG Verhaltensbedingte Kündigung Nr. 64.
[887] LAG Köln 18.4.1997 – 11 Sa 995/96 – LAGE § 626 BGB Nr. 111.
[888] LAG München 8.8.2007 – 11 Sa 496/06 – PflR 2007, 529.
[889] KR/*Etzel*, § 1 KSchG Rn 467; *Berkowsky*, NZA-RR 2001, 1, 19; vgl. BAG 12.1.2006 – 2 AZR 21/05 – NZA 2006, 917; LAG Rheinland-Pfalz 13.2.2008 – 7 Sa 704/07; LAG München 25.10.2007 – 3 Sa 572/07 – DÖD 2008, 113; LAG Rheinland-Pfalz 11.7.2007 – 8 Sa 876/06.

Konflikts sind, sondern einer tiefen inneren Abneigung Ausdruck verleihen, von deren Fortdauer auszugehen ist.[890] Versteigt sich ein AN in die unwahre Behauptung, er habe ein zwei Tage zuvor durchgeführtes Mitarbeiter-Vorgesetztengespräch, dessen Inhalt str. ist, mitgeschnitten, um seiner Darstellung Nachdruck zu verleihen und den Vorgesetzten zur Korrektur seiner Aussage zu verleiten, liegt in einer solchen **versuchten Nötigung** eine gravierende Verletzung der arbeitsvertraglichen Nebenpflicht. Dieses Verhalten stellt eine schwerwiegende Störung des Betriebsfriedens und eine gravierende Verletzung der Pflicht zu vertraglicher Rücksichtnahme im Arbverh dar und ist als Grund zur außerordentlichen Künd an sich geeignet. Ob bei der anzustellenden Zukunftsprognose eine Abmahnung als von vornherein ungeeignetes Mittel ausscheidet, hängt von den Umständen des Einzelfalls ab. Dabei sind insb. die Gesprächssituationen sowie der Umstand zu würdigen, ob der AN seine Behauptung vor Ausspruch arbeitsrechtlicher Sanktionen von sich aus korrigiert hat.[891]

Es kann ein wichtiger Grund für eine außerordentliche fristlose Künd sein, wenn ein AN bei der **Werbung für die Wahl zum BR** die Ehre Anderer schwerwiegend verletzt und dabei gleichzeitig **parteipolitisch mit verfassungsfeindlicher Zielsetzung agiert**.[892]

Das **Tragen einer auffälligen Plakette im Betrieb** während der Arbeitszeit, durch die eine parteipolitische Meinung bewusst und herausfordernd zum Ausdruck gebracht wird („**Anti-Strauß-Plakette**"), kann ähnlich wie eine ständige verbale Agitation eine provozierende parteipolitische Betätigung darstellen, die einen wichtigen Grund zur außerordentlichen Künd abgeben kann, wenn durch das Verhalten des AN der Betriebsfrieden oder der Betriebsablauf konkret gestört oder die Erfüllung der Arbeitspflicht beeinträchtigt wird.[893]

Äußert sich ein AN außerdienstlich in einem gewerkschaftlichen Intranet kritisch zu Personen und Vorgängen im Betrieb des AG, sind bei der Konkretisierung der allein in Betracht kommenden Verletzung der vertraglichen Rücksichtnahmepflicht (§ 241 Abs. 2 BGB) die grundrechtlichen Rahmenbedingungen, insb. sein Grundrecht auf Meinungsfreiheit, hinreichend zu beachten. Es liegt keine Verletzung der vertraglichen Rücksichtnahmepflicht und der grundrechtlich geschützten Interessen des AG vor, wenn die – teilweise polemischen – Äußerungen des AN weder nach ihrer Form noch nach ihrem Inhalt ein strafrechtlich relevantes Verhalten darstellen. Dies gilt umso mehr, wenn der AN seine Meinung nicht selbst in die Betriebsöffentlichkeit getragen hat und zudem seine Äußerungen auch im Kontext mit sonstigen Begleitumständen, u.a. Beschädigung seines Fahrzeugs und anonyme Anrufe bei seinen Kollegen, zu sehen sind. Eine alleinige Beeinträchtigung des Betriebsfriedens ohne konkrete Feststellung einer arbeitsvertraglichen Pflichtverletzung reicht zur Annahme eines verhaltensbedingten Künd-Grundes nicht aus.[894]

Denunziation
Die Denunziation von Arbeitskollegen, insb. von Vorgesetzten, kann u.U. eine ordentliche Künd rechtfertigen.[895] Schon die bloße Drohung des AN gegenüber dem AG, eine Strafanzeige zu erstatten, kann einen wichtigen Grund für eine außerordentliche Künd i.S.d. § 626 Abs. 1 BGB darstellen. In diesem Fall muss sich jedoch die erforderliche Zumutbarkeitsprüfung auf alle vernünftigerweise in Betracht kommenden Umstände des Einzelfalls erstrecken und diese vollständig und widerspruchsfrei gegeneinander abwägen.[896] Erstattet eine AN eine **Strafanzeige** wegen vorsätzlicher Körperverletzung gegen ihren Vorgesetzten (Gemeindepfarrer), verkennt sie dabei zumindest leichtfertig, dass die Anzeige sachlich nicht gerechtfertigt ist und nimmt sie bewusst die erheblichen negativen Konsequenzen für den Vorgesetzten in Kauf, so kann die darauf beruhende ordentliche verhaltensbedingte Künd der AG (Kirchengemeinde) sozial gerechtfertigt sein.[897] Auch die **Weitergabe von im privaten Bereich getätigten, vertraulichen Äußerungen** kann ggf. zum Ausspruch einer Künd berechtigen. Hat bspw. ein AN die nach Dienstschluss im Kollegenkreis (Cafehausrunde) geübte Kritik eines Kollegen an einem Vorgesetzten diesem Vorgesetzten hinterbracht und dort ebenfalls gefallene politisch anfechtbare Äußerungen eines anderen Kollegen dem PR gemeldet, so vermag ein solches Verhalten die fristgemäße Künd gem. KSchG Abs. 2 zu rechtfertigen.[898]

Wird aufgrund und wegen des Inhalts einer **Beschwerde** dem Beschwerdeführer gegenüber vom AG eine Abmahnung ausgesprochen, so ist diese wegen Verstoßes gegen das Benachteiligungsverbot aus **§ 84 Abs. 3 BetrVG** unwirksam, auch wenn sich die Beschwerde als unbegründet herausstellt. Eine Abmahnung kann ausnahmsweise gerechtfertigt sein, wenn der Inhalt und die Begleitumstände der Beschwerde die Grenzen des Beschwerderechts überschreiten. Dies kann der Fall sein, wenn z.B. schwere haltlose Anschuldigungen gegen den AG bzw. gegen Vorgesetzte und Arbeitskollegen des Beschwerdeführers erhoben werden.[899]

---

890 LAG Berlin 5.1.2005 – 17 Sa 1308/04.
891 LAG Niedersachsen 8.3.2005 – 5 Sa 561/04 – LAGE § 1 KSchG Verhaltensbedingte Kündigung Nr. 88.
892 BAG 15.12.1977 – 3 AZR 184/76 – AP § 626 BGB Nr. 69.
893 BAG 9.12.1982 – 2 AZR 620/80 – AP § 626 BGB Nr. 73.
894 BAG 24.6.2004 – 2 AZR 63/03 – NZA 2005, 158.
895 KR/*Etzel*, § 1 KSchG Rn 466.
896 LAG Rheinland-Pfalz 17.11.2004 – 10 Sa 1329/03.
897 LAG Köln 15.1.1996 – 3 Sa 954/95 – RzK I 5i Nr. 114 (LS).
898 BAG 21.10.1965 – 2 AZR 2/65 – AP § 1 KSchG Verhaltensbedingte Kündigung Nr. 5.
899 LAG Hamm 11.2.2004 – 18 Sa 1847/03.

343 Druckkündigung

Von einer Druck-Künd wird gesprochen, wenn der AG unter Androhung von Nachteilen durch Dritte, wie dem BR, der Belegschaft, einer im Betrieb vertretenen Gewerkschaft oder Kunden, gezwungen wird, einem AN zu kündigen.[900] Eine als Künd-Grund angeführte Drucksituation ist zunächst nach ihrer **Hauptstörquelle** zu untersuchen und damit alternativ als verhaltens-, personen- oder betriebsbedingter Künd-Grund zu prüfen.[901] Bei der Druck-Künd sind zwei verschiedene Konstellationen zu unterscheiden: Wenn der Künd ein personen- oder verhaltensbedingter Künd-Grund zugrunde liegt, wird von einer **unechten Druck-Künd** gesprochen, da die Künd nicht ausschließlich auf der Forderung von Dritten beruht, sondern sich auf andere Gründe stützt. Kündigt der AG hingegen alleine aufgrund des auf ihn durch Dritte ausgeübten Drucks, ohne dass der Künd ein sonstiger anerkannter Künd-Grund zugrunde liegt, handelt es sich um eine **echte Druck-Künd**, die nach überwiegender Auffassung eine betriebsbedingte Künd darstellt.[902]

Bei Störungen im Bereich der betrieblichen Verbundenheit aller Mitarbeiter ist im Allg. eine vorherige **Abmahnung des AN** entbehrlich. Es kann aber im Einzelfall ausnahmsweise eine vorherige Abmahnung erforderlich sein, wenn das Arbverh durch die Vertragsverletzung noch nicht zu stark belastet ist und der AG damit rechnen kann, die Abmahnung werde zu einem vertragsgemäßen Verhalten in Zukunft führen, wenn der AN mit vertretbaren Gründen annehmen konnte, sein Verhalten sei nicht vertragswidrig oder werde vom AG zumindest nicht als ein erhebliches, den Bestand des Arbverh gefährdendes Fehlverhalten angesehen. Andererseits ist eine Abmahnung vor Ausspruch einer ordentlichen, verhaltensbedingten Künd stets dann entbehrlich, wenn sie im Hinblick auf die Einsichts- oder Handlungsfähigkeit des AN keinen Erfolg verspricht. Kennt der AG die Vertragswidrigkeit seines Verhaltens, setzt er aber trotzdem hartnäckig und uneinsichtig seine Pflichtverletzung fort, dann läuft die Warnfunktion der Abmahnung leer.[903]

Im Fall der DruckKünd muss der AG zunächst **versuchen, die Künd abzuwenden**. Dies gilt auch, wenn einem LKW-Fahrer einer Spedition von einem wichtigen Kunden Hausverbot erteilt wird und der AG infolgedessen keine Beschäftigungsmöglichkeit mehr für den AN sieht. In diesem Fall muss sich der AG vor Ausspruch der Künd beim Kunden für seinen AN einsetzen und versuchen, den Streit zu klären.[904]

344 Internet und Telefon (private Nutzung)

Die Nutzung von Internet- und E-Mail-Diensten und damit ihre Bedeutung am Arbeitsplatz nehmen zu. Entsprechend ergeben sich vergleichbar den Fällen privater Telefonnutzung vermehrt Missbrauchsfälle, die zu verhaltensbedingten Künd führen.

Nutzt der AN das Internet entgegen einem **ausdrücklichen Verbot** des AG für private Zwecke, stellt dies eine arbeitsvertragliche Pflichtverletzung dar, die eine Künd des Arbverh rechtfertigen kann. Hat der AG hingegen die **private Nutzung genehmigt oder über einen längeren Zeitraum hinweg widerspruchslos geduldet**, kommt eine Künd ausnahmsweise nur dann in Betracht, wenn die Nutzung in einem Ausmaß erfolgt, von dem der AN nicht mehr annehmen durfte, diese sei noch vom Einverständnis des AG gedeckt. Eine Abmahnung ist nur bei groben Pflichtverletzungen entbehrlich.[905]

Entscheidend für die rechtliche Beurteilung der Missbrauchsfälle und das **Erfordernis einer vorherigen Abmahnung** ist einerseits, ob **eine private Nutzung ausdr. untersagt** wurde, und andererseits die **Art der verbotenen Nutzung respektive die Schwere des Missbrauchs**. So ist nach Auffassung des LAG Niedersachsen eine fristlose Künd aufgrund privaten Surfens im Internet auch ohne vorherige Abmahnung wirksam, wenn ein AN nachweisbar während seiner Arbeitszeit **Dateien mit pornografischen Inhalten** aus dem Netz auf die Festplatte des betrieblichen PC heruntergeladen hat. Dies gilt insb. dann, wenn eine vom AN unterzeichnete Dienstanweisung verdeutlicht, dass der AG eine derartige private Nutzung nicht duldet.[906] In der Praxis empfiehlt sich bei Zweifelsfällen, wenn die **Schwere des Verstoßes** keine eindeutige rechtliche Bewertung zulässt, der **vorherige Ausspruch einer Abmahnung**. Denn auch bei Nutzung des vom AG zu dienstlichen Zwecken zur Verfügung gestellten Internet-Anschlusses zu Privatzwecken (Abruf pornografischer Inhalte) kann eine außerordentliche Künd ohne vorherige vergebliche Abmahnung im Einzelfall rechtsunwirksam sein.[907] Nach Auffassung des LAG Köln rechtfertigt die private Nutzung des Internet mit einem vom AG überlassenen PC durch den AN regelmäßig erst nach entsprechender Abmahnung eine Künd durch den AG.[908] Nach Auffassung des LAG Rheinland-Pfalz genügt es für eine kündigungsrelevante Verletzung der arbeitsvertraglichen Pflichten bei einer Nutzung des Internets oder des Dienst-PCs nicht, wenn die gespeicherten Dateien zwar zum Teil einen sexistischen und anstößigen, nicht aber einen pornografischen oder strafbaren Inhalt haben und der AN zudem nicht sämtliche Dateien aus dem Internet heruntergeladen hat, sondern zahlreiche Dateien viel-

---

900 BAG 10.12.1992 – 2 AZR 271/92 – NZA 1993, 593.
901 LAG Hamm 4.5.1999 – 4 Sa 1298/98.
902 BAG 4.10.1990 – 2 AZR 201/90 – NZA 1991, 468.
903 LAG Hamm 4.5.1999 – 4 Sa 1298/98.
904 ArbG Frankfurt a.M. 16.12.2003 – 5 Ca 1883/03.
905 ArbG Wesel 21.3.2001 – 5 Ca 4021/00 – NZA 2001, 2490.
906 LAG Niedersachsen 26.4.2002 – 3 Sa 726/01 B – MMR 2002, 766.
907 LAG Rheinland-Pfalz 18.12.2003 – 4 Sa 1288/03 – MMR 2004, 475.
908 LAG Köln 17.2.2004 – 6 Sa 1049/03 – NZA-RR 2005, 136.

mehr von Dritten an den AN gemailt wurden. Eine unberechtigte Nutzung des vom AG zur Verfügung gestellten PCs liegt für sich genommen noch nicht darin, dass ein AN **eingehende E-Mails**, die erkennbar keinen dienstlichen Bezug haben, **nicht umgehend löscht**. Weist der AG durch einen betrieblichen Aushang ausdr. darauf hin, dass Pflichtverletzungen im Zusammenhang mit der Nutzung des betrieblichen Internetsystems „mit Abmahnungen und je nach Schwere und Dauer auch zum Anlass für eine verhaltensbedingte Künd genommen" werden, hat er damit selbst **ein abgestuftes System von Sanktionen** vorgegeben, so dass der AN bei geringem Umfang der privaten Nutzung nicht mit einer Künd des Arbverh, sondern allenfalls mit einer Abmahnung rechnen muss.[909]

Die **Schwere der arbeitsvertraglichen Pflichtenverletzung** kann auch durch das systematische Vorgehen des AN bestimmt werden. So rechtfertigt das Herunterladen und geordnete Speichern umfangreicher pornographischer Dateien ohne Genehmigung im Rahmen der Nutzung einer betrieblichen Datenverarbeitungsanlage und eines Internetzugangs eine ordentliche verhaltensbedingte Künd. Bei einem derartigen Vorgehen ist nach der Auffassung des ArbG Frankfurt a.M. der Ausspruch einer Abmahnung entbehrlich.[910]

Gleichfalls ist die **strafrechtliche Beurteilung des Vorgehens des AN** für die arbeitsrechtliche Bewertung des Pflichtverstoßes und das Künd-Recht des AG maßgeblich. So ist eine außerordentliche Künd i.S.v. § 626 Abs. 1 BGB wirksam, wenn ein AN zumindest verdächtig ist, den ihm vom AG zur Verfügung gestellten Laptop dazu verwendet zu haben, aus dem Internet Videodateien mit kinderpornographischem Inhalt herunterzuladen, zu speichern und zu verbreiten und damit eine **Straftat gem. § 184 Abs. 3 StGB** begangen zu haben.[911] Ein AN, der sich trotz ausdrücklichen Verbots der Internetnutzung unter Vorwänden über seine Kollegen Zugang zum Internet verschafft und unter Verwendung seiner dienstlichen E-Mail-Adresse durch das Herunterladen und Speichern von kinderpornographischen Dateien strafrechtlich relevante Handlungen im Sinne der §§ 184f (184b) StGB begeht, kann fristlos gekündigt werden.[912] Dem **Leiter eines kommunalen Kindergartens** kann ohne vorherige Abmahnung wirksam außerordentlich gekündigt werden, wenn anlässlich staatsanwaltschaftlicher Ermittlungen auf dem privaten PC des AN sechzig aus dem Internet heruntergeladene **Bilddateien mit pornographischen Darstellungen des Missbrauchs von Kindern** sichergestellt werden, die den dringenden Verdacht begründen, der AN habe aufgrund pädophiler Neigungen gehandelt.[913]

Lädt ein AN während der Arbeitszeit pornographisches Bildmaterial aus dem Internet, das er auf Datenträgern des AG speichert und nutzt er den Internet-Zugang zum **Einrichten einer Web-Page sexuellen Inhalts**, rechtfertigt dies eine außerordentliche Künd. Bei der Beurteilung der Schwere des Vertragsverstoßes ist zu berücksichtigen, dass ein derartiges **Verhalten des AN geeignet ist, das Ansehen des AG in der Öffentlichkeit zu beschädigen**. Es bedarf weder einer Abmahnung noch einer vorherigen ausdrücklichen Regelung. Ein Beweisverwertungsverbot besteht nicht, wenn der AG die vom AN bereits auf Datenträgern des AG gespeicherten Daten festgestellt und gesichert hat.[914] Die ausdr. verbotene private Internetnutzung in erheblichem Umfang kann eine fristlose Künd zwar an sich auch ohne vorherige Abmahnung rechtfertigen. Der **mehr als 30-jährige beanstandungsfreie Bestand des Arbverh** kann aber zum Überwiegen des Interesses des AN an der Fortsetzung des Arbverh auch dann führen, wenn er pornografische Seiten aufgerufen hat.[915]

Sowohl die **Nutzung des dienstlichen Internetzugangs für private Zwecke** als auch das **Herunterladen von Software** können ein wichtiger Grund für den Ausspruch einer außerordentlichen Künd sein. Das gilt im Fall von Internetnutzung allerdings nur dann, wenn dies vom Dienstherrn eindeutig verboten ist und wenn feststeht, dass die Nutzung in umfangreicher Form erfolgt, oder wenn der AN durch eine einschlägige Abmahnung auf die Einhaltung seiner diesbezüglichen Verpflichtungen hingewiesen worden ist. Soweit laut **Dienstanweisung einer staatlichen Behörde** die private Internetnutzung „grds." unzulässig ist, fehlt es an der nötigen **Eindeutigkeit des Verbots jeglicher Nutzung**. Aus der Zahl der gespeicherten Internetadressen lässt sich nicht auf den Umfang der (privaten) Internetnutzung schließen. Das **unzulässige Herunterladen von Programmen** für private Zwecke, das nur zu einer für das interne Netz abstrakten Gefahr geführt hat, berechtigt nicht zur Künd ohne vorherige Abmahnung.[916] Sind **Art und Ausmaß des Verbots privater Internetnutzung am Arbeitsplatz unklar**, kommt vor Klarstellung der Verhältnisse bzw. einer Abmahnung eine außerordentliche Künd nicht in Betracht.[917]

Eine verhaltensbedingte fristgemäße Künd ist gerechtfertigt, wenn ein AN im Internet unter der Bezeichnung „News der Woche" mehrere Nachrichten verbreitet, die seinen Dienstherrn beleidigen und herabsetzen.[918] Bezeichnet ein AN des öffentlichen Dienstes in einer außerdienstlich verfassten und u.a. im Internet verbreiteten Pressemitteilung

---

909 LAG Rheinland-Pfalz 14.12.2007 – 9 Sa 234/07.
910 ArbG Frankfurt a.M. 2.1.2002 – 2 Ca 5340/01 – NZA 2002, 1093.
911 ArbG Frankfurt a.M. 1.7.2002 – 15 Ca 2158/02 – RDV 2003, 190.
912 LAG München 14.4.2005 – 4 Sa 1203/04.
913 ArbG Braunschweig 22.1.1999 – 3 Ca 370/98 – NZA-RR 1999, 192.
914 ArbG Hannover 1.12.2000 – 1 Ca 504/00 B – NZA 2001, 1022.
915 LAG Rheinland-Pfalz 9.5.2005 – 7 Sa 68/05.
916 LAG Nürnberg 26.10.2004 – 6 Sa 348/03 – LAGReport 2005, 176.
917 LAG Rheinland-Pfalz 12.7.2004 – 7 Sa 1243/03 – NZA-RR 2005, 303.
918 LAG Schleswig-Holstein 4.11.1998 – 2 Sa 330/98 – NZA-RR 1999, 132.

die **Anschläge des 11. September 2001** u.a. als „**längst überfällige Befreiungsaktion**", so billigt er damit die Terroranschläge. Ein derartiges Verhalten ist als ein **Angriff auf die Menschenwürde der Opfer und ihrer Hinterbliebenen** zu bewerten und nicht mehr vom **Grundrecht der freien Meinungsäußerung** gedeckt. Der AG ist daher berechtigt, das Arbvrh ohne vorherige Abmahnung wegen des hierdurch entstandenen Vertrauensverlustes zu kündigen.[919]

Ein Verstoß gegen das vom AG ausgesprochene **Verbot privaten E-Mailverkehrs**, das dem **Virenschutz** dienen soll, rechtfertigt grds. erst nach vorangegangener erfolgloser Abmahnung den Ausspruch einer verhaltensbedingten außerordentlichen oder ordentlichen Künd.[920] Ein AN, der von zu Hause aus E-Mails mit **Gewerkschaftswerbung** an die Arbeitsplätze von Mitarbeitern während ihrer Arbeitszeit verschickt, verstößt dadurch nicht gegen seine arbeitsvertraglichen Pflichten. Eine deshalb erteilte Abmahnung ist deshalb zurückzunehmen und zu entfernen.[921]

Datenmissbrauch ist i.d.R. als eine schwerwiegende Vertragspflichtverletzung anzusehen, die die außerordentliche und fristlose Beendigung des Arbvrh ohne vorherige Abmahnung rechtfertigt.[922] Der Missbrauchstatbestand ist dann erfüllt, wenn ein AN sich eine fremde User-ID und ein fremdes Passwort zeigen macht und diese – wenn auch nur für dienstliche Zwecke – nutzt.[923] Der **unbefugte Zugriff in den E-Mail-Account des AG** ist grds. geeignet, eine außerordentliche Künd auch ohne vorherige Abmahnung zu rechtfertigen.[924] Grds. liegt ein wichtiger, zur außerordentlichen Künd berechtigender Grund vor, wenn der AN private Dateien und Dokumente auf und mit Betriebsmitteln des AGs (Computer und Drucker) speichert, erstellt, bearbeitet und druckt. Voraussetzung hierfür ist jedoch, dass dies in einem derart erheblichen Umfang geschieht, dass der Betriebsablauf gestört wird, und der AN seine arbeitsvertraglich geschuldeten Pflichten dadurch in nicht unerheblichem Umfang vernachlässigt. Das **gelegentliche Drucken von privaten Dokumenten auf dem Drucker des AG** vermag keine fristlose Künd zu begründen. Ebenso vermag das gelegentliche private Surfen im Internet keine fristlose Künd zu begründen.[925]

Das BAG[926] hat die Instanzenrechtsprechung zur verhaltensbedingten Künd aufgrund privater Internetnutzung konkretisiert und nimmt eine Verletzung der arbeitsvertraglichen Leistungspflicht sowie vertraglicher Nebenpflichten insb. an, wenn

– ein AN entgegen einem ausdrücklichen Verbot oder nach einer einschlägigen Abmahnung das Internet genutzt hat;
– das Herunterladen einer erheblichen Menge von Daten aus dem Internet auf betriebliche Datensysteme („unbefugter download") stattfindet;
– dem AG zusätzliche Kosten entstehen;
– der AN während des Surfens im Internet seine arbeitsvertraglich geschuldete Arbeitsleistung nicht erbringt und dadurch seine Arbeitspflicht verletzt;[927]
– es zu möglichen Rufschädigungen des AG kommen kann, beispielsweise weil strafbare oder pornografische Darstellungen heruntergeladen werden.[928]

Nur im Falle exzessiver Privatnutzung des Internets ist eine Abmahnung entbehrlich.[929] Nutzt ein AN in einem Zeitraum von 10 Monaten das Internet zu privaten Zwecken für insgesamt 7 Stunden und 28 Minuten, kann im Rahmen der Interessenabwägung nicht von einer Nutzung in erheblichem zeitlichen Umfang („ausschweifend" bzw. „exzessiv") zu privaten Zwecken gesprochen werden.[930] Bestreitet der AN an den vom AG genannten Tagen die Privatnutzung des Dienst-PC, ist dieses Bestreiten nicht unerheblich, wenn der AN nicht allein auf den Dienst-PC Zugriff hatte. Dies gilt umso mehr, wenn er für einige der betreffenden Tage substanziiert dargelegt hat, dass er wegen seiner Abwesenheit den Dienst-PC nicht privat nutzen konnte.[931] Vergleichbare Grundsätze wie bei der missbräuchlichen Nutzung des Internets gelten bei der **nicht erlaubten privaten Nutzung der Telefonanlagen des AG**. Auch das private Telefonieren am Arbeitsplatz kann eine ordentliche und u.U. bei besonders schwerwiegenden Pflichtverletzungen eine außerordentliche Künd rechtfertigen.[932] Führt der AN private Telefonate von seinem dienstlichen Telefonapparat ohne die **betrieblich vorgesehene Kennzeichnung** und **getrennte Abrechnung**, so stellt dieses treuwidrige Verhalten an sich einen wichtigen Grund i.S.d. § 626 Abs. 1 BGB dar. Im Rahmen der umfassenden Interessenabwägung kann sich aber ergeben, dass dem AG eine Weiterbeschäftigung bis zum Ablauf der ordentlichen Künd-Frist zumutbar ist.[933]

---

919 LAG Schleswig-Holstein 6.8.2002 – 2 Sa 150/02 – NZA-RR 2004, 351.
920 LAG Hessen, 13.12.2001 – 5 Sa 987/2001 – DB 2002, 901.
921 LAG Schleswig-Holstein 1.12.2000 – 6 Sa 562/99 – ArbuR 2001, 71.
922 LAG Köln 24.7.2002 – 8 Sa 266/02 – NZA-RR 2003, 303 „Löschung von Kundendaten durch einen Außendienstmitarbeiter".
923 ArbG Hannover 10.1.2002 – 10 Ca 250/01 – RDV 2002, 249 = NZA-RR 2002, 582.
924 LAG Schleswig-Holstein 3.6.2008 – 5 Sa 22/08.
925 ArbG Frankfurt a.M. 31.1.2001 – 2 Ca 2990/00.
926 BAG, Urt. v. 31.5.2007 – 2 AZR 200/06 – NZA 2007, 922; BAG 7.7.2005 – 2 AZR 581/04 – NZA 2006, 98.
927 *Kramer*, NZA 2004, 457, 459; *Mengel*, NZA 2005, 752, 753.
928 *Hanau/Hoeren*, S. 31; *Mengel*, NZA 2005, 752, 753.
929 LAG Rheinland-Pfalz 14.12.2007 – 9 Sa 234/07.
930 LAG Hamm 18.1.2007 – 15 Sa 558/06.
931 BAG 31.5.2007 – 2 AZR 200/06 – NZA 2007, 922.
932 BAG 4.3.2004 – 2 AZR 147/03 – NZA 2004, 717.
933 LAG Köln 4.11.1999 – 6 Sa 493/99.

Zu differenzieren ist zwischen der **dienstlichen, dienstlich veranlassten und privaten Nutzung der Telefonanlagen**.[934] Liegt kein ausdrückliches Verbot für private Telefonate vor oder ist das private Telefonieren sogar ausdr. gestattet bzw. in Form einer betrieblichen Übung über lange Zeit stillschweigend geduldet, darf ein AN dennoch nicht in beliebigem Umfang von der Möglichkeit privater Telefonate Gebrauch machen. Vielmehr muss sich die **private Nutzung in zumutbaren Grenzen** halten. Verstößt ein AN gegen dieses „**Übermaßverbot**" kann nach einschlägiger Abmahnung eine verhaltensbedingte Künd gerechtfertigt sein.[935] Nach Auffassung des LAG Nürnberg stellt das Führen privater Telefonate ohne Abmahnung keinen wichtigen Grund i.S.d. § 626 BGB dar, wenn in der Arbeitsordnung solche Gespräche „in dringenden Fällen" erlaubt sind, wenn der AG Gespräche bisher geduldet hat und der AN in vier Monaten 142 Minuten privat telefoniert hat. Das Verhalten genüge ohne Abmahnung auch nicht für eine ordentliche verhaltensbedingte Künd.[936] Auch das LAG Köln urteilt restriktiv, wenn der AN von seinem dienstlichen Fernsprechanschluss grds. auch private Telefonate führen darf. Das ausschweifende Gebrauchmachen von dieser Möglichkeit verbunden mit einer durch unzureichende Organisation verzögerten Abrechnung berechtige nicht ohne weiteres zur Künd des Arbverh.[937]

Maßgebend für das Recht zur Künd ist somit die Schwere der Pflichtverletzung, die sich aus dem Umfang und der Art der Nutzung sowie der betrieblichen Verfahrensweise mit Privattelefonaten ableitet. Eine außerordentliche Künd nach § 626 Abs. 1 BGB und § 54 Abs. 1 Manteltarifvertrag für die Angestellten der Bundesanstalt für Arbeit kann wegen des dringenden Verdachts, mehrfach nach Vornahme technischer **Manipulationen von einem Dienstanschluss** während der Arbeitszeit mit sog. Sex-Hotlines telefoniert zu haben, wirksam sein. Das Verhalten ist in mehrfacher Hinsicht geeignet, den AG zu schädigen. Zum einen entsteht ein wirtschaftlicher Schaden dadurch, dass dem Telefonanbieter durch die inkriminierten Telefonate ein Gebührenanspruch erwächst. Zum zweiten entsteht ein wirtschaftlicher Schaden dadurch, dass an fünf der sechs betroffenen Tage in nicht unerheblichem Umfang Arbeitszeit für private Vergnügungen zweckentfremdet wurde. Weiterhin entsteht ein immaterieller Schaden der Beklagten dadurch, dass der Missbrauch von Arbeitszeit zum Führen derartiger spezieller Telefonate das Ansehen der beklagten Bundesanstalt in der Öffentlichkeit beeinträchtigt. Der Missbrauch von Arbeitszeit sowie von wirtschaftlichen Mitteln und technischen Einrichtungen der Beklagten zum Führen privater Sex-Telefonate begründet eine schwerwiegende Störung im Vertrauensbereich, die geeignet ist, auch dann eine außerordentliche Künd gem. § 626 BGB zu rechtfertigen, wenn die Täterschaft eines bestimmten AN noch nicht mit letzter Sicherheit feststeht, jedoch ein sehr dringender Verdacht gegen ihn gegeben ist.[938] Es gibt Ausnahmefälle, in denen der Missbrauch eines zu dienstlichen Zwecken überlassenen Mobiltelefons für Privatgespräche eine Künd auch vor Ausspruch einer einschlägigen Abmahnung sozial rechtfertigen kann. Die Verursachung von **Telefonkosten in Höhe von 1.700 EUR** durch eine **Verzehnfachung der privaten Nutzung** in der Freistellungsphase vor einer geplanten Vertragsauflösung stellt eine grobe und vorsätzliche Vertragsverletzung dar, die zur ordentlichen Künd berechtigt.[939]

Konkurrenztätigkeit

Ein wichtiger Grund zur außerordentlichen Künd liegt vor, wenn ein AN Kunden des AG anbietet, z.T. auf eigenen Namen und eigene Rechnung zu arbeiten. In diesem Fall der Konkurrenztätigkeit zu Lasten des AG ist eine Abmahnung entbehrlich, da es sich um eine schwere Pflichtverletzung handelt, deren Rechtswidrigkeit dem AN ohne weiteres erkennbar ist und bei der eine Billigung des Verhaltens offensichtlich ausgeschlossen ist.[940]

Bei den in Frage kommenden Fallgestaltungen ist mit Blick auf eine arbeitgeberseitige Reaktion abzugrenzen zwischen **sanktionslosen Vorbereitungshandlungen** für eine selbstständige Tätigkeit und **zur fristlosen Künd berechtigenden Wettbewerbsverstößen**.[941] Die Künd eines Arbverh ist nach Auff. des LAG Nürnberg[942] nicht gerechtfertigt, wenn der AN zusammen bzw. mit Wissen eines auch nicht allein vertretungsbefugten Geschäftsführers seiner AG eine Konkurrenzgesellschaft gründet, er seine Beteiligung an dieser Konkurrenzgesellschaft jedoch zwei Monate nach Umwandlung seines AG von einer GmbH in eine AG verkauft. Ein AN, der den Schritt in die Selbstständigkeit beabsichtigt, verletzt seine vertragliche Interessenwahrnehmungspflicht nicht, wenn er die ihm aus seinem bisherigen Arbverh bekannt gewordenen Kollegen auf einen Wechsel zu ihm anspricht und deren Bereitschaft zu einem Wechsel, durch welche Zusagen auch immer, fördert. Ein solches Verhalten rechtfertigt eine fristlose Künd nicht, es sei denn, es liegen Umstände vor, die die konkrete Abwerbung als verwerflich erkennen lassen.[943]

---

934 LAG Sachsen-Anhalt 23.11.1999 – 8 TaBV 6/99 – NZA-RR 2000, 476.
935 LAG Niedersachsen 13.1.1998 – 13 Sa 1235/97 – NZA-RR 1998, 259.
936 LAG Nürnberg 6.8.2002 – 6 (5) Sa 472/01 – NZA-RR 2003, 191.
937 LAG Köln 2.7.1998 – 6 Sa 42/98 – LAGE § 1 KSchG Verhaltensbedingte Kündigung Nr. 66.
938 LAG Köln 13.3.2002 – 7 Sa 380/01 – NZA-RR 2002, 577.
939 Hessisches LAG 25.11.2004 – 5 Sa 1299/04 – LAGE § 1 KSchG Verhaltensbedingte Kündigung Nr. 87.
940 Hessisches LAG 25.3.2004 – 14 Sa 2043/03.
941 LAG Köln 25.2.2004 – 4 Sa 1311/03.
942 LAG Nürnberg 12.3.2003 – 4 Sa 124/02.
943 LAG Hamburg 21.12.1999 – 2 Sa 62/99.

Noch während des Arbverh begonnene Vorbereitungsverhandlungen des AN zur Gründung eines Konkurrenzunternehmens sind dann nicht mehr zulässig, wenn der geplante Wettbewerb gesetzeswidrig wäre, z.B. weil er unter Benutzung eines zugunsten des AG geschützten Firmenbestandteils erfolgen soll. Das kann besonders dann eine fristlose Künd rechtfertigen, wenn außerdem die zur Vorbereitung eingesetzten Mittel unzulässig sind.[944]

Unerlaubte Konkurrenztätigkeit im selben Handelszweig/Gewerbe wie der AG ist „an sich" geeignet, eine außerordentliche Künd gem. § 626 BGB zu rechtfertigen. Dies gilt selbst dann, wenn die Konkurrenztätigkeit vom AN unentgeltlich ausgeführt wird. Eine verbotene Wettbewerbstätigkeit des AN liegt jedoch erst vor, wenn sie durch den Umfang und die Intensität der Tätigkeit auch grds. geeignet ist, das Interesse des AG, unbeeinflusst von Konkurrenztätigkeiten des AN in seinem Marktbereich auftreten zu können, spürbar zu beeinträchtigen. Einmalige oder nur ganz sporadisch ausgeübte reine **Freundschaftsdienste im Marktbereich des AG** muss der AG i.d.R. hinnehmen, wenn diese den arbeits- und wertmäßigen Umfang einer geringfügigen Gefälligkeit nicht übersteigen und unentgeltlich durchgeführt wurden. In solchen Fällen kann mangels spürbarer Beeinträchtigung der Wettbewerbsinteressen des AG nicht von einer verbotswidrigen Wettbewerbstätigkeit ausgegangen werden.[945] Konkurrenztätigkeit liegt bereits vor, wenn der AN im Marktbereich des AG Dritten Leistungen erbringt oder auch nur anbietet. Eine Kontrolle, ob jedes einzelne Tätigwerden des ANs als solches konkret seine Interessen berührt, wäre dem AG unmöglich.[946]

Ein wichtiger Grund für eine außerordentliche Künd ist gegeben, wenn eine in einer Klinik beschäftigte Krankenschwester, die nebenberuflich ohne Kenntnis ihres AG eine Heilpraktikerpraxis betreibt, anlässlich eines dienstlichen Kontakts einem Patienten eine Visitenkarte mit der Anschrift ihrer Heilpraktikerpraxis überreicht und diesem im Rahmen einer sich anschließenden Behandlung in ihrer Praxis empfiehlt, die ihm in der kardiologischen Abteilung der Klinik ihres AG verordneten Medikamente abzusetzen und einen Operationstermin zu verschieben. Es kommt nicht darauf an, ob sich der Gesundheitszustand des Patienten hierdurch verschlechtert hat.[947]

Entscheidend für das Vorliegen einer Wettbewerbssituation und den Umfang eines Wettbewerbsverbotes ist nicht, in welcher Rechtsform der konkurrierende AN tätig wird (selbstständig, in einem freien Dienst- oder in einem Arbeitsvertrag). § 60 HGB steht einer – selbstständigen oder unselbstständigen – Nebentätigkeit grds. insoweit im Wege, als diese den Interessen des AG zuwiderläuft.[948]

346 **Krankheit – Nebenpflichten**

Anzeige- und Nachweispflichten: Gem. **§ 5 Abs. 1 EFZG** ist der AN verpflichtet, dem AG die Arbeitsunfähigkeit und deren voraussichtliche Dauer unverzüglich mitzuteilen (**Mitteilungs- oder Anzeigepflicht**). Dauert die Arbeitsunfähigkeit länger als drei Kalendertage, hat der AN eine ärztliche Bescheinigung über das Bestehen der Arbeitsunfähigkeit sowie deren voraussichtliche Dauer spätestens an dem darauf folgenden Arbeitstag vorzulegen (**Pflicht zur Vorlage einer ärztlichen Arbeitsunfähigkeitsbescheinigung**). Der AG ist berechtigt, die Vorlage der ärztlichen Bescheinigung früher zu verlangen. Dauert die Arbeitsunfähigkeit länger, als in der Bescheinigung ausgewiesen, ist der AN verpflichtet, eine neue ärztliche Bescheinigung vorzulegen. Dabei ist zu beachten, dass der AN auch nach Ablauf der sechswöchigen Entgeltfortzahlung verpflichtet ist, dem AG bei Fortdauer der Arbeitsunfähigkeit gem. § 5 Abs. 1 S. 2 bis 4 EFZG eine ärztliche Arbeitsunfähigkeitsbescheinigung vorzulegen.[949] Ein AN hat dem AG nicht nur den erstmaligen Eintritt, sondern auch die **Fortdauer krankheitsbedingter Arbeitsunfähigkeit unverzüglich anzuzeigen**. Die unverzügliche Anzeige der Arbeitsunfähigkeit und deren voraussichtliche Dauer durch den Arb stellt eine arbeitsvertragliche Nebenpflicht dar. Ein Verstoß gegen die vertragliche Nebenpflicht zur unverzüglichen Anzeige der Arbeitsunfähigkeit und deren Fortdauer ist, jedenfalls nach vorheriger Abmahnung, grds. geeignet, eine ordentliche Künd sozial zu rechtfertigen.[950]

Wiederholte Verletzungen der Anzeigepflicht bei Folgeerkrankungen durch einen arbeitsunfähigen AN können nach entsprechender Abmahnung eine ordentliche Künd rechtfertigen.[951] Die schuldhafte vergeblich abgemahnte Verletzung einer Nebenpflicht in Form der Anzeigepflicht bei Krankheit kann an sich eine ordentliche Künd auch dann sozial rechtfertigen, wenn es dadurch nicht zu einer Störung der Arbeitsorganisation oder des Betriebsfriedens gekommen ist. Wenn derartige nachteilige Auswirkungen eingetreten sind, ist das im Rahmen der Interessenabwägung zu Lasten des AN zu berücksichtigen.[952]

Die Verletzung der dem AN obliegenden Pflicht, seine Arbeitsunfähigkeit durch ärztliche Bescheinigung nachzuweisen, kann unter besonderen Umständen ein wichtiger Grund für eine außerordentliche Künd sein. Angesichts

---

944 LAG Köln 22.6.2001 – 11 Sa 28/01 – MDR 2002, 100.
945 LAG Schleswig-Holstein 3.12.2002 – 5 Sa 299 b/02 – LAGE § 60 HGB Nr. 9.
946 Hessisches LAG 28.4.1998 – 9 Sa 2007/97 – LAGE § 1 KSchG Verhaltensbedingte Kündigung Nr. 65.
947 LAG Köln 11.9.1996 – 8 Sa 292/96 – LAGE § 626 BGB Nr. 103.
948 BAG 6.10.1988 – 2 AZR 150/88 – RzK I 5i 41.

949 Mues u.a./*Eisenbeis*, Hdb. z. KüR, Teil 4 Rn 238; LAG Rheinland-Pfalz 22.2.2007 – 4 Sa 884/06; LAG Sachsen-Anhalt 24.4.1996 – 3 Sa 449/95 – NZA 1997, 772; Hessisches LAG 5.9.2002 – 16 (9) Sa 1876/02.
950 BAG 7.12.1988 – 7 AZR 122/88 – AP § 1 KSchG 1969 Verhaltensbedingte Kündigung Nr. 26.
951 LAG Köln 1.6.1995 – 5 Sa 250/95 – LAGE § 611 BGB Abmahnung Nr. 42.
952 BAG 16.8.1991 – 2 AZR 604/90 – NZA 1993, 17.

des regelmäßig geringeren Gewichts dieser Pflichtverletzung bedarf es jedoch der Feststellung erschwerender Umstände des Einzelfalles, die ausnahmsweise die Würdigung rechtfertigen, dem AG sei die Fortsetzung des Arbverh bis zum Ablauf der ordentlichen Künd-Frist bzw. bis zum vereinbarten Beendigungszeitpunkt nicht zumutbar gewesen. Wegen der Auswirkungen auf den Betriebsablauf hat der AG in aller Regel ein größeres Interesse an einer schnellen Unterrichtung über die Arbeitsunfähigkeit als an einem ärztlichen Nachweis darüber, ob die Behauptungen seines AN zutreffen. Hieraus ergibt sich jedoch nicht, dass die Verletzung der Nachweispflicht kündigungsrechtlich grds. unerheblich wäre. Auch dem Nachweis der Erkrankung kann, insb. wenn er nach den getroffenen Vereinbarungen „unverzüglich" vorzunehmen ist, erhebliche Bedeutung für die Planung der Arbeitsorganisation des AG zukommen, v.a., wenn sich aus der Krankmeldung des AN keine einigermaßen zuverlässigen Anhaltspunkte über die Dauer der Erkrankung ergeben oder wenn die persönliche Meldung des AN aus anderen Gründen nicht als zuverlässig anzusehen ist. Überdies kann sich bei jeder von AN wirksam übernommenen vertraglichen Nebenpflicht aus der beharrlichen Nichtbeachtung dieser Pflicht die fehlende Bereitschaft des AN zur ordnungsgemäßen Vertragserfüllung überhaupt ergeben, wodurch für den AG eine Unzumutbarkeit der Fortsetzung des Arbverh entstehen kann. Es lässt sich mithin nicht der Rechtssatz aufstellen, die Verletzung der Pflicht zum Nachweis der Arbeitsunfähigkeit durch ärztliche Bescheinigung könne auch nach vorheriger Abmahnung niemals einen wichtigen Künd-Grund abgeben. Ob im Einzelfall ein wichtiger Grund i.S.d. § 626 BGB vorliegt, fällt in den Bereich der vom Tatrichter vorzunehmenden umfassenden Interessenabwägung. Angesichts des geringeren Gewichts einer bloßen Verletzung der Nachweispflicht wird es hierbei allerdings i.d.R. rechtsfehlerhaft sein, wenn der Tatsachenrichter eine solche Pflichtverletzung als wichtigen Grund zur außerordentlichen Künd ansieht, ohne besondere Umstände des Einzelfalles festzustellen, aus denen trotz des geringeren Gewichts eines derartigen Vertragsverstoßes dem AG die Fortsetzung des Arbverh unzumutbar sein soll.[953] Nach Ansicht des Hessischen LAG kann ein wichtiger Grund zur außerordentlichen Künd nach § 626 Abs. 1 BGB insb. dann nicht angenommen werden, wenn der AN seine Ersterkrankung bereits angezeigt habe und lediglich gegen seine Verpflichtung zur Anzeige der Fortdauer der Erkrankung verstoße. Die Pflichtverletzung sei in diesem Fall für den AG weniger schwerwiegend, da er stets mit der Fortdauer der Arbeitsunfähigkeit rechnen müsse und ihn insoweit das Fehlen des AN nicht unvorhergesehen treffe.[954] Der Hinweis im Arbeitsvertrag, ein bestimmtes Verhalten ziehe die fristlose Entlassung nach sich, erweitert zwar nicht die gesetzlichen Künd-Möglichkeiten, er kann aber – da er jedenfalls eine Warnfunktion erfüllt – eine Abmahnung als Künd-Voraussetzung entbehrlich machen.[955]

Hat der AG durch den Ausspruch einer Künd deutlich gemacht, dass er seiner arbeitsvertraglichen Mitwirkungsverpflichtung i.S.d. Eröffnung der Arbeitsmöglichkeit, der fortlaufenden Planung und Konkretisierung des Arbeitseinsatzes und der Ausübung des Direktionsrechts nicht nachkommen will, ist aufgrund dieser Zäsur der AN jedenfalls so lange auch von den ihm sonst obliegenden Anzeige- und Nachweispflichten (insb. des § 5 EFZG) befreit, als der AG nicht von sich aus die Künd zurücknimmt oder wenigstens eine Arbeitsmöglichkeit unter Vorbehalt eröffnet.[956]

Pflicht zu gesundheits- und heilungsförderndem Verhalten: Ein AN ist aufgrund seiner Treuepflicht gehalten, während seiner Krankheit alles zu unterlassen, was die Genesung hinauszögern könnte. Erbringt ein AN während seiner Arbeitsunfähigkeit Tätigkeiten, die seiner baldigen Genesung hinderlich sind, rechtfertigt dies eine ordentliche und u.U. sogar eine fristlose Künd. Aus der **Intensität der Nebenbeschäftigung** kann sich zudem der begründete Verdacht ergeben, dass die **Arbeitsunfähigkeit vorgetäuscht** war. Auch dies berechtigt zu einer fristlosen Künd.[957] Die Verletzung der arbeitnehmerseitigen Treuepflicht kann nach den Umständen des Einzelfalles die ordentliche arbeitgeberseitige Künd rechtfertigen, ohne dass es des Nachweises einer tatsächlichen Verzögerung des Heilungsprozesses bedarf.[958]

Wird durch die Ausübung einer Nebentätigkeit die im Arbverh vertraglich geschuldete Leistung beeinträchtigt, bedarf es nach Auff. des LAG Köln[959] vor einer hierauf gestützten Künd in aller Regel einer Abmahnung. Das Erfordernis, den AN vor Ausspruch der Künd einschlägig abzumahnen, kann bei groben Pflichtenverstößen des AN entfallen. Ist ein AN **während einer ärztlich attestierten Arbeitsunfähigkeit** schichtweise einer **Nebenbeschäftigung bei einem anderen AG** nachgegangen, so kann je nach den Umständen auch eine fristlose Künd ohne vorherige Abmahnung gerechtfertigt sein.[960] Gleiches gilt, wenn ein AN im Krankheitszeitraum in einer Gaststätte hinter der Theke steht und über die volle Öffnungszeit Bier ausschenkt. Die **Künd wegen** Arbeit in einer Gaststätte im Krankheitszeitraum oder wegen **genesungswidrigen Verhaltens** während der Krankschreibung ist nicht dem Leistungsbereich, sondern dem personalen **Vertrauensbereich** zuzuordnen und bedarf deshalb keiner vorherigen Abmah-

---

953 BAG 15.1.1986 – 7 AZR 128/83 – NZA 1987, 93.
954 Hessisches LAG 6.5.2002 – 16/9 Sa 1876/01.
955 LAG Köln 12.11.1993 – 13 Sa 726/93 – LAGE § 1 KSchG Verhaltensbedingte Kündigung Nr. 40.
956 LAG Schleswig-Holstein 17.12.2003 – 3 Sa 415/03 – NZA-RR 2004, 241.
957 LAG Rheinland-Pfalz 11.1.2002 – 8 Sa 1159/01; LAG Hamm 8.3.2000 – 18 Sa 1614/99 – MDR 2000, 1140; LAG Hamm 28.8.1991 – 15 Sa 437/91 – LAGE § 1 KSchG Verhaltensbedingte Kündigung Nr. 34.
958 LAG Hamm 28.8.1991 – 15 Sa 437/91 – LAGE § 1 KSchG Verhaltensbedingte Kündigung Nr. 34.
959 LAG Köln 7.1.1993 – 10 Sa 632/92 – LAGE § 626 BGB Nr. 69.
960 BAG 26.8.1993 – 2 AZR 154/93 – NZA 1994, 63.

nung. Ein genesungswidriges Verhalten während der Krankschreibung oder eine Arbeitsleistung während der Krankheitsperiode machen eine Abmahnung entbehrlich.[961]

Eine außerordentliche Künd wegen eines gesundheitswidrigen Verhaltens des ANs während einer bescheinigten Arbeitsunfähigkeit ist ungerechtfertigt, wenn sich nachträglich herausstellt, dass der Gesundheitszustand des AN zum Zeitpunkt der Künd schwer geschädigt war und auch ohne ein gesundheitswidriges Verhalten eine Wiederherstellung der Arbeitsfähigkeit ausgeschlossen war.[962] Ebenfalls wird man dem AN nicht verbieten können, in Zeiten ärztlich bescheinigter Arbeitsunfähigkeit nach Abklingen der akuten Krankheitserscheinungen solche persönlichen Angelegenheiten und Arbeiten zu Hause besorgen, die den Heilungsprozess nicht nachteilig beeinflussen.[963]

Androhung von Krankfeiern/vorgetäuschte Erkrankung: Erklärt der AN, er werde krank, wenn der AG ihm den im bisherigen Umfang bewilligten Urlaub nicht verlängere, obwohl er im Zeitpunkt dieser Ankündigung nicht krank war und sich aufgrund bestimmter Beschwerden auch noch nicht krank fühlen konnte, so ist ein solches Verhalten ohne Rücksicht darauf, ob der AN später tatsächlich erkrankt, an sich geeignet, einen wichtigen Grund zur außerordentlichen Künd abzugeben. Die Drohung mit einer demnächst eintretenden Erkrankung, um Urlaub gewährt oder verlängert zu erhalten, erfüllt regelmäßig den **Straftatbestand der versuchten Nötigung** und ist als solche an sich geeignet, einen wichtigen Grund zur fristlosen Künd i.S.d. § 626 Abs. 1 BGB abzugeben.[964] Dies gilt erst recht, wenn der AN trotz entsprechender Abmahnung seine Androhung wahrmacht. Der **Beweiswert** einer dann vorgelegten **Arbeitsunfähigkeitsbescheinigung** ist **erschüttert**.[965] Er kann allenfalls dadurch wiederhergestellt werden, dass der AN objektive Tatsachen vorträgt, die geeignet sind, den Verdacht einer Täuschung des krankschreibenden Arztes zu beseitigen.[966] Die bloße Ankündigung, sich krankschreiben zu lassen, ist noch kein Künd-Grund, solange es sich dabei auch um den Hinweis auf ein rechtmäßiges Verhalten handeln kann. Denkbar ist bspw., dass ein AN Krankheitssymptome verspürt, von denen er aus Erfahrung weiß, dass ein Arzt sie als Grund für eine Arbeitsunfähigkeit wertet. In diesem Fall hat die Ankündigung, sich krankschreiben zu lassen, überhaupt nichts Anrüchiges. Der AG mag deswegen die Arbeitsunfähigkeit des AN im Einzelfall anzweifeln. Im Künd-Schutzprozess kann sich der AG aber nicht mit Zweifeln begnügen. Ihm obliegt vielmehr der Vollbeweis für die Künd-Gründe.[967]

Ein AN, der gegenüber dem AG sein Fehlen am Arbeitsplatz mit einem bei ihm angeblich vorliegenden und zur Arbeitsunfähigkeit führenden, bestimmten Krankheitsbild entschuldigt, muss sich kündigungsrechtlich an diesem Tun festhalten lassen, wenn der AG u.a. auf die Unvereinbarkeit dieses Krankheitsbildes mit weiterem Verhalten des AN (ungenehmigte Nebentätigkeit) eine Künd stützt. Er kann nicht, sobald er erkennt, dass er damit nicht durchdringen kann, ein anderes Krankheitsbild im Prozess vorbringen, von dem er und/oder sein Prozessvertreter annehmen, dass dieses mit seinem weiteren Verhalten eher vereinbar sei.[968] Verrichtet ein im Bauhof mit ähnlichen Arbeiten beschäftigter AN während bestätigter Arbeitsunfähigkeit **umfangreiche Garten- und Baumfällarbeiten**, dann stellt dies auch dann einen wichtigen Grund für die außerordentliche Künd dar, wenn er sich damit verteidigt, er habe sich nicht genesungswidrig verhalten, weil seine Arbeitsunfähigkeit auf **psychische Probleme** zurückzuführen gewesen sei, die auf dem **Mobbing seiner Kollegen** beruhten. Dies gilt zumindest dann, wenn der AN bereits einschlägig abgemahnt ist. Der Einwand, es habe sich nur um „**Nachbarschaftshilfe**" gehandelt, ist zumindest dann unbeachtlich, wenn der Kläger derartige Tätigkeiten in einem eigens hierfür angemeldeten Gewerbe auch gegen Entgelt anbietet.[969]

Kündigt ein arbeitsunfähiger AN in einem Telefongespräch über die Arbeitsaufnahme und die weitere Arbeitszeitverteilung mit seiner nahezu freundschaftlich verbundenen AG an, er werde sich noch zwei weitere Tage krankschreiben lassen, darf ihm wegen dieser schließlich in die Tat umgesetzten Äußerung nicht gekündigt werden, wenn für ihn aus der Reaktion der AG nicht erkennbar war, dass sie sich durch diese vermeintliche Drohung in ihrer Entscheidung über die Arbeitseinteilung unter Druck gesetzt fühlte.[970] Ein AN, der seinem AG droht krank zu werden, falls er keine Hilfe erhalte und dann einen ihm zu seiner Unterstützung gestellten AN ablehnt, verletzt seine Pflicht zur Rücksichtnahme. Eine darauf gestützte Künd des AG ist jedenfalls als ordentliche gerechtfertigt.[971]

347 **Lohnpfändungen**

Schulden des AN und **Lohnpfändungen** berechtigen den AG i.d.R. nicht zur außerordentlichen oder ordentlichen Künd.[972] Allein in dem Fall, dass die Lohnpfändungen über einen längeren Zeitraum hinweg so gehäuft auftreten,

---

[961] LAG Hamm 28.5.1998 – 4 Sa 1550/97 – LAGE § 1 KSchG Verhaltensbedingte Kündigung Nr. 69 (LS).
[962] LAG München 3.11.2000 – 10 Sa 1037/99 – LAGE § 626 BGB Nr. 131.
[963] LAG Hamm 28.5.1998 – 4 Sa 1550/97 – LAGE § 1 KSchG Verhaltensbedingte Kündigung Nr. 69 (LS).
[964] BAG 12.3.2009 – 2 AZR 251/07 – NZA 2009, 779; BAG 5.11.1992 – 2 AZR 147/92 – NZA 1993, 308; LAG Köln 14.9.2000 – 6 Sa 850/00 – NZA-RR 2001, 246.
[965] Vgl. LAG Hamm 29.1.2003 –18 Sa 1137/02.
[966] LAG Köln 17.4.2002 – 7 Sa 462/01 – NZA-RR 2003, 15.
[967] LAG Köln 26.2.1999 – 11 Sa 1216/98 – NZA-RR 2000, 25.
[968] LAG Hessen 27.6.1991 – 12 Sa 693/89 – LAGE § 626 BGB Nr. 63.
[969] LAG Nürnberg 7.9.2004 – 6 Sa 116/04 – LAGE § 626 BGB 2002 Unkündbarkeit Nr. 1.
[970] LAG Rheinland-Pfalz 27.11.2002 – 9 Sa 877/02.
[971] LAG Baden-Württemberg 28.8.1996 – 2 Sa 16/96.
[972] BAG 4.11.1981 – AZR 264/79 – AP § 1 KSchG 1969 Verhaltensbedingte Kündigung Nr. 4.

dass sie zu einem erheblichen Verwaltungsaufwand beim AG führen, der sich bei objektiver Betrachtung als wesentliche Störung beim Betriebsablauf darstellt, kann eine ordentliche verhaltensbedingte Künd gerechtfertigt sein.[973]

Die nicht durch eine Notlage verursachte Verschuldung eines in einer Vertrauensstellung beschäftigten AN kann jedenfalls dann einen personenbedingten Künd-Grund darstellen, wenn sie in relativ kurzer Zeit zu häufigen Lohnpfändungen führt und sich aus der Art und der Höhe der Schulden ergibt, dass der AN voraussichtlich noch längere Zeit in ungeordneten wirtschaftlichen Verhältnissen leben werde.[974]

Missbrauch von Kontrolleinrichtungen

348

Überträgt ein AG den Nachweis der täglich bzw. monatlich geleisteten Arbeitszeit den AN selbst (**Selbstaufzeichnung der Arbeitszeit**) und füllt der AN die dafür zur Verfügung gestellten Formulare wissentlich und vorsätzlich falsch aus, so stellt dies einen schweren Vertrauensmissbrauch dar, der insb., wenn damit ein persönlicher Vorteil angestrebt wird, nicht nur zur ordentlichen, sondern sogar zur fristlosen Künd aus wichtigem Grund berechtigen kann.[975]

Bei der Prüfung, ob die **Arbeitszeitmanipulation eines Außendienstmitarbeiters** durch **Falschausfüllen der Tagesberichte** einen wichtigen Grund für eine außerordentliche Künd darstellt, kommt es nicht darauf an, ob dieses Verhalten strafrechtlich zu würdigen ist, sondern darauf, ob der Gesamtsachverhalt eine Fortsetzung des Arbverh unzumutbar macht. Auch bei Störungen im Vertrauensbereich ist das Abmahnungserfordernis stets zu prüfen und eine Abmahnung jedenfalls dann vor Ausspruch der Künd erforderlich, wenn ein steuerbares Verhalten des AN in Rede steht und erwartet werden kann, dass das Vertrauen wieder hergestellt wird.[976]

Ein **Arbeitszeitbetrug** verbunden mit dem dringenden **Verdacht langfristiger Gleitzeitmanipulationen** rechtfertigt die außerordentliche Künd auch eines ordentlich unkündbaren Arbverh. Der AN hat die aufgewandten Detektivkosten zu erstatten, soweit sie zum Nachweis seiner vorsätzlichen Vertragspflichtverletzung notwendig waren.[977]

Mobbing

349

„Mobbing" ist kein Rechtsbegriff und damit auch **keine mit einer Rechtsnorm vergleichbare selbstständige Anspruchsgrundlage** für Ansprüche eines AN gegen seinen AG oder gegen Vorgesetzte bzw. Arbeitskollegen. Stützt die Ehefrau des AN Schadensersatzansprüche gegen den AG darauf, dass dieser den Selbstmord ihres Ehemannes durch eine ausgesprochene und später zurückgenommene Künd verschuldet habe, so muss sie darlegen und beweisen, dass der AG seine arbeitsvertragliche Pflichten aus § 241 Abs. 2 BGB verletzt hat. Allein durch den **Ausspruch einer unwirksamen Künd** verletzt ein AG nicht seine dem AN gegenüber bestehenden Rücksichtnahmepflichten. Eine nicht mehr sozial adäquate Maßnahme könnte eine Künd nur dann darstellen, wenn sie den AN über den bloßen Künd-Ausspruch hinaus in seinem Persönlichkeitsrecht beeinträchtigt und dies vom AG auch so gewollt ist. Ein Schadensersatzanspruch setzt voraus, dass die Verletzung einer vertraglichen oder gesetzlichen Pflicht adäquat kausal für den eingetretenen Schaden gewesen ist. Der Selbstmord eines AN stellt regelmäßig keine adäquat kausale Folge einer sozial ungerechtfertigten Künd dar. Etwas anderes würde nur gelten, wenn es objektive, für Dritte erkennbare Anhaltspunkte für eine Suizidgefährdung des AN gegeben hätte.[978]

Ein wirksamer **Mobbingschutz** ist in einem Raum der Freiheit, der Sicherheit und des Rechts eine **verfassungsrechtliche Wertschutzaufgabe**. Er leistet einen Beitrag zu der von der EU-Kommission im Hinblick auf den Wandel der Arbeitswelt und Gesellschaft geforderten Festigung der Präventionskultur.[979] Der Begriff des Mobbings beschreibt eine **konfliktbelastete Kommunikation am Arbeitsplatz unter Kollegen oder zwischen Vorgesetzten und Untergebenen**, bei der die angegriffene Person unterlegen ist und von einer oder mehreren Personen **systematisch**, oft und während einer längeren Zeit **mit dem Ziel und/oder dem Effekt des Ausstoßens aus dem Arbverh** direkt oder indirekt angegriffen wird und sie dies als diskriminierend empfindet.[980] Ob ein Fall des arbeitsrechtlich relevanten „Mobbings" vorliegt, hängt von den Umständen des Einzelfalles ab. Dabei ist eine Abgrenzung zu dem im gesellschaftlichen Umgang im Allg. üblichen oder rechtlich erlaubten und deshalb hinzunehmenden Verhalten erforderlich. Nicht jede Auseinandersetzung oder Meinungsverschiedenheit zwischen Kollegen und/oder Vorgesetzten und Untergebenen kann den Begriff des „Mobbings" erfüllen. Vielmehr ist es dem Zusammenarbeiten mit anderen Menschen immanent, dass sich Reibungen und Konflikte ergeben, ohne dass diese Ausdruck des Ziels sind, den Anderen systematisch in seiner Wertigkeit gegenüber Dritten oder sich selbst zu verletzen.[981] Der Sachvortrag einer gegen Mobbing gerichteten Klage erfordert deshalb eine **konkrete sachliche und zeitliche Auseinandersetzung**

---

973 KR/*Etzel*, § 1 KSchG Rn 460; BAG 15.10.1992 – 2 AZR 188/92 – EzA § 1 KSchG Verhaltensbedingte Kündigung Nr. 45.
974 BAG 15.10.1992 – 2 AZR 188/92 – EzA § 1 KSchG Verhaltensbedingte Kündigung Nr. 45.
975 BAG 13.8.1987 – 2 AZR 629/86 – RzK I 5i Nr. 31.
976 LAG Schleswig-Holstein 5.11.2003 – 3 Sa 315/02.
977 LAG Köln 22.5.20036 – (3) Sa 194/03 – LAGE § 626 BGB Nr. 150.
978 BAG 24.4.2008 – 8 AZR 347/07 – DB 2008, 2086.
979 LAG Thüringen 28.6.2005 – 5 Sa 63/04.
980 Mues u.a./*Eisenbeis*, Hdb. z. KüR, Teil 4 Rn 252.
981 LAG Schleswig-Holstein 19.3.2002 – 3 Sa 1/02 – NZA-RR 2002, 457.

mit den erhobenen Mobbingvorwürfen i.S. einer Substantiierung der Vorgänge, die auch die Schilderung der konkreten Situation mit ungefährer Zeitangabe umfasst.[982]

Die bloße Unliebsamkeit eines AN für den AG oder einen Vorgesetzten ist kein Künd-Grund. Weder seine bloße Unliebsamkeit noch ein sachlich berechtigter Grund für die Trennung von einem AN können Mobbingmethoden als einen „Akt der Befreiung" rechtfertigen. Arbeitgeberseitige Rechtsmaßnahmen, die Mobbing-Tatbeiträge darstellen, sind nach § 242 BGB i.V.m. Art. 1 und Art. 2 GG rechtsunwirksam. Die isolierte Rechtsprüfung einer zum Anlass einer Klage gewordenen Maßnahme wird der Tragweite des Falles nicht gerecht, wenn ein Mobbingzusammenhang geltend gemacht wurde und Anhaltspunkte bestehen, die befürchten lassen, dass die Mobbingangriffe auch bei gerichtlicher Kassation dieser Maßnahme fortgesetzt werden und durch Einbeziehung einer Mobbingprüfung in die Entscheidungsfindung der Fortsetzung des Mobbings und der damit anzunehmenden Entstehung weiterer Rechtsstreite vorgebeugt werden kann. Die für die Feststellung von Mobbing erforderlichen **persönlichkeitsfeindlichen Angriffshandlungen** können nur vorsätzlich begangen werden. Der Vorsatz erstreckt sich dann regelmäßig auf die von der Rechtsordnung nicht gedeckte Herbeiführung der psychischen Zermürbung und sozialen Entwürdigung (**psychosoziale Destabilisierung**) des Mobbingopfers oder die Verwirklichung eines auf diesem Wege mit der Rechtsordnung nicht zu vereinbarenden **Herausdrängen aus beruflichen Positionen oder dem Beschäftigungsverhältnis**. Prinzipiell ist jedoch ausreichend, dass die vorsätzlichen Persönlichkeitsangriffe zur Herbeiführung einer psychosozialen Destabilisierung des Mobbingopfers oder durch diese Destabilisierung vermittelten weitergehenden, mit der Rechtsordnung nicht vereinbaren Zielsetzungen förderlich sind. Eine solche Förderlichkeit besteht bei einer entsprechenden Eignung der Mobbingangriffe und erst recht bei einem entsprechenden Erfolgseintritt. Tritt der Persönlichkeitsbekämpfungsvorsatz durch die **äußere Erscheinungsweise oder völlige Unverhältnismäßigkeit einer Handlung** nicht offen zu Tage, kann er trotzdem indiziert sein, wenn die Handlung unter dem Verhaltensstandard eines intakten Beschäftigungsverhältnisses, in dem nicht eine Person, sondern ein Sachproblem bekämpft wird, nicht plausibel ist. Diese Indizierung kann widerlegt werden durch den Vortrag und ggf. den Beweis von Umständen, aus denen geschlossen werden kann, dass die sachlich nicht gerechtfertigte und in einer normalen Mitarbeiterbeziehung nicht plausible Handlung auf einem Irrtum, einem Versehen oder einer Fehleinschätzung beruht. Eine solche Rechtfertigung kann in der bei Mobbingfällen abschließend erforderlichen verhaltensumfassenden Beurteilung ihre Schlüssigkeit dadurch verlieren, dass sich in einem intakten Arbverh nicht mehr plausible Verhaltensweisen häufen. Dabei kann als Faustregel gelten: Je öfter und intensiver gegenüber einer Person durch deren Persönlichkeitsrechtsstellung **belastende Rechtsakte oder inadäquate Kommunikation** ein sozial ausgrenzendes oder in sonstiger Weise ein diese psychisch belastendes Verhalten an den Tag gelegt wird, umso mehr spricht hinsichtlich der jeweiligen Handlungen für das Vorliegen von **Persönlichkeitsbekämpfungsvorsatz** und bei verhaltensumfassender Beurteilung für die Berechtigung des Mobbingvorwurfs. Ist ein mobbingbegründender Sachverhalt vorgetragen, dann obliegt der Gegenpartei der Vortrag und ggfs. der Beweis von Tatsachen, die das Fehlen einer Täter-Opfer-Beziehung begründen. Die für die Feststellung einer mobbingbedingten Persönlichkeitsrechtsverletzung erforderliche Täter-Opfer-Beziehung fehlt nicht bereits deshalb, weil vereinzelt mit sozialadäquaten Umgangsformen nicht mehr vereinbare, affekthaft begangene Verhaltensweisen des Mobbingopfers vorliegen, welche von den Mobbingtätern durch ständige Quälereien oder situativ provoziert wurden. Das Gleiche gilt, wenn ein Verhalten vorliegt, das unter Berücksichtigung der vorangegangenen Mobbingbelastung als sozialadäquate Stressbewältigung und nicht als Teil eines systematischen Gegenmobbings gewertet werden muss.[983]

Der AG ist verpflichtet, das allg. Persönlichkeitsrecht der bei ihm beschäftigten AN nicht selbst durch Eingriffe in deren Persönlichkeits- oder Freiheitssphäre zu verletzen, diese vor Belästigungen durch Mitarbeiter oder Dritte, auf die er einen Einfluss hat, zu schützen, einen menschengerechten Arbeitsplatz zur Verfügung zu stellen und die AN-Persönlichkeit zu fördern. Zur Einhaltung dieser Pflichten kann der AG als Störer nicht nur dann in Anspruch genommen werden, wenn er selbst den Eingriff begeht oder steuert, sondern auch dann, wenn er es unterlässt, Maßnahmen zu ergreifen oder seinen Betrieb so zu organisieren, dass eine Verletzung des Persönlichkeitsrechts ausgeschlossen wird.[984] Der AG haftet nach **§ 278 BGB** für Schäden, die einer seiner AN dadurch erleidet, dass ihn sein Vorgesetzter schuldhaft in seinen Rechten verletzt.[985]

Das von einem AN ausgehende Mobbing ist an sich geeignet, einen wichtigen Grund für eine fristlose Künd abzugeben. Da es sich allerdings auch bei Mobbing um steuerbares Verhalten des AN handelt, ist eine Abmahnung vor Ausspruch der Künd nicht generell entbehrlich. Sie ist jedenfalls dann erforderlich, wenn durch Sie die Wiederherstellung des Vertrauens erwartet werden kann.[986] Das Mobbing kann auch ohne Abmahnung und unabhängig davon, ob es in diesem Zusammenhang zu einer Störung des Betriebsfriedens gekommen ist, die außerordentliche Künd eines Arbverh rechtfertigen, wenn dadurch das allg. Persönlichkeitsrecht, die Ehre oder die Gesundheit des Mobbingopfers in schwerwiegender Weise verletzt werden. Je intensiver das Mobbing erfolgt, umso schwerwiegender und

---

982 BAG 20.3.2003 – 8 AZN 27/03.
983 LAG Thüringen 28.6.2005 – 5 Sa 63/04.
984 LAG Thüringen 10.4.2001 – 5 Sa 403/2000 – NZA-RR 2001, 347.
985 BAG 25.10.2007 – 8 AZR 593/06 – NZA 2008, 223.
986 LAG Sachsen-Anhalt 27.1.2000 – 9 Sa 473/99.

nachhaltiger wird die Vertrauensgrundlage für die Fortführung des Arbverh gestört. Muss der Mobbingtäter erkennen, dass das Mobbing zu einer Erkrankung des Opfers geführt hat und setzt dieser ungeachtet dessen das Mobbing fort, dann kann für eine auch nur vorübergehende Weiterbeschäftigung des Täters regelmäßig kein Raum mehr bestehen. Für die Einhaltung der für den Ausspruch einer außerordentlichen Künd bestehenden zweiwöchigen Ausschlussfrist des § 626 Abs. 2 BGB kommt es bei einer mobbingbedingten außerordentlichen Künd entscheidend auf die Kenntnis desjenigen Ereignisses an, welches das letzte, den Künd-Entschluss auslösende Glied in der Kette vorangegangener weiterer, in Fortsetzungszusammenhang stehender Pflichtverletzungen bildet.[987]

Da sich das Mobbingopfer nicht auf Beweiserleichterungen berufen kann, kommen diese auch nicht dem AG im Künd-Schutzprozess zugute. Der AG hat vielmehr zu beweisen, dass sich der gekündigte Mobbingtäter systematisch alleine oder mit anderen gegen einen Kollegen gerichtet hat. Aus einer Kette von Vorfällen muss ein **System der Diskriminierung und Herabwürdigung** erkennbar sein.[988]

Auch auf Seiten des AN kann ein gezieltes Mobbing gegen seine Person im Einzelfall zur außerordentlichen Künd des Arbverh berechtigen. Für einen **Schadensersatzanspruch wegen sog. Mobbings** muss erkennbar sein, dass Maßnahmen des AG aus Anlass einer Betriebsänderung gegen die Person des AN gerichtet waren und nicht bloß den Inhalt oder den Bestand dessen Arbverh betrafen. Dafür genügt die Wahrnehmung vermeintlicher Rechte nicht, wenn aus dabei gemachten Fehlern nicht zu schließen ist, dass der AN damit gezielt zermürbt werden sollte.

In Mobbing-Fällen beginnt die **Ausschlussfrist** wegen der systematischen, sich aus mehreren einzelnen Handlungen zusammensetzenden Verletzungshandlung regelmäßig **erst mit der zeitlich letzten Mobbing-Handlung**.[989]

Nebentätigkeit

Die arbeitsvertragliche Klausel, eine Nebenbeschäftigung bedürfe der Zustimmung des AG, stellt die Aufnahme einer beruflichen Tätigkeit unter Erlaubnisvorbehalt. Der AN hat Anspruch auf Zustimmung des AG, wenn die Aufnahme der Nebentätigkeit betriebliche Interessen nicht beeinträchtigt.[990] Dieser **Erlaubnisvorbehalt** für Nebentätigkeiten ist – auch unter Berücksichtigung der objektiven Wertentscheidung des Art. 12 Abs. 1 GG – rechtswirksam. Dem AN ist jede Form von Tätigkeit verboten, die sich für seinen AG als Konkurrenz auswirkt. Diese für Handlungsgehilfen in **§ 60 HGB** geregelte Pflicht gilt aufgrund der arbeitsvertraglichen Treuepflicht für alle AN.[991] Verrichtet der AN während der Dauer seiner Arbeitsunfähigkeit Nebentätigkeiten, so kann ein verhaltensbedingter Künd-Grund gegeben sein, wenn die Nebentätigkeit dem Wettbewerbsinteresse des AG zuwiderläuft, der AN statt der Nebentätigkeit auch seine Leistungspflichten aus dem Arbverh hätte erfüllen können oder die Nebentätigkeit den Heilungsprozess verzögert.[992] Die fortgesetzte und vorsätzliche Ausübung offensichtlich nicht genehmigungsfähiger Nebentätigkeiten in Unkenntnis des AG stellt regelmäßig bereits ohne das Hinzutreten besonderer Umstände an sich einen wichtigen Grund zur Kündigung i.S.d. § 626 Abs. 1 BGB dar.[993]

Ein Journalist verletzt seine vertragliche Rücksichtnahmepflicht, wenn er aus einer für gelegentliche Arbeiten genehmigten Nebentätigkeit Honorare ohne nachweisbare Gegenleistung erhält, da er aufgrund seines beruflichen Aufgabenfeldes in besonderem Maße dazu verpflichtet ist, das Vertrauen Außenstehender und seines AG in die von ihm geleistete journalistische Arbeit sowie in die unabhängige Berichterstattung der Medien nicht zu erschüttern.[994]

Hat sich ein bei einer Sparkasse als Kassierer beschäftigter Ang dadurch strafbar gemacht, dass er seinen während seiner Nebentätigkeit an den arbeitsfreien Samstagen und im Erholungsurlaub erzielten Verdienst nicht versteuert hat, rechtfertigt dieses außerdienstliche strafbare Fehlverhalten des Bankangestellten für sich allein nicht die außerordentliche Künd des Arbverh des tariflich ordentlich nicht mehr kündbaren Ang seitens seiner AG.[995]

Politische Betätigung

Grds. gilt, dass eine **verfassungskonforme politische Einstellung** eines AN keine ordentliche Künd rechtfertigen kann. Wie in den Fällen früherer **Stasi-Tätigkeit** kann sich jedoch, wenn sich der AN **verfassungsfeindlich betätigt** oder durch seine politische Aktivität seine arbeitsvertraglichen Pflichten verletzt, ein verhaltens- oder personenbedingter Künd-Grund ergeben.

Die ordentliche Änderungs-Künd eines Fernmeldehandwerkers bei der Deutschen Bundespost wegen seiner **DKP-Zugehörigkeit** und damit verbundener Aktivitäten ist nur dann durch Gründe, die im Verhalten des AN liegen, bedingt, wenn eine konkrete Störung des Arbverh, sei es im Leistungsbereich, im Bereich der betrieblichen Verbundenheit aller Mitarbeiter, im personalen Vertrauensbereich oder im behördlichen Aufgabenbereich, eingetreten ist. Einen personenbedingten Grund wegen fehlender Eignung aufgrund von Zweifeln an der Erfüllung der einfachen politischen Loyalitätspflicht eines im öffentlichen Dienst tätigen AN stellt diese politische Betätigung nur dar,

---

987 LAG Thüringen 15.2.2001 – 5 Sa 102/2000 – NZA-RR 2001, 577.
988 Mues u.a./*Laber*, Hdb. z. KüR, Teil 4 Rn 254.
989 BAG 16.5.2007 – 8 AZR 709/06 – NZA 2007, 1154.
990 BAG 11.12.2001 – 9 AZR 464/00 – NZA 2002, 965.
991 BAG 19.4.2007 – 2 AZR 180/06 – NZA-RR 2007, 571; BAG 15.3.1990 – 2 AZR 484/89 – RzK I 5i 60.
992 LAG Hamm 8.3.2000 – 18 Sa 1614/99 – MDR 2000, 1140.
993 BAG 18.9.2008 – 2 AZR 827/06 – EzA § 626 BGB 2002 Nr. 24.
994 Hessisches LAG 12.4.2007 – 11 Sa 404/06.
995 LAG Hamm 15.11.1990 – 17 Sa 942/90 – LAGE § 626 BGB Nr. 53.

wenn sie in die Dienststelle hineinwirkt und entweder die allg. Aufgabenstellung des öffentlichen AG oder das konkrete Arbeitsgebiet des AN berührt. **Sicherheitsbedenken**, die sich aus der vom AG vermuteten fehlenden Verfassungstreue ergeben sollen, sind von diesem unter Berücksichtigung der einem Fernmeldehandwerker obliegenden politischen Treuepflicht bezogen auf sein Tätigkeitsgebiet und den behördlichen Aufgabenbereich konkret unter Anführung greifbarer Tatsachen darzulegen.[996]

352 **Schlecht- und Minderleistung**

Die verhaltensbedingte Künd gegenüber einem leistungsschwachen AN (sog **low performer**) kann nach Abs. 2 gerechtfertigt sein, wenn der AN seine arbeitsvertraglichen Pflichten dadurch vorwerfbar verletzt, dass er fehlerhaft arbeitet. Ein AN genügt – mangels anderer Vereinbarungen – seiner Vertragspflicht, wenn er unter **angemessener Ausschöpfung seiner persönlichen Leistungsfähigkeit** arbeitet. Er verstößt gegen seine Arbeitspflicht nicht allein dadurch, dass er die durchschnittliche Fehlerhäufigkeit aller AN überschreitet. Allerdings kann die **längerfristige deutliche Überschreitung der durchschnittlichen Fehlerquote** je nach tatsächlicher Fehlerzahl, Art, Schwere und Folgen der fehlerhaften Arbeitsleistung ein Anhaltspunkt dafür sein, dass der AN vorwerfbar seine vertraglichen Pflichten verletzt. Legt der AG dies im Prozess dar, so muss der AN erläutern, warum er trotz erheblich unterdurchschnittlicher Leistungen seine Leistungsfähigkeit ausschöpft.[997]

Nach der Rspr. kann die Künd gegenüber einem AN wegen Minderleistung nach Abs. 2 als **verhaltensbedingte** oder als **personenbedingte Künd** gerechtfertigt sein. Eine verhaltensbedingte Künd setzt voraus, dass dem AN eine Pflichtverletzung vorzuwerfen ist.[998] Eine personenbedingte Künd kommt in Betracht, wenn bei einem über längere Zeit erheblich leistungsschwachen AN auch für die Zukunft mit einer schweren Störung des Vertragsgleichgewichts zu rechnen ist.[999] Eine personenbedingte Künd wegen Minderleistungen setzt nicht voraus, dass der AN gegen die subjektiv zu bestimmende Leistungspflicht verstößt. Es kommt darauf an, ob die Arbeitsleistung die berechtigte Erwartung des AG von der Gleichwertigkeit der beiderseitigen Leistungen in einem Maße unterschreitet, dass ihm ein Festhalten an dem (unveränderten) Arbeitsvertrag unzumutbar wird.[1000] Es ist mithin zu unterscheiden, ob das **Leistungsdefizit auf mangelnder Eignung oder auf mangelndem Leistungswillen beruht**.[1001]

Der AN muss unter angemessener Ausschöpfung seiner persönlichen Leistungsfähigkeit arbeiten. Kennt der AG lediglich die objektiv messbaren Arbeitsergebnisse, so genügt er im Künd-Schutzprozess seiner Darlegungslast, wenn er Tatsachen vorträgt, aus denen ersichtlich ist, dass die Leistungen des AN deutlich hinter denen vergleichbarer AN zurückbleiben, also die Durchschnittsleistung erheblich unterschreiten. Alsdann ist es Sache des AN, hierauf zu entgegnen, z.B. darzulegen, warum er mit seiner deutlich unterdurchschnittlichen Leistung dennoch seine persönliche Leistungsfähigkeit ausschöpft. Trägt der AN derartige Umstände nicht vor, gilt das schlüssige Vorbringen des AG als zugestanden (§ 138 Abs. 3 ZPO). Es ist dann davon auszugehen, dass der AN seine Leistungsfähigkeit nicht ausschöpft.[1002]

In den Fällen fehlerhafter Arbeitsleistung bzw. Arbeitsminderleistung ist stets zu berücksichtigen, dass Fehler nur jenseits **angemessener Toleranzgrenzen** kündigungsrechtlich relevant werden können. Eine ständig fehlerfreie Arbeitsleistung gibt es in der betrieblichen Praxis nicht. Auch in der Arbeitswelt gelten allgemein gültige Grundsätze, dass nur wer nichts tut, keine Fehler begeht. Nach heute gültigen Prüfkriterien einer verhaltensbedingten Künd wegen „Schlechtleistung" kann der AG bei standardisierten Arbeitsanforderungen – insb. im modernen Kassenbetrieb des Einzelhandels – nicht rundum „fehlerfreie" Arbeit verlangen, um jeden Fauxpas einer Kassiererin nach Maßgabe selbst gewählter Toleranzgrenzen als „Vertragsverletzung" mit Künd zu belegen.[1003] Deshalb muss der AG den von ihm **herangezogenen Vergleichsmaßstab** substanziiert darlegen, damit das Gericht selbstständig feststellen kann, dass eine nicht mehr zu tolerierende Fehlerquote vorliegt. Dabei ist die von einem durchschnittlichen vergleichbaren AN zu erwartende Arbeitsleistung bzw. die insoweit üblicherweise auftretende Fehlerquote substanziiert darzulegen, und zwar einschließlich der im konkreten Fall herangezogenen **Erkenntnisquellen**. Die lediglich allg. Beschreibung fehlerhafter Arbeitsleistung genügt diesen prozessualen Anforderungen nicht. Bewusste – vorsätzliche – Schlechtleistung berechtigt allerdings regelmäßig zu einer verhaltensbedingten – ggf. auch zur außerordentlichen – Künd. Ein entsprechendes Verhalten des AN läuft den Zwecken des Arbeitsvertrags diametral zuwider. Dies wird beispielhaft im Fall eines Vertriebsleiters deutlich, der im Rahmen eines Kundebesuchs äußert, dass er mit den Produkten seines AG selbst äußerst unzufrieden sei, und daraufhin den Kunden an ein Konkurrenzunternehmen seines AG vermittelt.[1004] Hält der AN seine Arbeitskraft bewusst und gewollt teilweise zurück (**sog. passive Resistenz**), so liegt tat-

---

996 BAG 20.7.1989 – 2 AZR 114/87 – EzA § 2 KSchG Nr. 11; BAG 6.6.1984 – 7 AZR 456/82 – AP § 1 KSchG 1969 Verhaltensbedingte Kündigung Nr. 11.
997 BAG 17.1.2008 – 2 AZR 536/06 – NZA 2008, 693; BAG 17.1.2008 – 2 AZR 752/06; BAG 3.6.2004 – 2 AZR 386/03 – NZA 2004, 1380; BAG 11.12.2003 – 2 AZR 667/02 – NZA 2004, 784.
998 LAG Köln 11.5.2007 – 11 Sa 258/07.
999 BAG 3.6.2004 – 2 AZR 386/03 – NZA 2004, 1380.
1000 BAG 11.12.2003 – 2 AZR 667/02 – NZA 2004, 784.
1001 *Berkowsky*, NZA-RR 2001, 1, 7.
1002 BAG 11.12.2003 – 2 AZR 667/02 – NZA 2004, 784.
1003 AG Berlin 3.8.2007 – 28 Ca 6745/07 – AuR 2007, 364; Sächsisches LAG 7.4.2006 – 3 Sa 425/05.
1004 LAG Sachsen 25.6.1996 – 9 Sa 257/96 – LAGE § 626 BGB Nr. 102.

bestandlich eine (teilweise) Arbeitsverweigerung vor.[1005] Die Verletzung der Pflicht einer Verkäuferin, alle Waren durch den Kunden auf das Kassenband legen zu lassen, ist keine Schlecht- oder Minderleistung, sondern eine Fehlleistung.[1006]

Schmiergeld

353

Wer als AN bei der Ausführung von vertraglichen Aufgaben sich Vorteile versprechen lässt oder entgegennimmt, die dazu bestimmt oder auch nur geeignet sind, ihn in seinem geschäftlichen Verhalten zugunsten Dritter und zum Nachteil seines AG zu beeinflussen, und damit gegen das sog. **Schmiergeldverbot** verstößt, handelt den Interessen seines AGs zuwider und gibt diesem damit regelmäßig einen Grund zur (fristlosen) Künd. Dabei kommt es grds. nicht darauf an, ob es zu einer den AG schädigenden Handlung gekommen ist. Es reicht vielmehr aus, dass der gewährte Vorteil allg. die Gefahr begründet, der Annehmende werde **nicht mehr allein die Interessen des Geschäftsherrn wahrnehmen**. Bei derart besonders schwerwiegenden Verstößen ist eine Abmahnung grds. entbehrlich, weil in diesen Fällen regelmäßig davon auszugehen ist, dass das pflichtwidrige Verhalten das für ein Arbverh **notwendige Vertrauen auf Dauer zerstört** hat.[1007]

In den Fällen der Annahme von Schmiergeld liegt die eigentliche Ursache dafür, dass ein solches Verhalten die (außerordentliche) Künd rechtfertigt, nicht primär in der Verletzung vertraglicher Pflichten, sondern primär in der damit zu Tage getretenen Einstellung des AN, unbedenklich eigene Vorteile bei der Erfüllung von Aufgaben wahrnehmen zu wollen, obwohl er sie allein im Interesse des AG durchzuführen hat. Durch sein gezieltes Verhalten zerstört der AN das Vertrauen in seine Zuverlässigkeit und Redlichkeit.[1008]

Fordert ein AN, der in einem Wohnungsverwaltungsunternehmen u.a. damit betraut ist, Aufträge an Handwerker zu vergeben, von einem Handwerker für dessen Beauftragung ein Schmiergeld (**sog Handgeld**) und nimmt er diese Zahlung auch entgegen, so ist dieses Verhalten geeignet, eine außerordentliche fristlose Künd zu rechtfertigen. Die durch das Verhalten zutage tretende grobe Treuepflichtverletzung macht es dem AG i.d.R. unzumutbar, das Arbverh auch nur für die Dauer der Künd-Frist fortzusetzen.[1009] Ebenfalls stellt die **Annahme bedeutender Geldzuwendungen** im Zusammenhang mit einer Finanzierung durch einen damit befassten Bank-Ang einen wichtigen Grund i.S.d. § 626 BGB dar.[1010] Jedoch soll das außerdienstliche Verhalten eines AN (Forderung und Kassierung einer „Vermittlungsprovision" für die Einstellung eines AN), das weder zur konkreten Beeinträchtigung des Arbverh noch zur „konkreten Gefährdung" im Vertrauensbereich führt, nicht geeignet sein, einen Grund im Verhalten des AN i.S.d. Abs. 2 KSchG zu bilden und damit eine verhaltensbedingte Künd zu rechtfertigen.[1011]

Sexuelle Belästigung

354

Die sexuelle Belästigung am Arbeitsplatz stellt eine Verletzung der arbeitsvertraglichen Pflichten respektive ein Dienstvergehen dar (vgl. §§ 12, 1, 7 AGG). Bei monatelanger sexueller Belästigung durch **körperliche Berührungen und Bemerkungen sexuellen Inhalts** kann das Arbverh regelmäßig auch ohne vorherige Abmahnung außerordentlich gekündigt werden.[1012] Gleichfalls kann einem AN außerordentlich gekündigt werden, wenn er – nach erfolglosen mehrmaligen Annäherungsversuchen per SMS und fernmündlich – einer Auszubildenden in seinem Betrieb eine **ehrverletzende, einschüchternde sexuell belästigende SMS** schickt.[1013] **Sexuelle Übergriffe eines Vorgesetzten** (tätliche Belästigungen) während der Arbeitszeit gegenüber weiblichen Mitarbeiterinnen rechtfertigen regelmäßig eine fristlose Künd auch ohne Abmahnung, wenn es sich um äußerst massive tätliche Belästigung handelt.[1014] Belästigt ein Störer im Betrieb eine Beschäftigte durch **Aufforderungen, mit ihm sexuelle Handlungen vorzunehmen**, obwohl die Beschäftigte sich solche Aufforderungen verbeten hat, so sind auch beleidigende und erpresserische Briefe mit entsprechenden Aufforderungen, die der Störer in diesem Zusammenhang an die Privatanschrift der Beschäftigten schickt, bei der Feststellung der Schwere der arbeitsvertraglichen Pflichtverletzung mit zu berücksichtigen.[1015] Besteht der dringende Verdacht gegen einen Angehörigen des öffentlichen Dienstes, aus dem Dienstgebäude der Anstellungsbehörde heraus **exhibitionistische Handlungen** i.S.d. **§ 183 StGB** begangen zu haben, berechtigt dies zur verhaltensbedingten Künd.[1016]

Unter sexueller Belästigung am Arbeitsplatz wird jedes vorsätzliche, sexuell bestimmte Verhalten erfasst, das die Würde von Beschäftigten am Arbeitsplatz verletzt. Dazu gehören sexuelle Handlungen und Verhaltensweisen, die nach den strafgesetzlichen Vorschriften unter Strafe gestellt sind, sowie sonstige sexuelle Handlungen und Aufforderungen zu diesen, sexuelle bestimmte körperliche Berührungen, Bemerkungen sexuellen Inhalts sowie Zeigen und

---

1005 Berkowsky, NZA-RR 2001, 1, 8.
1006 LAG Berlin-Brandenburg 18.1.2008 – 13 Sa 1916/07.
1007 BAG 21.6.2001 – 2 AZR 30/00 – EzA § 626 BGB Unkündbarkeit Nr. 7.
1008 BAG 15.11.1995 – 2 AZR 974/94 – NZA 1996, 419.
1009 LAG Schleswig-Holstein 10.10.2000 – 3 Sa 285/00.
1010 Hessisches LAG 18.6.1997 – 8 Sa 977/96 – LAGE § 626 BGB Nr. 114.

1011 BAG 24.9.1987 – 2 AZR 26/87 – AP § 1 KSchG 1969 Verhaltensbedingte Kündigung Nr. 19.
1012 Hessisches LAG 27.1.2004 – 13 TaBV 113/03.
1013 LAG Rheinland-Pfalz 24.10.2001 – 9 Sa 853/01.
1014 LAG Niedersachsen 21.1.2003 – 12 Sa 1418/02 – NZA-RR 2004, 19.
1015 LAG Hamm 10.3.1999 – 18 Sa 2328/98 – NZA-RR 1999, 623.
1016 Sächsisches LAG 26.2.2007 – 3 Sa 378/06.

sichtbares Anbringen von pornographischen Darstellungen, die von den Betroffenen erkennbar abgelehnt werden. Ein kündigungsbegründender Vertragsverstoß kann auch in einem Verhalten einer Arbeitsvertragspartei liegen, das nicht exakt die Merkmale einer sexuellen Belästigung am Arbeitsplatz erfüllt, ihnen aber zumindest nahe kommt oder einen entsprechenden Bezug hat.[1017]

Die vom AG zu treffenden **vorbeugenden Schutzmaßnahmen** gegen sexuelle Belästigung am Arbeitsplatz berechtigen ihn nicht, der sexuellen Belästigung beschuldigte AN zu entlassen, wenn ihnen eine entsprechende Tat nicht nachgewiesen werden kann. Eine Künd wegen des Verdachts sexueller Belästigung bleibt nach allg. Grundsätzen zulässig.[1018]

Bei einer sexuellen Belästigung hat der AG vor Ausspruch einer Künd nach allg. kündigungsrechtlichen Grundsätzen zu prüfen, ob als mildere Maßnahme der Ausspruch einer Abmahnung in Frage kommt. Eine (echte) Druck-Künd setzt voraus, dass sich der AG schützend vor den AN stellt, dessen Entlassung verlangt wird. Dieses ist dem AG auch dann zuzumuten, wenn der AN eine sexuelle Belästigung begangen haben soll.[1019]

Das **Umlegen des Armes um die Schultern einer Auszubildenden durch den Ausbilder** stellt auch dann eine sexuelle Belästigung der Auszubildenden am Arbeitsplatz dar, wenn zwar der Ausbilder mit diesem Verhalten keine sexuellen Absichten verfolgt, die Auszubildende sich aber gegenüber dem Ausbilder gegen ein solches Verhalten ausgesprochen hat. Denn nach § 12 AGG sind sämtliche körperliche Berührungen, die nach ihrem äußeren Erscheinungsbild für das allg. Verständnis eine Beziehung zum Geschlechtsleben aufweisen und die von dem/der hiervon Betroffenen erkennbar abgelehnt werden, untersagt. Da aber vom AG bei seiner Reaktion auf sexuelle Belästigungen am Arbeitsplatz ebenfalls der allg. im Arbeitsrecht geltende Grundsatz der Verhältnismäßigkeit zu beachten ist, darf der AG auf ein solches Armumlegen des Ausbilders grds. gegenüber dem Ausbilder zunächst nur mit einer Abmahnung und nicht bereits mit einer außerordentlichen Künd reagieren.[1020]

Die **Unerwünschtheit des fraglichen sexuellen Verhaltens** im Rahmen der erforderlichen erkennbaren Ablehnung muss nach außen in Erscheinung getreten sein. Zwar wird man eine ausdr. formulierte Ablehnung nicht – schon gar nicht immer – verlangen können. Im Einzelfall kann deshalb eine aus den Umständen **erkennbare Ablehnung** genügen. Eine solche Ablehnung ist erkennbar, wenn aus dem Verhalten der oder des Betroffenen für einen neutralen Beobachter die Ablehnung hinreichend deutlich geworden ist. U.U. kann daher auch ein rein passives Verhalten in der Form eines zögernden, zurückhaltenden Geschehenlassens gegenüber einem drängenden, durchsetzungsfähigen Belästiger, insb. einem Vorgesetzten, zur Erkennbarkeit einer ablehnenden Haltung ausreichen. Verhält sich die von sexuellen Handlungen betroffene Person nicht nur passiv – gleichsam „duldend" –, sondern beteiligt sie sich vielmehr aktiv an den sexuellen Kontakten, in dem sie sogar zweimal erhebliche sexuelle Handlungen vornimmt, kann dies auch bei einem neutralen Beobachter den Eindruck erwecken, die betroffene Person habe den sexuellen Kontakt nicht – jedenfalls nicht für den „Täter" erkennbar – abgelehnt.[1021]

354a Sicherheitsvorschriften

Bei einer **Außerachtlassung von elementaren Sicherheitsvorschriften**, die zu **erheblichen Gesundheitsrisiken** führen kann, handelt es sich regelmäßig um eine erhebliche arbeitsvertragliche Pflichtverletzung, die an sich geeignet ist, eine fristlose Künd zu rechtfertigen. Einer vorherigen Abmahnung bedarf es ausnahmsweise dann nicht, wenn der AN im Einzelfall aufgrund der Schwere der Pflichtverletzung von vornherein nicht damit rechnen kann, dass der AG dieses Verhalten (noch) toleriert. Dies ist insb. dann der Fall, wenn der AN die Vertragswidrigkeit kennt, seine Pflichtverletzung aber gleichwohl hartnäckig und uneinsichtig fortsetzt. Sofern die vom AG erlassenen Sicherheitsvorschriften für den konkreten Fall keine klaren und eindeutigen Verhaltensanweisungen enthalten, entfällt das Abmahnungserfordernis indessen auch bei einem folgenschweren Verstoß gegen Sicherheitsvorschriften nicht. Dies gilt erst recht, wenn der AG für den Verstoß gegen Sicherheitsvorschriften eine Abmahnung in Aussicht gestellt hat.[1022]

355 Stasitätigkeit

Eine bewusste Tätigkeit für das MfS sowie die Weitergabe von Informationen oder Schriftstücken an das MfS kann je nach den Umständen auch ohne vorherige Abmahnung geeignet sein, eine außerordentliche Künd eines im **öffentlichen Dienst** in einem sensiblen Bereich beschäftigten AN nach § 626 Abs. 1 BGB oder eine ordentliche verhaltensbedingte Künd nach Abs. 2 zu rechtfertigen. Auch bei einem AN in der **Privatwirtschaft** kann eine frühere Tätigkeit für das MfS je nach den Umständen und dem Tätigkeitsbereich des Betreffenden kündigungsrechtlich von Belang sein. So kann etwa der Bereich der betrieblichen Verbundenheit und des Betriebsfriedens betroffen sein, wenn sich herausstellt, dass der AN frühere eigene Arbeitskollegen bespitzelt hatte. Auch kann arbeitsplatzbezogen die frühere Tätigkeit für das MfS des Betreffenden einen solch **gravierenden Eignungsmangel** darstellen, dass ein

---

1017 LAG Sachsen 10.3.2000 – 2 Sa 635/99 – NZA-RR 2000, 468.
1018 BAG 8.6.2000 – 2 ABR 1/00 – NZA 2001, 91.
1019 ArbG Hamburg 23.2.2005 – 18 Ca 131/04 – NZA-RR 2005, 306.
1020 LAG Hamm 13.2.1997 – 17 Sa 1544/96 – NZA-RR 1997, 250.
1021 BAG 25.3.2004 – 2 AZR 341/03 – NZA 2004, 1214.
1022 LAG Schleswig-Holstein 14.8.2007 – 5 Sa 150/07 – NZA-RR 2007, 634; LAG Rheinland-Pfalz 20.9.2007 – 11 Sa 207/07.

wichtiger Grund zur fristlosen Künd anzunehmen ist. Dies gilt erst recht, wenn der AN zwar bei einem privatrechtlich organisierten AG beschäftigt wird, dort aber Aufgaben zu erledigen hat, die der öffentlichen Verwaltung zuzurechnen sind oder jedenfalls mit öffentlich-rechtlichen Aufgaben eng verbunden sind (frühere Tätigkeit des AN in der Flugsicherung; derzeitige Tätigkeit in der Flugplanung eines Verkehrsflughafens ist eng mit der staatlichen Aufgabe der Flugplankoordinierung verbunden). Auch bei einer Tätigkeit in der Privatwirtschaft kann nicht davon ausgegangen werden, eine Frage des AG nach einer früheren MfS-Tätigkeit des Betreffenden sei grds. unzulässig und diese Frage könne deshalb stets ohne kündigungsrelevante Folgen falsch beantwortet werden. Die **Falschbeantwortung der berechtigten Frage nach einer früheren Tätigkeit für das MfS** ist an sich geeignet, einen wichtigen Grund zur außerordentlichen Künd darzustellen.[1023] Das Fragerecht ist allerdings beschränkt durch das betriebliche Interesse und das Persönlichkeitsrecht des AN. Damit der AN die Zulässigkeit der Frage beurteilen kann, muss sie so konkret formuliert sein, dass der AN zweifelsfrei erkennen kann, wonach gefragt wird.[1024]

Neben der verhaltensbedingten Künd des AN mit ehemaliger Stasi-Vergangenheit wegen der Falschbeantwortung einer berechtigten Frage des AG oder einer Störung des Betriebsfriedens kann in den einschlägigen Fällen eine ordentliche Künd nach Abs. 2 aus Gründen in der Person des AN sozial gerechtfertigt sein, wenn der AN wegen seiner früheren Tätigkeit für das MfS für die vereinbarte Arbeitsleistung nicht geeignet ist. Das ist dann der Fall, wenn der AN für das MfS i.S.d. Einigungsvertrages Anlage I Kap XIX A III Nr. 1 Abs. 5 Nr. 2 tätig gewesen ist und darüber hinaus bei einer zukunftsbezogenen Betrachtung die **fehlende Eignung des AN** festzustellen ist. Bei inoffiziellen Mitarbeitern muss dabei ebenso wie bei hauptamtlichen Mitarbeitern eine bewusste, finale Tätigkeit für das MfS/AfNS vorliegen. Abzustellen ist dabei nicht auf besondere Einzelakte, sondern auf die Tätigkeit als solche.[1025]

Die Nichtbeantwortung von Fragen nach einer früheren Stasi-Tätigkeit im Personalfragebogen wertet das BAG in einer Entscheidung aus dem Jahr 1996[1026] als kein Verhalten, das auf Unehrlichkeit als charakterlichen Mangel und damit auf einen Künd-Grund in der Person des Klägers schließen lasse. Die Nichtbeantwortung der Fragen stehe der wahrheitswidrigen Verneinung nicht gleich. Sie zeige eher im Gegenteil, dass der Kläger vor Lügen zurückschrecke und, wenn auch indirekt, einen Hinweis darauf gegeben habe, dass hinsichtlich früherer MfS-Kontakte „etwas gewesen sein könne". Anderes lasse sich auch der abschließenden Versicherung des Klägers nicht entnehmen, „vorstehende Angaben vollständig und wahrheitsgemäß gemacht zu haben". Diese Versicherung sei auslegungsfähig. Da die Nichtbeantwortung der Fragen Nr. 18 bis 20 offensichtlich war, könne die Versicherung sich erkennbar nur auf die Angaben beziehen, die der Kläger in dem Personalfragebogen tatsächlich gemacht habe. Zwar war die Nichtbeantwortung nach Ansicht des Senats pflichtwidrig. Die Beantwortung hätte aber auf eine entsprechende Aufforderung der Beklagten hin nachgeholt werden können, ohne dass dies die Künd-Entscheidung der Beklagten erheblich verzögert oder sonst einen schwerwiegenden Nachteil für die Beklagte verursacht hätte. Dementsprechend sah der Senat nach dem das gesamte Künd-Recht beherrschenden Grundsatz der Verhältnismäßigkeit die Beklagte gehalten, den Kläger abzumahnen, bevor sie sein genanntes Fehlverhalten zum Anlass für eine Künd nehmen durfte.

Straftat

356

Strafbare Handlungen des AN gegenüber dem AG, wie insb. Diebstähle oder sonstige Vermögensdelikte zum Nachteil des AG, kommen als Grund für eine fristlose Künd in Betracht[1027]

Stets setzt die Rechtfertigung einer Künd durch (außer-) dienstliches Verhalten des AN eine **konkrete Beeinträchtigung des Arbverh** voraus.[1028] Bei Ang des öffentlichen Dienstes ist zu berücksichtigen, dass die dienstliche Verwendbarkeit durch außerdienstliche Vorgänge beeinflusst werden kann, da die Öffentlichkeit das Verhalten eines öffentlichen Bediensteten an einem strengeren Maßstab misst als das privat Beschäftigter. Der Ang muss sein außerdienstliches Verhalten so einrichten, dass das **Ansehen des öffentlichen AG** nicht beeinträchtigt wird. Zwar hat der Ang des öffentlichen Dienstes das Recht, sein Privatleben so zu gestalten, wie es ihm beliebt. Er hat jedoch auch außerhalb des Dienstes die Rechtsordnung zu wahren. Außerdienstlich begangene Straftaten sind jedenfalls dann zur Künd-Rechtfertigung geeignet, wenn sie ein gewisses Gewicht haben, etwa bei über längere Zeit fortgesetzten Handlungen[1029] oder bei Straftaten, die **im unmittelbaren Widerspruch zu der Aufgabe der Beschäftigungsbehörde** stehen (vorsätzliche Steuerverkürzung durch einen Finanzbeamten)[1030] oder die die öffentliche Sicherheit und Ordnung gefährden können (Volksverhetzung durch ausländerfeindliche Propaganda).[1031] Begeht ein im öffentlichen Dienst Beschäftigter ein **vorsätzliches Tötungsdelikt**, so ist es dem öffentlichen AG i.d.R. unzumutbar, ihn weiter

---

1023 BAG 25.10.2001 – 2 AZR 559/00 – EzA § 626 BGB n.F. Nr. 191.
1024 BAG 13.6.2002 – 2 AZR 234/01 – NZA 2003, 265.
1025 BAG 27.3.2003 – 2 AZR 699/01 – AP Einigungsvertrag Anlage I Kap XIX Nr. 81.
1026 BAG 10.10.1996 – 2 AZR 552/95 – ZTR 1997, 88.
1027 LAG Berlin-Brandenburg 24.2.2009 – 7 Sa 2017/08 – NZA-RR 2009, 188; LAG Hamm 19.10.2007 – 10 Sa 813/07; Hessisches LAG 29.10.2003 – 6 Sa 1113/02 – NZA-RR 2004, 131.
1028 BAG 8.6.2000 – 2 AZR 638/99 – NZA 2000, 1282; BAG 20.9.1984 – 2 AZR 233/83 – AP § 1KSchG 1969 Verhaltensbedingte Kündigung Nr. 13; LAG Hamm 26.1.2007 – 13 TaBV 67/06.
1029 BAG 20.11.1997 – 2 AZR 643/96 – NZA 1998, 323.
1030 LAG Düsseldorf 20.5.1980 – 19 Sa 624/79 – EzA § 626 BGB n.F. Nr. 72.
1031 BAG 14.2.1996 – 2 AZR 274/95 – NZA 1996, 873.

zu beschäftigen, **ohne** dass eine **konkret messbare Ansehensschädigung** nachgewiesen werden müsste. In einem solchen Fall kann der öffentliche AG regelmäßig nicht auf den Ausspruch einer Abmahnung verwiesen werden. Dem AN muss klar sein, dass die Begehung eines vorsätzlichen Tötungsdeliktes als massive Rechtsverletzung seine Weiterbeschäftigung im öffentlichen Dienst in Frage stellen kann.[1032]

Nach st. Rspr. kann eine außerordentliche Künd und auch eine ordentliche Künd nicht nur auf eine erwiesene Vertragspflichtverletzung gestützt werden, sondern auch auf den **schwerwiegenden Verdacht einer strafbaren Handlung oder sonstigen schweren Verfehlung**.[1033] Entsteht der Verdacht einer Straftat gegenüber einem AN, muss sich dieser auf objektive (Indiz-) Tatsachen gründen. Die subjektive Wertung des AG reicht nicht aus. Es müssen schwerwiegende Verdachtsmomente vorliegen, die einen verständigen und gerecht abwägenden AG zum Ausspruch einer Künd veranlassen können. Der AG muss vor Ausspruch einer Verdachts-Künd **alle zumutbaren Anstrengungen zur Aufklärung des Sachverhaltes unternehmen** und prüfen, ob eine große Wahrscheinlichkeit dafür spricht, dass der gekündigte AN eine Straftat begangen hat. Er muss auch prüfen, ob nicht andere Personen als Täter in Betracht kommen Voraussetzung einer wirksamen **Verdachts-Künd** ist die Erfüllung der **Aufklärungspflicht des AG**. Besondere Bedeutung kommt der vorherigen Anhörung des AN zu. Es ist gerechtfertigt, strenge Anforderungen an sie zu stellen und vom AG zu verlangen, alles zu tun, um den Sachverhalt aufzuklären. Die Künd verstößt anderenfalls gegen den Grundsatz der Verhältnismäßigkeit. Der AN muss die **Möglichkeit** erhalten, die **Verdachtsgründe zu entkräften** und **Entlastungstatsachen anzuführen**. Die Anhörung des AN hat im Zuge der gebotenen Aufklärung des Sachverhalts zu erfolgen. Ihr Umfang richtet sich nach den Umständen des Einzelfalles. Die an die Anhörung des AN zu stellenden Anforderungen entsprechen nicht denen für eine ordnungsgemäße Anhörung des Betriebsrats gem. § 102 Abs. 1 BetrVG. Es reicht nicht, dass der AN lediglich mit einer völlig unsubstanziierten Wertung konfrontiert wird. Die Anhörung muss sich vielmehr auf einen **konkretisierten Sachverhalt** beziehen, der jedenfalls soweit konkretisiert ist, dass sich der AN darauf substantiiert einlassen kann. Der AG darf dem Betroffenen keine wesentlichen Erkenntnisse vorenthalten, die er im Anhörungszeitpunkt bereits besitzt. Verletzt der AG schuldhaft die ihm obliegende Pflicht, den AN vor Ausspruch einer Verdachtskünd zu den gegen ihn erhobenen Vorwürfen zu hören, ist die auf den Verdacht gestützte Künd unwirksam. War der AN jedoch von vornherein nicht bereit, sich zu den gegen ihn erhobenen Vorwürfen substanziiert zu äußern und so nach seinen Kräften an der Aufklärung mitzuwirken, kann dem AG keine schuldhafte Verletzung der Anhörungspflicht vorgeworfen werden.[1034]

Für die Rechtmäßigkeit einer Verdachts-Künd bei dem Verdacht des strafbaren Verhaltens ist entscheidend, dass die Weiterbeschäftigung des AN zu einer konkreten Gefährdung und Beeinträchtigung des Betriebsfriedens führt. Eine nachhaltige Störung des Betriebsfriedens ist etwa anzunehmen, wenn der Verdacht von Straftaten besteht, deren Begehung den Kernbereich der Regeln des menschlichen Zusammenlebens verletzen würde (Verdacht des sexuellen Missbrauchs eines 11-jährigen Jungen). Befindet sich der AN in Untersuchungshaft, ist seine Anhörung nicht in jedem Fall erforderlich.[1035]

Der gegen einen AN gerichtete dringende Verdacht eines Eigentums- oder Vermögensdelikts zum Nachteil des AGs oder eines anderen ANs ist an sich geeignet, eine außerordentliche Künd zu rechtfertigen.[1036] Dies gilt auch für den **Diebstahl und die Unterschlagung von Sachen mit geringem Wert**.[1037] Der dringende Verdacht eines Diebstahls bzw. einer Unterschlagung auch geringwertiger Gegenstände aus dem Eigentum des AG stellt an sich einen wichtigen Grund zur außerordentlichen Künd dar (Prüfung auf der ersten Stufe des § 626 Abs. 1 BGB). Erst die Würdigung, ob dem AG deshalb außerdem die Fortsetzung des Arbverh bis zum Ablauf der ordentlichen Künd-Frist bzw. der vertragsgemäßen Beendigung des Arbverh unter Berücksichtigung aller Umstände des Einzelfalles und Abwägung der Interessen beider Vertragsteile unzumutbar ist (Prüfung auf der zweiten Stufe des § 626 Abs. 1 BGB), kann zur Feststellung der fehlenden Rechtfertigung der außerordentlichen Künd führen.[1038]

Besteht im Beschäftigungsbetrieb ein BR, kann der **Verdacht einer schwerwiegenden Pflichtverletzung oder einer strafbaren Handlung des AN** vom AG im Künd-Schutzprozess auch bei unverändert gebliebenem Sachverhalt nicht nachgeschoben werden, wenn der BR im **Anhörungsverfahren nach § 102 Abs. 1 BetrVG** nur zu einer Tatkündigung angehört worden ist. Allein die im Anhörungsschreiben an den Betriebsrat enthaltene Formulierung „Die aus den vorgelegten Unterlagen zu entnehmenden Tatsachen und Vorwürfe sind derart gravierend, die Qualität der bisherigen staatsanwaltschaftlichen Ermittlungen sowie deren Ergebnisse derart eindeutig, dass auch auf AG-Seite das Vertrauensverhältnis zum AN nunmehr völlig zerstört und eine vertrauensvolle Zusammenarbeit mit ihm nicht mehr denkbar ist" stellt keine **Anhörung des Betriebsrats zu einer Verdachtskündigung** dar, sofern im Anhö-

---

1032 BAG 8.6.2000 – 2 AZR 638/99 – NZA 2000, 1282.
1033 BAG 13.3.2008 – 2 AZR 961/06 – NZA2008, 809; BAG 26.9.2002 – 2 AZR 424/01 – AP § 626 BGB Verdacht auf strafbare Handlung Nr. 37; LAG Niedersachsen 8.6.2004 – 13 Sa 1998/03 – NZA-RR 2005, 24.
1034 BAG 13.3.2008 – 2 AZR 961/06 – NZA2008, 809; BAG 29.11.2007 – 2 AZR 724/06.
1035 LAG Schleswig-Holstein 18.6.2002 – 5 Sa 53 c/02 – SchlHA 2003, 302.
1036 LAG Baden-Württemberg 25.5.2007 – 7 Sa 103/06.
1037 LAG Hamm 7.1.2005 – 10 Sa 1228/04; LAG Thüringen 9.12.2003 – 5 Sa 157/02; *Schlachter*, NZA 2005, 433.
1038 BAG 12.8.1999 – 2 AZR 923/98 – NZA 2000, 421; BAG 17.5.1984 – 2 AZR 3/83 – NZA 1985, 91 „Bienenstich-Urteil".

rungsschreiben nicht in sonstiger Weise deutlich wird, dass der AG kündigen will, weil er das arbeitsvertragsbezogene Vertrauensverhältnis gerade (auch) wegen des Verdachts für beeinträchtigt hält.[1039]
Ein in einem Lebensmittelsupermarkt angestellter Metzgermeister macht sich strafbar, wenn er von einer Fleischfabrik hergestellte und verpackte und mit einem Mindesthaltbarkeitsdatum versehene Ware bei Ablauf des Mindesthaltbarkeitsdatums auspackt, neu verpackt und mit einem neuen „verlängerten" Mindesthaltbarkeitsdatum versieht. Ein solches Verhalten ist an sich geeignet, eine fristlose Kündigung zu rechtfertigen.[1040]
Ein **Spesenbetrug** – auch wenn es sich um einen einmaligen Vorfall und um einen geringen Betrag handelt – berechtigt den AG zur fristlosen Künd.[1041] Manipuliert ein Monteur in dem überlassenen Dienstfahrzeug anlässlich der Fahrten zu Kunden den **Fahrtenschreiber**, indem er den **Aufschreibevorgang unterbricht** und **zeitliche Verstellungen** vornimmt, erfüllt dieses Verhalten den Straftatbestand der **Fälschung einer technischen Aufzeichnung gem. § 268 StGB** und stellt einen wichtigen Grund i.S.v. § 626 Abs. 1 BGB dar, der den AG berechtigt, das Arbverh ohne Einhaltung einer Künd-Frist mit sofortiger Wirkung zu beenden.[1042]
Ein **vorsätzlicher Stempeluhrmissbrauch** ist an sich geeignet, einen wichtigen Grund zur außerordentlichen Künd eines AN darzustellen.[1043] Sofern im **Zeiterfassungssystem** original registrierte „Kommt"- und „Geht"-Zeiten durch den AN zu seinen Gunsten verändert worden sind, liegt ein **Arbeitszeitbetrug** vor, der grds. zu einer außerordentlichen Künd des Arbverh **ohne vorherige Abmahnung** berechtigt.[1044] Überträgt der AG den Nachweis der täglich bzw. monatlich geleisteten Arbeitszeit den AN selbst (**Selbstaufzeichnung**) und füllt der AN die dafür zur Verfügung gestellten Formulare wissentlich und vorsätzlich falsch aus, so stellt dies einen schweren Vertrauensmissbrauch dar, der insb. dann, wenn damit ein persönlicher Vorteil angestrebt wird, nicht nur zu berechtigten Künd berechtigt, sondern einen wichtigen Künd-Grund darstellen kann.[1045] Manipulationen im Zusammenhang mit der elektronischen Erfassung von Arbeitszeiten rechtfertigen wegen des damit verbundenen schweren Vertrauensbruchs die sofortige Beendigung eines Arbverh.[1046] Beim **Claimen** schätzt der AN selbst **die Effizienz seiner Arbeitsleistung gegenüber unternehmensinternen Kontrollinstanzen** ein. Dadurch wird die erbrachte Dienstleistung erfasst und Kostenstellen zur Personalsteuerung und zur Verrechnung von Dienstzeiten gegenüber Dritten zugeordnet. Der AN schuldet als arbeitsvertragliche Nebenpflicht das korrekte Claimen. Verletzt er diese Pflicht, ist eine Künd nur gerechtfertigt, wenn die individuellen oder wirtschaftlichen Folgen gravierend und für den AN erkennbar waren, ihm also bewusst war, dass eine Pflichtverletzung das Bestehen seines Arbverh gefährdet.[1047]
Nutzt der AN betriebliche Gegebenheiten, um Straftaten zu begehen, liegt darin regelmäßig eine beachtliche Nebenpflichtverletzung. Kein AG braucht zu dulden, dass seine Räume für **strafbare Privatgeschäfte von Mitarbeitern** benutzt werden.[1048] Lagert ein AN etwa gestohlene Ware (Drucker und Monitore) in Kenntnis des Umstands, dass diese Ware aus einer Straftat stammt, auf dem Betriebsgelände seines AG, um die Geräte sodann an andere Mitarbeiter zu veräußern, stellt dies i.d.R. einen wichtigen Grund i.S.v. § 626 Abs. 1 BGB dar.[1049]
Bei verhaltensbedingten Künd, die von Mitarbeitern zum Nachteil des AG begangene Straftaten gestützt werden (insb. Manipulationen, Diebstahl, Unterschlagung und Untreue), stellt sich praktisch für den AG immer wieder ein **Darlegungs- und Beweislastproblem** bezüglich des vertraglichen Pflichtenverstoßes des AN. Mit Blick hierauf greifen AG immer wieder auf technische Überwachungsinstrumente (**Videoüberwachung**)[1050] zurück, um den AN zu überführen. Hat der AG aussagekräftige Nachweise von Straftaten seiner AN erlangt, stellt sich im Nachgang zu der darauf gestützten verhaltensbedingten Künd im Künd-Schutzprozess die Frage der Verwertbarkeit der erlangten Beweismittel. Zu diesem Problemkreis stellt der 2. Senat folgende Grundsätze auf:
Die heimliche Videoüberwachung eines AN durch den AG stellt einen Eingriff in das durch Art. 2 Abs. 1 GG geschützte allg. Persönlichkeitsrecht des AN dar. Dieser Eingriff führt jedoch dann nicht zu einem **Beweisverwertungsverbot**, wenn der konkrete Verdacht einer strafbaren Handlung oder einer anderen schweren Verfehlung zu Lasten des AG besteht, weniger einschneidende Mittel zur Aufklärung des Verdachts ausgeschöpft sind, die verdeckte Video-Überwachung praktisch das einzig verbleibende Mittel darstellt und insg. nicht unverhältnismäßig ist. Ist die Videoüberwachung entgegen § 87 Abs. 1 Nr. 6 BetrVG ohne vorherige Zustimmung des BR durchgeführt worden, so ergibt sich aus diesem Verstoß jedenfalls dann kein eigenständiges Beweisverwertungsverbot, wenn der BR der Verwendung des Beweismittels und der darauf gestützten Künd zustimmt und die Beweisverwertung nach den allg. Grundsätzen gerechtfertigt ist.[1051]

1039 BAG 3.4.1986 – 2 AZR 324/85 – NZA 1986, 677; LAG Köln 14.9.2007 – 11 Sa 259/07.
1040 LAG Köln 19.1.2009 – 5 Sa 1323/08 – NZA-RR 2009, 368.
1041 BAG 6.9.2007 – 2 AZR 264/06; LAG Hamm 13.10.2006 – 10 Sa 1044/06; LAG Niedersachsen 4.6.2004 – 10 Sa 198/04.
1042 LAG Rheinland-Pfalz 27.1.2004 – 2 Sa 1221/03 – NZA-RR 2004, 473.
1043 LAG Rheinland-Pfalz 8.11.2007 – 4 Sa 996/06.
1044 LAG Köln 4.7.2003 – 11 Sa 145/03 – LAGE § 626 BGB Nr. 153.
1045 LAG Hamm 8.3.2007 – 17 Sa 1604/06.
1046 LAG Hamm 24.11.2006 – 13 Sa 1100/06.
1047 LAG Baden-Württemberg 19.1.2006 – 21 Sa 47/05.
1048 BAG 6.11.2003 – 2 AZR 631/02 – NZA 2004, 919.
1049 LAG Köln 11.4.2005 – 3 Sa 481/04.
1050 *Bayreuther*, NZA 2005, 1038.
1051 BAG 27.3.2003 – 2 AZR 51/02 – NZA 2003, 1193; LAG Thüringen 9.12.2003 – 5 Sa 157/02.

Ausgehend von diesen Grundsätzen findet sich in der InstanzenRspr. eine Vielzahl von Entscheidungen, die die Verwertbarkeit der erlangten Beweismittel vor dem Hintergrund der widerstreitenden Grundrechte von AG einerseits und AN andererseits thematisieren.[1052] Eine außerordentliche Künd gegenüber einer Kassiererin ist nach Auffassung des LAG Rostock dann berechtigt, wenn feststeht, dass sie Bargeld aus der Kasse genommen und in die Hosentasche gesteckt hat. Mit dem Vortrag, es habe sich um Trinkgelder gehandelt, die später andernorts in eine Trinkgeldkasse gelegt wurden, kann die ANin sich allenfalls dann entlasten, wenn sie Herkunft und Verbleib des Geldes so lückenlos und nachvollziehbar darlegt, dass ein Gegenbeweis durch den AG möglich wäre. Werden Tatsachenbehauptungen, die auf verdeckten Videoaufzeichnungen beruhen, unstreitig, so sind sie verwertbar, ohne dass es auf die Zulässigkeit und Verwertbarkeit der Videoaufzeichnungen selbst als Beweismittel ankommt.[1053] Die Künd eines AN wegen des dringenden Verdachtes, er habe Waren im Lager des AG entwendet, darf nicht auf Videoaufnahmen gestützt werden, die ohne Wissen des AN an dessen Arbeitsplatz erstellt wurden. Derartige Aufnahmen verletzen den AN in seinem grundrechtlich geschützten Persönlichkeitsrecht (Art. 1 Abs. 1, Art. 2 Abs. 1 GG). Unzulässig erlangte Beweismittel und darauf aufbauende Erkenntnisquellen dürfen im Rechtsstreit nicht verwertet werden. Es besteht ein Beweisverwertungsverbot. Der Grundsatz der Verhältnismäßigkeit gebietet, weil der Schutz des Eigentums des AG auch durch Aufstellung sichtbarer Kameras erreicht werden könnte, den Einsatz dieses die Persönlichkeitsrechte weniger beeinträchtigenden Mittels.[1054] Bei der Verwertung von Aufzeichnungen von verdeckt installierten Videokameras im Falle des Verdachts von Unterschlagungen am Arbeitsplatz ist zwischen dem Interesse des AN am Erhalt seines Arbeitsplatzes und seiner sozialen Rechte einerseits und dem Interesse des AG an einer Beendigung des durch das fortgefallene Vertrauen in die Redlichkeit des AN belasteten Arbverh andererseits abzuwägen.[1055]

357 Tätlichkeiten

Strafbare Handlungen im Betrieb, insb. **Tätlichkeiten gegenüber Arbeitskollegen**, sind an sich geeignet, einen wichtigen Grund zur außerordentlichen Künd abzugeben.[1056] Ein tätlicher Angriff auf einen Arbeitskollegen stellt eine **schwere Verletzung der arbeitsvertraglichen Pflichten zur Rücksichtnahme auf die Rechte und Interessen des anderen AN** dar. Der AG ist seinerseits nicht nur allen AN gegenüber verpflichtet, dafür zu sorgen, dass sie keinen Tätlichkeiten ausgesetzt sind. Er hat auch ein eigenes Interesse daran, dass die **betriebliche Zusammenarbeit** nicht durch solche Auseinandersetzungen beeinträchtigt wird und Mitarbeiter verletzt werden und gegebenenfalls ausfallen. Ferner kann der AG auch berücksichtigen, wie sich ein solches Verhalten auf die übrigen AN und den Betrieb auswirkt, insb., wenn er keine personellen Maßnahmen ergreifen würde. Ob der AG bei einem derartigen arbeitsplatzbezogenen Pflichtenverstoß, bei welchem grds. auch eine Versetzung im Betrieb in Betracht kommt, im Einzelfall gehalten sein kann, von einer Künd abzusehen, hängt sowohl von den **Ursachen des Fehlverhaltens** und dem (am neuen Arbeitsplatz) **zu erwartenden künftigen Verhalten** als auch von der **Schwere des** Pflichtenverstoßes, also insb. von der **Intensität und den Folgen des tätlichen Angriffs**, ab.[1057] Wird im Rahmen einer tätlichen Auseinandersetzung ein Angriff mit einem gefährlichen Werkzeug, z.B. mit einem Messer, durchgeführt, liegt darin eine erhebliche Pflichtverletzung, die regelmäßig auch zu einer erheblichen Störung des Betriebsfriedens führt, die es dem AG unzumutbar macht, das Arbverh fortzusetzen.[1058] Wenn ein AN sich bei Auseinandersetzungen mit Arbeitskollegen während der Arbeitszeit wiederholt zu übersteigerten Tätlichkeiten hinreißen lässt und dadurch Arbeitskollegen gesundheitlich schädigt, kann der AG das Arbverh fristgemäß kündigen, ohne vorher eine Abmahnung ausgesprochen zu haben. Eine fristlose Künd kommt nicht in Betracht, wenn die übersteigerten Reaktionen durch das Verhalten der Arbeitskollegen mit veranlasst worden sind.[1059]

358 Tendenzbetrieb

Das Arbverh wird in einem Tendenzbetrieb von besonderen **Loyalitätsobliegenheiten** geprägt, deren Verletzung eine verhaltensbedingte Künd nach sich ziehen kann. So ist die Arbeitspflicht der Redakteure geprägt durch das **Gebot der Tendenzloyalität**. Diesem Gebot kann der Redakteur nicht abweichende eigene Überzeugungen unter Berufung auf seine **Meinungs- und Gewissensfreiheit** entgegenhalten, weil er auf diese Freiheiten bei Abschluss des Arbeitsvertrages im Rahmen der ihm bekannten Tendenz bis auf ein **grundrechtlich gebotenes Mindestmaß** verzichtet hat. Der erhebliche Verstoß eines Zeitungsredakteurs gegen das Gebot der Tendenzloyalität kann deshalb eine außerordentliche Künd grds. rechtfertigen. Eine Abmahnung ist aber dann nicht entbehrlich, wenn bei einmaligem Vorfall nicht auszuschließen ist, dass der Tendenzverstoß auf einer zwar eklatanten, aber doch versehentlichen Fehleinschätzung beruht.[1060]

1052 BAG 23.4.2009 – 6 AZR 189/08 „heimliches Mithören eines Telefongesprächs".
1053 LAG Mecklenburg-Vorpommern 18.5.2004 – 1 Sa 387/03.
1054 LAG Niedersachsen 19.12.2001 – 6 Sa 1376/01.
1055 LAG Schleswig-Holstein 4.12.2001 – 1 Sa 392 b/01.
1056 BAG 18.9.2008 – 2 AZR 1039/06 – NZA-RR 2009, 188; BAG 30.9.1993 – 2 AZR 188/93 – EzA § 626 n.F. BGB Nr. 152; LAG Düsseldorf 25.10.2007 – 15 Sa 1223/07.
1057 BAG 6.10.2005 – 2 AZR 280/04 – NZA 2006, 431.
1058 LAG Hamm 7.1.2005 – 10 Sa 1392/04.
1059 LAG Schleswig-Holstein 24.9.1986 – 6 Sa 432/86 – RzK I 5i Nr. 21.
1060 LAG Sachsen-Anhalt 9.7.2002 – 8 Sa 40/02 – NZA-RR 2003, 244.

Ein Verstoß gegen **allg. Arbeitsanweisungen** (Anforderungsprofil für die Gestaltung von Beiträgen in einem Wirtschaftsmagazin) stellt nicht in jedem Fall einen Eingriff in die Tendenz des Unternehmens dar. Hinzukommen muss, dass das Anforderungsprofil nicht nur arbeitstechnische und formale Vorgaben, sondern darüber hinausgehende, **die Tendenz des Unternehmens berührende Grundaussagen** enthält.[1061]

Ein Presseunternehmen hat lediglich ein berechtigtes Interesse daran, über eine erhebliche Zusammenarbeit eines Tendenzträgers mit dem früheren MfS informiert zu werden und darf seine Mitarbeiterschaft nicht allg. „Loyalitätsbeweise" abverlangen. Die Verletzung einer arbeitsvertraglichen Nebenpflicht ist erst dann gegeben, wenn der AN auf eine zulässige Frage des AG eine objektiv und subjektiv falsche, unzutreffende Antwort gegeben hat.[1062]

Unpünktlichkeit

Wiederholte Verspätungen des AN und **unentschuldigtes Fehlen** kommen nach vorheriger Abmahnung als Gründe für eine ordentliche verhaltensbedingte Künd in Betracht.[1063] Häufige Unpünktlichkeiten, die zu zwei einschlägigen Abmahnungen geführt haben, und die weitere häufige Unpünktlichkeit rechtfertigen eine verhaltensbedingte Künd.[1064] Wiederholtes Zuspätkommen berechtigt nach erfolgloser Abmahnung auch dann zur ordentlichen Künd, wenn die einzelnen Verspätungen zwar eher gering sind, aber zu Betriebsablaufstörungen führen. Die Unpünktlichkeit eines AN bewirkt eine **Störung des Arbverh im Leistungsbereich**, denn durch die nicht rechtzeitige Aufnahme der Arbeit verletzt der AN seine Hauptleistungspflicht und beeinträchtigt so das Verhältnis von Leistung und Gegenleistung.[1065] Erscheint der AN ohne rechtfertigenden Grund überhaupt nicht oder verspätet zur Arbeit, erbringt er die von ihm geschuldete Arbeitsleistung nicht oder – sofern nachholbar – nicht zur rechten Zeit. Dies ist ein Verstoß gegen die arbeitsvertraglich geschuldete Pflicht, die Arbeitsleistung im Rahmen der betrieblichen Arbeitszeit zu erbringen oder zur Zuweisung von oder Aufnahme der Arbeit zur Verfügung zu stehen und führt durch eine Störung im Austauschverhältnis zu einer konkreten Beeinträchtigung des Arbverh. Ob Fehlzeiten sich darüber hinaus auch noch konkret nachteilig auf den Betriebsablauf oder den Betriebsfrieden auswirken, ist nicht für die Eignung als Künd-Grund, sondern für die im Rahmen der Interessenabwägung zu berücksichtigende Auswirkung der Pflichtverletzung erheblich.[1066] In Fällen ständiger Verspätungen kommt eine außerordentliche Künd ausnahmsweise dann in Betracht, wenn die Unpünktlichkeit des AN **den Grad und die Auswirkung einer beharrlichen Arbeitsverweigerung**, und damit den Grad einer beharrlichen Verletzung seiner Arbeitspflicht erreicht hat.[1067]

Der AG trägt bei einer Künd wegen verspäteter Arbeitsaufnahme des AN im Fall einer vereinbarten Zusatzschicht außerhalb der regulären Arbeitsverpflichtung gem. Abs. 2 S. 4 die Beweislast für die Vereinbarung des genauen Arbeitsbeginns.[1068]

Arbeitsbummeleien werden dann zum wichtigen Künd-Grund, wenn sie den Grad und die Auswirkung einer beharrlichen Verweigerung der Erfüllung der Arbeitspflicht erreichen.[1069]

Urlaubsantritt, eigenmächtiger

Tritt ein AN eigenmächtig einen vom AG nicht genehmigten Urlaub an, verletzt er seine arbeitsvertraglichen Pflichten. Ein solches Verhalten ist an sich geeignet, einen wichtigen Grund zur außerordentlichen Künd (§ 626 BGB) darzustellen.[1070] Hat der AG die **Urlaubsgewährung ausdr. abgelehnt**, liegt regelmäßig sogar eine **beharrliche Arbeitsverweigerung** vor.[1071] Fehlt der AN unentschuldigt, so beginnt die Ausschlussfrist des § 626 Abs. 2 BGB für eine hierauf gestützte außerordentliche Künd frühestens mit dem Ende der unentschuldigten Fehlzeit.[1072]

Bereits ein **kurzer Zeitraum der Selbstbeurlaubung** vermag eine verhaltensbedingte Künd des AN zu rechtfertigen. So kann nach Auffassung des ArbG Trier einer ANin, die gegen den ausdr. erklärten Willen des AG **an zwei Tagen eigenmächtig Urlaub nimmt**, fristlos gekündigt werden.[1073] Nach Auffassung des LAG Hamm liegt bei einer **Selbstbeurlaubung von einer Woche** oder mehr i.d.R. ein wichtiger Grund vor, der den AG an sich zu einer außerordentlichen, fristlosen Künd berechtigen würde, ohne dass eine Abmahnung vorauszugehen hätte. Eine außerordentliche, fristlose Künd kommt v.a. dann in Betracht, wenn der AG einen Urlaubsantrag abgelehnt und dem AN **für den Fall der Selbstbeurlaubung eine Künd angedroht** hat. Eine solche **vorweggenommene Abmahnung** kann eine Abmahnung nach Tatbegehung ausnahmsweise ersetzen, nämlich dann, wenn sich das (nachfolgende) Tun des AN letztlich unter Berücksichtigung des vorweggenommenen Fingerzeigs als beharrliche Arbeitsverweige-

---

1061 LAG Düsseldorf 23.11.1995 – 5 Sa 947/95.
1062 LAG Brandenburg 16.11.2000 – 3 Sa 398/00.
1063 BAG 27.2.1997 – 2 AZR 302/96 – NZA 1997, 761; BAG 24.3.1988 – 2 AZR 680/87 – RzK I 5i Nr. 35; BAG 13.3.1987 – 7 AZR 601/85 – NZA 1987, 518.
1064 LAG Köln 20.10.2008 – 5 Sa 745/08; LAG Rheinland-Pfalz 28.9.2006 – 4 Sa 573/06; ArbG Frankfurt a.M. 15.10.2002– 5 Ca 2231/02.
1065 LAG Schleswig-Holstein 28.11.2006 – 5 Sa 271/06 – NZA-RR 2007, 129.
1066 BAG 17.3.1988 – 2 AZR 576/87 – NZA 1989, 261.
1067 Hessisches LAG 10.11.2004 – 2 Sa 756/04.
1068 LAG Hamm 8.7.2004 – 8 Sa 366/04.
1069 LAG Hamm 8.3.2007 – 17 Sa 1604/06.
1070 BAG 20.1.1994 – 2 AZR 521/93 – NZA 1994, 548.
1071 LAG Baden-Württemberg 22.9.2003 – 15 Sa 49/03.
1072 BAG 22.1.1998 – 2 ABR 19/97 – NZA 1998, 708.
1073 ArbG Trier 16.1.2001 – 3 Ca 1880/00.

rung heraustellt. Da der AN in einem solchen Fall erkennbar nicht gewillt ist, von einem bevorstehenden Fehlverhalten Abstand zu nehmen, ist eine Abmahnung entbehrlich.[1074]

Eine erhebliche Verletzung der AN-Pflicht liegt auch vor, wenn der AN den Urlaub antritt, ohne die **Entscheidung des AG über seinen Urlaubsantrag eingeholt zu haben**. Es ist Sache des AN, wenn der AG über den Urlaubsantrag noch nicht entschieden hat, diesen zur Abgabe einer Entscheidung aufzufordern.[1075] Anderer Auffassung ist das LAG Berlin und stellt hierzu fest: Meldet ein AN den von ihm gewünschten Urlaub rechtzeitig an, kann er von der entsprechenden Urlaubserteilung ausgehen, wenn der AG ihm keine ablehnende Entscheidung mitteilt. Für die Mitteilung der entsprechenden ablehnenden Entscheidung ist der AG darlegungs- und beweispflichtig.[1076]

Jedenfalls hat ein AG, der dem Urlaubswunsch des AN aus dringenden betrieblichen Gründen oder wegen der Urlaubswünsche anderer AN nicht stattgeben will, dies unverzüglich, d.h. alsbald nach Kenntnis der entsprechenden Umstände und i.Ü. auch möglichst bald nach der Antragstellung mitzuteilen.[1077] Die **Festlegung des Urlaubszeitpunktes** gehört zur Konkretisierung der dem AG obliegenden, durch die Regelungen des § 7 BUrlG auch i.Ü. bestimmten Pflicht. Ein Recht des AG zur beliebigen Urlaubserteilung im Urlaubsjahr oder zur Erteilung des Urlaubs nach billigem Ermessen besteht nicht.[1078]

Eine eigenmächtige Selbstbeurlaubung – erst recht eine solche, die in bewusster Opposition gegen den Willen des AG vorgenommen wird – ist an sich geeignet, eine außerordentliche Künd auch dann zu rechtfertigen, wenn sich das Urlaubsjahr oder der Übertragungszeitraum dem Ende nähert, einstweiliger Rechtsschutz aber möglich ist und/ oder ein vom AN gefürchteter Urlaubsverfall zu einem Anspruch auf Ersatzurlaub im Wege des Schadensersatzes führen würde.[1079] Ein Recht des AN, sich selbst zu beurlauben, ist angesichts des umfassenden Systems gerichtlichen Rechtsschutzes grds. abzulehnen. Bei einer fristlosen Künd wegen eigenmächtigen Urlaubsantritts ist es bei der Interessenabwägung zugunsten des AN zu berücksichtigen, wenn der AG zu Unrecht einen Urlaubsantrag des AN abgelehnt und von vornherein den Betriebsablauf nicht so organisiert hat, dass die Urlaubsansprüche des AN nach den gesetzlichen Vorschriften erfüllt werden konnten. Ist gerichtliche Hilfe zur Durchsetzung eines Urlaubsanspruchs nicht rechtzeitig zu erlangen (Arbeit auf einer Baustelle in Indonesien), so kann auch bei einem eigenmächtigen Urlaubsantritt des AN im Einzelfall eine fristlose Künd ausnahmsweise dann unwirksam sein, wenn der AG u.a. aus eigenem finanziellen Interesse erhebliche Urlaubsansprüche des AN hat auflaufen lassen und ein Verfall der Urlaubsansprüche droht.[1080] Erwirkt ein AN (Kraftfahrer einer Spedition) drei Tage vor Antritt seines bereits acht Monate zuvor schriftlich beantragten, allerdings zu keinem Zeitpunkt ausdr. gewährten oder abgelehnten Sommerurlaubs beim ArbG ohne mündliche Verhandlung eine einstweilige Verfügung auf entsprechende Urlaubserteilung, unterlässt er aber mangels entsprechender Kenntnis (und/oder fehlerhafter Auskunft eines Mitarbeiters des Gerichts) die von ihm selbst vorzunehmende Zustellung dieser einstweiligen Verfügung an seinen AG, so berechtigt dies diesen nicht zum Ausspruch einer fristlosen Künd wegen eigenmächtigen Urlaubsantritts.[1081]

Je nach Umständen des Einzelfalles kann auch bei einer eigenmächtigen Urlaubsnahme nicht die außerordentliche, vielmehr nur eine ordentliche Künd als angemessene und ausreichende Maßnahme in Betracht kommen.[1082]

Verlängert der AN eigenmächtig seinen Erholungsurlaub, rechtfertigt auch dies eine außerordentliche Künd.[1083] Gleichermaßen wie beim Erholungsurlaub ist der eigenmächtige Antritt eines unbezahlten Sonderurlaubs oder dessen Verlängerung ohne Genehmigung des AG ein erheblicher Verstoß gegen die vertraglichen Pflichten des AN und berechtigt den AG zu einer fristgemäßen Künd aus verhaltensbedingten Gründen i.S.v. Abs. 2 S. 1 auch ohne vorherige Abmahnung.[1084] Im Falle einer eigenmächtigen Selbstbeurlaubung ist es im Rahmen der Interessenabwägung bei der Beurteilung einer deswegen ausgesprochenen Künd zu berücksichtigen, dass der AG den zuvor beantragten (Sonder-) Urlaub zu Unrecht verweigert hat.[1085]

Das angekündigte Nichterscheinen am Arbeitsplatz einer alleinerziehenden Mutter wegen der Betreuung eines an Neurodermitis erkrankten Kleinkindes nach Ablauf des Erziehungsurlaubs ist nicht mit einer Selbstbeurlaubung vergleichbar und rechtfertigt daher keine fristlose Künd.[1086]

Wenn nach dem Ergebnis der Beweisaufnahme nicht zur Überzeugung des Gerichts feststeht, dass ein wegen eigenmächtiger Urlaubsnahme gekündigter AN tatsächlich eigenmächtig Urlaub angetreten hat, geht dieses „non liquet" zu Lasten des für die Künd-Gründe darlegungs- und beweisbelasteten AG.[1087]

1074 LAG Hamm 21.10.1997 – 4 Sa 707/97 – NZA-RR 1999, 76.
1075 LAG Schleswig-Holstein 20.2.1997 – 4 Sa 510/96 – ARST 1997, 161.
1076 LAG Berlin 30.7.1996 – 12 Sa 53/96.
1077 LAG Köln 12.9.1996 – 10 TaBV 31/96.
1078 BAG 31.1.1996 – 2 AZR 282/95 – EzA § 1 KSchG Verhaltensbedingte Kündigung Nr. 47.
1079 LAG Köln 16.3.2001 – 11 Sa 1479/00 – NZA-RR 2001, 533.
1080 BAG 20.1.1994 – 2 AZR 521/93 – NZA 1994, 548.
1081 LAG Hamm 13.6.2000 – 19 Sa 2246/99 – NZA-RR 2001, 134.
1082 LAG Rheinland-Pfalz 22.11.2001 – 4 Sa 1097/01.
1083 ArbG Frankfurt a.M. 2.12.2002 – 15 Ca 7998/02.
1084 LAG Berlin 25.10.2002 – 2 Sa 842/02.
1085 LAG Hamburg 1.12.1998 – 6 Sa 26/98 – PersR 2000, 35.
1086 LAG Berlin 1.11.2002 – 19 Sa 1561/02; LAG Hamm 27.8.2007 – 6 Sa 751/07.
1087 ArbG Lörrach 7.1.2004 – 5 Ca 450/03.

Verdachtskündigung

Von einer Verdachts-Künd wird gesprochen (vgl. auch oben Rn 356), wenn der AG eine fristgerechte Künd damit begründet, der **Verdacht eines strafbaren oder vertragswidrigen Verhaltens** des AN habe das für die Fortsetzung des Arbverh erforderliche Vertrauen zerstört.[1088] Angesichts der Tatsache, dass bei der Verdachts-Künd bereits der Verdacht eines nicht erwiesenen Verhaltens des AN und der daraus folgende **Vertrauensverlust** des AG, der eine **Fortsetzung des Arbverh unzumutbar** werden lässt, zur Rechtfertigung der Künd herangezogen wird, postuliert das BAG im Rahmen der Verdachtsprüfung besonders strenge Anforderungen.[1089] Neben den objektiven Tatsachen, die den Verdacht begründen, ist zusätzlich eine dahingehende Prognose erforderlich, dass der von der Künd betroffene AN die Tat begangen hat. Erst diese für den AN negative Prognose, die das Arbverh bis zum Beweis des Gegenteils als untragbar erscheinen lässt, legitimiert die Verdachts-Künd.[1090]

Im Einzelnen stellen sich die Anforderungen der Rspr. an eine Verdachts-Künd wie folgt dar:

1. Der Verdacht muss sich auf eine Straftat oder schwere Vertragsverletzung beziehen, die – falls bewiesen – auch als Tat-Künd eine (fristlose) Künd zu rechtfertigen vermag.[1091] Die beiden Künd-Gründe des Verdachts und des Vorwurfs einer Pflichtwidrigkeit stehen nicht beziehungslos nebeneinander. Wird die Künd zunächst nur mit dem Verdacht eines pflichtwidrigen Handelns begründet, steht jedoch nach der Überzeugung des Gerichts (bspw. aufgrund einer Beweisaufnahme) die Pflichtwidrigkeit fest, so lässt dies die Wirksamkeit der Künd aus materiellrechtlichen Gründen unberührt. Das Gericht ist nicht gehindert, die nachgewiesene Pflichtwidrigkeit als Künd-Grund anzuerkennen. Hat der AG lediglich eine VerdachtsKünd ausgesprochen und auch im Künd-Schutzprozess keine Tat-Künd nachgeschoben, so kann das Gericht trotzdem sein Urteil darauf stützen, dass sich der Verdacht als Künd-Grund in seiner schärfsten Form erwiesen hat, dass nämlich das Gericht von der Tatbegehung überzeugt ist.[1092]
2. Nach der Rspr. des zuständigen 2. Senats ist es erforderlich, dass der Verdacht objektiv durch bestimmte Tatsachen begründet ist. Dabei ist nur ein solcher Verdacht als Künd-Grund geeignet, der einen verständigen und gerecht abwägenden AG zum Ausspruch der Künd veranlassen kann.[1093] Der Verdacht muss sich deshalb auf objektiv nachweisbare Tatsachen beziehen, die einen Vertrauensverlust des AG zur Folge haben. Rein subjektive Eindrücke und Vorstellungen des AG vermögen die Verdachts-Künd nicht zu rechtfertigen.
3. Der die Künd rechtfertigende Verdacht muss dringend sein. Eine Verdachts-Künd als Reaktion auf die Störung des für die Fortsetzung des Arbverh notwendigen Vertrauens ist unverhältnismäßig, wenn der AG nicht alle zumutbaren Anstrengungen zur Aufklärung des Sachverhalts unternommen hat.[1094] Der maßgebliche Beurteilungszeitpunkt ist der Ausspruch der Künd.
4. Insb. die vorherige Anhörung des AN ist grds. Wirksamkeitsvoraussetzung der Künd.[1095] Die an die Anhörung des AN zu stellenden Anforderungen entsprechen nicht denen für eine ordnungsgemäße Anhörung des BR gem. § 102 Abs. 1 BetrVG. Der dem AN vorgehaltene Verdacht darf sich allerdings nicht in einer bloßen Wertung erschöpfen; er muss vielmehr zumindest soweit konkretisiert sein, dass sich der AN darauf substantiiert einlassen kann. Die Anhörung des AN hat im Zuge der gebotenen Aufklärung des Sachverhalts zu erfolgen. Dass sie stets erst nach Abschluss der sonstigen Aufklärungsbemühungen zu erfolgen hätte, wird in der einschlägigen Rspr. des BAG nicht gefordert. Bestreitet der AN, obgleich die bislang bekannten und ihm vorgehaltenen Tatsachen eine konkrete Einlassung ermöglichen würden, lediglich pauschal, so lässt dies regelmäßig den Schluss zu, der AN sei an einer Mitwirkung an der Aufklärung des Verdachts nicht interessiert. Das Unterlassen des AG, den AN zu den anschließend weiter ermittelten Tatsachen erneut anzuhören, kann dann i.d.R. nicht als schuldhafte Verletzung einer Obliegenheit angesehen werden, die die formelle Unwirksamkeit der Verdachts-Künd zur Folge hätte. Lässt sich demgegenüber der AN zu den vorgehaltenen Verdachtsmomenten konkret ein, so dass der Verdacht zerstreut wird bzw. aus der Sicht des AG für eine Künd nicht mehr ausreicht, und führen erst die daraufhin durchgeführten weiteren Ermittlungen aus der Sicht des AG zu einer Widerlegung des Entlastungsvorbringens des AN, so ist dieser vor Ausspruch der VerdachtsKünd erneut anzuhören.[1096]

Bei der Überprüfung einer Verdachts-Künd haben die Gerichte dem Vorbringen des AN, mit dem er sich von dem ihm gegenüber vorgebrachten Verdacht reinigen will, durch eine vollständige Aufklärung des Sachverhalts nachzugehen.[1097] Allein aus dem Umstand, dass die Tat nicht nachgewiesen ist, kann das Gericht nicht entnehmen, dass keine hinreichenden Anhaltspunkte für den dringenden Verdacht bestehen. Entscheidend ist vielmehr, ob die

---

1088 BAG 13.3.2008 – 2 AZR 961/06 – NZA2008, 809; BAG 29.11.2007 – 2 AZR 724/06; BAG 18.11.1999 – 2 AZR 743/98 – NZA 2000, 418; BAG 12.8.1999 – 2 AZR 923/98 – NZA 2000, 421; BAG 20.8.1997 – 2 AZR 620/96 – NZA 1997, 1340; BAG 14.9.1994 – 2 AZR 164/94 – NZA 1995, 269.
1089 BAG 14.9.1994 – 2 AZR 164/94 – NZA 1995, 269; BAG 13.9.1995 – 2 AZR 587/94 – NZA 1996, 81.
1090 *Dörner*, NZA 1992, 865, 866.
1091 BAG 23.2.1961 – 2 AZR 187/59 – AP § 626 BGB Verdacht strafbarer Handlung Nr. 9.
1092 BAG 3.7.2003 – 2 AZR 437/02 – NZA 2004, 307.
1093 BAG 21.6.1995 – 2 AZR 735/94.
1094 BAG 13.9.1995 – 2 AZR 587/94 – NZA 1996, 81.
1095 *Fischer*, BB 2003, 522 ff.
1096 BAG 13.9.1995 – 2 AZR 587/94 – NZA 1996, 81.
1097 BAG 18.11.1999 – 2 AZR 743/98 – NZA 2000, 418.

den Verdacht begründenden Indizien zutreffen, also entweder unstreitig sind oder vom AG bewiesen werden. Bloße, auf mehr oder weniger haltbare Vermutungen gestützte Verdächtigungen des AG reichen zur Rechtfertigung eines dringenden Verdachts nicht aus. Der Verdacht muss vielmehr auf konkrete Tatsachen gestützt sein. Er muss sich aus Umständen ergeben, die so beschaffen sind, dass sie einen verständigen und gerecht abwägenden AG zum Ausspruch der Künd veranlassen können. Der Verdacht muss insb. auch dringend sein. Es muss für ihn eine große Wahrscheinlichkeit bestehen.[1098] Im Falle einer VerdachtsKünd können die den Verdacht stärkenden oder entkräftenden Tatsachen jedenfalls bis zur letzten mündlichen Verhandlung in der Berufungsinstanz vorgetragen werden. Sie sind grds. zu berücksichtigen, sofern sie – wenn auch unerkannt – bereits vor Zugang der Künd vorlagen. Eine zum Zeitpunkt der letzten mündlichen Verhandlung in der Berufungsinstanz erfolgte Anklageerhebung ist zu berücksichtigen. Allein aus der Entlassung aus einer eintägigen Untersuchungshaft kann nicht geschlossen werden, dass kein dringender Tatverdacht mehr besteht.[1099]

362 Vorstrafen

Eine ordentliche verhaltensbedingte Künd kann sozial gerechtfertigt sein, wenn der AN bei der Einstellung auf ausdrückliches Befragen des AG **einschlägige Vorstrafen verschweigt**. Durch ein solches Verhalten beeinträchtigt der AN das vertragsnotwendige Vertrauen des AG auf eine ordnungsgemäße Abwicklung des Arbverh.[1100] Gleichfalls kann eine verhaltensbedingte Künd sozial gerechtfertigt sein, wenn der AN es pflichtwidrig unterlässt, den AG über das gegen ihn **eingeleitete staatsanwaltschaftliche Ermittlungsverfahren** zu unterrichten. Auch ein Bewerber ist jedenfalls auf Befragen dazu verpflichtet, über laufende staatsanwaltschaftliche Ermittlungsverfahren Auskunft zu geben. Dem steht die **Unschuldsvermutung i.S.v. Art. 6 Abs. 2 MRK** nicht entgegen. Entscheidend ist, ob der gegen den Bewerber gerichtete Vorwurf seine persönliche Eignung für den vorgesehenen Arbeitsplatz nach objektiver Sicht in Frage stellt.[1101]

Der AG darf den AN bei der Einstellung nach Vorstrafen allerdings nur fragen, wenn und soweit die Art des zu besetzenden Arbeitsplatzes dies erfordert. Dabei kommt es nicht auf die subjektive Einstellung des AG an, welche Vorstrafen er als einschlägig ansieht; entscheidend ist vielmehr ein objektiver Maßstab. Dies gilt auch für Arb und Ang im öffentlichen Dienst, zumindest in seinen unteren Graden.[1102] Je nach der Art des zu besetzenden Arbeitsplatzes darf etwa nach Vorstrafen auf vermögensrechtlichem Gebiet (z.B. bei einem Bankkassierer oder bei einem Finanzbuchhalter), nach verkehrsrechtlichen Vorstrafen (z.B. bei einem Berufskraftfahrer) oder nach Vorstrafen aus dem Bereich der Sittlichkeitsdelikte (z.B. bei einem Lehrer oder Erzieher) gefragt werden.[1103]

III. Betriebsbedingte Kündigung

Literatur: *Adam*, Grundfragen der Unkündbarkeit von Arbeitnehmern, ZTR 2008, 479; *ders.*, Abschied vom „Unkündbaren"?, NZA 1999, 846; *Bader*, Das Gesetz zu Reformen am Arbeitsmarkt: Neues im Kündigungsschutzgesetz und im Befristungsrecht, NZA 2004, 65; *ders.*, Das Kündigungsschutzgesetz in neuer (alter) Fassung, NZA 1999, 64; *Baeck/Schuster*, Unwirksame betriebsbedingte Kündigungen bei Anwendung „alter" Auswahlrichtlinien?, NZA 1998, 1250; *Bär*, Die Herausnahme von Leistungsträgern aus der Sozialauswahl, AuR 2004, 169; *Bauer*, Aktuelle Entwicklungen in Rechtsprechung und Praxis zur betriebsbedingten Kündigung, NZA, Sonderbeilage zu Heft 18, 2004, 38; *ders.*, Ein Vorschlag für ein modernes und soziales Kündigungsschutzrecht, NZA 2002, 529; *ders.*, Die Sozialauswahl als Stolperstein betriebsbedingter Kündigungen, in: Preis/Willemsen, Kölner Tage des Arbeitsrechts – Umstrukturierung von Betrieb und Unternehmen im Arbeitsrecht, 1999, S. 117; *Bauer/Powietzka*, Kündigung schwerbehinderter Arbeitnehmer – Nachweis, Sozialauswahl, Klagefrist und Reformbedarf, NZA-RR 2004, 505; *Bauer/Preis/Schunder*, Der Regierungsentwurf eines Gesetzes zu Reformen am Arbeitsmarkt vom 18.6.2003, NZA 2003, 704; *Beckschulze*, Der Wiedereinstellungsanspruch nach betriebsbedingter Kündigung, DB 1998, 417; *Berkowsky*, Die betriebsbedingte Kündigung im öffentlichen Dienst – 2. Teil, ZfPR 2003, 114; *ders.*, Die betriebsbedingte Kündigung im öffentlichen Dienst – 3. Teil, ZfPR 2003, 172; *Berscheid*, Auskunftsanspruch und Prüfungsmaßstab bei der über einen Interessenausgleich mit Namensliste getroffenen Sozialauswahl, ZinsO 1999, 511; *ders.*, Interessenausgleich mit Namensliste, MDR 1998, 816; *ders.*, Interessenausgleich mit Namensliste, MDR 1998, 942; *ders.*, Interessenausgleich mit Namensliste, MDR 1998, 1129; *Bertzbach*, Verhindert die Anwendung des Kündigungsschutzgesetzes die Sanierung von Unternehmen?, in: FS Hanau, 1999, S. 173; *Besgen*, Das neue Kündigungsrecht 2004, B+P, Beihefter Nr. 1/2004 zu Heft Nr. 2/2004, 1; *Bitter*, Zur Unternehmerentscheidung zwecks Personalabbau, DB 2000, 1760; *ders.*, Der kündigungsrechtliche Dauerbrenner: Unternehmerfreiheit ohne Ende?, DB 1999, 1214; *Böker*, Betriebsbedingte Kündigung – Streichung einer Hierarchieebene – Darlegungs- und Beweislast des Arbeitgebers, AiB 2008, 560; *Bontrup/Dammann*, Beschäftigungsabbau trotz Betriebsgewinn, AuA 1999, 399; *Braun*, Neuerungen im Arbeitsrecht durch das Gesetz zu Reformen am Arbeitsmarkt, RiA 2004, 118; *Brors*, Die Sozialauswahl nach der Reform des KSchG und im Rahmen der Richtlinie 2000/78/EG, AuR 2005, 41; *Buchner*, Notwendigkeit und Möglichkeiten einer Deregulierung des Kündigungsschutzrechts, NZA 2002, 533; *Dahl*, Betriebsbedingte Kündigung eines Leiharbeitsverhältnisses wegen Auftragsrückgangs, DB 2003, 1626; *Däubler*, Die Unkündbarkeit von Arbeitsverhältnissen – ein Fremdkörper im Arbeitsrecht?, in: Gedächtnisschrift Heinze, 2005, S. 121; *ders.*, Neues

---

1098 BAG 10.2.2005 – 2 AZR 189/04.
1099 BAG 6.11.2003 – 2 AZR 631/02 – NZA 2004, 919.
1100 KR/*Etzel*, § 1 KSchG Rn 512.
1101 ArbG Frankfurt 7.1.2002 – 15 Ca 5437/01 – RDV 2002, 318; vgl. LAG Köln 17.9.1993 – 3 Sa 844/93 – RzK I 6h Nr. 8.

1102 BAG 15.1.1970 – 2 AZR 64/69 – AP § 1 KSchG Verhaltensbedingte Kündigung Nr. 7.
1103 KR/*Etzel*, § 1 KSchG Rn 512.

zur betriebsbedingten Kündigung, NZA 2004, 177; *ders.*, Das Gesetz zu Korrekturen in der Sozialversicherung und zur Sicherung der Arbeitnehmerrechte, NJW 1999, 601; *Depel/Raif*, Kündigung in der Insolvenz – Personalabbau durch den Insolvenzverwalter, BuW 2004, 299; *Diller*, Unternehmerische Entscheidungsfreiheit versus Kündigungsschutz, in: Preis/Willemsen, Kölner Tage des Arbeitsrechts – Umstrukturierung von Betrieb und Unternehmen im Arbeitsrecht, 1999, S. 157; *Etzel*, Die „Orlando-Kündigung": Kündigung tariflich unkündbarer Arbeitnehmer, ZTR 2003, 210; *Feudner*, Verlagerung von Arbeit ins Ausland: Grenzen des unternehmerischen Handlungsspielraums?, DB 2004, 982; *ders.*, Betriebsbedingte Kündigung quo vadis?, NZA 2000, 1136; *ders.*, Kündigungsschutz im Konzern, DB 2002, 1106; *ders.*, Freie Unternehmerentscheidung beim Personalabbau, DB 1999, 2566; *ders.*, Replik zu Klaus Zepter, Freie Unternehmerentscheidung bei Personalabbau?, DB 2000, 476; *Fischer*, Unternehmensbezogener Interessenausgleich und Namensliste nach § 1 Abs. 5 KSchG, BB 2004, 1001; *ders.*, Sozialauswahl nach Widerspruch gegen Betriebsübergang – Neue Rechtslage durch § 1 Abs. 3 Satz 1 KSchG?, FA 2004, 230; *ders.*, Sozialauswahl bei Kündigung nach Widerspruch gegen einen Betriebsübergang, AuR 2002, 291; *ders.*, Die Kündigungsliste nach § 1 Abs. 5 KSchG, AuR 1998, 261; *Fleddermann*, Grob fehlerhafte Sozialauswahl bei Kündigung über einen Interessenausgleich mit Namensliste, ZinsO 2004, 316; *Frabotta/Korinth*, Dauerbrenner: unternehmerische Entscheidung, AuA 2000, 415; *Gaul*, Sozialauswahl nach Widerspruch gegen Betriebsübergang, NZA 2005, 730; *ders.*, Betriebsbedingte Kündigung mit Namensliste nach § 1 Abs. 5 KSchG, BB 2004, 2686; *ders.*, Rechtsprechung zur Namensliste gemäß § 1 Abs. 5 KSchG, AuA 1998, 168; *Gaul/Bonanni*, Sozialauswahl zwischen Teilzeit- und Vollzeitbeschäftigten, ArbRB 2005, 112; *Gaul/Kühnreich*, Weiterbeschäftigung statt betriebsbedingter Kündigung, BB 2003, 254; *Gaul/Lunk*, Gestaltungsspielraum bei Punkteschemata zur betriebsbedingten Kündigung, NZA 2004, 184; *Gaul/Süßbrich*, Betriebsbedingte Kündigung mit Namensliste, ArbRB 2004, 224; *Gehlhaar*, Darlegungslast des Arbeitgebers im Kündigungsschutzprozess bei Interessenausgleich mit Namensliste – § 1 Abs. 5 KSchG versus § 102 BetrVG, DB 2008, 1496; *Giesen*, Das neue Kündigungsschutzrecht in der Insolvenz, ZIP 1998, 46; *Gilberg*, Die Unternehmerentscheidung vor Gericht, NZA 2003, 817; *Gragert*, Sonderfälle der Sozialauswahl, in: FS Schwerdtner, 2003, S. 49; *Grau/Schnitker*, Bleibt alles anders? – Die Kriterien für die Sozialauswahl bei betriebsbedingter Kündigung nach neuem alten Recht, ZIP 2003, 1867; *Groeger*, Probleme der außerordentlichen betriebsbedingten Kündigung ordentlich unkündbarer Arbeitnehmer, NZA 1999, 850; *Grothe/Lingemann*, Betriebsbedingte Kündigung im öffentlichen Dienst, NZA 1999, 1072; *Günzel*, Der Wiedereinstellungsanspruch bei Fortführung des Betriebs nach Ablauf der Kündigungsfrist, DB 2000, 1227; *Hanau*, Die wiederholte Reform des arbeitsrechtlichen Kündigungs- und Befristungsschutzes, ZIP 2004, 1169; *ders.*, Verfassungsrechtlicher Kündigungsschutz, in: FS Dieterich, 1999, S. 201; *Hasselbach/Sieger*, Veräußererkündigung mit Erwerberkonzept, DB 1999, 430; *Hein*, AGG × KSchG = Europa[2]?, NZA 2008, 1033; *Henssler*, Kündigungsschutz und unternehmerische Entscheidungsfreiheit, in: Preis/Willemsen, Kölner Tage des Arbeitsrechts – Umstrukturierung von Betrieb und Unternehmen im Arbeitsrecht, 1999, S. 89; *Herbert/Oberrath*, Die soziale Rechtfertigung der betriebsbedingten Änderungskündigung, NJW 2008, 3177; *Hergenröder*, Kündigung und Kündigungsschutz im Lichte der Verfassung, ZfA 2002, 355; *Hiekel*, Kündigung nach Erwerberkonzept außerhalb der Insolvenz, BAGReport 2005, 161; *Hillgruber*, Kündigungsschutz für Arbeitnehmer – Hindernis für einen Personalabbau im öffentlichen Dienst, in: Gedächtnisschrift Heinze, 2005, S. 367; *Hohenstatt*, Der Interessenausgleich in einem veränderten rechtlichen Umfeld, NZA 1998, 846; *Hold*, Die geänderte Sozialauswahl, AuA 1998, 369; *Holthausen/Mauer*, „Der nicht mehr zeitgemäße Weihnachtsmann" – Zur Zulässigkeit betriebsbedingter Kündigungen aufgrund geänderten Anforderungsprofils, NZA 2003, 1370; *Hoß*, Die betriebsbedingte Kündigung, MDR 2000, 305; *v. Hoyningen-Huene*, Die „missbräuchliche" Unternehmerentscheidung bei der betriebsbedingten Kündigung, in: FS 50 Jahre BAG, 2004, S. 369; *Hromadka*, Kündigungsschutz und Unternehmerfreiheit, AuA 2002, 261; *ders.*, Unternehmerische Freiheit – ein Problem der betriebsbedingten Kündigung?, ZfA 2002, 383; *Hümmerich/Spirolke*, Die betriebsbedingte Kündigung im Wandel – neue Wege zum rechtssicheren Personalabbau, NZA 1998, 797; *Hümmerich/Welslau*, Beschäftigungssicherung trotz Personalabbau, NZA 2005, 610; *Hunold*, Teure Fehler bei Kündigungen vermeiden, AuA 2003, 12; *Kaiser*, Die Unternehmerentscheidung bei betriebsbedingten Kündigungen, NZA Sonderbeilage 1/2005, 31; *dies.*, Wegfall des Kündigungsgrundes – Weder Unwirksamkeit der Kündigung noch Wiedereinstellungsanspruch, ZfA 2000, 205; *Kappelhoff*, Die außerordentliche betriebsbedingte Kündigung, ArbRB 2002, 369; *Kappenhagen*, Die neue „alte" Namensliste nach § 1 Abs. 5 KSchG, FA 2004, 37; *ders.*, Interessenausgleich und Namensliste, BB 1998, 2266; *Kerbein*, Betriebsbedingte Kündigungen in der Kommunikationsbranche, NZA 2002, 889; *Kiel*, Die Kündigung unkündbarer Arbeitnehmer, NZA Sonderbeilage 1/2005, 18; *Kleinebrink*, Auskunftsanspruch und Sozialauswahl, ArbRB 2004, 161; *ders.*, Agenda 2010: Schwerbehinderung – das neue Kriterium bei der Sozialauswahl, ArbRB 2004, 112; *ders.*, Die Sozialauswahl mit Hilfe einer betriebsverfassungsrechtlichen Auswahlrichtlinie, ArbRB 2003, 180; *ders.*, Erleichterung der Sozialauswahl durch das Arbeitsmarktreform-Gesetz, ArbRB 2003, 338; *ders.*, Darlegung der „Unternehmerentscheidung" im Kündigungsschutzprozess, FA 2000, 70; *Kittner*, Neuregelung des Rechts der sozialen Auswahl, AiB 1998, 61; *Koch*, Kündigungsschutz im unternehmerischen Alltag, ZfA 2002, 445; *Kohlepp/Stückmann*, Verhältnismäßigkeitsgrundsatz und „ultima-ratio-Prinzip" im Kündigungsrecht, RdA 2000, 331; *Kohte*, Die vertrackte Namensliste, BB 1998, 946; *Kossens*, Neue Regeln im Arbeitsrecht, AuA 2004, 20; *Kühling*, Freie Unternehmerentscheidung und Betriebsstilllegung, AuR 2003, 92; *Kukat*, Betriebsbedingte Kündigung und konzernbezogener Kündigungsschutz in der Rechtsprechung des Bundesarbeitsgerichts, BB 2000, 1242; *Küttner*, Altersstruktur und betriebsbedingte Kündigung, in: FS 50 Jahre BAG, 2004, 409; *Lakies*, Die Neuregelungen des Kündigungsschutzgesetzes, NJ 2004, 150; *ders.*, Altes und Neues beim Kündigungsschutz seit dem 1.1.1999, NJ 1999, 74; *Langenbucher*, Der Wiedereinstellungsanspruch des Arbeitnehmers beim Betriebsübergang, ZfA 1999, 299; *Lettl*, Der arbeitsrechtliche Kündigungsschutz nach den zivilrechtlichen Generalklauseln, NZA-RR 2004, 57; *Löwisch*, Ausweg aus dem Kündigungsschutzrisiko?, in: FS 50 Jahre BAG, 2004, S. 423; *ders.*, Neuregelung des Kündigungs- und Befristungsrechts durch das Gesetz zu Reformen am Arbeitsmarkt, BB 2004, 154; *ders.*, Die kündigungsrechtlichen Vorschläge der „Agenda 2010", NZA 2003, 689; *ders.*, Der arbeitsrechtliche Teil des sogenannten Korrekturgesetzes, BB 1999, 102; *Lingemann*, Unterhaltspflichten und Kündigung, BB 2000, 1835; *Lunk*, Die Sozialauswahl nach neuem Recht, NZA Sonderbeilage 1/2005, 41; *Maslaton/Müller*, Arbeitsrechtliche Rahmenbedingungen beim Personalabbau im öffentlichen Dienst, DÖD 2003, 73; *Matthießen*, Die Nichteinbeziehung von Arbeitnehmern in die soziale Auswahl bei betriebsbedingten Kündigungen, NZA 1998, 1153; *Matz*, Die Unternehmerentscheidung im Kündigungsrecht, FA 2003, 66; *ders.*, Die Sozialauswahl im Kündigungsrecht, FA 2003, 166; *Mauer/Schüßler*, Kündigung unkündbarer Arbeitnehmer, BB 2001, 466; *Meixner*, Das Gesetz zu Reformen am Arbeitsmarkt, ZAP Fach 17, 719; *Meyer*, Kündigung des Betriebsveräußerers nach einem Erwerberkonzept, SAE 2004, 176; *ders.*, Personalanpassung des Betriebsveräußerers aufgrund eines Erwerberkonzeptes, NZA 2003, 244; *Moll*, Unkündbarkeitsregelungen im Kündigungsschutzsystem, in: FS Wiedemann, 2002,

S. 333; *Mues*, Beschäftigungsgarantie und Sozialauswahl, ArbRB 2003, 209; *Müller*, Kündigungsrecht – Sozialauswahl in der Unternehmensumstrukturierung, MDR 2002, 491; *Nägele*, Die Renaissance des Wiedereinstellungsanspruchs, BB 1998, 1686; *Nicolai/ Noack*, Grundlagen und Grenzen des Wiedereinstellungsanspruchs nach wirksamer Kündigung des Arbeitsverhältnisses, ZfA 2000, 87; *Oetker*, Der auswahlrelevante Personenkreis im Rahmen von § 1 Abs. 3 KSchG, FS Wiese, 1998, S. 333; *Otto*, Grünes Licht für Wiedereinstellung bei betriebsbedingten Entlassungen?, FS Kraft, 1998, S. 451; *Pauker/Romme*, Die Unternehmerentscheidung bei der betriebsbedingten Beendigungskündigung, NZA-RR 2000, 281; *Perreng*, Wiedereinführung der Namensliste, AiB 2004, 13; *dies.*, Neuregelungen zum Kündigungsschutz ab 1.1.2004, PersR 2004, 45; *Piehler*, Rechtsfolgen einer „Teil-Namensliste" nach § 1 Abs. 5 KSchG, NZA 1998, 970; *B. Preis*, Stellenabbau als unternehmerische Entscheidung?, DB 2000, 1122; *U. Preis*, Die „Reform" des Kündigungsschutzrechts, DB 2004, 70; *ders.*, Aktuelle Tendenzen und offene Fragen im Kündigungsschutzrecht, in: Brennpunkte des Arbeitsrechts 2003, S. 55; *ders.*, Der Kündigungsschutz nach dem „Korrekturgesetz", RdA 1999, 311; *ders.*, Die Verantwortung des Arbeitgebers und der Vorrang betrieblicher Maßnahmen vor Entlassungen (§ 2 Abs. 1 Nr. 2 SGB III), NZA 1998, 449; *Quecke*, Sozialauswahl und Zuordnung von Arbeitnehmern bei Teilbetriebsübergang und gleichzeitiger Stilllegung des Restbetriebs, BAGReport 2005, 97; *ders.*, Die Änderung des Kündigungsschutzgesetzes zum 1.1.2004, RdA 2004, 86; *ders.*, Unternehmerentscheidung als Kündigungsgrund, DB 2000, 2429; *ders.*, Unternehmerentscheidung und Personalabbau, NZA 1999, 1247; *Raab*, Der Wiedereinstellungsanspruch des Arbeitnehmers bei Wegfall des Kündigungsgrundes, RdA 2000, 147; *Rambach/ Sartorius*, Die betriebsbedingte Kündigung, ZAP Fach 17, 655; *Reichel*, Die unternehmerische Entscheidung vor Gericht, AuA 2004, 16; *Reinecke*, Zur „unternehmerischen Entscheidungsfreiheit" im Recht der betriebsbedingten Kündigung in Deutschland und Frankreich, ZIAS 2000, 17; *Reuter*, Unternehmerische Freiheit und betriebsbedingte Kündigung, RdA 2004,161; *Richardi*, Misslungene Reform des Kündigungsschutzes durch das Gesetz zu Reformen am Arbeitsmarkt, DB 2004, 486; *Rieble*, Betriebliche versus tarifliche Unkündbarkeit, NZA 2003, 1243; *Rosendahl*, Betriebsbedingte Kündigung bei Interessenausgleich und Namensliste, BetrR 1998, 95; *Rost*, Beendigung von Arbeitsverhältnissen bei Umstrukturierung, NZA Beilage 1/2009, 23; *ders.*, Neues zum Kündigungsrecht, NZA Sonderbeilage 1/2004, 34; *ders.*, Kündigungsschutz im Konzern, in: FS Schwerdtner, 2003, S. 169; *ders.*, Die aktuelle Rechtsprechung des Bundesarbeitsgerichts zur Unternehmerentscheidung bei betriebsbedingter Kündigung, JbArbR 39, 2002, 83; *Rüthers*, Vom Sinn und Unsinn des geltenden Kündigungsschutzrechts, NJW 2002, 1601; *ders.*, Reform der Reform des Kündigungsschutzes?, NJW 1998, 283; *Sage*, Die Unternehmerentscheidung bei der betriebsbedingten Kündigung, AiB 2000, 310; *Sartorius*, Der Wiedereinstellungsanspruch des Arbeitnehmers, ZAP Fach 17, 569; *Schiefer*, Betriebsbedingte Kündigung – Kündigungsursache und Unternehmerentscheidung, NZA-RR 2005, 1; *ders.*, Die Sozialauswahl bei der betriebsbedingten Kündigung, NZA-RR 2002, 169; *ders.*, Kündigungsschutz und Unternehmerfreiheit – Auswirkungen des Kündigungsschutzes auf die betriebliche Praxis, NZA 2002, 770; *ders.*, Auswirkungen des Kündigungsschutzes auf die betriebliche Praxis, ZfA 2002, 427; *ders.*, Beendigung des Arbeitsverhältnisses – Aktuelle Entwicklungen, DB 2000, 669; *Schiefer/Worzalla*, Neues – altes – Kündigungsrecht, NZA 2004, 345; *Schrader/Schubert*, Die Ausgliederung oder: Wie weit reicht die unternehmerische Entscheidungsfreiheit (noch)?, NZA-RR 2004, 393; *Schumacher-Mohr*, Zulässigkeit einer betriebsbedingten Kündigung durch den Veräußerer bei Betriebsübergang, NZA 2004, 629; *Schwerdtner*, Prinzipien des Kündigungsschutzrechts, in: Brennpunkte des Arbeitsrechts, 1998, S. 213; *Stahlhacke*, Unternehmerentscheidung und Personalabbau, in: FS Schwerdtner, 2003, S. 199; *ders.*, Grundrechtliche Schutzpflichten und allgemeiner Kündigungsschutz, FS Wiese, 1998, S. 513; *Stein*, Mindestkündigungsschutz außerhalb des KSchG – Praktische Fragen der Darlegungs- und Beweislast, DB 2005, 1218; *ders.*, Bestandsschutz und Agenda 2010, KJ 2003, 401; *ders.*, Inhaltskontrolle von Unternehmerentscheidungen, AuR 2003, 99; *ders.*, Freiheit und Dringlichkeit der unternehmerischen Entscheidung im Kündigungsschutzrecht, BB 2000, 457; *Steinau-Steinrück/Oelkers*, Betriebsbedingte Kündigung – Brennpunkt: unternehmerische Entscheidung, NJW-Spezial 2004, 321; *Strathmann*, Wiedereinstellungsanspruch eines wirksam gekündigten Arbeitnehmers: Tendenzen der praktischen Ausgestaltung, DB 2003, 2438; *Strybny*, Die Berücksichtigung des Doppelvierdienstes als Merkmal der Sozialauswahl bei der Kündigung, FA 2005, 171; *Stück*, Outsourcing – K.o. durch die Rechtsprechung?, AuA 2004, 10; *Thannheiser*, Unkündbarkeit schützt vor Kündigung nicht, AiB 1998, 601; *Thüsing/Hoffmann*, Fragen zum Entwurf eines Gesetzes zu Reformen am Arbeitsmarkt, BB 2003, 1673; *Thüsing/Wege*, Sozialauswahl nach neuem Recht, RdA 2005, 12; *Tschöpe*, Neues Kündigungsschutzrecht 2004, MDR 2004, 193; *ders.*, Betriebsbedingte Kündigung, BB 2000, 2630; *Walker*, Die freie Unternehmerentscheidung im Arbeitsrecht, ZfA 2004, 501; *Willemsen/Annuß*, Kündigungsschutz nach der Reform, NJW 2004, 177; *Wisskirchen/ Bissels/Schmidt*, „Der unzeitgemäße Arbeitnehmer": Die Änderung von Anforderungen an Mitarbeiter als Kündigungsgrund, NZA 2008, 1386; *Zepter*, Freie Unternehmerentscheidung bei Personalabbau!, DB 2000, 474; *Zerres/Rhotert*, Die Neuregelungen im allgemeinen Kündigungsschutzrecht, FA 2004, 2; *Zeuner*, Zur kündigungsschutzrechtlichen Bedeutung des Interessenausgleichs nach § 1 Abs. 5 KSchG und §§ 125 Abs. 1 Satz 1, 128 Abs. 2 InsO, in: FS Zöllner 1998, S. 1011; *Zwanziger*, Änderungen der Sozialauswahl im neuen Kündigungsschutzrecht, AiB 2004, 10; *ders.*, Tarifliche Unkündbarkeit und Sozialauswahl, DB 2000, 2166

363 1. Begriff und Überblick. Unabhängig von der Person oder dem Verhalten des AN begründet ein dringendes betriebliches Erfordernis, das seiner Weiterbeschäftigung entgegensteht, die soziale Rechtfertigung einer Künd nach dem KSchG. Stammen bei der personen- und verhaltensbedingten Künd die Gründe, die zur Künd führen, aus der Sphäre des AN, eröffnet das Gesetz dem AG mit der betriebsbedingten Künd die Möglichkeit, den **Personalbestand** dem tatsächlichen, von ihm vorgegebenen **Personalbedarf** anzugleichen. Es liegt im unternehmerischen Ermessen des AG, ob er bei einem Wegfall von Beschäftigungsmöglichkeiten in seinem Betrieb im Verhältnis zu dem fehlenden Arbeitskräftebedarf Personal abbaut oder nur einen Teil der überzähligen AN entlässt und die übrigen z.B. als **Personalreserve** behält.[1104] Das Bestandsschutzinteresse des AN tritt bei der betriebsbedingten Künd hinter das Anpassungsinteresse des AG zurück, weil **Beschäftigungsbedarf auf nicht absehbare Zeit entfallen** ist. Eine betriebsbedingte Künd kommt in Betracht, wenn bei Ausspruch der Künd aufgrund einer vernünftigen betriebswirtschaftlichen Prognose davon auszugehen ist, dass zum Zeitpunkt des Künd-Termins eine Beschäftigungsmöglichkeit nicht

---

[1104] BAG 7.5.1998 – 2 AZR 55/98 – AP § 1 KSchG 1969 Namensliste Nr. 1.

mehr besteht.[1105] Das Recht des AG zur betriebsbedingten Künd fußt auf der Erkenntnis, dass in einer von einer von zahlreichen Marktdaten und Wettbewerb bestimmten Wirtschaftsordnung quantitative, strukturelle und qualitative Anpassungsprozesse notwendig sind und dem AG die Möglichkeit eingeräumt werden muss, sich bei Vorliegen dringender betrieblicher Erfordernisse von den nicht mehr benötigten Arbeitskräften zu trennen bzw. sie ggf. nach erforderlichen Umschulungs- oder Fortbildungsmaßnahmen auf anderen Arbeitsplätzen weiter zu beschäftigen.

Angesichts des Abs. 2 zu entnehmenden gesetzlichen Grundmodells steht dem AN de lege lata **kein absolut geschütztes Recht am Arbeitsplatz i.S.d. § 823 Abs. 1 BGB** zu. Vielmehr existiert lediglich ein durch die Bestimmungen des individuellen und kollektiven Künd-Schutzes konkretisierter relativer Bestandsschutz des Arbverh. Der fehlende absolute Charakter des Schutzes offenbart sich besonders deutlich im Fall der betriebsbedingten Künd, die zu einem entschädigungslosen Verlust des Arbeitsplatzes führen kann, obgleich der AN weder durch seine Person noch durch sein Verhalten Anlass zur Künd gegeben hat.[1106]

2. Dringende betriebliche Erfordernisse (Abs. 2 S. 1). a) Definition des unbestimmten Rechtsbegriffs. Die unternehmerische Entscheidung selbst, auf der die Künd beruht, muss nicht dringlich sein. Sie unterliegt nur einer **Willkür- und Missbrauchskontrolle** durch die Gerichte.[1107] Entscheidend ist, ob die Umsetzung der Unternehmerentscheidung im Betrieb ein dringendes betriebliches Erfordernis für die Künd zur Folge hat.[1108] Die Unternehmerentscheidung ist stets eine Reaktion auf bestimmte betriebs- oder volkswirtschaftliche Gründe. Erst als Folge der unternehmerischen Entscheidung, die zu betrieblichen Veränderungen führt, wird eine betriebsbedingte Künd ausgesprochen, die den Anforderungen des Abs. 2 entsprechen muss.[1109] Rechtsmissbräuchlich kann eine Unternehmerentscheidung sein, wenn sie **keinen erkennbaren wirtschaftlichen Sinn** hat oder wenn ihr **außer dem bloßen Wollen keinerlei sachliche Erwägung zugrunde liegt**. Der AG ist frei, betriebliche Arbeitsabläufe zu organisieren bzw. umzustrukturieren. Allein der Umstand, dass parallel dazu familienrechtliche Auseinandersetzungen zwischen AN und AG laufen und diese die getroffene unternehmerische Entscheidung beeinflusst haben könnten, führt noch nicht dazu, sie als rechtsmissbräuchlich einzustufen. Denn der AG hat zu jeder Zeit die Möglichkeit, betriebliche Abläufe zu optimieren und Kosten zu sparen. Dies gilt unabhängig davon, ob eine solche Maßnahme wesentlich die Wettbewerbssituation verbessert oder ob eine finanzielle Schieflage beim Unternehmen vorliegt. Entscheidend ist allein, dass Abläufe optimiert und Kosten gespart werden sollen.[1110]

Dringende betriebliche Erfordernisse für eine Künd i.S.d. Abs. 2 können sich aus **außerbetrieblichen Gründen** (Absatzrückgang, Umsatzrückgang oder Auftragsmangel) oder **innenbetrieblichen Gründen** (Umstrukturierung, Rationalisierungsmaßnahmen, Umstellung, Einschränkung oder Verlagerung der Produktion) ergeben.[1111] Diese betrieblichen Erfordernisse müssen „dringend" sein und damit eine Künd im Interesse des Betriebes notwendig machen.[1112] Diese weitere Voraussetzung ist erfüllt, wenn es dem AG nicht möglich ist, der betrieblichen Lage durch andere Maßnahmen auf technischem, organisatorischen oder wirtschaftlichem Gebiet als durch eine Künd zu entsprechen. Die **Künd** muss wegen der betrieblichen Lage **unvermeidbar** sein.[1113]

Das Tatbestandsmerkmal der Dringlichkeit ist Ausdruck des Verhältnismäßigkeitsgrundsatzes (**Ultima-Ratio-Prinzip**). Obwohl das Gericht an die unternehmerische Entscheidung bei der Prüfung der sozialen Rechtfertigung der betriebsbedingten Künd grds. gebunden ist, muss es überprüfen, ob nur die Entscheidung zur Künd in den Rahmen des unternehmerischen Personal- und Organisationskonzeptes passt oder ob die angestrebte Neuorganisation nicht auch durch **andere, mildere Mittel** erreicht werden kann. Nicht ausreichend ist, dass die dem unternehmerischen Konzept entsprechende Maßnahme an sich geeignet ist, den erstrebten Zweck zu erreichen. Unter mehreren ihm zur Verfügung stehenden Mitteln muss der AG dasjenige wählen, das den Betroffenen am wenigsten belastet. Die **Erforderlichkeit der Künd** ist etwa zu verneinen, wenn zunächst **Überstunden**[1114] oder **Leih-Arbverh**[1115] abgebaut werden können, soweit dadurch die Umsetzung der Unternehmerentscheidung nicht beeinträchtigt wird.[1116] Dabei kommt es auf eine umfassende Betrachtung aller Umstände des Einzelfalles an. Eine Verteilung der Arbeitsmenge, die auf die Überstunden entfällt, auf diejenigen AN, denen ansonsten betriebsbedingt gekündigt werden müsste, ist nur dann kündigungsrechtlich erforderlich, wenn die zeitliche Neuordnung praktisch tatsächlich umsetzbar ist. Das Leistungsprofil der von einer Künd bedrohten AN muss dem Anforderungsprofil der durch die Überstunden abgedeckten Aufgaben entsprechen. Hieran fehlt es bspw., wenn die Überstunden in einem Bereich anfallen, in dem die unter Arbeits-

---

1105 BAG 12.4.2002 – 2 AZR 256/01 – NZA 2002, 1205.
1106 KR/*Etzel*, § 1 KSchG Rn 515.
1107 LAG Berlin-Brandenburg 1.3.2007 – 2 Sa 18/07; LAG Düsseldorf 20.9.2007 – 11 Sa 611/07; *v. Hoyningen-Huene*, in: FS 50 Jahre BAG, 2004, S. 369.
1108 HaKo-KSchR/*Gallner*, § 1 KSchG Rn 618; *Schiefer*, NZA-RR 2005, 1 ff.
1109 *v. Hoyningen-Huene*, in: FS 50 Jahre BAG, 2004, S. 369, 370 f.
1110 LAG Schleswig-Holstein 29.3.2007 – 4 Sa 545/06 – SchlHA 2007, 534.
1111 LAG Rheinland-Pfalz 27.6.2007 – 8 Sa 936/06; *Rost*, NZA Beilage 1/2009, 23; *Schiefer*, NZA-RR 2005, 1.
1112 *Berkowsky*, Die betriebsbedingte Kündigung, Rn 71 ff.
1113 BAG 26.9.2002 – 2 AZR 636/01 – NZA 2003, 549; BAG 27.6.2002 – 2 AZR 489/01 – EzA § 1 KSchG Betriebsbedingte Kündigung Nr. 119.
1114 *Hoß*, MDR 2000, 305, 307.
1115 LAG Hamm 5.3.2007 – 11 Sa 1338/06 – DB 2007, 1701.
1116 HaKo-KSchR/*Gallner*, § 1 KSchG Rn 620.

mangel leidenden AN nicht beschäftigt werden können, weil sie die dort eingesetzten Maschinen nicht bedienen können. Eine **Verteilung der Arbeitsmenge** scheidet auch dann aus, wenn die geleisteten Überstunden erforderlich sind, um vereinbarte Liefertermine einzuhalten und die Arbeitskraft des zu Kündigenden in diesem Bereich nicht eingesetzt werden kann.[1117] Die **Einführung von Kurzarbeit** zur Vermeidung betriebsbedingter Künd kommt nur dann in Betracht, wenn ein vorübergehender Arbeitsmangel vorliegt. Jedenfalls dann, wenn einem festgestellten dauernden Arbeitsmangel nicht mit Kurzarbeit begegnet werden kann, ist die Personalreduzierung dringlich.[1118] Gestützt wird dies durch § 87 Abs. 1 Nr. 3 und §§ 169 ff. SGB III. Die **Prognose über die Dauer des Auftrags- und/oder Arbeitsmangels** sowie die Festlegung des Personalbedarfs unterliegt der autonomen Entscheidung des AG und kann von den ArbG nur auf offenbare Unsachlichkeit, Unvernunft und Willkür überprüft werden.[1119] Von daher kann sich die Frage nach der Einführung von Kurzarbeit als milderem Mittel nur stellen, wenn der schlecht beratene AG so ungeschickt ist, im Prozess vorzutragen, der Arbeitsmangel sei vorübergehender Natur. Erklärt der AG plausibel, er schätze den Auftrags- und/oder Arbeitsmangel als längerfristig ein, ist dies Ausdruck seiner freien unternehmerischen Entscheidung, die weder von den ArbG noch von der Einigungsstelle überprüft werden kann und darf.[1120] Dieses Ergebnis wird auch durch die Rspr. des 2. Senats zur betriebsbedingten Künd nach der Einführung von Kurzarbeit gestützt, wenn festgestellt wird, dass die Einführung von Kurzarbeit zunächst zwar indiziell dafür spreche, dass der AG nur von einem vorübergehenden Arbeitsmangel ausgegangen sei, der eine betriebsbedingte Künd nicht rechtfertigen könne. Dieses Indiz könne jedoch der wegen Abs. 2 S. 4 beweisbelastete AG durch konkreten Sachvortrag entkräften, wonach eine Beschäftigungsmöglichkeit für einzelne von der Kurzarbeit betroffene AN auf Dauer entfallen sei.[1121]

368 Die vom BAG in st. Rspr. vorgenommene Differenzierung zwischen inner- und außerbetrieblichen Gründen entspricht der Unterscheidung zwischen betriebsbedingten Künd aufgrund **bindender, gestaltender Unternehmerentscheidung** und betriebsbedingten Künd, die unmittelbar durch die Veränderung außerbetrieblicher Faktoren veranlasst sind.[1122]

369 **b) Außerbetrieblicher Grund.** Für die Beratungspraxis ist entscheidend, dass bei der auf außerbetriebliche Gründe gestützten Künd den ArbG ein strengerer Prüfungsmaßstab eröffnet ist. Außerbetriebliche, von der Betriebsgestaltung und -führung unabhängige Gründe (z.B. Arbeitsmangel oder Umsatzrückgang),[1123] die ein dringendes betriebliches Erfordernis darstellen, liegen nach der Rspr. vor, wenn sie in einer **unmittelbaren Kausalkette** zum Wegfall der Beschäftigungsmöglichkeit für einen oder mehrere AN führen. Es kommt dabei nicht darauf an, ob durch den Umsatzrückgang der konkrete Arbeitsplatz des betroffenen AN weggefallen ist. Vielmehr muss stets geprüft werden, ob durch einen bestimmten inner- oder außerbetrieblichen Grund ein Überhang an Arbeitskräften entstanden ist, durch den unmittelbar oder mittelbar das Bedürfnis zur Weiterbeschäftigung eines oder mehrerer AN entfallen ist.[1124] Der AG kann ein dringendes betriebliches Erfordernis zur Künd nicht allein damit begründen, dass er vorträgt, wegen eines Umsatzrückganges in bestimmter Höhe sei als „einschneidende Rationalisierungsmaßnahme" eine Verringerung des Personalbestandes erforderlich. Er muss vielmehr im Einzelnen darlegen, ob sich unmittelbar durch den Umsatzrückgang oder durch eine Rationalisierungsmaßnahme der Arbeitsanfall und der Bedarf an Arbeitskräften verringert hat und wie sich die betriebliche Veränderung auf den Arbeitsplatz des gekündigten AN auswirkt.[1125] Eine betriebsbedingte Künd kann niemals mit **Schlagworten** wie „**Auftragsmangel**", „**Energiemangel**", „**Gewinnverfall**" etc. gerechtfertigt werden, sondern nur mit der konkreten **Umstrukturierung der betrieblichen Abläufe**, die durch außerbetriebliche Umstände motiviert war und erst zum Wegfall bestimmter Arbeitsplätze geführt hat. Der AG muss seinen Sachvortrag im Einzelnen so darlegen (substanziieren), dass dieser vom AN mit Gegentatsachen bestritten und vom Gericht überprüft werden kann.[1126] Will der AG die Anzahl der benötigten AN unmittelbar der Arbeitsmenge anpassen, die sich aus einem verringerten Umsatz ergibt und verhält sich der Umfang der Tätigkeit einer Gruppe oder einer bestimmten Anzahl von AN proportional zum Absatz der gefertigten Erzeugnisse, genügt der AG seiner Vortragslast, wenn er die Richtigkeit des Berechnungsmodells so darlegt, dass aus der Verringerung des Umsatzes auf die Veränderung der Beschäftigungsmöglichkeiten geschlossen werden kann.[1127]

370 Führt der AG zur sozialen Rechtfertigung der Künd **außerbetriebliche Gründe** an, schafft er damit eine **Selbstbindung**.[1128] Er stellt etwa im Fall des Auftragsrückganges einen von den ArbG überprüfbaren kausalen Zusammenhang zwischen Auftragsmenge und Beschäftigungsbedarf her. Angesichts der sich aus der Selbstbindung ergebenden **gesteigerten Darlegungs- und Beweislast** im Künd-Schutzprozess stellt die Berufung auf einen außerbetrieblichen

---

1117 *Berkowsky*, Die betriebsbedingte Kündigung, Rn 163 f.
1118 BAG 15.9.1989 – 2 AZR 600/88 – NZA 1990, 65; HK-KSchG/*Weller/Dorndorf*, § 1 KSchG Rn 935.
1119 *B. Preis*, NZA 1997, 625, 630; *ders.*, NZA 1995, 241, 247; *Stahlhacke*, DB 1994, 1361, 1367.
1120 *B. Preis*, NZA 1997, 625, 630; *Preis*, NZA 1995, 241, 247.
1121 BAG 26.6.1997 – 2 AZR 494/96 – NZA 1997, 1286.
1122 *Hillebrecht*, ZfA 1991, 87, 93; *ders.*, ZIP 1985, 257, 258.
1123 BAG 15.9.1989 – 2 AZR 600/88 – NZA 1990, 65.
1124 LAG Berlin 5.12.1994 – 9 Sa 74/94 – LAGE § 4 TVG Nachwirkung Nr. 2.
1125 BAG 7.12.1978 – 2 AZR 155/77 – AP § 1 KSchG 1969 Betriebsbedingte Kündigung Nr. 6.
1126 BAG 13.6.2002 – 2 AZR 589/01 – NZA 2003, 608; *Schiefer*, NZA-RR 2005, 1.
1127 BAG 15.6.1989 – 2 AZR 600/88 – NZA 1990, 65; *Ascheid*, DB 1987, 1144.
1128 BAG 15.6.1989 – 2 AZR 600/88 – NZA 1990, 65.

Grund einen **anwaltlichen Beratungsfehler** dar. Wenn bereits die Entscheidung des AG, den Personalbestand auf Dauer zu reduzieren oder bestimmte Produkte respektive Dienstleistungen auf dem Markt nicht mehr anbieten zu wollen, als eine die ArbG bindende, freie Unternehmerentscheidung anerkannt wird,[1129] ist unter prozesstaktischen Erwägungen kein tragfähiger Grund ersichtlich, warum sich der AG auf für ihn risikoreiche außerbetriebliche Gründe berufen sollte.[1130] Da ein außerbetrieblicher Grund nicht ohne einen Willensakt des Unternehmers zu einem Wegfall von Beschäftigungsmöglichkeiten führt, werden in den meisten Fällen außerbetriebliche Faktoren nur den **Anlass oder das Motiv für eine gestaltende Unternehmerentscheidung**, d.h. für innerbetriebliche Maßnahmen bilden, die nach den nachfolgend dargestellten Grundsätzen zu beurteilen sind. Liegt eine gestaltende Unternehmerentscheidung vor, kommt es bei der Feststellung eines dringenden betrieblichen Erfordernisses auf die dieser Entscheidung zugrunde liegenden Motive nicht mehr an.[1131]

c) Innerbetrieblicher Grund. Innerbetriebliche Umstände begründen ein dringendes betriebliches Erfordernis i.S.d. Abs. 2, wenn sie sich konkret auf die Einsatzmöglichkeit des gekündigten AN auswirken. Regelmäßig entsteht ein betriebliches Erfordernis nicht unmittelbar und allein durch bestimmte wirtschaftliche Entwicklungen (Produktionsrückgang usw.), sondern aufgrund einer durch wirtschaftliche Entwicklungen oder fiskalische Überlegungen veranlassten **Organisationsentscheidung des AG** (unternehmerische Entscheidung). Im öffentlichen Dienst kann eine vergleichbare Entscheidung darin liegen, dass in einem Haushaltsplan eine Stelle gestrichen, ein sog. **kw-Vermerk** angebracht oder aus einem **Personalbedarfsplan** der **Wegfall einer Stelle** ersichtlich wird.[1132]

Abstrakt gefasst sind unter innerbetrieblichen Gründen alle betrieblichen Maßnahmen auf technischem, organisatorischem oder wirtschaftlichem Gebiet zu verstehen, durch die der AG seine Entscheidung über die der Geschäftsführung zugrunde liegenden Unternehmenspolitik im Hinblick auf den Markt oder hinsichtlich der unternehmensinternen Organisation des Betriebes und der Produktion oder Dienstleistung verwirklicht und die sich auf die Beschäftigungsmöglichkeiten im Betrieb auswirken.[1133] Beispielhaft können genannt werden: die Einführung organisatorischer Rationalisierungsmaßnahmen, die Einführung neuer Arbeitsmethoden und Fertigungsverfahren, die Einschränkung oder Stilllegung des Betriebs oder von Betriebsteilen,[1134] die Verlagerung der Produktion,[1135] der Zusammenschluss mit anderen Betrieben, die Änderung der Betriebsorganisation (z.B. der Abbau einer Hierarchieebene),[1136] des Betriebszwecks oder der Betriebsanlagen, die Fremdvergabe von Arbeiten,[1137] die Umstellung auf freie Mitarbeiter[1138] und Arbeitsplatzabbau zwecks Leistungsverdichtung.[1139]

Die Unternehmerentscheidung muss vor Ausspruch der Künd und ggf. der Anhörung des BR getroffen worden sein. Maßgeblicher letzter Zeitpunkt ist der Zugang der Künd.[1140] Die Umsetzung der unternehmerischen Entscheidung lässt bei Ablauf der Künd-Frist das Bedürfnis für die Weiterbeschäftigung entfallen, wodurch ein Arbeitskräfteüberhang entsteht, der mittels der betriebsbedingten Künd abgebaut wird.[1141] Die **Umsetzung der Unternehmerentscheidung** muss bei Vorliegen innerbetrieblicher Gründe greifbare Formen angenommen haben, bspw. durch organisatorische Veränderungen, die Einführung neuer Fertigungsmethoden oder die Fremdvergabe der Arbeiten (Outsourcing).[1142] Im Zeitpunkt des Ausspruchs der Künd muss aufgrund einer vernünftigen, betriebswirtschaftlichen Betrachtung zu erwarten sein, zum Zeitpunkt des Künd-Termins werde mit einiger Sicherheit der Eintritt des die Entlassung erforderlich machenden betrieblichen Grundes gegeben sein. Die der Prognose zugrunde liegende Entscheidung muss aber bereits gefallen sein.[1143] Künd, die vor der Unternehmerentscheidung über den Wegfall von Arbeitsplätzen ausgesprochen werden, sind nicht durch dringende betriebliche Erfordernisse bedingt.[1144] **Vorrats-Künd** sind rechtlich **unzulässig und unwirksam**. Die Darlegungs- und Beweislast, dass die geplante Maßnahme bereits greifbare Formen angenommen hat, trägt der AG. Will der AG aus innerbetrieblichen Gründen eine Künd aussprechen, muss er darlegen:

– welche unternehmerische Entscheidung er getroffen hat,
– dass er seine unternehmerische Entscheidung umgesetzt hat,

1129 BAG 12.4.2002 – 2 AZR 740/00 – EzA § 1 KSchG Betriebsbedingte Künd Nr. 117; BAG 17.6.1999 – 2 AZR 141/99 – NZA 1999, 1098; ArbG Marburg 22.5.2002 – 7 Ca 5693/01 – ArbuR 2002, 471.
1130 *Romme/Pauker*, NZA-RR 2000, 281; *Hümmerich/Spirolke*, NZA 1998, 797.
1131 KR/*Etzel*, § 1 KSchG Rn 518.
1132 BAG 24.6.2004 – 2 AZR 326/03 – AP § 1 KSchG 1969 Nr. 76; BAG 22.5.2003 – 2 AZR 326/02 – AP § 1 KSchG 1969 Betriebsbedingte Kündigung Nr. 128 = ZTR 2003, 521.
1133 KR/*Etzel*, § 1 KSchG Rn 519; *Hillebrecht*, ZFA 1991, 87, 94.
1134 BAG 13.2.2008 – 2 AZR 75/06; LAG Sachsen-Anhalt 29.10.2007 – 10 Sa 664/06.
1135 LAG Köln 17.8.2007 – 11 Sa 592/07.
1136 BAG 13.2.2008 – 2 AZR 1041/06 – NZA 2008, 819.
1137 LAG Mecklenburg-Vorpommern 28.6.2007 – 1 Sa 18/07.
1138 BAG 13.3.2008 – 2 AZR 1037/06 – NZA 2008, 878.
1139 LAG Mecklenburg-Vorpommern 9.7.2008 – 4 Sa 334/07; LAG Hamm 25.1.2007 – 8 Sa 1394/06; KR/*Etzel*, § 1 KSchG Rn 519.
1140 *Schiefer*, NZA-RR 2005, 1.
1141 BAG 6.12.2001 – 2 AZR 695/00 – EzA § 1 KSchG Betriebsbedingte Kündigung Nr. 115.
1142 BAG 19.6.1991 – 2 AZR 127/91 – NZA 1991, 891.
1143 BAG 12.4.2002 – 2 AZR 256/01 – NZA 2002, 1205; BAG 11.3.1998 – 2 AZR 414/97 – NZA 1998, 879.
1144 BAG 13.6.2002 – 2 AZR 589/01 – NZA 2003, 608.

- in welchem Umfang sich die Umsetzung auf die Beschäftigungsmöglichkeiten ausgewirkt hat oder sich spätestens zum Künd-Termin auswirken wird,
- dass nur die vergleichbaren AN in die betriebliche Auswahl einbezogen worden sind, deren Arbeitsplätze tatsächlich an die weggefallenen Beschäftigungsmöglichkeiten gebunden waren.[1145]

374 **d) Grenzen der Unternehmerentscheidung und gerichtliche Prüfung.** Angesichts der weiten Spannbreite unternehmerischer Handlungsweisen stellt sich die Frage nach der **gerichtlichen Kontrolle unternehmerischer Entscheidungen**. Der Unternehmer kann auf negative wirtschaftliche Rahmendaten und sonstiges Marktgeschehen in unterschiedlicher Form reagieren. Bspw. kann er trotz Auftragsrückgangs die Produktion aufrechterhalten und die Vertriebsbemühungen oder Werbemaßnahmen intensivieren. Auch kann er mit neuen Produkten und Dienstleistungen oder einer anderen Preisgestaltung Nachfrageschwankungen begegnen. Andererseits eröffnet eine unzureichende Arbeitsauslastung auch die Möglichkeit, Personalanpassungen zur Leistungsverdichtung vorzunehmen. Zu dem Entscheidungsspielraum des AG gehört auch die Befugnis, die Zahl der Arbeitskräfte zu bestimmen, mit denen eine Arbeitsaufgabe erledigt werden soll. Der AG kann grds. sowohl das Arbeitsvolumen (Menge der zu erledigenden Arbeit) als auch das diesem zugeordnete Arbeitskraftvolumen (AN-Stunden) und damit auch das Verhältnis dieser beiden Größen zueinander festlegen.[1146] Es kommt darauf an, ob unter Respektierung einer etwa bindenden Unternehmerentscheidung mit dem geringeren Arbeitsanfall auch das Bedürfnis zur Weiterbeschäftigung für den gekündigten AN entfallen oder innerhalb einer Gruppe vergleichbarer AN gesunken ist. Es ist keine Kongruenz zwischen dem Umfang des Arbeitsausfalls und der Zahl der Entlassenen erforderlich, wenn die letztere zwar geringer ist, der AG aber zugleich eine personelle Umstrukturierung durchgeführt hat, die sich neben dem außerbetrieblichen Grund der Verringerung der Arbeitsmenge zusätzlich als innerbetrieblicher Grund auf das Beschäftigungsbedürfnis auswirkt. Es liegt im unternehmerischen Ermessen des AG, ob er im Verhältnis zu dem fehlenden Arbeitskräftebedarf Personal abbaut oder nur einen Teil der überzähligen AN entlässt und die übrigen als Personalreserve behält.[1147]

375 Das BAG geht in st. Rspr. von dem **Grundsatz der freien Unternehmerentscheidung** aus. Eine unternehmerische Organisationsentscheidung ist danach von den ArbG nur begrenzt nachprüfbar, nämlich darauf, ob sie offenbar unsachlich, unvernünftig oder willkürlich ist (**sog. Missbrauchskontrolle**). Voraussetzung ist, dass die Organisationsentscheidung ursächlich für den vom AG behaupteten Wegfall des Beschäftigungsbedürfnisses ist. Ausreichend ist demnach, dass durch den innerbetrieblichen Grund ein Überhang an Arbeitskräften entstanden ist, durch den unmittelbar oder mittelbar das Bedürfnis zur Weiterbeschäftigung eines oder mehrerer AN entfällt. Die betrieblich umgesetzte unternehmerische Organisationsentscheidung muss sich auf die Einsatzmöglichkeit des gekündigten AN auswirken.[1148] Es obliegt den ArbG nachzuprüfen, ob eine unternehmerische Entscheidung überhaupt getroffen wurde und ob sie sich betrieblich dahingehend auswirkt, dass der Beschäftigungsbedarf für den gekündigten AN entfallen ist. Zwar muss nicht ein bestimmter Arbeitsplatz entfallen sein. Voraussetzung ist aber, dass die Organisationsentscheidung ursächlich für den vom AG behaupteten Wegfall des Beschäftigungsbedürfnisses ist. Das ist nur dann der Fall, wenn die Entscheidung sich auf eine nach sachlichen Merkmalen genauer bestimmte Stelle bezieht. Der **allg. Beschluss, Personalkosten zu senken**, erfüllt diese Anforderungen nicht. Der Sinn, dass der AG zur organisatorischen Durchführbarkeit und Nachhaltigkeit der unternehmerischen Entscheidung vortragen muss, besteht darin, einen Missbrauch des Künd-Rechts auszuschließen. Vermieden werden sollen betriebsbedingte Künd, die zu einer rechtswidrigen Überforderung oder Benachteiligung des im Betrieb verbleibenden Personals führen. Vermieden werden soll außerdem, dass die unternehmerische Entscheidung lediglich als Vorwand benutzt wird, um AN aus dem Betrieb zu drängen, obwohl Beschäftigungsbedarf und Beschäftigungsmöglichkeit fortbestehen und lediglich die Arbeitsvertragsinhalte und die gesetzlichen Künd-Schutzbestimmungen als zu belastend angesehen werden.[1149] So handelt nach Auff. des ArbG Berlin[1150] ein AG unter Umgehung der Regelungen des KSchG offensichtlich unsachlich und willkürlich, der langfristig die Stilllegung seines Betriebes plant und umsetzt sowie zeitlich ein neues Unternehmen im selben Geschäfts- und Marktbereich mit den selben Zulieferern und Kunden aufbaut, um sich auf diese Weise ohne oder mit nur geringem Kostenrisiko von langjährig bei ihm beschäftigten oder unliebsamen AN trennen zu können.

376 In den Bereich der unternehmerischen Entscheidung fällt die **Organisation und Gestaltung des Betriebes** und damit auch die **Festlegung der Stärke der Belegschaft**, mit der der Unternehmer das von ihm definierte Betriebsziel erreichen will.[1151] Es ist eine Zweckmäßigkeitsfrage, welchen **Schlüssel zur Berechnung des Personalbedarfs** der AG zugrunde legt. Die Beantwortung dieser Frage fällt in den Bereich seiner Entscheidungsfreiheit. Die Vortragslast des AG korrespondiert mit der von ihm vorgegebenen betrieblichen Organisation. Organisiert er einen Bereich (z.B. Kindereinrichtungen) als Einheit und hält er für diese Einheit Arbeitskräfte vor, ist es ausreichend, wenn er den Rück-

---

1145 LAG Sachsen 26.3.2003 – 9 Sa 842/02.
1146 BAG 13.2.2008 – 2 AZR 1041/06 – NZA 2008, 819; BAG 22.5.2003 – 2 AZR 326/02 – AP § 1 KSchG 1969 Betriebsbedingte Kündigung Nr. 128.
1147 BAG 22.10.1987 – 2 AZR 147/87 – RzK I 5c Nr. 23.
1148 BAG 24.6.2004 – 2 AZR 326/03 – NZA 2004, 1268.
1149 BAG 22.5.2003 – 2 AZR 326/02 – AP § 1 KSchG 1969 Betriebsbedingte Kündigung Nr. 128.
1150 ArbG Berlin 17.2.2000 – 4 Ca 32471/99 – AuR 2001, 72.
1151 BAG 22.5.2003 – 2 AZR 326/02 – AP § 1 KSchG 1969 Betriebsbedingte Kündigung Nr. 128.

gang des Beschäftigungsbedarfs für diese Einheit darlegt. Der AG muss den Beschäftigungsbedarf nicht zur Führung des Künd-Schutzprozesses auf kleinere Untereinheiten herunter brechen, als er selbst bei der Organisation und Planung zugrunde legt. Andernfalls würde das Gericht in organisatorische Zweckmäßigkeitsüberlegungen des AG eingreifen.[1152]

In komprimierter, anschaulicher Form finden sich die Leitlinien des 2. Senats des BAG zur freien Unternehmerentscheidung und ihren Grenzen in seinem Urteil vom 26.9.2002. Dort heißt es u.a.: „Entschließt sich der AG im Unternehmensbereich zu einer organisatorischen Maßnahme, bei deren innerbetrieblicher Umsetzung das Bedürfnis für die Weiterbeschäftigung eines oder mehrerer AN entfällt, so ist die Notwendigkeit und Zweckmäßigkeit dieser Unternehmerentscheidung von den Arbeitsgerichten inhaltlich nicht zu überprüfen. **Es ist nicht Sache der Arbeitsgerichte, dem AG eine „bessere" oder „richtigere" Unternehmenspolitik vorzuschreiben und damit in die Kostenkalkulation des AG einzugreifen.** Die Gestaltung eines Betriebes, die Frage, ob und in welcher Weise sich jemand wirtschaftlich betätigen will, ist Bestandteil der grundrechtlich geschützten unternehmerischen Freiheit, wie sie sich aus Art. 2 Abs. 1, Art. 12 und Art. 14 GG ableiten lässt. Zu verfassungsrechtlich garantierten unternehmerischen Freiheit gehört grds. auch das Recht des Unternehmers, sein Unternehmen aufzugeben, selbst darüber zu entscheiden, welche Größenordnung es haben soll und festzulegen, ob bestimmte Arbeiten weiter im eigenen Betrieb ausgeführt oder an Subunternehmer vergeben werden sollen."[1153] Die unternehmerische Freiheit gilt jedoch nicht schrankenlos. Die Berufsfreiheit des Art. 12 Abs. 1 GG schützt nicht nur die unternehmerische Freiheit, sondern gewährt auch einen Mindestbestandsschutz für den AN. Zwar ist mit der durch Art. 12 Abs. 1 GG geschützten Berufswahlfreiheit kein unmittelbarer Schutz gegen den Verlust des Arbeitsplatzes aufgrund privater Disposition verbunden. Insofern obliegt dem Staat aber eine aus dem Grundrecht des Art. 12 Abs. 1 GG folgende Schutzpflicht, der sowohl der Gesetzgeber als auch die Gerichte Rechnung tragen müssen. Der **verfassungsrechtlich gebotene Mindestbestandsschutz** für ein Arbvehr strahlt auf die Auslegung und Anwendung der Vorschriften des KSchG aus. Die Gerichte haben von Verfassungs wegen zu prüfen, ob von ihrer Anwendung im Einzelfall das Grundrecht des Art. 12 Abs. 1 GG berührt wird. Trifft das zu, dann haben die Gerichte die **Vorschriften des KSchG im Lichte der Grundrechte auszulegen und anzuwenden.**[1154] Der Senat hat deshalb bei der Anwendung des KSchG auf eine an sich „freie" Unternehmerentscheidungen stets eine eingeschränkte Prüfung des unternehmerischen Konzepts vorgenommen, da bei einer schrankenlosen Hinnahme jeglicher unternehmerischen Entscheidung als bindend für den Künd-Schutzprozess der Künd-Schutz der AN teilweise leerlaufen würde. Besteht etwa die Unternehmerentscheidung allein in dem Entschluss, einem oder mehreren AN zu kündigen, so kann diese Entscheidung des AG, was schon aus dem KSchG folgt, nicht „frei" sein. Je näher die eigentliche Organisationsentscheidung an den Künd-Entschluss rückt, umso stärkere Anforderungen werden etwa an die Darlegungslast des AG gestellt, der verdeutlichen muss, dass infolge der unternehmerischen Entscheidung ein Beschäftigungsbedürfnis für den AN entfallen ist.[1155] Außerdem findet eine Missbrauchskontrolle statt. Die unternehmerische Entscheidung ist stets daraufhin zu überprüfen, ob sie offensichtlich unsachlich, unvernünftig oder willkürlich ist.[1156] Diese **Missbrauchskontrolle** hat sich u.a. daran zu orientieren, dass durch die Wertung der Willkür und des Missbrauchs der verfassungsrechtlich geforderte Bestandsschutz nicht unangemessen zurückgedrängt wird. Neben **Verstößen gegen gesetzliche und tarifliche Normen**[1157] zählen hierzu v.a. **Umgehungsfälle**. Der Senat hat schon mehrfach darauf hingewiesen, dass der AG missbräuchlich handelt, der durch die Bildung separater betrieblicher Organisationsstrukturen seinen Betrieb in mehrere Teile aufspaltet, um AN den allg. Künd-Schutz zu entziehen und ihnen „frei" kündigen zu können.[1158]"

Eine der freien, die ArbG bindenden unternehmerischen Entscheidung vergleichbare Entscheidung kann im öffentlichen Dienst darin liegen, dass in einem Haushaltsplan eine konkrete Stelle gestrichen, ein sog. **kw-Vermerk** angebracht oder aus einem Personalbedarfsplan der Wegfall einer Stelle ersichtlich wird. Die Zweckmäßigkeit dieser Entscheidungen ist von den ArbG nur begrenzt nachprüfbar, nämlich darauf, ob sie offenbar unsachlich, unvernünftig oder willkürlich ist. Zum Entscheidungsspielraum des AG gehört dabei auch die Befugnis, die Zahl der Arbeitskräfte zu bestimmen, die einen Arbeitsaufgabe in der Dienststelle zukünftig erledigt werden soll. Es ist grds. Sache des öffentlichen AG, das Verhältnis zwischen Arbeitsvolumen und Arbeitskräftevolumen festzulegen. Das gilt erst recht, wenn der demokratisch legitimierte Haushaltsgesetzgeber nur noch eine begrenzte Auswahl von Stellen zur Verfügung stellt, weil weitere Arbeitsplätze im öffentlichen Dienst nicht mehr – ohne weitere Verschuldung –

1152 BAG 22.5.2003 – 2 AZR 326/02 – AP § 1 KSchG 1969 Betriebsbedingte Kündigung Nr. 128.
1153 BAG 5.2.1998 – 2 AZR 227/97 – NZA 1998, 771; BAG 12.11.1998 – 2 AZR 91/98 – NZA 1999, 471; BAG 17.6.1999 – 2 AZR 522/98 – NZA 1999, 1095.
1154 BVerfG 8.7.1997 – 1 BvR 2111/94 –, – 1 BvR 195/95 und 1 BvR 2189/95 – BVerfGE 96, 171 = NZA 1997, 992; BVerfG 27.1.1998 – 1 BvL 15/87 – BVerfGE 97, 169 = NZA 1998, 470; BVerfG 21.2.1995 – 1 BvR 1397/93 – BVerfGE 92, 140 = NZA 1995, 619; BVerfG 19.3.1998 – 1 BvR 10/97 – NZA 1998, 587; BAG 21.2.2001 – 2 AZR 15/00 – NZA 2001, 833.
1155 BAG 13.2.2008 – 2 AZR 1041/06 – NZA 2008, 819; BAG 17.6.1999 – 2 AZR 141/99 – NZA 1999, 1098.
1156 Vgl. BAG 30.4.1987 – 2 AZR 184/86 – NZA 1987, 776.
1157 BAG 18.12.1997 – 2 AZR 709/96 – NZA 1998, 304.
1158 BAG 12.11.1998 – 2 AZR 459/97 – AP § 23 KSchG 1969 Nr. 20; BAG 29.4.1999 – 2 AZR 352/98 – NZA 1999, 932; vgl. zur Umgestaltung von Arbeitsplätzen BAG 10.11.1994 – 2 AZR 242/94 – AP § 1 KSchG 1969 Betriebsbedingte Kündigung Nr. 65.

finanzierbar sind. Es ist eine Zweckmäßigkeitsfrage und obliegt der politischen Entscheidungsprärogative des Haushaltsgesetzgebers, welchen Schlüssel er zur Berechnung des Personalbedarfs zugrunde legt und mit welchen personellen Mitteln er seine Pflichtaufgaben wie intensiv erfüllen lassen will. Dies gilt umso mehr, als es für die Einstellung und Beschäftigung eines Ang im öffentlichen Dienst einer Haushaltsstelle zwingend bedarf. Wird die Haushaltsstelle gestrichen, so entfällt ohne weiteres das Beschäftigungsbedürfnis für den entsprechenden Bereich. Der öffentliche AG braucht grds. nicht mehr im Einzelnen zur organisatorischen Umsetzbarkeit der Maßnahmen vorzutragen, wenn die Stelle im Haushaltsplan gestrichen worden ist und keine Anhaltspunkte vorliegen, dass ein Missbrauch des Künd-Rechts gegeben sein könnte. Dies könnte sich bspw. indiziell ergeben, wenn gleichzeitig oder in unmittelbarem Zusammenhang mit der Künd die Arbeitszeiten anderer AN erhöht bzw. andere AN neu eingestellt werden würden.[1159]

379 Dass der AG regelmäßig zur **organisatorischen Durchführbarkeit** und **Nachhaltigkeit der unternehmerischen Entscheidung** vortragen muss, wenn die Organisationsentscheidung nahe an den Künd-Entschluss herangerückt ist, ist weder Selbstzweck, noch dient es dazu, dass die Gerichte in die betrieblichen Organisationsabläufe eingreifen können. Der Sinn eines solchen Vortrags besteht vielmehr darin, einen Missbrauch des Künd-Rechts auszuschließen. Vermieden werden soll zum einen eine betriebsbedingte Künd, die zu einer rechtswidrigen Überforderung oder Benachteiligung des im Betrieb verbliebenen Personals, insb. durch Mehrarbeit bzw. Erhöhung der vertraglichen Arbeitszeit der weiterbeschäftigten AN, führt. Verhindert werden soll zum anderen, dass die unternehmerische Entscheidung lediglich als Vorwand genutzt wird, um einen AN aus dem Betrieb zu drängen, obwohl Beschäftigungsbedarf und Beschäftigungsmöglichkeit fortbestehen und lediglich die arbeitsvertraglichen Inhalte und die gesetzlichen Künd-Schutzbestimmungen als zu belastend angesehen werden.[1160]

380 Auch der **Künd-Entschluss** des AG ist eine Unternehmerentscheidung. Sie muss sich aber an den Vorschriften des KSchG messen lassen und ist deshalb **keine freie Unternehmerentscheidung**. Aus der Künd-Entscheidung ergibt sich nicht, inwieweit das betriebliche Erfordernis zur Künd „dringend" sein soll.[1161] Die sozial gerechtfertigte Künd ist stets Folge einer weiteren „freien" Unternehmerentscheidung.[1162] **Bindeglied zwischen der freien Unternehmerentscheidung und der Künd** ist die betrieblich organisatorische Umsetzung, die es ermöglicht, die Künd anhand von objektiven, dem Beweis zugänglichen Kriterien zu überprüfen. Es gilt der Grundsatz, dass je näher die eigentliche Organisationsentscheidung an den Künd-Entschluss rückt, der AG umso mehr durch Tatsachenvortrag verdeutlichen muss, dass ein Beschäftigungsbedürfnis für den AN entfallen ist.[1163] Weil maßgebender Zeitpunkt für die Beurteilung der sozialen Rechtfertigung einer Künd der Künd-Zeitpunkt ist, ist es im Grundsatz unerheblich, ob die Umsetzung des unternehmerischen Konzeptes gelingt oder misslingt. Allerdings lässt sich, wenn die Umsetzung planmäßig verläuft, an der nachfolgend eingetretenen betrieblichen Lage verifizieren, ob das Konzept von einer betriebswirtschaftlich vernünftigen Prognose getragen und realisierbar gewesen ist.[1164]

381 Gleichwohl bedeutet die Differenzierung zwischen freier Unternehmerentscheidung und Künd nicht zwangsläufig, dass die soziale Rechtfertigung der Künd niemals aus der freien Unternehmerentscheidung unmittelbar resultieren kann.[1165] Existiert unter Berücksichtigung der vom AG getroffenen Entscheidung kein milderes, die AN weniger belastendes Mittel als die Umsetzung seiner Unternehmerentscheidung durch den Ausspruch von Beendigungs-Künd, determiniert die Entscheidung über die Einsparung oder die Neuverteilung anfallender Arbeiten zwangsläufig den Wegfall von Beschäftigungsmöglichkeiten und damit auch die nachfolgende kündigungsschutzrechtliche Prüfung.[1166] Entgegen der Objektivität suggerierenden Gesetzesfassung des Abs. 2 unterliegen die „betrieblichen Erfordernisse" einer maßgeblichen Bestimmung durch den Unternehmer und rechtfertigen bei einem an den vorstehenden Grundsätzen ausgerichteten Vorgehen den Ausspruch einer betriebsbedingten Künd.

382 Eine gesetzliche Stütze findet der Grundsatz der nur auf Missbrauch zu überprüfenden freien Unternehmerentscheidung in den Regelungen des BetrVG zu Betriebsänderung, Interessenausgleich und Sozialplan sowie zum Nachteilsausgleich (§§ 111 ff. BetrVG).[1167] Danach entscheidet der Unternehmer letztlich autonom über Betriebsänderungen und damit verbundene Änderungen der Arbeitsorganisation, die zu Entlassungen führen. Der Unternehmer wird lediglich verpflichtet, die durch die Entlassungen bedingten Nachteile der AN auszugleichen.

383 Gleichfalls spiegelt das in § 102 Abs. 3 BetrVG geregelte Widerspruchsrecht des BR bei Künd die begrenzte Überprüfbarkeit der freien Unternehmerentscheidung wider. Der BR kann einer Entlassung nicht mit der Begründung widersprechen, die unternehmerische Entscheidung und die auf ihr beruhende Verringerung des Beschäftigungsvolu-

---

1159 BAG 23.11.2004 – 2 AZR 38/04 – NZA 2005, 986; BAG 7.10.2004 – 2 AZR 122/04 – NZA 2005, 352; BAG 23.11.2000 – 2 AZR 617/99 – NZA 2001, 500.
1160 BAG 23.11.2004 – 2 AZR 38/04 – NZA 2005, 986; BAG 26.9.2002 – 2 AZR 636/01 – NZA 2003, 549.
1161 BAG 17.6.1999 – NZA 1999, 1098; LAG Sachsen 26.3.2003 – 9 Sa 842/02.
1162 *Zepter*, DB 2000, 474; *Groeger*, NZA 1999, 850, 852.
1163 BAG 13.2.2008 – 2 AZR 1041/06 – NZA 2008, 819; BAG 17.6.1999 – NZA 1999, 1095.
1164 BAG 27.11.2003 – 2 AZR 48/03 – NZA 2004, 477; LAG Düsseldorf 25.8.2004 – 12 (3) Sa 1104/04 – LAGE § 1 KSchG Soziale Auswahl Nr. 46.
1165 *Henssler*, in: Kölner Tage des Arbeitsrechts 2000, S. 89, 100.
1166 BAG 9.5.1996 – 2 AZR 438/95 – NZA 1996, 1145.
1167 KR/*Etzel*, § 1 KSchG Rn 525.

mens sei nicht erforderlich. Das Widerspruchsrecht des BR beschränkt sich dem Gesetz nach auf Gründe, die sich auf anderweitige Beschäftigungsmöglichkeiten und die richtige soziale Auswahl der entlassenen AN beziehen.

e) Weiterbeschäftigungspflicht (Abs. 2 S. 2). aa) Grundlagen. Ungeachtet der die ArbG bindenden freien Unternehmerentscheidung muss die Künd das erforderliche Mittel zur Umsetzung des neuen betrieblichen Organisationskonzepts sein. Anhand des Tatbestandsmerkmals „dringend" ist zu prüfen, ob das Konzept unter Beachtung des Ultima-Ratio-Prinzips auch ohne Künd durch die Weiterbeschäftigung des AN in demselben Betrieb (in derselben Dienststelle) oder in einem anderen Betrieb des Unternehmens (in einer anderen Dienststelle desselben Verwaltungszweiges an demselben Dienstort einschließlich seines Einzugsgebietes) realisiert werden kann.[1168] Das **Merkmal der Dringlichkeit** konkretisiert den **Grundsatz der Verhältnismäßigkeit**. Dringende betriebliche Erfordernisse, die zum Wegfall des Arbeitsplatzes geführt haben, rechtfertigen nur dann eine Künd, wenn keine Möglichkeit einer anderweitigen Beschäftigung besteht. Die **Weiterbeschäftigung** muss sowohl dem AN als auch dem AG **objektiv möglich und zumutbar** sein. Dies setzt voraus, dass ein freier vergleichbarer (gleichwertiger) Arbeitsplatz oder ein freier Arbeitsplatz zu geänderten (schlechteren) Arbeitsbedingungen vorhanden ist und der AN über die hierfür erforderlichen Fähigkeiten und Kenntnisse verfügt.[1169] Das KSchG schützt das Vertragsverhältnis in seinem Bestand und seinem bisherigen Inhalt, verschafft aber keinen Anspruch auf Beförderung.[1170] Die fehlende soziale Rechtfertigung der Künd folgt nicht bereits aus dem Umstand, dass der AG nicht geprüft hat, ob der AN auf einem anderen Arbeitsplatz weiterbeschäftigen kann. Entscheidend ist, ob tatsächlich eine Möglichkeit anderweitiger Beschäftigung bestanden hat.[1171] Bei der Prüfung einer **anderweitigen Beschäftigungsmöglichkeit** sind auch sog. **Saisonarbeitsplätze** einzubeziehen, die der AG im unmittelbaren zeitlichen Zusammenhang mit dem Ausspruch der Künd an Saisonkräfte auf der Grundlage von befristeten Arbeitsverträgen vergibt, sofern deren Dauer nicht unerheblich über das Ende der vom AG einzuhaltenden Künd-Frist hinausgeht. Ggf. ist der AG in dem Fall nach dem Verhältnismäßigkeitsgrundsatz gehalten, anstelle einer Beendigungskünd eine auf nachträgliche Befristung des zunächst auf unbestimmte Zeit eingegangenen Arbverh abzielende Änderungskünd auszusprechen.[1172]

Nach st. Rspr. des BAG liegt eine sozialwidrige Künd auch dann vor, wenn in dem für die Beurteilung für die Wirksamkeit der Künd maßgeblichen Künd-Zeitpunkt zwar keine Weiterbeschäftigungsmöglichkeit für den AN mehr bestand, dem AG aber die **Berufung auf das Fehlen einer Weiterbeschäftigungsmöglichkeit** aus dem in § 162 Abs. 1 und 2 BGB normierten Rechtsgedanken **verwehrt** ist, weil er diesen **Zustand selbst treuwidrig herbeigeführt** hat. Dies hat der Senat bisher für Fälle entschieden, in denen der AG eine Beschäftigungsmöglichkeit auf einem anderen Arbeitsplatz vereitelt hat. Es gilt erst recht, wenn die bisherige Beschäftigungsmöglichkeit betroffen ist.[1173] Der **AP eines erkrankten AN** ist selbst dann **nicht „frei"**, wenn es wahrscheinlich ist oder gar feststeht, dass der erkrankte AN nicht zurückkehren wird. Andernfalls würde das Gericht die unternehmerische Dispositionsfreiheit beeinträchtigen. Der AG würde gezwungen, mehr Arbeitsverträge zu unterhalten, als er es für zweckmäßig hält. Wenn es Sache des AG ist, das Verhältnis der Anzahl der Arbeitskräfte zum Volumen der anfallenden Arbeit im Rahmen der rechtlichen Bindungen zu bestimmen, so muss es Sache des AG – **bis zur Grenze des Missbrauchs** – sein, darüber zu bestimmen, ob und gegebenenfalls wie lange er eine Krankheitsvakanz auf einem bestimmten AP hinnimmt und ob und wie er sie überbrückt. Es ist denkbar, dass er grds. einen gewissen Krankheitsstand in seiner Personalplanung voraussetzt. Er kann auch die Entscheidung treffen, dass die betreffenden Arbeiten bis auf weiteres nicht mehr ausgeführt werden sollen. Ebenso ist möglich, dass der AG durch vorübergehende Maßnahmen das Arbeitsvolumen bis auf weiteres anpasst oder verteilt, etwa weil er auf Dauer ohnehin mit einem Rückgang des Arbeitsvolumens rechnet. All dies sind **Fragen der betrieblichen Organisation, in die die ArbG nicht eingreifen dürfen**. Anders verhält es sich dann, wenn der AG eine aus Krankheitsgründen – vorübergehend oder dauerhaft vakante Stelle missbräuchlich – deshalb dem betriebsbedingt gekündigten AN nicht anbietet, weil er ihn trotz bestehendem Beschäftigungsbedarfs aus dem Betrieb drängen will.[1174]

Obwohl die Künd nach dem Wortlaut des Gesetzes nur ungerechtfertigt ist, wenn der BR oder eine andere nach dem BetrVG zuständige Vertretung der AN (die zuständige Personalvertretung) aus den in Abs. 2 genannten Gründen der Künd frist- und formgerecht widersprochen hat, ergibt sich mit Blick auf den Sinn und den Zweck des Widerspruchsrechts, dass eine **Weiterbeschäftigungsmöglichkeit unabhängig vom Vorliegen eines entsprechenden Wider-

---

1168 BAG 5.6.2008 – 2 AZR 107/07; BAG 1.3.2007 – 2 AZR 650/05 – AP § 1 KSchG 1969 Betriebsbedingte Kündigung Nr. 164; BAG 18.1.1990 – 2 AZR 183/89 – NZA 1990, 734; LAG Hamm 6.8.2007 – 8 Sa 2311/04.
1169 BAG 26.6.2008 – 2 AZR 1109/06; BAG 5.6.2008 – 2 AZR 107/07; BAG 1.3.2007 – 2 AZR 650/05 – AP § 1 KSchG 1969 Betriebsbedingte Kündigung Nr. 164; BAG 5.6.2008 – 2 AZR 107/07; 21.9.2006 – 2 AZR 607/05 – NZA 2007, 431; BAG 24.6.2004 – 2 AZR 326/03 – NZA 2004, 1268.
1170 BAG 19.4.2007 – 2 AZR 239/06 – NZA 2007, 1041; LAG Köln 14.1.2008 – 14 Sa 1079/07 – AuR 2008, 276 (LS); LAG Rheinland-Pfalz 15.11.2007 – 4 Sa 154/07.
1171 BAG 27.9.1984 – 2 AZR 62/83 – NZA 1985, 455.
1172 LAG Köln 17.8.2007 – 11 Sa 592/07.
1173 BAG 1.2.2007 – 2 AZR 710/05 – AP § 162 BGB Nr. 6.
1174 BAG 2.2.2006 – 2 AZR 38/05 – AP § 1 KSchG 1969 Betriebsbedingte Kündigung Nr. 142.

spruchs zu prüfen ist.[1175] Es kommt nicht darauf an, ob im Unternehmen ein BR vorhanden ist und ob dieser sein Widerspruchsrecht ausgeübt hat.[1176]

386 **bb) Weiterbeschäftigung im Betrieb, Unternehmen und Konzern.** Im Gegensatz zur **betriebsbezogenen Sozialauswahl** erstreckt sich die **Weiterbeschäftigungspflicht** nach Abs. 2 auf das gesamte Unternehmen. Bei der Prüfung einer Möglichkeit zur Weiterbeschäftigung auf einem anderen Arbeitsplatz ist nicht nur auf den Beschäftigungsbetrieb, sondern auch auf **andere Betriebe des Unternehmens** abzustellen.[1177] Dabei obliegt es zunächst dem gegen eine Künd vorgehenden Kläger konkret darzulegen, wie er sich eine anderweitige Beschäftigung auf einem freien Arbeitsplatz vorstellt, nachdem sein bisheriger Arbeitsplatz bei der Beklagten weggefallen ist.[1178]

387 Ein arbeitgeberübergreifender Künd-Schutz kommt ausnahmsweise in Betracht, wenn sich zwei oder mehrere Unternehmen zur **gemeinsamen Führung eines Betriebes** – zumindest konkludent – rechtlich verbunden haben.[1179] Ein Gemeinschaftsbetrieb mehrerer rechtlich selbstständiger Unternehmen liegt vor, wenn die beteiligten Unternehmen einen **einheitlichen Leitungsapparat** zur Erfüllung der in der organisatorischen Einheit zu verfolgenden arbeitstechnischen Zwecke geschaffen haben. Insb. müssen die **AG-Funktionen in den sozialen und personellen Angelegenheiten** des Betriebsverfassungsgesetzes **institutionell einheitlich** für die beteiligten Unternehmen sein. Die einheitliche Leitung muss sich auf die wesentlichen AG-Funktionen in den sozialen und personellen Angelegenheiten erstrecken. Die einheitliche Leitung braucht nicht in einer einheitlichen vertraglichen Vereinbarung der beteiligten Unternehmen geregelt zu sein. Es genügt, dass sie sich aus den tatsächlichen Umständen herleiten lässt. Wird der Kern der AG-Funktionen im sozialen und personellen Bereich von derselben institutionellen Leitung ausgeübt, führt das regelmäßig zu dem Schluss, dass eine **konkludente Führungsvereinbarung** vorliegt.[1180] Die Annahme einer Vereinbarung zur Führung eines gemeinsamen Betriebes ist aber nicht bereits dann gerechtfertigt, wenn mehrere Unternehmen z.B. auf der Grundlage von Organ- oder Beherrschungsverträgen lediglich unternehmerisch zusammenarbeiten.[1181] Vielmehr muss die Vereinbarung auf eine einheitliche Leitung für die Aufgaben gerichtet sein, die vollzogen werden müssen, um die in der organisatorischen Einheit zu verfolgenden arbeitstechnischen Zwecke erfüllen zu können.[1182] Es ist zwischen **konzernrechtlicher Weisungsbefugnis** und **betrieblichem Leitungsapparat** zu unterscheiden. Die Annahme eines Gemeinschaftsbetriebes setzt einen einheitlichen, rechtlich gesicherten betriebsbezogenen Leitungsapparat voraus. Adressat von konzernrechtlichen Weisungen ist allein der Vorstand der abhängigen Tochter. Konzernrechtliche Weisungsmacht kann zwar bis zur Betriebsebene durchschlagen, sie erzeugt jedoch für sich gesehen noch keinen betriebsbezogenen Leitungsapparat.[1183]

388 Im Fall eines **bevorstehenden Teilbetriebsübergangs** muss der AG einem davon betroffenen AN die Weiterbeschäftigung auf einem freien Arbeitsplatz anbieten, sobald er damit rechnen muss, der AN werde dem Übergang seines Arbverh widersprechen. Besteht in dem Zeitpunkt, in dem der AG mit dem Wegfall des bisherigen Beschäftigungsbedürfnisses rechnen muss, eine Weiterbeschäftigungsmöglichkeit zu gleichen oder zumutbaren geänderten Arbeitsbedingungen auf einem anderen Arbeitsplatz, kann der AG diese nicht dadurch zunichte machen, dass er die freie Stelle zunächst besetzt und erst dann die Künd ausspricht.[1184] Der AG kann sich nicht auf den von ihm selbst – gewissermaßen uno actu mit der Künd – verursachten Wegfall der freien Stelle berufen (§ 162 BGB). Eine sozialwidrige Künd liegt auch dann vor, wenn in dem für die Beurteilung für die Wirksamkeit der Künd maßgeblichen Künd-Zeitpunkt zwar keine Weiterbeschäftigungsmöglichkeit für den AN mehr bestand, dem AG aber die Berufung auf das Fehlen einer Weiterbeschäftigungsmöglichkeit aus dem in **§ 162 Abs. 1 und 2 BGB** normierten Rechtsgedanken verwehrt ist, weil er diesen **Zustand selbst treuwidrig herbeigeführt** hat.[1185] Im Fall eines bevorstehenden Teilbetriebsübergangs weiß der AG, dass das Beschäftigungsbedürfnis für die vom Übergang betroffenen AN entfallen wird, falls sie von ihrem Widerspruchsrecht Gebrauch machen. Er befindet sich in keiner anderen Lage als der AG, der den Wegfall der bisherigen Beschäftigungsmöglichkeit aufgrund einer Reorganisation vorhersieht: Der AG kann sich deshalb im Fall des absehbaren Wegfalls der Beschäftigungsmöglichkeit in Folge bevorstehenden Betriebsübergangs der Möglichkeit anderweitiger, zumutbarer Weiterbeschäftigung im bisherigen Betrieb nicht

---

1175 BAG 24.6.2004 – 2 AZR 326/03 – NZA 2004, 1268; BAG 25.4.2002 – 2 AZR 260/01 – NZA 2003, 605; BAG 21.9.2000 – AP § 1 KSchG 1969 Betriebsbedingte Kündigung Nr. 111; LAG Rheinland-Pfalz 30.7.2008 – 7 Sa 789/07; APS/Kiel, § 1 KSchG Rn 582.
1176 APS/Kiel, § 1 KSchG Rn 587.
1177 BAG 27.11.1991 – 2 AZR 255/91 – NZA 1992, 644.
1178 BAG 24.2.2000 – 8 AZR 167/99 – NZA 2000, 764.
1179 BAG 26.7.2007 – 8 AZR 769/06 – NZA 2008, 112; BAG 29.4.1999 – 2 AZR 352/98 – NZA 1999, 932; BAG 18.1.1990 – 2 AZR 355/89 – NZA 1990, 977; BAG 23.3.1984 – 7 AZR 515/82 – NZA 1984, 88.
1180 BAG 29.4.1999 – 2 AZR 352/98 – NZA 1999, 932; BAG 18.1.1990 – 2 AZR 355/89 – NZA 1990, 977; BAG 14.12.1994 – 7 ABR 26/94 – NZA 1995, 906.
1181 BAG 23.4.2008 – 2 AZR 1110/06 – NZA 2008, 939.
1182 BAG 29.4.1999 – 2 AZR 352/98 – NZA 1999, 932; BAG 18.1.1990 – 2 AZR 355/89 – NZA 1990, 977.
1183 BAG 29.4.1999 – 2 AZR 352/98 – NZA 1999, 932.
1184 BAG 5.6.2008 – 2 AZR 107/07; BAG 10.11.1994 – 2 AZR 242/94 – NZA 1995, 566; BAG 5.10.1995 – 2 AZR 269/95 – NZA 1996, 524.
1185 BAG 25.4.2002 – 2 AZR 260/01 – NZA 2003, 605; BAG 6.12.2001 – 2 AZR 695/00 – EzA § 1 KSchG Betriebsbedingte Kündigung Nr. 115; BAG 21.9.2000 – 2 AZR 440/99 – NZA 2001, 255.

ohne Verletzung des in § 162 BGB niedergelegten Grundgedankens verschließen. Deshalb muss er dem AN die Weiterbeschäftigung auf dem zumutbaren freien Arbeitsplatz – ggf. auch zu veränderten Bedingungen – anbieten, wenn er mit dem Widerspruch des AN rechnen muss.[1186]

Eine Einwirkungspflicht des AG auf ein anderes Unternehmen sieht das KSchG grds. nicht vor. **Das KSchG ist unternehmens-, nicht konzernbezogen.**[1187] Eine Weiterbeschäftigungsmöglichkeit für den gekündigten AN außerhalb des Unternehmens des AG kann regelmäßig dann nicht zur Sozialwidrigkeit einer betriebsbedingten Künd etwa analog Abs. 2 S. 2 Nr. 1b führen, wenn der AG keine hinreichenden rechtlichen beziehungsweise tatsächlichen Möglichkeiten hatte, dem Drittunternehmen gegenüber die Weiterbeschäftigung dieses AN durchzusetzen.[1188] **Es gilt der Grundsatz, dass die Reichweite des Künd-Schutzes der Reichweite des arbeitgeberseitigen Direktionsrechts entspricht.**[1189]

389

Der AG ist vor Ausspruch einer betriebsbedingten Künd grds. nicht verpflichtet, eine anderweitige Unterbringung des AN in einem anderen Konzernunternehmen zu versuchen. **Ausnahmefälle aufgrund besonderer Sachverhalte** sind denkbar, in denen eine konzernbezogene Betrachtung geboten ist. Ein solche Ausnahmekonstellation liegt vor, wenn sich ein anderes Konzernunternehmen ausdr. zur Übernahme des AN bereit erklärt hat oder wenn sich eine solche Verpflichtung unmittelbar aus dem Arbeitsvertrag oder einer sonstigen vertraglichen Absprache ergibt. Der AN kann nach dem Arbeitsvertrag von vornherein für den Unternehmens- und den Konzernbereich eingestellt worden sein oder sich arbeitsvertraglich mit einer Versetzung innerhalb der Unternehmens- bzw. Konzerngruppe einverstanden erklärt haben (**sog. Konzernversetzungsklausel**). Bei einer solchen Vertragsgestaltung muss der AG als verpflichtet angesehen werden, zunächst eine Unterbringung des AN in einem anderen Konzernbetrieb zu versuchen, bevor er dem AN aus betriebsbedingten Gründen kündigt. Gleiches muss auch dann gelten, wenn der AG dem AN eine diesbezügliche Zusage macht oder eine Übernahme durch einen anderen Konzernbetrieb in Aussicht stellt. Auch eine solche **aufgrund formloser Zusage oder eines vorangegangenen Verhaltens erzeugte Selbstbindung** kann den AG verpflichten, vor Ausspruch einer betriebsbedingten Künd eine anderweitige Unterbringung des AN in einem Konzernbetrieb zu versuchen. Voraussetzung für eine solche erweiterte Versetzungspflicht ist allerdings weiterhin, dass dem Beschäftigungsbetrieb aufgrund einer Abstimmung mit dem beherrschenden Unternehmen oder dem anderen Konzernunternehmen **ein bestimmender Einfluss auf die Versetzung** eingeräumt worden und die Entscheidung darüber nicht dem grds. zur Übernahme bereiten Unternehmen vorbehalten worden ist.[1190]

390

Liegt ausnahmsweise ein konzernbezogener Künd-Schutz vor, sind an die **Darlegungslast** des AN geringere und an die des AG strengere Anforderungen zu stellen sind. Der AN wäre i.d.R. überfordert, wenn er konkrete freie Arbeitsplätze in einem der (ausländischen) Konzernunternehmen benennen müsste. Beruft sich der AN auf anderweitige Beschäftigungsmöglichkeiten im Konzern und zeigt er auf, wie er sich eine anderweitige Beschäftigung vorstellt, hat der AG Tatsachen darzulegen und zu beweisen, aus denen sich ergibt, dass er den AN bei anderen zum Konzern gehörenden Unternehmen nicht unterbringen kann, sei es wegen fehlender Einflussmöglichkeit oder weil keine geeignete Beschäftigungsmöglichkeit besteht.[1191]

391

cc) Weiterbeschäftigung im öffentlichen Dienst.
Abs. 2 S. 2 Nr. 2b) regelt die fehlende soziale Rechtfertigung der Künd, wenn der AN an einem anderen Arbeitsplatz in derselben Dienststelle oder in einer anderen Dienststelle desselben Verwaltungszweiges an demselben Dienstort einschließlich seines Einzugsgebietes weiterbeschäftigt werden kann. Die Vorschrift korreliert mit dem Mitbestimmungsrecht des PR in § 75 Abs. 1 Nr. 3 BPersVG. Entgegen dem Wortlaut des Abs. 2 S. 2 Nr. 2b) sind anderweitige Weiterbeschäftigungsmöglichkeiten entsprechend der Privatwirtschaft ungeachtet des Vorliegens eines Widerspruchs der Personalvertretung zu berücksichtigen.[1192]

392

Die Versetzungsmöglichkeit ist arbeitgeberbezogen. Für die Versetzungspflicht ist entscheidend, wer den AN weiterbeschäftigen kann und nicht, wo er eingesetzt werden kann. Es ist deshalb auf die **Verhältnisse bei demselben öffentlich-rechtlichen AG** abzustellen, allerdings mit der räumlichen Einschränkung, dass nur die Verhältnisse der Dienststelle oder einer anderen Dienststelle desselben Verwaltungszweiges an **demselben Dienstort einschließlich seines Einzugsgebietes** maßgebend sind. Verwaltungszweige sind z.B. die Finanz-, Justiz-, Arbeits- oder Wehrbereichsverwaltung.[1193] Nach § 75 Abs. 1 Nr. 3 BPersVG hat der der PR bei der Versetzung zu einer anderen Dienststelle und bei der Umsetzung innerhalb der Dienststelle, wenn sie mit einem Wechsel des Dienstortes verbunden ist, mitzubestimmen. Das

393

1186 BAG 15.8.2002 – 2 AZR 195/01 – NZA 2003, 430.
1187 BAG 26.6.2008 – 2 AZR 1109/06; BAG 23.4.2008 – 2 AZR 1110/06 – NZA 2008, 939; BAG 23.3.2006 – 2 AZR 162/05 – NZA 2007, 30; BAG 23.11.2004 – 2 AZR 24/04 – NZA 2005, 929; BAG 22.3.2001 – 8 AZR 565/00 – NZA 2002, 1349; BAG 27.11.1999 – 2 AZR 255/91 – NZA 1992, 644; LAG Rheinland-Pfalz 15.11.2007 – 4 Sa 154/07.
1188 BAG 21.2.2002 – 2 AZR 749/00 – EzA § 1 KSchG Wiedereinstellungsanspruch Nr. 7.
1189 MünchArb/*Berkowsky*, Bd. 2, § 140 Rn 15.
1190 BAG 23.3.2006 – 2 AZR 162/05 – NZA 2007, 30; BAG 23.11.2004 – 2 AZR 24/04 – NZA 2005, 929; BAG 22.3.2001 – 8 AZR 565/00 – NZA 2002, 1349; BAG 27.11.1991 – 2 AZR 255/91 – NZA 1992, 644.
1191 BAG 21.2.2001 – 2 AZR 648/97 – NZA 1999, 539; APS/*Kiel*, § 1 KSchG Rn 597.
1192 BAG 15.12.1994 – 2 AZR 320/94 – NZA 1995, 413.
1193 APS/*Kiel*, § 1 KSchG Rn 598.

Einzugsgebiet i.S.d. Umzugskostenrechts gehört zum Dienstort. Unter Berücksichtigung dieser Verweisung ist für die Weiterbeschäftigung im Bereich des öffentlichen Dienstes § 3 Abs. 1 Nr. 1c maßgebend, wonach unter Einzugsgebiet das Gebiet fällt, das auf einer üblicherweise befahrenen Strecke weniger als **30 Kilometer vom Dienstort** entfernt ist.

394 Abs. 2 Nr. 2b) normiert den Grundsatz der vorrangigen Besetzung freier Stellen durch dienststelleninterne Bewerber. Als **Konkretisierung des Sozialstaatsgebotes** geht Abs. 2 Nr. 2b) Art. 33 Abs. 2 GG (gleicher Zugang zum öffentlichen Dienst) vor.[1194] Zwar darf der öffentliche AG ausgeschriebene Stellen auch mit externen Bewerbern besetzen. Jedoch sind bei einem Bewerber aus der Dienststelle, der dem fachlichen Anforderungsprofil der Stelle genügt, die sich aus § 162 BGB ergebenden Grenzen zu beachten. Die Neueinstellung eines externen Bewerbers liefe ansonsten auf eine unzulässige Austausch-Künd hinaus, die einzig dem Zweck diente, vorhandene geeignete AN durch etwa noch besser geeignete zu ersetzen.[1195]

395 Über das KSchG hinausgehende Weiterbeschäftigungspflichten können sich im öffentlichen Dienst auf tariflicher Grundlage, insb. im Rahmen von Rationalisierungsschutztarifverträgen, ergeben.[1196]

396 **dd) Freier Arbeitsplatz.** Voraussetzung der den AG treffenden Weiterbeschäftigungspflicht ist, dass ein freier vergleichbarer (gleichwertiger) Arbeitsplatz oder ein freier Arbeitsplatz zu geänderten (schlechteren) Arbeitsbedingungen vorhanden ist und der AN über die zur Besetzung dieses Arbeitsplatzes erforderlichen Fähigkeiten und Kenntnisse verfügt.[1197] Die **Gestaltung des Anforderungsprofils des freien Arbeitsplatzes** unterliegt der lediglich auf offenbare Unsachlichkeit zu überprüfenden Unternehmerdisposition des AG.[1198] Soweit für die sachgerechte Erledigung der Arbeitsaufgabe bestimmte persönliche oder sachliche Voraussetzungen erforderlich sind, kann die unternehmerische Entscheidung, welche Anforderungen an den Stelleninhaber zu stellen sind, nur auf offenbare Unsachlichkeit gerichtlich überprüft werden. Die Entscheidung des AG, bestimmte Tätigkeiten nur von AN mit **bestimmten Qualifikationen** ausführen zu lassen, ist von den ArbG grds. jedenfalls dann zu respektieren, wenn die **Qualifikationsmerkmale** einen **nachvollziehbaren Bezug zur Organisation der auszuführenden Arbeiten** haben.[1199] Die betriebsbedingte Künd einer studentischen Hilfskraft, die sich exmatrikulieren lässt, ist sozial gerechtfertigt. Der Wegfall des Beschäftigungsbedarfs ergibt sich aus der zulässigen unternehmerischen Entscheidung des AG, für Hilfstätigkeiten im Forschungsbereich seiner Forschungseinrichtung ausschließlich immatrikulierte Studenten einzusetzen.[1200] Etwas anderes gilt bei der Festlegung rein persönlicher Merkmale ohne hinreichenden Bezug zur konkreten Arbeitsaufgabe.[1201] Vor dem Hintergrund des Ultima-Ratio-Gebotes und des Verbotes einer Austausch-Künd darf der AG im Hinblick auf eine Änderung des Qualifikationsprofils für einen Arbeitsplatz grds. erst dann eine Beendigungs-Künd aussprechen, wenn damit auch eine konkrete Änderung der Arbeitsabläufe bzw. des Tätigkeitsbereichs einhergeht und eine Fortsetzung des Arbverh – evtl. nach zumutbaren Umschulungs- und Fortbildungsmaßnahmen oder zu geänderten Vertragsbedingungen – definitiv nicht in Betracht kommt.[1202] Nach Auffassung des LAG Hamm[1203] bedarf der Grundsatz, wonach die Entscheidung des AG, bestimmte Tätigkeiten nur von AN mit besonderer Qualifikation ausführen zu lassen, grds. zu respektieren ist, einer an den Grundprinzipien des KSchG ausgerichteten Konkretisierung. Die eingeschränkte gerichtliche Überprüfbarkeit des in unternehmerischer Entscheidungsfreiheit erstellten Anforderungsprofils beschränke sich auf die grundlegende Eignungsvoraussetzung für die zu besetzende Stelle wie insb. die Anforderung an die formale Berufsausbildung des Bewerbers. Würden darüber hinaus in einer Stellenausschreibung weitere Anforderungen formuliert wie etwa ein geringes Lebensalter, eine bestimmte Mindestabschlussnote bei der Berufsausbildung oder eine mehrjährige Berufserfahrung im anstehenden Tätigkeitsbereich, seien diese Anforderungen nicht bindend i.S.d. obigen Grundsatzes. Derartige Anforderungen verfolgten allein den Zweck, unter einer Zahl generell geeigneter Bewerber den bestgeeigneten Bewerber zu erreichen. Eine solche Zielsetzung sei mit der Grundentscheidung des Gesetzgebers des KSchG nicht vereinbar, einmal begründeten Arbverh einen besonderen Bestandsschutz zu gewähren. Der Ultima-Ratio-Grundsatz des KSchG gebiete dem AG, soweit möglich den bisherigen Arbeitsplatzinhaber weiter zu beschäftigen. Es sei deshalb nicht zulässig, bestehende Arbverh aufzukündigen, um sich auf dem freien Arbeitsmarkt nach jüngeren und besser ausgebildeten Arbeitskräften umzusehen. Das liefe auf eine **unzulässige AustauschKünd** hinaus, die einzig dem Zweck diente, vorhandene geeignete AN durch etwaig noch besser geeignete zu ersetzen. Die vorstehende Auffassung des LAG Hamm begegnet insoweit Bedenken, als die Anforderung einer mehrjährigen

---

[1194] LAG Baden-Württemberg 27.5.1993 – 11 Sa 8/93 – NZA 1994, 557.
[1195] BAG 6.12.2001 – 2 AZR 695/00 – EzA § 1 KSchG Betriebsbedingte Kündigung Nr. 115.
[1196] BAG 8.11.2007 – 2 AZR 314/06 – NZA 2008, 936; BAG 27.6.2002 – 2 AZR 367/01 – AP § 55 BAT Nr. 4; APS/Kiel, § 1 KSchG Rn 598a.
[1197] BAG 24.6.2004 – 2 AZR 326/03 – NZA 2004, 1268; BAG 21.9.2000 – 2 AZR 385/99 – AP § 1 KSchG 1969 Betriebsbedingte Kündigung Nr. 111.
[1198] LAG Baden-Württemberg 26.2.2004 – 21 Sa 78/03 – LAGReport 2004, 368.
[1199] Vgl. BAG 10.7.2008 – 2 AZR 1111/06 – NZA 2009, 312.
[1200] LAG Baden-Württemberg 13.7.2006 – 19 Sa 66/05.
[1201] BAG 24.6.2004 – 2 AZR 326/03 – NZA 2004, 1268; BAG 10.11.1994 – 2 AZR 242/94 – NZA 1995, 566.
[1202] LAG Baden-Württemberg 26.2.2004 – 21 Sa 78/03 – LAGReport 2004, 368.
[1203] LAG Hamm 20.2.2003 – 11(5) Sa 382/02.

Berufserfahrung – sofern die Anforderung dem AGG entspricht[1204] – in einem bestimmten Marktsegment nicht nur eine generell wünschenswerte Voraussetzung darstellt, um den besten Bewerber für eine freie Arbeitstelle zu gewinnen. Vielmehr kann eine langjährige Erfahrung zur sachgerechten Erledigung einer Arbeitsaufgabe etwa im Verkauf, der für ein Unternehmen oft von zentraler Bedeutung ist, z.B. wegen bestimmter Kundenkontakte oder bestimmter Marktkenntnisse eine wesentliche Voraussetzung sein. Langjährige Erfahrungen können allg. und im Verkauf im Besonderen ein marktgängiges, beachtenswertes Kriterium darstellen. Deshalb kann dieser Umstand ein nachvollziehbares, arbeitsplatzbezogenes Kriterium für eine Stellenprofilierung sein. Dem AG kann es demnach grds. nicht verwehrt werden, eine entsprechende Anforderung an die zu besetzende Stelle und den Stellenbewerber zu formulieren. Eine langjährige Erfahrung als Verkäufer kann ein sachliches Anforderungskriterium für eine zu besetzende Stelle als Verkäufer darstellen. Eine entsprechende Stellenanforderung ist von den ArbG nicht weiter zu überprüfen, wenn sie sich an sachlichen Voraussetzungen für die auszuübende Tätigkeit orientiert.[1205]

397 Zur Weiterbeschäftigung auf einer freien **Beförderungsstelle** ist der AG nicht verpflichtet, da das Arbverh nur in seinem bisherigen Bestand und Inhalt geschützt ist.[1206] Ein freier Arbeitsplatz zu denselben Arbeitsbedingungen i.S.d. Abs. 2 S. 2 ist nur dann vorhanden, wenn er mit dem bisherigen des gekündigten AN vergleichbar ist. Vergleichbar ist der Arbeitsplatz, wenn der AG aufgrund seines Weisungsrechts den AN ohne Änderung seines Arbeitsvertrages weiterbeschäftigen kann. Die **Vergleichbarkeit** hängt von der jeweiligen Ausgestaltung des Arbeitsvertrages ab,[1207] insb. vom Inhalt einer etwaigen Versetzungsklausel.[1208] Eine Ausnahme vom dem Grundsatz, dass **kein Anspruch auf eine Beförderung** besteht, greift, wenn der AG bei im Wesentlichen gleichbleibender Tätigkeit einen Arbeitsplatz so umgestaltet, dass dieser zu einer Beförderungsstelle wird. Dann entfällt nicht ohne weiteres der bisherige Beschäftigungsbedarf. Der kündigungsschutzrechtliche Bestandsschutz gewährt dem AN zwar regelmäßig keinen Anspruch auf Beförderung. Hat der AG jedoch für eine bestimmte Tätigkeit eine Einstellungsentscheidung getroffen und bleibt die Tätigkeit im Wesentlichen bestehen, liegen allein aufgrund einer Umwidmung dieser Stelle in eine Beförderungsstelle keine dringenden betrieblichen Erfordernisse vor. Voraussetzung ist allerdings, dass der AN seinen Fähigkeiten und seiner Vorbildung nach geeignet ist, die Arbeitsleistung auf dem umgestalteten Arbeitsplatz zu erbringen.[1209]

398 Es besteht **kein Anspruch** des AN **auf Einrichtung eines neuen Arbeitsplatzes**. Es liegt im unternehmerischen Ermessen des AG, ob er bei Wegfall von Beschäftigungsmöglichkeiten in seinem Betrieb im Verhältnis zu dem fehlenden Arbeitskräftebedarf Personal abbaut oder nur einen Teil der überzähligen AN entlässt und die übrigen z.B. als Personalreserve behält.[1210] Der AG ist **nicht verpflichtet** eine **Personalreserve vorzuhalten**.[1211] Der AN kann nicht verlangen, dass der AG einen bisher belegten Arbeitsplatz freikündigt.[1212]

399 **Gesteigerte Weiterbeschäftigungspflichten** ergeben sich, wenn **tariflich ordentlich unkündbare AN** von einer betriebsbedingten Künd betroffen sind. Ist die ordentliche Künd individual- oder kollektivrechtlich ausgeschlossen, muss der AG zur Vermeidung einer beabsichtigten betriebsbedingten außerordentlichen Künd mit notwendiger Auslauffrist **mit allen zumutbaren Mitteln** die **Weiterbeschäftigung des unkündbaren Arbeitnehmers versuchen** und ggf. auch **durch zumutbare organisatorische Maßnahmen einen anderen Arbeitsplatz freimachen**. Ist die Weiterbeschäftigung nicht unmöglich oder unzumutbar, stehen jedoch weniger geeignete Beschäftigungsmöglichkeiten zur Verfügung als AN vorhanden sind, muss der AG hinsichtlich der Frage, welche AN auf den verbleibenden AP weiterbeschäftigt werden sollen, eine Auswahl nach sozialen Gesichtspunkten vornehmen. Dabei darf er die „Unkündbaren" nur einbeziehen, wenn die Beschränkung der Auswahl auf die ordentlich Kündbaren zu unzumutbaren Ergebnissen führen würde. Beruft sich der AG darauf, die „Unkündbaren" seien in die Auswahl einzubeziehen, weil dies der Sicherung einer ausgewogenen Personalstruktur oder Leistungsgesichtspunkte geböten, hat er darzulegen, dass diese Gesichtspunkte bei Abwägung der betrieblichen Interessen gegen die sozialen Belange des unkündbaren AN überwiegen.[1213] Legt der „unkündbare" AN dar, wie er sich eine anderweitige Beschäftigung vorstellt, genügt es nicht, dass der AG das Bestehen entsprechender freier Arbeitsplätze in Abrede stellt. Vielmehr muss der AG ggf. unter Vorlegung der Stellenpläne substantiiert darlegen, weshalb das Freimachen eines geeigneten Arbeitsplatzes oder dessen Schaffung durch eine entsprechende Umorganisation nicht möglich oder nicht zumutbar gewesen sein soll. Auch das zu erwartende Freiwerden eines geeigneten Arbeitsplatzes aufgrund üblicher Fluktuation ist zu berücksichtigen.[1214]

1204 Vgl. Hessisches LAG 27.11.2006 – 7 Sa 2180/05.
1205 BAG 24.6.2004 – 2 AZR 326/03 – NZA 2004, 1268.
1206 BAG 21.9.2000 – 2 AZR 385/99 – AP § 1 KSchG 1969 Betriebsbedingte Kündigung Nr. 111; BAG 29.3.1990 – 2 AZR 369/89 – NZA 1991, 181.
1207 BAG 15.12.1994 – 2 AZR 327/94 – NZA 1995, 521.
1208 HK-KSchG/*Weller/Dorndorf*, § 1 KSchG Rn 908.
1209 BAG 18.10.2000 – 2 AZR 465/99 – NZA 2001, 437; *Gaul/Kühnreich*, BB 2003, 254.
1210 BAG 7.5.1998 – 2 AZR 55/98 – AP § 1 KSchG 1969 Namensliste Nr. 1; BAG 15.12.1994 – 2 AZR 327/94 – NZA 1995, 521.
1211 BAG 15.8.2002 – 2 AZR 195/01 – NZA 2003, 430; BAG 15.12.1994 – 2 AZR 327/94 – NZA 1995, 521.
1212 APS/*Kiel*, § 1 KSchG Rn 600; MüKo-BGB/*Hergenröder*, § 1 KSchG Rn 330.
1213 LAG München 15.11.2007 – 3 Sa 303/07 – LAGE § 626 BGB 2002 Unkündbarkeit Nr. 4.
1214 BAG 17.9.1998 – 2 AZR 419/97 – NZA 1999, 258; BAG 5.2.1998 – 2 AZR 227/97 – NZA 1998, 771.

400 Entscheidender **Zeitpunkt** für die Beurteilung der Frage, ob ein freier Arbeitsplatz vorhanden ist, ist der **Zugang der Künd**. Frei ist ein Arbeitsplatz, der in diesem Zeitpunkt nicht besetzt ist oder bei dem feststeht, dass er bis zum Ablauf der Künd-Frist, etwa durch das Ausscheiden eines anderen AN, zur Verfügung stehen wird.[1215] Die Künd eines AN, für den ohne Unterbrechung eine Weiterbeschäftigungsmöglichkeit besteht, ist nicht durch dringende betriebliche Erfordernisse bedingt. Als freie **Arbeitsplätze** sind auch solche Arbeitsplätze in die Beurteilung einzubeziehen, bei denen im Zeitpunkt der Künd bereits feststeht, dass sie **in absehbarer Zeit nach Ablauf der Künd-Frist frei werden**, sofern die Überbrückung dieses Zeitraums dem AG zumutbar ist. Zumutbar ist jedenfalls ein Zeitraum, den ein anderer Stellenbewerber zur Einarbeitung benötigen würde.[1216] Innerhalb dieses Zeitraums liegt kein dauerhafter Wegfall des Beschäftigungsbedarfs vor. Dementsprechend fehlt es in diesen Fällen am erforderlichen Merkmal der Dringlichkeit.[1217] Dies zeigt ein Vergleich zu Abs. 2 S. 3. Wird vom AG eine Weiterbeschäftigung des AN nach **zumutbaren Umschulungs- und Fortbildungsmaßnahmen** verlangt, die über den Ablauf der Künd-Frist hinaus einen zeitweiligen Verzicht auf die Arbeitskraft des AN bedingen kann, müssen erst recht Arbeitsplätze berücksichtigt werden, deren Freiwerden dem AG im Zeitpunkt der Künd bekannt ist und deren Besetzung keine Umschulung voraussetzt.[1218] War im Zeitpunkt der Künd nicht voraussehbar, dass eine Weiterbeschäftigungsmöglichkeit besteht und entsteht diese entgegen der Prognose des AG vor Ablauf der Künd-Frist, wird eine deshalb ausgesprochene Künd nicht sozialwidrig. In Frage kommt dann nur ein Wiedereinstellungsanspruch des AN.[1219]

401 Als **freier Arbeitsplatz**, auf dem eine **Weiterbeschäftigung** möglich ist, kommt auch ein Arbeitsplatz in Betracht, **auf dem ein Leih-AN beschäftigt wird**. Bei legaler AÜ, die nur vorübergehender Natur ist, steht der Leih-AN in keiner arbeitsvertraglichen Bindung zum Entleiher. Aus diesem Grund steht der Verdrängung des Leih-AN durch den Stamm-AN vom Grundsatz her keine Rechtsschranke entgegen. Nach dem Ende der kurzfristigen Dauer des Leih-Arbverh ist eine Beschäftigung des zu kündigenden AN möglich.[1220] Sofern der AG die von den Leih-AN eingenommenen Arbeitsplätze nicht innerhalb der Künd-Frist des Stamm-AN freikündigen kann, gelten die Grundsätze entsprechend, die für die nach Ablauf der Künd-Frist frei werdenden Arbeitsplätze Anwendung finden. Maßgeblich ist, ob dem AG die Überbrückung bis zum Zeitpunkt des Freiwerdens des Arbeitsplatzes zugemutet werden kann. Sind bestimmte Dienstleistungen als Teil des unternehmerischen Konzepts insg. an ein Fremdunternehmen vergeben, kommen die daran gebundenen Beschäftigungskapazitäten für eine Weiterbeschäftigung nicht in Betracht.[1221]

402 Eine sozialwidrige Künd liegt auch dann vor, wenn in dem für die Beurteilung der Wirksamkeit der Künd maßgeblichen Künd-Zeitpunkt zwar keine Weiterbeschäftigungsmöglichkeit für den AN mehr bestand, dem AG aber die Berufung auf das Fehlen einer Weiterbeschäftigungsmöglichkeit aus dem in **§ 162 Abs. 1 und 2 BGB** normierten Rechtsgedanken verwehrt ist, weil er diesen **Zustand selbst treuwidrig herbeigeführt** hat.[1222] So darf der AG eine für den von der Künd betroffenen AN geeignete anderweitige Beschäftigungsmöglichkeit nicht durch eine Neueinstellung blockieren oder einen anderen AN dorthin versetzen, ohne die Grundsätze der Sozialauswahl zu berücksichtigen.[1223]

403 ee) **Weiterbeschäftigung nach Umschulung und Fortbildung.** Nach Abs. 2 S. 3 ist die Künd auch dann sozial ungerechtfertigt, wenn der AG den AN nach zumutbaren Umschulungs- und Fortbildungsmaßnahmen weiterbeschäftigen kann und der AN sein Einverständnis zu der Qualifizierungsmaßnahme erklärt hat. Die Künd-Schranke greift unabhängig vom Widerspruch des BR bzw. PR.

404 Das KSchG enthält **keine Legaldefinition der zumutbaren Umschulungs- oder Fortbildungsmaßnahme**. Den Gesetzesmaterialien kann nicht eindeutig entnommen werden, was der Gesetzgeber unter dem Begriff zumutbare Umschulung oder Fortbildung verstanden hat. Entsprechend dem allg. Sprachgebrauch ist unter „Fortbildung" die Weiterbildung in dem bisher ausgeübten Beruf, unter „Weiterbildung" die Ausbildung in einem anderen Beruf zu verstehen.[1224] Während die Fortbildung somit zu einer graduellen Qualifizierung des Leistungsprofils des AN im Rahmen des vorgegebenen Berufsbildes führt, hat die Umschulung die Herausbildung eines Leistungsprofils in einem anderen Berufsbild zum Ziel.[1225]

405 Da Qualifizierungsmaßnahmen für den Unternehmer mit erheblichen wirtschaftlichen Belastungen verbunden sind, stellt sich die Frage, wo die **Grenze der zumutbaren Umschulungs- oder Fortbildungsmaßnahme** zu ziehen ist. Die Zumutbarkeit ist einzelfallbezogen auf der Grundlage einer sorgfältigen Abwägung der Interessen von AG und

---

1215 BAG 25.4.2002 – 2 AZR 260/01 – NZA 2003, 605; BAG 15.12.1994 – 2 AZR 327/94 – NZA 1995, 521; BAG 7.2.1991 – 2 AZR 205/90 – NZA 1991, 806; BAG 29.3.1990 – 2 AZR 369/89 – NZA 1991, 181.
1216 BAG 15.12.1994 – 2 AZR 327/94 – NZA 1995, 521.
1217 *Preis*, NZA 1997, 1073, 1082.
1218 HK-KSchG/*Weller/Dorndorf*, § 1 KSchG Rn 905.
1219 HK-KSchG/*Weller/Dorndorf*, § 1 KSchG Rn 906; BAG 16.5.2007 – 7 AZR 621/06 – AP § 1 KSchG 1969 Wiedereinstellung Nr. 14.
1220 LAG Berlin-Brandenburg 3.3.2009 – 12 Sa 2468/08 – DB 2009, 1353; HK-KSchG/*Weller/Dorndorf*, § 1 KSchG Rn 910; APS/*Kiel*, § 1 KSchG Rn 606; Stahlhacke/*Preis/Vossen* Rn 1006.
1221 APS/*Kiel*, § 1 KSchG Rn 606; *Gaul/Kühnreich*, BB 2003, 254 (255); vgl. auch BAG 13.3.2008 – 2 AZR 1037/06 – NZA 2008, 2872.
1222 BAG 1.2.2007 – 2 AZR 710/05 – AP § 162 BGB Nr. 6; BAG 6.12.2001 – 2 AZR 695/00 – EzA § 1 KSchG Betriebsbedingte Kündigung Nr. 115.
1223 APS/*Kiel*, § 1 KSchG Rn 608.
1224 BAG 7.2.1991 – 2 AZR 205/90 – NZA 1991, 806; MünchArb/*Berkowsky*, Bd. 2, § 140 Rn 20.
1225 MünchArb/*Berkowsky*, Bd. 2, § 140 Rn 20.

AN zu beurteilen. Entscheidungserheblich ist insb. die **Erfolgsaussicht der Maßnahme, die bisherige und die zu erwartende zukünftige Beschäftigungsdauer des AN**, die Frage, ob der AG schon bei der Einstellung damit rechnen musste, dass das Arbeitsgerät, an dem der AN tätig war, modernisiert werden musste und folglich eine Fortbildung erforderlich werden würde[1226] und die **arbeitsvertragliche Beschreibung der vom AN geschuldeten Arbeitsleistung**. Ist die Arbeitsleistung weit gefasst, ist eine Umschulung eher zumutbar. Von erheblicher Bedeutung sind auch **die mit der Qualifizierungsmaßnahme verbundenen Kosten**. Kostenintensive Qualifizierungsmaßnahmen können vom AG nur gefordert werden, wenn diese Maßnahmen die Weiterbeschäftigung des AN im Unternehmen nachhaltig sichern.[1227] Normativer Anhaltspunkt für die zeitliche Höchstdauer der Qualifizierungsmaßnahme kann die längste gesetzliche Künd-Frist gem. § 622 BGB (sieben Monate) sein.[1228]

Auf die Weiterbeschäftigung eines AN nach zumutbaren Umschulungs- oder Fortbildungsmaßnahmen (Abs. 2 S. 3) kann der AG jedenfalls dann nicht verwiesen werden, wenn bei Ausspruch der Künd kein entsprechender anderweitiger Arbeitsplatz frei ist und auch nicht mit hinreichender Sicherheit voraussehbar ist, dass nach Abschluss der Maßnahmen eine Beschäftigungsmöglichkeit aufgrund der durch die Fortbildung oder Umschulung erworbenen Qualifikation besteht.[1229] Indes trifft den AG die Pflicht, den AN weiter zu beschäftigen, wenn dieser nach einer entsprechenden Qualifizierung seine bisherige oder eine andere Beschäftigung weiter ausüben kann. Führt der AG bspw. ein Qualitätsmanagement-System mit sprachlichem Mindeststandard für AN an Maschinen ein (QS-9000 – VDA 6.1), hat er einem AN mit mangelhaften deutschen Sprachkenntnissen eine Schulung zu ermöglichen, damit er gem. seiner Funktion Dokumente beachten und ausfüllen kann, die in deutscher Sprache abgefasst sind.[1230]

Der AN muss mit der Umschulung oder Fortbildung einverstanden sein. Bei fehlendem Einverständnis steht die Unzumutbarkeit der Maßnahme für den AG fest, da die Qualifizierungsmaßnahme nur dann Aussicht auf Erfolg bietet und die Weiterbeschäftigung sichern kann, wenn der AN sie mitträgt.[1231]

ff) Weiterbeschäftigung zu geänderten Arbeitsbedingungen. Der AG muss vor jeder ordentlichen Beendigungs-Künd von sich aus dem AN grds. eine Beschäftigung auf einem freien Arbeitsplatz auch zu geänderten Arbeitsbedingungen anbieten (sog. Vorrang der Änderungskünd vor der Beendigungs-Künd). Eine Änderungs-Künd darf nur in „Extremfällen" unterbleiben, wenn der AG bei vernünftiger Betrachtung nicht mit einer Annahme des neuen Vertragsangebots durch den AN rechnen konnte und ein derartiges Angebot vielmehr beleidigenden Charakter gehabt hätte. Grundsätzlich soll der AN selbst entscheiden können, ob er eine Weiterbeschäftigung unter erheblich verschlechterten Arbeitsbedingungen für zumutbar hält oder nicht. Insbesondere darf der AG ein erheblich verschlechterndes Angebot nicht allein mit der Begründung unterlassen, mit dem zu erzielenden Einkommen könne der AN seine Familie nicht ernähren oder er verdiene weniger, als er Sozialleistungen erhalten würde, wenn dieses Angebot die einzige Alternative zu einer Beendigungskündigung ist. Es mag gute Gründe geben (lange Bindung an den AG, die Region oder den örtlichen Bekanntenkreis, familiäres Umfeld, Hoffnung „auf Besserung" im Arbverh u.Ä.), warum sich ein AN mit den schlechteren Arbeitsbedingungen arrangieren will. Allein die hierarchische Rückstufung und die zu erwartenden erheblichen Vergütungseinbußen machen einen Sachverhalt noch nicht zu einem „Extremfall" im Sinne der dargestellten Rechtsprechungsgrundsätze. Ein „beleidigender Charakter" kann gegeben sein, wenn der betroffene AN so weit in der Personalhierarchie zurückgestuft würde, dass viele seiner bisher Untergebenen ihm nunmehr Weisungen erteilen könnten und deshalb erhebliche Konflikte zu erwarten sind. Ein wesentliches Indiz für das Vorliegen einer solchen aus Sicht beider Arbeitsvertragsparteien gegebenen „Extremsituation" ist auch das Verhalten des betroffenen AN nach Ausspruch der Beendigungskündigung und während des Künd-Schutzprozesses. Beruft er sich trotz Kenntnis von einer freien in der betrieblichen Hierarchie weit entfernten Stelle nicht zeitnah auf eine solche, sondern erst lange nach Beginn der Auseinandersetzung, spricht vieles dafür, dass er selbst von einer unzumutbaren Situation im Betrieb und bei seiner Tätigkeit ausgeht, in der er keine Weiterbeschäftigungsperspektiven mehr sieht, und deshalb ein entsprechendes Änderungsangebot ausnahmsweise nicht unterbreitet werden musste. Ein solches Verhalten des AN indiziert auch, dass er sich selbst bei Angebot einer derartigen Stelle vor Ausspruch der Künd in keinem Fall mit einer Annahme – auch nicht unter Vorbehalt – einverstanden erklärt hätte. Die – verspätete – Berufung auf eine solche Weiterbeschäftigungsmöglichkeit erscheint dann nicht mehr widerspruchsfrei.[1232]

Der AG ist regelmäßig auch nach einem vom AN abgelehnten Änderungsangebot verpflichtet, gleichwohl eine Änderungskündigung auszusprechen. Eine Beendigungskündigung ist nur zulässig, wenn der AN unmissverständlich zum Ausdruck gebracht hat, er werde die geänderten Arbeitsbedingungen im Fall des Ausspruch einer Änderungskünd nicht, auch nicht unter dem Vorbehalt ihrer sozialen Rechtfertigung annehmen.[1233] Der AG muss dem AN unter

---

1226 BAG 7.5.1968 – 1 AZR 407/67 – AP § 1 KSchG Betriebsbedingte Kündigung Nr. 18.
1227 *Stahlhacke/Preis/Vossen* Rn 1018.
1228 *Bitter/Kiel*, RdA 1994, 333, 344; *Stahlhacke/Preis/Vossen* Rn 1018.
1229 BAG 7.2.1991 – 2 AZR 205/90 – NZA 1991, 806.
1230 Hessisches LAG 19.7.1999 – 16 Sa 1898/98 – LAGE § 1 KSchG Betriebsbedingte Kündigung Nr. 55.
1231 APS/*Kiel*, § 1 KSchG Rn 622; HK-KSchG/*Weller/Dorndorf*, § 1 KSchG Rn 926.
1232 BAG 21.9.2006 – 2 AZR 607/05 – NZA 2007, 431; BAG 5.6.2008 – 2 AZR 107/07; LAG Berlin-Brandenburg 9.8.2007 – 18 Sa 753/07; LAG Rheinland-Pfalz 20.4.2007 – 6 Sa 980/06.
1233 LAG Rheinland-Pfalz 22.3.2007 – 2 Sa 902/06.

Einräumung einer Annahmefrist und Bedenkzeit gem. § 4 von drei Wochen (bei außerordentlicher Künd „unverzüglich") ein Änderungsangebot unterbreiten, das unmissverständlich und vollständig die neuen Vertragsbedingungen enthält und das der AN mit einem „einfachen Ja" annehmen kann. Lehnt der AN das Änderungsangebot vorbehaltlos und endgültig ab, kann der AG eine Beendigungs-Künd aussprechen.[1234] Unterlässt es der AG, dem AN vor Ausspruch einer Beendigungs-Künd ein mögliches und zumutbares Änderungsangebot zu unterbreiten, ist die Künd sozial ungerechtfertigt, wenn der AN einem vor der Künd gemachten entsprechenden Vorschlag zumindest unter Vorbehalt zugestimmt hätte. Dies muss der AN im Künd-Prozess vortragen. Hat er nach Ausspruch der Künd ein Änderungsangebot des AG abgelehnt, bedarf es der tatrichterlichen Würdigung, ob angenommen werden kann, dass er ein entsprechendes Angebot vor Ausspruch der Künd unter Vorbehalt angenommen hätte.[1235] Die vorstehend dargestellten Verpflichtungen weiten den Kreis der vom AG zu berücksichtigenden alternativen Beschäftigungsmöglichkeiten in beträchtlichem Umfang aus und engen dementsprechend sein Recht zum Ausspruch einer betriebsbedingten Beendigungs-Künd ein. Gerade bei Massenatbeständen erweist sich die Änderungskündigung deshalb als äußerst schwer zu handhabendes, risikoreiches Instrument.

409 Entsprechend dem Grundsatz der Erforderlichkeit kommen neben der Beschäftigung auf einem anderen (geringer wertigen) Arbeitsplatz alle Vertragsänderungen in Betracht, die das konkrete betriebliche Bedürfnis befriedigen, etwa eine Teilzeitbeschäftigung,[1236] die Kürzung übertariflicher Leistungen[1237] oder des Arbeitsentgelts.[1238]

410 gg) **Weiterbeschäftigung und Beteiligung des Betriebsrats.** Ist die **Zuweisung einer anderen Tätigkeit** als **Versetzung gem. § 95 Abs. 3 BetrVG** zu qualifizieren, sind die **Mitbestimmungsrechte des BR nach den §§ 99 ff. BetrVG** zu beachten, d.h., seine Zustimmung zu der Versetzung ist einzuholen. Fallen die Arbeitsplätze mehrerer vergleichbarer AN weg und stehen nur für einen Teil dieser AN andere Beschäftigungsmöglichkeiten zur Verfügung, so dass eine Sozialauswahl vorzunehmen ist (Abs. 3), begründet die Versetzung eines AN auf einen der freien Arbeitsplätze i.S.d. § 99 Abs. 2 Nr. 3 BetrVG die Besorgnis, dass einem anderen AN infolge dieser Maßnahme gekündigt wird. Der BR kann die Zustimmung zu dieser Versetzung mit der Begründung verweigern, der AG habe soziale Auswahlkriterien nicht berücksichtigt.[1239] In diesem Fall kann der AG nach § 99 Abs. 4 BetrVG vorgehen und beim ArbG beantragen, die Zustimmung des BR zu der Versetzung zu ersetzen. Der AG ist allerdings im Falle der Zustimmungsverweigerung des BR nicht verpflichtet, das Zustimmungsersetzungsverfahren gem. § 99 Abs. 4 BetrVG durchzuführen. Er muss das mit einem entsprechenden arbeitsgerichtlichen Beschlussverfahren verbundene erhebliche Prozessrisiko und das Risiko weiterer aus einer solchen Auseinandersetzung resultierender betrieblicher Konflikte i.d.R. nicht auf sich nehmen.[1240] Soll die Versetzung auf einen Arbeitsplatz in einem anderen Betrieb erfolgen, müssen die BR sowohl des abgebenden als auch des aufnehmenden Betriebes die Zustimmung zur Versetzung bzw. zur Einstellung erteilen. Erfolgt die **Weiterbeschäftigung zu geänderten Bedingungen** auf der Grundlage der **Änderungs-Künd** ist der **BR zusätzlich nach § 102 Abs. 1 BetrVG anzuhören**.[1241]

411 Die Zustimmung des BR nach § 99 BetrVG ist Wirksamkeitsvoraussetzung nur für die tatsächliche Zuweisung des neuen Arbeitsbereichs nach Ablauf der Künd-Frist. Ist die Zustimmung des BR nach § 99 BetrVG nicht erteilt oder ersetzt, führt dies nicht zur – schwebenden – Unwirksamkeit der Änderungs-Künd. Der AG kann nur die geänderten Vertragsbedingungen nicht durchsetzen, solange das Verfahren nach § 99 BetrVG nicht ordnungsgemäß durchgeführt ist; der AN ist dann in dem alten Arbeitsbereich weiter zu beschäftigen, der ihm nicht wirksam entzogen worden ist.[1242]

412 Ist die personelle Maßnahme aus sachlichen Gründen dringend erforderlich, kann der AG nach § 100 BetrVG vorgehen und die Versetzung oder Einstellung vorläufig durchführen, bevor der BR sich geäußert oder seine Zustimmung verweigert hat.

413 hh) **Darlegungs- und Beweislast.** Gem. **Abs. 2 S. 4** hat der AG die Tatsachen zu beweisen, die die Künd bedingen. Dringende betriebliche Erfordernisse, die zum Wegfall eines Arbeitsplatzes geführt haben, sind nur dann zur sozialen Rechtfertigung der Künd geeignet, wenn keine Möglichkeit einer anderweitigen Beschäftigung besteht. Im Künd-Schutzprozess gilt insoweit eine **abgestufte Darlegungs- und Beweislast**: Der AG genügt zunächst seiner Darlegungslast, wenn er allg. vorträgt, eine Weiterbeschäftigung des AN sei nicht möglich. Auf nähere Darlegungen des AN, wie er sich eine anderweitige Beschäftigung vorstellt, muss der AG dann eingehend erläutern, aus welchem Grund eine Beschäftigung auf einem entsprechenden Arbeitsplatz nicht möglich gewesen sei. Dabei genügt es für die

---

1234 LAG Berlin 13.1.2000 – 10 Sa 2194/99 – LAGE § 2 KSchG Nr. 37; BAG 27.9.1984 – 2 AZR 62/83 – NZA 1985, 455.
1235 BAG 27.9.1984 – 2 AZR 62/83 – NZA 1985, 455.
1236 LAG Düsseldorf 6.5.1977 – 16 Sa 173/77 – DB 1977, 1370.
1237 *Stahlhacke/Preis/Vossen*, Rn 1008; *Wagner*, NZA 1986, 632 ff.
1238 BAG 20.8.1998 – 2 AZR 84/98 – NZA 1999, 255; BAG 12.11.1998 – NZA 1999, 471.
1239 BAG 30.8.1995 – 1 ABR 11/95 – NZA 1996, 496.
1240 BAG 29.1.1997 – 2 AZR 9/96 – NZA 1997, 709.
1241 BAG 30.9.1993 – 2 AZR 283/93 – NZA 1994, 615; APS/*Kiel*, § 1 KSchG Rn 647.
1242 BAG 30.9.1993 – 2 AZR 283/93 – NZA 1994, 615.

Darlegungen des AN, wenn er angibt, welche Art der Beschäftigung gemeint ist. Der AN muss im Allg. keinen konkreten freien Arbeitsplatz benennen.[1243]

Auch einem **tariflich ordentlich unkündbaren AN** kann nach § 626 Abs. 1 BGB in Ausnahmefällen außerordentlich gekündigt werden. Den gesteigerten Anforderungen bei der Prüfung des wichtigen Grundes i.S.v. § 626 Abs. 1 BGB entspricht auch eine **gesteigerte Darlegungs- und Beweislast des AG**. Das Fehlen jeglicher, auch anderweitiger Beschäftigungsmöglichkeiten zählt bei einer außerordentlichen betrieblichen Künd schon zum wichtigen Grund i.S.v. § 626 BGB und ist deshalb vom AG darzulegen.[1244] Aus dem Vorbringen des AG muss erkennbar sein, dass er auch unter Berücksichtigung der vertraglich eingegangenen besonderen Verpflichtungen alles Zumutbare unternommen hat, die durch die unternehmerische Entscheidung notwendig gewordenen Anpassungen auf das unbedingt erforderliche Maß zu beschränken.[1245]

Macht ein AG, der zur Weiterbeschäftigung für die Dauer des Künd-Rechtsstreits verurteilt worden ist, im Zwangsvollstreckungsverfahren geltend, der Arbeitsplatz sei inzwischen durch Umorganisation fortgefallen, so dass eine Weiterbeschäftigung unmöglich sei, kann dies nur berücksichtigt werden, wenn der AG substantiiert darlegt und glaubhaft macht, dass diese Organisationsentscheidung nicht willkürlich getroffen ist, insb. nicht lediglich der Umgehung der Weiterbeschäftigungsverpflichtung dient.[1246]

f) Dringlichkeit und Interessenabwägung. Im Bereich der betriebsbedingten Künd hat der Gesetzgeber bereits durch das Merkmal der „dringenden betrieblichen Erfordernisse" sowie durch das Erfordernis der Sozialauswahl (Abs. 3) eine verbindliche Abwägung der Interessen der Arbeitsvertragsparteien vorgenommen. Eine **zusätzliche Interessenabwägung** ist daher vom Grundsatz her **entbehrlich**. Eine einzelfallbezogene Interessenabwägung kann sich bei betriebsbedingten Künd-Gründen, wenn überhaupt, allenfalls in seltenen Ausnahmefällen zugunsten des AN auswirken.[1247]

Da für eine beschlossene und tatsächlich durchgeführte unternehmerische Organisationsentscheidung die Vermutung spricht, dass sie aus sachlichen Gründen erfolgt, Rechtsmissbrauch also die Ausnahme ist, hat im Künd-Schutzprozess grds. der AN die Umstände darzulegen und im Streitfall zu beweisen, aus denen sich ergeben soll, dass die getroffene innerbetriebliche Strukturmaßnahme offensichtlich unsachlich, unvernünftig oder willkürlich ist. Die unternehmerische Entscheidung kann nicht auf ihre Zweckmäßigkeit oder Notwendigkeit hin kontrolliert werden. Deshalb kann nicht geprüft werden, ob der Nutzen der neuen Struktur in einem – noch angemessenen – vertretbaren Verhältnis zu den Nachteilen für den betroffenen AN steht.[1248] § 9 sieht eine angemessene Abfindung nur dann vor, wenn die Künd sozial ungerechtfertigt ist, nicht aber bei einer sozial gerechtfertigten betriebsbedingten Künd, mag diese den einzelnen AN auch noch so hart treffen. Lediglich im Rahmen einer Betriebsänderung i.S.d. § 111 BetrVG ist nach § 112 BetrVG vorgesehen, dass durch einen Sozialplan die Nachteile ausgeglichen oder abgemildert werden, die die von der Betriebsänderung betroffenen AN erleiden.[1249]

g) Beurteilungszeitpunkt. Für die Beurteilung der sozialen Rechtfertigung einer Künd kommt es auf den **Zeitpunkt des Künd-Zugangs** an.[1250] Das schließt aber, wenn dem Künd-Grund ein prognostisches Element innewohnt, nicht aus, dass der tatsächliche Eintritt der prognostizierten Entwicklung Rückschlüsse auf die Ernsthaftigkeit und Plausibilität der Prognose zulässt. In diesem Sinne kann die Entwicklung nach der Künd berücksichtigt werden.[1251]

In dem Zeitpunkt des Zugangs der Künd muss mit dem Wegfall der Beschäftigungsmöglichkeit für den gekündigten AN bis zum Ablauf der Künd-Frist zu rechnen sein. Für die notwendige **Prognose** kommt es darauf an, **ob die betrieblichen Umstände greifbare Formen angenommen haben**. Davon ist auszugehen, wenn bei Ausspruch der Künd aufgrund einer vernünftigen, betriebswirtschaftlichen Betrachtung zu erwarten ist, zum Zeitpunkt des Künd-Termins werde mit einiger Sicherheit der Eintritt eines die Entlassung erforderlich machenden betrieblichen Grundes gegeben sein.[1252]

Liegen zum Zeitpunkt der Künd dringende betriebliche Erfordernisse i.S.d. Abs. 2 S. 1 für eine Künd vor, wird die Künd nicht nachträglich unwirksam, wenn sich die betrieblichen Verhältnisse bspw. durch eine unerwartet gute Entwicklung der Auftragslage im Nachhinein verändern. In diesem Fall kann aber dem gekündigten AN u.U. ein **Wiedereinstellungsanspruch** zustehen.[1253]

1243 BAG 15.8.2002 – 2 AZR 195/01 – NZA 2003, 430; LAG Rheinland-Pfalz 30.7.2008 – 7 Sa 789/07.
1244 BAG 6.10.2005 – 2 AZR 362/04 – NZA-RR 2006, 416; BAG 8.4.2003 – 2 AZR 355/02 – NZA 2003, 856; LAG Baden-Württemberg 25.7.2007 – 12 Sa 1/07.
1245 LAG Berlin-Brandenburg 9.8.2007 – 18 Sa 753/07.
1246 LAG Schleswig-Holstein 11.12.2003 – 2 Ta 257/03 – NZA-RR 2004, 408.
1247 BAG 20.1.2005 – 2 AZR 500/03 – NZA 2005, 687.
1248 BAG 27.9.2001 – 2 AZR 246/00 – EzA § 2 KSchG Nr. 41.
1249 *Schiefer*, NZA-RR 2005, 1, 4.
1250 *v. Hoyningen-Huene/Linck*, § 1 KSchG Rn 406 m.w.N.
1251 BAG 27.11.2003 – 2 AZR 48/03 – NZA 2004, 477.
1252 BAG 13.6.2002 – 2 AZR 589/01 – NZA 2003, 608; BAG 11.3.1998 – 2 AZR 414/97 – AP § 111 BetrVG 1972 Nr. 43.
1253 LAG Nürnberg 4.11.2008 – 6 Sa 225/08 – LAGE § 2 KSchG Nr. 62.

421 h) Fallgruppen. aa) Abbau einer Hierarchiestufe. Die Entscheidung des AG, seine Bürostruktur neu zu organisieren und eine Hierarchieebene abzubauen, ist eine unternehmerische Organisationsmaßnahme, die zum Wegfall von Beschäftigungsbedarf führt und damit eine betriebsbedingte Künd sozial rechtfertigen kann.[1254] Läuft die unternehmerische Entscheidung aber letztlich nur auf den **Abbau einer Hierarchieebene** hinaus verbunden mit einer **Neuverteilung der dem betroffenen AN bisher zugewiesenen Aufgaben**, bedarf es der Konkretisierung dieser Entscheidung (**gesteigerte Darlegungs- und Beweislast**), damit überhaupt geprüft werden kann, ob der Arbeitsplatz des betroffenen AN tatsächlich weggefallen ist und die Entscheidung nicht offensichtlich unsachlich oder willkürlich ist. Der AG muss insb. darlegen, in welchem Umfang die bisher vom AN ausgeübten Tätigkeiten zukünftig im Vergleich zum bisherigen Zustand anfallen. Er muss aufgrund seiner unternehmerischen Vorgaben die zukünftige Entwicklung der Arbeitsmenge anhand einer näher konkretisierten Prognose darstellen und angeben, wie die anfallenden Arbeiten vom verbliebenen Personal ohne überobligationsmäßige Leistungen erledigt werden können.[1255]

422 bb) Abkehrwille. Erklärt ein AN seinem AG gegenüber seinen Abkehrwillen deutlich, und hat der AG eine sonst schwer zu findende Ersatzkraft gerade an der Hand, darf er die Ersatzkraft einstellen und seinem alten AN zum nächsten Termin betriebsbedingt kündigen.[1256]

423 cc) Anforderungsprofil. Grds. unterliegt die **Gestaltung der Arbeitsorganisation** einschließlich der Festlegung der jeweiligen **Arbeitsplatzanforderungen** der freien unternehmerischen Entscheidung. Gleichwohl bestehen rechtliche Bedenken gegen eine Organisationsentscheidung des AG, die ohne jeden nachvollziehbaren sachlichen Grund nachträglich die Arbeitsplatzanforderungen so verändert, dass nur noch AN mit geänderter Qualifikation der neu strukturierten Aufgabenstellung gerecht werden können. Beim Neuaufbau eines Betriebes steht es dem AG zwar frei, ob er die betriebliche Tätigkeit stärker arbeitsteilig organisiert, so dass Arbeitsplätze für unterschiedliche qualifizierte Kräfte entstehen oder ob er eine ganzheitliche Arbeitsweise in dem Sinne bevorzugt, dass die Beschäftigten im Rahmen ihrer Aufgabenerledigung Tätigkeiten mit stark unterschiedlichen Qualifikationsanforderungen verrichten sollen. Demgegenüber ist bei einer nachträglichen Umgestaltung der Arbeitsorganisation mit Rücksicht auf deren Auswirkungen auf die bestehenden Beschäftigungsverhältnisse zumindest im Rahmen der Willkürkontrolle die Überprüfung geboten, ob für die **Organisationsänderung** ein **nachvollziehbarer Anlass** besteht. Die in Rspr. und Lit.[1257] häufig verwendete Formulierung, die Festlegung des „Anforderungsprofils" für die eingerichteten Arbeitsplätze gehöre zur „freien unternehmerischen Entscheidung", erscheint insoweit missverständlich und bedarf der Einschränkung. Den vom BAG entschiedenen Fällen zur Änderung des „Anforderungsprofils" lag – soweit ersichtlich – jeweils ein nachvollziehbarer sachlicher Anlass zugrunde. Dies betrifft etwa die Änderung der Arbeitsplatzanforderungen eines Piloten wegen Umstellung von Propellerflugzeugen auf Düsenflugzeuge,[1258] die Übernahme verbleibender Hilfstätigkeiten durch Facharbeiter aus Anlass von Arbeitsmangel,[1259] die Umstellung auf ein neues rechnergestütztes Redaktions- und Produktionssystem im Verlagswesen.[1260] oder die Vermeidbarkeit einer betriebsbedingten Künd wegen Wegfalls der bisherigen Ausbildungstätigkeit als Raumausstattermeisterin bei der Handwerkskammer durch Einsatz auf einem drittmittelfinanzierten Arbeitsplatz als Sozialpädagogin.[1261] Auch aus der Entscheidung des BAG vom 24.6.2004[1262] ergibt sich – trotz des weit gefassten Leitsatzes – nichts anderes. Die Entscheidung betrifft nicht etwa die Entlassung eines AN wegen nachträglicher Änderung des „Anforderungsprofils", sondern die Vermeidbarkeit einer an sich betriebsbedingten Künd durch Umsetzung auf einen freien Arbeitsplatz und die Festlegung der hierauf bezogenen Arbeitsplatzanforderungen durch eine freie Unternehmerentscheidung. Dem Grundsatz, dass eine solche Entscheidung von den ArbG grds. jedenfalls dann zu respektieren sei, wenn die **Qualifikationsmerkmale einen nachvollziehbaren Bezug zur Organisation der auszuführenden Arbeiten haben**, dies hingegen nicht für die Festlegung rein persönlicher Merkmale ohne hinreichenden Bezug zur konkreten Arbeitsaufgabe gilt, ist ohne Weiteres zu folgen. Die Frage, ob allein in der Änderung des „Anforderungsprofils" ein betriebsbedingter Künd-Grund für die Entlassung des AN gesehen werden könnte, ohne dass hierfür sachgerechte Gründe vorgetragen werden, ist in der zitierten Entscheidung nicht angesprochen. Ist die Tätigkeit der Beschäftigten in einem Betrieb des Raumausstatter-Handwerks in der Weise organisiert, dass von sämtlichen ANn mit abgeschlossener Ausbildung zum Raumausstatter ein Teil ausschließlich mit handwerklichen Aufgaben der „Objektausstattung" (Montage und Dekorieren) befasst ist, ein anderer Teil hingegen nach innerbetrieblicher Schulung zusätzliche Aufgaben der „Objektbearbeitung" (Angebotserstellung und kaufmännische Auftragsbearbeitung) erledigt, und trifft der AG wegen Auftragsmangels die Organisationsentscheidung, die Aufgaben der Objektausstatter zusätzlich den nicht mehr ausgelasteten Objektbearbeitern zu übertragen und sämtliche Objektausstatter zu

---

1254 BAG 13.2.2008 – 2 AZR 1041/06 – NZA 2008, 819.
1255 BAG 13.2.2008 – 2 AZR 1041/06 – NZA 2008, 819; BAG 27.9.2001 – 2 AZR 176/00 – NZA 2002, 1277.
1256 BAG 22.10.1964 – 2 AZR 515/63 – AP § 1 KSchG Betriebsbedingte Kündigung Nr. 16; kritisch Stahlhacke/Preis/Vossen, Rn 958.
1257 KR/Etzel, § 1 KSchG Rn 563.
1258 BAG 7.5.1968 – 1 AZR 407/67 – AP § 1 KSchG Betriebsbedingte Kündigung Nr. 18.
1259 BAG 11.9.1986 – 2 AZR 564/85 – RzK I 5c Nr. 13; BAG 17.6.1999 – 2 AZR 522/98 – NZA 1999, 1095.
1260 BAG 10.11.1994 – 2 AZR 242/94 – NZA 1995, 566; BAG 5.10.1995 – 2 AZR 269/95 – NZA 1996, 524.
1261 BAG 7.11.1996 – 2 AZR 811/95 – NZA 1997, 253.
1262 BAG 24.6.2004 – 2 AZR 326/03 – NZA 2004, 1268.

entlassen, so kann die hierauf gestützte Künd nicht erfolgreich mit der Begründung angegriffen werden, es habe einer Sozialauswahl unter sämtlichen Raumausstattern bedurft, da bereits die Ausbildung zum Raumausstatter kaufmännische Grundlagenkenntnisse vermittle und allenfalls noch eine kurze Einarbeitung in die zusätzlichen Aufgaben der Objektbearbeitung erforderlich sei.[1263]

dd) Auftragsmangel und Umsatzrückgang. Arbeitsmangel kann sowohl auf einer von außerbetrieblichen Umständen abhängigen gebundenen Unternehmerentscheidung beruhen und damit einen außerbetrieblichen Grund zur Rechtfertigung der Künd darstellen, wie er auch zum Anlass für eine autonome Unternehmerentscheidung werden kann, die die betrieblichen Abläufe neu gestaltet.[1264] Die auf Arbeitsmangel gestützte Künd ist nur dann betriebsbedingt, wenn die außerbetrieblichen Gründe oder innerbetrieblichen Maßnahmen greifbare Formen angenommen haben. Nach einer vernünftigen betriebswirtschaftlichen Betrachtung muss davon auszugehen sein, dass für die Beschäftigung eines oder mehrerer AN bei Ablauf der Künd-Frist kein Bedarf mehr bestehen wird. Solange die Arbeit, wie etwa durch Abbau von Überstunden, gestreckt werden kann, besteht gegenüber der Künd ein milderes Mittel. Unter Beachtung des Ultima-Ratio-Grundsatzes ist das betriebliche Erfordernis in diesen Fällen nicht dringlich, wenn durch die Arbeitsstreckung der grds. Inhalt der Unternehmerentscheidung unberührt bleibt.[1265]

424

Führt ein dauerhafter Umsatzrückgang unmittelbar zur Verringerung einer bestimmten Arbeitsmenge (Verpackungstätigkeit), kann der AG die Künd eines AN darauf stützen, durch den Umsatzrückgang sei ein dringendes betriebliches Erfordernis zur Entlassung eines AN entstanden. Sind Umfang und Auswirkung des Umsatzrückganges str., hat das Gericht zu prüfen, ob ein dauerhafter Umsatzrückgang vorliegt, und in welchem Ausmaß er sich auf die Arbeitsmenge bestimmter AN auswirkt.[1266] Allein die Angabe des Umsatzrückganges genügt in aller Regel nicht, um Art und Umfang des verminderten Personalbedarfs bezogen auf die verschiedenen betrieblichen Tätigkeiten erkennen zu lassen. Es bedarf näherer Darlegungen seiner Auswirkungen auf die jeweilige Tätigkeit, d.h. der Personalbedarf als das Produkt aus Arbeitsmenge und Arbeitsverteilung ist darzustellen.[1267]

425

Ein Auftragsmangel liegt vor, wenn für den Betrieb die vorhandenen Aufträge nicht ausreichen, um die sachliche und personelle Kapazität des Betriebes auszulasten. Um diesen Auftragsmangel feststellen zu können, muss ein Größenvergleich zwischen der gegebenen Produktionskapazität des Betriebes und dem Volumen des Auftragsbestandes vorgenommen werden. Dies setzt voraus, dass im Einzelnen eine Auftragsentwicklung bis zum Zugang der Künd erstellt werden muss. Von Bedeutung ist in diesem Zusammenhang, dass das Künd-Recht nicht geeignet ist, Mängel in der Willensbildung bei der Einstellung, insb. eine damals irrtümliche Annahme der Notwendigkeit für die Schaffung bzw. den Erhalt des Arbeitsplatzes auszugleichen. I.d.R. genügt zur Darlegung der Auftragsmenge nicht die bloße Mitteilung eines Umsatzvolumens. Es ist denkbar, dass trotz geringen Umsatzes ein erheblicher Arbeitsaufwand entsteht, so dass eine Vielzahl von Arbeitsvorgängen zu erledigen wäre. Bezieht sich der AG auf einen Auftragsmangel, muss sich aus seinem Vortrag daher auch ergeben, welche Arbeiten in welchem Umfange anfallen und inwieweit ein Rückgang dieser Arbeiten gerade auch den Arbeitsbereich betrifft, in dem der zu kündigende AN beschäftigt ist.[1268]

426

Ist der Umsatz-/Auftragsrückgang nur das Motiv für eine gestaltende, autonome Unternehmerentscheidung, die ihrerseits Beschäftigungsbedarf entfallen lässt (z.B. eine Stilllegung oder Rationalisierung), kommt es bei der Prüfung der dringenden betrieblichen Erfordernisse auf die außerbetriebliche Ursache nicht mehr an. Der Künd-Grund und das Vorliegen dringender betrieblicher Erfordernisse beurteilen sich ausschließlich nach Maßgabe der unternehmerischen Entscheidung.[1269] Hat etwa der Unternehmer im Zeitpunkt des Zugangs der Künd aufgrund eines Umsatzrückgangs bzw. Arbeitsmangels den ernsthaften und endgültigen Entschluss gefasst, den Betrieb nicht nur vorübergehend stillzulegen, erfordert die Ernsthaftigkeit und Endgültigkeit dieses Entschlusses nicht, dass er dem eigenen Wunsch des Unternehmers entspricht. Sieht sich der Unternehmer zu dem Entschluss durch außerbetriebliche Umstände gezwungen, ist es unschädlich, wenn er sich vorbehält, seinen Entschluss nicht zu verwirklichen, wenn sich die Verhältnisse wider Erwarten anders als bei vernünftiger Betrachtung vorhersehbar entwickeln.[1270]

427

ee) Austauschkündigung. Der Ausspruch einer betriebsbedingten Künd mit dem Ziel, einen AN gegen einen anderen AN auszutauschen, ist unzulässig.[1271] Eine Austausch-Künd ist mit dem Zweck der betriebsbedingten Künd,

428

1263 LAG Hamm 13.9.2004 – 8 Sa 271/04.
1264 LAG Hamm 13.9.2004 – 8 Sa 271/04.
1265 HaKo-KSchR/*Gallner*, § 1 KSchG Rn 673.
1266 BAG 15.6.1989 – 2 AZR 600/88 – NZA 1990, 65.
1267 BAG 30.5.1985 – 2 AZR 321/84 – NZA 1986, 155, HWK/ *Quecke*, § 1 KSchG Rn 294.

1268 LAG Berlin 5.12.1997 – 2 Sa 32/97 – LAGE § 1 KSchG Betriebsbedingte Kündigung Nr. 49; LAG Berlin 22.4.1997 – 11 Sa 141/96 – NZA-RR 1997, 471.
1269 HWK/*Quecke*, § 1 KSchG Rn 295.
1270 BAG 27.2.1987 – 7 AZR 652/85 – NZA 1987, 700.
1271 LAG Hamburg 17.8.2006 – 1 Sa 10/06 – NZA-RR 2007, 630.

den Personalbestand dem verringerten Beschäftigungsbedarf anzupassen, nicht vereinbar.[1272] So liegt kein dringendes betriebliches Erfordernis vor, wenn der AG anstrebt, anstelle von nebenberuflich tätigen Teilzeit-AN Arbeitslose im Rahmen von Vollzeit-Arbverh zu beschäftigen.[1273] Gleichermaßen ist von einer **unzulässigen Austausch-Künd** auszugehen, wenn der AG zur Erfüllung seiner Pflicht aus § 71 SGB IX (Pflichtplatzquote) einen Schwerbehinderten einstellen will und deshalb einem anderen AN kündigt[1274] oder die Absicht verfolgt, sich durch eine Beschäftigung von AN nach ausländischem Recht von den Bedingungen des deutschen Arbeits- und Sozialrechts zu lösen.[1275] Auch eine Künd, die einzig dem Zweck dient, vorhandene geeignete AN durch etwa noch besser Geeignete zu ersetzen, kann vor dem KSchG keinen Bestand haben.[1276] Der Bestandschutz nach dem KSchG steht der Bildung „**olympiareifer Belegschaften**" entgegen.

429 **ff) (Teil-)Betriebsstilllegung.** Zu den dringenden betrieblichen Erfordernissen gehört die **Stilllegung des gesamten Betriebs** durch den AG. Der Entschluss einen Betrieb oder eine Betriebsabteilung stillzulegen, ist ein typischer Fall einer gestaltenden Unternehmerentscheidung.[1277] Unter Betriebsstilllegung ist die **Auflösung der zwischen AG und AN bestehenden Betriebs- und Produktionsgemeinschaft** zu verstehen, die ihre Veranlassung und zugleich ihren unmittelbaren Ausdruck darin findet, dass der Unternehmer die bisherige wirtschaftliche Betätigung in der ernstlichen Absicht einstellt, die Verfolgung des bisherigen Betriebszwecks dauernd oder für eine ihrer Dauer nach unbestimmt, wirtschaftlich nicht unerhebliche Zeitspanne nicht weiter zu verfolgen.[1278] Die Grundsätze für die soziale Rechtfertigung von Künd wegen Betriebsstilllegung gelten uneingeschränkt auch für gemeinnützige, am Markt teilnehmende Unternehmen. Allein das bloße Auslaufen eines alten Auftrags (keine erneute Genehmigung zur Durchführung des Rettungsdienstes) rechtfertigt eine Künd der AN des Auftragnehmers aus dringenden betriebsbedingten Gründen (wegen fehlender erneuter Genehmigung zur Durchführung des Rettungsdienstes) nicht.[1279] Ein **Arbeitskräfteüberhang** hinsichtlich der jeweiligen **Leiter zweier Betriebsstätten** kann dann entstehen, wenn eine der beiden Betriebsstätten geschlossen und dieses Betriebsteil in das andere eingegliedert wird. Für die Annahme eines dringenden betrieblichen Bedürfnisses reicht es aus, wenn das betriebliche Beschäftigungsbedürfnis für eine Gruppe von Mitarbeitern – die Betriebsleiter – entfällt. Erst die Sozialauswahl hat die Funktion, festzulegen, welche von mehreren vergleichbaren AN des Betriebs die Künd trifft.[1280] Der AG ist nicht gehalten, eine Künd erst nach Durchführung der Stilllegung auszusprechen. Es kommt auch eine **Künd wegen beabsichtigter Stilllegung** in Betracht. Wird die Künd auf die künftige Entwicklung der betrieblichen Verhältnisse gestützt, kann sie ausgesprochen werden, wenn die betreffenden **betrieblichen Umstände greifbare Formen angenommen haben**. Solche greifbaren Formen liegen vor, wenn im Zeitpunkt des Ausspruchs der Künd aufgrund einer vernünftigen, betriebswirtschaftlichen Betrachtung davon auszugehen ist, zum Zeitpunkt des Künd-Termins sei mit einiger Sicherheit der Eintritt eines die Entlassung erforderlich machenden betrieblichen Grundes gegeben.[1281]

430 Wird der Betrieb im weiteren Verlauf tatsächlich geschlossen, ist dies ein wesentliches Indiz dafür, dass die **Stilllegungsabsicht** bereits **im Künd-Zeitpunkt** bestanden hat.[1282] Allein der Umstand, dass der AG Entlassungen vornimmt, ist allerdings kein hinreichendes Indiz für eine ernsthafte und endgültige Stilllegungsabsicht, denn es kommt gerade darauf an, ob diese Entlassungen sozial gerechtfertigt sind.[1283] Die **bloße Einstellung der Produktion** bedeutet noch **keine Betriebsstilllegung**. Der AG muss endgültig entschlossen sein, den Betrieb stillzulegen. Abgeschlossen ist die Stilllegung dann, wenn die **Arbverh der AN beendet** sind. Eine Stilllegungsabsicht des AG liegt nicht vor, wenn dieser beabsichtigt, seinen Betrieb zu veräußern. Die **Veräußerung des Betriebs** allein ist – wie sich aus der Wertung des § 613a BGB ergibt – keine Stilllegung, weil die Identität des Betriebs gewahrt bleibt und lediglich ein Betriebsinhaberwechsel stattfindet. Betriebsveräußerung und Betriebsstilllegung schließen sich systematisch aus.[1284]

431 Für die Annahme einer die Gerichte bindenden Stilllegungsentscheidung genügt es, wenn sich der AG entschließt, ab sofort keine neuen Aufträge mehr anzunehmen, allen AN zum nächst möglichen Künd-Termin zu kündigen und zur Abarbeitung der vorhandenen Aufträge eigene Arbeiter nur noch während der jeweiligen Künd-Fristen einzusetzen.[1285] Es liegt keine die Künd rechtfertigende vernünftige betriebswirtschaftliche Prognose bei Ausspruch der Künd vor, dass zum Zeitpunkt des Künd-Termins eine Beschäftigungsmöglichkeit nicht mehr besteht, wenn sich

---

1272 *Stahlhacke/Preis/Vossen*, Rn 963.
1273 BAG 13.3.1987 – 7 AZR 724/85 – NZA 1987, 629.
1274 APS/*Kiel*, § 1 KSchG Rn 475.
1275 BAG 26.9.1996 – 2 AZR 200/96 – NZA 1997, 202; APS/*Kiel*, § 1 KSchG Rn 475.
1276 BAG 24.4.1997 – 8 AZR 117/95 – NZA 1998, 259.
1277 BAG 13.2.2008 – 2 AZR 75/06; BAG 12.7.2007 – 2 AZR 722/05 – EzA § 551 ZPO 2002 Nr. 6; BAG 12.7.2007 – 2 AZR 666/05 – NJW 2008, 540; LAG Hamm 28.4.2004 – 18 Sa 1765/03; *Plander*, NZA 1999, 505.
1278 BAG 27.11.2003 – 2 AZR 48/03 – NZA 2004, 477.
1279 BAG 13.2.2008 – 2 AZR 79/06 – RDG 2008, 234.
1280 BAG 18.10.2006 – 2 AZR 676/05 – AP § 1 KSchG 1969 Betriebsbedingte Kündigung Nr. 163.
1281 BAG 27.11.2003 – 2 AZR 48/03 – NZA 2004, 477.
1282 BAG 27.9.1984 – 2 AZR 309/83 – NZA 1985, 493.
1283 BAG 10.10.1996 – 2 AZR 477/95 – NZA 1997, 251; *Berkowsky*, Die betriebsbedingte Kündigung, § 5 Rn 111.
1284 BAG 26.4.2007 – 8 AZR 695/05 – AP § 125 InsO Nr. 4.
1285 LAG Hamm 28.4.2004 – 18 Sa 1765/03; BAG 27.11.2003 – 2 AZR 48/03 – NZA 2004, 477; BAG 12.4.2002 – 2 AZR 256/01 – NZA 2002, 1205; BAG 18.1.2001 – 2 AZR 514/99 – NZA 2001, 719; BAG 19.6.1991 – 2 AZR 127/91 – NZA 1991, 891.

ein Reinigungsunternehmen, dessen noch laufender Reinigungsauftrag nicht verlängert worden ist, an der Neuausschreibung beteiligt und bei Ausspruch der Künd die Neuvergabe noch offen ist. Die der Prognose zugrunde liegende Entscheidung muss bereits gefallen sein. Eine Künd wegen Betriebsschließung ist nicht gerechtfertigt, so lange der AG den **Stilllegungsbeschluss** lediglich erwägt oder plant, aber noch nicht gefasst hat. Der Zwang zur Einhaltung längerer Künd-Fristen rechtfertigt grds. keine andere Beurteilung.[1286] Alleine der Umstand dass ein einzelner Auftrag nicht mehr in der Künd-Frist erledigt werden konnte, spricht nicht gegen die Ernsthaftigkeit des Stilllegungsbeschlusses. Bei der anzustellenden Prognose wird nicht verlangt, dass mit Sicherheit der AN mit Ablauf der Künd-Frist entbehrlich ist, sondern mit „einiger Sicherheit" voraussichtlich entbehrt werden kann. Können, wie prognostiziert, alle übrigen Aufträge innerhalb der Künd-Frist ordnungsgemäß erledigt werden, liegt ein die Künd rechtfertigender Stilllegungsbeschluss vor.[1287]

Eine dauerhafte Betriebsstilllegung stellt einen Fall dar, der regelmäßig nur die Ermessensentscheidung zulässt, die beabsichtigte Künd des in der Elternzeit befindlichen AN für zulässig zu erklären.[1288]

gg) Betriebsübergang. Nach § 613a Abs. 4 S. 1 BGB ist die Künd des Arbverh eines AN durch den bisherigen AG oder durch den neuen Inhaber wegen des Übergangs eines Betriebs oder eines Betriebsteils unwirksam. Eine Künd erfolgt wegen des Betriebsübergangs, wenn dieser der tragende Grund, nicht nur der äußere Anlass für die Künd ist. § 613a Abs. 4 BGB hat gegenüber § 613a Abs. 1 BGB Komplementärfunktion. Die Norm soll als spezialgesetzliche Regelung des allg. Umgehungsverbots verhindern, dass der in § 613a Abs. 1 BGB angeordnete Bestandsschutz durch eine Künd unterlaufen wird. Das Künd-Verbot ist dann nicht einschlägig, wenn es neben dem Betriebsübergang einen sachlichen Grund gibt, der „aus sich heraus" die Künd zu rechtfertigen vermag.[1289] Es schützt nicht vor Risiken, die sich jederzeit unabhängig vom Betriebsübergang aktualisieren können und führt insb. nicht zur Lähmung der als notwendig erachteten unternehmerischen Maßnahmen.[1290] Eine Künd durch den bisherigen AG wegen des Betriebsübergangs i.S.d. § 613a Abs. 4 BGB liegt u.a. vor, wenn sie damit begründet wird, der neue Betriebsinhaber habe die Übernahme eines bestimmten AN, dessen Arbeitsplatz erhalten bleibt, deswegen abgelehnt, weil er „ihm zu teuer sei".[1291]

Dagegen wird die **Veräußerer-Künd wegen Rationalisierungen aufgrund eines Sanierungskonzepts des Erwerbers** in Rspr. und Lit. anerkannt.[1292] Für diese Auffassung spricht, dass der Schutzzweck des § 613a BGB darin liegt, den Erwerber daran zu hindern, bei der Übernahme der Belegschaft eine Auslese zu treffen, er sich insb. nicht von den besonders schutzbedürftigen älteren, schwerbehinderten, unkündbaren oder sonst sozial schwächeren ANn trennen soll.[1293] Sinn und Zweck der Regelungen in § 613a Abs. 1 S. 1, Abs. 4 BGB ist es aber nicht, den Erwerber auch bei einer aufgrund betriebswirtschaftlicher Gesichtspunkte voraussehbar fehlenden Beschäftigungsmöglichkeit zu verpflichten, das Arbverh mit einem AN noch einmal künstlich zu verlängern, bis er selbst die Künd aussprechen kann. Es bedarf jedoch eines verbindlichen Konzepts oder Sanierungsplans des Erwerbers, dessen Durchführung im Zeitpunkt des Zugangs der Künd-Erklärung bereits greifbare Formen angenommen hat. Allein die Forderung des Erwerbers, die Belegschaft vor dem Betriebsübergang zu verkleinern, genügt nicht. Die Künd-Möglichkeit des Veräußerers hängt auch nicht davon ab, dass er selbst das **Erwerberkonzept** bei Fortführung des Betriebs hätte durchführen können. Das Wesen der Sanierungsfälle liegt häufig gerade darin, dass der Betrieb aus sich heraus nicht mehr sanierungsfähig ist. Zur Stilllegung des Betriebs besteht oft nur die Alternative der Umstrukturierung durch die finanziellen und/oder organisatorischen Möglichkeiten des Erwerbers. In einer solchen Situation verstößt eine vollzogene Künd aufgrund des Sanierungskonzepts des Erwerbers nicht gegen den Schutzgedanken des § 613a Abs. 1 S. 1, Abs. 4 BGB, der den Erwerber bei der Betriebsübernahme an einer freien Auslese der Belegschaft hindern will. Für die Wirksamkeit einer betriebsbedingten Künd des Veräußerers nach dem Erwerberkonzept kommt es – jedenfalls in der Insolvenz – nicht darauf an, ob das Konzept auch bei dem Veräußerer hätte durchgeführt werden können. Wer das umgesetzte Konzept entwickelt hat und wer gekündigt hat – der Veräußerer vor oder der Betriebserwerber nach Betriebsübergang –, ist letztlich unerheblich.[1294]

Da § 613a Abs. 4 S. 1 BGB nur vor einer Künd wegen des Übergangs des Arbverh auf einen anderen Rechtsträger schützt, bleibt der übertragende Rechtsträger als Ultima Ratio im Anschluss an den Widerspruch zur betriebsbedingten Künd berechtigt, wenn keine Möglichkeit besteht, den AN weiter zu beschäftigen (Abs. 2).[1295] § 613a BGB schützt den AN nicht davor, dass der bisherige AG nach dem Betriebsübergang keine oder nur noch eine einge-

---

1286 BAG 12.4.2002 – 2 AZR 256/01 – NZA 2002, 1205.
1287 LAG Hamm 28.4.2004 – 18 Sa 1765/03.
1288 BAG 20.1.2005 – 2 AZR 500/03 – NZA 2005, 687.
1289 BAG 20.3.2003 – 8 AZR 97/02 – NZA 2003, 1027; BAG 18.7.1996 – 8 AZR 127/94 – NZA 1997, 148.
1290 *Ascheid*, NZA 1991, 873, 878 f.
1291 BAG 26.5.1983 – 2 AZR 477/81 – AP § 613a BGB Nr. 34.
1292 BAG 20.3.2003 – 8 AZR 97/02 – NZA 2003, 1027; BAG 26.5.1983 – 2 AZR 477/81 – AP § 613a BGB Nr. 34, 627;
BAG 18.7.1996 – 8 AZR 127/94 – NZA 1997, 148; LAG Köln 13.12.2005 – 9 (7) Sa 716/05; *Gaul/Bonanni/Naumann*, DB 2003, 1902 ff.
1293 BAG 26.5.1983 – 2 AZR 477/81 – AP § 613a BGB Nr. 34.
1294 BAG 20.3.2003 – 8 AZR 97/02 – NZA 2003; LAG Köln 26.2.2004 – 6 Sa 875/03.
1295 BAG 18.3.1999 – 8 AZR 190/98 – NZA 1999, 870; BAG 21.3.1996 – 2 AZR 559/95 – NZA 1996, 974.

schränkte Beschäftigungsmöglichkeit für den widersprechenden AN hat.[1296] Der AN hat nur die Wahlmöglichkeit, den gesetzlichen Schutz des § 613a BGB in Anspruch zu nehmen und das Arbverh mit dem neuen Betriebsinhaber fortzusetzen oder an dem Arbverh mit dem bisherigen Betriebsinhaber festzuhalten, was mit der Gefahr verbunden ist, dass dieser ihn nicht weiterbeschäftigen kann. Eine Wahlmöglichkeit derart, dass der AN an dem Vertrag mit dem bisherigen Betriebsinhaber festhält und von diesem verlangt, er solle sich mit dem neuen Betriebsinhaber über die Weiterbeschäftigung des AN auf seinem bisherigen Arbeitsplatz einigen, kennt § 613a BGB nicht.[1297]

436 **hh) Drittmittel.** Die Kürzung oder der Wegfall von Drittmitteln stellt zwar einen außerbetrieblichen Umstand, aber für sich allein noch keinen betriebsbedingten Künd-Grund dar. Vielmehr muss der Drittmittelempfänger entscheiden, ob ein derart subventioniertes Projekt – z.B. mit eigenen oder anderen Mitteln – fortgeführt, eingeschränkt oder eingestellt werden soll. Führt seine Entscheidung zum **Fortfall der geförderten Aufgabenbereiche**, liegt hierin für die dort beschäftigten AN an sich ein Grund für eine betriebsbedingte Künd. Die gestaltende unternehmerische Entscheidung des Drittmittelempfängers unterliegt nur einer Missbrauchskontrolle. Danach sind bei einer auf den Wegfall oder die Kürzung von Drittmitteln gestützten Künd eines drittmittelfinanzierten Arbverh zwei Umstände erheblich und zu unterscheiden: die **Kürzung oder der Wegfall der Mittel als außerbetrieblicher Umstand** und die dadurch ausgelöste **Unternehmerentscheidung, den so geförderten Arbeitsbereich einzuschränken oder nicht mehr fortzuführen.**[1298] Bei einem mit Drittmitteln geförderten projektbezogenen Arbeitsplatz ist bei Wegfall der Drittmittel wie auch sonst zu prüfen, ob nicht die Möglichkeit besteht, den AN auf einem anderen freien Arbeitsplatz einzusetzen.[1299]

437 Die im Rahmen des Künd-Gesichtspunkts ungewisser Drittmittelförderung notwendige Prognose des Wegfalls von Drittmitteln erfordert in den Fällen, in denen ein Anspruch des Unternehmens auf Drittmittelförderung besteht, den Vortrag von Tatsachen, aus denen sich ergibt, dass der AG im Zeitpunkt des Ausspruchs der Künd oder Änderungs-Künd unter Zugrundelegung der für die Zuweisung von Förderungsmittel heranzuziehenden Rechtsgrundlagen mit einiger Sicherheit für die in Frage stehende Förderperiode die in der davor liegenden Förderperiode erhaltenen Zuschüsse nicht mehr beanspruchen kann.[1300]

438 Es unterliegt grds. der freien unternehmerischen Entscheidung des AG, das Anforderungsprofil für einen eingerichteten Arbeitsplatz festzulegen. Dies gilt insb., wenn bei drittfinanzierten Arbeitsverträgen das festgelegte Anforderungsprofil den Vorgaben des Drittmittelgebers entspricht.[1301]

439 **ii) Druckkündigung.** Eine Druck-Künd liegt u.a. vor, wenn von der Belegschaft, vom BR, von der Gewerkschaft, vom Entleiher (bei einem Leih-Arbverh) oder Kunden des AG unter Androhung von Nachteilen (wie etwa der Androhung von Künd, der Verweigerung der Zusammenarbeit oder des Abbruchs der Geschäftsbeziehungen) die Entlassung eines bestimmten AN verlangt wird.[1302] Lehnen bspw. wichtige Geschäftspartner eine weitere Zusammenarbeit mit einem Verkaufsleiter aus nachvollziehbaren (sachlichen) Gründen ab, kann dies ein dringendes betriebliches Erfordernis zur Künd des betreffenden Verkaufsleiters begründen, wenn es dem AG unzumutbar ist, für die gleiche Aufgabe praktisch zwei AN einzusetzen.[1303]

440 Verlangt die Belegschaft oder ein Teil von ihr unter Androhung der Arbeitsniederlegung vom AG die Entlassung eines AN und gibt der AG diesem Druck nach, ist eine auf einen solchen Sachverhalt gegründete außerordentliche Künd rechtsunwirksam, wenn der AG nichts unternommen hat, um die Belegschaft von ihrer Drohung abzubringen. Bei einer aus diesem Grund unzulässigen Druck-Künd kann der AG nicht geltend machen, das Verlangen der Belegschaft sei durch einen von dem AN gesetzten wichtigen Grund gerechtfertigt, wenn die Tatsachen, die den wichtigen Grund ergeben sollen, gem. § 626 Abs. 2 BGB verfristet sind.[1304] Der AG kann sich nicht auf eine Drucksituation berufen, die er selbst in vorwerfbarer Weise herbeigeführt hat.[1305]

441 Eine betriebsbedingte Druck-Künd ist nur in eng begrenztem Rahmen in **Ausnahmefällen** zulässig. Voraussetzung ist stets – insb. bei der „echten" Druckkündigung, bei der kein Künd-Grund nachweisbar ist –, dass sich der **AG** zunächst **schützend vor den betroffenen AN gestellt** und alle zumutbaren Mittel eingesetzt hat, um die Belegschaft oder Dritte, von denen der Druck ausgeübt wird, von ihrer Drohung abzubringen. Nur wenn AN oder Dritte ungeachtet dieser Bemühungen weiterhin ein dem AG nachteiliges Verhalten ankündigen, so dass dem AG schwere wirt-

---

1296 BAG 19.3.1998 – 8 AZR 139/97 – NZA 1998, 750; *Gaul*, NZA 2005, 730.
1297 BAG 22.3.2001 – 8 AZR 565/00 – NZA 2002, 1349; BAG 21.3.1996 – 2 AZR 559/95 – NZA 1996, 974.
1298 BAG 24.8.1989 – 2 AZR 653/88 – RzK I 5 c Nr. 32; BAG 20.2.1986 – 2 AZR 212/85 – NZA 1986, 823; BAG 5.9.1986 – 7 AZR 136/85; BAG 30.10.1987 – 7 AZR 138/87 – RzK I 5 c Nr. 24.
1299 BAG 21.6.1990 – 2 AZR 641/89 – RzK I 5 c Nr. 37.
1300 LAG Thüringen 13.8.2002 – 5 Sa 310/2001.
1301 BAG 7.11.1996 – 2 AZR 811/95 – NZA 1997, 253.
1302 APS/*Kiel*, § 1 KSchG Rn 519; LAG Rheinland-Pfalz 18.2.2008 – 5 Sa 381/07; LAG Rheinland-Pfalz 30.3.2006 – 11 Sa 832/05; LAG Nürnberg 9.12.2003 – 6 Sa 676/02.
1303 BAG 26.6.1997 – 2 AZR 502/96 – RzK I 5 i Nr. 126.
1304 BAG 18.9.1975 – 2 AZR 311/74 – AP § 626 BGB Druckkündigung Nr. 10.
1305 LAG Rheinland-Pfalz 18.2.2008 – 5 Sa 381/07.

schaftliche Schäden drohen, kann die Künd aus betriebsbedingten Gründen sozial gerechtfertigt sein.[1306] Eine als Künd-Grund angeführte Drucksituation ist **alternativ** als **verhaltens-, personen- oder betriebsbedingter Künd-Grund** zu prüfen.[1307]

jj) Energie- und Rohstoffmangel. Energiemangel kann nach den Umständen des Einzelfalles eine betriebsbedingte Künd sozial rechtfertigen, wenn er in absehbarer und vertretbarer Zeit nicht behoben werden kann und der Betrieb seinen Fortbestand ohne den Ausspruch betriebsbedingter Künd nicht sicherstellen kann. I.d.R. wird jedoch ein Betrieb einen kurzfristigen Engpass ohne Künd überbrücken können und den Energiemangel durch Umstellung auf alternative Energiequellen beheben können. Ein Energiemangel als Ursache einer betriebsbedingten Künd wird deshalb nur anzuerkennen sein, wenn der Betrieb objektiv nicht in der Lage ist, seinen Energiebedarf – auf welche Weise auch immer – zu decken. Die gleichen Grundsätze gelten bei Rohstoffmangel. Auch Rohstoffmangel kann eine Künd nur dann aus betriebsbedingten Gründen sozial rechtfertigen, wenn der Betrieb objektiv nicht in der Lage ist, seinen Rohstoffbedarf zur Aufrechterhaltung der betrieblichen Produktion zu decken.[1308]

442

kk) Öffentlicher Dienst. Nach st. Rspr. des BAG ist ein dringendes betriebliches Erfordernis für eine Künd in öffentlichen Verwaltungen gegeben, wenn ein Haushaltsplan bestimmte, nach sachlichen Merkmalen bezeichnete Stellen für Dienststellen oder Betriebe streicht.[1309] Einer gerichtlichen Überprüfung der **durch den Haushaltsplan konkretisierten Stellenstreichung** bedarf es nach Auffassung des BAG nicht. Denn im Haushaltsplan komme zum Ausdruck, dass die gestrichenen Stellen als solche für die Dienststelle entbehrlich seien, und dass der Haushaltsgeber sich selbst mit den Verhältnissen der betroffenen Verwaltung befasst und festgelegt habe, dass dort bestimmte Arbeitsplätze nicht mehr besetzt werden sollen. Diese Entscheidung des für die Staatsführung verantwortlichen Parlaments könne von Gerichten nicht nachgeprüft werden und sei deshalb als gegeben hinzunehmen.[1310] Die Ausweisung und Streichung von Stellen im Haushaltsplan unterliegt dem freien unternehmerischen **Ermessen des Haushaltsgesetzgebers.**[1311] Ausgehend von diesen Grundsätzen reduziert sich die Prüfung der sozialen Rechtfertigung bei der betriebsbedingten Künd im öffentlichen Dienst durch konkretisierte Stellenstreichung im Haushaltsplan damit auf die ordnungsgemäße Sozialauswahl sowie auf die fehlende Weiterbeschäftigungsmöglichkeit.

443

Allein der Verweis auf außerbetriebliche Vorgaben in Form einer Haushalskürzung reicht ohne konkrete innerbetriebliche Umsetzung zur Rechtfertigung einer Künd nicht aus. Sofern ein Haushaltsplan oder ein ministerieller Erlass nicht konkrete Stellen streicht, sondern lediglich allg. Einsparungen für bestimmte Dienststellen anordnet, liegt allein hierin noch kein dringendes betriebliches Erfordernis für die Künd.[1312] Erst wenn die Dienststelle aufgrund angeordneter unspezifizierter Einsparungen konkrete innerbetriebliche Maßnahmen ergreift, die wiederum eine Künd bedingen, gelten die allg. Grundsätze zur freien Unternehmerentscheidung, ohne dass der haushaltsmäßige Ansatz zu Besonderheiten führt. Liegt keine konkretisierte Stellenstreichung im Haushaltsplan zugrunde, ist auch im öffentlichen Dienst der Wegfall des Arbeitsplatzes nachzuweisen. Ob die Umsetzung der Unternehmerentscheidung zu einem Wegfall des Arbeitsplatzes führt, richtet sich allein nach den Verhältnissen der jeweiligen Dienststelle.[1313]

444

Ein sog. **kw-Vermerk (künftig wegfallend)** kann die Künd nur dann rechtfertigen, wenn der Zeitpunkt des Wegfalls der Stelle im Haushaltsplan bestimmt ist.[1314] „Kw-Vermerke" in einem Haushaltsgesetz können nur dann mangelnden Bedarf (dringende betriebliche Erfordernisse) für die Künd eines Arbverh begründen, wenn die innerbetriebliche Entscheidung für den Wegfall der konkreten Stelle damit abschließend getroffen wurde.[1315] Das ist nicht der Fall, wenn die Verwaltung erst noch zwischen verschiedenen Möglichkeiten einer Umsetzung der „kw-Vermerke" mit unterschiedlichen Auswirkungen auf die Dienststellen entscheiden muss.[1316] Das Anbringen eines Vermerks im Stellenplan, dass eine Stelle zukünftig wegfallend ist, ohne genaue Angabe des Zeitpunkts des Wegfalls der Planstelle berechtigen einen AG somit nicht zu einer betriebsbedingten Künd. Die Anbringung eines kw-Vermerkes ist keine Stellenstreichung. Die Stelle bleibt vielmehr erhalten. Die Wirkung eines kw-Vermerkes besteht ausschließ-

445

1306 BAG 26.6.1997 – 2 AZR 502/96 – RzK I 5 i Nr. 126; BAG 4.10.1990 – 2 AZR 201/90 – NZA 1991, 468; LAG Rheinland-Pfalz 30.3.2006 – 11 Sa 832/05; LAG Rheinland-Pfalz 11.1.2006 – 10 Sa 580/05; APS-*Kiel*, § 1 KSchG Rn 520.
1307 BAG 31.1.1996 – 2 AZR 158/95 – NZA 1996, 581; BAG 19.6.1986 – 2 AZR 563/85 – NZA 1987, 21.
1308 *Berkowsky*, Die betriebsbedingte Künd, § 5 Rn 83 und 97.
1309 BAG 23.11.2004 – 2 AZR 38/04 – NZA 2005, 986; BAG 22.5.2003 – 2 AZR 326/02 – AP § 1 KSchG 1969 Betriebsbedingte Kündigung Nr. 128; BAG 18.11.1999 – 2 AZR 77/99 – NZA 2000, 484; BAG 3.5.1978 – 4 AZR 698/76 – AP § 1 KSchG Betriebsbedingte Kündigung Nr. 5; LAG Hamm 11.1.2007 – 17 Sa 79/06 – DÖD 2007, 237; *Lingemann/Grothe*, NZA 1999, 1072.
1310 BAG 6.9.1978 – 4 AZR 84/77 – AP § 1 KSchG 1969 Nr. 4; *Lingemann/Grothe*, NZA 1999, 1072.
1311 *Berkowsky*, Die betriebsbedingte Kündigung, § 5 Rn 88; *Hantel*, ZTR 1998, 145, 152; krit. *Lakies*, NZA 1997, 745 ff.
1312 BAG 29.5.1985 – 7 AZR 248/84; *Berkowsky*, Die betriebsbedingte Kündigung, § 5 Rn 89; *Lingemann/Grothe*, NZA 1999, 1072, 1073.
1313 *Lingemann/Grothe*, NZA 1999, 1072, 1073.
1314 BAG 6.9.1978 – 4 AZR 84/77 – AP § 1 KSchG 1969 Nr. 4.
1315 BAG 16.1.1987 – 7 AZR 487/85 – NZA 1988, 279.
1316 BAG 19.3.1998 – 8 AZR 626/96 – NZA 1999, 90; *Schiefer*, NZA-RR 2005, 1, 9.

lich darin, dass in Zukunft über die Stellen, die der Haushaltsplan als zukünftig wegfallend bezeichnet, von dem Zeitpunkt an, mit dem die im Haushaltsplan bezeichnete Voraussetzung für den Wegfall erfüllt ist, nicht mehr verfügt werden darf.[1317] Eine Stellenplanreduzierung im öffentlichen Dienst aufgrund einer im Haushaltsgesetz festgelegten Zahl von konkret datierten kw-Vermerken, wonach diese Stellen „künftig wegfallen" sollen, bedarf eines auf den Stellenbedarf der jeweiligen Dienststelle zugeschnittenen Konzepts der zuständigen Verwaltung.[1318]

446 Die **Organisationsentscheidung des öffentlichen AG**, eine **Ang-Stelle**, auf der hoheitliche Aufgaben erledigt werden, **in eine Beamtenstelle umzuwandeln** und mit einem Beamten zu besetzen, kann ein dringendes betriebliches Erfordernis zur Künd des bisherigen Stelleninhabers darstellen, wenn dieser die Voraussetzungen für eine Übernahme in ein Beamtenverhältnis nicht erfüllt.[1319] Erfüllt der bisherige Stelleninhaber jedoch das Anforderungsprofil der neu geschaffenen Beamtenstelle, besteht kein dringendes betriebliches Erfordernis zur Künd des bisherigen Stelleninhabers. Der öffentliche AG kann sich nach dem in § 162 Abs. 1 und Abs. 2 BGB normierten Rechtsgedanken nicht darauf berufen, dass er die Stelle mit einem möglicherweise aus seiner Sicht geeigneteren, externen Bewerber besetzt hat. Der Besetzung der Stelle mit einem externen Bewerber steht es gleich, wenn der öffentliche AG dem bisherigen Stelleninhaber unwirksam gekündigt, dann eine Ersatzkraft eingestellt hat und diese Ersatzkraft nunmehr anstelle des bisherigen Stelleninhabers auf der neu geschaffenen Beamtenstelle zum Beamten ernennt.[1320]

447 **II) Outsourcing (Fremdvergabe von Arbeiten), Umstellung auf freie Mitarbeit.** Der AG kann grds. ohne Beschränkung durch das KSchG über **Art und Umfang der betrieblichen Tätigkeit** und **ihre innerbetriebliche Organisation** entscheiden.[1321] Auf den betriebswirtschaftlichen Nutzen kommt es nach h.M. nicht an.[1322] Eine Überprüfung auf Notwendigkeit und Zweckmäßigkeit findet nicht statt. Als eine die ArbG grds. bindende unternehmerische Organisationsentscheidung, die zum Wegfall von Arbeitsplätzen führen und ein dringendes betriebliches Erfordernis für eine betriebsbedingte Künd darstellen kann, ist deshalb die **Vergabe von bisher im Betrieb durchgeführten Arbeiten an ein anderes Unternehmen** anzuerkennen. In Abgrenzung zu dieser freien Unternehmerentscheidung liegt eine unzulässige sog. Austausch-Künd vor, wenn die bislang von den AN des Betriebs ausgeführten Tätigkeiten nicht zur selbstständigen Erledigung auf den Dritten übertragen werden. Ist die Arbeitskapazität nach wie vor vorhanden, die Arbeitsleistung jedoch an einem umgestalteten Arbeitsplatz zu erbringen, liegt ein dringendes betriebliches Erfordernis zur Künd nur dann vor, wenn der AN nach seinen Fähigkeiten und seiner Vorbildung nicht geeignet ist, den Anforderungen des umgestalteten Arbeitsplatzes zu entsprechen. Dabei unterliegt es grds. der freien unternehmerischen Entscheidung das Anforderungsprofil für einen neu eingerichteten oder veränderten Arbeitsplatz festzulegen. Soweit die Erfüllung bestimmter Voraussetzungen für die sachgerechte Erledigung der Arbeitsaufgaben erforderlich ist, kann die unternehmerische Entscheidung nur daraufhin überprüft werden, ob sie offenbar unsachlich ist. Die Entscheidung des AG, bestimmte Tätigkeiten nur von AN mit besonderer Qualifikation ausführen zu lassen, ist grds. zu akzeptieren.[1323]

448 Die Entscheidung des Unternehmers, einen Betriebsteil durch eine noch zu gründende, finanziell, wirtschaftlich und organisatorisch in sein Unternehmen **voll eingegliederte Organgesellschaft** mit von dieser neu einzustellenden AN weiter betreiben zu lassen, stellt **kein dringendes betriebliches Erfordernis i.S.v. Abs. 2** dar, den in diesem Betriebsteil bisher beschäftigten AN zu kündigen. Ein unternehmerisches Konzept zur Kostenreduzierung ist rechtsmissbräuchlich und damit kündigungsrechtlich unbeachtlich, wenn die Wahl der Organisationsform in erster Linie nur dem Zweck dienen soll, den AN der betroffenen Bereiche ihren Künd-Schutz zu nehmen und sich von ihnen „frei" zu trennen, damit die Arbeit in Zukunft von anderen, schlechter bezahlten AN verrichtet wird. Der verfassungsrechtlich gebotene kündigungsrechtliche Mindestschutz wäre nicht mehr gewährleistet, würde man dem AG gestatten, Teilbereiche seines Betriebes (oder gar den ganzen Betrieb) „stillzulegen", den betroffenen AN ohne Künd-Schutz zu kündigen, um dann dieselben Arbeiten an derselben Betriebsstätte durch eine finanziell, wirtschaftlich und organisatorisch in sein Unternehmen voll eingegliederte Organgesellschaft mit jüngeren und preiswerteren Arbeitskräften, die in den ersten sechs Monaten nicht einmal Künd-Schutz gehabt hätten, weiter verrichten zu lassen.[1324]

449 Ob der Unternehmer seinen **Vertrieb mit Ang oder freien, selbstständigen Handelsvertretern organisiert**, ist nach der **Weight-Watcher-Entscheidung des BAG**[1325] eine freie, von den ArbG zu respektierende Unternehmerentscheidung. Entschließt sich der AG, den Vertrieb nicht mehr in eigener Regie durchzuführen, führt dies zum Wegfall des Beschäftigungsbedürfnisses, unabhängig davon, ob die Aufgaben in anderer Rechtsform weiter bestehen. Wenn der Unternehmer mit seiner Organisationsentscheidung neue Strukturen schafft, die unternehmerische Handlungsfreiheit verlagert und auch sein Direktionsrecht im Hinblick auf die Handelsvertreter aufgibt, ist er hierzu an-

---

1317 LAG Hamburg 19.11.2002 – 2 Sa 46/02.
1318 BAG 18.11.1999 – 2 AZR 77/99 – NZA 2000, 484.
1319 BAG 21.9.2000 – 2 AZR 440/99 – NZA 2001, 255.
1320 BAG 21.9.2000 – 2 AZR 440/99 – NZA 2001, 255.
1321 HWK/*Quecke*, § 1 KSchG Rn 296.
1322 BAG 27.9.2001 – 2 AZR 246/00 – EzA § 2 KSchG Nr. 41; HWK/*Quecke*, § 1 KSchG Rn 296; HaKo-KSchR/*Gallner*, § 1 KSchG Rn 708; a.A. *Preis*, NZA 1995, 241, 248 ff.
1323 BAG 16.12.2004 – 2 AZR 66/04 – NZA 2005, 761.
1324 BAG 26.9.2002 – 2 AZR 636/01 – NZA 2003, 549; vgl. aber auch LAG Berlin-Brandenburg 30.10.2008 – 14 Sa 582/08 – ZInsO 2009, 792.
1325 BAG 9.5.1996 – 2 AZR 438/95 – NZA 1996, 1145; vgl. auch die „Moskito-Anschläger-Entscheidung" – BAG 13.3.2008 – 2 AZR 1037/06 – zu Subunternehmerverträgen.

gesichts innerbetrieblicher Gründe befugt. Die ausgesprochenen Künd sind in diesem Falle grds. sozial gerechtfertigt und wirksam.[1326] Auch der Entschluss des AG (einer Musikschule), sämtliche angestellten Musikschullehrer zu entlassen, um die bisherigen betrieblichen Aktivitäten künftig und auf Dauer nur noch in arbeitsrechtlich zulässiger Weise mit freien Mitarbeitern fortzusetzen, ist eine gerichtlich nur eingeschränkt überprüfbare Unternehmerentscheidung, die rechtlich dem Entschluss zur Betriebsstilllegung gleichkommt.[1327]

450 Auch wenn von der Fremdvergabe von Arbeitstätigkeiten (Reinigungsarbeiten) ordentlich unkündbare AN betroffen sind, stellt die Verlagerung der bisher im Betrieb mit eigenen AN durchgeführten Aufgaben auf eine Fremdfirma (Outsourcing) grds. eine von den ArbG hinzunehmende unternehmerische Entscheidung dar. Ein hierdurch bedingter Wegfall der Arbeitsplätze der unkündbaren AN führt aber noch nicht automatisch dazu, dass es dem AG unzumutbar ist, an den Arbverh mit den unkündbaren AN festzuhalten. Unterhält der AG mehrere Einrichtungen, in denen er Reinigungsarbeiten bisher durch eigene AN durchführt, ist es ihm zumutbar, diese Arbeiten nicht vollständig fremd zu vergeben, sondern die Fremdvergabe auf die Anzahl der Arbeitsplätze der ordentlich kündbaren AN zu beschränken, es sei denn, die vollständige Durchführung der unternehmerischen Entscheidung ist zwingend geboten, um eine Schließung des Betriebes zu vermeiden.[1328]

451 Die Entscheidung eines Testamentsvollstreckers, sämtlichen Haushandwerkern zu kündigen und zukünftig die zu erledigenden Arbeiten an den Mietshäusern an externe Firmen zu vergeben, ist eine unternehmerische Entscheidung, die nur dahingehend überprüft werden kann, ob sie offensichtlich willkürlich, unvernünftig oder unsachlich ist. Ein Verstoß des Testamentsvollstreckers gegen die Grundsätze der ordnungsgemäßen Verwaltung des Nachlasses i.S.d. § 2216 BGB kann nur zu einer Haftung nach § 2219 BGB gegenüber dem Erben oder Vermächtnisnehmer führen, nicht aber gegenüber dem AN. Die Erklärung des früheren Testamentsvollstreckers, er werde während der Testamentsvollstreckung sämtliche Arbeiten durch die Haushandwerker durchführen lassen, führt nicht zu einem für den nachfolgenden Testamentsvollstrecker verbindlichen Künd-Ausschluss. Dies gilt insb. dann, wenn die Künd erst Jahre nach der Zusage erfolgt.[1329]

452 Gibt der AG seine AG-Stellung nur formal auf und erteilt gleichwohl weiter die für die Durchführung der Arbeiten und Aufgaben erforderlichen Weisungen gegenüber den Beschäftigten, liegt keine die Künd rechtfertigende, die Gerichte bindende unternehmerische Entscheidung vor. Maßgebliches Leitbild ist die **Crewing-Entscheidung des BAG**.[1330] Ein Reeder kündigte dem Kapitän seines Schiffes im Zuge einer Ausflaggung und übertrug die Anheuerung der Schiffsbesatzung einer ausländischen Crewing-Firma, die die Seeleute nicht zu den für die deutsche Schifffahrt geltenden Heuerbedingungen beschäftigte. Der Reeder selbst bestimmte nach wie vor unverändert den wirtschaftlichen Schiffsbetrieb, wie Ladung, Frachtraten und Einsatz des Schiffes. Der Zweite Senat entschied, der Entschluss, die formale AG-Stellung aufzugeben, sei keine die Künd bedingende Unternehmerentscheidung, wenn der Unternehmer gegenüber den Beschäftigten im Wesentlichen weiterhin selbst die für die Durchführung der Arbeit erforderlichen Weisungen erteile. In einem solchen Fall entfällt nicht die Beschäftigungsmöglichkeit im Betrieb, vielmehr sollen nur die eigenen Beschäftigten durch ausgeliehene AN ersetzt werden. Eine Künd aus diesem Grund ist als „Austausch-Künd" gem. Abs. 1 und 2 sozial ungerechtfertigt und unwirksam. Die Absicht des AG, die Lohnkosten zu senken und sich durch eine Beschäftigung von AN nach ausländischem Recht von den Bindungen des deutschen Arbeits- und Sozialrechts zu lösen, rechtfertigt keine Beendigungs-Künd.[1331]

453 **mm) Rationalisierung.** Für eine Künd liegt ein dringendes betriebliches Bedürfnis vor, wenn das bisherige Arbeitsgebiet des AN weggefallen und keine gleichgeartete Beschäftigungsmöglichkeit im Unternehmen vorhanden ist.[1332] Es steht dem AG frei, im Wege einer von den ArbG nicht auf ihre Zweckmäßigkeit hin zu überprüfenden unternehmerischen Unterscheidung **Arbeitsabläufe zu rationalisieren und dadurch Arbeitsplätze einzusparen**.[1333] Jedoch ist die freie unternehmerische Rationalisierungsentscheidung nicht gleichzusetzen mit der Entscheidung, das Arbverh eines bestimmten AN zu kündigen. Inwiefern nämlich die Auswirkungen einer unternehmerischen Entscheidung zur Veränderung von Arbeitsabläufen oder zur Verringerung des Arbeitsaufkommens in bestimmten Betriebsbereichen etwa durch eine teilweise Fremdvergabe von Arbeiten usw. das betriebliche Bedürfnis zur Weiterbeschäftigung bestimmter AN entfallen lässt, unterliegt der vollen und uneingeschränkten arbeitsgerichtlichen Überprüfung. Nur wenn objektiv nachvollzogen werden kann, dass die Auswirkungen einer bestimmten unternehmerischen Entscheidung den Wegfall des Bedürfnisses zur Weiterbeschäftigung eines bestimmten AN bedingen, kann das ArbG zu dem Schluss gelangen, dass eine Künd gem. Abs. 2 S. 1 aufgrund dringender betrieblicher Erfordernisse sozial gerechtfertigt ist.[1334]

1326 Kritisch *Preis*, NZA 1997, 1073, 1079.
1327 LAG Köln 28.6.1996 – 11 (12) Sa 296/96 – NZA-RR 1997, 130.
1328 ArbG Berlin 26.10.2000 – 63 Ca 18609/00.
1329 LAG Berlin 25.10.2002 – 19 Sa 1484/02 – LAGE § 1 KSchG Betriebsbedingte Kündigung Nr. 64.
1330 BAG 26.9.1996 – 2 AZR 200/96 – NZA 1997, 202.
1331 LAG Schleswig-Holstein 13.12.2001 – 4 Sa 203/01.
1332 BAG 5.10.1995 – 2 AZR 1012/94.
1333 LAG Rheinland-Pfalz 27.6.2007 – 8 Sa 936/06.
1334 LAG Köln 24.8.1999 – 13 Sa 427/99 – MDR 2000, 463; BAG 26.9.2002 – 2 AZR 636/01 – NZA 2003, 549.

454 Rationalisierungsmaßnahmen treten in der betrieblichen Praxis in vielfältiger Form auf. So kann der Künd eine freie „gestaltende" Unternehmerentscheidung zugrunde liegen, die durch **Einführung arbeitssparender Techniken („Ersatz Mensch durch Maschine")** oder **Straffung der Betriebsorganisation** den Arbeitskräftebedarf künftig reduzieren soll. Ist der Wegfall eines bestimmten Arbeitskräftebedarfs durch **technische oder organisatorische Änderungen** zu prüfen, sind stets die Umstände des konkreten Einzelfalles maßgebend. Es versteht sich von selbst, dass etwa bei der Zusammenlegung zweier Sparkassen-Filialen regelmäßig ein Filialleiter eingespart wird und sich der Bedarf an Reinigungskräften entsprechend verringert. Auch bei einer **Ausdünnung der Personalstärke** in einem Kaufhaus mag es sich von selbst verstehen, dass die getroffene unternehmerische Entscheidung, bei unveränderter Verkaufsfläche und unveränderter Umsatzerwartung mit weniger Verkaufspersonal auskommen, mit einer Änderung der Verkaufskonzeption einhergeht, nämlich den Zeitaufwand für Bedienung und Beratung der Kunden herabzusetzen und die Kunden ggf. länger warten zu lassen. Ähnlich ist es bei der Umgestaltung eines Bedien-Cafes zum Selbstbedienungs-Stehimbiss. Demgegenüber bedarf es bei einer Neugliederung des Außendienstes, welche in einer Vergrößerung der betreuten Verkaufsbezirke und einer entsprechend geringeren Anzahl von Vertretern besteht, zur Darstellung des geänderten Konzepts der Angabe, wie das vorhandene Arbeitsvolumen an die verringerte Personalkapazität angepasst werden soll – so etwa durch eine geringere Häufigkeit von Kundenbesuchen oder die Entscheidung, nur umsatzstarke Kunden persönlich aufzusuchen, Kleinkunden hingegen nur noch telefonisch zu bedienen. Auch soweit eine **„Arbeitsverdichtung"** angestrebt wird, ist dies nur nachzuvollziehen und für die ArbG bindend, wenn der künftig zu vermeidende „Leerlauf" bezeichnet wird, so bei einer unternehmenseinheitlichen Vorgabe in Form eines Handbuchs für den Außendienst mit Anweisungen für zielgerichtete Verkaufsgespräche mit zeitlichen Vorgaben. Ob und in welchem Maße durch die Zusammenlegung des Vertriebs-Außendienstes zweier Unternehmen ein arbeitssparender Effekt erzielt wird, ist aus sich selbst heraus nicht nachzuvollziehen. Vielmehr sind die Umstände des Einzelfalls maßgeblich. So erscheint nahe liegend, dass der Vertreter eines Bierverlages ohne wesentlichen zeitlichen Mehraufwand zusätzlich auch die Vertretung eines Limonadengetränks übernehmen kann, so dass gegenüber dem getrennten Vertrieb der Produkte ein Rationalisierungseffekt von nahezu 50 % erreichbar erscheint. Anders liegt es hingegen beim Vertrieb „beratungsintensiver" Produkte. So wird der Pharmavertreter, welcher nach Zusammenlegung des Vertriebs zweier Arzneimittelhersteller der Ärzteschaft künftig neben den bislang präsentierten Schmerzmitteln nun auch ein Mittel gegen Haarausfall vorstellt, keinen wesentlichen Rationalisierungseffekt hinsichtlich der Beratungsdauer, sondern allenfalls in Bezug auf den Reiseaufwand erzielen können.[1335] Die Künd einer Reinigungskraft, verbunden mit der Anweisung an die Mitarbeiter, ihre Büros in Zukunft selbst zu reinigen, ist als Rationalisierungsentscheidung unter Berücksichtigung der Umstände des Einzelfalls nicht zu beanstanden.[1336]

455 Eine unternehmerische Rationalisierungsentscheidung liegt dann nicht vor, wenn der AG lediglich die formale AG-Stellung aufgeben will und gegenüber den Beschäftigten im Wesentlichen weiterhin selbst die für die Durchführung der Arbeit erforderlichen Weisungen erteilt.[1337] Gestaltet der AG den Arbeitsablauf um und **verlagert bestimmte Arbeiten in eine andere Betriebsabteilung**, rechtfertigt dies allein nach Abs. 2 keine betriebsbedingte Künd der bisher mit diesen Arbeiten beschäftigten AN. Sind nach wie vor im Wesentlichen die gleichen Arbeiten zu verrichten und die bisherigen Arbeitsplatzinhaber zur Erledigung dieser Arbeiten persönlich und fachlich geeignet, ist eine betriebsbedingte Künd selbst dann nicht sozial gerechtfertigt, wenn es sich bei den neu eingerichteten Arbeitsplätzen in der anderen Betriebsabteilung um Beförderungsstellen handelt. Besteht die unternehmerische Entscheidung im Wesentlichen darin, eine Abteilung des Betriebes zu schließen und die dort bisher erledigten Arbeiten nach einer Umorganisation des Arbeitsablaufs einer anderen Abteilung zuzuordnen, macht dies allein noch keine betriebsbedingte Künd der in der geschlossenen Abteilung bisher beschäftigten AN erforderlich. Bei einer derartigen Umgestaltung des Arbeitsablaufs fallen überhaupt keine Arbeitskapazitäten weg. Die bisher geleisteten Arbeiten fallen nach wie vor an und es besteht ein entsprechender Beschäftigungsbedarf für die in der geschlossenen Abteilung freigesetzten AN. Die Unternehmerentscheidung, die Arbeiten mit dem Ziel einer Kosteneinsparung nach einer Umgestaltung des Arbeitsablaufs in eine andere Abteilung zu verlagern, hindert den AG nicht, die bisherigen Arbeitsplatzinhaber – soweit sie damit einverstanden sind – einfach in die neue Abteilung zu versetzen und sie dort ihre Arbeit verrichten zu lassen. Ein betriebliches Erfordernis zur Künd der betroffenen AN kann sich deshalb bei im Wesentlichen gleichbleibender Tätigkeit nicht allein aus der Entscheidung des AG ergeben, bestimmte Arbeitsplätze umzugestalten und einer anderen Abteilung zuzuordnen.[1338]

456 nn) **Rentabilität, Gewinnsteigerung.** Ein **Gewinnverfall** wie auch die unternehmerische **Zielvorstellung, die Profitabilität des Unternehmens zu erhöhen**, kann den AG dazu veranlassen, Arbeitsplätze abzubauen, um **Personalkosten einzusparen**. Das Streben des Unternehmers nach einer **Gewinnsteigerung** ist in Art. 12 Abs. 1 und Art. 14 GG grundrechtlich verankert. Von daher ist eine mit dem Ziel der Gewinnsteigerung einhergehende Unternehmerentscheidung, die die betrieblichen Abläufe und zu verrichtenden Arbeiten neu ordnet, auch bei anhaltender

---

1335 LAG Hamm 7.9.2000 – 8 Sa 576/00.
1336 LAG Mecklenburg-Vorpommern 11.1.2005 – 2 Sa 391/04.
1337 LAG Niedersachsen 13.6.2003 – 3 Sa 1520/02 – NZA-RR 2003, 577; LAG Sachsen 7.5.2004 – 2 Sa 878/03.
1338 BAG 10.11.1994 – 2 AZR 242/94 – NZA 1995, 566.

positiver Ertragssituation nicht missbräuchlich.[1339] Der Unternehmenszweck liegt i.d.R. nicht in der Beschäftigung von AN, sondern in der unternehmerisch, verfassungsrechtlich geschützten Betätigung zum Zwecke der Gewinnerzielung.[1340] Das Ziel der Gewinnerzielung bzw. -maximierung kann folglich für sich betrachtet nicht willkürlich oder missbräuchlich sein.

Trägt der AG im Künd-Schutzprozess allein wirtschaftliche Überlegungen und Zielvorstellungen vor, rechtfertigt dies jedoch allein keine betriebsbedingte Künd.[1341] Eine betriebsbedingte Künd wird ebenso wenig durch eine veränderte Planung mit dem Ziel der Gewinnsteigerung ausgeschlossen, wie sie schon sozial gerechtfertigt wäre, wenn der AG eine negative Bilanz vorlegt bzw. einen Verlust ausweist. Erst die durch die wirtschaftlichen Überlegungen veranlasste Unternehmerentscheidung stellt ein betriebliches Erfordernis zur Künd dar, soweit sie sich auf die Beschäftigungslage auswirkt.[1342] Als **gestaltende Unternehmerentscheidungen** aufgrund mangelnder Rentabilität kommen z.B. eine betriebliche Umorganisation, die Einführung neuer Maschinen und Arbeitsprozesse, die Fremdvergabe von Produktion und Dienstleistungen (Outsourcing) oder die Stilllegung unrentabler Betriebe/Betriebsteile in Betracht. Nicht ausreichend ist der Entschluss des AG, infolge der wirtschaftlichen Situation die Lohnkosten zu senken.[1343]

Zwar wird in einer von Shareholder-Value-Gedanken bestimmten Zeit der Aktienkurs jeder börsennotierten Aktiengesellschaft maßgeblich von der Rendite und von anderen Unternehmenskennziffern, insb. von der Eigenkapitalverzinsung,[1344] beeinflusst. Das BAG vertritt aber die Auffassung, die fehlende **Rentabilität einer unselbstständigen Betriebsabteilung** begründe kein dringendes betriebliches Erfordernis für eine Künd. Es sei stets auf die **wirtschaftlichen Verhältnisse des gesamten Betriebs** abzustellen.[1345] Die Unrentabilität eines Betriebes könne ohne weitere Rationalisierungsmaßnahmen ein Grund für eine betriebsbedingte Künd sein, wenn durch die Senkung der Personalkosten die Stilllegung des Betriebs oder die weitere Reduzierung der Belegschaft verhindert werden könne und solle.[1346] Diese für die Änderungs-Künd zur Entgeltherabsetzung entwickelten Leitlinien zeigen,[1347] dass eine betriebsbedingte Beendigungs-Künd als Reaktion auf eine für unzureichend empfundene Gewinnsituation nur dann sozial gerechtfertigt ist, wenn der Unternehmer mit dem Ziel, Lohnkosten einzusparen, konkrete Maßnahmen im betrieblichen Bereich ergreift, die Beschäftigungsbedarf entfallen lassen und damit den Ausspruch von Künd ermöglichen.[1348]

oo) Leistungsverdichtung (Stellenstreichung). Es gehört zur Organisation und Gestaltung des Betriebes, neben der Anschaffung von Maschinen, Gerätschaften sowie Vorrichtungen und der Gestaltung der Arbeitsabläufe, die Stärke der Belegschaft, mit der das Betriebsziel erreicht werden soll, festzulegen. Dazu gehört auch die Entscheidung über die Kapazität an Arbeitskräften und an Arbeitszeit und wie diese Kapazität (auf die Ladenöffnungszeiten) verteilt werden soll. Dabei kann die **Unternehmerentscheidung** auch darin liegen, **künftig auf Dauer mit weniger Personal zu arbeiten**. Soweit dadurch eine Leistungsverdichtung eintritt, wird sie als Konzept gewollt und dadurch notwendig werdende Änderungen sind in Kauf genommen; der **rationelle Einsatz des Personals** ist Sache der Unternehmerentscheidung.[1349]

Die Entscheidung des AG, den Personalbestand auf Dauer zu reduzieren, gehört somit zu den sog. unternehmerischen Maßnahmen, die zum Wegfall von Arbeitsplätzen führen und den entsprechenden Beschäftigungsbedarf entfallen lassen können. Eine solche Unternehmerentscheidung ist hinsichtlich ihrer **organisatorischen Durchführbarkeit** und hinsichtlich des **Begriffs „Dauer"** zu verdeutlichen, damit das Gericht u.a. prüfen kann, ob sie – im Sinne der Rspr. zur betriebsbedingten Künd nach Abs. 2 – nicht offensichtlich unsachlich, unvernünftig oder willkürlich ist. Insofern gelten die **Grundsätze der abgestuften Darlegungslast**: Zunächst hat der AG darzulegen, dass und wie die von ihm getroffene Maßnahme durchgeführt werden soll. Dann ist es Sache des AN vorzutragen, warum die getroffene Maßnahme offensichtlich unsachlich, unvernünftig oder willkürlich sein soll. Alsdann hat sich der AG hierauf weiter einzulassen.[1350] Beruht eine betriebsbedingte Künd auf der unternehmerischen Entscheidung, eine bestimmte Stelle zu streichen und die Aufgaben des bisherigen Stelleninhabers auf andere Mitarbeiter umzuverteilen, so ist der BR bei der Anhörung zur Künd auch darüber zu informieren, dass und in welchem Umfang bei den

---

1339 Schiefer, NZA-RR 2005, 1, 9; Bitter/Kiel, RdA 1994, 333, 349; Feudner, DB 1999, 742, 744 f.; Hillebrecht, ZfA 1991, 87, 110.
1340 APS/Kiel, § 1 KSchG Rn 471.
1341 BAG 20.3.1986 – 2 AZR 294/85 – NZA 1986, 824; BAG 7.12.1978 – 2 AZR 155/77 – AP § 1 KSchG Betriebsbedingte Kündigung Nr. 6.
1342 BAG 9.5.1996 – 2 AZR 438/95 – NZA 1996, 1145; APS/Kiel, § 1 KSchG Rn 531.
1343 BAG 26.9.1996 – 2 AZR 200/96 – NZA 1997, 202; BAG 20.3.1986 – 2 AZR 294/85 – NZA 1986, 824; APS/Kiel, § 1 KSchG Rn 531.
1344 Kottke, BB 1996, 1265.
1345 BAG 12.11.1998 – 2 AZR 91/98 – NZA 1999, 471; BAG 11.10.1989 – 2 AZR 61/89 – NZA 1990, 607; BAG 20.3.1986 – 2 AZR 294/85 – NZA 1986, 824.
1346 BAG 20.3.1986 – 2 AZR 294/85 – NZA 1986, 824.
1347 BAG 29.3.2007 – 2 AZR 31/06 – NZA 2007, 855.
1348 Berkowsky, Die betriebsbedingte Kündigung, § 5 Rn 96.
1349 BAG 13.2.2008 – 2 AZR 1041/06 – NZA 2008, 819; BAG 24.4.1997 – 2 AZR 352/96 – NZA 1997, 1047; BAG 22.5.2003 – 2 AZR 326/02 – AP § 1 KSchG 1969 Betriebsbedingte Kündigung Nr. 128.
1350 BAG 13.2.2008 – 2 AZR 1041/06 – NZA 2008, 819; BAG 17.6.1999 – 2 AZR 522/98 – NZA 1999, 1095.

Mitarbeitern, denen nun zusätzliche Aufgaben zugewiesen werden, die zu deren Erledigung nötigen zeitlichen Freiräume bestehen, sofern sich der AG nicht für eine **bewusste Arbeitsverdichtung unter Inkaufnahme von Arbeitsrückständen** entscheidet.[1351]

461 Je näher die eigentliche Organisationsentscheidung an den Künd-Entschluss rückt, umso mehr muss der AG durch Tatsachenvortrag verdeutlichen, dass ein Beschäftigungsbedürfnis für den AN entfallen ist.[1352] Sind die **Organisationsentscheidung** des AG und sein **Künd-Entschluss** praktisch **deckungsgleich**, muss der AG darlegen, in welchem Umfang die fraglichen Arbeiten zukünftig im Vergleich zum bisherigen Zustand anfallen. D.h., es geht um die Darlegung einer näher konkretisierten Prognose der Entwicklung aufgrund außerbetrieblicher Faktoren oder unternehmerischer Vorgaben, z.B. nur noch eine geringere Zahl von Aufgaben anzunehmen und wie diese Arbeiten von dem verbliebenen Personal ohne überobligatorische Leistungen erledigt werden können. Der AG muss im Künd-Schutzprozess konkrete Angaben dazu machen, wie sich die Verringerung der Produktion auf die Arbeitsmenge auswirkt und in welchem Umfang dadurch ein konkreter Arbeitskräfteüberhang entsteht. Der AG muss substantiiert dartun, wie sich die Umsetzung seiner unternehmerischen Entscheidung auf die Beschäftigungsmöglichkeiten auswirkt. Nicht nur die durch äußere Anlässe bedingte, sondern auch die autonome gestaltende Unternehmerentscheidung muss sich in greifbaren betrieblichen und damit objektivierbaren Formen niederschlagen.[1353] Dementsprechend rechtfertigt die bloße Entscheidung, den Personalbestand und Planstellen zu kürzen, keine betriebsbedingte Künd, soweit der AG nicht ausreichend darlegen kann, in welchem Umfang die fraglichen Arbeiten zukünftig im Vergleich zum bisherigen Zustand entfallen.[1354]

462 Bei einer Änderung der Organisationsstruktur, die zum Wegfall einer Leitungsfunktion (**Streichung einer Hierarchieebene**) führen soll, hat der AG seine Unternehmerentscheidung sowie deren Durchführung derart zu verdeutlichen, dass dem Gericht die Prüfung möglich ist, dass das Beschäftigungsbedürfnis für den AN in der Leitungsfunktion entfallen ist.[1355] Erschöpft sich der Sachvortrag des AG darin, dass er lediglich den **Namen** des **Klägers in einem Organigramm gestrichen** hat, kommt er der ihn treffenden Darlegungs- und Beweislast nicht nach. Die Streichung des Namens aus dem Organigramm kann schon deshalb kein dringendes betriebliches Erfordernis sein, weil der AG dies einfach dadurch beheben kann, dass er den Namen des Klägers wieder in das Organigramm einträgt. Der AG muss vortragen, welche Tätigkeit der AN bisher verrichtet hat und wie der AG diese im Einzelnen auf welche anderen Personen in welcher Art und Weise verteilt hat. Ebenso ist Sachvortrag dazu erforderlich, wie und warum diese Tätigkeiten auf das verbliebene Personal übertragen werden konnten, ohne dass dieses überobligatorische Leistungen zu erbringen hätte. Nur wenn der AG dies im Einzelnen konkret darlegt, ist es dem Gericht möglich, dringende betriebliche Erfordernisse für die Künd nachzuprüfen. Der AG muss also nicht nur im Einzelnen die unternehmerische Entscheidung darlegen, sondern auch schildern, wie sich diese auf die konkrete Arbeitssituation des Klägers ausgewirkt hat.[1356] Hat er die Art und Weise der tatsächlichen Umsetzung der unternehmerischen Entscheidung und ihre betrieblichen Auswirkungen nicht konkret vorgetragen, fehlt es an einem dringenden Bedürfnis i.S.v. Abs. 2.[1357]

463 Eine unternehmerische Organisationsentscheidung, wonach die bisher von einem AN ausgeübte, aus sieben Arbeitsvorgängen bestehende Tätigkeit auf 15 andere AN mit Zeitanteilen von i.d.R. acht Minuten verteilt werden soll, ist nicht nachvollziehbar und daher selbst unter Anwendung des nur eingeschränkten gerichtlichen Überprüfungsmaßstabs unwirksam.[1358] Trägt der AG, Inhaber eines Kaffeehauses, vor, er wolle künftig anstelle von zehn Serviererinnen nur noch fünf beschäftigen, ohne dass sich im Betrieb organisatorisch etwas ändert (z.B. die Zahl der zu bedienenden Tische entsprechend um 50 % verringert wird), so genügt dieser Vortrag nicht zur sozialen Rechtfertigung der Künd. Erklärt der AG aber des weiteren, er nehme in Kauf, dass er in einer bestimmten Zeiteinheit (Stunde) künftig nur noch 60 % der früheren Gästezahl bedienen könne und diese u.U. auch längere Wartezeiten in Kauf nehmen müssten, er also auch entsprechend weniger Umsatz in Kauf nehme, so wird man den auf dieses Konzept gestützten Künd die soziale Rechtfertigung nicht versagen können.[1359]

464 Weil maßgebender Zeitpunkt für die Beurteilung der sozialen Rechtfertigung einer Künd der Künd-Zeitpunkt ist, ist es zwar im Grundsatz unerheblich, ob die Umsetzung des unternehmerischen Konzeptes gelingt oder misslingt. Jedoch lässt sich, wenn die Umsetzung plangemäß verläuft, an der nachfolgend eingetretenen betrieblichen Lage verifizieren, ob das Konzept von einer betriebswirtschaftlich vernünftigen Prognose getragen und realisierbar gewesen ist.[1360]

1351 LAG Baden-Württemberg 22.4.2008 – 22 Sa 66/07.
1352 BAG 17.6.1999 – 2 AZR 141/99 – NZA 1999, 1098.
1353 ArbG Marburg, 22.5.2002– 7 Ca 5693/01 – AuR 2002, 471.
1354 *Schiefer*, NZA-RR 2005, 1, 10.
1355 BAG 13.2.2008 – 2 AZR 1041/06 – NZA 2008, 819:
1356 LAG München 1.10.1999 – 10 Sa 324/99; BAG 27.9.2001 – 2 AZR 176/00 – NZA 2002, 1277.
1357 LAG München 1.10.1999 – 10 Sa 324/99; BAG 27.9.2001 – 2 AZR 176/00 – NZA 2002, 1277; LAG Thüringen 20.4.1998 – 8 Sa 739/96 – NZA-RR 1999, 189; LAG Berlin 29.5.1992 – 6 Sa 22/92.
1358 LAG Köln 2.2.2005 – 3 Sa 1045/04 – AuR 2005, 342 (LS).
1359 *Berkowsky*, Die betriebsbedingte Kündigung, § 5 Rn 137.
1360 LAG Düsseldorf 7.5.2003 – 12 Sa 1437/02 – LAGE § 1 KSchG Betriebsbedingte Kündigung Nr. 66 = LAG Report 2003, 267.

Bei der Prüfung, ob ein dringendes betriebliches Erfordernis für die Künd eines AN vorliegt, kommt es nur darauf an, ob unter Respektierung einer etwa bindenden Unternehmerentscheidung mit dem geringeren Arbeitsanfall auch das Bedürfnis für Weiterbeschäftigung für den gekündigten AN entfallen oder innerhalb einer Gruppe vergleichbarer AN gesunken ist. Eine **Kongruenz zwischen dem Umfang des Arbeitsausfalls und der Zahl der Entlassenen** ist **nicht erforderlich**. Es liegt vielmehr im unternehmerischen Ermessen des AG, ob er im Verhältnis zu dem fehlenden Arbeitskräftebedarf Personal abbaut oder nur einen Teil der überzähligen AN entlässt und die übrigen z.B. als Personalreserve behält.[1361]

pp) Wechsel von Teilzeit in Vollzeit. Die Frage, ob anfallende Arbeit auf Voll- oder Teilzeitarbeitsplätzen erledigt werden soll, ist grds. eine unternehmerische Entscheidung.[1362] Gleichwohl ergibt sich in diesem Bereich eine Grenze der unternehmerischen Entscheidungsfreiheit mit Blick auf den **Teilzeitanspruch nach § 8 TzBfG**. Dieses Spannungsfeld von Unternehmerentscheidung einerseits und Teilzeitanspruch andererseits kann wie folgt beschrieben werden. Beruft sich der AG gegenüber einem Teilzeitwunsch des AN auf entgegenstehende betriebliche Gründe i.S.v. § 8 Abs. 4 TzBfG, ist er insoweit darlegungs- und beweispflichtig. Mit dem Begriff der betrieblichen Gründe sollen unzumutbare Anforderungen an die Ablehnung durch den AG ausgeschlossen werden. Es genügen rationale, nachvollziehbare Gründe. Der Teilzeitanspruch muss sich in das **AGseitig vorgegebene Organisationskonzept** einfügen.[1363] Der AN setzt sich mit seinem Teilzeitwunsch nur durch, wenn sich die Verringerung der Arbeitszeit mit dem unternehmerischen Konzept verträgt.[1364] Allein die Organisationsentscheidung des AG, Arbeitsaufgaben nicht durch AN in Teilzeit wahrnehmen zu lassen, reicht zur Darlegung betrieblicher Gründe i.S.v. § 8 Abs. 4 TzBfG nicht aus, da ansonsten der gesetzliche Teilzeitanspruch entwertet würde. Entsprechend der Rspr. des BAG zur Abgrenzung der freien Unternehmerentscheidung im Künd-Recht[1365] muss der AG bei der alleinigen Berufung auf seine Organisationsentscheidung vielmehr zusätzlich eine stimmige, plausible und damit nachvollziehbare Begründung für das seiner Organisationsentscheidung zugrunde liegende Konzept darlegen, wonach er in bestimmten Betriebsbereichen oder sogar im gesamten Betrieb ausschließlich Vollzeitarbeitsplätze einrichtet. Übliche Belastungen, die mit der Einrichtung eines Teilzeitarbeitsplatzes verbunden sind, stellen regelmäßig keinen hinreichenden Grund zur Ablehnung eines Teilzeitbegehrens nach § 8 TzBfG dar.[1366]

Eine begründungslose Umwandlung von Vollzeitarbeitsplätzen in Teilzeitarbeitsplätze oder umgekehrt ist willkürlich und unwirksam.[1367] Will der AG zur Verringerung der Arbeitszeit, zur Einführung eines neuen Arbeitszeitsystems oder zur Erhöhung der Arbeitszeit entweder eine Teilzeit- zur Vollzeitstelle aufwerten oder er in entgegengesetzter Weise eine Vollzeitstelle in eine respektive mehrere Teilzeitstellen umwandeln, steht ihm dies vom Grundsatz her zwar frei.[1368] Originäre Aufgabe des Unternehmers ist es, die für die Arbeitsmenge erforderliche Zahl der benötigten AN festzusetzen. Mit Blick auf das bei Begründung der Arbverh[1369] in Anspruch genommene schützenswerte Vertrauen der AN ist aber bei einem Eingriff in bestehende Arbverh zu fordern, dass der AG für sein Vorgehen in die eine oder die andere Richtung ein sachlich nachvollziehbares, anerkennenswertes Konzept, wie etwa eine erforderliche durchgängige Kundenbetreuung, die innere Logik eines Schichtmodells,[1370] Reibungsverluste infolge Teilzeitarbeit[1371] oder einen erhöhten Arbeitsbedarf in Stoßzeiten, anführen kann.[1372] Dem AG ist es unter Beachtung des Ultima-Ratio-Grundsatzes zuzumuten, bei der Umstellung von Teilzeit- auf Vollzeitarbeitsplätze den betroffenen Teilzeitbeschäftigten vor Ausspruch einer Künd eine Ausdehnung ihrer Arbeitszeit anzubieten.[1373]

Das BAG hält in Teilzeit beschäftigte AN mit Vollzeitkräften – bei Vorliegen der übrigen Voraussetzungen – für vergleichbar, wenn es dem AG bei Ausspruch der Künd lediglich um die Reduzierung eines Arbeitszeitvolumens geht, ohne dass organisatorische Entscheidungen über die Gestaltung der Arbeitszeit auf bestimmten Arbeitsplätzen getroffen worden sind. In diesem Fall kann der AG die Gesamtmenge des nach seiner Einschätzung abzubauenden Arbeitszeitvolumens durch Addition von Teilmengen bis zum Umfang des abzubauenden Arbeitszeitvolumens bil-

---

1361 BAG 18.9.1997 – 2 AZR 657/96 – EzA § 1 KSchG Betriebsbedingte Kündigung Nr. 97.
1362 BAG 10.11.1994 – 2 AZR 242/94 – NZA 1995, 566; BAG 19.5.1993 – 2 AZR 584/92 – NZA 1993, 1075; BAG 11.10.1989 – 2 AZR 61/89 – NZA 1990, 607.
1363 *Preis/Gotthardt*, DB 2001, 145, 148; *Geyer*, FA 2001, 162, 164; *Hromadka*, NJW 2001, 400, 402; *Kliemt*, NZA 2001, 63, 65; *Lindemann/Simon*, BB 2001, 146, 149.
1364 *Hromadka*, NJW 2001, 400, 402; *Schiefer*, DB 2000, 2118, 2120.
1365 BAG 17.6.1999 – 2 AZR 141/99 – NZA 1999, 1098; *Preis/Gotthardt*, DB 2001, 145, 148; *Geyer*, FA 2001, 162, 164.
1366 LAG Köln 9.4.2003 – 3 Sa 975/02; ArbG Stuttgart 5.7.2001 – 21 Ca 2762/01 – NZA 2001, 968; *Rieble/Gutzeit*, NZA 2002, 7 ff.
1367 APS/*Kiel*, § 1 KSchG Rn 533; KR/*Etzel*, § 1 KSchG Rn 578.
1368 BAG 24.4.1997 – 2 AZR 352/96 – AP § 2 KSchG Nr. 42; *Henssler* in: Moll/Willemsen, Kölner Tage des Arbeitsrechts 2000, 89, 102; *Kliemt*, NZA 2001, 63, 65; *Groeger*, NZA 1999, 850, 853.
1369 ArbG Hamburg 29.4.1996 – 21 Ca 100/95 – NZA-RR 1997, 132, 134.
1370 ArbG Hamburg 29.4.1996 – 21 Ca 100/95 – NZA-RR 1997, 132, 134.
1371 ArbG Hamburg 29.4.1996 – 21 Ca 100/95 – NZA-RR 1997, 132, 134.
1372 LAG Rheinland Pfalz 10.5.1988 – 9 Sa 21/88 – NZA 1989, 273; APS/*Kiel*, § 1 KSchG Rn 553; KR/*Etzel*, § 1 KSchG Rn 578.
1373 LAG Rheinland Pfalz 10.5.1988 – 9 Sa 21/88 – NZA 1989, 273; LAG Berlin 10.9.1996 – 12 Sa 66/96 – NZA 1997, 494.

den, ohne dass es aus seiner Sicht einen Unterschied machen würde, wie groß die einzelnen Teilmengen sind. Es steht also der sozialen Auswahl der AN, denen diese Teilmengen zugeordnet sind, nichts im Wege. Ergibt sich bei dieser Auswahl ein Rest, indem für den sozial schutzbedürftigsten der zur Künd anstehenden AN ein nennenswertes Restvolumen verbleibt, muss der AG, wenn das vertraglich vereinbarte Arbeitszeitvolumen jenes AN größer ist als das nach dem geplanten Stundenabbau verbleibende Zeitvolumen, nach dem Grundsatz des Vorrangs der Änderungs-Künd diesem AN gegenüber eine Änderungs-Künd aussprechen und ihm die verbliebene Arbeitsmenge anbieten. Die Lage ist nicht anders, als wenn der AG nur – miteinander vergleichbare – Vollzeit-AN mit 40 Wochenstunden beschäftigt und aufgrund einer unternehmerischen Entscheidung das Arbeitsvolumen im Umfang von zehn Wochenstunden entfällt. Auch in diesem Fall ist der AG gehalten, die Weiterbeschäftigung des sozial am wenigsten Schutzwürdigen zu geänderten Bedingungen zu prüfen. Liegt dagegen ein **nachvollziehbares unternehmerisches Konzept zur Arbeitszeitgestaltung** (vgl. auch § 8 Abs. 4 TzBfG) vor, demzufolge bestimmten Tätigkeiten bestimmte Arbeitszeiten zugeordnet sind, ist die dem zugrunde liegende unternehmerische Entscheidung jedenfalls im Rahmen eines Künd-Schutzverfahrens von den Gerichten hinzunehmen, wenn sie nicht offenkundig unsachlich, d.h. missbräuchlich ist. AN, die aufgrund solcher Organisationsentscheidungen unterschiedliche Arbeitszeiten aufweisen, die nur durch Änderungs-Künd angepasst werden könnten, sind nicht miteinander vergleichbar.[1374]

469 Die Entscheidung eines AG als Betreiber einer Werkstatt für behinderte Menschen, die Stellen von Gruppenleitern, die über eine handwerkliche Ausbildung und pädagogische Zusatzausbildung verfügen müssen, nur mit Vollzeitbeschäftigten zu besetzen, kann dem Teilzeitverlangen eines Gruppenleiters (Verringerung der Arbeitszeit auf 3/5 und Verteilung von Montag bis Mittwoch) entgegenstehen.[1375] Beim Wegfall eines Reinigungsauftrags und einer dadurch ausgelösten betriebsbedingten Künd gegenüber teilzeitbeschäftigten AN besteht für den AG dann keine Verpflichtung zur objektübergreifenden Sozialauswahl, wenn die in anderen Objekten tätigen AN ein anderes Arbeitszeitvolumen haben und die Einführung sog. „geteilter Dienste" zusätzlich Kosten verursacht. Die Entscheidung des AG, die AN aus Kostengründen jeweils nur in einem Reinigungsobjekt einzusetzen, ist regelmäßig als betriebsbedingte Organisationsentscheidung hinzunehmen und nicht vom Gericht zu überprüften.[1376]

470 **qq) Witterungsgründe. Längerfristige witterungsbedingte Arbeitseinstellungen** können eine betriebsbedingte Künd rechtfertigen. Der AG muss die Witterungsgründe zum Anlass für eine vorübergehende Betriebsstilllegung oder Betriebseinschränkung nehmen. Voraussetzung für eine saison- oder witterungsbedingte Künd ist, dass entweder im Zeitpunkt der Künd nicht absehbar ist, wann wieder geeignete Beschäftigungsmöglichkeiten bestehen oder dem AG eine Aufrechterhaltung des Arbverh für einen absehbaren Überbrückungszeitraum nicht zuzumuten ist.[1377] Der AG darf jedoch nicht eine aus seiner Sicht wegen witterungsunabhängigen Auftragsrückganges notwendige teilweise Personalreduzierung dazu nutzen, unter dem Etikett einer witterungsbedingten Künd im Ergebnis die gesamte Belegschaft auszutauschen.[1378] Haben die AN des Betriebes im Rahmen einer **Jahresarbeitszeitregelung**, die mit dem Ziel geschaffen worden ist, durch eine **Flexibilisierung der Jahresarbeitszeit** betriebsbedingte Künd zu vermeiden, in erheblichem Umfang Guthabenstunden angespart, so hat der AG dem Sinn und Zweck der Regelung zunächst einmal dadurch Rechnung zu tragen, dass er bei schlechter Beschäftigungslage die Guthabenstunden aller AN abbaut, ehe er einzelnen AN betriebsbedingt kündigt und den im Betrieb beschäftigten AN bei voller Weiterbeschäftigung für ihre Guthabenstunden möglicherweise sogar eine finanzielle Abgeltung zahlt.[1379]

471 Die Möglichkeit saison- bzw. witterungsbedingter Künd wird vom Gesetzgeber (**vgl. § 22, § 90 Abs. 2 SGB IX**) grds. anerkannt. Sie sind in bestimmten Branchen (z.B. Baugewerbe, Gartenbau usw.) üblich und Gegenstand tariflicher Regelungen geworden.[1380] Der Gesetzgeber und die TV-Parteien gehen davon aus, dass jedenfalls längerfristige, witterungsbedingte Arbeitseinstellungen Grund für eine betriebsbedingte Künd sein können. Zu beachten sind tarifvertragliche Künd-Beschränkungen. § 12.2 BRTV-Bau schließt z.B. betriebsbedingte Künd aus Witterungsgründen für die Schlechtwetterzeit vom 1.11. bis zum 31.3. aus.

472 Der AG ist nicht verpflichtet, die Künd mit der Zusage der Wiedereinstellung zu verbinden, obwohl diese Gestaltungsmöglichkeit i.d.R. der Interessenlage der Vertragsparteien entsprechen dürfte und wirksam der Gefahr entgegenwirken würde, die witterungsbedingte Künd zum Austausch der Belegschaft zu nutzen. Bei Wiederaufnahme des Betriebs nach einer witterungsbedingten Künd haben die AN jedoch i.d.R. einen **Wiedereinstellungsanspruch**, sofern die Beschäftigungskapazitäten unverändert sind.[1381] Bestehen zum Zeitpunkt der Wiedereinstellung weniger

---

1374 BAG 15.7.2004 – 2 AZR 376/03 – NZA 2005, 523; BAG 3.12.1998 – 2 AZR 341/98 – NZA 1999, 431; BAG 12.8.1999 – 2 AZR 12/99 – NZA 2000, 30; BAG 17.1.2002 – 2 AZR 15/01 – EzA KSchG § 1 Soziale Auswahl Nr. 47.
1375 LAG Rheinland-Pfalz 30.1.2003 – 4 Sa 1106/02; LAG Niedersachsen 2.8.2002 – 16 Sa 166/02 – NZA-RR 2003, 6.
1376 LAG Köln 16.1.2003 – 5 Sa 1095/02 – LAG Report 2003, 206.
1377 APS/*Kiel*, § 1 KSchG Rn 554.
1378 BAG 7.3.1996 – 2 AZR 180/95 – NZA 1996, 931; LAG Thüringen 20.3.2003 – 2 Sa 422/02.
1379 BAG 8.11.2007 – 2 AZR 418/06.
1380 LAG Berlin – 3 Sa 27/98.
1381 APS/*Kiel*, § 1 KSchG Rn 556.

Beschäftigungsmöglichkeiten als bei der Künd, hat der AG bei der Einstellung die sozialen Belange der betroffenen AN entsprechend § 315 BGB, § 106 GewO zu berücksichtigen.[1382]

Im Prozess muss der AG substanziiert darlegen und im Bestreitensfall beweisen, dass er tatsächlich für den behaupteten Zeitraum eine vorübergehende Betriebsstilllegung oder -einschränkung geplant und nicht nur während einer Frostperiode vorsorglich für den Fall gekündigt hat, dass sich das Wetter nicht alsbald bessert und weitergearbeitet werden kann. Die im Künd-Zeitpunkt erforderlichen „greifbaren Formen" der Umsetzung der unternehmerischen Maßnahmen setzen z.B. die Mitteilung des AG gegenüber seinen Kunden und Geschäftspartnern voraus, dass bestimmte Arbeiten für den angegebenen Zeitraum witterungsbedingt nicht durchgeführt werden, oder dass der AG sonstige organisatorische Vorkehrungen getroffen hat, die vorübergehend eine Betriebstätigkeit nicht zulassen.[1383]

3. Sozialauswahl. Auch wenn dringende betriebliche Erfordernisse die Künd des Arbverh bedingen, ist die Künd gem. Abs. 3 sozial ungerechtfertigt, wenn der AG bei der Auswahl des AN die **Dauer der Betriebszugehörigkeit**, das **Lebensalter**, die **Unterhaltspflichten** und die **Schwerbehinderung** des AN **nicht oder nicht ausreichend berücksichtigt** hat. Die Pflicht des AG eine Sozialauswahl nach Abs. 3 durchzuführen, besteht nur im Anwendungsbereich des KSchG.

Soweit im Fall der Künd unter mehreren AN eine Auswahl zu treffen ist, hat auch der **AG im Kleinbetrieb**, auf den das KSchG keine Anwendung findet, ein durch Art. 12 GG gebotenes **Mindestmaß an sozialer Rücksichtnahme** zu wahren. Eine Künd, die dieser Anforderung nicht entspricht, verstößt gegen Treu und Glauben (§ 242 BGB) und ist deshalb unwirksam. Ist bei einem Vergleich der grds. von dem gekündigten AN vorzutragenden Sozialdaten evident, dass dieser erheblich sozial schutzbedürftiger ist als ein vergleichbar weiterbeschäftigter AN, spricht dies zunächst dafür, dass der AG das gebotene Mindestmaß an sozialer Rücksichtnahme außer acht gelassen hat. Setzt der AG dem schlüssigen Sachvortrag des AN weitere (betriebliche, persönliche etc.) Gründe entgegen, die ihn zu der getroffenen Auswahl bewogen haben, hat unter dem Gesichtspunkt von Treu und Glauben eine Abwägung zu erfolgen. Es ist zu prüfen, ob auch unter Einbeziehung der vom AG geltend gemachten Gründe die Künd die sozialen Belange des betroffenen AN in treuwidriger Weise unberücksichtigt lässt. Der unternehmerischen Freiheit des AG im Kleinbetrieb kommt bei dieser Abwägung ein erhebliches Gewicht zu.[1384] Macht der AN im Kleinbetrieb geltend, der AG habe bei einer Auswahlentscheidung das gebotene Mindestmaß an sozialer Rücksichtnahme außer Acht gelassen, muss sich aus seinem Vorbringen auch ergeben, dass er mit den nicht gekündigten AN auf den ersten Blick vergleichbar ist.[1385]

Die Pflicht eine Sozialauswahl durchzuführen, trifft den AG nicht nur **vor dem Ausspruch von Beendigungs-**, sondern **grds. auch bei Änderungs-Künd**. Das folgt aus der Verweisung in § 2 auf Abs. 3.[1386] Ausnahmen von der Regel gelten, wenn gegenüber allen Mitarbeitern gleichartige Änderungs-Künd ausgesprochen werden. Ermittelt bspw. ein Handelsunternehmen (Drogeriemarktkette) einen verminderten Bedarf an Anwesenheitsstunden des gesamten Verkaufspersonals um 20 %, kann es gegenüber allen Verkaufskräften – ohne Durchführung einer Sozialauswahl – Änderungs-Künd aussprechen mit dem Ziel, die Arbeitszeit und das Entgelt um 20 % zu kürzen. Das KSchG zwingt nicht dazu, stattdessen eine geringere Zahl von Beendigungs-Künd auszusprechen.[1387] Auch bei der nur in Ausnahmefällen zulässigen außerordentlichen betriebsbedingten Künd[1388] ist eine Sozialauswahl zwingend durchzuführen. Es wäre widersprüchlich, die Künd-Schranken, die im Fall der ordentlichen Künd gelten, bei dem härteren Eingriff der außerordentlichen Künd zu missachten.[1389]

Wird aufgrund einer Zusage des AG, der sämtlichen AN wegen „Arbeitsmangel" betriebsbedingt gekündigt hatte, nach Ablauf der Künd-Frist ein Teil der AN neu eingestellt, hat der AG bei der Neueinstellung nicht die Grundsätze für eine Sozialauswahl, Abs. 3, zu beachten.[1390] Das geltende Arbeitsrecht kennt weder eine „sozialwidrige Einstellung" noch eine „sozial ungerechtfertigte Nichteinstellung". Anders als bei der Beendigung genießt bei der Begründung eines Arbverh der Grundsatz der Vertragsfreiheit den Vorrang vor der Berücksichtigung sozialer Gesichtspunkte. Den AG trifft daher keine Pflicht, den Bewerber bei der Einstellung nach sozialen Gesichtspunkten auszuwählen.[1391]

1382 BAG 21.9.2000 – 2 AZR 385/99 – AP § 1 KSchG 1969 Betriebsbedingte Kündigung Nr. 111; BAG 7.3.1996 – 2 AZR 180/95 – NZA 1996, 931; BAG 15.12.1994 – 2 AZR 320/94 – NZA 1995, 413; a.A. APS/*Kiel*, § 1 KSchG Rn 556, der die Grundsätze der Sozialauswahl entsprechend anwenden will.
1383 APS/*Kiel*, § 1 KSchG Rn 556.
1384 BAG 21.2.2001 – 2 AZR 15/00 – NZA 2001, 833.
1385 BAG 6.2.2003 – 2 AZR 672/01 – NZA 2003, 717.
1386 BAG 18.1.2007 – 2 AZR 796/05 – AP § 1 KSchG 1969 Soziale Auswahl Nr. 89; BAG 18.10.1984 – 2 AZR 543/83 – NZA 1985, 423.
1387 LAG Berlin 30.10.2003 – 16 Sa 1052/03 – LAGReport 2004, 206.
1388 BAG 8.4.2003 – 2 AZR 355/02 – NZA 2003, 856; BAG 27.6.2002 – 2 AZR 367/01 – AP § 55 BAT Nr. 4.
1389 HK-KSchG/*Dorndorf*, § 1 KSchG Rn 1019.
1390 LAG Köln 26.3.1998 – 5 Sa 11/98 – LAGE § 1 KSchG Wiedereinstellungsanspruch Nr. 1 = MDR 1998, 1170.
1391 BAG 21.2.1985 – 2 AZR 311/84 – RzK I 15 Nr. 2; BAG 15.3.1984 – 2 AZR 24/83 – NZA 1984, 226.

478 **a) Allgemeines.** Bei der Sozialauswahl geht es nicht um die Frage, ob betriebsbedingt gekündigt werden darf, sondern um die **Bestimmung, wer gekündigt wird**. Die Sozialauswahl dient der personellen Konkretisierung der zur Künd führenden dringenden betrieblichen Erfordernisse des Abs. 2, wenn die Anzahl der AN, die Zahl der vorhandenen Arbeitsplätze übersteigt.[1392] Der Zweck des Abs. 3 ist es, das „Übel" der betriebsbedingten Künd möglichst gerecht nach sozialen Auswahlkriterien innerhalb der Arbeitnehmerschaft zu verteilen.[1393] Eine Auswahl der AN unter sozialen Gesichtspunkten kommt grds. nicht in Betracht, wenn allen AN gekündigt wird. Die Frage, welcher AN aufgrund seiner Sozialdaten am wenigsten auf seinen Arbeitsplatz angewiesen ist, kann nicht mehr relevant werden, wenn alle Arbeitsplätze zum gleichen Zeitpunkt wegfallen.[1394] Die Verpflichtung des AG zur sozialen Auswahl dient dem Zweck, bei unvermeidbaren Künd aus dem Kreis der vergleichbaren AN den **sozial stärksten AN** ausfindig zu machen. Dies ist grds. der AN, der aufgrund seiner Sozialdaten am wenigsten auf seinen Arbeitsplatz angewiesen ist.[1395] Die Absicht des AG, die betriebsbedingt gekündigten AN in ihrer jeweiligen Künd-Frist für die Abarbeitung noch vorhandener Aufträge einzusetzen, anstatt die Arbeiten auf allen Baustellen sofort einzustellen, stellt die unternehmerische Entscheidung zur alsbaldigen Betriebsstilllegung nicht in Frage. Das unternehmerische Stilllegungskonzept lässt für eine soziale Auswahl nach Abs. 3 keinen Raum. Mit der sofortigen und gleichzeitigen Künd aller Arbverh nimmt der AG gerade keine Differenzierung zwischen vergleichbaren AN vor. Der Schutzzweck des Abs. 3 geht dahin, sozial schutzbedürftigeren AN den Arbeitsplatz längerfristig zu erhalten. Es ist nicht der Zweck dieser Norm, AN bloß längere Künd-Fristen, als in § 622 BGB bzw. dem einschlägigen TV vorgesehen, einzuräumen. Mit einer Verlängerung der Künd-Frist bei sozial schutzwürdigeren AN wäre gemessen an den die ArbG bindenden unternehmerischen Vorgaben dem AG ein Arbeitskräfteüberhang entstanden. Abs. 3 verpflichtet den AG jedoch nicht, auch nicht vorübergehend, einen solchen Überhang in Kauf zu nehmen.[1396] Hingegen sind bei einer etappenweise erfolgenden Betriebsstilllegung gem. Abs. 3 bei der Auswahl der jeweils zu Kündigenden die Grundsätze über die soziale Auswahl zu beachten.[1397] Jedoch berechtigt Abs. 3 S. 2 den AG, für die verbleibenden Abwicklungsarbeiten sozial stärkere AN weiter zu beschäftigen, wenn hierdurch Einarbeitungszeiten vermieden werden können.[1398] Die **Sozialauswahl trägt der sozialen Schutzbedürftigkeit der AN Rechnung**, wobei im Einzelfall die Nichteinbeziehung von AN zur Sicherung der Personalstruktur im betrieblichen Interesse zulässig ist. Das allg. Interesse des AG an der Beibehaltung einer ausgewogenen Alters- und Leistungsstruktur seiner Belegschaft lässt sich im Rahmen der Sozialauswahl nicht angemessen berücksichtigen, denn diese wird allein durch die individuelle Schutzbedürftigkeit des jeweiligen AN bestimmt.[1399] Da Qualifikationsunterschiede unter den betroffenen AN im Rahmen der Sozialauswahl weitgehend unberücksichtigt bleiben, läuft die gesetzliche Verpflichtung zur sozialen Auswahl im Ergebnis darauf hinaus, dass größere Umstrukturierungen mit Personaleinsparungseffekten nur um den Preis einer qualitativen und/oder strukturellen Verschlechterung des Personalbestands zu erreichen sind.[1400]

479 Im Künd-Schutzprozess spielt die Frage der Sozialauswahl bei der Rechtfertigung der betriebsbedingten Künd neben der Darlegung der dringenden betrieblichen Erfordernisse nach Abs. 2 eine herausragend wichtige Rolle. Sie wird zwar nur auf Rüge des AN hin geprüft, wie sich aus Abs. 3 S. 3 ergibt. Gem. **Abs. 3 S. 1 2. HS** steht dem AN aber gegenüber dem AG ein **Auskunftsanspruch** bzgl. der Gründe zu, die zu der sozialen Auswahl geführt haben. Erfüllt der AG im Künd-Schutzprozess den geltend gemachten Auskunftsanspruch des AN nicht, ist bereits deshalb der Künd-Schutzklage stattzugeben. Der AN hat die für ihn günstigen Tatsachen zu beweisen, die die Künd aufgrund fehlerhafter oder nicht durchgeführter Sozialauswahl als sozial ungerechtfertigt erscheinen lassen.

480 Zutreffend beschreibt *Bauer* die Bedeutung der Sozialauswahl, wenn er sie als **„Stolperstein betriebsbedingter Künd"** bezeichnet.[1401] Mit Blick darauf, dass Abs. 3 keine Bewertungsmaßstäbe für die Auswahlentscheidung enthält, erkennt auch das BAG bei der Durchführung der Sozialauswahl große Rechtsunsicherheiten.[1402] Diesem Risikobefund – insb. bei Massentatbeständen – hat der Zweite Senat im Jahr 2006 mit der **Aufgabe der sog. „Dominotheorie"** Rechnung getragen.[1403] Nach der alten Rspr. sollten sich alle sozial schwächeren gekündigten AN in ihrem Künd-Schutzprozess auf einen einzigen Auswahlfehler berufen können. Eine **einzige fehlerhafte Auswahl** konnte somit in einer Art **Kettenreaktion** die Fehlerhaftigkeit einer Vielzahl von Künd zur Folge haben.[1404] Der AG besaß keine Möglichkeit einer nachträglichen Korrektur. Das galt selbst dann, wenn ihm der Auswahlfehler versehentlich

---

1392 BAG 17.9.1998 – 2 AZR 725/97 – NZA 1998, 1332; BAG 7.2.1985 – 2 AZR 91/84 – NZA 1986, 260; ErfK/*Ascheid*, § 1 KSchG Rn 460.
1393 *Stahlhacke/Preis/Vossen*, Rn 1038.
1394 BAG 10.10.1996 – 2 AZR 651/95 – NZA 1997, 92; Hessisches LAG 30.7.2001 – 16 Sa 1989/00 – ZinsO 2002, 740 (LS).
1395 BAG 10.10.1996 – 2 AZR 651/95 – NZA 1997, 92.
1396 BAG 7.3.2002 – 2 AZR 147/01 – EzA § 1 KSchG Betriebsbedingte Kündigung Nr. 116.
1397 BAG 16.9.1982 – 2 AZR 271/80 – EzA § 1 KSchG Betriebsbedingte Kündigung Nr. 18.
1398 BAG 20.1.1994 – 2 AZR 489/93 – NZA 1994, 653; *Stahlhacke/Preis/Vossen*, Rn 1041.
1399 *Küttner*, in: FS 50 Jahre BAG, 2004, S. 410; *Bauer/Lingemann*, NZA 1993, 625, 627.
1400 *Willemsen u.a./Willemsen*, H 21, Rn 20.
1401 *Bauer*, in Hensler/Moll, Kündigung und Kündigungsschutz in der betrieblichen Praxis, S. 117.
1402 BAG 24.3.1983 – 2 AZR 21/82 – AP § 1 KSchG 1969 Betriebsbedingte Kündigung Nr. 12.
1403 BAG 9.11.2006 – 2 AZR 812/05 – NZA 2007, 549.
1404 BAG 18.10.1984 – 2 AZR 543/83 – NZA 1985, 423; BAG 25.4.1985 – 2 AZR 140/84 – NZA 1986, 64; krit. KR/*Etzel*, § 1 KSchG Rn 658.

unterlaufen war, z.B. durch einen Schreib- oder Übermittlungsfehler in der Liste der Sozialdaten. Gerade für Unternehmen, die aufgrund ihrer angespannten wirtschaftlichen Lage zu grundlegenden Strukturveränderungen und infolgedessen zu Massen-Künd gezwungen waren, hatte dieser „**Dominostein-Effekt**"[1405] kontraproduktive Wirkung.[1406] Unter **Aufgabe dieser Rechtsgrundsätze** stellt das BAG in seiner Entscheidung vom 9.11.2006 nunmehr fest: „Nimmt der AG die Sozialauswahl allein durch Vollzug eines zulässigen Punktesystems vor, so kann er auf die Rüge nicht ordnungsgemäßer Sozialauswahl mit Erfolg einwenden, der gerügte Auswahlfehler habe sich auf die Künd-Entscheidung nicht ausgewirkt, weil der AN nach der Punktetabelle auch bei Vorliegen des Auswahlfehlers zur Künd angestanden hätte."[1407]

Für Künd, die nach dem 31.12.2003 zugegangen sind, ist die am 1.1.2004 in Kraft getretene Neufassung des KSchG maßgeblich. Mit der Reform kehrt der Gesetzgeber zum **Rechtszustand des Arbeitsrechtlichen Beschäftigungsförderungsgesetzes 1996** zurück. Die zu dieser Gesetzesfassung gewonnenen Erkenntnisse[1408] können auf den jetzigen Rechtszustand übertragen werden, wobei das eingefügte Kriterium der Schwerbehinderung zusätzlich zu berücksichtigen ist.[1409] § 125 InsO wird durch die Neufassung des § 1 nicht berührt, so dass im Anwendungsbereich dieser Vorschrift weiterhin allein die drei Sozialdaten Betriebszugehörigkeit, Lebensalter und Unterhaltspflichten entscheidend sind.[1410] Durch die Novellierung des § 1 ergeben sich im Bereich der Sozialauswahl Änderungen. Die **zwingend zu beachtenden vier Auswahlkriterien** sind die Betriebszugehörigkeit, das Lebensalter, die Unterhaltspflichten und die Schwerbehinderung des AN. Die Regelung über Ausnahmen von der Sozialauswahl gem. Abs. 3 S. 2 wurde „zur Erhaltung der Leistungsfähigkeit des Betriebes präzisiert"[1411] („berechtigte betriebliche Interessen"). Bei namentlicher Bezeichnung des AN in einem Interessenausgleich besteht nach Abs. 5 eine gesetzliche Vermutung (§ 292 ZPO) dafür, dass die Künd durch dringende betriebliche Erfordernisse bedingt ist. Die Sozialauswahl kann nur auf grobe Fehlerhaftigkeit überprüft werden.

Hat der AG vor Ausspruch einer betriebsbedingten Künd keine Sozialauswahl vorgenommen und war die Auswahl des gekündigten AN gleichwohl objektiv richtig, führt dies nicht zur Unwirksamkeit der Sozialauswahl. Die Unwirksamkeit ist keine Sanktion der unterlassenen Sozialauswahl. Vielmehr will die Unwirksamkeit nur ein unzutreffendes Auswahlergebnis verhindern. **Abs. 3 sanktioniert die objektiv fehlerhafte Sozialauswahl.**[1412] Wird allen AN eines Betriebs im Rahmen eines einheitlichen Entschlusses gekündigt, bleibt kein Raum für eine Sozialauswahl.[1413]

b) Prüfungsmaßstab und -reihenfolge. Bei der Frage nach der **ausreichenden Berücksichtigung sozialer Gesichtspunkte** im Rahmen der sozialen Auswahl des zu kündigenden AN (Abs. 3) handelt es sich um die Anwendung eines unbestimmten Rechtsbegriffs, die vom Revisionsgericht nur darauf überprüft werden kann, ob das angefochtene Urteil den Rechtsbegriff selbst verkannt hat, ob es bei der Unterordnung des Sachverhalts unter die Rechtsnorm des § 1 Denkgesetze oder allg. Erfahrungssätze verletzt hat, ob es wesentliche Umstände berücksichtigt hat und ob es in sich widerspruchsfrei ist.[1414] Dabei bezieht sich die Beschränkung des revisionsrechtlichen Prüfungsrahmens nicht nur auf die sozialen Indikatoren und deren Gewichtung, sondern auch auf die Bildung der auswahlrelevanten Gruppen."[1415] Mit diesen Worten beschreibt das BAG den ersten der drei Prüfungsschritte im Rahmen der Sozialauswahl, die **Bestimmung des auswahlrelevanten Personenkreises**. Die soziale Auswahl nach Abs. 3 S. 1 erstreckt sich innerhalb eines Betriebs nur auf die **AN, die miteinander vergleichbar sind**. Dabei bestimmt sich der Kreis der in die soziale Auswahl einzubeziehenden vergleichbaren AN in erster Linie **nach arbeitsplatzbezogenen Merkmalen**, also zunächst nach der **ausgeübten Tätigkeit**. Dies gilt nicht nur bei einer Identität der Arbeitsplätze, sondern auch dann, wenn der AN aufgrund seiner Tätigkeit und Ausbildung eine andersartige, aber gleichwertige Tätigkeit ausführen kann. Die **Notwendigkeit einer kurzen Einarbeitungszeit** steht der Vergleichbarkeit nicht entgegen.[1416] An einer Vergleichbarkeit fehlt es jedoch, wenn der AG den AN nicht **einseitig im Rahmen des Direktionsrechts auf den anderen Arbeitsplatz umsetzen oder versetzen** kann. Maßgebend ist demnach, ob der Arbeitsvertrag des AN, dessen Arbeitsplatz weggefallen ist, einen Einsatz ohne Änderung des Arbeitsvertrags rechtlich zulässt. Die Vergleichbarkeit kann grds. auch nicht dadurch herbeigeführt werden, dass der Arbeitsvertrag eines von einem betrieblichen Ereignis betroffenen AN erst anlässlich dieses Ereignisses entsprechend abgeändert wird.[1417] Vergleichbarkeit erfordert, dass der AN die Tätigkeit seines Kollegen ohne Änderung des Arbeitsvertrages durch **Ausübung des arbeitgeberseitigen Direktionsrechts (§ 106 GewO)** übernehmen kann und er hierzu aufgrund seiner individuellen Aus-

---

1405 Bitter/Kiel, RdA 1994, 333, 358.
1406 APS/Kiel, § 1 KSchG Rn 772.
1407 BAG 9.11.2006 – 2 AZR 812/05 – NZA 2007, 549.
1408 APS/Kiel, § 1 KSchG Rn 656 ff.
1409 Willemsen/Annuß, NJW 2004, 177.
1410 Willemsen/Annuß, NJW 2004, 177; LAG Hamm 5.6.2003 – 4 (16) Sa 1976/02 – NZA-RR 2004, 132.
1411 BT-Drucks 15/1204, S. 15.
1412 Ascheid, Kündigungsschutzrecht, Rn 317.
1413 BAG 10.10.1996 – 2 AZR 651/95 – NZA 1997, 92.
1414 BAG 23.11.2000 – 2 AZR 533/99 – NZA 2001, 601.
1415 BAG 5.6.2008 – 2 AZR 907/06 – NZA 2008, 1120; BAG 28.8.2003 – 2 AZR 368/02 – NZA 2004, 432.
1416 BAG 18.10.2006 – 2 AZR 676/05 – NZA 2007, 798; BAG 2.3.2006 – 2 AZR 23/05 – NZA 2006, 1350; BAG 17.2.2000 – 2 AZR 142/99 – NZA 2000, 822; BAG 5.12.2002 – 2 AZR 697/01 – NZA 2003, 849.
1417 BAG 18.10.2006 – 2 AZR 676/05 – NZA 2007, 798; BAG 2.2.2006 – 2 AZR 38/05 – AP § 1 KSchG 1969 Betriebsbedingte Kündigung Nr. 142; BAG 17.2.2000 – 2 AZR 142/99 – NZA 2000, 822; BAG 5.12.2002 – 2 AZR 697/01 – NZA 2003, 849.

bildung und seiner fachlichen Qualifikation in der Lage ist.[1418] Eine **Austauschbarkeit** ist erst ausgeschlossen, wenn die **betriebliche Spezialisierung** und die aktuellen besonderen Umstände einen solchen Grad erreicht haben, dass ein Einsatz der zu kündigenden AN auf dem Arbeitsplatz des „Spezialisten" auch nach einer angemessenen Einarbeitungsfrist nicht möglich ist.[1419] Werden nach dem Organisationskonzept des AG AN mit und ohne abgeschlossene Berufsausbildung für die gleiche Tätigkeit eingesetzt, so sind sie bei der Sozialauswahl regelmäßig auch miteinander vergleichbar.[1420] Der AG ist bei Wegfall des bisherigen Arbeitsgebietes eines AN nicht gehalten, ihm zur Vermeidung einer Beendigungs-Künd eine freie **„Beförderungsstelle"** anzubieten. Der AG ist nach Abs. 3 S. 1 nicht verpflichtet, einem sozial schutzwürdigeren AN eine Weiterbeschäftigung zu geänderten (günstigeren oder ungünstigeren) Bedingungen anzubieten, um für ihn durch Künd eines anderen sozial besser gestellten AN, mit dem der Gekündigte erst durch die Vertragsänderung vergleichbar wird, eine Beschäftigungsmöglichkeit zu schaffen.[1421] Führt eine rechtlich nicht zu beanstandende betriebliche Organisationsänderung dazu, dass ein in seiner Gesundheit beeinträchtigter AN nur noch in einer Weise beschäftigt werden könnte, die sein Leiden verschlimmert, so rechtfertigt dies grds. eine ordentliche Künd des Arbverh jedenfalls dann, wenn der AN nicht auf der gesundheitsbeeinträchtigenden Beschäftigung besteht, sondern diese ablehnt. Eine Sozialauswahl ist in diesem Fall entbehrlich, weil der AN mit weiterbeschäftigten gesunden AN nicht vergleichbar ist.[1422]

483a In der zweiten Prüfungsstufe ist festzustellen, ob der AG die nach der Neufassung des Gesetzes zu berücksichtigenden **vier sozialen Auswahlkriterien** unter Beachtung des ihm zustehenden Bewertungsspielraums[1423] **ausreichend gewürdigt** hat. Regelt ein TV, eine BV nach § 95 des BetrVG oder eine RL nach den Personalvertretungsgesetzen die Gewichtung der Auswahlkriterien zueinander, kann die Bewertung nur auf grobe Fehlerhaftigkeit überprüft werden (Abs. 4).[1424] Gleiches gilt für den Fall, dass die zu kündigende AN in einem Interessenausgleich zwischen AG und BR namentlich bezeichnet ist (Abs. 5).

Im dritten und letzten Schritt ist schließlich zu prüfen, ob von den zu Kündigenden AN nicht einzubeziehen sind, deren Weiterbeschäftigung, insb. wegen ihrer Kenntnisse, Fähigkeiten und Leistungen (**Leistungsträger**) oder zur **Sicherung einer ausgewogenen Personalstruktur des Betriebes**, im berechtigten betrieblichen Interesse liegt. Im Rahmen eines Insolvenzverfahrens greifen nach § 125 InsO sogar noch weitergehende Erleichterungen ein als nach Abs. 5. Die Sozialauswahl durch den Insolvenzverwalter ist auch dann nicht grob fehlerhaft, wenn eine ausgewogene Personalstruktur erst geschaffen werden soll.[1425]

484 Unter Hinweis auf den geänderten Gesetzeswortlaut wurde zum Arbeitsrechtlichen Beschäftigungsförderungsgesetz 1996 und wird auch zur jetzigen Neufassung vertreten, vor einer Auswahl nach sozialen Kriterien seien zunächst die AN auszusondern, deren weitere Beschäftigung im berechtigten betrieblichen Interesse liege.[1426] Dieser Auffassung kann nicht gefolgt werden.[1427] Nach dem Gesetzeswortlaut muss das betriebliche Interesse, das dem AG ermöglicht, AN nicht in die Sozialauswahl einzubeziehen, „berechtigt" sein. Damit gibt der Gesetzgeber zu erkennen, dass das Interesse des sozial schwächeren AN im Rahmen des Abs. 3 gegen das betriebliche Interesse an der Herausnahme des „Leistungsträgers" abzuwägen ist.[1428] Die Leistungsträgerregelung ist ein integraler Bestandteil der Sozialauswahl.[1429] Zunächst ist der Kreis der vergleichbaren AN zu bestimmen, eine soziale Reihung vorzunehmen und dann zu entscheiden, ob vom Ergebnis der Sozialauswahl im Ausnahmefall mit Rücksicht auf berechtigte betriebliche Interessen abgewichen werden kann.[1430] Dass diese Prüfungsreihenfolge praktischen Bedürfnissen entspricht, belegt folgendes Beispiel: Innerhalb eines Kreises von 20 vergleichbaren AN finden sich zwölf „High-Potenzials". Im Zuge eines umfangreichen Personalabbaus kann der AG ein berechtigtes Interesse an der Weiterbeschäftigung von acht der in jeder Hinsicht gleich leistungsfähigen „High-Potenzials" darlegen. Welche dies konkret sind, ist nach den Grundsätzen der Sozialauswahl zu bestimmen. Dem AG ist es somit verwehrt, die in jedem Fall weiter zu beschäftigenden acht „High-Potenzials" ohne Beachtung des Abs. 3 ohne vorherige soziale Reihung auszuwählen.[1431]

485 c) Auswahlrelevanter Personenkreis. aa) Betriebsbezogenheit der Sozialauswahl. Die soziale Auswahl nach Abs. 3 ist **betriebsbezogen** vorzunehmen.[1432] In die Sozialauswahl sind i.d.R. keine AN einzubeziehen, die

---

1418 BAG 10.11.1994 – 2 AZR 242/94 – NZA 1995, 566; LAG Köln 28.9.2007 – 11 Sa 726/07.
1419 BAG 5.6.2008 – 2 AZR 907/06 – NZA 2008, 1120.
1420 BAG 6.7.2006 – 2 AZR 442/05 – NZA 2007, 139.
1421 BAG 29.3.1990 – 2 AZR 369/89 – NZA 1991, 181.
1422 BAG 6.11.1997 – 2 AZR 94/97 – NZA 1998, 143.
1423 BAG 5.12.2002 – 2 AZR 549/01 – NZA 2003, 791.
1424 BAG 7.12.1995 – 2 AZR 1008/94 – NZA 1996, 473; BAG 15.6.1989 – 2 AZR 580/88 – NZA 1990, 226; BAG 20.10.1983 – 2 AZR 211/82 – AP § 1 KSchG 1969 Betriebsbedingte Kündigung Nr. 19.
1425 Kleinebrink/Commandeur, ArbRB 2005, 85, 87.
1426 Bader, NZA 2004, 65, 73; Thüsing/Stelljes, BB 2003, 1675.
1427 Willemsen/Annuß, NJW 2004, 177, 178.
1428 BAG 12.4.2002 – 2 AZR 706/00 – NZA 2003, 42.
1429 Eylert/Schinz, AE 2004, 219, 220.
1430 APS/Kiel, § 1 KSchG Rn 661.
1431 Willemsen/Annuß, NJW 2004, 177, 178.
1432 BAG 17.9.1998 – 2 AZR 725/97 – NZA 1998, 1332; BAG 5.5.1994 – 2 AZR 917/93 – NZA 1994, 1023; BAG 22.5.1986 – 2 AZR 612/85 – NZA 1987, 125; LAG Schleswig-Holstein 13.12.2001 – 4 Sa 203/01 – ZTR 2002, 293 (LS); LAG Hamm 6.7.2000 – 4 Sa 799/00 – DZWIR 2001, 107; LAG Köln 28.1.1994 – 13 Sa 453/93 – LAGE § 1 KSchG Betriebsbedingte Kündigung Nr. 25.

in einem anderen Betrieb des Unternehmens oder gar in einem anderen Konzernunternehmen beschäftigt sind.[1433] Eine **konzernweite Sozialauswahl** findet nicht statt. **Ausnahmen** von diesem Grundsatz gelten aber, wenn sich **ein anderes Konzernunternehmen ausdr. zur Übernahme des AN bereit erklärt hat** oder wenn sich eine solche **Verpflichtung unmittelbar aus dem Arbeitsvertrag oder einer sonstigen vertraglichen Verpflichtung** ergibt.[1434] Ist ein AN nach seinem Arbeitsvertrag betriebsübergreifend versetzbar, ist für die Beurteilung, ob die Sozialauswahl zutreffend erfolgt ist, nicht auf die zufällige Personalstruktur des letzten Arbeitsplatzes abzustellen, sondern alle AN mit vergleichbarer Tätigkeit im Unternehmen sind in die Sozialauswahl einzubeziehen.[1435] Im öffentlichen Dienst tritt an die Stelle des Betriebes die Dienststelle.[1436] Eine Beschränkung der Sozialauswahl auf Mitarbeiter eines Betriebsteils oder einer Betriebsabteilung ist unzulässig.[1437] Eine Einschränkung auf bestimmte Abteilungen oder diejenigen Betriebsteile, in denen der Bedarf für Arbeitskräfte entfallen ist, ist gesetzlich nicht zulässig.[1438] Der Notwendigkeit einer Sozialauswahl steht nicht schon die **räumliche Entfernung einer Betriebsstätte** entgegen. Auch bei räumlich weit entfernt liegenden Betriebsteilen ist nach dem eindeutigen Gesetzeswortlaut kein Raum für eine einschränkende Auslegung.[1439] Die Sozialauswahl ist nur dann auf einen Betriebsteil beschränkt, wenn der AN nach seinem Arbeitsvertrag nicht im Wege des Direktionsrechts in andere Betriebsteile versetzt werden kann. In diesem Fall fehlt es an einer Vergleichbarkeit i.S.d. Abs. 3.[1440] Für die Sozialauswahl ist der **Betriebsbegriff des § 23** maßgebend, nicht der des § 4 BetrVG.[1441] Gestaltet der AG den Arbeitsablauf um, verlagert bestimmte Arbeiten in eine andere Betriebsabteilung und verringert gleichzeitig die Anzahl der Beschäftigungsmöglichkeiten, hat er zwischen den betroffenen AN, die nach der Umgestaltung des Arbeitsablaufs für eine Weiterbeschäftigung persönlich und fachlich geeignet sind, eine Sozialauswahl nach den Grundsätzen des Abs. 3 vorzunehmen. Die erforderliche Sozialauswahl kann der AG nicht dadurch umgehen, dass er zuerst die verbleibenden Arbeitsplätze ohne Beachtung sozialer Gesichtspunkte besetzt und erst danach die nicht übernommenen AN kündigt.[1442] Fällt etwa in einem Reinigungsbetrieb mit zahlreichen Beschäftigten in verschiedenen Objekten ein Reinigungsobjekt durch Nichtverlängerung des Reinigungsauftrages weg, genügt der AG seiner Pflicht zur Sozialauswahl regelmäßig nicht, wenn er sämtlichen in dem wegfallenden Reinigungsobjekt Beschäftigten kündigt, ohne zu prüfen, ob in anderen Reinigungsobjekten vergleichbare AN beschäftigt werden.[1443] Fallen in verschiedenen Betrieben eines Unternehmens Arbeitsplätze weg und ist die Weiterbeschäftigung nur eines AN auf einem freien Arbeitsplatz in einem dieser Betriebe möglich, hat der AG bei der Besetzung des freien Arbeitsplatzes (Abs. 2 S. 2 Nr. 1b) die sozialen Belange der betroffenen AN zumindest nach § 315 BGB (§ 106 GewO) mit zu berücksichtigen. Dabei lässt das BAG ausdr. offen, ob der AG bei einer derartigen Konkurrenz der Weiterbeschäftigungsansprüche von AN verschiedener Betriebe eines Unternehmens nach Abs. 2 S. 2 Nr. 1b eine Sozialauswahl entsprechend Abs. 3 vorzunehmen hat.[1444]

Bei **Vermittlung von AN eines stillgelegten Betriebes auf freie Arbeitsplätze anderer Konzernunternehmen** finden die Grundsätze der sozialen Auswahl keine Anwendung. Das KSchG ist nicht konzernbezogen.[1445] Da die soziale Auswahl betriebsbezogen und nicht unternehmensbezogen erfolgt, sind die zu einer Arbeitsgemeinschaft abgeordneten AN bei betriebsbedingten Künd des Stammbetriebes grds. nicht in die soziale Auswahl einzubeziehen.[1446]

Bilden **mehrere Unternehmen** einen **gemeinschaftlichen Betrieb**, ist die Sozialauswahl bis zu einer etwaigen Auflösung des Gemeinschaftsbetriebes auf den gesamten Betrieb zu erstrecken.[1447] Eine unternehmensübergreifende Sozialauswahl ist nicht vorzunehmen, wenn der **Gemeinschaftsbetrieb im Zeitpunkt der Künd nicht mehr besteht**.[1448] Ist im Zeitpunkt der Künd einer der beiden Betriebe, die einen Gemeinschaftsbetrieb gebildet haben, stillgelegt, sind damit die AG-Funktionen im Bereich der sozialen und personellen Angelegenheiten sowie die unternehmerischen Funktionen im Bereich der wirtschaftlichen Angelegenheiten dem vormals einheitlichen Leitungsapparat der beteiligten Unternehmen entzogen, der Gemeinschaftsbetrieb aufgelöst und damit die „gemeinsame Klammer", die eine **unternehmensübergreifende Sozialauswahl** veranlasst hat, entfallen. Gleiches gilt, wenn im Zeitpunkt der Künd der eine der beiden Betriebe, die zusammen einen Gemeinschaftsbetrieb gebildet haben, zwar noch nicht stillgelegt ist, aufgrund einer unternehmerischen Entscheidung, die bereits greifbare Formen angenommen hat, aber feststeht, dass er bei Ablauf der Künd-Frist des AN stillgelegt sein wird.[1449] Künd-Grund ist in einem solchen Fall das dringende betriebliche Erfordernis, das einer Weiterbeschäftigung des AN in dem stillzulegenden Betrieb nach Ab-

---

1433 Hessisches LAG 30.7.2001 – 16 Sa 1989/00 – ZinsO 2002, 740 (LS).
1434 LAG Hamburg 20.9.2002 – 6 Sa 95/01.
1435 LAG Köln 9.2.2004 – 2 (10) Sa 982/03 – AuA 2004, 43.
1436 *Lingemann/Grothe*, NZA 1999, 1072, 1075.
1437 BAG 5.5.1994 – 2 AZR 917/93 – NZA 1994, 1023.
1438 BAG 15.6.1989 – 2 AZR 580/88 – NZA 1990, 226.
1439 BAG 21.6.1995 – 2 AZR 693/94 – AP § 1 BetrVG 1972 Nr. 16.
1440 LAG Köln 8.10.2003 – 8 Sa 131/03.
1441 BAG 21.6.1995 – 2 AZR 693/94 – AP § 1 BetrVG 1972 Nr. 16.
1442 BAG 10.11.1994 – 2 AZR 242/94 – NZA 1995, 566.
1443 BAG 17.1.2002 – 2 AZR 15/01 – EzA § 1 KSchG Soziale Auswahl Nr. 47.
1444 BAG 15.12.1994 – 2 AZR 320/94 – NZA 1995, 413.
1445 BAG 22.5.1986 – 2 AZR 612/85 – NZA 1987, 125.
1446 LAG Berlin 28.2.1983 – 9 Sa 128/82 – LAGE § 1 KSchG Betriebsbedingte Kündigung Nr. 4.
1447 *Annuß/Hohenstatt*, NZA 2004, 420, 421.
1448 BAG 14.8.2007 – 8 AZR 1043/06 – NZA 2007, 1431; BAG 27.11.2003 – 2 AZR 48/03 – NZA 2004, 477; BAG 13.9.1995 – 2 AZR 954/94 – NZA 1996, 307.
1449 LAG Berlin 15.11.2002 – 19 Sa 1454/02 – LAGE § 1 KSchG Gemeinschaftsbetrieb Nr. 1; LAG Hamburg 20.9.2002 – 6 Sa 95/01.

lauf seiner Künd-Frist entgegensteht. Eine Weiterbeschäftigung des AN in dem bis zur Stilllegung des einen Betriebsteils zwischen beiden Unternehmen gebildeten Gemeinschaftsbetrieb kommt damit nicht mehr in Betracht. Wird, wie dies regelmäßig geschieht, mit der Stilllegung des einen Betriebs auch die gemeinsame Leitungsstruktur beseitigt, besteht ab dem Stilllegungszeitpunkt nur noch ein Betrieb fort, in dessen Führung durch den Unternehmer, dessen Betrieb stillgelegt worden ist, nicht mehr eingegriffen werden kann. Der Inhaber des stillzulegenden Betriebes ist damit nicht mehr in der Lage, eine Weiterbeschäftigung seiner AN, denen wegen der Stilllegung betriebsbedingt zu kündigen ist, in dem fortgeführten Betrieb des anderen Unternehmers rechtlich durchzusetzen.[1450] Damit fehlt es für eine Sozialauswahl zwischen den AN des ursprünglichen Gemeinschaftsbetriebs an der Vergleichbarkeit.[1451]

488 Führen an einer **Spaltung** oder an einer **Teilübertragung** beteiligte Rechtsträger nach dem Wirksamwerden der Spaltung oder der Teilübertragung einen Betrieb gemeinsam, gilt dieser als Betrieb i.S.d. Künd-Schutzrechts (§ 322 UmwG). Nach § 323 Abs. 1 UmwG verschlechtert sich die kündigungsrechtliche Stellung eines AN, der vor dem Wirksamwerden einer Spaltung (§§ 123 ff. UmwG) oder Teilübertragung (§§ 174 ff. UmwG) zu dem übertragenden Rechtsträger in einem Arbvh steht, aufgrund der Spaltung oder Teilübertragung für die Dauer von zwei Jahren ab dem Zeitpunkt ihres Wirksamwerdens nicht. Ob § 323 Abs. 1 UmwG über die zeitweise Anwendbarkeit der Vorschriften des KSchG hinaus ein weiterer kündigungsschutzrechtlicher Anwendungsbereich zukommt, ist str. Teile des Schrifttums gehen davon aus, dass für die Dauer von zwei Jahren bei einer betriebsbedingten Künd auch die vergleichbaren AN des früheren Betriebs unternehmensübergreifend (fiktiv) in die Sozialauswahl einzubeziehen sind.[1452] Da § 323 Abs. 1 UmwG ein Verschlechterungsverbot hinsichtlich der rechtlichen Stellung regelt, würden die Grenzen der Auslegung überschritten, wollte man jede indirekte kündigungsrechtliche Besserstellung, die sich im Ursprungsbetrieb ergeben hatte, über § 323 Abs. 1 UmwG für zwei Jahre festschreiben. Bloß indirekte bzw. reflexartige Vorteile, die sich allein aus der tatsächlichen Situation im Ursprungsbetrieb ergeben haben, betreffen nicht die rechtliche Stellung des Arbeitnehmers und werden demnach auch nicht von dem Verschlechterungsverbot des § 323 Abs. 1 UmwG erfasst. Es ist daher unzutreffend, im Rahmen der gem. Abs. 3 gebotenen Sozialauswahl auf die Ausgangslage im ursprünglichen Betrieb abzustellen und die Künd eines AN nur dann zuzulassen, wenn dieser sich im Vergleich zu den nicht mehr in demselben Betrieb beschäftigten AN des Ursprungsbetriebes als sozial weniger schutzbedürftig darstellt. Die kündigungsrechtliche Stellung i.S.d. § 323 Abs. 1 UmwG umfasst nicht die kündigungsrechtliche Rechtsposition der Sozialauswahl im Zeitpunkt der Spaltung. Wird deshalb einem AN innerhalb von zwei Jahren nach der Spaltung betriebsbedingt gekündigt, ist die Sozialauswahl gem. Abs. 3 nur auf den Betrieb des derzeitigen AG und nicht auf das vor der Spaltung bestehende (Gesamt-)Unternehmen zu erstrecken.[1453] Gleiches gilt für die Frage, ob die Künd durch eine Weiterbeschäftigung auf einem anderen zumutbaren freien Arbeitsplatz vermieden werden kann. In beiden Fällen hat es nämlich der AG infolge der Spaltung oder Teilübertragung nicht mehr in der Hand, statt des für eine Künd vorgesehenen Mitarbeiters im Sinne der Sozialauswahl den im anderen Betrieb und bei einem anderen Unternehmen beschäftigten AN zu kündigen bzw. dem AN den zur Weiterbeschäftigung geeigneten Arbeitsplatz anzubieten. Dem AG würden bei einer Konservierung des gesamten Künd-Umfeldes, wie es zum Zeitpunkt der Umwandlung bestand, einschneidende Künd-Beschränkungen auferlegt, ohne dass diese mit entsprechenden Handlungsmöglichkeiten (Künd eines anderen Arbvh, Weiterbeschäftigung auf einem freien Arbeitsplatz) korrespondierten. Den an der Umwandlung beteiligten Rechtsträgern bliebe keine andere Möglichkeit, als den Ursprungsbetrieb für die Dauer von zwei Jahren als Gemeinschaftsbetrieb fortzuführen. Eine derart weitgreifende Auslegung des § 323 Abs. 1 UmwG lässt sich aber weder mit der verfassungsrechtlich geschützten Betätigungsfreiheit der Beteiligten noch mit der systematischen Stellung dieser Bestimmung im Gesetzesaufbau der §§ 321 bis 325 UmwG in Einklang bringen.[1454]

489 Bei **Künd im Zusammenhang mit einem Betriebsübergang** stellt sich die Interessenlage in der Praxis so dar, dass die Übertragung eines Betriebs- oder Betriebsteils auf einen anderen Rechtsträger regelmäßig mit Restrukturierungsmaßnahmen verbunden ist, die auch den Wegfall von Arbeitsplätzen zur Folge haben. Werden die Maßnahmen erst durch den übernehmenden Rechtsträger eingeleitet, geht Zeit verloren, die den Erfolg des unternehmerischen Konzepts gefährdet oder als Konsequenz der verzögerten Reduzierung von Personalkosten weitere betriebsbedingte Künd bedingt. Dies gilt insb. dann, wenn Synergieeffekte und Effizienzsteigerungen durch den Abbau von Doppelbesetzungen einzelner Positionen beim übernehmenden Rechtsträger erst im Rahmen langer Künd-Fristen realisiert werden können. Vor diesem Hintergrund entspricht es regelmäßig dem Interesse der beteiligten Rechtsträger, eine Umstrukturierung möglichst noch vor dem Wirksamwerden einer Veräußerung bzw. einer Umwandlung einzuleiten.[1455] Bei der Durchführung der Sozialauswahl und der Bestimmung des auswahlrelevanten Personenkreises ist

---

1450 BAG 18.9.2003 – 2 AZR 139/03 – AP § 1 KschG 1969 Konzern Nr. 12.
1451 BAG 27.11.2003 – 2 AZR 48/03 – NZA 2004, 477.
1452 KR/*Etzel*, § 1 KSchG Rn 610; *Bachner*, NJW 1995, 2881, 2884; *Düwell*, NZA 1996, 397; *Däubler*, RdA 1995, 136, 143.
1453 LAG München 14.10.2004 – 11 Sa 1596/03; LAG München 21.9.2004 – 11 Sa 29/04.
1454 Willemsen u.a./*Hohenstatt*, Umstrukturierung und Übertragung von Unternehmen, H Rn 154; *Picot/Schnitker*, Arbeitsrecht bei Unternehmenskauf und Restrukturierung, Rn 414 ff.; APS/*Steffan*, § 323 UmwG Rn 7.
1455 *Gaul/Bonanni/Naumann*, DB 2003, 1902.

zu differenzieren. Kündigt der Erwerber nach dem Betriebsübergang, beschränkt sich die Sozialauswahl auf die AN des übernommenen Betriebs oder Betriebsteils, falls der Betrieb(steil) als selbstständige organisatorische Einheit weitergeführt wird. Wird der übernommene Betrieb(steil) hingegen in einen bereits bestehenden Betrieb des Erwerbers eingegliedert, erstreckt sich die Sozialauswahl auf alle AN. Auch die AN des aufnehmenden Betriebs sind in diesem Fall einzubeziehen.[1456]

Kündigt der Veräußerer eines Betriebs oder Betriebsteils vor dem Betriebs(teil)übergang und soll nach dem Erwerberkonzept der zu übertragende Betrieb oder Betriebsteil durch den übernehmenden Rechtsträger zunächst als selbstständige organisatorische Einheit fortgeführt werden, sind nur die vergleichbaren AN des übergehenden Betriebes oder Betriebsteils in die Sozialauswahl mit einzubeziehen.[1457] Eine Einbeziehung der in den anderen Betrieben durch den übernehmenden Rechtsträger beschäftigten AN in die Sozialauswahl ist ausgeschlossen. Auch nach dem Übergang bleibt die Sozialauswahl gem. Abs. 3 auf den Betrieb begrenzt.[1458]

490

Bei beabsichtigter **Teilbetriebsstilllegung und Teilbetriebsübergang** ist eine auf den gesamten Betrieb, einschließlich des später übergehenden Betriebsteils, bezogene Sozialauswahl durchzuführen.[1459] Eine rechtliche Vergleichbarkeit der Beschäftigten in dem stillgelegten und dem später übergehenden Betriebsteil ist nicht ausgeschlossen. Das Künd-Verbot des § 613a Abs. 4 S. 1 BGB schließt die Vergleichbarkeit der AN in dem stillzulegenden und dem später übergehenden Betriebsteil nicht aus. § 613a Abs. 4 S. 1 BGB stellt gegenüber Abs. 3 gerade keine speziellere gesetzliche Regelung dar, aufgrund derer eine ordentliche arbeitgeberseitige betriebsbedingte Künd des von dem (Teil-)Betriebsübergang betroffenen AN bereits kraft Gesetzes ausgeschlossen ist. Die Vorschrift des § 613a Abs. 4 S. 1 BGB ordnet lediglich ein **Künd-Verbot „wegen" des Betriebsübergangs** an. Die Vorschrift gewährt aber keinen absoluten Bestandsschutz gegen Künd im Zusammenhang mit einem Betriebsübergang. Sie verbietet es nur, gerade den Betriebsübergang zum Anlass für eine Künd zu nehmen. Eine Künd erfolgt aber nur dann wegen des Betriebsübergangs, wenn dieser der tragende Grund, nicht nur der äußere Anlass für die Künd ist.[1460] § 613a Abs. 4 BGB greift nicht ein, wenn der AN dem Übergang seines Arbverh widersprochen hat und der Betriebsveräußerer das Fehlen einer Beschäftigungsmöglichkeit für den widersprechenden AN wegen des Betriebsübergangs geltend macht.[1461]

491

Ein AN kann sich auf eine mangelhafte Sozialauswahl nach Abs. 3 auch dann berufen, wenn der Verlust seines Arbeitsplatzes darauf beruht, dass er dem Übergang des Arbverh auf einen (Teilbetriebs-)Erwerber widersprochen hat. Die Gründe für den Widerspruch des AN gegen den Übergang seines Arbverh auf einen Betriebserwerber sind seit 1. Januar 2004 bei der Abwägung der sozialen Auswahlkriterien nicht mehr zu berücksichtigen, da die Auswahlkriterien (Betriebszugehörigkeit, Alter, Unterhaltspflichten, Schwerbehinderung) vom Gesetzgeber nunmehr abschließend benannt worden sind.[1462] Nach der abgelösten Rspr. waren die Gründe für den Widerspruch bei der Prüfung der sozialen Gesichtspunkte zu berücksichtigen.[1463] Bis zur Änderung des Abs. 3 zum 1.1.2004 galt der Grundsatz: Je geringer die Unterschiede in der sozialen Schutzbedürftigkeit i.Ü. waren, desto gewichtiger mussten die Gründe des widersprechenden AN sein. Nur wenn dieser einen baldigen Arbeitsplatzverlust oder eine baldige wesentliche Verschlechterung seiner Arbeitsbedingungen bei dem Erwerber zu befürchten hatte, konnte er einen Arbeitskollegen, der nicht ganz erheblich weniger schutzbedürftig war, verdrängen.[1464] Noch in seinem Urteil vom 22.4.2004[1465] forderte der 2. Senat des BAG, dass die Gründe für den Widerspruch im Rahmen der Sozialauswahl Berücksichtigung finden müssten. Bei der Prüfung der sozialen Schutzwürdigkeit aller vergleichbaren AN müsse berücksichtigt werden, dass der AN mit dem Widerspruch die Möglichkeit einer Weiterbeschäftigung aufgegeben habe und erst dadurch ein dringendes betriebliches Erfordernis für die Künd geschaffen wurde. Der soziale Besitzstand des gekündigten AN könne deshalb nicht unabhängig von den Gründen beurteilt werden, aus denen er die Fortsetzung des Arbverh mit einem anderen AG ablehne. Wenn statt seiner ein anderer AN gekündigt werden solle, der keine Möglichkeit einer Fortsetzung des Arbverh habe, müssten „berechtigte Gründe" des AN vorliegen, der sich auf die soziale Auswahl zu Lasten des Arbeitskollegen berufe.[1466] Nach der Reform des Abs. 3 ist diesem dogmatischen Ansatz die Grundlage entzogen. Der Grund des Widerspruchs gegen den Übergang des Arbverh kann nicht mehr im Rahmen der Sozialauswahl nach Abs. 3 gewertet werden, nachdem die die soziale Auswahl bei betriebsbedingten Künd nur noch die Kriterien Alter, Betriebszugehörigkeit, Unterhaltspflichten und Schwerbehinderung berücksichtigen muss. Die abstrakt-gene-

492

[1456] Moll/*Ulrich*, Münchener Anwaltshandbuch, § 40 Rn 162; KR/*Etzel* § 1 KSchG Rn 611; *Gaul/Bonanni/Naumann*, DB 2003, 1902.

[1457] Moll/*Ulrich*, Münchener Anwaltshandbuch, § 40 Rn 162; KR/*Etzel* § 1 KSchG Rn 611; *Stahlhacke/Preis/Vossen*, Rn 1065.

[1458] *Gaul/Bonanni/Naumann*, DB 2003, 1902, 1905; *Sieger/Hasselbach*, DB 1999, 430, 434.

[1459] A.A. LAG Hamm 18.2.2004 – 2 Sa 1372/03.

[1460] BAG 28.10.2004 – 8 AZR 391/03 – NZA 2005, 285.

[1461] BAG 24.2.2000 – 8 AZR 145/99.

[1462] BAG 31.5.2007 – 2 AZR 276/06 – NZA 2008, 33; *Gaul*, NZA 2005, 730 ff.

[1463] BAG 5.12.2002 – 2 AZR 522/01 – AP § 1 KSchG 1969 Betriebsbedingte Kündigung Nr. 126; BAG 22.4.2004 – 2 AZR 244/03 – NZA 2004, 1389; krit. mit Überblick über den Meinungsstand *Lunk/Möller*, NZA 2004, 9 (12 ff.).

[1464] BAG 18.3.1999 – 8 AZR 190/98 – NZA 1999, 870.

[1465] BAG 22.4.2004 – 2 AZR 244/03 – NZA 2004, 1389.

[1466] BAG 18.3.1999 – 8 AZR 190/98 – NZA 1999, 870; BAG 24.2.2000 – 8 AZR 167/99 – NZA 2000, 764.

relle Verpflichtung einer Berücksichtigung „sozialer Gesichtspunkte", die einer Auslegung unter Berücksichtigung der den Widerspruch gegen einen Betriebsübergang tragenden Gründe zugänglich war, ist mit dem Ziel klarerer Vorgaben für die Sozialauswahl gestrichen worden. Lässt man die in Abs. 3 S. 2 geregelten Ausnahmetatbestände einer Herausnahme einzelner AN aus der Sozialauswahl unberücksichtigt, enthält das Gesetz in seiner Neufassung keinen Anhaltspunkt mehr für die Rechtfertigung einer Einschränkung der Sozialauswahl zum Nachteil der AN, die dem Übergang ihres Arbverh widersprochen haben. Entsprechend muss ungeachtet eines berechtigten, respektive sachlichen Grundes für den Widerspruch eine soziale Auswahl zwischen dem widersprechenden AN und seinen Kollegen auf vergleichbaren Arbeitsplätzen durchgeführt werden.[1467]

493 Ein Aufhebungsvertrag ist wegen objektiver Gesetzesumgehung nichtig, wenn er lediglich die Beseitigung der Kontinuität des Arbverh bei gleichzeitigem Erhalt des Arbeitsplatzes bezweckt. Diesem Zweck dient auch der Abschluss eines Aufhebungsvertrages im Zusammenhang mit einer Betriebsschließung, wenn zugleich ein neues Arbverh zum Betriebsübernehmer vereinbart oder zumindest verbindlich in Aussicht gestellt wird. Die Umgehung der Grundsätze der Sozialauswahl hat in diesem Fall zur Folge, dass der ausgeschiedene AN im Rahmen der Sozialauswahl in einem Künd-Rechtsstreit eines anderen AN über die Sozialwidrigkeit einer wegen Betriebsschließung ausgesprochenen Künd zu berücksichtigen ist.[1468]

494 **bb) Vergleichbarkeit der Arbeitnehmer.** Der AG hat in die Sozialauswahl die **AN** einzubeziehen, **die miteinander vergleichbar** sind. Vergleichbar sind AN, die aufgrund ihrer beruflichen, fachlichen und persönlichen Qualifikation und nach dem Inhalt des Arbeitsvertrages austauschbar sind.[1469] Die **„qualitative" Austauschbarkeit** bestimmt sich in erster Linie nach arbeitsplatzbezogenen Merkmalen, d.h. nach der **ausgeübten Tätigkeit**. Dabei ist Austauschbarkeit auch gegeben, wenn der Beschäftigte aufgrund seiner bisherigen Aufgaben im Betrieb und angesichts seiner beruflichen Qualifikation dazu in der Lage ist, die andersartige, aber gleichwertige Arbeit eines Kollegen zu verrichten. Die **Notwendigkeit einer kurzen Einarbeitungszeit** steht der Vergleichbarkeit nicht entgegen.[1470] Die **„arbeitsvertragsrechtliche" Austauschbarkeit** liegt vor, wenn der AG den AN einseitig, d.h. kraft seines Direktionsrechts, auf einen anderen Arbeitsplatz um- oder versetzen kann. Hingegen fehlt in Fällen, in denen es für die Um- oder Versetzung einer Vertragsänderung oder Änderungs-Künd bedarf, die Vergleichbarkeit.[1471] Dies gilt auch, wenn die Begrenzung des Direktionsrechts lediglich darauf beruht, dass sich die Arbeitsbedingungen im Laufe der Zeit auf einen bestimmten Arbeitsplatz konkretisiert haben.[1472] Der Vergleich der AN vollzieht sich nur auf derselben Ebene der Betriebshierarchie (**sog. horizontale Vergleichbarkeit**).[1473] AN auf einer anderen Stufe der Betriebshierarchie scheiden aus der Sozialauswahl aus. Im Rahmen der Sozialauswahl kann keine Beförderung erzwungen werden.[1474] Die Annahme einer **vertikalen Vergleichbarkeit** bei der Sozialauswahl nach Abs. 3 würde zu einem durch das KSchG **nicht gerechtfertigten Verdrängungswettbewerb** führen.[1475] Überdies hätte die Anerkennung einer vertikalen Vergleichbarkeit zur Folge, dass die soziale Auswahl nicht mehr an die dringenden betrieblichen Erfordernisse anknüpfen würde, die zum Wegfall des Arbeitsplatzes führen. AN für die der Beschäftigungsbedarf nicht entfallen ist, könnten bei vertikalem Vergleich aufgrund der sozialen Auswahl in rechtswidriger Weise ihren Arbeitsplatz verlieren.[1476]

495 Den Arbeitsvertragsparteien steht es frei, dem AG durch eine weit gefasste Beschreibung der zu leistenden Arbeit einen flexiblen Personaleinsatz zu gestatten und ihm hierfür im Gegenzug eine ausgedehnte Sozialauswahl aufzuerlegen. Umgekehrt steht einer einschränkenden Regelung der geschuldeten Arbeit – aus Sicht des AN – der Nachteil einer nur begrenzten Austauschbarkeit im Rahmen des Abs. 3 gegenüber. Verengt sich die Leistungspflicht des AN auf einen einzigen Arbeitsplatz, kann er ohne soziale Auswahl entlassen werden, wenn diese Position entfällt.[1477]

496 Der AG ist nicht verpflichtet, dem AN zur Vermeidung einer Beendigungs-Künd eine Weiterbeschäftigung auf der Stelle einer nicht vergleichbaren Aushilfskraft ohne Künd-Schutz anzubieten. Das **Einverständnis des AN mit einer Vertragsänderung** kann die fehlende Vergleichbarkeit nicht herbeiführen. Dem AN erwächst durch die **Eingrenzung** seiner **Arbeitspflicht** ein Vorteil und durch eine erneute Vertragsänderung, die erst im Zusammenhang mit der Künd vorgenommen wird, werden Rechte Dritter berührt. Eine weitgefasste Aufgabenbeschreibung im Arbeitsvertrag gestattet dem AG zwar einen flexiblen Personaleinsatz, führt aber im Gegenzug auch zu einer ausgedehnten So-

---

1467 *Gaul*, NZA 2005, 730, 732; *Nägele*, ArbRB 2004, 312, 314; *Lunk/Möller*, NZA 2004, 9, 13.
1468 LAG Düsseldorf 31.10.2002 – 5 Sa 911/02.
1469 BAG 18.10.2006 – 2 AZR 676/05 – NZA 2007, 798; BAG 2.3.2006 – 2 AZR 23/05 – NZA 2006, 1350; BAG 17.2.2000 – 2 AZR 142/99 – NZA 2000, 822; BAG 5.12.2002 – 2 AZR 697/01 – NZA 2003, 849.
1470 BAG 15.6.1989 – 2 AZR 580/88 – NZA 1990, 226; BAG 25.4.1985 – 2 AZR 140/84 – NZA 1986, 64.
1471 BAG 17.9.1998 – 2 AZR 725/97 – NZA 1998, 1332; BAG 17.2.2000 – 2 AZR 142/99 – NZA 2000, 822; LAG Düsseldorf 21.1.2004 – 12 Sa 1188/03 – LAGReport 2004, 130.
1472 LAG Hamm 7.12.2000 – 12 Sa 1150/00 – LAGE § 1 KSchG Soziale Auswahl Nr. 35; a.A. APS/*Kiel*, § 1 KSchG Rn 680.
1473 BAG 21.6.1995 – 2 AZR 693/94 – AP § 1 BetrVG 1972 Nr. 16.
1474 Willemsen u.a./*Willemsen*, H Rn 20.
1475 BAG 10.11.1994 – 2 AZR 242/94 – NZA 1995, 566; LAG Nürnberg 17.2.2004 – 6 Sa 518/03 – NZA-RR 2004, 628.
1476 BAG 29.3.1990 – 2 AZR 369/89 – NZA 1991, 181.
1477 BAG 17.9.1998 – 2 AZR 725/97 – NZA 1998, 1332.

zialauswahl. Umgekehrt steht einer einschränkenden Regelung der geschuldeten Arbeit eine nur begrenzte Austauschbarkeit im Rahmen des Abs. 3 gegenüber, was für den AN nachteilig ist. Müsste das Einverständnis des von der Entlassung bedrohten AN zur Um- oder Versetzung eingeholt werden, bliebe der auswahlrelevante Personenkreis entgegen der gesetzlichen Konzeption nicht auf den von dem betrieblichen Erfordernis unmittelbar betroffenen betrieblichen Bereich beschränkt, sondern würde durch eine subjektive Entscheidung des AN auf andere Bereiche ausgedehnt, für den verdrängten Beschäftigten würde erst durch die Entschließung und nicht durch den betrieblichen Umstand ein Künd-Grund geschaffen. Die entsprechende Vertragsänderung wäre letztlich ein unzulässiger Vertrag zu Lasten Dritter.[1478] Es ist als eine unzulässige Umgehung der zwingenden Grundsätze der Sozialauswahl zu werten, wenn der **Arbeitsvertrag im Vorfeld einer Künd verändert wird**, um den Bereich der Vergleichbarkeit zu verändern.[1479] Wurde einem AN unter Abänderung seines Arbeitsvertrages die Leitung eines konkreten Arbeitsbereichs übertragen und kündigt der AG später betriebsbedingt, weil dieser Arbeitsbereich wegfällt, sind die ehemals vergleichbaren, ohne Leitungsfunktion in anderen Arbeitsbereichen beschäftigten AN i.d.R. nicht in die soziale Auswahl einzubeziehen. Die Fallgestaltung der Schließung einer Abteilung sowie des Wegfalls eines Arbeitsplatzes, auf dem ein AN mit stark verengter Arbeitspflicht beschäftigt wird, ist von derjenigen der Teilstilllegung bei Beschäftigung von AN ohne präzise beschriebenes Aufgabengebiet sowie von derjenigen der bloßen Verringerung des Beschäftigungsvolumens mehrerer objektiv vergleichbarer AN zu unterscheiden, die beide eine abteilungsübergreifende Sozialauswahl gebieten.[1480] Kann ein AN nach dem Arbeitsvertrag nur innerhalb eines bestimmten Arbeitsbereichs versetzt werden (eine Layouterin/Redakteurin eines großen Verlagshauses nur innerhalb der Redaktion der von ihr betreuten Zeitschrift), ist bei einer wegen Wegfalls dieses Arbeitsbereichs erforderlichen betriebsbedingten Künd keine Sozialauswahl unter Einbeziehung der vom Tätigkeitsfeld vergleichbaren AN anderer Arbeitsbereiche (Redaktionen anderer Zeitschriften des Verlages) vorzunehmen. Wenn im Arbeitsvertrag die Zeitschrift, für die die AN zu arbeiten hatte, festgelegt war und die Arbeitsvertragsparteien die Arbeitsverpflichtung nicht auf mehrere Zeitschriften oder andere Verlagswerke erstreckt haben, bedeutet diese bewusste **Einengung des Tätigkeitsbereichs** der AN eine **Einschränkung des Direktionsrechts**. Die damit verbundene Begrenzung des auswahlrelevanten Personenkreises und das u.U. gänzliche Entfallen des Erfordernisses der sozialen Auswahl bilden lediglich die rechtliche Konsequenz der Vertragsgestaltung, die sich aus der bloßen Anwendung von Abs. 3 ergibt. Nicht nur die Konkretisierung des Arbeitsvertrages auf einen höherwertigen Arbeitsplatz bzw. die Konkretisierung auf einen von mehreren räumlich weit auseinanderliegenden Arbeitsplätzen schränkt die Sozialauswahl ein. Jedenfalls beim Vorliegen sachlicher Gründe steht es den Arbeitsvertragsparteien frei, das Direktionsrecht des AG auch auf einzelne von mehreren objektiv vergleichbaren Arbeitsplätzen einzugrenzen, die nach rein arbeitsplatzbezogenen Merkmalen miteinander vergleichbar sind.[1481]

Die **tarifliche Eingruppierung** kann für die Frage, ob AN **austauschbar** sind, in engen Grenzen herangezogen werden. Bei ausgesprochenen Hilfstätigkeiten kommt der identischen Eingruppierung ein ausreichender **Indizwert** zu.[1482] Hingegen verliert die gleiche tarifliche Eingruppierung bei steigender beruflicher Qualifikation der AN ihren Aussagewert, weil die betriebliche Spezialisierung ebenso wie ein aktueller Kenntnisstand der Austauschbarkeit entgegenstehen.[1483] Eine **unterschiedliche Vergütung** kann somit für die Frage der Vergleichbarkeit von Bedeutung sein. So nimmt etwa das LAG Berlin an, AN mit Tätigkeiten unterschiedlicher Tarifgruppen könnten mangels Vergleichbarkeit nicht in eine Sozialauswahl gem. Abs. 3 S. 1 einbezogen werden, selbst wenn dies eine mit dem BR vereinbarte Auswahlrichtlinie vorsehe.[1484] Es darf jedoch nicht schematisch auf die Vergütungshöhe abgestellt werden. Vielmehr ist in erster Linie eine **tätigkeitsbezogene Prüfung** durchzuführen.[1485]

Bei der sozialen Auswahl nach Abs. 3 sind **ausschließlich soziale Gesichtspunkte** rechtlich relevant. **Leistungsunterschiede** sind in diesem Zusammenhang nicht zu berücksichtigen, **krankheitsbedingte Fehlzeiten** eventuell nur dann, wenn sie Hinweise auf eine besondere Schutzbedürftigkeit des betreffenden AN geben. Krankheitsbedingte Fehlzeiten sind auch nach Abs. 3 S. 2 nur ganz ausnahmsweise zu beachten,[1486] wenn die Voraussetzungen einer krankheitsbedingten Künd vorliegen. Also eine negative Prognose für die gesundheitliche Entwicklung des AN vorliegt und sich daraus eine unzumutbare betriebsorganisatorische oder wirtschaftliche Beeinträchtigung ergibt. Diese Einschränkung ist geboten, weil die Gesetzesmaterialien[1487] keinen Hinweis darauf enthalten, dass die Krankheit eines AN die soziale Auswahl ausschließen solle.[1488]

1478 BAG 19.5.1993 – 2 AZR 584/92 – NZA 1993, 1075; LAG München 13.8.2002 – 2 Sa 995/01 – LAGE § 1 KSchG Betriebsbedingte Kündigung Nr. 62a.
1479 LAG Schleswig-Holstein 13.12.2001 – 4 Sa 203/01.
1480 BAG 17.9.1998 – 2 AZR 725/97 – NZA 1998, 1332.
1481 BAG 17.2.2000 – 2 AZR 142/99 – NZA 2000, 822.
1482 BAG 15.6.1989 – 2 AZR 580/88 – NZA 1990, 226; BAG 25.4.1985 – 2 AZR 140/84 – NZA 1986, 64; *Preis*, DB 1984, 2224, 2247.
1483 BAG 5.5.1994 – 2 AZR 917/93 – NZA 1994, 1023; HK-KSchG/*Dorndorf*, § 1 KSchG Rn 1049.
1484 LAG Berlin 7.11.2003 – 6 Sa 1391/03 – NZA-RR 2004, 353.
1485 BAG 10.2.1999 – 2 AZR 715/98 – RzK I 10 h Nr. 49.
1486 Vgl. BAG 31.5.2007 – 2 AZR 306/06 – NZA 2007, 1362.
1487 BT-Drucks 1/2090, S. 12, abgedr. in RdA 1951, 57, 63.
1488 BAG 24.3.1983 – 2 AZR 21/82 – AP § 1 KSchG 1969 Betriebsbedingte Kündigung Nr. 12; BAG 30.10.1981 – 7 AZR 316/79.

499 Die Befugnis des AG, durch freie Entscheidung das **Anforderungsprofil** für Arbeitsplätze festzulegen, wird eingeschränkt durch das Ultima-Ratio-Prinzip, das ihm – soweit möglich und zumutbar – gebietet, den bisherigen Arbeitsplatzinhaber weiter zu beschäftigen.[1489] Ist dessen Arbeitsplatz aufgrund Umgestaltung der Arbeitsabläufe weggefallen, jedoch auf einem freien Arbeitsplatz im Wesentlichen dieselbe Tätigkeit zu verrichten, ist die Künd wegen fehlender Betriebsbedingtheit oder, falls der Arbeitsplatz durch einen sozial weniger schutzbedürftigen AN besetzt ist, wegen fehlerhafter Sozialauswahl sozial ungerechtfertigt. Der Umsetzbarkeit/Vergleichbarkeit steht eine **geringere Höherwertigkeit**, die **Bezeichnung als „Beförderungsstelle"** oder die **Aufwertung der Stelle durch geforderte Formalqualifikationen** jedenfalls dann nicht entgegen, wenn der AN nach seinen Kenntnissen und Fähigkeiten in der Lage ist, die Arbeitsleistung auch auf dem neuen Arbeitsplatz zu erbringen oder nach gewisser Einarbeitungszeit, zumutbarer Umschulung oder Fortbildung die präsumierte Qualifikation zu erlangen. Würde man allein an das vom AG verfasste Anforderungsprofil die Möglichkeit der Weiterbeschäftigung des AN binden, hätte es der AG sonst in der Hand, einem weniger geschätzten AN betriebsbedingt mit der Begründung zu kündigen, eine Beschäftigung auf seinem inzwischen aufgewerteten bzw. umstrukturierten Arbeitsplatz könne er nicht verlangen und auch andere Arbeitsmöglichkeiten kämen mangels Erfüllung des Anforderungsprofils nicht in Betracht.[1490] Stellt der AG im Rahmen der Sozialauswahl für ansonsten vergleichbare AN ein neues Anforderungsprofil auf und unterteilt er die AN in Gruppen, die dieses Anforderungsprofil erfüllen oder nicht, macht dies eine konkrete Darlegung erforderlich, welche neuen Aufgaben der so gebildeten Gruppe von AN übertragen werden soll und warum ein Teil der bisher vergleichbaren AN diese Kriterien nicht erfüllen. Die unternehmerische Entscheidung allein, nur noch mit qualifizierteren Mitarbeitern die Produktion fortführen zu wollen, rechtfertigt nicht, besser qualifizierte AN von der Sozialauswahl auszunehmen, sofern sie nicht die Kriterien berechtigter betrieblicher Bedürfnisse i.S.d. Abs. 3 S. 2 erfüllen.[1491] Entsprechende berechtigte betriebliche Bedürfnisse sieht das LAG Hamm in einer Entscheidung aus dem Jahr 2004[1492] und führt aus: „Ist die Tätigkeit der Beschäftigten in einem Betrieb des Raumausstatter-Handwerks in der Weise organisiert, dass von sämtlichen AN mit abgeschlossener Ausbildung zum Raumausstatter ein Teil ausschließlich mit handwerklichen Aufgaben der „Objektausstattung" (Montage und Dekorieren) befasst ist, ein anderer Teil hingegen nach innerbetrieblicher Schulung zusätzliche Aufgaben der „Objektbearbeitung" (Angebotserstellung und kaufmännische Auftragsbearbeitung) erledigt, und trifft der AG wegen Auftragsmangels die Organisationsentscheidung, die Aufgaben der Objektausstatter zusätzlich den nicht mehr ausgelasteten Objektbearbeitern zu übertragen und sämtliche Objektausstatter zu entlassen, kann die hierauf gestützte Künd nicht erfolgreich mit der Begründung angegriffen werden, es habe einer Sozialauswahl unter sämtlichen Raumausstattern bedurft, da bereits die Ausbildung zum Raumausstatter kaufmännische Grundlagenkenntnisse vermittle und allenfalls noch eine kurze Einarbeitung in die zusätzlichen Aufgaben der Objektbearbeitung erforderlich sei."

500 Wurde einem AN unter Abänderung seines Arbeitsvertrages die Leitung eines konkreten Arbeitsbereichs übertragen und kündigt der AG später betriebsbedingt, weil dieser Arbeitsbereich wegfällt, sind die ehemals vergleichbaren, ohne Leitungsfunktion in anderen Arbeitsbereichen beschäftigten AN i.d.R. nicht in die soziale Auswahl einzubeziehen. Den Vertragspartnern bleibt es unbenommen, dem AG durch eine **weit gefasste Beschreibung der zu leistenden Arbeit** einen flexiblen Personaleinsatz zu gestatten und ihm hierfür im Gegenzug eine ausgedehnte Sozialauswahl aufzuerlegen. Umgekehrt steht einer **einschränkenden Regelung der geschuldeten Arbeit** – aus Sicht des AN – der Nachteil einer nur begrenzten Austauschbarkeit im Rahmen des Abs. 3 gegenüber. Verengt sich die Leistungspflicht des AN auf einen einzigen Arbeitsplatz, kann er ohne soziale Auswahl entlassen werden, wenn diese Position entfällt.[1493] Die für die Sozialauswahl erforderliche Vergleichbarkeit der betroffenen AN kann nicht durch eine Vertragsveränderung herbeigeführt werden. Denn es ist als eine unzulässige Umgehung der zwingenden Grundsätze der Sozialauswahl zu werten, wenn der Arbeitsvertrag im Vorfeld einer Künd verändert wird, um den Bereich der Vergleichbarkeit zu verändern.[1494]

501 Findet sich im Arbeitsvertrag keine Versetzungsklausel, ist eine einseitige **Versetzungsmöglichkeit durch Direktionsrecht des AG** an einen anderen Ort außerhalb des Betriebes – und sei dieser auch nur 13 km entfernt – nicht gegeben. Diese fehlende Zuweisungsmöglichkeit hindert auch die Einbeziehung der an dem anderen Ort noch beschäftigten AN in die soziale Auswahl nach Abs. 3, weil der Vergleichbarkeit die fehlende rechtliche Austauschbarkeit entgegensteht. Die angesichts der ausgesprochenen Künd erklärte Bereitschaft des AN zum Einsatz an diesem weiteren Betriebsort ändert hieran nichts. Lässt sich mangels Vorhandenseins eines schriftlichen Anstellungsvertrages nicht klären, ob der AN ohne sein Einverständnis auch an einen anderen Ort versetzt werden könnte, geht dies zu seinen Lasten. Für die Fehlerhaftigkeit der sozialen Auswahl trägt nach gesetzlicher Regelung (Abs. 3 S. 3) der AN die Beweislast.[1495]

1489 Vgl. weiterführend *Wisskirchen/Bissels/Schmidt*, NZA 2008, 1386.
1490 LAG Düsseldorf 21.1.2004 – 12 Sa 1188/03 – LAGReport 2004, 130.
1491 Hessisches LAG 18.12.2003 – 14 Sa 1102/03.
1492 LAG Hamm 13.9.2004 – 8 Sa 271/04.
1493 BAG 17.9.1998 – 2 AZR 725/97 – NZA 1998, 1332.
1494 LAG Schleswig-Holstein 13.12.2001 – 4 Sa 203/01 – ZTR 2002, 293 (LS).
1495 LAG Nürnberg 17.2.2004 – 6 Sa 518/03.

502 Ist ein **AN** nach seinem Arbeitsvertrag **betriebsübergreifend versetzbar**, ist für die Beurteilung, ob die Sozialauswahl zutreffend erfolgt ist, nicht auf die zufällige Personalstruktur des letzten Arbeitsplatzes abzustellen, sondern alle AN mit vergleichbarer Tätigkeit im Unternehmen in die Sozialauswahl einzubeziehen. Der Umfang des arbeitgeberseitigen Direktionsrechts bestimmt damit bei einem betriebsübergreifenden Versetzungsrecht auch den Umfang der in die Sozialauswahl einzubeziehenden Mitarbeiter.[1496]

503 Will der AG lediglich die Zahl der insg. etwa für Reinigungsarbeiten geleisteten Überstunden abbauen, ohne dass eine Organisationsentscheidung vorliegt, bestimmte Arbeiten nur durch Vollzeit- oder Teilzeitkräfte erledigen zu lassen, sind alle mit diesen Arbeiten beschäftigten AN ohne Rücksicht auf ihr Arbeitszeitvolumen in die Sozialauswahl einzubeziehen.[1497] Der Kreis der vergleichbaren AN bei der Sozialauswahl kann grds. nicht auf die jeweiligen Mitarbeiter mit gleichem Arbeitszeitvolumen beschränkt und die soziale Auswahl nur innerhalb der einzelnen Gruppen vorgenommen werden, wenn sich aufgrund einer arbeitgeberseitigen Organisationsentscheidung lediglich das Arbeitsvolumen bzw. das Stundenkontingent in der Dienststelle reduziert hat. Wird in einem solchen Fall der **auswahlrelevante Personenkreis** allein **nach Teilzeit- und Vollzeitbeschäftigten**, ohne dass hierfür sachliche Gründe vorliegen, bestimmt, so kann darin eine unzulässige Diskriminierung i.S.v. § 4 Abs. 1 TzBfG liegen.[1498] Die vorstehenden Grundsätze stellen die Ausnahme von der Regel dar, wonach Teilzeit- und Vollzeit-AN nicht vergleichbar sind, wenn für ihre unterschiedliche Behandlung sachlich rechtfertigende, betrieblich organisatorische Gründe vorliegen.[1499] Ob bei der Künd teilzeitbeschäftigter AN Vollzeitbeschäftigte und bei der Künd vollzeitbeschäftigter AN Teilzeitbeschäftigte in die Sozialauswahl nach Abs. 3 einzubeziehen sind, hängt maßgeblich von der durch den Unternehmer vorgegebenen betrieblichen Organisation ab.[1500] Die auf sachlichen Erwägungen beruhende Entschließung des AG für bestimmte Arbeiten nur Vollzeitkräfte einzusetzen, kann als freie unternehmerische Entscheidung nur darauf überprüft werden, ob sie offenbar unsachlich, unvernünftig oder willkürlich ist.[1501] Liegt eine die Gerichte bindende Unternehmerentscheidung vor, sind bei der Künd einer Teilzeitkraft die Vollzeitkräfte nicht in die Sozialauswahl einzubeziehen.[1502] Bei einem Reinigungsgewerbe sind die Reinigungskräfte die in unterschiedlichen Betriebsteilen beschäftigt sind, austauschbar, auch wenn die Arbeitszeit in den anderen Betriebsteilen wesentlich kürzer ist. Der AG genügt den prozessualen Anforderungen nicht, wenn er sich zur Begründung einer fehlenden Vergleichbarkeit pauschal auf eine weitere Entfernung der anderen Betriebsteile und eine andere Arbeitszeit für die dort beschäftigten AN beruft. Es ist eine konkrete Darstellung sowohl der anderweitigen Arbeitszeiten als auch eine genaue Benennung der angeblich zu weit entfernten Objekte erforderlich. Die zeitliche Lage der Arbeitszeit unterliegt grds. dem Direktionsrecht des AG, wenn nicht vertraglich etwas anderes vereinbart ist. Der Einbeziehung in die soziale Auswahl steht es daher nicht entgegen, wenn die in anderen Betriebsteilen tätigen AN der Beklagten bei gleichem Umfang der Arbeitszeit zu anderen Tageszeiten beschäftigt werden.[1503] Teilzeitbeschäftigte AN mit geringfügig unterschiedlichen Arbeitszeiten sind im Rahmen der sozialen Auswahl nach Abs. 3 einander jedenfalls dann vergleichbar, wenn der kündigungsbedrohte AN die fortbestehende Arbeitsstelle übernehmen kann, ohne dass eine Anpassung anderer Arbeitsverträge erforderlich wird.[1504]

Der unterschiedliche rechtliche Status von Ang und gewerblichen AN steht einer „Austauschbarkeit" aufgrund des Direktionsrechts bei der Sozialauswahl entgegen.[1505]

504 Bei der nach Abs. 3 geforderten Vergleichbarkeit der in die Sozialauswahl einzubeziehenden AN kann **einem aktuellen Stand von Kenntnissen und Fähigkeiten (CAD-Technik)** erhebliche Bedeutung zukommen.[1506] Bei der rechtlichen Prüfung ist stets eine umfassende Bewertung des Sachverhalts vorzunehmen. Pauschale Aussagen des AG zur fehlenden Vergleichbarkeit rechtfertigen keine Einschränkung des auswahlrelevanten Personenkreises, wenn Kenntnisse und Fähigkeiten innerhalb zumutbarer Zeit erlangt werden können. So nehmen **aus einer mehrjährigen Tätigkeit gewonnene Fachkenntnisse** und **ressortspezifische Kontakte** den Redakteuren des Ressorts einer Tageszeitung weder die Vergleichbarkeit mit einem entlassenen Kollegen, der im Laufe der Jahre bereits in verschiedenen Ressorts tätig war, noch begründen sie ein berechtigtes betriebliches Bedürfnis, das einer Auswahl nach sozialen Gesichtspunkten entgegenstünde.[1507] Eine Krankenpflegehelferin kann sich nicht darauf berufen, dass die **examinierten Kräfte** in die Sozialauswahl einzubeziehen gewesen wären. Nach Abs. 2 S. 1 sind in die Auswahl nur miteinander von ihrer Aufgabenstellung her austauschbare AN aufzunehmen. Bei nur teilweiser Identität

---

[1496] LAG Köln 9.2.2004 – 2 (10) Sa 982/03 – AuA 2004, 43.
[1497] BAG 17.1.2002 – 2 AZR 15/01 – EzA § 1 KSchG Soziale Auswahl Nr. 47.
[1498] BAG 22.4.2004 – 2 AZR 244/03 – NZA 2004, 1389.
[1499] LAG München 13.8.2002 – 2 Sa 995/01 – LAGE § 1 KSchG Betriebsbedingte Kündigung Nr. 62a; weiterführend *Gaul/Bonanni/Kulejewski*, ArbRB 2005, 112 ff.
[1500] LAG Schleswig-Holstein 1.4.1999 – 5 Sa 236/98 – LAGE § 1 KSchG Soziale Auswahl Nr. 30.
[1501] Zur „missbräuchlichen" Unternehmerentscheidung v. *Hoyningen-Huene*, FS 50 Jahre BAG, S. 369 ff.
[1502] BAG 3.12.1998 – 2 AZR 341/98 – NZA 1999, 431; HaKo-KSchR/*Gallner*, § 1 KSchG Rn 731.
[1503] LAG Köln 21.6.2000 – 3 (4) Sa 68/00.
[1504] LAG Niedersachsen 11.6.2001 – 5 Sa 1832/00 – LAGE § 1 KSchG Soziale Auswahl Nr. 37.
[1505] LAG Hamm 22.9.2003 – 8 (19) Sa 1656/02.
[1506] BAG 5.5.1994 – 2 AZR 917/93 – NZA 1994, 1023.
[1507] LAG Berlin 9.5.2003 – 6 Sa 42/03 – DB 2003, 378; LAG Berlin 28.8.2003 – 16 Sa 795/03.

der Aufgabenbereiche sind auch qualifikationsbezogene Merkmale zu beachten. Es kommt darauf an, ob der gekündigte AN aufgrund seiner beruflichen Qualifikation sowie seiner betrieblichen Erfahrung dazu in der Lage ist, die andersartige, aber gleichwertige Arbeit von anderen AN auszuüben. Es unterliegt der freien unternehmerischen Entscheidung des AG, das Anforderungsprofil für den anderen Arbeitsplatz festzulegen. Schließlich sind in die Sozialauswahl nur AN auf derselben betrieblichen Hierarchieebene einzubeziehen, es ist also **keine Beförderung und keine Inanspruchnahme schlechterer Arbeitsbedingungen** möglich. Zwischen examinierten Kräften (Krankenschwestern und -pflegern) und einjährig ausgebildeten Kräften (Krankenpflegehelferinnen und -helfern) bestehen gewichtige Differenzen in der Qualifikation, den Zuständigkeiten im Pflegedienst und der Verantwortung.[1508]

505 AN, die nach § 102 Abs. 5 BetrVG oder **aufgrund des allg. Weiterbeschäftigungsanspruchs**[1509] vorläufig weiterbeschäftigt werden, sind in die soziale Auswahl einzubeziehen. Vorläufig weiterbeschäftigte AN sind gegenüber den anderen AN nicht privilegiert. Deshalb muss der AG ihnen betriebsbedingt kündigen, wenn sie gegenüber vergleichbaren AN sozial stärker sind. Die Künd beendet das Weiterbeschäftigungsverhältnis.[1510] Der Verweis auf die u.U. wirksame erste Künd und der Wunsch des AG, einen weiteren Arbeitsplatz statt des in seinen Personalplanungen bereits gestrichenen AN einzusparen, rechtfertigen kein abweichendes Ergebnis. Stellt sich heraus, dass die erste Künd unwirksam war, wäre der weiterbeschäftigte AN nach sozialen Gesichtspunkten möglicherweise zu Unrecht von der Künd verschont geblieben.[1511] Auch das aus Sicht des AG hohe wirtschaftliche Risiko, das aus einer fehlerhaften Sozialauswahl folgt, stützt das vorstehende Ergebnis.

506 AN mit einer **Betriebs- und Unternehmenszugehörigkeit von weniger als sechs Monaten**, die gem. Abs. 1 noch keinen Künd-Schutz nach dem KSchG genießen, sind mit den übrigen AN nicht vergleichbar. Sie können sich nicht darauf berufen, sie müssten wegen größerer sozialer Schutzbedürftigkeit den Vorzug vor AN erhalten, die bereits den allg. Künd-Schutz erworben haben. Die AN ohne allg. Künd-Schutz sind vorrangig zu kündigen. Sie sind nicht in die Sozialauswahl einzubeziehen.[1512]

507 **cc) Nicht einzubeziehende Arbeitnehmer.** In die Auswahl nach Abs. 3 S. 1 sind nur solche AN einzubeziehen, die aus demselben dringenden betrieblichen Erfordernis ebenfalls entlassen werden könnten.[1513]

508 Schließen gesetzliche Bestimmungen die Möglichkeit einer ordentlichen arbeitgeberseitigen Künd aus, sind die betroffenen AN ungeachtet des Inhalts ihrer Tätigkeit nicht in die Sozialauswahl einzubeziehen.[1514] Gesetzlich ausgeschlossen ist bspw. die Künd von:
- Mitgliedern eines BR oder PR sowie einer JAV (§§ 15 Abs. 1 und 2, 29a Abs. 1 HAG),
- Mitgliedern des Wahlvorstands (§§ 15 Abs. 3, 29a Abs. 2 HAG),
- Wahlbewerbern (§ 15 Abs. 3a),
- Vertrauenspersonen für Schwerbehinderte (§ 96 Abs. 3 SGB IX),
- Auszubildenden (§ 22 Abs. 2 BBiG) und
- Wehr- und Zivildienstleistenden (§§ 2 Abs. 1 ArbPlSchG, 78 Abs. 1 Nr. 1 ZDG).

509 Nicht in die soziale Auswahl einzubeziehen sind AN, bei denen die ordentliche Künd durch TV ausgeschlossen ist, sofern der Arbeitsplatzschutz drittbetroffener AN in der tarifvertraglichen Regelung nicht nur ganz ungenügend berücksichtigt wurde.[1515] Gleiches gilt für AN, deren ordentliche Künd durch einzelvertragliche Vereinbarung ausgeschlossen wurde und der gesteigerte Künd-Schutz nicht zweckgerichtet im Zusammenhang mit anstehenden Künd zu Lasten Dritter vereinbart wurde.[1516] Die einzelvertragliche Vereinbarung ist daran zu messen, ob sie wegen vorliegender Sachgründe keinen unverhältnismäßigen Eingriff in den durch Abs. 3 vermittelten Bestandsschutz der anderen AN bedeutet.[1517] Die **Nichteinbeziehung „unkündbarer" AN** in die Sozialauswahl folgt aus der **einseitig zwingenden Wirkung des KSchG.** Wird der tarifliche Ausschluss der ordentlichen Künd für zulässig erachtet, ist es konsequent, „ordentlich unkündbare" AN bei betriebsbedingten Künd bevorzugt zu behandeln und sie von der Sozialauswahl auszunehmen. Anderenfalls liefe der **tarifliche Sonder-Künd-Schutz** weitgehend leer. Zwischen der Sozialauswahl nach Abs. 3 und tariflichen Künd-Verboten besteht kein Konkurrenzverhältnis, das zur Unwirksamkeit der Tarifnorm aufgrund der zwingenden Wirkung des Abs. 3 führen könnte. Es besteht insoweit ein deutlicher Unterschied zwischen Auswahlrichtlinien nach § 95 BetrVG und einem tariflich erweiterten Künd-Schutz. Während Auswahlrichtlinien darauf abzielen, die soziale Auswahl transparent und berechenbarer zu gestalten, ist eine Tarif-

---

1508 LAG Bremen 13.8.1999 – 3 (2) Sa 305/98 – LAGE § 1 KSchG Betriebsbedingte Kündigung Nr. 56.
1509 BAG 27.2.1985 – GS 1/84 – NZA 1985, 702.
1510 APS/*Kiel*, § 1 KSchG Rn 690; HK-KSchG/*Dorndorf*, § 1 KSchG Rn 1058.
1511 APS/*Kiel*, § 1 KSchG Rn 690.
1512 BAG 25.4.1985 – 2 AZR 140/84 – NZA 1986, 64; *Stahlhacke/Preis/Vossen*, Rn 1077.
1513 LAG Köln 29.9.1993 – 7 Sa 241/93 – LAGE § 1 KSchG Soziale Auswahl Nr. 7.
1514 KR/*Etzel*, § 1 KSchG Rn 664; *Stahlhacke/Preis/Vossen*, Rn 1071.
1515 LAG Niedersachsen 11.6.2001 – 5 Sa 1832/00 – LAGE § 1 KSchG Soziale Auswahl Nr. 37; *Mues*, ArbRB 2003, 209.
1516 LAG Düsseldorf 25.8.2004 – 12 (3) Sa 1104/04 – LAGE § 1 KSchG Soziale Auswahl Nr. 46; LAG Sachsen 10.10.2001 – 2 Sa 744/00 – NZA 2002, 905.
1517 LAG Düsseldorf 25.8.2004 – 12 (3) Sa 1104/04 – LAGE § 1 KSchG Soziale Auswahl Nr. 46.

norm, die die ordentliche betriebsbedingte Künd ausschließt, eine eigenständige AN-Schutzvorschrift. Während zwischen der Auswahlrichtlinie und der sozialen Auswahl ein Konkurrenzverhältnis besteht, das zwingend zugunsten der Regelung in Abs. 3 zu lösen ist, fehlt eine vergleichbare Konkurrenzsituation zwischen dem tariflichen Ausschluss der ordentlichen Künd und der Pflicht zur Sozialauswahl nach Abs. 3. Nur als **Reflex des tariflich gesteigerten Künd-Schutzes** und **nicht im Sinne eines unzulässigen Vertrages zu Lasten Dritter** wird die **soziale Auswahl mittelbar berührt**, indem die Zahl der in die soziale Auswahl einzubeziehenden AN in gleicher Weise verringert wird, wie bei dem Ausschluss der ordentlichen Künd durch Einzelarbeitsvertrag oder durch Gesetz. Eine Ausnahme gilt lediglich für den Fall, dass ein tarifvertragliches oder einzelvertragliches Künd-Verbot zielgerichtet mit Blick auf eine konkret anstehende Sozialauswahl vereinbart werden soll. Ein solches Vorgehen, z.B. unmittelbar vor einem geplanten Personalabbau, ist infolge der Umgehung des Abs. 3 unwirksam. Die Verpflichtung des AG zur Beachtung der Auswahl nach sozialen Kriterien nach Abs. 3 S. 1 geht der einem sozial stärkeren AN aufgrund Dienstvereinbarung oder Individualzusage gegebenen Beschäftigungsgarantie jedenfalls dann vor, wenn die Garantie die Sozialauswahl im Rahmen erwarteter Entlassungswellen steuern sollte und zur Herausnahme des sozial schwächeren AN aus dem auswahlrelevanten Personenkreis führen würde.[1518] Ansonsten gilt, dass sich tarifvertragliche und einzelvertragliche Künd-Verbote nicht direkt gegen andere AN und deren Künd-Schutz richten. Der Grundsatz der Vertragsfreiheit und das Günstigkeitsprinzip sprechen für die Wirksamkeit des tariflich oder individualvertraglich verstärkten Künd-Schutzes.[1519] Der Ausschluss der ordentlichen Künd wirkt sich im Ergebnis nicht anders aus, als die Versetzung von AN, durch die die soziale Rangfolge der AN im auswahlrelevanten Personenkreis der bisherigen und neuen Abteilung verändert und damit der Künd-Schutz bei einer späteren Sozialauswahl u.U. beeinflusst wird. Dass der Gesetzgeber selbst der Sozialauswahl nach Abs. 3 keine absolut zwingende Wirkung einräumt, zeigen die gesetzlichen Künd-Verbote, die der Sozialauswahl entgegenstehen, insb. bei befristeten Arbeitsverträgen.[1520]

Im Einzelfall kann mit Blick auf die **europarechtlichen Vorgaben** und das **AGG** eine **verfassungs- und gesetzeskonforme Auslegung von tariflichen Regelungen** geboten sein. So kann nach Auff. des BAG die Regelung des § 4.4 MTV Metallindustrie Nordwürttemberg/Nordbaden zu Ergebnissen führen, die die gesetzliche Wertung des Abs. 3 S. 1 auf den Kopf stellen, so etwa wenn ein 53-jähriger, seit drei Jahren beschäftigter AN ohne Unterhaltspflichten aufgrund der tarifvertraglichen Regelung aus der Sozialauswahl ausscheiden soll, während ein 52-jähriger, seit 35 Jahren im Betrieb beschäftigter AN mit mehrfachen Unterhaltspflichten zur Künd ansteht. In einem solchen (Extrem-)Fall wäre dann zu erwägen, die Regelung ggf. im Hinblick auf die Grundrechte des ordentlich kündbaren Mitarbeiters (Art. 12 Abs. 1 GG, Art. 3 Abs. 1 GG, Art. 9 Abs. 3 GG in Form der negativen Koalitionsfreiheit) verfassungskonform bzw. im Hinblick auf die Regelungen zur Altersdiskriminierung (vgl. EGRL 78/2000) gemeinschaftskonform einzuschränken bzw. für den Einzelfall durch einen ungeschriebenen Ausnahmetatbestand innerhalb der Tarifnorm anzupassen. Zwar sind Unkündbarkeitsvereinbarungen grds. als zulässig anzusehen. Die gebotene Grenze kann aber dort liegen, wo die Fehlgewichtung durch den durch die ordentliche Unkündbarkeit eingeschränkten Auswahlpool zu einer grob fehlerhaften Auswahl führen würde.[1521]

509a

Mangels ordentlicher Künd-Möglichkeit sind **befristet beschäftigte AN** nicht in die Sozialauswahl einzubeziehen, sofern nicht nach § 15 Abs. 3 TzBfG einzelvertraglich in Schriftform oder im anwendbaren TV eine ordentliche Kündbarkeit vereinbart ist.[1522]

510

Aufgrund der behördlichen Zustimmungserfordernisse des § 9 Abs. 3 S. 1 MuSchG, § 18 BEEG sind **Frauen während ihrer Schwangerschaft** und bis zum Ablauf von vier Monaten nach der Entbindung sowie **AN in der Elternzeit** nur in die Sozialauswahl einzubeziehen, wenn die erforderliche behördliche Zustimmung zu ihrer Künd tatsächlich vorliegt. Der AG ist nicht verpfichtet, die notwendige behördliche Zustimmung herbeizuführen, um die Einbeziehung dieser Personen in die Sozialauswahl zu ermöglichen. Gleiches gilt bei **Schwerbehinderten nach den §§ 85 ff. SGB IX**. Trotz an sich bestehender Vergleichbarkeit scheiden sie aus dem auswahlrelevanten Personenkreis der von einer betriebsbedingten Künd betroffenen AN aus, es sei denn, es liegt die Zustimmung des Integrationsamtes vor.[1523]

511

Ein **AN**, mit dem der AG eine **Block-Altersteilzeit** vereinbart hat und der sich bereits in der Freistellungsphase befindet, kann nicht mehr betriebsbedingt gekündigt werden und ist deshalb nicht in die Sozialauswahl einzubeziehen. Der Wegfall von Beschäftigungsmöglichkeiten im Betrieb hat für das Arbverh eines in Block-Altersteilzeit bereits in der Freistellungsphase befindlichen AN keine Bedeutung mehr. Der AN hat in dieser Fallgestaltung seine volle, vertraglich geschuldete Arbeitsleistung bereits erbracht. Insoweit reicht es aus, dass bis zum Beginn der Freistellungsphase im Betrieb genügend Beschäftigungsmöglichkeiten vorhanden waren. Während der Freistellungsphase

512

1518 LAG Sachsen 10.10.2001 – 2 Sa 744/00 – NZA 2002, 905.
1519 LAG Brandenburg 29.10.1998 – 3 Sa 229/98 – NZA-RR 1999, 360; KR/*Etzel*, § 1 KSchG Rn 665; *Stahlhacke/Preis/Vossen*, Rn 1074 f.; *Ascheid*, RdA 1997, 335; *Holthausen*, Betriebliche Personalpolitik und „freie" Unternehmerentscheidung, S. 210 ff.; a.A. *Adam*, NZA 1999, 846, 847; *Löwisch*, DB 1998, 877, 880; *Bauer/Lingemann*, NZA 1993, 625, 627.
1520 KR/*Etzel*, § 1 KSchG Rn 666.
1521 BAG 5.6.2008 – 2 AZR 907/06 – NZA 2008, 1120:
1522 HK-KSchG/*Dorndorf*, § 1 KSchG Rn 1056.
1523 LAG Hamm 6.7.2000 – 4 Sa 233/00 – ZinsO 2001, 336 (LS); *Stahlhacke/Preis/Vossen*, Rn 1073.

braucht der AG den AN nicht zu beschäftigen. Die vom AG während der Freistellungsphase zu erbringende Leistung besteht allein noch in der Gehaltszahlung. Für die Erfüllung dieser Verpflichtung spielt es keine Rolle, ob der Betrieb weiter läuft oder stillgelegt wird. Das Fehlen hinreichender finanzieller Mittel kann den Schuldner grds. nicht entlasten.[1524] Etwas anderes kann gelten, wenn der AN sich noch nicht in der Freistellungsphase befindet und diese auch nicht kurz bevorsteht.[1525] Auch gegenüber dem im Blockmodell arbeitenden und noch für einige Zeit (16 Monate) in der Arbeitsphase befindlichen AN können sich dringende betriebliche Erfordernisse ergeben, die seiner Weiterbeschäftigung entgegenstehen. § 8 Abs. 1 ATG verbietet eine kündigungsrechtliche Schlechterstellung eines künftigen oder bereits in der Altersteilzeit befindlichen Altersteilzeit-AN. Die Norm gebietet jedoch auch keine Besserstellung.[1526] Auch **länger von der Arbeit freigestellte AN** (längerfristige Beurlaubung, Freistellung für eine Arbeitsgemeinschaft) sind nicht in die soziale Auswahl einzubeziehen. Ihre Einbeziehung in die soziale Auswahl scheidet aus, weil der AG gegenüber dem AN kein dringendes betriebliches Bedürfnis für eine Künd hat. Wird ein AN bspw. für zwei Jahre beurlaubt und muss der AG kurze Zeit danach betriebsbedingte Künd aussprechen, um die Belegschaft dem zurückgegangenen Auftragsvolumen anzupassen und die Lohnkosten der veränderten Auftragslage anzugleichen, erreicht er dieses Ziel nicht mit der Künd des beurlaubten AN, weil die gegenseitigen Hauptpflichten ruhen und deshalb dieses Arbverh den AG nicht mit Lohnkosten belastet und er diesen AN auch nicht beschäftigen muss. Wäre der AG gezwungen, zunächst dem beurlaubten AN zu kündigen, stünde er nicht besser als vor der Künd. Er müsste einem weiteren AN kündigen, um sein Ziel zu erreichen, die Belegschaft dem zurückgegangenen Auftragsvolumen anzupassen und die Lohnkosten der veränderten Auftragslage anzugleichen. Umgekehrt wäre die Künd gegenüber dem beurlaubten AN sozialwidrig, weil nicht feststeht, ob der AG zum Zeitpunkt der vereinbarten Wiederaufnahme der Arbeit die Belegschaft reduzieren muss. Ähnlich ist die Situation bei einem für eine Arbeitsgemeinschaft freigestellten AN. Auch hier ruht das Arbverh zu dem freistellenden AG. Dieser muss den AN nicht beschäftigen und ihm keinen Lohn zahlen. Ein Unterschied zur Beurlaubung besteht nur insofern, als die Freistellung, die ein weiteres Arbverh zur Arbeitsgemeinschaft begründet, durch unternehmerische Aktivitäten des Stamm-AG ermöglicht wird. Für die betriebsbezogene soziale Auswahl kann der gekündigte AN sich aber nur auf das ruhende Arbverh des freigestellten AN berufen, weil das weitere Arbverh mit einem anderen AG begründet worden ist.[1527]

513 d) **Soziale Auswahlkriterien. aa) Gewichtung der Kriterien und Beurteilungsspielraum des Arbeitgebers.** Es gibt keinen allg. verbindlichen Bewertungsmaßstab dafür, wie bei der Auswahl nach Abs. 3 die einzelnen Sozialdaten zueinander ins Verhältnis zu setzen sind. Dem entspricht ein **Bewertungsspielraum des AG** (kein Handlungsermessen) bei der Gewichtung der Sozialkriterien. Dies folgt daraus, dass es objektive, für alle Fälle gleichermaßen verbindliche Kriterien für die Gewichtung der zu berücksichtigenden Sozialdaten nicht gibt.[1528] Nach dem Gesetzeswortlaut des Abs. 3 S. 1 hat der AG die **sozialen Gesichtspunkte „ausreichend" zu berücksichtigen**. Die Auswahlentscheidung muss deshalb nur vertretbar sein und nicht unbedingt der Entscheidung entsprechen, die das Gericht getroffen hätte, wenn es verantwortlich soziale Erwägungen hätte anstellen müssen. Der dem AG vom Gesetz eingeräumte Wertungsspielraum führt dazu, dass nur deutlich schutzwürdigere AN mit Erfolg die Fehlerhaftigkeit der sozialen Auswahl rügen können. Daher können sich mehrere Entscheidungen als zutreffend erweisen.[1529] Eine ausreichende Berücksichtigung der sozialen Auswahlgesichtspunkte liegt immer dann vor, wenn der AG die vier gesetzlich vorgeschriebenen Sozialkriterien in ein vertretbares Verhältnis zueinander gesetzt hat.[1530] Abs. 3 stellt nicht auf die Durchführung eines förmlichen Prüfungsverfahrens ab, es kommt auf das objektiv richtige Ergebnis und die Auswahl des unter sozialen Gesichtspunkten am wenigsten schutzbedürftigsten AN an. Aufgrund der konkreten Abwägung der einschlägigen Sozialdaten darf sich keine erkennbar höhere Schutzbedürftigkeit eines anderen AN ergeben.

514 Nach Abs. 3 S. 1 der am 1.1.2004 in Kraft getretenen Neufassung des Gesetzes ist der Kreis der vom AG zwingend zu berücksichtigenden sozialen Auswahlkriterien auf die Dauer der Betriebszugehörigkeit, das Lebensalter, die Unterhaltspflichten und die Schwerbehinderung des AN beschränkt. **Die vier gesetzlich vorgeschriebenen sozialen Auswahlkriterien** haben grds. gleiches Gewicht.[1531] Diese Begrenzung zielt darauf ab, betriebsbedingte Künd für den AG und den AN rechtssicherer zu gestalten und praktikabler zu machen. Die Beschränkung auf die vier Grunddaten schließt die Beachtung unbilliger Härten im Einzelfall nicht aus. Zusätzlich erfassbare Tatsachen müssen jedoch in einem unmittelbaren spezifischen Zusammenhang mit den Grunddaten stehen oder sie müssen sich aus solchen betrieblichen Gegebenheiten herleiten, die evident einsichtig sind. Das betrifft bspw. Berufskrankheiten und einen vom

---

1524 BAG 5.12.2002 – 2 AZR 571/01 – NZA 2003, 789.
1525 Zum kurz bevorstehenden Eintritt in die Freistellungsphase LAG Köln 29.8.2002 – 5 Sa 586/02.
1526 LAG Düsseldorf 27.5.2003 – 16 Sa 1439/02 – NZA-RR 2003, 635.
1527 BAG 26.2.1987 – 2 AZR 177/86 – NZA 1987, 775; KR/Etzel, § 1 KSchG Rn 667.

1528 BAG 15.6.1989 – 2 AZR 580/88 – NZA 1990, 226; BAG 16.5.1991 – 2 AZR 93/91.
1529 BAG 5.12.2002 – 2 AZR 549/01 – NZA 2003, 791;
1530 *Schiefer*, Brennpunkte des Arbeitsrechts 2005, S. 45, 55.
1531 *Däubler*, Brennpunkte des Arbeitsrechts 2005, S. 23, 24; *Bader*, NZA 2004, 65.

AN nicht verschuldeten Arbeitsunfall, die zugunsten der betreffenden AN berücksichtigt werden können.[1532] Bereits zu der bis zum 31.12.2003 geltenden Gesetzesfassung hatte sich eine zunehmende Tendenz zur **Beschränkung sozialer Auswahlkriterien auf solche mit konkreten Bezug zum Arbverh** herausgebildet.[1533] Dauerhafte Gesundheitsbeeinträchtigungen stehen in einem sozialtypischen Zusammenhang mit dem Arbverh. Sie können bei der sozialen Auswahl zugunsten eines ANs bewertet werden, wenn sie die Erwerbschancen mindern oder im betroffen Arbverh erlitten wurden. Da die Berücksichtigung zusätzlicher Auswahlkriterien nur dann erfolgen darf, wenn die Härten evident sind oder in einem spezifischen Zusammenhang mit den Grunddaten stehen, ist die **Berücksichtigung eines „Doppelverdienstes"** ebenso ausgeschlossen wie die **Vermögenslage des AN**, sein **allg. schlechter Gesundheitszustand** oder seine **Arbeitsmarktchancen**.[1534] Der Doppelverdienst des Ehegatten kann über die Neutralisierung der Unterhaltspflicht gegenüber diesem Ehegatten hinaus nicht zu Lasten des AN im Vergleich mit einem alleinverdienenden Kollegen berücksichtigt werden. Der AN hat in diesem Fall zwar einen Unterhaltsanspruch gegenüber dem Ehegatten. Dieser Anspruch gründet sich aber auf (veränderliche) Umstände aus dem privaten Umfeld des AN, die weder mit dem Arbverh noch mit der Person des AN in einem untrennbaren Zusammenhang stehen.[1535] Der Anspruch auf oder der Bezug von Altersruhegeld ist gem. § 41 SGB VI nicht als Künd-Grund anzusehen. Von daher dürfen diese Umstände bei der Sozialauswahl als zusätzliche Umstände keine Berücksichtigung finden. Ebenso wenig ist die zugunsten des älteren und länger beschäftigten AN getroffene Sozialauswahl als fehlerhaft zu beanstanden, weil diesen AN aufgrund seiner Rentennähe eine Arbeitslosigkeit weniger hart träfe als einen jüngeren AN.[1536]

Stimmen in der Lit.[1537] fordern jedoch unter Hinweis auf das BVerfG[1538] eine „offene" Interpretation der vier Grunddaten, die die besondere Betroffenheit eines AN mitberücksichtigt. Die Eigenschaft als Alleinerziehender soll so der Unterhaltspflicht ein besonders großes Gewicht verleihen. Berufskrankheit und Arbeitsunfall sollen die Bedeutung der Betriebszugehörigkeit erhöhen und schlechte Vermittlungschancen auf dem Arbeitsmarkt sollen bei der Wertung der Betriebszugehörigkeit und beim Lebensalter Berücksichtigung finden.

515

Sozial ungerechtfertigt und damit unwirksam ist die Künd nur bei **unzureichender Berücksichtigung der vier Grunddaten**. Der AG ist nicht verpflichtet, andere als die gesetzlich genannten Kriterien seiner Auswahl zugrunde zu legen. Beachtet er jedoch zusätzliche soziale Gesichtspunkte besteht die Gefahr, dass die nach dem KSchG zwingend vorgeschriebenen vier Grundkriterien auch angesichts des dem AG zustehenden Bewertungsspielraums nicht mehr ausreichend berücksichtigt werden. Aus diesem Grund ist unter Risikoaspekten in der betrieblichen Praxis von der Berücksichtigung zusätzlicher Auswahlkriterien abzuraten.

516

Dem AG kann hinsichtlich der **Gewichtung der vier Kriterien Betriebszugehörigkeit, Lebensalter, Unterhaltspflichten und Schwerbehinderung** keine abstrakte Vorgaben gemacht werden. Es ist auch nicht möglich, im Wege der systematischen Auslegung fallübergreifende, schematische Wertungsgesichtspunkte vorzugeben.[1539] Mit der vorgenannten Aussage stellt das BAG ausdr. klar, dass **keines der (zwingenden) Auswahlkriterien vorrangig zu berücksichtigen und zu bewerten** ist. Die höchstrichterliche Rspr. entwickelte sich nicht einheitlich. Zunächst hat der Senat dem Lebensalter primäre Bedeutung beigemessen.[1540] Später hat der Senat hingegen angenommen, der Gesetzgeber räume für die rechtlich relevante Schutzbedürftigkeit der Betriebszugehörigkeit und dem Lebensalter gegenüber den Unterhaltspflichten Priorität ein, und zwar der Betriebszugehörigkeit noch vor dem Lebensalter.[1541] Diese Aussage hat der Senat im Urteil vom 8. August 1985 dahingehend abgeschwächt, dem Alter und der Betriebszugehörigkeit komme gegenüber den Unterhaltsverpflichtungen kein genereller Vorrang zu. Maßgeblich seien die Besonderheiten des Einzelfalls und die individuellen Unterschiede zwischen den vergleichbaren AN.[1542] Zu dem aufgehobenen Abs. 5 i.d.F. des Arbeitsrechtlichen Beschäftigungsförderungsgesetzes vom 25.9.1996 hat der Senat entschieden, der Betriebszugehörigkeit komme keine Priorität zu.[1543]

517

Die **Verwendung einer Punktetabelle** ist auch nach der gesetzlichen Neuregelung weiterhin möglich. Dies gilt auch, wenn keine förmliche Vereinbarung nach Abs. 4 vorliegt. Der AG ist allerdings nach wie vor gehalten, die Punktetabelle nur zur Vorauswahl zu verwenden. Im Anschluss an die **Vorauswahl aufgrund der Punktetabelle** muss – soweit es sich nicht um eine Punktetabelle nach Abs. 4 handelt – eine individuelle Abschlussprüfung der Aus-

518

1532 Vgl. Begr. des Gesetzesentwurfs der Fraktionen der SPD und BÜNDNIS 90/DIE GRÜNEN v. 24.6.2003 BT–Drucks. 15/1204, S. 11.
1533 HWK/*Quecke*, § 1 KSchG Rn 381; *Preis*, RdA 1999, 311 ff.
1534 Moll/*Ulrich*, Münchener Anwaltshandbuch, § 40 Rn 173; a.A. zum Doppelverdienst LAG Düsseldorf 4.11.2004 – 11 Sa 957/04 – DB 2005, 454.
1535 HWK/*Quecke*, § 1 KSchG Rn 383; HK-KSchG/*Dorndorf*, § 1 KSchG Rn 1086; *Preis*, RdA 1999, 311, 317 Fn 79.
1536 LAG Düsseldorf 21.1.2004 – 12 Sa 1188/03 – LAGReport 2004, 130.

1537 *Däubler*, Brennpunkt des Arbeitsrechts 2005, S. 23, 25.
1538 BVerfG v. 21.2.1995 – 1 BvR 1397/93 – BVerfGE 92, 140, 157 = NZA 1996, 619.
1539 Vgl. BAG 5.12.2002 – 2 AZR 549/01 – NZA 2003, 791.
1540 BAG 20.1.1961 – 2 AZR 495/59 – BAGE 10, 323, 327; BAG 26.6.1964 – 2 AZR 373/63 – AP § 1 KSchG Betriebsbedingte Kündigung Nr. 15.
1541 BAG 18.10.1984 – 2 AZR 543/83 – NZA 1985, 423.
1542 BAG 8.8.1985 – 2 AZR 464/84 – NZA 1986, 679.
1543 BAG 2.12.1999 – 2 AZR 757/98 – NZA 2000, 531.

wahl stattfinden.[1544] Der dem AG im Rahmen des Abs. 3 zustehende Beurteilungsspielraum ist überschritten, wenn der AG aufgrund einer schematischen Anwendung der Punktetabelle (Hammer Tabelle) die Tatsache unberücksichtigt lässt, dass ein 50 Jahre alter ungelernter AN im Verhältnis zu einem 31 Jahre alten, vergleichbaren AN schlechtere Aussichten hat, eine neue Anstellung zu finden. Allein die kürzere Betriebszugehörigkeit des jüngeren AN von zehn gegenüber sieben Jahren kann die deutlich schlechteren Arbeitsmarktchancen des älteren AN nicht kompensieren.[1545]

519 Im Rahmen des Abs. 3 kommt es nicht darauf an, ob der AG alle relevanten sozialen Kriterien zutreffend gewürdigt hat, sondern allein darauf, dass die vorgenommene Auswahl im Ergebnis objektiv richtig bzw. vertretbar ist.[1546] Ein **„Nachschieben" von sozialen Gesichtspunkten**, die bei Ausspruch der Künd noch nicht bekannt waren, ist zulässig. Bspw. ist es unschädlich, wenn der AG, dem die Schwerbehinderung von der Künd nicht betroffener AN nicht bekannt war, die Schwerbehinderung dieser AN dem BR im Rahmen des Anhörungsverfahrens nach § 102 BetrVG nicht mitgeteilt hat. Denn nach dem Grundsatz der subjektiven Determination ist die Unterrichtung des BR ordnungsgemäß, wenn der mitgeteilte Sachverhalt nach dem Kenntnisstand des AG zutreffend ist und die (subjektiven) Überlegungen des AG zur Sozialauswahl wiedergegeben sind, welche die Auswahl aus seiner Sicht stützen sollen.[1547]

520 **bb) Dauer der Betriebszugehörigkeit.** Die Dauer der Betriebszugehörigkeit ist ein betriebsbezogenes Sozialdatum von erheblichem Gewicht. Es verleiht dem Arbeitsplatz besonderen Schutz und wird auch selbst als vom KSchG anerkanntes Rechtsgut betrachtet. Mit zunehmender Betriebszugehörigkeit wächst im Allg. auch der Beitrag, den der AN zum Wert des Unternehmens leistet. Außerdem nimmt typischer Weise die persönliche Bindung zu, die etwa in einer arbeitsplatzbezogenen Wahl des Wohnortes und der Entwicklung von Freundschaften und Lebensgewohnheiten zum Ausdruck kommen kann. Die Beendigung eines Arbverh trifft deshalb den langjährig beschäftigten AN oft besonders hart.[1548]

521 Die Betriebszugehörigkeit als Sozialdatum ist im Rahmen der Auswahl nach Abs. 3 nicht identisch mit der Zeitspanne, in der ein AN in demselben Betrieb arbeitet. Entscheidend ist die Beschäftigung bei demselben AG, auch wenn sie in verschiedenen Betrieben stattfand. Unter Dauer der Betriebszugehörigkeit ist deshalb der rechtlich ununterbrochene Bestand des Arbverh zum AG zu verstehen. Maßgeblich ist somit nicht die Betriebs- sondern die Unternehmenszugehörigkeit.[1549] Auch mit einer nicht allein an den Betrieb anknüpfenden, sondern arbeitgeberbezogenen Bindung sind wirtschaftliche und soziale Wirkungen verbunden. Insoweit sind die Grundsätze heranzuziehen, die auch die Bemessung der Wartezeit nach Abs. 1 bestimmen. Auch die Festsetzung der „Beschäftigungszeit" nach § 19 BAT-O erlaubt nicht, sie als den für die Dauer der Betriebszugehörigkeit maßgeblichen Zeitraum anzusehen. In diesem Sinne hat das BAG bereits für die Wartezeit nach Abs. 1 entschieden.[1550] Daran ist auch für Abs. 3 S. 1 festzuhalten, wie die Auslegung von § 19 BAT-O ergibt.[1551] Für die Dauer der Betriebszugehörigkeit ist es ohne Bedeutung, ob das Arbverh tatsächlich geruht hat, wie etwa durch Wehrdienst, Elternzeit, Sonderurlaub, etc. Maßgebend ist allein der ununterbrochene rechtliche Bestand des Arbverh bei demselben AG (= Unternehmenszugehörigkeit). Dabei sind, wie bei der Berechnung der Wartezeit nach Abs. 1, auch frühere Zeiten der Unternehmenszugehörigkeit zu berücksichtigen, wenn zwischen dem früheren und dem neuen Arbverh ein enger sachlicher Zusammenhang besteht. Es kommt insoweit auf Anlass und Dauer der Unterbrechung an.[1552] Eine feste Begrenzung für den Zeitraum, bis zu dem Unterbrechungen außer Betracht bleiben können, besteht nicht. Je länger die zeitliche Unterbrechung gedauert hat, desto gewichtiger müssen die für einen sachlichen Zusammenhang sprechenden Umstände sein. Beträgt der zeitliche Abstand zwischen dem früheren und dem neuen Arbverh fast sieben Wochen und liegt damit jenseits der Zeitdauer, die in der Rspr. üblicherweise als unschädlich angesehen worden ist, sind nur außergewöhnlich gewichtige Umstände in der Lage, einen sachlichen Zusammenhang zu begründen.[1553] Besteht ein enger sachlicher Zusammenhang, werden die Zeiten der Arbverh addiert.[1554]

522 **Berufsausbildungszeiten** erhöhen zu der berücksichtigende Betriebsseniorität.[1555] Unberücksichtigt bleiben dagegen Tätigkeiten außerhalb des Arbverh als freier Mitarbeiter oder als Leih-AN sowie die Beschäftigung als Familienangehöriger in Erfüllung familienrechtlicher Verpflichtungen oder als Arbeitsloser im Rahmen eines Eingliederungsvertrages nach den §§ 229 ff. SGB III.[1556]

1544 BAG 5.12.2002 – 2 AZR 549/01 – NZA 2003, 791; *Schiefer*, Brennpunkte des Arbeitsrechts 2005, S. 45, 55.
1545 LAG Hamm 21.9.2006 – 8 Sa 437/06.
1546 BAG 24.2.2000 – 8 AZR 167/99 – NZA 2000, 764.
1547 *Bauer/Powietzka*, NZA-RR 2004, 505, 509 f.
1548 BAG 6.2.2003 – 2 AZR 623/01 – ZTR 2003, 507.
1549 ErfK/*Ascheid*, § 1 KSchG Rn 494; APS/*Kiel*, § 1 KSchG Rn 707; Moll/*Ulrich*, Münchener Anwaltshandbuch, § 40 Rn 174, *Lunk*, NZA-Sonderbeilage 1/2005, 41, 42.
1550 BAG 16.3.2000 – 2 AZR 828/98 – AP § 67 LPVG Sachsen-Anhalt Nr. 2.
1551 BAG 6.2.2003 – 2 AZR 623/01 – EzA § 1 KSchG Soziale Auswahl Nr. 51.
1552 BAG 22.5.2003 – 2 AZR 426/02 – AP § 1 KSchG 1969 Wartezeit Nr. 18; *Eylert/Schinz*, AE 2004, 219, 221.
1553 BAG 22.5.2003 – 2 AZR 426/02 – AP § 1 KSchG 1969 Wartezeit Nr. 18.
1554 BAG 6.2.2003 – 2 AZR 623/01 – EzA § 1 KSchG Soziale Auswahl Nr. 51.
1555 Vgl. BAG 20.8.2003 – 5 AZR 436/02 – AP § 3 EntgeltFG Nr. 20 = NZA 2004, 205; APS/*Kiel*, § 1 KSchG Rn 707.
1556 APS/*Kiel*, § 1 KSchG Rn 707.

Existieren besondere gesetzliche Anrechnungsregeln, wie z.B. in § 10 Abs. 2 MuSchG, sind diese Zeiten bei der Ermittlung der Betriebszugehörigkeit wie die Beschäftigungszeiten vor einem Betriebsübergang nach § 613a Abs. 1 BGB[1557] zugunsten des AN zu berücksichtigen. Unter Missbrauchsaspekten bestehen Bedenken gegen eine frei vereinbarte Anrechnung der Betriebszugehörigkeit zur Verbesserung der „sozialen Rangfolge" im Falle eines künftigen Personalabbaus.[1558] Unbeachtlich sind entsprechende Absprachen, wenn durch sie eine konkrete Auswahlentscheidung manipuliert werden soll. Im Ergebnis handelt es sich in diesem Fall um einen unzulässigen Vertrag zu Lasten Dritter.[1559] Der Zweite Senat trägt diesen Bedenken Rechnung und stellt hierzu wie folgt fest: „An sich nicht anrechnungsfähige frühere Beschäftigungszeiten bei demselben AG oder einem anderen Unternehmen können bei der Dauer der Betriebszugehörigkeit nach Abs. 3 S. 1 durch eine vertragliche Vereinbarung der Arbeitsvertragsparteien berücksichtigt werden. Die sich zu Lasten anderer AN auswirkende Individualvereinbarung darf jedoch nicht rechtsmissbräuchlich sein und nur die Umgehung der Sozialauswahl bezwecken. Für eine Berücksichtigung der vertraglich vereinbarten Betriebszugehörigkeitszeiten muss ein sachlicher Grund vorliegen. Ein sachlicher Grund ist ohne weiteres anzunehmen, wenn der Berücksichtigung früherer Beschäftigungszeiten ein arbeitsgerichtlicher Vergleich wegen eines streitigen Betriebsübergangs zugrunde liegt."[1560]

cc) Lebensalter. Das soziale Auswahlkriterium „Lebensalter" trägt der Tatsache Rechnung, dass das Risiko, nach der Künd keinen neuen Arbeitsplatz zu finden, für ältere AN i.d.R. größer ist als für jüngere, und dass jüngere AN hinsichtlich der inhaltlichen Anforderungen eines neuen Arbeitsplatzes regelmäßig flexibler sind als ältere. Anders als die Betriebszugehörigkeit weist das Kriterium „Lebensalter" keinen unmittelbaren Bezug zum Arbverh auf. Bei der Ermittlung der sozialen Schutzbedürftigkeit steigt die Bedeutung des Auswahlkriteriums, wenn es sich um ein höheres Lebensalter handelt. Oftmals liegt in diesen Fällen gleichzeitig eine lange Betriebszugehörigkeit vor.[1561]

Die mit steigendem Lebensalter eintretende höhere soziale Schutzbedürftigkeit kommt auch in § 10 Abs. 2 zum Ausdruck, wenn für AN mit mind. 15-jähriger Beschäftigung nach Vollendung des 50. Lebensjahres ein erhöhter Abfindungsrahmen vorgesehen ist.[1562] Allerdings ist das Lebensalter als sozialer Gesichtspunkt ambivalent und nicht absolut. Während jüngere AN ihre wirtschaftliche Existenz erst aufbauen und zur Unterhaltung ihrer Familien und der Ausbildung ihrer Kinder in besonderem Maße auf ein Erwerbseinkommen angewiesen sind, haben ältere AN häufig nur noch einen überschaubaren Zeitraum bis zur Rentenberechtigung zu überbrücken.[1563] Das BAG führt in diesem Zusammenhang aus: „Zwar sollten ältere AN vor dem Verlust des Arbeitsplatzes in höherem Alter grds. besonders geschützt werden, wie nicht zuletzt die Regelung in Art. 6 § 5 I Hs. 2 des Rentenreformgesetzes 1972 zeigt, nach der die vorzeitige Rentenberechtigung bei der sozialen Auswahl nach Abs. 3 nicht zum Nachteil des AN berücksichtigt werden darf. Es ist aber nicht zu verkennen, dass in Zeiten großer Arbeitslosigkeit auch jüngere AN – gerade wenn sie eine größere Familie gegründet haben (…) – in besonderem Maße auf den Fortbestand des Arbverh angewiesen sein können. Zu Recht wird darauf aufmerksam gemacht, beim Lebensalter eines AN handele es sich um eine ambivalente Größe, die auch in Bezug zu anderen Faktoren (Qualifikation, Berufserfahrung, Arbeitsmarktsituation, Gesundheitszustand usw.) stehe."[1564]

Die Einbeziehung des Alters als Kriterium der sozialen Auswahl stellt auch keine unzulässige unmittelbare Diskriminierung aufgrund des Alters gem. Art. 2 Nr. 2 lit. a der RL 2000/78/EG zur Festlegung eines allg. Rahmens für die Verwirklichung der Gleichbehandlung in Beschäftigung und Beruf dar.[1565] Nach Art. 6 der Richtlinie sind Ungleichbehandlungen aufgrund des Alters keine unmittelbare Diskriminierung, wenn sie durch ein legitimes, insb. beschäftigungs- oder arbeitsmarktpolitisches Ziel objektiv gerechtfertigt sind und das Mittel zur Erreichung des Zwecks angemessen und erforderlich ist.[1566] Ausgehend von diesen Grundsätzen gilt, dass die zugunsten der älteren und länger beschäftigten AN getroffene Sozialauswahl nicht deshalb als fehlerhaft beanstandet werden kann, weil diesen AN aufgrund seiner Rentennähe eine Arbeitslosigkeit weniger hart träfe als einen Arbeitskollegen, der, weil jünger, vom Erreichen der Altersgrenze noch weiter entfernt ist.[1567]

Im Zweifel – etwa bei offenkundigen Schreibfehlern oder widersprüchlichen Angaben – ist entsprechend § 33a SGB I auf die ersten Angaben des AN gegenüber einem Sozialleistungsträger oder dem AG abzustellen.[1568]

dd) Unterhaltspflichten. Die Unterhaltspflichten, die der AG gem. Abs. 3 bei der Auswahl des zu kündigenden AN berücksichtigen muss, richten sich nach den familienrechtlichen Bestimmungen des BGB (**§§ 1360 ff., 1569 ff., 1601 ff. BGB**). Nicht der Familienstand an sich, sondern die aus ihm resultierenden Verpflichtungen bilden den Anknüpfungspunkt für die Berücksichtigung im Rahmen der Sozialauswahl. Das Kriterium der Unterhaltspflichten

---

1557 LAG Hamm 27.5.2002 – 8 Sa 134/02.
1558 LAG Hamm 27.5.2002 – 8 Sa 134/02.
1559 APS/*Kiel*, § 1 KSchG Rn 708; HWK/*Quecke*, § 1 KSchG Rn 369; a.A. KR/*Etzel*, § 1 KSchG Rn 672; *Lunk*, NZA-Sonderbeilage 1/2005, 41, 43.
1560 BAG 2.6.2005 – 2 AZR 480/04 – NZA 2006, 207.
1561 *Stahlhacke/Preis/Vossen*, Rn 1100.
1562 APS/*Kiel*, § 1 KSchG Rn 710.
1563 BAG 18.1.1990 – 2 AZR 357/89 – NZA 1990, 729; APS/*Kiel*, § 1 KSchG Rn 712.
1564 BAG 18.1.1990 – 2 AZR 357/89 – NZA 1990, 729.
1565 BAG 19.6.2007 – 2 AZR 304/06 – NZA 2008, 103.
1566 *Stahlhacke/Preis/Vossen*, Rn 1102.
1567 LAG Düsseldorf 21.1.2004 – 12 Sa 1188/03 – LAG Report 2004, 130.
1568 *Lunk*, Beilage NZA 1/2005, 41, 43.

trägt dem Umstand Rechnung, dass von dem Einkommen des AN noch andere Personen abhängig sind.[1569] Die Bedeutung der Unterhaltspflicht kann dadurch zunehmen, dass der AN eine unterhaltspflichtige Person tatsächlich zu versorgen hat und er deshalb nahe der Arbeitsstätte wohnen muss.[1570]

529 Unterhaltspflichten sind nur beachtlich, soweit sie im Zeitpunkt des Ausspruchs der Künd bestehen oder konkret abzusehen sind. Auch eine **bevorstehende Geburt oder Adoption** kann relevant sein.[1571] Rechtlich unbeachtlich ist, ob der AN die ihn treffenden Unterhaltspflichten tatsächlich erfüllt. Ein gesetzeswidriges Verhalten des Unterhaltsverpflichteten darf keine Auswirkungen auf die Sozialauswahl haben.

530 Es spricht keine Ausgangsvermutung für eine Nachrangigkeit des Gesichtspunkts der Unterhaltspflichten gegenüber den zeitbezogenen Auswahlkriterien. Die Sozialdaten sind vielmehr aufgrund der konkreten Umstände individuell gegeneinander abzuwägen.[1572] Da das KSchG das Ziel verfolgt, die wirtschaftliche und soziale Existenz des AN zu schützen, sind Unterhaltsverpflichtungen des AN gleichwertig neben den anderen drei sozialen Auswahlkriterien zu berücksichtigen. Dies gebietet eine **verfassungskonforme Auslegung des Abs. 3 im Lichte des Art. 6 Abs. 1 GG**.[1573]

531 Nach Auff. des BAG[1574] ist der AG nicht verpflichtet, einen Doppelverdienst des Ehegatten zu Lasten des AN zu berücksichtigen. Im Kern ist damit die Streitfrage angesprochen, ob es im Rahmen des Abs. 3 allein auf die Zahl der unterhaltsberechtigten Personen oder auch auf die Höhe der Unterhaltsverpflichtungen ankommt. Ausgehend vom Sinn und Zweck des Gesetzes, **die durch die Unterhaltspflichten bestehenden Belastungen zu berücksichtigen**, vertritt die h.M. in der Lit.[1575] die Ansicht, neben der Anzahl der Unterhaltsberechtigten sei für die Bewertung auch die Höhe der Unterhaltsleistungen maßgeblich, zu denen der AN verpflichtet sei.[1576] Würde man lediglich auf die Zahl der Unterhaltsberechtigten abstellen,[1577] müsste unberücksichtigt bleiben, dass der Ehegatte des AN aufgrund eigenen Arbeitseinkommens seinen eigenen Lebensunterhalt bestreiten kann. Die Berücksichtigung von Unterhaltspflichten hätte nur noch einen statistischen Wert und würde die tatsächlichen Belastungen des AN durch Unterhaltspflichten nur unzureichend abbilden. Folgerichtig mindert sich dieser Auffassung zufolge die Unterhaltspflicht des AN, wenn andere Personen Unterhaltsleistungen erbringen. Das gilt insb., wenn der Ehegatte auch Arbeitseinkommen erzielt (sog. Doppelverdienst). In diesem Fall verringert sich die Pflicht des AN zu Unterhaltsleistungen sowohl gegenüber dem Ehegatten als auch ggf. gegenüber gemeinsamen Kindern.[1578] Auch das LAG Düsseldorf[1579] vertritt die Auffassung, die **Berücksichtigung des sog. Doppelverdienstes** bei der Sozialauswahl nach Abs. 3 S. 1 Hs. 1 sei sachlich gerechtfertigt, da dieser Gesichtspunkt in einem Zusammenhang zu den zu beachtenden Unterhaltsverpflichtungen stehe. Ein AN könne als Doppelverdiener gerade wegen seiner geringeren Unterhaltsverpflichtungen nach den §§ 1360 ff., 1569 ff. und 1601 ff. BGB sozial weniger schutzwürdig sein als jüngere Alleinverdiener mit einer geringeren Dauer der Betriebszugehörigkeit. Die Berücksichtigung des Doppelverdienstes zu Lasten eines in die soziale Auswahl nach Abs. 3 S. 1 Hs. 1 a.F. einzubeziehenden AN stelle keinen Verstoß gegen Art. 6 Abs. 1 GG dar. Berücksichtige man bei der Sozialauswahl zugunsten eines AN Unterhaltspflichten, müsse man zur näheren Bestimmung der Höhe dieser Pflichten auch mögliche Unterhaltsansprüche aus § 1360 BGB gegenüber dem mitverdienenden Ehegatten berücksichtigen. Verpflichte Abs. 3 S. 1 Hs. 1 den AG, den Doppelverdienst eines in die soziale Auswahl einzubeziehenden AN zu berücksichtigen, falls dieser zum Wegfall der nach den einschlägigen Bestimmungen des BGB bestehenden Unterhaltspflicht führe, korrespondiere hiermit die den AG treffende Erkundigungspflicht bei den für eine Künd in Betracht kommenden AN. Anderenfalls sei es dem AG, sofern er nicht schon die Verdiensthöhe der Ehegatten der in die soziale Auswahl einzubeziehenden AN kenne, gar nicht möglich, eine Abs. 3 S. 1 Hs. 1 a.F. entsprechende Sozialauswahl zu treffen. Auf die Eintragungen in den Lohnsteuerkarten könne sich der AG in diesem Zusammenhang nicht verlassen, weil diese unvollständig sein könnten.

532 Gegen die vorstehend dargestellte Rechtsauffassung sprechen Praktikabilität und Rechtssicherheit im Rechtsverkehr, da die **Verwendung der Daten aus der Lohnsteuerkarte** dem AG die Aufklärung erleichtert. Nach dieser Ansicht darf er sich daher grds. auf die Eintragungen auf der Lohnsteuerkarte verlassen,[1580] solange ihm nicht aus anderen Umständen bekannt ist oder bekannt sein müsste, dass diese Daten unzutreffend sind. Er ist danach nicht verpflichtet, im Vorfeld betriebsbedingter Künd Erkundigungen einzuziehen, um sich ein möglichst genaues Bild

---

1569 ErfK/*Ascheid*, § 1 KSchG Rn 488.
1570 LAG Niedersachsen 16.8.2002 – 10 Sa 409/02 – LAGE § 1 KSchG Soziale Auswahl Nr. 40; ErfK/*Ascheid*, § 1 KSchG Rn 488; v. *Hoyningen-Huene*/*Linck*, DB 1997, 42.
1571 APS/*Kiel*, § 1 KSchG Rn 717; *Gaul*/*Lunk*, NZA 2004, 184, 185.
1572 LAG Baden-Württemberg 17.3.2004 – 12 Sa 108/03 – EzA-SD 2004, Nr. 16, 10.
1573 V. *Hoyningen-Huene*/*Linck*, § 1 KSchG Rn 468.
1574 BAG 5.12.2002 – 2 AZR 549/01 – NZA 2003, 791.
1575 KR/*Etzel*, § 1 KSchG Rn 676 f.; ErfK/*Ascheid*, § 1 KSchG Rn 488; a.A. und differenzierend APS/*Kiel*, § 1 KSchG Rn 717 und 723.
1576 LAG Hamm 21.8.1997 – 4 Sa 166/97 – LAGE § 1 KSchG Soziale Auswahl Nr. 21 (LS).
1577 *Fischermeier*, NZA 1997, 1094.
1578 KR/*Etzel*, § 1 KSchG Rn 676 f.
1579 LAG Düsseldorf 4.11.2004 – 11 Sa 957/04 – DB 2005, 454.
1580 LAG Baden-Württemberg 9.11.1990 – 15 Sa 86/90 – LAGE § 102 BetrVG 1972 Nr. 2; ErfK/*Ascheid*, § 1 KSchG Rn 488.

der Sozialdaten zu verschaffen.[1581] Nach einer differenzierenden Auffassung des LAG Köln muss der AG die anhand der Lohnsteuerkarte für die getroffene Sozialauswahl ermittelte Zahl von Unterhaltspflichten des gekündigten AN aber dann korrigieren, wenn der AN innerhalb der Klagefrist gem. § 1 geltend gemacht hat, dass weitere Unterhaltspflichten bestehen.[1582]

Richtigerweise kann die **Ermittlung der Unterhaltspflichten** des AN durch Verwendung der Daten aus der Lohnsteuerkarte nicht ausreichen. Die Übernahme der Eintragungen ist für die zuverlässige Ermittlung der Unterhaltspflichten ungeeignet, da sie nicht zwingend die tatsächlich bestehenden Unterhaltspflichten widerspiegeln. Die auf der Lohnsteuerkarte vermerkten Kinderfreibeträge müssen nicht mit der Anzahl der unterhaltsberechtigten Kinder übereinstimmen. Bspw. können Freibeträge für Kinder mit eigenem Einkommen und für Pflegekinder eingetragen werden oder Freibeträge können gequotelt sein. Die von den Eltern gewählte Steuerklassenkombination kann ebenfalls Auswirkungen auf den auf der Lohnsteuerkarte vermerkten Kinderfreibetrag besitzen. Darüber hinaus ist nicht gewährleistet, dass Veränderungen im Rahmen der persönlichen Verhältnisse auch zeitnah in die Lohnsteuerkarten eingetragen werden, so dass auch hierdurch Unstimmigkeiten auftreten können. Es bestehen somit im Ergebnis vielfältige Möglichkeiten, die für Eltern im Zusammenhang mit der Eintragung von Kinderfreibeträgen auf der Lohnsteuerkarte in Betracht kommen. Der **Eintrag auf der Lohnsteuerkarte** ist somit **ungeeignet** für eine gesicherte Schlussfolgerung im Hinblick auf bestehende Unterhaltspflichten. Aus Gründen des arbeitsrechtlichen Risikos muss der AG daher, wenn er nicht über ausreichend aktuelle Personalunterlagen verfügt, bei den AN nachfragen, ob und welche Unterhaltspflichten bestehen.[1583] Ein AN kann sich allerdings im Künd-Schutzprozess nicht auf Auswahlgesichtspunkte zur Begründung der Sozialwidrigkeit der Künd berufen, die er dem AG trotz ausdrücklicher Befragung nicht mitgeteilt hat. Das wäre eine unzulässige Rechtsausübung.[1584] Entsprechend stellt das BAG fest: „§ 1 Abs. 3 S. 1 KSchG hebt an sich nicht auf die in die Lohnsteuerkarte eingetragenen Kinderfreibeträge ab, so dass es auf die tatsächlichen, nicht aber auf die in die Lohnsteuerkarte eingetragenen Daten ankommen dürfte. Den Bedürfnissen der Praxis ist ausreichend dadurch Rechnung getragen, dass der AG auf die ihm bekannten Daten vertrauen kann, wenn er keinen Anlass zu der Annahme hat, sie könnten nicht zutreffen. Dabei kann die Lohnsteuerkarte einen wichtigen Anhaltspunkt bieten."[1585] Unterschiede ergeben sich bei Künd in der Insolvenz. Da der Insolvenzverwalter bei der Sozialauswahl die Schwierigkeit hat, überhaupt an die notwendigen Daten heranzukommen, darf er sich darauf beschränken, die Unterhaltspflichten „laut Steuerkarte" zu berücksichtigen. Die ihm im Künd-Zeitpunkt nach der Steuerkarte zur Verfügung stehenden Daten muss der Insolvenzverwalter bei der Sozialauswahl auswerten.[1586]

ee) Schwerbehinderung. Als „viertes" zwingend zu berücksichtigendes soziales Auswahlkriterium nennt das Gesetz nunmehr ausdr. die Schwerbehinderung des von der Künd betroffenen AN. Wie man die Schwerbehinderung in den Abwägungsprozess der Sozialauswahl einbeziehen kann, ist jedoch eine „Rätselaufgabe",[1587] für die das KSchG keinen praktikablen Hinweis enthält. Völlig unberücksichtigt bleibt, dass für Schwerbehinderte der besondere Künd-Schutz nach den §§ 85 ff. SGB IX besteht.[1588] Richtigerweise dürfte nur eine Schwerbehinderung zu berücksichtigen sein, die dem AG bei Ausspruch der Künd bekannt ist. Angesichts der unklaren Rechtslage empfiehlt es sich jedoch zur Minimierung des arbeitsrechtlichen Risikos die in Betracht kommenden AN aus Beweisgründen schriftlich vor Ausspruch der Künd nach dem bestehenden Schwerbehinderteneigenschaft zu befragen und sich diese ggf. nachweisen zu lassen. Nur dann kann der AG sicher sein, dass die Sozialauswahl nicht deshalb als fehlerhaft erachtet wird, weil er ihm nicht bekannte Schwerbehinderung eines Mitarbeiters nicht berücksichtigt hat.[1589] Ob schwerbehinderte Menschen überhaupt in die Sozialauswahl einzubeziehen sind, dürfte auch nach der Neuregelung alleine der Entscheidung des AG unterfallen. Es steht ihm frei, die für die Künd eines schwerbehinderten Menschen erforderliche Zustimmung des Integrationsamtes einzuholen oder hiervon abzusehen. Holt er die Zustimmung nicht ein, sind schwerbehinderte Menschen von vornherein nicht in die Sozialauswahl einzubeziehen. Liegt die Zustimmung vor, ist die Schwerbehinderung im Rahmen der Sozialauswahl zu berücksichtigen.[1590]

1581 Küttner/*Eisemann*, Kündigung, betriebsbedingte Rn 36.
1582 LAG Köln 29.7.2004 – 5 Sa 63/04 – LAGE § 1 KSchG Soziale Auswahl Nr. 45a.
1583 LAG Hamm 7.11.2005 – 1 Sa 1110/05; LAG Rheinland-Pfalz 12.7.2006 – 10 Sa 121/06; LAG Düsseldorf 4.11.2004 – 11 Sa 957/04; LAG Niedersachsen 28.5.2004 – 10 Sa 2180/03 – LAGE § 1 KSchG Soziale Auswahl Nr. 44a; LAG Rheinland-Pfalz 8.3.2002 – 8 Sa 1450/01; LAG Hamm 29.5.1985 – 2 Sa 560/85; APS/*Kiel*, § 1 KSchG Rn 725; *Kleinebrink*, DB 2005, 2522, 2524.
1584 LAG Köln 3.5.2000 – 2 Sa 272/00 – LAGE § 1 KSchG Soziale Auswahl Nr. 33; KR/*Etzel*, § 1 KSchG Rn 678e; *Gaul/Lunk*, NZA 2004, 184, 187.
1585 BAG 17.1.2008 – 2 AZR 405/06 – DB 2008, 1688.
1586 LAG Hamm 6.7.2000 – 4 Sa 233/00 – ZInsO 2001, 336 (LS).
1587 *Richardi*, DB 2004, 486, 487.
1588 *Schiefer*, Brennpunkte des Arbeitsrechts 2005, S. 45, 56; BAG 29.11.2007 – 2 AZR 613/06 – NZA 2008, 361; BAG 1.3.2007 – 2 AZR 217/06 – NZA 2008, 302.
1589 *Schiefer*, Brennpunkte des Arbeitsrechts 2005, S. 45, 56; *Bauer/Powietzka*, NZA-RR 2004, 505, 509.
1590 *Schiefer*, Brennpunkte des Arbeitsrechts 2005, S. 45, 56.

535 Eine im Rahmen der Sozialauswahl nach Abs. 3 zu berücksichtigende Schwerbehinderung ist bei Vorliegen eines Grades der Behinderung von mind. 50 gegeben, ohne dass dies behördlich festgestellt sein müsste.[1591] Nach zutreffender Auff.[1592] ist auch die Gleichstellung nach §§ 2 Abs. 3, 68 Abs. 2 SGB IX im Rahmen der Sozialauswahl wie eine Schwerbehinderung zu berücksichtigen.[1593] Voraussetzung ist aber, dass eine behördliche Feststellung nach §§ 2 Abs. 3, 68 Abs. 2 SGB IX zum Zeitpunkt des Künd-Zugangs bereits vorliegt. Die gesetzliche Fiktion, wonach die Gleichstellung auf den Tag der Antragstellung zurückwirkt (§ 68 Abs. 2 S. 2 SGB IX), gilt im Rahmen des Abs. 3 nicht.[1594]

536 **ff) Ermittlung der Auswahlkriterien.** Da bei jeder Sozialauswahl die Berücksichtigung der vier sozialen Grunddaten (Dauer der Betriebszugehörigkeit, Lebensalter, Unterhaltspflichten und Schwerbehinderung) zwingend gesetzlich vorgeschrieben ist, trifft den AG i.d.R. die Pflicht, sich hiervon Kenntnis zu verschaffen.[1595] Die Dauer der Betriebs- bzw. Unternehmenszugehörigkeit und das Lebensalter sind dem AG i.d.R. aus den Personalakten bekannt. Zweifel können in Einzelfällen durch gezielte Rückfrage und schriftlichen Nachweis durch den AN ausgeräumt werden.

537 Bei den Unterhaltspflichten ist beispielhaft als Ausgangspunkt auf die „gesetzlichen" Unterhaltspflichten nach den §§ 1360 ff., 1569 ff. und 1601 ff. BGB abzustellen. Es geht dabei allerdings nicht nur um die Frage, ob der AN überhaupt Unterhaltspflichten zu erfüllen hat, sondern auch darum, in welcher Höhe das der Fall ist. Bei sog. Doppelverdienern ist darauf abzustellen, ob der Ehegatte überhaupt erwerbstätig ist, zu den Geringverdienern zählt oder aus eigener Arbeit so viel verdient, dass sein Ehepartner insoweit keine Unterhaltspflichten hat. Da der AG Schwierigkeiten habe, überhaupt an die notwendigen Daten heranzukommen, soll er sich nach einer Auffassung[1596] darauf beschränken dürfen, die Unterhaltspflichten „laut Steuerkarte" zu berücksichtigen, zumal die in den Personalunterlagen erfassten Daten von ihm zügig ermittelt werden könnten. Nach anderer, richtiger Auffassung[1597] darf sich der AG bezüglich der tatsächlich zu erbringenden gesetzlichen Unterhaltsverpflichtungen nicht auf die Angaben der Lohnsteuerkarte verlassen, weil z.B. Unterhaltsansprüche des getrennt lebenden oder geschiedenen Ehepartners nicht erkennbar sind. Mit Blick darauf, dass die tatsächlich bestehenden Belastungen des AN durch die Unterhaltspflichten für die Sozialauswahl maßgebend sind, habe der AG die vergleichbaren AN vor Durchführung der Sozialauswahl danach zu befragen, welche Unterhaltsverpflichtungen tatsächlich bestehen.[1598]

538 **e) Herausnahme bestimmter Arbeitnehmer. aa) Sozialauswahl und berechtigte betriebliche Interessen.** Nach Abs. 3 S. 2 braucht der AG solche AN nicht in die Sozialauswahl einzubeziehen, deren Weiterbeschäftigung, insb. **wegen ihrer Kenntnisse, Fähigkeiten und Leistungen oder zur Sicherung einer ausgewogenen Personalstruktur des Betriebes**, im berechtigten betrieblichen Interesse liegt.[1599] Die Begründung des Gesetzesentwurfs[1600] stellt klar, dass der AG einen **sog. Leistungsträger**, der sich für den Betrieb unentbehrlich gemacht hat, nicht entlassen muss, auch wenn er gegenüber anderen Mitarbeitern sozial weniger schutzbedürftig ist. Weiterhin wird die Sicherung einer ausgewogenen Personalstruktur als berechtigtes betriebliches Interesse genannt. Sicherung der Personalstruktur bedeutet, dass der AG von der Auswahl nach Sozialkriterien absehen kann, um die Personalstruktur, so wie sie aufgebaut ist, zu erhalten. Bereits unter der Geltung des BeschFG 1996 waren AN mit bestimmten Fertigkeiten nicht in die Sozialauswahl einzubeziehen. Nachdem der Gesetzgeber diese Regelung über die Herausnahme aus der Sozialauswahl zwischenzeitlich durch das sog. Korrekturgesetz vom 19.12.1998 modifiziert hatte, kehrt die gesetzliche Neuregelung wieder zum ursprünglichen Wortlaut zurück. Ziel der gesetzlichen Regelung ist es, im Interesse der Leistungsfähigkeit des Betriebes die betrieblichen Erfordernisse gegenüber sozialen Gesichtspunkten stärker zu betonen. Das Gesetz räumt den betriebswirtschaftlichen Überlegungen unter bestimmten Voraussetzungen den Vorrang vor sozialen Gesichtspunkten ein.[1601] Dies spiegelt der Wortlaut der Neuregelung wider, wenn es nun gegenüber der Vorgängerregelung nicht mehr nötig ist, das „berechtigte betriebliche Bedürfnisse" die Weiterbeschäftigung „bedingen und damit der Auswahl nach sozialen Gesichtspunkten entgegenstehen". Eine Abwägung zwischen den betrieblichen Bedürfnissen und der sozialen Schutzbedürftigkeit der von der Künd bedrohten AN ist entgegen der früheren Rechtslage nicht mehr vorzunehmen.[1602] Zu Abs. 3 S. 2 KSchG in der vom

---

1591 *Bauer/Powietzka*, NZA-RR 2004, 505, 508; *Löwisch*, BB 2004, 154; a.A. *Bader*, NZA 2004, 64, 74.
1592 *Bauer/Powietzka*, NZA-RR 2004, 505, 508; *Löwisch*, BB 2004, 154 f.
1593 *Gaul/Lunk*, NZA 2004, 184, 185; *Löwisch*, BB 2004, 154; *Schiefer/Worzalla*, NZA 2004, 345, 347.
1594 *Bauer/Powietzka*, NZA-RR 2004, 505, 508; *Löwisch*, BB 2004, 154, 155.
1595 KR/*Etzel*, § 1 KSchG Rn 678d.
1596 LAG Hamm 21.8.1997 – 4 Sa 166/97 – LAGE § 1 KSchG Soziale Auswahl Nr. 21.
1597 KR/*Etzel*, § 1 KSchG Rn 678d; APS/*Kiel*, § 1 KSchG Rn 725; LAG Hamm 29.5.1985 – 2 Sa 560/85 – LAGE § 1 KSchG Soziale Auswahl Nr. 1; LAG Hamm 7.11.2005 – 1 Sa 1110/05; LAG Rheinland-Pfalz 12.7.2006 – 10 Sa 121/06; LAG Düsseldorf 4.11.2004 – 11 Sa 337/04.
1598 KR/*Etzel*, § 1 KSchG Rn 678d; APS/*Kiel*, § 1 KSchG Rn 725; HK-KSchG/*Dorndorf*, § 1 KSchG Rn 1075; *Gaul/Lunk*, NZA 2004, 184, 187; LAG Hamm 29.3.1985 – 2 Sa 560/85 – LAGE § 1 KSchG Soziale Auswahl Nr. 1.
1599 Ausführlich zu diesem Themenkreis *Thüsing/Wege*, RdA 2005, 12 ff.; BAG 7.12.2006 – 2 AZR 748/05 – NZA-RR 2007, 460.
1600 BT-Drucks 15/1204 S. 11.
1601 *Eylert/Schinz*, AE 2004, 219, 224.
1602 KR/*Etzel*, § 1 KSchG Rn 627.

1.10.1996 bis zum 31.12.1998 geltenden Fassung vertrat das BAG die Auffassung, der AG müsse bei der Herausnahme von „Leistungsträgern" aus der Sozialauswahl das Interesse des sozial schwächeren AN gegen das betriebliche Interesse an der Herausnahme des Leistungsträgers abwägen.[1603]

Das **„betriebliche Interesse"** ist umfassend zu verstehen. Auch **reine Nützlichkeitserwägungen** werden hiervon erfasst.[1604] Es muss sich lediglich um Interessen des Betriebs handeln. Es ist nicht länger erforderlich, dass die Weiterbeschäftigung der von der Sozialauswahl ausgenommen AN zur Aufrechterhaltung eines ordnungsgemäßen Betriebsablaufs oder zur Leistungsfähigkeit des Betriebs notwendig ist.[1605] **Privatinteressen des Unternehmers** zählen nicht zu den vom Gesetz privilegierten betrieblichen Interessen. Eine **besondere persönliche Verbundenheit zwischen AG und AN** kann deshalb kein berechtigtes Interesse i.S.v. Abs. 3 S. 2 begründen, ihn aus der Sozialauswahl herauszunehmen.[1606] Es muss sich um **„arbeitsmarktgängige" Kriterien** handeln, so dass beispielsweise der der „gute Fußballer" der Betriebssportgruppe nicht von der Auswahl ausgenommen werden kann.[1607]

Als „berechtigt" sind vom AG geltend gemachte betriebliche Interessen nur dann anzuerkennen, wenn sie dem Betrieb gemessen an dem vom AG frei bestimmten Unternehmenszweck einen nicht unerheblichen Vorteil bringen, der bei einer Sozialauswahl nicht zu erreichen wäre.[1608] Indem der Gesetzgeber das bloße betriebliche Interesse nicht ausreichen lässt, sondern einschränkend fordert, das **Interesse** müsse **„berechtigt"** sein, gibt er zu erkennen, dass nach seiner Vorstellung auch ein vorhandenes betriebliches Interesse „unberechtigt" sein kann. Der beweispflichtige AG muss bei der Darlegung „berechtigter" betrieblicher Interessen unter **Beachtung des gesetzlichen Regel-Ausnahme-Verhältnisses** die nicht unerheblichen Vorteile für den Betrieb so konkret vortragen, dass nachgeprüft werden kann, ob die geltend gemachten betrieblichen Interessen an der Weiterbeschäftigung eines AN als „berechtigt" anerkannt werden können.[1609] Nicht ausreichend ist es, wenn das behauptete betriebliche Interesse allein in allg. Wendungen umschrieben wird, ohne sachliche Gründe für die Entscheidung zu benennen.[1610] Allg. Angaben, wie **„soziale Kompetenz" oder „gute Teamfähigkeit"**, reichen zur schlüssigen Begründung des berechtigten betrieblichen Interesses nicht aus.[1611]

Bei der Bewertung, ob „berechtigte" betriebliche Interessen vorliegen, ist zu berücksichtigen, das das Gesetz durch die Benennung von Beispielen besondere Kenntnisse, Fähigkeiten und Leistungen sowie eine ausgewogene Personalstruktur grds. als vorteilhaft für den Betrieb ansieht. Die genannten Beispiele sind jedoch nicht abschließend, was aus dem Wort „insb." folgt.[1612] Wichtige **Kundenkontakte** können im Einzelfall genauso zur Herausnahme aus der Sozialauswahl führen wie **andere persönliche Merkmale des AN (Zuverlässigkeit, Einsatzbereitschaft)**. Zu beachten ist jedoch immer, dass zugunsten des AG nicht die „Nachteile" des sozial schutzwürdigeren AN, sondern nur die Vorteile des Leistungsträgers berücksichtigungsfähig sind **(positive Betrachtungsweise)**. Im Künd-Schutzprozess wird der AG daher mit dem Argument, der gekündigte sozial schutzwürdigere AN sei häufiger krank, keinen Erfolg haben.[1613]

Da **Abs. 3 S. 2** der Systematik des Gesetzes nach eine in den Händen des AG liegende **Ausnahme von der Grundregel des Abs. 3 S. 1** bildet, kann der einzelne AN grds. keinen Anspruch geltend machen, er sei nicht in den auswahlrelevanten Personenkreis einzubeziehen. Er kann zwar geltend machen, dass andere vergleichbare AN ungerechtfertigt aus der Sozialauswahl herausgenommen wurden und deshalb eine fehlerhafte Sozialauswahl erfolgt sei. Jedoch kann er sich nicht darauf berufen, er hätte selbst als Leistungsträger nach Abs. 3 S. 2 anerkannt werden müssen. Die Bestimmung der betrieblichen Interessen ist allein Sache des Unternehmers.[1614]

bb) Herausnahme von Leistungsträgern. Gem. Abs. 3 S. 2 sind in die soziale Auswahl AN nicht einzubeziehen, deren Weiterbeschäftigung, insb. wegen ihrer Kenntnisse, Fähigkeiten und Leistungen, im berechtigten betrieblichen Interesse liegt. Die besonders hohe Krankheitsanfälligkeit eines AN begründet bei der Sozialauswahl für sich noch kein berechtigtes betriebliches Interesse im Sinne von Abs. 3 S. 2, einen anderen vergleichbaren und nach Abs. 3 S. 1 weniger schutzbedürftigen AN weiter zu beschäftigen. **Abs. 3 S. 2 fördert keine Negativauswahl**. Entscheidend ist vielmehr, ob der „Leistungsträger" dem Betrieb erhebliche Vorteile vermittelt. Eine Weiterbeschäftigung muss für den Betrieb von besonderer Bedeutung sein. Eine **deutlich geringe Fehlzeitenquote** allein **reicht nicht aus**. Etwas anderes kann allenfalls dann gelten, wenn bei besonderen Arbeitsaufgaben oder Tätigkeitsbereichen ein kurzfristiger Ersatz anderer AN nicht oder nur mit sehr großen Schwierigkeiten organisiert werden kann. Auch kann die Weiterbeschäftigung bestimmter sozial stärkerer AN erforderlich sein, wenn im Betrieb nach einer Sozialauswahl nach allein sozialen Kriterien sonst nur noch bzw. im Wesentlichen nur noch AN mit hohen Fehlzeiten

---

1603 BAG 12.4.2002 – 2 AZR 706/00 – NZA 2003, 42.
1604 Thüsing/Wege, RdA 2005, 12, 13; Thüsing/Stelljes, BB 2003. 1673, 1675.
1605 KR/Etzel, § 1 KSchG Rn 629.
1606 Thüsing/Wege, RdA 2005, 12, 13.
1607 Eylert/Schinz, AE 2004, 219, 224.
1608 KR/Etzel, § 1 KSchG Rn 630; Fischermeier, NZA 1997, 1092.
1609 KR/Etzel, § 1 KSchG Rn 630.
1610 BAG, 12.4.2002– 2 AZR 706/00 – NZA 2003, 42.
1611 Eylert/Schinz, AE 2004, 219, 224; Bär, AuR 2004, 171.
1612 Eylert/Schinz, § 1 KSchG Rn 630.
1613 Eylert/Schinz, AE 2004, 219, 224.
1614 Thüsing/Wege, RdA 2005, 12, 13.

verbleiben.[1615] Entgegen dem Wortlaut des Gesetzes sind **Leistungsträger** unter Beachtung des Regel-Ausnahme Verhältnisses **in den auswahlrelevanten Personenkreis vergleichbarer AN einzubeziehen**. Entgegen abweichenden Auffassungen in der Lit.[1616] sind die Leistungsträger nicht vorab und außerhalb des eigentlichen Auswahlvorgangs zu bestimmen, sondern sind nach Reihung der vergleichbaren AN nach sozialen Auswahlkriterien aus dem Kreis vergleichbarer AN und damit aus der Sozialauswahl herauszunehmen.[1617]

544 Zu beachten ist, dass es nur um die **Kenntnisse, Fähigkeiten und Leistungen von AN auf vergleichbaren Arbeitsplätzen** geht. Soweit der Arbeitsplatz als solcher bestimmte Kenntnisse und Fähigkeiten des Arbeitsplatzinhabers erfordert (sog. Anforderungsprofil), ist er mit Arbeitsplätzen, die diese Kenntnisse und Fähigkeiten nicht erfordern, nicht vergleichbar, so dass schon wegen fehlender Vergleichbarkeit eine Sozialauswahl unter den betroffenen AN nicht in Betracht kommt.[1618]

545 **Kenntnisse** beziehen sich auf **Fakten, die der AN durch seine Ausbildung, den beruflichen Werdegang oder sonst wie erlangt** hat und die sich auf den konkreten Einsatzbereich im Betrieb beziehen. Fähigkeiten betreffen die Eignung des AN, die vertraglich geschuldeten Arbeiten auszuführen. Mit **Leistung** bezeichnet man die **qualitative und quantitative Umsetzung von Kenntnissen und Fähigkeiten**.[1619]

546 Kenntnisse, Fähigkeiten und Leistungen müssen, damit sie zur Herausnahme aus der Sozialauswahl berechtigen, für den Betriebsablauf benötigt werden oder sich auf diesen maßgeblich auswirken. Angesichts des Wortlauts sowie des Sinn und Zwecks der gesetzlichen Regelung erscheint es nicht sachgerecht, erst dann einen „Leistungsträger-Status" anzuerkennen, wenn sich der heraus genommene AN für den Betrieb unentbehrlich gemacht hat.[1620] Vielmehr können **erhebliche Leistungsunterschiede** (z.B. erhebliche, durch hervorragende interne Beurteilungen nachgewiesene Leistungsdifferenzen oder besonders gute Verkaufsergebnisse eines Vertriebsmitarbeiters) die Annahme berechtigter betrieblicher Interessen rechtfertigen. Wann dies der Fall ist, kann nur einzelfallbezogen entschieden werden. Eine abstrakte Festlegung verbietet sich.[1621] Die Nichteinbeziehung von AN kommt nur in Betracht, wenn es aus der Sicht eines verständigen AG erforderlich ist, die sich aus der Berücksichtigung der in Abs. 3 S. 1 genannten Gesichtspunkte ergebende soziale Rangfolge zu durchbrechen.[1622] Zu denken ist v.a. an ein Bedürfnis, **AN mit besonderen Kenntnissen** weiter zu beschäftigen, etwa weil sie allein anfallende Spezialarbeiten durchführen können. Auch **besondere, konkret nachgewiesene Führungseigenschaften** einzelner AN oder **Leistungen, die den AN für einen Aufstieg in eine gehobene Position prädestinieren**, können die Durchbrechung der Rangfolge nach sozialen Gesichtspunkten rechtfertigen.[1623] Gleiches gilt für wichtige **Kunden- und Lieferantenkontakte des AN**.[1624] Die bloße Nützlichkeit einer Berufsausbildung für den Arbeitsplatz reicht zur Begründung eines berechtigten betrieblichen Grundes zur Weiterbeschäftigung und somit zur Nichteinbeziehung in die soziale Auswahl nach Abs. 3 S. 2 nicht aus.[1625]

547 Bei der rechtlichen Bewertung einer Herausnahme von Leistungsträgern aus der Sozialauswahl ist stets das **Regel-Ausnahme-Verhältnis des Gesetzes** zu beachten. Die Auswahl nach sozialen Kriterien stellt die Regel dar, während die Herausnahme und Nichteinbeziehung einzelner AN die Ausnahme bildet. Im Ergebnis darf der AG nicht beliebig viele AN aus der Sozialauswahl herausnehmen und damit das Auswahlergebnis nach seinen Vorstellungen manipulieren. Die Auswahlentscheidung muss eine soziale Auswahl bleiben. Eine im Ergebnis rein betriebswirtschaftliche Auswahl widerspricht dem zwingenden Abs. 3. Wurden bei einer Sozialauswahl ausschließlich betriebliche Belange berücksichtigt[1626] oder nimmt der AG aus betrieblichen Gründen den ganz überwiegenden Teil der Belegschaft aus der Sozialauswahl heraus, spricht auch nach der Neufassung des Gesetzes eine Vermutung für die Fehlerhaftigkeit der Auswahl.[1627] So führt das BAG in seiner Entscheidung vom 5.12.2002 aus: „Besondere Betriebsablaufstörungen, die mit einer Massen-Künd einhergehen, können berechtigte betriebliche Bedürfnisse i.S.v. Abs. 3 S. 2 KSchG sein. Die mit einer Massen-Künd verbundenen Schwierigkeiten erlauben es dem AG aber nicht, völlig von einer Auswahl nach sozialen Gesichtspunkten abzusehen. Er muss vielmehr darlegen und ggf. unter Beweis stellen, wie viele AN der unterschiedlichen Qualifikationsstufen in der fortgeführten Betriebsabteilung ausgetauscht werden können, ohne dass dadurch der Arbeitsprozess ernsthaft gefährdet würde. Je nach Struktur des Betriebs und der Qualifikationsstufe der vergleichbaren AN wird die Zahl der AN, die ohne Beeinträchtigung des ordnungsgemäßen Betriebsablaufs im Rahmen der sozialen Auswahl ausgetauscht werden können, unterschiedlich groß sein. Es spricht grds. eine Vermutung dafür, dass die sozialen Gesichtspunkte bei der Auswahl der zu kündigenden AN nicht ausreichend berück-

---

1615 BAG 31.5.2007 – 2 AZR 306/06 – NZA 2007, 1362.
1616 KR/*Etzel*, § 1 KSchG Rn 627 m.w.N.
1617 BAG 12.4.2002 – 2 AZR 706/00 – NZA 2003, 42.
1618 KR/*Etzel*, § 1 KSchG, Rn 634.
1619 *Eylert/Schinz*, AE 2004, 219, 224.
1620 Vgl. *Willemsen/Annuß*, NJW 2004, 177, 179; so aber die Gesetzesbegründung BT-Drucks 15/1204 S. 11.
1621 *Eylert/Schinz*, AE 2004, 219, 224.
1622 BAG 23.11.2000 – 2 AZR 533/99 – NZA 2001, 601; *Löwisch*, DB 2004, 154, 155.
1623 *Löwisch*, DB 2004, 154, 155.
1624 *Eylert/Schinz*, AE 2004, 219, 224; APS/*Kiel*, § 1 KSchG Rn 744.
1625 ArbG Stuttgart 12.11.2003 – 1 Ca 6645/03 – AuR 2004, 436 (LS).
1626 BAG 18.10.1984 – 2 AZR 61/83 – AP § 1 KSchG 1969 Betriebsbedingte Kündigung Nr. 18.
1627 *Eylert/Schinz*, AE 2004, 219, 225.

sichtigt worden sind, wenn der AG den überwiegenden Teil der Belegschaft (70 % der AN) aus betriebstechnischen Gründen generell von der Austauschbarkeit ausnimmt und die Sozialauswahl auf den verbliebenen Teil der Restbelegschaft beschränkt".[1628]

548 Eine Ausnahme von dem Grundsatz, dass sich der einzelne AN nicht darauf berufen kann, nach Abs. 3 S. 2 aus der Sozialauswahl herausgenommen zu werden, gilt, wenn der AG die berechtigten betrieblichen Interessen vorab festlegt. Hat der AG die betrieblichen Interessen benannt, steht es ihm nicht mehr frei, darüber zu entscheiden, welche AN aus den von ihm bestimmten Gesichtspunkten aus der sozialen Auswahl herausfallen.[1629] Beruft sich der AG z.B. darauf, er könne keine AN entlassen, die eine Akkordleistung von 120 % und mehr erbringen, kann sich der nicht aus der Sozialauswahl herausgenommene AN darauf berufen, er erbringe eine vergleichbare oder höhere Leistung. Sind mehr AN vorhanden, die das Kriterium der „berechtigten betrieblichen Interessen" erfüllen, als noch beschäftigt werden können, findet unter ihnen eine soziale Auswahl statt.[1630]

549 **cc) Sicherung einer ausgewogenen Personalstruktur.** Gem. Abs. 3 S. 2 sind die AN nicht in die Sozialauswahl einzubeziehen, deren Weiterbeschäftigung zur Sicherung einer ausgewogenen Personalstruktur im berechtigten betrieblichen Interesse liegt. Der vom Gesetz gewählte **Begriff der Personalstruktur** umfasst den **Begriff der Altersstruktur**. Er geht aber gleichzeitig über ihn hinaus. Die Erhaltung der Altersstruktur bildet den bedeutsamsten praktischen Anwendungsfall der Erhaltung einer ausgewogenen Personalstruktur. Bei Massen-Künd ermöglicht Abs. 3 S. 2 dem AG die Bildung von Untergruppen, um die betriebliche Altersstruktur und damit die Zukunftsfähigkeit des Betriebes zu sichern. Gleichfalls können durch dieses Vorgehen ernsthafte Betriebsablaufstörungen vermieden bzw. gemildert werden, die nach umfangreichen Versetzungen infolge einer Sozialauswahl zu befürchten wären.[1631]

550 Der **Begriff der Personalstruktur** umfasst auch die **Zusammensetzung der Belegschaft nach unterschiedlichen persönlichen Merkmalen**, wie etwa nach der Art der Vertragsverhältnisse (Vollzeit/Teilzeit, befristet/unbefristet), nach Berufen, Qualifikationsstufen (Facharbeiter/angelernte Kräfte), Staatsangehörigkeit, Geschlecht etc. Diskriminierungsverbote sind zu beachten. **Gruppenbildungen unter Berücksichtigung des Geschlechts** sind gem. Art. 3 Abs. 3 GG, §§ 7, 1 AGG allerdings nur dann denkbar, wenn Sachgründe dafür bestehen, dass ein Betrieb aufgrund seines Geschäftszwecks in einem bestimmten Umfang ANinnen und AN beschäftigen muss.[1632] **Kein Merkmal der Personalstruktur** sind **veränderliche Daten der einzelnen AN wie Leistungsstärke, Vertragstreue, Häufigkeit krankheitsbedingter Fehlzeiten etc.** Sie gehören nicht zu der Struktur, dem inneren Aufbau oder den anhaftenden Kennzeichen der Belegschaft.[1633] Soweit in der Literatur[1634] vertreten wird, der AG könne bei der Sozialauswahl die bisherige Leistungsstärke seiner Belegschaft aufrechterhalten, ist dem entgegengetreten. Vertragsgerechtes Verhalten, fehlerfreie Arbeitsleistungen und Krankheitsanfälligkeiten scheiden als Merkmale zur Bildung von Vergleichsgruppen aus, weil sie einer nicht typisierbaren Dynamik unterliegen. Über das Lebensalter findet die mit zunehmendem Alter steigende Krankheitsanfälligkeit indirekt Berücksichtigung. Entsprechendes gilt grds. für die Leistungsfähigkeit von AN-Gruppen. Sie ist neben dem Lebensalter schwerlich typisierbar und stellt kein Strukturelement der Belegschaft dar. Überdies werden derartige Typisierungen und Gruppenbildungen aufgrund der nicht kalkulierbaren Prozessrisiken in der Praxis kaum Bedeutung erlangen.[1635]

551 Die Sicherung einer ausgewogenen Personalstruktur des Betriebes meint – abweichend von § 125 Abs. 1 Nr. 2 Hs. 2 InsO – nur ihre Erhaltung, nicht aber ihre Schaffung. Das Gesetz will verhindern, dass die Leistungsfähigkeit des regelmäßig angeschlagenen Betriebes weiter beeinträchtigt wird. Es wäre kontraproduktiv, dies einem in seiner Personalstruktur schon nicht mehr ausgewogenen Betrieb zu versagen.[1636] Es geht jedoch nicht darum, Künd zum Anlass zu nehmen, die personelle Struktur des Betriebes zu verbessern. Denn dies würde bedeuten, die Konsequenzen einer verfehlten Personalpolitik auf die AN abzuwälzen, was zu den Zielen der Sozialauswahl in einem unauflösbaren Wertungswiderspruch stünde.[1637] Will der AG im Rahmen der betriebsbedingten Künd die Struktur zu seinen Gunsten verändern, so muss er Sachgründe vortragen, die die Herausnahme einzelner Mitarbeiter aus der Sozialauswahl rechtfertigen. Will er hingegen nur die bisherige Altersstruktur erhalten, so muss dies als sachlicher Grund ausreichen.[1638]

552 Voraussetzung für ein berechtigtes betriebliches Interesse ist, dass sich die Personalstruktur bei Einhaltung der Grundsätze der Sozialauswahl nachteilig verändert. Dementsprechend ist ein Vergleich der Struktur in den jeweili-

---

1628 BAG 5.12.2002 – 2 AZR 697/01 – NZA 2003, 849.
1629 *Eylert/Schinz*, AE 2004, 219, 225; *Bader*, NZA 2004, 65, 74; *Bär*, AuR 2004, 171; *Buschmann*, AuR 1996, 288.
1630 *Eylert/Schinz*, AE 2004, 219, 225.
1631 APS/*Kiel*, § 1 KSchG Rn 748.
1632 APS/*Kiel*, § 1 KSchG Rn 755o.
1633 *Quecke*, RdA 2004, 86, 89.
1634 *Löwisch*, DB 2004, 154, 155.
1635 APS/*Kiel*, § 1 KSchG Rn 755o; *Bütefisch*, Die Sozialauswahl, S. 463.
1636 BAG 23.11.2000 – 2 AZR 533/99 – AP § 1 KSchG 1969 Betriebsbedingte Kündigung Nr. 114 = NZA 2001, 601; *Willemsen/Annuß*, NJW 2004, 177, 179; *Quecke*, RdA 2004, 86, 88.
1637 Vgl. *Preis*, NZA 2003, 704, 705; *Thüsing/Stelljes*, BB 2003, 1673, 1675.
1638 LAG Köln 2.2.2006 – 6 Sa 1287/05 – EzA-SD 2006, Nr. 227 (LS), HWK/*Quecke*, § 1 KSchG Rn 402, 404.

gen Auswahlgruppen vor und nach einer hypothetischen Sozialauswahl erforderlich. Regelmäßig wird eine erhebliche Veränderung der Zusammensetzung der Belegschaft nur bei Massenentlassungen gem. § 17 auftreten. Für den Begriff der Massen-Künd bieten die in § 112a BetrVG genannten Grenzzahlen eine Orientierungsgröße.[1639] Von daher besteht Einigkeit, dass die Ausnahmeregelung des Abs. 3 S. 2 vom Grundsatz her nur dann Anwendung findet, wenn es um die Künd vieler AN geht.[1640] So wird etwa im Fall der Entlassung zahlreicher AN aus betriebsbedingten Gründen wegen der kumulativen Berücksichtigung von Betriebszugehörigkeit und Lebensalter bei Durchführung einer an Abs. 3 S. 1 orientierten Sozialauswahl das durchschnittliche Lebensalter der Belegschaft steigen, weil die Künd sich auf die jüngeren AN konzentrieren. Das allg. Interesse des AG an der Beibehaltung einer ausgewogenen Alters- und Leistungsstruktur seiner Belegschaft lässt sich im Rahmen der Sozialauswahl nach Abs. 3 S. 1 nicht angemessen berücksichtigen, da diese allein durch die individuelle Schutzbedürftigkeit des jeweiligen AN bestimmt wird.[1641] Durch einzelne betriebsbedingte Künd wird regelmäßig die betriebliche Personalstruktur nicht aus den Fugen geraten. Die nachteiligen Änderungen der Personalstruktur sind vom AG konkret aufzuzeigen.[1642] Den AG trifft die Darlegungs- und Beweislast für den in seinem Interesse liegenden Ausnahmetatbestand nach Abs. 3 S. 2.

553 Bei Massenentlassungen lässt das BAG auch eine Sozialauswahl innerhalb einzelner Qualifikationsstufen zu, wenn hierdurch Betriebsablaufstörungen durch die Einarbeitung zu versetzender AN vermieden werden können. Entsprechend führt das BAG aus: „Weil Abs. 3 S. 2 dem AG erlaubt, diejenigen AN von der sozialen Auswahl auszunehmen, deren Weiterbeschäftigung für den ordnungsgemäßen Ablauf des Betriebs erforderlich ist, kann und muss der AG zunächst ermitteln, wie viele AN der unterschiedlichen Qualifikationsstufen in der fortgeführten Betriebsabteilung ausgetauscht werden können, ohne dass dadurch der Arbeitsprozess ernsthaft gefährdet würde. Je nach Struktur des Betriebes und Qualifikationsstufe der vergleichbaren AN wird die Zahl der AN, die ohne Beeinträchtigung des ordnungsgemäßen Betriebsablaufs im Rahmen der sozialen Auswahl ausgetauscht werden können, sehr unterschiedlich groß sein. Entsprechend dieser vom AG ermittelten Anzahl der in jeder Qualifikationsstufe austauschbaren AN sind danach jeweils diejenigen AN zu bestimmen, die sozial am wenigsten schutzbedürftig sind und deshalb für eine Künd am ehesten in Betracht kommen. Entsprechend ist in der stillzulegenden Abteilung die gleiche Anzahl der schutzbedürftigsten austauschbaren AN zu bestimmen. Hat der AG zwischen diesen AN-Gruppen eine Abs. 3 S. 1 entsprechende soziale Auswahl durchgeführt, dann hat er ausreichend soziale Gesichtspunkte und zugleich im erforderlichen Ausmaß die betrieblichen Bedürfnisse berücksichtigt (Abs. 3 S. 2)".[1643]

554 Beruft sich der AG bezüglich der Herausnahme von AN aus der Sozialauswahl auf den Ausnahmetatbestand der Sicherung einer ausgewogenen Personalstruktur nach Abs. 3 S. 2 ergeben sich folgende Prüfungsschritte:[1644]
1. Der auswahlrelevante Kreis der nach Qualifikation und vertraglich geschuldeter Tätigkeit vergleichbaren AN ist zu bestimmen.
2. Die vergleichbaren AN sind nach den zu berücksichtigenden sozialen Gesichtspunkten in eine Rangfolge zu setzen.
3. Es ist im Rahmen einer fiktiven Sozialauswahl festzustellen, ob sich die bestehende Personalstruktur durch die soziale Auswahl nachteilig verändert und unausgewogen wird, oder ob sich eine bereits bestehende unausgewogene Personalstruktur weiter verschlechtert.
4. Die vom AG zur Erhaltung der ursprünglichen Personalstruktur vorgenommene Gruppenbildung ist unter Beachtung des arbeitgeberseitigen Gestaltungsspielraums zu überprüfen. Die Gruppen müssen anhand abstrakter zulässiger Kriterien sachgerecht gebildet sein.
5. Entsprechend der Personalstärke der einzelnen Gruppen ist der gruppenbezogene, prozentuale Abbaubedarf zu ermitteln.
6. Zwischen den austauschbaren AN der Auswahlgruppen ist die eigentliche Auswahl nach sozialen Auswahlkriterien vorzunehmen.
7. Will der AG innerhalb der zur Sicherung der Personalstruktur gebildeten Gruppen einen Leistungsträger nicht in die soziale Auswahl „einbeziehen" richtet sich dies nach den bei individuellen Sachgründen durchzuführenden Abwägungen.

555 **f) Auskunftsanspruch des Arbeitnehmers.** Nach **Abs. 3 S. 1 Hs. 2** hat der AG auf Verlangen des AN die Gründe anzugeben, die zu der getroffenen Auswahl geführt haben. Dieser Auskunftsanspruch des AN trägt dem Umstand Rechnung, dass er nach Abs. 3 S. 3 die Tatsachen zu beweisen hat, die die Künd als sozial ungerechtfertigt erscheinen lassen. Die Verpflichtung des AG nach Abs. 3 S. 1 Hs. 2 will es dem AN ermöglichen, die Erfolgsaussichten seines Künd-Schutzprozesses abzuschätzen.

[1639] APS/*Kiel*, § 1 KSchG Rn 749; *Bütefisch*, Die Sozialauswahl, S. 331; *Preis*, RdA 1999, 311, 319.
[1640] KR/*Etzel*, § 1 KSchG Rn 643; APS/*Kiel*, § 1 KSchG Rn 749 und 755r.
[1641] *Küttner*, in: FS 50 Jahre BAG, S. 409 f.; *Bauer/Lingemann*, NZA 1993, 625, 627.
[1642] Vgl. *Quecke*, RdA 2004, 86 (89).
[1643] BAG 25.4.1985 – 2 AZR 140/84 – NZA 1986, 64.
[1644] APS/*Kiel*, § 1 KSchG Rn 755t.

Vom AG kann nicht verlangt werden, dass er eine vollständige Auflistung der Sozialdaten aller objektiv vergleichbarer AN seines Betriebes vorlegt. Das Gesetz spricht lediglich von der **Angabe der Gründe, die zu der Sozialauswahl geführt haben**. Dementsprechend muss der AG ausführen, welche AN seiner Auffassung nach zum auswahlrelevanten Personenkreis zählen und dies unter Angabe der Auswahlkriterien (Betriebszugehörigkeit, Lebensalter, Unterhaltspflichten und Schwerbehinderung). Der AG muss auch die betrieblichen Interessen anführen, die ihn zur Ausklammerung an sich vergleichbarer AN aus der Sozialauswahl veranlasst haben.[1645] Er muss des Weiteren angeben, nach welchen Bewertungsmaßstäben er die soziale Auswahl vorgenommen hat.[1646]

556

Teilt der AG seine Auswahlüberlegungen nicht oder nicht vollständig mit, bleibt der AN von seiner Darlegungs- und Beweislast insoweit befreit, als er wegen der unzureichenden Auskunft des AG die bei der sozialen Auswahl unterlaufenen Fehler nicht genauer schildern kann.[1647] Legt der AG hingegen die Auswahlkriterien vollständig dar, trifft wiederum den AN die volle Darlegungs- und Beweislast. Der AN muss in Reaktion auf den Vortrag des AG darlegen, welche in die Auswahl einbezogenen AN weniger schutzbedürftig sein sollen oder welche weiteren vom AG nicht benannten AN bei der Auswahl zusätzlich zu berücksichtigen sind.[1648]

557

g) Darlegungs- und Beweislast. Nach Abs. 3 S. 3 obliegt die Darlegungs- und objektive Beweislast für die Tatsachen, aus denen sich die Unrichtigkeit der Sozialauswahl ergibt, zunächst dem AN. Bestreitet der AN die Richtigkeit der sozialen Auswahl und benennt er andere AN, die weniger schutzbedürftig sein sollen, hat er im Falle des Bestreitens die entsprechenden Behauptungen zu beweisen. Das BAG geht in st. Rspr.[1649] im Rahmen der Beweisführungslast von einer **abgestuften Darlegungslast** aus. Zunächst muss der AN bestreiten, dass die soziale Auswahl ordnungsgemäß erfolgt ist und ihre Fehlerhaftigkeit darlegen, sofern er über die hierzu erforderlichen Informationen verfügt. Unterlässt der AN dies und rügt nicht die fehlerhafte Sozialauswahl, trifft den AG keine prozessuale Pflicht zur sozialen Auswahl Stellung zu nehmen. Soweit der AN nicht in der Lage ist, zur sozialen Auswahl substanziiert Stellung zu nehmen und er deswegen den AG zur Mitteilung der Gründe auffordert, die ihn zu der Auswahl veranlasst haben, hat der AG als Folge seiner materiellen Auskunftspflicht gem. Abs. 3 S. 1 Hs. 2 substanziiert im Prozess vorzutragen. Diese aus der Mitteilungspflicht herzuleitende Vortragslast ist allerdings auf die **subjektiven, vom AG tatsächlich angestellten Überlegungen** beschränkt. Der AN hat keinen Anspruch auf die vollständige Auflistung der Sozialdaten aller objektiv vergleichbaren AN.[1650] Gibt der AG keine oder keine vollständige Auskunft, kann der AN bei fehlender eigener Kenntnis seiner aus Abs. 3 i.V.m. § 138 Abs. 1 ZPO herzuleitenden Substanziierungspflicht, die Namen sozial stärkerer AN zu nennen, nicht genügen. In diesen Fällen ist der der fehlenden Kenntnis des AN entsprechende Vortrag, es seien sozial stärkere AN als er vorhanden, schlüssig und ausreichend.[1651] Dieser der Kenntnis des AN entsprechende Vortrag, der AG habe soziale Gesichtspunkte nicht ausreichend beachtet, ist zugleich unstreitig, wenn der AG bei seiner die Auskunft verweigernden Haltung bleibt, denn er hat damit nach § 138 Abs. 2 ZPO nicht hinreichend bestritten. Die gleichen Erwägungen gelten, wenn dem Vortrag des AG zu entnehmen ist, dass er die Sozialauswahl nicht unter Berücksichtigung des Vortrages des AN auf aus dessen Sicht vergleichbare AN erstreckt hat und wenn er es unterlässt, seinen Vortrag im Prozess zu ergänzen. Die aus Abs. 3 S. 1 letzter Hs. folgende **subjektiv determinierte materielle Mitteilungspflicht des AG** wird bei dieser Fallgestaltung ergänzt durch die **prozessuale Erklärungspflicht nach § 138 ZPO**. Ergibt sich aus der Mitteilung des AG, dass er Tatsachen, die gem. Abs. 3 objektiv erheblich sein können, wie etwa die Nichtberücksichtigung der AN einer bestimmten Betriebsabteilung des Gemeinschaftsbetriebes, in seine subjektiven Erwägungen nicht einbezogen hat, und behauptet der gekündigte AN bei fehlender eigener Kenntnis, gerade aus diesen Tatsachen ergebe sich die Unrichtigkeit der sozialen Auswahl, ist es eine Obliegenheit des AG, seinen Vortrag hinsichtlich dieser Tatsachen zu ergänzen. Anderenfalls ist der dem Kenntnisstand des AN entsprechende und ihm konkreter nicht mögliche Vortrag, soziale Gesichtspunkte seien nicht ausreichend berücksichtigt, als unstreitig anzusehen.[1652] Legt der AN im Künd-Prozess dar, er sei mit bestimmten namentlich bezeichneten Arbeitskollegen vergleichbar, und benennt er die von ihnen ausgeübten Tätigkeiten, genügt ein bloßes Bestreiten der Vergleichbarkeit durch den AG nicht. Er ist im Rahmen der abgestuften Darlegungslast gehalten, im Einzelnen darzulegen, welche Tätigkeiten dieser Arbeitskollegen der gekündigte AN aus welchem Grund nicht verrichten kann.[1653]

558

h) Auswahlrichtlinie (Abs. 4). Nach Abs. 4 kann in einem TV, in einer BV nach § 95 BetrVG oder in einer entsprechenden RL nach den Personalvertretungsgesetzen festgelegt werden, wie die sozialen Gesichtspunkte nach

559

1645 BAG 10.2.1999 – 2 AZR 716/98 – NZA 1999, 702; BAG 12.4.2002 – 2 AZR 706/00 – NZA 2003, 42.
1646 Tschöpe/*Nägele*, Arbeitsrecht, Teil 3 D Rn 262.
1647 BAG 8.8.1985 – 2 AZR 464/84 – NZA 1986, 679.
1648 Tschöpe/*Nägele*, Arbeitsrecht, Teil 3 D Rn 264.
1649 BAG 15.6.1989 – 2 AZR 580/88 – NZA 1990, 226 m.w.N.
1650 BAG 24.3.1983 – 2 AZR 21/82 – AP § 1 KSchG 1969 Betriebsbedingte Künd Nr. 12; BAG 21.12.1983 – 7 AZR 421/82 – AP § 1 KSchG 1969 Soziale Auswahl Nr. 4.
1651 BAG 21.7.1988 – 2 AZR 75/88 – NZA 1989, 264.
1652 BAG 5.5.1994 – 2 AZR 917/93 – NZA 1994, 1023; BAG 15.6.1989 – 2 AZR 580/88 – NZA 1990, 226; BAG 25.4.1985 – 2 AZR 140/84 – NZA 1986, 64.
1653 LAG Nürnberg 27.8.2002 – 6 Sa 432/01 – NZA-RR 2003, 243.

Abs. 3 S. 1 im Verhältnis zueinander zu bewerten sind. RL über die personelle Auswahl bei Künd bedürfen der **Zustimmung des BR (§ 95 Abs. 1 BetrVG)**. Legt eine Auswahlrichtlinie die Auswahlkriterien fest und gewichtet sie zueinander, kann diese Bewertung nur auf **grobe Fehlerhaftigkeit** überprüft werden. Damit räumt das Gesetz den TV- und Betriebsparteien einen größeren Beurteilungsspielraum ein, als er dem AG nach Maßgabe des Abs. 3 zusteht.

560 Voraussetzung für die Anwendung des Abs. 4 ist die **Wirksamkeit der Auswahl-RL**. Sie muss wirksam zustande gekommen sein und darf nicht gegen zwingende Gesetze, etwa solche zum Schutz vor Diskriminierungen verstoßen. Betriebs- und Dienstvereinbarungen gelten ohne weiteres für die betroffenen Arbvh. Tarifliche Auswahl-RL sind nach h.A. Betriebsnormen, da sich die Sozialauswahl notwendig auf alle AN des Betriebs erstreckt. Sie gelten damit für alle AN des Betriebs, wenn (nur) der AG tarifgebunden ist (§ 3 Abs. 2 TVG).[1654]

561 Auswahl-RL sollen es unter Beachtung der Besonderheiten des jeweiligen Betriebes ermöglichen, vorauszuplanen, nach welchen Auswahlkriterien bei notwendig werdenden Künd zu verfahren ist.[1655] Auswahl-RL müssen die vier gesetzlich vorgeschriebenen sozialen Grunddaten (Betriebszugehörigkeit, Lebensalter, Unterhaltsverpflichtungen und Schwerbehinderung) bis zur Grenze grober Fehlerhaftigkeit angemessen berücksichtigen und für eine abschließende Berücksichtigung der Besonderheiten des Einzelfalles genügend Raum lassen. Auswahl-RL, die die Gruppe der vergleichbaren AN enger ziehen als Abs. 3 sind unwirksam. § 1 enthält insoweit zwingendes Recht, von dem zum Nachteil des AN nicht abgewichen werden darf.[1656]

562 Der **Prüfungsmaßstab der groben Fehlerhaftigkeit** nach Abs. 4 erfasst nur die Sozialauswahl im engeren Sinne, wie der Hinweis auf Abs. 3 S. 1 und die „sozialen Gesichtspunkte" klarstellt. Der Prüfungsmaßstab bei der Festlegung des Kreises der vergleichbaren AN oder die Herausnahme einzelner AN aus der sozialen Auswahl nach Abs. 3 S. 2 wird nicht auf grobe Fehlerhaftigkeit abgemildert. Insoweit gilt der **Prüfungsmaßstab des Abs. 3 S. 2**.[1657] Für die Wirksamkeit der Auswahl-RL kommt es nicht darauf an, ob die Betriebszugehörigkeit, das Lebensalter und die Unterhaltspflichten in „erheblichem und ausgewogenem Maß"[1658] berücksichtigt worden sind. Die Auswahl-RL ist erst dann grob fehlerhaft, wenn die **Kriterien der Sozialauswahl** (Dauer der Betriebszugehörigkeit, Lebensalter, Unterhaltspflichten und Schwerbehinderung) nicht oder jedenfalls **völlig unausgewogen** berücksichtigt sind.[1659] Eine Sozialauswahl ist nicht grob fehlerhaft, wenn der **Punkteabstand** angesichts der zugrunde liegenden Daten **marginal** erscheint (56 Punkte für klagende gekündigte AN, 54,75 für die Konkurrentin).[1660] Die grobe **Fehlerhaftigkeit** ist **objektiv zu bestimmen**. Auf ein schuldhaftes Verhalten beim Zustandekommen der Richtlinie kommt es nicht an. Haben die vier zwingenden sozialen Auswahlkriterien überhaupt keine Beachtung gefunden oder erfolgte ihre Bewertung evident unzulänglich bzw. völlig unausgewogen, ist die soziale Auswahl mit einem schweren, ins Auge springenden Fehler behaftet, der mit Blick auf die Funktion der Sozialauswahl, Gerechtigkeit beim Arbeitsplatzverlust zwischen den vom Beschäftigungsrückgang betroffenen AN zu wahren, zur Unwirksamkeit der Künd wegen fehlerhafter Sozialauswahl führt.[1661]

563 Abs. 4 selbst definiert nicht, wann eine Künd sozial gerechtfertigt ist. Die Norm legt lediglich den gerichtlichen Kontrollmaßstab fest, anhand dessen die Einhaltung der Vorgaben des Abs. 3 zu beurteilen ist. **Abs. 4 ergänzt die Grundsätze zur Sozialauswahl nach Abs. 3**. Im Ergebnis wirkt Abs. 4 wie eine begrenzte tarif- und betriebsdispositive Ausgestaltung des Abs. 3, die den Bewertungsspielraum bei der Berücksichtigung sozialer Kriterien bis zur Grenze grober Fehlerhaftigkeit erweitert. Auswahl-RL nach Abs. 4 führen damit zu einer erheblichen Verkürzung des individualrechtlichen Künd-Schutzes.[1662]

564 Für anstehende betriebsbedingte Künd können die Betriebspartner im Zusammenhang mit einem Interessenausgleich Auswahlrichtlinien vereinbaren, die eine **Vorauswahl nach einem Punkteschema** vorsehen; die Richtlinien müssen aber für eine Berücksichtigung individueller Besonderheiten bei der abschließenden Würdigung des Einzelfalles Raum lassen. Bei der individuellen Abschlussprüfung der Auswahl darf der AG das Angebot eines sozial schutzwürdigeren und deshalb nicht zur Künd vorgesehenen AN berücksichtigen, für den Fall einer Weiterbeschäftigung seines zur Künd vorgesehenen Sohnes auf seinen Arbeitsplatz zu verzichten, weil im Verhältnis des Vaters zum Sohn letzterer vorrangig zum Unterhalt verpflichtet ist (§ 1606 BGB). Nimmt der AG ein solches Angebot

---

1654 HWK/*Quecke*, § 1 KSchG Rn 407; KR/*Etzel*, § 1 KSchG Rn 695.
1655 LAG Rheinland-Pfalz 5.4.1995 – 2 Sa 1126/94 – NZA-RR 1996, 88.
1656 BAG 15.6.1989 – 2 AZR 580/88 – NZA 1990, 226; LAG Hamm 26.9.2001 – 3 Sa 916/01 – AP § 95 BetrVG 1972 Nr. 40; KR/*Etzel*, § 1 KSchG Rn 696.
1657 Küttner/*Eisemann*, Kündigung, außerordentliche Rn 42; HWK/*Quecke*, § 1 KSchG Rn 13.
1658 So noch BAG 15.6.1989 – 2 AZR 580/88 – NZA 1990, 226.
1659 BAG 21.1.1999 – 2 AZR 624/98 – NZA 1999, 866.
1660 BAG 17.1.2008 – 2 AZR 405/06 – DB 2008, 1688.
1661 BAG 21.1.1999 – 2 AZR 624/98 – NZA 1999, 866; BAG 2.12.1999 – 2 AZR 757/98 – NZA 2000, 531; LAG Niedersachsen 16.8.2002 – 10 Sa 409/02 – NZA-RR 2003, 578; APS/*Kiel*, § 1 KSchG Rn 765 m.w.N.
1662 Vgl. *Stahlhacke/Preis/Vossen*, Rn 1157.

an, begründet die Weiterbeschäftigung des Sohnes i.d.R. nicht die Sozialwidrigkeit anderer Künd aus dem Gesichtspunkt einer fehlerhaften Sozialauswahl.[1663]

Es entspricht nicht der Wertung des Abs. 3, wenn ein Punkteschema verwandt wird, in dem der Hauptgruppe „soziale Auswahl" eine weitere Hauptgruppe „betriebliche Belange" gegenübergestellt ist, wobei die betrieblichen Belange auf die Leistungsfähigkeit, Qualifikation und das Verhalten des AN abstellen. Die Orientierung an einem solchen Punktesystem kommt auch für eine Vorprüfung im Rahmen der sozialen Auswahl nicht in Betracht. Mit den höchstrichterlichen Grundsätzen zur Sozialauswahl ist es unvereinbar, das Punkteschema um die Vergabe betriebsbezogener Punkte zu erweitern. Es ist zwar dem AG unbenommen, bei der sozialen Auswahl betriebliche Gesichtspunkte zu berücksichtigen und einen unabkömmlichen AN bei Sozialauswahl unberücksichtigt zu lassen. Es widerspricht aber der Wertung des Abs. 3, die betrieblichen Belange in einem Punkteschema den Sozialdaten des AN gegenüberzustellen. Es bleibt der gerichtlich kaum überprüfbaren Bewertung des AG überlassen, mit welcher Punktzahl er die jeweiligen betrieblichen Kriterien belegt. Dabei können die den jeweiligen Sozialdaten des AN zugeordneten Punkte derart relativiert werden, dass die gesetzliche Vorgabe des Abs. 3, den schutzwürdigsten AN vor der Künd zu bewahren, nicht mehr gewährleistet ist.[1664]

Dreh- und Angelpunkt für den erfolgreichen Einsatz einer Auswahlrichtlinie nach Abs. 4 ist die Beantwortung der Frage, wann eine Auswahl-RL gemessen an den Grundsätzen des Abs. 3 einen groben Fehler aufweist. Der allg. Maßstab, dass keines der vier zwingenden sozialen Auswahlkriterien in der Bewertung zueinander sowie im Verhältnis zu weiteren sozialen Gesichtspunkten deutlich in den Hintergrund gedrängt sein darf, schafft nur wenig Klarheit.[1665] Nicht grob fehlerhaft ist eine RL, die das Lebensalter ebenso stark oder sogar geringfügig stärker gewichtet als die Dauer der Betriebszugehörigkeit bei angemessener Berücksichtigung der tatsächlichen Unterhaltspflichten und vorhandener Schwerbehinderungen.[1666] Eine Beschränkung auf die vier gesetzlichen Hauptkriterien und ihre angemessene Gewichtung entspricht der gesetzlichen Konzeption und kann deshalb nicht grob fehlerhaft sein. Auch das Fehlen einer individuellen Abschlussprüfung wird nach herrschender Auffassung nicht als grob fehlerhaft bewertet werden können.[1667] Im Ergebnis wird sich der Praktiker an Auswahl-RL orientieren, die in der Vergangenheit durch die Rspr. als ausgewogen akzeptiert wurden.[1668] Dabei ist jedoch zu berücksichtigen, dass in den entschiedenen Fällen je nach Zeitpunkt der Entscheidung entweder Sozialdaten berücksichtigt wurden, die nach dem 1.1.2004 keine Bedeutung mehr haben oder Regelungen ohne Einbindung des Auswahlkriteriums der Schwerbehinderung getroffen wurden. Soweit auf der Grundlage der vom 1.10.1996 bis zum 31.12.1998 geltenden Rechtslage Auswahl-RL ohne Einbindung der Schwerbehinderung vereinbart wurden, muss ab 1.1.2004 dieses zwingende Auswahlkriterium angemessene Berücksichtigung finden. Beispielhaft finden sich in der Rspr. die nachfolgend dargestellten Richtlinien, die für wirksam erachtet wurden:

Beispiel 1: BAG v. 5.12.2002 – 2 AZR 549/01[1669]

„Auswahlgesichtspunkte (Sozialauswahl) bei „Ordentlicher Künd"

Grunddaten für die Auswahl:

a) **Dauer der Betriebszugehörigkeit.** Die aktuelle Beschäftigungszeit und die frühere Beschäftigung bei demselben AG
b) **Lebensalter des/der Mitarbeiter/in.** Vorruhestand, Altersteilzeitarbeit und Rentenbezugsmöglichkeiten sind zu berücksichtigen
c) **Unterhaltsverpflichtungen.** Gesetzliche Unterhaltsverpflichtungen/-ansprüche, Verdienst des Ehegatten – insb. Doppelverdienst
d) Sonstige Gründe.
   – Arbeitsmarktchancen
   – Vermögensverhältnisse bleiben außer Betracht, weil auf der privaten Lebensführung des/der Mitarbeiters/in beruhend und kündigungsrechtlich irrelevant sind
   – Gesundheitszustand

Punkteschema für die Gewichtung der Kriterien

1. je Dienstjahr Betriebszugehörigkeit 1 Punkt
   ab dem 11. Dienstjahr je Dienstjahr 2 Punkte
   bis max. zum 55. Lebensjahr, d.h. max. 70 Punkte

1663 BAG 7.12.1995 – 2 AZR 1008/94 – NZA 1996, 473; BAG 8.1.1990 – 2 AZR 1008/94 – NZA 1990, 729.
1664 LAG Rheinland-Pfalz 5.4.1995 – 2 Sa 1126/94 – NZA-RR 1996, 88.
1665 APS/*Kiel*, § 1 KSchG Rn 768.
1666 *Fischermeier*, NZA 1996, 1089, 1096.
1667 HWK/*Quecke*, § 1 KSchG Rn 414; *Gaul/Lunk*, NZA 2004, 184, 187 f.; *v. Hoyningen-Huene/Link*, § 1 KSchG Rn 482j; *Preis*, RdA 1999, 311, 320 f.; *Hoß*, MDR 2000, 304, 312; a.A. *Däubler*, NJW 1999, 601, 603.
1668 *Gaul/Lunk*, NZA 2004, 184, 188.
1669 BAG 5.12.2002 – 2 AZR 549/01 – NZA 2003, 791.

2. Lebensalter für jedes volle Lebensjahr	1	Punkt
bis max. zum 55. Lebensjahr, d.h. max.	55	Punkte
3. je unterhaltsberechtigtem Kind	4	Punkte
Verheiratet	8	Punkte
4. Schwerbehinderung bis 50 %	5	Punkte
über 50 % je 10 %	1	Punkt

5. Endgültige Auswahl unter Abwägung weiterer Gesichtspunkte wie z.B. Pflegebedürftigkeit von Familienmitgliedern, Schwierigkeiten bei der Arbeitsvermittlung, Alleinverdienst, soziale Härten im Einzelfall."

568 Beispiel 2: BAG v. 5.12.2002 – 2 AZR 697/01[1670]

Für jedes volle Lebensjahr ab dem vollendeten 25. Lebensjahr werden 1 Punkt und maximal 35 Punkte anerkannt. Pro unterhaltsberechtigter Person werden 6 Punkte und für jedes anerkannte volle Jahr der Betriebszugehörigkeit 2 Punkte und maximal 70 berechnet.

569 Beispiel 3: BAG v. 23.11.2000 – 2 AZR 533/99[1671]

I. Beschäftigungszeit je volles Beschäftigungsjahr	1	Punkt
II. Lebensalter (vollendete Lebensjahre)		
bis zu 20 Jahren	0	Punkte
bis zu 30 Jahren	1	Punkt
bis zu 40 Jahren	3	Punkte
bis zu 50 Jahren	6	Punkte
bis zu 57 Jahren	8	Punkte
über 57 Jahren	10	Punkte
III. Unterhaltsverpflichtungen		
1. Ehegatte	3	Punkte
2. je Kind, das im Orts- bzw. Sozialzuschlag Berücksichtigung findet	3	Punkte

570 Beispiel 4: LAG Hamm v. 21.8.1997 – 4 Sa 166/97[1672]

– Betriebszugehörigkeit mit 2 Punkten pro vollendetem Beschäftigungsjahr,
– Lebensalter mit 1 Punkt pro vollendetem Jahr über dem 25. Lebensjahr,
– Unterhaltsverpflichtungen mit 4 Punkten pro Unterhaltsberechtigten,
– Schwerbehinderung anerkannter Schwerbehinderter mit 5 Punkten.

571 Beispiel 5: BAG v. 18.1.1990 – 2 AZR 357/89[1673]

Soziale Gewichtung

– Dienstjahre bis 10 Dienstjahre je Dienstjahr	1	Punkt
– ab dem 11. Dienstjahr je Dienstjahr	2	Punkte
– Es werden nur Zeiten der Betriebszugehörigkeit bis zum vollendeten 55. Lebensjahr berücksichtigt, d.h. es sind maximal möglich	70	Punkte
– Lebensalter für jedes volle Lebensjahr, maximal 55 Punkte möglich	1	Punkt
– Stichtag für die Berechnung Dienstjahre/Lebensjahre ist der 31.3.1988		
– je unterhaltsberechtigtem Kind	4	Punkte
– verheiratet	8	Punkte
– Schwerbehinderung bis 50 % Erwerbsminderung	5	Punkte
– über 50 % je 10 % Erwerbsminderung	1	Punkt

Die endgültige Auswahl erfolgt unter Abwägung auch solcher Gesichtspunkte, die vorstehend nicht angesprochen sind. Dabei kommen u.a. in Betracht:

– besondere Pflegebedürftigkeit von Familienmitgliedern
– besondere Lasten aus Unterhaltsverpflichtungen

1670 BAG 5.12.2002 – 2 AZR 697/01 – NZA 2003, 849.
1671 BAG 23.11.2000 – 2 AZR 533/99 – NZA 2001, 601.
1672 LAG Hamm 21.8.1997 – 4 Sa 166/97 – LAGE § 1 KSchG Soziale Auswahl Nr. 21 (LS).
1673 BAG 18.1.1990 – 2 AZR 357/89 – NZA 1990, 729; LAG Niedersachsen 16.8.2002 – 10 Sa 409/02 – NZA-RR 2003, 578.

- besondere Behinderungen, welche einer weiteren Arbeitsvermittlung erheblich entgegenstehen
- Alleinverdiener

Beispiel 6: BAG v. 24.3.1983 – 2 AZR 21/82[1674]

1. Lebensalter
   - bis zu 20 Jahren — 0 Punkte
   - bis zu 30 Jahren — 1 Punkt
   - bis zu 40 Jahren — 2 Punkte
   - bis zu 50 Jahren — 3 Punkte
   - über 50 Jahre — 5 Punkte
2. Betriebszugehörigkeit
   - je volles Beschäftigungsjahr — 4 Punkte
3. Unterhaltsberechtigte Kinder
   - je Kind — 5 Punkte
4. Schwerbehinderte pp. — 10 Punkte
5. Doppelverdiener — 10 Punkte Abzug.

Wendet der AG ein von ihm unter Verstoß gegen § 95 Abs. 1 BetrVG aufgestelltes Punkteschema an, führt dieser Mitbestimmungsverstoß allein nicht zur Unwirksamkeit der ausgesprochenen Künd.[1675]

i) Interessenausgleich mit Namensliste. Abs. 5 eröffnet den Betriebsparteien die Möglichkeit, bei Künd aufgrund von Betriebsänderungen nach § 111 BetrVG in einem Interessenausgleich Namenslisten von AN zu erstellen, denen betriebsbedingt gekündigt werden soll. Mit der Regelung in Abs. 5 geht der Gesetzgeber einen „**Schritt zurück in die Zukunft**". Bereits 1996 wurden wortgleiche Formulierungen aufgrund eines Entwurfes der damaligen CDU/CSU/FDP-Regierung[1676] in § 1 aufgenommen, die nach dem Regierungswechsel 1998 aufgehoben wurden.[1677] Im Falle einer Künd-Schutzklage hat der AG die **formellen Voraussetzungen eines Interessenausgleichs mit Namensliste** darzulegen und zu beweisen.[1678]

Abs. 5 verstößt weder gegen **Art. 12 Abs. 1 GG** noch gegen das aus **Art. 20 Abs. 3 GG** abzuleitende **Gebot des fairen Verfahrens**.[1679] Das in der Richtlinie 2000/78/EG enthaltene europarechtliche **Verbot der Altersdiskriminierung** steht der Verwendung einer Punktetabelle zur Sozialauswahl, die eine Bildung von Altersgruppen und auch die Zuteilung von Punkten für das Lebensalter vorsieht, nicht im Wege, wenn sie **durch legitime Ziele gerechtfertigt** ist.[1680]

Abs. 5 gilt auch für ordentliche **Änderungs-Künd**.[1681] Die Reichweite der danach eingreifenden Vermutung erstreckt sich jedenfalls auf den Wegfall des Beschäftigungsbedürfnisses zu den bisherigen Bedingungen und das Fehlen einer anderweitigen Beschäftigungsmöglichkeit im Betrieb. Auf außerordentliche Kündigungen – seien es Beendigungs-, seien es Änderungskündigungen – findet die Regelung keine Anwendung.[1682]

Sind bei einer Künd aufgrund einer **Betriebsänderung nach § 111 BetrVG**[1683] die zu kündigenden AN in einem Interessenausgleich zwischen AG und BR namentlich bezeichnet, wird vermutet, dass die Künd durch dringende betriebliche Erfordernisse i.S.d. Abs. 2 bedingt ist. Die **soziale Auswahl** der AN kann nur auf **grobe Fehlerhaftigkeit** überprüft werden. Eine Vereinbarung der Betriebsparteien, die nicht aus Anlass einer Betriebsänderung gemäß § 111 BetrVG sondern als sog. **freiwilliger Interessenausgleich** geschlossen wird, ist nicht geeignet, die Rechtswirkungen nach Abs. 5 auszulösen, da das Vorliegen einer Betriebsänderung gemäß § 111 BetrVG zu den tatbestandlichen Voraussetzungen der Norm gehört.[1684] Die S. 1 und 2 des Abs. 5 gelten nicht, soweit sich die **Sachlage nach Zustandekommen des Interessenausgleichs wesentlich geändert** hat.[1685] Maßgebender Zeitpunkt für die Beurteilung der wesentlichen Änderung ist der Künd-Zeitpunkt. Wesentlich ist die Änderung dann, wenn nicht ernsthaft bezweifelt werden kann, dass beide Betriebspartner oder einer von ihnen den Interessenausgleich in Kenntnis der späteren Än-

---

1674 BAG 24.3.1983 – 2 AZR 21/82 – AP § 1 KSchG 1969 Betriebsbedingte Kündigung Nr. 12.
1675 BAG 6.7.2006 – 2 AZR 443/05 – NZA 2007, 197.
1676 BT-Drucks 13/4612.
1677 Thüsing/Wege, RdA 2005, 12.
1678 BAG 13.2.2008 – 2 AZR 79/06 – RDG 2008, 234.
1679 BAG 6.9.2007 – 2 AZR 715/06 – NZA 2008, 633.
1680 BAG 12.3.2009 – 2 AZR 418/07 – DB 2009, 1932; BAG 19.6.2007 – 2 AZR 304/06 – NZA 2008, 103; LAG Niedersachsen 13.7.2007 – 16 Sa 269/07 –; LAG Niedersachsen 5.10.2007 – 16 Sa 270/07.
1681 BAG 28.5.2009 – 2 AZR 844/07 – NZA 2009, 954; BAG 19.6.2007 – 2 AZR 304/06 – BAGE 123, 160.
1682 BAG 28.5.2009 – 2 AZR 844/07 – NZA 2009, 954.
1683 LAG Berlin 25.1.2006 – 175a 1962/05; LAG Berlin 9.12.2005 – 8 Sa 1440/05 – LAGE § 111 BetrVG 2001 Nr. 5.
1684 BAG 22.1.2004 – 2 AZR 111/02 – AP § 112 BetrVG 1972 Namensliste Nr. 1.
1685 BAG 12.3.2009 – 2 AZR 418/07 – DB 2009, 1932; BAG 23.10.2008 – 2 AZR 163/07 – BB 2009, 1758.

derung nicht oder mit anderem Inhalt geschlossen hätten.[1686] Eine **wesentliche Änderung** ist anzunehmen, wenn die Betriebsänderungen, auf die sich der Interessenausgleich bezieht, nicht mehr durchgeführt werden oder die Zahl der im Interessenausgleich vorgesehenen Künd erheblich verringert werden soll.[1687] Ziel des wieder eingeführten Abs. 5 ist es, bei betriebsbedingten Künden einer größeren Zahl von AN, z.B. im Falle der Stilllegung eines Betriebsteils, die Sozialauswahl für alle Beteiligten rechtssicherer zu gestalten. Die in Abs. 5 niedergelegte **gesetzliche Vermutung** bezieht sich sowohl auf den Wegfall der bisherigen Beschäftigung als auch auf das Fehlen anderer Beschäftigungsmöglichkeiten im Betrieb oder Unternehmen.[1688] Die nach Abs. 5 S. 1 eingreifende Vermutung der Betriebsbedingtheit umfasst grds. auch das Fehlen einer anderweitigen Beschäftigungsmöglichkeit in einem anderen Betrieb des Unternehmens.[1689] Für die **Widerlegung der Vermutung** trägt der AN die Darlegungs- und Beweislast. Die Vermutung der Betriebsbedingtheit der Künd führt gem. § 46 Abs. 2 S. 1 ArbGG zur Anwendung des § 292 ZPO. Stellt das Gesetz für das Vorhandensein einer Tatsache eine Vermutung auf, ist der Beweis des Gegenteils zulässig. Es ist substantiierter Tatsachenvortrag erforderlich, der den gesetzlich vermuteten Umstand nicht nur in Zweifel zieht, sondern ausschließt.[1690] Dies entspricht der Gesetzesbegründung zum Arbeitsrechtlichen Beschäftigungsförderungsgesetz vom 25.9.1996,[1691] die festlegt, dass der AN die vermutete Betriebsbedingtheit „**schlüssig und begründet widerlegen**" muss.[1692] Eine Namensliste i.S.d. Abs. 5 liegt nur dann vor, wenn es sich um eine sog. **Positivliste** handelt, bei der klar ist, dass sämtliche aufgeführten AN gekündigt werden sollen und sich die Betriebspartner über eine Sozialauswahl verständigt haben. Nur so lässt es sich rechtfertigen, dass die Sozialauswahl aufgrund der Vermutungswirkung nach Abs. 5 nur noch auf grobe Fehlerhaftigkeit überprüft werden kann.[1693] In eine Namensliste eines Interessenausgleichs nach Abs. 5 dürfen ausschließlich AN aufgenommen werden, die aus der eigenen Sicht der Betriebsparteien aufgrund der dem Interessenausgleich zugrunde liegenden Betriebsänderung zu kündigen sind.[1694]

575 Die Darlegungs- und Beweislast des AG beschränkt sich im Fall des Abs. 5 zunächst auf drei Punkte: **1. die Betriebsänderung, 2. die Entlassung aufgrund der Betriebsänderung** und **3. die ordnungsgemäße Benennung des AN in einem Interessenausgleich**.[1695] Liegen die vorgenannten Voraussetzungen vor, ist es im Prozess Sache des AN, durch substantiierten Sachvortrag darzulegen und im Streitfall zu beweisen, dass keine dringenden betrieblichen Erfordernisse für die Künd vorlagen oder dass er anderweitig hätte beschäftigt werden können. Da der AN insoweit einen **Hauptbeweis** zu führen hat und er i.d.R. nicht über die zur Widerlegung der Vermutung notwendigen Informationen verfügen wird, wird die Namensliste nach Abs. 5 in der Praxis aussagekräftig als „**Abschussliste**" bezeichnet.[1696]

576 Die Überprüfung der Sozialauswahl ist im Fall einer Namensliste auf **grobe Fehlerhaftigkeit** beschränkt. Das betrifft die Richtigkeit der Sozialauswahl in jeder Hinsicht,[1697] also auch die Frage der Vergleichbarkeit der AN und der **Herausnahme bestimmter AN aus der Sozialauswahl nach Abs. 3 S. 2**.[1698] Allerdings obliegt auch im Anwendungsbereich des Abs. 5 dem AG weiterhin die Darlegungs- und Beweislast dafür, warum bestimmte AN nach Abs. 3 S. 1 nicht in die Sozialauswahl einbezogen worden sind, ihre Weiterbeschäftigung, insb. wegen ihrer Kenntnisse, Fähigkeiten und Leistungen, im berechtigten betrieblichen Interesse liegt.[1699] Abs. 5 führt nur zu dem geänderten, für den AG vorteilhaften **Bewertungsmaßstab der groben Fehlerhaftigkeit** und **eröffnet dem AG insoweit einen weiteren Gestaltungsspielraum**. Die oben dargestellten Grundsätze zur Darlegungs- und Beweislast gelten jedoch uneingeschränkt. Nennt der AN im Künd-Schutzprozess die Namen von anderen AN, die er für weniger schutzbedürftig hält, ist der AG verpflichtet, substantiiert vorzutragen, welche Gründe ihn zu der getroffenen Sozialauswahl veranlasst haben. Erst danach kann die Sozialauswahl auf grobe Fehlerhaftigkeit geprüft werden.[1700] Hinsichtlich der sozialen Kriterien Dauer der Betriebszugehörigkeit, Lebensalter, Unterhaltspflichten (und Schwerbehinderung) ist die Sozialauswahl dann als grob fehlerhaft anzusehen, wenn die **Gewichtung der Kriterien jede Ausgewogenheit vermissen lässt**.[1701] Bei Vorliegen eines Interessenausgleichs mit Namensliste ist die soziale Auswahl gem. § 125 Abs. 1 S. 1 Nr. 2 InsO grob fehlerhaft, wenn die Betriebsparteien den **auswahlrelevanten Personenkreis** der austauschbaren und damit vergleichbaren AN **willkürlich bestimmt** oder **nach unsachli-**

1686 BAG 22.1.2004 – 2 AZR 111/02 – AP § 112 BetrVG 1972 Namensliste Nr. 1.
1687 BT-Drucks 15/1204, S. 12.
1688 LAG Rheinland-Pfalz 2.2.2006 – 1 Sa 673/05 – NZA-RR 2006, 296.
1689 BAG 6.9.2007 – 2 AZR 715/06 – NZA 2008, 633.
1690 BAG 7.5.1998 – 2 AZR 536/97 – NZA 1998, 933.
1691 BT-Drucks 13/4612 S. 14.
1692 BAG 22.1.2004 – 2 AZR 111/02 – AP § 112 BetrVG 1972 Namensliste Nr. 1.
1693 LAG Sachsen 12.7.2005 – 7 Sa 890/04; offen gelassen LAG Mecklenburg-Vorpommern 8.3.2007 – 1 Sa 287/06.
1694 BAG 26.3.2009 – 2 AZR 296/07 – DB 2009, 1882.
1695 LAG Berlin 9.12.2005 – 8 Sa 1442/05 – LAGE § 111 BetrVG 2001 Nr. 5.
1696 Zu verfassungsrechtlichen Bedenken *Preis*, RdA 2003, 65, 75; HWK/*Quecke*, § 1 KSchG Rn 419.
1697 Für § 125 InsO vgl. LAG Köln 2.5.2005 – 2 Sa 1511/04 – LAGE § 125 InsO Nr. 7.
1698 BT-Drucks 15/1204, S. 11 f.; BAG 21.9.2006 – 2 AZR 284/06; LAG Köln 1.7.2005 – 1 Sa 1508/04.
1699 BAG 21.2.2002 – 2 AZR 581/00 – EzA § 1 KSchG Interessenausgleich Nr. 10; LAG Niedersachsen 30.6.2006 – 10 Sa 1816/05 – LAGE § 1 KSchG Soziale Auswahl Nr. 52; *Bader*, NZA 1996, 1125, 1129; *Fischermeier*, NZA 1997, 1089, 1097.
1700 LAG Düsseldorf 29.1.1998 – 5 (4) (3) Sa 1913/97 – DB 1998, 1235; BAG 7.5.1998 – 2 AZR 536/97 – NZA 1998, 933.
1701 BAG 2.12.1999 – 2 AZR 757/98 – NZA 2000, 531.

chen Gesichtspunkten eingegrenzt haben, unsystematische Altersgruppen mit wechselnden Zeitsprüngen (etwa in 12er, 8er und 10er Jahresschritten) gebildet haben, eines der drei (vier) sozialen Grundkriterien überhaupt nicht berücksichtigt oder zusätzlichen Auswahlkriterien eine überhöhte Bewertung beigemessen haben, die der Auswahl nach sozialen Gesichtspunkten entgegenstehenden Gründe nicht nach sachlichen Gesichtspunkten konkretisiert haben.[1702] Gleichfalls grob fehlerhaft i.S.v. Abs. 5 ist es, wenn die **Liste** der nach dem Interessenausgleich zu kündigenden AN **von dem Auswahlsystem des Interessenausgleichs abweicht**, ohne dass dafür vertretbare Gründe vom AG vorgetragen werden. Ein danach vertretbarer Grund liegt nicht vor, wenn statt des einschlägigen speziellen Interessenausgleichs ein allg. Rahmeninteressenausgleich für die Sozialauswahl angewendet wird.[1703] Nach Abs. 3 S. 1 Hs. 2 a.F. (1996) ist die Künd wegen fehlerhafter Sozialauswahl nur dann sozial ungerechtfertigt, wenn der AG bei der Auswahl des AN die Dauer der Betriebszugehörigkeit, das Lebensalter und die Unterhaltspflichten des AN „nicht" oder „nicht ausreichend" berücksichtigt hat. **„Nicht ausreichend"** berücksichtigt hat der AG die Sozialdaten dann nicht, wenn er bei vergleichbaren AN einen AN vorzieht, der **mehr als zehn Sozialpunkte schwächer ist** als der gekündigte AN. In einem solchen Falle ist auch bei Zustandekommen eines Interessenausgleichs die getroffene Sozialauswahl als „grob fehlerhaft" i.S.d. Abs. 5 S. 2 a.F. (1996) anzusehen.[1704] Trennen bei einer Auswahl anhand einer Punktetabelle den entlassenen AN und den weiterbeschäftigten AN hingegen **nur fünf Sozialpunkte**, kann nicht einmal von einer Fehlerhaftigkeit, geschweige denn groben Fehlerhaftigkeit der getroffenen Sozialauswahl i.S.d. Abs. 5 S. 2 a.F. (1996) die Rede sein. Selbst ohne Interessenausgleich mit Namensliste wäre die Sozialauswahl „ausreichend".[1705] Bei der Bewertung, ob die getroffene Sozialauswahl grob fehlerhaft ist, ist aus Gründen der gesetzgeberisch intendierten Rechtssicherheit der Beurteilung der Betriebspartner für die Richtigkeit der Auswahl grds. eine hohe Präferenz einzuräumen.[1706] Die grobe Fehlerhaftigkeit der Sozialauswahl mit Namensliste nach § 125 InsO ist als Prüfungsmaßstab auch bei der Bildung der Vergleichsgruppen anzuwenden. Eine grob fehlerhafte Sozialauswahl liegt nicht vor, wenn die Gruppenbildung berücksichtigt, dass eine Umsetzung, Neuschulung und Neueinarbeitung weitgehend vermieden wird. Damit sind Mitarbeiter, die in der Vergangenheit eine Maschine noch nie bedient haben, nicht mit Mitarbeitern vergleichbar, die schon an dieser Maschine gearbeitet haben.[1707] Ein Interessenausgleich, der ohne sachliche Rechtfertigung die Entfernung von Teilzeitbeschäftigten aus dem Unternehmen zum Gegenstand hat, verstößt gegen § 4 TzBfG und ist daher nichtig. Eine verbundene Namensliste entfaltet keine Vermutungswirkung i.S.d. Abs. 5.[1708] Allein der Umstand, dass der Sozialauswahl die falsche Annahme zugrundeliegt, die Beschäftigungsfiliale sei ein eigenständiger Betrieb, reicht nicht aus, eine grob fehlerhaft Sozialauswahl i.S.d. Abs. 5 S. 2 anzunehmen.[1709] Der pauschale Ausschluss von AN aus der Sozialauswahl allein aufgrund der Rentennähe stellt eine Benachteiligung wegen des Alters dar. Diese kann jedoch gem. § 10 Nr. 1 AGG gerechtfertigt sein.[1710] Spielt in einem Interessenausgleich mit Namensliste nach Abs. 5 das Lebensalter gegenüber der Dauer der Betriebszugehörigkeit und etwaigen Unterhaltspflichten letztlich nur eine untergeordnete Rolle, was angesichts der Tatsache, dass die Arbeitsmarktchancen damit generell einbezogen sind, zulässig ist, begegnet diese Regelung in Bezug auf eine Altersdiskriminierung keinen Bedenken.[1711]

Nach Abs. 5 S. 4 ersetzt der Interessenausgleich die Stellungnahme des BR nach § 17 Abs. 3 S. 2, die der AG bei einer Massenentlassung seiner Anzeige gegenüber der Agentur für Arbeit beizufügen hat. Der Anzeige ist der Interessenausgleich einschließlich der Namensliste beizufügen.[1712]

Die **Beweislastumkehr nach Abs. 5** ist an drei Voraussetzungen geknüpft. Erforderlich ist: eine **Betriebsänderung i.S.d. § 111 BetrVG**, die ursächlich für die Künd ist. Die Vermutungswirkung des Abs. 5 erstreckt sich lediglich auf die im Interessenausgleich geregelte Betriebsänderung.[1713] Besteht eine **Betriebsänderung aus bloßem Personalabbau**, obliegt es dem sich auf die Vermutungswirkung des Abs. 5 berufenden AG darzulegen, dass die Maßnahme, die zur Künd geführt hat, erhebliche Teile der Belegschaft betroffen hat. Dies erfordert vor allem den substantiierten Vortrag, wie der Betrieb im betriebsverfassungsrechtlichen Sinn abzugrenzen ist, in dem die geltend gemachte Betriebsänderung i.S.v. § 111 BetrVG vorgenommen worden ist.[1714] Der Gesetzgeber knüpft an die Einigung der Betriebspartner, dass ein bestimmter AN zu dem Kreis der zu kündigenden Personen gehören soll, die Vermutungswirkung des Abs. 5. Diese Vermutungswirkung der Namensliste wird nicht dadurch beeinträchtigt, dass die Betriebspartner auch noch weitere Maßnahmen vorhatten, die erst später durchgeführt werden sollten und für die noch keine Namensliste vorlag.[1715] Erreicht die erste Entlassungswelle, für die ein Interessenausgleich mit Namens-

---

1702 LAG Hamm 5.6.2003 – 4 (16) Sa 1976/02 – NZA-RR 2004, 132.
1703 LAG Berlin 15.10.2004 – 13 Sa 1721/04.
1704 LAG Hamm 16.3.2000 – 4 Sa 905/99 –; LAG Rheinland-Pfalz 22.2.2006 – 9 Sa 918/05 – NZA-RR 2006, 413 (LS).
1705 LAG Hamm 16.3.2000 – 4 Sa 747/99.
1706 BAG 7.5.1998 – 2 AZR 536/97 – NZA 1998, 933; LAG Hamm 15.6.2005 – 18 Sa 1956/04.
1707 LAG Köln 2.5.2005 – 2 Sa 1511/04 – LAGE § 125 InsO Nr. 7.
1708 LAG Köln 31.3.2006 – 11 Sa 1637/05 – AE 2006, 280 (LS).
1709 BAG 3.4.2008 – 2 AZR 879/06 – NZA 2008, 1060.
1710 BAG 6.11.2008 – 2 AZR 523/07 – NZA 2009, 361.
1711 LAG Niedersachsen 16.5.2008 – 16 Sa 1157/07.
1712 BT-Drucks 15/1204, S. 12.
1713 BAG 31.5.2007 – 2 AZR 254/06 – NZA 2007, 1307; BAG 28.8.2003 – 2 AZR 377/02 – AP § 102 BetrVG 1972 Nr. 134.
1714 BAG 31.5.2007 – 2 AZR 254/06 – NZA 2007, 1307.
1715 BAG 22.1.2004 – 2 AZR 111/02 – AP § 112 BetrVG 1972 Namensliste Nr. 1.

liste vorgesehen ist, die erforderliche Gesamtzahl an Künd, wird die Vermutungswirkung nicht dadurch beeinträchtigt, dass weitere Entlassungswellen vorgesehen sind, für die noch keine Namensliste vorliegt.[1716] Den Betriebspartnern ist die Möglichkeit eröffnet, zeitlich gestaffelt entsprechend den geplanten „Entlassungswellen" jeweils eine vollständige Namensliste aufzustellen. Der gekündigte AN muss vor Ausspruch der Künd namentlich in einem Interessenausgleich i.S.d. § 112 Abs. 1 S. 1 BetrVG vom AG und vom zuständigen BR bezeichnet worden sein. Der Interessenausgleich muss der **Schriftform nach § 112 Abs. 1 S. 1 BetrVG** genügen.[1717] Auf das gesetzliche Schriftformerfordernis sind die **§§ 125, 126 BGB anwendbar**.[1718] D.h. der Interessenausgleich über die geplante Betriebsänderung muss mit der namentlichen Bezeichnung der zu kündigenden AN schriftlich niedergelegt und vom Unternehmer und dem BR unterschrieben sein. Bei Gleichheit der Vor- und oder Zunamen sind die auf der Namensliste genannten AN so zu bezeichnen, dass genau erkennbar ist, wer gemeint ist.[1719] Nur dann, wenn sich AG und BR auf die namentliche Nennung der zu kündigenden AN endgültig geeinigt haben, ist es zu rechtfertigen, die Überprüfung der Sozialauswahl zu beschränken, weil nur so die Gewähr besteht, dass sich die Betriebspartner im einzelnen Gedanken darüber gemacht haben, welche AN als vergleichbar für eine Sozialauswahl in Betracht kommen, welche soziale Rangfolge zwischen ihnen besteht und wer aus der Sozialauswahl auszuscheiden ist.[1720] Die Rechtswirkungen des Abs. 5 (a.F.) treten auch dann ein, wenn der zu kündigende AN in einer nicht unterschriebenen Namensliste benannt ist, die mit dem Interessenausgleich, der auf die Namensliste als Anlage ausdr. Bezug nimmt, mittels Heftmaschine fest verbunden ist.[1721] Wird die Namensliste getrennt vom Interessenausgleich erstellt, reicht es aus, wenn sie von den Betriebsparteien unterzeichnet ist und in ihr oder im Interessenausgleich auf sie Bezug genommen wird.[1722] Die Vermutungsbasis, dass eine Betriebsänderung nach § 111 BetrVG vorlag und für die Künd des AN kausal war und dass der AN ordnungsgemäß in einem Interessenausgleich benannt ist, hat dabei der AG substantiiert darzulegen und ggf. zu beweisen.[1723]

579 Durch einen Interessenausgleich mit Namensliste i.S.d. Abs. 5 S. 1 a.F. (1996) werden **einzel- und tarifvertragliche Unkündbarkeitsregelungen** nicht außer Kraft gesetzt. Dies folgt aus einem Vergleich mit den Regelungen der Insolvenzordnung. Dort sieht § 113 Abs. 1 S. 1 InsO vor, dass das Arbverh nach Verfahrenseröffnung jederzeit, d.h. nicht nur beschränkt für den Fall der Betriebsstilllegung, ohne Rücksicht auf eine vereinbarte Vertragsdauer (§ 620 BGB) oder einen „(einzel- oder tarif-)vertraglichen" Ausschluss des Rechts zur ordentlichen Künd gekündigt werden kann, wobei die Künd-Frist längstens drei Monate zum Monatsende beträgt (§ 113 Abs. 1 S. 2 InsO). Mangels vergleichbarer gesetzlicher Regelung kann ein Arbverh mithin außerhalb der Insolvenz nur nach den von der Rspr. entwickelten Grundsätzen betreffend die außerordentliche Künd mit sozialer Auslauffrist wegen Betriebsstilllegung gekündigt werden.[1724]

580 Der AG bleibt auch in den Fällen des Abs. 5 verpflichtet, dem AN auf dessen Verlangen hin Auskunft über die Entscheidung zur sozialen Auswahl zu erteilen. Der AG ist nach Abs. 3 S. 1 Hs. 2 verpflichtet, dem AN auf dessen Verlangen die Gründe mitzuteilen, die zu der getroffenen Sozialauswahl geführt haben. Als Konsequenz aus der materiellen Auskunftspflicht des AG folgt, dass er auf Verlangen des AN im Prozess substantiiert die Gründe vortragen muss, die ihn zu seiner Auswahl veranlasst haben. Kommt der AG dem Verlangen des AN nicht nach, ist die streitige Künd ohne Weiteres als sozialwidrig anzusehen.[1725] Erst nach Erfüllung der Auskunftspflicht trägt der AN die volle Darlegungslast für die Fehlerhaftigkeit der Sozialauswahl. Der Prüfungsmaßstab der groben Fehlerhaftigkeit ändert an der Verteilung der Darlegungslast nichts.[1726]

581 **4. Wiedereinstellungsanspruch.** Dem betriebsbedingt gekündigten AN kann ein Wiedereinstellungsanspruch zustehen, wenn sich zwischen dem Ausspruch der Künd und dem Ablauf der Künd-Frist unvorhergesehen eine Weiterbeschäftigungsmöglichkeit ergibt. Entsteht diese erst **nach Ablauf der Künd-Frist**, besteht grds. **kein Wiedereinstellungsanspruch**.[1727] Die Interessenwahrungspflicht des AG endet i.d.R. mit Ablauf der Künd-Frist.[1728] Der Wiedereinstellungsanspruch muss vom AN **unverzüglich geltend gemacht werden**, nachdem er Kenntnis von

---

[1716] ErfK/*Ascheid*, § 1 KSchG Rn 517.
[1717] BAG 6.7.2006 – 2 AZR 520/05 – NZA 2007, 266; LAG Köln 14.1.2008 – 14 Sa 1079/07 – AuR 2008, 276 (LS); HaKo-KSchR/*Gallner*, § 1 KSchG Rn 644.
[1718] BAG 22.1.2004 – 2 AZR 111/02 – AP § 112 BetrVG 1972 Namensliste Nr. 1.
[1719] ErfK/*Ascheid*, § 1 KSchG Rn 516.
[1720] BAG 22.1.2004 – 2 AZR 111/02 – AP § 112 BetrVG 1972 Namensliste Nr. 1; BAG 6.12.2001 – 2 AZR 422/00 – EzA § 1 KSchG Interessenausgleich Nr. 9.
[1721] BAG 6.12.2001 – 2 AZR 422/00 – EzA § 1 KSchG Interessenausgleich Nr. 9; LAG Rheinland-Pfalz 12.7.2005 – 5 Sa 1031/04.
[1722] BAG 21.2.2002 – 2 AZR 581/00 – EzA § 1 KSchG Interessenausgleich Nr. 10; BAG 16.7.2006 – 2 AZR 520/05 – AP § 1 KSchG 1969 Nr. 80.
[1723] BAG 22.1.2004 – 2 AZR 111/02 – AP § 112 BetrVG 1972 Namensliste Nr. 1.
[1724] LAG Hamm 16.3.2000 – 4 (19) Sa 746/99.
[1725] BAG 10.2.1999 – 2 AZR 716/98 – NZA 1999, 702.
[1726] BAG 22.1.2004 – 2 AZR 111/02 – AP § 112 BetrVG 1972 Namensliste Nr. 1; BAG 21.2.2002 – 2 AZR 581/00 – EzA KSchG § 1 Interessenausgleich Nr. 10.
[1727] BAG 25.9.2008 – 8 AZR 607/07 – ArbRB 2009, 100; BAG 28.6.2000 – 7 AZR 904/98 – NZA 2000, 1097; BAG 6.8.1997 – 7 AZR 557/96 – NZA 1998, 254. Zur uneinheitlichen Rspr. des 2., 7. und 8. Senats des BAG siehe BAG 13.5.2004 – 8 AZR 198/03 – AP § 613a BGB Nr. 264.
[1728] BAG 13.5.2004 – 8 AZR 198/03 – AP § 613a BGB Nr. 264; *Nägele*, BB 1998, 1686.

den maßgeblichen und tatsächlichen Umständen erlangt hat, die den Anspruch begründen. Dies wird man auch mit Blick auf eine parallele Rspr. zum Widerspruchsrecht im Rahmen eines Betriebsübergangs durch den AN verlangen müssen. Der AN muss den Anspruch auf Fortsetzung des Arbverh noch während des Bestehens oder zumindest unverzüglich nach Kenntniserlangung von den den Betriebsübergang ausmachenden tatsächlichen Umständen geltend machen. Mit dem Gebot der notwendigen Rechtssicherheit ist es nicht vereinbar, die Beteiligten über das Zustandekommen eines Arbverh zwischen dem AN und dem Betriebsübernehmer noch nach Beendigung des durch Künd aufgelösten Arbverh des AN zum Betriebsveräußerer im Unklaren zu lassen.[1729] Für den Fall eines Betriebsübergangs nach Ablauf der Frist einer insolvenzbedingten Künd, hat der 8. Senat des BAG[1730] entschieden, dass kein Anspruch auf Wiedereinstellung bzw. Fortsetzung des Arbverh bestehe. Die Insolvenzordnung beruhe auf dem Konzept, dass die bei oder sogar zur Betriebsveräußerung in der Insolvenz erforderliche Personalreduktion von den Insolvenzverwalter unter erleichterten Bedingungen vorgenommen werden könne, um die Erwerber nicht damit zu belasten. Hierzu dienten auch die Vermutung zugunsten der Wirksamkeit von Künd und die kurze Klagefrist des § 113 InsO a.F. Bei Zulassung eines Wiedereinstellungsanspruchs werde die durch § 113 Abs. 2 a.F., §§ 125 bis 128 InsO erstrebte Rechtssicherheit beseitigt oder gefährdet, wenn die Wirksamkeit und Unangreifbarkeit von Künd durch den Insolvenzverwalter dem Erwerber gar nichts nutze, weil er sich auch und gerade nach wirksamen Künd Wiedereinstellungsansprüchen gegenübersehe.[1731] Dies könne zu einem Scheitern einer übertragenden Sanierung und damit auch zu einer Zerschlagung wirtschaftlicher Werte führen. Für die Gläubiger entfiele dann gleichzeitig die bestmögliche Verwertungsmöglichkeit. Der Ermöglichung einer sanierenden Übertragung und dem damit verbundenen Erhalt einer Mehrzahl von Arbeitsplätzen – wenn auch i.d.R. nicht aller – sei der Vorzug zu geben gegenüber dem Bestandsinteresse eines einzelnen AN.

Methodisch wird der Anspruch aus der Fürsorgepflicht,[1732] dem Verbot des venire contra factum proprium,[1733] dem Grundsatz des Vertrauensschutzes,[1734] einer systemimmanenten Rechtsfortbildung,[1735] oder auch aus der erweiternden Auslegung des Abs. 3[1736] hergeleitet. Der 2. Senat des BAG hat im Urteil vom 27.2.1997[1737] ohne ausdrückliche methodische Rangfolge nebeneinander die Gesichtspunkte angeführt, die für den Wiedereinstellungsanspruch sprechen (Korrektiv zu der sich als unzutreffend herausstellenden Prognose, Schutzzweck des § 1, rechtsmissbräuchliches Verhalten des AG, anspruchsbegründende Wirkung des § 242 BGB; Vertrauen des AN; Beeinträchtigung des letztlich durch Art. 12 GG geschützten Rechts des AN, seinen Arbeitsplatz nicht grundlos zu verlieren.[1738] Der 7. Senat des BAG stützt den die negative Vertragsfreiheit des AG einschränkenden Kontrahierungszwang auf eine vertragliche Nebenpflicht aus dem noch fortbestehenden Arbverh[1739] und führt zur Begründung aus: „Zu den letztlich auf § 242 BGB beruhenden arbeitsvertraglichen Nebenpflichten gehört auch die Pflicht, auf die berechtigten Interessen des Vertragspartners Rücksicht zu nehmen. Der AN hat auch nach Ausspruch einer rechtlich begründeten Künd regelmäßig noch ein Interesse daran, seinen Arbeitsplatz nicht mit Ablauf der Künd-Frist zu verlieren. Dieses Interesse des AN an der Erhaltung seines Arbeitsplatzes ist durch Art. 12 Abs. 1 GG nicht nur bis zum Ausspruch einer Künd, sondern auch noch danach bis zur Beendigung des Arbverh geschützt. Allerdings wird der dem Staat obliegenden grundrechtlichen Schutzpflicht grds. durch das staatliche Künd-Schutzrecht hinreichend Rechnung getragen. Der Verlust des Arbeitsplatzes wird daher dem AN regelmäßig auch von Verfassung wegen zugemutet, wenn eine Künd den Erfordernissen des Künd-Schutzrechts standhält. Eine Ausnahme von diesem Grundsatz ist aber dann geboten, wenn sich die der betriebsbedingten Künd zugrunde liegende Vorstellung des AG über die Weiterbeschäftigungsmöglichkeiten nachträglich als unzutreffend herausstellt. Die zur betriebsbedingten Künd entwickelte Rspr. unterwirft nämlich den arbeitsrechtlichen Bestandsschutz insofern einer zeitlichen Einschränkung, als sie bei der Prüfung des Künd-Grundes auf den Zeitpunkt des Künd-Ausspruchs abstellt, eine hinreichend begründete Prognose zum Wegfall der Beschäftigungsmöglichkeit genügen lässt und die spätere tatsächliche Entwicklung grds. unberücksichtigt lässt. Diese „Vorverlagerung" des Prüfungszeitpunkts vom Ende des Arbverh auf den häufig viele Monate früher liegenden und nicht nur von der Dauer der Künd-Frist, sondern auch vom Willensentschluss des AG abhängigen Zeitpunkt des Ausspruchs der Künd ist zwar sowohl aus methodischen Gründen – die Wirksamkeit einer rechtsgestaltenden Willenserklärung wie der Künd muss zum Zeitpunkt ihres Zugangs feststellbar sein – wie auch aus Gründen der Rechtssicherheit, Verlässlichkeit und Klarheit geboten. Zugleich verlangt sie aber nach einem Korrektiv in den Fällen, in denen sich die maßgeblichen Umstände entgegen der ursprünglichen Prognose nachträglich ändern. Ein geeignetes Korrektiv bildet die vertragliche Nebenpflicht zum erneuten Abschluss eines Arbeitsvertrags. Allerdings ist dabei auch zu beachten, dass dem durch Art. 12 Abs. 1 GG geschützten Interesse des AN am Erhalt seines Arbeits-

---

1729 Moll/Reinfeld, Münchener Anwaltshandbuch, § 32 Rn 80; BAG 12.11.1998 – 8 AZR 265/97 – NZA 1999, 311; BAG 13.11.1997 – 8 AZR 295/95 – NZA 1998, 251.
1730 BAG 28.10.2004 – 8 AZR 199/04 –; BAG 13.5.2004 – 8 AZR 198/03 – AP § 613a BGB Nr. 264.
1731 Hanau, ZIP 1998, 1817, 1820.
1732 KR/Etzel, § 1 KSchG Rn 569; Löwisch, § 1 KSchG Rn 80.
1733 Boewer, NZA 1999, 1121, 1128.
1734 v. Hoyningen-Huene/Linck, § 1 KSchG Rn 156 b.
1735 Raab, RdA 2000, 147, 151 f.
1736 Zwanziger, BB 1997, 42, 43.
1737 BAG 27.2.1997 – 2 AZR 160/96 – NZA 1997, 757.
1738 28.6.2000 – 7 AZR 904/98 – NZA 2000, 1097; BAG 27.2.1997 – 2 AZR 160/96 – NZA 1997, 757.
1739 28.6.2000 – 7 AZR 904/98 – NZA 2000; BAG 21.2.2002 – 2 AZR 749/00 – EzA § 1 KSchG Wiedereinstellungsanspruch Nr. 7; Oetker, ZIP 2000, 643, 646 f.

platzes das jedenfalls durch Art. 2 Abs. 1 GG geschützte Interesse des AG gegenübersteht, nicht zu einem Vertrag mit einem AN gezwungen zu werden, den er nicht weiterbeschäftigen will. Das sich hiernach stellende Problem der praktischen Konkordanz zweier kollidierender Grundrechtspositionen kann durch eine die konkreten Umstände berücksichtigende Abwägung der beiderseitigen Interessen gelöst werden."

583 Dem Wiedereinstellungsanspruch können **berechtigte Interessen des AG** entgegenstehen. Diese können darin bestehen, dass der AG den in Betracht kommenden **Arbeitsplatz bereits wieder besetzt** hat. Der AG kann sich auf die Neubesetzung des Arbeitsplatzes nicht berufen, wenn hierdurch der Wiedereinstellungsanspruch treuwidrig vereitelt wird. Bei der Auswahl des wiedereinzustellenden AN hat der AG gem. § 242 BGB die Umstände des Einzelfalls zu berücksichtigen. Wenn es für einen frei gewordenen Arbeitsplatz mehrere Bewerber gibt, darf der AG unter diesen nicht willkürlich auswählen, sondern hat anhand betrieblicher Belange und sozialer Gesichtspunkte eine den §§ 242, 315 BGB (§ 106 GewO) genügende Auswahlentscheidung zu treffen.[1740] Die Grundsätze des Abs. 3 lassen sich dabei nicht ohne Weiteres übertragen. Zum einen geht es anders als bei Abs. 3 nicht darum, wem gegenüber die einseitige rechtsgestaltende Künd-Erklärung abzugeben bzw. zu unterlassen ist, sondern mit welchem AN ein Vertrag zu schließen ist, der nicht nur eine Willenserklärung des AG, sondern auch die des AN voraussetzt. Daher kommen für die Auswahlentscheidung grds. ohnehin nur die AN in Betracht, die dem AG gegenüber ihren Willen zur Wiedereinstellung bekundet haben.[1741] Aber auch i.Ü. lässt sich die Frage, ob aus der Interessenwahrungspflicht des AG die Verpflichtung zur Wiedereinstellung gerade eines bestimmten AN folgt, nicht allein nach den Kriterien des Abs. 3, sondern gem. § 242 BGB nur unter Berücksichtigung sämtlicher Umstände des jeweiligen Einzelfalls beantworten.[1742]

584 Ein Abfindungsvergleich kann dem Wiedereinstellungsanspruch entgegenstehen. Der AG kann ihn auch bei der Auswahl des wiedereinzustellenden AN berücksichtigen. Nach den Grundsätzen über den WGG entfällt ein Abfindungsvergleich nur dann, wenn das Festhalten an ihm für eine Partei unzumutbar ist. Zu beachten ist, dass der Vergleich gerade zu den Geschäften gehört, die ihrem Typus nach die vertragliche Übernahme gewisser Risiken beinhalten sollen. Geschäftsgrundlage sind nach der st. Rspr. des BAG und des BGH die bei Abschluss des Vertrages zu Tage getretenen, dem anderen Teil erkennbar gewordenen und von ihm nicht beanstandeten Vorstellungen einer Partei oder die gemeinsamen Vorstellungen beider Parteien vom Vorhandensein oder dem künftigen Eintritt gewisser Umstände, sofern der Geschäftswille der Parteien hierauf aufbaut. Rechte wegen des WGG ergeben sich allerdings nur, wenn der von der Störung betroffenen Partei das unveränderte Festhalten an dem Vertrag nicht zugemutet werden kann. Der WGG wird rechtlich nur dann erheblich, wenn und soweit das Festhalten an der ursprünglichen Regelung zu einem „untragbaren mit Recht und Gerechtigkeit schlechthin nicht mehr zu vereinbarenden Ergebnis führen würde". Rechtsfolge des Wegfalls der Geschäftsgrundlage ist i.Ü. grds. nur die Anpassung des Vertrags an die geänderten Verhältnisse, nicht dagegen dessen Auflösung. Bei Abfindungsvergleichen in Künd-Schutzprozessen kann nicht ohne Weiteres davon ausgegangen werden, Geschäftsgrundlage in diesem Sinn sei die gemeinsame Vorstellung der Parteien, bis zu dem vereinbarten Ende des Arbverh werde sich keine anderweitige Beschäftigungsmöglichkeit ergeben. Vielmehr kann gerade auch diese Ungewissheit der künftigen Entwicklung bei dem Vergleich bereits Berücksichtigung gefunden haben. Außerdem führt bei einer sich nachträglich unvorhergesehen ergebenden Beschäftigungsmöglichkeit das Festhalten am Vergleich für den AN keineswegs regelmäßig zu untragbaren Ergebnissen. Vielmehr hängt auch dies von den Umständen des Einzelfalls ab. Jedenfalls dann, wenn durch eine Abfindung ein als angemessen erscheinender Ausgleich geschaffen wird – dabei kann für die Beurteilung der Angemessenheit die in §§ 10, 113 Abs. 1 und 2 BetrVG zum Ausdruck kommende gesetzgeberische Wertung herangezogen werden –, wird häufig das Festhalten an dem Vergleich auch für den AN nicht unzumutbar sein. Dies gilt umso mehr, als regelmäßig ohnehin keine Anpassung (welche?), sondern lediglich die grds. nicht vorgesehene ersatzlose Aufhebung des Abfindungsvergleichs in Betracht kommt. Die Wiedereinstellung ist keine Anpassung des Abfindungsvergleichs, sondern das Gegenteil dessen, was die Parteien in diesem vereinbart haben.[1743] Durch einen Abfindungsvergleich im Künd-Schutzprozess kann ein etwaiger Wiedereinstellungsanspruch wirksam ausgeschlossen werden. Zur Beseitigung jeglicher Zweifel und Rechtsunsicherheiten empfiehlt sich in der Praxis eine entsprechende ausdrückliche Regelung im Vergleich.[1744] Diese kann dahingehend abgefasst werden, dass der AN im Hinblick auf die vereinbarte Abfindung auf einen ihm etwa zustehenden Wiedereinstellungsanspruch verzichtet.

1740 BAG 4.12.1997 – 2 AZR 140/97 – NZA 1998, 701; BAG 2.12.1999 – 2 AZR 757/98 – NZA 2000, 531.
1741 Zum Wiedereinstellungsanspruch bei unvorhergesehenem Betriebsübergang BAG 12.11.1998 – 8 AZR 265/97 – NZA 1999, 311.
1742 BAG 28.6.2000 – 7 AZR 904/98 – NZA 2000, 1097.
1743 BAG 28.6.2000 – 7 AZR 904/98 – NZA 2000, 1097.
1744 *Beckschulze*, DB 1998, 417, 418; *Nägele*, BB 1998, 1686, 1689.

§ 1a Abfindungsanspruch bei betriebsbedingter Kündigung

(1) ¹Kündigt der Arbeitgeber wegen dringender betrieblicher Erfordernisse nach § 1 Abs. 2 Satz 1 und erhebt der Arbeitnehmer bis zum Ablauf der Frist des § 4 Satz 1 keine Klage auf Feststellung, dass das Arbeitsverhältnis durch die Kündigung nicht aufgelöst ist, hat der Arbeitnehmer mit dem Ablauf der Kündigungsfrist Anspruch auf eine Abfindung. ²Der Anspruch setzt den Hinweis des Arbeitgebers in der Kündigungserklärung voraus, dass die Kündigung auf dringende betriebliche Erfordernisse gestützt ist und der Arbeitnehmer bei Verstreichenlassen der Klagefrist die Abfindung beanspruchen kann.

(2) ¹Die Höhe der Abfindung beträgt 0,5 Monatsverdienste für jedes Jahr des Bestehens des Arbeitsverhältnisses. ²§ 10 Abs. 3 gilt entsprechend. ³Bei der Ermittlung der Dauer des Arbeitsverhältnisses ist ein Zeitraum von mehr als sechs Monaten auf ein volles Jahr aufzurunden.

Literatur: *Altenburg/Reufels/Leister*, Der Vorausverzicht auf den Abfindungsanspruch aus § 1a KSchG, NZA 2006, 71; *Bader*, Das Gesetz zu Reformen am Arbeitsmarkt: Neues im Kündigungsschutzgesetz und im Befristungsrecht, NZA 2004, 65; *Bauer*, Aufhebungsverträge rechtssicher gestalten, PersF 2008, 90; *Bauer/Preis/Schunder*, Der Regierungsentwurf eines Gesetzes zu Reformen am Arbeitsmarkt vom 18.6.2003, NZA 2003, 704; *Bauer/Krieger*, Neuer Abfindungsanspruch – 1a daneben!, NZA 2004, 77; *Besgen*, Auswirkungen des neuen Abfindungsanspruchs auf das Arbeitsförderungsrecht, FA 2004, 173; *ders*., Nochmals: Abfindungsanspruch nach § 1a KSchG und Sperrzeit, FA 2004, 294; *Besgen/Giesen*, Fallstricke bei der neuen gesetzlichen Abfindungsregelung, NJW 2004, 185; *Bissels*, Verknüpfung der Abfindungsleistung mit Bedingungen, jurisPR-ArbR 21/2008 Anm. 5; *Boecken/Hümmerich*, Gekündigt, abgewickelt, gelöst, gesperrt, DB 2004, 2046; *Busch*, Abfindung nur bei Klageverzicht jetzt auch in Sozialplänen?, BB 2004, 267; *Däubler*, Neues zur betriebsbedingten Kündigung, NZA 2004, 177; *Düwell*, Das neue Abfindungsrecht, ZTR 2004, 130; *Ebert*, Die neue Abfindungsoption nach § 1a KSchG und Sperrzeiten nach § 144 SGB III, ArbRB 2004, 246; *Elz*, Der neue § 1a KSchG – Gesetzlicher Abfindungsanspruch?, BuW 2004, 388; *Eylert/Schinz*, Das neue Kündigungsrecht 2004, AE 2005, 5; *Gagel*, Sperrzeit durch Abfindungsvertrag, ZIP 2005, 332; *Gaul/Niklas*, Neue Grundsätze zur Sperrzeit bei Aufhebungsvertrag, Abwicklungsvereinbarung und gerichtlichem Vergleich, NZA 2008, 137; *Giesen*, Die „alternde Arbeitswelt" vor arbeits- und sozialrechtlichen Herausforderungen, NZA 2008, 905; *Gravenhorst*, Zeitpunkt der Entstehung des Abfindungsanspruchs, jurisPR-ArbR 15/2008 Anm. 2; *Grobys*, Der gesetzliche Abfindungsanspruch in der betrieblichen Praxis, DB 2003, 2174; *Hanau*, Die wiederholte Reform des arbeitsrechtlichen Kündigungs- und Befristungsschutzes, ZIP 2004, 1169; *Hjort*, Zum Umgang mit Sperrzeitrisiken bei Aufhebung und Abfindung, AiB 2008, 65; *Hümmerich*, Die arbeitsgerichtliche Abfindung, NZA 1999, 342; *ders.*, Aufhebungs- und Abwicklungsvertrag in einem sich wandelnden Arbeitsrecht, NJW 2004, 2921; *Kortstock*, Abfindung nach § 1a KSchG und Betriebsübergang, NZA 2007, 297; *Kamanabrou*, Verfassungsrechtliche Aspekte eines Abfindungsschutzes bei betriebsbedingten Kündigungen, RdA 2004, 333; *Laber*, Fallstricke bei der Anwendung von § 1a KSchG, ArbRB 2004, 381; *Lilienfeld/Spellbrink*, Für eine sperrzeitrechtliche Neubewertung des Abwicklungsvertrages im Lichte des § 1a KSchG, RdA 2005, 88; *Löwisch*, Die kündigungsrechtlichen Vorschläge der „Agenda 2010", AiB 2008, 65; *ders.*, Neuregelung des Kündigungs- und Befristungsrechts durch das Gesetz zu Reformen am Arbeitsmarkt, BB 2004, 154; *Mayer*, Abfindung bei betriebsbedingter Kündigung nach der Novellierung des KSchG, AiB 2004, 19; *Nägele*, Die Abfindungsoption nach § 1a KSchG – praxisrelevant?, ArbRB 2004, 80; *ders.*, Neuerung durch die Agenda 2010 – Kündigung mit Abfindungsanspruch, ArbRB 2003, 274; *Peters-Lange/Gagel*, Arbeitsförderungsrechtliche Konsequenzen aus § 1a KSchG, NZA 2005, 740; *Preis*, Die „Reform" des Kündigungsschutzrechts, DB 2004, 70; *Quecke*, Die Änderung des Kündigungsschutzgesetzes zum 1.1.2004, RdA 2004, 86; *Raab*, Der Abfindungsanspruch gemäß § 1a KSchG, RdA 2005, 1; *Rambach*, Aufhebungs-, Abwicklungsvertrag und Abfindung, AiB 2004, 26; *Richardi*, Misslungene Reform des Kündigungsschutzes durch das Gesetz zu Reformen am Arbeitsmarkt, DB 2004, 486; *Rolfs*, Die betriebsbedingte Kündigung mit Abfindungsangebot (§ 1a KSchG), ZIP 2004, 333; *Schmitt-Rolfes*, Aufhebungs- und Abwicklungsvertrag unter Berücksichtigung der Abfindungsregelung nach § 1a KSchG, NZA-Beilage 2005 Nr. 1, 3; *Steffek*, § 1a KSchG und die jüngste Rechtsprechung des Bundessozialgerichts zu § 144 Abs. 1 Satz 2 Nr. 1 SGB III, in: FS Werner 2004, S. 221; *Steinau-Steinrück/Paul*, § 1a KSchG – Die wichtigsten Anwendungsfragen, NJW-Spezial 2004, 225; *Ulrici/Mohnke*, Abfindung nach § 1a KSchG trotz Kündigungsschutzklage, NZA 2006, 77; *Wagner*, Abfindungsanspruch nach § 1a KSchG, FA 2008, 8; *Willemsen/Annuß*, Kündigungsschutz nach der Reform, NJW 2004, 177; *Wolff*, Abwicklungsvereinbarung am Ende? – Konsequenzen der neuesten Rechtsprechung des BSG zur Sperrzeit für die Praxis, DStR 2005, 115; *ders.*, Die qualifizierte Abfindungsvereinbarung nach § 1a KSchG – eher Steine als Brot für die Praxis, BB 2004, 378; *Zahn*, Keine Sperrzeit wegen eines Abfindungsvergleichs im Kündigungsschutzprozess, AE 2008, 5

A. Allgemeines 1	III. Höhe des Abfindungsanspruchs 30
I. Gesetzgebungsverfahren 1	C. Verhältnis zu anderen Rechtsgebieten 34
II. Regelungsanliegen 3	I. Verhältnis zu Sozialplanansprüchen 34
III. Rechtsnatur des Abfindungsanspruchs 5	II. Anspruch nach § 1a und Insolvenz 35
B. Regelungsgehalt 12	III. Steuer- und sozialversicherungsrechtliches Umfeld .. 36
I. Allgemeine Anwendungsvoraussetzungen 12	D. Beraterhinweise 41
II. Tatbestandliche Voraussetzungen des Abfindungsanspruchs 16	

A. Allgemeines

I. Gesetzgebungsverfahren

1 § 1a wurde durch das **Gesetz zu Reformen am Arbeitsmarkt vom 24.12.2003**[1] mit Wirkung vom 1.1.2004 neu in das KSchG eingefügt.[2] Mit dem gesetzlichen Abfindungsanspruch normiert der Gesetzgeber ein **Recht des AN**, im Rahmen betriebsbedingter Künd **zwischen Abfindungs- und Bestandsschutz** zu wählen. Aus Sicht des AG bietet § 1a die Möglichkeit, im Falle einer betriebsbedingten Künd dem AN freiwillig eine nach Abs. 2 zu berechnende Abfindung für den Fall anzubieten, dass der AN bis zum Ablauf der Drei-Wochen-Frist des § 4 S. 1 keine Klage auf Feststellung erhebt, dass das Arbverh durch die Künd nicht aufgelöst ist. § 1a steht der Auslegung eines Künd-Schreibens als eigenständiges, von den Voraussetzungen des § 1a unabhängiges Abfindungsangebot nicht entgegen. Die Regelung des § 1a setzt **keinen generell unabdingbaren Mindestanspruch** bei Ausspruch betriebsbedingter Künd fest. Will ein AG dem AN mit Ausspruch der Künd ein Angebot auf Abschluss eines Beendigungsvertrages unterbreiten, ohne jedoch die gesetzliche Abfindung nach § 1a anbieten zu wollen, so ist er aus Gründen der Rechtssicherheit, Rechtsklarheit und Beweissicherung gehalten, dies in der schriftlichen Künd-Erklärung eindeutig und unmissverständlich zu formulieren, insbesondere welche Abfindung er unter welchen Voraussetzungen anbietet.[3]

2 Das **Wahlrecht** geht zurück auf die Regierungserklärung vom 14.3.2003, die vorsah, einem AN auch bei wirksamer betriebsbedingter Künd ein einseitiges Wahlrecht zwischen kündigungsrechtlichem Bestandsschutz und der Zahlung einer Abfindung einzuräumen.[4] Ursprünglich war beabsichtigt gewesen, AN durch eine Öffnungsklausel die Option einzuräumen, gegen die vorherige Vereinbarung einer Abfindung auf die Erhebung einer Künd-Schutzklage zu verzichten.[5] Dieses Vorhaben wurde nicht umgesetzt.[6]

II. Regelungsanliegen

3 Durch das Wahlrecht und die **zwingende Festlegung**[7] der Höhe des Abfindungsanspruchs in Abs. 2 sollen einerseits unvermeidliche Personalanpassungen für den AG kalkulierbarer werden und andererseits soll die Arbeitsgerichtsbarkeit entlastet werden. Entsprechend formuliert die Gesetzesbegründung wie folgt: „Der gesetzliche Abfindungsanspruch wird als eine **einfach zu handhabende, moderne und unbürokratische Alternative zum Künd-Schutzprozess** geregelt. (…) Die formalisierten Voraussetzungen für den Abfindungsanspruch und die gesetzlich festgesetzte Abfindungshöhe sollen es den Arbeitsvertragsparteien erleichtern, die außergerichtliche Option wahrzunehmen. AG werden bereit sein, die gesetzlich vorgegebene Abfindungssumme zu zahlen, wenn sie Risiken und Kosten eines Künd-Schutzprozesses in Betracht ziehen. AN, die an ihrem Arbverh nicht zwingend festhalten wollen, werden die Künd ihres Arbeitsverhältnisses akzeptieren, wenn der AG den dafür im Gesetz vorgesehenen Betrag zahlt."[8]

4 Die arbeitsrechtliche Praxis belegt, dass von der Regelung des § 1a nur zurückhaltend Gebrauch gemacht wird. Stimmen in der Lit.[9] sprechen insoweit von einem **„Schattendasein in der betrieblichen Praxis"**. Maßgeblicher Grund ist, dass AN-Vertreter im Künd-Schutzprozess immer wieder versuchen, für ihre Mandanten durch ein Klageverfahren eine nach § 1a angebotene Abfindung in die Höhe zu treiben.[10] Ein nicht unerheblicher Bedeutungsverlust ergibt sich aus der **fehlenden Vollstreckbarkeit des Abfindungsanspruchs nach § 1a**. Anders als ein gerichtlich protokollierter Vergleich muss der Anspruch nach § 1a vom AN im Falle der Zahlungsverweigerung des AG vor den ArbG eingeklagt werden. Hinzu kommt, dass der Anspruch nach § 1a im Insolvenzverfahren lediglich eine **einfache Insolvenzforderung** darstellt, während eine mit dem Insolvenzverwalter im Künd-Schutzprozess geschlossene Abfindungsvereinbarung eine Masseforderung begründet. Der gut beratene AN wird deshalb in den Fällen drohender Insolvenz des AG zur Sicherung seiner Rechtsposition unabhängig von dem arbeitgeberseitigen Hinweis gem. § 1a innerhalb der Drei-Wochen-Frist des § 4 Künd-Schutzklage erheben.[11] I.Ü. wird man in dem Abfindungsanspruch einen Anspruch aus dem Arbverh zu sehen haben, der damit etwaigen tarifvertraglichen oder (wirksamen) vertraglichen Ausschluss- bzw. Verfallfristen unterliegt.[12]

III. Rechtsnatur des Abfindungsanspruchs

5 Die bisherigen außergerichtlichen Auflösungsoptionen (Aufhebungsvertrag und Abwicklungsvertrag) bleiben durch die gesetzliche Neuregelung unberührt.[13] Der Abfindungsanspruch gem. § 1a stellt keine inhaltliche Neuregelung wesentlicher Alternativen zur bisherigen Rechtslage dar. Ob der AG ein Angebot nach § 1a unterbreitet, bleibt ausschließlich ihm überlassen. Er kann wie früher vor, bei oder nach Ausspruch der Künd auch eine geringere oder hö-

---

1 BGBl I 2003, S. 3002.
2 Zur Begründung vgl. BT-Drucks 15/1204.
3 BAG 10.7.2008 – 2 AZR 209/07 – BB 2008, 2290; BAG 13.12.2007 – 2 AZR 663/06 – NZA 2008, 528; BAG 13.12.2007 – 2 AZR 807/06 – AP § 1a KSchG 1969 Nr. 6.
4 Weiterführend *Busch*, BB 2004, 267, 268.
5 BT-Drucks 15/1509, S. 8.
6 Zur Entstehungsgeschichte *Bader*, NZA 2004, 65, 72.
7 ErfK/*Ascheid*, § 1a KSchG Rn 586.
8 BT-Drucks 15/1204, S. 12.
9 *Eylert/Schinz*, AE 2005, 5, 6.
10 *Bauer/Krieger*, NZA 2004, 77; *Rieble*, BT-Auschuss-Drucks. 15/566 unter II. 1. C.
11 Mues u.a./*Mues*, Hdb. z. KüR, Teil 2 Rn 672.
12 *Bader*, NZA 2004, 2004, 65, 72.
13 *Preis*, DB 2002, 70, 71.

here Abfindung als ein halbes Monatsgehalt pro Jahr der Betriebszugehörigkeit anbieten. Selbstverständlich kann der AG auch weiterhin Abfindungen bei personen- oder verhaltensbedingten und/oder außerordentlichen Künd anbieten. Formal handelt es sich in diesen Fällen jedoch nicht um ein Angebot nach § 1a.

Entgegen anders lautenden Stimmen im Schrifttum[14] sprechen die besseren Argumente dafür, dass es sich bei dem Abfindungsanspruch nach § 1a um einen **gesetzlich begründeten** und nicht um einen rechtsgeschäftlich begründeten **Anspruch** handelt.[15]

Die Rechtsnatur des Abfindungsanspruchs nach § 1a ist in der Lit. umstr. Nach der Ansicht einiger Autoren[16] soll es sich um einen rechtsgeschäftlich begründeten Anspruch handeln. Danach soll der nach § 1a erforderliche Hinweis des AG auf die Betriebsbedingtheit der Künd sowie auf die bei Klageverzicht zu zahlende Abfindung als Vertragsangebot und das Verstreichenlassen der Klagefrist durch den AN als Annahme dieses Angebots zu werten sein. Andere Stimmen in der Lit.[17] sehen demgegenüber lediglich den Hinweis des AG als rechtsgeschäftlich zu beurteilende Willenserklärung an, beurteilen das Verstreichenlassen der Klagefrist durch den AN hingegen als Realakt (Tathandlung) und werten § 1a als Anspruch, der gesetzlich begründet wird, ohne dass es hierzu korrespondierender Willenserklärungen bedürfe. Nach Auffassung des 1. Senats des BAG[18] entspricht der in § 1a vorgesehene Abfindungsanspruch seinem Charakter nach einer einzelvertraglich zwischen AN und AG für die Hinnahme einer Künd vereinbarten Abfindung. Mit dieser Feststellung lässt der 1. Senat die Frage nach der Rechtsnatur des Anspruchs gem. § 1a im Ergebnis offen, da er lediglich eine vergleichende Betrachtung vornimmt, ohne abschließend verbindlich zu der Rechtsnatur des Anspruchs Stellung zu beziehen. Nach zutreffender Auff. handelt es sich bei dem Abfindungsanspruch nach § 1a um einen gesetzlich begründeten Anspruch, dessen Tatbestandselemente gesetzlicher Natur sind.[19]

Bereits der **Wortlaut des Gesetzes** gibt nichts für die Annahme einer rechtsgeschäftlichen Erklärung her. § 1a fordert für die Entstehung des Abfindungsanspruchs lediglich den „Hinweis" des AG, also eine tatsächliche Handlung, deren Rechtsfolgen sich unabhängig vom Willen des AG aus dem Gesetz ergeben. Auch die Gesetzesbegründung stützt diese Sichtweise, wenn es dort heißt: „Der Abfindungsanspruch ist lediglich an die formale Voraussetzung des Verstreichenlassens der Klagefrist des § 4 S. 1 gebunden. Ein **„Verstreichenlassen" der Klagefrist i.S.d. § 1a** liegt nicht vor, wenn fristgemäß Klage gegen die Künd erhoben, der Beklagte jedoch falsch bezeichnet wurde. Dies gilt zumindest dann, wenn der richtige Beklagte durch Auslegung hätte ermittelt werden können, weil das Künd-Schreiben beigefügt und der vorangegangene Betriebsübergang in der Klagebegründung erwähnt worden war.[20] Eine ausdrückliche Erklärung des AN, dass er die gesetzliche Abfindung beanspruchen will, wird nicht gefordert."[21]

Auch **Sinn und Zweck** des § 1a sprechen gegen eine rechtsgeschäftliche Deutung der Norm. Erachtete man die unterlassene Klageerhebung als Willenserklärung, käme es zu zahlreichen rechtlichen Ungereimtheiten und Widersprüchen. Der gesetzliche Anspruch führt gerade dort zu klaren Lösungen, wo die rechtsgeschäftliche Übereinkunft zweifelhaft ist. Dies verdeutlichen die nachfolgenden Beispiele:

– **Beispiel 1:**
Ein Handwerker kündigt einem seiner sieben AN betriebsbedingt und erklärt im Rahmen des i.Ü. ordnungsgemäßen Hinweises, der Gekündigte habe bei Verstreichenlassen der Klagefrist „Anspruch auf die gesetzliche Abfindung". Hat der AG sich in diesem Fall über die Höhe der gesetzlichen Abfindung geirrt, wäre nach allg. rechtsgeschäftlichen Regeln die Anfechtung zuzulassen – ein Ergebnis, das dem mit § 1a verfolgten Ziel einer schnellen Streitbeilegung evident zuwiderliefe.

– **Beispiel 2:**
Einem für sechs Wochen urlaubsabwesenden AN geht am ersten Abwesenheitstag durch Einwurf in seinen Hausbriefkasten eine Künd mit dem Hinweis nach § 1a zu. Mangels Kenntnis von dem „Angebot" des AG lässt sich beim Verstreichenlassen der dreiwöchigen Klagefrist keine irgendwie geartete Annahmeerklärung des AN herleiten. Dem gesetzlichen Regelungsziel entspricht es aber auch in diesem Fall, den Anspruch zu gewähren, sofern nicht der AN später unter Berufung auf § 5 gegen die Künd vorgeht.[22] Der rechtsgeschäftliche Ansatz kann den Fall nicht befriedigend lösen.

---

14 *Preis*, DB 2004, 70, 71 f.; *Wolff*, BB 2004, 378; *Bauer/Krieger*, NZA 2004, 77; *Löwisch*, NZA 2003, 689, 694; APS/*Ascheid*, § 1a KSchG Rn 5.
15 *Bader*, NZA 2004, 65; *Giesen/Besgen*, NJW 2004, 185; *Grobys*, DB 2003, 2174; *Willemsen/Annuß*, NJW 2004, 177, 182; LAG Bonn 12.12.2005 – 16.Sa 493/05.
16 *Preis*, DB 2004, 70, 71 f.; *Wolff*, BB 2004, 378; *Bauer/Krieger*, NZA 2004, 77; *Löwisch*, NZA 2003, 689, 694; APS/*Ascheid*, § 1a KSchG Rn 5.
17 *Bader*, NZA 2004, 65, 70; *Grobys*, DB 2003, 2174; *Giesen/Besgen*, NJW 2004, 185.
18 BAG 31.5.2005 – 1 AZR 254/04 – NZA 2005, 997.
19 *Mues* u.a./*Mues*; Hdb. z. KüR, Teil 2 Rn 675; *Willemsen/Annuß*, NJW 2004, 177, 182; vgl. LAG Hamm 7.6.2005 – 12 Sa 2165/04 – NZA 2005, 1123.
20 LAG Brandenburg 5.5.2006 – 22 Sa 7/06 –.
21 Begründung des Regierungsentwurfs BT-Drucks 15/1204.
22 Vgl. *Willemsen/Annuß*, NJW 2004, 177, 182.

- **Beispiel 3:**
Ein AN erhält eine mit dem Hinweis des § 1a versehene Künd und heftet diese, ohne zu reflektieren, zu Hause ab und lässt die Drei-Wochen-Frist verstreichen. Hier das bloße Verstreichenlassen der Klagefrist durch den AN als Annahme des Angebots des AG zu werten, wobei man die Entbehrlichkeit des Zugangs der Annahme oder gar die Erklärung selbst über § 151 BGB bzw. Treu und Glauben (§ 242 BGB) zu begründen sucht, überzeugt nicht.[23]

10 Das Vorstehende zeigt: Sind die Tatbestandsvoraussetzungen des Abs. 1 erfüllt, steht dem AN der Abfindungsanspruch zu, ohne dass eine rechtsgeschäftliche Einigung zwischen AG und AN konstruiert werden muss. Auch Schutzzweckerwägungen zugunsten des AN rechtfertigen kein abweichendes rechtliches Ergebnis. In den Fällen, in denen die „fingierte rechtsgeschäftliche Erklärung" des AN unwirksam oder anfechtbar wäre, z.B. wenn der AG die von ihm vorgebrachten betriebsbedingten Gründe lediglich vorgetäuscht und der AN aufgrund dieser Täuschung die Klagefrist hat verstreichen lassen, ist dem AN mit einem Antrag auf nachträgliche Zulassung der Klage gem. § 5 geholfen, ohne dass Anlass für die Anwendung rechtsgeschäftlicher Regelungen (etwa der §§ 104 ff. oder 119 ff. BGB) bestünde.[24] Auch wenn man den Hinweis des AG nach Abs. 1 S. 2 noch als Willenserklärung einstufen mag,[25] stellt das Verstreichenlassen der Klagefrist nur einen Realakt (Tathandlung) dar. Auf den Realakt finden die Vorschriften über Willenserklärungen grundsätzlich keine Anwendung.[26]

11 Zutreffend verweisen *Willemsen* und *Annuß*[27] darauf, dass zwar im Regelfall bei der Anwendung des § 1a zugleich auch eine rechtsgeschäftliche Anspruchsbegründung vorliegen dürfte. Notwendig sei dies aber nicht und der Wortlaut des Abs. 1 spreche gegen den rechtsgeschäftlichen Charakter des Anspruchs. Die Bewertung als gesetzlicher Anspruch (gesetzliches Schuldverhältnis) führt gerade dort, wie auch die vorstehenden Beispiele zeigen, zu den vom Gesetzgeber bei Schaffung der Norm intendierten rechtssicheren Lösungen, wo die rechtsgeschäftliche Übereinkunft zweifelhaft ist.

B. Regelungsgehalt

I. Allgemeine Anwendungsvoraussetzungen

12 Ein Abfindungsanspruch nach § 1a kann nur geltend gemacht werden, wenn Künd-Schutz nach dem KSchG besteht. Der gesetzliche Abfindungsanspruch greift nicht, wo es an den persönlichen oder betrieblichen Voraussetzungen des KSchG fehlt. Dass es **keinen gesetzlichen Abfindungsanspruch in Kleinbetrieben** gibt, folgt aus § 23, nach dem die Vorschriften des Ersten Abschnitts (Allg. Künd-Schutz) nicht in Betrieben mit i.d.R. zehn oder weniger AN gelten. Dem steht nicht entgegen, dass über § 4 alle kündigungsrechtlichen Unwirksamkeitsgründe durch Verstreichenlassen der einheitlichen Drei-Wochen-Klagefrist als geheilt gelten.

13 Nach dem Wortlaut des Gesetzes (Hinweis auf § 1 Abs. 2 S. 1 und der Ablauf der Künd-Frist) muss eine **ordentliche betriebsbedingte Künd** gegenüber dem AN ausgesprochen worden sein. Nach der Gesetzesbegründung reicht es aber aus, wenn der **AG die Künd als „betriebsbedingt" bezeichnet**.[28] Da eine gerichtliche Überprüfung der Künd-Gründe unterbleibt, weil sie nach Ablauf der Klagefrist fingiert werden, spielt es gleichfalls keine Rolle, ob sie tatsächlich im Zeitpunkt der Künd-Erklärung bestanden haben. Der Abfindungsanspruch entsteht deshalb auch **bei einem vorgeschobenen betriebsbedingten Künd-Grund („Etikettenschwindel")**. Ziel des Abfindungsanspruchs ist es, mögliche mit der betriebsbedingten Künd verbundene Streitfragen und Rechtsunsicherheiten auszuräumen. D.h. man wird auch dann noch von einer wirksamen Erklärung nach § 1a ausgehen können, wenn der AG in Wirklichkeit nicht aus betriebsbedingten sondern aus verhaltens- oder personenbedingten Gründen kündigt, in dem Künd-Schreiben aber betriebsbedingte Gründe zur Rechtfertigung der Künd anführt. Allerdings kann der AN, wenn er Kenntnis von dem „wahren" Künd-Grund erlangt, ggf. noch ein nachträgliches Zulassungsverfahren nach § 5 betreiben.

14 Bei **Ausspruch einer außerordentlichen Künd** entsteht nach dem Wortlaut des § 1a (… „mit Ablauf der Künd-Frist"…) kein Abfindungsanspruch.[29] Dennoch wird man in Anwendung der Rechtsprechung des BAG zu den tariflich unkündbaren AN auch bei einer **betriebsbedingten außerordentlichen Künd mit sozialer Auslauffrist** einen Abfindungsanspruch nach § 1a anerkennen müssen.[30] Es wäre mit der durch den Ausschluss der ordentlichen Künd bezweckten Privilegierung des AN unvereinbar, ihn im Vergleich zum ordentlich kündbaren AN dadurch schlechter zu stellen, dass man ihm den Abfindungsanspruch nach § 1a versagt. Die Rspr. hat die außerordentliche Künd mit sozialer Auslauffrist inzwischen der ordentlichen Künd so weit angenähert, dass kein sachlicher Grund ersichtlich

---

23 *Löwisch*, BB 2004, 154, 157.
24 Mues u.a./*Mues*; Hdb. z. KüR, Teil 2 Rn 676; *Giesen/Besgen*, NJW 2004, 185.
25 *Bauer/Krieger*, NZA 2004, 77.
26 *Bader*, NZA 2004, 65, 70.
27 *Willemsen/Annuß*, NJW 2004, 177, 182.

28 BT-Drucks 15/1204, S. 12; *Eylert/Schinz*, AE 2005, 5, 6; *Bader*, NZA 2004, 65 ff.; *Däubler*, NZA 2004, 177, 178.
29 BT-Drucks 15/1204, S. 12.
30 *Eylert/Schinz*, AE 2005, 5, 6; *Däubler*, NZA 2004, 177, 178; *Preis*, DB 2004, 70, 73; HaKo-KSchR/*Fiebig*, § 1a KSchG Rn 7; a.A. *Rolfs*, ZIP 2004, 334.

ist, beim Abfindungsanspruch nach § 1a eine Differenzierung zwischen den beiden Künd-Arten vorzunehmen.[31] Die Tatsache, dass § 13 Abs. 1 S. 2 für die außerordentliche Künd nicht auf § 1a verweist, ist ohne Bedeutung.[32]

§ 1a findet grds. auch in dem Fall einer **ordentlichen betriebsbedingten Änderungs-Künd** Anwendung, wenn der AN die ihm angebotene Fortsetzung des Arbverh zu geänderten Bedingungen ablehnt.[33] In diesem Fall geht es um die Beendigung des Arbverh, so dass der Anwendungsbereich des § 1a eröffnet ist. Voraussetzung ist allerdings, dass der AG auf die dringenden betrieblichen Erfordernisse für die Änderungs-Künd sowie darauf hinweist, dass für den Fall der Ablehnung des Änderungsangebots bei Verzicht auf eine Künd-Schutzklage eine Abfindung nach § 1a gezahlt wird. Dieser Anforderung trägt folgende Musterformulierung Rechnung. „Wir kündigen Ihnen fristgerecht wegen dringender betrieblicher Erfordernisse zum (…). Wir bieten Ihnen an, ab dem (…) Ihre Tätigkeit zu folgenden Bedingungen fortzusetzen: (…). Wir geben Ihnen Gelegenheit, dieses Angebot innerhalb einer Frist von drei Wochen nach Zugang dieses Schreibens uns gegenüber anzunehmen. Sollten Sie sich gegen die Annahme des Angebots auf Weiterbeschäftigung zu den geänderten Bedingungen entscheiden, sind wir bereit, Ihnen eine Abfindung nach § 1a zu bezahlen. Dies setzt voraus, dass Sie die Frist zur Erhebung der KündSchutzklage nach § 4 KSchG von drei Wochen ab Zugang der Künd verstreichen lassen."[34] Nicht ausreichend für die Entstehung des Abfindungsanspruchs ist es, wenn der AN das Änderungsangebot gem. § 2 **unter Vorbehalt annimmt** und dann die Frist für eine Änderungsschutzklage verstreichen lässt. Ein derartiges Vorgehen hat zur Folge, dass gem. § 7 die Wirksamkeit der Künd unter Erlöschen des Vorbehalts fingiert wird, und es damit nicht mehr um die Beendigung des Arbverh geht, sondern um seinen **Fortbestand zu geänderten Bedingungen**. Die gesetzliche Regelung stellt aber, wie sich aus der Bezugnahme des Abs. 1 S. 1 auf den „Ablauf der Künd-Frist" entnehmen lässt, ausdrücklich auf die Beendigung des Arbverh ab und nicht auf die Verschlechterung der Arbeitsbedingungen durch eine wirksame Änderungs-Künd. § 1a findet deshalb bei einer Annahme des Änderungsangebotes unter Vorbehalt keine Anwendung.[35] Die Entstehung des Abfindungsanspruchs nach § 1a setzt voraus, dass das Arbverh durch die betriebsbedingte Künd beendet worden ist. Endet das Arbverh vorher durch den Tod des AN, entsteht der Abfindungsanspruch nicht und kann deshalb auch nicht auf die Erben nach § 1922 Abs. 1 BGB übergehen.[36]

II. Tatbestandliche Voraussetzungen des Abfindungsanspruchs

Der Abfindungsanspruch nach Abs. 1 ist an drei Voraussetzungen geknüpft:[37]
1. Es muss eine **ordentliche betriebsbedingte AG-Künd** (§ 1 Abs. 2 S. 1) ausgesprochen worden sein.
2. Das Künd-Schreiben muss den **Hinweis des AG auf die zu zahlende, gesetzlich vorgeschriebene Abfindung** enthalten[38] und
3. Es darf **keine Künd-Schutzklage** innerhalb der Klagefrist des § 4 erhoben worden sein.[39]

Ein Abfindungsanspruch nach § 1a entsteht nicht, wenn ein Künd-Schreiben neben den Bedingungen nach § 1a die weitere Bedingung enthält, dass die Zahlung einer Abfindung daran geknüpft ist, dass die AN trotz Freistellung von der Arbeit innerhalb der Künd-Frist für 1 bis 2 Tage zur Übergabe der Buchhaltung zur Verfügung steht.[40]

Wie der Gesetzestext klarstellt, besteht **kein unbedingter Anspruch des AN auf Abfindung**. Vielmehr muss der AG die Abfindung dem AN anbieten (Abs. 1 S. 2). Der Anspruch setzt den Hinweis des AG in der Künd-Erklärung voraus, dass die Künd auf dringende betriebliche Erfordernisse gestützt ist und der AN bei Verstreichenlassen der Klagefrist die Abfindung in der gesetzlich vorgeschriebenen Höhe beanspruchen kann.

Der **notwendige Inhalt des Hinweises** ergibt sich aus Abs. 1 S. 2. Die Höhe der Abfindung muss der AG nicht konkret beziffern. Es reicht aus, wenn der AG verdeutlicht, die Abfindung in der in § 1a vorgesehenen Höhe zu zahlen. Dies kann entweder durch eine Bezugnahme auf die gesetzliche Bestimmung oder dadurch geschehen, dass der Hinweis des AG inhaltlich den Anforderungen des Abs. 2 entspricht. Es muss auch als ausreichend erachtet werden, wenn der AG mitteilt, dass der AN bei Verstreichenlassen der Klagefrist „Anspruch auf die gesetzlich in Abs. 2 geregelte Abfindung" hat.[41] Da sich die **Höhe einer Abfindung** aus Abs. 2 ergibt, bedarf es eines gesonderten Hinweises des AG auf die Höhe der Abfindung nicht.[42]

§ 1a ist regelmäßig nicht anwendbar, wenn der AG eine **andere als die gesetzlich vorgesehene Abfindung** anbietet.[43] Eine von dem in § 1a festgeschriebenen Betrag abweichende (höhere oder niedrigere) Abfindung wird je nach

---

31 Mues u.a./*Mues*; Hdb. z. KüR, Teil 2 Rn 681; *Bader*, NZA 2004, 65, 71; *Däubler*, NZA 2004, 177, 178.
32 *Däubler*, NZA 2004, 177, 178.
33 BAG 13.12.2007 – 2 AZR 663/06 – NZA 2008, 528; *Nägele*, ArbRB 2004, 80, 81; HaKo-KSchR/*Fiebig*, § 1a KSchG Rn 6; *Wolff*, BB 2004, 378.
34 *Nägele*, ArbRB 2004, 80, 81.
35 Mues u.a./*Mues*; Hdb. z. KüR, Teil 2 Rn 682; KR/*Spilger*, § 1a KSchG Rn 27.
36 LAG Hamm 8.11.2005 – 19 Sa 1491/05 – LAGE § 1a KSchG Nr. 3.
37 BAG 13.12.2007 – 2 AZR 971/06 – NZA 2008, 696.
38 A.A. ArbG Halberstadt 2.11.2004 – 5 Ca 263/04 – AuA 2005, 567 (LS).
39 BAG 13.12.2007 – 2 AZR 971/06 – NZA 2008, 696.
40 LAG Rheinland-Pfalz 18.10.2007 – 2 Sa 497/07.
41 *Willemsen/Annuß*, NJW 2004, 177, 183.
42 BAG 13.12.2007 – 2 AZR 807/06 – AP § 1a KSchG 1969 Nr. 6.
43 Sächsisches LAG 26.2.2007 – 3 Sa 305/06.

den Umständen dahin auszulegen sein, dass es sich um das Angebot zum Abschluss einer entsprechenden Individualvereinbarung (Abwicklungsvertrag) handelt.[44] Wird das Angebot vom AN angenommen, kann sich der AG nicht auf die in § 1a vorgesehene Abfindungshöhe berufen. Bietet der AG bewusst weniger an als das Gesetz vorsieht, kann kein Anspruch nach § 1a entstehen. Für den AN ist erkennbar, dass der AG den gesetzlichen Anspruch nicht entstehen lassen will. Er muss ggf. Künd-Schutzklage erheben. Erhebt der AN keine Klage, kann er aufgrund eines zustande gekommenen Vertrages lediglich die vereinbarte niedrigere Abfindung fordern.[45] Hat der AG im Künd-Schreiben dem AN mitgeteilt, dieser habe bei Rechtskraft der Künd einen Anspruch auf eine Abfindung, deren Höhe sich nach dem Sozialplan richte, liegt darin kein Hinweis (Abs. 1 S. 2), dass der AN bei Verstreichenlassen der Klagefrist die Abfindung beanspruchen kann. Ein Abfindungsanspruch nach Abs. 1 in der gesetzlichen Höhe des Abs. 2 entsteht jedoch auch dann, wenn der Arbeitgeber dem AN **lediglich informatorisch einen niedrigeren Abfindungsbetrag genannt** hat. Für die Frage, ob der AG mit der Künd-Erklärung die Hinweise nach § 1 Abs. 1 S. 2 hat geben wollen, ist es unerheblich, ob ein in Aussicht gestellter Abfindungsbetrag mit den Vorgaben des Abs. 2 rechnerisch übereinstimmt, wenn die Betragsangabe nur Informationszwecken dient.[46]

20 Da die Künd gem. § 623 BGB der **Schriftform** bedarf, muss auch der Hinweis nach § 1a diesen Anforderungen genügen.[47] Er kann nur schriftlich erteilt werden und muss mit der Unterschrift des AG nach § 126 Abs. 1 BGB schließen. Die **Künd** und der nach § 1a abzugebende **Hinweis** sind **unbedingt** und **nicht widerruflich**.[48] Der Hinweis muss bereits in der Künd-Erklärung gegeben werden. Kündigt der AG das Arbverh mehrfach hintereinander, ist der **Hinweis zu wiederholen**. Unterlässt der AG den Hinweis, hat das zwar keine Auswirkung auf die Wirksamkeit der Künd, wohl aber auf den gesetzlichen Abfindungsanspruch, der nicht entsteht. Die Möglichkeit, den Hinweis nachzuholen, hat der Gesetzgeber nicht vorgesehen. Erfolgt dieser nachträglich, kann er aber als Angebot auf Abschluss eines Abwicklungsvertrags auszulegen sein. Hieraus erwirbt der AN einen Abfindungsanspruch, der sich inhaltlich nach dem gesetzlichen Anspruch richtet, soweit nichts Abweichendes vereinbart wird. Den Hinweis geben darf, wer kündigungsberechtigt ist, d.h. wer den AG vertreten darf. Die Grundsätze über die Duldungs- und Anscheinsvollmacht entfalten auch im Bereich des § 1a Geltung.

21 Der Abfindungsanspruch nach § 1a entsteht mit dem **Ablauf der Künd-Frist**, d.h. **im Zeitpunkt der Beendigung des Arbverh**. Endet das Arbverh zu einem früheren Zeitpunkt, etwa durch eine fristlose Künd des AG aus wichtigem Grund oder den Tod des AN,[49] entsteht der Abfindungsanspruch nicht.[50] Endet das Arbverh eines gekündigten AN vor Ablauf der Künd-Frist durch dessen Tod, geht der Anspruch nach § 1a nicht auf dessen Erben über.[51]

22 Da eine **gerichtliche Überprüfung der Künd-Gründe unterbleibt**, weil diese nach dem Ablauf der Klagefrist fingiert werden, spielt es für das Entstehen des Abfindungsanspruchs keine Rolle, ob ein betriebsbedingter Künd-Grund vorliegt.[52] Der gesetzliche Anspruch entsteht auch, wenn der AG im Einvernehmen mit dem AN eine Künd ausspricht, um die Verhängung einer Sperrzeit nach § 144 Abs. 3 SGB III durch die AA zu verhindern. Bezeichnet der AG seine Künd als betriebsbedingt, kann er die Zahlung der gesetzlich fixierten Abfindungssumme nicht mit der Begründung verweigern, in Wahrheit hätten andere Gründe die Künd motiviert. Der Abfindungsanspruch entsteht allein durch den Hinweis auf die dringenden betrieblichen Erfordernisse. Dies gilt prinzipiell selbst dann, wenn der AG das Vorliegen eines betriebsbedingten Künd-Grundes arglistig vorspiegelt. Allerdings kann der AN in diesem Fall nach Ablauf der Frist des § 4 S. 1 möglicherweise nachträgliche Klagezulassung gem. § 5 begehren.[53]

23 Weil in den arbeitsrechtlichen Künd keine Gründe angegeben werden müssen, ist anerkannt, dass der kündigende AG unter Beachtung von § 102 BetrVG grds. auch noch im Künd-Schutzprozess Tatsachen vortragen kann, die im Zeitpunkt der Künd-Erklärung die Künd als gerechtfertigt erscheinen ließen. Am Grundsatz des Nachschiebens von Gründen ändert auch die Tatsache nichts, dass der AG nach § 1a auf betriebsbedingte Gründe hinweist. Eine aus diesem Hinweis folgende Selbstbindung des AG scheidet mit Blick auf den Sinn und Zweck der Norm des Abs. 1 S. 2 ersichtlich aus.[54]

24 Das Gesetz regelt nicht, welches Schicksal der Abfindungsanspruch nach § 1a erleidet, wenn ein **Antrag auf nachträgliche Klagezulassung erfolgreich** ist. Insoweit besteht eine planwidrige Regelungslücke, für deren Schließung maßgeblich darauf abzustellen ist, dass der Anspruch nach § 1a ausweislich der Begründung des Gesetzgebers nur dann bestehen soll, wenn durch ihn dauerhafte Streitschlichtung ermöglicht wird. Diesem Regelungsanliegen des Gesetzgebers kann nur dadurch ausreichend Rechnung getragen werden, dass § 1a dergestalt interpretiert wird,

---

44 LAG Nürnberg 4.4.2006 – 6 Sa 785/05; LAG Baden-Württemberg 26.6.2006 – 4 Sa 24/06 – LAGE § 1a KSchG Nr. 4.
45 *Eylert/Schinz*, AE 2005, 5, 7.
46 BAG 19.6.2007 – 1 AZR 340/06 – NZA 2007, 1357.
47 BT-Drucks 15/1204, S. 12.
48 *Giesen/Besgen*, NJW 2004, 185, 186; *Willemsen/Annuß*, NJW 2004, 177, 182.
49 Zur Situation bei individualvertraglich vereinbarten Abfindungen BAG 26.8.1997, NZA 1998, 643.
50 BAG 10.5.2007 – 2 AZR 45/06 – NZA 2007, 1043; BT-Drucks 15/1204, S. 12, vgl. Rn 16.
51 BAG 10.5.2007 – 2 AZR 45/06 – NZA 2007, 1043; ArbG Siegen 9.6.2005 – 1 Ca 843/05 O – NZA 2005, 935.
52 LAG Hamm 7.6.2005 – 12 Sa 2165/04 – NZA 2005, 1123; *Bader*, NZA 2004, 65, 71.
53 *Willemsen/Annuß*, NJW 2004, 177, 182; LAG Köln 9.10.2002 – 8 Sa 84/00 –.
54 *Giesen/Besgen*, NJW 2004, 185, 188.

dass der Abfindungsanspruch bzw. die Anwartschaft auf ihn immer dann mit ex-tunc-Wirkung entfällt, wenn der Antrag auf nachträgliche Klagezulassung gem. § 5 gestellt wird.[55] Unerheblich ist, ob die Klage im späteren Verfahren tatsächlich erfolgreich ist oder nicht. Mit *Bader*[56] ist davon auszugehen, dass der Anspruch nach Abs. 1, der bei sonst gegebenen Voraussetzungen nach dem Wortlaut des Gesetzes an sich mit dem Ablauf der Künd-Frist entsteht, im Falle eines gem. § 5 gestellten Antrags auf nachträgliche Klagezulassung, dadurch auflösend bedingt ist, dass die Künd-Schutzklage später rechtskräftig nachträglich zugelassen wird.[57] Das bedeutet, dass mit Stellung eines Antrags gem. § 5, der noch nicht den Anspruch gem. § 1a entfallen lässt,[58] ein Schwebezustand entsteht, währenddessen der AG auch nach Ablauf der Künd-Frist vorübergehend noch nicht zur Zahlung der Abfindung verpflichtet ist.[59]

Vermisst wird eine klarstellende Aussage des Gesetzes zur An- bzw. Nichtanwendbarkeit des **§ 269 Abs. 3 S. 1 ZPO**. Nach dieser Norm gilt: „Wird die Klage zurückgenommen, so ist der Rechtsstreit als nicht anhängig geworden anzusehen." Angesichts des mit § 1a verfolgten Befriedigungsziels wird man von einer generellen Unanwendbarkeit der Fiktion des § 269 Abs. 3 S. 1 ZPO ausgehen müssen.[60] Erhebt der AN in der Frist des § 4 Künd-Schutzklage, ist kein Raum für einen Anspruch aus § 1a. Auch bei einer Klagerücknahme entsteht der Anspruch nicht.[61] Durch eine **Rücknahme des Antrags auf nachträgliche Klagezulassung** und/oder die **Rücknahme der Künd-Schutzklage** können die Voraussetzungen des Abs. 1 S. 1 nicht mehr – nachträglich – erfüllt werden.[62]

Erhebt der AN innerhalb der Drei-Wochen-Frist Klage und verhandelt im Gütetermin intensiv über eine Erhöhung der nach § 1a angebotenen Abfindung und weigert sich der AG den Abfindungsbetrag zu erhöhen, kann der AN zwar seine Klage zurücknehmen, aber nicht mehr seinen Abfindungsanspruch nach § 1a geltend machen. Folge der Klagerücknahme nach § 269 Abs. 3 S. 1 ZPO ist, dass der Rechtsstreit als nichtanhängig geworden anzusehen ist. Die angegriffene Künd gilt nach § 7 als von Anfang an rechtswirksam.[63] Bei wörtlicher Anwendung der § 269 ZPO, § 7 bliebe es also bei der angebotenen Abfindung, weil durch die Rücknahme der Klage fingiert wird, der AN habe niemals Klage erhoben. Die prozessuale Rechtsfolge schlägt indes nicht auf den materiellen Anspruch durch. Ansonsten würde sich der AN sinn- und gesetzeswidrig seine Wahlmöglichkeit verlängern können. Im Widerspruch zu der durch § 1a intendierten Rechtssicherheit wäre Rechtsunsicherheit die Folge.[64]

§ 6 eröffnete dem AN bisher die Möglichkeit, sich auch nach Ablauf der dreiwöchigen Klagefrist auf die Sozialwidrigkeit der Künd zu berufen, wenn er die Wirksamkeit der Künd fristgerecht aus anderen Gründen gerichtlich angegriffen hatte. Nach ihrer Neufassung gelten die §§ 4, 6 auch für alle anderen Unwirksamkeitsgründe außer der Schriftform (§ 623 BGB), so dass § 6 insoweit an Bedeutung verliert. Allerdings wird § 6 auch auf andere Rechtsstreitigkeiten, wie etwa Leistungsklagen wegen ausstehender Vergütung angewandt.[65] Folglich sind auch nach neuem Recht Konstellationen denkbar, in denen der AN wegen Ablaufs der dreiwöchigen Klagefrist die Anwartschaft auf den Abfindungsanspruch erwirbt, aber dennoch über § 6 die Unwirksamkeit der Künd geltend macht. Auch hier kann, wie bei § 5, nach dem Sinn und Zweck des § 1a kein Anspruch (fort-)bestehen.[66]

Durch das neu geschaffene Wahlrecht wird letztlich entgegen der Intention des Gesetzgebers keine größere Rechtssicherheit über die wirksame Beendigung des gekündigten Arbverh erreicht. Unter prozesstaktischen Erwägungen sprechen weder auf AG- noch auf AN-Seite nachhaltige Gründe dafür, von der Abfindungsregelung des § 1a Gebrauch zu machen. Der AG begibt sich durch den gesetzlich fixierten Hinweis von vorneherein in eine defensive Position und verschlechtert damit seine Ausgangslage im möglichen Künd-Rechtsstreit. Die gesetzlich normierte Abfindung wird aus Sicht des AN zur „Mindestabfindung". Im Künd- bzw. Bestandsschutzprozess kann der AN ebenso wie in außergerichtlichen Verhandlungen innerhalb der Klagefrist nach § 4 versuchen, eine höhere Abfindung zu erzielen.[67] Denn für Vereinbarungen außerhalb des Tatbestandes des Abs. 1 (Aufhebungs-, Abwicklungsverträge und gerichtliche Vergleiche) gilt nach wie vor keine zwingende Abfindungshöhe.[68]

Der gesetzliche Abfindungsanspruch kommt nur bei betriebsbedingten Künd in Betracht, weil hier der Künd-Grund der Sphäre des AG zuzurechnen ist. Der Abfindungsanspruch ist i.d.R. auf ordentliche Künd beschränkt. Die Beschränkung auf die ordentliche Künd entspricht dem Willen des Gesetzgebers. In der Begründung zum Regierungsentwurf heißt es ausdrücklich: „Wird das Arbverh zu einem früheren Zeitpunkt beendet, insbesondere durch eine

---

55 BAG 13.12.2007 – 2 AZR 971/06 – NZA 2008, 696, *Willemsen/Annuß*, NJW 2004, 177, 182; *Löwisch*, NZA 2003, 689, 694; *Preis*, DB 2004, 70, 74; a.A. *Grobys*, DB 2003, 2174, 2175, der auf die Zulassung abstellt.
56 *Bader*, NZA 2004, 65, 71.
57 *Grobys*, DB 2003, 2174, 2175.
58 A.A. *Preis*, DB 2004, 70, 74.
59 *Bader*, NZA 2004, 65, 71.
60 *Willemsen/Annuß*, NJW 2004, 177, 182.
61 LAG Sachsen-Anhalt 28.9.2005 – 3 Sa 850/04 – LAGE § 1a KSchG Nr. 2; LAG Brandenburg 5.5.2006 – 22 Sa 7/06, 22 Sa 44/06.
62 BAG 13.12.2007 – 2 AZR 971/06 – NZA 2008, 696; Sächsisches LAG 20.2.2008 – 5 Sa 360/07.
63 KR/*Friedrich*, § 4 KSchG Rn 294.
64 *Eylert/Schinz*, AE 2005, 5, 7.
65 KR/*Friedrich*, § 6 KSchG Rn 23 ff.
66 *Giesen/Besgen*, NJW 2004, 185, 188; *Grobys*, DB 2003, 2174, 2175 f.
67 Hierzu *Bauer/Krieger*, NZA 2004, 77; *Bader*, NZA 2004, 65, 70.
68 *Preis*, DB 2004, 70, 72; zur üblichen Abfindungshöhe *Hümmerich*, NZA 1999, 346; *Pfarr/Bothfeld/Kaiser/Kimmich/Peuker/Ullmann*, BB 2004, 106.

fristlose Künd aus wichtigem Grund, entsteht der Abfindungsanspruch nicht".[69] Im Wege des Aufhebungs- oder Abwicklungsvertrags kann das auf ordentliche betriebsbedingte Künd zugeschnittene Abfindungsmodell des § 1a auch auf außerordentliche Künd angewandt werden. Im Fall außerordentlicher betriebsbedingter Künd gegenüber ordentlich unkündbaren AN, spricht für eine analoge Anwendung des § 1a,[70] dass derartige Künd an § 1 Abs. 2 S. 1 zu messen sind.[71] Dass hierbei zugunsten des AN strengere Prüfungsmaßstäbe und eine gesteigerte Darlegungs- und Beweislast des AG greifen, steht der Anwendung des § 1a nicht entgegen, da der AN nicht zur Annahme des Angebots gezwungen ist. Nimmt der ordentlich Unkündbare das Abfindungsangebot des AG durch Verstreichenlassen der Klagefrist an, muss er mit einer Sperrzeit beim Arbeitslosengeld rechnen.[72]

III. Höhe des Abfindungsanspruchs

30 Die in Abs. 2 normierte **(Mindest-)Höhe der Abfindung** von 0,5 Monatsverdiensten für jedes Jahr des Bestehens des Arbverh ist zwingend. Um den gesetzlichen Anspruch auszulösen, ist die Angabe des genauen numerischen Abfindungsbetrags nicht erforderlich. Es genügt, dass der AG deutlich macht, die Abfindung in der nach § 1a vorgeschriebenen Höhe zahlen zu wollen.[73] Ausreichend ist dementsprechend die Mitteilung des AG im Künd-Schreiben, dass der AN bei Verstreichenlassen der Klagefrist „einen Anspruch auf die gesetzliche Abfindung" hat.[74] Fehlt im Künd-Schreiben eine konkretisierende Angabe über die Abfindungshöhe, kommt die Vereinbarung mit der sich aus Abs. 2 ergebenden Summe zustande. Nicht selten möchte der AN vor der Entscheidung, ob er die Klagefrist verstreichen lassen soll, wissen, welchen Betrag er letztlich beanspruchen kann. In diesem Fall wird der AG nicht umhin können, die gesetzliche Abfindung zu beziffern. Berechnet der AG die Summe dabei irrtümlich falsch, steht das dem gesetzlichen Abfindungsanspruch nicht entgegen.[75] Dies gilt v.a. dann, wenn der Irrtum offensichtlich war und sich aus der Berechnung ergibt, dass der AG an sich bereit war, den gesetzlich vorgesehenen Abfindungsbetrag zu zahlen.[76] Ein mündlicher Hinweis des AG oder ein Hinweis in einem separaten Schriftstück, das dem AN gleichzeitig mit der Künd oder gar später zugeht, reicht nach dem eindeutigen Gesetzeswortlaut nicht aus, um den Abfindungsanspruch zu begründen. Durch die zwingende Aufnahme in das Künd-Schreiben sollen irrtümliche Erklärungen vermieden werden.[77]

31 Anders liegt es aber, wenn der AG bewusst einen von der gesetzlichen Höhe nach unten abweichenden Gesamtbetrag angibt, weil er bspw. nicht jedes Beschäftigungsjahr mit 0,5 Monatsverdiensten berechnet oder bestimmte Entgeltbestandteile, wie etwa Urlaubsgeld oder Gratifikationen,[78] bei der Berechnung außen vor lässt. In diesem Fall sind die Anspruchsvoraussetzungen des § 1a nicht erfüllt. Wie im Fall, wenn der AG die Künd nicht als betriebsbedingt ausweist, entsteht der Abfindungsanspruch nach § 1a nicht, wenn im Künd-Schreiben eine zu niedrige Abfindung festgeschrieben ist.[79]

32 Gleichwohl ist es rechtlich durchaus zulässig, wenn der AG dem AN im Künd-Schreiben die Zahlung einer niedrigeren Abfindung als in § 1a vorgesehen für den Fall anbietet, dass der AN auf die Erhebung einer Künd-Schutzklage verzichtet. Nur entsteht in diesem Fall der (niedrigere) Abfindungsanspruch, vorausgesetzt der AN nimmt das Angebot an, nicht nach § 1a, sondern vielmehr aufgrund einer im Rahmen der Privatautonomie gewährleisteten wirksamen rechtsgeschäftlichen Einigung (Abwicklungsvertrag).[80]

33 Die Höhe der Abfindung ist in Abs. 2 ausdrücklich festgeschrieben. Sie beträgt 0,5 Monatsverdienste für jedes Jahr des Bestehens des Arbverh (wozu auch bei einem Betriebsveräußerer zurückgelegte Beschäftigungsjahre gem. § 613a BGB zählen)[81] und entspricht damit dem Durchschnitt der vor den ArbG vereinbarten Abfindungssummen.[82] Zeiträume von mehr als sechs Monaten sind auf ein Jahr aufzurunden. So erhält auch derjenige AN eine Abfindung, der noch kein Jahr, aber länger als sechs Monate beschäftigt ist. Als Monatsverdienst gilt wie bei der Auflösungsabfindung nach § 10 Abs. 3 der Monatsbruttobezug im letzten Monat des Arbverh. Anders als dort fehlt bei der betriebsbedingten Abfindung eine absolute Höchstgrenze. Die Abfindung wird daher bei einer Beschäftigung von 24 Jahren auch dann höher als 12 Bruttomonatsverdienste sein, wenn der AN das fünfzigste Lebensjahr noch nicht vollendet hat. Als Monatsverdienst gilt das, was dem AN bei der für ihn maßgeblichen regelmäßigen Arbeitszeit in dem Monat an Geld und Sachbezügen (brutto) zusteht, in dem das Arbverh endet. Wurde die Vergütung in diesem (letzten) Monat erhöht (z.B. durch Tariflohnsteigerung), muss für den gesamten Abfindungsbetrag von dem erhöhten Monatsverdienst ausgegangen werden. Zu den Geldbezügen zählen die Grundvergütung und alle regelmäßig anfallen-

---

69 BT-Drucks 15/1204, S. 12.
70 *Willemsen/Annuß*, NJW 2004, 177, 182.
71 BAG 8.4.2003, NZA 2003, 856.
72 *Preis*, DB 2004, 70, 73.
73 BAG 13.12.2007 – 2 AZR 807/06 – AP § 1a KSchG 1969 Nr. 6.
74 *Willemsen/Annuß*, NJW 2004, 177, 183.
75 BAG 19.6.2007 – 1 AZR 340/06 – NZA 2007, 1357.
76 *Preis*, DB 2004, 70, 72.
77 *Bader*, NZA 2004, 65, 71.
78 Zur Definition des Monatsverdienstes *Löwisch*, BB 2004, 154, 158.
79 *Willemsen/Annuß*, NJW 2004, 177, 183; LAG Nürnberg 4.4.2006 – 6 Sa 785/05.
80 *Bader*, NZA 2004, 65, 72; *Bauer/Preis/Schunder*, NZA 2003, 704, 705; *Giesen/Besgen*, NJW 2004, 185, 186; vgl. auch Sächsisches LAG 30.5.2008 – 2 Sa 841/06.
81 BAG 27.6.2002 – 2 AZR 270/01 – AP § 1 KSchG 1969 Wartezeit Nr. 15; BAG 18.9.2003 – 2 AZR 330/02 – NZA 2004, 319.
82 *Hümmerich*, NZA 1999, 342.

den Zulagen (Ausnahme: Zuwendungen, die dem AN entstandene Aufwendungen ausgleichen sollen, wie etwa Schmutzzulage und Spesen) und Zuwendungen mit Entgeltcharakter (wie etwa ein 13. Monatsgehalt, nicht: Zuwendungen, die die Betriebstreue betreffen, wie Jubiläumsgeld), die zeitanteilig umzulegen sind.[83]

C. Verhältnis zu anderen Rechtsgebieten

I. Verhältnis zu Sozialplanansprüchen

Eine klarstellende gesetzliche Regelung zum Verhältnis des Abfindungsanspruchs nach § 1a zu etwaigen Abfindungsansprüchen aus einem Sozialplan wird vermisst. Eine Anrechnung betriebsbedingter Abfindungen nach § 1a auf Abfindungen aus einem Sozialplan findet von Gesetzes wegen nicht statt.[84] Bei dem Anspruch gem. § 1a handelt es sich um einen individuellen Anspruch aus dem KSchG,[85] bei dem Abfindungsanspruch aus einem Sozialplan um einen betriebsverfassungsrechtlichen Anspruch, der nach der bisherigen Rspr. des BAG[86] gerade nicht daran geknüpft werden darf, dass der AN auf die Klage verzichtet. Die Anrechnung muss daher im Sozialplan selbst geregelt werden.[87] Zwar wird vertreten, die Mindestabfindung nach dem Sozialplan sei auf die gesetzliche Abfindung anzurechnen. Abs. 2 solle seinem Zweck nach einen Mindestanspruch gewähren, nicht aber eine Kumulation von Abfindungsansprüchen aus Gesetz und Sozialplan ermöglichen.[88] Aus Gründen der Rechtssicherheit empfiehlt es sich aber in der Praxis das Verhältnis von Abfindungsansprüchen aus dem Sozialplan und aus § 1a explizit im Sozialplan zu regeln. Bspw. kann festgestellt werden, dass der Abfindungsanspruch aus dem Sozialplan auf die Abfindung nach § 1a angerechnet wird. 34

II. Anspruch nach § 1a und Insolvenz

Nach der Insolvenzordnung genießen im Zeitpunkt der Insolvenzeröffnung bestehende AN-Forderungen keine Vorrechte. Lediglich Abfindungsansprüche, die aus einer Künd durch den Insolvenzverwalter entstehen, sind Masseverbindlichkeiten i.S.d. § 55 Abs. 1 Nr. 1 InsO. Da der Gesetzgeber bezogen auf den Abfindungsanspruch nach § 1a keine besondere Regelung für den Insolvenzfall getroffen hat, ist dem AN bei **Unsicherheit über die Zahlungsfähigkeit des AG** anzuraten Künd-Schutzklage zu erheben, um im Eventualfall Insolvenzmasseforderungen (Annahmeverzugslohn, Abfindungsvereinbarung mit dem Insolvenzverwalter) zu erwerben.[89] 35

III. Steuer- und sozialversicherungsrechtliches Umfeld

Vermisst wird eine klarstellende Aussage des Gesetzgebers zur **steuer- und sozialversicherungsrechtlichen Behandlung des Abfindungsanspruchs gem. § 1a**. 36

Aufgrund der aktuellen Rspr. des BSG und der aktuellen Weisungslage der BA ist i.d.R. davon auszugehen, dass eine Abfindungszahlung nach § 1a nicht zum Eintritt einer Sperrzeit nach § 144 SGB III führt. 37

So lautet der zweite Leitsatz des Urteils des BSG vom 12.7.2006: „Der Senat erwägt, für Streitfälle ab dem 1.1.2004 unter Heranziehung der Grundsätze § 1a auf eine ausnahmslose Prüfung einer Rechtmäßigkeit der AG-Künd zu verzichten, wenn die Abfindungshöhe die in Abs. 2 vorgesehene Höhe nicht überschreitet." 38

Grds. ist der Fall einer Zahlung nach § 1a nicht anders zu beurteilen als der unter Verzicht auf die Erhebung der Künd-Schutzklage abgeschlossene Abwicklungsvertrag. Das BSG hat diesbezüglich ausdrücklich klargestellt, dass die bloße Hinnahme selbst einer offensichtlich rechtswidrigen Künd für die Verhängung einer Sperrzeit wegen Arbeitsaufgabe nicht ausreicht. Voraussetzung hierfür soll vielmehr ein aktives Verhalten des Versicherten sein,[90] an dem es bei bloßem Verstreichenlassen der Klagefrist i.d.R. fehlen wird. Im Rahmen von § 1a wird keine Vereinbarung bezüglich der Künd aktiv getroffen, sondern lediglich passiv die Entstehung des Anspruches kraft Gesetzes abgewartet.[91] 39

Auch die Dienstanweisung der BA schreibt mittlerweile vor, dass ein Sperrzeittatbestand nicht vorliegt, wenn die nicht offensichtlich rechtswidrige arbeitgeberseitige Künd auf betriebsbedingte Gründe gestützt wird und eine Abfindung gem. § 1a gezahlt wird.[92] 40

---

83 *Eylert/Schinz*, AE 2005, 5, 8.
84 Vgl. LAG Baden-Württemberg 26.6.2006 – 4 Sa 24/06 – LAGE § 1a KSchG Nr. 4.
85 LAG Schleswig-Holstein 20.4.2004 – 5 Sa 539/03 – NZA-RR 2005, 30.
86 BAG 20.12.1983 – 1 AZR 442/82 – AP § 112 BetrVG Nr. 17; BAG 31.5.2005 – 1 AZR 254/04 – NZA 2005, 997.
87 *Küttner/Eisemann*, Abfindung Rn 4.
88 *Preis*, DB 2004, 70, 73; ablehnend *Willemsen/Annuß*, NJW 2004, 177, 183.
89 *Löwisch*, BB 2004, 154, 158.
90 BSG 25.4.2002 – B 11 AL 89/01 R – SozR 3–4300 § 144 Nr. 9; BSG 18.12.2003 – B 11 AL 35/03 R, NZA 2004, 661.
91 Vgl. *Bader*, NZA 2004, 65, 72; *Willemsen/Annuß*, NJW 2004, 177, 183.
92 DA der BA zu § 144 SGB III, 28. EL 01/2004, 144.13.

D. Beraterhinweise

41 Bei der Formulierung des arbeitgeberseitigen Hinweises nach § 1a Abs. 1 ist in der betrieblichen Praxis Vorsicht geboten. Die sprachliche Fassung des Hinweises sollte strikt am Gesetzeswortlaut orientiert sein, um vor unliebsamen Überraschungen gefeit zu sein. So erfüllt der Hinweis des AG im Künd-Schreiben, der AN habe bei Rechtskraft der Künd einen Abfindungsanspruch, nicht die Voraussetzungen des Abs. 1 S. 2. Der Begriff der Rechtskraft der Künd ist weitergehender als der des Verstreichenlassens der Klagefrist.[93]

42 Im Bereich des § 147a SGB III entbindet das Vorgehen nach § 1a den AG nicht per se von einer etwaigen Pflicht der BA das Alg zu erstatten. Nach dem Wortlaut des § 147a Abs. 1 S. 2 Nr. 4 SGB III ist § 7 nicht anwendbar und zu einer rechtskräftigen Entscheidung des ArbG über die soziale Rechtfertigung der Künd kommt es gleichfalls nicht. Damit wird die AA einzelfallbezogen zu prüfen haben, ob die Künd sozial gerechtfertigt war.[94]

§ 2 Änderungskündigung

[1]Kündigt der Arbeitgeber das Arbeitsverhältnis und bietet er dem Arbeitnehmer im Zusammenhang mit der Kündigung die Fortsetzung des Arbeitsverhältnisses zu geänderten Arbeitsbedingungen an, so kann der Arbeitnehmer dieses Angebot unter dem Vorbehalt annehmen, daß die Änderung der Arbeitsbedingungen nicht sozial ungerechtfertigt ist (§ 1 Abs. 2 Satz 1 bis 3, Abs. 3 Satz 1 und 2). [2]Diesen Vorbehalt muß der Arbeitnehmer dem Arbeitgeber innerhalb der Kündigungsfrist, spätestens jedoch innerhalb von drei Wochen nach Zugang der Kündigung erklären.

Literatur: *Adomeit*, Änderungskündigung – neu geregelt, DB 1969, 2179; *Bader*, Das Gesetz zu Reformen am Arbeitsmarkt: Neues im Kündigungsschutz und im Befristungsrecht, NZA 2004, 65; *Bauer/Krets*, Auflösungsantrag im Rahmen einer Änderungsschutzklage, DB 2002, 1937; *Becker-Schaffner*, Die Änderungskündigung aus materiellrechtlicher und prozessualer Sicht, BB 1991, 129; *ders.*, Rechtsfragen zur Änderungskündigung, BlStSozArbR 1975, 273; *Berkowsky*, Die Änderungskündigung, NZA-RR 2003, 449; *ders.*, Änderungskündigung zur Änderung von Nebenabreden, NZA 2003, 113; *ders.*, Die betriebsbedingte Änderungskündigung und ihr Streitgegenstand, NZA 2000, 1129; *ders.*, Änderungskündigung, Direktionsrecht und Tarifvertrag – Zur Dogmatik der „überflüssigen Änderungskündigung", NZA 1999, 293; *Boewer*, Streitgegenstand und Prüfungsmaßstab bei der Änderungsschutzklage, BB 1996, 2618; *ders.*, Ist die Rechtsprechung des Bundesarbeitsgerichts zur Änderungskündigung noch zu halten?, in: FS für Bartenbach, 2005, S. 587; *Brenneis*, Sozialauswahl bei betriebsbedingter Änderungskündigung, FA 2000, 147; *Bröhl*, Änderungskündigung zwischen Bestandsschutz und Anpassungsdruck, BB 2007, 437; *Fischermeier*, Die betriebsbedingte Änderungskündigung, NZA 2000, 737; *Hennige*, Rechtliche Folgewirkungen schlüssigen Verhaltens der Arbeitsvertragsparteien, NZA 1999, 281; *Herschel*, Gedanken zur Theorie des arbeitsrechtlichen Kündigungsschutzes, in: FS für Gerhard Müller, 1981, S. 191; *Hidalgo/Mauthner*, Praktische Handhabung von Massenänderungskündigungen, NZA 2007, 1254; *Hohenstatt/Kock*, Die ordentliche Änderungskündigung mit sofortiger Wirkung, NZA 2004, 524; *Hromadka*, Möglichkeiten und Grenzen der Änderungskündigung, FA 1996, 1; *ders.*, Nochmals: Die „überflüssige" Änderungskündigung, NZA 2008, 1338; *Kittner*, Leichter kündigen als änderungskündigen?, NZA 1997, 968; *Lindemann/Simon*, Arbeitsrechtliche Instrumente in der Finanz- und Wirtschaftskrise, BB 2008, 2795; *Löwisch*, Die Änderung von Arbeitsbedingungen auf individualrechtlichem Wege, insbesondere durch Änderungskündigung, NZA 1988, 633; *Müller*, Möglichkeiten und Grenzen der Gehaltsabsenkung in insolvenzbedrohten Unternehmen zur Vermeidung von Massenentlassungen, NZA 1985, 307; *Osterheider*, Die Meldepflicht nach § 37b SGB III bei Änderungskündigungen, FA 2004, 41; *Preis*, Betriebsbedingte Kündigung zwischen dringenden betrieblichen Erfordernissen und unternehmerischer Entscheidungsfreiheit, NZA 1997, 625; *ders.*, Aktuelle Tendenzen im Kündigungsschutzrecht, NZA 1997, 1073; *Preis/Gotthardt*, Schriftformerfordernis für Kündigungen, Aufhebungsverträge und Befristungen nach § 623 BGB, NZA 2000, 348; *Quecke*, Änderungskündigung mit tarifwidrigem Inhalt; NZA 2001, 812; *Richardi*, Streitfragen aus dem Ersten Arbeitsrechtsbereinigungsgesetz, ZfA 1971, 99; *Rost*, Neues zur Änderungskündigung, in: FS für Hromadka, 2008, S. 319; *Schaub*, Der Kündigungsschutz bei Änderungskündigungen, RdA 1970, 230; *Schwerdtner*, Kündigungsschutzrechtliche und betriebsverfassungsrechtliche Probleme der Änderungskündigung, in: FS 25 Jahre BAG, 1979, 555; *Spirolke/Regh*, Die Änderungskündigung, 2004; *Stoffels*, Gestaltungsmöglichkeiten durch Änderungskündigungen; ZfA 2002, 401; *Wagner*, Alternativangebote bei der Änderungskündigung gemäß § 2 KSchG, NZA 2008, 1333; *Wallner*, Die Änderungskündigung, 2005; *Zirnbauer*, Die Änderungskündigung, NZA 1995, 1073

A. Allgemeines ... 1	IV. Reaktionsmöglichkeiten des Arbeitnehmers ... 29
I. Entstehungsgeschichte ... 1	1. Ablehnung des Änderungsangebots ... 30
II. Sinn und Zweck der Regelung ... 3	2. Vorbehaltlose Annahme des Änderungsangebots ... 33
III. Begriff der Änderungskündigung ... 4	a) Annahmeerklärung ... 34
1. Schriftform ... 6	b) Annahmefrist ... 39
2. Kündigung ... 7	3. Annahme des Änderungsangebots unter Vorbehalt ... 43
3. Änderungsangebot ... 13	a) Rechtsnatur des Vorbehalts ... 44
a) Inhalt des Änderungsangebots ... 14	b) Form der Vorbehaltsannahme ... 46
b) Zusammenhang zwischen Kündigung und Änderungsangebot ... 19	

---

[93] LAG Hamm 7.6.2005 – 12 Sa 2165/04 – NZA 2005, 1123.   [94] *Bader*, NZA 2004, 65, 72.

c) Erklärungsfrist 50	2. Einvernehmliche Abänderung, vorbehaltene Abänderungsmöglichkeiten 116
B. Rechtmäßigkeit der Änderungskündigung ... 55	3. Teilkündigung 117
I. Sozialwidrigkeitsprüfung 56	4. Geschäftsgrundlage 118
1. Verstoß gegen den Grundsatz der Verhältnismäßigkeit; „überflüssige Änderungskündigung" 57	II. Beteiligung des Betriebsrats bei der Änderungskündigung 119
2. Personenbedingte Gründe 63	1. Anhörung nach § 102 BetrVG 120
3. Verhaltensbedingte Gründe 69	2. Beteiligung nach § 99 BetrVG 124
4. Mischtatbestände 73	3. Mitbestimmung nach § 87 BetrVG 131
5. Betriebsbedingte Gründe 74	D. Beraterhinweise 133
a) Änderung des Tätigkeitsbereichs 77	I. Vorprozessuale Beratung 133
b) Änderung der Arbeitszeit 80	II. Prozessuale Besonderheiten 136
c) Änderung des Entgelts 85	1. Verfahren nach Ablehnung des Angebots 137
d) Weitere Einzelheiten 93	2. Verfahren nach Annahme des Angebots unter Vorbehalt 138
6. Absolute Sozialwidrigkeit 95	a) Klageantrag 139
7. Anpassung von Nebenabreden 96	b) Streit über fristgerechte Erklärung des Vorbehalts 140
8. Korrektur einer unzutreffenden Eingruppierung 97	c) Darlegungs- und Beweislast 141
9. Sozialauswahl 99	d) Weiterbeschäftigung während des Verfahrens 142
II. Zumutbarkeit des Änderungsangebots für den Arbeitnehmer 102	e) Rücknahme der Änderungskündigung 145
III. Unwirksamkeit der Änderungskündigung aus sonstigen Gründen 108	f) Auflösung des Arbeitsverhältnisses 146
IV. Änderungskündigungen außerhalb des allgemeinen Kündigungsschutzes 110	3. Streit über die vorbehaltlose Annahme des Änderungsangebots 147
C. Verbindung zu anderen Rechtsgebieten 113	4. Wertfestsetzung 148
I. Änderung der Arbeitsbedingungen ohne Änderungskündigung 113	III. Steuer- und Sozialversicherungsrecht 149
1. Direktionsrecht, Weisungsrecht 114	1. Informations- und Meldepflicht nach §§ 2, 37b SGB III 149
	2. Abfindung 152

A. Allgemeines

I. Entstehungsgeschichte

§ 2 regelt die Änderungs-Künd. Die Vorschrift wurde, flankiert durch § 4 S. 2, § 7 Hs. 2 und § 8, durch das Erste Arbeitsrechtsbereinigungsgesetz vom 14.8.1969[1] mit Wirkung zum 1.9.1969 in das KSchG eingeführt, das bis zu diesem Zeitpunkt keinen spezifischen Änderungs-Künd-Schutz vorgesehen hatte. Gleichwohl war schon zuvor nach allg. Auff. das KSchG auf Änderungs-Künd anwendbar;[2] teilweise wurde dem AN sogar bereits das Recht zugestanden, das Änderungsangebot unter dem Vorbehalt seiner sozialen Rechtfertigung anzunehmen.[3] Durch § 2 S. 1 wurde dies klargestellt, womit zugleich der Streit über die Frage, ob der AG sich auf eine solche Annahme unter Vorbehalt einlassen musste,[4] zugunsten des AN entschieden wurde.

Der Wortlaut des § 2 in seiner ursprünglichen Fassung hat alle gesetzlichen Neuregelungen in der Folgezeit überdauert und ist insb. auch nicht durch das jüngste Gesetz zu Reformen am Arbeitsmarkt vom 24. Dezember 2003[5] abgeändert worden.

II. Sinn und Zweck der Regelung

Die Besonderheit der Änderungs- gegenüber einer Beendigungs-Künd besteht darin, dass die Weiterführung des Arbverh (zu allerdings geänderten Arbeitsbedingungen) und nicht seine Beendigung im Vordergrund steht. In § 2 geht es in erster Linie um den **Schutz des Vertragsinhalts**:[6] Die Vorschrift gibt dem AN mit dem Instrument der Vorbehaltsannahme die Möglichkeit, die soziale Rechtfertigung des Änderungsangebots gerichtlich überprüfen zu lassen, ohne dabei den Arbeitsplatz insg. aufs Spiel zu setzen.

---

1 BGBl I S. 1106.
2 BAG 25.4.1963 – 2 AZR 435/62 – AP § 620 BGB Änderungskündigung Nr. 17 = DB 1963, 1156; BAG 12.1.1961 – 2 AZR 171/59 – AP § 620 BGB Änderungskündigung Nr. 10 = DB 1961, 473; BAG 14.10.1960 – 2 AZR 255/58 – AP § 123 GewO Nr. 25 = DB 1961, 208.
3 LAG Stuttgart 11.6.1952 – 2 Sa 23/52 – RdA 1952, 358; *Galperin*, DB 1958, 802.
4 Dagegen z.B. *Galperin*, DB 1958, 802; dafür *Bötticher*, in: FS Molitor, 1962, S. 137.
5 BGBl I S. 3002.
6 BAG 21.2.2002 – 2 AZR 556/00 – EzA § 2 KSchG Nr. 45 = DB 2002, 2276; BAG 25.2.1988 – 2 AZR 611/87 – RzK I 7a Nr. 9; APS/*Künzl*, § 2 KSchG Rn 3; *v. Hoyningen-Huene/Linck*, § 2 Rn 2.; KR/*Rost*, § 2 KSchG Rn 7; krit. zum Begriff „Vertragsinhaltsschutz" ErfK/*Oetker*, § 2 KSchG Rn 3.

III. Begriff der Änderungskündigung

4 Eine Änderungs-Künd i.S.d. § 2 S. 1 setzt stets eine (AGseitige) **Künd** voraus, die zur Beendigung des Arbverh führen kann. Hinzukommen muss als zweites Element das **Änderungsangebot**, d.h. das Angebot des AG an den AN, das Arbverh zu geänderten Bedingungen fortzusetzen.[7] Beide Elemente sind als einheitlicher Tatbestand zu behandeln, was in den Bezeichnungen „zweigliedriges",[8] „zweiaktiges"[9] oder „zusammengesetztes"[10] Rechtsgeschäft zum Ausdruck kommt. Nicht um eine Änderungs-Künd im Sinn des § 2 handelt es sich, wenn der AG dem AN anstelle des Arbverh eine weitere Tätigkeit in Form der **freien Mitarbeit** anbietet. Eine derartige Beschäftigungsmöglichkeit muss deshalb nicht im Wege der Änderungs-Künd angeboten werden.[11] Gleiches gilt – vom seltenen Ausnahmefall eines konzernbezogenen Künd-Schutzes abgesehen – wenn die Weiterarbeit bei einem anderen Unternehmen erfolgen soll.[12]

5 Bei **Nichtigkeit** eines der beiden Elemente ist nach § 139 BGB zu prüfen, ob sie zur Gesamtnichtigkeit der Änderungs-Künd führt. Ist das Änderungsangebot unwirksam, kann die Künd allein keinen Bestand haben, weil der AG ja gerade keine Beendigungs-, sondern nur eine gegenüber der Beendigungs-Künd „mildere" Änderungs-Künd aussprechen wollte; Gesamtnichtigkeit nach § 139 BGB ist anzunehmen.[13] Ist nur die Künd nichtig, wird das Änderungsangebot nicht davon erfasst, da regelmäßig anzunehmen ist, dass der AG das Änderungsangebot auch ohne die Künd ausgesprochen hätte. Das Änderungsangebot kann daher innerhalb der Annahmefrist nach §§ 147 ff. BGB auch bei einer nichtigen Künd vom AN (vorbehaltlos) angenommen werden.[14] Zweifelhaft ist, ob dem AN ein Anfechtungsrecht nach § 119 Abs. 1 BGB zugestanden werden kann, wenn er von der Nichtigkeit der Künd – z.B. aufgrund mangelnder Beteiligung des BR – erst erfährt, nachdem er das Änderungsangebot bereits vorbehaltlos angenommen hat und wenn er das Angebot ohne den mit der vermeintlich wirksamen Künd verbundenen Entscheidungsdruck nicht angenommen hätte.[15]

6 **1. Schriftform.** Die Änderungs-Künd bedarf der **Schriftform** gem. § 126 Abs. 1 BGB. § 623 BGB schreibt diese nur für die Künd zwingend vor. Gleichwohl erfasst das Schriftformgebot des § 623 BGB wegen des inneren Zusammenhangs zwischen Künd-Erklärung und Änderungsangebot auch das Letztere.[16] Ist das Änderungsangebot, wie in der Praxis häufig, der Änderungs-Künd als **Anlage** beigefügt, muss es ebenfalls der Form des § 126 Abs. 1 BGB genügen, insb. reicht es nicht aus, wenn lediglich das Künd-Schreiben, nicht aber das Angebot vom AG unterschrieben wurde. Es genügt aber, wenn der Inhalt des Änderungsangebots im Künd-Schreiben hinreichenden Anklang gefunden hat.[17] Insoweit ist maßgeblich, ob dem von § 623 BGB bezweckten Schutz vor Übereilung (Warnfunktion) und der Rechtssicherheit (Klarstellungs- und Beweisfunktion) hinreichend Rechnung getragen wird. Wie das BAG unter Verweis auf die im allgemeinen Zivilrecht bei formbedürftigen Rechtsgeschäften geltende sog. Andeutungstheorie annimmt, sind dabei auch außerhalb des Künd-Schreibens liegende, zur Erforschung des Angebotsinhalts geeignete Umstände zu berücksichtigen, sofern der einschlägige rechtsgeschäftliche Wille des Erklärenden einen auch nur unvollkommenen oder nur andeutungsweisen Ausdruck gefunden hat. Führt hingegen erst eine spätere mündliche Erläuterung zur hinreichenden Bestimmtheit des Änderungsangebots, so ist die Änderungs-Künd wegen Verstoßes gegen § 623 BGB unwirksam. Zu den Anforderungen an die Schriftform siehe auch § 623 BGB Rn 26 ff. Zur Bestimmtheit des Änderungsangebots siehe Rn 14 f.

7 **2. Kündigung.** Unverzichtbare Voraussetzung für die Änderungs-Künd ist eine Künd-Erklärung des AG. § 2 erfasst nur die **ordentliche** Änderungs-Künd. Nach h.M. ist das Künd-Schutzverfahren nach §§ 2, 4 S. 2 auf die **außerordentliche** Änderungs-Künd entspr. anzuwenden,[18] obwohl § 13 Abs. 1 S. 2 auch in der ab 1.1.2004 geltenden Fas-

---

7 BAG 17.5.2001 – 2 AZR 460/00 – EzA § 620 BGB Kündigung Nr. 3 = NZA 2002, 54.
8 APS/*Künzl*, § 2 KSchG Rn 5.
9 HaKo-KSchR/*Pfeiffer*, § 2 KSchG Rn 5.
10 BAG 21.4.2005 – 2 AZR 132/04 – AP § 2 KSchG 1969 Nr. 79 = NZA 2005, 1289; KR/*Rost*, § 2 KSchG Rn 12.
11 *Rost*, in: FS für Hromadka S. 319, 337 f.
12 Vgl. BAG 26.6.2008 – 2 AZR 1109/06 – juris.
13 BAG 17.5.2001 – 2 AZR 460/00 – EzA § 620 BGB Kündigung Nr. 3 = NZA 2002, 54; HaKo-KSchR/*Pfeiffer*, § 2 KSchG Rn 8; *Löwisch*, NZA 1988, 633, 634.
14 Vgl. KR/*Rost*, § 2 KSchG Rn 121; zur Frist für die vorbehaltlose Annahme eines Änderungsangebots BAG 6.2.2003 – 2 AZR 674/01 – AP § 2 KSchG 1969 Nr. 71 = NZA 2003, 659.
15 Bejahend Kittner/Däubler/*Zwanziger*, § 2 KSchG Rn 187; a.A. die wohl h.M.; vgl. nur APS/*Künzl*, § 2 KSchG Rn 137; *v. Hoyningen-Huene/Linck*, § 2 Rn 190; HaKo-KSchR/*Pfeiffer*, § 2 KSchG Rn 69.
16 BAG 16.9.2004 – 2 AZR 628/03 – AP § 2 KSchG 1969 Nr. 78 = NZA 2005, 635; APS/*Künzl*, § 2 KSchG Rn 8; APS/*Preis*, § 623 BGB Rn 23; ErfK/*Müller-Glöge*, § 623 BGB Rn 12; HaKo-KSchR/*Pfeiffer*, § 2 KSchG Rn 7; *v. Hoyningen-Huene/Linck*, § 2 Rn 8; KR/*Rost*, § 2 KSchG Rn 28a; Stahlhacke/Preis/*Vossen*, Rn 1258.
17 LAG Schleswig-Holstein 21.2.2007 – 3 Sa 349/06 – LAGE § 2 KSchG Nr. 57 (Hinweis im Künd-Schreiben auf eine nicht unterzeichnete Anlage ausreichend).
18 BAG 27.3.1987 – 7 AZR 790/85 – AP § 2 KSchG 1969 Nr. 20 = NZA 1988, 737; BAG 19.6.1986 – AP § 2 KSchG 1969 Nr. 16 = NZA 1987, 94; BAG 17.5.1984 – 2 AZR 161/83 – AP § 55 BAT Nr. 3 = AR-Blattei ES 1020.1.1 Nr. 4; APS/*Künzl*, § 2 KSchG Rn 42; ErfK/*Oetker*, § 2 KSchG Rn 8; HaKo-KSchR/*Pfeiffer*, § 2 KSchG Rn 76; *v. Hoyningen-Huene/Linck*, § 2 Rn 15; KR/*Rost*, § 2 KSchG Rn 32.

sung immer noch keinen Verweis auf § 4 S. 2 enthält. (Zur außerordentlichen Änderungs-Künd siehe § 626 BGB Rn 47 ff.) Es besteht kein vernünftiger Grund dafür, dem AN im Falle einer außerordentlichen Änderungs-Künd die Annahme des Änderungsangebots unter Vorbehalt zu verweigern und ihm so das Risiko des totalen Arbeitsplatzverlustes aufzuerlegen, wenn er die Berechtigung der Änderungs-Künd gerichtlich überprüfen lassen will.

Aus dem Wortlaut des § 2 S. 1 („kündigt... und bietet er...") könnte geschlossen werden, dass das Änderungsangebot stets rechtlich selbstständig neben der Künd erklärt werden muss. Dennoch ist allg. anerkannt, dass auch eine (auflösend oder aufschiebend) **bedingte** Änderungs-Künd dergestalt erklärt werden kann, dass sie nur im Fall der Nichtannahme des Änderungsangebots durch den AN Rechtswirkungen entfalten soll.[19] Es handelt sich im letzteren Fall um eine sog. **Potestativbedingung**, die zulässigerweise auch mit einer einseitigen Willenserklärung wie einer Künd verknüpft werden kann, weil ihr Eintritt ausschließlich vom Willen des Erklärungsempfängers abhängt.[20]

Die **Künd-Erklärung** unterliegt bei der Änderungs-Künd denselben Anforderungen wie bei einer Beendigungs-Künd (siehe § 1 Rn 72 ff.). Ihr Inhalt ist ggf. durch Auslegung nach §§ 133, 157 BGB zu ermitteln, wobei der Empfängerhorizont entscheidet. Dies gilt auch für die Frage, ob eine Änderungs-Künd oder eine Beendigungs-Künd erklärt ist.[21] Da die Künd bei Ablehnung des Änderungsangebots zur Beendigung des Arbverh führt, muss der AG auch die Hinweise nach §§ 2 Abs. 2, 37b SBG III geben (siehe unten Rn 149 ff.). Der AG kann eine betriebsbedingte Änderungs-Künd mit einem Hinweis nach § 1a verbinden;[22] (zu den Einzelheiten siehe § 1a Rn 15).

Das Unterbreiten eines Änderungsangebots stellt für sich allein noch keine Änderungs-Künd dar,[23] weil es an einer Künd-Erklärung fehlt. Das gilt auch, wenn der AG eine Künd für den Fall der Nichtannahme des Angebots als unvermeidlich in Aussicht stellt,[24] oder wenn er eine Lohnreduzierung ankündigt.[25]

Es muss aus der Künd-Erklärung eindeutig hervorgehen, dass, falls das Änderungsangebot nicht angenommen wird, das **gesamte Arbverh enden** soll.[26] Deshalb reicht es nicht aus, wenn der AG mit der Künd nur bestimmte einzelne Vertragsbestandteile verändern will,[27] indem er z.B. erklärt, bestimmte Vergütungsbestandteile würden ab einem bestimmten Zeitpunkt gekündigt und gesenkt, ohne zugleich zu erklären, daß der Fortbestand der Arbverh vom Verzicht der AN auf diese Vergütungsbestandteile abhängig ist.[28] Eine solche Künd wäre als **Teil-Künd** grds. unzulässig, es sei denn, es handelt sich der Sache nach um die Ausübung eines zulässigerweise vereinbarten Widerrufs- oder Änderungsvorbehalts[29] (zum Widerrufsvorbehalt siehe unten Rn 116 f.).

Eine Änderungs-Künd kann **vorsorglich** erklärt werden für den Fall bzw. unter der (Rechts-)Bedingung, dass eine vom AG erstrebte Vertragsänderung nicht schon aus anderen rechtlichen Gründen folgt.[30] Stellt sich heraus, dass der AG die Änderung bereits kraft seines Direktionsrechts durchsetzen konnte, ist eine als vorsorglich ausgesprochene Änderungs-Künd rechtlich als nicht existent zu betrachten[31] (zum Verhältnis zwischen Direktionsrecht und Änderungs-Künd siehe unten Rn 114 f.).

3. Änderungsangebot. Von der Beendigungs-Künd unterscheidet sich die Änderungs-Künd dadurch, dass der AG dem AN im Zusammenhang mit der Künd ein Änderungsangebot unterbreitet.[32] Mit dem Änderungsangebot versucht der AG i.d.R. zu erreichen, das Arbverh zu ungünstigeren Arbeitsbedingungen weiter zu führen.

---

19 APS/*Künzl*, § 2 KSchG Rn 11; ErfK/*Oetker*, § 2 KSchG Rn 11; HaKo-KSchR/*Pfeiffer*, § 2 KSchG Rn 10; v. Hoyningen-Huene/Linck, § 2 Rn 6; KR/*Rost*, § 2 KSchG Rn 13.
20 BAG 27.9.2001 – 6 AZR 404/00 – EzA § 1 TVG Nr. 44 = NZA 2002, 407; BAG 27.6.1968 – 2 AZR 329/67 – AP § 626 BGB Bedingung Nr. 1 = DB 1968, 1588; LAG Köln 6.2.2002 – 8 Sa 1059/01 – NZA-RR 2003, 18 = BB 2002, 1816; APS/*Künzl*, § 2 KSchG Rn 12; HaKo-KSchR/ *Pfeiffer*, § 2 KSchG Rn 10; v. Hoyningen-Huene/Linck, § 2 Rn 7; KR/*Rost*, § 2 KSchG Rn 15.
21 BAG 21.4.2005 – 2 AZR 132/04 – AP § 2 KSchG 1969 Nr. 79 = NZA 2005, 1289.
22 BAG 13.12.2007 – 2 AZR 663/06 – AP § 1a KSchG 1969 Nr. 5 = NZA 2008, 528.
23 APS/*Künzl*, § 2 KSchG Rn 10; KR/*Rost*, § 2 KSchG Rn 11.
24 Hessisches LAG 9.4.1990 – 10/2 Sa 475/89 – juris..
25 ErfK/*Oetker*, § 2 KSchG Rn 7; v. Hoyningen-Huene/Linck, § 2 Rn 11.
26 BAG 30.5.1980 – 7 AZR 215/78 – AP § 611 BGB Arzt-Krankenhausvertrag Nr. 8 = DB 1980, 1754; APS/*Künzl*, § 2 KSchG Rn 8; ErfK/*Oetker*, § 2 KSchG Rn 7; HaKo-KSchR/*Pfeiffer*, § 2 KSchG Rn 7; v. Hoyningen-Huene/Linck, § 2 Rn 10; KR/*Rost*, § 2 KSchG Rn 10.
27 APS/*Künzl*, § 2 KSchG Rn 7; v. Hoyningen-Huene/Linck, § 2 Rn 11; KR/*Rost*, § 2 KSchG Rn 51.
28 ArbG Solingen 10.5.1977 – 1 Ca 1005/76 – AuR 1979, 27; zu eng die vielfach in diesem Zusammenhang zitierte Entscheidung des ArbG Mannheim 9.12.1981 – 5 Ca 325/80 – BB 1982, 1613.
29 Vgl. BAG 19.6.2001 – 1 AZR 463/00 – AP § 3 BetrVG 1972 Nr. 3 = NZA 2002, 397; BAG 7.10.1982 – 2 AZR 455/80 – AP § 620 BGB Teilkündigung Nr. 5 = DB 1983, 1368; APS/*Künzl*, § 2 KSchG Rn 7, 80 ff.; ErfK/*Oetker*, § 2 KSchG Rn 9.; Löwisch, NZA 1988, 633; KR/*Rost*, § 2 KSchG Rn 51 f.
30 BAG 11.3.1998 – 2 AZR 325/97 u.a. – RzK I 7a Nr. 43; LAG Köln 6.2.2002 – 8 Sa 1059/01 – NZA-RR 2003, 18 = BB 2002, 1816; fehlerhaft LAG Sachsen-Anhalt 14.11.2007 – 3 Sa 251/07 – juris, das hierin ein Umgehungsgeschäft sieht; ErfK/*Oetker*, § 2 KSchG Rn 7; v. Hoyningen-Huene/Linck, § 2 Rn 14.
31 LAG Berlin 15.9.1998 – 3 Sa 65/98 – juris.
32 BAG 17.5.2001 – 2 AZR 460/00 – EzA § 620 BGB Kündigung Nr. 3 = NZA 2002, 54.

14 a) Inhalt des Änderungsangebots. Das Änderungsangebot muss den Anforderungen an ein Vertragsangebot nach § 145 BGB entsprechen, d.h. es muss so konkret gefasst oder durch Auslegung nach §§ 133, 157 BGB in der Weise bestimmbar sein, dass es der AN ohne Einschränkung mit „Ja" annehmen kann.[33] Es muss eindeutig und vollständig gefasst sein.[34] Der AN muss klar und unmissverständlich erkennen können, welche Arbeitsbedingungen für ihn künftig gelten sollen. Eine nur schlagwortartige Umschreibung der geänderten Arbeitsbedingungen, etwa durch eine nichtssagende Tätigkeitsbezeichnung,[35] ist grds. nicht ausreichend, es sei denn, dem AN ist bereits klar, welche Bedingungen mit dieser Umschreibung im Einzelnen verbunden sind.[36] Unklarheiten führen zur Unwirksamkeit der Änderungs-Künd. Der AG kann dem AN durchaus mehrere Angebote zur Auswahl unterbreiten (Einzelheiten siehe unten Rn. 102),[37] muss dann allerdings darauf achten, dass der AN genau erkennen kann, welche Angebote mit welchem Inhalt ihm zur Wahl stehen und dass jedes Angebot für sich den inhaltlichen Anforderungen der §§ 145 ff. BGB entspricht.

15 Die Erklärung des AG, man suche nach „anderen Möglichkeiten" bzw. es komme für eine Weiterbeschäftigung die Aufnahme einer Tätigkeit „in einer anderen Niederlassung" in Frage, genügt diesen Anforderungen nicht.[38] Teilt der AG in der „Änderungs-Künd" die angestrebte niedrigere Vergütungsgruppe nicht mit, nach der der AN herabgruppiert werden soll, liegt ebenfalls kein ordnungsgemäßes Änderungsangebot vor.[39] Das gilt auch, wenn der AG für die zukünftige Gehaltshöhe lediglich einen Orientierungsrahmen angibt.[40]

16 § 2 verlangt nicht, dass das Änderungsangebot des AG die unbefristete Weiterbeschäftigung beinhaltet. Nach der neueren Rspr. des BAG kann deshalb auch die **nachträgliche Befristung** eines zuvor unbefristeten Arbverh durch Abgabe eines entspr. Änderungsangebots im Wege der Änderungs-Künd erfolgen.[41] Der betroffene AN hat auch in diesem Fall die Wahlmöglichkeit des § 2 und kann das Änderungsangebot unter Vorbehalt seiner sozialen Rechtfertigung annehmen. Ob die angebotene Befristung **sachlich gerechtfertigt** ist, was nach § 14 TzBfG zu beurteilen ist,[42] muss dann ebenfalls im Rahmen der **Sozialwidrigkeitsprüfung** ermittelt werden. Ist die Befristung nicht durch sachliche Gründe gerechtfertigt, führt dieser Umstand zur Sozialwidrigkeit der Änderungs-Künd. Hat der AN das Änderungsangebot vorbehaltlos angenommen, kann er gleichwohl die sachliche Rechtfertigung der Befristung im Rahmen einer Klage nach § 17 TzBfG (zu Einzelheiten siehe § 17 TzBfG Rn 2 ff.) isoliert überprüfen lassen.[43]

17 Ein befristetes Änderungsangebot kann sachlich und zugleich sozial gerechtfertigt sein, wenn der AG den AN – z.B. wegen Wegfall des bisherigen Arbeitsplatzes – nicht mehr zu den Bedingungen des bisherigen (unbefristeten) Arbeitsvertrages weiterbeschäftigen kann und ein für den AN geeigneter Arbeitsplatz in einem anderen Bereich – z.B. wegen bevorstehender Schließung der Abteilung – nur befristet zur Verfügung steht.[44] Über derartige Fälle hinaus lässt sich nur schwerlich eine Fallgestaltung denken, in der eine Änderungs-Künd mit dem Ziel der Befristung des Arbverh im engeren Sinn verhältnismäßig ist. Sollen der Arbeitsplatz und die sonstigen Arbeitsbedingungen nicht verändert werden und könnte der AG das Arbverh zum gewünschten Beendigungstermin insg. kündigen, wird eine Änderungs-Künd mit dem (einzigen) Ziel der Befristung des zuvor unbefristeten Arbverh i.d.R. nicht erforderlich und als **„Vorrats-Künd"** (vgl. dazu § 1 Rn 373) unzulässig sein.[45] Selbst dann, wenn das angebotene befristete Arbverh für den AN günstigere Arbeitsbedingungen vorsieht, impliziert dies nicht die sachliche Rechtfertigung der nachträglichen Befristungsabrede.[46] Wegen Umgehung des § 626 BGB unzulässig wäre eine Änderungs-Künd, mit der durch eine Befristungsabrede (lediglich) die vorzeitige Beendigung eines Arbverh erreicht werden soll, für das eine besonders lange Künd-Frist gilt.

---

33 BAG 15.1.2009 –2 AZR 641/07 – DB 2009, 1299; BAG 21.4.2005 – 2 AZR 132/04 – AP § 2 KSchG 1969 Nr. 79 = NZA 2005, 1289; BAG 16.9.2004 – 2 AZR 628/03 – AP § 2 KSchG 1969 Nr. 78 = NZA 2005, 635; v. Hoyningen-Huene/Linck, § 2 Rn 18.
34 BAG 15.1.2009 –2 AZR 641/07 – DB 2009, 1299; BAG 27.9.1984 – 2 AZR 62/83 – AP § 2 KSchG 1969 Nr. 8 = NZA 1985, 455.
35 ArbG Düsseldorf 2.6.2009 – 7 Ca 1010/09 – juris.
36 BAG 16.9.2004 – 2 AZR 628/03 – NZA 2005, 635.
37 BAG 28.10.1999 – 2 AZR 437/98 – AP § 15 KSchG 1969 Nr. 44 = NZA 2000, 825; APS/Künzl, § 2 KSchG Rn 17.
38 LAG Berlin 13.1.2000 – 10 Sa 2194/99 – LAGE § 2 KSchG Nr. 37 = NZA-RR 2000, 302.
39 LAG Rheinland-Pfalz 6.2.1987 – 6 Sa 372/86 – LAGE § 2 KSchG Nr. 6 = NZA 1987, 354.
40 BAG 17.5.2001 – 2 AZR 460/00 – EzA § 620 BGB Kündigung Nr. 3 = NZA 2002, 54; anders die Vorinstanz LAG Hamm 10.2.2000 – 16 Sa 1482/99 – BuW 2001, 44.
41 BAG 8.7.1998 – 7 AZR 245/97 – AP § 620 BGB Befristeter Arbeitsvertrag Nr. 201 = NZA 1999, 81; BAG 25.4.1996 – 2 AZR 609/95 – AP § 1 KSchG 1969 Betriebsbedingte Kündigung Nr. 78 = NZA 1996, 1197 unter Aufgabe von BAG 17.5.1984 – 2 AZR 109/83 – AP § 1 KSchG 1969 Betriebsbedingte Kündigung Nr. 21 = NZA 1985, 489; zust. HaKo-KSchR/Pfeiffer, § 2 KSchG Rn 9; v. Hoyningen-Huene/Linck, § 2 Rn 20 ff.; KR/Rost, § 2 KSchG Rn 10b; kritisch ErfK/Oetker, § 2 KSchG Rn 50.
42 KR/Rost, § 2 KSchG Rn 10b.
43 APS/Künzl, § 2 KSchG Rn 20; KR/Lipke, § 14 TzBfG Rn 15; vgl. zum alten Recht BAG 8.7.1998 – 7 AZR 245/97 – AP § 620 BGB Befristeter Arbeitsvertrag Nr. 201 = NZA 1999, 81.
44 Vgl. auch den Sachverhalt von BAG 25.4.1996 – 2 AZR 609/95 – AP § 1 KSchG 1969 Betriebsbedingte Kündigung Nr. 78 = NZA 1996, 1197 (Verringerung der unbefristeten „Funktionsstellen" im akademischen Mittelbau; Ausgestaltung der übrigen als befristete Stellen).
45 APS/Künzl, § 2 KSchG Rn 21; vgl. auch ErfK/Oetker, § 2 KSchG Rn 50; Stahlhacke/Preis/Vossen, Rn 1259.
46 Vgl. BAG 26.8.1998 – 7 AZR 349/97 – AP § 620 BGB Befristeter Arbeitsvertrag Nr. 203 = NZA 1999, 476.

In der Praxis ist die **befristete Änderung einzelner Vertragsbedingungen**, z.B. wenn vorübergehend die Arbeitszeit und/oder der Arbeitsort geändert und/oder eine nicht den bisherigen Vertragsbedingungen entsprechende Tätigkeit vom AN übernommen werden soll, häufiger anzutreffen; auch die Entgeltseite kann betroffen sein. Bietet der AG dem AN im Wege einer Änderungs-Künd die befristete Änderung einzelner Vertragsbedingungen an, kann der AN das Änderungsangebot unter Vorbehalt annehmen und im Verfahren nach § 2 neben der **sozialen** auch die **sachliche Rechtfertigung** der befristeten Änderung des Arbeitsvertrages überprüfen lassen.[47] Das gilt auch, wenn im Wege der Änderungs-Künd angestrebt wird, einzelne Vertragsbedingungen mit einer auflösenden Bedingung zu versehen.[48] Nimmt er das Angebot vorbehaltlos an, kann er die sachliche Rechtfertigung der Befristungsabrede isoliert überprüfen lassen. Das TzBfG, insb. auch § 17, findet nach h.M.[49] im Fall der Befristung einzelner Vertragsbedingungen keine Anwendung (siehe § 3 TzBfG Rn 13, vgl. § 17 TzBfG Rn 2), so dass die sachliche Rechtfertigung der Befristungsabrede nach den richterrechtlichen Vorgaben zu beurteilen ist, wie sie seit dem grundlegenden Beschluss des Großen Senats vom 12.10.1960[50] in st. Rspr. weiterentwickelt wurden.

b) Zusammenhang zwischen Kündigung und Änderungsangebot. Zwischen Änderungsangebot und Künd muss ein **Zusammenhang** bestehen, und zwar nach h.M. sowohl in sachlicher als auch in zeitlicher Hinsicht.[51] Für den **sachlichen** Zusammenhang ist notwendig und zugleich hinreichend, dass der AG seinen Willen erklärt, das Arbverh im Falle der Annahme des dem Gekündigten unterbreiteten Angebots zu den darin enthaltenen Bedingungen fortzusetzen[52] bzw. es für den Fall der Ablehnung der Vertragsänderung zu beenden.[53] Ob der AG tatsächlich in erster Linie die Weiterbeschäftigung des AN anstrebt oder aber auf die Beendigung des Arbverh hofft, ist rechtlich unerheblich.[54]

Die **zeitliche** Abfolge von Künd und Änderungsangebot ist gesetzlich nicht geregelt. Unproblematisch ist der Fall, in dem Künd und Änderungsangebot – sei es in derselben Urkunde oder getrennt voneinander – dem AN **gleichzeitig** zugehen. Das ist aber nicht begriffsnotwendig:[55]

Das **Änderungsangebot** kann dem AN auch bereits einige Zeit **vor** dem Ausspruch der **Künd** unterbreitet werden.[56] Um den sachlichen Zusammenhang zwischen Änderungsangebot und nachfolgender Künd zu wahren, muss der AG bei Ausspruch der Künd allerdings klarstellen, dass er das Vertragsangebot aufrechterhält.[57] Eine Künd-Erklärung, in der auf ein vorausgegangenes Änderungsangebot nicht zumindest Bezug genommen wird – und zwar so, dass der AN die Aufrechterhaltung dieses Angebots erkennen kann –, ist nicht als Änderungs-Künd, sondern als Beendigungs-Künd zu werten.[58]

Unterbreitet der AG vor Ausspruch einer Künd dem AN das Angebot, den Vertrag einer noch bestehenden Weiterbeschäftigungsmöglichkeit anzupassen, und lehnt der AN dieses Angebot ab, so ist der AG regelmäßig nach dem Verhältnismäßigkeitsgrundsatz dennoch verpflichtet, eine Änderungs-Künd auszusprechen. Eine Beendigungs-Künd ist nur dann zulässig, wenn der AN das Änderungsangebot zuvor unmissverständlich vorbehaltlos und endgültig abgelehnt hat. Im Kündigungsschutzverfahren trägt der AG hierfür die Darlegungs- und Beweislast. Anzunehmen ist eine derartige Ablehnung nur, wenn der AN erkennbar auch die Möglichkeit einer Vorbehaltsannahme bedacht und abgelehnt hat.[59] Ein vorsichtiger AG wird deshalb ein zuvor unterbreitetes **Änderungsangebot** bei Ausspruch der Künd noch einmal **wiederholen**.[60]

---

47 APS/*Künzl*, § 2 KSchG Rn 22.
48 Vgl. LAG Köln 10.7.2003 – 5 Sa 392/03 – EzA SD 2003 Nr. 19.
49 BAG 14.1.2004 – 7 AZR 213/03 – AP § 14 TzBfG Nr. 10 = NZA 2004, 719; BAG 4.6.2003 – 7 AZR 406/02 – AP § 17 TzBfG Nr. 1 = NZA 2003, 1424; KR/*Bader*, § 17 TzBfG Rn 10.; ErfK/*Müller-Glöge*, § 17 TzBfG Rn 4; HaKo-KSchR/*Mestwerdt*, § 14 TzBfG Rn 28 und § 17 TzBfG Rn 9.
50 BAG – GS 1/59 – AP Nr. 16 zu § 620 BGB Befristeter Arbeitsvertrag = DB 1961, 409.
51 Gegen das Erfordernis eines zeitlichen Zusammenhangs *Löwisch*, NZA 1988, 633, 634.
52 BAG 27.5.1982 – 2 AZR 96/80 – DB 1984, 620 = BB 1985, 56; APS/*Künzl*, § 2 KSchG Rn 16; KR/*Rost*, § 2 KSchG Rn 16.
53 BAG 27.9.1984 – 2 AZR 62/83 – AP § 2 KSchG 1969 Nr. 8 = NZA 1985, 455.
54 LAG Hamm 10.2.2000 – 16 Sa 1482/99 – BuW 2001, 44; APS/*Künzl*, § 2 KSchG Rn 16; KR/*Rost*, § 2 KSchG Rn 16.
55 Missverständlich HaKo-KSchR/*Pfeiffer*, § 2 KSchG Rn 1.
56 LAG Chemnitz 22.1.2001 – 10 Sa 505/99 – juris.
57 BAG 27.9.1984 – 2 AZR 62/83 – AP § 2 KSchG 1969 Nr. 8 = NZA 1985, 455; BAG 21.4.2005 – 2 AZR 132/04 – AP § 2 KSchG 1969 Nr. 79 = NZA 2005, 1289; zur BR-Anhörung bei dieser Konstellation BAG 30.11.1989 – 2 AZR 197/89 – AP § 102 BetrVG 1972 Nr. 53 = NZA 1990, 529; APS/*Künzl*, § 2 KSchG Rn 30; ErfK/*Oetker*, § 2 KSchG Rn 11; v. *Hoyningen-Huene/Linck*, § 2 Rn 27.
58 BAG 17.5.2001 – 2 AZR 460/00 – EzA § 620 BGB Kündigung Nr. 3 = NZA 2002, 54.
59 BAG 21.4.2005 – 2 AZR 244/04 – AP § 2 KSchG 1969 Nr. 80 = NZA 2005, 1294.
60 APS/*Künzl*, § 2 KSchG Rn 30.

23 Der AG ist nach zutr. h.L.[61] – der sich letztendlich auch das BAG angeschlossen hat[62] – allerdings nicht verpflichtet, dem AN in jedem Fall zunächst von sich aus unter Einräumung einer Überlegungsfrist eine den Parteien zumutbare Weiterbeschäftigung auf einen freien Arbeitsplatz anzubieten, bevor er eine Beendigungs-Künd ausspricht. Abzulehnen ist auch die seitens des BAG früher vertretene Auffasssung, dass der AG dem AN bei einem Änderungsangebot ohne gleichzeitige Künd eine Überlegungsfrist von nur einer Woche einräumen können soll, da ihm dadurch die bei einer Änderungs-Künd in der Regel deutlich längere Frist des § 2 Abs. 2 KSchG genommen würde.[63]

24 Das Änderungsangebot kann **nicht** zeitlich **nach der Künd** erklärt oder nach deren Ausspruch **verändert** werden.[64] Das gilt auch dann, wenn dem AN das Änderungsangebot noch am selben Tag wie die Beendigungs-Künd zugeht[65] oder wenn der AG ein Änderungsangebot, das er zusammen mit der Künd unterbreitet hatte, später durch ein anderes Angebot ersetzt.[66]

25 Maßgebend für die Beurteilung der Sozialwidrigkeit einer Künd ist nämlich die objektive Sachlage zum Zeitpunkt des Zugangs der Künd-Erklärung, was die Berücksichtigung nachträglich eingetretener Umstände grundsätzlich ausschließt (siehe dazu § 1 Rn 190 ff.). Darüber hinaus widerspräche das Nachschieben eines Änderungsangebots der Schutzfunktion des § 2.[67] Dem AN, der zunächst eine Beendigungs-Künd und danach erst ein Änderungsangebot erhält, kann nicht zugemutet werden, sich rechtlich so zu verhalten, als gehe es um eine Änderungs-Künd, weil er das gar nicht erkennen kann. Je nachdem, wann ihm das Änderungsangebot zugeht, könnte er in eine unübersichtliche Lage hinsichtlich der von ihm einzuhaltenden Fristen geraten: Er müsste in jedem Fall in Bezug auf die (Beendigungs-) Künd die Drei-Wochen-Frist des § 4 S. 1 wahren.[68] Für die Vorbehaltsannahme des nachfolgenden Änderungsangebots gelten die Fristen des § 2 S. 2, die ebenfalls bereits mit Zugang der Künd zu laufen beginnen. Der AN geriete unter eben jenen Druck, dessen Vermeidung § 2 bezweckt, und hätte keine Gelegenheit, die ihm gesetzlich zustehende Überlegungsfrist zur Annahme des Änderungsangebots auszuschöpfen.

26 Der AN muss sich daher auf ein Änderungsangebot, das ihm zeitlich nach der Künd zugeht, **überhaupt nicht einlassen**.[69] Mit der rechtzeitigen Klageerhebung gegen die Beendigungs-Künd nach § 4 S. 1 hat er seine Rechte gewahrt. Wegen des Risikos, dass in dem nachgeschobenen Änderungsangebot eine – möglicherweise vorsorglich ausgesprochene – Änderungs-Künd zu sehen ist,[70] sollte er, falls sein Klageantrag sie nicht ohnehin bereits umfasst, vorsorglich innerhalb der Drei-Wochen-Frist gegen diese Änderungs-Künd ebenfalls Klage nach § 4 S. 2 erheben oder seine Klage entspr. erweitern, damit nicht die Fiktionswirkung des § 7 eintritt.[71]

27 Selbstverständlich steht es dem AN frei, ein nachträgliches Änderungsangebot des AG – auch unter Vorbehalt – anzunehmen.[72] Rechtstechnisch handelt es sich dann nicht um eine Annahme unter Vorbehalt i.S.d. § 2 S. 1 Hs. 2, d.h., der AG muss die Vorbehaltsannahme nicht akzeptieren.[73] Solange darüber keine Klarheit besteht, sollte der AN zunächst Klage nach § 4 S. 1 erheben.Es wird vertreten, dass die Klage dann, sobald sich der AG mit Vorbehaltsannahme einverstanden erklärt hat, gem. § 264 Nr. 3 ZPO auf eine Änderungsschutzklage mit dem Antrag nach § 4 S. 2 umgestellt werden kann.[74] Ob das Verhalten des AN als Verzicht auf die Rüge, die ausgesprochene Künd sei unwirksam, da dem AG eine anderweitige Beschäftigung möglich gewesen sei, auszulegen ist, will jedoch gut überlegt sein. Die Drei-Wochen-Frist des § 4 S. 1, beginnend ab Zugang der Künd-Erklärung, ist in jedem Falle einzuhalten.[75]

---

61 APS/*Künzl*, § 2 KSchG Rn 39; ErfK/*Oetker*, § 2 KSchG Rn 4; v. Hoyningen-Huene/*Linck*, § 2 Rn 28; KR/*Rost*, § 2 KSchG Rn 18 c.
62 BAG 21.4.2005 – 2 AZR 244/04 – AP § 2 KSchG 1969 Nr. 80 = NZA 2005, 1294 unter Abkehr von BAG 27.9.1984 – 2 AZR 62/83 – AP § 2 KSchG 1969 Nr. 8 = NZA 1985, 455; bereits abgeschwächt BAG 7.12.2000 – 2 AZR 391/99 – AP § 1 KSchG 1969 KSchG 1969 Nr. 113 = NZA 2001, 495.
63 BAG 21.4.2005 – 2 AZR 244/04 – AP § 2 KSchG 1969 Nr. 80 = NZA 2005, 1294 dürfte auch isoweit als Ankündigung einer Rechtsprechungsänderung zu verstehen sein, so ausdrücklich *Bröhl*, BB 2007, 437.
64 BAG 15.1.2009 –2 AZR 641/07 – DB 2009, 1299; BAG 17.5.2001 – 2 AZR 460/00 – EzA § 620 BGB Kündigung Nr. 3; LAG Düsseldorf 1.3.2007 – 13 Sa 1275/06 – LAGE § 17 KSchG Nr. 5; APS/*Künzl*, § 2 KSchG Rn 25 ff.; HaKo-KSchR/*Pfeiffer*, § 2 KSchG Rn 11; v. Hoyningen-Huene/*Linck*, § 2 Rn 24; KR/*Rost*, § 2 KSchG Rn 20 ff.; *Stahlhacke*/*Preis*/*Vossen*, Rn 1258; a.A. *Löwisch*, NZA 1988, 633, 634.
65 LAG Mainz 15.3.2002 – 3 Sa 1098/01 – NZA-RR 2002, 670 = AuR 2002, 356.
66 LAG Köln 21.1.2002 – 2 Sa 1023/01 – LAGE § 2 KSchG Soziale Auswahl Nr. 40a = AuR 2002, 235; zutreffend weist LAG Köln – 2.11.2007 – 11 Sa 960/07 – juris darauf hin, dass für die Beurteilung einer Künd auf den Zeitpunkt ihres Zugangs abzustellen ist.
67 KR/*Rost*, § 2 KSchG Rn 25.
68 V. Hoyningen-Huene/*Linck*, § 2 Rn 25; KR/*Rost*, § 2 KSchG Rn 27; a.A. *Löwisch*, NZA 1988, 633, 634: Klage- und Erklärungsfrist laufen erst mit Zugang des Änderungsangebots.
69 KR/*Rost*, § 2 KSchG Rn 24.
70 APS/*Künzl*, § 2 KSchG Rn 29; ErfK/*Oetker*, § 2 KSchG Rn 12; v. Hoyningen-Huene/*Linck*, § 2 Rn 26; KR/*Rost*, § 2 KSchG Rn 22.
71 V. Hoyningen-Huene/*Linck*, § 2 Rn 26.
72 APS/*Künzl*, § 2 KSchG Rn 28; KR/*Rost*, § 2 KSchG Rn 26.
73 APS/*Künzl*, § 2 KSchG Rn 29; KR/*Rost*, § 2 KSchG Rn 26.
74 APS/*Künzl*, § 2 KSchG Rn 28 f.; KR/*Rost*, § 2 KSchG Rn 26 f.;
75 KR/*Rost*, § 2 KSchG Rn 27.

Hat der AG dem AN weder vor noch zeitgleich mit dem Ausspruch der Beendigungs-Künd ein Änderungsangebot gemacht, obwohl eine für den AN geeignete Weiterbeschäftigungsmöglichkeit vorhanden war, so soll nach ursprünglicher Auffassung des BAG im Künd-Schutzprozess geprüft werden, ob der AN, wäre ihm dieses Angebot rechtzeitig gemacht worden, damit – zumindest unter Vorbehalt – einverstanden gewesen wäre.[76] Auf ein solches – nicht justiziables -hypothetisches Einverständnis des AN kann es jedoch nicht ankommen. Die Beendigungs-Künd ist vielmehr stets unverhältnismäßig und deshalb unwirksam, wenn der AG es unterlassen hat, dem AN eine mögliche und zumutbare Weiterbeschäftigung anzubieten und sich der AN im Verfahren widerspruchsfrei darauf berufen hat.[77] Nach der neueren Rechtsprechung des BAG[78] hat der AG grundsätzlich dem AN bestehende Weiterbeschäftigungsmöglichkeiten jeglicher Art anzubieten. Das Angebot kann lediglich in **Extremfällen** (z.B. offensichtlich völlig unterwertige Beschäftigung; Angebot hätte eher beleidigenden Charakter) unterbleiben. Im Grundsatz hat nämlich der AN selbst zu entscheiden, ob er eine Weiterbeschäftigung unter möglicherweise erheblich verschlechterten Arbeitsbedingungen für zumutbar hält oder nicht. Das Verhalten des AN nach Ausspruch der Beendigungs-Künd und während des Künd-Schutzprozesses stellt ein wesentliches Indiz für das Vorliegen eines Extremfalles dar. Nicht anzubieten braucht der AG auch Stellen, für die der AN **nicht geeignet** ist, wobei sich dies auch unter dem Gesichtspunkt der Überqualifikation oder durch zu erwartende betriebliche Störungen beispielsweise bei deutlicher Rückstufung in der betrieblichen Hierarchie ergeben kann.[79] Unterbleiben kann das Angebot auch dann, wenn der AN bei einer Vorabklärung durch den AG unmissverständlich erklärt hat, er sei unter gar keinen Umständen, also auch nicht unter Vorbehalt, bereit, zu den geänderten Bedingungen zu arbeiten; hierfür trägt der AG die Darlegungs- un Beweislast.

IV. Reaktionsmöglichkeiten des Arbeitnehmers

Dem AN stehen nach Zugang einer Änderungs-Künd drei Möglichkeiten zur Auswahl: Der AN kann das Angebot **ablehnen**. In diesem Fall greift die Beendigungs-Künd, gegen die der AN Künd-Schutzklage nach § 4 S. 1 erheben kann. Er kann das Änderungsangebot **annehmen**, was dazu führt, dass das Arbverh zu den im Angebot genannten Bedingungen fortgesetzt wird. Die dritte Möglichkeit besteht in der **Annahme** des Änderungsangebots **unter Vorbehalt**. Mit einer Klage nach § 4 S. 2 kann der AN dann die Rechtmäßigkeit der Änderungs-Künd überprüfen lassen, ohne den Verlust seines Arbeitsplatzes insg. zu riskieren.

1. Ablehnung des Änderungsangebots. Die Ablehnung des Änderungsangebots kann ausdrücklich oder konkludent erfolgen. In der Erhebung einer Künd-Schutzklage nach § 4 Abs. 1 liegt regelmäßig die schlüssige Ablehnung der angebotenen Vertragsänderung,[80] es sei denn, es ergibt sich aus der Klagebegründung eindeutig die Bereitschaft des AN, im Unterliegensfalle zu den geänderten Arbeitsbedingungen weiter zu arbeiten.[81] Der AN, der diesen Klageweg beschreitet, scheidet – vorbehaltlich eines Weiterbeschäftigungsanspruchs nach § 102 Abs. 5 BetrVG – aus dem Arbverh aus und wird nur dann (zu den alten Bedingungen) weiterbeschäftigt, wenn er den Prozess gewinnt. Lehnt der AN nach Ausspruch einer Änderungs-Künd durch den AG die Fortsetzung des Arbverh zu geänderten Arbeitsbedingungen ab, kann hierin ein böswilliges Unterlassen liegen, zumutbare Arbeit anzunehmen (§ 11 S. 1 Nr. 2 KSchG).[82]

Einer Ablehnung des Änderungsangebot steht es gleich, wenn der AN das ihm unterbreitete Änderungsangebot **nicht rechtzeitig** nach §§ 147 bis 149 BGB **annimmt**; in beiden Fällen erlischt nach § 146 BGB das Angebot. Zu welchem Zeitpunkt das Angebot erlischt, ist nach § 147 Abs. 2 BGB entspr. den konkreten Umständen des Einzelfalls zu bestimmen, wenn nicht der AG nach § 148 BGB eine Annahmefrist gesetzt hat (siehe dazu Rn 40 bis 42). Äußert der AN sich nicht innerhalb der Drei-Wochen-Frist des § 2 S. 2 zu dem Änderungsangebot, kann dies nicht ohne weiteres als Ablehnung ausgelegt werden, weil diese Frist für die Annahme des Angebots nicht gilt.[83]

Weiß der AN, dass die weitere Planung des AG von der Annahme bzw. Ablehnung des Änderungsangebots abhängt, dann muss er ihm seine Entscheidung, ob er zu den neuen Arbeitsbedingungen weiterarbeiten will, rechtzeitig – insb.

---

76 BAG 27.9.1984 – 2 AZR 62/83 – AP § 2 KSchG 1969 Nr. 8 = NZA 1985, 455.
77 So wohl nun auch BAG 21.4.2005 – 2 AZR 132/04 – AP § 2 KSchG 1969 Nr. 79 = NZA 2005, 1289; KR/*Rost*, § 2 KSchG Rn 19; *Preis*, NZA 1997, 1073, 1077.
78 BAG 21.4.2005 – 2 AZR 244/04 – AP § 2 KSchG 1969 Nr. 80 = NZA 2005, 1294; BAG 21.9.2006 – 2 AZR 607/05 – AP § 2 KSchG 1969 Nr. 130 = NZA 2007, 431; krit. v. Hoyningen-Huene/Linck, § 1 Rn 762 ff.
79 *Rost*, in: FS für Hromadka S. 319, 323.
80 APS/*Künzl*, § 2 KSchG Rn 226; HaKo-KSchR/*Pfeiffer*, § 2 KSchG Rn 33; KR/*Rost*, § 2 KSchG Rn 74–75.
81 So zutr. KR/*Rost*, § 2 KSchG Rn 74–75.

82 BAG 16.6.2004 – 5 AZR 508/03 – AP § 615 BGB Böswilligkeit Nr. 11 = NZA 2004, 1155; BAG 11.10.2006 – 5 AZR 754/05 – AP § 615 BGB Nr. 119 = NJW 2007, 2060; BAG 26.9.2007 – 5 AZR 870/06 – DB 2008, 67.
83 BAG 6.2.2003 – 2 AZR 674/01 – AP § 2 KSchG 1969 Nr. 71 = NZA 2003, 659; anders zuvor LAG Baden-Württemberg 30.10.1990 – 8 Sa 39/90 – LAGE § 2 KSchG Nr. 12 = BB 1991, 69; LAG Köln 10.2.2000 – 5 Sa 1371/99 – RzK I 7a Nr. 53 = NZA-RR 2000, 303; LAG Hamm 30.1.1997 – 8 Sa 1148/96 – LAGE § 2 KSchG Nr. 26 = NZA-RR 1997, 419; dem BAG zust. HaKo-KSchR/*Pfeiffer*, § 2 KSchG Rn 27; KR/*Rost*, § 2 KSchG Rn 77a; abl. APS/*Künzl*, § 2 KSchG Rn 173 a.

nicht unangemessen kurzfristig – vor Ablauf der Künd-Frist mitteilen.[84] Der AN ist im eigenen Interesse gut beraten, seine Entscheidung **nicht zu lange hinauszuzögern**, damit er nicht Gefahr läuft, dass seine Annahmeerklärung nach § 147 BGB verspätet ist.

33 **2. Vorbehaltlose Annahme des Änderungsangebots.** In diesem Fall kommt mit Ablauf der Künd-Frist bzw. zu dem im Änderungsangebot vorgesehenen Zeitpunkt ein Arbverh zu den vom AG angebotenen geänderten Arbeitsbedingungen zustande. Dazu bedarf es einer Annahmeerklärung des AN innerhalb der ihm zustehenden Annahmefrist.

34 **a) Annahmeerklärung.** Die Annahmeerklärung ist eine grds. formfreie, empfangsbedürftige Willenserklärung.[85] (zur **Formbedürftigkeit** der Annahmeerklärung, wenn das Änderungsangebot eine **Befristungsabrede** enthält, siehe unten Rn 46). Sie kann ausdrücklich oder konkludent durch **schlüssiges Verhalten** erfolgen und führt zum Abschluss eines dem Angebot entsprechenden Änderungsvertrages zwischen den Parteien.

35 Schlüssiges Verhalten setzt einen konkreten Geschehenszusammenhang voraus, der unter Beachtung der Verkehrssitte einen Erklärungswert für die Handlung ergibt; entscheidend ist sodann, wie das Verhalten von dem Erklärungsempfänger unter Berücksichtigung der gegebenen Umstände verstanden werden musste.[86] Es kann auch dann als Willenserklärung gewertet werden, wenn der Handelnde an die Möglichkeit einer solchen Wertung nicht gedacht hat. Entscheidend ist, dass der Handelnde bei Anwendung pflichtgemäßer Sorgfalt erkennen konnte, dass sein Verhalten als Willenserklärung aufgefasst werden konnte, und dass der Erklärungsempfänger dieses Verhalten tatsächlich als solche Erklärung verstanden hat.[87]

36 Bei einer **außerordentlichen, fristlosen Änderungs-Künd** (siehe § 626 BGB Rn 47 ff.) ist die widerspruchslose Weiterarbeit so lange ohne Erklärungswert, wie der AN noch rechtzeitig einen Vorbehalt entspr. § 2 erklären kann.[88] In Ermangelung einer Künd-Frist muss der AN auch dann, wenn er das Änderungsangebot (nur) unter Vorbehalt annehmen will, sofort zu den geänderten Bedingungen weiter arbeiten. Sähe man in der Weiterarbeit zugleich die vorbehaltlose Annahme des Änderungsangebots, wäre der AN gezwungen, den Vorbehalt sofort zu erklären, um nicht den Änderungsschutz zu verlieren. Zu Recht räumt das BAG dem von einer fristlosen Änderungs-Künd betroffenen AN daher ebenfalls eine – wenn auch kurz bemessene – Überlegungsfrist ein, in der er die Möglichkeit hat, mit der gebotenen Eile Rechtsrat darüber einzuholen, ob er die ausgesprochene Änderungs-Künd akzeptieren oder sich eine gerichtliche Überprüfung vorbehalten soll.[89] Erst wenn der AN auch nach einer angemessenen Überlegungsfrist keinen Vorbehalt erklärt hat, kann der AG die Weiterarbeit des AN zu den geänderten Arbeitsbedingungen als vorbehaltlose Annahme des Änderungsangebots verstehen.

37 Welche Frist im Einzelfall angemessen ist, kann nicht pauschal beantwortet werden. Sachlich nicht gerechtfertigt erscheint die Auffassung, es stünden dem AN i.d.R. allenfalls ein bis zwei Tage zur Verfügung;[90] besteht doch in dieser kurzen Zeit praktisch kaum Gelegenheit, fundierten Rechtsrat einzuholen. Auch die an § 103 BetrVG angelehnte Meinung, es dürfe der AN allenfalls ein bis zwei Tage verstreichen lassen,[91] ist zu starr, zumal § 103 BetrVG einen völlig anderen Sachverhalt regelt. Das Abstellen auf die fiktive Frist für eine ordentliche Künd berücksichtigt andererseits nicht genügend das Interesse des AG an einer raschen Klärung. Regelmäßig wird es dem AN aber zuzumuten sein, **innerhalb von einer Woche** nach Zugang der außerordentlichen Änderungs-Künd zu erklären, ob er das Änderungsangebot nur unter Vorbehalt annimmt.[92] Lässt er eine Woche verstreichen, so wird der AG aus der widerspruchslosen Weiterarbeit zu den veränderten Bedingungen i.d.R. schließen dürfen, dass der AN diese – und damit auch die fristlose Änderungs-Künd – akzeptiert.

38 Will der AN dies **verhindern**, sollte er dem AG gegenüber möglichst sofort nach Erhalt der Änderungs-Künd eine entsprechende Erklärung abgeben, etwa des Inhalts, dass er wegen der Änderungs-Künd Rechtsrat einholen und ihm danach seine Entscheidung mitteilen werde.

39 **b) Annahmefrist.** Die vorbehaltlose Annahme des Änderungsangebots braucht nicht notwendig innerhalb der Frist des § 2 S. 2 erklärt zu werden. Die Annahmefrist ergibt sich vielmehr nach §§ 146 ff. BGB aus dem Angebot

---

84 BAG 6.2.2003 – 2 AZR 674/01 – AP § 2 KSchG 1969 Nr. 71 = NZA 2003, 659; nach HaKo-KSchR/*Pfeiffer*, § 2 KSchG Rn 27 a.E. soll die Frist zur Annahme spätestens einen Monat vor Beendigung des Arbverh enden.
85 ErfK/*Müller-Glöge*, § 623 BGB Rn 12; KR/*Rost*, § 2 KSchG Rn 28a; *Preis/Gotthard*, NZA 2000, 348, 351.
86 BAG 19.6.1986 – 2 AZR 565/85 – AP § 2 KSchG 1969 Nr. 16 = NZA 1987, 94; krit. *Hennige*, NZA 1999, 281, 284 f.
87 LAG Nürnberg 29.4.2003 – 6 Sa 284/02 – AuR 2003, 318 = MDR 2003, 1301; vgl. BAG 1.8.2001 – 4 AZR 129/00 – AP § BGB Nr. 20 = NZA 2002, 929 m. Anm. *Franzen*, RdA 2002, 235 ff.

88 BAG 27.3.1987 – 7 AZR 790/85 – AP § 2 KSchG 1969 Nr. 20 = NZA 1988, 737 m. abl. Anm. v. *Peterek*, EzA § 2 KSchG Nr. 10.
89 BAG 27.3.1987 – 7 AZR 790/85 – AP § 2 KSchG 1969 Nr. 20 = NZA 1988, 737.
90 So aber KR/*Rost*, § 2 KSchG Rn 33.
91 So aber *Peterek*, Anm. zu EzA § 2 KSchG Nr. 10, 11.
92 So auch APS/*Künzl*, § 2 KSchG Rn 223; vgl. auch BAG 27.3.1987 – 7 AZR 790/85 – AP § 2 KSchG 1969 Nr. 20 = NZA 1988, 737 (fünf Tage) und *Becker-Schaffner*, BB 1991, 129, 131 f. (Vorbehalt nach zwei Wochen jedenfalls zu spät).

des AG.[93] Sie kann mit der Frist des § 2 S. 2 übereinstimmen, aber auch über diese hinausreichen, insb. dann, wenn der AG mit langer Vorlauffrist kündigt.[94]

Der AG kann dem AN nach **§ 148 BGB** eine **Frist zur vorbehaltlosen Annahme** des Änderungsangebots setzen mit der Folge, dass nach deren fruchtlosem Ablauf das Angebot erlischt.[95] Jedoch darf der AG für die vorbehaltlose Annahme des Änderungsangebots **keine kürzere Frist** als die nach § 2 S. 2 setzen.[96] Allerdings führt eine zu kurze Bestimmung der Annahmefrist durch den AG im Änderungsangebot **nicht zur Unwirksamkeit** der Künd. Sie setzt vielmehr die gesetzliche Annahmefrist des § 2 S. 2 KSchG in Lauf.[97] Der Gefahr, dass AG wegen der faktischen Sanktionslosigkeit eine zu kurze Annahmefrist setzen, um eine fehlerhafte Reaktion des AN zu provozieren, will das BAG mit § 242 BGB begegnen.[98] In einer Entscheidung vom 1.2.2007[99] hat das BAG in Anwendung dieser Grundsätze die Klage eines AN abgewiesen, der seine Annahme erst nach Ablauf von drei Wochen erklärt hatte. Die dort seitens des AG mit der Formulierung „teilen Sie uns umgehend mit, ob Sie ... einverstanden sind" gesetzte kurze Frist hat das BAG an die dreiwöchige gesetzliche Frist angepasst.

Unter Berücksichtigung der Rspr. des BAG[100] tut der AG bei Arbverh mit langen Künd-Fristen gut daran, das Änderungsangebot mit der Erklärung zu verbinden, dass es nach Ablauf einer **dreiwöchigen Frist**, beginnend ab Zugang der Änderungs-Künd, **nicht mehr angenommen** werden kann; ist ausnahmsweise die Künd-Frist kürzer als drei Wochen, sollte die Annahmefrist auf den Ablauf der Künd-Frist abgestimmt werden.

Zulässig ist es, eine über die Frist des § 2 S. 2 hinaus reichende Annahmefrist zu setzen; der AN kann allerdings nach Ablauf der Frist des § 2 S. 2 das Änderungsangebot nicht mehr unter Vorbehalt annehmen.[101] Tut er es dennoch, ist die Annahme unter Vorbehalt nach § 150 Abs. 2 BGB als Ablehnung des Änderungsangebots anzusehen. Dem AG steht es frei, sich auf die verspätete Vorbehaltsannahme einzulassen, allerdings bedarf es dazu einer ausdrücklichen oder schlüssigen Erklärung des AG.[102] Letztere kann u.U. in der Weiterbeschäftigung des AN zu den geänderten Bedingungen nach Ablauf der Künd-Frist gesehen werden.

3. Annahme des Änderungsangebots unter Vorbehalt. Nach § 2 S. 1 kann der AN das Änderungsangebot „unter dem Vorbehalt annehmen, dass die Änderung der Arbeitsbedingungen nicht sozial ungerechtfertigt ist". Damit wird dem AN das Risiko abgenommen, seinen Arbeitsplatz zu verlieren, wenn er das Angebot ablehnt und sich im Prozess herausstellt, dass es sozial gerechtfertigt war. Abweichend von § 150 Abs. 2 BGB gilt die Annahme unter Vorbehalt nicht als mit einem neuen Angebot verbundene Ablehnung. Vielmehr kommt durch den Vorbehalt kraft Gesetzes ein Änderungsvertrag zustande, der unter einer (rückwirkenden) auflösenden Bedingung steht.[103] Der AG **muss** die Vorbehaltsannahme **akzeptieren**.[104] Nach dem Gesetzeswortlaut soll sich der Vorbehalt auf die Frage der sozialen Rechtfertigung beziehen. Der Gesetzgeber hat hier übersehen, dass im Fall einer Änderungsschutzklage auch alle anderen Unwirksamkeitsgründe zu prüfen sind.[105] § 2 und damit ein durch den AN mit der gesetzlichen Formulierung erklärter Vorbehalt sind daher so zu lesen, dass die **Annahme unter dem Vorbehalt der sozialen Rechtfertigung und der Wirksamkeit der Änderungs-Künd im Übrigen** erklärt wird.[106] Anderenfalls käme z.B. trotz Unwirksamkeit der Änderungs-Künd wegen unterlassener BR-Anhörung ein wirksamer Änderungsvertrag zustande, wenn die Künd sozial gerechtfertigt ist. Die Praxis handhabt Vorbehaltserklärungen meist im vorbenannten Sinn, ohne das Problem zu diskutieren. Auch in der Literatur finden sich nur selten entsprechende Ausführungen; allerdings wird § 8, der unter derselben gesetzgeberischen Ungenauigkeit leidet, im hier vertretenen Sinn aus-

---

93 BAG 6.2.2003 – 2 AZR 674/01 – AP § 2 KSchG 1969 Nr. 71 = NZA 2003, 659; ebenso schon früher *Löwisch*, NZA 1988, 633, 634; nach HaKo-KSchR/*Pfeiffer*, § 2 KSchG Rn 27 a.E. soll die Frist zur Annahme spätestens einen Monat vor Beendigung des Arbverh betragen.
94 So geschehen im Fall BAG 6.2.2003 – 2 AZR 674/01 – AP § 2 KSchG 1969 Nr. 71 = NZA 2003, 659.
95 BAG 6.2.2003 – 2 AZR 674/01 – AP § 2 KSchG 1969 Nr. 71 = NZA 2003, 659.
96 BAG 18.5.2006 – 2 AZR 230/05 – AP § 2 KSchG 1969 Nr. 83 = NZA 2006, 1092; LAG Köln 21.6.2002 – 11 Sa 1418/01 – LAGE § 2 KSchG Nr. 42 = NZA-RR 2003, 247; LAG Köln 19.9.2001 – 7 Sa 13/01 – juris; KR/*Rost*, § 2 KSchG Rn 77a.; wohl auch HaKo-KSchR/*Pfeiffer*, § 2 KSchG Rn 27.
97 BAG 18.5.2006 – 2 AZR 230/05 – AP § 2 KSchG 1969 Nr. 83 = NZA 2006, 1092.
98 BAG 18.5.2006 – 2 AZR 230/05 – AP § 2 KSchG 1969 Nr. 83 = NZA 2006, 1092.
99 BAG 1.2.2007 – 2 AZR 44/06 – AP § 2 KSchG 1969 Nr. 132 = NZA 2007, 925.
100 BAG 6.2.2003 – 2 AZR 674/01 – AP § 2 KSchG 1969 Nr. 71 = NZA 2003, 659.
101 HaKo-KSchR/*Pfeiffer*, § 2 KSchG Rn 33; *v. Hoyningen-Huene/Linck*, § 2 Rn 107.
102 BAG 17.6.1998 – 2 AZR 336/97 – AP § 2 KSchG 1969 Nr. 49 = NZA 1998, 1225.
103 APS/*Künzl*, § 2 KSchG Rn 210; 39 HaKo-KSchR/*Pfeiffer*, § 2 KSchG Rn 30; *v. Hoyningen-Huene/Linck*, § 2 Rn 100; KR/*Rost*, § 2 KSchG Rn 58; *Löwisch*, NZA 1988, 633, 635; *Stahlhacke/Preis/Vossen*, Rn 1263.
104 APS/*Künzl*, KSchR Rn 207; KR/*Rost*, § 2 KSchG Rn 55.
105 HaKo-*Gallner* § 4 Rn 67.
106 BAG 28.5.1998 – 2 AZR 615/97 – AP § 2 KSchG 1969 Nr. 48 = NZA 1998, 1167; vgl. auch LAG BaWü 17.8.2005 – 13 Sa 78/04 – juris unter Rn 87, wonach eine dem Gesetzeswortlaut nachgebildete Vorbehaltserklärung keinen Verzicht auf die Geltendmachung sonstiger Unwirksamkeitsgründe bedeutet; in dem hierzu ergangenen Revisionsurteil wird dieser Aspekt nicht einmal mehr erwähnt.

gelegt.[107] Entgegen den Ausführungen des BAG[108] folgt die Zulässigkeit eines solchen erweiterten Vorbehalts trotz § 150 Abs. 2 BGB nicht daraus, dass es sich nicht um eine echte Bedingung handelt. Überzeugender ist, von einem Redaktionsversehen des Gesetzgebers bei der Formulierung in § 2 auszugehen. Ein einmal erklärter Vorbehalt kann vom AN **nicht einseitig** wieder **zurückgenommen** werden.[109]

44 **a) Rechtsnatur des Vorbehalts.** Umstr. ist die Frage, ob der Vorbehalt materiell-rechtliche oder nur prozessuale Bedeutung hat. Der Streit wirkt sich im Fall der verspäteten Vorbehaltsannahme aus: Hat der Vorbehalt nur prozessualen Charakter, muss die Änderungsschutzklage als unzulässig abgewiesen werden, im anderen Fall ist sie unbegründet.[110]

45 Die teilweise in der älteren Lit. vertretene rein prozessuale Deutung, wonach dem AN mit der Vorbehaltsannahme lediglich eine Klagemöglichkeit eingeräumt wird,[111] hat sich nicht durchsetzen können: Sie erkennt zwar an, kann aber nicht erklären, dass aufgrund der Vorbehaltsannahme ein durch die Feststellung der Sozialwidrigkeit des Änderungsangebots rückwirkend (§ 8!) **bedingter Änderungsvertrag** zwischen den Parteien zustande kommt.[112] Auch passt es nicht zu einer rein prozessualen Deutung der Vorbehaltsannahme, dass das Gericht über die Änderungsschutzklage im Wege des Feststellungsurteils entscheidet, das seinerseits den Eintritt (oder Nichteintritt) einer materiellen Wirkung der Vorbehaltserklärung voraussetzt.[113] Rspr. und überwiegend auch die Lit. sehen deshalb in dem Vorbehalt eine **privatrechtsgestaltende Willenserklärung**, messen ihm also materiell-rechtliche Bedeutung bei.[114]

46 **b) Form der Vorbehaltsannahme.** Die Vorbehaltsannahme ist grds. **formfrei**.[115] Im Interesse beider Parteien sollte aus Gründen der Rechtssicherheit die Vorbehaltsannahme gleichwohl schriftlich erklärt werden. Das gilt insb. dann, wenn der AG dem AN mit der Änderungs-Künd die **befristete Fortsetzung des Arbverh** anbietet. Hier **muss** die Annahmeerklärung des AN **schriftlich** erfolgen, weil nach § 14 Abs. 5 TzBfG die Befristung eines Arbeitsvertrages der Schriftform bedarf. Nimmt der AN in diesem Fall nur mündlich unter Vorbehalt an, dürfte dies zur Folge haben, dass er – selbst wenn er im Änderungsschutzprozess unterliegt – wegen § 16 S. 1 TzBfG nach wie vor in einem unbefristeten Arbverh steht.

47 Die Annahmeerklärung muss allen Anforderungen an eine Willenserklärung genügen, insb. eindeutig und klar sein. Der AG als Adressat der Erklärung muss zweifelsfrei erkennen können, dass der AN die angebotenen Arbeitsbedingungen unter dem Vorbehalt akzeptiert, dass die Änderungs-Künd wirksam ist.[116] Die Vorbehaltsannahme muss nicht vom AN persönlich, sondern sie kann auch von einem Vertreter oder einem Boten des AN erklärt werden.[117]

48 Die Vorbehaltsannahme kann auch konkludent durch schlüssiges Verhalten erfolgen (zu den Voraussetzungen siehe Rn 35). Allein in der **widerspruchslosen Weiterarbeit** zu den geänderten Arbeitsbedingungen kann regelmäßig **keine Vorbehaltsannahme** gesehen werden, hier kommt eher die Deutung als vorbehaltlose Annahme in Betracht.

49 In der Erhebung einer Künd-Schutzklage nach § 4 S. 1 ist grds. keine Vorbehaltsannahme zu sehen, es sei denn, aus der Klagebegründung geht die Bereitschaft des AN, das Änderungsangebot unter Vorbehalt anzunehmen, eindeutig hervor.[118] Mit der Erhebung einer **Änderungsschutzklage** erklärt der AN dagegen regelmäßig schlüssig die Vorbehaltsannahme (zur Einhaltung der Erklärungsfrist siehe Rn 50 ff.).[119] Da § 167 ZPO nur die Einhaltung der Klagefrist betrifft und nach h.M. nicht für die Erklärungsfrist nach § 2 S. 2 gilt (siehe dazu Rn 52 bis 54) sollte der AN, wenn er die Vorbehaltsannahme nicht gesondert erklären will, auf jeden Fall noch **innerhalb der Erklärungsfrist** dem AG **eine Kopie der Klageschrift** übermitteln.

50 **c) Erklärungsfrist.** Der AN muss den Vorbehalt nach § 2 S. 2 „innerhalb der Künd-frist, spätestens jedoch innerhalb von drei Wochen nach Zugang der Künd erklären." Anders als in §§ 4 S. 1, 5 und 6 stellt § 2 S. 2 nicht auf den Zugang der schriftlichen Künd ab. Daraus kann allerdings nicht geschlossen werden, die Frist beginne im Fall des § 2 S. 2 bereits mit dem Zugang einer mündlichen Künd zu laufen:[120] Eine mündliche Künd ist nach §§ 623, 125 S. 1 BGB nichtig und kann keine Rechtswirkungen erzeugen, insb. auch keine Frist in Gang setzen.

---

107 ErfK/*Kiel* § 8 Rn 1; HaKo-KSchR/*Pfeiffer*, § 8 Rn 2 f.
108 BAG 28.5.1998 – 2 AZR 615/97 – AP § 2 KSchG 1969 Nr. 48 = NZA 1998, 1167 unter Rn 23.
109 LAG Köln 25.1.2002 – 11 Sa 1109/01 – AiB 2003, 507.
110 APS/*Künzl*, § 2 KSchG Rn 211; HaKo-KSchR/*Pfeiffer*, § 2 KSchG Rn 30; KR/*Rost*, § 2 KSchG Rn 59.
111 *Adomeit*, DB 1969, 2179, 2180; *Schaub*, RdA 1970, 230, 234; *Becker-Schaffner*, BlStSozArbR 1975, 273, 274 f.
112 APS/*Künzl*, § 2 KSchG Rn 210; KR/*Rost*, § 2 KSchG Rn 56 ff.
113 APS/*Künzl*, § 2 KSchG Rn 208.
114 BAG 27.9.1984 – 2 AZR 62/83 – AP § 2 KSchG 1969 Nr. 8 = NZA 1985, 455; LAG Köln 25.1.2002 – 11 Sa 1109/01 – AiB 2003, 507 m. zust. Anm. v. *Burgmer*, AiB 2003, 506;

ErfK/*Oetker*, § 2 KSchG Rn 34; HaKo-KSchR/*Pfeiffer*, § 2 KSchG Rn 30; KR/*Rost*, § 2 KSchG Rn 58.
115 APS/*Künzl*, § 2 KSchG Rn 212; *v. Hoyningen-Huene/Linck*, § 2 Rn 101; KR/*Rost*, § 2 KSchG Rn 60; *Stahlhacke/Preis/Vossen*, Rn 1263; *Preis/Gotthard*, NZA 2000, 351.
116 APS/*Künzl*, § 2 KSchG Rn 212.
117 APS/*Künzl*, § 2 KSchG Rn 212.
118 KR/*Rost*, § 2 KSchG Rn 66.
119 APS/*Künzl*, § 2 KSchG Rn 218; ErfK/*Oetker*, § 2 KSchG Rn 37; HaKo-KSchR/*Pfeiffer*, § 2 KSchG Rn 31; *v. Hoyningen-Huene/Linck*, § 2 Rn 102; KR/*Rost*, § 2 KSchG Rn 66; *Stahlhacke/Preis/Vossen*, Rn 1263.
120 HaKo-KSchR/*Pfeiffer*, § 2 KSchG Rn 33.

Die Drei-Wochen-Frist des § 2 S. 2 entspricht der Frist zur Klageerhebung nach § 4 S. 1. Sie gilt auch dann, wenn die 51
Künd-Frist – was nach § 622 BGB bei dem allg. Künd-Schutz unterliegenden Arbverh die Regel ist – länger als drei
Wochen ist. Ist ausnahmsweise die Künd-Frist kürzer als drei Wochen – was nach § 622 Abs. 4 BGB der Fall sein
kann, wenn für das Arbverh kurze tarifliche Künd-Fristen gelten –,[121] endet die Erklärungsfrist bereits mit Ablauf
der Künd-Frist. Zur Erklärungsfrist im Fall einer außerordentlichen Änderungs-Künd siehe oben Rn 36.

Entscheidend für die Fristwahrung ist der **Zugang** der Erklärung **beim AG**.[122] Dieser richtet sich nach den §§ 130 ff. 52
BGB; für die Berechnung der Frist gelten die §§ 187 ff. BGB. Die Vorschriften über die Klagezustellung in § 46
Abs. 2 ArbGG i.V.m. §§ 495, 167 ZPO gelten für die Vorbehaltserklärung nicht. Das bedeutet, dass die in einer innerhalb der Drei-Wochen-Frist bei Gericht eingereichten Änderungsschutzklage erklärte Vorbehaltsannahme verspätet
sein kann, weil die Klage dem AG zwar „demnächst" i.S.d. § 167 ZPO, aber eben erst nach Ablauf der Drei-Wochen-Frist des § 2 S. 2 zugestellt wurde.[123]

Ist die Künd-Frist länger als drei Wochen, erscheint es angebracht, von dieser Regelung eine Ausnahme zu machen. 53
Der Gesetzeswortlaut spricht nicht gegen die Angleichung der Annahmefrist an die Klagefrist, ergibt sich doch aus
ihm gerade, dass der Gesetzgeber die Klagefrist als äußersten Rahmen für die Vorbehaltsannahme ansieht. Auch das
vom BAG[124] gebrauchte Argument der Rechtssicherheit besticht nicht: Wohl hat der AG ein Interesse daran, möglichst bald zu erfahren, ob der AN das Änderungsangebot annimmt oder mit der Beendigung des Arbverh zu rechnen
ist. Allerdings kann ihm auch nach Ablauf von drei Wochen noch – fristgemäß – eine Künd-Schutzklage zugestellt
werden, was eine vorherige Disposition über den Arbeitsplatz praktisch ausschließt. Es ist nicht erkennbar, welche
„Rechtssicherheit" der AG bekommt, wenn er, obwohl die Künd-Frist noch läuft und er noch mit der Zustellung einer
Künd-Schutzklage rechnen muss, innerhalb von drei Wochen nach Zugang der Änderungs-Künd erfährt, ob der AN
das Änderungsangebot annimmt oder nicht. Das Argument der – allerdings herrschenden – Gegenmeinung in der
Lit.,[125] es gehe nicht an, den AN mit der längeren Künd-Frist großzügiger zu behandeln als den mit einer kurzen,[126]
leuchtet nicht ein. Die Verlängerung der Künd-Frist – ob vertraglich, tariflich oder gesetzlich – begünstigt ja den AN
stets und das ist auch ihr Zweck. Außerdem mag zwar die Bindung der Annahme an die kurze Künd-Frist nicht in
allen Konsequenzen glücklich sein,[127] verhindert aber immerhin, dass der AN zunächst aus dem Arbverh ausscheidet, um dann dennoch weiterbeschäftigt werden zu müssen, wenn er kurz vor Ablauf der Drei-Wochen-Frist die Vorbehaltsannahme erklärt.[128]

Bei noch laufender Künd-Frist im Zeitpunkt der tatsächlichen Zustellung der Änderungs-Künd ist daher die in der 54
Klage enthaltene Vorbehaltserklärung als fristgemäß anzusehen, auch wenn die Zustellung noch innerhalb der Künd-Frist, aber erst nach Ablauf der Drei-Wochen-Frist erfolgt.[129] Gleichwohl ist angesichts der entgegenstehenden, noch
relativ jungen höchstrichterlichen Rspr. auch bei langer Künd-Frist dringend zu empfehlen, die Vorbehaltsannahme
entweder gesondert innerhalb der Drei-Wochen-Frist gegenüber dem AG zu erklären oder zumindest dafür zu sorgen, dass dem AG spätestens bei Einreichung der Änderungsschutzklage eine Kopie der Klageschrift – etwa per Telefax – zugeht, wobei darauf zu achten ist, dass der Zugang erst dann bewirkt ist, wenn die Kenntnisnahme durch den
Empfänger möglich und nach der Verkehrsanschauung zu erwarten ist.[130] Der AG kann sich auf eine verspätete Vorbehaltsannahme einlassen, siehe Rn 42.

B. Rechtmäßigkeit der Änderungskündigung

Die Änderungs-Künd gelangt auf den gerichtlichen Prüfstand, wenn der AN fristgemäß – bei Ablehnung des Ände- 55
rungsangebots – Klage nach § 4 S. 1 oder – falls er das Änderungsangebot unter Vorbehalt annimmt – nach § 4 S. 2
erhebt. Die in § 2 S. 1 enthaltende Verweisung auf § 1 Abs. 2 zeigt, dass die Änderungs-Künd aus personen-, verhaltens- und – in der Praxis der Hauptanwendungsfall – aus betriebsbedingten Gründen erfolgen kann. Das BAG

---

121 s. dazu APS/*Linck*, § 622 BGB Rn 109 ff.
122 BAG 17.6.1998 – 2 AZR 336/97 – AP § 2 KSchG 1969
 Nr. 49 = NZA 1998, 1225; APS/*Künzl*, § 2 KSchG
 Rn 224; HaKo-KSchR/*Pfeiffer*, § 2 KSchG Rn 33;
 v. *Hoyningen-Huene/Linck*, § 2 Rn 101; KR/*Rost*, § 2
 KSchG Rn 70.
123 BAG 17.6.1998 – 2 AZR 336/97 – AP § 2 KSchG 1969
 Nr. 49 = NZA 1998, 1225; LAG Hamm 21.10.1999 – 4
 (16) Sa 285/98 – ZinsO 2000, 351; APS/*Künzl*, § 2 KSchG
 Rn 174, 227; ErfK/*Oetker*, § 2 KSchG Rn 37; HaKo-KSchR/*Pfeiffer*, § 2 KSchG Rn 33; v. *Hoyningen-Huene/
 Linck*, § 2 Rn 118; KR/*Rost*, § 2 KSchG Rn 71.
124 BAG 17.6.1998 – 2 AZR 336/97 – AP § 2 KSchG 1969
 Nr. 49 = NZA 1998, 1225.
125 APS/*Künzl*, § 2 KSchG Rn 228; HaKo-KSchR/*Pfeiffer*,
 § 2 KSchG Rn 33; v. *Hoyningen-Huene/Linck*, § 2

 Rn 103 a; wohl auch ErfK/*Oetker*, § 2 KSchG Rn 35 f.;
 wie hier KR/*Rost*, § 2 KSchG Rn 72.
126 APS/*Künzl*, § 2 KSchG Rn 228.
127 KR/*Rost*, § 2 KSchG Rn 69; *Stahlhacke/Preis/Vossen*,
 Rn 1264.
128 KR/*Rost*, § 2 KSchG Rn 69.
129 So auch KR/*Rost*, § 2 KSchG Rn 72 f,; zuvor schon
 Richardi, ZfA 1971, 73, 99; LAG Hamm 22.8.1997 – 10
 Sa 411/97 – LAGE § 2 KSchG 1969 Nr. 29 = RzK I 7b
 Nr. 26; ähnlich LAG Hamm 13.10.1998 – 17 Sa 442/88
 – LAGE § 2 KSchG Nr. 7 = DB 1989, 436.
130 LAG Potsdam 11.3.1998 – 7 Sa 216/97 – MDR 1999, 368
 (Zugang einer nach 18.00 Uhr an eine Behörde gefaxten
 Vorbehaltsannahme erst am darauffolgenden Tag).

hat bestätigt, dass eine **Namensliste** nach § 1 Abs. 5 auch für ordentliche betriebsbedingte Änderungs-Künd[131] (nicht allerdings für außerordentliche betriebsbedingte Änderungs-Künd[132]) vereinbart werden kann. Es gilt dann die Veränderung des Prüfungsmaßstabs für die Sozialauswahl in gleichem Umfang wie bei Beendigungs-Künd. Bei der der Sozialwidrigkeitsprüfung erstreckt sich die **Reichweite der Vermutungen** jedenfalls auf den Wegfall des Beschäftigungsbedürfnisses zu den bisherigen Bedingungen, einschließlich des Fehlens einer anderweitigen Beschäftigungsmöglichkeit im Betrieb. Die fehlende Weiterbeschäftigungsmöglichkeit in anderen Betrieben umfasst sie nur, wenn der Interessenausgleich vom hierfür zuständigen Gesamtbetriebsrat abgeschlossen wird. Das BAG tendiert dazu, dass sie (nur dann) auch die Verhältnismäßigkeit des Änderungsangebotes umschließt, soweit die Betriebsparteien die vorgesehenen Änderungen in den Interessenausgleich mit aufgenommen haben. Auf außerordentliche Kündigungen ist § 1 Abs. 5 hingegen nicht anwendbar.[133]

I. Sozialwidrigkeitsprüfung

56 Die Prüfung der Sozialwidrigkeit einer Änderungs-Künd erfolgt selbstverständlich nur, wenn die allgemeinen Voraussetzungen des Kündigungsschutzes nach §§ 1 Abs. 1, 23 Abs. 1 vorliegen (zu Änderungskünd außerhalb des KSchG siehe Rn 110 ff.). Nach h.M. in Rspr. und Lit. ist ein **zweistufiger Aufbau** zu befolgen, bei dem das **Änderungsangebot im Mittelpunkt** steht.[134] Das gilt unabhängig davon, ob der AN das Angebot angenommen oder abgelehnt hat (zu den Einzelheiten und zur abweichenden Mindermeinung in der Lit. siehe Rn 102 ff.). In der **ersten Stufe** ist, wie sich aus der Verweisung auf § 1 Abs. 2 S. 1 ergibt, zu prüfen, ob der Ausspruch einer Änderungs-Künd **erforderlich** ist, weil personenbedingte, verhaltensbedingte oder dringende betriebliche Gründe i.S.d. § 1 Abs. 2 der Weiterbeschäftigung des AN zu unveränderten Bedingungen entgegenstehen. Im Prinzip können daher alle Sachverhalte, die geeignet sind, eine ordentliche Beendigungskündigung sozial zu rechtfertigen, eine Änderungskündigung als insofern milderes Mittel begründen.[135]

57 **1. Verstoß gegen den Grundsatz der Verhältnismäßigkeit; „überflüssige Änderungskündigung"** Eine nicht erforderliche Künd verstößt gegen den **Grundsatz der Verhältnismäßigkeit** und ist schon aus diesem Grund regelmäßig sozialwidrig.

58 Mangels Erforderlichkeit unverhältnismäßig ist eine Änderungs-Künd regelmäßig dann, wenn der AG ihm zur Verfügung stehende mildere Mittel zur Erreichung seines Zwecks (z.B. organisatorische Maßnahmen oder – bei der verhaltsbedingten Künd – eine Abmahnung) nicht ausgeschöpft hat.[136] Das Angebot einer **„freien Mitarbeit"** scheidet als „milderes Mittel" gegenüber der Fortsetzung des Arbverh zu geänderten Arbeitsbedingungen aus.[137]

59 Umstritten ist, welche Folge es für eine Änderungs-Künd hat, wenn der AG die angestrebte Änderung der Arbeitsbedingungen bereits durch Ausübung des **Direktionsrechts** (siehe Rn 114 f.) oder eines vorbehaltenen **Widerrufs** (siehe § 315 BGB Rn 45 ff.) erreichen kann oder die Änderung beispielsweise aufgrund kollektiver Regelungen schon eingetreten ist. Nimmt der AN das Angebot nicht an, wird nahezu einhellig die Unwirksamkeit der Änderungs-Künd angenommen.[138] Das BAG hält seit Ende der 80er Jahre in nunmehr ständiger Rechtsprechung hingegen eine „überflüssige" Änderungs-Künd nicht für unwirksam, wenn der AN das Änderungsangebot angenommen hat[139] (zu-

---

131 BAG 19.6.2007 – 2 AZR 304/06 – NZA 2008, 103; so auch HaKo-KSchG/*Gallner* § 1 KSchG Rn 677; KR/*Griebeling*, § 1 KSchG Rn 703b.
132 BAG 28.5.2009 – 2 AZR 844/07 – NZA 2009, 954.
133 LAG Köln 1.8.2007 – 3 Sa 906/06 – juris.
134 Vgl. zur betriebsbedingten Änderungs-Künd BAG 27.3.2003 – 2 AZR 74/02 – AP 2 KSchG 1969 Nr. 72 = NZA 2003, 1029; BAG 16.5.2002 – 2 AZR 292/01 – AP § 2 KSchG 1969 Nr. 69 = NZA 2003, 147; BAG 21.2.2002 – 2 AZR 556/00 – EzA § 2 KSchG Nr. 45 = DB 2002, 2276; BAG 27.9.2001 – 2 AZR 236/00 – AP TVG § 4 Nachwirkung Nr. 40 = NZA 2002, 750; APS/*Künzl*, § 2 KSchG Rn 235; *Becker-Schaffner*, BB 1991, 129, 130; ErfK/*Oetker*, § 2 KSchG Rn 42; HaKo-KSchG/*Pfeiffer*, § 2 KSchG Rn 37; *v. Hoyningen-Huene/Linck*, § 2 Rn 128; KR/*Rost*, § 2 KSchG Rn 87–88, 92 ff.
135 Ungenau BAG 29.3.2007 – 2 AZR 31/06 – NZA 2007, 855 und BAG 23.6.2005 – 2 AZR 642/04 – AP § 2 KSchG 1969 Nr. 81 = NZA 2006, 92: „Eine betriebsbedingte Änderungskündigung, die eine aus wirtschaftlichen Gründen sonst erforderlich werdende Beendigungskündigung vermeidet, ist jedoch stets zulässig." Es bleibt stets zu prüfen, ob das Angebot verhältnismäßig ist.
136 *Hromadka*, NZA 1996, 1, 7.
137 BAG 21.2.2002 – 2 AZR 556/00 – EzA § 2 KSchG Nr. 45 = DB 2002, 2276; KR/*Rost*, § 2 KSchG Rn 106a.
138 Vgl. nur BAG 6.9.2007 – 2 AZR 368/06 – AP § 2 KSchG 1969 Nr. 135 = NZA-RR 2008, 291; a.A. *Hunold*, NZA 2008, 869.
139 BAG 27.3.1987 – 7 AZR 527/85 – AP § 242 BGB Betriebliche Übung Nr. 29 = DB 1987, 1996 (vorsorgliche Änderungskündigung gehe „ins Leere", wenn AG zur einseitigen Änderung berechtigt gewesen sei); BAG 21.2.1991 – 2 AZR 432/90 – RzK I 7a Nr. 23 (Frage nach der sozialen Rechtfertigung stelle sich nicht); BAG 26.1.1995 – 2 AZR 371/94 – AP § 2 KSchG 1969 Nr. 36 = NZA 1995, 626 (Künd-Element sei wegen Annahme des Änderungsangebots gegenstandslos); BAG 15.11.1995 – 2 AZR 521/95 – AP § 1 Tarifverträge Lufthansa Nr. 20 = NZA 1996, 603; BAG 9.7.1997 – 4 AZR 635/95 – AP § 22, 23 BAT 1975 Nr. 233 = NZA 1998, 494; BAG 24.6.2004 – 8 AZR 22/03 – ZTR 2004, 579 = EzBAT §§ 22, 23 BAT M Nr. 122; BAG 24.8.2004 – 1 AZR 419/03 – AP § 2 KSchG 1969 Nr. 77 = NZA 2005, 51; BAG 26.8.2008 – 1 AZR 353/08 – AP § 2 KSchG 1969 Nr. 139 = DB 2009, 461; vgl. auch BAG 16.5.2002 – 2 AZR 292/01 – EzA § 2 KSchG Nr. 46 = NZA 2003, 147–2 AZR 292/01 – AP § 2 KSchG 1969 Nr. 69 = NZA 2003, 147; zuvor schon ArbG Wuppertal 18.11.1980 – 1 Ca 2575/80 – DB 1981, 799.

letzt hat der 2. Senat allerdings offen gelassen, ob hieran festzuhalten ist).[140] Mehrere Instanzgerichte sind dieser Auffassung gefolgt.[141] Auch in der Lit. wird sie vertreten.[142] Verständlich ist diese Auffassung vor dem Hindergrund, dass dem AG ein „Spießrutenlauf" erspart werden soll, bei dem ihm von unterschiedlichen Spruchkörpern einmal die Überflüssigkeit der Änderungs-Künd, dann wieder die Überschreitung des Direktionsrechts vorgehalten wird.

Die wohl h.M. in der Lit. nimmt dennoch in Übereinstimmung mit der früheren Rspr. des BAG an, dass die Änderungs-Künd in einem solchen Fall wegen Verletzung des Verhältnismäßigkeitsgrundsatzes sozial ungerechtfertigt sei.[143] Es widerspreche dem Grundsatz der Einheit von Künd und Änderungsangebot, wenn bei der Sozialwidrigkeitsprüfung danach differenziert werde, ob der AN das Angebot angenommen oder abgelehnt habe.[144]

Diese Kritik ist berechtigt. Der Ausspruch einer Änderungs-Künd ist unverhältnismäßig, wenn dem AG mildere Mittel zur Durchsetzung seiner Ziele zur Verfügung stehen. Es kann keinen Unterschied machen, ob der AN das Änderungsangebot unter Vorbehalt annimmt oder nicht, da für die Wirksamkeit einer Künd auf die Verhältnisse bei ihrem Ausspruch abzustellen ist.[145] Die Auffassung, bei der unter Vorbehalt angenommenen Änderungs-Künd spiele die Künd keine Rolle mehr, verkennt den auch in diesem Fall gegebenen Zusammenhang zwischen Künd und Angebot. Wer meint, die Wirksamkeit einer Kündigung sei nicht Gegenstand einer Änderungsschutzklage,[146] kann nicht erklären, weshalb – was außerhalb der hier diskutierten Frage unbestritten ist – die Unwirksamkeit der Künd-Erklärung beispielsweise wegen mangelhafter BR-Anhörung zum Erfolg dieser Klage führt. Die Änderungsschutzklage zielt nicht nur auf die Feststellung, dass für das Arbverh nicht die im Änderungsangebot enthaltenen Arbeitsbedingungen gelten.[147] Vielmehr ist Bestandteil des Streitgegenstands, ob die Änderung gerade durch die fragliche Änderungs-Künd eingetreten ist. Nach der Gegenmeinung stünde sonst bei rechtskräftigem Obsiegen des AN mit der Änderungsschutzklage fest, dass die Arbeitsbedingungen nicht gelten, auch wenn die Tatsache, dass diese aufgrund kollektiver Regelungen ohnehin bereits galten, nicht Gegenstand des Rechtsstreits gewesen ist. Zudem besteht der vom BAG angenommene Gleichlauf von Änderungs-Künd einerseits und Direktionsrechtsausübung/kollektive Regelung andererseits bei genauer rechtlicher Betrachtung nicht. Eine Änderungs-Künd verändert den Arbeitsvertrag selbst, während die Ausübung des Direktionsrechts die Vertragsbedingungen unberührt lässt und nur die Arbeitsbedingungen ändert.[148] Eine wirksame Änderungs-Künd stellt damit einen anderen Rechtszustand her als die Ausübung des Direktionsrechts. Entsprechendes gilt für kollektive Regelungen. Diese sind anders abänderbar als eine einzelvertragliche Vereinbarung, die im Fall einer unter Vorbehalt angenommenen und dann für wirksam erklärten Änderungs-Künd zustande kommt.

Das befürchtete „Spießrutenlaufen" muss trotzdem nicht stattfinden. Ein klug beratener AG wird die Änderungs-Künd nur **vorsorglich** unter der – zulässigen[149] – Rechtsbedingung aussprechen, dass die erstrebte Änderung nicht bereits aus anderen Gründen (Ausübung seines Direktionsrechts oder eines vorbehaltenen Widerrufs, Änderung des für das Arbverh einschlägigen TV oder Abschluss einer BV) eingetreten ist.[150] Der AG kann auch noch während des Rechtsstreits von seinem Direktionsrecht Gebrauch machen, wenn nicht ohnehin die Änderungs-Künd gem. § 140

---

140 BAG 6.9.2007 – 2 AZR 368/06 – AP § 2 KSchG 1969 Nr. 135 = NZA-RR 2008, 291.
141 Hessisches LAG 17.3.2003 – 16 Sa 678/02 – juris; LAG Rostock 7.11.2002 – 5 Sa 277/01 – juris; LAG Rheinland-Pfalz 15.5.2001 – 5 Sa 271/01 – NZA-RR 2002, 120; Hessisches LAG 6.2.2001 – 2/9 Sa 1641/00 – juris; LAG Berlin 29.11.1999 – 9 Sa 1277/99 – LAGE § 2 KSchG Nr. 36 = ZTR 2000, 89; LAG Chemnitz 12.5.1993 – 6 Sa 36/92 – LAGE Art 20 Einigungsvertrag Nr. 25 = DB 1993, 1676; LAG Mainz 15.8.1996 – 11 (5) Sa 1204/95 – juris.
142 *Löwisch*, NZA 1988, 633, 641; *Fischermeier*, NZA 2000, 737, 739 f.
143 APS/*Künzl*, § 2 KSchG Rn 116; HaKo-KSchR/*Pfeiffer*, § 2 KSchG Rn 39; *v. Hoyningen-Huene/Linck*, § 2 Rn 56; *Kittner/Däubler/Zwanziger*, § 2 KSchG Rn 203 f.; KR/*Rost*, § 2 KSchG Rn 106 b ff.; *Stahlhacke/Preis/Vossen*, Rn 1278; *Berkowsky*, NZA 1999, 293, 295 ff; *ders.*, NZA-RR 2003, 449, 455; *Preis*, NZA 1997, 1073, 1088; aus der früheren Rspr. des BAG s. nur BAG 9.2.1989 – 6 AZR 11/87 – RzK I 7a Nr. 15; BAG 21.1.1988 – 2 AZR 533/87 – RzK I 10b Nr. 9; BAG 28.4.1982 – 7 AZR 1139/79 – AP § 2 KSchG 1969 Nr. 3 = DB 1982, 1776 m. zust. Anm. v. *Kempff*, AuR 1993, 383 und *Reuter*, JuS 1982, 948; gegen das BAG auch LAG Köln 1.8.2007 – 3 Sa 906/06 – juris, in der hierzu ergangenen Revisionsentscheidung vom 28.5.2009 – 2 AZR 844/07 – NZA 2009, 954 hat das BAG die Frage dahinstehen lassen.
144 Vgl. nur *v. Hoyningen-Huene/Linck*, § 2 Rn 56.; KR/*Rost*, § 2 KSchG Rn 106b f.
145 *Wallner*, Rn 123.
146 BAG 24.8.2004– 1 AZR 419/03 – AP § 2 KSchG 1969 Nr. 77 = NZA 2005, 51.
147 So aber BAG 24.6.2004 – 8 AZR 22/03 – ZTR 2004, 579 = EzBAT §§ 22, 23 BAT M Nr. 122; BAG 24.8.2004 – 1 AZR 419/03 – AP § 2 KSchG 1969 Nr. 77 = NZA 2005, 51.
148 *Hromadka*, NZA 2008, 1339.
149 BAG 11.3.1998 – 2 AZR 577/97 – Juris; BAG 27.3.1987 – 7 AZR 527/85 – AP § 242 BGB Betriebliche Übung Nr. 29 = DB 1987, 1996; Hess. LAG 1.6.2006 – 9 Sa 1743/05 – juris.
150 Vgl. z.B. den Sachverhalt in BAG 27.3.1987 – 7 AZR 527/85 – AP § 242 BGB Betriebliche Übung Nr. 29 = DB 1987, 1996; BAG 11.3.1998 – 2 AZR 325/97 u.a. – RzK I 7a Nr. 43; LAG Köln 6.2.2002 – 8 Sa 1059/01 – NZA-RR 2003, 18 = BB 2002, 1816; fehlerhaft LAG Sachsen-Anhalt 14.11.2007 – 3 Sa 251/07 – juris, das hierin ein Umgehungsgeschäft sieht.

BGB in die Ausübung des Direktions- (bzw. des vorbehaltenen Widerrufs-) rechts **umgedeutet** werden kann.[151] Der AG kann den bereits auf andere Weise geänderten Inhalt des Arbverh im Änderungsschutzprozess – spätestens nach dem erforderlichen gerichtlichen Hinweis nach § 139 ZPO – durch Erhebung einer Widerklage feststellen lassen. Der einzige Nachteil für ihn besteht darin, dass er die Kosten des Rechtsstreits zu tragen hat, soweit diese auf einer unbedingt ausgesprochenen „überflüssigen" Änderungs-Künd beruhen. Für rechtlich fehlerhaftes Verhalten die Kosten tragen zu müssen, ist jedoch nicht unangemessen.

63 **2. Personenbedingte Gründe.** Ein personenbedingter Grund i.S.d. § 1 Abs. 2 kommt für eine Änderungs-Künd in Betracht, wenn dem AN die Fähigkeit oder Eignung zur Erfüllung der geschuldeten Arbeitsleistung im Künd-Zeitpunkt fehlt oder wenn sie erheblich eingeschränkt ist und mit ihrer baldigen Wiederherstellung nicht gerechnet werden kann. Dieser Umstand muss zu einer konkreten Störung des Arbverh führen, die im Zeitpunkt der Künd noch andauert und zukünftig auch zu befürchten ist (zu den Voraussetzungen siehe § 1 Rn 216 ff.).[152] Die Störung muss eine **Änderung** der bisherigen Arbeitsbedingungen **erforderlich** machen. Eine personenbedingte Änderungs-Künd kann sich nur auf die Änderung der **Tätigkeit** beziehen, es kann mit ihr nicht – jedenfalls nicht ausschließlich – eine Verringerung des Entgelts bewirkt werden.[153]

64 In Betracht kommen für eine personenbedingte Änderungs-Künd insb. **krankheitsbedingte Ursachen**, allen voran die krankheitsbedingte dauernde **Leistungsunfähigkeit**.[154] Sie setzt voraus, dass der AN zum Künd-Zeitpunkt gesundheitlich überhaupt nicht mehr in Lage ist, die geschuldete Arbeitsleistung am bisherigen Arbeitsplatz zu erbringen.

65 Die medizinisch notwendige ständige Einnahme eine blutgerinnungshemmenden Mittels durch den AN kann eine personenbedingte Änderungs-Künd wegen dauernder Leistungsunfähigkeit nur rechtfertigen, wenn die Beschäftigung des AN auf seinem bisherigen Arbeitsplatz nachweislich in einem überdurchschnittlichen Maß mit Verletzungsgefahren verbunden ist, die dazu führen, dass sein Einsatz vom AG nicht mehr verantwortet werden kann.[155] Auch die **krankheitsbedingte** dauernde **Leistungsminderung**, d.h. die krankheitsbedingte Unfähigkeit des AN, einen Teil der geschuldeten Tätigkeit zu erbringen, kann den Ausspruch einer personenbedingten Änderungs-Künd rechtfertigen.[156] Hat der AG nach seiner bisherigen Praxis bei AN mit krankheitsbedingter Leistungsminderung das Entgelt auch nach einer Versetzung nicht gekürzt, kann ein von dieser Praxis abweichendes Änderungsangebot dem arbeitsrechtlichen **Gleichbehandlungsgrundsatz** zuwiderlaufen und deshalb sozial ungerechtfertigt sein. Das gilt unabhängig davon, ob der AN das gleichheitswidrige Änderungsangebot unter Vorbehalt annimmt oder nicht.[157]

66 Dass auch die auf sonstigen Gründen beruhende Leistungsminderung eine Änderungs-Künd rechtfertigen kann, hat das BAG bisher nur angedeutet.[158] Ausgeschlossen erscheint dies jedenfalls nicht.

67 Der AN kann auch aufgrund von fundamentalen, unüberwindbaren **Glaubenshindernissen** oder aufgrund von Konflikten mit seinem subjektiven **Gewissen** seine Fähigkeit und Eignung verlieren, die unmittelbar vertraglich geschuldete Arbeitsleistung überhaupt zu erbringen.[159] Möglich ist auch eine Änderungs-Künd wegen **Sicherheitsbedenken**, z.B. aufgrund der Zugehörigkeit zu einer als verfassungsfeindlich angesehenen Partei. Voraussetzung ist jedoch, dass tatsächliche Umstände vorliegen, die auf eine Verletzung der Sicherheitsinteressen des AG oder von Geheimhaltungspflichten schließen lassen.[160]

---

151 LAG Berlin 29.11.1999 – 9 Sa 1277/99 – LAGE § 2 KSchG Nr. 36 = NZA-RR 2000, 131; zustimmend *Stahlhacke/Preis/Vossen*, Rn 483 f.; in diese Richtung auch schon BAG 21.2.1991 – 2 AZR 432/90 – RzK I 7a Nr. 23 (Änderungs-Künd „enthält ... in Form des Änderungsangebots (die) Weisung" des AG).
152 BAG 10.10.2002 – 2 AZR 472/01 – AP § 1 KSchG 1969 Verhaltensbedingte Kündigung Nr. 44 = NZA 2003, 483.
153 APS/*Künzl*, § 2 KSchG Rn 243 f.; *v. Hoyningen-Huene/Linck*, § 2 Rn 138; *Hromadka*, NZA 1996, 1, 11 f.; zum Erhalt des Entgeltanspruchs bei Minderleistung s. *Brune*, AR-Blattei SD 1420, Rn 40 ff.
154 BAG 3.7.2003 – 2 AZR 617/02 – AP § 2 KSchG 1969 Nr. 74 = BB 2004, 1006 (Einsatz eines Rangierleiters scheidet aus psychischen Gründen aus); BAG 3.11.1977 – 2 AZR 277/76 – AP § 75 BPersVG Nr. 1 = DB 1978, 1135 (Näherin mit Wollallergie).
155 Vgl. LAG Schleswig-Holstein 29.5.2001 – 3 Sa 93/01 – ARSt 2001, 233 = RzK I 5h Nr. 60.
156 Hessisches LAG 13.10.2000 – 2 Sa 214/99 – ZTR 2001, 232 (Rettungssanitäter kann wegen Wirbelsäulenleidens nicht mehr eingesetzt werden); LAG Berlin vom 19.12.1997 – 6 Sa 99/97 – juris (Grünfarbsinnstörung eines Polizisten); zu den Anforderungen an die Darlegungslast Hessisches LAG 10.2.1999 – 2 Sa 185/98 – juris.
157 BAG 3.7.2003 – 2 AZR 617/02 – AP § 2 KSchG 1969 Nr. 74 = BB 2004, 1006..
158 BAG 11.12.2003 – 2 AZR 667/02 – AP § 1 KSchG 1969 Nr. 48 = NZA 2004, 784.
159 Vgl. BAG 22.5.2003 – 2 AZR 426/02 – AP § 1 KSchG Wartezeit Nr. 18 = NZA 2004, 399 (Friedhofsgärtner verweigert als Angehöriger einer Sinti-Familie die Mitwirkung bei Bestattungen); BAG 10.10.2002 – 2 AZR 472/01 – AP § 1 KSchG 1969 Verhaltensbedingte Kündigung Nr. 44 = NZA 2003, 483 („islamisches" Kopftuch); BAG 24.5.1989 – 2 AZR 285/88 – AP § 611 BGB Gewissensentscheidung Nr. 1 = NZA 1990, 144 (Gewissenskonflikt bei der Herstellung eines Medikaments für den Nuklearkriegsfall).
160 BAG 20.7.1989 – 2 AZR 114/87 – AP § 1 KSchG 1969 Sicherheitsbedenken Nr. 2 = DB 1990, 635 (DKP-Mitgliedschaft eines Fernmeldehandwerkers bei der Bundespost); Hessisches LAG 29.1.1979 – 11 Sa 1142/78 – juris (SDAJ-Mitgliedschaft eines EDV-Operators).

In Betracht kommt eine personenbedingte Änderungs-Künd auch dann, wenn dem AN für die Ausübung seiner Tätigkeit erforderliche **amtliche Bescheinigungen** oder **Befugnisse** behördlicherseits entzogen werden.[161]

3. Verhaltensbedingte Gründe. Eine verhaltensbedingte Änderungs-Künd kommt in Betracht, wenn die Änderung der Arbeitsbedingungen aufgrund eines vertragswidrigen, i.d.R. schuldhaften Verhaltens des AN erforderlich und anzunehmen ist, dass es bei Weiterbeschäftigung des AN zu den geänderten Bedingungen nicht zu weiteren Vertragsverstößen kommt (dazu siehe § 1 Rn 326). Ebenso wie bei der verhaltensbedingten Beendigungs-Künd muss der AN grds. zuvor erfolglos **abgemahnt** worden sein.[162] Mit einer verhaltensbedingt begründeten Änderungs-Künd kann der AG i.d.R. nicht erreichen, dass (nur) das Entgelt bei ansonsten unveränderten Arbeitsbedingungen gekürzt wird.[163]

Nach Auffassung des BAG kommt beim Zusammentreffen von mehrfachem unentschuldigtem Fehlen, Alkoholgenuss und Alkoholfahne während der Arbeitszeit mit dem Vergessen bzw. Verlieren von Aufträgen sowie langsamer Arbeitsweise nach einschlägiger Abmahnung (nur) eine Änderungs-Künd in Betracht, wenn der AG dem AN die Beschäftigung auf einem anderen Arbeitsplatz anbieten kann.[164] Auf welchem Arbeitsplatz ein AG derartige Vertragsverstöße dulden muss, musste das BAG nicht klären; praktisch erscheint eine Weiterbeschäftigung des AN in einem solchen Fall ausgeschlossen.[165]

Der Rückfall eines jahrelang alkoholabhängigen AN nach durchlaufener Entziehungskur rechtfertigt nach Auffassung des BAG eine – verhaltensbedingte – Änderungs-Künd mit dem Ziel des **Entzugs der Vorgesetztenstellung**.[166] Dass sich ein niedriger dotierter Arbeitsplatz mit Alkoholkrankheit oder Alkoholgenuss verträgt, ist nur schwer vorstellbar;[167] das BAG musste sich mit dieser Frage jedoch nicht auseinander setzen, weil der AG keine Beendigungs-Künd ausgesprochen hatte.

Vom AG im Einzelnen belegte **fehlerhafte Arbeitsleistungen**, die der AN trotz Abmahnung nicht abstellt, obwohl er dazu fähig und in der Lage wäre, können nach einschlägiger Abmahnung eine verhaltensbedingte Änderungs-Künd mit dem Ziel der Verkleinerung des Aufgabenbereichs bzw. der Versetzung des AN unter gleichzeitiger Absenkung der Vergütung rechtfertigen.[168]

4. Mischtatbestände. Insb. in Fällen von Schlechtleistung können sowohl personen- als auch verhaltensbedingte Ursachen maßgeblich für die Vertragsstörung sein. Bei solchen sog. Mischtatbeständen (siehe § 1 Rn 189) kommt es für die Abgrenzung in erster Linie darauf an, ob die fachliche bzw. persönliche Ungeeignetheit des AN die überwiegende Ursache für die Schlechtleistung ist oder ein willentliches, abstellbares Verhalten, z.B. ein Versehen oder eine Nachlässigkeit.[169] Der AG sollte eine Änderungs-Künd im Zweifel vorsichtshalber sowohl personen- als auch verhaltensbedingt (grds. erst nach einschlägiger Abmahnung!) begründen, um nicht das Risiko einzugehen, dass z.B. der verhaltensbedingt gekündigte AN sich im Prozess mit Erfolg darauf beruft, die ihm vorgeworfenen Minderleistungen seien gesundheitlich bedingt und deshalb nicht vorwerfbar.[170]

---

161 Vgl. BAG 7.12.2000 – 2 AZR 459/99 – AP § 1 KSchG Personenbedingte Kündigung Nr. 23 = NZA 2001, 1304 (Künd wegen Entzugs der Luftfahrerlaubnis für einen Piloten); BAG 18.3.1981 – 5 AZR 1096/78 – AP § 611 BGB Arbeitsleistung Nr. 2 = AR-Blattei ES 220.2 Nr. 10 (Wachmann bei der Bundeswehr verliert die Befugnis nach § 1 UnZwBwG); BAG 13.2.1964 – 2 AZR 286/63 – AP Art. 1 GG Nr. 1 = DB 1964, 554 (Zweifel an der Fahrdiensttauglichkeit eines Omnibusfahrers rechtfertigen betriebsbedingte (!) Änderungs-Kündig); LAG Köln 9.2.2000 – 3 Sa 942/98 – NZA 2001, 34 = AUR 2000, 277 (TÜV-Gutachten stellt mangelnde Eignung eines als Kraftfahrer beschäftigten AN fest); LAG Hamm 20.4.1988 – 3 TaBV 27/88 – AuR 1989, 147 = RzK I 6a Nr. 47 (dreimaliger Führerscheinverlust eines Kraftfahrers); ArbG Kiel 17.9.1980 – 4a Ga 18/80 – DB 1981, 588 (Verweigerung einer arbeitsmedizinischen Vorsorgeuntersuchung).

162 BAG 21.11.1985 – 2 AZR 21/85 – AP § 1 KSchG 1969 Nr. 12 = NZA 1986, 713; BAG 18.11.1986 – 7 AZR 674/84 – AP § 1 KSchG Verhaltensbedingte Kündigung Nr. 17 = NZA 1987, 418; BAG 2.11.1989 – 2 AZR 775/78 – juris; Hessisches LAG 15.11.1999 – 11 Sa 2570/98 – juris; LAG Hamm 10.5.1983 – 11 Sa 1462/82 – ZIP 1983, 985.

163 Zum Erhalt des Entgeltsanspruchs bei schuldhafter Schlechtleistung s. ausf. *Brune*, AR-Blattei SD 1420 Rn 51 ff.

164 BAG 22.7.1982 – 2 AZR 30/81 – AP § 1 KSchG 1969 Verhaltensbedingte Kündigung Nr. 5 = DB 1983, 180.

165 So auch *Otto*, Anm. zu AP § 1 KSchG 1969 Verhaltensbedingte Kündigung Nr. 5; ebenfalls abl. *Otto*, SAE 1983, 316.

166 BAG 7.12.1989 – 2 AZR 134/89 – RzK I 7c Nr. 7 = AiB 1991, 278.

167 So auch APS/*Künzl*, § 2 KSchG Rn 246.

168 BAG 18.11.1986 – 7 AZR 674/84 – AP § 1 KSchG Verhaltensbedingte Kündigung Nr. 17 = NZA 1987, 418 (Fleischbeschautierärztin unterschreitet vorgeschriebene Mindestuntersuchungszeiten); LAG Hamm 10.5.2007 – 15 Sa 1991/06 – PflR 2008, 114 = RDG 2008, 168 (Verstoß gegen Dokumentationspflichten durch Altenpflegerin); LAG Berlin 9.1.1989 – 9 Sa 95/88 – LAGE § 2 KSchG Nr. 9 = RzK I 7a Nr. 14 (Verstoß gegen Vorschriften zur Leichenverbrennung).

169 BAG 21.11.1985 – 2 AZR 21/85 – AP § 1 KSchG 1969 Nr. 12 = NZA 1986, 713.

170 Vgl. LAG Köln 26.2.1999 – 11 Sa 1216/98 – RzK I 6a Nr. 173; vgl. auch BAG 11.12.2003, NZA 2004, 784 = DB 2004, 1506.

74 **5. Betriebsbedingte Gründe.** Hauptanwendungsfall des § 2 ist in der Praxis die betriebsbedingte Änderungs-Künd. Mit ihr kann eine Änderung des Tätigkeitsbereiches, der Arbeitszeit oder die Absenkung des Entgelts bewirkt werden.

75 Für die betriebsbedingte Änderungs-Künd gelten zunächst dieselben allg. Grundsätze wie für die betriebsbedingte Beendigungs-Künd (siehe § 1 Rn 363 ff.).[171] Dringende betriebliche Erfordernisse nach § 1 Abs. 2 S. 2, § 2 liegen vor, wenn das Beschäftigungsbedürfnis für den betreffenden AN zu den bisherigen Vertragsbedingungen entfallen ist.[172] Ursache für den vom AG geltend gemachten Änderungsbedarf dürfte in aller Regel eine **unternehmerische Entscheidung** (dazu siehe § 1 Rn 365 ff.) sein, die vom Gericht nur daraufhin überprüft werden darf, ob sie offenbar unvernünftig oder willkürlich ist.[173] Der AG muss diese Entscheidung und seine Zielsetzung so konkret darlegen, dass das Gericht überprüfen kann, ob er überhaupt eine betriebswirtschaftliche Prognose hinsichtlich des zukünftigen Personalbedarfs getroffen hat.[174] Die Anforderungen an die Darlegungen des AG dürfen aber nicht so hoch geschraubt werden, dass sie praktisch auf eine gerichtliche Kontrolle der Betriebsorganisation hinauslaufen. Die Darlegungslast soll nicht die zur Behauptung am Markt notwendige Flexibilität strangulieren, sondern Freiheitsmissbrauch erkennen und verhindern helfen.[175] Wenn allerdings die Organisationsentscheidung des AG und sein Künd-Entschluss ohne nähere Konkretisierung praktisch deckungsgleich sind, so kann auch im Fall der Änderungs-Künd die Vermutung, die Unternehmerentscheidung sei aus sachlichen Gründen erfolgt, nicht in jedem Fall von vornherein greifen. In diesen Fällen muss der AG konkrete Angaben dazu machen, wie sich die Organisationsentscheidung auf die Einsatzmöglichkeiten auswirkt und in welchem Umfang dadurch ein konkreter Änderungsbedarf entsteht.[176] Der Verhältnismäßigkeitsgrundsatz ermöglicht es jedoch dem AN nicht, die Zweckmäßigkeit des geplanten unternehmerischen Konzepts in Zweifel zu ziehen. Dies gilt selbst dann, wenn sich das neue unternehmerische Konzept während der Kündigungsschutzklage als so wirkungslos herausstellt, wie es der AN stets geltend gemacht hat, und der AG wieder zu seiner ursprünglichen Unternehmenskonzeption zurückkehrt.[177] Der AG ist bis zur Grenze des Rechtsmissbrauchs grundsätzlich zudem frei darin, im Rahmen der Änderung der betrieblichen Organisation auch die Anforderungen an die Arbeitsplätze neu festzulegen.[178]

76 Die betriebsbedingte Änderungs-Künd ist wirksam, wenn sich der AG bei einem nach den vorstehenden Maßstäben anerkennenswerten Anlass darauf beschränkt hat, lediglich solche Änderungen vorzuschlagen, die der AN billigerweise hinnehmen muss.[179]

77 **a) Änderung des Tätigkeitsbereichs.** Eine Änderungs-Künd ist u.a. durch dringende betriebliche Erfordernisse i.S.v. § 1 Abs. 2 bedingt, wenn sich der AG zu einer organisatorischen Maßnahme entschließt – z.B. eine Abteilung stillzulegen, bestimmte Arbeiten an ein anderes Unternehmen zur selbstständigen Erledigung zu vergeben und/oder an einem bestimmten Standort zu konzentrieren –, bei deren innerbetrieblicher Umsetzung das Bedürfnis für die Weiterbeschäftigung des AN in diesem Betrieb überhaupt oder unter Zugrundelegung des Vertragsinhalts zu den bisherigen Arbeitsbedingungen entfällt.[180] Der AG muss im Einzelnen nachvollziehbar darlegen, weshalb die näher konkretisierte unternehmerische Entscheidung eine Versetzung des AN erfordert, z.B. weil durch den Wegfall bestimmter Tätigkeiten ein Überhang an Arbeitskräften entstanden ist.[181]

78 Die Entscheidung des AG, seine innerbetriebliche Organisation umzugestalten und eine **Hierarchieebene abzubauen**, kann zum Wegfall des Beschäftigungsbedarfs für Angehörige dieser Ebene führen. Sollen deren Aufgabenbereiche auf andere AN umverteilt werden, muss der AG allerdings darlegen, in welchem Umfang die bisher von den betroffenen AN ausgeübten Tätigkeiten zukünftig im Vergleich zum bisherigen Zustand noch anfallen und wie die anfallenden Arbeiten vom verbliebenen Personal ohne überobligationsmäßige Leistungen erledigt werden können.[182]

---

171 APS/*Künzl*, § 2 KSchG Rn 247; v. Hoyningen-Huene/Linck, § 2 Rn 132.; KR/*Rost*, § 2 KSchG Rn 107.
172 BAG 22.4.2004 – 2 AZR 385/03 – AP § 2 KSchG 1969 Nr. 74 = NZA 2004, 1158; BAG 27.9.2001 – 2 AZR 246/00 – EzA § 2 KSchG Nr. 41 = RzK I 7b Nr. 51; BAG 23.11.2000 – 2 AZR 617/99 – AP § 2 KSchG 1969 Nr. 63 = NZA 2001, 500.
173 BAG 22.4.2004 – 2 AZR 385/03 – AP § 2 KSchG 1969 Nr. 74 = NZA 2004, 1158; BAG 27.9.2001 – 2 AZR 246/00 – EzA § 2 KSchG Nr. 41 = RzK I 7b Nr. 51.
174 BAG 16.5.2002 – 2 AZR 292/01 – EzA § 2 KSchG Nr. 46 = NZA 2003, 147; LAG Düsseldorf 11.10.2001 – 13 (14) Sa 997/01 – LAGE § 2 KSchG Nr. 39 = NZA-RR 2002, 352.
175 BAG 22.4.2004 – 2 AZR 385/03 – AP § 2 KSchG 1969 Nr. 74 = NZA 2004, 1158.
176 BAG 23.6.2005 – 2 AZR 95/05 – EzA § 2 KSchG Nr. 55.
177 Vgl. BAG 27.9.2001 – 2 AZR 236/00 – AP § 4 TVG Nachwirkung Nr. 40 = NZA 2002, 750.
178 BAG 23.6.2005 – 2 AZR 95/05 – EzA § 2 KSchG Nr. 55; 2.3.2006 – 2 AZR 64/05 – AP § 2 KSchG 1969 Nr. 84 = NZA 2006, 985.
179 BAG 22.4.2004 – 2 AZR 385/03 – AP § 2 KSchG 1969 Nr. 74 = NZA 2004, 1158; APS/*Künzl*, § 2 KSchG Rn 247.
180 BAG 21.2.2002 – 2 AZR 556/00 – EzA § 2 KSchG Nr. 45 = DB 2002, 2276; BAG 27.9.2001 – 2 AZR 246/00 – EzA § 2 KSchG Nr. 41 = RzK I 7b Nr. 51; BAG 28.10.1999 – 2 AZR 437/98 – AP § 15 KSchG 1969 Nr. 44 = NZA 2000, 825.
181 BAG 16.5.2002 – 2 AZR 292/01 – EzA § 2 KSchG Nr. 46 = NZA 2003, 147; BAG 21.2.2002 – 2 AZR 556/00 – EzA § 2 KSchG Nr. 45 = DB 2002, 2276 (Übertragung bestimmter Arbeiten auf Drittunternehmen); LAG Baden-Württemberg 9.6.2004 – 11 Sa 98/03 – juris.
182 BAG 27.9.2001 – 2 AZR 179/00 – AP § 14 KSchG 1969 Nr. 6 = NZA 2002, 1277.

Eine Änderungs-Künd mit dem Ziel der Versetzung des AN auf einen anderen, insg. niedriger bewerteten Teilarbeitsplatz unter Beibehaltung eines Teils der bisherigen höher bewerteten Aufgaben unter gleichzeitiger **Aufspaltung** seines Arbverh **in zwei Arbeitsverträge** mit jeweils unterschiedlicher Vergütungsregelung ist nach Auffassung des LAG Bremen regelmäßig nicht zumutbar.[183]

b) Änderung der Arbeitszeit. Eine Änderungs-Künd mit dem Ziel der Veränderung der Arbeitszeit kommt in Betracht, wenn aufgrund der Organisationsentscheidung des AG eine Weiterbeschäftigung des betroffenen AN unter Beibehaltung der bisherigen vertraglichen Arbeitszeit nicht möglich ist. Nicht nur sozialwidrig, sondern **nichtig** ist eine Änderungs-Künd zur Veränderung der Arbeitszeit, wenn die angebotene neue Arbeitszeitregelung gegen **gesetzliche** oder **tarifliche Vorschriften** verstößt.[184] Die Unterscheidung hat allerdings nach der seit dem 1.1.2004 geltenden Neufassung des § 7, der nunmehr alle Unwirksamkeitsgründe erfasst (siehe § 7 Rn 2 f.), an Brisanz verloren. Nach **§ 11 S. 1 TzBfG** ist eine (Änderungs-)Künd **wegen der Weigerung**, in Teilzeit bzw. in Vollzeit zu arbeiten, verboten. Zulässig bleibt jedoch eine Änderungs-Künd aus anderen Gründen, § 11 S. 2 TzBfG (siehe § 11 TzBfG).[185]

Verringert sich das **Arbeitsvolumen**, z.B. aufgrund einer unternehmerischen Entscheidung zur Umstrukturierung des gesamten oder von Teilen eines Betriebes oder einzelner Arbeitsplätze, und entfällt dadurch die Beschäftigungsmöglichkeit für einen oder mehrere AN, so steht es dem AG grds. frei zu entscheiden, ob er den Personalbestand durch Ausspruch von Beendigungs-Kündn anpasst oder ob er die Arbeitszeit einzelner oder aller AN durch Ausspruch entspr. Änderungs-Künd reduziert: Die Bestimmung, ob ein konkreter Dienstleistungsbedarf nur mit Volltags- oder teilweise auch mit Halbtagsbeschäftigungen abgedeckt werden soll, gehört zum Bereich der gerichtlich nur beschränkt überprüfbaren „Unternehmenspolitik".[186]

Will der AG aus unternehmerischen Erwägungen einen **Arbeitsplatz erweitern** und kündigt er deshalb dem dort beschäftigten Halbtagsbeschäftigte mit dem Ziel der Umwandlung in eine Ganztagsbeschäftigung, so ist diese Entscheidung vom ArbG ebenfalls nur beschränkt überprüfbar.[187] Gleiches gilt für die unternehmerische Entscheidung zur **Umstellung des Schichtsystems** oder die **Einbeziehung des Samstags** als Regelarbeitstag.[188] Der Unternehmer ist auch grds. frei darin, wie er die Kapazitäten und Arbeitszeiten auf seine Produktion verteilt.[189]

Der AG kann sein Beschäftigungskonzept anpassen und sich dafür entscheiden, eine bestimmte Stelle künftig nur noch als **Halbzeitstelle** zu führen und die verbleibenden Aufgaben auf andere Mitarbeiter umzuverteilen.[190] Die Überprüfung eines solchen Konzepts auf Willkür soll vermeiden helfen, dass eine „Reorganisation" vorgeschoben wird, um bei in Wahrheit unverändertem Beschäftigungsbedarf etwa unliebsam gewordene AN aus dem Betrieb zu drängen. Dass die Aufgabenverlagerung keine Neueinstellung von Teilzeitkräften und auch keine Erhöhung der vertraglichen Arbeitszeit anderer AN erfordern darf, weil sich die Änderungs-Künd gegenüber dem Stelleninhaber dann zum Teil als unzulässige **Austausch-Künd** (siehe § 1 Rn 428) darstellen würde, hat das BAG zunächst angenommen, ist davon inzwischen aber im Sinne einer gegenüber dem AG großzügigeren Haltung abgerückt.[191] Die Unterneh-

---

183 LAG Bremen 24.1.2002 – 3 Sa 9/02 – EzBAT § 53 BAT Änderungskündigung Nr. 24 = NZA-RR 2002, 297.
184 BAG 22.4.2004 – 2 AZR 385/03 – AP § 2 KSchG 1969 Nr. 74 = NZA 2004, 1158; BAG 10.2.1999 – 2 AZR 422/98 – AP § 2 KSchG 1969 Nr. 52 = NZA 1999, 657 (Erhöhung der tariflichen Arbeitszeit von 35 Stunden auf 38,5 Stunden bei einer Lohnerhöhung von 3 %) m. zust. Anm. *Wendeling-Schröder*, AuR 1999, 327 u. *Quecke*, NZA 2001, 812; BAG 24.4.1997 – 2 AZR 352/96 – AP § 2 KSchG 1969 Nr. 42 = NZA 1997, 1047 (Verstoß gegen das Benachteiligungsverbot aus § 2 BeschFG – nunmehr § 4 TzBfG); LAG Schleswig-Holstein 18.12.2003 – 4 Sa 96/03 – EzA-SD 2004, Nr. 12, 6 (Unzulässigkeit einer Änderungs-Künd zur Abänderung einer durch Einstweilige Verfügung getroffenen Arbeitszeitregelung).
185 APS/*Künzl*, § 2 KSchG Rn 250; KR/*Rost*, § 2 KSchG Rn 112.
186 BAG 22.4.2004 – 2 AZR 385/03 – AP § 2 KSchG 1969 Nr. 74 = NZA 2004, 1158; BAG 24.4.1997 – 2 AZR 352/96 – AP § 2 KSchG 1969 Nr. 42 = NZA 1997, 1047; BAG 19.5.1993 – 2 AZR 584/92 – AP § 2 KSchG 1969 Nr. 31 m. zust. Anm. *Waas* = NZA 1993, 1075; LAG Rostock 18.10.2001 – 1 (2) Sa 167/01 – juris; LAG Köln 3.7.2007 – 9 Sa 90/07 – juris; LAG Berlin 30.1.2002 – 13 Sa 1900/01 – LAGE § 2 KSchG Nr. 40 = RzK I 7b Nr. 53; LAG Hamm 22.3.1996 – 10 Sa 141/95 – LAGE § 2 KSchG Nr. 19 = RzK I 7a Nr. 34; APS/*Künzl*, § 2 KSchG Rn 249; *v. Hoyningen-Huene/Linck*, § 2 Rn 145; KR/*Rost*, § 2 KSchG Rn 112; *B. Preis*, NZA 1997, 625, 631.
187 LAG Hamm 7.8.1980 – 11 Sa 210/80 – juris.
188 BAG 18.12.1997 – 2 AZR 709/96 – AP § 2 KSchG 1969 Nr. 46 = NZA 1998, 304 (Einbeziehung des Samstags im Dreischichtbetrieb); BAG 18.1.1990 – 2 AZR 183/89 – AP § 2 KSchG 1969 Nr. 27 = NZA 1990, 734 (Umstellung von Einschicht- auf Wechselschichtbetrieb); LAG Berlin 20.10.1998 – 5 Sa 26/98 – juris; vgl. auch LAG Rheinland-Pfalz 15.5.2001 – 5 Sa 271/01 – NZA-RR 2002, 120.
189 BAG 24.4.1997 – 2 AZR 352/96 – AP § 2 KSchG 1969 Nr. 42 = NZA 1997, 1047.
190 BAG 17.2.2000 – 2 AZR 109/99 – juris; 18.11.1999 – 2 AZR 77/99 – AP § 2 KSchG 1969 Nr. 55 = NZA 2000, 484.
191 Vgl. einerseits: BAG 23.11.2000 – 2 AZR 617/99 – AP § 2 KSchG 1969 Nr. 63 = NZA 2001, 500 (Halbierung der Stelle einer Gleichstellungsbeauftragten durch Stadtratsbeschluss), andererseits: BAG 22.4.2004 – 2 AZR 385/03 – BAGE 110, 188 (Halbierung der Stelle einer Sachbearbeiterin im Krankenhaus); vgl. auch LAG Berlin 30.1.2002 – 13 Sa 1900/01 – LAGE § 2 KSchG Nr. 40 = RzK I 7b Nr. 53; zur Austausch-Künd BAG 26.9.1996 – 2 AZR 200/96 – AP § 1 KSchG 1969 Betriebsbedingte Kündigung Nr. 80 = NZA 1997, 202; s.a. *Brenneis*, FA 2000, 147, 149.

merentscheidung kann auch darin liegen, künftig auf Dauer mit weniger Personal zu arbeiten und so eine Leistungsverdichtung herbeizuführen; der rationelle Einsatz des Personals ist Teil der Unternehmerentscheidung.[192]

84 Eine durchschnittliche jährliche Reduzierung des Arbeitsvolumens um 20 % rechtfertigt nicht die Umwandlung eines „Normal-Arbverh" in ein sog. „flexibles Teilzeit-Arbverh" ohne eine verbindliche Bestimmung der monatlichen Durchschnittsleistung.[193]

85 **c) Änderung des Entgelts.** Das BAG unterscheidet zutreffend, ob der AG mit der Änderungs-Künd allein eine Entgeltkürzung erreichen will, oder ob er diese im Zuge einer Änderung der Tätigkeit bewirken will.

Bei letztgenannter Fallgestaltung (allgemein zur beabsichtigten Änderung mehrerer Vertragsbedingungen siehe Rn 105) ist zunächst die Änderung der Tätigkeit zu prüfen. Ist diese im dargelegten Sinn erforderlich und verhältnismäßig, muss in einem zweiten Schritt untersucht werden, ob auch die Vergütungsänderung gerechtfertigt ist. Nach der neueren Rechtsprechung des BAG[194] ist insofern maßgeblich, inwiefern sich der Wert der Arbeitsleistung gegenüber dem bisherigen Zustand verändert hat. Das BAG spricht von einem evident geringeren **Marktwert** der neu angebotenen gegenüber der bisherigen Tätigkeit und bemisst diesen grds. nach § 612 Abs. 2 BGB. Bei der Anpassung der Vergütung hält das BAG eine pauschalierende Betrachtungsweise für zulässig.[195] Besteht im Unternehmen ein frei ausgehandeltes Vergütungsgefüge, muss der AG den AN unter Berücksichtigung seines Änderungsschutzes darin einordnen; die Darlegungs- und Beweislast der Parteien richtet sich dann danach, ob das Angebot die durchschnittlich gezahlte Vergütung unter- oder überschreitet.[196] Noch offen ist, ob dann, wenn der AN in der bisherigen Tätigkeit mehr als „die übliche" Vergütung erhalten hat, ihm auch für die neue Tätigkeit mehr als die übliche Vergütung gezahlt werden muss.[197] Dagegen spricht, dass der Arbeitsplatz, für den der AN einen „besseren Preis" hat verhandeln können, nicht mehr existiert. Für den AN dürfte allerdings sprechen, wenn allgemein im Betrieb oder jedenfalls in dem Bereich, dem der neue Arbeitsplatz zugeordnet ist, eine höhere als die übliche Vergütung gezahlt wird. Eine gesonderte Rechtfertigung der Vergütungsänderung ist nur dann entbehrlich, wenn sich die geänderte Vergütung aus einem im Betrieb angewandten **Vergütungssystem** ergibt („Tarifautomatik").[198]

86 Bei der **allein zur Entgeltsenkung erklärten** betriebsbedingten Änderungs-Künd ist zu berücksichtigen, dass der AG in das arbeitsvertraglich vereinbarte Verhältnis von Leistung und Gegenleistung eingreift, wenn er die vereinbarte Vergütung reduziert.[199] Der in diesem Zusammenhang immer wieder zitierte Satz: „Ein Geldmangel allein kann den Schuldner nicht entlasten" beschreibt eine schuldrechtliche Selbstverständlichkeit, aber nur unvollständig die Interessenlage in der Praxis. Wie die Vielzahl mehr oder weniger freiwilliger Lohnverzichte zeigt, reichen viele AN lieber die Hand zur Verletzung eines Rechtsprinzips, als mit „fliegenden Fahnen" unterzugehen. Auch die Rspr. ist wesentlich differenzierter als ihr Ruf: Geldmangel kann den AG nämlich nach Auff. des BAG unter bestimmten Voraussetzungen sehr wohl zur Änderungs-Künd zwecks Eingriffs in die Entgeltseite des Vertrags berechtigen.

87 Nach st. Rspr. des BAG rechtfertigt allerdings die Entscheidung zur **Lohnkostensenkung**, etwa um die Rentabilität zu steigern, für sich allein grds. nicht den Ausspruch einer Änderungs-Künd; sie stellt kein dringendes betriebliches Erfordernis i.S.d. § 1 dar.[200] Eine Änderungs-Künd, mit der der AG schlicht eine **neues Entgeltsystem** einführen will, ist ebenso wenig sozial gerechtfertigt.[201] Das gilt auch, soweit der AG mit einer Änderungs-Künd die **Rückführung** eines übertariflichen Entgelts auf das **Tarifniveau** erreichen will,[202] oder wenn der AG beispielsweise in Zeiten eines Arbeitskräftemangels einen AN zu einem verhältnismäßig hohen Gehalt eingestellt hat und nun aufgrund einer Änderung der Beschäftigungslage AN zu für ihn günstigeren Bedingungen einstellen könnte.[203] Vergleichbare Grundsätze gelten bei einem Tarifwechsel des AG.[204]

---

192 BAG 24.4.1997 – 2 AZR 352/96 – AP § 2 KSchG 1969 Nr. 42 = NZA 1997, 1047; *Stahlhacke/Preis/Vossen*, Rn 1277.
193 LAG Potsdam 24.10.1996 – 3 Sa 393/95 – LAGE § 2 KSchG Nr. 22 = RzK I 7a Nr. 35; zur Nichtigkeit einer derartigen Leistungsbestimmung vgl. auch BAG 12.12.1984 – 7 AZR 509/83 – AP § 2 KSchG 1969 Nr. 6 = NZA 1985, 321.
194 BAG 29.3.2007 – 2 AZR 31/06 – NZA 2007, 855; BAG 23.6.2005 – 2 AZR 642/04 – AP § 2 KSchG 1969 Nr. 81 = NZA 2006, 92; anders noch BAG 18.10.2000 – 2 AZR 465/99 – NZA 2001, 437 unter II. 1. c) dd) der Gründe; wie hier wohl auch schon BAG 10.10.2002 – 2 AZR 598/01 – DB 2003, 506 unter C I 5.
195 BAG 29.11.2007 – 2 AZR 388/06 – AP § 2 KSchG 1969 Nr. 136 = NZA 2008, 523.
196 BAG 3.4.2008 – 2 AZR 500/06 – NZA 2008, 812 = DB 2008, 1686.
197 Vgl. hierzu *Löwisch*, SAE 2007, 49, 50.
198 BAG 3.4.2008 – 2 AZR 500/06 – AP § 2 KSchG 1969 Nr. 137 = NZA 2008, 812; BAG 23.6.2005 – 2 AZR 642/04 – AP § 2 KSchG 1969 Nr. 81 = NZA 2006, 92.
199 BAG 23.6.2005 – 2 AZR 642/04 – AP § 2 KSchG 1969 Nr. 81 = NZA 2006, 92.
200 Vgl. nur BAG 16.5.2002 – 2 AZR 292/01 – EzA § 2 KSchG Nr. 46 = NZA 2003, 147; dem BAG zust. APS/*Künzl*, § 2 KSchG Rn 258, 264; ErfK/*Oetker*, § 2 KSchG Rn 63; KR/*Rost*, § 2 KSchG Rn 107c; *Stahlhacke/Preis/Vossen*, Rn 1272.
201 LAG Berlin 21.8.1998 – 2 Sa 18/98 – LAGE § 2 KSchG Nr. 34 = RzK I 7b Nr. 35; LAG Rheinland-Pfalz 9.1.1997 – 5 Sa 992/96 – NZA 1998, 598; *v. Hoyningen-Huene/Linck*, § 2 Rn 157.
202 KR/*Rost*, § 2 KSchG Rn 108.
203 BAG 23.6.2005 – 2 AZR 642/04 – AP § 2 KSchG 1969 Nr. 81 = NZA 2006, 92.
204 BAG 23.6.2005 – 2 AZR 642/04 – AP § 2 KSchG 1969 Nr. 81 = NZA 2006, 92.

Eine Änderungs-Künd zur Durchsetzung einer Lohnsenkung oder zum Abbau außer- oder übertariflicher Leistungen ist nach st. Rspr. des BAG aber sozial gerechtfertigt, wenn der Betrieb **unrentabel** arbeitet und/oder bei Aufrechterhaltung der bisherigen Personalkostenstruktur weitere, betrieblich nicht mehr aufzufangende **Verluste** entstehen, die absehbar zu einer **Reduzierung der Belegschaft** oder sogar zu einer **Schließung des Betriebes** führen. Regelmäßige Voraussetzung ist ein umfassender **Sanierungsplan**, der alle gegenüber der beabsichtigten Änderungs-Künd milderen Mittel ausschöpft.[205] Der AG hat dabei detailliert und nachvollziehbar die Finanzlage des Betriebs, den Anteil der Personalkosten, die Auswirkung der erstrebten Kostensenkungen für den Betrieb und für die AN darzustellen und darzulegen, warum andere Maßnahmen nicht in Betracht kommen.[206] Die Anforderungen an eine solche Änderungs-Künd sind nicht geringer anzusetzen als die Anforderungen an eine Beendigungs-Künd wegen beabsichtigter (Teil-)Betriebsstilllegung.[207]

Gegen die Rspr. des BAG wird von Teilen der Lit. eingewendet, das Kriterium der Existenzgefährdung sei zu eng, es müsse jedes sachlich gerechtfertigte Interesse des AG, etwa auch die Erreichung einer angemessenen Rentabilität des Unternehmens, ausreichen.[208] Konträr dazu gibt es Überlegungen, die Änderungs-Künd zur Entgeltabsenkung überhaupt abzulehnen, weil die sachgerechte Überprüfung des Sanierungsbedarfs und -konzepts des Unternehmers angesichts der zahlreichen dabei zu berücksichtigenden Faktoren in einem arbeitsgerichtlichen Verfahren nicht möglich sei.[209]

Das Kernproblem bei der Änderungs-Künd zur Entgeltabsenkung besteht darin, warum trotz des **unveränderten Bedarfs an der Arbeitsleistung** dem AG ein **Eingriff in die Entgeltseite** gestattet sein soll. Gegen eine generelle Ablehnung der Änderungs-Künd zur Entgeltabsenkung spricht, dass sie den AG zur Aufgabe des Betriebes oder zur Stilllegung unrentabler Betriebsabteilungen zwingen könnte, was die betroffenen AN ihren Arbeitsplatz kosten würde. Damit ist aber zugleich der Rahmen für eine Änderungs-Künd zur Entgeltabsenkung gesteckt: Sie kann nur in Betracht kommen, um ansonsten notwendig werdende **Beendigungs-Künd zu vermeiden**; es muss ein „kausaler Bezug zum Bestand der Arbeitsplätze" gegeben sein.[210] Andere Gründe, etwa die Verbesserung der Rentabilität des Unternehmens oder eine (weitere) Ertragssteigerung, müssen deshalb ausscheiden; der Umstand, dass der AG eine Leistung nachträglich billiger haben will als im Vertrag vereinbart, berechtigt ihn schließlich auch bei seinen anderen Geschäftspartnern nicht zu einer einseitigen Preissenkung.

Die sich bei Zulassung der Änderungs-Künd zur Entgeltabsenkung stellenden weiteren Probleme sind die **Unternehmerentscheidung** und ihr **Hintergrund**. Anders als bei der betriebsbedingten Beendigungs-Künd kann nicht auf den Wegfall, sondern nur auf die **Gefahr des Wegfalls** eines oder mehrerer Arbeitsplätze abgestellt werden. Diese nachvollziehbar darzustellen, ist schwer, weil es nicht an Arbeit mangelt, sondern – letztlich – an Geld, jedenfalls aus Sicht des AG. Da sich der AG einseitig von seinen vertraglichen Vergütungszusagen lösen, aber die Gegenleistung weiter in vollem Umfang beanspruchen will, ist es jedoch nicht unbillig, von ihm zu verlangen, dass er den Hintergrund für die Entgeltabsenkung, also die Existenzgefährdung des Betriebes oder eines Betriebsteils, für den AN und das Gericht nachvollziehbar darlegt und erforderlichenfalls auch nachweist und darüber hinaus auch einen Sanierungsplan vorlegt, der eine Senkung der Kosten durch andere Maßnahmen als die Entgeltabsenkung ausschließt. Würde man unter „freier Unternehmerentscheidung", die vom Gericht nur auf Willkür überprüft werden kann, auch den einseitigen Eingriff in das Vertragsgefüge (Geldseite) verstehen, so liefe der Inhaltsschutz, den § 2 beabsichtigt, weitgehend leer.[211]

Die vom AG definierte Marktlage schlüge unmittelbar auf die AN durch, die damit das schlechte Risiko allein trügen. Was die Rspr. zu Änderungsangeboten sagen würde, die dem AN neben der Beteiligung an den schlechten Risiken auch eine angemessene Partizipation an der Gewinnchance versprechen, bleibt abzuwarten.

---

205 BAG 2.3.2006 – 2 AZR 64/05 – AP § 2 KSchG 1969 Nr. 84 = NZA 2006, 985; BAG 16.5.2002 – 2 AZR 292/01 – EzA § 2 KSchG Nr. 46 = NZA 2003, 147; BAG 27.9.2001 – 2 AZR 236/00 – AP § 4 TVG Nachwirkung Nr. 40 = NZA 2002, 750; BAG 1.7.1999 – 2 AZR 826/98 – AP § 2 KSchG 1969 Nr. 53 = NZA 2000, 756.

206 BAG 16.5.2002 – 2 AZR 292/01 – EzA § 2 KSchG Nr. 46 = NZA 2003, 147; BAG 27.9.2001 – 2 AZR 236/00 – AP § 4 TVG Nachwirkung Nr. 40 = NZA 2002, 750; BAG 12.11.1998 – 2 AZR 91/98 – AP § 2 KSchG 1969 Nr. 51 = NZA 1999, 471; BAG 20.8.1998 – 2 AZR 84/98 – AP KSchG 1969 § 2 Nr. 50 = NZA 1999, 255 m. zust. Anm. *Günzel*, BB 1999, 904; BAG 1.7.1998 – 2 AZR 826/98 – AP KSchG 1969 § 2 Nr. 53 = NZA 1999, 1336.

207 BAG 2.3.2006 – 2 AZR 64/05 – AP § 2 KSchG 1969 Nr. 84 = NZA 2006, 985; BAG 12.11.1998 – 2 AZR 91/98 – AP § 2 KSchG 1969 Nr. 51 = NZA 1999, 471.

208 So z.B. *Löwisch*, NZA 1988, 633, 637; *Preis*, NZA 1995, 241, 249; krit. auch APS/*Künzl*, § 2 KSchG Rn 261; vgl. auch *Stahlhacke/Preis/Vossen*, Rn 1273, die auf „triftige wirtschaftliche Interessen" abstellen wollen; *Stoffels*, ZfA 2002, 401, 414, fordert die Anerkennung der Änderungs-Künd zur Entgeltabsenkung als eigenes Rechtsinstitut.

209 *Kittner*, NZA 1997, 968, 972 ff.

210 So ausdr. LAG Bremen 24.1.2002 – 3 Sa 9/02 – EzBAT § 53 BAT Änderungskündigung Nr. 24 = NZA-RR 2002, 297; APS/*Künzl*, § 2 KSchG Rn 259.

211 Anschaulich auch LAG Berlin 30.6.1997 – 9 Sa 56/97 – LAGE § 2 KSchG Nr. 27 = RzK I 7b Nr. 25 (Weihnachtsgeld).

93 **d) Weitere Einzelheiten.** Als Lohnsenkung sind alle Einschnitte bei der Vergütung anzusehen, also auch Kürzungen einer Jahressonderzahlung.[212] Dem AG kann keine Frist vorgeschrieben werden, die er abwarten muss, bevor er Änderungs-Künd zum Zwecke der Entgeltreduzierung aussprechen darf. Er muss nicht warten, bis der Ruin unmittelbar bevorsteht; erforderlich, aber auch ausreichend ist, dass die **konkrete Gefährdungssituation** ein solches Ausmaß angenommen hat, dass auch unter Ausschöpfung sämtlicher milderer Mittel eine Sanierung des Betriebes zur Abwendung der konkret bedrohlichen Lage nur durch die arbeitsvertraglichen Änderungen möglich ist.[213] Auf die Ursachen der entstandenen Notlage kommt es grds. nicht an.[214] Eine Änderungs-Künd ist unverhältnismäßig, wenn das **Volumen der vorgesehenen Entgeltminderung** das nach dem Sanierungskonzept notwendige Einsparvolumen übersteigt.[215] Umgekehrt kann auch ein zu geringes Einsparvolumen, das das vom AG vorgestellte Sanierungskonzept erkennbar nicht erfüllen kann, zur Sozialwidrigkeit mit darauf gestützten Änderungs-Künd führen.[216] Hat der ganz überwiegende Anteil der AN sich mit den Maßnahmen des Sanierungsplans durch Änderungsvertrag einverstanden erklärt, können sich die verbliebenen gegenüber einer Änderungs-Künd gleichen Inhalts nicht darauf berufen, das Sanierungsziel sei bereits in hinlänglichem Maße erreicht und der durch die Änderungs-Künd erzielbare Sanierungsbeitrag im Vergleich zum Gesamtvolumen unwesentlich.[217] Der AG kann in einer existenzbedrohenden Situation u.U. auch von **ordentlich unkündbaren** AN durch Ausspruch einer Änderungs-Künd einen Sanierungsbeitrag verlangen.[218] Wird eine Entgeltkürzung nur mit vorübergehenden wirtschaftlichen Verlusten begründet, müssen die AN keine Entgeltsenkung auf Dauer hinnehmen.[219] Verluste in einzelnen Betriebsabteilungen stellen nur dann ein dringendes betriebliches Erfordernis zur Senkung der Personalkosten dar, wenn sie auf das wirtschaftliche Ergebnis des Gesamtbetriebes durchschlagen und ohne Anpassung der Personalkosten Beendigungs-Künd nicht zu vermeiden wären.[220] Die **Untergrenze** für eine Entgeltabsenkung im Wege der Änderungs-Künd bilden **tarifliche oder zwingende gesetzliche Ansprüche**; sie können grds. nicht abgebaut werden.[221] Gilt eine TV-Norm nur noch kraft Nachwirkung gem. § 4 Abs. 5 TVG, liegt eine sie ersetzende „andere Abmachung" auch dann vor, wenn der AN ein – sozial gerechtfertigtes – Änderungsangebot des AG zunächst nur unter Vorbehalt angenommen hat.[222] Der AG, der mit einzelnen AN einzelvertraglich eine höhere Vergütung vereinbart hat, als sie dem betrieblichen Niveau entspricht, ist nicht unter Berufung auf den **Gleichbehandlungsgrundsatz** oder ein Interesse an der **Schaffung einheitlicher Vertragsbedingungen** dazu berechtigt, durch Änderungs-Künd deren Entgelt dem (niedrigeren) Entgelt der übrigen AN anzupassen.[223] Dies gilt auch, wenn im Betrieb ein gänzlich neuartiger TV zur Anwendung kommt.[224] Ist eine Entgeltkürzung durch dringende betriebliche Erfordernisse gerechtfertigt, darf der AG andererseits aus Gleichbehandlungsgründen grds. **nicht einzelne AN** – auch nicht allein die AN eines mit Verlust arbeitenden Betriebsteils – **herausgreifen** und ihr Entgelt einschneidend kürzen, während das Entgelt der überwiegenden Mehrzahl der Belegschaft unangetastet bleibt.[225] Das kann im Einzelfall anders sein, wenn der AG darlegen kann, dass die Verluste in einer Abteilung speziell durch die unverhältnismäßig hohen Vergütungsansprüche der dort beschäftigten AN bedingt sind.[226]

---

212 LAG Niedersachsen 16.11.2006 – 4 Sa 596/06 – AE 2007, 231.
213 BAG 29.11.2007 – 2 AZR 789/06 – juris.
214 LAG Schleswig-Holstein 21.2.2007 – 3 Sa 349/06 – LAGE § 2 KSchG Nr. 57.
215 BAG 12.12.1996 – 2 AZR 288/95 – juris (Defizit von 8,9 Mio. DM rechtfertigt keine Personalkosteneinsparung von 13,2 Mio. DM); *Stahlhacke/Preis/Vossen*, Rn 1272.
216 LAG Rheinland-Pfalz 17.5.2001 – 4 Sa 137/01 – EzA-SD 2001, Nr. 23, 10 = RzK I 7b Nr. 48 (Kürzung von Urlaubstagen untauglich zur Lohnkostensenkung); ErfK/*Oetker*, § 2 KSchG Rn 63; anders *Hromadka*, NZA 1996, 1, 10: „Auch ein kleiner Beitrag kann dabei mithelfen."
217 BAG 26.6.2008 – 2 AZR 139/07 – DB 2008, 2141 = NZA 2008, 1182; BAG 29.11.2007 – 2 AZR 789/06 – juris; LAG Schleswig-Holstein 21.2.2007 – 3 Sa 349/06 – LAGE § 2 KSchG Nr. 57.
218 BAG 1.3.2007 – 2 AZR 580/05 – AP § 626 BGB Nr. 207 = NZA 2007, 1445.
219 BAG 20.8.1998 – 2 AZR 84/98 – AP § 2 KSchG 1969 Nr. 50 = NZA 1999, 255; LAG Rheinland-Pfalz 19.4.2007 – 2 Sa 869/06 – juris; APS/*Künzl*, § 2 KSchG Rn 263; KR/*Rost*, § 2 KSchG Rn 107c; *Stahlhacke/Preis/Vossen*, Rn 1272.
220 BAG 12.11.1998 – 2 AZR 91/98 – AP § 2 KSchG 1969 Nr. 51 = NZA 1999, 471; vgl. auch BAG 23.11.2000 – 2 AZR 690/99 – FA 2001, 243 (Reduzierung der Fernauslösung für Monteure); LAG Köln 11.6.2004 – 4 Sa 167/04 – juris; krit. APS/*Künzl*, § 2 KSchG Rn 261.
221 LAG Köln 21.6.2002 – 11 Sa 1418/01 – LAGE § 2 KSchG Nr. 42 = NZA-RR 2003, 247; APS/*Künzl*, § 2 KSchG Rn 265; KR/*Rost*, § 2 KSchG Rn 107a.
222 BAG 27.9.2001 – 2 AZR 236/00 – AP § 4 TVG Nachwirkung Nr. 40 = NZA 2002, 750; APS/*Künzl*, § 2 KSchG Rn 265; vgl. auch BAG 15.10.2003 – 4 AZR 573/02 – AP § 4 TVG Nachwirkung Nr. 41 = NZA 2004, 387.
223 BAG 23.6.2005 – 2 AZR 642/04 – AP § 2 KSchG 1969 Nr. 81 = NZA 2006, 92; BAG 16.5.2002 – 2 AZR 292/01 – EzA § 2 KSchG Nr. 46 = NZA 2003, 147; BAG 20.1.2000 – 2 ABR 40/99 – AP § 103 BetrVG 1972 Nr. 40 = NZA 2000, 592; BAG 1.7.1999 – 2 AZR 826/98 – AP § 2 KSchG 1969 Nr. 53 = NZA 1999, 1336; BAG 28.4.1982 – 7 AZR 1139/79 – AP § 2 KSchG 1969 Nr. 3 = DB 1982, 1776; LAG Köln 11.6.2004 – 4 Sa 167/04 – juris; *v. Hoyningen-Huene/Linck*, § 2 Rn 170; KR/*Rost*, § 2 KSchG Rn 107d; krit. ErfK/*Oetker*, § 2 KSchG Rn 65.
224 LAG München 28.5.2008 – 5 Sa 943/07 – juris (ERA-Einführung).
225 BAG 1.7.1999 – 2 AZR 826/98 – AP § 2 KSchG 1969 Nr. 53 = NZA 1999, 1336; BAG 20.8.1998 – 2 AZR 84/98 – AP § 2 KSchG 1969 Nr. 50 = NZA 1999, 255.
226 BAG 20.3.1986 – 2 AZR 294/85 – AP § 2 KSchG 1969 Nr. 14 = NZA 1986, 824.

Eine Änderungs-Künd zur Entgeltabsenkung ist nicht allein deshalb gerechtfertigt, weil eine neue gesetzliche Regelung die Möglichkeit vorsieht, durch Parteivereinbarung einen geringeren (tariflichen) Lohn festzulegen, als er dem AN bislang gesetzlich oder vertraglich zustand.[227]

6. Absolute Sozialwidrigkeit. § 2 verweist auch auf die in § 1 Abs. 2 S. 2 und 3 enthaltenen Tatbestände der **absoluten Sozialwidrigkeit** (siehe § 1 Rn 175). Der Verstoß gegen eine Auswahlrichtlinie (S. 2 Nr. 1a und 2a) setzt voraus, dass diese auf Änderungs-Künd Anwendung findet, was ggf. durch Auslegung zu ermitteln ist.[228] Die Sozialwidrigkeitsgründe nach S. 2 Nr. 1b und 2b setzen das Vorhandensein einer anderweitigen Beschäftigungsmöglichkeit zu unveränderten Arbeitsbedingungen voraus, wie sich aus dem Umkehrschluss zu S. 3 ergibt. Widerspricht der BR, weil es eine solche Möglichkeit gibt, ist die Änderungs-Künd sozialwidrig.[229] Die Ablehnung des Änderungsangebots durch den AN lässt den mit einer anderweitigen Weiterbeschäftigungsmöglichkeit begründeten Widerspruch des BR unberührt. Ist der AN dagegen mit der vom BR für möglich gehaltenen Weiterbeschäftigung zu veränderten Arbeitsbedingungen nicht einverstanden, ist der Widerspruch unbegründet (S. 3). Der Widerspruch des BR führt unabhängig vom Einverständnis des AN stets zur Sozialwidrigkeit der Künd, wenn er mit einer Weiterbeschäftigungsmöglichkeit des AN unter weniger einschneidend geänderten Bedingungen – im Extremfall sogar ohne Änderung der vereinbarten Arbeitsbedingungen – begründet wird und sich herausstellt, dass eine solche Möglichkeit tatsächlich existiert.[230]

7. Anpassung von Nebenabreden. Soweit **Nebenabreden,** die an Umstände anknüpfen, die erkennbar nicht während der gesamten Dauer des Arbverh gleich bleiben müssen, durch eine Änderungs-Künd angepasst werden sollen, gelten nach Auffassung des BAG und der h.M. nicht dieselben strengen Anforderungen wie bei der Entgeltabsenkung, weil das Synallagma zwischen Leistung und Gegenleistung nicht unmittelbar berührt sei. Ein dringendes betriebliches Erfordernis zur Änderung der Arbeitsbedingungen könne dann nicht erst bei einer Notlage, sondern schon bei einer **Veränderung der Umstände** in Betracht kommen, wenn die Parteien nicht von vornherein einen Widerrufsvorbehalt vereinbart hätten.[231] Da es dem AG in diesen Fällen letztlich immer auch um die Reduzierung von Personalkosten geht und es sich i.d.R. auch um entgeltliche Nebenleistungen handelt, ist die Abgrenzung zur Änderungs-Künd zum Zwecke der Entgeltkürzung allerdings kritisch. Für die Praxis bedeutet dies, dass der AG vor einer Änderungs-Künd zur Entgeltkürzung immer prüfen sollte, ob er sein Ziel nicht auch über den Abbau von Nebenabreden oder von solchen Zulagen erreichen kann, die im Laufe der Zeit ihre „Geschäftsgrundlage" verloren haben.

8. Korrektur einer unzutreffenden Eingruppierung. Soll ein AN, der objektiv unzutreffend nach einer zu hohen Vergütungsgruppe eingruppiert ist, herabgruppiert werden, sind folgende Fallgestaltungen zu unterscheiden:

Wurde der AN **irrtümlich zu hoch eingruppiert**, kann (jedenfalls im öffentlichen Dienst) ohne Änderungs-Künd – unter Beachtung der Beteiligungsrechte des BR bzw. PR – jederzeit eine Korrektur erfolgen, wenn der AG die objektive Fehlerhaftigkeit der bisherigen Eingruppierung darlegen kann. Sodann ist es – wie im „normalen" Eingruppierungsprozess – Sache des AN vorzutragen und ggf. zu beweisen, aus welchen Gründen die ihm mitgeteilte Vergütungsgruppe gleichwohl zutreffend ist.[232]

Einer Änderungs-Künd bedarf es dann, wenn die Vergütungsgruppe dem AN **vertraglich zugesagt** wurde, was ggf. durch Auslegung zu ermitteln ist.[233] Hat der AG die unzutreffende Vergütungsgruppe **irrtümlich** zugesagt, kann die Eingruppierung durch Anfechtung nach § 119 Abs. 1 BGB korrigiert werden; lag kein Irrtum vor, unterliegt die Herabgruppierung den allgemeinen Anforderungen an eine Änderungs-Künd.[234] Nach Auff. des BAG soll jedenfalls im

---

227 BAG 2.3.2006 – 2 AZR 64/05 – AP § 2 KSchG 1969 Nr. 84 = NZA 2006, 985.
228 APS/*Künzl*, § 2 KSchG Rn 239; KR/*Rost*, § 2 KSchG Rn 101.
229 LAG Köln 5.11.1998 – 10 Sa 144/98 – LAGE § 1 KSchG Betriebsbedingte Kündigung Nr. 54 = AiB 1999, 708.
230 APS/*Künzl*, § 2 KSchG Rn 238 ff.; KR/*Rost*, § 2 KSchG Rn 101 f.
231 BAG 27.3.2003 – 2 AZR 74/02 – AP § 2 KSchG 1969 Nr. 72 = NZA 2003, 1029 (kostenloser Bustransfer zum Arbeitsort); BAG 23.11.2000 – 2 AZR 547/99 – AP KSchG 1969 § 2 Nr. 64 = NZA 2001, 492 (Übergang von pauschaler Überstundenabrechnung zur „Spitzabrechnung"); vgl. auch BAG 28.4.1982 – 7 AZR 1139/79 – AP § 2 KSchG 1969 Nr. 3 = DB 1982, 1776 (Mietzuschuss); LAG Hamm 5.9.1986 – 16 Sa 2137/85 – LAGE § 2 KSchG Nr. 5 = RzK I 7b Nr. 5 (außertarifliche Zulage bei Änderung der Pflegesätze); ArbG Hannover 14.2.1980 – 4 Ca 9/80 – DB 1980, 1077 (Abbau einer Kontoführungsgebühr); LAG Saarbrücken 5.12.1960 – Sa 57/59 – DB 1960, 312 (Hausbrand); dem BAG zust. v. *Hoyningen-Huene/Linck*, § 2 Rn 170; krit. APS/*Künzl*, § 2 KSchG Rn 266 a; *Berkowsky*, NZA 2003, 1130 ff.
232 BAG 10.3.2004 – 4 AZR 212/03 – juris; zur Darlegungslast des AG BAG 5.11.2003 – 4 AZR 689/02 – AP § 22, 23 BAT Rückgruppierung Nr. 2 = DB 2004, 1105; BAG 14.4.2002 – 8 AZR 313/01 – EzBAT §§ 22, 23 BAT M. Lehrer Nr. 99 = NZA 2002, 1056; BAG 17.5.2000 – 4 AZR 232/99 – AP BAT-O §§ 22, 23 Nr. 18 NZA 2001, 1395; APS/*Künzl*, § 2 KSchG Rn 273.
233 Zur Auslegung im öffentlichen Dienst BAG 16.5.2002 – 8 AZR 460/01 – AP § 22, 23 BAT-O Nr. 21 = ZTR 2003, 25; APS/*Künzl*, § 2 KSchG Rn 271; KR/*Rost*, § 2 KSchG Rn 108.
234 KR/*Rost*, § 2 KSchG Rn 108.

öffentlichen Dienst bereits das Ziel der Herstellung der tariflichen Eingruppierung eine Änderungs-Künd sozial rechtfertigen.[235]

99 **9. Sozialauswahl.** Bei der mit dringenden betrieblichen Erfordernissen begründeten Änderungs-Künd hat der AG eine Sozialauswahl vorzunehmen. Das ergibt sich aus dem in § 2 S. 1 enthaltenen Verweis auf § 1 Abs. 3 S. 1 und 2. Obwohl § 2 nicht ausdrücklich auf § 1 Abs. 5 verweist, ist diese Vorschrift mit der Folge des bei der Sozialauswahl auf grobe Fehlerhaftigkeit eingeschränkten Prüfungsmaßstabs auch auf Änderungs-Künd anwendbar[236] (allerdings nicht auf außerordentliche).[237] Entsprechendes dürfte auch für die umstrittene Frage gelten, ob die Regelung in § 1 Abs. 4, die die gerichtliche Überprüfung von tariflichen oder betrieblichen **Bewertungsrichtlinien** zur Sozialauswahl auf grobe Fehlerhaftigkeit beschränkt, auch bei Änderungs-Künd Anwendung findet, obwohl in § 2 – nach wie vor – ein entsprechender Verweis fehlt.[238] Entscheidend dafür spricht, dass es ansonsten bei einer AG-Entscheidung, die teils Beendigungs-Künd und teils Änderungs-Künd rechtfertigt, zu absurden Ergebnissen käme: Dem AN, dem er eine Beendigungskündigung erklärt hat, könnte der AG § 1 Abs. 4 entgegenhalten, dem Änderungsgekündigten hingegen nicht, selbst wenn beide in etwa dieselben Sozialdaten aufweisen und sich auf denselben ungekündigt gebliebenen AN berufen. Praktisch wird dieser Streit allerdings nur selten relevant, weil die sozialen Gesichtspunkte durch den AG ohnehin nur „ausreichend" (§ 1 Abs. 3 S. 1) berücksichtigt werden müssen.[239]

100 Die Sozialauswahl weist bei der Änderungs-Künd einige Besonderheiten auf, weil es nicht um den Wegfall des Arbeitsplatzes, sondern um eine Vertragsänderung geht. Es ist deshalb primär darauf abzustellen, wie sich die vorgeschlagene Vertragsänderung auf den sozialen Status vergleichbarer AN auswirkt.[240] Ist die **Änderung des Tätigkeitsbereichs** eines AN Gegenstand der Änderungs-Künd, müssen nur diejenigen AN in die soziale Auswahl einbezogen werden, die sowohl nach ihren bisherigen Tätigkeiten miteinander verglichen werden können als auch – wenigstens annähernd – gleichermaßen für die vom AG angebotene neue Tätigkeit in Betracht kommen.[241] Der AG hat dabei auch zu berücksichtigen, welchem AN die Umstellung auf die neue Tätigkeit am ehesten zugemutet werden kann.[242] Die geschilderten Modifikationen bei der Prüfung der sozialen Auswahl gelten unabhängig davon, ob der AN das Änderungsangebot unter Vorbehalt angenommen oder ob er es abgelehnt hat.[243] Da § 1 Abs. 3 S. 1 die Sozialauswahl auf die dort genannten vier Grundkriterien beschränkt, ist jedoch die Berücksichtigung von weiteren Auswahlkriterien wie z.B. Wendigkeit, schnelle Auffassungsgabe, Anpassungsfähigkeit oder Gesundheitszustand nur noch insoweit zulässig, als sie in die vier Grundkriterien einfließen (z.B. in das Kriterium „**Lebensalter**").[244] Führt die Änderungs-Künd zu finanziellen Einbußen, kommt dem Kriterium „**Unterhaltspflichten**" verstärkt Bedeutung zu. In dieses Kriterium gehen auch etwa bestehende familiäre Beeinträchtigungen ein, die z.B. durch die Veränderung der Lage der Arbeitszeit oder die Versetzung eines AN an einen anderen Arbeitsort verursacht werden.

101 Die Grundsätze zur Sozialauswahl gelten auch bei **Massenänderungs-Künd,** weshalb sich nach der bisherigen Rspr. des BAG grds. jeder einzelne betroffene AN in seinem Künd-Schutzprozess auf eine ihm gegenüber fehlerhafte Sozialauswahl berufen konnte (siehe § 1 Rn 479 f.).[245] Zur Abfederung des angesichts des individualistischen Konzepts des Künd-Schutzes schwer vermeidbaren, gleichwohl unbefriedigend hohen Fehlerrisikos für den AG hat das BAG zunächst erwogen, ihm eine nachträgliche Korrekturmöglichkeit einzuräumen.[246] Nun scheint das BAG die Ent-

---

235 BAG 9.7.1997 – 4 AZR 635/95 – NZA 1998, 494; krit. APS/*Künzl*, § 2 KSchG Rn 270; Kittner/Däubler/*Zwanziger*, § 2 KSchG Rn 178.
236 BAG 19.6.2007 – 2 AZR 304/06 – NZA 2008, 103.
237 BAG 28.5.2009 – 2 AZR 844/07 – NZA 2009, 954.
238 Für die Anwendung KR/*Rost*, § 2 KSchG Rn 103c; *Spirolke/Regh*, Die Änderungskündigung, 164, dagegen APS/*Künzl*, § 2 KSchG Rn 294; *v. Hoyningen-Huene/Linck*, § 2 Rn 173; Kittner/Däubler/*Zwanziger*, § 2 KSchG Rn 181a.
239 Vgl. BAG 18.1.1990 – 2 AZR 357/89 – AP § 1 KSchG Soziale Auswahl Nr. 19 = NZA 1990, 729; BAG 15.6.1989 – 2 AZR 580/88 – AP § 1 KSchG 1969 Soziale Auswahl Nr. 18 = NZA 1990, 226; BAG 20.10.1983 – 2 AZR 211/82 – AP § 1 KSchG 1969 Betriebsbedingte Kündigung Nr. 13 = DB 1984, 563; in diesem Sinne auch *Stahlhacke/Preis/Vossen*, Rn 1281c.
240 BAG 18.1.2007 – 2 AZR 796/05 – AP § 1 KSchG 1969 Soziale Auswahl Nr. 89 = DB 2007, 2097.
241 BAG 18.1.2007 – 2 AZR 796/05 – AP § 1 KSchG 1969 Soziale Auswahl Nr. 89 = DB 2007, 2097; BAG 13.6.1986 – 7 AZR 623/84 – AP § 1 KSchG Soziale Auswahl Nr. 13 = NZA 1987, 155; Kittner/Däubler/*Zwanziger*, § 2 KSchG Rn 182; KR/*Rost*, § 2 KSchG Rn 103; *Stahlhacke/Preis/Vossen*, Rn 1281a; a.A. APS/*Künzl*, § 2 KSchG Rn 285 f.
242 BAG 19.5.1993 – 2 AZR 584/92 – AP § 2 KSchG 1969 Nr. 31 = NZA 1993, 1075; BAG 13.6.1986 – 7 AZR 623/84 – AP § 1 KSchG Soziale Auswahl Nr. 13 = NZA 1987, 155; Kittner/Däubler/*Zwanziger*, § 2 KSchG Rn 184; KR/*Rost*, § 2 KSchG Rn 103a; krit. *Fischermeier*, NZA 2000, 737, 739.
243 BAG 23.6.2005 – 2 AZR 642/04 – AP § 2 KSchG 1969 Nr. 81; BAG 13.6.1986 – 7 AZR 623/84 – AP § 1 KSchG 1969 Soziale Auswahl Nr. 13; LAG Baden-Württemberg 5.1.2007 – 7 Sa 93/06 – LAGE § 2 KSchG Soziale Auswahl Nr. 52b = NZA-RR 2007, 406.
244 KR/*Rost*, § 2 KSchG Rn 103b; wohl großzügiger Kittner/Däubler/*Zwanziger*, § 2 KSchG Rn 184.
245 BAG 25.4.1985 – 2 AZR 140/84 – AP § 1 KSchG Soziale Auswahl Nr. 7 = NZA 1986, 64; BAG 18.10.1984 – 2 AZR 543/83 – AP § 1 KSchG Soziale Auswahl Nr. 6 = NZA 1985, 423.
246 BAG 18.10.1984 – 2 AZR 543/83 – AP § 1 KSchG Soziale Auswahl Nr. 6 = NZA 1985, 423.

schärfung des Problems über einen **stark erweiterten Bemessungsspielraum** des AG zu favorisieren, der nur deutlich schutzbedürftigeren AN die erfolgreiche Rüge der Sozialauswahl gestattet.[247] Soweit man – wofür viel spricht – den AG für verpflichtet hält, sich an § 1 Abs. 3 zu orientieren, wenn für mehrere gleich geeignete AN verschiedene Beschäftigungsmöglichkeiten an anderer Stelle im Betrieb oder Unternehmen existieren, dürfte sich der Bewertungsspielraum auch auf die Frage der „Qualität" der Alternativarbeitsplätze beziehen.[248] Außerdem dürfte die inzwischen erfolgte **Abkehr** des BAG[249] von der sog. **„Domino-Theorie"** nicht nur für Massenbeendigungs-Künd, sondern auch für Massenänderungs-Künd gelten.

II. Zumutbarkeit des Änderungsangebots für den Arbeitnehmer

Ergibt die Prüfung in der ersten Stufe, dass die Änderungs-Künd erforderlich war, schließt sich die **zweite Stufe** an, in der untersucht wird, ob das Änderungsangebot für den AN i.S.d. **Verhältnismäßigkeitsgrundsatzes zumutbar** ist, d.h. ob sich der AG in seinem Angebot auf geeignete und erforderliche Änderungen beschränkt hat. Keine der angebotenen Änderungen darf sich weiter vom Inhalt des bisherigen Arbverh entfernen, als zur Anpassung an die geänderten Beschäftigungsmöglichkeiten erforderlich ist.[250] Aus dem Vorbringen des AG muss erkennbar sein, dass er auch unter Berücksichtigung der vertraglich eingegangenen besonderen Verpflichtungen alles Zumutbare unternommen hat, die durch die unternehmerische Entscheidung notwendig gewordene Anpassung auf das **unbedingt erforderliche Maß** zu beschränken.[251] Bei der Erforderlichkeitsprüfung sind allerdings nur solche Mittel zu berücksichtigen, die gleich wirksam sind, um das unternehmerische Ziel zu erreichen.[252] Es findet keineswegs nur eine Art Billigkeitskontrolle statt.[253] Sollen nach dem Angebot **mehrere Vertragsbedingungen** geändert werden, muss jede einzelne Änderung der Verhältnismäßigkeitsprüfung unterzogen werden.[254] Noch nicht im Einzelnen entschieden ist, ob dies auch für **unwesentliche Änderungen** gilt.[255] Die Einführung eines Schriftformerfordernisses mit der zusätzlichen Regelung, dass mündliche Vereinbarungen über die Aufhebung des Schriftformerfordernisses nichtig sind (sog. doppelte Schriftformklausel), stellt jedenfalls keine unwesentliche Änderung dar.[256] Der AG ist bei seinem Änderungsangebot nicht so frei, wie er es bei einer Vertragsofferte gegenüber einem außerbetrieblichen Stellenbewerber ist, mit dem er noch keine Vertragsbindung hat.[257] Fehlt auch nur für eine einzige beabsichtigte Änderung die soziale Rechtfertigung, führt dies zur Unwirksamkeit der gesamten Änderungs-Künd. Es kommt **keine Umdeutung** der Änderungs-Künd in eine solche mit einem Änderungsangebot ohne diese Arbeitsbedingung in Betracht.[258] Kommen **mehrere andere Beschäftigungsmöglichkeiten** in Frage, hat der AG diejenige auszuwählen, die dem AN bei objektiver Betrachtung am ehesten zumutbar ist und die ihn am wenigsten belastet.[259] Das ist diejenige, die sich am wenigsten von den bisherigen Arbeitsbedingungen entfernt.[260] Das Angebot eines geänderten Arbverh ist immer näher am bisherigen als das Angebot einer freien Mitarbeit.[261] Der AG muss nur **ein Angebot** unterbreiten. Es sollte sich dabei von selbst verstehen, dass ihm bei der Auswahl dieses Arbeitsplatzes, den er letztlich anbietet, ein gewisser Beurteilungsspielraum zugestanden werden muss. Beckmesserei ist hier fehl am Platz. Die gelegentlich auch anzutreffende Vorstellung, der AG müsse alle anderen vorhandenen Beschäftigungsmöglichkeiten in eine Rangfolge bringen und sie sämtlicht dem AN in Gestalt eines mehrfach gestaffelten Angebots unterbreiten, dürfte zu einer nicht mehr rational steuerbaren Potenzierung von Risiken führen. Dem erkennbaren Ziel der Rspr. des BAG wäre damit wenig gedient. Es besteht augenscheinlich darin, unternehmensinterne Beschäftigungsressourcen nicht auf dem bürokratischen Umweg über die Vermittlung durch Dritte, sondern möglichst sach-, zeit- und personennah im Unternehmen zu erschließen. Das kann nur gelingen, wenn dieser Weg nicht durch zu viele Kautelen

---

247 BAG 19.5.1993 – 2 AZR 584/92 – AP § 2 KSchG 1969 Nr. 31 = NZA 1993, 1075; BAG 25.4.1985 – 2 AZR 140/84 – AP § 1 KSchG Soziale Auswahl Nr. 7 = NZA 1986, 64; zust. APS/*Künzl*, § 2 KSchG Rn 299 a; KR/*Rost*, § 2 KSchG Rn 103b..
248 *Bröhl*, BB 2007, 437.
249 BAG 9.11.2006 – 2 AZR 812/05 – NZA 2007, 549.
250 BAG 16.5.2002 – 2 AZR 292/01 – EzA § 2 KSchG Nr. 46 = NZA 2003, 147; BAG 23.6.2005 – 2 AZR 642/04 – AP § 2 KSchG 1969 Nr. 81 = NZA 2006, 92.
251 BAG 29.11.2007 – 2 AZR 388/06 – NZA 2008, 523; BAG 2.3.2006 – 2 AZR 64/05 – AP § 2 KSchG 1969 Nr. 84 = NZA 2006, 985; BAG 17.3.2005 – 2 ABR 2/04 – AP § 15 KSchG 1969 Nr. 58 = NZA 2005, 949.
252 BAG 27.9.2001 – 2 AZR 236/00 – AP § 4 TVG Nachwirkung Nr. 40 = NZA 2002, 750.
253 Darauf weisen *v. Hoyningen-Huene/Linck*, § 2 Rn 129a und KR/*Rost*, § 2 KSchG Rn 98 zu Recht hin.
254 BAG 3.7.2003 – 2 AZR 617/02 – AP § 2 KSchG 1969 Nr. 74 = BB 2004, 1006; BAG 23.6.2005 – 2 AZR 642/04 – AP § 2 KSchG 1969 Nr. 81 = NZA 2006, 92; LAG Rheinland-Pfalz 8.4.2004 – 11 Sa 61/04 – juris; LAG Schleswig-Holstein 1.3.2000 – 2 Sa 476/99 – juris; KR/*Rost*, § 2 KSchG Rn 106e.
255 Vgl. BAG 7.6.1973 – 2 AZR 450/72 – AP § 626 BGB Änderungskündigung Nr. 1 = DB 1973, 1706; LAG Rheinland-Pfalz 6.6.2006 – 5 Sa 181/06 – juris; offen gelassen in BAG 21.9.2006 – 2 AZR 120/06 – AP § 2 KSchG 1969 Nr. 86 = NZA 2007, 435.
256 LAG Düsseldorf 29.10.2007 – 17 Sa 1274/07 – juris.
257 BAG 23.6.2005 – 2 AZR 642/04 – AP § 2 KSchG 1969 Nr. 81 = NZA 2006, 92; LAG Rheinland-Pfalz 6.6.2006 – 5 Sa 181/06 – juris.
258 BAG 21.9.2006 – 2 AZR 120/06 – AP § 2 KSchG 1969 Nr. 86 = NZA 2007, 435; a.A. Löwisch NZA 1988, 633, 636.
259 BAG 28.10.1999 – 2 AZR 437/98 – NZA 2000, 825.
260 *Bröhl*, BB 2007, 437.
261 BAG 21.2.2002 – 2 AZR 556/00 – DB 2002, 2276.

ungangbar wird. Hat der AG Zweifel, welches Angebot er auswählen soll, kann er **mehrere Angebote zur Auswahl** unterbreiten.[262] Dann muss es aus den genannten Gründen ausreichen, wenn eines der Angebote nach den o.g. Maßstäben zumutbar ist.[263] Wenn der AN aus subjektiven Beweggründen nicht das ihn objektiv am wenigsten belastende Angebot auswählt, ist das seine Sache. Ebenso wenig kann man es dem AG anlasten, wenn der AN alle Angebote ablehnt.[264] Fehlt einem der Angebote die hinreichende Bestimmtheit, führt dies jedoch zur Unwirksamkeit der Änderungs-Künd, und zwar auch dann, wenn der AN ein anderes, hinreichend bestimmtes Angebot unter Vorbehalt angenommen hat.[265] Solange die vorstehenden Fragen nicht im Einzelnen höchstrichterlich entschieden sind, mag es im Sinne risikominimierender Beratungspraxis sein, einem AG, der mehrere alternative Beschäftigungsmöglichkeiten für den betreffenden AN hat, zu empfehlen, vorsorglich alle Änderungsvarianten anbieten, um nicht im Änderungsschutzverfahren auf eine vom Gericht als objektiv weniger belastend angesehene Variante verwiesen zu werden.

103 Unverhältnismäßig ist ein Änderungsangebot, das nicht auf die in concreto maßgebliche **Künd-Frist** abgestimmt ist.[266] Für den Lauf der Künd-Frist genießt der AN nicht nur Bestands-, sondern auch Vertragsinhaltsschutz.[267] Soll die angebotene Änderung schon vor dem Ablauf der Künd-Frist eintreten, ist die Änderungs-Künd deshalb unwirksam. Das gilt auch für eine außerordentliche Änderungs-Künd mit Auslauffrist.[268] Hat der AG die Künd-Frist zu kurz gewählt, dürfte in der Regel dieselbe Folge eintreten. Zwar lässt sich nach Auffassung des BAG grundsätzlich eine mit zu kurzer Frist erklärte ordentliche Künd als eine solche mit zutreffender Frist auslegen.[269] Im Fall einer Änderungs-Künd ist eine Übertragung dieser Auffassung jedoch mit der erforderlichen Eindeutigkeit des Änderungsangebots im Regelfall unvereinbar. Anderes kann nur gelten, wenn die Fehlerhaftigkeit des genannten Datums offensichtlich ist, etwa bei einer Verwechslung der Jahreszahl. Erklärt der AG, die Änderungs-Künd einschließlich des Änderungsangebots solle hilfsweise zum nächstzulässigen Termin gelten, ist zwar die Künd als eine mit zutreffender Frist auszulegen.[270] I.d.R. dürfte diese jedoch unwirksam sein, weil sich dem Änderungsangebot nicht hinreichend bestimmt entnehmen lässt, ab welchem Zeitpunkt es Platz greifen soll. Besteht Unsicherheit über die zutreffende Künd-Frist, kann sich der AG nur behelfen, indem er zu jedem in Betracht kommenden Termin – jeweils hilfsweise – eine Änderungs-Künd ausspricht. Verlegt der AG beispielsweise zum 10. April eines Jahres den Betrieb, kann er bei einer nach TV geltenden Künd-Frist von 6 Monaten zum Quartalsende eine Änderungs-Künd frühestens zum 30.6. aussprechen.[271]

104 Unzumutbar ist ein Änderungsangebot, dessen Inhalt dem arbeitsrechtlichen **Gleichbehandlungsgrundsatz** zuwiderläuft, indem es dem AN weniger zugesteht, als er unter Berücksichtigung des Gleichbehandlungsgrundsatzes beanspruchen kann. Dies gilt unabhängig davon, ob der AN das gleichheitswidrige Änderungsangebot unter Vorbehalt annimmt oder nicht.[272]

105 Nach h.M. muss nicht nur das angenommene, sondern auch das **abgelehnte Änderungsangebot** bei der Beurteilung der Sozialwidrigkeit der Änderungs-Künd berücksichtigt werden.[273] Der Zusammenhang zwischen Künd und Änderungsangebot, der die Änderungs-Künd auszeichnet, gebietet eine einheitliche Betrachtung. Er wird durch die Ablehnung des Änderungsangebots nicht aufgehoben; die Ablehnung ist lediglich eine Willenserklärung des AN, die den Charakter der Erklärung des AG nicht verändern kann.[274] Die Tatsache, dass der AG dem AN einen Änderungsvorschlag unterbreitet hat, darf bei der Bewertung der Künd auch deshalb nicht übergangen werden, weil im Verfahren nach § 1 stets geprüft werden muss, ob der AG dem AN die Weiterbeschäftigung auf einem anderen Arbeitsplatz, ggf. zu schlechteren Bedingungen, als mildere Maßnahme vor der Künd hätte anbieten müssen. Hat der AG diesen

---

262 BAG 28.10.1999 – 2 AZR 437/98 – NZA 2000, 825 unter Rn 28; LAG Hamm 7.9.2007 – 4 Sa 423/07 – LAGE § 2 KSchG Nr. 60;, *Wagner* NZA 2008, 1333; a.A. ArbG Düsseldorf 18.10.2005 – 6 Ca 2685/05 – NZA-RR 2006, 21; ErfK-*Oetker* § 2 Rn 10.
263 Anders wohl ErfK/*Oetker*, § 2 KSchG Rn 10.
264 Vgl. LAG 13.5.2004 – 2 AZR 36/04 – AP Nr. 12 zu § 626 BGB Krankheit = NZA 2004, 1271.
265 LAG Hamm 7.9.2007 – 4 Sa 423/07 – LAGE § 2 KSchG Nr. 60;,a.A. *Wagner* NZA 2008, 1333.
266 BAG 21.9.2006 – 2 AZR 120/06 – AP § 2 KSchG 1969 Nr. 86 = NZA 2007, 435; KR/*Rost* § 2 KSchG Rn 106f.
267 Vgl. BAG 3.5.2006 – 10 AZR 310/05 – DB 2006, 1499.
268 ArbG Frankfurt 19.11.2007 – 1 Ca 5428/07 – juris; Berufung anhängig beim Hessischen LAG unter 8 Sa 23/08.
269 BAG 15.12.2005 – 2 AZR 148/05 – AP § 4 KSchG 1969 Nr. 55 = NZA 2006, 791.
270 Unzutreffend ArbG Krefeld 21.2.2008 – 1 Ca 950/07 – juris, das trotz ausrücklicher Erklärung des AG bereits eine Auslegung ablehnt.
271 LAG Köln 7.9.2007 – 4 Sa 597/07 – juris.
272 BAG 3.7.2003 – 2 AZR 617/02 – AP § 2 KSchG 1969 Nr. 74 = BB 2004, 1006; KR/*Rost*, § 2 KSchG Rn 106a, *v. Hoyningen-Huene/Linck*, § 2 Rn 137.
273 BAG 21.2.2002 – 2 AZR 556/00 – EzA § 2 KSchG Nr. 45 = DB 2002, 2276; BAG 17.6.1998 – 2 AZR 336/97 – AP § 2 KSchG 1969 Nr. 49 = NZA 1998, 1225; BAG 19.5.1993 – 2 AZR 584/92 – AP § 2 KSchG 196 Nr. 31 = NZA 1993, 1075; APS/*Künzl*, § 2 KSchG Rn 182 ff; *v. Hoyningen-Huene/Linck*, § 2 Rn 126; HaKo-KSchR/*Pfeiffer*, § 2 KSchG Rn 36; KR/*Rost*, § 2 KSchG Rn 92; *Stahlhacke/Preis/Vossen*, Rn 1269; *Zirnbauer*, NZA 1995, 1073, 1076.
274 KR/*Rost*, § 2 KSchG Rn 90.

Weg beschritten und dem AN ein Änderungsangebot im Wege der Änderungs-Künd unterbreitet, kann die Ablehnung des Angebots durch den AN schlechterdings nicht zum Nachteil des AG gereichen.[275]

Die Gegenmeinung,[276] die das abgelehnte Änderungsangebot bei der Sozialwidrigkeitsprüfung außer Betracht lässt, stellt den AG, dessen Änderungsangebot abgelehnt wurde, zu Unrecht mit einem AG gleich, der – obwohl er ein Änderungsangebot hätte unterbreiten können – sofort eine Beendigungs-Künd ausgesprochen hat. Die von ihr bei Berücksichtigung des abgelehnten Änderungsangebots befürchtete Aufweichung der Anforderungen an die soziale Rechtfertigung zulasten des AN findet nicht statt: Zu Recht betont die h.M., dass die Anforderungen an die soziale Rechtfertigung der Beendigungs-Künd keineswegs geringer oder niedriger sind, wenn das vom AN abgelehnte Änderungsangebot des AG in die Prüfung einbezogen wird.[277]

Befolgt man den **zweistufigen Aufbau** auch im Fall eines vom AN abgelehnten Änderungsangebots, gilt bei der Sozialwidrigkeitsprüfung bei näherer Betrachtung kein „milderer", sondern ein Maßstab mit einer anderen Zielrichtung als bei Beendigungs-Künd, weil in der ersten Stufe die Voraussetzungen für eine **Änderung** der bisherigen Arbeitsbedingungen, **nicht** aber für eine **Beendigung** des Arbverh vorliegen müssen.[278] Die Gründe für die Änderung der bisherigen Arbeitsbedingungen unterliegen denselben strengen Anforderungen wie bei einer Beendigung des Arbverh.[279] Ob das (abgelehnte) Änderungsangebot verhältnismäßig war oder nicht, weil z.B. der AG ein den AN weniger belastendes Änderungsangebot unterbreiten konnte, ist Gegenstand der zweiten Prüfungsstufe. Das Risiko des Arbeitsplatzverlustes realisiert sich für den AN, der das Änderungsangebot abgelehnt hat, nur – aber auch immer – dann, wenn diese Prüfung ergibt, dass das Änderungsangebot des AG sozial gerechtfertigt war.

III. Unwirksamkeit der Änderungskündigung aus sonstigen Gründen

Die Änderungs-Künd unterliegt als **Willenserklärung** den gleichen rechtlichen Anforderungen wie eine Beendigungs-Künd. Sie kann insb. wegen Verletzung des Bestimmtheitsgrundsatzes, Formmangels (§§ 623, 126 Abs. 1 BGB), mangelnder Vollmachtsvorlage (§ 174 S. 1 BGB), aber auch wegen Verstoßes gegen ein Benachteiligungsverbot (z.B. §§ 7, 1 AGG), gegen das Maßregelungsverbot in § 612a BGB oder nach § 613a Abs. 4 BGB unwirksam sein, wenn die Änderungs-Künd wegen des Betriebs(teil)übergangs ausgesprochen wurde. Auch ein Verstoß gegen § 138 BGB oder gegen § 242 BGB kommt als Unwirksamkeitsgrund in Betracht.

Die Änderungs-Künd unterliegt als **echte Künd** in gleicher Weise wie die Beendigungs-Künd den allgemeinen Künd-Beschränkungen. So erfassen die Künd-Verbote bzw. -beschränkungen in § 15,[280] §§ 15, 9 Abs. 1 S. 1 MuSchG; § 18 Abs. 1 S. 1 BEEG; §§ 85 ff. SGB IX; § 58 Abs. 2 S. 1 BImSchG, § 55 Abs. 3 KrW-/AbfG;[281] §§ 2, 10 ArbPlSchG und § 78 Abs. 1 Nr. 1 ZDG nicht nur die Beendigungs-, sondern auch die Änderungs-Künd.[282] Die nicht ordnungsgemäße Beteiligung des BR nach § 102 Abs. 1 BetrVG führt zur Unwirksamkeit der Änderungs-Künd (siehe Rn 119 ff.).

IV. Änderungskündigungen außerhalb des allgemeinen Kündigungsschutzes

Auch außerhalb des Geltungsbereichs des KSchG kommt es zum Ausspruch von Änderungs-Künd. Veränderungen der vereinbarten Arbeitsbedingungen kann der AG nämlich auch hier nicht einseitig durchsetzen. Denkbar ist auch, dass zwischen AG und AN gerade streitig ist, ob die Voraussetzungen für die Anwendung des KSchG erfüllt sind. Auf Änderungs-Künd außerhalb des KSchG können die oben geschilderten Grundsätze nicht ohne weiteres angewendet werden.

Insbesondere hat der AN in diesen Fällen nach dem Gesetzeswortlaut nicht das allein aus § 2 folgende Recht, eine Annahme unter Vorbehalt der Wirksamkeit der Künd zu erklären. Eine gleichwohl erklärte Vorbehaltsannahme wäre demnach gem. § 150 Abs. 2 BGB zu behandeln, gälte also als Ablehnung des Änderungsangebots verbunden mit einem eigenen Angebot. Auf dieses könnte der AG sich einlassen, müsste es aber nicht. Unter Hinweis auf Wertungswidersprüche im Fall der außerordentlichen Künd sowie die Ungenauigkeiten des Gesetzgebers bei der Neufassung des KSchG wird jedoch vertreten, § 2 sei jedenfalls entsprechend anwendbar.[283] Dies erscheint wünschenswert und systematisch konsequent, zweifelhaft ist jedoch, ob bei der Neufassung des KSchG ein entsprechender gesetzgeberischer Wille vorgelegen hat. Ob die Rspr. den aufgezeigten Reparaturversuch nachvollziehen wird, bleibt abzuwarten.

---

275 So zutr. APS/*Künzl*, § 2 KSchG Rn 183; *v. Hoyningen-Huene/Linck*, § 2 Rn *126*; KR/*Rost*, § 2 KSchG Rn 91.
276 *Berkowsky*, NZA 2000, 1129, 1131 ff; *Boewer*, BB 1996, 2618, 2620; *Herschel*, in: FS Müller, 1981, S. 191, 207; *Schwerdtner*, in: FS 25 Jahre BAG, 1979, S. 555, 566 ff.; *Weber*, SAE 1997, 339, 340.
277 HaKo-KSchR/*Pfeiffer*, § 2 KSchG Rn 36; *v. Hoyningen-Huene/Linck*, § 2 Rn 130.; KR/*Rost*, § 2 KSchG Rn 96 ff.
278 Das betonen zu Recht KR/*Rost*, § 2 KSchG Rn 96; *Hromadka*, NZA 1996, 1, 7; vgl. auch BAG 3.7.2003 – 2 AZR 617/02 – AP § 2 KSchG 1969 Nr. 74 = BB 2004, 1006.
279 APS/*Künzl*, § 2 KSchG Rn 188.
280 BAG 12.3.2009 – 2 AZR 47/08 – DB 2009, 1712; BAG 27.9.2001 – 2 AZR 487/00 – EzA § 15 KSchG n.F. Nr. 54; BAG 6.3.1986 – 2 ABR 15/85 – AP § 15 KSchG 1969 Nr. 19 = NZA 1987, 102.
281 BAG 26.3.2009 – 2 AZR 633/07 – DB 2009, 1653.
282 s. dazu die Kommentierung zu den genannten Vorschriften.
283 KR/*Rost*, § 2 KSchG Rn 7a ff.; HaKo-KSchR/*Gallner*, § 4 KSchG Rn 67; APS/*Künzl*, § 2 KSchG Rn 351a.

112 Hat der AG die Möglichkeit, den AN zu geänderten Arbeitsbedingungen zu beschäftigen, führt dies außerhalb des Geltungsbereichs des KSchG nicht zur Unwirksamkeit einer ausgesprochenen Beendigungs-Künd. Die Künd könnte nur als unverhältnismäßig unwirksam sein. Der Verhältnismäßigkeitsgrundsatz findet jedoch außerhalb des Geltungsbereichs des KSchG bei der Prüfung der Wirksamkeit einer Künd keine Anwendung.[284] Der AG bedarf in diesem Fall keines Grundes zum Ausspruch einer Künd. Er muss deshalb auch nicht rechtfertigen, warum er nicht ein milderes Mittel gewählt hat.

C. Verbindung zu anderen Rechtsgebieten
I. Änderung der Arbeitsbedingungen ohne Änderungskündigung

113 Von einer Änderungs-Künd zu trennen ist die Änderung der Arbeitsbedingungen ohne Änderungs-Künd. Relativ unproblematisch ist die nach § 305b BGB bestehende Möglichkeit für die Vertragsparteien, den zwischen ihnen geschlossenen Arbeitsvertrag einvernehmlich abzuändern.

114 **1. Direktionsrecht, Weisungsrecht.** Eine einseitige Änderung der Arbeitsbedingungen kann der AG durch Ausübung des nunmehr in § 106 GewO für alle Arbverh einheitlich geregelten Direktions- oder auch Weisungsrechts verfügen (siehe § 106 GewO Rn 3), die – im Unterschied zur Änderungs-Künd – nicht zu einer Änderung des Arbeitsvertrages führt.[285] Der Umfang des Direktionsrechts ist abhängig von den zwischen den Parteien getroffenen vertraglichen Vereinbarungen. Die sog. Konkretisierung kann, je nachdem, welche vertragsrechtliche Qualität sie im Einzelfall hat, unterschiedlich wirken. Handelt es sich um eine stillschweigende Vertragsänderung, so kann die betreffende Regelung nur durch Änderungs-Künd beseitigt werden. Erreicht sie keinen Vertragscharakter, so kann die Konkretisierung dennoch als ein Umstand zu berücksichtigen sein, der die Billigkeit des vom AG auszuübenden Ermessens mit bestimmt. Darüber hinaus können sich die Grenzen des Direktionsrechts auch aus tariflichen Vorschriften, z.B. aus § 12 BAT, und aus BV ergeben. Dem Direktionsrecht vergleichbar ist das Gestaltungsrecht des AG hinsichtlich der Arbeitszeit aus § 8 Abs. 5 S. 4 TzBfG (siehe § 8 TzBfG).

115 Ob der AG die Änderung der Arbeitsbedingungen kraft seines Direktionsrechts erreichen kann oder eine Änderungs-Künd aussprechen muss, hängt **allein vom Vertragsinhalt** ab, der in jedem Einzelfall sorgfältig durch Auslegung zu ermitteln ist.[286] Dabei ist zu beachten, dass es kein spezifisches Direktionsrecht im Bereich des Künd-Rechts gibt. Allerdings darf der kündigungsschutzrechtlich geschützte **Kernbereich des Arbverh** durch die Ausübung des Direktionsrechts **nicht angetastet** werden.[287] Der AG muss in diesen Fällen den Weg der Änderungs-Künd beschreiten. Beispielsweise ist eine Änderungs-Künd nach Meinung des LAG Köln erforderlich, wenn eine Neuverteilung von Aufgaben im Rahmen einer betrieblichen Umorganisation dazu führt, dass sich das **Gesamtbild** der einem AN übertragenen Tätigkeit erheblich **verändert**, z.B. indem einem als „Leiter der Abteilung Betriebswirtschaft" eingestellten AN mehr als 50 % der hierzu gehörenden Aufgaben und AN entzogen werden.[288]

116 **2. Einvernehmliche Abänderung, vorbehaltene Abänderungsmöglichkeiten.** Das Recht zur einseitigen Abänderung der Arbeitsbedingungen kann auch im Arbeitsvertrag vereinbart sein. In diesem Fall handelt es sich – unabhängig von der gewählten Bezeichnung – um einen **Widerrufsvorbehalt**. Die Vereinbarung eines Widerrufsvorbehalts wird grds. als zulässig erachtet, sofern sie nicht zur Umgehung des KSchG und der Künd-Fristen führt.[289] Im Formulararbeitsvertrag ist § 308 Nr. 4 BGB zu beachten. Ein arbeitsvertraglicher Widerrufsvorbehalt, wonach freiwillige Leistungen „jederzeit unbeschränkt" widerrufen werden können, ist danach unwirksam. Voraussetzungen und Umfang der vorbehaltenen Änderungen müssen konkretisiert werden. Wurde der Formulararbeitsvertrag vor dem 1. Januar 2002 abgeschlossen, kommt allerdings eine ergänzende Vertragsauslegung zur Schließung der entstandenen Lücke in Betracht. Es gelten dann die Widerrufsgründe, die die Vertragsparteien zugrunde gelegt hätten, wenn ihnen die gesetzlich angeordnete Unwirksamkeit der Widerrufsklausel bekannt gewesen wäre.[290] Zu den Einzelheiten der Prüfung von Widerrufsvorbehalten im Formulararbeitsvertrag siehe die im Stichwortverzeichnis unter „Widerrufsvorbehalt" aufgeführten Fundstellen.

117 **3. Teilkündigung.** Von der Änderungs-Künd ist die Teil-Künd zu unterscheiden (siehe § 1 Rn 36). Mit ihr wird die Auflösung der Bindung an einzelne Vertragsbestimmungen bezweckt, wobei der Bestand des Arbverh an sich unbe-

---

284 BAG 24.1.2008 – 6 AZR 96/07 – NZA-RR 2008, 405 m.w.N.
285 HaKo-KSchR/*Pfeiffer*, § 2 Rn 14.
286 Beispielhaft LAG Hamm 22.11.2007 – 8 Sa 787/07 – juris, bestätigt durch BAG 22.4.2009 – 5 AZR 133/08 – DB 2009, 1652 (Entzug der 18 Jahre lang einem Verwaltungs-Ang übertragenen Tätigkeit, jeweils 15 Minuten vor und nach der Arbeit die Werkstore auf- und zuzuschließen).
287 HaKo-KSchR/*Pfeiffer*, § 2 Rn 16, 21; *v. Hoyningen-Huene/Linck*, § 2 Rn 32.
288 LAG Köln 22.4.1999 – 5 Sa 30/99 – juris.
289 APS/*Künzl*, § 2 KSchG Rn 107 ff; KR/*Rost*, § 2 KSchG Rn 48 ff.
290 BAG 12.1.2005 – 5 AZR 364/04 – AP § 308 BGB Nr. 1 = NZA 2005, 465; BAG 11.10.2006 – 5 AZR 721/05 – NZA 2007, 87.

rührt bleibt. Die Teil-Künd wird für **unzulässig** erachtet,[291] es sei denn, das Recht zur Teil-Künd wurde vertraglich vereinbart – was ggf. durch Auslegung zu ermitteln ist.[292] Der Sache nach handelt es sich dann um einen Widerrufsvorbehalt.[293]

4. Geschäftsgrundlage. Auf die Regeln über die Störung oder den Wegfall der Geschäftsgrundlage kann sich ein AG in den einschlägigen Fällen nicht berufen, weil das Künd-Recht gegenüber einer Anpassung nach §§ 313 f. BGB lex specialis ist.[294]

II. Beteiligung des Betriebsrats bei der Änderungskündigung

Beteiligungsrechte des BR ergeben sich bei Änderungs-Künd aus §§ 102, 99 BetrVG und – sofern ein Mitbestimmungstatbestand berührt ist – auch aus § 87 BetrVG.

1. Anhörung nach § 102 BetrVG. Vor Ausspruch der Änderungs-Künd hat der AG den BR gem. § 102 Abs. 1 BetrVG anzuhören (zu den Einzelheiten des Anhörungsverfahrens siehe § 102 BetrVG Rn 16 ff.). Zur ordnungsgemäßen Anhörung gehört in jedem Fall die Mitteilung darüber, dass es sich um eine **Änderungs-Künd** handelt,[295] sowie die Unterrichtung über das **Änderungsangebot**.[296] Hat der AN ein ihm zuvor unterbreitetes Änderungsangebot endgültig abgelehnt, muss der AG dies gegenüber dem Betriebsrat bei der Anhörung zu der beabsichtigten Beendigungs-Künd klarstellen.[297] Hat er den BR zunächst zu einer Änderungs-Künd angehört, kann er, ohne dazu den BR erneut angehört zu haben, keine Beendigungs-Künd aussprechen, selbst wenn der AN in der Zwischenzeit das Änderungsangebot eindeutig abgelehnt hat.[298] Eine erneute Anhörung ist nur dann entbehrlich, wenn der AG dem BR schon im Anhörungsverfahren zur Änderungs-Künd eindeutig mitteilt, dass er im Fall der Ablehnung des Änderungsangebots eine Beendigungs-Künd aussprechen wird.[299] Verändert der AG das Änderungsangebot zugunsten des AN in Entsprechung der vom BR geäußerten Einwände, ist eine erneute Anhörung des BR nicht erforderlich.[300] Ergibt sich die Tragweite der beabsichtigten Vertragsänderung erst in der Zusammenschau mit der **Künd-Frist** – z.B. wenn der Umfang einer Weihnachtsgeldreduzierung von der Künd-Frist abhängt, aber auch bei Massenänderungs-Künd –, so ist auch diese dem BR mitzuteilen.[301]

Der BR kann nach § 102 Abs. 3 BetrVG der beabsichtigten Änderungs-Künd aus den in Nr. 1 bis 5 aufgezählten Gründen **widersprechen**. Ein Widerspruch nach Nr. 2 setzt voraus, dass die personelle Auswahlrichtlinie, auf die sich der BR beruft, auch Änderungs-Künd erfasst. Der Widerspruch nach Nr. 3 bis 5 kommt in Betracht, wenn der BR eine Weiterbeschäftigungsmöglichkeit des AN zu weniger einschneidenden Bedingungen als vom AG angeboten erkennt.[302]

Trotz frist- und ordnungsgemäßen Widerspruchs des BR ist der AG nicht gehindert, die Änderungs-Künd gleichwohl auszusprechen.[303] Hat der AN das **Änderungsangebot abgelehnt**, löst der Widerspruch des BR einen Weiterbeschäftigungsanspruch nach § 102 Abs. 5 S. 1 BetrVG **zu den alten Arbeitsbedingungen** bis zur rechtskräftigen Entscheidung im Künd-Schutzverfahren aus. Hat er das Änderungsangebot **unter Vorbehalt angenommen**, wirkt sich der Widerspruch nach h.M. nicht zugunsten des AN aus, d.h. der AN muss sich an seiner erklärten Bereitschaft festhalten lassen, bis zur Klärung der Rechtswirksamkeit der Künd **zu den veränderten Bedingungen** zu arbeiten[304] (zur Lage bei verweigerter Zustimmung des BR nach § 99 BetrVG siehe unten Rn 126 ff.). Diese Auffassung deckt

---

291 BAG 19.6.2001 – 1 AZR 463/00 – AP Nr. § 3 BetrVG 1972 Nr. 3 = NZA 2002, 397 m.w.N.; LAG Köln 20.4.2009 – 5 Sa 1466/08 – juris; *Quecke*, NZA 2001, 812, 814 spricht zutr. von einem Fall des Vertragsbruchs.
292 ErfK/*Müller-Glöge*, § 620 BGB Rn 49.
293 APS/*Künzl*, § 2 KSchG Rn 81; ErfK/*Oetker*, § 2 KSchG Rn 9.; HaKo-KSchR/*Pfeiffer*, § 2 Rn 23; Kittner/Däubler/*Zwanziger*, § 2 KSchG Rn 9; KR/*Rost*, § 2 KSchG Rn 51.
294 BAG 12.1.2006 – 2 AZR 126/05 – AP § 2 KSchG 1969 Nr. 82 = NZA 2006, 587.
295 BAG 21.4.2005 – 2 AZR 132/04 – AP § 2 KSchG 1969 Nr. 79 = NZA 2005, 1289.
296 BAG 27.9.2001 – 2 AZR 236/00 – AP § 4 TVG Nachwirkung Nr. 40 = NZA 2002, 750; BAG 19.5.1993 – 2 AZR 584/92 – AP § 2 KSchG 1969 Nr. 31 = NZA 1993, 1075; BAG 27.5.1982 – 2 AZR 96/80 – DB 1984, 620; HaKo-KSchR/*Pfeiffer*, § 2 KSchG Rn 69; Kittner/Däubler/*Zwanziger*, § 2 KSchG Rn 9; KR/*Rost*, § 2 KSchG Rn 115.
297 BAG 30.11.1989 – 2 AZR 197/89 – AP § 102 BetrVG 1972 Nr. 53 = NZA 1990, 529.
298 BAG 30.11.1989 – 2 AZR 197/89 – AP § 102 BetrVG 1972 Nr. 53 = NZA 1990, 529; KR/*Rost*, § 2 KSchG Rn 115a; a.A APS/*Künzl*, § 2 KSchG Rn 132.
299 APS/*Künzl*, § 2 KSchG Rn 132.
300 LAG Berlin-Brandenburg 15.2.2008 – 8 Sa 1476/07 – NZA-RR 2009, 71, Revision anhängig unter 2 AZR 324/08.
301 BAG 29.3.1990 – 2 AZR 420/89 – AP § 102 BetrVG 1972 Nr. 56 = NZA 1990, 894 (Weihnachtsgeld); ArbG Frankfurt 17.1.1990 – DB 1990, 1091 (Massenänderungs-Künd); APS/*Künzl*, § 2 KSchG Rn 131; *v. Hoyningen-Huene/Linck*, § 2 Rn 188; Kittner/Däubler/*Zwanziger*, § 2 KSchG Rn 187; KR/*Rost*, § 2 KSchG Rn 115.
302 Vgl. LAG Köln 5.11.1998 – 10 Sa 144/98 – LAGE § 1 KSchG Betriebsbedingte Kündigung Nr. 54 = AiB 1999, 708.
303 Im öff. Dienst ist die vorherige Erörterung von fristgerecht erhobenen Einwendungen mit dem PR (z.B. nach § 72 Abs. 1 BPersVG) weitere Wirksamkeitsvoraussetzung, BAG 20.1.2000 – 2 AZR 65/99 – AP § 2 KSchG 1969 Nr. 56 = NZA 2000, 367.
304 ErfK/*Oetker*, § 2 KSchG Rn 22; HaKo-KSchR/*Pfeiffer*, § 2 KSchG Rn 69a; *v. Hoyningen-Huene/Linck*, § 2 Rn 191; KR/*Rost*, § 2 KSchG Rn 119; krit. Kittner/Däubler/*Zwanziger*, § 2 KSchG Rn 187a.

sich nicht nur mit dem Wortlaut des § 102 Abs. 5 BetrVG,[305] sondern rechtfertigt sich auch durch den Umstand, dass durch die Vorbehaltsannahme ein (bedingter) Änderungsvertrag zustande kommt, der einem Beschäftigungsanspruch zu den alten Bedingungen materiell-rechtlich entgegensteht.

124 **2. Beteiligung nach § 99 BetrVG.** Hat das Änderungsangebot eine **Versetzung** und/oder eine **Umgruppierung** zum Gegenstand, ist in Unternehmen mit i.d.R. mehr als 20 wahlberechtigten AN der BR auch nach § 99 BetrVG zu beteiligen; bei einer Versetzung in einen anderen Betrieb muss auch der BR des aufnehmenden Betriebes beteiligt werden (siehe dazu § 99 BetrVG Rn 15). Die Beteiligung des BR nach § 99 BetrVG ist zusätzlich zur Anhörung nach § 102 BetrVG durchzuführen.[306] Zweckmäßigerweise können beide Verfahren miteinander verbunden werden. Dabei muss der AG gegenüber dem BR jedoch klar stellen, dass er sowohl zur Künd angehört als auch um Zustimmung zu der Versetzung bzw. Umgruppierung gebeten wird.[307] Der BR kann ebenfalls eine einheitliche Stellungnahme für beide Beteiligungsverfahren abgeben.[308] Wenn aus der Stellungnahme nicht eindeutig hervorgeht, auf welches Verfahren sich die Zustimmung(-sverweigerung) bezieht, sollte der AG vorsichtshalber die Wochenfrist abwarten.

125 Die **Zustimmung** des BR **in beiden Verfahren** – entweder ausdrücklich erteilt oder gem. § 99 Abs. 3 S. 2 BetrVG und § 102 Abs. 2 S. 2 BetrVG gesetzlich fingiert – ist für den AG die unproblematischste Variante, kann er doch die Änderungs-Künd wie geplant aussprechen und die damit verbundene Versetzung oder Umgruppierung auch umsetzen, wenn nicht der AN das Änderungsangebot ablehnt. Das gilt auch, wenn der BR nur gegen die Künd Bedenken nach § 102 Abs. 2 S. 1 BetrVG äußert. Erhebt der BR allein gegen die Künd **Widerspruch nach § 102 Abs. 3 BetrVG**, hindert dies den AG ebenfalls nicht daran, die Änderungs-Künd wie geplant auszusprechen. Im Fall der Ablehnung des Änderungsangebots kann der AN allerdings den **Weiterbeschäftigungsanspruch** nach § 102 Abs. 5 S. 1 BetrVG geltend machen.[309]

126 **Probleme** entstehen, wenn der BR die **Zustimmung nach § 99 Abs. 2 BetrVG** zu der geplanten Umgruppierung oder Versetzung **verweigert** und der AN das Änderungsangebot unter Vorbehalt oder endgültig annimmt; im Falle seiner Ablehnung erledigt sich ein Zustimmungsersetzungsverfahren, da die Beschäftigung des AN zu den geänderten Bedingungen ohnehin ausscheidet.[310]

127 Die Zustimmungsverweigerung zur **Versetzung** nach § 99 Abs. 2 BetrVG führt nach h.M. nicht zur Unwirksamkeit der Änderungs-Künd (zu den Anforderungen an eine ordnungsgemäße Zustimmungsverweigerung siehe § 99 BetrVG Rn 85 ff.).[311] Gleichwohl kann der AG die Versetzung nicht **durchführen**, solange die Zustimmung des BR nicht nachträglich erteilt oder im Verfahren nach § 99 Abs. 4 BetrVG gerichtlich ersetzt wird.[312] Der AN ist nach h.M. nicht verpflichtet, die Arbeit zu den neuen Arbeitsbedingungen aufzunehmen, selbst wenn er das Änderungsangebot vorbehaltlos akzeptiert hat, sondern hat Anspruch darauf, bis zur Klärung der betriebsverfassungsrechtlichen Lage zu den alten Arbeitsbedingungen weiterbeschäftigt zu werden;[313] etwas anderes gilt nur, wenn die Voraussetzungen zur vorläufigen Durchführung der Maßnahme nach § 100 BetrVG vorliegen[314] (siehe dazu § 100 Rn 5 ff.).

128 Ist dem AG die Weiterbeschäftigung zu den bisherigen Arbeitsbedingungen nicht möglich, weil z.B. der alte Arbeitsplatz weggefallen ist, kann er im Fall der Zustimmungsverweigerung i.d.R. nicht ohne weiteres vom Ausspruch der Änderungs-Künd absehen und (nach erneuter Anhörung des BR!) eine Beendigungs-Künd aussprechen, weil dies dem Verhältnismäßigkeitsgrundsatz widerspräche. Vielmehr muss er zuvor ein Zustimmungsersetzungsverfahren durchführen, es sei denn, dies erweist sich – auch unter Berücksichtigung des damit verbundenen Zeitverlusts – als unzumutbare Belastung für den AG.[315] Wegen der Bedingungsfeindlichkeit der Künd ist es dem AG jedenfalls verwehrt, vorsorglich für den Fall der Nichtersetzung der Zustimmung des BR durch das ArbG bereits in diesem frühen Stadium eine Beendigungs-Künd auszusprechen.

---

305 KR/*Rost*, § 2 KSchG Rn 120.
306 BAG 30.9.1993 – 2 AZR 283/93 – AP § 2 KSchG 1969 Nr. 33 = NZA 1994, 615; BAG 3.7.1986 – 2 AZR 343/85 – RzK III 1d 1; APS/*Künzl*, § 2 KSchG Rn 141; HaKo-KSchR/*Pfeiffer*, § 2 KSchG Rn 70; KR/*Rost*, § 2 KSchG Rn 130; Kittner/Däubler/*Zwanziger*, § 2 KSchG Rn 186.
307 BAG 3.11.1977 – 2 AZR 277/76 – AP § 75 BPersVG Nr. 1 = DB 1978, 1135; APS/*Künzl*, § 2 KSchG Rn 141; KR/*Rost*, § 2 KSchG Rn 131.
308 KR/*Rost*, § 2 KSchG Rn 134.
309 HaKo-KSchR/*Pfeiffer*, § 2 KSchG Rn 70b; KR/*Rost*, § 2 KSchG Rn 141.
310 BAG 30.9.1993 – 2 AZR 283/89 – AP § 2 KSchG 1969 Nr. 33 = NZA 1994, 615; HaKo-KSchR/*Pfeiffer*, § 2 KSchG Rn 70c; vgl. auch BAG 23.11.2000 – 2 AZR 690/99 – FA 2001, 243.
311 BAG 8.6.1995 – 2 AZR 739/94 – RzK I 7a Nr. 30; BAG 30.9.1993 – 2 AZR 283/93 – AP § 2 KSchG 1969 Nr. 33 = NZA 1994, 615; APS/*Künzl*, § 2 KSchG Rn 147; ErfK/*Oetker*, § 2 KSchG Rn 26; v. Hoyningen-Huene/Linck, § 2 Rn 199; Kittner/Däubler/*Zwanziger*, § 2 KSchG Rn 188; KR/*Rost*, § 2 KSchG Rn 141.
312 APS/*Künzl*, § 2 KSchG Rn 150; ErfK/*Oetker*, § 2 KSchG Rn 26; KR/*Rost*, § 2 KSchG Rn 141; a.A. v. Hoyningen-Huene/Linck, § 2 Rn 199 f.
313 APS/*Künzl*, § 2 KSchG Rn 150, 152; Kittner/Däubler/*Zwanziger*, § 2 KSchG Rn 188; KR/*Rost*, § 2 KSchG Rn 141; a.A. v. Hoyningen-Huene/Linck, § 2 Rn 200.
314 Siehe dazu § 100 BetrVG Rn 5 ff.
315 So auch APS/*Künzl*, § 2 KSchG Rn 156 für den Fall der fehlenden Zustimmung des abgebenden und des aufnehmenden BR.

Unbegründet ist z.B. eine auf die ungerechtfertigte Benachteiligung des AN gestützte Zustimmungsverweigerung, wenn die Versetzung dem ausdrücklichen Wunsch des AN entspricht.[316] Wird die fehlende **Zustimmung** vom Gericht **nicht ersetzt** und stellt das Gericht auch nicht fest, dass sie als erteilt gilt, kann die Versetzung des AN nach h.M. **endgültig nicht durchgeführt** werden.[317] Hatte der AN das Änderungsangebot bereits vorbehaltlos angenommen oder wurde in der Zwischenzeit die soziale Rechtfertigung der Änderungs-Künd gerichtlich bestätigt,[318] klaffen die betriebsverfassungsrechtliche und die individualrechtliche Rechtslage auseinander: Der alte Arbeitsvertrag besteht nicht mehr (d.h., der AN ist auch nicht mehr verpflichtet, zu den alten Arbeitsbedingungen zu arbeiten),[319] der Einsatz des AN auf dem neuen Arbeitsplatz scheidet aber wegen der fehlenden Zustimmung des BR aus. In diesem Fall kann der AG, wenn keine andere Beschäftigungsmöglichkeit für den AN besteht, eine Beendigungs-Künd aussprechen.[320] Vermeidbar wären diese wie andere (z.B. § 1 und §§ 85 ff. SGB IX) aus dem Nebeneinander mehrerer Schutzgesetze entstehenden Friktionen und Aporien, wenn der Gesetzgeber den Schutz inhaltlich und verfahrensrechtlich harmonisieren würde. Steht rechtskräftig fest, dass der AG die Zustimmung nach § 99 BetrVG nicht erhält, führt dies zur Unwirksamkeit der Änderungs-Künd.[321]

Die Zustimmungsverweigerung des BR zur **Umgruppierung** berührt die Wirksamkeit der Änderungs-Künd ebenfalls zunächst nicht.[322] Der BR hat bei einer Umgruppierung kein Mitgestaltungsrecht, sondern nur ein **Mitbeurteilungsrecht**.[323] Aufgrund der sog. Eingruppierungsautomatik trifft der AG insoweit keine gestaltende Entscheidung. Vielmehr ist der AN automatisch aufgrund des Erfüllens bestimmter Tätigkeitsmerkmale in eine bestimmte Tarif- bzw. Vergütungsgruppe einzugruppieren.[324] Der AN kann – unabhängig von der Zustimmung des BR – auch stets (nur) die Vergütung verlangen, die ihm arbeitsvertraglich zusteht. Der BR kann insoweit allenfalls eine **Richtigkeitskontrolle** vornehmen. Er kann insb. einer Umgruppierung, die von der tariflichen oder der im Betrieb geltenden Vergütungsordnung geboten wird, nicht widersprechen, weil sie für den betroffenen AN ein „Nachteil" i.S.v. § 99 Abs. 2 Nr. 4 BetrVG sei.[325] Wird die **Zustimmung** des BR im Verfahren nach § 99 Abs. 4 BetrVG **nicht ersetzt**, weil eine andere als die mit der Änderungs-Künd erstrebte Vergütungsgruppe zutreffend ist, ist die Änderungs-Künd sozial ungerechtfertigt.[326] Soweit im Zustimmungsersetzungsverfahren nach § 99 Abs. 4 BetrVG eine bestimmte Entgeltgruppe als zutreffend ermittelt wurde, kann der AN seinen Entgeltanspruch unmittelbar auf die gerichtliche Entscheidung stützen.[327]

3. Mitbestimmung nach § 87 BetrVG. Erfüllt die vom AG angestrebte Änderung der Arbeitsbedingungen zugleich einen der Mitbestimmungstatbestände des § 87 Abs. 1 BetrVG, ist der BR auch nach dieser Vorschrift zu beteiligen. Nach h.M. ist eine Änderungs-Künd unwirksam, wenn sie ohne die nach § 87 Abs. 1 BetrVG erforderliche Zustimmung des BR ausgesprochen wird (sog. **Theorie der Wirksamkeitsvoraussetzung**); die nachträgliche Zustimmung des BR heilt eine mitbestimmungswidrige Anordnung des AG nicht.[328] Seit einiger Zeit vertritt der 2. Senat des BAG allerdings den Standpunkt, dass die Theorie der Wirksamkeitsvoraussetzung jedenfalls im Künd-Recht keine Anwendung findet.[329] Eine nicht mitbestimmte Änderungs-Künd ist deshalb nicht per se nichtig, sondern kann vom AG – ihre soziale Rechtfertigung vorausgesetzt – lediglich so lange nicht individualrechtlich durchgesetzt wer-

---

316 BAG 2.4.1996 – 1 ABR 39/95 – AP § 99 BetrVG Versetzung Nr. 9 = NZA 1997, 219.
317 LAG Düsseldorf 21.1.2009 – 12 Sa 1590/08 – juris, Revision anhängig unter 2 AZR 491/09; APS/*Künzl*, § 2 KSchG Rn 158; ErfK/*Oetker*, § 2 KSchG Rn 27; HaKo-KSchR/*Pfeiffer*, § 2 KSchG Rn 70c; v. Hoyningen-Huene/*Linck*, § 2 Rn 201 ff.
318 Zur Aussetzung des Änderungsschutzverfahrens analog § 148 ZPO APS/*Künzl*, § 2 KSchG Rn 157; v. Hoyningen-Huene/*Linck*, § 2 Rn 203.; Kittner/Däubler/*Zwanziger*, § 2 KSchG Rn 188; KR/*Rost*, § 2 KSchG Rn 141.
319 So zutr. APS/*Künzl*, § 2 KSchG Rn 154; ErfK/*Oetker*, § 2 KSchG Rn 26; v. Hoyningen-Huene/*Linck*, § 2 Rn 202; anders wohl LAG Berlin 16.5.1997 – 2 Sa 12/97 – LAGE § 2 KSchG Nr. 30.
320 APS/*Künzl*, § 2 KSchG Rn 159; ErfK/*Oetker*, § 2 KSchG Rn 27; HaKo-KSchR/*Pfeiffer*, § 2 KSchG Rn 70c; v. Hoyningen-Huene/*Linck*, § 2 Rn 203; KR/*Rost*, § 2 KSchG Rn 141.
321 BAG 28.8.2008 – 2 AZR 967/06 – AP § 2 KSchG 1969 Nr. 140 = NZA 2009, 505.
322 APS/*Künzl*, § 2 KSchG Rn 160; KR/*Rost*, § 2 KSchG Rn 142.
323 Vgl. zur Eingruppierung BAG 27.6.2000 – 1 ABR 29/99 – ZTR 2001, 188.
324 LAG Hannover 24.5.2002 – 3 TaBV 22/01 – juris.
325 BAG 6.8.2002 – 1 ABR 49/01 – AP § 99 BetrVG Eingruppierung Nr. 27 = NZA 2003, 386.
326 BAG 28.8.2008 – 2 AZR 967/06 – AP § 2 KSchG 1969 Nr. 140 = NZA 2009, 505; APS/*Künzl*, § 2 KSchG Rn 160.
327 BAG 3.5.1994 – 1 ABR 58/93 – AP § 99 BetrVG Eingruppierung Nr. 2 = NZA 1995, 484.
328 BAG 31.1.1984 – 1 AZR 174/81 – AP § 87 BetrVG 1972 Lohngestaltung Nr. 15 = NZA 1984, 167; LAG Kiel 1.3.2000 – 2 Sa 476/99 – juris; Hessisches LAG 27.11.1986 – 9 Sa 822/86 – LAGE § 87 BetrVG 1972 Nr. 5 = RzK I 7a Nr. 5; HaKo-KSchR/*Pfeiffer*, § 2 KSchG Rn 71; v. Hoyningen-Huene/*Linck*, § 2 Rn 205; Kittner/Däubler/*Zwanziger*, § 2 KSchG Rn 189a.
329 BAG 24.6.2004 – 2 AZR 208/03 – EzA-SD 2004, Nr. 26, 10; BAG 23.11.2000 – 2 AZR 690/99 – FA 2001, 243; BAG 17.6.1998 – 2 AZR 336/97 – AP § 2 KSchG 1969 Nr. 49m. zust. Anm. v. *Hanau* = NZA 1998, 1225; LAG Hamm 11.11.1999 – 4 Sa 1879/98 – BuW 2000, 564; ebenso APS/*Künzl*, § 2 KSchG Rn 171; *Fischermeier*, NZA 2000, 737, 741 f.; *Henssler*, SAE 2000, 238, 247 f.; KR/*Rost*, § 2 KSchG Rn 145b; *Spirolke/Regh*, Die Änderungskündigung, 104.

den, bis die erforderliche Zustimmung des BR vorliegt oder von der Einigungsstelle ersetzt ist.[330] Lehnt der AN das Änderungsangebot ab, ist die (weitere) Durchführung des Mitbestimmungsverfahrens nach § 87 BetrVG obsolet.[331]

132 Für den 2. Senat spricht, dass § 87 BetrVG im Gegensatz zu § 102 BetrVG gerade nicht anordnet, dass eine Künd unter Missachtung des Mitbestimmungsrechts unwirksam ist. Dem Schutz des AN, den das Mitbestimmungsrecht des BR nach § 87 BetrVG bezweckt, wird dadurch genügt, dass die Änderungsmaßnahme vom AG individualrechtlich so lange nicht durchgesetzt werden kann, bis die erforderliche Zustimmung des BR vorliegt bzw. ersetzt ist. Die Befürchtung, es werde dem AN die individuelle Last eines Vorgehens nach § 2 aufgebürdet,[332] ist nicht gerechtfertigt, weil – ebenso wie im Rahmen des § 99 BetrVG – das Änderungsschutzverfahren bis zur Beendigung des Mitbestimmungsverfahrens ausgesetzt werden kann. Darüber hinaus steht dem BR bei Verletzung seiner Mitbestimmungsrechte aus § 87 BetrVG ein Anspruch auf Unterlassung der mitbestimmungswidrigen Maßnahme zu,[333] so dass der BR die mitbestimmungswidrige Beschäftigung des AN in jedem Fall verhindern kann, ohne dass der AN die Initiative ergreifen müsste.

D. Beraterhinweise

I. Vorprozessuale Beratung

133 Die Änderungs-Künd fordert dem anwaltlichen Berater einiges ab. Binnen kurzer Zeit muss er **dem AN** die richtige Entscheidung darüber ermöglichen, welche der drei Möglichkeiten (siehe oben Rn 29) er wählt. Die Berechtigung der Künd wird er zu diesem frühen Zeitpunkt nur selten mit hinreichender Sicherheit beurteilen können. Rät er von einer Vorbehaltsannahme ab, riskiert der AN den Verlust des Arbeitsplatzes. Eine Vorbehaltsannahme hingegen führt dazu, dass der AN für den meist erheblichen Zeitraum zwischen Ablauf der Künd-Frist und rechtskräftiger gerichtlicher Entscheidung die mit der Änderungs-Künd verbundenen Erschwernisse auch dann auf sich nehmen muss, wenn er letztlich obsiegt. Belastungen durch Orts- oder Tätigkeitsveränderungen lassen sich nicht rückwirkend beseitigen. Die Möglichkeit einer Titulierung des allgemeinen Weiterbeschäftigungsanspruchs zu den alten Bedingungen ist dem AN nach Vorbehaltsannahme verschlossen (Einzelheiten siehe Rn 142 ff.). Je nach Inhalt des Änderungsangebots kann durch eine Vorbehaltsannahme das Annahmeverzugsrisiko entfallen, so dass der AN dem AG die Prozessführung erleichtert. Will der AN auf keinen Fall das Arbverh aufs Spiel setzen, ist zwischen der Annahme mit und derjenigen ohne Vorbehalt zu entscheiden und damit darüber, ob die Prozessaussichten es rechtfertigen, das Arbverh durch einen Rechtsstreit zu belasten. Einen Königsweg gibt es nicht.

134 Der **Berater des AG** hingegen muss zunächst für einen korrekten Ausspruch der Änderungs-Künd sorgen. In der gerichtlichen Praxis sind Fälle fehlender Kongruenz zwischen Künd-Frist und Änderungsangebot (siehe oben Rn 103) nicht selten. Ein beliebter Fehler – der ebenfalls zur Unwirksamkeit der Änderungs-Künd führt (siehe oben Rn 102) – ist auch, anlässlich einer gerechtfertigten Änderung noch weitere, nicht erforderliche Änderungen anzubieten. Solche schleichen sich oft zunächst unbemerkt ein, wenn das Angebot in Form eines beigefügten, vollständig formulierten neuen Arbeitsvertrages (zur Einhaltung der Schriftform in diesem Fall siehe Rn 6) unterbreitet wird. Weniger fehlerträchtig ist es deshalb, das Angebot in das Künd-Schreiben aufzunehmen („Wir bieten Ihnen jedoch an, das Arbverh nach Ablauf der Künd-Frist fortzusetzen mit der Änderung, dass …"). Erstrebt der AG mehrere Änderungen, muss wegen der genannten Problematik prognostiziert werden, ob für alle eine soziale Rechtfertigung gegeben ist. Trotz einheitlichen Künd-Sachverhalts statt einer einzigen für jede Änderung eine eigene Änderungs-Künd auszusprechen,[334] löst das Problem für den AG nicht. Handelt es sich um eine Entgeltreduzierung im Rahmen eines Sanierungskonzepts, kann mit der einzelnen Änderung das erstrebte Sanierungsziel nicht erreicht werden, so dass jede einzelne Änderungs-Künd sozialwidrig ist.[335] Im Übrigen riskiert der AG bei jeder Künd den Vorwurf, weshalb sie erforderlich sein soll, obwohl dem Anlass nach dem Verhalten des AG auch anders Rechnung getragen werden kann. Hat der AG Bedenken, ob einzelne Änderungen der gerichtlichen Prüfung standhalten, erscheint es ratsamer, mehrere in ein Hilfsverhältnis gestellte Änderungs-Künd auszusprechen (dabei die weitgehendste als Haupt-Künd).

135 Schwierigkeiten kann die Beurteilung bereiten, ob eine Änderungs-Künd erforderlich ist oder die gewünschten Änderungen bereits durch Ausübung des Direktionsrechts erreicht werden können. In einem solchen Fall sollte – unter Beachtung des Annahmeverzugsrisikos – bedacht werden, die Änderung per Direktionsrecht anzuordnen und die Änderungs-Künd lediglich hilfsweise auszusprechen. Dann muss das Direktionsrecht bereits **vor** Ausspruch der Änderungs-Künd ausgeübt werden.[336] Das Direktionsrecht bietet dabei den weiteren Vorteil, dass in zeitlicher Hinsicht

---

330 APS/*Künzl* § 2 KSchG Rn 171.
331 BAG 23.11.2000 – 2 AZR 690/99 – FA 2001, 243; anders noch die Vorinstanz LAG Hamm 11.11.1999 – 4 Sa 1879/98 BuW 2000, 564; dem BAG zust. *Spirolke/Regh*, Die Änderungskündigung, 104.
332 Kittner/Däubler/*Zwanziger*, § 2 KSchG Rn 189a.
333 BAG 3.5.1994 – 1 ABR 24/93 – AP § 23 BetrVG 1972 Nr. 23 = NZA 1995, 40.
334 So die Empfehlung von *Lindemann/Simon*, BB 2008, 2795.
335 LAG Köln 17.7.2007 – 9 Sa 37/07 – LAGE § 2 KSchG Nr. 59a.
336 LAG Köln 7.7.2008 – 2 Sa 262/08 – juris; LAG Köln 4.5.2009 – 5 Sa 257/09 – juris.

nicht die Künd-Frist, sondern nur das billige Ermessen i.S.d. § 106 GewO zu beachten ist. Ein hilfsweiser Ausspruch einer Änderungs-Künd ist aus Sicht des AG auch dann sinnvoll, wenn der AN sich bei einer Beendigungs-Künd auf eine anderweitige Beschäftigungsmöglichkeit beruft, die der AG als unzumutbar nicht angeboten hat.

II. Prozessuale Besonderheiten

Die richtige prozessuale Vorgehensweise hängt im Fall der Änderungs-Künd davon ab, wie der AN sich zu der Änderungs-Künd stellt: **136**

1. Verfahren nach Ablehnung des Angebots. Lehnt der AN das Änderungsangebot ab, wirkt die Änderungs-Künd als Beendigungs-Künd. Der AN muss dann gegen diese Künd in gleicher Weise vorgehen wie gegen eine Beendigungs-Künd; es ergeben sich insoweit keine Besonderheiten.[337] Prüfungsmaßstab ist die soziale Rechtfertigung des Änderungsangebots (siehe Rn 105 ff.). **137**

2. Verfahren nach Annahme des Angebots unter Vorbehalt. Seit der zum 1.4.2004 in Kraft getretenen Neufassung des § 4 S. 2 ist im Falle der vorbehaltlichen Annahme des Änderungsangebots „die Klage auf Feststellung zu erheben, dass die Änderung der Arbeitsbedingungen sozial ungerechtfertigt oder aus anderen Gründen rechtsunwirksam ist." Die fehlende soziale Rechtfertigung und damit eine mögliche Rechtsgrundlage für die Begründetheit der Änderungsschutzklage zum Teil des Klageantrags zu erheben, zeugt nicht von handwerklichem Geschick des Gesetzgebers. Er hat mit der Formulierung jedenfalls klargestellt, dass – wie bei der Beendigungs-Künd – auch im Falle der Änderungs-Künd die **Drei-Wochen-Frist** für alle Unwirksamkeitsgründe gilt (siehe dazu § 4 Rn 8). Wird die Klage später erhoben, kann nur noch der Schriftformverstoß nach §§ 623, 125 Abs. 1, 126 BGB geprüft werden. Hat der AN rechtzeitig Klage gegen die Künd erhoben, kann er nach § 6 bis zum Schluss der mündlichen Verhandlung erster Instanz andere Unwirksamkeitsgründe nachschieben (siehe § 6 Rn 4 ff.). **138**

a) Klageantrag. Der Antrag kann entspr. dem nunmehrigen Wortlaut des § 4 S. 2 deshalb lauten: „Es wird beantragt festzustellen, dass die Änderung der Arbeitsbedingungen durch die Kündigung vom (...) sozial ungerechtfertigt oder aus anderen Gründen rechtsunwirksam ist."[338] Dass das Gericht wohl kaum seinen Tenor in Form einer Alternative abfassen wird, braucht den Kläger nicht zu kümmern. Er kann – die Ungeschicklichkeit des Gesetzgebers berücksichtigend – aber auch schlicht formulieren: „Es wird beantragt festzustellen, dass die Änderung der Arbeitsbedingungen durch die Kündigung vom (...) unwirksam ist".[339] Dass der Kläger sich dabei (u.a.) auf die Sozialwidrigkeit der Künd beruft, gehört wegen § 6 zur Vermeidung von Haftungsrisiken ohnehin in die Klagebegründung. Der Antrag kann mit einer **allg. Feststellungsklage** verbunden werden, die nachfolgende Künd erfasst (siehe dazu § 4 Rn 46). Spricht der AG eine oder mehrere weitere Änderungs-Künd aus, darf der AN nicht vergessen, das jeweilige Angebot – sofern für ihn akzeptabel – gegenüber dem AG unter Vorbehalt anzunehmen, anderenfalls die entspr. Änderungs-Künd als Beendigungs-Künd wirken würde.[340] **139**

b) Streit über fristgerechte Erklärung des Vorbehalts. Besteht zwischen den Parteien **Streit über die Rechtzeitigkeit der Vorbehaltsannahme**, sollte der AN gleichwohl (rechtzeitig!) **Änderungsschutzklage** nach § 4 S. 2 und **hilfsweise** – für den Fall des Unterliegens wegen nicht rechtzeitiger Annahme des Änderungsangebots unter Vorbehalt – **Künd-Schutzklage** nach § 4 S. 1 erheben. Die hilfsweise Künd-Schutzklage kann nach h.M. entspr. § 6 bis zum Schluss der mündlichen Verhandlung 1. Instanz erhoben werden, sofern die Änderungsschutzklage rechtzeitig erhoben wurde.[341] **140**

c) Darlegungs- und Beweislast. Da kein Grund für eine von der Beendigungs-Künd abweichende Regelung besteht, folgt die Darlegungs- und Beweislast bei der Änderungsschutzklage nach allg. Ansicht den Regelungen im Künd-Schutzverfahren,[342] obwohl § 2 keine Bestimmung dazu enthält und auch nicht auf § 1 Abs. 1 S. 4 bzw. auf § 1 Abs. 3 S. 3 verweist. Es hat der AG die Erforderlichkeit der Änderungs-Künd sowie die Angemessenheit des Änderungsangebots darzulegen und zu beweisen. Für die Fehlerhaftigkeit der sozialen Auswahl (§ 1 Abs. 3 S. 1) ist der AN darlegungs- und beweispflichtig. Gleiches gilt für den Zugang der Annahmeerklärung. **141**

d) Weiterbeschäftigung während des Verfahrens. Während des Änderungsschutzverfahrens ist der AN nach Ablauf der Künd-Frist – im Falle der fristlosen Änderungs-Künd sofort – verpflichtet, **zu den geänderten Bedingun-** **142**

---

337 KR/*Rost*, § 2 KSchG Rn 176 ff.; siehe weiter die Kommentierung zu §§ 1, 4 KSchG.
338 *Bader*, NZA 2004, 65, 68.
339 KR/*Rost*, § 2 KSchG Rn 147–156, das von Rost zusätzlich angeregte „... zum ..." ist missverständlich, da die Änderung aus Klägersicht zu jedem Datum unwirksam sein soll.
340 KR/*Rost*, § 2 KSchG Rn 157.

341 BAG 17.5.2001 – 2 AZR 460/00 – EzA § 620 BGB Kündigung Nr. 3; HaKo-KSchR/*Pfeiffer*, § 2 Rn 63; KR/*Rost*, § 2 KSchG Rn 165.
342 APS/*Künzl*, § 2 KSchG Rn 331; ErfK/*Oetker*, § 2 KSchG Rn 74; HaKo-KSchR/*Pfeiffer*, § 2 Rn 59; KR/*Rost*, § 2 KSchG Rn 160 f.

gen weiter zu arbeiten.[343] Diese Verpflichtung besteht nach nahezu allg. Ansicht bis zur Rechtskraft einer der Änderungsschutzklage stattgebenden Entscheidung. Die im Urteil des LAG Mecklenburg-Vorpommern[344] zitierte gegeteilige Rspr. des ArbG Neubrandenburg verkennt, dass mit der Vorbehaltsannahme ein Vertrag zustande gekommen ist, welcher nach § 8 erst nach rechtskräftigem Obsiegen des AN rückwirkend aufgelöst wird.[345]

143 War mit der Änderungs-Künd eine Versetzung verbunden und hat der BR seine Zustimmung nach § 99 BetrVG verweigert, ist der AN grds. bis zur Klärung der betriebsverfassungsrechtlichen Lage zu den alten Arbeitsbedingungen weiterzubeschäftigen (Einzelheiten siehe oben Rn 127).

144 Ist zwischen den Parteien die **Wirksamkeit des vom AN erklärten Vorbehalts im Streit**, so ist nicht nur der Inhalt, sondern der Bestand des Arbverh str. In diesem Fall ist der AG so lange nicht zur Weiterbeschäftigung des AN – weder zu den alten noch zu den angebotenen geänderten Bedingungen – verpflichtet, wie kein der Änderungsschutzklage stattgebendes Urteil 1. Instanz vorliegt.[346] Gibt das Gericht der Änderungsschutzklage statt, weil es die Vorbehaltsannahme für rechtzeitig und die Änderung der Arbeitsbedingungen für sozialwidrig befindet, hat der AN Anspruch auf Weiterbeschäftigung, wegen der Regelung in § 8 allerdings nur zu den geänderten Bedingungen;[347] erst nach Rechtskraft einer seiner Klage stattgebenden Entscheidung hat er wieder Anspruch auf Beschäftigung zu alten Bedingungen. Weist das Gericht die Klage wegen unwirksamer Erklärung des Vorbehalts ab, so besteht ein Anspruch auf Weiterbeschäftigung zu den alten Bedingungen nur, wenn es einer vorsorglich erhobenen Klage nach § 4 S. 1 stattgibt. Diese Klage kann, sofern die Änderungsschutzklage rechtzeitig erhoben wurde, in entspr. Anwendung des § 6 auch hilfsweise noch bis zum Schluss der mündlichen Verhandlung erster Instanz erhoben werden.[348]

145 e) **Rücknahme der Änderungskündigung.** Die Annahme des Änderungsangebots unter Vorbehalt beinhaltet nach zutreffender h.M. zugleich das Angebot des AN an den AG, zu den alten Arbeitsbedingungen weiter zu arbeiten. Nimmt der AG danach die Änderungs-Künd zurück, ist darin die Annahme dieses Angebots durch den AG zu sehen mit der Folge, dass die Änderungs-Künd gegenstandslos ist.[349] Das Änderungsschutzverfahren ist dann in der Hauptsache erledigt; bei entspr. Anträgen ergeht eine Entscheidung über die Kosten nach § 46 Abs. 2 ArbGG i.V.m. § 91a ZPO, die i.d.R. der AG zu tragen hat.[350] Verweigert der AG die Zustimmung zur Erledigungserklärung, muss der AN, will er die Klageabweisung vermeiden, den Klageantrag auf Feststellung der Erledigung der Hauptsache umstellen; auch in diesem Fall dürften die Kosten dem AG aufzuerlegen sein.[351]

146 f) **Auflösung des Arbeitsverhältnisses.** Hat der AN das Änderungsangebot unter Vorbehalt angenommen, kommt die Auflösung des Arbverh gem. § 9 nicht in Betracht.[352]

147 3. **Streit über die vorbehaltlose Annahme des Änderungsangebots.** Die vorbehaltlose Annahme des Änderungsangebots durch den AN hat zur Folge, dass das Arbverh mit Ablauf der Künd-Frist – im Falle der außerordentlichen und fristlosen Änderungs-Künd auch mit sofortiger Wirkung – zu den geänderten Bedingungen fortgesetzt wird (zur vorbehaltlosen Annahme siehe Rn 33 ff., zum Fall der fehlenden Zustimmung des BR nach § 99 BetrVG siehe Rn 126 ff.).[353] Zu einem Rechtsstreit kann es kommen, wenn der AG sich weigert, den AN nach Ablauf der Künd-Frist weiter zu beschäftigen, weil er auf dem Standpunkt steht, der AN habe das Änderungsangebot nicht oder nicht rechtzeitig angenommen. Der AN sollte in diesem Fall die Annahme des Änderungsangebots sofort (noch-

---

343 BAG 28.5.2009 – 2 AZR 844/07 – NZA 2009, 954; BAG 18.1.1990 – 2 AZR 183/89 – AP § 2 KSchG 1969 Nr. 27 = NZA 1990, 734; BAG 19.12.1991 – 2 AZR 280/91 – RzK I 10i Nr. 38; Thüringer LAG 18.12.1996 – 7 Ta 43/96 – LAGE § 2 KSchG Nr. 21; APS/*Künzl*, § 2 KSchG Rn 314; Kittner/Däubler/*Zwanziger*, § 2 KSchG Rn 193; KR/*Rost*, § 2 KSchG Rn 158a; zur außerordentlichen fristlosen Änderungs-Künd BAG 27.3.1987 – 7 AZR 790/85 – AP Nr. § 2 KSchG 1969 Nr. 20 = NZA 1988, 737.

344 LAG Mecklenburg-Vorpommern – 15.7.2008 – 1 Sa 528/05 – juris.

345 BAG 28.5.2009 – 2 AZR 844/07 – NZA 2009, 954; BAG 24.3.2004 – 5 AZR 355/03 – AP § 3 EntgeltFG Nr. 22.

346 BAG 28.3.1985 – 2 AZR 548/83 – AP § 767 ZPO Nr. 4 = NZA 1985, 709; Kittner/Däubler/*Zwanziger*, § 2 KSchG Rn 193; *Stahlhacke/Preis/Vossen*, Rn 2058; grds. zum Weiterbeschäftigungsanspruch BAG 27.2.1985 – GS 1/84 – AP § 611 BGB Beschäftigungspflicht Nr. 14 = NZA 1985, 702.

347 KR/*Rost*, § 2 KSchG Rn 158a.

348 HaKo-KSchR/*Pfeiffer*, § 2 Rn 63.

349 LAG Köln 12.6.1997 – 10 Sa 1494/96 – NZA 1998, 767; ErfK/*Oetker*, § 2 KSchG Rn 71; KR/*Rost*, § 2 KSchG Rn 159a; i.E. ebenso APS/*Künzl*, § 2 KSchG Rn 336, der insoweit mißverständlich von der Rücknahme des Änderungsangebots spricht; a.A. – allerdings nicht ausdr. auch für den Fall der Vorbehaltsannahme – Kittner/Däubler/*Zwanziger*, § 2 KSchG Rn 192.

350 APS/*Künzl*, § 2 KSchG Rn 337; ErfK/*Oetker*, § 2 KSchG Rn 71; KR/*Rost*, § 2 KSchG Rn 159a.

351 APS/*Künzl*, § 2 KSchG Rn 337.

352 LAG Düsseldorf 20.5.1997 – 8 Sa 1591/96 – NZA-RR 1998, 111; APS/*Künzl*, § 2 KSchG Rn 340; ErfK/*Oetker*, § 2 KSchG Rn 71; HaKo-KSchR/*Pfeiffer*, § 2 Rn 65; Kittner/Däubler/*Zwanziger*, § 2 KSchG Rn 195; KR/*Rost*, § 2 KSchG Rn 166; *Stahlhacke/Preis/Vossen*, Rn 2061; a.A. *Bauer/Krets*, DB 2002, 1937 ff.; *Bopp*, Kündigung und Kündigungsprozess im Arbeitsrecht, 1980, S. 267.

353 Zu einem – m.E. abzulehnenden – Modell der ordentlichen Künd mit sofortiger Wirkung vgl. *Hohenstatt/Kock*, NZA 2004, 524 ff.

mals) erklären und auf Beschäftigung bzw. Feststellung des Fortbestandes des Arbverh zu den geänderten Bedingungen klagen; für diese Klage gilt die Drei-Wochen-Frist des § 4 nicht.[354]

4. Wertfestsetzung. Im Änderungsschutzverfahren streiten die Parteien nicht über die Beendigung des Arbverh, sondern über die Wirksamkeit des Änderungsangebots. Daher ist für den Streitwert grds. die Differenz zwischen dem Wert der alten und dem der geänderten Arbeitsbedingungen maßgeblich. Dieser Wert ist jeweils nach § 3 ZPO zu ermitteln.[355] Für die Streitwertberechnung ist nach Auffassung des BAG gem. § 42 Abs. 2 GKG grds. vom dreifachen Jahresbetrag der Differenz auszugehen. Als Obergrenze sind sodann die Regelungen in § 42 Abs. 3 S. 1 GKG heranzuziehen, wobei die niedrigere der dort genannten Grenzen maßgeblich sein soll (siehe auch § 12 ArbGG Rn 44).[356] Teilweise wird auch pauschalierend für die unter Vorbehalt angenomme Änderungs-Künd ein Betrag von zwei Bruttomonatsgehältern angesetzt.[357]

III. Steuer- und Sozialversicherungsrecht

1. Informations- und Meldepflicht nach §§ 2, 37b SGB III. AN, deren Arbverh endet, müssen sich nach § 38 Abs. 1 S. 1 SGB III unverzüglich nach Kenntnis des Beendigungszeitpunkts persönlich bei der AA arbeitsuchend melden. Da die Änderungs-Künd nur im Falle der Ablehnung des Änderungsangebots zur Beendigung des Arbverh führt, besteht **bei Annahme des Änderungsangebots**, auch unter Vorbehalt, **keine Meldepflicht** nach § 38 Abs. 1 S. 1 SGB III. Gleichwohl ist dem AN die **Meldung in jedem Falle zu empfehlen**, denn es ist nicht auszuschließen, dass die Annahmeerklärung dem AG nicht oder nicht rechtzeitig zugeht, so dass die Änderungs-Künd zur Beendigung des Arbverh führt.[358]

Nach einem Rundschreiben der BA gilt im Rahmen des § 38 Abs. 1 S. 1 SGB III eine **Meldefrist von sieben Tagen**, bei deren Einhaltung der AN keine Minderung seines Alg nach § 140 SGB III befürchten muss. Ist sich der AN innerhalb dieser Frist noch nicht im Klaren darüber, ob er das Angebot annehmen soll oder nicht, ist er gut beraten, sich innerhalb der Meldefrist arbeitsuchend zu melden; im Fall der (vorbehaltlichen) Annahme des Angebots genügt dann eine kurze Erledigungsmitteilung an die AA.

Nach § 2 Abs. 2 Nr. 3 SGB III muss der AG den AN u.a. „vor Beendigung des Arbverh frühzeitig ... über die Verpflichtung unverzüglicher Meldung bei der Agentur für Arbeit informieren ...". Die Verletzung dieser Informationspflicht führt nicht zu einer **Schadensersatzpflicht des AG** gegenüber dem AN hinsichtlich des Schadens, der ihm u.U. durch eine verspätete Arbeitsuchendmeldung entstanden ist.[359] AG sollten dennoch auch eine Änderungs-Künd mit einem **Hinweis** gem. § 2 Abs. 2 Nr. 3 SGB III **auf die Meldepflicht** nach § 38 SGB III (am besten im Wortlaut) versehen.

2. Abfindung. Zahlt der AG an den AN anlässlich einer Änderungs-Künd eine „Abfindung" wegen der im fortgesetzten Arbverh durch die Änderungen entstehenden Verluste, handelt es sich sozialversicherungsrechtlich um beitragspflichtiges Arbeitsentgelt.[360] Das gilt auch dann, wenn das Arbverh lediglich in Form einer geringfügigen Beschäftigung fortgesetzt wird.[361]

Eine solche Teilabfindung wird auch nicht steuerlich als im Zusammenhang mit einer Auflösung bzw. Beendigung des Dienstverhältnisses gezahlt behandelt.[362]

§ 3 Kündigungseinspruch

¹Hält der Arbeitnehmer eine Kündigung für sozial ungerechtfertigt, so kann er binnen einer Woche nach der Kündigung Einspruch beim Betriebsrat einlegen. ²Erachtet der Betriebsrat den Einspruch für begründet, so hat er zu versuchen, eine Verständigung mit dem Arbeitgeber herbeizuführen. ³Er hat seine Stellungnahme zu dem Einspruch dem Arbeitnehmer und dem Arbeitgeber auf Verlangen schriftlich mitzuteilen.

---

354 Vgl. den Fall BAG 6.2.2003 – 2 AZR 674/01 – AP § 2 KSchG 1969 Nr. 71 = NZA 2003, 659.
355 KR/*Rost*, § 2 KSchG Rn 175.
356 Zum Vorläufer dieser Vorschrift vgl. BAG 23.3.1989 – 7 AZR 527/85 – AP § 17 GKG 1975 Nr. 1 = RzK I 10l 41; ebenso LAG Chemnitz 5.3.1997 – 9 Ta 19/97 – LAGE § 12 ArbGG 1979 Streitwert Nr. 109; HaKo-KSchR/*Pfeiffer*, § 2 KSchG Rn 67; KR/*Rost*, § 2 KSchG Rn 174 ff.
357 LAG Düsseldorf 16.10.2006 – 6 Ta 491/06 – juris; Kittner/Däubler/*Zwanziger*, § 2 KSchG Rn 198.
358 So auch *Osterheider*, FA 2004, 41.

359 BAG 29.9.2005 – 8 AZR 571/04 – AP § 2 SGB III Nr. 2 = NZA 2005, 1406.
360 BSG 28.1.1999 – B 12 KR 14/98 R – und – B 12 KR 6/98 R – SozR 3-2400 § 14 Nr. 16 und 17.
361 SG Dortmund 20.10.2006 – S 34 R 217/05 – juris.
362 BFH 10.10.1986 – VI R 178/83 – DB 1987, 515; BFH 30.10.2008 – VI R 53/05 – DB 2009, 322; BFH 12.12.2007 – XI B 23/07 – BFH/NV 2008, 376; FG Berlin-Brandenburg 17.9.2008 – 11 K 1839/05 – DStRE 2009, 910, Revision anhängig unter IX R 3/09.

Literatur: *Brill,* Kündigungseinspruch trotz Anhörung des Betriebsrats? – Zum Verhältnis zwischen § 3 KSchG und § 102 BetrVG –, AuR 1977, 109; *Fischer,* Nochmals: Ist § 3 KSchG obsolet?, NZA 1995, 1133; *Möhn,* Ist § 3 KSchG obsolet?, NZA 1995, 113

A. Allgemeines	1	1. Form, Frist	3
B. Regelungsgehalt	2	2. Entscheidung	4
I. Anwendungsbereich	2	C. Verbindung zum Prozessrecht	6
II. Einspruchsverfahren	3	D. Beraterhinweise	7

A. Allgemeines

1 Das **Einspruchsrecht** des AN nach § 3 ist trotz zahlreicher Änderungen des KSchG und des BetrVG unverändert geblieben. Die Norm entspricht in ihrem Wortlaut § 2 KSchG i.d.F. von 1951. Sie spielte eine bedeutendere Rolle, solange der Künd-Schutz lediglich kollektivrechtlich ausgestaltet war.[1] Heute ist die **praktische Bedeutung** der Vorschrift **gering**,[2] denn das Beteiligungsrecht des BR nach § 102 BetrVG ist inhaltlich wesentlich wirkungsvoller ausgestaltet: Die fehlende Anhörung hat gem. § 102 Abs. 1 S. 3 BetrVG die Unwirksamkeit der Künd zur Folge; außerdem ergreift die Anhörungspflicht nach § 102 BetrVG alle Künd, während § 3 sich nur auf solche bezieht, deren Wirksamkeit sich nach dem KSchG bestimmt.[3] Ferner bleibt es für den AN zunächst rechtlich folgenlos, wenn der BR seinen Einspruch für begründet erachtet; dagegen entsteht bei ordnungsgemäßem Widerspruch nach § 102 BetrVG ein Weiterbeschäftigungsanspruch.

B. Regelungsgehalt

I. Anwendungsbereich

2 Voraussetzung für den Einspruch ist nach der Systematik des Gesetzes eine **ordentliche Künd**, die nach Ablauf der **Wartezeit** gem. § 1 Abs. 1 ausgesprochen worden ist und auf die nach der Zahl der im Betrieb beschäftigten AN (§ 23 Abs. 1) der Erste Abschnitt des KSchG Anwendung findet.[4] Die Möglichkeit des Einspruchs besteht auch bei **Änderungs-Künd**.[5] Auf Geschäftsführer, Betriebsleiter und ähnliche leitende Ang, soweit diese zur selbstständigen Einstellung oder Entlassung von AN berechtigt sind, findet die Vorschrift keine Anwendung, § 14 Abs. 2.

II. Einspruchsverfahren

3 **1. Form, Frist.** Der Künd-Einspruch ist beim BR einzulegen; eine bestimmte Form ist nicht vorgeschrieben, so dass die **mündliche Erklärung** genügt.[6] Richtiger **Adressat** des Einspruchs ist der **BR-Vorsitzende** bzw. im Verhinderungsfalle sein Stellvertreter (§ 26 Abs. 2 S. 2 BetrVG). Der Einspruch ist nach S. 1 **innerhalb einer Woche** nach Zugang der Künd zu erheben; für die Fristberechnung gelten die §§ 187 ff. BGB. Bei der Berechnung wird daher der Tag des Künd-Zugangs nicht mitgerechnet.[7] Die Frist ist aber keine Ausschlussfrist.[8] Daher kann (und soll) der BR auch den verspäteten Einspruch entgegennehmen und ggf. einen Verständigungsversuch unternehmen.[9] Auch der AG kann Verhandlungen nicht mit der Begründung ablehnen, der AN habe die Wochenfrist versäumt.[10]

4 **2. Entscheidung.** Der BR entscheidet gem. § 33 BetrVG durch Beschluss. Er kann die Angelegenheit mit Stimmenmehrheit dem Betriebsausschuss (§ 27 Abs. 2 S. 2 BetrVG) oder einem Ausschuss nach § 28 BetrVG zuweisen.[11] Der AN hat hierauf keinen Einfluss. Sofern der BR bzw. der Ausschuss den Einspruch für begründet hält, hat er zu versuchen, mit dem AG eine Verständigung herbeizuführen, § 3 S. 2. Dabei ist er aber **nicht Vertreter des AN**, sondern lediglich Vermittler, und kann daher keine Erklärungen abgeben, die für und gegen den AN wirken.[12] Er kann aber **Erklärungen des AG**, z.B. Vergleichsangebote, entgegennehmen. Der AG kann sich nicht darauf berufen, sein Angebot sei deswegen unwirksam, weil es nicht dem AN gegenüber abgegeben worden sei.[13] Die Erklärung gegenüber dem BR bindet ihn in gleicher Weise.

5 Der BR muss auf Verlangen seine Stellungnahme beiden Arbeitsvertragsparteien **schriftlich** mitteilen, S. 3. Dies gilt unabhängig davon, ob er den Einspruch für begründet hält oder nicht. Auch seine vorangegangene Stellungnahme im Rahmen von § 102 BetrVG enthebt den BR nicht von dieser Pflicht.[14] Aus dem Sinn der Vorschrift ergibt sich die **Amtspflicht des BR**, seine Stellungnahme zu begründen und nicht lediglich das Ergebnis mitzuteilen. Die Stellungnahme muss die tatsächlichen und rechtlichen Gesichtspunkte nennen, die zu der Entscheidung geführt haben.[15] Der

---

1 *Bader/Bram/Dörner/Kriebel,* § 3 Rn 1.
2 APS/*Künzl,* § 3 KSchG Rn 3; KR/*Rost,* § 3 KSchG Rn 4; a.A. *Brill,* AuR 1977, 109; *Möhn,* NZA 1995, 113; *Fischer,* NZA 1995, 1133.
3 *Bader/Bram/Dörner/Kriebel,* § 3 Rn 9.
4 *Bader/Bram/Dörner/Kriebel,* § 3 Rn 9.
5 KR/*Rost,* § 3 KSchG Rn 27; ErfK/*Kiel,* § 3 KSchG Rn 1.
6 APS/*Künzl,* § 3 KSchG Rn 21.
7 APS/*Künzl,* § 3 KSchG Rn 22.
8 KR/*Rost,* § 3 KSchG Rn 16.
9 KR/*Rost,* § 3 KSchG Rn 16; *Löwisch/Spinner,* § 3 Rn 4.
10 APS/*Künzl,* § 3 KSchG Rn 24.
11 KR/*Rost,* § 3 KSchG Rn 19.
12 *Bader/Bram/Dörner/Kriebel,* § 3 Rn 22.
13 KR/*Rost,* § 3 KSchG Rn 22.
14 KR/*Rost,* § 3 KSchG Rn 23.
15 *Bader/Bram/Dörner/Kriebel,* § 3 Rn 27.

BR ist nicht an eine frühere Stellungnahme im Rahmen der Anhörung nach § 102 BetrVG gebunden. Er kann neue Umstände berücksichtigen.[16]

C. Verbindung zum Prozessrecht

Einspruchsverfahren und Künd-Schutzklage stehen selbstständig nebeneinander. Die **Klagefrist** wird durch den Einspruch **weder gehemmt noch unterbrochen**.[17] Ein **Irrtum** des AN hierüber führt regelmäßig nicht zur nachträglichen Zulassung gem. § 5 (siehe § 5 Rn 28).[18] Der AN soll gem. § 4 S. 3 der Künd-Schutzklage die Stellungnahme des BR beifügen. Unterlässt er das, hat dies zwar keine unmittelbaren Folgen für das gerichtliche Verfahren; wenn der BR den Einspruch nicht für unbegründet hält, empfiehlt sich aber in aller Regel die Beifügung, um dem Gericht Hinweise auf Probleme der Künd, z.B. im Bereich sozialer Abwägungen, zu geben.[19]

D. Beraterhinweise

Der Einspruch gibt dem AN die Möglichkeit, den BR zur (nochmaligen) Befassung mit seinen Argumenten zu veranlassen und dazu schriftlich Stellung zu nehmen. Dieses Instrument wird in der Praxis **zu selten genutzt**. Gerade wenn sich der Sachverhalt seit dem Ausspruch der Künd geändert hat oder bisher nicht beachtete Gesichtspunkte aufgezeigt werden, kann das Verfahren eine **aussichtsreiche Grundlage für Verständigungsverhandlungen** mit dem AG darstellen. Eine prozessuale Auseinandersetzung wird so u.U. entbehrlich.[20] Soll nach Verständigungsverhandlungen ein **Abwicklungsvertrag** abgeschlossen werden, ist aber zu beachten, dass dieser nach der neueren Rspr. des BSG[21] als Lösung des Arbverh durch den AN i.S.v. § 144 Abs. 1 Nr. 1 SGB III anzusehen sein kann, so dass die Gefahr einer **Sperrzeit** beim Bezug von Alg besteht. Diese Gefahr besteht bei Hinnahme einer Künd nicht und auch nicht bei Abschluss eines Vergleichs im arbeitsgerichtlichen Verfahren. In diesem Fall steht dem Gekündigten regelmäßig ein wichtiger Grund zur Seite.[22]

Vom Künd-Einspruch gem. § 3 sollte nicht schematisch, sondern nur in geeigneten Fällen Gebrauch gemacht werden. Es ist nämlich zu bedenken, dass es für den AN im Künd-Schutzprozess von **Nachteil** sein kann, wenn die Stellungnahme des BR den AG-Standpunkt stützt. Zwar ist die Beurteilung des BR für das ArbG nicht verbindlich; doch kann die Stellungnahme dem Gericht wichtige Fingerzeige geben.[23] Daher wird es sich für den AG häufig empfehlen, eine den Einspruch zurückweisende Entscheidung des BR in den Künd-Schutzprozess einzuführen.

Die **fehlerhafte Behandlung des Einspruchs** durch den BR löst keine Ansprüche des AN auf Schadensersatz aus. § 3 ist nach herrschender und zutreffender Auff. **kein Schutzgesetz** i.S.v. § 823 Abs. 2 BGB: Dem AN steht es frei, das Einspruchsverfahren nach § 3 durchzuführen. Es ist **ohne Einfluss** auf den Künd-Schutzprozess; eine besondere Schutzgewährung gegen Rechtsverletzungen fehlt.[24] Daher bleibt bei Pflichtverstößen durch den BR allenfalls die Sanktionsmöglichkeit des § 23 Abs. 3 BetrVG.

§ 4 Anrufung des Arbeitsgerichts

[1]Will ein Arbeitnehmer geltend machen, dass eine Kündigung sozial ungerechtfertigt oder aus anderen Gründen rechtsunwirksam ist, so muss er innerhalb von drei Wochen nach Zugang der schriftlichen Kündigung Klage beim Arbeitsgericht auf Feststellung erheben, dass das Arbeitsverhältnis durch die Kündigung nicht aufgelöst ist. [2]Im Falle des § 2 ist die Klage auf Feststellung zu erheben, daß die Änderung der Arbeitsbedingungen sozial ungerechtfertigt oder aus anderen Gründen rechtsunwirksam ist. [3]Hat der Arbeitnehmer Einspruch beim Betriebsrat eingelegt (§ 3), so soll er der Klage die Stellungnahme des Betriebsrats beifügen. [4]Soweit die Kündigung der Zustimmung einer Behörde bedarf, läuft die Frist zur Anrufung des Arbeitsgerichts erst von der Bekanntgabe der Entscheidung der Behörde an den Arbeitnehmer ab.

Literatur: *Bader*, Das Gesetz zu Reformen am Arbeitsmarkt: Neues im Kündigungsschutzgesetz und im Befristungsrecht, NZA 2004, 65; *Bauer/Günther*, Neue Spielregeln für Klageverzichtsvereinbarungen, NJW 2008, 1617; *Becker/Schaffner*, Zugang der Kündigung, BB 1998, 422; *Bender/Schmidt*, KSchG 2004: Neuer Schwellenwert und einheitliche Klagefrist, NZA 2004, 358; *Berkowsky*, Umfang der Rechtskraft klagestattgebender Kündigungsschutzurteile, NZA 2008, 1112; *Berrisch*, § 4 KSchG n.F. und die behördliche Zustimmung zur Kündigung, FA 2004, 6; *Bitter*, Zur Kombination von Kündigungsschutzklage mit allgemeiner Feststellungsklage, DB 1997, 1407; *Boemke*, Kündigungsschutzklage (§ 4 KSchG) und allgemeine Feststellungsklage (§ 256 ZPO), RdA

---

16 *V. Hoyningen-Huene/Linck*, § 3 Rn 4.
17 *Bader/Bram/Dörner/Kriebel*, § 3 Rn 28.
18 KR/*Rost*, § 3 KSchG Rn 26.
19 *Brill*, AuR 1977, 112.
20 *Bader/Bram/Dörner/Kriebel*, § 3 Rn 29.

21 BSG 18.12.2003 – B 11 AL 35/03 R – NZA 2004, 661.
22 BSG 17.10.2007 – B 11a AL 51/06 R – AP Nr. 10 zu § 144 SGB III = NZA-RR 2008, 383.
23 *Bader/Bram/Dörner/Kriebel*, § 3 Rn 29.
24 Ausführlich KR/*Rost*, § 3 KSchG Rn 33 ff.

1995, 211; *Boewer,* Der Streitgegenstand des Kündigungsschutzprozesses, NZA 1997, 359; *Clasen,* Berichtigungsmöglichkeiten bei fehlerhafter Auswahl des Beklagten, NJW 2007, 2887; *Dewender,* Einbeziehung der fehlerhaft berechneten Kündigungsfrist in die Klagefrist nach § 4 Satz 1 KSchG?, DB 2005, 337; *Dollmann,* Chancen und Risiken im Umgang mit dem allgemeinen Weiterbeschäftigungsanspruch in Bestandsschutzstreitigkeiten, BB 2003, 2681; *Dübbers,* Das neue „Einwurf-Einschreiben" der Deutschen Post AG und seine juristische Einordnung, NJW 1997, 2503; *Erwin/Nebeling,* Auswirkung des geänderten § 4 KSchG auf die Rechtsprechung des BAG, NZA-RR 2006, 625; *Fischer,* Der arbeitsrechtliche Kündigungsschutzantrag in der Praxis, NJW 2009, 1256; *Fornasier/Werner,* Die „anderen Gründe" für die Rechtsunwirksamkeit einer Kündigung im Rahmen des § 4 S. 1 KSchG, NJW 2007, 2729; *Gaul/Otto,* Zugangsprobleme bei Kündigungen, ArbRB 2003, 306; *Hilbrandt,* Fristwahrung durch Anrufung eines unzuständigen Gerichts in Wohnungseigentumssachen und im arbeitsrechtlichen Kündigungsschutzverfahren, NJW 1999, 3594; *Kamanabrou,* Europarechtliche Bedenken gegen die Klagefrist bei Kündigungen wegen Betriebsübergangs, NZA 2004, 950; *Kampen,* Die punktuelle Streitgegenstandstheorie und die sich daraus ergebenden Probleme mit Anträgen und Tenorierungen im Kündigungsschutzverfahren, AuR 1996, 172; *Kröpelin/Zeising,* Die Geltung der Drei-Wochen-Frist des § 4 S. 1 KSchG bei behördlichen Zustimmungserfordernissen – Realität oder bloße Fiktion?, DB 2005, 1626; *Löwisch,* Neuregelung des Kündigungsschutz- und Befristungsrechts durch das Gesetz zu Reformen am Arbeitsmarkt, BB 2004, 154; *Luke,* Gilt die dreiwöchige Klagefrist des § 4 KSchG auch für den Wiedereinstellungsanspruch?, NZA 2005, 92; *Lüke,* Klagefrist und unzulässige Kündigungsschutzklage, JuS 1996, 969; *Nägele,* Kündigungsschutzklage und allgemeiner Feststellungsantrag, ArbRB 2002, 286; *Preis,* Die „Reform" des Kündigungsschutzrechts, DB 2004, 70; *Quecke,* Die Änderungen des Kündigungsschutzgesetzes zum 1.1.2004, RdA 2004, 86; *Raab,* Der erweiterte Anwendungsbereich der Klagefrist gemäß § 4 KSchG, RdA 2004, 321; *Reinhard/Bögemann,* Gesetz zur Änderung des Sozialgerichtsgesetzes und des Arbeitsgerichtsgesetzes – Änderungen des ArbGG, NJW 2008, 1263; *Richardi,* Die neue Klagefrist bei Kündigungen, NZA 2003, 764; *Sasse,* Arbeitsrecht und Insolvenz – „Der richtige Beklagte" –, ArbRB 2003, 63; *Schiefer/Worzalla,* Neues – altes – Kündigungsrecht, NZA 2004, 345; *Schrader/Straube,* Beschäftigung während des Kündigungsrechtsstreits, RdA 2006, 98; *Schmidt, J.,* § 4 Satz 4 KSchG und Gesetz zu Reformen am Arbeitsmarkt, NZA 2004, 79; *Stahlhacke,* Zum Problemfeld der Klage nach § 4 KSchG, FS für Leinemann, 2006, S. 389; *Thüsing,* Rücknahme der Kündigung im Kündigungsschutzprozeß, AuR 1996, 245; *Ulrici,* Dreiwochenfrist auch für die Klage wegen Vertretungsmängeln der Kündigung – Bedenken gegen die Neuregelung der §§ 4, 7 KSchG –, DB 2004, 250; *Wenzel,* Nochmals: Zur Kombination der Kündigungsschutzklage nach § 4 KSchG mit der allgemeinen Feststellungsklage nach § 256 Abs. 1 ZPO, DB 1997, 1869; *Willemsen/Annuß,* Kündigungsschutz nach der Reform, NJW 2004, 177; *Wunsch,* Zustellungsreformgesetz – Vereinfachung und Vereinheitlichung des Zustellwesens, JuS 2003, 276; *Zerres,* Die Neuregelungen im allgemeinen Kündigungsschutzrecht, FA 2004, 1

A. Allgemeines 1	b) Klagefrist bei Erfordernis behördlicher Zustimmung 40
B. Regelungsgehalt 5	c) Wehrdienstleistende; Einberufene 42
I. Geltungsbereich 5	d) Schifffahrt und Luftverkehr 43
1. Schriftliche Kündigung 5	7. Klagerücknahme 43a
2. Arbeitsverhältnis 7	**C. Verbindung zum Prozessrecht** 44
II. Klage 8	I. Wirkungen des Urteils im Kündigungsschutz-
1. Klageart 8	prozess 44
2. Klageantrag und sonstiger Inhalt der	1. Stattgabe 44
Klageschrift 9	2. Klageabweisung 45
a) Klageantrag 10	II. Allgemeine Feststellungsklage, § 256 ZPO 46
b) Parteien 12	III. Ausschlussfristen und Verjährung 48
c) Gericht 18	IV. Beschäftigung während des Kündigungsschutz-
3. Vorgeschriebene Form 21	prozesses 49a
4. Feststellungsinteresse 24	**D. Beraterhinweise** 50
5. Klageverzicht 26	I. Antragsformulierung 50
6. Klagefrist 31	II. Streitwert 51
a) Grundsatz: Drei-Wochen-Frist ab Zugang	1. Beendigungskündigung 51
der Kündigung 32	2. Änderungskündigung 52

A. Allgemeines

1 Will der AN die Unwirksamkeit einer **schriftlich erklärten** AG-Künd gerichtlich geltend machen, gilt seit dem 1.1.2004[1] eine **einheitliche dreiwöchige Klagefrist**. Der Gesetzgeber hat damit im Interesse der **Beschleunigung** und baldigen **Rechtsklarheit** die Klagefrist, welche zuvor nur die Geltendmachung fehlender sozialer Rechtfertigung zeitlich beschränkte, **auf alle Unwirksamkeitsgründe** mit Ausnahme des Schriftformmangels ausgedehnt (siehe aber Rn 6). Wegen der Begrenzung des Streitgegenstands der Künd-Schutzklage auf die Feststellung, dass das Arbverh durch die konkrete Künd nicht aufgelöst wurde (sog. punktueller Streitgegenstand, siehe Rn 44), ist jede schriftliche Künd gesondert anzugreifen.

2 Sowohl bei der Geltendmachung der in § 1 geregelten Sozialwidrigkeit als auch anderer Unwirksamkeitsgründe (§ 13 Abs. 3) muss der Klageantrag die Künd-Erklärung konkret bezeichnen und fristgerecht (§§ 4 bis 7) gestellt werden (siehe Rn 10, 31). Erfasst sind ordentliche und außerordentliche, Änderungs- und Beendigungs-Künd (im Einzelnen

---

1 Vgl. Art. 1, 5 des Gesetzes zu Reformen am Arbeitsmarkt vom 24.12.2003 (BGBl I S. 3002).

siehe Rn 5). Der Klagefrist unterliegt nach h.M. auch die vorsorgliche Künd.[2] Keinen Unterschied macht es, ob die geltend gemachten Unwirksamkeitsgründe auf Gesetz, TV oder Arbeitsvertrag beruhen. Die Versäumung der Klagefrist führt nach § 7 dazu, dass die Künd von Anfang an als rechtswirksam gilt. Diese Wirkung wird durch § 5 (nachträgliche Zulassung der Klage) und § 6 (verlängerte Anrufungsfrist) abgemildert.

Andererseits gilt die Drei-Wochen-Frist **nur für Künd**, nicht für sonstige Inhaltsänderungen des Arbverh.[3] Die Ausübung des Direktions- oder eines Widerrufsrechts durch den AG kann daher außerhalb der Drei-Wochen-Frist durch allg. Feststellungsklage (§ 256 ZPO) gerichtlich überprüft werden.[4] Gleiches gilt für Aufhebungsverträge, auflösende Bedingungen oder die Berufung des AG auf die Nichtigkeit des Arbeitsvertrags.[5] Zu beachten ist dabei jedoch die Grenze der Verwirkung.

3

Die Rechtsnatur der Klagefrist ist umstr. Im Schrifttum wird vertreten, es handele sich um eine **materiell-rechtliche Ausschlussfrist**, wie sich aus der Wirksamkeitsfiktion des § 7 ergebe.[6] Das BAG hat die Frist demgegenüber als prozessuale Klageerhebungsfrist bezeichnet, weil ihre Versäumung den Verlust des Klagerechts zur Folge habe.[7] Die praktische Bedeutung dieser Differenzierung ist aber gering: Auch nach letztgenannter Auff. hat die **Nichteinhaltung der Klagefrist** zur Folge, dass die Klage als **unbegründet** abzuweisen ist; auf die Zulässigkeit der Klage hat die Fristversäumnis keinen Einfluss.[8]

4

B. Regelungsgehalt

I. Geltungsbereich

1. Schriftliche Kündigung. Seit Inkrafttreten der neuen Fassung des S. 1 zum 1.1.2004 muss ein AN gegen die schriftliche Künd seines Arbverh binnen drei Wochen ab Zugang Klage erheben, wenn er die fehlende soziale Rechtfertigung der Künd oder die Unwirksamkeit der Künd aus anderen Gründen geltend machen will.[9] Für **ordentliche**, auch für die aufgrund von § 622 Abs. 5 S. 1 Nr. 1 BGB vereinbarten oder durch TV ermöglichte **entfristete**, Künd folgt dies unmittelbar aus S. 1, für **fristlose** Künd aus § 13 Abs. 1 S. 2. Auch wenn sich dies aus dem Wortlaut des KSchG nur unvollkommen ergibt, müssen ordentliche und außerordentliche **Änderungs-Künd** gleichfalls innerhalb der **Drei-Wochen-Frist** angegriffen werden. Bei Ablehnung des Änderungsangebots gilt S. 1. Im Fall der Vorbehaltsannahme (§ 2 S. 1) muss der AN nach S. 2 Änderungsschutzklage erheben. Anders liegt es jedoch, wenn überhaupt keine (Änderungs-)Künd vorliegt, sondern lediglich eine **Ausübung des Direktionsrechts oder eines Widerrufsvorbehalts**: Die gerichtliche Überprüfung der Ausübung solcher Gestaltungsrechte unterliegt keiner Klagefrist (siehe Rn 3).

5

Weil die Klagefrist erst **ab Zugang** der **schriftlichen** Künd zu laufen beginnt, können Künd, die nicht der Schriftform genügen (und daher gem. § 623 BGB unwirksam sind), noch nach Ablauf von drei Wochen ab Zugang angegriffen werden. Auch hier ist die Klagemöglichkeit durch **Verwirkung** begrenzt.[10]

Die binnen der Drei-Wochen-Frist geltend zu machende Sozialwidrigkeit der Künd ergibt sich aus § 1 Abs. 2 bis 5. Als **andere Unwirksamkeitsgründe** i.S.d. S. 1 (siehe auch § 13 Rn 20–28) nennt die Begründung des Regierungsentwurfs zum Gesetz zu Reformen am Arbeitsmarkt[11] ausdrücklich die Unwirksamkeit nach § 102 Abs. 1 S. 3 BetrVG, die Unwirksamkeit wegen Verstoßes gegen ein gesetzliches Verbot (§ 134 BGB), wie § 9 Abs. 1 S. 1 MuSchG, § 18 Abs. 1 S. 1 BErzGG (seit 1.1.2007: BEEG) und § 85 SGB IX sowie die Unwirksamkeit wegen Verstoßes gegen §§ 138, 242 BGB. Gegen die uneingeschränkte Anwendung des S. 1 bei Unwirksamkeit einer Künd wegen Betriebsübergangs nach § 613a Abs. 4 BGB werden europarechtliche Bedenken erhoben.[12] Einer mangelnden Information des AN über den Betriebsübergang kann aber auch im Rahmen von § 5 KSchG Rechnung getragen werden. Ggf. ist die Ausschlussfrist des § 5 Abs. 3 S. 2 im Wege einer europarechtskonformen Auslegung einschränkend auszulegen.[13] Weitere Unwirksamkeitsgründe[14] ergeben sich bspw. aus § 15 Abs. 1 S. 1 i.V.m. § 103 Abs. 1 BetrVG, § 79 Abs. 1 S. 1, Abs. 3 S. 1 BPersVG und den entsprechenden landesrechtlichen Vorschriften, §§ 174, 612a BGB sowie vertraglichen oder tariflichen Vorschriften über den Ausschluss der Künd.[15]

6

---

2 KR/*Friedrich*, § 4 KSchG Rn 14 m.w.N.
3 APS/*Ascheid/Hesse*, § 4 KSchG Rn 14.
4 BAG 27.3.1980 – 2 AZR 506/78 – BAGE 33, 71 = DB 1980, 1603.
5 KR/*Friedrich*, § 4 KSchG Rn 16e.
6 KR/*Friedrich*, § 4 KSchG Rn 217 m.w.N.
7 BAG 26.6.1986 – 2 AZR 358/85 – BAGE 52, 263 = EzA § 4 KSchG n.F. Nr. 25.
8 So ausdrücklich BAG 26.6.1986 – 2 AZR 358/85 – BAGE 52, 263 = EzA § 4 KSchG n.F. Nr. 25.
9 Zur Klagefrist bei Künd-Zugang im Übergangszeitraum s. BAG 21.9.2006 – 2 AZR 717/05 – AP § 4 KSchG 1969

Nr. 59; BAG 9.2.2006 – 6 AZR 283/05 – BAGE 117, 68 = NZA 2006, 1207.
10 BAG 2.12.1999 – 8 AZR 890/98 – EzA § 242 BGB Prozessverwirkung Nr. 3 = NZA 2000, 540; ErfK/*Kiel*, § 4 KSchG Rn 8; Schaub/*Linck*, Arbeitsrechts-Handbuch, § 138 Rn 3.
11 BT-Drucks 15/1204, S. 13.
12 *Sprenger*, AuR 2005, 175.
13 *Kamanabrou*, NZA 2004, 950; *v. Hoyningen-Huene/ Linck*, § 4 Rn 18.
14 Zum Ganzen: KR/*Friedrich*, § 13 KSchG, Rn 173 ff.
15 Vgl. etwa BAG 8.11.2007 – 2 AZR 314/06 – EzA § 4 KSchG n.F. Nr. 81 = DB 2008, 707.

Umstr. ist die Behandlung **rechtsgeschäftlicher Mängel der Künd**, etwa bei Geschäftsunfähigkeit des AG (§§ 104, 105 BGB), der Künd durch einen Vertreter ohne Vertretungsmacht (§ 180 S. 1 BGB) oder durch einen Nichtberechtigten (§ 185 BGB).[16] Das BAG hat sich für die **Künd durch** den „**falschen**" AG bzw. durch einen **Nichtberechtigten** inzwischen der herrschenden Lit. angeschlossen, wonach die dreiwöchige Klagefrist nur bei einer dem AG zurechenbaren Künd Anwendung findet.[17] Für eine dahingehende, einschränkende Auslegung von S. 1 i.V.m. § 7 spricht vor allem, dass die Nichtigkeitsfolge hier auch dem Schutz des AG dient.[18] Bei uneingeschränkter Anwendbarkeit der Dreiwochenfrist hätte der AG selbst im Fall einer von ihm nicht gewollten Künd keine Möglichkeit, die Wirksamkeitsfiktion des § 7 zu verhindern. Er wäre darauf angewiesen, dass die – unberechtigterweise – ausgesprochene Künd auch vom AN nicht akzeptiert und klageweise angegriffen wird.[19] Kommt eine Genehmigung in Betracht – wie unter den Voraussetzungen des § 180 S. 2 BGB (keine Beanstandung der fehlenden Vertretungsmacht durch AN oder Einverständnis mit vollmachtlosem Handeln) – spricht viel dafür, dass der AN ab Zugang einer Genehmigung Künd-Schutzklage erheben muss, wenn er die Unwirksamkeit der Künd aus Gründen außerhalb des Stellvertretungsrechts geltend machen will.[20] Mit Rücksicht auf den Gesetzeszweck findet § 4 ferner keine Anwendung auf Künd-Erklärungen, die ohne Wissen und Wollen des AG seinen Herrschaftsbereich verlassen haben oder im Fall der **Anfechtbarkeit** der Künd-Erklärung nach §§ 119, 123 BGB.[21] Ebenso wenig greift S. 1 ein, wenn der AN sich nicht gegen die Auflösung des Arbverh als solche wendet, sondern lediglich die **Nichteinhaltung der Künd-Frist** geltend machen will und die Auslegung des Künd-Schreibens ergibt, dass die Künd das Arbverh zu dem zutreffenden Termin beenden soll.[22]

7 **2. Arbeitsverhältnis.** Die Klagefrist erfasst die Künd von (allen) Arbverh. Wie § 23 Abs. 1 S. 2 ausdrücklich vorschreibt, findet sie im Unterschied zur früheren Rechtslage auch auf **Kleinbetriebe** Anwendung. Auch AN, welche die sechsmonatige **Wartezeit** gem. § 1 Abs. 1 noch nicht erfüllt haben, müssen die Frist einhalten.[23] Nicht anzuwenden ist die Frist auf Verträge, die nicht Arbverh i.S.d. KSchG sind, also z.B. auf Organmitglieder i.S.v. § 14 Abs. 1 Nr. 1 (z.B. GmbH-Geschäftsführer, Vorstandsmitglieder einer AG), unmittelbare Organvertreter (§ 14 Abs. 1 Nr. 2: oHG-Gesellschafter, KG-Komplementäre etc.) oder arbeitnehmerähnliche Personen.[24] Dagegen findet die Klagefrist auf **leitende Ang** wie z.B. Prokuristen, Generalbevollmächtigte, Handlungsbevollmächtigte usw. Anwendung (§ 14 Abs. 2).[25] Generell lässt sich für schriftliche Künd sagen, dass die Klagefrist immer dann gilt, wenn für die Überprüfung der Rechtsweg zu den Gerichten für Arbeitssachen eröffnet ist. Das ist stets der Fall, wenn der Kläger behauptet, ein Arbverh sei ordentlich gekündigt worden (sog. sic-non-Fall).[26] Ist der Kläger in Wahrheit nicht AN, so ist seine Klage durch das ArbG als unbegründet abzuweisen.[27] Auf die **außerordentliche Künd von Berufsausbildungsverhältnissen** kommt die Klagefrist zur Anwendung, sofern nicht gem. § 111 Abs. 2 S. 5 ArbGG eine Verhandlung vor einem zur Beilegung von Streitigkeiten aus dem Berufsausbildungsverhältnis gebildeten Ausschuss stattfinden muss.[28] Die Drei-Wochen-Frist greift nicht ein, wenn sich der AN gegen die Lösung eines faktischen Arbverh wendet.[29]

II. Klage

8 **1. Klageart.** Bei der Klage nach S. 1 handelt es sich um eine **besondere**, von § 256 Abs. 1 ZPO verschiedene **Feststellungsklage**.[30] Das Feststellungsinteresse als Zulässigkeitsvoraussetzung ist nicht gesondert zu prüfen (siehe Rn 24). Der Antrag kann auch im Wege der **Klageerweiterung, Klageänderung** (auch noch in der Berufungsinstanz)[31] oder der **Widerklage**[32] rechtshängig gemacht werden (siehe Rn 39). Daneben empfiehlt es sich in den meisten Fällen, einen **allg. Feststellungsantrag** gem. § 256 Abs. 1 ZPO **auf Bestehen des Arbverh** zu stellen (siehe Rn 46).

---

16 Vgl. zum Meinungsstand APS/*Ascheid/Hesse*, § 4 KSchG Rn 10c; ErfK/*Kiel*, § 4 KSchG Rn 6; KR/*Friedrich*, § 13 KSchG Rn 340 ff., 354 ff.; *Fornasier/Werner*, NJW 2007, 2729 ff., jeweils m.w.N.
17 BAG 26.3.2009 – 2 AZR 403/07 – BB 2009, 2150.
18 S.a. APS/*Ascheid/Hesse*, § 4 KSchG Rn 10c; ErfK/*Kiel*, § 4 KSchG Rn 6; KR/*Friedrich*, § 13 KSchG Rn 361 f., 366; HWK/*Quecke*, § 4 KSchG Rn 7; differenzierend: *v. Hoyningen-Huene/Linck*, § 4 Rn 19 ff.
19 BAG 26.3.2009 – 2 AZR 403/07 – BB 2009, 2150.
20 *v. Hoyningen-Huene/Linck*, § 4 Rn 20; *Bender/Schmidt*, NZA 2004, 358.
21 S.a. KR/*Friedrich*, § 13 KSchG Rn 376; ErfK/*Kiel*, § 4 KSchG Rn 6; *Fornasier/Werner*, NJW 2007, 2729, 2732.
22 BAG 15.12.2005 – 2 AZR 148/05 – BAGE 116, 336 = NZA 2006, 791.
23 BAG 28.6.2007 – 6 AZR 873/06 – EzA § 4 KSchG n.F. Nr. 77 = NZA 2007, 972.
24 Vgl. BAG 20.1.2004 – 9 AZR 291/02 – BAGE 109, 180 = NZA 2004, 1058.
25 *v. Hoyningen-Huene/Linck*, § 14 Rn 31.
26 BAG 20.9.2000 – 5 AZR 271/99 – BAGE 95, 324 = NZA 2001, 210.
27 BAG 20.9.2000 – 5 AZR 271/99 – BAGE 95, 324 = NZA 2001, 210.
28 BAG 26.1.1999 – 2 AZR 134/98 – EzA § 4 KSchG n.F. Nr. 58 = DB 1999, 1408; str., zum Meinungsstand: *Bader/Bram/Dörner*, § 4 Rn 18.
29 ErfK/*Kiel*, § 4 KSchG Rn 6.
30 HaKo-KSchR/*Gallner*, § 4 Rn 22.
31 BAG 10.12.1970 – 2 AZR 82/70 – BAGE 23, 139 = EzA § 3 KSchG Nr. 3.
32 KR/*Friedrich*, § 4 KSchG Rn 23 m.w.N.

2. Klageantrag und sonstiger Inhalt der Klageschrift.
Der Mindestinhalt der Klageschrift ergibt sich aus § 253 Abs. 2 ZPO. Die Klage muss demnach die Parteien, das angerufene Gericht, Anspruchsgegenstand und -grund sowie einen bestimmten Antrag enthalten.

a) Klageantrag. Der Wortlaut des Klageantrags ist durch S. 1, 2 vorgegeben; allerdings sind an die Formulierung **keine allzu strengen** Anforderungen zu stellen. Aus dem Antrag muss hervorgehen, gegen wen er sich richtet, wo der AN tätig war und vor allem dass er seine Künd nicht als berechtigt anerkennen will.[33] Zu individualisieren ist, welche Künd angegriffen wird. Ggf. ist der Klageantrag auszulegen.[34] Genügt die Klageschrift diesen Anforderungen, ist es unschädlich, wenn sie einen von der Begründung der Klage abgegrenzt formulierten Antrag nicht enthält.[35] Bei einer Beendigungs-Künd ist zu beantragen **festzustellen, dass das Arbverh der Parteien durch die Künd des Beklagten vom (Datum) nicht aufgelöst ist**. Dies gilt auch bei einer Änderungs-Künd, deren Änderungsangebot der AN nicht unter dem Vorbehalt angenommen hat, dass die Änderung der Arbeitsbedingungen nicht sozial ungerechtfertigt ist (vgl. § 2 S. 1).

Hat dagegen der AN das Änderungsangebot unter dem genannten Vorbehalt angenommen, so ist nicht die Künd als solche im Streit, sondern nur die Wirksamkeit des Änderungsangebots. Dann ist der Antrag auf die **Feststellung** zu richten, dass die **Änderung der Arbeitsbedingungen im Zusammenhang mit** der **Änderungs-Künd** vom (Datum) **rechtsunwirksam** ist (siehe Rn 50).

b) Parteien. Klage erheben kann **nur der AN**; es handelt sich um ein höchstpersönliches Recht.[36] Dritten, z.B. solche, auf die Ansprüche aus dem Arbverh übergegangen sind, ist die Erhebung der Künd-Schutzklage verwehrt. Sie müssen abwarten, ob der AN Klage erhebt.[37] Auch der Erbe des AN kann die Unwirksamkeit der Künd nicht geltend machen. Stirbt der AN vor Ablauf der Künd-Frist, endet das Arbverh mit dem Tod des AN. Stirbt er während des Künd-Schutzprozesses, tritt Erledigung der Hauptsache ein.[38] Setzt der Erbe den Rechtsstreit gleichwohl fort, ist die Klage abzuweisen.[39] Dies gilt auch hinsichtlich eines Auflösungsantrags nach § 9 Abs. 1.[40]

Beklagter ist der AG, also der **unmittelbare Arbeitsvertragspartner** des AN.[41] Bei mittelbaren Arbverh ist daher der Mittelsmann zu verklagen.[42] Bei Leih-Arbverh bzw. AÜ ist der Verleiher in Anspruch zu nehmen.[43] Handelt es sich bei dem AG um eine Außen-Gesellschaft bürgerlichen Rechts (GbR), ist die Klage gegen die Gesellschaft zu richten.[44] Dies folgt aus der inzwischen anerkannten Rechts- und Parteifähigkeit der GbR.[45] Ist der AG eine oHG oder KG, muss gem. §§ 124 Abs. 1, 161 Abs. 2 HGB die Gesellschaft als solche unter ihrer Firma verklagt werden.[46] Entsprechendes gilt für die Partnerschaftsgesellschaft. Hier ist nach der gem. § 7 Abs. 2 PartGG entsprechend anzuwendenden Vorschrift des § 124 HGB richtige Partei die (unter dem Namen der Partnerschaft zu verklagende) Gesellschaft selbst und nicht deren Gesellschafter.[47] Ist der AG eine juristische Person (z.B. GmbH, AG oder eingetragener Verein), ist die Klage gegen diese zu richten.[48] Auch der nicht rechtsfähige Verein ist gem. § 50 Abs. 2 ZPO als solcher zu verklagen (siehe § 10 ArbGG). Im Rahmen von Art. 56 Abs. 8 NATO-Zusatzabkommen haben AN der Stationierungsstreitkräfte die Bundesrepublik Deutschland zu verklagen (gesetzliche Prozessstandschaft). Ist eine Erbengemeinschaft AG, muss sich die Klage gegen alle Erben richten.[49]

Handelte bei Abschluss des Arbeitsvertrags eine natürliche Person, kann in der Praxis die Feststellung, wer AG ist, Schwierigkeiten bereiten. So kann zweifelhaft sein, ob der Arbeitsvertrag unmittelbar mit der handelnden Person geschlossen worden ist oder mit einem von dieser vertretenen Dritten, etwa einer juristischen Person. Der Vertragspartner ist dann nach den **Gesamtumständen** zu bestimmen.[50] Solche können sich z.B. aus der weiteren Entwicklung des Arbverh ergeben; aufschlussreich wird i.d.R. der Inhalt des Künd-Schreibens sein.

---

33 BAG 21.5.1981 – 2 AZR 133/79 – EzA § 4 KSchG n.F. Nr. 19 = NJW 1982, 1174; Schaub/Linck, Arbeitsrechts-Handbuch, § 138 Rn 30.
34 BAG 23. Juni 2009–2 AZR 474/07 – juris; HaKo-KSchR/Gallner, § 4 Rn 23, 26.
35 BAG 13.12.2007 – 2 AZR 818/06 – EzA § 4 KSchG n.F. Nr. 82 = NZA 2008, 589.
36 ErfK/Kiel, § 4 KSchG Rn 14; Schaub/Linck, Arbeitsrechts-Handbuch, § 138 Rn 22.
37 ErfK/Kiel, § 4 KSchG Rn 14.
38 KR/Friedrich, § 4 KSchG Rn 84.
39 BAG 15.12.1960 – 2 AZR 79/59 – BAGE 10, 244 = NJW 1961, 623.
40 BAG 15.12.1960 – 2 AZR 79/59 – BAGE 10, 244 = NJW 1961, 623.
41 ErfK/Kiel, § 4 KSchG Rn 15; KR/Friedrich, § 4 KSchG Rn 85.
42 BAG 21.2.1990 – 5 AZR 162/89 – EzA § 611 BGB Arbeitnehmerbegriff Nr. 32 = BB 1990, 1064.
43 KR/Friedrich, § 4 KSchG Rn 89.
44 KR/Friedrich, § 4 KSchG Rn 94; Schaub/Linck, Arbeitsrechts-Handbuch, § 138 Rn 23.
45 BAG 1.12.2004 – 5 AZR 597/03 – BAGE 113, 50 = NZA 2005, 318; BGH 29.1.2001 – II ZR 331/00 – BGHZ 146, 341 = NJW 2001, 1056.
46 v. Hoyningen-Huene/Linck, § 4 Rn 68.
47 BAG 1.3.2007 – 2 AZR 525/05 – EzA § 4 KSchG n.F. Nr. 76 = NZA 2007, 1013.
48 Zur (fortbestehenden) Parteifähigkeit der GmbH im Fall der Auflösung und deren Eintragung bzw. Vermögenslosigkeit siehe BAG 22.3.1988 – 3 AZR 350/86 – EzA § 50 ZPO Nr. 2 = NZA 1988, 841; BAG 24.6.2004 – 2 AZR 215/03 – EzA § 626 BGB 2002 Unkündbarkeit Nr. 5.
49 v. Hoyningen-Huene/Linck, § 4 Rn 71.
50 KR/Friedrich, § 4 KSchG Rn 86; HWK/Quecke, § 4 KSchG Rn 18.

15 Beim **Betriebsübergang** ist die Klage **gegen den Veräußerer** zu richten, wenn dieser die Künd vor Betriebsübergang ausgesprochen hat; die Passivlegitimation bleibt auch nach dem Betriebsübergang bestehen.[51] Kommen mehrere Rechtssubjekte als AG in Betracht, z.B. weil unklar ist, ob ein Betriebsübergang stattgefunden hat, sollte der AN zugleich gegen den Erwerber Künd-Schutz- bzw. allg. Feststellungsklage (§ 256 ZPO) darauf erheben, dass ein Arbverh zwischen ihm und dem Erwerber besteht.[52] Dies gilt auch bei Unklarheit darüber, wann der Betriebsübergang stattgefunden hat. Denn eine Erstreckung der Rechtskraft des Urteils im Künd-Schutzprozess in entsprechender Anwendung von §§ 265, 325 ZPO auf den Betriebserwerber findet nicht statt, wenn der Betrieb vor Eintritt der Rechtshängigkeit übergeht.[53]

16 Der Insolvenzverwalter ist zu verklagen, wenn er nach Eröffnung des Insolvenzverfahrens die Künd ausgesprochen hat; er ist dann Partei kraft Amtes.[54] Die Klage gegen den Insolvenzschuldner macht den Verwalter nicht automatisch zur Partei und wahrt daher auch nicht die Klagefrist.[55]

17 Wendet sich die Künd-Schutzklage nicht gegen den „richtigen" Beklagten, wird die Drei-Wochen-Frist nicht gewahrt. Die schriftliche Künd gilt gem. § 7 als von Anfang an rechtswirksam. Die **ungenaue oder unrichtige Parteibezeichnung** ist jedoch unschädlich und kann berichtigt werden, wenn aufgrund der Angaben in der Klageschrift das Begehren hinsichtlich der Parteistellung einer Auslegung zugänglich ist.[56] Eine derartige „**Rubrumsberichtigung**" setzt voraus, dass der AG nur **falsch bezeichnet** ist, jedoch von vornherein erkennbar war, wer verklagt werden sollte. Für die dahingehende **Auslegung** der Klage kann auch ein ihr beigefügtes Künd-Schreiben herangezogen werden.[57] Ist dagegen, was häufig vorkommt, eine **andere, tatsächlich existente Person** statt des wirklichen AG verklagt worden (die Komplementär-GmbH statt der GmbH & Co. KG, der Geschäftsführer statt der GmbH, der Insolvenzschuldner statt des Insolvenzverwalters usw.), stößt ein Antrag auf Rubrumsberichtigung bei Gerichten und Prozessgegnern erfahrungsgemäß auf erheblichen Widerstand.[58] Zu beachten ist jedoch, dass die durch das Grundgesetz gewährleisteten Verfassungsgarantien es verbieten, den Zugang zu den Gerichten in einer aus Sachgründen nicht mehr zu rechtfertigenden Weise zu erschweren. Deshalb darf die Klageerhebung an unvollständigen oder fehlerhaften Bezeichnungen der Parteien scheitern, wenn diese Mängel in Anbetracht der jeweiligen Umstände letztlich keine vernünftigen Zweifel an dem wirklich Gewollten aufkommen lassen. Dies gilt auch dann, wenn statt der richtigen Bezeichnung irrtümlich die Bezeichnung einer tatsächlich existierenden (juristischen oder natürlichen) Person gewählt wird, solange nur aus dem Inhalt der Klageschrift und etwaigen Anlagen unzweifelhaft deutlich wird, welche Partei tatsächlich gemeint ist.[59] Wird die Klage im Wege des **gewillkürten Parteiwechsels** auf den richtigen AG umgestellt, kommt es für die Fristeinhaltung auf den Zeitpunkt des Parteiwechsels an. Liegt dieser nicht mehr innerhalb der Klagefrist, ist die Frist versäumt.[60] Eine nachträgliche Zulassung gem. § 5 wird dann in den wenigsten Fällen in Betracht kommen, weil auf Seiten des AN zumeist ein – wenn auch nur geringes – Verschulden bei der Fristversäumnis vorliegen wird. Verzögert sich infolge der falschen Parteibezeichnung die Zustellung der Klage um mehr als 14 Tage, erfolgt die Zustellung nicht mehr „demnächst" i.S.v. § 167 ZPO,[61] so dass auch hier die Gefahr der Fristversäumung droht.

18 **c) Gericht.** Die Klage ist beim **örtlich zuständigen ArbG** zu erheben. Der **allg. Gerichtsstand** ist der (Wohn-)Sitz (§§ 12 f., 17 ZPO) des Beklagten. AN einer **selbständigen** Niederlassung können den AG an deren Sitz verklagen, § 21 ZPO. Für das Merkmal der Selbständigkeit einer Niederlassung kommt es entscheidend auf den vom AG erweckten oder geduldeten äußeren Anschein an.[62] Es muss ein Bezug der Niederlassung zum Arbverh bestehen, z.B. durch dessen Begründung und Lenkung von der Niederlassung aus.

19 Für den **Gerichtsstand des Erfüllungsorts** (§ 29 ZPO) kommt es darauf an, wo der AN seine Arbeitsleistung erbringt. I.d.R. ist das der Betrieb. Für AN, die ihre Arbeitsleistung gewöhnlich nicht am Sitz des AG, in dessen Nieder-

---

51 H.M.; z.B. BAG 18.3.1999 – 8 AZR 306/98 – EzA § 613a BGB Nr. 179 = NZA 1999, 706; BAG 24.8.2006 – 2 AZR 574/05 – EzA § 613a BGB 2002 Nr. 58 = DB 2007, 230; s.a. HaKo-KSchR/*Gallner*, § 4 Rn 100 m.w.N.
52 BAG 24.6.2004 – 2 AZR 215/03 – EzA § 626 BGB 2002 Unkündbarkeit Nr. 5.
53 BAG 18.3.1999 – 8 AZR 306/98 – EzA § 613a BGB Nr. 179 = NZA 1999, 706.
54 BAG 21.9.2006 – 2 AZR 573/05 – EzA § 4 KSchG n.F. Nr. 75 = NZA 2007, 404; BAG 27.3.2003 – 2 AZR 272/02 – EzA § 113 InsO Nr. 13 = NZA 2003, 1391; BAG 17.1.2002 – 2 AZR 57/01 – EzA § 4 KSchG n.F. Nr. 62 = BB 2003, 209.
55 BAG 21.9.2006 – 2 AZR 573/05 – EzA § 4 KSchG n.F. Nr. 75 = NZA 2007, 404; BAG 17.1.2002 – 2 AZR 57/01 – EzA § 4 KSchG n.F. Nr. 62 = BB 2003, 209; a.A. Hessisches LAG 17.5.2002 – 15 Ta 77/02 – AR-Blattei ES 1020.3 Nr. 23.
56 APS/*Ascheid/Hesse*, § 4 KSchG Rn 105.
57 BAG 15.3.2001 – 2 AZR 141/00 – NZA 2001, 1267 = NJW 2002, 459; BAG 28.8.2008 – 2 AZR 279/07 – EzA § 4 KSchG n.F. Nr. 86 = NZA 2009, 221 m.w.N.
58 *Bader/Bram/Dörner*, § 4 Rn 42 m.w.N.
59 BAG 12.2.2004 – 2 AZR 136/03 – EzA § 4 KSchG n.F. Nr. 66; s.a. BAG 15.3.2001 – 2 AZR 141/00 – EzA § 4 KSchG n.F. Nr. 61 = NZA 2001, 1267; BAG 27.3.2003 – 2 AZR 272/02 – EzA § 113 InsO Nr. 13 = NZA 2003, 1391; BAG 28.8.2008 – 2 AZR 279/07 – EzA § 4 KSchG n.F. Nr. 86 = NZA 2009, 221.
60 LAG Hamm 17.8.1982 – 13 Sa 599/82 – EzA § 4 KSchG n.F. Nr. 23; *Bader/Bram/Dörner*, § 4 Rn 42.
61 BAG 17.1.2002 – 2 AZR 57/01 – EzA § 4 KSchG n.F. Nr. 62 = BB 2003, 209.
62 Hessisches LAG 5.9.2007 – 8 Sa 1273/06 – juris; BGH 13.7.1987 – II ZR 188/86 – DB 1987, 2247.

lassung oder Betrieb erbringen (z.B. Monteure, Reisende), ist nunmehr der **besondere Gerichtsstand des gewöhnlichen Arbeitsorts** (§ 48 Abs. 1a ArbGG) von Bedeutung. Erstreckt sich die Tätigkeit des AN über mehrere ArbG-Bezirke und ist deshalb ein gewöhnlicher Arbeitsort i.S.d. § 48 Abs. 1a S. 1 ArbGG nicht feststellbar, kann der dann nach § 48 Abs. 1a S. 2 ArbGG maßgebliche „Abreiseort" auch der Wohnort des AN sein. Dies setzt bei sachgerechtem Verständnis der insoweit nicht eindeutigen Gesetzesregelung allerdings voraus, dass der AN an dem betreffenden Ort vertraglich geschuldete Tätigkeiten mit Billigung des AG erbringt, etwa seine Reisetätigkeit von dort aus plant oder Berichte schreibt.[63] Gerichtsstandsvereinbarungen zwischen AN und AG sind gem. § 29 Abs. 2 ZPO unzulässig; dagegen können TV-Parteien nach § 48 Abs. 2 S. 1 Nr. 1 ArbGG die örtliche Zuständigkeit eines ArbG begründen. Diese Zuständigkeit gilt dann auch für nichttarifgebundene Parteien, wenn sie die Anwendung des gesamten TV vereinbart haben, § 48 Abs. 2 S. 2 ArbGG. Hat eine Partei keinen inländischen allg. Gerichtsstand, können die Parteien die Zuständigkeit eines ArbG vereinbaren, § 38 Abs. 2 ZPO.

Die Einreichung der Klage beim örtlich unzuständigen ArbG wahrt die **Klagefrist**. Dies gilt sowohl, wenn die Sache formlos an das zuständige ArbG abgegeben und die Klage dem AG alsbald nach Einreichung zugestellt wird,[64] als auch bei Verweisung nach vorheriger Zustellung der Klage.[65] Die Einreichung der Klage bei einem **Gericht eines anderen Rechtsweges** (z.B. AG bzw. LG, VerwG oder SG) wahrt die Frist, wenn der Rechtsstreit durch Beschluss des Gerichts nach der jeweiligen Verfahrensordnung an das ArbG verwiesen wird.[66] Ausnahmsweise kann an die Stelle des ArbG auch ein **Schiedsgericht** treten, wenn ein solches gem. § 101 Abs. 2 ArbGG gültig vorgesehen ist.[67]

3. Vorgeschriebene Form. Die Klage kann mittels Einreichung einer Klageschrift oder mündlich zu Protokoll der Geschäftsstelle des ArbG erhoben werden (§ 46 Abs. 2 ArbGG, § 496 ZPO). Zur Entgegennahme fernmündlicher Erklärungen ist die Rechtsantragstelle des ArbG berechtigt, aber nicht verpflichtet;[68] dies kann für die Frage, ob krankheitsbedingte Verhinderung an der Fristwahrung vorlag und deshalb ein Antrag auf nachträgliche Zulassung der Klage (§ 5) begründet ist, bedeutsam sein.

Die Klageschrift bedarf der **Unterschrift** des Klägers oder seines Prozessbevollmächtigten, § 253 Abs. 4 i.V.m. § 130 Nr. 6 ZPO. Eine nicht unterschriebene Klageschrift wahrt die Klagefrist nicht.[69] Zur Wahrung der Schriftform genügt es, wenn sich aus einem der nicht unterzeichneten Klageschrift beigefügten Schriftstück, z.B. einer mit dem Handzeichen des RA versehenen Abschrift, ergibt, dass die Klageschrift mit Wissen und Wollen des Verfassers bei Gericht eingegangen ist.[70] Eine vom Kläger unterschriebene Prozessvollmacht reicht jedoch nicht aus.[71] Der Verfahrensmangel der mangelnden Schriftform kann nach § 295 ZPO dadurch **geheilt** werden, dass sich der AG in der mündlichen Verhandlung **rügelos einlässt**, obwohl ihm der Mangel bekannt ist.[72] Da der Heilung Rückwirkung zukommt, bezieht sie sich auch auf das Fristerfordernis gem. § 4.[73]

Aus dem Wortlaut des § 130 Nr. 6 ZPO ergibt sich, dass eine durch **Telefax** (oder Telekopie) eingereichte Klage dem Formerfordernis genügt, sofern das Original unterschrieben und die Unterschrift auf der Kopie wiedergegeben ist.[74] Wird die Klage – was rechtlich zulässig ist – mittels Computerfax erhoben,[75] sollte zur Vermeidung etwaiger, sich aus der Neufassung des § 130 Nr. 6 ZPO ergebender Rechtsunsicherheiten nach Möglichkeit nicht auf das Einscannen der Unterschrift verzichtet werden.[76] In Betracht kommt – soweit vorgesehen – gem. § 46c ArbGG (früher: 46b ArbGG) auch die Klageerhebung mittels eines elektronischen Dokuments mit elektronischer Signatur. Weil die Gerichtssprache deutsch ist (§ 184 GVG), dürfen die Gerichte nur Schriftsätze beachten, die **in deutscher Sprache** abgefasst sind.[77] Eine Ausnahme gilt gem. Anlage I Kap. III Sachgeb. A Abschn. III Nr. 1 Buchst. r EVtr für Sorben in deren Heimatkreisen.

4. Feststellungsinteresse. Ein besonderes Feststellungsinteresse braucht für die Künd-Schutzklage nicht dargetan zu werden. Dieses ergibt sich bereits aus der Notwendigkeit, Klage zu erheben, um die sonst nach § 7 eintretende Wirksamkeit der Künd zu verhindern.[78] § 256 Abs. 1 ZPO findet daher keine Anwendung.

---

63 S.a. BT-Drucks 16/7716; *Reinhard/Bögemann*, NJW 2008, 1263, 1264 f.; ErfK/*Koch*, § 48 ArbGG Rn 20.
64 BAG 16.4.1959 – 2 AZR 227/58 – BAGE 7, 339 = AP § 3 KSchG Nr. 16.
65 LAG Berlin 2.1.1984 – 9 Sa 109/83 – EzA § 4 KSchG n.F. Nr. 24.
66 HWK/*Quecke*, § 4 KSchG Rn 21.
67 Weiterführend KR/*Friedrich*, § 4 KSchG Rn 188.
68 KR/*Friedrich*, § 4 KSchG Rn 148 m.w.N.
69 BAG 26.1.1976 – 2 AZR 506/74 – BAGE 28, 1 = EzA § 4 KSchG n.F. Nr. 9; BAG 26.6.1986 – 2 AZR 358/85 – BAGE 52, 263 = EzA § 4 KSchG n.F. Nr. 25.
70 BAG 26.1.1976 – 2 AZR 506/74 – BAGE 28, 1 = DB 1976, 1116.
71 BAG 26.6.1986 – 2 AZR 358/85 – BAGE 52, 263 = EzA § 4 KSchG n.F. Nr. 25.
72 BAG 26.6.1986 – 2 AZR 358/85 – BAGE 52, 263 = EzA § 4 KSchG n.F. Nr. 25; 6.8.1987 – 2 AZR 553/86.
73 BAG 26.6.1986 – 2 AZR 358/85 – BAGE 52, 263 = EzA § 4 KSchG n.F. Nr. 25.
74 ErfK/*Kiel*, § 4 KSchG Rn 10 m.w.N.
75 Siehe dazu GmS-OGB 5.4.2000 – GmS-OGB 1/98 – AP § 129 ZPO Nr. 2 = NZA 2000, 959.
76 HaKo-KSchR/*Gallner*, § 4 Rn 71.
77 BAG 17.2.1982 – 7 AZR 846/79 – BAGE 38, 42 = EzA § 15 SchwbG Nr. 1.
78 BAG 11.2.1981 – 7 AZR 12/79 – EzA § 4 KSchG n.F. Nr. 20 = DB 1981, 2233; ErfK/Kiel, § 4 KSchG Rn 9.

25 Das Interesse an der Feststellung entfällt weder durch einvernehmliche Fortsetzung des Arbverh bis zur Beendigung des Rechtsstreits[79] noch durch die Aufnahme einer anderen Tätigkeit durch den AN.[80] Auch die arbeitgeberseitig erklärte **„Rücknahme" der Künd** beseitigt das Feststellungsinteresse nicht. Die Künd ist eine einseitige, empfangsbedürftige Willenserklärung, die mit ihrem Zugang wirksam wird und nicht einseitig zurückgenommen werden kann. Die gleichwohl erklärte Rücknahme ist als Angebot des AG zu werten, das Arbverh einvernehmlich zu den bisherigen Bedingungen fortzusetzen. Der AN kann wählen, ob er die Klage zurücknimmt bzw. die Hauptsache für erledigt erklärt und zugleich das Fortsetzungsangebot annimmt, oder ob er den Rechtsstreit fortsetzt und ggf. einen Auflösungsantrag stellt oder die Fortsetzung nach § 12 verweigert.[81] In der Erhebung der Künd-Schutzklage ist keine im Vorhinein erteilte Zustimmung zur einvernehmlichen Fortsetzung des Arbverh zu sehen.[82] Die Rücknahme der Künd selbst beinhaltet kein prozessuales Anerkenntnis i.S.v. § 307 Abs. 1 ZPO.[83]

26 **5. Klageverzicht.** Neben dem förmlichen Verzicht auf den geltend gemachten Klageanspruch gem. § 306 ZPO kommen vielfältige Formen des Verzichts auf den Künd-Schutz vor. Der **im Voraus erklärte Verzicht** auf die Erhebung der Künd-Schutzklage ist wegen des zwingenden Charakters des Künd-Schutzes **unwirksam**.[84] Im Einzelfall kann die Geltendmachung des Künd-Schutzes jedoch treuwidrig sein.[85] Auch die Äußerung des AN, der AG möge ihm kündigen, führt nicht ohne weiteres zum Verlust des Klagerechts, denn das käme einem Vorausverzicht auf die Klagemöglichkeit gleich.[86]

27 **Nach Zugang** der Künd ist der Verzicht auf die Klageerhebung dagegen grds. **möglich**.[87] Dies folgt schon daraus, dass es dem AN unbenommen bleibt, die Klagefrist verstreichen zu lassen. Darüber hinaus hat das KSchG keine Regelung getroffen, die dem AN den Verzicht auf den Künd-Schutz versagt.[88] Die Erklärung, auf Künd-Schutz zu verzichten, kann je nach Lage des Falls ein Aufhebungsvertrag, ein Vergleich, ein Klageverzichtsvertrag oder – soweit die Künd-Schutzklage bereits anhängig ist – ein vertragliches Klagerücknahmeversprechen sein.[89] Stellt die Vereinbarung ihrem Inhalt nach einen Aufhebungsvertrag dar, bedarf sie der Schriftform.[90] Ist der Verzicht in einer sog. Ausgleichsquittung enthalten, muss der Wille, eine bereits erhobene Klage zurückzunehmen, in der Urkunde selbst **unmissverständlich** zum Ausdruck kommen.[91] **Nicht ausreichend** ist z.B. die Formulierung, der AN habe die Künd erhalten und sei mit ihrem Inhalt einverstanden.[92] Eindeutig ist dagegen die Formulierung, der AN erhebe gegen die Künd keine Einwendungen und werde sein Recht, das Fortbestehen des Arbverh geltend zu machen, nicht wahrnehmen oder eine mit diesem Ziel bereits erhobene Klage nicht fortführen.[93]

28 Für **vorformulierte Ausgleichsquittungen** (und sonstige Klageverzichtserklärungen) gelten die §§ 305 ff. BGB. Daher werden **überraschende Klauseln** nicht Vertragsbestandteil; Unklarheiten gehen zu Lasten des AG (§ 305c Abs. 1 BGB). Der AN wird zudem durch einen formularmäßigen Verzicht auf Künd-Schutz gem. § 307 Abs. 1 BGB regelmäßig unangemessen benachteiligt, wenn die Vereinbarung keine ausreichende kompensatorische Gegenleistung des AG enthält.[94]

29 Eine im Übrigen wirksame Ausgleichsquittung kann nach h.M. auch von einem **Minderjährigen** erteilt werden, soweit er gem. § 113 BGB ermächtigt war, in das Arbverh einzutreten.[95] Eine vom minderjährigen **Auszubildenden** erteilte Ausgleichsquittung bedarf indes angesichts der Funktion des Ausbildungsverhältnisses der Zustimmung des gesetzlichen Vertreters; § 113 BGB findet hier keine Anwendung.[96]

30 Will der AN die Unwirksamkeit des Verzichts geltend machen, muss er innerhalb der Frist des S. 1 Künd-Schutzklage erheben.[97] Erweist sich der **Klageverzicht** als wirksam, führt dies nicht zur Unzulässigkeit, sondern zur **Unbe-**

---

79 BAG 15.2.1957 – 1 AZR 391/55 – BAGE 4, 22 = AP § 1 KSchG Nr. 33.
80 BAG 14.1.1993 – 2 AZR 387/92 – AP Art. 56 ZA-Nato-Truppenstatut Nr. 15 = NZA 1993, 981.
81 APS/*Ascheid*/*Hesse*, § 4 KSchG Rn 131.
82 BAG 19.8.1982 – 2 AZR 230/80 – BAGE 40, 56 = NJW 1983, 1628.
83 HaKo-KSchR/*Gallner*, § 4 Rn 80 m.w.N.
84 BAG 19.12.1974 – 2 AZR 565/73 – BAGE 26, 417 = NJW 1975, 1531; KR/*Friedrich*, § 4 KSchG Rn 296.
85 LAG Köln 24.10.1990 – 7 Sa 638/90 – LAGE § 242 BGB Prozessverwirkung Nr. 4.
86 Bader/Bram/Dörner, § 4 Rn 114; KR/*Friedrich*, § 4 KSchG Rn 296a.
87 BAG 3.5.1979 – 2 AZR 679/77 – BAGE 32, 6 = EzA KSchG § 4 n.F. Nr. 15; Schaub/*Linck*, Arbeitsrechts-Handbuch, § 72 Rn 7.
88 BAG 6.9.2007 – 2 AZR 722/06 – BAGE 124, 59 = EzA § 307 BGB 2002 Nr. 29.
89 BAG 6.9.2007 – 2 AZR 722/06 – BAGE 124, 59 = EzA § 307 BGB 2002 Nr. 29 m.w.N.
90 BAG 15.2.2007 – 6 AZR 286/06 – BAGE 121, 257 = EzA § 611 BGB 2002 Nr. 6; BAG 19.4.2007 – 2 AZR 208/06 – BAGE 122, 111 = DB 2007, 2266.
91 BAG 29.6.1978 – 2 AZR 681/76 – DB 1978, 1842 = EzA KSchG § 4 n.F. Nr. 13.
92 *Bader/Bram/Dörner*, § 4 Rn 115.
93 BAG 20.6.1985 – 2 AZR 427/84 – DB 1985, 2357 = EzA § 4 KSchG Ausgleichsquittung Nr. 1.
94 BAG 6.9.2007 – 2 AZR 722/06 – BAGE 124, 59 = EzA § 307 BGB 2002 Nr. 29.
95 KR/*Friedrich*, § 4 KSchG Rn 309 m.w.N.
96 KR/*Friedrich*, § 4 KSchG Rn 309.
97 ErfK/*Kiel*, § 4 KSchG Rn 7.

gründetheit einer gleichwohl erhobenen Künd-Schutzklage.[98] Wie beim Verstreichenlassen der Klagefrist (§ 7) begibt sich der AN seiner materiellen Rechte gegenüber der Künd.

6. Klagefrist. Die Klage muss nach S. 1 grds. innerhalb einer Ausschlussfrist von drei Wochen ab Zugang der schriftlichen Künd erhoben werden. Es handelt sich nicht um eine Zulässigkeitsvoraussetzung der Klage; die nicht fristgerecht erhobene Künd-Schutzklage ist vielmehr als **unbegründet** abzuweisen.[99] Besonderheiten gelten bei behördlichem Zustimmungserfordernis.

a) Grundsatz: Drei-Wochen-Frist ab Zugang der Kündigung. Die nach S. 1 einzuhaltende dreiwöchige Klagefrist **beginnt mit dem Zugang** der schriftlichen Künd. Bei Erklärung unter **Anwesenden** geschieht dies durch Übergabe des Künd-Schreibens. Nicht entscheidend ist, ob der AN das Schreiben tatsächlich liest, ob nicht, ob er es behält oder zurückgibt.[100] Der gegenteiligen Auff., eine **Kopie** reiche auch dann nicht aus, wenn dem AN daneben die Möglichkeit gegeben wird, das beim AG verbleibende Original durchzulesen (§ 623 BGB),[101] ist das BAG nicht gefolgt.[102]

Unter **Abwesenden** regelt sich der Zugang nach § 130 Abs. 1 BGB. Die Künd ist zugegangen, wenn sie derart in den Machtbereich des AN gelangt ist, dass dieser nach den gewöhnlichen Umständen die **Möglichkeit der Kenntnisnahme** hatte. Ist dies der Fall, kommt es auf die tatsächliche Kenntnisnahme nicht an.[103]

Wird die **Künd** in einen **Briefkasten eingeworfen**, der zur Wohnung des AN gehört, geht sie in dem Zeitpunkt zu, in dem nach der Verkehrsauffassung mit der Leerung des Briefkastens gerechnet werden kann. Das Einwerfen in den Briefkasten zur **Abend- oder Nachtzeit** bewirkt daher den Zugang erst am nächsten Tag,[104] während der Zugang nicht hinausgeschoben wird, wenn das Einwerfen innerhalb der allg. üblichen Postzustellzeit erfolgt.[105] Der Zugang erfolgt aber auch dann mit Kenntnisnahme, wenn diese zeitlich vor der zu erwartenden Kenntnisnahme liegt.[106] Der Inhaber des Hausbriefkastens muss grds. dafür Sorge tragen und Vorsorge treffen, dass er von den für ihn bestimmten Sendungen Kenntnis nehmen kann.[107] Unterhält der AN ein **Postfach**, gehen dorthin adressierte Sendungen im Zeitpunkt der Einsortierung zu, sofern nach der Verkehrsauffassung an diesem Tage noch mit der Leerung des Fachs gerechnet werden kann.[108]

Ein **Übergabe-Einschreiben** geht erst mit Abholung bei der Post zu und nicht schon durch Einwurf des Benachrichtigungszettels in den Hausbriefkasten; es ist daher für den Ausspruch von Künd schlecht geeignet.[109] Hiervon zu unterscheiden ist die Frage, ob in der verzögerten oder unterlassenen Abholung eine Zugangsvereitelung liegt.[110] Beim **Einwurf-Einschreiben** dagegen wird die Sendung selbst in den Hausbriefkasten eingeworfen und geht daher nach den gleichen Grundsätzen zu wie ein einfacher Brief, allerdings wird dieser Vorgang bei der Post abrufbar dokumentiert.[111]

Den AN trifft keine allg. Pflicht, Zugangsvorkehrungen zu treffen. Er darf jedoch den üblichen Zugangsweg nicht bewusst verhindern[112] und hat nach hier vertretener Auff. bei **Wohnsitzwechsel** dem AG seine **neue Anschrift** mitzuteilen.[113] Für dem AG bekannte **Urlaubsreisen, Kur- oder Krankenhausaufenthalte** des AN hat das BAG seine frühere Rspr. aufgegeben, wonach der Zugang in diesen Fällen erst bei Rückkehr des AN erfolgt.[114] Der Zugang wird daher nach den oben (siehe Rn 32 bis 35) dargestellten Grundsätzen bewirkt. Es besteht jedoch die Möglichkeit der nachträglichen Zulassung nach § 5. Der AN ist nicht verpflichtet, dem AG seine Urlaubsanschrift mitzuteilen.[115]

Der Zugang der Künd wird auch dadurch bewirkt, dass sie nicht in die **Verfügungsgewalt des AN** selbst, sondern **eines Dritten** gelangt, sofern dieser berechtigt ist, schriftliche Erklärungen entgegenzunehmen. Auf den Zeitpunkt

---

98 LAG Hamm 14.12.1984 – 16 Sa 670/84 – NZA 1985, 292 = LAGE § 4 KSchG Ausgleichsquittung Nr. 1.
99 KR/*Rost*, § 7 KSchG Rn 9a.
100 BAG 4.11.2004 – 2 AZR 17/04 – EzA § 130 BGB 2002 Nr. 4 = NZA 2005, 513; BAG 7.1.2004 – 2 AZR 388/03 – RzK I 2c Nr. 36.
101 LAG Hamm 4.12.2003 – 4 Sa 900/03 – LAGE § 623 BGB 2002 Nr. 3 = BB 2004, 1341.
102 BAG 4.11.2004 – 2 AZR 17/04 – EzA § 130 BGB 2002 Nr. 4 = NZA 2005, 513.
103 BAG 2.3.1989 – 2 AZR 275/88 – EzA § 130 BGB Nr. 22 = NJW 1989, 2213.
104 BAG 14.11.1984 – 7 AZR 174/83 – EzA § 242 BGB Nr. 38 = NZA 1986, 97.
105 KR/*Friedrich*, § 4 KSchG Rn 103.
106 KR/*Friedrich*, § 4 KSchG Rn 103 m.w.N.
107 BAG 28.5.2009 – 2 AZR 732/08 – auch zur Möglichkeit einer nachträglichen Klagezulassung nach § 5.
108 Zum Meinungsstand BAG 24.10.1985 – 2 AZR 521/84 – EzA § 794 ZPO Nr. 7 = NJW 1986, 1373.
109 BAG 24.4.1996 – 2 AZR 13/95 – BAGE 83, 73 = EzA BGB § 130 Nr. 27; APS/*Ascheid/Hesse*, § 4 KSchG Rn 76.
110 Zur Zugangsvereitelung vgl. BAG 3.4.1986 – 2 AZR 258/85 – EzA § 18 SchwbG Nr. 7 = DB 1986, 2336; BAG 24.4.1996 – 2 AZR 13/95 – BAGE 83, 73 = EzA BGB § 130 Nr. 27; BAG 7.11.2002 – 2 AZR 475/01 – BAGE 103, 277 = NZA 2003, 719.
111 APS/*Ascheid/Hesse*, § 4 KSchG Rn 76.
112 BAG 7.11.2002 – 2 AZR 475/01 – BAGE 103, 277 = NZA 2003, 719.
113 Wie hier KR/*Friedrich*, § 4 KSchG Rn 117; a.A. *Becker-Schaffner*, BlStSozArbR 1982, 324.
114 BAG 16.3.1988 – 7 AZR 587/87 – BAGE 58, 9 = NZA 1988, 875; BAG 2.3.1989 – 2 AZR 275/88 – EzA § 130 BGB Nr. 22 = NJW 1989, 2213; BAG 24.6.2004 – 2 AZR 461/03 – EzA § 102 BetrVG 2001 Nr. 9 = NZA 2004, 1330.
115 BAG 16.12.1980 – 7 AZR 1148/78 – BAGE 34, 305 = EzA § 130 BGB Nr. 10; BAG 24.6.2004 – 2 AZR 461/03 – EzA § 102 BetrVG 2001 Nr. 9 = NZA 2004, 1330.

der Kenntnisnahme durch den AN kommt es dann nicht an. Die Empfangsberechtigung setzt eine besondere Bevollmächtigung nicht voraus,[116] sondern kann sich aus den Umständen bzw. der Verkehrsauffassung ergeben. Nach dieser sind als empfangsberechtigt anzusehen: Familienangehörige,[117] Hausangestellte[118] oder Vermieter.[119] Zu differenzieren ist bei der Übermittlung an den RA des AN: Sie bewirkt den Zugang nur, wenn der RA zum Empfang bevollmächtigt ist. Hierzu genügt nicht dessen Mandatierung in einer anderen Angelegenheit. Auch der Umstand, dass er beauftragt ist, gegen eine andere Künd des AG vorzugehen, begründet keine Empfangsvollmacht für Folge-Künd.[120] Dagegen ermächtigt eine Prozessvollmacht, aufgrund derer zugleich mit einer **allg. Feststellungsklage** (§ 256 ZPO) alle weiteren Künd erfasst werden, auch zur **Entgegennahme** solcher Künd.[121]

38 Die **Berechnung der Frist** erfolgt nach §§ 187 ff. BGB. Daher ist der Tag des Zugangs der Künd nicht mitzurechnen, § 187 Abs. 1 BGB. Nach § 188 Abs. 2 BGB endet die Frist am **gleichen Wochentag**, an dem die Künd zuging. Fällt der Tag des Fristablaufs auf einen Sonntag, Sonnabend oder am Sitz des örtlich zuständigen ArbG staatlich anerkannten Feiertag, endet die Frist am folgenden Werktag, § 193 BGB.

39 Die **fristwahrende Klageerhebung** (§ 253 Abs. 1 ZPO) erfordert zweierlei: Die **Einreichung** der Klageschrift bei Gericht und die **Zustellung**. Für Erstere genügt es, wenn die Klageschrift bis 24 Uhr des letzten Tages der Drei-Wochen-Frist in den Machtbereich der Gerichtsverwaltung gelangt ist. Für Letztere reicht aus, dass sie **demnächst** (§ 167 ZPO) nach fristgerechter Klageeinreichung erfolgt: § 167 ZPO ist auf die Klagefrist nach § 4 anwendbar.[122] Verhältnismäßig geringe Verzögerungen, die auf Nachlässigkeit des AN beruhen, sind wegen der fehlenden Angabe einer Frist in § 167 ZPO unschädlich.[123] Ist die Zustellung nicht „demnächst" erfolgt, wird der Verfahrensmangel durch **rügeloses Verhandeln** des AG geheilt.[124] Die Klagefrist ist nicht gewahrt, wenn der AN die Zustellung dadurch verzögert, dass er in der Klageschrift darum bittet, diese (z.B. wegen schwebender Vergleichsverhandlungen) noch nicht zuzustellen.[125] Nicht fristwahrend ist auch die Klageerhebung unter der Bedingung der Bewilligung von Prozesskostenhilfe.[126] Zur Vermeidung von Rechtsunsicherheiten sollte im Fall der Aussetzung des Rechtsstreits (§ 148 ZPO) bei zwischenzeitlichem Ausspruch einer weiteren Künd von einer Klageerweiterung abgesehen und getrennt Künd-Schutzklage erhoben werden.[127] Wird der Antrag nach § 4 durch **Klageerweiterung** oder der **Widerklage** angebracht, gilt zunächst das zur Klageerhebung Gesagte. Willigt der AG in die Klageänderung nicht ein und wird sie vom Gericht auch nicht für sachdienlich erachtet, kann der AN im Fall einer deshalb erfolgten Abweisung des Antrags binnen eines angemessenen Zeitraums fristwahrend erneut Künd-Schutzklage erheben.[128] Bei **mehreren Künd** (auch in Fällen einer Wiederholungs- bzw. sog. Trotzkünd oder einer nur vorsorglichen Künd) muss der AN jede der Künd binnen der Drei-Wochen-Frist angreifen, will er den Eintritt der Fiktionswirkung des § 7 verhindern.[129] Dies gilt auch, wenn der AG – getrennt – außerordentlich und ordentlich kündigt.[130] Ist dem AN außerordentlich und lediglich hilfsweise ordentlich gekündigt worden, liegt nur eine Künd-Erklärung vor. Die gegen die fristlose Künd erhobene Künd-Schutzklage wahrt die Frist des § 4 auch hinsichtlich der ordentlichen Künd, wenn der AN bis zum Schluss der mündlichen Verhandlung erklärt hat, auch die ordentliche Künd angreifen zu wollen.[131] Entsprechendes gilt im Fall der Umdeutung der außerordentlichen Künd in eine ordentliche Künd.[132] Ergibt die Auslegung von zwei Künd-Schreiben, dass der AG lediglich *eine* (doppelt verlautbarte) Künd-Erklärung abgeben wollte, reicht es aus, wenn der AN nur einmal rechtzeitig nach S. 1 Klage erhebt.[133]

40 **b) Klagefrist bei Erfordernis behördlicher Zustimmung.** Gem. S. 4 beginnt die Klagefrist erst mit Erteilung einer behördlichen Zustimmung, wenn eine solche für die Künd erforderlich ist. Die Vorschrift erfasst nach allg. Ansicht Fälle, in denen die Künd der nachträglichen behördlichen Zustimmung bedarf, wie etwa bei Inhabern von **Bergmannsversorgungsscheinen**.[134] Auch wenn eine Künd nach **kirchenrechtlichen Vorschriften** nur bei nachträglicher Zustimmung der Kirchenleitung wirksam wird, kommt eine entsprechende Anwendung von S. 4 in Betracht,

---

116 KR/*Friedrich*, § 4 KSchG Rn 106.
117 LAG Hamm 28.7.1988 – 8 Ta 222/88 – DB 1988, 1759; LAG Niedersachen 8.11.2002 – 5 Ta 257/02 – RzK I 10d Nr. 120 = NZA-RR 2003, 556 (Ehefrau).
118 KR/*Friedrich*, § 4 KSchG Rn 106.
119 BAG 16.1.1976 – 2 AZR 619/74 – EzA § 130 BGB Nr. 5 = DB 1976, 1018.
120 APS/*Ascheid/Hesse*, § 4 KSchG Rn 83.
121 BAG 21.1.1988 – 2 AZR 581/86 – BAGE 57, 231 = BB 1988, 1533.
122 BAG 21.2.2002 – 2 AZR 55/01 – EzA § 4 KSchG n.F. Nr. 63.
123 KR/*Friedrich*, § 4 KSchG Rn 142 m.w.N.
124 LAG München 12.11.1982 – 4 Ta 145/82 – ZIP 1983, 614.
125 KR/*Friedrich*, § 4 KSchG Rn 144.
126 LAG Schleswig-Holstein 24.5.2007 – 4 Ta 147/07 – juris; LAG Köln 11.3.1996 – 10 Ta 22/96 – NZA-RR 1996, 453.
127 S.a. LAG Düsseldorf 8.8.2008 – 9 Sa 2261/07 – juris.
128 BAG 10.12.1970 – 2 AZR 82/70 – BAGE 23, 139 = EzA § 3 KSchG Nr. 3.
129 BAG 21.1.1988 – 2 AZR 581/86 – BAGE 57, 231 = EzA § 4 KSchG n.F. Nr. 33.
130 HaKo-KSchR/*Gallner*, § 4 Rn 65.
131 BAG 16.11.1970 – 2 AZR 33/70 – EzA § 3 KSchG Nr. 2 = DB 1971, 248.
132 ErfK/*Kiel*, § 4 KSchG Rn 20.
133 BAG 6.9.2007 – 2 AZR 264/06 – EzA § 626 BGB 2002 Nr. 18 = NZA 2008, 636; LAG Berlin-Brandenburg 5.3.2008 – 6 Ta 443/08 – LAGE § 4 KSchG Nr. 54 = NZA-RR 2008, 468 zur Tat- und Verdachtskünd als eine Künd-Erklärung; zur Abgrenzung vgl. auch BAG 23.6.2009 – 2 AZR 474/07.
134 Vgl. etwa § 11 des Gesetzes über einen Bergmannversorgungsschein im Land Nordrhein-Westfalen v. 20.12.1983 (GVBl. S. 635).

sofern es sich um ein im Außenverhältnis zum AN zu beachtendes Wirksamkeitserfordernis handelt. Andernfalls bleibt es bei der Anwendung von S. 1.[135]

S. 4 bezieht sich aber auch auf Fälle, in denen die behördliche Zustimmung vor Ausspruch der Künd vorliegen muss,[136] bspw. bei Schwangerschaft (§ 9 MuSchG), Elternzeit (§ 18 BEEG), Schwerbehinderung (§ 85 SGB IX). Die Anwendung von S. 4 setzt dabei voraus, dass dem AG das Erfordernis einer behördlichen Zustimmung zur Künd bei deren Ausspruch bekannt war. Kennt der AG die Umstände nicht, welche das – objektiv vorliegende – Zustimmungserfordernis begründen, richtet sich der Fristbeginn ausschließlich nach S. 1; die Klagefrist beginnt mit Künd-Zugang.[137] Daraus ergeben sich folgende **Fallgruppen**: 41

- Die Behörde muss der Künd im Vorhinein zustimmen (z.B. bei einer schwangeren AN, in der Schutzfrist nach Entbindung, während der Elternzeit oder bei schwerbehinderten Menschen), hat die Entscheidung getroffen und dem AN vor Ausspruch der Künd bekannt gegeben: Die Klagefrist beginnt mit Zugang der Künd.[138]
- Die behördliche Entscheidung wurde getroffen, dem AN aber vor Künd-Ausspruch bekannt gegeben: Es greift S. 4 ein mit der Folge, dass der Ausspruch der Künd die Drei-Wochen-Frist des S. 1 nicht in Lauf setzt. Solange die behördliche Zustimmung dem AN nicht bekannt gegeben worden ist, kann er bis zur Grenze der Verwirkung jederzeit die Unwirksamkeit der Künd gerichtlich geltend machen.[139]
- Der AG weiß, dass die Künd der vorherigen Zustimmung einer Behörde bedarf, kündigt aber ohne diese Zustimmung: S. 4 greift ein.[140]
- Der AG kennt die Tatsachen nicht, aus denen das Zustimmungserfordernis folgt (z.B. AN teilte ihm Schwerbehinderung nicht mit): AN ist nicht schutzwürdig, denn er weiß, dass AG Zustimmungsverfahren nicht in Gang setzen konnte.[141] Es gilt ausschließlich S. 1. Will sich der schwerbehinderte AN den Sonderkündigungsschutz nach § 85 SGB IX erhalten, muss er dem AG zudem binnen angemessener Frist seine bereits festgestellte Schwerbehinderteneigenschaft oder einen auf diese Feststellung gerichteten Antrag anzeigen.[142]
- Die schwangere AN hat bis zum Ablauf der Klagefrist nach S. 1 unverschuldet keine Kenntnis von ihrer Schwangerschaft: S. 4 findet keine Anwendung, weil auch der AG das Zustimmungserfordernis nicht kennt. Für diesen Fall sieht § 5 Abs. 1 S. 2 einen besonderen Grund für die nachträgliche Zulassung der Klage vor.[143]
- Wird die Zustimmung der Behörde fingiert, etwa wenn das Integrationsamt bei der außerordentlichen Künd seine Entscheidung nicht binnen zwei Wochen vom Tag des Antragseingangs an trifft (§ 91 Abs. 3 S. 2 SGB IX), steht die Fiktion der Bekanntgabe der Behördenentscheidung i.d.R. nicht gleich.[144]

c) Wehrdienstleistende; Einberufene. Für Wehrpflichtige gilt ein besonderer Künd-Schutz nach dem ArbPlSchG. Die dreiwöchige Klagefrist beginnt erst zwei Wochen nach dem Ende des Wehrdienstes, § 2 Abs. 4 ArbPlSchG. Gleiches gilt für freiwillige Wehrübungen gem. § 10 ArbPlSchG unter den dort genannten Voraussetzungen. 42

d) Schifffahrt und Luftverkehr. Für Betriebe der Schifffahrt und des Luftverkehrs gelten gem. § 24 Abs. 3 besondere Bestimmungen insbes. für den Beginn der Drei-Wochen-Frist. S. § 24. 43

7. Klagerücknahme. Nimmt der AN die Klage wirksam zurück, ist der Rechtsstreit als nicht anhängig geworden anzusehen (§ 269 Abs. 3 S. 1 ZPO). Erfolgt die Klagerücknahme nach Ablauf der Drei-Wochen-Frist, gilt die schriftliche Künd von Anfang an als rechtswirksam (§ 7). Besondere Beachtung verdient auch die Regelung des § 54 Abs. 5 ArbGG. Danach greift eine **Klagerücknahmefiktion** mit der weiteren Fiktionswirkung des § 7 ein, wenn beide Parteien im Gütetermin nicht erscheinen oder verhandeln, der Rechtsstreit daraufhin ruht und keine der Parteien binnen sechs Monaten Antrag auf Terminsbestimmung stellt. 43a

---

135 HaKo-KSchR/*Gallner*, § 4 Rn 114 m.w.N.
136 BAG 3.7.2003 – 2 AZR 487/02 – EzA § 113 InsO Nr. 14 = NZA 2003, 1335; zust. ErfK/*Kiel,* § 4 KSchG Rn 22; a.A. *Fornasier/Werner*, NJW 2007, 2729.
137 BAG 19.2.2009 – 2 AZR 286/07 – NZA 2009, 980 = BB 2009, 2092 (Schwangerschaft); s.a. ErfK/*Kiel,* § 4 KSchG Rn 23; KR/*Friedrich*, § 4 KSchG Rn 202b; *Preis*, DB 2004, 70; *J. Schmidt*, NZA 2004, 79.
138 APS/*Ascheid/Hesse*, § 4 KSchG Rn 102; HaKo-KSchR/*Gallner*, § 4 Rn 115.
139 BAG 13.2.2008 – 2 AZR 864/06 – EzA § 4 KSchG n.F. Nr. 83 = NZA 2008, 1055; HaKo-KSchR/*Gallner*, § 4 Rn 113.
140 HaKo-KSchR/*Gallner*, § 4 Rn 115a.
141 BAG 12.1.2006 – 2 AZR 539/05 – EzA § 85 SGB IX Nr. 5 = DB 2006, 1503.
142 BAG 12.1.2006 – 2 AZR 539/05 – EzA § 85 SGB IX Nr. 5 = DB 2006, 1503.
143 BAG 19.2.2009 – 2 AZR 286/07 – NZA 2009, 980 = BB 2009, 2092.
144 Vgl. zum Meinungsstand HaKo-KSchR/*Gallner*, § 4 Rn 115a; KR/*Friedrich*, § 4 KSchG Rn 202b; *Bauer/Preis/Schunder*, NZA 2004, 195; *v. Hoyningen-Huene/Linck*, § 4 Rn 114.

C. Verbindung zum Prozessrecht

I. Wirkungen des Urteils im Kündigungsschutzprozess

1. Stattgabe. Durch das rechtskräftige stattgebende Urteil im Künd-Schutzprozess steht fest, dass das Arbverh durch eine **bestimmte Künd** zu dem von ihr vorgesehenen Termin nicht aufgelöst ist.[145] Über diesen sog. **punktuellen Streitgegenstand**[146] hinaus nimmt das BAG an, aufgrund des Urteils stehe auch fest, dass im Zeitpunkt der Künd[147] und darüber hinaus im Künd-Termin ein Arbverh zwischen den Parteien bestand[148] (sog. **erweiterter punktueller Streitgegenstand**).[149] Daraus folgt, dass der AG sich in einem **nachfolgenden Rechtsstreit** nicht mehr darauf berufen kann, ein Arbverh habe nie bestanden oder sei schon zu einem früheren Zeitpunkt beendet[150] gewesen (Präklusionswirkung des Urteils im Künd-Schutzprozess). In einem späteren Prozess um Annahmeverzugslohn wird er nicht damit gehört, die Künd sei wirksam gewesen. Problematisch wird die Frage der Reichweite der Rechtskraft immer dann, wenn mehrere Künd ausgesprochen worden und angegriffen sind. Weder ist der AN gezwungen, alle Künd in einem einzigen Rechtsstreit anzugreifen, noch ist das ArbG gehindert, über alle Künd gleichzeitig zu entscheiden. Sowohl der AN als auch das Gericht können demnach einzelne Künd, auch wenn sie zum selben Termin ausgesprochen worden sind, „ausklammern". Geschieht dies, so ist mit der Feststellung, die eine der mehreren Künd habe das Arbverh nicht zu dem in ihr vorgesehenen Beendigungstermin beendet, nicht notwendig zugleich die Feststellung verbunden, das Arbverh habe zu diesem Termin noch bestanden. Es ist dann lediglich ausgesagt, dass diejenige Künd, über die sich das Urteil verhält, die gewollte Beendigungswirkung nicht hat, jedoch offen bleibt, ob andere, zum selben Künd-Termin ausgesprochene Künd diese Wirkung zeitigen oder nicht. Die Rechtskraft einer Entscheidung über einen Künd-Schutzantrag erfasst also – trotz des oben dargestellten Grundsatzes – niemals die Künd, die sie nach dem Parteivortrag und der Urteilsformel nicht erfassen soll.[151] Insg. ist dem klagenden AN bei der Antragstellung und dem Gericht bei Formulierung des Tenors äußerste Sorgfalt anzuraten, damit spätere Verwirrung über den Umfang der Rechtskraft vermieden wird.[152]

Das der Klage stattgebende Urteil entfaltet präjudizielle Wirkung hinsichtlich einer Wiederholungs-(Trotz-)Künd. Ist in einem Künd-Rechtsstreit entschieden, dass das Arbverh durch eine bestimmte Künd nicht aufgelöst worden ist, so kann der AG eine erneute Künd nicht auf Künd-Gründe stützen, die er schon zur Begründung der ersten Künd vorgebracht hat, sofern diese Gründe in dem ersten Künd-Schutzprozess materiell geprüft worden sind mit dem Ergebnis, dass sie die Künd nicht rechtfertigen können.[153]

2. Klageabweisung. Mit Rechtskraft des die Künd-Schutzklage abweisenden Urteils steht fest, dass ein Arbverh über den Termin hinaus, zu dem die Künd erklärt wurde, nicht bestanden hat. Dagegen entscheidet das abweisende Urteil nicht darüber, ob zu einem früheren Zeitpunkt ein Arbverh bestanden hat oder ob dieses durch eine frühere Künd zu einem davor liegenden Zeitpunkt aufgelöst worden ist.[154] Auch wenn das ArbG die Abweisung damit begründet, ein Arbverh habe nie bestanden, nimmt diese Begründung an der Rechtskraftwirkung des Urteils nicht teil.[155]

II. Allgemeine Feststellungsklage, § 256 ZPO

Die Künd-Schutzklage unterliegt nicht den Zulässigkeitsvoraussetzungen des § 256 ZPO (siehe oben Rn 24). Es kann sich aber empfehlen, neben dem punktuellen, auf die Unwirksamkeit einer bestimmten Künd gerichteten Antrag zusätzlich einen allg. Feststellungsantrag i.S.v. § 256 ZPO zu stellen. Die allg. Feststellungsklage kann, wenn sie mit entsprechendem Parteivortrag verbunden ist, wegen ihrer weitergehenden Wirkung zugleich die an eine Künd-Schutzklage zu stellenden Anforderungen erfüllen und verhindern, dass die Unwirksamkeit der Künd gem. § 7 geheilt wird.[156] Sie eignet sich somit dazu, später ausgesprochene Künd des AG ebenfalls zu erfassen (sog. „Schleppnetzantrag"). Es ist dann nicht erforderlich, jede einzelne Künd innerhalb der Drei-Wochen-Frist gesondert anzugreifen. Vielmehr kann der AN nach allerdings umstr. Auff. des BAG[157] **bis zum Schluss der letzten münd-**

---

[145] HaKo-KSchR/*Gallner*, § 4 Rn 153.
[146] KR/*Friedrich*, § 4 KSchG Rn 225.
[147] Z.B. BAG 26.6.2008 – 6 AZN 648/07 – EzA § 4 KSchG n.F. Nr. 85 = NZA 2008, 1145 m.w.N.
[148] Z.B. BAG 5.10.1995 – 2 AZR 909/94 – BAGE 81, 111 = EzA § 519 ZPO Nr. 8; BAG 20.9.2000 – 5 AZR 271/99 – BAGE 95, 324 = AP § 2 ArbGG 1979 Zuständigkeitsprüfung Nr. 8; BAG 27.4.2006 – 2 AZR 360/05 – BAGE 118, 95 = AP § 9 KSchG 1969 Nr. 55 m.w.N.; sehr str., ablehnend etwa Löwisch/*Spinner*, § 4 Rn 14, 85; Germelmann/*Prütting*, Einl. Rn 196 f.; differenzierend ErfK/*Kiel*, § 4 KSchG Rn 32.
[149] Vgl. dazu ausf. HaKo-KSchR/*Gallner*, § 4 Rn 49 ff.
[150] HaKo-KSchR/*Gallner*, § 4 Rn 153.
[151] BAG 25.3.2004 – 2 AZR 399/03 – EzA § 626 BGB 2002 Unkündbarkeit Nr. 4 = NZA 2004, 1216.
[152] Z.B. BAG 10.10.2002 – 2 AZR 622/01 – BAGE 103, 84 = NZA 2003, 684; BAG 12.5.2005 – 2 AZR 426/04 – EzA § 4 KSchG n.F. Nr. 70 = NZA 2005, 1259.
[153] BAG 22.5.2003 – 2 AZR 485/02 – EzA § 1 KSchG Betriebsbedingte Kündigung Nr. 127 = BB 2003, 1905.
[154] BAG 23.10.2008 – 2 AZR 131/07 – EzA § 23 KSchG Nr. 33.
[155] BAG 15.1.1991 – 1 AZR 94/90 – EzA § 303 AktG Nr. 1 = NZA 1991, 681.
[156] HaKo-KSchR/*Gallner*, § 4 Rn 52; *Fischer*, NJW 2009, 1256.
[157] BAG 13.3.1997 – 2 AZR 512/96 – BAGE 85, 262 = EzA § 4 KSchG n.F. Nr. 57; aA v. *Hoyningen-Huene/Linck*, § 4 Rn 127; *Boewer*, NZA 1997, 359.

lichen Verhandlung in der Berufungsinstanz (insoweit günstiger als § 6) bis dahin etwa übersehene Beendigungstatbestände „einbeziehen", was im Allg. dadurch geschehen sollte, dass der AN insoweit Anträge mit dem in § 4 vorgegebenen Wortlaut stellt. Freilich kann auch in einem nicht dem Wortlaut des § 4 entsprechenden Antrag ein Künd-Schutzantrag liegen; stets ist das für Gericht und Gegner erkennbar Gewollte maßgeblich.[158] Diese Grundsätze gelten auch, wenn der zunächst angekündigte allg. Feststellungsantrag unzulässig war.[159] Zu beachten ist auch hier, dass der AN durch Erhebung gesonderter Künd-Schutzklagen einzelne Künd „ausklammern" kann (siehe Rn 44).[160]

In der Klage muss **deutlich** zum Ausdruck kommen, dass es dem AN neben dem Künd-Schutzantrag darauf ankommt, zusätzlich durch allgemeinen Feststellungsantrag den Fortbestand des Arbverh feststellen zu lassen. Ist der Antrag nicht eindeutig formuliert, besteht er z.B. nur aus den Worten „sondern fortbesteht", die an den Antrag nach § 4 angehängt werden, läuft der AN Gefahr, dass das Gericht ihn nicht als selbstständigen Feststellungsantrag auslegt.[161] Daher empfiehlt es sich, den allg. Feststellungsantrag deutlich vom Künd-Schutzantrag abzusetzen und auch in der Klagebegründung gesondert zu behandeln, etwa mit der Formulierung, mit diesem Antrag wolle sich der AN vor weiteren Künd des AG schützen.

Bei Geltendmachung eines Betriebsübergangs (§ 613a BGB) ist es unverzichtbar, neben dem punktuellen Antrag gegen den bisherigen AG, der die Künd erklärt hat, einen unbedingten allg. Feststellungsantrag gegen den neuen Inhaber bzw. potenziellen Erwerber zu richten (zur Antragsformulierung siehe Rn 50).

III. Ausschlussfristen und Verjährung

Auf den Lauf der Verjährungsfrist hat die Erhebung einer Künd-Schutzklage keinen Einfluss;[162] insbes. tritt keine Hemmung ein, wenn der AN keinerlei Anstrengungen zur Wahrung der Verjährungsfristen unternommen hat, obwohl er dazu imstande gewesen wäre.[163]

Bei tariflichen oder einzelvertraglich vereinbarten Ausschlussfristen ist zu unterscheiden:

– **Einstufige Verfallfristen** sehen die Geltendmachung des Anspruchs innerhalb einer bestimmten Frist oder nach Beendigung des Arbverh vor. Ausschlussfristen, die lediglich formlose oder schriftliche Geltendmachung verlangen, können für Entgeltansprüche, die während des Künd-Schutzprozesses fällig werden und von ihrem Ausgang abhängen, nach der Rspr. des BAG auch durch die Erhebung der Künd-Schutzklage gewahrt werden.[164] Auch für den Bereich des öffentlichen Dienstes gelten, wie das BAG inzwischen klargestellt hat, keine anderen Grundsätze.[165] Die Zustellung der Klage muss vor Ablauf der Ausschlussfrist erfolgen; eine „Demnächstzustellung" reicht nicht aus.

– Bei **zweistufigen Ausschlussfristen** wird neben der außergerichtlichen auch die gerichtliche Geltendmachung der Forderung verlangt. Die **Erhebung der Lohnklage** als zweite Stufe kann **durch die Künd-Schutzklage grds. nicht ersetzt** werden, denn das Entgelt ist nicht Streitgegenstand eines Künd-Schutzprozesses.[166] Hat der AN allerdings aufgrund einer in AGB enthaltenen zweistufigen Ausschlussfrist abgelehnte Ansprüche binnen einer Frist von drei Monaten „einzuklagen", genügt die Erhebung der Künd-Schutzklage, um das Erlöschen der vom Ausgang des Künd-Rechtsstreits abhängigen Annahmeverzugsansprüche zu verhindern.[167] Ist die Ingangsetzung der zweiten Stufe der Ausschlussfrist von einer schriftlichen Ablehnungserklärung des AG abhängig, so liegt für die mit dem Künd-Schutzantrag geltend gemachte Annahmeverzugslohnansprüche die Ablehnung in dem vom AG schriftsätzlich angekündigten Klageabweisungsantrag, es sei denn, die Verfallklausel fordert eine „ausdrückliche" schriftliche Ablehnung.[168]

Anderes gilt bei der Änderungsschutzklage nach S. 2. Erfolgte die Annahme des Änderungsangebots unter dem Vorbehalt des § 2, gelten die geänderten Arbeitsbedingungen als vorläufig vereinbart. Da eine erfolgreiche Änderungsschutzklage kraft Fiktion (§ 8) zur Wiederherstellung der früheren Arbeitsbedingungen führt, tritt die Fälligkeit der

---

158 BAG 12.5.2005 – 2 AZR 426/04 – EZA § 4 KSchG n.F. Nr. 70 = NZA 2005, 1259.
159 BAG 13.3.1997 – 2 AZR 512/96 – BAGE 85, 262 = EzA § 4 KSchG n.F. Nr. 57.
160 BAG 10.10.2002 – 2 AZR 622/01 – BAGE 103, 84 = NZA 2003, 684.
161 Vgl. BAG 16.3.1994 – 8 AZR 97/93 – BAGE 76, 148 = EzA § 4 KSchG n.F. Nr. 49.
162 St. Rspr. seit BAG 1.2.1960 – 5 AZR 20/58 – BAGE 9, 7 = EzA § 615 BGB Nr. 7; Palandt/*Heinrichs*, § 204 BGB Rn 13.
163 BAG 7.11.2002 – 2 AZR 297/01 – BAGE 103, 290 = EzA § 206 BGB 2002 Nr. 1; ausführlich zur Problematik: Ha-Ko-KSchR/*Gallner*, § 4 Rn 133 ff.; Kittner/Zwanziger/ Zwanziger, § 4 Rn 41; v. Hoyningen-Huene/Linck, § 4 Rn 41.
164 Z.B. BAG 5.11.2003 – 5 AZR 562/02 – EzA § 615 BGB 2002 Nr. 2; BAG 10.7.2003 – 6 AZR 283/02 – EzA § 4 TVG Ausschlussfristen Nr. 168 m.w.N.
165 BAG 26.2.2003 – 5 AZN 757/02 – EzA § 4 TVG Ausschlussfristen Nr. 161.
166 KR/*Friedrich*, § 4 KSchG Rn 43 m.w.N.
167 BAG 19.3.2008 – 5 AZR 429/07 – EzA § 307 BGB 2002 Nr. 34 = NZA 2008, 757.
168 BAG 26.4.2006 – 5 AZR 403/05 – BAGE 118, 60 unter Aufgabe von BAG 11.12.2001 – 9 AZR 510/00 – EzA § 4 TVG Ausschlussfristen Nr. 145.

Ansprüche, die auf den ursprünglichen Arbeitsbedingungen beruhen, erst mit Rechtskraft des der Klage stattgebenden Urteils ein. Ausschluss- und Verjährungsfristen werden demnach erst mit diesem Zeitpunkt in Lauf gesetzt.[169]

IV. Beschäftigung während des Kündigungsschutzprozesses

49a Der AN hat bis zum Ablauf der Künd-Frist aufgrund seines Arbverh Anspruch auf tatsächliche Beschäftigung.[170] Stehen dem Beschäftigungsanspruch überwiegende schutzwürdige Interessen des AG entgegen, kann dies eine Freistellung des AN rechtfertigen.[171] Ein arbeitsvertraglich für die Dauer der Künd-Frist vereinbartes Freistellungsrecht des AG ist an §§ 106 GewO, 315 BGB, bei formularmäßiger Vereinbarung auch an §§ 305 ff. BGB zu messen.

Nach Ablauf der Künd-Frist muss der AG den AN auf dessen Verlangen hin zu unveränderten Arbeitsbedingungen weiterbeschäftigen, soweit BR oder PR der ordentlichen Künd fristgerecht und ordnungsgemäß widersprochen haben (§ 102 Abs. 5 BetrVG, § 79 Abs. 2 BPersVG bzw. entsprechende landesrechtliche Vorschriften). Neben diesem gesetzlichen Weiterbeschäftigungsanspruch – und damit unabhängig von einem (wirksamen) Widerspruch des BR bzw. PR – kann dem AN ein vom Großen Senat des BAG im Wege der Rechtsfortbildung entwickelter allgemeiner vorläufiger Weiterbeschäftigungsanspruch zustehen.[172] Danach hat der gekündigte AN bis zum rechtskr. Abschluss des Künd-Rechtsstreits Anspruch auf vertragsgemäße Beschäftigung, wenn die Interessen des AN an seiner Weiterbeschäftigung diejenigen des AG an der Nichtbeschäftigung überwiegen. Dies ist – neben dem Fall der offensichtlich unwirksamen Künd – anzunehmen, wenn ein die Unwirksamkeit der Künd feststellendes Urteil ergeht und keine besonderen Umstände vorliegen, die ein überwiegendes Interesse des AG an der Nichtbeschäftigung des AN begründen.[173] Der allgemeine Weiterbeschäftigungsanspruch ist nicht auf die ordentliche Künd beschränkt. Er kommt auch bei außerordentlicher Künd in Betracht.[174] Nimmt der AN bei einer Änderungs-Künd das Änderungsangebot des AG unter dem Vorbehalt des § 2 an, gibt er damit zu erkennen, dass ihm zunächst die Weiterbeschäftigung zu den geänderten Bedingungen zumutbar ist. Das schließt einen Anspruch auf vorläufige Weiterbeschäftigung während der Dauer des Rechtsstreits grds. aus[175] (siehe auch § 2 Rn 123).

Zur Durchsetzung des Anspruchs auf vorläufige Weiterbeschäftigung kann der AN eigenständig Klage erheben. Im Regelfall wird er den Anspruch mit der Künd-Schutzklage verbinden. Es handelt sich dann um einen unechten Hilfsantrag, denn der Antrag wird nur für den Fall des Obsiegens mit der Künd-Schutzklage gestellt.[176] Dabei ist auf hinreichende Bestimmtheit des Antrags zu achten, wobei auch dem arbeitgeberseitigen Weisungsrecht (§ 106 GewO) Rechnung zu tragen ist. Es reicht regelmäßig aus, wenn sich aus dem Antrag – ggf. unter Hinzuziehung seiner Begründung – die Art der Beschäftigung des AN ergibt.[177] Ein auf die Frage der vorläufigen Weiterbeschäftigung beschränktes Rechtsmittel ist unzulässig.[178]

Ausnahmsweise kann der Anspruch durch einstweilige Verfügung durchgesetzt werden, wobei umstr. ist, ob es einer besonderen Darlegung eines Verfügungsgrunds bedarf.[179] Hat der AN im Künd-Schutzprozess bereits erstinstanzlich obsiegt, es aber versäumt, dort den Weiterbeschäftigungsanspruch geltend zu machen, scheidet der Erlass einer einstweiligen Verfügung regelmäßig aus.[180]

Vereinbaren AG und AN nach Ausspruch einer Künd die befristete Weiterbeschäftigung des AN bis zum rechtskräftigen Abschluss des Künd-Schutzprozesses, bedarf die – regelmäßig zulässige – Befristung nach § 14 Abs. 4 TzBfG zu ihrer Wirksamkeit der Schriftform.[181] Bei freiwilliger Weiterbeschäftigung stehen dem AN, selbst bei späterem Unterliegen im Künd-Rechtsstreit alle Vergütungsansprüche nach dem bisherigen Arbverh zu einschließlich gesetzlicher Lohnfortzahlungsansprüche.[182] Erfolgte die Weiterbeschäftigung des AN aufgrund einer Zwangsvollstreckung nach § 888 ZPO oder ausschließlich zu deren Abwendung – was der AG zum etwaigen Nachweis dokumentieren sollte – richten sich die Ansprüche des im Künd-Schutzprozess endgültig unterlegenen AN für die erbrachten Leistungen nach den Grundsätzen der ungerechtfertigten Bereicherung.[183] Wird der Künd-Schutzklage stattgegeben, besteht das Arbverh fort. Die Abwicklung erfolgt dann nach allgemeinen arbeitsrechtlichen Bestimmungen.

---

169 APS/*Ascheid/Hesse*, § 4 KSchG Rn 161; v. Hoyningen-Huene/*Linck*, § 4 Rn 50.
170 BAG 27.2.1985 – GS 1/84 – BAGE 48, 122 = NZA 1985, 702.
171 ErfK/*Preis*, § 611 BGB Rn 570; *Schrader/Straube*, RdA 2006, 98; großzügiger HWK/*Thüsing*, § 611 BGB Rn 177 jeweils m.w.N.
172 BAG 27.2.1985 – GS 1/84 – BAGE 48, 122 = NZA 1985, 702.
173 Zu den Einzelheiten vgl. APS/*Koch*, § 102 BetrVG Rn 235 ff.; KR/*Etzel*, § 102 BetrVG Rn 269 ff.
174 Schaub/*Linck*, Arbeitsrechts-Handbuch § 125 Rn 16.
175 BAG 18.1.1990 – 2 AZR 183/89 – BAGE 64, 24 = EzA § 1 KSchG betriebsbedingte Kündigung Nr. 65; 28.5.2009 – 2 AZR 844/07 – NZA 2009, 954; weiterführend: KR/*Rost* § 2 KSchG Rn 119 f.
176 BAG 8.4.1988 – 2 AZR 777/87 – AP § 611 BGB Weiterbeschäftigung Nr. 4 = NZA 1988, 741.
177 S.a. BAG 15.4.2009 – 3 AZB 93/08 – NZA 2009, 917.
178 ErfK/*Kiel*, § 4 KSchG Rn 45.
179 Zum Meinungsstand und zur Rspr. der LAG vgl. ErfK/*Kania*, § 102 BetrVG Rn 36; KR/*Etzel*, § 102 BetrVG Rn 290.
180 Schaub/*Linck*, Arbeitsrechts-Handbuch § 125 Rn 18 m.w.N.
181 BAG 22.10.2003 – 7 AZR 113/03 – BAGE 108, 191 = NZA 2004, 1275.
182 BAG 15.1.1986 – 5 AZR 237/84 – BAGE 50, 370 = NZA 1986, 561.
183 BAG 12.2.1992 – 5 AZR 297/90 – BAGE 69, 324 = NZA 1993, 177.

Hat das ArbG den AG zur Weiterbeschäftigung des AN verurteilt, muss der AN von dieser Möglichkeit grds. keinen Gebrauch machen, um sich seine Verzugslohnansprüche zu erhalten.[184]

D. Beraterhinweise

I. Antragsformulierung

Auf die Formulierung des Antrags sollte größte Sorgfalt verwendet werden, ebenso auf die Frage, wer als Partei auf Beklagtenseite in Anspruch zu nehmen ist. Da vom AN unbemerkte oder als „bloße Formalie" angesehene AG-Wechsel während des Arbverh häufiger vorkommen, muss dieser Punkt sowie auch die Frage etwaiger weiterer Künd (Künd-Schreiben) mit dem AN gründlich geklärt werden. Hier lauern erhebliche Haftungsrisiken für den Anwalt des AN und manchmal unerwartete Chancen für den Anwalt des AG. Einer Klage sollten im Hinblick auf die anwaltfreundliche Rspr. des BAG, das von den ArbG eine wohlwollende Auslegung der Klageschrift verlangt, der Arbeitsvertrag, die letzte Lohnabrechnung und die Künd beigelegt werden. Der **Antrag** nach S. 1 lautet: „Es wird festgestellt, dass das zwischen den Parteien bestehende Arbverh durch die Künd der/des Beklagten vom ... (Datum) zum ... (Datum) nicht aufgelöst ist/wird". Ein „**Änderungsschutzantrag**" i.S.d. S. 2 lautet: „Es wird festgestellt, dass die Änderung der Arbeitsbedingungen im Zusammenhang mit der Künd vom ...(Datum) rechtsunwirksam ist".[185]

II. Streitwert

1. Beendigungskündigung. Der Streitwert der Künd-Schutzklage, früher in § 12 Abs. 7 ArbGG geregelt, bemisst sich nunmehr nach § 42 Abs. 4 S. 1 GKG n.F. Er beträgt nach wie vor höchstens ein **Vierteljahresentgelt**.

2. Änderungskündigung. Hat der AN auf die Änderungs-Künd den Vorbehalt gem. § 2 nicht oder nicht fristgerecht erklärt, so geht es im Künd-Schutzprozess um das Bestehen oder Nichtbestehen des Arbverh. Daher ergeben sich für den Streitwert keine Besonderheiten.

Hat dagegen der AN das **Änderungsangebot unter Vorbehalt angenommen**, ist die Wertberechnung umstr.[186] Nach hier vertretener Auff. richtet sich die Wertfestsetzung nach §§ 3 ff. ZPO, ist jedoch nach oben durch § 42 Abs. 4 S. 1 GKG auf das vierteljährliche Arbeitsentgelt des AN begrenzt (siehe auch § 2 Rn 148). Neben der Entgeltdifferenz ist bei der Wertberechnung z.B. auch ein durch die Änderungs-Künd verursachter Prestigeverlust des AN zu berücksichtigen.[187]

§ 5 Zulassung verspäteter Klagen

(1) ¹War ein Arbeitnehmer nach erfolgter Kündigung trotz Anwendung aller ihm nach Lage der Umstände zuzumutenden Sorgfalt verhindert, die Klage innerhalb von drei Wochen nach Zugang der schriftlichen Kündigung zu erheben, so ist auf seinen Antrag die Klage nachträglich zuzulassen. ²Gleiches gilt, wenn eine Frau von ihrer Schwangerschaft aus einem von ihr nicht zu vertretenden Grund erst nach Ablauf der Frist des § 4 Satz 1 Kenntnis erlangt hat.
(2) ¹Mit dem Antrag ist die Klageerhebung zu verbinden; ist die Klage bereits eingereicht, so ist auf sie im Antrag Bezug zu nehmen. ²Der Antrag muß ferner die Angabe der die nachträgliche Zulassung begründenden Tatsachen und der Mittel für deren Glaubhaftmachung enthalten.
(3) ¹Der Antrag ist nur innerhalb von zwei Wochen nach Behebung des Hindernisses zulässig. ²Nach Ablauf von sechs Monaten, vom Ende der versäumten Frist an gerechnet, kann der Antrag nicht mehr gestellt werden.
(4) ¹Das Verfahren über den Antrag auf nachträgliche Zulassung ist mit dem Verfahren über die Klage zu verbinden. ²Das Arbeitsgericht kann das Verfahren zunächst auf die Verhandlung und Entscheidung über den Antrag beschränken. ³In diesem Fall ergeht die Entscheidung durch Zwischenurteil, das wie ein Endurteil angefochten werden kann.
(5) ¹Hat das Arbeitsgericht über einen Antrag auf nachträgliche Klagezulassung nicht entschieden oder wird ein solcher Antrag erstmals vor dem Landesarbeitsgericht gestellt, entscheidet hierüber die Kammer des Landesarbeitsgerichts. ²Absatz 4 gilt entsprechend.

---

184 BAG 22.2.2000 – 9 AZR 194/99 – EzA § 615 BGB Nr. 97 = NZA 2000, 817; zu den Auswirkungen eines vom AG auf den Weiterbeschäftigungsantrag hin angebotenen Prozessbeschäftigung vgl. *Dollmann*, BB 2003, 2681, 2684 ff.
185 Empfohlen wird im Hinblick auf die Neufassung des § 6 KSchG auch eine strikt am Wortlaut des S. 2 orientierte Antragstellung „dass die Änderung (...) sozial ungerechtfertigt oder aus anderen Gründen rechtsunwirksam ist", vgl. etwa *Bader*, NZA 2004, 68. Zu den Anträgen im Falle des Betriebsübergangs vgl. HaKo-BGB/*Mestwerdt*, § 613a Rn 202.
186 Weiterführend: Germelmann/*Germelmann*, § 12 ArbGG Rn 119; KR/*Rost*, § 2 KSchG Rn 175 m.w.N.
187 KR/*Rost*, § 2 KSchG Rn 175.

Literatur: *Bader,* Das Gesetz zu Reformen am Arbeitsmarkt: Neues im Kündigungsschutzgesetz und im Befristungsrecht, NZA 2004, 65; *Becker/Schaffner,* Die nachträgliche Zulassung der Kündigungsschutzklage (§ 5 KSchG), ZAP Fach 17, 481 (1999, 1043); *Bender/Schmidt,* KSchG 2004: Neuer Schwellenwert und einheitliche Klagefrist, NZA 2004, 358; *Berkowsky,* Die Kündigungsschutzklage und ihre nachträgliche Zulassung, NZA 1997, 352; *Bernstein,* Die Zurechnung von Fehlverhalten und Verschulden anläßlich der Klageerhebung nach § 4 KSchG – ein Klassiker des Kündigungsschutzrechts, in: FS Stege, S. 25; *Berrisch,* § 4 KSchG n.F. und die behördliche Zustimmung zur Kündigung, FA 2004, 6; *Budde,* Bindungswirkungen von Vorentscheidungen für das spätere arbeitsgerichtliche Urteilsverfahren, 2000; *Deckers,* Die Präklusionswirkung rechtskräftiger Entscheidungen im Kündigungsschutzprozess, 1999; *Dietermann/Gaumann,* Rechtsbeschwerden im Verfahren der nachträglichen Zulassung einer Kündigungsschutzklage, NJW 2003, 799; *Dresen,* Die Zurechnung des Vertreterverschuldens im Rahmen der Erhebung der Kündigungsschutzklage, §§ 4 S. 1, 5 III KSchG – Wohin geht die Reise?, NZA-RR 2004, 7; *Eylert,* Nachträgliche Zulassung der Kündigungsschutzklage, AuA 1996, 414; *Göhle-Sander,* Nachträgliche Zulassung einer Kündigungsschutzklage, jurisPR-ArbR 41/2005 Anm. 6; *Gravenhorst,* Zur Statthaftigkeit der Rechtsbeschwerde gegen Entscheidungen nach § 5 IV 2 KSchG – Zugleich Besprechung des Beschlusses vom BAG (15.9.2005), NZA-RR 2006, 211, NZA 2006, 1199; *Griebeling, J.,* Die Zurechnung von Bevollmächtigtenverschulden im Kündigungsrecht, NZA 2002, 838; *Hohmeister,* Das Wirksamwerden einer Kündigung, ZRP 1994, 141; *Löwisch,* Neuregelung des Kündigungsschutz- und Befristungsrechts durch das Gesetz zu Reformen am Arbeitsmarkt, BB 2004, 154; *Kamanabrou,* Europarechtliche Bedenken gegen die Klagefrist bei Kündigungen wegen Betriebsübergang, NZA 2004, 950; *Nägele,* Das Verfahren der nachträglichen Klagezulassung, ArbRB 2003, 157; *Nebeling,* Zulassung der verspäteten Kündigungsschutzklage nach Anfechtung eines Abwicklungsvertrages wegen arglistiger Täuschung, NZA 2002, 1310; *Preis,* Die „Reform" des Kündigungsschutzrechts, DB 2004, 70; *Quecke,* Die Änderungen des Kündigungsschutzgesetzes zum 1.1.2004, RdA 2004, 86; *Rummel,* Die Beschwerderechtsprechung des BAG nach Einführung der Rechtsbeschwerde, NZA 2004, 418; *Schmid, K.,* Versäumung prozessualer Fristen bei Einschaltung von Hilfspersonen, BB 2001, 1198; *ders.,* Die nachträgliche Zulassung der Kündigungsschutzklage durch Beschluss, 2001; *Schrader,* Die nachträgliche Zulassung der Kündigungsschutzklage in der Praxis, NJW 2009, 1542; *Tschöpe/Fleddermann,* Zurechnung anwaltlichen Verschuldens bei Versäumung der Klagefrist nach § 4 KSchG, BB 1998, 157; *Vollkommer,* Verlust des Kündigungsrechtsschutzes des Arbeitnehmers bei Versäumung der Klagefrist durch Vertreterverschulden?, in: FS Stahlhacke, 1995, S. 599; *Weber/Ehrich,* Prozessuale Folgen der Unwirksamkeit von Aufhebungsvereinbarungen bei Kündigungsschutzklagen, DB 1995, 2369; *Wenzel,* Neue Aspekte im Streit um die Anrechnung des Vertreterverschuldens bei der Versäumung der Klagefrist des § 4 KSchG, in: FS Egon Schneider, 1997, S. 345; *Willemsen/Annuß,* Kündigungsschutz nach der Reform, NJW 2004, 177

A. Allgemeines 1	j) Rechtsirrtum und Rechtsunkenntnis 37
B. Regelungsgehalt 4	k) Rechtsschutzversicherung 38
I. Form und Frist des Zulassungsantrags 4	l) Unkenntnis der Klagefrist 39
1. Form 4	m) Urlaubsabwesenheit 40
2. Frist 6	n) Vergleichsverhandlungen 42
3. Nachträgliche Zulassung bei Schwangerschaft 9	**C. Verbindung zu anderen Rechtsgebieten und zum Prozessrecht** 43
II. Voraussetzungen der Zulassung 12	I. Keine Anwendung der Wiedereinsetzungsvorschriften 43
1. Unabwendbarkeit der Fristversäumnis 12	II. Arbeitsgerichtliches Verfahren 45
2. Sorgfaltsmaßstab 13	1. Erstinstanzliches Verfahren 45
3. Zurechnung fremden Verschuldens 14	a) Funktionale Zuständigkeit; Rechtsweg ... 45
a) Zurechnung von Verschulden des Prozessbevollmächtigten 14	b) Verfahren und Entscheidung über den Antrag 46
b) Zurechnung von Verschulden anderer Vertreter 18	c) Bindungswirkung 53
4. Einzelfälle 21	2. Rechtsmittel 57
a) Arglistiges Abhalten von Klageerhebung . 22	a) Einlegung 57
b) Auskunft einer geeigneten Stelle 24	b) Verfahren 58
c) Ausländische Arbeitnehmer 27	c) Entscheidung 61
d) Unrichtige Beurteilung der Erfolgsaussichten 28	3. Besonderheit: Parteiwechsel auf Arbeitgeberseite in der Berufungsinstanz 63
e) Krankheit 29	**D. Beraterhinweise** 64
f) Mittellosigkeit 32	I. Glaubhaftmachung 64
g) Postlaufzeiten 33	II. Kosten 66
h) Prozessbevollmächtigte 34	III. Streitwert 67
i) Prozesskostenhilfe 36	

A. Allgemeines

1 Die nachträgliche Zulassung der Künd-Schutzklage durchbricht die allg. Regelung des § 4, die für die Geltendmachung der Rechtsunwirksamkeit einer schriftlichen Künd eine Drei-Wochen-Frist vorsieht. Die Regelung des § 4 trägt dem Interesse des AG Rechnung, über die Wirksamkeit seiner Künd möglichst bald Klarheit zu gewinnen. Das wird dadurch erreicht, dass dort lediglich auf das objektive Kriterium des Zeitablaufs abgestellt wird. Dies birgt allerdings die Gefahr unbilliger Härten, weil der Einhaltung der Frist unüberwindbare Hindernisse entgegenstehen können.[1] Hier schafft der Gesetzgeber einen Ausgleich, indem er die nachträgliche Zulassung der Klage für den Fall ermöglicht, dass der AN trotz Anwendung aller ihm nach Lage der Umstände zuzumutenden Sorgfalt an der Frist-

---
1 *Bader/Bram/Dörner/Kriebel,* § 5 Rn 2.

einhaltung gehindert war. Die Wirksamkeitsfiktion des § 7 tritt dann nicht ein. Durch Art. 3 des am 1.4.2008 in Kraft getretenen Gesetzes zur Änderung des Sozialgerichtsgesetzes und des Arbeitsgerichtsgesetzes vom 26.3.2008[2] hat die Vorschrift eine grundlegende Änderung erfahren. § 5 Abs. 4 KSchG ist inhaltlich verändert und danach ist ein Abs. 5 neu eingefügt worden. Die Gesetzesänderung soll der **Beschleunigung, Straffung** und besonderen **Prozessförderung** dienen. Dazu ist das Verfahren über die nachträgliche Klagezulassung mit dem Verfahren über die Klage **verbunden** worden. Künftig muss über die nachträgliche Klagezulassung also nicht mehr gesondert entschieden werden. § 5 Abs. 4 KSchG n.F. ermöglicht aber weiterhin eine gesonderte Entscheidung, jetzt allerdings durch **Zwischenurteil**. Diese Möglichkeit ist – so die Gesetzesbegründung[3] – für die Fälle geschaffen worden, in denen bei einer Zulassung schwierige tatsächliche oder rechtliche Fragen zu klären sind.

Für arbeitsgerichtliche Entscheidungen nach § 5 KSchG aF, die vor dem 1.4.2008 getroffen worden waren, galt ab diesem Zeitpunkt nach dem **intertemporalen Prozessrecht** – mangels einer Überleitungsvorschrift – das neue Prozessrecht. Es erfasste auch schwebende Verfahren. Über sofortige Beschwerden war ab diesem Zeitpunkt in Form des (Zwischen-)Urteils zu entscheiden.[4]

Mit § 5 wird dem **Rechtsstaatsprinzip** Rechnung getragen. Die dreiwöchige Klagefrist des § 4 bedarf schon aus verfassungsrechtlichen Gründen eines Korrektivs. Nach der Rspr. des BVerfG darf sich die **Rechtsweggarantie** des Art. 19 Abs. 4 GG nicht auf die Einräumung der formalen Möglichkeit beschränken, ein Gericht anzurufen; vielmehr muss auch die **Effektivität des Rechtsschutzes** gewährleistet sein.[5] Der Zugang zum Gericht darf nicht in unzumutbarer, aus Sachgründen nicht mehr zu rechtfertigender Weise erschwert werden.[6] Dies ist bei der Auslegung der Vorschrift zu berücksichtigen. Es ist für die Gerichte umso wichtiger, diesen Grundsatz ernst zu nehmen[7] und ihn mit großem Verantwortungsbewusstsein gegen das ebenfalls geschützte Interesse des AG an baldiger Klarheit über den etwaigen Fortbestand des Arbverh abzuwägen, als für beide Parteien (oft auch für den mittelständischen AG) Vermögensfolgen von existentiellem Wert betroffen sein können und außerdem eine Orientierung an Präjudizien oft nur Fingerzeige geben kann.

Der Antrag auf nachträgliche Zulassung ist **fristgebunden** (für Einzelheiten siehe Rn 6); Abs. 3 enthält eine **relative** (S. 1) und eine **absolute Frist** (S. 2): Im Interesse des **Rechtsfriedens** und der **Schaffung klarer Rechtsverhältnisse**[8] kann der Antrag nur innerhalb von zwei Wochen nach Behebung des Hindernisses gestellt werden, längstens aber innerhalb von sechs Monaten ab dem Ende der versäumten Frist. Ob den AN an der Nichteinhaltung der Sechs-Monats-Frist ein Verschulden trifft, ist ohne Belang.[9] Mit dem Antrag ist die Klageerhebung zu verbinden; ist die Klage bereits eingereicht, ist auf sie Bezug zu nehmen (Abs. 2 S. 1). Im Antrag müssen die Tatsachen, welche die nachträgliche Zulassung begründen, und die Mittel der Glaubhaftmachung bezeichnet werden (Abs. 2 S. 2).

B. Regelungsgehalt

I. Form und Frist des Zulassungsantrags

1. Form. Die von der Rspr. an die Form, insb. an die **Bestimmtheit des Antrages** gestellten Anforderungen sind eher gering.[10] Der Antrag braucht nicht ausdrücklich gestellt zu werden. Es genügt, wenn aus der Einlassung des AN erkennbar hervorgeht, dass die Zulassung einer verspäteten Klage begehrt wird.[11] Die Bezeichnung als „Wiedereinsetzungsantrag" ist unter dieser Voraussetzung unschädlich.[12]

Andererseits kann **allein aus der verspätet eingereichten Künd-Schutzklage nicht** darauf geschlossen werden, es solle ein Antrag auf nachträgliche Zulassung gestellt werden.[13] In diesem Sinne **hinreichend deutlich** ist aber z.B. die Formulierung, es werde um „Fristverlängerung"[14] oder um „Entschuldigung"[15] gebeten. Von einem RA oder Gewerkschaftssekretär kann erwartet werden, dass er den für erforderlich gehaltenen Zulassungsantrag wenigstens sinngemäß formuliert.[16] Aber auch der von einer Naturalpartei formulierten, verspäteten Künd-Schutzklage ist der Antrag auf nachträgliche Zulassung dann nicht beizulegen, wenn die Klage auf die Verspätung mit keinem Wort eingeht.[17]

---

2 SGGArbGG-Änderungsgesetz – BGBl I 2008, 444, 448.
3 BT-Drucks 16/7716, S. 25.
4 BAG 11.12.2008–2 AZR 472/08 – EzA § 5 KSchG Nr. 35 = NZA 2009, 692 = NJW 2009, 2841.
5 *Bader/Bram/Dörner/Kriebel*, § 5 Rn 2.
6 BVerfG 29.11.1989 – 1 BvR 1011/88 – NJW 1990, 1104.
7 BVerfG 25.2.2000 – 1 BvR 1363/99 – EzA § 5 KSchG Nr. 32.
8 KR/*Friedrich*, § 5 KSchG Rn 133; Dornbusch/Wolff/*Hermann*, § 5 Rn 1.
9 *Bader/Bram/Dörner/Kriebel*, § 5 Rn 37.
10 KR/*Friedrich*, § 5 KSchG Rn 107.
11 Dornbusch/Wolff/*Hermann*, § 5 Rn 10.
12 *Wenzel*, AR-Blattei SD Zulassung verspäteter Klagen Rn 49.
13 BAG 19.2.2009 – 2 AZR 286/07 – NZA 2009, 980 = BB 2009, 2092; BAG 2.3.1989 – 2 AZR 275/88 – AP § 130 BGB Nr. 17 = EzA § 130 BGB Nr. 22 = NZA 1989, 635 = NJW 1989, 2213 = DB 1989, 2619; LAG Berlin 11.12.1964 – 3 Ta 6/64 – AP § 4 KSchG Nr. 11; *Wenzel*, AR-Blattei SD Zulassung verspäteter Klagen Rn 52; ErfK/*Kiel*, § 5 KSchG Rn 18.
14 BezirksG Dresden 29.11.1990 – 13 BAR 190/90 – RzK I 8m gg 1; KR/*Friedrich*, § 5 KSchG Rn 108.
15 Dornbusch/Wolff/*Hermann*, § 5 Rn 9.
16 *Wenzel*, AR-Blattei SD Zulassung verspäteter Klagen Rn 52.
17 LAG Hamm 8.6.1974 – 8 Ta 19/74 – n.v.; *Wenzel*, AR-Blattei SD Zulassung verspäteter Klagen Rn 52.

6 **2. Frist.** Der Antrag ist nur innerhalb der Fristen des Abs. 3 zulässig; für deren Berechnung gelten die allg. Vorschriften der §§ 187 ff. BGB.[18] Zunächst muss der Antrag gem. S. 1 innerhalb von **zwei Wochen nach Behebung des Hindernisses** erfolgen. Das Hindernis ist spätestens dann behoben, wenn der AN erkennt, dass die Klagefrist abgelaufen ist.[19] Die Zwei-Wochen-Frist wird jedoch **nicht nur durch positive Kenntnis** des AN in Lauf gesetzt, sondern beginnt, sobald er aufgrund konkreter Anhaltspunkte bei gehöriger Sorgfalt erkennen muss, dass die Frist möglicherweise versäumt ist.[20] Die Einhaltung der Antragsfrist ist vom Kläger darzulegen und glaubhaft zu machen.[21] Geschieht dies nicht, ist der Antrag unzulässig.[22] Eine Wiedereinsetzung nach § 233 ZPO kommt bei Versäumung der Antragsfrist nicht in Betracht.

Nach § 5 Abs. 3 S. 2 kann der Antrag nach Ablauf von **sechs Monaten**, vom Ende der versäumten Frist an gerechnet, nicht mehr gestellt werden. Die Regelung wird als verfassungskonform angesehen.[23] Die Sechs-Monats-Frist kann aber nicht angewendet werden, wenn die Ursache der Fristüberschreitung nicht in der Sphäre der Partei liegt, sondern allein dem Gericht zuzurechnen ist. Das entspricht auch der Rspr. des BGH[24] zu der vergleichbaren Formulierung in § 234 Abs. 3 ZPO (Wiedereinsetzung). Eine Wiedereinsetzung nach § 233 ZPO ist aber auch insoweit ausgeschlossen.[25] § 5 stellt eine abschließende Regelung bezogen auf die Fristen dar, in denen eine verspätete Kündschutzklage nachträglich zugelassen werden kann. Darüber hinaus behandelt die Vorschrift die Frage des ersten Zugangs zu Gericht, während die Vorschriften über die Wiedereinsetzung die Fortsetzung eines bereits begonnenen Rechtsstreits betreffen.[26]

7 Innerhalb der Frist muss nicht nur der Antrag eingereicht sein; vielmehr müssen auch **alle Angaben zur Begründung** des Zulassungsantrags vorliegen und die **Mittel der Glaubhaftmachung** angegeben werden.[27] Die Antragsbegründung und die Angabe der Mittel zur Glaubhaftmachung brauchen **nicht zusammen mit dem Antrag** eingereicht zu werden, wenn sie nur ebenfalls innerhalb der Zwei-Wochen-Frist erfolgen.[28] Nach Fristablauf vorgebrachte Gründe und Mittel der Glaubhaftmachung bleiben im Verfahren über die nachträgliche Zulassung, auch in der Beschwerdeinstanz, unberücksichtigt.[29] Dagegen können bloße **Ergänzungen, Konkretisierungen oder Klarstellungen** der fristgerecht vorgetragenen Gründe und angegebenen Mittel auch nach Fristablauf berücksichtigt werden; dies gilt jedenfalls dann, wenn eine Hinweispflicht des Gerichts nach § 139 ZPO bestand.[30] Die **Glaubhaftmachung selbst** ist **nicht an die Zwei-Wochen-Frist gebunden**, sondern nur deren „Bezeichnung". Daher kann bspw. die innerhalb der Frist angebotene EV bis zur Beschlussfassung nachgeholt werden.[31]

8 Nach Abs. 2 S. 1 Hs. 1 ist mit dem Antrag ferner die **Künd-Schutzklage** zu **verbinden**. Falls sie bereits eingereicht ist, ist auf sie im Antrag Bezug zu nehmen. Entgegen dem Wortlaut des Gesetzes kann die Klage innerhalb der Zwei-Wochen-Frist auch nach Stellung des Zulassungsantrages nachgeholt werden. Nach Sinn und Zweck der Vorschrift reicht es aus, wenn innerhalb der Frist die Künd-Schutzklage und der Antrag auf nachträgliche Zulassung dem Gericht vorliegen.[32] Auch die Bezugnahme auf die bereits erhobene Künd-Schutzklage kann nach Antragstellung – allerdings wiederum nur innerhalb der Zwei-Wochen-Frist – erfolgen.[33]

9 **3. Nachträgliche Zulassung bei Schwangerschaft.** Abs. 1 S. 2 regelt den Sonderfall der nachträglichen Zulassung bei Schwangerschaft. Eine Regelung hierzu ist erforderlich geworden, nachdem nunmehr auch der **besondere Künd-Schutz gem. § 9 Abs. 1 MuSchG** innerhalb der **Drei-Wochen-Frist** (§ 4 S. 1, 4) geltend zu machen ist. § 5 a.F. erfasste den Fall der fehlenden Kenntnis eines Unwirksamkeitsgrunds nicht. Deshalb musste ergänzt werden, dass eine verspätete Klage auch dann zuzulassen ist, „wenn eine Frau ohne ihr Verschulden von ihrer Schwangerschaft erst nach Ablauf der dreiwöchigen Klagefrist Kenntnis erlangt hat".[34] § 4 S. 4 hilft der AN bei fehlender Kenntnis des AG von der Schwangerschaft nicht, weil die Klagefrist nur dann erst ab Bekanntgabe der behördlichen Entscheidung läuft, wenn der AG weiß, dass die Künd der behördlichen Zustimmung bedarf[35] (siehe § 4 Rn 41). Das gilt auch, wenn die AN selbst keine Kenntnis von der Schwangerschaft hat. In diesen Fällen hilft § 5 Abs. 1 S. 2 der AN. Problematisch ist der Fall, in dem die Kenntnis von der Schwangerschaft unmittelbar vor Fristablauf eintritt. Das LAG

---

18 KR/*Friedrich*, § 5 KSchG Rn 161.
19 LAG Hamm 4.11.1996 – 12 Ta 105/96 – LAGE § 5 KSchG Nr. 81; Schaub/*Linck*, Arbeitsrechts-Handbuch § 136 Rn 57.
20 Hessisches LAG 22.12.1993 – 2 Ta 137/93 – BB 1994, 1868; ErfK/*Kiel*, § 5 KSchG Rn 25; KDZ/*Zwanziger*, § 5 KSchG Rn 28.
21 Thüringer LAG 5.3.2001 – 7 Ta 3/01 – LAGE § 5 KSchG Nr. 100; KR/*Friedrich*, § 5 KSchG Rn 166.
22 Thüringer LAG 5.3.2001 – 7 Ta 3/01 – LAGE § 5 KSchG Nr. 100.
23 LAG Düsseldorf 23.10.2008 – 13 Sa 718/08 – Revision eingelegt unter 2 AZR 985/08.
24 BGH 20.2.2008 – XII ZB 179/07 – NJW-RR 2008, 878.
25 BAG 16.3.1988 – 7 AZR 587/87 – NZA 1988, 875; KR/*Friedrich*, § 5 Rn 122 f. m.w.N.; ErfK-*Ascheid* § 5 Rn 24.
26 HaKo-KSchR/*Gallner*, § 5 Rn 3.
27 Dornbusch/Wolff/*Hermann*, § 5 Rn 12.
28 KR/*Friedrich*, § 5 KSchG Rn 113.
29 LAG Hamm 7.11.1990 – 9 Ta 16/90 – n.v.; KR/*Friedrich*, § 5 KSchG Rn 115, 117.
30 KR/*Friedrich*, § 5 KSchG Rn 116.
31 LAG Saarland 27.6.2002 – 2 Ta 22/02 – NZA-RR 2002, 488; KR/*Friedrich*, § 5 KSchG Rn 95.
32 *Wenzel*, AR-Blattei SD Zulassung verspäteter Klagen Rn 55.
33 *Wenzel*, AR-Blattei SD Zulassung verspäteter Klagen Rn 55.
34 BT-Drucks 15/1587, S. 27.
35 BAG 19.2.2009 – 2 AZR 286/07 – NZA 2009, 980 = BB 2009, 2092.

Schleswig-Holstein[36] billigt der Schwangeren in diesem Fall noch einen Zeitraum von **drei Tagen** zu, um sich angesichts der für sie neuen Situation und der Kenntniserlangung von dem besonderen Kündschutz abzuwägen, ob sie Klage erheben will.

Die Klage ist nachträglich zuzulassen, wenn die Frau von ihrer Schwangerschaft aus einem von ihr nicht zu vertretenden Grund erst nach Ablauf der Drei-Wochen-Frist Kenntnis erlangt hat. Für den Antrag auf nachträgliche Zulassung gilt auch in diesem Fall die Zwei-Wochen-Frist des Abs. 3. Die Unterrichtung des AG muss jedoch unabhängig davon unverzüglich, also ohne schuldhaftes Zögern, erfolgen,[37] vgl. § 9 Abs. 1 Hs. 2 MuSchG.

Mit der Bestimmung werden verfassungsrechtliche Vorgaben aus Art. 6 GG umgesetzt.[38] Die Anforderungen, insb. bei der Frage, ob die AN die fehlende Kenntnis zu vertreten hatte, dürfen daher nicht überspannt werden.[39] Die Rspr. des BAG zu § 9 Abs. 1 MuSchG dürfte hier wertvolle Hinweise liefern. Danach ist die Überschreitung der Frist des § 9 Abs. 1 MuSchG von der Schwangeren zu vertreten, wenn sie auf einen gröblichen Verstoß gegen das von einem verständigen Menschen im eigenen Interesse billigerweise zu erwartende Verhalten zurückzuführen ist (Verschulden gegen sich selbst).[40] Ob dagegen eine entsprechende Anwendung der für schwangere Frauen geltenden Regelungen auf Fälle, in denen ein AN andere Tatsachen nicht kannte, die eine behördliche Künd-Zustimmung begründen (z.B. Schwerbehinderung), möglich ist, erscheint zweifelhaft. Abs. 1 S. 2 ist als Ausnahmevorschrift nicht analogiefähig.

II. Voraussetzungen der Zulassung

1. Unabwendbarkeit der Fristversäumnis. Erforderlich ist nach Abs. 1, dass der AN an der rechtzeitigen Erhebung der Künd-Schutzklage „trotz Anwendung aller ihm nach Lage der Umstände zuzumutenden Sorgfalt verhindert" war. Daraus folgt ein **strenger Maßstab** für die nachträgliche Zulassung: Voraussetzung ist, dass die Versäumung der Klagefrist für den AN **unabwendbar** war.[41] Es darf **keinerlei Verschulden** vorliegen, auch nicht leichte Fahrlässigkeit.[42]

2. Sorgfaltsmaßstab. Ungeachtet dieses strengen Maßstabs kommt es für das Maß der zuzumutenden Sorgfalt auf eine Betrachtung der **individuellen Situation** und der **subjektiven Fähigkeiten** des betroffenen AN an.[43] Dies folgt aus dem Wortlaut von Abs. 1 S. 1, welcher auf die „ihm" (also dem jeweiligen AN) nach Lage der Umstände zuzumutende Sorgfalt abstellt. Es kann also nicht auf die im Verkehr erforderliche Sorgfalt (§ 276 BGB) abgestellt werden.[44] Vielmehr ist z.B. von einer angelernten Hilfskraft nicht die gleiche Sorgfalt zu erwarten wie von einem höher qualifizierten AN.[45] Ungeachtet dessen muss grds. von einem AN erwartet werden, dass er bei der Verfolgung einer für ihn so wichtigen Angelegenheit wie der Künd-Schutzklage alle Vorkehrungen trifft, die in seiner Lage nach Erhalt der Künd getroffen werden können.[46] Wenn ein AN ein Künd-Schreiben, welches ihm in seinen Briefkasten eingeworfen wurde, versehentlich ungelesen entsorgt, kann ihm eine nachträgliche Zulassung einer Künd-Schutzklage gewährt werden.[47]

3. Zurechnung fremden Verschuldens. a) Zurechnung von Verschulden des Prozessbevollmächtigten. Nach herrschender[48] und inzwischen auch durch das **BAG**[49] vertretener Auffassung **steht das Verschulden des Prozessbevollmächtigten** bei der Versäumung der Klagefrist **dem Verschulden des AN gleich.** Dies ergibt sich aus § 85 Abs. 2 ZPO, ist allerdings äußerst umstr. Die **Gegenauffassung**[50] stellt insb. darauf ab, § 85 Abs. 2

---

36 13.5.2008 – 3 Ta 56/08 – NZA-RR 2009, 132.
37 *Wenzel*, AR-Blattei SD Zulassung verspäteter Klagen Rn 125a; *Löwisch*, BB 2004, 154.
38 *Preis*, DB 2004, 70; HaKo-KSchG/*Gallner*, § 5 Fn 3.
39 KDZ/*Zwanziger*, § 5 KSchG Rn 16a.
40 BAG 16.5.2002 – 2 AZR 730/00 – BAGE 101, 138.
41 *Wenzel*, AR-Blattei SD Zulassung verspäteter Klagen Rn 71.
42 LAG Rheinland-Pfalz 15.1.2007 – 8 Ta 258706 – juris; LAG Bremen 31.10.2001 – 4 Ta 76/01 – NZA 2002, 580; Dornbusch/Wolff/*Hermann*, § 5 Rn 21; KR/*Friedrich*, § 5 KSchG Rn 10.
43 Schaub/*Linck*, Arbeitsrechts-Handbuch § 136 Rn 44.
44 KR/*Friedrich*, § 5 KSchG Rn 20.
45 HaKo-KSchR/*Gallner*, § 5 KSchG Rn 15.
46 KR/*Friedrich*, § 5 KSchG Rn 21.
47 LAG Rheinland-Pfalz 12.3.2007 – 11 Ta 217/06 – AiB Newsletter 2007, Nr. 7, 5.
48 LAG Rheinland-Pfalz 17.1.2008 – 3 Ta 258/07 – juris; LAG Köln 23.1.2008 – 5 Ta 320/07 – juris; LAG Schleswig-Holstein 24.5.2007 – 4 Ta 147/01 – juris; LAG Hamm 9.5.2006 – 1 Ta 72/06 – juris; LAG Niedersachsen 13.7.2005 – 10 Ta 409/05 – LAGReport 2005, 281;

LAG Sachsen-Anhalt 8.3.2005 – 11 Ta 3/05 – juris; LAG Brandenburg 22.7.1999 – 6 Ta 137/99 – juris; LAG Berlin 30.6.2003 – 6 Ta 1276/03 – MDR 2004, 160 und 8.1.2002 – 6 Ta 2245/01 – juris; LAG Nürnberg 2.6.2003 – 5 Ta 78/03 – NZA-RR 2003, 661; LAG Bremen 26.5.2003 – 2 Ta 4/03 – NZA 2004, 228; LAG Düsseldorf 20.12.2002 – 15 Ta 447/02 – NZA-RR 2003, 323; LAG Thüringen 30.11.2000 – 7 Ta 19/2000 – juris; Sächsiches LAG 9.5.2000 – 4 Ta 120/00 – FA 2001, 215.
49 11.12.2008–2 AZR 472/08 – EzA § 5 KSchG Nr. 35 = NZA 2009, 692 = NJW 2009, 2841; bestätigt durch BAG 19.2.2009 – 2 AZR 286/07 – NZA 2009, 980 = BB 2009, 2092.
50 Hessisches LAG 10.9.2002 – 15 Ta 98/02 – EZA-SD 2003, Nr. 2, 21; LAG Hamburg 18.5.2005 – 4 Ta 27/04 – NZA-RR 2005, 489; LAG Hamm 27.2.1996 – 5 Ta 106/95 – LAGE § 5 KSchG Nr. 86; LAG Niedersachsen 27.7.2000 – 5 Ta 799/99 – LAGE § 5 KSchG Nr. 98; LAG Baden-Württemberg 8.8.2003 – 4 Ta 6/03 – NZA-RR 2004, 43; *Wenzel*, AR-Blattei SD Zulassung verspäteter Klagen Rn 90; *Berkowsky*, NZA 1997, 352, 355; ErfK/*Kiel*, § 5 KSchG Rn 7; KR/*Friedrich*, § 5 KSchG Rn 99, verbleibende Zweifel; *Vollkommer*, in: FS Stahlhacke, S. 599.

ZPO gelte für die gesamte Prozessführung, sei aber **vor Beginn des Prozessrechtsverhältnisses** und damit auch auf die Wahrung von Klagefristen **weder direkt noch entsprechend anwendbar**. Beleg dafür sei das Fehlen einer Verweisung auf die zivilprozessuale Zurechnungsnorm des § 85 Abs. 2 ZPO in § 5.[51] In der Zurechnung von Fremdverschulden liege eine verfassungsrechtlich bedenkliche **Erschwerung des Zugangs zu den Gerichten**.[52] Es sei ferner wertungswidersprüchlich, wenn man es einerseits als Zulassungsgrund genügen lasse, wenn sich der AN an eine zur Auskunft geeignete Stelle gewandt, jedoch eine unrichtige Auskunft erhalten habe, andererseits aber demjenigen, der darüber hinaus einen RA mandatiere, die nachträgliche Zulassung verweigere.[53] Mit dem Gesichtspunkt des Vertrauensschutzes für den AG lasse sich die Zurechnung von Anwaltsverschulden ebenfalls nicht rechtfertigen. Der AG müsse ohnehin damit rechnen, auch nach Ablauf der Drei-Wochen-Frist des § 4 S. 1 mit einer Künd-Schutzklage konfrontiert zu werden, sei es wegen der Möglichkeit der „Demnächstzustellung" gem. § 167 ZPO, sei es wegen einer nachträglichen Zulassung gem. § 5 aus anderen Gründen.[54]

15 Dem ist das **BAG**[55] nicht gefolgt. Die Anwendbarkeit des § 85 Abs. 2 ZPO könne nicht mit dem Argument abgelehnt werden, bei der Klagefrist des § 4 S. 1 handele es sich um eine materiell-rechtliche und keine prozessuale Frist. Nach der Rspr. des Senats sei die Frist des § 4 S. 1 eine prozessuale Klageerhebungsfrist und nicht als materiell-rechtliche Frist zu qualifizieren. Die Anwendung des § 85 Abs. 2 ZPO sei auch nicht auf bestimmte Typen prozessualer Fristen (bspw. Rechtsmittel-/Rechtsbehelfs-, Rechtsmittelbegründungs- oder Präklusionsfristen) beschränkt. Die Regelung erfasse vielmehr auch solche Fristen, die erstmalig – wie § 4 S. 1 – den Zugang zum Gericht eröffnen. Das Verschulden eines Prozessbevollmächtigten wird aber durch ein **Verschulden des Gerichts** überholt, wenn das Gericht an sich aufgrund des Grundsatzes des fairen Verfahrens verpflichtet gewesen wäre, auf einen Mangel hinzuweisen, wie das bei dem Fehlen der Unterschrift unter der Kündschutzklage der Fall ist.[56]

16 Nachdem sich das BAG der überwiegenden Auffassung angeschlossen hat, wird der Streit künftig an Bedeutung verlieren. Die Vereinheitlichung der Rspr. zu § 5 ist durch die Gesetzesänderung zum 1.4.2008 (§ 5 Abs. 5) ermöglicht worden, welche die Zulassung der Revision nicht mehr ausschließt.

17 Einigkeit besteht darüber, dass sich der AN i.d.R. das **Verschulden von Hilfspersonen des Prozessbevollmächtigten nicht zuzurechnen** lassen braucht.[57] Auf ihr Tätigwerden findet § 85 Abs. 2 ZPO keine Anwendung.[58] Anders liegt es nur, wenn den Prozessbevollmächtigten selbst ein **Verschulden** bei der **Auswahl** oder **Überwachung** der Hilfsperson oder ein **Organisationsverschulden** trifft.[59] Das ist z.B. dann der Fall, wenn der RA seine Ang nicht anweist, nach einer Übermittlung per Telefax anhand des Sendeprotokolls zu überprüfen, ob die Übermittlung vollständig und an den richtigen Empfänger erfolgt ist.[60]

18 **b) Zurechnung von Verschulden anderer Vertreter.** Ein Fall des Vertreterverschuldens liegt nicht vor, wenn nicht der Prozessbevollmächtigte, sondern eine Person handelt, die **nicht im Rahmen der Prozessführung** um Rat ersucht worden ist.[61] Dies gilt auch, wenn es sich um einen RA oder Gewerkschaftssekretär handelt. Das **BAG** hat nun in seiner Entscheidung vom 28.5.2009[62] für den Fall, dass die für die Klageerhebung notwendigen Unterlagen zur Klageerhebung einem Mitarbeiter einer **Einzelgewerkschaft** ausgehändigt, durch diese aber nicht an die DGB-Rechtsschutz-GmbH weitergeleitet worden waren, die Zurechnung des Verschuldens der Fachgewerkschaft bejaht. Die Einzelgewerkschaft werde nicht nur als – zu überwachender – Bote tätig. Vielmehr lege der AN seine Angelegenheit mit der Beauftragung seiner Einzelgewerkschaft „in sichere Hände", um sich um die Klageerhebung nicht mehr kümmern zu müssen und erweitere damit seinen rechtlichen Wirkungskreis.

19 Schuldhafte Versäumnisse seines **gesetzlichen Vertreters** muss sich der AN **anrechnen** lassen. Dies ergibt sich aus § 51 Abs. 2 ZPO; diese Vorschrift findet auch auf das Verfahren über die nachträgliche Zulassung der Künd-Schutzklage Anwendung.[63]

---

51 KR/*Friedrich*, § 5 KSchG Rn 70 (bis 8. Aufl.).
52 ErfK/*Kiel*, § 5 KSchG Rn 7; *Wenzel*, AR-Blattei SD Zulassung verspäteter Klagen Rn 93.
53 KR/*Friedrich*, § 5 KSchG Rn 70 (bis 8. Aufl.).
54 ErfK/*Kiel*, § 5 KSchG Rn 7; KR/*Friedrich*, § 5 KSchG Rn 70 (bis 8. Aufl.).
55 11.12.2008 – 2 AZR 472/08 – EzA § 5 KSchG Nr. 35 = NZA 2009, 692 = NJW 2009, 2841.
56 Insoweit *Francken*, Das Verschulden des Prozessbevollmächtigten, S. 50, im Hinblick auf die Unterbrechung des Ursachenzusammenhangs.
57 BAG 9.1.1990 – 3 AZR 528/89 – AP § 233 1977 ZPO Nr. 16 = EzA § 233 ZPO Nr. 12 = NZA 1990, 538 = NJW 1990, 2707.
58 BGH 3.7.1992 – V ZB 11/92 – BB 1992, 1752; ErfK/*Kiel*, § 5 KSchG Rn 9.
59 LAG Nürnberg 2.6.2003 – 5 Ta 78/03 – AR-Blattei ES 1020.3 Nr. 22; APS/*Ascheid*, § 5 KSchG Rn 36; KR/*Friedrich*, § 5 KSchG Rn 102.
60 BGH 14.5.2008 – XII ZB 34/07 – NJW 2008, 2508 = MDR 2008, 936..
61 KR/*Friedrich*, § 5 KSchG Rn 103.
62 2 AZR 548/08 – n.v., so auch schon Sächsisches LAG 9.5.2000 – 4 Ta 120/00 – FA 2001, 215 und LAG Düsseldorf 30.7.2002 – 15 Ta 282/02 – NZA-RR 2003, 80; a.A. LAG Bremen 26.5.2003 – 2 Ta 4/03 – LAGE § 5 KSchG Nr. 107 und die Vorauf.
63 Hessisches LAG 15.11.1988 – 7 Ta 347/88 – LAGE § 5 KSchG Nr. 41; *Wenzel*, AR-Blattei SD Zulassung verspäteter Klagen Rn 75; Zöller/*Vollkommer*, ZPO, § 51 Rn 19.

Für das Verschulden eines **Empfangsboten** hat der AN im Verfahren nach § 5 nicht einzustehen. § 278 BGB ist insoweit keine taugliche Zurechnungsnorm, denn diese Vorschrift bezieht sich nur auf die Erfüllung einer Verbindlichkeit; diese Voraussetzung liegt bei der Empfangnahme einer Künd nicht vor.[64] Daher ist nachträgliche Zulassung zu gewähren, wenn ein Familienmitglied das Künd-Schreiben aus dem Briefkasten nimmt, es anschließend dem AN jedoch nicht oder verspätet aushändigt.[65] Gleiches gilt bei Abholung des Schreibens vom Postamt durch einen Angehörigen, der danach die Weiterleitung vergisst[66] oder wenn die Lebensgefährtin des AN das Künd-Schreiben entgegennimmt und später ein unrichtiges Empfangsdatum angibt.[67]

4. Einzelfälle. Zur Beurteilung des Sorgfaltsmaßstabes hat sich eine **Kasuistik** entwickelt, die derjenigen zu den Gründen für die Wiedereinsetzung in den vorigen Stand an Unüberschaubarkeit und oft nachgerade unglaublichen Fallgestaltungen, die zur Rechtfertigung der Fristversäumnis vorgetragen werden – insb., was die Schicksale von Schriftstücken in Anwaltskanzleien und auf dem Postwege betrifft – um nichts nachsteht. Bei der Heranziehung der Rspr. ist stets im Auge zu behalten, dass es sich wegen des anzulegenden subjektiven Sorgfaltsmaßstabs notwendigerweise um Einzelfallentscheidungen handelt, die daher nur **bedingt verallgemeinerungsfähig** sind.[68]

a) Arglistiges Abhalten von Klageerhebung. Hält der AG den AN arglistig von der Erhebung der Künd-Schutzklage ab, ist die Versäumung der Klagefrist grds. nicht durch den AN verschuldet und die Klage daher nachträglich zuzulassen.[69] Hier kommt insb. die **Täuschung über die Erfolgsaussichten** der Klage in Betracht, wenn z.B. der AG wider besseres Wissen vorspiegelt, der Arbeitsplatz sei entfallen und werde nicht wieder besetzt.[70] Stellt der AG jedoch lediglich in Aussicht, die Künd nochmals zu überdenken bzw. zu überprüfen, handelt der AN auf eigenes Risiko, wenn er sich dadurch von der Künd-Schutzklage abhalten lässt.[71] Dagegen ist nachträgliche Zulassung zu gewähren, wenn der AG die „Rücknahme" der Künd von bestimmten Umständen abhängig macht, diese dann auch eintreten und der AG gleichwohl von seiner Zusage Abstand nimmt.[72] **Nicht ausreichend** für die nachträgliche Zulassung ist auch das Vorbringen des AN, er habe aufgrund der Angaben des AG angenommen, sein Arbeitsplatz werde entfallen, habe nunmehr aber festgestellt, dass er seinen Nachfolger einarbeiten müsse; hieraus gehe ein arglistiges AG-Verhalten noch nicht hervor.[73] Die Versicherung, der AN könne trotz des Laufs der Drei-Wochen-Frist des § 4 S. 1 seinen Urlaub antreten, denn die Frage der Künd werde während des Urlaubs zu seinen Gunsten geregelt, begründet die nachträgliche Zulassung, wenn eine Einigung dann doch nicht erfolgt.[74] Auch bei Arglist kann die Künd-Schutzklage nach Ablauf der Sechs-Monats-Frist gem. Abs. 3 S. 2 nicht mehr nachträglich zugelassen werden.[75]

Generell setzt die nachträgliche Zulassung wegen einer im **Verhalten des AG** begründeten Fristversäumnis voraus, dass dem AN **berechtigter Anlass zur Unterlassung der Klage** gegeben wurde.[76] Hieran fehlt es, wenn dem AN nicht die Fortsetzung des Arbverh oder die Verlängerung des befristeten Arbverh,[77] sondern nur eine Wiedereinstellung oder eine Abfindung in Aussicht gestellt wird.[78] Hier war dem AN von vornherein klar, dass das gekündigte Arbverh nicht fortgesetzt werden sollte, sondern nur eine Kompensation erfolgen sollte. Dieses Rechtsschutzziel ist nicht mit der Künd-Schutzklage, sondern mit der Leistungsklage (Zahlung einer Abfindung, Abgabe einer Willenserklärung etc.) zu verfolgen.[79]

Führt der AG durch Anfechtung oder Rücktritt die Unwirksamkeit der Aufhebungsvereinbarung gem. § 1a (Abfindungsanspruch nach Verstreichenlassen der Künd-Frist nach entsprechendem Hinweis des AG) herbei, so kann dies die nachträgliche Zulassung rechtfertigen.[80]

b) Auskunft einer geeigneten Stelle. Generell geht ein **Rechtsirrtum** des AN über die Fristwahrung **zu seinen Lasten**.[81] In solchen Fällen kommt eine nachträgliche Zulassung nur dann in Betracht, wenn sich der AN an eine zur Erteilung von Auskünften geeignete, **zuverlässige Stelle** wendet und dort eine für die Fristversäumnis ursächliche unrichtige Auskunft erhält. Er muss aber in seinem Auskunftsersuchen hinreichend deutlich gemacht haben, dass es

---

64 *Wenzel*, AR-Blattei SD Zulassung verspäteter Klagen Rn 77; a.A. *Rieble*, Anm. zu LAG Hamm 2.6.1993, LAGE § 5 KSchG Nr. 70.
65 Hessisches LAG 15.11.1988 – 7 Ta 347/88 – LAGE KSchG § 5 Nr. 41; LAG Hamm 28.7.1988 – 8 Ta 222/88 – BB 1988, 2110; *Wenzel*, AR-Blattei SD Zulassung verspäteter Klagen Rn 77.
66 LAG München 18.5.1987 – 6 Ta 72/87 – NJW 1987, 2542.
67 LAG Bremen 17.2.1988 – 3 Ta 79/87 – AuR 1988, 256.
68 Dornbusch/Wolff/*Hermann*, § 5 Rn 21.
69 LAG Köln 9.10.2000 – 8 Sa 84/00 – ARST 2001, 164.
70 LAG Köln 24.5.1994 – 13 Ta 72/94 – NZA 1995, 127; LAG Saarland 27.6.2002 – 2 Ta 22/02 – NZA-RR 2002, 488.
71 LAG Düsseldorf 9.9.2003 – 15 Ta 395/03 – FA 2004, 60.
72 LAG Düsseldorf 9.9.2003 – 15 Ta 395/03 – FA 2004, 60.
73 KR/*Friedrich*, § 5 KSchG Rn 56.
74 LAG Hamm 21.12.1972 – 8 Ta 70/72 – BB 1973, 336.
75 LAG Hamm 29.10.1987 – 8 Ta 106/87 – LAGE § 5 KSchG Nr. 33.
76 Hessisches LAG 5.9.1988 – 11/1 Ta 389/88 – LAGE § 5 KSchG Nr. 40.
77 LAG Baden-Württemberg 11.4.1988 – 9 Ta 39/97 – LAGE § 5 KSchG Nr. 94.
78 LAG Düsseldorf 9.9.2003 – 15 Ta 395/03 – FA 2004, 60.
79 LAG Nürnberg 15.1.1998 – 7 Ta 5/98 – LAGE § 5 KSchG Nr. 91; KR/*Friedrich*, § 5 KSchG Rn 57.
80 KR/*Friedrich*, § 5 KSchG Rn 57; *Preis*, DB 2004, 70.
81 KR/*Friedrich*, § 5 KSchG Rn 37 f.

sich um eine Künd handelt, gegen die er sich im Rahmen der gegebenen rechtlichen Möglichkeiten zur Wehr setzen möchte.[82]

25 **Geeignete Stellen** in diesem Sinne sind:
- Die Rechtsberatungsstelle der AN-Kammer Bremen bzw. Bremerhaven;[83] eine Deutsche Botschaft im Ausland, auch wenn sie nach dem Hinweis, sie sei für den AN als Ausländer an sich nicht zuständig, dennoch Auskunft erteilt.[84]
- Die Rechtsantragstelle des ArbG[85] (nicht aber dessen Geschäftsstelle).
- RA[86] (nicht aber deren Büropersonal).
- Rechtssekretäre der Gewerkschaften (nicht aber gewerkschaftliche Vertrauensleute bzw. andere Gewerkschaftsmitarbeiter[87]).
- Sozialsekretäre der CDA,.[88]
- der BR nur dann, wenn der Eindruck entstehen durfte, dass es sich um eine Auskunft einer rechtskundigen Person handele, wie bei einem langjährig freigestellten BR-Mitglied in einem großen Unternehmen.[89]

26 **Keine geeigneten Stellen** sind:
- Die Geschäftsstelle eines ArbG, weil deren Aufgabenbereich von demjenigen der Rechtsantragstelle abweicht.[90]
- Die **AA**, denn zu ihren gesetzlichen Aufgaben nach dem SGB III gehört die Arbeitsvermittlung, nicht aber die Rechtsberatung der Arbeitsuchenden.[91]
- Auch der **BR und der PR** sind grds. zur Erteilung von Rechtsauskünften weder gesetzlich berufen noch generell geeignet (zu Ausnahmen siehe Rn 25), so dass deren unrichtige Auskunft die nachträgliche Zulassung i.d.R. nicht zu begründen vermag.[92] Inwieweit die Größe des Betriebes bzw. der Dienststelle dabei von Bedeutung ist, ist streitig.[93]
- Das **Büropersonal von RA**, und zwar auch dann nicht, wenn es durch gezielte Fragen den Eindruck der Sachkunde vermittelt.[94]
- **Gewerkschaftliche Vertrauensleute**[95] sind Interessenvertreter und Verbindungsleute zu den übrigen gewerkschaftlich organisierten AN des Betriebes und haben daher die Aufgabe, Gewerkschaftspolitik,[96] nicht aber Rechtsberatung zu betreiben.
- **Rechtsschutzversicherungen** sind grds. keine zur Erteilung von Rechtsauskünften berufene Stelle,[97] denn Ziel der Rechtsschutzgewährung ist die Beauftragung eines RA zur sachkundigen Wahrnehmung der Interessen des Versicherten. Ob zwischen einer Schadenabteilung der Rechtsschutzversicherung und deren Versicherungsvertreter zu differenzieren ist, ist streitig.[98]
- Nicht rechtskundige **Sozial-Arb** verfügen nicht über die erforderliche Sachkunde.[99] Ob der AN ihm auch dann nicht vertrauen darf, wenn es sich um den Sozialbetreuer einer Strafvollzugsanstalt oder einer anderen Einrichtung handelt, in der sich ein rechtsunerfahrener AN im fraglichen Zeitraum befindet, ohne eine reale Chance des Außenkontakts zu rechtskundigen Personen zu haben, ist eine Frage des Einzelfalls. So wurde für einen in Strafhaft befindlichen ausländischen AN angenommen, er dürfe auf die Auskunft eines Sozialbetreuers zur Klagefrist vertrauen.[100]

---

82 KR/*Friedrich*, § 5 KSchG Rn 42.
83 LAG Bremen 26.5.2003 – 2 Ta 4/03 – NZA 2004, 228.
84 LAG Bremen 31.10.2001 – 4 Ta 76/01 – NZA 2002, 580.
85 LAG Baden-Württemberg 11.4.1998 – 10 Ta 11/88 – NZA 1989, 153; Schaub/*Linck*, Arbeitsrechts-Handbuch § 136 Rn 46.
86 KR/*Friedrich*, § 5 KSchG Rn 42.
87 LAG Brandenburg 22.10.1996 – 6 Ta 113/96 – n.v.
88 LAG Düsseldorf 26.7.1976 – 16 Ta 45/76 – LAGE § 5 KSchG Nr. 1.
89 Bejahend auch: KR/*Friedrich*, § 5 KSchG Rn 45 m.w.N.; KDZ/*Zwanziger*, § 5 KSchG Rn 7; ablehnend: LAG Berlin 17.6.1991 – 9 Ta 6/91 – DB 1991, 1887; LAG Hamburg 10.4.1987 – 5 Ta 5/87 – DB 1987, 1744; LAG Köln 13.9.1982 – 1 Ta 111/82 – EzA § 5 KSchG Nr. 16.
90 LAG Köln 28.11.1985 – 8 Ta 193/85 – LAGE § 5 KSchG Nr. 21; a.A. KR/*Friedrich*, § 5 KSchG Rn 43.
91 LAG Düsseldorf 25.4.1991 – 1 Ta 97/91 – LAGE § 5 KSchG Nr. 51; KR/*Friedrich*, § 5 KSchG Rn 43.
92 LAG Berlin 17.6.1991 – 9 Ta 6/91 – DB 1991, 1887; LAG Hamburg 10.4.1987 – 5 Ta 5/87 – DB 1987, 1744; LAG Köln 13.9.1982 – 1 Ta 111/82 – LAGE § 5 KSchG Nr. 16; LAG Rheinland-Pfalz 10.9.1984 – 1 Ta 197/84 – NZA 1985, 430.
93 LAG Rheinland-Pfalz 10.9.1984 – 1 Ta 197/84 – NZA 1985, 430; a.A. Hessisches LAG 20.9.1974 – 8 Ta 61/74 – DB 1974, 2016; ErfK/*Kiel*, § 5 KSchG Rn 16a; KR/*Friedrich*, § 5 KSchG Rn 45.
94 LAG Düsseldorf 21.10.1997 – 1 Ta 321/97 – LAGE § 5 KSchG Nr. 89.
95 KR/*Friedrich*, § 5 KSchG Rn 43.
96 BAG 8.12.1978 – 1 AZR 303/77 – BAGE 31, 167 = DB 1979, 1043.
97 Sächsisches LAG 23.7.1998 – 9 Ta 193/98 – NZA 1999, 112. Das Rechtsdienstleistungsgesetz hat hieran nichts geändert.
98 Ablehnend: Sächsisches LAG 23.7.1998 – 9 Ta 193/98 – NZA 1999, 112; ErfK/*Kiel*, § 5 KSchG Rn 16a; bejahend: KR/*Friedrich*, § 5 KSchG Rn 47; KDZ/*Zwanziger*, § 5 KSchG Rn 6.
99 LAG Hamm 31.1.1990 – 8 Ta 490/89 – LAGE § 5 KSchG Nr. 45.
100 LAG Bremen 13.6.1994 – 4 Ta 32/94 – LAGE § 5 KSchG Nr. 66.

c) Ausländische Arbeitnehmer. Generell gilt für ausländische AN in gleichem Maße, dass sie sich mit den **Möglichkeiten des Künd-Schutzes vertraut** machen oder zumindest nach Erhalt der Künd den **Rat** einer zur Auskunft berufenen, **zuverlässigen Stelle** einholen müssen.[101] Versteht ein sprachunkundiger AN den Inhalt des Künd-Schreibens nicht, so ist er gehalten, sich unverzüglich Kenntnis vom Inhalt des Schreibens, z.B. durch eine Übersetzung, zu verschaffen.[102] Zu einem Hinweis auf die Klagefrist ist der AG auch in einem solchen Fall nicht verpflichtet.[103] 27

d) Unrichtige Beurteilung der Erfolgsaussichten. Der bloße Irrtum über die Erfolgsaussichten der Künd-Schutzklage **rechtfertigt nicht** deren **nachträgliche Zulassung**.[104] Meint der AN, sein **Arbeitsplatz entfalle** und werde nicht wieder besetzt, ohne dass ein arglistiges Verhalten des AG ursächlich war, war der AN nicht unverschuldet an der Klageerhebung verhindert. Zu arglistigem AG-Verhalten siehe Rn 22 f. 28

e) Krankheit. Ein häufig genannter Grund für den Antrag auf nachträgliche Zulassung ist die Erkrankung des AN. Sie führt aber nur dann zu einer stattgebenden Entscheidung, wenn der AN krankheitsbedingt sowohl **außerstande** war, **selbst Klage einzureichen**, als auch eine andere Person hiermit zu **beauftragen**.[105] Entscheidend ist, ob dem AN die rechtzeitige Klageerhebung durch die Krankheit objektiv nicht möglich war.[106] Beeinträchtigt die Krankheit nicht die Entscheidungsfähigkeit des AN oder seine Möglichkeit, deutlich seinen Willen zu äußern, so wird es ihm i.d.R. möglich sein, Angehörige, Bekannte oder eine zuverlässige Stelle – ggf. telefonisch – zu beauftragen. Dies gilt auch im Falle eines Krankenhausaufenthaltes.[107] 29

Z.T. wird bei Erkrankungen die nachträgliche Zulassung großzügiger gehandhabt als soeben unter Rn 29 dargestellt. So wird vertreten, dem während der Drei-Wochen-Frist wegen einer schweren Erkrankung in stationärer Behandlung befindlichen AN sei die schriftliche Klageerhebung vom Krankenhaus aus nicht zuzumuten, auch wenn die Möglichkeit hierzu bestehe.[108] Nach dieser Auff. ist es unerheblich, ob der AN noch in der Lage ist, selbst eine kurze Klage zu schreiben; dies wird auch mit dem Recht des AN begründet, sich rechtlich beraten zu lassen.[109] 30

Letztlich kommt es beim Antrag auf nachträgliche Zulassung, der mit einer Erkrankung begründet wird, in besonderem Maße auf die **Umstände des Einzelfalls** an.[110] Dabei wertet die Rspr. es regelmäßig zu Lasten des AN, wenn er in der Lage war, im Krankheitszeitraum andere Angelegenheiten selbstständig zu erledigen, wie etwa Briefe an den AG zu schreiben,[111] zur AA und zur Krankenkasse zu gehen sowie Einkäufe zu erledigen[112] oder auch nur einen Arzt zu besuchen.[113] Anderseits ist die Klage nachträglich zuzulassen, wenn die Krankheit, welche den AN an der Klageerhebung hindert, erst am Ende der Klagefrist auftritt: Es besteht keine Verpflichtung, die Künd-Schutzklage so früh wie möglich einzureichen.[114] Gesundet der AN aber vor Fristablauf, muss er innerhalb der verbleibenden Frist Klage erheben.[115] Ihm ist jedoch eine Restfrist zur Überlegung zuzubilligen; bleibt nach der Gesundung ein nur noch sehr kurzer Zeitraum bis zum Fristablauf, kommt daher die nachträgliche Zulassung in Betracht (zu Einzelheiten siehe Rn 40, „Urlaub"). 31

Halten den AN Schamgefühle von der Erhebung der Künd-Schutzklage ab, die dadurch hervorgerufen worden sind, dass ihm wegen einer Alkoholkrankheit gekündigt worden ist, begründet dies nicht die nachträgliche Zulassung.[116]

f) Mittellosigkeit. Auf Mittellosigkeit kann sich der AN zur Begründung der nachträglichen Zulassung nicht berufen, denn ein **Gerichtskostenvorschuss** wird nicht erhoben, und die inhaltlichen Anforderungen an die Künd-Schutzklage sind so gering, dass ihre Erhebung auch **ohne anwaltliche Hilfe** möglich ist, zumal auch die **Rechtsantragstelle des ArbG** in Anspruch genommen werden kann.[117] 32

---

101 LAG Düsseldorf 6.3.1980 – 7 Ta 15/80 – EzA § 5 KSchG Nr. 9; LAG Hamburg 10.4.1987 – 5 Ta 5/87 – LAGE § 5 KSchG Nr. 29.
102 LAG Hamburg 20.11.1987 – 1 Ta 12/84 – NZA 1985, 127; LAG Hamburg 6.7.1990 – 1 Ta 3/90 – LAGE § 130 BGB Nr. 16.
103 LAG Hamm 2.9.1976 – 8 Ta 109/76 – n.v.; zit. n. *Wenzel*, AuR 1976, 331.
104 *Griebeling*, EWiR 1994, 1009; KR/*Friedrich*, § 5 KSchG Rn 55 f.
105 LAG Köln 18.2.1997 – 4 Ta 295/96 – RzK I 10 d Nr. 82; Schaub/*Linck*, Arbeitsrechts-Handbuch § 136 Rn 48.
106 KR/*Friedrich*, § 5 KSchG Rn 63 ff.
107 LAG Berlin 23.8.2001 – 7 Ta 1587/01 – NZA-RR 2002, 355; LAG Berlin 14.4.1999 – 9 Ta 498/99 – MDR 1999, 1450; LAG Düsseldorf 19.9.2002 – 15 Ta 343/02 – NZA-RR 2003, 78; LAG Hamm 12.9.1985 – 8 Ta 235/85 – RzK I 10 d Mr 4; LAG Köln 18.2.1997 – 4 Ta 295/96 – ARST 1997, 120; ArbG Hannover 14.3.2005 – 12 Ca 234/05 – n.v.
108 LAG Berlin 28.3.1963 – 4 Ta 6/63 – DB 1963, 1472.
109 LAG Baden-Württemberg 14.12.1976 – 10 Ta 12/76 – n.v.; LAG München 25.8.1980 – 7 Sa 166/80 – ARST 1981, 86.
110 KR/*Friedrich*, § 5 KSchG Rn 46; zum Fall der Erkrankung während eines Erholungsurlaubs im Ausland s. LAG Köln 30.5.2007 – 9 Ta 51/07 – juris.
111 LAG Hamm 27.5.1971 – 8 Ta 73/70 – n.v.
112 KR/*Friedrich*, § 5 KSchG Rn 64 m.w.N.
113 LAG Düsseldorf 18.7.1978 – 8 Ta 41/78 – LAGE § 5 KSchG Nr. 4.
114 LAG Baden-Württemberg 3.11.1975 – 4 Ta 11/66 – DB 1966, 1615.
115 LAG Hamm 5.8.1981 – 8 Ta 124/81 – LAGE § 5 KSchG Nr. 11 = EzA § 5 KSchG Nr. 11.
116 LAG Köln 12.12.1996 – 11 Ta 228/96 – ARST 1997, 265.
117 *Eylert*, LzK 950 Nachträgliche Zulassung Rn 39; LAG Köln 11.3.1996 – 10 Ta 22/96 – NZA-RR 1996, 453; *Bader/Bram/Dörner/Kriebel*, § 5 Rn 105.

320 KSchG § 5

33 **g) Postlaufzeiten.** Auf die von der Post angegebenen Brieflaufzeiten darf sich der AN grds. verlassen.[118] Etwas anderes gilt im Falle eines Streiks bei der Post; in diesem Falle ist es jedenfalls verfassungskonform, wenn das Gericht bei Vorliegen anderer Beförderungsmöglichkeiten wie Telefax oder eigenhändiger Übergabe nachträglich Zulassung nicht gewährt.[119] Hat der AN falsch adressiert, begründet die dadurch verursachte Verzögerung eine nachträgliche Zulassung auch dann nicht, wenn der Adressat die Klagen zuvor stets rechtzeitig weitergeleitet hatte.[120] Auch bei Nutzung eines privaten Kurierdienstes darf darauf vertraut werden, dass werktags aufgegebene Postsendungen am folgenden Werktag im regionalen Auslieferungsgebiet ausgeliefert werden. Anderes gilt nur, wenn konkrete Anhaltspunkte dafür vorliegen, dass im Einzelfall mit längeren Postlaufzeiten zu rechnen ist.[121] Allerdings ist der Absendevorgang lückenlos und schlüssig darzustellen.[122]

34 **h) Prozessbevollmächtigte.** Der AN muss sich das **Verschulden** seines Prozessbevollmächtigten (RA oder Gewerkschaftssekretärs) bei der Versäumung der Klagefrist gem. § 85 Abs. 2 ZPO **zurechnen** lassen, siehe Rn 14 bis 17.
Beruht die Fristversäumnis auf einem **Verschulden von Büropersonal** des RA oder Gewerkschaftssekretärs, so ist die Klage nachträglich zuzulassen, wenn der Prozessvertreter sein Personal mit der nötigen Sorgfalt ausgewählt und überwacht hat.[123] Geht ein Schriftsatz verloren, ist das Organisationsverschulden im Verfahren über die nachträgliche Zulassung in der Weise auszuschließen, dass der Postausgang lückenlos dargelegt wird, um sicherzustellen, dass die Klageschrift der Post übergeben wurde und nicht bereits vorher verloren ging.[124] Der Prozessbevollmächtigte handelt jedoch schuldhaft, wenn er seiner Büro-Ang eine Frist für die Erhebung der Künd-Schutzklage nur mündlich mitteilt, ohne auf die korrekte Eintragung der Frist zu achten. Es handelt sich dabei um ein Organisationsverschulden des RA und nicht (ausschließlich) um ein Verschulden der Hilfsperson, welches dem AN nicht zuzurechnen wäre.[125] Führt der RA seinen Fristenkalender über eine EDV-Anlage, so muss er technisch alle Voraussetzungen für eine ordnungsgemäße Speicherung der Fristen und ihren Abruf treffen, aber auch organisatorisch alle Maßnahmen für eine systematische Speicherung der Vorfristen, Fristen und ihre Überwachung anordnen. Technische Fehler in der EDV stellen aber ebenso wenig ein Anwaltsverschulden dar wie – beim Ausfall der Anlage durch technische Mängel – Fehler bei der deswegen angeordneten Durchsicht aller Prozessakten und der Wiedereinführung eines manuell geführten Fristenkalenders.[126]

35 Arbeitet die Einzelgewerkschaft dem letztlich bevollmächtigten DGB-Rechtssekretär in der Weise zu, dass Daten, Informationen und Dokumente des AN erfasst werden, muss die DGB-Rechtsschutz GmbH Sorge tragen, dass nur im erforderlichen Umfange geschultes und zu überwachendes Personal mit den relevanten Tätigkeiten im Zusammenhang mit der später beabsichtigten Prozessführung betraut wird, oder selbst eine ins Einzelne gehende Richtigkeitskontrolle vornehmen. Anderenfalls muss sich der AN das Organisationsverschulden zurechnen lassen.[127]

36 **i) Prozesskostenhilfe.** Das **Abwarten der Bewilligung** von PKH über die Drei-Wochen-Frist hinaus ist kein Grund für die nachträgliche Zulassung. Zum einen besteht für das arbeitsgerichtliche Verfahren nicht die Verpflichtung, Prozesskostenvorschuss zu leisten; zum anderen sind die inhaltlichen Anforderungen an die Klage nur gering, so dass diese ohne weiteres vom AN selbst – ggf. mit Hilfe der Rechtsantragstelle – gefertigt werden kann.[128] Der bloße Antrag auf Bewilligung von PKH wahrt weder die Klagefrist des § 4, wenn die beigefügte Klage ausdrücklich als „Entwurf" bezeichnet ist, noch bewirkt die Bewilligung der PKH, dass die Klage als rechtzeitig erhoben gilt.[129] Vielmehr ist nach Ablauf der Klagefrist der PKH-Antrag mangels Erfolgsaussicht der Künd-Schutzklage zurückzuweisen.[130]

---

118 BVerfG 27.2.1992 – 1 BvR 1294/91 – NJW 1992, 1952 = EzA § 233 ZPO Nr. 14; Schaub/*Linck*, Arbeitsrechts-Handbuch § 136 Rn 49.
119 BVerfG 29.12.1994 – 2 BvR 106/93 – NJW 1995, 1210 = EzA § 233 ZPO Nr. 28.
120 LAG Nürnberg 23.7.1993 – 7 Ta 23/93 – LAGE § 5 KSchG Nr. 61 = NZA 1994, 334.
121 BGH 23.1.2008 – XII ZB 155/07 – BGHReport 2008, 557 = MDR 2008, 583 = AnwBl 2008, 375.
122 BFH 16.12.2002 – VII B 99/02 – BFHE 200, 491.
123 KR/*Friedrich*, § 5 KSchG Rn 102 ff; zur Unterschriftenkontrolle s. LAG Köln 16.5.2007 – 4 Ta 72/07 – juris; zur Ausgangskontrolle s. Sächsisches LAG 23.2.2007 – 4 Ta 8/07 – juris.
124 LAG Nürnberg 2.6.2003 – 5 Ta 78/03 – NZA-RR 2003, 661.
125 LAG Köln 10.10.2002 – 4 Ta 277/02 – AnwBl 2003, 306.
126 LAG Köln 27.11.1986 – 3 Ta 290/86 – LAGE § 5 KSchG Nr. 25.
127 Sächsisches LAG 9.5.2000 – 4 Ta 120/00 – RzK I 10d Nr. 104.
128 LAG Köln 11.3.1996 – 10 Ta 22/96 – LAGE § 4 KSchG Nr. 34 = NZA-RR 1996, 453; LAG Nürnberg 23.10.2003 – 7 Ta 174/03 – LAGE § 114 ZPO 2002 Nr. 1; LAG Schleswig-Holstein 24.5.2007 – 4 Ta 147/07 – juris.
129 LAG Nürnberg 23.10.2003 – 7 Ta 174/03 – LAGE § 114 ZPO 2002 Nr. 1.
130 LAG Nürnberg 23.10.2003 – 7 Ta 174/03 – LAGE § 114 ZPO 2002 Nr. 1; Schaub/*Linck*, Arbeitsrechts-Handbuch § 136 Rn 51.

j) **Rechtsirrtum und Rechtsunkenntnis.** Die Unkenntnis der Drei-Wochen-Frist des § 4 kann eine nachträgliche Zulassung nicht begründen.[131] Eine Hinweispflicht des AG besteht insoweit nicht. Auch blinde AN haben die Möglichkeit, zuverlässige Rechtsauskunft einzuholen, so dass insoweit keine Besonderheiten gelten.[132]

k) **Rechtsschutzversicherung.** Das Abwarten der Deckungszusage einer Rechtsschutzversicherung für die Künd-Schutzklage rechtfertigt es nicht, mit dieser über die Drei-Wochen-Frist hinaus zuzuwarten und stellt keinen Grund für die nachträgliche Zulassung dar. Auch hier gilt, dass dem AN zugemutet werden kann, zunächst fristwahrend Klage zu erheben.[133]

l) **Unkenntnis der Klagefrist.** Siehe Rn 37.

m) **Urlaubsabwesenheit.** Eine Künd-Erklärung geht dem AN bei Einwurf in den Hausbriefkasten dann zu, wenn normalerweise mit der Leerung des Briefkastens zu rechnen ist. Die **urlaubsbedingte Abwesenheit** führt **nicht** dazu, dass die Künd **erst mit Rückkehr** des AN zugeht.[134] Erfolgt diese erst nach Ablauf der Klagefrist, ist jedoch **grds. nachträgliche Zulassung** zu gewähren. Ohne Vorliegen besonderer Umstände muss der AN nämlich nicht dafür sorgen, dass ihm die Post nachgesandt wird.[135] Dies gilt auch, wenn er mit dem Künd-Ausspruch rechnen musste, dem AG jedoch die Urlaubsabwesenheit bekannt war; eine schuldhafte Vereitelung der Kenntnisnahme liegt dann nicht vor.[136] Kehrt der AN vor Fristablauf zurück, muss er sich unverzüglich beraten lassen und Klage erheben.[137] § 4 ist nicht so zu verstehen, dass der AN stets drei Wochen Zeit zum Überlegen hat.[138] Eine kurze Überlegungsfrist ist ihm aber zuzubilligen, so dass bei Rückkehr an einem Sonnabend nicht zu verlangen ist, dass die am darauf folgenden Montag ablaufende Frist einzuhalten ist.[139] Andererseits erscheint die verschiedentlich vertretene Restfrist von einer Woche angesichts der geringen Schwierigkeiten bei der Erhebung der Künd-Schutzklage zu lang.[140] Angemessen erscheinen hier **drei Werktage**.[141]

Verlängert sich dagegen die Abwesenheit des AN z.B. durch Krankheit, muss er nach zutreffender Auff. dafür Sorge tragen, dass ihn Erklärungen, die das Arbverh betreffen, auch erreichen.[142] Dies folgt aus den in § 5 EFZG geregelten Nachweis- und Meldepflichten im Krankheitsfall. Auch wenn der AN dem AG die Arbeitsunfähigkeit mitgeteilt hat, muss er dafür sorgen, dass ihn eine Künd erreicht, denn diese kann nicht nur wegen Verletzung der Meldepflichten, sondern z.B. auch krankheitsbedingt ausgesprochen werden.[143]

n) **Vergleichsverhandlungen.** AN, die Vergleichsverhandlungen, die zwischen den Parteien schweben, nicht stören wollen und deshalb die Klagefrist verstreichen lassen, handeln auf **eigenes Risiko**.[144] Verzichtet ein AN auf die Erhebung einer Kündschutzklage, weil der AG ihm eine Abfindung in Aussicht gestellt hat, die jedoch wegen später gescheiterter Vergleichsverhandlungen nicht gezahlt wird, liegt darin kein Umstand, der eine nachträgliche Klagezulassung rechtfertigen kann.[145] Dem AN bleibt es in solchen Fällen unbenommen, Klage zu erheben, jedoch um einen im Hinblick auf die Vergleichsverhandlungen hinausgeschobenen Termin zur Güteverhandlung zu bitten.[146]

Anders liegt es, wenn der AG den AN durch **Vorspiegeln erfolgreicher Vergleichsverhandlungen** arglistig davon abhält, rechtzeitig Klage zu erheben. In einem solchen Fall ist der AN nicht auf die Geltendmachung von Schadensersatzansprüchen beschränkt, sondern erhält nachträgliche Zulassung.[147]

---

131 Allg.M., z.B. LAG Köln 26.11.1999 – 11 Ta 348/99 – LAGE § 5 KSchG Nr. 97; Sächsisches LAG 23.7.1998 – 9 Ta 193/98 – NZA 1999, 112.
132 LAG Hamm 21.10.1982 – 8 Ta 266/82 – AR-Blattei ES 1020 Nr. 231.
133 LAG Rheinland-Pfalz – 1 Ta 7/72 – BB 1972, 839.
134 BAG 16.3.1988 – 7 AZR 587/87 – BAGE 58, 9 = NZA 1988, 875 (Aufgabe der früheren Rspr.); BVerfG 2.4.1974 – 2 BvR 784/73 – BVerfGE 37, 102, zur Versäumung von Rechtsmittelfristen durch urlaubsbeding te Ortsabwesenheit.
135 LAG Hamm 8.2.2007 – 1 Ta 769/06 – juris; ErfK/*Kiel*, § 5 KSchG Rn 14.
136 LAG Köln 4.3.1996 – 10 Ta 322/95 – LAGE § 5 KSchG Nr. 75.
137 ErfK/*Kiel*, § 5 KSchG Rn 14.
138 Thüringer LAG 19.4.2001 – 7 Ta 159/00 – RzK I 10d Nr. 108.
139 Thüringer LAG 19.4.2001 – 7 Ta 159/00 – RzK I 10d Nr. 108.
140 ErfK/*Kiel*, § 5 KSchG Rn 14 (unverzüglich).
141 Vgl. LAG München 23.1.1992 – 4 Ta 16/92 – NZA 1993, 266 (drei Tage).
142 LAG Niedersachsen 8.11.2002 – 5 Ta 257/02 – NZA-RR 2003, 556; a.A. LAG Berlin 23.8.2001 – 7 Ta 1587/01 – LAGE KSchG § 4 Nr. 46.
143 LAG Niedersachsen 8.11.2002 – 5 Ta 257/02 – NZA-RR 2003, 556.
144 KR/*Friedrich*, § 5 KSchG Rn 95.
145 BAG 19.2.2009 – 2 AZR 286/07 – NZA 2009, 980 = BB 2009, 2092.
146 KR/*Friedrich*, § 5 KSchG Rn 95.
147 LAG Köln 26.11.1999 – 11 Ta 348/99 – LAGE § 5 KSchG Nr. 97; a.A. LAG Stuttgart 26.2.1953 – 2 Ta 7/53 – BB 1953, 263; offen gelassen durch BAG 19.2.2009 – 2 AZR 286/07 – NZA 2009, 980 = BB 2009, 2092.

C. Verbindung zu anderen Rechtsgebieten und zum Prozessrecht

I. Keine Anwendung der Wiedereinsetzungsvorschriften

43 Eine Anwendung der Wiedereinsetzungsvorschriften (§§ 233 ff. ZPO) im Falle der Nichteinhaltung der Klagefrist gem. § 4 kommt nicht in Betracht. Die nachträgliche Zulassung der Künd-Schutzklage ist in § 5 abschließend geregelt. Zwar finden §§ 233 ff. ZPO gem. § 46 Abs. 2 ArbGG auch im arbeitsgerichtlichen Verfahren Anwendung.[148] § 233 ZPO regelt jedoch nur die dort jetzt explizit genannten Fälle, ist also ebenfalls abschließend. Er gilt daher nicht für die nachträgliche Zulassung der Künd-Schutzklage nach § 5.[149]

44 § 5 und §§ 233 ff. ZPO sind keine Parallelvorschriften.[150] Zwar stellt § 5 eine den Wiedereinsetzungsbestimmungen der §§ 233 ff. ZPO ähnliche Regelung dar; in beiden Fällen wird im Interesse der **Einzelfallgerechtigkeit** das Fristerfordernis durchbrochen.[151] Während die Wiedereinsetzungsregeln die Fortsetzung des Prozesses gewährleisten, ermöglicht § 5 aber den ersten Zugang zum Gericht.[152] Daraus folgt, dass die zur Wiedereinsetzung entwickelte Rspr. nicht ausnahmslos auf die nachträgliche Zulassung anzuwenden ist.[153] Insb. ist es nicht durch die Verfassung geboten, einen AN, der die Klagefrist versäumt hat, schlechter zu stellen als eine Prozesspartei, die gegen ein Versäumnisurteil verspätet Einspruch eingelegt hat.[154] Es handelt sich um **unterschiedliche Sachverhalte**, die daher auch unterschiedlich geregelt sein können. Im Falle der Wiedereinsetzung ist der Prozessgegner in aller Regel durch den bereits laufenden Rechtsstreit gewarnt, während der AG vor Erhebung der Künd-Schutzklage nicht weiß, ob sich der AN gegen die Künd zur Wehr setzen wird.[155] Dementsprechend haben sich die nachträgliche Zulassung und die Wiedereinsetzung in unterschiedlicher Weise historisch entwickelt. Die aktuelle Fassung des § 233 ZPO mit ihrer Formulierung „ohne ihr Verschulden" erscheint großzügiger als § 5, dessen Wortlaut nicht auf ein Verschulden des AN abstellt, sondern auf die „Anwendung aller nach Lage der Umstände zuzumutenden Sorgfalt". In Vielem – v.a. im verfassungsrechtlichen Hintergrund – gleichen sich allerdings die Problemlagen bei der nachträglichen Zulassung und der Wiedereinsetzung, so dass die zur Wiedereinsetzung ergangene Rspr. nicht außer Acht gelassen werden darf.[156]

Eine Wiedereinsetzung gegen die Versäumung der Zwei-Wochen-Frist gem. Abs. 3 ist aus diesem Grunde nach allg.M. ebenfalls ausgeschlossen.[157]

II. Arbeitsgerichtliches Verfahren

45 **1. Erstinstanzliches Verfahren. a) Funktionale Zuständigkeit; Rechtsweg.** Der Gang des Verfahrens hat sich aufgrund der am 1.4.2008 in Kraft getretenen Änderung des § 5 deutlich geändert. Weiterhin ist aber der Antrag regelmäßig beim **zuständigen ArbG** einzureichen; wird der Antrag bei einem örtlich unzuständigen ArbG eingereicht, ist die Frist gewahrt, wenn die Sache mit der Künd-Schutzklage an das zuständige ArbG verwiesen und demnächst zugestellt wird.[158] Streitig war, ob der Antrag auf nachträgliche Zulassung auch beim erstinstanzlichen Gericht anzubringen ist, wenn die Fristversäumnis erst nach Verkündung des erstinstanzlichen Urteils erkannt wurde. Nach dem mit Wirkung vom 1.4.2008 neu eingefügten § 5 Abs. 5 entscheidet das LAG über den Antrag auf nachträgliche Klagezulassung im Rahmen des Berufungsverfahrens, wenn das ArbG eine Entscheidung nicht getroffen hat. I.d.R. wird das dann erforderlich sein, wenn das ArbG zu dem Ergebnis gekommen ist, dass eine Verspätung nicht vorliegt oder die Klage in der Hauptsache abweisungsreif war. Kommt das LAG zu einem anderen Ergebnis, entscheidet es selbst. Das LAG verweist den Rechtsstreit auch dann nicht zurück, wenn ein Zulassungsantrag erstmals in der Berufungsinstanz gestellt wird. Allerdings kommt das im Hinblick auf die Frist des § 5 Abs. 3 S. 1 regelmäßig nicht mehr in Betracht. Denkbar ist das z.B., wenn beim LAG ein Künd-Rechtsstreit bereits anhängig ist und eine weitere Künd nachgeschoben wird, die mit – verspäteter – Klageerweiterung angegriffen wird.

Ein bei dem Gericht eines anderen Rechtsweges angebrachter Antrag ist auch dann nicht fristwahrend, wenn er in entsprechender Anwendung der §§ 48 ArbGG, 17 ff. GVG an das zuständige ArbG verwiesen wird.[159] In solchen Fällen liegt in aller Regel ein dem AN zuzurechnendes Verschulden vor.[160]

46 **b) Verfahren und Entscheidung über den Antrag.** Nach der seit dem 1.4.2008 geltenden Neuregelung des Zulassungsverfahrens ist das Verfahren über die nachträgliche Zulassung mit dem Verfahren über die Klage zu **verbin-**

---

148 KR/*Friedrich*, § 5 KSchG Rn 24/25.
149 KR/*Friedrich*, § 5 KSchG Rn 24/25.
150 A.A. Dornbusch/Wolff/*Hermann*, § 5 Rn 2.
151 HaKo-KSchR/*Gallner*, § 5 KSchG Rn 2.
152 Thüringer LAG 30.11.2000 – 7 Ta 19/00 – n.v.; BAG 20.8.2002 – 2 AZB 16/02 – EzA § 5 KSchG Nr. 34; HaKo-KSchR/*Gallner*, § 5 KSchG Rn 2.
153 A.A. Dornbusch/Wolff/*Hermann*, § 5 Rn 2.
154 KR/*Friedrich*, § 5 KSchG Rn 24/25; a.A. *Corts*, DB 1979, 2086.
155 HaKo-KSchR/*Gallner*, § 5 KSchG Rn 3.
156 BVerfG 25.2.2000 – 1 BvR 1363/99 – EzA § 5 KSchG Nr. 32.
157 BAG 16.3.1988 – 7 AZR 587/87 – EzA § 130 BGB Nr. 16; LAG Köln 14.3.2003 – 4 Ta 3/03 – LAGE § 5 KSchG Nr. 106a.
158 KR/*Friedrich*, § 5 KSchG Rn 127.
159 LAG Köln 14.3.2003 – 4 Ta 3/03 – LAGE § 5 KSchG Nr. 106a; a.A. KR/*Friedrich*, § 5 KSchG Rn 128 m.w.N.
160 A.A. (für den Fall der verzögerten Verweisung an das ArbG) Hessisches LAG 1.10.1996 – 15 Ta 279/96 – LAGE § 5 KSchG Nr. 82.

den. § 5 Abs. 4 ermöglicht darüber hinaus weiterhin eine gesonderte Entscheidung. Dabei wird es sich künftig um die Ausnahme handeln. Die Entscheidung über die nachträgliche Zulassung ergeht also jetzt i.d.R. zusammen mit der Entscheidung in der Sache durch Endurteil.

Auch ohne entsprechende Formulierung des Antrags behandelt ihn das ArbG stets als Hilfsantrag für den Fall der verspäteten Klageerhebung.[161] Das ArbG entscheidet in voll besetzter Kammer, also mit ehrenamtlichen Richtern, durch Urteil, Abs. 4 S. 1. Anders als bisher ist eine **mündliche Verhandlung** jetzt auch im Fall des Zwischenurteils über den Zulassungsantrag zwingend erforderlich.

Da § 5 Abs. 4 danach grds. weiterhin die Möglichkeit einer **gesonderten Entscheidung** vorsieht, prüft das Gericht nach Eingang des Antrags zunächst, ob die Voraussetzungen für eine solche vorliegen. Das ist der Fall, wenn in der Hauptsache schwierige tatsächliche oder rechtliche Fragen zu entscheiden sind und die Entscheidung über die Frage der nachträglichen Zulassung ohne großen Aufwand möglich ist. Eine gesonderte Entscheidung kommt regelmäßig nicht in Betracht, wenn dem Zulassungsantrag eindeutig stattzugeben ist. In diesem Fall verzögerte sie das Verfahren nur unnötig.

Die **Entscheidungsart** hängt davon ab, ob gesondert oder gemeinsam mit der Hauptsache entschieden wird. Allerdings ergeht die Entscheidung seit dem 1.4.2008 in beiden Fällen durch Urteil, bei einer gesonderten Entscheidung allerdings im Wege des **Zwischenurteils** durch die vollständige Kammer. Während die Entscheidung in der Zeit vom 1.5.2000 bis zum 31.3.2008 wegen § 5 Abs. 4 S. 1 Hs. 2 a.F. auch ohne mündliche Verhandlung möglich war,[162] ist für die Entscheidung durch Zwischenurteil nun wieder eine mündliche Verhandlung erforderlich.[163] Das **LAG** kann eine Entscheidung mit Zustimmung der Parteien nach § 128 Abs. 2 S. 1 ZPO auch ohne mündliche Verhandlung treffen.[164]

Die Prüfung erfolgt im **Dreischritt**. Zunächst ist zu prüfen, ob überhaupt ein Fall der **Verspätung** vorliegt. Sodann folgen die Prüfung der **formellen** und der **materiellen** Voraussetzungen im zweiten und dritten Schritt.

Zunächst ist zu prüfen, ob die **Klage rechtzeitig erhoben** (siehe § 4 Rn 5) worden ist. Ist die Künd nicht ausnahmsweise bereits aus einem Grund unwirksam, der unabhängig von der Frist des § 4 S. 1 geltend gemacht werden kann (seit Inkrafttreten des Arbeitsmarktreformgesetzes vom 24.12.2003 am 1.1.2004 nur noch die fehlende Schriftform), kommt es auf die Frage der rechtzeitigen Klageerhebung an. Die Frage der Verspätung ist vorab ggf. durch eine Beweisaufnahme zu klären.[165] Der Antrag auf nachträgliche Zulassung stellt auch weiterhin[166] nur einen Hilfsantrag für den Fall der Verspätung dar. Das Gericht darf daher nicht von einer Prüfung der Voraussetzungen bzgl. der Einhaltung der Klagefrist absehen.[167] Das BAG begründet das u.a. damit, dass ansonsten das – isolierte, u.U. durch drei Instanzen geführte – nachträgliche Klagezulassungsverfahren ins Leere liefe, wenn z.B. nach einer späteren rechtskräftigen Zurückweisung des Antrags auf nachträgliche Klagezulassung (erstmals) die Verspätung geprüft und dabei festgestellt werde, dass die Klagefrist gar nicht versäumt wurde. Da diese Frage im Hauptverfahren und nicht im Zulassungsverfahren zu beantworten ist, besteht insoweit **keine Beweiserleichterung**. Das summarische Verfahren gilt nur hinsichtlich der Frage des Verschuldens.

Sodann erfolgt die Prüfung der unter den Rn 4 bis 8 dargestellten **formellen Voraussetzungen**, also insbesondere Form und Frist. Fehlt es bereits daran, weist das ArbG die Klage ab. Zuständig ist die Kammer. Einer gesonderten Entscheidung durch Zwischenurteil bedarf es regelmäßig nicht. Sind die Mittel der Glaubhaftmachung nicht dem Antrag beigefügt, sondern nur angekündigt, ist ein Hinweis nach § 139 ZPO zu erteilen, denn nur die Benennung, nicht die Beibringung der Mittel ist an die Fristen des § 5 Abs. 3 gebunden.

Sind die formellen Anforderungen an den Antrag auf nachträgliche Zulassung erfüllt, folgt im dritten Schritt die Prüfung der **materiellen Voraussetzungen**, d.h., ob die Versäumung der Klagefrist verschuldet ist oder nicht. Ist die Fristversäumung verschuldet, weist das Gericht die Klage ab. Andernfalls prüft es – bei Verbindung mit der Hauptsache – die Wirksamkeitsvoraussetzungen für die Künd. Ist eine Beschränkung auf die Verhandlung und Entscheidung über den Zulassungsantrag erfolgt, ergeht die Entscheidung durch Zwischenurteil. Für die Feststellung, ob Verschulden vorliegt, sieht § 5 eine erleichterte Beweisführung durch **Glaubhaftmachung** vor (siehe Rn 64 f.).[168] Das summarische Verfahren erstreckt sich nicht auf die Frage, ob die Frist versäumt ist, d.h. wann die Künd zugegangen ist, ob überhaupt eine Künd ausgesprochen worden ist usw.[169]

---

161 BAG 5.4.1984 – 2 AZR 67/83 – NZA 1984, 124; *Bader/Bram/Dörner/Kriebel*, § 5 Rn 16; Schwab/Weth/*Zimmerling*, § 46 Rn 112.
162 Eingefügt durch Art. 3 des Gesetzes zur Vereinfachung und Beschleunigung des arbeitsgerichtlichen Verfahrens vom 30.3.2000, BGBl I S. 333.
163 *Francken/Natter/Rieker*, NZA 2008, 377, 382.
164 BAG 28.5.2009 – 2 AZR 732/08 – juris.
165 BAG 28.5.2009 – 2 AZR 732/08 – juris.
166 Zur Rechtslage bis zum 31.4.2008 BAG 5.4.1984 – 2 AZR 67/83 – NZA 1984, 124.
167 BAG 28.5.2009 – 2 AZR 732/08 – juris.
168 KR/*Friedrich*, § 5 KSchG Rn 112 m.w.N.
169 BAG 5.4.1984 – 2 AZR 67/83 – EzA § 5 KSchG Nr. 21, zur Frage, ob das KSchG Anwendung findet.

52 Die **Säumnis des Klägers** im Güte- oder Kammertermin führt auch weiterhin zur **Abweisung der Klage im Ganzen** durch Versäumnisurteil.[170] Es entscheidet bei Säumnis im Kammertermin nicht mehr der Vorsitzende allein, sondern die Kammer, § 55 Abs. 1 Nr. 4 ArbGG. Bei **Säumnis des Beklagten** ergeht ein Versäumnisurteil gegen diesen über den Klageantrag nur, wenn das Gericht die Klage als rechtzeitig erachtet oder die Voraussetzungen für eine nachträgliche Zulassung bejaht werden.[171] Einer gesonderten Entscheidung über die nachträgliche Klagezulassung bedarf es nun nicht mehr. Sie kann einem Versäumnisurteil allerdings vorausgegangen sein. Es gelten dann die allg. Verfahrensgrundsätze, so dass das Vorbringen des Klägers – z.B. zur Zahl der im Betrieb Beschäftigten – als zugestanden gilt.[172]

53 **c) Bindungswirkung.** Im Zusammenhang mit der Entscheidung über einen Antrag auf nachträgliche Zulassung werden regelmäßig **Vorfragen** entschieden, z.b. ob überhaupt eine **wirksame Künd-Erklärung** abgegeben wurde, ob auch ein **Auszubildender** die Klagefrist des § 4 einzuhalten hat, ob die **Klage rechtzeitig** bei Gericht eingegangen ist, ob die im Streit befindliche **Künd-Erklärung vom Beklagten** stammt, ob eine **allgemeine Feststellungsklage** nach § 256 ZPO eine nachfolgend erklärte und später als drei Wochen nach Zugang angegriffene Künd mit erfasst und insb., wann **Künd-Zugang** vorlag. Im weiteren Verfahren ist sowohl in der ersten, aber auch in höheren Instanzen von Bedeutung, in welchem Umfang der Entscheidung über den Antrag auf nachträgliche Zulassung Bindungswirkung zukommt. Die Bedeutung dieser Frage ist seit dem 1.4.2008 nicht mehr so groß, weil das gesonderte Zulassungsverfahren nun nur noch ausnahmsweise durchgeführt wird.

Nach § 46 Abs. 2 ArbGG i.V.m. § 318 ZPO ist das Gericht an die Entscheidung, die in dem von ihm erlassenen Zwischenurteil enthalten ist, gebunden. Hinsichtlich ihres Umfangs entspricht diese Bindungswirkung der materiellen Rechtskraft.[173] Der Umfang der Bindungswirkung richtet sich daher danach, worüber entschieden worden ist. Jedoch bestimmt nicht das gesamte Urteil, sondern nur der Tenor die Bindungswirkung, also die ausgesprochene Rechtsfolge.[174] Tatbestand und Entscheidungsgründe sind allerdings zur Feststellung von deren Tragweite heranzuziehen.

54 Zu der zur bis zum 31.3.2008 maßgeblichen Fassung des § 5 hat das BAG[175] insoweit unter entsprechender Anwendung des § 318 ZPO die bis heute umstrittene und durch die LAG, aber auch die Lit. weitgehend nicht geteilte Auffassung vertreten, dass sich die Bindungswirkung nicht nur auf die Frage des Verschuldens, sondern auch auf die der Verspätung selbst erstrecke, nicht aber auf andere Vorfragen, mit denen sich das Gericht im Rahmen des Verfahrens über den Antrag auf nachträgliche Zulassung befasse. Zu den nicht von der Bindungswirkung erfassten Vorfragen zähle insb. die Frage der Anwendbarkeit des KSchG.[176] Hierbei handele es sich um einen Gegenstand des Hauptverfahrens, nicht des Verfahrens der nachträglichen Zulassung. Die Anwendbarkeit des KSchG ist heute angesichts der Erstreckung des § 4 auf alle Unwirksamkeitsgründe ohne Bedeutung.

55 Diese Entscheidungen des BAG wurden von Rspr.[177] und Lit.[178] zuletzt mit Recht weitgehend abgelehnt. Allerdings hat das BAG hierauf, ohne sich mit der Kritik auseinanderzusetzen, in seiner Entscheidung vom 28.5.2009[179] wieder Bezug genommen. Bei der Frage der Verspätung handelt es sich um eine nicht der Bindungswirkung unterliegende

---

170 LAG Hamm 4.11.1996 – 12 Ta 105/96 – LAGE § 5 KSchG Nr. 81.
171 KR/*Friedrich*, § 5 KSchG Rn 188b.
172 ArbG Hanau 18.1.1996 – 2 Ca 275/95 – NZA-RR 1996, 409.
173 BGH 21.2.1994 – II ZB 13/93 – BGH NJW 1994, 1222 f.
174 BGH 4.5.2005 – VIII ZR 123/04 – NJW-RR 2005, 1157.
175 BAG 28.4.1983 – 2 AZR 438/81 – AP § 5 KSchG 1969 Nr. 4= EzA § 5 KSchG Nr. 20; BAG 5.4.1984 – 2 AZR 67/83 – NZA 1984, 124 – AP § 5 KSchG 1969 Nr. 6; am Rande auch BAG 27.11.2003 – 2 AZR 692/02 – juris.
176 BAG 5.4.1984 – 2 AZR 67/83 – NZA 1984, 124 – AP § 5 KSchG 1969 Nr. 5.
177 LAG Hamm 25.10.2005 – 1 Ta 653/05 – juris; LAG Rheinland-Pfalz 17.8.2004 – 11 Ta 101/04 – juris; LAG Köln 30.5.2007 – 9 Ta 51/07 – NZA-RR 2007, 521; 27.11.1987 – 9 Ta 238/87 – LAGE KSchG § 5 Nr. 39; LAG Düsseldorf 17.7.2002 – 15 Ta 291/02 – juris; LAG Baden-Württemberg 15.8.2006 – 12 Ta 6/06 – juris; LAG Baden-Württemberg 26.8.1992 – 8 Ta 80/92 – LAGE § 5 KSchG Nr. 58; Hessisches LAG 17.2.2005 – 15 Ta 578/04 – mit Anmerkung *Göhle-Sander*, jurisPR-ArbR 41/2005 Anm. 6 (ausführlich mit zahlreichen Rspr.-Hinweisen); wohl auch LAG Berlin 4.11.2004 – 6 Ta 1733/04 – LAGE § 5 KSchG Nr. 109, wonach die Frage des Zugangs einer Künd dem Hauptverfahren vorbehalten bleibt; LAG Hamburg 11.4.1989 – 3 Ta 3/89 – LAGE KSchG § 5 Nr. 47; LAG Sachsen-Anhalt 22.10.1997 – 5 Ta 229/97 – NZA 1999, 614.
178 HaKo-KSchR/*Gallner*, § 5 Rn 86; KR/*Friedrich*, § 5 KSchG (8. Aufl.) Rn 134, 154, 158; *Göhle-Sander*, jurisPR-ArbR 41/2005 Anm. 6; DKZ/*Zwanziger* § 5 KSchG Rn 41; ErfK/*Kiel*, § 5 KSchG Rn 29, der zur Neuregelung davon ausgeht, dass die Frage sich relationstechnisch nicht mehr stelle, da eine Teilentscheidung zur nachträglichen Zulassung durch Zwischenurteil die Feststellung des ArbG voraussetze, dass die Klage verspätet ist; von Hoyningen-Huene/*Linck*, KSchG § 5 Rn 65; DHHW/*Schmitt*, § 5 Rn 57; *Berkowsky*, NZA 1997, 352, 356; HWK/*Quecke*, § 5 KSchG Rn 19; DFL/*Bröhl*, § 5 KSchG Rn 14; *Kloppenburg*, jurisPR-ArbR 34/2009 Anm. 2; a.A. noch MüKo-BGB/*Hergenröder*, § 5 KSchG Rn 30; APS/*Ascheid/Hesse*, § 5 KSchG Rn 129 bzw. jetzt KR/*Friedrich*, § 5 KSchG Rn 197.
179 2 AZR 732/08 – juris, in der es hierauf allerdings nicht ankam und in der zugleich darauf hingewiesen worden ist, dass es sich bei den Zulassungsverfahren auch nach dem 31.3.2008 um ein isoliertes Verfahren handelt, was in sich widersprüchlich ist, weil es sich – jedenfalls im Zusammenhang mit der Argumentation des BAG in dem konkreten Fall – nicht auf die Verspätung erstreckt.

Vorfrage, nicht um die im Rahmen des Zwischenurteils entschiedene Rechtsfolge. Sie ist nicht Gegenstand, sondern Voraussetzung des Zulassungsverfahrens. Das LAG Rheinland-Pfalz[180] vertritt allerdings für die Neuregelung des § 5 nun, dass es dem damit verbundenen Ziel einer weiteren Straffung des Künd-Schutzverfahrens zuwider liefe, wenn bei isolierter Entscheidung über die nachträgliche Zulassung durch Zwischenurteil verbindlich nur über die Frage eines Verschuldens, nicht aber über die Frage, ob überhaupt eine verspätete Klageerhebung vorlag, entschieden würde.

Dem steht entgegen, dass der Gesetzgeber das Verfahren gerade dadurch gestrafft hat, dass er ein gesondertes Verfahren über die nachträgliche Klagezulassung nur noch als Ausnahme normiert hat. Außerdem ist eine Zurückverweisung durch das LAG ausgeschlossen. Soweit aber das Verfahren über die nachträgliche Zulassung der Klage weiterhin in Betracht kommt, soll es auch beschleunigt durchgeführt werden können. Aus diesem Grund sieht das Gesetz weiterhin Verfahrenserleichterungen vor. Eine wesentliche Vereinfachung besteht in der Beweiserleichterung durch Glaubhaftmachung für die Frage, ob eine Verspätung verschuldet ist. Wäre die Frage der Verspätung ebenfalls Gegenstand des Verfahrens, müsste im Rahmen des beschleunigten Verfahrens u.U. sogar das LAG noch eine Beweisaufnahme hierzu durchführen. Die Fälle, in denen schon nach dem unstreitigen Vortrag der Parteien entgegen der Auffassung des ArbG keine Verspätung vorliegt, sind in der Praxis kaum anzutreffen. Da nun sogar ein dreistufiges Verfahren ermöglicht worden ist, wäre die Vorfrage der Verspätung u.U. sogar durch das BAG zu prüfen. Demnach wäre den Parteien eine drittinstanzliche Entscheidung zwar zur Frage der Verspätung nicht mehr abgeschnitten. Während im Rahmen der Überprüfung der Frage des Verschuldens angesichts der erleichterten Beweisführung durch Glaubhaftmachung aber regelmäßig eine Zurückverweisung an das LAG nicht erforderlich wird, wäre das hinsichtlich der Frage der Verspätung nicht auszuschließen. Verzögerungen wollte der Gesetzgeber aber gerade durch die Beweiserleichterung und die Neuregelung vermeiden. Entgegen der nun durch das LAG Rheinland-Pfalz vertretenen Ansicht führte eine Erweiterung des Streitgegenstandes auf die Frage der Verspätung also zu einer deutlichen Verfahrensverzögerung, nicht zu der durch den Gesetzgeber nach wie vor beabsichtigten Beschleunigung.

Im Rahmen des Zwischenurteils wird nach der hier mit der ganz überwiegenden Auff. in Rspr. und Lit. vertretenen Ansicht weiterhin nicht verbindlich über die Frage entschieden, ob ein Fall der Verspätung vorliegt.[181] Sie kann also bei Fortsetzung des Verfahrens nach einer Entscheidung der Rechtsmittelinstanz über das Zwischenurteil durch das ArbG anders beurteilt werden. Die „Teil"-Entscheidung betrifft wohl weiterhin nur die Frage des Verschuldens, nicht einen Abschnitt des Künd-Schutzverfahrens mit dem Inhalt, ob die Klagefrist eingehalten oder entschuldbar nicht eingehalten worden ist. Eine solche Rechtsfolge ist nicht Gegenstand des Zulassungsverfahrens und damit des Zwischenurteils, sodass der Umstand, dass das ArbG die Verspätung prüft, gerade nicht zur Bindung nach § 318 ZPO führt, da – auch nach der Rspr. des BAG – nicht alle geprüften Vorfragen zugleich der Bindung unterliegen. Daraus resultiert zugleich, dass auch die später für das Hauptverfahren zuständigen Rechtsmittelgerichte nicht an die Einschätzung des ArbG zur Frage der Verspätung gebunden sind. Diese Frage ist im Hauptverfahren unabhängig vom Zulassungsverfahren zu prüfen.

2. Rechtsmittel. a) Einlegung. Seit dem 1.4.2008 ist richtiges Rechtsmittel immer die **Berufung**. Nach § 5 Abs. 4 S. 3 n.F. kann das Zwischenurteil wie ein Endurteil angefochten werden. Hat das ArbG durch Endurteil entschieden, ist ebenfalls – wie üblich – die Berufung das richtige Rechtsmittel. Bis zum 31.3.2008 war gegen den Beschluss des ArbG das Rechtsmittel der **sofortigen Beschwerde** gegeben, § 5 Abs. 4 S. 2 a.F. Vertretungszwang bestand nicht. Ein bestimmter Antrag war nicht erforderlich; das LAG hatte den angegriffenen Beschluss – wie jede andere sofortige Beschwerde – auch ohne eine Begründung seitens des Beschwerdeführers aufgrund dessen erstinstanzlichen Vorbringens zu überprüfen.[182] Eine Rechtsbeschwerde war nicht statthaft, und zwar auch dann nicht, wenn sie durch das LAG fehlerhaft zugelassen worden war.[183]

b) Verfahren. Hat das ArbG durch **Endurteil** entschieden, wird die Entscheidung über die nachträgliche Zulassung im Berufungsverfahren mit überprüft. Eine **Zurückverweisung** ist ausgeschlossen, § 5 Abs. 5. Auch das LAG entscheidet über den Antrag auf nachträgliche Zulassung und die Kündschutzklage **regelmäßig gemeinsam**. Hatte aber das ArbG noch keine Entscheidung über den Zulassungsantrag getroffen oder wird dieser erstmals im Berufungsverfahren gestellt, kann auch das LAG von der sich aus Abs. 4 ergebenden Möglichkeit der **Beschränkung auf die Verhandlung und Entscheidung über den Zulassungsantrag** Gebrauch machen und durch Zwischenurteil entscheiden. Anders als bis zum 31.3.2008 kommt eine Zurückverweisung an das ArbG auch dann nicht mehr in Betracht, wenn das ArbG über den Zulassungsantrag – aus welchen Gründen auch immer – nicht entschieden hat, z.B. weil es ihn einfach übersehen hat. Früher führte das zu einem in der Berufungsinstanz nicht mehr reparablen Verfahrensverstoß.[184] Das Urteil war

---

180 LAG Rheinland-Pfalz 27.3.2009 – 9 Sa 737/08 – juris, Revision eingelegt unter 2 AZR 352/09.
181 RGKU/*Kerwer*, § 5 KSchG Rn 66.
182 BAG 16.1.1991 – 4 AS 7/90 – EzA § 13 ArbGG 1979 Nr. 1.
183 BAG 15.9.2005 – 3 AZB 48/05 – NZA-RR 2006, 211.
184 Düwell/Lipke/*Breinlinger*, § 68 Rn 10; Schwab/Weth/*Schwab*, § 68 Rn 39.

nach verbreiteter Ansicht[185] ungeachtet des Zurückverweisungsverbots (§ 68 ArbGG) durch das LAG **auf die Berufung aufzuheben** und die Sache zur neuen Verhandlung und Entscheidung an das ArbG zurückzuverweisen.[186] Dies galt auch, wenn das ArbG den Zulassungsantrag zwar gesehen hatte, aber der irrigen Auffassung war, über ihn nicht entscheiden zu müssen.[187]

59 Seit dem 1.4.2008 verpflichtet § 5 Abs. 5 das LAG generell, über den Antrag auf nachträgliche Zulassung zu entscheiden, auch wenn das ArbG dies bisher nicht getan hat. Das Gesetz sieht ausdrücklich eine Entscheidung durch die Kammer vor. Durch die Verweisung in § 5 Abs. 5 S. 2 auf Abs. 4 der Vorschrift hat das LAG insoweit auch die Möglichkeit einer Beschränkung des Verfahrens auf die Verhandlung und Entscheidung über den Zulassungsantrag durch Zwischenurteil. Das macht natürlich nur Sinn, wenn es beabsichtigt ist, insoweit die Revision zuzulassen und die weiteren Voraussetzungen vorliegen.

60 Hat das ArbG durch **Zwischenurteil** entschieden, ist auch die Überprüfung durch das LAG hierauf beschränkt.

61 **c) Entscheidung.** Der **Inhalt** der Entscheidung hängt ebenfalls davon ab, ob über ein Zwischenurteil oder über ein Endurteil zu befinden ist. Hat das ArbG durch **Zwischenurteil** entschieden und hält das LAG den Antrag im Gegensatz zum ArbG für begründet, ändert es das angefochtene Urteil ab und ersetzt es durch eine stattgebende Entscheidung. Hält es den Antrag im Unterschied zum ArbG für unbegründet, lautet die Urteilsformel auf Abänderung des arbeitsgerichtlichen Urteils und Zurückweisung des Antrags.

Weiterhin gesetzlich nicht geklärt ist die Frage, was **Gegenstand der Prüfung** und damit der **Bindungswirkung** der Entscheidung im Rahmen des Zwischenurteils und damit auch des Berufungsverfahrens ist (siehe Rn 53 ff.). Folgte man der Auffassung, wonach auch die Frage der Verspätung Gegenstand des Verfahrens auf nachträgliche Zulassung ist, müsste das LAG das angegriffene Urteil ersatzlos aufheben, wenn es im Gegensatz zum ArbG zu dem Ergebnis gelangte, dass es einer Entscheidung über die Zulassung nicht bedarf, weil die Klage rechtzeitig erhoben ist.[188]

Hat das ArbG durch **Endurteil** entschieden, gibt es keine Besonderheiten.

62 Im Falle ihrer Zulassung durch das Landesarbeitsgericht ist jetzt auch die **Revision zum BAG** eröffnet. Das ermöglicht künftig eine **bundeseinheitliche Gesetzesanwendung**. Früher sah § 5 nach der Rspr. des BAG[189] nur ein zweistufiges Verfahren vor.

63 **3. Besonderheit: Parteiwechsel auf Arbeitgeberseite in der Berufungsinstanz.** Nimmt der AN erstmals in der Berufungsinstanz den richtigen AG in Anspruch (Parteiwechsel, der nur unter enger Voraussetzung möglich ist), hat **weiterhin das LAG** über den Antrag auf nachträgliche Zulassung zu entscheiden. Eine Aufhebung und Zurückverweisung kommt schon deshalb nicht in Betracht, weil der Rechtsstreit vor dem ArbG gegen den betreffenden AG nie anhängig war.[190]

D. Beraterhinweise

I. Glaubhaftmachung

64 Sorgfältig zu **unterscheiden** ist zwischen der Angabe der **Mittel zur Glaubhaftmachung** und der **Glaubhaftmachung selbst**. Die „Mittel" sind im Antrag anzugeben; eine Nachholung ist nicht möglich. Dagegen kann die Glaubhaftmachung selbst auch noch später erfolgen.

65 Auf die Glaubhaftmachung finden die Vorschriften des Zivilprozesses Anwendung. Gem. § 294 ZPO ist daher neben den fünf Mitteln des Strengbeweises (Augenscheinseinnahme, Zeugenvernehmung, Sachverständigengutachten, Urkundenvorlage, Parteivernehmung) auch die EV zugelassen. Diese muss eine eigene Darstellung der glaubhaft zu machenden Tatsachen enthalten und darf nicht lediglich auf die Angaben im Schriftsatz Bezug nehmen (häufiger Fehler). In Betracht kommen aber auch die anwaltliche Versicherung (jedoch nur für eigene Wahrnehmungen und Handlungen), die Vorlage von Kopien, Schriftstücken, amtlichen Auskünften, schriftlichen Zeugenaussagen etc.[191]
Im Gegensatz zum Strengbeweis ist nicht die volle Überzeugung des Gerichts erforderlich, sondern nur die überwiegende Wahrscheinlichkeit der glaubhaft zu machenden Tatsachen. Die Gerichte sollten bei der Entscheidung nicht der Versuchung erliegen, in der Sache komplizierte Prozesse „kurzer Hand" erledigen zu wollen, indem sie an Par-

---

185 Mit guten Gründen skeptisch gegenüber Zurückverweisungen, wenn das Beschwerdegericht die „Arbeit selbst machen" kann: LAG Berlin 18.4.1979 – 5 Ta 3/79 – BB 1980, 891; LAG Berlin 15.7.1980 – 8 Sa 29/80 – AuR 1981, 154.
186 LAG Baden-Württemberg 13.5.2005 – 4 Sa 16/05 – LAGReport 2005, 306, mit Darstellung des Streitstandes; LAG Hamm 11.8.1970 – 3 Sa 361/70 – NJW 1970, 2229; KR/*Friedrich*, § 5 KSchG Rn 173b.
187 LAG Köln 19.10.2000 – 10 Sa 342/00 – LAGE § 102 BetrVG 1972 Nr. 75; Schwab/Weth/*Schwab*, § 68 Rn 39.
188 LAG Hamm 24.3.1988 – 8 Ta 35/88 – LAGE § 5 KSchG Nr. 32; LAG Sachsen-Anhalt 23.4.1997 – 4 Ta 231/96 – LAGE § 5 KSchG Nr. 93.
189 BAG 25.10.2001 – 2 AZR 340/00 – EzA § 5 Nr. 33.
190 LAG Hamm 15.7.1993 – 8 Ta 440/92 – LAGE § 5 KSchG Nr. 60; KR/*Friedrich*, § 5 KSchG Rn 209.
191 HaKo-KSchR/*Gallner*, § 5 KSchG Rn 31; KR/*Friedrich*, § 5 KSchG Rn 112.

teien und Anwälte unrealistische Sorgfaltsanforderungen stellen, die kein Gericht im Ernst erfüllen könnte. Andererseits gilt: Wer „unglaubliche" Geschichten glaubt, macht sich selbst unglaubwürdig. Die Sichtung des Faktenmaterials sollte deshalb vorbehaltlos und „sine ira et studio" geschehen, die Bewertung desselben aber mit gesunder Entschlussfreude getroffen werden.

II. Kosten

Das Verfahren über die nachträgliche Zulassung ist **Teil des Künd-Schutzprozesses**. Es verursacht in der 1. Instanz **keine zusätzlichen Kosten**; Gerichtsgebühren entstehen nicht.[192] Im Berufungsverfahren gelten die üblichen Grundsätze. In der Berufungsinstanz trägt der Unterlegene die Kosten, § 97 Abs. 1 ZPO. Bei ersatzloser Aufhebung der Zulassungsentscheidung fallen die Kosten dem Berufungsgegner zur Last. Zweitinstanzliche Anwaltskosten sind – wie üblich – erstattungsfähig. Ein **Zwischenurteil** enthält keine Entscheidung über die Kosten.

66

III. Streitwert

Der Wert des Zulassungsantrages entspricht demjenigen der Hauptsache.[193] Abweichend davon setzte das Hessische LAG den Gerichtsgebührenwert auf ein Drittel des Wertes der Hauptsache an.[194]

67

§ 6 Verlängerte Anrufungsfrist

[1]Hat ein Arbeitnehmer innerhalb von drei Wochen nach Zugang der schriftlichen Kündigung im Klagewege geltend gemacht, dass eine rechtswirksame Kündigung nicht vorliege, so kann er sich in diesem Verfahren bis zum Schluss der mündlichen Verhandlung erster Instanz zur Begründung der Unwirksamkeit der Kündigung auch auf innerhalb der Klagefrist nicht geltend gemachte Gründe berufen. [2]Das Arbeitsgericht soll ihn hierauf hinweisen.

Literatur: *Bader*, Das Gesetz zu Reformen am Arbeitsmarkt: Neues in Kündigungsschutzgesetz und im Befristungsrecht, NZA 2004, 65; *Bender/Schmidt*, KSchG 2004: Neuer Schwellenwert und einheitliche Klagefrist, NZA 2004, 358; *Boewer*, Der Streitgegenstand des Kündigungsschutzprozesses, NZA 1997, 359; *Giesen/Besgen*, Fallstricke des neuen gesetzlichen Abfindungsanspruchs, NJW 2004, 185; *Hohmeister*, Das Wirksamwerden einer Kündigung, ZRP 1994, 141; *Preis*, Die „Reform" des Kündigungsschutzrechts, DB 2004, 70; *Quecke*, Die Änderungen des Kündigungsschutzgesetzes zum 1.1.2004, RdA 2004, 86; *Wenzel*, Nochmals: Zur Kombination der Künd-Schutzklage nach § 4 KSchG mit der allgemeinen Feststellungsklage nach § 256 Abs. 1 ZPO, DB 1997, 1869; *Willemsen/Annuß*, Kündigungsschutz nach der Reform, NJW 2004, 177

A. Allgemeines	1	bb) Nichteinhaltung der Kündigungsfrist	13
B. Regelungsgehalt	3	II. Rechtsfolge: Verlängerte Anrufungsfrist	14
I. Voraussetzungen der verlängerten Anrufungsfrist	4	III. Hinweispflicht des Arbeitsgerichts	16
1. Klage innerhalb der Drei-Wochen-Frist	5	1. Inhalt der Hinweispflicht	17
2. Anderer Klagegrund; Beispiele	7	2. Rechtsfolgen des fehlenden Hinweises	18
a) Besonderer Kündigungsschutz	8	C. Verbindung zu anderen Rechtsgebieten	19
b) Änderungsschutzklage	9	D. Beraterhinweise	20
c) Leistungsklage	10	I. Antragsformulierung	20
d) Kündigungsfrist	12	II. Neue Kündigung	21
aa) Fristlose Kündigung	12		

A. Allgemeines

Die im Rahmen der „Agenda 2010" durch das Gesetz zu Reformen am Arbeitmarkt m.W.v. 1.1.2004 neu gefasste Vorschrift stellt klar, dass bei rechtzeitiger Klageerhebung (§§ 4, 5) der **Streitgegenstand** hinsichtlich der Tatsachen, die den Klageantrag stützen, **geändert oder erweitert** werden kann. Auf diese Weise können auch nach Ablauf der Drei-Wochen-Frist weitere Gründe für die Unwirksamkeit der angegriffenen Künd in den Prozess eingeführt werden. Dies gilt bis zum Schluss der letzten mündlichen Verhandlung erster Instanz. Die Wirksamkeitsfiktion gem. § 7 tritt dann nicht ein. Das Interesse des AG an einer schnellen Klärung der Rechtslage und sein Vertrauen in den Bestand der ausgesprochenen Künd wird hierdurch regelmäßig nicht bzw. nur geringfügig berührt und muss unter Berücksichtigung des Sinn und Zwecks des § 6 zurücktreten.[1]

1

---

192 *Wenzel*, AuR 1976, 329.
193 KR/*Friedrich*, § 5 KSchG Rn 212 m.w.N.

194 Z.B. Hessisches LAG 17.5.2002 – 15 Ta 77/02 – AR-Blattei ES 1020.3 Nr. 23.
1 BAG 23.4.2008 – 2 AZR 699/06 – NZA-RR 2008, 466.

2 Die Vorschrift steht im Regelungszusammenhang mit § 7.[2] Sie bezweckt, den häufig **nicht rechtskundigen AN** vor dem Verlust des Künd-Schutzes aus rein formalen Gründen zu schützen, wenn er durch rechtzeitige Anrufung des Gerichts seinen Willen zum Ausdruck gebracht hat, gegen die Künd vorzugehen.[3] Auch dem Interesse des AG, den Streit über das Bestehen des Arbverh in einem einzigen Verfahren zu erledigen und dadurch schnelle Klarheit herbeizuführen, wird durch die Norm Rechnung getragen.[4] Sie gilt sowohl für die Änderungs- als auch für die Beendigungs-Künd.[5]

B. Regelungsgehalt

3 Das Gesetz zu Reformen am Arbeitsmarkt hat m.W.v. 1.1.2004 die Strukturen des Künd-Schutzprozesses umgestaltet;[6] die Auswirkungen der nunmehr allg. dreiwöchigen Klagefrist, die nicht mehr nur für die Sozialwidrigkeit gilt, betreffen auch § 6. Erledigt ist damit der früher im Vordergrund stehende Gesetzeszweck, den Unwirksamkeitsgrund der Sozialwidrigkeit nachschieben zu können, wenn zuvor etwa nur ein besonderer Künd-Schutz – z.B. wegen Schwerbehinderung – geltend gemacht wurde: Für beide Fälle gilt jetzt die Drei-Wochen-Frist, so dass der Antrag auf Feststellung, dass das Arbverh durch die Künd nicht aufgelöst wird, von vornherein sämtliche Unwirksamkeitsgründe erfasst[7] (zur entsprechenden Anwendung der Vorschrift auf Leistungsanträge siehe unten Rn 10).

I. Voraussetzungen der verlängerten Anrufungsfrist

4 Nach dem Wortlaut der Vorschrift setzt die verlängerte Anrufungsfrist voraus, dass die Unwirksamkeit einer Künd innerhalb der dreiwöchigen Klagefrist gerichtlich geltend gemacht wird. In der Folge kann sich der AN für die Unwirksamkeit der Künd auch **nach Ablauf der Drei-Wochen-Frist** noch auf **andere** als die innerhalb der Frist geltend gemachten **Unwirksamkeitsgründe** berufen. § 6 gilt, wie sich aus dem Wortlaut von § 13 Abs. 1 S. 2 ergibt, auch im Rechtsstreit über eine außerordentliche Künd.

5 **1. Klage innerhalb der Drei-Wochen-Frist.** Der AN muss innerhalb von drei Wochen nach Zugang der Künd deren Unwirksamkeit gerichtlich, nämlich durch Klage, geltend gemacht haben. Der Antrag auf Erlass einer einstweiligen Verfügung erfüllt die Funktion ebenfalls, denn sie hat dasselbe Gewicht wie eine Klage.[8] Nicht ausreichend ist das bloße Bestreiten der Wirksamkeit außerhalb eines Prozesses.[9]

6 § 6 n.F. ist nicht so zu verstehen, dass der AN grds. alle denkbaren Unwirksamkeitsgründe innerhalb der Klagefrist geltend machen müsste. Die **sprachlich missglückte Neufassung** der Vorschrift[10] könnte diese Auslegung wohl tragen; jedoch finden sich in den Gesetzesmaterialien hierfür keine Anhaltspunkte. Im Gegenteil werden dort für die einheitliche Klagefrist **Klarheits- und Praktikabilitätsgründe** besonders hervorgehoben.[11] Die Notwendigkeit, bei Erhebung der Künd-Schutzklage alle auch nur entfernt denkbaren Unwirksamkeitsgründe anzuführen und damit aus rein formalen, durch die Interessen beider Parteien nicht zu erklärenden Gründen ein „Klagemonstrum"[12] zu produzieren, stünde dazu in krassem Gegensatz. Dem Regelungszweck, den – häufig rechtsunkundigen – AN vor einem unnötigen Verlust seines Künd-Schutzes aus formalen Gründen zu schützen, dient auch die neue Fassung der Vorschrift.[13]

7 **2. Anderer Klagegrund; Beispiele.** Die Vorschrift erfordert eine **großzügige Auslegung**; die für die frühere Rechtslage von Rspr. und Schrifttum entwickelten Fälle der verlängerten Anrufungsfrist gelten fort.[14] Ohne Belang ist grds., welche Unwirksamkeitsgründe innerhalb der Klagefrist und welche danach geltend gemacht werden, solange sich der AN innerhalb der Drei-Wochen-Frist im Klagewege auf die Unwirksamkeit einer bestimmten Künd beruft. Im Folgenden werden beispielhaft Klagegründe genannt, deren Geltendmachung innerhalb der Drei-Wochen-Frist die verlängerte Anrufungsfrist bezüglich weiterer Unwirksamkeitsgründe auslöst.

8 **a) Besonderer Kündigungsschutz.** Wird zunächst nur besonderer Künd-Schutz, etwa bei Schwerbehinderung, Schwangerschaft, BR-Mitgliedschaft etc. geltend gemacht, ist es unproblematisch, den Klagegrund später auf die Sozialwidrigkeit auszudehnen. Gleiches gilt bei Einwendungen gegen die Wirksamkeit der Erklärung nach bürgerlichem Recht (Vertretungs- oder Willensmängel), fehlende oder fehlerhafte BR-Anhörung etc.[15] Auch die Geltend-

---

2 *Bader/Bram/Dörner*, § 6 Rn 8.
3 BAG 23.4.2008 – 2 AZR 699/06 – NZA-RR 2008, 466; 13.8.1987 – 2 AZR 599/86 – NJW 1988, 581.
4 BT-Drucks 15/1204, S. 13.
5 *ErfK/Kiel*, § 6 KSchG Rn 2.
6 *Bader/Bram/Dörner*, § 6 Rn 9.
7 *Bender/Schmidt*, NZA 2004, 358.
8 BAG 9.11.1967 – 2 AZR 435/66 – BB 1968, 293.
9 *ErfK/Kiel*, § 6 KSchG Rn 1; *KR/Friedrich*, § 6 KSchG Rn 29.

10 BAG 23.4.2008 – 2 AZR 699/06 – NZA-RR 2008, 466; *Bader/Bram/Dörner*, § 6 Rn 14; *Bender/Schmidt*, NZA 2004, 358; *Quecke*, RdA 2004, 86.
11 BT-Drucks 15/1204, S. 13.
12 *Bender/Schmidt*, NZA 2004, 358.
13 BAG 23.4.2008 – 2 AZR 699/06 – NZA-RR 2008, 466.
14 BAG 23.4.2008 – 2 AZR 699/06 – NZA-RR 2008, 466; *Bader/Bram/Dörner*, § 6 Rn 14; *ErfK/Kiel*, § 6 KSchG Rn 4; *KDZ/Zwanziger*, § 6 KSchG Rn 5 ff.
15 *Bader/Bram/Dörner*, § 6 Rn 28.

machung der – tariflichen oder vertraglichen – „Unkündbarkeit" (Ausschluss der ordentlichen Künd) muss innerhalb der Drei-Wochen-Frist geschehen und ermöglicht das Nachschieben anderer Unwirksamkeitsgründe gem. § 6.[16]

b) Änderungsschutzklage. Betrifft die Klage zunächst nur die Änderung der Arbeitsbedingungen im Zusammenhang mit einem unter dem Vorbehalt der sozialen Rechtfertigung angenommenen Änderungsangebot durch Änderungs-Künd (vgl. § 4 Rn 52 f.), so kann der AN bis zum Schluss der mündlichen Verhandlung erster Instanz auf die Künd-Schutzklage in der Form der „Beendigungsschutzklage" übergehen. Das BAG begründet dies mit einer analogen Anwendung des § 6, die aufgrund eines Redaktionsversehens des Gesetzgebers erforderlich sei.[17] Schutzwürdige AG-Interessen würden hierdurch nicht verletzt, denn bei der Änderungsschutzklage müsse der AG stets damit rechnen, dass der AN das Änderungsangebot ablehne und sich gegen die Künd insgesamt zur Wehr setze.[18] Diese Grundsätze gelten auch nach Inkrafttreten des Gesetzes zu Reformen am Arbeitsmarkt.[19]

c) Leistungsklage. Auch die Erhebung einer Leistungsklage innerhalb **der Drei-Wochen-Frist** eröffnet u.U. die Möglichkeit, später **auf den Künd-Schutzantrag überzugehen**. Voraussetzung ist jedoch, dass sich das Begehren auf die Zeit nach Ablauf der Künd-Frist[20] (bei fristloser Künd: nach deren Zugang) bezieht. Inhalt der Leistungsklage kann die Zahlung des Arbeitsentgelts[21] oder der Anspruch auf Beschäftigung[22] sein. Entscheidend ist, dass Ansprüche geltend gemacht werden, deren Bestehen die Unwirksamkeit der Künd voraussetzt.[23]

Diese Grundsätze behalten nach der Neufassung von § 6 ihre Gültigkeit. Zwar stellt der Gesetzeswortlaut darauf ab, dass innerhalb der Frist eine Klage erhoben wird, die sich auf die Rechtsunwirksamkeit der Künd bezieht; Sinn und Zweck ergeben aber, dass dies auch bei Leistungsklagen der Fall ist, die nur Erfolg haben können, sofern das Arbverh fortbesteht. Der AG kann erkennen, dass eine Künd vom AN als unwirksam angesehen wird, wenn Ansprüche erhoben werden, die dies voraussetzen.[24]

Dagegen genügt eine Klage auf Abfindung gem. § 113 BetrVG nicht den Anforderungen des § 6: Sie setzt gerade die Wirksamkeit der Künd voraus.[25]

d) Kündigungsfrist. aa) Fristlose Kündigung. Wird im Falle der fristlosen Künd zunächst **nur** die **Nichteinhaltung der Künd-Frist** geltend gemacht, ist zu unterscheiden:

Lässt die Klage nicht eindeutig erkennen, ob sich der Kläger auch gegen die hilfsweise ausgesprochene oder im Wege der Umdeutung in Betracht kommende ordentliche Künd zur Wehr setzen will, ist eine Nachholung i.S.v. § 6 möglich.[26]

Stellt der AN dagegen von vornherein klar, dass er die ordentliche Künd hinnehmen und sich nur gegen die fristlose Künd wehren will, ist es ihm nach Ablauf der Drei-Wochen-Frist verwehrt, noch die Unwirksamkeit der ordentlichen Künd geltend zu machen.[27]

bb) Nichteinhaltung der Kündigungsfrist. Umstr. ist, ob der AN nach Fristablauf die **Künd insg.** angreifen kann, wenn er **zunächst nur die Einhaltung der Künd-Frist** gerügt hat. Früher wurde diese Frage verneint.[28] Der AG kann jedoch auch in solchen Fällen erkennen, dass der AN die Künd, so wie sie ausgesprochen wurde, nicht gegen sich gelten lassen will. Daher ist mit der überwiegenden Auff. im Schrifttum anzuerkennen, dass der AN auch dann auf den Künd-Schutzantrag übergehen kann, wenn er zunächst nur die Fristeinhaltung rügt. Dies gilt auch nach Inkrafttreten des Gesetzes zu Reformen am Arbeitsmarkt.[29]

II. Rechtsfolge: Verlängerte Anrufungsfrist

Die Verlängerung der Anrufungsfrist greift nur **bis zum Schluss der mündlichen Verhandlung erster Instanz**. Der AN muss bis zu diesem Zeitpunkt seinen Klageantrag auf den punktuellen Künd-Schutzantrag des § 4 S. 1 umstellen. Zum Inhalt des Antrags s. Rn § 4 Rn 50. Knüpft der Antrag an ein Eilverfahren an, so kann und muss der Künd-

---

16 *Bader/Bram/Dörner*, § 6 Rn 29.
17 BAG 23.3.1983 – 7 AZR 157/81 – BAGE 42, 142 = EzA § 6 KSchG Nr. 1.
18 BAG 23.3.1983 – 7 AZR 157/81 – BAGE 42, 142 = EzA § 6 KSchG Nr. 1.
19 *Bader/Bram/Dörner*, § 6 Rn 33; KR/*Friedrich*, § 6 KSchG Rn 29b.
20 *Bader/Bram/Dörner*, § 6 Rn 36.
21 BAG 23.4.2008 – 2 AZR 699/06 – NZA-RR 2008, 466.
22 BAG 23.4.2008 – 2 AZR 699/06 – NZA-RR 2008, 466; 16.4.2003 – 7 AZR 119/02 – BAGE 106, 72 = EzA § 17 TzBfG Nr. 3.
23 BAG 23.4.2008 – 2 AZR 699/06 – NZA-RR 2008, 466; 28.6.1973 – 2 AZR 378/72 – DB 1973, 2100 = EzA § 13 KSchG n.F. Nr. 1.
24 ErfK/*Kiel*, § 6 KSchG Rn 3; vgl. auch *Bader*, NZA 2004, 65.
25 *Bader/Bram/Dörner*, § 6 Rn 39; KR/*Friedrich*, § 6 KSchG Rn 29c.
26 BAG 30.11.1961 – 2 AZR 295/61 – AP § 5 KSchG Nr. 3; *Bader/Bram/Dörner*, § 6 Rn 42.
27 BAG 13.8.1987 – 2 AZR 599/86 – EzA § 140 BGB Nr. 12.
28 ArbG Hamburg 1.3.1957 – 2 Ca 76/56 – AP § 5 KSchG 1951 Nr. 2; *Günther*, DB 1976, 148.
29 *Bader/Bram/Dörner*, § 6 Rn 31; ErfK/*Kiel*, § 6 KSchG Rn 4; KR/*Friedrich*, § 6 KSchG Rn 13.

Schutzantrag vor Schluss der mündlichen Verhandlung im Eilverfahren in einer separaten Hauptsacheklage angebracht werden,[30] weil im Wege des einstweiligen Rechtsschutzes nicht Feststellung begehrt werden kann.

15 Im **Berufungsrechtszug** kommt die Antragserweiterung i.S.v. § 6 wegen des Wortlauts der Vorschrift grds. nicht in Betracht. Allerdings sind Ausnahmen zuzulassen: Beruft sich der AG erst im Berufungsrechtszug auf die Umdeutung der außerordentliche in eine ordentliche Künd, hatte der AN zuvor keine Veranlassung, eine solche anzugreifen; die Umdeutung setzt ein entsprechendes Vorbringen des AG im Prozess voraus.[31] Erfolgt dieses erst in der zweiten Instanz, ist § 6 entsprechend im Verfahren vor dem LAG anzuwenden[32] (zur weiteren Ausnahme bei unterlassenem Hinweis durch das ArbG siehe unten Rn 16 ff.).

III. Hinweispflicht des Arbeitsgerichts

16 Gem. S. 2 soll das ArbG den AN auf die Möglichkeit der verlängerten Anrufung hinweisen. Dieses „**soll**" ist als „**muss**" zu lesen.[33] Es handelt sich um eine besondere Ausprägung der Frage- und Hinweispflicht gem. § 139 ZPO.[34]

17 **1. Inhalt der Hinweispflicht.** Kündigt der AN innerhalb der Drei-Wochen-Frist nur einen allg. Feststellungsantrag an, so hat ihn das Gericht darauf hinzuweisen, dass er den sachdienlichen punktuellen Künd-Schutzantrag stellen kann und im Rahmen von S. 2 die Möglichkeit hat, weitere Unwirksamkeitsgründe geltend zu machen.

18 **2. Rechtsfolgen des fehlenden Hinweises.** Unterlässt das ArbG den gebotenen Hinweis, so liegt nach allg.M. ein **Verfahrensmangel** vor.[35] Dies rechtfertigt aber nicht, wie vor allem zu § 6 a.F. vertreten wurde,[36] die – von § 68 ArbGG im Beschleunigungsinteresse verbotene – Zurückverweisung durch das LAG an das ArbG. Eine Heilung ist innerhalb des zweitinstanzlichen Verfahrens in der Weise vorzunehmen, dass die Geltendmachung weiterer Unwirksamkeitsgründe in entsprechender Anwendung von § 6 auch noch in der zweiten Instanz möglich ist.[37]

Hat der AN die Klage nach unterlassenem Hinweis des ArbG auf § 6 zurückgenommen, kommt die **nachträgliche Zulassung** (§ 5) einer erneuten, verspäteten Künd-Schutzklage in Betracht.[38]

C. Verbindung zu anderen Rechtsgebieten

19 Auf die Norm verweisen §§ 7 und 13 Abs. 1 S. 2, Abs. 3. Dadurch wird klargestellt, dass für sämtliche Unwirksamkeitsgründe die einheitliche Klagefrist von drei Wochen gilt, aber auch stets die Möglichkeit der verlängerten Anrufungsfrist i.S.v. § 6 eröffnet ist.

D. Beraterhinweise

I. Antragsformulierung

20 Der AN braucht sich im Prozess nicht ausdrücklich auf § 6 zu berufen oder die verlängerte Anrufungsmöglichkeit geltend zu machen. Er muss jedoch bis zum Schluss der mündlichen Verhandlung erster Instanz einen **punktuellen**, d.h. auf die jeweilige Künd bezogenen **Antrag** stellen. Ob ein solcher Antrag gestellt ist, muss, wenn nicht der Wortlaut des § 4 benutzt wird – was ratsam ist – durch Auslegung ermittelt werden. Stellt der AN einen zunächst gestellten allg. Feststellungsantrag auf den punktuellen Antrag um, gilt dies nicht als Klageänderung i.S.v. § 263 ZPO, weil der Klagegrund derselbe bleibt und lediglich beschränkt wird.[39]

II. Neue Kündigung

21 Kein Fall des § 6 liegt vor, wenn der AN weitere Künd seines AG angreift. Ist nicht bereits im ersten Prozess ein allg. Feststellungsantrag („Schleppnetz") gestellt und somit die Möglichkeit der späteren Einbeziehung neuer Künd gegeben, so ist gegen jede neue Künd jeweils innerhalb der Dreiwochenfrist neue Künd-Schutzklage zu erheben. Dies kann nach Wahl des AN auch im Wege der **Klageerweiterung** geschehen, und zwar auch noch in der **Berufungsinstanz**.[40]

---

30 *Bader/Bram/Dörner*, § 6 Rn 46.
31 BAG 13.8.1987 – 2 AZR 599/86 – EzA § 140 BGB Nr. 12.
32 HaKo-KSchR/*Gallner*, § 6 KSchG Rn 6.
33 *Bader*, NZA 2004, 65; KR/*Friedrich*, § 6 KSchG Rn 31.
34 HaKo-KSchR/*Gallner*, § 6 KSchG Rn 25.
35 Z.B. KR/*Friedrich*, § 6 KSchG Rn 33.
36 BAG 30.11.1961 – 2 AZR 295/61 – AP § 5 KSchG Nr. 3; vgl. auch KR/*Friedrich*, § 6 KSchG Rn 37 f.
37 Str.; wie hier *Bader*, NZA 2004, 65; *Bader/Bram/Dörner*, § 6 Rn 66; ErfK/*Kiel*, § 6 KSchG Rn 7; HaKo-KSchR/*Gallner*, § 6 KSchG Rn 26; KR/*Friedrich*, § 6 KSchG Rn 38.
38 ErfK/*Kiel*, § 6 KSchG Rn 7; KR/*Friedrich*, § 6 KSchG Rn 39.
39 BAG 13.3.1997 – 2 AZR 512/96 – AP § 4 KSchG 1969 Nr. 38; weiterführend HaKo-KSchR/*Gallner*, § 4 KSchG Rn 52.
40 BAG 10.12.1970 – 2 AZR 82/70 – AP § 3 KSchG 1951 Nr. 40.

§ 7 Wirksamwerden der Kündigung

Wird die Rechtsunwirksamkeit einer Kündigung nicht rechtzeitig geltend gemacht (§ 4 Satz 1, §§ 5 und 6), so gilt die Kündigung als von Anfang an rechtswirksam; ein vom Arbeitnehmer nach § 2 erklärter Vorbehalt erlischt.

Literatur: *Bader*, Das Gesetz zu Reformen am Arbeitsmarkt: Neues in Kündigungsschutzgesetz und im Befristungsrecht, NZA 2004, 65; *Berkowsky*, Der doppelte Vorbehalt bei der Änderungskündigung, BB 1999, 1266; *Bitter*, Zur Kombination von Kündigungsschutzklage mit allgemeiner Feststellungsklage, DB 1997, 1407; *Boewer*, Der Streitgegenstand des Kündigungsschutzprozesses, NZA 1997, 359; *Brobowsky*, Der „doppelte Vorbehalt" bei der Änderungskündigung. Zugleich Anmerkung zum Urteil des Bundesarbeitsgerichts vom 25.5.1998 – 2 AZR 615/97, BB 1999, 1266; *Dewender*, Einbeziehung der fehlerhaft berechneten Kündigungsfrist in die Klagefrist nach § 4 Satz 1 KSchG?, DB 2005, 337; *Hohmeister*, Das Wirksamwerden einer Kündigung, ZRP 1994, 141; *Leisten*, Die Reichweite der Fiktion in den §§ 7 und 13 Abs. 2 Satz 2 KSchG, AuR 1985, 181; *Preis*, Der Kündigungsschutz außerhalb des Kündigungsschutzgesetzes, NZA 1997, 1256; *ders.*, Die „Reform" des Kündigungsschutzrechts, DB 2004, 70; *Raab*, Der erweiterte Anwendungsbereich der Klagefrist gemäß § 4 KSchG, RdA 2004, 321; *Tschöpe*, Nicht rechtzeitige Erhebung der Kündigungsschutzklage: Die Fiktionswirkung des § 7 KSchG, DB 1984, 1522; *Ulrici*, Dreiwochenfrist auch für die Klage wegen Vertretungsmängeln der Kündigung – Bedenken gegen die Neuregelung des §§ 4, 7 KSchG –, DB 2004, 250; *Wenzel*, Nochmals: Zur Kombination der Kündigungsschutzklage nach § 4 KSchG mit der allgemeinen Feststellungsklage nach § 256 Abs. 1 ZPO, DB 1997, 1869

A. Allgemeines

Die Vorschrift regelt die **Rechtsfolgen der verspäteten Klageerhebung**. Sie wurde zusammen mit § 4, auf den sie verweist, durch das Gesetz zu Reformen am Arbeitsmarkt m.W.v. 1.1.2004 neu gefasst. Seither bezieht sich § 7 nicht nur auf die Sozialwidrigkeit, sondern erfasst **alle Unwirksamkeitsgründe** (Ausnahmen siehe unten Rn 3) mit der Folge, dass Künd, gegen die nicht rechtzeitig Klage erhoben wird, als **von Anfang an rechtswirksam** gelten.

B. Regelungsgehalt

Unter „**rechtzeitig**" ist die **Einhaltung der Drei-Wochen-Frist** gem. § 4, die nachträgliche Zulassung nach § 5 bzw. die Klageerhebung innerhalb der verlängerten Anrufungsfrist gem. § 6 zu verstehen. Bei Versäumung der Fristen wird die zunächst unwirksame Künd rückwirkend geheilt.[1] Auch außerordentliche Künd in Kleinbetrieben sind erfasst, wie sich nunmehr aus § 23 Abs. 1 S. 3 ergibt.

Die Vorschrift gilt gleichermaßen für **Änderungs-Künd**, und zwar auch dann, wenn der AN das Änderungsangebot unter dem Vorbehalt der Sozialwidrigkeit annimmt (§ 2 S. 1). Dies ergibt sich aus Hs. 2. Danach erlischt der vom AN erklärte Vorbehalt, so dass das Arbverh seit Ablauf der Künd-Frist bzw. – bei außerordentlicher Änderungs-Künd – mit Zugang der Künd zu den geänderten Bedingungen fortbesteht.

Gem. § 7 wird nicht nur die Sozialwidrigkeit der Künd geheilt, sondern auch **allg. zivilrechtliche Nichtigkeits- bzw. Unwirksamkeitsgründe**, z.B. der Verstoß gegen die guten Sitten (§ 138 BGB) oder das Maßregelungsverbot (§ 612a BGB), geschlechtsbezogene Benachteiligung (§§ 7, 1 AGG), Künd wegen Betriebsübergangs (§ 613a BGB) etc. (siehe auch § 13 Rn 16 ff.)

Auch die Rücknahme der Künd-Schutzklage führt zur Wirksamkeit der Künd gem. § 7, denn sie beseitigt – ebenfalls rückwirkend, § 269 Abs. 3 S. 1 ZPO – die Wirkungen der Klage.[2]

Die Wirksamkeitsfiktion des § 7 greift **auch gegenüber Dritten**, z.B. Lohnpfändungsgläubigern oder Sozialversicherungsträgern.[3]

Gleichwohl gibt es folgende **Ausnahmen** von der Wirksamkeitsfiktion des § 7:

- Die **fehlende Schriftform** (§ 623 BGB) kann unabhängig von der Drei-Wochen-Frist geltend gemacht werden, denn § 4 S. 1, auf den § 7 verweist, stellt für den Fristbeginn auf den **Zugang der schriftlichen Künd** ab. Fehlt es an einer solchen, beginnt die Klagefrist nicht zu laufen.
- Durch die im Zuge der „Junk-Entscheidung" des EuGH[4] bislang ergangene BAG-Rspr. ist die Frage, ob die gem. §§ 17, 18 unwirksame **Massenentlassung** einen Fall des § 4 S. 1 darstellt – mit der Folge einer möglichen Heilung nach § 7 –, noch nicht abschließend geklärt (vgl. auch § 17 Rn 16 ff.). Das BAG kann es derzeit noch offen lassen, ob die unterbliebene Massenentlassungsanzeige zur Unwirksamkeit der Künd führt oder aber bloß den

---

1 KR/*Rost*, § 7 KSchG Rn 2.
2 LAG Hamm 18.12.1996 – 2 Sa 340/96 – LAGE § 269 ZPO Nr. 3.
3 KR/*Rost*, § 7 KSchG Rn 20b.
4 EuGH 27.1.2005 – Rs. C-188/03 – Junk – DB 2005, 454.

Vollzug der „Entlassung" sperrt.[5] Unbeschadet der verlängerten Anrufungsfrist gem. § 6 scheint aus Beratersicht bis zur höchstrichterlichen Klärung der Frage sicherheitshalber die rechtzeitige Geltendmachung von Mängeln des Anzeige- und Konsultationsverfahrens in der Drei-Wochen-Frist des § 4 S. 1 angezeigt.

Die Klagefrist ist dagegen auch einzuhalten, wenn die Künd durch einen nicht oder beschränkt Geschäftsfähigen erklärt wurde oder Vertretungsmängel vorliegen[6] (siehe auch § 13 Rn 20 f.).

C. Verbindung zu anderen Rechtsgebieten

4 Die Norm **ergänzt §§ 4 bis 6**, indem sie die Folgen der nicht rechtzeitigen Klageerhebung regelt.[7] Die Nichterwähnung von § 4 S. 4 beruht auf einem Redaktionsversehen.[8] Nach § 13 Abs. 1 S. 2 findet § 7 auch auf schriftliche außerordentliche Künd Anwendung.

D. Beraterhinweise

5 Auf die **Gründe**, die der Künd zugrunde lagen, erstreckt sich die Fiktion nicht. Daher bleibt es dem AN unbenommen, in einem späteren **Schadensersatz- oder Vertragsstrafenprozess** geltend zu machen, die als Künd-Grund angegebene Schädigung des AG oder ein **Verschulden** daran habe nicht vorgelegen.[9]

Dagegen kann sich der AN in einem **späteren Entgeltprozess** nicht mehr darauf berufen, die zuvor erfolglos angegriffene Künd habe das Arbverh nicht beendet. Der AG seinerseits ist im Folgeprozess aus Gründen der Verwirkung mit dem Einwand ausgeschlossen, es habe in Wahrheit nie ein Arbverh bestanden. Dies muss bereits im Künd-Schutzprozess geltend gemacht werden.[10]

§ 8   Wiederherstellung der früheren Arbeitsbedingungen

Stellt das Gericht im Falle des § 2 fest, daß die Änderung der Arbeitsbedingungen sozial ungerechtfertigt ist, so gilt die Änderungskündigung als von Anfang an rechtsunwirksam.

Literatur: vgl. die Angaben zu § 2

A. Allgemeines

1 Die Norm ergänzt § 2 auf der Rechtsfolgenseite.[1] Die Regelung bezweckt den **rückwirkenden Eintritt der Bedingung**, d.h. der AN soll so gestellt werden, als sei die Änderungs-Künd nicht erfolgt. Die Vorschrift stellt klar, dass der AN keinen Nachteil erleidet, wenn er sich unter dem Vorbehalt der fehlenden sozialen Rechtfertigung des Änderungsangebotes zunächst mit der Änderung seiner Arbeitsbedingungen einverstanden erklärt.[2] Insoweit handelt es sich um eine **Spezialregelung** gegenüber § 158 Abs. 2 BGB, wonach der frühere Zustand erst ab Eintritt der auflösenden Bedingungen herbeigeführt würde.

B. Regelungsgehalt

2 Der Wortlaut der Vorschrift ist ungenau. Nach allg.M. gilt § 8 nicht nur bei fehlender sozialer Rechtfertigung des Änderungsangebotes, sondern findet auf **alle Unwirksamkeitsgründe** Anwendung, z.B. bei fehlender BR-Anhörung vor Ausspruch der Änderungs-Künd.[3]

3 Das obsiegende Urteil bewirkt gem. § 8, dass der AN – auch für die Vergangenheit – den unveränderten Erfüllungsanspruch durchsetzen kann, soweit dies nicht durch Zeitablauf unmöglich geworden ist.[4] Praktisch bedeutsam ist dies fast ausschließlich für die Zahlung der **Entgeltdifferenz**, die z.B. durch eine Lohnreduzierung oder Arbeitszeitver-

---

5 So auch geschehen in BAG 8.11.2007 – 2 AZR 554/05 – EzA § 1 KSchG Betriebsbedingte Kündigung Nr. 156; 21.9.2006 – 2 AZR 284/06 – juris.; BAG 1.2.2007 – 2 AZR 15/06 – juris; BAG 13.7.2006 – 6 AZR 198/06 – NZA 2007, 25, 27 f., jeweils unter Hinweis auf den Vertrauensschutz der kündigenden AG in die vor „Junk" bestehende st. BAG-Rspr.; BAG 23.3.2006 – 2 AZR 343/05 – NZA 2006, 971, 972, hier auch zur Anwendung von § 6. Zur gleichgelagerten Problematik bei der Klagefrist des § 113 Abs. 2 InsO a.F. s. BAG 13.7.2006 – 6 AZR 25/06 – AP § 17 KSchG 1969 Nr. 23.

6 Zur Kritik vgl. *Ulrici*, DB 2004, 250.
7 ErfK/*Kiel*, § 7 KSchG Rn 1.
8 ErfK/*Kiel*, § 7 KSchG Rn 1.
9 BAG 23.5.1984 – 4 AZR 129/82 – AP § 339 BGB Nr. 9; *Bader/Bram/Dörner*, § 7 Rn 17.
10 ErfK/*Kiel*, § 7 KSchG Rn 1.
1 ErfK/*Kiel*, § 8 KSchG Rn 1.
2 KR/*Rost*, § 8 KSchG Rn 5.
3 HaKo-KSchR/*Pfeiffer*, § 8 KSchG Rn 3.
4 ErfK/*Kiel* § 8 KSchG Rn 2.

kürzung im Wege der Änderungs-Künd entstanden ist. Andere Veränderungen der Arbeitsbedingungen können nicht mit Wirkung für die Vergangenheit beseitigt werden, es sei denn, sie hätten für den AN bezifferbare **Mehrkosten** (z.B. Reisekosten) verursacht.[5]

Hatte der AG durch sein Änderungsangebot die **Arbeitszeit verkürzt**, bemisst sich der Anspruch des AN nach den gleichen Grundsätzen wie bei **Nichtbeschäftigung** nach einer unwirksamen Beendigungs-Künd. Es gilt also § 615 BGB; § 11 findet entsprechende Anwendung, so dass der AN sich auf den Differenzlohnanspruch anderweitigen Verdienst und öffentlich-rechtliche Leistungen anrechnen lassen muss (vgl. § 11).[6] Das für den Eintritt des Annahmeverzuges erforderliche **Angebot der Arbeitskraft** zu den früheren Bedingungen liegt regelmäßig in der Annahme des Angebots unter Vorbehalt.[7]

Auf eine außerordentliche Änderungs-Künd findet die Norm entsprechende Anwendung.[8]

C. Verbindung zum Prozessrecht

Ansprüche des AN, insb. auf Zahlung einer Entgeltdifferenz, werden erst **ab Rechtskraft** seiner erfolgreichen **Änderungsschutzklage fällig**.[9] Daher laufen Ausschluss- und Verjährungsfristen erst ab diesem Zeitpunkt.[10] Eine zuvor erhobene Zahlungsklage ist nach richtiger Auff. als zzt. unbegründet abzuweisen.[11] Solange einer höchstrichterliche Entscheidung zu dieser Frage nicht existiert, wird es sich angesichts der gegenläufigen Rspr. des Hessischen LAG[12] jedoch empfehlen, solche Ansprüche – ggf. durch Klageerweiterung im Änderungsschutzverfahren – geltend zu machen, falls der AG nicht erklärt, er werde sich auf Ausschlussfristen nicht berufen.

§ 9 Auflösung des Arbeitsverhältnisses durch Urteil des Gerichts; Abfindung des Arbeitnehmers

(1) ¹Stellt das Gericht fest, daß das Arbeitsverhältnis durch die Kündigung nicht aufgelöst ist, ist jedoch dem Arbeitnehmer die Fortsetzung des Arbeitsverhältnisses nicht zuzumuten, so hat das Gericht auf Antrag des Arbeitnehmers das Arbeitsverhältnis aufzulösen und den Arbeitgeber zur Zahlung einer angemessenen Abfindung zu verurteilen. ²Die gleiche Entscheidung hat das Gericht auf Antrag des Arbeitgebers zu treffen, wenn Gründe vorliegen, die eine den Betriebszwecken dienliche weitere Zusammenarbeit zwischen Arbeitgeber und Arbeitnehmer nicht erwarten lassen. ³Arbeitnehmer und Arbeitgeber können den Antrag auf Auflösung des Arbeitsverhältnisses bis zum Schluß der letzten mündlichen Verhandlung in der Berufungsinstanz stellen.

(2) Das Gericht hat für die Auflösung des Arbeitsverhältnisses den Zeitpunkt festzusetzen, an dem es bei sozial gerechtfertigter Kündigung geendet hätte.

Literatur: *Bauer*, Rechtliche und taktische Erwägungen zum Auflösungsantrag, DB 1985, 1180; *ders.*, Die Auflösung des Arbeitsverhältnisses durch Urteil, in: FS Hanau, 1999, S. 151; *ders.*, Ein Vorschlag für ein modernes und soziales Kündigungsschutzrecht, NZA 2002, 529; *Bauer/Hahn*, Der Auflösungsantrag in zweiter Instanz, DB 1990, 2471; *Bauer/Krets*, Auflösungsantrag im Rahmen einer Kündigungsschutzklage, DB 2002, 1937; *Birk*, Die Abfindung im internationalen Arbeitsrecht, EuZA 2008, 297; *Boewer*, Ausgewählte Aspekte des Kündigungsschutzprozesses, RdA 2001, 380; *Boemke/Danko*, Vererblichkeit von Abfindungen, DB 2006, 2461; *Brinkmann*, Der Streitwert bei Kündigungen, JurBüro 2005, 119; *Buchner*, Notwendigkeit und Möglichkeiten einer Deregulierung des Kündigungsschutzrechts, NZA 2002, 533; *Fischer*, Die Rücknahme der Arbeitgeberkündigung vor und im Kündigungsschutzprozess – rechtliche und taktische Überlegungen, NZA 1999, 459; *A.C. Gravenhorst*, Der Auflösungsantrag des Arbeitgebers gem. § 9 KSchG, NZA-RR 2007, 57; *Hergenröder/von Wickede*, Die Rechtsprechung zur Kündigung mit Abfindungsangebot (§ 1a KSchG), RdA 2008, 364; *Hertzfeld*, Auflösungsantrag bei Unwirksamkeit der Kündigung aus „anderen Gründen als den in § 1 und III KSchG bezeichneten Gründen", NZA 2004, 298; *S. Holthausen/J. Holthausen*, Der Auflösungsantrag nach §§ 9, 14 KSchG – Taktisches Gestaltungsmittel des Arbeitgebers im Kündigungsschutzprozess, NZA-RR 2007, 449; *Hromadka*, Entwurf für ein neues, modernes Kündigungsschutzrecht, NZA 2002, 783; *Hümmerich*, Die arbeitsgerichtliche Abfindung, NZA 1999, 342; *Kaiser*, Bestands- und Abfindungsschutz durch Betriebszugehörigkeit, in: FS Konzen, 2006, S. 381; *Kessler*, Der Auflösungsantrag nach § 9 KSchG im Spiegel der Judikatur, NZA-RR 2002, 1; *Leisten*, Der beiderseitige Auflösungsantrag im Kündigungsschutzprozess, BB 1994, 2138; *Lilienfeld/Spellbrink*, Sperrzeitrechtliche Neubewertung des Abwicklungsvertrages, RdA 2005, 88; *Lingemann/Beck*, Wiederholungskündigung und Wiederholungsauflösungsantrag, NZA-RR 2007, 225; *Lunk*, Auflösungsantrag (§ 9 KSchG) und Betriebsratsanhörung, NZA 2000, 807; *Müller*, Der Auflösungsantrag des Arbeitgebers § 9 I 2 KSchG, Dissertation 2004; *ders.*,

---

5 APS/*Künzl*, § 21 Rn 11; KR/*Rost*, § 8 KSchG Rn 12.
6 KR/*Rost*, § 8 KSchG Rn 11; a.A. HaKo-KSchR/*Pfeiffer*, § 8 KSchG Rn 4 (§ 159 BGB).
7 KR/*Rost*, § 8 KSchG Rn 11.
8 ErfK/*Kiel*, § 8 KSchG Rn 1 HaKo-KSchR/*Pfeiffer*, § 8 KSchG Rn 6; KR/*Rost*, § 8 KSchG Rn 14.

9 Thüringer LAG 18.12.1996 – 7 Ta 43/96 – LAGE KSchG § 2 Nr. 21; HaKo-KSchR/*Pfeiffer*, § 8 KSchG Rn 5; KR/*Rost*, § 8 KSchG Rn 13.
10 A.A. Hessisches LAG 9.2.1989 – 3 Sa 745/88 – Fundstelle n.v.
11 KR/*Rost*, § 8 KSchG Rn 13.
12 Hessisches LAG 9.2.1989 – 3 Sa 745/88 – Fundstelle n.v.

Betriebsratsanhörung bei einem Auflösungsantrag nach § 9 Abs. 1 Satz 2 KSchG, BB 2002, 2014; *ders.*, Änderungskündigung und Auflösungsantrag nach § 9 Abs. 1 Satz 2 KSchG, DB 2002, 2597; *ders.*, Auflösungsantrag des Arbeitgebers und Weiterbeschäftigungsanspruch des Arbeitnehmers im Lichte der Rechtsprechung, BB 2004, 1849; *ders.*, Die Rechtsprechung zum Auflösungsantrag des Arbeitgebers (§ 9 I 2 KSchG) in den Jahren 2003–2008, NZA-RR 2009, 289; *Nägele*, Auflösungsantrag bei besonderem Kündigungsschutz, ArbRB 2005, 143; *Schwerdtner*, Die Auflösung des Arbeitsverhältnisses nach §§ 9, 10, 13 Abs. 1 Satz 3 KSchG, in: FS 50 Jahre Deutsches Anwaltsinstitut, 2003, S. 247; *Tschöpe*, Der arbeitgeberseitige Auflösungsantrag im Kündigungsschutzprozess – offene Fragen, in: FS Schwerdtner, 2003, S. 217

A. Allgemeines 1	1. Die Abweisung des Auflösungsantrags 44
B. Regelungsgehalt 5	2. Die stattgebende Auflösungsentscheidung ... 46
I. Allgemeine Voraussetzungen für die Auflösung eines Arbeitsverhältnisses 5	a) Gestaltungsurteil 46
1. Anhängiger Kündigungsschutzprozess 6	b) Festlegung des Auflösungszeitpunktes ... 48
2. Das Antragserfordernis 10	c) Die Kosten und der Streitwert des Rechtsstreits 52
a) Rechtsnatur des Auflösungsantrags 10	d) Rechtsmittel 56
b) Formulierung des Antrags 12	C. Verbindung zu anderen Rechtsgebieten 60
c) Zeitpunkt des Auflösungsantrags 14	I. Abfindung aufgrund einer Vereinbarung 60
3. Sozialwidrigkeit der Kündigung 16	II. Konkurrenz zu anderen Abfindungsregeln 63
4. Bestand des Arbeitsverhältnisses zum Auflösungszeitpunkt 23	III. Sozialrechtliche Auswirkungen des Auflösungsantrags 65
II. Besondere Voraussetzungen für die Auflösung des Arbeitsverhältnisses – die Auflösungsgründe 25	D. Beraterhinweise 66
1. Auflösungsantrag des Arbeitnehmers 26	I. Darlegungs- und Beweislast 66
2. Auflösungsantrag des Arbeitgebers 32	II. Antragsformulierungen 70
3. Der beiderseitige Auflösungsantrag 43	III. „Schriftsatzattacken" 71
III. Das Auflösungsurteil und die möglichen Rechtsmittel 44	IV. Auflösungsantrag und Weiterbeschäftigungsantrag 72
	V. Auflösungsantrag und Annahmeverzug 73

A. Allgemeines

1 Die §§ 9, 10 enthalten neben § 1a und den §§ 112, 113 BetrVG die einzigen arbeitsgesetzlichen Regelungen über Abfindungen. Können sich die Arbeitsvertragsparteien nicht über die Beendigung ihres Arbverh und die Zahlung einer Abfindung privatautonom durch Abschluss eines Aufhebungs- oder Abwicklungsvertrages verständigen, kann der AN grds. – außer in den Fällen der §§ 112, 113 BetrVG – gegen den Willen des AG eine Abfindung nur durchsetzen, wenn er im Rahmen eines Künd-Schutzprozesses gegen die vom AG erklärte Künd einen begründeten Auflösungsantrag nach § 9 stellt. Auch der AG kann das Arbverh im Falle einer (sozialwidrigen) Künd grds. nicht gegen den Willen des AN beenden, selbst wenn er bereit ist, hierfür eine Kompensation zu leisten. Anders als in früheren kündigungsschutzrechtlichen Regelungen (§ 87 Abs. 2 BRG,[1] § 56 Abs. 1 AOG)[2] räumt das KSchG dem AG beim Fehlen eines Künd-Grundes kein Wahlrecht ein, ob er den AN weiterbeschäftigen oder das Arbverh gegen Zahlung einer Abfindung auflösen will.[3] Das derzeitige KSchG ist **nicht** als ein **Abfindungsgesetz** konzipiert, sondern als ein **Bestandsschutzgesetz** ausgestaltet.[4] Daran hat auch die Einführung des § 1a nichts geändert. Erweist sich eine vom AG ausgesprochene Künd nicht als rechtswirksam, so besteht das Arbverh fort und der AN ist weiterzubeschäftigen.

2 § 9 **durchbricht** den durch das KSchG vermittelten Bestandsschutzgrundsatz.[5] Das Arbverh kann auf Antrag einer der beiden Arbeitsvertragsparteien bei Vorliegen bestimmter Gründe **ausnahmsweise aufgelöst** werden, obwohl die Künd nicht gerechtfertigt ist.[6] Der Ausnahmecharakter der Abfindungslösung ist für das Verständnis und die Auslegung des § 9 von zentraler Bedeutung[7] und vom BVerfG deutlich herausgestrichen worden.[8]

---

1 Betriebsrätegesetz vom 4.2.1920, RGBl I S. 147.
2 Gesetz zur Ordnung der nationalen Arbeit vom 20.1.1934, RGBl I S. 45.
3 KR/*Spilger*, § 9 KSchG Rn 8; v. *Hoyningen-Huene/Linck*, § 9 Rn 4 ff.; zur Diskussion um die Neuorientierung des KSchG und einer gesetzlichen Einführung einer „Abfindungslösung": *Bauer*, NZA 2002, 533; *Buchner*, NZA 2002, 535; *Hromadka*, NZA 2002, 783; zum internationalen Vergleich: *Birk*, EuZA 2008, 297 ff.
4 BVerfG 22.10.2004 – 1 BvR 1944/01 – AP § 9 KSchG 1969 Nr. 49; BAG 30.9.1976 – 2 AZR 402/75 – BAGE 28, 196; 7.3.2002 – 2 AZR 158/01 – AP § 9 KSchG 1969 Nr. 42; 2.6.2005 – 2 AZR 234/04 – AP § 9 KSchG 1969 Nr. 51; 23.6.2005 – 2 AZR 256/04 – AP § 9 KSchG 1969 Nr. 52; 12.1.2006 – 2 AZR 21/05 – AP § 1 KSchG 1969 Verhaltensbedingte Kündigung Nr. 53; 10.7.2008 –

2 AZR 1111/06 – NZA 2009,312; 23.10.2008 – 2 AZR 483/07 – NJW 2009,1897,1901.
5 BAG 7.3.2002 – 2 AZR 158/01 – AP § 9 KSchG 1969 Nr. 42; BAG 2.6.2005 – 2 AZR 234/04 – AP § 9 KSchG Nr. 51; 23.6.2005 – 2 AZR 256/04 – AP § 9 KSchG 1969 § 9 Nr. 52; 10.7.2008 – 2 AZR 1111/06 – NZA 2009, 312; 23.10.2008 – 2 AZR 483/07 – NJW 2009,1897,1901; KR/*Spilger*, § 9 KSchG Rn 9; ErfK/*Kiel*, § 9 KSchG Rn 1; *Stahlhacke/Preis/Vossen*, Rn 1960.
6 So schon: BegrRE vom 23.1.1951 zu § 7 KSchG, RdA 1951, 58, 64.
7 *Keßler*, NZA-RR 2002, 1, 2; kritisch zur Charakterisierung als Ausnahmevorschrift: *Müller*: der Auflösungsantrag, S. 7 f.
8 BVerfG 22.10.2004 – 1 BvR 1944/01 – AP § 9 KSchG 1969 Nr. 49; 15.12.2008 – 1 BvR 347/08 – juris.

Die Bestimmung dient dem Ausgleich der gegenläufigen Interessen der Vertragsparteien eines **zerrütteten Arbverh**.[9] Nach den Gesetzesmotiven soll ihnen die Möglichkeit eröffnet werden, ein Arbverh auflösen zu können, wenn die für eine weitere Zusammenarbeit notwendige Vertrauensgrundlage weggefallen ist.[10] Nach Auff. des Gesetzgebers kann es zu einer solchen Situation vor allem aufgrund eines Künd-Schutzprozesses und den daraus resultierenden zusätzlichen Spannungen zwischen den Arbeitsvertragsparteien kommen.[11] Dementsprechend ist der Prüfungsmaßstab für einen Auflösungsantrag ein anderer als der bei einer (ordentlichen) Künd. Während für die Rechtswirksamkeit einer Künd eine rückschauende Betrachtung der vorgetragenen Künd-Gründe maßgeblich ist, orientiert sich die Prüfung des Auflösungsantrags ausschließlich an der zukünftigen Gestaltung der Rechtsbeziehungen zwischen den Arbeitsvertragsparteien. Der Auflösungsantrag ist trotz seiner gesetzlich angeordneten Rückwirkung auf den Künd-Zeitpunkt **zukunftsgerichtet**.[12] Im Zeitpunkt der Entscheidung über den Auflösungsantrag muss das Gericht prüfen, ob aufgrund des Verhaltens des AN bzw. des AG in der Vergangenheit oder Gegenwart mit einer den Betriebszwecken dienenden weiteren Zusammenarbeit der Parteien zukünftig nicht mehr zu rechnen bzw. die Fortsetzung des Arbverh dem AN zukünftig nicht mehr zumutbar ist.

Als Ausgleich für den zu Unrecht verlorenen Arbeitsplatz sieht die gesetzliche Regelung einen Abfindungsanspruch vor.[13] Der Abfindungsanspruch hat **Entschädigungsfunktion**.[14] Mit der Abfindung sollen alle unmittelbar mit dem unberechtigten Verlust des Arbeitsplatzes verbundenen vermögensrechtlichen und immateriellen (wie bspw. Abschied von Kollegen und der vertrauten Umgebung, Unbequemlichkeiten und Eingewöhnungsschwierigkeiten am neuen Arbeitsplatz, ein möglicher Wohnungswechsel) Nachteile des AN ausgeglichen werden.

Das BVerfG hat die Regelung des § 9 als **verfassungskonform** angesehen.[15]

B. Regelungsgehalt

I. Allgemeine Voraussetzungen für die Auflösung eines Arbeitsverhältnisses

Eine gerichtliche Auflösung des Arbverh ist auf **Antrag** einer der beiden Parteien des Arbeitsvertrages nur möglich, wenn sich der AN im Rahmen eines **Künd-Schutzprozesses** gegen die **Sozialwidrigkeit** einer Künd gewandt hat. Für die Unwirksamkeit einer außerordentlichen Künd (§ 13 Abs. 1 S. 3 und 4) und einer sittenwidrigen Künd (§ 13 Abs. 2) gilt Vergleichbares. Ohne eine Künd des AG kann der AN nicht von sich aus die Auflösung des Arbverh gegen Zahlung einer Abfindung verlangen. Fehlt es an einer Künd durch den AG oder hat der AN keinen Künd-Schutzprozess gegen eine Künd des AG geführt, ist der Auflösungsantrag des AN unzulässig.[16]

1. Anhängiger Kündigungsschutzprozess. Ein Abfindungsanspruch nach § 9 kann nur im Rahmen eines anhängigen **Künd-Schutzprozess** entstehen.

Der AN muss, um eine Abfindung nach § 9 erzielen zu können, auch dann fristgemäß Künd-Schutzklage erheben und die ausgesprochene Künd vor dem ArbG angreifen, wenn er die vom AG erklärte Künd an sich akzeptieren würde. Die Auflösung des Arbverh kann nicht isoliert vom Künd-Schutzantrag beantragt werden. Sie setzt die Feststellung der Sozialwidrigkeit einer Künd voraus. Stellt der AN nur einen isolierten Auflösungsantrag nach § 9 ohne einen entsprechenden Feststellungsantrag nach § 4, ist der Auflösungsantrag unzulässig.[17]

Allerdings ist der Auflösungsantrag – wie jeder Prozessantrag – **auslegungsfähig**.[18] Im Antrag auf Zahlung einer Abfindung wird regelmäßig zugleich der Antrag auf Feststellung der Unwirksamkeit der Künd mit enthalten sein.

Nimmt der AG während des Künd-Schutzprozesses seine Künd zurück und bietet dem AN damit die Fortsetzung des Arbverh an, kann der AN weiterhin die Auflösung seines Arbverh nach § 9 verfolgen, in dem er das Weiterbeschäf-

---

9 BVerfG 22.10.2004 – 1 BvR 1944/01 – AP § 9 KSchG 1969 Nr. 49; 15.12.2008 – 1 BvR 347/08 – juris.
10 RegEntw, RdA 1951, 61, 64.
11 BAG 25.11.1982 – 2 AZR 21/81 – AP § 9 KSchG 1969 Nr. 10; 10.10.2002 – 2 AZR 240/01 – AP § 9 KSchG 1969 Nr. 45; 2.6.2005 – 2 AZR 234/04 – AP § 9 KSchG 1969 Nr. 51; 23.6.2005 – 2 AZR 256/04 – AP § 9 KSchG 1969 Nr. 52.
12 BVerfG 22.10.2004 – 1 BvR 1944/01 – AP § 9 KSchG 1969 Nr. 49; BAG 2.6.2005 – 2 AZR 234/04 – AP § 9 KSchG 1969 Nr. 51; 23.6.2005 – 2 AZR 256/04 – AP § 9 KSchG 1969 Nr. 52 10.7.2008 – 2 AZR 1111/06 – NZA 2009,312.
13 BVerfG 12.5.1976 – 1 BvL 31/73 – AP § 117 AFG Nr. 1; HWK/*Thies*, § 9 Rn 2;ErfK/*Kiel*, § 9 KSchG Rn 1; APS/*Biebl*, § 9 KSchG Rn 2.
14 BAG 25.6.1987 – 2 AZR 504/68 – NZA 1988, 466; HaKo-KSchR/*Fiebig*, § 9 KSchG Rn 5; *Kaiser*, in FS: Konzen, S. 381, 402 f.
15 BVerfG 29.1.1990 – 1 BvR 42/82 – EzA § 9 KSchG n.F. Nr. 36; 22.10.2004 – 1 BvR 1944/01 – AP § 9 KSchG 1969 Nr. 49; s.a. BAG 16.5.1984 – 7 AZR 280/82 – AP § 9 KSchG 1969 Nr. 12;APS/*Biebl*, § 9 KSchG Rn 3 m.w.H.; *Stahlhacke/Preis/Vossen*, Rn 1961.
16 BAG 29.5.1959 – 2 AZR 450/58 – AP § 3 KSchG Nr. 19.
17 BAG 29.5.1959 – 2 AZR 450/58 – AP § 3 KSchG Nr. 19; *v. Hoyningen-Huene/Linck*, § 9 Rn 11; ErfK/*Kiel*, § 9 KSchG Rn 1, APS-*Biebl*, § 9 KSchG Rn 5.
18 BAG 13.12.1956 – 2 AZR 353/54– AP § 7 KSchG Nr. 5; HaKo-KSchR/*Fiebig*, § 9 KSchG Rn 14.

tigungsangebot des AG, das in der Rücknahme der Künd-Erklärung steckt, durch das Stellen des Auflösungsantrags nicht annimmt.[19]

10 **2. Das Antragserfordernis. a) Rechtsnatur des Auflösungsantrags.** Der Auflösungsantrag ist ein eigenständiges prozessuales Institut des Künd-Schutzrechts.[20]

Die Auflösung des Arbverh gegen Zahlung einer Abfindung setzt den Antrag einer der beiden Arbeitsvertragsparteien voraus. Das Arbverh kann nicht **von Amts wegen** gerichtlich aufgelöst werden.[21]

Der Auflösungsantrag darf auch nicht nur angekündigt, sondern muss ausdrücklich gestellt worden sein.[22]

11 Der Auflösungsantrag ist ein selbstständiger Antrag im Rahmen des Künd-Schutzprozesses. Der Auflösungsantrag des **AN** ist ein sog. unechter Eventual- bzw. Hilfsantrag neben dem Feststellungsantrag. Eine Entscheidung über den Antrag erfolgt nur, wenn der Hauptantrag des AN erfolgreich ist.[23] Der Auflösungsantrag des **AG** ist hingegen ein echter Eventual- bzw. Hilfsantrag. Er wird nur für den Fall gestellt, dass der Klageabweisungsantrag des AG keinen Erfolg hat.[24] Besteht ein einheitliches Arbverh eines AN mit mehreren AG, können die AG ihr Antragsrecht nur gemeinsam ausüben. Allerdings reicht ein Auflösungsgrund, der für oder gegen einen der AG vorliegt, aus.[25]

12 **b) Formulierung des Antrags.** Für den Auflösungsantrag gelten die allg. Prozessvoraussetzungen. Eine bestimmte **Antragsformulierung** für die Auflösung des Arbverh schreibt das KSchG nicht vor.[26]

13 Die Höhe der Abfindung braucht nicht beziffert zu werden. Das ArbG hat von Amts wegen über die Höhe der Abfindung zu entscheiden.[27] Eine Bezifferung der Abfindung – insb. als Mindestbetrag – ist aber möglich. Ob sie auch sinnvoll ist, richtet sich nach dem von den Parteien zu beurteilenden (Kosten-)Risiko. Löst das ArbG das Arbverh gegen Zahlung einer Abfindung auf, so kann der AN das Urteil mangels Beschwer grds. nicht in der Berufung überprüfen lassen, wenn er die Abfindungshöhe für zu niedrig hält und zuvor keinen Mindestbetrag angegeben hat.[28] Andererseits weist das ArbG ggf. die Klage teilweise ab, wenn es die Abfindungshöhe unter dem beantragten Mindestbetrag festsetzt.

14 **c) Zeitpunkt des Auflösungsantrags.** Der Auflösungsantrag kann bis zum Schluss der mündlichen Verhandlung in der **Berufungsinstanz** gestellt werden (§ 9 Abs. 1 S. 3). Die bloße Ankündigung eines Auflösungsantrags in einem Schriftsatz ist nicht ausreichend. Der Auflösungsantrag muss ausdrücklich gestellt werden.[29] Wird er in der zweiten Instanz gestellt, bedarf er keiner Zulassung als Klageänderung[30] und kann auch nicht gem. § 67 ArbGG zurückgewiesen werden.[31] Da die Gründe für eine Auflösung des Arbverh oft erst im Laufe des Künd-Rechtsstreits entstehen, soll es jeder Arbeitsvertragspartei freistehen, eigenständig und ohne eine prozessuale Mitwirkungshandlung des Prozessgegners oder des Gerichts, eine Auflösungsentscheidung herbeiführen zu können.[32] In der Revisionsinstanz kann der Antrag nicht mehr gestellt werden.[33]

15 Der Auflösungsantrag kann bis zum Schluss der letzten mündlichen Verhandlung in der Berufungsinstanz **zurückgenommen** werden.[34] Die Rücknahme des Auflösungsantrages durch den AN bedarf nicht der Zustimmung des AG.[35] Dies gilt selbst dann, wenn ihm das ArbG in 1. Instanz stattgegeben hat. Die Gestaltungswirkung des Auflösungsantrages tritt erst mit Rechtskraft ein.[36] Wenn auch der Auflösungsantrag einen eigenen Streitgegenstand bil-

---

19 BAG 29.1.1981 – 2 AZR 1055/78 – AP § 9 KSchG 1969 Nr. 6; 19.8.1982 – 2 AZR 230/80 – AP § 9 KSchG 1969 Nr. 9; 16.3.2000 – 2 AZR 75/99 – AP § 102 BetrVG 1972 Nr. 114; Fischer, NZA 1999, 459, 461 f.
20 BAG 26.10.1979 – 7 AZR 752/77 – AP § 9 KSchG 1969 Nr. 5; *Stahlhacke/Preis/Vossen*, Rn 1959 m.w.H.; *Bauer*, in: FS Hanau, S. 151, 159.
21 BAG 28.1.1961 – 2 AZR 482/59 – AP § 7 KSchG Nr. 8; *v. Hoyningen-Huene/Linck*, § 9 KSchG Rn 23; ErfK/*Kiel*, § 9 KSchG Rn 6; *Bauer*, DB 1985, 1180.
22 BAG 28.8.2008 – 2 AZR 63/07 – juris.
23 BAG 23.6.1993 – 2 AZR 56/93 – AP § 9 KSchG 1969 Nr. 23; APS/*Biebl*, § 9 KSchG Rn 19; KR/*Spilger*, § 9 KSchG Rn 16.
24 BAG 25.10.1989 – 2 AZR 633/88 – AP § 611 BGB Direktionsrecht Nr. 36; 20.3.1997 – 8 AZR 769/95 – AP KSchG § 9 1969 Nr. 30; KR/*Spilger*, § 9 KSchG Rn 17.
25 BAG 27.3.1981 – 7 AZR 523/78 – NJW 1984, 1703.
26 HWK/*Thies*, § 9 KSchG Rn 7; APS/*Biebl*, § 9 KSchG Rn 23; *Keßler*, NZA-RR 2002, 1, 3; zu möglichen Formulierungen, vgl. Rn 70.
27 BAG 26.6.1986 – 2 AZR 522/85 – AP § 10 KSchG 1969 Nr. 3.
28 KR/*Spilger*, § 9 KSchG Rn 98; LAG Köln 31.3.2005 – LAGE § 10 KSchG Nr. 5.
29 BAG 28.8.2008 – 2 AZR 63/07 – NZA 2009,275,277.
30 BAG 26.10.1979 – 7 AZR 752/77 – AP § 9 KSchG 1969 Nr. 5.
31 *v. Hoyningen-Huene/Linck*, § 9 KSchG Rn 30 und 32; ErfK/*Kiel*, § 9 KSchG Rn 7; *Bauer*, DB 1985, 1180; zur Antragstellung in der zweiten Instanz vgl. LAG Hamm 8.6.2000 – 16 Sa 2122/99 – BB 2000, 2475; *Bauer/Hahn*, DB 1990, 2471.
32 BAG 26.10.1979 – 7 AZR 752/77 – AP § 9 KSchG 1969 Nr. 5.
33 ErfK/*Kiel*, § 9 KSchG Rn 78; BAG 18.12.1980 – AP § 102 BetrVG 1972 Nr. 22; 28.8.1997 – NZA 1997, 1340.
34 BAG 28.1.1961 – 2 AZR 482/59 – AP § 7 KSchG Nr. 8; APS/*Biebl*, § 9 KSchG Rn 28; *v. Hoyningen-Huene/Linck*, § 9 Rn 35; *Bauer/Hahn*, DB 1990, 2471.
35 BAG 26.10.1979 – 7 AZR 752/77 – AP § 9 KSchG 1969 Nr. 5.
36 BAG 28.1.1961 – 2 AZR 482/59 – AP § 7 KSchG Nr. 8; *Bauer/Hahn*, DB 1990, 2471.

det, stellt dessen Rücknahme einen Anwendungsfall von § 264 Nr. 2 ZPO dar. Nach dem KSchG soll der Antragsteller entscheiden können, ob er an ihm festhalten will.[37]

3. Sozialwidrigkeit der Kündigung. Die Auflösung des Arbverh setzt eine **sozialwidrige Künd** voraus[38] (zum Begriff der Sozialwidrigkeit siehe auch § 1 Rn 175 ff.). Ist die Künd nicht sozialwidrig, sondern sozial gerechtfertigt, braucht das Arbverh nicht mehr durch das Gericht aufgelöst werden. In diesem Fall kann keine Abfindung vom Gericht festgesetzt werden.

Ob der Auflösungsantrag gestellt werden kann und begründet ist, wenn die Künd nicht nur sozial ungerechtfertigt i.S.v. § 1 Abs. 2 bzw. Abs. 3, sondern auch aus **anderen Gründen** (bspw. § 102 BetrVG, § 9 MuSchG, § 85 SGB XI) unwirksam bzw. nichtig ist, hängt davon ab, wer den Auflösungsantrag stellt. Beantragt **der AN** die Auflösung und stützt er die Unwirksamkeit der Künd **auch** auf § 1 Abs. 2, Abs. 3, so kann das Gericht das Arbverh auflösen, wenn die Künd **auch** sozial ungerechtfertigt ist.[39] Voraussetzung ist aber die vom Gericht festzustellende Sozialwidrigkeit der Künd. Ist die Künd sozial gerechtfertigt und nur aus anderen Gründen unwirksam bzw. nichtig, so kann das Gericht das Arbverh nicht auflösen.[40] Dementsprechend kann die Frage der Sozialwidrigkeit der Künd nicht dahingestellt bleiben, wenn der AN einen Auflösungsantrag gestellt hat.

Etwas anderes gilt, wenn der **AG** den Auflösungsantrag nach § 9 Abs. 1 S. 2 stellt. Für den AG ist diese Lösungsalternative eine „Vergünstigung". Sie kann deshalb nur in Betracht kommen, wenn die Künd **nur sozialwidrig** und nicht auch aus anderen Gründen unwirksam ist. Der Auflösungsantrag des AG hat deshalb **keinen Erfolg**, wenn die Künd **auch aus anderen Gründen unwirksam** ist.[41] Gegen die Zulässigkeit eines Auflösungsantrags spricht in diesen Fällen sowohl der Wortlaut des § 13 Abs. 3, nach dem auf eine Künd, die bereits aus anderen als den in § 1 Abs. 2 und 3 bezeichneten Gründen rechtsunwirksam ist, § 9 keine Anwendung findet,[42] als auch die Entstehungsgeschichte und der Sinn und Zweck der Norm.[43] Eine Ausnahme nimmt das BAG lediglich in den Fällen an, in denen die Norm, gegen die die Künd verstößt, keinen arbeitnehmerschützenden Charakter hat.[44] Ist der Betriebs- oder Personalrat nicht ordnungsgemäß zu der beabsichtigten Künd beteiligt worden[45] oder wurde das Integrationsamt zur Kündigung eines Schwerbehinderten nicht beteiligt,[46] kann der AG die Auflösung des Arbverh nicht wirksam durchsetzen.

Ob im Falle einer **Änderungs-Künd** ein Auflösungsantrag zulässigerweise gestellt werden kann, hängt von der Reaktion des AN. Nimmt der AN das Änderungsangebot nicht – auch nicht unter Vorbehalt – an, kann ein Auflösungsantrag ohne weiteres gestellt werden. In diesem Fall hat die Änderungs-Künd die Wirkung einer Beendigungs-Künd.[47] Nimmt der AN jedoch das Änderungsangebot unter Vorbehalt an, ist der Auflösungsantrag unzulässig.[48] Die Arbeitsvertragsparteien streiten nicht über die geänderten Arbeitsbedingungen, nicht aber über die Beendigung ihres Arbverh. Streitgegenstand der Änderungsschutzklage ist nicht mehr die Künd (§ 4 S. 2).[49]

Bei einer **außerordentlichen Künd** kann nach § 13 Abs. 1 S. 3 **nur** der AN den Auflösungsantrag stellen. Gleiches gilt, wenn einzelvertraglich oder tariflich das Arbverh ordentlich nicht mehr kündbar ist.[50] Wird hingegen die außer-

---

37 BAG 26.10.1979 – 7 AZR 752/77 – AP § 9 KSchG 1969 Nr. 5; APS/*Biebl*, § 9 KSchG Rn 29.
38 BAG 29.1.1981 – 2 AZR 1055/78 – AP § 9 KSchG 1969 Nr. 6; zuletzt: 28.8.2008 – 2 AZR 63/07 – juris.
39 BAG 29.1.1981 – 2 AZR 1055/78 – AP § 9 KSchG 1969 Nr. 6; 10.11.1994 – 2 AZR 207/94 – AP § 9 KSchG 1969 Nr. 24; 27.9.2001 – 2 AZR 389/00 – AP § 9 KSchG 1969 Nr. 41; *Hertzfeld*, NZA 2004, 298, 299.
40 APS/*Biebl*, § 9 KSchG Rn 9; *v. Hoyningen-Huene/Linck*, § 9 Rn 11 ff.
41 BAG 9.10.1979 – 6 AZR 1059/77 – AP § 9 KSchG 1969 Nr. 4; 10.11.1994 – 2 AZR 207/94 – AP § 9 KSchG 1969 Nr. 24; 27.9.2001 – 2 AZR 389/00 – AP § 9 KSchG 1969 Nr. 41; 10.10.2002 – 2 AZR 240/01 – AP § 9 KSchG 1969 Nr. 45; 10.2.2005 – AP § 174 BGB Nr. 18; 28.8.2008 – 2 AZR 63/07 – NZA 2009,275,277 f.; 28.5.2009 – 2 AZR 949/07 – juris; HWK/*Thies*, § 9 KSchG Rn 12; ErfK/*Kiel*, § 9 KSchG Rn 18; *Keßler*, NZA 2002, 1, 5; *Holthausen/Holthausen*, NZA-RR 2007, 449; a.A.: KR/*Spilger*, § 9 KSchG Rn 27; *Schwerdtner*, in: FS 50 Jahre DAI, S. 247, 251.
42 BAG 26.10.1979 – 7 AZR 752/77 – AP § 9 KSchG 1969 Nr. 5; a.A. *Tschöpe*, in: FS Schwerdtner S. 217, 228.
43 BAG 28.8.2008 – 2 AZR 63/07 – NZA 2009,275,278.
44 BAG 10.11.1994 – 2 AZR 207/94 – AP § 9 KSchG 1969 Nr. 24; 27.9.2001 – 2 AZR 389/00 – AP § 9 KSchG 1969 Nr. 41; a.A. *Hertzfeld*, NZA 2004, 298, 300; HaKoKSchR/*Fiebig*, § 9 KSchG Rn 31a.
45 BAG 10.11.1994 – 2 AZR 207/94 – AP § 9 KSchG 1969 Nr. 24; 27.9.2001 – 2 AZR 389/00 – AP § 9 KSchG 1969 Nr. 41; 10.11.2005 – 2 AZR 623/04 – AP § 626 BGB Nr. 196; 28.8.2008 – 2 AZR 63/07 – NZA 2009,275,278; *Holthausen/Holthausen*, NZA-RR 2007, 449.
46 BAG 28.5.2009 – 2 AZR 949/07 – juris.
47 BAG 29.1.1981 – 2 AZR 1055/78 – AP § 9 KSchG Nr. 6; HWK/*Thies*, § 9 KSchG Rn 4; APS/*Biebl*, Rn 13; *Kessler*, NZA-RR 2002, 1, 5; *Müller*, DB 2002, 2597; weitergehend *Bauer/Krets*, DB 2002, 1937.
48 LAG Rheinland-Pfalz 24.1.1986 – 6 Sa 1008/85 – DB 1986,1728; KR/*Spilger*, § 9 KSchG Rn 30; APS/*Biebl*, § 9 KSchG Rn 14; *Bauer*, in: FS Hanau S. 151, 153; *Tschöpe*, in: FS Schwerdtner, S. 217, 223 f.; *Müller*, DB 2002, 2597, 2598; a.A. *Bauer/Krets*, DB 2002, 1937 ff.
49 *V. Hoyningen-Huene/Linck*, § 9 Rn 30; *Schwerdtner*, in: FS 50 Jahre DAI, S. 247, 249.
50 BAG 28.11.2007 – 5 AZR 952/06 – EzA BGB § 626 Verdacht strafbarer Handlung Nr. 4; LAG Köln 22.6.1989 – 10 Sa 246/89 – LAGE § 9 KSchG Nr. 14; LAG Niedersachsen 10.11.1994 – 1 Sa 1132/94 – LAGE § 9 KSchG Nr. 23; *Holthausen/Holthausen*, NZA-RR 2007, 449 f.

ordentliche Künd in eine ordentliche Künd umgedeutet oder hat der AG hilfsweise das Arbverh auch ordentlich gekündigt, so kann auch der AG die Auflösung bezogen auf die ordentliche Künd beantragen.[51] Stellt der AN einen Auflösungsantrag kann er – wenn der AG hilfsweise eine ordentliche Künd erklärt hat – wählen, ob das Arbverh zum Zeitpunkt der außerordentlichen Künd oder zum Ende der Künd-Frist der ordentlichen Künd aufgelöst werden soll (siehe Rn 50).[52]

Ein **Ausbildungsverhältnis** kann gerichtlich **nicht** nach § 9 aufgelöst werden.[53]

21 Der AG kann grds. auch **keinen** Auflösungsantrag stellen, wenn er einem **BR oder PR** gekündigt hat.[54] Nach § 15 Abs. 1, Abs. 2 sind diese Funktionsträger grds. nur außerordentlich kündbar. Die Regelungen der § 15, § 103 BetrVG sind lex specialis zu Abs. 1 S. 2.[55] Erwirbt der AN **erst nach Zugang** der ordentlichen Künd den besonderen Künd-Schutz eines PR oder BR, kann eine Auflösung in Betracht kommen, wenn der Auflösungsgrund auf einem vor dem Amtsantritt eingetretenen Sachverhalt beruht oder bei einem später entstandenen Grund auch eine außerordentliche nach § 626 Abs. 1 BGB gerechtfertigt wäre.[56] Nach zutreffender Auff. des LAG Berlin ist der Auflösungsantrag jedoch nicht statthaft, wenn er mit einem Verhalten des AN nach Erlangung des Sonder-Künd-Schutzes begründet wird.[57] Der Auflösungsantrag läuft hier dem Sinn und Zweck des Sonder-Künd-Schutzes nach § 15, § 103 BetrVG zuwider und führt zu Wertungswidersprüchen.[58]

22 Besonderheiten sind hinsichtlich des Auflösungsantrages bei **leitenden Ang** zu beachten. Nach § 14 Abs. 2 S. 2 findet die Regelung des Abs. 2 mit der Maßgabe Anwendung, dass der Antrag des AG auf Auflösung des Arbverh keiner Begründung bedarf.[59] Eine erleichterte Auflösung sieht Art. 56 Abs. 2a S. 1 des Zusatzabkommens zum NATO-Truppenstatut vor, nach dem Abs. 1 S. 2 im Rahmen eines Arbverh bei den Alliierten Streitkräften mit der Maßgabe anzuwenden ist, dass der AG seinen Auflösungsantrag auch damit begründen kann, der Fortsetzung des Arbverh stünden besonders schutzwürdige militärische Interessen entgegen.[60]

23 4. **Bestand des Arbeitsverhältnisses zum Auflösungszeitpunkt.** Eine gerichtliche Auflösung des Arbverh setzt weiter allg. voraus, dass das Arbverh zu dem gesetzlich vorgeschriebenen Auflösungszeitpunkt noch besteht bzw. bestanden hat. Besteht zum Auflösungszeitpunkt kein Arbverh mehr, so kann das arbeitsgerichtliche Urteil das Arbverh nicht mehr gestalten.[61] Endet das Arbverh vor dem Auflösungstermin, z.B. wegen einer weiteren rechtswirksamen Künd, einer Bedingung bzw. Befristung oder eines anderen Auflösungsantrags,[62] ist eine Auflösung des Arbverh nicht mehr möglich.[63] Endet das Arbverh hingegen nach dem vom Gericht nach Abs. 2 festzusetzenden Zeitpunkt, aber vor Erlass des Auflösungsurteils aus anderen Gründen (Erreichen der tariflichen Altersgrenze), so bleibt hingegen eine gerichtliche Auflösung möglich.[64] Dementsprechend kann regelmäßig auch nicht über eine Künd-Schutzklage gegen eine spätere (nachfolgende) Künd (und ggf. einen darauf bezogenen weiteren Auflösungsantrag) eher entschieden werden, als über einen – bezogen auf den möglichen Auflösungszeitpunkt – zeitlich vorgehenden Auflösungsantrag.[65] Bei dem zeitlich vorgehenden Auflösungsantrag ist bei der Prüfung und Gewichtung der Auflösungsgründe und der Festlegung der Abfindungshöhe die voraussichtliche zeitliche Dauer des ArbVerh zu berück-

---

51 BAG 26.10.1979 – 7 AZR 752/77 – AP KSchG § 9 1969 Nr. 5; 6.9.2007 – 2 AZR 264/06 – AP BGB § 626 Nr. 208; LAG Thüringen 26.2.2008 – 7 Sa 160/07 – LAGE § 9 KSchG Nr. 39.
52 BAG 26.8.1993 – 2 AZR 159/93 – AP § 626 BGB Nr. 113; LAG Düsseldorf 2.4.2008 – 12 Sa 1679/07 – LAGE § 9 KSchG Nr. 40.
53 BAG 29.11.1984 – 2 AZR 354/83 – AP § 13 KSchG 1969 Nr. 6; v. Hoyningen-Huene/Linck, § 9 Rn 21; ErfK/Kiel, § 9 KSchG Rn 4.
54 LAG Hamm 30.9.1999 – 16 Sa 2598/98 – LAGE BetrVG 1972 § 102 Nr. 73; Stahlhacke/Preis/Vossen, Rn 1988a; Nägele, ArbRB 2005,143,144.
55 KR/Spilger, § 9 KSchG Rn 62; APS/Biebl, § 9 KSchG Rn 57; LAG Hamm 30.9.1999 – 16 Sa 2598/98 – LAGE § 102 BetrVG 1972 § 73; LAG Berlin 27.5.2004 – 13 Sa 313/04 – LAGE § 9 KSchG Nr. 36; a.A.: LAG Baden-Württemberg 12.3.2004 – 4 Sa 45/02 – juris.
56 BAG 7.12.1972 – 2 AZR 235/72 – AP § 9 KSchG 1969 Nr. 1; LAG Hamm 4.4.2003 – 10 Sa 33/03 – AuR 2004, 234; LAG Baden-Württemberg 12.3.2003 – 4 Sa 45/02 – juris; KR/Spilger, § 9 KSchG Rn 62; Stahlhacke/Preis/Vossen, Rn 1988 a.
57 LAG Berlin 27.5.2004 – 13 Sa 313/04 – LAGE § 9 KSchG Nr. 36; a.A. Nägele, ArbRB 2005, 143, 145; Tschöpe, in: FS Schwerdtner S. 217, 234.
58 LAG Hamm 30.9.1999 – 16 Sa 2598/98 – LAGE § 102 BetrVG Nr. 73; KR/Spilger, § 9 KSchG Rn 62; KDZ/Zwanziger, § 9 Rn 24.
59 Vgl. Anmerkung § 14 Rn 36.
60 S. im Einzelnen KR/Spilger, § 9 KSchG Rn 64; KR/Weigand, NATO ZusAbk Rn 34.
61 BAG 17.9.1987 – 2 AZR 2/87 – RzK I 11a Nr. 16; 27.9.2001 – 2 AZR 389/00 – AP § 9 KSchG 1969 Nr. 41; 24.5.2005 – 8 AZR 246/04 – AP § 613a BGB Nr. 282; 27.4.2006 – 2 AZR 360/05 – AP § 9 KSchG 1969 Nr. 55; ErfK/Kiel, § 9 KSchG Rn 2 und 10; Müller, Der Auflösungsantrag, S. 114.
62 BAG 27.4.2006 – 2 AZR 360/05 – AP § 9 KSchG 1969 Nr. 55; zum Wiederholungsantrag: Lingemann/Beck, NZA-RR 2007, 225, 232.
63 S. auch BAG 20.3.1997 – 8 AZR 769/95 – AP § 9 KSchG 1969 Nr. 30; 27.4.2006 – 2 AZR 360/05 – AP § 9 KSchG 1969 Nr. 55; KR/Spilger, § 9 KSchG Rn 32, APS/Biebl, § 9 KSchG Rn 16.
64 BAG 17.9.1987 – 2 AZR 2/87 – RzK I 11 a Nr. 16; 24.5.2005 – 8 AZR 246/04 – AP § 613a BGB Nr. 282; ErfK/Kiel, § 9 KSchG Rn 10; HWK/Thies, § 9 KSchG Rn 13.
65 BAG 27.4.2006 – 2 AZR 360/05 – BAGE 118, 95.

sichtigen;[66] ggf. muss das Gericht, das über den Auflösungsantrag entscheidet, den voraussichtlichen Ausgang (des Rechtsstreits) über die nachfolgenden Beendigungstatbestände bei seiner Beurteilung in Betracht ziehen.[67]

Ist während des Künd-Schutzprozesses der **Betrieb** auf einen Erwerber **übergegangen**, ist für den Auflösungsantrag danach zu differenzieren, wer im Auflösungszeitpunkt (Abs. 2) AG war. Diese Frage hängt wiederum davon ab, ob der AN dem Übergang seines Arbverh widersprochen hat. Hat er dem Betriebsübergang widersprochen, bleibt der Betriebsveräußerer für den Auflösungsantrag sowohl passiv- als auch aktivlegitimiert. Hat er dem Betriebsübergang nicht widersprochen, kann der AN seinen Auflösungsantrag nur gegenüber dem Betriebserwerber geltend machen, auf den er den Prozess erstrecken muss.[68] Auf diese Weise wird auch dem Betriebserwerber die Möglichkeit eröffnet, selbst einen Auflösungsantrag zu stellen. Stützt der AN die Gründe für seinen Auflösungsantrag allein auf Umstände aus seinem bisherigen Arbverh beim Betriebsveräußerer, muss er dem Übergang seines Arbverh nach § 613a BGB widersprechen, wenn sein Auflösungsantrag Erfolg haben will. Der Betriebsveräußerer bleibt darüber hinaus auch befugt, aus eigenem Recht einen Auflösungsantrag zu stellen, selbst wenn der Betriebsübergang nach dem Künd-Zeitpunkt liegt.[69] Maßgeblich für die Beurteilung des Auflösungsgrundes ist dann der Zeitraum zwischen dem Ende der Künd-Frist und dem Betriebsübergang; der Betriebsveräußerer kann in dem praktisch seltenen Fall geltend machen, eine den Betriebszwecken dienliche weitere Zusammenarbeit zwischen den Arbeitsvertragsparteien sei auch nicht mehr bis zum Zeitpunkt des Betriebsübergangs zu erwarten.

II. Besondere Voraussetzungen für die Auflösung des Arbeitsverhältnisses – die Auflösungsgründe

Einen Antrag auf Auflösung des Arbverh kann im Falle der **ordentlichen** Künd sowohl der AN als auch der AG stellen. Im Falle einer **außerordentlichen** Künd kann **nur** der AN den Auflösungsantrag stellen (§ 13 Abs. 1 S. 3). Die gesetzliche Regelung formuliert unterschiedliche Voraussetzungen, je nach dem wer den Auflösungsantrag stellt.

1. Auflösungsantrag des Arbeitnehmers. Voraussetzung eines begründeten Auflösungsantrags des **AN** ist, dass ihm eine Fortsetzung des Arbverh nicht zuzumuten ist.

Die **Unzumutbarkeit der Fortsetzung** des Arbverh ist ein unbestimmter Rechtsbegriff. Das Vorliegen der Voraussetzungen ist vom Gericht voll nachprüfbar. Dabei ist das Gericht nicht an die Bewertungen der Parteien gebunden.[70] Die in Abs. 1 S. 1 kodifizierte Lösungsmöglichkeit dient dem Schutz des AN vor einer weiteren Tätigkeit beim AG unter unzumutbaren Arbeitsbedingungen.[71] Unzumutbar ist die Fortsetzung des Arbverh, wenn für den AN zukünftig und dauerhaft unerträgliche Arbeitsbedingungen gegeben sind.[72]

Die Beurteilung der Unzumutbarkeit hängt von den Einzelfallumständen ab.[73] Der Beurteilungsmaßstab des Abs. 1 S. 1 entspricht nicht dem Zumutbarkeitsmaßstab des § 626 Abs. 1 BGB; an die Unzumutbarkeit i.S.d. Abs. 1 S. 1 sind geringere Anforderungen zu stellen. Die Zwecke der beiden Normen decken sich nicht. Im Rahmen von § 9 kommt es darauf an, ob das Arbverh auf unbestimmte Dauer und nicht nur wie bei § 626 Abs. 1 BGB bis zum Ablauf der Künd-Frist fortgesetzt werden kann.[74] Allerdings liegt immer dann auch ein Auflösungsgrund vor, wenn ein wichtiger Grund für eine außerordentliche Künd gegeben wäre.[75]

Die Unzumutbarkeit der Fortsetzung des Arbverh muss Folge des gestörten Arbverh aufgrund der sozialwidrigen Künd sein.[76] Sie kann sich sowohl aus der Künd selbst und ihren begleitenden Umständen (bspw. wird eine betriebsbedingte Künd mit beleidigenden und ehrverletzenden Äußerungen durch den Arbeitgeber „garniert") als auch aus dem sich anschließenden Künd-Streit ergeben. Zwar wird es aufgrund einer Künd regelmäßig zu Spannungen zwischen den Arbeitsvertragsparteien kommen. Allerdings reichen weder der Ausspruch einer Künd an sich noch die üblichen, im Zusammenhang mit einer Künd stehenden Spannungen zwischen den Arbeitsvertragsparteien oder die Tatsache, dass überhaupt ein Rechtsstreit geführt werden muss,[77] dass die Künd sozialwidrig war[78] bzw. die Behauptungen des AG zum Künd-Grund nicht ausreichen oder sich nicht als zutreffend herausstellen, regelmäßig aus, um einen Auflösungsantrag des AN rechtfertigen zu können. Je **sozialwidriger** aber die Künd ist, desto eher liegt es

---

66 BAG 27.4.2006 – 2 AZR 360/05 – BAGE 118, 95.
67 BAG 27.4.2006 – 2 AZR 360/05 – BAGE 118, 95.
68 BAG 20.3.1997 – 8 AZR 769/95 – AP § 9 KSchG 1969 Nr. 30; HWK/*Thies*, § 9 KSchG Rn 14; *Keßler*, NZA-RR 2002, 1, 5.
69 BAG 24.5.2005 – 8 AZR 246/04 – AP § 613a BGB Nr. 282.
70 BAG 25.11.1982 – 2 AZR 21/81 – AP KSchG 1969 § 9 Nr. 10; ErfK/*Kiel*, § 9 KSchG Rn 11.
71 *Keßler*, NZA-RR 2002, 1, 6.
72 APS/*Biebl*, § 9 KSchG Rn 33; *Stahlhacke/Preis/Vossen*, Rn 1976.
73 APS/*Biebl*, § 9 KSchG Rn 39.
74 BAG 26.11.1981 – 2 AZR 509/79 – AP § 9 KSchG 1969 Nr. 8.
75 BAG 26.11.1981 – 2 AZR 509/79 – AP § 9 KSchG 1969 Nr. 8; HWK/*Thies*, § 9 KSchG Rn 16; *Keßler*, NZA-RR 2002, 1, 7.
76 BAG 30.9.1976 – 2 AZR 402/75 – 2 AZR 402/75 – AP § 9 KSchG 1969 Nr. 3; 24.9.1992 – 8 AZR 557/91 – AP Einigungsvertrag Anlage I Kapitel XIX Nr. 3.
77 *Stahlhacke/Preis/Vossen*, Rn 1977; APS/*Biebl*, § 9 KSchG Rn 35; *Bauer*, DB 1985, 1180, 1181; LAG Hamm 4.2.2005 – 15 Sa 2013/04 – juris.
78 BAG 24.9.1992 – 8 AZR 557/91 – AP Einigungsvertrag Anlage I Kapitel XIX Nr. 3; KR/*Spilger*, § 9 KSchG Rn 40; HaKo-KSchR/*Fiebig*, § 9 KSchG Rn 51.

nahe, dass die Arbeitsbedingungen für den AN zukünftig unerträglich sein könnten.[79] Hat der AG die Künd auf verhaltensbedingte Gründe gestützt, spricht dieser Umstand eher für die Unzumutbarkeit einer Weiterbeschäftigung als ein betriebsbedingter Künd-Grund.[80] Der nicht haltbare Vorwurf eines Spesenbetrugs stellt für den AN regelmäßig eine unzumutbare Belastung der Arbeitsbeziehung dar.[81] Eine Fortsetzung des Arbverh ist dem AN noch nicht unzumutbar, wenn der AG nach dem erstinstanzlichem Verlust des Künd-Schutzprozesses erneut kündigt und grds. entschlossen ist, seine unternehmerische Entscheidung, die der ersten, sozialwidrigen Künd zugrunde lag, mit allen ihm zur Verfügung stehenden, rechtlich zulässigen Mitteln durchzusetzen.[82] Allerdings kann ein Auflösungsgrund gegeben sein, wenn der AG mehrfach bzw. ständig mit derselben Begründung (erneut) kündigt.[83] Die Unzumutbarkeit der Fortsetzung muss sich aus weiteren Gründen, die vom AN mit Tatsachen konkretisiert werden müssen, ergeben. Der AN hat die den Auflösungsantrag rechtfertigenden Tatsachen **schlüssig darzulegen**. Subjektive Befürchtungen des AN reichen zur Begründung des Auflösungsantrags nicht aus.[84]

30 Nach der Begründung zum Regierungsentwurf zum KSchG 1951 sollte der AN die Auflösung seines Arbverh verlangen können, wenn der AG unzutreffende ehrverletzende Behauptungen über die Person oder das Verhalten des AN leichtfertig aufgestellt hat und deshalb das Vertrauensverhältnis zerrüttet worden ist.[85] Damit ist aber nur ein erster, unvollständiger Rahmen abgesteckt. Wegen der starken Einzelfallbezogenheit der Auflösungsgründe lässt sich kein abschließender Katalog erstellen. „Auflösungsträchtig" sind vor allem zusätzliche Personalmaßnahmen des AG im Zusammenhang mit der sozialwidrigen Künd.[86] So ist nach der bisherigen Rspr. die Unzumutbarkeit einer Fortsetzung des Arbverh bspw. anerkannt worden: bei einer berechtigten Befürchtung von weiteren, unberechtigten Künd,[87] bei einer unberechtigten, mit einer fehlenden Qualifikation des AN begründeten Künd,[88] bei berechtigter Furcht vor einer unkorrekten Behandlung nach Rückkehr in den Betrieb,[89] bei einer Künd mit einer diskriminierenden Begründung,[90] einer unterwertigen Beschäftigung nach vorangegangener erfolgreicher Künd-Schutzklage,[91] einer völlig ungerechtfertigten (und damit diskriminierenden) Suspendierung während des Künd-Streits[92] oder einer schleppenden Vergütungszahlung nach einem erfolgreichen Künd-Schutzprozess.[93]

31 Das **Verhalten Dritter** reicht zur Auflösung des Arbverh dann aus, wenn der AG dieses durch eignes Tun veranlasst hat und es ihm zuzurechnen ist.[94] Das Verhalten seines Prozessbevollmächtigten ist ihm grds. zuzurechnen, es sei denn, er ist ihm persönlich entgegengetreten.[95]

Im Abschluss eines **neuen Arbverh** liegt kein Auflösungsgrund für den AN, wie § 12 zeigt.[96]

32 **2. Auflösungsantrag des Arbeitgebers.** Für den Auflösungsantrag des AG müssen Gründe vorliegen, die eine den Betriebszwecken dienliche weitere Zusammenarbeit zwischen AG und AN nicht erwarten lassen. Der Bestandsschutzgrundsatz wird in diesem Fall durchbrochen, weil die Vertrauensgrundlage für eine sinnvolle Fortsetzung des Arbverh nicht mehr besteht.[97]

33 Der Auflösungsgrund muss nicht die Qualität eines wichtigen Grundes i.S.v. § 626 Abs. 1 BGB oder eines ordentlichen Künd-Grundes nach § 1 Abs. 2 haben.[98] Allerdings sind an den Auflösungsgrund **strenge Anforderungen** zu

---

79 APS/*Biebl*, § 9 KSchG Rn 35.
80 *Schwerdtner*, in: FS 50 Jahre DAI, S. 247, 255.
81 LAG Niedersachsen 4.6.2004 – 10 Sa 198/04 – LAG-Report 2005, 103.
82 BAG 27.3.2003 – 2 AZR 9/02 – AP § 9 KSchG 1969 Nr. 48; ErfK/*Kiel*, § 9 KSchG Rn 14.
83 LAG Niedersachsen 1.4.2008 – 1 Sa 1029/07 – AE 2008, 209 f.
84 HaKo-KSchR/*Fiebig*, § 9 KSchG Rn 50.
85 RegEntw RdA 1951, 58, 64.
86 *Bauer*, in FS Hanau, S. 151, 154.
87 BAG 26.11.1981 – 2 AZR 509/79 – AP § 9 KSchG 1969 Nr. 8.
88 BAG 29.1.1981 – 2 AZR 1055/78 – AP § 9 KSchG 1969 Nr. 6.
89 LAG Hamm 23.5.1975 – 3 Sa 251/73 – DB 1975,1514; LAG Köln 2.2.1987 – 2 Sa 1265/86 – LAGE § 9 KSchG Nr. 3; KR/*Spilger*, § 9 KSchG Rn 41.
90 LAG Hamm 27.5.1993 – 16 Sa 1612/92 – AuR 1993, 415.
91 BAG 29.1.1981 – 2 AZR 1055/78 – AP § 9 KSchG 1969 Nr. 6.
92 BAG 24.9.1992 – 8 AZR 557/91 – AP Einigungsvertrag Anlage I Kapitel XIX Nr. 3.
93 BAG 29.1.1981 – 2 AZR 1055/78 – AP § 9 KSchG 1969 Nr. 6.
94 BAG 14.5.1987 – 2 AZR 294/86 – AP § 9 KSchG 1969 Nr. 18; *Holthausen/Holthausen*, NZA-RR 2007, 449, 451.
95 BAG 14.5.1987 – 2 AZR 294/86 – AP § 9 KSchG 1969 Nr. 18; 7.3.2002 – 2 AZR 158/01 – AP § 9 KSchG 1969 Nr. 42.
96 *Stahlhacke/Preis/Vossen*, Rn 1977; HaKo-KSchR/*Fiebig*, § 9 KSchG Rn 53; *Bauer*, DB 1985, 1180, 1181.
97 BAG 23.6.2005 – 2 AZR 256/04 – AP § 9 KSchG 1969 Nr. 52; *Stahlhacke/Preis/Vossen*, Rn 1968.
98 BAG 29.3.1960 – AP § 7 KSchG 1951 Nr. 7; 30.9.1976 – 2 AZR 402/75 – AP § 9 KSchG 1969 Nr. 3; 14.5.1987 – 2 AZR 294/86 – AP § 9 KSchG 1969 Nr. 18.

stellen, weil eine Auflösung des Arbverh nur ausnahmsweise erfolgen darf.[99] Dabei kommt es nicht darauf an, ob dem AN an dem Auflösungsgrund ein Verschulden trifft.[100]

Das Gericht darf nur solche Auflösungsgründe berücksichtigen, die der darlegungspflichtige AG vorgetragen hat.[101] Er muss schlüssig **konkrete, greifbare Tatsachen** vortragen, um dem Gericht am Schluss der letzten mündlichen Verhandlung in der Tatsacheninstanz die Schlussfolgerung zu ermöglichen, dass die Besorgnis des AG berechtigt ist, eine weitere Zusammenarbeit sei mit dem AN nicht mehr zu erwarten.[102] Allg. Wendungen und Wertungen, z.B. die „Vertrauensgrundlage sei gestört" oder es sei „ein Zerwürfnis eingetreten", reichen zur Begründung des Auflösungsantrags deshalb nicht aus.[103]

34

Als **Auflösungsgründe** kommen insb. solche Umstände in Betracht, die das persönliche Verhältnis zum AN, die Wertung der Persönlichkeit des AN, seiner Leistungen oder seiner Eignung für die ihm gestellten Aufgaben und sein Verhältnis zu den Vorgesetzten und den übrigen AN betreffen.[104] In erster Linie, wenn auch nicht allein, sind daher Gründe im Verhalten des AN geeignet, einen Auflösungsantrag des AG zu rechtfertigen.[105] Ein schuldhaftes Verhalten ist nicht erforderlich.[106] Besteht der dringende Verdacht einer schwerwiegenden Vertragspflichtverletzung, die den Voraussetzungen einer Verdachtskündigung genügen würde, kann dies auch ein Grund zur Auflösung des Arbverh sein.[107] Auch **personenbedingte Gründe** und damit in Zusammenhang stehende Tatsachen kommen als Auflösungsgründe in Betracht.[108] **Wirtschaftliche Schwierigkeiten** des AG oder andere betriebliche Gründe, die keinen Bezug zur Person oder zum Verhalten des AN haben, rechtfertigen die Auflösung des Arbverh nicht.[109] Über den Weg des Auflösungsantrages nach S. 2 der Norm soll keine erleichterte Beendigung eines Arbverh, die nicht i.S.d. § 1 Abs. 2 sozial gerechtfertigt wäre, ermöglicht werden.

35

Regelmäßig wird es zur Begründung eines Auflösungsantrages nicht ausreichen, sich nur auf die **Künd-Gründe** zu stützen, die die zugrunde liegende Künd nicht sozial gerechtfertigt haben.[110] Allerdings kann sich der AG auch auf diese Gründe berufen. In diesem Fall bedarf es jedoch noch zusätzlicher weiterer greifbarer Tatsachen, aus denen geschlossen werden kann, der Künd-Sachverhalt – obwohl er die Künd nicht sozial rechtfertigen konnte – sei dennoch so beschaffen, dass eine gedeihliche Zusammenarbeit zukünftig nicht mehr zu erwarten sei.[111] Allerdings können die nicht ausreichenden Gründe für eine Künd dem Auflösungsverlangen ein höheres Gewicht verleihen.[112]

36

---

99 Siehe Rn. 2;BVerfG 22.10.2004 – 1 BvR 1944/01 – AP § 9 KSchG 1969 Nr. 49; BAG 7.3.2002 – 2 AZR 158/01 – AP § 9 KSchG 1969 Nr. 42; 2.6.2005 – 2 AZR 234/04 – AP § 9 KSchG 1969 Nr. 51; 23.6.2005 – 2 AZR 256/04 – AP § 9 KSchG 1969 Nr. 52; 10.7.2008 – 2 AZR 1111/06 – NZA 2009,312; 23.10.2008 – 2 AZR 483/07 – NJW 2009,1897,1901; KR/*Spilger*, § 9 Rn 52; a.A.: *Gravenhorst*, NZA-RR 2007, 57, 60; *Müller*, Der Auflösungsantrag, S. 83 ff.
100 BAG 14.5.1987 – 2 AZR 294/86 – AP § 9 KSchG 1969 Nr. 18; 23.6.2005 – 2 AZR 256/04 – § 9 AP KSchG 1969 Nr. 52.
101 BVerfG 22.10.2004 – 1 BvR 1944/01 – AP § 9 KSchG 1969 Nr. 49; BAG 2.6.2005 – 2 AZR 234/04 – AP § 9 KSchG 1969 Nr. 51; zur Darlegungslast: *Holthausen/Holthausen*, NZA-RR 2007, 449, 452.
102 BAG 25.10.1989 – 2 AZR 633/88 – AP § 611 BGB Direktionsrecht Nr. 36; 7.3.2002 – 2 AZR 158/01 – AP § 9 KSchG 1969 Nr. 42; 23.6.2005 – 2 AZR 256/04 – AP § 9 KSchG Nr. 52.
103 BAG 30.9.1975 – 2 AZR 402/75 – AP § 9 KSchG 1969 Nr. 3; 14.5.1987 – 2 AZR 294/86 – AP § 9 KSchG 1969 Nr. 18; 14.1.1993 – 2 AZR 343/92 – EzA § 1 KSchG Krankheit Nr. 39; *Keßler*, NZA-RR 2002, 1, 8; *Schwerdtner*, in: FS 50 Jahre DAI, S. 247, 253; *Gravenhorst*, NZA-RR 2007, 57, 60; *Holthausen/Holthausen*, NZA-RR 2007, 449, 452; *Müller*, NZA-RR 2009, 289, 293.
104 BAG 7.3.2002 – 2 AZR 158/01 – AP § 9 KSchG 1969 Nr. 42; 23.6.2005 – 2 AZR 256/04 – AP § 9 KSchG 1969 Nr. 52; 10.7.2008 – 2 AZR 1111/06 – NZA 2009, 312; 23.10.2008 – 2 AZR 483/07 – NJW 2009, 1897, 1902; *Keßler*, NZA-RR 2002, 1, 8; KR/*Spilger*, § 9 KSchG Rn 55.
105 BAG 23.6.2005 – 2 AZR 256/04 – AP § 9 KSchG 1969 Nr. 52; APS/*Biebl*, § 9 KSchG Rn 51.
106 BAG 24.5.2005 – 8 AZR 246/04 – AP § 613a BGB Nr. 282 = NZA 2005, 1178; 2.6.2005 – 2 AZR 234/04 – AP § 9 KSchG 1969 Nr. 51; 10.7.2008 – 2 AZR 1111/06 – NZA 2009, 312; 23.10.2008 – 2 AZR 483/07 – NJW 2009, 1897, 2902; ErfK/*Kiel*, § 9 KSchG Rn 22.
107 BVerfG 15.12.2008 – 1 BvR 347/08 – juris; BAG 23.10.2008 – 2 AZR 482/07 – NJW 2009, 1897, 1903.
108 LAG Hamm 24.1.2008 – 15 Sa 876/07 – juris; *Müller*, NZA-RR 2009,189,191.
109 LAG Köln 28.1.2004 – 8 Sa 1084/03 – LAGReport 2004, 270; KR/*Spilger*, § 9 KSchG Rn 55; HWK/*Thies*, § 9 KSchG Rn 21; ErfK/*Kiel*, § 9 KSchG Rn 24; *Bauer*, DB 1985, 1180, 1181; *Gravenhorst*, NZA-RR 2007, 57, 59; *Holthausen/Holthausen*, NZA-RR 2007, 449, 452.
110 BAG 2.6.2005 – 2 AZR 234/04 – AP § 9 KSchG 1969 Nr. 51; 23.6.2005 – 2 AZR 256/04 – AP § 9 KSchG 1969 Nr. 52.
111 BVerfG 22.10.2004 – 1 BvR 1944/01 – AP § 9 KSchG 1969 Nr. 49; 15.12.2008 – 1 BvR 347/08 – juris; BAG 29.3.1960 – 3 AZR 568/58 – AP § 7 KSchG Nr. 7; 16.5.1984 – 7 AZR 280/82 – AP § 9 KSchG 1969 Nr. 2; 2.6.2005 – 2 AZR 234/04 – AP § 9 KSchG 1969 Nr. 51; 23.10.2008 – 2 AZR 483/07 – NJW 2009, 1897, 1902.
112 BAG 23.6.2005 – 2 AZR 256/04 – AP § 9 KSchG 1969 Nr. 52; 23.10.2008 – 2 AZR 483/07 – NJW 2009, 1897, 1902; *Holthausen/Holthausen*, NZA-RR 2007, 449, 452.

37 Bei der Gewichtung eines möglichen Auflösungsgrundes ist auch die Stellung des AN im Betrieb,[113] die Dauer seiner Betriebszugehörigkeit,[114] eine Schwerbehinderung[115] und ein nach dem Künd-Zugang eingetretener besonderer Künd-Schutz zu berücksichtigen.[116] Deshalb kann bei einer Entscheidung über den Auflösungsantrag einer Kirchengemeinde deren Glaubwürdigkeit in der Öffentlichkeit dem Auflösungsgrund ein besonderes Gewicht geben.[117] Allein der Umstand, dass ein Tendenzunternehmen die Auflösung des Arbverh eines Redakteurs beantragt, rechtfertigt sie nicht.[118] Allerdings können in einem Tendenzarbeitsverhältnis wegen der betroffenen besonderen Grundrechte schon Sachverhalte eine Auflösung rechtfertigen, die in einem „normalen" ArbVerh nicht hinreichend wären, bspw. eine Gegendarstellung einer Redakteurin in der eigenen Zeitung.[119]

38 Die Auflösungsgründe für einen Auflösungsantrag des AG können sich v.a. aus **dem außerprozessualen und prozessualen Verhalten des AN** nach der Künd ergeben,[120] wenn es dadurch zu zusätzlichen Spannungen im Arbverh gekommen ist. Beleidigungen, sonstige ehrverletzende Äußerungen oder persönliche Angriffe des AN gegen den AG, Vorgesetzten oder Kollegen,[121] Drohungen gegen den AG,[122] die Erstattung einer unberechtigten (Straf-)Anzeige gegen den AG bzw. einen Kollegen,[123] die Beteiligung an einer Pressekampagne gegen den AG[124] oder ein unwahrer Tatsachenvortrag im Prozess[125] bzw. die Beeinflussung oder Bedrohung von Zeugen[126] können den Auflösungsantrag des AG rechtfertigen. Allerdings reicht ein Verhalten des AN im Prozess, das durch die Wahrnehmung berechtigter Interessen gedeckt ist, als Auflösungsgrund nicht aus.[127] Unzutreffende Rechtsausführungen in einem Schriftsatz an das Gericht sind grds. durch die Wahrnehmung der berechtigten Interessen gedeckt und können einen Auflösungsantrag nicht rechtfertigen, sofern der Prozess sachlich geführt wird.[128] Nicht mehr von der Wahrnehmung der berechtigten Interessen gedeckt ist eine Lüge im Prozess bzw. eine falsche Antwort auf die Frage des AG, ob der AN eine neue Arbeitsstelle oder einen Zwischenverdienst erzielt habe.[129]

39 Als **nicht ausreichende Auflösungsgründe** hat die Rechtsprechung die Beschäftigung des AN auf einem neuen Arbeitsplatz, eine anderweitige Besetzung des bisherigen Arbeitsplatzes des gekündigten AN durch einen Dritten[130] oder eine nicht vom gekündigten AN veranlasste Pressekampagne gegen die ausgesprochene Künd[131] angesehen. Auch reicht die schlichte Weigerung von Arbeitskollegen und Vorgesetzten, mit dem gekündigten AN zukünftig nicht mehr zusammen arbeiten zu wollen, als Auflösungsgrund allein nicht aus.[132] Der AG darf Spannungen zwischen dem AN und den Vorgesetzten bzw. den Arbeitskollegen nicht ohne Verursachungsanteile zu Lasten eines AN lösen.[133] Hat der AG die Spannungen mit verursacht, ist dies bei der Prüfung des Auflösungsgrundes mit zu berücksichtigen.[134] Überwiegen die dem AG zuzurechnenden Anteile an der Verursachung der Spannungen oder hat

---

113 BAG 26.6.1997 – 2 AZR 502/96 – RzK I 5 i Nr. 126; ErfK/*Kiel*, § 9 KSchG Rn 20; APS/*Biebl*, § 9 KSchG Rn 55.
114 BAG 26.6.1997 – 2 AZR 502/96 – RzK I 5 i Nr. 126; 7.3.2002 – 2 AZR 158/01 – AP § 9 KSchG 1969 Nr. 42.
115 BAG 7.3.2002 – 2 AZR 158/01 – AP § 9 KSchG 1969 Nr. 42.
116 *Stahlhacke/Preis/Vossen*, Rn 1982.
117 BVerfG 9.2.1990 – 1 BvR 717/87 – EzA § 9 KSchG n.F. Nr. 36.
118 LAG Hamburg 27.1.2005 – 2 Sa 51/04 – juris; BAG 23.10.2008 – 2 AZR 483/07 – NJW 2009, 1897, 1902.
119 BAG 23.10.2008 – 2 AZR 483/07 – NJW 2009, 1897, 1902.
120 BAG 25.11.1982 – 2 AZR 21/81 – AP § 9 KSchG 1969 Nr. 10; 23.6.2005 – 2 AZR 256/04 – AP § 9 KSchG 1969 Nr. 52.
121 BAG 7.3.2002 – 2 AZR 158/01 – AP § 9 KSchG 1969 Nr. 42; 10.10.2002 – 2 AZR 240/01 – AP § 9 KSchG 1969 Nr. 45; 23.6.2005 – 2 AZR 256/04 – AP § 9 KSchG 1969 Nr. 52; 10.7.2008 – 2 AZR 1111/06 – NZA 2009, 312; 23.10.2008 – 2 AZR 483/07 – NJW 2009, 1897, 1902; *Keßler*, NZA-RR 2002, 1, 9; *Holthausen/Holthausen*, NZA-RR 2007, 449 f.; *Müller*, NZA-RR 2009, 289, 290.
122 *Keßler*, NZA-RR 2002, 1, 9; *Gravenhorst*, NZA-RR 2007, 57, 59.
123 LAG Hamburg 27.6.1995 – 3 Sa 114/94 – LAGE § 9 KSchG Nr. 26; LAG Rheinland-Pfalz 20.12.2005 – 5 Sa 504/05 – juris: LAG Rheinland-Pfalz 8.4.2008 – 3 Sa 442/07 – juris.
124 BAG 14.5.1987 – 2 AZR 294/86 – AP § 9 KSchG 1969 Nr. 18.
125 BAG 25.11.1982 – 2 AZR 21/81 – AP § 9 KSchG 1969 Nr. 10; 10.7.2008 – 2 AZR 1111/06 – NZA 2009, 312; ErfK/*Kiel*, § 9 KSchG Rn 21b.
126 *Gravenhorst*, NZA-RR 2007, 57, 59.
127 BAG 7.3.2002 – 2 AZR 158/01 – AP § 9 KSchG 1969 Nr. 42; 10.10.2002 – 2 AZR 598/01 – AP § 1 KSchG 1969 Betriebsbedingte Kündigung Nr. 123; 2.6.2005 – 2 AZR 234/04 – AP § 9 KSchG 1969 Nr. 51; 10.7.2008 – 2 AZR 1111/06 - NZA 2009, 312; KR-*Spilger*, § 9 KSchG Rn 56.
128 BAG 21.9.2000 – 2 AZR 440/99 – BAGE 95, 350; 7.3.2002 – 2 AZR 158/01 – AP § 9 KSchG 1969 Nr. 42; *Schwerdtner*, in: FS 50 Jahre DAI, S. 247, 253; *Müller*, NZA-RR 2009, 289, 290.
129 BAG 25.11.1982 – 2 AZR 21/81 – AP § 9 KSchG 1969 Nr. 10.
130 LAG Frankfurt 19.12.1951 – II Sa 401/51 – BB 1952, 376; ErfK-*Kiel*, § 9 KSchG Rn 24.
131 BAG 14.5.1987 – 2 AZR 294/86 – AP § 9 KSchG 1969 Nr. 18.
132 BAG 10.10.2002 – 2 AZR 240/01 – AP § 9 KSchG 1969 Nr. 45; 23.10.2008 – 2 AZR 483/07 – NJW 2009, 1897, 1902; KR/*Spilger* § 9 KSchG Rn 56; *Müller*, NZA-RR 2009, 289, 290.
133 BAG 10.10.2002 – 2 AZR 240/01 – AP § 9 KSchG 1969 Nr. 45; 2.6.2005 – 2 AZR 234/04 – AP § 9 KSchG 1969 Nr. 51.
134 BAG 2.6.2005 – 2 AZR 234/04 – AP § 9 KSchG 1969 Nr. 51; 10.7.2008 – 2 AZR 1111/06 – NZA 2009, 312; 23.10.2008 – 2 AZR 483/07 – NJW 2009, 1897, 1902.

gar der AG das jetzt beanstandete Verhalten des AN provoziert, so verstößt es gegen Treu und Glauben, wenn der AG nunmehr seinen Auflösungsantrag hierauf stützt.[135]

Entsprechend dem Grundgedanken des § 85 Abs. 2 ZPO muss der AN sich grds. das **Verhalten seines Prozessbevollmächtigten** im Künd-Schutzprozess auch für die Beurteilung des Auflösungsgrundes zurechnen lassen.[136] Dies gilt selbst für die nicht vom AN veranlassten Erklärungen seines Prozessbevollmächtigten, wenn sich der AN diese Äußerungen zu Eigen gemacht und sich nicht nachträglich von ihnen distanziert hat[137] (zur Verantwortlichkeit des AN für das Verhalten von Dritten, vgl. Rn 31).

Liegt ein Auflösungsgrund an sich vor, ist in einem **weiteren Schritt** zu prüfen, ob in Anbetracht der konkreten betrieblichen Umstände noch eine den Betriebszwecken dienliche Zusammenarbeit möglich ist[138] (zu den zu beachtenden Abwägungsaspekten vgl. Rn 31). **Maßgeblicher Zeitpunkt** für die Beurteilung, ob eine den Betriebszwecken dienliche weitere Zusammenarbeit zwischen den Arbeitsvertragsparteien noch zu erwarten ist, ist der Zeitpunkt der letzten mündlichen Verhandlung in der Tatsacheninstanz.[139] Da der Auflösungsantrag die zukünftige Gestaltung der Rechtsbeziehungen zwischen den Arbeitsvertragsparteien betrifft, ist es möglich, dass an sich vorliegende Auflösungsgründe ihr Gewicht wieder verlieren und im Zeitpunkt der Entscheidung über den Auflösungsantrag „verblasst" sind. Dies kommt v.a. in Betracht, wenn sich die tatsächlichen oder rechtlichen Umstände im Zeitpunkt der Entscheidung – erheblich – geändert haben.[140] Dies kann bspw. aufgrund eines Austauschs von Vorgesetzten oder einer veränderten Belegschaftsstruktur der Fall sein.[141] Ein zwischenzeitlicher Wechsel in den betrieblichen Verhältnissen kann zu einer veränderten Einschätzung des Auflösungsgrundes führen.[142]

Der AG kann zur Begründung des Auflösungsantrags auch Gründe heranziehen, die er nicht zuvor dem BR mitgeteilt hat. Es besteht **kein Verwertungsverbot** wegen **Nichtbeteiligung des BR**.[143] Der BR ist nach dem eindeutigen Wortlaut des § 102 Abs. 1 BetrVG nur zur Künd und nicht aber zur Auflösung eines Arbverh zu beteiligen.[144]

3. Der beiderseitige Auflösungsantrag. Das Gesetz regelt den Fall, dass beide Arbeitsvertragsparteien einen Auflösungsantrag stellen, nicht. Ob das Gericht bei beiderseitigem Auflösungsantrag das Arbverh ohne nähere Prüfung auflösen kann oder zumindest die Sozialwidrigkeit der Künd zu prüfen und festzustellen hat, ist streitig. Das BAG hat die Frage nicht abschließend entschieden.[145] Zwar spricht für die Ansicht einer näheren Prüfung der Sozialwidrigkeit der Wortlaut der Norm.[146] Für eine gerichtliche Auflösung des Arbverh ohne nähere Prüfung der Sozialwidrigkeit streitet aber der Sinn und Zweck der Vorschrift. Gehen beide Parteien davon aus, eine Fortsetzung des Arbverh sei ihnen zukünftig nicht mehr zumutbar, darf das Gericht sie nicht gegen ihren Willen an dem Arbverh festhalten.[147]

III. Das Auflösungsurteil und die möglichen Rechtsmittel

1. Die Abweisung des Auflösungsantrags. Sieht das Gericht die Künd als sozial gerechtfertigt an, wird die Klage des AN abgewiesen und es bedarf keiner Entscheidung mehr über den hilfsweise gestellten Auflösungsantrag. Sowohl der Auflösungsantrag des AN als auch der des AGs sind nur für den Fall gestellt, dass die Künd sozialwidrig ist (vgl. Rn 11). Ist die Künd sozialwidrig und liegen die Voraussetzungen für einen Auflösungsantrag nicht vor, stellt

---

135 BAG 7.3.2002 – 2 AZR 158/01 – AP § 9 KSchG 1969 Nr. 42; 2.6.2005 – 2 AZR 234/04 – AP § 9 KSchG 1969 Nr. 51; ErfK-*Kiel*, § 9 KSchG Rn 22.
136 BAG 7.3.2002 – 2 AZR 158/01 – AP § 9 KSchG 1969 Nr. 42; 23.6.2005 – 2 AZR 256/04 – AP § 9 KSchG 1969 Nr. 52; 10.7.2008 – 2 AZR 1111/06 – NZA 2009, 312; *Stahlhacke/Preis/Vossen*, Rn 1983; *Holthausen/Holthausen*, NZA-RR 2007, 449, 451; einschränkend: KR/*Spilger*, § 9 Rn 56; KDZ/*Zwanziger*, § 9 Rn 21.
137 BAG 7.3.2002 – 2 AZR 158/01 – AP § 9 KSchG 1969 Nr. 42; 23.6.2005 – 2 AZR 256/04 – AP § 9 KSchG 1969 Nr. 52.
138 BAG 7.3.2002 – 2 AZR 158/01 – AP § 9 KSchG 1969 Nr. 42; 2.6.2005 – 2 AZR 234/04 – AP § 9 KSchG 1969 Nr. 51; 23.6.2005 – 2 AZR 256/04 – AP § 9 KSchG 1969 Nr. 52; APS/*Biebl*, § 9 KSchG Rn 50.
139 BAG 29.3.1960 – 3 AZR 568/58 – BAGE 9, 131; 7.3.2002 – 2 AZR 158/01 – AP § 9 KSchG 1969 Nr. 42; 23.6.2005 – 2 AZR 256/04 – AP § 9 KSchG 1969 Nr. 52; 10.7.2008 – 2 AZR 1111/06 – NZA 2009, 312.
140 BAG 23.6.2005 – 2 AZR 256/04 – AP § 9 KSchG 1969 Nr. 52; 10.7.2008 – 2 AZR 1111/06 – NZA 2009, 312.
141 BAG 7.3.2002 – 2 AZR 158/01 – AP § 9 KSchG 1969 Nr. 42; KR/*Spilger*, § 9 KSchG Rn 56; *Keßler*, NZA-RR 2002, 1, 8.
142 BAG 23.6.2005 – 2 AZR 256/04 – AP § 9 KSchG 1969 Nr. 52; *Keßler*, in NZA-RR 2002, 1, 8; ErfK/*Kiel*, § 9 KSchG Rn 20.
143 So aber: KR/*Spilger*, § 9 KSchG Rn 58a; *Müller*, BB 2002, 2014.
144 BAG 10.10.2002 – 2 AZR 240/01 – AP § 9 KSchG 1969 Nr. 45; KDZ/*Zwanziger*, § 9 KSchG Rn 23; *Stahlhacke/Preis/Vossen*, Rn 1984; *v. Hoyningen-Huene/Linck*, § 9 Rn 64; *Keßler*, NZA-RR 2002, 1, 9; *Lunk*, NZA 2000, 807; *Schwerdtner*, in: FS 50 Jahre DAI, S. 247, 254.
145 BAG 23.6.1993 – 2 AZR 56/93 – AP § 9 KSchG 1969 Nr. 23.
146 KR/*Spilger*, § 9 KSchG Rn 66; *Boewer*, RdA 2001, 380, 401.
147 *V. Hoyningen-Huene/Linck*, § 9 Rn 74; ErfK/*Kiel*, § 9 KSchG Rn 29; *Stahlhacke/Preis/Vossen*, Rn 1991; *Leisten*, BB 1994, 2138; *Bauer*, DB 1985, 1180, 1182; *ders.*, in: FS Hanau, S. 151, 158; *Keßler*, NZA-RR 2002, 1, 11; LAG Köln 23.4.1993 – 14 Sa 1065/92 – juris; LAG Berlin 8.8.1967 – 5 Sa 54/67 – BB 1968, 207.

das Gericht zwar fest, dass das Arbverh durch die Künd nicht aufgelöst worden ist, weist aber den Antrag auf Auflösung des Arbverh im Tenor seiner Entscheidung ab.[148]

45 Das Gericht hat grds. über die Unwirksamkeit der Künd und die Auflösung des Arbverh **einheitlich** zu entscheiden.[149] Allerdings kann es ausnahmsweise ein Teil-Anerkenntnisurteil über die Sozialwidrigkeit der Künd erlassen.[150] Eine Trennung beider Anträge erfolgt aber dann, wenn eine Partei ein Rechtsmittel nur hinsichtlich des Auflösungsantrages einlegt. Hat das ArbG eine ordentliche Künd wegen Sozialwidrigkeit und wegen fehlerhafter Anhörung des PR für unwirksam angesehen und deshalb den Auflösungsantrag des AG zurückgewiesen, kann das LAG auch bei einer auf den Auflösungsantrag beschränkten Berufung erneut prüfen, ob die PR-Anhörung ordnungsgemäß war.[151]

46 **2. Die stattgebende Auflösungsentscheidung. a) Gestaltungsurteil.** Ist die zugrunde liegende Künd sozialwidrig und liegt ein Auflösungsgrund vor, so löst das Gericht das Arbverh durch **Gestaltungsurteil** auf. Das Gericht braucht die Sozialwidrigkeit der Künd im Tenor seiner Entscheidung nicht feststellen. Es reicht aus, wenn es auf eine Auflösung des Arbverh gegen Zahlung einer Abfindung im Tenor erkennt. In den Gründen ist dann auszuführen, warum die Künd sozialwidrig ist.[152] Allerdings ist die Feststellung der Unwirksamkeit der Künd im Tenor zur Klarstellung empfehlenswert.

47 Gibt das Gericht dem Auflösungsantrag statt, so hat es **von Amts wegen** eine **Abfindung** und den **Auflösungszeitpunkt** (Abs. 2) festzusetzen. Hat der AN einen Auflösungsantrag gestellt und eine bestimmte Mindesthöhe für die Abfindungsleistung genannt, ist wenn das Gericht eine geringere Abfindungssumme ausurteilt, die Klage insoweit abzuweisen und sind dem AN anteilig die Kosten des Verfahrens aufzuerlegen.[153]

48 **b) Festlegung des Auflösungszeitpunktes.** Das Gericht muss im Urteil den **Zeitpunkt** festsetzen, zu dem das Arbverh endet. Die Festlegung des Auflösungszeitpunktes ist nach dem eindeutigen Wortlaut des Gesetzes zwingend vorgeschrieben. Das Gericht hat keinen Spielraum, aus Billigkeitsgründen einen anderen Auflösungstermin festzusetzen.[154]

49 Nach den gesetzlichen Regelungen der §§ 9 Abs. 2, 13 Abs. 1 S. 4 ist der Auflösungstermin der Zeitpunkt, zu dem das Arbverh bei sozial gerechtfertigter Künd geendet hätte bzw. bei einer außerordentlichen Künd der, zu dem diese Künd ausgesprochen wurde. Bei der ordentlichen Künd entspricht das **Ende der regulären Künd-Frist** dem Auflösungszeitpunkt, bei einer außerordentlichen Künd ist es der Termin, zu dem die außerordentliche Künd ausgesprochen wurde.[155] Hat der AG eine außerordentliche Künd und – hilfsweise – eine ordentliche Künd ausgesprochen, kann der AN sowohl nach § 13 Abs. 1 S. 3 als auch nach Abs. 1 S. 1 einen Auflösungsantrag stellen. Er hat ein Wahlrecht, auf welche Kündigung er den Auflösungsantrag beziehen will. Es hängt somit von seiner Entscheidung ab, zu welchem Zeitpunkt er das Arbverh auflösen und beenden will (siehe Rn 20).[156]

50 Anders als früher entfällt durch die Neuregelung des § 13 Abs. 1 S. 4 für den AN die Möglichkeit, bei einer vom AG allein außerordentlich ausgesprochenen Künd im Wege der Umdeutung den Auflösungsantrag auf eine ordentliche Künd zu beziehen.[157]

51 Das Arbverh wird erst mit Rechtskraft der Auflösungsentscheidung endgültig gestaltet und aufgelöst. Hinsichtlich der ausgeurteilten **Abfindung** ist das Urteil jedoch **vorläufig vollstreckbar**.[158]

52 **c) Die Kosten und der Streitwert des Rechtsstreits.** Verliert der AN den Künd-Schutzprozess und wird deshalb nicht über den Auflösungsantrag entschieden, trägt er allein die **Kosten** nach § 91 ZPO. Ist die Künd-Schutzklage und der Auflösungsantrag begründet, trägt der AG gem. § 91 ZPO allein die Kosten des Rechtsstreits. Stellt das Gericht jedoch fest, dass das Arbverh nicht durch die Künd aufgelöst worden ist und weist es hingegen den Auflösungsantrag des AN zurück, erfolgt eine Kostenteilung nach § 92 ZPO.[159] Dabei bildet der Streit über die Wirksamkeit der Künd den Schwerpunkt der Entscheidung, was kostenmäßig zu berücksichtigen ist. I.d.R. werden dem unterlegenen AN Kosten von einem Drittel oder einem Viertel auferlegt.[160] Löst das ArbG das Arbverh auf Antrag des AN auf, spricht

---

148 ErfK/*Kiel*, § 9 KSchG Rn 30; KR-*Spilger*, § 9 KSchG Rn 82.
149 BAG 4.4.1957 – 2 AZR 456/54 – AP § 301 ZPO Nr. 1; 9.12.1971 – 2 AZR 118/71 – BAGE 24, 57.
150 BAG 29.1.1981 – 2 AZR 1055/78 – AP § 9 KSchG 1969 Nr. 6.
151 BAG 27.9.2001– 2 AZR 389/00 – AP § 9 KSchG 1969 Nr. 41.
152 BAG 13.12.1956 – 2 AZR 353/54 – AP § 7 KSchG Nr. 5; 28.11.1968 – 2 AZR 76/68 – AP § 1 KSchG Betriebsbedingte Kündigung Nr. 19.
153 BAG 26.6.1986 – 2 AZR 522/85 – AP § 10 KSchG 1969 Nr. 3; ErfK/*Kiel*, § 9 KSchG Rn 37.
154 BAG 25.11.1982 – 2 AZR 21/81 – AP § 9 KSchG 1969 Nr. 10.
155 ErfK/*Kiel*, § 9 KSchG Rn 34.
156 BAG 26.8.1993 – 2 AZR 159/93 – AP § 626 BGB Nr. 113; LAG Düsseldorf 2.4.2008 – 12 Sa 1679/07 – LAGE § 9 KSchG Nr. 40.
157 LAG Rheinland-Pfalz 7.4.2005 – 4 Sa 955/04 – juris.
158 ErfK/*Kiel*, § 9 KSchG Rn 34.
159 BAG 9.12.1955 – 1 AZR 531/54 – AP § 7 KSchG 1951 Nr. 2.
160 KR/*Spilger*, § 9 KSchG Rn 89; ErfK-*Kiel*, § 9 KSchG Rn 36; v. *Hoyningen-Huene/Linck*, § 9 KSchG Rn 86.

dem AN aber nicht die Abfindung in Höhe des von ihm bestimmten Abfindungsbetrages zu, so hat der AN auch anteilsmäßig die Kosten des Rechtsstreits zu tragen.[161]

Der AG hat die Kosten allein zu tragen, wenn er die Abweisung der Künd-Schutzklage und die Auflösung des Arbverh beantragt hat und mit beiden Anträgen unterliegt (§ 91 Abs. 1 ZPO). Hat der AN sich in einem Künd-Schutzprozess gegen den Auflösungsantrag des AG nicht gewehrt, können dem AG alle Kosten dann auferlegt werden, wenn er mit seinem Antrag, die Klage abzuweisen, keinen Erfolg und das Gericht seinem Auflösungsantrag entsprochen hat.[162]

Haben beide Parteien einen Auflösungsantrag gestellt und ist ihm vom Gericht stattgegeben worden, trägt regelmäßig der AG die Kosten. Der AN hat in diesem Fall im Wesentlichen obsiegt, sofern nicht ein bestimmter Abfindungsbetrag, den das Gericht unterschritten hat, beantragt wurde.[163]

Der (Gebühren-)**Streitwert** für die Künd-Schutzklage richtet sich nach § 42 Abs. 4 S. 1 GKG. Der Abfindungsbetrag bleibt bei der Berechnung des Streitwerts unberücksichtigt. Der im Urteil festgesetzte Abfindungsbetrag kann nach § 42 Abs. 4 S. 1 Hs. 2 GKG (früher: § 12 Abs. 7 ArbGG) nicht berücksichtigt werden.[164] Schon nach der früheren Rspr. zu § 12 Abs. 7 ArbGG wurde der Auflösungsantrag nach § 9 Abs. 1 nicht streitwerterhöhend berücksichtigt.[165] Der Gesetzgeber hat diese Rechtslage in die Neuregelung des § 42 Abs. 4 S. 1 GKG übernommen.[166] Diese „Streitwertprivilegierung" entspricht auch dem Sinn und Zweck des Künd-Schutzprozesses, insbesondere den AN aus sozialen Gründen nicht mit einem hohen Kostenrisiko zu belasten. Ob die Privilegierung auch greift, wenn der AN seine Abfindungsforderung nicht in das Ermessen des Gerichts stellt, sondern einen bezifferten – und im Verhältnis zur vom Gericht festgesetzten Abfindung erheblich überzogenen – Abfindungsantrag stellt, ist streitig.[167] Wird aber in der Berufungsinstanz allein noch über die Höhe der Abfindung gestritten, ist der dort geltend gemachte Betrag für die Streitwertberechnung maßgebend, weil der Bestand des Arbverh nicht mehr im Streit ist;[168] einen Überblick über mögliche Streitwerte gibt *Hümmerich*.[169]

d) Rechtsmittel. Wer durch die Auflösungsentscheidung des ArbG beschwert ist, kann gegen das Urteil **Berufung** einlegen. Der AN ist beschwert, wenn sein Auflösungsantrag zurückgewiesen oder das ArbG unterhalb der von ihm genannten Mindestabfindungssumme geblieben[170] oder wenn das Arbverh auf Antrag des AG aufgelöst worden ist. Hat der AN auf Feststellung der Unwirksamkeit der Künd geklagt und hilfsweise einen Auflösungsantrag gestellt, das Gericht aber die Künd-Schutzklage abgewiesen, so fällt der Hilfsantrag in der Berufungsinstanz schon dann an, wenn der AN gegen die Abweisung der Künd-Schutzklage Berufung eingelegt hat. Hat der AN in erster Instanz keinen Auflösungsantrag gestellt, kann er eine Berufung nicht allein mit dem Ziel einlegen, in der Berufungsinstanz erstmals einen Auflösungsantrag zu stellen.[171] Es liegt keine Beschwer durch das arbeitsgerichtliche Urteil vor. Die Berufung ist auch unzulässig, wenn sie allein mit dem Ziel geführt wird, einen positiv beschiedenen Auflösungsantrag des AN in der Berufungsinstanz zurücknehmen zu wollen.[172]

Der AG ist beschwert, wenn dem Auflösungsantrag des AN entgegen dem Klageabweisungsantrag des AG stattgegeben worden ist, wenn der Auflösungsantrag des AG zurückgewiesen worden ist oder wenn das Gericht eine Abfindungssumme über den von ihm genannten Höchstbetrag hinaus festgesetzt hat. Hat der AG zulässigerweise Berufung eingelegt, kann der AN in der Berufungsinstanz den Auflösungsantrag bis zum Schluss der mündlichen Verhandlung stellen.[173] Nimmt der im Künd-Schutzprozess unterlegene AG seine von ihm eingelegte Berufung in der Berufungsverhandlung zurück, so wird ein erstmals vom AN im Berufungsverfahren außerhalb der Rechtsmittelfristen gestellter Auflösungsantrag unzulässig.[174]

---

161 BAG 26.6.1986 – 2 AZR 522/85 – AP § 10 KSchG 1969 Nr. 3.
162 BAG 28.11.1968 – 2 AZR 76/68 – AP § 1 KSchG Betriebsbedingte Kündigung Nr. 19.
163 *v. Hoyningen-Huene/Linck*, § 9 Rn 88; ErfK/*Kiel*, § 9 KSchG Rn 37.
164 BAG 30.11.1984 – AP ArbGG 1979 § 12 Streitwert Nr. 9; 26.6.1986 – 2 AZR 522/85 – NZA 1987, 139; LAG Baden-Württemberg 22.9.2004 – 3 Ta 136/04 – LAGE § 9 KSchG Nr. 37; LAG Sachsen 9.6.2005 – 4 Ta 390/04 – JurBüro 2006,18; LAG Brandenburg 17.4.2003 – 6 Ta 62/03 – RzK I 101 Nr. 124;*Germelmann u.a.*, § 12 ArbGG Rn 123.
165 Düwell/Lipke/*Krönig*, § 12 Rn 33 m.w.H.; LAG Berlin 30.12.1999 – 7 Ta 6121/99 – MDR 2000, 526; LAG Baden-Württemberg 22.9.2004 – 3 Ta 136/04 – LAGE § 9 KSchG Nr. 37.
166 KR-*Friedrich*, § 4 KSchG Rn 282; *Brinkmann*, JurBüro 2005, 119, 127; *Holthausen/Holthausen*, NZA-RR 2007, 449, 454.
167 Vgl. *Germelmann u.a.*, § 12 ArbGG Rn 123; Düwell/Lipke/*Krönig*, § 12 Rn 33; Schwab/Weth/*Vollstädt*, § 12 ArbGG Rn 190; KR-*Friedrich*, § 4 KSchG Rn 282; *Brinkmann*, JurBüro 2005, 119, 127.
168 *Germelmann u.a.*, § 12 ArbGG Rn 123; Schwab/Weth/*Vollstädt*, § 12 ArbGG Rn 194.
169 *Hümmerich*, NZA 1999, 342, 348.
170 LAG Köln 21.3.2005 – 2 Sa 1499/04 – LAGE § 10 KSchG Nr. 5.
171 BAG 23.6.1993 – 2 AZR 56/93 – AP § 9 KSchG 1969 Nr. 23; 3.4.2008 – 2 AZR 720/06 – AP § 9 KSchG 1969 Nr. 56.
172 BAG 23.6.1993 – 2 AZR 56/93 – AP § 9 KSchG 1969 Nr. 23; *Bauer/Hahn*, DB 2000, 2471, 2472.
173 BAG 3.4.2008 – 2 AZR 720/06 – AP § 9 KSchG 1969 Nr. 56.
174 BAG 3.4.2008 – 2 AZR 720/06 – AP § 9 KSchG 1969 Nr. 56.

58 Haben beide Parteien einen Auflösungsantrag gestellt und löst das ArbG das Arbverh unter Festsetzung einer Abfindung auf, kann nur dann eine der beiden Parteien Berufung eingelegen, wenn sie eine Mindest- bzw. Höchstsumme für die Abfindung genannt hat und das Gericht diesem Antrag nicht entsprochen hat.[175] Eine Berufung ist jedoch nicht mit dem Ziel möglich, einen erstinstanzlich gestellten Auflösungsantrag zurückzunehmen, um eine Fortsetzung des Arbverh zu erreichen.[176]

59 In der Revisionsinstanz kann der Auflösungsantrag nicht erstmals gestellt werden.

C. Verbindung zu anderen Rechtsgebieten

I. Abfindung aufgrund einer Vereinbarung

60 Von der Auflösung des Arbverh durch arbeitsgerichtliches Gestaltungsurteil wird praktisch nur relativ selten Gebrauch gemacht. In der Praxis dominiert die privatautonome Beendigung des Arbverh durch einen **außergerichtlichen Aufhebungs- oder Abwicklungsvertrag** bzw. durch einen **gerichtlichen Beendigungsvergleich**.

61 Die Dominanz dieser Gestaltungsmittel entspricht den rechtlichen Rahmenbedingungen. Der AN hat keine Möglichkeit, die Auflösung seines Arbverh gegen Zahlung einer Abfindung – insb. ohne vorherige Künd – gegen den Willen des AG durchzusetzen. Will er eine Abfindung erzielen, so kann er dies nur im Wege einer privatautonomen Vereinbarung erreichen. Die Gestaltung seiner vertraglichen Beziehungen zum AG und die Festlegung einer Abfindung für den Verlust des Arbeitsplatzes richten sich nicht nach den Regeln der §§ 9, 10. Sie sind frei vereinbar.

62 Eine gerichtliche Auflösung des Arbverh gegen eine Zahlung einer Abfindung ist bei einer – sozial gerechtfertigten – Künd nicht **gegen den Willen des AG** möglich. In einem solchen Fall besteht nur dann ein Abfindungsanspruch, wenn ein Sozialplan eine Abfindung vorsieht, ein Fall des § 1a gegeben ist oder aber die Arbeitsvertragsparteien eine vertragliche Vereinbarung geschlossen haben, in der sich der AG zur Zahlung einer Abfindung verpflichtet hat. Dementsprechend können Abfindungsansprüche nach § 9 und nach **§ 1a nicht zusammentreffen**. Ein Abfindungsanspruch nach § 1a kann ja gerade nur bestehen, wenn der AN keine Künd-Schutzklage erhebt.[177]

II. Konkurrenz zu anderen Abfindungsregeln

63 Sieht ein **Sozialplan** (§ 112 BetrVG) die Zahlung einer Abfindung vor oder sind die Voraussetzungen eines **Nachteilsausgleichs** (§ 113 BetrVG) gegeben, so hat der AN auch ohne gestaltende Entscheidung des ArbG einen Anspruch auf Zahlung einer Abfindung. § 9 findet in diesen Fällen keine Anwendung. Anders als die Regelung in § 9 gehen die §§ 111 ff. BetrVG von der Wirksamkeit der vom AG ausgesprochenen Künd und damit von einem wirksamen Verlust des Arbeitsplatzes aus. Die Abfindungsleistung nach § 112 BetrVG hat v.a. eine Überleitungs- und Vorsorgefunktion.[178] Die Regelung des § 113 BetrVG sanktioniert ein betriebsverfassungsrechtlich pflichtwidriges Verhalten des AG; sie will mit der Verurteilung zur Abfindungsleistung dem Unternehmer durch Androhung einer finanziellen Sanktion zur Durchführung des vorgesehenen Interessenausgleichsverfahrens bzw. zur Einhaltung eines vereinbarten Interessenausgleichs anhalten.[179] Somit sind die Zwecke der Abfindungsleistungen nach §§ 112 und 113 BetrVG andere als die des § 9.

64 Für den AN bestehen demnach zwei Wege, eine Abfindungszahlung zu erzielen. Kumulativ können die Ansprüche nach § 9 und §§ 112 ff. BetrVG jedoch nicht geltend gemacht werden.[180] § 9 setzt die Sozialwidrigkeit der Künd und die Auflösung des Arbverh voraus. §§ 112 und 113 BetrVG setzen hingegen gerade die Wirksamkeit der Beendigung des Arbverh voraus. Geht es dementsprechend dem AN in erster Linie um eine Geldzahlung, so wird er ggf. die Künd hinnehmen und nur auf Zahlung aus dem Sozialplan bzw. aus dem Nachteilsausgleich wegen Nichteinhaltung des Interessenausgleichs klagen. Will er primär an seinem Arbeitsplatz zurückkehren und nur sekundär eine Kompensationsleistung erhalten, so wird er auf jeden Fall Künd-Schutzklage erheben müssen und nur hilfsweise für den Fall, dass das Gericht die soziale Rechtfertigung bejaht, eine Abfindung nach § 113 BetrVG bzw. § 112 BetrVG verlangen. Beide Anträge werden dann in Form von Haupt- und Hilfsantrag gestellt.[181]

---

[175] KR-*Spilger*, § 9 KSchG Rn 97; *v. Hoyningen-Huene/Linck*, § 9 Rn 93; a.A. *Bauer/Hahn*, DB 1990, 2471, 2473; *Bauer*, in: FS Hanau S. 151, 160.

[176] BAG 23.6.1993 – 2 AZR 56/93 – AP § 9 KSchG 1969 Nr. 23.

[177] BAG 13.12.2007 – 2 AZR 971/06 – AP § 1a KSchG 1969 Nr. 7; *Hergenröder/v. Wickede*, RdA 2008, 364, 370.

[178] BAG 11.8.1993 – 10 AZR 558/92 – AP § 112 BetrVG 1972 Nr. 71; 31.7.1996 – 10 AZR 45/96 – AP § 112 BetrVG 1972 Nr. 103; vgl. Kommentierung zu § 112 BetrVG.

[179] BAG 4.12.1979 – 1 AZR 843/76 – AP § 111 BetrVG 1972 Nr. 6; 29.11.1983 – 1 AZR 523/82 – AP § 113 BetrVG 1972 Nr. 10; ErfK/*Kania*, § 113 BetrVG Rn 1.

[180] Vgl. KR/*Spilger*, § 9 KSchG Rn 70; ErfK/*Kiel*, § 9 KSchG Rn 44; HaKo-KSchR/*Fiebig*, § 9 KSchG Rn 8.

[181] *v. Hoyningen-Huene/Linck*, § 9 KSchG Rn 96; KR/*Spilger*, § 9 KSchG Rn 71.

III. Sozialrechtliche Auswirkungen des Auflösungsantrags

Ein Antrag des AN nach Abs. 1 S. 1 rechtfertigt **keine** Sperrzeit nach § 144 Abs. 1 S. 1 SGB III. Es liegt weder eine „Lösung des Beschäftigungsverhältnisses" i.S.d. Nr. 1 der Norm vor,[182] noch führt der AN seine Arbeitslosigkeit grob fahrlässig herbei. Die wesentliche Ursache für die Beendigung des Arbverh liegt nicht im Verhalten des AN, sondern wird durch die Künd des AG und das arbeitsgerichtliche Gestaltungsurteil gesetzt. Gleiches gilt für den Auflösungsantrag des AG.[183]

D. Beraterhinweise

I. Darlegungs- und Beweislast

Darlegungs- und beweispflichtig für die Auflösungstatsachen ist derjenige, der einen Auflösungsantrag stellt. Da eine Auflösung des ArbVerh nur ausnahmsweise in Betracht kommt[184] sind an die Darlegung von Auflösungsgründen strenge Anforderungen zu stellen.[185] Er muss die Umstände, aus denen er die Unzumutbarkeit herleiten will, konkret und substanziiert darlegen. Pauschale Begründungen genügen nicht.

Stellt der **AN** einen Auflösungsantrag, muss er im Einzelnen darlegen und ggf. beweisen, dass Gründe vorliegen, die ihm die Fortsetzung des Arbverh unzumutbar machen. Stellt der **AG** einen Auflösungsantrag, muss er die hierfür tragenden Tatsachen, die die Auflösung rechtfertigen sollen, im Einzelnen substanziiert darlegen. Beruft er sich auf Gründe, die die Künd sozial nicht rechtfertigen konnten, muss er insb. klarstellen, weshalb dieser Künd-Sachverhalt jetzt so beschaffen sein soll, dass er eine weitere Zusammenarbeit nicht erwarten lässt,[186] in dem er zusätzliche greifbare Tatsachen dafür vorträgt, weshalb zukünftig mit einer weiteren gedeihlichen Zusammenarbeit nicht zu rechnen ist.[187] Globale oder pauschale Erklärungen reichen nicht aus (siehe auch Rn 34).

Tritt der AN dem Vortrag des AG nicht entgegen, stellt aber selbst keinen Auflösungsantrag, hat das Gericht im vollen Umfang zu prüfen, ob die Voraussetzungen nach Abs. 1 S. 2 vorliegen. Allerdings kann das Gericht je nach Sachlage hierin ein Indiz sehen, dass eine den Betriebszwecken dienliche weitere Zusammenarbeit auch aus der Sicht des AN nicht mehr gegeben ist.[188]

Ansonsten ist es aber dem Gericht verwehrt, zur Begründung für die Auflösung Tatsachen heranzuziehen, auf die sich weder der AN noch der AG berufen hat. Dies gilt selbst dann, wenn diese Tatsachen unstreitig oder offenkundig sind (siehe Rn 13).[189]

II. Antragsformulierungen

Eine übliche Formulierung für einen Auflösungsantrag des AN lautet: „(hilfsweise) das Arbeitsverhältnis gegen Zahlung einer Abfindung – die in das Ermessen des Gerichts gestellt wird, aber … EUR nebst 5 % Zinsen über dem Basissatz seit dem Tag der Beendigung des Arbeitsverhältnisses nicht unterschreiten sollte – aufzulösen".[190]

Die Angabe eines Mindestabfindungsbetrags ist nicht notwendig. Auf mögliche Kostenrisiken bei Aufnahme eines Mindestbetrags im Antrag einerseits und den möglichen Risiken bzgl. der Rechtsmittelfähigkeit bei fehlender Angabe ist oben hingewiesen worden (siehe Rn 52 ff.).

III. „Schriftsatzattacken"

Unsachliche, polemische Ausführungen in Schriftsätzen der Prozessbevollmächtigten sind die am häufigsten auftretenden, berechtigten Auflösungsgründe. Soll die Auflösung des Arbverh gegen Zahlung einer Abfindung vermieden werden, muss im ArbG-Prozess sachlich vorgetragen werden.[191] Ein emotionaler, mit Vorwürfen an die Gegenseite versehener Prozessvortrag kann leicht zur Zerstörung des Vertrauensverhältnisses zwischen AG und AN und damit zur Unzumutbarkeit einer Fortsetzung des Arbverh führen. Die Prozessvertreter sollten im Künd-Schutzprozess mit der gebotenen professionellen Distanz vortragen.[192]

---

182 KassArbR/*Voelzke*, § 12 Rn 281; *Lilienfeld/Spellbrink*, RdA 2005, 88, 92; *Gagel-Winkler*, SGB III § 144 Rn 47; ErfK/*Rolfs*, § 144 SGB III Rn 6; HWK/*Peters-Lange*, § 144 SGB III Rn 8; *Schwerdtner*, in: FS 50 Jahre DAI, S. 247, 255.
183 HWK/*Peters-Lange*, § 144 SGB III Rn 8.
184 Zum Ausnahmecharakter der Regelung vgl. Rn 2.
185 BAG 7.3.2002 – 2 AZR 158/01 – AP KSchG 1969 § 9 Nr. 42; 10.7.2008 – 2 AZR 1111/06 – NZA 2009, 312; 23.10.2008 – 2 AZR 483/07 – NJW 2009, 1897, 1901; APS/*Biebl*, § 9 KSchG Rn 49.
186 BAG 18.12.1980 – 2 AZR 1006/78 – AP § 102 BetrVG 1972 Nr. 22; siehe auch BVerfG 15.12.2008 – 1 BvR 347/08 – juris.
187 BVerfG 22.10.2004 – 1 BvR 1944/01 – AP KSchG 1969 § 9 Nr. 49; BAG 2.6.2005 – 2 AZR 234/04 – AP KSchG 1969 § 9 Nr. 51.
188 BAG 29.3.1960 – 3 AZR 568/58 – AP § 7 KSchG 1951 Nr. 7; ErfK/*Kiel*, § 9 KSchG Rn 28.
189 BVerfG 22.10.2004 – 1 BvR 1944/01 – AP § 9 KSchG 1969 Nr. 49; BAG 30.9.1976 – 2 AZR 402/75 – AP § 9 KSchG 1969 Nr. 3; *Stahlhacke/Preis/Vossen*, Rn 1978; KR/*Spilger*, § 9 KSchG Rn 48; APS/*Biebl*, § 9 KSchG Rn 38; *Boewer*, RdA 2001, 380, 400.
190 S. zu weiteren Antragsmustern: *Hümmerich*, Arbeitsrecht, § 6 Rn 291, 440.
191 *Bauer*, in: FS Hanau S. 151, 154.
192 *Holthausen/Holthausen*, NZA-RR 2007, 449, 450.

IV. Auflösungsantrag und Weiterbeschäftigungsantrag

72 Der AG kann seinen Auflösungsantrag bis zum Schluss der letzten mündlichen Verhandlung in der Berufungsinstanz stellen (Abs. 1 S. 3). Es kann sich aber für ihn anbieten, den Antrag schon frühzeitig in der ersten Instanz zu stellen, insb. wenn er vermeiden will, dass das ArbG einem Weiterbeschäftigungsantrag des AN stattgibt.[193] Denn durch den Auflösungsantrag des AG ist der Fortbestand des Arbverh des AN genau so ungewiss wie vor dem Erlass des erstinstanzlichen Urteils, was ein berechtigtes Nichtbeschäftigungsinteresse des AG begründen kann.[194] Etwas anderes gilt nur dann, wenn der Auflösungsantrag unzulässig oder offensichtlich unbegründet ist oder der AN ein besonderes Beschäftigungsinteresse geltend machen kann.

Ein vom AN gestellte Weiterbeschäftigungsantrag kann einem möglichen Auflösungsantrag des AN den Boden entziehen. Dies gilt v.a. in den Fällen, in denen der AG noch vor der Rücknahme des Weiterbeschäftigungsantrags durch den AN eine Rücknahme der Künd erklärt.[195]

V. Auflösungsantrag und Annahmeverzug

73 Will der AN einen Auflösungsantrag stellen, gilt es weiter zu bedenken, ob und ggf. in welchem Umfang Ansprüche aus Annahmeverzug (§ 615 BGB, § 11) entstanden sind und sie ggf. durch die Abfindungsleistung hinreichend kompensiert werden bzw. verloren gehen.

§ 10 Höhe der Abfindung

(1) Als Abfindung ist ein Betrag bis zu zwölf Monatsverdiensten festzusetzen.

(2) ¹Hat der Arbeitnehmer das fünfzigste Lebensjahr vollendet und hat das Arbeitsverhältnis mindestens fünfzehn Jahre bestanden, so ist ein Betrag bis zu fünfzehn Monatsverdiensten, hat der Arbeitnehmer das fünfundfünfzigste Lebensjahr vollendet und hat das Arbeitsverhältnis mindestens zwanzig Jahre bestanden, so ist ein Betrag bis zu achtzehn Monatsverdiensten festzusetzen. ²Dies gilt nicht, wenn der Arbeitnehmer in dem Zeitpunkt, den das Gericht nach § 9 Abs. 2 für die Auflösung des Arbeitsverhältnisses festsetzt, das in der Vorschrift des Sechsten Buches Sozialgesetzbuch über die Regelaltersrente bezeichnete Lebensalter erreicht hat.

(3) Als Monatsverdienst gilt, was dem Arbeitnehmer bei der für ihn maßgebenden regelmäßigen Arbeitszeit in dem Monat, in dem das Arbeitsverhältnis endet (§ 9 Abs. 2), an Geld und Sachbezügen zusteht.

Literatur: *Foerster*, Steuervergünstigungsabbau, AuA 2006, 108; *Herschel/Steinmann*, Kommentar zum Kündigungsschutzgesetz, 3. Auflage, 1955; *Hümmerich*, Die arbeitsgerichtliche Abfindung, NZA 1999, 342; *Keßler*, Der Auflösungsantrag nach § 9 KSchG im Spiegel der Judikatur, NZA 2002, 1; *Rolfs*, Abfindung; AR-Blattei SD 10; *Tausch/Plenker*, Änderungen durch das Gesetz zum Einstieg in ein steuerrechtliches Sofortprogramm, DB 2006, 8; *Voelzke*, Auswirkungen von Abfindungen und Urlaubsabgeltungen auf Leistungen der Arbeitslosigkeit, SGb 2007, 713; *Wagner*, Steuerliche Behandlung von Vergütungs- und Abfindungsansprüchen, AuR 2006, 46; *Wisskirchen*, Die steuerliche Belastung von Entlassungsentschädigungen ab 1999, NZA 1999, 405

A. Allgemeines 1	2. Verjährungs- und Ausschlussfristen 28
B. Regelungsgehalt 6	3. Vererbbarkeit 30
I. Der Monatsverdienst als Grundlage für die Bemessung der festzusetzenden Abfindung 9	4. Pfändbarkeit, Abtretung und Aufrechnung ... 31
II. Gesetzliche Höchstgrenze 15	5. Abfindungsanspruch in der Insolvenz 34
III. Festlegung der Abfindung im Einzelfall 19	6. Verhältnis zu anderen Vergütungsansprüchen ... 35
C. **Verbindung zu anderen Rechtsgebieten** 25	II. Sozialrechtliche Folgen des Kündigungsabfindungsanspruchs 38
I. Die individualrechtliche und zivilprozessuale Behandlung von Kündigungsabfindungen 25	III. Steuerrechtliche Folgen der Kündigungsabfindung ... 45
1. Entstehen, Fälligkeit und Verzug des Abfindungsanspruchs 25	D. **Beraterhinweise** 46

A. Allgemeines

1 § 10 ergänzt § 9, der die gesetzlichen Voraussetzungen für die gerichtliche Auflösung eines Arbverh gegen Zahlung einer Abfindung normiert. Die Vorschrift gestaltet die **Festsetzung** der gesetzlich geforderten **angemessenen Abfindung** bei einer gerichtlichen Auflösung des Arbverh nach §§ 9 und 13 Abs. 1 S. 3, Abs. 2 näher aus, ohne feste Regelsätze für die auszuurteilende Abfindung festzulegen.

---

[193] *Bauer*, DB 1985, 1180, 1181; *Müller*, BB 2004, 1849.
[194] *Müller*, BB 2004, 1849, 1852; *Holthausen/Holthausen*, NZA-RR 2007, 449, 454.
[195] *Fischer*, NZA 1999, 459, 461.

Bereits das KSchG 1951 sah in § 8 eine Regelung über die Höhe einer Abfindung bei gerichtlicher Auflösung des Arbverh vor.[1] Die Norm legte dabei u.a. einen Höchstbetrag von 12 Monatsverdiensten fest und gestaltete für die gerichtliche Festsetzung der Abfindung den Rahmen in Abs. 2 näher aus.[2] Diese Vorschrift ist durch die Regelung des § 10 mit dem Ersten Arbeitsrechtsbereinigungsgesetz vom 14.8.1969[3] abgelöst worden. Die jetzige Fassung der in Abs. 2 S. 2 geregelten Höchstgrenze ist durch Art. 31 Rentenreformgesetz vom 18.12.1989[4] zum 1.1.1992 eingeführt worden.[5]

§ 10 findet aufgrund einer Verweisung in § 113 Abs. 1 BetrVG auch für Abfindungen als Nachteilsausgleichsanspruch entsprechend Anwendung. Der Abs. 3 von § 10 gilt nach S. 2 von § 1a Abs. 2 entsprechend für den Abfindungsanspruch bei betriebsbedingten Künd, wenn der AG einen entsprechenden Hinweis nach § 1a Abs. 1 S. 2 erteilt hat. Auf einzelvertraglich vereinbarte Abfindungen in Aufhebungs- oder Abwicklungsverträgen und (gerichtlichen und außergerichtlichen) Vergleichen findet § 10 hingegen keine Anwendung. Die Arbeitsvertragsparteien können die Höhe ihrer Abfindung und deren Berechnungsgrundlagen autonom und ohne Bindung an die Vorgaben des § 10 festlegen. Entsprechendes gilt für tarifvertragliche Abfindungsansprüche und Abfindungsansprüche aus Sozialplänen nach § 112 BetrVG.

§ 10 ist eine **Bemessungsvorschrift** und keine Anspruchsgrundlage. Sie konkretisiert die in § 9 Abs. 1 festgelegte Rechtsfolge der „angemessenen Abfindung" für einen unberechtigten Verlust des Arbeitsplatzes. Die Norm legt zum einen **Abfindungshöchstgrenzen** fest und regelt zum anderen die **Bemessungsfaktoren** zur Bestimmung des Monatsverdienstes.

Der Sinn und Zweck der gerichtlich festgesetzten Abfindung liegt in erster Linie in der **Entschädigung des AN**[6] für den Verlust seines Arbeitsplatzes vor dem Hintergrund einer sozialwidrigen AG-Künd.[7] Mit der Abfindung sollen alle unmittelbar mit dem Verlust des Arbeitsplatzes verbundenen vermögensrechtlichen und immateriellen Nachteile des AN pauschal abgegolten werden.[8] Daneben hat die Abfindung auch eine Präventivfunktion;[9] sie soll den AG davon abhalten, leichtfertig eine ordentliche Künd des Arbverh auszusprechen.

B. Regelungsgehalt

§ 10 legt in seinen Abs. 1 und 2 **Höchstgrenzen** für die gerichtlich festzusetzenden Abfindungen fest. In seinem Abs. 3 werden die **Bemessungsgrundlagen** für die festsetzende Abfindung näher ausgestaltet.

Die im Gesetz festgelegten Höchstgrenzen gelten nur für eine gerichtliche Auflösung von Arbverh und bei der Festsetzung des Nachteilsausgleichsanspruchs nach § 113 BetrVG. Die Höhe einer Abfindung nach § 1a gestaltet diese Spezialvorschrift selbst näher und abschließend aus (vgl. § 1a Rn 30 ff.). Für vertraglich vereinbarte Abfindungen und Abfindungen aus Sozialplänen[10] enthält die kündigungsrechtliche Bemessungsvorschrift keine zwingenden Vorgaben.

Im Rahmen der gesetzlichen Höchstgrenzen liegt die Festsetzung der Abfindungshöhe im gerichtlichen **Ermessen**. Die in § 10 genannten Bemessungskriterien – Monatsverdienst, Lebensalter, Beschäftigungsdauer – sind nicht abschließend (siehe Rn 21). Bei der Bemessung kommt den Umständen des Einzelfalls maßgebliche Bedeutung zu.

I. Der Monatsverdienst als Grundlage für die Bemessung der festzusetzenden Abfindung

Basis zur Ermittlung der „angemessenen Abfindung" ist der **individuelle Bruttomonatsverdienst** des betroffenen AN. Nach Abs. 3 der Norm gilt als Monatsverdienst die Summe aus Geld- und Sachbezügen, die der AN bei der für ihn maßgebenden regelmäßigen Arbeitszeit in dem Monat, in dem das Arbverh endet, verdient hätte. Der Beendigungszeitpunkt entspricht dem Auflösungszeitpunkt nach § 9 Abs. 2.[11]

Aufgrund der Anbindung des zu ermittelnden Bruttomonatsverdienstes an die Arbeitszeit des letzten Arbeitsmonats kann der Monatsverdienst bei AN ohne feste Monatsvergütung unterschiedlich hoch sein. Er hängt bspw. von der unterschiedlichen Anzahl der Arbeitstage in einem Monat ab. Soweit sich hierdurch gewisse Ungerechtigkeiten

---

1 Hattenheimer Entwurf, RdA 1951, 64.
2 Vgl. Herschel/Steinmann, § 8 Rn 1.
3 BGBl I S. 1106.
4 BGBl I S. 2261, 2380.
5 Zum Ganzen: KR/Spilger, § 10 KSchG Rn 1–3a.
6 Vgl. Anm. zu § 9 KSchG Rn 4.
7 BAG 25.7.1987 – 2 AZR 504/85 – EzA § 9 KSchG 1969 n.F. Nr. 23; vgl. auch: BAG 20.11.1997 – 2 AZR 803/96 – RzK I 11 c Nr. 13; KR-Spilger, § 10 KSchG Rn 10; v. Hoyningen-Huene/Linck, § 10 Rn 4; HWK/Thies, § 10 KSchG Rn 7.
8 BAG 12.6.2003 – 8 AZR 341/02 – BAGE 106, 286; KR-Spilger, § 10 KSchG Rn 11, vgl. auch Anm. in § 9 KSchG Rn 4.
9 BAG 20.11.1997 – 2 AZR 803/96 – RzK I 11 c Nr. 13; KR-Spilger, § 10 KSchG Rn 10; Löwisch/Spinner, § 9 Rn 1; HWK/Thies, § 10 Rn 7.
10 BAG 27.10.1987 – 1 ABR 9/86 – BAGE 56, 270; 6.5.2003 – 1 ABR 11/02 – BAGE 106, 95.
11 Vgl. Anm. zu § 9 Rn 49.

bei der Ermittlung des Monatsverdienstes ergeben, können diese Nachteile für den AN bei der Bemessung des Abfindungsbetrages angemessen berücksichtigt und kompensiert werden.[12]

11 Die **regelmäßige Arbeitszeit** ist nicht die betriebsübliche, sondern die arbeitsvertraglich vereinbarte Arbeitszeit. Kurzarbeit und – unregelmäßig anfallende – Überstunden sind nicht zu berücksichtigen. Überstunden können bei der Ermittlung des Monatsverdienstes nur berücksichtigt werden, wenn sie regelmäßig geleistet wurden.[13] Der Arbeitsverdienst des AN ist grds. so zu berechnen, als ob der AN tatsächlich gearbeitet hätte.[14] Deshalb spielt es keine Rolle, ob der AN in dem Monat, in dem das Arbverh endet, tatsächlich beschäftigt worden ist. Bei kurzfristigen Arbeitsunterbrechungen – Krankheit, Urlaub, Freistellung, Kurzarbeit – wird der Monatsverdienst fiktiv berechnet, und zwar so, als ob der AN tatsächlich gearbeitet hätte.

12 Zum Monatsverdienst rechnen alle **Leistungen mit Entgeltcharakter**, also insb. die Grundvergütung (Stunden- oder Akkordlohn, Gehalt, Fixum), alle laufend gezahlten Prämien, Provisionen und Sonderzahlungen, auf die der AN einen Anspruch hat (13. Gehalt, Tantiemen, Jahresabschlusszahlungen) sowie regelmäßig geleistete Zulagen (z.B. Schichtzuschläge). Entgeltbestandteile, die nicht monatlich zur Auszahlung gelangen, aber für einen längeren Zeitraum gewährt werden, sind bei der Ermittlung des Monatsverdienstes anteilig zu berücksichtigen.[15] Bei einer Akkordvergütung ist der mutmaßliche Verdienst des AN im Auflösungsmonat zu ermitteln.[16]

13 Nicht zum regelmäßigen Monatsverdienst gehören dagegen **Zuwendungen mit Aufwendungscharakter**, wie etwa Schmutzzulagen oder Spesen.[17] Auch Zuwendungen mit Gratifikationscharakter, bspw. Jubiläumsgelder, Weihnachtsgratifikationen, Urlaubsgelder und Trinkgelder, die nicht dem regelmäßigen Einkommen des AN zugerechnet werden können sondern bei besonderer Gelegenheit gezahlt werden, bleiben bei der Berechnung des Monatsverdienstes nach Abs. 3 unberücksichtigt.[18]

14 **Sachbezüge** sind mit ihrem tatsächlichen Wert dem Monatsverdienst hinzuzurechnen. Maßgeblich sind die Kosten, die vom AN auf dem freien Markt dafür aufgewendet werden müssten.[19] Die Privatnutzung eines Dienstwagens ist bei der Berechnung des Monatsverdienstes als Sachbezug – an Hand der steuerlichen Bewertung der privaten Nutzungsmöglichkeit – zu berücksichtigen.[20]

II. Gesetzliche Höchstgrenze

15 Grds. liegt die Höchstgrenze für die festzusetzende Abfindung nach Abs. 1 bei einem Betrag von maximal **zwölf Monatsverdiensten**.

Nach Abs. 2 S. 1 kann sich dieser Abfindungsbetrag auf maximal 15 Monatsverdienste erhöhen, wenn der AN das 50. Lebensjahr vollendet und das Arbverh mind. 15 Jahre bestanden hat. Hat das Arbverh mind. 20 Jahre bestanden und der AN das 55. Lebensjahr vollendet, so erhöht sich die Höchstgrenze für die festzusetzende Abfindung auf insg. 18 Monatsverdienste. Beide Voraussetzungen – höheres Lebensalter und längere Dauer des Arbverh – müssen für eine Erweiterung der Höchstgrenze kumulativ vorliegen. Die Ausweitung des gesetzlichen Abfindungsrahmens für ältere AN verstößt nicht gegen das Verbot der Altersdiskriminierung.[21] Es handelt sich um eine besondere Entlassungsbedingung zum Schutz älterer AN. Sie ist angemessen i.S.d. § 10 Abs. 1 AGG. Sie dient mit ihrem Präventions- und Entschädigungszweck einem legitimen Ziel. Mit dieser Regelung trägt der Gesetzgeber dem Umstand typisierend Rechnung, dass ältere AN regelmäßig größere Schwierigkeiten haben werden, auf dem Arbeitsmarkt eine neue Stelle zu finden.[22] Die höhere Abfindung für ältere AN soll dazu beitragen, dass dieser Personenkreis eine längere Zeit bis zur Begründung eines neuen Arbverh oder bis zum Rentenbezug überbrücken kann.[23]

16 Für AN, die bereits die **Regelaltersgrenze** (Vollendung des 65. Lebensjahres, § 35 Nr. 1 SGB VI) erreicht haben, ist die Überbrückungsfunktion der festzusetzenden Abfindung nicht mehr gegeben. Für diese AN gilt nach der Regelung in Abs. 2 S. 2 deshalb nur die „normale" Höchstgrenze nach Abs. 1 der Norm. Eine Erhöhung der Höchstgrenze auf 15

---

12 KR/*Spilger*, § 10 KSchG Rn 32; *v. Hoyningen-Huene/Linck*, § 10 KSchG Rn 14; HaKo-KSchR/*Fiebig*, § 10 KSchG Rn 6.
13 KR/*Spilger*, § 10 KSchG Rn 29; *v. Hoyningen-Huene/Linck*, § 10 Rn 12; APS/*Biebl*, § 10 KSchG Rn 14; *Küttner/Eisemann*, Abfindung Rn 33.
14 HWK/*Thies*, § 10 KSchG Rn 5; APS/*Biebl*, § 10 Rn 15; KR-*Spilger*, § 10 Rn 30.
15 BAG 19.6.2007 – 1 AZR 340/06 – AP § 1a KSchG 1969 Nr. 4; *v. Hoyningen-Huene/Linck*, § 10 KSchG Rn 15 f.; KR/*Spilger*, § 10 KSchG Rn 33; HaKo-KSchR/*Fiebig*, § 10 KSchG Rn 8; APS/*Biebl*, § 10 KSchG Rn 16.
16 KR/*Spilger*, § 10 KSchG Rn 33; HWK/*Thies*, § 10 KSchG Rn 5; APS/*Biebl*, § 10 Rn 16.
17 KR/*Spilger*, § 10 KSchG Rn 33; HaKo-KSchR/*Fiebig*, § 10 KSchG Rn 9; HWK/*Thies*, § 10 Rn 7; APS/*Biebl*, § 10 KSchG Rn 18.

18 KR/*Spilger*, § 10 KSchG Rn 33; *v. Hoyningen-Huene/Linck*, § 10 Rn 16; HWK/*Thies*, § 10 KSchG Rn 6; HaKo-KSchR/*Fiebig*, § 10 KSchG Rn 9; a.A. *Löwisch/Spinner*, § 10 Rn 3.
19 BAG 22.9.60 – 2 AZR 507/50 – AP § 616 BGB Nr. 27; KR/*Spilger*, § 10 KSchG Rn 34; HaKo-KSchR/*Fiebig*, § 10 Rn 10.
20 BAG 25.11.1982 – 2 AZR 21/81 – AP § 9 KSchG 1969 Nr. 10; HaKo-KSchR/*Fiebig*, § 10 Rn 10; zur Berechnung vgl. BAG 21.2.99 – 9 AZR 415/98 – AP § 611 BGB Sachbezüge Nr. 12.
21 *V. Hoyningen-Huene/Linck*, § 10 Rn 30; *Bauer/Göpfert/Krieger*, § 10 AGG Rn 27a.
22 BT-Drucks 5/3913, S. 9.
23 KR/*Spilger*, § 10 KSchG Rn 40; *Bauer/Göpfert/Krieger*, § 10 AGG Rn 27a.

bzw. 18 Monatsverdienste ist hiernach gesetzlich ausgeschlossen. Die Einschränkung knüpft allein an die Vollendung des 65. Lebensjahres an. Ob der AN tatsächlich einen Anspruch auf Altersruhegeld nach § 35 SGB VI hat oder nicht, bspw. weil er noch nicht die allg. Wartezeit von fünf Jahren (§ 50 Abs. 1 SGB VI) erfüllt hat, spielt für die Anwendung des S. 2 der Norm keine Rolle. Gleiches gilt in den Fällen, in denen der AN eine Altersgrenze erreicht hat, die ihm – ausnahmsweise – einen früheren gesetzlichen Rentenbezug ermöglicht. Auch dieser Umstand rechtfertigt nicht, die erweiterten Höchstgrenze nach S. 2 des § 10 zu reduzieren, weil die Norm nur auf die „Regelaltersgrenze" des § 35 SGB VI Bezug nimmt.[24]

Zur Bestimmung der anzuwendenden Höchstgrenzen ist der vom Gericht im Urteil festzulegende Zeitpunkt maßgeblich.[25] Zu diesem Zeitpunkt müssen die Kriterien – Dauer des Arbverh und das entsprechende Lebensalters des AN – erfüllt sein. Bei einer ordentlichen Künd kommt es somit auf den letzten Tag der Künd-Frist, bei einer außerordentlichen Künd nach § 13 Abs. 1 S. 4 auf den Tag des Zugangs der Künd-Erklärung an.

Die Vorschrift stellt auf den Bestand des Arbverh ab. Hierbei kommt es nicht auf die Dauer der Beschäftigung in einem bestimmten Betrieb des Unternehmens, sondern auf die Dauer der Unternehmenszugehörigkeit an.[26] Es gelten insoweit die Grundsätze für die Berechnung der Wartezeit nach § 1 Abs. 1.[27] Gesetzliche, tarifvertragliche oder einzelvertragliche Anrechnungsregelungen führen im Rahmen des § 10 zu einer Anrechnung von früheren Beschäftigungszeiten.[28]

Die gesetzlich festgelegten Höchstgrenzen dürfen von den ArbG – auch nicht in besonders schwerwiegenden Fällen – überschritten werden.[29]

III. Festlegung der Abfindung im Einzelfall

Nach § 1 Abs. 1 und 2 ist ein „**angemessener Abfindungsbetrag**" „bis zu" einer bestimmten Höchstgrenze festzusetzen. Das Gesetz formuliert insoweit einen unbestimmten Rechtsbegriff mit Beurteilungsspielraum.[30]

Welcher Betrag angemessen ist, ist für den Einzelfall – innerhalb der gesetzlich vorgegebenen Höchstgrenzen – zu ermitteln. Eine schematische Festsetzung der Abfindung nach Regelsätzen scheidet deshalb aus.[31] Dem Tatsachengericht steht bei der Beurteilung ein **Ermessen** zu.[32] Es hat alle Umstände zu berücksichtigen, die eine Erhöhung oder Ermäßigung des Abfindungsbetrags als billig erscheinen lassen.[33]

Welche Bemessungskriterien hierbei Bedeutung erlangen und wie die einzelnen Kriterien zueinander zu gewichten sind, haben die Gerichte für Arbeitssachen im Wege einer umfassenden Gesamtwürdigung aller Umstände zu bestimmen. Die gesetzliche Regelung gibt – anders als noch § 8 Abs. 2 KSchG 1951 – keine klaren Kriterien vor.[34] Maßgeblicher Zeitpunkt für die Gesamtbeurteilung aller Aspekte zur Auflösung des Arbverh und für die Bemessung der Abfindung ist der Schluss der letzten mündlichen Verhandlung in der Tatsacheninstanz.[35] Ein erster Anhaltspunkt für eine im Durchschnitt angemessene Abfindung lässt sich aus § 1a Abs. 2 gewinnen.[36]

Als **wichtigste Bemessungskriterien** lassen sich aus der Vorschrift des § 10 das **Lebensalter** des AN sowie die **Dauer des Arbverh** ableiten. Die Regelungen des AGG oder der Richtlinien RL 2000/43/EG, 2000/78/EG und 2002/73/EG verbieten eine Berücksichtigung dieser Kriterien nicht. § 10 S. 3 Nr. 6 AGG verdeutlicht vielmehr, dass diese Aspekte bei der Gestaltung von Abfindungen, die pauschalierend auf die Chancen von älteren AN auf dem Arbeitsmarkt Bezug nehmen, Berücksichtigung finden können.[37] Zur Bestimmung der angemessenen Abfindung können weitere soziale Kriterien herangezogen werden,[38] z.B. Unterhaltspflichten und Familienstand des AN, eine evtl. Schwerbehinderung, eine schlechte gesundheitliche Verfassung des AN,[39] der Grad der Sozialwidrig-

---

24 *Löwisch/Spinner*, § 10 KSchG Rn 9; HaKo-KSchR/*Fiebig*, § 10 KSchG Rn 11; APS/*Biebl*, § 10 KSchG Rn 10; *v. Hoyningen-Huene/Linck*, § 10 Rn 30.
25 BAG 26.8.1976 AP § 626 BGB Nr. 68; KR-*Spilger*, § 10 Rn 36; ErfK/*Kiel*, § 10 Rn 2; APS/*Biebl*, § 10 Rn 11.
26 KR/*Spilger*, § 10 KSchG Rn 36; HaKo-KSchR/*Fiebig*, § 10 KSchG Rn 13.
27 KR/*Spilger*, § 10 KSchG Rn 36; *Löwisch/Spinner*, § 10 Rn 7; vgl. im Einzelnen Anm. zu § 1 KSchG Rn 149 ff.
28 KR/*Spilger*, § 10 KSchG Rn 37.
29 *V. Hoyningen-Huene/Linck*, § 10 KSchG Rn 6; KR/*Spilger*, § 10 KSchG Rn 25; HaKo-KSchR/*Fiebig*, § 10 Rn 16; KDZ/*Zwanziger*, § 10 KSchG Rn 5.
30 KR/*Spilger*, § 10 KSchG Rn 24; APS/*Biebl*, § 10 KSchG Rn 5.
31 BAG 26.6.1986 – 2 AZR 522/85 – AP § 10 KSchG 1969 Nr. 3; ErfK/*Kiel*, § 10 KSchG Rn 5; *Keßler*, NZA-RR 2002, 1, 11.
32 BAG 20.11.1997 – 2 AZR 803/96 – RzK I 11 c Nr. 13.
33 BAG 12.6.2003 – 8 AZR 341/02 – AP § 628 BGB Nr. 16.
34 BT-Drucks V/3913, S. 9.
35 BAG 7.3.2002 – 2 AZR 158/01 – AP § 9 KSchG 1969 Nr. 42; KDZ/*Zwanziger*, § 10 KSchG Rn 7; *v. Hoyningen-Huene/Linck*, § 10 Rn 24.
36 LAG Köln 14.9.2005 – 7 Sa 242/05 – juris.
37 Erfk/*Kiel*, § 10 KSchG Rn 6; *v. Hoyningen-Huene/Linck*, § 10 Rn 19.
38 ErfK/*Kiel*, § 10 KSchG Rn 8; *v. Hoyningen-Huene/Linck*, § 10 Rn 20.
39 Zum Ganzen: KR/*Spilger*, § 10 KSchG Rn 52; KR-*Spilger*, § 10 KSchG Rn 8; *v. Hoyningen-Huene/Linck*, § 10 Rn 20 ff.

keit der Künd,[40] die schuldhafte Herbeiführung des Auflösungsgrundes,[41] der Verlust einer noch nicht unverfallbaren Anwartschaft auf betriebliche Altersversorgung[42] oder ideelle oder immaterielle Nachteile, wie bspw. besondere psychische Belastungen wegen des Arbeitsplatzverlustes bzw. eines „Imageverlustes" bei hervorgehobenen Positionen,[43] oder eine besondere kündigungsbedingte Notlage des AN.[44] Als weitere wichtige Kriterien sind die Chancen des betroffenen AN auf dem Arbeitsmarkt und die voraussichtliche Dauer seiner möglichen Arbeitslosigkeit[45] von erheblicher Bedeutung, da die Abfindung gerade den Schaden ausgleichen soll, der durch den unberechtigten Verlust des Arbeitsplatzes entsteht. Als abfindungsmindernde Faktoren kommen dagegen in Betracht, die Begründung eines neuen Arbverh unmittelbar nach Ablauf der Künd-Frist oder ein entsprechendes Stellenangebot,[46] eine anderweitige Beendigung des Arbverh nach dem Auflösungszeitpunkt gem. § 9 Abs. 2, jedoch vor Erlass des Auflösungsurteils,[47] eine Mitverursachung des Auflösungsgrundes, bspw. durch unzutreffende Angaben in einem Arbeitszeitnachweis[48] oder durch unberechtigte ehrverletzende Äußerungen[49] und schließlich ein vertraglicher oder tariflicher Anspruch auf eine Abfindung.[50] Auch die wirtschaftliche Situation des AG – nicht jedoch die des konkreten Betriebes – kann berücksichtigt werden,[51] obwohl § 10 anders als noch die Vorgängernorm des § 8 Abs. 2 KSchG 1951 dieses Kriterium gerade nicht mehr ausdrücklich gesetzlich erwähnt. Die Höhe der Abfindung sollte – wie auch die Regelung des § 112 Abs. 5 S. 2 Nr. 3 BetrVG zeigt – nicht zu einer Gefährdung des gesamten Unternehmens und der Arbeitsplätze weiterer AN führen.[52] Die Abfindung soll an sich zwar unabhängig von der wirtschaftlichen Situation des AG ermittelt und festgesetzt werden, da die voraussichtlichen Nachteile des Arbeitsplatzverlustes für den AN ausgeglichen werden sollen.[53] Dennoch muss eine schlechte wirtschaftliche Situation des AG auf die Höhe der Abfindung durchschlagen.[54] So hat das BAG eine Abwägung eines LAG, dass bei der Bestimmung der Abfindungshöhe auch die geringe Betriebsgröße als abfindungsmindernden Umstand berücksichtigt hatte, nicht als rechtsfehlerhaft angesehen.[55]

23 Anders als nach § 8 Abs. 2 KSchG 1951 kann jedenfalls eine – positive – wirtschaftliche Situation des AN sich bei der Festsetzung der Abfindungshöhe nicht negativ für ihn auswirken.[56] Andernfalls würde ein sparsamer AN benachteiligt.[57] Ebenfalls wirkt auch eine Freistellung des AN unter Fortzahlung seiner vertragsgemäßen Bezüge während der Künd-Frist sich nicht abfindungsreduzierend aus.[58]

24 Bei der Auflösung des Arbverh nach einer **außerordentlichen Künd** auf Antrag des AN gilt es für die Bemessung der angemessenen Abfindung zu beachten, dass zum einen das Arbverh nach § 13 Abs. 1 S. 4 zum Zeitpunkt des Zugangs der außerordentlichen Künd (bzw. bei einer befristeten außerordentlichen Künd zu dem angegebenen Zeitpunkt) aufzulösen ist und deshalb keine (Verzugs-)Vergütungsansprüche für den Lauf der Künd-Frist entstehen und zum anderen nach den sozialrechtlichen Rahmenbedingungen (siehe unten Rn 38 ff.) pauschal davon ausgegangen wird, dass in der Abfindungssumme auch ein Arbeitsentgeltanteil für den Lauf der Künd-Frist enthalten ist. Die Gerichte für Arbeitssachen sollten deshalb grds. im Rahmen ihres Ermessens diesen Umstand bei der Festsetzung der Abfindungssumme berücksichtigen und die Abfindung im Rahmen der gesetzlichen Höchstgrenzen zusätzlich um das dem AN während der Künd-Frist entgangene Arbeitsentgelt erhöhen.[59]

---

40 BAG 15.2.73 – 2 AZR 16/72 – AP § 9 KSchG 1969 Nr. 2; 25.11.82 – 2 AZR 21/81 – AP § 9 KSchG 1969 Nr. 10; BAG 20.11.1997 – 2 AZR 803/96 – RzK I 11 c Nr. 13; KR/*Spilger*, § 10 KSchG Rn 56 f.; v. Hoyningen-Huene/Linck, § 10 Rn 21.
41 BAG 15.2.73 – 2 AZR 16/72 – AP § 9 KSchG 1969 Nr. 2; 18.3.93 – 8 AZR 331/92 – AP Einigungsvertrag Anlage I Kapitel XIX Nr. 20; LAG Düsseldorf 29.11.94 – 16 Sa 1597/94 – LAGE § 10 KSchG Nr. 2.
42 BAG 24.10.74 – 3 AZR 590/73 – AP § 242 BGB Ruhegehalt-Unverfallbarkeit Nr. 6.
43 KR/*Spilger*, § 10 KSchG Rn 59; HaKo-KSchR/*Fiebig*, § 10 KSchG Rn 18.
44 Vgl. Begründung zu § 8 des RegEntw zum KSchG 1951, RdA 1951, 64.
45 KR/*Spilger*, § 10 KSchG Rn 54.
46 BAG 10.12.96 – 1 AZR 290/90 – AP § 113 BetrVG 1972 Nr. 32; LAG Köln 21.3.2005 – 2 Sa 1499/04 – LAGE § 10 KSchG Nr. 5; KR/*Spilger*, § 10 KSchG Rn 55; v. Hoyningen-Huene/Linck, § 10 Rn 20.
47 HaKo-KSchR/*Fiebig*, § 10 KSchG Rn 18.
48 LAG Düsseldorf 29.11.1994 – 16 Sa 1597/94 – LAGE § 10 KSchG Nr. 2.
49 BAG 20.11.1997 – 2 AZR 803/96 – RzK I 11c Nr. 13.
50 ErfK/*Kiel*, § 10 KSchG Rn 8; Löwisch/Spinner, § 10 KSchG Rn 5.
51 KR/*Spilger*, § 10 KSchG Rn 60; HWK/*Thies*, § 10 KSchG Rn 13; v. Hoyningen-Huene/Linck, § 10 Rn 22.
52 KR/*Spilger*, § 10 KSchG Rn 60; APS/*Biebl*, § 10 KSchG Rn 29; ErfK/*Kiel*, § 10 Rn 10.
53 Für den Nachteilsausgleichsanspruch BAG 22.11.2002 – 1 AZR 97/01 – BAGE 99, 377; 22.7.2003 – 1 AZR 541/02 – BAGE 107, 91.
54 KR/*Spilger*, § 10 KSchG Rn 60.
55 BAG 20.11.1997 – 2 AZR 803/96 – RzK I 11 c Nr. 13; ErfK/*Kiel*, § 10 KSchG Rn 9.
56 BT-Drucks 5/3913, S. 9.
57 BT-Drucks 5/3913, S. 9; KR/*Spilger*, § 10 KSchG Rn 53; v. Hoyningen-Huene/Linck, § 10 Rn 22; ErfK/*Kiel*, § 10 KSchG Rn 8.
58 KR/*Spilger*, § 10 KSchG Rn 53; v. Hoyningen-Huene/Linck, § 10 Rn 22; a.A. Gerauer, BB 1993, 1945.
59 HaKo-KSchR/*Fiebig*, § 10 KSchG Rn 22; KDZ/*Zwanziger*, § 13 KSchG Rn 16; KR-*Friedrich*, § 13 KSchG Rn 71; KR-*Spilger*, § 10 KSchG Rn 62; vgl. auch BAG 15.2.1973 – 2 AZR 16/72 – BAGE 25, 43.

C. Verbindung zu anderen Rechtsgebieten
I. Die individualrechtliche und zivilprozessuale Behandlung von Kündigungsabfindungen

1. Entstehen, Fälligkeit und Verzug des Abfindungsanspruchs. Der Zeitpunkt des Entstehens des Abfindungsanspruchs nach §§ 9, 10 ist für die Fragen der Vererblichkeit, Übertragbarkeit und Verzinsung von ausschlaggebender Bedeutung.

Der Abfindungsanspruch **entsteht** durch die richterliche Festsetzung im Urteil, frühestens jedoch zum Zeitpunkt des festgesetzten Endes des Arbverh.[60] Die Rechtskraft des Auflösungsurteils ist für die Entstehung des Anspruchs nicht konstitutiv. Urteile im Künd-Schutzprozess auf Zahlung einer Abfindung nach Auflösung des Arbverh sind auch vorläufig vollstreckbar.[61]

Die Entstehung des Abfindungsanspruchs führt nach § 271 Abs. 1 BGB im Zweifel zur sofortigen **Fälligkeit**. Ab Fälligkeit (Verkündung des Auflösungsurteils) kann der AN Verzugszinsen nach § 288 Abs. 1 BGB verlangen.[62] § 286 Abs. 2 Nr. 2 BGB ist entsprechend anzuwenden. Es bedarf keiner weiteren Mahnung zur Begründung des Verzuges.[63]

2. Verjährungs- und Ausschlussfristen. Die Verjährungsfrist betrifft bei einer rechtskräftigen gerichtlichen Festsetzung der Abfindung im Auflösungsurteil 30 Jahre gem. § 197 Abs. 1 Nr. 3 BGB. Sie beginnt mit der formellen Rechtskraft des Urteils, nicht aber vor Fälligkeit des Anspruchs.[64]

Tarifliche oder einzelvertragliche Ausschlussfristen sind auf gerichtlich festgesetzte Abfindungen grds. nicht anwendbar. Die erforderliche Rechtsklarheit, denen Ausschlussfristen nach ihrem Sinn und Zweck dienen sollen, besteht bereits aufgrund der rechtskräftigen gerichtlichen Feststellung.[65] Dagegen sind bei Nachteilsausgleichs- und Sozialplanansprüchen sowie tariflichen Abfindungsansprüchen grds. die tariflichen Ausschlussfristen einzuhalten.[66]

3. Vererbbarkeit. Der entstandene Abfindungsanspruch ist **vererblich**. Das – höchstpersönliche – Antragsrecht zur Auflösung des Arbverh im Künd-Schutzprozess kann hingegen nicht vererbt werden.[67] Stirbt der AN nach Stellung des Auflösungsantrages, können die Erben den Antrag weiterverfolgen. Der Antrag wird dann jedoch selten begründet sein.[68]

4. Pfändbarkeit, Abtretung und Aufrechnung. Die Abfindung nach §§ 9,10 gehört zum **Arbeitseinkommen** i.S.v. § 850 ZPO, auch wenn sie von den Gerichten für Arbeitssachen festgesetzt wird.[69] Der Begriff des Arbeitseinkommens umfasst nicht nur die laufende Arbeitsvergütung, sondern auch alle sonstigen sich aus dem Arbverh ergebenden Entgeltansprüche des AN.[70] Die Künd-Abfindung zählt zu den Ansprüchen aus dem Arbverh, weil sie gerade wegen der Beendigung des Arbverh gezahlt wird. Sie ist deshalb **pfändbar**[71] und wird von einem formularmäßig erlassenen Pfändungs- und Überweisungsbeschluss erfasst.[72]

Die **Pfändungsgrenzen** nach § 850c ZPO sind auf Abfindungen nicht anwendbar.[73] Die Künd-Abfindung zählt nicht **zum laufenden Arbeitseinkommen** im Sinne dieser Norm.[74] Pfändungsschutz kann der AN nur nach § 850i Abs. 1 ZPO erlangen.[75] Er muss dafür aber beim Vollstreckungsgericht einen Antrag stellen.[76] Das Vollstreckungsgericht kann durch Beschluss bestimmen, wie viel ihm während eines angemessenen Zeitraums zur Bestreitung seines notwendigen Unterhalts und seiner eventuellen Unterhaltsverpflichtung von der Abfindung zu belassen ist.[77]

---

60 BAG 9.12.1987 – 4 AZR 561/87 – AP § 62 ArbGG 1979 Nr. 4; 15.7.2004 – 2 AZR 630/03 – AP § 271 BGB Nr. 1; KR/*Spilger*, § 10 KSchG Rn 4,19; *Boemke/Danko*, DB 2006, 2461.
61 BAG 9.12.1987 – 4 AZR 561/87 – AP § 62 ArbGG 1979 Nr. 4.
62 BAG 13.5.1969 – 5 AZR 309/68 – AP § 8 KSchG 1951 Nr. 2.
63 *Löwisch/Spinner*, § 10 Rn 36; HaKo-KSchR/*Fiebig*, § 10 Rn 24.
64 Palandt/*Heinrichs*, § 201 BGB Rn 2; KR-*Spilger*, § 10 KSchG Rn 22 b; *Rolfs*, AR-Blattei SD 10 Rn 368.
65 BAG 13.1.1982 – 5 AZR 546/79 – AP § 9 KSchG 1969 Nr. 7; KR/*Spilger*, § 10 KSchG Rn 22a; *Rolfs*, AR-Blattei SD 10 Rn 357.
66 BAG 31.1.2002 – 6 AZR 41/01 – EzA § 4 TVG Ausschlussfristen Nr. 153; 27.3.1996 – 10 AZR 668/95 – AP § 4 TVG Ausschlussfristen Nr. 134; *Fitting u.a.*, §§ 112, 112a BetrVG Rn 185; KR/*Spilger*, § 10 KSchG Rn 22a.
67 KR/*Spilger*, § 10 KSchG Rn 18.
68 Vgl. BAG 17.9.1987 – RzK I 11 a Nr. 16; KR/*Spilger*, § 10 KSchG Rn 18; HaKo-KSchR/*Fiebig*, § 10 KSchG Rn 27; a.A. *Löwisch/Spinner*, § 10 Rn 40; *Boemke/Danko*, DB 2006, 2461, 2466.
69 BAG 12.9.1979 – 4 AZR 420/77 – AP § 850 ZPO Nr. 10; 13.11.1991 – 4 AZR 39/91 – RzK I 11 c Nr. 8.
70 BAG 12.9.1979 und 13.11.1991 – 4 AZR 420/77 – AP § 850 ZPO Nr. 10 und – 4 AZR 39/91 – RzK I 11 c Nr. 8; *Rolfs*, AR-Blattei SD 10 Rn 353.
71 BAG 12.9.1979 und 13.11.1991 – AP § 850 ZPO Nr. 10; KR-*Spilger*, § 10 KSchG Rn 17.
72 BAG 12.9.1979 und 13.11.1991 – 4 AZR 420/77 – AP § 850 ZPO Nr. 10 und – 4 AZR 39/91 – RzK I 11 c Nr. 8.
73 BAG 12.9.1979 und 13.11.1991 – 4 AZR 420/77 – AP § 850 ZPO Nr. 10 und – 4 AZR 39/91 – RzK I 11 c Nr. 8; KR-*Spilger*, § 10 KSchG Rn 17; *Rolfs*, AR-Blattei SD 10 Rn 354.
74 BAG 13.11.1991 – 4 AZR 39/91 – RzK I 11 c Nr. 8.
75 KR-*Spilger*, § 10 KSchG Rn 17; *Rolfs*, AR-Blattei SD 10 Rn 354; *Thomas/Putzo*, § 850 ZPO Rn 2.
76 BAG 13.11.1991 – 4 AZR 39/91 – RzK I 11 c Nr. 8.
77 BAG 13.11.1991 – 4 AZR 39/91 – RzK I 11 c Nr. 8.

33 Der in einem rechtskräftigen Auflösungsurteil festgesetzte Abfindungsanspruch ist **abtretbar**,[78] soweit er nicht unpfändbar ist (§ 400 BGB). Möglich ist auch eine Vorausabtretung.[79]

Wegen der grds. Pfändbarkeit des Abfindungsanspruchs kann der AG gegen einen gerichtlich festgesetzten Abfindungsanspruch auch mit einer (Gegen-)Forderung **aufrechnen**.[80]

34 **5. Abfindungsanspruch in der Insolvenz.** In der Insolvenz genießt der Abfindungsanspruch nach §§ 9, 10 kein – besonderes – Vorrecht.[81] Bei seiner Behandlung im Insolvenzverfahren ist nach dem Zeitpunkt seines Entstehens zu differenzieren. Löst das ArbG das Arbverh vor der Eröffnung des Insolvenzverfahrens auf, ist die Abfindung keine bevorrechtigte Insolvenzforderung (§§ 38, 108 Abs. 2 InsO).[82] Wird das Arbverh vom ArbG aufgrund eines Auflösungsantrags infolge einer vom Insolvenzverwalter ausgesprochenen Künd aufgelöst, ist die Abfindung eine Masseverbindlichkeit nach § 55 Abs. 1 Nr. 1 InsO.[83] Eine Masseverbindlichkeit liegt vor, wenn sie durch ein Verhalten des Insolvenzverwalters begründet worden ist.[84] Dies gilt auch dann, wenn der AN den Auflösungsantrag gestellt hat und die Auflösungsgründe durch den Insolvenzverwalter verursacht worden sind.[85]

35 **6. Verhältnis zu anderen Vergütungsansprüchen.** Die Abfindung nach §§ 9 und 10 gewährt eine pauschale Entschädigung für den unberechtigten Verlust des Arbeitsplatzes. Sie schließt deshalb weitere Schadensersatzansprüche aus, die sich aus dem Arbeitsplatzverlust als unmittelbare Folgen ergeben,[86] bspw. die Zahlung von Vergütung für die Zeit nach dem gerichtlich festgesetzten Beendigungstermin.[87] Der AN kann aber Schadensersatzansprüche, die mittelbar durch die Auflösung entstehen, weiterhin geltend machen.

36 Die gerichtliche Festsetzung einer Abfindung hat auch keine Auswirkungen auf Vergütungsansprüche des AN, wie Lohn- oder Annahmeverzugsvergütung, die vor dem gerichtlich festgesetzten Auflösungszeitpunkt entstanden sind.[88] Die Entschädigungsfunktion der Abfindung erfasst nur die Kompensation für den Verlust des Arbeitsplatzes und die daraus resultierenden Verdiensteinbußen für die Zeit nach der Auflösung des Arbverh.

37 Ansprüche auf Karenzentschädigung nach § 74 Abs. 2 HGB werden durch eine gerichtlich festgesetzte Abfindung nicht mitabgegolten.[89] Karenzentschädigungen sind keine Leistungen für den Verlust des Arbeitsplatzes, sondern für das Unterlassen von Wettbewerb.

II. Sozialrechtliche Folgen des Kündigungsabfindungsanspruchs

38 Die Künd-Abfindung nach §§ 9, 10 unterliegt nicht der **Beitragspflicht** zur Sozialversicherung. Sie ist **kein beitragspflichtiges Arbeitsentgelt** i.S.d. § 14 Abs. 1 SGB IV.[90] Zum Arbeitsentgelt i.S.d. Norm gehören nur alle laufenden und einmaligen Einnahmen aus einer Beschäftigung, gleichgültig, ob ein Rechtsanspruch auf die Einnahmen besteht, unter welcher Bezeichnung oder in welcher Form sie geleistet werden und ob sie unmittelbar aus der Beschäftigung oder im Zusammenhang mit ihr erzielt werden. Künd-Abfindungen nach §§ 9, 10 fallen grds. nicht unter diesen Begriff. Eine „echte" Abfindung wird v.a. als Entschädigung für den Wegfall des bisherigen Arbeitsplatzes angesehen. Sie lässt sich zum einen der versicherungspflichtigen Beschäftigung nicht zeitlich zuordnen.[91] Zum anderen ist in einer gerichtlich festgesetzten Abfindungssumme regelmäßig kein „verstecktes", rückständiges Arbeitsentgelt[92] enthalten. Als „unechte Abfindung" und damit als (zumindest teilweise) sozialversicherungspflichtig wird hingegen die behandelt, die auf Antrag des AN nach einer außerordentlichen Künd festgesetzt worden ist.[93]

39 Der Antrag des AN auf Auflösung seines Arbverh stellt zwar ein „aktives Tun" dar, das – bei Erfolg – an sich die Voraussetzungen einer Lösung des Beschäftigungsverhältnisses i.S.d. § 144 Abs. 1 S. 2 Nr. 1 SGB III erfüllt. Der Auflösungsantrag des AN begründet gleichwohl **keine Sperrzeit** für den Bezug von Alg. Der Grund für den berech-

---

[78] KR/*Spilger*, § 10 KSchG Rn 14; *Rolfs*, AR-Blattei SD 10 Nr. 355.
[79] v. *Hoyningen-Huene/Linck*, § 10 KSchG Rn 32; HWK/*Thies*, § 10 KSchG Rn 16.
[80] KR/*Spilger*, § 10 KSchG Rn 16; APS/*Biebl*, § 10 KSchG Rn 44.
[81] v. *Hoyningen-Huene/Linck*, § 10 Rn 17.
[82] HWK/*Thies*, § 10 KSchG Rn 17; HaKo-KSchR/*Fiebig*, § 10 Rn 30; v. *Hoyningen-Huene/Linck*, § 10 Rn 33; vgl. auch: BAG 31.7.2002 – 10 AZR 275/01 – AP § 38 InsO Nr. 1; 4.12.2002 – 10 AZR 16/02 – AP § 38 InsO Nr. 2; 27.9.2007 – 6 AZR 975/06 – AP § 38 InsO Nr. 5.
[83] BAG 12.6.2002 – 10 AZR 180/01 – AP § 59 KO Nr. 47; KR/*Spilger*, § 10 KSchG Rn 20; HWK/*Thies*, § 10 KSchG Rn 17; *Löwisch/Spinner*, § 10 KSchG Rn 24; ErfK/*Kiel*, § 10 KSchG Rn 11; HaKo-KSchR/*Fiebig*, § 10 KSchG Rn 30; *Stahlhacke/Preis/Vossen*, Rn 2008; *Rolfs*, AR-Blattei SD 10 Rn 374.
[84] BAG 27.4.2006 – 6 AZR 364/05 – AP § 38 InsO Nr. 3.
[85] *Kocher*, Anm. zu BAG AP § 38 InsO Nr. 3.
[86] BAG 15.2.1973 – 2 AZR 16/72 – AP § 9 KSchG 1969 Nr. 2; *Küttner/Eisemann*, Abfindung Rn 31.
[87] BAG 15.2.1973 – 2 AZR 16/72 – AP § 9 KSchG n.F. Nr. 2; KR/*Spilger*, § 10 KSchG Rn 73.
[88] KR/*Spilger*, § 10 KSchG Rn 72; HaKo-KSchR/*Fiebig*, § 10 KSchG Rn 31.
[89] BAG 3.5.1994 – 9 AZR 606/92 – AP § 74 HGB Nr. 65.
[90] BSG 28.1.1999 – B 12 KR 14/98 R – BSGE 83, 266, 268; 21.2.1990 – 12 RK 20/88 – BSGE 66, 219; BAG 9.11.1988 – 4 AZR 433/88 – AP § 10 KSchG 1969 Nr. 6; *Rolfs*, AR-Blattei SD 10 Rn 382; *Küttner/Voelzke*, Abfindung, Rn 52; KassKomm/*Seewald*, SGB IV § 14 Rn 33.
[91] KassKomm/*Seewald*, § 14 SGB IV Rn 33.
[92] Hierzu BSG 21.2.1990 – 12 RK 65/87 – EzA § 9 KSchG n.F. Nr. 37.
[93] Vgl. BSG 28.1.1999 – B 12 KR 14/98 R – BSGE 83, 266, 268.

tigten Auflösungsantrag des AN liegt nämlich in der Unzumutbarkeit der Fortsetzung des Arbverh. Dementsprechend wird regelmäßig ein „wichtiger Grund" i.S.d. § 144 Abs. 1 S. 1 SGB III für den AN gegeben sein.[94]

Anders als für individuelle vereinbarte Abfindungen aufgrund von Aufhebungs- bzw. Abwicklungsverträgen oder von (außergerichtlichen oder gerichtlichen) Vergleichen spielt die Regelung des § 143a SGB III bei Künd-Abfindungen nach §§ 9, 10 bzw. eines Nachteilsausgleichsanspruchs nach § 113 BetrVG in der Praxis eine nur untergeordnete Rolle. Der Anspruch auf Alg **ruht** nach § 143a SGB III, wenn der AN wegen der Beendigung des Arbverh eine Abfindung, Entschädigung oder ähnliche Leistung (**Entlassungsentschädigung**) erhalten oder zu beanspruchen hat. Die in einem Auflösungsurteil nach §§ 9, 10 festgelegte Abfindung ist eine Entlassungsentschädigung i.S.d. § 143a SGB III.[95] **40**

Die Ruhensregelung greift jedoch nur ein, wenn bei einer Beendigung des Arbverh die für den AG geltende **Künd-Frist nicht eingehalten** worden ist (§ 143a Abs. 1 S. 1 SGB III). Der Abfindungsanspruch wird demnach auf den Alg-Anspruch angerechnet, wenn das Beschäftigungsverhältnis vorzeitig, d.h. unter Missachtung der geltenden ordentlichen Künd-Frist, beendet worden ist. Dann gilt die Vermutung, die Abfindungsleistung sei nicht allein als eine Entschädigung für den Verlust des Arbeitsplatzes und des sozialen Besitzstandes erfolgt, sondern auch um (restliche) Arbeitsentgeltansprüche abzugelten. Ist die Künd-Frist korrekt berechnet und das Arbverh dementsprechend beendet worden, bleibt die Abfindung anrechnungsfrei.[96] Die gesetzliche Regelung will einen Doppelbezug von – versteck-tem – Arbeitsentgelt und der Lohnersatzleistung Alg verhindern.[97] Die gerichtliche Festsetzung einer Abfindung nach §§ 9, 10 führt demnach in den Fällen einer **ordentlichen Künd** und eines Auflösungsantrags durch den AN oder den AG nicht zu einem Ruhen des Anspruchs auf Alg, weil das ArbG den Auflösungstermin so festzulegen hat, dass das Arbverh mit der regulären Künd-Frist beendet wird (siehe § 9 Rn 49). Da der gesetzliche Abfindungsanspruch nach §§ 9, 10 stets die Einhaltung der ordentlichen Künd-Frist voraussetzt, findet keine vorzeitige Auflösung i.S.d. § 143a SGB III statt.[98] **41**

Künd-Recht und Sozialrecht laufen auch synchron, wenn die Gerichte für Arbeitssachen auf Antrag des – (tariflich) ordentlich unkündbaren – AN das Arbverh nach einer **außerordentlichen Künd mit notwendiger Auslauffrist** auflösen. Im Auflösungsurteil muss als Auflösungszeitpunkt das Datum festgesetzt werden, dass sich aufgrund der längsten (tariflichen, gesetzlichen oder einzelvertraglichen) Künd-Frist ergibt. Dem entspricht § 143a Abs. 1 S. 3 Nr. 2 SGB III.[99] **42**

Etwas anderes gilt ausnahmsweise in den Fällen einer **außerordentlichen Künd** und eines Auflösungsantrags des AN. Das Arbverh des AN wird im Falle einer unbegründeten außerordentlichen Künd des AG und eines Auflösungsantrags des AN ohne Einhaltung der ordentlichen Künd-Frist zum Zeitpunkt der außerordentlichen Künd gegen Zahlung einer Abfindung entsprechend **§ 13 Abs. 1 S. 4** aufgelöst. In diesem Fall wird von Gesetzes wegen vermutet, dass in dem festgesetzten Abfindungsbetrag auch das dem AN für die Künd-Frist entgangene Arbeitsentgelt mitenthalten ist.[100] Als Rechtsfolge tritt nach der Regelung des § 143a Abs. 1 SGB III das Ruhen des Alg-Anspruchs ein. Unerheblich ist, zu welchem Zeitpunkt der Arbeitslose den Anspruch auf Alg bei der A.A. stellt. Eine Minderung der Anspruchsdauer durch den Ruhenszeitraum sieht § 128 SGB III nicht vor, d.h. es wird lediglich der Beginn der Sozialleistung um den Ruhenszeitraum auf einen späteren Zeitpunkt hinausgeschoben.[101] Der Ruhenszeitraum ist kalendermäßig im Einzelnen nach § 143a Abs. 1 und 2 SGB III zu berechnen.[102] **43**

Im Geltungsbereich des SGB II (Grundsicherung für Arbeitslose) ist eine Abfindung nach §§ 9, 10 KSchG als Erwerbseinkommen i.F.e. einmaligen Einnahme zu berücksichtigen und ggf. angemessenen Aufteilungszeiträumen zuzuordnen.[103] Es besteht insoweit eine Identität der Zwecke von Abfindungszahlung und Leistungen zur Sicherung des Lebensunterhalts.[104] Eine Abfindung bleibt auch **nicht** wegen einer besonderen Zweckbestimmung i.S.d. § 11 Abs. 3 SGB II **anrechnungsfrei**. Die Regelung des § 11 SGB II enthält für Abfindungen aus dem Arbverh keine Privilegierung mehr.[105] **44**

---

94 Gagel/*Winkler*, § 144 SGB III Rn 58; KassArbR/*Voelzke*, § 12 Rn 281; Hauck/Noftz/*Valgolio*, § 144 SGB III Rn 38.
95 BSG 8.12.1987 – 7 RAr 48/86 – SozR 4100 § 117 Nr. 21; Küttner/*Voelzke*, Abfindung Rn 72; KR/*Wolff*, § 143a SGB III Rn 22.
96 Küttner/*Voelzke*, Abfindung Rn 57 ff.; *Rolfs*, AR-Blattei SD 10 Rn 436; ErfK/*Rolfs*, § 143a SGB III Rn 11.
97 BSG 21.9.1995 – 11 RAr 41/95 – BSGE 76, 294, 296; 5.2.1998 – B 11 AL 65/97 R – SozR 3–4100 § 157 Nr. 2; 29.1.2001 – B 7 AL 62/99 – AP § 117 AFG Nr. 19; KR/*Wolff*, § 143a SGB III Rn 21; KassArbR/*Voelzke*, § 12 Rn 176; *Voelzke*, SGb 2007, 713, 714.
98 BSG 8.12.1987 – 7 RAr 48/86 – SozR 4100 § 117 Nr. 21; *Rolfs*, AR-Blattei SD 10 Rn 460; Küttner/*Voelzke*, Abfindung Rn 62; KR/*Wolff*, § 143a SGB Rn 27.
99 KassArbR/*Voelzke*, § 12 Rn 203 f. und 221 ff.; Niesel/*Düe*, § 143a Rn 21.
100 BSG 8.12.1987 – 7 RAr 48/86 – SozR 4100 § 117 Nr. 21; 23.6.1981 – 7 RAr 29/80 – BSGE 52, 47, 50; *Rolfs*, AR-Blattei SD 10 Rn 457; KR-*Wolff*, § 143a SGB III Rn 27.
101 Küttner/*Voelzke*, Abfindung Rn 83.
102 Zur Berechnung: Niesel/*Düe*, § 143a SGB III Rn 29 ff; Küttner/*Voelzke*, Abfindung Rn 83 ff.
103 BSG 3.3.2009 – B 4 AS 47/08 R – juris; *Voelzke*, SGb 2007, 713, 720; Hauck/Noftz/*Hengelhaupt*, K § 11 SGB II Rn 45p.
104 *Voelzke*, SGb 2007, 713, 720.
105 BSG 3.3.2009 – B 4 AS 47/08 R – juris; Hauck/Noftz/*Hengelhaupt*, K § 11 SGB II Rn 255 a; a.A. *Gagel-Hänlein*, § 11 SGB II Rn 63.

III. Steuerrechtliche Folgen der Kündigungsabfindung

45 Abfindungen nach §§ 9, 10 waren früher **steuerprivilegiert**; in den Grenzen des § 3 Nr. 9 EStG a.F. waren sie **steuerfrei**.[106] Nachdem diese Norm mit Wirkung ab 1.1.2006 – mit einer Übergangsregelung (§ 52 Abs. 4a EStG)[107] – aufgehoben wurde, gibt es keine Steuerfreibeträge mehr für Abfindungen.[108] Abfindungen können aber unter den Voraussetzungen des § 24 Nr. 1a und b EStG – durch die Progressionsmilderung nach der sog. Fünftelungsregelung (§ 34 Abs. 1 und 2 Nr. 2 EStG) – steuerbegünstigt sein.[109]

D. Beraterhinweise

46 Der AN wird den **Antrag** auf Zahlung einer Abfindung regelmäßig mit dem Auflösungsantrag (vgl. § 9 Rn 70) stellen (Beispiel für eine mögliche Antragsformulierung: „Es wird beantragt, das Arbvrh der Parteien zum... aufzulösen und den Beklagten (AG) zur Zahlung einer angemessenen Abfindung zu verurteilen.").

47 Da die Festsetzung des Abfindungsbetrags durch das Gericht von Amts wegen erfolgt, muss weder vom AN noch vom AG ein bezifferter Abfindungsantrag gestellt werden.[110] Allerdings können die Parteien auch mit ihrem Auflösungsantrag den Abfindungsbetrag – als einen Mindestbetrag (AN) oder Höchstbetrag (AG) – beziffern. Aus Kostengründen sollte dies gut überlegt werden. Hat der AN einen bezifferten Auflösungsantrag gestellt und eine bestimmte Mindesthöhe für die Abfindung genannt, muss das Gericht die Klage ggf. abweisen und dem AN die anteiligen Kosten auferlegen.[111] Die gegen ein Auflösungsurteil zulässigen Rechtsmittel können auf die Höhe der Abfindung beschränkt werden.[112] In diesem Fall erwächst das Auflösungsurteil insoweit in Rechtskraft, als über die Sozialwidrigkeit der Künd und die Auflösung des Arbvrh an sich entschieden worden ist. Bei einem unbezifferten Auflösungsantrag ist die für die Berufung notwendige Beschwer für den AN gegeben, wenn das ArbG einen Abfindungsbetrag festgesetzt hat, der unterhalb der gesetzlichen Höchstgrenze liegt.[113] Der AG ist beschwert, wenn die gerichtliche Festsetzung der Abfindung seiner Meinung nach zu hoch ist.[114]

48 Die Gerichte für Arbeitssachen haben unter Berücksichtigung des Zwecks der Abfindung den im Einzelfall „angemessenen Abfindungsbetrag" festzusetzen. Er entzieht sich einer schematischen Festlegung (siehe Rn 20). Schematisierungen und Regelsätze, bspw. von einem halben Bruttomonatsgehalt pro Beschäftigungsjahr,[115] widersprechen deshalb dem Gesetz. Gleichwohl orientiert sich die arbeitsgerichtliche Praxis bei der Festsetzung der Abfindung im Einzelfall an einer entsprechenden „Faustformel"[116] und berücksichtigt sodann „abfindungserhöhende und abfindungsmindernde" Faktoren. Die Prozessbevollmächtigten der Parteien sind deshalb gehalten, solche Aspekte in den Prozess einzuführen. Insbesondere sollte der Prozessbevollmächtigte des AN, der nach Ausspruch einer außerordentlichen Künd des AG einen Auflösungsantrag stellt, darauf achten, dass der Verdienstausfall für den Lauf der Künd-Frist bei der Festsetzung der Abfindungssumme berücksichtigt wird.

§ 11 Anrechnung auf entgangenen Zwischenverdienst

Besteht nach der Entscheidung des Gerichts das Arbeitsverhältnis fort, so muß sich der Arbeitnehmer auf das Arbeitsentgelt, das ihm der Arbeitgeber für die Zeit nach der Entlassung schuldet, anrechnen lassen,
1. was er durch anderweitige Arbeit verdient hat,
2. was er hätte verdienen können, wenn er es nicht böswillig unterlassen hätte, eine ihm zumutbare Arbeit anzunehmen,
3. was ihm an öffentlich-rechtlichen Leistungen infolge Arbeitslosigkeit aus der Sozialversicherung, der Arbeitslosenversicherung, der Sicherung des Lebensunterhalts nach dem Zweiten Buch Sozialgesetzbuch oder der Sozialhilfe für die Zwischenzeit gezahlt worden ist. Diese Beträge hat der Arbeitgeber der Stelle zu erstatten, die sie geleistet hat.

---

106 Zur Altregelung s. auch: BFH 10.11.2004 – XI R 51/03 – BStBl II 2005, 441.
107 Küttner/Huber/Seidel, Abfindung Rn 40; Zum Übergangsrecht: *Tausch/Plenker*, DB 2006, 8 f.; *Wagner*, AuR 2006, 46 f.; *Wagner*, AuR 2006, 8.
108 Küttner/Huber/Seidel, Abfindung Rn 40.
109 Küttner/Huber/Seidel, Abfindung Rn 41; HWK/*Fischer*, §§ 19, 38 EStG Rn 67 – Entlassungsentschädigung; *Schmidt/Seeger*,§ 24 EStG Rn 16; *Wisskirchen*, NZA 1999, 405, 407; s. auch: BMF-Schreiben v. 24.5.2004, BStBl I 2004, S. 505 und 633 = DB 2004, 1285; mit Rechenbeispielen: *Foerster*, AuA 2006,108.
110 KR/*Spilger*, § 10 KSchG Rn 64.
111 S. Anm. zu § 9 Rn 13, 47; BAG 26.6.1986 – 2 AZR 522/85 – DB 1987, 184.
112 KR/*Spilger*, § 10 KSchG Rn 68.
113 LAG Köln 21.3.2005 – 2 Sa 1499/04 LAGE § 10 KSchG Nr. 5.
114 KR/*Spilger*, § 10 KSchG Rn 69; *v. Hoyningen-Huene/Linck*, § 10 Rn 28.
115 KR/*Spilger*, § 10 KSchG Rn 24; KDZ/*Zwanziger*, § 10 Rn 6; HaKo-KSchR/*Fiebig*, § 10 Rn 21.
116 *Hümmerich*, NZA 1999, 342, 348; s. auch Rn 21.

Literatur: *Boecken,* Berücksichtigung anderweitigen Erwerbs gem. § 615 S. 2 BGB, NJW 1995, 3218; *Gravenhorst, L.S.,* Die Anrechnung anderweitigen Erwerbs im Annahmeverzug des Arbeitgebers, 2007; *Janko,* Die Anrechnungsregeln der § 615 S. 2 BGB und § 11 S. 1 Nr. 2 KSchG: Ausgleichsmechanismus für eine einseitige Risikozuordnung, SAE 2007, 118; *Nübold,* Die Methode der Anrechnung anderweitigen Verdienstes nach § 615 S. 2 BGB, RdA 2004, 31 ff.; *Ricken,* Annahmeverzug und Prozessbeschäftigung während des Kündigungsrechtsstreits, NZA 2005, 323; *Schier,* Kündigungsschutzstreitigkeiten und Annahmeverzugslohn, BB 2006, 2578; *Schulze, M.O.,* Änderungskündigung und Annahmeverzug, NZA 2006, 1145; *Spirolke,* Der – böswillig unterlassene – anderweitige Erwerb nach § 615 BGB, § 11 KSchG, NZA 2001,707; *von Hoff,* Böswilliges Unterlassen anderweitigen Erwerbs beim bisherigen Arbeitgeber nach § 615 S. 2 BGB und § 11 S. 1 Nr. 2 KSchG, SAE 2008, 201 s. weiter die Literaturhinweise bei § 615 BGB

A. Allgemeines 1	a) Anrechnung des anderweitigen Verdienstes (Nr. 1) 8
B. Regelungsgehalt 2	b) Böswilliges Unterlassen anderweitigen Verdienstes (Nr. 2) 10
I. Anwendungsvoraussetzungen 3	c) Anrechnung öffentlich-rechtlicher Leistungen (Nr. 3) 13
1. Entscheidung des Gerichts 4	
2. Annahmeverzug 5	
II. Die Höhe des entgangenen Zwischenverdienstes – die Anrechnungsfolge 6	d) Kumulation von Anrechnungstatbeständen 14
1. Lohnausfallprinzip 6	C. Verbindung zu anderen Rechtsgebieten und zum Prozessrecht 15
2. Anrechnungstatbestände 7	D. Beraterhinweise 19

A. Allgemeines

Stellen die Gerichte für Arbeitssachen den Fortbestand des Arbverh fest und befindet sich der AG in Annahmeverzug (vgl. § 615 BGB), muss sich der AN nach § 11 Nr. 1 bis 3 einen möglichen Zwischenverdienst oder ein anderes Einkommen auf den für die Zeit nach der Entlassung geschuldeten Arbeitsentgeltanspruch anrechnen lassen. Die Norm regelt somit nicht die Voraussetzungen, sondern die **Rechtsfolgen des Annahmeverzugs** des AG.[1] Insoweit ergänzt und modifiziert die Bestimmung § 615 S. 2 BGB.[2] Als **speziellere Anrechnungsvorschrift** im Anwendungsbereich des KSchG geht sie dieser allg. Regelung vor.[3] Allerdings ist der Regelungsgehalt der beiden Vorschriften weitgehend gleich.[4]

§ 11 dient dem **Zweck,** sicherzustellen, dass ein AN nach einer unwirksamen Künd durch den AG finanziell weder schlechter noch besser gestellt wird, als er stehen würde, wenn sein Arbverh ohne Künd weiter durchgeführt worden wäre.[5] Er soll aus dem Annahmeverzug weder einen Nachteil erleiden noch einen Vorteil ziehen. Fiktive Einkünfte werden nur unter den besonderen Umständen der Nr. 2 in Anrechnung gebracht.

Während von der allg. Anrechnungsvorschrift des § 615 S. 2 BGB durch – einzelvertragliche oder kollektivrechtliche – Vereinbarung abgewichen werden kann, ist die Regelung des § 11 einseitig zwingendes Recht.[6] Darin liegt ein wesentlicher Unterschied zu § 615 BGB.

B. Regelungsgehalt

Inhaltlich regelt die Norm, was sich der AN, der seine Künd-Schutzklage gegen eine ordentliche, eine außerordentliche (§ 13 Abs. 1 S. 5)[7] oder eine sittenwidrige (§ 13 Abs. 2) Künd gewonnen hat und nunmehr Anspruch auf Annahmeverzug für die Zeit nach dem Ablauf der Künd-Frist hat, auf diesen Entgeltanspruch anrechnen lassen muss.

I. Anwendungsvoraussetzungen

Zu den gesetzlichen Voraussetzungen des § 11 gehört neben der gerichtlichen Feststellung, dass das Arbverh nicht durch die Künd des AG aufgelöst worden ist, der Annahmeverzug des AG.

1. Entscheidung des Gerichts. Eine Anrechnung auf den entgangenen Zwischenverdienst soll nach der Formulierung der Norm nur erfolgen, wenn das Arbverh nach einer Entscheidung des Gerichts fortbesteht. Voraussetzung ist ein Feststellungsurteil, nach dem das Arbverh nicht durch Künd des AG aufgelöst worden ist.[8] Deshalb findet die Regelung keine Anwendung, wenn das Arbverh auf Antrag nach § 9 aufgelöst wird; in diesem Fall erfolgt eine An-

---

1 V. *Hoyningen-Huene/Linck,* § 11 Rn 4; HWK/*Thies,* § 11 KSchG Rn 2.
2 Vgl. § 615 BGB Rn 2; BAG 6.9.1990 – 2 AZR 165/90 – AP § 615 BGB Nr. 47; 16.6.2004 – 5 AZR 508/03 – AP § 615 BGB Böswilligkeit Nr. 11.
3 BAG 6.9.1990 – 2 AZR 165/90 – AP § 615 BGB Nr. 47; MüKo-BGB/*Hergenröder,* § 11 KSchG Rn 1.
4 KR/*Spilger,* § 11 KSchG Rn 31, 39; KDZ/*Zwanziger,* § 11 KSchG Rn 2.
5 BAG 11.1.2006 – 5 AZR 125/05 – NZA 2006, 313; 22.11.2005 – 1 AZR 407/04 – AP § 615 BGB Anrechnung Nr. 5; HWK/*Thies,* § 11 KSchG Rn 1; MüKo-BGB/*Hergenröder,* § 11 KSchG Rn 2.
6 KR/*Spilger,* § 11 KSchG Rn 7; HWK/*Thies,* § 11 KSchG Rn 2; ErfK/*Kiel,* § 11 KSchG Rn 3.
7 BAG 24.9.2003 – 5 AZR 500/02 – BAGE 108, 27, 30.
8 HaKo-KSchR/*Fiebig,* § 11 Rn 4.

rechnung allein nach § 615 S. 2 BGB.[9] Die Norm ist auch nicht anwendbar, wenn der AN während des Künd-Rechtsstreits[10] oder nach Ablauf der Künd-Frist weiter beschäftigt wird.[11] Hingegen findet die Regelung entsprechend ihrem Sinn und Zweck Anwendung, wenn der AG seine Künd zurückgenommen hat oder die Arbeitsvertragsparteien einen Weiterbeschäftigungsvergleich geschlossen haben.[12] Wird der AN vor dem Zeitpunkt der rechtlichen Beendigung des Arbverh von der Verpflichtung zur Arbeitsleistung freigestellt, erfolgt keine Anrechnung nach § 11, sondern kommt § 615 BGB zur Anwendung.[13]

5 **2. Annahmeverzug.** Beschäftigt der AG den AN aufgrund einer unwirksamen Künd nicht mehr, so gerät er in Annahmeverzug. Die Voraussetzungen des Annahmeverzugs ergeben sich aus §§ 293 ff. BGB (vgl. § 615 BGB Rn 12). Der AN kann für die infolge des Verzugs nicht geleisteten Dienste das vereinbarte Arbeitsentgelt verlangen, ohne zur Nachleistung verpflichtet zu sein, § 615 S. 1 BGB (vgl. § 615 BGB Rn 47 ff.).

II. Die Höhe des entgangenen Zwischenverdienstes – die Anrechnungsfolge

6 **1. Lohnausfallprinzip.** Die Höhe der zu zahlenden (Brutto-)Vergütung richtet sich zunächst nach § 615 S. 1 BGB (vgl. § 615 BGB Rn 48). Der AG ist zur Zahlung der Vergütung verpflichtet, die dem AN bei Fortbestand des Arbverh zugestanden hätte, d.h. die der AN – wenn er nicht entlassen worden wäre – verdient hätte (**Lohnausfallprinzip**, im Einzelnen § 615 BGB Rn 48 ff.). Dementsprechend kommen ihm bspw. zwischenzeitliche Vergütungserhöhungen zugute.[14]

Die Nachzahlung umfasst grds. den Zeitraum zwischen der tatsächlichen Beendigung des Arbverh (Ablauf der Künd-Frist) und der Wiederaufnahme der Arbeit.[15]

7 **2. Anrechnungstatbestände.** Auf dieses Arbeitsentgelt muss sich der AN die in Nr. 1 bis 3 genannten Beträge anrechnen lassen. Die Anrechnung erfolgt kraft Gesetzes, ohne dass es einer Aufrechnungserklärung (§ 388 BGB) oder einer sonstigen Handlung des Schuldners bedarf[16] (siehe auch § 615 BGB Rn 52).

8 **a) Anrechnung des anderweitigen Verdienstes (Nr. 1).** Der AN muss sich auf seinen Nachzahlungsanspruch nur das anrechnen lassen, was er durch eine **anderweitige Arbeit** verdient hat (Nr. 1). Anrechenbar ist somit nur ein Erwerbseinkommen (siehe § 615 BGB Rn 55). Es muss sich hierbei um den Verdienst handeln, den der AN nur durch seine freigewordene Arbeitskraft erzielen konnte.[17] Nebeneinkünfte, die er auch bei tatsächlicher Arbeitsleistung beim AG erworben hätte, erfasst die Anrechnungsvorschrift nicht.[18] Stellt der AG den AN von der Verpflichtung zur Arbeitsleistung unter Fortzahlung des Arbeitsentgelts frei, muss durch Auslegung ermittelt werden, ob der AG damit auf die Anrechnung eines anderen Verdienstes verzichtet hat.[19]

9 Angerechnet wird die anderweitig tatsächlich erzielte **Bruttovergütung** (siehe § 615 BGB Rn 56). Der anderweitige Verdienst kann auf das gesamte Arbeitsentgelt angerechnet werden, das für die Zeit nach der Entlassung geschuldet wird, nicht nur auf den Zeitraum, in dem der Verdienst fällt (sog. **Gesamtanrechnung**).[20] Der Umfang der Anrechnung bestimmt sich dabei nach der Arbeitszeit des bisherigen Arbverh.[21] Notwendige und ersparte **Aufwendungen** (z.B. Fahrtkosten, siehe auch § 615 BGB Rn 56) sind – anders als bei § 615 S. 2 BGB – nach § 11 **nicht** auf den Zwischenverdienst anzurechnen.[22] Allerdings kann danach ein anderweitiger Verdienst, der den Annahmeverzugslohn übersteigt, auch den Verzugslohn für die übrige Zeit mindern, wenn der AN nur während eines Teils des Annahmeverzugs einen anderweitigen Verdienst erworben hat.[23]

10 **b) Böswilliges Unterlassen anderweitigen Verdienstes (Nr. 2).** Nach Nr. 2 muss sich der AN den Verdienst anrechnen lassen, den er hätte verdienen können, wenn er es nicht böswillig unterlassen hätte, eine zumutbare Arbeit

---

9 HWK/*Thies*, § 11 KSchG Rn 3; *Löwisch/Spinner*, § 11 Rn 1; KR/*Spilger*, § 11 KSchG Rn 63.
10 *Löwisch/Spinner*, § 11 KSchG Rn 4.
11 HWK/*Thies*, § 11 KSchG Rn 3.
12 BAG 17.4.1986 – 2 AZR 308/85 – AP § 615 BGB Nr. 40; *Löwisch/Spinner*, § 11 Rn 3; KDZ/*Zwanziger*, § 11 KSchG Rn 1; MüKo-BGB/*Hergenröder*, § 11 KSchG Rn 7.
13 BAG 6.2.1964 – 5 AZR 93/63 – AP § 615 BGB Nr. 24; ErfK/*Kiel*, § 11 KSchG Rn 1.
14 HWK/*Thies*, § 11 KSchG Rn 6; MüKo-BGB/*Hergenröder*, § 11 KSchG Rn 9.
15 KR/*Spilger*, § 11 KSchG Rn 9.
16 BAG 13.6.2002 –2 AZR 391/01 – BAGE 101, 328, 340.
17 BAG 1.3.1958 – 2 AZR 533/55 – BAGE 5, 217, 219; MüKo-BGB/*Hergenröder*, § 11 KSchG Rn 14; APS/*Biebl*, § 11 KSchG Rn 17; ErfK/*Kiel*, § 11 KSchG Rn 4.
18 BAG 16.5.1969 – 3 AZR 137/68 – BAGE 22, 6, 13; 14.8.1974 – 5 AZR 497/73 – AP § 13 KSchG 1969 Nr. 3; 22.11.2005 – 1 AZR 407/04 – AP § 615 BGB Anrechnung Nr. 5.
19 ErfK/*Kiel*, § 11 KSchG Rn 4.
20 RG 12.7.1904 – III 146/04 – RGZ 58, 402, 404; BAG 29.7.1993 – 2 AZR 110/93 – AP § 615 BGB Nr. 52; 22.11.2005 – 1 AZR 407/04 – AP § 615 BGB Anrechnung Nr. 5; a.A.: *Boecken*, NJW 1995, 3218; *Nübold*, RdA 2004, 31 ff.; v. *Hoyningen-Huene/Linck*, § 11 Rn 30.
21 BAG 6.9.1990 – 2 AZR 165/90 – AP § 615 BGB Nr. 47; KR/*Spilger*, § 11 KSchG Rn 34.
22 KR/*Spilger*, § 11 KSchG Rn 37, 50; KDZ/*Zwanziger*, § 11 KSchG Rn 8.
23 KR/*Spilger*, § 11 KSchG Rn 33.

anzunehmen. Die Bestimmung ist inhaltlich deckungsgleich mit § 615 S. 2 BGB, obwohl sich beide im Wortlaut unterscheiden.[24] Sie legt dem AN eine Obliegenheit zur angemessenen Rücksichtnahme auf die Belange des AG auf. Der AN soll seine Annahmeverzugsansprüche nicht ohne Rücksicht auf den AG durchsetzen können.[25] Deshalb ist er angehalten, eine ihm nach Treu und Glauben (§ 242 BGB) sowie unter Beachtung des Grundrechts auf freie Arbeitsplatzwahl (Art. 12 GG) zumutbare anderweitige Arbeit aufzunehmen.[26]

Den unbestimmten Rechtsbegriff der **Böswilligkeit** verwendet die Regelung im gleichen Sinn wie § 615 S. 2 BGB. Die Auslegung des Tatbestandsmerkmals wird maßgeblich von zwei Faktoren bestimmt, nämlich der grundrechtlich geschützten Freiheit der Arbeitsplatzwahl und den bisherigen, von den Arbeitsvertragsparteien vereinbarten, vertraglichen Pflichten.[27] Böswillig handelt der AN, dem der Vorwurf gemacht werden kann, er sei während des Annahmeverzugs trotz Kenntnis aller objektiven Umstände vorsätzlich untätig geblieben oder habe bewusst die Aufnahme einer zumutbaren Arbeit verweigert.[28] Die Böswilligkeit setzt keine Schädigungsabsicht des AN voraus. Die vorsätzliche Untätigkeit muss dem AN allerdings vorwerfbar sein. Es genügt ein vorsätzliches außer Acht lassen einer dem AN bekannten Gelegenheit zur Erwerbsarbeit oder fehlende Eigenbemühungen.[29] Nicht vorwerfbar ist aber eine verweigerte Arbeitsaufnahme, wenn die angebotene (oder sonst mögliche) Arbeit nach den konkreten Umständen für den AN **unzumutbar** ist[30] (zum Begriff der Böswilligkeit weiter vgl. § 615 BGB Rn 59 ff.). Ob eine – nicht unverzügliche oder – unterlassene Meldung der Arbeitslosigkeit bei der Agentur für Arbeit ein „böswilliges Unterlassen" i.S.d. Norm darstellt, wird unterschiedlich beurteilt.[31]

Die Formulierung in Nr. 2 unterscheidet sich gegenüber § 615 BGB darin, dass sie den Begriff der **Zumutbarkeit** als Anrechnungsvoraussetzung ausdrücklich normiert. Sachlich besteht hingegen kein Unterschied zwischen den beiden Anrechnungsvorschriften.[32] Kriterien für die Unzumutbarkeit einer anderen Arbeit festzulegen, ist schwierig; auf den Maßstab des § 121 SGB III kann unter Berücksichtigung von dessen Sinn und Zweck (Schutz der Versichertengemeinschaft) nicht zurückgegriffen werden.[33] Entscheidend sind die Einzelfallumstände.[34] Die Zumutbarkeit ist unter Berücksichtigung der bisherigen Tätigkeit und den Erfahrungen, Kenntnissen und Fähigkeiten des AN im Wege der Interessenabwägung unter Berücksichtigung aller Umstände des Einzelfalls nach Treu und Glauben zu bestimmen[35] (zum Begriff der Zumutbarkeit im Einzelnen vgl. § 615 BGB Rn 60). Eine Unzumutbarkeit kann ihren Grund in der Person des AG haben oder auch aus den persönlichen Umständen des AN, der Art der Arbeit, (z.B. bei einer vorübergehenden Wechsel der Arbeitsplatzes und -ortes, der familiären Situation) sowie den sonstigen Arbeitsbedingungen ergeben.[36] Vertragsrechtliche Umstände sind auch zu berücksichtigen. Allerdings ist ein nicht vertragsgemäßes, das Direktionsrecht überschreitendes Arbeitsangebot nicht stets unzumutbar.[37] Vertragliche Arbeitspflicht und die Obliegenheit zur Rücksichtnahme sind unterschiedliche Kategorien. Allein der Umstand, dass der – bisherige – AG, der sich in Annahmeverzug befindet, eine (andere) Beschäftigungsmöglichkeit anbietet, schließt die Zumutbarkeit einer entsprechenden Tätigkeit i.S.d. Norm nicht aus.[38] Eine Weiterbeschäftigung des AN auf seinem bisherigen Arbeitsplatz wird regelmäßig nicht unzumutbar sein,[39] insbesondere wenn der AG

---

24 BAG 16.5.2000 – 9 AZR 203/99 – BAGE 94, 343, 345; 24.9.2003 – 5 AZR 500/02 – BAGE 108, 27, 30; 11.10.2006 – 5 AZR 754/05 – AP § 615 BGB Nr. 119; 7.2.2007 – 5 AZR 422/06 – BAGE 121, 133, 135.
25 BAG 11.1.2006 – 5 AZR 125/05 – BAGE 116, 355.
26 BAG 16.6.2004 – 5 AZR 508/03 – AP § 615 BGB Böswilligkeit Nr. 11; 11.1.2006 – 5 AZR 125/05 – BAGE 116, 355; 7.2.2007 – 5 AZR 422/06 – BAGE 121,133.
27 BAG 11.10.2006 – 5 AZR 754/05 – AP § 615 BGB Nr. 119; 7.2.2007 – 5 AZR 422/06 – BAGE 121, 133, 135; *Janko*, SAE 2007, 118, 121.
28 BAG 24.9.2003 – 5 AZR 500/02 – AP § 11 KSchG 1969 Nr. 4; 11.10.2006 – 5 AZR 754/05 – AP § 615 BGB Nr. 119; 7.2.2007 – 5 AZR 422/06 – BAGE 121, 133, 135.
29 BAG 24.9.2003 – 5 AZR 500/02 – BAGE 108, 27, 30; 11.1.2006 – 5 AZR 98/05 – BAGE 116, 359.
30 BAG 24.9.2003 – 5 AZR 500/02 – AP § 11 KSchG 1969 Nr. 4.
31 Ablehnend: BAG 16.5.2000 – 9 AZR 203/99 – AP § 615 BGB Böswilligkeit Nr. 9; HaKo-KSchR/*Fiebig*, § 11 KSchG Rn 33; bejahend: MüKo-BGB/*Hergenröder*, § 11 KSchG Rn 19; APS/*Biebl*, § 11 KSchG Rn 23; *v. Hoyningen-Huene/Linck*, § 11 Rn 45; *Spirolke*, NZA 2001, 707, 711; *Ricken*, NZA 2005, 323, 327.
32 BAG 16.5.2000 – 9 AZR 203/99 – AP § 615 BGB Böswilligkeit Nr. 7; 24.9.2003 – 5 AZR 500/02 – BAGE 108, 27,

30; 16.4.2004 – 5 AZR 508/03 – NZA 2004, 1155; *v. Hoyningen-Huene/Linck*, § 11 Rn 35; KR/*Spilger*, § 11 KSchG Rn 39; ErfK/*Kiel*, § 11 KSchG Rn 7; *v. Hoff*, SAE 2008, 20.
33 BAG 16.6.2004 – 5 AZR 508/03 – AP § 615 BGB Böswilligkeit Nr. 11; 11.10.2006 – 5 AZR 754/05 – AP § 615 BGB Nr. 119; 7.2.2007 – 5 AZR 422/06 – BAGE 121,133.
34 7.2.2007 – 5 AZR 422/06 – BAGE 121,133.; *v. Hoyningen-Huenel/Linck*, § 11 Rn 33; *Löwisch/Spinner*, § 11 Rn 17; MüKo-BGB/*Hergenröder*, § 11 KSchG Rn 21.
35 BAG 24.9.2003 – 5 AZR 500/02 – BAGE 108, 27, 30; zuletzt: BAG 11.1.2006 – 5 AZR 98/05 – BAGE 116,359; ErfK/*Kiel*, § 11 KSchG Rn 9; *Schier*, BB 2006, 2581.
36 BAG 24.9.2003 – 5 AZR 500/02 – BAGE 108, 27, 30;11.10.2006 – 5 AZR 754/05 – AP § 615 BGB Nr. 119; 7.2.2007 – 5 AZR 422/06 – BAGE 121,133.; *v. Hoff*, SAE 2008, 201, 201.
37 BAG 7.2.2007 – 5 AZR 422/06 – BAGE 121,133
38 BAG 24.9.2003 – 5 AZR 500/02 – AP § 11 KSchG 1969 Nr. 4; 11.10.2006 – 5 AZR 754/05 – AP § 615 BGB Nr. 119; 7.2.2007 – 5 AZR 422/06 – BAGE 121,133.; *Janko*, SAE 2008, 117, 118, 122.
39 BAG 16.6.2004 – 5 AZR 508/03 – AP § 615 BGB Böswilligkeit Nr. 11; 7.2.2007 – 5 AZR 422/06 – AP § 615 BGB Böswilligkeit Nr. 12.

nach einer betriebs- oder personenbedingten Künd eine befristete Weiterbeschäftigung anbietet.[40] Hat der AN einen – vorläufigen – Weiterbeschäftigungsantrag gestellt, so wird ihm eine Prozessbeschäftigung grds. zumutbar sein.[41] Gleiches wird regelmäßig auch dann gelten, wenn die Weiterbeschäftigung zu geänderten Arbeitsbedingungen – auch im Wege der Änderungskünd – angeboten wird,[42] solange dem AN keine endgültige Vertragsänderung mit dem Weiterbeschäftigungsangebot angetragen wird.[43] Eine Änderungs-Künd, mit der lediglich die bisherige Vergütung reduziert werden soll, macht die Fortsetzung des Arbverh i.S.d. Norm noch nicht unzumutbar.[44] Wird dem AN lediglich eine Teilzeitbeschäftigung angeboten, mit deren Verdienst der AN seinen Lebensunterhalt nicht bestreiten kann, spricht vieles für die Unzumutbarkeit des Angebots.[45]

13 c) **Anrechnung öffentlich-rechtlicher Leistungen (Nr. 3).** Hat der AN für den Nachzahlungszeitraum öffentlich-rechtliche Leistungen infolge seiner Arbeitslosigkeit erhalten, werden diese nach der Nr. 3 der Norm angerechnet. Diese Anrechnungsvorschrift hat praktisch keine eigenständige Bedeutung mehr. Auf Grund des in § 115 Abs. 1 SGB X gesetzlich geregelten Forderungsübergangs kann eine – nachträgliche – Anrechnung nicht mehr erfolgen (siehe auch § 615 BGB Rn 57). Die kündigungsschutzrechtliche Norm stellt lediglich klar, was aufgrund der sozialrechtlichen Rahmenregelungen ohnehin schon gilt.[46]

14 d) **Kumulation von Anrechnungstatbeständen.** Nach der Rspr. des BAG kommt es zu einer proportionalen Zuordnung und Anrechnung nach den Nr. 2 und 3 des § 11, wenn der AN während des Annahmeverzugs des AG Alg bezieht und zugleich böswillig einen zumutbaren Erwerb unterlässt. Zunächst ist von dem vom AG geschuldeten Bruttoarbeitsentgelt der Bruttoverdienst abzuziehen, den zu erwerben der AN böswillig unterlassen hat. Von dem verbleibenden Differenzbetrag muss sich der AN den Teil des bezogenen Alg anrechnen lassen, der dem Anteil der Bruttovergütung entspricht, die der AG dem AN noch nach Anrechnung des böswillig unterlassenen Erwerbs auf das vertraglich geschuldete Arbeitsentgelt zu zahlen hat.[47]

C. Verbindung zu anderen Rechtsgebieten und zum Prozessrecht

15 Die Regelung steht in engem Zusammenhang mit § 615 BGB und den zivilrechtlichen Bestimmungen zum Annahmeverzug, §§ 293 ff. BGB (vgl. Rn 1 ff.); zum Zusammenhang einer Künd-Schutz- und Zahlungsklage siehe § 615 BGB Rn 88 ff.

16 Der AN ist **darlegungs- und beweispflichtig** für die tatsächlichen Voraussetzungen des Annahmeverzugs und Höhe des Nachzahlungsanspruchs (vgl. § 615 BGB Rn 86). Der AG hat – neben dem möglichen Einwand einer fehlenden Leistungswilligkeit und -fähigkeit des AN und der Unzumutbarkeit der Leistungsannahme – v.a. die **Tatsachen für die Anrechnungstatbestände der Nr. 1 bis 3 darzulegen und zu beweisen.**[48] Insb. muss er darlegen und ggf. beweisen, dass der AN überhaupt einer anderen Arbeit nachgegangen ist[49] oder aus welchem Grund er dem AN eine andere als die vertragsgemäße Arbeit angeboten hat.

17 Ist der AG insoweit seiner Darlegungspflicht nachgekommen bzw. ist die Tatsache einer anderen Beschäftigung des AN während des Verzugszeitraum unstreitig, hat der AG, dem regelmäßig die Kenntnis fehlen wird, ob und v.a. in welcher Höhe der AN einen anderweitigen Verdienst erzielt hat, nach den Grundsätzen der abgestuften Darlegungs- und Beweislast einen – selbstständig einklagbaren – **Auskunftsanspruch** über die Höhe des Verdienstes gegen den AN entsprechend § 74c Abs. 2 HGB (siehe auch § 615 BGB Rn 65 ff.).[50] Macht der AN monatlich entstandene Vergütungsansprüche geltend, so ist er – wegen der Gesamtberechnung – verpflichtet, zeitlich lückenlos Auskunft über seinen anderweitigen Verdienst zu erteilen, den er vom Beginn des Annahmeverzugs bis zum letzten Anspruchszeitpunkt erworben hat.[51] Zur Erfüllung dieses Auskunftsanspruchs kann der AG grds. konkrete Nachweise des AN verlangen.[52] Der AG kann seinen Auskunftsanspruch durch Widerklage geltend machen oder eine selbstständige Stu-

---

40 Anders bei einer verhaltensbedingten Künd, BAG 14.11.1985 – 2 AZR 98/84 – AP § 615 BGB Nr. 39.
41 BAG 24.9.2003 – 5 AZR 500/02 – BAGE 108, 27, 30.
42 BAG 16.6.2004 – 5 AZR 508/03 – BAGE 111, 123, 126 ff.;11.1.2006 – 5 AZR 98/05 – BAGE 116, 359; 11.10.2006 – 5 AZR 754/05 – AP § 615 BGB Nr. 119; 26.9.2007 – 5 AZR 870/06 – AP § 615 BGB Böswilligkeit Nr. 13; kritisch: *Schulze*, NZA 2006, 1145.
43 BAG 11.1.2006 – 5 AZR 98/05 – BAGE 116, 359; 26.9.2007 – 5 AZR 870/06 – AP § 615 BGB Böswilligkeit Nr. 13.
44 BAG 16.6.2004 – 5 AZR 508/03 – AP § 615 BGB Böswilligkeit Nr. 11.
45 LAG Baden-Württemberg 26.2.2008 – 14 Sa 90/07 – juris.
46 KR/*Spilger*, § 11 KSchG Rn 44; ErfK/*Kiel*, § 11 KSchG Rn 12; HWK/*Thies*, § 11 KSchG Rn 13; *Löwisch/Spinner*, § 11 Rn 19; vgl. auch BAG 11.1.2006 – 5 AZR 125/05 – BAGE 116, 355.
47 BAG 11.1.2006 – 5 AZR 125/05 – BAGE 116, 355; 7.2.2007 – 5 AZR 422/06 – BAGE 121,133.
48 BAG 6.9.1990 2 AZR 165/90 – AP § 615 BGB Nr. 47; *Spirolke*, NZA 2001, 707, 708.
49 BAG 24.8.1999 – 9 AZR 804/98 – AP § 615 BGB Anrechnung Nr. 1.
50 BAG 19.7.1978 – 5 AZR 748/77 – AP § 242 BGB Auskunftspflicht Nr. 16; 29.7.1993 – 2 AZR 110/93 – AP § 615 BGB Nr. 52; *Löwisch/Spinner*, § 11 Rn 10; HaKo-KSchR/*Fiebig*, § 11 KSchG Rn 42.
51 HaKo-KSchR/*Fiebig*, § 11 KSchG Rn 42.
52 HaKo-KSchR/*Fiebig*, § 11 KSchG Rn 42.

fenklage (§ 254 ZPO) erheben. Kommt der AN dem berechtigten Auskunftsverlangen des AG nicht nach, steht dem AG ein Leistungsverweigerungsrecht nach § 320 Abs. 1 BGB zu.[53] Eine Verurteilung des AG zur Zahlung des Annahmeverzugslohns – bspw. Zug-um-Zug gegen eine Auskunftserteilung – scheidet insoweit aus, weil ohne die notwendige Auskunft der Umfang der Leistungspflicht des AG nicht hinreichend konkret bestimmt werden kann.[54] Die Zahlungsklage muss in dieser Situation vom ArbG als derzeit unbegründet abgewiesen werden.[55]

Wendet der AG im Zahlungsprozess gegen den vom AN geltend gemachten Verzugslohnanspruch ein, der AN habe in dem hier streitigen Zeitraum Sozialleistung bezogen und deshalb sei er insoweit nicht mehr Inhaber der Forderung, muss der AN schon aufgrund dieses einfachen Bestreitens seine Anspruchsinhaberschaft und Aktivlegitimation im Einzelnen darlegen.[56] Aufgrund des gesetzlichen Forderungsübergangs und den daraus resultierenden Folgen für den Zahlungsprozess besteht keine Notwendigkeit, dem AG **einen Auskunftsanspruch** über den Umfang und die Höhe der gezahlten öffentlich-rechtlichen Sozialleistungen gegen den AN zu gewähren. 18

D. Beraterhinweise
Zu den Bearbeiterhinweisen siehe § 615 BGB Rn 91. 19

§ 12 Neues Arbeitsverhältnis des Arbeitnehmers; Auflösung des alten Arbeitsverhältnisses

¹Besteht nach der Entscheidung des Gerichts das Arbeitsverhältnis fort, ist jedoch der Arbeitnehmer inzwischen ein neues Arbeitsverhältnis eingegangen, so kann er binnen einer Woche nach der Rechtskraft des Urteils durch Erklärung gegenüber dem alten Arbeitgeber die Fortsetzung des Arbeitsverhältnisses bei diesem verweigern. ²Die Frist wird auch durch eine vor ihrem Ablauf zur Post gegebene schriftliche Erklärung gewahrt. ³Mit dem Zugang der Erklärung erlischt das Arbeitsverhältnis. ⁴Macht der Arbeitnehmer von seinem Verweigerungsrecht Gebrauch, so ist ihm entgangener Verdienst nur für die Zeit zwischen der Entlassung und dem Tag des Eintritts in das neue Arbeitsverhältnis zu gewähren. ⁵§ 11 findet entsprechende Anwendung.

Literatur: *Bauer*, Taktische Erwägungen und Möglichkeiten im Zusammenhang mit § 12 KSchG, BB 1993, 2444; *Brill*, Das Wahlrecht des Arbeitnehmers zwischen altem und neuem Arbeitsverhältnis (§ 12 KSchG), DB 1983, 2519

A. Allgemeines 1	2. Das Erlöschen des bisherigen Arbeitsverhältnisses (S. 3) 14
B. Regelungsgehalt 3	3. Das neue Arbeitsverhältnis 16
I. Die Voraussetzungen für das Wahlrecht (S. 1) 3	4. Nachzahlung der Vergütung und Anrechnung des Zwischenverdienstes (S. 4 und 5) 17
II. Die Ausübung des Wahlrechts (S. 1 und 2) 6	C. Beraterhinweise 20
III. Die Rechtsfolgen 11	
1. Das Fortbestehen des alten Arbeitsverhältnisses 11	

A. Allgemeines

Die Norm findet unmittelbar Anwendung auf rechtsunwirksame ordentliche Künd. Nach § 13 Abs. 1 S. 5, Abs. 2 S. 2 ist sie auch auf rechtsunwirksame außerordentliche und sittenwidrige Künd anwendbar. § 16 enthält für die nach § 15 Abs. 1 bis 3a besonders kündigungsgeschützten Personen eine vergleichbare Regelung. 1

Sinn und Zweck des § 12 ist es, die Interessen- und Pflichtenkollision zu lösen, in der sich der AN aufgrund des Künd-Schutzprozess befindet.[1] Der AN ist einerseits verpflichtet, sich um zumutbare Arbeit zu bemühen. Andererseits muss er die Arbeit beim bisherigen AG wieder aufnehmen, wenn er den Künd-Schutzprozess gewinnt. In dieser Situation eröffnet § 12 dem AN ein **fristgebundenes Wahlrecht**[2] zwischen beiden Arbverh. Der AN kann entweder das Arbverh mit dem alten AG fortsetzen oder dieses durch eine einfache Erklärung beenden. Der AG hat hingegen 2

---

53 BAG 27.3.1974 – 5 AZR 258/73 – AP § 242 BGB Auskunftspflicht Nr. 15; 29.7.1993 – 2 AZR 110/93 – BAGE 74, 29, 37; 19.3.2002 – 9 AZR 16/01 – BB 2002, 1703, 1703; HaKo-KSchR/*Fiebig*, § 11 Rn 93; *Schier*, BB 2006, 2578, 2581.
54 BAG 29.7.1993 – 2 AZR 110/93 – AP § 615 BGB Nr. 52; HaKo-KSchR/*Fiebig*, § 11 KSchG Rn 43.
55 BAG 2.6.1987 – 3 AZR 626/85 – AP HGB § 74c Nr. 13; 19.3.2002 – 9 AZR 16/01 – BB 2002, 1703, 1703.
56 HWK/*Thies*, § 11 KSchG Rn 14; APS/*Biebl*, § 11 KSchG Rn 30; v. *Hoyningen-Huene/Linck*, § 11 Rn 53; a.A. KR/*Spilger*, § 11 KSchG Rn 48.
1 ErfK/*Kiel*, § 12 KSchG Rn 1; v. *Hoyningen-Huene/Linck*, § 12 Rn 1; HWK/*Thies*, § 1 KSchG Rn 1; KR/*Rost*, § 12 KSchG Rn 2.
2 ErfK/*Kiel*, § 12 KSchG Rn 2; HWK/*Thies*, § 12 KSchG Rn 1; KDZ/*Kittner/Deinert*, § 12 KSchG Rn 2; KR/*Rost*, § 12 KSchG Rn 4; *Bauer*, BB 1993, 2444; *Brill*, DB 1983, 2519.

kein Wahlrecht. Das Gesetz räumt nur dem AN ein **einseitiges Gestaltungsrecht** ein.[3] Bei diesem Gestaltungsrecht handelt es sich der Sache nach um ein fristgebundenes **Sonder-Künd-Recht** des AN, das die Wirkung einer fristlosen Künd hat.[4]

B. Regelungsgehalt

I. Die Voraussetzungen für das Wahlrecht (S. 1)

3 Das Arbverh muss aufgrund eines **rechtskräftigen, klagestattgebenden Feststellungsurteil** der Gerichte für Arbeitssachen fortbestehen. Das Sonder-Künd-Recht des AN entsteht erst mit Eintritt der Rechtskraft des Urteils. Ist das Arbverh durch ein gerichtliches Urteil nach § 9 aufgehoben worden, besteht kein Wahlrecht.[5] Weist das Gericht einen Auflösungsantrag des AN ab, verbleibt es beim Wahlrecht des AN nach § 12.[6]

4 Das Wahlrecht setzt weiter voraus, dass der gekündigte AN ein **neues Arbverh** nach Zugang der Künd-Erklärung und vor der Rechtskraft des Urteils im Künd-Schutzprozess („inzwischen") **eingegangen** ist.[7] Geht der AN nach Rechtskraft des Urteils ein neues Arbverh ein, entsteht das Wahlrecht nicht.[8] Auch muss nach Sinn und Zweck des gesetzlichen Wahlrechts das neue Arbverh über den Zeitpunkt der rechtskräftigen Feststellung der Unwirksamkeit der Künd hinaus andauern. Ein Wahlrecht nach § 12 besteht deshalb nicht, wenn das neue Arbverh für den Fall des Obsiegens im Künd-Schutzprozess mit dem alten AG auflösend bedingt geschlossen worden ist.[9]

5 Ein Arbverh ist i.S.d. Norm eingegangen, wenn der **Arbeitsvertrag abgeschlossen** worden ist.[10] Nicht notwendig ist dagegen eine bereits tatsächliche Beschäftigung des AN beim neuen AG.[11] Welche Art von Arbverh – befristet/unbefristet, zur Probe oder zur Aushilfe, Teilzeit- oder Vollzeit, Leih-Arbverh etc. – abgeschlossen wurde, ist unerheblich.[12] Auch der Abschluss eines Berufsausbildungsvertrages ist ausreichend, da das Berufsausbildungsverhältnis eine besondere Art des Arbverh ist.[13] Notwendig und ausreichend ist eine Tätigkeit auf einer arbeitsrechtlichen Basis. Nur in diesem Fall kann es wegen der besonderen persönlichen Abhängigkeiten zu der vom Gesetz vorausgesetzten Interessen- und Pflichtenkollision kommen. Dementsprechend hat der AN kein Verweigerungsrecht nach § 12, wenn er eine selbstständige oder freiberufliche Tätigkeit aufnimmt.[14]

II. Die Ausübung des Wahlrechts (S. 1 und 2)

6 Der AN muss sein Wahlrecht **ausdrücklich** und **binnen Wochenfrist** – ab Rechtskraft des Urteils – ausüben, wenn er die Fortsetzung seines Arbverh **verweigern** will. Wenn in § 12 bestimmt ist, dass der AN binnen einer Woche nach Rechtskraft des Urteils die Fortsetzung des ArbVerh gegenüber dem alten AG verweigern kann, so wird damit lediglich das Ende der Frist für die Ausübung des Gestaltungsrechts bestimmt, nicht aber deren Beginn. Die Verweigerungserklärung kann der AN schon vor Rechtskraft des Urteils, das das Fortbestehen des ArbVerh feststellt, abgeben.[15] Will der AN am alten Arbverh festhalten, bedarf es keiner (positiven) Erklärung.

7 Eine hinreichende „Verweigerungsklärung",[16] von anderen Autoren auch als Nichtfortsetzungs-,[17] Lösungs-[18] oder Beendigungserklärung[19] bezeichnet, liegt auch in einer innerhalb der Wochenfrist erklärten außerordentlichen Eigen-Künd.[20] In einer fristgemäßen Eigen-Künd des AN innerhalb der Wochenfrist wird man hingegen wegen der sich aus S. 3 und 4 ergebenden Rechtsfolgen nicht ohne weiteres auch eine Erklärung nach § 12 sehen können.

---

3 BAG 19.10.1972 – 2 AZR 150/72 – AP § 12 KSchG 1969 Nr. 1.

4 ErfK/*Kiel*, § 12 KSchG Rn 1; KDZ/*Kittner/Deinert*, § 12 KSchG Rn 4; v. Hoyningen-Huene/*Linck*, § 12 Rn 5; KR/*Rost*, § 12 KSchG Rn 22; HaKo-KSchR/*Fiebig*, § 12 KSchG Rn 5.

5 ErfK/*Kiel*, § 12 KSchG Rn 3; KR/*Rost*, § 12 KSchG Rn 7.

6 BAG 19.10.1972 – 2 AZR 150/72 – AP § 12 KSchG 1969 Nr. 1.

7 ErfK/*Kiel*, § 12 KSchG Rn 4; v. Hoyningen-Huene/*Linck*, § 12 Rn 5; KR/Rost, § 12 KSchG Rn 8; *Löwisch/Spinner*, § 12 Rn 5.

8 ErfK/*Kiel*, § 12 KSchG Rn 4; HaKo-KSchR/*Fiebig*, § 12 KSchG Rn 12.

9 KDZ/*Kittner/Deinert*, § 12 KSchG Rn 8; KR/*Rost*, § 12 KSchG Rn 11.

10 KR/*Rost*, § 12 KSchG Rn 10; HaKo-KSchR/*Fiebig*, § 12 KSchG Rn 12.

11 ErfK/*Kiel*, § 12 KSchG Rn 4.

12 ErfK/*Kiel*, § 12 KSchG Rn 4.

13 KDZ/*Kittner/Deinert*, § 12 KSchG Rn 6; KR/*Rost*, § 12 KSchG Rn 8; HaKo-KSchR/*Fiebig*, § 12 KSchG Rn 13.

14 BAG 25.10.2007 – 6 AZR 662/06 – AP KSchG 1969 § 12 Nr. 3; v. Hoyningen-Huene/*Linck*, § 12 Rn 2; APS/*Biebl*, § 12 KSchG Rn 5; *Löwisch/Spinner*, § 12 Rn 5; HaKo-KSchR/*Fiebig*, § 12 KSchG Rn 14; *Brill*, DB 1983, 2519, 2520; a.A. KDZ/*Kittner/Deinert*, § 12 Rn 6; KR/*Rost*, § 12 Rn 8.

15 BAG 19.10.1972 – 2 AZR 150/72 – AP KSchG 1969 § 12 Nr. 1; 25.10.2007 – 6 AZR 662/06 – AP KSchG 1969 § 12 Nr. 3; HWK/*Thies*, § 12 KSchG Rn 6.

16 KR/*Rost*, § 12 KSchG Rn 22.

17 *Stahlhacke/Preis/Vossen*, Rn 23.

18 V. Hoyningen-Huene/*Linck*, § 12 Rn 22.

19 HK-KSchG/*Dorndorf*, § 12 Rn 9; HaKo-KSchR/*Fiebig*, § 12 Rn 6.

20 ErfK/*Kiel*, § 12 KSchG Rn 6; *Löwisch/Spinner*, § 12 Rn 7; LAG Düsseldorf 13.6.1979 – 3 Sa 253/79 – AP § 12 KSchG 1969 Nr. 2.

Die Verweigerungserklärung bedarf nach allg. Ansicht der **Schriftform** des § 623 BGB, weil sie ein besonderes gesetzliches Sonder-Künd-Recht ist.[21]

Die einwöchige **Erklärungsfrist,** die mit der Rechtskraft des Urteils beginnt, ist eine materiell-rechtliche **Ausschlussfrist.**[22] Für die Fristberechnung gelten die allg. Regelungen der §§ 187 ff. BGB. Der AN kann die Verweigerungserklärung – vorsorglich – bereits vor Eintritt der Rechtskraft des Urteils bzw. dem Ablauf der Künd-Frist abgeben.[23] Das Arbverh erlischt auch in diesem Fall erst mit dem Eintritt der Rechtskraft des klagestattgebenden Urteils.[24]

Das Gestaltungsrecht erlischt, wenn der AN die Wochenfrist hat verstreichen lassen oder die Verweigerungserklärung nicht rechtzeitig abgegeben hat. Schweigen oder eine nicht rechtzeitige Erklärung gelten als Wahl der Weiterbeschäftigung.[25] Gegen die versäumte Frist gibt es keine Wiedereinsetzung in den vorigen Stand.[26] Allerdings reicht es nach S. 2 der Norm zur Fristwahrung aus, dass der AN die schriftliche Erklärung noch während der Wochenfrist zur Post gegeben hat. Eine nicht fristgerechte Verweigerungserklärung kann in eine ordentliche (Eigen-) Künd des Arbverh umgedeutet werden.[27]

III. Die Rechtsfolgen

1. Das Fortbestehen des alten Arbeitsverhältnisses. Gibt der AN die Verweigerungserklärung nicht binnen Wochenfrist ab, erlischt sein Recht zur Auflösung des bisherigen Arbverh.

Ist der AN in der Zwischenzeit ein neues Arbverh eingegangen, kann dies für das bisherige Arbverh bedeuten, dass er nicht sofort wieder seine Arbeitsleistung beim alten AG erbringen kann. Fordert der bisherige AG den AN dennoch auf, seine Arbeit bei ihm – sofort – wieder anzutreten, gerät der AN bei einer Nichtleistung gleichwohl nicht in Schuldnerverzug.[28] Er muss die Möglichkeit haben, das neue Arbverh unter Einhaltung der gesetzlichen Künd-Frist zu beenden, zumal für eine außerordentliche Künd des neuen Arbverh regelmäßig der wichtige Grund fehlen wird. Da der AN auch verpflichtet war, das neue Arbverh zur Vermeidung von Rechtsnachteilen einzugehen, unterbleibt die Arbeitsleistung beim bisherigen AG aufgrund von Umständen, die der AN nicht zu vertreten hat.[29] Dies gilt umso mehr, als dem AN zumindest die einwöchige Überlegungsfrist nach S. 1 der Norm zustehen muss. Dementsprechend kann der bisherige AG das Arbverh auch nicht wegen Arbeitsverweigerung außerordentlich kündigen, wenn der AN die frühere Tätigkeit nicht sogleich wieder aufnimmt.[30] Der Anspruch des AN gegen den bisherigen AG aus Verzug wird nicht beendet (§ 297 BGB), da der AG die mangelnde Leistungsbereitschaft des AN selbst herbeigeführt hat.[31] Allerdings ist das Arbeitsentgelt aus dem neuen Arbverh bei der Berechnung des Verzugslohnanspruchs zu berücksichtigen (§ 11 Nr. 1). Die Kürzungsbestimmung von S. 4 kann nicht analog angewandt werden, wenn der AN nach Ablauf der Wochenfrist das bisherige Arbverh ordentlich kündigt oder einen Aufhebungsvertrag schließt.[32]

Der AN gerät jedoch in Schuldnerverzug, wenn er dauerhaft die Fortsetzung des bisherigen Arbverh verweigert.[33] Der bisherige AG kann dann das Arbverh – nach Abmahnung – wegen beharrlicher Arbeitsverweigerung kündigen.[34]

2. Das Erlöschen des bisherigen Arbeitsverhältnisses (S. 3). Mit Zugang der Verweigerungserklärung, frühestens jedoch zu dem Zeitpunkt, zu dem das Arbverh bei rechtswirksamer Künd (Ablauf der Künd-Frist) geendet hätte bzw. zum Zeitpunkt der Rechtskraft des zugrunde liegenden Feststellungsurteils, **erlischt** nach S. 3 der Norm das bisherige Arbverh mit dem bisherigen AG.[35]

Der AN kann das bisherige Arbverh nicht nur durch die Abgabe der Verweigerungserklärung, sondern auch auf andere Weise – und sogar noch nach Ablauf der Wochenfrist –, bspw. durch fristgemäße Eigen-Künd oder durch eine Aufhebungsvereinbarung, beenden. Ein darüber hinausgehendes Recht des AN zur außerordentlichen Künd bedarf

---

21 ErfK/*Kiel*, § 12 KSchG Rn 6; *Löwisch/Spinner*, § 12 Rn 7; KR/*Rost*, § 12 KSchG Rn 24; KR/*Spilger*, § 623 BGB Rn 68; *Preis/Gotthardt*, NZA 2000, 348, 350; a.A. KDZ/*Kittner/Deinert*, § 12 KSchG Rn 12.
22 ErfK/*Kiel*, § 12 KSchG Rn 6; HWK/*Thies*, § 12 KSchG Rn 4.
23 BAG 19.10.1972 – 2 AZR 150/72 – AP § 12 KSchG 1969 Nr. 1; 25.10.2007 – 6 AZR 662/06 – AP KSchG 1969 § 12 Nr. 3.
24 HaKo-KSchR/*Fiebig*, § 12 KSchG Rn. 18.
25 ErfK/*Kiel*, § 12 KSchG Rn 5; *v. Hoyningen-Huene/Linck*, § 12 Rn 8; KR/*Rost*, § 12 KSchG Rn 25; APS/*Biebl*, § 12 KSchG Rn 18.
26 HWK/*Thies*, § 12 KSchG Rn 4; KR/*Rost*, § 12 KSchG Rn 25.
27 LAG Berlin 15.10.1999 – 6 Sa 1235/99 – RzK I 14 Nr. 2; APS/*Biebl*, § 12 KSchG Rn 16; *v. Hoyningen-Huene/Linck*, § 12 Rn 11.

28 ErfK/*Kiel*, § 12 KSchG Rn 12.
29 *v. Hoyningen-Huene/Linck*, § 12 Rn 4; KR/*Rost*, § 12 KSchG Rn 17 f.; *Löwisch/Spinner*, § 12 Rn 12; LAG Köln 23.11.1994 – 8 Sa 862/94 – NZA 1995, 992.
30 KDZ/*Kittner/Deinert*, § 12 KSchG Rn 16; ErfK/*Kiel*, § 12 KSchG Rn 8; KR/*Rost*, § 12 KSchG Rn 17; *Bauer*, BB 1993, 2444.
31 *Löwisch/Spinner*, § 12 Rn 12; ErfK/*Kiel*, § 12 KSchG Rn 12; KR/*Rost*, § 12 KSchG Rn 20.
32 BAG 6.11.1986 – 2 AZR 744/85 – RzK I 13 b Nr. 4.
33 *Löwisch/Spinner*, § 12 Rn 13.
34 ErfK/*Kiel*, § 12 KSchG Rn 12; KR/*Rost*, § 12 KSchG Rn 19.
35 BAG 19.7.1978 – 5 AZR 758/77 – AP § 242 BGB Auskunftspflicht Nr. 16; BAG 25.10.2007 – 6 AZR 662/06 – AP KSchG 1969 § 12 Nr. 3.

eines wichtigen Grundes i.S.v. § 626 Abs. 1 BGB, der allerdings regelmäßig noch nicht allein wegen der unwirksamen AG-Künd anzuerkennen ist.

16 **3. Das neue Arbeitsverhältnis.** Das Arbverh des AN mit dem neuen AG wird durch § 12 nicht berührt. Der AN kann das neue Arbverh nicht allein deshalb außerordentlich kündigen, weil er das alte Arbverh aufgrund des rechtskräftigen Urteils fortsetzen will. Will er sich eine schnelle Beendigungsoption im neuen Arbverh offen halten, muss er eine entsprechende auflösende Bedingung oder ein entsprechendes außerordentliches Künd-Recht im Arbeitsvertrag vereinbaren.[36]

17 **4. Nachzahlung der Vergütung und Anrechnung des Zwischenverdienstes (S. 4 und 5).** Macht der AN von seinem Verweigerungsrecht Gebrauch, so modifiziert sich sein Vergütungsanspruch aus Annahmeverzug nach § 615 S. 1 BGB, § 11. Diesen Normen geht die **speziellere Regelung** des S. 4 vor.

18 Hat der AN bereits **vorher** eine **neue Arbeit** aufgenommen, **endet** die Vergütungspflicht des bisherigen AG nach S. 4 der Norm mit dem Eintritt in das neue Arbverh, d.h. mit dem **Tag der vereinbarten Arbeitsaufnahme** (und nicht mit dem Tag des Vertragsabschlusses) beim neuen AG.[37] Durch diese aus Vereinfachungsgründen geschaffene Regelung wird eine Verrechnung der Arbeitsentgelte obsolet.[38] Der AN hat nur noch – begrenzte – Vergütungsansprüche (aus Annahmeverzug) gegen seinen bisherigen AG für den Zeitraum des tatsächlichen Ausscheidens aus dem Arbverh und dem Eintritt in das neue Arbverh. Auf diesen Anspruch, der ein echter Lohnanspruch i.S.d. § 615 BGB ist, finden die Anrechnungsvorschriften des § 11 entsprechende Anwendung (S. 5).[39]

19 Die Begrenzung des Verzugsanspruchs nach S. 4 der Norm gilt aber nicht, wenn der AN das bisherige Arbverh durch ordentliche Eigen-Künd oder Aufhebungsvertrag beendet; in diesem Fall behält er seinen vollen Anspruch auf den Verzugslohn, allerdings unter Anrechnung des Zwischenverdienstes nach § 11.[40]

Tritt der AN die neue Arbeit erst nach Zugang der Verweigerungserklärung an, bleibt der Anspruch auf Arbeitsentgelt aus Verzug im bisherigen Arbverh bestehen.

C. Beraterhinweise

20 Das Zusammenspiel von § 12 und § 615 BGB, § 11 ist zu beachten. Der AN wird gut überlegen müssen, ob er die Verweigerungserklärung abgibt oder ggf. nach der rechtskräftigen Feststellung selbst das Arbverh ordentlich kündigt. Die frist- und formgerechte Verweigerung der Fortsetzung des alten Arbverh kann zur Minderung seiner Annahmeverzugslohnansprüche führen. Dies gilt jedenfalls dann, wenn er im neuen Arbverh weniger verdient als beim bisherigen AG.

§ 13 Außerordentliche, sittenwidrige und sonstige Kündigungen

(1) ¹Die Vorschriften über das Recht zur außerordentlichen Kündigung eines Arbeitsverhältnisses werden durch das vorliegende Gesetz nicht berührt. ²Die Rechtsunwirksamkeit einer außerordentlichen Kündigung kann jedoch nur nach Maßgabe des § 4 Satz 1 und der §§ 5 bis 7 geltend gemacht werden. ³Stellt das Gericht fest, dass die außerordentliche Kündigung unbegründet ist, ist jedoch dem Arbeitnehmer die Fortsetzung des Arbeitsverhältnisses nicht zuzumuten, so hat auf seinen Antrag das Gericht das Arbeitsverhältnis aufzulösen und den Arbeitgeber zur Zahlung einer angemessenen Abfindung zu verurteilen. ⁴Das Gericht hat für die Auflösung des Arbeitsverhältnisses den Zeitpunkt festzulegen, zu dem die außerordentliche Kündigung ausgesprochen wurde. ⁵Die Vorschriften der §§ 10 bis 12 gelten entsprechend.

(2) Verstößt eine Kündigung gegen die guten Sitten, so finden die Vorschriften des § 9 Abs. 1 Satz 1 und Abs. 2 und der §§ 10 bis 12 entsprechende Anwendung.

(3) Im Übrigen finden die Vorschriften dieses Abschnitts mit Ausnahme der §§ 4 bis 7 auf eine Kündigung, die bereits aus anderen als den in § 1 Abs. 2 und 3 bezeichneten Gründen rechtsunwirksam ist, keine Anwendung.

Literatur: *Annuß*, § 242 BGB als Fundament eines allgemeinen Kündigungsschutzes?, BB 2001, 1898; *Bader*, Das Gesetz zu Reformen am Arbeitsmarkt: Neues in Kündigungsschutzgesetz und im Befristungsrecht, NZA 2004, 65; *Bender/Schmidt*, KSchG 2004: Neuer Schwellenwert und einheitliche Klagefrist, NZA 2004, 358; *Berkowsky*, Kündigungsschutzklage und allgemeine Feststellungsklage – eine „liaison dangereuse"?, NZA 2001, 801; *Besgen*, Fragen zur Nichtigkeit, Sittenwidrigkeit und Treuwidrigkeit

---

[36] *Löwisch/Spinner*, § 12 Rn 14; *Bauer*, BB 1993, 2444, 2445.
[37] HWK/*Thies*, § 12 KSchG Rn 8; HaKo-KSchR/*Fiebig*, § 12 KSchG Rn 21; *Bauer*, BB 1993, 2444, 2445.
[38] BAG 19.7.1978 – 5 AZR 758/77 – AP § 242 BGB Auskunftpflicht Nr. 16; KDZ/*Kittner/Deinert*, § 12 KSchG Rn 20.
[39] *V. Hoyningen-Huene/Linck*, § 12 Rn 6.
[40] *Bauer*, BB 1993, 2444, 2445 m.w.H.

(Ungehörigkeit) einer Kündigung, AiB 1987, 182; *Bloesinger*, Die Auswirkungen eines Verstoßes gegen § 9 III 1 ASiG auf Kündigungen des Arbeitgebers, NZA 2004, 467; *Boemke/Gründel*, Grundrechte im Arbeitsverhältnis, ZfA 2001, 245; *Brill*, Abfindungen im Arbeitsrecht, AuR 1996, 268; *Dewender*, Einbeziehung der fehlerhaft berechneten Kündigungsfrist in die Klagefrist nach § 4 Satz 1 KSchG?, DB 2005, 337; *Diller*, Zurückweisung der Kündigung nach § 174 BGB – eine vergessene Waffe –, FA 1999, 106; *Etzel*, Die „Orlando-Kündigung": Kündigung tariflich unkündbarer Arbeitnehmer, ZTR 2003, 210; *Giesen*, Das neue Kündigungsschutzrecht in der Insolvenz, ZIP 1998, 46; *Hennings*, Zur Auslegung der EGRL 59/98, EWiR 2005, 69; *Hertzfeld*, Auflösungsantrag bei Unwirksamkeit der Kündigung aus „anderen als den in § 1 II und III KSchG bezeichneten Gründen", NZA 2004, 298; *Hohmeister*, Die Zurückweisung einer Kündigung gem. § 174 BGB, AuR 1992, 143; *Hoß*, Kündigung durch den Arbeitgeber – Ein Überblick über die wichtigsten Formalien, MDR 2000, 808; *Koller*, Abfindungs- und Fortsetzungsverweigerungsrecht im Falle einer „aus sonstigen Gründen" unwirksamen Kündigung (§ 13 Abs. 3 KSchG), DB 1979, 1458; *Krabbenhöft*, Stolpersteine – Schriftformerfordernisse aufgrund des Nachweis- und Arbeitsgerichtsbeschleunigungsgesetzes, DB 2000, 1562; *Lipke*, Auflösungssperre nach § 13 Abs. 1 Satz 3 KSchG bei Umdeutung der arbeitgeberseitigen außerordentlichen Kündigung in eine ordentliche Kündigung?, BlStSozArbR 1984, 341; *Lakies*, Die „Neuregelungen" des Kündigungsschutzgesetzes, NJ 2004, 150; *Löwisch*, Neuregelungen des Kündigungs- und Befristungsrecht durch das Gesetz zu Reformen am Arbeitsmarkt, BB 2004, 154; *ders.*, Grenzen der ordentlichen Kündigung in kündigungsschutzfreien Betrieben, BB 1997, 782; *Meixner*, Das Gesetz zu Reformen am Arbeitsmarkt – Neuregelungen zum Kündigungsrecht, zu befristeten Arbeitsverhältnissen, zum Arbeitsmarkrecht sowie nach SGB III –, ZAP Fach 17, 719 (2004); *Oetker*, Gibt es einen Kündigungsschutz außerhalb des Kündigungsschutzgesetzes?, AuR 1997, 41; *Pauly*, Unkündbarkeitsvereinbarungen in Arbeitsverträgen, AuR 1997, 94; *Preis*, Der Kündigungsschutz außerhalb des Kündigungsschutzgesetzes, NZA 1997, 1256; *Preis/Gotthardt*, Schriftformerfordernis für Kündigungen, Aufhebungsverträge und Befristungen nach § 623 BGB, NZA 2000, 348; *Quecke*, Die Änderungen des Kündigungsschutzgesetzes zum 1.1.2004, RdA 2004, 86; *Raab*, Der erweiterte Anwendungsbereich der Klagefrist gemäß § 4 KSchG, RdA 2004, 321; *Sowka*, Vom Erziehungsurlaub zur Elternzeit, BB 2001, 935; *Ulrici*, Dreiwochenfrist auch für die Klage wegen Vertretungsmängeln der Kündigung – Bedenken gegen die Neuregelung der §§ 4, 7 KSchG –, DB 2004, 250; *Wank*, Die Kündigung außerhalb des Kündigungsschutzgesetzes, in: FS Hanau, 1999, S. 295; *Willemsen/Annuß*, Kündigungsschutz nach der Reform, NJW 2004, 177

A. Allgemeines	1	1. Beispiele sonstiger Unwirksamkeitsgründe	20
B. Regelungsgehalt	2	a) Willens- und Vertretungsmängel; fehlende Bestimmtheit	20
I. Außerordentliche Kündigung	2	b) Gesetzliche Kündigungsverbote	22
1. Begriff	2	c) Insbesondere Verstoß gegen Treu und Glauben	23
2. Regelungen zur außerordentlichen Kündigung	8	d) Tarifliche und vertragliche Kündigungsbeschränkungen	24
a) Klagefrist	9	e) Nichteinhaltung der Kündigungsfrist	25
b) Auflösungsantrag	10	2. Rechtsfolgen der aus sonstigen Gründen unwirksamen Kündigung	28
aa) Antragsrecht	11	C. Verbindung zu anderen Rechtsgebieten	29
bb) Auflösungszeitpunkt	13	D. Beraterhinweise	30
cc) Höhe der Abfindung	14	I. Darlegungs- und Beweislast	30
c) Auflösung bei neuem Arbeitsverhältnis	15	II. Auflösungsantrag bei sittenwidriger Kündigung	32
II. Sittenwidrige Kündigung	16		
1. Voraussetzungen der Sittenwidrigkeit	17		
2. Gerichtliche Geltendmachung	18		
III. Sonstige Unwirksamkeitsgründe	19		

A. Allgemeines

Regelungsgegenstand sind Künd, die **nicht mangels sozialer Rechtfertigung**, sondern **aus anderen Gründen unwirksam** sind. Diese Gründe finden sich vornehmlich in anderen Gesetzen als dem KSchG. § 13 wurde aufgrund des Gesetzes zu Reformen am Arbeitsmarkt m.W.v. 1.1.2004 neu gefasst. Das Gesetz nennt drei Fallgruppen: außerordentliche (Abs. 1), sittenwidrige (Abs. 2) und aus anderen Gründen rechtsunwirksame Künd. Auch § 13 stellt jetzt klar, dass alle Unwirksamkeitsgründe innerhalb der Klagefrist gem. §§ 4 bis 6 (Drei-Wochen-Frist; Möglichkeit der nachträglichen Zulassung und der Änderung des Klagegrundes) geltend gemacht werden müssen. Die oft schwierige Abgrenzung zwischen Sozialwidrigkeit und anderen Unwirksamkeitsgründen hat durch diese Vereinheitlichung an praktischer Relevanz verloren;[1] sie bleibt aber bedeutsam für die Frage, ob ein Auflösungsantrag möglich ist: Einen eigenständigen Regelungsgehalt behält § 13 bezüglich der gerichtlichen Auflösung des Arbverh (nur auf Antrag des AN!) bei unbegründeter außerordentlicher oder sittenwidriger Künd.[2]

B. Regelungsgehalt

I. Außerordentliche Kündigung

1. Begriff. Eine außerordentliche Künd liegt vor, wenn sich der AG (§ 13 gilt nicht für AN-Künd) auf einen wichtigen Grund (§ 626 Abs. 1 BGB; § 22 Abs. 2 Nr. 1 BBiG) beruft. Meist wird es sich um eine fristlose Künd handeln; doch sind beide Begriffe nicht synonym zu verwenden. So fällt die sog. entfristete Künd nicht unter Abs. 1, denn sie ist eine ordentliche Künd,[3] bei der – zumeist aufgrund tarifvertraglicher Regelung, aber nach § 622 Abs. 5 S. 1 Nr. 1

---

1 Dornbusch/Wolff/*Piran*, § 13 Rn 1.
2 Dornbusch/Wolff/*Piran*, § 13 Rn 8.
3 KR/*Friedrich*, § 13 KSchG Rn 22.

BGB für Aushilfs-AN auch einzelvertraglich regelbar – eine Künd-Frist nicht einzuhalten ist. Daher finden auf sie §§ 1 ff. Anwendung. Andererseits erfasst Abs. 1 auch außerordentliche Künd mit sozialer Auslauffrist. Ob es sich um eine ordentliche oder eine außerordentliche Künd handelt, bestimmt sich nicht danach, ob der AG die zutreffende Künd-Frist eingehalten hat, sondern ist – ggf. nach Auslegung – anhand des in der Künd-Erklärung oder den sonstigen Umständen zum Ausdruck gekommenen Willens des AG zu ermitteln.[4]

3 Außerordentliche Künd i.S.v. Abs. 1 sind auch diejenige des Ausbildungsverhältnisses gem. § 22 Abs. 2 Nr. 1 BBiG[5] und des Heuerverhältnisses nach § 64 Abs. 1 SeemG.[6] Die Anwendbarkeit der Vorschriften des KSchG auf Ausbildungsverhältnisse ist allerdings sehr umstr.[7] Klagt ein Auszubildender und ist ein Schlichtungsausschuss nach § 111 Abs. 2 ArbGG gebildet, so gelten die dort geregelten Fristen. Existiert kein solcher Ausschuss, gilt die dreiwöchige Klagefrist auch für die Künd von Ausbildungsverträgen.[8]

4 Abs. 1 gilt auch für außerordentliche Änderungs-Künd. Auch nach der Änderung der Vorschrift m.W.v. 1.1.2004 bleibt die Rspr. des BAG[9] anwendbar, wonach die Vorschriften der §§ 2, 4 S. 2, 8 auf die außerordentliche Änderungs-Künd entsprechend anzuwenden sind, weil insoweit eine unbewusste Regelungslücke besteht.[10]

5 Eine ordentliche Künd ist diejenige des Insolvenzverwalters gem. § 113 InsO. Insofern gelten nur besondere Regelungen für die Künd-Fristen; §§ 1 ff. sind jedoch anzuwenden.[11]

6 Der **persönliche Geltungsbereich** der Vorschrift erfasst auch leitende Ang. Dagegen sind Organmitglieder gem. § 14 Abs. 1 ausdrücklich von den Vorschriften des Ersten Abschnitts – und damit auch des § 13 – ausgenommen.

7 Die **Kleinbetriebsklausel** des § 23 Abs. 1 S. 2 lässt Abs. 1 S. 1 und 2 unberührt, umfasst jedoch Abs. 1 S. 3 bis 5. Die Vorschriften über die gerichtliche Auflösung des Arbverh finden daher in Kleinbetrieben keine Anwendung.

8 **2. Regelungen zur außerordentlichen Kündigung.** Abs. 1 trifft **keine Regelungen** zu den **Voraussetzungen** der außerordentlichen Künd. Sie bemessen sich nach § 626 BGB bzw. den anderen einschlägigen Vorschriften. Geregelt sind dagegen die Voraussetzungen für die Geltendmachung der Unwirksamkeit und den Auflösungsantrag des AN.

9 **a) Klagefrist.** Seit der Neuregelung des § 4 S. 1 hat die Verweisung in Abs. 1 S. 2 nur noch deklaratorischen Charakter.[12] Die **einheitliche Klagefrist** gem. §§ 4 bis 6 gilt für alle außerordentlichen Künd, sowohl für Beendigungs- als auch für Änderungs-Künd, in Kleinbetrieben (§ 23 Abs. 1 S. 2) ebenso wie in denjenigen, auf die der gesamte Erste Abschnitt des KSchG Anwendung findet. Auch AN, die mangels Erfüllung der Wartezeit des § 1 Abs. 1 noch keinen Künd-Schutz genießen, müssen die Klagefrist einhalten.[13]

Der fehlende Hinweis auf § 4 S. 4 beruht auf einem Redaktionsversehen.[14] Trotz fehlender Bezugnahme in Abs. 1 ist diese Vorschrift daher auch auf außerordentliche Künd anzuwenden.[15]

10 **b) Auflösungsantrag.** Auch für die außerordentliche Künd eröffnet das Gesetz die Möglichkeit, die gerichtliche Auflösung des Arbverh zu erreichen.

11 **aa) Antragsrecht.** Anders als bei der ordentlichen Künd steht das Antragsrecht ausschließlich dem **AN** zu. Dies gilt nach h.M. **ausnahmslos**.[16] Wird allerdings die außerordentliche in eine ordentliche Künd **umgedeutet**, ist ein Auflösungsantrag des AG möglich, denn dann bestimmt sich die Auflösungsmöglichkeit nach § 9 Abs. 1 S. 2.

12 Ungeachtet der weiten Formulierung des Abs. 1 S. 3 kann der AN den Auflösungsantrag nur stellen, wenn die Künd unwirksam ist, weil die Voraussetzungen des § 626 BGB nicht vorliegen.[17] Ist eine außerordentliche Künd nur aus „sonstigen" Gründen i.S.v. Abs. 3 unwirksam, ist Abs. 2 nicht anwendbar. Allerdings hindert das Hinzutreten weiterer Unwirksamkeitsgründe den Auflösungsantrag nicht.[18] Die Voraussetzung der Unzumutbarkeit, an dem Arbverh festzuhalten, entspricht der Regelung gemäß § 9 Abs. 1 S. 1.

Gem. § 23 Abs. 1 S. 2 findet Abs. 1 S. 3 bis 5 auf Kleinbetriebe keine Anwendung. Das Antragsrecht des AN setzt daher voraus, dass die Schwellenwerte gem. § 23 Abs. 1 überschritten werden.

---

4 HaKo-KSchR/*Gallner*, § 13 KSchG Rn 7.
5 BAG 26.1.1999 – 2 AZR 134/99 – DB 1999, 1408; 5.7.1990 – 2 AZR 53/90 – EzA § 256 ZPO Nr. 25; v. *Hoyningen-Huene/Linck*, § 13 Rn 32f.
6 HaKo-KSchR/*Gallner*, § 13 KSchG Rn 8.
7 Vgl. *Bader/Bram/Dörner*, § 13 Rn 15; ErfK/*Kiel*, § 13 KSchG Rn 3 m.w.N.
8 BAG 26.1.1999 – 2 AZR 134/98 – DB 1999, 1408 = EzA § 4 n.F. KSchG Nr. 58.
9 BAG 19.6.1986 – 2 AZR 565/85 – DB 1986, 2604 = EzA § 2 KSchG Nr. 7.
10 HaKo-KSchR/*Fiebig*, § 13 Rn 10.

11 *Bader/Bram/Dörner*, § 13 Rn 9; ErfK/*Müller-Glöge*, § 113 InsO Rn 22, 29; KR/*Friedrich*, § 13 KSchG Rn 19.
12 Dornbusch/Wolff/*Piran*, § 13 Rn 1.
13 BAG 28.6.2007 – 6 AZR 873/06 – DB 2007, 1986 = EzA § 4 KSchG n.F. Nr. 77.
14 KR/*Friedrich*, § 13 KSchG Rn 25b.
15 KR/*Friedrich*, § 13 KSchG Rn 48–50.
16 Z.B. *Bader/Bram/Dörner*, § 13 Rn 18; KR/*Friedrich*, § 13 KSchG Rn 64; a.A. *Schäfer*, BB 1985, 1994; *Fromm*, DB 1988, 601.
17 HaKo-KSchR/*Fiebig*, § 13 Rn 22.
18 ErfK/*Kiel*, § 13 KSchG Rn 8; Löwisch/Spinner/*Löwisch*, Rn 19.

bb) Auflösungszeitpunkt. Die Neufassung des Gesetzes regelt ausdrücklich den vom Gericht festzulegenden Auflösungszeitpunkt. Dies ist der **Tag, zu dem** die **außerordentliche Künd ausgesprochen** wurde (Abs. 1 S. 4). Daher gilt für außerordentliche Künd mit Auslauffrist, dass das Arbverh zu dem Beendigungstermin aufzulösen ist, den der AG in der Künd-Erklärung angegeben hat,[19] also nicht notwendigerweise zum Tage des Künd-Zugangs. Bei einer hilfsweise ausgesprochenen ordentlichen Künd steht dem AN ein **Wahlrecht** hinsichtlich des Auflösungstermins zu; er kann sowohl den Antrag nach § 9 Abs. 1 S. 1 als auch denjenigen nach Abs. 1 S. 3 stellen.[20] Insofern hat die frühere Rechtslage keine Änderung erfahren.[21]

cc) Höhe der Abfindung. Bei der Bemessung der Abfindungshöhe hat das Gericht gem. Abs. 1 S. 5 die Regelung des § 10 entsprechend anzuwenden. Es gelten also die **für die ordentliche Künd maßgeblichen Höchstgrenzen, Bemessungsgrundlagen und Kriterien**;[22] auf die Kommentierung zu § 10 wird verwiesen. Darüber hinaus ist aber erhöhend zu berücksichtigen, dass dem AN – im Falle einer fristlosen Künd – das während des Laufs der Künd-Frist zu zahlende Arbeitsentgelt entgeht,[23] es sei denn, dass der AN im unmittelbaren Anschluss eine neue Beschäftigung mit entsprechender Vergütung gefunden hat.[24]

c) Auflösung bei neuem Arbeitsverhältnis. Nach Abs. 1 S. 4 findet § 12 entsprechende Anwendung. Ist daher der AN ein neues Arbverh eingegangen, hat er bei Unwirksamkeit der außerordentlichen Künd ein Wahlrecht: Binnen einer Woche nach Rechtskraft des Urteils kann er die Fortsetzung des Arbverh mit dem alten AG verweigern mit der Folge, dass das alte Arbverh erlischt (§ 12 S. 3).

II. Sittenwidrige Kündigung

Die gegen die guten Sitten verstoßende – ordentliche oder außerordentliche – Künd ist **nichtig**, § 138 BGB. Seit dem 1.1.2004 gelten für die gerichtliche Geltendmachung dieser Rechtsfolge aber §§ 4 bis 7, 13 Abs. 2 und 3. Die sittenwidrige Künd spielte im Schrifttum lange Zeit eine größere Rolle als in der arbeitsrechtlichen Praxis. Seitdem das BAG in Übereinstimmung mit dem BVerfG[25] indes stärker als bisher dem „Künd-Schutz außerhalb des KSchG" Konturen verliehen hat, ist die Frage der Sittenwidrigkeit, die nicht immer scharf von derjenigen der Treuwidrigkeit (§ 242 BGB) unterschieden wird (vgl. Rn 23), wieder stärker in den Vordergrund getreten.[26] Bei einer etwa zu erwartenden Zurückdrängung des gesetzlichen Künd-Schutzes wird sorgfältig darauf zu achten sein, dass die etwaige Entscheidung des Gesetzgebers nicht unter Berufung auf Sittenwidrigkeit und Treuwidrigkeit konterkariert wird. Andererseits wird keine Änderung des KSchG den von Verfassungs wegen gebotenen Mindeststandard beseitigen können.

1. Voraussetzungen der Sittenwidrigkeit. Deutlich **zu unterscheiden** ist **zwischen Sittenwidrigkeit** (§ 138 BGB) **und Sozialwidrigkeit** einer Künd i.S.v. § 1. AN, die nicht unter den Künd-Schutz des § 1 fallen, kann nicht auf dem Umweg über § 138 BGB ein entsprechender Schutz verschafft werden.[27] Der schwere Vorwurf der Sittenwidrigkeit kommt **nur in besonders krassen Fällen** in Betracht. § 138 BGB verlangt die Einhaltung des „ethischen Minimums". Sittenwidrig ist eine Künd deswegen nur dann, wenn sie auf einem **verwerflichen Motiv** des Kündigenden beruht, wie insb. Rachsucht oder Vergeltung, oder wenn sie aus anderen Gründen dem Anstandsgefühl aller billig und gerecht Denkenden widerspricht.[28] Eine verwerfliche **Gesinnung** ist dem Kündigenden nur anzulasten, wenn er sich der Tatsachen **bewusst** ist, die seine Künd sittenwidrig machen.[29] Das Maßregelungsverbot nach § 612a BGB ist lex specialis gegenüber der Sittenwidrigkeit nach § 138 BGB; der Verstoß führt zur Nichtigkeit der Künd nach § 134 BGB.[30] Es handelt es sich daher um einen Fall des Abs. 3 (siehe Rn 22).

2. Gerichtliche Geltendmachung. Auch auf die sittenwidrige Künd finden die §§ 4 bis 6 Anwendung. Es handelt sich, anders als die amtliche Überschrift zu § 13 nahe legt, um einen Fall der Unwirksamkeit aus anderen Gründen als der Sozialwidrigkeit i.S.v. Abs. 3. Lässt der AN die **Klagefrist verstreichen**, gilt auch die sittenwidrige Künd gem. § 7 als von Anfang an rechtswirksam.

---

19 BT-Drucks 15/1204, S. 13; HaKo-KSchR/*Fiebig*, § 13 Rn 24; KDZ/*Däubler*, § 13 KSchG Rn 15.
20 Allg.M.; z.B. ErfK/*Kiel*, § 9 KSchG Rn 34.
21 Vgl. dazu BAG 26.8.1993 – 2 AZR 159/93 – BAGE 74, 143 = NJW 1994, 473.
22 HaKo-KSchR/*Fiebig*, § 13 Rn 25.
23 KR/*Friedrich*, § 13 KSchG Rn 71.
24 HaKo-KSchR/*Fiebig*, § 13 Rn 25.
25 Grundlegend BVerfG 27.1.1998 – 1 BvL 15/87 – BVerfGE 97, 169.
26 BAG 21.2.2001 – 2 AZR 15/00 – BAGE 97, 92.
27 KR/*Friedrich*, § 13 KSchG Rn 118.
28 BAG 22.5.2003 – 2 AZR 426/02 – EzA § 242 BGB 2002 Kündigung Nr. 2; BAG 6.2.2003 – 2 AZR 672/01 – BAGE 104, 308; früher schon: BAG 2.4.1987 – 2 AZR 227/86 – BAGE 55, 190 = EzA § 612a BGB Nr. 1. Zu Beispielen für sittenwidrige Künd s. KR/*Friedrich*, § 13 KSchG Rn 142 ff.
29 KR/*Friedrich*, § 13 KSchG Rn 127.
30 KR/*Friedrich*, § 13 KSchG Rn 141a.

III. Sonstige Unwirksamkeitsgründe

19 Seit dem 1.1.2004 gilt die **einheitliche Klagefrist** (§§ 4 bis 6) für **alle Unwirksamkeitsgründe. Ausgenommen** ist der Verstoß gegen das Schriftformerfordernis des § 623 BGB, denn § 4 S. 1 stellt für den Fristbeginn auf den Zugang der schriftlichen Künd ab. Zur Verwirkung der Klagemöglichkeit bei Formnichtigkeit vgl. § 4 Rn 6.

20 **1. Beispiele sonstiger Unwirksamkeitsgründe. a) Willens- und Vertretungsmängel; fehlende Bestimmtheit.** Schein- (§ 117 BGB) und Scherz-Künd[31] (§ 118 BGB) sind nichtig, ebenso wirksam angefochtene Künd. Die **fehlende Geschäftsfähigkeit** des Kündigenden führt zur **Nichtigkeit** gem. § 105 BGB, die beschränkte Geschäftsfähigkeit zur Unwirksamkeit nach § 111 S. 1 BGB. Ist der Empfänger der Künd nicht oder beschränkt geschäftsfähig, wird die Künd erst mit **Zugang an den gesetzlichen Vertreter** wirksam, § 131 BGB. Vorher beginnt auch die Klagefrist nicht zu laufen, weil § 4 S. 1 auf den Zugang abstellt.

21 Nach wohl h.M. fällt unter Abs. 3 auch die Künd eines Vertreters ohne Vertretungsmacht, §§ 164 ff., 174, 180 S. 1 BGB.[32] Dies ist vom Wortlaut des Gesetzes gedeckt, jedoch insofern problematisch, als in der Folge auch Künd eines Dritten, von denen der AG unter Umständen nicht einmal Kenntnis hat, innerhalb der Klagefrist angegriffen werden müssen. Dies hätte z.B. die absurde Folge, dass ein Kellner gegen seinen AG innerhalb von drei Wochen Künd-Schutzklage erheben müsste, nachdem ihm ein unzufriedener Gast eine schriftliche „Künd" ausgehändigt hat.

22 **b) Gesetzliche Kündigungsverbote.** Verstößt eine Künd gegen ein gesetzliches Verbot (§ 134 BGB), hat dies ihre Nichtigkeit zur Folge. Dies ist etwa der Fall bei Künd wegen gewerkschaftlicher Betätigung (Art. 9 Abs. 3 GG), als Maßregelung (§ 612a BGB),[33] wegen Betriebsübergangs (§ 613a Abs. 4 S. 1 BGB),[34] zum Abbau tariflich gesicherter Leistungen (§ 4 Abs. 1, 3 TVG)[35] oder unter Verstoß gegen besondere Künd-Schutzvorschriften für Abgeordnete (Art. 48 Abs. 2 S. 2 GG), BR-Mitglieder, sonstige betriebliche Funktionsträger und Wahlbewerber (§§ 15; 103 BetrVG). Auch die nicht ordnungsgemäße Anhörung von BR bzw. PR (§ 102 Abs. 1 BetrVG, §§ 79 Abs. 1 und 4, 108 BPersVG) fallen darunter, ebenso der Verstoß gegen Schutzvorschriften zugunsten bestimmter Personengruppen wie schwbM (§§ 85, 91 SGB IX), Schwangere (§ 9 MuSchG), Wehr- und Zivildienstleistende (§ 2 ArbPlSchG) oder Betriebsbeauftragten.[36] Fehlt die für eine Künd erforderliche behördliche Genehmigung, ist für die Klagefrist § 4 S. 4 zu beachten (wegen der Einzelheiten siehe § 4 Rn 40 f.).

Weitere Fälle gesetzlicher Verbote sind § 226 BGB (Schikaneverbot), § 242 BGB (Verstoß gegen Treu und Glauben).[37] Zur Künd unter Verstoß gegen die Massenentlassungsvorschriften (§§ 17 ff.) vgl. § 17 Rn 27.

23 **c) Insbesondere Verstoß gegen Treu und Glauben.** Im Zusammenhang mit der Überprüfung der Verfassungsmäßigkeit der Kleinbetriebsklausel hat das BVerfG im Jahre 1998 darauf hingewiesen, dass im Rahmen der Generalklauseln (§§ 242, 138 BGB) zum Schutz der AN vor einer sitten- und treuwidrigen Ausübung des Künd-Rechts des AG auch der objektive Gehalt der Grundrechte – hier insb. aus Art. 12 Abs. 1 GG – zu beachten ist, so dass der verfassungsrechtlich gebotene Mindestschutz des Arbeitsplatzes vor Verlust durch private Disposition in jedem Fall gewährleistet wird.[38] Andererseits, so ebenfalls das BVerfG, darf der durch Generalklauseln vermittelte Schutz nicht dazu führen, dass dem Kleinunternehmer praktisch die im KSchG vorgegebenen Maßstäbe der Sozialwidrigkeit auferlegt werden. Das BAG versucht, diesen ihm aufgegebenen Balanceakt dadurch zu meistern, dass es einerseits stets betont, Gründe, die zur Sozialwidrigkeit einer Künd führten, könnten grundsätzlich nicht die Unwirksamkeit einer Künd nach §§ 138, 242 BGB herbeiführen.[39] Andererseits hat das BAG aber anerkannt, dass auch eine auf betriebliche Gründe gestützte Künd im Kleinbetrieb nach §§ 138, 242 BGB unwirksam sein kann, wenn der AG bei der Auswahl des zu Kündigenden das Mindestmaß an sozialer Rücksichtnahme fehlen lässt.[40] Es hat ferner im Zusammenhang mit einer auf Schlechtleistungen gestützten Künd ausgeführt, es könne als treuwidrig zu werten sein, wenn der AG die Künd auch im Kleinbetrieb eindeutig nicht ins Gewicht fallende einmalige Fehler eines seit Jahrzehnten beanstandungsfrei beschäftigten AN stützen wolle, wohingegen allein die Betriebszugehörigkeit von 25 Jahren nicht bereits zur Anwendung der nach dem KSchG geltenden Maßstäbe führe.[41] Schließlich hat das Gericht auch die Unwirksamkeit einer Künd aufgrund der Generalklauseln für denkbar gehalten, wenn der AN aus persönlichen Gründen die Arbeit nicht leisten konnte.[42] Zumindest die zu entscheidenden Fälle weisen also durchaus die vom KSchG bekannte Struktur (betriebsbedingt/verhaltensbedingt/personenbedingt) auf. Wohl auch, um hier nicht letztlich doch

---

31 BAG 1.4.1981 – 7 AZR 997/79 – n.v.
32 Hessisches LAG 2.2.2007 – 10 Sa 790/06 – juris (n.r., BAG – 2 AZR 403/07 –); a.A. ErfK/*Kiel*, § 4 KSchG Rn 6; krit. *Ulrici*, DB 2004, 250.
33 BAG 22.5.2003 – 2 AZR 426/02 – EzA § 242 BGB 2002 Kündigung Nr. 2.
34 BAG 31.1.1985 – 2 AZR 530/83 – BAGE 48, 40 = NJW 1986, 87.
35 BAG 10.2.1999 – 2 AZR 422/98 – BAGE 91, 22 = NJW 1999, 2541.
36 Vgl. zu Schutznormen für Betriebsbeauftragte ausf. KR/*Friedrich*, § 13 KSchG Rn 216e–y; zu weiteren Verbotsnormen s.d. Rn 204.
37 Ausf. KR/*Friedrich*, § 13 KSchG Rn 229 bis 257b.
38 BVerfG 27.1.1998 – 1 BvL 15/87 – BVerfGE 97, 169.
39 BAG 21.2.2001 – 2 AZR 579/99 – BAGE 97, 141.
40 BAG 6.2.2003 – 2 AZR 672/01 – BAGE 104, 308.
41 BAG 28.8.2003 – 2 AZR 333/02 – EzA § 242 BGB 2002 Kündigung Nr. 4.
42 BAG 22.5.2003 – 2 AZR 426/02 – EzA § 242 BGB 2002 Kündigung Nr. 2.

wieder in das Fahrwasser der zu § 1 ergangenen Rspr. zu geraten, hat das BAG besondere Darlegungs- und Beweislastregeln aufgestellt: Zunächst muss der AN Tatsachen vortragen, aus denen sich die behauptete Sittenwidrigkeit oder Treuwidrigkeit ergibt. Wenn der AN sich auf fehlende soziale Rücksichtnahme im Rahmen betrieblicher Künd-Gründe stützt, dann muss aufgrund des Vorbringens des AN die Rücksichtslosigkeit „ins Auge springen". Sodann ist es Sache des AG, dieses Vorbringen zu entkräften. Dabei reicht es aus, wenn er plausible Erklärungen liefert. Diese muss dann letztlich der AN widerlegen.[43]

d) Tarifliche und vertragliche Kündigungsbeschränkungen. Unter Abs. 3 fallen auch Beschränkungen der Künd-Möglichkeit durch Tarif- oder individualvertragliche Vorschriften. Zu denken ist z.B. an strengere Formvorschriften, den Ausschluss der Änderungs-Künd oder der ordentlichen Künd („Unkündbarkeit").

e) Nichteinhaltung der Kündigungsfrist. Zunächst war umstr., ob §§ 4 S. 1, 13 Abs. 3 dahin auszulegen sind, dass auch die Nichteinhaltung der zutreffenden Künd-Frist innerhalb der **Drei-Wochen-Frist** gerichtlich geltend zu machen ist und anderenfalls gem. § 7 geheilt wird.[44]

Nach neuerer Rspr. des BAG[45] kann die Nichteinhaltung der Künd-Frist außerhalb der Klagefrist des § 4 S. 1 geltend gemacht werden. Das BAG argumentiert, der AN, der lediglich die Einhaltung der Künd-Frist verlange, wolle gerade nicht die Sozialwidrigkeit oder die Unwirksamkeit der Künd als solche festgestellt wissen. Er gehe im Gegenteil von der Wirksamkeit der Künd aus und wolle nur geltend machen, sie wirke zu einem anderen Zeitpunkt.[46]

Etwas anderes gilt nur dann, wenn der Künd-Termin integraler Bestandteil der Künd-Erklärung ist. Dies ist der Fall, wenn sich aus der Künd und den im Rahmen der Auslegung zu berücksichtigenden Umständen des Einzelfalles ergibt, dass der AG die Künd ausschließlich zu dem in der Künd erklärten, nicht aber zu einem späteren Zeitpunkt gegen sich gelten lassen will. Auch eine Umdeutung (§ 140 BGB) kommt dann nicht in Betracht.[47]

2. Rechtsfolgen der aus sonstigen Gründen unwirksamen Kündigung. Abs. 3 stellt klar, dass auf diese Künd die Vorschriften des Ersten Abschnitts mit Ausnahme der §§ 4 bis 7 keine Anwendung finden. Daraus folgt, dass die **Klagefrist einzuhalten** ist, weil anderenfalls selbst eine nichtige oder sonst mit Erklärungsmängeln behaftete Künd geheilt wird. Dagegen kommt eine **gerichtliche Auflösung des Arbverh** auf Antrag des AN oder des AG nicht in Betracht. Auch die Nichtfortsetzungserklärung gem. § 12 ist nicht vorgesehen. Anders liegt es nur, wenn die Künd zugleich sozialwidrig ist oder die Voraussetzungen des Abs. 1 S. 3 vorliegen.

C. Verbindung zu anderen Rechtsgebieten

Auf **Kleinbetriebe** finden die Vorschriften über die gerichtliche Auflösung des Arbverh keine Anwendung, wie sich aus § 23 Abs. 1 S. 2 ergibt. Dagegen ist auch dort stets die Klagefrist gem. §§ 4 bis 7 einzuhalten. Eine **Besonderheit** besteht aber für die Künd **einer Schwangeren** entgegen § 9 MuSchG: Zwar handelt es sich um einen sonstigen Unwirksamkeitsgrund gem. Abs. 3. Aus verfassungsrechtlichen Gründen besteht aber die Möglichkeit der **nachträglichen Zulassung** der verspäteten Klage, wenn die Frau von ihrer Schwangerschaft aus einem von ihr nicht zu vertretenden Grund erst nach Ablauf der Klagefrist erfährt, § 5 Abs. 1 S. 2.

D. Beraterhinweise

I. Darlegungs- und Beweislast

Anders als bei Geltendmachung der Sozialwidrigkeit bleibt es bei der Rechtsunwirksamkeit aus anderen Gründen bei der **allg. Regel**, dass derjenige, der eine ihm günstige Rechtsfolge beansprucht, deren Voraussetzungen darlegen und ggf. beweisen muss.[48] Insb. bei der Geltendmachung der Unwirksamkeit nach §§ 138, 242 BGB sind die oben wiedergegebenen, vom BAG entwickelten Grundsätze zu beachten.

Daher hat der **AN** z.B. darzulegen, dass er die Voraussetzungen eines Sonderkündigungsschutzes erfüllt (§ 9 MuSchG; §§ 85, 91 SBG IX; § 15 etc.), vertraglich oder tariflich „unkündbar" ist, die Künd wegen eines Betriebsübergangs (§ 613a Abs. 4 BGB) ausgesprochen wurde oder der AG bei Ausspruch der Künd objektiv und subjektiv sittenwidrig handelte oder gegen das Maßregelungsverbot (§ 612a BGB) verstieß. Allerdings gelten die Grundsätze der abgestuften Darlegungslast, so dass der AN zunächst nur die objektiven Umstände vorzutragen hat, die den

---

43 BAG 21.2.2001 – 2 AZR 579/99 – BAGE 97, 141.
44 Für Anwendung von § 7 *Dewender*, DB 2005, 337; Dornbusch/Wolff/*Sayatz*, § 4 Rn 28; ErfK/*Müller/Glöge*, § 622 BGB Rn 26; *Löwisch*, BB 2004, 154.
45 BAG 15.12.2005 – 2 AZR 148/05 – EzA § 4 KSchG n.F. Nr. 72; BAG 6.7.2006 – 2 AZR 215/05 – NZA 2006, 1405.

46 BAG 15.12.2005 – 2 AZR 148/05 – EzA § 4 KSchG n.F. Nr. 72.
47 BAG 15.12.2005–2 AZR 148/05 – EzA § 4 KSchG n.F. Nr. 72; BAG 6.7.2006 – 2 AZR 215/05 – NZA 2006, 1405, 1406.
48 Vgl. BAG 23.6.1994 – 2 AZR 617/93 – BAGE 77, 128 = EzA § 242 BGB Nr. 39 (zu § 242 BGB).

Schluss auf den Verstoß gegen die guten Sitten oder § 612a BGB zulassen. Der AG muss sich sodann gem. § 138 Abs. 2 ZPO konkret erklären.[49]

Für die Anhörung des BR, PR oder einer Mitarbeitervertretung ist jedoch der **AG** darlegungs- und beweisbelastet; der AN kann sich zunächst auf pauschales Bestreiten beschränken.[50]

II. Auflösungsantrag bei sittenwidriger Kündigung

32 Nach Abs. 2 sind §§ 9 Abs. 1 S. 1, Abs. 2 und 10 bis 12 auf die sittenwidrige Künd entsprechend anwendbar. Damit hat der AN die gleichen Rechte wie bei der Sozialwidrigkeit der Künd,[51] kann also die gerichtliche Auflösung des Arbverh beantragen, wenn ihm nicht zuzumuten ist, daran festzuhalten. Dagegen steht dem AG nicht das Recht zu, nach einer von ihm ausgesprochenen sittenwidrigen Künd die Auflösung des Arbverh zu verlangen, denn Abs. 2 verweist nicht auf § 9 Abs. 1 S. 2.

33 Daneben wird im Falle einer sittenwidrigen AG-Künd zumeist ein wichtiger Grund (§ 626 Abs. 1 BGB) für eine fristlose Eigen-Künd des AN vorliegen, so dass auch ein Schadensersatzanspruch aus § 628 Abs. 2 BGB in Betracht kommt. Allerdings ist dem Auflösungsantrag der Vorzug zu geben. Er erspart dem AN den Nachweis des treuwidrigen Verhaltens und des Kausalzusammenhangs zwischen Künd und Schaden.[52]

§ 14 Angestellte in leitender Stellung

(1) Die Vorschriften dieses Abschnitts gelten nicht
1. in Betrieben einer juristischen Person für die Mitglieder des Organs, das zur gesetzlichen Vertretung der juristischen Person berufen ist,
2. in Betrieben einer Personengesamtheit für die durch Gesetz, Satzung oder Gesellschaftsvertrag zur Vertretung der Personengesamtheit berufenen Personen.

(2) [1]Auf Geschäftsführer, Betriebsleiter und ähnliche leitende Angestellte, soweit diese zur selbständigen Einstellung oder Entlassung von Arbeitnehmern berechtigt sind, finden die Vorschriften dieses Abschnitts mit Ausnahme des § 3 Anwendung. [2]§ 9 Abs. 1 Satz 2 findet mit der Maßgabe Anwendung, daß der Antrag des Arbeitgebers auf Auflösung des Arbeitsverhältnisses keiner Begründung bedarf.

Literatur: *Baeck/Hopfner*, Schlüssige Aufhebungsverträge mit Organmitgliedern auch nach Inkrafttreten des § 623 BGB, DB 2000, 1914; *Bauer*, Kündigung und Kündigungsschutz vertretungsberechtigter Organmitglieder, DB 1994, 855; *ders.*, Neue Schriftform bei Beförderung zum Geschäftsführer?, GmbH-Rundschau 2000, 767; *Bauer/Baeck/Lösler*, Schriftform- und Zuständigkeitsprobleme beim Aufstieg eines Angestellten zum Geschäftsführer einer GmbH, ZIP 2003, 1821; *Bauer/Krets*, Auflösungsantrag im Rahmen einer Änderungskündigung, DB 2002,1937; *Bauer/Arnold*, Kein Kündigungsschutz für „Arbeitnehmer-Geschäftsführer" – oder doch?, DB 2008, 350; *Becker*, Der kündigungsrechtliche Status von leitenden Angestellten, ZIP 1981, 1168; *Bengelsdorf*, Die Personalkompetenz der Geschäftsführer und Betriebsleiter in § 14 Abs. 2 KSchG, in: FS BAG 2004, S. 331; *Diringer*, Der Chefarzt als leitender Angestellter, NZA 2003, 890; *Dollmann*, Die Rückkehr zum ruhenden Arbeitsverhältnis des Geschäftsführers durch § 623 BGB, BB 2003, 1838; *Eylert*, Kündigungsschutzgesetz – Geltungsbereich, LzK 830 (1995); *Fischer*, Die Bestellung von Arbeitnehmern zu Organmitgliedern juristischer Personen und das Schicksal ihres Arbeitsvertrags, NJW 2003, 2417; *Groß*, Das Anstellungsverhältnis des GmbH-Geschäftsführers im Zivil-, Arbeits-, Sozialversicherungs- und Steuerrecht, Statusbeurteilung im Spannungsfeld von Sozialschutznormen und Gesellschaftsrecht, 1987; *Henssler*, Das Anstellungsverhältnis der Organmitglieder, RdA 1992, 289; *Hromadka*, Der Begriff des leitenden Angestellten, BB 1990, 57; *ders.*, Sprecherausschußgesetz, 1991; *ders.*, Kündigungsschutz für leitende Angestellte – geltendes Recht und rechtspolitische Überlegungen, in: FS BAG, 2004, S. 395; *Hümmerich*, Grenzfall des Arbeitsrechts; Kündigung des GmbH-Geschäftsführers, NJW 1995, 1177; *Hümmerich/Schmidt-Westphal*, Integrierte Aufhebungsvereinbarungen im Dienstvertrag des GmbH-Geschäftsführers, DB 2007, 222; *Jaeger*, Die Zuständigkeit des ArbG und Geltung des Kündigungsschutzgesetzes für Geschäftsführer, NZA 1998, 961; *Kamanabrou*, Das Anstellungsverhältnis des GmbH-Geschäftsführers im Lichte neuerer Rechtsprechung, DB 2002, 146; *Kossens*, Leitende Angestellte im Arbeitsrecht – Neue Rechtsprechung zu den Beurteilungskriterien, ArbRB 2005, 118; *Krause*, Das Schriftformerfordernis des § 623 BGB beim Aufstieg eines Arbeitnehmers zum Organmitglied, ZIP 2000, 2284; *Langner*, Die aktuelle Rechtsprechung zu § 623 BGB bei der Bestellung von Arbeitnehmern zu Organmitgliedern, DStR 2007, 535; *Lunk*, Rechtliche und tatsächliche Erwägungen bei Kündigung und Abberufung des GmbH-Geschäftsführers, ZIP 1999, 1777; *Moll*, Zur arbeitsgerichtlichen Zuständigkeit für die Geschäftsführer in der GmbH & Co. KG, RdA 2002, 226; *Müller-Glöge*, Aufstieg und Fall eines Arbeitnehmers, in: FS für Hromadka, 2008, S. 255; *Naegele*, Der Anstellungsvertrag des Geschäftsführers, BB 2001, 305; *Niebler/Schmiedl*, Die Rechtsprechung des BAG zum Schicksal des Arbeitsverhältnisses bei Geschäftsführerbestellung nach Inkrafttreten des § 623 BGB, NZA-RR 2001, 281; *Preis/Gotthardt*, Schriftformerfordernis für Kündigungen, Aufhebungsverträge und Befristungen nach § 623 BGB, NZA 2000, 348; *Reiserer*, Die ordentliche Kündigung des Dienstvertrags des GmbH-Geschäftsführers, DB 1994, 1822; *dies.*, Kündigung des Dienstver-

---

49 Schaub/*Linck*, Arbeitsrechts-Handbuch § 123 Rn 79a.
50 BAG 11.10.1989 – 2 AZR 61/89 – NZA 1990, 607 = EzA § 1 KSchG Betriebsbedingte Kündigung Nr. 64.
51 KR/*Friedrich*, § 13 KSchG Rn 161.
52 KR/*Friedrich*, § 13 KSchG Rn 166.

trags des GmbH-Geschäftsführers, BB 2007, 154; *Rost*, Aktuelle Streitfragen des Kündigungsschutzes von „Angestellten in leitender Stellung" nach § 14 KSchG, in: FS Wißmann, 2005, S. 61 ff.; *Rumler*, Der Kündigungsschutz leitender Angestellter, 1990; *Sassel Schnitger*, Das ruhende Arbeitsverhältnis des GmbH-Geschäftsführers, BB 2007, 154; *Schipp*, Die Stellung des leitenden Angestellten im Kündigungsschutzprozeß, 1992; *Schrader/Schubert*, Der Geschäftsführer als Arbeitnehmer, DB 2005, 1457; *Schrader/Straube*, Aufstieg und Fall eines Geschäftsführers, GmbHR 2005, 904; *Stück*, Die Rechtsstellung des GmbH-Geschäftsführers, FA 2007, 34; *Ullrich*, Fortbestehen eines ruhenden Arbeitsverhältnisses bei Abschluss eines Geschäftsführerdienstvertrags nur bei Vorliegen besonderer Umstände, SAE 2008, 117; *Vogel*, Kündigungsschutz leitender Angestellter, NZA 2002, 313; *Wagener*, Leitende Angestellte: Verbesserung des Kündigungsschutzes, BB 1975, 1401; *Wank*, Der Fremdgeschäftsführer der GmbH als Arbeitnehmer, in: FS für Wiedemann. 2002, S. 587

A. Allgemeines 1	4. Beraterhinweise 22
B. Regelungsgehalt 3	II. Eingeschränkte Geltung des allgemeinen Kündigungsschutzes für „leitende Angestellte" (Abs. 2) 23
I. Ausschluss des allgemeinen Kündigungsschutzes (Abs. 1) 3	1. Sinn und Zweck der Regelung 23
1. Sinn und Zweck des gesetzlichen Ausnahmetatbestandes 3	2. Der Regelungsinhalt 25
	a) Der Begriff des leitenden Angestellten ... 25
2. Die vom allgemeinen Kündigungsschutz ausgeschlossenen Personen 7	aa) Geschäftsführer 27
	bb) Betriebsleiter 28
a) Mitglieder gesetzlicher Vertretungsorgane einer juristischen Person 7	cc) Ähnliche leitende Angestellte 29
	dd) Die Einstellungs- oder Entlassungsberechtigung 30
b) Zur Vertretung einer Personengesamtheit berufene Personen 12	b) Modifizierte Anwendung des allgemeinen Kündigungsschutzes des KSchG 33
c) Unmittelbare und mittelbare Organvertretung 15	aa) Unanwendbarkeit von § 3 35
d) Ausschluss des allgemeinen Kündigungsschutzes nach Beförderung eines Angestellten zum Geschäftsführer einer GmbH 18	bb) Modifizierungen beim Auflösungsantrag des Arbeitgebers 36
	3. Verbindung zum Prozessrecht 40
3. Verbindung zum Prozessrecht 20	4. Beraterhinweise 43

A. Allgemeines

Die Regelung des § 14 ist mit „Angestellte in leitender Stellung" überschrieben. Die gesetzliche Überschrift ist nichtssagend. Der von der Norm erfasste Personenkreis wird damit nicht vollständig umschrieben. **1**

Die gesetzliche Regelung hat eine klarstellende[1] und eine den persönlichen Geltungsbereich des Künd-Schutzgesetzes ergänzende Funktion. Im Verhältnis zu § 1 Abs. 1 stellt Abs. 1 **klar**, dass der allg. Künd-Schutz den gesetzlichen Vertretern von juristischen Personen und den zur Vertretung von Personengesamtheiten berufenden Personen nicht zukommt. Für die als AN beschäftigten GF und Betriebsleiter besteht hingegen der Künd-Schutz des KSchG. **2**

B. Regelungsgehalt

I. Ausschluss des allgemeinen Kündigungsschutzes (Abs. 1)

1. Sinn und Zweck des gesetzlichen Ausnahmetatbestandes. Abs. 1 Nr. 1 und 2 schließt die Anwendung des allg. Künd-Schutzes für die gesetzlichen Vertreter von juristischen Personen und die zur Vertretung von Personengesamtheiten berufenen Personen ausdrücklich aus. **3**

Bereits das Betriebsrätegesetz vom 4.2.1920[2] (BRG) nahm in seinem § 12, der sich mit der Umschreibung der Ang in diesem Gesetz befasste, diese Personengruppe von der Anwendung des Gesetzes aus. § 12 Abs. 2 BRG bestimmte, dass u.a. Vorstandsmitglieder und gesetzlicher Vertreter von juristischen Personen und von Personengesamtheiten des öffentlichen und privaten Rechts nicht als Ang im Sinne dieses Gesetzes galten. Der von den Spitzenorganisationen der AG und AN zum Künd-Schutz erarbeitete Hattenheimer Entwurf[3] von 1950 knüpfte in seinem § 17 Abs. 3 an die Regelungen des § 12 Abs. 2 BRG an und schloss eine Anwendung des allg. Künd-Schutzes und der Regelungen bei Massenentlassungen für Organvertreter aus. Der Regierungsentwurf zum KSchG[4] sah unter der Überschrift „Angestellte in leitender Stellung" in seinem § 12 Nr. 1 und 2 bereits die gesetzliche Formulierung vor, die in § 12 Buchst. a) und b) KSchG 1951 Gesetzkraft erlangte und sich auch heute noch wortgleich in Abs. 1 Nr. 1 und Nr. 2 findet. **4**

---

1 BAG 28.9.1961 – 2 AZR 428/60 – BAGE 11, 278, 283; 15.4.1982 – 2 AZR 1101/79 – AP § 14 KSchG 1969 Nr. 1.
2 RGBl I S. 147.
3 RdA 1950, 63, 65.
4 RdA 1951, 58, 61.

5 Der gesetzliche Ausschlusstatbestand hat primär **klarstellende Funktion**.[5] Im Interesse der Rechtssicherheit wird der allg. Künd-Schutz nach dem KSchG für die Organmitglieder pauschal ausgeschlossen.[6] Die Regelung antizipiert, dass die in Abs. 1 aufgezählten Personengruppen grds. sowieso nicht unter den AN-Begriff des § 1 Abs. 1 fallen, weil ihre Rechtsverhältnisse, auf denen ihre Organstellung beruht, keine Arbverh sind und deshalb für sie auch kein Künd-Schutz besteht.[7] Anstellungsverhältnisse mit vertretungsberechtigten Organmitgliedern werden allg. als (freie) Dienstverhältnisse angesehen.[8] „Künd-Schutz" wird nur über die zivilrechtlichen Generalklauseln (§§ 134, 138, 242 BGB) realisiert.

6 Gesetzestechnisch hat der Gesetzgeber die Norm als **„negative Fiktion"** ausgestaltet.[9] Auf die im Gesetz genannten Personengruppen soll ohne Rücksicht darauf, ob im Einzelfall das der Organstellung zugrunde liegende Anstellungsverhältnis ausnahmsweise auch als Arbverh ausgestaltet ist, schon wegen der organschaftlichen Stellung der allgemeine Künd-Schutz generell keine Anwendung finden.[10] Der Ausschluss der Organvertreter vom allg. Künd-Schutz des KSchG erfolgt vor allem, weil die juristischen Personen oder Personengesamtheiten durch ihre gesetzlichen Vertreter handeln und von diesen Personen die originären AG-Funktionen ausgeübt werden. Schon dieser Aspekte rechtfertigt den Ausschluss der Betroffenen vom allgemeinen Künd-Schutz.[11] Das KSchG räumt damit der Funktionsfähigkeit der Gesellschaft und ihrer gesetzlichen Vertretungsorgane den Vorrang vor einem möglichen Sozialschutz des betroffenen Organmitglieds ein.[12] Die Herausnahme der Organmitglieder aus dem allg. Künd-Schutz des KSchG entspricht auch dem Selbstverständnis dieser Personengruppe.[13] Hinzu kommt, dass der fehlende allg. gesetzliche Künd-Schutz zumeist durch individuelle vertragliche Gestaltungen (verlängerte Künd-Fristen, höhere Vergütungsleistungen und/oder Abfindungsregelungen) kompensiert wird.[14] Deshalb kann auch eine mögliche vergleichbare soziale Schutzbedürftigkeit, bspw. bei Fremd-GF, und eine sozialtypische Nähe zum leitenden Ang,[15] im Hinblick auf die klare negative gesetzliche Fiktion und des Sinn und Zwecks des Ausschlusstatbestands keine andere Beurteilung[16] erfahren bzw. eine teleologische Reduktion der Norm[17] rechtfertigen. Schließlich bleibt auch zu berücksichtigen, dass die freie Entscheidung der Gesellschafter über die Neubestellung eines GF aufgrund der mit dem Künd-Schutz allg. verbundenen finanziellen Belastungen de facto nicht ausgehöhlt werden soll.[18]

7 **2. Die vom allgemeinen Kündigungsschutz ausgeschlossenen Personen. a) Mitglieder gesetzlicher Vertretungsorgane einer juristischen Person.** Nach Abs. 1 Nr. 1 gelten die Vorschriften des Ersten Abschnitts des KSchG nicht für die Mitglieder des Organs, das zur gesetzlichen Vertretung der juristischen Person berufen ist. Voraussetzung für den Ausschluss vom allg. Künd-Schutz des KSchG ist, dass der Betrieb von einer juristischen Person geführt wird. Das kann eine juristische Person des privaten Rechts oder des öffentlichen Rechts sein. Abs. 1 Nr. 1 beschränkt den Ausschluss des allg. Künd-Schutzes nach dem KSchG nicht auf die gesetzlichen Vertreter von juristischen Personen des Privatrechts. Auf Grund der vergleichbaren Interessenlage werden auch die nicht beamteten organschaftlichen Vertreter von juristischen Personen des öffentlichen Rechts, z.B. von Gemeinden, Kreisen, (Anwalts-)Kammern, Sozialversicherungsträgern oder Kirchengemeinden, vom Anwendungsbereich des Ersten Abschnitts ausgenommen.[19] So genießen bspw. der Werkleiter eines gemeindlichen Eigenbetriebs nach Art. 95 der

---

5 BAG 15.4.1982 – 2 AZR 1101/79 – AP § 14 KSchG 1969 Nr. 1; 17.1.2002 – 2 AZR 719/00 – AP § 14 KSchG 1969 Rn 8; ErfK/*Kiel*, § 14 KSchG Rn 1; v. *Hoyningen-Huene/Linck*, § 1 Rn 2; KR/*Rost*, § 14 KSchG Rn 3; *Rost*, in: FS für Wißmann, S. 61, 62.

6 BAG 12.3.1987 – 2 AZR 336/86 – AP § 5 ArbGG 1979 Nr. 6; *Henssler*, RdA 1992, 289, 293; a.A. *Groß*, Anstellungsverhältnis, S. 341 ff., 367 ff.

7 BAG 28.9.1961 – 2 AZR 428/60 – BAGE 11, 278; 27.6.1985 – 2 AZR – 425/84 – AP § 1 AngestelltenkündigungsG Nr. 2; 12.3.1987 – 2 AZR 336/86 – AP § 5 ArbGG 1979 Nr. 6; v. *Hoyningen-Huene/Linck*, § 14 Rn 2; *Kamanabrou*, DB 2002, 146; *Rost*, in: FS für Wißmann, S. 61, 62; *Müller-Glöge*, FS für Hromadka, S. 255, 260.

8 BGH 7.12.1961 – II ZR 117/60 – BGHZ 36, 142; 9.11.1967 – II ZR 64/67 – BGHZ 49, 30; 10.1.2000 – II ZR 251/98 – NZA 2000, 376; 26.3.1984 – II ZR 120/83 – DB 1984, 2238; 23.1.2003 – IX ZR 39/02 – DB 2003, 657; 8.1.2007 – II ZR 267/05 – NZA 2007, 1174; *Bauer*, BB 1994, 855; *K. Schmidt*, Gesellschaftsrecht, S. 1074; *Holthausen/Steinkraus*, NZA-RR 2002, 282; *Bauer/Arnold*, DB 2008, 350, 351; *Müller-Glöge*, FS für Hromadka, S. 255, 256 f. m.w.H.

9 BAG 15.4.1982 – 2 AZR 1101/79 – AP § 14 KSchG 1969 Nr. 1; 17.1.2002 – 2 AZR 719/00 – AP § 14 KSchG 1969 Nr. 8; 25.10.2007 – 6 AZR 1045/06 – NJW 2008, 1018, 1019; *Rost*, in: FS für Wißmann, S. 61, 62; *Bauer/Arnold*, DB 2008, 350, 352.

10 BAG 15.4.1982 – 2 AZR 1101/79 – AP § 14 KSchG 1969 Nr. 1; 25.10.2007 – 6 AZR 1045/06 – NJW 2008, 1018, 1019.

11 BAG 15.4.1982 – 2 AZR 1101/79 – AP § 14 KSchG 1969 Nr. 1; 17.1.2002 – 2 AZR 719/00 – AP § 14 KSchG 1969 Nr. 8; *Rost*, in: FS für Wißmann, S. 61, 62; KR/*Rost*, § 14 KSchG Rn 3.

12 *Wank*, in: FS für Wiedemann, S. 87, 594.

13 HWK/*Thies*, § 14 KSchG Rn 5.

14 *Bauer*, BB 1994, 855, 856 m.w.H.

15 Vgl. bspw. *Wank*, in: FS für Wiedemann, S. 587; *Kamanabrou*, DB 2002, 146, 147.

16 *Henssler*, RdA 1992, 289, 293; *Hümmerich*, NJW 1995, 1177, 1178.

17 *Rost*, in: FS für Wißmann, S. 61, 63; KR/*Rost*, § 14 KSchG Rn 6.

18 *Henssler*, RdA 1992, 289, 293.

19 BAG 17.1.2002 – 2 AZR 719/00 – AP § 14 KSchG 1969 Nr. 8; KR/*Rost*, § 14 KSchG Rn 7; KDZ/*Kittner/Deinert*, § 14 KSchG Rn 10; APS/*Biebl*, § 14 KSchG Rn 6.

Bayerischen Gemeindeordnung[20] oder der GF bzw. der stellvertretende Haupt-GF einer Handwerkskammer, der sie kraft Satzung (mit-) vertritt,[21] keinen allg. Künd-Schutz nach dem KSchG.

Die gesetzlichen Vertreter von juristischen Personen des Privatrechts sind die Mitglieder des jeweiligen gesellschaftsrechtlichen Vertretungsorgans. Zu den gesetzlichen Vertretern der juristischen Personen des Privatrechts gehören:
- bei der Aktiengesellschaft: die Mitglieder des Vorstands (§ 78 Abs. 1 AktG);
- bei rechtsfähigen – wirtschaftlichen (§ 26 Abs. 2 BGB) oder nicht wirtschaftlichen (§ 21 BGB) – Vereinen: die Mitglieder des Vorstands (§ 26 Abs. 2 BGB) sowie die besonderen Vertreter nach § 30 BGB, sofern ihre Vertretungsmacht auf der Satzung beruht;[22]
- bei Versicherungsvereinen auf Gegenseitigkeit: die Mitglieder des Vorstands (§ 34 VAG i.V.m. § 78 AktG);
- bei Stiftungen: die Mitglieder des Stiftungsvorstands (§ 86 BGB i.V.m. § 26 Abs. 2 BGB);
- bei Genossenschaften: die Mitglieder des Vorstands (§ 24 Abs. 1 GenossenschaftG);
- bei einer bergrechtlichen Gewerkschaft: der Repräsentant oder die Mitglieder des aus mehreren Personen bestehenden Grubenvorstands (§§ 117 ff. ABG);
- bei einer GmbH: der GF (§ 35 Abs. 1 GmbHG); egal, ob er Mehrheitsgesellschafter- oder Minderheitsgesellschafter- oder gar Fremd-GF ist;
- bei einer GmbH & Co. KG: der GF der Komplementär-GmbH (§ 170 HGB i.V.m. § 35 Abs. 1 GmbHG);[23]
- bei einer KGaA.: die persönlich haftenden Gesellschafter § 278 Abs. 2 AktG i.V.m. §§ 161 Abs. 2, 125 HGB).

Als gesetzliche Vertreter im Sinne der Norm sind ferner der Insolvenzverwalter, die Liquidatoren[24] oder die Treuhänder, die an Stelle des Vertretungsorgans handeln, anzusehen.[25] Der AR ist kein gesetzliches Vertretungsorgan der juristischen Person. Mitglieder des AR werden deshalb nicht von der Geltung des allg. Künd-Schutzes nach dem KSchG durch Abs. 1 ausgeschlossen.[26] Insb. die Vertreter der AN im AR verlieren mit ihrer Berufung deshalb nicht ihren allg. arbeitsrechtlichen Künd-Schutz.[27] Die Gesellschafter einer GmbH, die nicht zu GF bestellt worden sind und die in einem Arbverh zur GmbH stehen, werden nicht vom Ausschlusstatbestand des Abs. 1 erfasst.[28] Gleichfalls genießen Vereinsmitglieder den allg. Künd-Schutz nach dem KSchG, soweit sie in einem Arbverh zu einem rechtsfähigen Verein stehen.

Den nach Abs. 1 Nr. 1 vom KSchG ausgenommenen Organmitgliedern steht von Gesetzes wegen grds. eine uneingeschränkte gesetzliche Vertretungsmacht für die von ihr repräsentierte juristische Person zu. Eine Beschränkung ihrer Vertretungsmacht auf Teile ihrer Aufgaben schließt die Anwendbarkeit des Ausschlusstatbestandes nicht aus. Das Gesetz stellt nur auf die Organstellung und die gesetzliche Vertretungsmacht, nicht aber auf deren Umfang ab.[29] Etwas anderes wird aber gelten müssen, wenn die Vertretungsmacht des Organmitglieds auf ganz unwesentliche Teilaufgaben beschränkt worden ist.[30]

Der allg. Künd-Schutz des KSchG wird nur dann durch Abs. 1 ausgeschlossen, wenn die organrechtliche Stellung im Zeitpunkt des Zugangs der Künd schon oder noch besteht.[31] Dafür ist die materielle Rechtslage beim Zugang der Künd-Erklärung und nicht der Inhalt des Handelsregisters entscheidend.[32] War also der Betroffene als GF zum Zeitpunkt des Zugangs der Künd bereits wirksam abberufen, greift die Fiktion des Abs. 1 nicht mehr.[33]

b) Zur Vertretung einer Personengesamtheit berufene Personen. Nach Abs. 1 Nr. 2 gelten die Vorschriften des Ersten Abschnitts des KSchG auch nicht für die zur Vertretung der Personengesamtheit durch Gesetz, Satzung oder Gesellschaftsvertrag berufenen Personen.

Als Personengesamtheiten im Sinne der Norm sind v.a. der nicht eingetragene Verein (§§ 54 ff. BGB), die Gesellschaft bürgerlichen Rechts (§§ 705 ff. BGB), die offene Handelsgesellschaft (OHG) (§§ 105 ff. HGB) und die Kom-

---

20 BAG 17.1.2002 – 2 AZR 719/00 – AP § 14 KSchG 1969 Nr. 8; u.U, anders für einen Ersten Werkleiter eines brandenburgischen Eigenbetriebs: BAG 17.12.2008 – 5 AZB 69/08 –.
21 LAG Düsseldorf 12.12.1997 – 11 Sa 1584/97 – LAGE § 14 KSchG Nr. 3; BGH 25.7.2002 – III ZR 207/01 – AP § 14 KSchG 1969 Nr. 9.
22 BAG 17.1.2002 – 2 AZR 719/00 – AP § 14 KSchG 1969 Nr. 8; Hessisches LAG 15.7.1990 – 15 Sa 1578/89 – ZTR 1991, 79; KR/*Rost*, § 14 KSchG Rn 6.
23 KR/*Rost*, § 14 KSchG Rn 10a; *v. Hoyningen-Huene/Linck*, § 1 Rn 6.
24 KR/*Rost*, § 14 KSchG Rn 12.
25 *Löwisch/Spinner*, § 14 Rn 4; HaKo-KSchR/*Pfeiffer*, § 14 Rn 4.
26 *Löwisch/Spinner*, § 14 Rn 4; HaKo-KSchR/*Pfeiffer*, § 14 Rn 4.
27 ErfK/*Kiel*, § 14 KSchG Rn 4; *v. Hoyningen-Huene/Linck*, § 14 Rn 15; KR/*Rost*, § 14 KSchG Rn 8.
28 KR/*Rost*, § 14 KSchG Rn 10.
29 BAG 17.1.2002 – 2 AZR 719/00 – AP § 14 KSchG 1969 Nr. 8; 5.5.1997 – 5 AZB 35/96 – AP § 5 ArbGG 1979 Nr. 31; 15.10.1997 – 5 AZB 32/97 – AP § 5 ArbGG 1979 Nr. 39; BGH 25.7.2002 – III ZR 207/01 – AP § 14 KSchG 1969 Nr. 9; KR/*Rost*, § 14 KSchG Rn 6; *Rost*, in: FS für Wißmann, S. 61, 68.
30 *Rost*, in: FS für Wißmann, S. 61, 68 m.w.H.
31 ErfK/*Kiel*, § 14 KSchG Rn 5.
32 LAG Hamm 8.10.1985 – 7 Sa 1240/85 – RzK I 4b Nr. 2; I 4c Nr. 3; *Eylert*, LzK 830 Rn 43; KR/*Rost*, § 14 KSchG Rn 7.
33 ErfK/*Kiel*, § 14 KSchG Rn 5; *Bauer/Arnold*, DB 2008, 350, 352; *Diller*, NJW 2008, 1020.

manditgesellschaft (KG) (§§ 161 ff. HGB) zu nennen. Wer den eingetragenen Verein oder eine Gesellschaft bürgerlichen Rechts (GbR) vertritt, folgt regelmäßig aus deren Satzung oder dem Gesellschaftsvertrag. Bei der OHG ist jeder Gesellschafter zur Vertretung der Gesellschaft ermächtigt (§ 125 HGB), wenn er nicht durch Gesellschaftsvertrag von der Vertretung ausgeschlossen ist. Die KG wird durch den persönlich haftenden Gesellschafter (Komplementär) vertreten (§§ 164, 161 Abs. 2 HGB).

Die nicht vertretungsberechtigten Gesellschafter, Vereinsmitglieder oder Kommanditisten können AN sein und den allg. Künd-Schutz nach dem KSchG genießen, wenn sie in einem Arbverh zur Gesellschaft stehen.[34]

14 Generalbevollmächtigte, Handlungsbevollmächtigte und Prokuristen sind nicht aufgrund des Gesetzes, einer Satzung oder des Gesellschaftsvertrages, sondern aufgrund einer rechtsgeschäftlichen Bevollmächtigung zur Vertretung der Personengesamtheit berufen. Deshalb findet auf sie der Erste Abschnitt des KSchG – ggf. mit den Modifikationen nach Abs. 2 der Norm – Anwendung.[35]

15 **c) Unmittelbare und mittelbare Organvertretung.** Die Ausschlusstatbestände des Abs. 1 Nr. 1 und 2 erfassen nur die unmittelbaren Organvertreter.[36] Für die Anwendung eines der Ausschlusstatbestände ist allein die formale organschaftliche Vertreterstellung entscheidend.[37] Dementsprechend erfüllt der sog. Fremd-GF einer GmbH als gesetzlicher Organvertreter die Voraussetzungen des Ausschlusstatbestandes des Abs. 1 Nr. 1, obwohl er im Einzelfall durchaus persönlich und v.a. wirtschaftlich von der Gesellschaft abhängig sein kann.[38]

16 Die negative Fiktion des Abs. 1 Nr. 1 erfasst den GF der Komplementär-GmbH einer GmbH & Co. KG, wenn der Anstellungsvertrag mit der GmbH geschlossen wurde.[39] Umstr. ist, ob der GF den allg. Künd-Schutz genießt, wenn ein Arbverh zur KG bestand und dieses von der KG gekündigt worden ist. Nach der früheren Rspr. des BAG wurde ein Ausschluss des allg. Künd-Schutzes nach Abs. 1 in diesen Fällen abgelehnt,[40] da die juristische Person, deren unmittelbares Organ der Betroffene war, das Arbverh nicht gekündigt hatte. Nach der Kritik der Lit.[41] hat der 5. Senat des BAG zu § 5 Abs. 1 S. 3 ArbGG entschieden, nach Sinn und Zweck dieser Norm sei auch der nur mittelbare Organvertreter kein AN i.S.d. ArbGG. Der GF der Komplementär-GmbH verkörpere unabhängig von dem Umstand, mit wem er seinen Anstellungsvertrag geschlossen habe, den AG und nehme auch für die KG deren AG-Funktionen wahr. Er handele deshalb sowohl für die GmbH als auch für die KG als GF, eine formale Trennung zwischen Komplementär GmbH und KG falle nicht ins Gewicht.[42] Die Rspr. des 5. Senats wird für die vergleichbar gefasste Norm des Abs. 1 zu übertragen sein.[43] Dafür spricht nicht nur der vergleichbare Wortlaut der Regelungen, sondern v.a. der Normzweck. Ein Ausschluss dieser Personen vom allg. Künd-Schutz des KSchG erfolgt v.a. deshalb, weil sie den AG verkörpern. Der GF der Komplementär GmbH nimmt – zumindest formal – die AG-Befugnisse für die KG wahr, die KG handelt durch ihn.

17 Der Ausschlusstatbestand des Abs. 1 findet hingegen im Verhältnis zu einem anderen Konzernunternehmen oder einer Konzernobergesellschaft keine Anwendung, wenn der Betroffene Mitglied des Organs einer Konzern(tochter-)Gesellschaft ist, der Arbeitsvertrag mit der Konzernmutter oder -obergesellschaft geschlossen wurde und die Übernahme der Geschäftsführung bei der Konzerntochter zum Inhalt.[44] Ein solches Arbverh kann eine ausreichende schuldrechtliche Grundlage für die Organstellung sein.[45] Auch wird in der Bestellung zum GF einer konzernabhängigen GmbH im Zweifel noch keine (stillschweigende) Aufhebung des Arbverh mit der Konzernobergesellschaft liegen.[46]

---

34 BAG 11.5.1978 – 3 AZR 21/77 – AP § 611 HGB Nr. 2; ErfK/*Kiel* § 14 KSchG Rn 1; KR/*Rost* § 14 KSchG Rn 17; APS/*Biebl*, § 14 KSchG Rn 13.

35 APS/*Biebl*, § 14 KSchG Rn 8; HaKo-KSchR/*Pfeiffer*, § 14 Rn 12; KR/*Rost*, § 14 KSchG Rn 18.

36 BAG 15.4.1982 – 2 AZR 1101/79 – AP § 14 KSchG 1969 Nr. 1; ErfK/*Kiel*, § 14 KSchG Rn 1; KR/*Rost*, § 14 KSchG Rn 6.

37 HaKo-KSchR/*Pfeiffer*, § 14 KSchG Rn 10; KR/*Rost*, § 14 KSchG Rn 6.

38 BGH 9.2.1978 – II ZR 189/76 – AP § 38 GmbHG Nr. 1; 29.1.1981 – II ZR 92/80 – AP § 622 BGB Nr. 14; KR/*Rost*, § 14 KSchG Rn 10; HaKo-KSchR/*Pfeiffer*, § 14 KSchG Rn 6.

39 V. Hoyningen-Huene/*Linck*, § 14 Rn 6; KR/*Rost*, § 14 KSchG Rn 10a; *Rost*, in: FS für Wißmann, S. 61, 63; s.a. BAG 19.7.2007 – 6 AZR 774/06 – NJW 2007, 3228, 3229.

40 BAG 17.8.1972 – 2 AZR 359/71 – AP § 626 BGB Ausschlussfrist Nr. 4; 15.4.1982 – 2 AZR 1101/79 – AP § 14 KSchG 1969 Nr. 1; 13.7.1995 – 5 AZB 37/94 – AP § 5 ArbGG 1979 Nr. 23; HaKo-KSchR/*Dorndorf*, § 14 Rn 12.

41 *Löwisch/Spinner*, § 14 Rn 11; *Kaiser*, Rn 79; *Baumbach/Hueck/Zöllner*, § 35 GmbHG Rn 97; v. Hoyningen-Huene/*Linck*, § 14 Rn 7; *Reiserer*, AR-Blattei SD-70.2 Rn 71; *Kitzinger*, Der GmbH-Geschäftsführer, S. 65 ff.; *Moll*, RdA 2002, 226.

42 BAG 20.8.2003 – 5 AZB 79/02 – DB 2003, 2183; v. Hoyningen-Huene/*Linck*, § 14 Rn 7; *Moll*, RdA 2002, 226.

43 A.A. APS/*Biebl*, § 14 KSchG Rn 10; *Rost*, in: FS für Wißmann, S. 61, 64.

44 BAG 24.8.1972 – 2 AZR 437/71 – AP § 611 BGB Gemischter Vertrag Nr. 2; 21.2.1994 – 2 AZB 28/93. – AP § 5 ArbGG 1979 Nr. 17; KR/*Rost*, § 14 KSchG Rn 10c; *Henssler*, RdA 1992, 289, 301; *Kitzinger*, Der GmbH-Geschäftsführer, S. 74 ff.; *Bauer*, BB 1994, 855, 857; a.A. ErfK/*Kiel*, § 14 KSchG Rn 7.

45 BAG 24.11.2005 2 – AZR 614/04 – AP § 1 KSchG 1969 Wartezeit Nr. 19; 25.10.2007 – 6 AZR 1045/06 – NJW 2008, 1018, 1019.

46 BAG 20.10.1995 – 5 AZB 5/95 – AP § 2 ArbGG 1979 Nr. 36; v. Hoyningen-Huene/*Linck*, § 14 Rn 14; *Dzida*, NJW 2008, 3517.

d) Ausschluss des allgemeinen Kündigungsschutzes nach Beförderung eines Angestellten zum Geschäftsführer einer GmbH. Für den zum GF aufgestiegenen Ang kann seine Beförderung der erste Schritt zur Beendigung seines Beschäftigungsverhältnisses sein.[47] Vergleichbare Fragen können auftreten, wenn bei einem Verein oder einer AG ein AN in den Vorstand aufrückt.[48] Die Berufung eines Ang (Prokuristen) zum GF der GmbH bietet umfassende Möglichkeiten zur Umgehung des bisher erworbenen allg. Künd-Schutzes des Betroffenen. Vor diesem Hintergrund muss die in der Praxis lange geführte Diskussion, was bei der Bestellung eines Ang zum GF einer GmbH mit seinem ursprünglichen Arbverh geschieht, gesehen werden. Es obliegt zunächst den Vertragsparteien, anlässlich der Bestellung des AN zum GF das weitere Schicksal des Arbverh **vertraglich** zu **gestalten**. Geschieht dies – wie sooft – nicht ausdrücklich, so bleibt die Frage zu klären, ob das bisherige Arbverh (automatisch) beendet wird oder neben dem GFdienstvertrag ein – uneingeschränktes bzw. ruhendes – Arbverh fortbesteht. Das BAG ging früher davon aus, bei einem innerbetrieblichen Aufstieg eines AN zum GmbH-GF bestehe das bisherige Arbverh grds. als ein ruhendes fort. Ausnahmsweise wurde eine Beendigung angenommen, wenn sich die Vertragsbedingungen, insb. die Vergütung, wesentlich verändert hatten. Begründet wurde diese Ansicht mit dem Hinweis, ein AN werde seinen erworbenen Bestandsschutz ohne finanziellen Ausgleich nicht ohne weiteres aufgeben. Das ursprüngliche Arbverh lebe deshalb im Zweifel wieder auf, wenn der Ang als GF abberufen werde[49] (siehe § 611 BGB Rn 98). Mit seiner neueren Rspr. hat das BAG die Vermutungsregel umgekehrt. Bei der Bestellung eines Ang zum GF einer GmbH ist grds. von der gleichzeitigen Aufhebung des bisherigen Arbverh auszugehen.[50] Zwar müsse der entsprechende Beendigungswille unzweifelhaft und eindeutig zum Ausdruck kommen. Schließe aber ein leitender Mitarbeiter einen GF-Dienstvertrag ab, liege darin im Zweifel – wenn keine anderen Anhaltspunkte vorlägen – die konkludente Aufhebung seines bisherigen Arbverh.[51] Einem AN in leitender Position sei regelmäßig klar, dass er mit dem Abschluss eines GF-Dienstvertrages seinen sozialen Besitzstand aus dem bisherigen Arbverh aufgebe.[52] Grds. spricht deshalb eine Vermutung dafür, dass nach dem Parteiwillen neben dem GF-Dienstvertrag nicht noch ein Arbverh mit dem bisherigen AG ruhend fortbesteht. Ein fortbestehendes ruhendes Arbverh wird deshalb nur noch ausnahmsweise anzuerkennen sein, wenn die Parteien bei Abschluss des GmbH-GF-Dienstvertrags ein Festhalten ausdrücklich oder konkludent vereinbart haben[53] (siehe auch § 611 BGB Rn 100). Der gekündigte GF hat dafür im Einzelnen die Tatsachen darzulegen, aus denen sich ergibt, dass sowohl ein GF-Dienstvertrag als auch ein ruhendes Arbverh – also eine klar unterscheidbare Doppelstellung – vereinbart worden war.[54] Wird der GF von seiner Funktion abberufen und verliert damit seine Organstellung, hat dies – unter Zugrundelegung der sog. Trennungstheorie – keine direkten Auswirkungen auf den zugrunde liegenden GF–Dienstvertrag. Beide stehen rechtlich selbstständig nebeneinander[55] (siehe auch § 611 BGB Rn 101) Allerdings kann der GF-Dienstvertrag von der Gesellschaft regelmäßig – unter Beachtung der Künd-Fristen – ohne Weiteres und ohne Bindung an das KSchG gekündigt werden. Mit dem Verlust der Organstellung wandelt sich der GF-Dienstvertrag nicht in ein Arbverh um, es erfolgt keine „Mutation".[56]

Seit dem 1.5.2000 muss bei der Aufhebung des (alten) Arbverh allerdings das **Schriftformerfordernis** des § 623 BGB beachtet werden.[57] Dies gilt selbst dann, wenn man in der „Beförderung" des Ang keine Vertragsbeendigung[58]

---

47 *Henssler*, RdA 1992, 289, 298; *Fischer*, NJW 2003, 2417, 2418; *Müller-Glöge*, FS für Hromadka, S. 255.

48 *Niebler/Schmiedl*, NZA 2001, 281.

49 BAG 9.5.1985 – 2 AZR 330/84 – NZA 1986, 792; 27.6.1985 – 2 AZR 425/84 – AP § 1 AngestelltenkündigungsG Nr. 2; 12.3.1987 – 2 AZR 336/86 – AP § 5 ArbGG 1979 Nr. 6; s.a. HaKo-KSchR/*Dorndorf*, § 14 Rn 5 u. 8.

50 BAG 28.9.1995 – 5 AZB 4/95 – AP § 5 ArbGG 1979 Nr. 24; 8.6.2000 – 2 AZR 207/99 – BAGE 95, 62; 16.3.2000 – 2 AZR 196/99 – RzK I 9i Nr. 72; 25.4.2002 – 2 AZR 352/01 – AP § 543 ZPO 1977 Nr. 11; 19.7.2007 – 6 AZR 774/06 – NJW 2007, 3228, 3228; 3.2.2009 – 5 AZB 100/08 – NZA 2009, 670, 671; ErfK/*Kiel*, § 14 Rn 5; APS/*Biebl*, § 14 KSchG Rn 11; *Bauer*, BB 1994, 855, 857; *Niebler/Schmiedl*, NZA-RR 2001, 281 f.; *Rost*, in: FS für Wißmann, S. 61, 66; *Reiserer*, DB 2006, 1787.

51 BAG 25.4.2002 – 2 AZR 352/01 – AP § 543 ZPO 1977 Nr. 11; 24.11.2005 – 2 AZR 614/04 – AP § 1 KSchG 1969 Wartezeit Nr. 19; 16.6.2006 – 5 AZR 592/05 – AP § 5 ArbGG 1979 Nr. 62; 25.6.2008 – 2 AZR 754/06 – NJW 2008, 3514, 3515; 3.2.2009 – 5 AZB 100/08 – NZA 2009, 670, 671.

52 BAG 25.4.2002 – 2 AZR 352/01 – AP § 543 ZPO 1977 Nr. 11; 16.6.2006 – 5 AZR 592/05 – AP § 5 ArbGG 1979 Nr. 62; s.a. BGH 10.1.2000 – II ZR 251/98 – AP § 611 BGB Organvertreter Nr. 15.

53 BAG 19.7.2007 – 6 AZR 774/06 – NJW 2007, 3228, 3228; 5.6.2008 – 2 AZR 754/06 – NJW 2008, 3514, 3515; *Kamanabrou*, DB 2002, 146, 149; KR/*Rost*, § 14 KSchG Rn 6b m.w.H.; *Löwisch/Spinner*, § 14 Rn 10; ErfK/*Kiel*, § 14 Rn 6; *v. Hoyningen-Huene/Linck*, § 14 Rn 12; *Jaeger*, NZA 1998, 961, 967; *Schrader/Straube*, GmbHR 2005, 904, 905; *Bauer/Arnold*, DB 2008, 350, 353; *Ullrich*, SAE 2008, 117, 119.

54 BAG 25.10.2007 – 6 AZR 1045/06 – NJW 2008, 1018, 1018; ErfK/*Kiel*, § 14 KSchG Rn 6; *Bauer/Arnold*, DB 2008, 350, 353.

55 BAG 24.11.2005 – 2 AZR 614/04 – AP § 1 KSchG 1969 Wartezeit Nr. 19; 25.10.2007 – 6 AZR 1045/06 – NJW 2008, 1018; BGH 10.1.2000 – II ZR 251/98 – AP § 611 BGB Organvertreter Nr. 15; *Müller-Glöge*, FS für Hromadka, S. 255, 259; *Stück*, FA 2007, 34; *Boemke*, ZfA 1998, 209, 210.

56 BAG 5.6.2008 – 2 AZR 754/06 – NJW 2008, 3514, 3515; BGH 10.1.2000 – II ZR 251/98 – AP § 611 BGB Organvertreter Nr. 15; APS/*Biebl*, § 14 KSchG Rn 12.

57 *Bauer*, GmbHR 2000, 767, 768; *Baeck/Hopfner*, DB 2000, 1914, 1915; *Naegele*, BB 2001, 305, 306; *Kamanabrou*, DB 2002, 146, 149; *v. Hoyningen-Huene/Linck*, § 14 Rn 13; *Rost*, in: FS für Wißmann, S. 61, 67.

58 *Henssler*, RdA 1992, 289, 299; *Krause*, ZIP 2000, 2284, 2286.

und den Neuabschluss eines anderen Vertrages, sondern lediglich eine Vertragsänderung sieht.[59] Es handelt sich nicht mehr um das ursprüngliche Arbverh, sondern um ein völlig anderes Vertragsverhältnis.[60] Eine bloße mündliche Abrede über die Anstellung als GF kann deshalb die Schriftform zur Beendigung des bisherigen Arbverh nicht wahren.[61] Es empfiehlt sich, zumindest den GF-Vertrag schriftlich abzuschließen und in ihm eine sog. Ersetzungsklausel („alle bisherigen Vereinbarungen zwischen den Parteien werden durch den vorliegenden Vertrag ersetzt") aufzunehmen.[62] Besser und eindeutiger ist es, wenn in den Dienstvertrag eine Klausel aufgenommen wird, mit der das bisherige Arbverh beendet wird.[63] Sollten entsprechende Formulierungen in einer schriftlichen Vereinbarung fehlen, muss eine Aufhebung des bisherigen Arbverh dennoch nicht zwingend an § 623 BGB scheitern. Nach der vom BGH[64] und vom BAG[65] vertretenen **Andeutungstheorie** kann es ausreichen, wenn in der Vertragsurkunde des GF-Dienstvertrages die Veränderung des Arbverh andeutungsweise ihren Ausdruck gefunden hat. Davon wird man bei einer Ersetzungsklausel ausgehen können. Enthält der GF-Dienstvertrag aber keine entsprechende Klausel, war umstr., ob allein aufgrund des schriftlichen Dienstvertrages und der in ihm zum Ausdruck kommenden konkludenten Beendigung des Arbverh der Beweis- und Warnfunktion des § 623 BGB Genüge getan wird.[66] Das BAG ist der Auffassung, dass der Wille zur Beendigung des bisherigen Arbverh durch den Abschluss des schriftlichen GF-Dienstvertrags regelmäßig hinreichend deutlich zum Ausdruck kommt.[67] Legt man die Vermutungsregel der Rspr. zugrunde, mit Abschluss des GF-Dienstvertrages werde regelmäßig – wenn keine anderen Anhaltspunkte vorliegen – das bisherige Arbverh aufgehoben, so wird man allein in der schriftlichen vertraglichen Neuregelung des Anstellungsverhältnisses als GF eine hinreichende formale Andeutung bzgl. der Beendigung des früheren Arbverh sehen können.[68] Mit dem schriftlichen GF-Dienstvertrag wird die Warnfunktion des § 623 BGB erfüllt, denn mit der Vertragsurkunde wird dem – früheren – AN klar vor Augen geführt, dass sich die bisherige vertragliche Grundlage geändert hat und auf eine neue Basis gestellt worden ist. Auch die Unklarheitregel des § 305c Abs. 2 BGB rechtfertigt keine andere Beurteilung.[69] Mit der Berufung zum GF einer GmbH ist regelmäßig der allg. Künd-Schutz des KSchG für den früheren Ang nicht mehr anwendbar. Dabei gilt es aber zu beachten, dass für den Abschluss des Anstellungsvertrages zum GF regelmäßig die Gesellschafter bzw. die Gesellschafterversammlung einer GmbH (vgl. § 46 Nr. 5 GmbHG) oder eines Vereins zuständig sind, es sei denn, in der Satzung ist eine andere Regelung getroffen worden.[70] Demgegenüber ist der GF für den Abschluss des Arbeitsvertrages und damit für die Aufhebung des bisherigen Arbverh grundsätzlich zuständig (insbes. § 35 GmbHG).[71] Es besteht aber ein Mitzeichnungsrecht der anderen GF.[72] Ob deshalb bei Anwendung der sog. Konkludenz-Rspr. in vielen Fällen die wirksame Aufhebung des Arbverh daran scheitert, weil die Vereinbarung nicht mit einem GF, sondern regelmäßig durch die Gesellschafter geschlossen wurde, ist von der Rspr. noch nicht geklärt. Es spricht aber vieles dafür, in diesem Fall den Gesellschaftern (der Gesellschafterversammlung) eine Annexkompetenz wegen der besonderen Sachnähe zur Bestellkompetenz gem. § 46 Nr. 5 GmbHG einzuräumen, die auch die Aufhebung des Arbverh mit umfasst.[73] Sollte man eine solche aber verneinen, wäre der integrierte „Umwandlungsvertrag" – jedenfalls sein Aufhebungsteil – schwebend unwirksam (§ 177 BGB) und würde erst mit einer Genehmigung durch die vertretungsberechtigte Person – rückwirkend – wirksam (§§ 177,

---

59 BAG 8.6.2000 – 2 AZR 207/99 – BAGE 95, 62; Auflösung: ErfK/*Müller-Glöge*, § 623 BGB Rn 12; *Niebler/Schmiedl*, NZA-RR 2001, 281, 284; *Bauer/Baeck/Lösler*, ZIP 2003, 1821, 1823; *Bauer*, GmbHR 2002, 767, 768; KR/*Rost*, § 14 KSchG Rn 6.
60 *Fischer*, NJW 2003, 2417, 2419; *Preis/Gotthardt*, NZA 2000, 348, 354.
61 KR/*Rost*, § 14 KSchG Rn 6b m.w.H.; *Rost*, in: FS für Wißmann, S. 61, 67; *Kamanabrou*, DB 2002, 146, 153.
62 *Naegele*, BB 2001, 305, 308; *Bauer*, GmbHR 2000, 767, 769.
63 *Bauer*, GmbHR 2000, 767, 769.
64 20.12.1974 – V ZR 132/73 – BGHZ 63, 359; 25.3.1983 – VIII ZR 326/80 – BGHZ 81, 150; 8.12.1982 – IVa ZR 94/81 – BGHZ 86, 41, 46; 17.2.2000 – IX ZR 32/99 – NJW 2000, 1569.
65 16.9.2004 – BAGE 112, 58, 61; 19.7.2007 – 6 AZR 774/06 – NJW 2007, 3228, 3230; *Müller-Glöge*, FS für Hromadka, S. 255, 269.
66 Ausreichend: *Baeck/Hopfner*, DB 2000, 1914, 1915; *Kamanabrou*, DB 2002, 146, 150; *Naegele*, BB 2001, 305, 306; *Schrader/Straube*, GmbHR 2005, 904, 907; a.A.: *Dollmann*, DB 2003, 1838, 1840; *Bauer*, GmbHR 2000, 767, 769; *Fischer*, NJW 2003, 2417, 2418; vermittelnd: KR/*Spilger*, § 623 BGB Rn 239; *Krause*, ZIP 2000, 2284, 2291.
67 BAG 19.7.2007 – 6 AZR 774/06 – NJW 2007, 3228, 3230; 3.2.2009 – 5 AZB 100/08 – NZA 2009, 670, 671; siehe schon vorher: LAG Stuttgart 16.11.2006 – 5 Sa 142/05 – ZIP 2007, 243; LAG Hannover 26.6.2006 – 5 Sa 2100/05 – juris; LAG Kiel 16.3.2003 – 4 Sa 434/05 – juris; s.a. LAG Berlin 15.2.2006 – 13 Ta 170/06 – LAGE BGB 2002 § 623 Nr. 5.
68 ErfK/*Müller-Glöge*, § 623 BGB Rn 12; Staudinger/*Oetker*, § 623 Rn 33 und 39; MüKo-BGB/*Hesse*, vor §§ 620–630 Rn 25; *Niebler/Schmiedl*, NZA-RR 2001, 281, 286; *Karamanabrou*, DB 2002, 146, 150; *Krause*, ZIP 2000, 2284, 2291; *Ullrich*, SAE 2008, 117, 120.
69 BAG 19.7.2007 – 6 AZR 774/06 – NJW 2007, 3228, 3229.
70 *Hümmerich*, Arbeitsrecht, § 4 Rn 758; *Schrader/Schubert*, DB 2005, 1457, 1459; *Hümmerich/Schmidt-Westphal*, DB 2007, 222, 223; s.a. BGH 13.1.1958 – II ZR 212/56 – BGHZ 26, 236, 238; 25.3.1991 – II ZR 169/90 – DB 1991, 1065.
71 *Reiserer*, DB 2006, 1787, 1788; *Hümmerich/Schmidt-Westphal*, DB 2007, 222, 223.
72 S.a. *Bauer/Baeck/Lösler*, ZIP 2003, 1821, 1823; *Reiserer*, DB 1994, 1822, 1823; a.A.: *Fischer*, NJW 2003, 2417, 2419 (Geschäftsführer).
73 BGH 25.3.1991 – II ZR 169/90 – NJW 1991, 1680; *Bauer/Baeck/Lösler*, ZIP 2003, 1821, 1823; *Sasse/Schnitger*, BB 2007, 154, 155; *Langner*, DStR 2007, 535, 537; a.A.: *Hümmerich/Schmidt-Westphal*, DB 2007 222, 224.

184 Abs. 1 BGB).[74] Dabei wird in der Berufung der Gesellschaft auf eine Beendigung des Arbverh die notwendige Genehmigung, die an keine Frist gebunden ist, zur Beendigung des damaligen Arbverh liegen.

3. Verbindung zum Prozessrecht. § 5 Abs. 1 S. 3 ArbGG enthält eine vergleichbare Regelung wie Abs. 1. Auf Grund der gesetzlichen Fiktion des § 5 Abs. 1 S. 3 ArbGG ist den Organmitgliedern der Weg zu den ArbG grds. verschlossen. Für Künd-Streitigkeiten der unmittelbaren Organvertreter sind die ordentlichen Gerichte (Kammer für Handelssachen) nach § 95 Abs. 1 Nr. 4a GVG zuständig. Ebenfalls sind die ordentlichen Gerichte für die Frage der Abberufung eines GF einer GmbH zuständig.[75]

Etwas anderes gilt, wenn die Parteien ausnahmsweise eine andere vertragliche Regelung getroffen haben, nach der nach der Abberufung des Betroffenen als GF das alte – ruhende – Arbverh wieder aufleben und fortgesetzt werden soll. In diesem Fall sind später entstehende Streitigkeiten, insb. über die Beendigung der Vertragsbeziehung, wieder vor dem ArbG auszutragen. In diesem Fall trägt der Betroffene die Darlegungs- und Beweislast für die vertragliche Abrede.

4. Beraterhinweise. Es kann nicht immer sicher davon ausgegangen werden, dass im Abschluss eines schriftlichen GF-Dienstvertrags ohne weiteres auch eine formgerechte Aufhebung des zuvor bestehenden Arbverh von der Rspr. anerkannt wird. Es empfiehlt sich deshalb, bei einer „Beförderung" eines Ang zum GF, das weitere Schicksal des bisherigen Arbverh ausdrücklich in einem Beendigungsvertrag einerseits und in einem abgeschlossenen Dienstvertrag andererseits schriftlich zu regeln. Zumindest ist eine sog. Ersetzungsklausel in den GF-Dienstvertrag aufzunehmen (bspw.: „Alle bisherigen Vereinbarungen zwischen den Parteien werden durch den vorliegenden Vertrag ersetzt"). Noch deutlicher wäre es, wenn dem bspw. die Formulierung angefügt wird: „ Aufgehoben wird insbesondere der Arbeitsvertrag vom …".[76] Eine klarstellende Formulierung sollte auch gewählt werden, wenn die Parteien ihr Arbverh als ruhendes aufrecht erhalten wollen, bspw.: „Die Parteien sind sich einig, dass durch den Abschluss des GF-Vvertrags vom… der Arbeitsvertrag vom … nicht aufgehoben worden ist, sondern bis zur rechtlichen Beendigung des GF-Verhältnisses als ruhend fortbesteht."[77] Wechselt der Ang mit dem Abschluss des GF-Dienstvertrages das Unternehmen, so ist, wenn die Parteien das bisherige Arbverh beenden wollen, dies zwingend schriftlich zu fixieren.

II. Eingeschränkte Geltung des allgemeinen Kündigungsschutzes für „leitende Angestellte" (Abs. 2)

1. Sinn und Zweck der Regelung. Anders als die organschaftlichen Vertreter nach Abs. 1 der Norm sind die in Abs. 2 aufgeführten „leitenden Angestellten" AN und werden deshalb grds. vom allg. Künd-Schutz des KSchG erfasst.[78]

Die Personengruppe der „leitenden Angestellten" war bereits im Betriebsrätegesetz 1920[79] aus dem Anwendungsbereich des Gesetzes ausgenommen. Nach § 12 Abs. 2 BRG galten u.a. nicht als Ang i.S.d. BRG der GF und der Betriebsleiter, soweit sie zur selbständigen Einstellung oder Entlassung der übrigen im Betrieb oder in der Betriebsabteilung beschäftigten AN berechtigt waren oder soweit ihnen Prokura oder Generalvollmacht erteilt worden war.[80] Die auf die Betriebsverfassung zugeschnittene Abgrenzung des BRG nahm damit konsequenterweise die Ang vom allg. Künd-Schutz aus, die auch außerhalb der Betriebsverfassung standen. Dass die leitenden Ang keinen Künd-Schutz genossen, war ein Abfallprodukt der kollektivrechtlichen Konstruktion des BRG.[81] Das Gesetz zur Ordnung der nationalen Arbeit (AOG),[82] das das BRG aufhob, löste die AN-Vertretungen und -organisationen auf und kam im Weiteren ohne eine Abgrenzung der leitenden Ang von den übrigen Beschäftigten aus. Die leitenden Ang wurden in den Künd-Schutz des § 56 AOG einbezogen.[83] Der von den Spitzenorganisationen der AG und AN zum Künd-Schutz erarbeitete Hattenheimer Entwurf[84] von 1950 sah in § 17 Abs. 3 eine Herausnahme der GF, Betriebsleiter und ähnlicher leitender Persönlichkeiten, soweit diese zur selbständigen Einstellung oder Entlassung von AN berechtigt sind, aus dem allg. Künd-Schutz vor. Der Regierungsentwurf zum KSchG[85] übernahm unter der Überschrift „Angestellte in leitender Stellung" diese Formulierung in § 12 Buchst. c (Persönlichkeiten wird durch Personen ersetzt), die sodann gleich lautend in § 12 Buchst. c KSchG 1951 Gesetz wurde. In der Regierungsbegründung zu § 12 wird hierzu lapidar angemerkt, die leitenden Ang seien aus dem Geltungsbereich des BRG 1920 herausgenommen gewesen und

---

74 *Müller-Glöge*, FS für Hromadka, S. 255, 271.
75 *Lunk*, ZIP 1999, 1777, 1785 f.; zusammenfassend: *Jaeger*, NZA 1998, 961.
76 *Schrader/Straube*, GmbHR 2005, 904, 907.
77 *Schrader/Straube*, GmbHR 2005, 904, 907.
78 APS/*Biebl*, § 14 KSchG Rn 15; KR/*Rost*, § 14 KSchG Rn 23; *Stahlhacke/Preis/Vossen*, Rn 880.
79 RGBl I S. 1.
80 Zum historischen Begriff des Geschäftsführers und des Betriebsleiters: *Flatow*, BRG, § 12 Anm. 7; *Schipp*: Die Stellung der leitenden Angestellten im Kündigungsschutzprozess, *Hromadka*, in: FS für BAG, S. 395, 398.
81 *Hromadka*, in: FS für BAG, S. 395, 400.
82 RGBl I S. 1934, 45.
83 *Bengelsdorf*, in: FS für BAG, S. 331, 337.
84 RdA 1950, 63, 65.
85 RdA 1951, 58, 60.

der Entwurf des KSchG folge dem BRG 1920.[86] Das Erste Arbeitsrechtsbereinigungsgesetz vom 14.8.1969[87] ergänzte und änderte das KSchG 1951. § 12c KSchG 1951 wurde nicht nur sprachlich neu gefasst, sondern das KSchG 1969 erstreckte den allg. Künd-Schutz in **modifizierter Form** auch auf diese AN-Guppe. Mit der Einbeziehung der leitenden Ang in den allg. Künd-Schutz des KSchG sollte einerseits dem Schutzbedürfnis dieser Personengruppe, die AN sind, entsprochen, andererseits aber auch dem berechtigten Interesse des AG Rechnung getragen werden, sich von Mitarbeitern in einer besonderen Vertrauensstellung leichter trennen zu können.[88] Der AG hat insoweit ein legitimes Interesse an einer erleichterten Auflösung der Arbverh leitender Mitarbeiter.[89] Im Kern beinhaltet die Regelung für eine bestimmte Gruppe von leitenden Ang einen Abfindungsschutz statt eines Bestandsschutzes.[90]

25 **2. Der Regelungsinhalt. a) Der Begriff des leitenden Angestellten.** Für GF, Betriebsleiter und ähnliche leitende Ang, soweit diese zur selbstständigen Einstellung oder Entlassung von AN berechtigt sind, gilt der allg. Künd-Schutz des KSchG nur mit Modifikationen. Das KSchG definiert den Begriff des leitenden Ang nicht. Leitende Ang werden außer im KSchG noch in zahlreichen anderen Gesetzen erwähnt. Es gibt jedoch keine gesetzesübergreifende, allg. Definition des leitenden Ang.[91] Im kündigungsrechtlichen Zusammenhang sind neben Abs. 2 v.a. § 5 Abs. 3 BetrVG und § 1 SprAuG zu nennen. Es besteht aber keine Kongruenz zwischen den Begriffen des leitenden Ang in § 5 Abs. 3 BetrVG und in Abs. 2. Beide Normen verfolgen unterschiedliche Regelungszwecke und legislative Ziele. § 5 Abs. 3 BetrVG stellt den Interessengegensatz zwischen dem leitenden Ang als Vertreter des AG gegenüber der Interessenvertretung der AN in den Vordergrund. Abs. 2 S. 1 greift hingegen das besondere Vertrauensverhältnis zwischen dem leitenden Ang und dem AG auf.[92] Deshalb müssen leitende Ang i.S.v. § 5 Abs. 3 BetrVG nicht auch leitende Ang im kündigungsschutzrechtlichen Sinn sein. Dies gilt auch umgekehrt.[93] Die Grundsätze der Rspr. zu § 5 Abs. 3 BetrVG sind deshalb nur bedingt zur Auslegung des Abs. 2 heranziehen.[94]

26 Leitende Ang i.S.d. Abs. 2 müssen GF oder Betriebsleiter sein oder eine ähnliche leitende Stellung haben.[95] Der Begriff des „ähnlichen leitenden Angestellten" wird durch die Regelbeispiele des GF und des Betriebsleiters typisiert.[96]

27 **aa) Geschäftsführer.** GF i.S.d. Norm sind nicht mit den GF im GmbH-Recht gleich zu setzen. Der gesetzliche GF einer juristischen Person wird bereits von Abs. 1 erfasst. Der Begriff des GF wird vielmehr in einem umgangssprachlichen Sinn verstanden. GF im kündigungsschutzrechtlichen Sinne sind Ang, die eine leitende unternehmerische Aufgabe ausüben bzw. denen die Führung des Unternehmens oder des Betriebes in kaufmännischer, organisatorischer, personeller oder wirtschaftlicher Hinsicht obliegt.[97]

28 **bb) Betriebsleiter.** Als Betriebsleiter bezeichnet man solche Ang, die innerhalb eines Unternehmens einen selbstständigen Betrieb oder Betriebsteil eigenverantwortlich führen und dabei bedeutungsvolle unternehmerische Teilaufgaben wahrnehmen. Der Betriebsleiter muss Vorgesetzter der im Betrieb beschäftigten AN sein und ihnen gegenüber das Weisungsrecht ausüben. Bei seiner Tätigkeit muss ihm ein erheblicher Entscheidungsspielraum zustehen.[98] Eine bloße Aufsichtsfunktion gegenüber AN oder hinsichtlich des technischen Betriebsablaufs reicht nicht aus.[99] So ist der Filialleiter eines Restaurants einer Restaurantkette nicht Betriebsleiter, wenn die Filiale von der Zentrale aus geleitet wird. Der Marktleiter eines Baumarktes[100] oder der Direktor eines Hotels[101] kann Betriebsleiter bei entspr. personellen Befugnissen sein.

29 **cc) Ähnliche leitende Angestellte.** Um einen GF oder Betriebsleiter „ähnlich" zu sein, muss der leitende Ang innerhalb des Unternehmens oder des Betriebes Führungsaufgaben wahrnehmen und eine Vorgesetztenstellung in-

---

86 BT-Drucks 1/2090; s.a.: *Hromadka*, in: FS für BAG, S. 395, 400.
87 BGBl I S. 1317.
88 BT-Drucks 5/3913 zu Art. 1 Nr. 9.
89 APS/*Biebl*, § 14 KSchG Rn 29; KR/*Rost*, § 14 KSchG Rn 37; *Becker*, ZIP 1981, 1168; *Rumler*, Kündigungsschutz, S. 20.
90 *Hromadka*, in: FS für BAG, S. 395; *Bengelsdorf*, in: FS für BAG, S. 331.
91 APS/*Biebl*, § 14 KSchG Rn 16; HaKo-KSchR/*Pfeiffer*, § 14 KSchG Rn 17; *Rumler*, Kündigungsschutz, S. 19 ff.; *Schipp*, Die Stellung des leitenden Angestellten im Kündigungsschutzprozess, S. 1.
92 KPK/*Bengelsdorf*, § 14 Rn 12a; *Diringer*, NZA 2003, 890, 895.
93 ErfK/*Kiel*, § 14 KSchG Rn 9; *v. Hoyningen-Huene/Linck*, § 14 Rn 18; *Löwisch/Spinner*, § 14 Rn 14; KR/*Rost*, § 14 KSchG Rn 25.
94 *Rost*, in: FS für Wißmann, S. 61, 70.
95 *V. Hoyningen-Huene/Linck*, § 14 Rn 13.
96 BAG 25.11.1993 – 2 AZR 517/93 – AP § 14 KSchG 1969 Nr. 3; KR/*Rost*, § 14 KSchG Rn 26; HaKo-KSchR/*Pfeiffer*, § 14 Rn 17; *Schipp*, Die Stellung des leitenden Angestellten im Kündigungsschutzprozess, S. 33 und 44; *Becker*, ZIP 1981, 1168, 1170.
97 BAG 25.11.1993 – 2 AZR 517/93 – AP § 14 KSchG 1969 Nr. 3; LAG Baden-Württemberg 13.2.1992 – LAGE § 14 KSchG Nr. 2; APS/*Biebl*, § 14 KSchG Rn 17; KR/*Rost*, Rn 27; *v. Hoyningen-Huene/Linck*, Rn 20; *Rumler*, Kündigungsschutz, S. 23.
98 BAG 28.9.1961 – 2 AZR 428/60 – BAGE 11, 278, 283; 28.11.1993 – AP § 14 KSchG 1969 Nr. 3; *v. Hoyningen-Huene/Linck*, § 14 Rn 21; KDZ/*Kittner/Deinert*, § 14 KSchG Rn 18.
99 BAG 25.11.1993 – 2 AZR 517/93 – AP § 14 KSchG 1969 Nr. 3; *v. Hoyningen-Huene/Linck*, § 14 Rn 22; *Rumler*, Kündigungsschutz, S. 23.
100 LAG Köln 14.10.2005 – PersV 2006, 313.
101 LAG Niedersachsen 12.2.2008 – 13 Sa 626/07 – AE 2008, 208.

nehaben. Er muss eigenverantwortlich AG-Funktionen gegenüber einer ausreichenden Zahl von AN ausüben können.[102] Nicht ausreichend ist allein ein Weisungsrecht gegenüber seiner Sekretärin.[103] AN mit einer nur beratenden, ordnenden, fachlich anleitenden oder beaufsichtigenden Tätigkeit sind keine ähnlichen leitenden Ang, weil sie keine Führungsaufgaben ausüben.[104] Als leitende Ang i.S.d. Norm kommen der kaufmännische oder der technische Leiter des Betriebes, der Leiter einer Rechtsabteilung,[105] der Hoteldirektor[106] oder ein Filialleiter[107] in Betracht. Als nicht leitend im kündigungsschutzrechtlichen Sinn sind Werkmeister,[108] Poliere,[109] Lagerverwalter[110] oder auch Chefärzte eines Krankenhauses[111] anzusehen.

dd) Die Einstellungs- oder Entlassungsberechtigung. Abs. 2 S. 1 verlangt weiterhin von dem leitenden Ang eine Berechtigung zur selbstständigen Einstellung oder Entlassung von AN. Diese Einstellungs- oder Entlassungsberechtigung ist Ausdruck der leitenden Tätigkeit eines Ang im Betrieb oder Unternehmen.[112] Dieses Tatbestandsmerkmal muss – wie sich insb. aus der Entstehungsgeschichte der Norm ergibt – für alle drei Personengruppen (GF, Betriebsleiter und ähnliche leitende Ang) erfüllt sein.[113] Ob mit dieser Einschränkung überhaupt noch ein sachgerechter Anwendungsbereich für die Norm verbleibt, mag man mit Recht bezweifeln.[114] Der Gesetzgeber ist aufgerufen, die Norm entsprechend den geänderten wirtschaftlichen und sozialen Rahmenbedingungen anzupassen.[115] 30

Anders als § 5 Abs. 3 Nr. 1 BetrVG verlangt Abs. 2 S. 1 nur **alternativ** die Berechtigung des leitenden Ang zur selbstständigen Einstellung **oder** Entlassung von AN. Der leitende Ang muss rechtlich den AN einstellen oder entlassen können und dürfen, d.h. er muss die entsprechende Personalkompetenz im **Außen- und Innenverhältnis** haben.[116] Keine selbstständige Einstellungs- oder Entlassungsbefugnis besitzt der leitende Ang, dem sie nur intern, nicht aber im Außenverhältnis zusteht.[117] Dies gilt selbst dann, wenn er – wie bspw. ein Chefarzt – im Innenverhältnis verbindliche Vorschläge unterbreiten kann.[118] Interne RL oder Einstellungs- und Entlassungsauswahlrichtlinien i.S.v. § 95 BetrVG schränken hingegen eine selbstständige Einstellungs- oder Entlassungsbefugnis grds. nicht ein.[119] Ihr widerspricht es auch nicht, wenn der leitende Ang sich vor der Personalentscheidung mit dem zuständigen Fachvorgesetzten beraten muss, ihm aber das Letztentscheidungsrecht allein zusteht[120] oder er lediglich eine Zweitunterschrift einholen muss, die nur Kontrollzwecken dient.[121] Sie fehlt aber, wenn die Einstellungs- oder Entlassungsentscheidung von anderen Personen abhängig ist, d.h. wenn sich der AG die Genehmigung der Personalentscheidung vorbehält oder durch fortlaufende Einzelanweisungen maßgeblich auf die Entscheidungen Einfluss nimmt.[122] Wird die Einstellungs- oder Entlassungsentscheidung gemeinsam vom Leiter der Personalabteilung und dem Leiter der zuständigen Fachabteilung getroffen, sind beide Ang nicht leitend im Sinne der Norm.[123] 31

---

102 BAG 28.9.1961 – 2 AZR 428/60 – BAGE 11, 278, 283; APS/*Biebl*, § 14 KSchG Rn 19; ErfK/*Kiel*, § 14 Rn 15; *v. Hoyningen-Huene/Linck*, § 14 Rn 23.
103 *V. Hoyningen-Huene/Linck*, § 14 Rn 23.
104 *V. Hoyningen-Huene/Linck*, § 14 Rn 24; APS/*Biebl*, § 14 KSchG Rn 19;.
105 *V. Hoyningen-Huene/Linck*, § 14 Rn 24; ErfK/*Kiel*, § 14 KSchG Rn 17; zweifelnd BAG 27.9.2001 – AP § 14 KSchG 1969 Nr. 6.
106 LAG Niedersachsen 12.2.2008 – 13 Sa 626/07 – AE 2008, 208.
107 BAG 25.11.1993 – 2 AZR 517/93 – AP § 14 KSchG 1969 Nr. 3.
108 APS/*Biebl*, § 14 KSchG Rn 19; HaKo-KSchR/*Pfeiffer*, § 14 Rn 20; ErfK-*Kiel*, § 14 KSchG Rn 17; *v. Hoyningen-Huene/Linck*, § 14 Rn 24.
109 APS/*Biebl*, § 14 KSchG Rn 19; HaKo-KSchR/*Pfeiffer*, § 14 Rn 20; ErfK/*Kiel*, § 14 KSchG Rn 17; *v. Hoyningen-Huene/Linck*, § 14 Rn 24.
110 ErfK-*Kiel*, § 14 KSchG Rn 17; *v. Hoyningen-Huene/Linck*, § 14 Rn 24.
111 BAG 18.11.1999 – 2 AZR 903/98 – AP § 14 KSchG 1969 Nr. 5; differenzierter: *Diringer*, NZA 2003, 890, 892.
112 BAG 27.9.2001 – 2 AZR 176/00 – AP § 14 KSchG 1969 Nr. 6.
113 BAG 18.10.2000 – AP § 9 KSchG 1969 Nr. 39; 27.9.2001 – 2 AZR 176/00 – AP § 14 KSchG 1969 Nr. 6; *v. Hoyningen-Huene/Linck*, § 14 Rn 25; HWK/*Thies*, § 14 KSchG Rn 10; KR/*Rost*, § 14 KSchG Rn 27; *Stahlhacke/Preis/Vossen*, Rn 882; KDZ/*Kittner/Deinert*, § 14

KSchG Rn 21 a; *Löwisch/Spinner*, § 14 Rn 17; HaKo-KSchR/*Pfeiffer*, § 14 Rn 17; *Vogel*, NZA 2002, 313, 315.
114 *Hromadka*, in: FS für BAG, S. 369, 406.
115 *Rost*, in: FS für Wißmann, S. 61, 71.
116 BAG 8.12.1988 – 2 AZR 313/88 – n.v.; 18.11.1999 – 2 AZR 903/98 – AP § 14 KSchG 1969 Nr. 5; 27.9.2001 – 2 AZR 176/00 – AP § 14 KSchG 1969 Nr. 6; 10.10.2002 – AP § 1 KSchG 1969 Betriebsbedingte Kündigung Nr. 123; KR/*Rost*, § 14 KSchG Rn 30; APS/*Biebl*, § 14 KSchG Rn 20; KDZ/*Kittner/Deinert*, § 14 KSchG Rn 23.
117 BAG 18.11.1999 – 2 AZR 903/98 – AP § 14 KSchG 1969 Nr. 5.
118 BAG 18.11.1999 – 2 AZR 903/98 – AP § 14 KSchG 1969 Nr. 5.
119 BAG 27.9.2001 – 2 AZR 176/00 – AP § 14 KSchG 1969 Nr. 5; LAG Baden-Württemberg 13.2.1992 – LAGE § 14 KSchG Nr. 2; *v. Hoyningen-Huene/Linck*, § 14 Rn 28; ErfK/*Kiel*, § 14 KSchG Rn 12; HWK/*Thies*, § 14 KSchG Rn 10; *Rost*, in: FS für Wißmann, S. 61, 73.
120 *V. Hoyningen-Huene/Linck*, § 14 Rn 22; APS/*Biebl*, § 14 KSchG Rn 21; *Löwisch/Spinner*, § 14 Rn 21.
121 BAG 27.9.2001 – 2 AZR 176/00 – AP § 14 KSchG 1969 Nr. 6; *Hromadka*, BB 1990, 57, 59.
122 BAG 27.9.2001 – 2 AZR 176/00 – AP § 14 KSchG 1969 Nr. 6; ErfK/*Kiel*, § 14 KSchG Rn 12; APS/*Biebl*, § 14 KSchG Rn 21.
123 *Löwisch/Spinner*, § 14 Rn 21; ErfK/*Kiel*, § 14 KSchG Rn 13; *Stahlhacke/Preis/Vossen*, Rn 884; BAG 18.11.1999 – 2 AZR 903/98 – AP § 14 KSchG 1969 Nr. 5.

32 Die Einstellungs- oder Entlassungsberechtigung muss einen **wesentlichen Teil** der ausgeübten Tätigkeit des Ang ausmachen und dessen Arbverh prägen.[124] Eine vorübergehende oder vertretungsweise Wahrnehmung der Entscheidungsbefugnis erfüllt deshalb genauso wenig die Voraussetzung der Norm[125] wie eine über einen längeren Zeitraum nicht in Anspruch genommene – vertraglich aber mögliche – Personalkompetenz.[126] Nach Auff. des BAG könnte ansonsten der durch das KSchG vermittelte Bestandsschutz des Arbverh zur Disposition der Vertragsparteien gestellt werden.[127] Die Einstellungs- oder Entlassungsberechtigung muss sich zudem auf eine **bedeutsame** Anzahl der Beschäftigten erstrecken.[128] Sie muss zwar nicht gegenüber allen AN des Betriebes oder einer Betriebsabteilung bestehen. Ausreichend ist eine Personalkompetenz gegenüber einem qualitativ herausragenden Personenkreis.[129] Dabei kommt es nicht allein auf die Zahl der unterstellten AN an. Entscheidend ist, welche Bedeutung die Tätigkeit der Mitarbeiter, die dem Ang unterstellt sind, für den Betrieb haben.[130] Deshalb kann es ausreichend sein, wenn die Einstellungs- und Entlassungsbefugnis sich auf eine kleine, für das Unternehmen und seinen Erfolg wesentliche Gruppe bezieht (sog. Kaskadenmodell).[131] So kann der Leiter des Bereiches „Zentraler Kundendienst" leitender Ang i.S.d. Norm sein, weil er seine ihm unterstellten vier Mitarbeiter einstellen bzw. entlassen kann, die ihrerseits selbstständig wieder zur Einstellung- oder Entlassung – zahlreicher – AN berechtigt sind.

33 **b) Modifizierte Anwendung des allgemeinen Kündigungsschutzes des KSchG.** Nach Abs. 2 S. 1 finden die Vorschriften des allg. Künd-Schutzes des KSchG (§§ 1 bis 13) und die **allg. Grundsätze** des Künd-Rechts auf die leitenden Ang grds. Anwendung. Das KSchG etabliert keine umfassenden Sonderregelungen für die Künd von leitenden Ang.[132] Es gilt insb. auch das Sonder-Künd-Schutzrecht (bspw. §§ 85 SGB IX, 9 MuSchG).[133] Vor der Künd eines leitenden Ang nach Abs. 2 der Norm, der auch leitender Ang i.S.v. § 5 Abs. 3 BetrVG ist, ist der Sprecherausschuss der leitenden Ang zu beteiligen[134] (siehe auch § 31 SprAuG Rn 3 f.); erfüllt der leitende Ang im kündigungsschutzrechtlichen Sinn jedoch nicht die Voraussetzungen des § 5 Abs. 3 BetrVG, ist ggf. der BR anzuhören.[135]

34 Von der Geltung des allg. Künd-Schutzes nach dem KSchG macht das Gesetz zwei **Ausnahmen**. Zum einen findet nach Abs. 2 S. 1 a.E. die Regelung des § 3 keine Anwendung. Zum anderen sieht Abs. 2 S. 2 eine modifizierte Anwendung der Auflösungsmöglichkeiten nach § 9 Abs. 1 S. 2 vor. Daneben gilt für die „leitenden Ang" i.S.d. Norm auch die Abfindungsmöglichkeit und -regelung des § 1a.[136] Für die nicht unter Abs. 2 S. 1 fallenden „leitenden Ang" gilt hingegen der allg. Künd-Schutz uneingeschränkt.

35 **aa) Unanwendbarkeit von § 3.** Das Recht des AN, gegen eine Künd seines Arbverh beim BR nach § 3 Einspruch einzulegen, steht den leitenden Ang nach Abs. 2 S. 1 nicht zu. Diesem gesetzlichen Ausschlusstatbestand kommt nur eine ganz geringe praktische Bedeutung zu.[137] Der Einspruch hat weder eine aufschiebende Wirkung noch zieht er andere Rechtsfolgen nach sich. Zudem erfüllen leitende Ang im kündigungsschutzrechtlichen Sinn zumeist auch die Kriterien des § 5 Abs. 3 BetrVG, weshalb ein Einspruch beim BR schon deshalb nicht in Betracht kommt und vielmehr der Sprecherausschuss zur beabsichtigten Künd anzuhören ist, § 31 Abs. 2 SprAuG (siehe § 31 SprAuG Rn 1).

36 **bb) Modifizierungen beim Auflösungsantrag des Arbeitgebers.** Die für die Praxis wichtigere Rechtsfolge ergibt sich aus S. 2 der Norm. Danach bedarf der **Auflösungsantrag** des AG **keiner Begründung**. Der kündigungsrechtliche Bestandsschutz für die Arbverh leitender Ang i.S.v. Abs. 2 mutiert damit zum **Abfindungsschutz**. Mit dieser Beendigungserleichterung trägt der Gesetzgeber dem Vertrauensverhältnis zwischen AG und leitenden Ang Rechnung (siehe Rn 24). Ob der AG trotz sozialwidriger Künd noch das erforderliche Vertrauen für eine weitere Zusammenarbeit mit dem leitenden Ang besitzt, soll er nach Sinn und Zweck der Norm selbst bestimmen können.[138]

---

124 BAG 27.9.2001 – 2 AZR 176/00 – AP § 14 KSchG 1969 Nr. 6; 17.1.2002 – 2 AZR 719/00 – AP § 14 KSchG 1969 Nr. 8; 10.10.2002 – 2 AZR 598/01 – AP § 1 KSchG 1969 Betriebsbedingte Kündigung Nr. 123; KR/*Rost*, § 14 KSchG Rn 32; *Löwisch/Spinner*, § 14 Rn 20; ErfK/*Kiel*, § 14 Rn 13.

125 APS/*Biebl*, § 14 KSchG Rn 22; *Löwisch/Spinner*, § 14 Rn 20; ErfK/*Kiel*, § 14 KSchG Rn 13.

126 BAG 10.10.2002 – 2 AZR 598/01 – AP § 1 KSchG 1969 Betriebsbedingte Kündigung Nr. 123; KR/*Rost*, § 14 KSchG Rn 32.

127 BAG 10.10.2002 – 2 AZR 598/01 – AP § 1 KSchG 1969 Betriebsbedingte Kündigung Nr. 123; KR/*Rost*, § 14 KSchG Rn 32.

128 BAG 27.9.2001 – 2 AZR 176/00 – AP § 14 KSchG 1969 Nr. 6; 18.10.2000 – 2 AZR 465/99 – AP § 9 KSchG 1969 Nr. 39; 10.10.2002 – 2 AZR 598/01 – AP § 1 KSchG 1969 Betriebsbedingte Kündigung Nr. 123; *v. Hoyningen-Huene/Linck*, § 14 Rn 30; ErfK/*Kiel*, § 14 Rn 13.

129 *Martens*, Arbeitsrecht der leitenden Angestellten, S. 202; BAG 27.9.2001 – 2 AZR 176/00 – AP § 14 KSchG 1969 Nr. 6.

130 BAG 27.9.2001 – 2 AZR 176/00 – AP § 14 KSchG 1969 Nr. 6; *Kaiser*, AR-Blattei SD 70.2, 59.

131 BAG 27.9.2001 – 2 AZR 176/00 – AP § 14 KSchG 1969 Nr. 6.

132 Zum allg. Künd-Schutz leitender Ang: KR/*Rost*, § 14 KSchG Rn 42 ff.; *Rumler*, Kündigungsschutz, S. 63 ff.; *Becker*, ZIP 1981, 1168, 1171.

133 ErfK/*Kiel*, § 14 KSchG Rn 18; KDZ/*Kittner/Deinert*, § 14 KSchG Rn 28; *Becker*, ZIP 1981, 1168, 1175.

134 *Hromadka*, Sprecherausschussgesetz, § 31 Rn 16 ff.

135 *Becker*, ZIP 1981, 1168.

136 KR/*Rost*, § 14 KSchG Rn 41a.

137 KR/*Rost*, § 3 KSchG Rn 7 und § 14 Rn 36; *Rost*, in: FS für Wißmann, S. 61, 74 m.w.H.; a.A. *Fischer*, NZA 1995, 1131.

138 *Löwisch/Spinner*, § 14 Rn 26; *v. Hoyningen-Huene/Linck*, § 14 Rn 34; HaKo-KSchR/*Pfeiffer*, § 14 Rn 27.

Die Möglichkeit, das Arbverh eines leitenden Ang ohne Begründung auflösen zu können, verstößt nicht gegen Art. 3 Abs. 1 GG,[139] da eine Differenzierung zwischen „normalen" AN und leitenden Ang mit besonderer Personalbefugnis aus sachlichen Gründen gerechtfertigt ist.[140]

37 Der AG kann das Arbverh eines leitenden Ang im kündigungsschutzrechtlichen Sinn durch Stellen eines Auflösungsantrags auch dann beenden, wenn er keine sozial gerechtfertigte Künd i.S.d. § 1 Abs. 2 ausgesprochen hat. Er braucht insb. keine Tatsachen zur Störung des Vertrauensverhältnisses vorzutragen. Sein Auflösungsantrag ist nur dann ausgeschlossen, wenn die Künd (auch) aus anderen Gründen unwirksam ist.[141] Der AG kann eine Auflösung des Arbverh nach § 9 Abs. 1 S. 2 nur verlangen, wenn die Künd allein sozialwidrig ist. Ist sie bereits aus anderen Gründen rechtsunwirksam – bspw. wegen einer fehlenden Anhörung des Sprecherausschusses nach § 31 Abs. 2 SprAuG –, kann der AG den Auflösungsantrag nicht stellen.[142] Die ausnahmsweise vom Gesetz gebilligte erleichterte Auflösungsmöglichkeit des Arbverh auf Antrag des AG trotz Sozialwidrigkeit der Künd kann nicht auf alle anderen Gründe einer unwirksamen Künd ausgedehnt werden.[143]

38 Spricht der AG eine Änderungs-Künd aus und hat der Ang das Änderungsangebot nicht unter Vorbehalt angenommen, so hat die Änderungs-Künd die Wirkung einer Beendigungs-Künd. In diesem Fall kann der AG, wenn die Änderungs-Künd sozial ungerechtfertigt ist, einen Auflösungsantrag ohne Begründung stellen.[144] Hat der AN das Änderungsangebot hingegen unter Vorbehalt nach § 2 angenommen, kommt eine erleichterte Auflösung des Arbverh auf Antrag des AG nicht in Betracht.[145] Dem AG ist es auch verwehrt, einen – erleichterten – Auflösungsantrag zu stellen, wenn er eine außerordentliche Künd erklärt hat; eine Auflösungsmöglichkeit sieht § 13 in diesen Fällen gerade nicht vor.[146] Die gesetzliche Regelung schafft auch keine Erleichterungen für den vom leitenden Ang gestellten Auflösungsantrag. Dieser bedarf – wie bei einem normalen AN – der Begründung.[147]

39 Der AG muss bei Auflösung des Arbverh dem leitenden Ang eine vom Gericht festzusetzende angemessene Abfindung zahlen (§ 9 Abs. 1 S. 2 i.V.m. Abs. 1 S. 1). Die **Höhe der Abfindung** richtet sich nach § 10. Bei der Bemessung der Abfindungshöhe sind alle einschlägigen Umstände zu beachten.[148] Neben der Dauer der Betriebszugehörigkeit und der sozialen Situation des Ang sind bei der Bemessung der Abfindungshöhe im Allg. die Umstände der Beendigung des Arbverh, insb. das Maß der Sozialwidrigkeit der Künd, zu berücksichtigen,[149] da die Abfindung aus Präventionsüberlegungen auch die Sozialwidrigkeit einer Künd sanktionieren soll. Abs. 2 verändert die Regelungen zur Abfindungshöhe nicht. Hat der AG keinen Auflösungsgrund oder begründet er seinen Auflösungsantrag nicht, wird das ArbG diesen Umstand regelmäßig bei der Bemessung der Abfindungshöhe berücksichtigen. Abs. 2 S. 2 modifiziert nur das Ob, nicht hingegen das Wie – den „Preis" – der Auflösung.[150] Hat der AG keinen Auflösungsgrund oder verzichtet er auf eine Begründung seines Auflösungsantrags, kann das Arbeitsgericht ein mögliches „Auflösungsverschulden" des AN nicht berücksichtigen. Es wird deshalb in der Praxis regelmäßig den Höchstbetrag der Abfindung in Ansatz bringen.[151] Damit wird der geringere Bestandsschutz für diese Personengruppe kompensiert.[152]

40 **3. Verbindung zum Prozessrecht.** Anders als Streitigkeiten über die Beendigung der Vertragsverhältnisse mit Organvertretern sind Künd-Schutzprozesse leitender Ang vor den Gerichten für Arbeitssachen nach § 2 Abs. 1 Nr. 3 ArbGG auszutragen. Für die Künd-Schutzklage eines leitenden Ang gelten die allgemeinen Voraussetzungen.[153] Besonderheiten bestehen nach Abs. 2 nur hinsichtlich der erleichterten Auflösbarkeit im Falle einer ausschließlich sozialwidrigen Künd.

Der AG trägt die Darlegungs- und Beweislast für die Tatsachen, aus denen sich ergeben soll, dass der Ang leitender Ang ist. Der AG beruft sich unter Bezugnahme auf Abs. 2 S. 1 insoweit auf einen gesetzlichen Ausnahmetatbestand.

---

139 *Wagener*, BB 1975, 1401.
140 HaKo-KSchR/*Pfeiffer*, § 14 Rn 27; *Schipp*, Die Stellung des leitenden Angestellten im Kündigungsschutzprozess, S. 100; *Rumler*, Kündigungsschutz, S. 102; s.a. *Hromadka*, in: FS für BAG, S. 395, 407.
141 BAG 25.11.1992 – 2 AZR 517/93 – AP § 14 KSchG 1969 Nr. 3; 27.9.2001 – 2 AZR 176/00 – AP § 14 KSchG 1969 Nr. 6.
142 BAG 9.10.1979 – 6 AZR 1059/77 – BAGE 32, 122, 124; 19.8.1982 – 2 AZR 230/80 – BAGE 40, 56, 64; *Schipp*, Die Stellung des leitenden Angestellten im Kündigungsschutzprozess, S. 189.
143 BAG 17.11.1983 – 6 AZR 291/83 – juris.
144 BAG 27.9.2001 – 2 AZR 176/00 – AP § 14 KSchG 1969 Nr. 6; *Löwisch/Spinner*, § 14 Rn 27.
145 KR/*Rost*, § 14 KSchG Rn 39a; a.A. *Bauer/Krets*, DB 2002, 1937, 1939; *Schipp*, Die Stellung des leitenden Angestellten im Kündigungsschutzprozess, S. 196.
146 KPK/*Bengelsdorf*, § 14 KSchG Rn 55a; *Becker*, ZIP 1981, 1168; 1171.
147 APS/*Biebl*, § 14 KSchG Rn 31.
148 Vgl. Anm. zu § 10 Rn 22.
149 S. Anm. zu § 9; sowie: KR/*Rost*, § 14 KSchG Rn 41; *Vogel*, NZA 2002, 313, 316.
150 LAG Hamm 14.12.2000 – 8 Sa 1234/00 – LAGE § 9 KSchG Nr. 35; *Rumler*, Kündigungsschutz, S. 103.
151 APS/*Biebl*, § 14 KSchG Rn 30; *v. Hoyningen-Huene/Linck*, § 14 Rn 36; KR/*Rost*, § 14 KSchG Rn 41; a.A. *Kaiser*, AR-Blattei SD 70.2 Rn 95; *Rumler*, Kündigungsschutz, S. 102 ff; LAG Köln 20.6.2008 – 4 Sa 242/08 – juris.
152 APS/*Biebl*, § 14 Rn 30; KR-*Rost*, § 14 KSchG Rn 41.
153 *Rumler*, Kündigungsschutz, S. 99.

41 Die Rspr. stellt an die Begründung eines – normalen – Auflösungsantrags des AG strenge Anforderungen.[154] Von dieser Darlegungslast befreit das Gesetz den AG, wenn er die Auflösung des Arbverh eines leitenden Ang i.S.v. Abs. 2 S. 1 begehrt. In diesem Fall muss der AG keine Auflösungstatsachen i.S.v. § 9 Abs. 1 S. 2 darlegen.[155] Das Gericht prüft nicht, ob der AG Gründe für seinen Auflösungsantrag hat. Das Arbverh des leitenden Ang wird auf Antrag des AG selbst dann aufgelöst, wenn noch nicht einmal in Ansätzen Gründe für eine Störung des Vertrauensverhältnisses zu erkennen sind.

42 Will der leitende Ang einen möglichen Auflösungsantrag abwehren, so muss er ggf. Tatsachen dafür darlegen, dass die Künd auch aus anderen Gründen unwirksam ist.

43 **4. Beraterhinweise.** Im Künd-Fall ist vorab zu klären, ob der Ang die Kriterien eines leitenden Ang i.S.v. § 5 Abs. 3 BetrVG erfüllt und deshalb nicht der BR angehört, sondern der Sprecherausschuss beteiligt werden muss. Zu beachten bleibt, dass der Ang ein leitender Ang im kündigungsschutzrechtlichen Sinne sein kann, gleichwohl aber nicht die Voraussetzungen des § 5 Abs. 3 BetrVG erfüllt. Im Zweifel wird es sich deshalb empfehlen, den BR vorsorglich zu einer Künd des Ang nach § 102 BetrVG anzuhören.

44 Es gilt zu beachten, dass dem leitenden Ang die Einstellungs- oder Entlassungsberechtigung nicht nur vertraglich übertragen ist, sondern sie von ihm auch ausgeübt wird, d.h., er muss von ihr auch in regelmäßigen Abständen Gebrauch machen. Dem AG ist deshalb zu Beweiszwecken zu empfehlen, die vom leitenden Ang getätigten Einstellungen oder Entlassungen, insb. durch Vorlage entsprechender Arbeits- oder Aufhebungsverträge, Künd etc. zu dokumentieren.[156]

45 Zwar befreit Abs. 2 S. 2 den AG von der Darlegungs- und Beweislast für einen möglichen Auflösungsgrund. Der AG sollte gleichwohl ausführlich mögliche Auflösungstatsachen vortragen. Zum einen erweist sich im Künd-Schutzprozess oft, dass der vermeintliche leitende Ang die Kriterien des Abs. 2 S. 1 nicht erfüllt. Zum anderen kann die Künd des leitenden Ang auch sozial gerechtfertigt sein; dann braucht der AG überhaupt keine Abfindung zu zahlen. Schließlich spricht für einen entsprechenden Sachvortrag auch, dass der Grad der Sozialwidrigkeit bei der Bemessung der Abfindung Berücksichtigung findet. Ohne einen Vortrag zur Sozialwidrigkeit läuft der AG Gefahr, dass das ArbG eine Abfindung im oberen Bereich in Ansatz bringt bzw. die Höchstsumme festsetzt (vgl. Rn 39).

46 Das Gesetz erleichtert die Auflösung des Arbverh eines leitenden Ang nur bei einer ordentlichen Künd. Bei einer außerordentlichen Künd nach § 626 BGB ist ein Auflösungsantrag des AG ausgeschlossen. Dementsprechend kann es sinnvoll sein, das Arbverh eines leitenden Ang zumindest auch hilfsweise ordentlich zu kündigen. Kann der Ang nur noch außerordentlich gekündigt werden, entfällt eine Auflösungsmöglichkeit des AG.[157] Darauf ist bei der Gestaltung des Arbeitsvertrages und einer möglichen Inbezugnahme von tarifvertraglichen Regelungen (bspw. des TVöD/TV-L) Bedacht zu nehmen.

47 Ein vom AG gestellter Auflösungsantrag hat für ihn weiter den Vorteil, dass er nicht zur Weiterbeschäftigung des leitenden Ang bis zum Ablauf des Künd-Schutzprozesses verpflichtet ist.[158]

48 Hinsichtlich eines Musters eines Auflösungsantrags für ein Arbverh eines leitenden Ang kann auf die Ausführungen von *Hümmerich*[159] Bezug genommen werden.

Zweiter Abschnitt: Kündigungsschutz im Rahmen der Betriebsverfassung und Personalvertretung

§ 15 Unzulässigkeit der Kündigung

(1) ¹Die Kündigung eines Mitglieds eines Betriebsrats, einer Jugend- und Auszubildendenvertretung, einer Bordvertretung oder eines Seebetriebsrats ist unzulässig, es sei denn, daß Tatsachen vorliegen, die den Arbeitgeber zur Kündigung aus wichtigem Grund ohne Einhaltung einer Kündigungsfrist berechtigen, und daß die nach § 103 des Betriebsverfassungsgesetzes erforderliche Zustimmung vorliegt oder durch gerichtliche Entscheidung ersetzt ist. ²Nach Beendigung der Amtszeit ist die Kündigung eines Mitglieds eines Betriebsrats, ei-

---

154 S. Anm. zu § 9 KSchG und insb. BAG 7.3.2002 – 2 AZR 158/01 – AP § 9 KSchG 1969 Nr. 42; 10.10.2002 – 2 AZR 598/01 – AP § 9 KSchG Nr. 46.
155 KR/*Rost*, § 14 KSchG Rn 38; *Vogel*, NZA 2002, 313, 316; *Becker*, ZIP 1981, 1168, 1171.
156 *Kossens*, ArbRB 2005, 118, 120; s.a. LAG Niedersachsen 12.2.2008 – 13 Sa 626/07 – AE 2008, 208.
157 *Vogel*, NZA 2003, 313, 316.
158 BAG 16.11.1995 – AP Einigungsvertrag Anlage I Kap. XXI Nr. 54; HWK/*Thies*, § 14 KSchG Rn 12; ErfK/*Kiel*, § 14 KSchG Rn 19.
159 *Hümmerich*, Arbeitsrecht, § 6 Rn 440.

ner Jugend- und Auszubildendenvertretung oder eines Seebetriebsrats innerhalb eines Jahres, die Kündigung eines Mitglieds einer Bordvertretung innerhalb von sechs Monaten, jeweils vom Zeitpunkt der Beendigung der Amtszeit an gerechnet, unzulässig, es sei denn, daß Tatsachen vorliegen, die den Arbeitgeber zur Kündigung aus wichtigem Grund ohne Einhaltung einer Kündigungsfrist berechtigen; dies gilt nicht, wenn die Beendigung der Mitgliedschaft auf einer gerichtlichen Entscheidung beruht.

(2) ¹Die Kündigung eines Mitglieds einer Personalvertretung, einer Jugend- und Auszubildendenvertretung oder einer Jugendvertretung ist unzulässig, es sei denn, daß Tatsachen vorliegen, die den Arbeitgeber zur Kündigung aus wichtigem Grund ohne Einhaltung einer Kündigungsfrist berechtigen, und daß die nach dem Personalvertretungsrecht erforderliche Zustimmung vorliegt oder durch gerichtliche Entscheidung ersetzt ist. ²Nach Beendigung der Amtszeit der in Satz 1 genannten Personen ist ihre Kündigung innerhalb eines Jahres, vom Zeitpunkt der Beendigung der Amtszeit an gerechnet, unzulässig, es sei denn, daß Tatsachen vorliegen, die den Arbeitgeber zur Kündigung aus wichtigem Grund ohne Einhaltung einer Kündigungsfrist berechtigen; dies gilt nicht, wenn die Beendigung der Mitgliedschaft auf einer gerichtlichen Entscheidung beruht.

(3) ¹Die Kündigung eines Mitglieds eines Wahlvorstands ist vom Zeitpunkt seiner Bestellung an, die Kündigung eines Wahlbewerbers vom Zeitpunkt der Aufstellung des Wahlvorschlags an, jeweils bis zur Bekanntgabe des Wahlergebnisses unzulässig, es sei denn, daß Tatsachen vorliegen, die den Arbeitgeber zur Kündigung aus wichtigem Grund ohne Einhaltung einer Kündigungsfrist berechtigen, und daß die nach § 103 des Betriebsverfassungsgesetzes oder nach dem Personalvertretungsrecht erforderliche Zustimmung vorliegt oder durch eine gerichtliche Entscheidung ersetzt ist. ²Innerhalb von sechs Monaten nach Bekanntgabe des Wahlergebnisses ist die Kündigung unzulässig, es sei denn, daß Tatsachen vorliegen, die den Arbeitgeber zur Kündigung aus wichtigem Grund ohne Einhaltung einer Kündigungsfrist berechtigen; dies gilt nicht für Mitglieder des Wahlvorstands, wenn dieser durch gerichtliche Entscheidung durch einen anderen Wahlvorstand ersetzt worden ist.

(3a) ¹Die Kündigung eines Arbeitnehmers, der zu einer Betriebs-, Wahl- oder Bordversammlung nach § 17 Abs. 3, § 17a Nr. 3 Satz 2, § 115 Abs. 2 Nr. 8 Satz 1 des Betriebsverfassungsgesetzes einlädt oder die Bestellung eines Wahlvorstands nach § 16 Abs. 2 Satz 1, § 17 Abs. 4, § 17a Nr. 4, § 63 Abs. 3, § 115 Abs. 2 Nr. 8 Satz 2 oder § 116 Abs. 2 Nr. 7 Satz 5 des Betriebsverfassungsgesetzes beantragt, ist vom Zeitpunkt der Einladung oder Antragstellung an bis zur Bekanntgabe des Wahlergebnisses unzulässig, es sei denn, dass Tatsachen vorliegen, die den Arbeitgeber zur Kündigung aus wichtigem Grund ohne Einhaltung einer Kündigungsfrist berechtigen; der Kündigungsschutz gilt für die ersten drei in der Einladung oder Antragstellung aufgeführten Arbeitnehmer. ²Wird ein Betriebsrat, eine Jugend- und Auszubildendenvertretung, eine Bordvertretung oder ein Seebetriebsrat nicht gewählt, besteht der Kündigungsschutz nach Satz 1 vom Zeitpunkt der Einladung oder Antragstellung an drei Monate.

(4) Wird der Betrieb stillgelegt, so ist die Kündigung der in den Absätzen 1 bis 3 genannten Personen frühestens zum Zeitpunkt der Stillegung zulässig, es sei denn, daß ihre Kündigung zu einem früheren Zeitpunkt durch zwingende betriebliche Erfordernisse bedingt ist.

(5) ¹Wird eine der in den Absätzen 1 bis 3 genannten Personen in einer Betriebsabteilung beschäftigt, die stillgelegt wird, so ist sie in eine andere Betriebsabteilung zu übernehmen. ²Ist dies aus betrieblichen Gründen nicht möglich, so findet auf ihre Kündigung die Vorschrift des Absatzes 4 über die Kündigung bei Stillegung des Betriebs sinngemäß Anwendung.

Literatur: *Annuß*, Kündigung widersprechender Betriebsratsmitglieder bei Betriebs(teil)übergang, DB 1999, 798; *Auktor*, Die individuelle Rechtsstellung der Betriebsratsmitglieder bei Wahrnehmung eines Restmandats, NZA 2003, 950; *Breschendorf*, Freikündigungsobliegenheit zur Durchsetzung von Sonderkündigungsschutzrechten, BB 2007, 661; *Bröhl*, Die außerordentliche Kündigung mit notwendiger Auslauffrist, 2005; *Diller*, Der Wahnsinn hat Methode (Teil II), NZA 2004, 579; *Fischer*, Kündigungsschutzrechtlicher Verdrängungswettbewerb – Betriebsratsmitglieder gegen Schwerbehinderte und vice versa, DB 2004, 2752; *Gerauer*, Kündigung eines Betriebsratsmitglieds wegen Widerspruchs gegen den Übergang seines Arbeitsverhältnisses bei Veräußerung einer Betriebsabteilung, BB 1990, 1127; *Hillbrandt*, Neue Entwicklungen beim Kündigungsschutz von Mandatsträgern, NZA 1998, 1258; *Houben*, Weiterbeschäftigungspflicht auf höherwertigen Arbeitsplätzen – ein Tabubruch im Kündigungsrecht?, NZA 2008, 851; *Leuchten*, Freikündigungspflicht zur Weiterbeschäftigung, NZA 2007, 585; *Löwisch*, Der Kündigungsschutz allein gebliebener Initiatoren zur Betriebsratswahl, DB 2002, 1503; *Matthes*, Probleme des Kündigungsschutzes von Betriebsratsmitgliedern, DB 1980, 1165; *McHardy*, Das Recht der Illegalen, RdA 1994, 93; *Nägele/Nestel*, Besonderer Kündigungsschutz bei erstmaliger Wahl eines Betriebsrats, BB 2002, 354; *Schleusener*, Die Freikündigung eines Arbeitsplatzes zugunsten eines Betriebsratsmitglieds bei Stillegung eines Betriebsteils, DB 1998, 2368; *Stahlhacke*, Außerordentliche betriebsbedingte Änderungskündigung von Betriebsratsmitgliedern in: FS Hanau, 1999, 281; *Süllwold*, Kündigungsschutz eines Ersatzmitglieds, ZBVR 2004, 46; *Uhmann*, Kündigungsschutz von Ersatzmitgliedern des Betriebsrats, NZA 2000, 576; *Weber/Lohr*, Der Sonderkündigungsschutz von Betriebsratsmitgliedern, BB 1999, 2350

A. Allgemeines	1	b)	Stilllegung	61
I. Zweck der Vorschrift	1	c)	Übernahme in eine andere Abteilung	62
II. Überblick über den Inhalt der Regelung	4	d)	Freikündigung	64
III. Zwingende Wirkung	7	e)	Beteiligung des Betriebsrats bzw. des Personalsrats	69
IV. Verhältnis zu anderen Vorschriften	8	f)	Kündigungstermin	70
B. Regelungsgehalt	13	g)	Widerspruch nach § 613a Abs. 6 BGB	71
I. Geltungsbereich	13	4.	Abschließende Regelung	72
1. Kündigungsarten	13	III.	Außerordentlich fristlose Kündigung	73
2. Betrieb, Verwaltung	19	1.	Allgemeines	73
3. Geschützter Personenkreis	21	2.	Wichtiger Grund	74
a) Abs. 1	22		a) Prüfungsmaßstab	75
b) Abs. 2	23		b) Verhaltensbedingte Gründe	78
c) Abs. 3	24		c) Verletzung von Amtspflichten	80
d) Abs. 3a	25		d) Verletzung von Amtspflichten und Verhaltenspflichten	81
e) Andere Gesetze	26		e) Personenbedingte Gründe	82
f) Ersatzmitglieder	30		f) Betriebsbedingte Gründe	83
g) Kein Sonderkündigungsschutz	31	IV.	Außerordentliche Kündigung mit notwendiger Auslauffrist	84
4. Beginn und Ende des vollen Schutzes	32	1.	Grundlagen	84
a) Wahlinitiatoren	32	2.	Verhaltensbedingte Gründe	85
b) Wahlvorstand und Wahlbewerber	33	3.	Personenbedingte Gründe	86
c) Vollschutz während der Amtszeit (Abs. 1 S. 1 und Abs. 2 S. 1)	35	4.	Betriebsbedingte Gründe	87
d) Ersatzmitglieder	36	V.	§ 626 Abs. 2 BGB	89
5. Nachwirkender Kündigungsschutz	38	**C. Verbindung zu anderen Rechtsgebieten und zum Prozessrecht**		92
II. Zulässigkeit der ordentlichen Kündigung	42	I.	Prozessuale Fragen	92
1. Ausschluss	42	1.	Klagefrist	92
2. Kündigung bei Betriebsstilllegung (Abs. 4)	44		a) Ordentliche Arbeitgeberkündigung	93
a) Stilllegung des Betriebs	45		b) Außerordentliche Kündigung ohne Zustimmung	94
b) Entschluss zur Stilllegung	46		c) Außerordentliche Kündigung nach erteilter bzw. ersetzter Zustimmung	95
c) Abgrenzung zum Betriebsübergang	48	2.	Zustimmungs- und Zustimmungsersetzungsverfahren	96
d) Verlegung des Betriebs	49	3.	Darlegungs- und Beweislast	98
e) Gemeinsamer Betrieb	50	II.	Weitere Fragen	99
f) Personalverfassung	51	1.	Amtsausübung	99
g) Weiterbeschäftigung in einem anderen Betrieb	52	2.	Annahmeverzug	101
h) BR-Anhörung, PR-Beteiligung	53	3.	Schadensersatz	102
i) Ausspruch der Kündigung	54	**D. Beraterhinweise**		103
j) Kündigungsfrist, Kündigungstermin	55			
k) Entlassung vor der Stilllegung	56			
l) Prozessuale Fragen	58			
3. Kündigung bei Stilllegung einer Betriebsabteilung (Abs. 5)	59			
a) Betriebsabteilung	60			

A. Allgemeines

I. Zweck der Vorschrift

1 Schon das KSchG vom 10.8.1951[1] enthielt einen besonderen **Künd-Schutz für BR-Mitglieder**. Der Gesetzgeber trug damit dem Umstand Rechnung, dass zwischen dem AG und AN, die im Rahmen der Betriebsverfassung oder Personalvertretung bestimmte Aufgaben wahrnehmen, **Interessenkonflikte** auftreten können, die einen besonderen **Schutz vor unberechtigten Künd** erfordern.[2] Es soll einerseits vermieden werden, dass der AG aus Kontroversen im Rahmen der Betriebsverfassung bzw. Personalvertretung durch eine nur vordergründig auf verhaltensbedingte, personenbedingte oder betriebsbedingte Gründe gestützte Künd reagiert. Andererseits sollen die AN mit besonderen Aufgaben im Rahmen der Betriebsverfassung und der Personalvertretung die Möglichkeit erhalten, derartige Konflikte mit dem AG ohne die Angst um ihren Arbeitsplatz auszutragen.[3] Der besondere Künd-Schutz für BR-Mitglieder ist vom Gesetzgeber später auf zahlreiche Gruppen von anderen AN mit Aufgaben im Rahmen der Betriebsverfassung und der Personalvertretung ausgedehnt worden, weil Interessenkonflikte mit dem AG, die diesen zur Künd des betreffenden AN veranlassen können, regelmäßig nicht nur bei BR- oder PR-Mitgliedern auftreten. Inzwischen hat sich ein geschlossenes System von Vorschriften herausgebildet, das die **wesentlichen Gruppen von AN** schützt, deren **besondere Aufgaben im Rahmen der Betriebsverfassung oder Personalvertretung** sie in einen Interessengegensatz zum AG bringen. Durch das Betriebsverfassungs-Reformgesetz vom 23.7.2001[4] hat der Gesetzgeber die-

---

1 BGBl I S. 499.
2 Amtl. Begr. RdA 1951, 65; KR/*Etzel*, § 15 KSchG Rn 4.
3 BAG 29.1.1981 – 2 AZR 778/78 – AP § 15 KSchG 1969 Nr. 10; KR/*Etzel*, § 15 KSchG Rn 9.
4 BGBl I S. 1852.

sen Schutz auch auf die AN ausgedehnt, die eine BR-Wahl initiieren. Die entsprechende Vorschrift des Abs. 3a soll vermeiden, dass der AG durch die Künd der AN, die eine BR-Wahl initiieren, zu verhindern versucht, dass es überhaupt zur Bildung eines BR kommt.[5]

Der im Wesentlichen in § 15, § 103 BetrVG und §§ 47 Abs. 1, 108 BPersVG geregelte besondere Künd-Schutz im Rahmen der Betriebsverfassung und Personalvertretung besteht **während der Amtszeit** in einem weitgehenden **Ausschluss der ordentlichen Künd** der betreffenden AN, dem Erfordernis der **Zustimmung des BR bzw. PR** zu deren Künd und erforderlichenfalls der **Ersetzung** dieser Zustimmung durch die Gerichte. Dieser auf die Amtszeit bezogene Sonder-Künd-Schutz wird durch eine entsprechende **Vorwirkung** und **Nachwirkung** verstärkt. Da schon die Einladung zu einer Wahl den einladenden AN in einen Interessengegensatz zum AG bringen kann, wird der Schutz vor Beginn der Amtszeit des betreffenden Organs in Abs. 3a – allerdings ohne Zustimmungsbedürftigkeit der Künd – teilweise schon auf den Zeitpunkt vorverlegt, in dem die AN in Richtung auf die Wahl eines entsprechenden Organs initiativ werden. Darüber hinaus erstreckt der Gesetzgeber den Sonder-Künd-Schutz auch auf einen Nachwirkungszeitraum. Dies gewährt dem AN, der sich im Rahmen der Betriebsverfassung oder Personalvertretung engagiert hat, eine gewisse **„Abkühlungsphase"**.[6] Dadurch wird verhindert, dass aufgetretene Kontroversen mit dem AG zu einer Künd unmittelbar nach Ablauf der Amtszeit führen. Anderseits soll der nachwirkende Künd-Schutz es den ehemaligen Amtsträgern ermöglichen, ohne Sorge um ihren Arbeitsplatz wieder den **beruflichen Anschluss** zu erlangen.[7]

Der Zweck des Sonder-Künd-Schutzes erschöpft sich aber nicht in dem Schutz des Amtsträgers und seiner Amtsführung. Durch die Erschwerung der AG-Künd soll gleichzeitig sichergestellt werden, dass die AN-Vertretung als solche während der gesamten Wahlperiode in ihrer **personellen Zusammensetzung** möglichst **unverändert** erhalten bleibt.[8] Wenn während der Amtszeit nach § 103 BetrVG eine außerordentliche Künd des Amtsinhabers nur mit Zustimmung des BR oder PR bzw. deren Ersetzung möglich ist, so vermeidet der Gesetzgeber damit, dass der AG versucht, durch unberechtigte Künd, die den betreffenden AN erst einmal aus dem Betrieb entfernen, auf die Zusammensetzung des betriebsverfassungsrechtlichen oder personalvertretungsrechtlichen Organs Einfluss zu nehmen.[9]

II. Überblick über den Inhalt der Regelung

Kernstück des Sonder-Künd-Schutzes ist der in Abs. 1, 2 und 3 normierte **Ausschluss** der **ordentlichen Künd**. Dieser gilt für personenbedingte und verhaltensbedingte Künd-Gründe ausnahmslos. Bei betriebsbedingten Künd-Gründen trägt der Gesetzgeber der durch Art. 12 Abs. 1 GG geschützten Unternehmerfreiheit Rechnung und regelt Fälle, in denen der Sonder-Künd-Schutz zu einer verfassungswidrigen Pflicht zur Aufrechterhaltung eines sinnentleerten Arbverh führen würde. Deshalb lässt Abs. 4 die ordentliche Künd bei **Betriebsstilllegung** unter den dort geregelten Voraussetzungen zu. Gleiches gilt nach Abs. 5 für die **Stilllegung** einer **Betriebsabteilung**, wenn die Weiterbeschäftigung des Betreffenden auch im Restbetrieb unmöglich ist. Die gesetzliche Konzeption (absoluter Schutz bei personen- und verhaltensbedingten Künd-Gründen, eingeschränkter Schutz bei betriebsbedingten Gründen) ist auch bei der Abgrenzung zu beachten, welche Künd-Gründe ausnahmsweise eine außerordentliche Künd mit notwendiger Auslauffrist rechtfertigen können. In Betracht kommen hier regelmäßig nur betriebsbedingte Künd-Gründe.[10]

Ergänzt wird dieser Schutz durch das Erfordernis der **Zustimmung** des **Betriebs- bzw. Personalrats** bei außerordentlichen Künd **während der Amtszeit** bestimmter Funktionsträger in Abs. 1, 2 und 3. Im Interesse der unbeeinflussten Amtsführung und der Kontinuität des entsprechenden Organs der Betriebsverfassung oder Personalvertretung verstärkt dieser Schutz die kündigungsrechtliche Stellung des Amtsinhabers. Das **Begünstigungsverbot** (§ 78 S. 2 BetrVG) kann dem weder allg. noch im Einzelfall entgegengehalten werden. § 15 stellt eine Spezialregelung gegenüber § 78 S. 2 BetrVG dar, die eine derartige Begünstigung zum Ziel hat, um den Gesetzeszweck des § 15 zu erfüllen.[11] Die AG-Künd ist durch § 15 insg. erheblich erschwert und auf Ausnahmefälle begrenzt. Anderseits ist aber zu berücksichtigen, dass der BR, der trotz des erkennbaren Vorliegens eines nach § 15 ausreichenden Künd-Grundes seine Zustimmung zur Künd verweigert, eine Verletzung seiner Amtspflichten begeht.[12]

Während des **Vor- und Nachwirkungszeitraums** ist der Sonder-Künd-Schutz regelmäßig eingeschränkt und eine Zustimmung des entsprechenden Organs zur Künd bzw. deren Ersetzung nicht erforderlich. Es spricht deshalb alles dafür, dass es sich um ein Redaktionsversehen des Gesetzgebers handelt, wenn dieser in Abs. 3a bei den Initiatoren einer BR-Wahl die Möglichkeit zur ordentlichen Künd bei Betriebsstilllegung und Stilllegung einer Betriebsabteilung nicht erwähnt hat.[13]

---

5 *Nägele/Nestel*, BB 2002, 354.
6 KR/*Etzel*, § 15 KSchG Rn 9; HaKo-KSchR/*Fiebig*, § 15 KSchG Rn 3.
7 BT-Drucks VI/1786, S. 60; KR/*Etzel*, § 15 KSchG Rn 9.
8 BAG 24.4.1969 – 2 AZR 319/68 – AP § 13 KSchG Nr. 18.
9 BAG 14.2.1982 – 2 AZR 568/80 – AP § 1 KSchG 1969 Konzern Nr. 1; KR/*Etzel*, § 15 KSchG Rn 10.
10 BAG 17.1.2008 – 2 AZR 821/06; KR/*Fischermeier*, § 626 BGB Rn 133, 302; *Bröhl*, S. 46, 80.
11 BAG 7.10.2004 – 2 AZR 81/04 – AP § 15 KSchG 1969 Nr. 56.
12 BAG 7.10.2004 – 2 AZR 81/04 – AP § 15 KSchG 1969 Nr. 56.
13 BAG 4.11.2004 – 2 AZR 96/04 – AP § 15 KSchG 1969 Nr. 57; KR/*Etzel*, § 15 KSchG Rn 145.

III. Zwingende Wirkung

7 Aus dem Schutzzweck folgt die zwingende Wirkung der Norm. Eine Künd, die gegen § 15 verstößt, ist nach § 134 BGB nichtig.[14] Da v.a. das betriebsverfassungsrechtliche bzw. personalvertretungsrechtliche Organ geschützt wird, ist der einzelne Amtsträger auch nicht berechtigt, vor Ausspruch einer Künd auf den besonderen Künd-Schutz zu verzichten oder eine **Verschlechterung** des **Sonder-Künd-Schutzes** einzelvertraglich zu vereinbaren.[15] Die Vereinbarung von **Verbesserungen** des Sonder-Künd-Schutzes (z.B. Zustimmung des Organs bzw. deren Ersetzung bei ordentlichen Künd nach Abs. 4 und 5) ist grds. möglich. Sie darf aber nicht dazu führen, dass der AG zur unzumutbaren Aufrechterhaltung eines sinnentleerten Arbverh, etwa der jahrelangen Weiterbeschäftigung eines BR-Mitglieds nach vollzogener Betriebsstilllegung, gezwungen würde.

Nach Ausspruch der Künd kann der durch § 15 geschützte AN auf seinen Künd-Schutz verzichten und insb. einen Aufhebungsvertrag schließen.[16]

IV. Verhältnis zu anderen Vorschriften

8 Da § 15 eine in sich **geschlossene Regelung** des Sonder-Künd-Schutzes im Rahmen der Betriebsverfassung und Personalvertretung enthält, ist der erste Abschnitt des KSchG neben § 15 nicht anwendbar.[17] Auch das ausnahmsweise Künd-Recht aus Abs. 4 und 5 ist grds. aus diesen Vorschriften selbst heraus auszulegen. Die allg., von der Rspr. entwickelten Grundsätze zur ordentlichen Künd, insb. der **Ultima-Ratio-Grundsatz** sind allerdings im Rahmen des Abs. 4 und 5 zu beachten.[18] § 15 als Vorschrift, die den Künd-Schutz der Betreffenden verstärken soll, ist auch dahin auszulegen, dass dem AN das Recht, eine **Auflösung** des Arbverh zu beantragen (§§ 9, 13 Abs. 1 S. 3) oder im Fall des § 1a durch entsprechendes Verhalten die Zahlung einer **Abfindung** zu erlangen, grds. erhalten bleiben soll.[19]

9 Der durch § 15 gegebene Schutz bleibt auch im Insolvenzverfahren erhalten,[20] insbesondere im Falle des § 125 InsO.

10 Zu beachten ist, dass § 13 Abs. 3 i.V.m. § 4 S. 1 in der seit 1.1.2004 geltenden Fassung die Einhaltung der dreiwöchigen **Klagefrist** auch bei einer Unwirksamkeit der Künd „aus anderen Gründen", also auch bei § 15 zwingend vorschreibt. Die Geltendmachung der Unwirksamkeit der Künd nach § 15 unterliegt deshalb nunmehr den Sondervorschriften über die Klageerhebung in §§ 4 bis 7.[21]

11 Der **Mehrfachschutz** eines AN gegen Künd führt stets dazu, dass alle Vorschriften, die einen besonderen Künd-Schutz regeln, nebeneinander anwendbar sind.[22] Dies gilt v.a. für den Ausschluss der ordentlichen Künd des betreffenden Funktionsträgers durch Tarifvertrag oder Einzelvertrag, seltener durch Betriebsvereinbarung. Auch alle anderen besonderen Künd-Schutznormen (z.B. § 85 SGB IX, § 9 MuschG, § 18 BEEG etc.) finden neben § 15 Anwendung. Eine Künd ist nur wirksam, wenn die Voraussetzungen aller nebeneinander anwendbaren besonderen Künd-Vorschriften erfüllt sind.

12 Die AN, die im Rahmen der Betriebsverfassung oder Personalvertretung tätig geworden sind, ohne dass ihnen der Gesetzgeber in § 15 einen besonderen Künd-Schutz gewährt hat, stehen nicht völlig schutzlos dar. Ein **relativer**, neben § 15 zu prüfender **Künd-Schutz** kann sich aus anderen Schutznormen für betriebsverfassungs- bzw. personalvertretungsrechtliche Tätigkeiten ergeben.[23] So ist eine Künd, die nachweisbar wegen einer Tätigkeit des Betreffenden im Rahmen der Betriebsverfassung oder Personalvertretung ausgesprochen wird, auch außerhalb des Anwendungsbereichs des § 15 nach § 78 BetrVG, §§ 8, 107 BPersVG, § 134 BGB, eine Künd mit dem Ziel der Behinderung einer BR- oder PR-Wahl nach § 20 BetrVG, §§ 24, 99 BPersVG, § 134 BGB unwirksam. Auch hier ist seit 1.1.2004 die Klagefrist des § 4 einzuhalten.

B. Regelungsgehalt

I. Geltungsbereich

13 **1. Kündigungsarten.** § 15 regelt allg. die Zulässigkeit von Künd. Die Vorschrift gilt damit sowohl für **Beendigungs-Künd** als auch für **Änderungs-Künd**.[24] Eine **Teil-Künd**, also die Künd bestimmter einzelner Vertragsbestandteile ist schon nach allg. Grundsätzen regelmäßig nicht zulässig. Die Fälle, in denen ausnahmsweise eine Zu-

---

14 BAG 5.7.1979 – 2 AZR 521/77 – AP § 15 KSchG 1969 Nr. 6.
15 APS/*Linck*, § 15 KSchG Rn 5a; BBDK/*Dörner*, § 15 KSchG Rn 3; *Stahlhacke/Preis/Vossen*, Rn 1597; *Löwisch/Spinner*, § 15 Rn 48; KR/*Etzel*, § 15 KSchG Rn 147.
16 BAG 17.3.2005 – 2 AZR 275/04 – AP § 27 BetrVG 1972 Nr. 6; *Stahlhacke/Preis/Vossen*, Rn 1597; KR/*Etzel*, § 15 KSchG Rn 148.
17 ErfK/*Kiel*, § 15 KSchG Rn 4.
18 HaKo-KSchR/*Fiebig*, § 15 KSchG Rn 8.
19 *Löwisch/Spinner*, § 15 Rn 4; KR/*Friedrich*, § 13 Rn 413 ff.
20 BAG 17.11.2005 – 6 AZR 118/05 – AP § 15 KSchG 1969 Nr. 60.
21 HaKo-KSchR/*Fiebig*, § 15 KSchG Rn 9.
22 BAG 22.9.2005 – 2 AZR 544/04 –; KR/*Etzel*, § 15 KSchG Rn 152.
23 BAG 4.4.1974 – 2 AZR 452/73 – AP § 626 BGB Arbeitnehmervertreter im Aufsichtsrat Nr. 1; *v. Hoyningen-Huene/Linck*, § 15 Rn 28; HWK/*Quecke*, § 15 Rn 17.
24 BAG 12.3.2009 – 2 AZR 47/08; wegen Künd nach dem Einigungsvertrag vgl. BAG 28.4.1994 – 8 AZR 209/93 – EzA Einigungsvertrag Art. 20 Nr. 36.

lässigkeit der Teil-Künd diskutiert wird, sind einem Widerrufsvorbehalt für Sonderleistungen zumindest stark angenähert. Auf solche Fälle ist das KSchG, also auch § 15 nicht anwendbar.[25]

Es ist zwar einhellige Meinung, dass die Änderungs-Künd § 15 unterfällt. Eine in der Lit.[26] vorherrschende Meinung möchte jedoch den Anwendungsbereich des § 15 für Massentatbestände einschränken und in Fällen der sog. **Massenänderungs-Künd** eine ordentliche Künd auch der besonderen Funktionsträger des § 15 zulassen. Dem ist nicht zu folgen.[27]

Beispiel: Ein Druckereibetrieb nimmt die negative wirtschaftliche Entwicklung zum Anlass, ein Sanierungskonzept zu erarbeiten, das v.a. die Absenkung der Vergütung und die Ausweitung der Arbeitszeit aller Mitarbeiter zum Gegenstand hat. Auch den BR-Mitgliedern möchte der AG fristgerecht eine Änderungs-Künd aussprechen mit der Begründung, diese dürften gegenüber der Restbelegschaft nach § 78 S. 2 BetrVG nicht bevorzugt behandelt werden.

§ 15 steht einer solchen ordentlichen „Massenänderungs-Künd" gegenüber den Funktionsträgern jedoch entgegen. Die Vorschrift betrifft alle Änderungs-Künd. Entsprechenden Vorschlägen, die Massenänderungs-Künd aus dem Geltungsbereich des § 15 auszunehmen, ist der Gesetzgeber auch bei der Novellierung des § 15 im Jahre 2001 nicht gefolgt. Die Voraussetzungen für eine teleologische Reduktion des § 15 liegen nicht vor.[28] Diese wäre nur angezeigt, wenn eine vom Gesetzgeber unterlassene Differenzierung entweder durch den Sinn und Zweck der einzuschränkenden Norm selbst oder durch den vorrangigen Zweck einer anderen Norm angezeigt wäre, der sonst nicht erreicht werden kann. Dies ist nicht der Fall. § 15 enthält keine Gesetzeslücke, sondern bezieht sich zweifelsfrei auf alle Künd, also auch die Änderungs-Künd als Massentatbestand. § 78 S. 2 BetrVG ist nicht geeignet, eine verdeckte Rechtslücke nachzuweisen. § 15 geht als Spezialregelung für den Künd-Schutz im Rahmen der Betriebsverfassung und Personalvertretung der allg. Regelung des § 78 S. 2 BetrVG vor. Die Zustimmungsbedürftigkeit der allein noch möglichen außerordentlichen „Massenänderungs-Künd" gegenüber den Funktionsträgern ergibt sich aus der Spezialvorschrift des § 15 und ist durch den Sinn und Zweck der Vorschrift gerechtfertigt. Die Rspr. zur außerordentlichen Künd mit notwendiger Auslauffrist ermöglicht es, eine verfassungswidrige Bindung des AG an ein unzumutbar gewordenes Arbverh zu verhindern. Es dürfte auch kaum ein dem Gebot der Rechtssicherheit entsprechende Abgrenzung möglich sein, wann in einem Kleinbetrieb, einem Mittelbetrieb oder einem Großbetrieb von einer „Massenänderungs-Künd" ausgegangen werden kann.[29]

Bei sog. Kampf-Künd gegenüber einer Vielzahl von AN des Betriebes kann auch den nach § 15 geschützten Personen gekündigt werden, § 25.[30] Jedenfalls kommt aber bei Kampf-Künd eine Zustimmungsbedürftigkeit der Künd nach § 103 Abs. 1 BetrVG nicht in Betracht und der AG hat lediglich entsprechend § 103 Abs. 2 BetrVG die gerichtliche Ersetzung der Zustimmung des BR zu beantragen.[31]

Da § 15 einen Sonder-Künd-Schutz nur für Künd gewährt, gibt es zahlreiche Tatbestände, bei denen § 15 nicht greift, obwohl es überwiegend sogar zur Beendigung des Arbverh kommt. Ein Sonder-Künd-Schutz nach § 15 besteht nicht bei:
– Berufung auf die Nichtigkeit des Arbeitsvertrages,[32]
– Anfechtung des Arbeitsvertrages,[33]
– Beendigung des Arbverh infolge wirksamer Befristung,[34]
– Erreichen der Altersgrenze,[35]
– Betriebsübergang, dem der Betreffende nicht widerspricht,
– Künd vor Eintritt des Sonder-Künd-Schutzes,[36]
– Entlassung von Dienstordnungs-Angestellten nach beamtenrechtlichen Grundsätzen,[37]
– Abschluss eines Aufhebungsvertrages,[38]
– Versetzung kraft Direktionsrechts (vgl. hierzu allerdings § 103 Abs. 3 BetrVG, § 47 Abs. 2 BPersVG).

---

25 KR/*Etzel*, § 15 KSchG Rn 15; KR/*Etzel*, § 102 BetrVG Rn 37.
26 DKK/*Kittner/Bachner*, § 103 Rn 12; *Stahlhacke*, in: FS Hanau, S. 281; ErfK/*Kiel*, § 15 KSchG Rn 22; *Stahlhacke/Preis/Vossen*, Rn 1625; KPK/*Bengelsdorf*, § 15 Rn 17.
27 BAG 29.1.1981 – 2 AZR 778/78 – BAGE 35,17= AP § 15 KSchG Nr. 10; BAG 7.10.2004 – 2 AZR 81/04 – AP § 15 KSchG 1969 Nr. 56; APS/*Linck*, § 15 KSchG Rn 10.
28 BAG 7.10.2004 – 2 AZR 81/04 – AP § 15 KSchG 1969 Nr. 56.
29 BAG 7.10.2004 – 2 AZR 81/04 – AP § 15 KSchG 1969 Nr. 56.
30 BAG 16.12.1982 – 2 AZR 76/81 – EzA § 103 BetrVG Nr. 29; *Stahlhacke/Preis/Vossen*, Rn 1599; KR/*Etzel*, § 103 BetrVG Rn 61.
31 BAG 14.2.1978 – 1 AZR 54/76 – AP Art. 9 GG Arbeitskampf Nr. 57; Richardi/*Thüsing*, § 103 BetrVG Rn 28.
32 *McHardy*, RdA 1994, 101.
33 ErfK/*Kiel*, § 15 KSchG Rn 1.
34 BAG 17.2.1983 – 2 AZR 481/81 – EzA § 620 BGB Nr. 64 zu Anforderungen an neue Befristung während der Amtszeit.
35 BAG 25.3.1971 – 2 AZR 185/70 – AP § 57 BetrVG 1952 Nr. 5; ErfK/*Kiel*, § 15 KSchG Rn 1.
36 APS/*Linck*, § 15 KSchG Rn 11.
37 BAG 5.9.1986 – 7 AZR 193/85 – AP § 15 KSchG 1969 Nr. 27.
38 SozG Mannheim 30.3.1990 – 2 Ar 1965/89 – BB 1990, 2496; *Löwisch/Spinner*, § 15 Rn 52.

19 **2. Betrieb, Verwaltung.** Der Hinweis von Teilen der Lit.,[39] der betriebliche und verwaltungsmäßige Anwendungsbereich des § 15 ergebe sich aus § 23 Abs. 1 S. 1, ist eher verwirrend. Da § 15 einen besonderen Künd-Schutz im Rahmen der Betriebsverfassung und der Personalvertretung schaffen will, kann es nur um einen Schutz aller Träger besonderer betriebsverfassungsrechtlicher oder personalvertretungsrechtlicher Funktionen gehen, die § 15 zu schützen beabsichtigt. Aus § 23 Abs. 1 S. 1 kann deshalb nur entnommen werden, der Sonder-Künd-Schutz sei für Betriebe und Verwaltungen des privaten und des öffentlichen Rechts und vorbehaltlich der Vorschriften des § 24 für die Seeschifffahrts-, Binnenschifffahrts- und Luftverkehrsbetriebe anwendbar. Die **Kleinbetriebsklausel** des § 23 Abs. 1 S. 2 und 3 gilt jedenfalls nicht.[40] In den – eher seltenen – Fällen, dass ein Kleinbetrieb i.S.v. § 23 Abs. 1 S. 2 und 3 oder eine entsprechende Verwaltung nach § 1 BetrVG bzw. § 12 BPersVG die Voraussetzungen für die Bildung eines Betriebs- bzw. Personalrats erfüllt, greift der besondere Künd-Schutz der Funktionsträger nach § 15 ein, da § 23 nur den ersten Teil des KSchG ausschließt.[41]

20 Der besondere Künd-Schutz besteht grds. auch in **Tendenzbetrieben** (vgl. § 118 Abs. 1 BetrVG).[42] Unbestritten ist dies für AG-Künd aus nicht tendenzbezogenen Künd-Gründen.[43] Kündigt der AG hingegen aus **tendenzbezogenen Gründen**, so trifft zwar zu, dass das KSchG keine dem § 118 BetrVG entsprechende Vorschrift enthält. Andererseits ist aber zu fragen, ob der überwiegend auch nach dem GG zu gewährleistende Tendenzschutz ausreichend dadurch sichergestellt werden kann, dass bei auszusprechenden Künd der Tendenzschutz im Rahmen der Abwägung des Künd-Grundes maßgebend mitberücksichtigt wird.[44] Die Rspr. hat dies bisher offen gelassen.[45] Jedenfalls steht fest, dass bei einer tendenzbezogenen Künd eine Zustimmung nach § 103 BetrVG nicht erforderlich ist.[46] Hier gilt § 118 Abs. 1 BetrVG unmittelbar. Es scheint deshalb bedenklich, wenn teilweise die Anwendbarkeit des § 103 BetrVG in derartigen Fällen mit der Begründung vertreten wird, das Zustimmungserfordernis nach § 103 BetrVG stelle kein materielles, im Widerspruch zum Tendenzschutz stehendes Mitwirkungsrecht dar.[47]

21 **3. Geschützter Personenkreis.** § 15 führt als geschützte AN im Einzelnen auf:

22 **a) Abs. 1.** Mitglieder eines **BR**, einer **JAV** (§ 16 BetrVG), einer **Bordvertretung** (§ 115 BetrVG), eines **See-BR** (§ 116 BetrVG). Hierzu zählen ohne weiteres auch die Mitglieder des **Gesamt-BR**, des **Konzern-BR** und der **Gesamt-JAV**, da sich diese Organe aus entsandten Mitgliedern des BR bzw. der JAV zusammensetzen.

23 **b) Abs. 2.** Mitglieder der Personalvertretungen, d.h. Mitglieder des **PR**, des **Bezirks-PR** und **Haupt-PR** und des **Gesamt-PR**, Mitglieder der **JAV** bzw. der **Jugendvertretungen**; hierzu zählen auch die Mitglieder der Bezirks-, Haupt- und Gesamt-JAV bzw. -jugendvertretungen. Da das Gesetz allg. von Mitgliedern der Personalvertretungen spricht, werden sowohl Personalvertretungen nach dem **BPersVG**, als auch solche nach den **Landespersonalvertretungsgesetzen** erfasst.[48] Auf **Beamtenvertreter** innerhalb der Personalvertretung findet Abs. 2 keine Anwendung, weil ihr Sonderschutz schon dadurch gewährleistet ist, dass ihnen nicht gekündigt werden kann.[49] Wenn ausnahmsweise ein sonst beamtenrechtlicher Vorbereitungsdienst im Rahmen einer privatrechtlichen Berufsausbildung abgeleistet wird, so bedarf es zur Künd eines entsprechenden Funktionsträgers konsequenterweise nicht der Zustimmung des PR (§ 47 Abs. 3 S. 1 BPersVG).

24 **c) Abs. 3.** Mitglieder eines **Wahlvorstands** sind vom Zeitpunkt ihrer Bestellung an, **Wahlbewerber** vom Zeitpunkt der Aufstellung des Wahlvorschlags an, jeweils bis zur Bekanntgabe des Wahlergebnisses besonders kündigungsgeschützt. Der Schutz setzt allerdings beim Mitglied eines Wahlvorstands eine **wirksame Bestellung** voraus. Auch beim Wahlbewerber ergeben sich Einschränkungen daraus, dass das Gesetz für den Sonderschutz ausdrücklich auf den Zeitpunkt der Aufstellung des Wahlvorschlags abstellt; dies setzt die Bestellung eines Wahlvorstands, die erforderliche Anzahl von Stützunterschriften (§ 14 Abs. 4 und 5 BetrVG) und einen **Wahlvorschlag** voraus, der zu-

---

39 HaKo-KSchR/*Fiebig*, § 15 KSchG Rn 12; vgl. HWK/*Quecke*, § 15 KSchG Rn 4.
40 ErfK/*Kiel*, § 15 KSchG Rn 1; HaKo-KSchR/*Fiebig*, § 15 KSchG Rn 13.
41 APS/*Linck*, § 15 KSchG Rn 9.
42 KDZ/*Kittner/Deinert*, § 15 KSchG Rn 20; *Stahlhacke/Preis/Vossen*, Rn 1608; ErfK/*Kiel*, § 15 KSchG Rn 3.
43 BAG 3.11.1982 – 7 AZR 5/81 – AP § 15 KSchG 1969 Nr. 12; KDZ/*Kittner/Deinert*, § 15 KSchG Rn 20.
44 So wohl die h.M: *v. Hoyningen-Huene/Linck*, § 15 Rn 14; *Löwisch/Spinner*, § 15 Rn 7; dagegen KDZ/*Kittner/Deinert*, § 15 KSchG Rn 20 m.w.N.
45 BAG 3.11.1982 – 7 AZR 5/81 – AP § 15 KSchG 1969 Nr. 12; BAG 14.9.1994 – 2 AZR 75/94 – EzA § 103 BetrVG Nr. 36.
46 BAG 3.11.1982 – 7 AZR 5/81 – AP § 15 KSchG 1969 Nr. 12; BAG 28.8.2003 – 2 ABR 48/02 – AP § 103 BetrVG 1972 Nr. 49; *v. Hoyningen-Huene/Linck*, § 15 Rn 140; KR/*Etzel*, § 103 BetrVG Rn 16; *Fitting u.a.*, BetrVG, § 118 Rn 40; *Löwisch/Spinner*, § 15 Rn 7; HWK/*Quecke*, § 15 KSchG Rn 5; *Dzida/Hohenstatt*, NZA 2004, 1084.
47 So aber HaKo-KSchR/*Fiebig*, § 15 KSchG Rn 15; DKK/*Wedde*, BetrVG, § 118 Rn 100.
48 HaKo-KSchR/*Fiebig*, § 15 KSchG Rn 19.
49 BAG 5.9.1986 – 7 AZR 193/85 – AP § 15 KSchG 1969 Nr. 27; *Löwisch/Spinner*, § 15 Rn 56.

mindest insoweit **wirksam** ist, dass der Wahlbewerber im Zeitpunkt der Wahl wählbar ist und der Kandidatur zugestimmt hat.[50] Eine spätere Streichung von Stützunterschriften soll nach der Rspr. unbeachtlich sein.[51]

d) **Abs. 3a.** Der erst durch das BetrVG – Reformgesetz vom 23.7.2001[52] normierte besondere Künd-Schutz für **Initiatoren einer Wahl** bezieht sich **nur** auf Wahlen im Rahmen der **Betriebsverfassung**. Im Bereich des öffentlichen Dienstes scheint der Gesetzgeber kein entsprechendes Regelungsbedürfnis gesehen zu haben. Geschützt sind AN, die in Betrieben ohne BR zu einer Betriebs-, Wahl- oder Bordversammlung einladen oder die Bestellung eines Wahlvorstands beantragen. Dieser Schutz, eine **Vorwirkung** gegenüber dem eigentlichen Schutz der Inhaber eines Amtes im Rahmen der Betriebsverfassung, reicht nicht so weit wie der Sonder-Künd-Schutz nach Abs. 1 bis 3. Ausgeschlossen ist die ordentliche Künd. Die außerordentliche Künd bedarf aber nicht der Zustimmung des BR nach § 103 Abs. 1 BetrVG. Außerdem sind nur die **ersten drei** in der Einladung oder Antragstellung aufgeführten **AN** geschützt und der Schutz ist, auch wenn keine Wahl erfolgt, auf drei Monate vom Zeitpunkt der Einladung oder Antragsstellung an begrenzt. Eine weitere Begrenzung ergibt sich, wie bereits dargelegt, daraus, dass entsprechend Abs. 4 und 5 richtigerweise eine ordentliche Künd der Wahlinitiatoren im Fall der Betriebsstillegung und wohl auch der Stillegung einer Betriebsabteilung zuzulassen ist, obwohl Abs. 3a Abs. 4 und 5 nicht erwähnt.[53] Eine Nachwirkung des besonderen Künd-Schutzes findet in dem Fall nicht statt, dass eine Wahl stattgefunden hat. Hier endet der besondere Künd-Schutz mit der Bekanntgabe des Wahlergebnisses und kann, wenn kein sonstiger Fall des § 15 vorliegt, allenfalls noch durch einen relativen Künd-Schutz nach § 20 BetrVG, § 134 BGB ergänzt werden.

e) **Andere Gesetze.** Zahlreiche Vorschriften verweisen auf den besonderen Künd-Schutz für BR-Mitglieder etc. und stellen damit sicher, dass auch die Mitglieder anderer Vertretungsorgane ihrer Arbeit ohne entsprechende nachteilige Beeinflussungen durch den AG nachgehen können. Dies gilt nach § 96 Abs. 3 S. 1 SGB IX für die **Mitglieder von SBV**, auch soweit sie in andere Gremien entsandt sind. Sinngemäß ist auch der Wahlschutz des § 15 in diesem Bereich anwendbar (§ 94 Abs. 6 S. 2 SGB IX). Ein besonderer Schutz für Stellvertreter der Mitglieder der SBV ist hier allerdings nicht geregelt. Auch für Mitglieder eines **EBR**, die im Inland beschäftigt sind, gelten Abs. 1, 3 bis 5 und § 103 BetrVG entsprechend (§ 40 Abs. 1 EBRG). Gleiches gilt für die Mitgliedschaft in besonderen Gremien (§ 40 Abs. 1 EBRG).

Für Mitglieder der **Betriebsvertretungen** bei den **Alliierten Streitkräften** gelten nach Art. 59 Abs. 9 des Zusatzabkommens zum Nato-Truppenstatut i.V.m. dem Unterzeichnungsprotokoll die Vorschriften über die Personalvertretung. Damit gilt für diesen Personenkreis auch Abs. 2 i.V.m. § 47 BPersVG.[54] Die Mitglieder der nach § 117 Abs. 2 S. 1 BetrVG durch TV errichteten Vertretung im Flugbetrieb beschäftigter AN von Luftfahrtunternehmen genießen ebenfalls den Künd-Schutz nach § 15.[55]

Da auch nach § 3 Abs. 1 Nr. 2 BetrVG gebildete **Sparten-BR** und unternehmenseinheitliche BR nach § 3 Abs. 2 BetrVG BR i.S.d. Gesetzes sind, gilt für Mitglieder dieser Vertretungen der volle Sonder-Künd-Schutz. Lediglich für die Mitglieder zusätzlicher Gremien (§ 3 Abs. 1 Nr. 4 und 5 BetrVG), die nicht gleichzeitig BR-Mitglieder sind, scheidet der Sonder-Künd-Schutz aus.[56]

An Vorschriften, die einen § 15 **vergleichbaren Sonder-Künd-Schutz** regeln, sind außerdem zu nennen: § 29a HAG, § 18 BGleiG, § 21 WHG, § 58 Abs. 2 und 58d BImSchG,[57] § 55 Abs. 3 KrW-AbfG,[58]7a § 19 MAVO, § 21 Abs. 2 MVG-EKD.

f) **Ersatzmitglieder.** Ein besonderer Schutz für **Ersatzmitglieder** der in § 15 – und in den darauf Bezug nehmenden Vorschriften – genannten Gremien und der **Stellvertreter der SBV** ist nicht ausdrücklich geregelt. Der vom Gesetzgeber für erforderlich gehaltene Schutz ergibt sich aber aus der gesetzlichen Regelung über die Nachwirkung des besonderen Künd-Schutzes nach Beendigung der Amtszeit (Abs. 1 S. 2, Abs. 2 S. 2, Abs. 3 S. 2 und Abs. 3a S. 2). Das Ersatzmitglied, das im Rahmen der Betriebsverfassung bzw. Personalvertretung noch nicht tätig geworden ist, bedarf aus der Sicht des Gesetzgebers keines besonderen Künd-Schutzes von der Intensität des Abs. 1 S. 1 oder vergleichbarer Vorschriften. Es ist zwar nicht völlig auszuschließen, dass ein AG schon die bloße Wahl eines bestimmten AN als Ersatzmitglied zum Anlass nimmt, eine Künd auszusprechen, damit der Betreffende nicht einmal die Chance erhält, als Ersatzmitglied tätig zu werden. Solchen außergewöhnlichen Missbrauchsfällen ist jedoch ausreichend durch

---

50 BAG 5.12.1980 – 7 AZR 781/78 – AP § 15 KSchG 1969 Nr. 9; BAG 26.9.1996 – 2 AZR 528/95 – AP § 15 KSchG 1969 Wahlbewerber Nr. 3.
51 BAG 5.12.1980 – 7 AZR 781/78 – AP § 15 KSchG 1969 Nr. 9; dagegen APS/*Linck*, § 15 KSchG Rn 77.
52 BGBl I S. 18, 52.
53 BAG 12.3.2009 – 2 AZR 47/08; 4.11.2004 – 2 AZR 96/04 – KSchG § 15 1969 Nr. 57; a.A. *Löwisch/Spinner*, § 15 Rn 61.
54 BAG 29.1.1981 – 2 AZR 778/78 – AP § 15 KSchG 1969 Nr. 10; 22.9.2005 – AZR 544/04 – AP § 15 KSchG 1969 Nr. 59; 2.3.2006 – 2 AZR 83/05 – AP § 15 KSchG 1969 Nr. 61; KR/*Etzel*, § 15 KSchG Rn 12a.
55 KR/*Etzel*, § 103 BetrVG Rn 10; *v. Hoyningen-Huene/Linck*, § 15 Rn 13; KDZ/*Kittner/Deinert*, § 15 KSchG Rn 11; ErfK/*Kiel*, § 15 KSchG Rn 8.
56 *v. Hoyningen-Huene/Linck*, § 15 Rn 12.
57 Vgl. dazu BAG 22.7.1992 – 2 AZR 85/92 – AP § 58 BImSchG Nr. 1.
58 57a Hierzu BAG 26.3.2009 – 2 AZR 633/07.

den oben dargestellten relativen Künd-Schutz und die Möglichkeit zu begegnen, gegen einen derartigen AG nach § 23 Abs. 3 BetrVG vorzugehen. Ist das Ersatzmitglied oder der Stellvertreter der Schwerbehindertenvertretung **tätig** geworden, so greift der **nachwirkende Künd-Schutz** ein, und zwar unabhängig davon, ob der AG von der Vertretungstätigkeit Kenntnis hat.[59] Es ist für einen erheblichen Zeitraum, regelmäßig ein Jahr lang, nur noch eine außerordentliche Künd aufgrund von Tatsachen möglich, die den AG zur Künd aus wichtigem Grund ohne Einhaltung einer Künd-Frist berechtigen. Obwohl im Nachwirkungszeitraum **kein Zustimmungserfordernis** besteht, muss dieser Schutz, der sich bei weiterer Tätigkeit des Betreffenden jeweils verlängert, als ausreichend angesehen werden. Handelt es sich nicht um eine nur zeitweise Vertretung für ein verhindertes BR-Mitglied, sondern rückt das Ersatzmitglied in das Gremium nach, so besteht ohnehin der volle Sonder-Künd-Schutz nach Abs. 1 S. 1 und entsprechenden Vorschriften. Gleiches gilt für die Dauer der Vertretung des Ersatzmitglieds für ein verhindertes ordentliches Mitglied, denn während der Vertretungszeit ist das Ersatzmitglied Vollmitglied.

31 **g) Kein Sonderkündigungsschutz.** Das Gesetz regelt abschließend, welchen Trägern besonderer Funktionen im Rahmen der Betriebsverfassung und Personalvertretung der besondere Künd-Schutz nach § 15 zusteht. Die AN, die nicht zu diesem Personenkreis gehören, sind lediglich nach den allg. Vorschriften, insb. auch dadurch geschützt, dass eine Künd, die eine Maßregelung wegen der Tätigkeit des Betreffenden im Rahmen der Betriebsverfassung bzw. Personalvertretung darstellt, regelmäßig nach §§ 612a, 134, 138 BGB unwirksam ist. Nicht vom Schutzbereich des § 15 erfasst sind z.B.:
- **Vertrauensleute** der Gewerkschaften, soweit kein tarifvertraglicher Schutz besteht,
- Mitglieder des **Sprecherausschusses** der leitenden Ang (§ 1 SprAuG),
- Mitglieder des **Wirtschaftsausschusses**, soweit es sich nicht um BR-Mitglieder handelt (§ 107 Abs. 1 BetrVG),
- **Bewerber** für die Wahl zum **Wahlvorstand**,[60]
- **Wahlinitiatoren**, die nicht zu den ersten drei in der Einladung oder Antragsstellung aufgeführten AN zählen,
- **AN-Vertreter** im **AR** (§ 7 Abs. 2 MitbestG).[61]

32 **4. Beginn und Ende des vollen Schutzes. a) Wahlinitiatoren.** Für die AN, die zu einer Betriebs-, Wahl- oder Bordversammlung einladen, beginnt der besondere Künd-Schutz im Zeitpunkt der Einladung. Dies setzt allerdings eine **wirksame Einladung** voraus, die den Ort, den Gegenstand der Versammlung sowie die Einladenden angeben und sicherstellen muss, dass alle AN die Möglichkeit erhalten, an der Versammlung teilzunehmen. Eine Einladung, die nicht diese Voraussetzungen für die Durchführung einer demokratischen Wahl erfüllt, kann den besonderen Künd-Schutz nicht auslösen.[62] Für die AN, welche die **Bestellung eines Wahlvorstands** beantragen, beginnt der besondere Künd-Schutz mit der **Antragsstellung**, also dem Eingang des entsprechenden Schriftsatzes beim ArbG.[63] Ein **unzulässiger**, also nicht von zumindest drei AN gestellter **Antrag**, reicht dabei nicht aus.[64] Da das Gesetz nur die **ersten drei AN** schützen will, die in Richtung auf eine Wahl initiativ werden, ist bei mehreren Einladungen bzw. Anträgen zu differenzieren: Eine wirksame erste Einladung und ein wirksamer Antrag haben zur Folge, dass die ersten drei in dieser Einladung oder Antragstellung aufgeführten AN den besonderen Künd-Schutz genießen. Darüber hinaus werden andere AN nicht geschützt, auch wenn sie selbstständig eine **zweite wirksame Einladung** aussprechen oder einen weiteren wirksamen Antrag beim ArbG stellen.[65] Eine Einladung oder Antragsstellung, welche die gesetzlichen Voraussetzungen hingegen nicht erfüllt, sperrt nicht. Die ersten drei AN, die auf der ersten wirksamen Einladung bzw. dem ersten wirksamen Antrag aufgeführt sind, genießen deshalb den besonderen Künd-Schutz.[66]

33 **b) Wahlvorstand und Wahlbewerber.** Der Sonder-Künd-Schutz für **Mitglieder des Wahlvorstands** beginnt mit der **wirksamen Bestellung** durch die Betriebs- bzw. Personalversammlung (§§ 16 f. BetrVG, §§ 20 ff. BPersVG). **Wahlbewerber** sind vom Zeitpunkt der **Aufstellung** des **Wahlvorschlags** an durch Abs. 3 geschützt. Dies setzt voraus, dass das Wahlverfahren durch Bestellung eines Wahlvorstands eingeleitet ist, dass unter den Wahlvorschlag die erforderliche Anzahl von Stützunterschriften gesetzt ist (§ 14 Abs. 4 und 5 BetrVG) und dass der Wahlbewerber wählbar ist.[67] Der Wahlvorschlag einer Gewerkschaft bedarf nicht der Unterzeichnung durch eine bestimmte Zahl von Wahlberechtigten.[68] Behebbare Mängel des Wahlvorschlags schaden nicht; offen gelassen hat das Bundesarbeitsgericht zuletzt, ob zudem der Wahlvorschlag beim Wahlvorstand eingereicht sein muss.[69] Bei späterer **Strei-**

---

59 BAG 18.5.2006 – 6 AZR 627/05 – AP § 15 KSchG 1969 Ersatzmitglied Nr. 2.
60 LAG Baden-Württemberg 31.5.1974 – BB 1974, 885; a.A. KR/*Etzel*, § 103 BetrVG Rn 13.
61 BAG 4.4.1974 – 2 AZR 452/73 – AP § 626 BGB Arbeitnehmervertreter im Aufsichtsrat Nr. 1.
62 ErfK/*Kiel*, § 15 KSchG Rn 12; HaKo-KSchR/*Fiebig*, § 15 KSchG Rn 25d.
63 HWK/*Quecke*, § 15 KSchG Rn 26.
64 ErfK/*Kiel*, § 15 KSchG Rn 12; *Löwisch*, DB 2002, 1503.
65 ErfK/*Kiel*, § 15 KSchG Rn 12; HaKo-KSchR/*Fiebig*, § 15 KSchG Rn 25d.
66 *Löwisch/Spinner*, § 15 KSchG Rn 43 zu Rechtsmissbrauch.
67 BAG 5.12.1980 – 7 AZR 781/78 – AP § 15 KSchG 1969 Nr. 9; BAG 26.9.1996 – 2 AZR 528/95 – AP § 15 KSchG 1969 Wahlbewerber Nr. 3.
68 BAG 17.3.2005 – 2 AZR 275/04 – AP § 27 BetrVG 1972 Nr. 6.
69 BAG 17.3.2005 – 2 AZR 275/04 – AP § 27 BetrVG 1972 Nr. 6.

chung von **Stützunterschriften** kann der Wahlbewerber zumindest den nachwirkenden Künd-Schutz nach Abs. 3 S. 2 beanspruchen.[70] Der volle Sonder-Künd-Schutz der Wahlvorstandsmitglieder und Wahlbewerber endet mit der Bekanntgabe des Wahlergebnisses. Danach tritt für sie für die Dauer von sechs Monaten der nachwirkende Künd-Schutz nach Abs. 3 S. 2 ein. Ein **vorzeitiges Ausscheiden** des Wahlvorstandsmitglieds oder Wahlbewerbers aus dem Amt bzw. der Funktion als Wahlbewerber führt nach zutreffender Ansicht auch zu einem – nicht rückwirkenden[71] – Verlust des vollen Sonder-Künd-Schutzes nach Abs. 3 S. 1.[72] Hat etwa ein Wahlvorstandsmitglied sein Amt niedergelegt, so besteht damit nicht mehr die Gefahr, dass der AG durch eine ihm gegenüber ausgesprochene willkürliche Künd versucht, die Wahl zu beeinflussen. Wahlvorstandsmitglieder und Wahlbewerber sind bei einem vorzeitigen Ausscheiden aus dem Amt oder der Funktion vor Bekanntgabe des Wahlergebnisses hinreichend durch den nachwirkenden Künd-Schutz nach Abs. 3 S. 2 abgesichert. Es unterliegt Bedenken, wenn Teile der Lit.[73] bei dem vorzeitigen Ausscheiden eines Wahlvorstandsmitglieds oder Wahlbewerbes aus seinem Amt bzw. seiner Funktion auch den nachwirkenden Künd-Schutz nicht gewähren wollen. Nach Abs. 3 S. 2 letzter Hs. entfällt der nachwirkende Künd-Schutz nur bei gerichtlicher Ersetzung eines Wahlvorstands durch einen anderen Wahlvorstand. Dies spricht dafür, dass i.Ü. ehemalige Wahlvorstandsmitglieder und Wahlbewerber den nachwirkenden Künd-Schutz stets erhalten sollen. Insb. Wahlvorstandsmitgliedern, die ihr Amt niedergelegt haben, steht damit der nachwirkende Künd-Schutz zu.[74]

Eine **Schutzlücke** entsteht nach dem Wortlaut des Abs. 3 für Wahlbewerber, deren voller Künd-Schutz im Fall ihrer Wahl mit der Bekanntgabe des Wahlergebnisses endet, während der Sonder-Künd-Schutz nach Abs. 1 S. 1 erst nach Ablauf der Amtszeit einer bereits bestehenden AN-Vertretung beginnt. **Zwischen** der **Bekanntgabe des Wahlergebnisses** und dem **Beginn der Amtszeit** der neu gewählten AN-Vertretung wäre dann nach Abs. 3 S. 2 eine zustimmungsfreie außerordentliche Künd gegenüber dem erfolgreichen Wahlbewerber möglich. Diese Schutzlücke schließt die h.M.[75] mit der zutreffenden Erwägung, dass § 15 insg. auf einen ununterbrochenen Vollschutz von der Wahlbewerbung bis zum Ende der Amtszeit des Gewählten zielt, es sich also insoweit um eine unbeabsichtigte Lücke im Gesetz handelt. Danach reicht der volle Sonder-Künd-Schutz des erfolgreichen Wahlbewerbers nicht nur bis zur Bekanntgabe des Wahlergebnisses, sondern bis zu seinem Amtsantritt.

c) Vollschutz während der Amtszeit (Abs. 1 S. 1 und Abs. 2 S. 1). Der volle Künd-Schutz nach Abs. 1 S. 1 und Abs. 2 S. 1 besteht während der gesamten **Dauer der Amtszeit** des Betreffenden.[76] Eine nichtige Wahl begründet dabei keinen Schutz.[77] Bei anfechtbarer Wahl entfällt der Schutz erst mit Rechtskraft der Gerichtsentscheidung, welche die Wahl für unwirksam erklärt.[78] Auch während der Dauer der **Vertretung** eines zeitweilig verhinderten Mitglieds durch das Ersatzmitglied bleibt der Schutz des verhinderten Vollmitglieds erhalten (vgl. für BR-Mitglieder § 25 Abs. 1 S. 2 BetrVG). Eine zeitweilige Verhinderung liegt vor, wenn das BR-Mitglied aus tatsächlichen oder rechtlichen Gründen nicht in der Lage ist, seine betriebsverfassungsrechtlichen Aufgaben wahrzunehmen (Urlaub, Krankheit, Dienstreise etc.).[79] Der volle Schutz endet mit dem Ende der Amtszeit des Betreffenden.[80]

d) Ersatzmitglieder. Nach der Bekanntgabe des Wahlergebnisses steht dem **Ersatzmitglied** zunächst sechs Monate lang der **nachwirkende Künd-Schutz als Wahlbewerber** nach Abs. 3 S. 2 zu. Nach dessen Ende setzt der Sonder-Künd-Schutz eines Ersatzmitglieds voraus, dass dieses entweder für ein ausgeschiedenes Mitglied des Vertretungsorgans nachrückt oder in Vertretung eines zeitweilig verhinderten Mitglieds tätig wird. Im Fall des **Nachrückens** wird das Ersatzmitglied ständiges Mitglied des Vertretungsorgans (§ 25 Abs. 1 S. 1 BetrVG, der auch für alle anderen AN-Vertretungen nach dem BetrVG gilt; die Personalvertretungsgesetze haben entsprechende Regelungen). Das Nachrücken erfolgt mit dem Ausscheiden des bisherigen Mitglieds aus dem Vertretungsorgan, es setzt also bei diesem das Erlöschen der Mitgliedschaft voraus (§ 24 BetrVG). Damit beginnt der besondere Künd-Schutz des nachgerückten Mitglieds nach Abs. 1 S. 1 bzw. Abs. 2 S. 1 ohne Rücksicht darauf, ob bereits eine Sitzung des Vertretungsorgans oder eine sonstige Tätigkeit innerhalb des Organs ansteht.[81]

---

70 BAG 5.12.1980 – 7 AZR 781/78 – AP § 15 KSchG 1969 Nr. 9; str. wie hier KR/*Etzel*, § 15 KSchG Rn 71.
71 BAG 17.3.2005 – 2 AZR 275/04 – AP § 27 BetrVG 1972 Nr. 6.
72 BAG 9.10.1986 – 2 AZR 650/85 – AP § 15 KSchG 1969 Nr. 23.
73 Richardi/*Thüsing*, BetrVG nach § 103 Rn 11; dagegen *Stahlhacke/Preis/Vossen*, Rn 1622.
74 BAG 9.10.1986 – 2 AZR 650/85 – AP § 15 KSchG 1969 Nr. 23.
75 HWK/*Quecke*, § 15 KSchG Rn 24; KR/*Etzel*, § 103 BetrVG Rn 19; Richardi/*Thüsing*, BetrVG § 103 Rn 17,

23; ErfK/*Kiel*, § 15 KSchG Rn 15 (§ 103 BetrVG analog); vgl. BAG 22.9.1983 – 6 AZR 323/81 – AP § 78a BetrVG 1972 Nr. 11.
76 ErfK/*Kiel*, § 15 KSchG Rn 15.
77 HWK/*Quecke*, § 15 KSchG Rn 11.
78 Ausführlich zu Mängeln der Wahl ErfK/*Kiel*, § 15 KSchG Rn 20 f.
79 BAG 9.11.1977 – 5 AZR 175/76 – AP § 15 KSchG 1969 Nr. 3.
80 KDZ/*Kittner/Deinert*, § 15 KSchG Rn 25; *Löwisch/Spinner*, § 15 Rn 13 ff.; *Stahlhacke/Preis/Vossen*, Rn 1611.
81 HaKo-KSchR/*Fiebig*, § 15 KSchG Rn 35.

37 Ersatzmitglieder genießen den vollen Künd-Schutz für die gesamte Dauer der Vertretung eines ordentlichen Mitglieds und nicht nur an dem Tag, an dem sie die Geschäfte eines Mitglieds wahrnehmen.[82] Eine ausreichende **Vorbereitungszeit** (bei einer BR-Sitzung regelmäßig drei Tage) ist einzubeziehen, selbst wenn während der Vorbereitungszeit das ordentliche Mitglied noch nicht verhindert ist.[83] Der besondere Künd-Schutz greift hier auch unabhängig davon, ob während des Vertretungsfalles eine Sitzung oder sonstige Arbeit innerhalb des Gremiums anfällt.[84] Selbst wenn das **Ersatzmitglied** während des Vertretungsfalls seinerseits kurzfristig **verhindert** ist, beseitigt dies nicht den Künd-Schutz.[85] Damit können bei der Verhinderung eines ordentlichen Mitglieds mehrere Ersatzmitglieder nachrücken und während der Vertretungszeit den vollen Sonder-Künd-Schutz erhalten.[86] Dieser Schutz entfällt auch nicht, wenn sich nachträglich herausstellt, dass tatsächlich eine Verhinderung des ordentlichen Mitglieds nicht vorgelegen hat. Das Ersatzmitglied hat der Einladung zu einer Betriebsratssitzung o.ä. zu folgen, ohne dass es regelmäßig den Verhinderungsgrund nachprüfen kann. Anders ist dies allerdings bei einem rechtsmissbräuchlichen Zusammenwirken zwischen dem Ersatzmitglied und Mitgliedern des Gremiums, das einen **Verhinderungsfall** lediglich **vortäuscht**, um den Sonder-Künd-Schutz zu begründen.[87] Eine Begrenzung des Schutzes auf die ersten Ersatzmitglieder jeder Wahlliste ist mit § 15 nicht vereinbar.

38 **5. Nachwirkender Kündigungsschutz.** Nach Beendigung der Amtszeit bzw. nach Bekanntgabe des Wahlergebnisses bleibt die ordentliche Künd gegenüber den durch § 15 geschützten Personen für einen bestimmten Zeitraum unzulässig. Auch eine ordentliche Massenänderungs-Künd bleibt während des Nachwirkungszeitraums ausgeschlossen.[88] Der Nachwirkungszeitraum beträgt für die Mitglieder einer Bordvertretung sechs Monate nach Beendigung der Amtszeit, für Mitglieder eines Wahlvorstands und erfolglose Wahlbewerber sechs Monate nach Bekanntgabe des Wahlergebnisses, i.Ü. **ein Jahr** nach Beendigung der Amtszeit (Abs. 1 S. 2, Abs. 2 S. 2, Abs. 3 S. 2). Nach § 323 UmwG bleiben BR-Mitglieder zwei Jahre nach der Abspaltung geschützt. Für die Fristberechnung gelten die §§ 187, 188 BGB.

39 Wenn § 15 auf die **Beendigung der Amtszeit** abstellt, so umfasst dies zunächst die Fälle, dass die Amtszeit etwa durch Zeitablauf oder durch Bekanntgabe des Wahlergebnisses für ein neugewähltes Gremium endet (vgl. §§ 21, 22 BetrVG). Auch bei einem **vorzeitigen Ende** der Amtszeit, etwa im Fall des Rücktritts vom Amt, ist zum Schutz des Betreffenden nach Sinn und Zweck des Gesetzes eine Abkühlungsphase erforderlich. Grds. tritt also auch bei einem Verlust der Mitgliedschaft vor Beendigung der regulären Amtszeit der nachwirkende Künd-Schutz ein.[89] Als einzigen Ausnahmefall sieht das Gesetz die Beendigung der Mitgliedschaft aufgrund einer **gerichtlichen Entscheidung** vor (§ 23 BetrVG und erfolgreiche Wahlanfechtung).[90] Eine Verkürzung des nachwirkenden Schutzes auf sechs Monate bei entsprechend kurzer Mitgliedschaft in dem Gremium, wie sie vom BAG[91] erörtert worden ist, findet im Gesetz keine Stütze. Der nachwirkende Künd-Schutz eines zurückgetretenen BR-Mitglieds bleibt deshalb bis zur Grenze des Rechtsmissbrauchs in vollem Umfang erhalten. Ein solcher **Rechtsmissbrauch** ist angenommen worden, wenn ein gerichtliches Verfahren läuft, das zu einer Beendigung der Mitgliedschaft durch gerichtliche Entscheidung geführt hätte (Abs. 1 S. 2 Hs. 2), das BR-Mitglied aber der absehbaren Gerichtsentscheidung durch seinen Rücktritt zuvorkommt.[92]

40 Der nachwirkende Künd-Schutz steht auch einem **Ersatzmitglied** zu, das anstelle eines vorübergehend verhinderten Mitglieds in das Gremium nachgerückt und später wieder aus diesem ausgeschieden ist. Es ist hier allerdings eine **Ausnahme** für den Fall zu machen, dass das vorübergehend nachgerückte **Ersatzmitglied** während der **gesamten Dauer** des Vertretungsfalls entweder selber **verhindert** war oder aus anderen Gründen keine Tätigkeit innerhalb des Gremiums ausgeübt hat, etwa weil solche **Tätigkeiten nicht angefallen** sind. Wenn das Ersatzmitglied keinerlei Tätigkeiten innerhalb des Gremiums erledigt hat, so konnte es während des gesamten Vertretungsfalls auch zu keinerlei Konflikten mit dem AG kommen und das Ersatzmitglied ist auch bei einem kürzeren Vertretungsfall nicht durch eine Amtsausübung in seiner beruflichen Entwicklung zurückgeworfen worden. Nach Sinn und Zweck des Gesetzes besteht deshalb kein Anlass, einem solchen Ersatzmitglied den nachwirkenden Künd-Schutz zu gewähren.[93]

---

82 BAG 17.1.1979 – 5 AZR 891/77 – AP § 15 KSchG 1969 Nr. 5; BAG 9.11.1977 – 5 AZR 175/76 – AP § 15 KSchG 1969 Nr. 3.
83 BAG 17.1.1979 – 5 AZR 891/77 – AP § 15 KSchG 1969 Nr. 5; BAG 9.11.1977 – 5 AZR 175/76 – AP § 15 KSchG 1969 Nr. 3.
84 BAG 17.1.1979 – 5 AZR 891/77 – AP § 15 KSchG 1969 Nr. 5.
85 BAG 9.11.1977 – 5 AZR 175/76 – AP § 15 KSchG 1969 Nr. 3; BAG 6.9.1979 – 2 AZR 548/77 – AP § 15 KSchG 1968 Nr. 7; KDZ/*Kittner/Deinert*, § 15 KSchG Rn 19.
86 Dagegen *Löwisch/Spinner*, § 15 Rn 34.
87 BAG 12.2.2004 – 2 AZR 163/03 – DB 2004, 1508; BAG 5.9.1986 – 7 AZR 175/85 – BAGE 53, 23 = AP § 15 KSchG 1969 Nr. 26; KDZ/*Kittner/Deinert*, § 15 KSchG Rn 19.

88 BAG 7.10.2004 – 2 AZR 81/04 – AP § 15 KSchG 1969 Nr. 56; a.A. KR/*Etzel*, § 15 KSchG Rn 18a; KPK/*Bengelsdorf*, § 15 Rn 17.
89 BAG 5.9.1986 – 7 AZR 175/85 – BAGE 53,23 = AP § 15 KSchG 1969 Nr. 26; HWK/*Quecke*, § 15 Rn 22.
90 Str. wie hier KR/*Etzel*, § 15 KSchG Rn 66; APS/*Linck*, § 15 KSchG Rn 143; a.A. *Löwisch/Spinner*, § 15 Rn 20.
91 BAG 5.9.1986 – 7 AZR 175/85 – BAGE 53, 23 = AP § 15 KSchG 1969 Nr. 26; für die Verkürzung *Löwisch/Spinner*, § 15 Rn 18 m.w.N.
92 LAG Niedersachsen 15.5.1991 – DB 1991, 2248; HaKo-KSchR/*Fiebig*, § 15 KSchG Rn 87.
93 BAG 6.9.1979 – 2 AZR 548/77 – AP § 15 KSchG 1969 Nr. 7; KR/*Etzel*, § 15 KSchG Rn 65a; KR/*Etzel*, § 103 BetrVG Rn 49; *Stahlhacke/Preis/Vossen*, Rn 1621; DFL/*Etzel*, § 15 KSchG Rn 29.

Der nachwirkende Künd-Schutz von **Wahlvorstandsmitgliedern** und **Wahlbewerbern** für die Dauer von sechs   41
Monaten nach Bekanntgabe des Wahlergebnisses hat nur zur Voraussetzung, dass die Wahlvorstandsmitglieder ordnungsgemäß bestellt waren bzw. die Wahlbewerber ordnungsgemäß aufgestellt waren. Wenn sich die **Wahl** später als **nichtig** erweist, steht dies dem nachwirkenden Künd-Schutz nicht entgegen.[94] Auch bei einem **vorzeitigen Ausscheiden** der Wahlvorstandsmitglieder und Wahlbewerber erlöscht der nachwirkende Künd-Schutz nicht, er tritt vielmehr ab dem Zeitpunkt des Ausscheidens aus dem Amt als Wahlvorstandsmitglied bzw. aus der Funktion als Wahlbewerber für die Dauer von sechs Monaten ein.[95] Ausnahmsweise entfällt er lediglich für Wahlvorstandsmitglieder, wenn der Wahlvorstand durch gerichtliche Entscheidung durch einen anderen Wahlvorstand ersetzt worden ist (Abs. 3 S. 2 Hs. 2).

II. Zulässigkeit der ordentlichen Kündigung

1. Ausschluss. § 15 schließt bei allen besonders geschützten AN sowohl während der Dauer der Amtszeit, als   42
auch während des Nachwirkungszeitraums und für die Dauer des Schutzes der Wahlinitiatoren die ordentliche Künd grds. aus und lässt diese nur unter Einschränkungen im Fall der Betriebsstilllegung und der Stilllegung einer Betriebsabteilung zu (Abs. 4 und 5). Im Gesetzeswortlaut ist die ordentliche Künd zwar nicht angesprochen. Der **Ausschluss** der **ordentlichen Künd** ergibt sich aber aus der jeweils gewählten Formulierung, die durchgehend auf die Zulässigkeit allein einer „Kündigung aus wichtigem Grund ohne Einhaltung einer Kündigungsfrist" abstellt.[96] Die danach gem. Abs. 1 bis 3a während des Schutzzeitraums lediglich zulässige Künd ist, wie der Vergleich mit § 626 BGB zeigt, eine außerordentliche Künd aus wichtigem Grund. **Abs. 4 und 5** als **Ausnahmevorschriften** zu den vorhergehenden Absätzen des § 15 stellen demgegenüber nicht mehr auf den wichtigen Grund ab und betreffen damit ordentliche Künd, zu deren Ausspruch auch während der Amtszeit des Betreffenden keine Zustimmung der AN-Vertretung erforderlich ist.[97] Das **Verbot** der ordentlichen Künd ist dabei **umfassend**. Ausgeschlossen sind alle Formen von Künd, insb. also – wenn man dieser Differenzierung folgen möchte – die Massenbeendigungs-Künd, die Einzelbeendigungs-Künd, die Massenänderungs-Künd und die Einzeländerungs-Künd. Die Teil-Künd wird nur deshalb von dem Verbot nicht umfasst, weil sie ohnehin unzulässig ist und, soweit man sie für zulässig halten kann, keine echte Künd darstellt.

Maßgebend für den Sonder-Künd-Schutz ist, ob der AN bei Zugang der Künd zu dem durch § 15 geschützten Per-   43
sonenkreis gehört.[98] Eine **Abmahnung**, die dem AN noch während des Schutzzeitraums zugeht, bleibt wirksam, auch wenn sie eine nach Ablauf der Schutzfrist auszusprechende verhaltensbedingte Künd vorbereiten soll.[99]

2. Kündigung bei Betriebsstilllegung (Abs. 4). Im Fall der **Betriebsstilllegung** ist nach Abs. 4 die ordentliche   44
Künd der durch die Abs. 1 bis 3 geschützten AN zulässig. Es kann sich nur um ein Redaktionsversehen handeln, wenn in Abs. 3a hinsichtlich der **Wahlinitiatoren** nicht auf Abs. 4 Bezug genommen ist. Dem Gesetzgeber kann nicht unterstellt werden, dass er die Wahlinitiatoren insoweit stärker schützen wollte als etwa ordentliche BR-Mitglieder.[100] Die Einschränkung des Sonder-Künd-Schutzes bei Betriebsstilllegung trägt dem Umstand Rechnung, dass kein schutzwürdiges Interesse mehr erkennbar ist, die AN-Vertreter zu schützen, wenn mit der Auflösung der Betriebsgemeinschaft keine AN mehr vorhanden sind, die vertreten werden könnten. Außerdem würde es grundrechtlich geschützte Positionen des AG (Art. 12 GG) beeinträchtigen, wollte man von ihm verlangen, auch nach einer Betriebsstilllegung möglicherweise jahrelang Mitglieder von AN-Vertretungen weiterzubezahlen oder gar weiterzubeschäftigen, obwohl ein Betrieb mit zu vertretenden AN nicht mehr besteht.

a) Stilllegung des Betriebs. Unter **Betriebsstilllegung** ist die Auflösung der zwischen AG und AN bestehenden   45
Betriebs- und Produktionsgemeinschaft zu verstehen.[101] Betrieb ist dabei eine organisatorische Einheit, innerhalb derer der AG mit seinen AN durch Einsatz technischer und immaterieller Mittel bestimmte arbeitstechnische Zwecke fortgesetzt verfolgt, die sich nicht in der Befriedigung von Eigenbedarf erschöpfen.[102] Ein Betrieb kann auch als **gemeinschaftlicher Betrieb** mehrerer Unternehmen geführt werden. Ein Gemeinschaftsbetrieb mehrerer rechtlich selbstständiger Unternehmen liegt vor, wenn die beteiligten Unternehmen einen einheitlichen Leitungsapparat ge-

---

94 KR/*Etzel*, § 15 KSchG Rn 67.
95 BAG 9.10.1986 – 2 AZR 650/85 – AP § 15 KSchG 1969 Nr. 23; *v. Hoyningen-Huene/Linck*, § 15 Rn 51; KR/*Etzel*, § 15 KSchG Rn 68; *Löwisch/Spinner*, § 15 Rn 58 f.
96 BAG 20.1.1984 – 7 AZR 443/82 – AP § 15 KSchG 1969 Nr. 16.
97 BAG 20.1.1984 – 7 AZR 443/82 – AP § 15 KSchG 1969 Nr. 16.
98 ErfK/*Kiel*, § 15 KSchG Rn 23; *v. Hoyningen-Huene/Linck*, § 15 Rn 50 ff.
99 BAG 30.1.1979 – 1 AZR 342/76 – AP § 87 BetrVG 1972 Betriebsbuße Nr. 2; BAG 19.7.1983 – 1 AZR 307/81 – AP § 87 BetrVG 1972 Betriebsbuße Nr. 5; BAG 6.8.1981 – 6 AZR 505/78 – AP § 37 BetrVG 1972 Nr. 39; KR/*Etzel*, § 15 KSchG Rn 15; dagegen KDZ/*Kittner/Deinert*, § 15 KSchG Rn 34.
100 BAG 12.3.2009 – 2 AZR 47/08; 4.11.2004 – 2 AZR 96/04 – AP § 15 KSchG 1969 Nr. 57.
101 BAG 21.6.2001 – 2 AZR 137/00 – AP § 15 KSchG Nr. 50; BAG 19.6.1991 – 2 AZR 127/91 – AP § 1 KSchG 1969 Betriebsbedingte Kündigung Nr. 53; *Löwisch/Spinner*, § 15 Rn 62; APS/*Linck*, § 15 KSchG Rn 160; DFL/*Etzel*, § 15 KSchG Rn 37; KDZ/*Kittner/Deinert*, § 15 KSchG Rn 61 (vgl. § 106 Abs. 3 Nr. 6, § 111 S. 2 Nr. 1 BetrVG).
102 BAG 15.3.2001 – 2 AZR 151/00 – EzA § 23 KSchG Nr. 23; APS/*Linck*, § 15 KSchG Rn 158.

schaffen haben, der sich auf die wesentlichen AG-Funktionen in sozialen und personellen Angelegenheiten erstreckt.[103] Die erforderliche Führungsvereinbarung kann konkludent geschlossen werden und sich aus der gemeinsamen Handhabung der AG-Funktionen im sozialen und personellen Bereich ergeben. Eine lediglich konzernrechtliche Leitungsmacht ist allerdings nicht geeignet, auf eine derartige Führungsvereinbarung schließen zu lassen.[104] Ein **Betrieb** wird **stillgelegt**, wenn der oder die Betriebsinhaber ihre wirtschaftliche Betätigung in der ernsthaften Absicht einstellen, den bisherigen Betriebszweck dauernd oder für eine ihrer Dauer unbestimmte, wirtschaftlich nicht unerhebliche Zeitspanne nicht weiter zu verfolgen.[105] Problematisch sind hierbei stets die Fälle der **vorübergehenden Aufgabe des Betriebszwecks**.[106] Hat der Betriebsinhaber vor, den Betrieb in absehbarer Zeit wiederzueröffnen, so spricht dies zunächst gegen eine Stilllegungsabsicht und für die Planung lediglich einer Betriebsunterbrechung (wegen Auftragsmangels während der Winterperiode, bei einem erforderlichen Umbau der Betriebsgebäude etc.). Der Entschluss, nach einer erheblichen Dauer der Unterbrechung den Betriebszweck weiterzuverfolgen, kann jedoch je nach den Umständen einen Stilllegungsbeschluss bedeuten, wenn die unternehmerische Entscheidung sich ohne vollständige Auflösung der Betriebsgemeinschaft nicht in zumutbarer Weise verwirklichen lässt. Hierzu reicht jedoch die Stilllegung mit der Absicht einer Wiedereröffnung nach wenigen Monaten regelmäßig nicht aus.

Im Bereich der öffentlichen Verwaltung ist der Begriff des „Betriebs" durch den Begriff der Dienststelle zu ersetzen.[107]

46 **b) Entschluss zur Stilllegung.** Der Entschluss zur Stilllegung muss **unwiderruflich** getroffen sein. Dies ist etwa dann nicht der Fall, wenn einem Reinigungsunternehmen sein einziger Auftrag gekündigt wird und es noch mit dem Auftraggeber in Verhandlungen über die Neuerteilung des Auftrags steht. Hier ist, wenn der AG allen AN wegen Betriebsstilllegung kündigt, noch gar nicht sicher, ob der Betrieb, was der AG bei erneuter Auftragserteilung vorhat, nicht doch ohne Unterbrechung fortgeführt wird.[108]

47 Bei dem Stilllegungsbeschluss kommt es nicht auf dessen **gesellschaftsrechtliche Wirksamkeit** an. Wenn der geschäftsführende Gesellschafter einer juristischen Person in der Lage ist, einen von ihm einmal gefassten Stilllegungsbeschluss auch tatsächlich bis zur endgültigen Stilllegung durchzusetzen, scheitert die Wirksamkeit einer entsprechenden Künd nicht etwa daran, dass zu einem gesellschaftsrechtlich wirksamen Stilllegungsbeschluss die Zustimmung des minderjährigen Kommanditisten oder deren gerichtliche Ersetzung erforderlich gewesen wäre.[109]

48 **c) Abgrenzung zum Betriebsübergang.** Schwierig ist im Einzelfall oft die Abgrenzung zwischen Betriebsstilllegung und **Betriebsübergang**. Betriebsstilllegung und Betriebsübergang schließen einander aus.[110] Im Fall des Betriebsübergangs kommt es gerade nicht zur Betriebsstilllegung, weil der Betriebsübernehmer nach **§ 613a BGB** in die Rechte und Pflichten des bisherigen Inhabers eintritt.[111] Häufig ist es jedoch der Fall, dass bei einer wirtschaftlichen Notlage des AG zunächst beide Alternativen erwogen werden, also gleichzeitig über eine Betriebsstilllegung nachgedacht und ein Betriebsübernehmer gesucht wird. Dann ist es oft schwer, im Prozess abzugrenzen, ob eine Künd wegen einer unbedingt getroffenen Stilllegungsentscheidung ausgesprochen worden ist und sich dann erst später „völlig überraschend" ein Betriebsübernehmer gemeldet hat oder ob die Fortführung des Betriebes durch den Betriebsübernehmer ohne wesentliche Unterbrechung nicht doch dafür spricht, dass eine Betriebsübernahme unter möglichst weitgehender Ausschaltung der Rechtsfolgen des § 613a BGB von vornherein geplant war. An die **Darlegungslast** des AG, dass ein Stilllegungsentschluss gefasst worden ist,[112] dass eine Betriebsübernahme nicht mehr zur Diskussion stand und dass die Stilllegung bei Ausspruch der Künd bereits greifbare Formen angenommen hatte, sind deshalb gesteigerte Anforderungen zu stellen.[113]

---

103 BAG 18.10.2000 – 2 AZR 494/99 – AP § 15 KSchG Nr. 49; BAG 29.4.1999 – 2 AZR 352/98 – AP § 23 KSchG Nr. 21; APS/*Linck*, § 15 KSchG Rn 168; *Löwisch/Spinner*, § 15 Rn 69.
104 BAG 18.10.2000 – 2 AZR 494/99 – AP § 15 KSchG Nr. 49.
105 BAG 21.6.2001 – 2 AZR 137/00 – AP § 15 KSchG 1969 Nr. 50; BAG 25.9.1997 – 8 AZR 493/96 – AP § 15 KSchG 1969 Nr. 39; BAG 3.7.1986 – 2 AZR 68/85 – AP § 613a BGB Nr. 53.
106 BAG 21.6.2001 – 2 AZR 137/00 – AP § 15 KSchG 1969 Nr. 50; BAG 27.4.1995 – 8 AZR 200/94 – EzA § 1 KSchG Betriebsbedingte Kündigung Nr. 83; DFL/*Etzel*, § 15 KSchG Rn 40.
107 BAG 22.9.2005 – 2 AZR 544/04 – AP § 15 KSchG 1969 Nr. 59.
108 BAG 12.2.2002 – 2 AZR 256/01 – AP § 1KSchG Betriebsbedingte Kündigung Nr. 120.
109 BAG 5.4.2001 – 2 AZR 696/99 – AP § 1 KSchG Betriebsbedingte Kündigung Nr. 117; BAG 11.3.1998 – 2 AZR 414/97 – AP § 111 BetrVG 1972 Nr. 43.
110 HaKo-KSchR/*Fiebig*, § 15 KSchG Rn 108 m.w.N.
111 BAG 16.5.2002 – 8 AZR 319/01 – AP § 613a BGB Nr. 237 m.w.N.
112 BAG 23.3.1984 – 7 AZR 409/82 – AP § 1 KSchG 1969 Betriebsbedingte Kündigung Nr. 38; BAG 25.11.1981 – 7 AZR 382/79 – AP § 15 KSchG 1969 Nr. 11; DW/*Trappehl/Seitz*, § 15 Rn 95; v. Hoyningen-Huenel/*Linck*, § 15 Rn 157f.; KDZ/*Kittner/Deinert*, § 15 KSchG Rn 62; DFL/*Etzel*, § 15 KSchG Rn 40.
113 BAG 27.9.1984 – 2 AZR 309/83 – AP § 613a BGB Nr. 39: tatsächliche Vermutung gegen Stilllegungsabsicht bei Wiedereröffnung nach wenigen Monaten.

d) Verlegung des Betriebs. Die nicht unerhebliche räumliche Verlegung des Betriebes stellt selbst bei Weiterverfolgung des bisherigen Betriebszwecks eine Betriebsstilllegung dar, wenn die alte **Betriebsgemeinschaft aufgelöst** wird und der AG im Wesentlichen eine neue Belegschaft anstellt. Folgt allerdings der wesentliche Teil der Belegschaft an die neue Betriebsstätte, so scheidet eine Betriebsstilllegung aus.[114]

e) Gemeinsamer Betrieb. Bei einem gemeinsamen Betrieb mehrerer Unternehmen (z.B. Produktions-GmbH und Vertriebs-GmbH) ist eine Betriebsstilllegung erst in der völligen Einstellung des Betriebes zu sehen. Fällt das eine Unternehmen in **Insolvenz**, so **erlischt** damit die **Führungsvereinbarung**.[115] Der Insolvenzverwalter kann deshalb den Teilbetrieb des insolventen Unternehmens stilllegen, ohne dass die AN eine Weiterbeschäftigung in dem anderen Betriebsteil oder eine entsprechende Sozialauswahl verlangen könnten.

f) Personalverfassung. Die Regelungen zur Betriebsstilllegung gelten sinngemäß auch für den Bereich der Personalverfassung.[116] Dort tritt lediglich an die Stelle des Begriffs „Betrieb" der Begriff **„Dienststelle"**. Dienststellen sind die einzelnen Behörden, Verwaltungsstellen, Betriebe von öffentlich-rechtlichen Verwaltungen sowie die Gerichte (§ 6 Abs. 1 BPersVG).

g) Weiterbeschäftigung in einem anderen Betrieb. Abs. 4 stellt zwar ersichtlich eine **abschließende Regelung** der ordentlichen Künd der geschützten Personen bei Betriebsstilllegung dar. Dies führt dazu, dass die §§ 1 ff. neben dieser Vorschrift grds. nicht anwendbar sind. Für eine lediglich ergänzende Funktion der Abs. 4 und 5 zum allg. Künd-Schutz nach §§ 1 ff. besteht im Gesetz kein Anhaltspunkt. Dies würde auf den ersten Blick eine entsprechende Anwendung der erst nachträglich in das Gesetz eingefügten Vorschrift des § 1 Abs. 2 S. 2 auf die nach § 15 besonders geschützten AN verbieten. Eine solche Auslegung würde aber den Sinn und Zweck des § 15 verfehlen. Diese Vorschrift soll den Künd-Schutz der AN gegenüber dem allg. Künd-Schutz verstärken, die sich im Rahmen der Betriebsverfassung oder Personalvertretung engagiert haben. Eine teilweise Verschlechterung des Künd-Schutzes dieser Personen war vom Gesetzgeber ersichtlich nicht beabsichtigt. Abs. 4 und 5 enthalten deshalb eine Lücke, die durch ergänzende Auslegung geschlossen werden muss. Die ordentliche Künd nach Abs. 4 und 5 ist damit auch dann unzulässig, wenn eine **Weiterbeschäftigung** des AN in einem **anderen Betrieb** des **Unternehmens** nach den zu § 1 Abs. 2 S. 2 entwickelten Grundsätzen möglich ist.[117] Ob dann eine Sozialauswahl mit vergleichbaren AN des anderen Betriebs stattzufinden hat, ist umstr. Grds. ist jedoch von einem Vorrang des Mandatsträgers auszugehen.[118] Die ergänzende Auslegung des § 15 darf in diesem Punkt allerdings auch nicht zu einer Verbesserung gegenüber den zu § 1 Abs. 2 S. 2 entwickelten Grundsätzen führen. So hat der AN entgegen *Houben*[119] keinen Anspruch aus § 1 Abs. 2 S. 2 auf Weiterbeschäftigung auf einem höherwertigen Arbeitsplatz. Eine Pflicht des AG, in einem anderen Betrieb des Unternehmens oder gar im Konzern – mit Amtsverlust – für einen geschützten AN einen Arbeitsplatz frei zu kündigen, besteht i.d.R. nicht. Eine erweiterte konzernweite Weiterbeschäftigungspflicht kann aber ausnahmsweise bei tariflicher Unkündbarkeit und entsprechender Tarifregelung in Betracht kommen.[120]

h) BR-Anhörung, PR-Beteiligung. Hinsichtlich der Anhörung des BR zu der auszusprechenden ordentlichen Künd bzw. der entsprechenden Beteiligung des PR bestehen keine Besonderheiten. Bei einem **Widerspruch** des BR kommt deshalb auch ein **Weiterbeschäftigungsanspruch** des AN in Betracht, wenn etwa die Weiterbeschäftigung auf einem anderen Arbeitsplatz im selben Betrieb möglich ist.[121]

i) Ausspruch der Kündigung. Sind die Voraussetzungen des Abs. 4 erfüllt, kann der AG nach ordnungsgemäßer Anhörung des BR bzw. Beteiligung des PR unter Einhaltung der einschlägigen Künd-Frist ordentlich kündigen. Die Künd setzt wie bei § 1 Abs. 2 nicht voraus, dass eine Betriebsstilllegung schon vollzogen ist. Ausreichend ist, dass ein ernsthafter Entschluss des AG zur Betriebsstilllegung vorliegt und die Stilllegung bereits **„greifbare Formen"** angenommen hat. Eine vernünftige betriebswirtschaftliche Betrachtung muss die **Prognose** rechtfertigen, dass nach Ablauf der Künd-Frist zum Künd-Termin die Betriebsstilllegung durchgeführt ist und deshalb die Arbeitskraft des Betreffenden nicht mehr benötigt wird.[122]

---

114 BAG 6.11.1959 – 1 AZR 329/58 – AP § 13 KSchG 1951 Nr. 15; APS/*Linck*, § 15 KSchG Rn 165.
115 BAG 19.11.2003 – 7 AZR 11/03 – AP § 1 BetrVG 1972 Gemeinsamer Betrieb Nr. 19.
116 *Löwisch/Spinner*, § 1 Rn 69, § 15 Rn 77.
117 BAG 13.8.1992 – 2 AZR 22/92 – AP § 15 KSchG Nr. 32; BAG 20.1.1984 – 7 AZR 443/82 – AP § 15 KSchG 1969 Nr. 16; BAG 22.9.2005 – 2 AZR 544/04 – AP § 15 KSchG 1969 Nr. 59; *v. Hoyningen-Huene/Linck*, § 15 KSchG Rn 166f; KR/*Etzel*, § 15 KSchG Rn 93.
118 BAG 2.3.2006 – 2 AZR 83/05 – AE 2007, 70; BAG 22.9.2005 – 2 AZR 544/04 – juris; BAG 16.9.1982 – 2 AZR 271/80 – AP § 22 KO Nr. 4; KDZ/*Kittner/Deinert*, § 15 KSchG Rn 74.
119 NZA 2008, 851, 855.
120 BAG 2.3.2006 – 2 AZR 83/05; APS/*Linck*, § 15 KSchG Rn 172; a.A. HaKo-KSchR/*Fiebig*, § 15 KSchG Rn 123; *Leuchten*, NZA 2007,586.
121 HaKo-KSchR/*Fiebig*, § 15 KSchG Rn 138 str.
122 BAG 23.3.1984 – 7 AZR 409/82 – ZIP 1984, 1521; BAG 3.4.1987 – 7 AZR 66/86 – NZA 1988, 37; BAG 19.6.1991 – 2 AZR 127/97 – EzA § 1 KSchG Betriebsbedingte Kündigung Nr. 70.

55 j) **Kündigungsfrist, Kündigungstermin.** Während sich die **Künd-Frist** wie bei jeder anderen Künd nach den gesetzlichen, tarifvertraglichen oder arbeitsvertraglichen Regelungen richtet bzw. im Insolvenzfall aus § 113 Abs. 1 InsO ergibt (drei Monate zum Monatsende, wenn nicht eine kürzere Frist maßgeblich ist), trifft Abs. 4 für den **Künd-Termin** eine Sonderregelung. Grds. ist frühester Künd-Termin der **Zeitpunkt** der **Stilllegung** des Betriebes. Die AN-Vertretung soll damit bis zur endgültigen Abwicklung der Stilllegung die AN-Interessen möglichst wie bisher wahrnehmen können. Der Gesetzeswortlaut legt die Auslegung nahe, dass sich nicht einfach die ordentliche Künd-Frist bis zum Zeitpunkt der tatsächlichen Betriebsstilllegung verlängert, die möglicherweise mitten im Monat zwischen zwei Künd-Terminen abgeschlossen sein kann, sondern dass der AG den **nächsten** nach Gesetz, TV oder Arbeitsvertrag zulässigen **Künd-Termin nach** Abschluss der **Stilllegung** wählen muss.[123] Auch wenn sich die Betriebsstilllegung über den ursprünglich ins Auge gefassten Stilllegungstermin hinaus **verzögert**, wirkt die Künd zum nächst zulässigen Termin, der nach der tatsächlichen Stilllegung liegt.[124] Erfolgt die **Betriebsstilllegung in Etappen**, dürfen die nach § 15 geschützten AN grds. erst mit der letzten Gruppe entlassen werden.[125] Anderes soll gelten, wenn lediglich nach Abschluss einer sonst vollständig durchgeführten Betriebsstilllegung einige wenige AN mit **Abwicklungs- oder Aufräumungsarbeiten** für kurze Zeit weiterbeschäftigt werden, und die Entscheidung des AG, den besonders geschützten AN nicht mit diesen Arbeiten zu betrauen, billigem Ermessen entspricht.[126]

56 k) **Entlassung vor der Stilllegung.** Die **Voraussetzungen** dafür, dass der AG ausnahmsweise berechtigt ist, den AN-Vertreter nach Abs. 4 **vor Abschluss** der **Stilllegung zu entlassen**, dürften nur ganz selten vorliegen. Erforderlich sind „**zwingende**" betriebliche Erfordernisse. Dies stellt einen besonders strengen Maßstab dar.[127] Regelmäßig hat die Sicherstellung einer Kontinuität der BR-Arbeit bis zum Stilllegungszeitpunkt den – etwa finanziellen – Interessen des AG an einer Künd vorzugehen. Denkbar ist hier allenfalls der seltene Fall, dass der betreffende AN im Betrieb nur auf einem Arbeitsplatz einsetzbar war, dieser vorzeitig wegfällt und eine Weiterbeschäftigung mit anderen Arbeiten mangels entsprechender Qualifikation nicht in Betracht kommt.[128] **Freigestellten BR- oder PR-Mitgliedern** kann ohnehin nur frühestens zum Zeitpunkt der Betriebsstilllegung gekündigt werden, denn sie bleiben bis zum Abschluss der Stilllegung freigestellt. Ein stufenweiser Wegfall von Beschäftigungsmöglichkeiten im Betrieb betrifft sie damit nicht.[129]

57 Da Abs. 4 auf den Zeitpunkt der tatsächlichen Betriebsstilllegung abstellt, beurteilt sich hier die Wirksamkeit der Künd abweichend etwa vom Maßstab des § 1 Abs. 2 nicht ausschließlich nach den Umständen bei Ausspruch der Künd. Verzögert sich die Betriebsstilllegung, so wirkt die Künd zum nächst zulässigen Termin. **Unterbleibt** eine **Betriebsstilllegung** aufgrund einer späteren Entwicklung vollständig, so kann die Künd das Arbverh nicht beenden.[130] Der Künd-Termin „frühestens zur Stilllegung" kann dann nicht mehr eintreten. Jedenfalls darf der AG den AN-Vertreter nicht entlassen und auf einen Wiedereinstellungsanspruch verweisen.[131]

58 l) **Prozessuale Fragen.** Macht der AN die Unwirksamkeit einer Künd nach Abs. 4 geltend, so handelt es sich zwar, weil § 1 neben § 15 nicht anwendbar ist, um eine Unwirksamkeit der Künd aus anderen als den in § 1 Abs. 2 und 3 bezeichneten Gründen. Bei einem Künd-Zugang ab 1.1.2004 muss der durch § 15 geschützte AN die Unwirksamkeit der Künd allerdings ebenfalls innerhalb der **Klagefrist** des § 4 S. 1 durch entsprechende **Feststellungsklage** geltend machen, wenn er die Heilung des Mangels nach § 7 vermeiden will. Die **Darlegungslast** für die Voraussetzungen einer Künd nach Abs. 4 trägt der AG.[132] Er muss insb. die Voraussetzungen einer Betriebsstilllegung, den Stilllegungszeitpunkt und etwaige zwingende Gründe für die Künd vor tatsächlicher Betriebsstilllegung substantiiert darlegen. Auch insoweit gelten allerdings, insb. hinsichtlich anderweitiger Weiterbeschäftigungsmöglichkeiten, die Grundsätze der abgestuften Darlegungslast.

59 **3. Kündigung bei Stilllegung einer Betriebsabteilung (Abs. 5).** Wird nicht der ganze Betrieb, sondern lediglich eine **Betriebsabteilung** stillgelegt, so geht der Sonder-Künd-Schutz nach Abs. 5 weiter als der nach Abs. 4. Der

---

123 BAG 25.9.1997 – 8 AZR 493/96 – AP § 15 KSchG 1969 Nr. 39; BAG 23.4.1980 – 5 AZR 49/78 – AP § 15 KSchG 1969 Nr. 8.
124 BAG 25.9.1997 – 8 AZR 493/96 – AP § 15 KSchG 1969 Nr. 39; BAG 23.4.1980 – 5 AZR 49/78 – AP § 15 KSchG 1969 Nr. 8.
125 BAG 26.10.1967 – 2 AZR 422/66 – AP § 13 KSchG Nr. 17; v. *Hoyningen-Huene/Linck*, § 15 Rn 171; KR/*Etzel*, § 15 KSchG Rn 102.
126 BAG 21.11.1985 – 2 AZR 33/85 – RzK II 1g Nr. 4; BAG 14.10.1982 – 2 AZR 568/80 – AP § 1 KSchG 1969 Konzern Nr. 1; ArbG Solingen ZIP 1996,1389.
127 KR/*Etzel*, § 15 KSchG Rn 103; HK/*Dorndorf*, § 15 Rn 137 m.w.N.; *Thüsing/Laux/Lembke/Thüsing*, § 15 Rn 129 f.
128 *Fitting* u.a., BetrVG § 103 Rn 19; KR/*Etzel*, § 15 KSchG Rn 103; BBDK/*Dörner*, § 15 Rn 88; APS/*Linck*, § 15 KSchG Rn 179 (nicht finanzielle Gründe).
129 HWK/*Quecke*, § 15 KSchG Rn 58; ErfK/*Kiel*, § 15 Rn 42; KDZ/*Kittner/Deinert*, § 15 KSchG Rn 70. Zu dem Fall des Absinkens der AN-Zahl unter die einschlägigen Mindestfreistellungsstaffeln (z.B. § 38 Abs. 1 BetrVG, § 46 Abs. 4 BPersVG) vgl. im Einzelnen KR/*Etzel*, § 15 KSchG Rn 108.
130 BAG 23.4.1980 – 5 AZR 49/78 – AP § 15 KSchG 1969 Nr. 8; ErfK/*Kiel*, § 15 KSchG Rn 40; zweifelnd HWK/*Quecke*, § 15 KSchG Rn 59.
131 Vgl. die Rspr. zu §§ 17 ff. KSchG; KR/*Etzel*, § 15 KSchG Rn 109; a.A. DW/*Trappehl/Seitz*, § 15 KSchG Rn 94 nur Wiedereinstellung.
132 HaKo-KSchR/*Fiebig*, § 15 KSchG Rn 145.

besonders geschützte AN-Vertreter ist grds. in eine **andere Betriebsabteilung** zu **übernehmen**. Die harte Formulierung des Gesetzes („ist ... zu übernehmen") weist darauf hin, dass der Gesetzgeber zum Schutz der Kontinuität der BR-Arbeit davon ausgeht, dass, wenn lediglich eine Betriebsabteilung stillgelegt wird, eine Künd nur ausnahmsweise zulässig ist. Dies wird bestätigt durch die Regelung des Abs. 5 S. 2, der die Künd-Voraussetzung aufstellt, die Übernahme in eine andere Betriebsabteilung müsse aus betrieblichen Gründen **nicht möglich** sein. Der AG hat deshalb **alle** nur erdenklichen **Möglichkeiten** auszuschöpfen, eine Künd des betreffenden AN-Vertreters zu vermeiden.[133]

a) Betriebsabteilung. Eine Betriebsabteilung i.S.v. Abs. 5 ist ein organisatorisch abgegrenzter Teil eines Betriebes, der eine personelle Einheit erfordert, dem eigene technische Betriebsmittel zur Verfügung stehen und der einen eigenen Betriebszweck verfolgt, der auch in einem bloßen Hilfszweck bestehen kann.[134] Bei räumlich weiter auseinander liegenden Einheiten kann die Abgrenzung schwierig sein, ob es sich um verschiedene Abteilungen eines einheitlichen Betriebes oder um selbstständige Betriebe handelt. Nach Sinn und Zweck des Abs. 5 hat die Abgrenzung danach zu erfolgen, welche Teileinheiten der BR repräsentiert.[135] Haben z.B. verschiedene Betriebsabteilungen den BR des Gesamtbetriebs mitgewählt, sind sie auch dann als Betriebsabteilung i.S.v. Abs. 5 anzusehen, wenn es sich um selbstständige Betriebsteile i.S.v. § 4 Abs. 1 BetrVG handelt, die einen eigenen BR hätten wählen können; durch die Stilllegung einer der Betriebsabteilungen wird die Mitgliedschaft des betreffenden BR-Mitglieds oder sonstigen AN-Vertreters nicht berührt.[136]

b) Stilllegung. Die Stilllegung einer Betriebsabteilung bestimmt sich nach den gleichen Grundsätzen wie die Stilllegung des Gesamtbetriebs. Stillgelegt wird eine Betriebsabteilung, wenn der AG die Weiterverfolgung des von der betreffenden Betriebsabteilung verfolgten Betriebszwecks dauernd oder für eine ihrer Dauer nach unbestimmte, wirtschaftlich aber nicht unerhebliche Zeitspanne aufgibt.[137] Dies ist bspw. der Fall, wenn eine Zeitung die bisher bestehende eigene Druckerei schließen und den Zeitungsdruck durch Werkvertrag selbstständigen Druckereien übertragen will. Häufig ist hier der Schließung selbstständiger Dienstleistungsabteilungen von Betrieben, etwa die Übertragung der Küche eines Krankenhauses auf ein selbstständiges Unternehmen, sofern nicht in diesen Fällen ein Betriebsübergang nach § 613a BGB vorliegt.[138]

c) Übernahme in eine andere Abteilung. Wichtigste Künd-Voraussetzung bei der Stilllegung einer Betriebsabteilung ist die **Pflicht des AG**, den besonders geschützten AN in eine andere Abteilung zu übernehmen. Zunächst sind dem AN alle **freien Arbeitsplätze** in den aufrecht erhaltenen Betriebsabteilungen anzubieten.[139] Dies schließt die Pflicht des AG ein, ggf. durch **Umverteilung** der noch zu erledigenden **Aufgaben** eine Weiterbeschäftigungsmöglichkeit für den betreffenden AN zu schaffen.[140] In erster Linie geht es dabei um **gleichwertige** Arbeitsplätze, Arbeitsplätze mit **geringerer Entlohnung** kommen allenfalls hilfsweise im Einverständnis mit dem AN in Betracht, wenn jede Weiterbeschäftigung zu gleichen Arbeitsbedingungen unmöglich ist. Zu einer Weiterbeschäftigung auf einem höherwertigen Arbeitsplatz ist der AG i.d.R. nicht verpflichtet (vgl. Rn 118).[141] Er hat allerdings stets auch für **zumutbare Übergangslösungen** zu sorgen.

Beispiel: Führt etwa die Weiterbeschäftigung in der anderen Betriebsabteilung dazu, dass der AN Schichtdienst leisten muss und den Arbeitsplatz bei einem Teil der Schichten mit öffentlichen Verkehrsmitteln nur unter unzumutbaren, erschwerten Bedingungen erreichen kann, so ist es dem AG regelmäßig zumutbar, dem AN durch vorübergehende Änderung des Schichtplans die Möglichkeit einzuräumen, seine Fahrprüfung nachzuholen.[142]

Auch eine Möglichkeit zur **Weiterbeschäftigung** in einem **anderen Betrieb des Unternehmens** schließt dabei die Künd aus.[143]

d) Freikündigung. Die Rspr. hat anerkannt, dass je nach den Umständen auch eine Pflicht des AG besteht, in einer der fortbestehenden Betriebsabteilungen einen **Arbeitsplatz** für den AN mit Sonder-Künd-Schutz **frei zu kündigen,**

---

133 BAG 25.11.1981 – 7 AZR 382/79 – AP § 15 KSchG 1969 Nr. 11; HaKo-KSchR/*Fiebig*, § 15 KSchG Rn 125.
134 BAG 12.3.2009 – 2AZR 47/08.
135 Im Einzelnen APS/*Linck*, § 15 KSchG Rn 182f.; HK/*Dorndorf*, § 15 Rn 152; *v. Hoyningen-Huene/Linck*, § 15 Rn 179.
136 BAG 3.6.2004 – 2 AZR 577/03 – AP § 102 BetrVG 1972 Nr. 141; KR/*Etzel*, § 15 KSchG Rn 122.
137 BAG 20.1.1984 – 7 AZR 443/82 – AP § 15 KSchG 1969 Nr. 16.
138 BAG 26.9.2002 – 2 AZR 636/01 – AP § 1 KSchG 1969 Betriebsbedingte Kündigung Nr. 124 (Bad Bramstedt).
139 BAG 13.8.1992 – 2 AZR 22/92 – AP § 15 KSchG 1969 Nr. 32.
140 BAG 12.3.2009 2 AZR 47/08; 18.10.2000 – 2 AZR 494/99 – AP § 15 KSchG Nr. 49 „freimachen"; BAG 25.11.1981 – 7 AZR 382/79 – AP § 15 KSchG Nr. 11.
141 BAG 1.2.1957 – 1 AZR 478/54 – AP § 13 KSchG Nr. 5; KDZ/*Kittner/Deinert*, § 15 KSchG Rn 77; KR/*Etzel*, § 15 KSchG Rn 127; a.A. Houben, NZA 2008, 851, 855.
142 BAG 27.9.2001 – 2 AZR 487/00 – NZA 2002, 815 (McDonald).
143 BAG 13.8.1992 – 2 AZR 22/92 – AP § 15 KSchG 1969 Nr. 32; LAG Nürnberg 10.3.1994 – 8 Sa 142/94 – LAGE § 15 KSchG Nr. 10; ErfK/*Kiel*, § 15 KSchG Rn 45a; einschränkend *Löwisch/Spinner*, § 15 Rn 78.

wenn sonst keine geeignete Weiterbeschäftigungsmöglichkeit besteht, die einen Fortbestand der Mitgliedschaft in dem Gremium, dem der Betreffende angehört, sicherstellt.[144] Mit Urteil vom 2.3.2006[145] hat das Bundesarbeitsgericht unter Hinweis auf den Wortlaut und den Sinn und Zweck des § 15 hervorgehoben, dass dem Mandatsträger gegenüber anderen Arbeitnehmern grundsätzlich ein Vorrang für eine Weiterbeschäftigung eingeräumt werden soll. Das Kollegialorgan Betriebsrat soll möglichst vor einer **Auszehrung und persönlichen Inkontinuität** geschützt werden. Daraus folgt zugleich, dass die Frei-Künd eines anderen Arbeitsplatzes nicht in Betracht kommt, wenn es nur um die Weiterbeschäftigung in einem anderen Betrieb des Unternehmens geht. In den Einzelheiten ergeben sich schwierige Fragen.

65 Das Gesetz verneint eine Übernahmeverpflichtung, wenn sie aus betrieblichen Gründen nicht möglich ist. Danach dürfte ein völliger Austausch sämtlicher in der anderen Abteilung beschäftigten AN regelmäßig nicht in Betracht kommen.[146] Abgelehnt worden ist das Begehren eines BR-Mitglieds, der beim Bestehen eines geeigneten freien Arbeitsplatzes in einer anderen Betriebsabteilung vom AG verlangt hat, für ihn einen aus seiner Sicht noch günstigeren Arbeitsplatz in einer dritten Betriebsabteilung frei zu kündigen.[147] Entsprechendes dürfte gelten, wenn der Mandatsträger einen Arbeitnehmer verdrängen würde, der selbst **besonderen Kündigungsschutz** genießt (Schwangerschaft, Schwerbehinderung, wohl nicht tariflicher Kündigungsschutz)[148] oder wenn nur ein Zeitraum von wenigen Monaten zu überbrücken ist.

66 Anerkannt ist die Verpflichtung zur Freikündigung für den Fall, dass der AN, dessen Arbeitsplatz in Frage kommt, noch nicht die Wartezeit nach § 1 Abs. 1 zurückgelegt hat und deshalb keinen Künd-Schutz genießt.[149] Nach einer verbreiteten Ansicht[150] sind die **sozialen Belange** des betreffenden Arbeitnehmers gegen die Interessen der Belegschaft und des durch § 15 geschützten Arbeitnehmers abzuwägen. Für eine solche Abwägungspflicht sprechen jedenfalls gute Argumente. Wenn das Gesetz in Abs. 5 S. 2 von **„betrieblichen" Gründen** spricht, so sind damit ersichtlich nicht „dringende betriebliche Erfordernisse" i.S.d. § 1 Abs. 2 gemeint. Vielmehr sind in einem allgemeineren Sinne Umstände in der wirtschaftlich-betrieblichen Sphäre angesprochen. Diese können technischer Natur sein, es ist aber jedenfalls vom Wortlaut her nicht ausgeschlossen, darunter auch schutzwerte Interessen konkurrierender Arbeitnehmer zu verstehen. Der Gesetzgeber sieht einen absoluten Kündigungsschutz in den Fällen des Abs. 4 und 5 gerade nicht vor. Außerdem betrachtet das Gesetz in Fällen von Arbeitsplatzkonkurrenz zwischen zwei oder mehreren Arbeitnehmern die Abwägung der Interessen offenbar als Modell zur Lösung des Konkurrenzkonflikts. Für diese Abwägung sieht der Gesetzgeber, wie sich aus § 1 Abs. 3 S. 1 ergibt, soziale Gesichtspunkte als die geeigneten Maßstäbe an. Der Gesetzgeber hat in Abs. 4 und 5 anerkannt, dass ungeachtet der an sich bestehenden ordentlichen Unkündbarkeit betriebliche Fallgestaltungen möglich sind – nämlich Betriebsstilllegung und Abteilungsstilllegung –, in denen auch dem nach Abs. 1 bis 3 geschützten Arbeitnehmer gekündigt werden kann. Insofern liegt es nahe, bei der Lösung des durch die Übernahmepflicht entstehenden Konkurrenzkonflikts diejenigen Erwägungen, die der Gesetzgeber zur Lösung des ähnlich gelagerten Konflikts in der Sozialauswahl bei betriebsbedingter Kündigung angewandt wissen will, jedenfalls nicht völlig beiseite zu schieben. Immerhin handelt es sich gegenüber demjenigen Arbeitnehmer, dessen Beschäftigungsmöglichkeit zugunsten des Mandatsträgers „aufgeopfert" werden soll, um einen massiven Eingriff: Er verliert seinen kündigungsgeschützten Arbeitsplatz, obwohl ihm gegenüber „an sich" kein Kündigungsgrund vorliegt.

67 In die danach erforderliche **Abwägung** sind grundsätzlich alle in Betracht kommenden Interessen der von dem Konflikt betroffenen Beteiligten einzubeziehen: Dies sind zum einen die sozialen Gesichtspunkte aufseiten der beiden betroffenen Arbeitnehmer, daneben die Belange des Arbeitgebers und das Interesse an der personellen Kontinuität des Betriebsrates. Dieses Interesse hat der Gesetzgeber indes durch § 15 ganz besonders hervorgehoben, so dass es auch in der Abwägung erheblichen Vorrang genießen muss.[151] Es erscheint deshalb jedenfalls problematisch, wenn sogar der Kenntnisreichtum eines Betriebsratsmitglieds oder die fehlende Akzeptanz des Betriebsrats in der Belegschaft Eingang in die Überlegungen finden sollen.[152] Keine Pflicht zur Freikündigung dürfte außerdem bezogen auf die in Abs. 3 und 3a genannten Personen bestehen, soweit sie nur noch nachwirkenden Schutz genießen (z.B. nicht gewählte Wahlbewerber). Ihr Ausscheiden in diesem Zeitraum gefährdet die Kontinuität der BR-Arbeit nicht.

---

144 BAG 12.3.2009 – 2 AZR 47/08; 18.10.2000 – 2 AZR 494/99 – AP § 15 KSchG 1969 Nr. 49; BAG 28.10.1999 – 2 AZR 437/98 – AP § 15 KSchG 1969 Nr. 44; a.A. BBDK/*Dörner*, § 15 Rn 99 ff.; *Leuchten*, NZA 2007, 585.
145 BAG 2.3.2006 – 2 AZR 83/05 – AP § 15 KSchG 1969 Nr. 61.
146 Vgl. Sächsisches LAG 19.2.2003 – 3 Sa 1064/01 – juris.
147 BAG 18.10.2000 – 2 AZR 494/99 – AP § 15 KSchG 1969 Nr. 49; dagegen ErfK/*Kiel*, § 15 KSchG Rn 45a.
148 Vgl. HaKo/*Fiebig*, § 15 KSchG Rn 125; hierzu BAG 12.3.2009 – 2 AZR 47/08.
149 BAG 18.10.2000 – 2 AZR 494/99 – AP § 15 KSchG 1969 Nr. 49.
150 LAG Düsseldorf 15.9.2005 – 11 Sa 788/05 – juris; vom BAG bisher offen gelassen: BAG 12.3.2009 – 2 AZR 47/08 – m.w.N; KR/*Etzel*, § 15 KSchG Rn 126; ErfK/*Kiel*, § 15 Rn 45a ff.; a.A. etwa Thüsing/Laux/Lembke/*Thüsing*, KSchG § 15 Rn 124; KDZ/*Kittner/Deinert*, § 15 KSchG Rn 77a; Kittner/Zwanziger/*Appel*, § 80 Rn 15.
151 BAG 12.3.2009 – 2 AZR 47/08; 2.3.2006 – 2 AZR 83/05 – AP § 15 KSchG 1969 Nr. 61.
152 Vgl. das Beispiel bei KR/*Etzel*, § 15 KSchG Rn 126 und LAG Düsseldorf 15.9.2005 – 11 Sa 788/05 – juris.

Als gelöst kann die Frage gelten, nach welchen **Auswahlkriterien** eine nur begrenzte Zahl zur Verfügung stehender anderer Arbeitsplätze unter den geschützten Arbeitnehmern zu verteilen sind. In erster Linie sind aktive Betriebsratsmitglieder zu berücksichtigen, dann erst Ersatzmitglieder[153] und zuletzt Personen, für die ein Vollschutz nicht mehr eintreten kann (zurückgetretene BR-Mitglieder, Wahlinitiatoren, Mitglieder des Wahlvorstands). Innerhalb der dargestellten Gruppen dürfte eine Auswahl entsprechend § 1 Abs. 3 zu erfolgen haben.

e) Beteiligung des Betriebsrats bzw. des Personalsrats. Besteht die Möglichkeit, den besonders geschützten AN auf einen anderen Arbeitsplatz zu versetzen, so sind die **Mitwirkungsrechte** des BR bzw. PR bei **Versetzungen (insb. § 103 Abs. 3 BetrVG)** zu beachten.[154] Soweit die Versetzung nicht durch das Direktionsrecht gedeckt ist, kommt nur eine einverständliche Regelung oder eine Änderungs-Künd unter entsprechender Anhörung des BR bzw. Beteiligung des PR in Betracht.

f) Kündigungstermin. Jedenfalls ist eine Künd nach dem entsprechend anwendbaren Abs. 4 regelmäßig frühestens zum Zeitpunkt der Stilllegung der Betriebsabteilung möglich. I.Ü. gelten hinsichtlich des Künd-Termins und der prozessualen Geltendmachung die Ausführungen zu Abs. 4 (siehe Rn 55 ff.).

g) Widerspruch nach § 613a Abs. 6 BGB. Ein **Betriebsübergang** nach § 613 a BGB stellt **keine Betriebsstilllegung** dar, das Arbverh geht vielmehr mit allen Rechten und Pflichten auf den neuen Betriebsinhaber über. Ebenso wenig stellt es eine Stilllegung einer Betriebsabteilung dar, wenn ein Dritter eine Betriebsabteilung nach § 613a BGB übernimmt. Mit den Problemen bei Stilllegung des ganzen Betriebs oder einer Betriebsabteilung vergleichbare Schwierigkeiten treten allerdings auf, wenn der durch § 15 besonders geschützte AN bei einem Betriebsübergang von seinem **Widerspruchsrecht** nach **§ 613a Abs. 6 BGB** Gebrauch macht und für ihn in seinem bisherigen Beschäftigungsbetrieb keine Weiterbeschäftigungsmöglichkeit mehr besteht. Das BR-Amt in dem alten Betrieb erlischt regelmäßig mit dem Betriebsübergang und der bisherige AG sieht sich dann ehemaligen Mandatsträgern gegenüber, die er nicht mehr weiterbeschäftigen kann. Ihm bleibt nichts anderes übrig, als die „Abteilung" des alten Betriebes, in der die AN verblieben sind, die dem Betriebsübergang widersprochen haben, nunmehr endgültig zu „schließen". Es wird vom Regelungsgehalt des Abs. 4 und 5 umfasst, dass der AG auch in diesem Fall zum Zeitpunkt der endgültigen „Stilllegung" ordentlich ohne Zustimmung des entsprechenden Gremiums kündigen kann.[155] Legt man Abs. 4 und 5 entsprechend enger aus, so besteht jedenfalls eine verdeckte Regelungslücke und Abs. 5 ist auf diese Sachverhaltsgestaltung analog anzuwenden.

4. Abschließende Regelung. Über diesen Anwendungsbereich des Abs. 4 und 5 hinaus ist jede **ordentliche AG-Künd** bei den nach § 15 besonders geschützten AN **unzulässig**. Dies gilt – wie bereits unter Rn 14 ff. dargelegt – insb. auch für die sog. **Massenänderungs-Künd**.[156] Beabsichtigt der AG, allen AN des Betriebes oder zumindest einer größeren Anzahl von Mitarbeitern gegenüber eine Vertragsänderung durch Änderungs-Künd durchzusetzen, so steht ihm bei den Amts- bzw. Funktionsträgern des § 15 hierfür nur die Möglichkeit einer **außerordentlichen Künd** zu. Diese ist, da regelmäßig eine Aufrechterhaltung der alten Arbeitsbedingungen bis zum Ablauf der sonst einschlägigen ordentlichen Künd-Frist zumutbar ist, nur unter Gewährung einer **notwendigen Auslauffrist** zulässig.[157] Während der Amtszeit des Betreffenden ist nach Abs. 1 die Zustimmung des betreffenden Gremiums bzw. deren Ersetzung erforderlich.[158]

III. Außerordentlich fristlose Kündigung

1. Allgemeines. Trotz des Sonder-Künd-Schutzes bleibt nach § 15 sowohl während als auch außerhalb der Amtszeit des Betreffenden stets in dem Fall eine außerordentliche Künd zulässig, dass Tatsachen vorliegen, die den AG zur Künd aus wichtigem Grund ohne Einhaltung einer Künd-Frist berechtigen. Da das Gesetz ausdrücklich auf eine Künd ohne Künd-Frist abstellt, bezieht sich diese Ausnahme vom Sonder-Künd-Schutz in Abs. 1 S. 1, S. 2, Abs. 2 S. 1 und S. 2, Abs. 3 S. 1 und S. 2 und Abs. 3a S. 1 in erster Linie auf die Möglichkeit der **fristlosen Künd**.[159] Angesichts des engen Gesetzeswortlauts ist gesondert zu prüfen, ob und ggf. in welchem Umfang daneben überhaupt eine außerordentliche Künd mit notwendiger Auslauffrist zulässig sein kann.[160]

2. Wichtiger Grund. Hinsichtlich der Voraussetzungen des außerordentlich fristlosen Künd-Rechts nimmt § 15 auf den Begriff „wichtiger Grund" Bezug. Dies verweist i.Ü. auf **§ 626 BGB** und gleichlautende Bestimmungen

---

153 BAG 2.3.2006 – 2 AZR 83/05 – AP § 15 KSchG 1969 Nr. 61.
154 DKK/*Kittner/Bachner*, BetrVG, § 103 Rn 74 ff.; DW/*Trappehl/Seitz*, § 15 Rn 105.
155 BAG 18.9.1997 – 2 ABR 15/97 – AP § 103 BetrVG Nr. 35.
156 BAG 7.10.2004 – 2 AZR 81/04 – AP § 15 KSchG 1969 Nr. 56.
157 BAG 7.10.2004 – 2 AZR 81/04 – AP § 15 KSchG 1969 Nr. 56.
158 BAG 7.10.2004 – 2 AZR 81/04 – AP § 15 KSchG 1969 Nr. 56; a.A. *Stahlhacke*, in: FS Hanau 1999, S. 281.
159 ErfK/*Kiel*, § 15 KSchG Rn 24.
160 BAG 17.1.2008 – 2 AZR 821/06 – nur betriebsbedingt; KR/*Fischermeier*, § 626 BGB Rn 133, 302; BAG 10.2.1999 – 2 ABR 31/98 – AP § 15 KSchG 1969 Nr. 42; BAG 15.3.2001 – 2 AZR 624/99 – NZA-RR 2002, 20.

(§ 22 Abs. 2 Nr. 1 BBiG, §§ 64, 65 SeemG).¹⁶¹ Danach ist eine Künd aus wichtigem Grund ohne Einhaltung einer Künd-Frist zulässig, wenn Tatsachen vorliegen, aufgrund derer dem Kündigenden unter Berücksichtigung aller Umstände des Einzelfalles und unter Abwägung der Interessen beider Vertragsteile die Fortsetzung des Arbverh bis zum Ablauf der Künd-Frist oder bis zu der vereinbarten Beendigung des Arbverh nicht zugemutet werden kann.

75 **a) Prüfungsmaßstab.** Prüfungsmaßstab für die fristlose Künd ist dabei auch innerhalb des Künd-Schutzes im Rahmen der Betriebsverfassung und Personalvertretung nach § 15 die Frage, ob dem AG die Weiterbeschäftigung des betreffenden AN bis zum Ablauf der – hier **fiktiven – Künd-Frist** zugemutet werden kann.¹⁶² Damit werden die AN-Vertreter des § 15 im Rahmen der fristlosen Künd vergleichbaren AN ohne den besonderen Künd-Schutz gleichgestellt. Kann einem AN mit vergleichbaren Sozialdaten ohne den besonderen Künd-Schutz unter den gleichen Umständen fristlos gekündigt werden, so liegt auch ein Grund zur fristlosen Künd nach § 15 vor.¹⁶³

76 Dieses Ergebnis ist auch sachlich gerechtfertigt und vermeidet es, BR-Mitglieder und andere AN-Vertreter gegenüber dem Rest der Belegschaft zu begünstigen (vgl. § 78 S. 2 BetrVG).

77 **Beispiel:** Haben etwa ein BR-Mitglied und ein durch § 15 nicht geschützter AN gemeinschaftlich im Betrieb eine Unterschlagung begangen, so ist auch gegenüber dem BR-Mitglied eine fristlose Künd nach Abs. 1 gerechtfertigt, wenn dem AN ohne den besonderen Künd-Schutz mit vergleichbaren Sozialdaten etc. fristlos gekündigt werden kann. Es ist weder gerechtfertigt, das BR-Mitglied strenger zu behandeln als den anderen AN (etwa mit der Begründung, er hätte es besser wissen müssen), noch rechtfertigt es der Sonder-Künd-Schutz, die Tat des BR-Mitglieds in einem milderen Licht zu sehen.¹⁶⁴

78 **b) Verhaltensbedingte Gründe.** Als verhaltensbedingte Gründe zur fristlosen Künd kommen deshalb auch bei einem AN-Vertreter des § 15 grds. alle wichtigen Gründe in Betracht, die nach § 626 Abs. 1 BGB geeignet sind, eine fristlose, verhaltensbedingte Künd gegenüber einem sonstigen AN zu rechtfertigen.

79 **Beispiele:** Als Künd-Gründe seien etwa aufgeführt: Diebstahl, Unterschlagung, Spesenbetrug, Verdacht der Kassenmanipulation, sexuelle Belästigung einer Arbeitskollegin, beharrliche Arbeitsverweigerung und fortlaufendes zu spät Kommen nach mehrfacher Abmahnung.¹⁶⁵

80 **c) Verletzung von Amtspflichten.** Eine Besonderheit ist hier jedoch zu beachten: Wer im Rahmen der Betriebsverfassung oder der Personalvertretung tätig wird, hat sein Verhalten sowohl nach den **arbeitsvertraglichen Pflichten**, als auch nach seinen **Amtspflichten** auszurichten. Ein Fehlverhalten des Betreffenden ist deshalb zuerst darauf zu überprüfen, welche dieser Pflichten in erster Linie verletzt werden. Geht es etwa um Ehrverletzungen im Rahmen der BR-Tätigkeit, polemische Äußerungen des BR-Vorsitzenden auf einer Betriebsversammlung, den Aufruf zu einem wilden Streik oder ähnlichen Aktionen oder die fehlende konkrete Abmeldung bei dem betrieblichen Vorgesetzten bei Ausübung einer BR-Tätigkeit, so ist sorgfältig abzugrenzen, ob nur arbeitsvertragliche Pflichten oder nur Amtspflichten verletzt sind, oder ob eine Verletzung beider Pflichtenkreise vorliegt. Verletzt ein BR-Mitglied oder ein sonst durch § 15 geschützter AN-Vertreter seine Amtspflichten, so gibt dies dem AG ohne Hinzutreten weiterer Umstände nur das Recht, gemäß § 23 BetrVG oder den entsprechenden Vorschriften (z.B. § 28 BPersVG) einen Ausschluss des Betreffenden aus der AN-Vertretung wegen grober Amtspflichtverletzung bei dem zuständigen Gericht zu beantragen.¹⁶⁶ Eine Amtspflichtverletzung allein stellt keinen wichtigen Grund zur fristlosen Künd dar.¹⁶⁷ Es reicht hier regelmäßig auch nicht aus, dass der AG lediglich pauschal auf den Eintritt einer **Störung des Betriebsfriedens** hinweist, ohne einen konkreten Verstoß des Betreffenden gegen seine arbeitsvertraglichen Pflichten hinreichend zu konkretisieren.¹⁶⁸ Ein wichtiger Grund zur fristlosen Künd kann allein dann vorliegen, wenn die Amtspflichtverletzung gleichzeitig eine den Anforderungen des § 626 Abs. 1 BGB entsprechende Verletzung der arbeitsvertraglichen Pflichten darstellt (doppelt relevantes Fehlverhalten).¹⁶⁹

---

161 APS/*Linck*, § 15 KSchG Rn 121.
162 BAG 10.2.1999 – 2 ABR 31/98 – AP § 15 KSchG 1969 Nr. 42; BAG 15.3.2001 – 2 AZR 624/99 – NZA-RR 2002, 20; BAG 4.3.2004 – 2 AZR 147/03 – NZA 2004, 717; *Bröhl*, S. 130 f.; APS/*Linck*, § 15 KSchG Rn 127.
163 BAG 27.9.2001 – 2 AZR 487/00 – EzA § 15 KSchG Nr. 54; BAG 18.2.1993 – 2 AZR 526/92 – AP § 15 KSchG 1969 Nr. 35.
164 BAG 10.2.1999 – 2 ABR 31/98 – AP § 15 KSchG 1969 Nr. 42; APS/*Linck*, § 15 KSchG Rn 125 m.w.N.
165 S. die instruktive alphabetische Zusammenfassung in DFL/*Fischermeier*, § 626 BGB Rn 200; ErfK/*Kiel*, § 15 KSchG Rn 28; KDZ/*Kittner/Deinert*, § 15 KSchG Rn 37; APS/*Linck*, § 15 KSchG Rn 131.
166 BAG 21.2.1978 – 1 ABR 54/76 – AP § 74 BetrVG 1972 Nr. 1; BAG 3.12.1954 – 1 AZR 150/54 – AP § 13 KSchG 1951 Nr. 2; BAG 16.10.1986 – 2 ABR 71/85 – AP § 626 BGB Nr. 95.
167 BAG 22.8.1974 – 2 ABR 17/74 – AP § 103 BetrVG 1972 Nr. 1.
168 BAG 24.6.2004 – 2 AZR 63/03 – AP § 1 KSchG 1969 Verhaltensbedingte Kündigung Nr. 49.
169 BAG 21.2.1978 – 1 ABR 54/76 – AP § 74 BetrVG 1972 Nr. 1; BAG 2.4.1987 – 2 AZR 418/86 – AP § 626 BGB Nr. 96; BAG 26.5.1977 – 2 AZR 632/76 – AP § 611 BGB Beschäftigungspflicht Nr. 5.

d) Verletzung von Amtspflichten und Verhaltenspflichten. Sind Amtspflichten und arbeitsvertragliche Pflichten gleichermaßen verletzt, so ist bei der Interessenabwägung stets die **besondere Situation** des AN-Vertreters zu berücksichtigen.[170] AN-Interessen kann er regelmäßig nur sachgerecht vertreten, wenn er beherzt auftritt und ggf. auch einmal eine deutliche Sprache spricht. Die **Wahrnehmung** der berechtigten Interessen seiner Amtsausübung kann ihn deshalb in Konflikte zum AG und zu anderen Mitarbeitern führen, die unter anderen Umständen an eine arbeitsvertragliche Pflichtverletzung von einigem Gewicht denken ließen. Um nicht eine sachgemäße Vertretung der Interessen der AN zu behindern („Maulkorberlass"), sind deshalb stets die konkreten Umstände zu berücksichtigen, unter denen etwa die möglicherweise beleidigende Äußerung gefallen ist.[171] Regelmäßig wird dies dazu führen, dass bei einer Amtstätigkeit im Rahmen der Betriebsverfassung oder Personalvertretung ein milderer Maßstab anzulegen ist als bei einem sonstigen AN.[172] Letzteres gilt allerdings nicht, wenn die Pflichtverletzung des AN-Vertreters auch für ihn erkennbar den Rahmen einer korrekten Amtsführung verlässt, ein BR-Mitglied sich etwa zur vorsätzlichen Falschaussage in einem Rechtsstreit gegen den AG bereit erklärt.[173]

e) Personenbedingte Gründe. Eine fristlose Künd aus **personenbedingten** Gründen kommt beim Vorliegen eines Sonder-Künd-Schutzes regelmäßig ebenso wenig in Betracht wie bei einem sonstigen AN.[174] Ist ein im Rahmen der Betriebsverfassung oder Personalvertretung tätiger AN etwa **krankheitsbedingt** nicht mehr in der Lage, seine bisherige Arbeit zu verrichten, so ist es dem AG (Maßstab: „fiktive Künd-Frist") regelmäßig zumutbar, das Arbverh bis zum Ablauf der ohne den Sonder-Künd-Schutz einschlägigen Künd-Frist aufrecht zu erhalten.[175] Die gesetzlichen Vorschriften über die Entgeltfortzahlung regeln hier die Zumutbarkeit. Ist der Entgeltfortzahlungszeitraum bereits abgelaufen, so besteht erst recht kein wichtiger Grund, das Arbverh mit sofortiger Wirkung zu beenden. Nichts anderes gilt in dem Fall, dass der AN aus **anderen Gründen** (Wegfall erforderlicher Erlaubnisse, Untersuchungshaft, durch Alkohol bedingter Verlust der Fahrerlaubnis etc.) nicht beschäftigt werden kann. Ein wichtiger Grund zur fristlosen Künd liegt hier regelmäßig schon deshalb nicht vor, weil auch ein Zahlungsanspruch des AN nach § 615 BGB in derartigen Fällen i.d.R. nicht gegeben ist. **Extremfälle,** in denen man an ein Recht zur fristlosen personenbedingten Künd denken könnte (evtl. jahrelange Künd-Frist und berechtigtes Interesse des AG, kurzfristig eine betriebliche Lösung herbeizuführen), sind im Rahmen des § 15 nicht anders zu lösen als bei § 626 BGB. Wegen des Zustimmungserfordernisses während der Amtszeit dürfte ohnehin kaum ein praktischer Anwendungsbereich für eine derartige Künd-Möglichkeit bestehen.

f) Betriebsbedingte Gründe. Erst recht sind **betriebsbedingte** Gründe, die eine fristlose AG-Künd rechtfertigen können, kaum denkbar.[176] Selbst die Insolvenz stellt nach § 113 InsO lediglich einen Fall dar, in dem der Gesetzgeber die Künd-Fristen abgekürzt hat. Damit wird bestätigt, dass der AG regelmäßig das Unternehmerrisiko zu tragen hat, auch bei betrieblichen Erfordernissen, welche die Weiterbeschäftigung des AN sofort unmöglich machen, die ordentliche Künd-Frist einzuhalten (Unternehmerrisiko). Ein wichtiger betriebsbedingter Grund zur Beendigung des Arbverh nach § 15 „ohne Einhaltung einer Künd-Frist" scheidet deshalb regelmäßig aus.

IV. Außerordentliche Kündigung mit notwendiger Auslauffrist

1. Grundlagen. Wenn § 15 durchgängig die außerordentliche Künd aus wichtigem Grund zulässt, aber auf einen Grund zur Künd „ohne Einhaltung einer Kündigungsfrist" abstellt, so weist schon der Wortlaut darauf hin, dass für eine Künd aus wichtigem Grund unter Einhaltung einer **notwendigen Auslauffrist** nach Sinn und Zweck des Gesetzes nur ein verhältnismäßig kleiner Anwendungsbereich bleiben kann.[177] Insb. der Zweck des Sonder-Künd-Schutzes, dem AN-Vertreter eine Amtstätigkeit im Interesse der AN ohne Furcht vor unberechtigten Künd zu ermöglichen, würde in Frage gestellt, wenn durch die Möglichkeit einer außerordentlichen Künd mit notwendiger Auslauffrist der AG ein Instrument in die Hand bekäme, den Sonder-Künd-Schutz v.a. im Nachwirkungszeitraum, in dem kein Zustimmungserfordernis mehr besteht, zu unterlaufen.[178] **Maßstab** für die **Prüfung** einer außerordentlichen Künd mit notwendiger Auslauffrist gegenüber einem durch § 15 geschützten AN ist es, ob dem AG die **Weiterbeschäftigung**

---

170 BAG 10.2.1999 – 2 ABR 31/98 – AP § 15 KSchG 1969 Nr. 42; BAG 15.12.1977 – 3 AZR 184/76 – AP § 626 BGB Nr. 69; weitergehend KDZ/*Kittner/Deinert*, § 15 KSchG Rn 36 m.w.N.
171 ErfK/*Kiel*, § 15 KSchG Rn 30.
172 BAG 16.10.1986 – 2 ABR 71/85 – AP § 626 BGB Nr. 95; BAG 22.8.1974 – 2 ABR 17/74 – AP § 103 BetrVG 1972 Nr. 1; HWK/*Quecke*, § 15 KSchG Rn 47; APS/*Linck*, § 15 KSchG Rn 135; ErfK/*Kiel*, § 15 KSchG Rn 30; *BBDK/ Dörner*, § 15 Rn 47; einschränkend KR/*Etzel*, § 15 KSchG Rn 26a.
173 BAG 16.10.1986 – 2 ABR 71/85 – AP § 626 BGB Nr. 95; BAG 22.8.1974 – 2 ABR 17/74 – AP § 103 BetrVG 1972 Nr. 1; KR/*Etzel*, § 15 KSchG Rn 26b.

174 BAG 15.3.2001 – 2 AZR 624/99 – NZA-RR 2002, 20; BAG 18.2.1993 – 2 AZR 526/92 – AP § 15 KSchG 1969 Nr. 35.
175 BAG 15.3.2001 – 2 AZR 624/99 – NZA-RR 2002, 20.
176 BAG 5.2.1998 – 2 AZR 227/97 – AP § 626 BGB Nr. 143; HaKo-KSchR/*Fiebig*, § 15 KSchG Rn 162.
177 *Bröhl*, S. 42 ff.; KR/*Fischermeier*, § 626 BGB Rn 133, 302.
178 Bedenklich *Kiel/Koch*, Die Betriebsbedingte Kündigung, Rn 602, die § 103 BetrVG auch nicht anwenden wollen, so lange noch der volle Sonderkündigungsschutz besteht.

des Betreffenden bis zum **Ablauf** von dessen **Amtszeit** einschließlich des **Nachwirkungszeitraums** und der sich daran anschließenden **Künd-Frist** unter Einbeziehung der **Möglichkeit** einer **Wiederwahl** zumutbar ist.[179] Der Gesamtzusammenhang des § 15 zeigt bereits, dass ein Recht des AG zur außerordentlichen Künd mit notwendiger Auslauffrist nur ganz ausnahmsweise bestehen kann. Bei **betriebsbedingten** Künd-Gründen lässt der Gesetzgeber zwar ausnahmsweise eine Künd zu, beschränkt dies jedoch auf Fälle der Betriebsstilllegung und Stilllegung einer Betriebsabteilung. V.a. bei hiermit vergleichbaren Sachverhalten ist der Anwendungsbereich für eine außerordentliche Künd mit notwendiger Auslauffrist zu suchen. Dies betrifft Fälle, in denen die Unternehmerfreiheit in ähnlicher Weise beeinträchtigt ist, wie wenn der AG nach einer Stilllegung noch lange Zeit einen AN-Vertreter weiterbezahlen müsste, ohne ihn beschäftigen zu können.[180] **Massentatbestände** (Abschaffung zahlreicher vergleichbarer Arbeitsplätze, Streichung von Vergünstigungen gegenüber allen AN) können dabei vom Sinn und Zweck des Gesetzes her eher eine Künd aus wichtigem Grund rechtfertigen, als wenn der AG etwa versucht, eine Vertragsänderung allein gegenüber einem einzelnen AN-Vertreter durchzusetzen.[181] Entscheidet sich der AG, eine bestimmte Führungsebene im Unternehmen wegfallen zu lassen, so kann das Bedürfnis nach Angleichung der Arbeitsbedingungen des in der entsprechenden Funktion beschäftigten und nach § 15 geschützten Arbeitnehmers an die der übrigen Mitglieder der Gruppe grundsätzlich eine außerordentliche Kündigung mit notwendiger Auslauffrist rechtfertigen. Hier liegt das Schwergewicht der Prüfung auf der bei Anwendung des § 626 BGB erforderlichen Interessenabwägung.[182] Bei **personen-** und **verhaltensbedingten** Künd-Gründen kennt der gesetzliche Sonder-Künd-Schutz dem gegenüber keine Ausnahme. Deshalb kommt, wie das BAG[183] inzwischen bestätigt hat, eine außerordentliche Künd mit notwendiger Auslauffrist im Fall des § 15 bei verhaltensbedingten und wohl auch bei personenbedingten Künd-Gründen selbst in Extremfällen nicht in Betracht.

85 2. **Verhaltensbedingte Gründe.** Eine außerordentliche **Künd mit notwendiger Auslauffrist** gegenüber einem nach § 15 geschützten AN aus verhaltensbedingten Gründen ist **grds. unzulässig**. Die Interessen des AG sind hinreichend dadurch gewahrt, dass er die Möglichkeit einer fristlosen Künd und bei Amtspflichtverletzungen eines Ausschlussverfahrens etwa nach § 23 BetrVG hat. Liegt kein wichtiger Grund zur fristlosen Beendigung des Arbverh vor, so ist es dem AG regelmäßig zumutbar, den betreffenden AN bis zum Ablauf des Nachwirkungszeitraums weiterzubeschäftigen, zumal beim Verlust des Amtes durch gerichtliche Entscheidung eine Nachwirkung nicht eintritt. Ein Sachverhalt, bei dem ein verhaltensbedingter Künd-Grund unterhalb der Schwelle des wichtigen Grunds zur fristlosen Künd im Interesse des AG ein Zurücktreten des Schutzes des Amtes und der Amtsausübung des Betreffenden erforderlich machen würde, ist nur schwer vorstellbar.[184]

86 3. **Personenbedingte Gründe.** Vergleichbares gilt bei **personenbedingten** Künd-Gründen. Einem AN-Vertreter, der absehbar während der gesamten Dauer der restlichen Amtszeit infolge **Arbeitsunfähigkeit** nicht mehr arbeiten kann, wird der AG außerordentlich auch nicht mit notwendiger Auslauffrist kündigen können.[185] Eine Wiederwahl dürfte in derartigen Fällen, da ein völliger krankheitsbedingter Ausfall regelmäßig auch die BR-Arbeit unmöglich macht oder zumindest erheblich beeinträchtigt, ohnehin kaum in Betracht kommen. Bei **anderen personenbedingten Künd-Gründen** (Verlust der Fahrerlaubnis etc.) wird der AG für **zumutbare Übergangslösungen** zu sorgen haben.[186]

87 4. **Betriebsbedingte Gründe.** Betriebsbedingte Künd-Gründe können nach der Rspr. zur Zulässigkeit einer außerordentlichen Künd mit notwendiger Auslauffrist führen.[187] Bei Abschaffung einer bestimmten Tätigkeit (Kassenaufsicht, Heizer auf Dampfloks) im gesamten Unternehmen ist es dem AG unzumutbar, allein ein BR-Mitglied in der abgeschafften Position weiterzubeschäftigen oder entsprechend weiterzubezahlen. Eine solche Begünstigung (§ 78 S. 2 BetrVG) gegenüber den übrigen AN ist dem AG nicht zumutbar. Vergleichbare Fälle sind denkbar bei **Änderungs-Künd zur Entgeltsenkung** gegenüber allen AN.[188] Hier ist allerdings zu berücksichtigen, dass die außerordentliche Künd nach § 626 BGB im Gegensatz zu der gegenüber den anderen AN zulässigen ordentlichen betriebsbedingten Künd nach § 1 Abs. 2 stets eine **Interessenabwägung** voraussetzt, bei der die besondere Interessensituation des

---

179 BAG 7.10.2004 – 2 AZR 81/04 – AP § 15 KSchG 1969 Nr. 56.
180 BAG 21.6.1995 – 2 ABR 28/94 – AP § 15 KSchG 1969 Nr. 36.
181 BAG 21.6.1995 – 2 ABR 28/94 – AP § 15 KSchG 1969 Nr. 36; BAG 7.10.2004 – 2 AZR 81/04 – AP § 15 KSchG 1969 Nr. 56.
182 BAG 17.3.2005 – 2 ABR 2/04 – AP § 15 KSchG 1969 Nr. 58.
183 BAG 23.4.2008 – 2 ABR 71/07 – juris; ablehnend LAG Schleswig-Holstein 15.8.2006 – 6 Sa 467/05 – juris und *Bröhl*, S. 42 ff.
184 *Bröhl*, S. 46, 174.
185 Vgl. BAG 17.1.2008 – 2 AZR 821/06 – juris; BAG – 18.2.1993 – 2 AZR 526/92 – AP § 15 KSchG 1969 Nr. 35; BAG 9.9.1992 – 2 AZR 190/92 – AP § 626 BGB Krankheit Nr. 3; *Otto*, EwiR 1994, 177; *Weber/Lohr*, BB 1999, 2350.
186 *Bröhl*, S. 46, 174.
187 BAG 21.6.1995 – 2 ABR 28/94 – AP § 15 KSchG 1969 Nr. 36; BAG 7.10.2004 – 2 AZR 81/04 – AP § 15 KSchG 1969 Nr. 56.
188 Vgl. hierzu KR/*Etzel*, § 15 KSchG Rn 21a.

§ 15 mit zu berücksichtigen ist. Wegen des Ausnahmecharakters einer derartigen Künd ist hier durchaus eine mögliche Weiterbeschäftigung auf einem höherwertigen Arbeitsplatz in Betracht zu ziehen.[189]

Massentatbestände kommen dabei immer eher als wichtiger Grund zur außerordentlichen Künd in Betracht als ein betriebsbedingter Grund, der ein Vorgehen des AG allein gegen den betreffenden AN-Vertreter rechtfertigen kann.[190] Eine sog. **Einzeländerungs-Künd** oder gar eine **Einzelbeendigungs-Künd** als außerordentliche Künd mit notwendiger Auslauffrist gegenüber einem nach § 15 besonders geschützten AN ist vom Schutzzweck des § 15 her deshalb **regelmäßig** als **unzulässig** anzusehen.

V. § 626 Abs. 2 BGB

Rspr. und Lehre wenden § 626 Abs. 2 BGB auf die außerordentliche Künd im Rahmen des § 15 auch im Fall der Erforderlichkeit eines Zustimmungsersetzungsverfahrens entsprechend an.[191] Nach § 626 Abs. 2 BGB kann eine außerordentliche Künd nur innerhalb von **zwei Wochen** erfolgen, nachdem der Künd-Berechtigte von den für die Künd maßgebenden Tatsachen **Kenntnis erlangt** hat. Der gesetzlichen Verwirkungsvorschrift des § 626 Abs. 2 BGB ist auch in den Fällen der Künd aus wichtigem Grund nach § 15 unter Berücksichtigung der dortigen Besonderheiten Rechnung zu tragen.

Bei einer **fristlosen Künd** während der Amtszeit des AN-Vertreters muss der AG rechtzeitig innerhalb der Frist des § 626 Abs. 2 BGB entweder nach Zustimmung die Künd aussprechen oder das gerichtliche Zustimmungsverfahren einleiten.[192] Dies bedeutet, dass der **Antrag** auf **Zustimmung** zur Künd **spätestens am zehnten Tag** nach Kenntniserlangung von den Künd-Tatsachen beim BR bzw. PR gestellt sein muss. Damit kann die AN-Vertretung die ihr zustehende Äußerungsfrist (regelmäßig drei Tage) ausnutzen und der AG kann nach Ablauf der Äußerungsfrist noch **innerhalb der Ausschlussfrist** des § 626 Abs. 2 BGB **kündigen** oder bei Ablehnung der Zustimmung beim Gericht einen **Zustimmungsersetzungsantrag** stellen.[193] Kommt es zum Zustimmungsersetzungsverfahren, so muss der AG grds. die Rechtskraft der gerichtlichen Entscheidung abwarten und dann im Fall der Zustimmungsersetzung **unverzüglich** kündigen.[194] Die Rspr. hat es ausnahmsweise zugelassen, dass der AG schon kündigt, wenn das LAG ohne Zulassung der Rechtsbeschwerde die Zustimmung ersetzt hat.[195] Er geht damit aber das Risiko ein, dass die Rechtsbeschwerde durch das Bundesarbeitsgericht zugelassen wird und deshalb noch keine rechtskräftige Zustimmungsersetzung vorliegt. Ob der Grundsatz eines fairen Verfahrens es in diesem Fall zulässt, dass die Gerichte das bisherige Zustimmungsersetzungsverfahren im Hinblick auf die ausgesprochene Künd als erledigt behandeln und einen neuen Antrag auf Zustimmungsersetzung fordern, scheint zweifelhaft.[196] Endet die Amtszeit des Funktionsträgers während des Zustimmungsersetzungsverfahrens, muss der AG unverzüglich kündigen.[197] Im Rahmen des Zustimmungsersetzungsverfahrens kann der AG auch noch solche Umstände zur Begründung des Antrags heranziehen, die erst während des laufenden Verfahrens entstanden sind. Allerdings muss er vor der Einführung dieser Umstände das Zustimmungsersetzungsverfahren dem BR Gelegenheit geben, seine Stellungnahme im Lichte der neuen Tatsachen zu überprüfen.[198]

Bei einer außerordentlichen Künd mit notwendiger Auslauffrist aus betriebsbedingten Gründen ist zu berücksichtigen, dass es sich bei den betriebsbedingten und personenbedingten Künd-Gründen, die allenfalls als wichtiger Grund zu einer solchen Künd berechtigen können, regelmäßig um **Dauertatbestände** handelt.[199] Ist Künd-Grund, dass der AG ohne eine solche Künd-Möglichkeit ein sinnentleertes Arbverh sonst über einen langen Zeitraum hinweg nur durch Gehaltszahlungen aufrecht erhalten müsste, so realisiert sich die Unzumutbarkeit mit jeder Gehaltszahlung von Neuem. Auch nach Ablauf von zwei Wochen ab Kenntnis von den Künd-Tatsachen (z.B. Stilllegungsabsicht) kann deshalb regelmäßig gekündigt werden, solange der Dauerzustand anhält. Eine **Verwirkung** des Künd-Rechts ist allerdings stets zu prüfen, wobei dem AG nicht entgegengehalten werden kann, dass er sich längere Zeit erfolglos um andere Lösungen (Weiterbeschäftigung an anderer Stelle, Umschulung etc.) bemüht hat.[200]

---

189 *Löwisch/Spinner*, § 15 Rn 49; nur insoweit zutr. *Houben*, NZA 2008, 851,855; vgl. *Bröhl*, S. 159.
190 *Bröhl*, S. 175.
191 BAG 20.3.1975 – 2 ABR 111/74 – AP § 103 BetrVG 1972 Nr. 2; BAG 18.8.1977 – 2 ABR 19/77 – AP § 103 BetrVG 1972 Nr. 10; BAG 24.10.1996 – 2 AZR 3/96 – AP § 103 BetrVG 1972 Nr. 32.
192 BAG 18.8.1977 – 2 ABR 19/77 – AP § 103 BetrVG 1972 Nr. 10; HaKo-KSchR/*Fiebig*, § 15 KSchG Rn 166.
193 BAG 24.10.1996 – 2 AZR 3/96 – AP § 103 BetrVG 1972 Nr. 32; HWK/*Quecke*, § 15 KSchG Rn 48.
194 BAG 24.10.1996 – 2 AZR 3/96 – AP § 103 BetrVG 1972 Nr. 32; BAG 20.3.1975 – 2 ABR 111/74 – AP § 103 BetrVG 1972 Nr. 2.
195 BAG 25.1.1979 – 2 AZR 983/77 – AP § 103 BetrVG 1972 Nr. 12; BAG 25.10.1989 – 2 AZR 342/89 – RzK II 3 Nr. 17.
196 *Diller*, NZA 2004, 579.
197 HWK/*Quecke*, § 15 KSchG Rn 51.
198 BAG – 23.4.2008 – 2 ABR 71/07 – juris.
199 BAG 21.3.1996 – 2 AZR 455/95 – AP § 626 BGB Krankheit Nr. 8; BAG 5.2.1998 – 2 AZR 227/97 – AP § 626 BGB Nr. 143; *Bröhl*, S. 187 ff.
200 BAG 13.5.2004 – 2 AZR 36/04 – DB 2004, 2273.

C. Verbindung zu anderen Rechtsgebieten und zum Prozessrecht

I. Prozessuale Fragen

92 **1. Klagefrist.** Ab 1.1.2004 (Zeitpunkt des Künd-Zugangs) muss der durch § 15 besonders geschützte AN die Nichtigkeit der Künd innerhalb der **Klagefrist** des **§ 4 S. 1** durch entsprechende **Feststellungsklage** geltend machen. Nach § 13 Abs. 3 n.F. sind die §§ 4 bis 7 auch auf eine aus anderen als den in § 1 Abs. 2 und 3 bezeichneten Gründen unwirksame Künd anwendbar.

93 **a) Ordentliche Arbeitgeberkündigung.** Hat der AG ordentlich gekündigt, ohne die erforderliche Zustimmung des Gremiums einzuholen, etwa weil er eine Massenänderungs-Künd nicht für zustimmungsbedürftig gehalten hat, so ist dieser Unwirksamkeitsgrund innerhalb der **dreiwöchigen Frist** der §§ 4 S. 1, 13 Abs. 3 geltend zu machen. Gleiches gilt im Nachwirkungszeitraum. Hier ist zwar keine Zustimmung bzw. Zustimmungsersetzung erforderlich, die ordentliche Künd aber ebenfalls unzulässig. Ob in einem solchen Fall die **Umdeutung** der ordentlichen Künd **in eine außerordentliche Künd mit notwendiger Auslauffrist** zu prüfen ist, ist zweifelhaft.[201] Hierfür könnte sprechen, dass die neuere Rspr. die außerordentliche Künd mit notwendiger Auslauffrist in ihren Rechtsfolgen weitgehend an die ordentliche Künd angepasst hat. Beruft sich der AG im Prozess auf eine solche Umdeutung, so sollte der AN klarstellen, dass sich seine Klage – selbstverständlich – auch gegen eine außerordentliche Künd mit notwendiger Auslauffrist richtet. Im Prozess ist jedenfalls vorab zu prüfen, ob eine derartige Umdeutung nicht bereits an dem Erfordernis der eindeutigen Bezeichnung der Künd-Erklärung in der BR-Anhörung nach § 102 BetrVG scheitert.

94 **b) Außerordentliche Kündigung ohne Zustimmung.** Hat der AG die erforderliche Zustimmung der AN-Vertretung nicht eingeholt oder nach verweigerter Zustimmung kein Zustimmungsersetzungsverfahren beim Gericht eingeleitet, so ist auch dieser Mangel vom AN innerhalb der Drei-Wochen-Frist der §§ 4 S. 1, 13 Abs. 3 geltend zu machen.[202] Gleiches gilt, wenn der BR funktionsunfähig ist (z.B. Künd gegenüber dem einzig verbliebenen BR-Mitglied) und der AG deshalb entsprechend § 103 Abs. 2 BetrVG verpflichtet ist, die Zustimmungsersetzung unmittelbar beim Arbeitsgericht zu beantragen, er dies aber unterlassen hat.[203] Im Verfahren sollte der AN neben der fehlenden Zustimmung auch sämtliche anderen Unwirksamkeitsgründe (Fehlen des wichtigen Grundes, Versäumung der Frist des § 626 Abs. 2 BGB) geltend machen. Letzteres ist wichtig, da nach § 13 Abs. 1 S. 3 ein **Antrag auf Auflösung** gegen Zahlung einer Abfindung (§ 9 KSchG) nach h.M. nicht gestellt werden kann, wenn der AN mit seiner Künd-Schutzklage ausschließlich das Fehlen der erforderlichen Zustimmung der AN-Vertretung geltend macht.[204]

95 **c) Außerordentliche Kündigung nach erteilter bzw. ersetzter Zustimmung.** Ist die erforderliche **Zustimmung** der AN-Vertretung **erteilt** oder durch das Gericht ersetzt, so hat der nach § 15 besonders geschützte AN nach Ausspruch der Künd wie jeder andere AN nach §§ 13 Abs. 1 S. 2, 4 S. 1 die dreiwöchige Klagefrist einzuhalten. Als Unwirksamkeitsgrund kommt hier neben dem Fehlen des wichtigen Grundes v.a. die Nichteinhaltung der zweiwöchigen Künd-Erklärungsfrist des **§ 626 Abs. 2 BGB** in Betracht. Insb. ist zu prüfen, ob der AG nach **Ersetzung der Zustimmung** durch das Gericht **unverzüglich** gekündigt hat. Der wichtige Grund hat demgegenüber nach einer durch das Gericht ersetzten Zustimmung im Künd-Schutzprozess geringere Bedeutung. Die rechtskräftige **Ersetzung der Zustimmung** des BR nach § 103 BetrVG hat für den nachfolgenden Künd-Schutzprozess **präjudizielle Wirkung**.[205] Die Arbeitsgerichte sind im Künd-Schutzprozess grds. an die im Beschlussverfahren getroffene Feststellung gebunden, dass die außerordentliche Künd unter Berücksichtigung aller Umstände gerechtfertigt ist. Künd-Voraussetzungen, deren Nichtvorliegen im Zeitpunkt der letzten mündlichen Verhandlung im Zustimmungsersetzungsverfahren den Schluss auf die Unwirksamkeit der beabsichtigten Künd zulassen, hat der AN deshalb schon im Zustimmungsersetzungsverfahren geltend zu machen. Von wenigen Ausnahmen abgesehen (z.B. Fehlen nachträglich einzuholender Zustimmung des Integrationsamtes zur Künd eines Schwerbehinderten) kann sich der AN deshalb im Künd-Schutzprozess nicht auf solche Tatsachen berufen, die er in dem Zustimmungsersetzungsverfahren erfolglos geltend gemacht hat oder hätte geltend machen können.[206]

96 **2. Zustimmungs- und Zustimmungsersetzungsverfahren.** Das Zustimmungserfordernis ist für den Sonderschutz im Rahmen der Betriebsverfassung in **§ 103 BetrVG**, für die Personalvertretung in **§§ 47 Abs. 1, 108 Abs. 1 BPersVG** (i.V.m. den entsprechenden Vorschriften der Landespersonalvertretungsgesetze[207]) geregelt. Auf die Kommentierung zu diesen Vorschriften kann verwiesen werden. Der persönliche Geltungsbereich dieser Vorschriften entspricht § 15. Zu beachten ist, dass das Zustimmungserfordernis nicht während der Nachwirkungs-

---

201 BAG 25.3.2004 – 2 AZR 153/03 – BB 2004, 2203.
202 HaKo-KSchR/*Fiebig*, § 15 KSchG Rn 213.
203 BAG 23.8.1984 – 2 AZR 391/83 – AP § 103 BetrVG 1972 Nr. 17; BAG 16.12.1982 – 2 AZR 76/81 – AP § 15 KSchG 1969 Nr. 13; *Stahlhacke/Preis/Vossen*, Rn 1679.
204 BAG 23.1.1958 – 2 AZR 71/56 – AP § 13 KSchG Nr. 11; *v. Hoyningen-Huene/Linck*, § 15 Rn 146; KR/*Friedrich*, § 13 Rn 413 ff.; a.A. KR/*Etzel*, § 15 Rn 38.
205 BAG 10.12.1992 – 2 ABR 32/92 – AP § 87 ArbGG 1979 Nr. 4.
206 BAG 11.5.2000 – 2 AZR 276/99 – AP § 103 BetrVG 1972 Nr. 42; zum Nachschieben von Künd-Gründen vgl. *Stahlhacke/Preis/Vossen*, Rn 1674 m.w.N.
207 APS/*Linck*, § 15 KSchG Rn 151 ff.

phase besteht. Zustimmungsbedürftig sind alle Künd mit Ausnahme der ordentliche Künd nach Abs. 4 und 5. Eine Künd nach Abs. 4 und 5 ist auch dann nicht zustimmungsbedürftig, wenn sie allein wegen tariflicher ordentlicher Unkündbarkeit außerordentlich ausgesprochen werden muss.[208]

Ist die Zustimmung erteilt, so ist die Prüfung im anschließenden Künd-Schutzprozess eine umfassende. Neben dem Vorliegen eines wichtigen Grundes und der Einhaltung der Ausschlussfrist des § 626 Abs. 2 BGB ist hier v.a. auch die **Wirksamkeit der Zustimmung** zu überprüfen. Dies umfasst die Nachprüfung, ob das richtige Organ mit dem Zustimmungsantrag befasst worden ist und ob der Beschluss ohne groben Verstoß gegen wesentliche Verfahrensvorschriften zustande gekommen ist. Im Gegensatz zur BR-Anhörung nach § 102 BetrVG führen hier **Verfahrensfehler der AN-Vertretung**, die den Beschluss nichtig machen, grds. dazu, dass die Künd mangels wirksamer Zustimmung rechtsunwirksam ist.[209] Dem AG wird allerdings bei Fehlern im Bereich der AN-Vertretung, die ihm nicht bekannt waren, durch die Rspr. ein weitgehender **Vertrauensschutz** gewährt. Gleiches muss für Verfahrensfehler gelten, die dem AG erst nach Ausspruch der Künd bekannt geworden sind.[210]

3. Darlegungs- und Beweislast. Für **sämtliche Voraussetzungen** einer wirksamen Künd gegenüber einem nach § 15 geschützten AN trägt der **AG** die Darlegungs- und Beweislast.[211] Dies betrifft insb. das Vorliegen einer erforderlichen Zustimmung, die Einhaltung der wesentlichen Verfahrensvorschriften, ggf. die Voraussetzungen eines Vertrauensschutzes, den wichtigen Grund und die Einhaltung der Frist des § 626 Abs. 2 BGB bzw. die Unverzüglichkeit des Ausspruchs der Künd nach der Zustimmungsersetzung.

II. Weitere Fragen

1. Amtsausübung. Wird ein durch § 15 geschützter AN vor Ausspruch der Künd von der Arbeit freigestellt, so hindert ihn dies nicht an der Amtsausübung.[212] Der AG ist verpflichtet, dem AN **Zutritt zum Betrieb** zur Wahrnehmung seiner Aufgaben im Rahmen der Betriebsverfassung bzw. Personalvertretung zu gewähren. Ein hierauf erstrecktes Hausverbot ist unwirksam und ggf. im Wege der einstweiligen Verfügung aufzuheben.[213]

Nach Ausspruch der **Künd** ist der betreffende AN grds. an der Ausübung seines Amtes **verhindert** und durch ein Ersatzmitglied zu ersetzen.[214] Dies gilt jedoch nicht bei einer **offensichtlich unwirksamen Künd** (z.B. Künd ohne die erforderliche Zustimmung des Gremiums) und wenn der AN einen **Anspruch auf Weiterbeschäftigung** hat.[215] Der Weiterbeschäftigungsanspruch kann sich im Fall des Abs. 4 und 5 bei ordnungsgemäßem Widerspruch des BR auf § 102 Abs. 5 BetrVG stützen oder aus dem allg. Weiterbeschäftigungsanspruch ergeben.[216] Beim Vorliegen eines Weiterbeschäftigungsanspruchs behält der betreffende AN sein Amt und es ist ihm zur Amtsausübung Zutritt zum Betrieb zu gewähren. Dies soll auch gelten, soweit der AN auf eine Weiterbeschäftigung an seinem Arbeitsplatz verzichtet und nur seine Aufgaben im Rahmen der Betriebsverfassung und Personalvertretung weiter wahrnehmen will.[217]

2. Annahmeverzug. Bis zur Beendigung des Arbverh durch eine wirksame Künd ist der AG beim Vorliegen der Voraussetzungen des § 615 BGB zur weiteren Zahlung der Bezüge des Betreffenden verpflichtet. Die Zahlung von Annahmeverzugslohn kann beim Erfordernis der gerichtlichen Zustimmungsersetzung erhebliche Zeiträume erfassen. Bei **schweren Verfehlungen** des Betreffenden (z.B. Unzucht mit Kindern bei einem Kindergärtner)[218] kann die Zahlungspflicht des AG nach § 615 BGB entfallen, weil es ihm nicht zumutbar ist, die Arbeitskraft des Betreffenden entgegenzunehmen.

3. Schadensersatz. § 15 stellt **kein Schutzgesetz** i.S.v. § 823 Abs. 2 BGB dar.[219] Schadensersatzansprüche kommen deshalb nicht nach dieser Vorschrift, sondern allenfalls nach § 628 BGB in Betracht.

D. Beraterhinweise

Die Künd ggü. einem AN mit Sonderkündigungsschutz nach Abs. 1 ist rechtlich kompliziert, weil das Zusammenspiel von zumindest drei Vorschriften zu beachten ist: § 626 BGB, § 15 KSchG und § 103 BetrVG.

1.) Zunächst ist zu prüfen, ob der Kündigungsgrund ausreicht

---

208 BAG 18.9.1997 – 2 ABR 15/97 – AP § 103 BetrVG 1972 Nr. 35.
209 BAG 23.8.1984 – 2 AZR 391/83 – AP § 103 BetrVG 1972 Nr. 17.
210 BAG 26.10.1996 – 2 AZR 3/96 – AP § 103 BetrVG 1972 Nr. 32.
211 HaKo-KSchR/*Fiebig*, § 15 KSchG Rn 216.
212 KR/*Etzel*, § 103 BetrVG Rn 149.
213 LAG Hamm 24.10.1974 – 8 TaBV 53/74 – BB 1974, 1638; KR/*Etzel*, § 103 BetrVG Rn 149; HWK/*Ricken*, § 103 BetrVG Rn 24; Richardi/*Thüsing*, BetrVG § 103 Rn 96.
214 LAG Düsseldorf 27.2.1975 – 3 TaBV 2/75 – DB 1975, 700.
215 *Stahlhacke/Preis/Vossen*, Rn 1685.
216 KDZ/*Kittner/Deinert*, § 15 KSchG Rn 73; KR/*Etzel*, § 15 KSchG Rn 117 f. und § 103 BetrVG Rn 147 ff. m.w.N.
217 KR/*Etzel*, § 103 BetrVG Rn 154.
218 LAG Berlin 27.11.1995 – 9 Sa 85/95 – NZA-RR 1996, 283.
219 ErfK/*Kiel*, § 15 KSchG Rn 2.

- a) für eine fristlose Kündigung (Maßstab fiktive Kündigungsfrist, kündbar wie vergleichbarer AN ohne Sonderkündigungsschutz)
- b) für eine ordentliche Kündigung nach Abs. 4 oder Abs. 5
- c) für eine betriebsbedingte ao Kündigung mit notwendiger Auslauffrist (Maßstab unzumutbare Weiterbeschäftigung über fiktive Kündigungsfrist hinaus bis zum Ende des Sonderkündigungsschutzes).

2.) Liegt 1.) a) oder c) vor, ist § 626 Abs. 2 BGB zu beachten. Bis spätestens zum 10. Tag nach Kenntniserlangung von den Künd-Gründen muss die Zustimmung des BR zur Künd am besten mit Fristsetzung von drei Tagen beantragt sein (Ausnahme Dauertatbestand).

3.) Die Reaktion auf die Stellungnahme des BR (bei Zustimmung zur Künd, bei Ablehnung oder fehlender Stellungnahme binnen drei Tagen – Zustimmungsersetzungsantrag nach § 103 BetrVG beim ArbG) muss noch innerhalb der Frist des § 626 BGB erfolgen.

4.) Nach rechtskräftiger Zustimmungsersetzung oder Erledigung des Zustimmungsersetzungsverfahrens (Wegfall des vollen Sonderkündigungsschutzes, nachträgliche Zustimmung) muss unverzüglich gekündigt werden. Künd schon nach LAG-Beschluss ohne Zulassung der Rechtsbeschwerde nicht ratsam.

5.) Bei lediglich nachwirkendem Künd-Sschutz grds. gleiche Prüfung, aber zur Künd ist die Zustimmung des BR und das Verfahren nach § 103 BetrVG nicht erforderlich. Häufiger Fehler: überflüssiges Zustimmungsersetzungsverfahren, auch wenn der Sonderkündigungsschutz nur noch nachwirkt. Dies kann zum Fristablauf nach § 626 Abs. 2 BGB führen.

§ 16 Neues Arbeitsverhältnis; Auflösung des alten Arbeitsverhältnisses

¹Stellt das Gericht die Unwirksamkeit der Kündigung einer der in § 15 Abs. 1 bis 3a genannten Personen fest, so kann diese Person, falls sie inzwischen ein neues Arbeitsverhältnis eingegangen ist, binnen einer Woche nach Rechtskraft des Urteils durch Erklärung gegenüber dem alten Arbeitgeber die Weiterbeschäftigung bei diesem verweigern. ²Im übrigen finden die Vorschriften des § 11 und des § 12 Satz 2 bis 4 entsprechende Anwendung.

1 § 16 räumt dem durch § 15 besonders geschützten Personenkreis nach rechtskräftigem Obsiegen im Künd-Schutzprozess ein Wahlrecht zwischen der Rückkehr in den alten Betrieb oder der Aufrechterhaltung eines inzwischen eingegangenen neuen Arbverh ein. § 16 ergänzt damit § 12. § 16 will die durch § 15 besonders geschützten Personen den übrigen AN gleichstellen, denen ein entsprechendes Wahlrecht gem. § 12 eingeräumt ist. Insofern wird auf die Erläuterungen zu den §§ 11 und 12 verwiesen. Entscheidet sich der AN, an dem neuen Arbverh festzuhalten, muss er binnen einer Woche nach Rechtskraft des arbeitsgerichtlichen Urteils durch Erklärung gegenüber dem alten AG die Weiterbeschäftigung bei diesem verweigern.

2 § 16 verlangt die gerichtliche Feststellung der Unwirksamkeit der Künd. Dem steht die Feststellung gleich, dass das Arbverh durch die Künd nicht aufgelöst ist.[1] Erhebt der AN keine Feststellungsklage, kann er das Wahlrecht nach S. 1 nicht geltend machen. In diesem Fall ist er gehalten, sich einseitig durch ordentliche oder ggf. außerordentliche Künd aus dem alten Arbverh zu lösen. Es gilt die Drei-Wochen-Frist des § 4 S. 1 zur Erhebung der Feststellungsklage. Erhebt der AN die entsprechende Künd-Schutzklage nicht fristgerecht, gilt die Künd als von Anfang an rechtswirksam (§ 7).[2]

3 Ist der AN zwischenzeitlich ein neues Arbverh eingegangen, braucht er, auch wenn der alte AG die Unwirksamkeit seiner Künd anerkennt und ihn zur Arbeitsleistung auffordert, die Arbeit beim alten AG nicht aufzunehmen. Ohne dass gegen ihn ein Schuldvorwurf erhoben werden könnte, ist der AN an der Aufnahme der Arbeitsleistung gehindert, weil er mit Rücksicht auf § 615 S. 2 BGB das neue Arbverh eingehen durfte.[3]

---

1 Vgl. APS/*Biebl*, § 16 KSchG Rn 2; KR/*Etzel*, § 16 KSchG Rn 3.
2 KR/*Etzel*, § 16 KSchG Rn 4.
3 APS/*Biebl*, § 16 KSchG Rn 2.

Dritter Abschnitt: Anzeigepflichtige Entlassungen

§ 17 Anzeigepflicht

(1) Der Arbeitgeber ist verpflichtet, der Agentur für Arbeit Anzeige zu erstatten, bevor er
1. in Betrieben mit in der Regel mehr als 20 und weniger als 60 Arbeitnehmern mehr als 5 Arbeitnehmer,
2. in Betrieben mit in der Regel mindestens 60 und weniger als 500 Arbeitnehmern 10 vom Hundert der im Betrieb regelmäßig beschäftigten Arbeitnehmer oder aber mehr als 25 Arbeitnehmer,
3. in Betrieben mit in der Regel mindestens 500 Arbeitnehmern mindestens 30 Arbeitnehmer

innerhalb von 30 Kalendertagen entläßt. Den Entlassungen stehen andere Beendigungen des Arbeitsverhältnisses gleich, die vom Arbeitgeber veranlaßt werden.

(2) Beabsichtigt der Arbeitgeber, nach Absatz 1 anzeigepflichtige Entlassungen vorzunehmen, hat er dem Betriebsrat rechtzeitig die zweckdienlichen Auskünfte zu erteilen und ihn schriftlich insbesondere zu unterrichten über
1. die Gründe für die geplanten Entlassungen,
2. die Zahl und die Berufsgruppen der zu entlassenden Arbeitnehmer,
3. die Zahl und die Berufsgruppen der in der Regel beschäftigten Arbeitnehmer,
4. den Zeitraum, in dem die Entlassungen vorgenommen werden sollen,
5. die vorgesehenen Kriterien für die Auswahl der zu entlassenden Arbeitnehmer,
6. die für die Berechnung etwaiger Abfindungen vorgesehenen Kriterien.

(3) ¹Der Arbeitgeber hat gleichzeitig der Agentur für Arbeit eine Abschrift der Mitteilung an den Betriebsrat zuzuleiten; sie muß zumindest die in Absatz 2 Satz 1 Nr. 1 bis 5 vorgeschriebenen Angaben enthalten. ²Die Anzeige nach Absatz 1 ist schriftlich unter Beifügung der Stellungnahme des Betriebsrats zu den Entlassungen zu erstatten. ³Liegt eine Stellungnahme des Betriebsrats nicht vor, so ist die Anzeige wirksam, wenn der Arbeitgeber glaubhaft macht, daß er den Betriebsrat mindestens zwei Wochen vor Erstattung der Anzeige nach Absatz 2 Satz 1 unterrichtet hat, und er den Stand der Beratungen darlegt. ⁴Die Anzeige muß Angaben über den Namen des Arbeitgebers, den Sitz und die Art des Betriebs enthalten, ferner die Gründe für die geplanten Entlassungen, die Zahl und die Berufsgruppen der zu entlassenden und der in der Regel beschäftigten Arbeitnehmer, den Zeitraum, in dem die Entlassungen vorgenommen werden sollen und die vorgesehenen Kriterien für die Auswahl der zu entlassenden Arbeitnehmer. ⁵In der Anzeige sollen ferner im Einvernehmen mit dem Betriebsrat für die Arbeitsvermittlung Angaben über Geschlecht, Alter, Beruf und Staatsangehörigkeit der zu entlassenden Arbeitnehmer gemacht werden. ⁶Der Arbeitgeber hat dem Betriebsrat eine Abschrift der Anzeige zuzuleiten. ⁷Der Betriebsrat kann gegenüber der Agentur für Arbeit weitere Stellungnahmen abgeben. ⁸Er hat dem Arbeitgeber eine Abschrift der Stellungnahme zuzuleiten.

(3a) ¹Die Auskunfts-, Beratungs- und Anzeigepflichten nach den Absätzen 1 bis 3 gelten auch dann, wenn die Entscheidung über die Entlassungen von einem den Arbeitgeber beherrschenden Unternehmen getroffen wurde. ²Der Arbeitgeber kann sich nicht darauf berufen, daß das für die Entlassungen verantwortliche Unternehmen die notwendigen Auskünfte nicht übermittelt hat.

(4) ¹Das Recht zur fristlosen Entlassung bleibt unberührt. ²Fristlose Entlassungen werden bei Berechnung der Mindestzahl der Entlassungen nach Absatz 1 nicht mitgerechnet.

(5) Als Arbeitnehmer im Sinne dieser Vorschrift gelten nicht
1. in Betrieben einer juristischen Person die Mitglieder des Organs, das zur gesetzlichen Vertretung der juristischen Person berufen ist,
2. in Betrieben einer Personengesamtheit die durch Gesetz, Satzung oder Gesellschaftsvertrag zur Vertretung der Personengesamtheit berufenen Personen,
3. Geschäftsführer, Betriebsleiter und ähnliche leitende Personen, soweit diese zur selbständigen Einstellung oder Entlassung von Arbeitnehmern berechtigt sind.

Literatur: *Appel,* Die „Junk"-Entscheidung des EuGH zur Massenentlassung – Nur eine Aufforderung an den Gesetzgeber?, DB 2005, 445; *Bader,* Neuregelungen im Bereich des Kündigungsschutzgesetzes durch das Arbeitsrechtliche Beschäftigungsförderungsgesetz, NZA 1997, 1125; *Bauer/Haußmann,* Die Verantwortung des Arbeitgebers für den Arbeitsmarkt, NZA 1997, 1100; *Bauer/Krieger/Powietzka,* Replik auf Appel, DB 2005, 445, DB 2005, 1006; *dies.,* Geänderte Voraussetzungen für Massenlungen nach der „Junk"-Entscheidung des EuGH?, DB 2005, 445; *dies.,* Geklärte und ungeklärte Probleme der Massenentlassung – Anmerkungen zum Urteil des BAG vom 23.3.2006, BB 2006, 1971, BB 2006, 2023; *Bauer/Powietzka,* Heilung unterbliebener Massenentlassungsanzeigen nach § 17 KSchG, DB 2000, 1073; *dies.,* Neues zur Nachholbarkeit von Massenentlassungsanzeigen, DB 2001, 383; *Berscheid,* Der Kündigungsschutz bei Massenentlassungen, AR-Blattei SD 1020.2; *Bichlmeier,* Zum Kündigungsschutzverzicht in Aufhebungsverträgen bei Massenentlassungen, DZWiR 1999, 329; *Busch*, Massenentlassungen unter Beachtung der §§ 111 bis 113 BetrVG und § 17 KSchG, DB 1992, 1474; *Dornbusch/Wolff*, Paradigmenwechsel bei Massenentlassungen, BB 2005, 885; *Düwell*, Das Recht der Massenentlassungen nach der Junk/Kühnel-Entscheidung des EuGH, juris-konkret, Das reformierte Arbeitsrecht, 2005; *Dzida/Hohenstatt*, BAG schafft Klarheit bei Massenentlassungen – Auswirkungen des BAG-Urteils vom 23.3.2006, DB 2006, 1897; *Ermer*, Neuregelungen der anzeigepflichtigen Entlassungen nach § 17 ff. KSchG, NJW 1998, 1288; *Ferme*, Neues Recht der Massenentlassungen nach §§ 17, 18 KSchG?, ZIP 2005, 593; *Ferme/Lipinski*, Änderung der Rechtsprechung des BAG bei Massenentlassungen – Systemwandel im individuellen und kollektiven Arbeitsrecht?, NZA 2006, 937; *Gaul*, Reformgesetz zum Arbeitsförderungsgesetz, NJW 1997, 1465; *Giesen*, Massenentlassungsanzeige erst nach Abschluss von Sozialplanberatungen?, SAE 2006, 135; *Grimm/Brock*, Zur Auslegung der Massenentlassungsrichtlinie, EWiR 2005, 213; *Hennings*, Zur Auslegung der EGRL 59/98, EWiR 2005, 69; *Hess-Grunewald*, Massenentlassungsschutz bei Aufhebungsverträgen, AiB 2000, 365; *Hilbrandt*, Sonderkündigungsschutz von Betriebsratsmitgliedern bei Massenänderungskündigungen, NZA 1997, 465; *Hold*, Neue Vorschriften über den Nachweis der für ein Arbeitsverhältnis geltenden wesentlichen Bedingungen und über Massenentlassung, AuA 1995, 289; *v. Hoyningen-Huene*, Zur Massenentlassungsrichtlinie, EWiR 2003, 1133; *Kleinebrink*, Ordnungsgemäße Beteiligung des Betriebsrats vor der Anzeige von Massenentlassungen, FA 2000, 366; *Klumpp*, Der EuGH und die Massenentlassungen – Zeit für „Junk II"?, NZA 2006, 703; *Krannich/Seeger*, Betriebsbedingte Kündigung – verspätete Massenentlassungsanzeige, BB 2008, 563; *Lembke*, Kündigung vor Massenentlassungsanzeige – Vertrauensschutz nach Junk-Entscheidung, BB 2007, 156; *Leuchten/Lipinski*, Die Anrechnung des Nachteilsausgleichs auf die Sozialplanabfindung nach der Massenentlassungsrichtlinie 98/59/EG, NZA 2003, 1361; *Naber*, Richtlinienkonforme Rechtsfindung am Beispiel des Massenentlassungsrechts, JuS 2007, 614; *Nicolai*, Neue Regeln für Massenentlassungen?, NZA 2005, 206; *Niesel*, Das Arbeitsförderungs-Reformgesetz, NZA 1997, 580; *Opolony*, Die anzeigepflichtige Entlassung nach § 17 KSchG, NZA 1999, 791; *Osnabrügge*, Massenentlassungen – Kein russisches Roulette für Arbeitgeber, NJW 2005, 1093; *Preis*, Die Verantwortung der Agentur für Arbeit und der Vorrang betrieblicher Maßnahmen vor Entlassungen (§ 2 Abs. 1 Nr. 2 SGB III) – Programmsatz oder verbindlicher Rechtssatz?, NZA 1998, 449; *Riesenhuber/Domröse*, Die Entlassung nach der Massenentlassungsrichtlinie, EWS 2005, 97; *Rüthers*, Reform der Reform des Kündigungsschutzes?, NJW 1998, 283; *Schaub*, Personalabbau im Konzern, ZIP 1999, 1949; *Schiefer*, Auswirkungen des Kündigungsschutzes auf die betriebliche Praxis, ZfA 2002, 427; *Steike*, Die Durchführung der Massenentlassung, DB 1995, 674; *Welslau*, Aufhebungsvertrag und Massenentlassung – Vorsicht, Falle!, BuW 2000, 77; *Wertheimer*, Zur Massenentlassung, EWiR 1999, 853; *Wißmann*, Probleme bei der Umsetzung der EG-Richtlinie über Massenentlassungen in deutsches Recht, RdA 1998, 221; *Wolter*, Wende im Recht der Massenentlassung, AuR 2005, 135

A. Allgemeines 1	a) Inhalt der Beteiligungspflichten 22
B. Regelungsgehalt 4	b) Folgen der Nichtbeachtung 27
I. Anwendungsbereich 4	aa) Fehlende oder verspätete Unterrichtung des Betriebsrats 27
1. Zahl der Arbeitnehmer im Betrieb 4	
2. Anzahl der beabsichtigten Entlassungen 5	bb) Fehlende Beratung zwischen Arbeitgeber und Betriebsrat 28
a) Zahl der in der Regel beschäftigten Arbeitnehmer 6	2. Anzeige gegenüber der Agentur für Arbeit ... 29
	a) Zeitpunkt und Form 29
aa) Maßgeblicher Zeitpunkt für die Belegschaftsstärke 6	b) Inhalt der Anzeige 31
	aa) „Muss"-Angaben 32
bb) Persönlicher Geltungsbereich 10	bb) „Soll"-Angaben 33
b) Begriff der Entlassung 12	cc) Stellungnahme des Betriebsrats 34
aa) Herkömmliche Auffassung 14	c) Mängel der Anzeige 35
bb) Die „Junk"-Entscheidung des EuGH ... 16	aa) Unterlassen der Anzeige 35
cc) Die BAG-Rechtsprechung nach „Junk" 18	bb) Unrichtige Angaben 36
dd) Vertrauensschutz 20	C. Hinweise zum Verfahren 37
II. Pflichten des Arbeitgebers 21	D. Beraterhinweise 38
1. Beteiligung des Betriebsrats 22	

A. Allgemeines

1 Entgegen der Überschrift regelt die Vorschrift nicht nur Anzeigepflichten; es handelt sich vielmehr um **sachliche Einschränkungen der Künd-Möglichkeit**;[1] Abs. 2 und 3 enthalten ferner betriebsverfassungsrechtliche Regelungen. Nach bisherigem Verständnis verfolgen §§ 17 bis 22 im Wesentlichen **arbeitsmarktpolitische Zwecke**:[2] Wegen der bei Entlassung einer größeren Zahl von AN regelmäßig eintretenden Belastung des Arbeitsmarktes[3] soll die Arbeitsverwaltung bereits vor Wirksamwerden der Entlassungen in die Lage versetzt werden, sie zu verhindern, z.B. durch Gewährung von Krediten, oder sich rechtzeitig auf Entlassungen größeren Umfangs einzustellen, um eine längere Arbeitslosigkeit der betroffenen AN und damit die Belastungen für den Arbeitsmarkt möglichst zu vermeiden.[4]

2 Daraus wurde jedenfalls bisher abgeleitet, dass § 17 **kein Schutzgesetz i.S.v. § 823 Abs. 2 BGB** zugunsten der betroffenen AN ist.[5] Der **individuelle Künd-Schutz**, insb. gem. §§ 1, 2, steht neben den Massenentlassungsvorschriften und **bleibt** durch deren Anwendbarkeit **unberührt**.[6] Die Vorschriften des Dritten Abschnitts begründeten nach

---

1 ErfK/*Kiel*, § 17 KSchG Rn 2.
2 Vgl. zuletzt noch: BAG 24.2.2005 – 2 AZR 207/04 – EzA § 17 KSchG Nr. 14.
3 HaKo-KSchR/*Pfeiffer*, § 17 KSchG Rn 1.
4 KR/*Weigand*, § 17 KSchG Rn 7.
5 Löwisch/*Spinner/Löwisch*, § 17 KSchG Rn 2; KR/*Weigand*, § 17 KSchG Rn 12.
6 Näher Hako-KSchR/*Pfeiffer*, § 17 KSchG Rn 9 ff.

bisherigem Verständnis entgegen dem Wortlaut der Überschrift genau genommen keine „Pflichten" des AG, sondern eine **öffentliche Obliegenheit**.[7] Gleichwohl eignete den Vorschriften des Dritten Abschnitts stets auch ein **kündigungsschutzrechtlicher Reflex**,[8] denn die **Nichtbeachtung** der Vorschrift führte zur **Unwirksamkeit der Entlassung**. Dies alles wird indes ebenso neu bedacht werden müssen wie die zentrale Frage, ob sich die Nichtbeachtung der dem AG in § 17 auferlegten Pflichten zur Anzeige und Konsultation entgegen der bisherigen Rspr. und fast einhelligen Meinung nun doch auf die **Wirksamkeit der Künd** auswirkt – als „öffentlich-rechtliche Wirksamkeitsvoraussetzung",[9] wie vor dem Hintergrund der neuen Rspr. des EuGH[10] vielfach angenommen wird, (siehe unten Rn 16 ff.). Die §§ 17 ff. enthalten **zwingendes Recht** und können daher weder einzelvertraglich noch durch kollektive Regelungen im Voraus abbedungen werden.[11] Dem AN bleibt es aber zumindest im Rahmen des § 4 unbenommen, die Entlassung gleichwohl hinzunehmen und sich nicht auf die Unwirksamkeit zu berufen; ob die AA dann die Zahlung von Alg verweigern oder dieses vom AG erstattet verlangen kann mit der Begründung, die Entlassung sei wegen unterlassener Anzeige unwirksam bzw. greife erst mit Ablauf der Sperrfrist und der AN habe dies geltend machen müssen,[12] wird ebenfalls neu zu erwägen sein. Insg. zeigt sich, dass ein Eingriff in eine seit Jahrzehnten gefestigte und hochkomplexe Rechtspraxis, wie sie mit der Entscheidung des EuGH vom 27.1.2005 verbunden ist, zu einer Fülle kaum vorher abschätzbarer Folgeprobleme führen kann.

B. Regelungsgehalt

I. Anwendungsbereich

1. Zahl der Arbeitnehmer im Betrieb. Gem. Abs. 1 S. 1 findet § 17 **nur** auf **Betriebe mit i.d.R. mehr als 20 AN** Anwendung. Auch bei Entlassung von mehr als fünf AN innerhalb von 30 Tagen besteht daher in Kleinbetrieben keine Anzeigepflicht. Zugrunde zu legen ist der **allg. Betriebsbegriff**.[13] Auch im Rahmen von § 17 ist unter einem Betrieb daher die organisatorische Einheit von persönlichen, sachlichen und immateriellen Mitteln zur Erreichung eines bestimmten arbeitstechnischen Zweckes zu verstehen. Nach der vorliegend gebotenen richtlinienkonformen Auslegung des Betriebsbegriffs ist es nicht entscheidend, ob die fragliche Einheit eine Leitung hat, die selbstständig Massenentlassungen vornehmen kann.[14] Auch zwei **selbstständige Unternehmen** können einen **gemeinsamen Betrieb** bilden.[15] Für **Nebenbetriebe und Betriebsteile** gilt, dass auch für den Bereich der §§ 17 ff. von der grds. Anwendung des § 4 BetrVG auszugehen ist.[16]

2. Anzahl der beabsichtigten Entlassungen. Wann eine Massenentlassung vorliegt, wird durch das **Verhältnis der betriebsangehörigen AN zur Zahl der beabsichtigten Entlassungen** innerhalb der Rahmenfrist von 30 Kalendertagen definiert. Abs. 1 nimmt eine Staffelung in drei Schritten vor:

- Bei i.d.R. mehr als 20 und weniger als 60 AN müssen mehr als fünf Entlassungen vorgenommen werden.
- Bei 60 bis weniger als 500 AN im Betrieb liegt eine Massenentlassung vor, wenn entweder 10 % der regelmäßig beschäftigten AN oder mehr als 25 AN entlassen werden.
- Bei i.d.R. mind. 500 AN müssen mind. 30 AN entlassen werden.

a) Zahl der in der Regel beschäftigten Arbeitnehmer. aa) Maßgeblicher Zeitpunkt für die Belegschaftsstärke. Zu ermitteln ist die Anzahl der i.d.R. beschäftigten AN im Zeitpunkt der Entlassung. Nach der im Zuge der „Junk-Entscheidung" des EuGH (siehe Rn 16 ff.) ergangenen BAG-Rspr[17] wird künftig auf den **Zeitpunkt des Ausspruchs der Künd** abzustellen sein.[18] Entscheidend ist aber die Zahl der zu diesem Zeitpunkt „in der Regel" beschäftigten AN, also die Personalstärke, die für den Betrieb im Allg. kennzeichnend ist.[19] Die Zahl der „i.d.R." beschäftigten AN kann nicht durch die Errechnung eines (Jahres-) Durchschnittswertes ermittelt werden.[20] Maßgeblich ist die normale Beschäftigtenzahl des Betriebes, die für den Betrieb bei regelmäßigem Gang kennzeichnend ist.[21] Es

---

7 Vgl. KR/*Weigand*, § 17 KSchG Rn 11 m.w.N.
8 HaKo-KSchR/*Pfeiffer*, § 17 KSchG Rn 1; KR/*Weigand*, § 17 KSchG Rn 9.
9 Vgl. *Düwell*, juris-konkret, Das reformierte Arbeitsrecht, Rn 16.
10 EuGH 27.1.2005 – C – 188/03 – BB 2005, 331.
11 Hako-KSchR/*Pfeiffer*, § 17 KSchG Rn 6; KR/*Weigand*, § 17 KSchG Rn 13.
12 KR/*Weigand*, § 17 KSchG Rn 14.
13 BAG 13.4.2000 – 2 AZR 215/99 – DB 2000, 2175; Hako-KSchR/*Pfeiffer*, § 17 KSchG Rn 14 ff.
14 EuGH 7.12.1995 – C-449/93 – NZA 1996, 471 = EzA § 17 KSchG Nr. 5.
15 Zu den Voraussetzungen vgl. KR/*Weigand*, § 17 KSchG Rn 15.
16 KR/*Weigand*, § 17 KSchG Rn 17.
17 Grundlegend BAG 23.3.2006 – 2 AZR 343/05 – NZA 2006, 971; BAG 13.7.2006 – 6 AZR 198/06 – NZA 2007, 25.
18 So auch: *Dzida/Hohenstatt*, DB 2006, 1897, 1900; *Bauer/Krieger/Powietzka*, BB 2006, 2023, 2024 f. m.w.N.; grundlegend anders vor „Junk" BAG 8.6.1989 – 2 AZR 628/88 – DB 1990, 183 = NZA 1990, 224; BAG 31.7.1986 – 2 AZR 594/85 – DB 1987, 1591 = NZA 1987, 587.
19 BAG 19.7.1983 – 1 AZR 26/82 – DB 1983, 2634 = BB 1983, 2118 (zu § 111 f. BetrVG).
20 Schaub/*Linck*, Arbeitsrechts-Handbuch, § 142 Rn 17.
21 BAG 24.2.2005 – 2 AZR 207/04 – EzA § 17 KSchG Nr. 14.

bedarf eines Rückblicks auf die bisherige Personalstärke und einer Einschätzung der künftigen Entwicklung.[22] Zeiten ungewöhnlichen Geschäftsanfalls bleiben ebenso außer Betracht wie die außergewöhnliche Drosselung des Geschäftsbetriebes.[23] Werden AN nicht ständig, sondern lediglich zeitweilig beschäftigt, kommt es darauf an, ob sie normalerweise während des überwiegenden Teils eines Jahres beschäftigt werden (anders nur bei Kampagnebetrieben).[24] Nicht mitgerechnet werden daher für weniger als sechs Monate eingestellte AN (z.B. für Weihnachtsgeschäft oder Schlussverkauf) oder Urlaubs- bzw. Krankheitsvertreter.[25]

7 Bei **stufenweise durchgeführten Entlassungen** ist zu prüfen, auf welchem **Konzept** die Entlassungen beruhen.[26] Entschließt sich der AG schon früher zur Stilllegung des Betriebes und entlässt er danach stufenweise Personal, so stellt der kurz vor dem Entlassungstermin noch vorhandene Personalbestand nicht mehr die normale Belegschaftsstärke dar.[27] Maßgeblich ist dann die AN-Zahl im **Zeitpunkt der Beschlussfassung**.

8 Dagegen kommt es nach Auff. des EuGH für die Anzeigepflicht darauf an, ob die AN innerhalb der Frist des Abs. 1 eine **Künd erhalten oder einen Aufhebungsvertrag unterzeichnen** (zu den Auswirkungen dieser Entscheidung auf das nationale Recht siehe Rn 16 ff.).[28]

9 Die Darlegungslast für die tatsächlichen Voraussetzungen der Anzeige- und Konsultationspflichten des AG trägt der AN, der sich im Prozess auf die Verletzung dieser Pflichten durch den AG beruft.[29] Allerdings sind keine überzogenen Anforderungen zu stellen. Der AN genügt seiner Darlegungslast, wenn er die äußeren Umstände vorträgt, die für die Erreichung der Schwellenwerte sprechen. Der AG muss sich hierauf nach § 138 Abs. 2 ZPO detailliert erklären und der AN wiederum muss darauf erwidern und Beweis erbringen.

10 **bb) Persönlicher Geltungsbereich.** Erfasst werden alle Beschäftigten mit AN-Status (nach dem allerdings der RL 98/59 EG widersprechenden Wortlaut des deutschen Gesetzes mit Ausnahme der leitenden Ang, Abs. 5 Nr. 3).[30] Im Grundsatz entspricht der im Dritten Abschnitt des KSchG verwendete AN-Begriff demjenigen im übrigen Arbeitsrecht.[31] Weil die Massenentlassungsvorschriften jedoch zugleich der Umsetzung von Gemeinschaftsrecht dienen,[32] steht es den Mitgliedstaaten nicht frei, ihren jeweiligen AN-Begriff zugrunde zu legen.[33] Daraus folgt, dass auch **Auszubildende und Volontäre mitzuzählen** sind,[34] ebenso Teilzeitbeschäftigte.[35] Auch die Beschäftigten, welche mangels Erfüllung der sechsmonatigen Wartezeit noch keinen Künd-Schutz nach §§ 1 ff. genießen, sind hinzuzurechnen,[36] denn die Beschäftigungsdauer ist für die Auswirkungen der Entlassung auf den Arbeitsmarkt nicht von Belang.

11 **Nicht hinzuzurechnen** sind: **Heimarbeiter**[37] und Hausgewerbetreibende sowie sonstige **arbeitnehmerähnliche Personen**,[38] und **ABM-Kräfte**.[39] Gleiches gilt gem. Abs. 5 für **Organmitglieder**, organschaftliche Vertreter und **leitende Ang**. Die Ausnahme für leitende Ang ist zwar nicht richtlinienkonform, weil RL 98/59/EG keine Ausnahme vorsieht; mangels Transformation in nationales Recht und wegen des wohl eindeutigen, einer richtlinienkonformen Auslegung insoweit nicht zugänglichen Wortlautes von Abs. 5 Nr. 3 bleibt es nach nationalem Recht bis zu einer Anpassung des Gesetzes an das Gemeinschaftsrecht bei der Sonderstellung leitender Ang.[40]

12 **b) Begriff der Entlassung.** Die Vorschrift stellt darauf ab, wie viele AN der AG innerhalb der Rahmenfrist „entlässt". Die Anzeigepflicht wird unabhängig davon ausgelöst, ob und in welchem Umfang den Entlassungen Neueinstellungen gegenüberstehen.[41] **Fristlose Entlassungen** werden gem. Abs. 4 S. 2 nicht mitgerechnet. Für außerordentliche, mit Auslauffrist ausgesprochene Künd dürfte etwas anderes gelten.

13 Als Grundlage der Entlassung kommt zuerst die **Künd** in Betracht, und zwar **neben** dem Regelfall **betriebsbedingter Künd auch** solche aus **personen- oder verhaltensbedingten Gründen**.[42] Auch die Änderungs-Künd ist erfasst.[43] Gem. dem Wortlaut des Abs. 1 S. 2 stellt auch ein **anderer Beendigungsgrund** eine „Entlassung" dar, sofern er **vom AG veranlasst** wird. Dies betrifft vor allem **Aufhebungsverträge** unter dem Eindruck einer beabsichtigten

---

22 BAG 31.1.1991 – 2 AZR 356/90 – NZA 1991, 562 = DB 1992, 48.
23 *Bader/Bram/Dörner*, § 17 Rn 11.
24 BAG 24.2.2005 – 2 AZR 207/04 – EzA § 17 KSchG Nr. 14.
25 ErfK/*Kiel*, § 17 KSchG Rn 11.
26 BAG 24.2.2005 – 2 AZR 207/04 – EzA § 17 KSchG Nr. 14.
27 BAG 8.6.1989 – 2 AZR 624/88 – DB 1990, 183 = NZA 1990, 224.
28 EuGH 27.1.2005 – Rs. C-188/03 – Junk – DB 2005, 454.
29 BAG 24.2.2005 – 2 AZR 207/04 – EzA § 17 KSchG Nr. 14.
30 Vgl. Hako-KSchR/*Pfeiffer*, § 17 KSchG Rn 21 ff.; *Kossens*, ArbRB 2005, 118.
31 HaKo-KSchR/*Pfeiffer*, § 17 KSchG Rn 21.
32 RL 75/129/EWG, geändert durch RL 92/56/EWG.
33 EuGH 18.1.2007 – C-385/05 – NZA 2007, 193.
34 ErfK/*Kiel*, § 17 KSchG Rn 9.
35 KR/*Weigand*, § 17 KSchG Rn 29.
36 BAG 13.3.1969 – 2 AZR 157/68 – DB 1969, 1298 = BB 1969, 997.
37 HaKo-KSchR/*Pfeiffer*, § 17 KSchG Rn 23.
38 ErfK/*Kiel*, § 17 KSchG Rn 9.
39 KR/*Weigand*, § 17 KSchG Rn 30.
40 KR/*Weigand*, § 17 KSchG Rn 30.
41 BAG 13.3.1969 – 2 AZR 157/68 – DB 1969, 1298 = BB 1969, 997.
42 BAG 8.6.1989 – 2 AZR 624/88 – DB 1990, 183 = NZA 1990, 224; *Bader/Bram/Dörner*, § 17 Rn 17.
43 Näher dazu *Dzida/Hohenstatt*, DB 2006, 1897, 1900.

AG-Künd.[44] Bei Abschluss eines **Vergleichs** nach Künd durch den AG handelt es sich um eine Entlassung i.S.v. § 17.[45] Scheidet dagegen der AN aus, nachdem er selbst einen Aufhebungsvertrag veranlasst hat, liegt keine „Entlassung" vor, selbst wenn ihm eine Abfindung gezahlt wird.[46] Gleiches gilt bei einer **arbeitnehmerseitigen Künd**, die nicht durch den AG veranlasst ist.[47]

aa) Herkömmliche Auffassung. Nach früher ganz überwiegender Auff. war die **„Entlassung" nicht gleichzusetzen mit der Künd**. Man verstand darunter vielmehr die aufgrund einer ordentlichen Künd oder sonst auf Veranlassung des AG erfolgte **tatsächliche Beendigung** des Arbverh,[48] also nicht die Künd als Willenserklärung, sondern das tatsächliche Ausscheiden des AN i.d.R. mit Ablauf der Künd-Frist als **Realakt**.[49] Die **Anzeigepflicht** bestand danach nicht schon vor der Künd, sondern **erst vor der tatsächlichen Beendigung**. Die Frist für die Ermittlung der 30-Tage-Frist gem. Abs. 1 S. 1 begann somit am Tage des Ausscheidens, nicht des Zugangs der Künd;[50] sie begann neu zu laufen, sobald eine weitere Entlassung erfolgte.[51]

Auf der Grundlage dieses herkömmlichen Begriffsverständnisses vor der „Junk-Entscheidung" war es umstr., ob eine Entlassung vorliegt, wenn eine ordentliche Künd nicht dazu führt, dass der AN zum Künd-Termin tatsächlich ausscheidet, sondern eine **Weiterbeschäftigung** des AN erfolgt.[52] Diese Frage hat sich nunmehr erledigt, da die Künd-Erklärung als „Entlassung" i.S.v. Abs. 1 S. 1 anzusehen ist (s. dazu sogleich näher).

bb) Die „Junk"-Entscheidung des EuGH. Auf eine Vorlage des ArbG Berlin hat der **EuGH** mit Urteil v. 27.1.2005 entschieden, dass als **„Entlassung" i.S.d. RL 98/59/EG**[53] **die Künd-Erklärung** anzusehen sei. Daher dürfe der AG die Künd erst nach Ende des Konsultationsverfahrens mit der AN-Vertretung und nach erfolgter Massenentlassungsanzeige aussprechen. Die Konsultationspflichten würden nach der RL schon durch eine „beabsichtigte" Massenentlassung ausgelöst; „beabsichtigt" sei die Maßnahme nur, solange noch keine Entscheidung getroffen sei. Der Zweck des Konsultationsverfahrens, die Vermeidung von Künd, könne nicht mehr erreicht werden, wenn die Entscheidung feststehe und die Künd ausgesprochen seien.[54] Dass auch nach der bisherigen Rspr. des BAG das Arbverh dann, wenn der AG seine Pflichten nach § 17 definitiv nicht erfüllt hatte,[55] fortzusetzen war, scheint der EuGH nicht für ausreichend gehalten zu haben. Die Übertragung der vom EuGH für die RL vertretenen Auff. hätte für § 17 zur Konsequenz, dass der AG schon vor Ausspruch der Künd den BR beteiligen und die Entlassung anzeigen müsste, weil er sonst die Unwirksamkeit der Entlassung (nach Auslegung des EuGH also: der Künd) riskieren würde. Letztlich träte damit neben den durch das BGB (z.B. §§ 174, 623 BGB) vermittelten formellen Künd-Schutz, ferner den individuellen materiellen Künd-Schutz des § 1, den kollektiven Künd-Schutz nach § 102 BetrVG, die diversen Vorschriften des Sonderkünd-Schutzes und den durch die Sanktion des Nachteilsausgleichs vermittelten kollektiven Schutz nach §§ 111 ff. BetrVG noch ein weiteres, mit formellen Anforderungen – und folglich Fehlerquellen – versehenes Wirksamkeitserfordernis, von dem nicht alle Kundigen annehmen, dass es dem Ziel der Erhaltung von Arbeitsplätzen auch außerhalb der Bürokratie dienen wird.

Die Entscheidung des EuGH betrifft allerdings zunächst nur die Auslegung der RL 98/59/EG; diese hat aber keine unmittelbare Wirkung, sondern bedarf der Umsetzung in nationales Recht. Dies ist geschehen durch §§ 17 ff. Mithin kam es darauf an, ob die zzt. geltende Fassung des § 17 eine **richtlinienkonforme Auslegung** i.S.d. soeben dargestellten Rspr. erlaubt oder ob weiterhin zwischen Künd und Entlassung zu unterscheiden ist.[56] Diese Frage ist sehr kontrovers diskutiert worden.[57] Das BAG hat sich inzwischen grundlegend für die Möglichkeit einer richtlinienkonformen Auslegung des Abs. 1 S. 1 ausgesprochen (näher dazu sogleich).[58]

---

44 BAG 11.3.1999 – 2 AZR 461/98 – BAGE 91, 107 = NZA 1999, 761.
45 BAG 13.3.1969 – 2 AZR 157/68 – DB 1969, 1298 = BB 1969, 997.
46 ErfK/*Kiel*, § 17 KSchG Rn 14.
47 BAG 6.12.1973 – 2 AZR 10/73 – NJW 1974, 1263; den Fall der Eigen-Künd generell abl. *Dzida/Hohenstatt*, DB 2006, 1897, 1900.
48 BAG 24.2.2005 – 2 AZR 207/04 – EzA § 17 KSchG Nr. 14; ausführlich auch die europarechtliche Problematik erörternd: BAG 18.9.2003 – 2 AZR 79/02 – AP § 17 KSchG 1969 Nr. 14; vgl. auch BAG 13.4.2000 – 2 AZR 215/99 – DB 2000, 2175; BAG 31.7.1986 – 2 AZR 594/85 – NZA 1987, 587; *Bauer/Krieger/Powietzka*, DB 2005, 445; Schaub/*Linck*, Arbeitsrechts-Handbuch § 142 Rn 9.
49 KR/*Weigand*, § 17 KSchG Rn 32.
50 BAG 8.6.1989 – 2 AZR 624/88 – DB 1990, 183 = NZA 1990, 224; BAG 31.7.1986 – 2 AZR 594/85 – DB 1987, 1591 = NZA 1987, 587.
51 HaKo-KSchR/*Pfeiffer*, § 17 KSchG Rn 38.
52 Gegen die Annahme einer „Entlassung" LAG Hamburg 20.9.2002 – 6 Sa 95/01 – juris; APS/*Moll*, § 17 KSchG Rn 27; *Bader/Bram/Dörner*, § 17 Rn 28; *Berscheid*, AR-Blattei SD 1020.2 Rn 105; a.A. Schaub/*Linck*, Arbeitsrechts-Handbuch § 142 Rn 19; KR/*Weigand*, § 17 KSchG Rn 43d.
53 RL des Rates zur Angleichung der Rechtsvorschriften der Mitgliedstaaten über Massenentlassungen v. 20.7.1998, ABl EG L 225 v. 12.8.1998, S. 16.
54 EuGH 27.1.2005 – Rs. C-188/03 – Junk – DB 2005, 454.
55 BAG 13.4.2000 – 2 AZR 215/99 – AP § 17 KSchG 1969 Nr. 13.
56 *Bauer/Krieger/Powietzka*, DB 2005, 445.
57 Vgl. nur *Appel*, DB 2005, 1002; *Bauer/Krieger/Powietzka*, DB 2005, 445; *Nicolai*, NZA 2005, 206; *Osnabrügge*, NJW 2005, 1093.
58 Eine richtlinienkonforme Auslegung vor der „Junk"-Entscheidung noch klar abl. BAG 18.9.2003 – 2 AZR 79/02 – AP § 17 KSchG 1969 Nr. 14.

18 **cc) Die BAG-Rechtsprechung nach „Junk"** Nachdem das BAG kurz nach der „Junk"-Entscheidung die Frage nach einer richtlinienkonformen Auslegung des Abs. 1 S. 1 noch offen gelassen hatte,[59] folgte der zweite Senat mit seinem grundlegenden Urteil v. 23.3.2006 der Auslegung der Massenentlassungs-RL durch den EuGH und sah unter ausdrücklicher Aufgabe seiner bisherigen st.Rspr. und entgegen der früheren h.L. wie der ständigen Praxis der Arbeitsverwaltung als „Entlassung" i.S.v. Abs. 1 S. 1 nicht mehr das tatsächliche Ausscheiden des AN mit Ablauf der Künd-Frist, sondern den **Ausspruch der Künd des Arbverh an**.[60] Der sechste Senat schloss sich dieser Auffassung mit **Urteil v. 13.7.2006 an**.[61] Für die Praxis ist damit der nach „Junk" bestehende Zustand der Rechtsunsicherheit in weiten Teilen zunächst beseitigt worden. Es stellen sich jedoch einige Folgefragen.

19 Zur Begründung der Möglichkeit einer **richtlinienkonformen Auslegung des Abs. 1 S. 1**, die nach der „Junk-Entscheidung" unter Hinweis auf den Grundsatz der Gewaltenteilung und das Erfordernis des Tätigwerdens des Gesetzgebers vielfach verneint worden war,[62] verwies das BAG zunächst auf die EuGH-Rspr. in den Sachen „Junk"[63] sowie „Pfeiffer",[64] letztere Entscheidung betreffend die (ausnahmsweise) unmittelbare Wirkung von RL. Das BAG bejahte sowohl einen Auslegungsspielraum als auch den angeblich der Auslegung entgegenstehenden Willen des nationalen Gesetzgebers. Der Wortlaut des Abs. 1 S. 1 schließe eine richtlinienkonforme Auslegung ebenso wenig von vornherein aus wie die Entstehungsgeschichte, die Gesetzessystematik[65] oder Sinn und Zweck der nationalen Massenentlassungsregelungen.[66] Nachdem das BAG in einer Reihe weiterer Judikate seine Rspr. nach „Junk" gefestigt hat,[67] ist für die Praxis nunmehr davon auszugehen, dass im Rahmen einer zulässigen richtlinienkonformen Auslegung als „Entlassung" i.S.v. Abs. 1 S. 1 der „Ausspruch der Künd" anzusehen ist.

Das BAG hat in den vorstehend genannten Entscheidungen klargestellt, dass die Anzeige der Massenentlassung bei der AA vor dem Ausspruch der Künd erfolgen muss. Offen gelassen hat das BAG hingegen die Frage, ob die unterlassene, fehlerhafte oder verspätete Anzeige zur Unwirksamkeit der Künd führt, wie dies früher weithin angenommen wurde, oder aber nur zu einer Entlassungssperre.[68] Aufgrund des Sinns und Zwecks des Anzeigeverfahrens erscheint der Schluss auf die Unwirksamkeit der Künd dem BAG nunmehr „nicht zwingend".[69] Jedenfalls aber, so das BAG, führe die Unterlassung der Massenentlassungsanzeige vor der Künd i.d.R.[70] dazu, dass diese das Arbverh nicht auflösen kann und deshalb der Künd-Schutzklage stattzugeben ist.[71] Die neuere Rspr. deutet auf eine Unwirksamkeit der Künd bei fehlerhafter oder fehlender Anzeige hin.[72] Der AG muss dann in jedem Fall das Arbverh fortführen,[73] wodurch u.U. nicht unerhebliche finanzielle Mehrbelastungen entstehen können.[74] Die dreiwöchige Klagefrist gem. § 4 S. 1 ist auch einzuhalten, wenn die Unwirksamkeit der Künd nach § 17 geltend gemacht wird.[75]

Zudem scheitert die Wirksamkeit der Künd nicht schon an einem nicht ordnungsgemäß durchgeführten Konsultationsverfahren.[76] Weiter bestätigte das BAG seine st.Rspr. zu den Anforderungen, die an die Durchführung und das Ergebnis des Konsultationsverfahrens und an die zeitliche Abfolge von Anzeige und Konsultation zu stellen sind. Mit der Konsultationspflicht ist auch nach der „Junk-Entscheidung" und seiner Implementierung in die nationale Rspr. keine Pflicht zur Verständigung über den Umfang und die Folgen der Massenentlassung im Sinne einer (Zwangs-)Einigung des AG mit dem BR, nötigenfalls im Zuge der Anrufung der Einigungsstelle, verbunden.[77]

---

59 BAG 24.2.2005 – 2 AZR 207/04 – NZA 2005, 766, 768.
60 BAG 23.3.2006 – 2 AZR 343/05 – NZA 2006, 971.
61 BAG 13.7.2006 – 6 AZR 198/06 – NZA 2007, 25.
62 ArbG Krefeld 14.4.2005 – 1 Ca 3731/04 – DB 2005, 892; *Bauer/Krieger/Powietzka*, DB 2005, 445; a.A. ArbG Bochum 17.3.2005 – 3 Ca 307/04 – DB 2005, 1064; *Appel*, DB 2005, 1002; w.N., insb. zur kontroversen LAG-Rspr., bei *Dzida/Hohenstatt*, DB 2006, 1897, 1898.
63 EuGH 27.1.2005 – Rs. C-188/03 – Junk – DB 2005, 454.
64 EuGH 5.10.2004 – Rs. C-397/01 bis 403/01 – Pfeiffer u.a. – NZA 2004, 1145.
65 Problematisch ist insb. der für § 18 Abs. 1, 2 und. 4 nunmehr nur noch verbleibende Anwendungsbereich.
66 BAG 23.3.2006 – 2 AZR 343/05 – NZA 2006, 971, 973 ff.; BAG 13.7.2006 – 6 AZR 198/06 – NZA 2007, 25, 26 ff.; a.A. *Dzida/Hohenstatt*, DB 2006, 1897, 1898; *Bauer/Krieger/Powietzka*, BB 2006, 2023, 2024 ff., die die Entscheidung aus Gründen der Rechtsklarheit gleichwohl im Ergebnis zu Recht begrüßen; *Naber*, JuS 2007, 614, 616 f. m.w.N., hier insb. auch näher zu den rechtstheoretischen Grundlagen der richtlinienkonformen Rechtsfindung.
67 BAG 6.7.2006 – 2 AZR 520/05 – NZA 2007, 266, 267; BAG 13.7.2006 – 6 AZR 25/06 – AP § 17 KSchG 1969 Nr. 23; BAG 20.9.2006 – 6 AZR 219/06 – AP § 17 KSchG 1969 Nr. 24; BAG 21.9.2006 – 2 AZR 284/06 – juris; BAG 1.2.2007 – 2 AZR 15/06 – juris; BAG 12.7.2007 – 2 AZR 722/05 – EzA § 551 ZPO 2002 Nr. 6; BAG 8.11.2007 – 2 AZR 554/05 – EzA § 1 KSchG Betriebsbedingte Kündigung Nr. 156; BAG 6.11.2008 – 2 AZR 935/07 – EzA § 18 KSchG Nr. 1.
68 Näher *Ferme/Lipinski*, NZA 2006, 937, 938 ff.; *Bauer/Krieger/Powietzka*, BB 2006, 2023, 2024 m.w.N.
69 BAG 23.3.2006 – 2 AZR 343/05 – NZA 2006, 971, 975 m.w.N. Aus dieser Formulierung des BAG mit *Bauer/Krieger/Powietzka*, BB 2006, 2023, 2024 den Schluss auf eine dritte Möglichkeit der in Betracht kommenden Rechtsfolgen einer verspäteten Anzeige im Verhältnis zum gekündigten AN – nämlich schlichtweg Folgenlosigkeit – ziehen zu wollen, scheint zu weit.
70 Insb. unbeschadet des Grundsatzes des Vertrauensschutzes, s. dazu noch sogleich folgend.
71 BAG 13.7.2006 – 6 AZR 198/06 – NZA 2007, 25, 27 f.
72 BAG 21.9.2006 – 2 AZR 284/06 – juris; ErfK/*Kiel*, § 17 KSchG Rn 35.
73 *Bauer/Krieger/Powietzka*, BB 2006, 2023, 2024.
74 *Ferme/Lipinski*, NZA 2006, 937, 938; *Dzida/Hohenstatt*, DB 2006, 1897, 1901.
75 BAG 21.9.2006 – 2 AZR 284/06 – juris.
76 So BAG 13.7.2006 – 6 AZR 198/06 – NZA 2007, 25, 28.
77 BAG 13.7.2006 – 6 AZR 198/06 – NZA 2007, 25, 28 m.w.N.

Die Massenentlassungsanzeige kann nach gegenwärtigem Rechtsstand auch bereits vor einem einvernehmlichen oder erzwungenen Abschluss der eingeleiteten Sozialplanverhandlungen erfolgen. Die auf die gegenteilige Auffassung abzielende Vorlage des ArbG Berlin v. 21.2.2006[78] an den EuGH wurde zwischenzeitlich zurückgenommen.[79]

dd) Vertrauensschutz. Schließlich stellt sich aus Sicht der Praxis die vor den BAG-Judikaten umstr. Frage nach der Gewährung von Vertrauensschutz durch die nationalen ArbG, ob also einem vor der „Junk-Entscheidung" respektive vor der nachfolgenden Umstellung der nationalen Verwaltungspraxis ohne Beachtung der neuen Grundsätze – Künd-Ausspruch als „Entlassung" i.S.v. Abs. 1 S. 1 – Massenentlassungen ggfs. ohne Anzeige vornehmenden AG ein schutzwürdiges Vertrauen auf die Beibehaltung der bisherigen Rspr. bzw. Verwaltungspraxis zugebilligt werden kann. Immerhin hatte sich nicht die kodifizierte Rechtslage, sondern nur eine Rechtsansicht geändert.[80] Obwohl der EuGH eine ausdrückliche Gewährung von Vertrauensschutz nicht selbst in seiner „Junk-Entscheidung" anordnete,[81] haben der zweite wie der sechste Senat des BAG die Gewährung von Vertrauensschutz in die bisherige st. höchstrichterliche Rspr. und Verwaltungspraxis der AA bejaht.[82] Das Vertrauen eines kündigenden AG in die bisherige Rspr. und Verwaltungspraxis konnte frühestens mit dem Datum der „Junk-Entscheidung" (27.1.2005) entfallen sein.[83] Offen ließ das BAG hingegen die zeitliche Höchstgrenze für die Gewährung von Vertrauensschutz.[84] Als spätester Zeitpunkt wird die Änderung der Verwaltungspraxis der BA, die unstr. nicht vor April 2005 erfolgte, maßgebend sein können.[85] Es könnte allerdings auch bereits auf die Handlungsempfehlung mit Weisungscharakter der BA v. 20.2.2005 bzw. die Pressemitteilung 012 der BA v. 21.2.2005 oder die Pressemitteilung 43/2005 v. 9.3.2005 abzustellen sein.[86] Entscheidend ist, ab welchem Zeitpunkt einem verständigen AG oder seinem mit gehöriger Sorgfalt beratendem RA die geänderte Rechtsauffassung und Praxis der zuständigen Arbeitsverwaltung zur Kenntnis gelangt sein müsse.[87] Es ist jedenfalls aus Beratersicht zu beachten, dass der für den Vertrauensschutz in Betracht kommende Zeitraum vom BAG recht eng gezogen wird und spätestens im April 2005 mit Umstellung der Verwaltungspraxis der BA geendet ist. In der Lit. wird entgegen dem BAG z.T. vertreten, sogar bis dessen grundlegender Entscheidung v. 23.3.2006 den AG Vertrauensschutz zuzubilligen.[88]

II. Pflichten des Arbeitgebers

Soll eine Massenentlassung vorgenommen werden, treffen den AG zum einen Auskunfts- und Beratungspflichten gegenüber dem BR und zum anderen Anzeigepflichten gegenüber der AA.

1. Beteiligung des Betriebsrats. a) Inhalt der Beteiligungspflichten. Abs. 2, 3 enthalten **betriebsverfassungsrechtliche Regelungen**.[89] Nach Abs. 2 S. 1 muss der AG dem BR **rechtzeitig** (gem. Abs. 3 S. 3: mind. zwei Wochen vor der Anzeige gegenüber der AA) die zweckdienlichen Auskünfte erteilen und ihn insbesondere **schriftlich** (elektronische Form ist nicht ausgeschlossen, §§ 126 Abs. 3, 126a BGB) unterrichten über

– die Gründe für die Entlassungen,
– Zahl und Berufsgruppen der betroffenen AN,
– Zahl und Berufsgruppen der i.d.R. beschäftigten AN,
– den Zeitraum der Entlassungen,
– die Auswahlkriterien und
– die Berechnungskriterien für etwaige Abfindungen.

Zu den **Entlassungsgründen** gehört die Angabe des Sachverhaltes, der den AG zu der Maßnahme veranlasst hat.[90] Die **sozialen Kriterien** entsprechen denen des § 1 Abs. 3 S. 2. Nach der Unterrichtung **müssen** AG und BR gem.

---

78 ArbG Berlin 21.2.2006 – 79 Ca 22399/05 – NZA 2006, 739; abl. dazu *Giesen*, SAE 2006, 135 ff., 140 ff.; *Klumpp*, NZA 2006, 703, 704 ff.; *Bauer/Krieger/Powietzka*, BB 2006, 2023, 2025 f.
79 ArbG Berlin 26.7.2006 – 37 Ca 8899/06 – BB 2006, 2084.
80 Für Vertrauensschutz aber bereits LAG Berlin 27.4.2005 – 17 Sa 2646/04 – BB 2005, 1860; LAG Köln 10.5.2005 – 1 Sa 1510/04 – BB 2005, 1860, u.v.a.m.
81 Anders als etwa im Barber-Urteil des EuGH v. 17.5.1990 – Rs. C-262/88 – NZA 1990, 775, 776.
82 BAG 23.3.2006 – 2 AZR 343/05 – NZA 2006, 971, 975 f.; BAG 13.7.2006 – 6 AZR 198/06 – NZA 2007, 25 ff.; BAG 8.11.2007 – 2 AZR 554/05 – EzA § 1 KSchG Betriebsbedingte Kündigung Nr. 156.
83 Die Schlussanträge des Generalanwalt *Tizzano* in der Sache „Junk" v. 30.9.2004, das Datum des zur „Junk-Entscheidung" führenden Vorlagebeschlusses des ArbG Berlin v. 30.4.2003 – 36 Ca 19726/02 – oder gar noch frühere Zeitpunkte wurden vom BAG zu Recht verworfen.
84 Vertrauensschutz zeitlich über „Junk" hinaus gänzlich abl. *Osnabrügge*, NJW 2005, 1093.
85 S.a. BAG 6.7.2006 – 2 AZR 520/05 – NZA 2007, 266, 267: Vertrauensschutz jedenfalls bis Ende Juni 2004; BAG 13.7.2006 – 6 AZR 25/06 – AP § 17 KSchG 1969 Nr. 23: 24.9.2003; BAG 21.9.2006 – 2 AZR 284/06 – juris und BAG 1.2.2007 – 2 AZR 15/06 – juris: 30.8.2004.
86 BAG 13.7.2006 – 6 AZR 198/06 – NZA 2007, 25, 29 f., die Sache wurde zur weiteren Aufklärung an das LAG Berlin zurückverwiesen.
87 BAG 20.9.2006 – 6 AZR 219/06 – AP § 17 KSchG Nr. 24; BAG 13.7.2006 – 6 AZR 198/06 – NZA 2007, 25, 30.
88 So *Dzida/Hohenstatt*, DB 2006, 1897, 1899; a.A. BAG 13.7.2006 – 6 AZR 198/06 – NZA 2007, 25, 29 f.
89 ErfK/*Kiel*, § 17 KSchG Rn 19.
90 ErfK/*Kiel*, § 17 KSchG Rn 20; KR/*Weigand*, § 17 KSchG Rn 62c.

Abs. 2 S. 2 die Massenentlassung **beraten**, insb. über Möglichkeiten der **Vermeidung oder Einschränkung von Entlassungen** und der Milderung der Entlassungsfolgen. Der BR kann – auch schriftlich – Stellung nehmen, muss dies aber nicht tun.[91]

24 Die weiteren Beteiligungsrechte des BR nach dem BetrVG bleiben durch die Beteiligung nach § 17 unberührt.[92] Dies sind insb.: Die Beteiligung an der Personalplanung (§ 92 Abs. 1 BetrVG); die Anhörung vor Künd (§ 102 Abs. 1 BetrVG); die Unterrichtung des Wirtschaftsausschusses (§ 106 Abs. 2 BetrVG) und die Unterrichtung des BR über die Betriebsänderung (§ 111 S. 1 BetrVG). Der Durchführung in einem einheitlichen Verfahren durch den AG steht jedoch nichts entgegen.

25 Die Beteiligungspflichten bestehen nur gegenüber dem BR. Eine **Beteiligung des Sprecherausschusses scheidet aus**, weil leitende Ang nicht als AN gelten (Abs. 5 Nr. 3). Die Vorschrift ist **nicht analog auf PR anzuwenden**, so dass das Beteiligungsverfahren nicht auf Betriebe anwendbar ist, die von der öffentlichen Verwaltung geführt werden und wirtschaftlichen Zwecken dienen.[93]

26 Abs. 3a regelt, dass den AG die Pflichten gegenüber dem BR auch dann treffen, wenn nicht er, sondern ein den AG beherrschendes Unternehmen die Entlassungsentscheidung getroffen hat. Hinsichtlich des Begriffs der Beherrschung kann auf §§ 17 f. AktG zurückgegriffen werden;[94] es genügt aber die Möglichkeit der Einflussnahme, wenn sie beständig und gesellschaftsrechtlich abgesichert ist.[95]

27 **b) Folgen der Nichtbeachtung. aa) Fehlende oder verspätete Unterrichtung des Betriebsrats.** Die Unterrichtung des BR ist **Wirksamkeitsvoraussetzung für die Massenentlassungsanzeige**: Fehlt sie, kann der AG die nach Abs. 3 S. 2 bzw. die Glaubhaftmachung nach Abs. 3 S. 3 der Anzeige nicht beifügen; dies führt zur Unwirksamkeit der Massenentlassungsanzeige.[96] Erfolgt die Unterrichtung nur mündlich, ist dies unschädlich, sofern der BR gleichwohl Stellung nimmt;[97] schweigt er aber, ist die Anzeige unwirksam. Die gleichen Grundsätze gelten bei verspäteter Unterrichtung des BR.[98]

28 **bb) Fehlende Beratung zwischen Arbeitgeber und Betriebsrat.** Umstr. ist, ob es zur Unwirksamkeit der Massenentlassungsanzeige führt, wenn der AG die nach Abs. 2 S. 2 erforderliche Beratung mit dem BR unterlässt.[99] Nach bisher wohl überwiegender Auff. war dies nicht der Fall. In der Tat sind die Wirksamkeitsvoraussetzungen für die Anzeige in Abs. 1, 3 abschließend geregelt;[100] die Angabe, dass die Beratung mit dem BR abgeschlossen ist, gehört nicht dazu.[101] Ob an dieser Auff. festgehalten werden kann, muss dennoch überdacht werden. Denn der EuGH hat in der bereits mehrfach erwähnten Junk-Entscheidung ausgeführt, Art. 2 der RL enthalte eine „Verpflichtung zu Verhandlungen" und die Sanktion der Unwirksamkeit der Künd im Falle der Verletzung der Konsultationspflicht diene gerade auch der Durchsetzung dieser Verhandlungspflicht.[102] Das BAG hält es indes auch nach der „Junk-Entscheidung" nicht für erforderlich, dass eine endgültige, ggf. zwangsweise erzielte, Einigung des AG mit dem BR erfolgt ist.[103]

29 **2. Anzeige gegenüber der Agentur für Arbeit. a) Zeitpunkt und Form.** Nach Beteiligung des BR hat der AG (nach Insolvenzeröffnung: der Insolvenzverwalter)[104] die beabsichtigte Massenentlassung der örtlich zuständigen AA anzuzeigen. Die Anzeige muss **vor Ausspruch der Künd**. Eine **nachträgliche Anzeige** ist ausnahmsweise dann möglich, wenn bereits durchgeführte Entlassungen erst nachträglich anzeigepflichtig werden, weil erst durch später hinzukommende Entlassungen die Grenzwerte des Abs. 1 S. 1 erreicht werden.[105]

30 Die **Anzeige bedarf** gem. Abs. 3 S. 2 **zwingend der Schriftform** (eigenhändige Unterzeichnung durch AG oder seinen Bevollmächtigten erforderlich). Die **elektronische Form** (§ 126a BGB) ist zulässig, ebenso die Übermittlung per **Telefax**.[106] Örtlich zuständig ist unabhängig vom Unternehmenssitz die AA, in deren Bezirk der Betrieb liegt.[107]

---

91 HaKo-KSchR/*Pfeiffer*, § 17 KSchG Rn 49; ErfK/*Kiel*, § 17 KSchG Rn 23.
92 HaKo-KSchR/*Pfeiffer*, § 17 KSchG Rn 54.
93 Vgl. LAG Berlin 27.5.2005 – 6 Sa 1499/04 – BB 2005, 1860; HaKo-KSchR/*Pfeiffer*, § 17 KSchG Rn 50.
94 KR/*Weigand*, § 17 KSchG Rn 98b.
95 ErfK/*Kiel*, § 17 KSchG Rn 38; *Wißmann*, RdA 1998, 221.
96 BAG 11.3.1999 – 2 AZR 461/98 – BAGE 91, 107 = NZA 1999, 761.
97 LAG Hamm 6.6.1986 – 16 Sa 2188/86 – LAGE § 17 KSchG Nr. 2.
98 Näher zum Ganzen HaKo-KSchR/*Pfeiffer*, § 17 KSchG Rn 53.
99 Für Unwirksamkeit: HaKo-KSchR/*Pfeiffer*, § 17 KSchG Rn 53; zweifelnd BAG 18.9.2003 – 2 AZR 79/02 – NZA 2004, 375 = BB 2004, 1223; gegen Unwirksamkeit APS/*Moll*, § 17 KSchG Rn 78; ErfK/*Kiel*, § 17 KSchG Rn 22; KR/*Weigand*, § 17 KSchG Rn 63; *v. Hoyningen-Huene/Linck*, § 17 Rn 49.
100 KR/*Weigand*, § 17 KSchG Rn 63a.
101 LAG Hamburg 20.9.2002 – 6 Sa 95/01 – juris.
102 EuGH 27.1.2005 – Rs. C-188/03 – DB 2005, 454.
103 BAG 13.7.2006 – 6AZR 198/06 – NZA 2007, 25, 28 m.w.N.
104 LAG Hamm 21.5.1986 – 7 (5) Sa 1991/84 – ZIP 1986, 246.
105 BSG 9.12.1958 – 7 RAr 117/55 – BSGE 9, 1 = BB 1959, 451.
106 ErfK/*Kiel*, § 17 KSchG Rn 27.
107 KR/*Weigand*, § 17 KSchG Rn 74.

b) Inhalt der Anzeige. Abs. 3 regelt abschließend den Inhalt der Anzeige. Es wird zwischen den zwingend erforderlichen Angaben und denjenigen unterschieden, die enthalten sein sollen. 31

aa) „Muss"-Angaben. Die Anzeige muss enthalten 32
– den Namen des AG,
– den Sitz und die Art des Betriebes,
– die Gründe für die Entlassungen,
– Zahl und Berufsgruppen der zu Entlassenden,
– Zahl und Berufsgruppen der i.d.R. beschäftigten AN,
– den Zeitraum der Entlassungen und
– die Auswahlkriterien für die Entlassungen.

bb) „Soll"-Angaben. Ferner soll die Anzeige gem. Abs. 3 S. 5 im Einvernehmen mit dem BR Angaben enthalten über 33
– Geschlecht,
– Alter,
– Beruf und
– Staatsangehörigkeit

der zu entlassenden AN. Hinsichtlich der vom AG insoweit gemachten Angaben tritt eine **Selbstbindung** ein, d.h. der **AG kann** danach **nicht mehr** eine von diesen Angaben **abweichende Gruppe** von AN **entlassen**.[108] Der AG kann dies durch einen in der Anzeige erklärten **Vorbehalt** verhindern. **Für** den **BR** ergibt sich für späteres Verhalten aufgrund des mit ihm abgestimmten Inhaltes der Anzeige **keine Selbstbindung**.

cc) Stellungnahme des Betriebsrats. Nach Abs. 3 S. 2 ist der Anzeige die **Stellungnahme des BR beizufügen**; 34 liegt sie nicht vor, ist die Anzeige gem. Abs. 3 S. 3 (nur dann) wirksam, wenn der AG die rechtzeitige Unterrichtung des BR glaubhaft macht und den Stand der Beratungen darlegt. Hieraus folgt im Gegenschluss, dass die **Anzeige anderenfalls unwirksam** ist.[109] Aus Abs. 3 S. 3 folgt weiter, dass der AG nach der Mitteilung an den BR zwei Wochen verstreichen lassen muss, bevor er die Massenentlassung der AA anzeigt, es sei denn, der BR nimmt bereits vorher Stellung. Gem. § 1 Abs. 5 S. 4 **ersetzt** der **Interessenausgleich nach § 1 Abs. 5 S. 1 die Stellungnahme** des BR. Ist die Stellungnahme des BR nicht beigefügt, führt dies nicht zwingend und dauerhaft zur Unwirksamkeit der Anzeige. Die fehlende Stellungnahme des BR kann nachgereicht werden unter der Voraussetzung, dass der BR mindestens zwei Wochen vor Anzeigeerstattung, also vor Vollständigkeit der Anzeige, nach unterrichtet worden ist.[110]

c) Mängel der Anzeige. aa) Unterlassen der Anzeige. Unterlässt[111] der AG die Anzeige, führt dies zwar nicht 35 zur Unwirksamkeit der Künd-Erklärung; unwirksam ist aber die anzeigepflichtige Entlassung.[112] Ist die Zustimmung weder vor noch nach dem vorgesehenen Entlassungszeitpunkt beantragt worden, steht damit fest, dass das Arbverh durch die entsprechende Künd nicht aufgelöst worden ist.[113]

Nachholbar ist eine – unter Berücksichtigung der Sperrfrist des § 18 – nicht rechtzeitig erfolgte Massenentlassungsanzeige nur, wenn sie vor dem vorgesehenen Entlassungstermin erfolgt.[114]

bb) Unrichtige Angaben. Die Nichtbeachtung der Sollvorschriften bleibt **ohne rechtliche Folgen**.[115] Dagegen 36 führt grds. eine unrichtige „Muss-Angabe" zur Unwirksamkeit der Massenentlassung; im Individualprozess kann sich der AN hierauf berufen.[116] Die falsche Angabe über die Anzahl der i.d.R. Beschäftigten bleibt ausnahmsweise folgenlos, wenn die Arbeitsverwaltung dadurch nicht von einer sachlichen Prüfung abgehalten wurde.[117]

C. Hinweise zum Verfahren

Der **Vordruck der Anzeige** an die AA, der dazugehörigen Anlage und der Liste der zu entlassenden AN können aus 37 dem Internet heruntergeladen werden.[118] Die **Rechtsfolgen** der wirksamen Anzeige ergeben sich aus § 18.

---

108 BAG 6.10.1960 – 2 AZR 47/59 – BAGE 10, 61 = NJW 1961, 187.
109 BAG 11.3.1999 – 2 AZR 461/98 – BAGE 91, 107 = NZA 1999, 761.
110 BAG 21.5.2008 – 8 AZR 84/07 – NZA 2008, 753.
111 Möglich ist auch die Rücknahme einer erstatteten Anzeige, so dass deren Folgen entfallen, s. Hako-KSchR/*Pfeifer*, § 17 KSchG Rn 75 m.w.N.
112 BAG 18.9.2003 – 2 AZR 79/02 – NZA 2004, 375 = BB 2004, 1223; 13.4.2000 – 2 AZR 215/99 – NZA 2001, 144 = EzA § 17 KSchG Nr. 9.
113 BAG 22.3.2001 – 8 AZR 565/00 – NZA 2002, 1349 = EzA Art. 101 GG Nr. 5.
114 BAG 13.4.2000 – 2 AZR 215/99 – NZA 2001, 144 = EzA § 17 KSchG Nr. 9; krit. *Bauer/Powietzka*, DB 2001, 383.
115 Allg.M.; z.B. KR/*Weigand*, § 17 KSchG Rn 84.
116 ErfK/*Kiel*, § 17 KSchG Rn 35.
117 BAG 22.3.2001 – 8 AZR 565/00 – NZA 2002, 1349 = EzA Art. 101 GG Nr. 5.
118 Http://www.arbeitsagentur.de. Sie finden sich ferner bei *Bader/Bram/Dörner*, KSchG, Anhang zu § 17.

D. Beraterhinweise

38 Aus AG-Sicht sollte es vermieden werden, gegenüber der AA Angaben zu machen, zu denen keine Verpflichtung besteht (siehe oben Rn 33, 36). Nach der Rspr. des BAG ist der AG nämlich auch insofern an seine Angaben gebunden, so dass es z.B. zur Unwirksamkeit der Entlassung führt, wenn angegeben wird, die zu Entlassenden seien sämtlich Ang, später jedoch ein Arb darunter ist.[119]

39 Die **BA** geht davon aus, dass aufgrund der Rspr. des EuGH und des BAG die **Massenentlassungsanzeige schon vor Ausspruch der Künd** zu erfolgen habe (zum Problem siehe oben Rn 16 ff.). Folgt man der Auff., wonach unter „Entlassung" nunmehr die Künd-Erklärung zu verstehen sei, stellt sich weiter die Frage, ob zwischen Anzeige und Künd-Erklärung nunmehr eine **Sperrfrist von einem Monat** gem. § 18 Abs. 1 einzuhalten ist.[120] Am 15.4.2005 hat die BA alle AA angewiesen, die einmonatige Sperrfrist nach § 18 Abs. 1 auf das Ausscheiden aus dem Arbverh und nicht auf den Künd-Ausspruch zu beziehen; die Regelung zur Freifrist gem. § 18 Abs. 4 sei künftig „ohne Anwendungsbereich".[121] Die BA hat die AA ferner angewiesen, für „Altfälle" (Anzeige vor dem 27.1.2005) Vertrauensschutz zu gewähren, indem über sie nach der bisher geltenden Rechtslage zu entscheiden sei.[122] Die Gewährung von Vertrauensschutz hat das BAG inzwischen bestätigt.[123]

40 Soll die **Wirksamkeit der Entlassungen** sowohl **nach** der **herkömmlichen Auffassung** als auch nach derjenigen des **EuGH** sichergestellt werden, muss die **Zahl der zu entlassenden AN** nach dem **Künd-Datum** (bzw. Datum des Aufhebungsvertrages) **und auch nach dem Austrittsdatum ermittelt** werden. Sodann muss bereits **vor Ausspruch der Künd** (Abschluss des Aufhebungsvertrages) das **Konsultationsverfahren** mit dem BR **abgeschlossen** sein. Liegt zwischen der Anzeige und der Künd weniger als ein Monat, empfiehlt sich im Hinblick auf die Auslegung von § 18 Abs. 1 eine erneute, vorsorgliche Künd nach erneuter BR-Anhörung. Erfolgt der Austritt der AN nicht innerhalb der Freifrist des § 18 Abs. 4, sollte vorsorglich eine weitere Massenentlassungsanzeige angebracht werden. Dies sollte ca. zwei Monate vor dem tatsächlichen Ausscheiden geschehen.[124]

---

§ 18 Entlassungssperre

(1) Entlassungen, die nach § 17 anzuzeigen sind, werden vor Ablauf eines Monats nach Eingang der Anzeige bei der Agentur für Arbeit nur mit deren Zustimmung wirksam; die Zustimmung kann auch rückwirkend bis zum Tag der Antragstellung erteilt werden.
(2) Die Agentur für Arbeit kann im Einzelfall bestimmen, daß die Entlassungen nicht vor Ablauf von längstens zwei Monaten nach Eingang der Anzeige bei der Agentur für Arbeit wirksam werden.
(3) (aufgehoben)
(4) Soweit die Entlassungen nicht innerhalb von 90 Tagen nach dem Zeitpunkt, zu dem sie nach den Absätzen 1 und 2 zulässig sind, durchgeführt werden, bedarf es unter den Voraussetzungen des § 17 Abs. 1 einer erneuten Anzeige.

Literatur: vgl. die Angaben zu § 17

A. Allgemeines ... 1	1. Entlassungen während der Sperrfrist ... 8
B. Regelungsgehalt ... 2	2. Entlassungen trotz unterlassener oder unwirksamer Anzeige ... 9
I. Sperrfrist ... 2	C. Verbindung zum Prozessrecht ... 10
II. Zustimmung der Agentur für Arbeit; Negativattest ... 6	D. Beraterhinweise ... 11
III. Freifrist ... 7	
IV. Rechtsfolge bei Verstoß ... 8	

A. Allgemeines

1 Die Vorschrift regelt die Rechtsfolgen anzeigepflichtiger Entlassungen: Die **Entlassungssperre** (Abs. 1), während der die AA gem. § 19 Kurzarbeit anordnen kann, und die **Freifrist** (Abs. 4) für die Entlassungen. Wie § 17 hat auch diese Norm einen arbeitsmarktpolitischen Hintergrund: Die AA soll sich auf die Vermittlung einer größeren Zahl von entlassenen AN einstellen können, weshalb ihr eine Vorlaufzeit eingeräumt wird.[1]

---

[119] BAG 6.10.1960 – 2 AZR 47/59 – BAGE 10, 61 = BB 1960, 1328.
[120] *Bauer/Krieger/Powietzka*, DB 2005, 1006.
[121] *Bauer/Krieger/Powietzka*, DB 2005, 1006.
[122] *Bauer/Krieger/Powietzka*, DB 2005, 1006.
[123] BAG 8.11.2007 – 2 AZR 554/05 – EzA § 1 KSchG Betriebsbedingte Kündigung Nr. 156.
[124] *Bauer/Krieger/Powietzka*, DB 2005, 445.
[1] Dornbusch/Wolff/*Heckelmann*, § 18 Rn 2.

B. Regelungsgehalt

I. Sperrfrist

Nach dem Eingang einer **wirksamen Anzeige** (siehe § 17 Rn 16, 32) bei der AA läuft gem. Abs. 1 eine **einmonatige Sperrfrist**. Während dieser Frist werden Entlassungen, die nach § 17 anzuzeigen sind, nur mit Zustimmung der AA wirksam. Die **Hemmung der Wirksamkeit** (siehe unten Rn 8) **erfasst alle Entlassungen**, d.h. es bleiben nicht so viele Entlassungen wirksam, wie unterhalb der Grenze des § 17 liegen.[2]

Zu beachten ist, dass im Zuge der „Junk-Entscheidung" des EuGH nunmehr nicht der Zeitpunkt des tatsächlichen Ausscheidens des AN mit Ablauf der Künd-Frist, sondern der **Ausspruch der Künd als „Entlassung" i.S.v. § 17 Abs. 1 S. 1** anzusehen ist (siehe § 17 Rn 16 ff.). Der zweite Senat des BAG hat zwar eine richtlinienkonforme Auslegung zunächst nur für § 17 Abs. 1 S. 1 bejaht.[3] Darüber hinausgehend hat nachfolgend der sechste Senat die richtlinienkonforme Auslegung auf den gesamten Regelungskomplex der §§ 17 ff. bezogen und insb. auch Abs. 1 ausdrücklich eingeschlossen.[4] Daraus folgt nach überwiegend vertretener Ansicht, dass – im Sinne einer **„Mindest-Künd-Frist"** – Künd nicht vor Ablauf eines Monats nach der Anzeige bei der A.A. wirksam werden.[5] Nur bei den in der Praxis seltenen Künd-Fristen unter einem Monat (siehe auch § 622 BGB) kann Abs. 1 überhaupt noch Wirkung entfalten.[6] Der Anwendungsbereich der Vorschrift hat sich demzufolge deutlich reduziert, was vielfach als Argument gegen die vom BAG bejahte Möglichkeit einer richtlinienkonformen Auslegung des § 17 Abs. 1 S. 1 angesehen wurde.[7]

Die Frist berechnet sich nach **§ 26 SGB X i.V.m. §§ 187 Abs. 1, 188 Abs. 2, 3 BGB**. Die Monatsfrist endet also mit Ablauf desjenigen Tages des nächsten Monats, der durch seine Zahl dem Tage des Eingangs der Anzeige bei der AA entspricht. Wird der Antrag bei der falschen bzw. örtlich unzuständigen Behörde eingereicht, **beginnt die Frist erst mit Eingang bei der zuständigen AA**.[8]

Die AA kann gem. Abs. 2 **im Einzelfall** bestimmen, dass die Entlassungen nicht vor Ablauf von **längstens zwei Monaten** nach Eingang der Anzeige wirksam werden. In Betracht kommt also die Bestimmung jeder Frist zwischen der einmonatigen Regelsperrfrist und der zweimonatigen Höchstgrenze.[9] Die Verlängerung ist ausgeschlossen, nachdem die Monatsfrist bereits abgelaufen ist. Entscheidender Zeitpunkt ist dabei der Zugang der Anordnung beim AG.[10]

Die **Verlängerung** wird durch **Ermessensentscheidung im Einzelfall** getroffen. Sie darf **nicht allein** auf die **fiskalische Erwägung** gestützt werden, die Arbeitslosenversicherung zu entlasten, denn es handelt sich nicht um eine Schutzvorschrift zugunsten der Arbeitsverwaltung.[11] Nur zur Klärung des Sachverhalts und zur Ermöglichung von Hilfsmaßnahmen zur Vermeidung oder Einschränkung von Entlassungen oder zur alsbaldigen Unterbringung von AN darf die Sperrfrist verlängert werden.[12] Die AA darf die Entscheidung auf einzelne AN-Gruppen beschränken.[13]

II. Zustimmung der Agentur für Arbeit; Negativattest

Die **Zustimmung** der AA zu Entlassungen während der Sperrfrist setzt nach dem Wortlaut von Abs. 1 einen **Antrag des AG** voraus. Dieser kann mit der Anzeige nach § 17 verbunden werden.[14] Über den Antrag hat die AA nach pflichtgemäßem Ermessen zu entscheiden. Die Zustimmung der AA beseitigt die Entlassungssperre. Die AA kann die Zustimmung mit Rückwirkung bis zum Tage der Antragstellung erteilen. Auch über die Anordnung der Rückwirkung hat sie nach pflichtgemäßem Ermessen zu entscheiden. Hält die AA die Zustimmung nicht für erforderlich, erteilt sie dem AG ein sog. **Negativattest**. Dieses wirkt wie eine Zustimmung, wenn in Wahrheit doch der Tatbestand des § 17 gegeben war.[15]

---

2 BAG 3.10.1963 – 2 AZR 160/63 – BB 1963, 1424.
3 BAG 13.3.2006 – 2 AZR 343/05 – NZA 2006, 971, 973 ff.
4 BAG 13.7.2006 – 6 AZR 198/06 – NZA 2007, 25, 27; BAG 22.3.2007 – 6 AZR 499/05 – NZA 2007, 1101.
5 LAG Baden-Württemberg 12.3.2008 – 12 Sa 54/07 – LAGE § 18 KSchG Nr. 3 = ZInsO 2008, 1092, n.rkr.; LAG Berlin-Brandenburg 23.2.2007 – 6 Sa 2152/06 – LAGE § 18 KSchG Nr. 1 = BB 2007, 2296; *Dzida/Hohenstatt*, DB 2006, 1897, 1901; *Bauer/Krieger/Powietzka*, BB 2006, 2023, 2026; *Naber*, JuS 2007, 614, 616; a.A. *Ferme/Lipinski*, NZA 2006, 937, 938 ff.: Theorie der Rechtsbedingung (zeitliche Verzögerung der Wirksamkeit der Künd).
6 Bzw. bei der nach Abs. 2 verlängerten Sperrfrist auch entsprechend längere Künd-Fristen. S. *Naber*, JuS 2007, 614, 616.
7 So etwa *Dzida/Hohenstatt*, DB 2006, 1897, 1898; *Bauer/Krieger/Powietzka*, BB 2006, 2023, 2026 f.; *Naber*, JuS 2007, 614, 616 f.
8 Dornbusch/Wolff/*Heckelmann*, § 18 Rn 4; HaKo-KSchR/*Pfeiffer*, § 18 KSchG Rn 4 m.w.N.
9 HaKo-KSchR/*Pfeiffer*, § 18 KSchG Rn 6.
10 ErfK/*Kiel*, § 18 KSchG Rn 8.
11 Bayerisches LSG 8.8.1985 – L 9/Al 133/83 – NZA 1986, 654.
12 Bayerisches LSG 8.8.1985 – L 9/Al 133/83 – NZA 1986, 654.
13 ErfK/*Kiel*, § 18 KSchG Rn 9.
14 HaKo-KSchR/*Pfeiffer*, § 18 KSchG Rn 7.
15 BAG 21.5.1970 – 2 AZR 294/69 – BAGE 22, 336 = NJW 1970, 2045; HaKo-KSchR/*Pfeiffer*, § 18 KSchG Rn 13.

III. Freifrist

7 Nach Ablauf der Sperrfrist muss der AG die **Entlassungen innerhalb von 90 Tagen durchführen** (sog. **Freifrist**). Fristbeginn ist der Tag des Ablaufs der Sperrfrist (Regelsperrfrist oder durch die AA verlängerte Frist). Die Freifrist kann weder verkürzt noch verlängert werden. Nach ihrem Ablauf bedarf es einer erneuten Anzeige gem. § 17 Abs. 1, wenn dessen Voraussetzungen vorliegen. Für die Regelung zur Freifrist in Abs. 4 ist nach derzeitigem Rechtsstand kein Anwendungsbereich mehr verblieben (str.),[16] was auch die BA in den Durchführungsanweisungen klarstellt.[17]

IV. Rechtsfolge bei Verstoß

8 **1. Entlassungen während der Sperrfrist.** Liegt eine **wirksame Massenentlassungsanzeige** des AG vor, sind vor Ablauf der Sperrfrist durchgeführte **Entlassungen** nicht endgültig unwirksam, jedoch **in ihrer Wirksamkeit gehemmt**.[18] Die Entlassung wird dann erst mit Ende der Sperrfrist wirksam. Doch ist der AN nicht verpflichtet, nach Ablauf der Künd-Frist seine Arbeitsleistung zu erbringen, denn der Massenentlassungsschutz gem. §§ 17 ff. wirkt ausschließlich zugunsten des AN.

9 **2. Entlassungen trotz unterlassener oder unwirksamer Anzeige.** Dagegen ist die **Entlassung endgültig unwirksam**, wenn der AN die Anzeige nicht erstattet hat.[19] Die **nachträgliche Anzeige** einer unwirksamen Entlassung hat daher **keine heilende Wirkung**, sondern geht ins Leere.[20] Gleiches gilt, wenn der AG zwar die Massenentlassungsanzeige erstattet hat, diese jedoch nicht den Wirksamkeitsanforderungen (siehe § 17 Rn 32) genügt und daher unwirksam ist.[21]

C. Verbindung zum Prozessrecht

10 Die **Darlegungs- und Beweislast** für die **Voraussetzungen der Anzeigepflicht** liegt beim AN. Er muss also sowohl die Zahl der beschäftigten AN als auch die Zahl der entlassenen AN im Streitfall beweisen (zu weiteren Verfahrensfragen vgl. § 17 Rn 37 ff. und § 20 Rn 2).[22]

D. Beraterhinweise

11 Die Möglichkeit des AG, bei seinem „neuen eigenständigen Verhandlungspartner" – der zuständigen AA – gem. Abs. 1 einen **Antrag auf Verkürzung der Sperrfrist** zu stellen, sollte künftig verstärkt in Betracht gezogen werden, um die finanziellen Mehrbelastungen zu begrenzen. Die BA empfiehlt in ihrer Handlungsempfehlung 2/2005 v. 20.2.2005, die (Regel-)Sperrfrist antragsgemäß zu verkürzen.[23]

12 Vor dem Hintergrund, dass es nicht einer Behörde wie der BA, sondern dem Gesetzgeber oder dem BVerfG obliegt, den Anwendungsbereich einer Gesetzesnorm verbindlich zu bestimmen, wird die Haltung der BA, die Regelung des Abs. 4 habe derzeit keinen Anwendungsbereich, kritisiert. AG seien gut beraten, die **Freifrist** gleichwohl zu beachten.[24]

---

§ 19 **Zulässigkeit von Kurzarbeit**

(1) Ist der Arbeitgeber nicht in der Lage, die Arbeitnehmer bis zu dem in § 18 Abs. 1 und 2 bezeichneten Zeitpunkt voll zu beschäftigen, so kann die Bundesagentur für Arbeit zulassen, daß der Arbeitgeber für die Zwischenzeit Kurzarbeit einführt.

(2) Der Arbeitgeber ist im Falle der Kurzarbeit berechtigt, Lohn oder Gehalt der mit verkürzter Arbeitszeit beschäftigten Arbeitnehmer entsprechend zu kürzen; die Kürzung des Arbeitsentgelts wird jedoch erst von dem Zeitpunkt an wirksam, an dem das Arbeitsverhältnis nach den allgemeinen gesetzlichen oder den vereinbarten Bestimmungen enden würde.

(3) Tarifvertragliche Bestimmungen über die Einführung, das Ausmaß und die Bezahlung von Kurzarbeit werden durch die Absätze 1 und 2 nicht berührt.

---

16 Das BAG spricht hingegen lediglich von teleologischer Reduktion, BAG 13.3.2006 – 2 AZR 343/05 – NZA 2006, 971, 974. Andere wollen künftig wenigstens einen minimalen Anwendungsbereich der Vorschrift sehen, so etwa *Bauer/Krieger/Powietzka*, BB 2006, 2023, 2026 f.; von einer Reduzierung des Anwendungsbereichs praktisch „auf Null" spricht *Naber*, JuS 2007, 614, 616 f.; ähnlich *Dzida/Hohenstatt*, DB 2006, 1897, 1901.

17 DA KSchG, 4. EL 7/2005, S. 12, Ziffer 18.41. Krit. hierzu allerdings *Bauer/Krieger/Powietzka*, BB 2006, 2023, 2026 f. m.w.N.

18 BAG 6.11.2008 – 2 AZR 935/07 – EzA § 18 KSchG Nr. 1; HaKo-KSchR/*Pfeiffer*, § 18 KSchG Rn 14.

19 ErfK/*Kiel*, § 17 KSchG Rn 36.

20 LAG Düsseldorf 6.4.1956 – 4 Sa 99/56 – BB 1956, 752.

21 HaKo-KSchR/*Pfeiffer*, § 18 KSchG Rn 20, § 17 KSchG Rn 82 m.w.N.

22 BAG 19.6.1991 – 2 AZR 127/91 – DB 1991, 2442 = BB 1992, 1067.

23 S. näher *Ferme/Lipinski*, NZA 2006, 937, 939.

24 So *Bauer/Krieger/Powietzka*, BB 2006, 2023, 2026.

Literatur: *Löwisch,* Kurzarbeit vor Kündigung zwischen Betriebsverfassungs- und Kündigungsschutzrecht, in: FS Wiese, 1998, S. 249; *Opolony,* Die anzeigepflichtige Entlassung nach § 17 KSchG, NZA 1999, 791; *Schaub,* Personalabbau im Betrieb und neueste Rechtsprechung zum Kündigungsschutzrecht, insbesondere zur betriebsbedingten Kündigung, BB 1993, 1089

A. Allgemeines	1	2. Tarifliche Normen	6
B. Regelungsgehalt	2	C. Verbindung zu anderen Rechtsgebieten	7
I. Zulassung der Kurzarbeit	3	I. Mitwirkung des Betriebsrats	7
1. Voraussetzungen	3	II. Kurzarbeitergeld	8
2. Entscheidung	4	**D. Beraterhinweise**	9
II. Rechtsfolgen der Zulassung; Durchführung der Kurzarbeit	5	I. Zuständige Behörde	9
1. Bedeutung für das Arbeitsverhältnis	5	II. Entscheidung; Rechtsschutz	10

A. Allgemeines

Die Vorschrift ergänzt § 18. Sie bezweckt, den **AG** für die Zeit der Sperrfrist von der Zahlung des vollen Arbeitsentgelts zu **entlasten**, wenn eine volle Beschäftigung in dieser Zeit nicht möglich ist. Die praktische Bedeutung der Norm ist indes sehr gering, weil Kurzarbeit erst nach Ablauf der Künd-Frist möglich ist (Abs. 2), tarifliche Regelungen unberührt bleiben (Abs. 3) und der BR bei der Lage der verkürzten Arbeitszeit mitzubestimmen hat (siehe unten Rn 7).

B. Regelungsgehalt

§ 19 stellt eine **Erweiterung der Individualrechte des AG** dar.[1] Dieser kann im Allg. nicht einseitig die Arbeitszeit verringern; es bedarf einer entsprechenden Individual- oder tarifvertraglichen Regelung. Fehlt sie, bleibt nur die schwer zu handhabende Änderungs-Künd, wenn eine einvernehmliche Lösung nicht zustande kommt. Weil schon im Vorfeld von Massenentlassungen häufig ein Arbeitskräfteüberhang besteht, soll dem AG auf diese Weise eine Steuerungsmöglichkeit gegeben werden. Die kurze Frist von zwei Monaten, die Fortgeltung tariflicher Regelungen, das jedenfalls z.T. bestehende Mitbestimmungsrecht und das Erfordernis, bei der Entgeltkürzung die Künd-Fristen einzuhalten, verhindern aber die praktische Brauchbarkeit der Norm.[2] Die Anwendung beschränkt sich praktisch auf nicht tarifgebundene AN in Betrieben ohne BR.[3]

I. Zulassung der Kurzarbeit

1. Voraussetzungen. Wegen der Verweisung auf § 18 setzt die Zulassung von Kurzarbeit zunächst die ordnungsgemäße Anzeige einer Massenentlassung voraus. Ist der Tatbestand des § 17 nicht erfüllt, scheidet eine Bewilligung von Kurzarbeit aus.[4] Ferner muss der AG außerstande sein, die AN bis zum Ende der Sperrfrist (§ 18) voll zu beschäftigen. Dabei ist nach dem Zweck der Vorschrift die Unmöglichkeit nicht erforderlich; vielmehr genügt nach allg. Auff. die fehlende Zumutbarkeit aus wirtschaftlichen Gründen.[5] Ist andererseits die Zahlung des vollen Arbeitsentgelts wirtschaftlich zuzumuten, ist Kurzarbeit auch dann nicht zuzulassen, wenn tatsächlich keine Möglichkeit der vollen Beschäftigung besteht.[6] Dagegen hat die AA nicht zu überprüfen, ob ein Verschulden des AG den Beschäftigungsmangel verursacht hat.[7] Das Künd-Schutzrecht dient nicht der Überprüfung oder gar Ahndung einer (schlechten) Unternehmensführung.[8] Voraussetzung für die Zulassung von Kurzarbeit ist ferner ein hierauf gerichteter Antrag bei der AA.

2. Entscheidung. Die Zulassungsentscheidung der BA ist ein **privatrechtsgestaltender**, den AG begünstigender **VA**, der durch Bekanntgabe an den AG wirksam wird.[9] Die einzige Einschränkung der Entscheidungsmöglichkeit sieht das Gesetz in zeitlicher Hinsicht vor: Die Kurzarbeit darf die Dauer der Sperrfrist nicht übersteigen. Ein Unterschreiten ist aber ebenso möglich wie die Beschränkung auf bestimmte Abteilungen oder Gruppen von AN oder die Festlegung einer bestimmten Mindestarbeitszeit.[10]

II. Rechtsfolgen der Zulassung; Durchführung der Kurzarbeit

1. Bedeutung für das Arbeitsverhältnis. Die Ermächtigung betrifft alle AN, es sei denn, der Bescheid trifft eine andere Regelung. Der Sonder-Künd-Schutz z.B. für Schwangere oder BR-Mitglieder steht nicht entgegen, denn es handelt sich nicht um eine Künd. Dem AG wird das einseitige Recht eingeräumt, die Arbeitsbedingungen zu ver-

---

1 ErfK/*Kiel,* § 19 KSchG Rn 4.
2 KDZ/*Kittner,* § 19 KSchG Rn 1 f; *Cohnen/Röger,* BB 2009, 46.
3 ErfK/*Kiel,* § 19 KSchG Rn 1; *v. Hoyningen-Huene/Linck,* § 19 Rn 4.
4 KR/*Weigand,* § 19 KSchG Rn 6.
5 Z.B. KR/*Weigand,* § 19 KSchG Rn 6.
6 KR/*Weigand,* § 19 KSchG Rn 6.
7 So aber *v. Hoyningen-Huene/Linck,* § 19 Rn 6.
8 Wie hier APS/*Moll,* § 19 KSchG Rn 13; KR/*Weigand,* § 19 KSchG Rn 7.
9 ErfK/*Kiel,* § 19 KSchG Rn 3.
10 KR/*Weigand,* § 19 KSchG Rn 18.

ändern. Es bleibt seiner Entscheidung überlassen, ob er gegenüber dem AN von diesem Recht Gebrauch macht. Tut er dies, kann der AN hieraus i.d.R. kein Recht zur außerordentlichen Künd des Arbverh herleiten; ihm bleibt nur die Möglichkeit der ordentlichen Künd.[11] Nach Ablauf der Sperrfrist leben die alten Arbeitsbedingungen wieder auf.

Die Kurzarbeit bewirkt eine Kürzung des Entgelts im Verhältnis zur Arbeitszeitverkürzung. Dies gilt gem. Abs. 2 jedoch erst ab dem Ablauf der Künd-Frist. Das Urlaubsgeld bemisst sich trotz Kurzarbeit stets nach dem bisherigen Entgelt während der vollen Beschäftigung.[12]

6   **2. Tarifliche Normen.** Gem. Abs. 3 gehen (für den AN günstigere) tarifvertragliche Bestimmungen über Einführung, Ausmaß und Bezahlung von Kurzarbeit der Entscheidung durch die BA vor. Voraussetzung ist aber, dass sowohl AN als auch AG tarifgebunden ist.[13] Folglich kann gegenüber den nicht tarifgebundenen AN Kurzarbeit nach Maßgabe der Ermächtigung angeordnet werden.[14]

C. Verbindung zu anderen Rechtsgebieten

I. Mitwirkung des Betriebsrats

7   Nach wohl h.M. unterliegt die Einführung von Kurzarbeit durch den AG der Mitbestimmung des BR gem. § 87 Abs. 1 Nr. 3 BetrVG. Dies wird damit begründet, dass nicht die BA, sondern der AG selbst in eigener Entscheidung die Kurzarbeit einführt.[15] Es ist allerdings nicht zu verkennen, dass hierdurch insb. der **arbeitsmarktpolitische Zweck** der Regelung **deutlich beeinträchtigt** wird.

Die Mitbestimmung umfasst sowohl die Einführung der Kurzarbeit (das „Ob") als auch deren Ausgestaltung (das „Wie"), z.B. die zeitliche Lage der verkürzten Arbeitszeit (§ 87 Abs. 1 Nr. 2 BetrVG).

II. Kurzarbeitergeld

8   Die Einführung der Kurzarbeit führt nicht automatisch zu einem Anspruch auf Kurzarbeitergeld. Das Vorliegen der Voraussetzungen gem. §§ 169 ff. SGB III ist stets zu prüfen. Dies gilt insb. für § 172 SGB III, also die Erfüllung der **persönlichen Voraussetzungen** beim jeweiligen AN. Erforderlich ist ferner ein **erheblicher Arbeitsausfall** i.S.v. § 170 SGB III.

D. Beraterhinweise

I. Zuständige Behörde

9   Zur Entscheidung über den Antrag berufen ist die **BA selbst**, nicht der in § 20 genannte Ausschuss der AA, denn dieser ist nur für die Entscheidungen nach § 18 Abs. 1 und 2 zuständig (§ 20 Abs. 1). Der Antrag ist daher nicht an die AA zu richten.

II. Entscheidung; Rechtsschutz

10 Bei der Entscheidung der BA handelt es sich um einen VA; Adressat und Begünstigter ist der AG. Dem entspricht eine Belastung der betroffenen AN (Doppelwirkung).[16] Für die Wirksamkeit ist ausschließlich auf die Bekanntgabe gegenüber dem AG abzustellen; Rechtsmittelfristen der AN laufen aber erst ab deren Kenntnis, spätestens also ab Anordnung der Kurzarbeit durch den AG.[17]

11 Die Wirksamkeit der Entscheidung ist im **sozialgerichtlichen Verfahren** zu überprüfen. Klagebefugt ist außer dem AG auch der betroffene AN, denn in dessen Rechte wird eingegriffen.[18] Eine Abänderung des VA durch die BA kommt in Betracht, wenn sich während des Laufs der Sperrfrist die Voraussetzungen für die Zulassung der Kurzarbeit ändern.[19]

---

§ 20	Entscheidungen der Agentur für Arbeit

(1) ¹Die Entscheidungen der Agentur für Arbeit nach § 18 Abs. 1 und 2 trifft deren Geschäftsführung oder ein Ausschuß (Entscheidungsträger). ²Die Geschäftsführung darf nur dann entscheiden, wenn die Zahl der Entlassungen weniger als 50 beträgt.

---

11 ErfK/*Kiel*, § 19 KSchG Rn 9.
12 KDZ/*Kittner*, § 19 KSchG Rn 17.
13 ErfK/*Kiel*, § 19 KSchG Rn 6.
14 KR/*Weigand*, § 19 KSchG Rn 28.
15 KR/*Weigand*, § 19 KSchG Rn 31 m.w.N.; a.A. APS/*Moll*, § 19 KSchG Rn 24 ff; *Löwisch*, in: FS Wiese, S. 249.
16 KR/*Weigand*, § 19 KSchG Rn 15.
17 KR/*Weigand*, § 19 KSchG Rn 15.
18 KR/*Weigand*, § 19 KSchG Rn 16; a.A. APS/*Moll*, § 19 KSchG Rn 42; *Löwisch*, Rn 11.
19 *Löwisch*, Rn 11; KR/*Weigand*, § 19 KSchG Rn 16.

(2) ¹Der Ausschuß setzt sich aus dem Geschäftsführer, der Geschäftsführerin oder dem oder der Vorsitzenden der Geschäftsführung der Agentur für Arbeit oder einem von ihm oder ihr beauftragten Angehörigen der Agentur für Arbeit als Vorsitzenden und je zwei Vertretern der Arbeitnehmer, der Arbeitgeber und der öffentlichen Körperschaften zusammen, die von dem Verwaltungsausschuss der Agentur für Arbeit benannt werden. ²Er trifft seine Entscheidungen mit Stimmenmehrheit.

(3) ¹Der Entscheidungsträger hat vor seiner Entscheidung den Arbeitgeber und den Betriebsrat anzuhören. ²Dem Entscheidungsträger sind, insbesonere vom Arbeitgeber und Betriebsrat, die von ihm für die Beurteilung des Falles erforderlich gehaltenen Auskünfte zu erteilen.

(4) Der Entscheidungsträger hat sowohl das Interesse des Arbeitgebers als auch das der zu entlassenden Arbeitnehmer, das öffentliche Interesse und die Lage des gesamten Arbeitsmarktes unter besonderer Beachtung des Wirtschaftszweiges, dem der Betrieb angehört, zu berücksichtigen.

Literatur: *Brill*, Die Zusammenarbeit des Betriebsrats mit außerbetrieblichen Stellen, AuR 1981, 202; *Ermer*, Neuregelungen der anzeigepflichtigen Entlassungen nach § 17 ff. KSchG, NJW 1998, 1288; *Schaub*, Die besondere Verantwortung von Arbeitgeber und Arbeitnehmer für den Arbeitsmarkt – Wege aus der Krise oder rechtlicher Sprengstoff, NZA 1997, 810; *Zwanziger*, Der Einfluss des Europäischen Rechts auf das Kündigungsschutzrecht, AuR 2001, 384

A. **Allgemeines**	1	II. Entscheidung	3
B. **Regelungsgehalt**	2	III. Rechtsmittel	6
I. Verfahren	2	C. **Bindung der Arbeitsgerichte**	7

A. Allgemeines

Die Vorschrift regelt die Zuständigkeit innerhalb der AA für die Entscheidungen nach § 18 Abs. 2, 3, also die Zustimmung bei Massenentlassungen. **Entscheidungsträger** sind entweder die Geschäftsführung der AA oder der Ausschuss für anzeigepflichtige Entlassungen.

B. Regelungsgehalt

I. Verfahren

Das Verfahren zur Entscheidung über die **Zustimmung zu den Entlassungen** bzw. die **Verlängerung der Sperrfrist** ist in § 20 abschließend geregelt. I.Ü. kann das Verfahren nach Zweckmäßigkeit bestimmt werden, § 9 SGB X.[1] Zwingend erforderlich ist vor der Entscheidung die Anhörung des AG und des BR, Abs. 3 S. 1. AG und BR sind dem Entscheidungsträger zur Auskunft verpflichtet, Abs. 3 S. 2. Zwangsmittel hat der Entscheidungsträger jedoch nicht zur Verfügung.[2]

Die Geschäftsführung darf nur entscheiden, wenn die Zahl der zu entlassenden AN unter 50 liegt, Abs. 1 S. 2. Ansonsten entscheidet zwingend der Ausschuss. Er besteht aus dem Vorsitzenden der Geschäftsführung oder einem von ihm beauftragten Angehörigen der AA sowie je zwei Vertretern der AN, der AG und der öffentlichen Körperschaften.

II. Entscheidung

Der Ausschuss entscheidet mit **Stimmenmehrheit**, Abs. 2 S. 2. Einfache Mehrheit genügt.[3] Nach Abs. 4 hat er bei seiner Entscheidung die Interessen des AG, der zu entlassenden AN, das öffentliche Interesse und die Lage des Arbeitsmarktes unter Beachtung des Wirtschaftszweiges zu berücksichtigen.

Zu entscheiden ist anhand der Umstände des Einzelfalls nach pflichtgemäßem Ermessen.[4] Dabei ist insb. die wirtschaftliche Zumutbarkeit der Beschäftigung während der Sperrfrist zu berücksichtigen.[5] Zu prüfen ist, ob der Betrieb bei Verweigerung der Zustimmung die dadurch anfallenden Lohnkosten tragen kann.[6] Das zu berücksichtigende Interesse der AN wiegt umso schwerer, je schwieriger es für sie ist, eine neue Beschäftigung zu finden. Das öffentliche Interesse bezieht sich darauf, dass Arbeitslosigkeit verhindert wird.[7]

Liegen die Voraussetzungen des § 17 nicht vor, hat die AA dies dem AG in Form eines sog. Negativattestes mitzuteilen. Ein Irrtum der Behörde wirkt sich dabei nicht zum Nachteil des AG aus; er kann die Entlassungen durchführen, auch wenn der Entscheidungsträger die Voraussetzungen des § 17 irrtümlich verneint hat.[8]

---

1 HaKo-KSchR/*Heckelmann*, § 20 KSchG Rn 2.
2 ErfK/*Kiel*, § 20 KSchG Rn 2.
3 ErfK/*Kiel*, § 20 KSchG Rn 2.
4 BSG 5.12.1978 – 7 RAr 32/78 – DB 1979, 1238.
5 ErfK/*Kiel*, § 20 KSchG Rn 3.
6 *V. Hoyningen-Huene/Linck*, § 20 Rn 19.
7 ErfK/*Kiel*, § 20 KSchG Rn 3.
8 HaKo-KSchR/*Heckelmann*, § 20 KSchG Rn 2.

III. Rechtsmittel

6 Gegen die Entscheidung, die einen VA darstellt, ist **Klage des AG gegen die AA**[9] vor den Sozialgerichten statthaft, § 51 ff. SGB X. Sie ist je nach Fallgestaltung zu richten auf Abänderung, Aufhebung oder Erlass des Verwaltungsaktes. Nicht klagebefugt sind die betroffenen AN und der BR.[10] Vor Klageerhebung ist ein Vorverfahren durchzuführen, § 77 ff. SGB X.

C. Bindung der Arbeitsgerichte

7 Im **Künd-Schutzprozess** und anderen Verfahren sind die ArbG nicht an die Entscheidung der AA darüber gebunden, ob eine Anzeigepflicht gem. § 17 bestand; diese Frage haben sie selbstständig zu prüfen.[11] Anders verhält es sich mit der Entscheidung der BA über die Verkürzung oder Verlängerung der Sperrzeit: Die Nachprüfung ist den Gerichten für Arbeitssachen verwehrt.[12]

§ 21 Entscheidungen der Zentrale der Bundesagentur für Arbeit

[1]Für Betriebe, die zum Geschäftsbereich des Bundesministers für Verkehr oder des Bundesministers für Post und Telekommunikation gehören, trifft, wenn mehr als 500 Arbeitnehmer entlassen werden sollen, ein gemäß § 20 Abs. 1 bei der Zentrale der Bundesagentur für Arbeit zu bildender Ausschuß die Entscheidungen nach § 18 Abs. 1 und 2. [2]Der zuständige Bundesminister kann zwei Vertreter mit beratender Stimme in den Ausschuß entsenden. [3]Die Anzeigen nach § 17 sind in diesem Falle an die Zentrale der Bundesagentur für Arbeit zu erstatten. [4]Im übrigen gilt § 20 Abs. 1 bis 3 entsprechend.

1 Auf Grund der Privatisierung der Betriebe, die zum Geschäftsbereich der Bundesministerien für Verkehr sowie für Post und Telekommunikation[1] gehörten, ist die Vorschrift heute **ohne praktische Bedeutung**. Sie war zugeschnitten auf die Bundessondervermögen Eisenbahn und Post.[2] Die Betriebe der Deutschen Bahn AG und der durch Umwandlung der Deutschen Bundespost entstandenen Gesellschaften (Deutsche Post AG, Deutsche Telekom AG, Deutsche Postbank AG) unterfallen nicht § 21. Die Norm findet nämlich nicht schon dann Anwendung, wenn das genannte Ministerium für den Betrieb – z.B. bei der Erteilung von Erlaubnissen – zuständig ist; vielmehr sind nur diejenigen Betriebe erfasst, die dem Ministerium selbst unterstehen. Es muss eine dem Eigentum vergleichbare oder jedenfalls nahe kommende Beziehung bestehen.[3] Eine Beteiligung an Kapitalgesellschaften reicht nicht aus.[4] Das Ministerium als oberste Dienstbehörde muss die Rechts-, Fach- und Dienstaufsicht ausüben, so dass Entlassungen aufgrund ministerieller Weisung erfolgen können.[5] Daher unterfallen auch private Verkehrsunternehmen (Fluggesellschaften und Bahnbetreiber) nicht dieser Bestimmung.[6]

2 Die Vorschrift gilt nur für solche Betriebe, die **wirtschaftliche Zwecke** verfolgen, und nicht für Betriebe bzw. Dienststellen, die hoheitliche Aufgaben wahrnehmen. Das ergibt sich aus § 23 Abs. 2.[7] Ferner muss in dem Betrieb eine **Massenentlassung** geplant sein, die mehr als 500 AN erfasst. Dabei folgt der Betriebsbegriff dem allg. Sprachgebrauch des KSchG. Daher genügt es nicht, wenn sich die Zahl von mehr als 500 geplanten Entlassungen nur bei gemeinsamer Betrachtung mehrerer Betriebe bzw. Dienststellen ergibt.[8]

§ 22 Ausnahmebetriebe

(1) Auf Saisonbetriebe und Kampagne-Betriebe finden die Vorschriften dieses Abschnitts bei Entlassungen, die durch diese Eigenart der Betriebe bedingt sind, keine Anwendung.
(2) [1]Keine Saisonbetriebe oder Kampagne-Betriebe sind Betriebe des Baugewerbes, in denen die ganzjährige Beschäftigung nach dem Dritten Buch Sozialgesetzbuch gefördert wird. [2]Das Bundesministerium für Arbeit

---

9 BSG 21.3.1978 – 7/12 RAr 6/77 – BSGE 46, 99.
10 BSG 30.10.1959 – 7 RAr 19/57 – BSGE 11, 14 = AP KSchG § 18 Nr. 1.
11 HaKo-KSchR/*Heckelmann*, § 20 KSchG Rn 6.
12 ErfK/*Kiel*, § 20 KSchG Rn 6.
1 Aufgelöst durch Organisationserlass des Bundeskanzlers v. 17.12.1997, BGBl I 1998 S. 68.
2 APS/*Moll*, § 21 KSchG Rn 7.
3 BAG 4.3.1993 – 2 AZR 451/92 – BAGE 72, 310 = NZA 1993, 840.
4 APS/*Moll*, § 21 KSchG Rn 7; a.A. *Bader/Bram/Dörner*, § 21 Rn 4.
5 KR/*Weigand*, § 21 KSchG Rn 2 m.w.N.
6 BAG 4.3.1993 – 2 AZR 451/92 – BAGE 72, 310 = NZA 1993, 840; *Bader/Bram/Dörner*, § 21 Rn 6; ErfK/*Kiel*, § 21 KSchG Rn 1.
7 KR/*Weigand*, § 21 KSchG Rn 2.
8 Str.; wie hier APS/*Moll*, § 21 KSchG Rn 8; ErfK/*Kiel*, § 21 KSchG Rn 1; *v. Hoyningen-Huene/Linck*, § 21 Rn 2; a.A. KDZ/*Kittner*, § 21 KSchG Rn 3; KR/*Weigand*, § 21 KSchG Rn 5.

und Soziales wird ermächtigt, durch Rechtsverordnung Vorschriften zu erlassen, welche Betriebe als Saisonbetriebe oder Kampagne-Betriebe im Sinne des Absatzes 1 gelten.

Literatur: *Gumpert*, Arbeitsrechtliche Sonderbestimmungen für Saison- und Kampagnebetriebe, BB 1961, 645; *Opolony*, Die anzeigepflichtige Entlassung nach § 17 KSchG, NZA 1999, 791

A. Allgemeines	1	2. Kausalität zwischen Eigenart des Betriebs und Entlassung	6
B. Regelungsgehalt	2	II. Rechtsfolge	7
I. Anwendungsbereich	2	C. Verbindung zum Prozessrecht	8
1. Saison- oder Kampagnebetrieb	3	D. Beraterhinweise	9
a) Saisonbetrieb	4		
b) Kampagne-Betrieb	5		

A. Allgemeines

Die Vorschrift trägt der Eigenart von **Saison- und Kampagnebetrieben** Rechnung, dass die Zahl der Beschäftigten starken Schwankungen unterworfen ist. Dem stark unterschiedlichen Personalbedarf sollen solche Betriebe begegnen können, ohne den Massenentlassungsvorschriften der §§ 17 ff. unterworfen zu sein.[1] Diese Privilegierung gilt aber nicht generell, sondern nur für solche Entlassungen, die durch diese Eigenart bedingt sind. Die Herausnahme der Saison- und Kampagnebetriebe aus den Regelungen des Dritten Abschnitts des KSchG ist mit der EG-RL 98/59/EG zur Angleichung der Rechtsvorschriften der Mitgliedstaaten über Massenentlassungen[2] vereinbar.[3] Auch der Gleichheitssatz (Art. 3 Abs. 1 GG) ist nicht verletzt.[4] 1

B. Regelungsgehalt

I. Anwendungsbereich

Die Anwendbarkeit der Ausnahmevorschrift des § 22 setzt voraus, dass es sich um einen **Saison- oder Kampagnebetrieb** handelt und die Künd durch diese Eigenart des Betriebes bedingt ist. 2

1. Saison- oder Kampagnebetrieb. Das Gesetz enthält **keine Definition** des Saison- und des Kampagnebetriebes. Von der dem BMAS nach Abs. 2 S. 2 eingeräumten Ermächtigung zum Erlass einer Rechts-VO zur Definition von Saison- oder Kampagnebetrieben wurde bisher noch kein Gebrauch gemacht. § 22 unterscheidet bei den Rechtsfolgen nicht zwischen Saisonbetrieben einerseits und Kampagnebetrieben andererseits, so dass es an sich keiner scharfen Unterscheidung bedarf.[5] Eine Begriffsbestimmung ist jedoch zur Grenzziehung gegenüber den sonstigen Betrieben erforderlich. 3

a) Saisonbetrieb. Saisonbetriebe sind solche, in denen zwar ganzjährig gearbeitet wird, aber betriebsbedingt typische, **saisonale Schwankungen** der Beschäftigtenzahl auftreten, weil die Tätigkeit regelmäßig in einer bestimmten Jahreszeit verstärkt ist.[6] Diese Schwankungen können witterungsbedingt sein (z.B. Seilbahnen, Gastronomiebetriebe an Aussichtspunkten, Steinbrüche, Souvenirläden in Kurorten) oder etwa ihre Ursache in einem je nach Jahreszeit **unterschiedlichen Warenabsatz** haben (z.B. Herstellung von Feuerwerkskörpern, Weihnachts- oder Karnevalsartikeln). 4

Abs. 1 S. 2 stellt klar, dass Betriebe des Baugewerbes, in denen die ganzjährige Beschäftigung nach dem SGB III gefördert wird, keine Saisonbetriebe i.S.d. Vorschrift sind. Dagegen können Baubetriebe, die nicht der Winterbauförderung unterliegen,[7] Saisonbetriebe i.S.v. § 22 sein.[8]

b) Kampagne-Betrieb. In Kampagnebetrieben wird dagegen regelmäßig nur einige Monate im Jahr gearbeitet; auch hier ist unerheblich, aus welchen Gründen der **Betrieb in der übrigen Zeit eingestellt** ist.[9] Die Betriebsruhe kann etwa dadurch bedingt sein, dass Rohstoffe nur in einer Jahreszeit anfallen (Spargelanbau, Zuckerfabriken, Konservenfabriken, Fisch verarbeitende Industrie) oder Dienstleistungen nur in bestimmten Zeiten in Betracht kommen (Sommerhotel, Segelschulen, Freibäder, Sport- und Freizeitanlagen). Die Dauer der Kampagne ist nicht festgelegt. 5

---

1 APS/*Moll*, § 22 KSchG Rn 2; KR/*Weigand*, § 22 KSchG Rn 3.
2 ABl EG L Nr. 225v. 20.7.1998, S. 16.
3 APS/*Moll*, § 22 KSchG Rn 2; KR/*Weigand*, § 22 KSchG Rn 2; *Opolony*, NZA 1999, 791, 793.
4 KR/*Weigand*, § 22 KSchG Rn 3.
5 Dornbusch/Wolff/*Heckelmann*, § 22 Rn 5; KR/*Weigand*, § 22 KSchG Rn 5.
6 BAG 29.1.1987 – 2 AZR 109/86 – NZA 1987, 627; APS/*Moll*, § 22 KSchG Rn 4; ErfK/*Kiel*, § 22 KSchG Rn 3.
7 S. dazu § 2 VO über die Betriebe des Baugewerbes, in denen die ganzjährige Beschäftigung zu fördern ist (Baubetriebe-VO) vom 28.10.1980 i.d.F. vom 26.4.2006 (BGBl I S. 1085).
8 KR/*Weigand*, § 22 KSchG Rn 6a.
9 APS/*Moll*, § 22 KSchG Rn 5; Dornbusch/Wolff/*Heckelmann*, § 22 Rn 4.

Ein Betrieb verliert seinen Charakter als Kampagnebetrieb nicht dadurch, dass ein bestimmter Stamm der Belegschaft, z.B. für Instandhaltungsarbeiten, während der Ruhezeit weiterbeschäftigt wird.[10]

6 **2. Kausalität zwischen Eigenart des Betriebs und Entlassung.** § 22 greift nicht bei allen Massenentlassungen in einem Saison- oder Kampagnebetrieb. Vielmehr findet der Dritte Abschnitt des KSchG nur auf solche Entlassungen keine Anwendung, die **durch die Eigenart der Betriebe bedingt** sind. Durch dieses Erfordernis soll verhindert werden, dass sich Saison- und Kampagnebetriebe dem Massenentlassungsschutz entziehen, obwohl Gründe vorliegen, denen auch andere Unternehmen in gleichem Maße ausgesetzt sind.[11] Es muss also ein kausaler Zusammenhang zwischen der Eigenart des Betriebes und der Künd bestehen. Dies ist z.B. bei Entlassungen wegen des Saison- oder Kampagneablaufs der Fall. Dagegen wäre bspw. die Massenentlassung in einem Hotelbetrieb während der Hochsaison anzeigepflichtig.[12] Beruht im Rahmen einer Massenentlassung ein Teil der Künd auf der Eigenart des Betriebes und ein anderer Teil auf anderen dringenden betrieblichen Erfordernissen i.S.v. § 1 Abs. 2 (**Mischtatbestände**), so unterfallen nur die saisonbedingten Künd § 22, während die übrigen Entlassungen anzeigepflichtig bleiben.[13] Ist eine Trennung der Künd-Ursachen nicht möglich, sind die Vorschriften des Dritten Abschnitts des KSchG anzuwenden.[14]

II. Rechtsfolge

7 Nur der **Dritte Abschnitt des KSchG** ist von der Ausnahmevorschrift des § 22 erfasst. Somit besteht auch in Saison- und Kampagnebetrieben allg. Künd-Schutz gem. §§ 1 bis 14; jedoch begründet ein saisonal oder kampagnebedingter Wegfall des Arbeitsplatzes im Regelfalle die Betriebsbedingtheit der Künd, sofern nicht die Sozialauswahl fehlerhaft ist.[15] Auch der besondere Künd-Schutz für betriebsverfassungsrechtliche Funktionsträger gem. §§ 15 f. bleibt von der Ausnahmeregelung unberührt.

C. Verbindung zum Prozessrecht

8 Die **Darlegungs- und Beweislast** dafür, dass die Voraussetzungen der Ausnahmeregelung des § 22 vorliegen, trägt der **AG**.[16] Dies gilt insb., wenn sich ein gekündigter AN auf die Unwirksamkeit der Künd beruft, weil der AG die Massenentlassungsanzeige gem. § 17 nicht vorgenommen hat.[17]

D. Beraterhinweise

9 Im Allg. besteht nach einer Künd wegen des Saison- oder Kampagneendes **kein Anspruch auf Wiedereinstellung** für die nächste Saison bzw. Kampagne.[18] Insb. lässt sich ein solcher Anspruch nicht aus § 22 herleiten. Allerdings hat das BAG die Möglichkeit eines Wiedereinstellungsanspruchs für den Fall bejaht, dass stets alle AN in der Saison wieder eingestellt werden und der AG den Saisonbeginn ohne Vorbehalt am Schwarzen Brett bekannt gibt.[19] Der Anspruch ergibt sich in diesem Ausnahmefall unter dem Gesichtspunkt des **Vertrauensschutzes**. In Ermangelung solcher besonderen vertrauensbegründenden Tatsachen kommt ein Anspruch auf Wiedereinstellung – wie bei allen betriebsbedingten Künd – nur in Betracht, wenn sich noch während des Laufes der Künd-Frist unvorhergesehen eine Beschäftigungsmöglichkeit ergibt.[20] Dies wird gerade in Saison- und Kampagnebetrieben nur selten der Fall sein.[21] Allerdings sehen zahlreiche TV, die für wetterabhängige Branchen einschlägig sind, Wiedereinstellungsansprüche vor.

---

10 KR/*Weigand*, § 22 KSchG Rn 7.
11 *Reinfeld*, AR-Blattei SD Saison- und Kampagnearbeit 1390 Rn 189.
12 *Bader/Bram/Dörner*, § 22 Rn 6.
13 APS/*Moll*, § 22 KSchG Rn 6; ErfK/*Kiel*, § 22 KSchG Rn 6; v. *Hoyningen-Huene/Linck*, § 22 Rn 9.
14 KR/*Weigand*, § 22 KSchG Rn 12.
15 KR/*Weigand*, § 22 KSchG Rn 8.
16 APS/*Moll*, § 22 KSchG Rn 7; ErfK/*Kiel*, § 22 KSchG Rn 6; v. *Hoyningen-Huene/Linck*, § 22 Rn 10.

17 *Bader/Bram/Dörner*, § 22 Rn 6 m.w.N.
18 *Reinfeld*, AR-Blattei SD Saison- und Kampagnearbeit 1390 Rn 84–91.
19 BAG 29.1.1987 – 2 AZR 109/86 – NZA 1987, 627; APS/*Moll*, § 22 KSchG Rn 4.
20 St. Rspr. seit BAG 27.2.1997 – 2 AZR 160/96 – BAGE 85, 194 = NZA 1997, 757.
21 *Reinfeld*, AR-Blattei SD Saison- und Kampagnearbeit 1390 Rn 91.

Vierter Abschnitt: Schlußbestimmungen

§ 23 Geltungsbereich

(1) ¹Die Vorschriften des Ersten und Zweiten Abschnitts gelten für Betriebe und Verwaltungen des privaten und des öffentlichen Rechts, vorbehaltlich der Vorschriften des § 24 für die Seeschiffahrts-, Binnenschiffahrts- und Luftverkehrsbetriebe. ²Die Vorschriften des Ersten Abschnitts gelten mit Ausnahme der §§ 4 bis 7 und des § 13 Abs. 1 Satz 1 und 2 nicht für Betriebe und Verwaltungen, in denen in der Regel fünf oder weniger Arbeitnehmer ausschließlich der zu ihrer Berufsbildung Beschäftigten beschäftigt werden. ³In Betrieben und Verwaltungen, in denen in der Regel zehn oder weniger Arbeitnehmer ausschließlich der zu ihrer Berufsbildung Beschäftigten beschäftigt werden, gelten die Vorschriften des Ersten Abschnitts mit Ausnahme der §§ 4 bis 7 und des § 13 Abs. 1 Satz 1 und 2 nicht für Arbeitnehmer, deren Arbeitsverhältnis nach dem 31. Dezember 2003 begonnen hat; diese Arbeitnehmer sind bei der Feststellung der Zahl der beschäftigten Arbeitnehmer nach Satz 2 bis zur Beschäftigung von in der Regel zehn Arbeitnehmern nicht zu berücksichtigen. ⁴Bei der Feststellung der Zahl der beschäftigten Arbeitnehmer nach den Sätzen 2 und 3 sind teilzeitbeschäftigte Arbeitnehmer mit einer regelmäßigen wöchentlichen Arbeitszeit von nicht mehr als 20 Stunden mit 0,5 und nicht mehr als 30 Stunden mit 0,75 zu berücksichtigen.

(2) ¹Die Vorschriften des Dritten Abschnitts gelten für Betriebe und Verwaltungen des privaten Rechts sowie für Betriebe, die von einer öffentlichen Verwaltung geführt werden, soweit sie wirtschaftliche Zwecke verfolgen. ²Sie gelten nicht für Seeschiffe und ihre Besatzung.

Literatur: *Bader*, Neuregelungen im Bereich des Kündigungsschutzgesetzes durch das Arbeitsrechtliche Beschäftigungsförderungsgesetz, NZA 1996, 1125; *ders.*, Das Kündigungsschutzgesetz in neuer (alter) Fassung, NZA 1999, 64; *ders.*, Das Gesetz zu Reformen am Arbeitsmarkt: Neues im Kündigungsschutzgesetz und im Befristungsrecht, NZA 2004, 65; *Bauer/Krieger*, Kündigungsschutz-Schwellenwert: Ein Buch mit sieben Siegeln, DB 2004, 651; *Bender/Schmidt*, KSchG 2004: Neuer Schwellenwert und einheitliche Klagefrist, NZA 2004, 358; *Bepler*, Der Betriebsbegriff des Kündigungsschutzgesetzes und die Kleinbetriebsklausel, AuR 1997, 54; *Berkowsky*, Neues-Altes- zur Darlegungs- und Beweislast bei § 23 Abs. 1 KSchG, DB 2009, 1126; *Boecken*, Unternehmensumwandlungen und Arbeitsrecht, 1996; *Däubler*, Das reformierte Kündigungsschutzrecht, AiB 2005, 387; *Deinert*, Reichweite des deutschen Kündigungsschutzgesetzes bei internationalen Sachverhalten, RIW 2008,148; *ders.*, Zum Kündigungsschutz der Inlandsbeschäftigten eines Auslandsbetriebs, AuR 2008,300; *Eylert*, Kündigungsschutzgesetz – Geltungsbereich, LzK 830 (1995); *Eylert/Schinz*, Das neue Kündigungsrecht 2004 (Teil II), AE 2005, 5; *Fahler*, Kündigungsschutz für alle – Wunschdenken oder Realität, NZA 1998, 1254; *Gragert*, Kündigungsschutz in Kleinbetrieben, NZA 2000, 961; *Gragert/Keilich*, Voller Blick zurück – Die Bestimmung der regelmäßigen Beschäftigungszahl nach § 23 I 2 KSchG, NZA 2004, 776; *A.C. Gravenhorst*, Kündigungsschutz bei Arbeitsverhältnissen mit Auslandsbezug, RdA 2007,283; *W. Gravenhorst*, Das Bundesarbeitsgericht und der „räumliche Geltungsbereich" des Kündigungsschutzgesetzes, FA 2005, 34; *Grosjean*, Kündigungsrechtliche Stellung im Ausland eingesetzter Arbeitnehmer, DB 2004, 2422; *Haas/Salamon*, Der Betrieb in einer Filialstruktur als Anknüpfungspunkt für die Bildung von Betriebsräten, RdA 2008,146; *Hanau*, Die wiederholte Reform des arbeitsrechtlichen Kündigungs- und Befristungsschutzes, ZIP 2004, 1169; *Herrmann*, Der gemeinsame Betrieb mehrerer Unternehmen, 1993; *Junker*, Der sogenannte „räumliche Geltungsbereich" des Kündigungsschutzrechts, in: FS Konzen 2006, S. 367 ff.; *Kania/Gilberg*, Kündigungsrechtliche Bedeutung der Betriebsfiktion gemäß § 4 BetrVG, NZA 2000, 678; *Kittner*, Neues Kündigungsschutzrecht außerhalb des Kündigungsschutzgesetzes, NZA 1998, 731; *Kock*, Kündigungsschutz von Alt- und Neuarbeitnehmern im Kleinbetrieb, MDR 2007,1109; *Lakies*, Änderungen des Kündigungsschutzgesetzes und allgemeiner Kündigungsschutz nach § 242 BGB – Verfassungsrechtliche Fragen, DB 1997, 1078; *Löwisch*, Das Arbeitsrechtliche Beschäftigungsförderungsgesetz, NZA 1996,1009; *ders.*, Grenzen der ordentlichen Kündigung in kündigungsschutzfreien Betrieben, BB 1997, 782; *ders.*, Neuregelungen des Kündigungs- und Befristungsrechts durch das Gesetz zu Reformen am Arbeitsmarkt, BB 2004, 154; *Niklas*, Wegfall des allgemeinen Kündigungsschutzes bei Ersatzeinstellungen, NZA 2006, 1395; *Otto/Mückl*, Kündigungsschutz bei Arbeitsverhältnissen mit Auslandsbezug, BB 2008, 1231; *Pahde-Syrbe*, Arbeitnehmereigenschaft in Kleinbetrieben des privaten Rundfunks, AuR 1997, 195; *Pfarr/Bothfeld/Bradtke/Kimmich/Schneider/Ullmann*, Personalpolitik und Arbeitsrecht – Differenzierung nach Unternehmensgröße?, RdA 2004, 193; *Preis*, Aktuelle Tendenzen im Kündigungsschutzrecht, NZA 1997, 1073; *ders.*, Das Kündigungsschutzgesetz nach dem „Korrekturgesetz", RdA 1999, 311; *ders.*, Legitimation und Grenzen des Betriebsbegriffs im Arbeitsrecht, RdA 2000, 257; *ders.*, Die „Reform" des Kündigungsschutzrechts, DB 2004, 70; *Quecke*, Die Änderungen des Kündigungsschutzgesetzes zum 1.1.2004, RdA 2004, 86; *Reinecke*, Beweisfragen im Kündigungsschutzprozess, NZA 1989, 577; *Rieble*, Kompensation der Betriebsspaltung durch den Gemeinschaftsbetrieb mehrerer Unternehmen (§ 322 UmwG), in: FS Wiese, 1998, S. 453; *Schmidt*, Die Anwendbarkeit des Kündigungsschutzgesetzes auf Kleinstbetriebe vor dem Hintergrund der zunehmenden internationalen Unternehmensverflechtungen, NZA 1998, 169; *Seifert*, Arbeitsrechtliche Sonderregelungen für kleinere und mittlere Unternehmen, RdA 2004, 200; *Sick*, Der gemeinsame Betrieb mehrerer Unternehmen, BB 1992, 1129; *Straube*, Internationaler Anwendungsbereich des KSchG – Abschied vom Territorialitätsprinzip, DB 2009, 1406; *Willemsen/Annuß*, Kündigungsschutz nach der Reform, NJW 2004, 177; *Wolff*, Adam Riese und das KSchG – Die Berechnung der neuen Schwellenwerte von § 23 KSchG, FA 2004, 40

A. Allgemeines	1	4. Ausnahmeregelung bei Kleinbetrieben – Arbeitnehmerzahl (S. 2 und 4)	21
B. Regelungsgehalt	5	a) Arbeitnehmer des Betriebes	25
I. Geltungsbereich des Ersten und Zweiten Abschnitts (Abs. 1)	5	b) Regelgröße	27
1. Betrieb	7	c) Die Berücksichtigung der Teilzeitbeschäftigten (Abs. 1 S. 4)	30
a) Der Betriebsbegriff	8	d) Der neue Schwellenwert (Abs. 1 S. 3) und der Besitzstand für die „Altfälle"	33
b) Betriebsteile und Nebenbetriebe	12	5. Rechtsfolgen – Kündigungsschutz außerhalb des KSchG in Kleinbetrieben	37
c) Filialen und Zweigstellen	14	II. Geltungsbereich des Dritten Abschnitts des Gesetzes	39
d) Gemeinsamer Betrieb mehrerer Unternehmen (Gemeinschaftsbetrieb)	15	C. Verbindung zum Prozessrecht	41
2. Verwaltungen	19	D. Beraterhinweise	46
3. Vorbehalt wegen Luft- und Schifffahrtsbetrieben (S. 1)	20		

A. Allgemeines

1 § 23 regelt im Vierten Abschnitt „Schlussbestimmungen" v.a. den **betrieblichen Geltungsbereich** des KSchG. Abs. 1 S. 3 enthält ergänzende Regelungen zum persönlichen Geltungsbereich. Nach Abs. 1 S. 1 der Norm gelten die Vorschriften des Ersten und Zweiten Abschnitts für Betriebe und Verwaltungen des privaten und des öffentlichen Rechts. Damit wird auch der **öffentliche Dienst** vom Geltungsbereich des KSchG erfasst. Der Geltungsbereich des KSchG ist weiter als der des BetrVG. Eine Einschränkung macht das Gesetz für die Seeschifffahrts-, Binnenschifffahrts- und Luftverkehrsbetriebe, bei denen diese Abschnitte nach Maßgabe des § 24 Anwendung finden. Für die Anwendung des Dritten Abschnitts des KSchG (§§ 17 ff.) legt Abs. 2 den betrieblichen Anwendungsbereich fest. § 23 beschreibt den betrieblichen Geltungsbereich des KSchG aber nicht abschließend. Das KSchG enthält vielmehr einige bereichsspezifische Ausnahmen des betrieblichen Geltungsbereichs (vgl. §§ 17 Abs. 1, 22 Abs. 1).

2 Das KSchG garantiert nicht allen AN einen gesetzlichen Bestandsschutz. Der allg. Künd-Schutz, den das KSchG mit seinem Ersten Abschnitt gewähren will, hängt neben persönlichen (siehe v.a. § 1 Abs. 1 S. 1) von gesetzlich normierten betrieblichen Voraussetzungen ab. Das KSchG findet erst ab einer bestimmten Betriebsgröße Anwendung. Die Herausnahme von sog. Kleinbetrieben aus dem allg. Künd-Schutzes hat eine lange gesetzliche Tradition. Das Betriebsrätegesetz vom 4.2.1920[1] sah nur in betriebsratsfähigen Betrieben, d.h. in Betrieben mit mind. 20 AN, die Möglichkeit eines Einspruchs des BR für den gekündigten AN und für den Fall der Nichteinigung zwischen AG und BR eine Klagemöglichkeit des AN beim ArbG vor (§§ 84 ff. BRG). Durch das Gesetz zur Ordnung der nationalen Arbeit (AOG) vom 20.1.1934[2] wurde der Künd-Schutz ausgeweitet und erfasste schon die Beschäftigten, die in Betrieben mit 10 oder mehr AN tätig waren (§ 56). Nach Aufhebung dieses Gesetzes durch das Kontrollratsgesetz vom 30.11.1946 mit Wirkung ab 1.1.1947 wurden in den einzelnen Bundesländern unterschiedliche Regelungen angewandt. Der sog. Hattenheimer Entwurf,[3] der von den Spitzenorganisationen der AG und der AN erarbeitet worden war, schlug für die Anwendung eines Kündigungsschutz eine Betriebsgröße von drei AN vor (§ 17 Abs. 4). Der Reg.-Entwurf zum KSchG[4] übernahm zwar den Vorschlag (§ 21 Abs. 1 S. 2), das vom Gesetzgeber verabschiedete KSchG 1951 legte den Schwellenwert jedoch mit fünf AN fest. Das Erste Arbeitsrechtsbereinigungsgesetz vom 14.8.1969[5] beließ es für das KSchG 1969 bei diesem Schwellenwert. Mit dem Arbeitsrechtlichen **Beschäftigungsförderungsgesetz** vom 25.9.1996[6] hob der Gesetzgeber den Schwellenwert von fünf auf zehn AN an und berücksichtigte erstmals die Teilzeitbeschäftigten proportional zu ihrer Arbeitszeit.[7] Mit dem Gesetz zu Korrekturen in der Sozialversicherung und zur Sicherung der AN-Rechte vom 19.12.1998[8] senkte der Gesetzgeber den Schwellenwert zum 1.1.1999 wieder auf fünf AN ab und änderte die Berechnung bei der Berücksichtigung der Teilzeitbeschäftigten.[9] Mit dem Gesetz zu Reformen am Arbeitsmarkt vom 24.12.2003[10] wurde ab 1.1.2004 wieder – mit Ausnahme der „Altbetriebe" – der Schwellenwert auf mehr als zehn AN angehoben, um in kleineren Unternehmen mehr Beschäftigung zu fördern.[11] Zugleich wurde durch die gesetzliche Neuregelung die Geltung der Klagefrist auch auf die AN in Kleinbetrieben ausgeweitet worden (Abs. 1 S. 2 und 3). Damit scheint die Diskussion über den Schwellenwert und die Betriebsgröße im KSchG zu einem vorläufigen Stillstand gekommen zu sein; Stimmen, die eine weitere Anhebung des Schwellenwertes fordern, haben sich nicht durchgesetzt.

3 Kern des § 23 ist die sog. **Kleinbetriebsklausel**. Durch die Herausnahme der Kleinbetriebe aus dem Geltungsbereich des KSchG genießen eine große Zahl bundesdeutscher AN, v.a. im Handwerk, im Einzelhandel oder in freien Beru-

---

1 RGBl I S. 147.
2 RGBl I S. 45.
3 RdA 1950, 63, 65.
4 RdA 1951, 58, 61.
5 BGBl I S. 1106.
6 BGBl I S. 1476.
7 *Bader*, NZA 1996, 1125, 1126; *Löwisch*, NZA 1996, 1009.
8 BGBl I S. 3843.
9 *Bader*, NZA 1999, 64, 65; *Preis*, RdA 1999, 311, 312.
10 BGBl I S. 3002.
11 BT-Drucks 15/1204, S. 2, 8, 12 f.; BT-Drucks 15/1509, S. 2.

fen keinen allg. gesetzlichen Künd-Schutz. Man rechnet, dass etwa 80 % aller Betriebe in Deutschland bzw. ca. 9 Mio. AN (= ca. 30 % aller AN) nunmehr nicht mehr unter das KSchG fallen.[12]

Durch die Herausnahme der Kleinbetriebe aus dem allg. Künd-Schutz des KSchG sollen aus mittelstandspolitischen Gründen die „Kleinunternehmer" privilegiert und von den arbeitsrechtlichen Folgekosten des Künd-Schutzes entlastet werden. Solche betrieblichen Einheiten gelten typischerweise als weniger leistungsfähig. Wegen der engen persönlichen Zusammenarbeit von AG und AN benötigen sie auch eine größere Flexibilität bei der Auflösung von Arbverh. In einem Betrieb mit wenigen Arbeitskräften hängt der Geschäftserfolg mehr als bei Großbetrieben von jedem einzelnen AN ab. Auf seine Leistungsfähigkeit kommt es ebenso an wie auf seine Persönlichkeit, die für die Zusammenarbeit, die Außenwirkung und das Betriebsklima von erheblicher Bedeutung sind. Kleinere Teams sind anfällig für Missstimmungen und Querelen. Störungen des Betriebsklimas können zu Leistungsminderungen führen, die bei geringerem Geschäftsvolumen spürbar auf das Ergebnis durchschlagen. Ausfälle lassen sich bei geringerem Personalbestand nur schwer ausgleichen. Typischerweise arbeitet in Kleinbetrieben der Unternehmer auch als Chef vor Ort selbst mit. Damit bekommt das Vertrauensverhältnis zu jedem seiner Mitarbeiter ein besonderes Gewicht. Regelmäßig weisen solche Betriebe auch nur eine geringere Finanzkraft auf. Ein Kleinunternehmen ist deshalb oft nicht in der Lage, Abfindungen bei der Auflösung eines Arbverh zu zahlen oder weniger leistungsfähiges Personal mitzutragen. Schließlich belastet der Verwaltungsaufwand, den ein Künd-Schutzprozess ggf. mit sich bringen kann, einen Kleinbetrieb und ein Kleinunternehmen stärker als ein größeres Unternehmen. Diese Gründe rechtfertigen eine Privilegierung solcher kleinen Einheiten. Die Herausnahme von Kleinbetrieben aus der Geltung des allg. Künd-Schutzes nach dem KSchG wird deshalb als verfassungsrechtlich zulässig[13] und europarechtlich unbedenklich angesehen.[14] Mit der Anhebung des Schwellenwertes hat der Gesetzgeber zusätzliche Beschäftigungsimpulse für den Arbeitsmarkt initiieren wollen. Die Einstellungsbereitschaft der AG sollte gesteigert werden.[15] Ob ein solcher Effekt eintritt, wird allerdings mit guten Gründen bezweifelt.[16]

B. Regelungsgehalt

I. Geltungsbereich des Ersten und Zweiten Abschnitts (Abs. 1)

Abs. 1 S. 1 ordnet die Geltung der Künd-Schutzvorschriften des Ersten und Zweiten Abschnitts für alle Betriebe und Verwaltungen des privaten und des öffentlichen Rechts an. Mit der gesetzlichen Formulierung „Betriebe und Verwaltungen des privaten und des öffentlichen Rechts" erstreckt Abs. 1 den betrieblichen Geltungsbereich auf alle Organisationsformen, in denen AN beschäftigt sein können.[17]

Einen Vorbehalt macht das Gesetz für die Betriebe des Luftverkehrs und der Seeschifffahrt, für die die besonderen Vorschriften des § 24 gelten. Abs. 1 S. 2 beschränkt den Geltungsbereich des Ersten Abschnitts – im Unterschied zum Geltungsbereich des Zweiten Abschnitts – auf die Betriebe und Verwaltungen mit einer regelmäßigen Beschäftigungszahl von mehr als fünf bzw. zehn AN. Für die Bestimmungen des Zweiten Abschnitts (§§ 15, 16) gelten hingegen keine Einschränkungen bei Kleinbetrieben. Der Zweite Abschnitt, d.h. der Sonder-Künd-Schutz für Organe der Betriebsverfassung nach §§ 15, 16, findet unabhängig von der AN-Zahl nach Abs. 1 S. 2 bis 4 Anwendung.

1. Betrieb. Die Anwendungsvoraussetzungen des KSchG müssen in einem im **Inland** gelegenen Betrieb erfüllt werden.[18] Die AN müssen in einem Betrieb beschäftigt sein, der vom räumlichen Geltungsbereich des KSchG erfasst wird,[19] d.h. die entsprechende Mindestzahl von AN muss in einem Betrieb in der Bundesrepublik Deutschland beschäftigt werden.[20] Bei dem maßgeblichen Schwellenwert sind auch die AN mit einem ausländischen Arbeitsvertragsstatut zu berücksichtigen, wenn sie im inländischen Betrieb beschäftigt werden.[21] Ein AN, der – vor allem vorübergehend – im Ausland eingesetzt wird, gehört zum inländischen Betrieb und zählt bei der Berechnung der

---

12 So bereits *Oetker*, AuR 1997, 41 für die Zeit von 1996–1998.
13 S. insb. BVerfG 27.1.1998 – 1 BvL 15/87 – BVerfGE 97, 169, 177; BAG 19.4.1990 – 2 AZR 487/89 – AP § 23 KSchG 1969 Nr. 8; 13.6.2002 – 2 AZR 327/01 – AP § 23 KSchG 1969 Nr. 29; krit. zur Systemgerechtigkeit der Regelung: *Seifert*, RdA 2004, 200, 204 und 209.
14 EuGH 30.11.1993 – C-189/91 – AP § 23 KSchG 1969 Nr. 13.
15 BT-Drucks 15/1204 S. 1, 2, 8 und 13 f.
16 *Pfarr u.a.*, RdA 2004, 193, 195.
17 *Löwisch/Spinner*, § 23 KSchG Rn 4.
18 BAG 7.11.1996 – 2 AZR 648/95 – juris; 9.10.1997– 2 AZR 64/97 – AP § 23 KSchG 1969 Rn 16; 3.6.2004 – 2 AZR 386/03 – AP § 23 KSchG Nr. 33;17.1.2008 – 2 AZR 902/06 – AP § 23 KSchG 1969 Nr. 40; 26.3.2009 – 2 AZR 883/07 – DB 2009, 1409; KR/*Weigand*, § 23 KSchG Rn 19; *v. Hoyningen-Huene/Linck*, § 23 Rn 6; APS/*Moll*, § 23 Rn 37; *Stahlhacke/Preis/Vossen*, Rn 894; *Otto/Mückl*, BB 2008, 1231; *Falder*, NZA 1998, 1254, 1257; *Schmidt*, NZA 1998, 169, 172; a.A.:*W. Gravenhorst*, FA 2005, 34; *Kittner*, NZA 1998, 731, 732; *Junker*, in: FS für Konzen, S. 367, 368 ff.; *Deinert*, RIW 2008, 283, 287; *ders.*, AuR 2008, 300; *A.C. Gravenhorst*, RdA 2007, 283, 287.
19 HaKo-KSchR/*Pfeiffer*, § 23 KSchG Rn 4; H/S/*Hümmerich/Holthausen*, § 10 Rn 80; *Schmidt*, NZA 1998, 196, 172; ErfK/*Kiel*, § 23 KSchG Rn 2; LAG Köln 22.11.1996 – 11 Sa 560/96 – LAGE § 23 KSchG Nr. 12.
20 *V. Hoyningen-Huene/Linck*, § 23 Rn 6; *Stahlhacke/Preis/Vossen*, Rn 894.
21 Siehe Rn 23; vgl. auch KR-*Weigand*, § 23 KSchG Rn 19b.

Betriebsgröße mit, wenn ein Fall der „Ausstrahlung" vorliegt.[22] Für einen ausländischen Betrieb eines deutschen Unternehmens gilt das KSchG hingegen nicht. Unterhält ein ausländisches (bspw. belgisches) Unternehmen in Deutschland eine Niederlassung, findet zwar grundsätzlich das KSchG für im Inland tätige AN Anwendung (Art. 30 EGBGB), vorausgesetzt die inländische Betriebsstätte liegt über dem Schwellenwert. Die Mitarbeiter einer ausländischen Betriebsstätte sind bei der Berechnung des Schwellenwertes nicht zu berücksichtigen; dies gilt auch, wenn die inländische Betriebsstätte mit der im Ausland befindlichen einen – gemeinsamen – Betrieb bildet.[23]

8 **a) Der Betriebsbegriff.** Das KSchG setzt den Begriff des Betriebs als bekannt voraus. Es enthält – sowohl in den §§ 1, 15 und 17 als auch in § 23 – keine eigenständige Definition des Betriebsbegriffs.[24] Der Betriebsbegriff des KSchG wird durch den betriebsverfassungsrechtlichen Betriebsbegriff entscheidend geprägt.[25] Allerdings deckt er sich nicht in jedem Fall mit dem betriebsverfassungsrechtlichen Betriebsbegriff[26] (zum Betriebsbegriff des BetrVG siehe § 1 BetrVG Rn 4 ff.). Es bestehen aber viele Gemeinsamkeiten weshalb zur Auslegung des kündigungsschutzrechtlichen Betriebsbegriffs die allgemeinen, für das BetrVG entwickelten Grundsätze regelmäßig herangezogen werden können, solange insbesondere den Sonderregelungen der §§ 3,4 BetrVG Rechnung getragen wird.[27] Eine Organisationseinheit, die auf der Basis von § 3 Abs. 5 BetrVG geschaffen wurde und betriebsverfassungsrechtlich als Betrieb gilt, erfüllt i.d.R. nicht den Betriebsbegriff des KSchG[28] (siehe auch § 3 BetrVG Rn 60 m.w.H.).

Nach allg. Auff. ist ein **Betrieb** die organisatorische Einheit, innerhalb derer ein AG allein oder mit seinen AN unter Einsatz von technischen und immateriellen Mitteln bestimmte arbeitstechnische Zwecke fortgesetzt verfolgt, die sich nicht in der Befriedigung von Eigenbedarf erschöpfen.[29] Der verfolgte arbeitstechnische Zweck ist für die Qualifikation als Betrieb im kündigungsschutzrechtlichen Sinne ohne Bedeutung. Ebenso ist unerheblich, wer Inhaber (natürliche oder juristische Person) des Betriebs ist; **entscheidend** ist die **Einheit der Organisation**.[30] Deshalb werden nicht nur Wirtschaftsunternehmen, sondern auch nichtwirtschaftliche Einheiten, wie Kirchen[31] und sog. Tendenzbetriebe, d.h. Einrichtungen mit karitativen, erzieherischen, künstlerischen, politischen oder religiösen Zielsetzungen,[32] vom allg. Künd-Schutz des KSchG erfasst. Dem sozialen Schutzzweck des KSchG entsprechend wird der Begriff des Betriebes weit verstanden.[33] So können mehrere Mietshäuser eines Eigentümers, die von mehreren Hausmeistern betreut werden, einen Betrieb bilden.[34] Auch werden mehrere Reinigungsaufträge eines Reinigungsunternehmens in einer Region regelmäßig als ein Betrieb i.S.d. KSchG anzusehen sein.[35] Kein Betrieb i.S.d. KSchG ist ein Privathaushalt; er dient allein der Befriedigung privater Lebensbedürfnisse.[36] Deshalb genießen in einem Familienhaushalt angestellte Haushaltskräfte keinen Künd-Schutz.[37]

9 Das KSchG wählt den Betrieb als Ausgangspunkt für Anwendung des allg. Künd-Schutzes, weil der AG innerhalb dieser Organisationseinheit einerseits die Arbeit organisiert und sein Direktionsrecht ausübt, sowie andererseits die soziale Auswahl nach § 1 Abs. 3 hier ihren Bezugspunkt hat.[38] In der Lit. wird in Folge der Entscheidung des BVerfG vom 27.1.1998[39] die Auffassung vertreten, der Betriebsbegriff und die Kleinbetriebsklausel des Abs. 1 seien teleo-

---

22 *Grosjean*, DB 2004, 2422, 2425; *A.C. Gravenhorst*, RdA 2007, 283, 288; KR-*Weigand*, § 23 KSchG Rn 19 b.
23 BAG 3.6.2004 – 2 AZR 386/03 – AP § 23 KSchG 1969 Nr. 33; 17.1.2008 – 2 AZR 902/06 – AP § 23 KSchG 1969 Nr. 40; 26.3.2009 – 2 AZR 883/07 – DB 2009, 1409; a.A.: *Deinert*, RIW 2008, 148, 153; *Straube*, DB 2009, 1406, 1407.
24 BAG 15.3.2001 – 2 AZR 151/00 – NZA 2001, 831; 3.6.2004 – 2 AZR 386/03 – AP § 23 KSchG 1969 Nr. 33; 31.5.2007 – 2 AZR 276/06 – AP § 1 KSchG 1969 Soziale Auswahl Nr. 94; 17.1.2008 – 2 AZR 902/06 – AP § 23 KSchG 1969 Nr. 40.
25 BAG 17.1.2008 – 2 AZR 902/06 – AP § 23 KSchG 1969 Nr. 40.
26 BAG 31.5.2007 – 2 AZR 276/06 – AP § 1 KSchG 1969 Soziale Auswahl Nr. 94.
27 KR-*Griebeling*, § 1 KSchG Rn 133 m.w.H.; *Stahlhacke/Preis/Vossen*, Rn 887.
28 BAG 3.6.2004 – 2 AZR 577/03 – AP § 102 BetrVG 1972 Nr. 14; BAG 31.5.2007 – 2 AZR 276/06 – AP § 1 KSchG 1969 Soziale Auswahl Nr. 94; *v. Hoyningen-Huene/Linck*, § 23 Rn 7.
29 BAG 26.8.1971 – 2 AZR 233/70 – AP § 23 KSchG 1969 Nr. 1; 23.3.1984 – 7 AZR 515/82 – AP § 23 KSchG 1969 Nr. 4; 20.8.1998 – 2 AZR 84/98 – AP § 2 KSchG Nr. 50; 15.3.2001 – 2 AZR 151/00 – NZA 2001, 831; 3.6.2004 – 2 AZR 386/03 – AP § 23 KSchG 1969 Nr. 33; 31.5.2007 – 2 AZR 276/06 – AP § 1 KSchG 1969 Soziale Auswahl Nr. 94; 17.1.2008 – 2 AZR 902/06 – AP § 23 KSchG 1969 Nr. 40; *v. Hoyningen-Huene/Linck*, § 23 Rn 8.
30 *V. Hoyningen-Huene/Linck*, § 23 Rn 10.
31 BVerfG 4.6.1985 – 2 BvR 1703/83, 2 BvR 1718/83, 2 BvR 856/84 – AP Art. 140 GG Nr. 24; BAG 12.11.1998 – 2 AZR 459/97 – AP § 23 KSchG 1969 Nr. 20.
32 *V. Hoyningen-Huene/Linck*, § 23 Rn 13; KR-*Griebeling*, § 1 KSchG Rn 134.
33 *V. Hoyningen-Huene/Linck*, § 23 Rn 7; BAG 25.11.1993 – 2 AZR 517/93 – AP § 14 KSchG Nr. 3.
34 BAG 9.9.1982 – 2 AZR 253/80 – AP § 611 BGB Hausmeister Nr. 1.
35 BAG 17.1.2002 – 2 AZR 15/01 – EzA § 1 KSchG Soziale Auswahl Nr. 47.
36 *V. Hoyningen-Huene/Linck*, § 23 Rn 13; KR/*Weigand*, § 23 KSchG Rn 30; *Löwisch/Spinner*, § 23 Rn 9; ErfK/*Kiel*, § 23 KSchG Rn 8.
37 KR-*Griebeling*, § 1 KSchG Rn 138.
38 BAG 15.6.1989 – 2 AZR 580/88 – AP § 1 KSchG 1969 Soziale Auswahl Nr. 18; HaKo-KSchR/*Pfeiffer*, § 23 KSchG Rn 10.
39 BVerfGE 97, 169.

logisch auf den AG bzw. das Unternehmen zu reduzieren.⁴⁰ Dieser Auff. kann für das geltende Künd-Schutzrecht nicht zugestimmt werden. De lege lata differenziert das KSchG noch ausdrücklich zwischen Betrieb und Unternehmen. Der Gesetzgeber hat trotz der berechtigen und vielfältigen Kritik auch bei den Neuregelungen des KSchG in den Jahren 1998 und 2003 den Betriebsbezug des Abs. 1 beibehalten. Deshalb kann der Betriebsbegriff nach wie vor nur im allg. arbeitsrechtlichen Sinne verstanden werden.⁴¹ Dementsprechend hat das BAG im Anschluss an die Rspr. des BVerfG angenommen, eine Ausweitung des allg. Künd-Schutzes auf den AG als Rechtsperson bzw. das Unternehmen komme bei der geltenden Fassung des Abs. 1 nicht in Betracht. Es sei vielmehr nach wie vor auf solche Einheiten abzustellen, in denen der AG bestimmte arbeitstechnische Zwecke verfolge.⁴²

Nach der geltenden gesetzlichen Fassung ist das KSchG betriebs- und nicht unternehmensbezogen. Es ist nicht arbeitgeberübergreifend ausgestaltet.⁴³ Ein sog. **„Berechnungsdurchgriff"** bei **Konzernsachverhalten** ist abzulehnen.⁴⁴ Er ist auch verfassungsrechtlich nicht geboten.⁴⁵ Das BVerfG hat in seinem Beschl. v. 27.1.1998 sowohl die Größe des Kleinbetriebes als auch die Anknüpfung an den Begriff des „Betriebs" unbeanstandet gelassen und nur im Wege einer verfassungskonformen Auslegung eine Beschränkung auf solche Einheiten verlangt, für deren Schutz die Kleinbetriebsklausel bestimmt ist. Bei der Berechnung der notwendigen AN-Zahl sind deshalb grds. die von anderen AG (Unternehmen) beschäftigten AN nicht mit zu berücksichtigen. Den AN einer Konzernobergesellschaft können deshalb die AN einer Konzernuntergesellschaft zahlenmäßig nicht zugerechnet werden. Die Konzernobergesellschaft (Holding) – genauer deren Betrieb – muss ihrerseits die Voraussetzungen des Abs. 1 erfüllen, damit seine AN den allg. Künd-Schutz des KSchG beanspruchen können. Etwas anderes gilt, wenn ein Gemeinschaftsbetrieb aus Konzernuntergesellschaft und Konzernobergesellschaft besteht.⁴⁶

Für den Betrieb als Anknüpfungspunkt des § 23 ist auf die **organisatorische Einheit** abzustellen. Diese organisatorische Einheit wird durch einen einheitlichen organisatorischen Einsatz von Betriebsmitteln und Personalressourcen geprägt.⁴⁷ Für die betriebliche Leitungsmacht ist somit entscheidend, ob der Kern der AG-Funktionen in personellen und sozialen Angelegenheiten von derselben Leitung im Wesentlichen selbstständig ausgeübt wird.⁴⁸ Praktisch entscheidend ist danach, wo über die Organisationsfragen und die Arbeitsbedingungen entschieden wird, v.a. in welcher Weise Einstellungen, Entlassungen und Versetzungen vorgenommen werden. Der Gesichtspunkt der organisatorischen Einheit lässt die räumlichen Aspekte zurücktreten.⁴⁹ Es ist deshalb nicht erforderlich, dass sich die Anlagen, Maschinen und Personen an ein und demselben Standort befinden.

b) Betriebsteile und Nebenbetriebe. § 23 differenziert nicht zwischen Betrieb und räumlich weit entfernten Betriebsteilen, die als selbstständige Betriebe i.S.d. BetrVG gelten. Die Fiktionswirkung des § 4 BetrVG findet im Rahmen des Abs. 1 keine Anwendung.⁵⁰

Betriebsteile unterscheiden sich gegenüber dem Hauptbetrieb durch ihre organisatorische Unselbstständigkeit und der Wahrnehmung von bloßen Teilfunktionen des arbeitstechnischen Zwecks. Sie zeichnen sich dadurch aus, dass sie über einen eigenen AN-Stamm, eigene technische Hilfsmittel und eine durch die räumliche und funktionale Abgrenzung vom Hauptbetrieb bedingte relative Selbstständigkeit verfügen. Andererseits fehlt ihnen ein eigenständiger Leitungsapparat.⁵¹ Als Indizien gegen eine Selbstständigkeit von Betriebsteilen können ein zentrales Personalwesen

---

40 *Bepler*, AuR 1997, 54, 58; *Kittner*, NZA 1999, 731, 732; *Lakies*, DB 1997, 1078, 1080; *Löwisch*, BB 2004, 154, 161; *Löwisch/Spinner*, § 23 Rn 10; *Preis*, NZA 1997, 1073, 1074; *Preis*, RdA 2000, 257, 271; *Preis*, RdA 1999, 311, 313; *Preis*, DB 2004, 70, 78.
41 BAG 15.3.2001 – 2 AZR 151/00 – NZA 2001, 831; 3.6.2004 – 2 AZR 386/03 – AP § 23 KSchG 1969 Nr. 33; *Gragert*, NZA 2000, 961, 963; *v. Hoyningen-Huene/Linck*, § 23 Rn 11; APS/*Moll*, § 23 Rn 8.
42 BAG 12.11.1998 – 2 AZR 459/97 – AP § 23 KSchG 1969 Nr. 20; 15.3.2001 – 2 AZR 151/00 – NZA 2001, 831; 13.6.2002 – AP § 23 KSchG 1969 Nr. 29.
43 BAG 13.6.2002 – AP § 23 KSchG 1969 Nr. 29; 18.9.2003 – 2 AZR 139/03 – AP § 1 KSchG 1969 Konzern Nr. 12; 3.6.2004 – 2 AZR 386/03 – AP § 23 KSchG 1969 Nr. 33.
44 BAG 12.1.1998 – 2 AZR 459/97 – AP § 23 KSchG 1969 Nr. 20; 29.4.1999 – 2 AZR 352/98 – AP § 23 KSchG 1969 Nr. 21; 13.6.2002 – 2 AZR 327/01 – AP § 23 KSchG 1969 Nr. 29; 16.1.2003 – 2 AZR 609/01 – AP § 23 KSchG 1969 Gemeinschaftsbetrieb Nr. 1; ErfK/*Kiel*, § 23 KSchG Rn 6.
45 BAG 13.6.2002 – 2 AZR 327/01 – AP § 23 KSchG 1969 Nr. 29; 16.1.2003 – 2 AZR 609/01 – AP § 1KSchG 1969 Gemeinschaftsbetrieb Nr. 1.
46 BAG 13.6.2002 – 2 AZR 327/01 – AP § 23 KSchG 1969 Nr. 29.
47 APS/*Moll*, § 23 Rn 9.
48 BAG 23.3.1984 – 7 AZR 515/82 – AP § 23 KSchG 1969 Nr. 4; 18.1.1990 – 2 AZR 355/89 – AP § 23 KSchG 1969 Nr. 9; 29.4.1999 – 2 AZR 352/98 – AP § 23 KSchG 1969 Nr. 21; 15.3.2001 – 2 AZR 151/00 – NZA 2001, 831, 832; 31.5.2007 – 2 AZR 276/06 – AP § 1 KSchG 1969 Soziale Auswahl Nr. 94.
49 BAG 21.6.1995 – 2 AZR 693/94 – AP § 1 BetrVG 1972 Nr. 16; 18.1.1990 – 2 AZR 355/89 – AP § 23 KSchG 1969 Nr. 9; 15.3.2001 – 2 AZR 151/00 – NZA 2001, 831, 832; 3.6.2004 – 2 AZR 386/03 – AP § 23 KSchG 1969 Nr. 33; *v. Hoyningen-Huene/Linck*, § 23 Rn 9; a.A. *Kania/Gilberg*, NZA 2000, 678, 680.
50 BAG 21.6.1995 – 2 AZR 693/94 – AP § 1 BetrVG 1972 Nr. 16; 15.3.2001 – 2 AZR 151/00 – NZA 2001, 831, 832; 3.6.2004 – 2 AZR 386/03 – AP § 23 KSchG 1969 Nr. 33; LAG Düsseldorf 22.10.1997 – 11 Sa 343/97 – LAGE § 23 KSchG Nr. 15; ErfK/*Kiel*, § 23 KSchG Rn 4; APS/*Moll*, § 23 Rn 11 ff.; a.A. *Kania/Gillberg*, NZA 2000, 678, 681.
51 BAG 20.8.1998 – 2 AZR 84/98 – AP § 2 KSchG 1969 Nr. 50; 15.3.2001 – 2 AZR 151/00 – NZA 2001, 831, 832.

und gemeinsame soziale Einrichtungen sprechen.[52] Indizien für eine Selbstständigkeit können sich aus einer eigenständigen Zuständigkeit der Betriebsteile für den Personalbereich ergeben.[53] Betriebsteile werden deshalb bei der Berechnung der Mitarbeiterzahl grds. dem Hauptbetrieb zugerechnet. Der Hauptbetrieb und eine räumlich weit entfernte Betriebsstätte i.S.v. § 4 Abs. 1 S. 1 BetrVG bilden grds. einen Betrieb i.S.d. § 23.[54]

14 **c) Filialen und Zweigstellen.** Filialen sind grds. unselbstständige Betriebsteile. Sie sind regelmäßig der Zentrale zuzuordnen. Dort werden regelmäßig die wesentlichen personellen und sozialen Entscheidungen für die Mitarbeiter der Filialen getroffen.[55] Da eine räumliche Einheit für den Betriebsbegriff des § 23 nicht wesensnotwendig ist, können mehrere nur mit einigen AN zentralgelenkte Filialen in ihrer Gesamtheit mit der Zentrale einen Betrieb i.S.d. KSchG bilden.[56] Es ist unschädlich, wenn sich die Filialen in verschiedenen Städten befinden, sofern die räumliche Distanz eine zentrale Lenkung erlaubt.[57] Je nach Struktur des Filialunternehmens kann typischerweise auch statt der Zentrale eine oberhalb der Filialebene angesiedelte regionale Bezirksorganisation (Bezirksverkaufsleitung) den Betrieb darstellen, wenn auf dieser Ebene die wesentlichen Entscheidungen über Einstellung, Versetzung und Entlassung von Filialmitarbeitern fallen.[58] Schließlich kann etwas anderes gelten, wenn die wesentlichen Entscheidungen in personellen und sozialen Angelegenheiten, insb. die Fragen der Einstellungen, Künd, die Personalplanung und der konkrete Personaleinsatz, in der Filiale selbst getroffen werden. Das kann ausnahmsweise der Fall sein, wenn ein Restaurant einer Restaurantkette eigenverantwortlich geführt wird.[59] Entscheidendes Abgrenzungskriterium ist, ob das Personal von zentraler Stelle (oder einer Zwischenebene) verwaltet wird oder ob jede Einheit über die erheblichen personellen Angelegenheiten selbst verbindlich entscheiden kann; wo die kaufmännischen oder technischen Entscheidungen fallen, ist insoweit irrelevant.[60]

15 **d) Gemeinsamer Betrieb mehrerer Unternehmen (Gemeinschaftsbetrieb).** Zwei oder mehrere Unternehmer (AG) können – wie § 322 UmwG deutlich zeigt – einen **gemeinsamen, einheitlichen Betrieb** führen. § 1 Abs. 2 BetrVG n.F. enthält keine allg. Definition des Gemeinschaftsbetriebes, sondern lediglich eine auf das BetrVG beschränkte Vermutung.[61] Von einem Gemeinschaftsbetrieb mehrerer selbstständiger Unternehmern im kündigungsschutzrechtlichen Sinne ist auszugehen – bspw. bei einer Bürogemeinschaft oder einer Gemeinschaftspraxis –, wenn die in einer Betriebsstätte vorhandenen materiellen und immateriellen Betriebsmittel für einen einheitlichen arbeitstechnischen Zweck zusammengefasst, geordnet und gezielt eingesetzt werden und der Einsatz der menschlichen Arbeitskraft von einem einheitlichen Leitungsapparat gesteuert wird. Dazu müssen sich die beteiligten Unternehmen zu einer gemeinsamen Führung rechtlich verbunden haben.[62] Die einheitliche Leitungsmacht muss positiv festgestellt werden. Sie muss sich vor allem auf die wesentlichen Funktionen des AG in sozialen und personellen Angelegenheiten erstrecken. Nach der Rspr. muss die notwendige rechtliche (Leitungs-)Vereinbarung nicht ausdrücklich zwischen den Unternehmen getroffen worden sein. Sie kann sich auch aus den tatsächlichen Umständen des Einzelfalles konkludent ergeben.[63] Nicht ausreichend ist weder eine bloße vertraglich vereinbarte (unternehmerische) Zusammenarbeit (Organschaft; Beherrschungsvertrag) oder ein bloß gesellschaftsrechtliche Weisungsbefugnis einer Konzernholding gegenüber ihrer Konzerntochter.[64] Es muss ein einheitlicher Leitungsapparat auf betrieblicher Ebene hinzukommen.[65] Die für die arbeitstechnischen Zwecke notwendigen Maßnahmen müssen von einer einheitlichen

---

52 BAG 17.2.1983 – 6 ABR 64/81 – AP § 4 BetrVG 1972 Nr. 4.
53 BAG 29.5.1991 – 7 ABR 54/90 – AP § 4 BetrVG 1972 Nr. 5; 25.11.1993 – 2 AZR 517/93 – AP § 14 KSchG 1969 Nr. 3.
54 BAG 15.3.2001 – 2 AZR 151/00 – NZA 2001, 831; 3.6.2004 – 2 AZR 386/03 – AP § 23 KSchG 1969 Nr. 33; ErfK/*Kiel*, § 23 KSchG Rn 4.
55 BAG 18.1.1990 – 2 AZR 355/89 – AP § 23 KSchG 1969 Nr. 9.
56 BAG 26.8.1971 – 2 AZR 233/70 – AP § 23 KSchG 1969 Nr. 1; 24.2.1976 – 1 ABR 62/75 – AP § 4 BetrVG 1972 Nr. 2; 21.6.1995 – 2 AZR 693/94 – AP § 1 BetrVG 1972 Nr. 16.
57 BAG 25.11.1993 – 2 AZR 517/93 – AP § 14 KSchG 1969 Nr. 3.
58 *Haas/Salamon*, RdA 2008,146; v. *Hoyningen-Huene/Linck*, § 23 Rn 9; s.a. BAG 31.5.2007 – 2 AZR 276/06 – AP § 1 KSchG 1969 Soziale Auswahl Nr. 94.
59 BAG 25.11.1993 – 2 AZR 517/93 – AP § 14 KSchG 1969 Nr. 3; s.a. BAG 31.5.2007 – 2 AZR 276/06 – AP § 1 KSchG 1969 Soziale Auswahl Nr. 94.
60 APS/*Moll*, § 23 KSchG Rn 13; ErfK/*Kiel*, § 23 KSchG Rn 13.
61 BAG 11.2.2004 – 7 ABR 27/03 – AP § 1 BetrVG 1972 Gemeinsamer Betrieb Nr. 22; ErfK/*Kiel*, § 23 KSchG Rn 5.
62 BAG 23.3.1984 – 7 AZR 515/82 – AP § 23 KSchG 1969 Nr. 4; 13.6.1985 – 2 AZR 452/84 – AP § 1 KSchG 1969 Nr. 10; 18.1.1990 – 2 AZR 355/89 – AP § 23 KSchG 1969 Nr. 9; 29.4.1999 – 2 AZR 352/98 – AP § 23 KSchG 1969 Nr. 21; 13.6.2002 – 2 AZR 327/01 – AP § 23 KSchG 1969 Nr. 29; 18.9.2003 – 2 AZR 139/03 – BAGE 107,318; 3.6.2004 – 2 AZR 386/03 – AP § 23 KSchG 1969 Nr. 33.
63 BAG 23.3.1984 – 7 AZR 515/82 – AP § 23 KSchG 1969 Nr. 4; 13.6.1985 – 2 AZR 452/84 – AP § 1 KSchG 1969 Nr. 10; 18.1.1990 – 2 AZR 355/89 – AP § 23 KSchG 1969 Nr. 9; 29.4.1999 – 2 AZR 352/98 – AP § 23 KSchG 1969 Nr. 21; BAG 11.2.2004 – 7 ABR 27/03 – AP § 1 BetrVG 1972 Gemeinsamer Betrieb Nr. 22; v. *Hoyningen-Huenel/Linck*, § 23 Rn 22.
64 BAG 18.9.2003 – 2 AZR 139/03 – AP § 1 KSchG 1969 Konzern Nr. 12.
65 BAG 18.1.1990 – 2 AZR 355/89 – AP § 23 KSchG 1969 Nr. 9; 24.1.1996 – 7 ABR 10/95 – AP § 1 BetrVG Gemeinsamer Betrieb Nr. 8; 29.4.1999 – 2 AZR 352/98 – AP § 23 KSchG 1969 Nr. 21; 18.10.2000 – 2 AZR 494/99 – BAGE 96,78; 18.9.2003 – 2 AZR 79/02 – BAGE 107,318.

Leitung auf betrieblicher Ebene wahrgenommen werden.[66] Dass die beteiligten Unternehmen unterschiedliche Zwecke verfolgen, spricht nicht zwingend gegen einen Gemeinschaftsbetrieb.[67] Liegt ein einheitlicher Leitungsapparat und damit ein Gemeinschaftsbetrieb vor, sind alle AN dieses Gemeinschaftsbetriebes bei der Berechnung der Betriebsgröße zu berücksichtigen.

Wesentliches Indiz für eine Leitungsvereinbarung ist die einheitliche Ausübung der AG-Funktion in sozialen und v.a. personellen Angelegenheiten.[68] Auf eine Einheitlichkeit der Leitung in personellen und sozialen Angelegenheiten kann aufgrund folgender Umstände geschlossen werden: gemeinsame Nutzung von Betriebsmitteln und gemeinsame räumliche Unterbringung, die organisatorische, personelle und technische Verknüpfung der Arbeitsabläufe, gemeinsame zentrale Betriebseinrichtungen, gemeinsame Wahrnehmung von Ausbildungsaufgaben, Personenidentität der Geschäftsführung oder auf der Ebene leitender Ang (Betriebsleitung), funktionelle und räumliche Nähe und Verklammerung von Funktionsbereichen, Austausch und Fluktuation von AN, übergreifender Personaleinsatz, koordinierte Urlaubsplanung, durchgehendes Weisungsrecht und gemeinsame Einstellung und Entlassung.[69] Gegen eine einheitliche Leitung kann u.a. ein unterschiedlicher Firmensitz und v.a. die Existenz zweier BR sprechen.[70]

Für die gemeinsame Führung eines Betriebs nach einer Spaltung oder Teilübertragung des Betriebs bestimmt § 322 UmwG ausdrücklich, dass dieser als Betrieb i.S.d. KSchG gilt.

Der Gemeinschaftsbetrieb endet mit der Aufgabe der einheitlichen Leitung.[71] Mit der Eröffnung des Insolvenzverfahrens über das Vermögen eines der beteiligten Unternehmen und einer vom Insolvenzverwalter veranlassten Stilllegung des von ihm geführten Teils wird regelmäßig der Gemeinschaftsbetrieb aufgelöst.[72] Wird der Gemeinschaftsbetrieb beendet, können die AN der verschiedenen Unternehmen nicht mehr zusammengerechnet werden. Ist der verbliebene Betriebsteil, in dem der AN noch beschäftigt wird, nur noch so groß, dass er von der Kleinbetriebsklausel erfasst wird, so findet das KSchG für eine anstehende Künd auf ihn keine Anwendung mehr.

Ein besonderer Fall eines Betriebes mehrerer Unternehmen ist die Bauarbeitsgemeinschaft, die gemeinsam von mehreren Bauunternehmen für einen besonderen Großauftrag gebildet worden ist. In einem solchen Fall liegt regelmäßig ein gemeinsamer Betrieb vor.[73] Gleiches gilt für die Arbverh in Gesamthafenbetrieben, die von mehreren AG gem. § 1 GesamthafenbetriebsG gebildet werden können.[74] Gesamthafenbetrieb und Hafeneinzelbetrieb bilden hingegen keinen Gemeinschaftsbetrieb.[75] Einen Gemeinschaftsbetrieb i.S.d. KSchG kann auch von einem öffentlich-rechtlichen und einem privaten Rechtsträger betrieben werden.[76]

2. Verwaltungen. Abs. 1 S. 1 nennt die **Verwaltung** als weiteren Bezugspunkt. Die Verwaltungen – und nicht die „Dienststellen" – werden den Betrieben insoweit gleichgestellt. Den Begriff der „**Verwaltung**" definiert das KSchG nicht. Er ist nicht mit demjenigen der Dienststelle im öffentlichen Recht identisch.[77] Es ist vielmehr auf die Gesamtheit der nachgeordneten Dienststellen einer größeren öffentlichen Verwaltung abzustellen. Dies ergibt sich aus der Systematik des Gesetzes. § 1 Abs. 2 S. 2 Nr. 2b verwendet wie Abs. 1 den Begriff der „Verwaltung". Jene Vorschrift wurde durch das BPersVG 1974 eingefügt. Das BPersVG unterscheidet aber eindeutig zwischen „Verwaltungen" und „Dienststellen" (§§ 1, 6 BPersVG). Wenn der Gesetzgeber gleichzeitig in beiden Gesetzen Änderungen vorgenommen und im KSchG aber nur den Begriff der „Verwaltung" verwandt hat, dann spricht alles dafür, den Begriff hier genauso wie im BPersVG auszulegen. Dort bezieht er sich auf alle organisatorischen Einheiten von Bund, Ländern und Gemeinden. Dies können Behörden, Gerichte, Anstalten, Körperschaften und Stiftungen des öffentlichen Rechts sein. Das BAG hat dementsprechend die italienischen Kulturinstitute in Deutschland in ihrer Gesamtheit – und nicht jedes einzelne örtliche Institut – als Verwaltung i.S.d. Abs. 1 angesehen.[78] Eine Einheit mit einer eigenen

---

66 BAG 18.1.1990 – 2 AZR 355/89 – AP § 23 KSchG 1969 Nr. 9; 24.1.1996 – 7 ABR 10/95 – AP § 1 BetrVG 1972 Gemeinsamer Betrieb Nr. 8; 29.4.1999 – 2 AZR 352/98 – AP § 23 KSchG 1969 Nr. 21; APS/*Moll*, § 23 Rn 18.
67 BAG 13.6.1985 – 2 AZR 452/84 – AP § 1 KSchG 1969 Nr. 10; HaKo-KSchR/*Pfeiffer*, § 23 Rn 16.
68 BAG 29.1.1987 – 6 ABR 23/85 – AP § 1 BetrVG 1972 Nr. 6; 14.9.1988 – 7 ABR 10/87 – AP § 1 BetrVG 1972 Nr. 9.
69 BAG 7.11.1996 – 2 AZR 648/95 – RzK I 4 c Nr. 24; *Herrmann*, Der Gemeinsame Betrieb mehrerer Unternehmen, S. 38; APS/*Moll*, § 23 KSchG Rn 17; *Sick*, BB 1992,1129,1130; DKK/*Trümmer*, § 1 Rn 85 ff.; *Fitting* u.a., § 1 Rn 87 ff.
70 BAG 18.9.2003 – 2 AZR 139/03 – AP § 1 KSchG 1969 Konzern Nr. 12.
71 BAG 24.2.2005 – 2 AZR 214/04 – AP § 1 KSchG 1969 Gemeinschaftsbetrieb Nr. 4; 14.8.2007 – 8 AZR 1043/06 – NZA 2007, 1431; 29.11.2007 – 2 AZR 763/06 – AP § 1 KSchG 1969 Soziale Auswahl Nr. 95.
72 BAG 17.1.2002 – 2 AZR 57/01 – EzA § 4 KSchG n.F. Nr. 62.
73 KR/*Griebeling*, § 1 Rn 135; HaKo-KSchR/*Pfeiffer*, § 23 KSchG Rn 16.
74 BAG 23.7.1970 – 2 AZR 426/69 – AP § 1 GesamthafenbetriebsG Nr. 3.
75 BAG 30.5.1985 – 2 AZR 321/84 – AP § 1 KSchG 1969 Betriebsbedingte Kündigung Nr. 24.
76 *Löwisch/Spinner*, § 23 Rn 11.
77 BAG 29.8.1996 – 8 AZR 35/95 – AP Einigungsvertrag Anlage I Kap. XIX Nr. 62; 23.4.1998 – 2 AZR 489/97 – AP § 23 KSchG 1969 Nr. 19; APS/*Moll*, § 23 KSchG Rn 20; R/D/W-*Benecke*, BPersVG, § 6 Rn 3 ff.; R/D/W-*Richardi*, BPersVG, § 1 Rn 5.
78 BAG 23.4.1998 – 2 AZR 489/97 – AP § 23 KSchG 1969 Nr. 19.

Rechtspersönlichkeit, wie etwa eine einzelne örtliche evangelisch-lutherische Kirchengemeinde, ist demgegenüber eine eigenständige Verwaltung i.S.v. Abs. 1.[79]

20 **3. Vorbehalt wegen Luft- und Schifffahrtsbetrieben (S. 1).** Die Regelung des betrieblichen Geltungsbereiches in Abs. 1 S. 1 steht für Schifffahrts- bzw. Luftverkehrsbetriebe unter dem Vorbehalt der Regelungen des § 24. Dieser Regelungsvorbehalt wird im Einzelnen durch § 24 ausgestaltet.

21 **4. Ausnahmeregelung bei Kleinbetrieben – Arbeitnehmerzahl (S. 2 und 4).** Der Erste Abschnitt (§§ 1 ff.) ist auf Betriebe und Verwaltungen des privaten und öffentlichen Rechts nur anwendbar, wenn in dem Betrieb bzw. in der Verwaltung eine **Mindestzahl** von AN **regelmäßig** beschäftigt werden. Allerdings kann der betriebliche Geltungsbereich des KSchG durch eine einzelvertragliche Vereinbarung auf den Kleinbetrieb ausgedehnt werden.[80] Die §§ 4 bis 7 KSchG und die Regelung des § 13 Abs. 1 S. 1 und 2 gelten nach dem klaren Wortlaut der Norm hingegen unabhängig von der Betriebsgröße für alle Künd.

22 Bei der Berechnung des Schwellenwertes kommt es auf die Anzahl der regelmäßig beschäftigten AN an. Bei der Bestimmung der Anzahl der **regelmäßig** beschäftigten AN werden die Teilzeitbeschäftigten nach S. 4 des Abs. 1 der Norm anteilig nach ihrer individuellen Arbeitszeit berücksichtigt.

23 Bis zum 31.12.2003 waren solche Kleinbetriebe aus dem Geltungsbereich des Ersten Abschnitts herausgenommen, in denen **in der Regel fünf oder weniger** AN beschäftigt waren. Für die Mindestbeschäftigtenzahl war und ist ohne Bedeutung, ob alle Arbeitsverträge deutschem Recht unterliegen, wenn nur die AN in einem deutschen Betrieb tätig sind;[81] sie sind dann im Betrieb „beschäftigt", ob dies auch das Kriterium der „Regelmäßigkeit" erfüllt, muss im Einzelfall entschieden werden und kann bei einem nur vorübergehend nach Deutschland entsandten ausländischen AN sehr zweifelhaft sein. Seit dem 1.1.2004 gilt ein **neuer Schwellenwert** für den Kleinbetrieb. Nunmehr findet der Erste Abschnitt des KSchG keine Anwendung auf Betriebe und Verwaltungen, in denen **zehn oder weniger AN** ausschließlich der zu ihrer Berufsausbildung Beschäftigten beschäftigt werden. Dies betrifft zunächst nur die AN, deren Arbverh ab dem 1.1.2004 begonnen haben. Die Anhebung des Schwellenwertes verletzt nicht Verfassungsrecht.[82]

24 Das Gesetz differenziert bei der Festlegung des Schwellenwertes zwischen AN, die bereits am 31.12.2003 im Betrieb beschäftigt waren, und AN, die später, d.h. nach dem 1.1.2004, neu eingestellt worden sind. Die AN, die bereits vor dem 31.12.2003 unter den Schutz des KSchG fielen, behalten diesen Schutz uneingeschränkt, sofern nicht der „Altbetrieb" unter die Schwelle des S. 2 rutscht. Diese **„virtuelle" Zweiteilung zwischen „Alt- und Neu-AN"** im selben Kleinbetrieb – von Kritikern auch gerne als Spaltung der Belegschaft bezeichnet[83] – verletzt nicht den Gleichbehandlungsgrundsatz.[84]

25 **a) Arbeitnehmer des Betriebes.** Bei der Ermittlung der Betriebsgröße sind alle **AN** mitzuzählen,[85] unabhängig davon, ob für sie persönlich schon das KSchG zur Anwendung kommt (bspw. weil sie noch nicht die Wartezeit erfüllt haben). Nur Beschäftigte mit einem AN-Status werden mitgerechnet.[86] Der AN-Status bestimmt sich nach allg. Kriterien (siehe § 611 BGB Rn 50 ff.). Ob der AN in der Betriebsstätte oder im Außendienst (z.B. als Kundendienstmonteur, Montagearbeiter oder Vertriebsbeauftragter) eingesetzt wird, spielt bei der Berechnung der Beschäftigtenzahl des Betriebs keine Rolle.[87] Die leitenden Ang i.S.d. § 14 Abs. 2 rechnen mit;[88] eine Ausnahmeregelung wie § 5 Abs. 3 BetrVG kennt das KSchG nicht. Leih-AN zählen grds. im Entleiherbetrieb nicht mit; etwas anderes gilt bei unerlaubten AÜ (§ 10 Abs. 1 AÜG).[89] Im Verleiherbetrieb zählen die Leih-AN zur „Stammbelegschaft" und sind bei der Berechnung des Schwellenwertes zu berücksichtigen. Keine AN in diesem Sinne sind Handelsvertreter und freie Mitarbeiter.[90] Nicht mitzuzählen sind auch die Beschäftigten, die aufgrund eines Werkvertrages im Betrieb tätig sind, sowie Heimarbeiter und andere arbeitnehmerähnliche Personen.[91] Die Vertreter der Organe von juristischen Per-

---

79 BAG 21.2.2001 – 2 AZR 579/99 – AP § 611 BGB Abmahnung Nr. 26.
80 ErfK/*Kiel*, § 23 KSchG Rn 13; KR/*Weigand*, § 23 KSchG Rn 27; *Löwisch*, BB 1997, 782, 790.
81 ErfK/*Kiel*, § 23 KSchG Rn 11; KR/*Weigand*, § 23 KSchG Rn 19; *v. Hoyningen-Huene/Linck*, § 23 Rn 29; KDZ/*Kittner/Deinert*, § 23 KSchG Rn 21; *Schmidt*. NZA 1998, 169, 173; *A.C. Gravenhorst*, RdA 2007, 283, 285.
82 BAG 21.9.2006 – 2 AZR 840/05 – AP § 23 KSchG 1969 Nr. 37; *Bader*. NZA 2004, 65, 66; *Löwisch* BB 2004, 154, 161; *Löwisch/Spinner*, § 23 Rn 5; HaKo-*Pfeiffer*, § 23 KSchG Rn 19; *v. Hoyningen-Huene/Linck*, § 23 Rn 35; APS/*Moll*, § 23 KSchG Rn 40.
83 *Däubler*, AiB 2005, 387, 395.
84 BAG 21.9.2006 – 2 AZR 840/05 – AP § 23 KSchG 1969 Nr. 37; *Bader*, NZA 2004, 65, 66; *Bauer/Krieger*, DB 2004, 651; *Eylert/Schinz*, AE 2005, 5, 12; *Hanau*, ZIP 2004, 1169, 1171; *Quecke*, RdA 2004, 86, 103.
85 BAG 16.2.1983 – 7 AZR 118/81 – AP § 2 AngKSchG Nr. 8; *Eylert*, LzK 830 Rn 38; *v. Hoyningen-Huene/Linck*, § 23 Rn 29.
86 KR/*Weigand*, § 23 KSchG Rn 41; HWK/*Quecke*, § 23 KSchG Rn 13; HaKo-KSchR/*Pfeiffer*, § 23 KSchG Rn 20.
87 ErfK/*Kiel*, § 23 KSchG Rn 11.
88 APS/*Moll*, § 23 KSchG Rn 27; KR/*Weigand*, § 23 KSchG Rn 42; *Eylert*, LzK 830 Rn 43; ErfK/*Kiel*, § 23 KSchG Rn 11.
89 KR/*Weigand*, § 23 KSchG Rn 41; HaKo-KSchR/*Pfeiffer*, Rn 20.
90 *Eylert*, LzK 830 Rn 39; ErfK/*Kiel*, § 23 KSchG Rn 19; KDZ/*Kittner/Deinert*, § 23 KSchG Rn 23.
91 LAG Hamm 15.6.1989 – 10 Sa 675/88 – LAGE § 23 KSchG Nr. 6; KDZ/*Kittner/Deinert*, § 23 KSchG Rn 24; KR/*Weigand*, § 23 KSchG Rn 41; *Eylert*, LzK 830 Rn 39.

sonen (Geschäftsführer, Vorstände) oder einer Personengesamtheit i.S.v. § 14 Abs. 1 rechnen nicht mit.[92] Das gilt auch für „mitarbeitende" Geschäftsführer einer GmbH.[93] **Familienangehörige** zählen mit, wenn sie in einem Arbverh zum Betriebsinhaber stehen.[94] **Teilzeitbeschäftigte** sind hingegen nach der **differenzierten Berechnungsformel** des Abs. 1 S. 4 zu berücksichtigen (siehe Rn 30).

Nach Abs. 1 S. 2 und 3 zählen die AN, die zu ihrer **Berufsausbildung** beschäftigt werden, bei der Berechnung der Betriebsgröße nicht mit. Das KSchG knüpft an die Begriffsbildung des BBiG an.[95] Mit der Ausnahmeregelung will der Gesetzgeber der Gefahr begegnen, dass Einstellungen zu Ausbildungszwecken unterbleiben, weil sonst Kleinbetriebe bei Berücksichtigung dieser Personen unter die Geltung des KSchG fielen. Dementsprechend kommt nach dem Sinn und Zweck der Norm eine Berücksichtigung der Beschäftigten nicht in Betracht, deren Tätigkeitsschwerpunkt in der Ausbildung liegt. Eine Ausbildungsverhältnis i.S.d. des BBiG braucht nicht vorzuliegen. Bildet die Vermittlung von Erfahrungen, Fertigkeiten und Kenntnissen und nicht die Arbeitsleistung gegen Entgelt den Schwerpunkt des Rechtsverhältnisses, so zählen solche Personen, z.B. **Anlernlinge, Praktikanten oder Volontäre**, bei der Berechnung der Betriebsgröße nicht mit.[96] Teilnehmer an Förderungsmaßnahmen nach § 97 SGB III gelten nicht als AN im Sinne der Norm.[97]

26

b) Regelgröße. Abs. 1 S. 2 und 3 verlangt für eine Anwendung des Ersten Abschnitts des KSchG, dass **i.d.R. mehr als fünf bzw. zehn AN** in dem Betrieb oder der Verwaltung beschäftigt werden. Für die Feststellung der Zahl der regelmäßig Beschäftigten im Sinne der Norm kommt es grds. auf die Größenverhältnisse des Betriebs im **Zeitpunkt des Zugangs der Künd** und nicht auf den Zeitpunkt der Beendigung des Arbverh an.[98] Da es – wie bspw. auch bei § 17 Abs. 1 oder §§ 1, 111 S. 1 BetrVG – für die Ermittlung der Betriebsgröße auf die Zahl der i.d.R. beschäftigten AN ankommt, ist nicht primär die Beschäftigungslage im konkreten Zeitpunkt der Künd maßgeblich, sondern die, die im Allg. für den Betrieb kennzeichnend ist. Eine zufällige, unrepräsentative tatsächliche Beschäftigtenzahl zum Zeitpunkt des Künd-Zugangs ist unbeachtlich. Die regelmäßige Beschäftigtenzahl ist nicht die durchschnittliche Zahl der AN in einem bestimmten Zeitraum, sondern die bei regelmäßigem Geschäftsgang des Betriebs normale Beschäftigtenzahl. Deshalb bedarf es zur Feststellung der regelmäßigen Beschäftigtenzahl grds. eines Rückblicks auf die bisherige personelle Stärke des Betriebes und einer Einschätzung seiner zukünftigen Entwicklung. Zeiten außergewöhnlich hohen oder niedrigeren Geschäftsanfalls (z.B. Urlaubs- oder Messezeit, Inventur, Materialmangel) bleiben unberücksichtigt.[99] Das bedeutet, auch die vom AG gleichzeitig oder zeitnah gekündigten AN werden bei einer Berechnung der Beschäftigtenzahl mitgezählt. Kündigt der AG einem oder mehrere AN, der bzw. die in einem Betrieb beschäftigt werden, zum Künd-Zeitpunkt dem KSchG unterliegt, und beabsichtigt er zukünftig auf Dauer den Betrieb mit einer AN-Zahl unter dem Schwellenwert fortzuführen, so ist das KSchG auf diese Künd noch anzuwenden. Die geplante Betriebseinschränkung führt nur zu einer zukünftig unter dem Schwellenwert liegenden regelmäßigen AN-Zahl. Im Künd-Zeitpunkt ist jedoch für den Betrieb noch die bisherige Beschäftigungszahl kennzeichnend.[100] V.a. ist der Arbeitsplatz des gekündigten AN mitzuzählen, selbst wenn der AG ihn nicht wiederbesetzen will.[101] Im Stilllegungsfall ist bei einem sukzessiven Vorgehen des AG mit mehreren Entlassungswellen aufgrund eines einheitlich gefassten Stilllegungsbeschluss der Zeitpunkt maßgeblich, in dem zuletzt noch eine normale Betriebstätigkeit entfaltet worden ist. Die durch die Entlassungen jeweils reduzierten Belegschaftsstrukturen sind aufgrund der einheitlichen Stilllegungsentscheidung nicht kennzeichnend für den Betrieb. Anderes gilt, wenn mehreren aufeinander folgenden Personalreduzierungsmaßnahmen kein einheitlicher Stilllegungsbeschluss zugrunde liegt.[102]

27

---

92 *Eylert*, LzK 830 Rn 44.
93 LAG Hamm 21.7.1988 – 10 Sa 639/88 – LAGE § 23 KSchG Nr. 3; KR/*Weigand*, § 23 KSchG Rn 42; ErfK/*Kiel*, § 23 KSchG Rn 19.
94 LAG Berlin 26.6.1989 – 9 Sa 41/89 – LAGE § 23 KSchG Nr. 5; *Eylert*, LzK 830 Rn 39.
95 ErfK/*Kiel*, § 23 Rn 18; *v. Hoyningen-Huene/Linck*, § 23 Rn 38.
96 BAG 7.3.1983 – 7 AZR 101/82 – BAGE 43, 271; 22.1.2004 – 2 AZR 237/03 – AP § 23 KSchG 1969 Nr. 31 (Praktikant); LAG Köln 28.9.2000 – 5 Sa 1000/00 – AP § 23 KSchG 1969 Nr. 23 (Praktikantin im Anerkennungsjahr der Erzieher); BAG 22.1.2004 – 2 AZR 237/03 – AP § 23 KSchG 1969 Nr. 31 (Betriebspraktikum); *Pahde/Syrbe*, AuR 1997, 195, 196 (Volontäre); *v. Hoyningen-Huene/Linck*, § 23 Rn 39; KR/*Weigand*, § 23 KSchG Rn 43; KDZ/*Kittner/Deinert*, § 23 KSchG Rn 18.
97 APS/*Moll*, § 23 KSchG Rn 28.
98 BAG 31.1.1991 – 2 AZR 356/90 – AP § 23 KSchG 1969 Nr. 11; 22.1.2004 – 2 AZR 237/03 – AP § 23 KSchG 1969 Nr. 31; BAG 21.9.2006 – 2 AZR 840/05 – NZA 2007, 438.
99 BAG 31.1.1991 – 2 AZR 356/90 – AP § 23 KSchG 1969 Nr. 11; 22.1.2004 – 2 AZR 237/03 – AP § 23 KSchG 1969 Nr. 31; 24.2.2005 – 2 AZR 207/04 – AP § 17 KSchG 1969 Nr. 20; KR/*Weigand*, § 23 KSchG Rn 37 f.
100 BAG 22.1.2004 – 2 AZR 237/03 – AP § 23 KSchG 1969 Nr. 31; BAG 24.2.2005 – 2 AZR 207/04 – AP § 17 KSchG 1969 Nr. 20; *Löwisch/Spinner*, § 23 Rn 21; *Gragert/Keilich*, NZA 2004, 776, 777.
101 BAG 22.1.2004 – 2 AZR 237/03 – AP § 23 KSchG 1969 Nr. 31; *Gragert/Keilich*, NZA 2004, 776, 777.
102 BAG 8.6.1989 – 2 AZR 624/88 – AP § 17 KSchG 1969 Nr. 6; 24.2.2005 – 2 AZR 207/04 – AP § 17 KSchG 1969 Nr. 20.

28 AN, die nur vorübergehend beschäftigt werden, zählen grds. nicht mit. Ihre Beschäftigung ist für die normale Betriebsgröße nicht kennzeichnend.[103] Dies gilt v.a. für **Aushilfs-AN** und **Vertretungskräfte**. Sie sind jedoch bei der Berechnung des Schwellenwertes zu berücksichtigen, wenn eine bestimmte Anzahl von ihnen regelmäßig beschäftigt wird und mit einer derartigen Beschäftigung auch zukünftig zu rechnen ist.[104] Eine regelmäßige Beschäftigung wird angenommen, wenn die Aushilfskräfte überwiegend im Jahr (mehr als 6 Monate) tätig werden.[105] Die Dauer der einzelnen Aushilfsbeschäftigungen ist dabei unerheblich.[106] **Kampagnebetriebe** (z.B. Ski- oder Segelschulen, Freibäder oder Eisbahnen; zum Begriff siehe § 22 Rn 5) unterfallen dem 1. Abschnitt des KSchG, wenn sie während ihrer Betriebszeit regelmäßig mehr als fünf bzw. zehn AN beschäftigten; dies entspricht ihrer normalen Belegschaftsstärke.[107] In **Saisonbetrieben** (zum Begriff siehe § 22 Rn 4) werden zusätzlich zur festen Stammbelegschaft weitere AN während der Saison – Saisonarbeiter (z.B. Ausflugslokal, Erntezeit) – tätig. Sie werden bei der Feststellung der regelmäßigen Beschäftigtenzahl nur berücksichtigt, wenn sie im Normalfall für einen Zeitraum von mind. sechs Monaten beschäftigt werden.[108]

29 Teilen sich mehrere Personen einen Arbeitsplatz (§ 13 TzBfG), sind die einzelnen Arbverh in ihrem Bestand voneinander unabhängig. Jedes einzelne Arbverh wird bei der Berechnung der Betriebsgröße – zeitanteilig – berücksichtigt und genießt Künd-Schutz.[109] Auch ein AN in einem **ruhenden Arbverh** wird mitgezählt.[110] Durch das Ruhen des Arbverh ändert sich der normale Arbeitskräftebedarf des Betriebs nicht. Bspw. ist ein **AN in Elternzeit** mitzuzählen, solange kein Vertreter eingestellt worden ist (§ 21 Abs. 7 BEEG). Ausreichend ist aber nach der Systematik des § 21 BEEG die Einstellung einer Vertretungskraft, egal ob sie befristet oder unbefristet erfolgt. Nach dem Sinn und Zweck des Gesetzes sollen nur Doppelzählungen vermieden werden.[111] Es spielt für die Berechnungsfrage keine Rolle, ob die befristete Einstellung unwirksam ist. Das Gleiche gilt, wenn für einen AN in einem ruhenden Arbverh eine Ersatzkraft eingestellt worden ist.[112] Nach § 323 Abs. 1 UmwG behalten AN, die nach einer **Spaltung oder einem Teilübergang** des Betriebes nunmehr in einem Betrieb unterhalb des Schwellenwertes beschäftigt werden, für die Dauer von zwei Jahren ab dem Zeitpunkt des Wirksamwerdens der Spaltung oder des Teilübergangs weiterhin ihren allg. Künd-Schutz nach dem KSchG.[113] Dies gilt aber nur bis zu dem Zeitpunkt, zu dem sie den Künd-Schutz auch ohne Spaltung oder Teilübertragung verloren hätten, weil die regelmäßige Beschäftigtenzahl dann auch unter den Schwellenwert gefallen wäre. Erfolgt eine „Betriebsteilung", ohne dass der Rechtsträger gespalten wird, so findet weder § 323 Abs. 1 UmwG noch § 613a BGB Anwendung. Entsteht durch eine solche Teilung nunmehr ein Betrieb, der unter dem Schwellenwert liegt, ist das KSchG nicht anwendbar.[114] Gleiches gilt, wenn bspw. eine Filiale eines Einzelhandelfilialbetriebs auf einen Erwerber nach § 613a BGB übertragen wird. Der beim Betriebsveräußerer aufgrund der Zahl der dort Beschäftigten erworbene Künd-Schutz geht bei einem (Teil-) **Betriebsübergang nicht** nach § 613a Abs. 1 S. 1 BGB mit dem Arbverh auf den Betriebserwerber **über**, wenn in dessen Betrieb nicht die Voraussetzungen des Schwellenwertes erfüllt werden.[115] Das (bisherige) Erreichen des Schwellenwertes und der daraus resultierende gesetzliche Künd-Schutz sind kein Recht des übergegangenen Arbverh.

30 c) Die Berücksichtigung der Teilzeitbeschäftigten (Abs. 1 S. 4). Bei der Feststellung der Zahl der beschäftigten AN rechnen alle **Teilzeitbeschäftigten** mit. Sie werden nach Maßgabe ihrer regelmäßigen wöchentlichen Arbeitszeit bei der Berechnung der Beschäftigtenzahl **zeitanteilig** einbezogen. Die Berücksichtigung der Teilzeitbeschäftigten ist mit Art. 3 Abs. 1 GG vereinbar.[116] Das Arbeitsmarktreformgesetz hat die Relevanzschwellen nicht verändert. Teilzeitbeschäftigte AN mit einer regelmäßigen wöchentlichen Arbeitszeit von nicht mehr als 20 Stunden werden mit einem Faktor 0,5 und teilzeitbeschäftigte AN mit nicht mehr als 30 Stunden mit einem Faktor von 0,75 angerechnet. Maßgeblicher Bezugspunkt für die Arbeitsstundenzahl ist eine Arbeitszeit von wöchentlich 40

---

103 APS/*Moll*, § 23 KSchG Rn 29b; LAG Düsseldorf 26.9.1990 – 12 TaBV 74/90 – LAGE § 9 BetrVG 1972 Nr. 3.
104 BAG 12.10.1996 – 1 ABR 1/76 – AP § 8 BetrVG 1972 Nr. 1; ErfK/*Kiel*, § 23 KSchG Rn 15.
105 LAG Hamm 3.4.1997 – 4 Sa 693/96 – AP § 23 KSchG 1969 Nr. 15; zu § 9 BetrVG: BAG 25.11.1992 – 7 ABR 7/92 – BAGE 72, 12, 25; zu § 111 BetrVG: BAG 16.11.2004 – 1 AZR 642/03 – AP § 111 BetrVG 1972 Nr. 58; APS/*Moll*, § 23 KSchG Rn 29 b.
106 ErfK/*Kiel*, § 23 KSchG Rn 15; KDZ/*Kittner/Deinert*, § 23 KSchG Rn 16.
107 ErfK/*Kiel*, § 23 Rn 16; KR/*Weigand*, § 23 KSchG Rn 44; *Löwisch/Spinner*, § 23 Rn 24; BAG 16.11.2004 – 1 AZR 642/03 – AP § 111 BetrVG 1972 Nr. 58.
108 BAG 12.10.1976 – 1 ABR 1/76 – AP § 8 BetrVG 1972 Nr. 1; 16.11.2004 – 1 AZR 642/03 – AP § 111 BetrVG 1972 Nr. 58; ErfK/*Kiel*, § 23 KSchG Rn 17; *Löwisch/Spinner*, § 23 Rn 24.
109 *Eylert*, LzK 830 Rn 42.
110 BAG 31.1.1991 – 2 AZR 356/90 – AP § 23 KSchG 1969 Nr. 11; KR/*Weigand*, § 23 KSchG Rn 40; APS/*Moll*, § 23 KSchG Rn 29c; HaKo-KSchR/*Pfeiffer* § 23 Rn 28; v. *Hoyningen-Huene/Linck*, § 23 Rn 44.
111 LAG Düsseldorf 26.7.2000 – 12 TaBV 35/00 – NZA-RR 2001, 308; ErfK/*Kiel*, § 23 KSchG Rn 11; v. *Hoyningen-Huene/Linck*, § 23 Rn 11.
112 BAG 31.1.1991 – 2 AZR 356/90 – AP § 23 KSchG 1969 Nr. 11; LAG Hamm 3.4.1997 – 4 Sa 693/96 – LAGE § 23 KSchG Nr. 13.
113 KR/*Weigand*, § 23 KSchG Rn 59 ff.; HaKo-KSchR/*Pfeiffer*, § 23 Rn 30; *Rieble*, in: FS Wiese, S. 453, 474; *Boecken*, in: Unternehmensumwandlung, Rn 292 ff.
114 V. *Hoyningen-Huene/Linck*, § 23 Rn 20.
115 BAG 15.2.2007 – 8 AZR 397/06 – AP § 23 KSchG 1969 Nr. 38; ErfK/*Kiel*, § 23 Rn 8.
116 BVerfG 27.1.1998 – 1 BvL 22/93 – AP § 23 KSchG 1969 Nr. 18.

Wochenarbeitsstunden, obwohl in vielen Betrieben nicht mehr 40 Stunden regelmäßig gearbeitet wird. Als Arbeitszeit ist die regelmäßige **wöchentliche** Arbeitszeit anzusehen. Sie ergibt sich grds. aus der arbeitsvertraglichen Vereinbarung. Kurzfristige Arbeitsschwankungen sind unbeachtlich.[117] Die tatsächliche, jährliche im Durchschnitt pro Woche geleistete Arbeitszeit ist nur maßgeblich, wenn es an einer Vereinbarung der regelmäßigen Wochenarbeitszeit im Arbeitsvertrag fehlt oder dauerhaft und nachhaltig eine Arbeitszeit abweichend von der vertraglich geregelten geleistet worden ist.[118] Einzelne Überstunden bleiben unberücksichtigt.[119] Die einzelnen Anteilswerte sind bei der Berechnung der Beschäftigtenzahl des Betriebes zu addieren. Danach findet der Erste Abschnitt des KSchG Anwendung, wenn ein Gesamtvolumen in Höhe von mindestens 10,25 bzw. 5,25 gegeben ist.

Beispiel: Neben 7 Vollzeitbeschäftigten werden 3 AN mit 30 Wochenstunden (Anteilswert: 2,25) und 2 AN mit 20 Wochenstunden (Anteilswert: 1,0), also insgesamt: 10,25 AN beschäftigt. 31

Die proportionale Berücksichtigung von Teilzeitbeschäftigten in Abs. 1 S. 2 ist angemessen. Sie dient der Förderung der Teilzeitbeschäftigung und soll vermeiden, dass Betriebe mit einem hohen Anteil von geringfügig Beschäftigten aus dem Geltungsbereich des Ersten Abschnitts des Künd-Schutzes herausfallen, obwohl sie nicht mehr dem Charakter eines Kleinbetriebes entsprechen.[120] 32

d) Der neue Schwellenwert (Abs. 1 S. 3) und der Besitzstand für die „Altfälle" Abs. 1 S. 3 beschreibt neben dem betrieblichen auch den persönlichen Geltungsbereich des KSchG. Für **alle nach dem 31.12.2003** eingestellten AN gilt der neue Schwellenwert. Sie erwerben nur den allg. Künd-Schutz nach dem KSchG, wenn in dem Betrieb mehr als zehn AN mit Ausnahme der zu ihrer Berufsausbildung Beschäftigten tätig sind. D.h. die Anwendbarkeit des Ersten Abschnitts setzt eine Beschäftigungszahl von rechnerisch mind. 10,25 voraus. Solange dieser Schwellenwert nicht überschritten wird, haben die AN, deren Arbverh nach dem 31.12.2003 begonnen hat, keinen allg. Künd-Schutz. Erst mit Erreichen einer Gesamtbeschäftigungszahl von 10,25 haben auch der sechste bis zehnte neu eingestellte AN Künd-Schutz nach dem KSchG. Das gilt selbstverständlich auch für den AN, der im Austausch für einen vor dem 31.12.2003 tätigen AN eingestellt wird. Er erwirbt nur den allg. Künd-Schutz, wenn der Betrieb zehn oder mehr AN beschäftigt.[121] 33

Beispiel: Stellt der AG zu den sieben „Alt-AN" drei neue Vollzeitbeschäftigte ein, so genießen die letzteren keinen Künd-Schutz nach dem KSchG. Dies gilt auch für den neu eingestellten AN, der den siebten „Alt-AN" ersetzt. 34

AN, deren Arbverh **bereits am 31.12.2003** in Betrieben und Verwaltungen mit mehr als fünf AN ausschließlich der zu ihrer Berufsausbildung Beschäftigten bestanden haben, behalten den allg. Künd-Schutz nach dem Ersten Abschnitt des KSchG über den 1.1.2004 hinaus zeitlich unbegrenzt weiter.[122] Dies gilt solange, als in dem Betrieb sich die Anzahl der am 31.12.2003 beschäftigten AN nicht verändert.[123] Von dieser Besitzstandsregelung profitieren alle AN, deren Arbverh vor dem 31.12.2003 tatsächlich begonnen haben, ohne Rücksicht darauf, ob sie am Stichtag schon die Wartefrist von sechs Monaten erfüllt haben.[124] 35

Sinkt die Anzahl der vor dem 1.1.2004 beschäftigten AN auf fünf oder weniger ab, geht der **Besitzstand für die „Alt-AN" verloren**. Auch für die noch verbliebenen „Alt-AN" endet der allg. Künd-Schutz nach dem KSchG.[125] D.h. scheidet ein AN von den sechs im Betrieb beschäftigten AN endgültig aus diesem Betrieb aus, so entfällt auch für die verbliebenen fünf AN – wie auch schon vor der Neuregelung durch das Erste Arbeitsmarktreformgesetz – der Künd-Schutz nach dem Ersten Abschnitt des KSchG. Sie unterfallen erst dann wieder dem allg. Künd-Schutz des KSchG, wenn der Betrieb den Schwellenwert von 10,25 Beschäftigten erreicht. Die „Alt-AN" verlieren ihren Künd-Schutz auch dann, wenn der Betrieb zwar weiterhin ein „Sechs-Mann-Betrieb" bleibt, allerdings ein Arbverh von einem der sechs „Alt-AN" beendet wird und zeitgleich oder im unmittelbaren Anschluss an dessen Beendigung eine Ersatzeinstellung für den ausgeschiedenen AN erfolgt. Nach der Rspr. des BAG werden Ersatzeinstellungen für ausgeschiedene „Alt-AN" bei der Berechnung des „Bestandsschutzschwellenwertes" nicht berücksichtigt.[126] 36

---

117 APS/*Moll*, § 23 KSchG Rn 31; *Löwisch/Spinner*, § 23 Rn 21.
118 V. *Hoyningen-Huene/Linck*, § 23 Rn 42; KR/*Weigand*, § 23 KSchG Rn 35.
119 V. *Hoyningen-Huene/Linck*, DB 1997, 41, 42.
120 KR/*Weigand*, § 23 KSchG Rn 36.
121 BAG 21.9.2006 – 2 AZR 840/05 – NZA 2007, 438; *Eylert/Schinz*, AE 2005, 5, 12; *Preis*, DB 2004, 70, 78; *Wolff*, FA 2004, 40.
122 BAG 21.9.2006 – 2 AZR 840/05 – NZA 2007, 438; 23.20.2008 – 2 AZR 131/07 –; *Preis*, DB 2004, 70, 78; KR/*Weigand*, § 23 KSchG Rn 33 b.
123 *Bader*, NZA 2004, 65, 69; *Löwisch*, BB 2004, 154, 161; *Hanau*, ZIP 2004, 1169, 1170.
124 BAG 23.10.2008 – 2 AZR 131/07 –; *Bader*, NZA 2004, 65, 67; *Bauer/Krieger*, DB 2004, 651; *Bender/Schmidt*, NZA 2004, 358, 359; *Eylert/Schinz*, AE 2005, 5, 12.
125 *Bauer/Krieger*, DB 2004, 651; *Bender/Schmidt*, NZA 2004, 358, 359; *Eylert/Schinz*, AE 2005, 5, 12; *Hanau*, ZIP 2004, 1169, 1170; *Löwisch*, BB 2004, 151, 161; *Quecke*, RdA 2004, 86, 104; *Willemsen/Annuß*, NJW 2004, 177, 184; *Wolff*, FA 2004, 40, 41.
126 BAG 21.9.2006 – 2 AZR 840/05 – AP § 23 KSchG 1969 Nr. 37; 17.1.2008 – 2 AZR 840/05 – AP § 23 KSchG Nr. 41; 23.10.2008 – 2 AZR 131/07 –; *Kock*, MDR 2007, 1109, 1110; s.a.: *Bauer/Krieger*, DB 2004, 651; *Bender/Schmidt*, NZA 2004, 358, 360; *Quecke*, RdA 2004, 86, 105; *Willemsen/Annuß*, NJW 2004, 177, 184; *Niklas*, NZA 2006, 1395, 1397; *Insam/Zöll*, DB 2007,694.

Nach dem Wortlaut und dem Sinn und Zweck der Besitzstandsregelung zählen bei der Berechnung des abgesenkten Schwellenwertes des Abs. 1 S. 2 nur die „Alt-AN" mit, die bereits am 31.12.2003 im Betrieb beschäftigt waren. Auch ruhende Arbverh von „Alt-AN" sind zu berücksichtigen.[127] Bei einer vertretungsweisen Einstellung von AN für „Alt-AN", z.B. eine Elternzeitvertretung (vgl. §§ 21 Abs. 7 BEEG i.V.m. Abs. 1 S. 3 Hs. 2), ist das ruhende Arbverh des „Alt-AN" für die Berechnung des Bestandsschutzschwellenwertes maßgeblich.[128] Bei Berechung des Bestandsschutzschwellenwertes können auch vor dem 31.12.2003 befristet beschäftigte AN oder tätige Auszubildende, die später nahtlos weiterbeschäftigt werden, als „Alt-AN" angesehen werden;[129] auch die Reduzierung oder Erhöhung der Arbeitszeit bei einem „Alt-AN" kann Einfluss auf den Besitzstandsschutz haben.[130] Der unbefristete Bestandsschutz für die „Alt-AN" gilt also nur so lange, wie der am 31.12.2003 bestehende „virtuelle Altbetrieb" nicht auf fünf oder weniger „Alt-AN" absinkt. Kommt es zu einem „bewussten Austausch" von „Alt-AN" durch neue AN, nur um den „Alt-AN" den Bestandsschutz zu entziehen, kann ein rechtsmissbräuchliches Verhalten des AG vorliegen, dem durch eine Anwendung des § 162 Abs. 2 BGB zu begegnen ist. Dabei wird durch eine vernünftige Anwendung der abgestuften Darlegungs- und Beweislastregeln sicherzustellen sein, dass mögliche Umgehungssachverhalte sachgerecht erfasst werden können.[131]

37 **5. Rechtsfolgen – Kündigungsschutz außerhalb des KSchG in Kleinbetrieben.** Spricht der AG eine Künd in einem Kleinbetrieb aus, kann die Künd nicht an den Voraussetzungen des KSchG gemessen werden. Für AN in einem Kleinbetrieb gilt somit das KSchG nicht. Jedoch unterliegen Künd des AG den allg. Anforderungen (§§ 134, 138 und 242 BGB). Insb. die vom BVerfG aus verfassungsrechtlichen Erwägungen geforderten Mindestanforderungen sind zu beachten.[132]

38 Im Kleinbetrieb gelten aber die §§ 4 bis 7 und § 13 Abs. 1 S. 1 und 2. Deshalb müssen die AN eines Kleinbetriebes auch eine dreiwöchige Klagefrist für die Geltendmachung möglicher Rechtsunwirksamkeitsgründe einhalten[133] (siehe § 4 Rn 32).

II. Geltungsbereich des Dritten Abschnitts des Gesetzes

39 Abs. 2 enthält nur eine unvollständige Regelung des betrieblichen Geltungsbereiches hinsichtlich des Dritten Abschnitts des Gesetzes (**anzeigepflichtige Entlassungen**). Ergänzungen zum betrieblichen Geltungsbereich des Dritten Abschnitts des Gesetzes enthalten die §§ 17 Abs. 1 und 22.

40 Nach Abs. 2 S. 1 sind in den betrieblichen Geltungsbereich des Dritten Abschnitts des Gesetzes Betriebe und Verwaltungen des privaten Rechts einbezogen. Im Unterschied zu Abs. 1 S. 1 der Norm eröffnet Abs. 2 S. 1 die Anwendung des Dritten Abschnitts des Gesetzes nicht für den gesamten öffentlichen Dienst, sondern nur für solche öffentlichen Betriebe, die wirtschaftliche Zwecke verfolgen. In Betracht kommen insoweit nur Regiebetriebe der öffentlichen Hand (z.B. Gas-, Wasser- und Elektrizitätswerke, Verkehrsbetriebe, Theater, Sparkassen, Krankenhäuser, Alten- und Pflegeheime usw.). Betreibt die öffentliche Hand Betriebe in Form einer selbstständigen juristischen Person (z.B. GmbH), so unterfallen diese Betriebe ohne weiteres dem Dritten Abschnitt des Gesetzes.[134] Die Verfolgung eines wirtschaftlichen Zwecks setzt voraus, dass die öffentliche Verwaltung sich wie ein privatwirtschaftlicher Betrieb am Wirtschaftsleben beteiligt. Rechtlich ohne Bedeutung ist, ob sie mit Gewinnerzielungsabsicht handelt oder nicht.[135]

Die in Abs. 2 S. 1 bezeichneten Betriebe und Verwaltungen fallen nur unter die Vorschriften des Dritten Abschnitts des Gesetzes, wenn in ihnen regelmäßig mehr als 20 AN beschäftigt werden (§ 17 Abs. 1 Nr. 1).

C. Verbindung zum Prozessrecht

41 Nach der Rspr. des BAG trägt der **AN** die **Darlegungs- und Beweislast** für das Vorliegen der betrieblichen Geltungsvoraussetzungen des KSchG.[136] Ein solcher Vortrag gehört zur Begründung der Klage. Dass ein Betrieb bis zu fünf oder jetzt bis zu zehn AN die Ausnahme sei und deshalb die Prozesspartei (also der AG), die sich auf eine solche Ausnahme beruft, die Beweislast tragen muss, lässt sich weder aus dem Wortlaut der Norm entnehmen noch entspricht dies der tatsächlichen Lage der deutschen Wirtschaft, fallen doch 80 % aller Betriebe aufgrund ihrer Betriebs-

---

127 *Kock*, MDR 2007, 1109, 1110.
128 LAG Köln 18.1.2006 – 7 Sa 844/05 – NZA-RR 2006, 580; *Kock*, MDR 2007, 1109, 1110.
129 *Kock*, MDR 2007, 1109, 1111.
130 *Kock*, MDR 2007, 1109, 1110.
131 BAG 21.9.2006 – 2 AZR 840/05 – AP § 23 KSchG 1969 Nr. 37.
132 AnwK-*Dreher*, § 13 KSchG Rn 23 m.w.H.
133 BAG 28.6.2007 – 6 AZR 873/06 – NZA 2007, 972.
134 *V. Hoyningen-Huene/Linck*, § 23 Rn 33; KR/*Weigand*, § 23 KSchG Rn 71.

135 KR/*Weigand*, § 23 KSchG Rn 71.
136 BAG 4.6.1957 – 2 AZR 86/55 – BAGE 4, 203, 207; 9.9.1982 – 2 AZR 253/80 – BAGE 40, 145, 156; 18.1.1990 – 2 AZR 355/89 – AP KSchG 1969 § 23 Nr. 9; 15.3.2001 – 2 AZR 151/00 – NZA 2001, 831, 832; 24.2.2005 – 2 AZR 373/03 – NZA 2005, 764; 26.6.2008 – 2 AZR 264/07 – DB 2008, 2311; APS/*Moll*, § 23 KSchG Rn 48 m.w.H.; *v. Hoyningen-Huene/Linck*, § 23 Rn 47; a.A.: KR-*Griebeling*, § 1 KSchG Rn 148; KR-*Weigand*, § 23 KSchG Rn 54a.

größe nicht unter das KSchG.[137] Der AN muss demnach im Einzelnen darlegen – und ggf. beweisen, in einem Betrieb tätig zu sein, in dem i.d.R. mehr als fünf – bzw. zehn – AN ausschließlich der zu ihrer Berufsausbildung Beschäftigten beschäftigt sind.

Ob an der bisherigen Verteilung der Darlegungs- und Beweislast noch festzuhalten ist, ist von Lit. und Rspr. zunehmend mit dem Hinweis bezweifelt worden, Abs. 1 S. 2 bzw. S. 3 sei als Ausnahmetatbestand gefasst. Außerdem verfüge der AG regelmäßig über die sachnäheren Informationen über den Beschäftigungsstand des Betriebes.[138] Dies gelte umso mehr, als mit der Ausweitung der Kleinbetriebsklausel es für den AN zunehmend schwieriger sei, sich die sachlich notwendigen Informationen für den Künd-Schutzprozess zu beschaffen. So können bis zu 20 teilzeitbeschäftigte AN mit 19 Stunden in verschiedenen Filialen eingesetzt sein und deshalb die Voraussetzungen für die Anwendung des KSchG nicht vorliegen. Dem AN eines Filialbetriebes werde es aber oft nicht möglich sein, hinreichend zu den arbeitsvertraglichen Voraussetzungen der anderen Beschäftigten und des Umfangs ihrer Arbeitszeit vorzutragen. 42

Das BAG hat sich dieser Kritik im Ergebnis nicht angeschlossen. In seiner Entscheidung vom 26.6.2008[139] hat es entscheiden, dass auch nach der ab dem 1.1.2004 geltenden gesetzlichen Neuregelung grds. die bisherige Verteilung der Darlegungs- und Beweislast gilt und keine Neubewertung angezeigt ist. 43

Für die Praxis ist weniger die Entscheidung dieser Grundsatzfrage als vielmehr die praktische Handhabung der Darlegungs- und Beweislast von fallentscheidender Bedeutung. In der Praxis führen beide Grundsätze zur Verteilung der Darlegungs- und Beweislastsätze zu vergleichbaren Ergebnissen, wenn man die Darlegungslast sachgerecht – nämlich abgestuft – verteilt. Es besteht – auch schon nach der bisherigen Rspr. – Einigkeit, dass bei der Prüfung, ob ein Betrieb vom KSchG erfasst wird, die Darlegungs- und Beweislast abzustufen ist. Der objektive Gehalt der Grundrechte – hier insbesondere das Grundrecht des gekündigten AN aus Art. 12 GG – muss sich im Verfahrensrecht widerspiegeln.[140] Im Künd-Recht dürfen keine unzumutbaren strengen Anforderungen an die Darlegungslast der Parteien im Rahmen von Künd-Schutzprozessen gestellt werden.[141] Dies gilt umso mehr, als der AG ohne weiteres aufgrund seiner Sachnähe substantiierte Angaben zur Struktur der Mitarbeiterschaft und ihrer arbeitsvertraglichen Vereinbarungen machen kann.[142] Dementsprechend genügt der AN – bei fehlender eigener Kenntnismöglichkeit – seiner Darlegungslast, wenn er die für eine entsprechende AN-Zahl behauptet und die entsprechenden Tatsachen ggf. mit den ihm bekannten äußeren Umständen zum Künd-Zeitpunkt schlüssig belegt.[143] Der AG muss dann nach § 138 Abs. 2 ZPO im Einzelnen erklären, welche rechtserheblichen Umstände gegen die Darlegungen des AN sprechen.[144] Das bedeutet im Einzelnen, dass der AN zwar regelmäßig – ggf. durch konkrete Beschreibung der Personen – zumindest angeben muss, dass und welche – mehr als fünf bzw. zehn AN – zum Künd-Zeitpunkt im Betrieb beschäftigt waren und diese Beschäftigtenzahl nicht zufällig ist. Auf den ersten Blick spricht gegen ein zufälliges Ergebnis, wenn in den letzten Monaten vor Zugang der Künd die Beschäftigtenzahl von 5,25 bzw. 10,25 erreicht wurde. Über die vergangenen, länger zurückliegenden Zeiträume kann der AN – möglicherweise auch aufgrund seiner nur kurzen Beschäftigungsdauer – aus eigener Kenntnis oft nicht genug vortragen. Dies gilt umso mehr für die zukünftige, vom AG geplante Beschäftigungsentwicklung. Auch hierüber wird der AN meistens keine Informationen besitzen. Sind deshalb im Künd-Zeitpunkt mehr als fünf bzw. zehn AN tätig und ist dies unstreitig oder vom AN substanziiert dargelegt worden, ist es nach den Grundsätzen der abgestuften Darlegungs- und Beweislast nunmehr an dem sachnäheren AG, die Tatsachen und Umstände substantiiert darzutun, aus denen sich ergeben soll, dass regelmäßig weniger Beschäftigte im Betrieb tätig waren bzw. zukünftig wieder sein werden. Es gehört insbesondere zum substanziierten Sachvortrag des AG, das – zukünftige – betriebliche Beschäftigungskonzept näher darzustellen.[145] 44

---

137 *Oetker*, AuR 1997, 41 für die Zeit von 1996–1998; so bereits *Oetker*, AuR 1997, 41 für die Zeit von 1996–1998; s. insb. BVerfG 27.1.1998 – 1 BvL 15/87 – BVerfGE 97, 169, 177; BAG 19.4.1990 – 2 AZR 487/89 – AP § 23 KSchG 1969 Nr. 8; 13.6.2002 – 2 AZR 327/01 – AP § 23 KSchG 1969 Nr. 29; krit. zur Systemgerechtigkeit der Regelung: *Seifert*, RdA 2004, 200, 204 und 209.
138 *Stahlhacke/Preis/Vossen*, Rn 898; ErfK/*Kiel*, § 23 Rn 21; HWK/*Quecke*, § 23 KSchG Rn 17; KR/*Weigand*, § 23 KSchG Rn 54 a; KDZ/*Kittner/Deinert*, § 23 KSchG Rn 30; *Löwisch/Spinner*, § 23 Rn 25; *Bader*, NZA 2004, 905, 910; *Bader*, NZA 2004, 65, 67; *Bepler*, AuR 1997, 54, 57; *Eylert/Schinz*, AE 2005, 5, 12; *Hanau*, ZIP 2004, 1169, 1170; *Lakies*, DB 1997, 1078, 1080; *Reinecke*, NZA 1989, 583; LAG Berlin 28.10.1994 – 6 Sa 95/94 – LAGE § 23 KSchG Nr. 11; LAG Hamm – 8 Sa 1614/02 – LAGE § 23 KSchG Nr. 22.
139 BAG 26.6.2008 – 2 AZR 264/07 – DB 2008, 2311; 23.10.2008 – 2 AZR 131/07 –; kritisch: *Berkowsky*, DB 2009,1126,1127.
140 BVerfG 27.1.1998 – 1 BvL 15/87 – BVerfGE 97, 196.
141 *Stahlhacke/Preis/Vossen*, Rn 889; v. Hoyningen-Huene/Linck, § 23 Rn 49; APS/*Moll*, § 23 Rn 48; BAG 18.1.1990 – 2 AZR 355/89 – AP § 23 KSchG 1969 Nr. 9; 15.3.2001– 2 AZR 151/00 – NZA 2001, 831, 832; 24.2.2005 – 2 AZR 373/03 – AP § 23 KSchG 1969 Nr. 34; 26.6.2008 – 2 AZR 264/07 – DB 2008, 2311.
142 ErfK/*Kiel*, § 23 Rn 21.
143 BAG 24.2.2005 – 2 AZR 373/03 – AP § 23 KSchG 1969 Nr. 34; 26.6.2008 – 2 AZR 264/07 – DB 2008, 2311.
144 BAG 18.1.1990 – 2 AZR 355/89 – AP § 23 KSchG 1969 Nr. 9; 15.3.2001 – 2 AZR 151/00 – NZA 2001, 831, 832; 24.2.2005 – 2 AZR 373/03 – AP § 23 KSchG 1969 Nr. 34; 26.6.2008 –2 AZR 264/07 – DB 2008, 2311.
145 BAG 24.2.2005 – 2 AZR 373/03 – AP § 23 KSchG 1969 Nr. 34.

Lediglich im Falle der Unergiebigkeit von vom ArbG erhobener Beweise (non-liquet) trifft den AN die objektive Beweislast.[146]

45 Für das Vorliegen eines kündigungsrechtlichen Gemeinschaftsbetriebes trägt der AN die Darlegungs- und Beweislast: Er muss die Tatsachen darlegen, die einen Schluss auf einen gemeinsamen Betrieb mehrerer Unternehmen zulassen.[147] Hat der AN schlüssig die äußeren Umstände vorgetragen, die auf einen einheitlichen Leitungsapparat und eine von den beteiligten Unternehmen geschlossene Führungsvereinbarung schließen lassen, hat der AG im Einzelnen zu erklären, welche rechtserheblichen Umstände ggf. gegen die Annahme eines einheitlichen Betriebs sprechen. Ähnliches gilt auch für die Darlegungsanforderungen in den Fällen, in denen der AN geltend macht, bestimmte Betriebsteile eines Unternehmens bildeten einen Betrieb. Nach den Grundsätzen der abgestuften Darlegungs- und Beweislast reicht es regelmäßig aus, wenn der AN die äußeren Umstände schlüssig dartut, die für eine Annahme sprechen, dass die Betriebsstätte, in der er tätig geworden ist, über keinen eigenständigen Leitungsapparat verfügt, sondern dass sie zentral gelenkt wird.[148] Liegt ein solcher schlüssiger Vortrag des AN vor, so muss der AG im Einzelnen erklären (§ 138 Abs. 2 ZPO), welche rechtserheblichen Umstände gegen die Annahme eines einheitlichen Leitungsapparats für mehrere Betriebsstätten sprechen. Aufgrund seiner Sachnähe ist allein der AG in der Lage, nähere Angaben zur betrieblichen Führungsstruktur zu machen.

D. Beraterhinweise

46 Bei der Prüfung, ob der länger als sechs Monate beschäftigte und gekündigte AN nicht dem allg. Künd-Schutz nach dem KSchG unterliegt, weil er in einem Kleinbetrieb tätig ist, werden die nachfolgenden Prüfungsschritte regelmäßig zu durchlaufen sein:
– Beschäftigt der AG zum Zeitpunkt des Zugangs der Künd regelmäßig in seinem Betrieb mehr als zehn AN? (ggf. ist der Anteilswert der teilzeitbeschäftigten AN festzustellen)
– Ist diese zum Künd-Zeitpunkt gegebene Belegschaftsstärke repräsentativ für den Betrieb oder nur „zufällig"? (ggf. sind die Schwankungen und Entwicklungen nachzuzeichnen)
– wenn der AG keine 10,25 oder mehr AN regelmäßig beschäftigt: Wie viele AN sind seit dem 1.1.20010 neu eingestellt worden bzw. beschäftigte der AG am 31.12.2009 zumindest regelmäßig mehr als fünf AN? (ggf. ist der Anteilswert der teilzeitbeschäftigten AN festzustellen)
– Hatte das Arbvrh des Gekündigten bereits am 31.12.2009 begonnen?
– Besteht die Gruppe der am 31.12.2009 beschäftigten „Alt-AN" zum Zeitpunkt des Zugangs der Künd noch unverändert? Welche Veränderungen sind eingetreten, insb. welche AN dieser Gruppe sind wann aus dem Betrieb ausgeschieden und ggf. wann durch wen (in gleicher oder veränderter Funktion) ersetzt worden?

§ 24 Anwendung des Gesetzes auf Betriebe der Schiffahrt und des Luftverkehrs

(1) ¹Die Vorschriften des Ersten und Zweiten Abschnitts finden nach Maßgabe der Absätze 2 bis 5 auf Arbeitsverhältnisse der Besatzung von Seeschiffen, Binnenschiffen und Luftfahrzeugen Anwendung. ²Als Betrieb im Sinne dieses Gesetzes gilt jeweils die Gesamtheit der Seeschiffe oder der Binnenschiffe eines Schiffahrtsbetriebs oder der Luftfahrzeuge eines Luftverkehrsbetriebs.

(2) Dauert die erste Reise eines Besatzungsmitglieds im Dienst einer Reederei oder eines Luftverkehrsbetriebs länger als sechs Monate, so verlängert sich die Sechsmonatsfrist des § 1 Abs. 1 bis drei Tage nach Beendigung dieser Reise.

(3) ¹Die Klage nach § 4 ist binnen drei Wochen, nachdem das Besatzungsmitglied zum Sitz des Betriebs zurückgekehrt ist, zu erheben, spätestens jedoch binnen sechs Wochen nach Zugang der Kündigung. ²Wird die Kündigung während der Fahrt des Schiffs oder des Luftfahrzeuges ausgesprochen, so beginnt die sechswöchige Frist nicht vor dem Tag, an dem das Schiff oder das Luftfahrzeug einen deutschen Hafen oder Liegeplatz erreicht. ³An die Stelle der Dreiwochenfrist in § 6 treten die hier in den Sätzen 1 und 2 bestimmten Fristen.

(4) ¹Für Klagen der Kapitäne und der Besatzungsmitglieder im Sinne der §§ 2 und 3 des Seemannsgesetzes nach § 4 dieses Gesetzes tritt an die Stelle des Arbeitsgerichts das Gericht, das für Streitigkeiten aus dem Arbeitsverhältnis dieser Personen zuständig ist. ²Soweit in Vorschriften des Seemannsgesetzes für die Streitigkeiten aus dem Arbeitsverhältnis Zuständigkeiten des Seemannsamts begründet sind, finden die Vorschriften auf Streitigkeiten über Ansprüche aus diesem Gesetz keine Anwendung.

---

146 BAG 26.6.2008 – 2 AZR 264/07 – DB 2008, 2311.
147 BAG 23.3.1984 – 7 AZR 515/82 – AP § 23 KSchG 1969 Nr. 4; 18.1.1990 – 2 AZR 355/89 – AP § 23 KSchG 1969 Nr. 9; 7.11.1996 – 2 AZR 648/95 – RzK I 4c Nr. 24; 29.4.1999 – 2 AZR 352/98 – AP § 23 KSchG 1969 Nr. 21; 18.10.2006 – 2 AZR 434/05 – Rn 48; v. Hoyningen-Huene/Linck, § 23 Rn 25.
148 BAG 15.3.2001 – 2 AZR 151/00 – NZA 2001, 831, 832.

(5) Der Kündigungsschutz des Ersten Abschnitts gilt, abweichend von § 14, auch für den Kapitän und die übrigen als leitende Angestellte im Sinne des § 14 anzusehenden Angehörigen der Besatzung.

Literatur: *Franzen*, Das Heuerverhältnis, AR-Blattei SD 1450.3 (Seearbeitsrecht) Rn 97 ff

A. Allgemeines	1	II. Verlängerung der Wartezeit (Abs. 2)	8
B. Regelungsgehalt	2	III. Klagefrist (Abs. 3)	10
I. Anwendung des KSchG für See- und Binnenschiffe sowie Luftfahrzeuge	2	IV. Zuständigkeit (Abs. 4)	15
		V. Kapitäne als leitende Angestellte (Abs. 5)	16
1. Persönlicher Geltungsbereich (Abs. 1 S. 1)	4	C. Verbindung zu anderen Rechtsgebieten	17
2. Betrieblicher Geltungsbereich (Abs. 1 S. 2)	5	D. Beraterhinweise	18

A. Allgemeines

§ 24 normiert besondere Regelungen für die **Schifffahrt und den Luftverkehr,** um den Eigenheiten dieser Unternehmen und den Verhältnissen dieser Branche Rechnung zu tragen.[1] Die Norm definiert für diese Unternehmen einen **eigenständigen Betriebsbegriff**. Im Gegensatz zum früheren Rechtszustand im BRG und im AOG[2] gilt nunmehr das KSchG mit Modifikationen auch für die Besatzungen von Seeschiffen, Binnenschiffen und Luftfahrzeugen.

B. Regelungsgehalt

I. Anwendung des KSchG für See- und Binnenschiffe sowie Luftfahrzeuge

Abs. 1 S. 1 erklärt die Vorschriften über den allg. und besonderen Künd-Schutz für die Arbvehr von **Besatzungsmitgliedern** der See- und Binnenschiffe sowie von Luftfahrzeugen für anwendbar. Dagegen gelten die Vorschriften des 3. Abschnitts des KSchG für die Besatzungen von Seeschiffen nach § 23 Abs. 2 S. 2 nicht. Für die AN der **Land- und Bodenbetriebe** gilt das KSchG ohnehin.[3] Sie bilden einen eigenständigen Betrieb i.S.d. KSchG.[4] Dies bestätigt die Regelung des Abs. 1 S. 1.

Zu den **Landbetrieben** eines Schifffahrtunternehmens gehören u.a. Kaibetriebe, Stauereien, Reparaturwerkstätten, Lagerhäuser, Speditionen und Werften sowie die (kaufmännische) Verwaltung,[5] aber auch – in entsprechender Anwendung von § 114 Abs. 4 S. 2 BetrVG – Hafenschlepper und andere landbezogene Schiffe.[6] Zu den **Bodenbetrieben** der Luftverkehrsunternehmen gehören neben der (kaufmännischen) Verwaltung vor allem der flugtechnische und der meteorologische Dienst und die Reparaturwerkstätten (Hangar).[7]

1. Persönlicher Geltungsbereich (Abs. 1 S. 1).
Zur Besatzung eines Seeschiffes gehören alle Beschäftigten, die in einem **Heuerverhältnis** zum Reeder stehen,[8] wie bspw. der Kapitän, die Schiffsoffiziere, die Matrosen, der Zahlmeister, Köche und Kellner (vgl. § 3 SeemannsG).[9] Zur Besatzung eines Luftfahrzeugs gehört das gesamte „fliegende (Kabinen-) Personal", also insb. Kapitän, Co-Pilot, Bordingenieur, Flugnavigator, Purser und Flugbegleiter.[10]

2. Betrieblicher Geltungsbereich (Abs. 1 S. 2).
Zur Abgrenzung der Land- und Bodenbetriebe von den „See- bzw. Flugbetrieben" dient Abs. 1 S. 2 der Norm. Diese Regelung ist nur für die Anwendung des KSchG von Bedeutung.[11] Für das BetrVG gelten die Sonderregelungen der §§ 114 ff. BetrVG.[12]

Abs. 1 S. 2 etabliert einen eigenständigen Betriebsbegriff für die Schiffe und die Luftfahrzeuge. Als Betrieb i.S.d. KSchG gilt nach der gesetzlichen Fiktion[13] des Abs. 1 S. 2 die **Gesamtheit der See- oder Binnenschiffe** eines Schifffahrtunternehmens oder **die Luftfahrzeuge** eines Luftverkehrsbetriebs. Auf eine andere reale Organisationsform kommt es nicht an. Insb. kann – wenn der Reeder mehrere Schiffe betreibt – kein einzelnes Schiff ein Betrieb i.S.d. Norm sein.[14]

---

1 Amtl. Begründung RdA 1951, 58, 65; KR/*Weigand*, § 24 KSchG Rn 6.
2 Zur historischen Entwicklung: KR/*Weigand*, § 24 KSchG Rn 1 f.
3 Amtl. Begründung RdA 1951, 58, 65.
4 BAG 28.12.1956 – 2 AZR 207/56 – BAGE 3, 197; ErfK/*Kiel*, § 24 KSchG Rn 1; HaKo-KSchR/*Pfeiffer*, § 24 Rn 2; KR/*Weigand*, § 24 KSchG Rn 16.
5 KR/*Weigand*, § 24 KSchG Rn 17.
6 KR/*Weigand*, § 24 KSchG Rn 17; HaKo-KSchR/*Pfeiffer*, § 24 Rn 6; *v. Hoyningen-Huene/Linck*, § 24 Rn 6.
7 KR/*Weigand*, § 24 KSchG Rn 18.
8 HWK/*Quecke*, § 24 KSchG Rn 2; HaKo-KSchR/*Pfeiffer*, § 24 Rn 3.
9 ErfK/*Kiel*, § 24 KSchG Rn 3; *v. Hoyningen-Huene/Linck*, § 24 Rn 3.
10 HWK/*Quecke*, § 24 KSchG Rn 2; KR/*Weigand*, § 24 KSchG Rn 13; *v. Hoyningen-Huene/Linck*, § 24 Rn 3.
11 KR/*Weigand*, § 24 KSchG Rn 5.
12 KR/*Weigand*, § 24 KSchG Rn 14; ErfK/*Kiel*, § 24 KSchG Rn 1.
13 BAG 28.2.1991 – 2 AZR 517/90 – RzK I 4c Nr. 14.
14 *V. Hoyningen-Huene/Linck*, § 24 Rn 5; HaKo-KSchR/*Pfeiffer*, § 24 Rn 5; *Löwisch/Spinner*, § 24 Rn 4.

7 Ein Betrieb nach Abs. 1 S. 2 steht selbstständig neben dem Land- bzw. Bodenbetrieb des jeweiligen Unternehmens.[15] Dementsprechend können bspw. die AN, die auf einem Seeschiff des Reeders arbeiten, nicht mit denen in eine Sozialauswahl einbezogen werden, die in einer Abfertigungseinrichtung arbeiten. Etwas anderes kann ausnahmsweise gelten, wenn der Seebetrieb und der Landbetrieb aufgrund der Einzelfallbesonderheiten einen gemeinsamen Betrieb bilden.[16]

II. Verlängerung der Wartezeit (Abs. 2)

8 Wie alle AN erwerben die AN eines Schifffahrt- oder Luftverkehrsunternehmens den allg. Künd-Schutz nach § 1 Abs. 1 grds. nach Ablauf von sechs Monaten. Ausnahmsweise wird die **Wartefrist verlängert**, wenn die erste Reise eines Besatzungsmitglieds länger als sechs Monate dauert (Abs. 2). Die Sondervorschrift verlängert die Wartezeit. Der Künd-Schutz greift frühestens nach Ablauf von drei Tagen nach Beendigung der Reise ein. Die Regelung will zum einen für den Reeder die Möglichkeit eröffnen, bei seiner Entscheidung über eine Fortsetzung oder die Beendigung des Arbverh den Bericht des Kapitäns über die Bewährung des AN während der ersten Reise zu berücksichtigen.[17] Zum anderen soll eine Situation vermieden werden, in der der Kapitän in Vertretung des Reeders auf hoher See oder in einem fremden Hafen nur kündigt, um die Künd noch rechtzeitig vor dem Ablauf der Sechs-Monats-Frist zu erklären.[18]

9 Der Regelung kommt heute – v.a. in der Luftfahrt und in der Binnenschifffahrt – keine oder in der Seeschifffahrt nur eine ganz geringe praktische Bedeutung zu. Auch in der Seeschifffahrt erfolgt die erste Fahrt regelmäßig nur in einem befristeten Heuerverhältnis.[19]

III. Klagefrist (Abs. 3)

10 Grds. muss auch ein Besatzungsmitglied eines Schiffes oder eines Luftfahrzeugs nach dem Zugang der Künd innerhalb von **drei Wochen** Klage beim ArbG erheben (§ 4), wenn er die soziale Rechtfertigung überprüfen oder die Rechtsunwirksamkeit der Künd aus anderen Gründen geltend machen will. Abs. 3 formuliert hiervon eine Ausnahme, die den besonderen Verhältnissen der Seeschiff- und Luftschifffahrt Rechnung tragen soll. Erhält das Besatzungsmitglied die **Künd während der Fahrt,** wird die Klagefrist **hinausgeschoben**. Diese Sonderregelung gilt nicht für Künd vor Fahrtantritt oder nach Rückkehr von der Reise. Je nach dem, ob das Besatzungsmitglied an den Betriebssitz oder an einen anderen deutschen Hafen zurückkehrt, berechnet sich die Klagefrist. Kehrt er an den Betriebssitz zurück, beginnt die Klagefrist mit der Rückkehr und beträgt drei Wochen. Kehrt er an einen anderen Ort im Inland zurück, beträgt die Klagefrist sechs Wochen ab dem Ankunftstag des Schiffes oder Luftfahrzeugs.[20]

11 Die Sonderregelung will sicherstellen, dass trotz einer erschwerten Rechtsverfolgung, die sich aus den besonderen Verhältnissen der Schifffahrt und den Auslandsaufenthalten ergeben, den Besatzungsmitgliedern genügend Zeit bleibt, um die für die Wahrnehmung ihrer Rechte erforderlichen Schritte zu unternehmen.[21] Andererseits will das Gesetz mit der erweiterten zeitlichen Begrenzung aber auch verhindern, dass ein Besatzungsmitglied durch eine verzögerte Rückkehr ins Inland die Klärung über die Wirksamkeit der Künd unangemessen hinausschieben kann.[22]

12 Der **Betriebssitz** wird nach den handelsrechtlichen Regelungen bestimmt. Entscheidend ist der Ort der Hauptverwaltung des Reeders oder des Luftverkehrsunternehmens. Gibt es keine Hauptverwaltung, kann auf den Heimathafen abgestellt werden.[23]

13 Wird die **Künd während** einer Fahrt des Schiffes oder des Luftfahrzeugs ausgesprochen, **beginnt** die sechswöchige Frist nach Abs. 3 S. 2 erst, wenn das Schiff oder das Flugzeug einen deutschen Hafen und Liegeplatz erreicht. Hat das Besatzungsmitglied das Schiff oder das Flugzeug vorher verlassen und kehrt er vor ihm nach Deutschland zurück, beginnt grds. eine sechswöchige Frist mit seiner Ankunft im Inland, es sei denn, er kehrt an den Sitz des Betriebs zurück, dann beginnt eine dreiwöchige Frist mit der Obergrenze von sechs Wochen nach Abs. 3 S. 1. Kommt er hingegen erst nach der Ankunft des Schiffes oder Flugzeugs in Deutschland an, beginnt die sechswöchige Frist bereits mit der Ankunft des Schiffes oder Flugzeugs in einem deutschen Hafen bzw. Liegeplatz.[24]

14 Abs. 3 gilt auch für die **Änderungs-Künd**. Allerdings wird die Vorbehaltserklärung (§ 2 S. 1) in der Sondervorschrift nicht erwähnt. Das Besatzungsmitglied muss den Vorbehalt deshalb in innerhalb der Künd-Frist bzw. spätestens innerhalb von drei Wochen nach Zugang der Künd erklären.[25]

---

15 BAG 28.12.1956 – 2 AZR 207/56 – BAGE 3, 197; ErfK/*Kiel*, § 24 KSchG Rn 4.
16 BAG 28.2.1991 – 2 AZR 517/90 – RzK I 4c Nr. 14; HaKo/*Pfeiffer*, § 24 Rn 6.
17 HWK/*Quecke*, § 24 KSchG Rn 4; KR/*Weigand*, § 24 KSchG Rn 23; v. *Hoyningen-Huene/Linck*, § 24 Rn 8.
18 Amtl. Begründung RdA 1951, 58, 65.
19 HWK/*Quecke*, § 24 KSchG Rn 4.
20 V. *Hoyningen-Huene/Linck*, § 24 Rn 10; KR/*Weigand*, § 24 KSchG Rn 28; APS/*Moll*, § 24 KSchG Rn 9.
21 Amtl. Begründung RdA 1951, 58, 65.
22 BAG 9.1.1986 – 2 AZR 163/85 – AP § 24 KSchG 1969 Nr. 1; APS/*Moll*, § 24 Rn 9; v. *Hoyningen-Huene/Linck*, § 24 Rn 10.
23 KR/*Weigand*, § 24 KSchG Rn 26; ErfK/*Kiel*, § 24 KSchG Rn 11; HWK/*Quecke*, § 24 KSchG Rn 5.
24 V. *Hoyningen-Huene/Linck*, § 24 Rn 12; HWK/*Quecke*, § 24 KSchG Rn 6.
25 *Löwisch/Spinner*, § 24 Rn 15.

IV. Zuständigkeit (Abs. 4)

Die Zuständigkeitsregelung in Abs. 4 ist seit 1953 überholt und gegenstandslos.[26] Die Seeämter sind bei kündigungsschutzrechtlichen Streitigkeiten nicht mehr zuständig.[27]

V. Kapitäne als leitende Angestellte (Abs. 5)

Abs. 5 will die Vorschriften des allg. Künd-Schutzes auch auf die Kapitäne und die anderen leitenden Ang von Schiffen und Luftfahrzeugen erstrecken. Durch die Neuregelung des § 14 Abs. 2 ist aber der ursprüngliche Gesetzeszweck entfallen.[28] Die Norm könnte deshalb ersatzlos gestrichen werden.

C. Verbindung zu anderen Rechtsgebieten

Die Regelung ist mit ihren Besonderheiten zu den Regelungen der §§ 114 ff. BetrVG zu sehen. Beide Regelungskreise decken sich nur partiell und sind jeweils für die Interpretation des anderen Normenkreises nur bedingt tauglich.

D. Beraterhinweise

Bei der kündigungsrechtlichen Betreuung von Schifffahrt- oder Luftverkehrsfällen sind die organisatorischen Besonderheiten dieser Branche zu beachten. Dies gilt insb. für die Klagefristregelung des Abs. 3.

---

§ 25 Kündigung in Arbeitskämpfen

Die Vorschriften dieses Gesetzes finden keine Anwendung auf Kündigungen und Entlassungen, die lediglich als Maßnahmen in wirtschaftlichen Kämpfen zwischen Arbeitgebern und Arbeitnehmern vorgenommen werden.

Literatur: *Colneric*, in: Däubler, Arbeitskampfrecht, 2. Aufl. 1987, Rn 581 l ff.; *Kissel*, Arbeitskampfrecht, 2002, S. 706 ff.

A. Allgemeines

Die Norm basiert auf der früher herrschenden individuellen Arbeitskampflehre, nach der Streik und Aussperrung durch gebündelte Individual-Künd erfolgten.[1] Der AG konnte einem AN, der sich an einem Streik beteiligt und vorher nicht gekündigt hatte, wegen beharrlicher Arbeitsverweigerung außerordentlich kündigen. Er konnte in Arbeitskämpfen außerdem sog. Kampf-Künd aussprechen.[2] Zur Wahrung der staatlichen Neutralität in Arbeitskämpfen sollte in diesen Fällen kein Künd-Schutz nach dem KSchG gewährt werden.[3] Nach der Auff. des historischen Gesetzgebers sollte es in Arbeitskämpfen hingenommen werden, dass Künd nach den Erfordernissen des Kampfes erfolgten und eine „Bereinigung auch hinsichtlich der Künd den Abmachungen über die Beendigung des (Arbeits-) Kampfes überlassen" blieben.[4]

Der ursprüngliche **Zweck der Norm** ist durch die Entwicklung des Arbeitskampfrechts **überholt** worden und hat heute keine praktische Bedeutung mehr.[5] Seit die Rspr. Streik und Aussperrung als eigenständige kollektivrechtliche Akte anerkennt und beiden Maßnahmen für das Arbverh grds. suspendierende Wirkung beilegt,[6] gilt die Teilnahme an einem rechtmäßigen Arbeitskampf nicht mehr als eine Arbeitsvertragspflichtverletzung. Der Bestand des Arbverh wird durch eine Teilnahme an einem Streik nicht berührt. Der AG kann einem Streik der AN mit dem kollektivrechtlichen Mittel der Aussperrung begegnen.

---

26 Zum historischen Hintergrund: Amtl. Begründung RdA 1951, 58, 64; KDZ/*Kittner/Deinert*, § 24 KSchG Rn 4; v. *Hoyningen-Huene/Linck*, § 24 Rn 14.
27 HWK/*Quecke*, § 24 KSchG Rn 7; ErfK/*Kiel*, § 24 KSchG Rn 12; *Löwisch/Spinner*, § 24 Rn 16.
28 ErfK/*Kiel*, § 24 KSchG Rn 13; v. *Hoyningen-Huene/Linck*, § 24 Rn 16.
1 BAG 26.4.1988 – 1 AZR 399/86 – BAGE 58, 138, 148.
2 HaKo-KSchR/*Pfeiffer*, § 25 Rn 1; *Löwisch/Spinner*, § 25 Rn 1; APS/*Moll*, § 25 KSchG Rn 1.
3 BAG 10.6.1990 – 1 AZR 822/79 – AP Art. 9 GG Arbeitskampf Nr. 64; KR/*Weigand*, § 25 KSchG Rn 5.
4 Amtl. Begründung RdA 1951, 58, 66.
5 BAG 26.4.1988 – 1 AZR 399/86 – BAGE 58, 138, 148; *Kissel*, Arbeitskampfrecht, § 46 Rn 19; *Colneric*, Rn 581 m; HWK/*Quecke*, § 25 Rn 2.
6 BAG 28.1.1955 – GS 1/54 – AP Art. 9 GG Arbeitskampf Nr. 1.

B. Regelungsgehalt

3 Nach § 25 soll auf Künd und Entlassungen, die lediglich als Maßnahmen im Arbeitskampf vorgenommen werden, das KSchG keine Anwendung finden. Damit regelt die Norm nicht, ob und wann Künd als Maßnahmen eines Arbeitskampfes zulässig sind.[7] Nach der nunmehr geltenden **kollektiven Arbeitskampflehre** sind solche Arbeitskampf-Künd **unzulässig**.[8] Dementsprechend wird die gesetzliche Regelung allgemein als **praktisch gegenstandslos** bzw. **überflüssig** angesehen.[9]

4 Vom Einsatz der Künd als einem kollektiven Arbeitskampfmittel sind die Künd zu unterscheiden, die nicht als Maßnahmen im Arbeitskampf erfolgen. Solche Künd können zwar auch im Zusammenhang mit einem Arbeitskampf erfolgen. Sie sind jedoch am KSchG zu messen.[10] Reagiert der AG auf einen rechtswidrigen Streik nicht mit einem kollektivrechtlichen Mittel sondern mit einer Künd wegen Arbeitsvertragsbruchs, so findet das KSchG auf diese Künd Anwendung.[11]

C. Verbindung zu anderen Rechtsgebieten

5 Die Regelung steht im engen Zusammenhang mit den Regelungen zum Arbeitskampf nach Art. 9 Abs. 3 GG.

D. Beraterhinweise

6 Auch für Künd, die während eines Arbeitskampfes ausgesprochen werden, müssen die Regelungen des KSchG, also insb. die zur sozialen Rechtfertigung einer Künd und zur Massenentlassung einerseits und zur Klagefrist andererseits, beachtet werden.

---

§ 26 Inkrafttreten

Dieses Gesetz tritt am Tag nach seiner Verkündung in Kraft[1].

1 Die Vorschrift regelt das Inkrafttreten des KSchG i.d.F. vom 10.8.1951.[2] Das KSchG 1951 wurde am 13.8.1951 verkündet und trat dementsprechend am 14.8.1951 in Kraft.

---

7 APS/*Moll*, § 25 KSchG Rn 3.
8 BAG 17.12.1976 – 1 AZR 605/75 – BAGE 28, 295, 297; *Kissel*, Arbeitskampfrecht, § 46 Rn 95; *Löwisch/Spinner*, § 25 Rn 3 m.w.H.
9 BAG 26.4.1988 – 1 AZR 399/86 – BAGE 58, 138, 148; HaKo-KSchR/*Pfeiffer*, § 25 Rn 2; APS/*Moll*, § 25 KSchG Rn 2; KDZ/*Kittner/Deinert*, § 25 KSchG Rn 2; KR/*Weigand*, § 25 KSchG Rn 7.
10 *Löwisch/Spinner*, § 25 Rn 4; *Kissel*, Arbeitskampfrecht, § 46 Rn 98 ff.
11 BAG 21.4.1971 – GS 1/68 – BAGE 23, 292, 315; *Löwisch/Spinner*, § 25 Rn 5.
1 Die Vorschrift betrifft das Inkrafttreten des Gesetzes in der Fassung vom 10. August 1951 (Bundesgesetzbl. I S. 499). Bis zum 31. Dezember 1972 gilt hinsichtlich der Anrechnung der Lehrzeit auf die Frist des § 1 Abs. 1 der Artikel 6 Abs. 3 des Ersten Arbeitsrechtsbereinigungsgesetzes vom 14. August 1969 (Bundesgesetzbl. I S. 1106)
2 BGBl I S. 499.

Gesetz über die Mitbestimmung der Arbeitnehmer bei einer grenzüberschreitenden Verschmelzung (MgVG)

Vom 21.12.2006, BGBl I S. 3332, BGBl III 801-17

Zuletzt geändert durch Gesetz zur Umsetzung der Aktionärsrechterichtlinie (ARUG) vom 30.7.2009, BGBl I S. 2479, 2490

Teil 1: Allgemeine Vorschriften

§ 1 Zielsetzung des Gesetzes

(1) [1]Das Gesetz regelt die Mitbestimmung der Arbeitnehmer (Arbeitnehmerinnen und Arbeitnehmer) in den Unternehmensorganen der aus einer grenzüberschreitenden Verschmelzung hervorgehenden Gesellschaft. [2]Ziel des Gesetzes ist, die in den an der Verschmelzung beteiligten Gesellschaften erworbenen Mitbestimmungsrechte der Arbeitnehmer zu sichern. [3]Diese Rechte sind maßgeblich für die Ausgestaltung der Mitbestimmung in der aus einer grenzüberschreitenden Verschmelzung hervorgehenden Gesellschaft.

(2) [1]Wenn das nationale Recht des Mitgliedstaats, in dem die aus einer grenzüberschreitenden Verschmelzung hervorgehende Gesellschaft ihren Sitz hat, keinen ausreichenden Schutz zur Sicherung der Mitbestimmung der Arbeitnehmer gewährt, wird eine Vereinbarung über die Mitbestimmung der Arbeitnehmer in der aus einer grenzüberschreitenden Verschmelzung hervorgehenden Gesellschaft getroffen. [2]Kommt es nicht zu einer Vereinbarung, wird die Mitbestimmung der Arbeitnehmer kraft Gesetzes sichergestellt.

(3) Die Vorschriften dieses Gesetzes sowie die nach Absatz 2 zu treffende Vereinbarung sind so auszulegen, dass das Ziel der Europäischen Gemeinschaft, die Mitbestimmung der Arbeitnehmer in der aus einer grenzüberschreitenden Verschmelzung hervorgehenden Gesellschaft sicherzustellen, gefördert wird.

§ 2 Begriffsbestimmungen

(1) [1]Der Begriff des Arbeitnehmers richtet sich nach den Rechtsvorschriften und Gepflogenheiten der jeweiligen Mitgliedstaaten. [2]Arbeitnehmer eines inländischen Unternehmens oder Betriebes sind Arbeiter und Angestellte einschließlich der zu ihrer Berufsausbildung Beschäftigten und der in § 5 Abs. 3 Satz 2 des Betriebsverfassungsgesetzes genannten leitenden Angestellten, unabhängig davon, ob sie im Betrieb, im Außendienst oder mit Telearbeit beschäftigt werden. [3]Als Arbeitnehmer gelten auch die in Heimarbeit Beschäftigten, die in der Hauptsache für das Unternehmen oder den Betrieb arbeiten.

(2) Beteiligte Gesellschaften sind die Kapitalgesellschaften, die unmittelbar an der Verschmelzung beteiligt sind.

(3) [1]Tochtergesellschaften sind rechtlich selbstständige Unternehmen, auf die eine andere Gesellschaft einen beherrschenden Einfluss im Sinne von Artikel 3 Abs. 2 bis 7 der Richtlinie 94/45/EG des Rates vom 22. September 1994 über die Einsetzung eines Europäischen Betriebsrates oder die Schaffung eines Verfahrens zur Unterrichtung und Anhörung der Arbeitnehmer in gemeinschaftsweit operierenden Unternehmen und Unternehmensgruppen (ABl. EG Nr. L 254 S. 64) ausüben kann. [2]§ 6 Abs. 2 bis 4 des Europäische Betriebsräte-Gesetzes vom 28. Oktober 1996 (BGBl. I S. 1548, 2022) ist anzuwenden.

(4) Betroffene Tochtergesellschaften oder betroffene Betriebe sind Tochtergesellschaften oder Betriebe einer beteiligten Gesellschaft, die zu Tochtergesellschaften oder Betrieben der aus einer grenzüberschreitenden Verschmelzung hervorgehenden Gesellschaft werden sollen.

(5) Leitung bezeichnet das Organ der unmittelbar an der Verschmelzung beteiligten Gesellschaften oder der aus einer grenzüberschreitenden Verschmelzung hervorgehenden Gesellschaft selbst, das die Geschäfte der Gesellschaft führt und zu ihrer Vertretung berechtigt ist.

(6) Arbeitnehmervertretung bezeichnet jede Vertretung der Arbeitnehmer nach dem Betriebsverfassungsgesetz (Betriebsrat, Gesamtbetriebsrat, Konzernbetriebsrat oder eine nach § 3 Abs. 1 Nr. 1 bis 3 des Betriebsverfassungsgesetzes gebildete Vertretung).

(7) Mitbestimmung bedeutet die Einflussnahme der Arbeitnehmer auf die Angelegenheiten einer Gesellschaft durch
1. die Wahrnehmung des Rechts, einen Teil der Mitglieder des Aufsichts- oder Verwaltungsorgans der Gesellschaft zu wählen oder zu bestellen, oder
2. die Wahrnehmung des Rechts, die Bestellung eines Teils oder aller Mitglieder des Aufsichts- oder Verwaltungsorgans der Gesellschaft zu empfehlen oder abzulehnen.

§ 3 Geltungsbereich

(1) ¹Dieses Gesetz gilt für eine aus einer grenzüberschreitenden Verschmelzung hervorgehende Gesellschaft mit Sitz im Inland. ²Es gilt unabhängig vom Sitz dieser Gesellschaft auch für Arbeitnehmer der aus einer grenzüberschreitenden Verschmelzung hervorgehenden Gesellschaft, die im Inland beschäftigt sind, sowie für inländische beteiligte Gesellschaften, betroffene Tochtergesellschaften und betroffene Betriebe.
(2) Mitgliedstaaten im Sinne dieses Gesetzes sind die Mitgliedstaaten der Europäischen Union und die anderen Vertragsstaaten des Abkommens über den Europäischen Wirtschaftsraum.

Literatur: *Dzida/Schramm,* Arbeitsrechtliche Pflichtangaben bei innerstaatlichen und grenzüberschreitenden Verschmelzungen, NZG 2008, 521; *Engels,* Fortentwicklung des Betriebsverfassungsrechts außerhalb des Betriebsverfassungsgesetzes, Teil I, AuR 2009, 10; *Habersack,* Grundsatzfragen der Mitbestimmung in SE und SCE sowie bei grenzüberschreitenden Verschmelzungen, ZHR 171 (2007), 613; *Heuchemer/Kloft,* Wenn Unternehmen über Grenzen fusionieren – Deutsche Mitbestimmung in Europa weiterhin geschützt, AuA 2008, 86; *Krause/Janko,* Grenzüberschreitende Verschmelzungen und Arbeitnehmermitbestimmung, BB 2007, 2194; *Louven/Wenig,* Das Stichentscheidrecht des Aufsichtsratsvorsitzenden nach grenzüberschreitenden Verschmelzungen, BB 2008, 797; *Lunk/Hinrichs,* Die Mitbestimmung der Arbeitnehmer bei grenzüberschreitenden Verschmelzungen nach dem MgVG, NZA 2007, 773; *Lutter,* UmwG, 4. Aufl. 2009; *Nagel,* Das Gesetz über die Mitbestimmung der Arbeitnehmer bei grenzüberschreitenden Verschmelzungen (MgVG), NZG 2007, 57; *Schmitt/Hörtnagl/Stratz,* UmwG, 5. Aufl. 2009; *Schubert,* Die Mitbestimmung der Arbeitnehmer bei grenzüberschreitender Verschmelzung, RdA 2007, 9; *Simon/Hinrichs,* Unterrichtung der Arbeitnehmer und ihre Vertretungen bei grenzüberschreitenden Verschmelzungen, NZA 2008, 391; *Simon/Rubner,* Die Umsetzung der Richtlinie über grenzüberschreitende Verschmelzungen ins deutsche Recht, Der Konzern, 835, 837; *Teichmann,* Mitbestimmung und grenzüberschreitende Verschmelzung, Der Konzern 2007, 89; *Vetter,* Die Regelung der grenzüberschreitenden Verschmelzung im UmwG – Einige Bemerkungen aus der Praxis, AG 2006, 613.

A. Allgemeines 1	II. Geltungsbereich 12
I. Entstehungsgeschichte 1	III. Vereinbarung 13
II. Zweck 3	IV. Auslegungsregel 14
B. Regelungsgehalt 4	C. Verbindungen zu anderen Rechtsgebieten 15
I. Begriffsbestimmungen 4	

A. Allgemeines

I. Entstehungsgeschichte

1 Am 20.9.2005 hat der Rat der Europäischen Union die Richtlinie 2005/56/EG über die Verschmelzung von Kapitalgesellschaften aus verschiedenen Mitgliedstaaten beschlossen (Verschm.-RL).[1] Nach Art. 19 Verschm.-RL hatten die Mitgliedsstaaten diese bis Ende 2007 in nationales Recht umzusetzen. Art. 16 Abs. 1 der Verschm.-RL regelt, dass grds. für die aus einer grenzüberschreitenden Verschmelzung hervorgehende Gesellschaft (Zielgesellschaft) die Mitbestimmungsregeln des neuen Sitzlandes gelten (sog. **Sitzstaatprinzip**). Zum Schutz der Mitbestimmung sieht Art. 16 Abs. 2 Verschm.-RL eine Reihe von Ausnahmetatbeständen vor, um sicherzustellen, dass das Mitbestimmungsniveau nicht hinter den Zustand zurückfällt, der vor der gV in einer an dieser beteiligten Gesellschaft bestand (sog. **Vorher-Nachher-Prinzip**).[2] Dazu muss das Mitbestimmungsniveau der Sitzstaaten der an der gV beteiligten Gesellschaften verglichen werden. Kann es für von der gV betroffene AN zu einer Verschlechterung der Mitbestimmungsrechte kommen, soll durch eine Vereinbarung zwischen AG- und AN-Seite und den betroffenen AN nach einem bestimmten Verfahren verhandelt werden (§§ 13 bis 22). Wie beim SEBG gilt der **Vorrang der Verhandlungslösung** (vgl. §§ 4–7 SEBG Rn 1). Scheitern die Verhandlungen greift subsidiär eine **gesetzliche Auffanglösung** (§§ 23 bis 27), um das vor der gV vorhandene Mitbestimmungsniveau der AN zu erhalten, soweit das möglich ist.[3]

---

1 ABl EG Nr. L310 v. 25.11.2005.
2 *Heuchemer/Kloft,* AuA 2008, 86; *Krause/Janko,* BB 2007, 2194, 2195; *Lunk/Hinrichs,* NZA 2007, 773, 774; *Nagel,* NZG 2007, 57, 59.
3 BT-Drucks 16/2922, S. 16 re. Sp.; *Heuchemer/Kloft,* AuA 2008, 86.

Das MgVG[4] setzt Art. 16 der Verschm.-RL um.[5] Es wurde am 21.12.2006 vom BT erlassen und ist am 29.12.2006 in Kraft getreten. Es ergänzt das 2. Gesetz zur Änderung des UmwG, durch das europäischen Gesellschaften gVen unter Beteiligung einer deutschen Gesellschaft überhaupt erst ermöglicht wurde (vgl. §§ 122a ff. UmwG). So sollte dem Bedürfnis der europäischen Kapitalgesellschaft nach Kooperation und Reorganisation einerseits, den Mitbestimmungsrechten der AN andererseits Rechnung getragen werden.[6] Der deutsche Gesetzgeber hat bei der Umsetzung der Verschm.-RL sowohl die Regelung zum Sitzstaatprinzip (§ 4) als auch die Ausnahmen zur Verhandlungs- und Auffanglösung unverändert übernommen (§§ 5, 18, 23)[7] und sich dabei am SEBG orientiert.[8]

II. Zweck

Entsprechend der Verschm.-RL ist Ziel des MgVG gem. § 1 Abs. 1 die Mitbestimmungsrechte der AN zu sichern, die diese vor der gV in ihren jeweiligen Gesellschaften hatten. Denn bei gVen bestünde ohne das MgVG die Gefahr, dass durch den Übergang der Arbverh inländischer auf einen ausländischen Rechtsträger, der aufgrund des Territorialprinzips nicht dem deutschen Mitbestimmungsrecht unterliegt, dieses ausgehebelt wird. Verschm.-RL und MgVG sollen daher u.a. eine Flucht von Unternehmen mittels der gV in Länder unterbinden, in denen keine oder nur eine geringe AN-Mitbestimmung existiert. Einerseits regeln Verschm.-RL und MgVG daher die Mitbestimmung von aus dem In- oder Ausland entsandten AN-Vertretern in den AR inländischer Unternehmen. Andererseits enthält es Regelungen für die Beteiligung inländischer AN an der Mitbestimmung ausländischer Unternehmen.

B. Regelungsgehalt

I. Begriffsbestimmungen

Art. 1 Verschm.-RL definiert den Begriff **grenzüberschreitende Verschmelzung** (gV), den § 1 voraussetzt und der auch in den Begriffsbestimmungen in § 2 nicht erläutert wird. Danach liegt eine gV vor, wenn mindestens zwei Kapitalgesellschaften an ihr beteiligt sind und ihren satzungsmäßigen Sitz, ihre Hauptverwaltung oder ihre Hauptniederlassung in der EU oder dem EWR haben und dem Recht unterschiedlicher Mitgliedstaaten unterliegen. Die deutsche Mitbestimmung ist dabei nur betroffen, wenn bei der gV entweder eine oder mehrere ausländische Gesellschaften auf eine deutsche Gesellschaft als aufnehmenden Rechtsträger (**Hineinverschmelzung**) oder eine oder mehrere deutsche Gesellschaften auf eine ausländische Gesellschaft (**Herausverschmelzung**) verschmolzen werden.[9]

Der **Begriff des AN** bestimmt sich nach den in den jeweiligen Mitgliedstaaten bestehenden Definitionen. Er ist deckungsgleich mit dem des § 5 Abs. 1 S. 1 und 2 BetrVG (siehe § 5 BetrVG Rn 3 ff.). Darüber hinaus sind aufgrund der Orientierung an § 2 SCBG und § 2 SEBG (siehe § 2 SEBG Rn 3) auch die leit. Ang (vgl. § 5 BetrVG Rn 45 ff.) einbezogen.[10] Der Zahl der in den Mitgliedstaaten beschäftigten AN kommt sowohl bei der Bildung des **besonderen Verhandlungsgremiums** (bVG) als auch bei dessen Beschlussfassung maßgebliche Bedeutung zu.

Beteiligte Gesellschaften sind gem. § 2 Abs. 2 sämtliche Kapitalgesellschaften, die unmittelbar an der gV beteiligt sind. Dabei hat der deutsche Gesetzgeber an die Begriffsbestimmung der beteiligten Gesellschaften in Art. 2b der Richtlinie zur Ergänzung des Status der europäischen Gesellschaft hinsichtlich der Beteiligung der AN vom 8.10.2001 (SE-RL)[11] angeknüpft.[12] Dies sind **AG** und **GmbH** sowie diesen Kapitalgesellschaften entsprechende Gesellschaftsformen von Mitgliedstaaten der EU sowie der übrigen Vertragsstaaten des EWR. Sie sind in Anh. 1 und 2 der Verordnung (EG) Nr. 2157/2001 des Rates vom 8.10.2001 über das Statut der europäischen Gesellschaft (SE-VO)[13] aufgeführt. Danach sind – anders als beim MitbestG (siehe § 1 MitbestG Rn 2) – die AG & Co. KG sowie die GmbH & Co. KG nicht beteiligte Gesellschaften i.S.d. MgVG, da sie nach deutschem Gesellschaftsrecht formal als Personengesellschaften einzuordnen sind. Auch wenn die **KGaA** in der SE-VO nicht erwähnt ist, hat der deutsche Gesetzgeber sie doch in den Kreis der beteiligten Gesellschaften einbezogen, da sie nach allg. M. eine Kapitalgesellschaft ist und AG sowie KGaA gem. § 78 S. 4 UmwG bei Verschmelzungen nicht als Rechtsträger verschiedener Rechtsform gelten.[14] Weiterhin kann beteiligte Gesellschaft im Falle einer Verschmelzung zur Aufnahme eine **SE** sein. Eine Verschmelzung zur Neugründung einer SE richtet sich demgegenüber nach den insofern abschließenden Regelungen der Art. 2, 17 ff. SE-VO.[15] Die Mitbestimmung einer SE wird in diesen Fällen durch das SEBG geregelt.

Als **Tochtergesellschaften** definiert § 2 Abs. 3 rechtlich selbstständige Unternehmen, auf die eine andere Gesellschaft einen beherrschenden Einfluss i.S.v. Art. 3 Abs. 2 bis 7 der Richtlinie 94/45/EG des Rates vom 22.9.1994

---

4 BGBl I S. 3332.
5 Vgl. *Nagel*, NZG 2007, 57.
6 BT-Drucks 16/3320, S. 1, 3.
7 *Krause/Janko*, BB 2007, 2194, 2195.
8 *Habersack*, ZHR 171 (2007), 614, 619.
9 Vgl. *Habersack*, ZHR 171 (2007), 614, 620.
10 *Lunk/Hinrichs*, NZA 2007, 773, 774.
11 ABl EG Nr. L294, S. 22 ff.
12 BT-Drucks 16/2922, S. 19 re. Sp.
13 ABl L 294 vom 10.11.2001, S. 29 ff.
14 MünchGesR/*Herfs*, AG, § 75 Rn 7; *Hüffer*, AktG, § 278 Rn 4.
15 Ganz h.M.: *Lutter/Bayer*, UmwG, § 122b Rn 7 m.w.N.

über die Einsetzung eines europäischen BR oder die Schaffung eines Verfahrens zur Unterrichtung und Anhörung der AN in Gemeinschaft operierenden Unternehmen und Unternehmensgruppen[16] i.V.m. § 6 Abs. 2 bis 4 EBRG ausüben kann. Auch diese Begriffe hat der Gesetzgeber aus Art. 2d der SE-RL übernommen.[17] Damit ist der Begriff der Tochtergesellschaften weiter als in § 17 Abs. 1 AktG, da gem. § 2 Abs. 3 der Einfluss des herrschenden Unternehmens nicht gesellschaftsrechtlich vermittelt sein muss (siehe § 1 EBRG Rn 1, §§ 6, 7 EBRG Rn 3 ff.).

Von der gV **betroffen** sind **Tochtergesellschaften** oder **Betriebe** beteiligter Gesellschaften, die durch die Verschmelzung auf die Zielgesellschaft als eigenständige Rechtsträger untergehen (§ 2 Abs. 4).

8 Der in § 2 Abs. 5 definierte Begriff der **Leitung** bezeichnet zur sprachlichen Vereinfachung die jeweiligen geschäftsführenden und vertretungsberechtigten Organe sämtlicher unmittelbar an der gV beteiligten und von dieser betroffenen Gesellschaften sowie der Zielgesellschaft der gV.[18] Dies ist/sind bei der deutschen AG der Vorstand, bei der GmbH der/die Geschäftsführer, bei der KGaA der/die geschäftsführende/n Komplementär/e, bei der monistisch verfassten SE der/die geschäftsführende/n Direktor/en und bei einer dualistisch verfassten SE der Vorstand. In ausländischen Gesellschaften muss das Geschäftsführungs- und Vertretungsorgan nach den dort geltenden gesellschaftsrechtlichen Regelungen sowie den jeweiligen Satzungen der Unternehmen ermittelt werden. Sollten Geschäftsführungs- und Vertretungsbefugnis auseinander fallen, so ist nach der hier vertretenen Auffassung die Vertretungsbefugnis maßgeblich, da diese i.d.R. aus öffentlichen Registern ersichtlich ist und daher nachgeprüft werden kann.

9 § 2 Abs. 6 definiert den Begriff der **AN-Vertretung** nach dem BetrVG. Durch den Verweis auf § 3 Abs. 1 Nr. 1 bis 3 BetrVG ist klargestellt, dass auch die dort genannten Vertretungsstrukturen (vgl. § 3 BetrVG Rn 13–36) von § 2 Abs. 6 erfasst werden. Nicht umfasst sind die AN-Vertreter im europäischen BR, im SE-BR sowie die in anderen Mitgliedstaaten bestehenden Gremien zur Vertretung der AN[19] sowie die nach § 3 Abs. 1 Nr. 4 und 5 BetrVG zusätzlich geschaffenen Gremien oder Vertretungen.

10 Der Begriff der **Mitbestimmung** ist in § 2 Abs. 7 definiert und beschränkt sich nicht auf gesetzliche, sondern erfasst auch freiwillige Mitbestimmungsregelungen in Unternehmen.[20] Dies entspricht der Vorstellung der EG-Kommission, dass auch freiwillig vereinbarte Mitbestimmungssysteme eine Verhandlungspflicht auslösen und beim Scheitern der Verhandlungen als gesetzlicher Mindeststandard gelten können.[21] Die Gegenmeinung[22] will § 2 Abs. 7 im Hinblick auf § 5 Nr. 1 und 2 einschränkend auslegen. Sie beruft sich dabei auf die Gesetzesbegründung zu § 5 Nr. 1, wonach die Vereinbarungs- und Auffangregelung des MgVG nur eingreifen sollte, wenn ein aufgrund gesetzlicher Vorschriften mitbestimmtes deutsches Unternehmen an der gV beteiligt sei.[23] Dies ist aber nicht im MgVG zum Ausdruck gekommen, das zudem entsprechend seinem Gesetzeszweck gem. § 1 Abs. 1 S. 2 weit auszulegen ist.

11 § 3 Abs. 2 bezieht in den Begriff der **Mitgliedstaaten** neben solchen der **EU** auch diejenigen des **EWR** ein.

II. Geltungsbereich

12 Obwohl mit der Verschm.-RL ein einheitlicher Rahmen für die Mitbestimmung der AN in der Zielgesellschaft der gV geschaffen werden sollte, gilt das **Territorialprinzip**. Deswegen ist die Anwendbarkeit der nationalen Durchführungsgesetze auf das jeweilige Gebiet der Mitgliedstaaten begrenzt. Das MgVG gilt daher gem. § 3 Abs. 1 nur für die Zielgesellschaft einer gV, die ihren Satzungssitz in Deutschland hat. Sie stellt aber auch die Beteiligung inländischer AN an der Wahl ihrer Vertreter in das bVG oder den AR sicher, wenn die ausl. Zielgesellschaft mind. einen Betrieb im Inland unterhält (siehe Rn 4).[24]

III. Vereinbarung

13 § 1 Abs. 2 regelt das Verfahren, wenn das nationale Recht des Sitzstaats der Zielgesellschaft keinen ausreichenden Schutz zur Sicherung der Mitbestimmung der AN gewährt. Das Modell der verhandelten Mitbestimmung des MgVG folgt dabei in seinen Grundzügen der Ausgestaltung bei der SE. Es sichert den Abschluss einer Vereinbarung über die Mitbestimmung der AN in der Zielgesellschaft durch die Ausgestaltung des Verhandlungsrahmens.[25] Damit hat sich der Gesetzgeber grds. für die **Verhandlungslösung** bei der Frage entschieden, wie ein Abfallen der Mitbestimmung der AN in der Zielgesellschaft der gV zu lösen ist. Dadurch wollte er der Neuregelung der Mitbestimmungsrechte in der Zielgesellschaft durch eine autonome Vereinbarung einen hohen Grad an Legitimation und Akzeptanz verleihen. Da in Unternehmen aus verschiedenen Mitgliedstaaten verschiedene gesetzliche Mitbestimmungsordnungen bestehen, wäre dies durch die zwingende Anwendung der Regelungen eines Mitgliedstaats kaum zu erreichen. Zudem werden so maßgeschneiderte Lösungen für das jeweilige Unternehmen ermöglicht.[26] Kommt es nicht zu einer sol-

---

16 ABl EG Nr. L254, S. 64.
17 BT-Drucks 16/2922, S. 19 re. Sp.
18 BT-Drucks 16/2922, S. 19 re. Sp.
19 BT-Drucks 16/2922, S. 19 re. Sp.
20 Krause/Janko, BB 2007, 2194, 2196.
21 Begründung des Kommissionsvorschlags vom 18.11.2003, 2003/0277/COD, S. 7.
22 Schubert, RdA 2007, 9, 10.
23 BT-Drucks 16/2922, S. 20 re. Sp.
24 BT-Drucks 16/2922, S. 20 li. Sp.; Lunk/Hinrichs, NZA 2007, 773, 774 f.; Simon/Hinrichs, NZA 2008, 391, 392.
25 Lunk/Hinrichs, NZA 2007, 773, 775.
26 Krause/Janko, BB 2007, 2194, 2196.

chen Vereinbarung, soll die Mitbestimmung der AN kraft Gesetzes sichergestellt werden, für die das MgVG Mindeststandards setzt (**Auffanglösung**). Vgl. insoweit die Kommentierung zu §§ 4 bis 5.

IV. Auslegungsregel

§ 1 Abs. 3 bestimmt, dass das MgVG und die Vereinbarung gem. §§ 1 Abs. 2, 22 so auszulegen sind, dass das durch Art. 16 der Verschm.-RL zum Ausdruck gebrachte Ziel der EU gefördert wird (siehe Rn 2). Damit normiert § 1 Abs. 3 die teleologische Auslegungsregel, die ohnehin für Gesetze gilt, bindend über das MgVG hinaus auch für die sich aus der Verhandlungslösung ergebende Vereinbarung. Für diese gilt die Auslegungsregel selbst dann, wenn die Zielsetzungen der Verschm.-RL für die Parteien der Vereinbarung eine eher untergeordnete Rolle spielte. Dabei ist die Zielsetzung der Verschm.-RL nach Sinn und Zweck von § 1 Abs. 3 mindestens gleichwertig mit den anderen Auslegungsregeln (Wortlaut, Systematik, Historie) zu beachten.

14

C. Verbindungen zu anderen Rechtsgebieten

§ 2 enthält wie § 2 SEBG und § 2 SCEBG die Definition einiger Begriffe, die in der deutschen Gesetzessprache entweder noch nicht üblich sind oder aufgrund der europäischen Dimension eine abweichende Bedeutung haben (siehe §§ 1–3 SEBG Rn 2 ff.).[27] Mit der Verhandlungslösung knüpft das MgVG an die Regelung von § 18 EBRG an.

15

§ 4 Anwendung des Rechts des Sitzstaats

Vorbehaltlich des § 5 finden auf die aus einer grenzüberschreitenden Verschmelzung hervorgehende Gesellschaft die Regelungen über die Mitbestimmung der Arbeitnehmer in den Unternehmensorganen des Mitgliedstaats Anwendung, in dem diese Gesellschaft ihren Sitz hat.

§ 5 Anwendung der Regelungen über die Mitbestimmung der Arbeitnehmer kraft Vereinbarung oder kraft Gesetzes

Die nachfolgenden Regelungen über die Mitbestimmung der Arbeitnehmer kraft Vereinbarung oder in den Fällen des § 23 die Regelungen über die Mitbestimmung kraft Gesetzes finden Anwendung, wenn
1. in den sechs Monaten vor der Veröffentlichung des Verschmelzungsplans mindestens eine der beteiligten Gesellschaften durchschnittlich mehr als 500 Arbeitnehmer beschäftigt und in dieser Gesellschaft ein System der Mitbestimmung im Sinne des § 2 Abs. 7 besteht;
2. das für die aus einer grenzüberschreitenden Verschmelzung hervorgehende Gesellschaft maßgebende innerstaatliche Recht nicht mindestens den gleichen Umfang an Mitbestimmung der Arbeitnehmer vorsieht, wie er in den jeweiligen an der Verschmelzung beteiligten Gesellschaften bestand; der Umfang an Mitbestimmung der Arbeitnehmer bemisst sich nach dem Anteil der Arbeitnehmervertreter
   a) im Verwaltungs- oder Aufsichtsorgan,
   b) in Ausschüssen, in denen die Mitbestimmung der Arbeitnehmer erfolgt oder
   c) im Leitungsgremium, das für die Ergebniseinheiten der Gesellschaften zuständig ist;
   oder
3. das für die aus einer grenzüberschreitenden Verschmelzung hervorgehende Gesellschaft maßgebende innerstaatliche Recht für Arbeitnehmer in Betrieben dieser Gesellschaft, die sich in anderen Mitgliedstaaten befinden, nicht den gleichen Anspruch auf Ausübung von Mitbestimmung vorsieht, wie sie den Arbeitnehmern in demjenigen Mitgliedstaat gewährt werden, in dem die aus der grenzüberschreitenden Verschmelzung hervorgehende Gesellschaft ihren Sitz hat.

A. Allgemeines

Nach § 4 sind die nationalen Regelungen über die Mitbestimmung des Mitgliedstaats anzuwenden, in denen die Zielgesellschaft der gV ihren Sitz hat, soweit § 5 keine Anwendung findet. Durch einen weiten Anwendungsbereich von § 5 wird gewährleistet, dass das Ziel des Gesetzes, eine Flucht der Unternehmen aus der Mitbestimmung zu verhindern, umgesetzt werden kann. § 4 ist daher nur selten einschlägig, es sei denn, das besondere Verhandlungsgremium (bVG) beschließt mit qualifizierter 2/3 Mehrheit gem. § 18, Verhandlungen nicht aufzunehmen oder abzubrechen.

1

---

27 BT-Drucks 16/2922, S. 19 li. Sp.

Dies entspricht im Wesentlichen den Regelungen über die Verhandlungs- und Auffangregelung im SEBG. Auf die Kommentierung zu den §§ 1–3 SEBG wird daher verwiesen.

B. Regelungsgehalt

§ 5 Nr. 1 ist anzuwenden, wenn in den sechs Monaten vor der Veröffentlichung des Verschmelzungsplans gem. § 122c UmwG eine der beteiligten Gesellschaften durchschnittlich mehr als 500 AN beschäftigt hat und in dieser Gesellschaft ein System der Mitbestimmung i.S.d. § 2 Abs. 7 besteht. Entgegen der Gesetzesbegründung ist dies auch der Fall, wenn Unternehmen und AN ein Mitbestimmungssystem freiwillig vereinbart haben (vgl. § 1–3 Rn 11 m.w.N.).

§ 5 Nr. 2 ist anzuwenden, wenn das Recht des Staates, in dem die Zielgesellschaft ihren Sitz hat, nicht mindestens den gleichen Umfang an Mitbestimmung vorsieht, wie er in den übrigen an der Verschmelzung beteiligten Gesellschaften bestand. Dabei bemisst sich der Umfang der Mitbestimmung rein formal nach dem Anteil der AN-Vertreter im Verwaltungs- oder Aufsichtsorgan, in Ausschüssen, in denen die Mitbestimmung der AN erfolgt, oder im Leitungsgremium, das für die Ergebniseinheiten der Gesellschaften zuständig ist.[1] Diese rein quantitative Betrachtungsweise ist der unterschiedlichen Rechtslage in den Mitgliedstaaten geschuldet.[2] Da das Gesetz mit Begriffen operiert, die dem Deutschen Recht fremd sind, sind Rechtsunsicherheiten auch bei einem Vergleich der Mitbestimmungssysteme, der rein zahlenmäßig erfolgt, vorprogrammiert.[3] Besonderheiten wie den Arbeitsdirektor nach § 33 MitBestG berücksichtigen weder § 5 Nr. 2 noch die Verschm.-RL. Der Arbeitsdirektor kann bei dem Vergleich nicht berücksichtigt werden, da zum einen der Wortlaut des § 5 Nr. 2 dem entgegensteht und zum anderen der Arbeitsdirektor gem. § 31 Abs. 2 MitbestG vom AR und nicht von den AN direkt bestellt wird. Aufgrund des Stichentscheidrechtes des AR-Vorsitzenden wird der Arbeitsdirektor vielmehr letztlich von der Anteilseignerseite bestimmt.[4]

Unter § 5 Nr. 3 fallen Sachverhalte, bei denen das für die Zielgesellschaft maßgebliche innerstaatliche Recht für AN in Betrieben, die sich in anderen Mitgliedstaaten befinden, einen geringeren Anspruch auf Ausübung von Mitbestimmung vorsieht, als diesen AN in dem Sitzstaat der Zielgesellschaft gewährt werden. Hierdurch soll die Diskriminierung von Mitarbeitern der Zielgesellschaft oder ihrer Tochtergesellschaften, die in Betrieben im Ausland beschäftigt werden, verhindert werden. Die Ausnahme des § 5 Abs. 1 Nr. 3 ist regelmäßig dann einschlägig, wenn das Recht des Sitzstaates der Zielgesellschaft aufgrund des Territorialprinzips Mitarbeiter, die in Betrieben eines ausländischen Tochterunternehmens oder Betrieben beschäftigt sind, von den Wahlen zum AR der nationalen Gesellschaft ausschließt (vgl. § 1 MitbestG Rn 15 ff.).[5]

C. Beraterhinweise

Liegt eine der gesetzlichen Fallgruppen des § 5 vor, besteht an Stelle des Sitzstaatsprinzips eine Verhandlungspflicht mit gesetzlicher Auffanglösung. Dabei wird regelmäßig § 5 Nr. 3 einschlägig sein. Aufgrund des hohen Mitbestimmungsniveaus in Deutschland sind daher bei einer Hineinverschmelzung sämtliche AN außerhalb Deutschlands an der Mitbestimmung zu beteiligen.[6]

Teil 2: Besonderes Verhandlungsgremium

Kapitel 1: Bildung und Zusammensetzung

§ 6 Information der Leitungen

(1) ¹Das besondere Verhandlungsgremium ist auf Grund einer schriftlichen Aufforderung der Leitungen zu bilden. ²Es hat die Aufgabe, mit den Leitungen eine schriftliche Vereinbarung über die Mitbestimmung der Arbeitnehmer in der aus einer grenzüberschreitenden Verschmelzung hervorgehenden Gesellschaft abzuschließen.

(2) ¹Wenn die Leitungen eine grenzüberschreitende Verschmelzung planen, informieren sie die Arbeitnehmervertretungen und Sprecherausschüsse in den beteiligten Gesellschaften, betroffenen Tochtergesellschaften und betroffenen Betrieben über das Verschmelzungsvorhaben. ²Besteht keine Arbeitnehmervertretung, erfolgt die

---

1 *Habersack*, ZHR 171 (2007), 614, 625 f.
2 BT-Drucks 16/2922, S. 20 re.Sp.
3 So auch *Krause/Janko*, BB 2007, 2194, 2196.
4 *Krause/Janko*, BB 2007, 2194, 2196, Fn 32.
5 BT-Drucks 16/2922, S. 20 re.Sp.; *Heuchemer/Kloft*, AuA 2008, 86, 87.
6 *Heuchemer/Kloft*, AuA 2008, 86, 87.

Information gegenüber den Arbeitnehmern.[3] Die Information erfolgt unaufgefordert und unverzüglich nach Offenlegung des Verschmelzungsplans.
(3) Die Information erstreckt sich insbesondere auf
1. die Identität und Struktur der beteiligten Gesellschaften, betroffenen Tochtergesellschaften und betroffenen Betriebe und deren Verteilung auf die Mitgliedstaaten,
2. die in diesen Gesellschaften und Betrieben bestehenden Arbeitnehmervertretungen,
3. die Zahl der in diesen Gesellschaften und Betrieben jeweils beschäftigten Arbeitnehmer sowie die daraus zu errechnende Gesamtzahl der in einem Mitgliedstaat beschäftigten Arbeitnehmer und
4. die Zahl der Arbeitnehmer, denen Mitbestimmungsrechte in den Organen dieser Gesellschaften zustehen.
(4) Maßgeblicher Zeitpunkt für die Ermittlung der Zahl der Arbeitnehmer ist der Zeitpunkt der Information nach Absatz 2.

A. Allgemeines	1	C. Verbindung zu anderen Rechtsgebieten	8
B. Regelungsgehalt	2	D. Verbindung zum Prozessrecht	13
I. Besonderes Verhandlungsgremium	2	E. Beraterhinweise	14
II. Unterrichtungspflicht	3		

A. Allgemeines

Inhaltlich lehnen sich die Vorschriften über die Einleitung der Verhandlungen über das neue Mitbestimmungssystem nach einer gV in weiten Teilen an das SEBG an (vgl. §§ 4–7 SEBG Rn 1). Abs. 1 beschreibt die Aufgabe des besonderen Verhandlungsgremiums (bVG) und gibt ihm die Kompetenz, die schriftliche Vereinbarung über die Mitbestimmung zu verhandeln und abzuschließen. Die Einleitung der Verhandlungen erfolgt durch schriftliche Aufforderung der Leitungen i.S.d. § 2 Abs. 5 gegenüber den AN-Vertretungen und Sprecherausschüssen gem. Abs. 1 S. 1 sowie ihre Information gem. Abs. 2 und 3. Abs. 4 bestimmt, dass für die Ermittlung der Zahl der AN in den an der Verschmelzung beteiligten Rechtsträgern, die für das weitere Verfahren von großer Bedeutung ist, der Zeitpunkt der Information nach Abs. 2 maßgeblich ist.

B. Regelungsgehalt

I. Besonderes Verhandlungsgremium

Die Verhandlungen über die Mitbestimmung in der Zielgesellschaft der gV werden gem. Abs. 1 für die AN-Seite von einem bVG geführt, das zu diesem Zweck entsprechend § 7 zu bilden ist. Nur das bVG ist befugt, eine die Schriftform nach § 126 BGB wahrende und bindende Vereinbarung über die zukünftige Mitbestimmung in der Zielgesellschaft abzuschließen. Die **Bildung** des **bVG** erfolgt aufgrund einer schriftlichen Aufforderung der Leitungen der an der Verschmelzung beteiligten Gesellschaften, die die Verhandlungen für die AG-Seite führen.

II. Unterrichtungspflicht

Abs. 2 stellt die Verbindung zwischen dem gesellschaftsrechtlichen Ablauf der Verschmelzung und dem Verhandlungsverfahren über die Mitbestimmung der AN her. Die AG-Seite hat gem. § 6 unaufgefordert und unverzüglich nach Offenlegung des Verschmelzungsplanes alle betriebsverfassungsrechtlichen AN-Vertretungen (BR, GBR, KBR) und Sprecherausschüsse über das Vorhaben zu informieren (Abs. 2 S. 1). Andere betriebliche Gremien wie JAV und SBV haben keinen Informationsanspruch. BR-lose Betriebe werden durch einen GBR oder KBR mit vertreten, da die gV eine übergeordnete Angelegenheit i.S.d. §§ 50 Abs. 1 S. 1 Hs. 2, 58 Abs. 1 S. 1 Hs. 2 BetrVG ist. Besteht keine AN-Vertretung, sind sämtliche AN der an der gV beteiligten Unternehmen zu informieren (Abs. 2 S. 2). Die Unterrichtung kann formlos erfolgen. Sie setzt gem. § 13 Abs. 1 die Zehn-Wochen-Frist für die Bildung des bVG in Gang, wenn sie vollständig ist.

Die inländischen und ausländischen Gesellschaften, die an der gV beteiligt sind, sind zur Information der AN-Seite als Gesamtschuldner verpflichtet.[1] Insoweit ist es unerheblich, dass das MgVG wegen des Territorialprinzips nicht für ausländische Unternehmen gilt.

Besteht keine AN-Vertretung, muss die Information den AN so gewährt werden, dass eine **Kenntnisnahme** in zumutbarer Weise möglich ist. Aus Gründen der Rechtssicherheit und Praktikabilität kann der Zugang der Information nicht bei jedem einzelnen AN verlangt werden. Vielmehr muss der Nachweis des Gebrauchs der in der jeweiligen Gesellschaft oder dem Betrieb allgemein üblichen Kommunikationsmittel ausreichend sein (Email, IntraNet, Schwarzes Brett oder Betriebsversammlung; vgl. §§ 4–7 SEBG Rn 6).

---

1 BT-Drucks 16/2922, S. 21 li. Sp.

6   Auf die Regelung von **Formvorschriften** für die Weitergabe der notwendigen Informationen an die AN-Seite hat der deutsche Gesetzgeber **verzichtet**.[2] Abs. 2 S. 3 regelt hinsichtlich der **Frist**, dass die Information **unverzüglich** – ohne schuldhaftes Zögern – nach Offenlegung des Verschmelzungsplans zu erteilen ist. Ein zügiges und ordnungsgemäßes Verfahren liegt im Interesse der beteiligten Gesellschaften, da die Durchführung eines ordnungsgemäßen Verhandlungsverfahrens vom RegisterG als Voraussetzung für eine Eintragung der Gesellschaft gem. Art. 16 Abs. 3 Verschm.-RL i.V.m. Art. 12 Abs. 2 der Verordnung über das Statut der Europäischen Gesellschaft,[3] geprüft wird.

7   Abs. 3 zählt **nicht abschließend** den **Inhalt der Unterrichtung** auf („insbesondere").[4] Der gegenteiligen Meinung zufolge habe die Unterrichtung den alleinigen Zweck, die AN-Vertretungen über das Verschmelzungsvorhaben zu informieren und auf die ordnungsgemäße Bildung des bVG hinzuwirken. Daher könne sich die Unterrichtung auf den Inhalt des Abs. 3 beschränken.[5] Dem ist nicht zuzustimmen. Zwar beschränkt sich die Informationspflicht nach Sinn und Zweck von § 6 auf die Sicherstellung der fehlerfreien Durchführung der Abstimmungsverfahren zur Wahl des bVG und seiner inneren Willensbildung. Dazu gehören u.E. aber bspw. auch die Kenntnis über die persönlichen Voraussetzungen der Mitglieder des bVG nach § 8 aus anderen Mitgliedstaaten ggf. einschließlich der in den ausländischen Betrieben vertretenen Gewerkschaften, da den inländischen AN-Vertretungen eine Prüfung der ordnungsgemäßen Zusammensetzung des bVG ermöglicht werden muss. Die Erteilung von Informationen, die erst im Rahmen der Verhandlungen zwischen bVG und Leitungen gem. §§ 13–21 erforderlich sind, wird durch § 15 Abs. 2 sichergestellt (vgl. §§ 13–21 Rn 8).

C. Verbindung zu anderen Rechtsgebieten

8   Der Gesetzgeber hat den an einer gV beteiligten Gesellschaften eine Reihe weiterer **Informationspflichten** in den §§ 122c, 122e UmwG auferlegt. Daneben kommen auch allgemeine Informationspflichten nach dem **BetrVG** in Betracht.

9   Gem. § 122c Abs. 2 Nr. 4 UmwG müssen der **Verschmelzungsplan** und sein Entwurf Angaben zu den voraussichtlichen **Auswirkungen** der Verschmelzung auf die **Beschäftigung** enthalten. Die Reichweite der Informationspflicht im Verschmelzungsplan ist umstritten. Nach dem Willen des Gesetzgebers sollte auf die weit reichenden Informationspflichten des § 5 Abs. 1 UmwG zurückgegriffen werden, soweit sie sachlich dem Inhalt des für die inländische Verschmelzung vorgeschriebenen Verschmelzungsvertrags entsprechen.[6] Die Gegenauffassung[7] reduziert § 122c Abs. 2 Nr. 4 UmwG hingegen teleologisch dahingehend, dass allein Informationen zu den Auswirkungen der gV auf die Beschäftigung der AN aufzunehmen seien, die für die Anteilseigner der beteiligten Gesellschaften relevant seien. Daher müssten nur die erwartete Gesamtzahl der AN, der Sitz der Zentralverwaltung und die Besetzung der Arbeitsplätze auf den oberen Führungsebenen inkl. dem Leitungsorgan der Zielgesellschaft sowie etwaige Personalmaßnahmen, die eine unmittelbare Auswirkung auf das zukünftige Ergebnis der Zielgesellschaft haben, mitgeteilt werden. Dem ist zuzustimmen, da der Verschmelzungsplan nicht dem BR gegenüber offen zu legen ist.[8] Weiterhin hat der Verschmelzungsplan eine **Darstellung** des **Verfahrens zur Festlegung der AN-Mitbestimmung** gem. § 122c Abs. 2 Nr. 10 UmwG zu enthalten. Hier ist das Verfahren nach dem MgVG darzustellen. Abzulehnen ist wegen des klaren Wortlauts der Norm eine Ansicht,[9] die meint, auch die betriebsverfassungsrechtlichen Folgen seien nach dieser Vorschrift im Verschmelzungsplan darzustellen.[10]

10 Gem. §§ 122a Abs. 2, 8 UmwG sind in den **Verschmelzungsbericht** Informationen gem. § 122e UmwG aufzunehmen, der Art. 7 Abs. 1 Verschm.-RL umsetzt. § 122e S. 1 UmwG ordnet an, dass in den Verschmelzungsbericht auch die Auswirkungen der gV auf die AN zu erläutern sind. Der Inhalt der Informationspflichten ist umstritten. Eine Ansicht legt § 122e S. 1 UmwG eng aus und verlangt im Verschmelzungsbericht nur, die rechtlichen Folgen der gV für die AN aufzunehmen, die sich unmittelbar aus der Verschmelzung ergeben. §§ 20 Abs. 1 Nr. 1, 322 f. UmwG i.V.m. § 613a BGB ergeben. Angaben zu den Auswirkungen der Verschmelzung auf AN-Vertretungen, Unternehmensmitbestimmung und nach der Verschmelzung geplante Maßnahmen seien hingegen ausweislich des engen Wortlauts des § 122e S. 1 UmwG, das nur die AN nennt, nicht erforderlich.[11] Die andere Auffassung orientiert sich an den Grundsätzen der Unterrichtungspflicht zum Verschmelzungsvertrag für inländische Verschmelzungen gem. § 5 Abs. 1 Nr. 9 UmwG, damit BR/GBR/KBR ihre betriebsverfassungsrechtlichen Beteiligungsrechte wahren könnten. Da Adressaten der Unterrichtungspflicht BR/GBR/KBR, ersatzweise die AN sind und sich der Inhalt der Unterrichtungspflicht an dem Adressatenkreis orientieren sollte, ist dieser Auffassung zuzustimmen. Danach müssen die Auswirkungen der gV individualrechtlich auf die AN, kollektivrechtlich auf die AN-Vertretungen – insb. GBR und KBR

---

2 BT-Drucks 16/2922, S. 21 li. Sp.
3 ABl L 294 vom 10.11.2001, S. 29 ff.
4 BT-Drucks 16/2922, S. 21 li. Sp.
5 *Simon/Hinrichs*, NZA 2008, 391, 395.
6 BT-Drucks 16/2919, S. 31; *Engels*, AuR 2009, 10, 26 f.
7 *Simon/Hinrichs*, NZA 2008, 391, 392 f. m.w.N.; *Simon/Rubner*, Der Konzern 2008, 835, 838.
8 *Simon/Rubner*, Der Konzern 2008, 835, 837.
9 *Engels*, AuR 2009, 10, 26.
10 Ebenso *Simon/Hinrichs*, NZA 2008, 391, 391, 392; *Vetter*, AG 2006, 613, 620.
11 *Dzida/Schramm*, NZG 2008, 521, 525; *Simon/Hinrichs*, NZA 2008, 391, 394 m.w.N.

sowie auf die Unternehmensmitbestimmung und sonstige im Zuge der Verschmelzung geplanten Maßnahmen – etwa Personalabbau – im Verschmelzungsbericht dargestellt werden.[12]

Der **Verschmelzungsbericht** ist dem zuständigen **BR/GBR** sowie dem **KBR**, wenn die beteiligte Gesellschaft ein herrschendes Konzernunternehmen ist, **spätestens ein Monat vor der Anteilseignerversammlung**, die über die gV beschließt, zugänglich zu machen. Existiert keine AN-Vertretung sind Adressat des Berichts **sämtliche AN** der beteiligten Gesellschaften. Dabei ist gem. §§ 122e S. 2, 63 Abs. 1 Nr. 4 UmwG ausreichend, dass der Verschmelzungsbericht in den Geschäftsräumen ausgelegt wird. Eine Zuleitung ist nicht erforderlich (vgl. Rn 5).[13] Anzuraten ist, dass die beteiligte Gesellschaft sich von BR, GBR, KBR oder den AN, die den Verschmelzungsbericht zur Einsichtnahme ausgelegt haben, die Möglichkeit der Einsichtnahme und die Unterrichtung darüber schriftlich bestätigen lassen. Dies ist wichtig, da die rechtzeitige Zugänglichmachung des vollständigen Verschmelzungsberichts eine Voraussetzung für die Erteilung der Verschmelzungsbescheinigung nach § 122l Abs. 2 Fall 2 UmwG ist, ohne die die gV nicht wirksam wird.[14]

Da die Durchführung von Restrukturierungsmaßnahmen rechtlich von dem Verschmelzungsvorgang zu trennen ist (**Trennungsprinzip**), sind BR/GBR/KBR ggf. gem. § 111 BetrVG sowie §§ 90, 92 BetrVG zu informieren.[15] Ist ein Wirtschaftsausschuss errichtet, ist dieser gem. § 106 BetrVG frühzeitig, i.d.R. vor dem BR zu unterrichten (siehe § 106 BetrVG Rn 8), damit er auf die Durchführung der gV Einfluss nehmen kann.[16] Weiterhin müssen Beteiligungsrechte eines EBR beachtet werden, die sich aus einer Vereinbarung über die grenzüberschreitende Unterrichtung und Anhörung gem. § 31 EBRG oder im Falle der Errichtung des EBR kraft Gesetzes aus § 32 Abs. 1 Nr. 8 EBRG ergeben können. Ein existierender SprAu ist gem. § 32 Abs. 1 SprAuG zu unterrichten. Schließlich sind alle inländischen AN gem. § 613a Abs. 5 BGB i.V.m. § 324 UmwG zu unterrichten. Auf die entsprechenden Kommentierungen wird verwiesen.

D. Verbindung zum Prozessrecht

Die AN-Vertretung(en) oder hilfsweise die AN können ihr Unterrichtungsrecht aus Abs. 2 und 3 entgegen einer Meinung in der Lit.[17] gerichtlich im arbeitsrechtlichen Beschlussverfahren gem. § 2a Abs. 1 Nr. 3f ArbGG durchsetzen. Dies folgt bereits aus Abs. 2 S. 3, da die Regelung einer Frist für die Informationserteilung durch die Leitungen („unverzüglich") eine entsprechende Pflicht voraussetzt.

E. Beraterhinweise

Die Informationsübermittlung über das Verschmelzungsvorhaben nach § 6 kann zwar formlos erfolgen. Zu Dokumentations- und Beweiszwecken empfiehlt es sich aber, die Informationen zusammen mit der – ohnehin die Schriftform erfordernde – Aufforderung zur Bildung des bVG zu verbinden. Die Gesellschaften sollten sich den Empfang des Unterrichtungs- und Aufforderungsschreibens durch die Vorsitzenden der einzelnen AN-Vertretungen schriftlich bestätigen lassen.

Der AG-Seite ist die unverzügliche vollständige Information der AN-Seite gem. § 6 bereits deswegen dringend anzuraten, da die Frist der Bildung des bVG gem. § 13 Abs. 1 ohne ordnungsgemäße Unterrichtung nicht zu laufen beginnt, im Zweifelsfall zum Schutz der AN die gesetzliche Auffanglösung greift und das Registergericht ansonsten die Eintragung der Verschmelzung ins HReg gem. § 122l Abs. 2 Fall 2 UmwG mangels ordnungsgemäßer Durchführung des Verfahrens nach dem MgVG verweigert.

AN-Vertretungen können sich auf Kosten des AG nach § 37 BetrVG über die Bildung des bVG schulen oder – soweit erforderlich – nach § 80 Abs. 3 BetrVG beraten lassen.

§ 7 Zusammensetzung des besonderen Verhandlungsgremiums

(1) ¹Für die in jedem Mitgliedstaat beschäftigten Arbeitnehmer der beteiligten Gesellschaften, betroffenen Tochtergesellschaften und betroffenen Betriebe werden Mitglieder für das besondere Verhandlungsgremium gewählt oder bestellt. ²Für jeden Anteil der in einem Mitgliedstaat beschäftigten Arbeitnehmer, der 10 Prozent der Gesamtzahl der in allen Mitgliedstaaten beschäftigten Arbeitnehmer der beteiligten Gesellschaften und der betroffenen Tochtergesellschaften oder betroffenen Betriebe oder einen Bruchteil davon beträgt, ist ein Mitglied aus diesem Mitgliedstaat in das besondere Verhandlungsgremium zu wählen oder zu bestellen.

---

12 Lutter/*Bayer*, § 122e Rn 9 unter Verweis auf Lutter/*Drygala*, § 5 Rn 56 ff.; Schmitt/*Hörtnagel/Stratz*, § 122e Rn 10, 11.
13 *Simon/Hinrichs*, NZA 2008, 391, 393; *Engels*, AuR 2009, 10, 27.
14 Lutter/*Bayer*, § 122l Rn 15.
15 *Willemsen*, RdA 1998, 23, 29 ff.; *Simon/Hinrichs*, NZA 2008, 391, 395.
16 *Simon/Hinrichs*, NZA 2008, 391, 396.
17 *Simon/Hinrichs*, NZA 2008, 391, 396.

(2) ¹Es sind so viele zusätzliche Mitglieder in das besondere Verhandlungsgremium zu wählen oder zu bestellen, wie erforderlich sind, um zu gewährleisten, dass jede eingetragene beteiligte Gesellschaft durch mindestens ein Mitglied in dem besonderen Verhandlungsgremium vertreten ist. ²Diese Gesellschaft muss Arbeitnehmer in dem betreffenden Mitgliedstaat beschäftigen und als Folge der geplanten grenzüberschreitenden Verschmelzung als eigene Rechtspersönlichkeit erlöschen. ³Die Wahl oder Bestellung darf nicht zu einer Doppelvertretung der betroffenen Arbeitnehmer führen.

(3) ¹Die Zahl der zusätzlichen Mitglieder darf 20 Prozent der sich aus Absatz 1 ergebenden Mitgliederzahl nicht überschreiten. ²Kann danach nicht jede nach Absatz 2 besonders zu berücksichtigende Gesellschaft durch ein zusätzliches Mitglied im besonderen Verhandlungsgremium vertreten werden, so werden diese Gesellschaften in absteigender Reihenfolge der Zahl der bei ihnen beschäftigten Arbeitnehmer berücksichtigt. ³Dabei ist zu gewährleisten, dass ein Mitgliedstaat nicht mehrere zusätzliche Sitze erhält, solange nicht alle anderen Mitgliedstaaten, aus denen die nach Absatz 2 besonders zu berücksichtigenden Gesellschaften stammen, einen Sitz erhalten haben.

(4) ¹Treten während der Tätigkeitsdauer des besonderen Verhandlungsgremiums solche Änderungen in der Struktur oder Arbeitnehmerzahl der beteiligten Gesellschaften, der betroffenen Tochtergesellschaften oder der betroffenen Betriebe ein, dass sich die konkrete Zusammensetzung des besonderen Verhandlungsgremiums ändern würde, so ist das besondere Verhandlungsgremium entsprechend neu zusammenzusetzen. ²Über solche Änderungen haben die zuständigen Leitungen unverzüglich das besondere Verhandlungsgremium zu informieren. ³§ 6 Abs. 2 bis 4 gilt entsprechend.

§ 8 Persönliche Voraussetzungen der auf das Inland entfallenden Mitglieder des besonderen Verhandlungsgremiums

(1) Die persönlichen Voraussetzungen der Mitglieder des besonderen Verhandlungsgremiums richten sich nach den jeweiligen Bestimmungen der Mitgliedstaaten, in denen sie gewählt oder bestellt werden.

(2) ¹Zu Mitgliedern des besonderen Verhandlungsgremiums wählbar sind im Inland Arbeitnehmer der Gesellschaften und Betriebe sowie Gewerkschaftsvertreter. ²Frauen und Männer sollen entsprechend ihrem zahlenmäßigen Verhältnis gewählt werden. ³Für jedes Mitglied ist ein Ersatzmitglied zu wählen.

(3) Gehören dem besonderen Verhandlungsgremium mehr als zwei Mitglieder aus dem Inland an, ist jedes dritte Mitglied ein Vertreter einer Gewerkschaft, die in einer an der Verschmelzung beteiligten Gesellschaft, betroffenen Tochtergesellschaft oder einem betroffenen Betrieb vertreten ist.

(4) Gehören dem besonderen Verhandlungsgremium mehr als sechs Mitglieder aus dem Inland an, ist mindestens jedes siebte Mitglied ein leitender Angestellter.

§ 9 Verteilung der auf das Inland entfallenden Sitze des besonderen Verhandlungsgremiums

(1) Die Wahl oder Bestellung der Mitglieder des besonderen Verhandlungsgremiums nach § 7 erfolgt nach den jeweiligen Bestimmungen der Mitgliedstaaten.

(2) Bei der Wahl der auf das Inland entfallenden Mitglieder des besonderen Verhandlungsgremiums sollen alle an der Verschmelzung beteiligten Gesellschaften mit Sitz im Inland, die Arbeitnehmer im Inland beschäftigen, durch mindestens ein Mitglied im besonderen Verhandlungsgremium vertreten sein.

(3) Ist die Anzahl der auf das Inland entfallenden Mitglieder des besonderen Verhandlungsgremiums geringer als die Anzahl der an der Verschmelzung beteiligten Gesellschaften mit Sitz im Inland, die Arbeitnehmer im Inland beschäftigen, so erhalten die Gesellschaften in absteigender Reihenfolge der Zahl der Arbeitnehmer jeweils einen Sitz.

(4) Ist die Anzahl der auf das Inland entfallenden Mitglieder des besonderen Verhandlungsgremiums höher als die Anzahl der an der Verschmelzung beteiligten Gesellschaften mit Sitz im Inland, die Arbeitnehmer im Inland beschäftigen, so sind die nach erfolgter Verteilung nach Absatz 2 verbleibenden Sitze nach dem d'Hondtschen Höchstzahlverfahren auf die beteiligten Gesellschaften, die betroffenen Tochtergesellschaften oder die betroffenen Betriebe zu verteilen.

(5) Sind keine Gesellschaften mit Sitz im Inland an der Verschmelzung beteiligt, sondern von ihr nur Tochtergesellschaften oder Betriebe ausländischer Gesellschaften betroffen, gelten die Absätze 2 bis 4 entsprechend.

A. Allgemeines

Zusammensetzung und Größe des besonderen Verhandlungsgremiums (bVG) folgen den im SEBG geltenden Prinzipien der proportionalen Repräsentation der Mitgliedstaaten und an der grenzüberschreitenden Verschmelzung beteiligten Unternehmen.[1] Die Bildung des bVG ist in zwei Schritten zu vollziehen: Zunächst ist gem. § 7 zu ermitteln, wie viele Sitze aus jedem Mitgliedstaat zu besetzen sind. Danach ist zu entscheiden, welche Personen die Sitze des einzelnen Mitgliedstaats einnehmen. Hierfür statuiert § 8 die persönlichen Voraussetzungen für Mitglieder des bVG aus deutschen Gesellschaften. § 9 regelt abstrakt die Verteilung der nach § 7 ermittelten Sitze des bVG, während die §§ 10 bis 12 die Wahl der Mitglieder des bVG regeln.

B. Regelungsgehalt

§ 7 Abs. 1 S. 1 normiert den **Grundsatz** der **Wahl oder Bestellung** der **Mitglieder des bVG** durch **AN** der beteiligten Gesellschaften, betroffenen Tochtergesellschaften und Betriebe. Dafür ist die Gesamtzahl der AN dieser Einheiten in jedem einzelnen Mitgliedstaat zu ermitteln und prozentual unter den Mitgliedstaaten zu verteilen. Pro angefangene 10 % aus jedem Mitgliedstaat ist ein Sitz zu besetzen. Daraus ergibt sich die Mindestgröße des bVG von zehn Mitgliedern, wobei bei einer Verteilung auf mehrere Mitgliedstaaten i.d.R. mehr AN dem bVG angehören werden.[2]

§§ 7 Abs. 2 S. 1, 9 Abs. 2 und 3 regeln den **Grundsatz der proportionalen Mindestvertretung** der an der gV beteiligten **Gesellschaften** im bVG durch ein Mitglied. Dies wird ggf. durch die Wahl oder Bestellung zusätzlicher Mitglieder von bis zu 20 % über der zunächst errechneten Mitgliederzahl des bVG (§ 7 Abs. 3 S. 1) erreicht. Zusätzliche Sitze werden nach der Zahl der in den Unternehmen beschäftigten AN verteilt (§ 7 Abs. 3 S. 2). Dieser Grundsatz steht in einem Spannungsverhältnis zu dem **Prinzip** der **mitgliedstaatlichen Mindestvertretung** gem. § 7 Abs. 3 S. 3. Danach muss – unabhängig von der AN-Zahl der Gesellschaften – bei der Verteilung der zusätzlichen Sitze jeder noch nicht repräsentierte Mitgliedstaat mit einer Gesellschaft einen zusätzlichen Sitz im bVG erhalten, bevor einem Mitgliedstaat ein zweiter Sitz zukommt (§ 7 Abs. 3 S. 3). So soll die proportionale Verteilung zwischen den Mitgliedstaaten erhalten bleiben.[3]

§ 7 Abs. 4 regelt den Fall **wesentlicher Änderungen** in der **Struktur** oder **AN-Zahl** der beteiligten Gesellschaften, die Auswirkungen auf die Zusammensetzung des bVG haben und wegen der Stichtagsregelung des § 6 Abs. 4 ansonsten nicht berücksichtigt werden könnten. § 7 Abs. 4 S. 2 bestimmt, dass die Leitungen die zuständigen Stellen gem. § 6 Abs. 2 bis 4 unverzüglich – ohne schuldhaftes Zögern i.S.d. § 121 BGB – informieren und das bVG entsprechend der Veränderung gem. § 7 Abs. 4 S. 1 neu zusammenzusetzen ist. Der Lauf der Verhandlungsfrist des § 21 Abs. 1 wird nicht unterbrochen, da das bVG nicht neu zu konstituieren ist, wohl aber der Lauf der Zehn-Wochen-Frist des § 13 Abs. 1. Der Gesetzgeber hat bei dieser Regelung an § 5 Abs. 4 SEBG angeknüpft, damit die von der gV betroffenen AN stets ordnungsgemäß repräsentiert sind.[4] Da er über die Umsetzung der Verschm.-RL[5] hinausgegangen ist, halten einige Autoren § 7 Abs. 4 für europarechtswidrig. Sie raten bis zur Klärung durch den EuGH von Umstrukturierungen mit Auswirkungen auf das bVG ab.[6]

Gem. dem **Territorialprinzip** regeln die Mitgliedstaaten für Mitglieder im bVG, die aus Gesellschaften oder Betrieben ihres Hoheitsgebiets stammen, die **persönlichen Voraussetzungen** (§ 8 Abs. 1) und ihre **Wahl oder Bestellung** (§ 9 Abs. 1). § 8 Abs. 2 S. 1 bestimmt für Deutschland, dass AN inländischer Gesellschaften und Betriebe sowie Gewerkschaftsvertreter passiv wahlberechtigt für das bVG sind. Ein Verstoß gegen die Soll-Vorschrift des § 8 Abs. 2 S. 2, die anteilige Vertretung der Geschlechter zu gewährleisten, stellt keinen Mangel der Wahl dar. Der Grundsatz der proportionalen Mindestvertretung der beteiligten Gesellschaften gilt auch bei dieser Wahl (§ 9 Abs. 2). Können nicht alle beteiligten inländischen Gesellschaften mindestens einen Sitz im bVG erhalten, sind die Sitze gem. § 9 Abs. 3 nach der AN-Zahl der jeweiligen Gesellschaften in absteigender Reihenfolge zu verteilen. Ist umgekehrt die Zahl der zu besetzenden Sitze größer als die Zahl der inländischen Gesellschaften, sind die verbleibenden Sitze nach dem d'Hondtschen Höchstzahlverfahren bezogen auf die Größe der Belegschaft zu verteilen. Die Entsendung inländischer AN in das bVG erfolgt auch, wenn keine deutschen Gesellschaften an der gV beteiligt, aber inländische Tochtergesellschaften und Betriebe ausländischer Gesellschaften betroffen sind (§ 9 Abs. 2 bis 4 analog).

Jedes dritte **Mitglied** des bVG muss ein **Vertreter einer Gewerkschaft** sein, die in einer beteiligten Gesellschaft oder Betrieb vertreten ist (§ 8 Abs. 3). Jedes siebte **Mitglied** muss **leit. Ang** sein (§ 8 Abs. 4). Gewerkschaftsvertreter und leit. Ang nach § 8 Abs. 3 und 4 sind nach dem Wortlaut keiner Gesellschaft zuzurechnen.[7] Sind nicht genügend Sitze für alle inländischen Gesellschaften, Gewerkschaftsvertreter und leit. Ang. vorhanden, sollen die beiden letzteren vorrangig zu berücksichtigen sein.[8] Dies ergebe sich zwar nicht eindeutig aus dem Gesetzeswort-

---

1 *Lunk/Hinrichs*, NZA 2007, 773, 776.
2 *Heuchemer/Kloft*, AuA 2008, 86, 88; *Lunk/Hinrichs*, NZA 2007, 773, 776 jew. mit Beispielen.
3 *Heuchemer/Kloft*, AuA 2008, 86, 88; *Lunk/Hinrichs*, NZA 2007, 773, 776 jew. mit Beispielen.
4 BT-Drucks 16/2922, S. 21 f.
5 RL 2005/56/EG v. 20.9.2005, ABl EG Nr. L310 v. 25.11.2005.
6 *Lunk/Hinrichs*, NZA 2007, 773, 776 m.w.N.
7 So auch BT-Drucks 16/2922, S. 22 li. Sp.
8 BT-Drucks 16/2922, S. 20 li. Sp.

laut. Dafür spreche aber, dass § 8 Abs. 3 und 4 dem Wortlaut und Zweck nach zwingende Vorschriften, während § 9 Abs. 2 nur eine Soll-Vorschrift sei (vgl. §§ 4–7 SEBG Rn 4 m.w.N.). § 8 Abs. 3 und 4 wird aufgrund dieser Schlussfolgerung von einer Ansicht für europarechtswidrig gehalten, da sie unvereinbar mit den Vorgaben der Verschm.-RL sei, da diese die obligatorische Berücksichtigung möglichst aller betroffenen Gesellschaften und Betriebe vorschreibe.[9] Dieser Konflikt lässt sich durch eine richtlinienkonforme Auslegung dahingehend ausräumen, dass gem. § 8 Abs. 3 und 4 zu wählende Gewerkschaftsvertreter und leit. Ang entspr. § 9 Abs. 2 in den noch nicht repräsentierten Gesellschaften vertreten sein oder aus diesen entsandt werden sollen.

7 Für jedes Mitglied des bVG ist gem. § 8 Abs. 2 S. 3 ein **Ersatzmitglied** zu wählen. Dadurch soll die Repräsentanz der inländischen Unternehmen im bVG sichergestellt werden, ohne eine Nachwahl einleiten zu müssen, falls einzelne Mitglieder des bVG als AN aus Unternehmen oder Gewerkschaft ausscheiden.

Kapitel 2: Wahlgremium

§ 10 Zusammensetzung des Wahlgremiums; Urwahl

(1) ¹Die nach diesem Gesetz oder dem Gesetz eines anderen Mitgliedstaats auf die im Inland beschäftigten Arbeitnehmer der an der Verschmelzung beteiligten Gesellschaften, betroffenen Tochtergesellschaften und betroffenen Betriebe entfallenden Mitglieder des besonderen Verhandlungsgremiums werden von einem Wahlgremium in geheimer und unmittelbarer Wahl gewählt. ²Im Fall des § 8 Abs. 3 ist jedes dritte Mitglied auf Vorschlag einer Gewerkschaft zu wählen, die in einer an der Verschmelzung beteiligten Gesellschaft, einer betroffenen Tochtergesellschaft oder einem betroffenen Betrieb vertreten ist. ³Wird nur ein Wahlvorschlag gemacht, muss dieser mindestens doppelt so viele Bewerber enthalten wie Vertreter von Gewerkschaften zu wählen sind. ⁴Jeder Wahlvorschlag einer Gewerkschaft muss von einem Vertreter der Gewerkschaft unterzeichnet sein. ⁵Im Fall des § 8 Abs. 4 ist jedes siebte Mitglied auf Vorschlag der Sprecherausschüsse zu wählen; Satz 3 gilt entsprechend. ⁶Besteht in einer beteiligten Gesellschaft oder in einer der beteiligten Tochtergesellschaften oder den betroffenen Betrieben kein Sprecherausschuss, können die leitenden Angestellten Wahlvorschläge machen; ein Wahlvorschlag muss von einem Zwanzigstel oder 50 der wahlberechtigten leitenden Angestellten unterzeichnet sein.

(2) ¹Ist aus dem Inland nur eine Unternehmensgruppe an der Verschmelzung beteiligt, besteht das Wahlgremium aus den Mitgliedern des Konzernbetriebsrates oder, sofern ein solcher nicht besteht, aus den Mitgliedern der Gesamtbetriebsräte oder, sofern ein solcher in einem Unternehmen nicht besteht, aus den Mitgliedern des Betriebsrates. ²Betriebsratslose Betriebe und Unternehmen einer Unternehmensgruppe werden vom Konzernbetriebsrat, Gesamtbetriebsrat oder Betriebsrat mit vertreten.

(3) ¹Ist aus dem Inland nur ein Unternehmen an der Verschmelzung beteiligt, besteht das Wahlgremium aus den Mitgliedern des Gesamtbetriebsrates oder, sofern ein solcher nicht besteht, aus den Mitgliedern des Betriebsrates. ²Betriebsratslose Betriebe eines Unternehmens werden vom Gesamtbetriebsrat oder Betriebsrat mit vertreten.

(4) Ist aus dem Inland nur ein Betrieb von der Verschmelzung betroffen, besteht das Wahlgremium aus den Mitgliedern des Betriebsrates.

(5) ¹Sind an der Verschmelzung eine oder mehrere Unternehmensgruppen oder nicht verbundene Unternehmen beteiligt oder sind von der Gründung unternehmensunabhängige Betriebe betroffen, setzt sich das Wahlgremium aus den jeweiligen Arbeitnehmervertretungen auf Konzernebene, Unternehmensebene oder Betriebsebene zusammen. ²Die Absätze 2 bis 4 gelten entsprechend. ³Ist in den Fällen des Satzes 1 eine entsprechende Arbeitnehmervertretung nicht vorhanden, werden diese Mitglieder des Wahlgremiums von den Arbeitnehmern in Urwahl gewählt. ⁴Die Wahl wird von einem Wahlvorstand eingeleitet und durchgeführt, der in einer Versammlung der Arbeitnehmer gewählt wird, zu der die inländische Konzernleitung, Unternehmensleitung oder Betriebsleitung einlädt. ⁵Es sind so viele Mitglieder des Wahlgremiums zu wählen, wie eine bestehende Arbeitnehmervertretung in den Fällen der Absätze 2 bis 4 an gesetzlichen Mitgliedern hätte; für das Wahlverfahren gilt Absatz 7 Satz 3 bis 5 entsprechend.

(6) ¹Das Wahlgremium besteht aus höchstens 40 Mitgliedern. ²Würde diese Höchstzahl überschritten, ist die Anzahl der Mitglieder in dem Wahlgremium entsprechend ihrem zahlenmäßigen Verhältnis nach dem d'Hondtschen Höchstzahlverfahren zu verringern.

---

9 *Lunk/Hinrichs*, NZA 2007, 773, 776 m.w.N.

(7) ¹Besteht in den Fällen der Absätze 2 bis 5 keine Arbeitnehmervertretung, wählen die Arbeitnehmer die Mitglieder des besonderen Verhandlungsgremiums in geheimer und unmittelbarer Wahl. ²Die Wahl wird von einem Wahlvorstand eingeleitet und durchgeführt, der in einer Versammlung der Arbeitnehmer gewählt wird, zu der die inländische Konzernleitung, Unternehmensleitung oder Betriebsleitung einlädt. ³Die Wahl der Mitglieder des besonderen Verhandlungsgremiums erfolgt nach den Grundsätzen der Verhältniswahl. ⁴Sie erfolgt nach den Grundsätzen der Mehrheitswahl, wenn nur ein Wahlvorschlag eingereicht wird. ⁵Jeder Wahlvorschlag der Arbeitnehmer muss von mindestens einem Zwanzigstel der wahlberechtigten Arbeitnehmer, mindestens jedoch von drei Wahlberechtigten, höchstens aber von 50 Wahlberechtigten unterzeichnet sein; in Betrieben mit in der Regel bis zu 20 wahlberechtigten Arbeitnehmern genügt die Unterzeichnung durch zwei Wahlberechtigte. ⁶Absatz 1 Satz 2 bis 6 gilt entsprechend.

§ 11 Einberufung des Wahlgremiums

(1) Auf der Grundlage der von den Leitungen erhaltenen Informationen hat der Vorsitzende der Arbeitnehmervertretung auf Konzernebene oder, sofern eine solche nicht besteht, auf Unternehmensebene oder, sofern eine solche nicht besteht, auf Betriebsebene
1. Ort, Tag und Zeit der Versammlung des Wahlgremiums festzulegen;
2. die Anzahl der Mitglieder aus den jeweiligen Arbeitnehmervertretungen nach § 10 Abs. 6 festzulegen;
3. zur Versammlung des Wahlgremiums einzuladen.

(2) Bestehen auf einer Ebene mehrere Arbeitnehmervertretungen, treffen die Verpflichtungen nach Absatz 1 den Vorsitzenden der Arbeitnehmervertretung, die die meisten Arbeitnehmer vertritt.

§ 12 Wahl der Mitglieder des besonderen Verhandlungsgremiums

(1) ¹Bei der Wahl müssen mindestens zwei Drittel der Mitglieder des Wahlgremiums, die mindestens zwei Drittel der Arbeitnehmer vertreten, anwesend sein. ²Die Mitglieder des Wahlgremiums haben jeweils so viele Stimmen, wie sie Arbeitnehmer vertreten. ³Die Wahl erfolgt mit einfacher Mehrheit der abgegebenen Stimmen.

(2) ¹Im Wahlgremium vertreten die Arbeitnehmervertretungen und die in Urwahl gewählten Mitglieder jeweils alle Arbeitnehmer der organisatorischen Einheit, für die sie nach § 10 Abs. 2 bis 5 zuständig sind. ²Nicht nach Satz 1 vertretene Arbeitnehmer werden den Arbeitnehmervertretungen innerhalb der jeweiligen Unternehmensgruppe zu gleichen Teilen zugerechnet.

(3) ¹Sind für eine Arbeitnehmervertretung mehrere Mitglieder im Wahlgremium vertreten, werden die entsprechend der von ihnen vertretenen Arbeitnehmer bestehenden Stimmenanteile gleichmäßig aufgeteilt. ²Dies gilt auch für die nach § 10 Abs. 5 Satz 3 gewählten Mitglieder des Wahlgremiums.

A. Allgemeines 1	II. Einberufung des Wahlgremiums und Wahl des
B. Regelungsgehalt 2	besonderen Verhandlungsgremiums 6
I. Zusammensetzung des Wahlgremiums 2	C. Verbindung zum Prozessrecht 10

A. Allgemeines

Die §§ 10 bis 12 regeln, wie die Mitglieder des besonderen Verhandlungsgremiums gewählt werden, die die inländischen AN vertreten. Die Wahl obliegt – wie schon beim SEBG – einem Wahlgremium, das aus den vorhandenen BR-Strukturen gebildet wird, um Aufwand und Kosten so gering wie möglich zu halten. § 10 Abs. 1 regelt die Grundsätze des Wahlverfahrens, § 10 Abs. 6 die Größe und § 10 Abs. 2 bis 5 und 7 die Zusammensetzung des Wahlgremiums, je nachdem welche Unternehmensgruppen, Unternehmen und Betriebe mit welchen AN-Vertretungen an der grenzüberschreitenden Verschmelzung beteiligt sind. Die §§ 11 und 12 regeln die Einberufung des Wahlgremiums und die eigentliche Wahl der Mitglieder des bVG. Zu beachten ist, dass das Wahlverfahren gem. § 13 Abs. 1 S. 1 innerhalb von zehn Wochen nach Erhalt der Information gem. § 6 Abs. 2, 3 abgeschlossen sein sollte, um Nachteile für die AN zu vermeiden.

B. Regelungsgehalt

I. Zusammensetzung des Wahlgremiums

2 § 10 Abs. 1 regelt den **Grundsatz**, dass die inländischen Mitglieder des bVG von einem Wahlgremium in **geheimer und unmittelbarer Wahl** gewählt werden. Gem. § 10 Abs. 6 ist die **Größe** des Wahlgremiums auf **40 Mitglieder** begrenzt. Grds. soll das Wahlgremium, das die Mitglieder des bVG wählt, aus den **Mitgliedern der AN-Vertretungen** gebildet werden, die auf der jeweils höchsten Ebene von Unternehmensgruppe, Unternehmen oder Betrieb tatsächlich vorhanden sind (§ 10 Abs. 2 bis 4). Bei einer inländischen Unternehmensgruppe bilden die Mitglieder des KBR (§ 10 Abs. 2 S. 1 Fall 1), besteht kein KBR, die Mitglieder des oder der GBR (§ 10 Abs. 2 S. 1 Fall 2), bestehen weder KBR noch GBR, die Mitglieder des BR (§ 10 Abs. 2 S. 1 Fall 3) das Wahlgremium. Ist nur ein inländisches Unternehmen an der gV beteiligt, bilden bei Bestehen mehrerer BR die Mitglieder des GBR das Wahlgremium (§ 10 Abs. 3 S. 1 Fall 1); besteht nur ein BR seine Mitglieder (§ 10 Abs. 3 S. 1 Fall 2). Gibt es neben Betrieben mit einer AN-Vertretung Betriebe ohne eine AN-Vertretung, werden diese von den vorhandenen AN-Vertretern im Wahlgremium repräsentiert (§ 10 Abs. 2 S. 2, Abs. 3 S. 2). Ist ein inländischer Betrieb eines Unternehmens mit einem ausländischen Sitzstaat betroffen, bilden die Mitglieder seines BR das Wahlgremium (§ 10 Abs. 4). Ist eine SE an der grenzüberschreitenden Verschmelzung beteiligt, wird das Wahlgremium nicht von den Mitgliedern des SE-BR wahrgenommen. Denn es fehlt der für die Zuständigkeit des SE-BR erforderliche grenzüberschreitende Bezug, da das Wahlgremium nur die inländischen Mitglieder in das bVG wählt.[1]

3 § 10 Abs. 7 regelt den Fall, dass in keinem der inländischen Unternehmen oder Betriebe eine AN-Vertretung gewählt ist. Nur für diesen Fall ist vorgesehen, dass die AN die Mitglieder des bVG unmittelbar selbst in Urwahl wählen. Der Absatz beschreibt die wesentlichen Wahlgrundsätze, die auch für die Mitbestimmungsgesetze gelten (vgl. §§ 15–18 MitbestG und § 7 BetrVG Rn 11 ff.).

4 Nach § 10 Abs. 5 wird das Wahlgremium entspr. §§ 10 Abs. 2 bis 4 aus den AN-Vertretungen der jeweils höchsten Ebene der **nicht konzernverbundenen Unternehmen oder Unternehmensgruppen** oder der Betriebe ausländischer Gesellschaften zusammengesetzt. Verfügt ein Betrieb über keine AN-Vertretung, müssen seine AN die Mitglieder des Wahlgremiums in Urwahl entspr. § 10 Abs. 7 S. 3 bis 5 (siehe oben Rn 3) wählen. Für die Anzahl der zu wählenden Mitglieder ist fiktiv zu ermitteln, wie viele Mitglieder eine nach dem BetrVG gewählte AN-Vertretung gem. § 9 BetrVG hätte. Die Urwahl wird nach dem Vorbild des § 8 Abs. 5 SEBG von einem Wahlvorstand eingeleitet und durchgeführt, der in einer Betriebsversammlung der AN gewählt wird, zu der die inländische Konzern-, Unternehmens- oder Betriebsleitung einlädt (vgl. §§ 8–10 SEBG Rn 2). Dabei liegt es im Interesse der Leitung, die Wahl des Wahlvorstands zu initiieren. Denn Voraussetzung für die Eintragung der gV ist gem. § 122l Abs. 2 Fall 2 UmwG, dass ordnungsgemäße Verhandlungen über den Abschluss einer Vereinbarung stattgefunden haben, was die ordnungsgemäße Bildung des bVG voraussetzt.[2]

5 Übersteigt die gem. § 10 Abs. 2 bis 5 ermittelte Mitgliederzahl die Höchstzahl des § 10 Abs. 6 S. 1, ist die ermittelte Mitgliederzahl nach dem d'Hontschen Höchstzahlverfahren proportional zu reduzieren. Dabei muss die größte AN-Vertretung den ersten Sitz abgeben, ohne dass sich dadurch aber die Zahl der von ihr vertretenen AN und damit die Stimmzahl gem. § 12 Abs. 1 S. 2 verringert.[3]

II. Einberufung des Wahlgremiums und Wahl des besonderen Verhandlungsgremiums

6 Das **Wahlgremium** wird gem. § 11 Abs. 1 von dem Vorsitzenden der AN-Vertretung auf der höchsten Ebene des Konzerns oder Unternehmens, die gem. § 11 Abs. 2 die meisten AN vertritt, unter Mitteilung von Ort, Tag und Zeit der Versammlung (Nr. 1), der Anzahl der jeweiligen Mitglieder der AN-Vertretungen (Nr. 2) einberufen und seine Mitglieder entsprechend eingeladen (Nr. 2).

7 § 12 Abs. 1 S. 1 regelt die **Beschlussfähigkeit des Wahlgremiums**. Bei der Wahl des bVG müssen **mindestens 2/3 der Mitglieder** des Wahlgremiums **anwesend** sein, die **mindestens 2/3 der AN** sämtlicher inländischer Unternehmen und Betriebe **vertreten**.

8 Die **Wahl** erfolgt mit **einfacher Mehrheit** der abgegebenen Stimmen (§ 12 Abs. 1 S. 3). Gem. § 12 Abs. 1 S. 2 haben die Mitglieder des Wahlgremiums jeweils so viele Stimmen, wie sie AN vertreten (vgl. § 12 Abs. 2 S. 1). Nicht gem. §§ 10 Abs. 2 bis 5, 12 Abs. 2 S. 1 vertretene AN werden gem. § 12 Abs. 2 S. 2 den AN-Vertretungen und damit den von ihnen entsandten Mitgliedern des Wahlgremiums innerhalb der jeweiligen Unternehmensgruppe zu gleichen Teilen zugerechnet. Hierdurch soll sichergestellt werden, dass jeder AN als Stimme bei der Wahl des bVG berücksichtigt wird. Sind für eine AN-Vertretung mehrere Mitglieder im Wahlgremium, werden die zu verteilenden Stimmanteile gem. § 12 Abs. 3 „nach Köpfen" gleichmäßig aufgeteilt, damit jedes Mitglied seine Stimme unabhängig von den anderen Mitgliedern seiner AN-Vertretung abgeben kann.[4]

---

1 BT-Drucks 16/2922, S. 23 li. Sp.
2 *Lutter/Bayer*, § 122l Rn 15.
3 BT-Drucks 16/2922, S. 23 re. Sp.
4 BT-Drucks 16/2922, S. 23 re. Sp. und S. 24 li. Sp.

Die Mitglieder des bVG für die Sitze der Gewerkschaftsvertreter und leit. Ang (§ 8 Abs. 3 und 4) sind gem. § 10 Abs. 1 S. 2 bis 5 aus den Wahlvorschlägen der Gewerkschaften, der Sprecherausschüsse oder von $^1/_{20}$ oder 50 der wahlberechtigten leit. Ang auszuwählen. Wahlvorschläge für ihre Vertreter stehen jeder Gewerkschaft frei, die in einer inländischen beteiligten oder betroffenen Gesellschaft oder Betrieb vertreten ist. Bei nur einem Wahlvorschlag, muss dieser mindestens doppelt so viele Bewerber enthalten, wie Vertreter zu wählen sind.

C. Verbindung zum Prozessrecht

Das ArbG entscheidet gem. §§ 2a Abs. 1 Nr. 3f, 80 ArbGG im Beschlussverfahren über Streitigkeiten im Zusammenhang mit der Bildung des Wahlgremiums und der Wahl der Mitglieder des bVG, etwa im Fall der Anfechtung der Wahl oder der Feststellung der Nichtigkeit. Einstweilige Verfügungen gem. § 85 Abs. 2 ArbGG sind möglich. Zuständig ist gem. § 82 Abs. 5 das ArbG, in dessen Bezirk die Zielgesellschaft der gV ihren Sitz hat oder haben soll. Wird auf eine ausländische Zielgesellschaft verschmolzen, ist gem. § 82 Abs. 2 S. 1, Abs. 5 ArbGG analog das ArbG örtlich zuständig, in dessen Bezirk das Unternehmen oder der Betrieb seinen Sitz hat, dessen AN von der angegriffenen Entscheidung des Vorsitzenden des Wahlgremiums oder des Wahlgremiums betroffen sind. Sind mehrere Unternehmen oder Betriebe betroffen, hat der Antragsteller die Wahl.

Antragsberechtigt sind gem. § 83 Abs. 3 ArbGG i.V.m. § 26 Abs. 1 die AN-Vertretungen, mind. drei wahlberechtigte AN des Unternehmens oder Betriebs gem. § 10 Abs. 2 bis 4, in einem Betrieb vertretene Gewerkschaften sowie SprAue, soweit ihnen gem. § 8 Abs. 3 und 4 Sitze im bVG garantiert sind (vgl. §§ 7–9 Rn 6).

Kapitel 3: Verhandlungsverfahren

§ 13 Information über die Mitglieder des besonderen Verhandlungsgremiums

(1) ¹Die Wahl oder Bestellung der Mitglieder des besonderen Verhandlungsgremiums soll innerhalb von zehn Wochen nach der in § 6 Abs. 2 und 3 vorgeschriebenen Information erfolgen. ²Den Leitungen sind unverzüglich die Namen der Mitglieder des besonderen Verhandlungsgremiums, ihre Anschriften sowie die jeweilige Betriebszugehörigkeit mitzuteilen. ³Die Leitungen haben die örtlichen Betriebs- und Unternehmensleitungen, die dort bestehenden Arbeitnehmervertretungen und Sprecherausschüsse sowie die in inländischen Betrieben vertretenen Gewerkschaften über diese Angaben zu informieren.

(2) ¹Das Verhandlungsverfahren nach den §§ 14 bis 19 findet auch dann statt, wenn die in Absatz 1 Satz 1 genannte Frist aus Gründen, die die Arbeitnehmer zu vertreten haben, überschritten wird. ²Nach Ablauf der Frist gewählte oder bestellte Mitglieder können sich jederzeit an dem Verhandlungsverfahren beteiligen.

§ 14 Sitzungen; Geschäftsordnung

(1) ¹Die Leitungen laden unverzüglich nach Benennung der Mitglieder oder im Fall des § 13 nach Ablauf der in § 13 Abs. 1 Satz 1 genannten Frist zur konstituierenden Sitzung des besonderen Verhandlungsgremiums ein und informieren die örtlichen Betriebs- und Unternehmensleitungen. ²Das besondere Verhandlungsgremium wählt aus seiner Mitte einen Vorsitzenden und mindestens zwei Stellvertreter. ³Es kann sich eine schriftliche Geschäftsordnung geben.

(2) Der Vorsitzende kann weitere Sitzungen einberufen.

§ 15 Zusammenarbeit zwischen besonderem Verhandlungsgremium und Leitungen

(1) ¹Das besondere Verhandlungsgremium schließt mit den Leitungen eine schriftliche Vereinbarung über die Mitbestimmung der Arbeitnehmer in der aus der grenzüberschreitenden Verschmelzung hervorgehenden Gesellschaft ab. ²Zur Erfüllung dieser Aufgabe arbeiten sie vertrauensvoll zusammen.

(2) ¹Die Leitungen haben dem besonderen Verhandlungsgremium rechtzeitig alle erforderlichen Auskünfte zu erteilen und die erforderlichen Unterlagen zur Verfügung zu stellen. ²Das besondere Verhandlungsgremium ist insbesondere über das Verschmelzungsvorhaben und den Verlauf des Verfahrens bis zur Eintragung der aus der grenzüberschreitenden Verschmelzung hervorgehenden Gesellschaft zu unterrichten. ³Zeitpunkt, Häufig-

keit und Ort der Verhandlungen werden zwischen den Leitungen und dem besonderen Verhandlungsgremium einvernehmlich festgelegt.

§ 16 Sachverständige und Vertreter von geeigneten außenstehenden Organisationen

(1) ¹Das besondere Verhandlungsgremium kann bei den Verhandlungen Sachverständige seiner Wahl, zu denen auch Vertreter von einschlägigen Gewerkschaftsorganisationen auf Gemeinschaftsebene zählen können, hinzuziehen, um sich von ihnen bei seiner Arbeit unterstützen zu lassen. ²Diese Sachverständigen können, wenn das besondere Verhandlungsgremium es wünscht, an den Verhandlungen in beratender Funktion teilnehmen.

(2) Das besondere Verhandlungsgremium kann beschließen, die Vertreter von geeigneten außenstehenden Organisationen vom Beginn der Verhandlungen zu unterrichten.

§ 17 Beschlussfassung im besonderen Verhandlungsgremium

(1) ¹Die Mitglieder des besonderen Verhandlungsgremiums, die in einem Mitgliedstaat gewählt oder bestellt werden, vertreten alle in dem jeweiligen Mitgliedstaat beschäftigten Arbeitnehmer. ²Solange aus einem Mitgliedstaat keine Mitglieder in das besondere Verhandlungsgremium gewählt oder bestellt sind (§ 13 Abs. 2), gelten die betroffenen Arbeitnehmer als nicht vertreten.

(2) ¹Das besondere Verhandlungsgremium beschließt vorbehaltlich des Absatzes 3 und § 18 Abs. 1 mit der Mehrheit seiner Mitglieder, in der zugleich die Mehrheit der vertretenen Arbeitnehmer enthalten sein muss. ²Jedes auf das Inland entfallende Mitglied vertritt gleich viele Arbeitnehmer.

(3) ¹Hätten die Verhandlungen eine Minderung der Mitbestimmungsrechte zur Folge, so ist für einen Beschluss zur Billigung einer solchen Vereinbarung eine Mehrheit von zwei Dritteln der Mitglieder des besonderen Verhandlungsgremiums erforderlich, die mindestens zwei Drittel der Arbeitnehmer in mindestens zwei Mitgliedstaaten vertreten. ²Dies gilt, sofern sich die Mitbestimmung auf mindestens 25 Prozent der Gesamtzahl der Arbeitnehmer der beteiligten Gesellschaften und der betroffenen Tochtergesellschaften erstreckt.

(4) Minderung der Mitbestimmungsrechte bedeutet, dass
1. der Anteil der Arbeitnehmervertreter
   a) im Verwaltungs- oder Aufsichtsorgan,
   b) in Ausschüssen, in denen die Mitbestimmung der Arbeitnehmer erfolgt, oder
   c) im Leitungsgremium, das für die Ergebniseinheiten der Gesellschaften zuständig ist,
   geringer ist als der höchste in den beteiligten Gesellschaften bestehende Anteil oder
2. das Recht, Mitglieder des Aufsichts- oder Verwaltungsorgans der Gesellschaft zu wählen, zu bestellen, zu empfehlen oder abzulehnen, beseitigt oder eingeschränkt wird.

§ 18 Nichtaufnahme oder Abbruch der Verhandlungen

¹Das besondere Verhandlungsgremium kann beschließen, keine Verhandlungen aufzunehmen oder bereits aufgenommene Verhandlungen abzubrechen. ²Für diesen Beschluss ist eine Mehrheit von zwei Dritteln der Mitglieder erforderlich, die mindestens zwei Drittel der Arbeitnehmer in mindestens zwei Mitgliedstaaten vertreten. ³Die Vorschriften über die Mitbestimmung der Arbeitnehmer, die in dem Mitgliedstaat gelten, in dem die aus der grenzüberschreitenden Verschmelzung hervorgehende Gesellschaft ihren Sitz haben wird, finden Anwendung.

§ 19 Niederschrift

In eine Niederschrift, die vom Vorsitzenden und einem weiteren Mitglied des besonderen Verhandlungsgremiums zu unterzeichnen ist, sind aufzunehmen
1. ein Beschluss über den Abschluss einer Vereinbarung nach § 15 Abs. 1,
2. ein Beschluss über die Nichtaufnahme oder den Abbruch der Verhandlungen nach § 18 und

3. die jeweiligen Mehrheiten, mit denen die Beschlüsse gefasst worden sind.

Eine Abschrift der Niederschrift ist den Leitungen zu übermitteln.

§ 20 Kosten des besonderen Verhandlungsgremiums

¹Die durch die Bildung und Tätigkeit des besonderen Verhandlungsgremiums entstehenden erforderlichen Kosten tragen die beteiligten Gesellschaften und nach ihrer Verschmelzung die aus der grenzüberschreitenden Verschmelzung hervorgehende Gesellschaft als Gesamtschuldner. ²Insbesondere sind für die Sitzungen in erforderlichem Umfang Räume, sachliche Mittel, Dolmetscher und Büropersonal zur Verfügung zu stellen sowie die erforderlichen Reise- und Aufenthaltskosten der Mitglieder des besonderen Verhandlungsgremiums zu tragen.

§ 21 Dauer der Verhandlungen

(1) ¹Die Verhandlungen beginnen mit der Einsetzung des besonderen Verhandlungsgremiums und können bis zu sechs Monate dauern. ²Einsetzung bezeichnet den Tag, zu dem die Leitungen zur konstituierenden Sitzung des besonderen Verhandlungsgremiums eingeladen haben.

(2) Die Parteien können einvernehmlich beschließen, die Verhandlungen über den in Absatz 1 genannten Zeitraum hinaus bis zu insgesamt einem Jahr ab der Einsetzung des besonderen Verhandlungsgremiums fortzusetzen.

A. Allgemeines	1	III. Beschlussfassung im besonderen Verhandlungsgremium	11
B. Regelungsinhalt	2	IV. Kostentragungspflicht der Unternehmen	14
I. Konstituierende Sitzung des besonderen Verhandlungsgremiums	2	C. Verbindung zum Prozessrecht	15
II. Ablauf der Verhandlungen	6	D. Beraterhinweise	16

A. Allgemeines

Die §§ 13 bis 21 regeln das **Verfahren der Verhandlungen**, die zum Abschluss einer **Vereinbarung über die Mitbestimmung der AN** in der Zielgesellschaft der grenzüberschreitenden Verschmelzung führen sollen. Inhalt und Art und Weise der Verhandlungsführung werden dem besonderen Verhandlungsgremium auf AN-Seite und den Leitungen auf AG-Seite überlassen. Im Zentrum der Regelungen stehen die Informationspflichten der AG-Seite und die innere Organisation des besonderen Verhandlungsgremiums (bVG) sowie die Anwendung des Mitbestimmungsrechts des Sitzstaates der Zielgesellschaft gem. § 4, wenn das bVG die Verhandlungen mit der AG-Seite nicht aufnimmt oder abbricht (§ 18).

B. Regelungsinhalt

I. Konstituierende Sitzung des besonderen Verhandlunsgsgremiums

Gem. § 13 Abs. 1 hat die Wahl oder Bestellung der Mitglieder des bVG innerhalb von zehn Wochen zu erfolgen, nachdem die AN die vollständigen Informationen gem. § 6 Abs. 2 und 3 erhalten haben (vgl. § 6 Rn 7). Die **Zehn-Wochen-Frist** dient der Beschleunigung des Mitbestimmungsverfahrens nach dem MgVG, an der die AG-Seite ein großes Interesse hat. Denn das RegisterG trägt die gV gem. § 122l Abs. 2 Fall 2 UmwG nur ins HReg ein, wenn über eine Vereinbarung über die Mitbestimmung der AN ordnungsgemäß nach dem MgVG verhandelt worden ist.[1] Um auch die AN-Seite zur Beschleunigung anzuhalten, sind an eine von ihr zu vertretende Überschreitung dieser Frist nachteilige Folgen für das Verhandlungsverfahren auf Seiten der AN verbunden: Das Verhandlungsverfahren findet zunächst ohne die verspätet gewählten AN-Vertreter statt (§§ 13 Abs. 2 S. 1, 13 Abs. 1 S. 2).

Gem. § 13 Abs. 1 S. 2 sind der AG-Seite unverzüglich – ohne schuldhaftes Zögern i.S.d. § 121 Abs. 1 S. 1 BGB – Namen, Anschrift und Betriebszugehörigkeit der gem. § 12 gewählten Mitglieder des bVG durch den Vorsitzenden des Wahlgremiums mitzuteilen. Die AG-Seite hat dann alle übrigen an der Wahl des bVG beteiligten Einheiten (Leitung von Tochtergesellschaften, Niederlassungsleiter von Betrieben, Vorsitzende von KBR, GBR u. BR und SprAu sowie Gewerkschaften) über die Angaben zu informieren.

---

1 *Lutter/Bayer*, § 122l Rn 15; *Teichmann*, Der Konzern 2007, 89, 90.

4 Die AG-Seite lädt die ihr bekannten Mitglieder des bVG gem. § 14 Abs. 1 unverzüglich (siehe oben Rn 3) nach ihrer Benennung oder nach Ablauf der Zehn-Wochen-Frist zu dessen konstituierender Sitzung ein. Diese Vorschrift ist aufgrund § 13 Abs. 2 S. 1 einschränkend dahingehend auszulegen, dass die AG-Seite mit der Einladung zur konstituierenden Sitzung des bVG warten muss, wenn die AN-Seite die Verzögerung der Wahl nicht zu vertreten hat.[2] Damit hat es die AG-Seite in der Hand, den Verhandlungszeitraum beginnen zu lassen, wobei sie i.d.R. ein großes Interesse an einer Beschleunigung des Verfahrens hat. Verzögerungen, die von der AN-Seite nicht zu vertreten sind, führen damit zu einer Verzögerung des Verhandlungsverfahrens und damit potentiell auch der Eintragung der gV (siehe Rn 2), da die sechsmonatige Verhandlungsfrist nach der ratio legis des § 21 Abs. 1 erst mit der ordnungsgemäßen Einladung der AG-Seite zur konstituierenden Sitzung beginnt. Ordnungsgemäß ist die Einladung gem. § 14 Abs. 1 S. 1 aber nur, wenn die Überschreitung der Zehn-Wochen Frist von der AN-Seite zu vertreten war, da das Verhandlungsverfahren nur dann mit dem noch nicht vollständig besetzten bVG i.S.d. § 21 Abs. 1 beginnen darf (§ 13 Abs. 2 S. 1).

5 In der **konstituierenden Sitzung** wählt sich das bVG gem. § 14 Abs. 1 S. 2 aus seiner Mitte einen Vorsitzenden, der gem. § 14 Abs. 2 bei Bedarf weitere Sitzungen einberufen kann, und mind. zwei Stellvertreter. Es kann eine Geschäftsordnung aufstellen, die der Schriftform bedarf. In der konstituierenden und sämtlichen folgenden Sitzungen des bVG sind gem. § 17 Abs. 1 S. 2 die AN, aus deren Mitgliedstaaten noch keine Mitglieder in das bVG gewählt oder bestellt worden sind, nicht vertreten und in Wahlen nicht repräsentiert. Nach Ablauf der Zehn-Wochen-Frist gewählte oder bestellte Mitglieder können sich jederzeit an dem Verhandlungsverfahren beteiligen. Ein verspätet hinzukommendes Mitglied muss dabei den Stand der Verhandlungen, in dem es dem bVG beigetreten ist, akzeptieren. Dies gilt auch für bereits getroffene Beschlüsse des bVG.[3]

II. Ablauf der Verhandlungen

6 Gem. § 21 Abs. 1 beginnen die Verhandlungen mit der Einsetzung des bVG durch ordnungsgemäße Einladung zu seiner konstituierenden Sitzung (siehe oben Rn 4) und laufen (zunächst) über einen Zeitraum von sechs Monaten. Eine einvernehmliche Verlängerung um weitere sechs Monate ist möglich (§ 21 Abs. 2). Hierzu ist ein Beschluss des bVG gem. § 17 Abs. 2 S. 1 mit einfacher Mehrheit erforderlich.[4] Ein Anspruch auf Verlängerung besteht nach dem klaren Wortlaut des Gesetzes („einvernehmlich") nicht.

7 Die Verhandlungen stehen entsprechend den Regelungen in §§ 2 Abs. 1, 74 BetrVG (vgl. § 2 BetrVG Rn 5 ff., § 74 BetrVG Rn 1 ff.) und § 13 Abs. 1 SEBG unter dem **Grundsatz der vertrauensvollen Zusammenarbeit** (§ 15 Abs. 1 S. 2). Danach sollen die Parteien strittige Fragen mit dem ernstlichen Willen zur Einigung behandeln.[5] Die AG-Seite und das bVG entscheiden gemeinsam über Häufigkeit, Ort und Zeit der Verhandlungen (§ 15 Abs. 2 S. 3).

8 Damit das bVG überhaupt sinnvoll über den Abschluss der Vereinbarung über die Mitbestimmung der AN in der Zielgesellschaft der gV verhandeln kann, hat die AG-Seite dem bVG rechtzeitig sämtlich erforderlichen Auskünfte zu erteilen und für die Verhandlung erforderliche Unterlagen zur Verfügung zu stellen (§ 15 Abs. 2 S. 1). Nach § 15 Abs. 2 S. 2 sind insbesondere Informationen über die geplante gV und ihren Verlauf bis zu ihrer Eintragung ins HReg zu geben. Die Aufzählung ist nicht abschließend („insbesondere"). Die AG-Seite muss das bVG daher im Rahmen ihrer umfassenden Informationspflicht auch über die vorhandenen Mitbestimmungsrechte der AN einzelner Gesellschaften, die Konzernstrukturen und Beteiligungsverhältnisse der beteiligten Gesellschaften informieren. Herauszugeben sind alle die gV betreffenden Unterlagen und (Vor-) Verträge, die zwischen den an der gV beteiligten Gesellschaften einschließlich ihrer Tochtergesellschaften abgeschlossenen Verträge, soweit sie die Mitbestimmung betreffen (z.B. Gewinnabführungs- und Beherrschungsverträge), ihre Satzungen, soweit sie mitbestimmte Organe betreffen, und die Geschäftsordnungen der mitbestimmenden Organe. Weiterhin sind sämtliche Fragen des bVG zu beantworten, die in den laufenden Verhandlungen auftauchen. Um dem Geheimhaltungsbedürfnis der AG-Seite Rechnung zu tragen, begrenzt § 31 Abs. 1 die Informationspflichten der AG-Seite dahingehend, dass durch die Offenlegung von Informationen nach objektiven Kriterien nicht Betriebs- oder Geschäftsgeheimnisse der Gesellschaften gefährdet werden müssen. Werden als solche gekennzeichnete Betriebs- oder Geschäftsgeheimnisse dem bVG mitgeteilt, so bestehen gem. § 31 Abs. 2 bis 4 Geheimhaltungspflichten seiner Mitglieder und ihrer Berater, die gem. § 34 strafbewehrt sind.

9 Das bVG kann sich gem. § 16 Abs. 1 S. 1 durch Sachverständige seiner Wahl beraten lassen, die an den Verhandlungen in beratender Funktion teilnehmen dürfen (§ 16 Abs. 1 S. 2). Die dadurch entstehenden erforderlichen Kosten hat die AG-Seite gem. § 20 zu tragen (siehe Rn 14). Sachverständige und Dolmetscher dürfen gem. § 31 Abs. 3 Nr. 3 auch von Betriebs- oder Geschäftsgeheimnissen der AG-Seite in Kenntnis gesetzt werden. Da Sachverständige einen erheblichen Einfluss auf die Verhandlungen nehmen können, muss über ihre Hinzuziehung das gesamte Gremium durch Beschluss gem. § 17 Abs. 2 mit einfacher Mehrheit entscheiden (§ 16 Abs. 2 analog). Ausdrücklich erwähnt werden die Vertreter von Gewerkschaftsorganisationen auf Gemeinschaftsebene, da diese als besonders geeignet er-

---

2 BT-Drucks 16/2922, S. 24 li. Sp.
3 BT-Drucks 16/2922, S. 24 li. Sp.
4 BT-Drucks 16/2922, S. 26 li. Sp.
5 BT-Drucks 16/2922, S. 24 re. Sp.

scheinen, die Stimmigkeit von Regelungen auf dieser Ebene zu fördern.[6] Gleichzeitig können aber auch nationale Gewerkschaftsvertreter als Sachverständige berufen werden. Schließlich kann das bVG auch mit einfacher Mehrheit gem. § 17 Abs. 1 beschließen, die Vertreter von außenstehenden Organisationen vom Beginn der Verhandlung zu unterrichten. Dabei ist allerdings die Geheimhaltungspflicht nach § 31 Abs. 2 zu beachten.

Das bVG ist gem. § 18 frei, die **Verhandlungen** nach seiner Konstituierung **nicht aufzunehmen oder diese abzubrechen**. In diesem Fall gelten gem. § 4 die Mitbestimmungsregeln des Sitzstaates der Zielgesellschaft der gV (zum Sitzstaatsprinzip vgl. §§ 4–5 Rn 1). 10

III. Beschlussfassung im besonderen Verhandlungsgremium

Die Regelungen zur Beschlussfassung im bVG (§ 17) sind von zentraler Bedeutung für das Verhandlungsverfahren, da sie die abschließende Willensbildung regeln. Sie haben damit erhebliche Auswirkungen auf alle Entscheidungen des bVG vor allem über die Annahme oder Ablehnung der mit der AG-Seite verhandelten Vereinbarungen sowie die Nichtaufnahme oder den Abbruch der Verhandlungen. Dabei gilt der Grundsatz der Proportionalität der in den beteiligten Mitgliedstaaten in sämtlichen Unternehmen, Tochtergesellschaften und Betrieben beschäftigten AN nach ihrem zahlenmäßigen Verhältnis. 11

Es gilt der in § 17 Abs. 1 geregelte Grundsatz, dass alle in einem von der gV betroffenen Mitgliedstaat beschäftigten AN durch die von ihnen gewählten oder bestellten Mitglieder des bVG repräsentiert werden. Es kommt nicht darauf an, bei welcher Gesellschaft die Mitglieder des bVG als AN beschäftigt sind.[7] Aus § 17 Abs. 1 S. 2 folgt, dass AN aus Mitgliedstaaten, die (noch) kein Mitglied in das bVG entsandt haben, da sie die Zehn-Wochen-Frist des § 13 Abs. 1 S. 1 nicht eingehalten haben, bei den Abstimmungen nicht zu berücksichtigen sind. Entsprechend dem Territorialprinzip regelt dabei jeder Mitgliedstaat selbst, wie viele AN ein Mitglied des bVG jeweils vertritt. Für inländische AN regelt § 17 Abs. 2 S. 2 unabhängig davon, ob der Sitz der Zielgesellschaft der gV im In- oder Ausland ist, dass die Zahl aller im Inland beschäftigten und von der gV betroffenen AN gleichmäßig auf die für sie gewählten Mitglieder verteilt werden. Daraus folgt, dass Mitglieder des bVG aus einem Mitgliedstaat getrennt abstimmen dürfen.[8] 12

Gem. § 17 Abs. 2 S. 1 ist für jede Beschlussfassung eine **doppelte einfache Mehrheit** nach Köpfen der abstimmenden Mitglieder sowie nach der Mehrheit der vertretenen AN erforderlich. Abweichend davon benötigen Beschlüsse eine **doppelte qualifizierte Mehrheit** von mind. $^2/_3$ der Mitglieder nach Köpfen und $^2/_3$ der durch sie vertretenen AN aus mind. zwei Mitgliedstaaten, durch die eine Vereinbarung abgeschlossen werden soll, die eine Minderung der Mitbestimmungsrechte der AN zur Folge hat, wenn gleichzeitig 25 % der AN vor der gV Mitbestimmungsrechte zustehen (§ 17 Abs. 3). Nicht erforderlich ist, dass sich auch für 25 % der AN eine Minderung ihrer Mitbestimmungsrechte ergibt.[9] Gleiches gilt gem. § 18 für Beschlüsse des bVG über die Nichtaufnahme oder den Abbruch der Verhandlungen, die zu der Anwendung des Sitzstaatsprinzips gem. § 4 führen und daher erhebliche Auswirkungen für die AN haben (siehe oben Rn 10). § 17 Abs. 4 verzichtet entsprechend den Vorgaben der Verschm.-RL darauf, einen qualitativen Vergleich zwischen den einzelnen Mitbestimmungssystemen anzustellen, um zu ermitteln, ob eine Minderung von Mitbestimmungsrechten nach Durchführung der gV vorliegt. Denn die Mitbestimmungssysteme sind in den Mitgliedstaaten der EU sowohl bezüglich der Verfahren als auch bezüglich Größe und Kompetenzen der mitbestimmten Gesellschaftsorgane sehr unterschiedlich ausgestaltet. § 17 Abs. 4 beschränkt sich daher auf eine rein formale Betrachtungsweise.[10] § 17 Abs. 4 Nr. 1 stellt darauf ab, ob der Anteil der AN-Vertreter in Verwaltungs- oder Aufsichtsorgan (Buchst. a), in Ausschüssen, in denen die Mitbestimmung der AN erfolgt (Buchst. b) oder im ergebnisverantwortlichen Leitungsgremium (Buchst. c) der Zielgesellschaft der gV geringer ist als in einer an der gV beteiligten Gesellschaften. Da auf den „Anteil" abgestellt ist, kommt es nicht auf die absolute Zahl von AN-Vertretern vor und nach der gV an, sondern auf das prozentuale Verhältnis zwischen Vertretern der AN und der Anteilseigner. Nur wenn sich dieses Verhältnis zum Nachteil der AN-Vertreter verschlechtert, liegt eine Minderung der Mitbestimmungsrechte i.S.d. § 17 Abs. 4 Nr. 1 vor. Weiterhin kann eine Minderung der Mitbestimmungsrechte gem. **§ 17 Abs. 4 Nr. 2** vorliegen, wenn das Recht der AN, Mitglieder des Aufsichts- oder Verwaltungsorgans der Zielgesellschaft der gV zu wählen, zu bestellen, zu empfehlen oder abzulehnen, beseitigt oder eingeschränkt wird. Diese Regelung knüpft an die Definition der Mitbestimmung in Art. 2k der SE-Richtlinie[11] an und umfasst sowohl Wahl/Bestellung von AN-Vertretern als auch kooptative Mitbestimmungsmodell.[12] Inhalt und Form der **Niederschrift**, die für Beschlüsse, die eine doppelte qualifizierte Mehrheit erfordern, anzufertigen ist, regelt § 19. Diese Vorschrift dient Dokumentationszwecken. Ihre Verletzung führt daher nicht zur Nichtigkeit oder Anfechtbarkeit der Beschlüsse (vgl. § 34 BetrVG Rn 9, 13). 13

---

6 BT-Drucks 16/2922, S. 24 re. Sp.
7 BT-Drucks 16/2922, S. 25 li. Sp.
8 BT-Drucks 16/2922, S. 25 li. Sp.
9 BT-Drucks 16/2922, S. 25 li. Sp.
10 BT-Drucks 16/2922, S. 25 re. Sp.
11 RL 2001/86/EG ABl EG 294 vom 14.11.2001, S. 22 ff.
12 BT-Drucks 16/2922, S. 25 re. Sp.

IV. Kostentragungspflicht der Unternehmen

14 Sämtliche erforderlichen **Sachkosten des bVG** tragen die beteiligten Gesellschaften gem. § 20 S. 1 als Gesamtschuldner, wobei die Zielgesellschaft nach Durchführung der Verschmelzung als Kostenschuldner hinzutritt. § 20 S. 2 zählt nicht abschließend Regelbeispiele für die Kostentragungspflicht der AG-Seite auf. Zudem sind für die Sitzungen in erforderlichem Umfang Räume und Sachmittel durch die AG-Seite zu stellen. Unter § 20 fällt auch der Kostenersatz für Sachverständige einschließlich hinzugezogener RA. Es gelten die Grundsätze des § 40 BetrVG.[13] Anders als bei § 80 Abs. 3 BetrVG bedarf es gem. §§ 16, 20 keiner „näheren Vereinbarung" mit der AG-Seite. Maßgebliches Kriterium, ob die Kosten erstattet werden müssen, ist die Erforderlichkeit. Dabei kommt es auf den Standpunkt eines vernünftigen objektiven Dritten an, der die sachgerechte Ausübung der Funktion des bVG einerseits und die berechtigten Interessen der AG-Seite andererseits gewissenhaft gegeneinander abwägt. Dabei steht dem bVG ein angemessener Entscheidungsspielraum zu (vgl. § 40 BetrVG Rn 3, § 111 BetrVG Rn 24). Die Ansprüche der Mitglieder des bVG auf Entgeltfortzahlung für die Dauer der Verhandlungen folgen aus § 32.

C. Verbindung zum Prozessrecht

15 Das ArbG entscheidet gem. §§ 2a Abs. 1 Nr. 3f, 80 ArbGG im Beschlussverfahren über Streitigkeiten über Beschlüsse des bVG. Einstweilige Verfügungen gem. § 85 Abs. 2 ArbGG sind möglich. Die Auskunfts- und Herausgabepflicht von relevanten Unterlagen ist die zentrale Pflicht der AG-Seite in den Verhandlungen (siehe oben Rn 8). Ohne sie wird die Verhandlungslösung entwertet. Deswegen muss auch dieser Anspruch im arbeitsgerichtlichen Beschlussverfahren und wegen der Kürze der zur Verfügung stehenden Zeit durch einstweilige Verfügung durchsetzbar sein, selbst wenn die Erteilung von Auskünften und die Herausgabe von Unterlagen eine Vorwegnahme der Hauptsache darstellt (zur Zuständigkeit, Antragsberechtigung siehe §§ 10–12 Rn 10 f.).

D. Beraterhinweise

16 I.d.R. wird die **AG-Seite** einen möglichst raschen Abschluss der Verhandlungen über die Mitbestimmung in der Zielgesellschaft der gV wollen, damit die Eintragung im HReg schnellstmöglich vollzogen werden kann. Will sie dies nicht dadurch erreichen, dass sie gem. § 23 Abs. 1 Nr. 3 die Verhandlungslösung ablehnt, damit die gesetzliche Auffanglösung der §§ 23 bis 28 greift, sollte sie sämtliche Beschleunigungsmöglichkeiten nutzen, die die §§ 6, 13 bis 21 bieten. Dementsprechend sollten den AN umgehend die Informationen gem. § 6 Abs. 2 und 3 erteilt und unmittelbar nach Ablauf der Zehn-Wochen-Frist die bereits feststehenden Mitglieder des bVG zu dessen konstituierender Sitzung eingeladen werden.

17 Für die **AN-Seite** bietet sich an, die Verhandlungen gem. § 18 S. 1 nicht aufzunehmen oder diese abzubrechen, wenn die Verschmelzung auf eine Gesellschaft mit Sitz in einem Land mit weit gehenden Mitbestimmungsregelungen erfolgt, wie z.B. Deutschland. Denn dadurch findet gem. §§ 4, 18 S. 2 das deutsche Mitbestimmungsrecht für alle AN der Zielgesellschaft Anwendung. Da es insoweit aber nicht nur um den Anteil der AN-Vertreter in den mitbestimmten Organen geht, kann auch bei Verschmelzungen auf deutsche Zielgesellschaften die Verhandlungslösung ein besseres Ergebnis für die AN bieten, als das deutsche Mitbestimmungsrecht. Es bedarf daher in jedem Fall einer sorgfältigen Abwägung unter Vergleich aller Mitbestimmungssyteme der Sitzstaaten der beteiligten Gesellschaften. In einem verkleinerten AR können die Parteien z.B. der AN-Seite größere Rechte in der Ausschussarbeit zuerkennen.[14] Bei Beteiligung deutscher Gesellschaften an der gV wird die **AG-Seite** ein größeres Interesse am Abschluss der Vereinbarung haben als die AN-Seite. Denn nach der gesetzlichen Auffanglösung, die beim Scheitern der Verhandlungen greift, findet das Mitbestimmungssystem auf die Zielgesellschaft der gV Anwendung, das den höchsten Anteil an AN-Vertretern vorsieht.

---

[13] BT-Drucks 16/2922, S. 26 li. Sp.   [14] *Heuchemer/Kloft*, AuA 2008, 86, 89.

Teil 3: Mitbestimmung der Arbeitnehmer

Kapitel 1: Mitbestimmung kraft Vereinbarung

§ 22 Inhalt der Vereinbarung

(1) In der schriftlichen Vereinbarung zwischen den Leitungen und dem besonderen Verhandlungsgremium wird, unbeschadet der Autonomie der Parteien im Übrigen, festgelegt:
1. der Geltungsbereich der Vereinbarung, einschließlich der außerhalb des Hoheitsgebietes der Mitgliedstaaten liegenden Unternehmen und Betriebe, sofern diese in den Geltungsbereich einbezogen werden;
2. der Zeitpunkt des Inkrafttretens der Vereinbarung und ihre Laufzeit; ferner die Fälle, in denen die Vereinbarung neu ausgehandelt werden soll, und das dabei anzuwendende Verfahren;
3. die Zahl der Mitglieder des Aufsichts- oder Verwaltungsorgans der aus der grenzüberschreitenden Verschmelzung hervorgehenden Gesellschaft, welche die Arbeitnehmer wählen oder bestellen können oder deren Bestellung sie empfehlen oder ablehnen können;
4. das Verfahren, nach dem die Arbeitnehmer diese Mitglieder wählen oder bestellen oder deren Bestellung empfehlen oder ablehnen können, und
5. die Rechte dieser Mitglieder.

(2) [1]In der Vereinbarung soll festgelegt werden, dass auch vor strukturellen Änderungen der aus der grenzüberschreitenden Verschmelzung hervorgehenden Gesellschaft Verhandlungen über die Mitbestimmung der Arbeitnehmer aufgenommen werden. [2]Die Parteien können das dabei anzuwendende Verfahren regeln.

(3) Die Vereinbarung kann bestimmen, dass die Regelungen der §§ 23 bis 27 über die Mitbestimmung kraft Gesetzes ganz oder in Teilen gelten.

(4) Steht die Satzung der aus einer grenzüberschreitenden Verschmelzung hervorgehenden Gesellschaft im Widerspruch zu den Regelungen über die Mitbestimmung kraft Vereinbarung, ist die Satzung anzupassen.

A. Allgemeines

§ 22 regelt entsprechend Art. 16 Abs. 3b der Verschm.-RL[1] den **Mindestinhalt** der **schriftlichen Vereinbarung über die Mitbestimmung** der AN in der Zielgesellschaft der grenzüberschreitenden Verschmelzung (gV). Nach h.M. ist diese Vereinbarung eine Kollektivvereinbarung sui generis.[2] Die Parteien sind in ihrer Ausgestaltung autonom.[3] Dadurch soll ihnen ein sinnvoller Ausgleich verschiedenen Mitbestimmungssysteme der an der gV beteiligten Gesellschaften und eine sachgerechte Anpassung der Mitbestimmung an die Bedürfnisse und Strukturen der Zielgesellschaft ermöglicht werden.[4]

B. Regelungsgehalt

Abs. 1 regelt den **notwendigen Inhalt der Vereinbarung**, die der Schriftform gem. § 126 BGB bedarf. In den gem. Abs. 1 Nr. 1 festzulegenden **Geltungsbereich** der Vereinbarung können über den Adressatenkreis von § 3 Abs. 2 hinaus auch Unternehmen internationaler Konzerne einbezogen werden, die ihren Sitz außerhalb von EU und EWR haben.[5] Gem. Abs. 1 Nr. 2 ist der **Zeitpunkt des Inkrafttretens** der Vereinbarung – i.d.R. die Eintragung der Verschmelzung im HReg – und ihre **Laufzeit** festzulegen. Abs. 1 Nr. 3 bestimmt, dass auch die **Zahl der AN-Vertreter** im Aufsichts- oder Verwaltungsorgan der Zielgesellschaft der gV – nicht aber die Zahl seiner Mitglieder insgesamt – festzulegen ist.[6] Dies ist u.a. für die Frage wichtig, ob eine Minderung der Mitbestimmungsrechte durch die Vereinbarung gem. § 17 Abs. 4 vorliegt. Damit ist auch notwendigerweise das **Verfahren der Wahl der AN-Vertreter** in dem Aufsichts- oder Verwaltungsorgan (Abs. 1 Nr. 4) sowie die **Rechte der AN-Vertreter** (Abs. 1 Nr. 5) zu regeln. Schließen die Parteien die Vereinbarung ohne den zwingenden Mindestinhalt oder unter Verstoß gegen das Formerfordernis, ist diese gem. § 134 BGB nichtig. Es kommt dann die Auffanglösung gem. § 23 ff. zur Anwendung.

Nach Abs. 2 sollen die Parteien regeln, dass und nach welchem Verfahren sie vor (weiteren) strukturellen Änderungen der Zielgesellschaft der gV Verhandlungen über die Mitbestimmung der AN aufnehmen. Als Soll-Vorschrift ist

---

1 RL 2005/56/EG v. 20.9.2005, ABl EG Nr. L310 v. 25.11.2005.
2 *Habersack*, ZHR 171 (2007), 614, 627 m.w.N.
3 *Habersack*, ZHR 171 (2007), 614, 633 ff.
4 BT-Drucks 16/2922, S. 26 li. Sp.; *Teichmann*, Der Konzern 2007, 89, 94.
5 BT-Drucks 16/2922, S. 26 li. Sp.
6 *Habersack*, ZHR 171 (2007), 614, 632 f. m.w.N.

Abs. 2 wie § 21 Abs. 4 SEBG nicht bindend (vgl. § 21 SEBG Rn 4).[7] Abs. 3 stellt klar, dass die gesetzliche Auffanglösung des § 23 ganz oder teilweise in die Vereinbarung übernommen werden kann. Nach Abs. 4 gilt der **Vorrang der Vereinbarung gegenüber der Satzung** nach dem eindeutigen Wortlaut der Norm auch hinsichtlich der Größe des Aufsichts- oder Verwaltungsorgans.[8] Für die AG oder KGaA als Zielgesellschaft ist die Verhandlungsautonomie allerdings durch die §§ 23 Abs. 5, 278 Abs. 3, 94 S. 4 AktG gebunden, der die Größe des AR beschränkt.[9]

C. Verbindung zum Prozessrecht

4   Die Einhaltung der Vereinbarung kann im arbeitsgerichtlichen Beschlussverfahren gem. §§ 2a Abs. 1 Nr. 3f, 80 ArbGG überprüft werden. Einstweilige Verfügungsverfahren dürften mangels Eilbedürftigkeit eher selten zum Tragen kommen. Örtlich zuständig ist das ArbG am Sitz der Zielgesellschaft (§ 82 Abs. 5 ArbGG). Antragsberechtigt sind bVG und Zielgesellschaft (§ 83 Abs. 3 ArbGG).

D. Beraterhinweise

5   Statt der Befristung der Vereinbarung gem. Abs. 1 Nr. 1 kann auch vereinbart werden, dass diese nach Ablauf einer bestimmten Frist nach einem festgelegten Verfahren neu auszuhandeln ist (vgl. §§ 22–26 SEBG Rn 4). Dabei empfiehlt es sich, die Vereinbarung entspr. dem Mechanismus von Betriebsvereinbarungen gem. § 87 BetrVG nachwirken und damit fortgelten zu lassen, bis eine neue Vereinbarung in Kraft tritt (vgl. § 77 BetrVG Rn 65 ff.).

Kapitel 2: Mitbestimmung kraft Gesetzes

§ 23 Voraussetzung

(1) Die Regelungen dieses Kapitels finden ab dem Zeitpunkt der Eintragung der aus der grenzüberschreitenden Verschmelzung hervorgehenden Gesellschaft Anwendung, wenn
1. die Parteien dies vereinbaren oder
2. bis zum Ende des in § 21 angegebenen Zeitraums keine Vereinbarung zustande gekommen ist und das besondere Verhandlungsgremium keinen Beschluss nach § 18 gefasst hat oder
3. die Leitungen der an der Verschmelzung beteiligten Gesellschaften entscheiden, diese Regelungen ohne vorhergehende Verhandlung unmittelbar ab dem Zeitpunkt der Eintragung anzuwenden.

In den Fällen des Satzes 1 Nr. 2 und 3 muss vor der Eintragung der aus der grenzüberschreitenden Verschmelzung hervorgehenden Gesellschaft in einer oder mehreren der beteiligten Gesellschaften eine oder mehrere Formen der Mitbestimmung bestanden haben, die
1. sich auf mindestens ein Drittel der Gesamtzahl der Arbeitnehmer aller beteiligten Gesellschaften und betroffenen Tochtergesellschaften erstreckte oder
2. sich auf weniger als ein Drittel der Gesamtzahl der Arbeitnehmer aller beteiligten Gesellschaften und betroffenen Tochtergesellschaften erstreckte und das besondere Verhandlungsgremium einen entsprechenden Beschluss fasst.

(2) [1]Bestand in den Fällen von Absatz 1 mehr als eine Form der Mitbestimmung im Sinne des § 2 Abs. 7 in den verschiedenen beteiligten Gesellschaften, so entscheidet das besondere Verhandlungsgremium, welche von ihnen in der aus der grenzüberschreitenden Verschmelzung hervorgehenden Gesellschaft eingeführt wird. [2]Wenn das besondere Verhandlungsgremium keinen solchen Beschluss fasst und eine inländische Gesellschaft, deren Arbeitnehmern Mitbestimmungsrechte zustehen, an der Verschmelzung beteiligt ist, ist die Mitbestimmung nach § 2 Abs. 7 Nr. 1 maßgeblich. [3]Ist keine inländische Gesellschaft, deren Arbeitnehmern Mitbestimmungsrechte zustehen, beteiligt, findet die Form der Mitbestimmung nach § 2 Abs. 7 Anwendung, die sich auf die höchste Zahl der in den beteiligten Gesellschaften beschäftigten Arbeitnehmer erstreckt.

(3) Das besondere Verhandlungsgremium unterrichtet die Leitungen über die Beschlüsse, die es nach Absatz 1 Satz 2 Nummer 2 und Absatz 2 Satz 1 gefasst hat.

---

7 *Teichmann*, Der Konzern 2007, 89, 93.
8 A.A. *Lunk/Hinrichs*, NZA 2007, 773, 778.
9 *Lunk/Hinrichs*, NZA 2007, 773, 778 f.

§ 24 Umfang der Mitbestimmung

(1) ¹Die Arbeitnehmer der aus der grenzüberschreitenden Verschmelzung hervorgehenden Gesellschaft, ihrer Tochtergesellschaften und Betriebe oder ihr Vertretungsorgan haben das Recht, einen Teil der Mitglieder des Aufsichts- oder Verwaltungsorgans der aus der grenzüberschreitenden Verschmelzung hervorgehenden Gesellschaft zu wählen oder zu bestellen oder deren Bestellung zu empfehlen oder abzulehnen. ²Die Zahl dieser Arbeitnehmervertreter im Aufsichts- oder Verwaltungsorgan der aus der grenzüberschreitenden Verschmelzung hervorgehenden Gesellschaft bemisst sich nach dem höchsten Anteil an Arbeitnehmervertretern, der in den Organen der beteiligten Gesellschaften vor der Eintragung der aus der grenzüberschreitenden Verschmelzung hervorgehenden Gesellschaft bestanden hat.

(2) ¹Handelt es sich bei der aus einer grenzüberschreitenden Verschmelzung hervorgehenden Gesellschaft nach Absatz 1 um eine Gesellschaft mit beschränkter Haftung, so ist in dieser Gesellschaft ein Aufsichtsrat zu bilden. ²§ 90 Abs. 3, 4, 5 Satz 1 und 2, §§ 95 bis 116, 118 Abs. 3, § 125 Abs. 3 und 4 und §§ 170, 171, 268 Abs. 2 des Aktiengesetzes sind entsprechend anzuwenden, soweit nicht in den Vorschriften dieses Gesetzes ein anderes bestimmt ist.

(3) Steht die Satzung der aus einer grenzüberschreitenden Verschmelzung hervorgehenden Gesellschaft im Widerspruch zu den Regelungen über die Mitbestimmung kraft Gesetzes, ist die Satzung anzupassen.

§ 25 Sitzverteilung

(1) ¹Das besondere Verhandlungsgremium verteilt die Zahl der Sitze im Aufsichts- oder Verwaltungsorgan auf die Mitgliedstaaten, in denen Mitglieder zu wählen oder zu bestellen sind. ²Die Verteilung richtet sich nach dem jeweiligen Anteil der in den einzelnen Mitgliedstaaten beschäftigten Arbeitnehmer der aus der grenzüberschreitenden Verschmelzung hervorgehenden Gesellschaft, ihrer Tochtergesellschaften und Betriebe. ³Können bei dieser anteiligen Verteilung die Arbeitnehmer aus einem oder mehreren Mitgliedstaaten keinen Sitz erhalten, so hat das besondere Verhandlungsgremium den letzten zu verteilenden Sitz einem bisher unberücksichtigten Mitgliedstaat zuzuweisen. ⁴Dieser Sitz soll, soweit angemessen, dem Mitgliedstaat zugewiesen werden, in dem die aus der grenzüberschreitenden Verschmelzung hervorgehende Gesellschaft ihren Sitz haben wird. ⁵Dieses Verteilungsverfahren gilt auch in dem Fall, in dem die Arbeitnehmer der aus der grenzüberschreitenden Verschmelzung hervorgehenden Gesellschaft Mitglieder dieser Organe empfehlen oder ablehnen können.

(2) Soweit die Mitgliedstaaten über die Besetzung der ihnen zugewiesenen Sitze keine eigenen Regelungen treffen, bestimmt das besondere Verhandlungsgremium die Arbeitnehmervertreter im Aufsichts- oder Verwaltungsorgan der aus der grenzüberschreitenden Verschmelzung hervorgehenden Gesellschaft.

(3) ¹Die Ermittlung der auf das Inland entfallenden Arbeitnehmervertreter des Aufsichts- oder Verwaltungsorgans der aus einer grenzüberschreitenden Verschmelzung hervorgehenden Gesellschaft erfolgt durch ein Wahlgremium, das sich aus den Arbeitnehmervertretungen der aus einer grenzüberschreitenden Verschmelzung hervorgehenden Gesellschaft, ihrer Tochtergesellschaften und Betriebe zusammensetzt. ²Für das Wahlverfahren gelten § 8 Abs. 2 bis 4, § 10 Abs. 1 Satz 2 bis 5, Abs. 2 bis 7 und die §§ 11 und 12 entsprechend mit der Maßgabe, dass an die Stelle der beteiligten Gesellschaften, betroffenen Tochtergesellschaften und betroffenen Betriebe die aus der grenzüberschreitenden Verschmelzung hervorgehende Gesellschaft, ihre Tochtergesellschaften und Betriebe treten. ³Das Wahlergebnis ist der Leitung der aus der grenzüberschreitenden Verschmelzung hervorgehenden Gesellschaft, den Arbeitnehmervertretungen, den Gewählten, den Sprecherausschüssen und Gewerkschaften mitzuteilen. ⁴Die Leitung hat die Namen der Gewählten in den Betrieben des Unternehmens bekannt zu machen.

§ 26 Abberufung und Anfechtung

(1) ¹Ein Mitglied oder ein Ersatzmitglied der Arbeitnehmer aus dem Inland im Aufsichts- oder Verwaltungsorgan kann vor Ablauf der Amtszeit abberufen werden. ²Antragsberechtigt sind
1. die Arbeitnehmervertretungen, die das Wahlgremium gebildet haben;
2. in den Fällen der Urwahl mindestens drei wahlberechtigte Arbeitnehmer;
3. für ein Mitglied nach § 8 Abs. 3 nur die Gewerkschaft, die das Mitglied vorgeschlagen hat;
4. für ein Mitglied nach § 8 Abs. 4 nur der Sprecherausschuss, der das Mitglied vorgeschlagen hat.

Für das Abberufungsverfahren gelten die §§ 10 bis 12 entsprechend mit der Maßgabe, dass an die Stelle der beteiligten Gesellschaften, betroffenen Tochtergesellschaften und betroffenen Betriebe die aus der grenzüberschreitenden Verschmelzung hervorgehende Gesellschaft, ihre Tochtergesellschaften und Betriebe treten; abweichend von § 10 Abs. 5 und § 12 Abs. 1 Satz 3 bedarf der Beschluss einer Mehrheit von drei Vierteln der abgegebenen Stimmen.

(2) ¹Die Wahl eines Mitglieds oder eines Ersatzmitglieds der Arbeitnehmer aus dem Inland im Aufsichts- oder Verwaltungsorgan kann angefochten werden, wenn gegen wesentliche Vorschriften über das Wahlrecht, die Wählbarkeit oder das Wahlverfahren verstoßen worden und eine Berichtigung nicht erfolgt ist, es sei denn, dass durch den Verstoß das Wahlergebnis nicht geändert oder beeinflusst werden konnte. ²Zur Anfechtung berechtigt sind die in Absatz 1 Satz 2 Genannten und die Leitung der aus der grenzüberschreitenden Verschmelzung hervorgegangenen Gesellschaft. ³Die Klage muss innerhalb eines Monats nach der Bekanntgabe gemäß § 25 Abs. 3 Satz 2 oder 3 erhoben werden.

§ 27 Rechtsstellung; Innere Ordnung

(1) Die Arbeitnehmervertreter im Aufsichts- oder Verwaltungsorgan der aus der grenzüberschreitenden Verschmelzung hervorgehenden Gesellschaft haben die gleichen Rechte und Pflichten wie die Mitglieder, die die Anteilseigner vertreten.

(2) ¹Die Zahl der Mitglieder der Leitung beträgt mindestens zwei. ²Einer von ihnen ist für den Bereich Arbeit und Soziales zuständig. ³Dies gilt nicht für die Kommanditgesellschaft auf Aktien.

(3) Besteht in einer der beteiligten Gesellschaften das Aufsichtsorgan aus derselben Zahl von Anteilseigner- und Arbeitnehmervertretern sowie einem weiteren Mitglied, so ist auch im Aufsichts- oder Verwaltungsorgan der aus der grenzüberschreitenden Verschmelzung hervorgehenden Gesellschaft ein weiteres Mitglied auf gemeinsamen Vorschlag der Anteilseigner- und der Arbeitnehmervertreter zu wählen.

§ 28 Tendenzunternehmen

Auf eine aus einer grenzüberschreitenden Verschmelzung hervorgehende Gesellschaft, die unmittelbar und überwiegend
1. politischen, koalitionspolitischen, konfessionellen, karitativen, erzieherischen, wissenschaftlichen oder künstlerischen Bestimmungen oder
2. Zwecken der Berichterstattung oder Meinungsäußerung, auf die Artikel 5 Abs. 1 Satz 2 des Grundgesetzes anzuwenden ist,

dient, finden Kapitel 2 und § 30 keine Anwendung.

A. Allgemeines	1	IV. Rechtsstellung der Arbeitnehmervertreter und innere Ordnung des Aufsichts- und Verwaltungsorgans	10
B. Regelungsgehalt	2	V. Abberufung von inländischen Mitgliedern aus dem Aufsichts- oder Verwaltungsorgan	13
I. Voraussetzung der Mitbestimmung kraft Gesetzes	2	VI. Anfechtung der Wahl oder der Abberufung	14
II. Umfang der Mitbestimmung	6	C. Verbindung zum Prozessrecht	15
III. Sitzverteilung	7		

A. Allgemeines

1 §§ 23–28 regeln die AN-Mitbestimmung für inländische Zielgesellschaften einer grenzüberschreitenden Verschmelzung – mit Ausnahme von Tendenzunternehmen (§ 28) – bei Scheitern der Verhandlungslösung, aufgrund entsprechender Vereinbarung oder Wahl der AG-Seite zwingend als gesetzlichen Auffanglösung. Die Normen setzen die Verschm.-RL[1] weitgehend unverändert um und orientieren sich zudem an §§ 34 bis 38 SEBG sowie in geringerem Maße auch am deutschen Mitbestimmungsrecht. Zwar ist das besondere Verhandlungsgremium (bVG) nach der Systematik des MgVG nicht in der Lage, die gV durch eine Blockade des Verhandlungsverfahrens zu verhindern. Es hat aber durch die Auffangregelung – wie das bVG einer SE – eine überlegene Verhandlungsposition, da nach den §§ 23 bis 27 das höchste Mitbestimmungsniveau aller Mitgliedstaaten, in denen die an der gV beteiligte Gesellschaften

---

1 RL 2005/56/EG v. 20.9.2005, ABl EG Nr. L310 v. 25.11.2005.

ihren Sitz haben, für die Zielgesellschaft gilt (vgl. §§ 22–26 SEBG Rn 1). Im Unterschied zu der uneingeschränkten Verhandlungspflicht der AG-Seite bei der Gründung einer SE haben der europäische und der nationale Gesetzgeber den beteiligten Gesellschaften bei der gV die Möglichkeit eingeräumt, das Verfahren zu beschleunigen, indem sie auf Verhandlungen mit der AN-Seite verzichten und die gesetzliche Auffanglösung wählen.

B. Regelungsgehalt

I. Voraussetzung der Mitbestimmung kraft Gesetzes

§ 23 Abs. 1 bestimmt, dass die Mitbestimmung kraft Gesetzes gem. §§ 23 bis 27 ab der Eintragung der gV im HReg anzuwenden ist, wenn die Parteien dies vereinbaren (§§ 23 Abs. 1 S. 1 Nr. 1, 22), keine Vereinbarung über die Mitbestimmung gem. § 22 innerhalb von 6 bzw. 12 Monaten nach Beginn der Verhandlungen zustande kommt (§§ 23 Abs. 1 S. 1 Nr. 2, 21) oder – und dies wird der häufigste Fall sein – die AG-Seite sich dafür entscheidet, die Mitbestimmung kraft Gesetzes durch einstimmigen Beschluss aller Leitungsgremien der an der gV beteiligten Unternehmen herbeizuführen (§ 23 Abs. 1 S. 1 Nr. 3). In den Fällen des § 23 Abs. 1 S. 1 Nr. 2 und 3 finden gem. § 23 Abs. 1 S. 2 Nr. 1 die gesetzlichen Mitbestimmungsregelungen der §§ 23 bis 27 allerdings nur Anwendung, wenn in mind. einer der an der gV beteiligen Gesellschaften eine oder mehrere Formen der Mitbestimmung bestand, die für mind. 1/3 der Gesamtzahl der AN galt, die in einer an der gV beteiligten Gesellschaft oder einer ihrer Tochtergesellschaften beschäftigt waren. Besteht in zumindest einer der an der gV beteiligten Gesellschaft eine Form der Mitbestimmung kann die gesetzliche Regelung auch bei Unterschreiten der 1/3-Schwelle durch einen Beschluss des bVG herbeigeführt werden.

Bestanden bei mehreren an der Verschmelzung beteiligten Gesellschaften aus verschiedenen Mitgliedstaaten unterschiedliche Formen der Mitbestimmung, entscheidet das bVG durch Beschluss, welche von ihnen in der Zielgesellschaft eingeführt wird (§ 23 Abs. 2 S. 1). Dabei ist mit **Form der Mitbestimmung** das – gesetzliche oder vertragliche – Mitbestimmungssystem gem. § 2 Abs. 7 gemeint (siehe §§ 1–3 Rn 11). So handelt es sich z.B. bei der Mitbestimmung nach dem MitbestG und dem DrittelbG um dieselbe Form der Mitbestimmung, nämlich die Wahl von AN-Vertretern in der AR.[2] Als Auffangtatbestand normieren § 23 Abs. 2 S. 2 und 3 die Rechtsfolge für inländische Zielgesellschaften, falls das bVG die Mitbestimmungsform nicht wählt. Ist eine inländische Gesellschaft an der gV beteiligt, die der AN-Mitbestimmung unterliegt, gilt dieses Mitbestimmungssystem für die inländische Zielgesellschaft. Erfolgt die gV auf eine inländische Zielgesellschaft, ohne dass eine mitbestimmte inländische Gesellschaft an der gV beteiligt ist, ist die Mitbestimmungsform der ausländischen Gesellschaft mit der größten AN-Zahl maßgeblich.[3] Gem. § 23 Abs. 3 hat das bVG seine Beschlüsse gem. § 23 Abs. 1 S. 2 Nr. 2 und Abs. 2 S. 1 den Leitungen der beteiligten Gesellschaften mitzuteilen, die an diese gebunden sind.[4]

Eine Ansicht[5] will für den Fall, dass die Leitungen einen Beschluss gem. § 23 Abs. 1 Nr. 3 fassen, von vornherein auf die Konstituierung und Bildung des bVG verzichten. Damit sei auch eine Information der AN-Vertreter gem. § 6 Abs. 2 und 3 entbehrlich. Ohne Konstituierung des bVG greife die §§ 4, 5 das subsidiäre Sitzstaatsprinzip, wenn der Schwellenwert des § 23 Abs. 1 S. 2 Nr. 1 nicht erreicht sei, da das nicht gebildete bVG keinen Beschluss fassen könne. Diese Ansicht ist abzulehnen.[6] Zwar wird das bVG für den Beschluss der AG-Seite gem. § 23 Abs. 1 S. 1 Nr. 3 nicht benötigt. Allerdings kann die Bildung des bVG nicht gänzlich unterbleiben, da es beim Vollzug der gesetzlichen Auffangregelung mitwirkt, die die Leitungen gem. § 23 Abs. 1 S. 1 Nr. 3 beschlossen haben.[7] Auch gem. § 6 ist das bVG zwingend zu bilden. Ausnahmen sind nicht vorgesehen und auch § 23 Abs. 1 S. 2 Nr. 2 setzt das bVG ausdrücklich voraus und gibt ihm ein Beschlussrecht für das Verfehlen der $^1/_3$-Schwelle. Zudem ist für den Fall des Erreichens des Schwellenwerts nach § 25 Abs. 1 S. 2 Nr. 1 die Mitwirkung des bVG an der gesetzlichen Auffanglösung erforderlich, da es gem. § 23 Abs. 2 aus mehreren vor der Verschmelzung bestehenden Formen der Mitbestimmung eine auswählt, die Sitze im Aufsichts- oder Verwaltungsorgan verteilt und AN-Vertreter aus Mitgliedstaaten, die keine Regelung über die Entsendung der AN-Vertreter aufgestellt haben, bestimmt.[8] Es ist also auch bei einem Beschluss der AG-Seite gem. § 23 Abs. 1 S. 1 Nr. 3 zwingend das bVG zu bilden.

Art. 16 Abs. 3f der Verschm.-RL i.V.m. Art. 8 Abs. 3 der SE-Richtlinie[9] eröffnet die Möglichkeit, für **Tendenzunternehmen** (vgl. § 118 BetrVG Rn 1 ff.) besondere Bestimmungen vorzusehen, wenn das innerstaatliche Recht solche Regelungen bereits vorsieht. Dies ist im deutschen Recht der Fall, da Tendenzunternehmen gem. § 1 Abs. 4 MitbestG, § 1 Abs. 2 DrittelbG, § 34 EBRG, § 118 BetrVG und § 32 SprAuG von der Anwendung dieser Gesetze ausgenommen sind (vgl. § 1 MitbestG Rn 20 ff.). Dementsprechend finden die §§ 23 bis 27 sowie § 30 auf Tendenzunternehmen

---

2 BT-Drucks 16/2922, S. 27 li. Sp.
3 BT-Drucks 16/2922, S. 27 li. Sp.
4 BT-Drucks 16/2922, S. 27 li. Sp.
5 Krause/Janko, BB 2007, 2194, 2197; Schubert, RdA 2007, 9, 14.
6 So auch Engels, AuR 2009, 10, 28 (Fn 206); Heuchemer/Kloft, AuAR 2008, 86, 89.
7 Engels, AuR 2009, 10, 28 (Fn 206); Heuchemer/Kloft, AuAR 2008, 86, 89.
8 Engels, AuR 2009, 10, 28 (Fn 206).
9 RL 2001/86/EG ABl EG 294 vom 14.11.2001, S. 22 ff.

gem. § 28 keine Anwendung. In diesen Unternehmen gilt das Sitzstaatsprinzip gem. § 4 und es gibt keinen Bestandsschutz der Mitbestimmung bei nachfolgenden innerstaatlichen Verschmelzungen.

II. Umfang der Mitbestimmung

6 § 24 Abs. 1 bestimmt, dass die AN der Zielgesellschaft und ihrer Tochtergesellschaften das Recht haben, einen Teil der Mitglieder des Aufsichts- oder Verwaltungsorgans der Zielgesellschaft je nach Form der Mitbestimmung (siehe oben Rn 3) zu wählen oder zu bestellen oder deren Bestellung zu empfehlen oder abzulehnen. Dabei ist der höchste Anteil an AN-Vertretern, der in den Organen der an der gV beteiligten Gesellschaften bestanden hat, auch für das mitbestimmte Organ der Zielgesellschaft maßgeblich. Es wird also nicht eine bestimmte Zahl von Sitzen für die AN-Vertreter in den mitbestimmten Organen garantiert, sondern nur ihr Verhältnis zu den Vertretern der Anteilseigner. Die Zahl der Sitze für das jeweilige Organ kann daher von den Anteilseignern der Zielgesellschaft unter Berücksichtigung von § 27 autonom in der Satzung festgelegt werden. Ist die Zielgesellschaft eine GmbH, so bestimmt § 24 Abs. 2, dass in dieser entgegen § 52 Abs. 1 GmbHG zwingend ein AR gebildet werden muss, der einer Reihe aktienrechtlicher Vorschriften unterliegt, die die Rechte und Pflichten des AR, die Amtszeit ihrer Mitglieder und die innere Ordnung regeln, soweit sie nicht dem MgVG widersprechen. Der Verweis geht über die Regelungen im MitbestG hinaus, da auch auf die §§ 95 bis 106 AktG Bezug genommen wird. § 24 ist zwingendes Recht, weshalb die Satzung der Zielgesellschaft entsprechend angepasst werden muss, wenn sie im Widerspruch zu § 24 Abs. 1 und 2 steht (§ 24 Abs. 3).

III. Sitzverteilung

7 Die Verteilung der Sitze der AN-Vertreter im Aufsichts- oder Verwaltungsorgan der Zielgesellschaft erfolgt durch das bVG unter Berücksichtigung der Anteile der AN-Zahlen in den einzelnen Mitgliedstaaten (**Grundsatz der Proportionalität**).[10] Sind Gesellschaften aus einer größeren Anzahl von Mitgliedstaaten an der Verschmelzung beteiligt, als Vertreter Sitze im Aufsichts- oder Verwaltungsorgan nach der Satzung der Zielgesellschaft erhalten, so hat das bVG den letzten freien Sitz – zu Lasten eines Mitgliedstaats mit größerer AN-Zahl – zwingend einem der Staaten zuzuweisen, der bislang bei der Sitzverteilung unberücksichtigt geblieben ist. Soweit dies angemessen ist, d.h. keine sachlichen Gründe dagegen sprechen, soll der Sitz dem Sitzstaat der Zielgesellschaft zugewiesen werden, wenn dieser nicht bereits einen Sitz erhalten hat (§ 25 Abs. 1 S. 3 bis 5). Nach dem Wortlaut des § 25 Abs. 1 S. 3 verliert stets der kleinste Mitgliedstaat, der eigentlich bei der Sitzverteilung zu berücksichtigen wäre, den „letzten" Sitz an den Sitzstaat der Zielgesellschaft und nicht etwa der größte Mitgliedstaat mit dem auf ihn anteilig entfallenden Sitze. Dieses Ergebnis ist angemessen, damit AN in dem Mitgliedstaat mit der größten AN-Zahl entsprechend ihrer Bedeutung ordnungsgemäß repräsentiert werden. Letztlich handelt es sich nur um eine Verschiebung des letzten freien Sitzes von einem kleinen Mitgliedstaat in den anderen.

8 Welche AN-Vertreter die einem Mitgliedstaat zustehenden Sitze im Aufsichts- oder Verwaltungsorgan einnehmen, regelt der jeweilige Mitgliedstaat in eigener Kompetenz.[11] Fehlt eine solche Regelung, bestimmt das bVG gem. § 25 Abs. 2, welcher AN-Vertreter aus dem betreffenden Mitgliedsland in das Aufsichts- oder Verwaltungsorgan entsandt wird. Nach dem Wortlaut der Norm könnte das bVG für alle Mitgliedstaaten die Besetzung der ihnen zugewiesenen Sitze vornehmen, selbst wenn diese eigene Regelungen getroffen haben. Das ginge aber über das Ziel des § 25 Abs. 2 hinaus und würde das Territorialprinzip verletzen, das das MgVG ansonsten beachtet. § 25 Abs. 2 ist daher eng dahingehend auszulegen, dass das bVG nur die Kompetenz für die Wahl der AN-Vertreter für den Mitgliedstaat hat, der auf eine eigene Regelung verzichtet.

9 Für die **Ermittlung der inländischen Vertreter** im AR der Zielgesellschaft verweist § 25 Abs. 3 auf die Regelung über die Wahl der inländischen Mitglieder des bVG gem. §§ 8 Abs. 2 bis 4, 10 Abs. 1 S. 2 bis 5, Abs. 2 bis 7, 11 u. 12 bezogen auf die Zielgesellschaft, ihre Tochtergesellschaften und Betriebe. Das Wahlergebnis hat das bVG den Gewählten, der Leitung der Zielgesellschaft, deren AN-Vertretungen, den Sprecherausschüssen und Gewerkschaften mitzuteilen, soweit letztere an der Wahl beteiligt waren. Die Leitung der Zielgesellschaft hat die Namen der Gewählten in den Betrieben des Unternehmens bekanntzumachen.

IV. Rechtsstellung der Arbeitnehmervertreter und innere Ordnung des Aufsichts- und Verwaltungsorgans

10 § 27 Abs. 1 regelt entspr. den Prinzipien des deutschen Mitbestimmungsrechts, dass die AN-Vertreter im Aufsichts- oder Verwaltungsorgan dieselben Rechte und Pflichten haben wie die Mitglieder der Anteilseigner. Die **AN-Vertreter** haben damit **volles Stimmrecht** und unterliegen den **Verschwiegenheits-, Kontroll-** und **Sorgfaltpflichten** sowie dem Haftungsregime des jeweiligen Organs (bei AG und GmbH nach §§ 116, 93 AktG). Das **Stichentscheidrecht** des von den Anteilseignern bestellten **AR-Vorsitzenden** bei Stimmgleichheit gem. § 29 Abs. 2 S. 1 MitbestG besteht nach einer gV nicht mehr. Denn die Regelungen des MitbestG sind bei Anwendung der gesetzlichen Auffanglösung grds. ausgeschlossen. *Louven/Weng* wollen hier durch eine teleologische Reduktion der §§ 4, 5

---

10 BT-Drucks 16/2922, S. 27 re. Sp.   11 BT-Drucks 16/2922, S. 28 li. Sp.

MgVG helfen und § 29 Abs. 2 MitbestG auch auf den paritätisch besetzten AR der inländischen Zielgesellschaft einer gV anwenden.[12] Dafür spreche, dass § 27 die AN-Mitbestimmung nicht erhöhen wolle. Dem ist nicht zu folgen, da § 27 Abs. 1 ausdrücklich AN-Vertretern im Aufsichts- oder Verwaltungsorgan die gleichen Rechte zubilligt, wie den Anteilseignervertretern. Diese würden aber durch den Stichentscheid des von ihnen bestellten AR-Vorsitzenden bevorteilt werden. Zudem verkennen *Louven/Weng*, dass das MgVG die Mitbestimmungsform und die Anzahl und Verteilung der Sitze der AN-Vertreter im Aufsichts- oder Verwaltungsorgan abstrakt regelt und nur in Grundzügen die innere Ordnung des mitbestimmten Organs. Die Regelung des Stichentscheidrechts des AR-Vorsitzenden darf daher nicht über das gem. §§ 4, 5 grds. ausgeschlossene deutsche Mitbestimmungsrecht in Gestalt des § 29 Abs. 2 MitbestG wieder eingeführt werden. Gleiches gilt aus denselben Gründen für die von *Louven/Weng* alternativ vorgeschlagene Inkorporierung des Stichentscheidrechts des AR-Vorsitzenden in der Satzung vor Eintragung der gV,[13] die an § 24 Abs. 3 scheitert.

§ 27 Abs. 2 greift den im deutschen Mitbestimmungsrecht bewährten **Arbeitsdirektor** auf, wie aus dem Merkmal „Zuständigkeit für den Aufgabenbereich Arbeit und Soziales" deutlich wird. Die Vorschrift knüpft an die Regelung des § 38 Abs. 2 SEBG an. AN-Vertreter können nicht zu Geschäftsführern und Direktoren und damit auch nicht zum Arbeitsdirektor bestellt werden (vgl. §§ 34–38 SEBG Rn 5).[14] Wie gem. § 33 Abs. 1 S. 2 MitbestG in mitbestmmten inländischen Gesellschaften ist auch gem. § 27 Abs. 2 S. 3 in einer Zielgesellschaft einer gV in der Rechtsform der KGaA kein Arbeitsdirektor zu bestellen.

Ist an der gV eine deutsche Gesellschaft beteiligt, die der paritätischen Mitbestimmung nach dem MontanMitbestG oder dem MontanMitbestErgG unterliegt, stellt § 27 Abs. 3 sicher, dass bei der gesetzlichen Mitbestimmung nach dem MgVG die Funktion des „weiteren" (neutralen) Mitglieds erhalten bleibt (vgl. §§ 5–8 MontanMitbestG Rn 17 ff.; § 5 MontanMitbestErgG Rn 6).

V. Abberufung von inländischen Mitgliedern aus dem Aufsichts- oder Verwaltungsorgan

Die im deutschen AktG und in den Mitbestimmungsgesetzen geltenden Grundsätze über die Abberufung von AR-Mitgliedern werden durch § 26 Abs. 1 auf die Abberufung von inländischen AN-Vertretern im Aufsichts- oder Verwaltungsorgan der in- oder ausländischen Zielgesellschaft übertragen. Danach sind zur Abberufung diejenigen berechtigt, die das betreffende Mitglied gewählt haben. § 26 Abs. 1 ist dabei § 23 Abs. 2 u. 3 MitbestG nachgebildet (vgl. § 23 MitbestG Rn 4). Für das Abberufungsverfahren gelten die Vorschriften über das Wahlverfahren der Mitglieder des bVG entsprechend. Der Abberufungsbeschluss bedarf allerdings einer Mehrheit von ¾ der abgegebenen Stimmen. Durch Abberufung frei gewordene Sitze werden zunächst durch das Ersatzmitglied besetzt und sind bei Fehlen eines Ersatzmitglieds durch Nachwahl nach den jeweiligen Wahlvorschriften neu zu besetzen (siehe Rn 7 ff.). In eiligen Fällen kommt gem. § 24 Abs. 2 bei der GmbH – und in entsprechender Anwendung auch bei der AG – eine Ersatzbestellung entsprechend § 104 AktG in Betracht, wobei das Gericht einen AN-Vertreter unter Beachtung des § 25 bestellen muss.

VI. Anfechtung der Wahl oder der Abberufung

Wie im MitbestG setzt die Anfechtung der Wahl eines oder mehrerer Mitglieder im Aufsichts- oder Verwaltungsorgan einen Verstoß gegen wesentliche Wahlvorschriften über das Wahlrecht, die Wählbarkeit oder das Wahlverfahren voraus, durch die das Wahlergebnis geändert oder beeinflusst werden konnte. Eine Berichtigung des Verstoßes nach einer Rüge durch das bVG lässt das Rechtsschutzbedürfnis entfallen. Anfechtungsberechtigt ist neben denjenigen Personen, die das Mitglied des Aufsichts- oder Verwaltungsorgans gewählt haben, auch die Unternehmensleitung der Zielgesellschaft. Die Anfechtungsklage muss innerhalb eines Monats nach Bekanntgabe der Wahl gem. § 25 Abs. 3 S. 3, 4 erhoben werden, sonst ist die Wahl endgültig wirksam. Für die Wahl der AN-Vertreter ist diese Regelung der Wahlanfechtung abschließend.[15] Auch wenn eine Anfechtung der Abberufung nach § 26 Abs. 1 nicht ausdrücklich geregelt ist, muss diese doch analog § 26 Abs. 2 möglich sein, da die Abberufung der actus contrarius zu der Wahl eines Mitgliedes ist (vgl. § 23 MitbestG Rn 5 m.w.N.). Wegen der Voraussetzungen und Folgen der Nichtigkeit der Wahl vgl. § 19 BetrVG Rn 23 f.

C. Verbindung zum Prozessrecht

Die ArbG sind im Beschlussverfahren gem. §§ 2a Abs. 1 Nr. 3f, 80 ArbGG nur für Streitigkeiten im Zusammenhang mit Wahl oder Abberufung von AN-Vertretern im Aufsichts- und Verwaltungsorgan – mit Ausnahme der Abberufung aus wichtigem Grund (§ 103 Abs. 3 AktG) – zuständig und nur für Streitigkeiten über andere Regelungen der §§ 23 bis 28. Für diese Streitigkeiten sind die ordentlichen Gerichte zuständig. Einzelne Entscheidungen des bVG im Zusammenhang mit Wahl und Abberufung können selbstständig im Wege der einstweiligen Verfügung angegriffen werden, wobei vorrangig Sicherungsverfügungen beantragt werden sollten. Handlungsverfügungen werden i.d.R.

---

12 *Louven/Weng*, BB 2008, 797, 799.
13 *Louven/Weng*, BB 2008, 797, 799.
14 BT-Drucks 16/2922, S. 28 li. Sp.
15 BT-Drucks 16/2922, S. 28 li. Sp.

nur bei so schweren Verstößen möglich sein, dass die Wahl als nichtig oder eindeutig anfechtbar anzusehen ist. Zuständig ist gem. § 82 Abs. 5 das ArbG am Sitz der Zielgesellschaft. Dabei ist ausweislich der Gesetzesbegründung die Formulierung „Angelegenheiten" weit zu verstehen, so dass die Zuständigkeit auch für Angelegenheiten der AN-Vertreter im Aufsichts- oder Verwaltungsorgan der Zielgesellschaft gilt.[16] Antragsberechtigt sind das bVG sowie die Leitung der Zielgesellschaft.

Kapitel 3: Verhältnis zum nationalen Recht

§ 29 Fortbestehen nationaler Arbeitnehmervertretungsstrukturen

[1]Regelungen über die Arbeitnehmervertretungen und deren Strukturen in einer beteiligten Gesellschaft mit Sitz im Inland, die durch die Verschmelzung als eigenständige juristische Person erlischt, bestehen nach Eintragung der aus der grenzüberschreitenden Verschmelzung hervorgehenden Gesellschaft fort. [2]Die Leitung der aus der grenzüberschreitenden Verschmelzung hervorgegangenen Gesellschaft stellt sicher, dass diese Arbeitnehmervertretungen ihre Aufgaben weiterhin wahrnehmen können.

§ 30 Nachfolgende innerstaatliche Verschmelzungen

[1]Bei innerstaatlichen Verschmelzungen, die einer grenzüberschreitenden Verschmelzung nachfolgen, richtet sich die Mitbestimmung der Arbeitnehmer entsprechend § 4 nach den nationalen Regelungen. [2]Sehen diese Regelungen nicht mindestens den in der aus der grenzüberschreitenden Verschmelzung hervorgegangenen Gesellschaft bestehenden Umfang an Mitbestimmung im Sinne des § 5 Nr. 2 vor, gelten die für diese Gesellschaft maßgeblichen Regelungen über die Mitbestimmung für die Dauer von drei Jahren ab deren Eintragung in der aus der innerstaatlichen Verschmelzung hervorgehenden Gesellschaft fort.

A. Allgemeines	1	II. Schutz der Mitbestimmung nach dem MgVG	4
B. Regelungsgehalt	2	C. Verbindung zu anderen Rechtsgebieten	5
I. Fortbestehen nationaler Arbeitnehmer-Vertretungsstrukturen bei einer Hinausverschmelzung	2		

A. Allgemeines

1 § 29 soll das nationale kollektive Arbeitsrecht vor den Auswirkungen der gV schützen. § 30 setzt Art. 16 Abs. 7 der Verschm.-RL[1] um. Demnach sind die nach dem MgVG ermittelten Mitbestimmungsrechte der AN bei der grenzüberschreitenden Verschmelzung auf eine inländische Zielgesellschaft bei nachfolgenden innerstaatlichen Verschmelzungen für drei Jahren ab Eintragung im HReg geschützt.

B. Regelungsgehalt

I. Fortbestehen nationaler Arbeitnehmer-Vertretungsstrukturen bei einer Hinausverschmelzung

2 § 29 S. 1 soll sicherstellen, dass die kollektivrechtlichen Strukturen der inländischen AN-Vertretungen in den an der gV beteiligten und von ihr betroffenen inländischen Gesellschaften und Betrieben bei einer Verschmelzung auf eine Zielgesellschaft im Ausland erhalten bleiben, obwohl die Gesellschaften mit Eintragung der gV im HReg erlöschen. Insofern erfüllt § 29 S. 1 die Funktion des § 324 UmwG mit Bezug auf § 613a BGB. Auch § 29 S. 1 ist eigentlich überflüssig, da die inländischen Betriebe und betriebsverfassungsrechtlichen Strukturen durch die rein gesellschaftsrechtlichen Auswirkungen der gV nicht berührt werden und weiterhin deutschem Recht unterliegen. Dies gilt selbst dann, wenn im Inland nur ein Betrieb vorhanden war und dessen Leitung wegfällt, da diese Leitung dann eben vom Ausland aus ausgeübt wird. BV oder TV bleiben durch den Übergang sämtlicher Rechtsverhältnisse von den an der Verschmelzung beteiligten Gesellschaften auf die Zielgesellschaft erhalten.

---

16 BT-Drucks 16/2922, S. 30 li. Sp.

1 RL 2005/56/EG v. 20.9.2005, ABl EG Nr. L310 v. 25.11.2005.

§ 29 S. 2, mit dem sich der inländische Gesetzgeber an eine ausländische Gesellschaft wendet, ist rechtsdogmatisch verfehlt und wohl nur als rechtspolitisches Zeichen ggü. den Gewerkschaften zu verstehen. Denn aufgrund des Territorialprinzips kann der deutsche Gesetzgeber die ausländischen Unternehmensleitungen nicht verpflichten. Dementsprechend fehlt der Vorschrift auch regelnder Charakter, was bereits in ihrer Formulierung zum Ausdruck kommt. Inländische AN und AN-Vertretungen werden durch deutsches Arbeitsrecht ohnehin auch weiterhin geschützt.

II. Schutz der Mitbestimmung nach dem MgVG

§ 30 betrifft den Fall, dass auf die gV eine innerstaatliche Verschmelzung zwischen der inländischen Zielgesellschaft und weiteren inländischen Gesellschaften folgt. Für die aus dieser zweiten Verschmelzung entstehende Gesellschaft gilt gem. § 30 S. 1 i.V.m. § 4 deutsches Mitbestimmungsrecht (MitbestG, DrittelbG, MontanMitbestG, MontanMitbestErgG). Für den Fall, dass die nationalen Regelungen nicht den gleichen Umfang an Mitbestimmung i.S.d. § 5 Nr. 2 wie das nach der gV geltende Mitbestimmungssystem vorsehen, gelten die für die Zielgesellschaft ausgehandelten oder per Gesetz eingreifenden Mitbestimmungsregelungen für die Dauer von drei Jahren ab Eintragung der gV im HReg fort. Durch Anwendung des Vorher-Nachher-Prinzips (vgl. §§ 1–3 Rn 1) wird der nach dem MgVG ermittelte Umfang der Mitbestimmung für die nachfolgenden innerstaatlichen Verschmelzungen gesichert. Während des Drei-Jahreszeitraums wird neben der ersten auch jede weitere nachfolgende innerstaatliche Verschmelzung erfasst. Denn § 30 S. 1 verwendet den Plural („innerstaatliche Verschmelzungen").[2]

C. Verbindung zu anderen Rechtsgebieten

§ 18 Abs. 3 SEBG ermöglicht die Neuaufnahme von Verhandlungen, wenn eine Gesellschaft mit einem höheren Umfang an Mitbestimmung von einer SE aufgenommen wird[3] (vgl. §§ 11–20 SEBG Rn 9 f.).

Teil 4: Schutzbestimmungen

§ 31 Geheimhaltung; Vertraulichkeit

(1) Informationspflichten der Leitungen und der Leitung der aus einer grenzüberschreitenden Verschmelzung hervorgehenden Gesellschaft nach diesem Gesetz bestehen nur, soweit bei Zugrundelegung objektiver Kriterien dadurch nicht Betriebs- oder Geschäftsgeheimnisse der an der Verschmelzung beteiligten Gesellschaften, der aus der grenzüberschreitenden Verschmelzung hervorgehenden Gesellschaft oder deren jeweiliger Tochtergesellschaften und Betriebe gefährdet werden.

(2) ¹Die Mitglieder und Ersatzmitglieder eines besonderen Verhandlungsgremiums sind unabhängig von ihrem Aufenthaltsort verpflichtet, Betriebs- oder Geschäftsgeheimnisse, die ihnen wegen ihrer Zugehörigkeit zum besonderen Verhandlungsgremium bekannt geworden und von der Leitung ausdrücklich als geheimhaltungsbedürftig bezeichnet worden sind, nicht zu offenbaren und nicht zu verwerten. ²Dies gilt auch nach dem Ausscheiden aus dem besonderen Verhandlungsgremium.

(3) Die Pflicht zur Vertraulichkeit der Mitglieder und Ersatzmitglieder eines besonderen Verhandlungsgremiums nach Absatz 2 gilt nicht gegenüber
1. den Mitgliedern und Ersatzmitgliedern des besonderen Verhandlungsgremiums,
2. den Arbeitnehmervertretern im Aufsichts- oder Verwaltungsorgan der aus der grenzüberschreitenden Verschmelzung hervorgehenden Gesellschaft sowie
3. den Dolmetschern und Sachverständigen, die zur Unterstützung herangezogen werden.

(4) Die Pflicht zur Vertraulichkeit nach Absatz 2 gilt entsprechend für die Sachverständigen und Dolmetscher.

§ 32 Schutz der Arbeitnehmervertreter

Bei der Wahrnehmung ihrer Aufgaben genießen
1. die Mitglieder des besonderen Verhandlungsgremiums und
2. die Arbeitnehmervertreter im Aufsichts- oder Verwaltungsorgan der aus der grenzüberschreitenden Verschmelzung hervorgehenden Gesellschaft,

---

2 BT-Drucks 16/2922, S. 29 li. Sp.   3 BT-Drucks 16/2922.

die Beschäftigte der aus einer grenzüberschreitenden Verschmelzung hervorgehenden Gesellschaft, ihrer Tochtergesellschaften oder Betriebe oder einer der beteiligten Gesellschaften, betroffenen Tochtergesellschaften oder betroffenen Betriebe sind, den gleichen Schutz und die gleichen Sicherheiten wie die Arbeitnehmervertreter nach den Gesetzen und Gepflogenheiten des Mitgliedstaats, in dem sie beschäftigt sind. Dies gilt insbesondere für
1. den Kündigungsschutz,
2. die Teilnahme an den Sitzungen der jeweiligen in Satz 1 genannten Gremien und
3. die Entgeltfortzahlung.

§ 33 Errichtungs- und Tätigkeitsschutz

Niemand darf
1. die Bildung des besonderen Verhandlungsgremiums oder die Wahl, Bestellung, Empfehlung oder Ablehnung der Arbeitnehmervertreter im Aufsichts- oder Verwaltungsorgan behindern oder durch Zufügung oder Androhung von Nachteilen oder durch Gewährung oder Versprechen von Vorteilen beeinflussen;
2. die Tätigkeit des besonderen Verhandlungsgremiums oder die Tätigkeit der Arbeitnehmervertreter im Aufsichts- oder Verwaltungsorgan behindern oder stören oder
3. ein Mitglied oder Ersatzmitglied des besonderen Verhandlungsgremiums oder einen Arbeitnehmervertreter im Aufsichts- oder Verwaltungsorgan wegen seiner Tätigkeit benachteiligen oder begünstigen.

A. Allgemeines	1	C. Verbindung zu anderen Rechtsgebieten	8
B. Regelungsgehalt	2	D. Verbindung zum Prozessrecht	10
I. Geheimhaltung und Vertraulichkeit	2	E. Beraterhinweise	11
II. Schutz der Arbeitnehmer-Vertreter	6		

A. Allgemeines

1 §§ 31 bis 33 regeln den Schutz der Betriebs- und Geschäftsgeheimnisse der an der grenzüberschreitenden Verschmelzung beteiligten Unternehmen (§ 31) sowie den Schutz des besonderen Verhandlungsgremiums (bVG), seiner Mitglieder sowie der AN-Vertreter des Aufsichts- oder Verwaltungsorgans während ihrer Wahl und Tätigkeit (§§ 32, 33).

B. Regelungsgehalt

I. Geheimhaltung und Vertraulichkeit

2 Damit die Mitbestimmung der aus der gV hervorgehenden Zielgesellschaft nach den Grundsätzen des MgVG effektiv aufgrund von Verhandlungen vereinbart werden kann, muss die AG-Seite eine Reihe von – teilweise auch vertraulichen – Informationen an die AN-Seite weitergeben. Die **Informationsrechte der AN-Seite** sind in §§ 6 Abs. 2 und 3, 7 Abs. 4, 15 Abs. 2 geregelt. § 31 trägt dem **Geheimhaltungsbedürfnis der AG-Seite** Rechnung. Der Gesetzgeber hat sich bei der Formulierung der zentralen Begriffe des Betriebs- oder Geschäftsgeheimnisses bewusst an die einheitliche Terminologie der nationalen Vorschriften (z.B. BetrVG, SprAuG und AktG) gehalten, die entsprechend einheitlich auszulegen sind.[1] **Betriebs- oder Geschäftsgeheimnisse** sind Tatsachen, die im Zusammenhang mit dem Geschäftsbetrieb stehen, nur einem eng begrenzten Personenkreis bekannt und nach dem bekundeten Willen des Betriebsinhabers geheim zu halten sind (vgl. § 611 BGB Rn 528).[2] Betriebsgeheimnisse beziehen sich dabei auf den technischen Betriebsablauf, insbesondere die Herstellung und Herstellungsverfahren; Geschäftsgeheimnisse betreffen den allgemeinen Geschäftsverkehr des Unternehmens (vgl. § 79 BetrVG Rn 2 ff.).

3 § 31 Abs. 1 schränkt die Informationspflichten der AG-Seite in § 15 Abs. 2 dahingehend ein, dass der AN-Seite Informationen nur mitzuteilen sind, soweit unter Zugrundelegung objektiver Kriterien dadurch nicht Betriebs- oder Geschäftsgeheimnisse der an der gV beteiligten Gesellschaften oder der Zielgesellschaft gefährdet werden. Rein subjektive Befürchtungen genügen also nicht.[3]

---

[1] BT-Drucks 16/2922, S. 29 li. Sp.
[2] BAG 26.2.1987 – 6 ABR 46/84 – AP § 79 BetrVG 1972 Nr. 2; *Fitting u.a.*, § 79 Rn 3; BAG 15.12.1987 – 3 AZR 474/86 – AP § 611 BGB Geschäftsgeheimnis Nr. 5 = NJW 1988, 502; *ErfK/Preis*, § 611 BGB Rn 873; *Richters/Wodtke*, NZA-RR 2003, 281.
[3] BT-Drucks 16/2922, S. 29 li. Sp.

§ 31 Abs. 2 regelt die Verschwiegenheitspflicht sämtlicher in- und ausländischer Mitglieder und Ersatzmitglieder des bVG.[4] Der weite Anwendungsbereich ergibt sich aus der Gesetzesbegründung und dem Wortlaut des Gesetzes, das sich nicht auf inländische Mitglieder des bVG beschränkt. Die Verschwiegenheitspflicht greift, wenn objektiv ein Betriebs- oder Geschäftsgeheimnis vorliegt (siehe oben Rn 2), das die AG-Seite als geheimhaltungsbedürftig bezeichnet hat. Ist dies der Fall, darf es weder während der Mitgliedschaft im bVG noch danach (§ 31 Abs. 2 S. 2) einem Dritten außerhalb des Personenkreises des § 31 Abs. 3 offenbart oder auf andere Weise verwertet werden. Die Verwertung kennzeichnet eine eigennützige Verwendung der geschützten Informationen und zieht eine Erhöhung des Strafrahmens gem. § 34 Abs. 1 nach sich.[5]

§ 31 Abs. 3 regelt den von der **Geheimhaltungspflicht ausgenommenen Adressatenkreis**. Dies sind die Mitglieder und Ersatzmitglieder des bVG, die die geschützte Information nicht aus erster Hand erhalten haben (Nr. 1), die AN-Vertreter in Aufsichts- oder Verwaltungsorgan der Zielgesellschaft (Nr. 2) sowie die Dolmetscher und Sachverständigen des bVG (Nr. 3), einschl. RA. Dabei wollte der deutsche Gesetzgeber, dass die schützwürdigen Informationen als „geheimhaltungsbedürftig" zu kennzeichnen sind, wenn sie an einen Adressaten gem. § 31 Abs. 3 weitergegeben werden.[6] Dies geht aus dem Wortlaut des § 31 Abs. 3 zwar nicht hervor. Dem berechtigten Interesse der AG-Seite wird aber nur Rechnung getragen, wenn die von ihr gem. § 31 Abs. 2 vorgenommene Kennzeichnung auch den zulässigen Adressaten des § 31 Abs. 3 bekannt gegeben wird. Denn ohne Kenntnis der Geheimhaltungsbedürftigkeit der Informationen würden diese sie bedenkenlos weitergeben, was letztlich zum Bruch der Vertraulichkeit führen würde, ohne dass mangels Verschulden eine zivilrechtliche oder strafrechtliche Sanktion möglich wäre. Für eine Kennzeichnungspflicht spricht auch § 31 Abs. 4, der die Kennzeichnung der Vertraulichkeit voraussetzt.

II. Schutz der Arbeitnehmer-Vertreter

§ 32 setzt die Vorgaben von Art. 16 Abs. 3f der Verschm.-RL[7] i.V.m. Art. 10 der SE-RL[8] um, wonach alle AN-Vertreter in der Ausübung ihrer Tätigkeit nach dem MgVG geschützt sein sollen. § 32 verzichtet auf einheitliche Schutzvorschriften, sondern verweist auf die Regelungen in den jeweiligen Mitgliedstaaten, in denen die AN-Vertreter beschäftigt sind.[9] Wesentliche Bereiche gem. § 32 S. 2 Nr. 1 bis 3 sind der Künd-Schutz, die Freistellung für Sitzungen von bVG und Aufsichts- oder Verwaltungsorgan bei Entgeltfortzahlung. Die Aufzählung ist nicht abschließend („insbesondere"). Unklar ist, ob für die inländischen AN-Vertreter im bVG und im Aufsichts- oder Verwaltungsorgan „der gleiche Schutz und die gleichen Sicherheiten" wie im Rahmen des MitbestG oder wie im Rahmen des BetrVG gelten. Letztere genießen im Gegensatz zu den AN-Vertretern im AR einer mitbestimmten Gesellschaft Künd-Schutz. Zu § 42 SEBG, der ebenfalls auf der SE-RL beruht, wird vertreten, dass die deutschen AN-Vertreter des bVG wie BR-Mitglieder gem. §§ 37, 103 BetrVG, § 15 KSchG geschützt seien. Wahlbewerber und Mitglieder des Wahlgremiums genössen hingegen keinen besonderen Künd-Schutz (vgl. §§ 45–47 SEBG Rn 4).[10] Für die AN-Vertreter im Aufsichts- oder Verwaltungsorgan der SE gelte der Schutzumfang des § 26 MitBestG entsprechend (vgl. §§ 45–47 SEBG Rn 4 m.w.N.). Diese Auffassung überzeugt und ist auch auf das MgVG zu übertragen. Die Besserstellung der Mitglieder des bVG ggü. den Mitgliedern des Aufsichts- oder Verwaltungsorgans ist sachlich gerechtfertigt. Denn die Mitglieder des bVG müssen dadurch, dass sie mit der AG-Seite – ggf. kontroverse – Verhandlungen führen, geschützt werden wie BR-Mitglieder und damit mehr als AR-Mitglieder. Denn diese sind i.d.R. ggü. den Vertretern der Anteilseigner in der Minderheit und können in diesem Fall in den mitbestimmten Organen nur ihre Meinung äußern. Die Mitglieder des bVG sind also zu schützen wie BR-Mitglieder. Die AN-Vertreter im Aufsichts- oder Verwaltungsorgan sind so zu stellen, wie AN-Vertreter im mitbestimmten AR gem. § 26 MitbestG (vgl. § 26 MitbestG Rn 5 ff.). Die Wahlbewerber zum bVG und Aufsichts- oder Verwaltungsorgan sowie die Mitglieder des Wahlgremiums genießen keinen Schutz, da sie in § 32 S. 1 nicht erwähnt werden.

§ 32 wird ergänzt durch die Regelungen des **Richtungs- und Tätigkeitsschutzes** in § 33. Durch § 33 Nr. 1 bis 3 sind alle Stadien der Bildung und der Betätigung dieser Gremien einschl. der Ersatzmitglieder geschützt. Das Verbot richtet sich gegen Jedermann. Die Vorschrift entspricht § 119 BetrVG. Auf die entspr. Kommentierung wird verwiesen.

C. Verbindung zu anderen Rechtsgebieten

Die Geheimhaltungspflichten entsprechen dem Schutz von Betriebs- und Geschäftsgeheimnissen in §§ 79, 129 BetrVG und in §§ 116, 93 Abs. 1 S. 2, 404 AktG sowie §§ 41, 42, 44 SEBG. Die AN-Vertreter im AR werden zudem nach den gesellschaftsrechtlichen Vorschriften gem. § 93 Abs. 1 S. 2 AktG zur Verschwiegenheit verpflichtet. Der in § 33 i.V.m. § 34 Abs. 2 Nr. 2 und 3 geregelte Tätigkeitsschutz entspricht den §§ 78, 119 BetrVG sowie § 42 EBRG.

---

4 BT-Drucks 16/2922.
5 BT-Drucks 16/2922, S. 29 li. Sp.
6 BT-Drucks 16/2922, S. 29 re. Sp.
7 RL 2005/56/EG v. 20.9.2005, ABl EG Nr. L310 v. 25.11.2005.
8 RL 2001/86/EG ABl EG 294 vom 14.11.2001, S. 22 ff.
9 BT-Drucks 16/2922, S. 29 re. Sp.
10 Vgl. *Grobys*, NZA 2005, 84, 91.

9 § 31 Abs. 2 bis 4 ist Schutzgesetz i.S.d. § 823 Abs. 2 BGB, so dass auch Vermögensschäden durch Mitglieder des bVG oder Sachverständige und Dolmetscher wegen Verletzung der dort geregelten Geheimhaltungspflichten zivilrechtlich geltend gemacht werden können. Bei ausländischen AN ist Art. 40 EGBGB zu beachten.

D. Verbindung zum Prozessrecht

10 Schadensersatzansprüche gem. § 823 Abs. 2 BGB i.V.m. § 31 Abs. 2, 3, 4 sind ebenfalls vor dem ArbG im Urteilsverfahren gem. § 2 Abs. 2 Nr. 3d ArbGG geltend zu machen.

E. Beraterhinweise

11 Den Vertretern der AG-Seite ist im Rahmen der Verhandlungen über die Vereinbarung einer Mitbestimmung in der Zielgesellschaft zu raten, sämtliche Informationen, die Betriebs- oder Geschäftsgeheimnisse darstellen könnten, ausdrücklich als „geheimhaltungsbedürftig" zu kennzeichnen. Denn selbst wenn kein Betriebs- oder Geschäftsgeheimnis vorliegt, wird dadurch doch i.d.R. wegen der potentiellen Schadensersatz- und Strafdrohung sichergestellt, dass diese Informationen nicht weitergegeben oder verwertet werden. Zudem sollte den Empfängern der Informationen mitgeteilt werden, dass auch Personen aus dem Adressatenkreis des § 31 Abs. 3 von der Geheimhaltungsbedürftigkeit unterrichtet werden müssen. Kennzeichnung und Empfang der gegebenen Informationen sollte stets schriftlich dokumentiert werden.

Teil 5: Straf- und Bußgeldvorschriften

§ 34 Strafvorschriften

(1) Mit Freiheitsstrafe bis zu zwei Jahren oder mit Geldstrafe wird bestraft, wer entgegen § 31 Abs. 2, auch in Verbindung mit Abs. 4, ein Betriebs- oder Geschäftsgeheimnis verwertet.
(2) Mit Freiheitsstrafe bis zu einem Jahr oder mit Geldstrafe wird bestraft, wer
1. entgegen § 31 Abs. 2, auch in Verbindung mit Abs. 4, ein Betriebs- oder Geschäftsgeheimnis offenbart,
2. entgegen § 33 Nr. 1 oder 2 eine dort genannte Tätigkeit behindert, beeinflusst oder stört oder
3. entgegen § 33 Nr. 3 eine dort genannte Person benachteiligt oder begünstigt.
(3) Handelt der Täter in den Fällen des Absatzes 2 Nr. 1 gegen Entgelt oder in der Absicht, sich oder einen anderen zu bereichern oder einen anderen zu schädigen, so ist die Strafe Freiheitsstrafe bis zu zwei Jahren oder Geldstrafe.
(4) [1]Die Tat wird nur auf Antrag verfolgt. [2]In den Fällen des Absatzes 2 Nr. 2 und 3 sind das besondere Verhandlungsgremium, jedes Mitglied des Aufsichts- oder Verwaltungsorgans, eine im Unternehmen vertretene Gewerkschaft sowie die Leitungen antragsberechtigt.

§ 35 Bußgeldvorschriften

(1) Ordnungswidrig handelt, wer entgegen § 6 Abs. 2 oder § 7 Abs. 4 Satz 2 eine Information nicht, nicht richtig, nicht vollständig oder nicht rechtzeitig gibt.
(2) Die Ordnungswidrigkeit kann mit einer Geldbuße bis zu zwanzigtausend Euro geahndet werden.

A. Allgemeines

1 Die §§ 34 und 35 sind den §§ 43 bis 45 EBRG nachgebildet. Sie enthalten Straf- und Bußgeldvorschriften, die die Einhaltung der Geheimhaltungs- und Vertraulichkeitspflichten der Mitglieder des besonderen Verhandlungsgremiums (bVG) sowie seiner Sachverständigen und Dolmetscher gem. § 31 Abs. 2 und 4, die Pflicht der AG-Seite auf vollständige und rechtzeitige Information der AN zur Bildung und Wahl des bVG sowie die Schutzvorschriften zugunsten der AN-Vertreter im bVG sowie im Aufsichts- oder Verwaltungsorgan gem. § 33 absichern.

B. Regelungsgehalt

§ 34 Abs. 1 und Abs. 2 Nr. 1 stellt die unzulässige Offenbarung eines von der AG-Seite ausdrücklich als geheimhaltungsbedürftig bezeichneten Betriebs- oder Geschäftsgeheimnisses gem. § 31 unter Strafe. Der Strafrahmen erhöht sich dabei von bis zu einem Jahr auf bis zu zwei Jahre, wenn der Täter die Geheimnisse verwertet (§ 34 Abs. 1), gegen Entgelt (§ 34 Abs. 3 Fall 1) oder mit Bereicherungs- oder Schädigungsabsicht handelt (§ 34 Abs. 3 Fall 2), da in diesen Fällen die eigennützige Verwendung der Informationen die Tat verwerflicher machen (vgl. §§ 31–33 Rn 4). Verstöße gegen einen der Verbotstatbestände des § 33 zum Errichtungs- und Tätigkeitsschutz des bVG (§ 34 Abs. 2 Nr. 2) oder Benachteiligungs- und Begünstigungsverbot von Mitgliedern im Aufsichts- oder Verwaltungsorgan (§ 34 Abs. 2 Nr. 3) werden mit Freiheitsstrafe von bis zu einem Jahr bestraft. Bei ausländischen AN, die auch zum Adressatenkreis der §§ 31 bis 35 gehören, ist § 3 StGB zu beachten. § 34 ist ein Antragsdelikt. Da bei der Verletzung von Mitbestimmungsrechten und der Störung der Tätigkeit der Vertretungsgremien ein größerer Kreis an Verletzten in Betracht kommt, zählt § 34 Abs. 4 S. 2 klarstellend die Personen und Gremien auf, die in diesem Fällen antragsberechtigt sind.[1]

§ 35 sanktioniert die Verletzung der Auskunfts- und Informationspflichten durch die AG-Seite im Vorfeld und während der Wahl des bVG gem. §§ 6 Abs. 2, 7 Abs. 4 S. 2 mit einer Geldbuße von bis zu 20.000 EUR. Unter Buße gestellt ist die falsche, unvollständige oder verspätete Erteilung von Informationen an die AN. Grund für die Bußgeldvorschrift ist, dass eine gerichtliche Durchsetzung der Informationsansprüche der AN-Seite gegen die AG-Seite aufgrund des hohen Zeitdrucks des Wahlverfahrens des bVG vielfach selbst im Eilverfahren nicht zu erreichen ist und der Gesetzgeber daher eine angemessene weitere Sanktionsmöglichkeit schaffen wollte.[2] Die Vorschrift ist § 121 BetrVG nachgebildet. Auf die entspr. Kommentierung wird verwiesen.

C. Verbindung zum Prozessrecht

Die ArbG sind für Verletzungen von Straf- und Bußgeldvorschriften nicht zuständig, da die §§ 34 bis 35 aus dem Zuständigkeitskatalog des § 2a Abs. 1 Nr. 3f ArbGG ausgenommen sind. Es gelten die allgemeinen Zuständigkeitsregelungen nach deutschem Straf- und Ordnungswidrigkeitenrecht (vgl. § 13 GVG und § 68f OWiG).

---

[1] BT-Drucks 16/2922, S. 30 li. Sp.

[2] BT-Drucks 16/2922, S. 30 li. Sp.

Gesetz über die Festsetzung von Mindestarbeitsbedingungen (Mindestarbeitsbedingungsgesetz – MiArbG)

Vom 11.1.1952, BGBl I S. 17, BGBl III 802-2

Zuletzt geändert durch Erstes Gesetz zur Änderung des Gesetzes über die Festsetzung von Mindestarbeitsbedingungen vom 22.4.2009, BGBl I S. 818

Erster Abschnitt: Festsetzung von Mindestarbeitsentgelten

§ 1 Festsetzung von Mindestarbeitsentgelten

(1) Die Regelung von Entgelten und sonstigen Arbeitsbedingungen erfolgt grundsätzlich in freier Vereinbarung zwischen den Tarifvertragsparteien durch Tarifverträge.
a) Gewerkschaften oder Vereinigungen von Arbeitgebern für den Wirtschaftszweig oder die Beschäftigungsart nicht bestehen oder nur eine Minderheit der Arbeitnehmer oder der Arbeitgeber umfassen und
b) die Festsetzung von Mindestarbeitsbedingungen zur Befriedigung der notwendigen sozialen und wirtschaftlichen Bedürfnisse der Arbeitnehmer erforderlich erscheint und
c) eine Regelung von Entgelten oder sonstigen Arbeitsbedingungen durch Allgemeinverbindlicherklärung eines Tarifvertrags nicht erfolgt ist.

(2) Mindestarbeitsentgelte können in einem Wirtschaftszweig festgesetzt werden, wenn in dem Wirtschaftszweig bundesweit die an Tarifverträge gebundenen Arbeitgeber weniger als 50 Prozent der unter den Geltungsbereich dieser Tarifverträge fallenden Arbeitnehmer beschäftigen.

(3) Die Vorschriften des Heimarbeitsgesetzes werden durch dieses Gesetz nicht berührt.

§ 2 Hauptausschuss

(1) Das Bundesministerium für Arbeit und Soziales errichtet einen ständigen Hauptausschuß für Mindestarbeitsentgelte (Hauptausschuß).

(2) [1]Der Hauptausschuss besteht aus einem Vorsitzenden und sechs weiteren ständigen Mitgliedern. [2]Für jedes Mitglied ist mindestens ein Stellvertreter zu bestellen. [3]Die Mitglieder und deren Stellvertreter müssen in der Lage sein, umfassend die sozialen und ökonomischen Auswirkungen von Mindestarbeitsentgelten einzuschätzen.

(3) [1]Die Bundesregierung beruft den Vorsitzenden sowie zwei weitere Mitglieder und deren Stellvertreter auf Vorschlag des Bundesministeriums für Arbeit und Soziales sowie je zwei Mitglieder und deren Stellvertreter auf Grund von Vorschlägen der Spitzenorganisationen der Arbeitgeber und der Arbeitnehmer für die Dauer von drei Jahren. [2]Üben die Spitzenorganisationen der Arbeitgeber oder der Arbeitnehmer ihr Vorschlagsrecht nicht aus, erfolgt die Berufung auf Vorschlag des Bundesministeriums für Arbeit und Soziales.

(4) [1]Der Hauptausschuss ist beschlussfähig, wenn alle Mitglieder anwesend oder vertreten sind. [2]Er kann sich eine Geschäftsordnung geben.

(5) [1]Die Tätigkeit der Mitglieder und ihrer Stellvertreter ist ehrenamtlich. [2]Die Mitglieder unterliegen bei der Wahrnehmung ihrer Tätigkeit keinen Weisungen. [3]Sie erhalten eine angemessene Entschädigung für den von ihnen aus der Wahrnehmung ihrer Tätigkeit erwachsenden Verdienstausfall und Aufwand sowie Ersatz der Fahrtkosten entsprechend den für die ehrenamtlichen Richter der Arbeitsgerichte geltenden Vorschriften. [4]Die Entschädigung und die erstattungsfähigen Fahrtkosten setzt im Einzelfall der Vorsitzende des Hauptausschusses fest.

§ 3 Aufgabe des Hauptausschusses

(1) ¹Der Hauptausschuss stellt unter umfassender Berücksichtigung der sozialen und ökonomischen Auswirkungen durch Beschluss fest, ob in einem Wirtschaftszweig soziale Verwerfungen vorliegen und Mindestarbeitsentgelte festgesetzt, geändert oder aufgehoben werden sollen. ²Der Beschluss ist schriftlich zu begründen. ³Er bedarf der Zustimmung des Bundesministeriums für Arbeit und Soziales.

(2) Die Bundesregierung, die Spitzenorganisationen der Arbeitgeber und der Arbeitnehmer sowie die Landesregierungen können dem Hauptausschuss unter Angabe von Gründen Vorschläge für die Festsetzung, Änderung oder Aufhebung von Mindestarbeitsentgelten unterbreiten.

§ 4 Fachausschüsse; Rechtsverordnungen

(1) Das Bundesministerium für Arbeit und Soziales errichtet Fachausschüsse für die Wirtschaftszweige, für die Mindestarbeitsentgelte festgesetzt werden sollen.

(2) ¹Der Fachausschuß setzt die Mindestarbeitsentgelte durch Beschluß fest. ²§ 3 Abs. 1 Satz 2 gilt entsprechend. ³Der Hauptausschuss erhält die Gelegenheit zu dem Beschluss Stellung zu nehmen

(3) ¹Die Bundesregierung kann auf Vorschlag des Bundesministeriums für Arbeit und Soziales die vom Fachausschuss festgesetzten Mindestarbeitsentgelte als Rechtsverordnung erlassen. ²Die Rechtsverordnung kann befristet werden. ³Sie bedarf nicht der Zustimmung des Bundesrates. ⁴Sie ist an der vom Bundesministerium für Arbeit und Soziales zu bestimmenden Stelle zu verkünden und tritt am Tag nach der Verkündung in Kraft, sofern kein anderer Zeitpunkt bestimmt ist.

(4) ¹Durch Mindestarbeitsentgelte wird die unterste Grenze der Entgelte in einem Wirtschaftszweig für den Beschäftigungsort festgelegt. ²Der Fachausschuss kann bei der Festlegung nach Art der Tätigkeit, Qualifikation der Arbeitnehmer und Regionen differenzieren. ³Er prüft im Rahmen einer Gesamtabwägung, ob seine Entscheidung insbesondere geeignet ist,
1. angemessene Arbeitsbedingungen zu schaffen,
2. faire und funktionierende Wettbewerbsbedingungen zu gewährleisten und
3. sozialversicherungspflichtige Beschäftigung zu erhalten.

§ 5 Zusammensetzung der Fachausschüsse

(1) ¹Der Fachausschuss besteht aus einem Vorsitzenden und je drei Beisitzern aus Kreisen der beteiligten Arbeitnehmer und Arbeitgeber. ²Weitere sachverständige Personen können zugezogen werden; sie haben jedoch kein Stimmrecht. ³§ 2 Abs. 4 gilt entsprechend.

(2) ¹Die Beschlüsse des Fachausschusses werden mit einfacher Stimmenmehrheit gefaßt. ²Bei der Beschlußfassung hat sich der Vorsitzende zunächst der Stimme zu enthalten; kommt eine Stimmenmehrheit nicht zustande, so übt nach weiterer Beratung der Vorsitzende sein Stimmrecht aus.

§ 6 Beisitzer der Fachausschüsse

(1) ¹Die Bundesregierung beruft auf Vorschlag des Bundesministeriums für Arbeit und Soziales als Beisitzer der Fachausschüsse geeignete Personen auf Grund von Vorschlägen der Gewerkschaften und der Vereinigungen von Arbeitgebern für die Dauer von drei Jahren. ²Soweit keine Vorschläge eingereicht werden, sind die Beisitzer dieser Seite aus den Kreisen der Beteiligten zu berufen. ³Für jeden Beisitzer ist mindestens ein Stellvertreter zu bestellen. ⁴Für den Vorsitzenden gilt § 2 Abs. 3 Satz 1 entsprechend.

(2) Auf die Beisitzer des Fachausschusses finden die für die Beisitzer der Arbeitsgerichte geltenden Vorschriften über die Voraussetzungen für das Beisitzeramt, die Besonderheiten für Beisitzer aus Kreisen der Arbeitnehmer und Arbeitgeber, die Ablehnung des Beisitzeramts und den Schutz der Beisitzer aus Kreisen der Arbeitnehmer mit den sich aus Absatz 3 ergebenden Abweichungen sinngemäß Anwendung.

(3) ¹Wird das Fehlen einer Voraussetzung für die Berufung nachträglich bekannt oder fällt eine Voraussetzung nachträglich fort oder verletzt ein Beisitzer gröblich seine Amtspflichten, so kann ihn das Bundesministerium für Arbeit und Soziales seines Amtes entheben. ²Über die Berechtigung zur Ablehnung des Beisitzeramts entscheidet das Bundesministerium für Arbeit und Soziales.
(4) Für den Vorsitzenden und die Beisitzer gilt § 2 Abs. 5 entsprechend.

§ 7 Stellungnahme der Beteiligten

Vor Festsetzung von Mindestarbeitsentgelten gibt das Bundesministerium für Arbeit und Soziales den obersten Arbeitsbehörden der beteiligten Länder, den Arbeitnehmern und Arbeitgebern, die von der Regelung berührt würden, sowie den zuständigen Gewerkschaften und Vereinigungen von Arbeitgebern, soweit solche bestehen, Gelegenheit zu schriftlicher Stellungnahme, sowie zur Äußerung in einer öffentlichen mündlichen Verhandlung vor dem Fachausschuß.

§ 8 Gewährung von Mindestarbeitsentgelten; Geltung von Tarifvertragsrecht

(1) ¹Arbeitgeber mit Sitz im In- und Ausland, die unter den Geltungsbereich einer Rechtsverordnung nach § 4 Abs. 3 fallen, sind verpflichtet, ihren Arbeitnehmern mindestens die in der Rechtsverordnung für den Beschäftigungsort vorgeschriebenen Mindestarbeitsentgelte zu gewähren. ²Für die Mindestarbeitsentgelte gelten, soweit sich nicht aus dem Fehlen von Tarifvertragsparteien oder aus diesem Gesetz etwas anderes ergibt, die gesetzlichen Vorschriften über den Tarifvertrag sinngemäß.
(2) ¹Enthält ein vor dem 16. Juli 2008 abgeschlossener Tarifvertrag nach dem Tarifvertragsgesetz abweichende Entgeltregelungen, gehen dessen Bestimmungen für die Zeit des Bestehens des Tarifvertrages den festgesetzten Mindestarbeitsentgelten vor. ²Gleiches gilt für einen Tarifvertrag, mit dem die Tarifvertragsparteien ihren bestehenden Tarifvertrag nach Satz 1 ablösen oder diesen nach seinem Ablauf durch einen Folgetarifvertrag, der mit diesem in einem zeitlichen und sachlichen Zusammenhang steht, ersetzen.
(3) ¹Ein Verzicht auf ein nach § 4 Abs. 3 festgesetztes Mindestarbeitsentgelt ist nur durch gerichtlichen Vergleich zulässig. ²Die Verwirkung des Anspruchs des Arbeitnehmers auf das Mindestarbeitsentgelt ist ausgeschlossen. ³Ausschlussfristen für die Geltendmachung des Anspruchs sind unzulässig.

§ 9 Änderung und Aufhebung

Die §§ 4 bis 7 gelten entsprechend für die Änderung und Aufhebung von Mindestarbeitsentgelten.

§ 10 Geschäftsstelle

¹Das Bundesministerium für Arbeit und Soziales nimmt die Aufgaben einer Geschäftsstelle des Hauptausschusses und der Fachausschüsse wahr. ²Die Tätigkeit der Geschäftsstelle besteht in der Zusammenstellung und Aufbereitung des für die Tätigkeit der Ausschüsse erforderlichen Quellenmaterials, in der technischen Vor- und Nachbereitung der Sitzungen des Ausschusses sowie der Erledigung der sonst anfallenden Verwaltungsarbeiten.

Literatur: *Bayreuther*, Die Novellen des Arbeitnehmerentsende- und des Mindestarbeitsbedingungengesetzes, DB 2009, 678; *Fitting*, Das Gesetz über die Festsetzung von Mindestarbeitsbedingungen, RdA 1952, 5; *Gastell*, Wie funktioniert der Mindestlohn?, AuA 2008, 471; *Göhner*, Mindestlohn – Bundesarbeitsminister plant Ermächtigung zum Lohndiktat, BB 2008, M1; *Herschel*, Festsetzung von Mindestarbeitsbedingungen, BArbBl 1952, 36; *Kossens*, Die nächste Etappe! – Branchen-Mindestlohn, AuA 2009, 236, 239; *Maier*, Unterbietung des Mindestlohns durch Tarifverträge, NZA 2009, 351; *Rieble/Klebeck*, Gesetzlicher Mindestlohn?, ZIP 2006, 829; *Sansone/Ulber*, Neue Bewegung in der Mindestlohndebatte, AuR 2008, 125; *Sittard*, Neue Mindestlohngesetze in Deutschland, NZA 2009, 346; *Thüsing*, Mindestlohn im Spannungsverhältnis staatlicher und privatautonomer Regelung – Zur notwendigen Tarifdispositivität eines gesetzlichen Mindestlohns, zur Dispositivität durch ausländische Tarifverträge und zur Auswahl des Tarifvertrags zur Branchenerstreckung bei konkurrierenden Regelungen nach einem neu gefassten AEntG, ZfA 2008, 590; *Willemsen*, Tyrannische Gesetzgebung, AnwBl 2009, 367; *Willemsen/Sagan*, Mindestlohn und Grundgesetz – Staatliche Lohnfestsetzung versus Tarifautonomie, NZA 2008, 1216

A. Allgemeines	1	4. Geschäftsstelle	44
I. Hintergrund	1	5. Stellungnahme- und Äußerungsrecht der Beteiligten	45
II. Normzweck	2	6. Prüfung und Vorschlag durch das BMAS	46
III. Entstehungsgeschichte	3	7. Erlass der VO durch die BReg	47
IV. Konkurrierende Gesetzgebungskompetenz	5	III. Rechtsfolgen	50
V. Rechtmäßigkeit	6	1. Pflicht des Arbeitgebers zur Gewährung der Mindestarbeitsentgelte	50
1. Europarechtskonformität	6	2. Übergangsregelung	55
2. Verfassungsmäßigkeit	8	a) Stichtagsregelung für Alt-TV	55
B. Regelungsgehalt	11	b) Ablöse- und Folge-TV	59
I. Anwendungsbereich	11	3. Verzicht, Verwirkung, Ausschlussfristen	61
1. Persönlicher Anwendungsbereich	11	4. Bekanntgabe der Mindestarbeitsentgelte-Verordnung im Betrieb	65
2. Räumlicher Geltungsbereich	12	C. Verbindungen zu anderen Rechtsgebieten und zum Prozessrecht	66
3. Sachlicher Anwendungsbereich	15	I. Heimarbeitsgesetz	66
4. Zeitlicher Anwendungsbereich	17	II. Arbeitnehmer-Entsendegesetz	67
II. Verfahren zur Festsetzung von Mindestarbeitsentgelten	19	III. Allgemeinverbindlicherklärung	69
1. Überblick	19	IV. Nachweispflicht	70
2. Hauptausschuss	21	D. Beraterhinweise	71
a) Allgemeines	21	I. Kosten für die Arbeitgeber	71
b) Zusammensetzung	22	II. Gleichstellungspolitische Bedeutung	73
c) Verfahren/Beschluss	26		
3. Fachausschüsse	32		
a) Zusammensetzung	32		
b) Verfahren/Beschluss	36		

A. Allgemeines

I. Hintergrund

Das MiArbG v. 11.1.1952 war auf die sozialen und wirtschaftlichen Verhältnisse der Nachkriegszeit zugeschnitten[1] und stellte einen „lohnpolitischen letzten Verteidigungswall" dar.[2] Es bestand die Hoffnung, dass bereits die Existenz des MiArbG einen Ansporn darstellen könnte, „repräsentative Koalitionen" zu gründen und TV abzuschließen, um so eine staatliche Festsetzung von Mindestarbeitsbedingungen zu verhindern.[3] Seither hat sich einerseits die Tariflandschaft erheblich gewandelt, andererseits nimmt die Zahl der Wirtschaftszweige zu, in denen die Tarifbindung deutlich zurückgegangen ist. In der Praxis war das MiArbG 1952 in Übereinstimmung mit Gewerkschaften und AG-Verbänden nie angewandt worden (siehe § 1 AEntG Rn 7). Vor diesem Hintergrund hatte sich der Koalitionsausschuss CDU/CSU-SPD am 18.6.2007 u.a. auf eine „Aktualisierung" des MiArbG verständigt.[4]

1

II. Normzweck

Das novellierte MiArbG 2009 dient als Grundlage für **Mindestarbeitsentgelte** in Wirtschaftszweigen, in denen es entweder keine TV gibt oder nur noch eine Minderheit von AN tarifgebunden beschäftigt wird.[5] Der Gesetzgeber hat ein mehrstufiges Verfahren geschaffen, mit dem angemessene Mindestarbeitsentgelte festgesetzt werden können (siehe Rn 19 ff.).[6]

In § 3 Abs. 1 S. 1 sowie § 4 Abs. 4 S. 3 Nr. 1 bis 3 werden die Gesetzesziele indirekt angesprochen und konkretisiert: Danach soll die Festsetzung von Mindestarbeitsentgelten **sozialen Verwerfungen** (siehe Rn 28) in einem Wirtschaftszweig entgegenwirken und insb. geeignet sein, angemessene Arbeitsbedingungen zu schaffen, faire und funktionierende Wettbewerbsbedingungen zu gewährleisten sowie sozialversicherungspflichtige Beschäftigung zu erhalten (siehe Rn 40).

2

III. Entstehungsgeschichte

Das MiArbG 1952[7] hatte seit seinem Erlass keine praktische Bedeutung erlangt (siehe Rn 1). Zum 28.4.2009 trat die Neufassung des MiArbG durch Art. 1 des Ersten Gesetzes zur Änderung des MiArbG v. 22.4.2009[8] in Kraft.[9] In diesem Zusammenhang wurde auch das AEntG modernisiert (siehe § 1 AEntG Rn 3). AEntG 2009 und MiArbG 2009 regeln im Wesentlichen dieselbe Materie (siehe Rn 7 ff.).[10]

3

Die – für das MiArbG 1952 noch zutreffende – Gesetzesbezeichnung „Gesetz über die Festsetzung von Mindestarbeitsbedingungen" ist für das MiArbG 2009 aber irreführend und könnte dahingehend missverstanden werden,

4

---

1 BT-Drucks 16/10485, S. 8.
2 Herschel, BArbBl 1952, 36.
3 Fitting, RdA 1952, 5, 9; Herschel, BArbBl 1952, 36, 39.
4 BT-Drucks 16/10485, S. 8.
5 BT-Drucks 16/10485, S. 8.
6 BT-Drucks 16/11669, S. 1 f.
7 Gesetz über die Festsetzung von Mindestarbeitsbedingungen (MiArbG) v. 11.1.1952 (BGBl I S. 17).
8 BGBl I 2009 S. 818.
9 Gesetz über die Festsetzung von Mindestarbeitsbedingungen (MindestarbeitsbedingungenG – MiArbG) i.d.F. v. 22.4.2009 (BGBl I S. 818).
10 BT-Drucks 16/10485, S. 14.

spätere Erweiterungen des Regelungsgegenstandes auf weitere Mindestarbeitsbedingungen über Mindestarbeitsentgelte hinaus seien geplant. Einem entsprechenden Antrag des BR auf Korrektur der Gesetzesbezeichnung ist der BT nicht gefolgt.[11] Das Gesetz hätte besser „Gesetz über die Festsetzung von Mindest*arbeitsentgelten* (Mindestarbeitsentgelteg – MiArbEG)" genannt werden sollen.[12]

Neu erhielt das Gesetz eine amtliche Kurzbezeichnung: MiArbG.[13]

Zur besseren Lesbarkeit, Übersichtlichkeit und Erleichterung der Arbeit mit dem Gesetz wurden dem MiArbG 2009 durchgängig Gliederungs- und §§-Überschriften eingefügt.[14]

IV. Konkurrierende Gesetzgebungskompetenz

5 Dem Bundesgesetzgeber steht nach Art. 74 Abs. 1 Nr. 12 GG die konkurrierende Gesetzgebungskompetenz für das Arbeitsrecht zu, die sich auf die Festsetzung von Mindestarbeitsentgelten für AN nach dem MiArbG – und dem AEntG (siehe § 1 AEntG Rn 2) – erstreckt.[15]

V. Rechtmäßigkeit

6 **1. Europarechtskonformität.** Die ausnahmslose Bindungswirkung der festgesetzten Mindestarbeitsentgelte für alle AG mit Sitz im In- wie Ausland (vorbehältlich § 8 Abs. 2) steht im Einklang mit den europarechtlichen Vorgaben (dazu die parallele Diskussion zum AEntG, vgl. § 3 AEntG Rn 3, § 7 AEntG Rn 4).[16]

7 Entsprechend Art. 4 Abs. 3 Entsende-RL 96/71/EG ergreift jeder Mitgliedstaat die geeigneten Maßnahmen, damit die Informationen über die Mindestentgeltsätze allg. zugänglich sind. Dies wird unter Berücksichtigung von § 8 Abs. 2 über eine Veröffentlichung auf der Homepage des **Deutschen Verbindungsbüros für Entsendefragen** (Art. 4 Abs. 1 Entsende-RL 96/71/EG) sichergestellt.[17] Als solches fungieren die **Behörden der Zollverwaltung** (§§ 11 ff.), die über ihren Internetauftritt[18] umfassenden Zugriff auf die maßgebenden Mindestarbeitsentgelte geben.[19]

8 **2. Verfassungsmäßigkeit.** Die Ansichten über die Verfassungswidrigkeit[20] oder Verfassungsmäßigkeit[21] (jedenfalls bei verfassungskonformer restriktiver Auslegung)[22] gehen angesichts der umstrittenen Materie der Mindestlöhne diametral auseinander (zum AEntG siehe § 3 AEntG Rn 5, § 7 AEntG Rn 5 ff.).

9 Nach Ansicht des Gesetzgebers sind die dem Fachausschuss an die Hand gegebenen Kriterien geeignet, die Festsetzung von zwingenden Mindestarbeitsentgelten bei einer gleichzeitigen Verdrängung niedriger dotierter TV (abgesehen von § 8 Abs. 2) verfassungsrechtlich zu rechtfertigen. Der mit der Verdrängung bestehender TV verbundene Eingriff in die Tarifautonomie nach **Art. 9 Abs. 3 GG** ist grds. statthaft, wenn er hinreichend gewichtigen Gemeinwohlbelangen dient, denen gleichermaßen verfassungsrechtlicher Rang gebührt, namentlich der finanziellen Stabilität des Systems der sozialen Sicherung[23] und der Gewährleistung angemessener Arbeitsbedingungen.[24] Diese verfassungsrechtlichen Vorgaben für eine Begrenzung der Koalitionsfreiheit werden durch die in § 4 Abs. 4 S. 3 genannten Kriterien (siehe Rn 40) konkretisiert.[25]

Mit der Aufnahme dieser Kriterien macht der Gesetzgeber von seinem Einschätzungs- und Prognosevorrang Gebrauch, der ihm im Rahmen der Beurteilung der Verhältnismäßigkeit zukommt. Es ist vornehmlich seine Sache, auf der Grundlage seiner wirtschafts-, arbeitsmarkt- und sozialpolitischen Vorstellungen und Ziele unter Beachtung der Gesetzlichkeiten des betreffenden Sachgebiets zu entscheiden, welche Maßnahmen er im Interesse des Gemeinwohls ergreifen will.[26]

10 Ferner werden Bedenken mit Blick auf **Art. 3 Abs. 1 GG** geäußert, da ablösende und Folge-TV zu Alt-TV durch die Übergangsregelung in § 8 Abs. 2 stärker geschützt werden.[27] Allerdings begründet jede Stichtagsregelung eine gewisse Ungleichbehandlung.

---

11 BT-Drucks 16/10485, S. 14, 16.
12 Ähnlich *Bayreuther*, DB 2009, 678, 682: „Gesetz über die Festsetzung von Mindestentgelten".
13 BT-Drucks 16/10485, S. 9.
14 BT-Drucks 16/11669, S. 2, 20.
15 BT-Drucks 16/10485, S. 8.
16 *Maier*, NZA 2009, 351.
17 BT-Drucks 16/10485, S. 11.
18 http://www.zoll.de/d0_zoll_im_einsatz/b0_finanzkontrolle/e0_aentg/index.html.
19 BT-Drucks 16/6849, S. 2 f.
20 *Willemsen/Sagan*, NZA 2008, 1216; *Thüsing*, ZfA 2008, 590, 600.
21 *Sansone/Ulber*, AuR 2008, 125, 129 ff.
22 *Sittard*, NZA 2009, 346, 350.
23 BT-Drucks 16/10485, S. 11, unter Hinweis auf BVerfG 20.3.2007 – 1 BvR 1047/05 – EzAÜG GG Nr. 9 = NZA 2007, 609, 610 ff. und BVerfG 3.4.2001 – 1 BvL 32/97 – BVerfGE 103, 293, 304 ff. = NZA 2001, 777, 778 f.
24 BT-Drucks 16/10485, S. 11; BVerfG 24.5.1977 – 2 BvL 11/74 – BVerfGE 44, 322, 342 = NJW 1977, 2255, 2256.
25 BT-Drucks 16/10485, S. 11.
26 BT-Drucks 16/10485, S. 11; BVerfG 20.3.2007 – 1 BvR 1047/05 – EzAÜG GG Nr. 9 = NZA 2007, 609, 611; BVerfG 17.11.1992 – 1 BvR 168, 1509/89 und 638, 639/90 – Sonntagsbackverbot – BVerfGE 87, 363, 383 = NVwZ 1993, 878; BVerfG 6.10.1987 – 1 BvR 1086, 1468 und 1632/82 – BVerfGE 77, 84, 106 f. = NJW 1988, 1195.
27 *Sittard*, NZA 2009, 346, 351.

B. Regelungsgehalt
I. Anwendungsbereich

1. Persönlicher Anwendungsbereich. Alle **AG**, also solche mit Sitz im Inland, aber auch AG mit Sitz im Ausland, müssen gem. § 8 Abs. 1 S. 1 ihren **AN** in dem betreffenden Wirtschaftszweig die festgesetzten Mindestarbeitsentgelte gewähren (siehe Rn 50 ff.). Gem. § 8 Abs. 1 S. 2 i.V.m. § 12a TVG fallen neu auch **AN-ähnliche Personen** unter den Schutz des MiArbG 2009,[28] welche unter dem MiArbG 1952 nicht erfasst waren.[29] Anders als in § 8 Abs. 3 AEntG ist im MiArbG nicht explizit geregelt, ob Leih-AN erfasst sein sollen;[30] dies ist daher zweifelhaft.

2. Räumlicher Geltungsbereich. Das MiArbG 2009 ermöglicht die Festsetzung, Änderung oder Aufhebung (§ 9) von Mindestarbeitsentgelten in einem tarifschwachen Wirtschaftszweig in Deutschland (§ 1 Abs. 2). Der Begriff „**Wirtschaftszweig**" (§§ 1 Abs. 2, 3 Abs. 1 S. 1, 4 Abs. 1, Abs. 4 S. 1, 13 Abs. 1 S. 2 Nr. 6) ist weit zu verstehen; er umfasst „Gewerbe" und „Tätigkeiten".[31] Der im AEntG verwendete Begriff der „Branche" (siehe § 4 AEntG Rn 2) ist inhaltsgleich.[32]

Grds. unzulässig ist die Festsetzung von Mindestarbeitsentgelten für einen einzelnen Betrieb.[33]

Der Grad der in einem Wirtschaftszweig bundesweit vorhandenen **Tarifbindung** ist künftig einzige Voraussetzung für die Anwendung des MiArbG 2009. Diese Voraussetzung ist – anstelle des unklaren Begriffs der „Minderheit" i.S.v. § 1 Abs. 2a a.F.[34] – dann erfüllt, wenn für einen Wirtschaftszweig entweder keine TV bestehen oder die an TV für diesen Wirtschaftszweig gebundenen AG **weniger als 50 v.H.** der unter den Geltungsbereich dieser TV fallenden AN beschäftigen. Es kommt mithin nicht auf die Gewerkschaftszugehörigkeit der AN an.[35] Mit Blick auf die Möglichkeit zur regionalen Differenzierung der festgesetzten Mindestarbeitsentgelte nach § 4 Abs. 4 S. 2 zielt das MiArbG damit vor allem auf Branchen in den neuen Bundesländern mit einer geringen Tarifbindung.[36] Ob eine Aufnahme der in der Diskussion befindlichen Branchen fleischverarbeitende Industrie, Gastgewerbe und Callcenterbranche tatsächlich erfolgt, bleibt jetzt unter der neuen schwarz-gelben Breg abzuwarten. In Wirtschaftszweigen mit einer Tarifbindung von mind. 50 v.H. können TV-Parteien die Aufnahme in das AEntG beantragen (siehe Rn 67).[37] Für die Pflegebranche wurde angesichts der Besonderheiten der teils kirchlich geprägten Arbeitsbedingungen mit der Kommissionslösung nach §§ 10 ff. AEntG 2009 ein Sonderweg eingeschlagen.

Mit der Einführung des Negativ-Quorums von 50 v.H. ist der unter dem MiArbG 1952 noch geltende **unbedingte Tarifvorrang** (§§ 1 Abs. 2, 8 Abs. 2 a.F.) entgegen der Kritik des BR[38] entfallen.[39] Nach § 1 Abs. 2a a.F. konnten Mindestarbeitsbedingungen nicht eingeführt werden, wenn in dem Wirtschaftszweig entweder gar keine Gewerkschaften oder AG-Vereinigungen bestanden oder nur eine „Minderheit" der AN oder der AG umfassten. Zudem durfte gem. § 1 Abs. 2c a.F. in dem Wirtschaftszweig noch gar keine Entgeltregelung durch TV erfolgt sein. Bestehende Tarifregelungen gingen in jedem Fall vor (§ 8 Abs. 2 a.F.). Diese früheren Anwendungsvoraussetzungen wurden für inzwischen zeitlich überholt befunden und durch § 1 Abs. 2 n.F. ersetzt.[40]

3. Sachlicher Anwendungsbereich. Das MiArbG 1952 ermöglichte die Festsetzung von Entgelten und „sonstigen Arbeitsbedingungen", z.B. auch Urlaub oder Arbeitszeit. Sonstige Arbeitsbedingungen sind Gegenstand anderer arbeitsrechtlicher Gesetze wie z.B. des BUrlG oder des ArbZG. Vor diesem Hintergrund erfolgt eine Begrenzung des MiArbG 2009 auf die Festsetzung, Änderung oder Aufhebung (§ 9) von **Mindestarbeitsentgelten**,[41] wie auch der Überschrift des 1. Abschn. zu entnehmen ist.[42] Diese Beschränkung der Ausrichtung des MiArbG 2009 wird nicht nur in der Gesetzesbezeichnung (siehe Rn 4), sondern auch an anderen Stellen inkonsequenterweise nicht eingehalten (siehe § 1 Abs. 1, § 4 Abs. 4 S. 3 Nr. 1, § 19).

Die nach altem Recht mögliche Festsetzung von Mindestarbeitsbedingungen für bestimmte „Beschäftigungsarten" (§ 4 Abs. 4 a.F.) ist mit dem MiArbG 2009 entfallen.[43]

Das MiArbG 2009 ermöglicht die die Festsetzung differenzierter (§ 4 Abs. 4 S. 2) „Mindestarbeitsentgelte". Diese Formulierung lehnt sich an den Begriff der „Mindestentgeltsätze" einschließlich der Differenzierungsmöglichkeiten nach § 5 Nr. 1 AEntG an (siehe § 5 AEntG Rn 2).[44] Siehe auch zum Begriff des „Arbeitsentgelts" bzw. der „Vergütung" § 611 BGB Rn 601 ff., zum Begriff des „Entgelts" Art. 141 Abs. 2 EG (siehe Art. 141 EG-Recht Rn 11 ff.).[45]

---

28 *Bayreuther*, DB 2009, 678, 683.
29 *Herschel*, BArbBl 1952, 36, 37.
30 *Sansone/Ulber*, AuR 2008, 125, 126.
31 BT-Drucks 16/10485, S. 8; *Kossens*, AuA 2009, 236, 239.
32 BAG 24.3.2004 – 5 AZR 303/03 – AP § 138 BGB Nr. 59 = NZA 2004, 971, 973.
33 *Herschel*, BArbBl 1952, 36, 37.
34 Kritisch schon *Fitting*, RdA 1952, 5, 6.
35 *Sansone/Ulber*, AuR 2008, 125, 126 m.w.N.
36 *Göhner*, BB 2008, M1.
37 BT-Drucks 16/10485, S. 8, 9; BT-Drucks 16/11669, S. 15.
38 BT-Drucks 16/10485, S. 15 f.
39 *Bayreuther*, DB 2009, 678, 683: „Paradigmenwechsel"; kritisch *Willemsen*, AnwBl 2009, 367; *Göhner*, BB 2008, M1: „Tarifzensur".
40 BT-Drucks 16/10485, S. 9.
41 BT-Drucks 16/10485, S. 8, 12; *Kossens*, AuA 2009, 236, 239; *Sittard*, NZA 2009, 346, 350.
42 BT-Drucks 16/10485, S. 9.
43 BT-Drucks 16/10485, S. 5.
44 *Bayreuther*, DB 2009, 678, 682.
45 *Sansone/Ulber*, AuR 2008, 125, 129.

17 **4. Zeitlicher Anwendungsbereich.** Das novellierte MiArbG 2009 ist am **28.4.2009**, dem Tag nach seiner Verkündung im BGBl, in Kraft getreten.[46]

18 In zeitlicher Hinsicht enthält § 8 Abs. 2 eine Übergangsregelung für TV, die am **16.7.2008** (Tag des Kabinettsbeschl. über die Aktualisierung des MiArbG) bestanden haben, einschliesslich ablösende und Folge-TV (siehe Rn 59).

II. Verfahren zur Festsetzung von Mindestarbeitsentgelten

19 **1. Überblick.** Nachdem der **ständige Hauptausschuss** (siehe Rn 21 ff.) in einem Wirtschaftszweig soziale Verwerfungen und damit die Notwendigkeit gesetzlicher Mindestarbeitsentgelte festgestellt hat, kann die **BReg** (siehe Rn 47) nach Prüfung und Vorschlag durch das **BMAS** (siehe Rn 46) die von dem betreffenden **Fachausschuss** (siehe Rn 32 ff.) nach Stellungnahme und Anhörung der beteiligten Kreise (siehe Rn 45) vorgeschlagenen Mindestarbeitsentgelte per VO ohne Zustimmung des BR erlassen. Die Ausschüsse werden bei ihrer Arbeit durch eine **Geschäftsstelle** (siehe Rn 44) unterstützt. Ob mit den zwei Ausschüssen und der neuen Beteiligung der BReg die gewünschte Verfahrensbeschleunigung erreicht werden kann, ist fraglich.[47]

20 Der bisherige § 16 a.F. ist ersatzlos weggefallen. Danach konnte das BMAS mit Zustimmung des BR und nach Beratung mit den Gewerkschaften und den AG-Verbänden die erforderlichen Durchführungs-VO erlassen. Nunmehr sind die unerlässlichen Verfahrensregelungen für die Ausschüsse im Gesetz selbst geregelt (§§ 2 ff.). Die Regelung sonstiger Detailfragen des Verfahrens der Ausschüsse bedarf keiner staatlichen Norm, sondern wird den Ausschüssen in eigener Verantwortung übertragen,[48] indem sie sich jeweils eine **Geschäftsordnung** geben können (§ 2 Abs. 4 S. 2 n.F., § 5 Abs. 1 S. 3 n.F.).

21 **2. Hauptausschuss. a) Allgemeines.** Vor allem die personelle Zusammensetzung, aber auch das frühere Verfahren des Hauptausschusses nach dem MiArbG 1952 wurde im MiArbG 2009 modernisiert und entbürokratisiert.[49] Durch die Einfügung in § 2 Abs. 1 n.F. wurde klargestellt, dass der **„ständige Hauptausschuss für Mindestarbeitsentgelte"** (Hauptausschuss) wegen seiner zentralen Aufgabenstellung nicht mehr nur punktuell einberufen (§ 2 Abs. 4 a.F.), sondern als ständiges Gremium dauerhaft eingerichtet wird.[50] Eine Regelung zur Einberufung des Ausschusses (§ 2 Abs. 3 a.F.) wurde somit entbehrlich.[51] Am 15.9.2009 fand die erste, konstituierende Sitzung des Hauptausschusses statt.

22 **b) Zusammensetzung.** § 2 Abs. 2 S. 1 n.F. regelt die Zusammensetzung des Hauptausschusses aus einem Vorsitzenden und sechs (statt bislang zehn) weiteren ständigen Mitgliedern.[52] Für jedes Mitglied ist mind. ein Stellvertreter zu bestellen (§ 2 Abs. 2 S. 2).

23 Aus der umfassenden Aufgabenstellung des Ausschusses folgt die Notwendigkeit einer entsprechenden Qualifikation seiner Mitglieder und der Stellvertreter. Der neu eingefügte § 2 Abs. 2 S. 3 erfordert daher die Fähigkeit, „umfassend die sozialen und ökonomischen Auswirkungen von Mindestarbeitsentgelten einzuschätzen."[53]

24 – Der neu gefasste § 2 Abs. 3 trägt der Reduzierung der Anzahl der Mitglieder durch eine Konzentration auf eine Beteiligung der **Spitzenorganisationen der AG und der AN** Rechnung. Diese sind berechtigt, jeweils zwei Mitglieder und deren Stellvertreter vorzuschlagen. Zwei weitere Mitglieder und deren Stellvertreter sowie der Vorsitzende und dessen Stellvertreter werden durch das BMAS vorgeschlagen. Die Berufung der sechs Mitglieder und des Vorsitzenden und der Stellvertreter erfolgt durch die BReg.[54] Die sechswöchige Ausschlussfrist für die Abgabe von Personalvorschlägen für den Hauptausschuss begann mit der Bekanntmachung im BAnz v. 19.5.2009[55] zu laufen und endete am 30.6.2009; i.Ü. gelten die gleichen Grundsätze wie bei der neu einzurichtenden Pflegekommission nach § 12 AEntG (siehe § 12 AEntG Rn 5 ff.). Für den Fall, dass ein Spitzenverband sein Vorschlagsrecht nicht oder nicht rechtzeitig ausübt, geht das Vorschlagsrecht auf das BMAS über.[56] Am 19.8.2009 hat die (damalige) BReg die Mitglieder des Hauptausschusses berufen.[57]

25 Gem. § 2 Abs. 5 S. 1 stellt die Ausschusstätigkeit eine **ehrenamtliche Tätigkeit** dar. In § 2 Abs. 5 S. 2 wird die **Weisungsfreiheit** der Mitglieder und des Vorsitzenden bei der Wahrnehmung ihrer Aufgaben ausdrücklich festgeschrie-

---

46 BGBl I 2009 Nr. 21 v. 27.4.2009, S. 818.
47 *Sansone/Ulber*, AuR 2008, 125, 128.
48 BT-Drucks 16/10485, S. 12.
49 BT-Drucks 16/10485, S. 8; BT-Drucks 16/11669, S. 15; *Bayreuther*, DB 2009, 678, 682.
50 BT-Drucks 16/10485, S. 9; BT-Drucks 16/11669, S. 15; *Bayreuther*, DB 2009, 678, 682.
51 BT-Drucks 16/10485, S. 10.
52 BT-Drucks 16/10485, S. 9.
53 BT-Drucks 16/10485, S. 8, 9.
54 BT-Drucks 16/10485, S. 8, 9 f.
55 Bekanntmachung über das Vorschlagsrecht der Spitzenorganisationen der AG und der AN zur Benennung von Mitgliedern und stellvertretenden Mitgliedern des Hauptausschusses nach § 2 Abs. 3 MiArbG v. 13.5.2009 (BAnz Nr. 74 S. 1744).
56 BT-Drucks 16/10485, S. 10.
57 Auf Vorschlag des BMAS: Dr. Klaus von Dohnanyi als Vorsitzenden (Stellvertreter: Prälat em. Dr. Stephan Reimers), Professor Jutta Allmendiger Ph.D. (Dr. Claudia Weinkopf) und Prof. Dr. Wolfgang Franz (Prof. Dr. Claudia Buch), auf Vorschlag der AG-Seite: Dr. Dieter Hund (Dr. Reinhard Göhner) und Otto Kentzler (Holger Schwannecke) sowie auf Vorschlag der AN-Seite: Michael Sommer (Claus Matecki) und Prof. Dr. Ernst-Otto Kempen (Gregor Asshoff).

ben. Nach § 2 Abs. 5 S. 3 finden zugunsten der Ausschussmitglieder die für die ehrenamtlichen Richter der ArbG geltenden Vorschriften über **Aufwandsentschädigung und Reisekostenerstattung** (**§§ 5 ff.**, **15 ff. JVEG**) Anwendung. Der neu eingefügte § 2 Abs. 5 S. 4, wonach der Ausschussvorsitzende die Entschädigung und die Fahrtkosten festsetzt, stellt ein weiteres Element dar, um die Unabhängigkeit der Ausschussmitglieder sicherzustellen.[58]

c) Verfahren/Beschluss. § 2 Abs. 4 S. 1 n.F. enthält neu eine Regelung über die **Beschlussfähigkeit**,[59] wonach alle Mitglieder anwesend oder vertreten sein müssen. 26

Anders als in § 5 Abs. 2 S. 1 für die Fachausschüsse enthält das Gesetz keine Regelung über die erforderliche Stimmenmehrheit für einen Beschl. im Hauptausschuss. Es ist davon auszugehen, dass Beschl. im Hauptausschuss mit **einfacher Mehrheit** gefasst werden können, sofern die **Geschäftsordnung** (§ 2 Abs. 4 S. 2 n.F.) nichts Gegenteiliges bestimmt. Weder die AG- noch die AN-Seite kann daher die Abgabe einer Mindestlohnempfehlung verhindern.[60]

Ebenfalls nicht explizit gesetzlich geregelt ist die Frage, ob die Verhandlungen des Hauptausschusses öffentlich und nur die Beratungen nicht öffentlich stattfindet, so wie dies etwa gem. § 2 Abs. 1 S. 2 TVGDV für den Tarifausschuss vorgesehen ist. Allerdings steht den Betroffenen gem. § 7 ein schriftliches Stellungnahme- sowie ein mündliches Äußerungsrecht im Rahmen einer öffentlichen Verhandlung vor den Fachausschüssen zu (siehe Rn 45). 27

§ 3 Abs. 1 S. 1 n.F. trägt der zentralen Stellung des Hauptausschusses im Verfahren besser Rechnung und übernimmt die Vorgaben für die Qualifikation der Ausschussmitglieder zugleich als Vorgabe für die Ausschussarbeit.[61] Der Hauptausschuss hat das Vorliegen der Voraussetzungen des § 1 Abs. 2 (**Tarifbindung unter 50 v.H.**) zu prüfen und stellt durch Beschl. fest, ob in einem Wirtschaftszweig **soziale Verwerfungen** vorliegen und Mindestarbeitsentgelte festgesetzt, geändert oder aufgehoben werden sollen. Entgegen der Anregung des BR wurde der zentrale Begriff „soziale Verwerfungen" im MiArbG nicht näher definiert.[62] Die frühere Formulierung in § 1 Abs. 2b a.F., wonach die Festsetzung von Mindestarbeitsbedingungen „zur Befriedigung der notwendigen sozialen und wirtschaftlichen Bedürfnisse der AN erforderlich" erscheinen musste, stellte klar auf die Perspektive des AN-Schutzes ab. Der umfassendere Fokus der „sozialen Verwerfungen" geht darüber hinaus; andererseits aber nicht so weit wie das Erfordernis eines „sozialen Notstands" i.S.v. § 5 Abs. 1 S. 2 TVG (siehe 5 TVG Rn 19). Nicht maßgeblich ist ferner das „öffentliche Interesse" i.S.v. § 5 Abs. 1 S. 1 Nr. 2 TVG. 28

Der Hauptausschuss hat die **sozialen und ökonomischen Auswirkungen** umfassend zu berücksichtigen (§ 3 Abs. 1 S. 1) und die in dem betreffenden Wirtschaftszweig bestehenden **Lohn- und Tarifstrukturen** in seine Entscheidung einzubeziehen.[63] Angesichts des Eingriffs in die Koalitionsfreiheit muss eine staatliche Lohnfestsetzung aus Gründen des AN-Schutzes erforderlich sein (siehe Rn 9).[64] Sachlich gerechtfertigt ist es zudem, wenn der Hauptausschuss im Umkehrschluss u.a. auch die für den Fachausschuss maßgeblichen Kriterien nach § 4 Abs. 4 S. 3 Nr. 1 bis 3 (siehe Rn 40) heranzieht.

Der schriftlich zu begründende (§ 3 Abs. 1 S. 2 n.F.) Beschl. des Hauptausschusses bedarf der **Zustimmung des BMAS** (§ 3 Abs. 1 S. 3 n.F.), was dessen starke Stellung im Verfahren zur Festsetzung von Mindestarbeitsbedingungen nach dem neuen MiArbG unterstreicht. 29

§ 3 Abs. 2 n.F. ersetzt die bislang in § 3 Abs. 1 a.F. enthaltene Möglichkeit eines verfahrenseinleitenden Impulses des BMAS durch ein **Vorschlagsrecht** der BReg. Ergänzend wird auch den Spitzenorganisationen der AG und der AN sowie den LReg ein entsprechendes Initiativrecht eingeräumt.[65] Insb. das Vorschlagsrecht von LReg gibt Anlass zu Befürchtungen, dass Anträge zur Festsetzung, Änderung oder Aufhebung von Mindestarbeitsentgelten künftig auch aus parteipolitischen oder wahlkampftaktischen Gründen gestellt werden könnten.[66] 30

Der Hauptausschuss wird gem. § 10 durch eine **Geschäftsstelle** unterstützt (siehe Rn 44).[67] 31

3. Fachausschüsse. a) Zusammensetzung. Die Fachausschüsse als **Gremien der betroffenen Wirtschaftszweige** werden nach näherer Maßgabe von §§ 5, 6 so zusammengesetzt, dass sich divergierende Einzelinteressen nicht blockieren. Zur Straffung des Verfahrens wird die Anzahl der Beisitzer der Fachausschüsse auf insg. sechs (vormals bis zu zehn) begrenzt,[68] welche je zur Hälfte den Kreisen der beteiligten AN und AG angehören (§ 5 Abs. 1 S. 1 n.F.).[69] Hinzu kommt ein unparteiischer Vorsitzender mit subsidiärem Stimmrecht (§ 5 Abs. 2 S. 2).[70] Zudem können Sachverständige ohne Stimmrecht zugezogen werden (§ 5 Abs. 1 S. 2). 32

Der Vorsitzende und die Beisitzer werden von der BReg auf Vorschlag des BMAS für die Dauer von drei Jahren berufen (§§ 5 Abs. 1 S. 1, 6 Abs. 1 S. 1, S. 4 i.V.m. § 2 Abs. 3 S. 1) und sind nicht an Weisungen gebunden (§ 6 Abs. 4 i.V.m. § 2 Abs. 5 S. 2).[71] 33

---

58 BT-Drucks 16/10485, S. 10.
59 BT-Drucks 16/10485, S. 10.
60 *Bayreuther*, DB 2009, 678, 682.
61 BT-Drucks 16/10485, S. 8, 10.
62 BT-Drucks 16/10485, S. 14, 16.
63 BT-Drucks 16/10485, S. 8, 10.
64 *Sittard*, NZA 2009, 346, 350.
65 BT-Drucks 16/10485, S. 8, 10.
66 *Bayreuther*, DB 2009, 678, 682; *Göhner*, BB 2008, M1.
67 BT-Drucks 16/10485, S. 8, 12.
68 BT-Drucks 16/10485, S. 11.
69 BT-Drucks 16/10485, S. 8.
70 BT-Drucks 16/10485, S. 8.
71 BT-Drucks 16/10485, S. 11.

34 Die bislang in § 6 Abs. 4 a.F. enthaltene Regelung über die ehrenamtliche Tätigkeit und die Entschädigung wird durch einen Verweis auf § 2 Abs. 5 S. 1 ersetzt (siehe Rn 25).[72]

35 Auf die Beisitzer des Fachausschusses finden die für die ehrenamtlichen Richter der ArbG geltenden Vorschriften der §§ 21 bis 26 ArbGG mit den sich aus § 6 Abs. 3 ergebenden Abweichungen sinngemäß Anwendung (§ 6 Abs. 2).

36 **b) Verfahren/Beschluss.** Die Regelungen zur **Beschlussfähigkeit** und zur Möglichkeit, sich eine **Geschäftsordnung** zu geben (siehe Rn 26), gelten für die Fachausschüsse entsprechend (§ 5 Abs. 1 S. 3 i.V.m. § 2 Abs. 4).[73]

37 Damit es nicht zu Blockaden der Fachausschüsse kommen kann, darf der BMAS im Fall einer Pattsituation nach weiterer Beratung mitstimmen (§ 5 Abs. 2 S. 2).[74] Es findet somit eine Art „Zwangsschlichtung" statt.[75]

38 Der Fachausschuss setzt die Mindestarbeitsentgelte durch schriftlich zu begründenden Beschl. fest (§ 4 Abs. 2 S. 1, S. 2 i.V.m. § 3 Abs. 1 S. 2).[76]

39 Durch Bezugnahme auf den Beschäftigungsort wird in § 4 Abs. 4 S. 1 das **Arbeitsortsprinzip** gesetzlich normiert.[77]

40 Gem. § 4 Abs. 4 S. 1 wird die **„unterste Grenze der Entgelte"** festgelegt. § 4 Abs. 4 S. 2 eröffnet dem Fachausschuss die Möglichkeit, durch die Festsetzung verschiedener Mindestarbeitsentgelte angemessene und für notwendig erachtete Differenzierungen vorzunehmen. Auf diese Art und Weise können Unterschiede in Bezug auf die ausgeübte Tätigkeit (üblich ist bspw. zwischen schweren und leichten Tätigkeiten zu unterscheiden wie z.B. in der Fleischindustrie), das Qualifikationsniveau (z.B. gelernt/ungelernt) oder regionale Besonderheiten (z.B. in einzelnen Bundesländern) berücksichtigt werden. Dies hat sich bei der Erstreckung von TV nach dem AEntG bewährt (§ 5 Nr. 1 AEntG). Die Festsetzung eines gesamten **Lohngitters** ist nicht möglich.[78]

Die unterste Entgeltgrenze stellt nicht das als angemessen oder wünschenswert erachtete, sondern nur das notwendige Mindestmaß des Arbeitsentgelts dar.[79] Bereits das MiArbG 1952 diente nur der Sicherstellung eines Minimalschutzes der AN.[80] Dabei besteht ein Widerspruch zu § 4 Abs. 4 S. 3 Nr. 1, der die Schaffung „angemessener" Arbeitsbedingungen erfordert.[81]

Dem Fachausschuss werden für die differenzierte Festlegung Kriterien an die Hand gegeben, die ihm eine sachgerechte Entscheidung über die Festsetzung von Mindestarbeitsentgelten ermöglichen.[82] § 4 Abs. 4 S. 3 stellt sicher, dass der Fachausschuss bei der Festlegung der untersten Grenze der Entgelte im Rahmen einer Gesamtabwägung die dem MiArbG zugrunde liegenden **Gesetzesziele** (siehe Rn 2, 9) berücksichtigt. Die Entscheidung des Fachausschusses muss daher „insb." geeignet sein,
– angemessene Arbeitsbedingungen zu schaffen (Nr. 1),
– faire und funktionierende Wettbewerbsbedingungen zu gewährleisten (Nr. 2) sowie
– sozialversicherungspflichtige Beschäftigung zu erhalten (Nr. 3).[83]

Diese Vorgaben entsprechen den Gesetzeszielen nach § 1 S. 1, S. 2 Alt. 1 AEntG (siehe § 1 AEntG Rn 4).

41 Das zusätzlich dazu in § 1 S. 2 Alt. 2 AEntG erwähnte Ziel der Wahrung der Ordnungs- und Befriedungsfunktion der **Tarifautonomie** (siehe Rn 8 ff.) wird demgegenüber vom MiArbG nicht explizit erfasst. Der Vorschlag des BR, im Einklang mit der neuen Reichweite des MiArbG 2009 (siehe Rn 4, 15 f.) auch in § 4 Abs. 4 S. 3 Nr. 1 das Wort „Arbeitsbedingungen" durch „Mindestarbeitsentgelte" zu ersetzen sowie in § 4 Abs. 4 S. 3 angefügt eine neue Nr. 4 einzufügen, wonach „die Ordnungs- und Befriedungsfunktion der Tarifautonomie zu wahren" sei,[84] fand nicht die erforderliche Mehrheit im BT.[85] Eine entsprechende Regelung in § 4 Abs. 4 S. 4 des RefEntw, wonach der Tarifausschuss „bei seiner Entscheidung die Auswirkungen einer Mindestarbeitsbedingung auf die in dem Wirtschaftszweig oder der Region bereits bestehenden TV" zu berücksichtigen hatte, wurde ebenfalls nicht umgesetzt. Gerade aber weil sich das MiArbG an Wirtschaftszweige mit geringer Tarifbindung richtet (siehe Rn 13), hätte die Tarifautonomie hier umso mehr des ausdrücklichen Schutzes und der Berücksichtigung gerade auch durch die die VO vorschlagenden Fachausschüsse bedurft. Immerhin klingt der grds. Vorrang der Tarifautonomie in § 1 Abs. 1 an, wonach die Regelung von Entgelten und sonstigen Arbeitsbedingungen grds. in freier Vereinbarung zwischen den TV-Parteien durch TV erfolgt. Zudem hat der Hauptausschuss u.a. auch die in dem betreffenden Wirtschaftszweig bestehenden Lohn- und Tarifstrukturen in seine Entscheidung über die Festsetzung, Änderung oder Aufhebung von Mindestarbeitsentgelten einzubeziehen (siehe Rn 28).[86]

---

72 BT-Drucks 16/10485, S. 11.
73 BT-Drucks 16/10485, S. 11.
74 *Bayreuther*, DB 2009, 678, 682.
75 *Sittard*, NZA 2009, 346, 350.
76 BT-Drucks 16/10485, S. 10.
77 BT-Drucks 16/10485, S. 10.
78 BT-Drucks 16/10485, S. 10; BR-Drucks 541/08, S. 11.
79 *Sansone/Ulber*, AuR 2008, 125, 129 m.w.N.; strenger *Rieble/Klebeck*, ZIP 2006, 829, 834.
80 *Fitting*, RdA 1952, 5, 8; *Herschel*, BArbBl 1952, 36.
81 *Sansone/Ulber*, AuR 2008, 125, 129; *Sittard*, NZA 2009, 346, 351 m.w.N.
82 BT-Drucks 16/10485, S. 8.
83 BT-Drucks 16/10485, S. 10.
84 BT-Drucks 16/10485, S. 14 f.
85 BT-Drucks 16/10485, S. 16.
86 BT-Drucks 16/10485, S. 8, 10.

Nach Beschlussfassung durch den Fachausschuss erhält sodann der Hauptausschuss gem. § 4 Abs. 2 S. 3 n.F. Gelegenheit, sich zu der Entscheidung des Fachausschusses zu äußern.[87]   42

Die Fachausschüsse werden ebenfalls durch die **Geschäftsstelle** unterstützt (§ 10).[88]   43

4. Geschäftsstelle. Die Aufgabenstellung des Hauptausschusses sowie der Fachausschüsse bedarf jeweils der fachlichen und technisch-organisatorischen Hilfestellung durch Expertise für die Entscheidungsfindung und Vor- und Nachbereitung der Ausschusssitzungen. Diese Aufgaben werden von einer beim **BMAS** angesiedelten Geschäftsstelle übernommen, die u.a. auch umfassenden Zugriff auf das dortige Tarifregister (§ 6 TVG) hat.[89]   44

5. Stellungnahme- und Äußerungsrecht der Beteiligten. Gem. § 7 gibt das BMAS den beteiligten obersten Landesarbeitsbehörden, den betroffenen AN und AG sowie den zuständigen Gewerkschaften und AG-Vereinigungen vor der Festsetzung von Mindestarbeitsentgelten[90] Gelegenheit zu schriftlicher Stellungnahme sowie zur Äußerung in einer öffentlichen mündlichen Verhandlung vor dem Fachausschuss.   45

6. Prüfung und Vorschlag durch das BMAS. Bisher war das BMAS für den Erlass der VO zuständig (§ 4 Abs. 3 S. 2 a.F.), nicht die BReg (siehe Rn 47). Das BMAS behält jedoch gem. § 4 Abs. 3 S. 1 ein eigenständiges Prüfungs- und Vorschlagsrecht.   46

Zunächst hat es die vom Fachausschuss vorgeschlagenen Mindestarbeitsentgelte in eigener Verantwortung zu prüfen. Auch die schriftliche Begründung des Beschl. des Hauptausschusses (siehe Rn 29) über die von ihm für erforderlich gehaltene Festsetzung von Mindestarbeitsentgelten ist zu berücksichtigen.[91] Gleiches gilt für die Stellungnahme des Hauptausschusses nach § 4 Abs. 2 S. 3.

Stimmt das BMAS dem Vorschlag des Fachausschusses zu, so schlägt es der BReg die Verabschiedung einer VO vor. Der Vorschlag des Fachausschusses kann nur unverändert in die VO übernommen werden; es besteht keine Möglichkeit zur inhaltlichen Abweichung.[92] Stimmt es dem Vorschlag des Fachausschusses nicht zu, so unterbleibt mangels positiven Vorschlags des BMAS eine Festsetzung.[93]

7. Erlass der VO durch die BReg. § 4 Abs. 3 n.F. bestimmt, dass die VO zur Festsetzung der Mindestarbeitsentgelte künftig nicht mehr vom BMAS, sondern von der BReg erlassen wird (§ 4 Abs. 3 S. 1 n.F.).[94] Der VO-Geber hat den Beschl. des Fachausschusses vor Erlass der VO auf seine Verhältnismäßigkeit zu überprüfen und dabei einen Einschätzungs- und Prognosespielraum.[95] Eine Verpflichtung zum Erlass der VO besteht nicht.[96]   47

Die BReg kann die VO befristen (§ 4 Abs. 3 S. 2).[97]   48

Die in § 10 a.F. geregelte Möglichkeit einer Delegation auf einzelne Bundesländer ist mit dem MiArbG 2009 entfallen.[98] Nach § 4 Abs. 4 S. 2 n.F. ist ausdrücklich die Differenzierung nach Regionen möglich (siehe Rn 40).   49

III. Rechtsfolgen

1. Pflicht des Arbeitgebers zur Gewährung der Mindestarbeitsentgelte. Gem. § 8 Abs. 1 S. 1 sind alle (inwie ausländischen) AG ausnahmslos verpflichtet, ihren im Geltungsbereich einer VO nach § 4 Abs. 3 beschäftigen AN mind. die in der VO für den **Beschäftigungsort** vorgesehenen **Mindestarbeitsentgelte** zu gewähren,[99] vorbehaltlich der Übergangsregelung des § 8 Abs. 2 (siehe Rn 55 ff.).   50

Die in der Normenhierarchie höher stehenden Regelungen einer VO über Mindestentgeltsätze sind ein materielles Gesetz i.S.v. Art. 2 EGBGB, was z.B. bei der Auslegung, Beachtung von Amts wegen und Revisibilität zu beachten ist.[100] Sie gehen grds. tarifvertraglichen Regelungen vor, die zuungunsten des AN von der VO abweichen.[101] Der unbedingte Tarifvorrang des MiArbG 1952 wurde aufgehoben (siehe Rn 14).   51

Gem. § 8 Abs. 1 S. 1 sowie § 2 Nr. 1 AEntG n.F. stellen die verbindlich festgesetzten Mindestarbeitsentgeltsätze somit international-privatrechtlich zwingende **Eingriffsnormen** i.S.v. Art. 34 EGBGB dar.[102]   52

Die in § 8 Abs. 1 S. 1 ausdrücklich formulierte Rechtspflicht der AG bildet als Gebotsnorm den rechtstechnisch erforderlichen Anknüpfungspunkt für die in § 18 neu vorgesehene **Bußgeldbewehrung** (siehe §§ 11 bis 18 Rn 3, 6).[103]   53

§ 8 Abs. 1 S. 2 n.F. (§ 8 Abs. 1 a.F.) ordnet die sinngemäße Anwendbarkeit der „gesetzlichen Vorschriften über den TV" an und nimmt damit insb. Bezug auf das TVG. Dies gilt zunächst für die unmittelbare und zwingende **Tarif-**   54

---

87 BT-Drucks 16/10485, S. 10.
88 BT-Drucks 16/10485, S. 8, 12.
89 BT-Drucks 16/10485, S. 8, 12.
90 BT-Drucks 16/10485, S. 11.
91 BT-Drucks 16/10485, S. 8, 10.
92 BT-Drucks 16/10485, S. 10; *Kossens*, AuA 2009, 236, 239.
93 BT-Drucks 16/10485, S. 10.
94 BT-Drucks 16/10485, S. 8.
95 BT-Drucks 16/10485, S. 11.
96 *Sittard*, NZA 2009, 346, 350.
97 BT-Drucks 16/10485, S. 10.
98 BT-Drucks 16/10485, S. 12.
99 BT-Drucks 16/10485, S. 10 f.
100 *Herschel*, BArbBl 1952, 36.
101 BT-Drucks 16/10485, S. 11.
102 *Bayreuther*, DB 2009, 678, 682; *Sansone/Ulber*, AuR 2008, 125, 128.
103 BT-Drucks 16/11669, S. 20.

wirkung gem. § 4 Abs. 1 TVG.[104] Auf die verordneten Mindestarbeitsentgelte finden weiter das **Günstigkeitsprinzip** nach § 4 Abs. 3 TVG („mind."), die **Nachwirkung** gem. § 4 Abs. 5 TVG und neu auch § 12a TVG (Geltung für **AN-ähnliche Personen**) Anwendung.[105] Zudem besteht die Verpflichtung des AG zur **Bekanntgabe** der Mindestarbeitsentgelte-VO entsprechend § 8 TVG (siehe Rn 65).

Nicht anwendbar sind die Bestimmungen des TVG über die TV-Parteien und deren gemeinsame Einrichtungen i.S.v. § 4 Abs. 2 TVG (Lohnausgleichskassen), über den schuldrechtlichen Teil (§ 1 Abs. 1 Alt. 1 TVG) und über die Form des TV (§ 1 Abs. 2 TVG), über die Tarifgebundenheit (§§ 2, 3 TVG), über die AVE (§ 5 TVG) sowie über die Feststellung der Rechtswirksamkeit eines TV (§ 9 TVG).[106]

55 **2. Übergangsregelung. a) Stichtagsregelung für Alt-TV.** Die zwingende Wirkung der Mindestarbeitsentgelte gilt gem. § 8 Abs. 2 S. 1 nicht für abweichende Entgeltregelungen in einem TV, der vor dem **16.7.2008** (Zeitpunkt des Kabinettsbeschluss) abgeschlossen worden ist. Diese Übergangsregelung schützt das Vertrauen der TV-Parteien auf den Bestand ihrer vor dem Stichtag abgeschlossenen (niedriger dotierten) TV[107] und verhindert damit eine unechte Rückwirkung.[108] Zu kritisieren ist, dass nicht auf den Tag des Inkrafttretens des MiArbG 2009 (28.4.2009) abgestellt wurde.[109]

56 Die „Zeit des Bestehens des TV" erfasst zunächst den Zeitraum, indem die zwingende **Tarifgeltung gem. §§ 3, 4 Abs. 1 TVG** besteht.[110] Der Nachwirkungszeitraum (§ 4 Abs. 5 TVG) fällt nicht unter § 8 Abs. 2 S. 1, da der TV nach seinem zeitlichen Ablauf nicht mehr in diesem Sinne „besteht". Dies hat konsequenterweise zur Folge, dass für den Zeitraum zwischen dem Auslaufen des alten TV und dem Inkrafttreten des Folge-TV (siehe Rn 59) die per VO festgesetzten Mindestarbeitsentgelte anwendbar sind.[111] Die TV-Parteien können jedoch grds. den nachfolgenden TV rückwirkend auf den Tag nach Ablauf des urspr. TV in Kraft setzen, um temporär unterschiedliche Löhne zu vermeiden.

57 Bestehende TV gehen somit während ihrer Laufzeit den festgesetzten Mindestarbeitsentgelten vor. Gleiches gilt im Geltungsbereich eines solchen TV auch bei dessen **arbeitsvertraglicher Inbezugnahme**.[112]

58 Tarifliche Abweichungen von den verordneten Mindestarbeitsentgelten „nach oben" sind vor dem Hintergrund des Günstigkeitsprinzips (siehe Rn 54) stets zulässig.

59 **b) Ablöse- und Folge-TV.** Gem. § 8 Abs. 2 S. 2 genießen zudem solche TV Vorrang, mit denen die TV-Parteien ihren bestehenden TV nach § 8 Abs. 2 S. 1 ablösen oder in zeitlichem und sachlichem Anschluss an dessen Ablauf durch einen Folge-TV ersetzen.[113] Damit wird der tariflichen Praxis Rechnung getragen, wonach die Verhandlungen der TV-Parteien über den Folge-TV auch erst nach Ablauf des bestehenden TV zum Abschluss führen können.[114] Bei wortlautgetreuer Auslegung ist nur der nächste Anschluss- oder Folge-TV erfasst („einen"). Der zweite Anschluss- oder Folge-TV ist nicht mehr privilegiert.[115]

60 Ein **„zeitlicher und sachlicher Zusammenhang"** i.S.v. § 8 Abs. 2 S. 2 erfordert nicht, dass sich der Folge-TV „unmittelbar"[116] an den Alt-TV anschließt. Die Unterbrechung darf aber nicht übermäßig lang sein und muss i.d.R. den laufenden Neuverhandlungen geschuldet sein.[117]

61 **3. Verzicht, Verwirkung, Ausschlussfristen.** AN können nach § 8 Abs. 3 S. 1 n.F. auf ihren Anspruch auf Zahlung des Mindestarbeitsentgeltes nur im Wege eines **gerichtlichen Vergleichs** verzichten (wie § 9 S. 1 AEntG). Sie sollen damit vor den besonderen Gefahren, die mit einem außergerichtlichen Vergleich einhergehen können, geschützt werden.[118] Nach § 8 Abs. 3 a.F. genügte jeder Vergleich mit Billigung der obersten Landesarbeitsbehörde.

62 § 8 Abs. 3 S. 2 n.F. regelt ergänzend, dass eine **Verwirkung** des Anspruchs des AN auf ein Mindestarbeitsentgelt ausgeschlossen ist.[119] Diese Regelung war im MiArbG 1952 nicht enthalten, und sie ist überflüssig (§ 8 Abs. 1 S. 2 i.V.m. § 4 Abs. 4 S. 2 TVG).[120]

63 **Ausschlussfristen** für die Geltendmachung von Mindestarbeitsentgelten sind generell unzulässig (§ 8 Abs. 3 S. 3). Der Zweck von Mindestarbeitsentgelten würde unterlaufen, wenn der Anspruch durch Verzicht, Verwirkung oder den Ablauf von Ausschlussfristen untergehen könnte.[121]

---

104 *Herschel*, BArbBl 1952, 36, 37.
105 *Bayreuther*, DB 2009, 678, 683.
106 *Herschel*, BArbBl 1952, 36, 37.
107 BT-Drucks 16/10485, S. 11.
108 *Sittard*, NZA 2009, 346, 351.
109 *Sittard*, NZA 2009, 346, 351.
110 So auch *Bayreuther*, DB 2009, 678, 683.
111 *Bayreuther*, DB 2009, 678, 683.
112 BT-Drucks 16/10485, S. 11 f.
113 BT-Drucks 16/10485, S. 11.
114 BT-Drucks 16/11669, S. 2, 20.
115 *Sittard*, NZA 2009, 346, 351.
116 Diese Formulierung war noch im RegEntw enthalten, BT-Drucks 16/10485, S. 11; kritisch dazu *Gastell*, AuA 2008, 471, 472.
117 *Bayreuther*, DB 2009, 678, 683.
118 BT-Drucks 16/10485, S. 12.
119 BT-Drucks 16/10485, S. 12.
120 *Bayreuther*, DB 2009, 678, 683.
121 BT-Drucks 16/10485, S. 12.

Angesichts des Verbots der geltungserhaltenden Reduktion (§ 306 Abs. 2 BGB) – dessen Anwendbarkeit im Arbeitsrecht freilich nicht unumstritten ist (siehe § 306 BGB Rn 9 ff.) – könnten nun auch vorformulierte arbeitsvertragliche Ausschlussklauseln, die (wie üblich) zwingende Mindestlohnansprüche nicht ausnehmen, generell unwirksam sein.[122]

4. Bekanntgabe der Mindestarbeitsentgelte-Verordnung im Betrieb. Die Verpflichtung des AG zur Auslage der maßgebenden Mindestarbeitsentgelte-VO an geeigneter Stelle im Betrieb (§ 11 a.F.)[123] ergibt sich nunmehr aus § 8 Abs. 1 S. 2 i.V.m. § 8 TVG.

C. Verbindungen zu anderen Rechtsgebieten und zum Prozessrecht
I. Heimarbeitsgesetz
Gem. § 1 Abs. 3 bleiben die Vorschriften des HAG unberührt, was insb. die verbindliche Festsetzung von **Entgeltregelungen** gem. §§ 17 ff. HAG und die Entgeltschutzvorschriften nach §§ 23 ff. HAG betrifft.

Gem. § 19 Abs. 1 S. 1 HAG kann der Heimarbeitsausschuss in tarifschwachen Bereichen nach Anhörung der Auftraggeber und Beschäftigten, Entgelte und sonstige Vertragsbedingungen mit bindender Wirkung für alle Auftraggeber und Beschäftigten seines Zuständigkeitsbereichs festsetzen, wenn unzulängliche Entgelte gezahlt werden oder die sonstigen Vertragsbedingungen unzulänglich sind. Die bindende Festsetzung hat die Wirkung eines allgemeinverbindlichen TV und ist in das beim BMAS geführte Tarifregister einzutragen (§ 19 Abs. 3 S. 1 HAG).

II. Arbeitnehmer-Entsendegesetz
Für Branchen mit einer **Tarifbindung von mind. 50 v.H.** beinhaltet das AEntG die Möglichkeit zur verbindlichen Festsetzung von Mindestarbeitsbedingungen per VO nach § 7 AEntG bzw. für die Pflegebranche gem. §§ 11, 13 AEntG (siehe die Kommentierung dort).

Die Anwendbarkeit von AEntG oder MiArbG hängt allein davon ab, ob eine Tarifbindung von mehr als 50 v.H. (dann Vorgehen über AEntG) oder weniger als 50 v.H. (dann MiArbG) in dem betreffenden Wirtschaftszweig bzw. der Branche vorliegt (zu den Folgen einer nachträglichen Veränderung der Höhe der Tarifbindung über oder unter die 50 v.H.-Schwelle siehe § 1 AEntG Rn 7).

Eine VO nach § 4 Abs. 3 ist eine Rechtsvorschrift über Mindestentgeltsätze i.S.d. § 2 Nr. 1 AEntG, die von in- wie ausländischen AG zwingend zu beachten ist (siehe § 2 AEntG Rn 4).[124]

III. Allgemeinverbindlicherklärung
Die AVE von TV nach § 5 TVG besteht neben den Möglichkeiten zum Erlass einer VO nach § 7 AEntG und § 4 Abs. 3 (siehe § 1 AEntG Rn 8).

IV. Nachweispflicht
Die Formulierung in § 8 Abs. 1 S. 2 (siehe Rn 54) lässt die Interpretation zu, dass neben dem TVG auch andere gesetzliche Vorschriften über den TV auf die verordneten Mindestarbeitsentgelte Anwendung finden. Insb. nachdem die Verpflichtung des AG zur Aushändigung der Mindestarbeitsentgelte-VO an alle betroffenen AN nach § 11 a.F.[125] entfallen ist, liegt es nahe, die Nachweispflicht des AG gem. § 2 Abs. 1 S. 2 Nr. 10 NachwG entsprechend heranzuziehen.

D. Beraterhinweise
I. Kosten für die Arbeitgeber
Wenn in bestimmten Wirtschaftszweigen Mindestarbeitsentgelte festgesetzt werden, können mittelfristig Teile der deutschen Wirtschaft infolge einer **Anhebung des Lohnniveaus** mittelbar kostenseitig belastet werden.[126]

Die verbindliche Festlegung von Mindestarbeitsentgelten kann zudem unmittelbare und mittelbare Auswirkungen auf das Angebot und die Nachfrage auf den Arbeitsmarkt, die Motivation der Beschäftigten sowie die Arbeitsproduktivität und damit weitere Rückwirkungen auf Kosten und Preise haben.[127]

---

122 *Bayreuther*, DB 2009, 678, 683.
123 *Herschel*, BArbBl 1952, 36, 37.
124 BT-Drucks 16/10485, S. 10 f.
125 *Herschel*, BArbBl 1952, 36, 37.
126 BT-Drucks 16/10485, S. 1, 8 ff.; BT-Drucks 16/11669, S. 4.
127 BT-Drucks 16/10485, S. 9.

II. Gleichstellungspolitische Bedeutung

73 Da das MiArbG die Festsetzung von Mindestarbeitsentgelten insb. im **Niedriglohnsektor** ermöglicht, der traditionell einen hohen Frauenanteil und einen unterdurchschnittlichen Organisationsgrad aufweist, wirkt das MiArbG **geschlechtsspezifischen Lohndiskriminierungen** entgegen.[128]

Zweiter Abschnitt: Kontrolle und Durchsetzung durch staatliche Behörden

§ 11 Zuständigkeit

Für die Prüfung der Einhaltung der Pflichten eines Arbeitgebers nach § 8 Abs. 1 Satz 1 sind die Behörden der Zollverwaltung zuständig.

§ 12 Befugnisse der Behörden der Zollverwaltung und anderer Behörden

Die §§ 2 bis 6, 14, 15, 20, 22 und 23 des Schwarzarbeitsbekämpfungsgesetzes sind entsprechend anzuwenden mit der Maßgabe, dass
1. die dort genannten Behörden auch Einsicht in Arbeitsverträge, Niederschriften nach § 2 des Nachweisgesetzes und andere Geschäftsunterlagen nehmen können, die mittelbar oder unmittelbar Auskunft über die Einhaltung der auf Grund einer Rechtsverordnung nach § 4 Abs. 3 geltenden Mindestarbeitsentgelte geben, und
2. die nach § 5 Abs. 1 des Schwarzarbeitsbekämpfungsgesetzes zur Mitwirkung Verpflichteten diese Unterlagen vorzulegen haben.

²Die §§ 16 bis 19 des Schwarzarbeitsbekämpfungsgesetzes finden Anwendung. ³§ 6 Abs. 3 des Schwarzarbeitsbekämpfungsgesetzes findet entsprechende Anwendung. ³Für die Datenverarbeitung, die dem in § 11 genannten Zweck oder der Zusammenarbeit mit den Behörden des Europäischen Wirtschaftsraums nach § 15 Abs. 2 dient, findet § 67 Abs. 2 Nr. 4 des Zehnten Buches Sozialgesetzbuch keine Anwendung.

§ 13 Meldepflicht

(1) ¹Soweit eine Rechtsverordnung nach § 4 Abs. 3 auf das Arbeitsverhältnis Anwendung findet, ist ein Arbeitgeber mit Sitz im Ausland, der einen Arbeitnehmer oder mehrere Arbeitnehmer innerhalb des Geltungsbereichs dieses Gesetzes beschäftigt, verpflichtet, vor Beginn jeder Werk- oder Dienstleistung eine schriftliche Anmeldung in deutscher Sprache bei der zuständigen Behörde der Zollverwaltung vorzulegen, die die für die Prüfung wesentlichen Angaben enthält. ²Wesentlich sind die Angaben über
1. Familienname, Vornamen und Geburtsdatum der von ihm im Geltungsbereich dieses Gesetzes beschäftigten Arbeitnehmer,
2. Beginn und voraussichtliche Dauer der Beschäftigung,
3. Ort der Beschäftigung,
4. Ort im Inland, an dem die nach § 14 erforderlichen Unterlagen bereitgehalten werden,
5. Familienname, Vornamen, Geburtsdatum und Anschrift in Deutschland des oder der verantwortlich Handelnden,
6. Wirtschaftszweig, in den die Arbeitnehmer entsandt werden sollen, und
7. Familienname, Vornamen und Anschrift in Deutschland eines oder einer Zustellungsbevollmächtigten, soweit dieser oder diese nicht mit dem oder der in Nummer 5 genannten verantwortlich Handelnden identisch ist.

Änderungen bezüglich dieser Angaben hat der Arbeitgeber im Sinne des Satzes 1 unverzüglich zu melden.
(2) Der Arbeitgeber hat der Anmeldung eine Versicherung beizufügen, dass er seine Verpflichtungen nach § 8 Abs. 1 Satz 1 einhält.

---

[128] BT-Drucks 16/10485, S. 9.

(3) Das Bundesministerium der Finanzen kann durch Rechtsverordnung im Einvernehmen mit dem Bundesministerium für Arbeit und Soziales ohne Zustimmung des Bundesrates bestimmen,
1. dass, auf welche Weise und unter welchen technischen und organisatorischen Voraussetzungen eine Anmeldung, Änderungsmeldung und Versicherung abweichend von Absatz 1 Satz 1 und 3 und Absatz 2 elektronisch übermittelt werden kann,
2. unter welchen Voraussetzungen eine Änderungsmeldung ausnahmsweise entfallen kann, und
3. wie das Meldeverfahren vereinfacht oder abgewandelt werden kann, sofern die entsandten Arbeitnehmer im Rahmen einer regelmäßig wiederkehrenden Werk- oder Dienstleistung eingesetzt werden oder sonstige Besonderheiten der zu erbringenden Werk- oder Dienstleistungen dies erfordern.

(4) Das Bundesministerium der Finanzen kann durch Rechtsverordnung ohne Zustimmung des Bundesrates die zuständige Behörde nach Absatz 1 Satz 1 bestimmen.

§ 14 Erstellen und Bereithalten von Dokumenten

(1) Soweit eine Rechtsverordnung nach § 4 Abs. 3 auf das Arbeitsverhältnis Anwendung findet, ist der Arbeitgeber verpflichtet, Beginn, Ende und Dauer der täglichen Arbeitszeit der Arbeitnehmer aufzuzeichnen und diese Aufzeichnungen mindestens zwei Jahre aufzubewahren.

(2) [1]Jeder Arbeitgeber ist verpflichtet, die für die Kontrolle der Einhaltung einer Rechtsverordnung nach § 4 Abs. 3 erforderlichen Unterlagen im Inland für die gesamte Dauer der tatsächlichen Beschäftigung der Arbeitnehmer im Geltungsbereich dieses Gesetzes, mindestens für die Dauer der gesamten Werk- oder Dienstleistung, insgesamt jedoch nicht länger als zwei Jahre in deutscher Sprache bereitzuhalten. [2]Auf Verlangen der Prüfbehörde sind die Unterlagen auch am Ort der Beschäftigung bereitzuhalten.

§ 15 Zusammenarbeit der in- und ausländischen Behörden

(1) Die Behörden der Zollverwaltung unterrichten die zuständigen Finanzämter über Meldungen nach § 13 Abs. 1.

(2) [1]Die Behörden der Zollverwaltung und die übrigen in § 2 des Schwarzarbeitsbekämpfungsgesetzes genannten Behörden dürfen nach Maßgabe der datenschutzrechtlichen Vorschriften auch mit Behörden anderer Vertragsstaaten des Abkommens über den Europäischen Wirtschaftsraum zusammenarbeiten, die diesem Gesetz entsprechende Aufgaben durchführen oder für die Bekämpfung illegaler Beschäftigung zuständig sind oder Auskünfte geben können, ob ein Arbeitgeber seine Verpflichtungen nach § 8 Abs. 1 Satz 1 erfüllt. [2]Die Regelungen über die internationale Rechtshilfe in Strafsachen bleiben hiervon unberührt.

(3) Die Behörden der Zollverwaltung unterrichten das Gewerbezentralregister über rechtskräftige Bußgeldentscheidungen nach § 18 Abs. 1 bis 3, sofern die Geldbuße mehr als zweihundert Euro beträgt.

(4) [1]Gerichte und Staatsanwaltschaften sollen den nach diesem Gesetz zuständigen Behörden Erkenntnisse übermitteln, die aus ihrer Sicht zur Verfolgung von Ordnungswidrigkeiten nach § 18 Abs. 1 und 2 erforderlich sind, soweit dadurch nicht überwiegende schutzwürdige Interessen des Betroffenen oder anderer Verfahrensbeteiligter erkennbar beeinträchtigt werden. [2]Dabei ist zu berücksichtigen, wie gesichert die zu übermittelnden Erkenntnisse sind.

§ 16 Ausschluss von der Vergabe öffentlicher Aufträge

(1) [1]Von der Teilnahme an einem Wettbewerb um einen Liefer-, Bau- oder Dienstleistungsauftrag der in § 98 des Gesetzes gegen Wettbewerbsbeschränkungen genannten Auftraggeber sollen Bewerber für eine angemessene Zeit bis zur nachgewiesenen Wiederherstellung ihrer Zuverlässigkeit ausgeschlossen werden, die wegen eines Verstoßes nach § 18 mit einer Geldbuße von wenigstens zweitausendfünfhundert Euro belegt worden sind. [2]Das Gleiche gilt auch schon vor Durchführung eines Bußgeldverfahrens, wenn im Einzelfall angesichts der Beweislage kein vernünftiger Zweifel an einer schwerwiegenden Verfehlung im Sinne des Satzes 1 besteht.

(2) Die für die Verfolgung oder Ahndung der Ordnungswidrigkeiten nach § 18 zuständigen Behörden dürfen öffentlichen Auftraggebern nach § 98 Nr. 1 bis 3 und 5 des Gesetzes gegen Wettbewerbsbeschränkungen und solchen Stellen, die von öffentlichen Auftraggebern zugelassene Präqualifikationsverzeichnisse oder Unternehmer- und Lieferantenverzeichnisse führen, auf Verlangen die erforderlichen Auskünfte geben.

(3) ¹Öffentliche Auftraggeber nach Absatz 2 fordern im Rahmen ihrer Tätigkeit beim Gewerbezentralregister Auskünfte über rechtskräftige Bußgeldentscheidungen wegen einer Ordnungswidrigkeit nach § 18 Abs. 1 oder 2 an oder verlangen von Bewerbern eine Erklärung, dass die Voraussetzungen für einen Ausschluss nach Absatz 1 nicht vorliegen. ²Im Fall einer Erklärung des Bewerbers können öffentliche Auftraggeber nach Absatz 2 jederzeit zusätzlich Auskünfte des Gewerbezentralregisters nach § 150a der Gewerbeordnung anfordern.

(4) Bei Aufträgen ab einer Höhe von 30 000 Euro fordert der öffentliche Auftraggeber nach Absatz 2 für den Bewerber, der den Zuschlag erhalten soll, vor der Zuschlagserteilung eine Auskunft aus dem Gewerbezentralregister nach § 150a der Gewerbeordnung an.

(5) Vor der Entscheidung über den Ausschluss ist der Bewerber zu hören.

§ 17 Zustellung

Für die Anwendung dieses Gesetzes gilt der im Inland gelegene Ort der Werk- oder Dienstleistung sowie das vom Arbeitgeber eingesetzte Fahrzeug als Geschäftsraum im Sinne des § 5 Abs. 2 des Verwaltungszustellungsgesetzes in Verbindung mit § 178 Abs. 1 Nr. 2 der Zivilprozessordnung.

§ 18 Bußgeldvorschriften

(1) Ordnungswidrig handelt, wer vorsätzlich oder fahrlässig
1. entgegen § 8 Abs. 1 Satz 1 in Verbindung mit einer Rechtsverordnung nach § 4 Abs. 3 Mindestarbeitsentgelte nicht gewährt,
2. entgegen § 12 Satz 1 in Verbindung mit § 5 Abs. 1 Satz 1 des Schwarzarbeitsbekämpfungsgesetzes eine Prüfung nicht duldet oder bei einer Prüfung nicht mitwirkt,
3. entgegen § 12 Satz 1 in Verbindung mit § 5 Abs. 1 Satz 2 des Schwarzarbeitsbekämpfungsgesetzes das Betreten eines Grundstücks oder Geschäftsraums nicht duldet,
4. entgegen § 12 Satz 1 in Verbindung mit § 5 Abs. 3 Satz 1 des Schwarzarbeitsbekämpfungsgesetzes Daten nicht, nicht richtig, nicht vollständig, nicht in der vorgeschriebenen Weise oder nicht rechtzeitig übermittelt,
5. entgegen § 13 Abs. 1 Satz 1 eine Anmeldung nicht, nicht richtig, nicht vollständig, nicht in der vorgeschriebenen Weise oder nicht rechtzeitig vorlegt oder nicht, nicht richtig, nicht vollständig, nicht in der vorgeschriebenen Weise oder nicht rechtzeitig zuleitet,
6. entgegen § 13 Abs. 1 Satz 3 eine Änderungsmeldung nicht, nicht richtig, nicht vollständig, nicht in der vorgeschriebenen Weise oder nicht rechtzeitig macht,
7. entgegen § 13 Abs. 2 eine Versicherung nicht beifügt,
8. entgegen § 14 Abs. 1 eine Aufzeichnung nicht, nicht richtig oder nicht vollständig erstellt oder nicht mindestens zwei Jahre aufbewahrt oder
9. entgegen § 14 Absatz 2 eine Unterlage nicht, nicht richtig, nicht vollständig oder nicht in der vorgeschriebenen Weise oder nicht für die vorgeschriebene Dauer bereithält.

(2) Ordnungswidrig handelt, wer Werk- oder Dienstleistungen in erheblichem Umfang ausführen lässt, indem er als Unternehmer einen anderen Unternehmer beauftragt, von dem er weiß oder fahrlässig nicht weiß, dass dieser bei der Erfüllung dieses Auftrags
1. entgegen § 8 Abs. 1 Satz 1 in Verbindung mit einer Rechtsverordnung nach § 4 Abs. 3 Mindestarbeitsentgelte nicht gewährt oder
2. einen Nachunternehmer einsetzt oder zulässt, dass ein Nachunternehmer tätig wird, der entgegen § 8 Abs. 1 Satz 1 in Verbindung mit einer Rechtsverordnung nach § 4 Abs. 3 Mindestarbeitsentgelte nicht gewährt.

(3) Die Ordnungswidrigkeit kann in den Fällen des Absatzes 1 Nr. 1 und des Absatzes 2 mit einer Geldbuße bis zu fünfhunderttausend Euro, in den übrigen Fällen mit einer Geldbuße bis zu dreißigtausend Euro geahndet werden.

(4) Verwaltungsbehörden im Sinne des § 36 Abs. 1 Nummer 1 des Gesetzes über Ordnungswidrigkeiten sind die in § 11 genannten Behörden jeweils für ihren Geschäftsbereich.

(5) ¹Die Geldbußen fließen in die Kasse der Verwaltungsbehörde, die den Bußgeldbescheid erlassen hat. ²Für die Vollstreckung zugunsten der Behörden des Bundes und der unmittelbaren Körperschaften und Anstalten des öffentlichen Rechts sowie für die Vollziehung des dinglichen Arrestes nach § 111d der Strafprozessordnung

in Verbindung mit § 46 des Gesetzes über Ordnungswidrigkeiten durch die in § 11 genanntenBehörden gilt das Verwaltungs-Vollstreckungsgesetz. ³Die nach Satz 1 zuständige Kasse trägt abweichend von § 105 Abs. 2 des Gesetzes über Ordnungswidrigkeiten die notwendigen Auslagen; sie ist auch ersatzpflichtig im Sinne des § 110 Abs. 4 des Gesetzes über Ordnungswidrigkeiten.

A. Allgemeines

Der 2. Abschn. des MiArbG 2009 (§§ 11 bis 18) beinhaltet die vollständig überarbeiteten öffentlich-rechtlichen Kontroll- und Sanktionsvorschriften. **1**

Die Kontrolle der Einhaltung von auf der Grundlage des MiArbG festgesetzten Mindestarbeitsentgelten erfolgt nach früherem Recht durch die Länder (§§ 11 ff. a.F.). Der BR hat in seiner Stellungnahme v. 19.9.2008[1] zum RegEntw **einheitliche Kontroll- und Sanktionsmechanismen im AEntG und MiArbG** gefordert und die Zuständigkeit der Länder für den Vollzug des MiArbG abgelehnt.[2] Unterschiedlich zuständige Stellen und Verfahren führen zu unnötigem Aufbau von Bürokratie und vermeidbaren Kosten. Durch deren Vereinheitlichung entstehen Synergieeffekte.[3] Zudem regeln beide Gesetze dieselbe Materie und es handelt sich in beiden Fällen um Bundesgesetze, die – mit Blick auf die Föderalismusreform – auch einheitlich von einer Bundesbehörde vollzogen werden sollten.[4] Entsprechend dem Wunsch des BR wurde den für die Kontrolle des AEntG zuständigen **Behörden der Zollverwaltung** auch die Zuständigkeit für die Kontrolle des MiArbG übertragen.[5] **2**

B. Regelungsgehalt

Zu den Kontroll- und Sanktionsmechanismen des MiArbG 2009, die denen des AEntG 2009 inhaltlich wie terminologisch weitestgehend entsprechen, siehe im Einzelnen die Kommentierung des **6. Abschn. des AEntG 2009 (§§ 16 bis 23 AEntG)**. **3**

Der einzige grundlegende Unterschied besteht darin, dass unter dem AEntG anders als im MiArbG auch Ver- und Entleiher verpflichtet sind (siehe insb. § 8 Abs. 3 AEntG zur Pflicht zur Gewährung von Mindestarbeitsbedingungen, § 18 Abs. 3 und 4 AEntG zur Meldepflicht sowie § 19 Abs. 1 S. 2 AEntG zur Aufzeichnungs- und Aufbewahrungspflicht von Arbeitszeitnachweisen), was sich entsprechend in den Sanktionsvorschriften niederschlägt (siehe § 23 Abs. 1 Nr. 1, 5, 7, 8 AEntG).

Anstelle der obersten Arbeitsbehörden der Länder (§ 12 a.F.) sind nunmehr die Behörden Zollverwaltung für den Gesetzesvollzug des MiArbG 2009 zuständig (§ 11 n.F.), mithin die **Bundesfinanzdirektion West** (siehe § 16 AEntG Rn 2). **4**

Wie im Rahmen des AEntG ist nunmehr auch bei Verstößen gegen das MiArbG 2009 ein **Ausschluss von der öffentlichen Auftragsvergabe** möglich (§ 16 n.F.). **5**

Ebenfalls neu ist die **Bußgeldbewehrung** gem. § 18 n.F., insb. im Fall der Nichtgewährung der Mindestarbeitsentgelte (§ 18 Abs. 1 Nr. 1), die sich auch auf Verstöße innerhalb der Nachunternehmerkette erstreckt (§ 18 Abs. 2). **6**

Nach dem AEntG besteht auf zivilrechtlicher Ebene die **Generalunternehmerhaftung** nach § 14 AEntG. Das MiArbG ordnet demgegenüber keine besonderen zivilrechtlichen Haftungsfolgen an. Gleichwohl besteht die Bußgeldbewehrung gem. § 18 Abs. 2 (siehe Rn 6). **7**

Auch die Vorschriften des 2. Abschn. des MiArbG 2009 wurden terminologisch auf „Mindestarbeitsentgelte" begrenzt (siehe §§ 1 bis 10 Rn 4, 15 f.).[6] **8**

Aufgrund der Übertragung der Kontrolle des MiArbG 2009 auf die Zollbehörden waren im SchwarzArbG[7] und in der GewO[8] Folgeänderungen notwendig.[9] **9**

C. Verbindungen zu anderen Rechtsgebieten und zum Prozessrecht

Das MiArbG enthält keine Gerichtsstandsregelung wie § 15 AEntG. Für die Geltendmachung der Mindestentgeltansprüche gelten daher die allg. **Gerichtsstandsregelungen** (§ 48 Abs. 1a ArbGG bzw. § 46 Abs. 2 S. 1 ArbGG i.V.m. § 495 ZPO i.V.m. §§ 12 f., 17, 21, 29 ZPO sowie ggf. tarif- oder arbeitsvertragliche Gerichtsstandsregelungen). **10**

Die vormals bestehende Möglichkeit der **Prozessstandschaft** der Landesbehörden zur Geltendmachung von Ansprüchen der AN (§ 14 a.F., ähnlich § 25 HAG)[10] ist mit dem MiArbG 2009 ersatzlos entfallen.[11] **11**

---

1 BT-Drucks 16/10485, Anlage 3.
2 BT-Drucks 16/11669, S. 1 f.
3 BT-Drucks 16/10485, S. 14.
4 BT-Drucks 16/10485, S. 14.
5 BT-Drucks 16/11669, S. 20.
6 BT-Drucks 16/10485, S. 12.
7 §§ 2 Abs. 1 S. 1 Nr. 5, 6 Abs. 3 S. 1 Nr. 10 n.F., § 16 Abs. 2 SchwarzArbG.
8 § 150a Abs. 1 S. 1 Nr. 1b, Nr. 4 GewO.
9 BT-Drucks 16/11669, S. 20.
10 *Herschel*, BArBl 1952, 36, 37.
11 *Bayreuther*, DB 2009, 678, 683.

Dritter Abschnitt: Schlussvorschriften

§ 19   Schlussvorschriften

Die nach § 4 Abs. 3 festgesetzten Mindestarbeitsentgelte sind im Hinblick auf ihre Beschäftigungswirkungen, insbesondere auf sozialversicherungspflichtige Beschäftigung sowie die Schaffung angemessener Arbeitsbedingungen, fünf Jahre nach Inkrafttreten des Gesetzes zu überprüfen.

1 Der Untersuchungszeitraum für die neu angeordnete Gesetzesevaluation von fünf Jahren nach Inkrafttreten des MiArbG 2009 läuft bis zum **28.4.2014**.[1] Das AEntG enthält eine gleich lautende Vorschrift (siehe § 24 AEntG Rn 1 f.).

2 Die früheren Schlussvorschriften in §§ 16 bis 18 a.F. wurden aufgehoben. Die erforderlichen Verfahrensregelungen (§ 16 a.F.) werden nicht mehr per VO erlassen, sondern sind nunmehr im Gesetz selbst in §§ 2 ff. integriert. Die bisher in § 17 a.F. enthaltene Berlin-Klausel ist gegenstandslos.[2] Die Inkrafttretensregelung des § 18 a.F. ist verbraucht.[3]

---

[1] BGBl I 2009 Nr. 21 v. 27.4.2009, S. 818; BT-Drucks 16/10485, S. 12.
[2] BT-Drucks 16/10485, S. 12.
[3] BT-Drucks 16/10485, S. 12.

Gesetz über die Mitbestimmung der Arbeitnehmer
(Mitbestimmungsgesetz – MitbestG)

Vom 4.5.1976, BGBl I S. 1153, BGBl III 801-8

Zuletzt geändert durch Gesetz zur Umsetzung der Aktionärsrechterichtlinie (ARUG) vom 30.7.2009, BGBl I S. 2479, 2491

Vorbemerkung

Literatur: *Däubler*, Der Gemeinschaftsbetrieb im Arbeitsrecht, in: FS Zeuner, 1994, S. 19; *ders.*, Mitbestimmung und Betriebsverfassung im internationalen Privatrecht, RabelZ 1975, 444; *v. Falkenhausen*, Das Verfahren der freiwilligen Gerichtsbarkeit im Aktienrecht, AG 1967, 309; *Feudner/Voerste*, Zulässigkeit einstweiliger Verfügungen gegen den Hauptwahlvorstand = Anmerkung zum Beschluss des LAG Baden-Württemberg vom 15.2.1988 – 8 TaBV 2/88, BB 1988, 1347; *Grasmann*, Internationale Probleme der Mitbestimmung, ZGR 1973, 317; *Haake*, Die Zuständigkeit des Arbeitsdirektors nach § 33 MitbestG für leitende Angestellte, BB 1983, 1490; *Hanau*, Sicherung unternehmerischer Mitbestimmung, insbesondere durch Vereinbarung, ZGR, 2001, 75; *ders.*, Aktuelles zu Betrieb, Unternehmen und Konzern im Arbeitsrecht, ZfA 1990, 115; *Heinsius*, Zur Bestellung von Ersatzmitgliedern für den Aufsichtsrat durch die Hauptversammlung, ZGR 1982, 232; *Heither*, Die Amtszeit des „ersten" Aufsichtsrats nach einer Verschmelzung des Unternehmens mit einem mitbestimmten Unternehmen, DB 2008, 109; *Henssler*, Bewegung in der deutschen Unternehmensmitbestimmung, RdA 2005, 330; *ders.*, Umstrukturierung von mitbestimmten Unternehmen, ZfA 2000, 241; *HWK*, Arbeitsrecht Kommentar, 3. Aufl. 2008; *Hijort*, Wahlrecht der Arbeitnehmer zu mehreren Aufsichtsräten in Gemeinschaftsbetrieben?, NZA 2001, 696; *Hölters*, Die unbewältigte Konzernproblematik des Mitbestimmungsgesetzes 1976, RdA 1979, 335; *Hoffmann*, Der Kernbereich des Arbeitsdirektors und andere praktische Fragen bei der Anwendung von § 33 MitbestG, BB 1977, 17; *Hommelhoff*, ZHR 148 (1984), 119, 133 ff.; *Hüffer*, AktG, 7. Aufl. 2006; *Joost*, Mitbestimmung in der kapitalistischen Kommanditgesellschaft auf Aktien, ZGR 1998, 335; *Martens*, Das aktienrechtliche Statusverfahren und der Grundsatz der Amtskontinuität, DB 1978, 1065; *ders.* Organisationsprinzipien und Präsidialregelung des mitbestimmten Aufsichtsrats, DB 1980, 1381; *ders.*, Allgemeine Grundsätze zur Anwendbarkeit des Mitbestimmungsgesetzes, AG 1976, 115; *Mathes*, Das Verhältnis der Anfechtung der Wahl der Wahlmänner zur Anfechtung der Wahl der Aufsichtsratsmitglieder, DB 1978, 635; *Philipp*, Rechtliche Risiken des Wahlmännerverfahrens nach dem Mitbestimmungsgesetz, BB 1977, 549; *ders.*, Wahlmännerverfahren oder Urwahl, DB 1976, 2303; *Raiser*, Das neue Mitbestimmungsgesetz, NJW 1976, 1337, 1339; *Richardi*, Mitbestimmung und Auslandsbeschäftigung, IPrax 1983, 217; *Säcker*, Die Anpassung der Satzung der Aktiengesellschaft an das Mitbestimmungsgesetz, 1978; *ders.*, Bildung eines mitbestimmten Aufsichtsrats analog § 4 MitbestG bei einer OHG mit juristischen Personen als Gesellschafter?, DB 2003, 2535; *ders.*, Der Ablauf des Wahlverfahrens nach der Dritten Wahlordnung (Konzern-Wahlordnung) zum Mitbestimmungsgesetz und die Anfechtung fehlerhafter Wahlen – aktuelle Rechtsfragen, ZfA 2008, 51; *Schneider*, GmbH und GmbH & Co. KG in der Mitbestimmung, ZGR 1977, 335, 345 ff.; *Seibt*, Unternehmensmitbestimmung in Teilkonzernspitzen- und Zwischenholding-Gesellschaften, ZIP 2008, 1301; *Stenzel*, Mehrheitsidentität in der Mitbestimmung nach § 4 Abs. 1 Satz 1 Mitbestimmungsgesetz, DB 2009, 439; *Stück*, Aktuelle Rechtsfragen der Aufsichtsratswahl nach dem MitbestG 1976, DB 2004, 2582; *Ulmer*, Schutzinstrumente gegen die Gefahren aus der Geschäftstätigkeit inländischer Zweigniederlassungen von Kapitalgesellschaften mit fiktivem Auslandseinsatz, JZ 1999, 662; *ders.*, Zur Berechnung der für die Anwendung des MitbestG auf Kapitalgesellschaften maßgebenden Arbeitnehmerzahl, in: FS Heinsius, 1991, S. 859; *Wisskirchen/Bissels/Dannhorn*, Vermeidung der unternehmerischen Mitbestimmung aus arbeitsrechtlicher Sicht, DB 2007, 2258; *Wulff/Buchner*, Sicherung der Amtskontinuität des mitbestimmten Aufsichtsrats bei Verschmelzung und Formwechsel, ZIP 2007, 314; *Zöllner*, Der Mitbestimmungsgedanke und die Entwicklung des Kapitalgesellschaftsrechts, AG 1981, 13, *ders.*, GmbH und GmbH & Co. KG in der Mitbestimmung, ZGR 1977, 319

A. Allgemeines ... 1	II. Abgrenzung der Mitbestimmungsgesetze ... 9
I. Zweck ... 1	III. Anwendungsbereich ... 10
II. Entstehungsgeschichte und Verfassungsmäßigkeit ... 2	IV. Stellung der Arbeitnehmer im Aufsichtsrat ... 12
III. Tragweite ... 4	V. Unternehmensumwandlung ... 13
B. Regelungsgehalt ... 5	VI. Mitbestimmungsbeibehaltungsgesetz ... 28
I. Zwingende Wirkung ... 5	

A. Allgemeines

I. Zweck

Das MitbestG regelt die Mitwirkung von AN-Vertretern in den AR größerer Unternehmen in wirtschaftlichen und unternehmerischen Angelegenheiten. Es bezweckt, die AN an der Leitung größerer Unternehmen teilhaben zu lassen, um eine Konsensbildung zwischen den AN und den Anteilseignern in zentralen unternehmerischen Planungs-, Lenkungs- und Organisationsfragen zu fördern.

1

II. Entstehungsgeschichte und Verfassungsmäßigkeit

2 Das MitbestG wurde geändert durch das **BetrVerfReformG** v. 23.7.2001,[1] welches die Trennung nach AN und Ang aufhob, sowie durch das **Gesetz zur Vereinfachung der Wahl der AN-Vertreter in den AR** vom 23.3.2002.[2] Geringfügige Änderungen nahm schließlich auch das Zweite Gesetz zur Vereinfachung der Wahl der AN-Vertreter in den AR vom 18.5.2004 vor.[3]

3 Das Gesetz ist in dem vom BVerfG festgestellten Umfang **verfassungsgemäß**.[4] Insb. begründet das MitbestG keine paritätische oder überparitätische Mitbestimmung der AN im Unternehmen. Nicht entschieden wurde allerdings, ob die unterbliebene Einbeziehung des **VVaG** in § 1 gegen Art. 3 Abs. 1 GG verstößt. Eine Rechtfertigung der Ungleichbehandlung ist nicht ersichtlich. Ungeklärt ist weiterhin die Vereinbarkeit von § 37 Abs. 3 mit Art. 12 Abs. 1 und Art. 14 Abs. 1 GG.[5]

III. Tragweite

4 Die unternehmerische Mitbestimmung der AN wird durch sechs Gesetze geregelt: MitbestG, MontanMitbestErgG, MontanMitbestG, DrittelbG, MgVG und SEBG. Anknüpfungspunkt der Mitbestimmung ist das Unternehmen, nicht der Betrieb. Die unternehmerische Mitbestimmung ist auch im Konzern vorgesehen (vgl. § 5). Einen Überblick über den derzeitigen Stand der Diskussion bzgl. der deutschen Unternehmensmitbestimmung bietet der AEKEIÜ e.V.[6]

B. Regelungsgehalt

I. Zwingende Wirkung

5 Die Vorschriften der Mitbestimmungsgesetze sind zwingendes Recht.[7] Die AN können auf ihr Recht der Vertretung in den Unternehmensorganen nicht rechtswirksam verzichten.

6 Die Gesetze sind auch nicht tarifdispositiv. Vorschriften über die Abgrenzung der Anwendungsbereiche der einzelnen Gesetze, über die Zusammensetzung des AR und der AN-Seite im AR, über die Wahl und Abberufung der AN-Vertreter und über die Rechtsstellung von Unternehmensorganen und ihre Funktionsweise sind einer **unmittelbaren Änderung** durch einen **TV** entzogen.[8]

7 Fraglich ist, ob **schuldrechtlich wirkende TV**[9] oder **nichttarifvertragliche Vereinbarungen** den Erhalt oder Ausbau der Mitbestimmung regeln können.[10] Es geht dabei im Wesentlichen um Absprachen, durch die ein nicht unter das Mitbestimmungsrecht fallendes Unternehmen die AN-Beteiligung einführt (1), Unternehmen die der Mitbestimmung nach dem DrittelbG unterliegen die Zahl der AN-Vertreter aufstocken (2) oder um Absprachen über konzernorganisatorische Maßnahmen, mit denen die Voraussetzungen für die Anwendung eines bestimmten gesetzlichen Mitbestimmungsstatuts geschaffen werden (3).[11]

8 **Zu (1):** Die vertragliche Einführung der AN-Vertretung im AR ist aufgrund der Gestaltungsfreiheit der Gesellschafter zulässig.[12] **Zu (2):** Die Aufstockung der Zahl der AN-Vertreter in einem dem DrittelbG unterliegenden Unternehmen wird für die GmbH für zulässig gehalten, wenn im Gesellschaftsvertrag die Zahl der AN-Vertreter über die gesetzliche Vorgabe hinaus erhöht wird, da § 4 DrittelbG nur eine zwingende Untergrenze enthält.[13] Für die AG wird wegen der sich aus § 23 Abs. 5 AktG ergebenden Satzungsstrenge von der h.M. eine entsprechende Satzungsgestaltung für unzulässig angesehen.[14] Überwiegend werden aber Stimmbindungsverträge oder zumindest auf rechtlich unverbindlichen Absprachen beruhende Verhaltensweisen der Anteilseigner für zulässig gehalten, die dazu führen, dass von der AN-Seite vorgeschlagene Personen von den Anteilseignern auf einen Teil der Anteilseignersitze im AR gewählt werden.[15] „Auch ist die Schaffung gesetzlich nicht vorgesehener zusätzlicher Organe im Unternehmen zulässig. Sie können aber nicht in die Kompetenzen der gesetzlichen Unternehmensorgane eingreifen.[16] **Zu (3):** Absprachen über konzernorganisatorische Maßnahmen, die sich zwar nicht unmittelbar auf Mitbestimmungsrechte be-

---

1 BGBl I S. 1852.
2 BGBl I S. 1130.
3 BGBl I S. 974.
4 BVerfG 1.3.1979 – 1 BvL 21/78 – BVerfGE 50, 290 = AP § 1 MitbestG Nr. 1 = EzA § 7 MitbestG Nr. 1.
5 *Ulmer/Habersack/Henssler*, § 37 MitbestG Rn 36 ff.
6 AKEIÜ, DB 2007, 177.
7 *Raiser*, § 1 Rn 49; *Hanau*, ZGR 2001, 79.
8 MünchArb/*Wißmann*, Bd. 3, § 375 Rn 18 m.w.N.
9 Der normativen Geltung steht § 1 Abs. 1 TVG entgegen, da außer von Rechten und Pflichten der TV-Parteien und den Arbverh. der Tarifunterworfenen nur betriebliche und betriebsverfassungsrechtliche Fragen geregelt werden können. Dazu dezidiert: *Hanau*, ZGR 2001, 75, 82.
10 *Ulmer/Habersack/Henssler*, Einl. Rn 46 ff.; MünchArb/*Wißmann*, Bd. 3, § 375 Rn 22.
11 MünchArb/*Wißmann*, Bd. 3, § 375 Rn 21.
12 *Lutter/Hommelhoff*, GmbHG, § 52 Rn 3ff.; *Wißmann*, Bd. 3, § 375 Rn 22.
13 Zu § 77 BetrVG 1952: OLG Bremen 22.3.1977 – 2 W 102/75 – NJW 1977, 1153.
14 *Hommelhoff*, ZHR 148 (1984), 119, 133 ff.; MünchArb/*Wißmann*, Bd. 3, § 375 Rn 22; dazu: *Hanau*, ZGR 2001, 75.
15 *Ulmer/Habersack/Henssler*, § 1 Rn 21; MünchArb/*Wißmann*, Bd. 3, § 375 Rn 22 m.w.N.; a.A. *Ulmer/Habersack/Henssler*, § 1 MitbestG Rn 21.
16 MünchArb/*Wißmann*, Bd. 3, § 375 Rn 23.

ziehen, aber die tatbestandlichen Voraussetzungen für die Anwendung gesetzlicher Mitbestimmungsvorschriften schaffen und so mittelbar das Mitbestimmungsstatut der betroffenen Unternehmen regeln, sind zulässig.[17]

II. Abgrenzung der Mitbestimmungsgesetze

In einem Unternehmen ist immer nur eines der sechs oben genannten (siehe Rn 4) Mitbestimmungsgesetze anwendbar. Ob und unter welches dieser Gesetze ein Unternehmen fällt, ist im sog. Status- oder Überleitungsverfahren nach §§ 96 bis 99 AktG zu klären, das gem. § 6 Abs. 2 neben AG und KGaA auch auf GmbH und eGen. Anwendung findet (siehe § 6 Rn 1).

III. Anwendungsbereich

Dem MitbestG unterliegen grds. nur Unternehmen, die in der **Rechtsform** einer AG, KGaA, GmbH oder eGen. bestehen. § 4 regelt unter welchen Voraussetzungen das Gesetz auch auf die GmbH & Co. KG anzuwenden ist. Das Unternehmen muss i.d.R. mehr als 2000 AN beschäftigen (vgl. § 1 Rn 9 ff.). Für Unternehmen mit mehr als 500 und bis zu 2000 AN kommt eine Bildung des AR lediglich nach den Bestimmungen des DrittelbG in Betracht.

Keine Anwendung findet das Gesetz auf Unternehmen, die unter das MontanMitbestG fallen (vgl. dazu § 1 MontanMitbestG Rn 1). Das sind Unternehmen des Bergbaus und der eisen- und stahlerzeugenden Industrie (vgl. § 1 MontanMitbestG Rn 4 ff.). Das MontanMitbestG geht als spezielleres Gesetz dem MitbestG vor.

IV. Stellung der Arbeitnehmer im Aufsichtsrat

Der AR wird paritätisch mit Vertretern der Anteilseigner und der AN besetzt (vgl. § 7 Abs. 1). Anders als nach dem MontanMitbestG ist der Einfluss der AN-Vertreter – trotz formal bestehender paritätischer Besetzung – eingeschränkt: Der AR-Vorsitzende, der regelmäßig von den Anteilseignern gewählt wird (vgl. § 27 Abs. 1), hat bei Stimmengleichheit eine zweite Stimme (vgl. § 29 Abs. 2). Abw. vom BetrVG bezieht das MitbestG die leitenden Ang bei der Wahl mit ein (vgl. § 3). Dem AR muss sogar ein leitender Ang angehören (§ 15 Abs. 1 S. 2). Auch dadurch wird der Einfluss der AN geschwächt. Obwohl die leitenden Ang zu den AN gehören, bilden sie eine Untergruppe, die sich soziologisch von den anderen AN abheben und den Anteilseignern näher stehen.[18]

Abgesehen von der KGaA wird in den Unternehmen, die der Mitbestimmung unterliegen, ein Arbeitsdirektor bestellt (vgl. § 33). Die Bestellung kann nicht wie in § 13 MontanMitbestG von den AN-Vertretern verhindert werden.

V. Unternehmensumwandlung

Das MitbestG enthält keine Regelungen darüber, wann bei Unternehmensumwandlung ein AR nach dem MitbestG erstmals zu bilden ist und welche Rechtsfolgen eintreten, wenn die Voraussetzungen für die Bildung eines mitbestimmten AR entfallen. Insoweit gelten die Regelungen für die Neugründung mitbestimmter Rechtsformen entsprechend. Regelungen finden sich für den Anwendungsbereich des MitbestG in § 325 UmwG, für das MontanMitbestG gilt § 1 Abs. 3 (vgl. § 1 MontanMitbestG Rn 29 f.).

Nach **§ 325 Abs. 1 S. 1 UmwG** bleibt der vor der **Abspaltung** (§ 123 Abs. 2 UmwG) und der **Ausgliederung** (§ 123 Abs. 3 UmwG) geltende Mitbestimmungsstatus für fünf Jahre erhalten, wenn nach der Spaltung die Zahl der AN unter 2000 (Mindestanzahl des MitbestG) sinkt.

Abspaltung und Ausgliederung haben gemeinsam, dass der übertragende Rechtsträger trotz Spaltung erhalten bleibt. § 325 UmwG findet **keine Anwendung**, wenn der **übertragende Rechtsträger**, wie bei der Aufspaltung oder der Verschmelzung, **untergeht**.[19] Bei der **rechtsgeschäftlichen Übertragung** einzelner **Betriebe oder Betriebsteile** findet § 325 UmwG ebenfalls **keine Anwendung**.

Gem. § 325 Abs. 1 S. 1 UmwG hat der übertragende Rechtsträger die vor der Spaltung anwendbaren Mitbestimmungsvorschriften weiter zu beachten. Für den **übernehmenden Rechtsträger** muss eigenständig geprüft werden, ob und welche Mitbestimmungsgesetze anzuwenden sind.[20] Das Gesetz will die Mitbestimmung aufrechterhalten, nicht jedoch erweitern.

Sofern eine Konzerntochtergesellschaft, deren AN dem Unternehmen aufgrund einer Konzernklausel zuzurechnen waren, auf ein konzernfremdes Unternehmen abgespalten oder ausgegliedert wird, findet § 325 Abs. 1 UmwG keine Anwendung, da lediglich auf den übertragenden Rechtsträger und nicht auf „ein an dem Vorgang beteiligtes oder ein an ihm nicht beteiligtes Unternehmen" abgestellt wird. Dies gilt auch bei der mitbestimmten Kapitalgesellschaft & Co. KG.[21]

Unmittelbar regelt § 325 Abs. 1 S. 1 UmwG nur den **gänzlichen Wegfall** der Mitbestimmungsrechte der AN im AR des übertragenden Rechtsträgers. Entfällt infolge Abspaltung oder Ausgliederung zwar das bisherige Mitbestimmungsstatut, würde aber ein **anderes Mitbestimmungsstatut** zur Anwendung gelangen (z.B. statt MitbestG nun

---

17 MünchArb/*Wißmann*, Bd. 3, § 375 Rn 24.
18 *Raiser*, NJW 1976, 1337, 1339.
19 Weitergehend dazu: *Henssler*, ZfA 2000, 241, 249.

20 Lutter/*Joost*, § 325 UmwG Rn 21; ErfK/*Oetker*, vor MitbestG Rn 10.
21 Semler/Stengel/*Simon*, § 325 Rn 2.

19 Führt die Abspaltung bzw. Ausgliederung nur zu **Veränderungen innerhalb eines Mitbestimmungsstatuts**, so findet § 325 UmwG **keine Anwendung**.[22] Dies gilt selbst dann, wenn die AR-Größe abw. von der gesetzlichen Größe festgelegt worden ist. Das bisherige Mitbestimmungsgesetz wird beibehalten. Die Verringerung der Zahl der AR-Mitglieder tritt allerdings nicht automatisch ein. Der AR bleibt vielmehr im Amt, bis das Statutsverfahren nach den §§ 97 ff. AktG über eine Verringerung der Zahl der AR-Mitglieder abgeschlossen ist.[23]

20 Greift infolge der Abspaltung oder Ausgliederung beim übertragenden Rechtsträger der **Tendenzschutz** ein (vgl. § 1 Abs. 4) wird die Unternehmensmitbestimmung beibehalten. Dies verstößt entgegen einer verbreiteten Ansicht[24] nicht gegen verfassungsrechtliche Wertungen.[25] Einer einschränkenden Auslegung des § 325 UmwG bedarf es nicht.[26] Für **Unternehmenszweckänderungen** im Montanunternehmen stellt § 1 Abs. 3 **MontanMitbestG** und § 16 Abs. 2 MontanMitbestErgG Sonderregelungen auf. Insoweit ist anzunehmen, dass der Gesetzgeber eine Verschlechterung der Unternehmensmitbestimmung durch Einfügen des § 325 UmwG nicht wollte. Zudem fehlen sachliche Gründe für eine differenzierende Behandlung zwischen den verschiedenen Gründen, die zum Wegfall der Montan-Mitbestimmung führen können.[27]

21 Nach § 325 Abs. 1 UmwG ist die Mitbestimmung beizubehalten, wenn der übertragende Rechtsträger nach der Abspaltung oder Ausgliederung mind. noch **ein Viertel** der nach dem zuvor geltenden Mitbestimmungsstatut notwendigen AN-Zahl beschäftigt. Das Viertel berechnet sich nicht nach der bisherigen AN-Zahl, sondern nach den gesetzlichen Mindestvoraussetzungen. Für das MitbestG bleibt die Mitbestimmung daher erhalten, wenn i.d.R. 501 AN beim übertragenden Rechtsträger weiterbeschäftigt werden. Wird diese Zahl unterschritten, so scheidet eine Aufrechterhaltung des Mitbestimmungsstatuts nach § 325 Abs. 1 UmwG aus. Der AR bleibt jedoch bis zum Abschluss des Statusverfahrens im Amt (vgl. §§ 97 ff. AktG).

22 Die Spaltung muss alleinige Ursache dafür sein, dass die bisherigen gesetzlichen Vorschriften nicht anzuwenden sind. Entfallen die Voraussetzungen des MitbestG aus anderen als den in § 325 Abs. 1 S. 1 UmwG genannten Gründen, z.B. wegen Personalabbaus, so endet die Mitbestimmungsbeibehaltung. Das Statusverfahren ist einzuleiten.[28]

23 Die Beibehaltung des bisherigen Mitbestimmungsstatuts begrenzt § 325 Abs. 1 S. 1 UmwG auf **fünf Jahre**. Die Frist beginnt mit Wirksamwerden der Abspaltung oder Ausgliederung, also mit der Eintragung in das Register (vgl. § 131 UmwG). Nach Ablauf der Frist ist das Statusverfahren einzuleiten, um den Wechsel des Mitbestimmungsstatuts bzw. den Übergang zur mitbestimmungsfreien Gesellschaft herbeizuführen.

24 Da § 325 Abs. 1 S. 1 UmwG den mitbestimmungsrechtlichen Status quo aufrecht erhalten will, erstreckt sich die Beibehaltung auf alle zuvor geltenden Vorschriften. So sind die Regelungen zur inneren Ordnung des AR sowie die Normen zur Bestellung des Vorstands und seiner Zusammensetzung im mitbestimmten Unternehmen stets weiter anwendbar. Ebenso anwendbar bleiben die Regelungen über die Bestellung eines Arbeitsdirektors und seine Rechtsstellung innerhalb des Vorstands.[29]

25 Für den **Formwechsel** enthält § 302 UmwG eine abschließende Sonderregelung. Wird bei einem Formwechsel bei dem Rechtsträger neuer Rechtsform in gleicher Weise wie bei dem formwechselnden Rechtsträger ein AR gebildet und zusammengesetzt, so bleiben die Mitglieder des AR für den Rest ihrer Wahlzeit als Mitglieder des AR des Rechtsträgers neuer Rechtsform im Amt (vgl. § 302 S. 1 UmwG).

26 Bei der formwechselnden Umwandlung, die dazu führt, dass der Rechtsträger in neuer Rechtsform keinen AR hat, erlischt grds. das Amt der AR-Mitglieder kraft Gesetzes.[30] Sofern bei dem Rechtsträger neuer Rechtsform kraft Gesetzes ein AR zu bilden ist, der eine andere Zusammensetzung als der bisherige AR aufweist, ist ein Statusverfahren nach den §§ 97 ff. AktG einzuleiten.

27 Wechselt ein Rechtsträger von einer mitbestimmungsfreien zu einer mitbestimmten Rechtsform, so ist wie bei einer Neugründung bei dem Rechtsträger neuer Rechtsform erstmals ein AR zu bilden. Die Bildung hat bei der AG oder KGaA bereits vor der Eintragung in das Handelsregister, also vor der Wirksamkeit der Umwandlung zu erfolgen. Auf welchem Wege dies zu geschehen hat, ist im Einzelnen umstr. Auch hier ist das Verfahren gem. §§ 97 ff. AktG sowie die sich anschließende Wahl der AN-Vertreter nach Maßgabe des jeweiligen Mitbestimmungsstatuts durchzuführen. Für die Zeit bis zur Eintragung ins Register (§ 202 UmwG) bietet sich eine Ersatzbestellung der AN-Vertreter nach §§ 104 Abs. 2 und 3 AktG für die Zeit bis zum Abschluss des Wahlverfahrens an.[31] Bei der GmbH stellt sich dieses

---

22 Semler/Stengel/*Simon*, § 325 Rn 7.
23 Semler/Stengel/*Simon*, § 325 Rn 7.
24 ErfK/*Oetker*, Einl. Rn 13; Semler/Stengel/*Simon*, § 325 Rn 13; Ulmer/Habersack/Henssler, § 1 MitbestG Rn 51.
25 MünchArb/*Wißmann*, Bd. 3, § 386 Rn 5; Widmann/Mayer/*Wißmann*, § 325 Rn 17 ff.
26 Widmann/Mayer/*Wißmann*, § 325 Rn 23.
27 ErfK/*Oetker*, Einl. zum MitbestG Rn 13; vgl. auch Semler/Stengel/*Simon* § 325 Rn 14.
28 ErfK/*Oetker*, Einl. zum MitbestG Rn 16.
29 ErfK/*Oetker*, Einl. zum MitbestG Rn 18.
30 Implizit: OLG Sachsen-Anhalt 6.2.1997 – 7 U 236/96 – AG 1998, 430.
31 ErfK/*Oetker*, Einl. zum MitbestG Rn 20; Semler/Stengel/*Volhard*, § 197 Rn 71.

Problem nicht, da die mitbestimmungsrechtlichen Vorschriften erst ab der Entstehung der GmbH eingreifen. An der Anmeldung der neuen GmbH muss also der AR nicht mitwirken.[32] Für die eGen ist dies umstritten, da diese gem. § 9 Abs. 1 GenG stets aufsichtsratspflichtig ist. Eine Mitbestimmung im Gründungsstadium scheidet aber nach überzeugender Auffassung deswegen aus, da das GenG keine Sachgründung kennt.[33]

VI. Mitbestimmungsbeibehaltungsgesetz

Das MitbestBeiG verfolgt den Zweck Mitbestimmungsverluste, die aufgrund der Übertragung von Betrieben von Deutschland ins Ausland eintreten können, vorzubeugen. § 1 MitbestBeiG bestimmt eine Fortdauer der Anwendung des bisherigen Mitbestimmungsstatuts für den Fall, dass infolge der Einbringung von Anteilen an einer Tochtergesellschaft oder von Betrieben oder Teilbetrieben in ein anderes Unternehmen im Austausch von Anteilen an diesem die gesetzlichen Voraussetzungen wegfallen, namentlich die Zahl der AN auf unter 2000 herabsinkt. § 2 MitbestBeiG versagt die steuerrechtliche Privilegierung sofern das Mitbestimmungsstatut nicht beibehalten wird.[34]

28

Erster Teil: Geltungsbereich

§ 1 Erfaßte Unternehmen

(1) In Unternehmen, die
1. in der Rechtsform einer Aktiengesellschaft, einer Kommanditgesellschaft auf Aktien, einer Gesellschaft mit beschränkter Haftung oder einer Genossenschaft betrieben werden und
2. in der Regel mehr als 2 000 Arbeitnehmer beschäftigen,

haben die Arbeitnehmer ein Mitbestimmungsrecht nach Maßgabe dieses Gesetzes.

(2) Dieses Gesetz ist nicht anzuwenden auf die Mitbestimmung in Organen von Unternehmen, in denen die Arbeitnehmer nach
1. dem Gesetz über die Mitbestimmung der Arbeitnehmer in den Aufsichtsräten und Vorständen der Unternehmen des Bergbaus und der Eisen und Stahl erzeugenden Industrie vom 21. Mai 1951 (BGBl. I S. 347) – Montan-Mitbestimmungsgesetz –, oder
2. dem Gesetz zur Ergänzung des Gesetzes über die Mitbestimmung der Arbeitnehmer in den Aufsichtsräten und Vorständen der Unternehmen des Bergbaus und der Eisen und Stahl erzeugenden Industrie vom 7. August 1956 (BGBl. I S. 707) – Mitbestimmungsergänzungsgesetz –,

ein Mitbestimmungsrecht haben.

(3) Die Vertretung der Arbeitnehmer in den Aufsichtsräten von Unternehmen, in denen die Arbeitnehmer nicht nach Absatz 1 oder nach den in Absatz 2 bezeichneten Gesetzen ein Mitbestimmungsrecht haben, bestimmt sich nach den Vorschriften des Drittelbeteiligungsgesetzes (BGBl. 2004 I S. 974).

(4) Dieses Gesetz ist nicht anzuwenden auf Unternehmen, die unmittelbar und überwiegend
1. politischen, koalitionspolitischen, konfessionellen, karitativen, erzieherischen, wissenschaftlichen oder künstlerischen Bestimmungen oder
2. Zwecken der Berichterstattung oder Meinungsäußerung, auf die Artikel 5 Abs. 1 Satz 2 des Grundgesetzes anzuwenden ist,

dienen. Dieses Gesetz ist nicht anzuwenden auf Religionsgemeinschaften und ihre karitativen und erzieherischen Einrichtungen unbeschadet deren Rechtsform.

A. Allgemeines 1	2. Gemeinsamer Betrieb 12
B. Regelungsgehalt 2	3. Arbeitnehmer ausländischer Betriebe 15
I. Rechtsformen 2	4. Im Ausland tätige Arbeitnehmer 17
II. Auslandsbezug 3	IV. Tendenzunternehmen und Religionsgemein-
III. Arbeitnehmerzahl 9	schaften 20
1. In der Regel Beschäftigte 10	C. Beraterhinweise 23

---

[32] BayObLG 9.6.2000 – 3 Z BR 92/00 – GmbHR 2000, 982; Semler/Stengel/*Volhard*, § 197 Rn 71.
[33] *Ulmer/Habersack/Henssler*, § 6 MitbestG Rn 8; a.A. *Raiser*, § 1 Rn 22.
[34] *Hanau*, ZGR 2001, 75, 100 m.w.N.; MünchArb/*Wißmann*, Bd. 3, § 386 Rn 3.

A. Allgemeines

1 § 1 bestimmt mit den §§ 4 und 5 den Geltungsbereich des Gesetzes. Die Vorschrift beschränkt das Mitbestimmungsrecht auf die in Abs. 1 Nr. 1 genannten Rechtsformen und nimmt karitative und erzieherische Einrichtungen und Tendenzunternehmen von der Mitbestimmung aus. Der Gesetzgeber verzichtete darauf, die Mitbestimmung auf die echten Personengesellschaften auszuweiten, da die persönliche Haftung der Gesellschafter sich systematisch nicht mit dem gesetzgeberischen Konzept vereinbaren lässt, die AN durch die Wahl von AR-Mitgliedern an unternehmerischen Entscheidungen teilhaben zu lassen.[1]

B. Regelungsgehalt

I. Rechtsformen

2 Das Mitbestimmungsrecht der AN besteht nur in Unternehmen in der Rechtsform einer AG, KGaA, GmbH oder Erwerbs- und Wirtschaftsgenossenschaft. Unter bestimmten Voraussetzungen gilt es auch für die AG & Co. KG bzw. GmbH & Co. KG (vgl. § 4). § 5 bestimmt die Anwendung beim Unterordnungskonzern. Der Katalog ist **abschließend**. Ausgenommen sind somit alle Personengesellschaften, mit Ausnahme der Fälle des § 4, die VVaG (vgl. vor § 1 Rn 10), ideelle und wirtschaftliche Vereine sowie Stiftungen. Das Gesetz findet ferner keine Anwendung auf Körperschaften oder Anstalten des öffentlichen Rechts. Anwendbar hingegen bleibt das MitbestG für Unternehmen der öffentlichen Hand, die in einer der in Abs. 1 Nr. 1 genannten Form organisiert sind. Dies gilt selbst dann, wenn sie Aufgaben der Daseinsvorsorge erbringen.[2]

Der neben der Rechtsform verwandte Begriff des Unternehmens hat als Abgrenzungsmerkmal keine eigenständige Bedeutung.[3] Insb. muss die Gesellschaft nicht unternehmerisch tätig sein.[4]

II. Auslandsbezug

3 § 1 erfasst nur deutsche Gesellschaftsformen.[5] Nicht unter das MitbestG fallen daher Unternehmen mit dem (tatsächlichen) Verwaltungssitz im Ausland.[6] Dies gilt auch dann, wenn diese Gesellschaften in Deutschland eine Zweigniederlassung oder einen Betrieb unterhalten. Denn Anknüpfungspunkt für die Bildung des AR ist der Sitz des Unternehmens.[7] Wird die Gesellschaft lediglich von ausländischen Personen gehalten, unterliegen diese Gesellschaften der Mitbestimmung.

4 Umstr. ist die Anwendbarkeit des MitbestG auf Unternehmen, die nach ausländischem Recht gegründet und damit ihren formalen Verwaltungssitz im Ausland, den tatsächlichen Verwaltungssitz aber in Deutschland haben. Dieses Problem muss nach den Regeln des Internationalen Privatrechts gelöst werden.

5 Nach der **Sitztheorie** kommt es für die Bestimmung der auf die juristische Person anwendbaren Vorschriften (Personalstatut)[8] auf deren tatsächlichen Verwaltungssitz an.[9] Einer nach ausländischem Recht gegründeten und im Inland ansässigen Gesellschaft fehlte nach der über lange Jahre h.M. in Deutschland[10] die Rechtsfähigkeit. Eine nach deutschem Recht nicht rechtsfähige Gesellschaft konnte nicht der Mitbestimmung unterliegen. Die Sitztheorie ist durch die Rspr. des EuGH zumindest im Geltungsbereich des Europäischen Gemeinschaftsrechts nicht anwendbar. Nach der Entscheidung des EuGH in Sachen „Überseering"[11] und „Inspire Art"[12] sind die Mitgliedstaaten verpflichtet, die Rechtsfähigkeit und damit die Parteifähigkeit einer ausländischen Gesellschaft, die diese nach dem Recht ihres Gründungsstaates besitzt, anzuerkennen. Dies gilt auch für besondere zwischenstaatliche Abkommen wie etwa im deutsch-amerikanischen Rechtsverkehr.[13]

6 Die **(eingeschränkte) Gründungstheorie** stellt hinsichtlich des Personalstatuts der Gesellschaft grds. auf das Recht des Gründungsstaates ab. Zwingende Vorschriften des Staates (ordre public) des tatsächlichen Verwaltungssitzes der Gesellschaft sollen dennoch anzuwenden sein, um den Schutz der Gläubiger und der AN zu gewährleisten.[14]

7 Nach dem Wortlaut des MitbestG erstreckt sich die Mitbestimmung nur auf die ausdr. genannten Rechtsformen und damit nicht auf ausländische Gesellschaften. Daher kommt allenfalls eine analoge Anwendung der Vorschriften in Betracht. Der Gesetzgeber hat in Kenntnis der Rspr. des EuGH an der rechtsformenbezogenen Anwendung des MitbestG festgehalten. Er selbst bezieht noch nicht einmal alle deutschen Kapitalgesellschaften in den Anwendungs-

---

1 Raiser, § 1 Rn 4; Ulmer/Habersack/Henssler, § 1 MitbestG Rn 32.
2 Wlotzke/Wißmann/Koberski/Kleinsorge, § 1 Rn 10.
3 OLG Stuttgart 3.5.1989 – 8 W 38/89 – DB 1989, 1128 = BB 1989, 1005; MünchArb/Wißmann, Bd. 3, § 377 Rn 3; Raiser, § 1 Rn 9.
4 OLG Stuttgart 3.5.1989 – 8 W 38/89 – DB 1989, 1128 = BB 1989, 1005.
5 Raiser, § 1 Rn 13.
6 Ulmer/Habersack/Henssler, § 1 MitbestG Rn 33; Raiser, § 1 Rn 13.
7 Raiser, § 1 Rn 13.
8 Zum Begriff: Palandt/Thorn, Anh zu Art. 12 EGBGB Rn 1, 2.
9 Palandt/Thorn, Anh zu Art. 12 EGBGB Rn 1 ff.
10 BGH 21.3.1986 – V ZR 10/85 – BGHZ 97, 269 ff.; Ulmer/Habersack/Winter, Einl. Rn B, 15 ff.
11 EuGH 5.11.2002 – Rs. C-208/00 – GmbHR 2002, 1137.
12 EuGH 30.9.2003 – Rs. C-167/01 – AG 2003, 680.
13 BGH 29.1.2003 – VIII ZR 155/02 – BGHZ 153, 353 = NJW 2003, 1607 = BB 2003, 810 f.
14 Ulmer, JZ 1999, 662.

bereich des MitbestG ein, was das Beispiel der VVaG zeigt. Daher fehlt es an einer planwidrigen Regelungslücke. Eine analoge Anwendung würde zudem zu kaum lösbaren rechtpraktischen Folgeproblemen führen. Wenn nach grenzüberschreitenden Verschmelzungen die inländische Gesellschaft untergeht, schützt das MgVG, das insoweit differenzierende Regelungen trifft (vgl. § 1 MgVG Rn 14 f.), den Kern der Mitbestimmung.

Das MitbestG ist selbst dann nicht anwendbar, wenn eine Gesellschaft nur deshalb in einem Mitgliedstaat neu gegründet wird, um in den Genuss vorteilhafter Rechtsvorschriften zu kommen und die nachteiligen Vorschriften des Zuzugsstaates zu umgehen. In einem solchen Fall hat der EuGH[15] entschieden, dass die so motivierte Wahl der Rechtsform keinen Rechtsmissbrauch darstelle.

Zum Fall der Wahlberechtigung im Ausland beschäftigter AN vgl. § 1 Rn 15 f. und Rn 17 ff..

III. Arbeitnehmerzahl

Die Mitbestimmung der AN setzt voraus, dass das Unternehmen i.d.R. mehr als 2.000 AN beschäftigt (zum AN-Begriff vgl. § 3 Rn 2 f.).

1. In der Regel Beschäftigte. Die Formulierung „i.d.R. beschäftigte AN" stellt klar, dass **vorübergehende Schwankungen** der Belegschaftszahl unberücksichtigt bleiben. Entscheidend ist die Zahl der AN, die für das Unternehmen normalerweise kennzeichnend ist. Es kommt hierbei auf die bisherige personelle Stärke und eine Prognose über die Entwicklung der Beschäftigtenzahl an.[16] Dabei ist zu beachten, dass ein häufiger Wechsel der Mitbestimmungsform vom Gesetzgeber nicht gewollt ist und das Wahlverfahren sehr lange Zeit (ca. zehn Monate) beansprucht. Die Ansicht *Ulmers*,[17] einen Referenzzeitraum von lediglich sechs bis zwölf Monaten der Prognose zugrunde zu legen, ist daher abzulehnen. Nach zutreffender Ansicht des OLG Düsseldorf[18] ist ein Zeitraum von 17–20 Monaten bei der prognostischen Ermittlung der AN-Zahl zu berücksichtigen.

Änderungen in der Personalstärke sind dann beachtlich, wenn der Abbau von den zuständigen Gesellschaftsorganen verbindlich beschlossen ist und ihm nichts Wesentliches mehr im Weg steht.[19] Die Absicht des Unternehmens, die Belegschaft zu reduzieren sowie ein bevorstehender Personalabbau aufgrund einer erwarteten Verschlechterung der Auftragslage, bleiben außer Betracht.[20]

Die Staatsangehörigkeit des AN ist für die Ermittlung der Schwellenwerte unbeachtlich.[21]

Da § 1 Abs. 1 Nr. 2 auf den Begriff der „beschäftigten AN" abstellt und § 3 Abs. 1 Nr. 1 auf das BetrVG verweist, sind Leih-AN bei der Ermittlung des Schwellenwertes nicht zu berücksichtigen. Dies ist zwar für das MitbestG noch nicht entschieden, wohl aber für das DrittelbG.[22] Dafür spricht, dass nach allg. Meinung zwischen Entleiher und Leih-AN kein Arbverh begründet wird.[23] Da dem Entleiher lediglich die Befugnis eingeräumt wird, den entliehenen Mitarbeiter vorübergehend nach eigenen Weisungen einzusetzen, haben die Leih-AN kein Interesse, die langfristige Unternehmenspolitik des Entleihers, die sie ohnehin kaum betrifft, im AR zu beeinflussen, so dass sie für die Bestimmung der Schwellenwerte nicht maßgeblich sein sollten.[24] Zudem spricht für dieses Ergebnis, dass so der Gleichlauf der Einordnung der Leih-AN in MitbestG, DrittelbG und BetrVG sichergestellt ist und Wertungswidersprüche vermieden werden.

2. Gemeinsamer Betrieb. Bilden mehrere Unternehmen einen gemeinsamen Betrieb (vgl. § 1 Abs. 2 BetrVG), so ist fraglich, ob sämtliche AN des gemeinsamen Betriebs, also auch die, die arbeitsvertraglich einem anderen Unternehmen zuzuordnen sind, mitzuzählen sind. Die Lit. ist sich einig, dass alle AN, die zu dem Unternehmen in einem Arbverh stehen, bei der Beschäftigtenzahl zu berücksichtigen sind. Einige Autoren wollen darüber hinaus alle AN des gemeinsamen Betriebes berücksichtigen.[25]

Das BAG hat in einer älteren Entscheidung die AN eines gemeinsamen Betriebes entsprechend dem zeitlichen Anteil ihrer Tätigkeit den jeweiligen Unternehmen zugeordnet.[26] Arbeitet also ein AN zu 25 % bei dem einen Unternehmen und zu 75 % bei dem anderen, so zählt der AN bei der Berechung des Schwellenwerts für das eine Unternehmen zu ¼ für das andere zu ¾. Teilzeitkräfte, die nur für ein Unternehmen arbeiten, sollen gleichwohl voll zählen.[27]

---

15 EuGH 30.9.2003 – Rs. C-167/01 – AG 2003, 680.
16 BAG 10.12.1996 – 1 ABR 43/96 – AP § 111 BetrVG 1972 Nr. 37; LG Nürnberg-Fürth 11.6.1982 – 4 O 9031/81 – BB 1982, 1625; MünchArb/*Wißmann*, Bd. 3, § 377 Rn 16.
17 *Ulmer*, in FS Heinsius, 1991, S. 859.
18 OLG Düsseldorf 9.12.1994 – 19 W 2/94 – DB 1995, 277 = AG 1995, 328.
19 OLG Düsseldorf 9.12.1994 – 19 W 2/94 – DB 1995, 277 = AG 1995, 328.
20 OLG Düsseldorf 9.12.1994 – 19 W 2/94 – DB 1995, 277 = AG 1995, 328.
21 ErfK/*Oetker*, § 1 MitbestG Rn 7.
22 OLG Hamburg 29.10.2007 – 11 W 27/07 – DB 2007, 2762; OLG Düsseldorf 12.5.2004 – 19 B 2/04 AktE – GmbHR 2004, 1081.
23 BAG 16.4.2003 – 7 ABR 53/02 – DB 2003, 2128.
24 OLG Hamburg 29.10.2007 – 11 W 27/07 – DB 2007, 2762; OLG Düsseldorf 12.5.2004 – 19 B 2/04 AktE – GmbHR 2004, 1081; *Wisskirchen/Bissels/Dannhorn*, DB 2007, 2258; *Säcker*, ZfA 2008. 51.
25 *Däubler*, in: FS Zeuner, 1994, S. 19; *Hanau*, ZfA 1990, 115, 127; *Hijort*, NZA 2001, 696; a.A. *Säcker*, Die Wahlordnungen zum MitbestG, Rn 195, 215.
26 BAG 1.12.1961 – 1 ABR 15/60 – AP § 77 BetrVG Nr. 1.
27 BAG 1.12.1961 – 1 ABR 15/60 – AP § 77 BetrVG Nr. 1.

14 Durch die unternehmerischen Entscheidungen des mitbestimmten Unternehmens können alle AN des gemeinsamen Betriebes betroffen werden.[28] Daher ist es sachgerecht alle in einem gemeinsamen Betrieb Beschäftigten bei der Berechnung des Schwellenwerts zu berücksichtigen. Die vom BAG geforderte Bewertung der einzelnen Arbeitsplätze ist hingegen nicht praktikabel und führt zu unüberwindlichen praktischen Schwierigkeiten.[29]

15 **3. Arbeitnehmer ausländischer Betriebe.** Nicht in § 1 ist geregelt, ob die im ausländischen Betrieb beschäftigten AN zu berücksichtigen sind. Nach der h.M. sind AN i.S.d. MitbestG nur solche, die zu einem **inländischen Betrieb** gehören.[30] Aus dem Bericht des Bundestagsausschusses für Arbeit und Sozialordnung folge, dass die vom Gesetz gewährten Beteiligungsrechte „nur den AN der in der Bundesrepublik gelegenen Betriebe" zustehen sollen.[31] Auch die institutionelle Verfestigung des Wahlverfahrens auf betrieblicher Ebene würde einer Durchsetzung im Ausland entgegenstehen.[32] Das MitbestG als Teil des deutschen Sozialordnungsrechts gehe von hier gewachsenen sozialpolitischen Gegebenheiten aus, die im Ausland oft nicht vorhanden seien.[33]

Die Gegenansicht beruft sich darauf, dass das Personalstatut des Unternehmens zur Anwendbarkeit des deutschen Rechts auf ausländische Betriebe des deutschen Unternehmens führen würde.[34]

16 Die Ansicht der h.M. hat zwar zur Folge, dass die Interessen der im Ausland beschäftigten AN auf der Unternehmensebene nicht berücksichtigt werden, obwohl sie andererseits von den Unternehmerentscheidungen betroffen sein können. Ihr ist dennoch zuzustimmen. Zwar folgt dies nicht aus dem Territorialprinzip, da Anknüpfungspunkt für die Mitbestimmung das in Deutschland gelegene Unternehmen ist und gerade nicht der im Ausland gelegene Betrieb. Nach dem Schutzzweck kann man dennoch nicht zwischen der betriebsverfassungsrechtlichen Mitbestimmung und der Unternehmensmitbestimmung unterscheiden. Es geht in beiden Fällen um die Beteiligung der AN an Planung, Organisation und Leitung des Unternehmens. Lediglich die Gestaltung des Mitbestimmungsstatuts ist verschieden. Daher ist auch der Anwendungsbereich beider Gesetze auf die Bundesrepublik Deutschland zu beschränken.[35] Zudem würde durch das sehr komplexe und komplizierte Wahlverfahren in nicht gerechtfertigter Weise in die Organisationshoheit ausländischer Unternehmen oder Betriebe eingegriffen.[36]

17 **4. Im Ausland tätige Arbeitnehmer.** Setzen deutsche Unternehmen AN im Ausland ein, so ist fraglich, ob sie bei der Berechnung der Schwellenwerte mitzählen. Insoweit geht es zwar nicht um den persönlichen Anwendungsbereich des MitbestG. Gleichwohl sind auch hier die AN bei der Ermittlung des Schwellenwerts zu berücksichtigen, soweit sich ihre Auslandstätigkeit als „**Ausstrahlung**" des Inlandsunternehmens darstellt.[37] Ob eine Ausstrahlung der Tätigkeit eine Zurechnung zum Inlandsunternehmen gebietet, ist eine Frage des Einzelfalls.[38] Maßgeblich sind dabei insb. die Dauer des Auslandseinsatzes, die Eingliederung in einen Auslandsbetrieb, das Bestehen und die Voraussetzungen eines Rückrufrechts zu einem Inlandseinsatz sowie der sonstige Inhalt der Weisungsbefugnisse des AG.[39]

18 So zählen nicht nur Monteure, die kurzfristig in das Ausland gesandt werden, sondern auch AN, die im Flugbetrieb eines deutschen Luftfahrtunternehmens ausschließlich auf Auslandsstrecken eingesetzt werden, bei der Ermittlung des Schwellenwerts mit.[40] Dies gilt auch, sofern ein Weisungsrecht der inländischen AG weiterhin besteht und die im Ausland eingesetzten AN im Verhältnis zu den Inlandsmitarbeitern zumindest im gleichen Maß von den unternehmerischen Planungen und Entscheidungen betroffen sind.[41] Eine vollständige und dauerhafte Eingliederung in den Auslandsbetrieb führt hingegen dazu, die Zurechnung zum Inlandsunternehmen zu beenden.

19 Die Zurechnung ist unabhängig davon vorzunehmen, ob die AN während ihres Auslandseinsatzes die Anwendung ausländischen Rechts gem. Art. 27 EGBGB oder Art. 3 EVÜ vereinbart haben, da zwingende Vorschriften zum Schutz der AN gem. Art. 30 Abs. 1 EGBGB, Art. 6 Abs. 1 EVÜ nicht entzogen werden dürfen. Wenn diese Personen daher mitwählen dürfen, müssen sie zwangsläufig auch mitzählen.

---

28 *Däubler*, in: FS Zeuner, 1994, S. 19; *Hanau*, ZfA 1990, 115, 127.
29 Dezidiert: *Hijort*, NZA 2001, 696, 698 f.
30 LG Düsseldorf 5.6.1979 – 25 AktE 1/78 – DB 1979, 1451; LG Frankfurt 1.4.1982 – 2/6 AktE 1/81 – DB 1982, 1311; MünchArb/*Wißmann*, Bd. 3, § 377 Rn 14; *Säcker*, ZfA 2008, 51. 54; kritisch: *Henssler*, RdA 2005, 330, 331.
31 BT-Drucks 7/4845, S. 4.
32 MünchArb/*Wißmann*, Bd. 3, § 377 Rn 14.
33 MünchArb/*Wißmann*, Bd. 3, § 377 Rn 15; *Richardi*, IPrax 1983, 217.
34 So: *Grasmann*, ZGR 1973, 317, 328f.; *Däubler*, RabelZ 1975, 444, 451 ff.
35 *Wlotzke/Wißmann/Koberski/Kleinsorge*, § 3 Rn 27 ff.; *Richardi*, IPrax 1983, 217.
36 Vgl. LG Düsseldorf 5.6.1979 – 25 AktE 1/78 – DB 1979, 1451, kritisch: *Henssler*, RdA 2005, 330, 331.
37 MünchArb/*Wißmann*, Bd. 3, § 377 Rn 15.
38 BAG 7.12.1989 – 2 AZR 228/89 – NZA 1990, 658 = BB 1990, 707 = DB 1990, 992; MünchArb/*Wißmann*, Bd. 3, § 377 Rn 15.
39 BAG 7.12.1989 – 2 AZR 228/89 – NZA 1990, 658 = BB 1990, 707 = DB 1990, 992; MünchArb/*Wißmann*, Bd. 3, § 377 Rn 15.
40 Dazu: BAG 10.9.1985 – 1 ABR 28/83 – AP § 117 BetrVG 1972 Nr. 3.
41 LG Frankfurt 1.4.1982 – 2/6 AktE 1/81 – DB 1982, 1311; MüKo-AktG/*Gach*, Bd. 3, § 1 MitbestG Rn 23; ErfK/*Oetker*, § 1 MitbestG Rn 7.

IV. Tendenzunternehmen und Religionsgemeinschaften

§ 1 Abs. 4 nimmt Tendenzunternehmen sowie Religionsgemeinschaften und deren Einrichtungen von der Anwendung des MitbestG aus. Die Privilegierung soll eine von Mitbestimmungseinflüssen **ungestörte Tendenzverfolgung** ermöglichen.[42]

Die Tendenzunternehmen sind von der Mitbestimmung nach § 1 Abs. 4 S. 1 nur ausgenommen, wenn sie unmittelbar und überwiegend geschützten Tendenzen dienen.

Eine **unmittelbare** Tendenzverfolgung liegt nur vor, wenn der Unternehmenszweck selbst auf diese ausgerichtet ist und das Unternehmen nicht lediglich die Tendenzverfolgung durch andere wirtschaftlich fördern soll.[43]

Str. ist, ob das **Überwiegen** der **geistig-ideellen Zielsetzung** über andere Unternehmensziele dann vorliegt, wenn die unmittelbar tendenzbezogene Tätigkeit ein quantitatives Übergewicht hat (h.M.)[44] oder ob das Überwiegen nach dem qualitativen Gesamtcharakter, dem „Gepräge" des Unternehmens zu ermitteln ist.[45] Der h.M. ist aufgrund des Wortlauts der Bestimmung zu folgen. Nur die Bestimmung der Anteile der eingesetzten persönlichen und sächlichen Mittel für die Verwirklichung der unterschiedlichen Unternehmensziele des Unternehmens ermöglicht eine klare Abgrenzung (vgl. § 118 BetrVG Rn 10 ff.).

C. Beraterhinweise

Zur Vermeidung der Mitbestimmung kommen als Gestaltungsmöglichkeiten in Betracht, eine Stiftung gem. §§ 80 ff. BGB oder eine Stiftung & Co. KG zu gründen, unselbstständige Niederlassungen ausländischer Unternehmen in Deutschland einzurichten, die selbst nicht der Mitbestimmung unterliegen, einen Teil der AN oder das gesamte Unternehmen ins Ausland zu verlagern oder auf Leih-AN auszuweichen (vgl. Rn 11a).[46] Eine Gestaltungsmöglichkeit, die Mitbestimmung durch eine grenzüberschreitende Verschmelzung von Kapitalgesellschaften zu beenden, besteht aufgrund des MgVG nicht länger. Insoweit kann dasselbe Ergebnis aber bei einer Verschmelzung auf eine ausländische Kapitalgesellschaft – nach Ablauf des Bestandsschutzes von drei Jahren – durch eine weitere Verschmelzung der ausländischen Kapitalgesellschaft auf eine mitbestimmungsfreie ausländische Unternehmensform erzielt werden.[47]

§ 2 Anteilseigner

Anteilseigner im Sinne dieses Gesetzes sind je nach der Rechtsform der in § 1 Abs. 1 Nr. 1 bezeichneten Unternehmen Aktionäre, Gesellschafter oder Mitglieder einer Genossenschaft.

A. Allgemeines

§ 2 definiert den Begriff des Anteilseigners.

B. Regelungsgehalt

Der Begriff der Anteilseigner fasst die im Gesellschaftsrecht verschieden bezeichneten Gesellschafter der in § 1 Abs. 1 Nr. 1 genannten Unternehmensformen zusammen.

Anteilseigner sind bei der AG die Aktionäre, bei der KGaA die Kommanditaktionäre, bei der GmbH die Gesellschafter und bei der Genossenschaft die Genossen.

C. Verbindung zu anderen Rechtsgebieten

Der Begriff des Anteilseigners wird auch in den §§ 4 f. MontanMitbestG verwendet.

---

42 MünchArb/*Wißmann*, Bd. 3, § 377 Rn 32.
43 Zum BetrVG: BAG 31.10.1975 – 1 ABR 64/74 – BAGE 27, 301 = DB 1976, 151; zum MitbestG: MünchArb/*Wißmann*, Bd. 3, § 377 Rn 33.
44 Zum BetrVG: BAG 27.7.1993 – 1 ABR 8/93 – NZA 1994, 329; *Fitting u.a.*, § 118 Rn 6 m.w.N.
45 So früher zum BetrVG: BAG 29.5.1970 – 1 ABR 17/69 – BAGE 22, 360 = NJW 1979, 1763; Richardi/*Thüsing*, § 118 Rn 34 ff.; GK-BetrVG/*Weber*, Bd. 2, § 118 Rn 64 f.
46 *Wisskirchen/Bissels/Dannhorn*, DB 2007, 2258; *Henssler*, RdA 2005, 330, 332.
47 *Wisskirchen/Bissels/Dannhorn*, DB 2007, 2258.

§ 3 Arbeitnehmer und Betrieb

(1) Arbeitnehmer im Sinne dieses Gesetzes sind
1. die in § 5 Abs. 1 des Betriebsverfassungsgesetzes bezeichneten Personen mit Ausnahme der in § 5 Abs. 3 des Betriebsverfassungsgesetzes bezeichneten leitenden Angestellten,
2. die in § 5 Abs. 3 des Betriebsverfassungsgesetzes bezeichneten leitenden Angestellten.

Keine Arbeitnehmer im Sinne dieses Gesetzes sind die in § 5 Abs. 2 des Betriebsverfassungsgesetzes bezeichneten Personen.

(2) ¹Betriebe im Sinne dieses Gesetzes sind solche des Betriebsverfassungsgesetzes. ²§ 4 Abs. 2 des Betriebsverfassungsgesetzes ist anzuwenden.

A. Allgemeines	1	II. Betriebsbegriff	4
B. Regelungszweck	2	C. Verbindung zu anderen Rechtsgebieten	5
I. Arbeitnehmerbegriff	2		

A. Allgemeines

1 § 3 definiert den Begriff des AN und des Betriebs.

B. Regelungszweck

I. Arbeitnehmerbegriff

2 Nicht nur für die Anwendbarkeit (§ 1), sondern auch für die Bestimmung der Zahl der AR-Mitglieder (§ 7) sowie für Wahlmodalitäten (§ 9) kommt es auf die Zahl der im Unternehmen beschäftigten AN an. Der Gesetzgeber verzichtet auf eine Definition und verweist auf § 5 Abs. 1 und Abs. 3 BetrVG. Insoweit kann auf die Erläuterungen zu § 5 BetrVG verwiesen werden (siehe § 5 BetrVG Rn 3 ff.). Anders als das BetrVG bezieht das MitbestG aber die leitenden Ang mit ein. In einem Betrieb beschäftigte Beamte sind nicht wahlberechtigt, weil sie keine AN i.S.d. § 5 Abs. 1 oder § 7 S. 2 BetrVG sind (zu der Behandlung von Leih-AN vgl. § 1 Rn 11a).[1]

3 Für die Frage, ob die unter § 5 Abs. 3 S. 2 Nr. 3 BetrVG fallende Personengruppen auch leitende Ang sind, enthält § 5 Abs. 4 BetrVG nur eine Auslegungsregel für Abs. 3. Diese gilt daher auch im Bereich des § 3 Abs. 1 S. 1 Nr. 2.[2]

Es ist unerheblich, ob der Arbeitsvertrag wirksam ist. Auch die aufgrund eines faktischen Arbverh Beschäftigten sind AN.[3]

II. Betriebsbegriff

4 § 3 Abs. 2 S. 1 verweist auf den betriebsverfassungsrechtlichen Betriebsbegriff (vgl. § 1 BetrVG Rn 4 ff.). Als ein Betrieb gilt auch der gemeinsame Betrieb mehrerer Unternehmen (vgl. § 1 Abs. 2) wie die nach § 3 Abs. 5 BetrVG durch TV oder BV gebildete betriebsverfassungsrechtliche Organisationseinheit.[4] Auch Betriebsteile, die die Voraussetzungen nach § 4 Abs. 1 S. 1 Nr. 1 oder 2 BetrVG erfüllen, sind Betriebe (vgl. § 4 BetrVG Rn 3 ff.). Aufgrund der Verweisung des § 3 Abs. 2 S. 2 auf § 4 Abs. 2 BetrVG gilt die Zuordnungsvorschrift für Kleinstbetriebe auch für das MitbestG.

C. Verbindung zu anderen Rechtsgebieten

5 Die Definition des AN und des Betriebs entspricht § 3 DrittelbG.

6 Die Frage, ob jemand ein AN i.S.d. § 3 ist, ist im arbeitsgerichtlichen Beschl.-Verfahren nach § 2a Abs. 1 Nr. 3 ArbGG zu entscheiden. Das Rechtschutzinteresse ist auch dann gegeben, wenn kein konkreter Streitfall vorliegt.[5]

---

1 BAG 28.3.2001 – 7 ABR 21/00 – EzA § 7 BetrVG 1972 Nr. 2; BAG 25.2.1998 – 7 ABR 11/97 – EzA § 5 BetrVG 1972 Nr. 62; Hessisches LAG 24.4.2003 – 9 TaBVGa 48/03 – juris.
2 ErfK/*Oetker*, § 3 MitbestG Rn 2 m.w.N.
3 *Fitting* u.a., § 5 Rn 19.
4 ErfK/*Oetker*, § 3 MitbestG Rn 3.
5 BAG 19.11.1974 – 1 ABR 20/73 – BAGE 26, 345 = DB 1975, 405.

§ 4 Kommanditgesellschaft

(1) [1]Ist ein in § 1 Abs. 1 Nr. 1 bezeichnetes Unternehmen persönlich haftender Gesellschafter einer Kommanditgesellschaft und hat die Mehrheit der Kommanditisten dieser Kommanditgesellschaft, berechnet nach der Mehrheit der Anteile oder der Stimmen, die Mehrheit der Anteile oder der Stimmen in dem Unternehmen des persönlich haftenden Gesellschafters inne, so gelten für die Anwendung dieses Gesetzes auf den persönlich haftenden Gesellschafter die Arbeitnehmer der Kommanditgesellschaft als Arbeitnehmer des persönlich haftenden Gesellschafters, sofern nicht der persönlich haftende Gesellschafter einen eigenen Geschäftsbetrieb mit in der Regel mehr als 500 Arbeitnehmern hat. [2]Ist die Kommanditgesellschaft persönlich haftender Gesellschafter einer anderen Kommanditgesellschaft, so gelten auch deren Arbeitnehmer als Arbeitnehmer des in § 1 Abs. 1 Nr. 1 bezeichneten Unternehmens. [3]Dies gilt entsprechend, wenn sich die Verbindung von Kommanditgesellschaften in dieser Weise fortsetzt.

(2) Das Unternehmen kann von der Führung der Geschäfte der Kommanditgesellschaft nicht ausgeschlossen werden.

A. Allgemeines 1	9. Weitere unter § 1 Abs. 1 Nr. 1 fallende Rechtsformen als Komplementäre 10
B. Regelungsgehalt 2	10. Mehrheit nach Anteil oder Stimmen 11
I. Anwendungsbereich 2	11. Kein eigener Geschäftsbetrieb mit i.d.R. mehr als 500 Arbeitnehmern 12
1. AG bzw. GmbH & Co. KG 2	II. Rechtsfolgen 13
2. AG bzw. GmbH & Co. OHG 3	1. Zurechnung 13
3. AG bzw. GmbH & Co. KGaA 4	2. Verbot des Ausschlusses von der Geschäftsführung 14
4. Ausländische Komplementärgesellschaften ... 5	C. Verbindung zum Prozessrecht 17
5. Tendenzschutz oder Montanmitbestimmung für Komplementärgesellschaften 6	D. Beraterhinweise 18
6. Mehrstöckige AG bzw. GmbH & Co. KG 7	
7. Sternenförmige AG bzw. GmbH & Co. KG .. 8	
8. Weitere natürliche Personen als Komplementäre 9	

A. Allgemeines

§ 4 erstreckt die Mitbestimmung mittelbar auf die KG, wenn eine Kapitalgesellschaft (namentlich AG oder GmbH) persönlich haftender Gesellschafter ist. Die Mitbestimmung wird durch eine Zurechnung der AN der KG zur Komplementärgesellschaft und durch ein Verbot, die Komplementärgesellschaft von der Geschäftsführung der KG auszuschließen, gesichert. Die Regelung durchbricht damit den Grundsatz, Personengesellschaften mitbestimmungsfrei zu belassen. Dies ist gerechtfertigt, da diese Rechtsform wirtschaftlich einer Kapitalgesellschaft gleichkommt. Der Schutz der Personengesellschaften vor einer Mitbestimmung ist nicht erforderlich, wenn der Komplementär keine natürliche Person, sondern eine Kapitalgesellschaft ist und damit eine persönliche Haftung entfällt.[1]

B. Regelungsgehalt

I. Anwendungsbereich

1. AG bzw. GmbH & Co. KG. Abs. 1 setzt zunächst voraus, dass die Komplementärgesellschaft in einer der in § 1 Abs. 1 genannten Rechtsformen betrieben wird. Außer der GmbH & Co. KG kommt nur die AG & Co. KG in Betracht. Ob ein Unternehmen die Stellung des persönlich haftenden Gesellschafters hat, richtet sich nach dem Gesellschaftsvertrag und nach den §§ 161 ff. HGB.

2. AG bzw. GmbH & Co. OHG. Der oben erläuterte Zweck der Vorschrift gebietet es, § 4 auch auf die Kapitalgesellschaften & Co. OHG anzuwenden, sofern alle Gesellschafter in einer der in § 1 Abs. 1 genannten Rechtsformen organisiert sind.[2]

3. AG bzw. GmbH & Co. KGaA. Bei Inkrafttreten des MitbestG galten die Gestaltungsform der AG bzw. GmbH & Co. KGaA als unzulässig. Der BGH hat diese Rechtskonstruktion erst im Urteil vom 24.2.1997 anerkannt.[3] Damit war geklärt, dass der persönlich haftende Gesellschafter auch eine juristische Person sein kann. Zwar muss auch bei der KGaA ein AR gebildet werden, wenn diese mehr als 2.000 AN beschäftigt. Allerdings sind die Befugnisse des AR bei der KGaA gegenüber den anderen Kapitalgesellschaften stark eingeschränkt. Wesentliche Regelungen,

---

1 Ulmer/Habersack/Henssler, § 4 MitbestG Rn 1; Raiser, § 4 Rn 1.
2 MünchArb/Wißmann, Bd. 3, § 377 Rn 28; Raiser, § 4 Rn 5; a.A. Säcker, DB 2003, 2535.
3 BGH 24.2.1997 – II ZB 11/96 – ZIP 1997, 1027= BGHZ 134, 392.

wie die Kompetenz des mitbestimmten AR zur Bestellung und Abberufung der Geschäftsleitung und die Verpflichtung zur Bestellung eines Arbeitsdirektors sind auf die KGaA nicht anzuwenden (vgl. §§ 31 Abs. 1 S. 2, 33 Abs. 1 S. 2).[4] Um der vollen Mitbestimmung zur Geltung zu verhelfen, ist es geboten, der kapitalistischen Komplementärgesellschaft bei Vorliegen der weiteren Voraussetzungen des § 4 die AN der KGaA zuzurechnen.[5]

4. Ausländische Komplementärgesellschaften. Auf ausländische Komplementärgesellschaften ist § 4 nicht anzuwenden, da das Gesetz für ausländische Unternehmen nicht gilt (vgl. § 1 Rn 3 ff.).

5. Tendenzschutz oder Montanmitbestimmung für Komplementärgesellschaften. Genießt die Komplementärgesellschaft Tendenzschutz oder fällt sie unter die Montanmitbestimmung, so ist § 4 nicht anwendbar.[6]

6. Mehrstöckige AG bzw. GmbH & Co. KG. Abs. 1 S. 2 und 3 dehnen die Anwendung des Abs. 1 S. 1 auf die mehrstöckige AG bzw. GmbH & Co. KG aus. Unter einer mehrstöckigen Kapitalgesellschaft & Co. KG versteht man eine Kapitalgesellschaft & Co. KG, an der als einziger Komplementär und/oder Kommanditist eine zweite Kapitalgesellschaft & Co. KG beteiligt ist. Die Zurechnung der AN aller dieser KG erfolgt zur Komplementärkapitalgesellschaft der obersten KG. Damit soll eine Umgehung der Mitbestimmungsvorschriften verhindert werden.

7. Sternenförmige AG bzw. GmbH & Co. KG. Ist eine Kapitalgesellschaft Komplementärin mehrerer KG spricht man von einer sternenförmigen Kapitalgesellschaft & Co. KG. Der Kapitalgesellschaft sind dann unter den Voraussetzungen des Abs. 1 S. 1 die AN aller dieser KG zuzurechnen.[7]

8. Weitere natürliche Personen als Komplementäre. Für die Anwendung von Abs. 1 S. 1 ist es unschädlich, wenn neben der Kapitalgesellschaft noch natürliche Personen und nicht unter § 1 Abs. 1 Nr. 1 fallende Rechtsformen Komplementäre sind.[8] Allerdings sind diese bei der Mehrheitsberechnung nach Abs. 1 S. 1 zu berücksichtigen, damit die Kräfteverhältnisse in KG und Komplementär-Kapitalgesellschaft zutreffend wiedergegeben werden.[9]

9. Weitere unter § 1 Abs. 1 Nr. 1 fallende Rechtsformen als Komplementäre. Unschädlich für die Anwendbarkeit des Abs. 1 S. 1 sind weitere Kapitalgesellschaften und Kapitalgesellschaften & Co. KG als Komplementäre. Allerdings kann es zu einer mehrfachen Zurechnung der AN der KG kommen.

10. Mehrheit nach Anteil oder Stimmen. Abs. 1 S. 1 setzt voraus, dass die KG und ihre Komplementär-Gesellschaft weit gehend von denselben Personen wirtschaftlich abhängig sind.

Gemäß Abs. 1 S. 1 kann eine Zurechnung nur dann erfolgen, wenn eine jeweilige Mehrheit der Kommanditisten auch eine Mehrheit bei der GmbH bildet. Abs. 1 S. 1 erfasst über seinem Wortlaut hinaus auch einen Alleinkommanditisten, der die Mehrheit an der Kapitalgesellschaft hält.[10] Gleichgültig ist, ob die Mehrheit der Kommanditisten – nach Anteilen oder nach Stimmen – über die Mehrheit der Anteile oder der Stimmen der Komplementärgesellschaft verfügt. Denn in beiden Fällen liegt eine parallele Willensbildung in KG und Komplementärgesellschaft vor. Den Kommanditisten sind auch Anteile an der Komplementärin zuzurechnen, die von Treuhändern oder Strohmännern für sie gehalten werden.[11] Die Mehrheit kann auch durch Stimmbindungsverträge oder andere Verträge erreicht werden.[12]

Bei der **Einheitskapitalgesellschaft & Co. KG**, hat die KG alle Anteile ihrer eigenen Komplementärkapitalgesellschaft. Damit haben die Kommanditisten an sich nicht die Anteilsmehrheit. Gleichwohl sind die beiden Gesellschaften wirtschaftlich betrachtet besonders eng verknüpft, so dass eine Zurechnung nach Abs. 1 S. 1 erfolgen muss.[13]

11. Kein eigener Geschäftsbetrieb mit i.d.R. mehr als 500 Arbeitnehmern. Führt die Komplementärin einen eigenen Geschäftsbetrieb mit i.d.R. mehr als 500 AN, so findet eine Zurechnung nach Abs. 1 S. 1 nicht statt. Dann gilt das DrittelbG. In diesem Fall fehlt es an der geforderten wirtschaftlichen Einheit zwischen der KG und ihrer Komplementärin.[14] AN von Tochterunternehmen werden bei der Ermittlung der 500 AN nicht mitgerechnet.[15] Kommt eine Zurechnung nach Abs. 1 S. 1 nicht in Betracht, sind die Voraussetzungen des § 5 zu prüfen (vgl. § 5 Rn 13).

II. Rechtsfolgen

1. Zurechnung. Sind die Voraussetzungen des Abs. 1 erfüllt, so sind die AN der KG der Komplementärgesellschaft zuzurechnen. Hat die KG mehrere Kapitalgesellschaften als Komplementäre, so erfolgt eine Zurechnung

---

4 *Joost*, ZGR 1998, 335, 336.
5 ErfK/*Oetker*, § 4 MitbestG Rn 1; *Joost*, ZGR 1998, 335, 341 ff.
6 MünchArb/*Wißmann*, Bd. 3, § 377 Rn 30; *Raiser*, § 4 Rn 5.
7 *Ulmer/Habersack/Henssler*, § 4 MitbestG Rn 10; *Raiser*, § 4 Rn 6.
8 *Ulmer/Habersack/Henssler*, § 4 MitbestG Rn 9; MünchArb/*Wißmann*, Bd. 3, § 377 Rn 30.
9 *Raiser*, § 4 Rn 9; *Ulmer/Habersack/Henssler*, § 4 Rn 16; *Henssler*, ZfA 2000, 251.
10 *Stenzel*, DB 2009, 439 ff.
11 *Raiser*, § 4 Rn 11.
12 OLG Celle 30.8.1979 – 9 Wx 8/78 – DB 1979, 2502 = BB 1979 1577.
13 *Raiser*, § 4 Rn 13; differenzierend: *Hoffmann/Lehmann/Weinmann*, § 4 Rn 26.
14 *Wlotzke/Wißmann/Koberski/Kleinsorge*, § 4 Rn 27; MünchArb/*Wißmann*, Bd. 3, § 377 Rn 31.
15 MünchArb/*Wißmann*, Bd. 3, § 377 Rn 31; *Raiser*, § 4 Rn 16.

der AN zu jedem Komplementär.[16] Wird dadurch die AN-Zahl von 2.000 überschritten, so fällt die Komplementärgesellschaft unter das MitbestG. Die so ermittelte AN-Zahl ist auch für die Größe des AR sowie für die Wahlmodalitäten (§ 9) maßgeblich.

2. Verbot des Ausschlusses von der Geschäftsführung.
Da gem. § 163 HGB im Innenverhältnis die Rechte des Komplementärs zugunsten der Kommanditisten weitgehend beschränkt werden können, ordnet § 4 Abs. 2 an, dass die Komplementärgesellschaft von der Führung der Geschäfte der KG nicht ausgeschlossen werden kann. Daher ist eine Übertragung der Geschäftsführung (vgl. § 114 Abs. 2 HGB) zu Lasten der Komplementärgesellschaft in den Fällen des § 4 nicht möglich.

Wie weit die Führung der Geschäfte eingeschränkt werden kann, ist im Einzelnen sehr umstr.[17] Abs. 2 ist auch auf einen Ausschluss von der Vertretung der Gesellschaft anwendbar.[18] Der Entzug der Geschäftsführungsbefugnis aus wichtigem Grund (§§ 117, 127 HGB) ist hingegen möglich.[19] Die Gesamtgeschäftsführungsbefugnis oder auch die Einzelgeschäftsführungsbefugnis mit einem Widerspruchsrecht weiterer Komplementäre (§ 115 HGB) und die Widerspruchsrechte der Kommanditisten (§ 164 S. 2 HGB) werden durch Abs. 2 nicht ausgeschlossen. Eine Gesetzesumgehung ist anzunehmen, wenn neben der mitbestimmungspflichtigen Komplementärgesellschaft weitere Komplementäre bestellt werden und diese Einzelgeschäftsführungsbefugnis erhalten, die Komplementärgesellschaft hingegen nur Gesamtgeschäftsführungsbefugnis.[20] Nicht vereinbar mit Abs. 2 ist auch eine Weisungsbefugnis der KG oder der Kommanditisten gegenüber der Komplementärgesellschaft in allen Angelegenheiten der lfd. Geschäftsführung.[21]

Regelungen, die gegen Abs. 2 verstoßen, sind gem. § 134 BGB nichtig.

C. Verbindung zum Prozessrecht
Streitigkeiten bzgl. der Anwendbarkeit des § 4 werden vor den ordentlichen Gerichten im Verfahren gem. § 98 AktG i.V.m. § 6 Abs. 2 entschieden. Sofern der Umfang der Geschäftsführungsbefugnis nach Abs. 2 im Streit ist, entscheidet die Kammer für Handelssachen beim LG nach § 95 GVG. Ist die Wahlberechtigung einzelner AN str., so ist das ArbG im Beschl.-Verfahren zuständig (§§ 2a Nr. 3, 80 ArbGG).

D. Beraterhinweise
Wenn die GmbH-Anteile nicht mehrheitlich von den Kommanditisten gehalten werden, wird ein AR nach dem MitbestG nicht gebildet. Dies kann die Anteilseignerseite bewegen, eine Rechtskonstruktion zu wählen, bei der sie nicht die Mehrheit der Anteile oder der Stimmen an der Komplementär-GmbH halten, eine Stiftung oder Auslandskapitalgesellschaft die Stellung der Komplementärin übernimmt oder die einzelnen Unternehmensbereiche von rechtlich selbstständigen Kapitalgesellschaften & Co. KG mit jeweils max. 2.000 AN geführt werden.

§ 5 Konzern

(1) ¹Ist ein in § 1 Abs. 1 Nr. 1 bezeichnetes Unternehmen herrschendes Unternehmen eines Konzerns (§ 18 Abs. 1 des Aktiengesetzes), so gelten für die Anwendung dieses Gesetzes auf das herrschende Unternehmen die Arbeitnehmer der Konzernunternehmen als Arbeitnehmer des herrschenden Unternehmens. ²Dies gilt auch für die Arbeitnehmer eines in § 1 Abs. 1 Nr. 1 bezeichneten Unternehmens, das persönlich haftender Gesellschafter eines abhängigen Unternehmens (§ 18 Abs. 1 des Aktiengesetzes) in der Rechtsform einer Kommanditgesellschaft ist.

(2) ¹Ist eine Kommanditgesellschaft, bei der für die Anwendung dieses Gesetzes auf den persönlich haftenden Gesellschafter die Arbeitnehmer der Kommanditgesellschaft nach § 4 Abs. 1 als Arbeitnehmer des persönlich haftenden Gesellschafters gelten, herrschendes Unternehmen eines Konzerns (§ 18 Abs. 1 des Aktiengesetzes), so gelten für die Anwendung dieses Gesetzes auf den persönlich haftenden Gesellschafter der Kommanditgesellschaft die Arbeitnehmer der Konzernunternehmen als Arbeitnehmer des persönlich haftenden Gesellschafters. ²Absatz 1 Satz 2 sowie § 4 Abs. 2 sind entsprechend anzuwenden.

(3) Stehen in einem Konzern die Konzernunternehmen unter der einheitlichen Leitung eines anderen als eines in Absatz 1 oder 2 bezeichneten Unternehmens, beherrscht aber die Konzernleitung über ein in Absatz 1 oder 2

---

16 *Ulmer/Habersack/Henssler*, § 4 Rn 24.
17 Vgl. zum Meinungsstand: *Raiser*, § 4 Rn 25 f.
18 MüKo-AktG/*Gach*, Bd. 3, § 4 MitbestG Rn 15 m.w.N.
19 *Ulmer/Habersack/Henssler*, § 4 MitbestG Rn 27; *Wlotzke/Wißmann/Koberski/Kleinsorge*, § 4 Rn 44; *Raiser*, § 4 Rn 25.
20 *Wlotzke/Wißmann/Koberski/Kleinsorge*, § 4 Rn 45; *Raiser*, § 4 Rn 25.
21 *Ulmer/Habersack/Henssler*, § 4 MitbestG Rn 30; *Raiser*, § 4 Rn 25.

bezeichnetes Unternehmen oder über mehrere solcher Unternehmen andere Konzernunternehmen, so gelten die in Absatz 1 oder 2 bezeichneten und der Konzernleitung am nächsten stehenden Unternehmen, über die die Konzernleitung andere Konzernunternehmen beherrscht, für die Anwendung dieses Gesetzes als herrschende Unternehmen.

A. Allgemeines 1	6. Konzern im Konzern 19
B. Regelungsgehalt 3	7. Gemeinschaftsunternehmen 20
I. Herrschendes Unternehmen im Unterordnungskonzern 3	II. Zurechnung der Arbeitnehmer abhängiger Unternehmen 21
1. Rechtsform 3	III. Kapitalgesellschaft & Co. KG als herrschendes Unternehmen (Abs. 2) 26
2. Tendenzobergesellschaften und montanmitbestimmte Obergesellschaften 4	IV. Konzern mit nicht dem MitbestG unterliegender Spitze (Abs. 3) 27
3. Konzernbegriff 5	1. Voraussetzungen 27
a) Einheitliche Leitung 6	2. Tendenzunternehmen 28
b) Eigener Geschäftsbetrieb 13	3. Montanmitbestimmtes Unternehmen 29
4. Tendenzkonzern 14	
5. Komplementär der Kapitalgesellschaft & Co. KG als herrschendes Unternehmen gem. Abs. 1 15	

A. Allgemeines

1 Unternehmensverbindungen führen zur Verlagerung maßgeblicher Entscheidungsprozesse auf andere Unternehmen. Der Gefahr, dass durch die Verlagerung der Entscheidungsprozesse die Beteilung der AN leer laufen kann, soll § 5 entgegenwirken.[1] Abs. 1 ordnet daher die AN eines abhängigen Unternehmens (Untergesellschaft) dem herrschenden Unternehmen (Obergesellschaft) zu, damit bei dem herrschenden Unternehmen ein AR gewählt werden kann. § 5 regelt nur die Zuordnung in einem Unterordnungskonzern (§ 18 Abs. 1 AktG). Für den Gleichordnungskonzern finden die Regelungen des § 5 aufgrund der eingeschränkten Verweisung auf § 18 Abs. 1 AktG keine Anwendung. Ist eine Kapitalgesellschaft & Co. KG beherrschtes Konzernunternehmen, so werden nach Abs. 1 S. 2 auch die AN ihrer Komplementär-Kapitalgesellschaft, selbst wenn diese nicht konzernabhängig ist, dem herrschenden Unternehmen zugerechnet.

Abs. 2 erstreckt die Anwendung der Zurechnung auf die Fälle des § 4 Abs. 1. In diesem Fall gilt dann als herrschendes Unternehmen die Komplementärgesellschaft.

2 Abs. 3 regelt den Fall, dass das herrschende Unternehmen nicht mitbestimmungspflichtig ist, weil es eine Personengesellschaft ist oder seinen Sitz im Ausland hat. Dann wird das der Konzernleitung am nächsten stehende Unternehmen als herrschendes Unternehmen angesehen.

Ob ein beherrschtes Konzernunternehmen selbst mitbestimmungspflichtig bleibt wird in § 5 nicht geregelt. Auch ein beherrschtes Konzernunternehmen kann daher der Mitbestimmung oder Montanmitbestimmung unterliegen.

B. Regelungsgehalt

I. Herrschendes Unternehmen im Unterordnungskonzern

3 **1. Rechtsform.** Die Konzernmitbestimmung im herrschenden Unternehmen (Obergesellschaft) setzt voraus, dass das herrschende Unternehmen in einer der in § 1 Abs. 1 Nr. 1 genannten Rechtsformen betrieben wird (Abs. 1 S. 1). Die Verweisung auf § 18 Abs. 1 AktG stellt keine Beschränkung der Anwendung auf die Rechtsform der AG dar.[2]

Auf ausländische Obergesellschaften findet § 5 keine Anwendung (vgl. § 1 Rn 3 ff.), da sie nicht unter die in § 1 Abs. 1 Nr. 1 genannten Rechtsformen fallen.

4 **2. Tendenzobergesellschaften und montanmitbestimmte Obergesellschaften.** Ist das herrschende Unternehmen tendenzgeschützt, so können diesem herrschenden Unternehmen keine AN zugerechnet werden, da das MitbestG auf diese Unternehmen nicht anwendbar ist (vgl. § 1 Rn 20 ff.).[3]

Unterliegt das herrschende Unternehmen der Montanmitbestimmung so ist § 5 nicht anwendbar, da das MitbestG nicht auf diese Unternehmen anzuwenden ist (vgl. vor MitbestG Rn 10).

5 **3. Konzernbegriff.** Die Anwendung des § 5 setzt voraus, dass die beteiligten Unternehmen einen **Unterordnungskonzern** bilden (vgl. § 18 Abs. 1 AktG). Im Unterordnungskonzern werden ein abhängiges Unternehmen (Untergesellschaft) oder auch mehrere abhängige Unternehmen und ein herrschendes Unternehmen (Obergesellschaft) unter einer einheitlichen Leitung des herrschenden Unternehmens zusammengefasst. Der aktienrechtliche Konzernbegriff

---

1 ErfK/*Oetker*, § 5 MitbestG Rn 1.
2 *Raiser*, § 5 Rn 5.
3 OLG Hamburg 22.1.1980 – 11 W 38/79 – DB 1980, 635 = BB 1980, 332 = NJW 1980, 1803.

stimmt nicht in allen Einzelheiten mit dem für das MitbestG maßgebenden Begriff überein, da sich die Auslegung des Konzernbegriffs am Zweck der Mitbestimmung zu orientieren hat.[4] Grundgedanke ist, dass die Mitbestimmung da ausgeübt werden soll, wo die Leitungsmacht für das Unternehmen liegt.

a) Einheitliche Leitung. Wesentliches Merkmal für das Vorliegen eines Unterordnungskonzerns ist die einheitliche Leitung.

Besteht ein **Beherrschungsvertrag** (§ 291 Abs. 1 S. 1 AktG) oder ist eine **Eingliederung** (§§ 319 ff. AktG) erfolgt, so wird unwiderleglich vermutet, dass eine einheitliche Leitung ausgeübt wird, § 18 Abs. 1 S. 2 AktG (sog. Vertragskonzern). Die Vermutung gilt nicht bei einem reinen Gewinnabführungsvertrag.[5]

Ist das Unternehmen **abhängig** (§ 17 Abs. 1 AktG) wird **widerlegbar vermutet**, dass es mit dem herrschenden Unternehmen einen Konzern bildet (§ 18 Abs. 1 S. 3 AktG). Aufgrund der Vermutungskette § 17 Abs. 2 i.V.m. § 18 Abs. 1 S. 3 AktG führt allein die Mehrheitsbeteiligung zu einer Vermutung des Vorliegens eines Unterordnungskonzerns (sog. faktischer Unterordnungskonzern). Die Vermutung ist entweder durch den Nachweis widerlegbar, dass keine Abhängigkeit i.S.d. § 17 Abs. 2 AktG besteht oder dass keine einheitliche Leitung i.S.d. § 18 Abs. 1 S. 1 vorliegt.

Die Abhängigkeitsvermutung (§ 17 Abs. 2 AktG) ist **widerlegt**, wenn Tatsachen behauptet und bewiesen werden, aus denen folgt, dass ein beherrschender Einfluss aus Rechtsgründen nicht ausgeübt werden kann, bspw. durch den Abschluss von Entherrschungsverträgen.[6] Unerheblich ist, ob vorhandener Einfluss tatsächlich nicht ausgeübt wird; denn schon die Möglichkeit der Einflussnahme begründet die Abhängigkeit.[7]

Welche Anforderungen an die Widerlegung der Konzernvermutung (§ 18 Abs. 1 S. 1 AktG) zu stellen sind, ist umstr.[8] Nach ganz überwiegender Auff. ist im Rahmen des MitbestG vom **weiten Konzernbegriff** auszugehen (vgl. § 2 DrittelbG Rn 3).[9] Der weite Konzernbegriff lässt eine einheitliche Leitung bereits dann vorliegen, wenn wenigstens ein zentraler Bereich der unternehmerischen Tätigkeit (wie z.B. Einkauf, Personalwesen, Organisation, Verkauf) einheitlich geleitet wird und diese begrenzte Koordination der Unternehmen als solche Auswirkungen auf den Konzern hat.[10]

In welcher Form die einheitliche Leitung ausgeübt wird, ist unerheblich. Erforderlich ist weder ein Weisungsrecht noch, dass überhaupt Weisungen erteilt werden.[11] Die einheitliche Leitung kann auch durch informelle Einflussnahme oder personelle Verflechtungen entstehen. Entscheidend ist allein, dass im Ergebnis eine Konzernleitung festgestellt werden kann.

Die Anwendbarkeit eines Mitbestimmungsgesetzes auf eine oder alle Untergesellschaften ändert an der Vermutungswirkung nichts, da die Rechte des mitbestimmten AR die Weisungsrechte des herrschenden Unternehmens nicht einschränken.[12]

b) Eigener Geschäftsbetrieb. Ein Unternehmen kann – entgegen dem aktienrechtlichen Verständnis[13] – als herrschendes Unternehmen angesehen werden, auch wenn es **keinen eigenen Geschäftsbetrieb** oder maßgebliche Beteiligungen an anderen Unternehmen unterhält.[14] Im Aktienrecht geht es in erster Linie um den Schutz von Gläubigern, Minderheitsaktionären und der abhängigen Gesellschaft. Eine Gefährdung dieser Personengruppen besteht nur, sofern das herrschende Unternehmen andere Interessen als die des abhängigen Unternehmens verfolgt. Nach dem MitbestG sollen die Mitbestimmungsrechte der AN im Konzern gesichert werden. Die Gefährdung dieser Rechte besteht bereits dann, wenn die Leitungsmacht von einem anderen Unternehmen mit Herrschaftsmacht ausgeübt wird.[15] Dies gilt nach h.M. jedoch nicht, wenn es sich bei der Konzernobergesellschaft um eine reine Vermögensholding ohne Führungsaufgaben in den Tochtergesellschaften handelt.[16]

4. Tendenzkonzern. Sofern das herrschende Unternehmen nicht Tendenzschutz genießt, aber der Tendenzcharakter im Konzern insg. überwiegt, ist str., ob § 1 Abs. 4 entsprechend anzuwenden ist, mit der Folge, dass ein AR bei dem herrschenden Unternehmen nicht zu bilden ist. Ein Teil der Rspr. lehnt eine entsprechende Anwendung des § 1 Abs. 4 ab.[17]

---

4 BayObLG 24.3.1998 – 3Z BR 236/96 – DB 1998, 973 = BB 1998, 2129; MünchArb/*Wißmann*, Bd. 3, § 377 Rn 17.
5 MüKo-AktG/*Bayer*, Bd. 1, § 18 Rn 45.
6 OLG Düsseldorf 30.10.2006 – 26 W 14/06 AktE – NZA 2007, 707 = DB 2007, 100 = NJW-RR 2007, 330 = ZIP 2006, 2375; *Seibt*, ZIP 2008, 1301 m.w.N.
7 BayObLG 24.3.1998 – 3Z BR 236/96 – DB 1998, 973 = BB 1998, 2129.
8 Vgl. zum Meinungsstand: *Hüffer*, § 18 Rn 9 ff.
9 BayObLG 24.3.1998 – 3Z BR 236/96 – NZA 1998, 956; OLG Stuttgart 3.5.1989 – 8 W 38/89 – DB 1989, 1128 = BB 1989, 1005; OLG Düsseldorf 30.1.1979 – 19 W 17/78 – DB 1979, 699; LG Köln 3.4.1984 – 3 AktE 1/82, AG 1985, 252.
10 MüKo-AktG/*Bayer*, Bd. 1, § 18 Rn 30, 33.
11 *Hüffer*, § 18 Rn 12; MüKo-AktG/*Bayer*, Bd. 1, § 18 Rn 34f.
12 MüKo-AktG/*Bayer*, Bd. 1, § 18 Rn 45; *Hüffer*, § 18 Rn 17.
13 Vgl. nur statt aller: MüKo-AktG/*Bayer*, Bd. 1, § 15 Rn 13 m.w.N.
14 ErfK/*Oetker*, § 5 MitbestG Rn 3.
15 ErfK/*Oetker*, § 5 MitbestG Rn 3.
16 BayObLG – 3Z BR 236/96 – NZA 1998, 956; HWK/*Seibt*, § 5 MitbestG Rn 7; *Seibt*, ZIP 2008, 1301.
17 OLG Stuttgart 3.5.1989 – 8 W 38/89 – DB 1989, 1128 = BB 1989, 1005; LG Stuttgart 29.11.1988 – 2 AktE 1/88 – DB 1989, 98.

Die h.M. wendet hingegen § 1 Abs. 4 zu Recht auf das herrschende Unternehmen an.[18] Ansonsten könnte entgegen dem Zweck von § 1 Abs. 4 die Mitbestimmung in dem herrschenden Unternehmen die Tendenzverfolgung bei den Tochtergesellschaften beeinflussen.[19]

5. Komplementär der Kapitalgesellschaft & Co. KG als herrschendes Unternehmen gem. Abs. 1. Sofern die einschränkenden **Voraussetzungen nach § 4** für die Zurechnung von AN bei der Kapitalgesellschaft & Co. KG **nicht vorliegen**, ist fraglich, ob stattdessen eine **Zurechnung** unter konzernrechtlichen Gesichtspunkten **nach Abs. 1** erfolgen kann. Es geht im Wesentlichen um zwei Anwendungsfälle:

Kann die Komplementär-Kapitalgesellschaft mit mehr als 500 AN nach dem MitbestG mitbestimmungspflichtig sein?

Kann die herrschende Komplementär-Kapitalgesellschaft, selbst wenn die Mehrheit der Gesellschafter nicht identisch ist, mitbestimmungspflichtig sein?

Eine Ansicht in der Lit. sieht § 4 als lex specialis zu § 5 an.[20] Die h.M. lehnt dies zu Recht ab. Eine solche Spezialität ist dem Gesetz nicht zu entnehmen. § 4 und § 5 stellen unterschiedliche Voraussetzungen auf und wollen beide die Mitbestimmungsrechte der AN sichern. Die Rspr. wendet allerdings § 5 nicht an, wenn die Komplementär-Kapitalgesellschaft keine anderweitigen wirtschaftlichen Interessenbindungen aufweist.[21] Diese einschränkende Auslegung ist ebenfalls abzulehnen. Übt die Komplementär-Kapitalgesellschaft eine einheitliche Leitung aus, so ist § 5 anzuwenden (vgl. Rn 6 ff.).[22] Die Komplementär-Kapitalgesellschaft kann auch ohne eigenen weiteren Geschäftsbetrieb im konzernrechtlichen Sinn des Mitbestimmungsrechts ein herrschendes Unternehmen sein (vgl. Rn 13).

6. Konzern im Konzern. Bei einem Konzern im Konzern geht es mitbestimmungsrechtlich um die Frage, ob die AN eines **Enkelunternehmens** nicht nur bei der Muttergesellschaft (Konzernspitze) sondern auch **bei der Tochtergesellschaft** (Konzernzwischengesellschaft) zugerechnet werden müssen, da die Tochtergesellschaft als unmittelbare Konzernobergesellschaft des Enkelunternehmens angesehen werden kann. Im Rahmen der Mitbestimmung wird dies überwiegend zu Recht als zulässig angesehen, weil vermieden werden soll, dass in gewissen Konstellationen die Mitbestimmung der AN leer läuft.[23] Voraussetzung ist allerdings, dass die Tochtergesellschaft nicht lediglich eine Übermittlungsstelle für Entscheidungen der Konzernspitze ist.[24] Die Konzernspitze als mittelbare Obergesellschaft muss ihre zentralen Leitungsbefugnisse in vollem Umfang abgegeben haben, so dass zwischen ihr und der Zwischengesellschaft nur noch eine lose Rechtsbeziehung verbleibt und der AR der Konzernspitze seine Aufsichtsfunktion in Bezug auf die Enkelgesellschaft nicht mehr wahrzunehmen vermag.[25] Die Konzernzwischengesellschaft muss also tatsächlich zur eigenverantwortlichen Leitung zumindest eines Konzernteils berechtigt sein, wobei an dieses Erfordernis im Rahmen einer Einzelfallprüfung strenge Anorderungen zu stellen sind.[26]

7. Gemeinschaftsunternehmen. Bei Gemeinschaftsunternehmen handelt es sich um Unternehmen, die von zwei oder mehreren anderen Unternehmen gemeinsam beherrscht werden. Nach der überwiegenden Ansicht besteht im Rahmen des Mitbestimmungsrechts zwischen dem Gemeinschaftsunternehmen und jedem der herrschenden Unternehmen ein Unterordnungskonzernverhältnis, wenn die Obergesellschaften die einheitliche Leitung über das Gemeinschaftsunternehmen ausüben und dies aufgrund gemeinsamer Willensbildung tun.[27] Bei einer paritätischen Beteiligung zweier Mutterunternehmen ist davon auszugehen, da ein Kooperationszwang besteht und daher von einer gemeinsamen Leitungsmacht auszugehen ist. Die Gegenmeinung fordert über die paritätische Beteiligung hinaus noch besondere satzungsrechtliche oder vertragliche Gestaltungen, wie den Abschluss eines Konsortial-, Stimmenpool- oder sonstigen Koordinierungsvertrags, die sich auf die für die AN wichtigen unternehmerischen Entscheidungen beziehen.[28]

---

18 OLG Hamburg 22.1.1980 – 11 W 38/79 – BB 1980, 332 = DB 1980, 635; MünchArb/*Wißmann*, Bd. 3, § 377 Rn 37.
19 MünchArb/*Wißmann*, Bd. 3, § 377 Rn 37.
20 *Hölters*, RdA 1979, 338; *Joost*, ZGR 1998, 334, 347.
21 OLG Celle 30.8.1979 – 9 Wx 8/78 – DB 1979, 2502 = BB 1979, 1577; OLG Bremen 30.4.1980 – 1 W 30/80 – DB 1980, 1332.
22 Wie hier: ErfK/*Oetker*, § 5 MitbestG Rn 4; *Raiser*, § 5 Rn 21; *Schneider*, ZGR 1977, 335, 345 f.
23 BAG 21.10.1980 – 6 ABR 41/78 – BAGE 34, 230 = DB 1981, 895; OLG Düsseldorf 30.1.1979 – 19 W 17/78 – DB 1979, 699; OLG Frankfurt 10.11.1986 – 20 W 27/86 – BB 1986, 2288; OLG Zweibrücken 9.11.1983 – 3 W 25/83 – DB 1984, 107.
24 OLG Düsseldorf 27.12.1996 – 19 W 4/96 AktE – AG 1997, 129 = ZIP 1997, 546; OLG Düsseldorf 30.1.1979 – 19 W 17/78 – DB 1979, 699; OLG Frankfurt 10.11.1986 – 20 W 27/86 – BB 1986, 2288 = DB 1986, 2658; OLG Zweibrücken 9.11.1983 – 3 W 25/83 – DB 1984, 107.
25 OLG Düsseldorf 27.12.1996 – 19 W 4/96 AktE – AG 1997, 129 = ZIP 1997, 546; OLG Zweibrücken 9.11.1983 – 3 W 25/83 – DB 1984, 107.
26 OLG München 19.11.2008 – 31 Wx 99/07 – ZIP 2008, 2414 = DB 2008, 2827; ErfK/*Oetker*, § 5 MitbestG Rn 8 und 27 m.w.N.; *Ulmer/Habersack/Henssler*, § 5 MitbestG Rn 35 m.w.N.; *Seibt*, ZIP 2008, 1301; HWK/*Seibt*, § 5 MitbestG Rn 8.
27 BAG 16.8.1995 – 7 ABR 57/94 – AP § 76 BetrVG 1952 Nr. 30 = NZA 1996, 274 = DB 1996, 335.
28 *Seibt*, ZIP 2008, 1301; HWK/*Seibt*, § 5 MitbestG Rn 10 m.w.N.

II. Zurechnung der Arbeitnehmer abhängiger Unternehmen

Es werden die AN aller konzernabhängigen Unternehmen (Untergesellschaften) gleich welcher Rechtsform dem herrschenden Unternehmen zugerechnet. Nach dem Normzweck werden von § 5 auch abhängige Unternehmen erfasst, die als Anstalt oder Körperschaft des öffentlichen Rechts organisiert sind.[29] Auch die AN der mittelbar erfassten Konzernunternehmen (Enkelunternehmen) im Rahmen eines mehrstufigen Konzerns werden dem herrschenden Unternehmen zugerechnet.[30]

Es ist unerheblich, ob das abhängige Unternehmen Tendenzschutz genießt oder der Montanmitbestimmung unterliegt, sofern in letzterem Fall nicht § 3 MontanMitbestErgG eingreift.[31]

Nicht erfasst werden die AN abhängiger Unternehmen mit Sitz im Ausland.[32] AN inländischer Betriebe ausländischer Tochtergesellschaften werden hingegen dem herrschenden Konzernunternehmen zugerechnet.[33]

Bei einem Konzern im Konzern (siehe dazu Rn 19) werden die AN der Enkelgesellschaft sowohl dem Mutterunternehmen als auch dem Tochterunternehmen zugerechnet, wenn dieses zur eigenverantwortlichen Leitung befugt ist. Im Fall des Gemeinschaftsunternehmens (siehe dazu Rn 20) werden die AN des Gemeinschaftsunternehmens jedem der herrschenden Unternehmen nach § 5 zugerechnet.

Die Zurechnung ist bei der Ermittlung sämtlicher Beschäftigungszahlen des Mitbestimmungsgesetzes, also bei der Anwendbarkeit, der Größe des AR sowie für die Wahlmodalitäten zu beachten. Sie ist maßgeblich für die Frage, ob ein AN an der Wahl zum AR teilnehmen oder gewählt werden darf. Die AN haben im Bezug auf die Mitbestimmung auch alle sonstigen Rechte, die den AN des herrschenden Unternehmens zustehen.

III. Kapitalgesellschaft & Co. KG als herrschendes Unternehmen (Abs. 2)

Abs. 2 bestimmt für den Fall, dass eine Kapitalgesellschaft & Co. KG herrschendes Unternehmen ist, dass die AN der abhängigen Unternehmen nach Abs. 1 S. 1 der Komplementär-Kapitalgesellschaft zuzurechnen sind (Abs. 2 S. 2 Hs. 1), da die KG als solche nach dem MitbestG nicht mitbestimmungsfähig ist. Dies gilt nur, wenn die Voraussetzungen des § 4 Abs. 1 zwischen der herrschenden KG und ihrer Komplementärkapitalgesellschaft vorliegen. Für den Fall, dass § 4 Abs. 1 nicht gilt vgl. Rn 15 ff. Die mitbestimmte Komplementärkapitalgesellschaft darf nach Abs. 2 S. 2 Hs. 2 zudem nicht von der Geschäftsführung der herrschenden KG ausgeschlossen werden (vgl. § 4 Rn 14 f.).

IV. Konzern mit nicht dem MitbestG unterliegender Spitze (Abs. 3)

1. Voraussetzungen. Abs. 3 regelt den Fall, dass eine Zurechnung von AN zur Konzernspitze nicht möglich ist, weil das herrschende Unternehmen nicht in einer der in § 1 Abs. 1 genannten Rechtsformen oder einer Kapitalgesellschaft & Co. KG betrieben wird. Die Regelung findet bei herrschenden Unternehmen mit Sitz im Ausland, bei Personengesellschaften, natürlichen Personen,[34] Stiftungen und Körperschaften des öffentlichen Rechts[35] Anwendung. Die AN sollen, sofern eine Mitbestimmung bei dem herrschenden Unternehmen nicht möglich ist, wenigstens auf der **höchsten mitbestimmungsfähigen Ebene** in der Konzernhierarchie mitbestimmen können. Die Zurechnung erfolgt jeweils zu demjenigen Konzernunternehmen, über das die Konzernleitung andere Konzernunternehmen beherrscht. Dies setzt zumindest einen dreistufigen Unterordnungskonzern voraus. Welche Leitungsbeziehungen zwischen den unterschiedlichen Konzernebenen bestehen müssen, ist umstr. Zum einen soll eine hinreichende kapitalmäßige Verflechtung zwischen der Obergesellschaft und dem oder den abhängigen Unternehmen durch eine Mehrheitsbeteiligung ausreichen.[36] Diese mitbestimmungsfreundliche Auslegung geht so weit, dass bereits eine Mehrheitsbeteiligung einer natürlichen Person an einem Unternehmen mit einer der in § 1 Abs. 1 aufgezählten Rechtsformen den Anwendungsbereich des Abs. 3 eröffnen soll.[37] Andere lassen die Ausübung von Konzernleitungsmacht in sonstiger Weise durch die Zwischengesellschaft auf die untergeordneten Unternehmen genügen.[38] Der letzteren Ansicht ist zu folgen. Die Bildung eines mitbestimmten AR, ohne entscheidenden Einfluss auf die nachfolgenden Unternehmen ausüben zu können, wird nicht von § 5 bezweckt, zumal das Vorliegen einer Mehrheitsbeteiligung i.d.R. vorliegen wird, also als Unterscheidungskriterium untauglich ist. Die Anforderungen, die dabei an die Leitungsmacht zu stellen sind, sind jedoch geringer als die, die an das Vorliegen eines Konzerns im Konzern gestellt werden (vgl. Rn 19). Sofern die Voraussetzungen der §§ 17 Abs. 2 und 18 Abs. 1 S. 3 AktG vorliegen, ist Abs. 3 in jedem Fall

---

[29] MünchArb/*Hüffer*, Bd. 3, § 377 Rn 18; bereits die verfassungsrechtliche Zulässigkeit verneinend: LAG Berlin 27.10.1995 – 6 TaBV 1/95 – AG 1996, 140.
[30] MünchArb/*Wißmann*, Bd. 3, § 377 Rn 18.
[31] *Raiser*, § 5 Rn 8f.
[32] MünchArb/*Wißmann*, Bd, 3, § 377 Rn 18.
[33] MünchArb/*Wißmann*, Bd, 3, § 377 Rn 18.
[34] BayObLG 6.3.2002 – 3Z BR 343/00 – NZA 2002, 691 = DB 2002, 1147 = ZIP 2002, 1034.
[35] LG Köln 3.4.1984 – 3 AktE 1/82 – AG 1985, 252.
[36] OLG Frankfurt 21.4.2008 – 20 W 8/07 und 342/07 – ZIP 2008, 878 und 880; OLG Düsseldorf 30.10.2006 – 26 W 14/06 – DB 2007, 100 m.w.N.; OLG Stuttgart 30.3.1995 – 8 W 355/93 – ZIP 1995, 1004.
[37] OLG Frankfurt 21.4.2008 – 20 W 8/07 und 342/07 – ZIP 2008, 880.
[38] OLG Celle 22.3.1993 – 9 W 130/92 – BB 1993, 957; ErfK/*Oetker*, § 5 MitbestG Rn 20; Ulmer/*Habersack*, § 5 MitbestG Rn 68; OLG Frankfurt 21.4.2008 – 20 W 8/07 und 342/07 – ZIP 2008, 880 m. Anm. *Seibt*, ZIP 2008, 1301; *Wisskirchen/Bissels/Dannhorn*, DB 2007, 2258.

anwendbar. Für die Anwendung von Abs. 3 genügt es darüber hinaus, dass über dieses Unternehmen der Leitungsweg von der Konzernspitze zu einem oder mehreren anderen beherrschten Unternehmen führt.[39]

28 **2. Tendenzunternehmen.** Ist ein herrschendes Unternehmen nach § 1 Abs. 4 nicht mitbestimmungspflichtig, so scheidet eine unmittelbare Anwendung des Abs. 3 aus, da es sich um ein nach Abs. 1 S. 1 verfasstes Unternehmen handelt (vgl. Rn 3, 4). Für Zwischenunternehmen, die nicht dem Tendenzschutz unterliegen ist Abs. 3 aber entsprechend anzuwenden.[40]

29 **3. Montanmitbestimmtes Unternehmen.** Grds. ist eine analoge Anwendung der Vorschrift auch dann denkbar, wenn die Konzernspitze dem MontanMitbestG unterliegt.[41] Sie scheidet aber aus, sofern, eine Konzernmitbestimmung nach dem MontanMitbestErgG einzurichten ist (vgl. § 3).[42]

Zweiter Teil: Aufsichtsrat

Erster Abschnitt: Bildung und Zusammensetzung

§ 6 Grundsatz

(1) Bei den in § 1 Abs. 1 bezeichneten Unternehmen ist ein Aufsichtsrat zu bilden, soweit sich dies nicht schon aus anderen gesetzlichen Vorschriften ergibt.
(2) ¹Die Bildung und die Zusammensetzung des Aufsichtsrats sowie die Bestellung und die Abberufung seiner Mitglieder bestimmen sich nach den §§ 7 bis 24 dieses Gesetzes und, soweit sich dies nicht schon aus anderen gesetzlichen Vorschriften ergibt, nach § 96 Abs. 2, den §§ 97 bis 101 Abs. 1 und 3 und den §§ 102 bis 106 des Aktiengesetzes mit der Maßgabe, daß die Wählbarkeit eines Prokuristen als Aufsichtsratsmitglied der Arbeitnehmer nur ausgeschlossen ist, wenn dieser dem zur gesetzlichen Vertretung des Unternehmens befugten Organ unmittelbar unterstellt und zur Ausübung der Prokura für den gesamten Geschäftsbereich des Organs ermächtigt ist. ²Andere gesetzliche Vorschriften und Bestimmungen der Satzung (des Gesellschaftsvertrags, des Statuts) über die Zusammensetzung des Aufsichtsrats sowie über die Bestellung und die Abberufung seiner Mitglieder bleiben unberührt, soweit Vorschriften dieses Gesetzes dem nicht entgegenstehen.
(3) ¹Auf Genossenschaften sind die §§ 100, 101 Abs. 1 und 3 und die §§ 103 und 106 des Aktiengesetzes nicht anzuwenden. ²Auf die Aufsichtsratsmitglieder der Arbeitnehmer ist § 9 Abs. 2 des Genossenschaftsgesetzes nicht anzuwenden.

A. Allgemeines 1	3. Bestellung und Abberufung von Aufsichtsratsmitgliedern 10
B. Regelungsgehalt 2	4. Prokurist (§ 105 AktG) 13
I. Obligatorischer Aufsichtsrat (Abs. 1) 2	5. Vorrang des MitbestG (Abs. 2 S. 2) 17
II. Verfahren nach dem AktG (Abs. 2) 3	III. Sondervorschriften für die Genossenschaften (Abs. 3) 18
1. Bildung des ersten Aufsichtsrates 3	
a) Gründungsphase von AG und KGaA 4	C. Verbindung zum Prozessrecht 24
b) Gründungsphase von GmbH und Genossenschaft 6	D. Beraterhinweise 27
2. Änderung der Zusammensetzung des Aufsichtsrates 7	

A. Allgemeines

1 Nach Abs. 1 müssen alle vom MitbestG erfassten Unternehmen einen AR bilden. Eine eigenständige Bedeutung hat Abs. 1 aber nur für die GmbH, die im Gegensatz zu den anderen Unternehmensformen nicht bereits nach den gesellschaftsrechtlichen Vorschriften aufsichtsratspflichtig ist. Abs. 2 bestimmt, dass die Regeln des MitbestG zur Bildung und Zusammensetzung des AR sowie Beteiligung und Abberufung seiner Mitglieder grds. vorrangig vor anderen gesetzlichen Vorschriften und Bestimmungen der Satzung sind. Im Interesse einer einheitlichen Mitbestimmung regelt die Vorschrift, dass die dort aufgezählten §§ des AktG, auf alle Unternehmensformen anwendbar sind und schafft damit gleiches Recht. Da der Gesetzgeber befürchtete, dass es für den AR zu wenig wählbare leitende Ang gibt,[1]

---

39 MünchArb/*Wißmann*, Bd. 3, § 377 Rn 27.
40 ErfK/*Oetker*, § 5 MitbestG Rn 22.
41 *Raiser*, § 5 Rn 38; a.A. ErfK/*Oetker*, § 5 MitbestG Rn 22.

42 *Raiser*, § 5 Rn 38.
1 BT-Drucks. 7/2172, S. 20.

stellte er „Negativ-Regeln" auf, wann auch ein Prokurist als AN-Vertreter in den AR wählbar ist. Schließlich beschreibt Abs. 3 Ausnahmen für Genossenschaften.

B. Regelungsgehalt

I. Obligatorischer Aufsichtsrat (Abs. 1)

Für die AG, die KGaA und die Genossenschaft wiederholt diese Vorschrift nur die bereits nach dem AktG und dem GenG normierte Verpflichtung einen AR zu bilden (§§ 95, 278 Abs. 3 AktG und § 9 Abs. 1 GenG). Das GmbHG schreibt den AR nicht zwingend vor. Gem. § 52 GmbHG kann im Gesellschaftsvertrag vereinbart werden, dass ein AR zu bilden ist (fakultativer AR). Abs. 1 bestimmt nun auch für die **GmbH**, die der AN-Mitbestimmung unterliegt, dass sie einen **AR bilden muss**.

II. Verfahren nach dem AktG (Abs. 2)

1. Bildung des ersten Aufsichtsrates. § 6 trifft keine Regelung darüber, wann der mitbestimmte AR zu bilden ist. Sofern ein Unternehmen bereits besteht, aber noch keinen AR hat, ist er nach den Vorschriften des MitbestG und des AktG zu bilden. Dies kann nur bei der GmbH in Betracht kommen, da für sie nach den gesellschaftsrechtlichen Vorschriften keine AR-Pflicht besteht.

a) Gründungsphase von AG und KGaA. Nach § 30 Abs. 1 S. 1 AktG haben die Gründer der AG oder KGaA (§ 278 Abs. 3 i.V.m. § 30 AktG) den ersten AR der Gesellschaft zu bestellen. Allerdings ist dabei § 30 Abs. 2 AktG zu beachten, wonach im **ersten AR keine AN** vertreten sein müssen.[2] Das **MitbestG** findet also **keine Anwendung**.[3] Die Vorschrift soll die Handlungsfähigkeit der Vorgesellschaft sowie die Bildung eines AR im Gründungsstadium der AG sicherstellen.[4] Da die Gesellschaft als juristische Person erst mit der Eintragung im Handelsregister entsteht, während des Gründungsstadiums also noch kein Unternehmen betreibt und so auch regelmäßig keine oder nur wenige AN beschäftigt, ist eine geeignete Auswahl der AR-Mitglieder nicht sicher gestellt. Auch müssen die später hinzukommenden AN an der Wahl beteiligt werden. Dies wird dadurch gewährleistet, dass die Amtszeit der von den Gründern bestellten AR-Mitglieder gem. § 30 Abs. 3 AktG bis zur Beendigung der Hauptversammlung begrenzt ist, die über die Entlastung für das erste Geschäftsjahr beschließt und damit höchstens 20 Monate andauert (§ 120 Abs. 1 S. 1 AktG). § 30 Abs. 3 AktG ist zwingend.

Übernimmt allerdings eine neu gegründete AG eine mitbestimmte AG im Wege der Verschmelzung zur Aufnahme (§ 2 S. 1 Nr. 1 UmwG) gilt § 30 Abs. 2 und 3 AktG nicht.[5] Denn § 30 Abs. 2 AktG der die Gründung einer Gesellschaft erleichtern soll, kann über den Zeitpunkt einer Verschmelzung hinaus nicht angewandt werden. In diesem Fall ist der Anwendungsbereich des § 30 AktG teleologisch zu reduzieren, da es zum einen des Schutzes der Gründungsphase in diesen Konstellationen nicht bedarf und zum anderen die zwingende Mitbestimmung eines bereits zuvor mitbestimmten Unternehmens nicht durch die Verschmelzung zeitweise ausgeschlossen und dadurch umgangen werden darf.[6]

Sonderfall: Sieht die Satzung vor, dass als Gegenstand einer Sacheinlage oder Sachübernahme ein **Unternehmen mit AN eingebracht** wird, dann müssen nach § 31 Abs. 1 S. 1 AktG auch bereits dem ersten AR AN-Vertreter angehören.[7]

b) Gründungsphase von GmbH und Genossenschaft. Für GmbH und Genossenschaft gibt es solche Vorschriften in der Gründungsphase nicht. Da Abs. 1 auf § 1 Abs. 1 verweist und dort ausdrücklich von bestehenden Unternehmen ausgegangen wird, kann das **MitbestG** in der **Gründungsphase nicht angewendet** werden. Es ist auf die bestehenden gesellschaftsrechtlichen Vorschriften zurückzugreifen. Die GmbH-Gründung erfolgt nach dem Gesetz ohne Bestellung eines AR.[8] Der erste AR einer Genossenschaft ist mitbestimmungsfrei. Nachdem das Unternehmen in das Handels- bzw. Genossenschaftsregister eingetragen wurde, ist das Statusverfahren nach § 97 AktG zur Bildung eines geänderten mitbestimmten AR einzuleiten.[9]

2. Änderung der Zusammensetzung des Aufsichtsrates. Entspricht die Zusammensetzung des AR nicht dem materiellen Recht oder besteht Streit oder Ungewissheit, ob bei einer GmbH die gesetzlichen Voraussetzungen für die Bildung eines mitbestimmten AR vorliegen[10] oder nach welchen gesetzlichen Vorschriften ein bestehender AR zusammenzusetzen ist, so ist nach Abs. 2 i.V.m. §§ 97 ff. AktG ein förmliches **Statusverfahren** zur Änderung oder Klarstellung der Zusammensetzung durchzuführen.

---

2 MüKo-AktG/*Pentz*, Bd. 1, § 30 Rn 17.
3 ErfK/*Oetker*, § 6 MitbestG Rn 3.
4 BAG 16.4.2008 – 7 ABR 6/07 – NZA 2008, 1025 = ZIP 2008, 1630; MüKo-AktG/*Pentz*, Bd. 1, § 30 Rn 6.
5 *Heither*, DB 2008, 109 ff.
6 *Heither*, DB 2008, 109 ff.
7 *Ulmer/Habersack/Henssler*, § 6 MitbestG Rn 6 m.w.N.
8 BAG 16.4.2008 – 7 ABR 6/07 – NZA 2008, 1025 = ZIP 2008, 1630.
9 BAG 16.4.2008 – 7 ABR 6/07 – NZA 2008, 1025 = ZIP 2008, 1630; ErfK/*Oetker*, § 6 MitbestG Rn 3.
10 BAG 16.4.2008 – 7 ABR 6/07 – NZA 2008, 1025 = ZIP 2008, 1630.

8 Der erste AR einer AG und einer KGaA besteht nur aus Vertretern der Anteilseigner, d.h. AN sind nicht beteiligt (siehe Rn 4). Die Amtszeit des ersten AR ist begrenzt. Der zweite AR muss nach den mitbestimmungsrechtlichen Vorschriften gebildet werden. Nach § 30 Abs. 3 S. 2 AktG hat der Vorstand rechtzeitig vor Ablauf der Amtszeit des ersten AR unter Beachtung der §§ 96 bis 99 AktG in den Gesellschaftsblättern und durch Aushang in sämtlichen Betrieben des Unternehmens bekannt zu machen, nach welchen gesetzlichen Vorschriften der nächste AR nach seiner Ansicht zusammen zu setzen ist. Ist einer der gem. § 98 Abs. 2 AktG Antragsberechtigten der Meinung, der AR müsse anders als nach der Bekanntmachung des Vorstandes zusammengesetzt werden, dann hat er innerhalb eines Monats nach der Bekanntmachung das Statusverfahren nach §§ 98 Abs. 1, 99 AktG zu beantragen. Wird das Landgericht nicht angerufen, ist der neue AR gem. § 97 AktG entsprechend der Bekanntmachung des Vorstands zusammenzusetzen.[11] Die Anrufung eines anderen Gerichts als des Landgerichts wahrt die Monatsfrist nach dem eindeutigen Wortlaut des § 97 Abs. 2 S. 1 AktG nicht.[12]

9 Ändert sich später bspw. die AN-Zahl im Unternehmen (vgl. § 7) oder die Höhe des Grundkapitals (§ 95 AktG), kann dies zur Folge haben, dass der AR nicht mehr nach den gesetzlichen Vorschriften zusammengesetzt ist. Das Statusverfahren nach § 97 AktG bietet dann dem Vorstand zwei Möglichkeiten, um die Änderung der AR-Zusammensetzung herbeizuführen. Der Vorstand kann bekannt geben, dass der AR nicht nach den maßgeblichen gesetzlichen Vorschriften zusammengesetzt ist. Sind sich die Beteiligten einig, kann die Zusammensetzung des AR ohne gerichtliche Hilfe geändert werden. Besteht keine Einigkeit, kann auf Antrag das Gericht angerufen werden (§ 104 AktG). Der Vorstand kann bei einer zweifelhaften Rechtslage auch gleich den Gerichtsweg wählen. § 104 AktG ist eine vorläufige Regelung. Das Amt des gerichtlich bestellten AR-Mitglieds erlischt, sobald der Mangel behoben ist (Abs. 5). Es ist nicht notwendig, durch Einleitung der Wahl den Mangel sofort zu beheben. Es kann bis zur nächsten termingemäßen Wahl (§ 102 AktG) abgewartet werden.

10 **3. Bestellung und Abberufung von Aufsichtsratsmitgliedern.** Bestellung und Abberufung der AR-Mitglieder richtet sich grds. nach dem MitbestG. Ergänzend verweist Abs. 2 auf das AktG.

11 Das MitbestG regelt die Art und Weise der Wahl der AR-Mitglieder der **Anteilseigner** nicht. Nach § 101 Abs. 1 AktG wählt die Hauptversammlung die Anteilseignervertreter, soweit keine Entsendungsrechte bestehen. Entsendungsrechte sind Sonderrechte der begünstigten Aktionäre.

Die Wahl der AR-Mitglieder der **AN** ist in **§§ 9 bis 18 abschließend** geregelt. Es wird auf diese Kommentierung verwiesen. Das AktG findet hier keine Anwendung.

12 Über Abs. 2 S. 1 findet auch der zwingende § 101 Abs. 3 AktG auf die vom MitbestG erfassten Unternehmen – mit Ausnahme der Genossenschaft, vgl. Abs. 3 – Anwendung. Nach § 101 Abs. 3 S. 1 dürfen **keine Stellvertreter** für AR-Mitglieder bestellt werden. Hiermit wird eine ungeteilte Verantwortlichkeit bezweckt.[13] Da verhinderte AR-Mitglieder gem. § 108 Abs. 3 S. 1, 2 AktG Ihre Stimmen schriftlich abgeben können, besteht für Stellvertreter kein Bedürfnis. Nach § 101 Abs. 3 S. 2 AktG kann für AR-Mitglieder ein Ersatzmitglied bestellt werden, das Mitglied des AR wird, wenn das AR-Mitglied vor Ablauf seiner Amtszeit wegfällt. Für Ersatzmitglieder der AR-Mitglieder der AN treffen die §§ 17, 22 Abs. 1, 23 Abs. 4 besondere Regelungen.

13 **4. Prokurist (§ 105 AktG).** Abs. 2 S. 1 verweist auf § 105 AktG. Nach § 105 Abs. 1 AktG sind das AR-Mandat und die gleichzeitige Tätigkeit als Prokurist oder Handlungsbevollmächtigter der Gesellschaft generell unvereinbar. Die Vorschrift bezweckt, dass die Funktionen von Vorstand und AR getrennt werden, damit sich Geschäftsführung und deren Überwachung nicht überschneiden.[14]

14 Das MitbestG hingegen ermöglicht es auch dem Prokuristen unter bestimmten Voraussetzungen ein AR-Mandat zu erlangen. Es grenzt den Anwendungsbereich des § 105 Abs. 1 AktG insoweit ein, als es festlegt, dass ein Prokurist nur dann nicht als AR-Mitglied der AN gewählt werden kann, wenn er dem zur gesetzlichen Vertretung des Unternehmens befugten Organ unmittelbar unterstellt oder zur Ausübung der Prokura für den gesamten Geschäftsbereich des Organs ermächtigt ist. Ziel dieser Erweiterung ist, dass sich der Kreis der für die AN-Vertreter wählbaren leitenden Ang vergrößert.[15] Nur im Falle einer zu großen Nähe zum Vorstand, oder wenn seine Befugnisse einem Vorstandsmitglied entsprechen, soll der Prokurist nicht wählbar sein.

15 Der Prokurist ist dem Organ dann **unmittelbar unterstellt**, wenn er in der Unternehmenshierarchie direkt unter dem Vorstand steht.[16] Dies ist dann nicht der Fall, wenn der Prokurist einen anderen direkten Vorgesetzten als das Vorstandsmitglied hat. Der Prokurist ist aber auch dann nicht wählbar, wenn er für den gesamten Geschäftsbereich des Vertretungsorgans Prokura besitzt. Das bedeutet, dass nur der Prokurist, dessen Zuständigkeit räumlich (Niederlas-

---

11 BAG 16.4.2008 – 7 ABR 6/07 – NZA 2008, 1025 = ZIP 2008, 1630; MüKo-AktG/*Habersack*, Bd. 3, § 97 Rn 1, 6; *Ulmer/Habersack/Henssler*, § 6 MitbestG Rn 5.
12 So auch *v. Falkenhausen*, AG 1967, 309; a.A. *Hüffer*, § 97 AktG Rn 6 unter Verweis auf § 7 FGG.
13 MüKo-AktG/*Semler*, Bd. 3, § 101 Rn 160.
14 MüKo-AktG/*Semler*, Bd. 3, § 105 Rn 2.
15 BT-Drucks 7/2172, S. 20.
16 MüKo-AktG/*Semler*, Bd. 3, § 105 Rn 38.

sungen oder Betrieb) oder funktional (Funktions- oder Geschäftsbereich, Abteilung)[17] begrenzt ist, ein AR-Mandat erlangen kann.

Diese Sonderregelung gilt nach dem eindeutigen Wortlaut des Abs. 2 S. 1 nur für die Wählbarkeit des Prokuristen und nicht auch für den **Handlungsbevollmächtigten**. Für ihn bleibt es bei der Regelung des § 105 AktG. Handlungsbevollmächtigter i.S.d. § 105 Abs. 1 AktG ist der zum gesamten Geschäftsbetrieb ermächtigte Handlungsbevollmächtigte, also ein Generalhandlungsbevollmächtigter.[18] Dieser hat ähnlich wie der nach dem MitbestG nicht wählbare Prokurist eine herausgehobene Stellung im Unternehmen und nimmt Leitungsfunktionen wahr, so dass es einer Sonderregelung für ihn im MitbestG nicht bedarf.[19]

5. Vorrang des MitbestG (Abs. 2 S. 2). Andere gesetzliche Vorschriften und Bestimmungen der Satzung, die die Zusammensetzung des AR sowie die Bestellung und Abberufung seiner Mitglieder regeln, bleiben unberührt, wenn sie dem MitbestG nicht entgegenstehen. Da die Zusammensetzung des AR, die Wahl und Abberufung der AR-Mitglieder der AN in §§ 7, 9 bis 18, 23 abschließend geregelt ist, ist für S. 2 kein eigener Regelungsgehalt erkennbar.[20] Gleiches gilt für die Bestellung der AR-Mitglieder der Anteilseigner (§ 8). Auch der Verweis auf die Satzungsautonomie erscheint überflüssig, da diese in § 8 normiert ist.

III. Sondervorschriften für die Genossenschaften (Abs. 3)

Für Erwerbs- und Wirtschaftsgenossenschaften gelten die §§ 100, 101 Abs. 1 und 3, 103 und 106 AktG nicht. Stattdessen sind die Regelungen des GenG anzuwenden.

§ 100 AktG regelt die **persönlichen Voraussetzungen** und besonderen **Hinderungsgründe** für AR-Mitglieder. Wenngleich diese Vorschrift für Genossenschaften nicht anwendbar ist, so können auch in der Genossenschaft nur natürliche, unbeschränkt geschäftsfähige Personen Mitglieder des AR sein. Die nach dem AktG verbotene Häufung von AR-Mandaten (§ 100 Abs. 2 Nr. 1 und 2 AktG) und die Überkreuzverflechtung (§ 100 Abs. 2 S. 1 Nr. 3 AktG) gelten nicht. Nach § 37 Abs. 1 S. 1 GenG dürfen die AR-Mitglieder allerdings nicht zugleich Mitglieder des Vorstandes oder dauernd Stellvertreter sein. Auch dürfen Sie nicht als Beamte die Geschäfte der Genossenschaft führen. Scheiden Mitglieder aus dem Vorstand aus, so können sie gem. § 37 Abs. 2 GenG erst nach erteilter Entlassung in den AR gewählt werden.

Die AR-Mitglieder der Anteilseigner werden gem. § 36 Abs. 1 GenG von der Generalversammlung gewählt. Soweit das Statut keine höhere Zahl festlegt, besteht der AR der Genossenschaft aus drei Mitgliedern. Da § 101 Abs. 3 S. 1 AktG nicht gilt, können auch **Stellvertreter** von AR-Mitgliedern bestellt werden. Mangels entgegenstehender Regelung gilt dies auch für die AN-Seite.[21] Einer Regelung zur Ersatzmitgliedschaft nach § 101 Abs. 3 S. 2 bis 4 AktG bedarf es für die Genossenschaft daher nicht.

Die **Abberufung** eines AR-Mitglieds vor Ablauf des gewählten Zeitraums richtet sich nach § 36 Abs. 3 GenG. Nach § 36 Abs. 3 GenG muss die Generalversammlung mit einer Mehrheit von mindestens drei Viertel der abgegebenen Stimmen die Abberufung beschließen.

Die Mitglieder des AR einer Genossenschaft werden nicht in das Genossenschaftsregister eingetragen (vgl. § 10 Abs. 1 GenG), so dass die Bekanntmachungspflicht nach § 106 AktG von vornherein entfällt.

Nach § 9 Abs. 2 GenG müssen die Mitglieder des AR Genossen sein. Diese Regelung gilt nach Abs. 3 S. 2 für die AR-Mitglieder der AN einer Erwerbs- und Wirtschaftsgenossenschaft nicht. Das bedeutet, dass nur die AR-Mitglieder der AN keine Genossenschaftsmitglieder sein müssen.

C. Verbindung zum Prozessrecht

Besteht Streit oder Ungewissheit, nach welchen gesetzlichen Vorschriften der AR zusammenzusetzen ist, kann eine gerichtliche Entscheidung beantragt werden. Nach § 98 Abs. 1 AktG, der gem. § 27 EGAktG auch für die GmbH gilt, entscheidet hierüber das Landgericht (Kammer für Handelssachen, falls gebildet, sonst Zivilkammer), in dessen Bezirk die Gesellschaft ihren Sitz hat. Antragsberechtigt an einem Statusverfahren gem. § 98 Abs. 1 AktG sind die in § 98 Abs. 2 AktG aufgezählten Personengruppen. Ein Antrag auf Einleitung eines Statusverfahrens könnte wie folgt lauten: *„Es wird beantragt festzustellen, dass der AR des Unternehmens nach den Vorschriften des Gesetzes über die Mitbestimmung der AN vom 4.5.1976 nach Maßgabe des § 7 Abs. 1 S. 1 Nr. 1 aus je [Anzahl] Aufsichtsratsmitgliedern der Anteilseigner und der Arbeitnehmer zusammenzusetzen ist."*

Die ordentlichen Gerichte sind für Streitigkeiten über die Abberufung von AR-Mitgliedern aus wichtigem Grund (§ 103 Abs. 3 AktG) und die gerichtliche Notbestellung (§ 104 AktG) zuständig. Es entscheidet nach §§ 374 Nr. 1, 375 Nr. 3, 376 Abs. 1 FamFG das Landgericht als Registergericht. Nach § 26 FamFG gilt der Amtsermittlungsgrundsatz. Das Gericht ist an Anträge der Parteien nicht gebunden. Es entscheidet nach pflichtgemäßem Ermessen.[22]

---

17 *Raiser*, § 6 Rn 53.
18 MüKo-AktG/*Semler*, Bd. 3, § 105 Rn 31.
19 I. E. ebenso *Raiser*, § 6 Rn 54.
20 *Raiser*, § 6 Rn 56.
21 *Ulmer/Habersack/Henssler*, § 6 MitbestG Rn 78.
22 MüKo-AktG/*Semler*, Bd. 3, § 103 Rn 76.

Gegen den Beschluss des Registergerichts ist die Beschwerde (§§ 103 Abs. 3 S. 4, 104 Abs. 1 S. 5 AktG) an das Landgericht (§§ 58 ff. FamFG) möglich. Ein Antrag auf gerichtliche Notbestellung könnte wie folgt lauten: *„Es wird beantragt, die folgenden Personen nach dem [Datum] gem. § 104 Abs. 2, Abs. 3 Nr. 2 AktG als Arbeitnehmervertreter zu Aufsichtsratsmitgliedern der Gesellschaft mit einer Amtszeit von jeweils [Amtsdauer], beginnend mit dem Tag der gerichtlichen Bestellung, zu bestellen: [Liste der Arbeitnehmervertreter im AR nebst Zustimmungserklärung der einzelnen Vertreter]."*

26 Die ArbG sind nach §§ 2a Abs. 1 Nr. 3, 80 ArbGG für Angelegenheiten aus dem MitbestG ausschließlich zuständig, wenn es um die Wahl von Vertretern der AN in den AR und ihre Abberufung geht. Über die Wählbarkeit von Prokuristen in den AR entscheidet das Arbeitsgericht im Beschl.-Verfahren nach §§ 2a Abs. 1 Nr. 3, 80 ArbGG.[23]

D. Beraterhinweise

27 Solange nicht rechtswirksam feststeht, dass der AR anders als bisher zusammengesetzt werden muss, bleibt der AR aus Gründen der Rechtssicherheit rechtmäßig im Amt.[24] Die Zusammensetzung gilt von Rechts wegen als richtig (Status-quo-Prinzip)[25] und zwar selbst dann, wenn sich alle Beteiligten über die Änderung der gesetzlichen Grundlagen einig sind.[26] Es ist ratsam, einen anderen Rechtsstreit, bei dem es auf die Zusammensetzung des AR ankommt, bis zum Abschluss des Statusverfahrens gem. § 98 Abs. 2 AktG auszusetzen bzw. dieses Verfahren zu beantragen.

28 Um bei Übernahmen mitbestimmter AG durch neu gegründete AG die Rechtsunsicherheiten über die Amtszeit des ersten AR zu beseitigen (vgl. Rn 4), sollte bei Verschmelzungen dieser Art im Verschmelzungsvertrag (§ 4 UmwG) die Amtszeit des ersten AR der übernehmenden Gesellschaft begrenzt werden, um das Verfahren nach §§ 98 und 104 AktG sofort einleiten zu können.

§ 7 Zusammensetzung des Aufsichtsrats

(1) Der Aufsichtsrat eines Unternehmens
1. mit in der Regel nicht mehr als 10 000 Arbeitnehmern setzt sich zusammen aus je sechs Aufsichtsratsmitgliedern der Anteilseigner und der Arbeitnehmer;
2. mit in der Regel mehr als 10 000, jedoch nicht mehr als 20 000 Arbeitnehmern setzt sich zusammen aus je acht Aufsichtsratsmitgliedern der Anteilseigner und der Arbeitnehmer;
3. mit in der Regel mehr als 20 000 Arbeitnehmern setzt sich zusammen aus je zehn Aufsichtsratsmitgliedern der Anteilseigner und der Arbeitnehmer.

²Bei den in Satz 1 Nr. 1 bezeichneten Unternehmen kann die Satzung (der Gesellschaftsvertrag) bestimmen, daß Satz 1 Nr. 2 oder 3 anzuwenden ist. ³Bei den in Satz 1 Nr. 2 bezeichneten Unternehmen kann die Satzung (der Gesellschaftsvertrag) bestimmen, daß Satz 1 Nr. 3 anzuwenden ist.

(2) Unter den Aufsichtsratsmitgliedern der Arbeitnehmer müssen sich befinden
1. in einem Aufsichtsrat, dem sechs Aufsichtsratsmitglieder der Arbeitnehmer angehören, vier Arbeitnehmer des Unternehmens und zwei Vertreter von Gewerkschaften;
2. in einem Aufsichtsrat, dem acht Aufsichtsratsmitglieder der Arbeitnehmer angehören, sechs Arbeitnehmer des Unternehmens und zwei Vertreter von Gewerkschaften;
3. in einem Aufsichtsrat, dem zehn Aufsichtsratsmitglieder der Arbeitnehmer angehören, sieben Arbeitnehmer des Unternehmens und drei Vertreter von Gewerkschaften.

(3) ¹Die in Absatz 2 bezeichneten Arbeitnehmer des Unternehmens müssen das 18. Lebensjahr vollendet haben und ein Jahr dem Unternehmen angehören. ²Auf die einjährige Unternehmensangehörigkeit werden Zeiten der Angehörigkeit zu einem anderen Unternehmen, dessen Arbeitnehmer nach diesem Gesetz an der Wahl von Aufsichtsratsmitgliedern des Unternehmens teilnehmen, angerechnet. ³Diese Zeiten müssen unmittelbar vor dem Zeitpunkt liegen, ab dem die Arbeitnehmer zur Wahl von Aufsichtsratsmitgliedern des Unternehmens berechtigt sind. ⁴Die weiteren Wählbarkeitsvoraussetzungen des § 8 Abs. 1 des Betriebsverfassungsgesetzes müssen erfüllt sein.

(4) Die in Absatz 2 bezeichneten Gewerkschaften müssen in Unternehmen selbst oder in einem anderen Unternehmen vertreten sein, dessen Arbeitnehmer nach diesem Gesetz an der Wahl von Aufsichtsratsmitgliedern des Unternehmens teilnehmen.

---

23 MüKo-AktG/*Gach*, Bd. 3, § 6 MitbestG Rn 14.
24 OLG Düsseldorf 10.10.1995 – 19 W 5/95 – AG 1996, 87.
25 *Martens*, DB 1978, 1065.
26 *Hüffer*, § 96 Rn 13.

A. Allgemeines	1	IV. Wirksamkeit einer Satzungsänderung	8
B. Regelungsgehalt	2	V. Wählbarkeit der Arbeitnehmervertreter (Abs. 2 und 3)	12
I. Grundsatz der Zusammensetzung des Aufsichtsrats (Abs. 1)	2	VI. Wählbarkeit der Gewerkschaftsvertreter (Abs. 4)	16
II. Nachträgliche Änderung der Zahl der Arbeitnehmer	4	C. Verbindung zum Prozessrecht	18
III. Satzungsmäßige Veränderung der Mitgliedszahl des Aufsichtsrats (Abs. 1 S. 2)	5	D. Beraterhinweise	19

A. Allgemeines

Abhängig von der Zahl der AN im Unternehmen regelt § 7 die Größe und die Zusammensetzung des mitbestimmten AR. Die Vorschrift verdrängt insoweit die §§ 95, 96 Abs. 1 AktG. Abgesehen von den in der Vorschrift selbst erwähnten Änderungsmöglichkeiten, ist § 7 **zwingendes Recht**. Der AR ist paritätisch zusammengesetzt und besteht aus insg. 12, 16 oder 20 Mitgliedern. Die gegenüber den aktienrechtlichen Bestimmungen erhöhte Zahl der AR-Mitglieder soll eine ausgewogene Beteiligung der AN-Gruppen im AR sichern.[1] Die der AN-Seite zustehenden Mandate sind mit zwei bzw. drei Gewerkschaftsvertretern zu besetzen. Die Gewerkschaften haben ein Vorschlagsrecht (siehe § 16 Rn 4).

B. Regelungsgehalt

I. Grundsatz der Zusammensetzung des Aufsichtsrats (Abs. 1)

Nach Abs. 1 S. 1 Nr. 1 bis 3 hat der AR die folgende **Mitgliedergröße**:

Nr. 1: nicht mehr als 10.000 AN → 12 Mitglieder;
Nr. 2: mehr als 10.000 aber nicht mehr als 20.000 AN → 16 Mitglieder;
Nr. 3: mehr als 20.000 AN → 20 Mitglieder.

Wird die Höchstzahl der AR-Mitglieder überschritten, ist die Wahl nach § 250 Abs. 1 Nr. 3 AktG nichtig.[2] Zur Ermittlung der Schwellenzahlen der AN vgl. § 1 Rn 10 ff.

Gem. S. 2 kann in der Satzung bestimmt werden, dass der AR in Unternehmen von nicht mehr als 10.000 AN auf 16 oder auch 20 Mitglieder, bei paritätischer Besetzung, vergrößert wird. Unternehmen von mehr als 10.000 und nicht mehr als 20.000 AN können in der **Satzung** eine **Erhöhung der Mitgliederzahl** auf 20 beschließen. Eine satzungsgemäße **Verringerung** der AR-Mitglieder ist nach dem klaren Wortlaut der Norm **nicht zulässig**. Bei größeren Unternehmen (Nr. 3) muss der AR aus genau 20 Mitgliedern bestehen. Hier ist keine Änderung der AR-Größe möglich.

II. Nachträgliche Änderung der Zahl der Arbeitnehmer

Veränderungen der AN-Zahl im Unternehmen können bewirken, dass der AR nicht mehr nach den gesetzlichen Vorschriften zusammengesetzt ist. Besteht der AR bisher bspw. aus zwölf Mitgliedern bei einer AN-Zahl von unter 10.000 AN und steigt die AN-Zahl auf über 10.000 an, muss nach Abs. 1 S. 1 Nr. 2 der AR nun aus 16 Mitgliedern bestehen. Nach h.M. ist weder eine Nachwahl von AR-Mitgliedern zur Vergrößerung des AR noch ein bloßes Ausscheiden von AR-Mitgliedern zur Verkleinerung des AR zulässig. Auch kann nicht auf das Ende der Amtszeit des AR gewartet werden.[3] Vielmehr muss das **Statusverfahren** nach §§ 97 ff. AktG durchgeführt werden. Der alte AR bleibt nach § 96 Abs. 2 AktG solange im Amt, bis das Statusverfahren beendet ist.

III. Satzungsmäßige Veränderung der Mitgliedszahl des Aufsichtsrats (Abs. 1 S. 2)

Beschließt das Satzungsorgan während der lfd. Amtsperiode eine Änderung der AR-Größe, so ist **umstr.**, ob das **Statusverfahren** durchzuführen ist. Fraglich ist, ob bei einem Abweichen der tatsächlichen von der in der Satzung vorgeschriebenen AR-Mitgliederzahl, der AR „nicht nach den für ihn maßgeblichen gesetzlichen Vorschriften zusammengesetzt ist" (§ 97 Abs. 1 S. 1 AktG).

Nach einer Ansicht,[4] ist das Statusverfahren durchzuführen, da nach der Satzungsänderung eine andere gesetzliche Vorschrift (nämlich Abs. 1 S. 1 Nr. 2 oder Nr. 3) anzuwenden ist. Dies gelte sowohl für die Verringerung als auch für die Vergrößerung der Zahl der AR-Mitglieder, wobei jedoch zu beachten ist, dass die Satzungsänderung nicht bereits während der lfd. Amtszeit, sondern erst zu deren turnusmäßigem Ende wirksam werden kann.[5]

---

1 BT-Drucks 7/2172, S. 21.
2 *Hüffer*, § 250 Rn 6.
3 *Raiser*, § 7 Rn 5; MünchArb/*Wißmann*, Bd. 3, § 378 Rn 2.
4 I. E. BAG 3.10.1989 – 1 ABR 12/88 – DB 1990, 1142; MünchArb/*Wißmann*, Bd. 3, § 378 Rn 3; ErfK/*Oetker*, § 99 AktG Rn 5.
5 MünchArb/*Wißmann*, Bd. 3, § 378 Rn 3.

7 Die h.M. hält hingegen das Statusverfahren bei Satzungsänderungen nicht für erforderlich.[6] Ihr ist zu folgen. Das Statusverfahren dient dazu, eine schnelle Entscheidung herbeizuführen, wenn Streit oder Ungewissheit über das für die Zusammensetzung des AR anzuwendende Recht besteht. Um diese Frage geht es bei der Satzungsänderung aber nicht. Die Parteien streiten lediglich darüber, welche Konsequenzen die nach Abs. 1 S. 2 zulässige Änderung der Satzung hat. Der hierbei entstehende Streit betrifft allein das Satzungsrecht. Eine Satzung ist jedoch keine „gesetzliche Vorschrift" i.S.d. Vorschriften zum Statusverfahren. Auch eine analoge Anwendung ist abzulehnen, da Satzungsrecht eine geringere Geltungskraft als Gesetzesrecht hat.[7] Soweit die Vertreter der a.A. darauf verweisen, dass Satzungsänderungen erst nach dem Ende der Amtszeit wirksam werden, hätte dies zur Folge, dass im Statusverfahren darüber zu entscheiden wäre, wann eine Satzungsänderung wirksam wird. Das Verfahren nach §§ 98, 99 AktG dient jedoch nicht der Feststellung, ab wann eine Satzungsänderung beachtlich ist.

IV. Wirksamkeit einer Satzungsänderung

8 Folgt man der hier vertretenen Ansicht, dass das Statusverfahren bei Satzungsänderung nicht durchzuführen ist, dann ergeben sich folgende Möglichkeiten:

9 Kommen durch eine Änderung der Satzung **neue AR-Mandate** hinzu, sind sie nach Maßgabe der für beide Seiten geltenden Wahlvorschriften zu besetzen. Es findet eine „Nachwahl" statt.[8] Die AN-Vertreter werden von den Wahlmännern der Arbeitnehmerschaft gewählt, und zwar für die zur Zeit der Wahl geltende Amtsperiode.

10 Verringert sich die AR-Größe auf die gesetzliche Anzahl nach dem MitbestG durch einen satzungsändernden Beschl. der Anteilseignerversammlung, so ist umstr., wie dieser Beschl. durchzuführen ist. Im Wesentlichen werden hier drei Ansichten vertreten: automatisches Ausscheiden der AR-Mitglieder mit den geringsten Stimmanteilen, außerordentliche Neuwahl oder Wirksamkeit der Satzungsänderung zum Ende der regulären Amtszeit. Der Meinungsstand wird im Urteil des BAG vom 3.10.1989 ausführlich dargestellt. Hierauf wird verwiesen.[9]

11 Ein automatisches Ausscheiden und auch eine außerordentliche Neuwahl der AR-Mitglieder sind mit dem Schutz von Kontinuität und Unabhängigkeit der AR-Arbeit nicht vereinbar.[10] Satzungsänderungen können erst zum regulären Ende der AR-Amtszeit wirksam werden.[11] Die Belegschaft und die von ihr gewählten AR-Mitglieder haben ein schutzwürdiges Interesse daran, dass die Mehrheit der Anteilseigner nicht durch Satzungsänderungen Einfluss auf die Rechtsposition der von der AN-Seite gestellten Vertreter nehmen kann.[12]

V. Wählbarkeit der Arbeitnehmervertreter (Abs. 2 und 3)

12 Je nach Größe des Unternehmens müssen dem AR von der AN-Seite vier, sechs oder sieben AN des Unternehmens und zwei bzw. drei Gewerkschaftsvertreter angehören. Wer AN des Unternehmens ist, richtet sich nach § 3 (vgl. § 3 Rn 2 f.).

13 Wählbar ist der AN, wenn er das **18. Lebensjahr zum Amtsantritt**[13] vollendet hat. Erreicht der gewählte AN diese Altersgrenze nicht, ist die Wahl nach § 22 anfechtbar. Der Mangel der Wählbarkeit entfällt jedoch dann, wenn der Gewählte das 18. Lebensjahr vollendet hat, ohne dass seine Wahl mit Erfolg angefochten wurde.[14]

14 Der AN muss dem Unternehmen zum Zeitpunkt des Amtsantritts[15] mind. **ein Jahr angehört** haben. Einem **Leih-AN** steht im entleihenden Unternehmen mangels Arbverh kein passives Wahlrecht zu.[16] Da der Gesetzeswortlaut auf die Unternehmensangehörigkeit abstellt, kommt es auf die tatsächliche Beschäftigung und nicht auf den Arbeitsvertragsabschluss an. Wurde das Arbverh zwischenzeitlich aufgelöst, beginnt die Jahresfrist von vorn.[17] Kurze Unterbrechungen der tatsächlichen Beschäftigung spielen für die Frist keine Rolle. Längere Unterbrechungen der tatsächlichen Beschäftigung hemmen die Frist nach h.M. nur, so dass die Beschäftigungszeit vor der Unterbrechung angerechnet wird.[18]

15 Scheidet der AN aus dem Unternehmen aus, endet die Wählbarkeit und damit auch die Mitgliedschaft eines Gewählten (vgl. § 24 Rn 1). Bei der **Altersteilszeit** in Form des Blockmodells endet die Wählbarkeit mit Beginn der Freistellungsphase (vgl. § 7 BetrVG Rn 6). Ein gekündigter AN, der eine **Künd-Schutzklage** erhoben hat, bleibt solange wählbar, wie nicht rechtskräftig geklärt ist, ob die Künd gerechtfertigt ist (vgl. § 8 BetrVG Rn 6 f.). Gibt das Gericht der Klage statt, bleibt die Wahl gültig. Gleiches gilt, wenn das Arbverh nach §§ 9 oder 13 Abs. 1 S. 3 KSchG für die Zukunft aufgehoben wird. Die AR-Mitgliedschaft endet jedoch mit dem Ablauf des Arbverh (vgl. § 24 Rn 2). Weist

---

6 OLG Hamburg 26.8.1988 – 11 W 53/88 – ZIP 1988, 1191; MüKo-AktG/*Semler*, Bd. 3, § 97 Rn 32; *Hoffmann/Lehmann/Weinmann*, § 7 Rn 49; *Hüffer*, § 97 Rn 3.
7 MüKo-AktG/*Semler*, Bd. 3, § 97 Rn 32.
8 *Raiser*, § 7 Rn 4; MüKo-AktG/*Gach*, Bd. 3, § 7 MitbestG Rn 13.
9 BAG 3.10.1989 – 1 ABR 12/88 – DB 1990, 1142.
10 OLG Hamburg 26.8.1988 – 11 W 53/88 – ZIP 1988, 1191, 1193; MünchArb/*Wißmann*, Bd. 3, § 378 Rn 3.
11 *Hoffmann/Lehmann/Weinmann*, § 7 Rn 53.
12 *Raiser*, § 7 Rn 5.
13 ErfK/*Oetker*, § 7 MitbestG Rn 2; *Raiser*, § 7 Rn 12.
14 MüKo-AktG/*Gach*, Bd. 3, § 7 MitbestG Rn 23; für den Fall des § 24 Nr. 6 BetrVG BAG 7.7.1954 – 1 ABR 6/54 – AP § 24 BetrVG Nr. 1.
15 MüKo-AktG/*Gach*, Bd. 3, § 7 MitbestG Rn 20.
16 ErfK/*Oetker*, § 7 MitbestG Rn 2.
17 *Raiser*, § 7 Rn 10.
18 *Ulmer/Habersack/Henssler*, § 7 MitbestG Rn 40; a.A. GK-BetrVG/*Kreutz*, § 8 Rn 35.

das Gericht die Klage ab und steht damit fest, dass der Bewerber zur Zeit der Wahl nicht mehr dem Unternehmen angehörte, entfällt seine Wählbarkeit. Die Wahl ist unwirksam. Bis zur rechtskräftigen Entscheidung über die Wirksamkeit der Künd ist der Gewählte an der Ausübung des Amtes gehindert.[19]

Schließlich verweist § 7 Abs. 3 S. 3 auf die weiteren Wählbarkeitsvoraussetzungen des § 8 Abs. 1 BetrVG.

VI. Wählbarkeit der Gewerkschaftsvertreter (Abs. 4)

Besteht der AR aus 12 oder 16 AR-Mitgliedern, müssen sich unter ihnen jeweils zwei Vertreter von Gewerkschaften befinden. In einem AR mit 20 Mitgliedern sind es drei Gewerkschaftsvertreter (zum Gewerkschaftsbegriff vgl. § 2 BetrVG Rn 15 ff.). Nach § 7 Abs. 4 muss die Gewerkschaft entweder in dem Unternehmen selbst oder in einem anderen Unternehmen vertreten sein, dessen AN an der Wahl des AR des Unternehmens teilnehmen. Die Formulierung **„müssen vertreten sein"** ist so zu verstehen, dass mind. ein AN des Unternehmens Mitglied der betreffenden Gewerkschaft ist.[20]

Für die Gewerkschaftsvertreter gelten die allg. **Wählbarkeitsvoraussetzungen** der §§ 100 Abs. 1 und 2, 105 AktG. Das MitbestG selbst stellt keine weiteren Voraussetzungen an die Vertreter der Gewerkschaft. Insb. müssen sie nicht wie die AN-Vertreter (Abs. 3 S. 1) selbst in dem Unternehmen beschäftigt sein. Auch bestimmt das MitbestG nicht, dass der Gewerkschaftsvertreter selbst in der Gewerkschaft organisiert sein muss.[21]

C. Verbindung zum Prozessrecht

Für Streitigkeiten über die Größe und die Zusammensetzung des AR sind die ordentlichen Gerichte im Statusverfahren zuständig. Die ArbG entscheiden gem. § 2a Abs. 1 Nr. 3 ArbGG, wenn Streit über die Wählbarkeit der AN besteht oder die Frage zu klären ist, ob eine Gewerkschaft im Unternehmen vertreten ist. Ob einem Verband die Gewerkschaftseigenschaft zukommt, hat im Rahmen des MitbestG zunächst der Wahlvorstand zu entscheiden. Der Verband kann das Arbeitsgericht anrufen, das im Beschl.-Verfahren entscheidet. Die anderen Verfahren müssen nach § 97 Abs. 5 ArbGG ausgesetzt werden. Hat das ArbG hierüber bereits aus anderem Anlass entschieden, ist dies auch für das MitbestG bindend.[22]

D. Beraterhinweise

Falls das Hereinwachsen in eine **höhere Größenklasse** schon bei der turnusmäßigen AR-Wahl absehbar ist (z.B. ein Unternehmen mit 9.500 AN erwirbt einen Betrieb mit 1.000 AN im Wege des Betriebsübergangs), empfiehlt es sich, den AR aufgrund einer entsprechenden Satzungsänderung bereits zu diesem Zeitpunkt in der künftig gesetzlich vorgeschriebenen Größe zu bilden. Sollte sich die AN-Zahl absehbar verringern, kann umgekehrt in der Satzung die bisherige AR-Größe festgeschrieben werden, um eine Neuwahl vor dem Ende der Amtszeit zu vermeiden.

Der Nachweis, dass zumindest ein AN des Unternehmens **Mitglied** der betreffenden **Gewerkschaft** ist, kann z.B. durch notarielle Erklärung geführt werden. Es ist nicht notwendig, hierbei den Namen des Beschäftigten zu nennen.[23]

Eine Entscheidung darüber, ob die **Verbände leitender Ang** eine Gewerkschaft sind, lässt sich nur einzelfallbezogen auf den jeweiligen Verband treffen. So hat das BAG den Verband oberer Ang der Eisen- und Stahlindustrie e.V. 1982 als Gewerkschaft anerkannt.[24]

Zweiter Abschnitt: Bestellung der Aufsichtsratmitglieder

Erster Unterabschnitt: Aufsichtsratmitglieder der Anteilseigner

§ 8

(1) Die Aufsichtsratsmitglieder der Anteilseigner werden durch das nach Gesetz, Satzung oder Gesellschaftsvertrag zur Wahl von Mitgliedern des Aufsichtsrats befugte Organ (Wahlorgan) und, soweit gesetzliche Vorschriften dem nicht entgegenstehen, nach Maßgabe der Satzung oder des Gesellschaftsvertrags bestellt.

(2) § 101 Abs. 2 des Aktiengesetzes bleibt unberührt.

---

19 *Raiser*, § 7 Rn 9.
20 ErfK/*Oetker*, § 7 MitbestG Rn 3; BayObLG 14.12.2004 – 3Z BR 134/04 – AG 2005, 350.
21 Müko-AktG/*Gach*, Bd. 3, § 7 MitbestG Rn 36; *Ulmer/Habersack/Henssler*, § 7 MitbestG Rn 78.
22 *Raiser*, § 7 Rn 17.
23 BVerfG 21.3.1994 – 1 BvR 1485 – NZA 1994, 891.
24 BAG 16.11.1982 – 1 ABR 22/78 – DB 1983, 1151.

A. Allgemeines	1	I. Wahl der Aufsichtsratsmitglieder (Abs. 1)	2
B. Regelungsgehalt	2	II. Entsendungsrecht (Abs. 2)	4

A. Allgemeines

1 Diese Vorschrift regelt die Bestellung der AR-Mitglieder der Anteilseigner. Abs. 1 entspricht § 5 MontanMitbestG. Es gilt das spezifische Gesellschaftsrecht, die Satzung, der Gesellschaftsvertrag oder das Statut. Nach Abs. 2 bleibt der für die AG und die KGaA geltende § 101 Abs. 2 AktG unberührt.

B. Regelungsgehalt

I. Wahl der Aufsichtsratsmitglieder (Abs. 1)

2 Nach §§ 101 Abs. 1, 278 Abs. 3 AktG ist das **Wahlorgan** von AG und KGaA die Hauptversammlung. Der AR der Genossenschaften wird von der General- oder der Vertreterversammlung nach §§ 36, 43a GenG gewählt. Bei der GmbH wählt die Gesellschafterversammlung (§§ 6 Abs. 2 S. 1 i.V.m. 101 Abs. 1 AktG). Da es für die GmbH keine zwingenden gesellschaftsrechtlichen Vorschriften gibt, kann die Wahl des AR auch auf ein anderes Gremium übertragen werden.[1]

3 Die Anteilseigner sind in der Auswahl der AR-Mitglieder frei, insb. sind sie nicht an Wahlvorschläge gebunden (§ 101 Abs. 1 S. 2 AktG). Es können auch AN gewählt werden.[2] Bei der AG und der KGaA richtet sich das **Wahlverfahren** entsprechend der Verweisung in Abs. 1 nach den §§ 124, 127, 133 bis 137 AktG. Bei der GmbH sind in erster Linie die Wahlbestimmungen des Gesellschaftsvertrages zu beachten; ansonsten gelten die aktienrechtlichen Vorschriften entsprechend (§ 6 Abs. 2 S. 1 i.V.m. § 101 Abs. 1 AktG und § 52 GmbHG). Für die Genossenschaften gelten die §§ 36 Abs. 1, 43 bis 47 GenG.

II. Entsendungsrecht (Abs. 2)

4 Nach § 101 Abs. 2 AktG können bestimmte Aktionäre AR-Mitglieder entsenden. Entsendungsrechte sind **Sonderrechte** i.S.d. § 35 BGB. Sie können nur durch die Satzung eingeräumt werden. Ohne Satzungsänderung und Zustimmung des Berechtigten können sie ihm nicht wieder entzogen werden.[3]

5 § 101 Abs. 2 AktG ist **nur** für die **AG** und die **KGaA** anwendbar. Für die anderen unter das MitbestG fallenden Rechtsformen gilt die Vorschrift nicht (§ 52 Abs. 1 GmbHG; § 36 Abs. 1 GenG). § 6 Abs. 2 und 3, der die für alle Unternehmen einheitlich geltenden Vorschriften des AktG aufzählt, spart § 101 Abs. 2 AktG bewusst aus. Offensichtlich soll es in Bezug auf § 101 Abs. 2 AktG keine einheitliche Regelung für die mitbestimmten Unternehmen geben.[4]

6 Es stellt sich hier die Frage, welche Konsequenz die **Nichtgeltung** des § 101 Abs. 2 AktG für die **GmbH** und die **Genossenschaft** hat. Bei der GmbH nimmt die h.M. an, dass den einzelnen Gesellschaftern ein Entsenderecht zusteht.[5] § 52 Abs. 1 GmbHG zählt die aktienrechtlichen Vorschriften auf, die gelten, wenn nach dem Gesellschaftsvertrag ein AR zu bestellen ist. § 101 Abs. 2 AktG ist hier nicht genannt. Aus diesem Grund gelten auch die aktienrechtlichen Schranken des Entsendungsrechts für die GmbH nicht. Bei der Genossenschaft wird dem Wortlaut des § 36 Abs. 1 GenG ein generelles Verbot von Entsendungsrechten entnommen.[6]

Zweiter Unterabschnitt: Aufsichtsratsmitglieder der Arbeitnehmer, Grundsatz

§ 9

(1) Die Aufsichtsratsmitglieder der Arbeitnehmer (§ 7 Abs. 2) eines Unternehmens mit in der Regel mehr als 8 000 Arbeitnehmern werden durch Delegierte gewählt, sofern nicht die wahlberechtigten Arbeitnehmer die unmittelbare Wahl beschließen.

(2) Die Aufsichtsratsmitglieder der Arbeitnehmer (§ 7 Abs. 2) eines Unternehmens mit in der Regel nicht mehr als 8 000 Arbeitnehmern werden in unmittelbarer Wahl gewählt, sofern nicht die wahlberechtigten Arbeitnehmer die Wahl durch Delegierte beschließen.

---

1 ErfK/*Oetker*, § 8 MitbestG Rn 1; *Raiser*, § 8 Rn 1.
2 BGH 3.7.1975 – II ZR 35/73 – NJW 1975, 1657.
3 *Hüffer*, § 101 Rn 8.
4 H.M. ErfK/*Oetker*, § 8 MitbestG Rn 3; *Raiser*, § 8 Rn 8; *Ulmer/Habersack/Henssler*, § 8 MitbestG Rn 6; *Scholz/Schneider*, GmbHG, Bd. 2, § 52 Rn 149.
5 *Scholz/Schneider*, GmbHG, Bd. 2, § 52 Rn 134.
6 *Raiser*, § 8 Rn 9; *Beuthien*, GenG § 36 Rn 2.

(3) ¹Zur Abstimmung darüber, ob die Wahl durch Delegierte oder unmittelbar erfolgen soll, bedarf es eines Antrags, der von einem Zwanzigstel der wahlberechtigten Arbeitnehmer des Unternehmens unterzeichnet sein muß. ²Die Abstimmung ist geheim. ³Ein Beschluß nach Absatz 1 oder 2 kann nur unter Beteiligung von mindestens der Hälfte der wahlberechtigten Arbeitnehmer und nur mit der Mehrheit der abgegebenen Stimmen gefaßt werden.

A. Allgemeines 1	III. Abstimmung über die Art der Wahl (Abs. 3) 5
B. Regelungsgehalt 2	C. Verbindung zum Prozessrecht 6
I. Mittelbare Wahl (Abs. 1) 3	D. Beraterhinweise 7
II. Unmittelbare Wahl (Abs. 2) 4	

A. Allgemeines

Das MitbestG regelt in den §§ 9 bis 18, 34 die Wahl der AR-Mitglieder der AN. Zusätzlich ist die Bundesregierung nach § 39 ermächtigt worden, durch Rechts-VO Vorschriften über das Verfahren für die Wahl und die Abberufung der AR-Mitglieder der AN zu erlassen (vgl. § 39). Hiervon hat sie Gebrauch gemacht. Die besondere Ausgestaltung des Wahlverfahrens,[1] insb. zur Durchführung der Wahl, ist in drei Wahlordnungen geregelt. Die 1. Wahlordnung gilt für Unternehmen mit nur einem Betrieb, § 1 Abs. 1 S. 1 1. WOMitbestG. Die 2. Wahlordnung ist auf Unternehmen mit mehreren Betrieben anzuwenden, § 1 Abs. 1 S. 1 2. WOMitbestG. Die 3. Wahlordnung gilt für Unternehmen, die persönlich haftende Gesellschafter (vgl. § 4) oder Konzernunternehmen (vgl. § 5) sind, § 1 Abs. 1 3. WOMitbestG.

B. Regelungsgehalt

§ 9 ist zwingendes Recht. Die Vorschrift legt grds. fest, dass alle AR-Mitglieder der AN, also auch die Gewerkschaftsvertreter (§ 7 Abs. 2), von den AN des Unternehmens gewählt werden. Den Gewerkschaften selbst steht kein Entsenderecht für die nach § 7 Abs. 2 zu wählenden Gewerkschaftsvertreter zu. Ihnen verbleibt lediglich das Vorschlagsrecht nach § 16. Weiter regelt § 9 die Art des Wahlverfahrens in Abhängigkeit von der Anzahl der Beschäftigten im Unternehmen. Als Stichtag gilt die Bekanntmachung des Wahlvorstandes über die anzuwendende Wahlart. Änderungen der AN-Zahl zwischen der Bekanntmachung der Wahl spielen keine Rolle.[2] Das Gesetz bietet abhängig von der Anzahl der Beschäftigten im Unternehmen alternativ zwei Wahlverfahren an: die unmittelbare oder die mittelbare Wahl durch Delegierte. Die AN haben die Möglichkeit, die jeweils andere Wahlart zu beschließen.

I. Mittelbare Wahl (Abs. 1)

Die mittelbare Wahl durch Delegierte ist bei Unternehmen mit i.d.R. mehr als 8.000 AN vorgesehen. Die Einzelheiten der Wahl richten sich nach §§ 10 bis 17. Das Gesetz erlaubt jedoch hiervon abzuweichen, wenn die wahlberechtigten AN die unmittelbare Wahl beschließen.

II. Unmittelbare Wahl (Abs. 2)

Beschäftigt ein Unternehmen i.d.R. weniger als 8.000 AN, dann gilt die Regel, dass die AN-Vertreter des AR unmittelbar durch die wahlberechtigten AN selbst zu wählen sind (Urwahl). Die Einzelheiten der Wahl sind in § 18 festgelegt. Die AN können die andere (mittelbare) Wahlart beschließen.

III. Abstimmung über die Art der Wahl (Abs. 3)

Wollen die AN zu der anderen als der gesetzlich vorgeschriebenen Wahlart wechseln, dann muss mind. 1/20 der wahlberechtigten AN einen Antrag auf Abstimmung über die Wahlart unterschreiben. Die Unterschriften müssen sich nicht auf einer Urkunde befinden, es können auch mehrere Anträge auf Abstimmung über die Wahlart gestellt werden, deren Unterschriften dann zusammengerechnet werden.[3] Die Abstimmung selbst ist geheim und findet entweder an der Urne oder als Briefwahl statt. An ihr müssen mind. die Hälfte der Wahlberechtigten teilnehmen. Hat sich die Mehrheit der abgegebenen Stimmen für einen Wechsel der Wahlart ausgesprochen, dann ist die Wahlart zu wechseln. Die Änderung des Wahlverfahrens gilt nur für diese eine Wahlperiode.[4] Sie hat auch Einfluss auf die Abberufung von AR-Mitgliedern, da die Abberufung nach § 23 Abs. 2 und 3 Spiegelbild des Wahlverfahrens ist (siehe § 23 Rn 2).

C. Verbindung zum Prozessrecht

Bei Streit über die Wahl der AR-Mitglieder der AN entscheidet das Arbeitsgericht im Beschl-Verfahren nach § 2a Abs. 1 Nr. 3 ArbGG. Bereits im lfd. AR-Wahlverfahren können einzelne Maßnahmen oder Entscheidungen des

---

1 Überblick in: *Raiser*, Vor § 9 Rn 2 ff.; MünchArb/*Wißmann*, Bd. 3, § 368 Rn 14 ff.
2 MüKo-AktG/*Gach*, Bd. 3, § 9 MitbestG Rn 13.
3 *Ulmer/Habersack/Henssler*, § 9 MitbestG Rn 11; *Säcker*, ZfA 2008, 51, 62 f.
4 MüKo-AktG/*Gach*, Bd. 3, § 9 MitbestG Rn 14.

Hauptwahlvorstandes im Wege eines einstweiligen Verfügungsverfahrens selbstständig angefochten werden (§ 85 Abs. 2 S. 1 ArbGG).[5] Grds. ist wie bei der BR-Wahl eine AR-Wahl nur abzubrechen oder zu verschieben, wenn sie nichtig ist. Die Anfechtbarkeit der AR-Wahl rechtfertigt einen Wahlabbruch oder Wahlaufschub im einstweiligen Verfügungsverfahren nur dann, wenn keine vertretungslose Zeit zu befürchten ist[6] oder wenn der Wahlvorstand schwerwiegend gegen seine Pflichten zum Nachteil der Wahlberechtigten verstoßen hat.[7]

D. Beraterhinweise

7 Das Wahlverfahren ist für jede AR-Wahl einheitlich durchzuführen. Das bedeutet, dass im Konzern alle AN der beteiligten Unternehmen entweder nach der Urwahl oder der Delegiertenwahl zu wählen sind.[8] Finden innerhalb eines Konzerns Wahlen zu verschiedenen AR statt, dann können sowohl die eine als auch die andere Wahlart angewandt werden, da sich das Erfordernis der Einheitlichkeit nur auf jeweils einen zu wählenden AR bezieht.

8 Für AN von Seebetrieben gelten Ausnahmen. AN auf Seeschiffen können nicht zwischen Ur- und Delegiertenwahl wählen. Für sie gibt es nach § 34 nur die unmittelbare Wahl.

9 Die Wahl der AN-Vertreter im AR wird detailliert und teilweise schematisch von *Sieg/Dufting/Naser/Goldschmidt*, Aufsichtsratswahl, dargestellt. Dort finden sich auch Begleitschreiben und Formulare für die Wahl des AR, die Stimmzettel, die Bekanntmachung des Wahlergebnisses, die Wahlniederschrift usw.

Dritter Unterabschnitt: Wahl der Aufsichtsratsmitglieder der Arbeitnehmer durch Delegierte

§ 10 Wahl der Delegierten

(1) In jedem Betrieb des Unternehmens wählen die Arbeitnehmer in geheimer Wahl und nach den Grundsätzen der Verhältniswahl Delegierte.
(2) [1]Wahlberechtigt für die Wahl von Delegierten sind die Arbeitnehmer des Unternehmens, die das 18. Lebensjahr vollendet haben. [2]§ 7 Satz 2 des Betriebsverfassungsgesetzes gilt entsprechend.
(3) Zu Delegierten wählbar sind die in Absatz 2 Satz 1 bezeichneten Arbeitnehmer, die die weiteren Wählbarkeitsvoraussetzungen des § 8 des Betriebsverfassungsgesetzes erfüllen.
(4) [1]Wird für einen Wahlgang nur ein Wahlvorschlag gemacht, so gelten die darin aufgeführten Arbeitnehmer in der angegebenen Reihenfolge als gewählt. [2]§ 11 Abs. 2 ist anzuwenden.

A. Allgemeines	1	III. Passives Wahlrecht (Abs. 3)	8
B. Regelungsgehalt	2	IV. „Friedenswahl" (Abs. 4)	9
I. Wahlgrundsätze (Abs. 1)	3	C. Verbindung zum Prozessrecht	10
II. Aktives Wahlrecht (Abs. 2)	7	D. Beraterhinweise	11

A. Allgemeines

1 § 10 ist zwingendes Recht. Das Wahlverfahren kann weder durch Satzung, TV oder BV hiervon abweichen.[1] Obwohl die Mitbestimmung im AR das Unternehmen betrifft und das MitbestG sich daher regelmäßig auf dieses bezieht, werden die Delegierten getrennt nach Betrieben gewählt. So wird gewährleistet, dass die AN in Großunternehmen die Möglichkeiten haben, ihnen bekannte und mit dem Betrieb verbundene Personen zu Delegierten zu berufen.

B. Regelungsgehalt

2 Die Vorschrift regelt die allg. Grundsätze der mittelbaren Wahl der AR-Mitglieder der AN durch Delegierte. Weitere Einzelheiten finden sich in den Wahlordnungen (§§ 50 bis 81 1. WOMitbestG; §§ 54 bis 82 2. WOMitbestG; §§ 54 bis 87 3. WOMitbestG).

---

5 LAG Baden-Württemberg 15.2.1988 – 8 TaBV 2/88 – BB 1988, 1344 m. Anm. *Feudner/Voerste*, BB 1988, 1347.
6 Hessisches LAG 29.3.2005 – 9 TaBVGa 52/05 – AiB 2006, 116.
7 Zur BR-Wahl: LAG Berlin 7.2.2006 – 4 TaBV 214/06 – NZA 2006, 509, 511.
8 MünchArb/*Wißmann*, Bd. 3, § 368 Rn 27.
1 *Raiser*, § 10 Rn 3.

I. Wahlgrundsätze (Abs. 1)

Nach Abs. 1 finden die mittelbaren Wahlen durch Delegierte **in jedem Betrieb** des Unternehmens statt. Das MitbestG kennt keinen eigenen Betriebsbegriff. Nach § 3 Abs. 2 gilt der Betriebsbegriff des BetrVG auch für das MitbestG (siehe § 3 Rn 4). In jedem Betrieb sind eigene Kandidaten aufzustellen. Wie viele es sind, ergibt sich aus § 11 Abs. 1.

Die Wahl ist **geheim**. Sie muss schriftlich durch Abgabe von Stimmzetteln erfolgen. Jeder Versuch, einen Wähler bzw. seine Wahlentscheidung auszuforschen, ist nicht zulässig. Die Form der Wahl entspricht § 14 BetrVG (siehe § 14 BetrVG Rn 2 ff.).

Die Grundsätze der **Verhältniswahl** (Listenwahl) sind anzuwenden. Eine Mehrheitswahl ist unzulässig.[2] Wird nur ein Wahlvorschlag eingereicht, gilt die Sonderregelung des Abs. 4. Das Wahlergebnis wird nach dem d'Hondt'schen System (Höchstzahlverfahren) ermittelt.[3]

Die Wahlordnungen erlauben, dass dieselben Delegierten für verschiedene AR-Wahlen im Konzern bestellt werden können (**Mehrfachmandate**). Dies ist jedoch nur dann zulässig, wenn die Amtszeit der AR-Mitglieder in einem zeitlichen Abstand von höchstens zwölf Monaten beginnt (§ 50 1. WOMitbestG; jeweils § 55 der 2. und 3. WOMitbestG).

II. Aktives Wahlrecht (Abs. 2)

Wahlberechtigt sind die AN, die dem Unternehmen angehören und das 18. Lebensjahr vollendet haben (S. 1). Entscheidend ist der Tag der Wahl. Die AN müssen darüber hinaus in dem Betrieb eingegliedert sein, in dem sie an der Wahl teilnehmen wollen. Der einzelne wahlberechtigte AN kann jeweils nur einem bestimmten Betrieb zugeordnet werden.[4] Auch ein gekündigter AN ist wahlberechtigt, und zwar solange die Künd-Frist noch nicht abgelaufen ist (weitere Einzelheiten zur Wahlberechtigung vgl. § 7 BetrVG Rn 2 ff.). Nach dem Verweis in Abs. 1 S. 2 ist auch der **Leih-AN** wahlberechtigt, wenn er gem. § 7 S. 2 BetrVG „länger als drei Monate in dem Betrieb eingesetzt" ist (vgl. § 7 BetrVG Rn 11 ff.). Da nach dem Wortlaut des Abs. 2 S. 2 der § 7 S. 2 BetrVG entsprechend anzuwenden ist, ist nicht der Einsatz des AN im Betrieb, sondern sein Einsatz im Unternehmen entscheidend.[5]

III. Passives Wahlrecht (Abs. 3)

Zu Delegierten wählbar sind alle aktiv wahlberechtigten AN, die die Wählbarkeitsvoraussetzungen des § 8 BetrVG erfüllen. So müssen sie dem Betrieb am Wahltag mehr als sechs Monate angehören (Abs. 3 i.V.m. § 8 Abs. 1 S. 1 BetrVG). Besteht der Betrieb noch keine sechs Monate, sind alle AN wählbar, die bei der Einleitung der Wahl im Betrieb beschäftigt waren (vgl. § 8 BetrVG Rn 5). Leih-AN sind im entleihenden Unternehmen selbst dann nicht wählbar, wenn sie nach § 7 S. 2 BetrVG wahlberecht sind.[6]

IV. „Friedenswahl" (Abs. 4)

Wird für einen Wahlgang nur ein Wahlvorschlag gemacht, dann gelten die dort aufgeführten AN in der angegebenen Reihenfolge als gewählt (sog. Friedenswahl). Eine Wahl unterbleibt. Entgegen einer in der Lit. vertretenen Ansicht[7] bestehen gegen die Verfassungsmäßigkeit des Abs. 4 keine grundlegenden Bedenken. Die Vorschrift bewegt sich innerhalb des gesetzgeberischen Entscheidungsspielraums zwischen verschiedenen Wahlarten.[8]

Der Verzicht auf die Wahl darf nicht dazu führen, dass das Verhältnis zwischen nicht leitenden und leitenden Ang (§ 11 Abs. 2 S. 1) gestört wird. Deshalb verweist Abs. 4 S. 2 auf § 11 Abs. 2. Hiermit wird sichergestellt, dass nur so viele auf der Liste benannten Personen zu Delegierten einer Gruppe (leitende und nicht leitende Ang) bestellt werden, wie bei einer Durchführung der Wahl zu wählen gewesen wären.

C. Verbindung zum Prozessrecht

Das ArbG entscheidet gem. § 2a Abs. 1 Nr. 3 ArbGG im Beschl-Verfahren über Streitigkeiten, die sich aus dem Anwendungsbereich dieser Vorschrift ergeben. Sie können bereits während des Wahlverfahrens gerichtlich geltend gemacht werden, da die bloße Anfechtungsmöglichkeit nicht geeignet ist, eine angreifbare Wahl zu verhindern.[9] In dringenden Fällen kommt eine einstweilige Verfügung nach § 85 Abs. 2 ArbGG in Betracht.[10]

D. Beraterhinweise

Vgl. die sehr ausführliche Darstellung von *Säcker*[11] zu aktuellen Rechtsfragen zum zeitlichen und inhaltlichen Ablauf des Wahlverfahrens nach der 3. WO mit schematischer Übersicht.

---

2 MüKo-AktG/*Gach*, Bd. 3, § 10 MitbestG Rn 7.
3 Beispielsfall zur Sitzverteilung: *Raiser*, § 10 Rn 7.
4 *Raiser*, § 10 Rn 11.
5 RegBegr. BT-Drucks 14/5741 Seite 58.
6 BAG 10.3.2004 – 7 ABR 49/03 – NZA 2004, 1340.
7 *Philipp*, DB 1976, 2303; *Philipp*, BB 1977, 549.
8 MüKo-AktG/*Gach*, Bd. 3, § 10 MitbestG Rn 19.
9 BAGE 24, 480.
10 *Wlotzke/Wißmann/Koberski/Kleinsorge*, § 10 Rn 68; *Ulmer/Habersack/Henssler*, § 10 MitbestG Rn 29.
11 *Säcker*, ZfA 2008, 51 ff.

| § 11 | Errechnung der Zahl der Delegierten |

(1) ¹In jedem Betrieb entfällt auf je 90 wahlberechtigte Arbeitnehmer ein Delegierter. ²Ergibt die Errechnung nach Satz 1 in einem Betrieb mehr als
1. 25 Delegierte, so vermindert sich die Zahl der zu wählenden Delegierten auf die Hälfte; diese Delegierten erhalten je zwei Stimmen;
2. 50 Delegierte, so vermindert sich die Zahl der zu wählenden Delegierten auf ein Drittel; diese Delegierten erhalten je drei Stimmen;
3. 75 Delegierte, so vermindert sich die Zahl der zu wählenden Delegierten auf ein Viertel; diese Delegierten erhalten je vier Stimmen;
4. 100 Delegierte, so vermindert sich die Zahl der zu wählenden Delegierten auf ein Fünftel; diese Delegierten erhalten je fünf Stimmen;
5. 125 Delegierte, so vermindert sich die Zahl der zu wählenden Delegierten auf ein Sechstel; diese Delegierten erhalten je sechs Stimmen;
6. 150 Delegierte, so vermindert sich die Zahl der zu wählenden Delegierten auf ein Siebtel; diese Delegierten erhalten je sieben Stimmen.

Bei der Errechnung der Zahl der Delegierten werden Teilzahlen voll gezählt, wenn sie mindestens die Hälfte der vollen Zahl betragen.

(2) ¹Unter den Delegierten müssen in jedem Betrieb die in § 3 Abs. 1 Nummer 1 bezeichneten Arbeitnehmer und die leitenden Angestellten entsprechend ihrem zahlenmäßigen Verhältnis vertreten sein. ²Sind in einem Betrieb mindestens neun Delegierte zu wählen, so entfallen auf die in § 3 Abs. 1 Nr. 1 bezeichneten Arbeitnehmer und die leitenden Angestellten mindestens je ein Delegierter; dies gilt nicht, soweit in dem Betrieb nicht mehr als fünf in § 3 Abs. 1 Nr. 1 bezeichnete Arbeitnehmer oder leitende Angestellte wahlberechtigt sind. ³Soweit auf die in § 3 Abs. 1 Nr. 1 bezeichneten Arbeitnehmer und die leitenden Angestellten lediglich nach Satz 2 Delegierte entfallen, vermehrt sich die nach Absatz 1 errechnete Zahl der Delegierten des Betriebs entsprechend.

(3) ¹Soweit nach Absatz 2 auf die in § 3 Abs. 1 Nr. 1 bezeichneten Arbeitnehmer und die leitenden Angestellten eines Betriebs nicht mindestens je ein Delegierter entfällt, gelten diese für die Wahl der Delegierten als Arbeitnehmer des Betriebs der Hauptniederlassung des Unternehmens. ²Soweit nach Absatz 2 und nach Satz 1 auf die in § 3 Abs. 1 Nr. 1 bezeichneten Arbeitnehmer und die leitenden Angestellten des Betriebs der Hauptniederlassung nicht mindestens je ein Delegierter entfällt, gelten diese für die Wahl der Delegierten als Arbeitnehmer des nach der Zahl der wahlberechtigten Arbeitnehmer größten Betriebs des Unternehmens.

(4) Entfällt auf einen Betrieb oder auf ein Unternehmen, dessen Arbeitnehmer nach diesem Gesetz an der Wahl von Aufsichtsratsmitgliedern des Unternehmens teilnehmen, kein Delegierter, so ist Absatz 3 entsprechend anzuwenden.

(5) Die Eigenschaft eines Delegierten als Delegierter der Arbeitnehmer nach § 3 Abs. 1 Nr. 1 oder § 3 Abs. 1 Nr. 2 bleibt bei einem Wechsel der Eigenschaft als Arbeitnehmer nach § 3 Abs. 1 Nr. 1 oder § 3 Abs. 1 Nr. 2 erhalten.

A. Regelungsgehalt	1	III. Nachträglicher Wechsel der Gruppe (Abs. 5)	6
I. Zahl der Delegierten (Abs. 1)	2	B. Verbindung zum Prozessrecht	7
II. Verhältnis zwischen Arbeitnehmern und leitenden Angestellten, Minderheitenschutz (Abs. 2, 3 und 4)	3		

A. Regelungsgehalt

1 Diese zwingende Vorschrift regelt, wie die Zahl der Delegierten zu berechnen ist. Hierbei ist das Verhältnis von AN und leitenden Ang zu beachten. § 11 bestimmt, dass ein Wechsel der Gruppenzugehörigkeit (AN – leitende Ang) das Amt des Delegierten nicht beendet.

I. Zahl der Delegierten (Abs. 1)

2 Die Zahl der in jedem Betrieb zu wählenden Delegierten hängt von der AN-Zahl ab. Abs. 1 S. 1 stellt die Regel auf, dass auf je 90 wahlberechtigte AN eines Betriebes ein Delegierter entfällt. Um zu verhindern, dass die Delegiertenzahl in großen Unternehmen zu hoch wird, schreibt Abs. 1 S. 2 genau vor, wie deren Zahl zu reduzieren ist.

II. Verhältnis zwischen Arbeitnehmern und leitenden Angestellten, Minderheitenschutz (Abs. 2, 3 und 4)

3 Das Verhältnis von AN (§ 3 Abs. 1 S. 1 Nr. 1) und leitenden Ang (Nr. 2) muss sich bei der Verteilung der Delegierten widerspiegeln (Abs. 2 S. 1 und 2). Der Gruppenproporz ist nach dem d'Hondt'schen Höchstzahlverfahren zu ermitteln. Ist nach Abs. 2 S. 1 aufgrund der geringen AN-Anzahl der Gruppe der AN oder der leitenden Ang im Betrieb kein Delegierter zu wählen, so greift zum Schutz der Minderheit Abs. 2 S. 2 und 3 ein. Sind mind. neun Delegierte zu bestellen, steht der Gruppe der AN oder der leitenden Ang unabhängig von der Verhältniszahl mind. ein Delegierter zu. Nach Abs. 2 S. 3 vermehrt sich in diesem Fall die Gesamtzahl der vom Betrieb zu bestellenden Delegierten über die nach Abs. 1 errechnete Summe.

Abs. 3 regelt den Fall, dass aufgrund der geringen Zahl von AN oder leitenden Ang eines Betriebes kein Delegierter zu wählen ist. Diese Beschäftigten werden dann der Wahl der Delegierten ihrer Gruppe der Hauptniederlassung des Unternehmens bzw. dem nach der AN-Anzahl größten Betrieb zugerechnet. Dies gilt nach Abs. 4 auch dann, wenn auf einen Betrieb oder ein abhängiges Konzernunternehmen (§ 5) kein Delegierter entfällt.

Die Sicherstellung des gesetzlich normierten Minderheitenschutzes obliegt in Unternehmen mit nur einem Betrieb dem Betriebswahlvorstand (§ 53 Abs. 1 1. WOMitbestG), in Unternehmen mit mehreren Betrieben dem Unternehmenswahlvorstand und in Konzernen dem Hauptwahlvorstand im Zusammenwirken mit den Betriebswahlvorständen der beteiligten Betriebe (§§ 56 Abs. 1 2. und 3. WOMitbestG).

III. Nachträglicher Wechsel der Gruppe (Abs. 5)

Nach Abs. 5 behält der einmal zum Delegierten Gewählte sein Amt, auch wenn er nachträglich die Gruppe wechselt. Dagegen verliert ein Delegierter nach § 14 Abs. 1 Nr. 2 und 3 sein Mandat, wenn er aus dem Betrieb oder dem Unternehmen ausscheidet.

B. Verbindung zum Prozessrecht

Streitigkeiten sind vor dem ArbG im Beschl-Verfahren (§§ 2a Abs. 1 Nr. 3, 80 ArbGG) auszutragen. In Betracht kommt auch die Anfechtung der Wahl nach §§ 21, 22.

§ 12 Wahlvorschläge für Delegierte

(1) [1]Zur Wahl der Delegierten können die wahlberechtigten Arbeitnehmer des Betriebs Wahlvorschläge machen. [2]Jeder Wahlvorschlag muss von einem Zwanzigstel oder 50 der jeweils wahlberechtigten in § 3 Abs. 1 Nr. 1 bezeichneten Arbeitnehmer oder der leitenden Angestellten des Betriebs unterzeichnet sein.

(2) Jeder Wahlvorschlag soll mindestens doppelt so viele Bewerber enthalten, wie in dem Wahlgang Delegierte zu wählen sind.

(0) Entscheidung des Bundesverfassungsgerichts:Aus dem Beschluss des Bundesverfassungsgerichts vom 12. Oktober 2004 – 1 BvR 2130/98 – wird folgende Entscheidungsformel veröffentlicht:

1. § 12 Absatz 1 Satz 2 des Gesetzes über die Mitbestimmung der Arbeitnehmer vom 4. Mai 1976 in der Fassung des Gesetzes zur Änderung des Arbeitsgerichtsgesetzes und anderer arbeitsrechtlicher Vorschriften vom 26. Juni 1990 (Bundesgesetzblatt I Seite 1206) und des Gesetzes zur Reform des Betriebsverfassungsgesetzes vom 23. Juli 2001 (Bundesgesetzblatt I Seite 1852) ist nach Maßgabe der Gründe mit Artikel 3 Absatz 1 des Grundgesetzes nicht vereinbar.
2. Dem Gesetzgeber wird aufgegeben, bis zum 31. Dezember 2005 eine verfassungsmäßige Regelung zu treffen.Die vorstehende Entscheidungsformel hat gemäß § 31 Abs. 2 des Bundesverfassungsgerichtsgesetzes Gesetzeskraft.

A. Regelungsgehalt

Zur Wahl der Delegierten können die wahlberechtigten AN des Betriebes Wahlvorschläge machen (Abs. 1 S. 1). Die Wahlvorschläge sind schriftlich einzureichen, wobei nach Abs. 1 S. 2 bestimmte **Unterschriftenquoren** einzuhalten sind. Dabei können 50 AN bzw. 5 % der AN die von ihrer Gruppe zu wählenden Delegierten vorschlagen. Das früher geltende Quorum (1/10 oder 100 Wahlberechtigte) hat das BVerfG wegen Verstoßes gegen Art. 3 Abs. 1 GG für verfassungswidrig erklärt.[1] Es hat dem Gesetzgeber keine spezielle Vorgabe dazu gemacht, welches Unterschriftenquorum es als sachgerecht und damit verfassungsrechtlich unbedenklich erachtet. Die Absenkung orientiert sich an der im BetrVG geltenden Regelung.[2]

Nach Abs. 2 soll ein Wahlvorschlag zumindest doppelt so viele Bewerber enthalten, wie nach § 11 Delegierte zu wählen sind. Es handelt sich um eine Soll-Vorschrift. Ihre Verletzung macht den Wahlvorschlag nicht ungültig.[3]

---

1 BVerfG 12.10.2004 – 1 BvR 2130/98 – NZA 2004, 1395.
2 BT-Drucks 15/4744, S. 8.
3 *Wlotzke/Wißmann/Koberski/Kleinsorge*, § 12 Rn 16.

Weitere **Ausführungsregeln** finden sich in §§ 54 bis 58 1. WOMitbestG und §§ 60 bis 64 2. und 3. WOMitbestG. So beträgt die Antragsfrist nach §§ 54 Abs. 1 1. WOMitbestG, 60 Abs. 1 2. und 3. WOMitbestG zwei Wochen seit dem Erlass des Wahlausschreibens. Die Bewerber sind in erkennbarer Reihenfolge unter fortlaufender Nummer und unter Angabe von Familiennamen, Vornamen, Geburtsdatum und Art der Beschäftigung aufzulisten. Außerdem ist die schriftliche Zustimmung des Bewerbers beizufügen (§§ 54 Abs. 2 S. 1, 2 1. WOMitbestG, 60 Abs. 2 S. 1, 2 2. und 3. WOMitbestG).

B. Verbindung zum Prozessrecht

Das ArbG entscheidet gem. § 2a Abs. 1 Nr. 3 ArbGG im Beschl-Verfahren über Streitigkeiten über die Zulässigkeit und Wirksamkeit von Wahlvorschlägen (zum einstweiligen Verfügungsverfahren vgl. § 9 Rn 6).

§ 13 Amtszeit der Delegierten

(1) ¹Die Delegierten werden für eine Zeit gewählt, die der Amtszeit der von ihnen zu wählenden Aufsichtsratsmitglieder entspricht. ²Sie nehmen die ihnen nach den Vorschriften dieses Gesetzes zustehenden Aufgaben und Befugnisse bis zur Einleitung der Neuwahl der Aufsichtsratsmitglieder der Arbeitnehmer wahr.
(2) In den Fällen des § 9 Abs. 1 endet die Amtszeit der Delegierten, wenn
1. die wahlberechtigten Arbeitnehmer nach § 9 Abs. 1 die unmittelbare Wahl beschließen;
2. das Unternehmen nicht mehr die Voraussetzungen für die Anwendung des § 9 Abs. 1 erfüllt, es sei denn, die wahlberechtigten Arbeitnehmer beschließen, daß die Amtszeit bis zu dem in Absatz 1 genannten Zeitpunkt fortdauern soll; § 9 Abs. 3 ist entsprechend anzuwenden.
(3) In den Fällen des § 9 Abs. 2 endet die Amtszeit der Delegierten, wenn die wahlberechtigten Arbeitnehmer die unmittelbare Wahl beschließen; § 9 Abs. 3 ist anzuwenden.
(4) Abweichend von Absatz 1 endet die Amtszeit der Delegierten eines Betriebs, wenn nach Eintreten aller Ersatzdelegierten des Wahlvorschlags, dem die zu ersetzenden Delegierten angehören, die Gesamtzahl der Delegierten des Betriebs unter die im Zeitpunkt ihrer Wahl vorgeschriebene Zahl der auf den Betrieb entfallenden Delegierten gesunken ist.

A. Allgemeines 1	III. Vorzeitige Beendigung der Amtszeit der Delegierten
B. Regelungsgehalt 2	eines Betriebes (Abs. 4) 6
I. Regelmäßige Amtszeit (Abs. 1) 2	C. Verbindung zum Prozessrecht 7
II. Vorzeitige Beendigung der Amtszeit (Abs. 2 und 3) 3	

A. Allgemeines

§ 13 enthält zwingendes Recht und bezweckt, dass die Delegierten auch noch nach der Bestellung des AR für etwaigen Nachwahlen oder Abberufungen (§ 23) zur Verfügung stehen.[1]

B. Regelungsgehalt

I. Regelmäßige Amtszeit (Abs. 1)

Abs. 1 betrifft die regelmäßige Amtszeit der Delegierten. Diese ist für alle Delegierten des Unternehmens gleich lang und orientiert sich an der Amtszeit der von ihnen zu wählenden AR-Mitglieder (Abs. 1 S. 1). Die Amtszeit der Delegierten endet gem. Abs. 1 S. 2, wenn eine Neuwahl der AR-Mitglieder der AN durch Einberufung der Delegiertenversammlung eingeleitet wird. Im Umkehrschluss ergibt sich, dass die Amtsperiode nicht schon mit der Wahl der Delegierten beginnt, sondern erst mit der Einleitung der AR-Wahl (Einberufung der Delegiertenversammlung, in der die AR-Mitglieder der AN gewählt werden).[2]

II. Vorzeitige Beendigung der Amtszeit (Abs. 2 und 3)

Nach **Abs. 2 Nr. 1** endet die Amtszeit der Delegierten vorzeitig, wenn die wahlberechtigten AN eines Unternehmens mit mehr als 8.000 AN beschließen, dass die Urwahl (anstatt der gesetzlich festgelegten mittelbaren Wahl) durchgeführt werden soll. Die Amtszeit endet in einem solchen Fall mit der Bekanntgabe des Wahlergebnisses.

Sinkt die AN-Zahl nach der Wahl auf i.d.R. weniger als 8.000 herab, endet die Amtszeit der Delegierten nach **Abs. 2 Nr. 2** ebenfalls vorzeitig. Hier können jedoch die AN beschließen, dass die Amtszeit der Delegierten bis zum Ende

---

1 Raiser, § 13 Rn 1.   2 ErfK/*Oetker*, §§ 10 bis 18 MitbestG Rn 5.

der regulären Wahlperiode fortdauert. Dann müssen keine vorgezogenen Neuwahlen stattfinden. Der Beschl folgt den Regeln des § 9 Abs. 3 (vgl. § 9 Rn 5).

Die Amtszeit der Delegierten ist nach **Abs. 3** auch dann zu Ende, wenn in Unternehmen mit weniger als 8.000 AN die AN bisher (entgegen § 9 Abs. 2) die mittelbare Wahl beschlossen hatten und nun zur unmittelbaren Wahl zurück kehren wollen. Auch hierfür ist ein Beschl nach § 9 Abs. 3 notwendig.

Schließlich endet die Amtszeit der Delegierten auch dann, wenn das Unternehmen nicht mehr unter das MitbestG fällt. In diesen Fällen ist das Überleitungsverfahren nach §§ 97 ff. AktG i.V.m. § 6 Abs. 2 durchzuführen.

III. Vorzeitige Beendigung der Amtszeit der Delegierten eines Betriebes (Abs. 4)

Kann die nach § 11 vorgeschriebene Delegiertenzahl nicht mehr erreicht werden, weil ein Delegierter nach seinem Ausscheiden nicht mehr ersetzt werden kann, da bereits alle Ersatzdelegierten der Liste eingetreten sind, endet die Amtszeit der Delegierten eines Betriebes nach Abs. 4 vorzeitig. Maßgeblicher Zeitpunkt für die Sollstärke der Delegierten ist die Wahl. Spätere Veränderungen der Anzahl der zur Wahl berechtigten AN sind hierbei nicht zu berücksichtigen.[3]

C. Verbindung zum Prozessrecht

Streitigkeiten im Zusammenhang mit § 13 betreffen die Wahl der AN-Vertreter im AR und sind deshalb nach §§ 2a Abs. 1 Nr. 3, 80 ArbGG vor den ArbG im Beschl-Verfahren auszutragen. Einstweilige Verfügungen gem. § 85 Abs. 2 ArbGG sind möglich. Antragsberechtigt sind die nach §§ 21, 22 Anfechtungsberechtigten sowie die Delegierten selbst, nicht aber das Delegiertenkollegium als Gremium.[4]

---

§ 14 Vorzeitige Beendigung der Amtszeit oder Verhinderung von Delegierten

(1) Die Amtszeit eines Delegierten endet vor dem in § 13 bezeichneten Zeitpunkt
1. durch Niederlegung des Amtes,
2. durch Beendigung der Beschäftigung des Delegierten in dem Betrieb, dessen Delegierter er ist,
3. durch Verlust der Wählbarkeit.

(2) ¹Endet die Amtszeit eines Delegierten vorzeitig oder ist er verhindert, so tritt an seine Stelle ein Ersatzdelegierter. ²Die Ersatzdelegierten werden der Reihe nach aus den nicht gewählten Arbeitnehmern derjenigen Wahlvorschläge entnommen, denen die zu ersetzenden Delegierten angehören.

A. Allgemeines	1	II. Ersatzdelegierte (Abs. 2)	5
B. Regelungsgehalt	2	C. Verbindung zum Prozessrecht	7
I. Beendigung der Amtszeit (Abs. 1)	2		

A. Allgemeines

§ 14 regelt die vorzeitige Beendigung und die vorübergehende Verhinderung eines einzelnen Delegierten. Es handelt sich um zwingendes Recht. Die Vorschrift ist den § 10b MontanMitbestErgG und §§ 24, 25 Abs. 1 BetrVG nachgebildet.

B. Regelungsgehalt

I. Beendigung der Amtszeit (Abs. 1)

Nach Abs. 1 **Nr. 1** endet die Amtszeit eines Delegierten vorzeitig, wenn er sein **Amt niederlegt**. Hierfür bedarf es einer eindeutigen und unbedingten Erklärung des Delegierten gegenüber dem Wahlvorstand. Eine bestimmte Form ist nicht vorgeschrieben. Wirksamkeit erlangt die Willenserklärung mit ihrem Zugang.

Endet die **Beschäftigung** des Delegierten in dem Betrieb, dessen Delegierter er ist, so endet nach Abs. 1 **Nr. 2** auch seine Amtszeit (Bsp.: Tod, Ablauf eines befristeten Arbeitsvertrages, Ruhestand). Erhebt der Delegierte gegen eine Künd des Arbvh eine Künd-Schutzklage, so ist er für die Zeit des Prozesses an der Ausübung seines Amtes gehindert. Dies gilt jedoch dann nicht, wenn der Delegierte weiter beschäftigt wird oder die Künd offensichtlich unwirksam ist.[1] Wird der Delegierte in einen anderen Betrieb des Unternehmens versetzt, endet seine Amtszeit ebenfalls

---

3 *Wlotzke/Wißmann/Koberski/Kleinsorge*, § 13 Rn 33.
4 *Raiser*, § 13 Rn 15; *Ulmer/Habersack/Henssler*, § 13 MitbestG Rn 61.

1 *Raiser*, § 14 Rn 3.

nach Nr. 2, da er aus dem Betrieb ausgeschieden ist, in dem er gewählt wurde, es sei denn, die Versetzung verstößt gegen § 20 Abs. 1. Auch die Auflösung oder Stilllegung des Betriebes fallen unter Abs. 1 Nr. 2. Ein Wechsel der Gruppenzugehörigkeit hat keinen Einfluss auf die Amtszeit (vgl. § 11 Rn 6).

4 Nach Abs. 1 **Nr. 3** endet die Amtszeit des Delegierten mit dem **Verlust** seiner **Wählbarkeit**. Der Delegierte ist u.a. dann nicht mehr wählbar, wenn er zum Mitglied des Vertretungsorgans befördert wird (§ 3 Abs. 1 S. 2), wenn für ihn ein Betreuer nach § 1896 BGB bestellt ist oder wenn ihm ein Gericht die Fähigkeit, öffentliche Ämter zu bekleiden, entzogen hat. Gleiches gilt, wenn der Betrieb an ein anderes Unternehmen veräußert wird (im Fall des § 5 an ein außerhalb des Konzerns oder der Konzernmitbestimmung stehendes Unternehmen). Da beim Ausscheiden aus dem Betrieb auch die Wählbarkeit entfällt, überschneiden sich Nr. 2 und 3 insoweit.

II. Ersatzdelegierte (Abs. 2)

5 Nach Abs. 2 tritt an die Stelle eines vorzeitig ausscheidenden oder eines aus tatsächlichen oder rechtlichen Gründen vorübergehend verhinderten Delegierten ein Ersatzdelegierter. Hinderungsgründe sind bspw. Krankheit, Urlaub, Wehrdienst, Zivildienst, Künd-Schutzprozess. Nach h.M. ist der Delegierte bereits dann verhindert, wenn er nur an einer einzigen Sitzung nicht teilnehmen kann.[2] Dies gilt für das MitbestG deshalb, weil die Tätigkeit der Delegierten auf wenige Akte (im Wesentlichen: Wahl der AR-Mitglieder der AN) beschränkt ist, bei denen dem Gruppenproporz und dem Minderheitenschutz große Bedeutung beigemessen wird, so dass jede Stimme zählt. Da der Ersatzdelegierte kein Stellvertreter des ursprünglichen Delegierten ist, binden ihn die Weisungen des ausgeschiedenen oder verhinderten Delegierten nicht.

6 Nach Abs. 2 S. 2 werden die Ersatzmitglieder der Wahlliste entnommen, der der ausgeschiedene Delegierte angehörte. Es ist die gewählte Reihenfolge der Delegierten einzuhalten. Ist die Wahlliste erschöpft, endet gem. § 13 Abs. 4 (vgl. § 13 Rn 6) die Amtszeit aller Delegierten. Eine vorzeitige Neuwahl findet statt.

C. Verbindung zum Prozessrecht

7 Streitigkeiten im Zusammenhang mit § 14 betreffen die Wahl der AN-Vertreter im AR und sind deshalb nach §§ 2a Abs. 1 Nr. 3, 80 ArbbGG vor den ArbG im Beschl-Verfahren auszutragen (vgl. § 13 Rn 7). Einstweilige Verfügungen gem. § 85 Abs. 2 ArbGG sind möglich.

---

§ 15   **Wahl der unternehmensangehörigen Aufsichtsratsmitglieder der Arbeitnehmer**

(1) [1]Die Delegierten wählen die Aufsichtsratsmitglieder, die nach § 7 Abs. 2 Arbeitnehmer des Unternehmens sein müssen, geheim und nach den Grundsätzen der Verhältniswahl für die Zeit, die im Gesetz oder in der Satzung (im Gesellschaftsvertrag) für die durch das Wahlorgan der Anteilseigner zu wählenden Mitglieder des Aufsichtsrats bestimmt ist. [2]Dem Aufsichtsrat muss ein leitender Angestellter angehören.
(2) [1]Die Wahl erfolgt auf Grund von Wahlvorschlägen. [2]Jeder Wahlvorschlag für
1. Aufsichtsratsmitglieder der Arbeitnehmer nach § 3 Abs. 1 Nr. 1 muss von einem Fünftel oder 100 der wahlberechtigten Arbeitnehmer des Unternehmens unterzeichnet sein;
2. das Aufsichtsratsmitglied der leitenden Angestellten, wird auf Grund von Abstimmungsvorschlägen durch Beschluß der wahlberechtigten leitenden Angestellten aufgestellt. Jeder Abstimmungsvorschlag muß von einem Zwanzigstel oder 50 der wahlberechtigten leitenden Angestellten unterzeichnet sein. Der Beschluß wird in geheimer Abstimmung gefaßt. Jeder leitende Angestellte hat so viele Stimmen, wie für den Wahlvorschlag nach Absatz 3 Satz 2 Bewerber zu benennen sind. In den Wahlvorschlag ist die nach Absatz 3 Satz 2 vorgeschriebene Anzahl von Bewerbern in der Reihenfolge der auf sie entfallenden Stimmenzahlen aufzunehmen.
(3) [1]Abweichend von Absatz 1 findet Mehrheitswahl statt, soweit nur ein Wahlvorschlag gemacht wird. [2]In diesem Fall muss der Wahlvorschlag doppelt so viele Bewerber enthalten, wie Aufsichtsratsmitglieder auf die Arbeitnehmer nach § 3 Absatz 1 Nr. 1 und auf die leitenden Angestellten entfallen.

A. Allgemeines	1	II. Wahlvorschläge (Abs. 2)		4
B. Regelungsgehalt	2	III. Mehrheitswahl (Abs. 3)		7
I. Sitzverteilung und Wahlgrundsätze (Abs. 1)	2	**C. Verbindung zum Prozessrecht**		8

---

[2] ErfK/*Oetker*, §§ 10 bis 18 MitbestG Rn 6; *Raiser*, § 14 Rn 6; *Ulmer/Habersack/Henssler*, § 14 MitbestG Rn 30.

A. Allgemeines

§ 15 regelt die Wahl der unternehmensangehörigen AR-Mitglieder der AN durch die Delegiertenversammlung zwingend. Die Wahlordnungen enthalten weitere Regelungen (§§ 23–36, 67–81 1. WOMitbestG; §§ 25–38, §§ 74–87 2. und 3. WOMitbestG).[1]

B. Regelungsgehalt

I. Sitzverteilung und Wahlgrundsätze (Abs. 1)

§ 7 Abs. 2 legt fest, dass die AN-Vertreter des Unternehmens je nach Größe des AR vier, sechs oder sieben Sitze haben. Abs. 1 regelt nun die Aufteilung dieser Sitze zwischen der Gruppe der leitenden Ang und der regulären AN. Jeder Gruppe stehen so viele Sitze zu, wie dies ihrem Anteil an der Belegschaft des Unternehmens entspricht. Grds. gilt Verhältniswahl (ausnahmsweise Mehrheitswahl nach Abs. 3). Das Wahlergebnis wird nach dem d'Hondt'schen Höchstzahlverfahren ermittelt.[2] Dem AR muss ein leitender Ang angehören (Abs. 1 S. 2). Diese Regelung gewährleistet, dass die Gruppe der leitenden Ang auch dann einen Sitz hat, wenn ihr nach dem Anteil an der Gesamtbelegschaft eigentlich kein Sitz zustehen würde (Minderheitenschutz).

Die Wahl ist geheim. Die Amtsperiode der AR-Mitglieder der AN ist an die Amtszeit der AR-Mitglieder der Anteilseigner gebunden. Die einzelnen Schritte der Wahl sind in den Wahlordnungen geregelt.

II. Wahlvorschläge (Abs. 2)

Die unternehmensangehörigen AR-Mitglieder werden aufgrund von Wahlvorschlägen gewählt. Die Wahlvorschläge sind nach Abs. 2 nach der Gruppe der AN und der leitenden Ang zu unterscheiden. Nur die Wahlberechtigten der jeweiligen Gruppe können die entsprechenden Vorschläge für die AR-Mitglieder ihrer Gruppe machen. Vorgeschlagen werden kann nur, wer wählbar ist. Auch Delegierte können kandidieren.[3] Jeder Wahlberechtigte darf nur einen Wahlvorschlag unterzeichnen. Dabei ist nicht erforderlich, dass neben der Stützunterschrift noch Name, Vorname und die Abteilung des AN angegeben werden. Die Stützunterschrift muss nur die Identität des Unterzeichnenden erkennen lassen, nicht aber lesbar sein.[4] Hat ein Wahlberechtigter mehrere Vorschläge abgegeben, wird nach §§ 25 Abs. 7 1. WOMitbestG, 27 Abs. 7 2. und 3. WOMitbestG ermittelt, welche Unterschrift gilt.

Bei den **regulären AN** setzt ein wirksamer Wahlvorschlag voraus, dass dieser von einem Fünftel oder mind. 100 der wahlberechtigten AN unterschrieben wurde (Abs. 2 Nr. 1). Die Bedenken, die im Hinblick auf das früher in § 12 Abs. 1 festgelegte Quorum für die Wahl von Delegierten vorgebracht wurden (vgl. § 12 Rn 1), lassen sich auf das Quorum für Wahlvorschläge zur Wahl nicht übertragen.[5] Die fehlerhafte Bekanntmachung der notwendigen Anzahl von Stützunterschriften durch den Wahlvorstand einer AR-Wahl kann allenfalls zur Anfechtbarkeit, nicht jedoch zur Nichtigkeit der Wahl führen.[6]

Ein wirksamer Wahlvorschlag der **leitenden Ang** kommt mit der in Abs. 2 Nr. 2 besonders geregelten Vorwahl zustande. Hiernach muss in einer Vorwahl über jeden Vorschlag der leitenden Ang abgestimmt werden. Haben die leitenden Ang nur einen Sitz im AR zu besetzen, dann führt die Vorwahl zu nur einem aus zwei Namen bestehenden Wahlvorschlag. Da nach Abs. 1 die AR-Mitglieder der leitenden Ang von allen Delegierten gewählt werden, bezweckt die Vorschrift, dass die AR-Mitglieder ihre Legitimation auch von den leitenden Ang erhalten haben.

III. Mehrheitswahl (Abs. 3)

Anstelle der Verhältniswahl findet nach Abs. 3 die Mehrheitswahl statt, wenn nur ein Wahlvorschlag eingereicht wurde. Das ist bei den leitenden Ang nach Abs. 2 Nr. 2 immer dann der Fall, wenn sie nur einen AR-Sitz zu besetzen haben. Ist aus der Gruppe der regulären AN nur eine Liste eingereicht, muss nach Abs. 3 S. 2 die Liste doppelt so viele Namen aufweisen als Sitze der Gruppe zu besetzen sind. Eine Liste, die diesen Anforderungen nicht entspricht, ist vom Wahlvorstand nach §§ 33 Abs. 1 Nr. 1 1. WOMitbestG, 35 Abs. 1 Nr. 3 2. und 3. WOMitbestG als ungültig zurückzuweisen.

C. Verbindung zum Prozessrecht

Streitigkeiten im Zusammenhang mit § 15 betreffen die Wahl der AN-Vertreter im AR und sind deshalb nach §§ 2a Abs. 1 Nr. 3, 80 ArbGG vor den ArbG im Beschl-Verfahren auszutragen. Streitigkeiten, die die Amtsstellung der AR-Mitglieder oder Beginn, Dauer und Ende der Amtsperiode betreffen, sind vor den ordentlichen Gerichten auszutragen, wenn es sich dabei nicht um Vorfragen zum Wahlverfahren handelt, für das die ArbG zuständig sind.[7] Liegt

---

1 Zur Entstehungsgeschichte des Wahlverfahrens wird auf die Darstellung bei *Raiser*, § 15 Rn 2 bis 5 verwiesen.
2 *Raiser*, § 15 Rn 13 mit Beispielsfall.
3 *Wlotzke/Wißmann/Koberski/Kleinsorge*, § 15 MitbestG Rn 32.
4 LAG Hamm 8.7.2005 – 10 TaBV 14/05 – juris.
5 ErfK/*Oetker*, § 18 MitbestG Rn 7; *Stück*, DB 2004, 2582.
6 Hess. LAG 29.3.2005 – 9 TaBVGa 52/05 – AiB 2006, 116.
7 *Raiser*, § 15 Rn 33; *Ulmer/Habersack/Henssler*, § 15 MitbestG Rn 131.

eine rechtskräftige Entscheidung der ordentlichen Gerichtsbarkeit nach § 98 Abs. 1 S. 1 AktG hinsichtlich der Zusammensetzung des ersten AR vor, entfällt eine Überprüfungsmöglichkeit für die ArbG.[8]

§ 16 Wahl der Vertreter von Gewerkschaften in den Aufsichtsrat

(1) Die Delegierten wählen die Aufsichtsratsmitglieder, die nach § 7 Abs. 2 Vertreter von Gewerkschaften sind, in geheimer Wahl und nach den Grundsätzen der Verhältniswahl für die in § 15 Abs. 1 bestimmte Zeit.

(2) [1]Die Wahl erfolgt auf Grund von Wahlvorschlägen der Gewerkschaften, die in dem Unternehmen selbst oder in einem anderen Unternehmen vertreten sind, dessen Arbeitnehmer nach diesem Gesetz an der Wahl von Aufsichtsratsmitgliedern des Unternehmens teilnehmen. [2]Wird nur ein Wahlvorschlag gemacht, so findet abweichend von Satz 1 Mehrheitswahl statt. [3]In diesem Fall muß der Wahlvorschlag mindestens doppelt so viele Bewerber enthalten, wie Vertreter von Gewerkschaften in den Aufsichtsrat zu wählen sind.

A. Allgemeines

1 § 16 gilt für die Wahl der Gewerkschaftsvertreter des AR. Ausführungsvorschriften befinden sich in den Wahlordnungen.

B. Regelungsgehalt

2 Nach Abs. 1 wählen die Delegierten die Gewerkschaftsvertreter **gemeinsam** in **geheimer** Wahl. Die Wahl folgt den Grundsätzen der Verhältniswahl. Ausnahmsweise findet die Mehrheitswahl statt, wenn nur ein Wahlvorschlag (eine Vorschlagsliste) gemacht wird (Abs. 2 S. 2). Nach Abs. 2 S. 3 müssen bei der Mehrheitswahl mindest doppelt so viele Bewerber vorgeschlagen werden, als Gewerkschaftsvertreter zu wählen sind.

3 Die Amtszeit der Gewerkschaftsvertreter im AR richtet sich nach der Amtszeit der AR-Mitglieder der Anteilseigner (Abs. 1 i.V.m. § 15 Abs. 1 S. 1). Sie kann nach § 23 sowie den aktienrechtlichen Vorschriften (§§ 6 Abs. 2 i.V.m. 102 f. AktG) vorzeitig enden. Die Amtszeit endet jedoch nicht bereits dann, wenn der gewählte Gewerkschaftsvertreter aus der Gewerkschaft oder dem Unternehmen ausscheidet, da diese Gründe für die Wählbarkeit des Gewerkschaftsvertreters gerade keine Rolle spielen.

4 **Vorschlagsberechtigt** sind nach Abs. 2 S. 1 einerseits die **Gewerkschaften**, die in dem Unternehmen selbst vertreten sind, andererseits auch die Gewerkschaften, die in einem anderen Unternehmen vertreten sind, dessen AN an der Wahl der AR-Mitglieder des Unternehmens teilnehmen (vgl. §§ 4, 5). Eine Gewerkschaft ist dann vertreten, wenn wenigstens ein AN Mitglied dieser Gewerkschaft ist (vgl. § 7 Rn 16). An den Vorgeschlagenen knüpft § 16 keine besonderen Voraussetzungen. So schreibt die Vorschrift insb. nicht vor, dass der Vorgeschlagene selbst Gewerkschaftsmitglied sein muss oder dem Unternehmen angehören muss.

C. Verbindung zum Prozessrecht

5 Streitigkeiten im Rahmen des § 16 sind im arbeitsgerichtlichen Beschl-Verfahren auszutragen. Verstöße können die Wahl nach § 22 anfechtbar machen. Eine einstweilige Verfügung gem. § 85 Abs. 2 ArbGG ist möglich.[1]

Bestellt ein Gericht auf Antrag gem. § 104 Abs. 2 AktG die AR-Mitglieder einer AG oder KGaA ist sein Ermessen eingeschränkt, soweit nach § 7 Abs. 2 Vertreter von Gewerkschaften zu bestellen sind. In einem solchen Fall ist einem Antrag der Gewerkschaft in personeller Hinsicht grds. zu folgen. Eine Ablehnung ist nur möglich, sofern überwiegende Belange der Gesellschaft oder der Allgemeinheit der Bestellung der Vorgeschlagenen entgegenstehen. Liegen verschiedene Anträge konkurrierender Gewerkschaften vor, kann das Gericht im Rahmen dieser Anträge frei auswählen.[2] Insbesondere muss es nicht den Vertreter der Gewerkschaft auswählen, die im Unternehmen die größte Mitgliederzahl aufweist.[3]

---

8 Hess. LAG 29.3.2005 – 9 TaBVGa 52/05 – AiB 2006, 116.
1 LAG München 28.3.1983 – 3 Ta 58/83 –.
2 BayObLG 20.8.1997 – 3Z BR 193/97 – ZIP 1997, 1883 = DB 1997, 2599 = NJW-RR 1998, 330 = NZA-RR 1998, 305; LG Wuppertal 22.8.1978 – 11 T 5/78 – BB 1978, 1380.
3 LG Wuppertal 22.8.1978 – 11 T 5/78 – BB 1978, 1380.

§ 17 Ersatzmitglieder

(1) ¹In jedem Wahlvorschlag kann zusammen mit jedem Bewerber für diesen ein Ersatzmitglied des Aufsichtsrats vorgeschlagen werden. ²Für einen Bewerber, der Arbeitnehmer nach § 3 Abs. 1 Nr. 1 ist, kann nur ein Arbeitnehmer nach § 3 Abs. 1 Nr. 1 und für einen leitenden Angestellten nach § 3 Abs. 1 Nr. 2 nur ein leitender Angestellter als Ersatzmitglied vorgeschlagen werden. ³Ein Bewerber kann nicht zugleich als Ersatzmitglied vorgeschlagen werden.
(2) Wird ein Bewerber als Aufsichtsratsmitglied gewählt, so ist auch das zusammen mit ihm vorgeschlagene Ersatzmitglied gewählt.

A. Allgemeines

§ 17 enthält **zwingendes Recht**. Hiernach ist die Bestellung von Ersatzmitgliedern zulässig. Die Entscheidung darüber, ob es Ersatzmitglieder geben soll, treffen die Vorschlagsberechtigten, die die einzelnen Wahlvorschläge einreichen. **Zweck** des § 17 ist es, bei einem vorzeitigen Ausscheiden eines AR-Mitglieds der AN keine aufwändige Nachwahl durchführen zu müssen oder Ersatzdelegierte nach den aktienrechtlichen Vorschriften (§§ 6 Abs. 2 i.V.m. 104 Abs. 2, 4 AktG) durch das Gericht bestellen zu lassen.

B. Regelungsgehalt

Nach Abs. 1 kann in jedem Wahlvorschlag für jeden Bewerber ein Ersatzmitglied benannt werden. Dieses Ersatzmitglied muss **derselben Gruppe** wie der Bewerber angehören. Für die Ersatzmitglieder gelten die gleichen Wählbarkeitsvoraussetzungen wie für die Hauptmitglieder. Diese Voraussetzungen müssen vorliegen, wenn das Hauptmitglied sein Amt antritt.[1] Abs. 1 S. 3 untersagt, dass ein Bewerber gleichzeitig als Ersatzmitglied vorgeschlagen werden kann. Diese Regelung soll verhindern, dass ein nicht gewähltes AR-Mitglied über den Umweg der Ersatzmitgliedschaft in den AR gelangt und so das Wahlergebnis verfälscht.[2]

Da Ersatzmitglieder in den einzelnen Wahlvorschlägen nicht zwingend zu benennen sind, ist es durchaus möglich, dass für den gleichen Wahlgang Vorschlagslisten mit und ohne Ersatzmitglieder eingereicht werden. Ebenso kann eine einzelne Wahlliste Bewerber mit und ohne Ersatzmitglieder haben.

Für ein AR-Miglied kann nur ein Ersatzmitglied bestellt werden. Dagegen schließt die Vorschrift nicht aus, dass **ein Ersatzmitglied für mehrere Kandidaten** benannt wird.[3] Im Einzelfall muss hierbei jedoch gewährleistet sein, dass Wahlmanipulationen ausgeschlossen sind. So darf ein Ersatzdelegierter nicht auf konkurrierenden Wahllisten vorgeschlagen werden. Auch dann, wenn nur ein AR-Mitglied zu wählen ist, kann ein Ersatzdelegierter nicht für mehrere Bewerber aufgestellt werden.[4]

Mit der Wahl des Bewerbers ist auch das mit ihm vorgeschlagene Ersatzmitglied gewählt (Abs. 2). Da § 17 die Rechtsstellung des Ersatzmitgliedes nicht regelt, muss gem. § 6 Abs. 2 auf **§ 101 Abs. 3 AktG** zurückgegriffen werden. Hiernach rückt das Ersatzmitglied an die Stelle des Hauptmitglieds, wenn dieses vor Ende der regulären Amtszeit endgültig ausscheidet. Das Ersatzmitglied übernimmt dann sämtliche Rechte und Pflichten des ausgeschiedenen AR-Mitglieds. Vor dem endgültigen Ausscheiden stehen dem Ersatzmitglied keinerlei Rechte und Pflichten zu. Insb. hat es das Hauptmitglied nicht zu vertreten.

C. Verbindung zum Prozessrecht

Streitigkeiten über die Wahl der AN-Vertreter im AR und sind nach §§ 2a Abs. 1 Nr. 3, 80 ArbGG vor den ArbG im Beschl.-Verfahren auszutragen. Die ordentlichen Gerichte sind hingegen bei Streitigkeiten über die Amtszeit oder die Rechtsstellung der Ersatzmitglieder zuständig.

---

1 *Ulmer/Habersack/Henssler*, § 17 Rn 17.
2 *Wlotzke/Wißmann/Koberski/Kleinsorge*, § 17 Rn 7.
3 ErfK/*Oetker*, §§ 10 bis 18 MitbestG Rn 9; *Heinsius*, ZGR 1982, 232.
4 *Raiser*, § 17 Rn 3.

Vierter Unterabschnitt: Unmittelbare Wahl der Aufsichtsratsmitglieder der Arbeitnehmer

§ 18

¹Sind nach § 9 die Aufsichtsratsmitglieder der Arbeitnehmer in unmittelbarer Wahl zu wählen, so sind die Arbeitnehmer des Unternehmens, die das 18. Lebensjahr vollendet haben, wahlberechtigt. ²§ 7 Satz 2 des Betriebsverfassungsgesetzes gilt entsprechend. ³Für die Wahl sind die §§ 15 bis 17 mit der Maßgabe anzuwenden, daß an die Stelle der Delegierten die wahlberechtigten Arbeitnehmer des Unternehmens treten.

A. Allgemeines

1 § 18 legt fest, wie die unmittelbare Wahl der AR-Mitglieder der AN (Urwahl) durchzuführen ist. Es handelt sich um **zwingendes Recht**. Ausführungsvorschriften befinden sich in §§ 37 ff. 1. WOMitbestG, §§ 39 ff. 2. und 3. WOMitbestG.

B. Regelungsgehalt

2 Wahlberechtigt sind nach S. 1 alle AN des Unternehmens, die am Tag der Wahl das 18. Lebensjahr vollendet haben (vgl. § 10). Genau wie bei der mittelbaren Wahl durch Delegierte ist nach der Verweisung des S. 2 auch für die Urwahl § 7 S. 2 BetrVG entsprechend anzuwenden (vgl. § 10 Rn 4 und vgl. § 7 BetrVG Rn 11 ff.). Demnach sind auch Leih-AN wahlberechtigt, wenn sie länger als drei Monate im Betrieb beschäftigt sind.

3 Die wahlberechtigten AN des Unternehmens wählen die sie vertretenden AR-Mitglieder selbst (S. 3) und nicht durch Delegierte. Dies ist der einzige Unterschied zwischen der in § 18 geregelten unmittelbaren Wahl und der Delegiertenwahl. Deshalb verweist § 18 S. 3 auch auf §§ 15 bis 17. Auf die entsprechende Kommentierung wird Bezug genommen.

Fünfter Unterabschnitt: Weitere Vorschriften über das Wahlverfahren sowie über die Bestellung und Abberufung von Aufsichtsratsmitgliedern

§ 19 Bekanntmachung der Mitglieder des Aufsichtsrats

¹Das zur gesetzlichen Vertretung des Unternehmens befugte Organ hat die Namen der Mitglieder und der Ersatzmitglieder des Aufsichtsrats unverzüglich nach ihrer Bestellung in den Betrieben des Unternehmens bekanntzumachen und im elektronischen Bundesanzeiger zu veröffentlichen. ²Nehmen an der Wahl der Aufsichtsratsmitglieder des Unternehmens auch die Arbeitnehmer eines anderen Unternehmens teil, so ist daneben das zur gesetzlichen Vertretung des anderen Unternehmens befugte Organ zur Bekanntmachung in seinen Betrieben verpflichtet.

A. Allgemeines

1 § 19 regelt die Bekanntmachung der Mitglieder des AR durch den gesetzlichen Vertreter des Unternehmens.

B. Regelungsgehalt

2 § 19 ergänzt § 106 AktG, der für alle unter das Gesetz fallende Unternehmen mit Ausnahme der Genossenschaften über § 6 Abs. 2 anzuwenden ist. Die Namen der Mitglieder und der Ersatzmitglieder müssen daher durch das zur gesetzlichen Vertretung des Unternehmens befugte Organ in den Gesellschaftsblättern, im Bundesanzeiger und in den Betrieben bekannt gemacht werden. Darüber hinaus ist das Wahlergebnis beim Handelsregister einzureichen.

3 Die Bekanntgabe hat in den Betrieben des Unternehmens sowie in den Betrieben, deren AN an der Wahl teilgenommen haben, zu erfolgen. Die Bekanntmachung ist an keine Form gebunden; § 7 Abs. 4 1.–3. WOMitbestG, der die Bekanntmachung der Wahlvorstände regelt, kann entsprechend angewendet werden.[1] Die Bekanntmachung hat unverzüglich zu erfolgen.

---

1 *Raiser*, § 19 Rn 1.

Die Bekanntgabe hat bei jeder Bestellung, also bei Nachwahlen, einer gerichtlichen Ersatzbestellung sowie dem Eintritt eines Ersatzmitglieds in den AR zu erfolgen. Beim Ausscheiden eines AR-Mitglieds ist nur § 106 AktG i.V.m.§ 6 Abs. 2, nicht hingegen § 19 anzuwenden.[2]

Unterbleibt die Bekanntgabe, so beginnt die Wahlanfechtungsfrist des § 22 Abs. 2 S. 2 nicht zu laufen.

C. Verbindung zum Prozessrecht

Die Bekanntmachung durch den gesetzlichen Vertreter ist nicht zu verwechseln mit der Bekanntmachung des Wahlergebnisses durch den Wahlvorstand, welche in den §§ 48, 80 1. WOMitbestG, in den §§ 52, 86 2. WOMitbestG und in den §§ 52, 86 3. WOMitbestG geregelt ist.

§ 20 Wahlschutz und Wahlkosten

(1) [1]Niemand darf die Wahlen nach den §§ 10, 15, 16 und 18 behindern. [2]Insbesondere darf niemand in der Ausübung des aktiven und passiven Wahlrechts beschränkt werden.

(2) Niemand darf die Wahlen durch Zufügung oder Androhung von Nachteilen oder durch Gewährung oder Versprechen von Vorteilen beeinflussen.

(3) [1]Die Kosten der Wahlen trägt das Unternehmen. [2]Versäumnis von Arbeitszeit, die zur Ausübung des Wahlrechts oder der Betätigung im Wahlvorstand erforderlich ist, berechtigt den Arbeitgeber nicht zur Minderung des Arbeitsentgelts.

A. Allgemeines

§ 20 dient der ungehinderten Durchführung der Wahl und schützt den AN in der Ausübung des aktiven und passiven Wahlrechts. Er verbietet jede Wahlbeeinflussung durch Begünstigung oder Benachteiligung. Daneben regelt § 20 die Kostentragungspflicht durch das Unternehmen, wenn die Rechtsverfolgung nicht offensichtlich aussichtslos oder mutwillig war.[1]

B. Regelungsgehalt

Da die Regelung inhaltlich mit § 20 BetrVG übereinstimmt, wird auf die dortige Kommentierung verwiesen.

§ 21 Anfechtung der Wahl von Delegierten

(1) Die Wahl der Delegierten eines Betriebs kann beim Arbeitsgericht angefochten werden, wenn gegen wesentliche Vorschriften über das Wahlrecht, die Wählbarkeit oder das Wahlverfahren verstoßen worden und eine Berichtigung nicht erfolgt ist, es sei denn, daß durch den Verstoß das Wahlergebnis nicht geändert oder beeinflußt werden konnte.

(2) Zur Anfechtung berechtigt sind
1. mindestens drei wahlberechtigte Arbeitnehmer des Betriebs,
2. der Betriebsrat,
3. der Sprecherausschuss,
4. das zur gesetzlichen Vertretung des Unternehmens befugte Organ.

Die Anfechtung ist nur binnen einer Frist von zwei Wochen, vom Tag der Bekanntgabe des Wahlergebnisses an gerechnet, zulässig.

A. Allgemeines 1	IV. Rechtsfolgen einer wirksamen Anfechtung 8
B. Regelungsgehalt 2	V. Nichtigkeit der Wahl 9
I. Anfechtungsgründe 2	C. Verbindung zum Prozessrecht und zu anderen
II. Anfechtungsfrist 5	Rechtsgebieten 10
III. Anfechtungsberechtigte 7	D. Beraterhinweise 16

2 MüKo-AktG/*Gach*, Bd. 3, § 19 MitbestG Rn 8; *Raiser*, § 19 Rn 3.
1 BAG 25.5.2005 – 7 ABR 42/04 – BAGE 115, 43 ff. = NZA 2005, 1250, 1252 = AP § 20 MitBestG Nr. 1; LAG Baden-Württemberg 4.7.2007 – 2 TaBV 3/06 – ZBVR online 2007, § 20 MitBestG Nr. 9, 6–11.

A. Allgemeines

1 § 21 regelt die Voraussetzungen für eine Anfechtung der Delegiertenwahl. Die Regelung soll verhindern, dass Fehler bei der Delegiertenwahl sich auf die Wahl der AR-Mitglieder auswirken und so eine Wiederholung der Wahl der AR-Mitglieder erforderlich machen.[1]

B. Regelungsgehalt

I. Anfechtungsgründe

2 Die Anfechtung kann aus denselben Gründen erfolgen wie bei § 19 BetrVG. Auf die dortige Kommentierung (siehe § 19 BetrVG Rn 3 ff.) kann daher verwiesen werden.

3 Die Anfechtung kann sich auf die Wahl insg. oder auch auf die Wahl einzelner Delegierter beziehen. Die Anfechtung der Wahl einzelner Delegierter ist nur zulässig, soweit sich der Wahlverstoß ausschließlich bei ihnen auswirkt und die Rechtmäßigkeit der Wahl der übrigen Delegierten unberührt lässt[2] (z.B. fehlende Wählbarkeit).

4 Die Anfechtung ist nach dem Gesetz ausgeschlossen, wenn eine Berichtigung des Fehlers bei der Durchführung der Wahl bereits erfolgt ist. Die Wahlanfechtung ist zudem ausgeschlossen, wenn der nicht korrigierte Verstoß das Wahlergebnis nicht geändert hat oder nicht beeinflussen konnte. Dabei wird widerleglich vermutet, dass der Verstoß das Wahlergebnis beeinflusst hat.[3]

II. Anfechtungsfrist

5 Die Wahl kann nur innerhalb einer Frist von zwei Wochen vom Tag der Bekanntgabe des Wahlergebnisses an angefochten werden (Abs. 2 S. 2).

6 Die Berechnung erfolgt gem. §§ 187 Abs. 1, 188 Abs. 2 BGB. Wird eine Anfechtungsklage nicht innerhalb der Frist eingereicht, bleibt eine mit Mängeln behaftete Delegiertenwahl wirksam und kann auch im Rahmen eines AR-Wahlanfechtungsverfahrens nicht mehr gerügt werden.

III. Anfechtungsberechtigte

7 Das Recht zur Anfechtung der Delegiertenwahl steht mind. drei gem. § 10 Abs. 3 wahlberechtigten AN des Betriebs, dem BR, dem Sprecherausschuss sowie dem zur gesetzlichen Vertretung des Unternehmens befugten Organ zu. Die Aufzählung ist abschließend; andere Personen sind nicht anfechtungsberechtigt.[4]

IV. Rechtsfolgen einer wirksamen Anfechtung

8 Die Wirkung der Anfechtung entspricht den in § 19 BetrVG dargestellten Grundsätzen. Auf die Kommentierung kann daher verwiesen werden (vgl. § 19 BetrVG Rn 18 ff.). Die Anfechtung wirkt nach h.M. ex nunc und nicht ex tunc, so dass die Delegierten bis zur Rechtskraft der Anfechtungsklage ihr Amt behalten.[5] Haben die Delegierten trotz erfolgreicher Anfechtung an der Wahl des AR mitgewirkt, ist auch die Wahl des AR nach § 22 anfechtbar.

V. Nichtigkeit der Wahl

9 Von der Wahlanfechtung sind die Fälle zu unterscheiden, in denen eine Wahl nichtig ist. Eine nichtige Wahl ist nur in besonderen Ausnahmefällen anzunehmen, in denen gegen wesentliche Grundsätze des Wahlrechts in einem so hohen Maße verstoßen worden ist, dass nicht einmal der Anschein einer dem Gesetz entsprechenden Wahl mehr vorliegt (vgl.§ 19 BetrVG Rn 23 f.).[6] Von einer Nichtigkeit ist etwa auszugehen, wenn ein Delegierter die Voraussetzung des § 10 Abs. 3 nicht erfüllt.[7] Die Nichtigkeit der Wahl kann ohne zeitliche Begrenzung festgestellt werden.

C. Verbindung zum Prozessrecht und zu anderen Rechtsgebieten

10 Die Anfechtung erfolgt durch Anrufung des ArbG gem. §§ 2a Abs. 1 Nr. 3, 80 ArbGG. Vorläufige Maßnahmen können auch im Wege der einstweiligen Verfügung getroffen werden.[8]

---

1 BT-Drucks 7/2172 S. 25.
2 BAG 11.6.1997 – 7 ABR 24/96 – BAGE 86, 117 = DB 1998, 139.
3 MüKo-AktG/*Gach*, Bd. 3, § 21 MitbestG Rn 8.
4 MüKo-AktG/*Gach*, Bd. 3, § 21 MitbestG Rn 11; ErfK/*Oetker*, § 21 MitbestG Rn 3.
5 *Ulmer/Habersack/Henssler*, § 21 MitbestG Rn 33; unklar *Säcker*, ZfA 2008, 51, 74 f.
6 LAG Baden-Württemberg 4.7.2007 – 2 TaBV 3/06 – ZBVR online 2007, § 22 MitbestG Nr. 9, 6–11; *Säcker*, ZfA 2008, 51, 70.
7 *Raiser*, § 21 Rn 13; ErfK/*Oetker*, § 21 MitbestG Rn 5; a.A. *Ulmer/Habersack/Henssler*, § 21 MitbestG Rn 10 ff., 13 m.w.N. zum Streitstand.
8 Vgl. die Rspr. zu § 22: LAG Baden-Württemberg 15.2.1988 – 8 TaBV 2/88 – BB 1988, 1344; LAG Düsseldorf 19.12.1977 – 2 TaBV 37/77 – DB 1978, 255.

Örtlich zuständig ist gem. § 82 Abs. 2 ArbGG das ArbG, in dessen Bezirk das Unternehmen seinen Sitz hat; unerheblich ist also der Sitz des Betriebes, um dessen Delegierte es geht.[9]

Antragsgegner sind die Delegierten, deren Wahl angefochten wird.

Sonstige Verfahrensbeteiligte sind das Unternehmen, der jeweilige BR sowie mindestens drei AN, soweit sie dem Rechtsstreit beitreten. Betriebs- oder Unternehmenswahlvorstände sind zu beteiligen, wenn ihre Entscheidung angegriffen wird. Die Gewerkschaften sind nicht zu beteiligen.

Gegenstand des Anfechtungsantrags ist stets die Delegiertenwahl in einem Betrieb, auch wenn es um die Zuordnung einer AN-Gruppe eines anderen Betriebs geht.[10] Aus dem Antrag – ggf. unter Heranziehung seiner Begründung – muss Gegenstand und Umfang der Wahlanfechtung deutlich hervorgehen. Die Anfechtung kann sich auf die Wahl eines einzelnen Delegierten, einer Gruppe von Delegierten oder sämtliche Delegierten beziehen.[11] Sofern die geltend gemachten Wahlverstöße notwendigerweise die Rechtmäßigkeit der Wahl aller Delegierten betreffen, ist eine Teilanfechtung unzulässig.

Der Antrag soll nach einer Meinung[12] innerhalb der Frist des Abs. 2 S. 2 zumindest so begründet werden, dass eine erfolgreiche Anfechtung möglich erscheint, obwohl dies aus dem Gesetz nicht hervorgeht. Zusätzliche Anfechtungsgründe können auch nach Fristablauf nachgeschoben werden.[13] Die Parteien können das G aber nicht auf einzelne Anfechtungsgründe beschränken; es kann ihnen von Amts wegen nachgehen, nicht aber von sich aus neuen (tatsächlichen) Streitstoff einführen.[14]

Das erforderliche **Rechtsschutzinteresse** besteht auch in Bezug auf die Wahl von Delegierten anderer AN-Gruppen, da die Tätigkeit der von den Delegierten zu wählenden AR-Mitglieder für alle AN bedeutsam ist und weder § 21 noch die Vorschriften in den 1. bis 3. WOMitBestG eine entsprechende Einschränkung vorsehen.[15] Die Anfechtung der AR-Wahl nach § 22 ist dagegen nicht Voraussetzung für den Fortbestand des Rechtsschutzinteresses. Das Rechtsschutzinteresse entfällt, wenn die umstrittenen Delegierten ihr Amt verlieren oder das Wahlergebnis entsprechend dem Antrag berichtigt wird. Insoweit liegt eine Erledigung der Hauptsache vor. Schließlich entfällt das Rechtsschutzinteresse mit Ablauf der Amtszeit des gewählten Gremiums, hier also mit Ablauf der Amtszeit der Delegierten, es sei denn, die Rechtsfrage ist von genereller Bedeutung auch für die nächsten Wahlen.[16]

Einzelne Entscheidungen des Wahlvorstands können selbstständig im Wege der einstweiligen Verfügung angegriffen werden. Dies ist auch erforderlich, da die Anfechtung der Delegiertenwahl ex nunc wirkt und nicht automatisch zur Unterbrechung der Wahl führt. Hierzu bedarf es vielmehr eines Erlasses einer entsprechenden einstweiligen Verfügung.[17] Das Verfahren richtet sich nach den §§ 2a Nr. 3, 80 Abs. 1 ArbGG.

§ 10k MontanMitbestErgG sowie § 19 BetrVG enthalten entsprechende Regelungen.

D. Beraterhinweise

Vor der Wahlanfechtung ist nach h.M. **zwingend** ein Einspruch oder ein Änderungsverlangen gem. § 11 1. WOMitBestG 1, § 12 2. und 3. WOMitBestG und § 10 1. bis 3. WOMitBestG erforderlich, falls dem Anfechtenden diese Rechtsbehelfe zustanden und er ihre Voraussetzungen im Einzelfall kannte oder kennen musste.[18]

Wollen AN des Betriebs die Wahlanfechtung betreiben, ist es ratsam gleich mehr als drei AN in der Antragsschrift aufzuführen. Zwar ist es nach neuerer Rspr. nicht mehr erforderlich, das alle drei AN auch während der Verfahrensdauer wahlberechtigte AN des Betriebs bleiben.[19] Gleiches muss für den Fall gelten, dass ein AN den Antrag gem. §§ 81 Abs. 3 S. 1, 87 Abs. 2 S. 3, 92 Abs. 2 S. 3 ArbGG zurücknimmt, was ohne Zustimmung der anderen AN möglich sein soll.[20] Das Rechtsschutzbedürfnis für die Wahlanfechtung entfällt aber, wenn alle drei AN während der Verfahrensdauer aus dem Betrieb ausscheiden.[21]

Ein gerichtlicher Vergleich ist im Anfechtungsverfahren gem. § 83a Abs. 1 ArbGG nicht möglich, da das MitBestG zwingendes Recht enthält, über das die Parteien nicht disponieren können. Anzuraten ist in einem solchen Fall, einen außergerichtlichen Vergleich abzuschließen und darin die Rücknahme des Antrags nach Ablauf der Frist des Abs. 2 S. 2 zu vereinbaren, da das G dann an einer von dem Vergleich abweichenden Entscheidung gehindert ist.

---

9 *Ulmer/Habersack/Henssler*, § 21 MitbestG Rn 4 m.w.N.
10 *Ulmer/Habersack/Henssler*, § 21 MitbestG Rn 2 m.w.N.
11 ErfK/*Oetker*, § 21 MitBestG Rn 3.
12 *Ulmer/Habersack/Henssler*, § 21 MitbestG Rn 5; *Säcker*, ZfA 2008, 51, 71; entspr. zu § 18 BetrVG: BAG 1.6.1966 – 1 ABR 17/65 – AP § 18 BetrVG 1952 Nr. 15.
13 *Ulmer/Habersack/Henssler*, § 21 MitbestG Rn 5; LAG Baden-Württemberg 4.7.2007 – 2 TaBV 3/06 – ZBVR online 2007 § 22 MitBestG Nr. 9, 6–11.
14 *Ulmer/Habersack/Henssler*, § 21 MitbestG Rn 5 m.w.N.
15 *Ulmer/Habersack/Henssler*, § 21 MitbestG Rn 7 m.w.N. auch zur Gegenansicht.
16 BAG 13.5.1998 – 7 ABR 45/97 – NZA 1999, 276 f.
17 *Ulmer/Habersack/Henssler*, § 21 MitbestG Rn 35; a.A. *Meilicke/Meilicke*, MitBestG, 2. Aufl. 1976, § 22 Rn 21; differenzierend *Raiser*, § 21 Rn 11.
18 *Ulmer/Habersack/Henssler*, § 21 MitbestG Rn 6 m.w.N.
19 So noch BAG 12.2.1985 – 1 ABR 11/84 – BAGE 48, 96 = DB 1985, 1799 = BB 1985, 1330.
20 *Ulmer/Habersack/Henssler*, § 21 MitbestG Rn 6 m.w.N.
21 Nunmehr 15.2.1989 – 7 ABR 9/88 – BAGE 61, 125 = NZA 1990, 115 (unter ausdr. Aufgabe der alten Rspr. BAG 4.12.1986 – 6 ABR 48/85 – NZA 1987, 166).

§ 22 Anfechtung der Wahl von Aufsichtsratsmitgliedern der Arbeitnehmer

(1) Die Wahl eines Aufsichtsratsmitglieds oder eines Ersatzmitglieds der Arbeitnehmer kann beim Arbeitsgericht angefochten werden, wenn gegen wesentliche Vorschriften über das Wahlrecht, die Wählbarkeit oder das Wahlverfahren verstoßen worden und eine Berichtigung nicht erfolgt ist, es sei denn, daß durch den Verstoß das Wahlergebnis nicht geändert oder beeinflußt werden konnte.

(2) Zur Anfechtung berechtigt sind
1. mindestens drei wahlberechtigte Arbeitnehmer des Unternehmens,
2. der Gesamtbetriebsrat des Unternehmens oder, wenn in dem Unternehmen nur ein Betriebsrat besteht, der Betriebsrat sowie, wenn das Unternehmen herrschendes Unternehmen eines Konzerns ist, der Konzernbetriebsrat, soweit ein solcher besteht,
3. der Gesamt- oder Unternehmenssprecherausschuss des Unternehmens oder, wenn in dem Unternehmen nur ein Sprecherausschuss besteht, der Sprecherausschuss sowie, wenn das Unternehmen herrschendes Unternehmen eines Konzerns ist, der Konzernsprecherausschuss, soweit ein solcher besteht,
4. der Gesamtbetriebsrat eines anderen Unternehmens, dessen Arbeitnehmer nach diesem Gesetz an der Wahl der Aufsichtsratsmitglieder des Unternehmens teilnehmen, oder, wenn in dem anderen Unternehmen nur ein Betriebsrat besteht, der Betriebsrat,
5. der Gesamt- oder Unternehmenssprecherausschuss eines anderen Unternehmens, dessen Arbeitnehmer nach diesem Gesetz an der Wahl der Aufsichtsratsmitglieder des Unternehmens teilnehmen, oder, wenn in dem anderen Unternehmen nur ein Sprecherausschuss besteht, der Sprecherausschuss,
6. jede nach § 16 Abs. 2 vorschlagsberechtigte Gewerkschaft,
7. das zur gesetzlichen Vertretung des Unternehmens befugte Organ.

Die Anfechtung ist nur binnen einer Frist von zwei Wochen, vom Tag der Veröffentlichung im elektronischen Bundesanzeiger an gerechnet, zulässig.

A. Allgemeines	1	IV. Rechtsfolgen einer wirksamen Anfechtung	7
B. Regelungsgegenstand	2	V. Nichtigkeit der Wahl	8
I. Anfechtungsgründe	2	**C. Verbindung zu anderen Rechtsgebieten und zum**	
II. Anfechtungsfrist	5	**Prozessrecht**	9
III. Anfechtungsberechtigte	6	**D. Beraterhinweise**	11

A. Allgemeines

1 § 22 regelt die Voraussetzungen der Anfechtung der Wahl der AR-Mitglieder der AN-Seite und deren Ersatzmitglieder zwingend und abschließend.[1] Die Anfechtung der Wahl der AR-Mitglieder der Anteilseigner hingegen erfolgt bei der AG und der KGaA nach § 6 Abs. 2 i.V.m. den §§ 243, 251 AktG. Bei der GmbH findet § 251 AktG entsprechende Anwendung. Bei der Genossenschaft richtet sich die Anfechtung nach § 6 Abs. 2 i.V.m. § 51 GenG.

B. Regelungsgegenstand

I. Anfechtungsgründe

2 Zu den Anfechtungsgründen vgl. die Erläuterungen zu § 19 BetrVG (siehe § 19 BetrVG Rn 3 ff.).

Im Hinblick auf die Anfechtungsmöglichkeit des § 21 muss zwischen der unmittelbaren Wahl der AR-Mitglieder und der mittelbaren Wahl durch Delegierte unterschieden werden.

3 Bei der mittelbaren Wahl kann die Anfechtung der Wahl der AR-Mitglieder der AN-Seite nicht auf Gründe gestützt werden, die Gegenstand eines Anfechtungsverfahrens nach § 21 sein können, es sei denn, diese sind gem. § 21 rechtskräftig angefochten worden (vgl. § 21 Rn 6).[2] Diese Einschränkung gilt entgegen der wohl h.M.[3] dann nicht, wenn diejenigen die Anfechtung erklären, die im Verfahren nach § 21 nicht anfechtungsberechtigt waren.[4] Ansonsten würde es den Antragsberechtigten verwehrt sein, trotz des Vorliegens von zur Anfechtung berechtigenden Tatsachen ein Anfechtungsverfahren einzuleiten.

---

1 *Raiser*, § 22 Rn 4.
2 MüKo-AktG/*Gach*, Bd. 3, § 22 MitbestG Rn 3; a.A. MünchArb/*Wißmann*, Bd. 3, § 378 Rn 60.
3 MüKo-AktG/*Gach*, Bd. 3, § 22 MitbestG Rn 3; *Mathes*, DB 1978, 635.
4 Dafür *Raiser*, § 22 Rn 3; dagegen: ErfK/*Oetker*, § 22 MitBestG Rn 2; MüKo-AktG/*Gach*, Bd. 3, § 22 MitbestG Rn 3; *Mathes*, DB 1978, 635.

Die Anfechtung ist nach dem Gesetz ausgeschlossen, wenn eine Berichtigung des Fehlers bei der Durchführung der Wahl bereits erfolgt ist, der Verstoß das Wahlergebnis nicht geändert hat oder nicht beeinflussen konnte.[5] Erfolgte vor Abschluss des Wahlverfahrens eine Berichtigung eines Fehlers, kann eine Anfechtung auf diesen Fehler nicht mehr gestützt werden. Eine Berichtigung kann auch im Wege der einstweiligen Verfügung erfolgen.[6]

II. Anfechtungsfrist

Die Anfechtung ist nach § 22 nur innerhalb von zwei Wochen nach Veröffentlichung des Wahlergebnisses im elektronischen Bundesanzeiger zulässig (vgl. § 19).

III. Anfechtungsberechtigte

Die Anfechtungsberechtigten zählt das Gesetz abschließend auf. Die Wahl der AR-Mitglieder ist anders als die Delegiertenwahl unternehmensbezogen und nicht betriebsbezogen. Die Gruppe der Anfechtungsberechtigten ist daher unterschiedlich. So müssen die drei AN nur aus demselben Unternehmen, nicht demselben Betrieb stammen und auch GBR und KBR sind gem. Abs. 2 S. 1 Nr. 2 anfechtungsberechtigt. Weitergehend als § 21 erhält auch die nach § 16 Abs. 2 vorschlagsberechtigte Gewerkschaft eine Anfechtungsberechtigung. Abs. 2 S. 1 Nr. 3 und 5 erweitern den Kreis auch auf den SprAu.

IV. Rechtsfolgen einer wirksamen Anfechtung

Die Wirkung der Anfechtung entspricht den in § 19 BetrVG dargestellten Grundsätzen. Auf die Kommentierung hierzu kann daher verwiesen werden (vgl. § 19 BetrVG Rn 18 ff.).

Bis zur Rechtskraft des Beschlusses über die Anfechtung bleibt die Person, deren Wahl angefochten wurde, vollwertiges AR-Mitglied. Unter seiner Beteiligung gefasste AR-Beschlüsse bleiben daher – anders als im Falle der Nichtigkeit der Wahl – wirksam, da die Anfechtung nach h.M. ex nunc und nicht ex tunc wirkt.[7] Nimmt das AR-Mitglied nach Rechtskraft der Entscheidung noch an Abstimmungen teil, sind diese nichtig, wenn die Stimme des Betroffenen den Ausschlag für die Entscheidung gegeben hat.[8]

V. Nichtigkeit der Wahl

Sofern die Wählbarkeitsvoraussetzungen beim AR-Mitglied oder Ersatzmitglied nicht vorliegen, ist nach h.M. die Wahl in analoger Anwendung des § 250 Abs. 1 Nr. 4 AktG nichtig und nicht nur anfechtbar. Dies folge aus § 24 Abs. 1, nach dem der Verlust der Wählbarkeitsvoraussetzung bereits zum Erlöschen des Amtes des AR-Mitglieds führe (siehe auch § 21 Rn 9).[9]

C. Verbindung zu anderen Rechtsgebieten und zum Prozessrecht

Solange ein Verfahren gem. § 21 (siehe § 21 Rn 10 ff.) anhängig ist, muss ein Prozess gem. § 22 entsprechend § 148 ZPO ausgesetzt werden, wenn nicht ausgeschlossen werden kann, dass das Ergebnis des Verfahrens gem. § 21 das Verfahren gem. § 22 beeinflussen kann. Unter dieser Voraussetzung ist auch eine Verbindung beider Verfahren zulässig, um widersprüchliche Entscheidungen zu vermeiden.

§ 10l MontanMitbestErgG sowie § 19 BetrVG enthalten entsprechende Regelungen.

D. Beraterhinweise

Einzelne Entscheidungen des Wahlvorstands können selbstständig im Wege der einstweiligen Verfügung angegriffen werden. Das Verfahren richtet sich nach den §§ 2a Nr. 3, 80 Abs. 1 ArbGG (siehe auch § 21 Rn 16 ff.). Vgl. auch die Darstellung von *Säcker*[10] zu aktuellen Rechtsfragen zur Anfechtung der AR-Wahl.

---

5 LAG Baden-Württemberg 4.7.2007 – 2 TaBV 3/06 – ZBVR online 2007, § 22 MitBestG Nr. 9, 6–11.
6 LAG Baden-Württemberg 15.2.1988 – 8 TaBV 2/88 – BB 1988, 1344; LAG Düsseldorf 19.12.1977 – 2 TaBV 37/77 – DB 1978, 255.
7 *Ulmer/Habersack/Henssler*, § 22 MitbestG Rn 18; a.A. *Säcker*, ZfA 2008, 51, 69 ff.
8 BGH 17.4.1967 – II ZR 157/64 – BGHZ 47, 341 = NJW 1967, 1711.
9 MüKo-AktG/*Gach*, Bd. 3, § 22 MitbestG Rn 3.
10 *Säcker*, ZfA 2008, 51, 69 ff.

§ 23 Abberufung von Aufsichtsratsmitgliedern der Arbeitnehmer

(1) ¹Ein Aufsichtsratsmitglied der Arbeitnehmer kann vor Ablauf der Amtszeit auf Antrag abberufen werden. ²Antragsberechtigt sind für die Abberufung eines
1. Aufsichtsratsmitglieds der Arbeitnehmer nach § 3 Abs. 1 Nr. 1 drei Viertel der wahlberechtigten Arbeitnehmer nach § 3 Abs. 1 Nr. 1,
2. Aufsichtsratsmitglieds der leitenden Angestellten drei Viertel der wahlberechtigten leitenden Angestellten,
3. Aufsichtsratsmitglieds, das nach § 7 Abs. 2 Vertreter einer Gewerkschaft ist, die Gewerkschaft, die das Mitglied vorgeschlagen hat.

(2) ¹Ein durch Delegierte gewähltes Aufsichtsratsmitglied wird durch Beschluß der Delegierten abberufen. ²Dieser Beschluss wird in geheimer Abstimmung gefasst; er bedarf einer Mehrheit von drei Vierteln der abgegebenen Stimmen.

(3) ¹Ein von den Arbeitnehmern unmittelbar gewähltes Aufsichtsratsmitglied wird durch Beschluß der wahlberechtigten Arbeitnehmer abberufen. ²Dieser Beschluss wird in geheimer, unmittelbarer Abstimmung gefasst; er bedarf einer Mehrheit von drei Vierteln der abgegebenen Stimmen.

(4) Die Absätze 1 bis 3 sind für die Abberufung von Ersatzmitgliedern entsprechend anzuwenden.

A. Allgemeines

1 § 23 regelt zwingend die Abberufung von AR-Mitgliedern der AN sowie deren Ersatzmitglieder. Die Abberufung von Anteilseignervertretern im AR ist in § 103 Abs. 1 und 2 AktG (für die GmbH i.V.m. § 52 Abs. 1 GmbHG) und § 36 Abs. 3 GenG geregelt. Daneben kann auf Antrag des AR jedes AR-Mitglied aus wichtigem Grund nach § 6 Abs. 2 i.V.m. § 103 Abs. 3 AktG durch gerichtlichen Beschl abberufen werden.[1]

B. Regelungsgehalt

2 Abs. 1 bestimmt den Kreis der Antragsberechtigten. Dieser bestimmt sich spiegelbildlich zum Wahlverfahren: Nur der Kreis der AN, der das AR-Mitglied bestellt hat, kann dieses abberufen. Antragsberechtigt sind ¾ der wahlberechtigten AN i.S.v. § 3 Abs. 1 Nr. 1 oder ¾ der wahlberechtigten leitenden Ang i.S.v. § 3 Abs. 1 Nr. 2 sowie die Gewerkschaft, die das Mitglied vorgeschlagen hat. Gerichtlich bestellte AR-Mitglieder können nicht nach § 23, sondern nur durch gegenteiligen Gerichtsbeschluss oder Ersatzwahl abberufen werden.

3 Der Antrag ist beim BR, in Unternehmen mit mehreren Betrieben beim GBR, in Konzernen beim KBR zu stellen, der dann den Wahlvorstand einzuberufen und das weiterer Verfahren zu leiten hat. Er kann frühestens nach Beginn der Amtszeit des betroffenen AR-Mitglieds gestellt werden. Nähere Regelungen finden sich in den §§ 82 ff. 1. WOMitbestG, 2. WOMitbestG und §§ 88 ff. 3. WOMitbestG.

4 Abs. 2 und 3 regelt die Beschlussfassung der Abberufung. Auch hier wird der Beschl von dem Gremium gefasst, das für die Wahl zuständig war. Bei der mittelbaren Wahl durch Delegierte beschließen diese die Abberufung, bei der unmittelbaren Wahl durch die AN, die AN. Der Beschl über die Abberufung ist nach § 6 Abs. 2 i.V.m. § 106 AktG bekannt zu machen.

5 Gem. Abs. 4 können auch die Ersatzmitglieder der AN nach § 23 abberufen werden. Einer Bekanntmachung bedarf es in diesem Fall nicht, da das Ersatzmitglied nicht AR-Mitglied ist und ein Wechsel in der Besetzung des AR daher nicht eintritt.[2] Der Abberufungs-Beschl kann in entsprechender Anwendung des § 22 auch angefochten werden.[3]

C. Verbindung zum Prozessrecht

6 Streitigkeiten im Zusammenhang mit der Abberufung sind im arbeitsgerichtlichen Beschl-Verfahren nach §§ 2a Abs. 1 Nr. 3, 80 Abs. 1 ArbGG auszutragen.

Die Abberufung und die Ablehnung der Abberufung können entsprechend § 22 von den nach § 22 Abs. 2 Anfechtungsberechtigten angefochten werden, wenn gegen Vorschriften des Abberufungsverfahrens verstoßen worden ist (siehe § 22 Rn 6, 10; vgl. § 21 Rn 10 ff.). Bei sehr groben Verstößen kann die Abberufung auch nichtig sein. Dagegen unterliegen die Gründe für oder gegen die Abberufung keiner gerichtlichen Kontrolle.

---

[1] MüKo-Akt/*Gach*, Bd. 3, § 23 MitbestG Rn 1.
[2] *Raiser*, § 23 Rn 7.
[3] *Raiser*, § 23 Rn 8.

Die zweiwöchige Anfechtungsfrist beginnt nach h.M. entsprechend § 22 Abs. 2 S. 2 i.V.m. § 6 MitBestG und § 106 AktG mit der Bekanntmachung des ausscheidenden AR-Mitglieds oder der Ablehnung der Abberufung in den Gesellschaftsblättern.[4]

Die Anfechtung wirkt wie bei Wahlen für die Zukunft.

§ 24 Verlust der Wählbarkeit und Änderung der Zuordnung unternehmensangehöriger Aufsichtsratsmitglieder

(1) Verliert ein Aufsichtsratsmitglied, das nach § 7 Abs. 2 Arbeitnehmer des Unternehmens sein muß, die Wählbarkeit, so erlischt sein Amt.

(2) Die Änderung der Zuordnung eines Aufsichtsratsmitglieds zu den in § 3 Abs. 1 Nr. 1 oder § 3 Abs. 1 Nr. 2 genannten Arbeitnehmern führt nicht zum Erlöschen seines Amtes.

A. Regelungsgehalt

Bei AR-Mitgliedern der AN, die nach § 7 Abs. 2 dem Unternehmen angehören müssen, bestimmt § 24, dass bei Verlust der Wählbarkeit auch das Amt erlischt. Für von Gewerkschaften vorgeschlagene Mitglieder gilt die Vorschrift nicht.[1]

Sofern die persönlichen Wählbarkeitsvoraussetzungen gem. § 100 Abs. 1 und 2 AktG i.V.m. § 6 Abs. 2 wegfallen, erlischt das Amt schon nach aktienrechtlichen Regeln. Hauptanwendungsfälle des Abs. 1 sind daher der Verlust der AN-Eigenschaft oder das Ausscheiden des AR-Mitglieds aus dem Unternehmen.

Wechselt ein AR-Mitglied der AN zu einem anderen Unternehmen, das auch an der Wahl zum AR teilgenommen hat (vgl. §§ 4 und 5) ist anzunehmen, dass in diesem Fall nicht das AR-Amt erlischt.[2] Ein AN-Vertreter im AR verliert hingegen seine Wählbarkeit, wenn er aus dem Unternehmen ausscheidet, er also bspw. im Rahmen der Altersteilzeit im sog. Blockmodell in die Freistellungsphase eintritt, da er bereits mit der Freistellung endgültig aus dem Unternehmen ausscheidet.[3]

Wird ein AR-Mitglied vom AN zum leitenden Ang oder umgekehrt, führt dies nach Abs. 2 nicht zum Erlöschen der AR-Mitgliedschaft. Entsprechend gilt dies auch für Ersatzmitglieder.[4]

B. Verbindung zu anderen Rechtsgebieten und zum Prozessrecht

Abs. 1 entspricht § 24 Nr. 4 BetrVG (vgl. dazu § 24 BetrVG Rn 16 ff.).

Streitigkeiten über den Verlust der Wählbarkeit nach § 24 und den dadurch eintretenden Verlust des Mandats sind nach §§ 2a Abs. 1 Nr. 3, 80 Abs. 1 ArbGG im Beschl-Verfahren vor den ArbG anhängig zu machen.[5] Zwar ist der Fall einer Streitigkeit über den Verlust der Wählbarkeit nicht ausdr. in § 2a Abs. 1 Nr. 3 ArbGG erwähnt. Die ArbG sollen aber über solche Fragen entscheiden, die gerade die AN-Vertreter betreffen und nicht für die Anteilseignerseite in gleicher Weise gelten.

Dritter Abschnitt: Innere Ordnung, Rechte und Pflichten des Aufsichtsrats

§ 25 Grundsatz

(1) Die innere Ordnung, die Beschlußfassung sowie die Rechte und Pflichten des Aufsichtsrats bestimmen sich nach den §§ 27 bis 29, den §§ 31 und 32 und, soweit diese Vorschriften dem nicht entgegenstehen,
1. für Aktiengesellschaften und Kommanditgesellschaften auf Aktien nach dem Aktiengesetz,

---

4 *Ulmer/Habersack/Henssler*, § 23 MitbestG Rn 26 m.w.N. zum Meinungsstand.
1 ErfK/*Oetker*, § 24 MitbestG Rn 1; *Raiser*, § 24 Rn 2; a.A. *Ulmer/Habersack/Henssler*, § 24 MitbestG Rn 2 und 6.
2 ErfK/*Oetker*, § 24 MitbestG Rn 1.
3 BAG 25.10.2000 – 7 ABR 18/00 – BAGE 96, 163 = NZA 2001, 461.
4 *Raiser*, § 24 Rn 3.
5 LAG Hamburg 1.3.2000 – 5 TaBV 4/99 – DB 2000, 1770; BAG 31.1.1969 – 1 ABR 10/68 – AP § 76 BetrVG Nr. 19; a.A. *Raiser*, § 24 Rn 4; *Ulmer/Habersack/Henssler*, § 24 MitbestG Rn 9 m.w.N.

2. für Gesellschaften mit beschränkter Haftung nach § 90 Abs. 3, 4 und 5 Satz 1 und 2, den §§ 107 bis 116, 118 Abs. 3, § 125 Abs. 3 und 4 und den §§ 170, 171 und 268 Abs. 2 des Aktiengesetzes,
3. für Genossenschaften nach dem Genossenschaftsgesetz.

(2) Andere gesetzliche Vorschriften und Bestimmungen der Satzung (des Gesellschaftsvertrags) oder der Geschäftsordnung des Aufsichtsrats über die innere Ordnung, die Beschlußfassung sowie die Rechte und Pflichten des Aufsichtsrats bleiben unberührt, soweit Absatz 1 dem nicht entgegensteht.

A. Allgemeines 1	1. Verfahren des Aufsichtsrats 6
I. Struktur 1	2. Ausschüsse 7
II. Auslegungsgrundsätze und Gestaltungsfreiheit in Satzung und Geschäftsordnung 2	II. Beschlussfassung 9
	III. Rechte und Pflichten des Aufsichtsrats 10
B. Regelungsgehalt 6	IV. Rechtsstellung der Aufsichtsratsmitglieder 18
I. Innere Ordnung 6	C. Verbindung zum Prozessrecht 20

A. Allgemeines

I. Struktur

1 Für die innere Ordnung, die Beschlussfassung, und die Rechte und Pflichten des AR regelt § 25 das Rangverhältnis der anzuwendenden Normen und Regelungen. § 25 ist die zentrale Norm des MitbestG. In erster Linie gelten die speziellen Vorschriften des MitbestG. Innerhalb der durch das MitbestG gezogenen Grenzen gelten modifiziert die rechtsformspezifischen Vorschriften des Gesellschaftsrechts. Schließlich sind privatautonome Regelungen in der Satzung oder der Geschäftsordnung des AR zulässig, soweit sie weder den Vorschriften des MitbestG noch den in Abs. 1 genannten gesellschaftsrechtlichen Vorschriften noch anderem zwingendem Recht widersprechen. Ausdr. geregelt ist auch die Fortgeltung der besonderen Mehrheitserfordernisse nach § 4 Abs. 2 Volkswagengesetz im Fall der Errichtung und Verlegung von Produktionsstätten dieses Unternehmens.

II. Auslegungsgrundsätze und Gestaltungsfreiheit in Satzung und Geschäftsordnung

2 Aufgrund der rechtstechnisch nicht geglückten Vorschrift des § 25 bestehen Widersprüche und Lücken, die aufgelöst und geschlossen werden müssen. Das MitbestG beansprucht nach dem klaren Wortlaut der Bestimmung den Vorrang vor dem Gesellschaftsrecht. Sofern Regelungen des MitbestG im Widerspruch zum Gesellschaftsrecht stehen, sind die Regelungen des MitbestG daher maßgeblich.

3 Wie bestehende Regelungslücken zu schließen sind, richtet sich nach den klassischen Auslegungskriterien (grammatikalische, historische, systematische und teleologische Auslegung). Die Ansicht, nach der sich die Interpretation der Vorschriften stets an einem übergeordneten Prinzip der paritätischen Mitbestimmung zu orientieren hat,[1] sowie die andere extreme Auffassung, nach der in Zweifelsfällen stets dem Gesellschaftsrecht der Vorrang einzuräumen ist,[2] sind abzulehnen.

4 Weder lässt sich dem Gesetz ein übergeordnetes Prinzip paritätischer Mitbestimmung entnehmen noch ist davon auszugehen, dass das MitbestG grds. eng auszulegen ist. Es ist letztlich die Interpretation maßgeblich, die die Zielsetzungen beider Gesetze und den dort gemachten Vorgaben an eine Interpretation im Sinn einer praktischen Konkordanz am weitreichendsten verwirklicht. Sofern die zu schließende Lücke „mitbestimmungsneutral" ist, ist allein das Gesellschaftsrecht maßgeblich.[3]

5 Nach diesen Auslegungsgrundsätzen ist auch zu entscheiden, wie weit die Arbeitsweise des AR in der Satzung oder einer Geschäftsordnung geregelt werden kann. Allg. lässt sich sagen, dass nach dem MitbestG alle Geschäftsordnungs- und Verfahrensregeln unzulässig sind, welche die vom Gesetzgeber gewollte Ausgestaltung des Paritätsprinzips und das im Gesetz geregelte Zusammenspiel der Gruppen im AR verändern oder die Funktionsfähigkeit des AR als Unternehmensorgan vermindern würden. Dabei muss auch die Gleichberechtigung aller AR-Mitglieder gewährleistet bleiben.[4]

B. Regelungsgehalt

I. Innere Ordnung

6 **1. Verfahren des Aufsichtsrats.** Die wesentlichen Vorschriften über die Organisation des AR und seine innere Ordnung finden sich in den §§ 107 bis 110 AktG, für die GmbH i.V.m. Abs. 1 S. 1 Nr. 2. Auf die Genossenschaften

---

[1] So: GK-MitbestG/*Naendrup*, § 25 Rn 13.
[2] *Martens*, AG 1976, 115; *Zöllner*, AG 1981, 13, 15.
[3] *Ulmer/Habersack/Henssler*, § 25 MitbestG Rn 6.
[4] *Raiser*, § 25 Rn 15.

sind die §§ 107 bis 110 AktG nicht anzuwenden. Für sie gelten nur die §§ 36 bis 41 GenG. Insoweit besteht für die AR-Mitglieder der Genossenschaft kein Stellvertretungsverbot.[5]

Abw. Festlegungen enthält das MitbestG im Bezug auf die Wahl des AR-Vorsitzenden und seines Stellvertreters (§ 27), die Beschlussfähigkeit des AR (§ 28) sowie Festlegungen der für das Zustandekommen eines Beschl erforderlichen Mehrheiten (§ 29).

2. Ausschüsse. Das Recht zur Bestellung von AR-Ausschüssen fällt in die Organisationsautonomie des AR und kann nicht durch die Satzung beschränkt werden. Unzulässig sind Regelungen, die die Bildung von AR-Ausschüssen an höhere Mehrheiten knüpfen, als in § 29 vorgesehen oder die Besetzung näher regeln.[6] Sie muss daher für **jeden Einzelfall** gesondert getroffen werden. Hinsichtlich der Zusammensetzung der AR-Ausschüsse finden sich keine gesetzlichen Festlegungen. Ob aufgrund des Mitbestimmungsrechts bestimmte Forderungen an die Zusammensetzung zu stellen sind, ist äußerst umstr. Während eine Auffassung[7] den Ausschluss von AN-Vertretern aus Ausschüssen für eine rechtswidrige Diskriminierung der AN-Vertreter hält, die zur Nichtigkeit der Wahl führen soll, will die gegenteilige Ansicht[8] die Bildung von Ausschüssen auch ohne AN-Vertreter zulassen. Durch die Verlagerung von Entscheidungskompetenzen in die Ausschüsse droht jedoch eine Benachteiligung der AN-Vertreter im AR. Daher muss zumindest gewährleistet bleiben, dass **ein AN-Vertreter** dem Ausschuss angehört – sofern die AN-Vertreter nicht übereinstimmend darauf verzichten – und die nicht paritätische Zusammensetzung **sachlich gerechtfertigt** ist.[9]

Für Genossenschaften gelten die Vorschriften über die Bildung von AR-Ausschüssen nicht. Es ist aber allg. anerkannt, dass auch der AR einer Genossenschaft AR-Ausschüsse bilden kann.[10] Über die Besetzung gilt dann das unter Rn 7 Gesagte.

II. Beschlussfassung

§§ 27 bis 29 sowie die §§ 31, 32 modifizieren die allg. aktienrechtlichen Regelungen. Auf die jeweilige Kommentierung wird verwiesen.

III. Rechte und Pflichten des Aufsichtsrats

Das MitbestG enthält lediglich Regelungen zur Bestellung der Mitglieder des gesetzlichen Vertretungsorgans sowie des Widerrufs derselbigen (§ 31) und zur Ausübung von Beteiligungsrechten (§ 32). Soweit das Mitbestimmungsrecht keine Regelungen trifft, verbleibt es bei den Kompetenzen der Gesellschaftsorgane.[11] So obliegt es dem Vorstand, die Geschäfte der AG bzw. der Genossenschaft zu führen (§ 76 Abs. 1 AktG und § 27 Abs. 1 S. 1 GenG). Bei der GmbH ist die Gesellschafterversammlung als oberstes Organ grundsätzlich für alle das Unternehmen betreffenden Entscheidungen einschließlich Weisungen gegenüber den Geschäftsführern zuständig (vgl. §§ 37, 46 GmbHG). Kraft der ihnen zustehenden Privatautonomie können die Anteilseigner in der Satzung oder durch Beschl die ihnen zustehenden Befugnisse auf den AR übertragen. Sieht die Gesellschafterversammlung davon ab, so bleiben ihre Zuständigkeiten bestehen.[12]

Neben der **Personalkompetenz** hinsichtlich der Vorstände und ggf. Geschäftsführer (mit Ausn. der KGaA, § 31 Abs. 1 S. 1) hat der AR v.a. **Überwachungsfunktionen** (§ 111 Abs. 1 AktG, § 38 Abs. 1 S. 1 GenG). Im herrschenden Unternehmen eines Konzerns erstreckt sich die Überwachung auch auf die Konzernleitung.[13]

Anders als bei der AG und der KGaA sind die GmbH-Geschäftsführer wegen eines fehlenden Verweises auf § 90 Abs. 1, Abs. 2 AktG in § 25 Abs. 1 S. 1 Nr. 2 nicht zu einer periodischen **Berichterstattung** verpflichtet.[14] Der AR kann allerdings über § 90 Abs. 3 AktG ein solches Verlangen geltend machen.[15]

Bei der Genossenschaft gibt es – wie bei der GmbH – keine Berichtspflicht; der AR kann aber eine Berichterstattung nach § 38 Abs. 1 S. 2 GenG verlangen.

Der **Jahresabschluss und der Lagebericht** müssen von allen geschäftsführenden Organen vorgelegt und vom AR geprüft werden, (Abs. 1 Nr. 2 i.V.m. §§ 170, 171 AktG; § 38 Abs. 1 S. 3 GenG). Die Feststellung des Jahresabschlus-

---

5 ErfK/*Oetker*, § 25 MitbestG Rn 10.
6 BGH 25.2.1982 – II ZR 123/81 – BGHZ 83, 106 = NJW 1982, 1525; MüKo-Akt/*Gach*, Bd. 3, § 25 MitbestG Rn 8.
7 OLG München 27.1.1995 – 23 U 4282/94 – NJW-RR 1995, 1249–1251 = BB 1995, 1051-1052; LG Frankfurt 19.12.1995 – 2/14 O 183/95 u. 2–14 O 183/95 – ZIP 1996, 1661 ff.
8 OLG Hamburg 6.3.1992 – 11 U 134/91 – ZIP 1992, 1310 = DB 1992, 774; *Hoffmann/Lehmann/Weinmann*, § 25 Rn 39.
9 Wie hier: MünchArb/*Wißmann*, Bd. 3, § 380 Rn 16 m.w.N.; vgl. BGH 17.5.1993 – II ZR 89/92 – BGHZ 122, 342–363 = NJW 1993, 2307 ff.
10 *Beuthien*, GenG, § 36 Rn 20.
11 *Ulmer/Habersack/Henssler*, § 25 Rn 44.
12 BGH 6.3.1997 – II ZB 4/96 – BGHZ 135, 48 = DB 1997, 1269.
13 *Raiser*, § 25 Rn 69.
14 *Wlotzke/Wißmann/Koberski/Kleinsorge*, § 25 Rn 71; *Ulmer/Habersack/Henssler*, § 25 MitbestG Rn 55; *Raiser*, § 25 Rn 69.
15 *Wlotzke/Wißmann/Koberski/Kleinsorge*, § 25 Rn 71; *Ulmer/Habersack/Henssler*, § 25 MitbestG Rn 55.

ses obliegt nur bei der AG dem AR (vgl. § 172 S. 1 AktG), ansonsten der Anteilseignerversammlung (für die KGaA: § 286 Abs. 1 AktG; für die GmbH: § 46 Nr. 6 GmbHG; für die Genossenschaft: § 48 Abs. 1 GenG).

15 **Maßnahmen der Geschäftsführung** können dem AR nicht übertragen werden (§ 111 Abs. 4 S. 1 AktG). Nach § 111 Abs. 4 S. 2 AktG kann der AR bestimmen, dass bestimmte Arten von Geschäften nur mit seiner Zustimmung vorgenommen werden dürfen. So können die für die langfristige Unternehmensplanung maßgebenden Investitions-, Organisations- und Finanzierungsentscheidungen von der Zustimmung des AR abhängig gemacht werden.[16]

16 Der Zustimmungsvorbehalt nach § 111 Abs. 4 S. 2 AktG gilt nicht für die KGaA (§ 278 Abs. 2 AktG) und mangels Verweises auch nicht für die Erwerbs- und Wirtschaftsgenossenschaft.

17 Bei der GmbH steht die Befugnis des AR, bestimmte Geschäfte von seiner Zustimmung abhängig zu machen, in Widerspruch zu dem Weisungsrecht der Gesellschafterversammlung. Wie dieser Konflikt zu lösen ist, ist umstr.[17] Angesichts des Verweises von Abs. 1 Nr. 2 auf § 111 AktG kann eine Gesellschafterversammlung eine vom AR versagte Zustimmung nur ersetzen, wenn das Vertretungsorgan ihr die Angelegenheit vorlegt und sie mit einer Mehrheit von mind. ¾ der abgegebenen Stimmen darüber beschließt (vgl. § 111 Abs. 4 S. 4 AktG). Daraus folgt, dass die Gesellschafterversammlung im Fall einer Zustimmungsverweigerung des AR die von ihr beschlossenen Geschäftsführungsmaßnahmen nur noch durchsetzen kann, wenn der Beschl eine Dreiviertelmehrheit erzielt.[18] Dabei ist – abw. von § 111 Abs. 4 S. 3 AktG – die Gesellschafterversammlung nicht auf das Verlangen der Geschäftsführer angewiesen, da die Kompetenz der Gesellschafterversammlung gegenüber der Geschäftsführung im Rahmen des MitbestG, abw. von § 119 Abs. 2 AktG fortbesteht.[19]

IV. Rechtsstellung der Aufsichtsratsmitglieder

18 Das Mitglied des AR ist Organ des Unternehmens und hat die kraft Gesetzes oder Satzung bestehenden Rechte und Pflichten. Es muss an allen AR-Sitzungen (§ 109 Abs. 1 AktG i.V.m. § 25 AktG) und darf an Sitzungen der Ausschüsse (§ 109 Abs. 2 AktG) und Anteilseignerversammlungen (§ 118 Abs. 2 AktG) teilnehmen. Letzteres gilt auch für AR-Mitglieder der GmbH, da Abs. 1 Nr. 2 auf § 118 AktG verweist.

19 Neben der Organstellung besteht ein Anstellungsverhältnis zum Unternehmen. Kraft des Anstellungsverhältnisses haben die AR-Mitglieder Anspruch auf Ersatz der ihnen durch ihre Tätigkeit entstehenden Auslagen. Daneben kann den AR-Mitgliedern eine Vergütung durch Satzung oder HV-Beschluss gewährt werden.[20]

C. Verbindung zum Prozessrecht

20 Über Streitigkeiten, welche die innere Ordnung, die Beschlussfassung des AR sowie die Rechte und Pflichten der AR-Mitglieder betreffen, entscheiden die ordentlichen Gerichte.

---

§ 26 Schutz von Aufsichtsratsmitgliedern vor Benachteiligung

¹Aufsichtsratsmitglieder der Arbeitnehmer dürfen in der Ausübung ihrer Tätigkeit nicht gestört oder behindert werden. ²Sie dürfen wegen ihrer Tätigkeit im Aufsichtsrat eines Unternehmens, dessen Arbeitnehmer sie sind oder als dessen Arbeitnehmer sie nach § 4 oder § 5 gelten, nicht benachteiligt werden. ³Dies gilt auch für ihre berufliche Entwicklung.

A. Allgemeines 1	2. Schulungsveranstaltungen 4
B. Regelungsgehalt 2	3. Kündigungsschutz 5
I. Behinderungsverbot 2	II. Benachteiligungsverbot 8
1. Freistellung von der Arbeit und Entgelt 3	C. Verbindung zum Prozessrecht 9

A. Allgemeines

1 Die Vorschrift dient dem Schutz der ungestörten Amtsausübung der AR-Mitglieder der AN. Das an alle gerichtete Behinderungs- und Benachteiligungsverbot gilt für alle AR-Mitglieder der AN auch für die Ersatzmitglieder. Es ist ein Verbotsgesetz i.S.d. § 134 BGB. Für die AR-Mitglieder der Anteilseigner gilt die Vorschrift nicht. Für sie verbleibt

---

16 *Raiser*, § 25 Rn 76.
17 Vgl. zum Streitstand: *Raiser*, § 25 Rn 89; ErfK/*Oetker*, § 25 MitbestG Rn 14.
18 Wie hier *Wlotzke/Wißmann/Koberski/Kleinsorge*, § 25 Rn 69; *Raiser*, § 25 Rn 89; a.A.: *Zöllner*, ZGR 1977, 319, 327 f.
19 Im Ergebnis: BGH 6.3.1997 – II ZB 4/96 – BGHZ 135, 48 = DB 1997, 1269; *Raiser*, § 25 Rn 90; ErfK/*Oetker*, § 25 MitbestG Rn 14.
20 Zu den Voraussetzungen: *Raiser*, § 25 Rn 103 ff.

es bei den gesellschaftsrechtlichen Bestimmungen. Ein Verbot von Begünstigung enthält § 26 nicht. Sachlich nicht gerechtfertigte Begünstigungen können aber gegen den arbeitsrechtlichen Gleichbehandlungsgrundsatz verstoßen.[1]

B. Regelungsgehalt

I. Behinderungsverbot

Nach S. 1 ist jedes Handeln oder Unterlassen verboten, das die Ausübung der Tätigkeit der AR-Mitglieder der AN objektiv beeinträchtigt. Satzungsbestimmungen und Geschäftsordnungsvorschriften, welche die Tätigkeit der AN-Vertreter im AR behindern, sind nichtig. Hierunter fällt z.B. eine nicht gerechtfertigte unterparitätische Besetzungsregelung der AR-Ausschüsse (vgl. § 25 Rn 7).

1. Freistellung von der Arbeit und Entgelt. Die Wahl zum AR begründet für das Mitglied ein neben dem Arbverh bestehendes Rechtsverhältnis zum Unternehmen. Die Verpflichtungen aus dem Arbeitsvertrag bleiben grds. neben dem AR-Amt weiterhin in vollem Umfang bestehen. Sofern allerdings Tätigkeiten für das AR-Mandat während der Arbeitszeit erforderlich sind, folgt aus § 26 einen Anspruch auf Freistellung von der Arbeit in dem zur Ausübung seines Amts erforderlichen Umfang. Ob der AG verpflichtet ist, für diese Zeit das Entgelt fortzuzahlen, ist umstr. Während eine Auff. grds. einen Vergütungsanspruch bejaht,[2] lehnen andere zumindest dann eine Vergütungspflicht ab, wenn die Tätigkeit angemessen durch die AR-Vergütung ausgeglichen wird.[3] Richtigerweise muss sich der AN dann die AR-Vergütung anrechnen lassen, wenn sich der Anteil der mit der AR-Vergütung gewährten Entschädigung wegen Zeitversäumnissen betragsmäßig beziffern lässt.[4] Dies ist z.B. bei der Zahlung von Sitzungsgeldern der Fall.

2. Schulungsveranstaltungen. AR-Mitglieder müssen nicht für Schulungsveranstaltungen freigestellt werden, da eine den §§ 37 Abs. 6 und 7 BetrVG entsprechende Regelung fehlt. Sofern allerdings für die AR-Tätigkeit eine besondere **fachliche Qualifikation erforderlich** ist, die das AR-Mitglied nicht hat, so hat dieses einen Anspruch auf Bezahlung der Schulungskosten aus § 670 BGB gegen das Unternehmen.[5]

3. Kündigungsschutz. AR-Mitglieder haben aufgrund ihrer Stellung keinen Künd-Schutz. Weder § 15 KSchG noch § 103 BetrVG sind entsprechend anwendbar, da keine planwidrige Regelungslücke vorliegt.[6] Will der AG allerdings das AR-Mitglied maßregeln oder durch die Künd an der Ausübung des AR-Mandats hindern, ist die Künd unwirksam (sog. relativer Künd-Schutz).[7]

Verstößt ein AR-Mitglied allein gegen Pflichten aus dem AR-Verhältnis, ist die Künd unwirksam.[8] Die Pflichtverletzung kann nur gesellschaftsrechtlich z.B. durch Abberufung nach § 6 Abs. 2 i.V.m. § 103 Abs. 3 AktG geahndet werden.

Beinhaltet die Pflichtverletzung zugleich eine Verletzung der arbeitsvertraglichen Verpflichtungen, so ist nach der h.A. – in Anlehnung an die Rspr. des BAG zu § 103 BetrVG[9] – ein besonders strenger Maßstab an die Darlegung des Grundes anzulegen.[10] Dem kann nicht gefolgt werden. Der Umstand, dass die Pflichtverletzung aus einer Konfliktsituation des Amtsträgers heraus entstanden sein kann, rechtfertigt nicht die Einführung eines anderen Prüfungsmaßstabs. Sofern die Konfliktsituation tatsächlich bestanden hat, ist sie im Rahmen der nach § 626 BGB und § 1 KSchG vorzunehmenden Interessenabwägung zugunsten des Amtsträgers zu berücksichtigen.[11]

II. Benachteiligungsverbot

Das Benachteiligungsverbot schützt die AR-Mitglieder der AN vor sachlich nicht gerechtfertigten Ungleichbehandlungen. Es erstreckt sich auf die Zeit vor Beginn der Amtszeit und nach Beendigung, sofern eine Diskriminierung in einem ursächlichen Zusammenhang zur AR-Tätigkeit steht.[12] Bei einem schuldhaften Verstoß gegen das Benachteiligungsverbot stehen dem AR-Mitglied Schadenersatzansprüche (§ 823 Abs. 2 BGB i.V.m. § 26 S. 2 und 3) sowie Unterlassungsansprüche (§ 1004 BGB analog) zu.[13]

---

1 MüKo-AktG/*Gach*, Bd. 3, § 26 MitbestG Rn 2.
2 MünchArb/*Wißmann*, Bd. 3, § 380 Rn 24; *Hoffmann/Lehmann/Weinmann*, § 26 Rn 15.
3 *Ulmer/Habersack/Henssler*, § 26 MitbestG Rn 6; *Raiser*, § 26 Rn 6.
4 MüKo-AktG/*Gach*, Bd. 3, § 26 MitbestG Rn 7.
5 *Ulmer/Habersack/Henssler*, § 26 MitbestG Rn 7.
6 H.M.: *Ulmer/Habersack/Henssler*, § 26 MitbestG Rn 13, ErfK/*Oetker*, § 26 MitbestG Rn 7.
7 BAG 4.4.1974 – 2 AZR 452/73 – BAGE 26, 116–129 = DB 1974, 1067; LAG Hamm 7.9.2007 – 10 SaGa 33/07 – juris; *Ulmer/Habersack/Henssler*, § 26 MitbestG Rn 12 f.
8 BAG 4.4.1974 – 2 AZR 452/73 – BAGE 26, 116–129 = DB 1974, 1067; LAG Hamm 7.9.2007 – 10 SaGa 33/07 – juris; *Ulmer/Habersack/Henssler*, § 26 MitbestG Rn 12 f.
9 BAG 16.10.1986 – 2 ABR 71/85 – DB 1987, 1304.
10 ErfK/*Oetker*, § 26 MitbestG Rn 7 m.w.N.
11 So zu § 15 KSchG: APS/*Linck*, § 15 KSchG Rn 135.
12 *Raiser*, § 26 Rn 11.
13 *Wlotzke/Wißmann/Koberski/Kleinsorge*, § 26 Rn 28; *Raiser*, § 26 Rn 14.

C. Verbindung zum Prozessrecht

9 Unterlassungs- und Schadenersatzansprüche sind bei den ordentlichen Gerichten anhängig zu machen, wenn sie nur im Zusammenhang mit der Tätigkeit im AR stehen.

§ 27 Vorsitz im Aufsichtsrat

(1) Der Aufsichtsrat wählt mit einer Mehrheit von zwei Dritteln der Mitglieder, aus denen er insgesamt zu bestehen hat, aus seiner Mitte einen Aufsichtsratsvorsitzenden und einen Stellvertreter.

(2) ¹Wird bei der Wahl des Aufsichtsratsvorsitzenden oder seines Stellvertreters die nach Absatz 1 erforderliche Mehrheit nicht erreicht, so findet für die Wahl des Aufsichtsratsvorsitzenden und seines Stellvertreters ein zweiter Wahlgang statt. ²In diesem Wahlgang wählen die Aufsichtsratsmitglieder der Anteilseigner den Aufsichtsratsvorsitzenden und die Aufsichtsratsmitglieder der Arbeitnehmer den Stellvertreter jeweils mit der Mehrheit der abgegebenen Stimmen.

(3) Unmittelbar nach der Wahl des Aufsichtsratsvorsitzenden und seines Stellvertreters bildet der Aufsichtsrat zur Wahrnehmung der in § 31 Abs. 3 Satz 1 bezeichneten Aufgabe einen Ausschuß, dem der Aufsichtsratsvorsitzende, sein Stellvertreter sowie je ein von den Aufsichtsratsmitgliedern der Arbeitnehmer und von den Aufsichtsratsmitgliedern der Anteilseigner mit der Mehrheit der abgegebenen Stimmen gewähltes Mitglied angehören.

A. Allgemeines 1	IV. Rechtstellung des Aufsichtsratsvorsitzenden und seines Vertreters 9
B. Regelungsgehalt 2	V. Vermittlungsausschuss 10
I. Wahl 2	VI. Rechtsfolge bei Verstößen 12
II. Dauer der Amtszeit 5	
III. Vorzeitige Beendigung und Nachwahl 6	

A. Allgemeines

1 § 27 regelt die Wahl des AR-Vorsitzenden, des Stellvertreters sowie die Bildung des ständigen Ausschusses. Die Vorschrift ist zwingend und kann nicht durch Satzung oder Geschäftsordnung abgeändert werden. § 27 ergänzende Vorschriften können aber beschlossen werden. § 27 modifiziert § 107 Abs. 1 AktG, der gem. § 25 Abs. 1 Nr. 2 auch für die GmbH gilt und schafft zwingende Vorschriften für die Genossenschaften, da das GenG keine Wahlvorschriften enthält.

B. Regelungsgehalt

I. Wahl

2 Der AR-Vorsitzende sowie sein Stellvertreter werden aus der Mitte des AR gewählt, können also nur AR-Mitglieder sein. Den Vorsitzenden sowie den Stellvertreter können nur AR-Mitglieder wählen. Die Wahl kann keinem anderen Gremium überlassen werden.[1] Nach dem Siemensurteil des BGH steht fest, dass auch mehrere Stellvertreter gewählt werden können. Die Satzung kann aber aufgrund des Gleichbehandlungsgrundsatzes nicht festlegen, dass das AR-Mitglied der Gruppe der Anteilseigner angehören muss.[2] Die Wahl erfolgt nach überwiegender Ansicht durch Beschl. nach § 29.[3] Der weitere Stellvertreter hat anders als der Stellvertreter keine herausgehobene Stellung im AR. Daher ist eine Besetzung durch die AR-Mitglieder der AN nicht zwingend erforderlich.

3 Der 1. Wahlgang ist nur erfolgreich, wenn der Vorsitzende und der Stellvertreter die erforderlichen ⅔-Mehrheiten der Mitgliederzahl des AR auf sich vereinen. Erreicht nur einer die ⅔-Mehrheit nicht, sind beide nach Abs. 2 zu wählen. Eine Wiederholung des 1. Wahlgangs ist möglich, wenn alle Teilnehmer zustimmen. Es ist zulässig, dass auch ein AR-Mitglied der AN zum AR-Vorsitzenden gewählt wird.

4 Scheitert der 1. Wahlgang, so wählt die Anteilseignerseite den AR-Vorsitzenden und die AN-Seite den Stellvertreter (Abs. 2). Jede Wahl erfordert nur noch die Mehrheit der in der Gruppe abgegebenen Stimmen. Beschlussfähig ist die Gruppe entsprechend § 28, wenn mind. die Hälfte ihrer gesetzlichen Mitglieder an der Abstimmung teilnehmen.[4]

---

1 *Raiser*, § 27 Rn 9.
2 BGH 25.2.1982 – II ZR 123/81 – BGHZ 83, 106 = NJW 1982, 1525.
3 OLG Hamburg 23.7.1982 – 11 U 179/80 – AG 1983, 21; implizit auch BGH 25.2.1982 – II ZR 123/81 – BGHZ 83, 106 = NJW 1982, 1525.
4 *Wlotzke/Wißmann/Koberski/Kleinsorge*, § 27 Rn 12; *Ulmer/Habersack/Henssler*, § 27 MitbestG Rn 8.

II. Dauer der Amtszeit

Die Dauer der Berufung zum AR-Vorsitzenden oder zum Stellvertreter ist gesetzlich nicht vorgeschrieben, deckt sich aber bei fehlender Regelung in der Satzung mit der Amtsperiode. Die Amtsdauer des Vorsitzenden und des Stellvertreters müssen sich aufgrund der vorgeschriebenen einheitlichen Wahl entsprechen.[5]

III. Vorzeitige Beendigung und Nachwahl

Die Bestellung ist jederzeit widerruflich. Es bedarf zum Widerruf der Bestellung der Mehrheiten die zur Bildung erforderlich waren (sog. **Spiegelbildtheorie**). Wurde also nach Abs. 1 der Vorsitzende und Stellvertreter gewählt, so bedarf der Beschl einer ⅔-Mehrheit. Ist der Vorsitzende und sein Stellvertreter nach Abs. 2 gewählt worden, so kann nur die urspr. wahlberechtigte Gruppe mit einfacher Mehrheit den Vorsitzenden oder Stellvertreter abberufen.[6]

Scheidet ein AR-Mitglied aus dem AR aus, erlischt sein Amt als Vorsitzender oder Stellvertreter.

Endet das Amt des AR-Vorsitzenden oder seines Stellvertreters, so ist eine Nachwahl erforderlich. Eine vorsorgliche Wahl eines Ersatz-Amtsinhabers ist unzulässig.[7] Enden beide Ämter, so ist nach Abs. 1 und 2 zu verfahren.

Endet nur ein Amt vorzeitig, so ist zu unterscheiden: Ist der ehemalige Amtsinhaber nach Abs. 1 gewählt worden, so muss auch die Nachwahl in diesem Verfahren erfolgen. Gelingt dies nicht, so ist der freie Sitz nach Abs. 2 neu zu besetzen. Der weitere Amtsinhaber bleibt in diesem Fall im Amt. Ein Wegfall der Amtszeit des jeweils anderen lässt sich aus Abs. 1 und 2 nicht herleiten.[8] War der ursprüngliche Amtsinhaber nach Abs. 2 gewählt worden, so kann auch die Nachwahl nach Abs. 2 erfolgen, sofern sich der AR nicht auf eine Nachwahl nach Abs. 1 verständigt.

IV. Rechtstellung des Aufsichtsratsvorsitzenden und seines Vertreters

Das MitbestG selbst regelt nur die Mitgliedschaft im ständigen Ausschuss (Vermittlungsausschuss) und das Zweitstimmrecht des AR-Vorsitzenden. I.Ü. gelten kraft der Verweisungen in § 25 Abs. 1 die Vorschriften des AktG und des GenG. Soweit diese es zulassen, kann die Stellung auch in der Satzung oder in der Geschäftsordnung des AR geregelt werden, § 25 Abs. 2.

V. Vermittlungsausschuss

Unmittelbar nach der Wahl des AR-Vorsitzenden seines Stellvertreters hat der AR den in §§ 27 Abs. 3, 31 Abs. 3 S. 1 bezeichneten Vermittlungsausschuss zu bilden. Neben dem Vorsitzenden und dessen Stellvertreter gehören dem Ausschuss jeweils ein von den AR-Mitgliedern der Anteilseigner und eins von den AR-Mitgliedern der AN gewähltes weiteres Mitglied an. Der Ausschuss hat die Aufgabe bei der Wahl der Mitglieder des gesetzlichen Vertretungsorgans gem. § 31 Abs. 3 S. 1 zu vermitteln. Weitergehende Befugnisse können dem Ausschuss in den Grenzen von § 25 Abs. 1 S. 1 zugewiesen werden. Da Abs. 3 die Zusammensetzung abschließend und zwingend regelt, sind Bestimmungen in Satzungen, die die Bildung verhindern oder eine abw. Zusammensetzung festlegen, unzulässig.[9]

Die Beschlussfähigkeit des Ausschusses ist im Gesetz nicht geregelt. Er ist nur beschlussfähig, wenn alle Mitglieder mitwirken, da er nur dann der ihm vom Gesetz zugedachte Aufgabe der Vermittlung ausreichend nachkommen kann.[10] Der Ausschuss entscheidet mit der Mehrheit der abgegebenen Stimmen (vgl. § 29 Abs. 1).[11] Dem AR-Vorsitzenden steht keine zweite Stimme zu. Diese kann ihm auch nicht kraft einer Satzungsbestimmung zugebilligt werden.[12]

VI. Rechtsfolge bei Verstößen

Verstöße gegen die zwingenden Vorschriften der Wahl gem. Abs. 1 bis 3 führen zwingend zur Nichtigkeit der Wahl mit Wirkung ex nunc, soweit sie für das Wahlergebnis kausal waren.[13]

---

[5] *Raiser*, § 27 Rn 16.
[6] *Wlotzke/Wißmann/Koberski/Kleinsorge*, § 27 Rn 18; *Ulmer/Habersack/Henssler*, § 27 MitbestG Rn 13.
[7] *MünchArb/Wißmann*, Bd. 3, § 380 Rn 3.
[8] H.M.: *Raiser*, § 27 Rn 21 ff.; a.A. sog. Tandemtheorie: inzwischen aber aufgegeben von *Wlotzke/Wißmann/Koberski/Kleinsorge*, § 27 Rn 16.
[9] LG München I 16.1.1980 – 601/72/79 – DB 1980, 678; *Raiser*, § 27 Rn 35; *Ulmer/Habersack/Henssler*, § 27 MitbestG Rn 21; a.A. *Martens*, DB 1980, 1388.
[10] *Raiser*, § 27 Rn 36 m.w.N.
[11] *Ulmer/Habersack/Henssler*, § 27 MitbestG Rn 24.
[12] BGH 25.2.1982 – II ZR 123/81 – BGHZ 83, 106 = NJW 1982, 1525.
[13] *Raiser*, § 27 Rn 38; *Ulmer/Habersack/Henssler*, § 27 MitbestG Rn 26 m.w.N.

§ 28 Beschlußfähigkeit

¹Der Aufsichtsrat ist nur beschlußfähig, wenn mindestens die Hälfte der Mitglieder, aus denen er insgesamt zu bestehen hat, an der Beschlußfassung teilnimmt. ²§ 108 Abs. 2 Satz 4 des Aktiengesetzes ist anzuwenden.

A. Allgemeines

1 § 28 regelt die Beschlussfähigkeit des AR.

B. Regelungsgehalt

2 Der AR ist beschlussfähig, wenn mind. die Hälfte der Mitglieder, aus denen er nach § 7 Abs. 1 oder einer nach dieser Vorschrift zulässigen Satzungsbestimmung zu bestehen hat, an dem Beschl teilnehmen. Die Teilnahme kann nicht nur durch die Abgabe einer zustimmenden oder ablehnenden Stimme erfolgen, sondern auch durch die **Erklärung einer Stimmenthaltung**.[1] Durch den Verweis auf § 108 Abs. 2 S. 4 AktG soll sichergestellt werden, dass die Wirksamkeit eines AR-Beschl nicht davon abhängt, ob alle AR-Sitze besetzt sind oder ob das gesetzliche Zahlenverhältnis zwischen den Gruppen, also die Parität, gewahrt ist.

3 § 28 ist ausweislich der Entstehungsgeschichte bzgl. der Mindestanforderungen an die Beschlussfähigkeit zwingendes Recht. Fraglich ist, ob auch eine Verschärfung der Anforderungen an die Beschlussfähigkeit in der Satzung verboten ist. Dies ist zu bejahen, da ansonsten die Gefahr bestünde, dass die AR-Tätigkeit durch Fernbleiben einer Gruppe blockiert werden könnte und somit die Funktionsfähigkeit des AR beeinträchtigt würde.[2] Ungeachtet dessen sind Satzungsbestimmungen, die gegen die Gleichberechtigung der AR-Mitglieder verstoßen, unzulässig. Demzufolge sind Bestimmungen nach denen mind. die Hälfte der an der Beschlussfassung Teilnehmenden Vertreter der Anteilseigner und unter ihnen der AR-Vorsitzende seien müssen, unzulässig.[3] Auch Satzungs- und Geschäftsordnungsbestimmungen, die der Anteilseignerseite für den Fall, dass nicht ebenso viele Anteilseignervertreter an der Sitzung teilnehmen wie AN-Vertreter, einen Anspruch auf eine Vertagung einräumen, sind folglich unwirksam. Beschlüsse, die von einem nicht beschlussfähigen AR gefasst werden, sind nichtig.[4]

C. Verbindung zu anderen Rechtsgebieten

4 § 28 entspricht § 108 Abs. 2 S. 2 AktG, § 10 MontanMitbestG und § 11 MontanMitbestErgG.

§ 29 Abstimmungen

(1) Beschlüsse des Aufsichtsrats bedürfen der Mehrheit der abgegebenen Stimmen, soweit nicht in Absatz 2 und in den §§ 27, 31 und 32 etwas anderes bestimmt ist.
(2) ¹Ergibt eine Abstimmung im Aufsichtsrat Stimmengleichheit, so hat bei einer erneuten Abstimmung über denselben Gegenstand, wenn auch sie Stimmengleichheit ergibt, der Aufsichtsratsvorsitzende zwei Stimmen. ²§ 108 Abs. 3 des Aktiengesetzes ist auch auf die Abgabe der zweiten Stimme anzuwenden. ³Dem Stellvertreter steht die zweite Stimme nicht zu.

A. Allgemeines	1	II. Zweitstimmrecht des Aufsichtsratsvorsitzenden	3
B. Regelungsgehalt	2	C. Beraterhinweise	6
I. Stimmenmehrheit	2		

A. Allgemeines

1 § 29 regelt zwingend und rechtsformunabhängig die Beschlussfassung des mitbestimmten AR.

---

1 *Raiser*, § 28 Rn 1.
2 OLG Karlsruhe 20.6.1980 – 15 U 171/79 – NJW 1980, 2137; *Raiser*, § 28 Rn 3; ErfK/*Oetker*, § 28 MitBestG Rn 2; a.A. OLG Hamburg 4.4.1984 – 2 W 25/80 – DB 1984, 1616.
3 BGH 25.2.1982 – II ZR 145/89 – BGHZ 83, 151 = NJW 1982, 1530.
4 H.M. seit BGH 19.9.1951 – II ZR 19/50 – BGHZ 4, 226 = NJW 1952, 343; *Raiser*, § 28 Rn 4.

B. Regelungsgehalt

I. Stimmenmehrheit

§ 29 gilt für alle AR-Beschlüsse, sofern die §§ 27, 31, 32 nicht etwas anderes bestimmen. Die Beschlüsse des AR bedürfen – in Übereinstimmung mit dem Gesellschaftsrecht – im Regelfall der Mehrheit der abgegebenen Stimmen. Diese einfache Stimmenmehrheit ist dann erreicht, wenn mehr gültige Ja- als Nein-Stimmen abgegeben werden. **Stimmenthaltungen oder ungültige Stimmen** werden bei der **Mehrheitsberechung nicht** als Stimmabgabe gewertet.[1] Eine gegenteilige Festlegung in der Satzung ist nach h.M. aber zulässig.[2] Andere Festlegungen von Mehrheitserfordernissen oder unterschiedlicher Stimmrechte sind hingegen unwirksam.[3]

II. Zweitstimmrecht des Aufsichtsratsvorsitzenden

Bei Stimmengleichheit gibt Abs. 2 dem AR-Vorsitzenden das Recht bei Wiederholung der Abstimmung über denselben Gegenstand eine zweite Stimme abzugeben und damit eine **Pattsituation aufzulösen**. Ob eine zweite Abstimmung erfolgt, entscheidet der AR-Vorsitzende nach pflichtgemäßem Ermessen, sofern nicht der AR mehrheitlich einen anderen Beschl fasst. Andere AR-Mitglieder haben keinen Anspruch auf erneute Abstimmung. Voraussetzung für eine zweite Abstimmung ist, dass der Beschlussantrag unverändert bleibt, ansonsten ist zunächst das Verfahren nach Abs. 1 durchzuführen. Findet keine zweite Abstimmung statt, gilt der Antrag als abgelehnt. Satzungsregelungen, die die erneute Abstimmung vorschreiben, sind mit dem zwingenden Charakter des Abs. 2 nicht vereinbar und daher unwirksam. Bestimmungen über den Zeitpunkt einer zweiten Abstimmung sind nur zulässig, sofern sie die Entscheidungsautonomie des AR angemessen berücksichtigen.[4] Findet eine zweite Entscheidung statt und ergibt sich erneut eine Stimmengleichheit, so kann der AR-Vorsitzende frei entscheiden, ob er eine zweite Stimme abgibt oder nicht. Er ist nicht verpflichtet, die Zweitstimme zugunsten der Anteilseigner auszuüben.

Der abwesende AR-Vorsitzende kann die Zweitstimme auch schriftlich durch **Stimmboten** abgeben, Abs. 2 S. 2 i.V.m. § 108 Abs. 3 AktG. Dies gilt mangels Verweises auf § 108 Abs. 3 nicht für die Genossenschaften, welche aber eine solche Verfahrensweise durch Satzung oder Geschäftsordnung festlegen können.[5] Der AR-Vorsitzende kann sein Stimmrecht nicht auf Dritte übertragen.[6]

Dem **Stellvertreter** steht eine zweite Stimme – selbst bei Verhinderung des Vorsitzenden – nach Abs. 2 S. 3 nicht zu. Abs. 2 findet keine Anwendung auf AR-Ausschüsse.

C. Beraterhinweise

AR-Beschlüsse, die gegen zwingendes Gesetzes- oder Satzungsrecht verstoßen, sind grds. nichtig und nicht nur anfechtbar. Eine entsprechende Anwendung der §§ 241 ff. AktG (Anfechtung von Hauptversammlungsbeschlüssen) scheidet aus.[7] Daher muss die Klage auf Feststellung der Nichtigkeit des Beschl gerichtet werden. Zuständig sind die ordentlichen Gerichte.

Dritter Teil: Gesetzliches Vertretungsorgan

§ 30 Grundsatz

Die Zusammensetzung, die Rechte und Pflichten des zur gesetzlichen Vertretung des Unternehmens befugten Organs sowie die Bestellung seiner Mitglieder bestimmen sich nach den für die Rechtsform des Unternehmens geltenden Vorschriften, soweit sich aus den §§ 31 bis 33 nichts anderes ergibt.

A. Allgemeines	1	II. KGaA	4
B. Regelungsgehalt	2	III. GmbH	5
I. Aktiengesellschaft (AG)	3	IV. Erwerbs- und Wirtschaftsgenossenschaft	6

---

1 *Ulmer/Habersack/Henssler*, § 29 MitbestG Rn 6; *Wlotzke/Wißmann/Koberski/Kleinsorge*, § 29 Rn 6.
2 MünchArb/*Wißmann*, Bd. 3, § 380 Rn 9; ErfK/*Oetker*, § 29 MitBestG Rn 2; a.A.: *Ulmer/Habersack/Henssler*, § 29 MitbestG Rn 6.
3 *Säcker*, DB 1977, 1791; *Ulmer/Habersack/Henssler*, § 29 MitbestG Rn 8.
4 *Raiser*, § 29 Rn 15; *Ulmer/Habersack/Henssler*, § 29 MitbestG Rn 19.
5 *Wlotzke/Wißmann/Koberski/Kleinsorge*, § 29 Rn 20.
6 *Ulmer/Habersack/Henssler*, § 29 MitbestG Rn 18; ErfK/*Oetker*, § 29 MitbestG Rn 8.
7 BGH 17.5.1993 – II ZR 89/92 – BGHZ 122, 342, 346 ff.

A. Allgemeines

1 Neben den Regelungen über den AR enthält das MitbestG auch Regelungen zur Zusammensetzung, Rechtsstellung und Bestellung des gesetzlichen Vertretungsorgans. § 30 ordnet dabei – ähnlich den §§ 6 und 25 – die Anwendung des für die jeweilige Rechtsform geltenden Gesellschaftsrechts an, sofern sich nicht aus den mitbestimmungsrechtlichen Vorschriften (§§ 31 bis 33) etwas anderes ergibt.

B. Regelungsgehalt

2 Das Gesetz verzichtet auf eine einheitliche Ausgestaltung des die Unternehmensleitung betreffenden Organisationsrechts. Es werden daher die rechtsformspezifischen Unterschiede beibehalten, sofern sie nicht durch das MitbestG modifiziert werden.

Zu den Vorschriften, die mittelbar die Rechtsstellung des Vertretungsorgans gegenüber den gesellschaftsrechtlichen Regeln verändern, vgl. § 25.

I. Aktiengesellschaft (AG)

3 Die Kernregelungen über den Vorstand der Aktiengesellschaft finden sich in den §§ 76 bis 94 AktG. Diese und alle anderen über das AktG verstreuten Regelungen, die den Vorstand betreffen, sind weiterhin anzuwenden. Abweichungen ergeben sich vor allem in Bezug auf die Zahl der Vorstandsmitglieder nach § 76 Abs. 2 AktG sowie bei der Bestellung und Abberufung der Vorstandsmitglieder.

II. KGaA

4 Bei der KGaA sind die persönlich haftenden Gesellschafter das vertretungsberechtigte Organ (vgl. § 278 Abs. 2 AktG i.V.m. §§ 125 Abs. 1, 161 Abs. 2, 170 HGB). Die Zahl und Bestellung ergibt sich aus der Satzung, die auch die Verteilung der Geschäfte zwischen ihnen und die Modalitäten der Geschäftsführungs- und Vertretungsbefugnis festlegt (§ 278 Abs. 2 AktG i.V.m. §§ 161, 114 ff., 125 HGB). Das MitbestG lässt diese Strukturen unberührt und verzichtet ausdr. auf die Anwendung der §§ 31 und 33. Dies gilt auch für die AG bzw. GmbH & Co. KGaA (zur Zurechnung der AN zur Komplementärgesellschaft vgl. § 4 Rn 4, 13; zur Geltung von § 32 vgl. § 32 Rn 4).[1]

III. GmbH

5 Nach §§ 6 Abs. 1, 35 GmbHG muss die Gesellschaft einen oder mehrere Geschäftsführer haben, die diese vertreten. Die Kompetenz zu Bestellung und zum Abschluss eines Anstellungsvertrags liegt gem. § 46 Nr. 5 GmbHG bei den Gesellschaftern.[2] Die Gesellschafterversammlung ist auch befugt den Geschäftsführer jederzeit abzuberufen, sofern dies nicht in der Satzung auf einen wichtigen Grund beschränkt wurde. Durch das MitbestG werden diese Regelungen grundlegend geändert. Die Bestellung, Abberufung und Abschluss des Anstellungsvertrags sind nunmehr Aufgabe des AR. Zum Recht der Gesellschafter, den Umfang der Geschäftsführungs- und Vertretungsbefugnis im Gesellschaftsvertrag oder in einer Geschäftordnung näher zu regeln (vgl. § 32 Rn 7 und § 33 Rn 5; zur Zahl der erforderlichen Geschäftsführer vgl. § 33 Rn 9).

IV. Erwerbs- und Wirtschaftsgenossenschaft

6 Nach § 24 Abs. 2 GenG wird der Vorstand von der Generalversammlung gewählt. § 31 verlagert diese Kompetenz auf den AR. Dieser ist auch für den Abschluss der Anstellungsverträge mit dem Vorstand zuständig. Die Geschäftsführung, die dem Vorstand nach § 27 Abs. 1 GenG obliegt, kann aber durch die Generalversammlung im Rahmen der ihr zugewiesenen Kompetenzen über Maßnahmen der Geschäftsführung beschließen.

§ 31 Bestellung und Widerruf

(1) [1]Die Bestellung der Mitglieder des zur gesetzlichen Vertretung des Unternehmens befugten Organs und der Widerruf der Bestellung bestimmen sich nach den §§ 84 und 85 des Aktiengesetzes, soweit sich nicht aus den Absätzen 2 bis 5 etwas anderes ergibt. [2]Dies gilt nicht für Kommanditgesellschaften auf Aktien.

(2) Der Aufsichtsrat bestellt die Mitglieder des zur gesetzlichen Vertretung des Unternehmens befugten Organs mit einer Mehrheit, die mindestens zwei Drittel der Stimmen seiner Mitglieder umfaßt.

(3) [1]Kommt eine Bestellung nach Absatz 2 nicht zustande, so hat der in § 27 Abs. 3 bezeichnete Ausschuß des Aufsichtsrats innerhalb eines Monats nach der Abstimmung, in der die in Absatz 2 vorgeschriebene Mehrheit nicht erreicht worden ist, dem Aufsichtsrat einen Vorschlag für die Bestellung zu machen; dieser Vorschlag

---

1 ErfK/*Oetker*, § 30 MitbestG Rn 3.   2 BGH 3.7.2000 – II ZR 282/98 – ZIP 2000, 1442.

schließt andere Vorschläge nicht aus. ²Der Aufsichtsrat bestellt die Mitglieder des zur gesetzlichen Vertretung des Unternehmens befugten Organs mit der Mehrheit der Stimmen seiner Mitglieder.
(4) ¹Kommt eine Bestellung nach Absatz 3 nicht zustande, so hat bei einer erneuten Abstimmung der Aufsichtsratsvorsitzende zwei Stimmen; Absatz 3 Satz 2 ist anzuwenden. ²Auf die Abgabe der zweiten Stimme ist § 108 Abs. 3 des Aktiengesetzes anzuwenden. ³Dem Stellvertreter steht die zweite Stimme nicht zu.
(5) Die Absätze 2 bis 4 sind für den Widerruf der Bestellung eines Mitglieds des zur gesetzlichen Vertretung des Unternehmens befugten Organs entsprechend anzuwenden.

A. Allgemeines 1	2. Vermittlungsverfahren und zweiter Wahlgang 6
B. Regelungsgehalt 2	3. Dritter Wahlgang 9
I. Zwingende Wirkung 2	III. Abberufung 11
II. Bestellung 3	IV. Anstellungsvertrag 14
1. Erster Wahlgang 5	

A. Allgemeines

Nach Abs. 1 hat der AR die Kompetenz zur Bestellung und zur Abberufung der Mitglieder der Vertretungsorgane. Dies gilt nicht bei der KGaA. Die Vorschrift soll sicherstellen, dass die Vertretung der Gesellschaft sowohl durch die Anteilseignerseite als auch durch die AN-Vertreter legitimiert wird. Abs. 2 bis 4 regelt das dreistufige Wahlverfahren.

B. Regelungsgehalt

I. Zwingende Wirkung

Die Vorschrift ist zwingend. Änderungen durch Beschuss oder Satzungen sind unwirksam. Insb. kann die Personalkompetenz nicht auf Ausschüsse delegiert werden (§ 25 Abs. 1 S. 1 i.V.m. § 107 Abs. 3 S. 2 AktG). Dies gilt trotz fehlendem Verweis auf § 107 Abs. 3 AktG auch für die Genossenschaft. Ebenfalls unwirksam sind Regelungen, die die Wahlfreiheit einschränken. So kann kein Mitglied sich gegenüber Dritten verpflichten, eine bestimmte Person zu wählen oder sonst von seinem Wahlrecht auf bestimmte Weise Gebrauch zu machen.[1] Str. ist, ob Satzungen über die im Gesetz festgelegten Anforderungen weitergehende Eignungsvoraussetzungen bestimmen können. Sie sind zulässig, sofern sie im Unternehmensinteresse sachlich geboten sind und das Auswahlermessen nicht unverhältnismäßig einschränken.[2] Unzulässig sind daher Bestimmungen nach denen das zu wählende Mitglied des Vertretungsorgans Gesellschafter, Aktionär oder ein Angehöriger einer bestimmten Familie sein muss.

II. Bestellung

Die Wahl zur Bestellung der Mitglieder des Vertretungsorgans bestimmt sich gem. Abs. 1 S. 1 nach den §§ 84 und 85 AktG, soweit sich aus den Abs. 2 bis 4 nicht etwas anderes ergibt. Gleiches gilt für die Bestellung des Arbeitsdirektors nach § 33 sowie für die kraft Gesetzes zu bestellenden Stellvertreter der Mitglieder des Vertretungsorgans (§ 94 AktG, § 44 GmbHG, § 35 GenG). Die Mitglieder des Vertretungsorgans können für höchstens fünf Jahre bestellt werden, § 84 Abs. 1 S. 1 AktG.

Über jeden zu besetzenden Sitz des Vertretungsorgans wird anders als bei § 27 Abs. 2 gesondert im Verfahren nach Abs. 2 bis 4 abgestimmt. Vorschläge kann jedes AR-Mitglied einbringen. Das Verfahren gliedert sich nach Abs. 2 bis 4 in drei Wahlgänge.

1. Erster Wahlgang. Eine Wahl kommt nur zustande, wenn der Kandidat mind. ⅔ **der Stimmen** auf sich vereinigt. Im Gegensatz zu § 27 Abs. 1 und § 28 ist lediglich die Mehrheit der tatsächlich besetzten Mitglieder des AR notwendig (sog. **Ist-Stärke**). Dazu zählen aber auch abwesende AR-Mitglieder.[3] AR-Mitglieder, die selbst kandidieren, sind von der Abstimmung nicht ausgeschlossen, da es sich um einen Akt körperschaftlicher Willensbildung handelt, für die die verbandsrechtlichen Stimmverbote nicht gelten und darüber hinaus die bestehende Parität gestört würde.[4]

2. Vermittlungsverfahren und zweiter Wahlgang. Bekommt ein Kandidat keine ⅔-Mehrheit, so hat der **Vermittlungsausschuss** innerhalb eines Monats einen Wahlvorschlag zu unterbreiten (Abs. 3 S. 1). Er ist nur beschlussfähig, wenn er vollständig tagt. Er entscheidet mit einfacher Mehrheit. Der AR-Vorsitzende hat keine zweite Stimme. Weder ein Verzicht noch eine Abkürzung der Frist ist durch Satzung oder Beschl möglich.[5]

---

1 Raiser, § 31 Rn 8.
2 MünchArb/Wißmann, Bd. 3, § 379 Rn 5; Raiser, § 31 Rn 9 m.w.N.
3 Ulmer/Habersack/Henssler, § 31 MitbestG Rn 19; Raiser, § 31 Rn 14.
4 MüKo-AktG/Gach, Bd. 3, § 31 MitbestG Rn 9; ErfK/Oetker, § 31 MitbestG Rn 5; a.A. Ulmer/Habersack/Henssler, § 31 MitbestG Rn 18a.
5 Wlotzke/Wißmann/Koberski/Kleinsorge, § 31 Rn 16.

7 Liegt kein Vorschlag des Ausschusses vor, so kann der zweite Wahlgang fortgesetzt werden. Unterbreitet der Ausschuss einen Vorschlag, so hat der AR darüber abzustimmen. Der AR ist aber an den Vorschlag nicht gebunden (Abs. 3 Hs. 2), sondern kann über wiederholte oder neue Vorschläge beschließen.

8 Der Bewerber benötigt für seine Wahl die **absolute Mehrheit** der tatsächlichen Mitgliederzahl, Abs. 3 S. 2.

9 **3. Dritter Wahlgang.** Bleibt auch der zweite Wahlgang erfolglos, so kann sich ein dritter Wahlgang anschließen, bei dem der **AR-Vorsitzende zwei Stimmen** hat (Abs. 4 S. 1). Der AR-Vorsitzende entscheidet darüber nach pflichtgemäßem Ermessen. Die Zweitstimme kann nur zur Erreichung der absoluten Mehrheit, nicht dagegen zur Verhinderung einer sonst wirksamen Wahl abgegeben werden.[6]

10 Wird auch im 3. Wahlgang keine absolute Mehrheit erreicht, so hat das Verfahren nach § 31 Abs. 2 erneut zu erfolgen. In dringenden Fällen ist eine **gerichtliche Notbestellung** möglich, § 31 Abs. 1 i.V.m. § 85 Abs. 1 AktG.

III. Abberufung

11 Abs. 5 bestimmt, dass auf den Widerruf der Bestellung die Abs. 1 bis 4 entsprechend anzuwenden sind. Nach § 84 Abs. 3 AktG, der für alle unter das MitbestG fallenden Unternehmen gilt, bedarf es zur Abberufung des Mitglieds des Vertretungsorgans eines wichtigen Grundes. Ein solcher liegt in einer groben Pflichtverletzung, der Unfähigkeit zur ordnungsgemäßen Geschäftsführung oder eines Vertrauensentzugs durch die Hauptversammlung, es sei denn, dass das Vertrauen aus offenbar unsachlichen Gründen entzogen wurde, § 84 Abs. 3 S. 2 AktG. Entzieht die Hauptversammlung einem Vorstandsmitglied das Vertrauen, so muss der AR das Mitglied nicht abberufen. Er hat die Entscheidung in eigener Verantwortung zu fällen. Die AN-Nähe eines Mitglieds begründet nicht den Entzug des Vertrauens. Es bedarf sachlicher Gründe, aufgrund derer die Organmitgliedschaft für das Unternehmen unzumutbar ist.[7] Das Erfordernis des Vorliegens eines wichtigen Grundes kann weder durch Satzung noch durch Beschl erleichtert oder erschwert werden. Auch darf die Abberufungsentscheidung keinem Ausschuss übertragen werden.

12 Die Abberufung richtet sich nach dem Verfahren der Abs. 2 bis 4. Kommt beim 1. Wahlgang eine ⅔-Mehrheit nicht zustande, so ist auch hier der Vermittlungsausschuss einzuschalten, der innerhalb eines Monats eine Stellungnahme abgeben muss. Findet der Abberufungsantrag allerdings nicht einmal die einfache Mehrheit so wird das Verfahren nicht fortgeführt.[8] Nach LG Ravensburg gilt dies nur, wenn im 1. Wahlgang eine Minderheit für die Abberufung gestimmt hat, welche die Abberufung auch im 3. Wahlgang nicht erreichen könnte.[9]

13 Auch der Vorsitzende wird in der AG durch den AR bestellt und abberufen. Dies gilt in entsprechender Anwendung des § 84 Abs. 2 und 3 AktG auch für die anderen Unternehmensformen. Aufgrund des engen Zusammenhangs ist eine getrennte Zuständigkeit für die Wahl der Mitglieder des Vertretungsorgans und dessen Vorsitzenden zwischen AR und Anteilseignerversammlung nicht sachgerecht.[10] Die Beschlussfassung erfolgt nach § 29.[11]

IV. Anstellungsvertrag

14 Für den Abschluss des Anstellungsvertrags ist bei der AG gem. § 84 Abs. 1 S. 5 AktG der AR zuständig. Der Beschl ist nach § 29 Abs. 1 zu treffen. Auch kann der Abschluss des Anstellungsvertrags einem AR-Ausschuss übertragen werden, denn § 107 Abs. 3 S. 2 AktG verweist nur auf § 84 Abs. 1 S. 1 und 3 AktG nicht jedoch auf S. 5.

15 Wegen des engen sachlichen Zusammenhangs zwischen Organstellung und Anstellungsverhältnis ist auch der AR bei der GmbH für den Abschluss, die Änderung und die (ggf. fristlose) Künd des Anstellungsvertrags zuständig.[12] Bei der Genossenschaft wird die Abschlusskompetenz aus § 39 Abs. 1 GenG hergeleitet.[13]

| § 32 | **Ausübung von Beteiligungsrechten** |

(1) ¹Die einem Unternehmen, in dem die Arbeitnehmer nach diesem Gesetz ein Mitbestimmungsrecht haben, auf Grund von Beteiligungen an einem anderen Unternehmen, in dem die Arbeitnehmer nach diesem Gesetz ein Mitbestimmungsrecht haben, zustehenden Rechte bei der Bestellung, dem Widerruf der Bestellung oder der Entlastung von Verwaltungsträgern sowie bei der Beschlußfassung über die Auflösung oder Umwandlung des anderen Unternehmens, den Abschluß von Unternehmensverträgen (§§ 291, 292 des Aktiengesetzes) mit dem anderen Unternehmen, über dessen Fortsetzung nach seiner Auflösung oder über die Übertragung seines Ver-

---

6 Wie hier: *Raiser*, § 31 Rn 17; MünchArb/*Wißmann*, Bd. 3, § 380 Rn 11; *Wlotzke/Wißmann/Koberski/Kleinsorge*, § 31 Rn 20; a.A. *Ulmer/Habersack/Henssler*, § 31 MitbestG Rn 22; KölnKomm-AktG/*Mertens*, Bd. 2, Anh § 117 B § 31 MitbestG Rn 8.
7 *Ulmer/Habersack/Henssler*, § 31 MitbestG Rn 30.
8 *Raiser*, § 31 Rn 34.
9 LG Ravensburg 4.3.1985 – 1 KfH 251/85 – EWiR 1985, 415.
10 *Wlotzke/Wißmann/Koberski/Kleinsorge*, § 31 Rn 6.
11 MüKo-AktG/*Gach*, Bd. 3, § 31 MitbestG Rn 21.
12 BGH 14.11.1983 – II ZR 33/83 – BGHZ 89, 48 = NJW 1984, 733.
13 Lang/Weidmüller/Metz/*Schaffland*, GenG, § 39 Rn 5 und 7; *Müller*, GenG, § 39 Rn 2.

mögens können durch das zur gesetzlichen Vertretung des Unternehmens befugte Organ nur auf Grund von Beschlüssen des Aufsichtsrats ausgeübt werden. ²Diese Beschlüsse bedürfen nur der Mehrheit der Stimmen der Aufsichtsratsmitglieder der Anteilseigner; sie sind für das zur gesetzlichen Vertretung des Unternehmens befugte Organ verbindlich.
(2) Absatz 1 ist nicht anzuwenden, wenn die Beteiligung des Unternehmens an dem anderen Unternehmen weniger als ein Viertel beträgt.

A. Allgemeines	1	II. Weisungsgebundene Geschäfte	7
B. Regelungsgehalt	2	III. Beschlussfassung	9
I. Anwendbarkeit	2		

A. Allgemeines

In einem Unterordnungskonzern stehen der Obergesellschaft wichtige Gesellschafterrechte in der Untergesellschaft zu. Der Gefahr, dass durch den mitbestimmten AR der Obergesellschaft der Einfluss der AN in der Untergesellschaft verstärkt wird, soll entgegengewirkt werden.[1] Sofern Entscheidungen in unabhängigen Unternehmen der Anteilseignerversammlung vorbehalten sind, soll dies auch in abhängigen Unternehmen gelten. Indem zentrale Entscheidungen des gesetzlichen Vertretungsorgans, die die Untergesellschaften betreffen, in den mitbestimmten AR der Obergesellschaft verlagert werden, wird dafür gesorgt, dass die AN-Vertreter im AR über diese Entscheidungen vollständig informiert werden.

B. Regelungsgehalt

I. Anwendbarkeit

Die Anwendung des § 32 setzt voraus, dass sowohl die Obergesellschaft als auch die Untergesellschaft unter das MitbestG fallen. Unterliegt entweder die Ober- oder die Untergesellschaft dem DrittelbG oder dem MontanMitbestG schließt dies die Anwendung von § 32 aus. Sofern sich die Mitbestimmung der Obergesellschaft nach dem MontanMitbestG richtet, so ist § 15 MontanMitbestErgG anwendbar (zu den Unterschieden vgl. § 15 MontanMitbestErgG Rn 2.

Im Unterordnungskonzern ist § 32 auch dann anzuwenden, wenn das herrschende Unternehmen erst nach § 5 mitbestimmungspflichtig wurde.

Von § 32 erfasst werden grds. alle in § 1 genannten Unternehmensformen. Ist die Obergesellschaft eine KGaA, so ist der Einfluss des paritätisch besetzten AR auf die Unternehmensleitung so gering, dass eine Anwendung des § 32 ausscheidet.[2]

Ist die Obergesellschaft eine Kapitalgesellschaft & Co. KG i.S.v. § 4 Abs. 1 so werden die bestehenden Beteiligungsrechte durch die geschäftsführenden Organe der Komplementärgesellschaft ausgeübt und unterliegen insoweit der Mitbestimmung des AR dieser Gesellschaft. Da § 32 aber voraussetzt, dass die Ober- und Untergesellschaft der Mitbestimmung unterliegt ist die Vorschrift nicht direkt anwendbar. Die Gefahr der Verstärkung des AN-Einflusses besteht aber auch hier, so dass eine entsprechende Anwendung geboten ist.[3] Unterliegt nur die Untergesellschaft § 4, so findet § 32 keine Anwendung.[4]

Nach Abs. 2 muss die Obergesellschaft an der Untergesellschaft mind. mit **25 % beteiligt** sein, d.h. der Obergesellschaft müssen entweder ein Viertel der Anteile oder der Stimmen zustehen. Die Berechnungsvorschriften des § 16 Abs. 2 bis 4 AktG finden mangels Verweises keine Anwendung.[5]

II. Weisungsgebundene Geschäfte

Grds. obliegt dem gesetzlichen Vertretungsorgan die Wahrnehmung der Beteiligungsrechte. § 32 durchbricht diesen Grundsatz, indem er die Entscheidungsbefugnis für die Ausübung der in Abs. 1 S. 1 genannten Beteiligungsrechte dem AR zuweist. Der AR bindet durch Beschl das vertretungsberechtigte Gesellschaftsorgan (Abs. 1 S. 2 Hs. 2). Nach h.M. wird damit zugleich das vertretungsberechtigte Gesellschaftsorgan abw. von § 82 Abs. 1 AktG, § 37 Abs. 2 GmbHG und § 27 GenG in seiner **Vertretungsmacht beschränkt**.[6] Fehlt ein Beschl oder weicht das Vertretungsorgan unberechtigt von diesem ab, so ist die Wahrnehmung der Beteiligungsrechte in der Untergesellschaft nach § 180 S. 1 BGB unwirksam, eine nachträgliche Genehmigung nach §§ 180 S. 2, 177 BGB jedoch möglich.[7]

---

1 *Raiser*, § 32 Rn 1.
2 *Raiser*, § 32 Rn 5.
3 MüKo-AktG/*Gach*, Bd. 3, § 32 Rn 10; *Raiser*, § 32 Rn 6; *Ulmer/Habersack/Henssler*, § 32 MitbestG Rn 9.
4 *Ulmer/Habersack/Henssler*, § 32 MitbestG Rn 9.
5 ErfK/*Oetker*, § 32 MitbestG Rn 2.
6 *Raiser*, § 32 Rn 24.
7 MüKo-AktG/*Gach*, Bd. 3, § 32 MitbestG Rn 13.

8 Die in § 32 genannten Rechte müssen der Obergesellschaft aufgrund ihrer Beteiligung an der Untergesellschaft zustehen. Die Aufzählung in Abs. 1 S. 1 ist abschließend.[8]

III. Beschlussfassung

9 Nach Abs. 2 S. 1 werden die Beschlüsse nur von den AR-Mitgliedern der Anteilseigner gefasst. Nehmen mind. die Hälfte der Mitglieder der Anteilseigner, die nach § 7 Abs. 1 zu bestellen sind, an der Beschlussfassung teil, so sind die AR-Mitglieder der Anteilseigner entspr. § 28 beschlussfähig. Ein wirksamer Beschl. bedarf der absoluten Mehrheit der Stimmen, der im AR tatsächlich vertretenen Mitglieder der Anteilseigner (nicht der gesetzlichen Mitgliederzahl nach § 7). Die Mehrheit der tatsächlich abgegebenen Stimmen genügt jedoch nicht.[9]

10 Die AN-Vertreter können (beratend) an der Sitzung teilnehmen und haben Anspruch auf die gleichen Informationen wie die Vertreter der Anteilseigner.[10] Sie haben an Verfahrensentscheidungen teilzunehmen und können Anträge zur Geschäftsordnung stellen, da es in diesen Fällen bei der Anwendung der allg. aktienrechtlichen Vorschriften verbleibt.[11]

11 Der AR kann die Zuständigkeit nach § 32 auf einen Ausschuss (sog. **Beteiligungsausschuss**) übertragen. § 107 Abs. 3 AktG steht dem nicht entgegen. Dem Ausschuss muss die Mehrheit der AR-Mitglieder der Anteilseigner angehören. Da die AN-Vertreter ohnehin kein Stimmrecht haben, liegt keine Diskriminierung vor, wenn ihnen auf Wunsch nur ein Sitz im Ausschuss eingeräumt wird.[12]

§ 33 Arbeitsdirektor

(1) ¹Als gleichberechtigtes Mitglied des zur gesetzlichen Vertretung des Unternehmens befugten Organs wird ein Arbeitsdirektor bestellt. ²Dies gilt nicht für Kommanditgesellschaften auf Aktien.
(2) ¹Der Arbeitsdirektor hat wie die übrigen Mitglieder des zur gesetzlichen Vertretung des Unternehmens befugten Organs seine Aufgaben im engsten Einvernehmen mit dem Gesamtorgan auszuüben. ²Das Nähere bestimmt die Geschäftsordnung.
(3) Bei Genossenschaften ist auf den Arbeitsdirektor § 9 Abs. 2 des Genossenschaftsgesetzes nicht anzuwenden.

A. Allgemeines 1	II. Bestellung und Abberufung des Arbeitsdirektors . 8
B. Regelungsgehalt 3	III. Aufgabenstellung 13
I. Gleichberechtigtes Mitglied 3	1. Mindestzuständigkeiten 13
1. Wahl eines Vorstandsvorsitzenden 4	2. Weitere Aufgaben 16
2. Vertretungsregelungen 5	3. Arbeitsdirektor im Konzern 17
3. Wahl eines Sprechers des Vertretungsorgans . 6	C. Verbindung zum Prozessrecht 18
4. Besonderheiten bei der GmbH 7	

A. Allgemeines

1 Dem Vertretungsorgan von AG, GmbH und Genossenschaft muss nach § 33 zwingend ein Arbeitsdirektor angehören. Er ist gleichberechtigtes Mitglied und wird im Verfahren nach § 31 Abs. 2 bis 4 bestellt. Besonderheiten gelten für die KGaA (Abs. 1 S. 2). Der Arbeitsdirektor einer Genossenschaft muss kein Genosse sein (Abs. 3).

2 § 33 beschreibt nicht die Aufgaben des Arbeitsdirektors. Das BVerfG hat festgestellt, dass die Vorschrift hinreichend klar und bestimmt ist. Gesetzeswortlaut und Entstehungsgeschichte lassen hinreichend deutlich erkennen, dass der Arbeitsdirektor schwerpunktmäßig für Sozial- und Personalfragen zuständig ist.[1] Die nähere Bestimmung des Aufgabenbereichs ist der Geschäftsordnung überlassen.

B. Regelungsgehalt

I. Gleichberechtigtes Mitglied

3 Der Arbeitsdirektor ist gleichberechtigtes Mitglied des Vertretungsorgans. Er ist in gleicher Weise wie die anderen Mitglieder auf das Unternehmensinteresse verpflichtet. Satzung, Gesellschaftervertrag und Geschäftsordnung dür-

---

8 *Raiser*, § 32 Rn 9 u. 16.
9 ErfK/*Oetker*, § 32 MitbestG Rn 4.
10 *Wlotzke/Wißmann/Koberski/Kleinsorge*, § 32 Rn 16; *Raiser*, § 32 Rn 18.
11 Wie hier: *Wlotzke/Wißmann/Koberski/Kleinsorge*, § 32 Rn 16; *Raiser*, § 32 Rn 18; a.A. ErfK/*Oetker*, § 32 Mit-

bestG Rn 4; *Ulmer/Habersack/Henssler*, § 32 MitbestG Rn 25; KölnKomm-AktG/*Mertens*, Anh § 117 B § 32 MitbestG Rn 17.
12 *Raiser*, § 32 Rn 21.
1 BVerfGE 50, 290 (Abschn. C V) 1.3.1979 – 1 BvL 21/78 u.a. – BVerfGE 50, 290 = AP § 1 MitbestG Nr. 1.

fen die Rechtsstellung des Arbeitsdirektors als gleichberechtigtes Mitglied nicht verändern, andernfalls sind sie nach § 134 BGB nichtig.

1. Wahl eines Vorstandsvorsitzenden. Die Stellung des Arbeitsdirektors als gleichberechtigtes Mitglied des Vertretungsorgans schließt es nicht aus, einen Vorstandsvorsitzenden zu wählen.[2] Eine Regelung, die dem Vorsitzenden ein allg. Vetorecht einräumt ist unwirksam. Daran ändert auch ein dem Arbeitsdirektor zugestandenes Widerspruchsrecht für seinen Geschäftsbereich nichts.[3] Sofern dem Vorsitzenden bei Patt-Situationen ein Stichentscheidungsrecht eingeräumt wird, um die Funktionsfähigkeit des Organs sicherzustellen, ist dies nicht zu beanstanden.[4] Gehören dem Gesamtorgan nur zwei Mitglieder an, gilt dies nicht, da in diesem Fall der Arbeitsdirektor stets der Unterlegene wäre.[5]

2. Vertretungsregelungen. Nach § 78 Abs. 2 S. 1 AktG gilt grds. **Gesamtvertretung**, d.h. sämtliche Vorstandsmitglieder – also auch der Arbeitsdirektor – sind nur gemeinschaftlich zur Vertretung der Gesellschaft befugt. Die Satzung kann bestimmen, dass einzelne oder alle Vorstandsmitglieder einzelvertretungsbefugt sind (**Einzelvertretung**), oder sie zusammen mit Vorstandsmitgliedern (**Gemeinschaftliche Vertretung**) oder mit einem Prokuristen (**unechte Gesamtvertretung**) vertreten können. Eine Einzelvertretungsberechtigung anderer Vorstandsmitglieder stellt eine Diskriminierung des Arbeitsdirektors dar, sofern dafür kein sachlicher Grund ersichtlich ist. Sofern bei einem mehrgliedrigen Vertretungsorgan nur dem Vorstandsvorsitzenden eine Einzelvertretungsbefugnis eingeräumt wird, liegt darin keine Diskriminierung des Arbeitsdirektors.[6] Eine isolierte Bestimmung nach der nur der Arbeitsdirektor im Zusammenwirken mit einem anderen Organmitglied zeichnungsberechtigt ist, ist stets unwirksam.[7]

3. Wahl eines Sprechers des Vertretungsorgans. Die Bestellung eines Sprechers des Vertretungsorgans ist grds. zulässig, sofern das Vertretungsorgan aus mehr als zwei Mitgliedern besteht. Eine einzig dem Arbeitsdirektor auferlegte Abstimmungspflicht gegenüber dem Sprecher ist unwirksam.[8]

4. Besonderheiten bei der GmbH. Das den Gesellschaftern einer GmbH zustehende Weisungsrecht nach § 46 Nr. 5 GmbHG trifft alle Geschäftsführer der GmbH gleichermaßen und benachteiligt daher den Arbeitsdirektor in seiner Stellung nicht.[9]

II. Bestellung und Abberufung des Arbeitsdirektors

Bis zur Bestellung des Arbeitsdirektors ist das zur gesetzlichen Vertretung berufene Organ noch nicht vollständig und ordnungsgemäß besetzt. Gleichwohl ist es handlungsfähig, wenn die zur gesetzlichen Vertretung des Unternehmens erforderliche Mitgliederzahl eingehalten ist.

Mangels spezieller Vorschriften wird der Arbeitsdirektor wie jedes andere Mitglied des Vertretungsorgans nach § 31 i.V.m. § 84 AktG bestellt und abberufen (vgl. § 31 Rn 3). Der AR ist in seiner Entscheidung, wen er als Arbeitsdirektor wählt, **grundsätzlich frei**. Auch für die nachträgliche Ernennung eines bereits amtierenden Mitglieds des Vertretungsorgans zum Arbeitsdirektor ist das Verfahren nach § 31 durchzuführen. Aus dem Wortlaut des § 33 folgt, dass das Vertretungsorgan aus mind. zwei Mitgliedern bestehen muss (Abs. 1 „gleichberechtigtes Mitglied"; Abs. 2 „engstes Einvernehmen" von Arbeitsdirektor und Gesamtorgan).[10]

Fehlt der Arbeitsdirektor, so kommt die gerichtliche Notbestellung nach § 31 Abs. 2 S. 2 i.V.m. § 85 Abs. 1 AktG in Betracht. Die „Dringlichkeit" liegt regelmäßig vor, da der Arbeitsdirektor ein erforderliches Mitglied ist.[11]

Die Amtsdauer, die Modalitäten des Anstellungsvertrags sowie die Abberufung richten sich nach den allg. Grundsätzen (vgl. § 31 Rn 11 ff.; 14 f.); der Arbeitsdirektor hat keine Sonderstellung inne. Eine schwerwiegende Störung im Vertrauensverhältnis des Arbeitsdirektors zu den AN kann nur dann einen wichtigen Grund für die Abberufung darstellen, wenn sich der Konflikt nicht anders beilegen lässt. Das Abberufungsverfahren ist auch dann durchzuführen, wenn der Arbeitsdirektor mit einer anderen Funktion im Vertretungsorgan betraut werden soll. In diesem Fall bedarf es keines wichtigen Grundes.[12]

Abweichend von § 9 Abs. 2 GenG muss der Arbeitsdirektor nicht Genosse sein (Abs. 3). Bei der KGaA braucht nach Abs. 1 S. 2 kein Arbeitsdirektor bestellt zu werden.

---

2 LG Frankfurt a.M. 26.4.1984 – 3/6 O 210/83 – DB 1984, 1388; nachfolgend: OLG Frankfurt 23.4.1985 – 5 U 149/84 – DB 1985, 1459.
3 BGH 14.11.1983 – II ZR 33/83 – BGHZ 89, 48 = NJW 1984, 733.
4 *Raiser*, § 33 Rn 29.
5 *Hoffmann*, BB 1977, 17; Köln-Komm-AktG/*Mertens*, § 77 Rn 48; *Raiser*, § 33 Rn 29; ErfK/*Oetker*, § 33 MitbestG Rn 8.
6 *Raiser*, § 33 Rn 31.
7 ErfK/*Oetker*, § 33 MitbestG Rn 7.
8 LG Frankfurt a.M. 26.4.1984 – 3/6 O 210/83 – DB 1984, 1388; nachfolgend: OLG Frankfurt 23.4.1985 – 5 U 149/84 – DB 1985, 1459.
9 ErfK/*Oetker*, § 33 MitbestG Rn 10.
10 ErfK/*Oetker*, § 33 MitbestG Rn 3; MünchArb/*Wißmann*, Bd. 3, § 379 Rn 6.
11 *Raiser*, § 33 Rn 9; a.A. ErfK/*Oetker*, § 33 MitbestG Rn 4.
12 *Ulmer/Habersack/Henssler*, § 33 MitbestG Rn 24.

III. Aufgabenstellung

13 **1. Mindestzuständigkeiten.** Das MitbestG nennt den Aufgabenbereich des Arbeitsdirektors nicht. Er hat die Funktion, zwischen dem Vertretungsorgan und den AN zu vermitteln. Er soll nach dem Willen des Gesetzgebers zuständig sein für die **personellen und sozialen Angelegenheiten der AN**. Dieser Kernbereich darf dem Arbeitsdirektor nicht entzogen werden.[13] Dies gilt grds. auch bei einer divisionalen Unternehmensstruktur.[14] Der Kernbereich umfasst grds. die Bereiche Arbeits- und Tarifrecht, Personalplanung und -entwicklung, Personalverwaltung, Löhne und Gehälter, Soziales, Gesundheitsvorsorge, Arbeitsschutz, Unfallverhütung, Altersvorsorge sowie die berufliche Aus- und Weiterbildung. Andere Aufgaben, die nicht dem Kernbereich zugeordnet werden, können dem Arbeitsdirektor entzogen werden. Nach h.M. gehören der Personal- und Sozialbereich der leitenden Ang nicht zur unabdingbaren Kernzuständigkeit des Arbeitsdirektors, da die leitenden Ang funktional der Leitung des Unternehmens zugeordnet werden.[15] Dies gilt jedoch nicht für die lediglich außertariflich Ang.[16]

14 Nicht zwingend notwendig ist, dass der Arbeitsdirektor die Alleinzuständigkeit für den Mindestzuständigkeitsbereich ausübt. Eine sachgerechte Regelung erfordert häufig das Zusammenwirken verschiedener Ressorts. Daher steht auch das Letztentscheidungsrecht grds. dem Gremium als solchem zu. Der **Kernbereich** ist jedoch in unzulässiger Weise angetastet, wenn dem Arbeitsdirektor die Entscheidungsbefugnis bereits für unbedeutende Angelegenheiten fehlt. Eine Beschränkung auf reine Informations- und Beratungstätigkeit würde ihm die Stellung als gleichberechtigtes Vorstandsmitglied nehmen und ist daher unzulässig.[17]

15 Auch die Repräsentation des Unternehmens nach außen gehört grds. zum Kernbereich der Zuständigkeiten des Arbeitsdirektors. Dies gilt auch für die Repräsentation in AG-Verbänden und Sozialversicherungskörperschaften. Da der Arbeitsdirektor auch gegen die Stimmen der AN-Vertreter im AR bestellt werden kann und für die AG-Seite tätig wird, verletzt die Repräsentation in den AG-Verbänden nicht die Grundsätze der Unabhängigkeit und Gegnerfreiheit der TV-Parteien. Entsprechendes gilt für die Repräsentation in den Sozialversicherungskörperschaften. Der Arbeitsdirektor darf aufgrund der Zuordnung zur Arbeitgeberseite auch keine betriebsverfassungsrechtliche Organfunktion wahrnehmen.

16 **2. Weitere Aufgaben.** Dem Arbeitsdirektor können auch andere Bereiche zugewiesen werden, solange er seine Kernaufgaben vollständig und effektiv erledigen kann.[18] Das Gesetz enthält keine Einschränkung seiner Befugnisse. So kann der Arbeitsdirektor auch zum Vorstandsvorsitzenden bestellt werden.[19]

17 **3. Arbeitsdirektor im Konzern.** In Konzernen muss jedes unter das MitbestG fallende Unternehmen einen Arbeitsdirektor haben.[20] Eine **Personalunion** zwischen den Arbeitsdirektoren ist nicht ausgeschlossen. Der Arbeitsdirektor der Konzernobergesellschaft kann je nach Ausgestaltung der Konzernorganisation auch auf die personalen und sozialen Angelegenheiten der Konzerntochterunternehmen einwirken.

C. Verbindung zum Prozessrecht

18 Für Klagen im Zusammenhang mit der Bestellung und Aufgabenzuweisung an den Arbeitsdirektor ist die Zuständigkeit der ordentlichen Gerichte gegeben. Satzungsbestimmungen und Beschlussfassungen sind nichtig, wenn sie gegen die Vorschrift verstoßen. Klagen auf Feststellung der Nichtigkeit der Beschlüsse können von den Mitgliedern des AR und des Vorstands, mithin auch vom Arbeitdirektor erhoben werden. Auch eine Leistungsklage auf Einräumung nicht benachteiligender Bedingungen im Anstellungsvertrag ist denkbar. Wird über die Kompetenzen des Arbeitsdirektors gestritten, sind antragsberechtigt auch die Vertreter der Gesellschaftsorgane. Die Klage muss sich auf die Feststellung der Einräumung der gesetzlichen Zuständigkeiten an den Arbeitsdirektor richten.[21]

---

13 Wlotzke/Wißmann/Koberski/Kleinsorge, § 33 Rn 32.
14 Vgl. dazu: Raiser, § 33 Rn 17.
15 Haake, BB 1983, 1490; Ulmer/Habersack/Henssler, § 33 MitbestG Rn 42.
16 A.A. Raiser, § 33 Rn 20; MüKo-AktG/Gach, Bd. 3, § 33 MitbestG Rn 36.
17 LG Frankfurt a.M. 26.4.1984 – 3/6 O 210/83 – DB 1984, 1388; nachfolgend: OLG Frankfurt 23.4.1985 – 5 U 149/84 – DB 1985, 1459.
18 Raiser, § 33 Rn 22; MüKo-AktG/Gach, Bd. 3, § 33 MitbestG Rn 31; Ulmer/Habersack/Henssler, § 33 MitbestG Rn 41; unklar: ErfK/Oetker, § 33 MitbestG Rn 14.
19 MünchArb/Wißmann, Bd. 3, § 379 Rn 6; Raiser, § 33 Rn 22; Ulmer/Habersack/Henssler, § 33 MitbestG Rn 39; a.A. ErfK/Oetker, § 33 MitbestG Rn 14.
20 Raiser, § 33 Rn 18.
21 MüKo-AktG/Gach, Bd. 3, § 33 MitbestG Rn 347.

Vierter Teil: Seeschiffahrt

§ 34

(1) Die Gesamtheit der Schiffe eines Unternehmens gilt für die Anwendung dieses Gesetzes als ein Betrieb.

(2) ¹Schiffe im Sinne dieses Gesetzes sind Kauffahrteischiffe, die nach dem Flaggenrechtsgesetz die Bundesflagge führen. ²Schiffe, die in der Regel binnen 48 Stunden nach dem Auslaufen an den Sitz eines Landbetriebs zurückkehren, gelten als Teil dieses Landbetriebs.

(3) Leitende Angestellte im Sinne des § 3 Abs. 1 Nr. 2 dieses Gesetzes sind in einem in Absatz 1 bezeichneten Betrieb nur die Kapitäne.

(4) Die Arbeitnehmer eines in Absatz 1 bezeichneten Betriebs nehmen an einer Abstimmung nach § 9 nicht teil und bleiben für die Errechnung der für die Antragstellung und für die Beschlußfassung erforderlichen Zahl von Arbeitnehmern außer Betracht.

(5) ¹Werden die Aufsichtsratsmitglieder der Arbeitnehmer durch Delegierte gewählt, so werden abweichend von § 10 in einem in Absatz 1 bezeichneten Betrieb keine Delegierten gewählt. ²Abweichend von § 15 Abs. 1 nehmen die Arbeitnehmer dieses Betriebs unmittelbar an der Wahl der Aufsichtsratsmitglieder der Arbeitnehmer teil mit der Maßgabe, daß die Stimme eines dieser Arbeitnehmer als ein Neunzigstel der Stimme eines Delegierten zu zählen ist; § 11 Abs. 1 Satz 3 ist entsprechend anzuwenden.

(6) (aufgehoben)

Fünfter Teil: Übergangs- und Schlußvorschriften

§ 35 (weggefallen)

§ 36 Verweisungen

(1) Soweit in anderen Vorschriften auf Vorschriften des Betriebsverfassungsgesetzes 1952 über die Vertretung der Arbeitnehmer in den Aufsichtsräten von Unternehmen verwiesen wird, gelten diese Verweisungen für die in § 1 Abs. 1 dieses Gesetzes bezeichneten Unternehmen als Verweisungen auf dieses Gesetz.

(2) Soweit in anderen Vorschriften für das Gesetz über die Mitbestimmung der Arbeitnehmer in den Aufsichtsräten und Vorständen der Unternehmen des Bergbaus und der Eisen und Stahl erzeugenden Industrie vom 21. Mai 1951 (BGBl. I S. 347) die Bezeichnung „Mitbestimmungsgesetz" verwendet wird, tritt an ihre Stelle die Bezeichnung „Montan-Mitbestimmungsgesetz".

§ 37 Erstmalige Anwendung des Gesetzes auf ein Unternehmen

(1) ¹Andere als die in § 97 Abs. 2 Satz 2 des Aktiengesetzes bezeichneten Bestimmungen der Satzung (des Gesellschaftsvertrags), die mit den Vorschriften dieses Gesetzes nicht vereinbar sind, treten mit dem in § 97 Abs. 2 Satz 2 des Aktiengesetzes bezeichneten Zeitpunkt oder, im Falle einer gerichtlichen Entscheidung, mit dem in § 98 Abs. 4 Satz 2 des Aktiengesetzes bezeichneten Zeitpunkt außer Kraft. ²Eine Hauptversammlung (Gesellschafterversammlung, Generalversammlung), die bis zu diesem Zeitpunkt stattfindet, kann an Stelle der außer Kraft tretenden Satzungsbestimmungen mit einfacher Mehrheit neue Satzungsbestimmungen beschließen.

(2) Die §§ 25 bis 29, 31 bis 33 sind erstmalig anzuwenden, wenn der Aufsichtsrat nach den Vorschriften dieses Gesetzes zusammengesetzt ist.

(3) ¹Die Bestellung eines vor dem Inkrafttreten dieses Gesetzes bestellten Mitglieds des zur gesetzlichen Vertretung befugten Organs eines Unternehmens, auf das dieses Gesetz bereits bei seinem Inkrafttreten anzuwenden ist, kann, sofern die Amtszeit dieses Mitglieds nicht aus anderen Gründen früher endet, nach Ablauf von fünf Jahren seit dem Inkrafttreten dieses Gesetzes von dem nach diesem Gesetz gebildeten Aufsichtsrat jederzeit widerrufen werden. ²Für den Widerruf bedarf es der Mehrheit der abgegebenen Stimmen der Aufsichtsratsmitglieder, aller Stimmen der Aufsichtsratsmitglieder der Anteilseigner oder aller Stimmen der Aufsichtsratsmitglieder der Arbeitnehmer. ³Für die Ansprüche aus dem Anstellungsvertrag gelten die allgemeinen

Vorschriften. ⁴Bis zum Widerruf bleiben für diese Mitglieder Satzungsbestimmungen über die Amtszeit abweichend von Absatz 1 Satz 1 in Kraft. ⁵Diese Vorschriften sind entsprechend anzuwenden, wenn dieses Gesetz auf ein Unternehmen erst nach dem Zeitpunkt des Inkrafttretens dieses Gesetzes erstmalig anzuwenden ist.

(4) Absatz 3 gilt nicht für persönlich haftende Gesellschafter einer Kommanditgesellschaft auf Aktien.

§ 38 (weggefallen)

§ 39 Ermächtigung zum Erlaß von Rechtsverordnungen

Die Bundesregierung wird ermächtigt, durch Rechtsverordnung Vorschriften über das Verfahren für die Wahl und die Abberufung von Aufsichtsratsmitgliedern der Arbeitnehmer zu erlassen, insbesondere über

1. die Vorbereitung der Wahl oder Abstimmung, die Bestellung der Wahlvorstände und Abstimmungsvorstände sowie die Aufstellung der Wählerlisten,
2. die Abstimmungen darüber, ob die Wahl der Aufsichtsratsmitglieder in unmittelbarer Wahl oder durch Delegierte erfolgen soll,
3. die Frist für die Einsichtnahme in die Wählerlisten und die Erhebung von Einsprüchen,
4. die Errechnung der Zahl der Aufsichtsratsmitglieder der Arbeitnehmer sowie ihre Verteilung auf die in § 3 Abs. 1 Nr. 1 bezeichneten Arbeitnehmer, die leitenden Angestellten und die Gewerkschaftsvertreter,
5. die Errechnung der Zahl der Delegierten,
6. die Wahlvorschläge und die Frist für ihre Einreichung,
7. die Ausschreibung der Wahl oder der Abstimmung und die Fristen für die Bekanntmachung des Ausschreibens,
8. die Teilnahme von Arbeitnehmern eines in § 34 Abs. 1 bezeichneten Betriebs an Wahlen und Abstimmungen,
9. die Stimmabgabe,
10. die Feststellung des Ergebnisses der Wahl oder der Abstimmung und die Fristen für seine Bekanntmachung,
11. die Aufbewahrung der Wahlakten und der Abstimmungsakten.

1 Nach dieser Vorschrift ist die Bundesregierung ermächtigt, RechtsVO zu erlassen, die die Wahl und die Abberufung der AR-Mitglieder der AN regeln. Diese RechtsVO (1., 2. und 3. WO) traten am 24.6.1977 in Kraft (§ 95 1. WOMitbestG; § 117 2. und 3. WOMitbestG). Am 27.5.2002 wurden alle drei WO neu erlassen (in Kraft getreten am 28.5.2002).

§ 40 Übergangsregelung

(1) ¹Auf Wahlen oder Abberufungen von Aufsichtsratsmitgliedern der Arbeitnehmer, die nach dem 28. Juli 2001 bis zum 26. März 2002 eingeleitet wurden, ist das Mitbestimmungsgesetz vom 4. Mai 1976 (BGBl. I S. 1153) in der durch Artikel 12 des Betriebsverfassungs- Reformgesetzes vom 23. Juli 2001 (BGBl. I S. 1852) geänderten Fassung anzuwenden. ²Abweichend von Satz 1 findet § 11 des Mitbestimmungsgesetzes vom 4. Mai 1976 (BGBl. I S. 1153) in der durch Artikel 1 des Gesetzes zur Vereinfachung der Wahl der Arbeitnehmervertreter in den Aufsichtsrat vom 23. März 2002 (BGBl. I S. 1130) geänderten Fassung Anwendung, wenn feststeht, dass die Aufsichtsratsmitglieder der Arbeitnehmer durch Delegierte zu wählen sind und bis zum 26. März 2002 die Errechnung der Zahl der Delegierten noch nicht erfolgt ist.

(2) ¹Auf Wahlen oder Abberufungen von Aufsichtsratsmitgliedern der Arbeitnehmer, die nach dem 28. Juli 2001 eingeleitet wurden, finden die Erste Wahlordnung zum Mitbestimmungsgesetz vom 23. Juni 1977 (BGBl. I S. 861), geändert durch Artikel 1 der Verordnung vom 9. November 1990 (BGBl. I S. 2487), die Zweite Wahlordnung zum Mitbestimmungsgesetz vom 23. Juni 1977 (BGBl. I S. 893), geändert durch Artikel 2 der Verordnung vom 9. November 1990 (BGBl. I S. 2487) und die Dritte Wahlordnung zum Mitbestimmungsgesetz vom 23. Juni 1977 (BGBl. I S. 934), geändert durch Artikel 3 der Verordnung vom 9. November 1990 (BGBl. I S. 2487) bis zu deren Änderung entsprechende Anwendung. ²Für die entsprechende Anwendung ist für Wahlen oder Abberufungen von Aufsichtsratsmitgliedern der Arbeitnehmer, die in dem Zeitraum nach dem 28. Juli 2001 bis zum 26. März 2002 eingeleitet wurden, das Mitbestimmungsgesetz vom 4. Mai 1976 (BGBl. I

S. 1153) in der nach Absatz 1 anzuwendenden Fassung maßgeblich; für Wahlen oder Abberufungen von Aufsichtsratsmitgliedern der Arbeitnehmer, die nach dem 26. März 2002 eingeleitet werden, ist das Mitbestimmungsgesetz vom 4. Mai 1976 (BGBl. I S. 1153) in der durch Artikel 1 des Gesetzes zur Vereinfachung der Wahl der Arbeitnehmervertreter in den Aufsichtsrat vom 23. März 2002 (BGBl. I S. 1130) geänderten Fassung maßgeblich.

§ 41 Inkrafttreten

Dieses Gesetz tritt am 1. Juli 1976 in Kraft.

Gesetz über die Mitbestimmung der Arbeitnehmer in den Aufsichtsräten und Vorständen der Unternehmen des Bergbaus und der Eisen und Stahl erzeugenden Industrie

Vom 21.5.1951, BGBl I S. 347, BGBl III 801-2

Zuletzt geändert durch Neunte Zuständigkeitsanpassungsverordnung vom 31.10.2006, BGBl I S. 2407, 2434

Erster Teil: Allgemeines

§ 1

(1) Die Arbeitnehmer haben ein Mitbestimmungsrecht in den Aufsichtsräten und in den zur gesetzlichen Vertretung berufenen Organen nach Maßgabe dieses Gesetzes in

a) den Unternehmen, deren überwiegender Betriebszweck in der Förderung von Steinkohle, Braunkohle oder Eisenerz oder in der Aufbereitung, Verkokung, Verschwelung oder Brikettierung dieser Grundstoffe liegt und deren Betrieb unter der Aufsicht der Bergbehörden steht,

b) den Unternehmen der Eisen und Stahl erzeugenden Industrie in dem Umfang, wie er in Gesetz Nr. 27 der Alliierten Hohen Kommission vom 16. Mai 1950 (Amtsblatt der Alliierten Hohen Kommission für Deutschland S. 299) bezeichnet ist, soweit diese Unternehmen in „Einheitsgesellschaften" im Sinne des Gesetzes Nr. 27 überführt oder in anderer Form weiterbetrieben und nicht liquidiert werden,

c) den Unternehmen, die von einem vorstehend bezeichneten oder nach Gesetz Nr. 27 der Alliierten Hohen Kommission zu liquidierenden Unternehmen abhängig sind, wenn sie die Voraussetzungen nach Buchstabe a erfüllen oder überwiegend Eisen und Stahl erzeugen.

Die Herstellung von Walzwerkserzeugnissen einschließlich Walzdraht, Röhren, Walzen, rollendem Eisenbahnmaterial, Freiformschmiedestücken und Gießereierzeugnissen aus Eisen oder Stahl ist als Erzeugung von Eisen und Stahl im Sinne von Satz 1 Buchstabe b und c anzusehen

1. in einem Unternehmen, dessen Aufsichtsrat am 1. Juli 1981 nach § 4 oder § 9 zusammengesetzt ist, oder
2. in einem anderen Unternehmen nach der Verschmelzung mit einem in Nummer 1 bezeichneten Unternehmen oder nach dem Übergang von Betrieben oder Betriebsteilen eines in Nummer 1 bezeichneten Unternehmens, die die genannten Erzeugnisse herstellen oder Roheisen oder Rohstahl erzeugen, auf das andere Unternehmen, wenn dieses mit dem in Nummer 1 bezeichneten Unternehmen verbunden ist (§ 15 des Aktiengesetzes) und solange nach der Verschmelzung oder dem Übergang der überwiegende Betriebszweck des anderen Unternehmens die Herstellung der genannten Erzeugnisse oder die Erzeugung von Roheisen oder Rohstahl ist.

Satz 2 Nr. 2 gilt entsprechend für die weitere Verschmelzung sowie für den weiteren Übergang von Betrieben oder Betriebsteilen.

(2) Dieses Gesetz findet nur auf diejenigen in Absatz 1 bezeichneten Unternehmen Anwendung, welche in Form einer Aktiengesellschaft oder einer Gesellschaft mit beschränkter Haftung betrieben werden und in der Regel mehr als eintausend Arbeitnehmer beschäftigen oder „Einheitsgesellschaften" sind.

(3) Erfüllt ein Unternehmen die in Absatz 1 bezeichneten Voraussetzungen nicht mehr oder beschäftigt es nicht mehr die nach Absatz 2 erforderliche Zahl von Arbeitnehmern, so sind die Vorschriften dieses Gesetzes über das Mitbestimmungsrecht erst dann nicht mehr anzuwenden, wenn in sechs aufeinanderfolgenden Geschäftsjahren eine dieser Voraussetzungen nicht mehr vorgelegen hat.

(4) [1]Ist ein Unternehmen, dessen Aufsichtsrat nach § 4 oder § 9 zusammenzusetzen ist, herrschendes Unternehmen eines Konzerns (§ 18 Abs. 1 des Aktiengesetzes) und ist für diesen Konzern ein Konzernbetriebsrat errichtet, so gelten für die Anwendung der §§ 4, 6 und 9 auf das herrschende Unternehmen die Arbeitnehmer der Konzernunternehmen als Arbeitnehmer des herrschenden Unternehmens und die in Konzernunternehmen vertretenen Gewerkschaften als im herrschenden Unternehmen vertreten. [2]Liegen die Voraussetzungen des Satzes 1 vor, so tritt für die Anwendung der §§ 6 und 11 auf das herrschende Unternehmen der Konzernbetriebsrat an die Stelle der Betriebsräte.

Literatur: *Boldt*, Mitbestimmungsgesetz Eisen und Kohle 1952; *Büdenbender*, Mitbestimmungsrechtlicher Besitzstand im Gesellschaftsrecht, ZIP 2000, 385; *Engels*, Gesetz zur Änderung des Montan-Mitbestimmungsgesetzes und des Mitbestimmungsergänzungsgesetzes: Sicherungsgesetz oder Sterbeklausel?, BB 1981, 1349; *Kötter*, Gesetz über die Mitbestimmung der Arbeitnehmer in den AR und vorständen der Unternehmen des Bergbaus und der Eisen und Stahl erzeugenden Industrie 1952; *Müller/Lehmann*, Kommentar zum Mitbestimmungsgesetz Bergbau und Eisen 1952; *Wißmann*, Das Montan-Mitbestimmungsänderungsgesetz: Neuer Schritt zur Sicherung der Montan-Mitbestimmung, NJW 1982, 423; *Wlotzke/Wißmann*, Die Gesetzesinitiative der Bundesregierung zur Montan-Mitbestimmung, DB 1981, 623

A. Allgemeines	1	3. Abhängige Unternehmen	18
I. Regelungsgegenstand	1	4. „Walzwerkklausel"	19
II. Zweck	6	II. Rechtsform	22
III. Verfassungsmäßigkeit	7	III. Arbeitnehmerzahl	23
IV. Sicherung der Mitbestimmung	9	1. Arbeitnehmer	24
B. Regelungsgehalt	10	2. „In der Regel"	25
I. Unternehmenszweck	11	3. „Einheitsgesellschaften"	28
1. Bergbau	12	IV. Verlängerungsklausel (Abs. 3)	29
2. Eisen und Stahl erzeugende Industrie	16	V. Konzernwahlklausel	31

A. Allgemeines

I. Regelungsgegenstand

Es gibt **sechs Mitbestimmungsgesetze**: MitbestG, MontanMitbestErgG, DrittelbG, MontanMitbestG, SEBG und MgVG. Nur eines dieser Gesetze ist jeweils anwendbar. Jedes Gesetz beschreibt seinen Anwendungsbereich. Das MontanMitbestG geht als das speziellere Gesetz dem MitbestG vor (siehe Vor MitbestG Rn 10). Seit dem 29.12.2006 kann es im Fall der grenzüberschreitenden Verschmelzung auf eine inländische Gesellschaft zudem zu einer Mitbestimmung nach dem MgVG kommen. Im Falle der Anwendbarkeit des MgVG werden i.d.R. die Regelungen der Mitbestimmungsgesetze verdrängt, wenn nicht das Recht des Sitzstaates Deutschland Anwendung findet (siehe §§ 4, 5 MgVG Rn 1 ff.).

Die Vorschriften der Mitbestimmungsgesetze – also auch das MontanMitbestG – sind **zwingendes Recht**. Die AN können – mit Ausnahme der AN einer inländischen Gesellschaft nach einer grenzüberschreitenden Verschmelzung, die gem. § 23 MgVG inhaltlich frei eine Vereinbarung über die Mitbestimmung treffen können (vgl. § 23 MgVG Rn 2) – auf ihre Mitbestimmungsrechte nicht verzichten (siehe Vor MitbestG Rn 5). Für Absprachen über eine Erweiterung der Rechte der AN (siehe vor MitbestG Rn 7 f.) besteht im Geltungsbereich des MontanMitbestG keine Veranlassung.

Das MontanMitbestG vom 21.5.1951 regelt die Beteiligung der AN in Unternehmen des Bergbaus und der Stahlindustrie an den Entscheidungen der Organe dieser Unternehmen. **Organe** dieser Unternehmen sind die **AR** sowie die zur gesetzlichen Vertretung der Unternehmen berufenen Organe, namentlich der **Vorstand der AG** und der **Geschäftsführer bei der GmbH**. Die Unternehmen müssen ihren Sitz im Bundesgebiet haben. Das Gesetz beschränkt sich auf die Regelungen zur Zusammensetzung der Organe des Unternehmens. **An den Entscheidungen dieser Organe werden die AN beteiligt.**

§ 1 bestimmt den **Anwendungsbereich**. Er ist abhängig vom **Unternehmenszweck** (Bergbau und Stahlindustrie), von der **Rechtsform** und der **AN-Zahl**. § 3 schreibt die **Bildung eines AR** auch für die GmbH vor. § 4 regelt die **Zusammensetzung** des AR und die **Rechte und Pflichten der Mitglieder**. Der AR besteht i.d.R. aus elf Mitgliedern, nämlich vier Vertretern der Anteilseigner und einem weiteren Mitglied, vier Vertretern der AN und einem weiteren Mitglied sowie einem weiteren neutralen Mitglied. Die §§ 5 bis 8 enthalten Vorschriften über die **Wahl der Mitglieder**.

Das MontanMitbestG enthält auch Bestimmungen über die Bestellung der zur gesetzlichen Vertretung bestimmten Organe, Vorstand der AG oder Geschäftsführer der GmbH. Insoweit verweist § 12 auf die Vorschriften des AktG. Als gleichberechtigtes Mitglied des zur gesetzlichen Vertretung berufenen Organs ist ein **Arbeitsdirektor** zu bestellen. Der Arbeitsdirektor kann nicht gegen die Stimmen der Mehrheit der AN-Vertreter bestellt werden (§ 13).

II. Zweck

Das MontanMitbestG sichert die paritätische Mitbestimmung der AN in den Organen der Unternehmen. Die paritätische Mitbestimmung in den Unternehmen der Stahlindustrie beruht auf der sich nach 1945 entwickelnden Praxis, paritätisch besetzte AR zu schaffen. Die Beteiligung der AN an den Entscheidungen der maßgebenden Organe des Unternehmens sichert die **Sachgerechtigkeit** der Entscheidungen, weil auch die Interessen der AN berücksichtigt werden. Die Beteiligung ermöglicht den AN **Einsicht in die Entscheidungsvorgänge** selbst und sichert die **Akzeptanz** schwieriger und für AN nachteiliger Entscheidungen (Plausibilität, Transparenz und Akzeptanz).

III. Verfassungsmäßigkeit

7 Gegen den Inhalt des Gesetzes werden verfassungsrechtliche Bedenken geltend gemacht. Gerügt wird eine Verletzung des Art. 14 GG (Eigentumsgarantie) und eine Verletzung des Grundrechts aus Art. 12 GG (Berufsausübungsfreiheit). Schließlich wird geltend gemacht, die Ungleichbehandlung der Gesellschaften verschiedener Industriezweige hinsichtlich des Umfangs der Beteiligung verstoße gegen Art. 3 Abs. 1 GG (Allgemeiner Gleichheitssatz). Die unterschiedliche Ausgestaltung sei sachlich nicht zu rechtfertigen.[1]

8 Das BVerfG hat lediglich die Verfassungsmäßigkeit des MitbestG festgestellt.[2] Allerdings wurde insb. darauf abgestellt, dass die Seite der Anteilseigner durch das Zweitstimmrecht des Vorsitzenden (§ 29 MitbestG), der i.d.R. zu den Vertretern der Anteilseigner gehört (§ 27 MitbestG), ein leichtes Übergewicht habe. Diese Regelungen führe zu einem Letztentscheidungsrecht der Vertreter der Anteilseigner. Das lässt sich für das MontanMitbestG so nicht feststellen. Das Verfahren zur Wahl des „neutralen" Mitglieds (§ 8) läuft auf einen Kompromiss hinaus. Kommt es zu keiner Einigung, findet ein kompliziertes Verfahren statt (Vermittlungsausschuss, Einschaltung des OLG), das die Interessen von Anteilseignern und AN ausgleicht. Die gewählte Lösung des Interessenausgleichs ist u.E. vom weiten Regelungsspielraum gedeckt, welcher dem Gesetzgeber bezüglich der auf partnerschaftliches Zusammenwirken angelegten Sozial- und Wirtschaftsordnung zusteht. Für die Ungleichbehandlung der Montanindustrie gegenüber anderen Industriezweigen liegt ein sie rechtfertigender Sachgrund in den Anpassungsproblemen dieser Schlüsselindustrie.[3]

IV. Sicherung der Mitbestimmung

9 Die Anwendung des Gesetzes ist (u.a.) vom Unternehmenszweck abhängig. Um das Ausscheiden von Unternehmen mit verändertem Betriebszweck aus der Montan-Mitbestimmung zu erschweren, wurden mehrere Sicherungsgesetze verabschiedet. Das MontanMitbestErgG vom 7.8.1956 verhinderte das Ausscheiden aus dem Geltungsbereich durch die Bildung einer „montanfreien" Holding-Gesellschaft. Weitere Gesetze folgten, u.a. das MitbestBeiG vom 23.8.1994.[4]

B. Regelungsgehalt

10 § 1 bestimmt die Voraussetzungen für die Mitbestimmung der AN in Unternehmen des Bergbaus und der Eisen und Stahl erzeugenden Industrie. Es sind drei Kriterien anzuwenden: Der Betriebszweck (**Unternehmenszweck**), die bestimmte **Rechtsform** und die **Zahl der beschäftigten AN**.

I. Unternehmenszweck

11 Der Montan-Mitbestimmung unterliegen Unternehmen des Bergbaus (Abs. 1 S. 1 Buchst. a) und der Stahl erzeugenden Industrie (Abs. 1 S. 1 Buchst. b).

12 **1. Bergbau.** Zum Bergbau gehören die **Förderung** von Steinkohle, Braunkohle (einschließlich Pech- und Schwelkohle)[5] und Eisenerz. Nicht erfasst wird der Kali-, Uran- und Kupferschieferbergbau.[6] Zum Bergbau gehören Unternehmen, die sich mit der **Aufbereitung** der Kohle und des Eisenerzes befassen. Aufbereitung ist die mechanische Reinigung und Zerkleinerung der Stoffe. Chemische Anlagen zur Aufbereitung gehören nicht dazu.[7]

13 Auch Unternehmen, die **Verkokung**, **Verschwelung** oder **Brikettierung** zum Betriebszweck haben, fallen unter den Anwendungsbereich. Das Gesetz verwendet Fachbegriffe, die in der Branche allg. verständlich sind.[8]

14 Die Unternehmen fallen nur dann unter den Anwendungsbereich des Gesetzes, wenn der **überwiegende Betriebszweck** zum Bergbau in dem oben beschriebenen Sinne gehört. Für den „überwiegenden Betriebszweck" gibt es keine gesetzliche Definition. Als Kriterium wird neben dem eingesetzten Kapital und der Umsatz- bzw. Wertschöpfungsanteile der verschiedenen Unternehmensteile auch die Anzahl der mit den genannten Verfahren im Betrieb beschäftigten AN angesehen. Dafür sprechen systematische Erwägungen, da das Gesetz auch an anderer Stelle (Abs. 2 und § 3 Abs. 2 S. 1 Nr. 2 MontanMitbestErgG) und auch im Rahmen von § 118 BetrVG darauf abstellt. Das Abstellen auf die **Zahl der beschäftigten AN** ist auch sachgerecht, weil die AN, denen die Mitbestimmungsrechte eingeräumt werden, betroffen in diesem Sinne sind.[9]

---

1 *Spindler*, AG 1994, 258, 262 ff. m.w.N.
2 BVerfG 1.3.1979 – 1 BvR 532/77, 1 BvR 533/77, 1 BvR 419/78, 1 BvR 21/78 – BVerfGE 50, 290 ff.
3 BVerfG 2.3.1999 – 1 BvL 2/91 – BVerfGE 1999, 367, 392 ff. = ZIP 1999, 410, 417; *Büdenbender*, ZIP 2000, 385, 396 ff.
4 ErfK/*Oetker*, Einl. zu MontanMitbestG Rn 3; BGBl I S. 2228.
5 *Kötter*, § 1 Anm. 9.
6 MünchArb/*Wißmann*, Bd. 3, § 381 Rn 4.
7 ErfK/*Oetker*, § 1 MontanMitbestG Rn 2.
8 ErfK/*Oetker*, § 1 MontanMitbestG Rn 2; *Boldt*, § 1 Anm. 3 a) bb); *Kötter*, § 1 Anm. 10 jeweils mit technischen Erläuterungen.
9 MünchArb/*Wißmann*, Bd. 3, § 381 Rn 4; a.A. ErfK/*Oetker*, § 1 MontanMitbestG Rn 4.

Das Unternehmen muss zusätzlich unter der **Aufsicht der Bergbehörden** stehen. Die Aufsicht ergibt sich aus § 69 BBergG vom 13.8.1980.[10] Hierbei genügt es, dass sich die Aufsicht über die Teile des Unternehmens, deren überwiegender Betriebszweck der Bergbau ist, bezieht.

2. Eisen und Stahl erzeugende Industrie. Gemeint sind die Unternehmen, die Eisen- und Stahl erzeugen, im Gegensatz zu den Unternehmen, die Eisen und Stahl verarbeiten.[11]

Unter den Anwendungsbereich fallen nach dem Wortlaut des Gesetzes zunächst alle Unternehmen, die in der **Anlage zum Gesetz Nr. 27 der Alliierten Hohen Kommission** (AHK) aufgeführt sind. Die Anwendung ist jedoch nicht auf diese Unternehmen beschränkt. Der Verweis wird überwiegend als **„zeitgemäßer Definitionsersatz"** für Unternehmen der Eisen und Stahl erzeugenden Industrie verstanden. Deshalb können auch die später gegründeten Unternehmen unter den Anwendungsbereich des Gesetzes fallen. Entscheidend ist nur, dass die Erzeugung von Eisen und Stahl der überwiegende Betriebszweck ist.[12]

3. Abhängige Unternehmen. Das MontanMitbestG ist nach Abs. 1 S. 1 Buchst. c auch auf Unternehmen anzuwenden, die von einem der in den Buchst. a und b genannten Unternehmen abhängig sind. Voraussetzung ist, dass die abhängigen Unternehmen Bergbau betreiben oder Eisen oder Stahl erzeugen. Die Vorschrift hat keine Bedeutung mehr, da die Unternehmen nach dem Beschluss des BGH[13] ohnehin bereits von Abs. 1 Buchst. a oder b erfasst werden.[14]

4. „Walzwerkklausel" Nach Abs. 1 S. 2 und 3 gehören zur Eisen- und Stahlerzeugung auch die **erzeugungsnahe Weiterverarbeitung** dieser Materialien. Die erzeugungsnahe Weiterverarbeitung wird in S. 2 näher beschrieben. Insb. gehören dazu die Erzeugung von Walzwerkerzeugnissen und Gießereierzeugnissen.

Durch Abs. 1 S. 2 Nr. 1 werden jedoch nur solche Unternehmen erfasst, die am 1.7.1981 tatsächlich der Montanmitbestimmung unterlagen. Bezüglich dieser Bestimmung will das Gesetz die Mitbestimmung erhalten.[15] Nach Nr. 2 werden zusätzlich Unternehmen erfasst, die zwar am Stichtag nicht der Montanmitbestimmung unterlagen, die aber mit einem Eisen oder Stahl erzeugenden Unternehmen verschmolzen werden (Abs. 1 S. 2 Nr. 1). Schließlich löst der Übergang von montanmitbestimmten Betrieben oder Teilen eines Unternehmens auf ein anderes Unternehmen für dieses andere Unternehmen die Montan-Mitbestimmung aus, wenn beide Unternehmen miteinander verbunden sind (§ 15 AktG) und der überwiegende Betriebszweck in der Warmverarbeitung nach Abs. 1 S. 2 oder in der Erzeugung von Eisen und Stahl besteht. Maßgebend ist der einheitlich für das gesamte Unternehmen zu ermittelnde Betriebszweck.[16]

Nach Abs. 1 S. 3 ist Abs. 1 S. 2 (Walzwerkklausel) entsprechend anzuwenden, wenn der Betrieb oder Unternehmensteil infolge weiterer Verschmelzungen oder Betriebsübergänge über mehrere Unternehmen wandert. Bei dieser „Wanderung" kommt es nicht darauf an, ob bei allen Zwischenstationen das übernehmende Unternehmen der Montan-Mitbestimmung unterliegt.[17]

II. Rechtsform

Das MontanMitbestG findet nur Anwendung auf Unternehmen, die in einer der in Abs. 2 genannten Rechtsform – **AG oder GmbH** – betrieben werden. Personengesellschaften und die KGaA. sind nicht erfasst. Damit unterscheidet sich das MontanMitbestG vom MitbestG, das gem. § 4 MitbestG unter bestimmten Voraussetzungen auch auf die GmbH & Co KG und die AG & Co. KG angewendet werden kann (vgl. § 4 MitbestG Rn 1 ff.).

Das MontanMitbestG findet grds. nur Anwendung auf Unternehmen, die ihren **Sitz in der Bundesrepublik Deutschland** haben (vgl. § 1 MitbestG Rn 3 ff.).

III. Arbeitnehmerzahl

Die Unternehmen müssen i.d.R. mehr als 1000 AN beschäftigen (Abs. 2).

1. Arbeitnehmer. Es gilt der **allg. AN-Begriff** (vgl. § 3 MitbestG Rn 2 f.; siehe § 5 BetrVG Rn 1 ff.). Zu den AN gehören auch die leitenden Ang nach § 5 Abs. 3 BetrVG. Sie bilden aber – im Gegensatz zu den Bestimmungen des MitbestG – keine eigene Gruppe (vgl. § 3 MitbestG Rn 2 ff.).

---

10 BGBl I S. 1310.
11 ErfK/*Oetker*, § 1 MontanMitbestG Rn 6; dazu: *Kötter*, § 1 Anm. 13.
12 Allg. M., vgl. BGH 28.2.1983 – II ZB 10/82 – BGHZ 87, 52 = DB 1983, 1087; OLG Düsseldorf 27.7.1988 – 19 W 10/87 – AG 1989, 63; ErfK/*Oetker*, § 1 MontanMitbestG Rn 7; MünchArb/*Wißmann*, Bd. 3, § 381 Rn 5.
13 BGH 28.2.1983 – II ZB 10/82 – BGHZ 87, 52 = DB 1983, 1087.
14 MünchArb/*Wißmann*, Bd. 3, § 381 Rn 5.
15 *Wißmann*, NJW 1982, 423.
16 ErfK/*Oetker*, § 1 MontanMitbestG Rn 7; *Engels*, BB 1981, 1349, 1356.
17 ErfK/*Oetker*, § 1 MontanMitbestG Rn 10; *Engels*, BB 1981, 1349, 1356; *Wlotzke/Wißmann*, DB 1981, 623, 630.

25 **2. „In der Regel"** Die Zahl der AN ist nicht für einen bestimmten Stichtag zu ermitteln. Es kommt auf die Zahl der AN an, die unter Berücksichtigung der Vergangenheit und der künftigen Entwicklung beschäftigt werden. Dadurch soll verhindert werden, dass die Anwendbarkeit des Gesetzes durch geringe Schwankungen der AN-Zahl in Frage gestellt wird. Sinkt die AN-Zahl nur vorübergehend unter 1000, führt das daher nicht zu einer Beendigung der Mitbestimmung nach dem MontanMitbestG (zur entsprechenden Problematik bei der Anwendung des MitbestG siehe § 1 MitbestG Rn 10 f.).

26 Bei der Ermittlung der AN-Zahl sind die AN in **abhängigen Konzernunternehmen** – anders als bei § 5 MitbestG und § 2 DrittelbG – nicht einzubeziehen. Das gilt selbst dann, wenn nach Abs. 4 die Voraussetzungen für eine Konzernwahl vorliegen (siehe Rn 31 ff.).[18] Es kann aber gem. § 3 MontanMitbestErgG das MontanMitbestErgG eingreifen (siehe §§ 1–4 MontanMitbestErgG Rn 5 ff.).

27 AN, die aufgrund eines in der Bundesrepublik begründeten Arbverh vorübergehend im **Ausland** tätig sind, ohne dabei in eine betriebliche Organisation eingegliedert zu sein, zählen mit.[19] Auf AN, die in ausländischen abhängigen Unternehmen oder in ausländischen Betriebsstätten beschäftigt sind, findet weder das MitbestG noch das MontanMitbestG Anwendung.[20]

28 **3. „Einheitsgesellschaften"** Bei Einheitsgesellschaften kommt es nicht auf die Zahl der beschäftigten AN an. „Einheitsgesellschaften" sind Unternehmen, die in der Anlage zum Gesetz Nr. 27 der Alliierten Hohen Kommission aufgeführt sind.[21]

IV. Verlängerungsklausel (Abs. 3)

29 Abs. 3 wurde durch ÄndG vom 21.5.1981[22] eingefügt. Für eine **Übergangszeit** soll die Anwendung des MontanMitbestG gesichert werden auch in den Fällen, in denen die Voraussetzungen nach Abs. 1 und 2 weggefallen sind. Der Übergangszeitraum beträgt sechs Jahre, die aufeinander folgen müssen. Werden die Voraussetzungen des MontanMitbestG zwischenzeitlich wieder erfüllt, beginnt ein neuer Übergangszeitraum.[23] Nach Ablauf des Übergangszeitraums ist der AR durch Einleitung des Statusverfahrens (§§ 97 ff. AktG) den veränderten gesetzlichen Regelungen anzupassen.

30 Ändert sich die Rechtsform des mitbestimmten Unternehmens und ist das Unternehmen in der neuen Rechtsform nicht in den Anwendungsbereich des MontanMitbestG einbezogen, ist die Verlängerungsklausel nicht anzuwenden.[24] Verfassungsrechtliche Bedenken gegen die Bestimmung sind nicht begründet.[25]

V. Konzernwahlklausel

31 Abs. 4 regelt die Beteiligung der AN in abhängigen Unternehmen an der Wahl zum AR des herrschenden Unternehmens. Die Bestimmung setzt ein Konzernverhältnis i.S.v. § 18 Abs. 1 AktG voraus.

32 Die Beteiligung der AN im abhängigen Unternehmen an der Wahl des AR des herrschenden Unternehmens ist von zwei Voraussetzungen abhängig: Das herrschende Unternehmen muss ein dem MontanMitbestG unterliegendes Unternehmen sein, und es muss beim herrschenden Unternehmen ein KBR gebildet worden sein. Die Bestimmung ändert nichts an der betriebsverfassungsrechtlichen Regelung, wonach die Errichtung eines KBR freiwillig ist. Bei der Entscheidung darüber, ob ein KBR gebildet werden soll, muss die Regelung in Abs. 4 allerdings mitberücksichtigt werden. Ist kein KBR errichtet, können sich die AN des abhängigen Unternehmens nicht an der Wahl des AR des herrschenden Unternehmens beteiligen.[26]

---

§ 2

Auf die in § 1 bezeichneten Unternehmen finden die Vorschriften des Aktiengesetzes, des Gesetzes betreffend die Gesellschaften mit beschränkter Haftung, der Berggesetze und des Betriebsverfassungsrechts insoweit keine Anwendung, als sie den Vorschriften dieses Gesetzes widersprechen.

---

18 ErfK/*Oetker*, § 1 MontanMitbestG Rn 14; *Engels*, BB 1981, 1349, 1349; *Wlotzke/Wißmann*, DB 1981, 623, 628.
19 BAG 25.4.1978 – 6 ABR 2/77 – BAGE 30, 266 = DB 1978, 1840; BAG 7.12.1989 – 2 AZR 228/89 – NZA 1990, 658 = BB 1990, 707 = DB 1990, 992; dazu auch § 1 MitbestG Rn 17 ff.
20 H.M., vgl. ErfK/*Oetker*, § 1 MontanMitbestG Rn 4, 14; *Fitting/Wlotzke/Wissmann*, § 3 Rn 15 ff. und § 1 MitbestG Rn 3 ff.; 15.
21 ErfK/*Oetker*, § 1 MontanMitbestG Rn 15; *Wlotzke/Wißmann*, DB 1981, 623, 628.
22 BGBl I S. 441.
23 MünchArb/*Wißmann*, Bd. 3, § 381 Rn 7; ErfK/*Oetker*, § 1 MontanMitbestG Rn 16.
24 ErfK/*Oetker*, § 1 MontanMitbestG Rn 17; *Wißmann*, NJW 1982, 423, 425.
25 ErfK/*Oetker*, § 1 MontanMitbestG Rn 18f.
26 ErfK/*Oetker*, § 1 MontanMitbestG Rn 20 ff.

A. Allgemeines

Die Vorschrift regelt das Verhältnis zwischen den Bestimmungen des MontanMitbestG und den Vorschriften des AktG sowie allg. aktienrechtliche Bestimmungen,[1] des GmbHG sowie des BetrVG. Das MontanMitbestG geht den Vorschriften der genannten Gesetze vor. Auf diese Weise wird die Mitbestimmung der AN auf der Unternehmensebene sichergestellt.

B. Regelungsgehalt

Die Vorschriften des AktG und des GmbHG, die vom MontanMitbestG verdrängt werden, betreffen v.a. die Vorschriften über die **Bestellung**, die **Zusammensetzung**, die **Wahl** und die **Abberufung** der Mitglieder des AR. Auch das Satzungsrecht der AG und der GmbH darf den Bestimmungen des MontanMitbestGes nicht widersprechen.

Die **Beteiligungsrechte (insb. die Mitbestimmungsrechte)** der betrieblichen Interessenvertretungen werden durch das MontanMitbestG **nicht eingeschränkt.** Das MontanMitbestG hat keine Auswirkungen auf die Bestimmungen des BetrVG, da diese dem MontanMitbestG nicht widersprechen. Das BetrVG regelt die Bildung und Beteiligung von Interessenvertretungen der AN auf der betrieblichen Ebene. Im MontanMitbestG geht es um die Mitbestimmung auf der Unternehmensebene. Beide Beteiligungsmöglichkeiten stehen selbstständig nebeneinander.[2]

Zweiter Teil: Aufsichtsrat

§ 3

(1) Betreibt eine Gesellschaft mit beschränkter Haftung ein Unternehmen im Sinne des § 1, so ist nach Maßgabe dieses Gesetzes ein Aufsichtsrat zu bilden.
(2) Auf den Aufsichtsrat, seine Rechte und Pflichten finden die Vorschriften des Aktienrechts sinngemäß Anwendung.

A. Allgemeines

Die Bestimmung ordnet für die GmbH zwingend die Bildung eines AR an (Abs. 1). Auf den AR der GmbH einschließlich seiner Rechte und Pflichten sind die Vorschriften des AktG anzuwenden (Abs. 2).

B. Regelungsgehalt

Nach dem GmbHG ist die Bildung eines AR möglich, aber nicht zwingend (§ 52 GmbHG). Die Bildung eines AR ist dagegen zwingend, wenn auf das Unternehmen das MontanMitbestG anzuwenden ist. Das MontanMitbestG regelt auch in erster Linie und zwingend die Rechte und Pflichten des AR und seiner Mitglieder.

Für die GmbH sind zudem alle Vorschriften des AktG über den AR, nicht nur die in § 52 GmbHG genannten Vorschriften, sinngemäß anzuwenden.

§ 4

(1) [1]Der Aufsichtsrat besteht aus elf Mitgliedern. [2]Er setzt sich zusammen aus
a) vier Vertretern der Anteilseigner und einem weiteren Mitglied,
b) vier Vertretern der Arbeitnehmer und einem weiteren Mitglied,
c) einem weiteren Mitglied.
(2) Die in Absatz 1 bezeichneten weiteren Mitglieder dürfen nicht
a) Repräsentant einer Gewerkschaft oder einer Vereinigung der Arbeitgeber oder einer Spitzenorganisation dieser Verbände sein oder zu diesen in einem ständigen Dienst- oder Geschäftsbesorgungsverhältnis stehen,
b) im Laufe des letzten Jahres vor der Wahl eine unter Buchstabe a bezeichnete Stellung innegehabt haben,

---

1 ErfK/*Oetker*, § 2 MontanMitbestG Rn 2; *Kötter*, § 2 Anm. 2.   2 ErfK/*Oetker*, § 2 MontanMitbestG Rn 3.

c) in den Unternehmen als Arbeitnehmer oder Arbeitgeber tätig sein,
d) an dem Unternehmen wirtschaftlich wesentlich interessiert sein.

(3) [1]Alle Aufsichtsratsmitglieder haben die gleichen Rechte und Pflichten. [2]Sie sind an Aufträge und Weisungen nicht gebunden.

A. Allgemeines	1	III. Wählbarkeit	4
B. Regelungsgehalt	2	IV. Gleiche Rechte und Pflichten	6
I. Größe des Aufsichtsrats	2	V. Unabhängigkeit der Mitglieder	7
II. Zusammensetzung	3	VI. Schutz vor Benachteiligungen	8

A. Allgemeines

1 Die Vorschrift bestimmt in Abs. 1 die regelmäßige Größe des AR sowie seine Zusammensetzung. Abs. 2 enthält Vorschriften, die eine Wahl zu den weiteren Mitgliedern ausschließen. Nach Abs. 3 haben alle Mitglieder des AR die gleichen Rechte auf Pflichten. Sie sind unabhängig und nicht an Weisungen gebunden.

B. Regelungsgehalt

I. Größe des Aufsichtsrats

2 Der nach dem MontanMitbestG zu bildende AR besteht i.d.R. aus **elf Mitgliedern**. Ausnahmen sind nur nach § 9 zulässig (15 oder 21 Mitglieder). Die Festlegung anderer Größenordnungen ist nicht zulässig.

II. Zusammensetzung

3 Der AR besteht aus Vertretern der Anteilseigner (a), den Vertretern der AN (b) und einem „weiteren" Mitglied (c). Dem „weiteren" (neutralen) Mitglied kommt bei einer gleichen Zahl von Vertretern der Anteilseigner und der AN besondere Bedeutung zu (vgl. § 8).

III. Wählbarkeit

4 Für alle Mitglieder des AR gelten die allg. aktienrechtlichen Voraussetzungen über die Mitgliedschaft im AR (§ 3 Abs. 2). Anzuwenden ist auch § 100 Abs. 1 AktG: Nach Nr. 1 kann nicht Mitglied des AR werden, wer bereits in zehn Handelsgesellschaften, die gesetzlich einen AR zu bilden haben, Mitglied des AR ist. Nach Nr. 2 darf ein AR-Mitglied nicht bereits gesetzlicher Vertreter eines von der AG/GmbH abhängigen Unternehmens sein. Nach Nr. 3 kann nicht Mitglied im AR werden, wer gesetzlicher Vertreter einer anderen Kapitalgesellschaft ist, deren AR ein Mitglied des Vorstands der AG/der Geschäftsführung der GmbH ist.

5 Für die weiteren Mitglieder aufseiten der Anteilseigner und AN stellt Abs. 2 zusätzliche Voraussetzungen auf. Sie sollen deren Unabhängigkeit sichern. Die Unabhängigkeit muss bestehen gegenüber den Gewerkschaften oder AG-Verbänden respektive gegenüber dem Unternehmen; die weiteren Mitglieder der beiden Seiten dürfen nicht als AN oder AG tätig sein. AG in diesem Sinn sind auch die zur Vertretung der GmbH bestimmten Personen, also die Geschäftsführer (vgl. auch § 90 AktG). Schließlich dürfen die weiteren Mitglieder nicht wesentlich an dem Unternehmen interessiert sein. Ein wesentliches Interesse liegt jedenfalls bei einer Beteiligung von mehr als 5 % vor.

Die weiteren Voraussetzungen der Wählbarkeit sind zwingend. Werden die Personen trotz der genannten Hinderungsgründe gewählt, ist die Wahl nichtig.[1]

IV. Gleiche Rechte und Pflichten

6 Abs. 3 S. 1 stellt klar, dass alle Mitglieder des AR dieselben Rechte und Pflichten haben. Es darf keine Mitglieder mit verschiedenen Rechten geben, insb. keine Unterschiede zwischen den Vertretern der Anteilseigner und den Vertretern der AN. Das schließt nicht aus, dass der Vorsitzende und der stellvertretende Vorsitzende nach § 107 AktG weitere Funktionen und Aufgaben wahrzunehmen haben.[2]

V. Unabhängigkeit der Mitglieder

7 Nach Abs. 3 S. 2 sind die Mitglieder nicht an Aufträge und Weisungen gebunden. Sie üben ihr Mandat als unabhängige Personen aus. Abreden oder Verträge, die das Mitglied zu einem bestimmten Abstimmungsverhalten verpflichten, sind nichtig. Die Grundsätze gelten für alle Mitglieder des AR.[3]

---

1 ErfK/*Oetker*, § 4 MontanMitbestG Rn 3.
2 ErfK/*Oetker*, § 4 MontanMitbestG Rn 4.
3 ErfK/*Oetker*, § 4 MontanMitbestG Rn 5.

VI. Schutz vor Benachteiligungen

Das MontanMitbestG enthält keine ausdrückliche Bestimmung, die die AN-Vertreter im AR vor Behinderung oder Benachteiligung schützt. Das **MitbestG** enthält eine solche Bestimmung in § 26. Diese Bestimmung ist § 78 BetrVG nachgebildet. Es besteht ein Behinderungs-, ein Benachteiligungs- und Begünstigungsverbot. §§ 26 und 78 BetrVG sind auf die AN-Vertreter von dem MontanMitbestG unterliegenden Unternehmen **entsprechend anzuwenden**.[4] Diese Bestimmungen enthalten **unabdingbare Grundsätze** für die Ausübung eines Amts bei der Vertretung der AN-Interessen.

8

Die AN-Vertreter im AR sind für die Wahrnehmung der Aufgaben im AR von ihrer beruflichen Tätigkeit ohne Minderung des Arbeitsentgelts freizustellen (siehe § 26 MitbestG Rn 3).

9

Dagegen besteht kein besonderer Künd-Schutz nach § 15 KSchG. Allerdings sind maßregelnde Künd unwirksam (relativer Künd-Schutz – siehe § 26 MitbestG Rn 5). Auch haben die AN-Vertreter im AR i.d.R. keinen Anspruch auf Teilnahme an Schulungsveranstaltungen, die das Unternehmen bezahlen müsste (siehe § 26 MitbestG Rn 4).

10

Das **Benachteiligungsverbot** schützt die AN-Vertreter vor sachlich nicht berechtigten Ungleichbehandlungen. Ein solches Benachteiligungsverbot beginnt mit der Bewerbung um ein Amt im AR, spätestens mit Aufnahme der Tätigkeit. Alle Maßnahmen des AG, die gegen das Benachteiligungsverbot verstoßen, sind unwirksam. Bei schuldhafter Verletzung dieser vertraglichen Nebenpflicht bestehen Schadensersatzansprüche (siehe § 26 MitbestG Rn 8).

11

§ 5

Die in § 4 Abs. 1 Buchstabe a bezeichneten Mitglieder des Aufsichtsrats werden durch das nach Gesetz, Satzung oder Gesellschaftsvertrag zur Wahl von Aufsichtsratsmitgliedern berufene Organ (Wahlorgan) nach Maßgabe der Satzung oder des Gesellschaftsvertrags gewählt.

§ 6

(1) [1]Unter den in § 4 Abs. 1 Buchstabe b bezeichneten Mitgliedern des Aufsichtsrats müssen sich zwei Arbeitnehmer befinden, die in einem Betrieb des Unternehmens beschäftigt sind. [2]Diese Mitglieder werden durch die Betriebsräte der Betriebe des Unternehmens in geheimer Wahl gewählt und dem Wahlorgan nach Beratung mit den in den Betrieben des Unternehmens vertretenen Gewerkschaften und deren Spitzenorganisationen vorgeschlagen.

(2) [1]Die nach Absatz 1 gewählten Personen sind vor Weiterleitung der Vorschläge an das Wahlorgan innerhalb von zwei Wochen nach der Wahl den Spitzenorganisationen mitzuteilen, denen die in den Betrieben des Unternehmens vertretenen Gewerkschaften angehören. [2]Jede Spitzenorganisation kann binnen zwei Wochen nach Zugang der Mitteilung Einspruch bei den Betriebsräten einlegen, wenn der begründete Verdacht besteht, daß ein Vorgeschlagener nicht die Gewähr bietet, zum Wohl des Unternehmens und der gesamten Volkswirtschaft verantwortlich im Aufsichtsrat mitzuarbeiten. [3]Lehnen die Betriebsräte den Einspruch mit einfacher Stimmenmehrheit ab, so können die Betriebsräte oder die Spitzenorganisation, welche den Einspruch eingelegt hat, den Bundesminister für Arbeit und Soziales anrufen; dieser entscheidet endgültig.

(3) [1]Zwei der in § 4 Abs. 1 Buchstabe b bezeichneten Mitglieder werden von den Spitzenorganisationen nach vorheriger Beratung mit den im Betrieb vertretenen Gewerkschaften den Betriebsräten vorgeschlagen. [2]Die Spitzenorganisationen sind nach dem Verhältnis ihrer Vertretung in den Betrieben vorschlagsberechtigt; sie sollen bei ihren Vorschlägen die innerhalb der Belegschaften bestehenden Minderheiten in angemessener Weise berücksichtigen.

(4) Für das in § 4 Abs. 1 Buchstabe b bezeichnete weitere Mitglied gilt Absatz 3 entsprechend.

(5) [1]Die Mitglieder der Betriebsräte der Betriebe des Unternehmens wählen in geheimer Wahl auf Grund der nach den Absätzen 3 und 4 gemachten Vorschläge die Bewerber und schlagen diese dem Wahlorgan vor. [2]Wird von einer Spitzenorganisation nur ein Bewerber für ein Aufsichtsratsmitglied vorgeschlagen, so bedarf der Vorschlag gegenüber dem Wahlorgan der Mehrheit der Stimmen der Mitglieder der Betriebsräte.

(6) Das Wahlorgan ist an die Vorschläge der Betriebsräte gebunden.

---

4 MünchArb/*Wißmann*, Bd. 3, § 381 Rn 28.

§ 7 (weggefallen)

§ 8

(1) ¹Das in § 4 Abs. 1 Buchstabe c bezeichnete weitere Mitglied des Aufsichtsrats wird durch das Wahlorgan auf Vorschlag der übrigen Aufsichtsratsmitglieder gewählt. ²Der Vorschlag wird durch diese Aufsichtsratsmitglieder mit Mehrheit aller Stimmen beschlossen. ³Er bedarf jedoch der Zustimmung von mindestens je drei Mitgliedern, die nach § 5 und die nach § 6 gewählt sind.

(2) ¹Kommt ein Vorschlag nach Absatz 1 nicht zustande oder wird eine vorgeschlagene Person nicht gewählt, so ist ein Vermittlungsausschuß zu bilden, der aus vier Mitgliedern besteht. ²Je zwei Mitglieder werden von den nach § 5 und den nach § 6 gewählten Aufsichtsratsmitgliedern gewählt.

(3) ¹Der Vermittlungsausschuß schlägt innerhalb eines Monats dem Wahlorgan drei Personen zur Wahl vor, aus denen das Wahlorgan das Aufsichtsratsmitglied wählen soll. ²Kommt die Wahl auf Grund des Vorschlags des Vermittlungsausschusses aus wichtigen Gründen nicht zustande, insbesondere dann, wenn keiner der Vorgeschlagenen die Gewähr für ein gedeihliches Wirken für das Unternehmen bietet, so muß die Ablehnung durch Beschluß festgestellt werden. ³Dieser Beschluß muß mit Gründen versehen sein. ⁴Über die Berechtigung der Ablehnung der Wahl entscheidet auf Antrag des Vermittlungsausschusses das für das Unternehmen zuständige Oberlandesgericht. ⁵Im Fall der Bestätigung der Ablehnung hat der Vermittlungsausschuß dem Wahlorgan drei weitere Personen vorzuschlagen; für diesen zweiten Vorschlag gilt die vorstehende Regelung (Sätze 2 bis 4) entsprechend. ⁶Wird die Ablehnung der Wahl von dem Gericht für unberechtigt erklärt, so hat das Wahlorgan einen der Vorgeschlagenen zu wählen. ⁷Wird die Ablehnung der Wahl aus dem zweiten Wahlvorschlag von dem Gericht für berechtigt erklärt oder erfolgt kein Wahlvorschlag, so wählt das Wahlorgan von sich aus das weitere Mitglied.

(4) Wird die in Absatz 2 vorgesehene Anzahl von Mitgliedern des Vermittlungsausschusses nicht gewählt oder bleiben Mitglieder des Vermittlungsausschusses trotz rechtzeitiger Einladung ohne genügende Entschuldigung einer Sitzung fern, so kann der Vermittlungsausschuß tätig werden, wenn wenigstens zwei Mitglieder mitwirken.

A. Allgemeines 1	b) Wahlvorschlag 13
B. Regelungsgehalt 2	c) Wahl 14
I. Wahl der Vertreter der Anteilseigner 2	3. Wahlverfahren für ein weiteres Mitglied 15
II. Wahl der Vertreter der Arbeitnehmer 3	4. Verletzung von Wahlvorschriften 16
1. Wahlverfahren für unternehmensangehörige Arbeitnehmer 4	III. Wahl des weiteren (neutralen) Mitglieds 17
a) Arbeitnehmer der Belegschaft 4	1. Wahl durch das Wahlorgan 17
b) Wahlkörper 5	2. Einschaltung des Vermittlungsausschusses ... 19
c) Mitteilung an Gewerkschaften 6	3. Entscheidung des Wahlorgans 22
d) Einspruch 7	a) Vorhandener Wahlvorschlag 22
e) Wahlorgan 9	b) Nicht vorhandener Wahlvorschlag 23
2. Wahlverfahren für Gewerkschaftsvertreter 10	4. Einschaltung des Oberlandesgerichts 24
a) Vorschlagsrecht 11	IV. Gerichtliche Bestellung von Arbeitnehmervertretern 26

A. Allgemeines

1 Die Vorschriften der §§ 5, 6 und 8 enthalten Vorschriften für die Wahlen der Mitglieder des AR (§ 4 Abs. 1 Buchst. a, b und c).

B. Regelungsgehalt

I. Wahl der Vertreter der Anteilseigner

2 § 5 regelt die Wahl der Vertreter der Anteilseigner sowie des weiteren Mitglieds gem. § 4 Abs. 1 Buchst. a). Die Bestimmung verweist auf das Wahlorgan.

Wahlorgan ist das nach Gesetz, Satzung oder Gesellschaftsvertrag zur Wahl des AR berufene Organ einer Gesellschaft. Für die AG ist das die Versammlung der Anteilseigner, also die **Hauptversammlung** (§ 101 Abs. 1 AktG). Wahlorgan der GmbH ist die **Gesellschafterversammlung** (§ 52 Abs. 1 GmbHG).

II. Wahl der Vertreter der Arbeitnehmer

3 Nach § 4 Abs. 1 S. 2 Buchst. b sind vier AN-Vertreter und ein weiteres Mitglied zu wählen. Für diese Mitglieder bestehen unterschiedliche Wahlverfahren.

§§ 5–8 MontanMitbestG 340

1. Wahlverfahren für unternehmensangehörige Arbeitnehmer. a) Arbeitnehmer der Belegschaft. Mind. **zwei** der fünf Vertreter der AN müssen **AN des Unternehmens** sein. Es ist heute unerheblich, ob es sich um Arb oder Ang handelt; das Gruppenprinzip wurde aufgegeben. Die AN-Eigenschaft muss während der Dauer der Mitgliedschaft im AR bestehen. Endet das Arbverh, endet die Mitgliedschaft im AR.[1]

Für die Bestellung des AR eines herrschenden Unternehmens in einem Konzern ist § 1 Abs. 1 zu beachten. AN eines zum **Konzern** gehörenden abhängigen Unternehmens gelten als AN des herrschenden Unternehmens.

b) Wahlkörper. Liegt kein Konzern vor, werden diese Mitglieder nach Abs. 1 durch die BR aller Betriebe des Unternehmens gewählt. Zu diesem Zweck bilden die **BR aller Betriebe** einen **Wahlkörper**. Besteht ein Konzern und ist der AR des herrschenden Unternehmens zu bilden, ist Wahlkörper der **KBR** (§ 1 Abs. 4 S. 2).

c) Mitteilung an Gewerkschaften. Die von den BR oder vom KBR gewählten Vertreter werden den **Spitzenorganisationen der Gewerkschaften**, die im Unternehmen vertreten sind, gem. Abs. 2 S. 1 als Wahlvorschläge der betriebsverfassungsrechtlichen AN-Vertreter **mitgeteilt**. Eine Gewerkschaft ist in einem Unternehmen vertreten, wenn ihr mind. ein AN angehört. Spitzenorganisationen sind Zusammenschlüsse von Gewerkschaften; § 2 Abs. 2 TVG ist entsprechend anzuwenden. Gemeint ist v.a. der Deutsche Gewerkschaftsbund (DGB). Die **Frist** für die Mitteilung beträgt zwei Wochen (Abs. 2 S. 1).

d) Einspruch. Die Spitzenorganisationen können nach Abs. 2 S. 2 Einspruch gegen einen oder mehrere der ihnen mitgeteilten Wahlvorschläge einlegen. Der Einspruch muss eine begründete Ablehnung enthalten. Als Grund für einen Einspruch nennt das Gesetz den begründeten Verdacht, dass ein Vorgeschlagener nicht die Gewähr dafür bietet, zum Wohle des Unternehmens und der gesamten Volkswirtschaft verantwortlich im AR mitzuarbeiten. Enthält der Einspruch keine Begründung, ist er unbeachtlich. Das gleiche gilt, wenn der Einspruch nur mit dem Wortlaut des Gesetzes begründet wird. Wird kein Einspruch eingelegt, wird der Wahlvorschlag dem Wahlorgan zugeleitet.[2]

Wird Einspruch eingelegt, kann der Wahlkörper entweder das Verfahren neu beginnen, wenn er den Einspruch für begründet hält, oder den Einspruch mit einfacher Stimmenmehrheit ablehnen. In diesem Fall können sowohl der Wahlkörper (BR oder KBR) als auch die Spitzenorganisationen, die Einspruch eingelegt haben, das Bundesministerium für Arbeit anrufen. Dieses entscheidet dann endgültig über den Einspruch.

e) Wahlorgan. Die Wahl ist Sache des Wahlorgans. Das Wahlorgan ist in § 5 beschrieben: Hauptversammlung oder Gesellschafterversammlung. Das Wahlorgan ist an die Vorschläge des Wahlkörpers (BR oder KBR) gebunden. Es kann einen wählbaren Kandidaten nach h.M. nicht zurückweisen.[3] Jedenfalls kann das Wahlorgan keine Person wählen, die nicht vom Wahlkörper der AN-Seite vorgeschlagen wurde.

2. Wahlverfahren für Gewerkschaftsvertreter. Zwei Mitglieder der fünf AN-Vertreter werden dem Wahlkörper **von den Spitzenorganisationen vorgeschlagen.**

a) Vorschlagsrecht. Diesem Vorschlag muss eine Beratung mit den im Betrieb vertretenen Gewerkschaften vorausgehen. Sind mehrere Gewerkschaften im Unternehmen vertreten, richtet sich die Vorschlagsberechtigung nach dem zahlenmäßigen Verhältnis der Vertretung der jeweiligen Organisation in den Betrieben des Unternehmens. Das Verhältnis folgt aus der Anwendung des d'Hondtschen Höchstzahlverfahrens. Auf diese Weise werden unterschiedliche Vorschläge für einen Sitz im AR ausgeschlossen.[4]

Das so ermittelte Vorschlagsrecht für jeden Sitz im AR steht den Spitzenorganisationen auch im Fall einer Nachwahl zu. Es kommt dann auf die Verhältnisse im Zeitpunkt der Nachwahl an. Das kann dazu führen, dass einer Spitzenorganisation, die das ausscheidende Mitglied vorgeschlagen hatte, nach den Verhältnissen im Zeitpunkt der Nachwahl kein Vorschlagsrecht wegen der Größenverhältnisse bei den Mitgliederzahlen mehr zusteht.[5]

b) Wahlvorschlag. Die Wahlkörper wählen dann die von den Spitzenorganisationen vorgeschlagenen Bewerber in geheimer Wahl. Gewählt ist der Bewerber mit den meisten Stimmen. Schlägt die Spitzenorganisation für einen Sitz im AR nur einen Bewerber vor, genügt die Mehrheit der Stimmen der Mitglieder des Wahlkörpers.

c) Wahl. Die gewählten Bewerber werden dem Wahlorgan vorgeschlagen. Das Wahlorgan (§ 5) wählt die Kandidaten (siehe Rn 2, 9).

3. Wahlverfahren für ein weiteres Mitglied. Das weitere Mitglied auf der AN-Seite (§ 4 Abs. 1 S. 2 Buchst. b) wird nach dem oben (siehe Rn 10 ff.) beschriebenen Verfahren gewählt. Das Vorschlagsrecht haben die Spitzenorganisationen der Gewerkschaften.

---

1 ErfK/*Oetker*, §§ 5 bis 6 MontanMitbestG Rn 3.
2 ErfK/*Oetker*, §§ 5 bis 6 MontanMitbestG Rn 5.
3 MünchArb/*Wißmann*, Bd. 3, § 381 Rn 11; ErfK/*Oetker*, §§ 5–6 MontanMitbestG Rn 10; a.A. *Boldt*, § 6 Nr. 5.
4 Vgl. MünchArb/*Wißmann*, Bd. 3, § 381 Rn 13.
5 LAG Saarbrücken 19.4.1967 – 7 T.1/66 – BB 1967, 1042 f.; ErfK/*Oetker*, §§ 5 bis 6 MontanMitbestG Rn 7.

4. Verletzung von Wahlvorschriften. Die Verletzung von Wahlvorschriften macht die gesamte Wahl des AR anfechtbar, wenn das Wahlergebnis auf der Verletzung der Bestimmungen beruht. Sind Personen gewählt, die die Voraussetzungen ihrer Wählbarkeit nicht erfüllen, sind die Vorschläge unwirksam; die Wahl dieser Personen ist nicht wirksam, muss allerdings selbstständig angefochten werden.

III. Wahl des weiteren (neutralen) Mitglieds

1. Wahl durch das Wahlorgan. Das in § 4 Abs. 1 Buchst. c bezeichnete weitere Mitglied des AR wird ebenfalls durch das **Wahlorgan** (§ 5) gewählt. Das in § 8 geregelte Verfahren soll sicherstellen, dass dieses Mitglied das Vertrauen sowohl der AN als auch der Anteilseigner genießt. Zugleich wird sichergestellt, dass die Position bei fehlender Einigung der Mitglieder des AR in jedem Fall besetzt wird.

Das **Vorschlagsrecht** steht den übrigen Mitgliedern des AR zu. Es entscheidet die Mehrheit der Stimmen. Zustimmen muss die Mehrheit der gesetzlich vorgesehenen Zahl von AR-Mitgliedern (absolute Mehrheit). Der (wegen des Fehlens des neutralen Mitglieds zunächst unvollständige) AR kann jedoch nur mit Zustimmung von drei Mitgliedern jeder Seite das neutrale Mitglied vorschlagen. Die Quoren gelten auch dann, wenn der AR nach § 9 aus 15 oder 21 Mitgliedern besteht. In § 9 sind keine Abweichungen von der Bestimmung des § 8 Abs. 1 S. 3 vorgesehen.[6] Kommt ein Vorschlag zustande, bestellt das Wahlorgan (§ 5) dieses Mitglied.

2. Einschaltung des Vermittlungsausschusses. Kommt aus der Mitte des AR kein Vorschlag zustande, ist ein **Vermittlungsausschuss** zu bilden. Das Gleiche gilt, wenn die vorgeschlagene Person vom Wahlorgan nicht gewählt wird. Der Vermittlungsausschuss besteht aus **vier Personen**, zwei von der AN-Seite und zwei von der Seite der Anteilseigner gewählten Vertretern. Die Mitglieder des Vermittlungsausschusses brauchen nicht Mitglieder des AR zu sein. Alle gewählten Mitglieder müssen die Wahl annehmen. Der Vermittlungsausschuss ist keine ständige Einrichtung.[7]

Der Vermittlungsausschuss muss unverzüglich zusammentreten. Er übt das Vorschlagsrecht gegenüber dem Wahlorgan (§ 5) aus. Das Vorschlagsrecht muss innerhalb eines Monats nach Bildung des Ausschusses ausgeübt werden (§ 8 Abs. 3 S. 1). Das Vorschlagsrecht wird in der Form ausgeübt, dass der Vermittlungsausschuss dem Wahlorgan **drei Personen zur Wahl** vorschlägt. Er kann **keine Rangfolge** festlegen. Ein Vorschlag von mehr als drei Personen ist unschädlich.[8] Das Wahlorgan hat immer noch die Möglichkeit der Auswahl.

Der Vorschlag im Vermittlungsausschuss kommt mit **Stimmenmehrheit** zustande. Ein Vertreter der jeweils anderen Seite muss also zustimmen. Bei Stimmengleichheit ist der Vorschlag abgelehnt. Innerhalb eines Monats kann, falls keine Stimmenmehrheit zustande kommt, ein neuer Vermittlungsausschuss bestellt werden.[9]

3. Entscheidung des Wahlorgans. a) Vorhandener Wahlvorschlag. Kommt ein **Vorschlag zustande**, entscheidet das Wahlorgan. Das Wahlorgan kann dem Vorschlag des Vermittlungsausschusses **zustimmen** und aus dem Kreis der vorgeschlagenen Personen das neutrale Mitglied des AR bestellen. Das Wahlorgan kann den **Vorschlag** des Vermittlungsausschusses insgesamt **ablehnen**. Die Ablehnung bedarf eines **wichtigen Grundes**. In § 8 Abs. 3 S. 2 ist ein Grund genannt: Die Vorgeschlagenen bieten nicht die Gewähr für ein gedeihliches Wirken für das Unternehmen. Die Aufzählung ist nicht abschließend („insbesondere").[10] Lehnt das Wahlorgan den Vorschlag des Vermittlungsausschusses ab, muss dies durch Beschluss festgestellt werden (§ 8 Abs. 3 S. 2). Dieser Beschluss muss begründet werden (§ 8 Abs. 3 S. 4). Nach der begründeten Ablehnung der Vorschläge wird das zuständige OLG am Sitz des Unternehmens eingeschaltet.[11]

b) Nicht vorhandener Wahlvorschlag. Kommt **kein Vorschlag zustande**, wählt das Wahlorgan nach Abs. 3 S. 7 das neutrale Mitglied ohne Bindung an einen Vorschlag.[12]

4. Einschaltung des Oberlandesgerichts. Der Vermittlungsausschuss, dessen Vorschlag vom Wahlorgan abgelehnt wurde, kann das OLG anrufen. Das Gericht wird nur **auf Antrag** tätig. Das OLG entscheidet im Verfahren der freiwilligen Gerichtsbarkeit (FGG). Der Vermittlungsausschuss muss den Antrag unverzüglich stellen.

Unterbleibt der Antrag, ist das Wahlorgan (§ 5) in der Wahl frei.[13] I.Ü. entscheidet das OLG über die Berechtigung der Ablehnung des Vorschlags. Hält das OLG die **Ablehnung** für **berechtigt**, muss der Vermittlungsausschuss noch einmal tätig werden. Er hat erneut mind. drei andere Personen vorzuschlagen; er darf keinen der früheren Personalvorschläge wiederholen. Das Verfahren beginnt von neuem (siehe Rn 20 ff.). Hält das OLG die **Ablehnung** für **unberechtigt**, muss das Wahlorgan unverzüglich einen der Vorgeschlagenen wählen.[14]

---

6 ErfK/*Oetker*, § 8 MontanMitbestG Rn 2; MünchArb/*Wißmann*, Bd. 3, § 381 Rn 19.
7 ErfK/*Oetker*, § 8 MontanMitbestG Rn 3.
8 ErfK/*Oetker*, § 8 MontanMitbestG Rn 4.
9 ErfK/*Oetker*, § 8 MontanMitbestG Rn 4.
10 ErfK/*Oetker*, § 8 MontanMitbestG Rn 6.
11 ErfK/*Oetker*, § 8 MontanMitbestG Rn 7.
12 *Boldt*, § 8 Anm. 8 d.
13 HWK/*Seibt*, § 8 MontanMitbestG Rn 23; ErfK/*Oetker*, § 8 MontanMitbestG Rn 8.
14 ErfK/*Oetker*, § 8 MontanMitbestG Rn 10.

IV. Gerichtliche Bestellung von Arbeitnehmervertretern

Aufgrund der allg. Verweisung auf das AktG durch § 3 Abs. 2 kann das örtlich zuständige Amtsgericht am Sitz des Unternehmens als Registergericht **fehlende AN-Vertreter** bestellen (§ 104 AktG). Das Gericht soll die **Vorschläge** der Vorschlagsberechtigten **berücksichtigen**. Vorschlagsberechtigt sind die Wahlkörper (BR, KBR oder Spitzenorganisationen). Das Gericht ist jedoch nicht an die Vorschläge gebunden. Bei unterschiedlichen Vorschlägen ist der Vorschlag derjenigen zu berücksichtigen, die das Vorschlagsrecht haben.[15] Nach der Gegenansicht soll dem Vorschlag der Spitzenorganisationen in jedem Falle gegenüber dem Vorschlag des BR entsprechend dem Rechtsgedanken des § 6 Abs. 3 Vorrang einzuräumen sein.[16]

§ 9

(1) ¹Bei Gesellschaften mit einem Nennkapital von mehr als zehn Millionen Euro kann durch Satzung oder Gesellschaftsvertrag bestimmt werden, daß der Aufsichtsrat aus fünfzehn Mitgliedern besteht. ²Die Vorschriften der §§ 4 bis 8 finden sinngemäß Anwendung mit der Maßgabe, daß die Zahl der gemäß § 6 Abs. 1 und 2 zu wählenden Arbeitnehmer und die Zahl der in § 6 Abs. 3 bezeichneten Vertreter der Arbeitnehmer je drei beträgt.

(2) ¹Bei Gesellschaften mit einem Nennkapital von mehr als fünfundzwanzig Millionen Euro kann durch Satzung oder Gesellschaftsvertrag bestimmt werden, daß der Aufsichtsrat aus einundzwanzig Mitgliedern besteht. ²Die Vorschriften der §§ 4 bis 8 finden sinngemäß Anwendung mit der Maßgabe, daß die Zahl der in § 4 Abs. 1 Buchstaben a und b bezeichneten weiteren Mitglieder je zwei, die Zahl der gemäß § 6 Abs. 1 und 2 zu wählenden Arbeitnehmer und die Zahl der in § 6 Abs. 3 bezeichneten Vertreter der Arbeitnehmer je vier beträgt.

A. Allgemeines	1	I. Voraussetzungen	2
B. Regelungsgehalt	2	II. Rechtsfolgen	3

A. Allgemeines

Nach § 4 Abs. 1 S. 1 besteht der AR i.d.R. aus elf Mitgliedern. § 9 erlaubt die Bildung von größeren AR.

B. Regelungsgehalt

I. Voraussetzungen

Die Bildung eines AR, der aus 15 oder 21 Mitgliedern bestehen kann, ist an Voraussetzungen gebunden. Das **Nennkapital** der AG muss mehr als zehn Millionen EUR oder mehr als 25 Millionen EUR betragen. Bei der GmbH kommt es auf das Stammkapital an.

Die Vergrößerung kann – muss aber nicht – in der **Satzung** der AG oder im **Gesellschaftsvertrag** der GmbH vorgesehen werden.

II. Rechtsfolgen

Der vergrößerte AR muss paritätisch zusammengesetzt werden. § 4 gilt entsprechend. Bei einem AR mit **15 Mitgliedern** ergibt sich folgende Zusammensetzung der AN-Vertreter: Die Zahl der von den BR vorzuschlagenden Personen (§ 6 Abs. 1) beträgt drei, die Zahl der von den Spitzenorganisationen vorzuschlagenden Mitglieder beträgt ebenfalls drei (§ 6 Abs. 3). Dazu kommt das in § 4 Abs. 1 S. 2 Buchst. b bezeichnete „weitere Mitglied". Insg. stellt die AN-Seite damit sieben Mitglieder. Die AG-Seite stellt ebenfalls sechs Mitglieder und ein weiteres Mitglied. Das 15. Mitglied ist nach § 8 vorzuschlagen und zu wählen.

Bei einem auf **21 Mitglieder** vergrößerten AR gilt Folgendes: Auf der **AG-Seite** sind zehn Mitglieder zu bestellen, davon müssen zwei Mitglieder die Anforderungen als „weitere Mitglieder" nach § 4 Abs. 1 S. 2 Buchst. a) erfüllen. Auf der AN-Seite sind je vier Vertreter als Belegschaftsvertreter von den BR vorzuschlagen (§ 6 Abs. 1 und 2) und vier Vertreter von den Spitzenverbänden (§ 6 Abs. 3). Dazu kommen zwei Mitglieder, die die Anforderungen als „weiteres Mitglied" erfüllen müssen. Das 21. Mitglied ist nach § 8 vorzuschlagen und zu wählen.

---

15 HWK/*Seibt*, § 8 MontanmitbestG Rn 12.

16 ErfK/*Oetker*, §§ 5 bis 6 MontanMitbestG Rn 11; MünchArb/*Wißmann*, Bd. 3, § 381 Rn 17.

§ 10

¹Der Aufsichtsrat ist beschlußfähig, wenn mindestens die Hälfte der Mitglieder, aus denen er nach diesem Gesetz oder der Satzung insgesamt zu bestehen hat, an der Beschlußfassung teilnimmt. ²§ 108 Abs. 2 Satz 4 des Aktiengesetzes findet Anwendung.

A. Allgemeines

1 Die Vorschrift regelt die Beschlussfähigkeit des mitbestimmten AR. Die Regelung soll die paritätische Beteiligung sicherstellen. Die Vorschrift stimmt (fast) wörtlich mit § 28 MitbestG und mit § 11 MontanMitbestErgG überein (siehe die Kommentierung zu § 28 MitbestG).

B. Regelungsgehalt

2 Der AR ist beschlussfähig, wenn mind. die Hälfte der gesetzlichen Mitglieder an der Beschlussfassung teilnehmen. I.d.R. (§ 4 = elf-köpfiger AR) müssen sich sechs Mitglieder an der Beschlussfassung beteiligen. Bei den größeren AR sind das acht bzw. elf Mitglieder. Der AR ist also auch handlungsfähig, wenn nicht alle Mitglieder anwesend sind (S. 2 i.V.m. § 108 Abs. 4 AktG). Die Bestimmung ist zwingend. Von ihr kann nicht in der Satzung oder im Gesellschaftsvertrag abgewichen werden. Jede Verschärfung der Anforderungen an die Beschlussfähigkeit ist unzulässig.¹
Beschlüsse des AR bedürfen der **Mehrheit der abgegebenen Stimmen**. Das ist selbstverständlich und folgt aus allg. gesellschaftsrechtlichen Regelungen (§ 32 Abs. 1 S. 3 BGB); es fehlt eine dem § 29 MitbestG entsprechende Vorschrift.

§ 11

(1) Auf die in § 5 bezeichneten Mitglieder des Aufsichtsrats findet § 103 des Aktiengesetzes Anwendung.
(2) ¹Auf die Abberufung eines in § 6 bezeichneten Mitglieds des Aufsichtsrats durch das Wahlorgan findet Absatz 1 entsprechende Anwendung mit der Maßgabe, daß die Abberufung auf Vorschlag der Betriebsräte der Betriebe des Unternehmens erfolgt. ²Die Abberufung eines in § 6 Abs. 3 oder 4 bezeichneten Mitglieds kann nur auf Antrag der Spitzenorganisation, die das Mitglied vorgeschlagen hat, von den Betriebsräten vorgeschlagen werden.
(3) Eine Abberufung des in § 8 bezeichneten Mitglieds des Aufsichtsrats kann auf Antrag von mindestens drei Aufsichtsratsmitgliedern durch das Gericht aus wichtigem Grund erfolgen.

A. Allgemeines

1 Die Bestimmung regelt die Voraussetzungen, unter denen die Mitglieder des AR abberufen werden können. Es gelten für die Vertreter der Anteilseigner (§ 5) und die Vertreter der AN (§ 6) unterschiedliche Regeln.

B. Regelungsgehalt

2 Das Wahlorgan, die Hauptversammlung einer AG oder die Gesellschafterversammlung der GmbH (§ 5), kann die **Vertreter der Anteilseigner** nach § 103 AktG (i.V.m. § 52 GmbHG) abberufen. Für sie gilt das allg. Aktienrecht (Abs. 1).

3 Für die **Vertreter der AN** sichert § 11 die Einflussnahme der vorschlagsberechtigten Wahlkörper und der Spitzenorganisationen. Damit wird verhindert, dass die Anteilseigner in der Hauptversammlung oder Gesellschafterversammlung die Vorschlagsrechte (vgl. §§ 5 bis 8 Rn 18 ff.) durch eine spätere Abberufung unterlaufen.

4 Eine Abberufung der AN-Vertreter (Abs. 2) ist nur auf **Vorschlag der BR der Betriebe des Unternehmens oder des KBR** (Wahlkörper) möglich. Das gilt uneingeschränkt für die nach § 6 Abs. 1 gewählten AN-Vertreter (Abs. 2 S. 1). Für die auf Vorschlag der Spitzenorganisationen gewählten Vertreter ist zusätzlich ein Antrag der Spitzenorganisationen an den Wahlkörper erforderlich, der dann seinerseits dem Wahlorgan die Abberufung vorschlägt (Abs. 1 S. 2).

---

1 BGH 25.2.1982 – II ZR 145/89 – BGHZ 83, 151 = NJW 1982, 1530.

Die Abberufung des **neutralen Mitglieds** (§ 8) ist nur durch das Gericht möglich (Abs. 3). Zuständig ist das für den Sitz der Gesellschaft örtlich zuständige Amtsgericht als Registergericht. Das Verfahren setzt einen **Antrag** von mind. drei Mitgliedern des AR voraus. Das gilt auch für den nach § 9 vergrößerten AR.[1] Das Verfahren wird nach den Bestimmungen des FamFG geführt (§§ 374 Nr. 1, 375 Nr. 10, 376 Abs. 1 FamFG).[2]

Dritter Teil: Vorstand

§ 12

Die Bestellung der Mitglieder des zur gesetzlichen Vertretung berufenen Organs und der Widerruf ihrer Bestellung erfolgen nach Maßgabe des § 76 Abs. 3 und des § 84 des Aktiengesetzes durch den Aufsichtsrat.

A. Allgemeines

Das MontanMitbestG sichert auch die Beteiligung der AN an der Bestellung des Vorstands eines mitbestimmten Unternehmens. Diesen Fragenkreis regelt der 3. Abschnitt (§§ 12 und 13). Die AN-Vertreter können über ihre Vertreter im AR Einfluss auf die Zusammensetzung des Vorstands der AG und der Geschäftsführung der GmbH nehmen.

B. Regelungsgehalt

Die Bestellung zum Mitglied des zur gesetzlichen Vertretung berufenen Organs und der Widerruf der Bestellung erfolgen durch den AR des mitbestimmten Unternehmens. Vertretungsberechtigtes Organ ist bei der AG der Vorstand, bei der GmbH die Geschäftsführung.

§ 76 Abs. 3 AktG, auf den die Bestimmung verweist, regelt die **persönlichen Voraussetzungen** für die Bestellung. Voraussetzung ist eine natürliche, unbeschränkt geschäftsfähige Person. Ein Betreuter, der bei der Besorgung der Vermögensangelegenheiten zumindest teilweise einem Einwilligungsvorbehalt unterliegt, kann weder Vorstand noch Geschäftsführer werden. Dasselbe gilt zeitweise für Verurteilte nach den §§ 283–283d StGB (Insolvenzstraftaten) und für diejenigen Personen, denen durch gerichtliches Verbot die Ausübung eines Berufs oder Gewerbe untersagt worden ist. Zu Einzelheiten vgl. § 76 Abs. 3 AktG sowie § 6 GmbHG.

§ 84 AktG regelt das **Verfahren** bei der Bestellung der Vorstandsmitglieder und der Mitglieder der Geschäftsführung. Von der **Bestellung** zum Mitglied des zur Vertretung berufenen Organs ist die **Anstellung** dieser Personen zu unterscheiden. Bestellung ist die Einsetzung als Mitglied des Vertretungsorgans. Anstellung ist die Begründung des Rechtsverhältnisses (Dienstvertrag) zwischen den Vorstandsmitgliedern/Geschäftsführern und der AG oder GmbH. Auch die Anstellung obliegt dem mitbestimmten AR (§ 84 Abs. 1 S. 5 AktG).

§ 13

(1) [1]Als gleichberechtigtes Mitglied des zur gesetzlichen Vertretung berufenen Organs wird ein Arbeitsdirektor bestellt. [2]Der Arbeitsdirektor kann nicht gegen die Stimmen der Mehrheit der nach § 6 gewählten Aufsichtsratsmitglieder bestellt werden. [3]Das gleiche gilt für den Widerruf der Bestellung.

(2) [1]Der Arbeitsdirektor hat wie die übrigen Mitglieder des zur gesetzlichen Vertretung berufenen Organs seine Aufgaben im engsten Einvernehmen mit dem Gesamtorgan auszuüben. [2]Das Nähere bestimmt die Geschäftsordnung.

A. Allgemeines

Die Bestimmung verpflichtet den AR, einen Arbeitsdirektor als gleichberechtigtes Mitglied des Vorstands oder der Geschäftsführung zu bestellen (Abs. 1 S. 1). Der Einfluss der AN auf die Bestellung dieses Mitglieds wird durch Abs. 1 S. 2 gesichert. Abs. 2 beschreibt die Stellung des Arbeitsdirektors innerhalb des zur Vertretung berufenen Organs (Vorstand oder Geschäftsführung).

---

1 MünchArb/*Wißmann*, Bd. 3, § 381 Rn 22; ErfK/*Oetker*, § 11 MontanMitbestG Rn 1. 2 Vgl. HWK/*Seibt*, § 11 MontanMitbestG Rn 3.

B. Regelungsgehalt

2 Das MontanMitbestG schreibt die Bestellung eines Arbeitsdirektors zwingend vor. Dieses Vorstandsmitglied muss mit der **Leitung des Personal- und Sozialwesens** im Unternehmen beauftragt werden und für diese Aufgaben verantwortlich sein. Der Arbeitsdirektor ist für diese Geschäftsbereiche ausschließlich zuständig. Für die **Rechtsstellung** und die **Wahrnehmung der Aufgaben** innerhalb des Vorstands/der Geschäftsführung gelten die Grundsätze, wie sie zu § 33 MitbestG dargestellt wurden (siehe § 33 MitbestG Rn 3 ff.).

3 Die **Bestellung** des Arbeitsdirektors ist in den einzelnen Mitbestimmungsgesetzen unterschiedlich geregelt (zur Bestellung eines Arbeitsdirektors vgl. auch § 33 MitbestG Rn 8 ff.). Die Bestellung des Arbeitsdirektors in den montanmitbestimmten Unternehmen ist **nicht gegen die Mehrheit der Stimmen der AN-Vertreter** im AR möglich. Maßgebend ist die Mehrheit der sich an der Abstimmung beteiligenden AN-Vertreter, nicht die Mehrheit der dem AR angehörenden AN-Vertreter.[1] Da das Gesetz auf die Zahl der Gegenstimmen abstellt, ist eine Stimmenthaltung nicht als Gegenstimme anzusehen.[2] Das Stimmverhalten der AN-Vertreter ist stets verbindlich und beachtlich; auf die Gründe kommt es nicht an.[3] Die **Satzung** der AG bzw. der GmbH kann jedoch vorschreiben, dass zur Bestellung die ausdrückliche Zustimmung der AN-Vertreter erforderlich ist. Die gesetzliche Regelung ist eine Mindestvorschrift zum Schutz der AN.[4]

4 Die Mitglieder des Vorstands und der Geschäftsführung werden **für längstens fünf Jahre** bestellt; eine kürzere Bestellungsdauer ist möglich (§ 12 i.V.m. § 84 Abs. 1 S. 3 AktG). Auch eine wiederholte Bestellung oder Verlängerung der Amtszeit, jeweils für höchstens fünf Jahre, ist möglich (§ 84 Abs. 1 S. 2 AktG). Der Arbeitsdirektor darf nicht anders behandelt werden als die übrigen Mitglieder des Vorstands/der Geschäftsführung.[5] Da § 12 auf § 84 Abs. 1 S. 5 AktG verweist, gilt die fünfjährige Befristung nicht nur für die Bestellung des Arbeitsdirektors, sondern auch für die Befristung seines von der Bestellung zu trennenden Dienstvertrags (zu der Unterscheidung vgl. § 12 Rn 4).[6]

5 Die Bestellung des Arbeitsdirektors kann – wie die Bestellung der übrigen Mitglieder des Vorstands/der Geschäftsführung auch – **aus wichtigem Grund widerrufen** werden (§ 12 i.V.m. § 84 Abs. 3 AktG). Der Widerruf kann nicht gegen die Mehrheit der Stimmen der AN-Vertreter erfolgen.[7] Der Widerruf berührt das Anstellungsverhältnis nicht unmittelbar. Für die Ansprüche aus dem Anstellungsvertrag gelten die allgemeinen Vorschriften (§ 84 Abs. 3 S. 5 AktG).

C. Beraterhinweise

6 Der Antrag auf Widerruf der Bestellung kann auch in den Fällen sinnvoll sein, in denen ein Veto der AN-Vertreter zu erwarten ist. Damit kann eine Schadensersatzforderung gegen AN-Vertreter vorbereitet werden, da sich die AN-Vertreter durch das Veto schadensersatzpflichtig machen können (§ 116 AktG).

Vierter Teil: Schlußvorschriften

§ 14

(1) Die Vorschriften dieses Gesetzes treten in Kraft

a) für Unternehmen, die dem Gesetz Nr. 27 der Alliierten Hohen Kommission nicht unterliegen, am 31. Dezember 1951,

b) für Unternehmen, die aus der Kontrolle nach dem Gesetz Nummer 27 der Alliierten Hohen Kommission entlassen werden, im Zeitpunkt ihrer Entlassung, spätestens am 31. Dezember 1951,

c) für Unternehmen, die auf Grund des Gesetzes Nr. 27 der Alliierten Hohen Kommission in eine „Einheitsgesellschaft" überführt werden, mit deren Errichtung, spätestens am 31. Dezember 1951,

d) für die übrigen Unternehmen in dem Zeitpunkt, in dem feststeht, daß sie auf Grund des Gesetzes Nr. 27 der Alliierten Hohen Kommission nicht in eine „Einheitsgesellschaft" überführt werden, spätestens am 31. Dezember 1951.

---

1 ErfK/*Oetker*, § 13 MontanMitbestG Rn 3; HWK/*Seibt*, § 13 MontanMitbestG Rn 3.

2 *Müller/Lehmann*, § 13 Rn 9; HWK/*Seibt*, § 13 MontanMitbestG Rn 3.

3 ErfK/*Oetker*, § 13 MontanMitbestG Rn 3; a.A. HWK/*Seibt*, § 13 MontanMitbestG Rn 3.

4 ErfK/*Oetker*, § 13 MontanMitbestG Rn 3.

5 ErfK/*Oetker*, § 13 MontanMitbestG Rn 4.

6 OLG Nürnberg 20.3.1990 – 1 U 2275/89 – BB 1991, 1512 = ZIP 1991, 1020 = NJW-RR 1992, 230.

7 ErfK/*Oetker*, § 13 MontanMitbestG Rn 5.

(2) Die Wahl von Aufsichtsratsmitgliedern nach §§ 5 und 6 findet erstmalig innerhalb von zwei Monaten nach Inkrafttreten dieses Gesetzes statt.

§ 14a gegenstandslos

§ 15

Die Bundesregierung wird ermächtigt, durch Rechtsverordnung Vorschriften zu erlassen über
a) die Anpassung von Satzungen und Gesellschaftsverträgen an die Vorschriften dieses Gesetzes,
b) das Verfahren für die Aufstellung der in § 6 bezeichneten Wahlvorschläge.

Gesetz zur Ergänzung des Gesetzes über die Mitbestimmung der Arbeitnehmer in den Aufsichtsräten und Vorständen der Unternehmen des Bergbaus und der Eisen und Stahl erzeugenden Industrie

Vom 7.8.1956, BGBl I S. 707, BGBl III 801-3

Zuletzt geändert durch Gesetz zur Modernisierung des Bilanzrechts (Bilanzrechtsmodernisierungsgesetz – BilMoG) vom 25.5.2009, BGBl I S. 1102, 1135

Artikel 1: Mitbestimmung in herrschenden Unternehmen

§ 1

Die Mitbestimmung der Arbeitnehmer in den Aufsichtsräten und den zur gesetzlichen Vertretung berufenen Organen von Unternehmen in der Rechtsform einer Aktiengesellschaft oder einer Gesellschaft mit beschränkter Haftung, die ein Unternehmen beherrschen, in dem die Arbeitnehmer nach den Vorschriften des Gesetzes über die Mitbestimmung der Arbeitnehmer in den Aufsichtsräten und Vorständen der Unternehmen des Bergbaus und der Eisen und Stahl erzeugenden Industrie vom 21. Mai 1951 – Bundesgesetzbl. I S. 347 – (Montan-Mitbestimmungsgesetz) ein Mitbestimmungsrecht haben, regelt sich nach den Vorschriften dieses Gesetzes.

§ 2

^{1}Liegen bei dem herrschenden Unternehmen nach seinem eigenen überwiegenden Betriebszweck die Voraussetzungen für die Anwendung des Montan-Mitbestimmungsgesetzes vor, so gilt für das herrschende Unternehmen das Montan-Mitbestimmungsgesetz. ^{2}Dies gilt auch, solange in dem herrschenden Unternehmen das Mitbestimmungsrecht nach § 1 Abs. 3 des Montan-Mitbestimmungsgesetzes fortbesteht.

§ 3

(1) ^{1}Liegen bei dem herrschenden Unternehmen die Voraussetzungen für die Anwendung des Montan-Mitbestimmungsgesetzes nach § 2 nicht vor, wird jedoch der Unternehmenszweck des Konzerns durch Konzernunternehmen und abhängige Unternehmen gekennzeichnet, die unter das Montan-Mitbestimmungsgesetz fallen, so gelten für das herrschende Unternehmen die §§ 5 bis 13. ^{2}Ist das herrschende Unternehmen eine Gesellschaft mit beschränkter Haftung, so findet § 3 des Montan-Mitbestimmungsgesetzes entsprechende Anwendung.

(2) Der Unternehmenszweck des Konzerns wird durch die unter das Montan-Mitbestimmungsgesetz fallenden Konzernunternehmen und abhängigen Unternehmen gekennzeichnet, wenn diese Konzernunternehmen und abhängigen Unternehmen insgesamt

1. mindestens ein Fünftel der Umsätze sämtlicher Konzernunternehmen und abhängigen Unternehmen erzielen, jeweils vermindert um die in den Umsätzen enthaltenen Kosten für fremdbezogene Roh-, Hilfs- und Betriebsstoffe und für Fremdleistungen, oder
2. in der Regel mehr als ein Fünftel der Arbeitnehmer sämtlicher Konzernunternehmen und abhängigen Unternehmen beschäftigen.

Soweit Konzernunternehmen und abhängige Unternehmen Umsätze erzielen, die nicht auf der Veräußerung selbsterzeugter, bearbeiteter oder verarbeiteter Waren beruhen, ist ein Fünftel der unverminderten Umsätze anzurechnen.

§ 4

(1) ¹Das nach § 3 maßgebliche Umsatzverhältnis hat der Abschlußprüfer des herrschenden Unternehmens zu ermitteln. ²Ist der Jahresabschluß des herrschenden Unternehmens nicht auf Grund gesetzlicher Vorschriften durch Abschlußprüfer zu prüfen, so wird das Umsatzverhältnis von einem in entsprechender Anwendung der §§ 318, 319 Abs. 1 bis 4, § 319a Abs. 1 und § 319b des Handelsgesetzbuchs zu bestellenden Prüfer ermittelt.

(2) ¹Der Prüfer hat für jedes Geschäftsjahr vor Ablauf von fünf Monaten nach dessen Ende über das Ergebnis seiner Ermittlungen schriftlich zu berichten. ²Der Bericht ist den Verwaltungsträgern des herrschenden Unternehmens vorzulegen.

(3) ¹Der Prüfer hat, soweit dies für seine Ermittlungen erforderlich ist, gegenüber sämtlichen Konzernunternehmen und abhängigen Unternehmen die ihm nach § 320 Abs. 1 Satz 2, Abs. 2 des Handelsgesetzbuchs zustehenden Rechte. ²§ 323 des Handelsgesetzbuchs ist anzuwenden.

(4) Hat der Aufsichtsrat Bedenken gegen die von dem Prüfer getroffenen Feststellungen, so hat der Prüfer auf Verlangen des Aufsichtsrats die beanstandeten Feststellungen zu überprüfen und über das Ergebnis zu berichten.

(5) Das zur gesetzlichen Vertretung berufene Organ des herrschenden Unternehmens hat das festgestellte Umsatzverhältnis und die abschließende Stellungnahme des Aufsichtsrats unverzüglich den Betriebsräten (Gesamtbetriebsräten) der Konzernunternehmen und abhängigen Unternehmen sowie den nach § 7 vorschlagsberechtigten Spitzenorganisationen der Gewerkschaften mitzuteilen.

(6) Die Absätze 1 bis 5 sind nicht anzuwenden, wenn die Voraussetzungen des § 3 Abs. 2 Satz 1 Nr. 2 vorliegen.

A. Allgemeines ... 1	II. Überwiegender Betriebszweck des herrschenden Unternehmens ... 3
B. Regelungsgehalt ... 2	
I. Anwendung des MontanMitbestG ... 2	III. Unternehmenszweck bei abhängigen Unternehmen ... 5

A. Allgemeines

Das MontanMitbestErgG erweitert den Geltungsbereich des MontanMitbestG auf Unternehmen, die andere Unternehmen beherrschen, wenn diese Unternehmen der Montan-Mitbestimmung unterliegen (§§ 1 und 2). Die Vorschrift berücksichtigt die vielfältige konzernmäßige Verflechtung der deutschen Wirtschaft. Diese würde dazu führen, dass der Anwendungsbereich des MontanMitbestG ständig kleiner wird, weil mitbestimmte Unternehmen in einem Konzern aufgehen, dessen herrschendes Unternehmen nicht mehr überwiegend dem Bergbau oder der Eisen und Stahl erzeugenden Industrie dient. Die Mitbestimmung in den abhängigen Unternehmen würde in diesen Fällen weitgehend leer laufen, weil die maßgeblichen Entscheidungen für den Bestand und die Entwicklung der abhängigen Unternehmen auf der Ebene des herrschenden Unternehmens fallen.

§ 1 setzt voraus, dass ein **Unterordnungskonzern** besteht. Ein oder mehrere abhängige Unternehmen und ein herrschendes Unternehmen werden unter einer einheitlichen Leitung des herrschenden Unternehmens zusammengefasst (zum Konzernbegriff siehe § 5 MitbestG Rn 5 ff.).

§ 2 beschreibt die Voraussetzungen für den Fall, dass das **herrschende Unternehmen** nach seinem **eigenen überwiegenden Betriebszeck** die Voraussetzungen für die Anwendung des MontanMitbestG erfüllt (vgl. dazu § 1 MontanMitbestG).

§ 3 beschreibt die Fallgestaltungen, in denen die **Voraussetzungen** für die Anwendung des MontanMitbestG bei der **herrschenden Gesellschaft** selbst nicht vorliegen. Dann kommt es darauf an, ob der **Unternehmenszweck** durch montanmitbestimmte Konzernunternehmen und **abhängige Unternehmen** gekennzeichnet wird. In diesen Fällen finden die §§ 5 bis 13 des MontanMitbestG auf das herrschende Unternehmen Anwendung. § 3 Abs. 2 enthält Bestimmungen, wie der **Unternehmenszweck** des Konzerns bestimmt wird. § 4 definiert die maßgeblichen **Umsatzverhältnisse**.

§ 16 bestimmt den **zeitlichen Geltungsbereich** des Gesetzes. Er regelt die Rechtsfolgen bei Veränderungen des Unternehmenszwecks (in die Mitbestimmung „hinein" und aus der Mitbestimmung „heraus").

B. Regelungsgehalt

I. Anwendung des MontanMitbestG

2 § 1 schreibt die Anwendung des MontanMitbestG für Unternehmen vor, die ein der Montan-Mitbestimmung unterfallendes Unternehmen beherrschen. Die Unternehmen müssen in der Rechtsform der AG oder der GmbH betrieben werden. Es handelt sich um Konzernobergesellschaften (herrschende Unternehmen).

II. Überwiegender Betriebszweck des herrschenden Unternehmens

3 Die Anwendung des MontanMitbestG bereitet keine Schwierigkeiten in den Fällen, in denen das herrschende Unternehmen nach seinem **eigenen überwiegenden Betriebszweck** die Voraussetzungen für die Anwendung des MontanMitbestG erfüllt (für die Ermittlung der Voraussetzung eines „eigenen überwiegenden Betriebszwecks" vgl. § 1 MontanMitbestG Rn 14, 17).

4 Das herrschende Unternehmen erfüllt auch dann die Voraussetzungen für die Anwendung des MontanMitbestG, wenn die Voraussetzungen des § 1 Abs. 3 MontanMitbestG (**Verlängerungsklausel**) vorliegen. Nach dieser Bestimmung bleibt das **MontanMitbestG für sechs Jahre** auch dann **anwendbar**, wenn die Voraussetzungen des § 1 Abs. 1 MontanMitbestG (Unternehmenszweck) und des § 1 Abs. 2 MontanMitbestG (Zahl der beschäftigten Mitarbeiter) weggefallen sind (vgl. § 1 MontanMitbestG Rn 20).

III. Unternehmenszweck bei abhängigen Unternehmen

5 Liegen beim herrschenden Unternehmen selbst die Voraussetzungen für die Anwendung des MontanMitbestG nicht vor, kommt seine Anwendung nach § 3 in Betracht. Das ist eine echte Ausdehnung der Montanmitbestimmung.
Erste Voraussetzung ist die **Anwendbarkeit** des MontanMitbestG in einem **abhängigen Unternehmen**. Die Anwendbarkeit ist nach § 1 MontanMitbestG zu ermitteln.

6 Weitere Voraussetzung ist, dass der **Unternehmenszweck** des gesamten Konzerns **durch Konzernunternehmen und abhängige Unternehmen**, für die das MontanMitbestG gilt, **gekennzeichnet** wird. Zu dieser Voraussetzung („gekennzeichnet") enthält § 3 Abs. 2 ergänzende definitorische Bestimmungen. Es wird zum einen auf die Wertschöpfung der Unternehmen abgestellt. Ausgangspunkt ist der **Umsatz** sämtlicher Konzernunternehmen und abhängiger Unternehmen. Die montan-mitbestimmten Unternehmen müssen mind. ein Fünftel der Umsätze sämtlicher Konzernunternehmen und abhängiger Unternehmen erzielen. Dabei werden von den Umsätzen bei der Veräußerung der erzeugten, bearbeiteten oder verarbeiteten Waren die Kosten für Leistungen fremder – also nicht zum Konzern gehörender – Unternehmen abgezogen. Bei anderen Leistungen werden keine Vorkosten abgezogen (§ 3 Abs. 2 S. 2). Daraus ergibt sich dann die Wertschöpfung.

7 Das **Umsatzverhältnis** muss **festgestellt** werden. Wie diese Feststellungen getroffen werden, regelt § 4. Das Umsatzverhältnis hat der **Abschlussprüfer** des herrschenden Unternehmens zu ermitteln (§ 4 Abs. 1 S. 1). Der Abschlussprüfer hat dem AR (Verwaltungsträger) des herrschenden Unternehmens das Ergebnis seiner Feststellungen vorzulegen (§ 4 Abs. 2). Der AR kann Bedenken äußern, woraufhin der Prüfer die beanstandeten Feststellungen überprüfen und erneut über das Ergebnis berichten muss (§ 4 Abs. 4).

8 Dem Vorstand oder der Geschäftsführung des herrschenden Unternehmens obliegen **Informationspflichten**. Sie müssen das Ergebnis des festgestellten Umsatzverhältnisses und die abschließende Stellungnahme des AR allen Betroffenen mitteilen. Betroffen sind alle GBR der Unternehmen und – soweit in einem Unternehmen nur ein Betrieb besteht – der zuständige BR. Weiter sind alle Spitzenorganisationen der Gewerkschaften über die Feststellungen zu unterrichten. Die Spitzenorganisationen müssen im Konzern vertreten sein (siehe § 2 BetrVG Rn 22).

9 Es kommt für die Frage, ob der Konzern durch montan-mitbestimmte Unternehmen gekennzeichnet wird, **nicht** auf die **absolute Zahl der AN** an. Die Bestimmung in § 3 Abs. 2 S. 1 Nr. 2 a.F., die dieses Abgrenzungsmerkmal noch verwendete, ist mit Art. 3 Abs. 1 GG unvereinbar und nichtig.[1] Stattdessen ist nunmehr darauf abzustellen, ob die montanmitbestimmten Unternehmen **i.d.R. mehr als ein Fünftel der AN sämtlicher Konzernunternehmen und abhängigen Unternehmen beschäftigen**. Diese Regelung ist verfassungsgemäß. Das Verhältnis derjenigen, die in montanmitbestimmten Konzernunternehmen tätig sind zu denjenigen, die dort nicht beschäftigt sind, ist ein geeignetes Kriterium für die Feststellung des Montan-Bezugs.[2]

---

[1] BVerfG 2.3.1999 – 1 BvL 2/91 – BVerfGE 99, 367 = NZA 1999, 435.

[2] BVerfG 2.3.1999 – 1 BvL 2/91 – BVerfGE 99, 367 = NZA 1999, 435 unter C I 2 b) bb) (3).

§ 5

(1) ¹Der Aufsichtsrat besteht aus fünfzehn Mitgliedern. ²Er setzt sich zusammen aus
a) sieben Vertretern der Anteilseigner,
b) sieben Vertretern der Arbeitnehmer,
c) einem weiteren Mitglied.
³Bei Unternehmen mit einem Gesellschaftskapital von mehr als fünfundzwanzig Millionen Euro kann durch Satzung oder Gesellschaftsvertrag bestimmt werden, daß der Aufsichtsrat aus einundzwanzig Mitgliedern besteht. ⁴In diesem Fall beträgt die Zahl der in Satz 2 Buchstabe a und b bezeichneten Mitglieder je zehn.
(2) Für die Bestellung der in Absatz 1 Satz 2 Buchstabe a genannten Mitglieder gilt § 5 des Montan-Mitbestimmungsgesetzes; für ihre Abberufung gilt § 103 des Aktiengesetzes.
(3) ¹Auf das in Absatz 1 Satz 2 Buchstabe c genannte Mitglied findet § 4 Abs. 2 des Montan-Mitbestimmungsgesetzes Anwendung. ²Für seine Bestellung gilt § 8 des Montan-Mitbestimmungsgesetzes, wobei an die Stelle des § 6 des Montan-Mitbestimmungsgesetzes die §§ 6 bis 10h dieses Gesetzes treten; für seine Abberufung gilt § 11 Abs. 3 des Montan-Mitbestimmungsgesetzes.
(4) § 4 Abs. 3 des Montan-Mitbestimmungsgesetzes findet Anwendung.
(5) ¹Arbeitnehmer im Sinne dieses Gesetzes sind die in § 5 Abs. 1 des Betriebsverfassungsgesetzes bezeichneten Personen. ²Die in § 5 Abs. 2 des Betriebsverfassungsgesetzes bezeichneten Personen sind keine Arbeitnehmer im Sinne dieses Gesetzes.
(6) ¹Betriebe im Sinne dieses Gesetzes sind solche des Betriebsverfassungsgesetzes. ²§ 4 Abs. 2 des Betriebsverfassungsgesetzes ist anzuwenden.

A. Allgemeines	1	1. Vertreter der Anteilseigner	5
B. Regelungsgehalt	2	2. Neutrales Mitglied	6
I. Größe des Aufsichtsrats	2	3. Wahl der Arbeitnehmervertreter	7
II. Zusammensetzung	3	IV. Arbeitnehmer und Betrieb	8
III. Bestellung der Mitglieder	4		

A. Allgemeines

Die Bestimmung schreibt die Größe und die Zusammensetzung des AR vor (Abs. 1). In beiden Punkten unterscheidet sich die Regelung von der Regelung in § 4 MontanMitbestG. Für die Bestellung der Vertreter der Anteilseigner wird auf § 5 MontanMitbestG verwiesen (Abs. 2). Das neutrale Mitglied wird nach § 8 MontanMitbestG bestellt (Abs. 3). Die AN-Vertreter werden nach den §§ 6 bis 10h bestellt.

Abs. 4 verweist auf § 4 Abs. 3 MontanMitbestG. Alle AR-Mitglieder haben die gleichen Rechte und Pflichten. Sie sind an Aufträge und Weisungen nicht gebunden.

Abs. 5 definiert den Begriff des AN. Abs. 5 verweist auf § 5 Abs. 1 BetrVG. Diese Bestimmung enthält aber keine eigene Definition. Es gilt deshalb sowohl für das BetrVG als auch für das Montan-Mitbestimmungsergänzungsgesetz der allgemeine AN-Begriff (vgl. § 3 MitbestG Rn 2 f.).

Abs. 6 verweist für den Begriff des „Betriebs" auf das BetrVG (vgl. § 3 MitbestG Rn 4).

B. Regelungsgehalt

I. Größe des Aufsichtsrats

Der nach dem MontanMitbestErgG zu bestellende AR besteht aus 15 Mitgliedern. Eine Vergrößerung auf 21 Mitglieder ist bei einem Gesellschaftskapital von mehr als 25 Millionen EUR möglich, Abs. 1 S. 3 (vgl. § 9 MontanMitbestG Rn 2, 4).

II. Zusammensetzung

Der AR ist **paritätisch** besetzt. Ihm gehören sieben Vertreter der Anteilseigner, sieben Vertreter der AN sowie ein weiteres (neutrales) Mitglied an (Abs. 1 S. 2). Alle Mitglieder des AR haben dieselben Rechte und Pflichten. Sie sind an Aufträge und Weisungen nicht gebunden (Abs. 4). Besteht der AR aus 21 Mitgliedern, sind auf Seiten der Anteilseigner und der AN je zehn Mitglieder zu entsenden (Abs. 1 S. 4).

III. Bestellung der Mitglieder

Für die Bestellung gelten unterschiedliche Regelungen.

5 **1. Vertreter der Anteilseigner.** Für die Bestellung der Vertreter der Anteilseigner verweist Abs. 2 auf § 5 MontanMitbestG. Diese Vertreter werden unmittelbar durch das Wahlorgan gewählt. Wahlorgan ist die Hauptversammlung bei der AG oder die Gesellschafterversammlung bei der GmbH (vgl. §§ 5–8 MontanMitbestG Rn 2).

6 **2. Neutrales Mitglied.** Für die Bestellung des weiteren – neutralen – Mitglieds verweist Abs. 3 auf § 8 MontanMitbestG. Das neutrale Mitglied muss die persönlichen Anforderungen des § 4 Abs. 2 MontanMitbestG erfüllen (vgl. § 4 MontanMitbestG Rn 4 f.; siehe §§ 5–8 MontanMitbestG Rn 17 ff.).

7 **3. Wahl der Arbeitnehmervertreter.** Für die Wahl und Bestellung der AN-Vertreter gelten besondere Bestimmungen des MontanMitbestErgG, nämlich die §§ 6 bis 10h. Einzelheiten des Wahlverfahrens werden dort erläutert.

IV. Arbeitnehmer und Betrieb

8 Das MontanMitbestErgG übernimmt für seinen Geltungsbereich die Begriffsbestimmungen des BetrVG in den Abs. 5 und 6: § 1 BetrVG – „Betrieb" und § 5 BetrVG – „Arbeitnehmer" (vgl. § 3 MitbestG Rn 2 f.; siehe auch § 1 BetrVG Rn 4 ff.; vgl. auch § 5 BetrVG Rn 3 ff.

§ 6

(1) ¹Unter den Aufsichtsratsmitgliedern der Arbeitnehmer müssen sich fünf Arbeitnehmer von Konzernunternehmen und zwei Vertreter von Gewerkschaften befinden. ²Besteht der Aufsichtsrat aus einundzwanzig Mitgliedern, so müssen sich unter den Aufsichtsratsmitgliedern der Arbeitnehmer sieben Arbeitnehmer von Konzernunternehmen und drei Vertreter von Gewerkschaften befinden.
(2) ¹Die in Absatz 1 bezeichneten Arbeitnehmer müssen das 18. Lebensjahr vollendet haben und ein Jahr einem Konzernunternehmen angehören. ²Auf die einjährige Angehörigkeit zu einem Konzernunternehmen werden Zeiten der Angehörigkeit zu einem anderen Unternehmen, dessen Arbeitnehmer nach diesem Gesetz an der Wahl von Aufsichtsratsmitgliedern des Konzerns teilnehmen, angerechnet. ³Diese Zeiten müssen unmittelbar vor dem Zeitpunkt liegen, ab dem die Arbeitnehmer zur Wahl von Aufsichtsratsmitgliedern des Konzerns berechtigt sind. ⁴Die weiteren Wählbarkeitsvoraussetzungen des § 8 Abs. 1 des Betriebsverfassungsgesetzes müssen erfüllt sein.
(3) Die in Absatz 1 bezeichneten Gewerkschaften müssen im Konzern vertreten sein.

§ 7

(1) ¹Die Aufsichtsratsmitglieder der Arbeitnehmer eines Konzerns mit in der Regel mehr als 8.000 Arbeitnehmern werden durch Delegierte gewählt, sofern nicht die wahlberechtigten Arbeitnehmer die unmittelbare Wahl beschließen. ²Für die Wahl der Aufsichtsratsmitglieder der Arbeitnehmer durch Delegierte gelten die §§ 8 bis 10f und 10h.
(2) ¹Die Aufsichtsratsmitglieder der Arbeitnehmer eines Konzerns mit in der Regel nicht mehr als 8.000 Arbeitnehmern werden in unmittelbarer Wahl gewählt, sofern nicht die wahlberechtigten Arbeitnehmer die Wahl durch Delegierte beschließen. ²Für die unmittelbare Wahl der Aufsichtsratsmitglieder der Arbeitnehmer gelten die §§ 10g und 10h.
(3) ¹Zur Abstimmung darüber, ob die Wahl durch Delegierte oder unmittelbar erfolgen soll, bedarf es eines Antrags, der von einem Zwanzigstel der wahlberechtigten Arbeitnehmer des Konzerns unterzeichnet sein muß. ²Die Abstimmung ist geheim. ³Ein Beschluß nach Absatz 1 oder 2 kann nur unter Beteiligung von mindestens der Hälfte der wahlberechtigten Arbeitnehmer und nur mit der Mehrheit der abgegebenen Stimmen gefaßt werden.

§ 8

(1) Sind nach § 7 die Aufsichtsratsmitglieder der Arbeitnehmer durch Delegierte zu wählen, so wählen in jedem Betrieb des Konzerns die Arbeitnehmer in geheimer Wahl und nach den Grundsätzen der Verhältniswahl Delegierte.
(2) ¹Wahlberechtigt für die Wahl von Delegierten sind diejenigen Arbeitnehmer der Konzernunternehmen, die das 18. Lebensjahr vollendet haben. ²§ 7 Satz 2 des Betriebsverfassungsgesetzes gilt entsprechend.
(3) Zu Delegierten wählbar sind die in Absatz 2 Satz 1 bezeichneten Arbeitnehmer, die die weiteren Wählbarkeitsvoraussetzungen des § 8 des Betriebsverfassungsgesetzes erfüllen.

(4) Wird für einen Wahlgang nur ein Wahlvorschlag gemacht, so gelten die darin aufgeführten Arbeitnehmer in der angegebenen Reihenfolge als gewählt.

§ 9

(1) ^{1}In jedem Betrieb entfällt auf je 90 wahlberechtigte Arbeitnehmer ein Delegierter. ^{2}Ergibt die Berechnung nach Satz 1 in einem Betrieb mehr als
1. 25 Delegierte, so vermindert sich die Zahl der zu wählenden Delegierten auf die Hälfte; diese Delegierten erhalten je zwei Stimmen;
2. 50 Delegierte, so vermindert sich die Zahl der zu wählenden Delegierten auf ein Drittel; diese Delegierten erhalten je drei Stimmen;
3. 75 Delegierte, so vermindert sich die Zahl der zu wählenden Delegierten auf ein Viertel; diese Delegierten erhalten je vier Stimmen;
4. 100 Delegierte, so vermindert sich die Zahl der zu wählenden Delegierten auf ein Fünftel; diese Delegierten erhalten je fünf Stimmen;
5. 125 Delegierte, so vermindert sich die Zahl der zu wählenden Delegierten auf ein Sechstel; diese Delegierten erhalten je sechs Stimmen;
6. 150 Delegierte, so vermindert sich die Zahl der zu wählenden Delegierten auf ein Siebtel; diese Delegierten erhalten je sieben Stimmen.

Bei der Errechnung der Zahl der Delegierten werden Teilzahlen voll gezählt, wenn sie mindestens die Hälfte der vollen Zahl betragen.

(2) ^{1}Entfällt auf einen Betrieb kein Delegierter, gelten die Arbeitnehmer dieses Betriebes für die Wahl der Delegierten als Arbeitnehmer des Betriebs der Hauptniederlassung des betreffenden Konzernunternehmens. ^{2}Soweit auf die Arbeitnehmer des Betriebs der Hauptniederlassung kein Delegierter entfällt, gelten diese für die Wahl der Delegierten als Arbeitnehmer des nach der Zahl der wahlberechtigten Arbeitnehmer größten Betriebs des betreffenden Konzernunternehmens.

(3) ^{1}Entfällt auf ein Konzernunternehmen kein Delegierter, gelten die Arbeitnehmer dieses Unternehmens für die Wahl der Delegierten als Arbeitnehmer des nach der Zahl der wahlberechtigten Arbeitnehmer größten Betriebs des herrschenden Unternehmens. ^{2}Soweit auf die Arbeitnehmer des herrschenden Unternehmens kein Delegierter entfällt, gelten diese für die Wahl der Delegierten als Arbeitnehmer des nach der Zahl der wahlberechtigten Arbeitnehmer größten Betriebs der Konzernunternehmen.

§ 10

(1) ^{1}Zur Wahl der Delegierten können die wahlberechtigten Arbeitnehmer des Betriebs Wahlvorschläge machen. ^{2}Jeder Wahlvorschlag für Delegierte muss von einem Zwanzigstel oder 50 der wahlberechtigten Arbeitnehmer des Betriebs unterzeichnet sein.

(2) Jeder Wahlvorschlag soll mindestens doppelt so viele Bewerber enthalten, wie in dem Wahlgang Delegierte zu wählen sind.

§ 10a

(1) ^{1}Die Delegierten werden für eine Zeit gewählt, die der Amtszeit der von ihnen zu wählenden Aufsichtsratsmitglieder entspricht. ^{2}Sie nehmen die ihnen nach den Vorschriften dieses Gesetzes zustehenden Aufgaben und Befugnisse bis zur Einleitung der Neuwahl der Aufsichtsratsmitglieder der Arbeitnehmer wahr.

(2) In den Fällen des § 7 Abs. 1 endet die Amtszeit der Delegierten, wenn
1. die wahlberechtigten Arbeitnehmer nach § 7 Abs. 1 die unmittelbare Wahl beschließen;
2. der Konzern nicht mehr die Voraussetzungen für die Anwendung des § 7 Abs. 1 erfüllt, es sei denn, die wahlberechtigten Arbeitnehmer beschließen, daß die Amtszeit bis zu dem in Absatz 1 genannten Zeitpunkt fortdauern soll; § 7 Abs. 3 ist entsprechend anzuwenden.

(3) In den Fällen des § 7 Abs. 2 endet die Amtszeit der Delegierten, wenn die wahlberechtigten Arbeitnehmer die unmittelbare Wahl beschließen; § 7 Abs. 3 ist anzuwenden.

(4) Abweichend von Absatz 1 endet die Amtszeit der Delegierten eines Betriebs, wenn nach Eintreten aller Ersatzdelegierten des Wahlvorschlags, dem die zu ersetzenden Delegierten angehören, die Gesamtzahl der Delegierten des Betriebs unter die im Zeitpunkt ihrer Wahl vorgeschriebene Zahl der auf den Betrieb entfallenden Delegierten gesunken ist.

§ 10b

(1) Die Amtszeit eines Delegierten endet vor dem in § 10a bezeichneten Zeitpunkt
1. durch Niederlegung des Amtes,
2. durch Beendigung der Beschäftigung des Delegierten in dem Betrieb, dessen Delegierter er ist,
3. durch Verlust der Wählbarkeit.

(2) ¹Endet die Amtszeit eines Delegierten vorzeitig oder ist er verhindert, so tritt an seine Stelle ein Ersatzdelegierter. ²Die Ersatzdelegierten werden der Reihe nach aus den nicht gewählten Arbeitnehmern derjenigen Wahlvorschläge entnommen, denen die zu ersetzenden Delegierten angehören.

§ 10c

(1) Die Delegierten wählen die Aufsichtsratsmitglieder, die nach § 6 Abs. 1 Arbeitnehmer von Konzernunternehmen sein müssen, geheim und nach den Grundsätzen der Verhältniswahl für die Zeit, die im Gesetz oder in der Satzung (im Gesellschaftsvertrag, im Statut) für die durch das Wahlorgan der Anteilseigner zu wählenden Mitglieder des Aufsichtsrats bestimmt ist.

(2) ¹Die Wahl erfolgt aufgrund von Wahlvorschlägen. ²Jeder Wahlvorschlag muss von einem Fünftel oder 100 der wahlberechtigten Arbeitnehmer des Konzerns unterzeichnet sein.

(3) ¹Abweichend von Absatz 1 findet Mehrheitswahl statt, soweit nur ein Wahlvorschlag gemacht wird. ²In diesem Fall muss der Wahlvorschlag mindestens doppelt so viele Bewerber enthalten, wie Aufsichtsratsmitglieder auf die Arbeitnehmer entfallen.

§ 10d

(1) Die Delegierten wählen die Aufsichtsratsmitglieder, die nach § 6 Abs. 1 Vertreter von Gewerkschaften sind, in geheimer Wahl und nach den Grundsätzen der Verhältniswahl für die in § 10c Abs. 1 bestimmte Zeit.

(2) ¹Die Wahl erfolgt aufgrund von Wahlvorschlägen der Gewerkschaften, die im Konzern vertreten sind. ²Wird nur ein Wahlvorschlag gemacht, so findet abweichend von Absatz 1 Mehrheitswahl statt. ³In diesem Falle muß der Wahlvorschlag mindestens doppelt so viele Bewerber enthalten, wie Vertreter von Gewerkschaften in den Aufsichtsrat zu wählen sind.

§ 10e

(1) ¹In jedem Wahlvorschlag kann zusammen mit jedem Bewerber für diesen ein Ersatzmitglied des Aufsichtsrats vorgeschlagen werden. ²Ein Bewerber kann nicht zugleich als Ersatzmitglied vorgeschlagen werden.

(2) Wird ein Bewerber als Aufsichtsratsmitglied gewählt, so ist auch das zusammen mit ihm vorgeschlagene Ersatzmitglied gewählt.

§ 10f

¹Das zur gesetzlichen Vertretung berufene Organ des herrschenden Unternehmens hat die Namen der Mitglieder und der Ersatzmitglieder des Aufsichtsrats unverzüglich nach ihrer Bestellung in den Betrieben des Unternehmens bekanntzumachen und im elektronischen Bundesanzeiger zu veröffentlichen. ²Daneben ist in jedem abhängigen Konzernunternehmen das zur gesetzlichen Vertretung berufene Organ zur Bekanntmachung in dessen Betrieben verpflichtet.

§ 10g

¹Sind nach § 7 die Aufsichtsratsmitglieder der Arbeitnehmer in unmittelbarer Wahl zu wählen, so sind diejenigen Arbeitnehmer der Konzernunternehmen, die das 18. Lebensjahr vollendet haben, wahlberechtigt. ²§ 7 Satz 2 des Betriebsverfassungsgesetzes gilt entsprechend. ³Für die Wahl sind die §§ 10c bis 10f mit der Maßgabe anzuwenden, daß an die Stelle der Delegierten die wahlberechtigten Arbeitnehmer der Konzernunternehmen treten.

§ 10h

(1) Die Gesamtheit der Schiffe eines Unternehmens gilt für die Anwendung dieses Gesetzes als ein Betrieb.
(2) ¹Schiffe im Sinne dieses Gesetzes sind Kauffahrteischiffe, die nach dem Flaggenrechtsgesetz die Bundesflagge führen. ²Schiffe, die in der Regel binnen 48 Stunden nach dem Auslaufen an den Sitz eines Landbetriebs zurückkehren, gelten als Teil dieses Landbetriebs.
(3) Die Arbeitnehmer eines in Absatz 1 bezeichneten Betriebs nehmen an einer Abstimmung nach § 7 nicht teil und bleiben für die Errechnung der für die Antragstellung und für die Beschlußfassung erforderlichen Zahlen von Arbeitnehmern außer Betracht.
(4) ¹Werden die Aufsichtsratsmitglieder der Arbeitnehmer durch Delegierte gewählt, so werden abweichend von § 8 in einem in Absatz 1 bezeichneten Betrieb keine Delegierten gewählt. ²Abweichend von § 10c Abs. 1 nehmen die Arbeitnehmer dieses Betriebs unmittelbar an der Wahl der Aufsichtsratsmitglieder der Arbeitnehmer teil mit der Maßgabe, dass die Stimme eines dieser Arbeitnehmer als ein Neunzigstel der Stimme eines Delegierten zu zählen ist; § 9 Abs. 1 Satz 3 ist entsprechend anzuwenden.
(5) (aufgehoben)

A. Allgemeines ... 1	3. Wahlvorschläge ... 12
B. Regelungsgehalt ... 2	4. Amtszeit der Delegierten ... 13
I. Zusammensetzung der Arbeitnehmervertreter ... 2	5. Wahl der Arbeitnehmervertreter ... 16
II. Wählbarkeit ... 3	6. Wahl der Gewerkschaftsvertreter ... 17
III. Wahlverfahren ... 5	7. Ersatzmitglieder ... 18
IV. Wahl der Delegierten ... 8	8. Bekanntmachung des Wahlergebnisses ... 19
1. Wahlkreis Betrieb ... 9	V. Unmittelbare Wahl ... 20
2. Anzahl der Delegierten ... 10	VI. Sondervorschrift für Schifffahrtsunternehmen ... 21

A. Allgemeines

Die §§ 6 bis 10h regeln das Wahlverfahren für die AN-Vertreter. Diese Bestimmungen weichen von den Bestimmungen des MontanMitbestG ab. Sie sind vergleichbar mit den Bestimmungen der §§ 9 ff. MitbestG (vgl. die entsprechenden Erläuterungen zu den Wahlvorschriften in der Kommentierung der §§ 9 ff. MitbestG und die dortigen Hinweise). 1

§ 6 Abs. 1 schreibt die Zusammensetzung vor: fünf AN von Konzernunternehmen und zwei Vertreter von Gewerkschaften. § 6 Abs. 2 enthält persönliche Voraussetzungen für die Wählbarkeit. Nach § 6 Abs. 3 müssen die Gewerkschaften, die an der Wahl beteiligt sind, im Konzern vertreten sein.

§ 7 sieht für größere Konzerne (mehr als 8000 AN) eine Wahl durch Delegierte vor. Die wahlberechtigten AN können jedoch eine unmittelbare Wahl beschließen. Umgekehrt findet in kleineren Konzernen eine unmittelbare Wahl statt, wenn die AN nicht die Wahl durch Delegierte beschließen.

Die §§ 8 bis 10d beschreiben die Wahl der AN-Vertreter durch Delegierte.

§ 10g beschreibt das Wahlverfahren für die unmittelbare (direkte) Wahl der AN-Vertreter.

§ 10h regelt den Sonderfall für Betriebe der Schifffahrtsgesellschaften.

B. Regelungsgehalt

I. Zusammensetzung der Arbeitnehmervertreter

§ 6 Abs. 1 schreibt zwingend die Zusammensetzung der Vertreter der AN vor. Von den sieben Vertretern der AN müssen fünf AN der Konzernunternehmen sein. Zwei Mitglieder des AR sind Vertreter von Gewerkschaften. Bei einem auf 21 Mitgliedern erweiterten AR sind die Zahlenverhältnisse sieben zu drei. 2

II. Wählbarkeit

3 § 6 Abs. 2 nennt die **Voraussetzungen** für die Wählbarkeit der AN-Vertreter. Sie müssen das 18. Lebensjahr vollendet haben und ein Jahr einem Konzernunternehmen angehören (S. 1). Auf diese Konzernzugehörigkeit werden Zeiten der Zugehörigkeit zu einem anderen Unternehmen angerechnet, dessen AN sich an der Wahl des AR teilnehmen (S. 2 und 3). Außerdem müssen die weiteren Voraussetzungen des § 8 Abs. 1 BetrVG erfüllt sein (zu den Voraussetzungen siehe § 8 BetrVG Rn 2 ff.).[1]

4 Für Vertreter von Gewerkschaften gilt: Die **Gewerkschaften** müssen **im Konzern vertreten** sein. Sie sind im Konzern vertreten, wenn mind. ein Mitglied AN in einem Konzernunternehmen ist (siehe § 2 BetrVG Rn 22).[2]

III. Wahlverfahren

5 § 7 kennt zwei Wahlverfahren: Die **unmittelbare Wahl** der AN-Vertreter durch die AN der Konzernunternehmen und die **Wahl durch Delegierte**. Das Gesetz beschreibt beide Wahlverfahren.

6 Das **Gesetz** schlägt bei größeren Konzernen die Wahl durch Delegierte vor, bei kleineren Konzernen die unmittelbare Wahl. Unterschieden wird nach der Zahl der im Konzern insgesamt beschäftigten AN. Die Grenze ist 8000. Maßgebend ist die regelmäßige Zahl der AN bei Einleitung der Wahlen.

7 Die AN des Konzerns können in beiden Fällen das **jeweils andere Verfahren** wählen (§ 7 Abs. 1 S. 1 und § 7 Abs. 2 S. 1). Dazu ist eine **Abstimmung** darüber erforderlich, ob die Wahl durch Delegierte oder unmittelbar erfolgen soll. Die Abstimmung wird eingeleitet durch einen Antrag der wahlberechtigten AN des Konzerns. Der Antrag muss von einem Zwanzigstel der AN des Konzerns unterzeichnet sein. Er ist an den Wahlvorstand zu richten. Sodann wird im Konzern über diesen Antrag abgestimmt. Die Abstimmung ist geheim (§ 7 Abs. 3 S. 2). Ein wirksamer Beschluss setzt eine Wahlbeteiligung von mindestens 50 % der wahlberechtigten AN voraus. Die Mehrheit muss für das gewählte Verfahren stimmen (§ 7 Abs. 3 S. 3).

IV. Wahl der Delegierten

8 Sind die Mitglieder des AR durch Delegierte zu wählen, gelten die §§ 8 bis 10f.

9 **1. Wahlkreis Betrieb.** Jeder **Betrieb** im Konzern wählt seine Delegierten in geheimer Wahl. Gewählt wird nach den Grundsätzen der **Verhältniswahl**. Wird nur **ein Wahlvorschlag** eingereicht, sind die Delegierten in der angegebenen Reihenfolge gewählt (§ 8 Abs. 4). **Wahlberechtigt** sind die AN, die das 18. Lebensjahr vollendet haben; i.Ü. gilt § 7 S. 2 BetrVG (Wahlberechtigung der Leih-AN). **Wählbar** als Delegierte sind die wahlberechtigten AN (ohne Leih-AN), die die weiteren Voraussetzungen des § 8 BetrVG (Wählbarkeit zum BR) erfüllen (zur Wählbarkeit der AN-Vertreter nach dem MitbestG siehe § 7 MitbestG Rn 12 ff.).

10 **2. Anzahl der Delegierten.** In jedem Betrieb entfällt auf je 90 wahlberechtigte AN ein Delegierter (§ 9 Abs. 1). Es wird bei der Errechnung der Zahl der Delegierten auf- und abgerundet (§ 9 Abs. 1 S. 3) Diese Zahl vermindert sich bei größeren Betrieben entsprechend der Staffel des § 9 Abs. 1 S. 2. Garantiert wird eine Mindestzahl, die ebenfalls der Regelung unmittelbar zu entnehmen ist.

11 Sonderbestimmungen enthalten § 9 Abs. 2 und 3. Sie stellen sicher, dass sich die AN auch kleinerer Betriebe an der Delegiertenwahl beteiligen können. Sie werden größeren Betrieben zugeordnet.

12 **3. Wahlvorschläge.** Zur Wahl der Delegierten reichen die wahlberechtigten AN des Betriebs Wahlvorschläge ein. Jeder Wahlvorschlag muss von einem Zwanzigstel oder 50 wahlberechtigten AN unterzeichnet sein, § 10 (vgl. § 12 MitbestG Rn 1 f.).

13 **4. Amtszeit der Delegierten.** Die Delegierten werden für die Dauer der Amtszeit des AR gewählt (§ 10a). Sie nehmen ihre Aufgaben und Befugnisse bis zur Einleitung der Neuwahl der AR-Mitglieder wahr. Die Amtszeit endet auch, wenn die AN mehrheitlich die unmittelbare Wahl beschließen (§ 10a Abs. 2 und 3). Die Aufgaben und Befugnisse betreffen u.a. die Abberufung der Mitglieder des AR (vgl. § 10m).

14 Die Amtszeit eines Delegierten kann aus persönlichen Gründen enden (vgl. § 10b). Ein Grund ist die Beendigung der Beschäftigung des Delegierten in dem Betrieb, für den er gewählt wurde. Das ist wörtlich gemeint: Auch eine Versetzung in einen anderen Betrieb desselben Unternehmens führt zur Beendigung.

15 Endet das Amt vorzeitig oder ist ein Delegierter an der Wahrnehmung verhindert, tritt an seine Stelle ein **Ersatzdelegierter**. Die Ersatzdelegierten werden der Reihe nach aus den nicht gewählten AN derjenigen Wahlvorschläge entnommen, denen die zu ersetzenden Delegierten angehören (§ 10b Abs. 2). Zu den Wahlvorschlägen vgl. § 10c Abs. 1.

16 **5. Wahl der Arbeitnehmervertreter.** Die Delegierten wählen die Mitglieder des AR, die nach § 6 Abs. 1 AN der Konzernunternehmen sein müssen. Gewählt wird geheim und nach den Grundsätzen der **Verhältniswahl**. Gewählt wird aufgrund von Wahlvorschlägen. Jeder Wahlvorschlag muss von einem Fünftel oder von 100 der wahlberech-

---

1 *Fitting u.a.*, § 8 BetrVG Rn 5 ff.   2 *Fitting u.a.*, § 2 BetrVG Rn 42 ff.

tigten AN des Konzerns unterzeichnet sein. Wird nur ein Wahlvorschlag eingereicht, findet die Mehrheitswahl statt (§ 10c Abs. 3). Gewählt wird für die Dauer der Amtszeit (§ 10c i.V.m. § 10a).

6. Wahl der Gewerkschaftsvertreter. Die Delegierten wählen auch die AR-Mitglieder, die nach § 6 Abs. 1 Vertreter von Gewerkschaften sein müssen. Auch diese Wahl erfolgt geheim und nach den Grundsätzen der Verhältniswahl. Eine Mehrheitswahl findet statt, wenn nur ein Wahlvorschlag gemacht wird (§ 10d).

7. Ersatzmitglieder. Mit jedem Wahlvorschlag kann auch ein Ersatzmitglied für den Bewerber vorgeschlagen werden. Allerdings kann kein Bewerber als Ersatzmitglied vorgeschlagen werden. Wird ein Bewerber gewählt, ist auch der vorgeschlagene Ersatzbewerber gewählt.

8. Bekanntmachung des Wahlergebnisses. Der Vorstand (AG) oder die Geschäftsführung (GmbH) des herrschenden Unternehmens haben die Namen der Mitglieder und der Ersatzmitglieder des AR unverzüglich in den Betrieben des Unternehmens bekannt zu geben und im (elektronischen) Bundesanzeiger zu veröffentlichen. Die gleiche Verpflichtung treffen auch die Vorstände oder Geschäftsführungen der Konzernunternehmen.

V. Unmittelbare Wahl
Sind nach § 7 die Mitglieder des AR (der AN) in unmittelbarer Wahl zu wählen, ist § 10g anzuwenden. Es gelten die Grundsätze, die für die Wahl der Delegierten beschrieben wurde, auch für die Wahl der Mitglieder des AR.

VI. Sondervorschrift für Schifffahrtsunternehmen
§ 10h enthält eine Sondervorschrift für Unternehmen, die Schifffahrt betreiben.

§ 10i

(1) ¹Niemand darf die Wahlen nach den §§ 8, 10c, 10d und 10g behindern. ²Insbesondere darf niemand in der Ausübung des aktiven und passiven Wahlrechts beschränkt werden.
(2) Niemand darf die Wahlen durch Zufügung oder Androhung von Nachteilen oder durch Gewährung oder Versprechen von Vorteilen beeinflussen.
(3) ¹Die Kosten der Wahlen trägt das herrschende Unternehmen. ²Versäumnis von Arbeitszeit, die zur Ausübung des Wahlrechts oder der Betätigung im Wahlvorstand erforderlich ist, berechtigt den Arbeitgeber nicht zur Minderung des Arbeitsentgelts.

A. Allgemeines
Die Vorschrift beschreibt den **Wahlschutz** und regelt die Frage, wer die **Kosten** der Wahl zu tragen hat.

B. Regelungsgehalt
Die Vorschrift entspricht der Regelung des § 20 BetrVG (vgl. § 20 MitbestG Rn 1 f.).[1]

§ 10k

(1) Die Wahl der Delegierten eines Betriebs kann beim Arbeitsgericht angefochten werden, wenn gegen wesentliche Vorschriften über das Wahlrecht, die Wählbarkeit oder das Wahlverfahren verstoßen worden und eine Berichtigung nicht erfolgt ist, es sei denn, daß durch den Verstoß das Wahlergebnis nicht geändert oder beeinflußt werden konnte.
(2) Zur Anfechtung berechtigt sind
1. mindestens drei wahlberechtigte Arbeitnehmer des Betriebs,
2. der Betriebsrat,
3. der Sprecherausschuss,
4. das zur gesetzlichen Vertretung berufene Organ des Unternehmens.

Die Anfechtung ist nur binnen einer Frist von zwei Wochen, vom Tage der Bekanntgabe des Wahlergebnisses an gerechnet, zulässig.

---

1 *Fitting u.a.*, § 20 BetrVG, Rn 5 ff.

§ 10l

(1) Die Wahl eines Aufsichtsratsmitglieds oder eines Ersatzmitglieds der Arbeitnehmer kann beim Arbeitsgericht angefochten werden, wenn gegen wesentliche Vorschriften über das Wahlrecht, die Wählbarkeit oder das Wahlverfahren verstoßen worden und eine Berichtigung nicht erfolgt ist, es sei denn, daß durch den Verstoß das Wahlergebnis nicht geändert oder beeinfluß werden konnte.
(2) Zur Anfechtung berechtigt sind
1. mindestens drei wahlberechtigte Arbeitnehmer von Konzernunternehmen,
2. der Gesamtbetriebsrat des herrschenden Unternehmens oder, wenn in dem herrschenden Unternehmen nur ein Betriebsrat besteht, der Betriebsrat sowie der Konzernbetriebsrat, soweit ein solcher besteht,
3. der Gesamt- oder Unternehmenssprecherausschuss des herrschenden Unternehmens oder, wenn in dem herrschenden Unternehmen nur ein Sprecherausschuss besteht, der Sprecherausschuss sowie der Konzernsprecherausschuss, soweit ein solcher besteht,
4. der Gesamtbetriebsrat eines anderen Konzernunternehmens oder, wenn in dem anderen Konzernunternehmen nur ein Betriebsrat besteht, der Betriebsrat,
5. der Gesamt- oder Unternehmenssprecherausschuss eines anderen Konzernunternehmens oder, wenn in dem anderen Konzernunternehmen nur ein Sprecherausschuss besteht, der Sprecherausschuss,
6. jede nach § 10d Abs. 2 vorschlagsberechtigte Gewerkschaft,
7. das zur gesetzlichen Vertretung berufene Organ des herrschenden Unternehmens.
Die Anfechtung ist nur binnen einer Frist von zwei Wochen, vom Tage der Veröffentlichung im elektronischen Bundesanzeiger an gerechnet, zulässig.

A. Allgemeines

1 Wahlen können anfechtbar sein, wenn gegen wesentliche Vorschriften über das Wahlrecht verstoßen und der Fehler nicht berichtigt wurde. Die Anfechtung ist nicht möglich, wenn der Verstoß das Wahlergebnis nicht geändert hat oder nicht beeinflusst haben konnte. Geregelt werden die **Anfechtungsgründe**, die **Anfechtungsberechtigung** und die **Frist** zur Anfechtung. § 10k betrifft die Anfechtung von Wahlen der Delegierten, § 10l betrifft die unmittelbare Wahl eines Aufsichtsratsmitglieds. Entsprechende Vorschriften des MitbestG sind §§ 21 und 22 (vgl. § 21 MitbestG Rn 10 ff.; siehe auch § 22 MitbestG Rn 7 ff.).

B. Regelungsgehalt

2 Die Vorschriften sind weit gehend § 19 BetrVG nachgebildet. Bei der Wahlberechtigung sind unterschiedliche Regelungen zwischen der Wahl der Delegierten eines Betriebs und der direkten Wahl der Mitglieder durch die AN der Konzernunternehmens zu beachten. Die Unterschiede sind sachbedingt. Ebenso wie Betriebsratswahlen in seltenen Fällen auch nichtig sein können, kann dies auch hier der Fall sein (vgl. § 21 MitbestG Rn 9).

§ 10m

(1) ¹Ein Aufsichtsratsmitglied der Arbeitnehmer kann vor Ablauf der Amtszeit auf Antrag abberufen werden. ²Antragsberechtigt für die Abberufung eines Aufsichtsratsmitglieds, das nach
1. § 6 Abs. 1 Arbeitnehmer eines Konzernunternehmens ist, sind drei Viertel der wahlberechtigten Arbeitnehmer,
2. § 6 Abs. 1 Vertreter einer Gewerkschaft ist, ist die Gewerkschaft, die das Mitglied vorgeschlagen hat.
(2) ¹Ein durch Delegierte gewähltes Aufsichtsratsmitglied wird durch Beschluss der Delegierten abberufen. ²Dieser Beschluss wird in geheimer Abstimmung gefasst und bedarf einer Mehrheit von drei Vierteln der abgegebenen Stimmen.
(3) ¹Ein von den Arbeitnehmern unmittelbar gewähltes Aufsichtsratsmitglied wird durch Beschluss der wahlberechtigten Arbeitnehmer abberufen. ²Dieser Beschluss wird in geheimer, unmittelbarer Abstimmung gefasst und bedarf einer Mehrheit von drei Vierteln der abgegebenen Stimmen.
(4) Die Absätze 1 bis 3 sind für die Abberufung von Ersatzmitgliedern entsprechend anzuwenden.

§ 10n

(1) Verliert ein Aufsichtsratsmitglied, das nach § 6 Abs. 1 Arbeitnehmer eines Konzernunternehmens sein muß, die Wählbarkeit, so erlischt sein Amt.
(2) (weggefallen)

A. Allgemeines

Die Bestimmungen regeln die Abberufung eines AR-Mitglieds und das Erlöschen des Amts. Entsprechende Vorschriften des MitbestG sind die §§ 23 und 24 (vgl. die Kommentierung zu diesen Vorschriften). 1

B. Regelungsgehalt

Die Vertreter der AN im AR können abberufen werden. Die Vorschrift unterscheidet zwischen Vertretern der AN und Vertretern einer Gewerkschaft. Bei den Vertretern der AN wird unterschieden danach, ob die Mitglieder unmittelbar oder durch Delegierte gewählt wurden. 2

Die Anforderungen an die Abberufung der AN-Vertreter sind sehr hoch. Drei Viertel der Wahlberechtigten (AN oder Delegierte) müssen für die Abberufung stimmen (§ 10m Abs. 2 und 3). 3

§ 10n regelt eine Selbstverständlichkeit. Verliert ein AR-Mitglied, das nach § 6 Abs. 1 AN eines Konzernunternehmens sein muss, die Wählbarkeit, erlischt sein Amt. Häufigster Fall ist das Ausscheiden aus dem Arbeitsverhältnis. Die Abberufung der Vertreter der Anteilseigner richtet sich nach § 103 AktG. 4

§ 11

[1]Der Aufsichtsrat ist beschlußfähig, wenn mindestens die Hälfte der Mitglieder, aus denen er nach diesem Gesetz oder der Satzung insgesamt zu bestehen hat, an der Beschlußfassung teilnimmt. [2]§ 108 Abs. 2 Satz 4 des Aktiengesetzes findet Anwendung.

A. Allgemeines

Die Vorschrift regelt die Beschlussfähigkeit des mitbestimmten AR und soll die paritätische Beteiligung sicherstellen. Die Regelung stimmt fast wörtlich mit § 28 MitbestG und wörtlich mit § 10 MontanMitbestG überein (siehe die Kommentierung zu § 28 MitbestG). 1

B. Regelungsgehalt

Die Vorschrift entspricht der Regelung des § 10 MontanMitbestG (siehe § 10 MontanMitbestG Rn 2). 2

§ 12 (weggefallen)

§ 13

[1]Für die Bestellung der Mitglieder des zur gesetzlichen Vertretung berufenen Organs und für den Widerruf ihrer Bestellung gelten § 76 Abs. 3 und § 84 des Aktiengesetzes und § 13 Abs. 1 Satz 1 des Montan-Mitbestimmungsgesetzes. [2]§ 13 Abs. 2 des Montan-Mitbestimmungsgesetzes findet Anwendung.

A. Allgemeines

Die Vorschrift regelt durch Verweisungen auf §§ 76 Abs. 3 und 84 AktG sowie § 13 MontanMitbestG die Bestellung der Mitglieder des zur gesetzlichen Vertretung berufenen Organs (AG: Vorstand/GmbH: Geschäftsführung), von denen ein Mitglied die Funktion des Arbeitsdirektors wahrzunehmen hat. 1

B. Regelungsgehalt

2 Abs. 1 S. 1 Hs. 1 entspricht hinsichtlich seiner Regelungen der Bestellung der Mitglieder des Vorstands der AG oder der Geschäftsführung der GmbH § 12 MontanMitbestG. Auf die entsprechende Kommentierung wird daher verwiesen.

3 Abs. 1 S. 1 Hs. 2, Abs. 2 übernehmen die Regelungen des § 13 Abs. 1 S. 1 und Abs. 2 MontanMitbestG über die Bestellung sowie die Rechte und Pflichten des Arbeitsdirektors als gleichberechtigtes Mitglied des Vorstands oder der Geschäftsführung (siehe § 13 MontanMitbestG Rn 1, 2, 4). Zu beachten ist, dass § 13 nicht auf § 13 Abs. 1 S. 2 und 3 MontanMitbestG verweist. Daraus kann nicht gefolgert werden, dass der Arbeitsdirektor nach dem MontanMitbestErgG nicht abberufen werden könne, da ein Widerruf stets als actus contrarius zur Bestellung möglich sein muss. Allerdings folgt daraus, dass im Gegensatz zu einer nach dem MontanMitbestG mitbestimmten Gesellschaft der Arbeitsdirektor nach dem MontanMitbestErgG gegen die Stimmen der Mehrheit der AN-Vertreter im AR bestellt und abberufen werden kann. Aufgrund des klaren Wortlauts des § 13 und des Verweises auf § 13 Abs. 1 S. 1 und Abs. 2 MontanMitbestG kommt mangels Regelungslücke auch keine analoge Anwendung des § 13 Abs. 1 S. 2 und 3 MontanMitbestG in Betracht.

§ 14 (weggefallen)

§ 15

(1) ¹Die einem Unternehmen, in dem die Arbeitnehmer nach dem Montan-Mitbestimmungsgesetz oder nach § 2 oder § 3 dieses Gesetzes ein Mitbestimmungsrecht haben, auf Grund von Beteiligungen an einem anderen Unternehmen zustehenden Rechte bei der Bestellung, dem Widerruf der Bestellung oder der Entlastung von Verwaltungsträgern sowie bei der Beschlußfassung über die Auflösung oder Umwandlung des anderen Unternehmens, über dessen Fortsetzung nach seiner Auflösung, über die Übertragung seines Vermögens können durch das zur gesetzlichen Vertretung berufene Organ nur auf Grund von Beschlüssen des Aufsichtsrats ausgeübt werden. ²Diese Beschlüsse bedürfen nur der Mehrheit der Stimmen der nach § 5 des Montan-Mitbestimmungsgesetzes oder der nach § 5 Abs. 2 dieses Gesetzes bestellten Mitglieder; sie sind für das zur gesetzlichen Vertretung berufene Organ verbindlich.

(2) Absatz 1 gilt nicht, wenn die Beteiligung des Unternehmens an dem anderen Unternehmen weniger als ein Viertel beträgt.

A. Allgemeines

1 Diese Vorschrift regelt angelehnt an § 32 MitbestG die Ausübung von wesentlichen Beteiligungsrechten in einem Unterordnungskonzern, in dem der Obergesellschaft wichtige Gesellschafterrechte in der Untergesellschaft zustehen. Durch diese Regelungen sollen zentrale Entscheidungen des gesetzlichen Vertretungsorgans, die die Untergesellschaften betreffen, in den mitbestimmten AR der Obergesellschaft verlagert werden, ohne allerdings den mittelbaren Einfluss der AN in der Untergesellschaft über den mitbestimmten AR der Obergesellschaft zu verstärken. Sofern Entscheidungen, die in § 15 abschließend aufgezählt sind, in unabhängigen Unternehmen der Anteilseignerversammlung vorbehalten sind, soll dies auch in abhängigen Unternehmen gelten. Gleichzeitig werden die AN-Vertreter im AR über diese Entscheidungen vollständig informiert, da sie Beschlüsse des AR erfordern.

B. Regelungsgehalt

2 Der **Anwendungsbereich** von § 15 erstreckt sich auf die nach dem MontanMitbestG und nach §§ 2 bis 3 MontanMitbestErgG mitbestimmten Konzernobergesellschaften. Anders als in § 32 MitbestG geregelt, müssen die Konzernuntergesellschaften nicht ebenfalls einem der Mitbestimmungsgesetze unterfallen. Gem. Abs. 1 S. 1 entscheidet der mitbestimmte AR der Obergesellschaft über die abschließend aufgezählten Beteiligungsrechte (vgl. § 32 MitbestG Rn 8) an der Untergesellschaft durch Beschluss der Anteilseignervertreter im AR, der das gesetzliche Vertretungsorgan der Obergesellschaft gem. Abs. 1 S. 2 Hs. 2 bindet (vgl. § 32 MitbestG Rn 7). Insoweit ist nach der h.M. zu § 32 MitbestG das vertretungsberechtigte Gesellschaftsorgan abweichend von § 82 Abs. 1 AktG und § 37 Abs. 2 GmbHG in seiner **Vertretungsmacht beschränkt** (vgl. § 32 MitbestG Rn 3, 6 ff.).

§ 16

(1) Die §§ 5 bis 13 sind auf das herrschende Unternehmen erst anzuwenden,
1. wenn in sechs aufeinanderfolgenden Geschäftsjahren der nach § 3 berechnete Anteil der unter das Montan-Mitbestimmungsgesetz fallenden Unternehmen an den Umsätzen sämtlicher Konzernunternehmen und abhängigen Unternehmen mehr als die Hälfte betragen hat oder
2. wenn auf dieses Unternehmen das Montan-Mitbestimmungsgesetz, nach dem die Arbeitnehmer bisher ein Mitbestimmungsrecht hatten, nicht mehr anwendbar ist.

(2) Die §§ 5 bis 13 sind auf das herrschende Unternehmen nicht mehr anzuwenden, wenn in sechs aufeinanderfolgenden Geschäftsjahren
1. die Voraussetzungen des § 3 nicht mehr vorliegen oder
2. kein Unternehmen, in dem die Arbeitnehmer nach den Vorschriften des Montan-Mitbestimmungsgesetzes ein Mitbestimmungsrecht haben, beherrscht wird.

A. Allgemeines

Die Anwendung des MontanMitbestErgG ist abhängig vom Unternehmenszweck (§ 3). Der Unternehmenszweck kann sich ändern. Er kann dazu führen, dass das MontanMitbestErgG anzuwenden ist, er kann aber auch dazu führen, dass das MontanMitbestErgG nicht mehr anzuwenden ist. Voraussetzungen und Folgen einer solchen Änderung sind in § 16 geregelt.

B. Regelungsgehalt

In Abs. 1 Nr. 2 ist der Fall geregelt, dass ein Unternehmen nicht mehr unter das MontanMitbestG fällt. Dann kommt die Anwendung des MontanMitbestErgG in Betracht. In den Anwendungsbereich des MontanMitbestErgG gelangt ein Unternehmen, wenn der Montan-Anteil der Konzernunternehmen in sechs aufeinander folgenden Geschäftsjahren mehr als die Hälfte betragen hat. Dabei ist der Anteil nach § 3 zu berechnen.

Die Vorschriften des MontanMitbestErgG sind auf das herrschende Unternehmen nicht mehr anzuwenden, wenn in sechs aufeinander folgenden Geschäftsjahren die Voraussetzungen des § 3 nicht mehr vorliegen oder kein Unternehmen mehr beherrscht wird, in dem die AN ein Mitbestimmungsrecht nach dem MontanMitbestG haben.

C. Beraterhinweise

Eine Möglichkeit der Gestaltung, um mit einem Konzern aus dem Anwendungsbereich des MontanMitbestErgG zu fallen, bietet nach Entscheidungen des *OLG Celle* und des *LG Nürnberg*[1] die Gründung einer neuen Konzernobergesellschaft, die nach dem MitbestG mitbestimmt ist. Auf diese neue Konzernobergesellschaft wird anschließend der Betrieb der bislang dem MontanMitbestErgG unterliegende Konzernobergesellschaft übertragen. Dadurch wird diese Gesellschaft zu einer nunmehr arbeitnehmer- und funktionslosen Zwischenholding, die in die neue Konzernobergesellschaft durch einen Ergebnisabführungsvertrag umfassend eingegliedert wird. Nach den Entscheidungen des *OLG Celle* und des *LG Nürnberg* sind in einem solchen Fall die Vorschriften des MontanMitbestErgG auf die Bildung und Zusammensetzung des AR dieser Zwischenholding nicht mehr anzuwenden, weil ein „herrschendes Unternehmen" Voraussetzung auch für die Auslaufregelung von Abs. 2 ist. Das MontanMitbestErgG findet auf die neue Konzernobergesellschaft keine Anwendung, wenn die in Abs. 1 Nr. 1 vorausgesetzte Montanquote nicht erfüllt ist. Diese Form der Umstrukturierung stellt nach der Entscheidung des *LG Nürnberg* keine unzulässige Umgehung und Aushöhlung der Montanmitbestimmung, sondern eine zulässige Gestaltung dar.[2]

---

[1] OLG Celle 22.3.1993 – 9 W 130/92 – BB 1993, 957 = AP § 16 MitbestErgG Nr. 2; LG Nürnberg 30.9.1992 – 18 AktE 1/91 – WM 1993, 63 = AG 1993, 190.

[2] LG Nürnberg 30.9.1992 – 18 AktE 1/91 – WM 1993, 63 = AG 1993, 190.

Gesetz zum Schutz der erwerbstätigen Mutter (Mutterschutzgesetz – MuSchG)

Vom 24.1.1952, BGBl I S. 69, BGBl III 8052-1

In der Fasdsung der Bekanntmachung vom 20.6.2002, BGBl I S. 2318

Zuletzt geändert durch Drittes Gesetz zum Abbau bürokratischer Hemmnisse insbesondere in der mittelständischen Wirtschaft (Drittes Mittelstandsentlastungsgesetz) vom 17.3.2009, BGBl I S. 550, 553

Literatur: *Backfisch*, Formen und Fristen – Das Wichtigste auf einen Blick, AuA 2003, Nr. 8, 22; *Bährle*, Mutterschutz und Erziehungsurlaub – wer, wann, wie lange, BuW 1999, 834; *Beitzke*, Kündigung trotz Mutterschutz und trotz Übereinkommen Nr. 3 der Internationalen Arbeitsorganisation?, RdA 1983, 141; *Bergmann*, Neun Fragen zum Urlaub im Jahr 2004, AiB 2004, 332; *Berrisch*, § 4 KSchG n.F. und die behördliche Zustimmung zur Kündigung, FA 2004, 6; *Bitzer*, Mutterschutz – Neues aus Gesetzgebung und Rechtsprechung, BuW 2003, 738; *Boecken*, Probleme der Entgeltfortzahlung im Krankheitsfall, NZA 1999, 673; *Börgmann*, Arbeitsrechtliche Aspekte des Rauchens im Betrieb, RdA 1993, 275, 280; *Braasch/Arnold*, Besteht ein Anspruch auf den Zuschuß zum Mutterschaftsgeld während eines Arbeitskampfes?, NZA 1986, 660; *Buchner*, Die Neuordnung des Mutterschaftsgeldzuschusses als Chance zur Korrektur sozialpolitischer Fehlentwicklung, NZA 2004, 1121; *ders.*, Neue Tendenzen in der Mutterschutzgesetzgebung – Änderungen des Mutterschutzrechts ab 1.1.1982, NJW 1982, 800; *ders.*, Sicherung des Mutterschaftsgeldzuschusses durch das Aufwendungsausgleichsgesetz – Beseitigung der Verfassungswidrigkeit des § 14 MuSchG – Neues Umlageverfahren, NZA 2006, 121; *Budde*, Neues Mutterschutzrecht, AiB 1997, 313; *Dalheimer*, Der Anspruch auf Haushaltshilfe nach § 38 SGB V und § 199 RVO, WzS 1990, 213; *Ewalt/Gussone*, Der Anspruch der Arbeitnehmerin auf Gewährung von Stillzeiten, AiB 1985, 12; *Friese*, Das neue Mutterschutzrecht, NJW 2002, 3208; *ders.*, Das Verhältnis von Erholungsurlaub und Mutterschutz – die Neuregelung in § 17 MuSchG, NZA 2003, 597; *Giesen/Ricken*, Berücksichtigung von unständig Beschäftigten im Rahmen des Ausgleichsverfahrens nach dem AAG, NZA 2006, 1148; *Gotthard/Beck*, Elektronische Form und Textform im Arbeitsrecht: Wege durch den Irrgarten, NZA 2002, 876; *Gragert/Drenckhahn*, „Fliegende Mütter" im internationalen Privatrecht – Die Grenzen der freien Rechtswahl im Arbeitsrecht, NZA 2003, 305; *Graue*, Beschäftigungsverbote in der Schwangerschaft und Stillzeit, AiB 1999, 271; *ders.*, Das neue Mutterschutzrecht, AiB 2002, 589; *ders.*, Das mutterschutzrechtliche Kündigungsverbot nach § 9 MuSchG, AiB 1999, 511; *Griebeling*, Die Zurechnung von Bevollmächtigtenverschulden im Kündigungsrecht, NZA 2002, 838; *Gutzeit*, Die schwangere Kranke vor dem BAG – Monokausale Wirrungen, NZA 2003, 81; *Hammel*, Zur Hilfe bei Krankheit bei mittellosen Personen – Betrachtungen aus Anlass des In-Kraft-Tretens des GKV-Modernisierungsgesetzes (GMG), ZFSH/SGB 2004, 323; *Heinze/Ricken*, Das Umlagesystem – Ein Alternativmodell zur Flexibilisierung im Bereich Entgeltfortzahlung im Krankheitsfall und bei Mutterschutzleistungen, NZS 1998, 257; *Hunold*, Das Fragerecht des Arbeitgebers nach der Schwangerschaft einer Bewerberin, NZA 1987, 4; *Jacklofsky*, Mutterschutz – Vorzeitige Entbindungen gleichgestellt, AuA 2002, 298; *Jenak*, Mutterschutz-Zuschüsse und Leistungen, AuA 2006, 224; *Jorkowski*, Die finanziellen Auswirkungen von Schwangerschaft und Mutterschaft im Arbeitsverhältnis, ZTR 2003, 275; *Joussen*, Das neue Mutterschutzgesetz, NZA 2002, 702; *Kempff*, Der befristete Arbeitsvertrag oder: Wie schützt man sich vor Kündigungsschutz?, AiB 1996, 174; *Keß*, Leistungen der häuslichen Krankenpflege, der Haushaltshilfe sowie bei Schwerpflegebedürftigkeit, ErsK 1991, 357, 406; *Kossens*, Änderungen des Jugendarbeitsschutz- und Mutterschutzgesetzes, RdA 1997, 209; *ders.*, Das Aufwendungsausgleichsgesetz – Neuregelung der Umlageverfahren „U 1" und „U 2", WzS 2006, 97; *Kötter*, Entbindungen in Geburtshäusern jetzt absichern, BKK 2001, 324; *Legerlotz*, Mutterschutz und besonderer Kündigungsschutz nach dem Einigungsvertrag, NZA 1992, 201; *Lembke*, Mutterschutzlohn und Entgeltfortzahlung, NZA 1998, 349; *Lieber*, Hebammenhilfe und Gebühren freiberuflicher Hebammen in der gesetzlichen Krankenversicherung, Sozialhilfe und im Sozialen Entschädigungsrecht, ZfS 1995, 121; *Linck*, Der besondere Kündigungsschutz nach dem MuSchG, AuA 1992, 176; *Löwisch*, Der Erlass von Rauchverboten zum Schutz vor Passivrauchen am Arbeitsplatz, DB 1979, Beil. 1, 9; *ders.*, Herausgabe von Ersatzverdienst – Zur Anwendbarkeit von § 285 BGB auf Dienst- und Arbeitsverträge, NJW 2003, 2049; *Marburger*, Änderungen des Mutterschutzrechts, BB 1997, 521; *ders.*, Die gesetzlichen Sachleistungen im Fall der Schwangerschaft und Mutterschaft, SozArb 1974, 249; *ders.*, Die Haushaltshilfe – eine bedeutsame Leistung aller Sozialversicherungsträger, SozArb 1981, 62; *ders.*, Pflege im Haushalt des Versicherten als Leistung der Sozialversicherung, SozArb 1980, 350; *ders.*, Schnellübersicht: Das Leistungsrecht der Krankenversicherung, Stand 1.7.1997, WzS 1997, 161; *ders.*, Schnellübersicht: Das Leistungsrecht der Krankenversicherung, Stand 1.1.2005, WzS 2005, 1; *Moderegger*, Entwurf eines Zweiten Gesetzes zur Änderung des MuSchG ... – Kritische Auseinandersetzung mit den geplanten wesentlichen Änderungen – ArbRB 2002, 111; *Peters-Lange/Rolfs*, Reformbedarf und Reformgesetzgebung im Mutterschutz- und Erziehungsgeldrecht, NZA 2000, 682; *Pfarr*, Welche Maßnahmen empfehlen sich, um die Vereinbarkeit von Berufstätigkeit und Familie zu verbessern?, ZRP 1994, 309; *Pramann*, Die Anrechnung von (Vor-)Dienstzeiten auf die Betriebszugehörigkeit im KSchG, BetrVG, BetrAVG usw., DB 1978, 2476; *Preis/Gotthard*, Schriftformerfordernis für Kündigungen, Aufhebungsverträge und Befristungen nach § 623 BGB, NZA 2000, 348; *Ramrath*, Die Neuregelung des Verhältnisses von Urlaubsanspruch und Mutterschutzfristen – Unsinn ohne Methode, FA 2003, 194; *Range-Ditz*, Totgeburt und Mutterschutz, Anm. zum Urteil des BAG vom 15.12.2005 – 2 AZR 462/07, ArbR 2006, 228; *Reiter*, Anwendbare Rechtsnormen bei der Kündigung ins Ausland entsandter Arbeitnehmer, NZA 2004, 1246; *Schäfer*, „Schwebende Wirksamkeit" von Kündigungen, NZA 2004, 833; *Schliemann*, Neuere höchstrichterliche Rechtsprechung zum Mutterschutz, NZA-RR 2000, 113; *Schmidt*, § 4 S. 4 KSchG und Gesetz zu Reformen am Arbeitsmarkt, NZA 2004, 79; *Schulte-Westenberg*, Aktuelles vom EuGH zur Kündigung wegen Schwangerschaft, NJW 2003, 490; *Sowka*, Änderungen im Mutterschutzgesetz und im Jugendarbeitsschutzrecht, NZA 1997, 296; *ders.*, Urlaubsanspruch und Mutterschutzfristen – noch eine Sonderregelung, DB 2002, 1658; *Stuhlmann*, Aufwendungsausgleich – Änderungen bei Arbeitgeber-Erstattungsverfahren, AuA 2006, 44; *Tege*, Facelifting nach fünfzig Jahren – das Mutterschutzgesetz in der Bundesrepublik Deutschland, BB 2002, 2602; *Thau*, Novelliertes Mutterschutzrecht – für das Arbeitsleben von großer Bedeutung, AuA 1997, 213; *Thüsing/Lambrich*, Das Fragerecht des Arbeitgebers – aktuelle Probleme zu einem klassischen Thema, BB 2002, 1146; *Töns*, Beginn der Schwangerschaft – mutterschutzrechtlich – Zugleich Bemerkungen über die Schwäche der Tatsachen und die

Macht der Fiktion, BB 1987, 1801; *Volbers*, Anmerkungen zum Zweiten Gesetz zur Änderung des Mutterschutzrechts, WzS 2002, 161; *Wenzel*, Die Schwangerschaftsmitteilung nach § 9 Mutterschutzgesetz – mutterschutzrechtlich – Die Konsequenzen aus der Entscheidung des Bundesverfassungsgerichts vom 13.11.1979, BB 1981, 674; *Weyand*, Der Anspruch auf Mutterschutzlohn bei krankheitsbedingtem Beschäftigungsverbot, BB 1994, 1852; *Will*, Änderungen des Mutterschutzgesetzes, FA 2002, 268; *Winkel*, Arbeitsrecht gilt auch für 400-Euro-Jobs – mutterschutzrechtlich – Lohnfortzahlung, Urlaubsanspruch, schriftlicher Arbeitsvertrag – mutterschutzrechtlich – Mini-Jobs sind keine Arbeiten zweiter Klasse, AiB 2003, 333; *Zmarzlik*, Änderungen des Mutterschutzgesetzes, NJW 1992, 2678; *ders.*, Überblick über die EG-Mutterschutz-Richtlinie und ihre Umsetzung, DB 1994, 96; *ders.*, Zeitliche Begrenzung des Anspruchs auf Stillzeit nach § 7 MuSchG, DB 1983, 1044

Erster Abschnitt: Allgemeine Vorschriften

§ 1 Geltungsbereich

Dieses Gesetz gilt
1. für Frauen, die in einem Arbeitsverhältnis stehen,
2. für weibliche in Heimarbeit Beschäftigte und ihnen Gleichgestellte (§ 1 Abs. 1 und 2 des Heimarbeitsgesetzes vom 14. März 1951, BGBl. I S. 191), soweit sie am Stück mitarbeiten.

A. Allgemeines

Die Vorschriften des MuSchG dienen der Umsetzung von **Art. 6 Abs. 4 GG**, wonach jede Mutter Anspruch auf den Schutz und die Fürsorge der Gemeinschaft hat. Bei der Auslegung ist europäisches Recht ggf. zu beachten, v.a. RL 92/85/EWG.[1]

B. Regelungsgehalt

Das MuSchG gilt für alle Personen weiblichen Geschlechts, die in einem Arbverh stehen bzw. in Heimarbeit Beschäftigte oder Gleichgestellte sind. Der räumliche Geltungsbereich erfasst jeden Arbeitsort auf dem Gebiet der Bundesrepublik Deutschland. Auf die Staatsangehörigkeit oder den Wohnort von AG oder AN kommt es nicht an. Als zwingendes Recht i.S.d. Art. 30 Abs. 1 EGBGB gelten die Schutzvorschriften des Gesetzes unabhängig von der Anwendung ausländischen Rechts i.Ü.

Hinsichtlich des Arbverh als **privatrechtliches Rechtsverhältnis** kommt es nicht darauf an, ob der Arbeitsvertrag gültig ist. Auch ein fehlerhaftes/faktisches Arbverh genügt, wobei dort allerdings das Künd-Verbot gem. § 9 nicht gilt.[2] Auf die Ausgestaltung des Arbverh, Art oder Umfang der Tätigkeit, die sozialversicherungsrechtliche Behandlung etc. kommt es nicht an. Erfasst werden etwa auch Aushilfen, Leih-AN, Auszubildende, Umschüler, Volontäre oder Praktikantinnen. Für Praktika, die in landesrechtlichen Schul- oder Hochschulgesetzen als integrierte Bestandteile einer dortigen Ausbildung vorgesehen sind, gilt kein Mutterschutz. Diese Praktika gehören zum öffentlich-rechtlichen Schul- oder Hochschulverhältnis.[3] Ein öffentlich-rechtliches Rechtsverhältnis und kein Arbverh stellt auch die Beschäftigung einer Hilfsbedürftigen (ALG II-Empfängerin) zur *„Eingliederung in die Arbeit"* gegen Leistung einer Mehraufwandsentschädigung dar, auch dann, wenn die gesetzlichen Zulässigkeitsschranken nach § 16 Abs. 3 S. 2 SGB II a.F. nicht eingehalten werden.[4] Die Teilnahme an einer Qualifizierung in einer Beschäftigungs- und Qualifizierungsgesellschaft ist kein Arbverh § 1 Abs. 1.[5] Bei Leih-Arbverh hat der Entleiher die Beschäftigungsverbote zu beachten. Den Verleiher treffen die Entgeltpflichten und das Künd-Verbot.[6] Weiterbeschäftigungsverhältnisse gem. § 102 Abs. 5 BetrVG oder gem. dem vom BAG anerkannten, allg. Weiterbeschäftigungsanspruch unterliegen den Schutzpflichten des MuSchG, nicht jedoch dem Künd-Verbot des § 9.[7]

Nicht dem MuSchG unterliegen Beamtinnen und Soldatinnen, da sie nicht in einem privatrechtlichen Arbverh, sondern in einem **öffentlich-rechtlichen Dienstverhältnis** stehen. Für Beamtinnen gelten die beamtenrechtlichen Mutterschutz-Vorschriften. Auch für Selbstständige, Organmitglieder, Handelsvertreter, mithelfende Familienangehörige ohne Arbeitsvertrag und arbeitnehmerähnliche Personen ist das MuSchG nicht anwendbar.[8] Entsprechendes gilt

---

1 V. 19.10.1992 ABl EG 1992 L 348/1 ff.
2 BAG 19.12.1966 – 3 AZR 255/66 – NJW 1967, 1102.
3 ZZVV, § 1 Rn 6.
4 BAG 26.9.2007 – 5 AZR 857/06 – NZA 2007, 1422.
5 LAG Berlin-Brandenburg 17.1.2007 – 4 Sa 1258/06 – juris.
6 *Buchner/Becker*, § 1 Rn 47; ZZVV, § 1 Rn 10.
7 ErfK/*Schlachter*, § 1 MuSchG Rn 3; MünchArb/*Heenen*, Bd. 2, § 225 Rn 14 ff.
8 ErfK/*Schlachter*, § 1 MuSchG Rn 3; *Buchner/Becker*, § 1 Rn 87 ff.

für Geschäftsführer. So wird bei Bestellung des GmbH-Geschäftsführers i.V.m. schriftlichem Vertragsschluss das bis dahin bestehende Arbverh i.d.R. einvernehmlich beendet.[9]

5 Ob es sich bei der Arbeit einer Familienangehörigen um Mitarbeit auf familienrechtlicher Grundlage (§ 1353 BGB) oder um ein Arbverh handelt, ist im Einzelfall durch wertende Betrachtungsweise zu ermitteln.[10]

Mit dem Bezug auf § 1 Abs. 1a und b sowie Abs. 2 HAG werden auch die dort genannten Heimarbeiterinnen und weiblichen Hausgewerbetreibenden sowie die Frauen, die durch Entscheidung des Heimarbeitsausschusses den weiblichen in **Heimarbeit** Beschäftigten gleichgestellt sind, in den Geltungsbereich des Gesetzes einbezogen. Eine Beschäftigte, die statt im Betrieb zu Hause arbeiten darf, ist dagegen keine Heimarbeiterin, sondern als sog. Außenarbeiterin AN, die bereits der Nr. 1 unterfällt.[11]

§ 2 Gestaltung des Arbeitsplatzes

(1) Wer eine werdende oder stillende Mutter beschäftigt, hat bei der Einrichtung und der Unterhaltung des Arbeitsplatzes einschließlich der Maschinen, Werkzeuge und Geräte und bei der Regelung der Beschäftigung die erforderlichen Vorkehrungen und Maßnahmen zum Schutze von Leben und Gesundheit der werdenden oder stillenden Mutter zu treffen.

(2) Wer eine werdende oder stillende Mutter mit Arbeiten beschäftigt, bei denen sie ständig stehen oder gehen muss, hat für sie eine Sitzgelegenheit zum kurzen Ausruhen bereitzustellen.

(3) Wer eine werdende oder stillende Mutter mit Arbeiten beschäftigt, bei denen sie ständig sitzen muss, hat ihr Gelegenheit zu kurzen Unterbrechungen ihrer Arbeit zu geben.

(4) Die Bundesregierung wird ermächtigt, durch Rechtsverordnung mit Zustimmung des Bundesrates

1. den Arbeitgeber zu verpflichten, zur Vermeidung von Gesundheitsgefährdungen der werdenden oder stillenden Mütter oder ihrer Kinder Liegeräume für diese Frauen einzurichten und sonstige Maßnahmen zur Durchführung des in Absatz 1 enthaltenen Grundsatzes zu treffen,

2. nähere Einzelheiten zu regeln wegen der Verpflichtung des Arbeitgebers zur Beurteilung einer Gefährdung für die werdenden oder stillenden Mütter, zur Durchführung der notwendigen Schutzmaßnahmen und zur Unterrichtung der betroffenen Arbeitnehmerinnen nach Maßgabe der insoweit umzusetzenden Artikel 4 bis 6 der Richtlinie 92/85/EWG des Rates vom 19. Oktober 1992 über die Durchführung von Maßnahmen zur Verbesserung der Sicherheit und des Gesundheitsschutzes von schwangeren Arbeitnehmerinnen, Wöchnerinnen und stillenden Arbeitnehmerinnen am Arbeitsplatz (ABl. EG Nr. L 348 S. 1).

(5) Unabhängig von den auf Grund des Absatzes 4 erlassenen Vorschriften kann die Aufsichtsbehörde in Einzelfällen anordnen, welche Vorkehrungen und Maßnahmen zur Durchführung des Absatzes 1 zu treffen sind.

A. Allgemeines

1 Die Vorschrift soll werdenden und stillenden Müttern einen konkreten und angemessenen besonderen Schutz am Arbeitsplatz sichern. Dabei enthält Abs. 1 einen allg. Grundsatz, der durch die Abs. 2 und 3 für die Beschäftigung im Stehen und Gehen sowie im Sitzen konkretisiert wird. Eine weitere Konkretisierung erfolgt durch die in Abs. 4 vorgesehene Rechts-VO der Bundesregierung und durch Anordnungen der Aufsichtsbehörde gem. Abs. 5. Die Vorschrift ist zwingend und zulasten der AN weder kollektiv- noch individualvertraglich abdingbar.[1] Durch die Verpflichtungen gem. § 2 soll die bisherige Arbeitsstätte den physiologischen Gegebenheiten Schwangerer gerecht und ein Arbeitsplatzwechsel möglichst vermieden werden.[2]

B. Regelungsgehalt

2 Eine werdende Mutter ist jede Frau, die schwanger ist. Als stillend ist eine Mutter so lange zu betrachten, wie sie dem Kind die Brust reicht, gleichgültig, ob das Kind voll gestillt wird.[3] Sämtliche Regelungen der Vorschrift bezwecken den **Schutz von Mutter und Kind**, auch wenn Abs. 1 lediglich vom Schutz der Mutter spricht.[4] Dies entspricht dem durchgängigen Ziel des gesetzlichen Mutterschutzes, wie etwa die Vorschriften des § 3 Abs. 1 und des § 4 Abs. 3 S. 2 und Abs. 4 belegen. Auch die Auslegung ergibt, dass mit dem Verweis in § 2 Abs. 4 Nr. 1, wonach zur Vermeidung

---

9 BAG 14.6.2006 – 5 AZR 592/05 – NJW 2007, 396; BAG 19.7.2007 – 6 AZR 774/06 – NJW 2007, 3228.
10 LAG Schleswig-Holstein 30.8.2006 – NZA-RR 2007, 9 – juris.
11 ZZVV, § 1 Rn 31.

1 Allg. Meinung, ErfK/*Schlachter*, § 2 MuSchG Rn 1; *Buchner/Becker*, § 2 Rn 8; ZZVV, § 2 Rn 8.
2 ErfK/*Schlachter*, § 2 MuSchG Rn 2.
3 *Willikonsky*, § 2 Rn 1.
4 *Buchner/Becker*, § 2 Rn 9; ZZVV, § 2 Rn 19.

von Gefährdungen der Mütter oder ihrer Kinder sonstige Maßnahmen zur Durchführung des in Abs. 1 enthaltenen Grundsatzes zu treffen sind, der Schutz auch des Kindes bezweckt wird. Bei der Frage, welche Maßnahmen zum Schutz erforderlich sind, müssen die individuellen Verhältnisse der Frau, insb. ihre Konstitution und das Stadium der Schwangerschaft, berücksichtigt werden.[5] Die Erforderlichkeit bemisst sich weiter nach dem aktuellen Stand der Technik, der Arbeitswissenschaft und der Medizin.[6]

Für den Begriff des **Arbeitsplatzes** kann die Abgrenzung anhand der in § 2 ArbStättV getroffenen Regelung vorgenommen werden.[7] Gemeint ist die Stelle, an der die Frau beschäftigt wird, d.h. der Arbeitsplatz, der Raum, in dem die Frau arbeitet, und die Zugänge zu diesem Raum.[8] Die jeweils zu treffenden Maßnahmen und Vorkehrungen zur Unterhaltung und Einrichtung des Arbeitsplatzes ergeben sich aus den konkreten Umständen und betreffen etwa einwandfreie Beleuchtung und Belüftung, trittsichere Fußbodenbeläge, richtige Arbeitshöhe, verstellbare Stühle mit Rückenlehne etc. Mind. sind die Maßnahmen der ArbStättV zu treffen.[9] Vor welchen Einflüssen insb. die schwangere AN besonders zu schützen ist, lässt sich der Vorschrift des § 4 Abs. 1 entnehmen.

Die Regelung der **Beschäftigung** umfasst die gesamte Tätigkeit und Organisation der Arbeit, so etwa deren Art, Dauer, Lage und Tempo. So kommen als Schutzvorkehrungen z.B. in Betracht die Veränderung der Arbeitszeit, längere oder häufigere Pausen, eine geringere Arbeitsmenge oder die Ausgabe von Schutzkleidung.[10]

Ob eine Arbeit mit ständigem **Stehen oder Gehen** vorliegt, bemisst sich dem Gesamtbild nach. Nur teilweises Stehen und Gehen reicht nicht aus.[11] Einschlägige Tätigkeiten kommen z.B. im Einzelhandel häufig vor. Für die dortigen AN muss die Möglichkeit bestehen, nach Bedarf im Sitzen auszuruhen. Das reine Bereitstellen von Stühlen für das Personal genügt nicht.[12] Als Faustregel für kurzes Ausruhen können Pausen bis zu fünf Minuten angesehen werden.[13] Nach Ablauf des fünften Monats der Schwangerschaft ist das Beschäftigungsverbot gem. § 4 Abs. 2 Nr. 2 bei ständigem Stehen und einer Beschäftigung von mehr als vier Stunden zu beachten.

Die Unterbrechungen bei Arbeiten in ständigem **Sitzen** sollen die Gelegenheit zu Ausgleichsbewegungen oder dazu geben, um an die frische Luft zu gehen bzw. Liegegelegenheiten zu benutzen.[14] Die Dauer und die Zeitabstände der Unterbrechungen bemessen sich danach, dass solcher Ausgleich möglich wird. Tätigkeiten mit ständigem Sitzen kommen bspw. bei Arbeiten am Band oder bei Ang an Schreibarbeitsplätzen vor.

Die sonst übliche **Grenze** gegenüber erforderlichen Maßnahmen, dass die Natur des Betriebes die Maßnahme zu gestatten hat, ist in § 2 nicht erwähnt. Vorzunehmen sind erforderliche und realisierbare Vorkehrungen, die auch nicht aus Kostengründen unterbleiben dürfen.[15] Kann das Ziel, der AN den bisherigen Arbeitsplatz zu erhalten, nicht ohne Gefährdung erreicht werden oder wäre die notwendige Arbeitsplatzgestaltung unverhältnismäßig, hat der AG einen gefahrfreien Arbeitsplatz anzubieten. Die AN ist dann verpflichtet, diesen Arbeitsplatz anzunehmen.[16]

Von der **Ermächtigungsgrundlage des Abs. 4 Nr. 1** hat die Bundesregierung bislang noch keinen Gebrauch gemacht. Allerdings ist in § 31 ArbStättV bestimmt, dass es werdenden und stillenden Müttern ermöglicht sein muss, sich auch während der Arbeitszeit in einem geeigneten Raum auf einer Liege auszuruhen. Für den Geltungsbereich der ArbStättV dürfte damit das Bedürfnis für eine auf Abs. 4 Nr. 1 gestützte Verordnung entfallen sein. Für nicht unter die ArbStättV fallende Betriebe und Verwaltungen bleibt es bei den Verpflichtungen aus § 2, wonach der AG bereits gem. Abs. 1 gehalten sein kann, Liegeräume einzurichten.[17]

Auf der **Rechtsgrundlage des § 4 Abs. 2 Nr. 2** hat die Bundesregierung die Mutterschutz-RL-VO erlassen und damit Art. 4 bis 6 der Mutterschutz-RL 92/95/EWG v. 19.10.1992 umgesetzt. Vorgesehen ist ein abgestuftes Vorgehen über die Bewertung möglicher Gefahren der Beschäftigung, die Unterrichtung aller AN und die Pflicht, geeignete Abwehrmaßnahmen zu ergreifen.[18]

Die **Anordnungen der Aufsichtsbehörde** gem. Abs. 5 treffen die Konkretisierung der Verpflichtungen aus § 2 für den einzelnen Betrieb, eine bestimmte Betriebsabteilung oder die einzelne Frau. Für die Durchführung der Anordnung ist dem AG grds. eine angemessene Frist zu gewähren. Der Sofortvollzug ist lediglich gerechtfertigt zur Beseitigung einer dringenden Gefahr für Leben oder Gesundheit.[19]

Handelt der AG einer nach Abs. 5 ergangenen behördlichen Anordnung zuwider, ist dies gem. § 21 als OWi oder Straftat sanktioniert. I.Ü. steht der AN wegen der Arbeitsunterbrechungen und Maßnahmen gegen den AG ein **Anspruch auf Freistellung und Entgeltfortzahlung** zu.[20] Etwas anderes gilt allerdings im Fall treuwidriger übermäßi-

---

5 *Buchner/Becker*, § 2 Rn 11; ZZVV, § 2 Rn 10.
6 ErfK/*Schlachter*, § 2 MuSchG Rn 2.
7 *Buchner/Becker*, § 2 Rn 10; ErfK/*Schlachter*, § 2 MuSchG Rn 2.
8 ZZVV, § 2 Rn 9.
9 ZZVV, § 2 Rn 11.
10 *Buchner/Becker*, § 2 Rn 13.
11 *Buchner/Becker*, § 2 Rn 25; *Willikonsky*, § 2 Rn 5.
12 ZZVV, § 2 Rn 15.
13 *Buchner/Becker*, § 2 Rn 28.
14 *Buchner/Becker*, § 2 Rn 33; ZZVV, § 2 Rn 18.
15 ZZVV, § 2 Rn 20.
16 ZZVV, § 2 Rn 23.
17 *Buchner/Becker*, § 2 Rn 35 ff.
18 Zu den Einzelheiten der Mutterschutz-RL vgl. ZZVV, Ergänzung zu §§ 2 und 4, nach § 2 Rn 38; *Buchner/Becker*, § 2 Rn 14 ff.
19 *Buchner/Becker*, § 2 Rn 18; ZZVV, § 2 MuSchG Rn 27.
20 *Buchner/Becker*, § 2 Rn 40 ff.; ZZVV, § 2 MuSchG Rn 30.

ger Inanspruchnahme der Zusatzzeiten.[21] Längeres Aussetzen ohne besonderes Beschäftigungsverbot kann mit ärztlicher Bescheinigung gem. § 3 Abs. 1 erfolgen, wodurch der Entgeltanspruch nach § 11 Abs. 1 besteht.

12 Die Missachtung der Verpflichtungen aus § 2 durch den AG begründet weiter ein Leistungsverweigerungsrecht der AN und ggf. einen Schadensersatzanspruch.[22]

C. Verbindung zu anderen Rechtsgebieten

13 Eine ähnliche Vorschrift für Jugendliche existiert im § 28 JArbSchG. Ergänzend zu § 2 kommen die Vorschriften des ArbSchG sowie die PSA-Benutzungs-VO, die Lasthandhabungs-VO, die Bildschirmarbeits-VO, die Arbeitsmittel-Benutzungs-VO, die Röntgen- und die Strahlenschutz-VO, die Gefahrstoff-VO, die Arbeitsstätten-VO und die Unfallverhütungsvorschriften der Berufsgenossenschaften in Betracht.[23]

14 Über die Einhaltung des § 2 hat der BR nach § 80 Abs. 1 Nr. 1 BetrVG, der PR nach § 68 Abs. 1 BPersVG und nach den entsprechenden Vorschriften in den Landespersonalvertretungsgesetzen zu wachen. Bei der Bekämpfung von Unfall- und Gesundheitsgefahren hat der BR gem. § 89 BetrVG (§ 81 BPersVG) mitzuwirken. Konkrete Maßnahmen kann der BR gem. § 80 Abs. 1 Nr. 2 und 4 BetrVG beantragen und die Eingliederung werdender und stillender Mütter in den Betrieb fördern. Bei der Planung künftiger Veränderungen im Betrieb ist der BR gem. § 90 BetrVG zu beteiligen. Ein etwaiges Initiativrecht steht ihm dabei gem. § 91 BetrVG zu. Ein echtes Mitbestimmungsrecht steht dem BR für die menschengerechte Gestaltung der Arbeit nach § 87 Abs. 1 Nr. 7 BetrVG (§ 75 Abs. 3 Nr. 16 und § 78 Abs. 5 BPersVG) zu. Um seinen Aufgaben nachzukommen, muss dem BR bekannt sein, welche werdenden und stillenden Mütter im Betrieb beschäftigt sind. Der AG hat ihn darüber auch unaufgefordert zu unterrichten.[24]

Zweiter Abschnitt: Beschäftigungsverbote

§ 3 Beschäftigungsverbote für werdende Mütter

(1) Werdende Mütter dürfen nicht beschäftigt werden, soweit nach ärztlichem Zeugnis Leben oder Gesundheit von Mutter oder Kind bei Fortdauer der Beschäftigung gefährdet ist.

(2) Werdende Mütter dürfen in den letzten sechs Wochen vor der Entbindung nicht beschäftigt werden, es sei denn, dass sie sich zur Arbeitsleistung ausdrücklich bereit erklären; die Erklärung kann jederzeit widerrufen werden.

A. Allgemeines 1	3. Umsetzungsrecht des Arbeitgebers 26
I. Beschäftigungsverbote 1	4. Arbeitsentgelt/Mutterschutzlohn 28
II. Arten der Beschäftigungsverbote 2	5. Gratifikationen/Vermögenswirksame Leistungen 29
B. Regelungsgehalt 4	6. Erholungsurlaub 30
I. Individuelles Beschäftigungsverbot, Abs. 1 ... 4	7. Krankheit 31
1. Voraussetzungen 4	8. Sozialversicherung 32
a) Schwangerschaft 4	9. Schadensersatz 33
b) Gefährdung für Leben und Gesundheit von Mutter und Kind 6	10. Ausbildungsverhältnis 35
c) Ärztliches Zeugnis 8	11. Arbeitslosigkeit 35a
2. Wirkung des Beschäftigungsverbotes 15	12. Aufsichtsbehörde 36
II. Generelles Beschäftigungsverbot, Abs. 2 18	13. Betriebsverfassungsrechtliche Stellung 37
III. Rechtsfolgen 24	14. Verstöße 38
1. Bestand des Arbeitsverhältnisses 24	**C. Beraterhinweise** 39
2. Leistungsverweigerungsrecht 25	

A. Allgemeines

I. Beschäftigungsverbote

1 Beschäftigungsverbote bedeuten besondere Einschnitte in das Arbvh, die allerdings im Bereich des gesetzlichen Mutterschutzes notwendig sind, um die **Abwehr von Gefahren** als eines von drei Zielen des MuSchG neben dem

---

21 BAG 17.7.1970 – 3 AZR 423/69 – AP § 11 MuSchG 1968 Nr. 3.
22 ErfK/*Schlachter*, § 2 MuSchG Rn 5; MünchArb/*Heenen*, § 626 BGB Rn 7.
23 S. dazu ZZVV, § 2 MuSchG Rn 3; zu daneben anzuwendenden Vorschriften auch die Übersicht bei *Buchner/Becker*, § 2 Rn 4.
24 ZZVV, § 2 MuSchG Rn 36.

Entgelt- und Arbeitsplatzschutz zu gewährleisten. Damit hat der Gesetzgeber das Verfassungsgebot nach Art. 6 Abs. 4 GG zum Schutz der Mutter zumindest am Arbeitsplatz verwirklicht.[1] Die Beschäftigungsverbote haben den Zweck, vor der Geburt den aufgrund seiner begrenzten Beweglichkeit und Anpassungsfähigkeit beeinträchtigten Körper der werdenden Mutter vor Risiken zu bewahren und ihr nach der Geburt ausreichend Gelegenheit zur Erholung und zur vom Arbverh ungestörten Rückbildung der durch Schwangerschaft und Geburt verursachten Organveränderungen zu geben.[2] Zusätzlich soll dem ungeborenen Kind aufgrund seiner großen Anfälligkeit gegenüber Umwelteinflüssen ein besonderer Schutz gewährt und dem Frühgeborenen eine ungestörte Kontaktherstellung und -vertiefung zur Mutter ermöglicht werden.[3]

II. Arten der Beschäftigungsverbote

Das MuSchG unterscheidet zwischen **individuellen** und **generellen Beschäftigungsverboten**.[4] Das **individuelle Beschäftigungsverbot**[5] – geregelt in §§ 3 Abs. 1, 6 Abs. 2 – resultiert aus einem spezifischen Gesundheitszustand einer konkreten AN bzw. ihres Kindes sowie der darauf bezogenen, durch einen Arzt angeordneten Untersagung der Arbeitsleistung. Neben den in § 4 aufgeführten Katalogbeispielen können dabei auch andere Gefährdungen zu einem Beschäftigungsverbot führen.

Generelle Beschäftigungsverbote verbieten die Tätigkeit während der Schutzfristen vor und nach der Geburt, §§ 3 Abs. 2, 6 Abs. 1, bei schweren oder gesundheitsgefährdenden Arbeiten, §§ 4 Abs. 1 und 2, 6 Abs. 3 sowie Abs. 4 i.V.m. §§ 4, 5 MuSchArbV, mit Akkord- und Fließarbeit, §§ 4 Abs. 3, 6 Abs. 3, verbunden mit Mehrarbeit oder während der Nachtzeit, an Sonn- und Feiertagen, § 8 Abs. 1, und während der zu gewährenden Stillzeit für stillende Mütter, § 7 Abs. 1.

B. Regelungsgehalt

I. Individuelles Beschäftigungsverbot, Abs. 1

1. Voraussetzungen. a) Schwangerschaft. Das Beschäftigungsverbot nach § 3 Abs. 1 setzt das **Bestehen einer Schwangerschaft** voraus. Diese beginnt nicht schon mit der Befruchtung der Eizelle, sondern erst mit deren Einnistung in der Gebärmutter.[6] Bei der **künstlichen Befruchtung** ist die erfolgreiche Implantation maßgebend.[7] Auch eine Bauchhöhlenschwangerschaft wird vom Schutzbereich des Gesetzes mit umfasst,[8] nicht hingegen die Scheinschwangerschaft.[9] Der Zustand Schwangerschaft, der regelmäßig zunächst als das Ergebnis einer ärztlichen Untersuchung festgestellt wird, muss allerdings nicht unzweifelhaft feststehen, sondern kann bereits dann angenommen werden, wenn ein so hoher Grad von Wahrscheinlichkeit für das Bestehen der Schwangerschaft spricht, dass nach dem Stand der medizinischen Wissenschaft und nach den Erfahrungen des Lebens vernünftige Zweifel nicht bestehen.[10] Insoweit reicht für die Anzeige beim AG auch ein vorläufiges Attest.[11] Die Schwangerschaft endet mit **Entbindung**, **Fehlgeburt** oder **Schwangerschaftsabbruch**.

Von dem **persönlichen Geltungsbereich** des Beschäftigungsverbots nach § 3 Abs. 1 werden alle AN sowie in Heimarbeit Beschäftigte, unabhängig von Alter, Familienstand oder moralischer Bewertung, umfasst. Es gilt für jedes Stadium der Schwangerschaft.[12] Auch Leihmütter werden von seinem Schutz umfasst, nicht hingegen Pflege- oder Adoptivmütter.[13] Praktisch relevant wird es allerdings erst mit der Vorlage des ärztlichen Zeugnisses.[14]

b) Gefährdung für Leben und Gesundheit von Mutter und Kind. Die Gefährdung von Leben oder Gesundheit von Mutter und Kind muss **durch ein ärztliches Zeugnis** bestätigt werden. Gefährdung in diesem Kontext bedeutet, dass nach den konkreten Umständen ein Schaden bei Fortdauer der Beschäftigung wahrscheinlich ist.[15] Er muss weder sicher prognostiziert werden können noch feststehen.[16] Abgrenzungsprobleme können zwischen Gefährdungen, die ihre Ursache in Schwangerschaftsbeschwerden haben und solchen, die hiervon unabhängig auftreten, bestehen.

---

1 BVerfG 23.4.1974 – 1 BvL 19/73 – AP § 14 MuSchG 1968 Nr. 1; BAG 9.8.1963 – 1 AZR 497/62 – AP § 10 MuSchG Nr. 3; MünchArb/*Heenen*, Bd. 2, § 225 Rn 1.
2 Vgl. BAG 16.6.2005 – 6 AZR 108/01 – NZA 2006, 283; ZZVV, vor § 3 MuSchG Rn 1.
3 BAG 16.6.2005 – 6 AZR 108/01 – NZA 2006, 283.
4 Vgl. BAG 14.10.1954 – 2 AZR 30/53 – AP § 13 MuSchG Nr. 1.
5 Vgl. BAG 11.11.1998 – 5 AZR 49/98 – NZA 1999, 763, 765.
6 Vgl. LAG Niedersachsen 12.5.1997 – 5 Sa 152/96 – NZA-RR 1997, 460, 461; *Buchner/Becker*, § 3 MuSchG Rn 4; a.A. ZZVV, § 3 MuSchG Rn 2.
7 LAG Niedersachsen 12.5.1997 – 5 Sa 152/96 – NZA-RR 1997, 460; ErfK/*Schlachter*, § 3 MuSchG Rn 7.
8 ZZVV, § 3 MuSchG Rn 2; ErfK/*Schlachter*, § 3 MuSchG Rn 7.
9 ZZVV, § 3 MuSchG Rn 2.
10 MünchArb/*Heenen*, Bd. 2, § 226 Rn 15.
11 *Meisel/Sowka*, § 3 Rn 6.
12 *Buchner/Becker*, § 3 MuSchG Rn 4.
13 *Meisel/Sowka*, § 3 Rn 4a.
14 ZZVV, vor § 3 MuSchG Rn 1.
15 BAG 11.11.1998 – 5 AZR 49/98 – AP § 3 MuSchG Nr. 12; 9.10.2002 – 5 AZR 443/01 – NZA 2004, 257, 259; ErfK/*Schlachter*, § 3 MuSchG Rn 8.
16 ErfK/*Schlachter*, § 3 MuSchG Rn 8 ff.

Nach herrschender Auffassung unterliegen letztgenannte Gefährdungen dem Grunde nach nicht dem Schutz des MuSchG, sondern dem **EFZG**.[17] Ist allerdings nicht eindeutig nach der Ursache zu differenzieren, bleibt also unklar, ob die Gefährdung allein auf die Schwangerschaft zurückzuführen ist oder ob sie auch ohne sie bestünde, sind die Voraussetzungen eines Beschäftigungsverbots nach § 3 gegeben; damit liegt keine **Arbeitsunfähigkeit** vor.[18] Nicht maßgeblich ist hingegen, ob die Gefährdung auf der konkreten beruflichen Tätigkeit oder der Konstitution der Schwangeren beruht, ob ihr eine Krankheit zugrunde liegt oder nicht.[19] So reichen bspw. psychische Belastungen aus,[20] auch wenn sich deren tatsächliche Gründe nicht belegen lassen.[21]

7 Beruht das ärztliche Verbot ausschließlich auf der Beschaffenheit des An- und Abfahrtsweg zum Arbeitsort, z.B. wegen der Gefährdung, die von dem bisher gewählten Verkehrsmittel ausgeht, greift der Mutterschutz nicht ein,[22] da hier der Grund für die Gefährdung nicht von der Beschäftigung ausgeht.[23]

7a Behauptet der AG gegenüber der schwangeren AN, er habe die Bedingungen am Arbeitsplatz, die zuvor mitursächlich für die Erteilung des Beschäftigungsverbotes nach § 3 Abs. 1 waren, geändert, muss nicht die AN sondern der AG – so er denn das Beschäftigungsverbot nicht mehr gegen sich gelten lassen will – selbst geeignete Maßnahmen treffen, die zur erneuten Überprüfung führen. Evtl. anfallende Kosten trägt der AG.[24]

8 c) **Ärztliches Zeugnis.** Das Beschäftigungsverbot erlangt erst dann rechtliche Wirksamkeit, wenn es **von einem approbierten Arzt**, dies kann auch der Betriebsarzt sein, ausgesprochen oder attestiert und dem AG von der schwangeren AN übermittelt bzw. ausgehändigt wird. Das ärztliche Zeugnis ist damit für das Beschäftigungsverbot konstitutiv.[25] Eine **Form** ist nicht vorgeschrieben, d.h. der Arzt kann das Verbot mündlich[26] wie auch schriftlich, was regelmäßig geschieht, wirksam aussprechen.

9 Der Arzt muss das Beschäftigungsverbot genau bezeichnen und Gründe angeben. Grenzen seiner Auskunftspflicht bestehen im Persönlichkeitsrecht der Schwangeren, so dass Angaben über den Gesundheitszustand, Verlauf der Schwangerschaft sowie medizinische Begründungen nicht in die Bescheinigung aufzunehmen sind,[27] und auf Nachfrage des AG nur nach Entbindung des Arztes von seiner ärztlichen Schweigepflicht zulässig sind. Eine derartige Entbindungserklärung ist in der Vorlage des Zeugnisses selbst – auch nicht konkludent – nicht zu sehen.[28]

10 **Verständnisfragen des AG** sind unter Beachtung dieser Grenzen durch den Arzt zu beantworten.[29] Ist das Zeugnis auslegungsbedürftig, kann der AG die Vorlage eines eindeutigen, zweiten Zeugnisses verlangen. Die **Kosten** des ersten Zeugnisses trägt die AN selbst, ggf. im Rahmen des § 196 RVO die gesetzliche Krankenversicherung,[30] die danach auch die Kosten des korrigierten zweiten Zeugnisses übernehmen muss, soweit das erste abgeändert wird. Grds. hat allerdings der AG die Kosten des auf sein Verlangen hin erstellten Zeugnisses, das auch seinem Interesse dient, zu übernehmen, wenn es zu einer erneuten Bestätigung des Beschäftigungsverbotes führt.[31] Entsprechendes gilt, wenn Widersprüche zwischen zwei Zeugnissen durch ein drittes, obergutachterliches geklärt werden.[32] Lässt der Arzt die Nachfragen des AG unbeantwortet, ist dieser gleichwohl an das Beschäftigungsverbot gebunden.[33] Er kann aber von der AN ein präziseres Zeugnis bzw. eine Nachuntersuchung durch einen anderen Arzt verlangen oder eine Klärung durch das ArbG herbeiführen.

11 Der Arzt hat neben den medizinischen Beurteilungen auch Feststellungen hinsichtlich des **sachlichen und zeitlichen Umfangs des Beschäftigungsverbots** zu treffen. Insoweit muss nach verschiedenen Tätigkeiten, die von der Schwangeren in Voll- oder Teilzeit noch ausgeübt werden können, differenziert werden. Das ärztliche Zeugnis muss daher auf umfassende Angaben zum konkreten Arbeitsplatz und den übrigen Arbeitsbedingungen und Beschäftigungsmöglichkeiten gestützt werden. Angaben hierüber muss sich der ausstellende Arzt nicht nur von der AN, sondern bei Zweifeln an der Richtigkeit ihrer Aussagen auch über den AG oder die Aufsichtsbehörde verschaffen.

---

17 BAG 22.3.1995 – 5 AZR 874/93 – AP § 11 MuSchG 1968 Nr. 12; BSG17.4.1991– 1/3 RK 21/88 – BB 1991, 1642; MünchArb/*Heenen*, Bd. 2, § 226 Rn 16; a.A. *ZZVV*, § 3 MuSchG Rn 3; *Buchner/Becker*, § 3 MuSchG Rn 10.

18 MünchArb/*Boecken*, Bd. 2, § 83 Rn 87, 91.

19 Vgl. BAG 22.3.1995 – 5 AZR 874/93 – NJW 1995, 2434; ZZVV, § 3 MuSchG Rn 5; *Buchner/Becker*, § 3 MuSchG Rn 11, 12.

20 BAG 9.10.2002– 5 AZR 443/01 – NZA 2004, 257, 259; LAG Schleswig-Holstein 7.12.1999 – 1 Sa 464/99 – NZA-RR 2000, 118 ff.; H/S/*Boecken*, § 7 Rn 503.

21 BAG 21.3.2001 – 5 AZR 352/99 – AP Art. 6 Abs. 4 GG Nr. 10.

22 BAG 7.8.1970 – 3 AZR 484/69 – AP § 11 MuSchG 1968 Nr. 4; *Buchner/Becker*, § 3 MuSchG Rn 13; MünchArb/*Heenen*, Bd. 2, § 226 Rn 17.

23 A.A. ZZVG, § 3 Rn 6.

24 LAG Hamm 1.8.2006 – 9 Sa 1434/05 – juris, teilweise Zurückverweisung durch BAG 7.11.2007 – 5 AZR 883/06 – DB 2008, 303.

25 H/S/*Boecken*, § 7 Rn 502.

26 BAG 11.11.1998 – 5 AZR 49/98 – NZA 1999, 763, 765.

27 BAG 12.3.1997 – 5 AZR 766/95 – AP § 3 MuSchG 1968 Nr. 10; *Meisel/Sowka*, § 3 Rn 13.

28 BAG 12.3.1997 – 5 AZR 766/95 – AP § 3 MuSchG 1968 Nr. 10; a.A. LAG Bremen 25.1.1991 – 4 Sa 198/90 u. 4 Sa 290/90 – BB 1991, 837.

29 ZZVV, § 3 MuSchG Rn 24, *Buchner/Becker*, § 3 MuSchG Rn 20.

30 ZZVV, § 3 MuSchG Rn 8, *Buchner/Becker*, § 3 MuSchG Rn 23.

31 BAG 5.3.1957– 1 AZR 72/55 – AP § 10 MuSchG Nr. 1.

32 *Buchner/Becker*, § 3 MuSchG Rn 26.

33 LAG Bremen 25.1.1991 – 4 Sa 198/90 u. 4 Sa 290/90 – BB 1991, 837.

Dem **schriftlich erteilten Zeugnis** kommt ein sehr hoher **Beweiswert** zu,[34] noch höher als der einer Arbeitsunfähigkeitsbescheinigung.[35] Mit der Vorlage des Zeugnisses hat die Schwangere ihrer **Darlegungs- und Beweispflicht** zunächst genügt. Der AG kann den Beweiswert des Zeugnisses durch Darlegung und Beweis solcher Umstände erschüttern, die zu ernsten Zweifeln Anlass geben, dass die Voraussetzungen für das Beschäftigungsverbot vorliegen.[36] Dies ist bspw. dann der Fall, wenn die schwangere AN dem Arzt die Umstände der Beschäftigung unzutreffend beschrieben hat oder dieser nicht deutlich gemacht hat, von welchen Arbeitsbedingungen er ausgegangen ist.[37] Nur in Kenntnis dieser Angaben ist der AG in der Lage, seiner schwangeren AN andere Aufgabengebiete zuzuweisen, die dem Beschäftigungsverbot nicht entgegenstehen.[38] Um den Beweiswert des Zeugnisses erschüttern zu können, kann der AG von dem Arzt Auskünfte jenseits der ärztlichen Schweigepflichtsgebot unterliegenden Informationen verlangen, z.B. hinsichtlich der Arbeitsbedingungen, von denen der Arzt ausgegangen ist und welche Einschränkungen für die AN bestehen, d.h. ob er seiner medizinischen Beurteilung zugrunde gelegt hat, inwieweit die AN noch Arbeiten im Sitzen und/oder im Stehen bzw. körperlich belastende Arbeiten verrichten kann, etc.[39] I.Ü. kann der AG von der AN bei objektiv begründeten Zweifeln eine weitere **Untersuchung**, allerdings nicht durch einen bestimmten Arzt, z.B. den Betriebsarzt, verlangen.[40] Den Vorschlag, die Nachuntersuchung durch einen Facharzt oder einen Amtsarzt durchführen zu lassen, kann die AN nur aus nachvollziehbaren Gründen ablehnen.[41]

Rechtsgrundlage für die geforderte **Nachuntersuchung** ist die arbeitsvertragliche Treuepflicht der AN. Unterbleibt gleichwohl trotz des Aufklärungsverlangens des AG eine Erläuterung durch den Arzt oder eine Nachuntersuchung, ist der Beweiswert des Zeugnisses erschüttert.[42] Der AG ist in diesem Fall berechtigt, dem Anspruch auf Mutterschutzlohn gem. § 11 den Einwand des Rechtsmissbrauchs entgegenzuhalten.[43]

Wenn dem AG die Erschütterung des Beweiswertes gelingt, muss die Schwangere weitere Umstände vortragen, die zur Annahme eines Beschäftigungsverbots führen können, etwa durch Offenlegung ärztlicher Diagnosen oder durch weitere Darlegungen ihres Arztes, nachdem sie diesen von seiner Schweigepflicht entbunden hat.[44]

2. Wirkung des Beschäftigungsverbotes. Das individuelle Beschäftigungsverbot des § 3 Abs. 1 ist für das Beschäftigungsverbot konstitutiv.[45] Soweit das ärztliche Zeugnis die Beschäftigung der Schwangeren in vollem Umfang untersagt, darf sie auch nicht mit Zustimmung der AN erfolgen. Mit Vorliegen der Voraussetzungen des Beschäftigungsverbots ist die Pflicht der AN zur Erbringung der Arbeitsleistung suspendiert.[46] Verlangt der AG dennoch ihren Arbeitseinsatz, steht ihr ein **Leistungsverweigerungsrecht aus § 273 BGB zu**.[47] In der Praxis wird das Beschäftigungsverbot in den Fällen des Fortsetzungswillens der AN allerdings ohne Konsequenzen bleiben, wenn sie das Zeugnis nicht einmal dem AG vorlegt.

Ist die Beschäftigung nur teilweise untersagt, bezogen auf bestimmte Tätigkeiten oder eine bestimmte Dauer, genügt der AG dem Beschäftigungsverbot, wenn er die AN mit anderen arbeitsvertraglich zulässigen und bezogen auf ihre Konstitution **zumutbaren Tätigkeiten in Voll- oder Teilzeit** beschäftigt. Suspendiert er die AN bei einem teilweise bestehenden Beschäftigungsverbot, kann diese die vom Beschäftigungsverbot unberührte Beschäftigung im arbeitsvertraglichem Umfang verlangen.

Möchte der AG trotz eines umfassenden Beschäftigungsverbots seine AN in zeitlich reduziertem Umfang einsetzen, sei es auf dem bisherigen oder einem anderen Arbeitsplatz, ist hierfür die Ausstellung eines neuen Zeugnisses erforderlich. Die Kosten hierfür hat, wenn die Unzulässigkeit der neuen Beschäftigung festgestellt wird, der AG zu tragen.[48]

II. Generelles Beschäftigungsverbot, Abs. 2

In den letzten sechs Wochen vor der Geburt besteht ein generelles Beschäftigungsverbot, das für die werdende Mutter allerdings **nicht zwingend** ist, da sie sich zur Erbringung der Arbeitsleistung ausdrücklich bereit erklären kann. Diese **Erklärung** ist für sie allerdings **jederzeit widerrufbar**. **Für den AG** ist das generelle Beschäftigungsverbot allerdings **verbindlich**, soweit er von der Schwangerschaft weiß. Dabei ist unerheblich, auf welche Weise er diese Kenntnis erlangt hat.[49] Zwar trifft grds. die werdende Mutter gem. § 5 Abs. 1 die Pflicht, ihren AG von dem Entbindungs-

---

34 BAG 9.10.2002 – 5 AZR 443/01 – NZA 2004, 257, 260; BAG 13.10.2002 – 5 AZR 753/00 – juris; BAG 11.11.1998 – 5 AZR 49/98 – NZA 1999, 763, 765.
35 BAG 1.10.1997 – 5 AZR 685/96 – DB 1998, 80, 81; BAG 5.7.1995 – 5 AZR 135/94 – DB 1995, 2480, 2481.
36 BAG 9.10.2002 – 5 AZR 443/01 – NZA 2004, 257, 260.
37 BAG 9.10.2002 – 5 AZR 443/01 – NZA 2004, 257, 260.
38 BAG 21.4.1999 – 5 AZR 174/98 – AP § 4 MuSchG 1968 Nr. 5.
39 BAG 7.11.2007 – 5 AZR 883/06, DB 2008, 303; LAG Hamm 10.10.2006 – 9 Sa 1557/05.
40 BAG 9.10.2002 – 5 AZR 443/01 – NZA 2004, 257, 260; LAG Hamm 5.9.2006 – 9 Sa 2073/05 – juris.
41 LAG Bremen 25.1.1991 – 4 Sa 198/90 u. 4 Sa 290/90 – BB 1991, 837; ZZVV, § 3 MuSchG Rn 16.
42 BAG 9.10.2002 – 5 AZR 443/01 – NZA 2004, 257, 260.
43 LAG Bremen 25.1.1991 – 4 Sa 198/90 u. 4 Sa 290/90 – BB 1991, 837.
44 BAG 9.10.2002 – 5 AZR 443/01 – NZA 2004, 257, 260; H/S/*Boecken*, § 7 Rn 502.
45 LAG Hamm 5.9.2006 – 9 Sa 2073/05 – juris.
46 BAG 11.11.1998 – 5 AZR 49/98 – NZA 1999, 763, 765.
47 BAG 21.3.2001 – 5 AZR 352/99 – NZA 2001, 1017, 1018.
48 *Buchner/Becker*, § 3 MuSchG Rn 35.
49 LAG Düsseldorf 22.9.1964, BB 1965, 223.

termin zu unterrichten, so dass dieser in die Lage versetzt wird, den Beginn der Schutzfrist gem. §§ 187, 188 BGB zu berechnen. Erfährt er von der Schwangerschaft jedoch auf andere Weise, ist er verpflichtet, die AN nach dem Entbindungstermin zu fragen und ggf. auf seine Kosten ein Zeugnis eines Arztes oder einer Hebamme, das den Entbindungstermin ausweist, gem. § 5 Abs. 2, 3 zu verlangen. Ohne die Vorlage des Zeugnisses besteht für den AG keine Pflicht, die AN von der Erbringung ihrer Arbeitsleistung zu entbinden.[50] Bei begründeten Zweifeln an der Richtigkeit des Zeugnisses, kann der AG auch eine Nachuntersuchung verlangen (vgl. Rn 12).

19 Das **Beschäftigungsverbot gilt bedingungslos**. Anders als beim individuellen Verbot nach Abs. 1 kommt es dabei nicht auf den konkreten Zustand der AN an. Die werdende Mutter darf weder mit leichten, d.h. schwangerschaftsgerechten Tätigkeiten, wie z.B. Bereitschafts- oder Rufbereitschaftsdiensten, herangezogen werden, noch darf sie derartige Tätigkeiten ausüben, die vom AG nicht verhindert bzw. nur geduldet werden.[51] Das Verbot gilt aber nur **gegenüber einem AG**, d.h. im Geltungsbereich des Arbverh. Außerhalb dieses Rechtsverhältnisses sind Beschäftigungen der Schwangeren, z.B. in ihrer Freizeit, im Rahmen einer selbstständigen Nebentätigkeit oder anlässlich ihrer Teilnahme am Unterricht einer Berufsschule oder Prüfung zulässig.[52] Insb. ist auch eine **BR-Tätigkeit** möglich.[53]

20 **Für die schwangere AN** besteht im Gegensatz zum AG eine **Dispositionsbefugnis**. Sie kann sich ausdrücklich zur Arbeitsleistung bereit erklären. Die Erklärung ist formfrei, muss allerdings wegen des Schutzzwecks der Norm unmissverständlich zum Ausdruck gebracht werden; gerade wegen des Schutzes des ungeborenen Kindes reicht eine konkludente Erklärung, selbst im Zusammenhang mit einer ausführlichen Belehrung durch den AG über die Konsequenzen des Verbots im Zusammenhang mit Beschäftigung und Vergütung, alleine nicht aus.[54] Aufgrund dessen genügt es zur Annahme der Einverständniserklärung auch nicht, wenn die AN nach Beginn der Schutzfrist einfach weiterarbeitet. Hat die AN andererseits ihre Bereitschaft zur Weiterarbeit erklärt, ist der AG gleichwohl nicht zur Weiterbeschäftigung verpflichtet; etwas anderes gilt dann, wenn er die werdende Mutter zuvor zur Weiterarbeit aufgefordert hat.[55]

21 Ist die werdende Mutter noch **minderjährig**, muss der gesetzliche Vertreter die Einverständniserklärung abgeben, auch wenn er die Minderjährige zum Abschluss des Arbeitsvertrags bevollmächtigt hat.[56]

22 Der **Widerruf der Einverständniserklärung** ist der schwangeren AN jederzeit, ohne Einhaltung einer Frist oder Form, möglich. Diese Erklärung kann auch, da die Ausdrücklichkeit nicht gefordert ist, konkludent erfolgen. Die AN hat allerdings aufgrund des arbeitsvertraglichen Rücksichtnahmegebots bei ihrer Entscheidung, nicht mehr arbeiten zu wollen, auch die Interessen des AG zu wahren und dabei in aller Regel eine angemessene Ankündigungsfrist einzuhalten. Hält sie sich nicht daran, kann sie ggf. dem AG gegenüber für Schäden, die auf ihrer kurzfristigen Entscheidung beruhen, haften.

23 Die **Zeit des Beschäftigungsverbots** nach §§ 3 Abs. 2, 6 Abs. 1 gilt nicht als Zeit einer tatsächlichen Arbeitsleistung.[57] Dies kann bspw. Auswirkungen im Bereich tarifvertraglicher Sonderzahlungen haben, soweit sie in Abhängigkeit von einer Mindestarbeitszeit gewährt werden, die aufgrund des Beschäftigungsverbots nicht erreicht werden kann. Diese Art von Regelungen führt allerdings nicht zu einer Benachteiligung der werdenden Mutter. Anders ist es dann, wenn eine tarifvertragliche Urlaubsgeldregelung Druck auf die werdende Mutter ausübt, die Schutzfrist des § 3 Abs. 2 nicht in Anspruch zu nehmen; eine solche Regelung verstößt gegen Art. 6 Abs. 4 GG und ist mithin unwirksam.[58] Im Bereich des Erholungsurlaubs ist der Arbeitsausfall gem. § 17 geregelt. Danach werden mutterschutzbedingte Ausfallzeiten als Beschäftigungszeiten gewertet. Soweit keine Beziehung zwischen der Leistung und dem Ausfall der werdenden Mutter aufgrund des Beschäftigungsverbots besteht, hat sie auch Anspruch auf Entgelt, z.B. eine Sonderzahlung wie das 13. Monatsgehalt.[59]

III. Rechtsfolgen

24 **1. Bestand des Arbeitsverhältnisses.** Die mutterschutzrechtlichen Beschäftigungsverbote führen zu einer **Suspendierung der Arbeitspflichten** der AN vor und nach der Geburt. Der Arbeitsvertrag als solcher wird hiervon nicht tangiert. Dies gilt auch dann, wenn die AN bereits bei Abschluss des Arbeitsvertrags schwanger war,[60] unabhängig davon, ob sie selbst davon wusste oder sie sich hierzu gegenüber dem AG nicht erklärte (vgl. § 5 Rn 13 ff.), ob es sich um ein befristetes oder ein unbefristetes Arbverh handelt.[61] Die grds. ebenfalls suspendierte Lohnzahlungspflicht des

---

50 ZZVV, § 3 MuSchG Rn 32.
51 Vgl. BayObLG 17.9.1981 – 3 Ob OWi 132/81 – GewArch 1981, 386.
52 ZZVV, § 3 MuSchG Rn 37.
53 ArbG Gießen 26.2.1986 – 3 Ca 687/85 – NZA 1986, 614.
54 ZZVV, § 3 MuSchG Rn 39.
55 H/S/*Boecken*, § 7 Rn 508.
56 MünchArb/*Heenen*, Bd. 2, § 226 Rn 21; ZZVV, § 3 MuSchG Rn 41.
57 BAG 12.7.1995 – 10 AZR 511/94 – NZA 1995, 1165, 1166.
58 BAG 20.8.2002 – 9 AZR 353/01 – NZA 2003, 333, 334.
59 BAG 25.11.1998 – 10 AZR 595/97 – NZA 1999, 766, 767; H/S/*Boecken*, § 7 Rn 509.
60 EuGH 5.5.1994 – Rs C 421/92 – AP EWG-Richtlinie Nr. 76/207 Nr. 3.
61 EuGH 30.4.1998 – Rs C 136/95 – EuGHE I 1998, 2011; EuGH 4.10.2001 – Rs C 109/00 – NZA 2001, 1241; *Buchner/Becker*, vor §§ 3–8 MuSchG Rn 24.

AG wird zur Vermeidung des Einkommensverlustes der AN durch die entgeltschutzrechtlichen Regelungen der §§ 11 ff. abgelöst.

2. Leistungsverweigerungsrecht. Die AN hat gegen den AG einen Anspruch auf Einhaltung und Beachtung der für die AN geltenden Schutzvorschriften aus dem Arbeitsvertrag. Diese Verpflichtung des AG gilt auch hinsichtlich der Beschäftigungsverbote. Verletzt er seine Pflichten aus § 3, steht der **AN ein Leistungsverweigerungsrecht** zu. Macht sie von diesem Recht Gebrauch, muss sie keine Beschäftigungen mehr ausführen, die Gegenstand des Beschäftigungsverbotes sind, ohne dass sie sich selbst arbeitsvertragswidrig verhält oder gar in Leistungsverzug gerät. Auf der anderen Seite kann sie den AG gem. § 615 BGB in Annahmeverzug setzen, soweit er ihr nicht eine andere zulässige und zumutbare Arbeit anbietet.[62]

3. Umsetzungsrecht des Arbeitgebers. Soweit die AN aufgrund eines Beschäftigungsverbotes nach dem MuSchG nicht mehr ihre bisherige Tätigkeit voll oder teilweise ausüben kann, ist der AG berechtigt, sie mit anderen, nicht verbotenen und zumutbaren Tätigkeiten während einer kürzeren oder anders gelagerten und damit zulässigen Arbeitszeit zu beschäftigen, auch um die ihn möglicherweise finanziell schwer belastende Vergütungspflicht gem. § 11 abzuwenden. Dabei sind nicht die Kriterien einer arbeitsvertraglichen Veränderung der Arbverh im Sinne einer Änderungs-Künd heranzuziehen, die im Bereich des Mutterschutzes unzulässig wäre. Vielmehr handelt es sich um ein **mutterschutzrechtliches Umsetzungsrecht** des AG.[63] Dabei bestimmen sich Umfang und Grenzen nicht ausschließlich nach dem Arbeitsvertrag, sondern orientieren sich an der **Angemessenheit und Zumutbarkeit der Tätigkeit** für beide Arbeitsvertragspartner unter Berücksichtigung der Umstände des Einzelfalls und des Grundsatzes von Treu und Glauben.[64] Der AG ist zur Umsetzung berechtigt, um die nach § 11 besonderen Belastungen abzuwenden. Zugleich kann er aus der arbeitsvertraglichen Fürsorgepflicht zur Umsetzung verpflichtet sein.

Soweit die AN unberechtigterweise eine vom AG angebotene zumutbare Arbeit ablehnt, gerät sie ihrerseits mit der Erbringung der Arbeitsleistung in Verzug, verliert damit den Anspruch auf die arbeitsvertragliche Vergütung; zusätzlich erwirbt sie keinen Anspruch gem. § 11. Die Beteiligungsrechte des BR bleiben unabhängig vom Rechtsgrund der Umsetzung gem. §§ 95 Abs. 3, 99, 100 BetrVG unberührt.

4. Arbeitsentgelt/Mutterschutzlohn. Das Eingreifen eines mutterschutzrechtlichen Beschäftigungsverbots führt dazu, dass die AN von ihrer Verpflichtung zur Arbeitsleistung freigestellt wird. Ohne besondere Regelungen würde die Schwangere bzw. Mutter während der Zeit des Beschäftigungsverbots kein Einkommen haben. Zur Vermeidung eines Verdienstausfalls bzw. der Gewährleistung, dass trotz des Beschäftigungsverbots aus wirtschaftlichen Zwängen die Arbeit fortgesetzt werden müsste,[65] besteht während der Schutzfristen vor und nach der Entbindung ein **Anspruch auf Mutterschaftsgeld** gem. §§ 13, 200 RVO, § 29 KVLG. Den Differenzbetrag zum bisherigen durchschnittlichen Nettoarbeitsentgelt hat der AG und bei aufgelösten Arbverh der Bund nach § 14 zu zahlen. Bei Freistellung der AN wegen eines Beschäftigungsverbots hat der AG ihr zusätzlich gem. § 11 den Mutterschutzlohn zu zahlen, d.h. den Durchschnittsverdienst der letzten 13 Wochen einschließlich nicht nur vorübergehender Erhöhungen (vgl. §§ 11 ff.).

5. Gratifikationen/Vermögenswirksame Leistungen. Aufgrund des dem Mutterschutzlohn nach § 11 als Bemessungsgrundlage zugrunde gelegten Durchschnittsverdienst der letzten 13 Wochen, sind dem Entgeltanspruch der schwangeren AN während des Beschäftigungsverbots auch Jahressonderleistungen, Gratifikationen, etc. als arbeitsleistungsbezogene Sonderzahlungen hinzuzufügen.[66] Entsprechendes gilt auch für die aufgrund des Arbeitsvertrags, TV oder BV bestehende Verpflichtung des AG, vermögenswirksame Leistungen zu erbringen. Zulässig ist es jedoch auch, einen Anspruch auf Abführung vermögenswirksamer Leistungen während der Schutzfristen auszuschließen, soweit die vermögenswirksamen Leistungen bereits bei der Berechnung des AG-Zuschusses zum Mutterschaftsgeld nach § 14 Abs. 1 mitberücksichtigt sind.[67]

6. Erholungsurlaub. Da der Anspruch auf Erholungsurlaub an den Bestand eines Arbverh anknüpft, welcher von einem Beschäftigungsverbot unberührt bleibt, haben Ausfallzeiten nach dem MuSchG keine Auswirkungen auf das Bestehen eines Urlaubsanspruchs. Entsprechende Kürzungen bzw. Anrechnung auf mutterschutzrechtlich gebotene Freistellungen sind damit unzulässig, insb. da die Freistellung nach dem MuSchG einen anderen Zweck verfolgt als der Erholungsurlaub. Da die AN während der Zeit des ärztlichen Beschäftigungsverbots nicht arbeitsunfähig ist, kann der AG in dieser Zeit bei Vorliegen der übrigen Voraussetzungen auch Urlaub anordnen und gewähren.[68] So-

---

[62] BAG 26.4.1956 – GS 1/56 – AP § 9 MuSchG Nr. 5.
[63] BAG 21.4.1999 – 5 AZR 174/98 – AP § 4 MuSchG 1968 Nr. 5; BAG 22.4.1998 – 5 AZR 478/97 – AP § 4 MuSchG 1968 Nr. 4; BAG 14.4.1972 – 3 AZR 395/71 – AP § 11 MuSchG 1968 Nr. 6.
[64] BAG 31.3.1969 – 3 AZR 300/68 – AP § 11 MuSchG 1968 Nr. 2; ErfK/*Schlachter*, § 8 MuSchG Rn 5.
[65] BAG 5.7.1995 – 5 AZR 135/04 – NZA 1996, 137, 138.
[66] BAG 25.11.1998 – 10 AZR 595/97 – AP § 611 BGB Gratifikation Nr. 212; EuGH 21.10.1999 – Rs C 333/97 – AP Art. 119 EG-Vertrag Nr. 14.
[67] BAG 15.8.1984 – 5 AZR 47/83 – NZA 1985, 223.
[68] ArbG Marburg 11.1.2008 – 2 GA 1/08.

weit der Urlaub nicht vor den Schutzfristen – dem generellen Beschäftigungsverbot – in Anspruch genommen wurde, besteht der Anspruch nach der Beendigung der Schutzfristen fort, sodass die AN den Resturlaub im laufenden oder im nächsten Urlaubsjahr nehmen kann.

31 **7. Krankheit.** Aufgrund der Differenzierung zwischen Schwangerschaft und Krankheit (vgl. Rn 6) ist die Vergütung während Fehlzeiten infolge Schwangerschaft und Entbindung nicht nach dem EFZG und der daraus resultierenden beschränkten Entgeltfortzahlung zu beurteilen, sondern nach den Vergütungsansprüchen gem. §§ 11 ff. Das bedeutet, dass während der Schutzfristen von sechs Wochen vor und acht Wochen nach der Entbindung der spezialgesetzliche Anspruch nach dem MuSchG dem Anspruch nach dem EFZG im Krankheitsfall und auf Krankengeld vorgeht. Soweit der erforderliche Kausalzusammenhang zwischen Schwangerschaft und Krankheit fehlt, ergibt sich der Entgeltanspruch nach dem EFZG.

32 **8. Sozialversicherung.** Während der Beschäftigungsverbote hat der AG aus dem Arbeitsentgelt nach § 11 die Sozialversicherungsbeiträge weiter abzuführen. Die AN bleibt in der gesetzlichen Krankenversicherung versichert gem. § 192 Abs. 1 Nr. 2 SGB V. Sie bleibt während dieser Zeiten von der Beitragsentrichtung befreit gem. § 224 SGB V, soweit sie Mutterschaftsgeld beanspruchen kann. Bezieht die AN während der Schutzfristen tatsächlich Mutterschaftsgeld, tritt ebenfalls Beitragsfreiheit in der gesetzlichen Pflegeversicherung gem. § 56 Abs. 3 SGB IX ein. Bei sonstigen Beschäftigungsverboten und Bezug von Arbeitsentgelt nach § 11 trifft den AG die Beitragspflicht zur Pflegeversicherung. In der Rentenversicherung sind die Zeiten, in denen der AG verpflichtet ist, Arbeitsentgelt nach § 11 zu zahlen, normale Beitragszeiten; übt die Frau wegen der Schwangerschaft oder Mutterschaft keine versicherungspflichtige oder selbstständige Tätigkeit aus, gelten diese Zeiten während der Schutzfristen nach dem MuSchG als Anrechnungszeiten gem. § 58 Abs. 1 Nr. 2 SGB VI. Bezieht die AN Mutterschaftsgeld, unterliegt dies der Beitragspflicht gem. §§ 24 ff. SGB III. Diese Zeiten sind auch anrechenbar bei der Berechnung des Anspruchs auf Leistungen auf Alg gem. § 127 SGB III.

33 **9. Schadensersatz.** Wenn der AG vorsätzlich oder fahrlässig die schwangere AN bzw. Mutter trotz Bestehens der Beschäftigungsverbote beschäftigt und diese bzw. ihr Kind einen Schaden erleidet, steht ihr wegen **Verstoßes gegen die arbeitsvertragliche Fürsorgepflicht** gegen den AG ein **Schadensersatzanspruch nach § 280 Abs. 1 BGB** zu. Zusätzlich bestehen Ansprüche aus §§ 823 Abs. 1 und 2, 831, 253 Abs. 2 BGB. Die Beschäftigungsverbote sind Schutzgesetze i.S.d. § 823 Abs. 2 BGB.

34 Das Kind hat ab dem Zeitpunkt seiner Geburt einen eigenen deliktsrechtlichen Schadensersatzanspruch, wenn es während der Schwangerschaft körperlich geschädigt worden ist.[69] Unter dem Gesichtspunkt **mitwirkenden Verschuldens i.S.d. § 254 BGB** kann sich der Schadensersatzanspruch gegen den AG mindern. Bei einem Arbeitsunfall i.S.d. § 8 Abs. 1 S. 1 SGB VII kann eine Beschränkung der Unternehmerhaftpflicht gem. § 104 Abs. 1 S. 1, Abs. 2 SGB VII eintreten. In diesem Fall müssen Arbeitsunfall und ein Verstoß gegen ein Beschäftigungsverbot zusammenfallen, z.B. unter den Voraussetzungen des § 4 Abs. 2 Nr. 8.

35 **10. Ausbildungsverhältnis.** Grds. unterliegt das Ausbildungsverhältnis im Geltungsbereich des Mutterschaftsrechts den gleichen Regeln wie das Arbverh. Eine Umsetzung ist allerdings nur vor dem Hintergrund des Ausbildungszwecks möglich, so dass einer schwangeren Auszubildenden nicht irgendwelche Hilfs- oder Nebentätigkeiten aufgegeben werden dürfen, die nicht mit dem Ausbildungszweck im Zusammenhang stehen. Eine Verlängerung der Ausbildung aufgrund der Schwangerschaft erfolgt nicht.

35a **11. Arbeitslosigkeit.** Die arbeitslose Schwangere verliert den Anspruch auf Arbeitslosengeld nicht durch ein ärztliches Beschäftigungsverbot nach § 3 Abs. 1 trotz fehlender Verfügbarkeit, wenn nicht gleichzeitig eine zur Arbeitsunfähigkeit führende Krankheit vorliegt. Zum Schutz der werdenden Mutter und des Kindes wird die Verfügbarkeit fingiert und die Bundesagentur für Arbeit ist zur Weitergewährung von Arbeitslosengeld verpflichtet[70]

36 **12. Aufsichtsbehörde.** Das Gewerbeaufsichtsamt ist zuständig für die Einhaltung von Arbeitsschutzvorschriften, d.h. für die Prüfung, ob die einer schwangeren AN oder Mutter zugewiesene Arbeit bzw. Arbeitszeit mit den Vorschriften des gesetzlichen Arbeitsschutzes in Übereinstimmung steht. Die Zumutbarkeit im Rahmen einer Umsetzung oder die Abänderung der Arbeitszeit wird von den ArbG überprüft.

37 **13. Betriebsverfassungsrechtliche Stellung.** Die Schwangere bzw. Mutter bleibt auch während der Beschäftigungsverbote Belegschaftsmitglied. Sie behält damit bei BR-Wahlen das Aktiv- und Passivwahlrecht.[71] Im Rahmen des generellen und absoluten Beschäftigungsverbots nach § 6 Abs. 1 ist die AN von sämtlichen betrieblichen Tätigkeiten ausgeschlossen, damit auch von der **Amtsausübung als BR** oder der **Teilnahme an Betriebsversammlungen**.[72] Bei einem Beschäftigungsverbot gem. § 3 Abs. 2 kommt es auf die Ausübung des Dispositionsrechts der AN

---

69 BGH 11.1.1972 – VI ZR 46/71 – AP § 1 BGB Nr. 5.
70 LSG Hessen 20.8.2007 – L 9 AL 35/04 – ArbRB 2007, 257.
71 *Richardi*, § 7 Rn 47; *DKK*, § 7 Rn 12.
72 *Buchner/Becker*, vor §§ 3 bis 8 MuSchG Rn 67.

an. Es ist dem BR-Mitglied unbenommen, gleichwohl BR-Tätigkeit auszuüben, dann Arbeitsunfähigkeit oder das Recht, die Arbeit zu verweigern, bedeuten nicht auch gleichzeitig Amtsunfähigkeit.[73] Bei einem individuellen Beschäftigungsverbot gem. § 3 Abs. 1 kommt es auf die Maßgabe der ärztlichen Bewertung an, hier ist der Inhalt des ärztlichen Zeugnisses entscheidend.

14. Verstöße. Verstöße gegen Beschäftigungsverbote können gem. § 21 Abs. 2 i.V.m. Abs. 1 Nr. 1 bis 5 als OWi mit Geldbußen bis zu 15.000 EUR belegt werden. Bei Vorsatz hinsichtlich der Gefährdung der Frau in ihrer Arbeitskraft oder Gesundheit sieht das Gesetz eine Strafbedrohung mit Freiheitsstrafe bis zu einem Jahr oder mit Geldstrafe vor, § 21 Abs. 3 und 4.

C. Beraterhinweise

Der AG ist insb. vor dem Hintergrund der Sanktionsnorm des § 21 Abs. 1 Nr. 1 gehalten, sich die an sich formfreie Einverständniserklärung der schwangeren AN gem. § 3 Abs. 2 Frau bestätigen zu lassen (siehe § 21 Rn 6). Diese Dokumentation kann zugleich mit der für den AG zwingenden[74] Belehrung verbunden werden, dass der Anspruch auf Mutterschaftsgeld nach § 200 Abs. 4 RVO während der Weiterbeschäftigung ruht, soweit und solange beitragspflichtiges Entgelt bezogen wird und der Anspruch auf Zuschuss zum Mutterschaftsgeld nach § 14 wegfällt.[75]

§ 4 Weitere Beschäftigungsverbote

(1) Werdende Mütter dürfen nicht mit schweren körperlichen Arbeiten und nicht mit Arbeiten beschäftigt werden, bei denen sie schädlichen Einwirkungen von gesundheitsgefährdenden Stoffen oder Strahlen, von Staub, Gasen oder Dämpfen, von Hitze, Kälte oder Nässe, von Erschütterungen oder Lärm ausgesetzt sind.

(2) Werdende Mütter dürfen insbesondere nicht beschäftigt werden

1. mit Arbeiten, bei denen regelmäßig Lasten von mehr als fünf Kilogramm Gewicht oder gelegentlich Lasten von mehr als zehn Kilogramm Gewicht ohne mechanische Hilfsmittel von Hand gehoben, bewegt oder befördert werden. Sollen größere Lasten mit mechanischen Hilfsmitteln von Hand gehoben, bewegt oder befördert werden, so darf die körperliche Beanspruchung der werdenden Mutter nicht größer sein als bei Arbeiten nach Satz 1,
2. nach Ablauf des fünften Monats der Schwangerschaft mit Arbeiten, bei denen sie ständig stehen müssen, soweit diese Beschäftigung täglich vier Stunden überschreitet,
3. mit Arbeiten, bei denen sie sich häufig erheblich strecken oder beugen oder bei denen sie dauernd hocken oder sich gebückt halten müssen,
4. mit der Bedienung von Geräten und Maschinen aller Art mit hoher Fußbeanspruchung, insbesondere von solchen mit Fußantrieb,
5. mit dem Schälen von Holz,
6. mit Arbeiten, bei denen sie infolge ihrer Schwangerschaft in besonderem Maße der Gefahr, an einer Berufskrankheit zu erkranken, ausgesetzt sind oder bei denen durch das Risiko der Entstehung einer Berufskrankheit eine erhöhte Gefährdung für die werdende Mutter oder eine Gefahr für die Leibesfrucht besteht,
7. nach Ablauf des dritten Monats der Schwangerschaft auf Beförderungsmitteln,
8. mit Arbeiten, bei denen sie erhöhten Unfallgefahren, insbesondere der Gefahr auszugleiten, zu fallen oder abzustürzen, ausgesetzt sind.

(3) Die Beschäftigung von werdenden Müttern mit

1. Akkordarbeit und sonstigen Arbeiten, bei denen durch ein gesteigertes Arbeitstempo ein höheres Entgelt erzielt werden kann,
2. Fließarbeit mit vorgeschriebenem Arbeitstempo

ist verboten. ²Die Aufsichtsbehörde kann Ausnahmen bewilligen, wenn die Art der Arbeit und das Arbeitstempo eine Beeinträchtigung der Gesundheit von Mutter oder Kind nicht befürchten lassen. ³Die Aufsichtsbehörde kann die Beschäftigung für alle werdenden Mütter eines Betriebes oder einer Betriebsabteilung bewilligen, wenn die Voraussetzungen des Satzes 2 für alle im Betrieb oder in der Betriebsabteilung beschäftigten Frauen gegeben sind.

---

73 BAG 15.11.1984 – 2 AZR 341/83 – NZA 1985, 368; BAG 19.7.1977 – 1 AZR 376/74 – AP § 37 BetrVG 1972 Nr. 29; ArbG Gießen 26.2.1986 – 3 Ca 687/85 – NZA 1986, 614.
74 ZZVV, § 3 MuSchG Rn 40; a.A. *Buchner/Becker*, § 3 MuSchG Rn 47.
75 H/S/*Boecken*, § 7 Rn 508; ErfK/*Schlachter*, § 3 MuSchG Rn 12.

(4) Die Bundesregierung wird ermächtigt, zur Vermeidung von Gesundheitsgefährdungen der werdenden oder stillenden Mütter und ihrer Kinder durch Rechtsverordnung mit Zustimmung des Bundesrates
1. Arbeiten zu bestimmen, die unter die Beschäftigungsverbote der Absätze 1 und 2 fallen,
2. weitere Beschäftigungsverbote für werdende und stillende Mütter vor und nach der Entbindung zu erlassen.

(5) ¹Die Aufsichtsbehörde kann in Einzelfällen bestimmen, ob eine Arbeit unter die Beschäftigungsverbote der Absätze 1 bis 3 oder einer von der Bundesregierung gemäß Absatz 4 erlassenen Verordnung fällt. ²Sie kann in Einzelfällen die Beschäftigung mit bestimmten anderen Arbeiten verbieten.

A. Allgemeines 1	7. Beschäftigung auf Beförderungsmitteln 33
B. Regelungsgehalt 2	8. Arbeiten mit erhöhter Unfallgefahr 35
I. Verbote nach Abs. 1 2	III. Verbot der Akkord- und Fließarbeit nach Abs. 3 . 36
1. Verbot der Beschäftigung mit schweren körperlichen Arbeiten 3	1. Zweck 36
	2. Akkordarbeit 37
2. Verbot der Beschäftigung unter gesundheitsgefährdenden Einwirkungen 7	3. Sonstige arbeitstempoabhängige Vergütung .. 38
	4. Fließarbeit 39
a) Gesundheitsgefährdende Stoffe 9	5. Ausnahmebewilligung der Aufsichtsbehörde . 40
b) Strahlen 10	IV. Verbot durch Rechtsverordnung der Bundesregierung nach Abs. 4 41
c) Staub, Gase, Dämpfe 11	1. Mutterschutzarbeitsplatzverordnung 42
d) Hitze, Kälte, Nässe 14	a) Chemische Gefahrstoffe 43
e) Erschütterungen 15	b) Biologische Arbeitsstoffe 44
f) Lärm 16	c) Physikalische Schadfaktoren 45
II. Verbote des Abs. 2 20	d) Verfahren und Arbeitsbedingungen 46
1. Heben, Bewegen und Befördern schwerer Lasten 21	e) Unterrichtung 47
	f) Prüfpflicht nach § 1 MuSchArbV 48
2. Arbeiten im Stehen 22	g) Beschäftigungsverbote 49
3. Arbeiten unter Strecken, Beugen, Hocken, Bücken 25	2. Beschäftigungsbeschränkungen nach Strahlenschutzverordnung und Röntgenverordnung ... 50
4. Fußbedienung von Geräten und Maschinen ... 26	V. Verbote durch Aufsichtsbehörden nach Abs. 5 ... 53
5. Schälen von Holz 27	VI. Aufgabe des Betriebsrats 54
6. Arbeiten im Zusammenhang mit einer Berufskrankheit 28	

A. Allgemeines

1 Die Beschäftigungsverbote des § 4 bezwecken, dass schwangere AN generell vor bestimmten Gefahren im Arbeitsleben und unabhängig vom jeweiligen Gesundheitszustand geschützt werden sollen.¹ § 4 Abs. 1 regelt generalklauselartig den **Schutz Schwangerer vor schweren körperlichen Arbeiten** oder solchen Arbeiten, bei denen die Schwangere **schädlichen Einwirkungen** ausgesetzt ist. Über § 6 Abs. 3 gilt das Verbot grds. auch für stillende Mütter. Die Beschäftigungsverbote werden beispielhaft in § 4 Abs. 2 und 3 konkretisiert. Die Bewertung einer Tätigkeit, die ein Beschäftigungsverbot auslösen soll, erfolgt nach einer typisierten Betrachtung, wobei auf eine **abstrakte Gefahr**, die immer anzunehmen ist, wenn mit der fraglichen Tätigkeit regelmäßig Gefahren verbunden sind, abgestellt wird.² Durch Rechts-VO der Bundesregierung gem. § 4 Abs. 4 Nr. 1 und durch VA der zuständigen Aufsichtsbehörde gem. § 4 Abs. 5 S. 1 sind weitere Konkretisierungen der Beschäftigungsverbote optional möglich. Diesbezüglich sind die Beschäftigungsverbote des § 4 insb. vor Beginn der Schutzfrist des § 3 Abs. 2 von Bedeutung. Geschützt werden soll insb. auch der Embryo, der gerade in den ersten Monaten besonders stark durch belastende Einwirkungen bis hin zu einer Fehlgeburt geschädigt werden kann. Die Vorlage eines ärztlichen Zeugnisses ist hier nicht erforderlich, da es anders als in § 3 Abs. 1 nicht auf die individuelle Konstitution der werdenden Mutter ankommt. Von ihrer Ermächtigung gem. § 4 Abs. 4 hat die Bundesregierung insb. durch den Erlass der Mutterschutzarbeitsplatz-VO, aber auch durch den Erlass der Strahlenschutz-VO und von § 22 Röntgen-VO Gebrauch gemacht.

B. Regelungsgehalt

I. Verbote nach Abs. 1

2 Nach der Generalklausel des § 4 Abs. 1 dürfen werdende Mütter nicht mit schweren körperlichen Arbeiten und nicht mit Arbeiten beschäftigt werden, bei denen sie schädlichen Einwirkungen von gesundheitsgefährdenden Stoffen oder Strahlen, von Staub, Gasen oder Dämpfen, von Hitze, Kälte oder Nässe, von Erschütterungen oder Lärm ausgesetzt sind.

---

1 ZZVV, § 4 MuSchG Rn 1; ErfK/*Schlachter*, § 4 MuSchG Rn 1; OVG Berlin 13.7.1992 – 6 S 72/92 – NZA 1992, 1083, 1084.

2 ErfK/*Schlachter*, § 4 MuSchG Rn 1; ZZVV, § 4 MuSchG Rn 1.

1. Verbot der Beschäftigung mit schweren körperlichen Arbeiten. Schwere körperliche Arbeit ist diejenige Tätigkeit, die die Körperkraft stark in Anspruch nimmt, anstrengende Körperhaltungen oder Treppensteigen bedingt oder Organe besonders belastet.[3] Unter solche Arbeiten fallen z.B. nicht nur schweres Heben und Tragen von Lasten, z.B. im Rahmen von Küchenarbeiten oder Zeitungsaustragen, sondern auch eine Tätigkeit, die mit Erschütterungen des Körpers oder einzelner Körperteile verbunden ist.[4] Es handelt sich diesbezüglich um **physikalische Schadfaktoren**, die zu Schädigungen des Fötus führen und/oder eine Lösung der Plazenta verursachen können. Dies wird insb. angenommen bei Stößen, Erschütterungen oder Bewegungen. Das Bewegen schwerer Lasten von Hand ist insb. für den Rücken und Lendenwirbelbereich gefahrenträchtig. Auch Lärm soll danach eine Gefahrenquelle darstellen.[5]

I.Ü. kann hinsichtlich der Definition einer verbotenen schweren körperlichen Arbeit auf den Katalog des § 4 Abs. 2 verwiesen werden. Die dort für bestimmte Betätigungen festgesetzten Belastungsgrenzen können als gesetzliche Konkretisierung einer schweren körperlichen Arbeit für diese Beschäftigungsarten angesehen werden.[6] Dies betrifft die Belastungsgrenzen für:
– regelmäßiges Heben, Bewegen oder Befördern von Lasten von mehr als fünf kg Gewicht ohne mechanische Hilfsmittel von Hand,
– gelegentliches Heben, Bewegen oder Befördern von Lasten von mehr als zehn kg Gewicht ohne mechanische Hilfsmittel von Hand,
– ständiges Stehen über mehr als vier Stunden nach Ablauf des fünften Monats der Schwangerschaft,
– häufiges erhebliches Strecken oder Beugen,
– dauerndes Hocken,
– dauernde gebückte Haltung,
– Bedienung von Geräten und Maschinen aller Art mit hoher Fußbeanspruchung, insb. mit Fußantrieb,
– Schälen von Holz,
– Arbeit auf Beförderungsmitteln nach Ablauf des dritten Monats der Schwangerschaft.

Weil die **gesetzliche Festschreibung** der körperlichen Arbeit **nicht abschließend** ist, wird zudem eine solche generell dann angenommen, wenn sie die körperlichen Kräfte einer schwangeren Frau von normalem Gesundheitszustand übersteigt.[7] Die individuellen Verhältnisse der AN sind grds. im Rahmen der Beschäftigungsverbote des § 4 nicht, sondern nur im Rahmen des individuellen Beschäftigungsverbotes nach § 3 Abs. 1 zu berücksichtigen.

Nicht unter die schwere körperliche Arbeit fallen besonders hohe Anforderungen an die psychischen Kräfte der Frau. Insoweit ist aber ein Beschäftigungsverbot über § 4 Abs. 4 Nr. 2, § 4 Abs. 5 S. 2 und § 3 Abs. 1 denkbar.

2. Verbot der Beschäftigung unter gesundheitsgefährdenden Einwirkungen. Gesundheitsgefährdende Stoffe, Strahlen oder Staub, Gase, Dämpfe, Hitze, Kälte, Nässe, Erschütterungen oder Lärm können während der Beschäftigung auf die AN einwirken. Aufgrund dessen besteht neben besonderen mutterschutzrechtlichen Vorschriften bereits ein **allg. Arbeitsschutzrecht**, das mittels der nachfolgenden Vorschriften die Gestaltung des Arbeitsplatzes, die Beurteilung der Risiken und deren Verhinderung regelt:
– das Arbeitsschutzgesetz,
– das Arbeitssicherheitsgesetz,
– die Arbeitsstätten-VO,
– das Arbeitszeitgesetz,
– die Berufskrankheiten-VO,
– die Betriebssicherheits-VO,
– die Bildschirmarbeits-VO,
– die Biostoff-VO,
– das Chemikaliengesetz,
– die Gefahrstoff-VO,
– die Röntgen-VO,
– die Strahlenschutz-VO,
– die technischen Regeln für Gefahrstoffe,
– die Unfallverhütungsvorschriften.

Des Weiteren sind in den Anlagen 1 und 2 der MuSchArbV chemische und biologische Stoffe aufgeführt, die i.S.d. Generalklausel gesundheitsgefährdende Stoffe darstellen. Die schädlichen Einwirkungen durch Strahlen werden durch die Regelungen der Strahlenschutz-VO und das Röntgengesetz geregelt.

---

3 *Meisel/Sowka*, § 4 Rn 4 ff.; *ZZVV*, § 4 Rn 11 ff; MünchArb/*Heenen*, Bd. 2, § 226 Rn 24.
4 Vgl. Art. 1 der Mutterschutz-RL v. 15.4.1997 (BGBl I S. 782 Anl. 1 zu § 1 Abs. 1 MuSchArbV).
5 *Willikonsky*, § 4 Rn 17.
6 ErfK/*Schlachter*, § 4 MuSchG Rn 2; *ZZVV*, § 4 MuSchG Rn 13.
7 ErfK/*Schlachter*, § 4 MuSchG Rn 2; MünchArb/*Heenen*, Bd. 2, § 226 Rn 24.

9 **a) Gesundheitsgefährdende Stoffe.** Unter den Begriff Stoffe sind nach herkömmlichem Verständnis alle gesundheitsschädlichen Einwirkungen zu fassen, die nicht von den anderen Beschäftigungsverboten erfasst werden und die von der werdenden Mutter und ihrem ungeborenen Kind ferngehalten werden sollen. In aller Regel werden hierunter chemische oder biologische Schadstoffe verstanden, die im Einzelnen in der gem. § 4 Abs. 4 erlassenen MuSchArbV erfasst sind (siehe Rn 42).

10 **b) Strahlen.** In § 56 Abs. 1 StrlSchV ist ein spezielles Beschäftigungsverbot für Frauen enthalten (siehe Rn 51). Sind schwangere AN allerdings Strahlenbelastungen ausgesetzt, die als gefährlich angesehen werden können, obwohl der Energiewert gem. § 1 Abs. 1 StrlSchV unterschritten ist, kann ein Beschäftigungsverbot gem. § 4 Abs. 1 vorliegen. Entsprechendes gilt nach § 22 Abs. 1 RöV (siehe Rn 50).

11 **c) Staub, Gase, Dämpfe.** Eine Gesundheitsgefährdung kann dann angenommen werden, wenn der Arbeitsplatzgrenzwert nach der GefStoffVO v. 23.12.2004[8] überschritten ist. Dabei handelt es sich um den Grenzwert für die zeitlich gewichtete durchschnittliche Konzentration eines Stoffes in der Luft am Arbeitsplatz in Bezug auf einen Referenzzeitraum. Er gibt an, bei welcher Konzentration des Stoffes akute oder chronische schädliche Auswirkungen auf die Gesundheit im Allgemeinen nicht zu erwarten sind, § 3 Abs. 6 GefStoffVO.

12 Soweit die konkrete Situation am Arbeitsplatz der schwangeren AN durch einen Arzt oder aufgrund betrieblicher Erfahrung in genereller Hinsicht als gefahrlos eingestuft werden kann, ist regelmäßig nicht von einer schädlichen Einwirkung auf deren Gesundheit auszugehen. In gleichem Umfang ist auch ein Beschäftigungsverbot wegen **gesundheitsschädigender Belästigung durch Rauchen** anderer AN am Arbeitsplatz zu beurteilen.[9] Ist die individuelle Konstitution der AN ausschlaggebend, greift § 3 Abs. 1 ein.

13 Bestehen Zweifel über den Umfang der Beeinträchtigung, muss die Aufsichtsbehörde im Rahmen ihrer Zuständigkeit nach § 4 Abs. 5 über die Einsatzmöglichkeiten der Schwangeren befinden.[10] Soweit erforderlich, können Schutzeinrichtungen, -kleidungen oder Körperschutzmittel zum Einsatz gebracht werden, um die Belastungen abzuwenden oder zu mildern, soweit sie nicht ihrerseits zu einer erheblichen Erschwerung der Arbeit i.S.d. § 4 Abs. 1 Alt. 1 führen.[11]

14 **d) Hitze, Kälte, Nässe.** Hitzebeeinträchtigungen unterliegen allg. den Bestimmungen der ArbStättV.[12] V.a. in sog. Hitzebetrieben mit starker Wärmeentwicklung, z.B. Gießereien, Hüttenbetrieben, keramischen oder chemischen Betrieben, Lebensmittel verarbeitenden Betrieben, etc. kommen die Beschäftigungsverbote des § 4 Abs. 1 in Betracht. Entsprechendes gilt bei Betrieben mit Tiefkühlungssystemen in Bezug auf schädliche Einwirkungen von Kälte sowie in Fisch oder Fleisch verarbeitenden Betrieben in Bezug auf schädliche Einwirkungen von Nässe.

15 **e) Erschütterungen.** Erschütterungen sind mechanische Schwingungen unter dem Hörbereich, die Schädigungen im Stütz- und Bewegungsapparat hervorrufen bzw. zu einer Fehlgeburt führen können. Ab einem Grenzwert von 0,5 Hz besteht bereits die Gefahr einer Gesundheitsschädigung.[13] Nennenswert sind insb. Erschütterungen durch Maschinen oder Beförderungsmittel. Für Letztere gilt auch das Beschäftigungsverbot nach § 4 Abs. 2 Nr. 7. In der Anlage 1 zur MuSchArbV sind sie als physikalische Schadfaktoren erwähnt.

16 **f) Lärm.** Unter Lärm, der im Sinne einer schädlichen Einwirkung geeignet ist, die Gesundheit der werdenden Mutter oder ihre Arbeitsfähigkeit zu beeinträchtigen, wird allg. der Betriebslärm verstanden.[14] Abzugrenzen hiervon sind sonstige äußere Geräuschquellen wie Lärm von der Straße, von Flugzeugen, von Baumaschinen oder von Nachbargrundstücken.[15] Bei individueller Befindlichkeit der AN kann auch § 3 Abs. 1 eingreifen.

17 Wann die mutterschutzrelevante Lärmintensität so stark ist, dass von einer schädlichen Einwirkung ausgegangen werden muss, ist gesetzlich nicht geregelt, so dass unter Berücksichtigung der Grenzwerte nach § 15 ArbStättV sowie der VDI-RL 2058 Blatt 2 „Beurteilung von Arbeitslärm am Arbeitsplatz hinsichtlich Gehörschäden" sowie der mittleren Konstitution einer Schwangeren, ggf. unter Einschaltung der Aufsichtsbehörde im Einzelfall entschieden werden muss.[16]

18 Der **Beurteilungspegel** darf nach § 15 ArbStättV folgende Werte nicht überschreiten:
– Bei überwiegend geistigen Tätigkeiten 55 dB (A)
– Bei einfachen oder überwiegend mechanisierten Bürotätigkeiten und vergleichbaren Tätigkeiten 70dB (A)
– Bei allen sonstigen Tätigkeiten 85 dB (A)

---

8 BGBl I S. 3758.
9 Löwisch, DB 1979, Beil. 1, 9; Börgmann, RdA 1993, 275, 280.
10 OVG Berlin 13.7.1992 – 6 S 72/92 – NZA 1992, 1083; Gröninger/Thomas, § 4 Rn 5.
11 Vgl. BAG 13.10.1993 – 10 AZR 335/92 – NZA 1994, 626.
12 Vgl. Anhang ArbStättVO 3.5 zur Raumtemperatur.
13 Buchner/Becker, § 4 MuSchG Rn 44.
14 Buchner/Becker, § 4 MuSchG Rn 45; Meisel/Sowka, § 4 Rn 8.
15 ZZVV, § 4 MuSchG Rn 39, a.A Buchner/Becker, § 4 MuSchG Rn 45.
16 Buchner/Becker, § 4 MuSchG Rn 46; ZZVV, § 4 MuSchG Rn 40.

Auch Geräusche mit hohen Frequenzanteilen von mehr als 1.000 Hz, besonders störende Geräusche oder lautes Knallen kann Lärm darstellen.

II. Verbote des Abs. 2

Die Beschäftigungen, die im Katalog des Abs. 2 aufgeführt sind, konkretisieren die Generalklausel des Abs. 1. Die Aufzählung ist nicht abschließend,[17] sondern zeigt nur die nach bisheriger Erfahrung wichtigsten Fallgruppen auf.

1. Heben, Bewegen und Befördern schwerer Lasten. Beinhaltet die Beschäftigung der schwangeren AN ein regelmäßiges Heben, Bewegen oder Befördern von Lasten von mehr als fünf Kilogramm Gewicht von Hand ohne mechanische Hilfsmittel, besteht ein zwingendes Beschäftigungsverbot nach Nr. 1. Dies schließt nicht das Beschäftigungsverbot nach Abs. 1 aus, wenn es sich um eine schwere körperliche Arbeit handelt, obwohl das Grenzgewicht nicht erreicht wird.[18] Sind die Lasten schwerer, dürfen sie nur gelegentlich gehoben, bewegt oder befördert werden.[19] Mechanische Hilfsmittel sind u.a. Karren, Kräne oder Hebevorrichtungen.

2. Arbeiten im Stehen. Nach Ablauf des fünften Schwangerschaftsmonats darf die AN keine Arbeiten mehr verrichten, bei denen sie ständig stehen muss, wenn die Arbeit länger als vier Stunden dauert. Dabei kommt es nicht darauf an, ob sie sich während dieser Zeit zum Ausruhen regelmäßig hinsetzen kann, wie es § 2 Abs. 2 für die Zeit vor Ablauf der Fünf-Monats-Frist vorsieht. Führt die stehende Tätigkeit bereits zu einer „schweren körperlichen Arbeit" besteht hier bereits vor der Frist der Nr. 2 ein Beschäftigungsverbot nach Abs. 1. Dies ist insb. dann der Fall, wenn die starke Belastung der Frau eine Fehlgeburt befürchten lässt.[20] Beschäftigungen im Stehen, Strecken, Hocken gehören zudem zu den physikalischen Schadfaktoren i.S.d. Anlage 1 A 3 der MuSchArbV.

Die Frist wird berechnet durch Zurückrechnung von 280 Tagen ab dem Tag des von einem Arzt oder einer Hebamme errechneten Tags der Entbindung. Der tatsächliche Entbindungstermin ist nicht maßgebend.

Der Einsatz auf einem anderen Arbeitsplatz, der nicht von einem Beschäftigungsverbot betroffen ist oder eine **Mischtätigkeit**, z.B. mit wechselndem Stehen Sitzen oder Gehen,[21] bleibt zulässig. Tätigkeiten mit ständigem Gehen oder Sitzen sind von dem Beschäftigungsverbot der Nr. 2 nicht umfasst.

3. Arbeiten unter Strecken, Beugen, Hocken, Bücken. Das Beschäftigungsverbot gem. Nr. 3 gilt anders als das nach Nr. 2 ohne zeitliche Einschränkung, d.h. während der gesamten Schwangerschaft. Voraussetzung ist, dass sich die Beschäftigung durch eine Beanspruchung an die Körperhaltung auszeichnet, die nicht nur gelegentlich auftritt, sondern häufig. Beispiele für Tätigkeiten, die häufiges Strecken, Beugen, Hocken oder Bücken beinhalten, sind u.a. die der Masseurinnen, an Webstühlen, als Ein- oder Umpackerinnen im Einzelhandel.

4. Fußbedienung von Geräten und Maschinen. Das Beschäftigungsverbot beinhaltet die Bedienung von Geräten aller Art mit hoher Fußbeanspruchung, insb. von solchen mit Fußantrieb. Grund hierfür ist die hohe Beanspruchung der Fußmuskulatur, die auch die Bauchmuskeln beansprucht, so dass diese Art der Beschäftigung gefährlich für die werdende Mutter und das ungeborene Kind sein können.[22] Zusätzlich sind oft Erschütterungen Begleiterscheinungen dieser Arbeiten. Das Beschäftigungsverbot gilt nicht, wenn die Maschine nur durch einen Fußschalter in Gang gesetzt wird.

5. Schälen von Holz. Beinhaltet die Arbeit das Entfernen von Rinde, Borke oder Bast ist die Beschäftigung für die Schwangere verboten, unabhängig davon, ob es sich um eine manuelle oder maschinelle Tätigkeit handelt, da regelmäßig mit ihr auch ein Heben und Wenden der Baumstämme verbunden ist. Kommen – durch die Holzverarbeitung verursacht – Beeinträchtigungen durch gesundheitsgefährdende Stoffe oder Stäube hinzu, gelten zugleich § 4 Abs. 1 sowie §§ 1 bis 4 MuSchArbV.

6. Arbeiten im Zusammenhang mit einer Berufskrankheit. Ist die AN aufgrund der Schwangerschaft in besonderem Maß der Gefahr ausgesetzt, während der Beschäftigung an einer Berufskrankheit zu erkranken oder impliziert dieses Risiko die Gefährdung der werdenden Mutter oder des Kindes, besteht das Beschäftigungsverbot nach Nr. 6. Voraussetzung ist ein **spezifischer Zusammenhang zwischen** der Erkrankung bzw. **Gefährdung aufgrund der Schwangerschaft** einerseits **und der Berufskrankheit** andererseits. Dieser ist bspw. bei folgenden Tätigkeiten gegeben:

---

17 *Willikonsky*, § 4 Rn 26.
18 ZZVV, § 4 MuSchG Rn 42.
19 *Buchner/Becker*, § 4 MuSchG Rn 51.
20 *Meisel/Sowka*, § 4 Rn 12.
21 Vgl. BAG 25.6.1970 – 2 AZR 376/69 – BB 1970, 1253.
22 Vgl. schon Erl. d. RAM betr. Frauenarbeit in der Konserveninindustrie v. 3.10.1935, RABl 1941 S. III 339; Erl. d. RAM betr. Beschäftigung von Frauen an Maschinen mit Fußeinrückung v. 9.1.1936, RABl 1936 S III 34.

- in Tierpflegebetrieben, bei denen die Gefahr einer Toxoplasmose oder infektiöser Hepatitis besteht,
- bei Blutabnahmen in Klinikbetrieben oder Arztpraxen mit Infektionsgefahr auf Aids oder Hepatitis-Viren,[23]
- in Kindergärten, in denen die Ansteckungsgefahr mit Mumps besteht.[24]

29 Ausreichend für das Beschäftigungsverbot ist bereits eine sehr geringe **Infektionswahrscheinlichkeit**.[25] Nicht erforderlich ist der sichere Eintritt der Schädigung. Damit soll der potenzielle Schaden nach einer Infektion der Mutter, der zu einer Schädigung oder Missbildung des Kindes, einer Früh- oder Fehlgeburt führen kann, bereits in einem frühen Gefährdungsstadium vermieden werden.

30 Die Berufskrankheiten sind abschließend in der Berufskrankheiten-VO gem. §§ 9 Abs. 1, 193 Abs. 8 SGB VII erfasst. Darüber hinaus fallen noch die Erkrankungen unter das Beschäftigungsverbot nach Nr. 6, die gem. § 9 Abs. 2 SGB VII „wie" eine Berufskrankheit anzusehen sind, sofern im Zeitpunkt der Entscheidung nach neuen Erkenntnissen der medizinischen Wissenschaft die Voraussetzungen für eine Bezeichnung als Berufskrankheit erfüllt sind und eine Eintragung in die BKV noch nicht erfolgt ist.

31 Ist das Vorliegen der Voraussetzungen für das Beschäftigungsverbot streitig, liegt die **Darlegungs- und Beweislast** grds. bei der werdenden Mutter. Diese kann sich dabei einerseits auf die in der Anlage 1 und 2 zur MuSchArbV niedergelegten Gefahr- und Arbeitsstoffe, Schadfaktoren und Arbeitsbedingungen berufen. Zusätzlich kommt ihr die Beweislastumkehrregelung des § 9 Abs. 3 SGB VII zugute, nach der vermutet wird, dass im Fall einer Erkrankung ohne Anhaltspunkte für eine private Ursache die Verursachung der Arbeitstätigkeit zugewiesen wird.

32 I.Ü. können AG und AN nach Abs. 5 die Aufsichtsbehörde einschalten und eine Entscheidung über die Zulässigkeit der Beschäftigung herbeiführen. Das Beschäftigungsverbot gilt entsprechend über § 6 Abs. 3 auch für stillende Mütter.

33 **7. Beschäftigung auf Beförderungsmitteln.** Das Beschäftigungsverbot greift nach Ablauf von drei Monaten seit Beginn der Schwangerschaft ein. Danach darf die schwangere AN nicht mehr auf Beförderungsmitteln eingesetzt werden. Hierzu zählen **alle Arten von Fahrzeugen, die der Beförderung von Personen und Gütern dienen**, d.h. nicht nur Kraftfahrzeuge, sondern auch Omnibusse, Straßenbahnen, Oberleitungsbusse, Wasserfahrzeuge, Aufzüge, Fahrstühle, Fuhrwerke, Karren, Fahrräder, Flugzeuge etc.[26] Unerheblich ist, ob die AN das Fahrzeug führt oder sich in sonstiger Weise, z.B. auch als Verkaufsfahrerin oder Vertreterin,[27] auf oder in dem Fahrzeug aufhält, wenn das Fahrzeugführen der Tätigkeit das ausschlaggebende Gepräge gibt und zeitlich einen Umfang von mehr als der Hälfte der Beschäftigungszeit ausmacht. Wegen der Gefahr von Erschütterungen fallen diese Beschäftigungsarten auch unter die Anlage 1 zur MuSchArbV.

34 Der Weg von und zur Arbeitsstätte in einem Fahrzeug ist nicht von dem Beschäftigungsverbot nach Nr. 7, auch nicht nach Abs. 1 oder nach § 3 Abs. 1 umfasst, da die spezifische Gefährdung nicht von dem Betrieb ausgeht, in dem die werdende Mutter arbeitet. Eine Ausnahme soll nur gelten, wenn die Belastungen unbillig hoch sind, z.B. bei notwendigen Fernreisen.[28]

35 **8. Arbeiten mit erhöhter Unfallgefahr.** Das nicht abschließende („insbesondere") Beschäftigungsverbot nach Nr. 8 wegen erhöhter Unfallgefahr besteht bspw. bei Arbeiten auf Leitern, Gerüsten, auf rutschigen oder nassen Böden, beim Fensterputzen etc.

III. Verbot der Akkord- und Fließarbeit nach Abs. 3

36 **1. Zweck.** Grund des zwingenden Beschäftigungsverbots ist die **Vermeidung einer Überanstrengung** der werdenden Mutter und der damit einhergehenden Gefährdung des ungeborenen Kindes in Bezug auf das vorgegebene Arbeitstempo. Alle Arbeiten, deren Vergütung von der erzielten Arbeitsmenge abhängen, fallen unter das Verbot.

37 **2. Akkordarbeit.** Bei der Akkordarbeit wird die Arbeit nicht nach der eingesetzten Arbeitszeit, d.h. nach Stunden, Tagen, Wochen, Monaten, bezahlt, sondern nach dem Ergebnis der Arbeit. Jede Art von Akkord, z.B. Stück-, Zeit-, Geld-, Einzel-, Gruppenakkord, ist für Schwangere unzulässig.

38 **3. Sonstige arbeitstempoabhängige Vergütung.** Vergleichbare Beschäftigungsformen, die ebenfalls die Entlohnung an ein bestimmtes Arbeitstempo koppeln, wie z.B. Quantitätsprämiensysteme, die die Schnelligkeit oder die Menge besonders belohnen, sind neben dem Akkord nicht erlaubt.[29] Hierzu gehören aber nicht Qualitätsprämien oder z.B. Verkaufsprovisionen im Einzelhandel.[30] Bei Mischformen, die sowohl die Quantität als auch die Qualität

---

[23] BVerwG 26.4.2005 – 5 C 11/04 – NZA-RR 2005, 649.
[24] OVG Rheinland-Pfalz 11.9.2003 – 12 A 10856/03 – NZA-RR 2004, 93–95.
[25] BVerwG 27.5.1993 – 5 C 42.89 – EzA § 4 MuSchG Nr. 4.
[26] Vgl. BAG 22.4.1998 – 5 AZR 478/97 – AP § 4 MuSchG 1968 Nr. 4; BAG 21.4.1999 – 5 AZR 174/98 – AP § 4 MuSchG 1968 Nr. 5.
[27] ZZVV, § 4 MuSchG Rn 68; a.A. *Buchner/Becker*, § 4 MuSchG Rn 77.
[28] BAG 21.4.1999 – 5 AZR 174/98 – AP oder EzA § 4 MuSchG 1968 Nr. 5.
[29] BAG 25.5.1983 – 5 AZR 226/81 – AP § 11 MuSchG 1968 Nr. 9 – BB 1984, 277.
[30] BAG 25.5.1983 – 5 AZR 226/81 – AP § 11 MuSchG 1968 Nr. 9 – BB 1984, 277.

der Arbeitsleistung besonders belohnen, kommt es darauf an, ob das Schwergewicht auf einer Steigerung des Arbeitstempos beruht.[31] Anwesenheits- und Pünktlichkeitsprämien, Gratifikationen oder Treueprämien, die auf einem bestimmten Verhalten der AN beruhen, unterliegen nicht dem Beschäftigungsverbot.

4. Fließarbeit. Unter das Beschäftigungsverbot fallen alle Laufbandarbeiten, die sich durch örtlich fortschreitende, zeitlich vorgegebene, aufeinander abgestimmte Folgen von Arbeitsschritten auszeichnen, bei denen die Beschäftigten auf die planmäßige Erledigung der vorangegangenen Arbeitsschritte unmittelbar angewiesen sind.[32] Hat das Laufband keinen Einfluss auf die zu erledigende Arbeit, übt es mithin ausschließlich eine Transportfunktion aus, besteht das Beschäftigungsverbot nicht.

5. Ausnahmebewilligung der Aufsichtsbehörde. Nach Abs. 3 S. 2 kann die Aufsichtsbehörde, regelmäßig nach Hinzuziehung eines Arztes, Ausnahmen im Bereich der Akkord- und Fließarbeit gestatten, soweit dies der Gesundheitszustand von Mutter und Kind erlaubt. Die **Aufsichtsbehörde entscheidet nach pflichtgemäßem Ermessen**,[33] ein Rechtsanspruch auf eine bestimmte Entscheidung besteht nicht. Vorrang bei der Interessenabwägung hat die Gesundheit der werdenden Mutter. Die Bewilligung orientiert sich zunächst am Einzelfall der schwangeren AN. Sie kann sich aber auch auf ganze Abteilungen oder gar Betriebe erstrecken, mit Befristungen, Auflagen oder Bedingungen, z.B. einer höheren Anzahl von Pausen, verbunden sein und ist jederzeit und im ganzen Umfang widerruflich.[34]

IV. Verbot durch Rechtsverordnung der Bundesregierung nach Abs. 4

Weitere Beschäftigungsverbote können aufgrund Erlasses von Rechts-VO durch die Bundesregierung in genereller Art geregelt werden. Von dieser Befugnis hat sie bereits in den nachfolgenden Fällen Gebrauch gemacht.

1. Mutterschutzarbeitsplatzverordnung. Die Mutterschutzarbeitsplatz-VO basiert auf der EG-Mutterschutz-RL. Nach § 1 MuSchArbV muss der AG jede Tätigkeit der werdenden oder stillenden Mutter auf Gefahren durch chemische Gefahrstoffe, biologischer Arbeitsstoffe, physikalische Schadfaktoren und Verfahren oder Arbeitsbedingungen überprüfen. Diese Prüfpflicht des AG steht neben seiner Prüfpflicht aus anderen Gesetzen, z.B. auch nach § 4 sowie §§ 3, 4 ArbSchG.

a) Chemische Gefahrstoffe. Nach der Anlage 1 zur MuSchArbV sind chemische Gefahrstoffe solche, die die Gesundheit der schwangeren AN und des ungeborenen Kindes gefährden. Diese sind in der Anlage 1 zur MuSchArbV umfassend, aber nicht abschließend abgebildet. Es handelt sich dabei um die als R 40, R 45, R 46 und R 61 gekennzeichneten Stoffe, sofern sie nicht in Anlage 2 aufgenommen sind, Gefahrstoffe nach Anhang 1 RL 90/394/EWG, Quecksilber und Derivate, Mitosehemmstoffe, Kohlenmonoxid und gefährliche chemische Stoffe, die in die Haut eindringen können.

b) Biologische Arbeitsstoffe. Unter die biologischen Arbeitsstoffe fallen u.a. solche nach der Risikogruppe 2 bis 4 der RL 90/679/EWG 3. Dabei handelt es sich insb. um Toxoplasma und Rötelviren, es sei denn, dass nachgewiesen wird, dass die AN durch Immunisierung ausreichend geschützt ist. Da sich diese Gefahrstoffe nur auf den Fötus schädlich auswirken können, gilt das Beschäftigungsverbot nur für Schwangere.

c) Physikalische Schadfaktoren. Zu den physikalischen Schadfaktoren zählen insb. Stöße, Erschütterungen oder Bewegungen (Bewegen schwerer Lasten von Hand), Lärm, ionisierende Strahlungen, nicht ionisierende Strahlungen, extreme Kälte und Hitze, Bewegungen und Körperhaltungen, geistige und körperliche Ermüdung, sonstige körperliche Belastungen.

d) Verfahren und Arbeitsbedingungen. Unter Verfahren sind sog. industrielle Verfahren zu verstehen, die in der Anlage 1 der RL 90/394/EWG aufgeführt sind. Arbeitsbedingungen sind z.B. Tätigkeiten im Bergbau unter Tage.

e) Unterrichtung. Der AG ist verpflichtet, das Prüfergebnis gem. § 1 Abs. 1 MuSchArbV allen bei ihm beschäftigten AN, insb. den werdenden oder stillenden Müttern, mitzuteilen. Dies betrifft auch evtl. erforderliche Maßnahmen zur Änderung der Arbeitsbedingungen oder -abläufe. Ebenfalls sind Betriebs- oder Personalrat zu informieren, § 2 MuSchArbV.

f) Prüfpflicht nach § 1 MuSchArbV. Der Prüfpflicht nach § 1 MuSchArbV folgt die **Umgestaltungspflicht** bei bestehenden Gefährdungen der Sicherheit und Gesundheit der Schwangeren oder Stillenden, § 3 MuSchArbV. Die Umgestaltung kann sowohl durch Änderung der Arbeitsbedingungen oder Arbeitszeiten sowie durch Umsetzung

---

31 MünchArb/*Heenen*, Bd. 2, § 226 Rn 26.
32 ErfK/*Schlachter*, § 4 MuSchG Rn 12.
33 BVerwG 8.7.1964 – V C 126.62 – AP § 38 JArbSchG Nr. 1.
34 ZZVV, § 4 MuSchG Rn 78 ff.; ErfK/*Schlachter*, § 4 MuSchG Rn 13.

der AN erfolgen. Ist die Umgestaltung für den AG unzumutbar, darf die AN nicht länger beschäftigt werden, soweit dies zum Schutz ihrer Sicherheit und Gesundheit erforderlich ist.

49 **g) Beschäftigungsverbote.** Bei Vorliegen chemischer Gefahrstoffe, biologischer Arbeitsstoffe, physikalischer Schadfaktoren oder Arbeitsbedingungen, die in der Anlage zum MuSchArbV genannt sind, dürfen Schwangere oder Stillende nicht länger beschäftigt werden. § 5 MuSchArbV enthält ein Beschäftigungsverbot für Schwangere oder stillende AN mit sehr giftigen, giftigen, gesundheitsschädlichen oder in sonstiger Weise den Menschen chronisch schädigenden Gefahrstoffen, wenn der Grenzweg überschritten wird. Dies gilt insb. bei:
– Stoffen, Zubereitungen oder Erzeugnissen, die ihrer Art nach erfahrungsgemäß Krankheitserreger übertragen können, wenn die AN den Krankheitserregern ausgesetzt sind, § 5 Abs. 1 Nr. 2 MuSchArbV;
– krebserzeugenden, fruchtschädigenden oder erbgutverändernden Gefahrstoffen, § 5 Abs. 1 Nr. 3 MuSchArbV. Dieses Verbot gilt nur für schwangere AN;
– krebserzeugenden, fruchtschädigenden oder erbgutverändernden Gefahrstoffen, wenn der Grenzweg überschritten ist, § 5 Abs. 1 Nr. 4 MuSchArbV. Dieses Beschäftigungsverbot gilt nur für stillende Mütter;
– Umgang mit Gefahrstoffen, die Blei oder Quecksilberalkyle enthalten, wenn der Grenzwert überschritten wird. Dieses Beschäftigungsverbot gilt für Gebärfähige;
– In Druckluft, wobei Druckluft als Luft mit einem Überdruck von mehr als 0,1 bar definiert wird, § 5 Abs. 1 Nr. 6 MuSchArbV.

50 **2. Beschäftigungsbeschränkungen nach Strahlenschutzverordnung und Röntgenverordnung.** Gem. § 22 Abs. 2 Röntgen-VO dürfen Schwangere zu den Kontrollbereichen gem. § 19 der Röntgen-VO nur Zutritt erhalten, wenn sie dort arbeiten, an ihnen Röntgenstrahlung angewendet werden soll oder es für die Ausbildung oder das Studium erforderlich ist. Voraussetzung der Zutrittsberechtigung ist allerdings, dass der fachkundige Strahlenschutzverantwortliche oder -beauftragte dies genehmigt und sichergestellt ist, dass der Dosisgrenzwert nach § 31a Abs. 4 S. 2 Röntgen-VO eingehalten wird. Soll die schwangere AN als Helfer in dem Kontrollbereich tätig werden, sind besondere Gründe erforderlich.

51 Im Geltungsbereich der **Strahlenschutz-VO** ist der Zutritt zum Kontrollbereich gem. § 37 Strahlenschutz-VO nur zulässig, wenn die Personen zur Durchführung oder Aufrechterhaltung der Betriebsvorgänge dort tätig werden, sie sich dort als Patient, Proband oder Helfer aufhalten müssen oder es für die Ausbildung oder das Studium erforderlich ist. Auch hier muss der fachkundige Strahlenschutzverantwortliche oder -beauftragte den Aufenthalt Schwangerer genehmigen und durch Überwachungsmaßnahmen sicherstellen, dass der festgelegte Dosisgrenzwert von einem Sievert eingehalten wird, § 55 Abs. 4 S. 2 Strahlenschutz-VO. In den Sperrbereich dürfen Schwangere nur dann gelangen, wenn dies für die Behandlung als Patientin erforderlich ist. Als AN sind sie dort nicht zugelassen.

52 Grds. sind Frauen darüber aufzuklären, dass eine Schwangerschaft wegen der Gefahren für das ungeborene Kind möglichst früh mitzuteilen ist. Die Gefahr einer Kontamination der Muttermilch ist ebenfalls mitzuteilen. Nach Mitteilung einer Schwangerschaft muss der AG sicherstellen, dass die Arbeitsbedingungen der schwangeren AN so gestaltet werden, dass eine innere berufliche Strahlenexposition ausgeschlossen wird.

V. Verbote durch Aufsichtsbehörden nach Abs. 5

53 Die Aufsichtsbehörde kann in Zweifelsfällen, auf Antrag oder auch von Amts wegen, **durch VA ein konkretes Beschäftigungsverbot** für eine werdende Mutter aussprechen. Die Behörde entscheidet dabei nicht nach pflichtgemäßem Ermessen, sondern stellt lediglich das Vorliegen eines Beschäftigungsverbots aufgrund Gesetz oder Rechts-VO fest.[35] Die Entscheidung ist für den AG vorbehaltlich ihrer Anfechtung durch Widerspruch rechtsverbindlich. Handelt der AG ihr zuwider, begeht er eine OWi bzw. Straftat gem. § 21 Abs. 1 Nr. 5, Abs. 3, 4.

VI. Aufgabe des Betriebsrats

54 Der Betriebs- oder Personalrat ist im Rahmen des § 89 BetrVG, § 81 BPersVG für den Arbeits- und betrieblichen Umweltschutz zuständig. Dabei hat er dafür zu sorgen, dass insb. Arbeitsschutzvorschriften und damit auch die Regelungen des MuSchG umgesetzt werden. Dabei soll er insb. auch die Aufsichtsbehörden unterstützen. Ein eigenes Mitbestimmungsrecht zur Konkretisierung der Beschäftigungsverbote durch eine Betriebs- oder Dienstvereinbarung steht dem Betriebs- oder Personalrat nicht zu,[36] da die Beschäftigungsverbote i.S.v. § 87 Abs. 1 Eingangssatz BetrVG, § 75 Abs. 3 Einleitungssatz BPersVG abschließende gesetzliche Regelungen darstellen. Gleichwohl ist er im Zusammenhang mit seinen betrieblichen Überwachungsaufgaben umfassend zu unterrichten, um diese überhaupt wahrnehmen zu können. Hierzu resultiert auch die Pflicht des AG, den BR über die Schwangerschaft der AN zu unterrichten, damit er die betrieblichen Gegebenheiten auf das Bestehen eines Beschäftigungsverbots überprüfen kann (vgl. § 5 Rn 51 ff.).

---

35 Vgl. OVG Berlin 13.7.1992 – 6 S 72/92 – NZA 1992, 1083; BVerwG 27.5.1993 – 5 C 42/89 – NJW 1994, 401.

36 Vgl. BAG 6.12.1983 – 1 ABR 43/81 – AP § 87 BetrVG Überwachung Nr. 7; BVerwG 19.5.1992 – 6 P 5.90 – AP § 79 LPVG Baden-Württemberg Nr. 5.

§ 5 Mitteilungspflicht, ärztliches Zeugnis

(1) ¹Werdende Mütter sollen dem Arbeitgeber ihre Schwangerschaft und den mutmaßlichen Tag der Entbindung mitteilen, sobald ihnen ihr Zustand bekannt ist. ²Auf Verlangen des Arbeitgebers sollen sie das Zeugnis eines Arztes oder einer Hebamme vorlegen. ³Der Arbeitgeber hat die Aufsichtsbehörde unverzüglich von der Mitteilung der werdenden Mutter zu benachrichtigen. ⁴Er darf die Mitteilung der werdenden Mutter Dritten nicht unbefugt bekannt geben.

(2) ¹Für die Berechnung der in § 3 Abs. 2 bezeichneten Zeiträume vor der Entbindung ist das Zeugnis eines Arztes oder einer Hebamme maßgebend; das Zeugnis soll den mutmaßlichen Tag der Entbindung angeben. ²Irrt sich der Arzt oder die Hebamme über den Zeitpunkt der Entbindung, so verkürzt oder verlängert sich diese Frist entsprechend.

(3) Die Kosten für die Zeugnisse nach den Absätzen 1 und 2 trägt der Arbeitgeber.

A. Allgemeines	1
B. Regelungsgehalt	2
I. Mitteilungspflicht der werdenden Mutter	2
1. Allgemeines	2
2. Gesetzliche Mitteilungspflicht (Abs. 1 S. 1)	3
a) Bedeutung und Rechtscharakter	4
b) Inhalt, Form und Zeitpunkt der Mitteilung	5
aa) Inhalt der Mitteilung	5
bb) Form der Mitteilung	6
cc) Zeitpunkt der Mitteilung	7
c) Adressat der Mitteilung	8
d) Wirkung der Mitteilung	9
e) Verstoß und Rechtsfolgen	11
3. Sonstige Mitteilungspflichten	12
a) Vorvertragliche Mitteilungspflicht bei Einstellung	13
aa) Allgemeines	13
bb) Offenbarungspflicht und Diskriminierungsverbot	14
cc) Rechtsfolgen	19
b) Arbeitsvertragliche Mitteilungspflicht	21
aa) Bestehen einer Schwangerschaft	22
bb) Vorzeitige Beendigung oder irrtümliche Annahme einer Schwangerschaft	26
cc) Verstoß und Rechtsfolgen	27
(1) Schadensersatz	28
(2) Kündigung des Arbeitsvertrags	29
c) Ärztliche Untersuchungen	31
d) Beraterhinweise	32
II. Zeugnis über Schwangerschaft und Tag der Entbindung (Abs. 1 S. 2, Abs. 2)	33
1. Zweck	34
2. Form und Inhalt	35
a) Inhalt	35
b) Form	36
3. Aussteller	37
4. Pflicht zur Vorlage	38
5. Aussage- und Beweiswert	41
6. Kosten (Abs. 3)	43
III. Benachrichtigung der Aufsichtsbehörde (Abs. 1 S. 3)	44
IV. Verbot unbefugter Bekanntgabe an Dritte (Abs. 1 S. 4)	45
1. Zweck	45
2. Verbotsinhalt	46
3. Ausnahmen	47
a) Erlaubnis der Arbeitnehmerin	47
b) Mitteilung an den Betriebsrat	49
aa) Allgemeiner Unterrichtungsanspruch (§ 80 Abs. 2 BetrVG)	49
bb) Unterrichtung bei personellen Einzelmaßnahmen	55
c) Mitteilung an den Personalrat	59
4. Verletzung und Rechtsfolgen	60
C. Verbindung zu anderen Rechtsgebieten und zum Prozessrecht	63
I. Betriebsverfassungsrecht	63
II. Befristungsrecht	66
III. Prozessrecht	67

A. Allgemeines

Die Kenntnis des AG vom Bestehen einer Schwangerschaft und deren (voraussichtliche) Dauer ist Voraussetzung für die Beachtung seiner ihm mutterschutzrechtlich auferlegten Pflichten und damit für das tatsächliche Wirksamwerden des Mutterschutzes.[1] Mit Ausnahme des § 9 hängt die Rechtsverbindlichkeit der Mutterschutznormen grds. nicht von der Kenntnis des AG von der Schwangerschaft der AN ab. Solange jedoch der AG von der Schwangerschaft und deren voraussichtlicher Dauer nichts weiß, kann ihm wegen der Nichtbeachtung der Gebote und Verbote des MuSchG kein Vorwurf gemacht werden, weshalb das Gesetz versucht, die vom AG benötigten Informationen durch die **Mitteilungspflichten des § 5** sicherzustellen. Stets genügt jedoch jede Kenntnis des AG, ganz gleich, auf welche Weise er diese erlangt hat. Der AG ist bereits aufgrund einer glaubhaften Mitteilung Dritter über das Vorliegen einer Schwangerschaft bei einer AN gehalten, die Vorschriften dieses Gesetzes zu beachten, um nicht Gefahr zu laufen hiergegen zu verstoßen.[2] Da der AG jedoch nicht selbst die Richtigkeit dieser Angaben nachprüfen kann, wird ihm in Abs. 1 S. 2 und Abs. 2 zugestanden, die Vorlage eines Zeugnisses zu verlangen, das ein Arzt oder eine Hebamme

1

---

[1] Buchner/Becker, § 5 MuSchG Rn 1.

[2] Meisel/Sowka, § 5 Rn 9; Buchner/Becker, § 5 MuSchG Rn 1.

aufgrund einer entsprechenden Untersuchung der AN ausgestellt und in dem entweder das Bestehen einer Schwangerschaft oder der mutmaßliche Tag der Entbindung, bzw. im Regefall beides zusammen bescheinigt wird.[3]

B. Regelungsgehalt

I. Mitteilungspflicht der werdenden Mutter

1. Allgemeines. Nach Abs. 1 S. 1 soll die werdende Mutter, sobald ihr Zustand bekannt ist, dem AG ihre **Schwangerschaft** und den **mutmaßlichen Tag der Entbindung** mitteilen. Diese, im Interesse des sofortigen Wirksamwerdens des gesetzlichen Mutterschutzes auferlegte Pflicht, stellt keine abschließende Regelung der Offenbarungspflichten der werdenden Mutter dar.[4] Darüber hinaus kann sich die Pflicht der AN zur Mitteilung ihrer Schwangerschaft auf der Grundlage ihrer arbeitsvertraglichen Verpflichtungen ergeben.[5] Teils wird vertreten eine entsprechende Verpflichtung bestehe bereits aus vorvertraglicher Rücksichtspflicht bei Anbahnung eines Arbverh (siehe Rn 14). Bei Prüfung des Bestehens einer Mitteilungspflicht ist daher zwischen der gesetzlichen Verpflichtung aus § 5, einer darüber hinausgehenden Verpflichtung aufgrund Besonderheiten des bestehenden Arbeitsvertrages oder Arbverh und vorvertraglichen Rücksichtspflichten bereits bei Einstellung zu unterscheiden.

2. Gesetzliche Mitteilungspflicht (Abs. 1 S. 1). Innerhalb des bestehenden Arbverh soll die AN dem AG die Schwangerschaft mitteilen.

a) Bedeutung und Rechtscharakter. Obgleich erst Kenntnis einer bestehenden Schwangerschaft den AG zu Maßnahmen des Gesundheitsschutzes veranlassen kann, wird für die Schwangere in Achtung ihrer Intimsphäre durch Abs. 1 S. 1 **keine Rechtspflicht zur Mitteilung** begründet.[6] Hierbei handelt es sich nicht um eine zwingende, sondern um eine **Sollvorschrift**. Die Mitteilung an den AG liegt im eigenen Interesse der AN, weshalb es sich nicht um eine Rechtspflicht gegenüber dem AG, sondern um eine Verpflichtung gegen sich selbst handelt.[7] Eine Nichtbeachtung der Vorschrift ist nicht ordnungswidrig oder gar strafbar (siehe § 21). Ebenso wenig kann die Mitteilung nach Abs. 1 S. 1 erzwungen werden,[8] obwohl die Gesundheit von Mutter und Kind an sich eine frühzeitige Unterrichtung des AG nahe legt, bedeutet damit die auferlegte Mitteilungspflicht lediglich eine „nachdrückliche Empfehlung" an die werdende Mutter.[9]

b) Inhalt, Form und Zeitpunkt der Mitteilung. aa) Inhalt der Mitteilung. Die AN soll ihre Schwangerschaft und den mutmaßlichen Tag der Entbindung mitteilen, sobald ihr Zustand bekannt ist. Hierbei genügt grds. auch die Mitteilung der AN, dass sie wahrscheinlich schwanger sei.[10] Neben der Mitteilung des **Bestehens einer Schwangerschaft** im Hinblick auf die nach § 2 notwendige Gestaltung des Arbeitsplatzes und die Beschäftigungsverbote in §§ 4, 8 soll zur Berechnung des Beginns der Schutzfrist aus § 3 Abs. 2 auch der **mutmaßliche Tag der Entbindung** mitgeteilt werden. Eine nicht hinreichend verständliche Mitteilung muss der AG zurückweisen, da er diese andernfalls gegen sich gelten lassen muss.[11] Soweit der AG auf anderem Wege vom Bestehen der Schwangerschaft erfährt, entbindet dies die schwangere AN nicht von ihrer Mitteilungspflicht. Hingegen ist der AG auch in diesem Fall verpflichtet, die mutterschutzrechtlichen Bestimmungen zugunsten der AN einzuhalten.[12] Die AN soll nur den „mutmaßlichen" Tag der Entbindung angeben, weshalb sie diesen Tag so bestimmen muss, wie es ihr nach den näheren Umständen des Einzelfalls möglich ist. Hat sie sich hierbei verschätzt, wird der mutmaßliche Tag ihrer Entbindung aber im weiteren Verlauf der Schwangerschaft korrigiert, besteht ihre Mitteilungspflicht gegenüber dem AG insoweit fort, als dass sie den neuen Termin nachzumelden hat.[13] Eine schwangere AN handelt nicht schuldhaft, wenn sie trotz Kenntnis vom Bestehen ihrer Schwangerschaft mit der entsprechenden Mitteilung an den AG wartet, bis sie von ihrem Arzt eine Schwangerschaftsbestätigung erhält, aus der sie den Beginn der Schwangerschaft entnehmen kann.[14]

bb) Form der Mitteilung. Eine **bestimmte Form** ist für die Mitteilung nach Abs. 1 S. 1 **nicht vorgeschrieben**. Die AN kann daher Mitteilung über die Schwangerschaft und über den voraussichtlichen Entbindungstag mündlich, telefonisch, in elektronischer Form, z.B. per E-Mail oder schriftlich abgeben. Ebenso kann sie die Mitteilung – wie in der Praxis üblich – auch durch Vorlage eines entsprechenden Zeugnisses eines Arztes oder einer Hebamme abge-

---

3 *Buchner/Becker*, § 5 MuSchG Rn 84.
4 *Buchner/Becker*, § 5 MuSchG Rn 22.
5 *Buchner/Becker*, § 5 MuSchG Rn 22; *Küttner/Reinecke*, Mutterschutz Rn 7; *Meisel/Sowka*, § 5 Rn 19; MünchArb/*Heenen*, Bd. 2, § 225 Rn 18.
6 *Küttner/Reinecke*, Mutterschutz Rn 7.
7 BAG 27.10.1983 – 2 AZR 214/82 – EZA § 9 MuSchG n.F. Nr. 24.
8 *Buchner/Becker*, § 5 MuSchG Rn 2; *ZZVV*, § 5 MuSchG Rn 1.
9 BAG 13.6.1996 – 2 AZR 736/95 – AP § 9 MuSchG 1968 Nr. 22 = NZA 1996, 1154 = NJW 1997, 610; BAG 18.1.2000 – 9 AZR 923/98 – AP § 5 MuSchG 1968 Nr. 1.
10 BAG 5.5.1961 – 1 AZR 454/59 – AP § 9 MuSchG Nr. 23 = NJW 1961, 1694; *ZZVV*, § 5 MuSchG Rn 6.
11 BAG 13.4.1956 – 1 AZR 390/55 – AP § 9 MuSchG Nr. 9.
12 *ZZVV*, § 5 MuSchG Rn 8; *Buchner/Becker*, § 5 MuSchG Rn 21.
13 *Buchner/Becker*, § 5 MuSchG Rn 6.
14 LAG Nürnberg 17.3.1992 – 4 Sa 566/91 – BB 1993, 1009.

ben.[15] Es kann der AN nicht zum Nachteil gereichen, wenn sie sich zunächst auf die Mitteilung der Schwangerschaft beschränkt und die Mitteilung über den voraussichtlichen Entbindungstermin später – etwa nach vorherigem Arztbesuch – nachholt.[16]

cc) Zeitpunkt der Mitteilung. Die Mitteilung soll **unverzüglich nach Erlangung der Kenntnis von der Schwangerschaft** erfolgen.[17] Hierbei genügt bereits die Kenntnis solcher Umstände, die den näheren Schluss auf das Bestehen einer Schwangerschaft zulassen.[18] Da jedoch die AN zur Mitteilung ihrer Schwangerschaft gesetzlich nicht verpflichtet ist, steht der Zeitpunkt, wann sie ihm die Mitteilung machen will, letztendlich in ihrem Belieben.[19] Mit Rücksicht auf die Gestaltung ihres Arbeitsplatzes, etwaige Beschäftigungsverbote nach diesem Gesetz und dem besonderen Künd-Schutz nach § 9 liegt es im Interesse der AN, die Mitteilung möglichst frühzeitig zu machen.[20] Hingegen kann aufgrund ausdrücklicher arbeitsvertraglicher Verpflichtungen, andernfalls als arbeitsvertragliche Nebenpflicht, der Zeitpunkt der Mitteilung nicht in das Ermessen der Mutter gestellt sein[21] (siehe Rn 21).

c) Adressat der Mitteilung. Die Mitteilung ist gem. Abs. 1 S. 1 an den **AG** zu richten. Eine Mitteilung an dessen Vertreter ist ausreichend. Wie in allen Fällen, in denen es auf die Kenntnis des AG ankommt, stehen diesem die Personen gleich, die der AG mit der Leitung des Betriebes oder besonderen Personalaufgaben betraut und die aus Sicht der Betroffenen AN Ansprechpartner bzw. Repräsentanten des AG sind.[22] Hierzu zählen insb. Mitarbeiter der Personalabteilung, etwa Personalsachbearbeiter,[23] oder die Filialleitung.[24] Es reicht die Mitteilung an alle Personen, die mit der eigenverantwortlichen Wahrnehmung von Aufgaben des Mutterschutzes im Betrieb beauftragt sind.[25] Sofern die AN die Mitteilung nur an den BR oder lediglich an den fachlich Vorgesetzten, etwa einen Vorarbeiter, richtet, reicht dies nicht aus.[26] Weder der Betriebs- noch der Vertrauensarzt einer Betriebskrankenkasse sind Repräsentanten des AG.[27] Damit wird nicht ausgeschlossen, dass die Schwangere die vorgenannten Personen mit der Mitteilung an den AG beauftragt. Da die Mitteilung keiner besonderen Form bedarf (siehe Rn 6) braucht diese nicht persönlich, sondern kann auch durch einen Boten erfolgen. Die Mitteilung nach Abs. 1 S. 1 ist eine rechtsgeschäftähnliche Handlung und wird mit **Zugang** wirksam, **§ 130 BGB**.[28] Bedient sich die AN eines Boten, erlangt der AG damit erst Kenntnis, wenn er auftragsgemäß von der Mittelsperson informiert wird.

d) Wirkung der Mitteilung. Teilt die Frau ihre Schwangerschaft und Entbindung dem AG mit oder erlangt er hiervon auf andere Weise Kenntnis und treffen die Angaben der Mitteilung objektiv zu, **muss der AG die Bestimmungen des MuSchG einhalten**: Er muss in eigener strafrechtlicher Verantwortung prüfen, ob und welche Beschäftigungsverbote zur Anwendung kommen und kann der AN nicht mehr kündigen.[29] Liegt die Schwangerschaft hingegen tatsächlich nicht vor, ist der AG selbst bei widerspruchsloser Hinnahme bei Mitteilung über das Bestehen der Schwangerschaft nicht an mutterschutzrechtliche Bestimmungen gebunden.[30]

Sobald feststeht, dass die zuvor angezeigte Schwangerschaft tatsächlich nicht vorliegt, ist die AN verpflichtet, den AG hierüber unverzüglich zu informieren.[31] Hat die AN den AG über eine zunächst tatsächlich bestehende Schwangerschaft informiert, muss sie diesen **unverzüglich und unaufgefordert** unterrichten, **wenn die Schwangerschaft** z.B. aufgrund einer Fehlgeburt oder eines Schwangerschaftsabbruchs **vorzeitig beendet** wird[32] (siehe Rn 26).

e) Verstoß und Rechtsfolgen. Die Verpflichtung zur Mitteilung nach Abs. 1 S. 1 ist eine reine Sollvorschrift und begründet keine erzwingbare Rechtspflicht (siehe Rn 4). Die Mitteilungs- sowie die Zeugnisvorlagepflicht ist weder erzwingbar noch besteht eine dahingehende Offenbarungspflicht. Daher löst die Nichtbeachtung **keine Sanktionen**, insb. keine Straf- oder Geldbuße nach § 21 aus. Die unterlassene Mitteilung wirkt allerdings zum Nachteil der schwangeren AN, als dass der AG – mangels Kenntnis – die zu ihren Gunsten geltenden mutterschutzrechtlichen Normen nicht anwenden kann (siehe Rn 4).

3. Sonstige Mitteilungspflichten. Die Mitteilungspflicht nach Abs. 1 S. 1 stellt **keine abschließende Regelung der Mitteilungs- bzw. Offenbarungspflichten** der werdenden Mutter dar, sondern es können der schwangeren AN weitere bzw. darüber hinausgehende Anzeige- und Offenbarungspflichten obliegen. Bei der Beurteilung der Frage nach weitergehenden Mitteilungspflichten ist zunächst zwischen dem bereits bestehenden und dem erst in Anbahnung befindlichem Arbeitsvertrag zu unterscheiden. Hinsichtlich der Zulässigkeit der Schwangerschaft sind das **Dis-**

---

15 ZZVV, § 5 MuSchG Rn 8.
16 ZZVV, § 5 MuSchG Rn 8.
17 ErfK/*Schlachter*, § 5 MuSchG Rn 2.
18 *Meisel/Sowka*, § 5 Rn 7; ZZVV, § 5 MuSchG Rn 7.
19 *Buchner/Becker*, § 5 MuSchG Rn 4.
20 *Buchner/Becker*, § 5 MuSchG Rn 4.
21 ErfK/*Schlachter*, § 5 MuSchG Rn 1, 2; ZZVV, § 5 MuSchG Rn 2.
22 *Küttner/Reinecke*, MuSchG Rn 8.
23 BAG 13.4.1956 – 1 AZR 390/55 – AP § 9 MuSchG Nr. 9; LAG Köln 30.6.1994 – 5 Sa 360/94 – NZA 95, 995.
24 LAG Köln 30.6.1994 – 5 Sa 360/99 – NZA 95, 995; LAG München 23.8.1990 – 5 Sa 840/89 – ZTR 1991, 212.
25 BAG 18.2.1965 – 2 AZR 274/64 – AP § 9 MuSchG Nr. 26.
26 *Küttner/Reinecke*, Mutterschutz Rn 8.
27 *Buchner/Becker*, § 5 MuSchG Rn 10.
28 ZZVV, § 5 MuSchG Rn 5.
29 ZZVV, § 5 MuSchG Rn 9.
30 *Buchner/Becker*, § 5 MuSchG Rn 17.
31 *Meisel/Sowka*, § 5 Rn 10a; ZZVV, § 5 MuSchG Rn 4.
32 BAG 18.1.2000 – 9 AZR 923/98 – AP § 5 MuSchG 1968 Nr. 1; ZZVV, § 5 MuSchG Rn 4.

kriminierungsverbot des § 611a BGB a.F., nunmehr enthalten in §§ 7, 3 Abs. 1 S. 2 AGG, und die RL 76/207/EWG des Rates v. 9.2.1976 (geändert durch die RL 2002/73/EG des Parlaments und des Rates v. 23.9.2002) „zur Verwirklichung des Grundsatzes der Gleichbehandlung von Männern und Frauen hinsichtlich des Zugangs zur Beschäftigung, zur Berufsbildung und zum beruflichen Aufstieg sowie in Bezug auf die Arbeitsbedingungen" und 92/85/EWG des Rates v. 19.10.1992 „über die Durchführung von Maßnahmen zur Verbesserung der Sicherheit und des Gesundheitsschutzes von schwangeren Arbeitnehmerinnen, Wöchnerinnen und stillenden Arbeitnehmern am Arbeitsplatz" zu beachten.

13 **a) Vorvertragliche Mitteilungspflicht bei Einstellung. aa) Allgemeines.** Die Verpflichtung zur Mitteilung der Schwangerschaft nach Abs. 1 S. 1 gilt nur für AN, die bereits in einem Arbvverh stehen, nicht jedoch für solche, die sich erst um ein Arbvverh bewerben. Bei der Beurteilung der Frage nach der Zulässigkeit der Schwangerschaft sind § 611a BGB a.F., nunmehr enthalten in §§ 7, 3 Abs. 1 S. 2 AGG, und die RL 76/207/EWG und 92/85/EWG zu beachten (siehe Rn 12), wobei dem Verbot der geschlechtlichen Diskriminierung beim Zugang zum Beruf besondere Bedeutung zukommt.[33] Ein AG verstößt unmittelbar gegen §§ 7, 3 Abs. 1 S. 2 AGG und Art. 2 Abs. 1 und 3 der EG-RL 76/207/EWG, wenn er es ablehnt, mit einer von ihm für geeignet befundenen Bewerberin einen Arbeitsvertrag zu schließen, weil er wegen der Einstellung einer schwangeren Frau Nachteile zu befürchten habe.[34] Ist die Schwangerschaft das Motiv für die Versagung der Einstellung, kommt es wegen der damit verbundenen Diskriminierung nicht darauf an, ob sich ein Mann auf dieselbe Stelle beworben hat oder nicht.[35] Ebenso verstößt die Künd einer schwangeren AN, die ihrerseits als Mutterschaftsvertretung eingestellt worden ist, worauf der AG im Einstellungsgespräch ausdrücklich hingewiesen hat, gegen das gemeinschaftliche Gebot der Gleichbehandlung von Mann und Frau.[36]

14 **bb) Offenbarungspflicht und Diskriminierungsverbot.** Wurde bislang die **Frage nach der Schwangerschaft** einer Bewerberin überwiegend für zulässig erachtet, sofern ein Beschäftigungsverbot bestand,[37] muss diese angesichts der **aktuellen Rspr., insb. des EuGH, generell als unzulässig angesehen** werden.[38] Es besteht auch keine Pflicht der Bewerberin, die Schwangerschaft im Einstellungsverfahren zu offenbaren.[39] Vor Vertragsschluss enthält die Frage nach der Schwangerschaft der Bewerberin grds. eine unmittelbare Benachteiligung des Geschlechts und damit einen Verstoß gegen § 611a BGB a.F., nunmehr §§ 7, 3 Abs. 1 S. 2 AGG. Bei Bejahung dieser Frage bleibt die Bewerbung zwangsläufig erfolglos.[40] Die Frage zielt auf die Nichteinstellung der Bewerberin ab und vermindert somit die Einstellungschancen von Frauen.[41] Dies gilt sowohl für unbefristete als auch für befristete Arbvverh.

15 Nahm das BAG ursprünglich eine Ausnahme an, wenn ein mutterschutzbedingtes Beschäftigungsangebot vorliegt,[42] hat das BAG nunmehr die Frage nach der Schwangerschaft einer unbefristet eingestellten AN selbst bei Bestehen eines Beschäftigungsverbotes für die vereinbarte Tätigkeit als unzulässig erachtet.[43] Unter Fortentwicklung seiner bisherigen Rspr. und in Übereinstimmung mit dem EuGH[44] sieht das BAG in der Frage nach der Schwangerschaft auch dann eine unzulässige Diskriminierung, wenn eine **unbefristet eingestellte AN** die vereinbarte Tätigkeit während der Schwangerschaft wegen eines mutterschutzrechtlichen Beschäftigungsverbotes zunächst nicht ausüben kann. Das Beschäftigungshindernis ist in diesen Fällen vorübergehender Natur und führt nicht zu einer dauerhaften Störung des Vertragsverhältnisses.[45]

16 Darüber hinaus hat der EuGH die schwangerschaftsbedingte Entlassung einer nur **befristet eingestellten AN** sogar dann für unzulässig erklärt, wenn diese den AG nicht über ihre Schwangerschaft unterrichtet, obwohl ihr diese bei Abschluss des Arbeitsvertrags bekannt ist und zudem feststeht, dass sie aufgrund ihrer Schwangerschaft während des wesentlichen Teils der Vertragslaufzeit nicht wird arbeiten können.[46] In einer weiteren Entscheidung gleichen Datums[47] hat der EuGH darüber hinaus entschieden, dass die **Nichterneuerung eines befristeten Arbeitsvertrags** gegen Artikel 10 Nr. 1 der RL 92/85/EWG verstößt und damit unzulässig ist. Soweit die Nichterneuerung eines befris-

---

33 *Schliemann*, NZA-RR 2000, 113.
34 EuGH 8.11.1990 – Rs C-177/88 – AP Art. 119 EWG-Vertrag Nr. 23.
35 EuGH 8.11.1990 – Rs C-177/88 – AP Art. 119 EWG-Vertrag Nr. 23; BAG 15.10.1992 – 2 AZR 227/92 – AP § 611a BGB Nr. 8.
36 EuGH 14.7.1994 – Rs-C 32/93 – AP § 9 MuSchG 1968 Nr. 21.
37 Darstellung des Meinungsstands: *Buchner/Becker*, § 5 MuSchG Rn 35 ff.; ZZVV, § 5 MuSchG Rn 19 und 20; für uneingeschränkte Zulässigkeit: *Hunold*, NZA 1987, 4.
38 ZZVV, § 5 MuSchG Rn 21, 22; ErfK/*Schlachter*, § 5 MuSchG Rn 5; *Willikonsky*, § 5 Rn 7; *Schulte-Westenberg*, NJW 2003, 490, 492; a.A. *Thüsing/Lambrich*, BB 2002, 1146, 1147; a.A. *Preis*, NZA 2007, 306 ff.; *Wank*, in: FS für Richardi, S. 441 ff.
39 EuGH 27.2.2003 – Rs C-320/01 – NJW 2003, 1107; LAG Hamm 1.3.1999 – 19 Sa 2596/98 – DB 1999, 2114.
40 BAG 1.7.1993 – 2 AZR 25/93 – AP § 123 BGB Nr. 36 = NZA 1993, 933 = NJW 1994, 148; BAG 6.2.2003 – 2 AZR 621/01 – AP § 611a BGB Nr. 21.
41 ErfK/*Schlachter*, § 5 MuSchG Rn 5.
42 BAG 1.7.1993 – 2 AZR 25/93 – AP § 123 BGB Nr. 36 = NZA 1993, 933 = NJW 1994, 148.
43 BAG 6.2.2003 – 2 AZR 621/01 – AP § 611a BGB Nr. 21.
44 EuGH 3.2.2000 – Rs C-207/98 – AP § 611a BGB Nr. 18.
45 BAG 6.2.2003 – 2 AZR 621/01 – AP § 611a BGB Nr. 21; EuGH 3.2.2000 – Rs C-207/98 – AP § 611a BGB Nr. 18.
46 EuGH 4.10.2001 – Rs C-109/00 – NZA 2001, 1241 = NJW 2002, 123.
47 EuGH 4.10.2001 – Rs C-438/99 – NZA 2001, 1243 = NJW 2002, 125.

teten Arbeitsvertrags ihren Grund in der Schwangerschaft der AN hat, stellt sie eine unmittelbare Diskriminierung aufgrund des Geschlechtes dar, die gegen Art. 2 Abs. 1 und 3 Abs. 1 der RL 76/207/EWG verstößt.[48] Die RL 76/207/EWG und 92/85/EWG unterscheiden im Hinblick auf die Tragweite des Gleichbehandlungsgrundsatzes nicht nach der Dauer des Arbverh.[49] Hätte der Gemeinschaftsgesetzgeber die befristeten Verträge, die einen bedeutenden Teil der Arbverh ausmachen, vom Geltungsbereich der RL ausnehmen wollen, so hätte er dies klar zum Ausdruck gebracht.[50] Bezüglich der finanziellen Folgen, die sich für den AG daraus ergeben können, dass die AN sie während der Dauer ihrer Schwangerschaft nicht auf den betreffenden Arbeitsplatz beschäftigt werden darf gilt, dass eine Diskriminierung aufgrund des Geschlechtes nicht mit dem finanziellen Nachteil gerechtfertigt werden kann, den der AG hierdurch erleidet.[51]

In Fortführung dieser Rspr. hat der EuGH[52] jüngst entschieden, dass eine AN, die mit Zustimmung ihres AG vor dem Ende ihres Erziehungsurlaubes an ihren Arbeitsplatz zurückkehren möchte, nicht verpflichtet ist, dem AG mitzuteilen, dass sie erneut schwanger ist, selbst wenn sie wegen bestimmter gesetzlicher Beschäftigungsverbote ihre Tätigkeit nicht in vollem Umfang ausüben kann.

Unabhängig davon, ob sich Frauen und Männer um eine Stelle beworben haben, ob das künftige Arbverh befristet oder unbefristet abgeschlossen werden soll und ob die vorgesehene Tätigkeit bei Schwangerschaft wegen mutterschutzrechtlicher Beschäftigungsverbote nicht ausgeübt werden darf, muss die Frage nach der Schwangerschaft einer Bewerberin generell als unzulässig angesehen und eine dahingehende Offenbarungspflicht der Bewerberin abgelehnt werden.[53] Diese Rechtslage gilt umso mehr nach Inkrafttreten des Allgemeinen Gleichbehandlungsgesetzes (AGG) vom 14.8.2006,[54] siehe dort insb. §§ 7, 3 Abs. 1 S. 2 AGG.

cc) **Rechtsfolgen.** Der AG kann weder unzumutbare finanzielle Belastungen noch Störungen im Austauschverhältnis erfolgreich geltend machen (siehe § 3 Rn 28 ff.).[55] Mangels einer Offenbarungspflicht der schwangeren AN, kann der AG den mit der Bewerberin abgeschlossenen Arbeitsvertrag nicht mit der Begründung anfechten, die AN habe ihn arglistig getäuscht, weil sie nicht von sich aus auf die bestehende Schwangerschaft hingewiesen habe. Eine so begründete **Anfechtung** diskriminiert die betroffene AN unmittelbar wegen ihres Geschlechts und verstößt gegen § 611a Abs. 1 BGB a.F., nunmehr §§ 7, 3 Abs. 1 S. 2 AGG.[56] Eine Anfechtung ist selbst dann ausgeschlossen, wenn die Bewerberin vor Abschluss des Vertrages ausdrücklich versichert hat, sie sei nicht schwanger. Eine wirksame Anfechtung nach § 123 BGB wegen arglistiger Täuschung scheidet aus, wenn ein AN den Abschluss eines Arbeitsvertrags durch die bewusst falsche Beantwortung von unzulässigen Fragen, die der AG ihr vor Vertragsschluss gestellt hatte, erreicht, wenn die gestellte Frage unzulässig war.[57] Die Frage nach der Schwangerschaft ist unzulässig, weil sie eine nach § 611a BGB a.F., jetzt §§ 7, 3 Abs. 1 S. 2 AGG, verbotene Diskriminierung wegen des Geschlechtes enthält.

Eine **Künd des Arbeitsvertrags** ist aufgrund des Künd-Verbotes nach § 9 ausgeschlossen. Die falsche Antwort auf eine unzulässige Frage ist kein besonderer Fall i.S.d. § 9 S. 1 und rechtfertigt nicht, die Künd ausnahmsweise für zulässig zu erklären.

b) **Arbeitsvertragliche Mitteilungspflicht.** Im bestehenden Arbverh können Mitteilungs- bzw. Anzeigepflichten ausdrücklich vertraglich geregelt sein, andernfalls auf einer Konkretisierung der Treuepflicht der AN beruhen.[58] Dementsprechend kann die Pflicht zur Mitteilung einer Schwangeren als Offenbarungspflicht aufgrund konkreter arbeitsvertraglicher Regelungen, andernfalls aufgrund der arbeitsvertraglichen Treuepflicht bestehen. Auch ohne gesonderte, gesetzliche oder vertragliche Grundlage können den AN Anzeige- und Mitteilungspflichten treffen. Der AN hat dem AG drohende Schäden anzuzeigen.[59] Gleich, ob aufgrund ausdrücklicher arbeitsvertraglicher Regelung oder der AN obliegenden Treuepflichten, hat die Prüfung der Frage eines Auskunftsanspruch des AG bzw. einer Offenbarungspflicht der AN stets unter Abwägung der beiderseitigen Interessen und je nach Lage des Einzelfalles zu erfolgen.[60]

---

48 EuGH 4.10.2001 – Rs C-438/99 – NZA 2001, 1243 = NJW 2002, 125; LAG Köln 26.5.1995 – 10 Sa 244/94 – NZA 1995, 1105 = AuR 1995,410.
49 EuGH 4.10.2001 – Rs C-109/00 – NZA 2001, 1241 = NJW 2002, 123; EuGH 4.10.2001 – Rs C-438/99 – NZA 2001, 1243 = NJW 2002, 125; *Schulte-Westenberg*, NZA 2003, 490.
50 EuGH 4.10.2001 – Rs C-109/00 – NZA 2001, 1241 = NJW 2002, 123; EuGH 4.10.2001 – Rs C-438/99 – NZA 2001, 1243 = NJW 2002, 125.
51 EuGH 8.11.1990 – Rs C-177/88 – Decker – NJW 1991, 628; EuGH 3.2.2000 – Rs C-207/98 – AP § 611a BGB Nr. 18 = NZA 2000, 255; EuGH 4.10.2001 – Rs C-109/00 und Rs C-438/99 – NZA 2001, 1241, 1243.
52 EuGH 27.2.2003 – Rs C- 320/01 – NJW 2003, 1107; a.A. *Preis*, NZA 2007, 306 ff.; *Wank*, in: FS für Richardi, S. 441 ff.
53 *ZZVV*, § 5 MuSchG Rn 22; *Schulte-Westenberg*, NJW 2003, 490; a.A. *Thüsing/Lambring*, BB 2002, 1146, 1147.
54 BGBl I S. 1897.
55 BAG 6.2.2003 – 2 AZR 621/01 – AP § 611a BGB Nr. 21.
56 LAG Hamm 1.3.1999 – 19 Sa 2596/98 – DB 1999, 2114.
57 BAG 6.2.2003 – 2 AZR 621/01 – AP § 611a BGB Nr. 21.
58 *Buchner/Becker*, § 5 MuSchG Rn 24.
59 BAG 1.6.1996 – 6 AZR 912/94 – NZA 1996,135.
60 *Buchner/Becker*, § 5 MuSchG Rn 24.

22 **aa) Bestehen einer Schwangerschaft.** Ein objektives Interesse des AG daran, vom Bestehen einer Schwangerschaft, als einem in der höchstpersönlichen Sphäre der Frau liegendem Umstand Kenntnis zu erlangen, lässt sich aus betrieblichen Abläufen und zwar auch hinsichtlich des Zeitpunkts der Mitteilung begründen.[61] Grds. hat die AN auf das Interesse des AG an rechtzeitiger Disposition Rücksicht zu nehmen.[62] Im Normalfall wird hierdurch jedoch das nach Abs. 1 S. 1 geachtete Interesse der werdenden Mutter und des Kindes allein Beachtung verlangen.[63] Danach soll die **AN nicht zur Offenbarung ihrer Schwangerschaft gezwungen** sein.[64]

23 Ein **gesteigertes Dispositionsinteresse des AG** wird jedoch dann in Betracht gezogen, wenn Beschäftigungsverbote eingreifen und eine Ersatzkraft neu eingestellt werden muss, eine erhebliche Einarbeitungszeit benötigt wird oder die aufgrund ihrer Schwangerschaft ausfallende AN eine Schlüsselposition inne hat.[65] Entsprechendes wird angenommen, wenn das Arbverh nach Eintritt der Schwangerschaft aufgrund der Art der Beschäftigung, z.B. als Sportlehrerin oder Artistin, nicht mehr sinnvoll durchgeführt werden kann.[66]

24 Ob diese Auffassungen vor dem Hintergrund der jüngsten Rspr., insb. des EuGH, zum Verbot der geschlechtlichen Diskriminierung Bestand haben, ist indes fraglich. So hat der EuGH jüngst ausgeführt, dass die AN nicht verpflichtet ist, dem AG mitzuteilen, dass sie schwanger ist, da der AG bei der Anwendung der Arbeitsbedingungen ihre Schwangerschaft nicht berücksichtigen darf und auch die finanziellen Folgen eines Beschäftigungsverbotes kein anerkennenswertes Auskunftsinteresse des AG begründen.[67] Danach ist eine AN, die mit Zustimmung ihres AG vor dem Ende ihres Erziehungsurlaubes an ihren Arbeitsplatz zurückkehren möchte, nicht verpflichtet, dem AG mitzuteilen, dass sie erneut schwanger ist, selbst wenn sie wegen bestimmter gesetzlicher Beschäftigungsverbote ihre Tätigkeit nicht in vollem Umfang ausüben kann.[68] Der AG darf bei Anwendung der Arbeitsbedingungen die Schwangerschaft nicht berücksichtigen.[69]

25 Ein gesteigertes Dispositionsinteresse des AG kann sich danach allenfalls aus dem möglichen Schaden bei Unterlassen der rechtzeitigen Mitteilung und nicht aus dem Arbeitsausfall der Schwangeren ergeben.[70]

26 **bb) Vorzeitige Beendigung oder irrtümliche Annahme einer Schwangerschaft.** Sobald feststeht, dass eine irrtümlich angenommene und angezeigte Schwangerschaft tatsächlich nicht vorliegt, ist die AN verpflichtet, **den AG hierüber unverzüglich zu informieren**.[71] Hat die AN den AG über eine zunächst tatsächlich bestehende Schwangerschaft informiert, muss sie diesen unverzüglich und unaufgefordert unterrichten, wenn die Schwangerschaft z.B. aufgrund einer Fehlgeburt oder eines Schwangerschaftsabbruchs vorzeitig beendet wird.[72] Die Verpflichtung der AN, ihren AG über die Beendigung der Schwangerschaft in Kenntnis zu setzen, ergibt sich aus der arbeitsvertraglichen Treuepflicht. Obwohl die Gesundheit von Mutter und Kind an sich eine frühzeitige Unterrichtung des AG nahe legt, soll die AN aufgrund der Achtung und Wahrung des Persönlichkeitsrechts der Frau nicht zur Offenbarung ihrer Schwangerschaft gezwungen sein (siehe Rn 4). Dieser Grund entfällt jedoch, sobald die AN von der Schwangerschaft Mitteilung macht und damit die Rechtsbeziehung zum AG beeinflusst. Mit Eintritt einer Schwangerschaft bestimmt sich die Art, der Inhalt und der Umfang der arbeitsvertraglichen Pflichten nicht mehr allein nach dem Arbeitsvertrag, sondern diese werden durch das Mutterschutzrecht modifiziert und teils überlagert. Der AG hat daher ein berechtigtes Interesse zu erfahren, wann die von der AN beanspruchten Schutzrechte nicht mehr bestehen.[73] Die AN hat den AG selbst dann über die vorzeitige Beendigung der Schwangerschaft unverzüglich zu unterrichten, wenn dieser sich mit der Annahme der Dienste der AN in Verzug befindet, weil eine von ihm erklärte Künd wegen Verstoßes gegen § 9 rechtskräftig für rechtsunwirksam erklärt worden ist.[74]

27 **cc) Verstoß und Rechtsfolgen.** Muss im Einzelfall die rechtzeitige Mitteilung des Bestehens einer Schwangerschaft als vertragliche Pflicht der AN angesehen werden, liegt im Unterlassen der Mitteilung ein Verstoß gegen den Arbeitsvertrag.[75] Entsprechendes gilt, wenn die AN den AG nicht unverzüglich darüber unterrichtet, dass eine irrtümlich angenommene und angezeigte Schwangerschaft tatsächlich nicht vorliegt oder eine bestehende Schwangerschaft z.B. aufgrund einer Fehlgeburt oder eines Schwangerschaftsabbruchs vorzeitig beendet ist.

28 **(1) Schadensersatz.** In einem solchen Fall kann die AN wegen Verstoßes einer arbeitsvertraglichen Mitteilungspflicht **nach § 280 BGB zum Ersatz des Schadens verpflichtet sein**, der z.B. dadurch entsteht, dass der AG eine Ersatzkraft nicht oder nur unter für ihn ungünstigeren Bedingungen beschaffen kann, weil die Mitteilung der

---

61 MünchArb/*Heenen*, Bd. 2, § 225 Rn 18; *Buchner/Becker*, § 5 MuSchG Rn 26.
62 MünchArb/*Heenen*, Bd. 2, § 225 Rn 18.
63 *Buchner/Becker*, § 5 MuSchG Rn 25.
64 BAG 18.1.2000 – 9 AZR 932/98 – NZA 2000, 1157.
65 MünchArb/*Heenen*, Bd. 2, § 225 Rn 18; ZZVV, § 5 MuSchG Rn 2.
66 Schaub/*Linck*, Arbeitsrechts-Handbuch § 167 Rn 2.
67 EuGH 27.2.2003 – Rs C-320/01 – NJW 2003, 1107.
68 EuGH 27.2.2003 – Rs C-320/01 – NJW 2003, 1107.
69 EuGH 27.2.2003 – Rs C-320/01 – NJW 2003, 1107.
70 *Buchner/Becker*, § 5 MuSchG Rn 26.
71 *Meisel/Sowka*, § 5 Rn 10 a; ZZVV, § 5 MuSchG Rn 4.
72 BAG 18.1.2000 – 9 AZR 923/98 – AP § 5 MuSchG 1968 Nr. 5; ZZVV, § 5 MuSchG Rn 4.
73 BAG 18.1.2000 – 9 AZR 923/98 – AP § 5 MuSchG 1968 Nr. 5.
74 BAG 18.1.2000 – 9 AZR 932/98 – AP § 5 MuSchG 1968 Nr. 5.
75 *Buchner/Becker*, § 5 MuSchG Rn 31.

Schwangerschaft verspätet oder gar nicht erfolgte.[76] Eine Haftung der AN kommt jedoch nur bei Vorliegen des Verschuldens gem. § 276 BGB in Betracht. Eine schwangere AN handelt nicht schuldhaft, wenn sie trotz Kenntnis vom Bestehen ihrer Schwangerschaft mit der entsprechenden Mitteilung an den AG wartet, bis sie von ihrem Arzt eine Schwangerschaftsbestätigung erhält, aus dem sie den Beginn der Schwangerschaft entnehmen kann.[77]

(2) Kündigung des Arbeitsvertrags. Eine Künd des Arbverh **mit einer Schwangeren** wegen Verletzung der Pflicht zur Mitteilung des Vorliegens einer Schwangerschaft aufgrund arbeitsvertraglicher Vereinbarung oder Treuepflicht ist selbst in schwierigen Fällen wegen des Künd-Verbots des § 9 Abs. 1 unzulässig.[78] Ebenso ist eine Anfechtung des Arbeitsvertrags wegen des Verschweigens einer Schwangerschaft, welche erst im Laufe des Arbverh eintritt, mangels Anfechtungsgrund unwirksam.[79]

29

Die Möglichkeit der **Künd des Arbverh wegen Verletzung der Pflicht zur Mitteilung der frühzeitigen Beendigung** (aufgrund Fehlgeburt oder Schwangerschaftsabbruch, siehe § 9 Rn 12, 13) **bzw. des Nichtbestehens** einer angezeigten Schwangerschaft ist hingegen nicht ausgeschlossen, jedoch stets von den Umständen des Einzelfalls abhängig. Eine Künd kommt grds. nur bei schwerwiegender Verletzung arbeitsvertraglicher Pflichten in Betracht, wobei die AN bei Unterlassen der Mitteilung, unter Würdigung der Gesamtumstände, wichtige und anerkennenswerte Belange des AG in treuwidriger Weise außer Acht lassen muss.[80] Wegen der besonderen persönliche Belastung, der die AN im Hinblick auf die Mutterschaft bzw. bei Verlust des Kindes ausgesetzt ist, sind diese Fälle jedoch kaum denkbar.[81]

30

c) Ärztliche Untersuchungen. Ärztliche Untersuchungen und Tests zur **Feststellung einer eventuellen Schwangerschaft** kann der AG weder bei Einstellung einer Bewerberin noch im bestehenden Arbverh ebenso wenig verlangen, wie er nach dem Bestehen einer Schwangerschaft fragen darf (siehe Rn 14 f.). Die üblichen Einstellungsuntersuchungen müssen sich darauf beschränken, ob die Gesundheit einer Bewerberin die Übernahme auf eine bestimmte Stelle bzw. einen Arbeitsplatz zulässt.[82] Dies gilt auch für betriebsärztliche Einstellungsuntersuchungen nach § 3 Nr. 2 des Gesetzes über Betriebsärzte, Sicherheitsingenieure und andere Fachkräfte für Arbeitssicherheit, ArbSichG.[83] Im Falle der Feststellung einer Schwangerschaft anlässlich der Einstellungsuntersuchung durch den Betriebsarzt, ist dieser aufgrund seiner **ärztlichen Schweigepflicht** verpflichtet, den AG nicht über die Schwangerschaft zu unterrichten.[84] Eine Ausnahme gilt, soweit die Bewerberin bzw. AN den Arzt im Hinblick auf die Unterrichtung des AG über das Vorliegen der Schwangerschaft von seiner Schweigepflicht entbunden hat.[85] Als problematisch erweist sich der Fall, dass aufgrund gesetzlicher Vorschriften die AN zur Aufnahme der Arbeit eine ärztliche Unbedenklichkeitsbescheinigung benötigt und diese vom Arzt wegen der bestehenden Schwangerschaft vorläufig nicht erteilt werden kann. Dies führt möglicherweise wiederum dazu, dass es nicht zum Abschluss des Arbeitsvertrages kommt.[86] Nach der Rspr. des EuGH (siehe Rn 14 ff.) darf die Einstellung wegen des Vorliegens einer Schwangerschaft nicht unterbleiben.

31

d) Beraterhinweise. Die vorstehend skizzierte Grenzziehung bezieht sich auf jede Form der Ermittlung der Schwangerschaft. Sie bezieht sich gleichermaßen auf die persönliche Befragung durch den AG oder dessen Vertreter bzw. beauftragte Personen, wie auf die Befragung durch Personalfragebögen[87] (siehe Rn 65). Sie bezieht sich auch auf indirekte auf eine bestehende oder potenzielle Schwangerschaft abzielende Fragen, wie z.B. die Frage nach der letzten Regelblutung, nach dem letzten Geschlechtsverkehr oder nach der Einnahme empfängnisverhütender Mittel.[88]

32

II. Zeugnis über Schwangerschaft und Tag der Entbindung (Abs. 1 S. 2, Abs. 2)

Der AG kann nach Abs. 1 S. 2 verlangen, dass ihm die AN eine Bescheinigung eines Arztes oder einer Hebamme über das Bestehen der Schwangerschaft vorlegt. Ebenso sieht Abs. 2 die Vorlage eines Zeugnisses eines Arztes oder einer Hebamme für die Berechnung der Beschäftigungsverbote nach § 3 Abs. 2 (siehe § 3 Rn 8) vor.

33

1. Zweck. Ebenso wie die Schwangere dem AG das Vorlegen der Schwangerschaft nicht zwingend mitteilen muss, ist diese **nicht zwingend verpflichtet**, dem AG eine Bescheinigung nach Abs. 1 S. 2 oder Abs. 2 beizubringen, sondern „soll" dies nur tun. Der AG kann das Zeugnis verlangen, wenn die AN ihm von der Schwangerschaft unterrichtet

34

---

76 ZZVV, § 5 MuSchG Rn 2, *Buchner/Becker*, § 5 MuSchG Rn 32; Schaub/*Linck*, Arbeitsrechts-Handbuch, § 167 Rn 2.
77 LAG Nürnberg 17.3.1992 – 4 Sa 566/91 – BB 1993, 1009 = NZA 1993, 946.
78 ZZVV, § 5 MuSchG Rn 2; *Buchner/Becker*, § 5 MuSchG Rn 33, 34.
79 A.A. *Buchner/Becker*, § 5 MuSchG Rn 65.
80 *Buchner/Becker*, § 5 MuSchG Rn 33.
81 *Buchner/Becker*, § 5 MuSchG Rn 33.
82 LAG Düsseldorf 30.9.1971 – 3 Sa 305/71 – DB 1971, 2071.
83 ZZVV, § 5 MuSchG Rn 23.
84 ZZVV, § 5 MuSchG Rn 23; *Buchner/Becker*, § 5 MuSchG Rn 59.
85 ZZVV, § 5 MuSchG Rn 23; *Buchner/Becker*, § 5 MuSchG Rn 59.
86 *Buchner/Becker*, § 5 MuSchG Rn 59.
87 *Buchner/Becker*, § 5 MuSchG Rn 60.
88 ZZVV, § 5 MuSchG Rn 22.

hat, aber auch, wenn er selbst konkreten Anlass zur Vermutung hat, dass eine Schwangerschaft vorliegt.[89] Auch hier handelt es sich nicht um eine Rechtspflicht gegenüber dem AG. Die schwangere AN verliert nicht den Sonder-Künd-Schutz nach § 9, wenn sie dem AG nach Erhalt einer Künd mitteilt, sie sei schwanger oder sie vermute, dass sie schwanger sei, trotz Aufforderung innerhalb einer angemessenen Frist den Nachweis nach Abs. 1 S. 2 bzw. Abs. 2 nicht beibringt.[90] Der AG muss dennoch die Schutzvorschriften des MuSchG beachten und einhalten. Die Rechtsverbindlichkeiten der Mutterschutznorm hängen grds. nicht von der Kenntnis des AG von der Schwangerschaft oder deren Nachweis, sondern vom tatsächlichen Bestehen der Schwangerschaft ab. Da der AG nicht selbst die Richtigkeit der Angaben nachprüfen kann, wird jedoch hier die Befugnis zugestanden, die Vorlage eines Zeugnisses zu verlangen, das ein Arzt oder eine Hebamme aufgrund entsprechender Untersuchung der AN ausstellt und in dem sachkundig das Bestehen einer Schwangerschaft oder der mutmaßliche Tag der Entbindung, im Regelfall beides zusammen, bescheinigt wird. Hierdurch soll den Belangen beider Vertragsteile an objektiver Feststellung der Schwangerschaft und des Tages der Entbindung Genüge getan werden.[91] Nach § 5 kommen **zwei Arten von Zeugnissen** in Betracht. Das in **Abs. 1 S. 2** genannte Zeugnis bestätigt das Vorliegen einer Schwangerschaft sowie den mutmaßlichen Tag der Entbindung. Das in **Abs. 2** genannte Zeugnis, gibt lediglich Auskunft über den mutmaßlichen Tag der Entbindung und ist für die Berechnung der Schutzfrist des § 3 Abs. 2 vor der Entbindung maßgeblich, insb. wenn dem ersten Zeugnis hierzu genauere Angaben fehlen.[92]

35 **2. Form und Inhalt. a) Inhalt.** Der Inhalt des Zeugnis soll auch für Laien verständlich sein, deutlich die Tatsache der Schwangerschaft und, wenn möglich, ein bestimmtes Datum für den mutmaßlichen Entbindungstag enthalten.[93] Es reicht zunächst jedoch aus, die Vermutung für das Bestehen einer Schwangerschaft auszusprechen, mit dem Zeitpunkt der Ausstellung des Zeugnisses weitergehende Feststellungen, etwa in der Anfangszeit der Schwangerschaft, nicht getroffen werden können.[94] Äußert sich bereits das erste Zeugnis über den mutmaßlichen Tag der Entbindung, hat die AN ihrer Mitteilungspflicht genügt. Anderenfalls kann der AG ab dem Zeitpunkt, zu dem die Schwangerschaft sicher feststeht, die Vorlage des zweiten in Abs. 2 genannten Zeugnisses verlangen, welches den mutmaßlichen Tag der Entbindung angeben muss.[95] Der im Zeugnis angegebene Entbindungstag ist maßgebend, insb. für die **Berechnung der Schutzfrist des § 3 Abs. 2**, bei der Bestimmung von Beschäftigungsverboten nach § 4 Abs. 2 sowie bei der Berechnung des Tages der Empfängnis zur Bestimmung des Beginns des Künd-Schutzes nach § 9.[96] Die Pflicht zur Vorlage des Zeugnisses ist auch dann erfüllt, wenn es medizinische Fachausdrücke enthält, die dem medizinischen Laien zunächst nicht verständlich sind, da dem AG zuzumuten ist, sich erforderlichenfalls den Inhalt erklären zu lassen, anderenfalls eine nicht hinreichend verständliche Mitteilung zurückzuweisen.[97]
Zum Beginn der Schwangerschaft siehe § 3 Rn 4. Zur Definition des Begriffs Entbindung siehe § 6 Rn 5.

36 **b) Form.** Da es sich um ein „Zeugnis" handelt, dass die AN „vorlegen" soll, genügt nur eine schriftlich ausgestellte Bescheinigung.[98]

37 **3. Aussteller.** Jeder approbierte Arzt und jede staatlich ausgebildete und geprüfte Hebamme, also jede unter dieser Berufsbezeichnung zugelassene Geburtshelferin, können das Zeugnis ausstellen.[99] Gleiches gilt für Entbindungspfleger, auf die grds. die gleichen Rechtsvorschriften wie für Hebammen angewandt werden.[100] Der AG kann von der AN nicht die Untersuchung durch einen von ihm bestimmten Arzt bzw. einer bestimmten Hebamme verlangen.[101] Ebenso wenig kann er ausschließlich ein ärztliches Zeugnis anstatt dem einer Hebamme anerkennen[102]

38 **4. Pflicht zur Vorlage.** Die Regelung in Abs. 1 S. 2 ist lediglich eine **Sollvorschrift**. Der AG kann soweit entsprechende Anhaltspunkte für eine Schwangerschaft vorliegen jederzeit ohne Angabe von Gründen von der AN die Vorlage eines ärztlichen Zeugnisses über das Bestehen der Schwangerschaft und über den mutmaßlichen Tag der Entbindung verlangen. Wie die allg. Verpflichtung zur Mitteilung der Schwangerschaft (siehe Rn 12) kann der AN auch eine **über die gesetzliche Verpflichtung hinausgehende Pflicht** zur Vorlage des Attestes eines Arztes oder einer Hebamme aufgrund des Arbeitsvertrags obliegen. Als Anspruchsgrundlage kommt auch hier die ausdrückliche arbeitsvertragliche Regelung ebenso wie die arbeitsvertragliche Treuepflicht in Betracht.

---

89 *Willikonsky*, § 5 Rn 19.
90 BAG 6.6.1974 – 2 AZR 278/73 – AP § 9 MuSchG 1968 Nr. 3.
91 *Buchner/Becker*, § 5 MuSchG Rn 84.
92 *Buchner/Becker*, § 5 MuSchG Rn 85.
93 ZZVV, § 5 MuSchG Rn 16.
94 *Buchner/Becker*, § 5 MuSchG Rn 96; *Meisel/Sowka*, § 5 Rn 11; BAG 5.5.1961 – 1 AZR 454/59 – AP § 9 MuSchG Nr. 23.
95 *Buchner/Becker*, § 5 MuSchG Rn 97, 98; *Willikonsky*, § 5 Rn 21.
96 Schaub/*Linck*, Arbeitsrechts-Handbuch, § 167 Rn 10.
97 BAG 13.4.1956 – 1 AZR 390/55 – AP § 9 MuSchG Nr. 9.
98 *Buchner/Becker*, § 5 MuSchG Rn 101.
99 ErfK/*Schlachter*, § 5 MuSchG Rn 3; *Buchner/Becker*, § 5 MuSchG Rn 95.
100 *Buchner/Becker*, § 5 MuSchG Rn 95.
101 ZZVV, § 5 MuSchG Rn 15.
102 *Buchner/Becker*, § 5 MuSchG Rn 95.

Dabei kommt es auch hier auf das Vorliegen überwiegender anerkennenswerter Belange des AG an.[103] Bezüglich des Interesse des AG an der Vorlage des Attestes eines Arztes oder einer Hebamme gilt das zur allg. Anzeige der Schwangerschaft Ausgeführte entsprechend (siehe Rn 12 ff.). Soweit es jedoch um den mutmaßlichen Tag der Entbindung geht, der für die Berechnung der Schutzfristen maßgebend ist, kann die Annahme einer Vertragspflicht zur Beibringung eines Zeugnisses im Einzelfall zu bejahen sein.[104] So wird vertreten, die authentische Feststellung des Beginns der Schutzfrist des § 3 Abs. 2, deren Beachtung allg. zu betrieblichen Umdispositionen zwingt, sei ein überragend anerkennenswertes Anliegen des AG.[105]

Dies ist vor dem Hintergrund der jüngsten europäischen Rspr. (siehe Rn 12 bis 16) jedoch kritisch zu beurteilen. Generalisierende Betrachtung verbietet sich demnach. Nimmt man im Einzelfall eine Verpflichtung der AN zur Vorlage des Zeugnisses eines Arztes und einer Hebamme an und verstößt diese hiergegen, hat dies grds. die gleichen Konsequenzen wie die Annahme der (allg.) Mitteilungspflicht (siehe Rn 27).

5. Aussage- und Beweiswert. Nach § 5 Abs. 2 ist der im Zeugnis des Arztes oder der Hebamme angegebene mutmaßliche Tag der Entbindung maßgeblich für die Berechnung der Schutzfristen vor Entbindungen nach § 3 Abs. 2, bei der **Bestimmung von Beschäftigungsverboten** nach § 4 Abs. 2 sowie bei der Berechnung des Tages der Empfängnis zur **Bestimmung des Beginns des Künd-Schutzes** nach § 9. Das es sich hierbei um eine Ereignisfrist nach §§ 187 Abs. 1, 188 Abs. 1 BGB handelt, ist der voraussichtliche Entbindungstag nicht mitzuzählen.[106]

Das Zeugnis des Arztes oder der Hebamme über den mutmaßlichen Tag der Entbindung ist für den AG hinsichtlich der Einhaltung der Schutzfrist des § 3 Abs. 2 absolut verbindlich, wobei von dem im Zeugnis angegebenen Entbindungstag die Schutzfrist von sechs Wochen zurückzurechnen ist, ohne Rücksicht darauf, ob der Arzt oder die Hebamme geirrt haben.[107] Arzt und Hebamme können in dem Falle eines **Irrtums** die Feststellung über den voraussichtlichen Entbindungstermin jedoch **durch ein weiteres Zeugnis korrigieren**.[108] Das kommt u.U. in Betracht, wenn der genaue Termin wegen Zyklus-Unregelmäßigkeiten zunächst nicht bestimmt werden kann und eine exakte Bestimmung des Entbindungstermins erst durch eine Ultraschalluntersuchung erfolgen kann.[109] Hat der Arzt oder die Hebamme sich über den Entbindungstag geirrt, verlängert oder verkürzt sich die Frist für das Beschäftigungsverbot entsprechend.[110] **Maßgeblich ist das zuletzt vorgelegte Zeugnis**.[111] Ergibt sich hieraus ein späterer Entbindungstermin, ist dann noch zu unterscheiden, ob die Schutzfrist des § 3 Abs. 2 bereits begonnen hat. In diesem Fall verbleibt es bei dem eingetretenen Beschäftigungsverbot, denn der Schwangeren soll nach dem Willen des Gesetzgebers kein Nachteil entstehen.[112] Beginnt die Schutzfrist hingegen zu einem späteren Zeitpunkt als dem Vorlagezeitpunkt des korrigierten Zeugnisses, kann sie entsprechend verschoben werden.[113] Nach Abs. 2 S. 2 verkürzt oder verlängert sich die Schutzfrist des § 3 Abs. 2 mit allen mutterschutzrechtlichen Konsequenzen, je nach dem ob sich die Entbindung verfrüht oder verspätet. Verlängerung oder Verkürzung der Schutzfrist vor Entbindung sind für die AN, den AG, die Aufsichtsbehörde, die Krankenkasse und den Bund verbindlich.[114] In § 200 Abs. 3 S. 3 bis 5 RVO ist insb. die Maßgeblichkeit des Zeugnisses für die Zahlung des Mutterschaftsgeldes vor Entbindung festgelegt. Im Fall des Abs. 2 S. 2, also der Verkürzung der Schutzfrist nach § 3 vor Entbindung, führt dies nach der neuen Fassung des § 6 Abs. 1 S. 2 (seit 17.6.2002) zu einer entsprechenden Verlängerung der Schutzfrist nach der Entbindung (siehe § 6 Rn 14).

6. Kosten (Abs. 3). Nach Abs. 3 **hat der AG** die Kosten des Zeugnisses des Arztes oder einer Hebamme **zu tragen**. Hierbei nimmt die h.M. die Kostentragungspflicht des AG nur für das auf sein Verlangen, nicht dagegen auf das von der AN freiwillig vorgelegte Attest an.[115] Die **Erstattungspflicht** des AG besteht jedoch nur insoweit, als dass der AN tatsächlich Kosten erwachsen, weshalb eine Kostenverpflichtung des AG nicht in Betracht kommt, soweit die Krankenkasse für diese aufkommt.[116] In der gesetzlichen Krankenkasse versicherte AN haben nach § 196 RVO (bzw. § 23 KVLG) im Rahmen der ärztlichen Betreuung während der Schwangerschaft Anspruch auf „Untersuchung zur Feststellung der Schwangerschaft". Damit gehen für **gesetzlich Krankenversicherte** die Kosten des Zeugnisses nach Abs. 1 S. 2 oder Abs. 2 zulasten der Krankenkasse. Für die nicht in der gesetzlichen Krankenkasse Versicherten bleibt es bei der Belastung des AG gem. § 5 Abs. 3.[117] Die Kosten beschränken sich nicht allein auf die Ausstellung

---

103 *Buchner/Becker*, § 5 MuSchG Rn 91.
104 *Buchner/Becker*, § 5 MuSchG Rn 92.
105 *Buchner/Becker*, § 5 MuSchG Rn 92.
106 BAG 12.12.1985 – 2 AZR 82/85 – NZA 1986, 613, BAG 7.5.1998 – 2 AZR 417/97 – BAGE 88, 357, 359 f. = NZA 1998, 1049; BAG 12.12.1985 – 2 AZR 82/85 – AP § 9 MuSchG 1968 Nr. 15 m. Anm. Meisel = NZA 1986, 613, 614; ArbG Köln 13.8.2003 – 3 Ca 4368/02 – NZA-RR 2004, 633.
107 *Buchner/Becker*, § 5 MuSchG Rn 103, 104; *ZZVV*, § 5 MuSchG Rn 16; *Willikonsky*, § 5 Rn 24; Schaub/*Linck*, Arbeitsrechts-Handbuch, § 167 Rn 10.
108 *Buchner/Becker*, § 5 MuSchG Rn 105.
109 BAG 12.12.1985 – 2 AZR 82/85 – NZA 1986, 613.
110 Schaub/*Linck*, Arbeitsrechts-Handbuch, § 167 Rn 10; *Willikonsky*, § 5 Rn 24.
111 *Buchner/Becker*, § 5 MuSchG Rn 105.
112 LAG Köln 21.1.2000 – 11 Sa 1195/99 – NZA-RR 2001, 303.
113 *Willikonsky*; § 5 Rn 24.
114 *Buchner/Becker*, § 5 MuSchG Rn 104.
115 Schaub/*Linck*, Arbeitsrechts-Handbuch, § 167 Rn 11; *Buchner/Becker*, § 5 MuSchG Rn 106; *ZZVV*, § 5 MuSchG Rn 17; a.A. ErfK/*Schlachter*, § 5 MuSchG Rn 3.
116 *Meisel/Sowka*, § 5 Rn 14.
117 *Buchner/Becker*, § 5 MuSchG § 5 Rn 108.

des Zeugnisses, sondern erstrecken sich auch auf die vorausgehende Untersuchung der Frau sowie auf medizinisch-diagnostische Nebenkosten, etwa für einen Schwangerschaftstest.[118] Zur Berechnung der Kosten für die Erstellung des Zeugnisses sind die Sätze der Gebührenordnung für Ärzte (GOÄ) maßgeblich. Stellt der Arzt ein Zeugnis nur gegen Gebühr aus oder begnügt sich nicht mit den Mindestsätzen, kann er bei Bemessung der Gebühren nur die Vermögensverhältnisse der Frau, nicht aber die des AG zugrunde legen.[119]

III. Benachrichtigung der Aufsichtsbehörde (Abs. 1 S. 3)

44 Nach Abs. 1 S. 3 muss der AG die **örtlich zuständige Aufsichtsbehörde** (siehe § 20 Rn 1) unverzüglich, also ohne schuldhaftes Zögern, von der Mitteilung der Frau benachrichtigen. Hierzu ist der AG auch verpflichtet, wenn die AN ihm nur mitgeteilt hat, dass sie vermutlich schwanger sei und ihm diese Mitteilung zunächst zweifelhaft erscheint.[120] Eine vorsätzliche oder fahrlässige Verletzung dieser Verpflichtung ist gem. § 21 Abs. 1 Nr. 6 strafbewehrt und kann nach § 21 Abs. 2 eine Geldbuße von bis zu 2.500 EUR auslösen. Die Benachrichtigung hat den Zweck, der Aufsichtsbehörde Gelegenheit zu geben, zum einen durch Kontrollen die Beachtung der mutterschutzrechtlichen Vorschriften zu sichern, aber auch durch Rat und Hilfe, ggf. durch eine spezielle Entscheidung gem. §§ 2 Abs. 5, 4 Abs. 5 den Mutterschutz zu verwirklichen.[121] Dies gilt allerdings nur, soweit die werdende Mutter ihre Schwangerschaft und den mutmaßlichen Tag der Entbindung dem AG mitgeteilt hat, nicht dagegen, wenn dieser von der Schwangerschaft oder der Entbindung von anderer Seite – ausgenommen von einem Boten – Kenntnis erhalten hat.[122] Die Aufsichtsbehörde kann auf Meldung des AG, diesen zu weiteren Angaben und Auskünften verbindlich veranlassen (§§ 19, 21 Abs. 1 Nr. 8 und Abs. 2), wobei es ohnehin zweckmäßig ist, in der Mitteilung Angaben über die Art der Beschäftigung, deren Dauer und die Lage der Arbeitszeit der AN zu machen, damit die zuständige Aufsichtsbehörde den AG auf das Vorliegen von Beschäftigungsverboten hinweisen kann.[123]

IV. Verbot unbefugter Bekanntgabe an Dritte (Abs. 1 S. 4)

45 1. Zweck. In den Fällen, in denen zur Ermöglichung einer sachgerechten Aufgabenerfüllung eine Unterrichtung des AG von der Schwangerschaft einer Mitarbeiterin erforderlich wird, ist stets zu beachten, dass die Weitergabe persönlicher Daten und Lebenssachverhalte, insb. aus der **Intim- bzw. Privatsphäre** – wie das Bestehen einer Schwangerschaft –, ohne Einwilligung der betroffenen Mitarbeiterinnen eine Beeinträchtigung von Persönlichkeitsrechten der Betroffenen bedeutet.[124] Durch Abs. 1 S. 4 ist die Verpflichtung des AG zu einem gesetzlichen Verbot verstärkt worden und hat ihre konkrete, mutterschutzrechtliche Ausgestaltung erfahren.[125]

46 2. **Verbotsinhalt.** Über die in Abs. 1 S. 3 genannte Benachrichtigung hinaus darf der AG die Mitteilung der Schwangeren **nicht unbefugt Dritten gegenüber bekannt geben**. Nach dem Wortlaut des Abs. 1 S. 3 verbietet sich die Bekanntgabe nur, soweit zuvor eine Mitteilung der werdenden Mutter, ihres Beauftragten oder Boten erfolgt ist. Daneben besteht jedoch eine vertragliche Nebenpflicht, die dem AG untersagt, Dritte unbefugt über das Vorliegen der Schwangerschaft oder den Entbindungstag – gleich auf welche Weise der AG hiervon Kenntnis erlangt hat – bekannt zu geben.[126] Eine befugte Bekanntgabe ist in beiden Fällen zulässig, wobei die Befugnis vorliegt, wenn die schwangere AN einverstanden ist oder ein berechtigtes Interesse des AG besteht, z.B. an der Beachtung der gesetzlichen Schutzvorschriften durch seinen Beauftragten oder die Vorgesetzten der Schwangeren.[127] Unerheblich ist, ob die Mitteilung gegenüber dem AG selbst oder gegenüber einem Dienstvorgesetzten gemacht wurde, dem die AN im Rahmen ihres Arbverh fachlich oder personell untersteht und der AG über diesen Kenntnis von der Schwangerschaft erlangt hat.[128]

47 3. **Ausnahmen. a) Erlaubnis der Arbeitnehmerin.** Das Verbot des Abs. 1 S. 4 richtet sich nur gegen die unbefugte Bekanntgabe der Schwangerschaft und des Zeitpunkts der voraussichtlichen Entbindung. Der AG ist an der Weitergabe jedoch nicht gehindert, soweit die ausdrückliche anderenfalls stillschweigende **Erlaubnis der AN** vorliegt, anderenfalls im Hinblick auf anderweitige gesetzliche Pflichten zur Weitergabe berechtigt erscheint.[129] Grds. steht es der werdenden Mutter frei, ihren AG von seiner Schweigepflicht zu entbinden. So **kann die Erlaubnis** der AN, die Mitteilung an Dritte weiterzugeben auch **generell erteilt werden**; sie kann aber ebenso als spezielle Erlaubnis auf die Berechtigung der Mitteilung allein gegenüber bestimmten Personen, etwa dem unmittelbaren Dienstvor-

---

118 *Meisel/Sowka*, § 5 Rn 13; *Buchner/Becker*, § 5 MuSchG Rn 108.
119 ZZVV, § 5 MuSchG Rn 18.
120 ZZVV, § 5 MuSchG Rn 10.
121 *Buchner/Becker*, § 5 MuSchG Rn 112; ZZVV, § 5 MuSchG Rn 10.
122 ZZVV, § 5 MuSchG Rn 10.
123 *Buchner/Becker*, § 5 MuSchG Rn 114; ZZVV, § 5 MuSchG Rn 10.
124 BAG 27.2.1968 – 1 ABR 6/67 – AP § 58 BetrVG Nr. 1 = NJW 1968, 1903 = BB 1968, 831; BVerwG 29.8.1990 – 6 P 30/87 – AP § 68 BPersVG Nr. 2 = NJW 1991, 373.
125 *Buchner/Becker*, § 5 MuSchG Rn 119.
126 ErfK/*Schlachter*, § 5 MuSchG Rn 4; ZZVV, § 5 MuSchG Rn 11; *Buchner/Becker*, § 5 MuSchG Rn 119.
127 ErfK/*Schlachter*, § 5 MuSchG Rn 4; ZZVV, § 5 MuSchG Rn 12.
128 *Buchner/Becker*, § 5 MuSchG Rn 117.
129 *Buchner/Becker*, § 5 MuSchG Rn 120.

gesetzten oder dem BR, beschränkt werden.[130] Die Erlaubnis der werdenden Mutter kann grds. nur dann angenommen werden, wenn diese einen entsprechenden Willen ausdrücklich erklärt oder sonst wie zum Ausdruck gebracht hat. Selbst wenn die werdende Mutter bei Unterrichtung des AG über das Vorliegen Ihrer Schwangerschaft bzw. dem voraussichtlichen Tag der Entbindung unterrichtet, ohne gesondert darauf hinzuweisen, dass diese Mitteilung „vertraulich" bzw. „unter vier Augen erstattet" wird, kann daraus nicht der Schluss gezogen werden, dass die Schwangere auf eine „vertrauliche" Behandlung keinen Wert lege. Vielmehr ist es Sache des AG, sich der Zustimmung der werdenden Mutter zu vergewissern, wenn er die Bekanntgabe der Schwangerschaft zur Mitteilung an Dritte irgendwie in Betracht zieht.[131]

Gründe, die den AG zur Weitergabe an bestimmte Personen auch **ohne ausdrückliche Erlaubnis der AN** berechtigen, liegen vor, wenn dieser die Vorschriften des abgekürzten MuSchG ohne Bekanntgabe der Mitteilung nicht erfüllen könnte, z.B. weil er diese Vorschriften nicht selbst oder allein durchführt, sondern hiermit bestimmte Betriebsangehörige betraut hat.[132] Hier muss der AG die Möglichkeit haben, bestimmte Betriebsangehörige zu unterrichten, z.B. die unmittelbaren Vorgesetzten der AN, die zuständigen Personalsachbearbeiter, den Werkarzt, die Werksfürsorgerin und, soweit in wenigen **Ausnahmefällen** zwingend erforderlich, die Arbeitskollegen der Schwangeren.[133] Kann die von der Frau erbetene bzw. grds. gebotene Geheimhaltung – auch durch Ausspruch einer Verschwiegenheitspflicht – nicht sichergestellt werden, darf der AG die Mitteilung nicht an diese Betriebsangehörigen weiter geben. Das Persönlichkeitsrecht der Frau, speziell unter dem Gesichtspunkt des informationellen Selbstbestimmungsrechts, hat Vorrang.[134] **48**

b) Mitteilung an den Betriebsrat. aa) Allgemeiner Unterrichtungsanspruch (§ 80 Abs. 2 BetrVG). Der BR ist gem. § 80 Abs. 2 BetrVG zur Durchführung seiner gesetzlichen Aufgaben rechtzeitig und umfassend zu unterrichten. Die Informationen des AG sollen den BR in die Lage versetzen, in eigener Verantwortung zu prüfen, ob sich für ihn Aufgaben ergeben und ob er zur Wahrnehmung dieser Aufgaben tätig werden muss.[135] Eine Unterrichtungspflicht besteht bereits dann, wenn der BR prüfen will, ob er überhaupt tätig werden kann und soll.[136] **49**

Der **BR hat** nach § 80 Abs. 1 Nr. 1 BetrVG u.a. die Aufgabe, darüber zu wachen, dass die zugunsten der AN geltenden Gesetze, VO, Unfallverhütungsvorschriften, TV und BV durchgeführt werden. Nach § 80 Abs. 1 Nr. 9 BetrVG hat er u.a. **Maßnahmen des Arbeitsschutzes zu fördern**. Zudem hat sich der BR gem. § 89 Abs. 1 BetrVG darüber hinaus dafür einzusetzen, dass die Vorschriften über den Arbeitsschutz, die Unfallverhütung im Betrieb sowie über den betrieblichen Umweltschutz durchgeführt werden. Er hat bei der Bekämpfung von Unfall- und Gesundheitsgefahren die für den Arbeitsschutz zuständigen Behörden, die Träger der gesetzlichen Unfallversicherung und die sonstigen in Betracht kommenden Stellen durch Anregungen, Beratung und Auskunft zu unterstützen. Die genannten Stellen als auch der AG sind gem. § 89 Abs. 2 BetrVG verpflichtet, den BR bzw. die von ihm bestimmten Mitglieder bei allen im Zusammenhang mit dem Arbeitsschutz oder der Unfallverhütung stehenden Besichtigungen und Fragen über Unfalluntersuchung hinzuzuziehen. **50**

Das BetrVG sieht vor, dass der AG dem BR alle zur Durchführung seiner Aufgaben nötigen Informationen umfassend und rechtzeitig zu geben hat. Daher hat der AG die Namen derjenigen AN, die besonderen Schutzgesetzen unterliegen – so auch Schwangere – und den **Grund ihrer Schutzbedürftigkeit** wie deren Arbeitplätze unaufgefordert und **unverzüglich nach Kenntnis dem BR mitzuteilen**.[137] Daher liegt eine Verletzung des Persönlichkeitsrechts der schwangeren AN nicht vor, wenn der AG sich entsprechend verhält und den BR hiervon in Kenntnis setzt.[138] Das gilt beim Vorliegen einer Schwangerschaft selbst dann, wenn die AN den AG zuvor aufgefordert hat, diese Mitteilung nicht bzw. nicht an den BR weiter zu geben.[139] Auch wenn eine AN den AG um Vertraulichkeit bittet, muss dieser den Informationsanspruch des BR erfüllen.[140] Die AN hat auch nicht das Recht, auf die Wahrnehmung der gesetzlichen Aufgaben nach §§ 80, 89 BetrVG durch den BR zu verzichten oder diesem seine Tätigkeit vorzuschreiben, weshalb selbst ein gegenüber dem AG ausdrücklich erklärter **Geheimhaltungswille der AN das Informationsrecht des BR nicht einschränkt**.[141] **51**

---

130 *Buchner/Becker*, § 5 MuSchG Rn 121.
131 *Buchner/Becker*, § 5 MuSchG Rn 122.
132 ZZVV, § 5 MuSchG Rn 12.
133 ZZVV, § 5 MuSchG Rn 12.
134 MünchArb/*Heenen*, Bd. 2, § 225 Rn 25; ZZVV, § 5 MuSchG Rn 12.
135 BAG 10.2.1987 – 1 ABR 43/84 – AP § 80 BetrVG 1972 Nr. 27; BAG 27.6.1989 – 1 ABR 19/88 – AP § 80 BetrVG 1972 Nr. 37; BAG 15.12.1998 – 1 ABR 9/98 – AP § 80 BetrVG 1972 Nr. 56; BAG 8.6.1999 – 1 ABR 28/97 – AP § 80 BetrVG 1972 Nr. 57; BAG 28.1.1992 – 1 ABR 41/91 – AP § 96 BetrVG 1972 Nr. 1.
136 BAG 26.1.1988 – 1 ABR 34/86 – AP § 80 BetrVG 1972 Nr. 31; BAG 9.7.1991 – 1 ABR 45/90 – AP § 99 BetrVG 1972 Nr. 94.
137 BAG 27.2.1968 – 1 ABR 6/67 – 1 ABR 6/67 – AP § 58 BetrVG Nr. 1 = NJW 1968, 1903 = BB 1968, 831; DKK/*Buschmann*, § 80 Rn 76; GK-BetrVG/*Kraft/Weber*, § 80 Rn 73.
138 GK-BetrVG/*Kraft/Weber*, § 80 Rn 73.
139 DKK/*Buschmann*, § 80 Rn 76; GK-BetrVG/*Kraft/Weber*, § 80 Rn 73; *Fitting* u.a., § 80 Rn 60.
140 BAG 27.2.1968 – 1 ABR 6/67 – AP § 58 BetrVG Nr. 1 = NJW 1968, 1903 = BB 1968, 831.
141 GK-BetrVG/*Kraft/Weber*, § 80 Rn 73.

52 Der gegenteiligen Ansicht,[142] dass das Persönlichkeitsrecht der Frau Vorrang habe und daher der BR ohne deren Einwilligung bzw. entgegen deren ausdrücklichen Wunsch nicht vom AG unterrichtet werden dürfe, ist nicht zu folgen. Besteht, wie in der Praxis häufig, Spannung zwischen AG und BR, wird der AG nicht daran interessiert sein, den BR hinzuzuziehen. In einer derartigen Situation ist es durchaus zweifelhaft, ob der Wunsch, den BR nicht zu informieren, tatsächlich von der AN herrührt oder vielmehr auf Initiative des AG geäußert worden ist.[143]

53 Bei der Beurteilung des Bestehens einer **Mitteilungspflicht gegenüber dem BR** handelt es sich nicht um eine mutterschutzrechtliche, sondern um eine betriebsverfassungsrechtliche Frage, die im Hinblick auf die dem BR aus §§ 80, 89 BetrVG gestellten Aufgaben gesehen und von daher entschieden werden muss.[144] Das Gesetz hat den BR eine Reihe von Aufgaben zugewiesen, zu deren Erfüllung er nicht nur berechtigt, sondern auch verpflichtet ist. Jeder AN hat diese Aufgaben des BR hinzunehmen, selbst dann, wenn dies im Einzelfall zu einer Einschränkung seiner persönlichen Handlungs- oder Entscheidungsfreiheit führen.[145] Will die schwangere AN gesetzlichen Schutz nicht in Anspruch nehmen oder eine Einmischung des BR vermeiden, kann sie letztlich darauf verzichten, den AG über die Schwangerschaft zu unterrichten. Unterrichtet sie ihn hingegen, hat der AG die zugunsten der Schwangeren bestehenden Schutzvorschriften grds. zu beachten, sollte die Schwangere nicht im Einzelfall darauf verzichten können.[146] Anderenfalls würde die Verpflichtung des BR gem. § 80 Abs. 1 Nr. 1, die Einhaltung der geltenden Schutzvorschriften zu überwachen, leer laufen. Von dieser gesetzlichen Aufgabe kann ihn die Schwangere nicht entbinden.

54 Der BR hat in entsprechender Anwendung der §§ 82 Abs. 2, 83 Abs. 1, 99 Abs. 1 und 102 Abs. 2 BetrVG über persönliche Verhältnisse und Angelegenheiten der AN, die ihm im Rahmen der vorgenannten Aufgabenwahrnehmung bekannt geworden sind, **Stillschweigen** zu wahren.[147]

55 **bb) Unterrichtung bei personellen Einzelmaßnahmen.** Darüber hinaus kann der AG im Zusammenhang mit der **Anhörung des BR** nach § 102 Abs. 1 BetrVG vor Ausspruch einer Künd oder bei Einholung der Zustimmung nach § 99 BetrVG zu einer Versetzung der Schwangeren verpflichtet sein, dem BR die Schwangerschaft und deren Dauer bzw. den voraussichtlichen Tag der Entbindung mitzuteilen.

56 Nach § 3 Abs. 2 MuSchG ist der AG auch ohne besondere Vereinbarung in Form einer „**Versetzungsklausel**" berechtigt, sofern die Schwangere wegen eines Beschäftigungsverbotes nicht mit ihrer üblichen Tätigkeit oder nur eingeschränkt eingesetzt werden darf, im Rahmen billigen Ermessens andere zulässige Arbeitsaufgaben zuzuweisen oder die Arbeitszeit nach Dauer und Lage zu ändern.[148] Im Fall der Versetzung der schwangeren AN kann der BR nach § 99 Abs. 2 Nr. 1 BetrVG seine Zustimmung verweigern, wenn die personelle Maßnahme z.B. gegen ein Gesetz oder eine behördliche Anordnung verstoßen würde. Die Schutzvorschriften der §§ 3, 4, 6, 8 MuSchG sind gesetzliche Verbote i.S.d. § 99 Abs. 2 Nr. 1 BetrVG.[149] Ohne Kenntnis der Schwangerschaft könnte der BR sein dahingehendes Prüfungs- und Zustimmungsverweigerungsrecht nicht ausüben. Auch hier hat die AN nicht das Recht, auf die Wahrnehmung der gesetzlichen Aufgaben durch den BR zu verzichten, weshalb ein gegenüber dem AG ausdrücklich erklärter Geheimhaltungswille der AN das **Informationsrecht des BR** gem. § 99 Abs. 1 Nr. 1 BetrVG nicht einschränkt (siehe Rn 51).

57 Benötigt der AG die **Zustimmung des BR** zu einer personellen Maßnahme, insb. einer mutterschutzrechtlich bedingten Umsetzung, wird vertreten, er dürfe den BR wegen der Zustimmungsverweigerung der schwangeren AN zunächst nicht informieren, habe jedoch gegenüber der AN einen Anspruch darauf, dass diese der Information des BR zustimmt.[150] Allein aus praktischen Erwägungen ist dieser Auffassung nicht zu folgen. Müsste der AG vor erforderlicher Versetzung einer Schwangeren zunächst deren fehlende oder versagte Zustimmung prozessual einholen oder ersetzen lassen, wird sich allein durch die Verfahrenszeiten im Zeitpunkt einer rechtskräftigen Entscheidung wegen der zwischenzeitlichen Entbindung das mutterschutzrechtliche Beschäftigungshindernis und damit der Zustimmungsverweigerungsgrund gem. § 9 Abs. 2 Nr. 1 BetrVG erledigt haben.

58 Zudem steht der Mitteilungspflicht des AG im Zusammenhang mit der Unterrichtung bei personellen Einzelmaßnahmen nach § 99 Abs. 1 S. 3 BetrVG eine besondere **Verschwiegenheits- bzw. Geheimhaltungspflicht des BR** gegenüber. Die Verschwiegenheitspflicht gilt für alle Mitglieder des BR und umfasst alle persönlichen Verhältnisse und Angelegenheiten der AN, die ihrem Inhalt oder ihrer Bedeutung nach einer vertraulichen Behandlung bedürfen.[151] Das Vorliegen einer Schwangerschaft als auch der voraussichtliche Tag der Entbindung unterfallen als höchstpersönliche Angelegenheit der AN der Geheimhaltungspflicht. Hierzu ist nicht erforderlich, dass der Verschwiegen-

---

142 ZZVV, § 5 MuSchG Rn 13; *Buchner/Becker*, § 5 MuSchG § 5 Rn 132; ErfK/*Schlachter*, § 5 MuSchG Rn 4; MünchArbR/*Heenen*, Bd. 2, § 225 Rn 25; Schaub/*Linck*, Arbeitsrechts-Handbuch, § 167 Rn 5.
143 *Willikonsky*, § 5 Rn 28.
144 BAG 27.2.1968 – 1 ABR 6/67 – AP § 58 BetrVG Nr. 1 = NJW 1968, 1903 = BB 1968, 831.
145 GK-BetrVG/*Kraft/Weber*, § 80 Rn 73.
146 GK-BetrVG/*Kraft/Weber*, § 80 Rn 73.
147 *Fitting* u.a., § 79 Rn 33.
148 Kollmer/*Kossens*, ArbSchG, § 3 MuSchG Rn 1, 2; Küttner/*Reinecke*, Mutterschutz 23.
149 *Fitting* u.a., § 99 Rn 164.
150 *Buchner/Becker*, § 5 MuSchG Rn 133.
151 GK-BetrVG/*Kraft/Raab*, § 99 Rn 110.

heitspflicht unterliegende Tatsachen ausdrücklich als geheim oder vertraulich bezeichnet werden müssen.[152] Die Schweigepflicht bleibt auch nach dem Ausscheiden aus dem BR bestehen.[153] Ist im Rahmen einer Anhörung nach § 102 BetrVG vor Ausspruch einer Künd die Mitteilung der Schwangerschaft und damit das Bestehen des Sonder-Künd-Schutzes erforderlich, gilt die Verschwiegenheitspflicht für die BR-Mitglieder gem. § 102 Abs. 2 S. 5 BetrVG entsprechend.

c) Mitteilung an den Personalrat. Für den Bereich des Personalvertretungsrechts wird vom BVerwG allerdings anders entschieden. Der PR könne Informationen nicht schlechthin, sondern nur im konkreten Bezug zu seiner von ihm zu erfüllenden bestimmten Aufgaben verlangen und soweit es zur sachgerechten Aufgabenerfüllung einer Unterrichtung des PR bedarf, müsse, wenn sie ohne oder gegen den ausdrücklichen Willen der schwangeren Mitarbeiterin erforderlich wird, mit Rücksicht auf die Achtung der Intim- und Privatsphäre der Grundsatz der Verhältnismäßigkeit beachtet werden, wonach strenge Anforderungen an die Erforderlichkeit der Unterrichtung zu stellen sind.[154] Angesichts der unterschiedlichen Fassung der maßgeblichen Gesetzesnormen, hier § 98 BPersVG, besteht nach Ansicht des BVerwG[155] kein Widerspruch zur Rspr. des BAG.[156]

4. Verletzung und Rechtsfolgen. Ein Verstoß gegen Abs. 1 S. 4 ist nicht unter Geldbuße gestellt. In der unbefugten Bekanntgabe wegen der Schwangerschaft gegenüber Dritten, kann jedoch ein Grund zur **fristlosen Künd des Arbverh** liegen, wenn wegen der Umstände, unter denen die Verletzung des Mitteilungsverbots erfolgte, und mit Rücksicht auf die Folgen für die persönliche Stellung einer schwangeren AN dieser die Weiterarbeit im Betrieb nicht zugemutet werden kann.[157] Spricht die AN wirksam wegen vertragswidrigen Verhaltens des AG eine außerordentliche Eigen-Künd aus, ist der AG nach § 628 Abs. 2 BGB verpflichtet, die Vergütung bis zum Ablauf der ordentlichen Künd-Frist weiterzuzahlen und schuldet möglicherweise darüber hinaus sogar eine Abfindung.[158] Die i.d.R. erforderliche Abmahnung gegenüber dem AG[159] ist vorliegend entbehrlich, da die Kenntnis des Dritten nach unbefugter Unterrichtung durch den AG nicht mehr zu beseitigen ist. Der **Schadensersatzanspruch nach § 628 Abs. 2 BGB** kann jedoch auch sonstige Nachteile i.V.m. dem Verlust des derzeitigen Arbeitsplatzes umfassen, z.B. aufgrund Unmöglichkeit der Erlangung einer gleichwertigen Stellung, Aufwendung für Beschaffung anderer Arbeit durch Inseratskosten, Reisen usw.,[160] da das Arbverh durch ordentliche Künd nicht hätte aufgelöst werden können, ist auf die Künd-Möglichkeit nach Ablauf des Künd-Verbotes aus § 9, ggf. auch aus § 18 BEEG abzustellen.[161]

Auch ohne Künd des Arbverh können **Schadensersatzansprüche nach § 280 Abs. 1 BGB** wegen **Verletzung der Fürsorgepflicht** bestehen, was v.a. in Betracht kommt, wenn die AN durch unbefugte Bekanntgabe der Schwangerschaft an Dritte außerhalb des Arbverh Schäden erleidet.[162]

Außerdem können der AN **Schadensersatzansprüche aus unerlaubter Handlung zustehen**.[163] § 5 Abs. 1 S. 4 ist Schutzgesetz i.S.d. § 823 Abs. 2 BGB.[164] Bei Vorliegen der Voraussetzung des § 253 Abs. 2 BGB kommt grds. auch ein Anspruch der AN auf Ersatz des immateriellen Schadens in Form einer „billigen Entschädigung in Geld" in Betracht.[165] Für Mitarbeiter haftet der AG gem. §§ 278, 831 BGB.[166]

C. Verbindung zu anderen Rechtsgebieten und zum Prozessrecht

I. Betriebsverfassungsrecht

Nach **§ 80 Abs. 2 BetrVG** hat der AG das Vorliegen der Schwangerschaft einer bestimmten AN im Zusammenhang mit den allg. Aufgaben des BR aus §§ 80 Abs. 1 Nr. 1 und 2, 89 Abs. 1 BetrVG, § 3 Abs. 1 MuSchV unaufgefordert und unverzüglich nach Kenntnis dem BR mitzuteilen (siehe Rn 49 ff.).

Darüber hinaus kann der AG im Zusammenhang mit der Anhörung des BR nach **§ 102 Abs. 1 BetrVG** vor Ausspruch einer Künd oder bei Einholung der Zustimmung nach **§ 99 BetrVG** zu einer Versetzung der Schwangeren verpflichtet sein, den BR über die Schwangerschaft und deren voraussichtliche Dauer zu unterrichten (siehe Rn 55 ff.).

---

152 GK-BetrVG/*Kraft/Raab*, § 99 Rn 110; *Fitting* u.a., § 79 Rn 32.
153 GK-BetrVG/*Kraft/Raab*, § 99 Rn 110; *Fitting* u.a., § 79 Rn 32.
154 BVerwG 29.8.1990 – 6 P 30/87 – AP § 68 BPersVG Nr. 2 = NJW 1991, 373; *Buchner/Becker*, § 5 MuSchG Rn 131.
155 BVerwG 29.8.1990 – 6 P 30/87 – AP § 68 BPersVG Nr. 2 = NJW 1991, 373.
156 BVerwG 29.8.1990 – 6 P 30/87 – AP § 68 BPersVG Nr. 2 = NJW 1991, 373; *Buchner/Becker*, § 5 MuSchG Rn 131.
157 *Buchner/Becker*, § 5 MuSchG Rn 136; *ZZVV*, § 5 MuSchG Rn 14.
158 BAG 8.8.2002 – 8 AZR 574/01 – AP § 611 BGB Haftung des Arbeitgebers Nr. 24 = AP § 628 BGB Nr. 14 = NJW 2003, 82.
159 BAG 8.8.2002 – 8 AZR 574/01 – AP § 611 BGB Haftung des Arbeitgebers Nr. 24 = AP § 628 BGB Nr. 14 = NJW 2003, 82.
160 *Buchner/Becker*, § 5 MuSchG Rn 137.
161 *Buchner/Becker*, § 5 MuSchG Rn 137.
162 *Buchner/Becker*, § 5 MuSchG Rn 138.
163 *ZZVV*, § 5 MuSchG Rn 14.
164 *Buchner/Becker*, § 5 MuSchG Rn 139.
165 *ZZVV*, § 5 MuSchG Rn 14.
166 *Buchner/Becker*, § 5 MuSchG Rn 140.

65 Soweit im Einzelfall – im bestehenden Arbverh – die Frage nach dem Vorliegen der Schwangerschaft legitim ist, könnte der AG darauf abzielende Fragen in einem Personalfragebogen stellen. Personalfragebögen sind formularmäßig gefasste Zusammenstellungen von Fragen, die Aufschluss über die Person sowie Kenntnisse und Fähigkeiten eines Bewerbers auf eine Stelle bzw. eines AN geben sollen bzw. können.[167] Hierunter fallen auch Einstellungsbögen[168] Vor Verwendung solcher Personalfragebögen ist jedoch stets das Mitbestimmungsrecht des BR gem. § 94 Abs. 1 BetrVG zu beachten und dessen Zustimmung einzuholen. Das Mitbestimmungsrecht bezieht sich nicht nur auf Fragebogen im engeren Sinne, also auf schriftlich niedergelegte Fragen, die ein Beschäftigter schriftlich beantwortet.[169] Die Vorschrift findet vielmehr auf alle formalisierten, standardisierten Informationserhebungen des AG im Hinblick auf AN-Daten Anwendung.[170] Demnach ist es gleichgültig, ob der Antwortende oder der Fragende den Bogen tatsächlich ausfüllt oder wie die Antworten erfasst werden.[171]

II. Befristungsrecht

66 Auch eine Befristung auf sechs Monate kann als Benachteiligung des Geschlechts und damit wegen Verstoßes gegen das Diskriminierungsverbot des § 611a BGB a.F., jetzt §§ 7, 3 Abs. 1 S. 2 AGG, (siehe Rn 14) unwirksam sein, wenn zu vermuten ist, dass damit die Unzulässigkeit der Frage nach der Schwangerschaft (siehe Rn 16) kompensiert bzw. umgangen wird.[172]

III. Prozessrecht

67 Die Bescheinigung nach Abs. 1 S. 2, Abs. 2 hat – insb. im Hinblick auf das Vorliegen des Künd-Schutzes nach § 9 (siehe § 9 Rn 7) – einen hohen prozessualen Beweiswert.[173] Der AG kann jedoch den Beweiswert einer ärztlichen Schwangerschaftsbescheinigung erschüttern, sofern er Umstände darlegt und beweist, aufgrund derer es der wissenschaftlich gesicherten Erkenntnis widerspricht, von einer Schwangerschaft zum maßgeblichen Zeitpunkt – hier dem Zugang der Künd – auszugehen.[174] In diesem Fall muss die AN weiteren Beweis führen und ist ggf. gehalten, ihre Ärzte von der ärztlichen Schweigepflicht zu entbinden.[175] Offen ist, ob der Bescheinigung hinsichtlich des Beginns der Schwangerschaft durch Zeugnis einer Hebamme derselbe hohe prozessuale Beweiswert wie einem ärztlichen Attest beigemessen wird.[176]

§ 6 Beschäftigungsverbote nach der Entbindung

(1) ¹Mütter dürfen bis zum Ablauf von acht Wochen, bei Früh- und Mehrlingsgeburten bis zum Ablauf von zwölf Wochen nach der Entbindung nicht beschäftigt werden. ²Bei Frühgeburten und sonstigen vorzeitigen Entbindungen verlängern sich die Fristen nach Satz 1 zusätzlich um den Zeitraum der Schutzfrist nach § 3 Abs. 2, der nicht in Anspruch genommen werden konnte. ³Beim Tod ihres Kindes kann die Mutter auf ihr ausdrückliches Verlangen ausnahmsweise schon vor Ablauf dieser Fristen, aber noch nicht in den ersten zwei Wochen nach der Entbindung, wieder beschäftigt werden, wenn nach ärztlichem Zeugnis nichts dagegen spricht. ⁴Sie kann ihre Erklärung jederzeit widerrufen.¹

(2) Frauen, die in den ersten Monaten nach der Entbindung nach ärztlichem Zeugnis nicht voll leistungsfähig sind, dürfen nicht zu einer ihre Leistungsfähigkeit übersteigenden Arbeit herangezogen werden.

(3) ¹Stillende Mütter dürfen mit den in § 4 Abs. 1, 2 Nr. 1, 3, 4, 5, 6 und 8 sowie Abs. 3 Satz 1 genannten Arbeiten nicht beschäftigt werden. ²Die Vorschriften des § 4 Abs. 3 Satz 2 und 3 sowie Abs. 5 gelten entsprechend.

---

167 BAG 9.7.1991 – 1 ABR 57/90 – AP § 87 BetrVG 1972 Ordnung des Betriebes Nr. 19 = DB 1992, 143, 144; BAG 21.9.1993 – 1 ABR 28/93 – NZA 1994, 375 = DB 1994, 480; BAG 2.12.1999 – 2 AZR 724/98 – BB 2000, 1092, 1093.
168 *Fitting* u.a., § 94 Rn 6.
169 BAG 21.9.1993 – 1 ABR 28/93 – NZA 1994, 375 = DB 1994, 480.
170 DKK/*Klebe*, § 94 Rn 3; ErfK/*Kania*, § 94 BetrVG Rn 2; *Fitting* u.a., § 94 Rn 12.
171 DKK/*Klebe*, § 94 Rn 3.
172 LAG Köln 26.5.1995 – 10 Sa 244/94 – NZA 1995, 1105 = AuR 1995, 410; EuGH 4.10.2001 – Rs C-438/99 – NZA 2001, 1243 = NJW 2002, 125; *Kempff*, AiB 1996, 174; *Fitting* u.a., § 5 Rn 133.
173 BAG 12.12.1985 – 2 AZR 82/85 – NZA 1986, 613 = NJW 1986, 2905 = AP § 9 MuSchG 1968 Nr. 15; *Schliemann*, NZA-RR 2000, 113, 114.
174 BAG 12.12.1985 – 2 AZR 82/85 – NZA 1986, 613 = NJW 1986, 2905 = AP § 9 MuSchG 1968 Nr. 15; *Schliemann*, NZA-RR 2000, 113, 114.
175 BAG 12.12.1985 – 2 AZR 82/85 – NZA 1986, 613 = NJW 1986, 2905 = AP § 9 MuSchG 1968 Nr. 15.
176 *Schliemann*, NZA-RR 2000, 113, 114.
1 § 6 Abs. 1 dieses Gesetzes dient der Umsetzung des Artikels 8 (Mutterschaftsurlaub) der Richtlinie 92/85/EWG des Rates vom 19. Oktober 1992 über die Durchführung von Maßnahmen zur Verbesserung der Sicherheit und des Gesundheitsschutzes von schwangeren Arbeitnehmerinnen, Wöchnerinnen und stillenden Arbeitnehmerinnen am Arbeitsplatz (Zehnte Einzelrichtlinie im Sinne des Artikels 16 Abs. 1 der Richtlinie 89/391/EWG) – ABl. EG Nr. L 348 S. 1.

A. Allgemeines	1	III. Wirkung des Beschäftigungsverbots	19
I. Normzweck	1	IV. Beschäftigungsverbote nach Ende der Schutzfrist	20
II. Entstehungsgeschichte	2	1. § 6 Abs. 2	20
B. Regelungsgehalt	4	a) Ärztliches Zeugnis	21
I. Anwendungsbereich	4	b) Dauer des Beschäftigungsverbots	22
II. Anspruchsvoraussetzungen	5	2. § 6 Abs. 3	26
1. Entbindung	5	a) Beschäftigungsverbote aus § 4	27
a) Lebendgeburt	6	b) Erfasster Personenkreis	28
b) Totgeburt	7	c) Ende des Beschäftigungsverbots	30
c) Fehlgeburt	8	d) Ausnahmen	31
2. Schutzfrist	10	3. Wirkung der Beschäftigungsverbote aus Abs. 2 und 3	32
3. Abweichungen von der Schutzfrist	12	C. Rechtsfolgen	33
a) Zwölfwöchige Schutzfrist (§ 6 Abs. 1 S. 1)	12	D. Verbindung zu anderen Rechtsgebieten	34
b) Verlängerung (§ 6 Abs. 1 S. 2)	14		
c) Tod des Kindes (§ 6 Abs. 1 S. 3)	16		

A. Allgemeines

I. Normzweck

Das Beschäftigungsverbot des § 6 Abs. 1 verfolgt im Wesentlichen zwei Zwecke. In erster Linie soll § 6 Abs. 1 gewährleisten, dass sich die Mutter von der Schwangerschaft und Entbindung angemessen erholen kann und eine ungestörte Rückbildung der durch die Schwangerschaft verursachten Organveränderungen erfolgt.[2] § 6 Abs. 1 dient insofern dem Schutz der Gesundheit der Mutter. Darüber hinaus soll der Mutter zudem ermöglicht werden, sich ihrem neugeborenen Kind in seiner ersten Lebensphase ungehindert durch die Pflichten aus dem Arbvrh voll zu widmen, es zu betreuen und insb. zu stillen.[3]

II. Entstehungsgeschichte

Seine heutige Fassung erhielt § 6 durch das MuSchG-Änderungsgesetz 2002. Die regelmäßige achtwöchige Schutzfrist des § 6 Abs. 1 S. 1 wurde, ebenso wie eine Sonderregelung für Früh- und Mehrlingsgeburten, bereits durch das MuSchG-ÄndG 1965 eingeführt. Zur Umsetzung der EG Mutterschutz-RL 92/85 wurde durch das ÄndG 1997 § 6 Abs. 1 S. 2 eingeführt, und so die Verlängerung der Schutzfrist um den durch die Frühgeburt verlorenen Anteil der Frist aus § 3 Abs. 2 normiert. Auch durch das Änderungsgesetz 1997 erfuhr § 6 Abs. 1 S. 3 eine Neuregelung und es wurde der Mutter eines verstorbenen Kindes die Möglichkeit eingeräumt auf die Schutzfrist des § 6 Abs. 1 S. 1 verzichten zu können.

Diese Regelung wurde dahingehend modifiziert, dass ein Verzicht innerhalb der ersten zwei Wochen nach der Entbindung nicht möglich ist. Auch wurde die Regelung des § 6 Abs. 1 S. 2 auf Mütter mit sonstigen frühzeitigen Entbindungen ausgeweitet.

B. Regelungsgehalt

I. Anwendungsbereich

§ 6 erfasst in personeller Hinsicht alle leiblichen Mütter. Hierunter fallen auch Leihmütter, da diese in gleicher Weise den gesundheitlichen Folgen einer Entbindung ausgesetzt sind.[4] Nicht erfasst vom persönlichen Anwendungsbereich des § 6 sind dagegen Adoptivmütter, da die mit der Schwangerschaft und Entbindung einhergehenden Belastungen bei der bloßen Sorgeperson, die nicht leibliche Mutter ist, nicht vorliegen.[5]

II. Anspruchsvoraussetzungen

1. Entbindung. Das Beschäftigungsverbot nach § 6 Abs. 1 beginnt mit der Entbindung. Als Entbindung gilt zumindest jede Lebendgeburt von der Trennung der Leibesfrucht vom Mutterleib an.[6] Der Begriff der Entbindung wird weder im MuSchG noch in der RVO näher bestimmt, sondern ist der Auslegung der Verwaltungspraxis und Rspr. überlassen worden. Nach allg. M. wird **§ 29 der VO zur Ausführung des Personenstandsgesetzes (§ 29 AVO-PStG)**[7] herangezogen, da die dort verwendeten Definitionen neuen medizinischen Erkenntnissen entsprechen und die Fragen nach Lebend- oder Totgeburt für alle Rechtsgebiete im Interesse der Rechtssicherheit nur einheitlich beantwortet werden können (vgl. § 9 Rn 9 ff.).[8]

---

[2] ZZVV, § 6 MuSchG Rn 2.
[3] ZZVV, § 6 MuSchG Rn 3.
[4] ErfK/*Schlachter*, § 6 MuSchG Rn 1.
[5] BSG 3.6.1981 – 3 RK 74/79 – BB 1982, 50.
[6] BAG 16.2.1973 – 2 AZR 138/72 – AP § 9 MuSchG 1968 Nr. 2.
[7] V. 12.8.1957 m.W.v. 1.1.1958 (BGBl I 1957 S. 1139). Neufassung v. 25.2.1977 (BGBl I S. 377, 381), i.d.F. der 13. ÄnderungsVO v. 24.3.1994 m.W.v. 1.4.1994 (BGBl I S. 621 f.).
[8] LAG Hamburg 26.11.2003 – 4 Sa 62/03 – NZA-RR 2005, 72.

6 a) Lebendgeburt. Nach § 29 Abs. 1 AVO-PStG liegt eine Entbindung i.S.d. MuSchG zunächst bei einer Geburt als Lebendgeburt (auch Frühgeburt) vor, wozu erforderlich ist, dass bei dem Kind nach der Trennung von der Mutter entweder das Herz geschlagen, die Nabelschnur pulsiert oder die natürliche Lungenatmung eingesetzt hat. Unerheblich ist, ob das in diesem Sinne lebend geborene Kind lebensfähig ist, welches Geburtsgewicht oder welche Geburtslänge es hat. Wiegt das Kind – bei **Mehrlingsgeburten** das schwerste der Kinder[9] – bei der Geburt weniger als 2.500 g, handelt es sich unabhängig von der Dauer der Schwangerschaft um eine **Frühgeburt**.[10]

7 b) Totgeburt. Eine Entbindung i.S.v. § 9 Abs. 1 S. 1 liegt weiterhin nach der Definition in **§ 29 Abs. 2 AVO-PStG** auch im Falle einer sog. Totgeburt vor, wenn ein Kind tot geboren oder während der Geburt verstorben ist und sich keines der in § 29 Abs. 1 AVO-PStG umschriebenen Lebensmerkmale gezeigt hat, das Gewicht der Leibesfrucht jedoch mind. 500 g beträgt. Die Entbindung i.S.d. MuSchG ist mithin als der Vorgang der Abtrennung des Kindes vom mütterlichen Organismus zu verstehen, der zum Ziel hat, das Kind ein selbstständiges Leben führen zu lassen. Erforderlich ist nach allg.M., dass sich die Frucht bei der Trennung bereits so weit entwickelt hat, dass sie selbstständig lebensfähig ist.[11]

8 c) Fehlgeburt. Dagegen liegt nach ganz h.M. keine den nachwirkenden Künd-Schutz gem. § 9 Abs. 1 S. 1 auslösende Entbindung im Falle einer Fehlgeburt vor.[12] Eine Fehlgeburt ist nach **§ 29 Abs. 3 AVO-PStG** gegeben, wenn das Gewicht der Leibesfrucht bei der Geburt weniger als 500 g beträgt und nach der Trennung vom Mutterleib weder das Herz geschlagen noch die Nabelschnur pulsiert oder die natürliche Lungenatmung eingesetzt hatte.[13]

9 Ist die Frau infolge einer Fehlgeburt oder eines Schwangerschaftsabbruchs arbeitsunfähig erkrankt, so beurteilen sich die Rechtsfolgen nach den Vorschriften über eine Arbeitsverhinderung infolge Erkrankung.[14]

10 2. Schutzfrist. Die Schutzfrist beträgt im Regelfall gem. § 6 Abs. 1 S. 1 acht Wochen. Sie beginnt gem. § 187 Abs. 1 BGB mit Beginn des Tages, der dem Tag der Entbindung folgt. Dieser Zeitpunkt kann im Regelfall durch die Geburtsurkunde zweifelsfrei festgelegt werden.[15] Ein ggf. erforderlicher Nachweis kann auch durch Zeugnis des Arztes oder der Hebamme erfolgen.[16]

11 Sie endet gem. § 188 Abs. 2 BGB mit dem Tag, der unter Hinzurechnung der achtwöchigen Frist durch seine Benennung dem Tag der Entbindung entspricht.[17] Erst nach Ablauf dieser Schutzfrist ist eine Wiederbeschäftigung der Mutter zulässig.[18] Mit Ablauf der Schutzfrist muss die AN die Beschäftigung wieder aufnehmen, es sei denn, sie hat zum Ende der Schutzfrist gekündigt (siehe § 10 Rn 5) oder sie hat ihren Erziehungsurlaub angetreten (§ 15 BEEG).

12 3. Abweichungen von der Schutzfrist. a) Zwölfwöchige Schutzfrist (§ 6 Abs. 1 S. 1). Die zwölfwöchige Schutzfrist verlängert sich gem. S. 2 der Regelung bei Früh- oder Mehrlingsgeburten. In diesen Fällen beträgt die Schutzfrist gem. § 6 Abs. 1 S. 1 generell zwölf Wochen. Eine Frühgeburt i.S.d. § 6 Abs. 1 S. 2 liegt, abweichend vom medizinischen Begriff dann vor, wenn das Kind bei der Entbindung ein Geburtsgewicht von unter 2.500 g oder trotz höheren Geburtsgewichts wegen noch nicht voll ausgebildeter Reifezeichen oder wegen verfrühter Beendigung der Schwangerschaft einen wesentlich erhöhten Pflegebedarf aufweist.[19] Auf die tatsächliche Dauer der Schwangerschaft kommt es nicht an.[20] Im Falle einer Mehrlingsgeburt ist auf das Geburtsgewicht des schwersten Kindes abzustellen.[21] Eine Mehrlingsgeburt liegt dann vor, wenn mind. zwei Kinder entbunden werden.

13 Eine Totgeburt, die Frühgeburt ist, ist der lebenden Frühgeburt in diesem Sinne gleichzustellen.[22] Eine Unterscheidung zwischen der Frühgeburt eines lebenden und eines toten Kindes ist nicht angezeigt. Zwar entfällt bei der Totgeburt die erhöhte Pflegebedürftigkeit des Kindes, allerdings kann hinsichtlich der gesteigerten Erholungsbedürftigkeit der Mutter keine Unterscheidung nach dem Kriterium getroffen werden, ob das Kind bei der Frühgeburt tot ist

---

9 BAG 12.3.1997 – 5 AZR 329/96 – BAGE 85, 248, 250 = NZA 1997, 764.
10 BAG 12.3.1997 – 5 AZR 329/96 – BAGE 85, 248, 249 ff. = NZA 1997, 764 f.; BSG 15.5.1974 – 3 RK 16/73 – BSGE 37, 216 f. = FamRZ 1975, 94.
11 LAG Hamburg 26.11.2003 – 4 Sa 62/03 – NZA-RR 2005, 72, 73.
12 BAG 18.1.2000 – 9 AZR 932/98 – BAGE 93, 179, 184 = NZA 2000, 1157; BAG 12.7.1990 – 2 AZR 39/90 – AP § 613a BGB Nr. 87 = NZA 1991, 63, 66; BAG 15.12.2005 – 2 AZR 462/04 – AP § 9 MuSchG 1968 Nr. 37; BAG 16.2.1973 – 2 AZR 138/72 – BAGE 25, 70, 71 ff. = DB 1973, 879 f.; BAG 17.4.1991 – 1/3 RK 21/88 – BSGE 68, 222, 223 = NZA 1991, 909 f.; LAG Hamburg 26.11.2003 – 4 Sa 62/03 – NZA-RR 2005, 72, 73 ff.; LAG Köln 21.1.2000 – 11 Sa 1195/99 – NZA-RR 2001, 303; LAG Hamm 3.10.1986 – 17 Sa 935/86 – DB 1987, 544; KR/*Etzel*, § 9 MuSchG Rn 31 m.w.N., auch zur a.A.
13 LAG Hamburg 26.11.2003 – 4 Sa 62/03 – NZA-RR 2005, 72, 73; LSG Celle 3.3.1987 – L 3 Eg 1/86 – NZA 1987, 544.
14 BAG 16.12.1973, AP § 9 MuSchG 1968 Nr. 2.
15 *Buchner/Becker*, § 6 MuSchG Rn 15.
16 *Buchner/Becker*, § 6 MuSchG Rn 16; *Gröninger/Thomas*, § 6 Rn 10.
17 *Buchner/Becker*, § 6 MuSchG Rn 15; *Meisel/Sowka*, § 6 Rn 7.
18 *Buchner/Becker*, § 6 MuSchG Rn 16.
19 BAG 12.3.1997 – 5 AZR 329/96 – NZA 1997, 764; BSG 15.5.1974 – 3 RK 16/73 – BSGE 37, 216.
20 BAG 12.3.1997 – 5 AZR 329/96 – NZA 1997, 764.
21 BAG 12.3.1997 – 5 AZR 329/96 – NZA 1997, 764.
22 ErfK/*Schlachter*, § 6 MuSchG Rn 2.

oder lebt.[23] Vielmehr ist der Erholungsbedarf der Mutter in beiden Fällen gleich gelagert, so dass auch im Falle einer Totgeburt, gerade unter Berücksichtigung dessen, dass dem Gesetzeswortlaut keine Unterscheidung zu entnehmen ist, der Mutter eine verlängerte Schutzfrist i.S.d. § 6 Abs. 1 S. 2 zu gewähren ist.

b) Verlängerung (§ 6 Abs. 1 S. 2). Die acht-, bzw. zwölfwöchige Schutzfrist verlängert sich gem. S. 2 der Regelung bei Frühgeburten oder sonstigen vorzeitigen Entbindungen um den Zeitraum der Schutzfrist des § 3 Abs. 2 (siehe § 3 Rn 18), der nicht in Anspruch genommen werden konnte. Eine sonstige frühzeitige Entbindung liegt dann vor, wenn i.S.d. § 5 Abs. 1 eine Entbindung vor dem mutmaßlichen Entbindungstermin erfolgt ist, ohne dass eine Frühgeburt vorliegt (siehe § 5 Rn 26).

In diesen Fällen wird der von der sechswöchigen Schutzfrist des § 3 Abs. 2 vor der Entbindung nicht in Anspruch genommene Zeitraum zusätzlich zu der zwölfwöchigen Schutzfrist des § 6 Abs. 1 S. 1 gewährt, wodurch der gem. Art. 8 Abs. 1 RL 92/85/EWG erforderliche Mindestschutzzeitraum der Mutter von 14 Wochen gewährleistet werden soll und dem Umstand Rechnung getragen wird, dass kaum ein Kind zum vorher errechneten Zeitpunkt entbunden wird.[24] Entbindet z.B. eine Mutter zehn Tage vor dem errechneten Entbindungstermin, und handelt es sich um keine Früh- oder Mehrlingsgeburt, beträgt die Schutzfrist gem. § 6 Abs. 1 S. 2 acht Wochen und zehn Tage. Handelt es sich dagegen um eine Früh- oder Mehrlingsgeburt (siehe Rn 12), beträgt die Schutzfrist zwölf Wochen und zehn Tage.

c) Tod des Kindes (§ 6 Abs. 1 S. 3). Nach § 6 Abs. 1 S. 3 kann die Mutter beim Tod des Kindes nach der Entbindung auch bereits vor Ablauf der Schutzfristen, allerdings nicht in den ersten zwei Wochen nach der Entbindung wieder beschäftigt werden. Hierfür bedarf es neben dem Sterben des Kindes innerhalb des Beschäftigungsverbots, des ausdrücklichen Verlangens der Mutter sowie eines ärztlichen Zeugnisses darüber, dass einer Wiederbeschäftigung durch den AG keine medizinischen Bedenken entgegenstehen.[25]

Grds. steht das Beschäftigungsverbot nach § 6 Abs. 1 somit im Falle des Todes des Kindes zur Disposition der Mutter, sofern sie eine ärztliche Unbedenklichkeitsbescheinigung vorweisen kann. Da es sich bei dem Begehren der Wiederbeschäftigung um ein solches im Interesse der AN handelt, sind die Kosten für die ärztliche Beurteilung von der Mutter zu tragen.[26]

Der AG ist nach Erklärung der Mutter nicht verpflichtet, diese auch tatsächlich zu beschäftigen. Er ist lediglich vom Beschäftigungsverbot des § 6 Abs. 1 befreit.[27] Ein Beschäftigungsanspruch der AN besteht nur bei entsprechender Beschäftigungsmöglichkeit unter Abwägung beiderseitiger Interessen.[28]

Das Wiederbeschäftigungsverlangen kann die AN gem. § 6 Abs. 1 S. 4 jederzeit widerrufen.

III. Wirkung des Beschäftigungsverbots

Liegen die Anspruchsvoraussetzungen des § 6 Abs. 1 S. 1 und 2 vor, so besteht ein Beschäftigungsverbot. Die betreffende Mutter darf während der acht-, bzw. zwölfwöchigen Schutzfrist nicht beschäftigt werden. Dieses Beschäftigungsverbot ist absolut und zwingend.[29] Es steht nicht zur Disposition der AN. Ein Verzicht auf das Beschäftigungsverbot des § 6 Abs. 1 S. 1 ist – anders als beim Beschäftigungsverbot vor der Entbindung nach § 3 Abs. 2 – nicht möglich.[30] Verboten ist jedoch nur die Beschäftigung durch den AG. Der Berufsschulbesuch oder die Teilnahme an Prüfungen wird ebenso wie die eigenwirtschaftliche Betätigung der Frau von § 6 nicht erfasst, da dies keine Beschäftigungen durch den AG sind.[31]

IV. Beschäftigungsverbote nach Ende der Schutzfrist

1. § 6 Abs. 2. Dem Umstand, dass manche Mütter aufgrund besonderer Komplikationen während der Schwangerschaft oder bei der Geburt, eine über die regelmäßige Schutzfrist hinausgehende Zeit benötigen, um ihre volle Leistungsfähigkeit wiederzuerlangen, trägt das individuelle Beschäftigungsverbot des § 6 Abs. 2 Rechnung. Hiernach dürfen Frauen, die in den ersten Monaten nach der Entbindung nach ärztlichem Zeugnis nicht voll leistungsfähig sind, nicht zu einer ihre Leistungsfähigkeit übersteigenden Arbeit herangezogen werden.

a) Ärztliches Zeugnis. Bezüglich der an das ärztliche Zeugnis zu stellenden Anforderungen kann auf die zu § 3 getätigten Ausführungen verwiesen werden (siehe § 3 Rn 8 ff.). Allerdings muss das erforderliche ärztliche Zeugnis inhaltlich zum Ausdruck bringen, dass die geminderte Leistungsfähigkeit tatsächlich auf schwangerschaftsbedingte

---

23 Vgl. *Meisel/Sowka*, § 6 Rn 4; *Willikonsky*, § 7 Rn 2; ZZVV, § 6 MuSchG Rn 10.
24 *Buchner/Becker*, § 6 MuSchG Rn 27, 28; *Willikonsky*, § 7 Rn 2.
25 Vgl. *Friese*, NJW 2002, 3208; *Joussen*, NJW 2002, 702.
26 *Willikonsky*, § 7 Rn 7; a.A. *Buchner/Becker*, § 6 MuSchG Rn 19.
27 *Meisel/Sowka*, § 6 Rn 8g.
28 BAG 27.2.1985 – GS 1/84 – AP § 611 BGB Nr. 14.
29 *Meisel/Sowka*, § 6 Rn 6.
30 Vgl. *Willikonsky*, § 7 Rn 4.
31 ZZVV, § 6 MuSchG Rn 27.

Komplikationen zurückzuführen ist.[32] Allein ein erhöhter Versorgungsaufwand für das Kind ist hierfür nicht ausreichend.[33] Das ärztliche Zeugnis soll Angaben über Dauer und Grad der Leistungsminderung, zur Fortsetzungsmöglichkeit der bisherigen Beschäftigung sowie zu möglichen anderweitigen Beschäftigungsmöglichkeiten enthalten.[34] Die Kosten für das ärztliche Zeugnis sind von der AN zu tragen, da die Beibringung ausschließlich in ihrem Interesse erfolgt.[35]

22 **b) Dauer des Beschäftigungsverbots.** Ebenso wie durch die ärztliche Bescheinigung die geminderte Leistungsfähigkeit attestiert wird, kann durch neue ärztliche Bescheinigung festgestellt werden, dass dieses Kriterium nicht mehr besteht. In diesem Fall wird das Beschäftigungsverbot aus § 6 Abs. 2 durch das neue ärztliche Zeugnis beendet. Ergeben sich Anhaltspunkte dafür, dass eine mutterschutzrechtliche Rücksichtnahme auf die kürzlich erfolgte Entbindung nicht mehr geboten erscheint, so ist eine neuerliche Überprüfung durch den Arzt vorzunehmen.[36]

23 Ohne eine beendigende ärztliche Bescheinigung ist das Beschäftigungsverbot aus § 6 Abs. 2 in zeitlicher Hinsicht auf die ersten Monate nach der Entbindung begrenzt, wodurch erforderlich ist, dass das ärztliche Zeugnis Aussagen über die voraussichtliche Dauer der Leistungsminderung trifft. Durch diese unbestimmte Formulierung soll gerade eine pauschalierte Begrenzung auf einen bestimmten Zeitraum verhindert werden, um den jeweiligen gesundheitlichen Gegebenheiten im Einzelfall genügen zu können.

24 Ist in dem ärztlichen Gutachten keine zeitliche Prognose enthalten, so ist der Zeitraum der Leistungsminderung in Anlehnung an den Zeitraum des Künd-Schutzes nach § 9 Abs. 1 ebenfalls bis zum Ablauf des vierten Monats nach der Entbindung zu bemessen,[37] so dass im Regelfall zu der achtwöchigen Schutzfrist des § 6 Abs. 1 S. 1 weitere zwei Monate hinzukämen.

25 Ergibt sich aus dem ärztlichen Gutachten ein darüber hinausgehender Zeitraum der geminderten Leistungsfähigkeit i.S.d. § 6 Abs. 2, so ist dies für die zeitliche Begrenzung des Beschäftigungsverbots nach § 6 Abs. 2 maßgeblich, jedoch längstenfalls für eine Dauer von sechs Monaten.[38] Eine darüber hinausgehende verminderte Leistungsfähigkeit ist nicht mehr nach mutterschutzrechtlichen Gesichtspunkten zu beurteilen, sondern nach allg. arbeitsrechtlichen Grundsätzen.

26 **2. § 6 Abs. 3.** Nach § 6 Abs. 3 dürfen stillende Mütter nicht mit den in § 4 genannten Arbeiten, einschließlich des Akkordarbeitsverbots aus § 4 Abs. 3 beschäftigt werden.[39]

27 **a) Beschäftigungsverbote aus § 4.** Die Beschäftigungsverbote aus § 4 sind generell und nicht dispositiv. Hierunter fallen z.B. schwere körperliche Arbeiten (§ 4 Abs. 1), Arbeiten, bei denen die AN schädlichen Einwirkungen von gesundheitsgefährdenden Stoffen ausgesetzt ist (§ 4 Abs. 1), und Arbeiten, bei denen die AN sich häufig erheblich strecken und beugen oder bei denen sie dauernd hocken oder sich gebückt halten muss (§ 4 Abs. 2 Nr. 3). Im Einzelnen wird auf die Ausführungen zu § 4 verwiesen.

28 **b) Erfasster Personenkreis.** Erfasst sind von § 6 Abs. 3 nur stillende Mütter. Voraussetzung ist demnach, dass die AN ihr leibliches Kind nach Ablauf der Schutzfrist oder des Erziehungsurlaubs tatsächlich stillt (vgl. § 7 Rn 6). Das Stillen ist von der AN glaubhaft zu machen.[40] Die Vorlage einer ärztlichen Stillbescheinigung ist hierfür nicht erforderlich, es genügt jeder glaubhafte Nachweis.[41]

29 Verlangt der AG den Nachweis des Stillens durch Vorlage einer Stillbescheinigung des Arztes oder einer Hebamme bzw. eines entsprechenden Zeugnisses durch die AN, so hat der er die diesbezüglichen Kosten zu tragen (vgl. § 7 Rn 13).[42] Eine solche Stillbescheinigung kann von jeder dafür geeigneten Person oder Stelle ausgestellt werden. Als solche kommen insb. Ärzte, Hebammen, Gesundheitsamt und Mütterfürsorgestelle in Betracht.[43] Die Pflicht, sich von der Stilltätigkeit der AN zu vergewissern, obliegt bei der Wiederbeschäftigung einer Mutter nach der Entbindung dem AG, da er das Beschäftigungsverbot des § 6 Abs. 3 von sich aus beachten muss.[44]

30 **c) Ende des Beschäftigungsverbots.** Das Beschäftigungsverbot aus § 6 Abs. 3 endet mit der Beendigung der Stilltätigkeit der Mutter. Über die Beendigung der Stilltätigkeit hat die Mutter den AG aufgrund ihrer arbeitsvertraglichen Treuepflicht zu unterrichten.[45] Eine gesetzliche Obergrenze der Stilltätigkeit gibt es nicht (vgl. § 7 Rn 7).

---

32 ErfK/*Schlachter*, § 6 MuSchG Rn 5; *Meisel/Sowka*, § 6 Rn 14; ZZVV, § 6 MuSchG Rn 46.
33 *Buchner/Becker*, § 6 MuSchG Rn 45.
34 *Meisel/Sowka*, § 6 Rn 15; ZZVV, § 6 MuSchG Rn 46.
35 *Buchner/Becker*, § 6 MuSchG Rn 48.
36 *Buchner/Becker*, § 6 MuSchG Rn 50.
37 *Buchner/Becker*, § 6 MuSchG Rn 49; *Meisel/Sowka*, 6 Rn 19; MünchArb/*Heenen*, § 226 Rn 38.
38 ZZVV, § 6 MuSchG Rn 49.
39 *Willikonsky*, § 6 Rn 12.
40 *Buchner/Becker*, § 6 MuSchG Rn 41.
41 *Gröninger/Thomas*, § 6 Rn 23.
42 ErfK/*Schlachter*, § 6 MuSchG Rn 6; *Willikonsky*, § 6 Rn 13; ZZVV, § 7 MuSchG Rn 3.
43 *Buchner/Becker*, § 6 MuSchG Rn 52.
44 ErfK/*Schlachter*, § 6 MuSchG Rn 6; ZZVV, § 6 MuSchG Rn 52.
45 ErfK/*Schlachter*, § 6 MuSchG Rn 6; *Willikonsky*, § 6 Rn 13; ZZVV, § 6 MuSchG Rn 52.

d) Ausnahmen. In Einzelfällen kann die Aufsichtsbehörde gem. §§ 6 Abs. 3, 4 Abs. 5 S. 1 auch für stillende Mütter eine Ausnahme von den Beschäftigungsverboten des § 4 erteilen. Diese wird i.d.R. erteilt, wenn die Art der Arbeit und das Arbeitstempo eine Beeinträchtigung der Gesundheit nicht erwarten lassen und kann pauschal für alle stillenden Mütter eines Betriebes erteilt werden.[46] Ebenso kann die Aufsichtsbehörde gem. §§ 6 Abs. 3, 4 Abs. 5 S. 2 die Beschäftigung mit bestimmten anderen Arbeiten verbieten.

3. Wirkung der Beschäftigungsverbote aus Abs. 2 und 3. Die Beschäftigungsverbote aus § 6 Abs. 2 und 3 sind relativer Natur. Der AG kann die AN unter Zuweisung geringerer Arbeitsmengen, Arbeitszeitverkürzungen oder Umsetzung auf einen anderen Arbeitsplatz beschäftigen.[47] Ist eine solche zumutbare Beschäftigung (vgl. § 3 Rn 26) nicht möglich, so erfordert das Beschäftigungsverbot aus § 6 Abs. 2 ein vollständiges Aussetzen mit der Arbeit, bis zur Beendigung des Beschäftigungsverbots (siehe Rn 30).

C. Rechtsfolgen

Wird eine Mutter entgegen der Beschäftigungsverbote aus §§ 6 Abs. 1 S. 1, Abs. 2 und Abs. 3 beschäftigt, macht sich der AG einer OWi nach § 21 Abs. 1 Nr. 1 schuldig. Gleiches gilt gem. § 21 Abs. 1 Nr. 5 für einen Verstoß des AG gegen eine Verfügung der Aufsichtsbehörde gem. §§ 6 Abs. 3 S. 2, 4 Abs. 5. Werden die genannten Verstöße vorsätzlich begangen und wird hierdurch die Gesundheit der AN gefährdet, handelt es sich gem. § 21 Abs. 3 um eine Straftat. Dies gilt gem. § 21 Abs. 4 auch dann, wenn die Gefährdung lediglich fahrlässig verursacht wurde.
Der Strafrahmen reicht von Geldstrafe bis hin zu einer Freiheitsstrafe von einem Jahr.

D. Verbindung zu anderen Rechtsgebieten

Bei stillenden Müttern sind die Beschäftigungsverbote aus § 4 ebenso zu beachten wie das Verbot von Mehrarbeit, Nacht- und Sonntagsarbeit gem. § 8. Etwaige Verfügungen der Aufsichtsbehörde gem. § 6 Abs. 3 sind VA i.S.d. § 35 S. 1 VwVfG, so dass die verwaltungsverfahrensrechtlichen Vorschriften hier bezüglich der Rechtmäßigkeit etwaiger Anordnungen zu beachten sind.
Rechtsbehelfe gegen diese Verfügungen richten sich nach den Vorschriften der VwGO.

§ 7 Stillzeit

(1) ¹Stillenden Müttern ist auf ihr Verlangen die zum Stillen erforderliche Zeit, mindestens aber zweimal täglich eine halbe Stunde oder einmal täglich eine Stunde freizugeben. ²Bei einer zusammenhängenden Arbeitszeit von mehr als acht Stunden soll auf Verlangen zweimal eine Stillzeit von mindestens 45 Minuten oder, wenn in der Nähe der Arbeitsstätte keine Stillgelegenheit vorhanden ist, einmal eine Stillzeit von mindestens 90 Minuten gewährt werden. ³Die Arbeitszeit gilt als zusammenhängend, soweit sie nicht durch eine Ruhepause von mindestens zwei Stunden unterbrochen wird.
(2) ¹Durch die Gewährung der Stillzeit darf ein Verdienstausfall nicht eintreten. ²Die Stillzeit darf von stillenden Müttern nicht vor- oder nachgearbeitet und nicht auf die in dem Arbeitszeitgesetz oder in anderen Vorschriften festgesetzten Ruhepausen angerechnet werden.
(3) Die Aufsichtsbehörde kann in Einzelfällen nähere Bestimmungen über Zahl, Lage und Dauer der Stillzeiten treffen; sie kann die Einrichtung von Stillräumen vorschreiben.
(4) ¹Der Auftraggeber oder Zwischenmeister hat den in Heimarbeit Beschäftigten und den ihnen Gleichgestellten für die Stillzeit ein Entgelt von 75 vom Hundert eines durchschnittlichen Stundenverdienstes, mindestens aber 0,38 Euro für jeden Werktag zu zahlen. ²Ist die Frau für mehrere Auftraggeber oder Zwischenmeister tätig, so haben diese das Entgelt für die Stillzeit zu gleichen Teilen zu gewähren. ³Auf das Entgelt finden die Vorschriften der §§ 23 bis 25 des Heimarbeitsgesetzes vom 14. März 1951 (BGBl. I S. 191) über den Entgeltschutz Anwendung.

A. Allgemeines 1	2. Tatsächliche Arbeitsleistung 5
I. Normzweck 1	3. Tatsächliches Stillen 6
II. Entstehungsgeschichte 2	III. Stillzeiten 9
B. Regelungsgehalt 3	1. Dauer der Stillzeiten 9
I. Anwendungsbereich 3	2. Zahl und Lage der Stillzeiten 11
II. Anspruchsvoraussetzungen 4	3. Nachweis 13
1. Verlangen der Mutter 4	IV. Wirkung 14

---

46 *Willikonsky*, § 6 Rn 14. 47 *ZZVV*, § 6 MuSchG Rn 54.

V. Entgeltschutz	15	C. Rechtsfolgen	23
VI. Heimarbeiterinnen	18	D. Verbindung zu anderen Rechtsgebieten	24
VII. Aufsichtsbehörde	21		

A. Allgemeines

I. Normzweck

1 Über die Regelung des § 7 soll vorwiegend dem gesundheitlichen Interesse des Kindes daran, dass die Mutter ihrer Stilltätigkeit nachkommt, Rechnung getragen werden. Da im Regelfall die AN die Stilltätigkeit mit Wiederaufnahme ihrer Beschäftigung einstellt, schuf der Gesetzgeber eine Regelung, durch welche der AN die Möglichkeit eingeräumt werden soll, ihr neugeborenes Kind auch während der Arbeitszeit stillen zu können. Dem AG bleibt überantwortet, die Stilltätigkeit in „wohlverstandener mutterschutzmäßiger Fürsorge" zu unterstützen und zu fördern.[1]

II. Entstehungsgeschichte

2 Bereits durch das MuSchG 1927 wurde ein Anspruch auf Gewährung von Stillpausen während der Arbeitszeit eingeführt, welcher durch § 5 MuSchG 1942, nebst Ausführungs-VO und § 7 MuSchG 1952 ergänzt und ausgebaut wurde. Seine heutige Fassung erhielt § 7 durch das Änderungsgesetz von 1965.[2]

B. Regelungsgehalt

I. Anwendungsbereich

3 § 7 erfasst **alle sich in einem Arbverh befindenden, stillenden Mütter**, die während der Arbeitszeit ihr Kind tatsächlich stillen.[3] Erfasst sind nur AN, welche tatsächlich ihr eigenes Kind stillen.[4] Die Ernährung über die Muttermilch muss hierbei zwar nicht den Schwerpunkt der Ernährung des Kindes darstellen, jedoch neben gewährter Flaschenernährung zumindest noch ins Gewicht fallen, darf also nicht unerheblich sein. Bei Mehrlingsmüttern ist das Stillen eines Kindes ausreichend.[5] Ob es sich um teilzeit- oder vollzeitbeschäftigte AN handelt, hat auf den Anspruch aus § 7 Abs. 1 S. 1 keinen Einfluss.[6]

II. Anspruchsvoraussetzungen

4 **1. Verlangen der Mutter.** Auf Verlangen der stillenden Mutter hat der AG dieser gem. § 7 Abs. 1 S. 1 die zum Stillen erforderliche Zeit freizugeben. Es bedarf demnach einer Erklärung der AN, ihrer Stilltätigkeit während der Arbeitszeit nachkommen zu wollen. Diese Erklärung muss das Verlangen der AN hinreichend deutlich zum Ausdruck bringen. Sie kann sowohl an den AG als auch an dessen Vertreter, mündlich oder schriftlich gerichtet werden.[7] Erst dieses Verlangen der AN löst den Anspruch aus § 7 Abs. 1 aus. Der AG ist von sich aus nicht verpflichtet, der Mutter eine Stillzeit freizugeben, vielmehr kann er das Verlangen der AN abwarten.[8] Mit Verlangen der stillenden Mutter, dass der AG dieser die zum Stillen erforderliche Zeit freigibt, entsteht der Freistellungsanspruch gem. § 7 Abs. 1 und nicht erst mit dem Nachweis der Erforderlichkeit der Stillzeit oder deren Dauer.[9] Durch den Ausspruch des Verlangens durch die AN, wird zugleich eine Pflicht aus ihrem arbeitsvertraglichen Treueverhältnis begründet, den AG auch über das Ende der Stillzeit in Kenntnis zu setzen.[10]

5 **2. Tatsächliche Arbeitsleistung.** § 7 Abs. 1 gewährt der Mutter einen Anspruch auf Freistellung von der Arbeit, um ihrer Stilltätigkeit nachzukommen. Voraussetzung ist insofern, dass die Mutter tatsächlich arbeitet. Es muss also eine zu erbringende Arbeitsleistung vorliegen, von der der AG die AN im erforderlichen Maße freistellen kann. Arbeitet die AN z.B. wegen Arbeitsunfähigkeit nicht, kann sie nicht freigestellt werden, und ein Anspruch aus § 7 Abs. 1 scheidet aus.[11] Liegen die üblichen Stillzeiten außerhalb der Arbeitszeit, besteht kein Anspruch der AN auf zusätzliche Stillzeiten nach § 7.[12]

6 **3. Tatsächliches Stillen.** Der Anspruch auf Freistellung aus § 7 Abs. 1 S. 1 besteht grds. solange die Mutter ihr Kind stillt. Vereinzelt wird in Rspr. und Lit. eine strikte zeitliche Begrenzung des Anspruchs auf die ersten zwölf Lebensmonate des Kindes gefordert, mit dem Hinweis darauf, dass ein zeitlich unbegrenzter Freistellungsanspruch vom Gesetzgeber nicht gewollt gewesen sei.[13] So soll eine stillenden Frau jedenfalls dann keinen Anspruch auf be-

---

1 *Buchner/Becker*, § 7 MuSchG Rn 3.
2 *Buchner/Becker*, § 7 MuSchG Rn 1.
3 ErfK/*Schlachter*, § 7 MuSchG Rn 2; *Meisel/Sowka*, § 7 Rn 4.
4 *Buchner/Becker*, § 7 MuSchG Rn 7.
5 *Buchner/Becker*, § 7 MuSchG Rn 7.
6 ErfK/*Schlachter*, § 7 MuSchG Rn 2.
7 ZZVV, § 7 MuSchG Rn 3.
8 *Buchner/Becker*, § 7 MuSchG Rn 9.
9 *Buchner/Becker*, § 7 MuSchG Rn 23.
10 MünchArb/*Heenen*, Bd. 2, § 226 Rn 40.
11 BAG 3.7.1985 – 5 AZR 79/84 – NZA 1986, 131 = NJW 1986, 864.
12 Vgl. *Willikonsky*, § 7 Rn 2.
13 LAG Niedersachsen 29.10.1987 – 10 Sa 379/87 – NZA 1988, 312.

zahlte Freistellung von der Arbeit haben, wenn das Kind bereits 2 ½ Jahre alt ist.[14] **Die Festlegung zeitlicher Obergrenzen** findet im Gesetzeswortlaut keine Stütze.[15] Für eine solch strikte zeitliche Begrenzung des Anspruchs aus § 7 besteht jedoch keine Veranlassung. Üblicherweise wird die Nahrung des Kindes dessen Bedürfnissen derart angepasst, dass im Laufe der Zeit zunehmend auf anderweitige Nahrungsmittel umgestellt wird. Insoweit entfällt der Freistellungsanspruch der Mutter spätestens dann, wenn die Muttermilch bei der Ernährung des Kindes nicht mehr wesentlich ins Gewicht fällt (siehe Rn 3). Erfolgt das Stillen überwiegend zum Kontakt mit der Mutter, entspricht das nicht mehr dem mit § 7 MuSchG verfolgten Zweck, das gesundheitliche Interesse des Kindes an der Stilltätigkeit zu gewährleisten.

Zwar ist nach heutigen wissenschaftlichen Erkenntnissen ein Anspruch auf Stillzeit nach Vollendung des ersten Lebensjahres grds. nicht mehr erforderlich, um jedoch auch in anders gelagerten Fällen dem Wohl des Kindes gerecht werden zu können, empfiehlt sich keine strenge zeitliche Obergrenze, sondern eine zeitliche Begrenzung aus dem Gesichtspunkt des Rechtsmissbrauchs.[16] Hierbei ist eine **einzelfallbezogene Abwägung** zwischen dem Interesse der Mutter an der Fortsetzung der Stilltätigkeit und dem betrieblichen Belangen maßgeblich, wobei mit zunehmendem Lebensalter des Kindes das Interesse der Mutter gegenüber den betrieblichen Belangen vermehrt an Gewicht verliert.[17] Verlangt der AG den Nachweis des Stillens durch Vorlage einer Stillbescheinigung des Arztes oder einer Hebamme bzw. eines entsprechenden Zeugnisses (siehe § 6 Rn 21) durch die AN, so hat er die diesbezüglichen Kosten zu tragen.[18]

Stellt die AN das Stillen ein, muss sie bei vorheriger Inanspruchnahme von Stillzeiten aus arbeitsvertraglicher Treuepflicht selbst von einer weiteren Inanspruchnahme absehen und den AG hierüber informieren, soweit die veränderten Umstände nicht schon in der Weiterführung der Arbeit hinreichend sichtbar werden.[19] Die AN verletzt ihre arbeitsvertraglichen Pflichten, wenn sie hingegen weiterhin unberechtigt Stillzeiten in Anspruch nimmt.[20]

III. Stillzeiten

1. Dauer der Stillzeiten. Gem. § 7 Abs. 1 S. 1 ist stillenden Müttern die zum Stillen erforderliche Zeit freizugeben, mind. aber zweimal täglich eine halbe Stunde oder täglich eine Stunde. Darüber hinaus soll bei einer zusammenhängenden Arbeitszeit von mehr als acht Stunden gem § 7 Abs. 1 S. 2 zweimal eine Stillzeit von mind. 45 Minuten oder, wenn in der Nähe des Arbeitsplatzes keine Stillmöglichkeit vorhanden ist, einmal eine Stillzeit von mind. 90 Minuten gewährt werden. Die Stillzeit ist also nach Unten, nicht jedoch nach Oben begrenzt.[21] Was hinsichtlich der Dauer der Stillzeit als „**erforderliche Zeit**" i.S.d. § 7 Abs. 1 S. 1 anzusehen ist, kann **nur im Einzelfall bestimmt werden**.[22] Der Mutter muss es schlicht ermöglicht sein, ihre Stilltätigkeit in Ruhe und in gehöriger Weise durchzuführen.[23] Hierbei ist sowohl die Zeit zu berücksichtigen, die für den eigentlichen Stillvorgang benötigt wird, als auch die Zeit, die der Weg zur Stillgelegenheit, die Vorbereitungs- und die anschließende Reinigungszeit in Anspruch nehmen.[24]

Allerdings ist die Mutter im Gegenzug auch verpflichtet, zumutbare organisatorische Maßnahmen zu treffen, welche die Belastung des Betriebes im Rahmen halten.[25] Je größer die Ausfallzeiten der Mutter im Verhältnis zu ihrer Arbeitszeit sind, umso mehr ist diese in der Pflicht, sich um Ausweichmöglichkeiten zu bemühen.[26] Dies kann sogar soweit gehen, dass sich die Mutter ihr Kind zum Stillen an den Arbeitsplatz bringen lassen, oder sich bei fehlender Stillmöglichkeit am Arbeitsplatz zum Stillen fahren lassen muss, wenn dadurch die Wegzeit gegenüber öffentlichen Verkehrsmitteln deutlich herabgesetzt werden kann.[27] Bietet sich allerdings keine andere Lösung, muss der AG auch größere Arbeitszeitverluste hinnehmen.[28]

2. Zahl und Lage der Stillzeiten. Unter dem Gesichtspunkt der „Erforderlichkeit" i.S.d. § 7 Abs. 1 S. 1 ist auch eine **Einzelfallbeurteilung** hinsichtlich der Anzahl und der Lage der täglich zu gewährenden Stillzeiten vorzunehmen. Auch hier regelt das Gesetz lediglich Mindestanforderungen.[29] Hierbei kann zwar die von Kinderärzten aus-

---

14 LAG Niedersachsen 29.10.1987 – 10 Sa 379/87 – NZA 1988, 312.
15 LAG Baden-Württemberg 3.11.1989 – 5 Sa 106/88 – AiB 1990, 266; *Ewalt/Gussone*, AiB 1985, 12; *Graue*, AiB 1999, 271.
16 *Buchner/Becker*, § 7 MuSchG § 7 Rn 12; MünchArb/*Heenen*, Bd. 2, § 226 Rn 40.
17 *Buchner/Becker*, § 7 MuSchG Rn 12.
18 *Buchner/Becker*, § 7 MuSchG Rn 14, 23; ZZVV, § 7 MuSchG Rn 3.
19 *Buchner/Becker*, § 7 MuSchG Rn 13.
20 MünchArb/*Heenen*, Bd. 2, § 226 Rn 40; *Meisel/Sowka*, § 7 Rn 5.
21 BAG 3.7.1985 – 5 AZR 79/84 – AP § 7 MuSchG 1968 Nr. 1.
22 *Willikonsky*, § 7 Rn 8.
23 BAG 3.7.1985 – 5 AZR 79/84 – NZA 1986, 131 = NJW 1986, 864.
24 *Willikonsky*, § 7 Rn 8.
25 BAG 3.7.1985 – 5 AZR 79/84 – NZA 1986, 131 = NJW 1986, 864.
26 *Buchner/Becker*, § 7 MuSchG Rn 21.
27 BAG 3.7.1985 – 5 AZR 79/84 – NZA 1986, 131 = NJW 1986, 864.
28 BAG 3.7.1985 – 5 AZR 79/84 – NZA 1986, 131 = NJW 1986, 864.
29 *Buchner/Becker*, § 7 MuSchG Rn 34.

gesprochene Empfehlung, einem vierstündigen Turnus zu folgen, als Richtschnur herangezogen werden, dies kann jedoch je nach Einzelfallbedürfnis variieren.[30]

12 Auch diesbezüglich ist die AN jedoch verpflichtet, auf die AG-Interessen ebenso Rücksicht zu nehmen, wie bereits bezüglich der Länge der Stillzeit dargelegt (siehe Rn 10). So kann die AN z.B. gehalten sein, die Stillzeiten so zu legen, dass möglichst wenige in die tägliche Arbeitszeit fallen.[31] Dieser Umstand fällt insb. bei Teilzeitkräften aufgrund der ohnehin geringeren täglichen Arbeitszeit sowie bei gleitender Arbeitszeit aufgrund der Dispositionsbefugnis der AN bezüglich der Arbeitszeit selbst ins Gewicht.[32]

13 **3. Nachweis.** Werden von der AN lediglich die pauschalierten Zeiträume des Abs. 1 für das Stillen in Anspruch genommen, bedarf es nur des Nachweises, dass die beanspruchten Pausen als solche zum Stillen genutzt werden, nicht dass der Zeitraum insg. dafür notwendig ist. Werden darüber hinausgehende Zeiten beansprucht, kann der AG den Nachweis deren Erforderlichkeit durch eine hierfür geeignete Bescheinigung – ggf. eines Arztes – verlangen. Die Kosten des Nachweises, welcher der Klarstellung des Umfanges der mutterschutzrechtlichen Pflichten dient, sind vom AG zu tragen.[33]

IV. Wirkung

14 Die **Stillzeiten** dürfen von stillenden Müttern gem. § 7 Abs. 2 S. 2 weder vor-, noch nachgearbeitet werden und nicht auf die im ArbZG oder in anderen Vorschriften festgesetzten Ruhepausen angerechnet werden. Sie **gehören** also **nicht zu den Ruhepausen** (s. § 4 ArbZG).[34] Die Stillzeiten sind also echte Freizeiten innerhalb der Arbeitszeit, die auf diese in vollem Umfang anzurechnen sind.[35] Die AN ist so zu stellen, als hätte sie in der Stillzeit gearbeitet.[36] Eine Vor- oder Nacharbeit der Stillzeiten hätte eine Verlängerung der täglichen Arbeitszeit zur Folge, so dass diese mehr geleisteten Stunden als Überstunden zu qualifizieren wären. Hierbei wäre insb. das Mehrarbeitsverbot nach § 8 Abs. 1 zu beachten.[37]

V. Entgeltschutz

15 Durch die Gewährung von Stillzeiten darf der stillenden Mutter ein Verdienstausfall gem. § 27 Abs. 1 S. 1 nicht entstehen. Sie ist also nicht nur bezüglich der Arbeitszeit (siehe Rn 14), sondern auch finanziell so zu stellen als hätte sie gearbeitet.[38] Der stillenden Mutter ist für die Stillzeit das Entgelt zu zahlen, dass sie i.d.R. in diesem Zeitraum verdient hätte.[39] Dies ist bei Zeitlohn der entsprechende Stundenlohn. Bei Wochen- und Monatslöhnen ist dieser ungekürzt zu gewähren. Bezieht die AN Akkordlohn, ist der Durchschnittsverdienst maßgeblich.[40]

16 Da der Anwendungsbereich des § 7 grds. erst eröffnet ist, wenn die stillende Mutter tatsächlich arbeitet (vgl. Rn 5), besteht für den Fall, dass die Mutter die Arbeit nicht antritt, z.B. wegen Arbeitsunfähigkeit, kein Anspruch auf Fortzahlung der Vergütung für die Stillzeit.[41] Auch entfällt jeglicher Lohnanspruch, wenn die AN aufgrund Dauer, Lage und Häufigkeit der Stillzeiten gänzlich außer Stande ist, ihrer Arbeit nachzugehen.[42]

17 Der Anspruch aus § 7 Abs. 2 S. 2 ist zwingend und steht zu keinem Zeitpunkt zur Disposition der Parteien. Die AN kann weder im Vorfeld, noch im Nachhinein auf den Anspruch auf Ersatz des Verdienstausfalls verzichten.[43]

VI. Heimarbeiterinnen

18 Für in Heimarbeit Beschäftigte hat der Gesetzgeber in § 7 Abs. 4 eine gesonderte Regelung getroffen. Zwar ist für Lage, Dauer und Anzahl der Stillzeiten eine mit den Abs. 1 bis 3 vergleichbare Regelung entbehrlich, da in Heimarbeit Beschäftigte im Regelfall ihrer Stilltätigkeit zu Hause problemlos nachkommen können. Außer Frage steht hierbei, dass auch den in Heimarbeit beschäftigten Müttern die erforderliche Stillzeit gewährt werden muss, ohne dass diese Auswirkungen auf Arbeitszeit und Entgelt hat.[44] Der **Entgeltschutz** wird **über § 7 Abs. 4** gewährleistet, wonach der Auftraggeber oder Zwischenmeister den in Heimarbeit Beschäftigten und den ihnen Gleichgestellten für die Stillzeit ein Entgelt von 75 von Hundert eines durchschnittlichen Stundenverdienstes, mind. aber 0,38 EUR für jeden Werktag zu zahlen hat.

19 Dies ist keinesfalls so zu verstehen, dass die **75 von Hundert-Regelung** lediglich in den Fällen greift, in denen tatsächlich ein Stundenlohn vereinbart ist.[45] Vielmehr ist § 7 Abs. 4 S. 1 dahingehend auszulegen, dass stets ein Entgelt in Höhe von 75 von Hundert eines durchschnittlichen Stundenlohns für die Stillzeit zu zahlen ist, und lediglich in den

---

30 ZZVV, § 7 MuSchG Rn 10.
31 *Buchner/Becker*, § 7 MuSchG Rn 35.
32 *Buchner/Becker*, § 7 MuSchG Rn 35.
33 ZZVV, § 7 MuSchG Rn 3; *Zmarzlik*, DB 1983, 1044.
34 ErfK/*Schlachter*, § 7 MuSchG Rn 2.
35 ZZVV, § 7 MuSchG Rn 11.
36 *Willikonsky*, § 7 Rn 5.
37 *Buchner/Becker*, § 7 MuSchG Rn 40.
38 *Willikonsky*, § 7 Rn 5.
39 *Willikonsky*, § 7 Rn 5.
40 *Buchner/Becker*, § 7 MuSchG Rn 42.
41 BAG 3.7.1985 – 5 AZR 79/84 – NZA 1986, 131 = NJW 1986, 864; BVerwG 30.6.88 – 2 C 60/86 – NJW 1988, 3030.
42 BAG 3.7.1985 – 5 AZR 79/84 – NZA 1986, 131 = NJW 1986, 864.
43 ZZVV, § 7 MuSchG Rn 13.
44 *Buchner/Becker*, § 7 MuSchG Rn 45.
45 A.A. *Meisel/Sowka*, § 7 Rn 23.

Fällen, in denen dieser unter 0,38 EUR liegt, die 2. Alternative des § 7 Abs. 4 S. 1 greift. Die im Gesetz vorgesehenen 0,38 EUR stellen also nur eine unterste Grenze zur Einkommenssicherung dar.[46]

Der grds. Entgeltschutz erfolgt gem. § 7 Abs. 4 S. 3 über §§ 23 bis 35 HAG.

Ist eine in Heimarbeit beschäftigte stillende Mutter für mehrere Auftraggeber oder Zwischenmeister tätig, so haben diese das Entgelt für die Stillzeit gem. § 7 Abs. 4 S. 2 zu gleichen Teilen zu gewähren. Dies bedeutet, dass jeder Auftraggeber zu gleichen Bruchteilen verpflichtet ist, ungeachtet seiner tatsächlichen Anteile and dem Gesamtarbeitsvolumen.[47]

VII. Aufsichtsbehörde

Die Aufsichtsbehörde kann in **Einzelfällen** gem. § 7 Abs. 3 nähere Bestimmungen über Zahl, Lage und Dauer der Stillzeiten treffen und die Einrichtung von Stillräumen vorschreiben.

Die näheren Bestimmungen sind jeweils VA der Aufsichtsbehörde zur Ergänzung der Stillzeiten des § 7 Abs. 1.[48] Sie folgen damit den verwaltungsrechtlichen Grundsätzen über den Erlass eines VA i.S.d. VwVfG, und sind über den Widerspruch gem. § 68 VwGO und die Anfechtungsklage gem § 42 Abs. 1 VwGO angreifbar.

Die Entscheidung kann auf Wunsch der Mutter oder des AG ergehen.[49]

Die Befugnis, die Lage der Stillzeit zu bestimmen, umfasst die Befugnis, eine Regelung dahingehend zu treffen, dass die stillende Mutter, deren Stillzeit am Beginn oder am Ende der Arbeitszeit liegt, entsprechend später mit der Arbeit beginnen oder früher mit der Arbeit aufhören kann.[50]

Die Anordnung der Einrichtung von Stillräumen ist nur dann sinnvoll, wenn der Raum nicht nur für eine einzelne AN genutzt werden soll, und die Unterbringung der Säuglinge in einer nahe gelegenen Kinderkrippe nicht möglich ist.[51] Auch ist nicht jeder Raum eines Betriebes geeignet, der Mutter und dem Kind die für den Stillvorgang erforderliche Ruhe zu gewährleisten, so dass hierauf besonderes Augenmerk zu legen ist.[52]

Bereits vorhandene Liegeräume können als Stillräume benutzt werden, wenn sie hierfür geeignet sind.[53]

C. Rechtsfolgen

Bringt die stillende Mutter ihr Verlangen nach § 7 Abs. 1 hinreichend konkret zum Ausdruck, so wird hierdurch die Pflicht des AG, der AN Stillzeiten nach § 7 Abs. 1 zu gewähren, unmittelbar begründet. **Ein Verstoß** gegen § 7 Abs. 1 S. 1 und Abs. 2 **ist gem. § 21 Abs. 1 Nr. 2 strafbewehrt.** Ebenso handelt gem. § 21 Abs. 1 Nr. 5 zumindest ordnungswidrig, wer eine vollziehbare Verfügung der Aufsichtsbehörde i.S.d. § 7 Abs. 3 nicht beachtet. Handelt der AG vorsätzlich und gefährdet dadurch die Frau in ihrer Arbeitskraft oder Gesundheit, so liegt gem. § 21 Abs. 3 ebenso eine Straftat vor, wie gem. § 21 Abs. 4 in dem Fall, in dem der AG die Gefährdung zumindest fahrlässig verursacht.

Das Strafmaß reicht von Geldstrafe bis zu einer Freiheitsstrafe von bis zu einem Jahr.

D. Verbindung zu anderen Rechtsgebieten

Arbeitet die stillende Mutter ihre Stillzeiten vor oder nach, so ist dies aufgrund des Verbotes aus § 7 Abs. 2 S. 2 „Mehrarbeit", so dass insb. das Mehrarbeitsverbot aus § 8 Abs. 1 berücksichtigt werden muss. Bezüglich des grds. Entgeltschutzes für in Heimarbeit beschäftigte Mütter sind gem. § 7 Abs. 4 S. 3 die §§ 23 bis 35 HAG zu beachten. Da die Regelungen der Aufsichtsbehörde i.S.d. § 7 Abs. 3 VA gem. § 35 S. 1 VwVfG sind, ist bezüglich deren Rechtmäßigkeit auf die Vorschriften des VwVfG zu verweisen, so sind diese u.a. zu begründen und mit einer ordnungsgemäßen Rechtsbehelfsbelehrung zu versehen.

Auch der Rechtsschutz gegen Anordnungen i.S.d. § 7 Abs. 3 richtet sich nach der VwGO.

§ 8 Mehrarbeit, Nacht- und Sonntagsarbeit

(1) Werdende und stillende Mütter dürfen nicht mit Mehrarbeit, nicht in der Nacht zwischen 20 und 6 Uhr und nicht an Sonn- und Feiertagen beschäftigt werden.

(2) Mehrarbeit im Sinne des Absatzes 1 ist jede Arbeit, die

1. von Frauen unter 18 Jahren über 8 Stunden täglich oder 80 Stunden in der Doppelwoche,

---

46 *Buchner/Becker*, § 7 MuSchG Rn 46; ErfK/*Schlachter*, § 7 MuSchG Rn 3; ZZVV, § 7 MuSchG Rn 14.
47 *Buchner/Becker*, § 7 MuSchG Rn 47.
48 *Buchner/Becker*, § 7 MuSchG Rn 51.
49 ErfK/*Schlachter*, § 7 MuSchG Rn 2; *Willikonsky*, § 7 Rn 10.
50 ZZVV, § 7 MuSchG Rn 15.
51 *Willikonsky*, § 7 Rn 14.
52 *Willikonsky*, § 7 Rn 14.
53 *Buchner/Becker*, § 7 MuSchG Rn 54.

2. von sonstigen Frauen über 8 1/2 Stunden täglich oder 90 Stunden in der Doppelwochehinaus geleistet wird. In die Doppelwoche werden die Sonntage eingerechnet.

(3) Abweichend vom Nachtarbeitsverbot des Absatzes 1 dürfen werdende Mütter in den ersten vier Monaten der Schwangerschaft und stillende Mütter beschäftigt werden

1. in Gast- und Schankwirtschaften und im übrigen Beherbergungswesen bis 22 Uhr,
2. in der Landwirtschaft mit dem Melken von Vieh ab 5 Uhr,
3. als Künstlerinnen bei Musikaufführungen, Theatervorstellungen und ähnlichen Aufführungen bis 23 Uhr.

(4) Im Verkehrswesen, in Gast- und Schankwirtschaften und im übrigen Beherbergungswesen, im Familienhaushalt, in Krankenpflege- und in Badeanstalten, bei Musikaufführungen, Theatervorstellungen, anderen Schaustellungen, Darbietungen oder Lustbarkeiten dürfen werdende oder stillende Mütter, abweichend von Absatz 1, an Sonn- und Feiertagen beschäftigt werden, wenn ihnen in jeder Woche einmal eine ununterbrochene Ruhezeit von mindestens 24 Stunden im Anschluss an eine Nachtruhe gewährt wird.

(5) ¹An in Heimarbeit Beschäftigte und ihnen Gleichgestellte, die werdende oder stillende Mütter sind, darf Heimarbeit nur in solchem Umfang und mit solchen Fertigungsfristen ausgegeben werden, dass sie von der werdenden Mutter voraussichtlich während einer 8-stündigen Tagesarbeitszeit, von der stillenden Mutter voraussichtlich während einer 7 1/4 -stündigen Tagesarbeitszeit an Werktagen ausgeführt werden kann. ²Die Aufsichtsbehörde kann in Einzelfällen nähere Bestimmungen über die Arbeitsmenge treffen; falls ein Heimarbeitsausschuss besteht, hat sie diesen vorher zu hören.

(6) Die Aufsichtsbehörde kann in begründeten Einzelfällen Ausnahmen von den vorstehenden Vorschriften zulassen.

A. Allgemeines	1
I. Normzweck	1
II. Entstehungsgeschichte	2
B. Regelungsgehalt	3
I. Anwendungsbereich	3
1. Persönlicher Anwendungsbereich	3
2. Betrieblicher Anwendungsbereich	4
II. Beschäftigungsverbote	5
1. Mehrarbeit (§ 8 Abs. 2)	5
a) Jugendliche (§ 8 Abs. 2 S. 1 Nr. 1)	6
b) Erwachsene (§ 8 Abs. 2 S. 1 Nr. 2)	7
c) Berechnung der Arbeitszeit	8
2. Nachtarbeit (§ 8 Abs. 1, 3)	12
a) Gast- und Schankwirtschaften (§ 8 Abs. 3 Nr. 1)	13
b) Landwirtschaft (§ 8 Abs. 3 Nr. 2)	14
c) Künstlerinnen (§ 8 Abs. 3 Nr. 3)	15
3. Sonn- und Feiertagsarbeit (§ 8 Abs. 1, 4)	16
a) Ersatzruhezeit	17
b) Ausnahmebetriebe	18
aa) Verkehrswesen	18
bb) Gast- und Schankwirtschaften, Beherbergungswesen, Familienhaushalt	19
cc) Krankenpflegeanstalten	20
dd) Badeanstalten	22
ee) Aufführungen	23
4. Heimarbeit (§ 8 Abs. 5)	24
a) Grundsatz	24
b) Bestimmung durch die Aufsichtsbehörde (§ 8 Abs. 5 S. 2)	25
III. Ausnahmebewilligung durch die Aufsichtsbehörde (§ 8 Abs. 6)	26
C. Rechtsfolgen	27
D. Verbindung zu anderen Rechtsgebieten	31
I. Anderweitige Arbeitszeitgesetze	31
II. Anderweitige Beschäftigungsverbote	32

A. Allgemeines

I. Normzweck

1 § 8 Abs. 1 stellt sowohl ein nicht zur Disposition der schwangeren oder stillenden AN stehendes **generelles Beschäftigungsverbot für besonders belastende Arbeitszeiten**, wie Nacht-, Sonn- und Feiertagsarbeit, als auch ein Mehrarbeitsverbot dar. § 8 trägt dem Umstand Rechnung, dass sich die schwangere oder stillende Mutter ohnehin in einem Zustand starker Belastung befindet, und deshalb in besonderem Maße vor Überbeanspruchung geschützt werden muss.[1] Hierdurch soll insb. die Gefahr einer Fehlgeburt oder Gesundheitsschädigung von Mutter und Kind vermieden werden.[2] Ausnahmen von dem Beschäftigungsverbot des § 8 Abs. 1 sind nur in den in § 8 Abs. 3 bis 6 normierten Fällen zulässig (siehe Rn 12 ff.). Diese umfassen solche Betriebe und Tätigkeiten, die traditionell in der überwiegenden Zahl von Frauen ausgeübt werden, so dass eine strikte Bindung an das Beschäftigungsverbot des Abs. 1 aufgrund der Häufigkeit der Mutterschaftsfälle eine wesentliche Beeinträchtigung darstellen würde. In diesen Fällen ist jedoch insb. das Beschäftigungsverbot aus § 3 Abs. 1 zu beachten (siehe § 3 Rn 1 ff.).[3]

II. Entstehungsgeschichte

2 Eine Arbeitszeitbeschränkung für werdende und stillende Mütter wurde erstmalig in § 9 Abs. 3 AZO v. 21.12.1923 normiert. In § 4 MuSchG 1942, nebst Ausführungs-VO 1942, wurde bereits ein umfassendes Mehrarbeits-, sowie ein

---

1 *Willikonsky*, § 8 Rn 1.
2 *Buchner/Becker*, § 8 MuSchG Rn 1.
3 ErfK/*Schlachter*, § 8 MuSchG Rn 1.

grds. Nacht-, Sonn- und Feiertagsverbot für werdende und stillende Mütter gesetzlich festgeschrieben, welches insb. durch das MuSchG v. 24.1.1952, das Änderungsgesetz 1965,[4] sowie das Gesetz zur Änderung des MuSchG[5] v. 3.7.1992 angepasst bzw. ergänzt worden ist.

B. Regelungsgehalt

I. Anwendungsbereich

1. Persönlicher Anwendungsbereich. § 8 MuSchG gilt für alle **werdenden Mütter**, sowie für alle **stillenden Mütter**, die nach Ablauf der Schutzfristen des § 6 Abs. 1 MuSchG wieder vom AG beschäftigt werden. Nicht vom Anwendungsbereich des § 8 sind in persönlicher Hinsicht solche Mütter erfasst, die nach der Geburt ihr Kind nicht stillen, unabhängig davon, wann diese ihr Kind geboren haben,[6] oder welche Gründe für das Nicht-Stillen maßgeblich sind. In diesen Fällen kommt ein Beschäftigungsverbot nach § 6 Abs. 2 aufgrund eingeschränkter Leistungsfähigkeit in Betracht (siehe § 6 Rn 20).[7]

2. Betrieblicher Anwendungsbereich. § 8 gilt in betrieblicher Hinsicht für alle Wirtschaftszweige und Haushaltungen.[8] Auch die in den Abs. 3 bis 5 genannten Ausnahmebetriebe/-tätigkeiten sind grds. vom Anwendungsbereich des § 8 umfasst, dürfen jedoch abweichend vom Regelungsgehalt des § 8 Abs. 1 werdende und stillende Mütter im Rahmen der jeweils zugelassenen Ausnahme beschäftigen.

II. Beschäftigungsverbote

1. Mehrarbeit (§ 8 Abs. 2). Mehrarbeit i.S.d. § 8 Abs. 1 ist jede Arbeitsleistung, die in quantitativem Umfang die Arbeitsleistung über die in § 8 Abs. 2 festgelegten Grenzen hinaus überschreitet. Insofern enthält § 8 Abs. 2 eine eigene mutterschutzrechtliche Definition des Tatbestandsmerkmals der „Mehrarbeit" i.S.d. § 8 Abs. 1.[9]

a) Jugendliche (§ 8 Abs. 2 S. 1 Nr. 1). Bei der Beurteilung der Überschreitung des zulässigen Arbeitsumfangs wird grds. zwischen Erwachsenen und Jugendlichen unter 18 Jahren unterschieden. Gem. § 8 Abs. 2 Nr. 1 ist bei jugendlichen Schwangeren bzw. Stillenden, Mehrarbeit dann anzunehmen, wenn die Arbeitsleistung acht Stunden täglich oder 80 Stunden in der Doppelwoche überschreitet. Dies entspricht der Regelung des § 8 JArbSchG, wonach Jugendliche grds. nicht mehr als acht Stunden täglich bzw. 40 Stunden in der Woche beschäftigt werden dürfen,[10] wobei die Beschränkung auf wöchentlich 40 Stunden nach § 8 Abs. 2 JArbSchG insofern vorrangig zu beachten ist.[11] Das JArbSchG ist grds. gegenüber dem MuSchG lex specialis.[12] Die Regelungen des MuSchG gehen dem JArbSchG nur insoweit vor, als diese wiederum strengere Schutzvorschriften zugunsten schwangerer oder stillender Jugendlicher enthalten.[13]

b) Erwachsene (§ 8 Abs. 2 S. 1 Nr. 2). Bei erwachsenen werdenden Müttern oder Stillenden, welche das 18. Lebensjahr bereits vollendet haben, ist Mehrarbeit i.S.d. § 8 Abs. 1 dann gegeben, wenn die tägliche Arbeitszeit 8 ½ Stunden überschreitet oder die Arbeitszeit über 90 Stunden in der Doppelwoche hinausgeht. Auch hier darf die Höchstarbeitszeit jedoch die Grenzen des ArbZG nicht überschreiten.[14]

c) Berechnung der Arbeitszeit. Bei der Berechnung der in der Doppelwoche geleisteten Arbeitszeit wird gem. § 8 Abs. 2 S. 2 die geleistete Sonntagsarbeit ebenso mit eingerechnet wie geleistete Feiertagsarbeit.[15] Ebenfalls auf die Arbeitszeit in vollem Umfang anzurechnen sind Urlaubs- oder Krankheitszeiten der Mutter. Nicht anzurechnen ist jedoch die in Folge eines auf einen Wochentag fallenden Feiertags entfallene Arbeitszeit, da durch diesen Ausfall der Schutzzeck des § 8 – der Schutz der werdenden oder stillenden Mutter vor Überbelastung (siehe Rn 1) – nicht gefährdet wird.[16]

Ob der Beginn der Doppelwoche zwingend auf einen Montag fallen muss, oder zur Disposition des AG steht, wird zwar uneinheitlich beantwortet,[17] ist jedoch bei konsequenter Aneinanderreihung der Zwei-Wochen-Zeiträume für die Berechnung der zulässigen Höchstarbeitszeit gänzlich unerheblich.[18] Insofern stehen selbst der Bestimmung des Beginns des ersten Zwei-Wochen-Zeitraums durch den AG keine Bedenken hinsichtlich etwaiger Missbrauchsmöglichkeiten entgegen.[19]

---

4 Vgl. BT-Drucks IV/3652, S. 5.
5 BGBl I S. 1191.
6 *Willikonsky*, § 8 Rn 2.
7 *Willikonsky*, § 8 Rn 2.
8 *Meisel/Sowka*, § 8 Rn 6.
9 ErfK/*Schlachter*, § 8 MuSchG Rn 2.
10 *Willikonsky*, § 8 Rn 5.
11 ErfK/*Schlachter*, § 8 MuSchG Rn 2.
12 MünchArb/*Heenen*, Bd. 2, § 226 Rn 31.
13 ErfK/*Schlachter*, § 8 MuSchG Rn 2.

14 ErfK/*Schlachter*, § 8 MuSchG Rn 2.
15 *Buchner/Becker*, § 8 MuSchG Rn 21.
16 Vgl. *Buchner/Becker*, § 8 MuSchG Rn 21.
17 Vgl. zum Meinungsstand: ZZVV, § 8 MuSchG Rn 21; *Willikonsky*, § 8 Rn 5.
18 Vgl. *Buchner/Becker*, § 8 MuSchG Rn 22; *Willikonsky*, § 8 Rn 5.
19 Vgl. *Buchner/Becker*, § 8 MuSchG Rn 22; *Willikonsky*, § 8 Rn 5.

10 Bezüglich des Begriffs der Arbeitszeit selbst, ist auf die Festlegung des § 2 Abs. 1 ArbZG zu verweisen.[20] Demnach ist Arbeitszeit die Zeit vom Beginn bis zum Ende der Arbeit ohne die Ruhepausen. Arbeitszeiten bei mehreren AG sind zusammenzurechnen. Pausenzeiten sind demnach grds. nicht als Arbeitszeit zu berücksichtigen.[21]

11 Die Stillzeit i.S.d. § 7 ist nicht als Pausenzeit in diesem Sinne anzusehen, da diese gem. § 7 Abs. 2 S. 2 weder vor- oder nachgearbeitet noch auf die Ruhepausen i.S.d. § 4 ArbZG angerechnet werden darf. Stillzeiten sind insofern in vollem Umfang auf die Arbeitszeit anzurechnen (siehe § 7 Rn 14).[22]

12 **2. Nachtarbeit (§ 8 Abs. 1, 3).** Grds. unterliegen werdenden Mütter und Stillende dem Nachtarbeitsverbot gem. § 8 Abs. 1. Eine Beschäftigung dieses Personenkreises ist zwischen 20 und 6 Uhr verboten. Hierbei handelt es sich um ein generelles Verbot mit Erlaubnisvorbehalt in Abs. 6 der Regelung (siehe Rn 26).[23] Bezüglich einiger Wirtschaftszweige, in denen Spät- oder Früharbeit notwendiger Bestandteil der ausgeübten Tätigkeit ist, und in denen typischerweise die Frauenbeschäftigungsquote und somit ebenso das schwangerschaftsbedingte Ausfallrisiko besonders hoch ist, sah es der Gesetzgeber als geboten an, Ausnahmen von dem generellen Nachtarbeitsverbot des § 8 Abs. 1 gesetzlich zuzulassen. Diese Ausnahmen gelten für stillende Mütter insg. sowie für Schwangere in den ersten vier Monaten der Schwangerschaft.

13 **a) Gast- und Schankwirtschaften (§ 8 Abs. 3 Nr. 1).** In Gast- und Schankwirtschaften und in übrigen Beherbergungsbetrieben ist eine Beschäftigung der von § 8 umfassten Personengruppe bis 22 Uhr zulässig. Die in § 8 Abs. 3 Nr. 1 verwandten Begrifflichkeiten der Gast- und Schankwirtschaften sowie der Beherbergungsbetriebe sind allesamt als Gastgewerbe i.S.d. Gaststättengesetz anzusehen.[24] Uneinheitlich beantwortet wird diesbezüglich die Frage, ob es sich um einen gewerbsmäßigen Betrieb handeln muss, also mit Gewinnerzielungsabsicht.[25] Zweck der Ausnahmeregelung des Abs. 3 ist jedoch allein der Schutz der Funktionsfähigkeit aller Betriebe, in denen Getränke und/oder Speisen zum Verzehr vor Ort ausgegeben werden oder Wohn- und Schlafräume zur Beherbergung vermietet werden. Es ist nicht ersichtlich, warum karitativ/gemeinnützig betriebene Einrichtungen, die den gleichen Zweck ohne Gewinnerzielungsabsicht verfolgen, schlechter gestellt sein sollen als solche mit Gewinnerzielungsabsicht. Die Gewerbsmäßigkeit des Betriebs ist für die Anwendbarkeit von § 8 Abs. 3 daher nicht erforderlich.[26]

14 **b) Landwirtschaft (§ 8 Abs. 3 Nr. 2).** In der Landwirtschaft ist das Melken von Vieh ab 5 Uhr morgens zulässig. Als Landwirtschaft ist hierbei die Nutzung der Fruchtbarkeit von Grund und Boden, zur Gewinnung organischer, d.h. pflanzlicher oder tierischer Erzeugnisse zu verstehen.[27] Da es sich jedoch bei dem manuellen Melk-Vorgang um eine unfallträchtige und körperlich anstrengende Tätigkeit handelt, sind aufgrund der oftmals eingeschränkten Leistungsfähigkeit der Schwangeren bzw. Stillenden immer auch die Beschäftigungsverbote nach §§ 4 und 6 zu berücksichtigen.[28]

15 **c) Künstlerinnen (§ 8 Abs. 3 Nr. 3).** Um dem besonderen Interesse von Künstlerinnen, ihrer Tätigkeit gerecht zu werden,[29] dürfen gem. § 8 Abs. 3 Nr. 3 werdende bzw. stillende Mütter bei Musikaufführungen, Theateraufführungen und ähnlichen Aufführungen bis 23 Uhr beschäftigt werden. Von den Begriffen Musikaufführungen, Theateraufführungen und ähnlichen Aufführungen ist im gewerberechtlichen Sinne das gesamte Kunst- und Vergnügungsgewerbe erfasst, einschließlich der Live-Sendungen in Rundfunk und Fernsehen.[30] Hierunter fallen alle Tätigkeiten, die aktuell für die jeweilige Veranstaltung erforderlich sind.[31]

16 **3. Sonn- und Feiertagsarbeit (§ 8 Abs. 1, 4).** Auch an Sonn- und Feiertagen unterliegen werdende Mütter und Stillende zwischen 0 und 24 Uhr einem grds. Beschäftigungsverbot. Feiertagen in diesem Sinne sind die gesetzlichen Feiertage, welche sich jeweils aus den Feiertagsgesetzen der Länder sowie dem Gesetz über den Tag der Deutschen Einheit ergeben.

17 **a) Ersatzruhezeit.** Von diesem grds. Verbot des § 8 Abs. 1 sieht das Gesetz in Abs. 4 wiederum für einige Wirtschaftszweige eine Ausnahmemöglichkeit vor, wenn den beschäftigten Müttern in jeder Woche einmal eine ununterbrochene Ruhezeit von mind. 24 Stunden im Anschluss an eine Nachtruhe gewährt wird. Diese Ersatzruhezeit gilt gleichermaßen für Voll- und Teilzeitbeschäftigte.[32] Der Ersatzruhetag ist in jeder Woche einmal zu gewähren, woraus zu folgern ist, dass der Ausgleich in der durch die Sonn- oder Feiertagsarbeit betroffenen Woche gewährt werden muss. Der AG hat den Freizeitausgleich zugleich mit der Anforderung der Sonn- und Feiertagsarbeit anzubieten.[33]

---

20 *Meisel/Slowka*, § 8 Rn 12.
21 *Willikonsky*, § 8 Rn 7.
22 Vgl. *Willikonsky*, § 8 Rn 7.
23 *Buchner/Becker*, § 8 MuSchG Rn 29.
24 Vgl. *Buchner/Becker*, § 8 MuSchG Rn 32.
25 *Buchner/Becker*, § 8 MuSchG Rn 34.
26 So auch *Buchner/Becker*, § 8 MuSchG Rn 34.
27 *Buchner/Becker*, § 8 MuSchG Rn 35.
28 ErfK/*Schlachter*, § 8 MuSchG Rn 4.
29 BT-Drucks 12/1609, S. 4.
30 *Buchner/Becker*, § 8 MuSchG Rn 53; ErfK/*Schlachter*, § 8 MuSchG Rn 4; *Willikonsky*, § 8 Rn 13.
31 *Buchner/Becker*, § 8 MuSchG Rn 55; *Willikonsky*, § 8 Rn 13.
32 *Buchner/Becker*, § 8 MuSchG Rn 56.
33 BAG 12.12.1990 – 5 AZR 60/90 – AP § 8 MuSchG 1968 Nr. 3 = NZA 1991, 505.

b) Ausnahmebetriebe. aa) Verkehrswesen. Von den Ausnahmebetrieben i.S.d. § 8 Abs. 4 ist das Verkehrswesen umfasst. Als solches sind alle öffentlichen und privaten Betriebe, die Personen, Güter oder Nachrichten befördern, einschließlich Herstellung und Vertrieb von Zeitungen, Zeitschriften und Anzeigenblättern anzusehen.[34] Maßgeblich ist darüber hinaus, dass der Verkehrsbetrieb einen durchgehenden Betrieb ohne zeitliche Unterbrechungen erfordert.[35] Umfasst werden nicht nur die Arbeitskräfte des Verkehrsbetriebs selbst, sondern auch diejenigen, die durch Neben- oder Hilfsbetriebe im Verkehrsbetrieb eingesetzt sind, sofern diese für den durchgehenden Betrieb erforderlich sind. Sind werdende oder stillende Mütter auf einem Fahrzeug eingesetzt, ist jedoch das Beschäftigungsverbot nach § 4 Abs. 2 Nr. 7 zu beachten, wonach Schwangere nach Ablauf des dritten Schwangerschaftsmonats auf Beförderungsmitteln nicht eingesetzt werden dürfen (siehe § 4 Rn 33).

bb) Gast- und Schankwirtschaften, Beherbergungswesen, Familienhaushalt. Auch in Betrieben der Gast- und Schankwirtschaft, des Beherbergungswesens und im Familienhaushalt dürfen gem. § 8 Abs. 4 werdende und stillende Mütter an Sonn- und Feiertagen beschäftigt werden. Bezüglich der Beschäftigung in Betrieben der Gast- und Schankwirtschaft sowie des Beherbergungswesens gilt das unter Rn 13 Dargelegte. Unter Beschäftigung im Familienhaushalt i.S.d. § 8 Abs. 4 ist jede Tätigkeit zur Befriedigung privater Lebensbedürfnisse der dem Haushalt angehörigen Personen zu verstehen.[36] Auch die Herstellung von Produkten aus Gartenbau oder Tierhaltung ist hiervon erfasst, soweit diese ausschließlich für den Eigengebrauch erfolgt.[37] Es ist nicht erforderlich, dass die AN in dem betreffenden Familienhaushalt lebt, es reicht aus, dass sie dort arbeitet.[38] In räumlicher Hinsicht ist als Familienhaushalt der auf eine gewisse Dauer geschaffene Lebensbereich einer Familie zur Befriedigung ihrer persönlichen Bedürfnisse, insb. zum Wohnen, Essen, Schlafen und zur Betreuung und zur Erziehung der Kinder, zu verstehen.[39]

cc) Krankenpflegeanstalten. Gem. § 8 Abs. 4 dürfen in Krankenpflegeanstalten werdende und stillende Mütter an Sonn- und Feiertagen beschäftigt werden. Krankenpflegeanstalten in diesem Sinne sind nicht nur Krankenhäuser, sondern insg. **alle öffentlichen und privaten Einrichtungen**, in denen Kranke oder Pflegebedürftige versorgt werden.[40] Hierunter fallen u.a. Altersheime, Heil- und Pflegeanstalten, Sanatorien, Kinderheime und Säuglingsheime.[41] § 8 Abs. 4 gilt in persönlicher Hinsicht für sämtliche Ang dieser Einrichtungen und nicht lediglich für das Pflegepersonal. Zweck der Ausnahmeregelung des § 8 Abs. 4 ist es, auch an Sonn- und Feiertagen den reibungslosen Ablauf der Einrichtungen zu ermöglichen, da dies auch an diesen Tagen unerlässlich ist. Hierfür sind alle Ang der Pflegeanstalten für einen ordentlichen Ablauf erforderlich.

Nicht anzuwenden ist die Ausnahmevorschrift des § 8 Abs. 4 dagegen auf Ang von Drittunternehmen, die zur Verrichtung von Diensten in Krankenhäuser bzw. sonstigen Pflegeanstalten entsandt sind.[42]

dd) Badeanstalten. Auch Badeanstalten sind von der Ausnahmemöglichkeit des § 8 Abs. 4 erfasst. Badeanstalten sind alle Betriebe, in denen Bäder verabreicht werden oder in denen geschwommen werden kann.[43] Ob es sich um eine privatrechtlich oder eine öffentlich-rechtlich organisierte Badeanstalt handelt, ist hierbei unerheblich.[44]

ee) Aufführungen. Auch bei Musikaufführungen, Theatervorstellungen, anderen Schaustellungen, Darbietungen oder Lustbarkeiten dürfen gem. § 8 Abs. 4 werdende oder stillende Mütter Sonn- und Feiertags beschäftigt werden. Diesbezüglich gilt insg. das unter Rn 15 zu § 8 Abs. 3 Dargelegte.

4. Heimarbeit (§ 8 Abs. 5). a) Grundsatz. § 8 Abs. 5 enthält eine Sonderregelung für in Heimarbeit beschäftigte, werdende oder stillende Mütter. Da diese i.d.R. ihre Arbeitszeit frei einteilen können, ist eine Regulierung zum Schutz der Mütter nur über die Begrenzung des Arbeitsumfangs möglich. Dementsprechend darf an die werdende bzw. stillende Mutter nur in solchem Umfang und mit solchen Fertigungsfristen Heimarbeit ausgegeben werden, dass sie von der werdenden Mutter voraussichtlich während einer achtstündigen Tagesarbeitszeit, von der stillenden Mutter voraussichtlich während einer 7 ¼-stündigen Tagesarbeitszeit ausgeführt werden kann. Soweit die zugeteilte Arbeit von Familienangehörigen der werdenden bzw. stillenden Mutter oder anderen Hilfskräften erledigt wird, bleibt das Beschäftigungsverbot des § 8 Abs. 5 S. 1 hiervon unberührt.[45]

b) Bestimmung durch die Aufsichtsbehörde (§ 8 Abs. 5 S. 2). Nach § 8 Abs. 5 S. 2 ist die Aufsichtsbehörde (zur Definition siehe § 20 Rn 1) in Einzelfällen ermächtigt, nähere Bestimmungen über die zulässige Arbeitsmenge und Fertigungsfrist zu treffen. Die von der Aufsichtsbehörde getroffene Entscheidung ist verbindlich.[46] I.d.R. ist vor der Entscheidung der Heimarbeitsausschuss anzuhören. Unterbleibt eine Anhörung des Heimarbeitsausschusses, än-

---

34 OVG Münster 15.12.1981 – 18 A 2149/81 – DB 1982, 963.
35 *Buchner/Becker*, § 8 MuSchG Rn 42.
36 *Buchner/Becker*, § 8 MuSchG Rn 45.
37 *Buchner/Becker*, § 8 MuSchG Rn 45.
38 *Willikonsky*, § 8 Rn 16.
39 *Buchner/Becker*, § 8 MuSchG Rn 45.
40 ErfK/*Schlachter*, § 8 MuSchG Rn 5.
41 ErfK/*Schlachter*, § 8 MuSchG Rn 5; *Willikonsky*, § 8 Rn 17.
42 BAG 12.12.1990 – 5 AZR 16/90 – AP § 8 MuSchG 1968 Nr. 3 = NZA 1991, 505.
43 ZZVV, § 8 MuSchG Rn 45.
44 ErfK/*Schlachter*, § 8 MuSchG Rn 5.
45 *Buchner/Becker*, § 8 MuSchG Rn 62.
46 *Buchner/Becker*, § 8 MuSchG Rn 65.

dert sich hinsichtlich der Verbindlichkeit der Entscheidung nichts, der VA ist lediglich rechtswidrig und somit angreifbar[47]

III. Ausnahmebewilligung durch die Aufsichtsbehörde (§ 8 Abs. 6)

26 Nach § 8 Abs. 6 kann die Aufsichtsbehörde in begründeten Einzelfällen Ausnahmen vom Beschäftigungsverbot des § 8 erlassen. Diese Entscheidung über den Antrag des AG ist VA i.S.d. § 35 VwVfG und unterliegt den diesbezüglichen verwaltungsrechtlichen Vorschriften. So ist die betroffene Schwangere bzw. stillende Mutter vor der Entscheidung gem. § 28 Abs. 1 VwVfG anzuhören und ihr ist die Entscheidung mitzuteilen. Die Aufsichtsbehörde ist bei ihrer Entscheidung nicht an den Antrag des AG gebunden, sondern kann diese mit Nebenbestimmungen i.S.d. § 36 VwVfG verbinden. So kann die Ausnahmebewilligung z.B. befristet, oder mit einer Auflage verbunden werden.[48]

C. Rechtsfolgen

27 Der AG ist ab Kenntniserlangung von der Schwangerschaft zur Einhaltung der Beschäftigungsverbote aus § 8 verpflichtet, nicht etwa erst ab Vorlage des Zeugnisses nach § 5 Abs. 1 S. 2.[49] Auch bei der Wiederbeschäftigung nach der Schutzfrist des § 6 muss sich der AG darüber vergewissern, ob die Mutter stillt.[50] Ein Verstoß gegen das Beschäftigungsverbot des § 8 ist als **OWi oder Straftat** in § 21 Abs. 1 Nr. 3, Abs. 2 und 3 sanktioniert (siehe § 21 Rn 1). Die jeweiligen Sanktionen reichen von einer Geldstrafe in Höhe von bis zu 15.000 EUR bis zu einer Freiheitsstrafe von einem Jahr.

28 Arbeitet die AN trotz des Beschäftigungsverbotes des § 8, steht ihr – auch im Falle einer nach § 134 BGB nichtigen arbeitsvertraglichen Regelung – dennoch die reguläre Vergütung zu.[51] Wird die Arbeitspflicht unabhängig von einer vorliegenden Schwangerschaft im Arbeitsvertrag verlangt, führt dies i.d.R. jedoch nicht zur Nichtigkeit des Vertrages. Ist die AN in diesem Fall infolge ihrer Schwangerschaft später gehindert ihrer Arbeitspflicht nachzukommen, wird lediglich die Erfüllung des Arbeitsvertrags zeitweise unmöglich, dessen Wirksamkeit jedoch nicht berührt.[52]

29 Darüber hinaus hat die Mutter gegen den AG einen **Schadensersatzanspruch aus § 280 BGB**, wenn dieser die ihm obliegende Pflicht zur Einhaltung der Beschäftigungsverbote schuldhaft verletzt und die AN oder ihr Kind hierdurch geschädigt wird.[53] Auch kommen **Schadensersatzansprüche aus §§ 823 ff. BGB** in Betracht, da es sich bei den Beschäftigungsverboten um Schutzvorschriften i.S.d. § 823 Abs. 2 BGB handelt.[54]

30 Die AN ist dagegen nach Inanspruchnahme der Beschäftigungsverbote aus § 8 wie bei § 7 verpflichtet, dem AG das Ende der Stillzeit anzuzeigen (siehe § 7 Rn 8).[55]

D. Verbindung zu anderen Rechtsgebieten

I. Anderweitige Arbeitszeitgesetze

31 Insb. das ArbZG sowie das JArbSchG treffen ebenfalls Regelungen über die zulässigen Höchstarbeitszeiten. Das JArbSchG ist im Verhältnis zu § 8 Abs. 2 S. 1 Nr. 1 spezieller und somit vorrangig anzuwenden.[56] Trifft das MuSchG jedoch für schwangere Jugendliche eine über den Regelungsbereich des JArbSchG hinausgehende Regelung, so ist dieses insoweit anzuwenden.[57]

II. Anderweitige Beschäftigungsverbote

32 Zu beachten sind bei werdenden und stillenden Müttern insb. bei Eingreifen der Ausnahmetatbestände des § 8 Abs. 3 und 4 die Beschäftigungsverbote aufgrund eingeschränkter Leistungsfähigkeit oder Gesundheitsgefährdung der §§ 3 Abs. 1, 4, 6 Abs. 2 und 3. Diese können trotz Eingreifens eines Ausnahmetatbestandes nach § 8 Abs. 3 und 4 ein Beschäftigungsverbot der Mutter begründen.

---

47 *Willikonsky*, § 8 Rn 22.
48 *Meisel/Sowka*, § 8 Rn 41.
49 *H/S/Boecken*, § 7 Rn 523.
50 *Meisel/Sowka*, § 8 Rn 45.
51 *Buchner/Becker*, § 8 MuSchG Rn 13.
52 BAG 24.6.1960 – 1 AZR 99/58 – AP § 8 MuSchG Nr. 1; BAG 8.9.1988 – 2 AZR 102/88 – AP § 8 MuSchG 1968 Nr. 1 = NZA 1989,178 = NJW 1989,929; BAG 8.8.1990 – 5 AZR 584/89 – AP § 11 MuSchG 1968 Nr. 13 = NZA 1990, 974 = NJW 1991, 62.
53 ZZVV, § 8 MuSchG Rn 56, vor § 3 MuSchG Rn 10.
54 ZZVV, § 8 MuSchG Rn 56, vor § 3 MuSchG Rn 10.
55 *Buchner/Becker*, § 8 MuSchG Rn 14.
56 MünchArb/*Heenen*, Bd. 2, § 226 Rn 31.
57 ErfK/*Schlachter*, § 8 MuSchG Rn 2.

Abschnitt 2a: Mutterschaftsurlaub

§§ 8a bis 8d (weggefallen)

Dritter Abschnitt: Kündigung

§ 9 Kündigungsverbot

(1) ¹Die Kündigung gegenüber einer Frau während der Schwangerschaft und bis zum Ablauf von vier Monaten nach der Entbindung ist unzulässig, wenn dem Arbeitgeber zur Zeit der Kündigung die Schwangerschaft oder Entbindung bekannt war oder innerhalb zweier Wochen nach Zugang der Kündigung mitgeteilt wird; das Überschreiten dieser Frist ist unschädlich, wenn es auf einem von der Frau nicht zu vertretenden Grund beruht und die Mitteilung unverzüglich nachgeholt wird. ²Die Vorschrift des Satzes 1 gilt für Frauen, die den in Heimarbeit Beschäftigten gleichgestellt sind, nur, wenn sich die Gleichstellung auch auf den Neunten Abschnitt – Kündigung – des Heimarbeitsgesetzes vom 14. März 1951 (BGBl. I S. 191) erstreckt.
(2) Kündigt eine schwangere Frau, gilt § 5 Abs. 1 Satz 3 entsprechend.
(3) ¹Die für den Arbeitsschutz zuständige oberste Landesbehörde oder die von ihr bestimmte Stelle kann in besonderen Fällen, die nicht mit dem Zustand einer Frau während der Schwangerschaft oder ihrer Lage bis zum Ablauf von vier Monaten nach der Entbindung in Zusammenhang stehen, ausnahmsweise die Kündigung für zulässig erklären. ²Die Kündigung bedarf der schriftlichen Form und sie muss den zulässigen Kündigungsgrund angeben.
(4) In Heimarbeit Beschäftigte und ihnen Gleichgestellte dürfen während der Schwangerschaft und bis zum Ablauf von vier Monaten nach der Entbindung nicht gegen ihren Willen bei der Ausgabe von Heimarbeit ausgeschlossen werden; die Vorschriften der §§ 3, 4, 6 und 8 Abs. 5 bleiben unberührt.

A. Allgemeines	1
I. Normzweck	1
II. Entstehungsgeschichte	2
B. Regelungsgehalt	3
I. Anwendungsbereich	3
1. Persönlicher Anwendungsbereich	3
a) Unmittelbar geschützter Personenkreis	3
b) Wirkung zugunsten Dritter	4
2. Zeitlicher Anwendungsbereich	5
II. Tatbestandsvoraussetzungen	6
1. Schwangerschaft oder Entbindung	6
a) Schwangerschaft	6
aa) Allgemeines	6
bb) Beginn, Dauer und Ende der Schwangerschaft	7
b) Entbindung	8
aa) Allgemeines	8
bb) § 29 AVO-PStG	9
(1) Lebendgeburt	10
(2) Totgeburt	11
(3) Fehlgeburt	12
(4) Schwangerschaftsabbruch	13
(5) Freigabe zur Adoption	14
2. Kenntnis des Arbeitgebers	15
a) Kenntnis	15
aa) Positive Kenntnis	15
bb) Zeitpunkt der Kenntnis	16
cc) Art und Weise der Kenntniserlangung	17
b) Arbeitgeber	18
aa) Eigene Kenntnis des Arbeitgebers	18
bb) Wissenszurechnung	19
3. Nachträgliche Mitteilung	20
a) Mitteilung	20
aa) Rechtsnatur	20
bb) Form	21
cc) Inhalt	22
b) Nachweis von Schwangerschaft oder Entbindung	23
c) Mitteilungsfrist	24
aa) Rechtsnatur	24
bb) Berechnung	25
d) Fristüberschreitung (Abs. 1 S. 1 Hs. 2)	26
aa) Von der Arbeitnehmerin nicht zu vertretender Grund	26
(1) Verschulden gegen sich selbst	26
(2) Kenntnis der Arbeitnehmerin	27
(3) Einzelfälle	28
bb) Unverzügliche Nachholung der Mitteilung	29
(1) Unverzüglich	29
(2) Einzelfälle	30
III. Rechtsfolge	31
1. Kündigungsverbot	31
a) Rechtsnatur	31
b) Sachliche Reichweite	32
aa) Alle Arbeitgeberkündigungen	32
(1) Allgemeines	32
(2) Ordentliche Kündigung	33
(3) Außerordentliche Kündigung	34
(4) Auflösungsantrag des Arbeitgebers (§ 9 Abs. 1 S. 2 KSchG)	35
bb) Eigenkündigung der AN	36
(1) Allgemeines	36
(2) Beseitigung der Eigenkündigung	37
(3) Information der Aufsichtsbehörde (Abs. 2 i.V.m. § 5 Abs. 1 S. 3)	38
cc) Nicht erfasste Beendigungs-Tatbestände	39
(1) Allgemeines	39
(2) Nichtigkeit des Arbeitsvertrags	40

(3)	Anfechtung des Arbeitsvertrags	41	
(4)	Befristeter Arbeitsvertrag	42	
(5)	Auflösend bedingter Arbeitsvertrag	43	
(6)	Aufhebungsvertrag	44	
(7)	Arbeitskampfmaßnahmen	45	

c) Dauer 46
    aa) Beginn, Ende, Berechnung 46
    bb) Maßgeblicher Zeitpunkt 47
2. Rechtsfolgen eines Verstoßes gegen das Kündigungsverbot 48
    a) Nichtigkeit der Kündigung (§ 134 BGB) . 48
    b) „Einverständnis" der Arbeitnehmerin mit der unwirksamen Arbeitgeberkündigung . 49
      aa) Verzicht auf den besonderen Kündigungsschutz 49
      bb) Unzulässige Rechtsausübung (§ 242 BGB) 50
    c) Vergütung bei Beschäftigungsverboten ... 51
    d) Annahmeverzug des Arbeitgebers (§ 615 BGB) 52
    e) Schadensersatzansprüche 53
3. Zulässigkeitserklärung (Abs. 3) 54
    a) Rechtsnatur 54
    b) Zuständigkeit 55
    c) Antragsfrist 56
    d) Form und Inhalt des Antrags 57
    e) Verwaltungsverfahren 58
    f) Entscheidung der Behörde 59
      aa) Allgemeines 59
      bb) Vorliegen eines „besonderen Falles" i.S.v. Abs. 3 S. 1 60
        (1) Allgemeines 60
        (2) Personenbedingte Gründe 61
        (3) Verhaltensbedingte Gründe 62
        (4) Betriebliche Gründe 63

g) Rechtsbehelfe 64
    aa) Widerspruch und Klage (§§ 68 ff. VwGO) 64
    bb) Sonstiges 65
h) Rechtsfolgen der Zulässigkeitserklärung . 66
    aa) Kündigung durch den Arbeitgeber .. 66
      (1) Mutterschutzrechtliche Befugnis des Arbeitgebers zur Kündigung . 66
      (2) Allgemeine Anforderungen an die Kündigung 67
      (3) Kündigungserklärungsfrist 68
    bb) Mutterschaftsgeld und Zuschuss 69
4. Beschäftigungsschutz für Heimarbeiterinnen und Gleichgestellte (Abs. 4) 70

C. Verbindung zu anderen Rechtsgebieten und zum Prozessrecht 71
I. Kündigungsschutzrecht 71
  1. Allgemeiner Kündigungsschutz 71
  2. Anderweitiger Sonder-Kündigungsschutz 72
II. Darlegungs- und Beweislast 73
III. Prozessuale Fragen 74
  1. Kündigungsschutzklage 74
    a) Klagefrist 74
    b) Präklusion 75
      aa) Parteivorbringen 75
      bb) Kündigungsschutzurteil 76
    c) Auflösung und Abfindung (§ 9 KSchG) 77
      aa) Ordentliche Arbeitgeberkündigung . 77
      bb) Fristlose Arbeitgeberkündigung ... 78
  2. Weiterbeschäftigungsanspruch 79
  3. Einstweiliger Rechtsschutz 80
    a) Arbeitsgerichtliches Verfahren 80
    b) Verwaltungsverfahren 81
  4. „Zweigleisigkeit" des Rechtswegs 82
D. Beraterhinweise 83

A. Allgemeines

I. Normzweck

1 Gem. Art. 6 Abs. 4 GG[1] hat jede Mutter Anspruch auf den Schutz und die Fürsorge der Gemeinschaft. Dieser verfassungsrechtliche Grundsatz wird auf einem Teilgebiet, nämlich für die erwerbstätige Mutter, durch das **MuSchG** verwirklicht. Sein Grundgedanke geht dahin, mögliche Konflikte zwischen den mutterschaftlichen Aufgaben der Frau und ihren Bindungen aus der Erwerbsarbeit auszugleichen und zu überbrücken. Dabei ist es ein primäres Anliegen des gesetzlichen Mutterschutzes, der werdenden Mutter und der Wöchnerin trotz ihrer ggf. eintretenden mutterschaftlich bedingten Leistungsminderung oder Arbeitsunfähigkeit den **Arbeitsplatz zu erhalten (§§ 9 f.)**. Gleichzeitig soll sie durch eine Reihe genereller und individueller **Beschäftigungsverbote (§§ 3 ff.)** den notwendigen Schutz für sich und das werdende Kind vor schädlicher Überbeanspruchung erhalten, wenn sie ihre Tätigkeit fortsetzt. Dabei wird ihre **wirtschaftliche Versorgung (§§ 11 ff.)**, auch soweit die Beschäftigungsverbote Platz greifen, in Höhe ihres bisherigen Arbeitseinkommens sichergestellt.[2] Dem mutterschutzrechtlichen Künd-Schutz kommt insofern eine Doppelfunktion zu, als er neben den wirtschaftlichen Schutzbelangen der AN diese zugleich vor den psychischen Belastungen eines **Künd-Schutzprozesses** schützen will.[3] § 9 beinhaltet ein **temporäres absolutes Künd-Verbot mit Erlaubnisvorbehalt** (siehe Rn 31 ff.).

II. Entstehungsgeschichte

2 § 9 geht auf die Vorschrift des § 4 des Gesetzes über die Beschäftigung vor und nach der Niederkunft v. 16.7.1927[4] zurück, welche m.W.v. 1.8.1927 ein Verbot jedenfalls der ordentlichen Künd sechs Wochen vor bis nach der Entbindung beinhaltete.[5] § 6 des Gesetzes zum Schutz der erwerbstätigen Mutter (MuSchG) v. 17.5.1942[6] führte m.W.v.

---

1 BAG 20.8.2002 – 9 AZR 353/01 – BAGE 102, 218, 233 f. = NZA 2003, 333, 335 m.w.N.
2 BAG 26.4.1956 – GS 1/56 – BAGE 3, 66, 70 = AuR 1957, 91, 94 f. m. Anm. *Krüger*.
3 BAG 31.3.1993 – 2 AZR 595/92 – AP § 9 MuSchG 1968 Nr. 20 m. Anm. *Kreitner* = NZA 1993, 646, 649 m.w.N.
4 RGBl I 1927 S. 184, 185.
5 BAG 8.6.1955 – 2 AZR 14/54 – BAGE 2, 32, 33 f. = AP § 9 MuSchG Nr. 2 m. Anm. *Beitzke*.
6 RGBl I 1942 S. 321, 322, 324.

1.6.1942 das System des generellen Verbots mit Erlaubnisvorbehalt (siehe Rn 31) ein, erfasste nunmehr auch die außerordentliche Künd (siehe Rn 34) und dehnte die Verbotsfrist auf die noch heute einschlägigen vier Monate nach der Entbindung (siehe Rn 46 f.) aus.[7] § 9 MuSchG v. 24.1.1952[8] erstreckte m.W.v. 1.2.1952 den personellen Anwendungsbereich (siehe Rn 3 f.) des MuSchG auf Hausgehilfinnen und Tagesmädchen – allerdings nur bis zum fünften Schwangerschaftsmonat – und führte die Möglichkeit der nachträglichen Mitteilung der Schwangerschaft (siehe Rn 20 ff.) innerhalb einer Frist von einer Woche ein.[9] Durch das Gesetz zur Änderung des MuSchG und der RVO v. 24.8.1965[10] wurde diese Frist m.W.v. 1.1.1966 auf die heute maßgeblichen zwei Wochen (siehe Rn 24 ff.) verlängert, Abs. 2 eingefügt und der Begriff „Niederkunft" durch „Entbindung" (siehe Rn 8) ersetzt.[11] Durch den Einigungsvertrag v. 31.8.1990[12] wurde m.W.v. 1.1.1991 der räumliche Anwendungsbereich des MuSchG auf das Beitrittsgebiet ausgedehnt.[13] Das 1. Gesetz zur Änderung des MuSchG v. 3.7.1992[14] setzte durch die Anfügung von § 9 Abs. 1 S. 1 Hs. 2 m.W.v. 10.7.1992 die Rspr. des BVerfG[15] um, wonach im Hinblick auf Art. 6 Abs. 4 GG der besondere Künd-Schutz des Abs. 1 auch solchen AN zustehen muss, die im Zeitpunkt der Künd schwanger sind, ihren AG hierüber unverschuldet[16] nicht innerhalb der Zweiwochenfrist des Abs. 1 S. 1 unterrichten, dies aber unverzüglich nachholen (siehe Rn 26 ff.).[17] Das Gesetz zur Änderung des Mutterschutzrechts v. 20.12.1996 m.W.v. 1.1.1997[18] diente u.a. der – verspäteten und überschießenden – Umsetzung der Mutterschutz-RL 92/85/EWG,[19] gem. deren Art. 10 Nr. 2 der AG „schriftlich (siehe Rn 67) berechtigte Künd-Gründe (siehe Rn 61 ff.) anführen" muss.[20] Des Weiteren wurden Familien-Haushaltskräfte voll in den Schutz des MuSchG einbezogen.[21] Das 2. Gesetz zur Änderung des MuSchG v. 16.6.2002[22] führte nicht zu einer Änderung der §§ 9, 10.

B. Regelungsgehalt

I. Anwendungsbereich

1. Persönlicher Anwendungsbereich. a) Unmittelbar geschützter Personenkreis. Unter den durch das Sonder-Künd-Verbot nach § 9 geschützten Personenkreis fallen wie auch bei § 1 (siehe § 1 Rn 2 ff.) – unabhängig von der Betriebsgröße des AG[23] (siehe § 23 Abs. 1 S. 2 KSchG) - alle in einem Arbverh stehenden Frauen,[24] auch Teilzeitbeschäftigte[25] (z.B. „400 EUR-Jobber"),[26] Auszubildende,[27] AN in (befristeten) Aushilfs-,[28] und Saisonarbeitsverhältnissen, Umschulungs- oder Anlernverhältnissen,[29] auch während der Probezeit (siehe Rn 33, 42),[30] Leih-AN (§ 1 Abs. 1 S. 1 AÜG),[31] seit 1.1.1997 Hausangestellte (siehe Rn 2),[32] Heim-AN (§§ 1 Nr. 2, 24 Nr. 2)[33] und ihnen Gleichgestellte (§ 1 Abs. 2 bis 6 HAG), sofern sich die Gleichstellung gem. Abs. 1 S. 2 Hs. 2 auch auf die kündigungsschutzrechtliche Stellung (§§ 29 f. HAG) erstreckt.[34] Ob die AN verheiratet ist, spielt keine Rolle.[35]

3

---

7 KR/*Bader*, § 9 MuSchG Rn 2.
8 BGBl I 1952 S. 69, 71, 74.
9 KR/*Bader*, § 9 MuSchG Rn 3.
10 BGBl I 1965 S. 912, 913 f., 919.
11 KR/*Bader*, § 9 MuSchG Rn 3a.
12 BGBl II 1990 S. 885, 889 ff., 907, 1072, 1140.
13 BVerfG 10.3.1992 – 1 BvR 454/91 u.a. – BVerfGE 85, 360 ff. = NJW 1992, 1373 ff.; BVerfG 24.4.1991 – 1 BvR 1341/90 – BVerfGE 84, 133 ff. = DB 1991, 1021 ff.; BAG 10.1.1996 – 8 AZR 477/94 – BAGE 84, 231, 234 ff. = NZA 1997, 491 ff.; *Stahlhacke/Preis/Vossen*, Kündigung, Rn 1290; *Legerlotz*, NZA 1992, 201 ff.
14 BGBl I 1992 S. 1191.
15 BVerfG 13.11.1979 – 1 BvL 24/77 u.a. – BVerfGE 52, 357, 366 ff. = DB 1980, 402 f.; BVerfG 22.10.1980 – 1 BvR 262/80 – BVerfGE 55, 154, 158 = DB 1980, 2525 f.; ebenso BAG 27.10.1983 – 2 AZR 214/82 – AP § 9 MuSchG 1968 Nr. 13 m. Anm. *Herschel* = DB 1984, 1203; BAG 6.10.1983 – 2 AZR 368/82 – BAGE 43, 331, 335 ff. = DB 1984, 1044 f.; s. *Wenzel*, BB 1981, 674 ff.
16 BVerfG 25.1.1972 – 1 BvL 3/70 – BVerfGE 32, 273, 276 ff. = DB 1972, 536.
17 KR/*Bader*, § 9 MuSchG Rn 4b; *Zmarzlik*, NJW 1992, 2678, 2679 f.
18 BGBl I 1996 S. 2110 f., 2112.
19 RL 92/85/EWG des Rates über die Durchführung von Maßnahmen zur Verbesserung der Sicherheit und des Gesundheitsschutzes von schwangeren AN, Wöchnerinnen und stillenden AN am Arbeitsplatz v. 19.10.1992, ABl EG L 348, 1.
20 *Budde*, AiB 1997, 313, 314 f.; *Kossens*, RdA 1997, 209, 211 f.; *Marburger*, BB 1997, 521 f.; *Sowka*, NZA 1997, 296, 297; *Thau*, AuA 1997, 213, 214; *Zmarzlik*, DB 1994, 96 ff.
21 *Meisel/Sowka*, MuSchG, § 9 Rn 1.
22 BGBl I 2002 S. 1812.
23 ErfK/*Schlachter*, § 9 MuSchG Rn 2; *Linck*, AuA 1992, 176, 177.
24 Zur Anwendung des § 9 auf ins Ausland entsandte AN bei Vorliegen der sog. „Ausstrahlungswirkung" s. *Reiter*, NZA 2004, 1246, 1253 f.
25 KR/*Bader*, § 9 MuSchG Rn 13; *Linck*, AuA 1992, 176, 177.
26 *Winkel*, AiB 2003, 333, 335.
27 BVerwG 26.8.1970 – V C 1.68 – AP § 9 MuSchG Nr. 32 = BB 1970, 1482; LAG Berlin 1.7.1985 – 9 Sa 28/85 – LAGE § 9 MuSchG Nr. 6 = BB 1986, 62 f.
28 LAG Berlin 29.1.1964 – 1 Sa 35/63 – WA 1965, 11 = AuR 1965, 123.
29 KR/*Bader*, § 9 MuSchG Rn 16, 144 m.w.N.
30 BAG 26.9.2002 – 2 AZR 392/01 – AP § 9 MuSchG 1968 Nr. 31 = ARST 2003, 255 ff.; Hessisches LAG 7.5.1953 – III LA 60/53 – BB 1953, 832 m. Anm. *Endemann*.
31 KR/*Bader*, § 9 MuSchG Rn 145.
32 *Meisel/Sowka*, MuSchG, § 9 Rn 7.
33 BAG 22.9.1961 – 1 AZR 260/60 – AP § 9 MuSchG Nr. 22 m. Anm. *Kulp* = DB 1961, 1523.
34 *Meisel/Sowka*, MuSchG, § 9 Rn 8 ff.
35 BVerwG 26.8.1970 – V C 1.68 – AP § 9 MuSchG Nr. 32 = BB 1970, 1482.

erfasst sind auch ledige, geschiedene und verwitwete Frauen.[36] Für Beamtinnen gilt die auf § 80 Nr. 1 BBG beruhende VO über den Mutterschutz für Beamtinnen – MuSchV i.d.F. v. 11.11.2004 m.W.v. 1.12.2004.[37] Ein § 9 entsprechendes Künd-Verbot ergibt sich aus § 10 MuSchV sowie entsprechenden landesrechtlichen Vorschriften,[38] z.B. § 10 MuSchuVO BW.[39] Für Soldatinnen gilt die MuSchSoldV.[40] Das Künd-Verbot nach § 9 erfasst – mangels Vorliegens eines Arbverh – nicht Organmitglieder juristischer Personen, bspw. eine GmbH-Geschäftsführerin.[41] § 9 findet keine Anwendung auf ein sog. faktisches Arbverh (siehe § 611 BGB Rn 42 ff.), da dieses jederzeit ohne Künd beendet werden kann.[42]

4 **b) Wirkung zugunsten Dritter.** Im Hinblick auf den **Schutzzweck** (siehe Rn 1) des mutterschutzrechtlichen Künd-Verbots kann nach h.M. in bestimmten Vertragskonstellationen auch ein nicht unter das MuSchG fallender Dritter vorübergehend unkündbar sein, wenn ein mit der unmittelbar geschützten (werdenden) Mutter derart eng verflochtenes gemeinsames Arbverh vorliegt, dass der AG ihnen gegenüber nur gemeinsam eine Künd aussprechen kann.[43] Dies ist der Fall bei sog. **Gruppen-Arbverh** („Eigengruppe"),[44] etwa bei einem Heimleiter-Ehepaar,[45] Gastronomenehepaar,[46] Hausmeister-Ehepaar,[47] Buffetehepaar, Melkerehepaar[48] sowie beim Job-Sharing (§ 13 TzBfG).[49] Abs. 1 greift jedoch nicht ein, wenn das Arbverh der Frau gem. § 158 Abs. 2 BGB auflösend bedingt (siehe Rn 43) vom Bestande des Arbverh ihres Ehemannes abgeschlossen und letzterem wirksam gekündigt worden ist.[50]

5 **2. Zeitlicher Anwendungsbereich.** Das Künd-Verbot des § 9 greift mit dem **Abschluss des Arbeitsvertrages** ein, gleichgültig zu welchem Zeitpunkt die Arbeit tatsächlich aufgenommen wird. Es gilt auch dann, wenn der AG das Arbverh einer Schwangeren vor dessen tatsächlichem Beginn fristgemäß kündigt (sog. **Künd vor Dienstantritt**).[51]

II. Tatbestandsvoraussetzungen

6 **1. Schwangerschaft oder Entbindung. a) Schwangerschaft. aa) Allgemeines.** Das **objektive Bestehen einer Schwangerschaft** im Zeitpunkt des Zugangs (siehe Rn 47) der Künd ist Voraussetzung für die Anwendbarkeit des § 9.[52] Die Absicht der AN, sich **künstlich befruchten** zu lassen, genügt für eine (analoge) Anwendung des § 9 ebenso wenig[53] wie die irrtümliche Annahme der AN, schwanger zu sein, selbst wenn diese auf einem falschen ärztlichen Attest beruht.[54] Gleiches gilt für eine erst während des Laufes der Künd-Frist einsetzende Schwangerschaft.[55] Eine **Bauchhöhlenschwangerschaft** (Extrauteringravidität) genügt nach h.L.[56]

7 **bb) Beginn, Dauer und Ende der Schwangerschaft.** Der Augenblick der **Befruchtung der Eizelle** (Konzeption) stellt aus medizinisch-biologischer Sicht den Beginn der Schwangerschaft dar.[57] Aus Gründen der Rechtssicherheit und des Schutzes der werdenden Mutter ermittelt die st. Rspr. für die Anwendung des Künd-Verbots des § 9 Abs. 1 S. 1 den Beginn der Schwangerschaft im Wege einer pauschalierten Wahrscheinlichkeitsrechnung durch Rückrechnung um 280 Tage von dem vom Arzt oder der Hebamme in der Bescheinigung nach § 5 Abs. 2 angegebenen voraussichtlichen Entbindungstermin.[58] Die Berechnung, ob eine Künd „während der Schwangerschaft"

---

36 KR/*Bader*, § 9 MuSchG Rn 30.
37 BGBl I 2004 S. 2806 ff., 2812, 2828 ff.
38 KR/*Bader*, § 9 MuSchG Rn 27.
39 VO der Landesregierung über den Mutterschutz für Beamtinnen und Richterinnen (MutterschutzVO – MuSchuVO) i.d.F. v. 16.7.1992 (GBl 1992 S. 575, 577), zul. geänd. am 18.2.2003 (GBl S. 121 f.).
40 VO über den Mutterschutz für Soldatinnen (MutterschutzVO für Soldatinnen – MuSchSoldVO) i.d.F. v. 18.11.2004 m.W.v. 1.12.2004 (BGBl I S. 2806, 2811 f., 2858 ff.).
41 *Stahlhacke/Preis/Vossen*, Kündigung, Rn 1291.
42 KR/*Bader*, § 9 MuSchG Rn 13 m.w.N.
43 ArbG Marburg 9.8.1966 – Ca 236/66 – AuR 1967, 381; KR/*Bader*, § 9 MuSchG Rn 15; a.A. *Meisel/Sowka*, MuSchG, § 9 Rn 60.
44 ErfK/*Schlachter*, § 9 MuSchG Rn 2.
45 BAG 21.10.1971 – 2 AZR 17/71 – AP § 611 BGB Gruppenarbeitsverhältnis Nr. 1 m. Anm. *Hanau* = DB 1972, 244.
46 ArbG Marburg 9.8.1966 – Ca 236/66 – AuR 1967, 381.
47 LAG Düsseldorf 15.12.1964 – 8 Sa 462/64 – BB 1965, 495; ArbG Siegburg 26.3.1968 – 1 Ca 155/68 – DB 1968, 855 f.
48 *Stahlhacke/Preis/Vossen*, Kündigung, Rn 1292.
49 KR/*Bader*, § 9 MuSchG Rn 13.

50 BAG 17.5.1962 – 2 AZR 354/60 – AP § 620 BGB Bedingung Nr. 2 m. Anm. *Hueck* = DB 1962, 969 f.; KR/*Bader*, § 9 MuSchG Rn 15, 146.
51 LAG Düsseldorf 30.9.1992 – 11 Sa 1049/92 – LAGE § 9 MuSchG Nr. 18 = NZA 1993, 1041.
52 BVerfG 14.7.1981 – 1 BvL 28/80 – BVerfGE 58, 153, 158 f. = DB 1981, 1939; LAG Düsseldorf 20.3.1953 – 3 Sa 14/53 – AP 53 Nr. 186m. gem. Anm. *Endemann*.
53 LAG Kiel 17.11.1997 – 5 Sa 184/97 – LAGE § 242 BGB Nr. 3.
54 *Meisel/Sowka*, MuSchG, § 9 Rn 100c m.w.N.
55 ErfK/*Schlachter*, § 9 MuSchG Rn 3.
56 Offen gelassen von BAG 3.3.1966 – 2 AZR 179/65 – AuR 1966, 153; so die h.L., KR/*Bader*, § 9 MuSchG Rn 29 m.w.N.
57 So auch LAG Niedersachsen 12.5.1997 – 5 Sa 152/96 – NZA-RR 1997, 460, 461.
58 BAG 7.5.1998 – 2 AZR 417/97 – BAGE 88, 357, 359 ff. = NZA 1998, 1049 ff.; BAG 12.12.1985 – 2 AZR 82/85 – AP § 9 MuSchG 1968 Nr. 15 m. Anm. *Meisel* = NZA 1986, 613 f.; BAG 27.10.1983 – 2 AZR 566/82 – AP § 9 MuSchG 1968 Nr. 14 = NZA 1985, 222 f.; BAG 27.1.1966 – 2 AZR 141/65 – AP § 9 MuSchG Nr. 27 m. Anm. *Schnorr von Carolsfeld* = DB 1966, 868; H/S/*Boecken*, § 7 Rn 629; *Graue*, AiB 1999, 511, 512; *Jorkowski*, ZTR 2003, 275, 280; *Linck*, AuA 1992, 176, 177; *Schliemann*, NZA-RR 2000, 113, 114.

geschah, erfolgt nach der Rspr. mittels der sog. **280-Tage-Phase-Methode**, die medizinisch zugrunde gelegt wird aufgrund der sog. „normalen Tragezeit von 40 Wochen = 280 Tagen" – sog. „post menstruationem" (**Tragezeit „p.m."**) –,[59] wobei der **Entbindungstag** nicht mitgerechnet wird (§§ 187 Abs. 1, 188 Abs. 1 BGB).[60] Mit der Entbindung (siehe Rn 8 ff.) endet die Schwangerschaft.[61]

b) Entbindung. aa) Allgemeines. M.W.v. 1.1.1966 wurde der früher verwendete Begriff der „**Niederkunft**" durch „Entbindung" ersetzt (siehe Rn 2). Für Abs. 1 S. 1 nicht maßgeblich sind die Begriffe „**Geburt**" (siehe z.B. § 4 Abs. 1 S. 1 BEEG) oder „**Vollendung der Geburt**" (§ 1 BGB).[62] Der Begriff der Entbindung wird weder im MuSchG noch in der RVO näher bestimmt, sondern ist der Auslegung der Verwaltungspraxis und Rspr. überlassen worden. Nach dem BAG liegt eine Entbindung i.S.v. Abs. 1 S. 1 dann vor, wenn sich das Kind bereits bis zu einem Stadium entwickelt hat, in dem es zu einem selbstständigen Leben grds. fähig ist.[63]

bb) § 29 AVO-PStG. Nach allg. M. wird § 29 der Verordnung zur Ausführung des Personenstandsgesetzes (§ 29 AVO-PStG)[64] herangezogen, da die dort verwendeten Definitionen neuen medizinischen Erkenntnissen entsprechen und die Fragen nach Lebend- oder Totgeburt für alle Rechtsgebiete im Interesse der Rechtssicherheit nur einheitlich beantwortet werden können.[65]

(1) Lebendgeburt. Nach § 29 Abs. 1 AVO-PStG liegt eine Entbindung i.S.d. MuSchG zunächst bei einer Geburt als Lebendgeburt (auch Frühgeburt) vor, wozu erforderlich ist, dass bei dem Kind nach der Trennung von der Mutter entweder das Herz geschlagen oder die Nabelschnur pulsiert oder die natürliche Lungenatmung eingesetzt hat. Unerheblich ist, ob das in diesem Sinne geborene Kind lebensfähig ist, welches Geburtsgewicht oder welche Geburtslänge es hat. Wiegt das Kind – bei **Mehrlingsgeburten** das schwerste der Kinder[66] – bei der Geburt weniger als 2.500 Gramm, handelt es sich unabhängig von der Dauer der Schwangerschaft um eine **Frühgeburt**.[67]

(2) Totgeburt. Eine Entbindung i.S.v. Abs. 1 S. 1 liegt weiterhin nach der Definition in **§ 29 Abs. 2 AVO-PStG** auch im Falle einer sog. Totgeburt vor, wenn ein Kind tot geboren oder in der Geburt verstorben ist, sich keines der in § 29 Abs. 1 AVO-PStG umschriebenen Lebensmerkmale gezeigt hat, das Gewicht der Leibesfrucht jedoch mind. 500 g beträgt. Die Entbindung i.S.d. MuSchG ist mithin als der Vorgang der Abtrennung des Kindes vom mütterlichen Organismus zu verstehen, der zum Ziel hat, das Kind ein selbstständiges Leben führen zu lassen. Erforderlich ist nach allg.M., dass sich die Frucht bei der Trennung bereits so weit entwickelt hat, dass sie selbstständig lebensfähig ist.[68]

(3) Fehlgeburt. Dagegen liegt nach ganz h.M. keine den nachwirkenden Künd-Schutz gem. Abs. 1 S. 1 auslösende Entbindung im Falle einer Fehlgeburt vor.[69] Eine Fehlgeburt ist nach **§ 29 Abs. 3 AVO-PStG** gegeben, wenn das Gewicht der Leibesfrucht bei der Geburt weniger als 500 g beträgt und nach der Trennung vom Mutterleib weder das Herz geschlagen noch die Nabelschnur pulsiert oder die natürliche Lungenatmung eingesetzt hatte.[70]

(4) Schwangerschaftsabbruch. Eine Entbindung i.S.v. Abs. 1 S. 1 liegt nach h.M. i.d.R. auch dann nicht vor, wenn die Schwangerschaft wegen einer **medizinischen Indikation** – wie auch immer, **rechtmäßig** oder **rechtswidrig**[71] – abgebrochen und daraufhin – dem Zweck des Schwangerschaftsabbruchs entsprechend – ein totes Kind ge-

---

59 A.A. Tragezeit „post conceptionem" (266 Tage): LAG Hannover 12.5.1997 – 5 Sa 152/96 – LAGE § 9 MuSchG Nr. 23 = NZA-RR 1997, 460, 461 f. (Vorinstanz von BAG 7.5.1998 – 2 AZR 417/97 –); *Meisel/Sowka*, MuSchG, § 9 Rn 100b; KR/*Bader*, § 9 MuSchG Rn 64b; *Töns*, BB 1987, 1801 ff.

60 BAG 7.5.1998 – 2 AZR 417/97 – BAGE 88, 357, 359 f. = NZA 1998, 1049; BAG 12.12.1985 – 2 AZR 82/85 – AP § 9 MuSchG 1968 Nr. 15 m. Anm. *Meisel* = NZA 1986, 613, 614; ArbG Köln 13.8.2003 – 3 Ca 4368/02 – NZA-RR 2004, 633.

61 Vgl. BAG 15.12.2005 – 2 AZR 462/04 – NZA 2006, 994, 996.

62 LSG Celle 3.3.1987 – L 3 Eg 1/86 – NZA 1987, 544.

63 BAG 15.12.2005 – 2 AZR 462/04 – AP § 9 MuSchG 1968 Nr. 37 = NZA 2005, 994, 995 ff. m.w.N.

64 V. 12.8.1957 m.W.v. 1.1.1958 (BGBl I 1957 S. 1139, 1142, 1148), Neufassung v. 25.2.1977 (BGBl I S. 377, 381), i.d.F. der 13. ÄnderungsVO v. 24.3.1994 M.W.v. 1.4.1994 (BGBl I S. 621 f.).

65 LAG Hamburg 26.11.2003 – 4 Sa 62/03 – NZA-RR 2005, 72, 73.

66 BAG 12.3.1997 – 5 AZR 329/96 – BAGE 85, 248, 250 = NZA 1997, 764.

67 BAG 12.3.1997 – 5 AZR 329/96 – BAGE 85, 248, 249 ff. = NZA 1997, 764 f.; BSG 15.5.1974 – 3 RK 16/73 – BSGE 37, 216 f. = FamRZ 1975, 94 f.

68 BAG 15.12.2005 – 2 AZR 462/04 – AP § 9 MuSchG 1968 Nr. 37 = NZA 2006, 994, 995 m.w.N.; LAG Hamburg 26.11.2003 – 4 Sa 62/03 – NZA-RR 2005, 72, 73; *Range-Ditz*, ArbRB 2006, 228, 229.

69 BAG 18.1.2000 – 9 AZR 932/98 – BAGE 93, 179, 184 ff. = NJW 2001, 92 ff.; BAG 12.7.1990 – 2 AZR 39/90 – AP § 613a BGB Nr. 87 = NZA 1991, 63, 66; BAG 30.5.1985 – 2 AZR 232/84 –; BAG 16.2.1973 – 2 AZR 138/72 – BAGE 25, 70, 71 ff. = DB 1973, 879 f.; BSG 17.4.1991 – 1/3 RK 21/88 – BSGE 68, 222, 223 = NZA 1991, 909 f.; LAG Hamburg 26.11.2003 – 4 Sa 62/03 – NZA-RR 2005, 72, 73 ff.; LAG Köln 21.1.2000 – 11 Sa 1195/99 – NZA-RR 2001, 303; LAG Hamm 3.10.1986 – 17 Sa 935/86 – DB 1987, 544; KR/*Bader*, § 9 MuSchG Rn 31 m.w.N., auch zur a.A.

70 LAG Hamburg 26.11.2003 – 4 Sa 62/03 – NZA-RR 2005, 72, 73; LSG Celle 3.3.1987 – L 3 Eg 1/86 – NZA 1987, 544.

71 *Meisel/Sowka*, MuSchG, § 9 Rn 101.

boren wird.[72] Das gilt auch in den in **§ 29 Abs. 2 PStV** geregelten Fällen der Geburt eines toten Kindes mit einem Gewicht von mehr als 500 g.[73]

14 **(5) Freigabe zur Adoption.** Die Freigabe des Kindes zur **Adoption** beseitigt den Künd-Schutz nach § 9 nicht.[74]

15 **2. Kenntnis des Arbeitgebers. a) Kenntnis. aa) Positive Kenntnis.** Nach § 5 Abs. 1 S. 1 sollen werdende Mütter dem AG ihre Schwangerschaft und den mutmaßlichen Tag der Entbindung mitteilen, sobald ihnen ihr Zustand bekannt ist. Der Künd-Schutz greift nach Abs. 1 S. 1 ein bei Vorliegen positiver Kenntnis, d.h. überzeugtem Wissen[75] des AG von der Schwangerschaft oder der Entbindung. Grob fahrlässige Unkenntnis[76] genügt angesichts des klaren Wortlauts des Gesetzes nach allg.M. ebenso wenig wie bloße Vermutungen[77] des AG oder umlaufende Gerüchte[78] bzw. Redereien. Den AG trifft in diesen Fällen grds. **keine Erkundigungspflicht**.[79]

16 **bb) Zeitpunkt der Kenntnis.** Maßgeblich ist gem. Abs. 1 S. 1, ob dem AG „zur Zeit der Künd die Schwangerschaft oder Entbindung bekannt war". Nach h.M.[80] ist darunter der Zeitpunkt der Abgabe, nach a.A.[81] der des Zugangs (§ 130 BGB) der Künd-Erklärung zu verstehen.

17 **cc) Art und Weise der Kenntniserlangung.** Es ist unerheblich, auf welche Art und Weise der AG Kenntnis erlangt hat,[82] z.B. durch eigene Mitteilung der AN (§ 5 Abs. 1), eigene optische Wahrnehmung[83] oder Information durch dritte Personen.[84] Kenntnis ist gegeben, wenn die AN ein **ärztliches Attest** (§ 5 Abs. 1 S. 2) vorlegt, das die Schwangerschaft bescheinigt, insb. ein individuelles Beschäftigungsverbot enthält.[85] Sogar die Überreichung einer ärztlichen **Arbeitsunfähigkeitsbescheinigung** mit der Krankheitsbezeichnung „Hyperemesis gravid." (d.h. Erbrechen während der Schwangerschaft) soll dem AG nach Ansicht des BAG Kenntnis von der Schwangerschaft verschaffen.[86]

18 **b) Arbeitgeber. aa) Eigene Kenntnis des Arbeitgebers.** AG kann eine natürliche oder juristische[87] Person oder eine Gesamthandsgemeinschaft[88] sein. Steht eine schwangere AN in einem **einheitlichen Arbverh** mit mehreren AG, so genügt es, wenn sie einem von ihnen ihre Schwangerschaft mitteilt, § 425 BGB steht dem nicht entgegen.[89]

19 **bb) Wissenszurechnung.** Die Kenntnis von **Vertretern** – z.B. der im Betrieb mitarbeitenden Ehefrau des AG, die ihren Ehemann während des Urlaubs vertritt[90] –, sonstigen **(kündigungsberechtigten) Beauftragten** bzw. **Repräsentanten** des AG (siehe § 9 OWiG) – z.B. höhere Mitarbeiter/Leiter der Personalabteilung[91] – sowie des unmittelbaren **Dienstvorgesetzten**[92] der AN, der zur Entgegennahme solcher Mitteilungen arbeitgeberähnliche Funktionen ausübt,[93] wird dem AG zugerechnet (arg. § 166 Abs. 1 BGB). Dies gilt (analog § 164 Abs. 3 BGB)[94] selbst dann, wenn die Mitteilung nicht zu ihm selbst gelangt ist.[95] Die Kenntnis nur von Vorarbeiter (Einrichter),[96] Vertrauensarzt

---

72 KR/*Bader*, § 9 MuSchG Rn 32 m.w.N., auch zur a.A.
73 BAG 15.12.2005 – 2 AZR 462/04 – AP § 9 MuSchG 1968 Nr. 37 = NZA 2006, 994 ff. m.w.N.; *Range-Ditz*, ArbRB 2006, 228, 229.
74 *Graue*, AiB 1999, 511, 512 m.w.N.
75 *Meisel/Sowka*, MuSchG, § 9 Rn 83.
76 KR/*Bader*, § 9 MuSchG Rn 34 m.w.N.
77 LAG Hamm 11.2.1958 – 2 Ca 881/57 – DB 1958, 988; LAG Kiel 19.3.1954 – 1 Sa 16/54 – BB 1954, 472; ArbG Bremen 18.9.1953 – 2 Ca 2415/53 – SAE 1954, 138, 139 f. m. Anm. *Bulla*.
78 LAG Stuttgart 30.11.1967 – 4 Sa 100/67 – DB 1968, 624; ArbG Köln 8.4.1968 – 2 Ca 247/68 – DB 1968, 1140.
79 ArbG Köln 8.4.1968 – 2 Ca 247/68 – DB 1968, 1140; KR/*Bader*, § 9 MuSchG Rn 34 m.w.N.; a.A. LAG Düsseldorf 21.7.1964 – 8 Sa 241/54 – DB 1964, 1416.
80 LAG Düsseldorf 11.5.1979 – 9 Sa 484/79 – EzA § 9 n.F. MuSchG Nr. 19 m. Anm. *Buchner*; *Meisel/Sowka*, MuSchG, § 9 Rn 82; ErfK/*Schlachter*, § 9 MuSchG Rn 5.
81 KR/*Bader*, § 9 MuSchG Rn 44.
82 KR/*Bader*, § 9 MuSchG Rn 40 ff.
83 *Buchner/Becker*, § 9 MuSchG Rn 102.
84 ArbG Münster 7.7.1959 – 1 Ca 339/59 – BB 1959, 1103.
85 *Meisel/Sowka*, MuSchG, § 9 Rn 84.
86 BAG 13.4.1956 – 1 AZR 390/55 – BAGE 2, 355, 356 ff. = SAE 1956, 130, 131 m. Anm. *Bulla*; *Meisel/Sowka*, MuSchG, § 9 Rn 84.
87 § 78 Abs. 2 S. 2 AktG, § 35 Abs. 2 S. 3 GmbHG.
88 §§ 164 Abs. 3, 714 BGB, §§ 125 Abs. 2 S. 2, 161 Abs. 2 HGB.
89 ArbG Marburg 13.2.1964 – Ca 41/64 – DB 1964, 846.
90 LAG Düsseldorf 22.11.1968 – 3 Sa 449/68 – LAGE § 9 MuSchG Nr. 2 = DB 1968, 2287 f.; LAG Stuttgart 22.9.1953 – Sa 35/53 – BB 1953, 1014; ArbG Wilhelmshaven 16.4.1963 – Ca 456/63 – DB 1964, 996.
91 BAG 15.11.1990 – 2 AZR 270/90 – AP § 9 MuSchG 1968 Nr. 17 = NZA 1991, 669, 671; BAG 18.2.1965 – 2 AZR 274/64 – AP § 9 MuSchG Nr. 26 m. Anm. *Bulla* = DB 1965, 824.
92 LAG München 23.8.1990 – 5 Sa 840/89 – LAGE § 9 MuSchG Nr. 13 = ZTR 1991, 212; HWK/*C. W. Hergenröder*, § 9 MuSchG Rn 7.
93 BAG 15.11.1990 – 2 AZR 270/90 – AP § 9 MuSchG 1968 Nr. 17 = NZA 1991, 669, 671; BAG 18.2.1965 – 2 AZR 274/64 – AP § 9 MuSchG Nr. 26 m. Anm. *Bulla* = DB 1965, 824.
94 *Meisel/Sowka*, MuSchG, § 9 Rn 86.
95 LAG Köln 10.10.1990 – 7 Sa 214/90 – LAGE § 9 MuSchG Nr. 12 = AiB 1991, 128.
96 BAG 18.2.1965 – 2 AZR 274/64 – AP § 9 MuSchG Nr. 26 m. Anm. *Bulla* = DB 1965, 824.

der Betriebskrankenkasse, Werkfürsorgerin,[97] Betriebsarzt (Werksarzt),[98] Schreibkräften der Personalabteilung,[99] Arbeitskollegen,[100] PR-[101] oder BR-Mitgliedern[102] reicht hingegen nicht. Nach h.M. muss sich der **Betriebserwerber** (§ 613a BGB) eine beim Veräußerer bestehende Kenntnis zurechnen lassen.[103]

3. Nachträgliche Mitteilung. a) Mitteilung. aa) Rechtsnatur. Der Kenntnis des AG steht es gem. Abs. 1 S. 1 Hs. 1 gleich, wenn dem AG bzw. dessen Repräsentanten (siehe Rn 19) die Schwangerschaft oder Entbindung innerhalb von zwei Wochen (siehe Rn 24 f.) nach Zugang (§ 130 BGB) der Künd mitgeteilt wird. Die Mitteilung ist eine **rechtsgeschäftsähnliche Handlung**, auf die die Vorschriften über empfangsbedürftige Willenserklärungen (§§ 104 ff., 116 ff., 130 ff., 164 ff., 182 ff. BGB)[104] zumindest entsprechend anzuwenden sind.[105] 20

bb) Form. Die Einhaltung einer bestimmten Form schreibt das Gesetz nicht vor, ist aber dennoch ratsam (siehe Rn 83).[106] Es genügt jede (fern-)mündliche, telegrafische oder schriftliche – auch die in einer rechtzeitig zugestellten Klageschrift enthaltene[107] – Mitteilung.[108] 21

cc) Inhalt. Die nachträgliche Mitteilung muss das **Bestehen** einer Schwangerschaft **im Zeitpunkt des Zugangs der Künd** oder die **Vermutung**[109] einer solchen Schwangerschaft zum Inhalt haben. Teilt die AN ausdrücklich nur das Bestehen einer Schwangerschaft mit, so hängt es von den Umständen des Falles ab, insb. unter Berücksichtigung des zeitlichen Zusammenhangs mit der Künd, ob die Mitteilung dahin verstanden werden musste (§ 133 BGB), dass die Schwangerschaft bereits bei Zugang der Künd bestanden habe.[110] Da der durch § 9 vermittelte besondere Künd-Schutz kraft Gesetzes eingreift, ist es nach richtiger Ansicht nicht erforderlich, dass sich die AN auf die Inanspruchnahme des Künd-Schutzes beruft.[111] 22

b) Nachweis von Schwangerschaft oder Entbindung. Zur Erhaltung des Künd-Schutzes nach § 9 ist der Nachweis der Schwangerschaft oder Entbindung (s. § 5 Abs. 1 S. 2) nicht erforderlich.[112] Doch ist die AN angesichts ihrer **arbeitsvertraglichen Treuepflicht** (siehe § 611 BGB Rn 482) auf ein entsprechendes Verlangen des AG in angemessener Frist zum Nachweis ihrer Schwangerschaft – selbst zur Durchführung eines **Schwangerschaftstest** auf Kosten des AG (§ 5 Abs. 3 analog) – verpflichtet.[113] Die Verletzung dieser Nachweispflicht kann je nach den Umständen des Einzelfalles dazu führen, die Berufung auf den Künd-Schutz als unzulässige Rechtsausübung erscheinen zu lassen, wenn die Voraussetzungen für den Einwand der Verwirkung (§ 242 BGB) vorliegen, ferner einen Annahmeverzug des AG nach § 615 BGB (siehe Rn 52) vorübergehend auszuschließen oder Schadenersatzansprüche des AG (§§ 241 Abs. 2, 280 Abs. 1 BGB) auszulösen, die für die Zeit der Nichtbeschäftigung seine Lohnzahlungspflicht praktisch aufheben.[114] 23

c) Mitteilungsfrist. aa) Rechtsnatur. Die Zwei-Wochen-Frist nach Abs. 1 S. 1 Hs. 1 ist eine **materiell-rechtliche Ausschlussfrist**. Versäumt die AN die Frist, so verliert sie – abgesehen von der Möglichkeit der unverzüglichen Nachholung der Mitteilung gem. Abs. 1 S. 1 Hs. 2 (siehe Rn 29 f.) – den besonderen Künd-Schutz nach § 9.[115] Die Kenntnis oder Unkenntnis der AN von ihrer Schwangerschaft spielt für den Lauf der Frist nach Abs. 1 S. 1 Hs. 1 keine Rolle.[116] 24

---

97 *Stahlhacke/Preis/Vossen*, Kündigung, Rn 1379.
98 *Meisel/Sowka*, MuSchG, § 9 Rn 88.
99 *Linck*, AuA 1992, 176, 178.
100 ErfK/*Schlachter*, § 9 MuSchG Rn 5.
101 KR/*Bader*, § 9 MuSchG Rn 39.
102 BAG 18.2.1965 – 2 AZR 274/64 – AP § 9 MuSchG Nr. 26 m. Anm. *Bulla* = DB 1965, 824.
103 LAG München 28.7.1976 – 7 Sa 501/76 – ARST 1977, 156, 157; *Stahlhacke/Preis/Vossen*, Kündigung, Rn 1369; KR/*Bader*, § 9 MuSchG Rn 39b; *Graue*, AiB 1999, 511, 512; a.A. *Meisel/Sowka*, MuSchG, § 9 Rn 88a.
104 KR/*Bader*, § 9 MuSchG Rn 47 m.w.N.
105 BAG 15.11.1990 – 2 AZR 270/90 – AP § 9 MuSchG 1968 Nr. 17 = NZA 1991, 669, 671; BAG 13.4.1956 – 1 AZR 390/55 – BAGE 2, 355, 356 f. = SAE 1956, 130, 131 m. Anm. *Bulla*.
106 HWK/*C. W. Hergenröder*, § 9 MuSchG Rn 8.
107 BAG 27.10.1983 – 2 AZR 214/82 – AP § 9 MuSchG 1968 Nr. 13 m. Anm. *Herschel* = DB 1984, 1203.
108 KR/Bader, § 9 MuSchG Rn 51.
109 Insoweit kritisch *Meisel/Sowka*, MuSchG, § 9 Rn 96 m.w.N.
110 BAG 15.11.1990 – 2 AZR 270/90 – AP § 9 MuSchG 1968 Nr. 17 = NZA 1991, 669, 670 f.
111 ArbG Münster 7.7.1959 – 1 Ca 339/59 – BB 1959, 1103; KR/*Bader*, § 9 MuSchG Rn 48; *Meisel/Sowka*, MuSchG, § 9 Rn 90; a.A. LAG Hamm 11.2.1958 – 2 Ca 881/57 – DB 1958, 988.
112 BAG 6.6.1974 – 2 AZR 278/73 – BAGE 26, 161, 165 ff. = DB 1974, 2355 ff.; BAG 23.5.1969 – 2 AZR 379/68 – AP § 9 MuSchG Nr. 30 m. Anm. *Meisel* = DB 1969, 1467 f.; BAG 5.5.1961 – 1 AZR 454/59 – BAGE 11, 115, 117 f. = DB 1961, 1036.
113 *Meisel/Sowka*, MuSchG, § 9 Rn 97 ff. m.w.N.
114 BAG 6.6.1974 – 2 AZR 278/73 – BAGE 26, 161, 173 ff. = DB 1974, 2355, 2357 f.
115 BAG 6.6.1974 – 2 AZR 278/73 – BAGE 26, 161, 165 ff. = DB 1974, 2355 ff.; BAG 19.12.1968 – 2 AZR 89/68 – AP § 9 MuSchG Nr. 29 m. Anm. *Meisel* = DB 1969, 489.
116 BAG 13.6.1996 – 2 AZR 736/95 – BAGE 83, 195, 197 ff. = NZA 1996, 1154, 1155 m.w.N.

25 **bb) Berechnung.** Die Frist beginnt gem. § 187 Abs. 1 BGB mit Zugang (§ 130 BGB) der Künd. Das Fristende berechnet sich nach §§ 188 Abs. 2, 193 BGB.[117] Die Mitteilung ist empfangsbedürftig (siehe Rn 20), die bloße Absendung innerhalb der Zwei-Wochen-Frist genügt daher nicht.[118]

26 **d) Fristüberschreitung (Abs. 1 S. 1 Hs. 2). aa) Von der Arbeitnehmerin nicht zu vertretender Grund. (1) Verschulden gegen sich selbst.** Wurde die Frist schuldhaft versäumt, so geht die AN ihres besonderen Künd-Schutzes nach § 9 endgültig verlustig.[119] Die Überschreitung der Frist des Abs. 1 S. 1 ist von der Schwangeren zu vertreten, wenn sie auf einen **gröblichen Verstoß** gegen das von einem verständigen Menschen im eigenen Interesse **billigerweise zu erwartende Verhalten** zurückzuführen ist. Es handelt sich um ein § 254 BGB ähnliches anspruchsbeseitigendes „Verschulden gegen sich selbst" (Obliegenheitsverletzung).[120] Die AN muss entweder von der Schwangerschaft positiv wissen oder zwingende Anhaltspunkte dafür ignorieren und untätig bleiben.[121] Eine bloße Vermutung der AN, schwanger zu sein, genügt grds. nicht;[122] anderes gilt bei einer „zwingenden und unabweisbaren Schwangerschaftsvermutung".[123]

27 **(2) Kenntnis der Arbeitnehmerin.** Abs. 1 S. 1 Hs. 2 findet unabhängig davon Anwendung, ob die AN bei Künd-Zugang Kenntnis von ihrer Schwangerschaft hat,[124] also auch dann, wenn sie zwar ihre Schwangerschaft beim Zugang der Künd kennt oder während des Laufs der Zwei-Wochen-Frist von ihr erfährt, aber durch **sonstige Umstände** unverschuldet an der rechtzeitigen Mitteilung gehindert ist,[125] z.B. wegen der besonderen Umstände eines Krankenhausaufenthalts.[126] Frauen, die noch während der gesetzlichen Mitteilungsfrist von ihrer Schwangerschaft Kenntnis erlangen, steht ein gewisser **Überlegungszeitraum** zu, bspw. um qualifizierten **juristischen Rat** einzuholen[127] oder um vom Arzt eine **Schwangerschaftsbestätigung** zu erhalten, aus der sie den Beginn der Schwangerschaft entnehmen kann.[128] Hat die AN nach einer Fehldiagnose des Arztes selbst einen **Schwangerschaftstest** durchgeführt, so liegt mit dem Zeitpunkt des positiven Ergebnisses des Tests eine die Mitteilungsobliegenheit auslösende Kenntnis der AN vor.[129]

28 **(3) Einzelfälle.** Ein Verschulden gegen sich selbst liegt nicht bereits deswegen vor, weil die AN entgegen der Soll-Vorschrift des **§ 5 Abs. 1 S. 1** dem AG ihre Schwangerschaft nicht offenbart oder **nachgewiesen** (siehe Rn 15, 17, 23) hat.[130] Die Versäumung der Mitteilungsfrist ist unverschuldet, wenn die AN ihrem **Dienstvorgesetzten** (siehe Rn 19) vor der Künd ihre Schwangerschaft mitgeteilt hat.[131] Einer AN kann es nicht als Verschulden angerechnet werden, wenn sie nach Ausbleiben ihrer Regel erst nach einer gewissen Zeit des Abwartens, etwa um gelegentlich auftretende Zyklusstörungen bzw. Regelverschiebungen – z.B. wegen klimatischer Veränderungen[132] oder infolge des Absetzens von Schwangerschaftsverhütungsmitteln (Pille)[133] – auszuschließen, einen **Schwangerschaftstest** vornehmen lässt oder einen Arzt aufsucht, zumal die Feststellung einer Schwangerschaft bzw. ein Schwangerschaftstest ohnehin erst ab dem 36. Tag nach Beginn der letzten Regelblutung überhaupt Erfolg versprechend ist.[134] Es stellt kein Verschulden dar, wenn die Schwangere die Bescheinigung über die Schwangerschaft mit normaler Post an den AG versendet und der Brief dann aus ungeklärter Ursache verloren geht.[135] Geht einer schwangeren AN während ihres Urlaubs eine Künd zu und teilt sie dem AG unverzüglich nach Rückkehr aus dem Urlaub ihre Schwangerschaft mit, so ist die Überschreitung der Zwei-Wochen-Frist des Abs. 1 S. 1 Hs. 2 nicht allein deshalb als verschuldet anzusehen,

---

117 *Meisel/Sowka*, MuSchG, § 9 Rn 98a.
118 KR/*Bader*, § 9 MuSchG Rn 55a m.w.N.
119 BVerfG 25.1.1972 – 1 BvL 3/70 – BVerfGE 32, 273, 276 ff. = DB 1972, 536.
120 St. Rspr.: BAG 16.5.2002 – 2 AZR 730/00 – BAGE 101, 138, 141 = NZA 2003, 217, 218; BAG 13.6.1996 – 2 AZR 736/95 – BAGE 83, 195, 199 = NZA 1996, 1154, 1156; BAG 27.10.1983 – 2 AZR 214/82 – AP § 9 MuSchG 1968 Nr. 13 m. Anm. *Herschel* = DB 1984, 1203; BAG 6.10.1983 – 2 AZR 368/82 – BAGE 43, 331, 336 ff. = DB 1984, 1044 f.; LAG München 23.8.1990 – 5 Sa 840/89 – LAGE § 9 MuSchG Nr. 13 = ZTR 1991, 212.
121 BAG 15.11.1990 – 2 AZR 270/90 – AP § 9 MuSchG 1968 Nr. 17 = NZA 1991, 669, 670; BAG 20.5.1988 – 2 AZR 739/87 – AP § 9 MuSchG 1968 Nr. 16 = NZA 1988, 799; BAG 6.10.1983 – 2 AZR 368/82 – BAGE 43, 331, 337 f. = DB 1984, 1044, 1045.
122 BAG 15.11.1990 – 2 AZR 270/90 – AP § 9 MuSchG 1968 Nr. 17 = NZA 1991, 669, 670; BAG 20.5.1988 – 2 AZR 739/87 – AP § 9 MuSchG 1968 Nr. 16 = NZA 1988, 800; BAG 13.1.1982 – 7 AZR 764/79 – AP § 9 MuSchG 1968 Nr. 9 m. Anm. *Baumgärtel* = DB 1982, 1226, 1227.
123 BAG 6.10.1983 – 2 AZR 368/82 – BAGE 43, 331, 338 = DB 1984, 1044, 1045.
124 BAG 13.6.1996 – 2 AZR 736/95 – BAGE 83, 195, 196 ff. = NZA 1996, 1154, 1155.
125 BAG 26.9.2002 – 2 AZR 392/01 – AP § 9 MuSchG 1968 Nr. 31 = ARST 2003, 255 ff.; BAG 13.6.1996 – 2 AZR 736/95 – BAGE 83, 195, 197 = NZA 1996, 1154, 1155.
126 BAG 31.10.1985 – 2 AZR 578/84 – RzK IV 6a Nr. 5.
127 BAG 26.9.2002 – 2 AZR 392/01 – AP § 9 MuSchG 1968 Nr. 31 = ARST 2003, 255 ff.
128 LAG Nürnberg 17.3.1992 – 4 Sa 566/91 – LAGE § 9 MuSchG Nr. 17 = NZA 1993, 946.
129 BAG 27.10.1983 – 2 AZR 214/82 – AP § 9 MuSchG 1968 Nr. 13 m. Anm. *Herschel* = DB 1984, 1203.
130 BAG 13.6.1996 – 2 AZR 736/95 – BAGE 83, 195, 199 f. = NZA 1996, 1154, 1156.
131 LAG München 23.8.1990 – 5 Sa 840/89 – LAGE § 9 MuSchG Nr. 13 = ZTR 1991, 212.
132 KR/*Bader*, § 9 MuSchG Rn 57a.
133 LAG Nürnberg 30.4.1974 – 2 Sa 22/74 – ARST 1975, 64.
134 BAG 6.10.1983 – 2 AZR 368/82 – BAGE 43, 331, 338 f. = DB 1984, 1044, 1045.
135 BAG 16.5.2002 – 2 AZR 730/00 – BAGE 101, 138, 141 ff. = NZA 2003, 217, 218 f.

weil die AN es unterlassen hat, dem AG ihre Schwangerschaft vor Urlaubsantritt anzuzeigen.[136] Eine schuldhafte Verzögerung der Mitteilung liegt nach der Rspr. nicht bereits darin, dass die AN alsbald (hier: zwei Tage) nach Kenntnis von der Schwangerschaft einen Prozessbevollmächtigten mit der **Klageerhebung** gegen die bis dahin nicht angegriffene Künd des AG beauftragt und die Schwangerschaft nur in der Klageschrift mitteilt. Die AN hat auch weder für Hindernisse bei der Übermittlung der Mitteilung, an denen sie kein Verschulden trifft, noch – gem. §§ 254 Abs. 2 S. 2, 278 BGB (analog)[137] oder § 85 Abs. 2 ZPO – für ein zur Verzögerung der Mitteilung führendes Verschulden ihres Prozessbevollmächtigten einzustehen.[138]

bb) Unverzügliche Nachholung der Mitteilung. (1) Unverzüglich. „Unverzüglich" i.S.v. Abs. 1 S. 1 Hs. 2 bedeutet nach der Legaldefinition des § 121 Abs. 1 S. 1 BGB **ohne schuldhaftes Zögern**.[139] Es kann weder auf eine **Mindestfrist** (in der die Verzögerung der Mitteilung regelmäßig als unverschuldet anzusehen ist) noch auf eine **Höchstfrist** (nach deren Ablauf stets von einem schuldhaften Zögern auszugehen ist)[140] abgestellt werden. Entscheidend sind vielmehr stets die besonderen **Umstände des konkreten Falles**.[141]

(2) Einzelfälle. Vier Tage zwischen Kenntniserlangung und Zugang der Information beim AG sind, jedenfalls wenn noch ein Wochenende dazwischen lag, „unverzüglich" im Sinne des Gesetzes.[142] Regelmäßig wurde von der Rspr.[143] – unter Billigung der Lit.[144] – ein Zeitraum von **einer Woche** als unverzüglich angesehen. Im Einzelfall sollen sogar **neun**[145] bzw. **13 Tage**[146] genügen, nicht dagegen **16 Tage**.[147]

III. Rechtsfolge

1. Kündigungsverbot. a) Rechtsnatur. § 9 normiert ein zeitlich begrenztes, repressives, absolutes, gesetzliches **Künd-Verbot** (Abs. 1 i.V.m. § 134 BGB) **mit Erlaubnisvorbehalt** (Abs. 3).[148] Eine verbotswidrig erklärte Künd ist nach allg.M. nicht nur schwebend unwirksam, – etwa bis zum Vorliegen der behördlichen Entscheidung nach Abs. 3 (siehe Rn 54 ff.) – sondern selbst dann gem. § 134 BGB (siehe Rn 48) unheilbar nichtig, wenn die Voraussetzungen für die Zulässigkeitserklärung vorlagen.[149]

b) Sachliche Reichweite. aa) Alle Arbeitgeberkündigungen. (1) Allgemeines. Das Verbot erstreckt sich gem. Abs. 1 S. 1 auf alle durch den **AG** ausgesprochenen **Künd**,[150] ohne Rücksicht auf das **Künd-Motiv**. Eine Künd ist eine einseitige empfangsbedürftige Willenserklärung, durch die der Kündigenden zum Ausdruck gebracht wird, das Arbeitsverhältnis für die Zukunft zu beenden.[151] Auf die (Un-)Wirksamkeit der Künd bereits nach anderen Vorschriften (z.B. §§ 1, 15 KSchG, § 626 BGB, §§ 102, 103 BetrVG, § 85 SGB IX) kommt es für das Eingreifen des Künd-Verbots nach § 9 nicht an.[152]

(2) Ordentliche Kündigung. Von § 9 erfasst ist die fristgemäße ordentliche AG-Künd,[153] auch während der Probezeit (§ 622 Abs. 3 BGB),[154] im Rahmen von Massenentlassungen (§§ 17 ff. KSchG) oder im Insolvenzverfahren

---

136 BAG 13.6.1996 – 2 AZR 736/95 – BAGE 83, 195, 200 f. = NZA 1996, 1154, 1155 f.
137 BAG 31.10.1985 – 2 AZR 578/84 – RzK IV 6a Nr. 5.
138 BAG 27.10.1983 – 2 AZR 214/82 – AP § 9 MuSchG 1968 Nr. 13 m. Anm. *Herschel* = DB 1984, 1203; *Griebeling*, NZA 2002, 838, 839 f., 844 f.; *Wenzel*, BB 1981, 674, 678.
139 BAG 13.6.1996 – 2 AZR 736/95 – BAGE 83, 195, 201 = NZA 1996, 1154, 1156; BAG 13.1.1982 – 7 AZR 764/79 – AP § 9 MuSchG 1968 Nr. 9 m. Anm. *Baumgärtel* = DB 1982, 1226, 1227; LAG Berlin 26.4.1988 – 3 Sa 96/87 – LAGE § 9 MuSchG Nr. 8 = AuR 1989, 59.
140 A.A. LAG Berlin 30.3.1984 – 10 Sa 10/84 – NZA 1984, 260 f.; *Wenzel*, BB 1981, 674, 677: zwei Wochen; LAG Berlin 17.8.1981 – 9 Sa 32/81 – DB 1982, 440, 441: eine Woche; BAG 6.10.1983 – 2 AZR 368/82 –, 27.10.1983 – 2 AZR 214/82 m. Anm. *Buchner*, FamRZ 1984, 1006, 1010: acht Tage.
141 BAG 20.5.1988 – 2 AZR 739/87 – AP § 9 MuSchG 1968 Nr. 16 = NZA 1988, 799, 800 m.w.N.; LAG Thüringen 20.9.2007 – 3 Sa 78/07 – LAGE § 242 BGB 2002 Kündigung Nr. 3; *Linck*, AuA 1992, 176, 178.
142 ArbG Köln 13.8.2003 – 3 Ca 4368/02 – NZA-RR 2004, 633.
143 BAG 26.9.2002 – 2 AZR 392/01 – AP § 9 MuSchG 1968 Nr. 31 = ARST 2003, 255 ff.; BAG 27.10.1983 – 2 AZR 214/82 – AP § 9 MuSchG 1968 Nr. 13 m. Anm. *Herschel* = DB 1984, 1203; BAG 6.10.1983 – 2 AZR 368/82 – BAGE 43, 331, 339 = DB 1984, 1044, 1045; LAG Berlin 17.8.1981 – 9 Sa 32/81 – DB 1982, 440, 441.
144 *Stahlhacke/Preis/Vossen*, Kündigung, Rn 1387; KR/*Bader*, § 9 MuSchG Rn 57b; *Graue*, AiB 1999, 511, 513; *Linck*, AuA 1992, 176, 178.
145 ArbG Kassel 22.2.1980 – 4 Ca 79/80 – DB 1980, 790 f.; a.A. *Meisel/Sowka*, MuSchG, § 9 Rn 93; KR/*Bader*, § 9 MuSchG Rn 57b.
146 LAG Hamm 17.10.2006 – 9 Sa 1503/05 – LAGE § 9 MuSchG Nr. 26 (NZB eingelegt unter dem Az. 2 AZN 1113/06).
147 BAG 27.10.1983 – 2 AZR 214/82 – AP § 9 MuSchG 1968 Nr. 13 m. Anm. *Herschel* = DB 1984, 1203.
148 S. BAG 26.4.1956 – GS 1/56 – BAGE 3, 66, 70 = AuR 1957, 91, 94 f. m. Anm. *Krüger*; KR/*Bader*, § 9 MuSchG Rn 7, 68.
149 BAG 29.7.1968 – 2 AZR 363/67 – AP § 9 MuSchG Nr. 28 m. Anm. *Meisel* = DB 1968, 1632.
150 H/S/*Boecken*, § 7 Rn 627.
151 Allg. M., *Meisel/Sowka*, MuSchG, § 9 Rn 76 m.w.N.
152 KR/*Bader*, § 9 MuSchG Rn 69, 72.
153 Statt aller: BAG 8.12.1955 – 2 AZR 13/54 – BAGE 2, 233, 237 = DB 1956, 47.
154 BAG 26.9.2002 – 2 AZR 392/01 – AP § 9 MuSchG 1968 Nr. 31 = ARST 2003, 255 ff.

(§ 113 InsO),[155] auch die sog. Teil-Künd[156] sowie die ordentliche Änderungs-Künd (§ 2 KSchG).[157] Eine wegen Verstoßes gegen § 9 nichtige fristgemäße AG-Künd kann grds. nicht gem. § 140 BGB in eine Anfechtung des Arbeitsvertrages nach § 119 BGB oder § 123 BGB umgedeutet werden.[158]

34 **(3) Außerordentliche Kündigung.** Desweiteren fällt unter das Verbot des § 9 die fristlose oder mit einer sozialen Auslauffrist versehene außerordentliche AG-Künd aus wichtigem Grund (§ 626 BGB),[159] auch eine während eines Arbeitskampfes ausgesprochene sog. Kampf-Künd (siehe Rn 45) und die außerordentliche Änderungs-Künd (§ 2 KSchG).[160] Auch wenn der unwirksamen AG-Künd objektiv ein wichtiger Grund i.S.v. § 626 Abs. 1 BGB zugrunde liegt, stellt die Berufung der AN auf den Künd-Schutz nach § 9 grds. keine unzulässige Rechtsausübung dar.[161] Die Umdeutung (§ 140 BGB) einer gegen § 9 verstoßenden außerordentlichen Künd in eine Anfechtung soll grds. möglich sein.[162]

35 **(4) Auflösungsantrag des Arbeitgebers (§ 9 Abs. 1 S. 2 KSchG).** Art. 6 Abs. 4 GG gebiete es nach einer in der Rspr. vertretenen Ansicht, Abs. 1 zugunsten einer nach Zugang der Künd schwanger gewordenen AN für die Dauer der Schutzfrist auch auf den Lösungstatbestand nach Abs. 1 S. 2 KSchG anzuwenden, unbeschadet der Möglichkeit der Ausnahmeerklärung nach Abs. 3 (siehe Rn 54 ff.).[163]

36 **bb) Eigenkündigung der AN. (1) Allgemeines.** Unstr. nicht vom Künd-Verbot erfasst ist die ordentliche (§ 622 BGB) oder außerordentliche (§ 626 BGB) Eigen-Künd (§ 623 BGB)[164] der AN, wie sich aus Abs. 2 und 10 (siehe § 10 Rn 1, 7, 13 ff.) sowie Sinn und Zweck des MuSchG ergibt.[165] Ob tatsächlich eine Eigen-Künd der schwangeren AN vorliegt, ist durch Auslegung der (Künd-)Erklärung (§§ 133, 157 BGB) anhand eines strengen Maßstabes zu ermitteln,[166] denn es ist nicht ohne Weiteres anzunehmen, dass eine schwangere AN die Vorteile, die ihr das MuSchG gewährt, freiwillig aufgibt.[167] Der AG ist nicht im Hinblick auf die ihm obliegende Fürsorgepflicht gehalten, die kündigende AN über die Rechtslage **aufzuklären** oder auf etwaige Nachteile hinzuweisen.[168] Auch die selbst kündigende AN kann nach näherer Maßgabe von § 13 i.V.m. § 200 RVO Anspruch auf **Mutterschaftsgeld** haben (siehe § 13 Rn 7).[169]

37 **(2) Beseitigung der Eigenkündigung.** Eine einseitige „**Rücknahme**" der Eigen-Künd durch die AN ist nicht möglich. Hierin kann allenfalls ein annahmebedürftiges Angebot zu sehen sein, entweder ein neues Arbverh abzuschließen oder das bisher bestehende einvernehmlich zu verlängern.[170] Die Unkenntnis der AN von ihrer Schwangerschaft berechtigt ebenso wenig zur **Anfechtung** nach § 119 Abs. 1, 2 BGB wie der (unbeachtliche Rechtsfolgen-)Irrtum über die mutterschutzrechtlichen Folgen der Künd.[171] Möglich bleibt die Anfechtung nach **§ 123 BGB**.[172] Ein **WGG** (§ 313 BGB) wird i.d.R. nicht anzunehmen sein.[173]

---

155 *Meisel/Sowka*, MuSchG, § 9 Rn 78; *Linck*, AuA 1992, 176, 178.
156 LAG Hannover 5.9.2000 – 12 Sa 1545/99 – KHuR 2002, 29 ff. = ArztR 2001, 190; s. *Meisel/Sowka*, MuSchG, § 9 Rn 78a m.w.N., unter Abgrenzung zum Widerrufsvorbehalt, a.A. *Stahlhacke/Preis/Vossen*, Kündigung, Rn 1309.
157 Allg.M., BAG 7.4.1970 – 2 AZR 201/69 – AP § 615 BGB Kurzarbeit Nr. 3 m. Anm. *Söllner* = DB 1970, 1134; *Meisel/Sowka*, MuSchG, § 9 Rn 77 f.
158 BAG 14.10.1975 – 2 AZR 365/74 – AP § 9 MuSchG 1968 Nr. 4 m. Anm. *Schmidt* = DB 1976, 104.
159 BAG 26.4.1956 – GS 1/56 – BAGE 3, 66, 70 = AuR 1957, 91, 94 f. m. Anm. *Krüger*; BAG 8.12.1955 – 2 AZR 13/54 – BAGE 2, 233, 237 = DB 1956, 47; LAG Stuttgart 21.8.1975 – 7 Sa 53/75 – DB 1975, 2330.
160 KR/*Bader*, § 9 MuSchG Rn 80.
161 BAG 26.4.1956 – GS 1/56 – BAGE 3, 66, 73 ff. = AuR 1957, 91, 94 f. m. Anm. *Krüger*.
162 ArbG Wiesbaden 8.11.1975 – 6 Ca 4030/74 – BB 1975, 136.
163 Umstr., s. LAG Chemnitz 12.4.1996 – 2 (4) Sa 102/96 – LAGE § 1 KSchG Betriebsbedingte Kündigung Nr. 37 = NZA-RR 1997, 9, 10 f.; *Schliemann*, NZA-RR 2000, 113, 115; kritisch KR/*Bader*, § 9 MuSchG Rn 146b; a.A. ErfK/*Schlachter*, § 9 MuSchG Rn 15.
164 Zum Schriftformerfordernis bei Künd s. *Preis/Gotthard*, NZA 2000, 348, 349 ff.
165 BAG 8.12.1955 – 2 AZR 13/54 – BAGE 2, 233, 235 = DB 1956, 47 f.; KR/*Bader*, § 9 MuSchG Rn 149 ff.; LAG Berlin 29.1.1964 – 1 Sa 35/63 – WA 1965, 11 = AuR 1965, 123; *Meisel/Sowka*, MuSchG, § 9 Rn 67 ff.
166 Hessisches LAG 13.4.1970 – 3 Sa 499/69 – DB 1970, 2084; LAG Baden-Württemberg 31.1.1969 – 4 Sa 97/68 – DB 1969, 931 f.; LAG Berlin 29.1.1963 – 1 Sa 35/64 – WA 1965, 11 = AuR 1965, 11; ArbG Bamberg 17.7.1973 – 1 Ca 158/73 C – ARST 1974, 63; ArbG Celle 7.6.1968 – 2 Ca 218/68 – ARST 1968, 175.
167 BAG 19.8.1982 – 2 AZR 116/81 – BAGE 39, 306, 314 ff. = DB 1982, 2408, 2409.
168 LAG Hamm 15.9.1961 – 5 Sa 207/61 – BB 1961, 1325; offen gelassen von BAG 6.2.1992 – 2 AZR 408/91 – AP § 119 BGB Nr. 13 = NZA 1992, 790, 792.
169 KR/*Bader*, § 9 MuSchG Rn 155 f. m.w.N., auch zum Alg.
170 BAG 6.2.1992 – 2 AZR 408/91 – AP § 119 BGB Nr. 13 = NZA 1992, 790 m.w.N.
171 BAG 6.2.1992 – 2 AZR 408/91 – AP § 119 BGB Nr. 13 = NZA 1992, 790, 791 f.
172 BAG 8.12.1955 – 2 AZR 13/54 – BAGE 2, 233, 235 ff. = DB 1956, 47 f.; KR/*Bader*, § 9 MuSchG Rn 154.
173 BAG 6.2.1992 – 2 AZR 408/91 – AP § 119 BGB Nr. 13 = NZA 1992, 790, 792 f.; BAG 19.8.1982 – 2 AZR 116/81 – BAGE 39, 306, 320 f. = DB 1982, 2408, 2410; KR/*Bader*, § 9 MuSchG Rn 153.

(3) Information der Aufsichtsbehörde (Abs. 2 i.V.m. § 5 Abs. 1 S. 3). Gem. Abs. 2 i.V.m. § 5 Abs. 1 S. 3 hat der AG die zuständige **Aufsichtsbehörde (§ 20)** unverzüglich (§ 121 Abs. 1 S. 1 BGB) über die Künd einer **schwangeren Frau** – auch im Fall der Eigen-Künd nach § 10 – zu informieren, damit diese die Frau über die Folgen der Künd aufklären kann.[174] Die Verletzung dieser Verpflichtung des AG stellt weder eine Straftat noch eine OWi dar (§ 21)[175] und führt nicht zur Unwirksamkeit der Eigen-Künd der schwangeren AN.[176] Der AG kann jedoch nach **§ 823 Abs. 2 BGB i.V.m. Abs. 2** zum Ersatz derjenigen Schäden verpflichtet sein, die der AN aus Unkenntnis der ihr nach Beendigung des Arbverh gem. § 10 Abs. 2 zustehenden Rechte entstanden sind.[177] Die Aufsichtsbehörde ist auch über den Abschluss eines **Aufhebungsvertrages** (siehe Rn 44) zu informieren.[178]

cc) Nicht erfasste Beendigungs-Tatbestände. (1) Allgemeines. Nach allg.M. enthält § 9 angesichts seines Schutzzwecks (siehe Rn 1) kein allg. Verbot der Beendigung des Arbverh während der Schwangerschaft, sondern schützt nur vor **AG-Künd** (siehe Rn 32 ff., 36). Das MuSchG gewährt keinen Bestandsschutz bei Beendigungen des Arbeitsvertrages aus anderen Gründen. Die Beschränkung auf Künd verstößt nicht gegen Art. 6 Abs. 4, 3 Abs. 1 GG.[179]

(2) Nichtigkeit des Arbeitsvertrags. Das an einem Nichtigkeitsgrund (z.B. §§ 134, 138 BGB) leidende sog. **fehlerhafte Arbverh** mit einer schwangeren AN kann nach allg.M. ohne Künd unter Berufung auf die Nichtigkeit des Arbeitsvertrages mit sofortiger Wirkung beendet werden, ohne dass der besondere Künd-Schutz nach § 9 eingreift.[180]

(3) Anfechtung des Arbeitsvertrags. Die Anfechtung (§§ 119, 123, 142 Abs. 1 BGB) des Arbeitsvertrages unterliegt nach ganz h.M. ebenfalls nicht dem Künd-Verbot nach § 9.[181] Die **Frage nach der Schwangerschaft** vor der geplanten unbefristeten Einstellung einer AN verstößt i.d.R. gegen das Diskriminierungsverbot des § 611a BGB a.F., jetzt § 7 AGG, so dass eine falsche Antwort den AG nicht zur Anfechtung des Arbeitsvertrages nach § 123 Abs. 1 BGB berechtigt.[182] Der mit einer Schwangeren geschlossene unbefristete Arbeitsvertrag ist nicht deswegen anfechtbar, weil sie wegen eines **mutterschutzrechtlichen Beschäftigungsverbots** (§§ 3 ff.) auf dieser Stelle von Anfang an nicht beschäftigt werden darf.[183]

(4) Befristeter Arbeitsvertrag. Es ist zulässig, einen befristeten Arbeitsvertrag (§ 620 Abs. 3 BGB i.V.m. §§ 3 Abs. 1, 14 Abs. 4, 15 TzBfG) mit einer Schwangeren zu schließen.[184] § 9 findet – ebenso wenig wie Art. 10 Nr. 1 RL 92/85/EWG[185] – auf den Fristablauf bei Vorliegen einer **wirksamen Befristung** des Arbeitsvertrages selbst dann keine Anwendung, wenn die Schwangerschaft erst im Laufe des Arbeitsverhältnisses eintritt.[186] Soweit jedoch die Nichterneuerung (-verlängerung) eines befristeten Arbeitsvertrags ihren Grund in der Schwangerschaft der AN hat, stellt dies eine unmittelbare Diskriminierung aufgrund des Geschlechts dar.[187] Die in TV oftmals vorgesehene Mitteilung der Absicht des AG, den Vertrag nach Ablauf der Befristung nicht zu verlängern (sog. **Nichtverlängerungsmitteilung**), ist keine Künd und kann ihr nicht (etwa analog Abs. 1) gleichgestellt werden.[188] Da das **Probe-**

---

174 *Meisel/Sowka*, MuSchG, § 9 Rn 69 ff.; H/S/*Boecken*, § 7 Rn 630.
175 *Graue*, AiB 1999, 511, 514.
176 BAG 6.2.1992 – 2 AZR 408/91 – AP § 119 BGB Nr. 13 = NZA 1992, 790 f.; BAG 19.8.1982 – 2 AZR 116/81 – BAGE 39, 306, 310 ff. = DB 1982, 2408 ff.
177 BAG 6.2.1992 – 2 AZR 408/91 – AP § 119 BGB Nr. 13 = NZA 1992, 790, 791; BAG 19.8.1982 – 2 AZR 116/81 – BAGE 39, 306, 317 f. = DB 1982, 2408, 2409.
178 *Graue*, AiB 1999, 511, 518 m.w.N.
179 BAG 23.10.1991 – 7 AZR 56/91 – BAGE 69, 1, 11 ff. = NZA 1992, 925, 927 m.w.N.
180 BAG 27.11.1956 – 1 AZR 540/55 – BAGE 3, 309, 312 = AuR 1957, 221, 222 f. m. Anm. *Endemann*; *Meisel/Sowka*, MuSchG, § 9 Rn 19 ff., 25.
181 BAG 6.10.1962 – 2 AZR 360/61 – AP § 9 MuSchG Nr. 24 m. Anm. *Beitzke* = DB 1962, 1700 f.; BAG 22.9.1961 – 1 AZR 260/60 – AP § 9 MuSchG Nr. 22 m. Anm. *Kulp* = DB 1961, 1523; BAG 5.12.1957 – 1 AZR 594/56 – BAGE 5, 159, 163 = JZ 1958, 511, 513 f. m. Anm. *Steindorf*; KR/*Bader*, § 9 MuSchG Rn 136 ff. m.w.N., auch zur a.A.
182 BAG 6.2.2003 – 2 AZR 621/01 – BAGE 104, 304, 305 ff. = NZA 2003, 848 f.; BAG 1.7.1993 – 2 AZR 25/93 – AP § 123 BGB Nr. 36 m. Anm. *Wank* = NZA 1993, 933 ff.; BAG 15.10.1992 – 2 AZR 227/92 – BAGE 71, 252, 254 ff. = NZA 1993, 257 ff.; *Schliemann*, NZA-RR 2000, 113 f.; *Schulte Westenberg*, NJW 2003, 490 ff.
183 EuGH 3.2.2000 – Rs. C-207/98 (Mecklenburg-Vorpommern) – Slg. I 2000, 549 = NZA 2000, 255, 256; EuGH 5.5.1994 – Rs. C-421/92 (Gabriele Habermann-Beltermann./. Arbeiterwohlfahrt) – Slg. I 1994, 1657 = NZA 1994, 609 f.
184 BAG 6.11.1996 – 7 AZR 909/95 – AP § 620 BGB Befristeter Arbeitsvertrag Nr. 188 = BB 1997, 1797 f.
185 EuGH 4.10.2001 – Rs. C-438/99 (Maria Luisa Jiménez Melgar./.Ayuntamiento de Los Barrios) – Slg. I 2001, 6915 = NZA 2001, 1243, 1246.
186 BAG 28.11.1963 – 2 AZR 140/63 – BAGE 15, 132, 136 = DB 1964, 225, 226; BAG 12.10.1960 – GS 1/59 – BAGE 10, 65, 73 ff. = DB 1961, 409, 411.
187 EuGH 4.10.2001 – Rs. C-438/99 (Maria Luisa Jiménez Melgar./.Ayuntamiento de Los Barrios) – Slg. I 2001, 6915 = NZA 2001, 1243, 1246 m.w.N.
188 BAG 23.10.1991 – 7 AZR 56/91 – BAGE 69, 1, 9 ff. = NZA 1992, 925, 927; *Stahlhacke/Preis/Vossen*, Kündigung, Rn 1341 ff.

Arbverh im Zweifel ein unbefristeter Arbeitsvertrag mit vorgeschalteter Probezeit (§ 622 Abs. 3 BGB) ist,[189] findet § 9 Anwendung.[190]

43 **(5) Auflösend bedingter Arbeitsvertrag.** Der Eintritt einer rechtswirksam vereinbarten auflösenden Bedingung (§ 158 Abs. 2 BGB) löst mangels Künd gleichfalls nicht den Künd-Schutz nach § 9 aus.[191] Eine Auflösungsklausel des Inhalts, dass das Arbverh mit **Feststellung der Schwangerschaft** ende,[192] ist ebenso nichtig wie die Vereinbarung einer auflösenden Bedingung, dass im Falle der Eheschließung der AN das Arbverh zu einem bestimmten Zeitpunkt endigt (sog. **Zölibatsklausel**).[193]

44 **(6) Aufhebungsvertrag.** § 9 steht dem Abschluss eines Aufhebungsvertrages (§§ 623, 125 f. BGB)[194] nicht entgegen.[195] Eine **Anfechtung** des Aufhebungsvertrages kann nicht gem. § 119 Abs. 1, 2 BGB darauf gestützt werden, dass die AN nichts von ihrer Schwangerschaft gewusst habe[196] oder sich über die mutterschutzrechtlichen Folgen geirrt habe (unbeachtlicher Rechtsfolgenirrtum).[197] I.d.R. bleiben der AN allenfalls die Anfechtungsgründe des § 123 BGB.[198] Die Benachrichtigungspflicht nach Abs. 2 (siehe Rn 38) greift auch bei Abschluss eines Aufhebungsvertrages ein.

45 **(7) Arbeitskampfmaßnahmen.** Eine **(Abwehr-)Aussperrung**[199] im Rahmen eines Arbeitskampfes bleibt der schwangeren AN gegenüber nach h.M. zulässig, führt aber nicht zu einer Lösung des Arbverh („lösende Aussperrung"), sondern nur zu einer Suspendierung der arbeitsvertraglichen Hauptpflichten.[200] Im Fall der Teilnahme der schwangeren AN an einem **rechtswidrigen Streik** besteht für den AG nur unter den Voraussetzungen des Abs. 3 (siehe Rn 54 ff.) die Möglichkeit, eine (außer-)ordentliche Künd auszusprechen,[201] welche insb. dann Erfolg versprechend und für zulässig zu erklären ist, wenn der AN nicht nur die bloße Streikteilnahme, sondern Rädelsführerschaft vorzuwerfen ist.[202] Auch die vom AG als Reaktion auf rechtswidrige kollektive Arbeitskampfmaßnahmen (Arbeitsniederlegungen) ausgesprochene außerordentliche **Kampf-Künd**[203] ist von § 9 erfasst.[204]

46 **c) Dauer. aa) Beginn, Ende, Berechnung.** Die Verbotsfrist des Abs. 1 S. 1 beginnt gem. § 187 Abs. 1 BGB mit Eintritt der **Schwangerschaft** (siehe Rn 6 f.) und endet gem. §§ 188 Abs. 2, 3, 191 BGB (nicht § 193 BGB)[205] mit Ablauf des vierten Monats nach der **Entbindung** (siehe Rn 8 ff.). Mangels entgegenstehender Informationen – z.B. durch Mitteilung des tatsächlichen Entbindungstermins seitens der AN – muss der AG davon ausgehen, dass der vom Arzt gem. § 5 Abs. 1 attestierte **„mutmaßliche Tag der Entbindung"** auch der tatsächliche ist, so dass er damit rechnen muss, dass nach Ablauf von vier Monaten von diesem Tag an gerechnet das Künd-Verbot ausläuft und die Künd nicht mehr zustimmungspflichtig ist.[206]

47 **bb) Maßgeblicher Zeitpunkt.** Entscheidend für die Beurteilung der Wirksamkeit der Künd im Hinblick auf das Künd-Verbot des § 9 ist nach allg. M. der Zeitpunkt ihres **Zugangs** (§ 130 Abs. 1 BGB) unter Berücksichtigung der allg. Grundsätze der **Zugangsvereitelung** (§ 242 BGB).[207] Auf den Zeitpunkt des Wirksamwerdens der Künd kommt es nicht an.[208] Es tritt keine **Hemmung** des Ablaufs der Künd-Frist bis in die Zeit nach Ablauf der Schutzfrist

---

189 BAG 22.7.1971 – 2 AZR 344/70 – BAGE 23, 393, 394 ff. = DB 1971, 1922 f.
190 BAG 26.9.2002 – 2 AZR 392/01 – AP § 9 MuSchG 1968 Nr. 31 = ARST 2003, 255 f.
191 LAG Düsseldorf 10.2.1969 – 11 Sa 26/69 – DB 1969, 931; *Meisel/Sowka*, MuSchG, § 9 Rn 57 ff.
192 BAG 28.11.1958 – 1 AZR 199/58 – AP Art. 6 Abs. 1 GG Ehe und Familie Nr. 3 m. Anm. *Krüger* = DB 1959, 174 f.
193 BAG 10.5.1957 – 1 AZR 249/56 – BAGE 4, 274, 275 ff. = AuR 1957, 348, 352 m. Anm. *Olbersdorf*.
194 Zum Schriftformerfordernis s. *Preis/Gotthard*, NZA 2000, 348, 354 ff.
195 BAG 16.2.1983 – 7 AZR 134/81 – AP § 123 BGB Nr. 22 m. Anm. *Herschel* = DB 1983, 1663; BAG 8.12.1955 – 2 AZR 13/54 – BAGE 2, 233, 235 = DB 1956, 47; LAG Berlin 7.1.1964 – 5 Sa 117/63 – BB 1964, 966.
196 BAG 6.2.1992 – 2 AZR 408/91 – AP § 119 BGB Nr. 13 = NZA 1992, 790, 791 f.; *Meisel/Sowka*, MuSchG, § 9 Rn 73.
197 BAG 6.2.1992 – 2 AZR 408/91 – AP § 119 BGB Nr. 13 = NZA 1992, 790, 791; BAG 16.2.1983 – 7 AZR 134/81 – AP § 123 BGB Nr. 22 m. Anm. *Herschel* = DB 1983, 1663 f.
198 BAG 16.2.1983 – 7 AZR 134/81 – AP § 123 BGB Nr. 22 m. Anm. *Herschel* = DB 1983, 1663 f.; *Meisel/Sowka*, MuSchG, § 9 Rn 16, 44a, 75.
199 BAG 28.1.1955 – GS 1/54 – BAGE 1, 291, 308 ff. = SAE 1956, 1, 6 ff., 10 ff. m. Anm. *Nikisch*.
200 BAG 22.10.1986 – 5 AZR 550/85 – BAGE 53, 205, 209 ff. = NZA 1987, 494 ff.; BAG 21.4.1971 – GS 1/68 – BAGE 23, 292, 306 ff. = DB 1971, 1061, 1064 f.
201 BAG 21.4.1971 – GS 1/68 – BAGE 23, 292, 312 f. = DB 1971, 1061, 1065.
202 *Meisel/Sowka*, MuSchG, § 9 Rn 66.
203 BAG 14.7.1981 – 1 AZR 278/79; BAG 14.2.1978 – 1 AZR 76/76 – BAGE 30, 50, 55 ff. = DB 1978, 1403 ff.; BAG 14.2.1978 – 1 AZR 54/76 – BAGE 30, 43, 47 ff. = DB 1978, 1231 f.
204 ErfK/*Schlachter*, § 9 MuSchG Rn 9; KR/*Bader*, § 9 MuSchG Rn 165.
205 *Meisel/Sowka*, MuSchG, § 9 Rn 101a f.; *Linck*, AuA 1992, 176, 177.
206 LAG Köln 21.1.2000 – 11 Sa 1195/99 – NZA-RR 2001, 303 f.
207 BAG 11.11.1992 – 2 AZR 328/92 – AP § 130 BGB Nr. 18 m. Anm. *Bickel* = NZA 1993, 259 ff.
208 BAG 18.2.1977 – 2 AZR 770/75 – AP § 130 BGB Nr. 10 = DB 1977, 1194 ff.

ein. Dies gilt auch dann, wenn die Künd-Frist einer innerhalb des Verbotszeitraums ausgesprochenen Künd erklärtermaßen erst nach Ende der Schutzfrist zu laufen beginnen soll.[209] Umgekehrt ist eine vor Beginn der Verbotsfrist erklärte Künd mutterschutzrechtlich wirksam, selbst wenn der Zeitpunkt, zu dem gekündigt worden ist, bereits innerhalb der Schutzfrist liegt.[210]

2. Rechtsfolgen eines Verstoßes gegen das Kündigungsverbot. a) Nichtigkeit der Kündigung (§ 134 BGB). Abs. 1 S. 1 ist ein **Verbotsgesetz** i.S.v. § 134 BGB, eine verbotswidrig ausgesprochene Künd ist unheilbar nichtig.[211] Eine Heilung der unwirksamen Künd ist auch nicht möglich durch **Umdeutung** (§ 140 BGB) in eine Künd zum nächsten zulässigen außerhalb der Schutzfrist liegenden Zeitpunkt.[212] Möglich bleiben die **Bestätigung** (§ 141 BGB) sowie eine spätere **Neuvornahme** der Künd nach Ablauf der Schutzfrist.[213] Mangels Erwähnung in § 21 liegt weder eine Straftat noch eine OWi vor.

b) „Einverständnis" der Arbeitnehmerin mit der unwirksamen Arbeitgeberkündigung. aa) Verzicht auf den besonderen Kündigungsschutz. Ein einzel- oder kollektivvertraglicher Verzicht auf den mutterschutzrechtlichen Künd-Schutz vor Ausspruch der AG-Künd ist nach allg.M. unzulässig.[214] Der nachträgliche Verzicht ist – auch im Rahmen einer sog. **Ausgleichsquittung**[215] – grds. möglich,[216] insb. wenn er eindeutig erklärt wurde,[217] z.B. indem die gekündigte AN mit dem AG die Zahlung einer **Abfindung** vereinbart.[218] In der Stellung eines **Auflösungsantrags** nach § 9 Abs. 1 S. 1 KSchG durch die AN wird i.d.R. kein Verzicht auf den mutterschutzrechtlichen Sonder-Künd-Schutz zu sehen sein.[219]

bb) Unzulässige Rechtsausübung (§ 242 BGB). Der Berufung auf den besonderen Bestandsschutz nach § 9 kann im Einzelfall der Einwand der unzulässigen Rechtsausübung („**venire contra factum proprium**") entgegenstehen, z.B. wenn die AN vor Ausspruch der AG-Künd – wenn ein Verzicht auf den Künd-Schutz noch nicht zulässig ist (siehe Rn 49) – u.a. mehrfach deutlich macht, an der Fortsetzung des Arbverh kein Interesse mehr zu haben, indem sie den AG selbst zur Künd auffordert.[220] Nach Annahme einer im Sozialplan als „für den Verlust des Arbeitsplatzes" bezeichneten **Abfindung** kann die Berufung auf § 9 eine unzulässige Rechtsausübung darstellen (siehe Rn 65).

c) Vergütung bei Beschäftigungsverboten. Bei Eingreifen der in § 11 genannten generellen und individuellen Beschäftigungsverbote besteht Anspruch auf **Mutterschutzlohn** (siehe § 11 Rn 1 ff.), während der Schutzfristen nach §§ 3 Abs. 2 und 6 Abs. 1 besteht nach Maßgabe von § 13 i.V.m. § 200 RVO Anspruch auf **Mutterschaftsgeld** (siehe § 13 Rn 1 ff.) sowie gem. § 14 auf den **AG-Zuschuss** zum Mutterschaftsgeld (siehe § 14 Rn 1 ff.). Außerhalb der Beschäftigungsverbote kommen ggf. Annahmeverzugslohnansprüche in Betracht (siehe Rn 52).

d) Annahmeverzug des Arbeitgebers (§ 615 BGB). Greifen keine Beschäftigungsverbote (siehe Rn 51) ein, gerät der AG auch bei nachträglicher Anzeige der Schwangerschaft außerhalb der Zwei-Wochen-Frist (siehe Rn 20, 24 f.) **von Anfang an** in Annahmeverzug, sofern er nach Ausspruch einer unwirksamen Künd die AN nicht beschäftigt und dadurch seine ihm gem. **§ 296 BGB** obliegende Mitwirkungshandlung unterlässt (siehe § 615 BGB Rn 32).[221] Dies gilt ausnahmsweise dann nicht, wenn die AN sich so verhält, dass der AG nach **Treu und Glauben** (§ 242 BGB) und unter Berücksichtigung der Gepflogenheiten des Arbeitslebens sowie des Sinns und Zwecks des Mutterschutzes die Annahme der Leistung zu Recht ablehnt (siehe § 615 BGB Rn 29, 40).[222] Der Annahmeverzug kann u.U. auch dann entfallen, wenn die AN den **Schwangerschafts-Nachweis** nicht erbringt (siehe Rn 23) sowie bei krankheitsbedingter **Arbeitsunfähigkeit** (§§ 3 ff. EFZG).

e) Schadensersatzansprüche. Abs. 1 S. 1 ist ein **Schutzgesetz** i.S.v. § 823 Abs. 2 BGB, so dass der schuldhaft verbotswidrig kündigende AG zum Ersatz aller adäquat kausal auf der Verletzung des Künd-Verbots beruhenden Vermögensbeeinträchtigungen (§§ 249 ff. BGB) verpflichtet ist, z.B. Krankenhauskosten wegen einer Früh- oder

---

209 *Meisel/Sowka*, MuSchG, § 9 Rn 103, 105 m.w.N.
210 *Stahlhacke/Preis/Vossen*, Kündigung, Rn 1399.
211 LAG Hamm 14.3.1995 – 7 Sa 2309/94 – LAGE § 615 BGB Nr. 43; H/S/*Boecken*, § 7 Rn 629.
212 KR/*Bader*, § 9 MuSchG Rn 83 m.w.N.
213 ErfK/*Schlachter*, § 9 MuSchG Rn 8.
214 LAG Berlin 31.10.1988 – 9 Sa 72/88 – LAGE § 9 MuSchG Nr. 9 = DB 1989, 387 f.; LAG Berlin 7.1.1964 – 5 Sa 117/63 – BB 1964, 966; LAG Düsseldorf 13.4.1961 – 2 Sa 24/61 – BB 1962, 223; Hessisches LAG 7.5.1953 – III LA 60/53 – BB 1953, 832 m. Anm. *Endemann*.
215 KR/*Bader*, § 9 MuSchG Rn 147 m.w.N.
216 LAG Köln 7.11.1997 – 11 Sa 451/97 – LAGE § 4 KSchG Verzicht Nr. 2 = NZA 1998, 824 f.; LAG Berlin 31.10.1988 – 9 Sa 72/88 – LAGE § 9 MuSchG Nr. 9 = DB 1989, 387 f.
217 LAG Berlin 7.1.1964 – 5 Sa 117/63 – BB 1964, 966.
218 BVerwG 18.8.1977 – V C 8.77 – BVerwGE 54, 276, 278 f. = ZfSH 1978, 120.
219 Str., s. KR/*Bader*, § 9 MuSchG Rn 171a, 172e m.w.N., auch zur a.A.
220 LAG Berlin 31.10.1988 – 9 Sa 72/88 – LAGE § 9 MuSchG Nr. 9 = DB 1989, 387 f.
221 LAG Hamm 14.3.1995 – 7 Sa 2309/94 – LAGE § 615 BGB Nr. 43.
222 BAG 26.4.1956 – GS 1/56 – BAGE 3, 66, 74 ff. = AuR 1957, 91, 94 f. m. Anm. *Krüger*; LAG Stuttgart 21.8.1975 – 7 Sa 53/75 – DB 1975, 2330.

Fehlgeburt, die ihre Ursache in kündigungsbedingten psychischen Belastungen hatte sowie **Schmerzensgeld** gem. § 253 Abs. 2 BGB.[223]

54 **3. Zulässigkeitserklärung (Abs. 3). a) Rechtsnatur.** Die – nur auf entsprechenden Antrag des AG ergehende[224] – Zulässigkeitserklärung ist nach allg.M. eine **öffentlich-rechtliche Wirksamkeitsvoraussetzung** der vom AG beabsichtigten Künd und hat die Rechtsnatur eines **privatrechtsgestaltenden Verwaltungsakts mit Doppelwirkung**.[225] Die damit einhergehende „**Zweigleisigkeit**" des **Rechtswegs** (siehe Rn 82) bringt gewisse prozessuale Probleme mit sich.[226] Die Zulässigkeitserklärung nach Abs. 3 stellt auf der Rechtsfolgenseite eine **Ermessensentscheidung** (§ 114 VwGO)[227] der zuständigen Behörde (siehe Rn 55) dar („kann"). Die vorgelagerte Entscheidung der Behörde, ob ein „besonderer Fall" i.S.v. Abs. 3 S. 1 (siehe Rn 60 ff.) vorliegt, unterliegt im Hinblick auf die Anwendung des **unbestimmten Rechtsbegriffs** der vollen verwaltungsgerichtlichen Kontrolle.[228] Ob die in Abs. 3 vorgesehene Ausnahme vom Künd-Verbot mit dem Übereinkommen Nr. 3 der IAO/ILO[229] vereinbar ist, wird z.T. bestr.[230]

55 **b) Zuständigkeit.** Gem. Abs. 3 S. 1 obliegt die Zulässigkeitserklärung der für den **Arbeitsschutz zuständigen obersten Landesbehörde** oder der von ihr bestimmten Stelle. In den meisten Bundesländern ist eine **Delegation** erfolgt,[231] bspw. in BW gem. § 2 DVO-MuSchG[232] auf die **Regierungspräsidien**.

56 **c) Antragsfrist.** Die Zulässigkeitserklärung muss vor Ausspruch der Künd vorliegen (siehe Rn 31, 54). Eine besondere Antragsfrist ist grds. nicht zu beachten. Zur Wahrung der **Zwei-Wochen-Ausschlussfrist** des § 626 Abs. 2 S. 1 BGB muss der AG, der einer schwangeren AN kündigen will, innerhalb dieser Frist die Zulässigkeitserklärung beantragen.[233] Nach Ansicht des LAG Sachsen-Anhalt ist diese Frist auch dann gewahrt, wenn der AG zunächst innerhalb von zwei Wochen nach Kenntniserlangung der kündigungsrelevanten Vorgänge die außerordentliche Künd ausspricht, innerhalb von weiteren zwei Wochen, nachdem er über die Schwangerschaft informiert worden ist, den Antrag nach Abs. 3 stellt und nach Zustimmung unverzüglich die außerordentliche Künd ausspricht. Das LAG Sachsen-Anhalt beruft sich hierfür auf eine Parallelwertung zu § 91 Abs. 2 SGB IX.[234]

57 **d) Form und Inhalt des Antrags.** Einer besondere **Form** ist für den Antrag nicht vorgeschrieben, die Schriftform ist jedoch empfehlenswert (siehe Rn 83). Der Antrag sollte inhaltlich zumindest so bestimmt sein, dass das Anliegen des AG, eine Zulässigkeitserklärung nach Abs. 3 zu begehren, für die Behörde erkennbar ist. Sinnvoll und zur Vermeidung von Verzögerungen ratsam ist eine **Begründung** des Antrags unter Darlegung der wesentlichen Tatsachen, ggf. mit Angabe von **Beweismitteln**.[235]

58 **e) Verwaltungsverfahren.** Maßgeblich sind die Vorschriften des jeweiligen **LVwVfG** (Art. 83, 84 GG, § 1 Abs. 3 VwVfG) über das sog. **nichtförmliche Verwaltungsverfahren**, z.B. §§ 9–29 LVwVfG BW. **Beteiligte** sind der AG als Antragsteller und die AN als Antragsgegnerin, sowie ggf. hinzugezogene BR- oder PR-Mitglieder. Eine mündliche **Anhörung** der Beteiligten ist grds. durchzuführen.[236] I.Ü. herrscht der **Untersuchungsgrundsatz**.[237] Bei schuldhafter Verzögerung des Verwaltungsverfahrens kann dem AG ein **Amtshaftungsanspruch** (Art. 34 GG i.V.m. § 839 BGB) zustehen.[238]

59 **f) Entscheidung der Behörde. aa) Allgemeines.** Die Zulässigkeitserklärung bedarf wegen ihrer Art der Schriftform oder der elektronischen Form (§§ 37, 3a VwVfG), muss inhaltlich hinreichend bestimmt sein und eine Begründung sowie eine Rechtsbehelfsbelehrung enthalten.[239] Die Behörde „kann" im Rahmen ihrer **Ermessensentscheidung** dem Antrag – bei Vorliegen eines „**besonderen Falles**" (siehe Rn 60 ff.) – stattgeben oder den

---

223 KR/*Bader*, § 9 MuSchG Rn 91 ff.; *Graue*, AiB 1999, 511, 514, auch zu sonstigen Ansprüchen.
224 *Graue*, AiB 1999, 511, 515.
225 BAG 25.3.2004 – 2 AZR 295/03 – AP § 9 MuSchG 1968 Nr. 36 = NZA 2004, 1064; BAG 17.6.2003 – 2 AZR 245/02 – AP § 9 MuSchG 1968 Nr. 33 = NZA 2003, 1329, 1330.
226 KR/*Bader*, § 9 MuSchG Rn 95c; *Meisel/Sowka*, MuSchG, § 9 Rn 122.
227 BAG 31.3.1993 – 2 AZR 595/92 – AP § 9 MuSchG 1968 Nr. 20 m. Anm. *Kreitner* = NZA 1993, 646, 647 ff. m.w.N.
228 BVerwG 18.8.1977 – V C 8.77 – BVerwGE 54, 276, 280 = ZfSH 1978, 120 f.; BVerwG 21.10.1970 – V C 34.69 – BVerwGE 36, 160, 161 = MDR 1971, 243; BVerwG 29.10.1958 – V C 88.56 – BVerwGE 7, 294, 296 = BB 1959, 234.
229 V. 20.11.1919, RatifikationsG v. 16.7.1927 (RGBl II S. 497 ff.), umgesetzt durch Gesetz v. 16.7.1927 (RGBl I S. 184 f.).
230 Vgl. *Beitzke*, RdA 1983, 141 ff.; KR/*Bader*, § 9 MuSchG Rn 95; ErfK/*Schlachter*, § 9 MuSchG Rn 12.
231 S. im Einzelnen *Meisel/Sowka*, MuSchG, § 9 Rn 108.
232 VO des (Arbeits- und) Sozialministeriums und des Wirtschaftsministeriums zur Durchführung des MuSchG v. 20.1.1967 m.W.v. 1.2.1967 (GBl S. 9, 10): damals Gewerbeaufsichtsämter, zul. geänd. durch Verwaltungsstruktur-ReformG – VRG v. 1.7.2004 m.W.v. 1.1.2005 (GBl 2004 S. 469, 542, 576).
233 LAG Hamm 3.10.1986 – 17 Sa 935/86 – DB 1987, 544; ArbG Passau 19.10.1987 – 4 Ca 789/87 E – ARST 1988, 26 f.
234 LAG Sachsen-Anhalt 13.2.2007 – 11 Sa 409/06 – juris.
235 KR/*Bader*, § 9 MuSchG Rn 110 f. m.w.N.
236 *Graue*, AiB 1999, 511, 515 m.w.N.
237 Zum Verwaltungsverfahren s. KR/*Bader*, § 9 MuSchG Rn 102 ff. m.w.N.
238 KR/*Bader*, § 9 MuSchG Rn 105.
239 KR/*Bader*, § 9 MuSchG Rn 113 m.w.N.

Antrag zurückweisen. Es kann die **ordentliche** und/oder die **außerordentliche Künd** für zulässig erklärt werden. Über die arbeitsrechtliche Wirksamkeit der Künd ist damit noch keine Aussage getroffen.[240] Im Rahmen des Verfahrens sind nur **mutterschutzrechtliche Aspekte** zu prüfen, da der allg. (siehe Rn 71) und sonstige besondere Künd-Schutz (siehe Rn 72) neben § 9 Anwendung findet.[241] Im Einzelnen umstr. ist, ob die Behörde die Zulässigkeitserklärung mit **Nebenbestimmungen**, insb. Auflagen versehen kann.[242] Jedenfalls an den Beschwerten ist die **Zustellung** des Bescheides erforderlich.[243] **Rücknahme** und **Widerruf** der Zulässigkeitserklärung sind nach den landesrechtlichen Verwaltungsverfahrensvorschriften möglich.[244]

bb) Vorliegen eines „besonderen Falles" i.S.v. Abs. 3 S. 1. (1) Allgemeines. Angesichts des Wortlauts des Abs. 3 S. 1 sowie der Systematik und des Schutzwecks (siehe Rn 1) des (§ 9) MuSchG soll die Zulässigkeitserklärung die Wirksamkeit der Künd nur in denjenigen nicht mit der Schwangerschaft oder Entbindung zusammenhängenden (Art. 10 Nr. 1 Hs. 2 Mutterschutz-RL 92/85/EWG)[245] **Ausnahmefällen** ermöglichen, in denen die Aufrechterhaltung des Arbverh für den AG unzumutbar wäre.[246] Der „besondere Fall" i.S.v. Abs. 3 S. 1 ist nicht identisch mit dem Begriff des „**wichtigen Grundes**" i.S.v. § 626 Abs. 1 BGB. Ein „besonderer Fall" kann nach allg.M. nur dann angenommen werden, wenn **außergewöhnliche Umstände** das Zurücktreten der vom Gesetz als vorrangig angesehenen Interessen der Schwangeren hinter die des AG rechtfertigen.[247] Bezüglich der Konkretisierung des Begriffs „besonderer Fall" i.S.v. Abs. 3 S. 1 bestehen in mehreren Bundesländern **Verwaltungsvorschriften**,[248] z.B. in NRW[249] und Hessen.[250] § 2 der Allgemeinen Verwaltungsvorschriften zum Künd-Schutz beim Erziehungsurlaub (§ 18 Abs. 1 S. 3 BErzGG a.F.) v. 2.1.1986[251] bzw. Nr. 2 der Allgemeinen Verwaltungsvorschrift zum Künd-Schutz bei Elternzeit (§ 18 Abs. 1 S. 4 BEEG) v. 16.11.2006[252] sollten hingegen keine (analoge) Anwendung finden.[253]

(2) Personenbedingte Gründe. In der Person der AN liegende Gründe sind i.d.R. nicht ausreichend (Art. 2 Abs. 1, 5 Abs. 1 Gleichbehandlungs-RL 76/207/EWG); jedenfalls dann nicht, wenn sie mit der – auch außerehelichen[254] – **Schwangerschaft** in Zusammenhang stehen (Abs. 3 S. 1 Hs. 1), z.B. Fehlzeiten wegen durch die Schwangerschaft verursachter **Krankheit**.[255]

(3) Verhaltensbedingte Gründe. Verhaltensbedingte Gründe stellen nur dann einen „besonderen Fall" dar, wenn sie besonders schwerwiegende oder wiederholte **Pflichtverletzungen** betreffen.[256] Besonders schwere Verstöße gegen arbeitsvertragliche Verpflichtungen, z.B. **Straftaten**, können grds. einen „besonderen Fall" begründen,[257] nicht aber der bloße **Diebstahlsverdacht**.[258] Die mehrfache **Falschdokumentation** der geleisteten Arbeitszeit im Zeiterfassungssystem kann genügen.[259] Ein „besonderer Fall" liegt nicht bereits dann vor, wenn die AN gegenüber der Ehefrau des Geschäftsführers und Gesellschafters ihrer AG eine **Indiskretion** über dessen Privatleben begeht, selbst wenn die AN ihre Arbeitsleistung im Rahmen einer engen persönlichen Zusammenarbeit mit dem Geschäftsführer zu erbringen hat.[260]

---

240 H/S/*Boecken*, § 7 Rn 632.
241 *Stahlhacke/Preis/Vossen*, Kündigung, Rn 1416.
242 Grds. verneinend KR/*Bader*, § 9 MuSchG Rn 116 f.; differenzierend *Meisel/Sowka*, MuSchG, § 9 Rn 115 m.w.N.
243 *Meisel/Sowka*, MuSchG, § 9 Rn 118.
244 KR/*Bader*, § 9 MuSchG Rn 128.
245 EuGH 4.10.12001 – Rs C-109/00 (Tele Danmark A/S ./. Handels- o.g. Kontorfunktionærernes Forbund i Danmark [HK], handelnd für Frau Marianne Brandt-Nielsen) – Slg. I 2001, 6993 = NZA 2001, 1241, 1242; BT-Drucks 13/2763, S. 10.
246 BVerwG 2.7.1981 – 5 C 87/80 – AP § 9a MuSchG 1968 Nr. 1 = NJW 1982, 62 f.; VGH Mannheim 7.12.1993 – 10 S 2825/92 – EzA § 9 n.F. MuSchG Nr. 33 = BB 1994, 940 f.; VG Frankfurt 16.11.2001 – 7 E 5031/99 (3) – NZA-RR 2002, 638 ff.
247 BVerwG 18.8.1977 – V C 8.77 – BVerwGE 54, 276, 280 f. = ZfSH 1978, 120 f.; BVerwG 29.10.1958 – V C 88.56 – BVerwGE 7, 294, 296 f. = BB 1959, 234; BVerwG 21.10.1970 – V C 36.69 – BVerwGE 36, 160, 161 = MDR 1971, 243 f.; VGH Mannheim 7.12.1993 – 10 S 2825/92 – EzA § 9 n.F. MuSchG Nr. 33 = BB 1994, 940 f.; OVG Lüneburg 5.12.1990 – 14 L 12/90 – AP § 9 MuSchG 1968 Nr. 18.
248 KR/*Bader*, § 9 MuSchG Rn 115; *Meisel/Sowka*, MuSchG, § 9 Rn 108, jeweils m.w.N.
249 V.11.2.1981, MBl NW 1981 S. 411 f.
250 V. 4.3.1985, Hess. Staatsanz. 13/1985 S. 630 ff.
251 BAnz 1986 Nr. 1 S. 4; BT-Drucks 13/7988, S. 5 ff.
252 BR-Drucks 832/06.
253 Str., KR/*Bader*, § 9 MuSchG Rn 114a m.w.N.; a.A. *Meisel/Sowka*, MuSchG, § 9 Rn 113.
254 BVerwG 26.8.1970 – V C 1.68 – AP § 9 MuSchG Nr. 32 = BB 1970, 1482.
255 EuGH 30.6.1998 – Rs. C-394/96 (Mary Brown./.Rentokil Ltd) – Slg. I 1998, 4185 = NZA 1998, 871 ff.
256 BAG 8.12.1955 – 2 AZR 13/54 – BAGE 2, 233, 237 f. = DB 1956, 47 f.; VG Frankfurt 16.11.2001 – 7 E 5031/99 (3) – NZA-RR 2002, 638 ff.
257 BAG 8.12.1955 – 2 AZR 13/54 – BAGE 2, 233, 237 = DB 1956, 47 f.; OVG Lüneburg 5.12.1990 – 14 L 12/90 – AP § 9 MuSchG 1968 Nr. 18.
258 VG Frankfurt 16.11.2001 – 7 E 5031/99 (3) – NZA-RR 2002, 638 ff.
259 BAG 17.6.2003 – 2 AZR 245/02 – AP § 9 MuSchG 1968 Nr. 33 = NZA 2003, 1329 ff.
260 VGH Mannheim 7.12.1993 – 10 S 2825/92 – EzA § 9 n.F. MuSchG Nr. 33 = BB 1994, 940.

63 **(4) Betriebliche Gründe.** Die (insolvenzbedingte) **Betriebstilllegung** ist i.d.R. ein „besonderer Fall", während bei der **Teilstilllegung** erforderlich ist, dass keine Weiterbeschäftigungsmöglichkeit im Betrieb, insb. durch Umsetzung der AN, besteht oder die AN eine angebotene zumutbare Beschäftigung ablehnt.[261] Auch die **Betriebs(teil-)verlagerung** kann einen „besonderen Fall" darstellen,[262] insb. nach Ablehnung einer zumutbaren Weiterbeschäftigung an der neuen Betriebsstätte seitens der AN.[263] **Massenentlassungen** genügen für sich allein noch nicht.[264] Ein „besonderer Fall" liegt vor, wenn die Schwangere (hier: Taxifahrerin in einem Kleinbetrieb) bereits frühzeitig einem mutterschutzrechtlichen Beschäftigungsverbot unterliegt, kein Ersatzarbeitsplatz vorhanden ist und die **wirtschaftliche Lage des Betriebs** sich als ungünstig erweist.[265] Eine Künd kann für zulässig erklärt werden, wenn die wirtschaftliche Belastung des AG durch Erfüllung der sich aus dem Mutterschutz ergebenden Verpflichtungen in die Nähe der **Existenzgefährdung** rückt.[266]

64 **g) Rechtsbehelfe. aa) Widerspruch und Klage (§§ 68 ff. VwGO).** Nach Maßgabe der §§ 68 ff. VwGO ist ein **Widerspruchsverfahren** durchzuführen, bevor **Anfechtungsklage** (der AN gegen die Zulässigkeitserklärung) oder **Verpflichtungsklage** (des AG gegen die Versagung der Zulässigkeitserklärung) erhoben wird.[267] Der AG ist nicht gehalten, vor Ausspruch der Künd einer Schwangeren die **sofortige Vollziehbarkeit** des Zulässigkeitserklärungsbescheides (§ 80 Abs. 2 Nr. 4 VwGO) zu erwirken.[268] Die Künd ist nach Einlegung eines Widerspruchs (§ 80 Abs. 1 S. 1 VwGO) gegen die Zulässigkeitserklärung und vor dessen verwaltungsgerichtlicher Aburteilung zunächst „schwebend wirksam".[269]

65 **bb) Sonstiges.** Ein Rechtsbehelf der Schwangeren gegen den die Künd als zulässig erklärenden Bescheid kann wegen Widerspruchs zum früheren Verhalten eine **unzulässige Rechtsausübung** (§ 242 BGB) darstellen. Das ist jedenfalls dann der Fall, wenn die Schwangere weiß, dass der Betrieb endgültig stillgelegt wird, eine weitere Beschäftigungsmöglichkeit nicht besteht und sie in Kenntnis des Künd-Schutzes eine **Abfindung** (Scheck) in Höhe des im Sozialplan vorgesehenen Betrages annimmt, wenn die Abfindung ausdrücklich mit „für den Verlust des Arbeitsplatzes" bezeichnet ist.[270]

66 **h) Rechtsfolgen der Zulässigkeitserklärung. aa) Kündigung durch den Arbeitgeber. (1) Mutterschutzrechtliche Befugnis des Arbeitgebers zur Kündigung.** Die rechtswirksame Zulässigkeitserklärung bewirkt die **Aufhebung der temporären mutterschutzrechtlichen Künd-Sperre** des Abs. 1, so dass der AG nunmehr kündigen darf. Über die arbeitsrechtliche und (sonder-)kündigungsschutzrechtliche Wirksamkeit der Künd i.Ü. (siehe Rn 71 f.) ist damit keine Aussage getroffen, besteht insofern auch keine Rechtmäßigkeitsvermutung.[271] Die ArbG sind nicht daran gebunden, dass eine Behörde rechtsfehlerhaft feststellt, die Künd bedürfe keiner Zulässigkeitserklärung, denn angesichts des Schutzzwecks (siehe Rn 1) des Mutterschutzrechts findet die Rechtsfigur der sog. **Negativattests** keine Anwendung.[272] Die Zulässigkeitserklärung muss nach allg.M. im Zeitpunkt des **Ausspruchs der Künd** vorliegen. Eine Künd ist selbst dann nicht bloß schwebend unwirksam, sondern unheilbar nichtig, wenn die Zulässigkeitserklärung erst nachträglich erteilt wird.[273] Es führt wegen Verstoßes gegen Abs. 1 S. 1 zur Nichtigkeit der Zulässigkeitserklärung (§ 44 VwVfG) und zur Nichtigkeit der Künd (§ 134 BGB), wenn die Künd rückwirkend für zulässig erklärt wird.[274] Entsprechend der Rspr. zum Schwerbehindertenrecht steht es der Wirksamkeit einer Künd jedenfalls dann nicht entgegen, dass das Künd-Schreiben vor der **Zustellung** der Zulässigkeitserklärung abgesandt wurde, wenn es der AN erst nach Zustellung des Bescheides zuging.[275]

67 **(2) Allgemeine Anforderungen an die Kündigung.** Die Künd bedarf zu ihrer Wirksamkeit gem. Abs. 3 S. 2 – lex specialis gegenüber § 623 BGB[276] – der **Schriftform**, welche durch die elektronische Form nach § 126 Abs. 3 BGB nicht ersetzt werden kann,[277] und muss – ebenfalls schriftlich – den zulässigen **Künd-Grund** angeben.[278] Es handelt

---

261 BVerwG 18.8.1977 – V C 8.77 – BVerwGE 54, 276, 281 ff. = ZfSH 1978, 120 f.; VG Hannover 12.12.2000 – 7 A 2501/99 – NZA-RR 2002, 136, 137 f.
262 *Meisel/Sowka*, MuSchG, § 9 Rn 113 m.w.N.
263 KR/*Bader*, § 9 MuSchG Rn 122b.
264 KR/*Bader*, § 9 MuSchG Rn 122b.
265 VGH Kassel 24.1.1989 – 9 UE 251/85 – DB 1989, 2080.
266 BVerwG 21.10.1970 – V C 34.69 – BVerwGE 36, 160, 163 f. = MDR 1971, 243, 244; OVG Hamburg 10.9.1982 – Bf I 87/81 – NJW 1983, 1748 f.
267 KR/*Bader*, § 9 MuSchG Rn 129 f.
268 BAG 25.3.2004 – 2 AZR 295/03 – AP § 9 MuSchG 1968 Nr. 36 = NZA 2004, 1064; BAG 17.6.2003 – 2 AZR 404/02 – AP § 9 MuSchG 1968 Nr. 35.
269 BAG 17.6.2003 – 2 AZR 245/02 – AP § 9 MuSchG 1968 Nr. 33 = NZA 2003, 1329, 1330 ff.; zur Kritik an der Verwendung der Terminologie „schwebende Wirksamkeit" der Künd s. *Schäfer*, NZA 2004, 833, 834 ff.
270 OVG NW 8.8.1997 – 24 A 1966/94 – NZA-RR 1998, 159 f.
271 *Meisel/Sowka*, MuSchG, § 9 Rn 110, 120 ff. m.w.N.
272 BAG 28.1.1965 – 2 AZR 29/64 – AP § 9 MuSchG Nr. 25 m. Anm. *Bulla* = DB 1965, 824.
273 BAG 29.7.1968 – 2 AZR 363/67 – AP § 9 MuSchG Nr. 28 m. Anm. *Meisel* = DB 1968, 1632.
274 *Meisel/Sowka*, MuSchG, § 9 Rn 110 m.w.N.
275 BAG 15.5.1997 – 2 AZR 43/96 – BAGE 86, 7, 17 f. = NZA 1998, 33, 36 f.
276 *Preis/Gotthard*, NZA 2000, 348, 349.
277 *Backfisch*, AuA 2003, Nr. 8, 22, 24; *Gotthardt/Beck*, NZA 2002, 876, 877.
278 BT-Drucks 13/2763, S. 10.

sich um ein konstitutives gesetzliches Schriftformerfordernis (§§ 125, 126 BGB). Eine Künd unter der Rechts-Bedingung der nachträglichen Erteilung der Zulässigkeitserklärung ist unwirksam.[279]

(3) Kündigungserklärungsfrist. Ist die Zwei-Wochen-Frist des § 626 Abs. 2 BGB abgelaufen,[280] so hat die außerordentliche AG-Künd nach allg.M. **unverzüglich** (§ 121 Abs. 1 S. 1 BGB) nach Zustellung – nicht Bestandskraft (siehe Rn 64) – der Zulässigkeitserklärung zu erfolgen, was sich aus der analogen Anwendung des § 91 Abs. 5 SGB IX (früher § 21 Abs. 5 SchwbG)[281] ergibt.[282] Hinsichtlich der ordentlichen AG-Künd liegt es nahe, die **Monatsfrist** des § 88 Abs. 3 SGB IX (früher § 18 Abs. 3 SchwbG) auch im Bereich des Mutterschutzrechts anzuwenden.

bb) Mutterschaftsgeld und Zuschuss. Gem. § 13 Abs. 2 S. 3 erhalten auch Frauen, die nicht Mitglied einer gesetzlichen Krankenkasse sind und deren Arbverh nach Maßgabe von Abs. 3 aufgelöst worden ist, **Mutterschaftsgeld** (siehe § 13 Rn 3, 9 f., 36 f.)[283] sowie gem. § 14 Abs. 2 den **Zuschuss** zum Mutterschaftsgeld (siehe § 14 Rn 6, 11, 14, 18, 32).[284]

4. Beschäftigungsschutz für Heimarbeitnehmerinnen und Gleichgestellte (Abs. 4). Abs. 4 normiert für Heim-AN und ihnen Gleichgestellte (siehe Rn 3) einen **temporären besonderen Beschäftigungsschutz** mit dem Ziel, eine Umgehung des auch für diese Personengruppen geltenden besonderen Künd-Schutzes nach Abs. 1 (siehe Rn 31 ff.) zu verhindern.[285] Die während der Schutzfristen (siehe Rn 46) vorgesehene Beschäftigungsgarantie untersagt dem AG – unbeschadet der Beschäftigungsverbote nach §§ 3, 4, 6, 8 Abs. 5 – sowohl den völligen wie auch den teilweisen Ausschluss bei der Vergabe von Aufträgen, bezogen auf den durchschnittlichen Arbeitsumfang der letzten **13 Wochen** (§ 11 Abs. 1 S. 1 analog).[286]

C. Verbindung zu anderen Rechtsgebieten und zum Prozessrecht

I. Kündigungsschutzrecht

1. Allgemeiner Kündigungsschutz. Der allg. (§§ 1 ff. KSchG, § 29 HAG), auch der kollektive Künd-Schutz (§ 102 Abs. 1 BetrVG, § 79 Abs. 4 BPersVG)[287] bestehen unabhängig von dem besonderen Bestandsschutz nach § 9. Die Zulässigkeitserklärung nach Abs. 3 bewirkt lediglich die mutterschutzrechtliche Wirksamkeit der AG-Künd (siehe Rn 59, 66). Dies bedeutet indes nicht, dass die Künd arbeitsrechtlich wirksam ist.[288] Der Wirksamkeit der Künd können somit andere Unwirksamkeitsgründe, z.B. die Verletzung von § 1 Abs. 2 KSchG, § 242 BGB,[289] § 611a BGB a.F., § 7 AGG, §§ 612a, 622, 626 BGB oder fehlende Vertretungsmacht (§§ 164 ff., 174 BGB), entgegenstehen.[290]

2. Anderweitiger Sonder-Kündigungsschutz. Der besondere Künd-Schutz während der Elternzeit gem. § 18 BEEG besteht neben dem des § 9, so dass bei zeitlicher Überschneidung zwei Erlaubnisse erforderlich sind.[291] Ebenfalls Anwendung neben § 9 findet der Sonder-Künd-Schutz für Schwerbehinderte (§§ 85 ff. SGB IX) sowie betriebsverfassungsrechtliche (§ 15 KSchG i.V.m. § 103 BetrVG, § 29a HAG) und personalvertretungsrechtliche Mandatsträger (§ 47 Abs. 1 BPersVG).[292]

II. Darlegungs- und Beweislast

Die Darlegungs- und Beweislast dafür, dass der AG im Zeitpunkt des **Künd-Zugangs** (siehe Rn 16) positive **Kenntnis** (siehe Rn 18 f.) von **Schwangerschaft** (siehe Rn 6 f.) oder **Entbindung** (siehe Rn 8 ff.) hatte, trägt die AN.[293] Ebenso ist sie darlegungs- und beweispflichtig dafür, dass sie ohne **Verschulden** (siehe Rn 26) die zweiwöchige Mitteilungsfrist versäumt hat sowie für die **unverzügliche Nachholung** (siehe Rn 29 f.) der **Mitteilung** (siehe Rn 20 ff.),[294] also auch

---

279 KR/*Bader*, § 9 MuSchG Rn 99 m.w.N.
280 BAG 15.11.2001 – 2 AZR 380/00 – BAGE 99, 358, 364 ff. = NZA 2002, 970, 971 ff.
281 BAG 22.1.1987 – 2 ABR 6/86 – BAGE 55, 9, 12 ff. = NZA 1987, 563 ff.; LAG Hamm 3.10.1986 – 17 Sa 935/86 – DB 1987, 544, zu § 18 Abs. 6 SchwbG 1979 (= § 21 Abs. 5 SchwbG 1986).
282 LAG Köln 21.1.2000 – 11 Sa 1195/99 – NZA-RR 2001, 303; KR/*Bader*, § 9 MuSchG Rn 112.
283 BSG 10.9.1975 – 3 RK 12/74 – BSGE 40, 211, 213 ff. = SGb 1976, 227, 229 ff. m. Anm. *Meydam*.
284 KR/*Bader*, § 9 MuSchG Rn 131; *Meisel/Sowka*, MuSchG, § 9 Rn 122a, auch zum Alg.
285 *Graue*, AiB 1999, 511, 519.
286 KR/*Bader*, § 9 MuSchG Rn 178 ff. m.w.N.
287 *Meisel/Sowka*, MuSchG § 9 Rn 141 ff.
288 H/S/*Boecken*, § 7 Rn 632.
289 *Meisel/Sowka*, MuSchG § 9 Rn 127.
290 *Stahlhacke/Preis/Vossen*, Kündigung, Rn 1415; KR/*Bader*, § 9 MuSchG Rn 166 ff.
291 BAG 31.3.1993 – 2 AZR 595/92 – AP § 9 MuSchG 1968 Nr. 20 m. Anm. *Kreitner* = NZA 1993, 646, 648 ff. m.w.N.
292 *Meisel/Sowka*, MuSchG, § 9 Rn 124.
293 BAG 13.1.1982 – 7 AZR 764/79 – AP § 9 MuSchG 1968 Nr. 9 m. Anm. *Baumgärtel* = DB 1982, 1226, 1227; LAG Berlin 5.7.1993 – 9 Sa 9/93 – LAGE § 9 MuSchG Nr. 19 = NZA 1994, 319, 320.
294 BAG 20.5.1988 – 2 AZR 739/87 – AP § 9 MuSchG 1968 Nr. 16 = NZA 1988, 799 f.; BAG 27.10.1983 – 2 AZR 214/82 – AP § 9 MuSchG 1968 Nr. 13 m. Anm. *Herschel* = DB 1984, 1203; BAG 6.10.1983 – 2 AZR 368/82 – BAGE 43, 331, 335 = DB 1984, 1044; BAG 13.1.1982 – 7 AZR 764/79 – AP § 9 MuSchG 1968 Nr. 9 m. Anm. *Baumgärtel* = DB 1982, 1226, 1227.

den Zeitpunkt ihrer **Kenntniserlangung** (siehe Rn 27).[295] Der AN obliegt – im Rahmen der der Berechung des Beginns der Schwangerschaft (siehe Rn 7) – nicht der Nachweis des exakten Konzeptionszeitpunkts, etwa dahingehend, dass die Feststellung des Arztes zutreffend ist, falls der AG die Berechnung bestreitet.[296]

III. Prozessuale Fragen

74 **1. Kündigungsschutzklage. a) Klagefrist.** Bei der arbeitsgerichtlichen Geltendmachung,[297] dass eine sozialwidrige (§ 1 KSchG) und/oder gegen § 9 verstoßende AG-Künd das Arbverh nicht beendet habe, ist die nunmehr einheitliche Klagefrist des § 4 S. 1 (i.V.m. § 13 Abs. 3) KSchG[298] von drei Wochen ab Zugang der Künd zu beachten.[299] Das BAG hat angedeutet,[300] § 4 S. 4 KSchG auch auf die Zulässigkeitserklärung nach Abs. 3 anwenden zu wollen.[301] Im Fall der nachträglichen Mitteilung der Schwangerschaft oder Entbindung besteht die Möglichkeit der nachträglichen Zulassung der Künd-Schutzklage durch das ArbG gem. § 5 Abs. 1 S. 2 KSchG.[302]

75 **b) Präklusion. aa) Parteivorbringen.** Hat die AN im Rahmen des Künd-Schutzverfahrens zunächst nur die Sozialwidrigkeit der Künd (§ 1 KSchG) geltend gemacht, so ist es ihr – im Rahmen der § 67 ArbGG und § 530 ZPO – möglich, sonstige Nichtigkeitsgründe, wie z.B. den Verstoß gegen § 9 oder § 18 BEEG geltend zu machen.[303] Umgekehrt kann die AN, die ihre Künd-Schutzklage zunächst nur auf sonstige Unwirksamkeitsgründe stützt, nach § 6 S. 1 (i.V.m. § 13 Abs. 1 S. 2) KSchG bis zum Schluss der letzten mündlichen Verhandlung erster Instanz auch die Sozialwidrigkeit der angegriffenen Künd geltend machen.[304]

76 **bb) Kündigungsschutzurteil.** Es gelten die sich aus der sog. **punktuellen Streitgegenstandstheorie** ergebenden allg. Grundsätze zur Präklusionswirkung von Urteilen im Künd-Schutzprozess.[305]

77 **c) Auflösung und Abfindung (§ 9 KSchG). aa) Ordentliche Arbeitgeberkündigung.** Hält das Gericht die ordentliche Künd für sozial gerechtfertigt (§ 1 KSchG), so schließt dies den von der **AN** beantragten Erlass eines Auflösungsurteils selbst dann aus, wenn die Künd aus einem anderen Grund, z.B. wegen Verstoßes gegen § 9, unwirksam ist.[306] Eine Auflösung auf Antrag des **AG** ist ausgeschlossen, wenn die ordentliche Künd bereits aus anderen Gründen als der Sozialwidrigkeit unwirksam ist.[307]

78 **bb) Fristlose Arbeitgeberkündigung.** Ist eine fristlose Künd – die nicht gem. § 140 BGB in eine lediglich[308] sozialwidrige ordentliche Künd umgedeutet werden kann[309] – nicht ausschließlich wegen sonstiger Unwirksamkeitsgründe i.S.v. § 13 Abs. 3 KSchG unwirksam, so kann gem. § 13 Abs. 1 S. 3 KSchG nur die **AN**, nicht auch der AG einen Auflösungsantrag stellen.[310]

79 **2. Weiterbeschäftigungsanspruch.** Die im Hinblick auf § 9 verbotswidrig erklärte AG-Künd ist „**offensichtlich unwirksam**", so dass bereits vor Erlass eines der Künd-Schutzklage stattgebenden erstinstanzlichen Urteils ein Weiterbeschäftigungsanspruch[311] der AN besteht und – ggf. im Wege der **einstweiligen Verfügung** (siehe Rn 80) – durchgesetzt werden kann.[312]

---

295 BAG 20.5.1988 – 2 AZR 739/87 – AP § 9 MuSchG 1968 Nr. 16 = NZA 1988, 799 f.; LAG Berlin 5.7.1993 – 9 Sa 9/93 – LAGE § 9 MuSchG Nr. 19 = NZA 1994, 319, 320.
296 ArbG Köln 13.8.2003 – 3 Ca 4368/02 – NZA-RR 2004, 633, 635.
297 Zur internationalen Zuständigkeit der deutschen ArbG für Künd-Schutzklagen ins Ausland entsandter AN s. *Reiter*, NZA 2004, 1246, 1254.
298 I.d.F. des Gesetzes zu Reformen am Arbeitsmarkt v. 23.12.2003 m.W.v. 1.1.2004 (BGBl I 2003 S. 3002 f., 3006).
299 *Berrisch*, FA 2004, 6 f; LAG Schleswig-Holstein 13.5.2008 – 3 Ta 56/08 – BB 2008, 1729; LAG Nürnberg 04.12.06 – 7 Ta 207/06 – BB 2007, 447 f.
300 BAG 3.7.2003 – 2 AZR 487/02 – AP § 18 BErzGG Nr. 7 = NZA 2003, 1335, 1336 f.
301 So auch LAG Chemnitz 11.1.2006 – 2 Ta 340/05 – EzA-SD 2006, Nr. 14, 12; *Schmidt*, NZA 2004, 79, 80 ff.
302 *Quecke*, RdA 2004, 86, 101.
303 *Meisel/Sowka*, MuSchG, § 9 Rn 129, 132.
304 *Meisel/Sowka*, MuSchG, § 9 Rn 128, 131.
305 BAG 22.5.2003 – 2 AZR 485/02 – AP § 1 KSchG 1969 Nr. 71 = BB 2003, 1905 f.; BAG 27.9.2001 – 2 AZR 389/00 – AP § 9 KSchG 1969 Nr. 9 = NZA 2002, 1171, 1172 f.; BAG 28.2.1995 – 5 AZB 24/94 – AP § 17a GVG Nr. 17 = NZA 1995, 595, 596; BAG 12.6.1986 – 2 AZR 426/85 – AP § 4 KSchG 1969 Nr. 17 = NZA 1987, 273 ff.
306 BAG 16.9.1993 – 2 AZR 267/93 – BAGE 74, 185, 198 = NZA 1994, 311, 314 f.; BAG 19.8.1982 – 2 AZR 230/80 – BAGE 40, 56, 64 = DB 1983, 663, 664; BAG 29.1.1981 – 2 AZR 1055/78 – BAGE 35, 30, 38 f. = DB 1981, 2438.
307 BAG 27.9.2001 – 2 AZR 389/00 – AP § 9 KSchG 1969 Nr. 9 = NZA 2002, 1171, 1172; BAG 21.9.2000 – 2 AZN 576/00 – BAGE 95, 348, 349 f. = NZA 2001, 102, 103; BAG 25.11.1993 – 2 AZR 517/93 – BAGE 75, 153, 159 f. = NZA 1994, 837, 838; BAG 30.11.1989 – 2 AZR 197/89 – BAGE 63, 351, 362 = NZA 1990, 529, 531; BAG 29.1.1981 – 2 AZR 1055/78 – BAGE 35, 30, 39 = DB 1981, 2438; BAG 9.10.1979 – 6 AZR 1059/77 – BAGE 32, 122, 124 f. = DB 1980, 501 f.
308 *Meisel/Sowka*, MuSchG, § 9 Rn 138.
309 BAG 26.10.1979 – 7 AZR 752/77 – AP § 9 KSchG 1969 Nr. 5 m. Anm. *Grunsky* = DB 1980, 356 ff.
310 BAG 15.3.1978 – 5 AZR 831/76 – AP § 620 BGB Befristeter Arbeitsvertrag Nr. 45 = BB 1978, 1265, 1266; LAG Hamm 24.11.1988 – 17 Sa 518/88 – LAGE § 626 BGB Unkündbarkeit Nr. 2 = DB 1989, 685 f.
311 BAG 27.2.1985 – GS 1/84 – BAGE 48, 122, 130 ff. = NZA 1985, 702, 703 ff.
312 KR/*Bader*, § 9 MuSchG Rn 82a m.w.N.

3. Einstweiliger Rechtsschutz. a) Arbeitsgerichtliches Verfahren. Der Verfügungsanspruch einer **einstweiligen Beschäftigungsverfügung** (§ 62 Abs. 2 ArbGG i.V.m. §§ 935, 940 ZPO) nach unwirksamer AG-Künd folgt aus dem allg. arbeitsrechtlichen Beschäftigungsanspruch; der Verfügungsgrund ergibt sich daraus, dass die AN auf die Vergütung angewiesen ist sowie einem ansonsten eintretenden endgültigen Rechtsverlust.[313] 80

b) Verwaltungsverfahren. In besonders dringenden Fällen ist es möglich, im Wege des Erlasses einer **einstweiligen Verfügung** (§ 123 VwGO) die zuständige Behörde (siehe Rn 55) zu verpflichten, die Künd nach Abs. 3 für zulässig zu erklären.[314] 81

4. „Zweigleisigkeit" des Rechtswegs. Entsprechend der Rspr. zum Schwerbehindertenrecht[315] steht es im lediglich pflichtgemäßen Ermessen des ArbG, das Künd-Schutzverfahrens gem. § 148 ZPO bis zum rechtskräftigen Abschluss des verwaltungsgerichtlichen Verfahrens – zwecks Vermeidung unterschiedlicher Entscheidungen – auszusetzen.[316] Der Restitutionsgrund des § 580 Abs. 1 Nr. 6 ZPO ist gegeben, wenn die Zulässigkeitserklärung im verwaltungsgerichtlichen Verfahren rechtskräftig aufgehoben wird, zuvor aber das ArbG wegen der Zulässigkeitserklärung die Wirksamkeit der Künd festgestellt hat.[317] 82

D. Beraterhinweise

Aus Gründen besserer Nachweisbarkeit ist es ratsam, die gem. Abs. 1 S. 1 Hs. 1 an sich formfreie nachträgliche **Mitteilung** (siehe Rn 21) der Schwangerschaft bzw. Entbindung **schriftlich** abzufassen.[318] Von der – von der Rspr. zwar gebilligten – Möglichkeit der Nachholung der Mitteilung der Schwangerschaft iR.v. Abs. 1 S. 1 Hs. 2 durch Zustellung der **Klageschrift** im Rahmen eines Künd-Schutzverfahrens (siehe Rn 28) ist abzuraten. Möglich ist auch eine Übermittlung der Mitteilung per **Telefax**. Aus Beweisgründen empfiehlt es sich, den – grds. formfreien (siehe Rn 57) – **Antrag** auf Erteilung der **Zulässigkeitserklärung** nach Abs. 3 **schriftlich** zu stellen.[319] 83

§ 9a (weggefallen)

§ 10 Erhaltung von Rechten

(1) Eine Frau kann während der Schwangerschaft und während der Schutzfrist nach der Entbindung (§ 6 Abs. 1) das Arbeitsverhältnis ohne Einhaltung einer Frist zum Ende der Schutzfrist nach der Entbindung kündigen.

(2) ¹Wird das Arbeitsverhältnis nach Absatz 1 aufgelöst und wird die Frau innerhalb eines Jahres nach der Entbindung in ihrem bisherigen Betrieb wieder eingestellt, so gilt, soweit Rechte aus dem Arbeitsverhältnis von der Dauer der Betriebs- oder Berufszugehörigkeit oder von der Dauer der Beschäftigungs- oder Dienstzeit abhängen, das Arbeitsverhältnis als nicht unterbrochen. ²Dies gilt nicht, wenn die Frau in der Zeit von der Auflösung des Arbeitsverhältnisses bis zur Wiedereinstellung bei einem anderen Arbeitgeber beschäftigt war.

A. Allgemeines 1	II. Tatbestandsvoraussetzungen 7
I. Normzweck 1	1. Sonderkündigungsrecht (§ 10 Abs. 1) 7
1. Sonderkündigungsrecht (Abs. 1) 1	2. Erhaltung von Rechten (§ 10 Abs. 2) 8
2. Erhaltung von Rechten (§ 10 Abs. 2) 2	a) Auflösung des Arbeitsverhältnisses 8
II. Entstehungsgeschichte 3	b) Wiedereinstellung 9
B. Regelungsgehalt 4	aa) Begriff 9
I. Anwendungsbereich 4	bb) Jahresfrist 10
1. Persönlicher Anwendungsbereich 4	cc) Bisheriger Betrieb 11
2. Unabdingbarkeit 5	c) Ausschluss gem. Abs. 2 S. 2 12
a) Sonderkündigungsrecht (Abs. 1) 5	III. Rechtsfolgen 13
b) Erhaltung von Rechten (Abs. 2) 6	1. Sonderkündigungsrecht (§ 10 Abs. 1) 13

---

313 KR/*Bader*, § 9 MuSchG Rn 82a m.w.N.
314 VG Minden 20.12.1985 – 7 L 594/85 – NZA 1987, 131.
315 BAG 26.9.1991 – 2 AZR 132/91 – AP § 1 KSchG 1969 Nr. 20 = NZA 1992, 1073, 1076 ff.; BAG 25.11.1980 – 6 AZR 210/80 – BAGE 34, 275, 277 f. = DB 1981, 1141, 1142; LAG Kiel 6.4.2004 – 5 Sa 400/03 – NZA-RR 2004, 614, 616.
316 Im Einzelnen str.; die Möglichkeit der Aussetzung weitestgehend bejahend *Stahlhacke/Preis/Vossen*, Kündigung, Rn 1412; generell verneinend *Meisel/Sowka*, MuSchG, § 9 Rn 122; richtiger Weise differenzierend KR/*Bader*, § 9 MuSchG Rn 127a.
317 BAG 25.11.1980 – 6 AZR 210/80 – BAGE 34, 275, 277 ff. = DB 1981, 1141 f.
318 *Graue*, AiB 1999, 511, 513.
319 KR/*Bader*, § 9 MuSchG Rn 110; *Bährle*, BuW 1999, 834, 836.

a) Kündigungserklärung	13	b) Rechte aus dem Arbeitsverhältnis	23
b) Kündigungsgrund	14	aa) Gegenständliche Reichweite	23
c) Kündigungsfrist	15	bb) Zeitlicher Umfang	24
d) Kündigungszeitpunkt	16	C. Verbindung zu anderen Rechtsgebieten und zum Prozessrecht	25
e) Form der Sonderkündigung	17	I. Anderweitige Vertragsbeendigung	25
f) Ausschluss des Sonderkündigungsrechts	18	1. Allgemeine Kündigungsrechte der Arbeitnehmerin	25
g) Rechtsfolgen der Sonderkündigung	19	2. Sonderkündigungsrecht der Arbeitnehmerin nach § 19 BEEG	26
aa) Beendigung des Arbeitsverhältnisses	19	3. Sonstige Beendigungstatbestände	27
bb) Benachrichtigung der Aufsichtsbehörde	20	II. Anderweitige Anrechnungsregelungen	28
cc) Rückzahlung von Gratifikationen etc.	21	III. Anderweitige Benachteiligungsverbote	29
2. Erhaltung von Rechten (Abs. 2)	22		
a) Rechtsnatur	22		

A. Allgemeines

I. Normzweck

1 **1. Sonderkündigungsrecht (Abs. 1).** Das den mutterschutzrechtlichen Sonder-Künd-Schutz nach § 9 (siehe § 9 Rn 1, 31 ff.) ergänzende[1] **fristlose** (siehe Rn 15) **Sonder-Künd-Recht** (siehe Rn 13 ff.) des Abs. 1 soll es der berufstätigen Frau und Mutter ermöglichen, sich über die Zeit der Schutzfristen hinaus von ihrer beruflichen Tätigkeit einseitig zu lösen, damit sie sich stärker ihrem **Kind** widmen kann.[2] Die Bedeutung der Vorschrift ist zwar angesichts der oftmals interessengerechteren Möglichkeit, während des fortbestehenden (ruhenden) Arbverh **Elternzeit** (§§ 15 ff. BEEG) zu nehmen, stark zurückgegangen.[3] Doch wird der AN durch Abs. 1 ein **kurzfristiger AG-Wechsel** ermöglicht, um ggf. ein in zeitlicher oder anderer Hinsicht besser mit der Kinderbetreuung zu vereinbarendes Arbverh einzugehen.[4]

2 **2. Erhaltung von Rechten (§ 10 Abs. 2).** Soweit **Rechte aus dem Arbverh** (siehe Rn 23) von der Dauer der Betriebs- bzw. Berufszugehörigkeit oder Beschäftigungs- bzw. Dienstzeit abhängen, gilt das Arbverh gem. Abs. 2 S. 1 als nicht unterbrochen, sofern die Frau nicht gem. Abs. 2 S. 2 (siehe Rn 12) zwischenzeitlich bei einem anderen AG beschäftigt war. Die durch Abs. 2 S. 1 angeordnete **gesetzliche Fiktion** (siehe Rn 22) der Nicht-Unterbrechung des Arbverh dient – gleichsam als **Benachteiligungsverbot** für den Fall der **Wiedereinstellung** (siehe Rn 9 ff.) – der **Sicherung des arbeitsrechtlichen Status** der AN.[5]

II. Entstehungsgeschichte

3 § 10 wurde m.W.v. 1.1.1966 durch das Gesetz zur Änderung des MuSchG und der RVO v. 24.8.1965[6] eingefügt. Der m.W.v. 1.7.1979 durch das Gesetz zur Einführung eines Mutterschaftsurlaubs v. 25.6.1979[7] an Abs. 1 angefügte S. 2 wurde m.W.v. 1.1.1986 durch § 38 Nr. 1 BErzGG v. 6.12.1985[8] aufgehoben und durch die dem AN ein Sonder-Künd-Recht zum Ende der Elternzeit gewährende Vorschrift des § 19 BErzGG[9] ersetzt,[10] an dessen Stelle m.W.v. 1.1.2007 § 19 BEEG[11] trat (siehe Rn 26).

B. Regelungsgehalt

I. Anwendungsbereich

4 **1. Persönlicher Anwendungsbereich.** § 10 gilt für alle vom MuSchG erfassten Frauen (siehe § 1 Rn 2 ff.), seien es Arb oder Ang, auch für Heim-AN und ihnen Gleichgestellte (§ 1 Nr. 2),[12] und zwar unabhängig von der Länge der gesetzlichen, tariflichen oder einzelvertraglichen Künd-Frist.[13]

5 **2. Unabdingbarkeit. a) Sonderkündigungsrecht (Abs. 1).** Im Interesse der werdenden Mutter ist ein **Ausschluss** oder eine **Beschränkung** der durch Abs. 1 vorgesehenen Sonder-Künd-Möglichkeit – z.B. durch Vereinbarung einer Künd-Frist – vor der Entbindung grds. unwirksam.[14] Ist ein vor der Entbindung geschlossener **Verzichtsvertrag** im Hinblick auf besondere Umstände ausnahmsweise wirksam, so muss sich die AN alsbald nach der Entbindung darüber klar werden, ob sie **widerrufen** will; sie hat hierbei die Interessenlage des AG zu beachten.[15]

---

1 KR/*Bader*, § 10 MuSchG Rn 3.
2 BAG 21.9.1995 – 6 AZR 18/95 – BAGE 81, 68, 75 = NZA 1996, 1054, 1055.
3 ErfK/*Schlachter*, § 10 MuSchG Rn 1.
4 KR/*Bader*, § 10 MuSchG Rn 3.
5 KR/*Bader*, § 10 MuSchG Rn 4.
6 BGBl I 1965 S. 912, 914, 919.
7 BGBl I 1979 S. 797, 798, 802.
8 BGBl I 1985 S. 2154, 2162, 2163.
9 BGBl I 1985 S. 2154, 2158.
10 KR/*Bader*, § 10 MuSchG Rn 1 ff.
11 Gesetz zum Elterngeld und zur Elternzeit v. 5.12.2006 (BGBl I S. 2748).
12 KR/*Bader*, § 10 MuSchG Rn 8.
13 *Meisel/Sowka*, MuSchG, § 10 Rn 2.
14 KR/*Bader*, § 10 MuSchG Rn 7 m.w.N.
15 LAG München 17.2.1969 – 1 Sa 818/68 – ABl BY 1970, C 14.

In der Weiterarbeit während der Schutzfrist vor der Entbindung (§ 3 Abs. 2) liegt kein konkludenter Verzicht auf die Ausübung des Sonder-Künd-Rechts.[16]

b) Erhaltung von Rechten (Abs. 2). Auch Abs. 2 ist nach Maßgabe des Günstigkeitsprinzips eine zugunsten der AN **einseitig zwingende Bestimmung** (halbseitige Dispositivität).[17]

II. Tatbestandsvoraussetzungen

1. Sonderkündigungsrecht (§ 10 Abs. 1). Das zeitlich begrenzte Sonder-Künd-Recht nach Abs. 1 entsteht mit **Beginn der Schwangerschaft** (siehe § 9 Rn 7) und endet mit **Ablauf des letzten Tages der Schutzfrist nach der Entbindung** (§ 6 Abs. 1), mithin acht Wochen, bei Früh- und Mehrlingsgeburten zwölf Wochen nach der Entbindung (§§ 187 Abs. 1, 188 Abs. 2 BGB).[18] Zu beachten ist, dass eine **Fehlgeburt** i.S.v. § 29 Abs. 3 AVO-PStG keine den Sonder-Künd-Schutz nach Abs. 1 auslösende „Entbindung" darstellt (siehe § 9 Rn 12). Die spätere Entbindung ist Wirksamkeitsvoraussetzung für das Sonder-Künd-Recht.[19]

2. Erhaltung von Rechten (§ 10 Abs. 2). a) Auflösung des Arbeitsverhältnisses. Nach dem Wortlaut des Abs. 2 S. 1 muss das Arbverh durch die **Sonder-Künd** nach Abs. 1 aufgelöst worden sein. Nach allg.M. ist die Regelung ihrem Sinn und Zweck entsprechend aber auch dann anzuwenden, wenn das Arbverh durch **fristgemäße Künd** (siehe Rn 25) oder – jedenfalls durch einen aus Gründen der Mutterschaft geschlossenen[20] – **Aufhebungsvertrag** (siehe Rn 27), auch in Form eines (außer-)gerichtlichen **Vergleichs**,[21] zum gleichen Zeitpunkt (siehe Rn 16) wie bei der Sonder-Künd nach Abs. 1 aufgelöst wird.[22]

b) Wiedereinstellung. aa) Begriff. Eine Wiedereinstellung i.S.v. Abs. 2 S. 1 liegt vor, wenn ein **neues Arbverh** – sei es auch mit gleichen Arbeitsbedingungen – begründet, nicht aber das alte fortgesetzt wird.[23] Eine gesetzliche Verpflichtung des AG zur Wiedereinstellung der AN besteht nicht.[24]

bb) Jahresfrist. Die Wiedereinstellung muss innerhalb – der nach §§ 187 Abs. 1, 188 Abs. 2 BGB zu berechnenden – Jahresfrist nach der **Entbindung** (siehe § 9 Rn 8 ff.) erfolgen. Maßgeblich ist nicht der Zeitpunkt des Vertragsschlusses oder der faktischen Eingliederung in den Betrieb, sondern der Zeitpunkt, zu dem laut Arbeitsvertrag die **Arbeitsaufnahme** erfolgen soll.[25]

cc) Bisheriger Betrieb. Nach allg. M. ist unter einem Betrieb die organisatorische Einheit zu verstehen, innerhalb derer ein Unternehmer allein oder in Gemeinschaft mit seinen Mitarbeitern mit Hilfe von sachlichen und immateriellen Mitteln bestimmte arbeitstechnische Zwecke fortgesetzt verfolgt.[26] Der Begriff **Betrieb i.S.v. Abs. 2 S. 1** entspricht nicht dem Betriebsbegriff des (§ 1) BetrVG.[27] Als Betrieb gilt nicht nur der Industrie-, Handwerks- oder landwirtschaftliche Betrieb, sondern auch das Krankenhaus, die Dienststelle im öffentlichen Dienst, die Verwaltung, die RA-Praxis oder ein sonstiges Büro.[28] Es spielt keine Rolle, an welchem konkreten Arbeitsplatz, in welcher Abteilung oder ob die AN in einem Nebenbetrieb eingesetzt wird.[29] Auf den – nicht als Betrieb anzusehenden[30] – Privathaushalt ist § 10 Abs. 2 mangels einer Sonderregelung für Haushaltskräfte entsprechend anzuwenden.[31] Nach h.M. nicht ausreichend ist die Wiedereinstellung bei einem **anderen Betrieb desselben AG**.[32] Die Wiedereinstellung beim **Rechtsnachfolger** (§ 613a Abs. 1 S. 1 BGB) genügt.[33]

c) Ausschluss gem. Abs. 2 S. 2. Der durch Abs. 2 S. 2 angeordnete Ausschluss der Fiktion des Abs. 2 S. 1 ist als **negatives Tatbestandsmerkmal** des Abs. 2 S. 1 zu sehen,[34] die a.A. nimmt eine Obliegenheit der AN an.[35] Die zum Ausdruck gelangende fehlende **Betriebstreue** sowie die Verfolgung jedenfalls teilweise **mutterschaftsfremder Zwecke** durch Eingehung eines neuen Arbverh bei einem anderen AG rechtfertigt den Ausschluss der Wahrung des Besitzstandes nach Abs. 2 S. 1.[36] Umfang und Dauer der **Zwischenbeschäftigung** sind unerheblich, es genügen auch Teilzeitbeschäftigung (Halbtagsarbeit) und Aushilfstätigkeiten.[37] Nicht vom Ausschluss erfasst sind die Be-

---

16 KR/*Bader*, § 10 MuSchG Rn 19 m.w.N.
17 KR/*Bader*, § 10 MuSchG Rn 32, 43, 53.
18 *Meisel/Sowka*, MuSchG, § 10 Rn 3.
19 *Meisel/Sowka*, MuSchG, § 10 Rn 6 m.w.N.
20 *Meisel/Sowka*, MuSchG, § 10 Rn 9.
21 KR/*Bader*, § 10 MuSchG Rn 35.
22 ErfK/*Schlachter*, § 10 MuSchG Rn 3.
23 KR/*Bader*, § 10 MuSchG Rn 37.
24 Allg.M., s. nur KR/*Bader*, § 10 MuSchG Rn 41 m.w.N.
25 *Meisel/Sowka*, MuSchG, § 10 Rn 13 f.
26 S. nur KR/*Bader*, § 10 MuSchG Rn 40 m.w.N.
27 ErfK/*Schlachter*, § 10 MuSchG Rn 3.
28 *Meisel/Sowka*, MuSchG, § 10 Rn 15.
29 KR/*Bader*, § 10 MuSchG Rn 40.
30 *Meisel/Sowka*, MuSchG, § 10 Rn 15 m.w.N., a.A. ErfK/*Schlachter*, § 10 MuSchG Rn 3 m.w.N.
31 Umstr., s. KR/*Bader*, § 10 MuSchG Rn 40b.
32 KR/*Bader*, § 10 MuSchG Rn 40a; *Meisel/Sowka*, MuSchG, § 10 Rn 14, a.A. ErfK/*Schlachter*, § 10 MuSchG Rn 3.
33 Statt aller KR/*Bader*, § 10 MuSchG Rn 40a.
34 So KR/*Bader*, § 10 MuSchG Rn 45.
35 *Buchner/Becker*, § 10 MuSchG Rn 32.
36 KR/*Bader*, § 10 MuSchG Rn 4, 33, 44.
37 *Meisel/Sowka*, MuSchG, § 10 Rn 12.

schäftigung in einem anderen Betrieb des bisherigen AG, Heimarbeit,[38] sowie selbstständige, nicht aufgrund eines Arbeitsverhältnisses erbrachte, Tätigkeiten,[39] z.B. als freier Mitarbeiter.[40]

III. Rechtsfolgen

13 **1. Sonderkündigungsrecht (§ 10 Abs. 1). a) Kündigungserklärung.** Ob überhaupt eine Künd vorliegt, ist durch **Auslegung** (§ 133 BGB) der Erklärung zu ermitteln.[41] Die Äußerungen von AN während der Schwangerschaft, insb. kurz vor Beginn der Schutzfrist, nach der Entbindung zum Ende der Schutzfrist nicht mehr arbeiten oder aufhören zu wollen, brauchen noch nicht eine Künd-Erklärung zu beinhalten, sondern können auch nur eine **unverbindliche Absichtsäußerung** darzustellen.[42] Bittet eine schwangere AN noch vor der Entbindung, nach Ablauf der Schutzfrist zu veränderten Arbeitsbedingungen (hier: halbtags) weiter beschäftigt zu werden, und erklärt der AG, darüber zu gegebener Zeit entscheiden zu wollen, so liegt in dieser Bitte keine Künd des Arbverh zum Ende der Schutzfrist für den Fall, dass eine Weiterbeschäftigung zu geänderten Arbeitsbedingungen durch den AG abgelehnt wird.[43]

14 **b) Kündigungsgrund.** Das Sonder-Künd-Recht setzt weder einen **wichtigen Grund** i.S.v. § 626 Abs. 1 BGB[44] noch auf der **Mutterschaft** beruhende Gründe[45] voraus. Der AN steht es frei, das Sonder-Künd-Recht allein deswegen auszuüben, weil sie zu einem **neuen AG** wechseln will.[46]

15 **c) Kündigungsfrist.** Das Sonder-Künd-Recht ist **nicht fristgebunden**.[47] Ob die Künd innerhalb der Schutzfrist (§ 6 Abs. 1) erfolgte, beurteilt sich nach dem Zeitpunkt des **Zugangs** (§ 130 BGB) der Künd-Erklärung.[48] Eine auf der arbeitsvertraglichen Treuepflicht beruhende Verpflichtung der AN zur Einhaltung einer **Ankündigungsfrist** für die beabsichtigte Künd – mit der Konsequenz einer Schadensersatzverpflichtung im Fall der Nichteinhaltung – kann nur ausnahmsweise und unter ganz besonderen Umständen angenommen werden.[49]

16 **d) Kündigungszeitpunkt.** Die Künd kann gem. Abs. 1 zum „**Ende der Schutzfrist nach der Entbindung**" erklärt werden. Eine Künd zu einem anderen Endtermin kann zwar nicht auf Abs. 1 gestützt werden (siehe Rn 25).[50] Wurde jedoch eine auf Abs. 1 beruhende Künd wirksam ausgesprochen, können **nachträgliche Vereinbarungen** über einzelne Wirkungen der Künd getroffen werden, etwa auch über den Zeitpunkt der Auflösung des Arbeitsverhältnisses.[51]

17 **e) Form der Sonderkündigung.** Auch die Sonder-Künd nach Abs. 1 bedarf gem. § 623 BGB der **Schriftform**.[52]

18 **f) Ausschluss des Sonderkündigungsrechts.** Die **Weiterarbeit** während der Schutzfrist vor der Entbindung (§ 3 Abs. 2) stellt kein der Wirksamkeit der gleichwohl erfolgten Sonder-Künd entgegenstehendes, gegen Treu und Glauben (§ 242 BGB) verstoßendes widersprüchliches Verhalten der AN dar.[53]

19 **g) Rechtsfolgen der Sonderkündigung. aa) Beendigung des Arbeitsverhältnisses.** Das Arbverh wird mit Wirksamwerden der Sonder-Künd beendet, ohne dass § 10 der AN einen **Wiedereinstellungsanspruch** oder ein **Widerrufsrecht** gewährt.[54] Eine Verpflichtung des AG zur Freihaltung des Arbeitsplatzes oder zum Abschluss eines neuen Arbeitsvertrages besteht selbst dann nicht, wenn die AN ihre Wiedereinstellung innerhalb der Jahresfrist (Abs. 2 S. 1) begehrt.[55] Eine **Anfechtung** der Sonder-Künd nach § 119 BGB ist nicht allein deswegen möglich, weil sich die AN über das Bestehen eines Wiedereinstellungsanspruchs oder über sonstige mutterschutzrechtliche Künd-Folgen[56] geirrt hat (unbeachtlicher Rechtsfolgenirrtum).[57] Mit Beendigung des Arbverh erlöschen **BR- und PR-Amt** (siehe Rn 23).

---

38 KR/*Bader*, § 10 MuSchG Rn 47.
39 *Meisel/Sowka*, MuSchG, § 10 Rn 12.
40 KR/*Bader*, § 10 MuSchG Rn 47.
41 *Meisel/Sowka*, MuSchG, § 10 Rn 2.
42 LAG Tübingen 31.1.1969 – 4 Sa 97/68 – DB 1969, 931 f.
43 LAG Hamm 8.11.1974 – 3 Sa 723/74 – ARST 1975, 95.
44 KR/*Bader*, § 10 MuSchG Rn 5.
45 *Meisel/Sowka*, MuSchG, § 10 Rn 7; *Graue*, AiB 1999, 511, 517.
46 KR/*Bader*, § 10 MuSchG Rn 18 m.w.N.
47 *Meisel/Sowka*, MuSchG, § 10 Rn 4; *Graue*, AiB 1999, 511, 517.
48 KR/*Bader*, § 10 MuSchG Rn 11.
49 *Meisel/Sowka*, MuSchG, § 10 Rn 4; *Graue*, AiB 1999, 511, 518.
50 Allg. M., s. nur *Meisel/Sowka*, MuSchG, § 10 Rn 4.
51 KR/*Bader*, § 10 MuSchG Rn 15 f. m.w.N.
52 ErfK/*Schlachter*, § 10 MuSchG Rn 2; *Preis/Gotthardt*, NZA 2000, 348, 350 ff.
53 KR/*Bader*, § 10 MuSchG Rn 19 m.w.N.
54 Allg.M., s. nur KR/*Bader*, § 10 MuSchG Rn 25 ff. m.w.N.
55 *Meisel/Sowka*, MuSchG, § 10 Rn 11; KR/*Bader*, § 10 MuSchG Rn 25.
56 BAG 19.8.1982 – 2 AZR 116/81 – BAGE 39, 306, 319 f. = DB 1982, 2408, 2409 f. m.w.N.
57 Ganz h.M., s. nur *Meisel/Sowka*, MuSchG, § 10 Rn 10 m.w.N., auch zur a.A.

bb) Benachrichtigung der Aufsichtsbehörde. Nur wenn die Sonder-Künd nach Abs. 1 während der **Schwangerschaft** erfolgt, hat der AG gem. §§ 9 Abs. 2, 5 Abs. 3 S. 1 die Aufsichtsbehörde (§ 20) unverzüglich (§ 121 Abs. 1 S. 1 BGB) von der Eigen-Künd der AN zu benachrichtigen (siehe § 9 Rn 38).[58]

cc) Rückzahlung von Gratifikationen etc. Der AG verstößt nicht gegen den arbeitsrechtlichen **Gleichbehandlungsgrundsatz** (siehe § 611 BGB Rn 671 ff.), wenn er solche AN, die ihren Arbeitsvertrag gekündigt haben, von Gratifikationen ausschließt.[59] Wird in einer einzel- oder tarifvertraglichen Rückzahlungsklausel vereinbart, das eine freiwillig gewährte Gratifikation, z.B. Weihnachtsgeld,[60] Urlaubsgeld, Jubiläumsgeld sowie Übergangsgeld[61] zurückzuzahlen ist, wenn der AN auf eigenes Verlangen ohne schuldhaftes Verhalten des AG demnächst ausscheidet, so kann eine Gratifikation grds. auch dann zurückgefordert werden, wenn eine AN von ihrem Sonder-Künd-Recht nach Abs. 1 Gebrauch macht.[62] Eine Rückzahlungsvereinbarung bzgl. **Ausbildungskosten** für berufliche Fortbildung ist nicht unwirksam im Fall einer Eigen-Künd der AN zwecks (vorübergehenden) Ausscheidens aus dem Beruf zur Betreuung und Erziehung ihres Kleinkindes.[63] Kündigt eine verheiratete Frau nach Abs. 1, weil sie niemand hat, der ihr Kind versorgen könnte, so ist dieser Künd-Grund von ihr nicht i.S.v. § 44 Abs. 1 Nr. 4 BAT[64] zu vertreten, so dass die gewährte **Umzugskostenvergütung** nicht zurückzuzahlen ist.[65]

2. Erhaltung von Rechten (Abs. 2). a) Rechtsnatur. Da das Arbverh nach Abs. 2 S. 1 als nicht unterbrochen „gilt", handelt es sich bei der Aufrechterhaltung von Rechten um eine **gesetzliche Fiktion**.[66]

b) Rechte aus dem Arbeitsverhältnis. aa) Gegenständliche Reichweite. Erfasst sind alle Rechte aus dem Arbverh, die von der Dauer der **Betriebs- oder Berufszugehörigkeit** bzw. **Beschäftigungs- oder Dienstzeit** abhängig sind, z.B. aus den Bereichen Vergütung (Jahres-, Treueprämie), Gratifikationen (siehe Rn 21), Urlaubsanspruch (§§ 4, 5 BUrlG), betriebliche Altersversorgung (§ 1b Abs. 1 S. 1 BetrAVG), Bewährungsaufstieg bzw. leistungsbezogener Stufenaufstieg im öffentlichen Dienst (§§ 23a, 23b BAT bzw. § 17 Abs. 2 TVöD),[67] kündigungsschutzrechtlicher Status (§ 1 Abs. 1, 3 S. 1 Hs. 1 KSchG, § 622 Abs. 2 BGB, §§ 19, 53 Abs. 3 BAT bzw. § 34 Abs. 2 TVöD), betriebsverfassungs- und personalvertretungsrechtlicher Status (§ 8 Abs. 1 BetrVG, § 14 Abs. 1 BPersVG).[68] Ein mit Beendigung des Arbverh erloschenes BR- (§ 24 Nr. 3 BetrVG) oder PR-Amt (§ 29 Abs. 1 Nr. 3 BPersVG) lebt bei Neubegründung des Arbverh – auch im Hinblick auf Abs. 2[69] – nicht wieder auf.[70]

bb) Zeitlicher Umfang. Die „**Unterbrechungszeit**" selbst ist im Hinblick auf Wortlaut sowie Sinn und Zweck der Norm nach h.M. nicht zu berücksichtigen, der Lauf der Beschäftigungsdauer ist vielmehr insoweit gehemmt. Denn Abs. 2 ermöglicht nur die Erhaltung bestehender,[71] nicht aber die Begründung vorher nicht bestehender Rechte, z.B. die Erfüllung der Wartezeit des § 1 Abs. 1 KSchG.[72]

C. Verbindung zu anderen Rechtsgebieten und zum Prozessrecht

I. Anderweitige Vertragsbeendigung

1. Allgemeine Kündigungsrechte der Arbeitnehmerin. Abs. 1 schränkt das **Künd-Recht** der Frau nach anderen Vorschriften – auch § 626 BGB[73] – nicht ein, so dass eine Künd auch zu einem früheren oder späteren Zeitpunkt – unter Beachtung der gesetzlichen (§ 622 BGB) oder vertraglich vereinbarten **Künd-Fristen** – möglich ist.[74] Kündigt die AN „**zum nächstmöglichen Termin**", wird die Auslegung (§ 133 BGB) i.d.R. ergeben, dass sie von ihrem Sonder-Künd-Recht nach Abs. 1 Gebrauch gemacht hat.[75]

---

58 H.M., s. KR/*Bader*, § 10 MuSchG Rn 28 m.w.N., auch zur a.A.
59 BAG 4.10.1956 – 2 AZR 213/54 – AP § 611 BGB Gratifikation Nr. 4 m. Anm. *Hueck* = BArbBl 1958, 523 f. m. Anm. *Reichel*.
60 BAG 13.10.1982 – 5 AZR 214/81 – BAGE 40, 237, 238 ff. = DB 1983, 1367 f.; Hessisches LAG 13.12.1983 – 7 Sa 773/83 – juris; LAG Köln 23.9.1982 – 10 Sa 449/82 – juris; LAG Hamm 9.7.1976 – 5 Sa 325/76 – BB 1976, 1272 f.; LAG Hamm 14.11.1972 – 7 Sa 587/72 – ARST 1975, 62.
61 BAG 13.10.1982 – 5 AZR 214/81 – BAGE 40, 237, 238 ff. = DB 1983, 1367 f.
62 BAG 17.7.1969 – 5 AZR 499/68 – AP § 611 BGB Gratifikation Nr. 67 m. Anm. *Kraft* = DB 1969, 1752 f.; s. BAG 17.8.1983 – 5 AZR 287/81 – juris.
63 LAG Köln 27.1.1984 – 9 Sa 1318/83 – juris.
64 Der TVöD enthält keine derartige Regelung.
65 LAG Nürnberg 28.7.1975 – 1 Sa 245/75 – ABl BY 1975, C 41 = ARST 1976, 17 f.
66 KR/*Bader*, § 10 MuSchG Rn 32.
67 *Graue*, AiB 1999, 511, 518 m.w.N.
68 KR/*Bader*, § 10 MuSchG Rn 49.
69 *Meisel/Sowka*, MuSchG, § 10 Rn 20.
70 BAG 10.2.1977 – 2 ABR 80/76 – BAGE 29, 7, 11 = DB 1977, 1273, 1274; *Richardi*, BetrVG, § 24 Rn 19.
71 BT-Drucks 4/3652, S. 6.
72 *Stahlhacke/Preis/Vossen*, Kündigung, Rn 1418; *Meisel/Sowka*, MuSchG, § 10 Rn 17; KR/*Bader*, § 10 MuSchG Rn 51; ErfK/*Schlachter*, § 10 MuSchG Rn 4; *Pramann*, DB 1978, 2476, 2477; a.A. *Gamillscheg*, RdA 1968, 117.
73 S. KR/*Bader*, § 10 MuSchG Rn 21, auch zur grds. möglichen Umdeutung (§ 140 BGB) einer unwirksamen außerordentlichen Künd in eine Sonder-Künd nach § 10 Abs. 1.
74 BSG 3.12.1996 – 10 RAr 7/95 – SozR 3-4100 § 141b Nr. 16 = ZIP 1997, 1040, 1042 m.w.N.
75 *Meisel/Sowka*, MuSchG, § 10 Rn 5.

26 **2. Sonderkündigungsrecht der Arbeitnehmerin nach § 19 BEEG.** Gem. § 19 BEEG kann der AN[76] das Arbverh – anders als nach Abs. 1 – nur **fristgebunden**[77] kündigen (drei Monate zum Ende der Elternzeit).[78]

27 **3. Sonstige Beendigungstatbestände.** Der Abschluss eines – gem. **§ 623 BGB** der Schriftform bedürftigen – **Aufhebungsvertrages** bleibt den Arbeitsvertragsparteien unbenommen.[79] Das Arbverh kann auch aus anderen Gründen enden, insb. durch Anfechtung, Zeitablauf, Bedingungseintritt, Tod der AN.[80]

II. Anderweitige Anrechnungsregelungen

28 Andere Rechtsgrundlagen, welche die Anrechnung von Unterbrechungszeiten vorsehen,[81] werden durch Abs. 2 nicht verdrängt.[82] Dies gilt z.B. für die Rspr. des BAG zur Zusammenrechnung von Beschäftigungszeiten zweier Arbverh bei demselben AG im Hinblick auf die Erfüllung der Wartezeit nach § 1 Abs. 1 KSchG bei Vorliegen eines **engen sachlichen und zeitlichen Zusammenhangs**.[83] In der Nichtanrechnung der vor einem Ausscheiden auf eigenen Wunsch zurückgelegten Beschäftigungs- bzw. Dienstzeit ist eine unbillige Härte i.S.v. §§ 19 Abs. 1, 20 Abs. 3 S. 2 BAT[84] zu sehen, wenn das Arbverh zur Betreuung und Erziehung eines Kindes unter 18 Jahren aufgelöst wurde und die Unterbrechung den Zeitraum einer Beurlaubung (§ 44b Abs. 3 S. 2 BRRG) nicht überschritten hat.[85]

III. Anderweitige Benachteiligungsverbote

29 Zugunsten der AN können neben Abs. 2 andere Benachteiligungsverbote eingreifen, z.B. das Diskriminierungsverbot nach § 7 AGG.[86] Mutterschutzzeiten sind im Hinblick auf Art. 6 Abs. 1 lit. g) RL 86/378[87] bei der Errechnung einer von der Versorgungsanstalt des Bundes und der Länder (VBL) zu gewährenden Versicherungsrente zu berücksichtigen.[88]

Vierter Abschnitt: Leistungen

§ 11 Arbeitsentgelt bei Beschäftigungsverboten

(1) ¹Den unter den Geltungsbereich des § 1 fallenden Frauen ist, soweit sie nicht Mutterschaftsgeld nach den Vorschriften der Reichsversicherungsordnung beziehen können, vom Arbeitgeber mindestens der Durchschnittsverdienst der letzten 13 Wochen oder der letzten drei Monate vor Beginn des Monats, in dem die Schwangerschaft eingetreten ist, weiter zu gewähren, wenn sie wegen eines Beschäftigungsverbots nach § 3 Abs. 1, §§ 4, 6 Abs. 2 oder 3 oder wegen des Mehr-, Nacht- oder Sonntagsarbeitsverbots nach § 8 Abs. 1, 3 oder 5 teilweise oder völlig mit der Arbeit aussetzen. ²Dies gilt auch, wenn wegen dieser Verbote die Beschäftigung oder die Entlohnungsart wechselt. ³Wird das Arbeitsverhältnis erst nach Eintritt der Schwangerschaft begonnen, so ist der Durchschnittsverdienst aus dem Arbeitsentgelt der ersten 13 Wochen oder drei Monate der Beschäftigung zu berechnen. ⁴Hat das Arbeitsverhältnis nach Satz 1 oder 3 kürzer gedauert, so ist der kürzere Zeitraum der Berechnung zugrunde zu legen. ⁵Zeiten, in denen kein Arbeitsentgelt erzielt wurde, bleiben außer Betracht.

(2) ¹Bei Verdiensterhöhungen nicht nur vorübergehender Natur, die während oder nach Ablauf des Berechnungszeitraums eintreten, ist von dem erhöhten Verdienst auszugehen. ²Verdienstkürzungen, die im Berechnungszeitraum infolge von Kurzarbeit, Arbeitsausfällen oder unverschuldeter Arbeitsversäumnis eintreten, bleiben für die Berechnung des Durchschnittsverdienstes außer Betracht. ³Zu berücksichtigen sind dauerhafte

---

76 Zum weiteren persönlichen Anwendungsbereich des früheren § 19 BErzGG gegenüber § 10 Abs. 1 s. KR/*Bader*, § 10 MuSchG Rn 9 m.w.N.
77 S. KR/*Bader*, § 10 MuSchG Rn 13.
78 *Graue*, AiB 1999, 511, zum BErzGG.
79 KR/*Bader*, § 10 MuSchG Rn 15, 23; *Preis/Gotthardt*, NZA 2000, 348, 354 ff.
80 KR/*Bader*, § 10 MuSchG Rn 24 m.w.N.
81 S. den Überblick bei *Pramann*, DB 1978, 2476 ff.
82 KR/*Bader*, § 10 MuSchG Rn 52 f. m.w.N.
83 BAG 20.8.1998 – 2 AZR 83/98 – BAGE 89, 307, 310 ff. = NZA 1999, 314, 315 ff.; BAG 18.1.1979 – 2 AZR 254/77 – AP § 1 KSchG 1969 Wartezeit Nr. 3 m. Anm. *Hueck* = DB 1979, 1754 f.; BAG 6.12.1976 – 2 AZR 470/75 – BAGE 28, 252, 254 ff. = DB 1977, 587, 588 f.; BAG 23.9.1976 – 2 AZR 309/75 – BAGE 28, 176, 180 ff. = DB 1977, 213 f.
84 § 34 Abs. 3 TVöD enthält keine derartige Ausnahmeregelung mehr.
85 BAG 21.9.1995 – 6 AZR 18/95 – BAGE 81, 68, 70 ff. = NZA 1996, 1054 ff., zur Vorgängerregelung § 48a Abs. 2 BRRG.
86 KR/*Bader*, § 10 MuSchG Rn 33a m.w.N.
87 RL 86/378 des Rates v. 24.7.1986 zur Verwirklichung des Grundsatzes der Gleichbehandlung von Männern und Frauen bei den betrieblichen Systemen der sozialen Sicherheit (ABl L 225, 40), in der durch die RL 96/97/EG des Rates v. 20.12.1996 (ABl 1997 L 46, 20) geänderten Fassung.
88 EuGH 13.1.2005 – Rs C-356/03 (Elisabeth Mayer ./. VBL) – ABl C 57, 11 = NZA 2005, 347, 348; BGH 1.6.2005 – IV ZR 100/02 – EzBAT § 46 BAT Nr. 59 = NJW-RR 2005, 1161, 1162 f.

Verdienstkürzungen, die während oder nach Ablauf des Berechnungszeitraums eintreten und nicht auf einem mutterschutzrechtlichen Beschäftigungsverbot beruhen.
(3) Die Bundesregierung wird ermächtigt, durch Rechtsverordnung mit Zustimmung des Bundesrates Vorschriften über die Berechnung des Durchschnittsverdienstes im Sinne der Absätze 1 und 2 zu erlassen.

A. Allgemeines	1
I. Normzweck	1
II. Entstehungsgeschichte	2
B. Regelungsgehalt	3
I. Anwendungsbereich	3
1. Persönlicher Anwendungsbereich	3
2. Unabdingbarkeit	4
II. Tatbestandsvoraussetzungen (Abs. 1 S. 1, 2)	5
1. Keine Möglichkeit des Bezuges von Mutterschaftsgeld	5
2. Beschäftigungsverbot	6
3. Aussetzen mit der Arbeit	7
a) Umfang des Arbeitsausfalls	7
b) Wechsel der Beschäftigung oder Entlohnungsart (Abs. 1 S. 2)	8
4. Monokausalität zwischen Beschäftigungsverbot und Arbeitsausfall	9
a) Arbeitsunfähigkeit infolge Krankheit (§§ 3 ff. EFZG)	9
b) Vertragswidrige und schuldhafte Arbeitsverweigerung	10
c) Ablehnung einer zumutbaren Ersatztätigkeit	11
d) Wegerisiko	12
e) Erholungsurlaub (§§ 1 ff. BUrlG)	13
f) Betriebliche Gründe	14
g) Teilnahme an Arbeitskämpfen	15
5. Verdienstminderung wegen des Arbeitsausfalls	16
III. Rechtsfolge	17
1. Anspruch auf Mutterschutzlohn	17
a) Rechtsnatur	17
b) Berechnung	18
aa) Allgemeines	18
bb) Durchschnittsverdienst (Abs. 1 S. 1)	19
(1) Modifiziertes Durchschnittslohnprinzip	19
(2) Begriff des „Verdienstes"	20
(3) Verdienstbestandteile	21
(4) Verdienstarten	22
cc) Berechnungszeitraum (Abs. 1 S. 1, 3, 4, 5)	23
dd) Verdiensterhöhungen (Abs. 2 S. 1)	24
(1) Allgemeines	24
(2) Übertariflicher Lohn und Tariflohnerhöhung	25
(3) Maßgeblicher Zeitpunkt	26
ee) Verdienstkürzungen (Abs. 2 S. 2, 3)	27
c) Anspruchsdauer	28
2. Herausgabe von Ersatzverdienst (§ 285 BGB)	29
3. Rechtsfolgen eines Verstoßes des Arbeitgebers gegen § 11	30
C. Verbindung zu anderen Rechtsgebieten und zum Prozessrecht	31
I. Ausgleichsverfahren (AAG bzw. §§ 10 ff. LFZG a.F.)	31
II. Einkommensteuer- und Sozialversicherungsrecht	32
III. Verjährung und Ausschlussfristen	33
IV. Darlegungs- und Beweislast	34
1. Beschäftigungsverbot (Kausalität)	34
2. Arbeitsverweigerung	38
V. Prozessuales	39

A. Allgemeines

I. Normzweck

Der sog. **Mutterschutzlohn**[1] nach § 11 dient als garantierter **Mindestlohn** (siehe Rn 18) – in Zusammenschau mit den Vorschriften der §§ 13 f. (siehe § 13 Rn 1) – der Ergänzung des **mutterschutzrechtlichen Entgeltschutzes**.[2] Ziel des § 11 ist es, der AN den bisherigen Lebensstandard zu erhalten. Insb. soll durch die Weiterzahlung des bisherigen **Durchschnittsverdienstes** (siehe Rn 19 ff.) jeder Anreiz entfallen, entgegen den **Beschäftigungsverboten** (siehe Rn 6) die Arbeiten zu ihrem und des Kindes Schaden aus wirtschaftlichen Gründen fortzusetzen.[3] Die – verfassungsgemäße[4] – Regelung verfolgt das Ziel, die AN so zu stellen, als ob sie ohne mutterschutzrechtliche Beschränkungen hätte weiterarbeiten können, nicht dagegen, einen Verdienstausfall aus anderen Gründen auszugleichen.[5]

1

---

1 BAG 28.6.1963 – 1 AZR 353/62 – BAGE 14, 238, 240 ff. = DB 1963, 1433 f.
2 Meisel/Sowka, MuSchG, § 11 Rn 1; H/S/Boecken, § 7 Rn 610; Reformbedarf im Bereich des Entgeltschutzes sehen Peters-Lange/Rolfs, NZA 2000, 682, 683 f.
3 St. Rspr.: BAG 20.9.2000 – 5 AZR 924/98 – BAGE 95, 331, 334 = NZA 2001, 657, 658; BAG 5.7.1995 – 5 AZR 135/94 – BAGE 80, 248, 251 = NZA 1996, 137, 138; BAG 8.8.1990 – 5 AZR 584/89 – BAGE 65, 337, 339 = NZA 1990, 974, 975; BAG 6.3.1985 – 5 AZR 523/83 – BAGE 48, 173, 175 = AP § 11 MuSchG 1968 Nr. 11 m. Anm. Clemens; BAG 8.9.1978 – 3 AZR 418/77 – AP § 11 MuSchG 1968 Nr. 8 m. Anm. Herschel = DB 1978, 2496; BAG 9.8.1963 – 1 AZR 497/62 – BAGE 14, 304, 308 f. = DB 1963, 1775; BAG 14.10.1954 – 2 AZR 30/53 – BAGE 1, 140 ff. = JZ 1955, 180, 181 ff. m. Anm. Sieg; BSG 17.4.1991 – 1/3 RK 21/88 – BSGE 68, 222, 225 f. = NZA 1991, 909, 910.
4 BVerfG 3.7.1985 – 1 BvL 55/81 – ZfSH/SGB 1986, 327; BAG 9.9.1971 – 3 AZR 261/70 – BAGE 23, 416, 422 ff. = DB 1971, 2119 f.
5 BAG 20.9.2000 – 5 AZR 924/98 – BAGE 95, 331, 336 = NZA 2001, 657, 658; BAG 5.7.1995 – 5 AZR 135/94 – BAGE 80, 248, 252 = NZA 1996, 137, 138.

II. Entstehungsgeschichte

2 Bereits gem. § 2 Abs. 2 S. 4 des Gesetzes zum Schutz der erwerbstätigen Mutter (MuSchG) v. 17.5.1942[6] m.W.v. 1.6.1942 war Müttern, die wegen bestimmter Beschäftigungsverbote mit der Arbeit aussetzten, der Durchschnittsverdienst der letzten 13 Wochen vom AG weiter zu zahlen, vorbehaltlich einer anderweitigen Parteivereinbarung. Inhaltliche Ergänzungen und Erweiterungen dieses Entgeltschutzes wurden m.w.v. 1.2.1952 durch § 10 des MuSchG v. 24.1.1952[7] sowie m.W.v. 1.1.1968[8] durch § 11 des MuSchG i.d.F. v. 18.4.1968[9] herbeigeführt. M.W.v. 1.1.1997 wurden durch das Gesetz zur Änderung des Mutterschutzrechts v. 20.12.1996[10] Familien-Haushaltsangestellte den übrigen AN gleichgestellt.[11] Durch das 2. Gesetz zur Änderung des Mutterschutzrechts v. 16.6.2002[12] wurde m.W.v. 20.6.2002 in Umsetzung der Rspr. des BAG[13] Abs. 2 S. 3 (siehe Rn 27) angefügt.[14]

B. Regelungsgehalt

I. Anwendungsbereich

3 **1. Persönlicher Anwendungsbereich.** Es sind gem. Abs. 1 S. 1 alle unter den Geltungsbereich des **§ 1** fallenden Frauen erfasst (siehe § 1 Rn 2 ff.). Steht eine Frau in mehreren Arbverh (z.B. „400-EUR-Jobs"),[15] können bei Vorliegen der Voraussetzungen des § 11 (siehe Rn 5 ff.) Ansprüche auf Mutterschutzlohn gegen mehrere AG bestehen.[16]

4 **2. Unabdingbarkeit.** Ein **Verzicht** der AN auf den Mutterschutzlohn ist nicht im Voraus, sondern nur nach Anspruchsentstehung zulässig, z.B. in einem arbeitsgerichtlichen **Vergleich**.[17]

II. Tatbestandsvoraussetzungen (Abs. 1 S. 1, 2)

5 **1. Keine Möglichkeit des Bezuges von Mutterschaftsgeld.** Mutterschutzlohn ist für den Zeitraum ausgeschlossen, in dem die AN Mutterschaftsgeld gem. § 13 i.V.m. § 200 RVO beziehen kann. Es handelt sich bei diesem negativen Tatbestandsmerkmal um eine **Anspruchsbegrenzung in zeitlicher Hinsicht**, nicht um eine Einschränkung des persönlichen Anwendungsbereichs (siehe Rn 3) des § 11.[18] Aus der Formulierung des Abs. 1 S. 1 („beziehen können") ergibt sich, dass nicht der tatsächliche Bezug oder die Höhe des Mutterschaftsgeldes maßgeblich ist, sondern allein die **tatsächliche Berechtigung** zum Bezug des Mutterschaftsgeldes.[19] Trotz der Verwendung des Begriffes „soweit" in Abs. 1 S. 1 besteht kein Anspruch auf (eine Differenz zum) Mutterschutzlohn, wenn Mutterschaftsgeld (§ 13) und AG-Zuschuss (§ 14) geringer sind, da bereits die tatsächlich bestehende Möglichkeit des Bezuges von Mutterschaftsgeld den Anspruch auf Mutterschutzlohn ausschließt.[20] Besteht im Einzelfall während der Schutzfristen vor (§ 3 Abs. 2) und nach (§ 6 Abs. 1) der Entbindung ausnahmsweise kein Anspruch auf Mutterschaftsgeld, etwa weil die Voraussetzungen des § 200 RVO nicht erfüllt sind, so ist der AN Mutterschutzlohn zu zahlen, wenn zugleich die Voraussetzungen eines der in § 11 aufgeführten Beschäftigungsverbote (siehe Rn 6) erfüllt sind.[21] Ruht der Anspruch auf Mutterschaftsgeld gem. § 200 Abs. 4 RVO, weil sich die AN in den letzten sechs Wochen vor der Entbindung ausdrücklich zur Arbeitsleistung bereit erklärt hat (§ 3 Abs. 2), so besteht kein Anspruch nach § 11.[22] Während des Zeitraums der sich an die Schutzfristen nach dem MuSchG anschließenden **Elternzeit** (§§ 15 ff. BEEG) bzw. während des Bezugszeitraums von **Elterngeld** (§ 1 ff. BEEG) besteht kein Anspruch auf (Mutterschutz-)Lohn.[23]

6 **2. Beschäftigungsverbot.** Die AN muss gem. Abs. 1 S. 1 wegen eines Beschäftigungsverbots nach §§ 3 Abs. 1, 4, 6 Abs. 2 oder 3, 8 Abs. 1, 3 oder 5 mit der Arbeit aussetzen. Dies ist nicht der Fall, wenn der Arbeitsausfall darauf beruht, dass der AG seiner Pflicht zur Gestaltung des Arbeitsplatzes nach § 2 nicht ordnungsgemäß nachkommt.[24] Behauptet der AG gegenüber der schwangeren AN, er habe die Bedingungen am Arbeitsplatz, die zuvor mitursächlich für alle Erteilungen eines Beschäftigungsverbots gem. § 3 Abs. 1 waren, geändert, so ist es nicht die Pflicht der

---

6 RGBl I 1942 S. 321 f., 324.
7 BGBl I 1952 S. 69, 71, 74.
8 Gesetz zur Verwirklichung der mehrjährigen Finanzplanung des Bundes, II. Teil – FinanzänderungsG – v. 21.12.1967 (BGBl I S. 1259, 1274, 1284).
9 BGBl I 1968 S. 315, 318 f.
10 BGBl I 1996 S. 2110, 2111, 2112.
11 Budde, AiB 1997, 313, 315.
12 BGBl I 2002 S. 1812, 1813.
13 BAG 20.9.2000 – 5 AZR 924/98 – BAGE 95, 331, 334 ff. = NZA 2001, 657, 658 f.
14 BT-Drucks 14/8525, S. 5, 8; BR-Drucks 1071/01, S. 1, 8; s. Friese, NJW 2002, 3208, 3209 ff.; Graue, AiB 2002, 589, 591; Moderegger, ArbRB 2002, 111 ff.; Tege, BB 2002, 2602, 2603.
15 Winkel, AiB 2003, 333, 335.
16 Meisel/Sowka, MuSchG, § 11 Rn 3 ff.
17 Meisel/Sowka, MuSchG, § 11 Rn 93.
18 LAG Rheinland-Pfalz 20.8.1969 – 1 Sa 120/69 – DB 1969, 2139 f.
19 Meisel/Sowka, MuSchG, § 11 Rn 7 m.w.N.
20 Meisel/Sowka, MuSchG, § 11 Rn 8.
21 Str.; so LAG Rheinland-Pfalz 20.8.1969 – 1 Sa 120/69 – DB 1969, 2139, 2140; ErfK/Schlachter, § 11 MuSchG Rn 4 m.w.N.; a.A. ArbG Bochum 21.8.1974 – 3 Ca 31/74 – DB 1974, 2211 f.; Meisel/Sowka, MuSchG, § 11 Rn 8.
22 ErfK/Schlachter, § 11 MuSchG Rn 4; Meisel/Sowka, MuSchG, § 11 Rn 9.
23 Meisel/Sowka, MuSchG, § 11 Rn 9a, 31a.
24 Meisel/Sowka, MuSchG, § 11 Rn 10 ff., auch zu §§ 1 ff. MuSchV.

AN, sich hiervon vor Ort zu überzeugen und ihren Arzt zu unterrichten. Vielmehr muss der AG, der das Beschäftigungsverbot nicht länger gegen sich gelten lassen will, selbst geeignete Maßnahmen treffen, die zu einer erneuten Überprüfung führen. Evtl. anfallende Kosten muss er übernehmen.[25] Liegen die in § 11 nicht genannten Beschäftigungsverbote nach §§ 3 Abs. 2, 6 Abs. 1 vor, so kommt grds. nur ein Anspruch der AN auf Mutterschaftsgeld nach § 13 i.V.m. § 200 RVO sowie den AG-Zuschuss nach § 14 in Betracht (siehe Rn 5).

3. Aussetzen mit der Arbeit. a) Umfang des Arbeitsausfalls. Der Umfang, in dem die AN mit der Arbeit aussetzt, hängt vom jeweils eingreifenden Beschäftigungsverbot ab. Setzt die AN nicht **völlig**, sondern nur **teilweise** mit der Arbeit aus, so besteht der Anspruch nach § 11 in entsprechend reduziertem Umfang.

b) Wechsel der Beschäftigung oder Entlohnungsart (Abs. 1 S. 2). Der Anspruch auf Mutterschutzlohn besteht gem. Abs. 1 S. 2 in dem jeweiligen Umfang auch dann, wenn die Beschäftigungsverbote zu einem einkommensmindernden Wechsel der Beschäftigung oder der Entlohnungsart führen. Ein Wechsel der **Beschäftigung** ist insb. auch in einer Veränderung der Arbeitszeit zu sehen. Einkommensverluste können sich z.B. im Hinblick auf § 8 aus dem Wegfall von Zuschlägen aufgrund des Wechsels zur Tagschicht (Nachtarbeitsverbot),[26] infolge des Sonn- und Feiertagsarbeitsverbots,[27] wegen des Wegfalls von Überstunden (Mehrarbeitsverbot)[28] oder wegen des schwangerschaftsbedingten Ausfalls von Bereitschaftsdienst[29] ergeben. Ein Wechsel der **Entlohnungsart** kann z.B. aufgrund des Wegfalls von Akkordlohn nach **§ 4 Abs. 3 Nr. 1** zu Einkommenseinbußen führen.[30]

4. Monokausalität zwischen Beschäftigungsverbot und Arbeitsausfall. a) Arbeitsunfähigkeit infolge Krankheit (§§ 3 ff. EFZG). Der Anspruch auf Mutterschutzlohn besteht nach st. Rspr. des BAG nur dann, wenn allein das mutterschutzrechtliche Beschäftigungsverbot dazu führt, dass die Schwangere mit der Arbeit aussetzt („**Monokausalität**").[31] Das Beschäftigungsverbot (siehe § 3 Rn 12)[32] muss die nicht wegzudenkende Ursache für das Nichtleisten der Arbeit und den daraus resultierenden Verdienstausfall sein. Dieser alleinige Ursachenzusammenhang ist für die Zeit nicht gegeben, in der die Schwangere arbeitsunfähig krank ist.[33] Die Abgrenzung ist in der Praxis v.a. in Fällen einer sog. **Risikoschwangerschaft** schwierig. Es obliegt hier dem behandelnden Arzt verantwortlich zu entscheiden, ob die nicht normal verlaufende Schwangerschaft ein Beschäftigungsverbot im Krankheitsfall begründet.[34] Die zeitlich abgegrenzte und materiell abgestufte Sicherung des AN durch Entgeltfortzahlung im Krankheitsfall (§§ 3 ff. EFZG)[35] und anschließend Krankengeld mit Leistungspflicht der Krankenkasse (§§ 44, 48, 49 SGB V) ist das gegenüber dem Mutterschutzlohn **vorrangige Prinzip**.[36] Liegt jedoch während des ärztlich angeordneten Beschäftigungsverbots eine Arbeitsunfähigkeit vor, wie sie nur eine Schwangere treffen kann, so ist die Arbeitsunfähigkeit subsidiär, weil andernfalls § 11 weit gehend leer liefe.[37]

b) Vertragswidrige und schuldhafte Arbeitsverweigerung. Die AN hat keinen Anspruch auf Mutterschutzlohn für Zeiten, in denen sie die von ihr vertraglich geschuldete Arbeitsleistung schuldhaft nicht erbringt, z.B. indem sie zu spät zur Arbeit kommt, zu früh nach Hause geht, unberechtigte – z.B. weil über **§ 2 Abs. 2, 3** hinausgehende[38] – Pausen einlegt oder untätig am Arbeitsplatz verharrt.[39] Es kann rechtsmissbräuchlich sein, wenn die im Zeitlohn be-

---

25 LAG Hamm 1.8.2006 – 9 Sa 1434/05 – FA 2007, 60.
26 ErfK/*Schlachter*, § 11 MuSchG Rn 4.
27 BAG 8.9.1978 – 3 AZR 418/77 – AP § 11 MuSchG 1968 Nr. 8 m. Anm. *Herschel* = DB 1978, 2496 f.
28 *Meisel/Sowka*, MuSchG, § 11 Rn 14 f.
29 BAG 6.3.1985 – 5 AZR 523/83 – BAGE 48, 173, 176 ff. = AP § 11 MuSchG 1968 Nr. 11 m. Anm. *Clemens*.
30 BAG 20.12.1972 – 3 AZR 60/72 – AP § 11 MuSchG 1968 Nr. 7 m. Anm. *Töns* = DB 1973, 829 ff.; BAG 21.12.1964 – 1 AZR 235/64 – BAGE 17, 37, 38 ff. = DB 1965, 784.
31 A.A. *Gutzeit*, NZA 2003, 81 ff., 85 f.; *Lembke*, NZA 1998, 349, 350 ff.
32 Zur Beweiskraft und den Anforderungen an deren Erschütterung siehe BAG 7.11.2007 – 5 AZR 883/06 = DB 2008, 303 ff.
33 BAG 9.10.2002 – 5 AZR 443/01 – AP § 11 MuSchG 1968 Nr. 23 = NZA 2004, 257, 259; BAG 13.2.2002 – 5 AZR 753/00 – KrV 2002, 124; BAG 1.10.1997 – 5 AZR 685/96 – BAGE 86, 347, 350 f. = NZA 1998, 194, 195; BAG 22.3.1995 – 5 AZR 874/93 – BAGE 79, 307, 309 ff. = NZA 1995, 837, 838; BAG 14.10.1954 – 2 AZR 30/53 – BAGE 1, 140 ff. = JZ 1955, 180, 181 ff. m. Anm. *Sieg*; BSG 9.9.1999 – B 11 AL 77/98 R – EzA § 3 MuSchG Nr. 6 = NZA-RR 2000, 44, 45 f.; BSG 17.4.1991 – 1/3 RK 21/88 – BSGE 68, 222, 225 = NZA 1991, 909, 910;

a.A. LAG Bremen 28.8.1996 – 2 Sa 341/95 und 4 Sa 71/95 – LAGE § 11 MuSchG Nr. 3 = NZA-RR 1997, 201 ff.; ArbG Hamburg 15.8.1996 – 10 Ca 369/96 – AuR 1997, 122; ArbG Hameln 30.1.1992 – 2 Ca 54/91 – BB 1992, 354, 355 f.; H/S/*Boecken*, § 7 Rn 612; *Weyand*, BB 1994, 1852, 1854 ff.; *Jenak*, AnA 2006, 224.
34 BAG 12.3.1997 – 5 AZR 766/95 – BAGE 85, 237, 242 f. = NZA 1997, 882, 883; BAG 31.7.1996 – 5 AZR 474/95 – BAGE 84, 1, 4 ff. = NZA 1997, 29 f.; BAG 5.7.1995 – 5 AZR 135/94 – BAGE 80, 248, 253 = NZA 1996, 137 f.; LAG Niedersachsen 20.1.2003 – 5 Sa 833/02 – LAGReport 2003, 200 ff. = NZA-RR 2003, 517, 518 f.
35 *Boecken*, NZA 1999, 673 ff.
36 BAG 13.2.2002 – 5 AZR 588/00 – AP § 11 MuSchG 1968 Nr. 22 = NZA 2002, 738, 740; BSG 9.9.1999 – B 11 AL 77/98 R – EzA § 3 MuSchG Nr. 6 = NZA-RR 2000, 44, 46; LSG Stuttgart 31.1.2003 – L 4 KR 2790/01 – juris.
37 BAG 13.2.2002 – 5 AZR 588/00 – AP § 11 MuSchG 1968 Nr. 22 = NZA 2002, 738, 740; LAG Niedersachsen 16.3.2004 – 9 Sa 517/03 – LAGE § 11 MuSchG Nr. 5 = MDR 2004, 1008 f.
38 BAG 17.7.1970 – 3 AZR 423/69 – BAGE 22, 402, 404 ff. = DB 1970, 2226 f.
39 *Meisel/Sowka*, MuSchG, § 11 Rn 22 ff.

schäftigte werdende Mutter bewusst und in erheblichem Umfang mehr, als aus Gründen der Schwangerschaft notwendig, mit ihrer Arbeitsleistung zurückhält und dennoch den ungekürzten Mutterschutzlohn fordert. Für die Frage, ob eine AN in dieser Weise mit ihrer **Arbeitsleistung zurückhält**, ist auf die Leistung abzustellen, die diese AN bei angemessener Anspannung ihrer individuellen Kräfte und Fähigkeiten erbringen könnte.[40]

11 **c) Ablehnung einer zumutbaren Ersatztätigkeit.** Die AN setzt dann nicht wegen eines Beschäftigungsverbots mit der Arbeit aus, wenn der AG im Wege der Ausübung seines – mit Rücksicht auf die Verpflichtung aus Abs. 1 erweiterten – Direktionsrechts (siehe § 106 GewO Rn 14) eine **Versetzung** bzw. **Umsetzung** auf einen Arbeitsplatz, der nicht einem Beschäftigungsverbot unterliegt, vornehmen durfte und die AN die **ermessensgerecht** zugewiesene Ersatztätigkeit zu Unrecht ablehnt.[41]

12 **d) Wegerisiko.** Die erforderliche Kausalität ist nicht gegeben, wenn die AN nur deshalb nicht arbeiten kann, weil ihr der Arzt wegen ihrer Schwangerschaft die Fahrt von der Wohnung zur Arbeit und zurück verboten hat, obgleich sie ohne die Fahrt an ihrem Arbeitsplatz arbeiten könnte.[42]

13 **e) Erholungsurlaub (§§ 1 ff. BUrlG).** Mutterschutzlohn wird während der Abwicklung des Erholungsurlaubs nur dann als **Urlaubsentgelt** (§ 11 BUrlG) – ggf. zzgl. **Urlaubsgeldes** – weitergewährt, wenn die AN bereits zuvor Mutterschutzlohn erhalten hat.[43] Hat der AG zu Beginn des Urlaubsjahres den Erholungsurlaub gem. § 7 Abs. 1 BUrlG entsprechend den Wünschen der AN zeitlich festgelegt, so besteht keine Verpflichtung zur anderweitigen Neufestsetzung, wenn die AN danach schwanger wird und für die vorgesehene Urlaubszeit ihre Beschäftigung verboten ist.[44]

14 **f) Betriebliche Gründe.** An der gem. Abs. 1 S. 1 erforderlichen Kausalität fehlt es auch dann, wenn der Arbeitsausfall auf allg. betrieblichen Ursachen beruht, die nichts mit der Mutterschaft oder Entbindung zu tun haben, z.B. der Einführung von **Kurzarbeit**[45] (s. aber Abs. 2 S. 2), einer **Betriebsstörung**,[46] **Inventur**[47] oder einem **Betriebs-, Volksfest**.[48]

15 **g) Teilnahme an Arbeitskämpfen.** Die Kausalität fehlt insoweit, als der Entgeltausfall auf der Teilnahme der AN an einem (rechtmäßigen oder rechtswidrigen) **Streik** – z.B. durch Verteilen von Flugblättern, Einsatz als Streikposten – beruht, des weiteren bei Arbeitsausfällen wegen eines **Teilstreiks** im Betrieb des AG, einer **Abwehraussperrung** sowie aufgrund der **Fernwirkung** eines Arbeitskampfes.[49]

16 **5. Verdienstminderung wegen des Arbeitsausfalls.** Gem. Abs. 1 S. 1 ist der AN „mindestens" der sog. Mutterschutzlohn zu gewähren („**Mindestlohn**").[50] Erforderlich ist, dass eine **Verdiensteinbuße** aufgrund des – **kausal** (siehe Rn 9) durch die **Beschäftigungsverbote** (siehe Rn 6) verursachten – **Arbeitsausfalls** (siehe Rn 7 f.) eintreten würde („Kausalkette").[51] Wechselt die AN wegen eines Beschäftigungsverbots in eine höher bezahlte Tätigkeit, so besteht nicht nur Anspruch auf Mutterschutzlohn, sondern auf die höhere Vergütung.[52]

III. Rechtsfolge

17 **1. Anspruch auf Mutterschutzlohn. a) Rechtsnatur.** Der Anspruch auf Mutterschutzlohn ist – obwohl auf dem Gesetz beruhend – ein bürgerlichrechtlicher Lohnersatzanspruch aus dem Arbverh, mithin ein **arbeitsvertragsrechtlicher Individualanspruch**.[53] Der Anspruch auf Mutterschutzlohn unterliegt dem Pfändungsschutz für **Arbeitseinkommen** nach §§ 850 ff. ZPO, weswegen gem. § 394 BGB die Aufrechnung insoweit nicht möglich und gem. § 400 BGB der Anspruch insoweit nicht abtretbar ist.

18 **b) Berechnung. aa) Allgemeines.** Der AG hat der AN gem. Abs. 1 mind. den im **Referenzzeitraum** (siehe Rn 23) erzielten **Durchschnittsverdienst** (siehe Rn 19 ff.) zu zahlen. Die Frage der Berücksichtigung von nicht

---

40 BAG 17.7.1970 – 3 AZR 423/69 – BAGE 22, 402, 404 ff. = DB 1970, 2226 f.
41 BAG 15.11.2000 – 5 AZR 365/99 – BAGE 96, 228, 230 f. = NZA 2001, 386 f.; BAG 21.4.1999 – AZR 174/98 – AP § 4 MuSchG 1968 Nr. 5 = NZA 1999, 1044, 1045; BAG 22.4.1998 – 5 AZR 478/97 – BAGE 88, 279, 281 ff. = NZA 1998, 936, 937; BAG 8.2.1984 – 5 AZR 182/82 –; BAG 9.9.1971 – 3 AZR 261/70 – BAGE 23, 416, 421 f. = DB 1971, 2119; BAG 31.3.1969 – 3 AZR 300/68 – BAGE 21, 370, 372 ff. = DB 1969, 1250 f.; H/S/Boecken, § 7 Rn 613.
42 BAG 7.8.1970 – 3 AZR 484/69 – BAGE 22, 418, 419 ff. = DB 1970, 1980 f.
43 Meisel/Sowka, MuSchG, § 11 Rn 13c.
44 BAG 9.8.1994 – 9 AZR 384/92 – BAGE 77, 296, 301 ff. = NZA 1995, 174, 175 f.
45 BAG 7.4.1970 – 2 AZR 201/69 – AP § 615 BGB Kurzarbeit Nr. 3 m. Anm. Söllner = DB 1970, 1134.
46 BAG 9.9.1971 – 3 AZR 261/70 – BAGE 23, 416, 418 ff. = DB 1971, 2119, auch zur Betriebsrisikolehre (§ 615 S. 3 BGB).
47 ErfK/Schlachter, § 11 MuSchG Rn 5.
48 Meisel/Sowka, MuSchG, § 11 Rn 16 ff.
49 Meisel/Sowka, MuSchG, § 11 Rn 26 ff. m.w.N.
50 BAG 9.8.1963 – 1 AZR 497/62 – BAGE 14, 304, 305 = DB 1963, 1775 f.; BAG 28.6.1963 – 1 AZR 353/62 – BAGE 14, 238, 241 = DB 1963, 1433 f.
51 Meisel/Sowka, MuSchG, § 11 Rn 28 ff.
52 BAG 28.6.1963 – 1 AZR 353/62 – BAGE 14, 238, 241 = DB 1963, 1433, 1434.
53 BSG 17.4.1991 – 1/3 RK 21/88 – BSGE 68, 222, 227 = NZA 1991, 909, 911.

nur vorübergehenden **Verdiensterhöhungen** (siehe Rn 24 ff.) sowie (dauerhaften) **Verdienstkürzungen** (siehe Rn 27) regelt Abs. 2. Von der in Abs. 3 enthaltenen Ermächtigung zum Erlass einer VO zur Berechnung des Durchschnittsverdienstes hat die BReg bislang keinen Gebrauch gemacht.[54]

bb) Durchschnittsverdienst (Abs. 1 S. 1). (1) Modifiziertes Durchschnittslohnprinzip.
Der Mutterschutzlohn wird im Grundsatz – anders als nach dem sog. **Lohnausfallprinzip** im Entgeltfortzahlungsrecht (§ 4 EFZG) – anhand der auch im Urlaubsrecht bekannten (§ 11 Abs. 1 BUrlG) sog. **Referenz- oder Bezugsmethode** („**Durchschnittslohnprinzip**") berechnet.[55] Bei der Berechnung des Mutterschutzlohns ist der Verdienst zugrunde zu legen, den die AN im **Berechnungszeitraum** (siehe Rn 23) durch ihre Arbeitsleistung durchschnittlich erzielt hat (**Lohnansprüche**), nicht dagegen das Entgelt, das der AN tatsächlich zugeflossen ist.[56] Dies hat insb. Auswirkungen bei späterer Auszahlung von Zuschlägen, z.B. gem. § 36 BAT bzw. § 24 TVöD.[57] Durch die Berücksichtigung von nicht nur vorübergehenden Lohnerhöhungen gem. **Abs. 2 S. 1** (siehe Rn 24 ff.) wird das Durchschnittslohnprinzip modifiziert (sog. **Lebensstandardprinzip**).[58]

(2) Begriff des „Verdienstes" Was „Durchschnittsverdienst" ist, ist in § 11 nicht definiert. Der in § 14 Abs. 1 S. 1 verwendete Begriff „**durchschnittliches Arbeitsentgelt**" (siehe § 14 Rn 19) hat den gleichen Inhalt wie der Begriff „Durchschnittsverdienst" in Abs. 1 S. 1.[59] Zugrunde zu legen ist weder der steuerrechtliche noch – wie bei **§ 200 RVO** (siehe § 13 Rn 14) – der sozialversicherungsrechtliche,[60] sondern der **arbeitsrechtliche Verdienstbegriff** (siehe § 611 BGB Rn 601 ff.), weil § 11 einen arbeitsrechtlichen Anspruch regelt.[61]

(3) Verdienstbestandteile. „Verdienst" ist somit jede auf dem Arbeitsvertrag beruhende geldwerte Gegenleistung des AG („Arbeitsentgelt"; „Lohn im weiteren Sinne").[62] Er besteht neben den festen (Brutto-)Bezügen (Lohn, Gehalt) aus ([über-]tariflichen) Zuschlägen (für Schicht-, Spät-, Nach-, Sonn- oder Feiertagsarbeit) und (Leistungs-, Sozial- oder Erschwernis-) Zulagen, sofern letztere nicht überwiegend den Charakter reinen Aufwendungsersatzes besitzen.[63] Eine laufend gewährte sog Anwesenheitsprämie (auch in Form einer sog. Antrittsgebühr),[64] die während entschuldigten und unentschuldigten Fehlens nicht gezahlt wird, gehört nach Ansicht des BAG ebenso zum Verdienst[65] wie – jedenfalls regelmäßig geleistete[66] – Mehrarbeits-, Überstunden-[67] und Bereitschaftsdienstvergütung, soweit Letztere nicht dem Freizeitausgleich (§ 15 Abs. 6a BAT bzw. § 10 Abs. 3 TVöD) unterliegt.[68] Erfasst sind Provisionen sowie feste Bedienungsgelder, nicht aber freie Trinkgelder.[69] Wie auch beim Urlaubsentgelt (§ 11 Abs. 1 S. 4 BUrlG) sind nicht frei widerruflich gewährte Sachbezüge, z.B. Wohnung, Verpflegung, Essenszuschüsse, Deputate, Personalrabatte, Freifahrten, zum uneingeschränkten privaten Gebrauch überlassenes Firmenfahrzeug mangels anderweitiger Vereinbarung weiterzugewähren und nicht nur in dem entsprechenden Umfang abzugelten.[70] Gleiches gilt für vermögenswirksame Leistungen[71] und die AN-Sparzulage.[72] Vollumfängliche Lohnersatzleistungen für Dienstausfallzeiten, insb. Feiertagsvergütung (§ 2 EFZG) und Entgeltfortzahlung im Krankheitsfall (§§ 3 ff. EFZG), Vergütung für BR-Tätigkeit (§ 37 BetrVG) und BR-Versammlungen (§ 44 BetrVG) sind zu berücksichtigen, nicht dagegen öffentlich-rechtliche Leistungen, z.B. Krankengeld (§§ 44 ff. SGB V), Kurzarbeitergeld (§§ 169 ff. SGB III), Winterausfallgeld

---

54 *Meisel/Sowka*, § 11 Rn 94; *Jorkowski*, ZTR 2003, 275, 277 f.
55 BAG 28.6.1963 – 1 AZR 353/62 – BAGE 14, 238, 241 f. = DB 1963, 1433, 1434; BSG 17.4.1991 – 1/3 RK 18/89 – SozR 3–7860 § 10 Nr. 2 = DB 1991, 1992; BSG 22.6.1966 – 3 RK 105/63 – BSGE 25, 69, 70 = BB 1966, 1457; LAG Hamm 31.10.2006 – 9 (1) Sa 1243/06 = NZA-RR 2007, 118 ff.
56 BAG 8.9.1978 – 3 AZR 418/77 – AP § 11 MuSchG 1968 Nr. 8 m. Anm. *Herschel* = DB 1978, 2496 f.
57 BAG 6.3.1985 – 5 AZR 523/83 – BAGE 48, 173, 176 = AP § 11 MuSchG 1968 Nr. 11 m. Anm. *Clemens*; BAG 28.11.1984 – 5 AZR 243/83 – BAGE 47, 261, 265 ff. = NZA 1985, 564, 565 f.
58 *Meisel/Sowka*, MuschG, § 11 Rn 32 ff.
59 BAG 11.10.2000 – 5 AZR 240/99 – BAGE 96, 34, 40 = NZA 2001, 445, 447; BAG 29.1.1971 – 3 AZR 97/69 – BAGE 23, 178, 180 f. = DB 1971, 536.
60 *Meisel/Sowka*, MuschG, § 11 Rn 41 m.w.N.
61 BSG 15.4.1997 – 1 RK 13/96 – SozR 3–7860 § 10 Nr. 5 = NZS 1998, 32, 33.
62 BAG 29.1.1971 – 3 AZR 97/69 – BAGE 23, 178, 180 f. = DB 1971, 536; BSG 17.4.1991 – 1/3 RK 18/89 – SozR 3–7860 § 10 Nr. 2 = DB 1991, 1992.
63 *Meisel/Sowka*, MuschG, § 11 Rn 43 ff.; ErfK/*Schlachter*, § 11 MuSchG Rn 7.
64 ArbG Bochum 16.10.1974 – 3 Ca 331/74 – BB 1975, 840.
65 BAG 23.5.1984 – 5 AZR 500/81 – AP § 611 BGB Anwesenheitsprämie Nr. 14 m. Anm. *Meisel* = NZA 1985, 81; BAG 19.5.1982 – 5 AZR 466/80 – BAGE 39, 67, 69 = DB 1982, 2190; BAG 29.1.1971 – 3 AZR 97/69 – BAGE 23, 178, 181 ff. = DB 1971, 536; a.A. *Meisel/Sowka*, MuschG, § 11 Rn 48 m.w.N.
66 *Meisel/Sowka*, MuschG, § 11 Rn 44a f. m.w.N.
67 BAG 3.5.1989 – 5 AZR 249/88 – AP § 2 LohnFG Nr. 19 = NZA 1989, 885; BAG 18.1.1973 – 5 AZR 362/72 – AP § 2 LohnFG Nr. 4 m. Anm. *Becher* = DB 1973, 829 ff.; BAG 8.5.1972 – 5 AZR 428/71 – AP § 2 LohnFG Nr. 3 m. Anm. *Hessel* = DB 1972, 1395; BSG 25.8.1960 – 3 RK 50/57 – BSGE 13, 23, 26 ff. = Breith 1961, 109.
68 LAG Baden-Württemberg 12.5.1993 – 3 Sa 49/93 – ZTR 1993, 508.
69 *Meisel/Sowka*, MuschG, § 11 Rn 45 m.w.N.
70 BAG 11.10.2000 – 5 AZR 240/99 – BAGE 96, 34, 39 ff. = NZA 2001, 445, 446 ff. m.w.N.
71 BAG 15.8.1984 – 5 AZR 47/83 – BAGE 46, 174, 177 ff. = NZA 1985, 223, 224, zu § 14.
72 *Meisel/Sowka*, MuschG, § 11 Rn 50a f. m.w.N., auch zu weiteren AG-Leistungen.

(§§ 214 ff. SGB III).[73] Einmalige (Sonder-)Zuwendungen wie Weihnachtsgeld, Urlaubsgeld, Urlaubsabgeltung,[74] Treueprämie, Jubiläumsgeld, Gratifikationen, Heirats- und sonstige Beihilfen, Unterstützungen, Vergütung für betriebliche Verbesserungsvorschläge, AN-Erfindervergütung und Gewinnbeteiligung sind bei der Ermittlung des Durchschnittsverdienstes nicht zu berücksichtigen, da sie nicht den Lebensstandard der AN bedingen.[75] Insb. Gratifikationen sind der AN vielmehr im jeweiligen Fälligkeitszeitpunkt als Einmalzahlung – ggf. unter anteiliger Minderung wegen schwangerschaftsbedingter Ausfallzeiten[76] – zu gewähren. Nach Ansicht der Rspr. soll ein 13. bzw. 14. Monatsgehalt nur dann zu berücksichtigen sein, wenn es sich um eine „arbeitsleistungsbezogene Sonderzahlung" handelt,[77] die ausschließlich als Vergütung für geleistete Arbeit anzusehen und dem monatlich verdienten Arbeitsentgelt anteilig zuzurechnen ist.[78] Nicht als Gegenleistung gewährte Zuwendungen bleiben außer Betracht, z.B. reine Aufwandsentschädigungen wie Trennungsgeld, Auslösungen, Reise-, Tages-, Übernachtungsgeld.[79]

22 **(4) Verdienstarten.** Bezieht die AN konstanten Zeitlohn (Monats-, Wochen-, Tages-, Stundenlohn), so ist Mutterschutzlohn in dieser Höhe – bei gleich bleibender Entgeltbemessungsgrundlage und im gleichen Entgeltabrechnungszeitraum[80] – zu zahlen.[81] Bei schwankender Höhe der Bezüge ist der erzielte Gesamtverdienst durch die Anzahl der maßgeblichen Zeiteinheiten[82] des Bezugszeitraums (siehe Rn 28) zu teilen.[83] Bspw. ist bei einer von Akkord- auf Zeitlohnarbeit umgesetzten Arb der während des Berechnungszeitraumes erzielte Akkordverdienst durch die Zahl der Stunden zu teilen, die sie zu dessen Erzielung aufgewendet hat.[84] Dies gilt auch dann, wenn die AN die Akkordarbeit in Unkenntnis ihrer Schwangerschaft und des daraus folgenden Beschäftigungsverbots (§ 4 Abs. 3 S. 1 Nr. 1) verrichtet hat.[85] Gleiches gilt für verbotswidrig (§ 8 Abs. 1, 2) verrichtete Mehrarbeit.[86]

23 **cc) Berechnungszeitraum (Abs. 1 S. 1, 3, 4, 5).** Nach dem Grundsatz des Abs. 1 S. 1 sind die **letzten 13 Wochen** oder die **letzten drei Monate** vor Beginn des ersten Monats der **Schwangerschaft** (siehe § 9 Rn 7) maßgeblich, wobei dem **AG** insoweit ein **Wahlrecht** zusteht.[87] Enthält jedoch der Arbeitsvertrag eine Regelung zur wöchentlichen Arbeitszeit, wonach diese im Durchschnitt eines halben Jahres zu erbringen ist (Arbeitszeitkonto), so ist die vereinbarte Arbeitszeit auch für die Berechnung des Mutterschutzlohns maßgebend.[88] Wird das Arbverh erst nach Eintritt der Schwangerschaft begonnen, so ist gem. Abs. 1 S. 3 der Durchschnittsverdienst aus dem Arbeitsentgelt der ersten 13 Wochen oder drei Monate der Beschäftigung zu berechnen. Hat das Arbverh nach Abs. 1 S. 1 oder S. 3 kürzer gedauert, so ist gem. Abs. 1 S. 4 der kürzere Zeitraum der Berechnung zugrunde zu legen.[89] Nach allg.M. ist als Grundlage der Ermittlung eines repräsentativen Durchschnittsverdienstes ein Zeitraum von wenigstens einem Monat erforderlich.[90] Bei kürzerer Dauer des Arbverh ist hypothetisch zu prüfen, welchen Verdienst die AN – bzw. eine gleichartige AN[91] – erzielt hätte.[92] Zeiten, in denen die AN ohne ihr Verschulden kein Arbeitsentgelt bezogen hat, bleiben gem. Abs. 1 S. 5 außer Betracht. In diesem Fall ist von dem Durchschnittsverdienst auszugehen, den die AN während der letzten drei Monate oder 13 Wochen in dem Zeitraum hatte, der dem Zeitabschnitt ohne Arbeitsentgelt unmittelbar vorausgeht.[93] Das Verhältnis von Abs. 1 S. 5 zu Abs. 2 S. 2 ist str. (siehe Rn 27).

24 **dd) Verdiensterhöhungen (Abs. 2 S. 1). (1) Allgemeines.** Die im Grundsatz anzuwendende **Referenzmethode** (siehe Rn 19) erfährt im Hinblick auf Verdiensterhöhungen eine Korrektur im Sinne des sog. **Entgeltausfallprinzips**.[94] Entsprechend der Rechtslage im Urlaubsrecht (§ 11 Abs. 1 S. 2 BUrlG) sind gem. Abs. 2 S. 1 „Verdienst-

---

73 Meisel/Sowka, MuSchG, § 11 Rn 46; ErfK/Schlachter, § 11 MuSchG Rn 7.
74 BSG 22.6.1966 – 3 RK 105/63 – BSGE 25, 69, 72 f. = BB 1966, 1457, 1458.
75 Meisel/Sowka, MuSchG, § 11 Rn 47.
76 BAG 14.12.1995 – 6 AZR 297/95 – AP § 11 TV Arb Bundespost Nr. 1 = NZA 1996, 996, 997 f.; BAG 12.7.1995 – 10 AZR 511/94 – AP § 611 BGB Gratifikation Nr. 182 = NZA 1995, 1165 f.; BAG 30.3.1967 – 5 AZR 359/66 – BAGE 19, 300, 304 ff. = DB 1967, 996 ff.
77 BAG 25.11.1998 – 10 AZR 595/97 – AP § 611 BGB Gratifikation Nr. 212 = NZA 1999, 766 f.
78 BSG 15.4.1997 – 1 RK 13/96 – SozR 3–7860 § 10 Nr. 5 = NZS 1998, 32, 33 f.; BSG 17.4.1991 – 1/3 RK 18/89 – SozR 3–7860 § 10 Nr. 2 = DB 1991, 1992, zum 13. Monatsgehalt; BSG 22.6.1966 – 3 RK 105/63 – BSGE 25, 69, 71 f. = BB 1966, 1457 f., zum 14. Monatsgehalt.
79 ErfK/Schlachter, § 11 MuSchG Rn 7; Meisel/Sowka, MuSchG, § 11 Rn 49 m.w.N.
80 Meisel/Sowka, MuSchG, § 11 Rn 34 m.w.N.
81 ErfK/Schlachter, § 11 MuSchG Rn 9.
82 Meisel/Sowka, MuSchG, § 11 Rn 52 ff., mit Beispielen.
83 ErfK/Schlachter, § 11 MuSchG Rn 9.
84 BAG 21.12.1964 – 1 AZR 235/64 – BAGE 17, 37, 38 ff. = DB 1965, 784; BAG 28.2.1964 – 1 AZR 307/63 – AP § 10 MuSchG Nr. 4 m. Anm. Bulla = DB 1964, 663.
85 BAG 20.12.1972 – 3 AZR 60/72 – AP § 11 MuSchG 1968 Nr. 7 m. Anm. Töns = DB 1973, 829 ff.
86 BSG 25.8.1960 – 3 RK 50/57 – BSGE 13, 23, 26 ff. = Breith 1961, 109.
87 Meisel/Sowka, MuSchG, § 11 Rn 35; ErfK/Schlachter, § 11 MuSchG Rn 8.
88 LAG Hamm 31.10.2006 – 9 (1) Sa 1243/06 – EzA-SD 2007, Nr. 1, 6.
89 Jorkowski, ZTR 2003, 275, 277.
90 BAG 15.1.1969 – 3 AZR 305/68 – AP § 11 MuSchG 1968 Nr. 1 m. Anm. Schnorr von Carolsfeld = DB 1969, 489, 490; Meisel/Sowka, MuSchG § 11 Rn 39 m.w.N.
91 S. den Rechtsgedanken des § 200 Abs. 2 S. 4 RVO beim Mutterschaftsgeld.
92 Meisel/Sowka, MuSchG § 11 Rn 40.
93 BAG 15.1.1969 – 3 AZR 305/68 – AP § 11 MuSchG 1968 Nr. 1 m. Anm. Schnorr von Carolsfeld = DB 1969, 489, 490 f. m.w.N.
94 H/S/Boecken, § 7 Rn 614.

erhöhungen nicht nur vorübergehender Natur", die während oder nach Ablauf des Berechnungszeitraums eintreten, bei der Ermittlung des Durchschnittsverdienstes zu berücksichtigen. Hierbei kann es sich z.B. um einzel- oder kollektivvertraglich vereinbarte **Lohnerhöhungen** handeln, die automatisch wegen des Erreichens bestimmter Voraussetzungen (Dienstalter, Dauer der Betriebszugehörigkeit, Familienstand etc.) eintreten.[95] „**Nicht nur vorübergehender Natur**" ist die Lohnerhöhung zum einen, wenn mit ihr eine Höhergruppierung oder eine zusätzliche Zulage verbunden ist,[96] aber auch dann, wenn die AN allein wegen eines zwischenzeitlichen Wechsels der Entlohnungsart (Abs. 1 S. 2) höher vergütet wird.[97] Als nicht dauerhaft anzusehen sind Verdiensterhöhungen, die ausschließlich auf einer quantitativen Mehrleistung (Überstunden) oder auf einer qualitativen Mehrleistung (Leistungssteigerung) der AN beruhen.[98]

(2) Übertariflicher Lohn und Tariflohnerhöhung. Eine Tariflohnerhöhung wird nach st. Rspr.[99] grds. zunächst von einer der AN einzelvertraglich gewährten übertariflichen Zulage aufgesogen (stillschweigender oder ausdrücklicher sog. **Anrechnungsvorbehalt**), wenn die Zulage nicht ausdrücklich zum jeweiligen Tariflohn gewährt wird („tariffeste" Vereinbarung) oder besondere Leistungen oder Erschwernisse abgegolten werden sollen oder besondere Umstände neben dem Tariflohn Berücksichtigung finden sollten.[100] Insoweit ist das Mitbestimmungsrecht des BR nach § 87 Abs. 1 Nr. 10 BetrVG zu beachten.[101] Ein Anrechnungsvorbehalt soll sich nach neuerer Rspr. im Zweifel nicht auf eine Tariflohnerhöhung anlässlich einer Arbeitszeitverkürzung (sog. **Lohnausgleich**) erstrecken.[102] Eine Tarifbestimmung,[103] nach der eine Erhöhung des tariflichen Stundenlohns je AN und Stunde voll wirksam werden muss (sog. begrenzte **Effektivklausel**), ist nach st. Rspr. unwirksam.[104]

25

(3) Maßgeblicher Zeitpunkt. Eine während des **Berechnungszeitraums** (siehe Rn 23) eintretende Lohnerhöhung ist (fiktiv) für dessen gesamte Dauer maßgeblich.[105] Lohnerhöhungen, die zwischen dem Beginn des Zeitraums, für den die Referenzlöhne gezahlt worden sind, und dem Ende der mutterschaftsbedingten Ausfallzeiten erfolgt sind, sind ab ihrem **Inkrafttreten** einzubeziehen.[106] Abs. 2 S. 1 findet auch dann Anwendung, wenn mit einer AN vor Eintritt der Schwangerschaft vereinbart worden ist, dass sie von einem bestimmten Zeitpunkt an fortlaufend Nacht- und Sonntagsdienste zu leisten hat, diese Tätigkeiten aber wegen § 8 Abs. 1 nicht aufgenommen werden konnten.[107]

26

ee) Verdienstkürzungen (Abs. 2 S. 2, 3). Der Grundsatz der Nichtberücksichtigung verdienstloser Zeiten bei der Berechnung des Durchschnittsverdienstes nach Abs. 1 S. 5 (siehe Rn 23) wird durch Abs. 2 S. 2 in zweifacher Hinsicht ergänzt; zum einen dahingehend, dass neben kurzarbeitsbedingtem **Arbeitsausfall** auch nur stundenweise Arbeits- und damit Verdienstausfälle sowie bloße **Verdienstminderungen** nicht berücksichtigt werden und zum anderen, dass nur Fälle „**unverschuldeter**" **Arbeitsversäumnis** unberücksichtigt bleiben.[108] Unverschuldete Arbeitsversäumnis ist dann nicht gegeben, wenn das Fernbleiben von der Arbeit objektiv eine Vertragsverletzung darstellt und von der AN in subjektiver Hinsicht zu vertreten ist, z.B. bei Teilnahme der AN an einem rechtswidrigen Streik. Umstr. ist, welche Anforderungen insoweit an das Verschulden der AN zu stellen sind (Vorsatz und/oder Fahrlässigkeit oder sog. „Verschulden gegen sich selbst").[109] Gem. Abs. 2 S. 3 sind zu Lasten der AN „**dauerhafte**" und allg. –

27

---

95 *Meisel/Sowka*, MuSchG, § 11 Rn 66 ff. m.w.N.
96 *Meisel/Sowka*, MuSchG, § 11 Rn 66 ff.
97 BAG 20.12.1972 – 3 AZR 60/72 – AP § 11 MuSchG 1968 Nr. 7 m. Anm. *Töns* = DB 1973, 829, 830.
98 *Meisel/Sowka*, MuSchG, § 11 Rn 66b m.w.N.
99 S. nur BAG 17.9.2003 – 4 AZR 533/02 – AP § 4 TVG Übertarifl. Lohn u. Tariflohnerhöhung Nr. 39 = NZA 2004, 437, 439 f.; BAG 5.12.1984 – 5 AZR 601/83 – juris; BAG 1.11.1956 – 2 AZR 194/54 – BAGE 3, 132, 133 ff. = SAE 1957, 25, 26 f. m. Anm. *Vielhaber*.
100 *Meisel/Sowka*, MuSchG, § 11 Rn 71 ff.
101 BAG 7.2.1996 – 1 AZR 657/95 – BAGE 82, 47, 53 ff. = NZA 1996, 832, 833; BAG 20.4.1994 – 1 ABR 52/93 – juris; BAG 22.9.1992 – 1 AZR 459/90 – AP § 87 BetrVG 1972 Lohngestaltung Nr. 56 = NZA 1993, 566 ff.; BAG 3.12.1991 – GS 2/90 – BAGE 69, 134, 161 ff. = NZA 1992, 749, 752 ff.; BAG 3.12.1991 – GS 1/90 – AP § 87 BetrVG 1972 Lohngestaltung Nr. 52 = DB 1991, 2593.
102 BAG 15.3.2000 – 5 AZR 557/98 – BAGE 94, 58, 60 ff. = NZA 2001, 105 ff.; BAG 3.6.1998 – 5 AZR 616/97 – AP § 4 TVG Übertariflicher Lohn u. Tariflohnerhöhung Nr. 34 = NZA 1999, 208, 209 f.; BAG 7.2.1996 – 1 AZR 657/95 – BAGE 82, 47, 52 f. = NZA 1996, 832, 833; a.A. BAG 28.10.1987 – 4 AZR 242/87 – BB 1988, 702 ff.; BAG 3.6.1987 – 4 AZR 44/87 – BAGE 55, 322, 324 ff. = NZA 1987, 848 ff.
103 S. zu BV BAG 30.5.2006 – 1 AZR 111/05 – AP § 77 BetrVG 1972 Tarifvorbehalt Nr. 23 = NZA 2006, 1170, 1171 ff.
104 BAG 17.9.2003 – 4 AZR 533/02 – AP § 4 TVG Übertarifl. Lohn u. Tariflohnerhöhung Nr. 39 = NZA 2004, 437, 440; BAG 21.7.1993 – 4 AZR 468/92 – NZA 73, 364, 370 ff. = NZA 1994, 181, 183; BAG 16.9.1987 – 4 AZR 265/87 – BAGE 56, 120, 124 ff. = NZA 1988, 29, 30 ff.; BAG 10.3.1982 – 4 AZR 540/79 – BAGE 38, 118, 124 = DB 1982, 1223, 1224; BAG 16.4.1980 – 4 AZR 261/78 – BAGE 33, 83, 88 f. = DB 1980, 1947; BAG 18.8.1971 – 4 AZR 342/70 – BAGE 23, 399, 404 ff. = DB 1971, 2117, 2118; BAG 14.2.1968 – 4 AZR 275/67 – BAGE 20, 308, 312 ff. = DB 1968, 1133 ff.
105 *Meisel/Sowka*, MuSchG, § 11 Rn 67 ff. m.w.N., auch mit Rechenbeispielen.
106 EuGH 13.2.1996 – Rs. C-342/93 (Joan Gillespie u.a. ./.Northern Health and Social Services Board u.a.) – Slg. I 1996, 475 = AuR 1996, 111.
107 BAG 8.8.1990 – 5 AZR 584/89 – BAGE 65, 337, 339 ff. = NZA 1990, 974, 975.
108 ErfK/*Schlachter*, § 11 MuSchG Rn 10.
109 *Meisel/Sowka*, MuSchG, § 11 Rn 60 ff. mit Beispielen und m.w.N., auch zu den a.A.; z.B. ErfK/*Schlachter*, § 11 MuSchG Rn 9: billigendes Inkaufnehmen.

nicht auf einem mutterschutzrechtlichen Beschäftigungsverbot beruhende – Verdienstkürzungen, z.B. durch Minderung der Akkordsätze[110] oder wegen Neubewertung von Bereitschaftsdienstzeiten, nicht nur dann bei der Ermittlung des Durchschnittsverdienstes zu berücksichtigen, wenn sie während, sondern auch, wenn sie erst **nach Ablauf des Berechnungszeitraums** eintreten.[111]

28 **c) Anspruchsdauer.** Der Anspruch entsteht ab dem Zeitpunkt, ab dem die AN wegen eines der in Abs. 1 S. 1 genannten Beschäftigungsverbote (siehe Rn 6) einen zu einer Verdienstminderung (siehe Rn 16) führenden Arbeitsausfall (siehe Rn 7) oder Wechsel der Beschäftigung oder Entlohnungsart (siehe Rn 8) hinnehmen muss, ohne Anspruch auf Mutterschaftsgeld (siehe Rn 5) zu haben. Ein Anspruch aus § 11 endet, wenn eine der Voraussetzungen wegfällt, spätestens mit Ablauf der Schutzfrist des § 3 Abs. 2. Ein neuer Anspruch kann entstehen, wenn die AN nach Ablauf der Schutzfrist des § 6 Abs. 1 die Arbeit aufnimmt und erneut ein Beschäftigungsverbot, z.B. nach § 6 Abs. 2, Abs. 3 oder § 8, besteht.[112]

29 **2. Herausgabe von Ersatzverdienst (§ 285 BGB).** Die AN hat dem AG nach zutreffender Ansicht gem. § 285 BGB einen durch die anderweitige Verwendung ihrer Arbeitsleistung während der Schutzfrist erzielten Ersatzverdienst herauszugeben.[113]

30 **3. Rechtsfolgen eines Verstoßes des Arbeitgebers gegen § 11.** § 11 ist im OWi- und Straftaten-Katalog des § 21 nicht aufgeführt. Zahlt der AG entgegen § 11 den Mutterschutzlohn nicht, so kann die AN ihren Anspruch vor dem **ArbG** (siehe Rn 39) geltend machen.[114]

C. Verbindung zu anderen Rechtsgebieten und zum Prozessrecht

I. Ausgleichsverfahren (AAG bzw. §§ 10 ff. LFZG a.F.)

31 Das BVerfG hatte mit Beschluss v. 18.11.2003[115] im Hinblick auf die Begrenzung des Ausgleichs- und Umlageverfahrens nach den §§ 10 ff. LFZG a.F. auf Kleinunternehmen einen Verstoß des AG-Zuschusses gem. § 14 Abs. 1 S. 1 gegen Art. 12 Abs. 1, 3 Abs. 2 GG festgestellt (siehe § 14 Rn 3). Innerhalb der vom BVerfG gesetzten Frist zur Schaffung einer verfassungsgemäßen Neuregelung hat der Gesetzgeber das Gesetz über den Ausgleich von Arbeitgeberaufwendungen und zur Änderung weiterer Gesetze v. 22.12.2005 erlassen.[116] Als dessen Art. 1 ist zum 1.1.2006 das **Gesetz über den Ausgleich der Arbeitgeberaufwendungen für Entgeltfortzahlung (AufwendungsausgleichsG – AAG)** in Kraft getreten; gem. Art. 4 S. 3 wurde das LFZG nunmehr vollständig aufgehoben.[117] Der Erstattungsanspruch des AG in Bezug auf den nach § 14 Abs. 1 gezahlten Zuschuss zum Mutterschaftsgeld sowie das nach § 11 bei Beschäftigungsverboten gezahlte Arbeitsentgelt (Mutterschutzlohn) einschließlich der hierauf entfallenden vom AG zu tragenden Sozialversicherungsbeiträge ergibt sich aus § 1 Abs. 2 Nr. 1 bis 3 AAG. Dieses sog. **U2-Verfahren**[118] knüpft nicht mehr an eine bestimmte AN-Anzahl an.[119] Auch für sog. unständige Beschäftigte, also solche AN, die berufsmäßig Beschäftigungen von weniger als einer Woche ausüben, sind Umlagebeträge im U2-Verfahren zu zahlen, da dem AG insoweit auch die Aufwendungen bei Mutterschaft erstattet werden.[120] An den Umlageverfahren nehmen gem. § 1 Abs. 3 AAG auch reine Ausbildungsbetriebe teil. Die Mittel zur Durchführung der Ausgleichverfahren werden gem. § 7 Abs. 1 AAG von den am Ausgleich beteiligten AG jeweils durch gesonderte Umlagen aufgebracht.[121] Die Umlagen sind gem. § 7 Abs. 2 S. 2 AAG jeweils in einem Prozentsatz des Entgelts (Umlagesatz) festzusetzen, der sich an der Höhe des Beitragssatzes der gesetzlichen Rentenversicherung orientiert,

---

110 LAG Düsseldorf 13.3.1964 – 4 Sa 725/63 – BB 1964, 681 f.; ArbG Wuppertal 24.7.1962 – 1 Ca 289/62 – BB 1962, 1161.
111 BAG 20.9.2000 – 5 AZR 924/98 – BAGE 95, 331, 334 ff. = NZA 2001, 657, 658 f.; *Bitzer*, BuW 2003, 738, 739; *Jacklofsky*, AuA 2002, 298, 299; *Joussen*, NZA 2002, 702, 704 f.; *Will*, FA 2002, 268, 269.
112 ErfK/*Schlachter*, § 11 MuSchG Rn 11.
113 ErfK/*Schlachter*, § 11 MuSchG Rn 1; *Löwisch*, NJW 2003, 2049 ff.; für § 281 BGB a.F. verneint von ArbG Freiburg 6.2.2003 – 11 Ca 611/02 – NZA-RR 2003, 626, 627 f.
114 *Meisel/Sowka*, MuSchG, § 11 Rn 95 f.
115 BVerfG 18.11.2003 – 1 BvR 302/96 – AG-Zuschuss zum Mutterschaftsgeld – BVerfGE 109, 64, 84 ff. = NZA 2004, 33, 35 ff.
116 BGBl I 2005 S. 3686; RegE BT-Drucks 16/39.
117 Zum AAG s. teils kritisch *Buchner*, NZA 2006, 121 ff.; *Kossens*, WzS 2006, 97 ff.; *Stuhlmann*, AuA 2006, 44 f.; *Jenak*, AuA 2006, 224, 226.
118 Nach dem sog. U1-Verfahren werden die AG-Aufwendungen für die Entgeltfortzahlung nach dem EFZG ausgeglichen (§ 1 Abs. 1 AAG).
119 Gem. § 10 Abs. 1 LFZG a.F. waren nur AG erfasst, die i.d.R. ausschließlich der zu ihrer Berufsausbildung Beschäftigten bis zu 20 AN, durch Satzung der Krankenkasse erweiterbar auf max. 30 AN, beschäftigten.
120 *Giesen/Ricken*, NZA 2006, 1148, unter Berufung auf eine Besprechung der Spitzenverbände der Krankenkassen, der Deutschen Rentenversicherung Bund und der BA über Fragen des gemeinsamen Beitragseinzugs zur Kranken-, Pflege-, Renten-, und Arbeitslosenversicherung v. 22.6.2006.
121 Damit hat sich der Gesetzgeber gegen die vor allem von AG-Seite vielfach geforderte Finanzierung der Mutterschaftsleistungen als gesamtgesellschaftliche Aufgabe aus Steuermitteln entschieden.

welcher seit 1.1.2007 19,9 v.H. beträgt.[122] Der Erstattungsanspruch nach § 1 Abs. 2 Nr. 2 AAG setzt wie bereits § 10 Abs. 1 S. 1 Nr. 3 LFZG a.F. voraus, dass der AN das Arbeitsentgelt „nach § 11" und damit „**wegen** (siehe Rn 9 ff.) **eines Beschäftigungsverbots**" (siehe Rn 6) gezahlt hat.[123] Eine **Gewinnbeteiligung**, die der AN auch dann ungekürzt zusteht, wenn ihre Tätigkeit im Verlauf des Jahres wegen eines mutterschutzrechtlichen Beschäftigungsverbots unterbrochen war, gehört nicht zu den Aufwendungen, die dem AG im Ausgleichsverfahren zu erstatten sind.[124] Im Unterschied zum früheren Recht (§ 10 Abs. 1 LFZG a.F.) ist der Erstattungsanspruch nicht mehr auf 80 v.H. der gezahlten AG-Leistungen begrenzt, sondern wird gem. § 1 Abs. 2 AAG „**in vollem Umfang**" gewährt. Zuständig sind die Krankenkassen mit Ausnahme der landwirtschaftlichen Krankenkassen. Deren Satzung kann gem. § 9 Abs. 2 Nr. 2 AAG eine pauschale Erstattung des von den AG zu tragenden Teils des Gesamtsozialversicherungsbeitrags für den Mutterschutzlohn vorsehen. Die Satzung der Krankenkasse kann nach § 9 Abs. 2 Nr. 3 AAG die Zahlung von **Vorschüssen** vorsehen. Der Erstattungsanspruch verjährt gem. § 6 Abs. 1 AAG in vier Jahren nach Ablauf des Kalenderjahrs, in dem er entstanden ist.

II. Einkommensteuer- und Sozialversicherungsrecht

Beim Mutterschutzlohn handelt es sich um in vollem Umfang der Einkommensteuer unterliegende Einkünfte aus nichtselbstständiger Tätigkeit i.S.v. **§§ 1 Abs. 1 S. 1 Nr. 4, 19 EStG**[125] und Arbeitslohn i.S.v. **§ 2 Abs. 1 LStDV**.[126] In gezahltem Mutterschutzlohn enthaltene Zuschläge für Sonntags-, Feiertags- und Nachtarbeit sind nicht nach **§ 3b EStG** steuerfrei.[127] Sozialversicherungsrechtlich ist Mutterschutzlohn Arbeitsentgelt i.S.v. **§ 14 SGB IV**.[128]

III. Verjährung und Ausschlussfristen

Der Anspruch auf Mutterschutzlohn verjährt gem. **§ 195 BGB** in drei Jahren und wird von **Ausschlussfristen** für die Geltendmachung von Arbeitslohn erfasst.[129] Der Erstattungsanspruch des AG verjährt gem. **§ 6 Abs. 1 AAG** in vier Jahren nach Ablauf des Kalenderjahres, in dem er entstanden ist (siehe Rn 31).

IV. Darlegungs- und Beweislast

1. Beschäftigungsverbot (Kausalität). Die AN genügt ihrer Darlegungslast zur Suspendierung der Arbeitspflicht und zur Begründung eines Anspruchs aus Abs. 1 zunächst durch **Vorlage der ärztlichen Bescheinigung** nach § 3 Abs. 1. Es ist sodann Sache des AG, der das Beschäftigungsverbot (siehe Rn 6) anzweifelt, vom ausstellenden Arzt **Auskünfte** über die Gründe für das Attest zu verlangen, soweit dieser nicht der ärztlichen Schweigepflicht unterliegt. Der Arzt hat dem AG mitzuteilen, von welchen **tatsächlichen Arbeitsbedingungen** der AN er bei Erteilung seines Zeugnisses ausgegangen ist und ob **krankheitsbedingte Arbeitsunfähigkeit** vorgelegen hat. Will der AG das Beschäftigungsverbot wegen objektiv begründbarer Zweifel nicht gegen sich gelten lassen, kann er eine **weitere ärztliche Untersuchung** der AN verlangen.[130] Die AN hat diesem Verlangen angesichts der den AG treffenden Belastungen i.d.R. nachzukommen, wenn der AG ihr die ihn dazu bewegenden Gründe mitteilt.[131] I.Ü. ist es dem AG jedoch unbenommen, beim Bestehen von Zweifeln an einem Beschäftigungsverbot, unabhängig von einer neuerlichen Untersuchung Umstände vorzutragen, die den Beweiswert des ärztlichen Zeugnisses erschüttern, denn der Ausspruch des Beschäftigungsverbots stellt keine hinreichende Bedingung des Anspruchs dar, sondern dient nur als Beweismittel für das Vorliegen des Beschäftigungsverbots.

Als Beweismittel kann die ärztliche Bescheinigung durch **anderweitige Tatsachen** deshalb mehr oder weniger entwertet werden.[132] Der Beweiswert eines zunächst nicht näher begründeten ärztlichen Beschäftigungsverbots ist erschüttert, wenn die AN trotz Aufforderung des AG keine ärztliche Bescheinigung vorlegt, aus der hervorgeht, von welchen Arbeitsbedingungen der Arzt beim Ausspruch des Beschäftigungsverbots ausgegangen ist und welche Einschränkungen für die AN bestehen.[133] Solche Angaben sind vor dem Hintergrund der erheblichen finanziellen Folgen eines mutterschutzrechtlichen Beschäftigungsverbots für den AG erforderlich. Nur wenn der AG diese Umstände kennt, kann er prüfen, ob er der AN andere zumutbare Arbeiten zuweisen (§ 106 GewO) kann, die dem Beschäftigungsverbot nicht entgegenstehen.[134]

---

122 Gesetz zur Bestimmung der Beitragssätze in der gesetzlichen Rentenversicherung für das Jahr 2007 (BeitragssatzG – BSG 2007) v. 21.12.2006 (BGBl I S. 3286).
123 BSG 17.4.1991 – 1/3 RK 21/88 – BSGE 68, 222, 223 ff. = NZA 1991, 909 ff., zum LFZG a.F.
124 BSG 15.4.1997 – 1 RK 13/96 – SozR 3–7860 § 10 Nr. 5 = NZS 1998, 32 ff., hier zum Lohnausgleichsverfahren nach § 10 Abs. 1 S. 1 Nr. 3 LFZG a.F.
125 Meisel/Sowka, MuSchG, § 11 Rn 91.
126 Lohnsteuer-DurchführungsVO v. 16.6.1949 i.d.F. der Bekanntmachung v. 10.10.1989 (BGBl I S. 1848), zul. geänd. durch das AltEinkG v. 5.7.2004 (BGBl I S. 1427, 1441 f.).
127 BFH 26.10.1984 – VI R 199/80 – BFHE 142, 146, 147 f. = DB 1985, 160.
128 Meisel/Sowka, § 11 Rn 92.
129 Meisel/Sowka, MuSchG, § 11 Rn 93 m.w.N.
130 BAG 31.7.1996 – 5 AZR 474/95 – BAGE 84, 1, 4 ff. = NZA 1997, 29 f.
131 BAG 13.2.2002 – 5 AZR 588/00 – AP § 11 MuSchG 1968 Nr. 22 = NZA 2002, 738, 740.
132 BAG 1.10.1997 – 5 AZR 685/96 – BAGE 86, 347, 352 f. = NZA 1998, 194, 196.
133 Hessisches LAG 14.4.2004 – 2 Sa 803/03 – juris.
134 BAG 15.11.2000 – 5 AZR 365/99 – BAGE 96, 228, 230 ff. = NZA 2001, 386 f.

36 Bei einem auf sog. **Stresssituationen** am Arbeitsplatz oder Probleme mit Vorgesetzten und Kollegen gestützten Beschäftigungsverbot kann der AG die konkrete Beschreibung der zugrunde liegenden Umstände verlangen. Unterbleibt eine entsprechende Erläuterung der tatsächlichen Voraussetzungen des Beschäftigungsverbots, ist dessen Beweiswert erschüttert. Der AG, der die Berechtigung eines derart begründeten Verbots anzweifelt, genügt seiner Darlegungslast zunächst dadurch, dass er solche Probleme am Arbeitsplatz bestreitet und es ist dann Sache der AN, sie näher zu erläutern und entsprechende Geschehnisse zu konkretisieren. Erst dann ist der AG gehalten, dies substantiiert zu bestreiten und seinen Vortrag zu beweisen.[135]

37 Ist der Beweiswert des ärztlichen Zeugnisses erschüttert, steht nicht mehr mit der gebotenen Zuverlässigkeit fest, dass die AN i.S.v. Abs. 1 „**wegen eines Beschäftigungsverbots**" (siehe Rn 6, 9 ff.) mit der Arbeit ausgesetzt hat. Es muss dann die AN Tatsachen darlegen und ggf. beweisen, aufgrund derer sich ergibt, dass ein Beschäftigungsverbot gleichwohl bestand,[136] weil sich aus dem allg. Grundsatz ergibt, dass jede Partei die für ihr Begehren notwendigen Tatsachen beweisen muss.[137] Zur Beweisführung kann die AN ihren behandelnden Arzt von seiner **Schweigepflicht entbinden** und ihn als **sachverständigen Zeugen** für die Verbotsgründe benennen. Dann kommt erst der näheren ärztlichen Begründung gegenüber dem Gericht ein ausreichender Beweiswert zu.[138] Die Erschütterung des Beweiswertes eines ärztlichen Beschäftigungsverbots nach § 3 Abs. 1 bringt den Anspruch nach § 11 MuSchG nicht ex-nunc zum Wegfall, sondern löst vielmehr die ggf. **weitere Darlegungs- und Beweislast der schwangeren AN** aus, dass die Voraussetzungen des Beschäftigungsverbots vorgelegen haben. Dieser Beweis ist nicht erbracht, wenn die Ärztin die Voraussetzungen verkannt hat.[139]

38 **2. Arbeitsverweigerung.** Der AG muss im Einzelnen darlegen und im Streitfall beweisen, dass die Voraussetzungen für eine Lohnminderung wegen **vertragswidriger und schuldhafter Arbeitsverweigerung** (siehe Rn 10) durch die AN erfüllt sind.[140]

V. Prozessuales

39 Im Hinblick darauf, dass es sich bei dem Anspruch auf Mutterschutzlohn um einen arbeitsvertragsrechtlichen Individualanspruch handelt (siehe Rn 17), sind für die Klage der AN auf Mutterschutzlohn gem. **§ 2 Abs. 1 Nr. 3 lit. a)** ArbGG die Gerichte für Arbeitssachen zuständig.

---

§ 12 (weggefallen)

---

§ 13 Mutterschaftsgeld

(1) Frauen, die Mitglied einer gesetzlichen Krankenkasse sind, erhalten für die Zeit der Schutzfristen des § 3 Abs. 2 und des § 6 Abs. 1 sowie für den Entbindungstag Mutterschaftsgeld nach den Vorschriften der Reichsversicherungsordnung oder des Gesetzes über die Krankenversicherung der Landwirte über das Mutterschaftsgeld.

(2) ¹Frauen, die nicht Mitglied einer gesetzlichen Krankenkasse sind, erhalten, wenn sie bei Beginn der Schutzfrist nach § 3 Abs. 2 in einem Arbeitsverhältnis stehen oder in Heimarbeit beschäftigt sind, für die Zeit der Schutzfristen des § 3 Abs. 2 und des § 6 Abs. 1 sowie für den Entbindungstag Mutterschaftsgeld zu Lasten des Bundes in entsprechender Anwendung der Vorschriften der Reichsversicherungsordnung über das Mutterschaftsgeld, höchstens jedoch insgesamt 210 Euro. ²Das Mutterschaftsgeld wird diesen Frauen auf Antrag vom Bundesversicherungsamt gezahlt. ³Die Sätze 1 und 2 gelten für Frauen entsprechend, deren Arbeitsverhältnis während ihrer Schwangerschaft oder der Schutzfrist des § 6 Abs. 1 nach Maßgabe von § 9 Abs. 3 aufgelöst worden ist.

(3) Frauen, die während der Schutzfristen des § 3 Abs. 2 oder des § 6 Abs. 1 von einem Beamten- in ein Arbeitsverhältnis wechseln, erhalten von diesem Zeitpunkt an Mutterschaftsgeld entsprechend den Absätzen 1 und 2.

---

[135] BAG 13.2.2002 – 5 AZR 588/00 – AP § 11 MuSchG 1968 Nr. 22 = NZA 2002, 738, 740 f.
[136] BAG 13.2.2002 – 5 AZR 753/00 – KrV 2002, 124; LAG Hamm 5.9.2006 – 9 Sa 2073/05 – juris; LAG Hannover 20.1.2003 – 5 Sa 833/02 – LAGReport 2003, 200 ff. = NZA-RR 2003, 517, 519.
[137] BAG 21.3.2001 – 5 AZR 352/99 – BAGE 97, 215, 221 = NZA 2001, 1017, 1018 f.
[138] BAG 9.10.2002 – 5 AZR 443/01 – AP § 11 MuSchG 1968 Nr. 23 = NZA 2004, 257, 260; Hessisches LAG 14.4.2004 – 2 Sa 803/03 – juris.
[139] LAG Potsdam 13.6.2003 – 5 Sa 490/02 – LAGE § 3 MuSchG Nr. 5 = NZA-RR 2005, 67, 69.
[140] BAG 17.7.1970 – 3 AZR 423/69 – BAGE 22, 402, 406 ff. = DB 1970, 2226 f.

A. Allgemeines
I. Normzweck
II. Entstehungsgeschichte
B. Regelungsgehalt
I. Anwendungsbereich
II. Tatbestandsvoraussetzungen
1. Anspruchsgrundlage § 200 Abs. 1 RVO
   a) Mitgliedschaft in der gesetzlichen Krankenversicherung
   b) Maßgeblicher Zeitpunkt
   c) Schwangerschaft oder Entbindung
   d) (Heim-)Arbeitsverhältnis
   e) Anspruch auf Krankengeld oder Entgeltausfall wegen der Schutzfristen
2. Anspruchsgrundlage Abs. 2
   a) Keine Mitgliedschaft in der gesetzlichen Krankenversicherung
   b) Sonstige Tatbestandsvoraussetzungen

III. Rechtsfolge
1. Mutterschaftsgeld gem. § 200 RVO
   a) Berechnung und Höhe des Anspruchs (§ 200 Abs. 2 RVO)
      aa) § 200 Abs. 1 Alt. 2, Abs. 2 RVO (§§ 3 Abs. 2, 6 Abs. 1)
         (1) Allgemeines
         (2) Durchschnittslohnprinzip (§ 200 Abs. 2 S. 1 RVO)
         (3) Berechnungszeitraum (§ 200 Abs. 2 S. 1 RVO)
         (4) Sozialversicherungsrechtlicher Begriff des Arbeitsentgelts
         (5) Bestandteile des Arbeitsentgelts
         (6) Einmalig gezahltes Arbeitsentgelt (§ 200 Abs. 2 S. 3 RVO)
         (7) Verdienstminderungen (§ 200 Abs. 2 S. 3 RVO)
         (8) Verdiensterhöhungen
         (9) Umrechnung des Gesamtverdienstes auf Kalendertage
         (10) „Gleichartige" Beschäftigte (§ 200 Abs. 2 S. 4 RVO)
         (11) Höchstgrenze (§ 200 Abs. 2 S. 2 RVO)
         (12) Zuschuss (§ 200 Abs. 2 S. 6 RVO)
      bb) § 200 Abs. 1 Alt. 1, Abs. 2 S. 7 RVO („andere Mitglieder")
         (1) Personenkreis
         (2) Anspruchshöhe (§ 200 Abs. 2 S. 7 RVO)
   b) Bezugsdauer (§ 200 Abs. 3 RVO)
      aa) Grundsatz (§ 200 Abs. 3 S. 1 Hs. 1 RVO)
      bb) Entbindungstag
      cc) Mehrlings- und Frühgeburten (§ 200 Abs. 3 S. 1 Hs. 2 RVO)
      dd) Verlängerung (§ 200 Abs. 3 S. 2 RVO)
      ee) Fälligkeit (§ 41 SGB I)
      ff) Ende der Anspruchsdauer
   c) Verfahren
      aa) Zuständigkeit
      bb) Antragserfordernis
      cc) Mitwirkungspflichten
      dd) Sonstige (Verfahrens-)Vorschriften
   d) Ruhen des Anspruchs (§ 200 Abs. 4 RVO)
2. Mutterschaftsgeld gem. Abs. 2
   a) Anspruchshöhe, Bezugsdauer, Berechnung, Ruhen des Anspruchs
   b) Verfahren

C. Verbindung zu anderen Rechtsgebieten und zum Prozessrecht
I. Zusammentreffen von Mutterschaftsgeld mit anderen Leistungen
1. Ruhen von Sozialleistungen
2. Anrechnungsvorschriften
3. Krankengeld (§§ 44 ff. SGB V)
II. Sozialversicherungsrecht
1. Arbeitslosenversicherung
2. Krankenversicherung
3. Rentenversicherung
III. Einkommensteuerrecht
IV. Unterhaltsrecht
V. Verjährung (§ 45 SGB I)
VI. Prozessuales
D. Beraterhinweise

A. Allgemeines
I. Normzweck

Dem **Mutterschaftsgeld** nach § 13, § 200 RVO kommt in Zusammenschau mit dem **AG-Zuschuss** nach § 14 (siehe § 14 Rn 1) eine **Lohnersatzfunktion** zu, indem der Unterhalt der (werdenden) Mutter während der Schutzfristen der generellen Beschäftigungsverbote nach §§ 3 Abs. 2, 6 Abs. 1 gesichert und der ausfallende Arbeitslohn ersetzt werden soll.[1] Die (werdende) Mutter wird so abgesichert, dass für sie kein Anreiz besteht, unter Inkaufnahme gesundheitlicher Gefährdungen für sich oder das (werdende) Kind zum Zweck der Existenzsicherung zu arbeiten.[2] Während **Abs. 2** die **Anspruchsgrundlage** für nicht gesetzlich krankenversicherte AN auf Mutterschaftsgeld darstellt, hat **Abs. 1** für Frauen, die Mitglied einer gesetzlichen Krankenkasse sind, nur **deklaratorische Bedeutung**.[3] Sie sollen darauf hingewiesen werden, dass ihnen nach – den nicht gem. § 18 auslegebedürftigen Vorschriften der – **§ 29 KVLG**[4] bzw. insb. **§ 200 Reichs-**

---

[1] BAG 25.2.2004 – 5 AZR 160/03 – AP § 14 MuSchG 1968 Nr. 24 = NZA 2004, 537, 539; BAG 14.10.1954 – 2 AZR 30/53 – BAGE 1, 140 ff. = JZ 1955, 180, 181 ff. m. Anm. *Sieg*; BSG 20.3.1984 – 7 RAr 40/83 – SozR 4100 § 113 Nr. 3 = Breith 1984, 997 ff.; BSG 10.9.1975 – 3 RK 12/74 – BSGE 40, 211, 212 = SGb 1976, 227, 229 ff. m. Anm. *Meydam*; BSG 21.2.1969 – 3 RK 90/67 – BSGE 29, 153, 154 = SozR § 186 RVO Nr. 3 = DB 1969, 1468.

[2] BVerfG 18.11.2003 – 1 BvR 302/96 – BVerfGE 109, 64, 86 = NZA 2004, 33, 36.

[3] BSG 9.11.1977 – 3 RK 63/76 – BSGE 45, 114, 115 f. = DÖD 1978, 77 ff.

[4] Gesetz zur Weiterentwicklung des Rechts der gesetzlichen Krankenversicherung – Gesetz über die Krankenversicherung der Landwirte – KVLG v. 10.8.1972 m.W.v. 1.10.1972 (BGBl I S. 1433, 1437 f., 1458), zul. geänd. durch Gesetz zur Modernisierung der gesetzlichen Krankenversicherung (GKV-ModernisierungsG – GMG) v. 14.11.2003 m.W.v. 1.1.2004 (BGBl I 2003 S. 2190, 2243 f., 2257).

versicherungsordnung (RVO)[5] ein Anspruch auf Mutterschaftsgeld zustehen kann.[6] Die durch § 13 in Bezug genommenen Vorschriften der RVO – entsprechende Regelungen finden sich im KVLG[7] – lauten:

RVO – (Auszug)
Reichsversicherungsordnung (RVO) vom 19.7.1911, RGBl I S. 509 – BGBl III 820–1, in d.F.d. Bek. vom 15.12.1924, RGBl I S. 779, zuletzt geändert durch Drittes Gesetz zum Abbau bürokratischer Hemnisse insbesondere in der mittelständischen Wirtschaft (Drittes Mittelstandsentlastungsgesetz) vom 17.3.2009 (BGBl I S. 550, 554).

RVO § 179 – Leistungsumfang
Gegenstand der Versicherung sind die in diesem Buche vorgeschriebenen Leistungen der Krankenkassen an
1.–2. (aufgehoben)
3. Leistungen bei Schwangerschaft und Mutterschaft,
4.–6. (aufgehoben)

RVO § 195 – Leistungsumfang bei Schwangerschaft und Mutterschaft
(1) Die Leistungen bei Schwangerschaft und Mutterschaft umfassen
1. ärztliche Betreuung und Hebammenhilfe,
2. Versorgung mit Arznei-, Verband- und Heilmitteln,
3. stationäre Entbindung,
4. häusliche Pflege,
5. Haushaltshilfe,
6. Mutterschaftsgeld.

(2) Für die Leistungen nach Absatz 1 gelten die für die Leistungen nach dem Fünften Buch Sozialgesetzbuch geltenden Vorschriften entsprechend, soweit nichts Abweichendes bestimmt ist. § 16 Abs. 1 des Fünften Buches Sozialgesetzbuch gilt nicht für den Anspruch auf Mutterschaftsgeld. Bei Anwendung des § 65 Abs. 2 des Fünften Buches Sozialgesetzbuch bleiben die Leistungen nach Absatz 1 unberücksichtigt.

RVO § 200 – Mutterschaftsgeld
(1) Weibliche Mitglieder, die bei Arbeitsunfähigkeit Anspruch auf Krankengeld haben oder denen wegen der Schutzfristen nach § 3 Abs. 2 und § 6 Abs. 1 des Mutterschutzgesetzes kein Arbeitsentgelt gezahlt wird, erhalten Mutterschaftsgeld.
(2) Für Mitglieder, die bei Beginn der Schutzfrist nach § 3 Abs. 2 des Mutterschutzgesetzes in einem Arbeitsverhältnis stehen oder in Heimarbeit beschäftigt sind oder deren Arbeitsverhältnis während ihrer Schwangerschaft oder der Schutzfrist nach § 6 Abs. 1 des Mutterschutzgesetzes nach Maßgabe von § 9 Abs. 3 des Mutterschutzgesetzes aufgelöst worden ist, wird als Mutterschaftsgeld das um die gesetzlichen Abzüge verminderte durchschnittliche kalendertägliche Arbeitsentgelt der letzten drei abgerechneten Kalendermonate vor Beginn der Schutzfrist nach § 3 Abs. 2 des Mutterschutzgesetzes gezahlt. Es beträgt höchstens 13 EUR für den Kalendertag. Einmalig gezahltes Arbeitsentgelt (§ 23a des Vierten Buches Sozialgesetzbuch) sowie Tage, an denen infolge von Kurzarbeit, Arbeitsausfällen oder unverschuldeter Arbeitsversäumnis kein oder ein vermindertes Arbeitsentgelt erzielt wurde, bleiben außer Betracht. Ist danach eine Berechnung nicht möglich, ist das durchschnittliche kalendertägliche Arbeitsentgelt einer gleichartig Beschäftigten zugrunde zu legen. Für Mitglieder, deren Arbeitsverhältnis während der Mutterschutzfristen vor oder nach der Geburt beginnt, wird das Mutterschaftsgeld von Beginn des Arbeitsverhältnisses an gezahlt. Übersteigt das Arbeitsentgelt 13 EUR kalendertäglich, wird der übersteigende Betrag vom Arbeitgeber oder vom Bund nach den Vorschriften des Mutterschutzgesetzes gezahlt. Für andere Mitglieder wird das Mutterschaftsgeld in Höhe des Krankengeldes gezahlt.
(3) Das Mutterschaftsgeld wird für die letzten sechs Wochen vor der Entbindung, den Entbindungstag und für die ersten acht Wochen, bei Mehrlings- und Frühgeburten für die ersten zwölf Wochen nach der Entbindung gezahlt. Bei Frühgeburten und sonstigen vorzeitigen Entbindungen verlängert sich die Bezugsdauer um den Zeitraum, der nach § 3 Abs. 2 des Mutterschutzgesetzes nicht in Anspruch genommen werden konnte. Für die Zahlung des Mutterschaftsgeldes vor der Entbindung ist das Zeugnis eines Arztes oder einer Hebamme maßgebend, in dem der mutmaßliche Tag der Entbindung angegeben ist. Das Zeugnis darf nicht früher als eine Woche vor Beginn der Schutzfrist nach § 3 Abs. 2 des Mutterschutzgesetzes ausgestellt sein. Bei Geburten nach dem mutmaßlichen Tag der Entbindung verlängert sich die Bezugsdauer vor der Geburt entsprechend.
(4) Der Anspruch auf Mutterschaftsgeld ruht, soweit und solange das Mitglied beitragspflichtiges Arbeitsentgelt oder Arbeitseinkommen erhält. Dies gilt nicht für einmalig gezahltes Arbeitsentgelt.

---

5 V. 19.7.1911 (RGBl S. 509, 547 f., 839) m.W.v. 1.1.1914 (RGBl 1912 S. 439), zul. geänd. durch GMG v. 14.11.2003 m.W.v. 1.1.2004 (BGBl I 2003 S. 2190, 2243, 2257).
6 *Meisel/Sowka*, MuSchG, § 13 Rn 2 ff., § 200 RVO Rn 3.
7 *Meisel/Sowka*, MuSchG, § 200 RVO Rn 128 ff.

II. Entstehungsgeschichte

M.W.v. 1.1.1968[8] wurde durch das MuSchG i.d.F. v. 18.4.1968[9] das nach §§ 12, 13 MuSchG 1952 während der Schutzfristen gewährte sog. Wochengeld in „Mutterschaftsgeld" umbenannt und in §§ 200, 200a RVO a.F. kodifiziert. Durch das Kostendämpfungs-ErgänzungsG – KVEG v. 22.12.1981[10] wurde m.W.v. 1.1.1982 in verfassungskonformer Weise[11] die finanzielle Begrenzung im letzten Hs. des Abs. 2 S. 1 eingefügt – von vormals 25 DM täglich auf insg. 400 DM (heute 210 EUR).[12] Das Gesundheits-Reformgesetz – GRG v. 20.12.1988[13] führte m.W.v. 1.1.1989 zu Folgeänderungen der §§ 12 ff. im Hinblick auf die Neufassung der §§ 195 ff. RVO und §§ 22 ff. KVLG. Durch das Gesetz zur Änderung des Mutterschutzrechts v. 20.12.1996[14] wurden m.W.v. 1.1.1997 die Schutzfristen gem. § 6 Abs. 1 S. 2 verlängert und Familien-Haushalts-Ang den übrigen AN gleichgestellt, was zur ersatzlosen Streichung des § 12 a.F. (Sonderunterstützung) führte.[15] M.W.v. 20.6.2002 wurde durch das 2. Gesetz zur Änderung des Mutterschutzrechts v. 16.6.2002[16] insb. Abs. 2 S. 3 und Abs. 3[17] angefügt sowie § 200 Abs. 2, 3 RVO[18] geändert.[19]

B. Regelungsgehalt

I. Anwendungsbereich

Von § 200 RVO sind alle AN, die Mitglied einer gesetzlichen[20] Krankenkasse (siehe Rn 4) sind, erfasst. Abs. 2 gilt nur für nicht gesetzlich krankenversicherte (siehe Rn 9) Frauen, die gem. § 1 (siehe § 1 Rn 2 ff.) unter das MuSchG fallen. Nicht nach § 13, § 200 RVO berechtigt sind – mangels Vorliegens eines Arbverh – Selbstständige,[21] Organmitglieder juristischer Personen[22] und Geschäftsführer der Personengesellschaften[23] sowie – im Hinblick auf die Höchstpersönlichkeit des Anspruchs – Väter,[24] Adoptivmütter[25] (§§ 1741 ff. BGB) und Pflegemütter[26] (§§ 27, 32 f. SGB VIII, § 1744 BGB). Anderes gilt für eine Ersatzmutter (§ 13a AdVermiG)[27] bzw. Leihmutter, da sie die leibliche Mutter[28] ist. Für nichtversicherte Spätaussiedlerinnen i.S.v. § 4 BVFG[29] kann ein Anspruch auf Mutterschaftsgeld nach Maßgabe von § 11 BVFG bestehen. Für Soldatinnen gilt die MuSchSoldV.[30] Für Beamtinnen gilt die MuSchV[31] bzw. die Landes-VO, z.B. die MuSchuVO BW.[32] Gem. Abs. 3 erhalten Frauen, die während der

---

8 Gesetz zur Verwirklichung der mehrjährigen Finanzplanung des Bundes, II. Teil – FinanzänderungsG – v. 21.12.1967 (BGBl I S. 1259, 1284).
9 BGBl I 1968 S. 315, 319.
10 Gesetz zur Ergänzung und Verbesserung der Wirksamkeit kostendämpfender Maßnahmen in der Krankenversicherung (BGBl I 1981 S. 1578, 1583, 1584).
11 BVerfG 3.4.1987 – 1 BvR 1240/86 – SozR 7830 § 13 Nr. 11; BVerfG 15.5.1985 – 1 BvR 451/85 – juris; BVerfG 19.4.1985 – 1 BvR 183/85 – juris; BVerfG 16.11.1984 – 1 BvR 142/84 – SozR 7830 § 13 Nr. 6; BVerfG 23.4.1974 – 1 BvL 19/73 – BVerfGE 37, 121, 127 f. = DB 1974, 1291 f.; BSG 12.3.1985 – 3 RK 55/84 – USK 8516 = NZA 1985, 605; BSG 29.1.1985 – 8 RK 44/83 – USK 8505 = ErsK 1985, 486 f.; BSG 15.11.1984 – 3 RK 51/83 – SozR 7830 § 13 Nr. 7 = FamRZ 1985, 1028 ff.; BSG 24.11.1983 – 3 RK 41/82 – USK 83152 = ErsK 1984, 412 f.
12 *Buchner*, NJW 1982, 800, 801 ff.
13 Gesetz zur Strukturreform im Gesundheitswesen (BGBl I 1988 S. 2477, 2552 ff., 2555 ff., 2590, 2596).
14 BGBl I 1996 S. 2110, 2111, 2112.
15 *Meisel/Sowka*, MuSchG, § 13 Rn 1; *Budde*, AiB 1997, 313, 315; *Marburger*, BB 1997, 521, 522 f.
16 BGBl I 2002 S. 1812, 1813.
17 *Graue*, AiB 2002, 589, 591 f.; *Joussen*, NZA 2002, 702, 705.
18 *Volbers*, WzS 2002, 161, 164 ff., auch zu Änderungen des (§ 29 Abs. 1) KVLG.
19 *Friese*, NJW 2002, 3208, 3210 f.; *Tege*, BB 2002, 2602, 2603 f.; *Will*, FA 2002, 268, 270.
20 BT-Drucks 14/8525, S. 5, 9; BR-Drucks 1071/01, S. 2, 12.
21 BVerfG 4.10.1983 – 1 BvL 2/81 – BVerfGE 65, 104, 112 ff. = DB 1984, 247; BSG 24.9.1986 – 8 RK 47/85 – USK 8688 = ZTR 1987, 191.
22 BSG 16.2.2005 – B 1 KR 13/03 R – SozR 4–2200 § 200 Nr. 2 = NZA-RR 2005, 542, 544 f.
23 BSG 24.11.1983 – 3 RK 35/82 – USK 83151 = ErsK 1984, 184.
24 BVerfG 5.8.1986 – 1 BvR 637/85 – SozR 2200 § 200 Nr. 10 = NJW 1987, 179 f.; BVerfG 5.8.1986 – 1 BvR 1239/84 – juris; BSG 19.10.1983 – 3 RK 19/82 – BSGE 56, 8 ff. = NJW 1984, 632.
25 BSG 3.6.1981 – 3 RK 74/79 – SozR 2200 § 200 Nr. 6 = NJW 1981, 2719.
26 *Meisel/Sowka*, MuSchG, § 200 RVO Rn 10.
27 Gesetz über die Vermittlung der Annahme als Kind und über das Verbot der Vermittlung von Ersatzmüttern v. 2.7.1976 m.W.v. 1.1.1977 (BGBl I S. 1762, 1765), i.d.F. v. 22.12.2001 (BGBl I 2002 S. 354, 359).
28 BSG 3.6.1981 – 3 RK 74/79 – SozR 2200 § 200 Nr. 6 = NJW 1981, 2719.
29 Gesetz über die Angelegenheiten der Vertriebenen und Flüchtlinge (BundesvertriebenenG) v. 19.5.1953 (BGBl I S. 201, 204), zul. geänd. durch Gesetz zur Steuerung und Begrenzung der Zuwanderung und zur Regelung des Aufenthalts und der Integration von Unionsbürgern und Ausländern (ZuwanderungsG) v. 30.7.2004 m.W.v. 1.1.2005 (BGBl I 2004 S. 1950, 1999 f., 2009 f.).
30 VO über den Mutterschutz für Soldatinnen (MutterschutzVO für Soldatinnen – MuSchSoldVO) i.d.F. v. 18.11.2004 m.W.v. 1.12.2004 (BGBl I S. 2806, 2811 f., 2858 ff.).
31 VO über den Mutterschutz für Beamtinnen – MuSchV i.d.F. v. 11.11.2004 m.W.v. 1.12.2004 (BGBl I S. 2806 ff., 2812, 2828 ff.).
32 VO der Landesregierung über den Mutterschutz für Beamtinnen und Richterinnen (MutterschutzVO – MuSchuVO) i.d.F. v. 16.7.1992 (GBl S. 575, 578), zul. geänd. am 18.2.2003 (GBl S. 121 f.).

Schutzfristen (§§ 3 Abs. 2, 6 Abs. 1) von einem Beamten-[33] in ein Arbverh[34] wechseln, von diesem Zeitpunkt an Mutterschaftsgeld.[35] Dies betrifft insb. junge Lehrerinnen, Rechtsassessorinnen oder Frauen mit ähnlicher beruflicher Laufbahn, die ihren Vorbereitungsdienst im Beamtenverhältnis nach Beginn der Mutterschutzfrist abgeschlossen haben und anschließend ein Arbverh eingehen.[36]

II. Tatbestandsvoraussetzungen

4 **1. Anspruchsgrundlage § 200 Abs. 1 RVO. a) Mitgliedschaft in der gesetzlichen Krankenversicherung.** Mutterschaftsgeld nach § 200 RVO ist gem. § 21 Abs. 1 Nr. 3 SGB I eine Leistung der gesetzlichen Krankenversicherung bei Schwangerschaft und Mutterschaft. § 200 RVO (i.V.m. Abs. 1) erfasst AN, die in einer der in § 4 Abs. 2 SGB V genannten Kassenarten **pflichtversichert** (§§ 5 ff. SGB V) oder **freiwillig versichert** (§ 9 SGB V) sind (siehe § 2 Abs. 1 SGB IV) oder die **nachwirkenden Versicherungsschutz** (§ 195 Abs. 2 S. 1 RVO i.V.m. § 19 Abs. 2 SGB V) genießen.[37]

5 **b) Maßgeblicher Zeitpunkt.** Ob Mutterschaftsgeld aus dem Rechtsgrund des **§ 200 RVO** oder dem des **Abs. 2** (siehe Rn 9 f., 36 f.) zu gewähren ist, richtet sich allein nach den **versicherungsrechtlichen Verhältnissen** (siehe Rn 3, 4, 9) zu **Beginn der Schutzfrist** nach § 3 Abs. 2. Eine Änderung dieser Verhältnisse im Laufe der Bezugsdauer führt nicht zu einem Wechsel der Anspruchsgrundlage.[38] Die Versicherung muss im **Zeitpunkt des Versicherungsfalles** bestehen, d.h., zu Beginn der Schutzfrist.[39] Eine Versicherte, die sich zu Beginn der Schutzfristen nach § 3 Abs. 2 und § 6 Abs. 1 in unbezahltem (Sonder-)Urlaub befindet, hat nach § 200 Abs. 1 Alt. 2 RVO (siehe Rn 8, 11) Anspruch auf Mutterschaftsgeld ab dem – noch in der Schutzfrist liegenden[40] – Zeitpunkt der geplanten Wiederaufnahme der Arbeit.[41]

6 **c) Schwangerschaft oder Entbindung.** Es muss entweder eine **Schwangerschaft** (siehe § 9 Rn 6 f.) oder eine **Entbindung** (siehe § 9 Rn 8 ff.) vorliegen. Eine Scheinschwangerschaft genügt nicht. Da Fehlgeburt (siehe § 9 Rn 12) und Schwangerschaftsabbruch (siehe § 9 Rn 13) keine Entbindung darstellen, wird Mutterschaftsgeld nur bis zum Ende der Schwangerschaft (Fruchtabgang) gewährt.[42]

7 **d) (Heim-)Arbeitsverhältnis.** Gem. § 200 Abs. 2 S. 1 RVO muss ein **Arbverh**[43] (i.S.v. § 1 Nr. 1)[44] – im Inland,[45] auch bei AN-Entsendung (§ 4 Abs. 1 SGB IV, siehe § 195 Abs. 2 S. 1 RVO i.V.m. § 17 SGB V)[46] – entweder bestehen[47] oder nach Maßgabe von **§ 9 Abs. 3** (siehe § 9 Rn 54 ff.) aufgelöst worden sein oder eine Beschäftigung in **Heimarbeit** vorliegen.[48] Ob die AN tatsächlich eine Arbeitsleistung erbracht hat, spielt keine Rolle.[49] Steht oder stand die AN während des Bezugszeitraums in **mehreren Arbverh**, so beurteilt sich der Anspruch auf Mutterschaftsgeld bzgl. Grund und Höhe nach allen Arbverh.[50] Für Mitglieder, deren Arbverh während der Mutterschutzfristen oder nach der Geburt beginnt, wird das Mutterschaftsgeld gem. **§ 200 Abs. 2 S. 5 RVO** von Beginn des Arbverh an gezahlt.[51] Zu den Versicherten, deren Arbverh „**während ihrer Schwangerschaft**" gem. § 9 Abs. 3 aufgelöst worden ist, gehören nicht diejenigen Frauen, denen der AG mangels Schwangerschaftsmitteilung gem. **§ 9 Abs. 1 S. 1** wirksam gekündigt

---

33 BSG 25.11.1981 – 3 RK 13/81 – USK 81239 = BKK 1982, 236 ff.; BSG 9.11.1977 – 3 RK 63/76 – BSGE 45, 114, 116 ff. = DÖD 1978, 77 ff.
34 BSG 24.9.1986 – 8 RK 47/85 – USK 8688 = ZTR 1987, 191.
35 *Bitzer*, BuW 2003, 738, 739; *Graue*, AiB 2002, 589, 591 f.; *Jorkowski*, ZTR 2003, 275, 278; *Joussen*, NZA 2002, 702, 705.
36 BT-Drucks 14/8525, S. 9; BR-Drucks 1071/01, S. 2, 13; *Jacklofsky*, AuA 2002, 298, 299.
37 *Meisel/Sowka*, MuSchG, § 200 RVO Rn 8, § 195 RVO Rn 6 ff.
38 LSG Essen 9.2.1984 – L 16 Kr 34/83 – EzS 104/24 = ErsK 1985, 415 f.
39 BSG 24.9.1986 – 8 RK 47/85 – USK 8688 = ZTR 1987, 191; BSG 29.1.1980 – 3 RK 36/78 – BSGE 49, 240, 242 = ErsK 1980, 364 f.; BSG 10.9.1975 – 3 RK 12/74 – BSGE 40, 211, 212 = SGb 1976, 227, 229 ff. m. Anm. *Meydam*; BSG 13.2.1975 – 3 RK 64/73 – BSGE 39, 162, 163 = SGb 1975, 367, 369 f. m. Anm. *Metzler*; BSG 29.4.1971 – 3 RK 3/71 – BSGE 32, 270, 272 f. = SozR § 200a RVO Nr. 1.
40 BSG 8.3.1995 – 1 RK 10/94 – AP § 14 MuSchG 1968 Nr. 12 = NZS 1995, 459 f.
41 BAG 25.2.2004 – 5 AZR 160/03 – AP § 14 MuSchG 1968 Nr. 24 = NZA 2004, 537, 538 ff.; BSG 17.2.2004 – B 1 KR 7/02 R – BSGE 92, 172, 174 ff. = NZS 2005, 147, 148 ff.; BSG 17.4.1991 – 1/3 RK 26/89 – SozR 3–2200 § 200 Nr. 1 = NZA 1991, 911 f.; zu § 14 s. LAG Hamm 10.1.2001 – 9 Sa 269/00 – DB 2001, 1156.
42 *Meisel/Sowka*, MuSchG, § 200 RVO Rn 10, § 13 Rn 5.
43 BSG 24.9.1986 – 8 RK 47/85 – USK 8688 = ZTR 1987, 191; BSG 9.11.1977 – 3 RK 63/77 – BSGE 45, 114, 116 ff. = AP § 13 MuSchG 1968 Nr. 2.
44 BSG 16.2.2005 – B 1 KR 13/03 R – SozR 4–2200 § 200 Nr. 2 = NZA-RR 2005, 542, 544 f.
45 BSG 22.2.1972 – 3 RK 61/69 – BSGE 34, 76 ff. = SozR § 200 RVO Nr. 3.
46 *Meisel/Sowka*, MuSchG, § 200 RVO Rn 28.
47 BSG 17.2.2004 – B 1 KR 7/02 R – BSGE 92, 172, 175 ff. = NZS 2005, 147, 149 ff.
48 *Meisel/Sowka*, MuSchG, § 200 RVO Rn 28 ff., 34, 35 ff., § 13 Rn 5.
49 ErfK/*Rolfs*, § 200 RVO Rn 8.
50 BSG 22.2.1972 – 3 RK 85/69 – BSGE 34, 79, 80 ff. = BKK 1972, 225 f.; ErfK/*Rolfs*, § 200 RVO Rn 8 m.w.N.
51 *Friese*, NJW 2002, 3208, 3210, auch zu § 29 Abs. 2 S. 5 KVLG.

hat. Hat der AG die Künd vor Eintritt der Schwangerschaft ausgesprochen, so wird das Arbverh auch dann nicht „während der Schwangerschaft" aufgelöst, wenn die Künd-Frist während der Schwangerschaft abläuft.[52] Liegt die Genehmigung nach § 9 Abs. 3 vor, so genügt sich der Abschluss eines **Aufhebungsvertrages**.[53] Eine Versicherte, die während des Bezugs von **Elterngeld** (siehe Rn 39) ein weiteres Kind erwartet (**zweite Schwangerschaft**), hat keinen Anspruch auf Mutterschaftsgeld, wenn sie mehrere Monate vorher ihr bis dahin ruhendes Arbverh gekündigt hat; § 192 Abs. 1 Nr. 2 SGB V steht dem nicht entgegen.[54]

e) Anspruch auf Krankengeld oder Entgeltausfall wegen der Schutzfristen. Mutterschaftsgeld erhalten nach § 200 Abs. 1 RVO weibliche Mitglieder, die entweder bei Arbeitsunfähigkeit Anspruch auf Krankengeld (§ 44 SGB V) haben (§ 200 Abs. 1 Alt. 1 RVO) oder denen wegen der **Schutzfristen nach §§ 3 Abs. 2, 6 Abs. 1** kein Arbeitsentgelt gezahlt wird (§ 200 Abs. 1 Alt. 2 RVO). Die Unterscheidung ist insb. relevant für die **Anspruchshöhe** (siehe Rn 21, 24).

2. Anspruchsgrundlage Abs. 2. a) Keine Mitgliedschaft in der gesetzlichen Krankenversicherung. Abs. 2 erfasst nur Frauen, die nicht in der gesetzlichen Krankenversicherung (siehe Rn 4) versichert sind, d.h., entweder versicherungsfrei (§§ 6, 7 SGB V)[55] oder von der Versicherungspflicht befreit (§ 8 SGB V) und nicht freiwillig versichert (§ 9 SGB V) sind oder die – wie oftmals geringfügig („400-EUR-Jobs") beschäftigte Mütter[56] – lediglich im Rahmen der **Familienversicherung** (§ 10 SGB V) mitversichert sind.[57]

b) Sonstige Tatbestandsvoraussetzungen. Aus der von Abs. 2 angeordneten „entsprechenden Anwendung der Vorschriften der RVO über das Mutterschaftsgeld" ergibt sich, dass die übrigen Tatbestandsvoraussetzungen für den Anspruch aus Abs. 2 denjenigen des **§ 200 RVO** entsprechen: Neben **Schwangerschaft** oder **Entbindung** (siehe Rn 6) muss ein bestehendes oder gem. § 9 Abs. 3 aufgelöstes (Abs. 2 S. 3) **Arbverh** oder eine Beschäftigung in **Heimarbeit** (siehe Rn 7) vorliegen.[58]

III. Rechtsfolge

1. Mutterschaftsgeld gem. § 200 RVO. a) Berechnung und Höhe des Anspruchs (§ 200 Abs. 2 RVO). aa) § 200 Abs. 1 Alt. 2, Abs. 2 RVO (§§ 3 Abs. 2, 6 Abs. 1). (1) Allgemeines. Mutterschaftsgeld ist **kalendertäglich** zu berechnen und zu gewähren.[59] Gem. § 200 Abs. 2 S. 1 RVO wird als Mutterschaftsgeld das um die gesetzlichen Abzüge verminderte durchschnittliche kalendertägliche Arbeitsentgelt der letzten drei abgerechneten Kalendermonate vor Beginn der Schutzfrist nach § 3 Abs. 2 gezahlt. Hintergrund der starken **arbeitsrechtlichen Prägung** von § 200 Abs. 1 Alt. 2 RVO sind die Vorschriften zur Anspruchshöhe (§ 200 Abs. 2 RVO).[60] Gleichwohl gilt ein sozialversicherungsrechtlicher Arbeitsentgeltbegriff (siehe Rn 14).

(2) Durchschnittslohnprinzip (§ 200 Abs. 2 S. 1 RVO). Für die Ermittlung des Durchschnittsverdienstes ist – wie bei **§ 11** (siehe § 11 Rn 19) – die sog. **Referenz- oder Bezugsmethode (Durchschnittslohnprinzip)** maßgebend.[61] Zur Ermittlung des durchschnittlichen kalendertäglichen Arbeitsentgelts wird das gesamte im Bezugszeitraum zu berücksichtigende **Netto-Arbeitsentgelt** (siehe Rn 15 ff.) durch die Anzahl der zu seiner Erzielung aufgewendeten **Kalendertage** (siehe Rn 19) geteilt.[62]

(3) Berechnungszeitraum (§ 200 Abs. 2 S. 1 RVO). Die letzten drei abgerechneten Kalendermonate vor Beginn der Schutzfrist nach § 3 Abs. 2 sind selbst dann maßgeblich, wenn die AN zwischenzeitlich den AG gewechselt[63] oder während der Schutzfrist freiwillig weitergearbeitet hat (§ 3 Abs. 2)[64] oder wenn es sich – z.B. wegen **§ 200 Abs. 2 S. 3 RVO** (siehe Rn 16) – nicht um aufeinander folgende Monate handelt.[65] Ein Kalendermonat ist abgerechnet, wenn die **endgültige Lohn- oder Gehaltsabrechnung** erteilt oder das Entgelt vollständig gezahlt wurde; Abschlagszahlungen genügen nicht.[66] Wird eine Elternzeit-AN erneut schwanger, so sind nach h.M. die letzten drei abgerechneten Kalendermonate vor Beginn der Schutzfrist für die erste Schwangerschaft maßgeblich.[67]

---

52 BSG 10.9.1975 – 3 RK 12/74 – BSGE 40, 211 ff. = SGb 1976, 227, 229 ff. m. Anm. *Meydam*.
53 *Friese*, NJW 2002, 3208, 3210 m.w.N.
54 BSG 8.8.1995 – 1 RK 21/94 – SozR 3–2200 § 200 Nr. 4 = Breith 1996, 370 ff.
55 § 6 Abs. 1 Nr. 1 SGB V kommt insoweit die größte Bedeutung zu, s. H/S/*Boecken*, § 7 Rn 621.
56 *Winkel*, AiB 2003, 333, 335 f., auch zur Ausnahme bei Studentinnen (§§ 5 Abs. 1 Nr. 9, 7 SGB V i.V.m. § 8 Abs. 1 Nr. 1 SGB IV).
57 *Meisel/Sowka*, MuSchG, § 13 Rn 4.
58 BSG 9.9.1971 – 3 RK 30/71 – BSGE 33, 127, 128 ff. = AuR 1972, 223, 224 m. Anm. *Zmarzlik*.
59 ErfK/*Rolfs*, § 200 RVO Rn 9; *Meisel/Sowka*, MuschG, § 200 RVO Rn 42, 67 f.; Rechenbeispiel bei *Jenak*, AuA 2006, 224.
60 BSG 17.2.2004 – B 1 KR 7/02 R – BSGE 92, 172, 177 = NZS 2005, 147, 150.
61 *Meisel/Sowka*, MuschG, § 200 RVO Rn 42.
62 ErfK/*Rolfs*, § 200 RVO Rn 9.
63 BSG 22.2.1972 – 3 RK 85/69 – BSGE 34, 79, 80 ff. = BKK 1972, 225, 226.
64 ErfK/*Rolfs*, § 200 RVO Rn 11 m.w.N.
65 *Meisel/Sowka*, MuschG, § 200 RVO Rn 44, 69 m.w.N.
66 BAG 14.4.1961 – 1 AZR 40/60 – AP § 2 ArbKrankhG Nr. 12 = DB 1961, 882; BSG 23.11.1988 – 7 RAr 38/87 – BSGE 64, 179, 180 f. = SGb 1990, 204, 208 ff. m. Anm. *Pitschas*, zum Alg.
67 ErfK/*Rolfs*, § 200 RVO Rn 18; *Meisel/Sowka*, MuSchG, § 200 RVO Rn 114 m.w.N., auch zur a.A.

14 **(4) Sozialversicherungsrechtlicher Begriff des Arbeitsentgelts.** Für die Berechnung des Mutterschaftsgeldes nach § 200 RVO, § 13 ist nicht der bei § 11 maßgebliche **arbeitsrechtliche** (siehe § 11 Rn 20), sondern der **sozialversicherungsrechtliche Entgeltbegriff** zugrunde zu legen.[68]

15 **(5) Bestandteile des Arbeitsentgelts.** Auszugehen ist vom **Brutto-Arbeitsentgelt**[69] (s. § 14 Abs. 1 SGB IV),[70] das – nach Abzug der **einmaligen Leistungen** (siehe Rn 16)[71] – um die **gesetzlichen Abzüge**[72] – Einkommensteuer, Solidaritätszuschlag, ggf. Kirchensteuer und (Gesamt-)Sozialversicherungsbeiträge (§ 28d SGB IV)[73] – zu kürzen ist (§ 14 Abs. 2 S. 1 SGB IV). Rückerstattete Einkommensteuer führt nicht zu einer späteren Neuberechnung des Netto-Arbeitsentgelts.[74] Die BReg hat von der VO-Ermächtigung des **§ 17 SGB IV** Gebrauch gemacht und die **ArEV**[75] sowie die **SachBezV**[76] erlassen.[77] §§ 1, 2 ArEV (insb. i.V.m. §§ 40 Abs. 1 S. 1 Nr. 1, Abs. 2, 40b EStG) bestimmen näher, welche Einkommensbestandteile dem Arbeitsentgelt nicht zuzurechnen sind.[78] So stellt bspw. der Mutterschaftsgeldzuschuss nach **§ 14** (siehe § 14 Rn 17 f.) gem. § 2 Abs. 2 Nr. 2 ArEV kein Arbeitsentgelt dar, anderes gilt für den Mutterschutzlohn nach **§ 11** (siehe § 11 Rn 17).[79] **Sachbezüge** sind – soweit sie nicht in natura weiterzugewähren sind – mit dem nach §§ 1 ff. SachBezV zu berechnenden Verkehrswert während des Bezugszeitraums anzusetzen.[80] Der für unerlaubte Mehrarbeit nach **§ 8** gezahlte Lohn ist Teil des Arbeitsentgelts.[81]

16 **(6) Einmalig gezahltes Arbeitsentgelt (§ 200 Abs. 2 S. 3 RVO).** Gem. § 200 Abs. 2 S. 3 RVO bleibt einmalig gezahltes Arbeitsentgelt (§ 23a SGB IV) außer Betracht, z.B. (Weihnachts-)Gratifikationen,[82] Treueprämien, Jubiläumsgelder, Heiratsbeihilfen, betriebliche Unterstützungen für soziale Notfälle, Vergütungen für betriebliche Verbesserungsvorschläge, AN-Erfindervergütungen, Gewinnbeteiligungen und Antrittsgelder (str.),[83] nicht aber Aufwandsentschädigungen (§ 23a Abs. 1 S. 2 Nr. 1 SGB IV),[84] Sachbezüge (§ 23a Abs. 1 S. 2 Nr. 2, Nr. 3 SGB IV), vermögenswirksame Leistungen (§ 23a Abs. 1 S. 2 Nr. 4 SGB IV), Urlaubsabgeltungen,[85] Feiertagslohn (§ 2 EFZG)[86] und Provisionen.[87] Eine sog. verdeckte Abfindung (siehe §§ 9, 10 KSchG) stellt (rückständiges) Arbeitsentgelt i.S.v. § 14 Abs. 1 SGB IV dar und ist daher bei der Ermittlung des Durchschnittsverdienstes zu berücksichtigen.[88] Ein Ruhen des Anspruchs tritt gem. § 200 Abs. 4 S. 2 RVO (siehe Rn 35) nicht ein.

17 **(7) Verdienstminderungen (§ 200 Abs. 2 S. 3 RVO).** Tage, an denen infolge von **Kurzarbeit, Arbeitsausfällen** oder **unverschuldeter Arbeitsversäumnis** (siehe § 11 Rn 7, 14, 27) kein oder ein vermindertes Arbeitsentgelt erzielt wurde, bleiben gem. **§ 200 Abs. 2 S. 3 RVO** außer Betracht. Dies gilt auch für die Zeiten, in denen die werdende Mutter – bei Wechsel des AG – wegen ihrer **Schwangerschaft** einen geringeren Verdienst gehabt hat. Erzielte sie hingegen deswegen einen geringeren Verdienst, weil die Beschäftigung wegen der **Eigenart des Betriebs** von vornherein zeitlich begrenzt war, so ist dieses Entgelt bei der Berechnung des Durchschnittsverdienstes zu berücksichtigen.[89]

---

68 BSG 9.9.1971 – 3 RK 84/69 – SozR § 200 RVO Nr. 1 = BKK 1971, 304; *Meisel/Sowka*, MuschG, § 200 RVO Rn 49.
69 BSG 30.5.1978 – 1 RA 61/77 – BSGE 46, 203, 205 = BKK 1978, 324 f., 388 f. m.w.N.
70 *Meisel/Sowka*, MuschG, § 200 RVO Rn 50 ff.
71 *Meisel/Sowka*, MuschG, § 200 RVO Rn 59.
72 LSG Berlin 27.11.1985 – L 9 Kr 26/85 – ErsK 1987, 102 f.
73 *Meisel/Sowka*, MuschG, § 200 RVO Rn 61 ff.
74 BSG 10.5.1977 – 11 RA 80/76 – USK 7796 = BKK 1977, 213; BSG 10.5.1977 – 11 RA 110/76 – SozR 2200 § 1241 Nr. 4 = BKK 1977, 213; BSG 23.3.1977 – 4 RJ 177/75 – SozR 2200 § 1241 Nr. 3 = DB 1977, 1372.
75 VO über die Bestimmung des Arbeitsentgelts in der Sozialversicherung (ArbeitsentgeltVO 1977 – ArEV) v. 6.7.1977 m.W.v. 1.7.1977 (BGBl I S. 1208), zul. geänd. durch Art. 9 HaushaltsbegleitG 2006 (HBeglG 2006) v. 29.6.2006 m.W.v. 1.7.2006 (BGBl I S. 1402, 1405, 1406).
76 VO über den Wert der Sachbezüge in der Sozialversicherung für das Kalenderjahr 1978 (SachbezugsVO 1978 – SachBezV 1978) v. 28.12.1977 m.W.v. 1.1.1978 (BGBl I S. 3156, 3157); SachBezV 1995 v. 19.12.1994 m.W.v. 1.1.1995 (BGBl I 1994 S. 3849, 3851), zul. geänd. durch SachBezV1995ÄndV v. 22.10.2004 m.W.v. 1.1.2005 (BGBl I 2004 S. 2663).
77 *Meisel/Sowka*, MuSchG, § 200 RVO Rn 50 ff.
78 *Meisel/Sowka*, MuSchG, § 200 RVO Rn 50.
79 *Meisel/Sowka*, MuSchG, § 200 RVO Rn 50.
80 *Meisel/Sowka*, MuSchG, § 200 RVO Rn 51 m.w.N.
81 BSG 25.8.1960 – 3 RK 50/57 – BSGE 13, 23, 26 ff. = Breith 1961, 109.
82 BSG 22.6.1966 – 3 RK 105/63 – BSGE 25, 69, 71 f. = BB 1966, 1457 f.
83 *Meisel/Sowka*, MuSchG, § 200 RVO Rn 53 m.w.N.
84 A.A. *Meisel/Sowka*, MuSchG, § 200 RVO Rn 54 m.w.N.
85 BSG 20.3.1984 – 8 RK 4/83 – BSGE 56, 208 ff. = BKK 1984, 330; *Meisel/Sowka*, MuSchG, § 200 RVO Rn 57 f.; a.A. BSG 22.6.1966 – 3 RK 105/63 – BSGE 25, 69, 72 f. = BB 1966, 1457, 1458.
86 *Meisel/Sowka*, MuSchG, § 200 RVO Rn 56, auch zu §§ 37, 44 BetrVG, § 616 BGB.
87 *Meisel/Sowka*, MuSchG, § 200 RVO Rn 56 f. m.w.N.
88 BSG 25.10.1990 – 12 RK 40/89 – EzA § 9 n.F. KSchG Nr. 38 = DAngVers 1991, 180; BSG 21.2.1990 – 12 RK 20/88 – BSGE 66, 219, 220 ff. = NZA 1990, 751 f.; BSG 21.2.1990 – 12 RK 65/87 – EzA § 9 KSchG n.F. Nr. 37 = BB 1990, 1704 ff.
89 BSG 29.8.1962 – 3 RK 37/58 – BSGE 17, 246, 248 ff. = BB 1963, 646.

(8) Verdiensterhöhungen. Im Berechnungszeitraum eintretende nicht nur vorübergehende Lohnerhöhungen sind im Hinblick auf das Entgeltgleichheitsgebot gem. Art. 141 EGV ab dem Zeitpunkt ihres – ggf. rückwirkenden – **Inkrafttretens** zu berücksichtigen.[90]

(9) Umrechnung des Gesamtverdienstes auf Kalendertage. Bei festem Monatslohn wird der **Monat** mit 30 Tagen angesetzt (s. § 191 BGB), anderenfalls mit der tatsächlichen Anzahl der Kalendertage; die **Woche** wird mit sieben Tagen gerechnet.[91] Dies gilt auch bei **Teilzeitbeschäftigung**, da das Mutterschaftsgeld ein Tages-, kein Stundensatz ist.[92] Bei **mehreren Arbverh** (siehe Rn 7) ist zunächst jedes für sich zu betrachten – jeweiliges Netto-Arbeitsentgelt geteilt durch die jeweilige Anzahl der Kalendertage –, anschließend erfolgt eine Addition der kalendertäglichen Entgelte.[93]

(10) „Gleichartige" Beschäftigte (§ 200 Abs. 2 S. 4 RVO). Ist eine Berechnung des Durchschnittsverdienstes nach o.g. Grundsätzen nicht möglich – bspw. wegen zu langer Fehlzeiten, fehlender Verdienstbescheinigung, Beginn des Arbverh während der Schutzfrist –,[94] so ist im Wege der Vergleichsberechnung gem. **§ 200 Abs. 2 S. 4 RVO** das durchschnittliche kalendertägliche Arbeitsentgelt einer gleichartig Beschäftigten zugrunde zu legen.[95] Eine Beschäftigte ist **„gleichartig"**, wenn sie gleichen Alters und Familienstandes und im selben Betrieb zu vergleichbaren Arbeitsbedingungen tätig ist. Ist eine Ermittlung auch danach nicht möglich, ist auf den **ortsüblichen Verdienst** abzustellen.[96] Dies wird i.d.R. der Tariflohn sein (siehe § 612 BGB Rn 29 f.).

(11) Höchstgrenze (§ 200 Abs. 2 S. 2 RVO). Das Mutterschaftsgeld beträgt gem. § 200 Abs. 2 S. 2 RVO (und § 29 Abs. 2 S. 2 KVLG) höchstens **13 EUR pro Kalendertag**.[97]

(12) Zuschuss (§ 200 Abs. 2 S. 6 RVO). Übersteigt das durchschnittliche kalendertägliche Entgelt 13 EUR, so wird die Differenz als **Zuschuss** entweder – bei fortbestehendem Arbverh nach § 14 Abs. 1 (siehe § 14 Rn 13) – vom AG oder – bei aufgelöstem (§ 9 Abs. 3) Arbverh nach § 14 Abs. 2 (siehe § 14 Rn 14) sowie im Insolvenzfall nach § 14 Abs. 3 (siehe § 14 Rn 15) – vom **Bund** durch die als Leistungserbringer zuständige Krankenkasse gezahlt. Die Verweisung in **§ 200 Abs. 2 S. 6 RVO** auf § 14 ist lediglich deklaratorischer Natur.[98]

bb) § 200 Abs. 1 Alt. 1, Abs. 2 S. 7 RVO („andere Mitglieder"). (1) Personenkreis. Hierunter fallen solche AN, die die Voraussetzungen des § 200 Abs. 1 RVO erfüllen und Anspruch auf Krankengeld haben (§ 44 SGB V),[99] aber entweder nicht gem. § 200 Abs. 2 S. 1 RVO in einem **(Heim-)Arbverh** (siehe Rn 7) stehen, deren Arbverh nicht nach Maßgabe von **§ 9 Abs. 3** (siehe Rn 7) aufgelöst wurde oder die keinen Anspruch auf den **AG-Zuschuss** (siehe § 14 Rn 1, 6 ff.) haben.[100] § 200 Abs. 2 S. 7 RVO betrifft demnach Nicht-AN (z.B. freiwillig versicherte Selbstständige), Bezieherinnen von Leistungen nach dem SGB III, Elternzeit-AN, die erneut schwanger werden und AN ohne AG-Zuschuss.[101]

(2) Anspruchshöhe (§ 200 Abs. 2 S. 7 RVO). Der Anspruch auf Mutterschaftsgeld besteht gem. § 200 Abs. 2 S. 7 RVO in Höhe des Krankengeldes, d.h. gem. **§ 47 SGB V** i.H.v. **70 v.H. des Regelentgelts**,[102] jedoch nicht höher als 90 v.H. des nach § 47 Abs. 2 SGB V zu berechneten Nettoarbeitsentgelts (§ 47 Abs. 1 S. 2 SGB V),[103] ohne dass die **Höchstgrenze** (siehe Rn 21) von kalendertäglich 13 EUR zu beachten wäre.[104]

b) Bezugsdauer (§ 200 Abs. 3 RVO). aa) Grundsatz (§ 200 Abs. 3 S. 1 Hs. 1 RVO). Mutterschaftsgeld wird gem. § 200 Abs. 3 S. 1 Hs. 1 RVO im Grundsatz für jeden tatsächlichen Kalendertag[105] der letzten sechs Wochen vor

---

[90] EuGH 13.2.1996 – Rs. C-342/93 (Joan Gillespie u.a. ./. Northern Health and Social Services Board u.a.) – Slg. I 1996, 475 = AuR 1996, 111, zu § 11; BAG 31.7.1996 – 5 AZR 9/95 – BAGE 83, 377, 379 ff. = NZA 1996, 1205, 1206 f.; BAG 6.4.1994 – 5 AZR 501/93 – BAGE 76, 229, 231 ff. = NZA 1994, 793 f., zu § 14; a.A. wohl BSG 30.5.1978 – 1 RA 61/77 – BSGE 46, 203, 206 ff. = BKK 1978, 324 f., 388 f., zu § 182 RVO a.F.
[91] Meisel/Sowka, MuschG, § 200 RVO Rn 67; ErfK/Rolfs, § 200 RVO Rn 12.
[92] Meisel/Sowka, MuschG, § 200 RVO Rn 68 m.w.N.
[93] Meisel/Sowka, MuschG, § 200 RVO Rn 72 m.w.N.
[94] ErfK/Rolfs, § 200 RVO Rn 13.
[95] Meisel/Sowka, MuSchG, § 200 RVO Rn 70, auch zum Wechsel von Ausbildungsvergütung zu Arbeitsentgelt.
[96] ErfK/Rolfs, § 200 RVO Rn 13.
[97] Die Verfassungsmäßigkeit der Höchstgrenze als solcher wurde vom BVerfG 18, 11, 2003 – 302/96 – AG-Zuschuss zum Mutterschaftsgeld – BVerfGE 109, 64, 84 ff. = NZA 2004, 33, 35 ff. nicht in Frage gestellt.
[98] ErfK/Rolfs, § 200 RVO Rn 14.
[99] Meisel/Sowka, MuSchG, § 200 RVO Rn 76 ff.
[100] BSG 17.9.1986 – 3 RK 3/85 – SozR 2200 § 200 Nr. 11 = ErsK 1987, 261 f.; BSG 1.2.1983 – 3 RK 53/81 – BSGE 54, 260, 263 ff. = SGb 1984, 79, 82 ff. m. Anm. Gleitze; BSG 1.2.1983 – 3 RK 16/82 – RegNr. 11643 = SozSich 1983, 326, 327, zur Vorgängervorschrift § 200a RVO a.F.
[101] Meisel/Sowka, MuSchG, § 200 RVO Rn 73 ff.; ErfK/Rolfs, § 200 RVO Rn 15.
[102] BSG 30.3.2004 – B 1 KR 32/02 R – BSGE 92, 260, 261 ff. = SozR 4–2500 § 47 Nr. 1; BSG 1.6.1994 – 7 RAr 40/93 – BSGE 74, 199, 202 ff. = SozR 3–4100 § 59 Nr. 5; BSG 19.10.1983 – 3 RK 5/82 – SozR 2200 § 182 Nr. 92 = BKK 1984, 329 f.; BSG 28.11.1979 – 3 RK 103/78 – SozR 2200 § 182 Nr. 59 = BKK 1980, 126 f.; BSG 25.7.1979 – 3 RK 74/78 – SozR 2200 § 182 Nr. 49 = ZfSH 1980, 217 f.
[103] Meisel/Sowka, MuSchG, § 200 RVO Rn 79 ff.
[104] ErfK/Rolfs, § 200 RVO Rn 14.
[105] Meisel/Sowka, MuSchG, § 200 RVO Rn 122.

der Entbindung (§ 3 Abs. 2), den Entbindungstag und die ersten acht Wochen nach der Entbindung (§ 6 Abs. 1 S. 1) gezahlt.[106] Die Fristberechnung erfolgt gem. §§ 187 Abs. 1, 188 Abs. 2 Alt. 1 BGB, § 26 Abs. 1 SGB X.[107]

26 **bb) Entbindungstag.** Grds. ist – auch bei einer Frühgeburt – vom **tatsächlichen Entbindungstag** auszugehen.[108] Bzgl. des für den Zeitraum vor der Entbindung beantragten Mutterschaftsgeldes gilt gem. **§ 200 Abs. 3 S. 3 RVO** als Tag der Entbindung der in dem **Zeugnis** des Arztes oder der Hebamme angegebene **mutmaßliche Entbindungstag**. Bei **früherer Entbindung** ist um sechs Wochen zurückzurechnen und Mutterschaftsgeld entsprechend nachzuzahlen; eine Verkürzung der Anspruchsdauer tritt nicht ein.[109] Bei **späterer Entbindung** verlängert sich gem. **§ 200 Abs. 3 S. 5** die Bezugsdauer vor der Geburt selbst dann entsprechend,[110] wenn das Zeugnis später berichtigt wird.[111]

27 **cc) Mehrlings- und Frühgeburten (§ 200 Abs. 3 S. 1 Hs. 2 RVO).** Bei Mehrlings- und Frühgeburten (siehe § 9 Rn 10) wird Mutterschaftsgeld gem. § 200 Abs. 3 S. 1 Hs. 2 RVO für die **ersten zwölf Wochen nach der Entbindung** gezahlt. Dies gilt bei einer Frühgeburt auch dann, wenn eine **Totgeburt** (siehe § 9 Rn 11) erfolgt.[112]

28 **dd) Verlängerung (§ 200 Abs. 3 S. 2 RVO).** Die Bezugsdauer verlängert sich gem. **§ 200 Abs. 3 S. 2 RVO** – im Gleichlauf mit der Verlängerung der Schutzfrist nach § 6 Abs. 1 S. 2 – bei Frühgeburten und sonstigen vorzeitigen Entbindungen um den Zeitraum, der nach § 3 Abs. 2 nicht in Anspruch genommen werden konnte.[113]

29 **ee) Fälligkeit (§ 41 SGB I).** Die Entstehung des Anspruchs auf die jeweilige Teilzahlung und damit die Fälligkeit (**§§ 38, 40 Abs. 1, 41 SGB I**) richtet sich grds. nach den für das Arbeitsentgelt maßgeblichen vertraglichen oder gesetzlichen (§ 614 S. 2 BGB) Regelungen. Die Satzung der Krankenkasse kann Abweichendes bestimmen.[114]

30 **ff) Ende der Anspruchsdauer.** Der Anspruch endet – abgesehen vom Ablauf der Bezugsdauer (siehe Rn 25) – mit dem **Tod der Versicherten** (§ 195 Abs. 2 S. 1 RVO i.V.m. § 19 Abs. 3 SGB V). Bis dahin fällige Ansprüche stehen den Sonderrechtsnachfolgern zu (§ 56 SGB I).[115]

31 **c) Verfahren. aa) Zuständigkeit.** Gem. § 21 Abs. 2 SGB I sind die Orts-, Betriebs- und Innungskrankenkassen, die See-Krankenkasse, die landwirtschaftlichen Krankenkassen, die Bundesknappschaft[116] und die Ersatzkassen für die Gewährung von Mutterschaftsgeld nach § 200 RVO sachlich zuständig. Der Anspruch richtet sich gegen die **Krankenkasse**, bei der die AN bei Beginn der Schutzfrist versichert ist,[117] so dass es zu Erstattungsansprüchen unter den Krankenkassen kommen kann.[118]

32 **bb) Antragserfordernis.** Gem. § 16 SGB I, § 19 S. 1 SGB IV ist ein Antrag erforderlich.[119]

33 **cc) Mitwirkungspflichten.** Im Verwaltungsverfahren herrscht der **Amtsermittlungsgrundsatz** (§ 20 SGB X). Gem. **§ 60 Abs. 1 S. 1 Nr. 1, Nr. 3 SGB I** hat die AN alle für die Leistung erheblichen **Tatsachen** anzugeben, **Beweismittel** zu bezeichnen und auf Verlangen der Krankenkasse **Urkunden** vorzulegen. Dies betrifft insb. das **Zeugnis** des Arztes bzw. der Hebamme (§ 200 Abs. 3 S. 3, 4), die Geburtsurkunde sowie weitere ärztliche Bescheinigungen.[120]

34 **dd) Sonstige (Verfahrens-)Vorschriften.** Die Vorschriften über die allg. Grundsätze des Leistungsrechts gem. §§ 41 ff. SGB I (z.B. über Fälligkeit, Vorschüsse, Verzinsung, Verzicht, Auszahlung, Übertragung, [Ver-]Pfändung etc.) finden Anwendung.[121] Zu Unrecht erbrachte Leistungen sind – nach Rücknahme des rechtswidrigen begünstigenden VA (**§ 45 SGB X**) – gem. **§ 50 SGB X** zu erstatten.[122]

35 **d) Ruhen des Anspruchs (§ 200 Abs. 4 RVO).** Während der Mutterschutzfristen vor (§ 3 Abs. 2) und nach der Entbindung (§ 6 Abs. 1) ruht das Arbvverh nicht.[123] Gem. **§ 200 Abs. 4 S. 1 RVO** ruht der Anspruch auf Mutterschafts-

---

106 *Volbers*, WzS 2002, 161, 164 ff.
107 ErfK/*Rolfs*, § 200 RVO Rn 16.
108 BSG 10.9.1975 – 3 RK 69/74 – SozR 2200 § 200 Nr. 3 = BKK 1976, 178 f.; BSG 9.9.1971 – 3 RK 30/71 – BSGE 33, 127, 129 f. = AuR 1972, 223, 224 m. Anm. *Zmarzlik* m.w.N.
109 BAG 12.3.1997 – 5 AZR 226/96 – AP § 14 MuSchG 1968 Nr. 16 = NZA 1997, 763 f.; 7.10.1987 – 5 AZR 610/86 – BAGE 56, 191, 193 ff. = DB 1988, 234 f.; BSG 12.9.1984 – 8 RK 16/84 – USK 84108 = ErsK 1985, 376 ff.; BSG 27.2.1984 – 3 RK 17/83 – USK 8411 = ErsK 1984, 222, 413 ff.; LAG Baden-Württemberg 30.5.1962 – 4 Sa 35/62 – WA 1962, 170; LAG Stuttgart 30.9.1963 – 4 Sa 46/63 – BB 1964, 176 f.; SG Berlin 14.10.1970 – S 74 Kr 346/70 – SGb 1972, 114, 115 f. m. Anm. *Schlüter*.
110 H/S/*Boecken*, § 7 Rn 619; *Volbers*, WzS 2002, 161, 164 f.
111 ErfK/*Rolfs*, § 200 RVO Rn 16.
112 BSG 15.5.1974 – 3 RK 16/73 – BSGE 37, 216 ff. = FamRZ 1975, 94 f.
113 *Bitzer*, BuW 2003, 738 f.; *Volbers*, WzS 2002, 161, 164 ff., mit Rechen-Beispielen.
114 *Meisel/Sowka*, MuSchG, § 200 RVO Rn 121 m.w.N.
115 *Meisel/Sowka*, MuSchG, § 200 RVO Rn 92 f., 110.
116 Ab 1.10.2005 Deutsche Rentenversicherung Knappschaft-Bahn-See.
117 *Meisel/Sowka*, MuSchG, § 200 RVO Rn 119.
118 *Meisel/Sowka*, MuSchG, § 200 RVO Rn 123 m.w.N.
119 *Meisel/Sowka*, MuSchG, § 200 RVO Rn 119.
120 *Meisel/Sowka*, MuSchG, § 200 RVO Rn 119.
121 *Meisel/Sowka*, MuSchG, § 200 RVO Rn 120 f.
122 BSG 27.2.1984 – 3 RK 17/83 – USK 8411 = ErsK 1984, 222, 413 ff.
123 BAG 10.5.1989 – 6 AZR 660/87 – BAGE 62, 35, 39 = NZA 1989, 759; BAG 3.6.1987 – 5 AZR 153/86.

geld, soweit und solange die AN **beitragspflichtiges** (§ 226 SGB V) **Arbeitsentgelt** (§ 14 SGB IV) oder **Arbeitseinkommen** (§ 15 SGB IV) – tatsächlich[124] und mit Rechtsgrund (§ 812 BGB)[125] – erhält. Dies gilt gem. **§ 200 Abs. 4 S. 2 RVO** nicht für einmalig gezahltes Arbeitsentgelt, z.B. **Weihnachtsgeld**.[126] Der **AG-Zuschuss** (siehe § 14 Rn 17) ist kein Arbeitsentgelt i.S.v. § 200 Abs. 4 S. 1 RVO, sondern wird zusätzlich zum Mutterschaftsgeld gezahlt.[127] Durch die Anordnung des Ruhens des Anspruchs wird die **Bezugsdauer** (siehe Rn 25 ff.) nicht verlängert. Wegen **§ 195 Abs. 2 S. 2 RVO** gelten die Ruhensvorschriften des § 16 Abs. 1 SGB V nicht für den Anspruch auf Mutterschaftsgeld.

2. Mutterschaftsgeld gem. Abs. 2. a) Anspruchshöhe, Bezugsdauer, Berechnung, Ruhen des Anspruchs. Berechnung (siehe Rn 11 ff.) und Bezugsdauer (siehe Rn 25 ff.) des Mutterschaftsgeldes nach Abs. 2 beurteilen sich „entsprechend" **§ 200 Abs. 2, 3 RVO**. Die **Höchstgrenze** beträgt gem. Abs. 2 S. 1 a.E. **insg. 210 EUR** (siehe Rn 2), wobei sich an der **kalendertäglichen** (siehe Rn 25) Berechnung und Auszahlung nichts ändert.[128] Die Ruhensvorschrift des **§ 200 Abs. 4 RVO** (siehe Rn 35) gilt auch im Rahmen von Abs. 2.   36

b) Verfahren. Das Mutterschaftsgeld wird nicht gesetzlich krankenversicherten Frauen gem. **Abs. 2 S. 2** auf Antrag (siehe Rn 48)[129] vom **Bundesversicherungsamt (BVA)**[130] gezahlt. Die Mitwirkungspflichten nach **§ 60 SGB I** (siehe Rn 33) bestehen auch beim Mutterschaftsgeld nach Abs. 2.[131]   37

C. Verbindung zu anderen Rechtsgebieten und zum Prozessrecht

I. Zusammentreffen von Mutterschaftsgeld mit anderen Leistungen

1. Ruhen von Sozialleistungen. Gem. § 142 Abs. 1 S. 1 Nr. 2 SGB III ruhen Ansprüche auf **Alg** und **Überbrückungsgeld** (§ 57 Abs. 3 S. 2 SGB III) während der Zeit, für die der Arbeitslosen ein Anspruch auf Mutterschaftsgeld zuerkannt ist. Gleiches gilt für **Kurzarbeitergeld** (§ 180 SGB III), **Winterausfallgeld** (§ 215 SGB III) und **Übergangsgeld** der Rentenversicherung (§ 20 Abs. 1 Nr. 3 lit. b) SGB VI).[132]   38

2. Anrechnungsvorschriften. Gem. **§ 3 Abs. 1 S. 1 BEEG** wird Mutterschaftsgeld nach der RVO, dem KVLG oder dem MuSchG, mit Ausnahme desjenigen nach **Abs. 2** (siehe Rn 36),[133] auf das Elterngeld (§§ 1 ff. BEEG) – gem. § 7 Abs. 2 BEEG in begrenztem Umfang – angerechnet.[134] Gem. **§ 52 Nr. 2 SGB VII** wird Mutterschaftsgeld auf das Verletztengeld (§§ 45 ff. SGB VII) und das Übergangsgeld (§§ 49 f. SGB VII) der Unfallversicherung angerechnet.   39

3. Krankengeld (§§ 44 ff. SGB V). Der Anspruch auf Krankengeld ruht gem. **§ 49 Abs. 1 Nr. 3a SGB V**,[135] solange die Versicherte Mutterschaftsgeld bezieht.[136] Dieser Ruhens-Zeitraum wird gem. **§ 48 Abs. 3 S. 1 SGB V** auf die Bezugsdauer des Krankengeldes angerechnet.[137] Ggf. kann es zu Verrechnung (**§ 52 SGB I**) bzw. Aufrechnung (**§ 51 SGB I**)[138] von Kranken- und Mutterschaftsgeld kommen.[139]   40

II. Sozialversicherungsrecht

1. Arbeitslosenversicherung. Gem. § 26 Abs. 2 Nr. 1 SGB III sind Personen in der Zeit **versicherungspflichtig**, für die sie von einem Leistungsträger Mutterschaftsgeld beziehen, wenn sie unmittelbar vor Beginn der Leistung versicherungspflichtig waren, eine laufende Entgeltersatzleistung nach dem SGB III bezogen oder eine als Arbeitsbeschaffungsmaßnahme geförderte Beschäftigung ausgeübt haben, die ein Versicherungspflichtverhältnis oder den Bezug einer laufenden Entgeltersatzleistung nach dem SGB III unterbrochen hat; vorbehaltlich der Versicherungspflicht nach § 26 Abs. 3 S. 3, Abs. 2a SGB III. Die Beiträge für beitragspflichtige Einnahmen (§ 345 Nr. 7   41

---

124 ErfK/*Rolfs*, § 200 RVO Rn 17.
125 *Meisel/Sowka*, MuSchG, § 200 RVO Rn 89, 100 ff. m.w.N.
126 BSG 17.2.2004 – B 1 KR 7/02 R – BSGE 92, 172, 174 = NZS 2005, 147, 148.
127 *Meisel/Sowka*, MuSchG, § 200 RVO Rn 104 f. m.w.N.
128 ErfK/*Schlachter*, § 13 MuSchG Rn 3, 5.
129 *Bitzer*, BuW 2003, 738, 740; *Jacklofsky*, AuA 2002, 298, 300.
130 Bundesversicherungsamt – Mutterschaftsgeldstelle, Friedrich-Ebert-Allee 38, 53113 Bonn.
131 *Meisel/Sowka*, MuSchG, § 13 Rn 8.
132 *Meisel/Sowka*, MuSchG, § 13 Rn 9 m.w.N., § 200 RVO Rn 98, auch zu § 13 SGB VI.
133 *Winkel*, AiB 2003, 333, 337.
134 *Meisel/Sowka*, MuSchG, § 13 Rn 9, § 200 RVO Rn 111 ff.; ErfK/*Rolfs*, § 200 RVO Rn 18.

135 BSG 3.6.2004 – B 11 AL 55/03 R – SozR 4–4300 § 125 Nr. 1 = SGb 2005, 166, 183, 186 ff. m. Anm. *Legde*; LSG Potsdam 19.2.2003 – L 4 KR 44/01 –, insb. zum Alg.
136 BAG 12.3.1997 – 5 AZR 226/96 – AP § 14 MuSchG 1968 Nr. 16 = NZA 1997, 763; H/S/*Boecken*, § 7 Rn 620; *Meisel/Sowka*, MuSchG, § 200 RVO Rn 96.
137 BSG 11.7.1967 – 3 RK 92/65 – BSGE 27, 66, 68 = BKK 1967, 569; BSG 19.6.1963 – 3 RK 37/59 – BSGE 19, 179, 182 f. = BKK 1964, 512 ff.; ErfK/*Rolfs*, § 200 RVO Rn 19.
138 S. BSG 27.3.1996 – 14 REg 10/95 – BSGE 78, 132 ff. = NJW 1997, 3397 ff.; BSG 27.2.1984 – 3 RK 17/83 – USK 8411 = ErsK 1984, 222, 413 ff.; BSG 11.10.1979 – 3 RK 88/77 – SozR 1200 § 51 Nr. 5 = BKK 1980, 129 f.; BSG 19.1.1978 – 4 RJ 47/77 – BSGE 45, 271 ff. = DAngVers 1978, 230 ff.
139 *Meisel/Sowka*, MuSchG, § 200 RVO Rn 97.

SGB III) versicherungspflichtiger Bezieherinnen von Mutterschaftsgeld werden gem. § 347 Nr. 8 SGB III von den **Leistungsträgern** getragen. Es ist mit Art. 6 Abs. 4 GG unvereinbar, wenn Zeiten, in denen Frauen wegen der mutterschutzrechtlichen Beschäftigungsverbote ihre versicherungspflichtige Beschäftigung unterbrechen, bei der Berechnung der **Anwartschaftszeit** in der gesetzlichen Arbeitslosenversicherung nicht berücksichtigt werden.[140]

42 **2. Krankenversicherung.** Für gesetzlich krankenversicherte AN besteht während der Dauer des Anspruchs auf Mutterschaftsgeld gem. §§ 192 Abs. 1 Nr. 2, 224 Abs. 1 S. 1 SGB V **Beitragsfreiheit**.[141] Privat krankenversicherte AN haben keinen Anspruch auf den **Beitragszuschuss** des AG nach § 257 SGB V.[142]

43 **3. Rentenversicherung.** Kindererziehungszeiten nach § 56 SGB VI gelten gem. § 55 Abs. 1 S. 2 SGB VI als **Beitragszeiten**. Die wegen der Beschäftigungsverbote nach dem MuSchG arbeitsfreien Zeiten sind unabhängig davon, ob Mutterschaftsgeld gewährt wurde, beitragsfreie **Anrechnungszeiten** nach § 58 Abs. 1 Nr. 2 SGB VI.[143] Die Nichtberücksichtigung von Mutterschutzzeiten bei der Errechnung einer von der Versorgungsanstalt des Bundes und der Länder (**VBL**) zu gewährenden Versicherungsrente ist europarechtswidrig.[144]

III. Einkommensteuerrecht

44 Mutterschaftsgeld (§ 13, § 200 RVO) ist ebenso wie der AG-Zuschuss (§ 14) gem. § 3 Nr. 1 lit. d) EStG **einkommensteuerfrei**.[145]

IV. Unterhaltsrecht

45 Hat die AN nach § 13 ihr zuvor erzieltes volles Arbeitsentgelt während der Schutzfristen weiter erhalten, ist dies im Rahmen der Unterhaltsberechnung zu berücksichtigen und kann ihre **Bedürftigkeit** (§§ 1615l Abs. 2, Abs. 3 S. 1 i.V.m. 1602 Abs. 1 BGB) entfallen lassen.[146]

V. Verjährung (§ 45 SGB I)

46 Der Anspruch auf Mutterschaftsgeld verjährt gem. § 45 Abs. 1 SGB I in **vier Jahren** nach Ablauf des Kalenderjahrs, in dem der Anspruch entstanden ist.[147]

VI. Prozessuales

47 Zur Entscheidung über Ansprüche auf Mutterschaftsgeld nach Abs. 2 und § 200 RVO ist der **Rechtsweg zu den SozG** (§ 51 SGG), nicht etwa den ArbG, eröffnet.[148] Die AN kann gem. §§ 83 ff. SGG gegen einen ablehnenden Bescheid binnen eines Monats nach dessen Bekanntgabe schriftlich oder zur Niederschrift bei der Krankenkasse **Widerspruch** einlegen. Wird dem Widerspruch nicht von der Vertreterversammlung bestimmten Stelle abgeholfen, so kann gegen den zu erlassenden Widerspruchsbescheid binnen eines Monats nach dessen Zustellung §§ 86a ff. SGG **Klage** vor dem örtlich gem. §§ 57 ff. SGG zuständigen SozG erhoben werden.[149] Ein an das Gericht der Hauptsache zu richtender Antrag auf **einstweiligen Rechtsschutz** ist gem. § 86b Abs. 3 SGG schon vor Klageerhebung zulässig.

D. Beraterhinweise

48 **Nicht gesetzlich krankenversicherten AN** (siehe Rn 3, 9) ist für den gem. Abs. 2 S. 2 erforderlichen **Antrag** (siehe Rn 37) die Benutzung des vom **BVA** (siehe Rn 37) bereitgestellten Antragsformulars zu empfehlen.[150] Es wird z.T. in der Lit. darauf hingewiesen, dass es insb. aus Sicht der AN interessant sein kann, durch Vereinbarung mit dem AG eine geringfügige Beschäftigung (sog. 400-EUR-Job) in einen „**400,01-EUR-Job**" umzuwandeln, um angesichts der dann eintretenden Versicherungspflicht höheres Mutterschaftsgeld (§ 200 RVO) beziehen zu können. Der BR soll die schwangere AN auf diese Möglichkeit hinweisen.[151] Beim Abschluss derartiger Vereinbarungen sind in jedem Fall die allg. Grenzen des Rechtsmissbrauchs (§§ 242, 826 BGB) zu beachten.

---

140 BVerfG 28.3.2006 – 1 BvL 10/01 Mutterschutz und Anwartschaftszeit – AP § 3 MuSchG 1968 Nr. 20 = NJW 2006, 1721 ff.; BSG 20.6.2001 – B 11 AL 20/01 R – NZS 2002, 100 ff. = SozSich 2002, 310 ff.
141 *Meisel/Sowka*, MuSchG, § 13 Rn 10.
142 S. BSG 11.6.1977 – 3 RK 19/76 – SozR 2200 § 405 Nr. 7 = BB 1977, 1454, zur Vorgängerregelung § 405 RVO a.F.
143 *Meisel/Sowka*, MuSchG, § 200 RVO Rn 126.
144 EuGH 13.1.2005 – Rs C-356/03 – Elisabeth Mayer./.VBL – Slg. I 295 = NJW-RR 2005, 1161 ff.
145 *Meisel/Sowka*, MuSchG, § 13 Rn 11.
146 BGH 15.12.2004 – XII ZR 121/03 – BGHReport 2005, 431, 433 f. m. Anm. *Luthin* = NJW 2005, 818, 820.
147 *Meisel/Sowka*, MuSchG, § 200 RVO Rn 120.
148 BSG 15.11.1984 – 3 RK 51/83 – SozR § 13 Nr. 7 = FamRZ 1985, 1028; BSG 9.9.1971 – 3 RK 30/71 – BSGE 33, 127, 128 f. = AuR 1972, 223, 224 m. Anm. *Zmarzlik*; BSG 25.8.1960 – 3 RK 50/57 – BSGE 13, 23, 24 = Breith 1961, 109.
149 *Meisel/Sowka*, MuSchG, § 200 RVO Rn 136.
150 Zu finden unter www.bundesversicherungsamt.de/Mutterschaftsgeld/Antrag.pdf.
151 *Winkel*, AiB 2003, 333, 336.

§ 14 Zuschuss zum Mutterschaftsgeld

(1) ¹Frauen, die Anspruch auf Mutterschaftsgeld nach § 200 Abs. 1, 2 Satz 1 bis 4 und Abs. 3 der Reichsversicherungsordnung, § 29 Abs. 1, 2 und 4 des Gesetzes über die Krankenversicherung der Landwirte oder § 13 Abs. 2, 3 haben, erhalten während ihres bestehenden Arbeitsverhältnisses für die Zeit der Schutzfristen des § 3 Abs. 2 und § 6 Abs. 1 sowie für den Entbindungstag von ihrem Arbeitgeber einen Zuschuss in Höhe des Unterschiedsbetrages zwischen 13 Euro und dem um die gesetzlichen Abzüge verminderten durchschnittlichen kalendertäglichen Arbeitsentgelt. ²Das durchschnittliche kalendertägliche Arbeitsentgelt ist aus den letzten drei abgerechneten Kalendermonaten, bei wöchentlicher Abrechnung aus den letzten 13 abgerechneten Wochen vor Beginn der Schutzfrist nach § 3 Abs. 2 zu berechnen. ³Nicht nur vorübergehende Erhöhungen des Arbeitsentgeltes, die während der Schutzfristen des § 3 Abs. 2 und § 6 Abs. 1 wirksam werden, sind ab diesem Zeitpunkt in die Berechnung einzubeziehen. ⁴Einmalig gezahltes Arbeitsentgelt (§ 23a des Vierten Buches Sozialgesetzbuch) sowie Tage, an denen infolge von Kurzarbeit, Arbeitsausfällen oder unverschuldeter Arbeitsversäumnis kein oder ein vermindertes Arbeitsentgelt erzielt wurde, bleiben außer Betracht. ⁵Zu berücksichtigen sind dauerhafte Verdienstkürzungen, die während oder nach Ablauf des Berechnungszeitraums eintreten und nicht auf einem mutterschutzrechtlichen Beschäftigungsverbot beruhen. ⁶Ist danach eine Berechnung nicht möglich, so ist das durchschnittliche kalendertägliche Arbeitsentgelt einer gleichartig Beschäftigten zugrunde zu legen.

(2) Frauen, deren Arbeitsverhältnis während ihrer Schwangerschaft oder während der Schutzfrist des § 6 Abs. 1 nach Maßgabe von § 9 Abs. 3 aufgelöst worden ist, erhalten bis zum Ende dieser Schutzfrist den Zuschuss nach Absatz 1 von der für die Zahlung des Mutterschaftsgeldes zuständigen Stelle.

(3) Absatz 2 gilt entsprechend, wenn der Arbeitgeber wegen eines Insolvenzereignisses im Sinne des § 183 Abs. 1 Satz 1 des Dritten Buches Sozialgesetzbuch seinen Zuschuss nach Absatz 1 nicht zahlen kann.

(4) ¹Der Zuschuss nach den Absätzen 1 bis 3 entfällt für die Zeit, in der Frauen die Elternzeit nach dem Bundeselterngeld- und Elternzeitgesetz in Anspruch nehmen oder in Anspruch genommen hätten, wenn deren Arbeitsverhältnis nicht während ihrer Schwangerschaft oder während der Schutzfrist des § 6 Abs. 1 vom Arbeitgeber zulässig aufgelöst worden wäre. ²Dies gilt nicht, soweit sie eine zulässige Teilzeitarbeit leisten.

A. Allgemeines ... 1	bb) Zuschuss der Krankenkasse/des BVA (§ 14 Abs. 2, 3) ... 18
I. Normzweck ... 1	c) Berechnung und Höhe des Anspruchs ... 19
II. Entstehungsgeschichte ... 2	aa) Durchschnittliches kalendertägliches Arbeitsentgelt (§ 14 Abs. 1) ... 19
III. Verfassungswidrigkeit ... 3	(1) Begriff ... 19
B. Regelungsgehalt ... 4	(2) Entgelterhöhungen (§ 14 Abs. 1 S. 3) ... 20
I. Anwendungsbereich ... 4	(3) Einmalig gezahltes Arbeitsentgelt (§ 14 Abs. 1 S. 4) ... 21
1. Persönlicher Anwendungsbereich ... 4	(4) Verdienstkürzungen (§ 14 Abs. 1 S. 5) ... 22
2. Unabdingbarkeit ... 5	(5) Gleichartige Beschäftigte (§ 14 Abs. 1 S. 6) ... 23
II. Tatbestandsvoraussetzungen ... 6	bb) Kalendertage im Berechnungszeitraum (§ 14 Abs. 1 S. 2, 4) ... 24
1. Anspruch auf Mutterschaftsgeld (§ 14 Abs. 1 S. 1) ... 6	(1) Drei Monate oder 13 Wochen (§ 14 Abs. 1 S. 2) ... 24
a) Mutterschaftsgeld nach § 200 Abs. 1, 2 S. 1 bis 4 und Abs. 3 RVO, § 29 Abs. 1, 2 und 4 KVLG oder § 13 Abs. 2, 3 ... 6	(2) Kurzarbeit, Arbeitsausfälle, unverschuldete Arbeitsversäumnis (§ 14 Abs. 1 S. 4) ... 25
b) Sonderurlaub ... 7	cc) Anspruchshöhe (§ 14 Abs. 1 S. 1) ... 26
c) Fehlende Arbeitsgenehmigung ... 8	d) Fälligkeit und Anspruchsdauer ... 27
d) Entgeltfortzahlung im Krankheitsfall und Krankengeld ... 9	2. Ausschluss des Zuschussanspruchs ... 28
2. Arbeitsverhältnis ... 10	a) Elternzeit (§ 14 Abs. 4) ... 28
a) Bestehendes Arbeitsverhältnis (§ 14 Abs. 1, 3) ... 10	b) Arbeitskampf ... 29
b) Aufgelöstes Arbeitsverhältnis (§ 14 Abs. 2) ... 11	c) Rechtsmissbrauch (§ 242 BGB) ... 30
3. Insolvenz des Arbeitgebers (§ 14 Abs. 3) ... 12	3. Geltendmachung des Zuschussanspruchs ... 31
III. Rechtsfolge ... 13	a) Zuschuss des Arbeitgebers (§ 14 Abs. 1) ... 31
1. Anspruch auf Zuschuss zum Mutterschaftsgeld ... 13	b) Zuschuss der Krankenkasse/des BVA (§ 14 Abs. 2, 3) ... 32
a) Anspruchsverpflichteter ... 13	C. Verbindung zu anderen Rechtsgebieten und zum Prozessrecht ... 33
aa) Während des bestehenden Arbeitsverhältnisses (§ 14 Abs. 1) ... 13	I. Ausgleichsverfahren (AAG bzw. §§ 10 ff. LFZG a.F.) ... 33
bb) Nach Auflösung des Arbeitsverhältnisses (§ 14 Abs. 2) ... 14	II. Sozialversicherungsrecht ... 34
cc) Insolvenz des Arbeitgebers (§ 14 Abs. 3) ... 15	III. Einkommensteuerrecht ... 35
dd) Betriebsübergang (§ 613a BGB) ... 16	
b) Rechtsnatur ... 17	
aa) Zuschuss des Arbeitgebers (§ 14 Abs. 1) ... 17	

IV. Verjährung und Ausschlussfristen	36	VI. Prozessuales	38
V. Darlegungs- und Beweislast	37	VII. Internationales Privatrecht (IPR)	39

A. Allgemeines

I. Normzweck

1 Der Zuschuss des AG zum Mutterschaftsgeld dient dazu, den **Verdienstausfall auszugleichen**, soweit er den – durch das Mutterschaftsgeld abgedeckten (s. § 200 Abs. 2 S. 6 RVO, § 29 Abs. 2 S. 2 KVLG) – Betrag von 13 EUR (früher 25 DM) täglich übersteigt (§ 14 Abs. 1 S. 1), weil sich die Zeit der Mutterschutzfristen – im Hinblick auf **Art. 6 Abs. 4 GG** und den **Schutzzweck des MuSchG** (s. § 13 Rn 1) – nicht lohnmindernd auswirken soll.[1] Der Zuschuss hat „Lohnersatzcharakter".[2]

II. Entstehungsgeschichte

2 Der AG-Zuschuss wurde m.w.v. 1.1.1968 durch das FinanzänderungsG v. 21.12.1967[3] als damaliger § 13a eingeführt.[4] M.W.v. 1.1.1982 wurde § 14 Abs. 1 durch Art. 4 Kostendämpfungs-ErgänzungsG – KVEG v. 22.12.1981[5] neu gefasst.[6] Das Gesundheits-Reformgesetz – GRG v. 20.12.1988[7] führte m.W.v. 1.1.1989 zu Folgeänderungen der §§ 12 ff. im Hinblick auf die Neufassung der §§ 195 ff. RVO und §§ 22 ff. KVLG.[8] Durch das Gesetz zur Änderung des Mutterschutzrechts v. 20.12.1996[9] wurde m.w.v. 1.1.1997 insb. die Berücksichtigung von Entgelterhöhungen gem. § 14 Abs. 1 S. 3 geregelt.[10] Das 2. Gesetz zur Änderung des Mutterschutzrechts v. 16.6.2002[11] führte m.W.v. 20.6.2002 zu weiteren Änderungen der Vorschrift.[12] § 14 Abs. 4 S. 1 wurde m.W.v. 1.1.2007 an die Terminologie des Gesetzes zum Elterngeld und zur Elternzeit – BEEG v. 5.12.2006[13] angepasst. Durch Art. 14 des Dritten Mittelstandsentlastungsgesetzes v. 17.3.2009[14] wurde in § 14 Abs. 2 und 3 das bisherige Zuschusserstattungsverfahren zu Lasten des Bundes abgeschafft.[15]

III. Verfassungswidrigkeit

3 Die Grenze von 13 EUR (früher 25 DM) ist seit ihrer Einführung am **1.1.1968** (s. Rn 2) unverändert geblieben, so dass sich das Verhältnis von Mutterschaftsgeld und „Zuschuss" vielfach dahin gekehrt hat, dass der „Zuschuss" den wesentlichen Bestandteil („Löwenanteil")[16] der Zahlungen darstellt.[17] Nachdem § 14 mehrfachen verfassungsgerichtlichen Überprüfungen im Hinblick auf **Art. 6 Abs. 4, 14, 3 Abs. 1 GG** Stand gehalten hatte,[18] erklärte das BVerfG mit Beschl. v. 18.11.2003[19] § 14 Abs. 1 S. 1 nach Maßgabe der Gründe für nicht mit **Art. 12 Abs. 1 GG** vereinbar.[20] Die Vorschrift sei eine unangemessene Beschränkung der Berufsausübungsfreiheit, weil sie das Gleichberechtigungsgebot aus **Art. 3 Abs. 2 GG** verletze; das **Ausgleichs- und Umlageverfahren** (s. Rn 33) stelle wegen seiner Begrenzung auf Kleinunternehmen keinen hinreichenden Ausgleich dar.[21] Dem Gesetzgeber wurde aufgegeben, bis zum **31.12.2005** eine verfassungsmäßige Regelung zu treffen.[22] Dies führte nicht gem. § 95 Abs. 3 S. 1 BVerfGG zur

---

1 BAG 29.1.2003 – 5 AZR 701/01 – AP § 14 MuSchG 1968 Nr. 20 = ZTR 2003, 406, 407; BAG 3.6.1987 – 5 AZR 592/86 – BAGE 54, 361, 363 f. = NZA 1987, 851; BAG 22.10.1986 – 5 AZR 550/85 – BAGE 53, 205, 208 = NZA 1987, 494; BAG 11.6.1986 – 5 AZR 365/85 – BAGE 52, 177, 179 = NZA 1987, 97; BSG 20.3.1984 – 7 RAr 40/83 – SozR 4100 § 113 Nr. 3 = Breith 1984, 997 ff.
2 BAG 11.10.2000 – 5 AZR 240/99 – BAGE 96, 34, 39 = NZA 2001, 445, 447; BAG 24.2.1999 – 10 AZR 258/98 – AP § 611 BGB Gratifikation Nr. 213 = NZA 1999, 772, 773.
3 Gesetz zur Verwirklichung der mehrjährigen Finanzplanung des Bundes, II. Teil (BGBl I 1967 S. 1259, 1274, 1284).
4 *Meisel/Sowka*, MuSchG, § 14 Rn 1; ErfK/*Schlachter*, § 14 MuSchG Rn 1.
5 Gesetz zur Ergänzung und Verbesserung der Wirksamkeit kostendämpfender Maßnahmen in der Krankenversicherung (BGBl I 1981 S. 1578, 1583, 1584).
6 *Buchner*, NJW 1982, 800, 801 ff.
7 Gesetz zur Strukturreform im Gesundheitswesen (BGBl I 1988 S. 2477, 2552 ff., 2555 ff., 2590, 2596).
8 *Meisel/Sowka*, MuSchG, § 14 Rn 1a.
9 BGBl I 1996 S. 2110, 2111, 2112.
10 *Budde*, AiB 1997, 313 ff.; *Marburger*, BB 1997, 521, 522 f.; *Sowka*, NZA 1997, 296, 297; *Thau*, AuA 1997, 213, 214 f.
11 BGBl I 2002 S. 1812, 1813.
12 *Friese*, NJW 2002, 3208, 3210; *Graue*, AiB 2002, 589, 591 f.; *Joussen*, NZA 2002, 702, 703 ff.; *Tege*, BB 2002, 2602 ff.; *Volbers*, WzS 2002, 161, 163 f.; *Will*, FA 2002, 268, 270.
13 BGBl I 2006 S. 2748.
14 Drittes Gesetz zum Abbau bürokratischer Hemmnisse insbesondere in der mittelständischen Wirtschaft (BGBl I 2009 S. 550).
15 BT-Drucks 16/10490, S. 22 f., 29.
16 *Bitzer*, BuW 2003, 738, 739.
17 S. *Meisel/Sowka*, MuSchG, § 14 Rn 2: „verfassungswidrige Sondersteuer"; *Bährle*, BuW 1999, 834, 836; *Jorkowski*, ZTR 2003, 275, 278.
18 BVerfG 3.7.1985 – 1 BvL 13/83 – BVerfGE 70, 242, 249 ff. = NJW 1986, 422; BVerfG 23.4.1974 – 1 BvL 19/73 – BVerfGE 37, 121, 125 ff. = DB 1974, 1291 f.
19 BVerfG 18.11.2003 – 1 BvR 302/96 – AG-Zuschuss zum Mutterschaftsgeld – BVerfGE 109, 64, 84 ff. = NZA 2004, 33, 35 ff. entgegen BAG 1.11.1995 – 5 AZR 273/94 – BAGE 81, 222, 224 ff. = NZA 1996, 377 ff. m.w.N.
20 *Buchner*, NZA 2004, 1121 ff.
21 BVerfG 18.11.2003 – AG-Zuschuss zum Mutterschaftsgeld – BVerfGE 109, 64, 89 ff. = NZA 2004, 33, 36 ff.
22 S. *Buchner*, NZA 2004, 1121, 1124 ff., insb. zum Ausgleichs- und Umlageverfahren.

Nichtigkeit der Regelung. Bis zu einer Neuregelung blieb es beim bisherigen Recht,[23] so dass § 14 Abs. 1 S. 1 weiter anzuwenden war.[24] Als **Reformvorschläge** wurden insb. das Umlagemodell,[25] das Sozialversicherungsmodell, das sog. Erstattungsmodell sowie das Wartezeitmodell diskutiert.[26] Nunmehr ist zum 1.1.2006 das **AAG** vom 22.12.2005 in Kraft getreten[27] (s. § 11 Rn 31).

B. Regelungsgehalt
I. Anwendungsbereich
1. Persönlicher Anwendungsbereich. § 14 gilt für alle gem. § 1 vom MuSchG erfassten Frauen (s. § 1 Rn 2 ff.). Auch geringfügig Beschäftigte AN (sog. 400-EUR-Jobs) können einen Anspruch auf den AG-Zuschuss haben.[28]

2. Unabdingbarkeit. Die Zuschusspflicht nach § 14 Abs. 1 ist **zwingend**. Zulässig ist ein nachträglicher **Verzicht**, z.B. im Rahmen eines Vergleichs oder einer Ausgleichsquittung.[29]

II. Tatbestandsvoraussetzungen
1. Anspruch auf Mutterschaftsgeld (§ 14 Abs. 1 S. 1). a) Mutterschaftsgeld nach § 200 Abs. 1, 2 S. 1 bis 4 und Abs. 3 RVO, § 29 Abs. 1, 2 und 4 KVLG oder § 13 Abs. 2, 3. Die AN muss gem. § 14 Abs. 1 S. 1 einen Anspruch auf Mutterschaftsgeld nach § 200 Abs. 1, 2 S. 1 bis 4 und Abs. 3 RVO (s. § 13 Rn 4 ff.), § 29 Abs. 1, 2 und 4 KVLG (s. § 13 Rn 1, 4 ff.) oder § 13 Abs. 2, 3 (s. § 13 Rn 9 f.) haben, so dass zunächst die dort genannten Voraussetzungen erfüllt sein müssen.[30] Der Anspruch auf Zuschuss zum Mutterschaftsgeld nach § 14 Abs. 1 S. 1 besteht nur dann, wenn die Beschäftigungsverbote des § 3 Abs. 2 oder § 6 Abs. 1 allein ursächlich für die Nichterbringung der Arbeitsleistung sind.[31] Bezieherinnen von Mutterschaftsgeld in Höhe des Krankengeldes gem. § 200 Abs. 1 Alt. 1, Abs. 2 S. 7 RVO (s. § 13 Rn 23) haben keinen Anspruch auf den Mutterschaftsgeldzuschuss.[32] Für den Anspruch nach § 14 kommt es nicht auf die tatsächliche Zahlung von Mutterschaftsgeld durch die Krankenkasse, sondern das Bestehen des **sozialrechtlichen Anspruchs auf Mutterschaftsgeld** an.[33]

b) Sonderurlaub. Der Anspruch auf Mutterschaftsgeld ist nicht für den gesamten Zeitraum der Schutzfristen ausgeschlossen, wenn das Arbverh bei Beginn der Schutzfrist des § 3 Abs. 2 wegen eines vereinbarten Sonderurlaubs (§ 50 Abs. 2 BAT bzw. § 28 TVöD) unter Wegfall der Hauptleistungspflichten geruht hat, sondern nur bis zu dem Zeitpunkt der vereinbarten Beendigung des unbezahlten Sonderurlaubs[34] bzw. der geplanten Wiederaufnahme der Arbeit (s. § 13 Rn 5).[35]

c) Fehlende Arbeitsgenehmigung. Ist die AN infolge fehlender Arbeitsgenehmigung (§ 284 SGB III) außerstande, die von ihr arbeitsvertraglich geschuldete Arbeitsleitung zu erbringen, so ist nicht das Aussetzen mit der Arbeit während des Beschäftigungsverbotes nach § 3 Abs. 2 ursächlich für die Verdiensteinbuße, sondern bereits das Fehlen der öffentlich-rechtlichen Genehmigung, so dass der Zuschussanspruch entfällt.[36]

d) Entgeltfortzahlung im Krankheitsfall und Krankengeld. Der Anspruch aus § 14 entfällt nicht deshalb, weil die AN während der Schutzfristen arbeitsunfähig krank (§ 3 EFZG) war,[37] selbst wenn – nach Ablauf der Fristen des § 3 Abs. 1 EFZG – nur ein Krankengeldanspruch (§§ 44 ff. SGB V) gegen die Krankenkasse besteht.[38]

2. Arbeitsverhältnis. a) Bestehendes Arbeitsverhältnis (§ 14 Abs. 1, 3). Steht die AN in **mehreren Arbverh**, so ist der Mutterschaftsgeldzuschuss nach **§ 14 Abs. 1 S. 1** von allen AG anteilig im Verhältnis der Netto-Arbeitsentgelte zu zahlen.[39] Durch die Insolvenz des AG wird das Arbverh nicht aufgelöst (s. § 113 InsO), doch wechselt bei Zahlungsunfähigkeit gem. **§ 14 Abs. 3** der Anspruchsgegner (s. Rn 12, 15).

---

23 BVerfG 18.11.2003 – AG-Zuschuss zum Mutterschaftsgeld – BvR 302/96 – BVerfGE 109, 64, 95 = NZA 2004, 33, 38.
24 BAG 25.2.2004 – 5 AZR 160/03 – AP § 14 MuSchG 1968 Nr. 24 = NZA 2004, 537, 538.
25 *Heinze/Ricken*, NZS 1998, 257 ff.
26 *Buchner*, NZA 2004, 1121, 1127 ff.; *Peters-Lange/Rolfs*, NZA 2000, 682, 684; *Pfarr*, ZRP 1994, 309, 312 ff.
27 BGBl I 2005 S. 3686; RegE BT-Drucks 16/39.
28 *Winkel*, AiB 2003, 333, 336, mit Rechen-Beispiel.
29 *Meisel/Sowka*, MuSchG, § 14 Rn 21, 26a m.w.N.
30 *Meisel/Sowka*, MuSchG, § 14 Rn 3 ff.
31 H/S/*Boecken*, § 7 Rn 623 m.w.N.
32 ErfK/*Schlachter*, § 14 MuSchG Rn 3.
33 BAG 25.2.2004 – 5 AZR 160/03 – AP § 14 MuSchG 1968 Nr. 24 = NZA 2004, 537, 538.
34 BAG 25.2.2004 – 5 AZR 160/03 – AP § 14 MuSchG 1968 Nr. 24 = NZA 2004, 537, 538 ff.
35 BSG 17.2.2004 – B 1 KR 7/02 R – BSGE 92, 172, 173 ff. = NZS 2005, 147 ff.
36 LAG Rheinland-Pfalz 6.1.1999 – 8 Sa 677/98 – LAGE § 14 MuSchG Nr. 9 = NZA-RR 1999, 622 f.
37 BAG 12.3.1997 – 5 AZR 226/96 – AP § 14 MuSchG 1968 Nr. 16 = NZA 1997, 763 f.
38 BAG 7.10.1987 – 5 AZR 610/86 – BAGE 56, 191, 196 f. = DB 1988, 234 f.
39 BAG 3.6.1987 – 5 AZR 592/86 – BAGE 54, 361, 363 f. = NZA 1987, 851; *Meisel/Sowka*, MuSchG, § 14 Rn 16 ff.

11 **b) Aufgelöstes Arbeitsverhältnis (§ 14 Abs. 2).** § 14 Abs. 2 erfasst vor allem das „nach Maßgabe von § 9 Abs. 3" (s. § 9 Rn 54 ff.) aufgelöste Arbverh.[40] Liegt die Genehmigung nach § 9 Abs. 3 vor, so genügt auch der Abschluss eines **Aufhebungsvertrages**.[41] § 14 Abs. 2 greift nicht ein, wenn das Arbverh durch den vor Beginn der Schwangerschaft abgeschlossenen Vertrag (hier: **Arbeitsbeschaffungsmaßnahme**) von vornherein befristet ist.[42]

12 **3. Insolvenz des Arbeitgebers (§ 14 Abs. 3).** § 14 Abs. 3 erfasst nunmehr jedes Insolvenzereignis i.S.v. § 183 Abs. 1 S. 1 Nr. 1 bis 3 SGB III.[43]

III. Rechtsfolge

13 **1. Anspruch auf Zuschuss zum Mutterschaftsgeld. a) Anspruchsverpflichteter. aa) Während des bestehenden Arbeitsverhältnisses (§ 14 Abs. 1).** Während des bestehenden Arbverh richtet sich der Anspruch auf Zuschuss zum Mutterschaftsgeld gem. § 14 Abs. 1 gegen den **AG**, bei mehreren bestehenden Arbverh anteilig gegen alle AG, bei Heim-AN gem. § 24 Nr. 2 gegen den Auftraggeber oder Zwischenmeister.

14 **bb) Nach Auflösung des Arbeitsverhältnisses (§ 14 Abs. 2).** Frauen, deren Arbverh „nach Maßgabe von § 9 Abs. 3 (s. § 9 Rn 54 ff.) aufgelöst" wurde,[44] erhalten den Zuschuss gem. § 14 Abs. 2 von der zuständigen **Krankenkasse** oder, wenn sie nicht Mitglied in der gesetzlichen Krankenversicherung sind, vom **BVA** (s. § 13 Rn 31, 37). Der Zuschuss erfolgt – soweit er von der Krankenkasse gezahlt wird – seit dem 1.1.2009 nicht mehr unmittelbar zu Lasten des Bundes.[45] Das bisherige Verfahren, wonach die Krankenkassen die entsprechenden Aufwendungen einzelfallbezogen vom BVA erstattet erhielten, wurde aufgegeben. Stattdessen erfolgt nun eine pauschale Abgeltung über die Bundesbeteiligung an versicherungsfremden Leistungen nach § 221 SGB V.[46]

15 **cc) Insolvenz des Arbeitgebers (§ 14 Abs. 3).** Liegt ein **Insolvenzereignis i.S.v. § 183 Abs. 1 S. 1 Nr. 1 bis 3 SGB III** (s. Rn 12) vor, gilt **§ 14 Abs. 2** (s. Rn 14, 18, 32) entsprechend. Vor Eröffnung des Insolvenzverfahrens (§ 183 Abs. 1 S. 1 Nr. 1 SGB III, § 27 InsO) oder Abweisung des Eröffnungsantrags mangels Masse (§ 183 Abs. 1 S. 1 Nr. 2 SGB III, § 26 InsO) entstandene und nicht erfüllte Ansprüche auf (Zuschuss zum) Mutterschaftsgeld gegen den zahlungsunfähigen AG werden wie rückständige Lohnansprüche behandelt und durch Zahlung von **Insolvenzgeld (§§ 183 ff. SGB III)** durch die **A.A.** abgesichert.[47]

16 **dd) Betriebsübergang (§ 613a BGB).** Geht ein Betrieb nach § 613a BGB über, so tritt der Erwerber kraft Gesetzes in die Rechtsstellung des Veräußerers ein. Erfolgt der Betriebsübergang während der Schutzfristen, so hat der **Erwerber** den AG-Zuschuss zum Mutterschaftsgeld nachzuzahlen.[48]

17 **b) Rechtsnatur. aa) Zuschuss des Arbeitgebers (§ 14 Abs. 1).** Der Anspruch auf Zuschuss zum Mutterschaftsgeld gem. § 14 Abs. 1 ist nach st. Rspr. ein **gesetzlich begründeter Anspruch auf teilweise Fortzahlung des Arbeitsentgelts**. Die Vergütungspflicht des AG wird während der Zeiten der Beschäftigungsverbote nach §§ 3 Abs. 2, 6 Abs. 1 trotz fehlender Arbeitsleistung nicht in vollem Umfang aufgehoben, sondern besteht nach Maßgabe des § 14 Abs. 1 fort.[49] Es handelt sich um **Entgelt** i.S.v. Art. 141 (ex-Art. 119) EGV bzw. der Entgeltgleichheits-RL 75/117/EWG.[50]

18 **bb) Zuschuss der Krankenkasse/des BVA (§ 14 Abs. 2, 3).** § 14 Abs. 2, 3 beinhaltet einen **öffentlich-rechtlichen Anspruch** gegen die zuständige Krankenkasse oder das BVA, auf den die – auch beim Mutterschaftsgeld einschlägigen – sozialversicherungsrechtlichen Vorschriften (z.B. §§ 41 ff. SGB I) Anwendung finden (s. § 13 Rn 34).[51]

19 **c) Berechnung und Höhe des Anspruchs. aa) Durchschnittliches kalendertägliches Arbeitsentgelt (§ 14 Abs. 1). (1) Begriff.** Der Begriff „durchschnittliches Arbeitsentgelt" in § 14 Abs. 1 S. 1 hat den gleichen Inhalt wie

---

[40] H/S/*Boecken*, § 7 Rn 625 m.w.N.
[41] *Friese*, NJW 2002, 3208, 3210 m.w.N.
[42] BSG 1.2.1983 – 3 RK 53/81 – BSGE 54, 260, 262 f. = SGb 1984, 79, 82 ff. m. Anm. *Gleitze*; BSG 1.2.1983 – 3 RK 1/82 – RegNr. 11643 = SozSich 1983, 326 f.
[43] *Bitzer*, BuW 2003, 738, 739; *Friese*, NJW 2002, 3208, 3210; *Jacklofsky*, AuA 2002, 298, 300; *Joussen*, NZA 2002, 702, 706.
[44] *Tege*, BB 2002, 2602, 2604.
[45] Die in § 14 Abs. 2 a.F. enthaltene Formulierung „zu Lasten des Bundes" wurde durch Art. 14, 20 Abs. 1 des Dritten Gesetzes zum Abbau bürokratischer Hemmnisse insbesondere in der mittelständischen Wirtschaft – Drittes Mittelstandsentlastungsgesetz v. 17.3.2009 (BGBl I 2009 S. 550) gestrichen.
[46] BT-Drucks 16/10490, S. 22 f., 29.

[47] ErfK/*Schlachter*, § 14 MuSchG Rn 5; *Meisel/Sowka*, MuSchG, § 14 Rn 14 ff.
[48] S. BAG 29.10.1975 – 5 AZR 444/74 – BAGE 27, 291, 295 ff. = DB 1976, 391 f., auch zum Annahmeverzug (§ 615 BGB) des Erwerbers nach Betriebsübergang.
[49] BAG 29.1.2003 – 5 AZR 701/01 – AP § 14 MuSchG 1968 Nr. 20 = ZTR 2003, 406 f.; BAG 24.2.1999 – 10 AZR 258/98 – AP § 611 BGB Gratifikation Nr. 213 = NZA 1999, 772 f.; BAG 22.10.1986 – 5 AZR 550/85 – BAGE 53, 205, 208 = NZA 1987, 494; BAG 22.10.1986 – 5 AZR 733/85 – BAGE 53, 217, 220 = NZA 1987, 703; BAG 11.6.1986 – 5 AZR 365/85 – BAGE 52, 177, 179 f. = NZA 1987, 97.
[50] BAG 31.7.1996 – 5 AZR 9/95 – BAGE 83, 377, 381 = NZA 1996, 1205, 1206.
[51] ErfK/*Schlachter*, § 14 MuSchG Rn 2, 10.

der Begriff „**Durchschnittsverdienst**" in § 11 Abs. 1 S. 1 (s. § 11 Rn 20), auch hier gilt der **arbeitsrechtliche Entgeltbegriff**.[52] Maßgeblich ist das nach Verminderung um die **gesetzlichen Abzüge** – Einkommensteuer, ggf. Kirchensteuer, Solidaritätszuschlag, Sozialversicherungsbeiträge[53] (s. § 13 Rn 41 ff.), ggf. der Beitrag zum berufsständischen Versorgungswerk[54] – und Abzug der einmaligen Zahlungen (s. Rn 21) verbleibende durchschnittliche Netto-Arbeitsentgelt (§ 14 Abs. 2 S. 1 SGB IV), das durch die Anzahl der zu berücksichtigenden Kalendertage des Referenzzeitraums (s. Rn 24) geteilt wird. Es gilt wie bei § 13, § 200 RVO das Durchschnittslohnprinzip bzw. die sog. Referenzmethode (s. § 13 Rn 12).[55] Übt die Frau neben der hauptberuflichen noch eine Neben-Tätigkeit aus, so sind auch die dort erzielten Bezüge bei der Berechnung des kalendertäglichen Arbeitsentgelts – im Wege einer Zusammenrechnung aller Entgelte – zu berücksichtigen.[56]

(2) Entgelterhöhungen (§ 14 Abs. 1 S. 3). Gem. **§ 14 Abs. 1 S. 3** und in Übereinstimmung mit **Art. 141 EGV**[57] sind bei der Berechnung des Zuschusses zum Mutterschaftsgeld in den Schutzfristen wirksam werdende nicht nur vorübergehende **allg. Entgelterhöhungen** von ihrem jeweiligen – ggf. rückwirkenden[58] – Wirksamkeitszeitpunkt an zu berücksichtigen.[59] Zu den allg. Erhöhungen zählen Erhöhungen des Tarifentgeltes[60] ebenso wie solche, die durch die Geburt des Kindes verursacht sind, wie z.B. eine höhere Stufe des Ortszuschlages (§ 29 BAT[61]).[62] 20

(3) Einmalig gezahltes Arbeitsentgelt (§ 14 Abs. 1 S. 4). Gem. § 14 Abs. 1 S. 4 bleibt einmalig gezahltes Arbeitsentgelt (**§ 23a SGB IV**) außer Betracht. 21

(4) Verdienstkürzungen (§ 14 Abs. 1 S. 5). Gem. § 14 Abs. 1 S. 5 sind **dauerhafte Verdienstkürzungen**, die während des Ablaufs der Berechnungszeiträume eintreten und nicht auf einem mutterschutzrechtlichen Beschäftigungsverbot beruhen, zu berücksichtigen.[63] Dies ist z.B. der Fall, wenn durch wirksame vertragliche Absprache die **Arbeitszeit** von einem innerhalb der Schutzfristen liegenden Zeitpunkt ab herabgesetzt wird, mit der Folge einer entsprechenden Minderung der Vergütung.[64] 22

(5) Gleichartige Beschäftigte (§ 14 Abs. 1 S. 6). Ist eine Berechnung des Durchschnittsverdienstes nach o.g. Grundsätzen nicht möglich, so ist – wie bei **§ 200 Abs. 2 S. 4 RVO** (s. § 13 Rn 20) – gem. § 14 Abs. 1 S. 6 das durchschnittliche kalendertägliche Arbeitsentgelt einer „**gleichartig Beschäftigten**" zugrunde zu legen. 23

bb) Kalendertage im Berechnungszeitraum (§ 14 Abs. 1 S. 2, 4). (1) Drei Monate oder 13 Wochen (§ 14 Abs. 1 S. 2). Gem. § 14 Abs. 1 S. 2 sind – vorbehaltlich § 14 Abs. 1 S. 4 (s. Rn 22) – die **letzten drei abgerechneten Monate** maßgeblich, was wie bei **§ 200 Abs. 2 S. 1 RVO** (s. § 13 Rn 13) **90 Kalendertagen** entspricht (s. § 191 BGB). Bei wöchentlicher Abrechnung sind grds. die **letzten 13 abgerechneten Wochen** zu berücksichtigen, d.h. **91 Kalendertage**.[65] § 14 Abs. 1 gebietet ebenso wenig wie § 200 Abs. 2 S. 1 RVO, dass die Zeiten zusammenhängen müssen.[66] 24

(2) Kurzarbeit, Arbeitsausfälle, unverschuldete Arbeitsversäumnis (§ 14 Abs. 1 S. 4). Gem. § 14 Abs. 1 S. 4 bleiben Tage, an denen infolge von Kurzarbeit, Arbeitsausfällen oder unverschuldeter Arbeitsversäumnis kein oder ein vermindertes Arbeitsentgelt erzielt wurde, außer Betracht.[67] Befindet sich der AG vor Beginn der Schutzfrist vor der Niederkunft (§ 3 Abs. 2) im **Annahmeverzug** (§ 615 S. 1 BGB) und erzielt die AN im Referenzzeitraum anrechenbare Einkünfte durch eine anderweitige Tätigkeit (§ 615 S. 2 BGB), so vermindert sich dadurch nicht der Zuschuss.[68] 25

---

52 BAG 11.10.2000 – 5 AZR 240/99 – BAGE 96, 34, 39 ff. = NZA 2001, 445, 447 f., zu Sachbezügen (Firmenfahrzeuge); BAG 29.1.1971 – 3 AZR 97/69 – BAGE 23, 178, 180 ff. = DB 1971, 536 f., zu (Anwesenheits-)Prämien; zu vermögenswirksamen Leistungen s. BAG 15.8.1984 – 5 AZR 47/83 – BAGE 46, 174, 177 ff. = NZA 1985, 223, 224; LAG Saarland 12.9.1973 – 1 Sa 26/73 – DB 1973, 2351 f.; *Jenak*, AuA 2006, 224, 225 f.
53 *Jorkowski*, ZTR 2003, 275, 278.
54 BAG 1.6.1988 – 5 AZR 464/87 – BAGE 58, 326, 328 f. = NZA 1988, 691 f.
55 *Meisel/Sowka*, MuSchG, § 14 Rn 6 ff.; H/S/*Boecken*, § 7 Rn 624.
56 BAG 3.6.1987 – 5 AZR 592/86 – BAGE 54, 361, 363 f. = NZA 1987, 851 f.
57 EuGH 13.2.1996 – Rs. C-342/93 – Slg. I 1996, 475 = AuR 1996, 111, zu § 11.
58 BAG 6.4.1994 – 5 AZR 501/93 – BAGE 76, 229, 231 ff. = NZA 1994, 793 f.
59 EuGH 30.3.2004 – C-147/02 (Alabaster/Woolwich plc ./. Secretary of State for Social Security) – AP Art. 119 EG Nr. 1 = NZA 2004, 839, 841 f.; *Budde*, AiB 1997, 313, 314; *Jorkowski*, ZTR 2003, 275, 279 mit Rechen-Beispielen.
60 BAG 6.4.1994 – 5 AZR 501/93 – BAGE 76, 229, 230 ff. = NZA 1994, 793 f.
61 Der Ortszuschlag ist nunmehr in das Vergleichsentgelt nach dem ÜberleitungsTV zum TVöD eingeflossen.
62 BAG 31.7.1996 – 5 AZR 9/95 – BAGE 83, 377, 379 ff. = NZA 1996, 1205, 1206 f.
63 *Jacklofsky*, AuA 2002, 298, 299; *Tege*, BB 2002, 2602, 2604.
64 BAG 11.6.1986 – 5 AZR 365/85 – BAGE 52, 177, 178 ff. = NZA 1987, 97 f.
65 *Jorkowski*, ZTR 2003, 275, 278.
66 *Meisel/Sowka*, MuSchG, § 14 Rn 11.
67 *Jorkowski*, ZTR 2003, 275, 279.
68 LAG Köln 13.10.1993 – 2 Sa 679/93 – LAGE § 14 MuSchG Nr. 6 = NZA 1994, 320, 321.

26 **cc) Anspruchshöhe (§ 14 Abs. 1 S. 1).** Der Anspruch auf Mutterschaftsgeldzuschuss besteht gem. § 14 Abs. 1 S. 1 kalendertäglich in Höhe der **Differenz** zwischen dem durchschnittlichen kalendertäglichen **Arbeitsentgelt** (s. Rn 19 ff.) während des **Referenzzeitraums** (s. Rn 24 f.) und **13 EUR**.[69]

27 **d) Fälligkeit und Anspruchsdauer. Entstehungs-** und **Auszahlungszeitpunkt** sowie **Fälligkeit** des Zuschusses nach **§ 14 Abs. 1** richten sich nach den für das Arbeitsentgelt maßgeblichen (vertraglichen bzw. gesetzlichen) Regelungen.[70] Auf den öffentlich-rechtlichen Anspruch nach **§ 14 Abs. 2, 3** finden wie beim Mutterschaftsgeld die sozialversicherungsrechtlichen Vorschriften (**§ 41 SGB I**) Anwendung (s. § 13 Rn 29, 34).[71] Der Anspruch endet mit dem Wegfall einer der Voraussetzungen sowie beim Ruhen (§ 200 Abs. 4 RVO) des Anspruchs auf **Mutterschaftsgeld** (s. Rn 6), nicht jedoch, wenn die **Höchstgrenze** von 210 EUR gem. § 13 Abs. 2 S. 1 (s. § 13 Rn 36) erreicht ist.[72] Weitere Gründe für das Erlöschen des Anspruchs auf Mutterschaftsgeldzuschuss sind der **Tod** der anspruchsberechtigten AN (s. § 19 Abs. 3 SGB V), eine **Fehlgeburt** (s. § 9 Rn 12), sowie eine nicht von §§ 14 Abs. 2, 9 Abs. 3 erfasste **Beendigung des Arbverh.**[73] I.Ü. endet die Bezugsdauer erst mit Ablauf der Schutzfrist des **§ 6 Abs. 1**, um die AN bis dahin finanziell abzusichern.[74]

28 **2. Ausschluss des Zuschussanspruchs. a) Elternzeit (§ 14 Abs. 4).** Der Ausschluss des Zuschusses zum Mutterschaftsgeld nach § 14 Abs. 4 dient der **Klarstellung**. Auch ohne diese Regelung (§ 14 Abs. 4 S. 1) bestünde kein Anspruch auf Zuschuss zum Mutterschaftsgeld während der **Elternzeit** (§§ 15 ff. BEEG), weil der AG in dieser Zeit – sofern keine zulässige **Teilzeitarbeit** (§ 15 Abs. 4 bis 7 BEEG i.V.m. §§ 2, 6 ff. TzBfG) geleistet wird (§ 14 Abs. 4 S. 2) – wegen des Ruhens der arbeitsvertraglichen Hauptleistungspflichten nicht zur Zahlung von Arbeitsentgelt verpflichtet ist.[75]

29 **b) Arbeitskampf.** Der Anspruch auf Zuschuss zum Mutterschaftsgeld entfällt nicht schon deshalb, weil im Bezugszeitraum im Betrieb des bestreikten AG ein Arbeitskampf geführt wird. Der Anspruch ist jedoch ausgeschlossen, wenn die Schwangere ihre Teilnahme am Arbeitskampf erklärt.[76] Für die Dauer einer rechtmäßigen – suspendierenden – **Aussperrung** besteht nach Ansicht des BAG kein Anspruch gegen den AG gem. § 14.[77] Die Betriebseinschränkung oder -einstellung infolge von Arbeitskampfmaßnahmen in einem anderen Tarifgebiet („**Fernwirkung**") lässt den Anspruch der werdenden Mutter auf Zahlung des Zuschusses unberührt.[78]

30 **c) Rechtsmissbrauch (§ 242 BGB).** Eine nach § 14 anspruchsberechtigte Frau handelt rechtsmissbräuchlich, wenn sie durch Änderung von **steuerlichen Merkmalen** (Steuerklasse, Freibeträge) die Höhe der ihr im Bezugszeitraum zufließenden Nettovergütung allein deshalb beeinflusst, um einen höheren Zuschuss des AG zum Mutterschaftsgeld zu erlangen.[79] Auch die erstmalige Wahl einer Steuerklassenkombination nach der Eheschließung kann in Bezug auf den Zuschuss zum Mutterschaftsgeld rechtsmissbräuchlich sein, wenn sie offensichtlich nicht dem Verhältnis der monatlichen Arbeitslöhne beider Ehegatten entspricht (**§ 137 Abs. 4 S. 1 Nr. 1 SGB III**).[80]

31 **3. Geltendmachung des Zuschussanspruchs. a) Zuschuss des Arbeitgebers (§ 14 Abs. 1).** Der nach § 14 Abs. 1 zu zahlende Zuschuss wird vom AG berechnet und ausgezahlt. Maßgeblich sind die für das **Arbeitsentgelt** getroffenen Vereinbarungen (s. Rn 17). Der AG kann einen **Nachweis** verlangen, dass der AN ein Anspruch auf Mutterschaftsgeld zusteht. Zu diesem Zweck stellt die Krankenkasse oder das BVA eine entsprechende Bescheinigung aus (s. Rn 37).

32 **b) Zuschuss der Krankenkasse/des BVA (§ 14 Abs. 2, 3).** Auf den öffentlich-rechtlichen Anspruch nach § 14 Abs. 2, 3 finden die für das **Mutterschaftsgeld** maßgeblichen sozialrechtlichen Bestimmungen Anwendung (s. § 13 Rn 34).

---

69 Rechenbeispiel bei *Jenak*, AuA 2006, 224.
70 *Meisel/Sowka*, MuSchG, § 14 Rn 19.
71 ErfK/*Schlachter*, § 14 MuSchG Rn 10.
72 *Meisel/Sowka*, MuSchG, § 14 Rn 12 ff.
73 ErfK/*Schlachter*, § 14 MuSchG Rn 9.
74 BT-Drucks 14/8525, S. 9.
75 BAG 29.1.2003 – 5 AZR 701/01 – AP § 14 MuSchG 1968 Nr. 20 = ZTR 2003, 406, 407; H/S/*Boecken*, § 7 Rn 625; *Meisel/Sowka*, MuSchG, § 14 Rn 16c ff.
76 LAG Berlin 28.7.1992 – 11 Sa 114/90 – AuR 1993, 85.
77 BAG 22.10.1986 – 5 AZR 550/85 – BAGE 53, 205, 207 ff. = NZA 1987, 494 ff.; BSG 10.9.1975 – 3 RK 12/74 – BSGE 40, 211, 214 ff. = SGb 1976, 227, 229 ff. m. Anm. *Meydam*; a.A. *Braasch/Arnold*, NZA 1986, 660 ff.
78 LAG Hamm 24.10.1985 – 8 Sa 691/85 – LAGE Art. 9 GG Arbeitskampf Nr. 23 = NZA 1986, 199.
79 BAG 16.12.1987 – 5 AZR 367/86 – juris; BAG 22.10.1986 – 5 AZR 733/85 – BAGE 53, 217, 221 ff. = NZA 1987, 703 ff.
80 BAG 18.9.1991 – 5 AZR 581/90 – AP § 14 MuSchG 1968 Nr. 10 = NZA 1992, 411 ff.; *Meisel/Sowka*, MuSchG, § 14 Rn 9a ff.

C. Verbindung zu anderen Rechtsgebieten und zum Prozessrecht

I. Ausgleichsverfahren (AAG bzw. §§ 10 ff. LFZG a.F.)
Gem. § 1 Abs. 2 Nr. 1 AAG (vormals § 10 Abs. 1 S. 1 Nr. 2 LFZG a.F.) nehmen die AG hinsichtlich des Mutterschaftsgeldzuschusses am U2-Verfahren teil (s. § 11 Rn 31). 33

II. Sozialversicherungsrecht
Gem. § 2 Abs. 2 Nr. 2 ArEV gilt der AG-Zuschuss nicht als Arbeitsentgelt und unterliegt daher nicht der Beitragspflicht zur **Krankenversicherung** (§§ 192 Abs. 1 Nr. 2, Abs. 2, 224 Abs. 1 SGB V).[81] Die wegen der Beschäftigungsverbote nach dem MuSchG arbeitsfreien Zeiten sind gem. § 58 Abs. 1 Nr. 2 SGB VI beitragsfreie Anrechnungszeiten in der **Rentenversicherung**.[82] Die Beiträge zur **Arbeitslosenversicherung** für beitragspflichtige Einnahmen (§ 345 Nr. 7 SGB III) versicherungspflichtiger (§ 26 Abs. 2 Nr. 1 SGB III) Bezieherinnen von Mutterschaftsgeld werden gem. § 347 Nr. 8 SGB III von den Leistungsträgern getragen. 34

III. Einkommensteuerrecht
Der AG-Zuschuss ist ebenso wie das Mutterschaftsgeld gem. § 3 Nr. 1 lit. d) EStG **einkommensteuerfrei**. 35

IV. Verjährung und Ausschlussfristen
Der Anspruch auf einen Zuschuss zum Mutterschaftsgeld nach **§ 14 Abs. 1** verjährt gem. § 195 BGB innerhalb von drei Jahren.[83] Die Verjährung des öffentlich-rechtlichen Anspruchs aus §§ **14 Abs. 2** und **3** tritt gem. § 45 Abs. 1 SGB I in vier Jahren nach Ablauf des Kalenderjahrs, in dem der Anspruch entstanden ist, ein.[84] Der Anspruch nach § 14 kann einzel- oder tarifvertraglichen Ausschlussfristen unterliegen.[85] 36

V. Darlegungs- und Beweislast
Der AG kann von der AN den **Nachweis** verlangen, dass ihr ein **Anspruch auf Mutterschaftsgeld** (s. Rn 6) zusteht. Dieser Nachweis wird i.d.R. durch Vorlage einer vom Leistungserbringer – der **Krankenkasse** im Fall von § 200 RVO (s. § 13 Rn 31) oder dem **BVA** beim Bezug von Mutterschaftsgeld nach § 13 Abs. 2 (s. § 13 Rn 37) – kostenlos auszustellenden Bescheinigung geführt.[86] 37

VI. Prozessuales
Der Anspruch nach **§ 14 Abs. 1** ist gem. § 2 Abs. 1 Nr. 3 lit. a) ArbGG vor den **ArbG** durchzusetzen, die ggf. über die sozialversicherungsrechtliche Vorfrage zu entscheiden haben, ob und in welcher Höhe Anspruch auf Mutterschaftsgeld besteht.[87] Für die Entscheidung über Ansprüche auf den Zuschuss zum Mutterschaftsgeld nach **§ 14 Abs. 2, 3** ist der Rechtsweg zu den **SozG** (§ 51 SGG) eröffnet.[88] Das BVA ist in diesen Fällen nicht nach § 75 Abs. 2 SGG notwendig beizuladen.[89] Eine rechtliche **Bindungswirkung** des rechtskräftigen Urteils eines Rechtswegs besteht bzgl. des anderen Rechtswegs nicht, i.d.R. aber eine faktische Auswirkung.[90] 38

VII. Internationales Privatrecht (IPR)
§ 14 Abs. 1 ist – wie auch § 3 EFZG – eine zwingend geltende „Eingriffsnorm" i.S.v. Art. **34 EGBGB**.[91] 39

§ 15 Sonstige Leistungen bei Schwangerschaft und Mutterschaft

Frauen, die in der gesetzlichen Krankenversicherung versichert sind, erhalten auch die folgenden Leistungen bei Schwangerschaft und Mutterschaft nach den Vorschriften der Reichsversicherungsordnung oder des Gesetzes über die Krankenversicherung der Landwirte:
1. ärztliche Betreuung und Hebammenhilfe,
2. Versorgung mit Arznei-, Verband- und Heilmitteln,

---

81 *Meisel/Sowka*, MuSchG, § 14 Rn 25.
82 *Meisel/Sowka*, MuSchG, § 14 Rn 25.
83 LAG Berlin 14.1.2000 – 6 Sa 1951/99 – LAGE § 14 MuSchG Nr. 10 = NZA-RR 2000, 362, zu § 196 Abs. 1 Nr. 8 BGB a.F.
84 *Meisel/Sowka*, MuSchG, § 14 Rn 22.
85 *Meisel/Sowka*, MuSchG, § 14 Rn 21.
86 *Meisel/Sowka*, MuSchG, § 14 Rn 18 m.w.N.
87 *Meisel/Sowka*, MuSchG, § 14 Rn 23.
88 BSG 1.2.1983 – 3 RK 53/81 – BSGE 54, 260, 261 = SGb 1984, 79, 82 ff. m. Anm. *Gleitze*; BSG 1.2.1983 – 3 RK 1/82 – RegNr. 11643 = SozSich 1983, 326 f.
89 BSG 1.2.1983 – 3 RK 53/81 – BSGE 54, 260, 261 = SGb 1984, 79, 82 ff. m. Anm. *Gleitze*; BSG 1.2.1983 – 3 RK 1/82 – RegNr. 11643 = SozSich 1983, 326 f.
90 *Meisel/Sowka*, MuSchG, § 14 Rn 23 m.w.N.
91 BAG 12.12.2001 – 5 AZR 255/00 – BAGE 100, 130, 139 ff. = NZA 2002, 734, 737 f.; *Gragert/Drenckhahn*, NZA 2003, 305, 306 ff.

3. stationäre Entbindung,
4. häusliche Pflege,
5. Haushaltshilfe.

A. Allgemeines	1	1. Allgemeines	4
I. Normzweck	1	2. Ärztliche Betreuung, Hebammenhilfe, Versorgung mit Arznei-, Verband-, Heil- und Hilfsmitteln (§ 196 RVO)	5
II. Entstehungsgeschichte	2		
B. Regelungsgehalt	3		
I. Anwendungsbereich	3	3. Stationäre Entbindung (§ 197 RVO)	6
II. Voraussetzungen und Umfang der sonstigen (Sach-)Leistungen bei Schwangerschaft und Mutterschaft nach §§ 196–199 RVO	4	4. Häusliche Pflege (§ 198 RVO)	7
		5. Haushaltshilfe (§ 199 RVO)	8

A. Allgemeines

I. Normzweck

1 § 15 ist eine **deklaratorische Vorschrift**, deren Zweck es ist, auf die – nicht gem. § 18 auslegungsbedürftigen – Vorschriften der §§ 196 bis 199 RVO und §§ 23 bis 28 KVLG hinzuweisen,[1] welche – neben dem Mutterschaftsgeld nach § 200 RVO bzw. § 29 KVLG – die **Anspruchsgrundlage** für **sonstige (Sach-)Leistungen bei Schwangerschaft und Mutterschaft** (früher: „Mutterschaftshilfe", „Wochenhilfe")[2] beinhalten.[3] Die betreffenden Vorschriften der RVO – entsprechende Regelungen finden sich im KVLG[4] – lauten:

§ 179 RVO – Leistungsumfang
Gegenstand der Versicherung sind die in diesem Buche vorgeschriebenen Leistungen der Krankenkassen an
1.–2. (aufgehoben)
3. Leistungen bei Schwangerschaft und Mutterschaft,
4.–6. (aufgehoben)

§ 195 RVO – Leistungsumfang bei Schwangerschaft und Mutterschaft
(1) Die Leistungen bei Schwangerschaft und Mutterschaft umfassen
1. ärztliche Betreuung und Hebammenhilfe,
2. Versorgung mit Arznei-, Verband- und Heilmitteln,
3. stationäre Entbindung,
4. häusliche Pflege,
5. Haushaltshilfe,
6. Mutterschaftsgeld.

(2) Für die Leistungen nach Absatz 1 gelten die für die Leistungen nach dem Fünften Buch Sozialgesetzbuch geltenden Vorschriften entsprechend, soweit nichts Abweichendes bestimmt ist. § 16 Abs. 1 des Fünften Buches Sozialgesetzbuch gilt nicht für den Anspruch auf Mutterschaftsgeld. Bei Anwendung des § 65 Abs. 2 des Fünften Buches Sozialgesetzbuch bleiben die Leistungen nach Absatz 1 unberücksichtigt.

§ 196 RVO – Ärztliche Betreuung, Hebammenhilfe, Versorgung mit Arznei-, Verband- und Heilmittel
(1) Die Versicherte hat während der Schwangerschaft, bei und nach der Entbindung Anspruch auf ärztliche Betreuung einschließlich der Untersuchungen zur Feststellung der Schwangerschaft und zur Schwangerenvorsorge sowie auf Hebammenhilfe. Die ärztliche Betreuung umfaßt auch die Beratung der Schwangeren zur Bedeutung der Mundgesundheit für Mutter und Kind einschließlich des Zusammenhangs zwischen Ernährung und Krankheitsrisiko sowie die Einschätzung oder Bestimmung des Übertragungsrisikos von Karies.

(2) Bei Schwangerschaftsbeschwerden und im Zusammenhang mit der Entbindung gelten die §§ 31 Abs. 3, § 32 Abs. 2 und § 33 Abs. 2 des Fünften Buches Sozialgesetzbuch nicht.

---

1 Anlage Nr. 16 zu BT-Drucks IV/3652, S. 7.
2 *Marburger*, SozArb 1974, 249 ff.
3 *Meisel/Sowka*, MuSchG, § 15 Rn 1, § 195 RVO Rn 2; ErfK/*Schlachter*, § 15 MuSchG Rn 1.
4 §§ 7 Nr. 3, 22–28 KVLG.

§ 197 RVO – Stationäre Entbindung
Wird die Versicherte zur Entbindung in ein Krankenhaus oder eine andere Einrichtung aufgenommen, hat sie für sich und das Neugeborene auch Anspruch auf Unterkunft, Pflege und Verpflegung, für die Zeit nach der Entbindung jedoch für längstens sechs Tage. Für diese Zeit besteht kein Anspruch auf Krankenhausbehandlung. § 39 Abs. 2 des Fünften Buches Sozialgesetzbuch gilt entsprechend.

§ 198 RVO – Häusliche Pflege
Die Versicherte hat Anspruch auf häusliche Pflege, soweit diese wegen Schwangerschaft oder Entbindung erforderlich ist. § 37 Abs. 3 und 4 des Fünften Buches Sozialgesetzbuch gilt entsprechend.

§ 199 RVO – Haushaltshilfe
Die Versicherte erhält Haushaltshilfe, soweit ihr wegen Schwangerschaft oder Entbindung die Weiterführung des Haushalts nicht möglich ist und eine andere im Haushalt lebende Person den Haushalt nicht weiterführen kann. § 38 Abs. 4 des Fünften Buches Sozialgesetzbuch gilt entsprechend.

II. Entstehungsgeschichte
Der Verweis auf die sonstigen Leistungen bei Schwangerschaft und Mutterschaft nach der RVO und dem KVLG wurde m.W.v. 1.1.1968 durch das FinanzänderungsG v. 21.12.1967[5] als damaliger § 13b eingeführt.[6] § 15 wurde m.W.v. 1.10.1972 durch das KVLG v. 10.8.1972[7] an die Änderungen in RVO und KVLG angepasst. Durch das Gesundheits-Reformgesetz – GRG v. 20.12.1988[8] wurden m.W.v. 1.1.1989 die Leistungen der „Mutterschaftshilfe" (§ 15 i.V.m. §§ 195 ff. RVO, §§ 22 ff. KVLG) in „sonstige Leistungen bei Schwangerschaft und Mutterschaft" umbenannt und inhaltlich neu geregelt.[9] Durch das GKV-ModernisierungsG – GMG v. 14.11.2003[10] wurde m.W.v. 1.1.2004 das bis dahin nach Maßgabe von § 15 Nr. 6 i.V.m. § 200b RVO bzw. § 31 KVLG gewährte Entbindungsgeld i.H.v. 77 EUR ersatzlos gestrichen.[11]

B. Regelungsgehalt

I. Anwendungsbereich
§ 15 i.V.m. §§ 196 ff. RVO erfasst Frauen, die in der gesetzlichen Krankenversicherung (siehe § 13 Rn 3 f.) versichert sind,[12] die nachwirkenden Versicherungsschutz (§ 19 Abs. 2 SGB V) genießen[13] sowie Nichtversicherte, die im Rahmen der Familienversicherung (§ 10 SGB V)[14] mitversichert sind,[15] und bei denen eine Schwangerschaft (siehe § 9 Rn 6 f.) oder Entbindung (siehe § 9 Rn 8 ff.), nicht nur ein Schwangerschaftsabbruch (siehe § 9 Rn 13),[16] vorliegt. Auslandsaufenthalt der Versicherten führt zum Ruhen der Ansprüche (§ 16 Abs. 1 Nr. 1 SGB V).[17] Leistungen an nichtversicherte Spätaussiedlerinnen kommen gem. § 11 BVFG[18] in Betracht. Für leistungsberechtigte Asylbewerberinnen gilt § 4 Abs. 2 AsylbLG.[19]

II. Voraussetzungen und Umfang der sonstigen (Sach-)Leistungen bei Schwangerschaft und Mutterschaft nach §§ 196–199 RVO
1. Allgemeines. Nicht § 195 Abs. 1 RVO, sondern die den Leistungsumfang bei Schwangerschaft und Mutterschaft festlegenden Vorschriften der §§ 196 bis 199 RVO[20] beinhalten die Anspruchsgrundlage auf die dort geregel-

---

5 Gesetz zur Verwirklichung der mehrjährigen Finanzplanung des Bundes, II. Teil (BGBl I 1967 S. 1259, 1275, 1284).
6 *Meisel/Sowka*, MuSchG, § 14 Rn 1.
7 BGBl I 1972 S. 1433, 1451, 1458.
8 Gesetz zur Strukturreform im Gesundheitswesen (BGBl I 1988 S. 2477, 2552 f., 2555 f., 2590, 2596).
9 *Dalheimer*, WzS 1990, 213, 215 ff., insb. zu § 199 RVO.
10 Gesetz zur Modernisierung der gesetzlichen Krankenversicherung v. 14.11.2003 (BGBl I S. 2190, 2256, 2257).
11 *Hammel*, ZfSH/SGB 2004, 323, 332 f.
12 *Meisel/Sowka*, MuSchG, § 195 RVO Rn 6 ff.
13 *Meisel/Sowka*, MuSchG, § 195 RVO Rn 6.
14 *Meisel/Sowka*, MuSchG, § 15 Rn 2, § 195 RVO Rn 20 ff.
15 BSG 29.1.1980 – 3 RK 36/78 – BSGE 49, 240, 242 f. = ErsK 1980, 364, 365.
16 BSG 15.1.1986 – 3 RK 45/84 – BSGE 59, 270, 271 f. = SozR 2200 § 196 Nr. 3.
17 *Meisel/Sowka*, MuSchG, § 195 RVO Rn 43 f., 45 ff., 48 m.w.N., auch zum internationalen Mutterschaftsrecht (Art. 18 ff. EWG-VO 1408/71 und bilaterale Sozialversicherungsabkommen).
18 Gesetz über die Angelegenheiten der Vertriebenen und Flüchtlinge (BundesvertriebenenG) v. 19.5.1953 (BGBl I S. 201, 204), zul. geänd. durch Gesetz zur Steuerung und Begrenzung der Zuwanderung und zur Regelung des Aufenthalts und der Integration von Unionsbürgern und Ausländern (ZuwanderungsG) v. 30.7.2004 m.W.v. 1.1.2005 (BGBl I 2004 S. 1950, 1999 f., 2009 f.).
19 AsylbewerberleistungsG v. 30.6.1993 m.W.v. 1.10.1993 (BGBl I S. 1074, 1075, 1077), zul. geänd. durch Gesetz zur Änderung des AufenthaltsG und weiterer Gesetze v. 14.3.2005 m.W.v. 15.3.2005 (BGBl I S. 721, 726 f., 729).
20 *Marburger*, WzS 2005, 1, 17; *Marburger*, WzS 1997, 161, 173; *Marburger*, SozArb 1974, 249, 250 ff.

ten Sachleistungen.[21] Es gilt das Sach- und Dienstleistungsprinzip (§ 2 Abs. 2 SGB V i.V.m. § 195 Abs. 2 S. 1 RVO) sowie das Wirtschaftlichkeitsgebot (§§ 12, 2 Abs. 1 S. 1 SGB V).[22] Die Leistungen werden – abgesehen von dringenden (Not-)Fällen[23] sowie der Hebammenhilfe (siehe Rn 5)[24] – auf Antrag (§ 19 SGB IV)[25] von der zuständigen gesetzlichen Krankenkasse (s. § 4 SGB V)[26] gewährt und von den Leistungserbringern erbracht.

5   **2. Ärztliche Betreuung, Hebammenhilfe, Versorgung mit Arznei-, Verband-, Heil- und Hilfsmitteln (§ 196 RVO).** Gem. § 196 Abs. 1 S. 1 RVO erhalten Versicherte ärztliche Betreuung (s. § 92 Abs. 1 S. 2 Nr. 4 SGB V),[27] einschließlich Schwangerschaftsfeststellungs-,[28] Schwangerenvorsorgeuntersuchungen[29] und Schwangerenberatung (§ 196 Abs. 1 S. 2 RVO)[30] sowie Hebammenhilfe[31] (bzw. Geburtshilfe gem. § 4 Abs. 2 HebG[32] sowie den Landes-VO, z.B. § 1 HebBO BW).[33] Nach § 196 Abs. 2 RVO sind die bei Schwangerschaftsbeschwerden und im Zusammenhang („Mitursächlichkeit")[34] mit der Entbindung gewährten Arzneimittel (§ 2 AMG,[35] siehe § 27 Abs. 1 S. 2 Nr. 3 SGB V), Verbandmittel (§ 31 SGB V), Heilmittel[36] (§ 32 SGB V) sowie Hilfsmittel (§ 33 SGB V) von der Zuzahlung (§§ 31 Abs. 3, 32 Abs. 2, 33 Abs. 2 SGB V) befreit.[37]

6   **3. Stationäre Entbindung (§ 197 RVO).** Wird die Versicherte gem. § 197 S. 1 RVO[38] zur Entbindung[39] in ein zugelassenes (§ 108 SGB V) – nicht dagegen ein privates[40] – Krankenhaus[41] oder eine andere Einrichtung[42] aufgenommen,[43] so hat sie für sich und das Neugeborene[44] auch Anspruch auf Unterkunft, Pflege[45] und Verpflegung (sog. Entbindungsanstaltspflege),[46] für die Zeit nach der Entbindung jedoch für längstens sechs Tage (§ 26 Abs. 1 SGB X i.V.m. §§ 187 Abs. 1, 188 Abs. 1 BGB),[47] gem. § 197 S. 2 RVO dagegen nicht auf Krankenhausbehandlung[48] oder auf Kostenerstattung (§ 13 Abs. 1 SGB V).[49] Die Versicherte hat gem. § 197 S. 3 RVO i.V.m. § 39 Abs. 2 SGB V grds. freie Wahl unter den zugelassenen Krankenhäusern und anderen Einrichtungen.[50] Ihr können jedoch ganz oder teilweise die Mehrkosten auferlegt werden, die dadurch entstehen, dass sie nicht eines der in der ärztlichen Verordnung der Krankenhausbehandlung (§ 73 Abs. 4 S. 3 SGB V) angegebenen nächstgelegenen Krankenhäuser aufsucht, sofern nicht gem. § 39 Abs. 2 SGB V ein „zwingender Grund" vorliegt, eine anderes Krankenhaus aufzusuchen.[51]

7   **4. Häusliche Pflege (§ 198 RVO).** Nur ca. 1 % der Entbindungen findet zu Hause statt.[52] § 198 RVO soll wie auch § 199 RVO der Versicherten einen Anreiz geben, einen Krankenhausaufenthalt vor und nach der Entbindung ganz oder teilweise zu vermeiden,[53] insb. durch Hausgeburten und sog. ambulante Geburten. Die Versicherte hat nach

---

21 *Meisel/Sowka*, MuSchG, § 195 RVO Rn 41; ErfK/*Rolfs*, § 195 RVO Rn 1.
22 *Meisel/Sowka*, MuSchG, § 195 RVO Rn 41, § 196 RVO Rn 7.
23 *Marburger*, SozArb 1980, 350, 354.
24 *Lieber*, ZfS 1995, 121, 122 m.w.N.
25 BSG 23.3.1983 – 3 RK 66/81 – SozR 2200 § 199 Nr. 3 = BKK 1983, 353 f.; BSG 26.3.1980 – 3 RK 47/79 – BSGE 50, 73, 74 f. = SGb 1980, 398, 400 f. m. Anm. *Berg*.
26 BSG 9.10.2001 – B 1 KR 15/00 R – SozR 3–2200 § 197 Nr. 2 = Breith 2002, 415 ff.
27 ErfK/*Rolfs*, § 196 RVO Rn 2; *Meisel/Sowka*, MuSchG, § 196 RVO Rn 3 ff.
28 *Meisel/Sowka*, MuSchG, § 196 RVO Rn 1.
29 *Meisel/Sowka*, MuSchG, § 196 RVO Rn 2.
30 *Meisel/Sowka*, MuSchG, § 196 RVO Rn 8.
31 *Meisel/Sowka*, MuSchG, § 196 RVO Rn 9 ff.; *Lieber*, ZfS 1995, 121 ff.
32 Gesetz über den Beruf der Hebamme und des Entbindungspflegers (HebammenG) v. 4.6.1985 m.W.v. 1.7.1985 (BGBl I S. 902, 903, 907), zul. geänd. durch 8. ZuständigkeitsanpassungsVO v. 25.11.2003 m.W.v. 1.1.2004 (BGBl I 2003 S. 2304, 2307, 2351).
33 VO des Sozialministeriums über die Berufspflichten der Hebammen und Entbindungspfleger (Hebammenberufsordnung) v. 25.11.1992 m.W.v. 15.12.1992 (GBl S. 774, 775).
34 *Meisel/Sowka*, MuSchG, § 196 RVO Rn 18.
35 Gesetz über den Verkehr mit Arzneimitteln v. 24.8.1976 m.W.v. 1.1.1978 (BGBl I S. 2445, 2448, 2482), zul. geänd. durch Gesetz zur Änderung arzneimittelrechtlicher Vorschriften v. 15.4.2005 m.W.v. 16.4.2005 (BGBl I S. 1068, 1069).
36 BSG 16.7.1968 – 9 RV 1070/65 – BSGE 28, 158, 159 ff. = SozR § 182 RVO Nr. 30.
37 *Meisel/Sowka*, MuSchG, § 196 RVO Rn 16 ff.; ErfK/ *Rolfs*, § 196 RVO Rn 4.
38 Bis 31.12.1988 § 199 Abs. 1 RVO a.F.
39 *Meisel/Sowka*, MuSchG, § 197 RVO Rn 2.
40 BSG 23.11.1995 – 1 RK 5/94 – SozR 3–2500 § 13 Nr. 9 = MDR 1996, 946.
41 *Meisel/Sowka*, MuSchG, § 197 RVO Rn 4 f.
42 LSG Erfurt 31.3.2003 – L 6 KR 1/03 – Breith 2003, 710 ff.; LSG Erfurt 30.8.2000 – L 6 KR 692/99 – E-LSG KR-188; *Kötter*, BKK 2001, 324 ff., zum „Geburtshaus".
43 BSG 9.10.2001 – B 1 KR 15/00 R – SozR 3–2200 § 197 Nr. 2 = Breith 2002, 415 ff.
44 BSG 12.11.1985 – 3 RK 25/84 – SozR 2200 § 199 Nr. 4 = ErsK 1987, 103 f.; *Meisel/Sowka*, MuSchG, § 197 RVO Rn 6.
45 *Meisel/Sowka*, MuSchG, § 197 RVO Rn 6 ff.
46 S. *Marburger*, SozArb 1974, 249, 252 f., zu § 199 RVO a.F.
47 *Meisel/Sowka*, MuSchG, § 197 RVO Rn 7, 18; ErfK/*Rolfs*, § 197 RVO Rn 1.
48 ErfK/*Rolfs*, § 197 RVO Rn 2; *Meisel/Sowka*, MuSchG, § 197 RVO Rn 19 f.
49 BSG 20.5.2003 – B 1 KR 9/03 R – SozR 4–2500 § 13 Nr. 1 = Breith 2004, 182 ff.
50 ErfK/*Rolfs*, § 197 RVO Rn 3.
51 ErfK/*Rolfs*, § 197 RVO Rn 4; *Meisel/Sowka*, MuSchG, § 197 RVO Rn 9 ff.
52 *Meisel/Sowka*, MuSchG, § 197 RVO Rn 1; *Kötter*, BKK 2001, 324.
53 *Meisel/Sowka*, MuSchG, § 199 RVO Rn 1.

§ 198 S. 1 RVO[54] Anspruch auf häusliche Grund-Pflege (gem. § 37 SGB V, insb. Betten, Lagern, Körperpflege, Hilfen im hygienischen Bereich, Prüfung der Vitalfunktionen [Kontrolle von Puls, Blutdruck, Körpertemperatur] etc.),[55] soweit diese wegen Schwangerschaft oder Entbindung erforderlich (siehe §§ 12, 275 Abs. 1 Nr. 1 SGB V) ist und nicht gem. § 37 Abs. 3 SGB V i.V.m. § 198 S. 2 RVO durch eine im Haushalt[56] lebende Person (siehe Rn 8) in dem erforderlichen Umfang erfolgen kann (Subsidiaritätsgrundsatz).[57] Stellt die Krankenkasse nicht die Pflegekraft[58] („Hauspflegerin")[59] oder lehnt sie den Antrag der Versicherten zu Unrecht ab,[60] so sind die Kosten für eine selbst beschaffte Kraft in angemessener Höhe[61] zu erstatten (§§ 13 Abs. 1, 37 Abs. 4 SGB V i.V.m. § 198 S. 2).[62] Liegt eine auf anderen Gründen als Schwangerschaft oder Entbindung beruhende Erkrankung vor, so besteht ggf. ein Anspruch auf häusliche Krankenpflege nach § 37 SGB V;[63] für Pflege nach §§ 14 ff. SGB XI ist die Pflegeversicherung (§§ 1 ff. SGB XI) zuständig.[64]

5. Haushaltshilfe (§ 199 RVO). Die Versicherte erhält gem. § 199 S. 1 RVO[65] Haushaltshilfe,[66] soweit (s. § 12 SGB V) ihr wegen Schwangerschaft oder Entbindung – nicht nur wegen normaler Schwangerschaftsbeschwerden[67] – die Weiterführung des eigenständigen[68] Haushalts[69] – d.h., die häusliche wohnungsmäßige familienhafte Wirtschaftsführung,[70] z.B. selbstständiger Einkauf von Lebensmitteln, Zubereitung der Mahlzeiten, Pflege der Kleidung und der Wohnräume, Betreuung und Beaufsichtigung von Kindern[71] – nicht möglich ist.[72] Weitere Voraussetzung ist, dass eine andere im Haushalt – nicht nur besuchsweise[73] – lebende Person,[74] z.B. der Ehemann (s. § 1356 BGB),[75] ein Verwandter (z.B. die Mutter),[76] Verschwägerter[77] oder ein (erwachsenes) Kind (s. §§ 1618a, 1619 BGB),[78] den Haushalt – sei es aus Altersgründen, wegen Schule, Berufsausbildung oder Erwerbstätigkeit, Gerichtsverhandlung in eigener Sache mit dem Risiko eines Versäumnisurteils[79] – nicht weiterführen kann.[80] An arbeitsfreien Tagen sind diese Personen an der Weiterführung des Haushalts grds. nicht gehindert;[81] eine Verpflichtung, Urlaub zu nehmen oder eine Freistellung zu beantragen, besteht nicht.[82] Stellt die Krankenkasse nicht die Haushaltshilfe[83] – wozu ihr Gelegenheit gegeben worden sein muss –,[84] so sind die Kosten für eine selbst beschaffte Ersatzkraft[85] in angemessener Höhe[86] zu erstatten (§§ 13 Abs. 1, 38 Abs. 4 S. 1 SGB V i.V.m. § 199 S. 2).[87] Für Verwandte (§ 1589 BGB) und Verschwägerte (§ 1590 BGB) bis zum zweiten Grad werden gem. § 38 Abs. 4 S. 2 SGB V keine Kosten erstattet; die Krankenkasse kann ggf. die erforderlichen Fahrkosten und den Verdienstausfall erstatten.[88]

---

54 Bis 31.12.1988 § 199 Abs. 2 RVO a.F.
55 *Meisel/Sowka*, MuSchG, § 198 RVO Rn 9; *Keß*, ErsK 1991, 357, 362.
56 BSG 9.10.2001 – B 1 KR 15/00 R – SozR 3–2200 § 197 Nr. 2 = Breith 2002, 415 ff.
57 ErfK/*Rolfs*, § 198 RVO Rn 1.
58 *Meisel/Sowka*, MuSchG, § 198 RVO Rn 11.
59 *Marburger*, SozArb 1980, 350, 354 f.
60 BSG 23.3.1983 – 3 RK 66/81 – SozR 2200 § 199 Nr. 3 = BKK 1983, 353 f.; BSG 22.10.1980 – 3 RK 65/79 – SozR 2200 § 194 Nr. 5 = BKK 1981, 92 f.
61 BSG 23.4.1980 – 4 RJ 11/79 – SozR 2200 § 1237b Nr. 5 = ErsK 1980, 417, 418.
62 *Meisel/Sowka*, MuSchG, § 198 RVO Rn 12; *Keß*, ErsK 1991, 406, 411.
63 ErfK/*Rolfs*, § 198 RVO Rn 1.
64 *Meisel/Sowka*, MuSchG, § 198 RVO Rn 4.
65 Bis 31.12.1988 §§ 185b, 199 Abs. 2 RVO a.F.
66 *Dalheimer*, WzS 1990, 213, 215 ff.; *Keß*, ErsK 1991, 406, 411 f.; zu § 185b RVO s. *Marburger*, SozArb 1980, 350 ff.; 1981, 62 ff.
67 *Meisel/Sowka*, MuSchG, § 199 RVO Rn 4 f. m.w.N.
68 *Meisel/Sowka*, MuSchG, § 199 RVO Rn 3.
69 BAG 16.3.1962 – GS 1/61 – BAGE 13, 1, 17 ff., 21 = DB 1962, 907, 909 ff.; BAG 25.3.1960 – 1 AZR 556/58 – AP § 1 HausarbTagsG NRW Nr. 12 = DB 1960, 615 f.; BAG 25.3.1960 – 1 AZR 551/58 – BAGE 9, 124, 127 ff. = DB 1960, 670 f.; LAG Düsseldorf 14.12.1960 – 3 Sa 397/60 – BB 1961, 450; LAG Düsseldorf 21.9.1960 – 3 Sa 300/60 – DB 1960, 1219 f., auch zum Begriff „Hausstand".
70 BVerfG 22.2.1984 – 1 BvR 832/83 – juris; BSG 23.3.1983 – 3 RK 66/81 – SozR 2200 § 199 Nr. 3 = BKK 1983, 353 f.
71 BSG 22.4.1987 – 8 RK 22/85 – SozR 2200 § 185b Nr. 11 = ErsK 1989, 110, 111; BSG 21.6.1978 – 3 RK 98/76 – SozR 2200 § 185b Nr. 4 = BKK 1978, 325, 390 f.
72 ErfK/*Rolfs*, § 199 RVO Rn 1 f.; *Dalheimer*, WzS 1990, 213, 216 f.
73 BSG 22.4.1987 – 8 RK 22/85 – SozR 2200 § 185b Nr. 11 = ErsK 1989, 110, 111.
74 *Meisel/Sowka*, MuSchG, § 198 RVO Rn 6 f.
75 BSG 22.4.1987 – 8 RK 22/85 – SozR 2200 § 185b Nr. 11 = ErsK 1989, 110, 111; BSG 28.1.1977 – 5 RKn 32/76 – BSGE 43, 170, 171 f. = BKK 1977, 159.
76 BSG 13.7.1977 – 3 RK 52/76 – USK 77105 = SGb 1978, 299 f.
77 BSG 28.1.1977 – 5 RKn 32/76 – BSGE 43, 170, 171 f. = BKK 1977, 159.
78 BSG 22.4.1987 – 8 RK 22/85 – SozR 2200 § 185b Nr. 11 = ErsK 1989, 110, 111; BSG 28.1.1977 – 5 RKn 32/76 – BSGE 43, 170, 171 f. = BKK 1977, 159.
79 BSG 22.4.1987 – 8 RK 22/85 – SozR 2200 § 185b Nr. 11 = ErsK 1989, 110, 111.
80 BSG 7.3.1990 – 3 RK 16/89 – SozR 3–2200 § 185b Nr. 1 = NZA 1990, 672; s. *Dalheimer*, WzS 1990, 213, 219 f.
81 BSG 30.3.1977 – 5 RKn 20/76 – BSGE 43, 236, 237 f. = NJW 1978, 288.
82 BSG 28.1.1977 – 5 RKn 32/76 – BSGE 43, 170, 171 f. = BKK 1977, 159.
83 *Dalheimer*, WzS 1990, 213, 221 ff.
84 BSG 22.4.1987 – 8 RK 22/85 – SozR 2200 § 185b Nr. 11 = ErsK 1989, 110, 112.
85 *Keß*, ErsK 1991, 406, 409 f.
86 BSG 3.7.1985 – 3 RK 57/84 – SozR 2200 § 185b Nr. 10 = ErsK 1985, 425, 426; BSG 28.1.1977 – 5 RKn 32/76 – BSGE 43, 170, 172 f. = BKK 1977, 159.
87 LSG Celle 31.5.2000 – L 4 KR 44/98 – E-LSG KR-181 = NdsRpfl 2001, 33 ff.
88 *Meisel/Sowka*, MuSchG, § 199 RVO Rn 15; *Dalheimer*, WzS 1990, 213, 223 ff.; *Keß*, ErsK 1991, 406, 409 f.

§ 16 Freistellung für Untersuchungen

¹Der Arbeitgeber hat die Frau für die Zeit freizustellen, die zur Durchführung der Untersuchungen im Rahmen der Leistungen der gesetzlichen Krankenversicherung bei Schwangerschaft und Mutterschaft erforderlich ist. ²Entsprechendes gilt zugunsten der Frau, die nicht in der gesetzlichen Krankenversicherung versichert ist. ³Ein Entgeltausfall darf hierdurch nicht eintreten.

A. Allgemeines 1	3. Überwachung durch die Aufsichtsbehörde (§ 20) 7
I. Normzweck 1	4. Rechtsfolgen eines Verstoßes des Arbeitgebers gegen § 16 8
II. Entstehungsgeschichte 2	a) Privatrechtliche Folgen 8
B. Regelungsgehalt 3	b) Öffentlich-rechtliche Folgen (§ 21 Abs. 1 Nr. 7) 9
I. Anwendungsbereich 3	
II. Tatbestandsvoraussetzungen 4	
III. Rechtsfolge 5	C. Verbindung zu anderen Rechtsgebieten und zum Prozessrecht 10
1. Pflicht des Arbeitgebers zur Freistellung der Arbeitnehmerin (S. 1) 5	I. Sonstige Freistellungsvorschriften 10
2. Kein Entgeltausfall (S. 3) 6	II. Prozessuales 11

A. Allgemeines

I. Normzweck

1 Durch die – in Anlehnung an **§ 43 JArbSchG**[1] geschaffene – **öffentlich-rechtliche Verpflichtung** (siehe Rn 7, 9) des AG zur **Freistellung** (siehe Rn 5) der AN ohne **Entgeltausfall** (siehe Rn 6) nach § 16 soll zum Zweck der **Einschränkung der Mütter- und Säuglingssterblichkeit** verhindert werden, dass die bei Schwangerschaft und Mutterschaft medizinisch erforderlichen und empfohlenen **Untersuchungen** (siehe Rn 4) wegen drohender wirtschaftlicher Nachteile nicht in Anspruch genommen werden.[2]

II. Entstehungsgeschichte

2 Die Verpflichtung des AG zur bezahlten Freistellung der AN wurde m.W.v. 1.1.1966 durch das HaushSichG v. 20.12.1965[3] als damaliger § 13a eingefügt.[4] Durch das Gesetz zur Änderung des Mutterschutzrechts v. 20.12.1996[5] wurde m.W.v. 1.1.1997 S. 2 an § 16 angefügt, so dass nunmehr auch Nichtversicherte erfasst sind.[6] M.W.v. 20.6.2002 wurde durch das 2. Gesetz zur Änderung des Mutterschutzrechts v. 16.6.2002[7] der vormals in S. 1 verwendete Begriff „Freizeit" durch die – auch in § 45 Abs. 3 S. 1 SGB V und § 43 S. 1 JArbSchG verwendete und sachgerechtere – Bezeichnung „Freistellung" ersetzt.[8]

B. Regelungsgehalt

I. Anwendungsbereich

3 Es sind alle unter das MuSchG fallenden Frauen erfasst, sowohl gesetzlich krankenversicherte AN (**S. 1**) als auch im Hinblick auf **Art. 9 Mutterschutz-RL 92/85/EWG**[9] Nichtversicherte, seien sie privat versichert oder ohne Krankenversicherung (**S. 2**).[10] § 16 gilt gem. **§ 24 Nr. 2** für die in Heimarbeit Beschäftigten und die ihnen Gleichgestellten (**§ 1 Nr. 2**) mit der Maßgabe, dass an die Stelle des AG der Auftraggeber oder Zwischenmeister tritt.

II. Tatbestandsvoraussetzungen

4 Gem. S. 1 muss es sich um Untersuchungen „im Rahmen der Leistungen der gesetzlichen Krankenversicherung bei Schwangerschaft und Mutterschaft" handeln. Hierunter fallen die Schwangerschaftsfeststellungsuntersuchung und

---

1 Meisel/Sowka, MuSchG, § 16 Rn 1.
2 Anlage Nr. 16 zu BT-Drucks IV/3652, S. 7; ErfK/Schlachter, § 16 MuSchG Rn 1.
3 Gesetz zur Sicherung des Haushaltsausgleichs (BGBl I 1965 S. 2065, 2066, 2072).
4 Meisel/Sowka, MuSchG, § 16 Rn 1.
5 BGBl I 1996 S. 2110, 2111, 2112.
6 Marburger, BB 1997, 521, 523.
7 BGBl I 2002 S. 1812, 1813; BT-Drucks 14/8525, S. 5, 9; BR-Drucks 1071/01, S. 3, 8, 14.
8 Bitzer, BuW 2003, 738, 740; Friese, NJW 2002, 3208, 3211; Jacklofsky, AuA 2002, 298, 300; Tege, BB 2002, 2602, 2604; Will, FA 2002, 268, 270.
9 RL 92/85/EWG des Rates über die Durchführung von Maßnahmen zur Verbesserung der Sicherheit und des Gesundheitsschutzes von schwangeren AN, Wöchnerinnen und stillenden AN am Arbeitsplatz v. 19.10.1992, ABl EG L 348, 1.
10 Budde, AiB 1997, 313, 314; Sowka, NZA 1997, 296, 297; Thau, AuR 1997, 213, 215.

die Vorsorgeuntersuchungen nach § 196 Abs. 1 S. 1 RVO (siehe § 15 Rn 5)[11] einschließlich der laborärztlichen Untersuchungen.[12] Nicht erfasst ist ein sog. Negativtest, der vorliegt, wenn die Frau sich nur zu dem Zweck untersuchen lässt, sich ärztlich bescheinigen zu lassen, dass sie nicht schwanger ist.[13]

III. Rechtsfolge

1. Pflicht des Arbeitgebers zur Freistellung der Arbeitnehmerin (S. 1). Der AG hat die AN gem. S. 1 für die zur Durchführung der **Untersuchungen** (siehe Rn 4) **erforderliche Zeit**, einschließlich der Wege- und Wartezeiten,[14] ggf. auch für das Waschen und Umkleiden im Betrieb, freizustellen. Die AN darf der Arbeit jedoch nicht ohne Absprache mit dem AG fernbleiben, sondern hat bei der Terminsvereinbarung mit dem Arzt soweit wie möglich **Rücksicht** auf die schutzwürdigen Belange des Betriebes zu nehmen, insb. durch Vereinbarung eines Termins außerhalb der Arbeitszeit (siehe § 616 BGB Rn 9).[15] I.Ü. ist eine ordnungsgemäße **Abmeldung** von der Arbeit sowie **Rückmeldung** nach Wiederkehr beim AG erforderlich.[16] Hat die AN die Freistellung nicht ordnungsgemäß beantragt, so kann sie sich schadensersatzpflichtig (§§ 280 Abs. 1, 241 Abs. 2 BGB) machen, wenn es zu Produktionsausfällen kommt.[17]

2. Kein Entgeltausfall (S. 3). Gem. S. 3 darf ein Entgeltausfall nicht eintreten.[18] Die AN ist so zu vergüten, als wenn sie gearbeitet hätte (**Lohnausfallerstattung**). Bei Arbeit im **Zeitlohn** ist der volle Stundenlohn zu zahlen. Ausgefallene **Leistungsentgelt-Bestandteile** wie Akkord-(Prämien) und Leistungsprovisionen sind mit dem Durchschnittsbetrag zu ersetzen.[19] Fahrtkosten sind nicht zu erstatten.[20] Nicht beanspruchte Sachleistungen des AG (z.B. Essenszuschuss) sind nicht abzugelten.[21] Für die Untersuchungen aufgewendete arbeitsfreie Freizeit ist nicht zusätzlich zu vergüten[22] oder durch bezahlte Freistellung an einem anderen Tag abzugelten.[23] Die AN ist zur **Vor- oder Nacharbeit** der wegen der Untersuchungen ausgefallenen Arbeitszeit nicht verpflichtet; eine Anrechnung auf den **Erholungsurlaub** ist unzulässig.[24]

3. Überwachung durch die Aufsichtsbehörde (§ 20). Die gem. § 20 Abs. 1 nach Landesrecht zuständige Aufsichtsbehörde, z.B. die Regierungspräsidien gem. § 1 DVO-MuSchG BW,[25] überwacht im Rahmen der Befugnisse und Obliegenheiten nach § 20 Abs. 2 i.V.m. § 139b GewO die öffentlich-rechtliche Freistellungsverpflichtung des AG nach § 16.[26]

4. Rechtsfolgen eines Verstoßes des Arbeitgebers gegen § 16. a) Privatrechtliche Folgen. Verweigert der AG die – erforderlichenfalls ordnungsgemäß beantragte[27] – bezahlte Freistellung und hat die AN eine **Abstimmung** (siehe Rn 5) mit den betrieblichen Belangen des AG vergeblich versucht, so steht ihr ein – den Schuldnerverzug (§ 286 BGB) ausschließendes[28] – **Zurückbehaltungsrecht (§ 273 BGB)** an der Arbeitsleistung zwecks Durchführung der erforderlichen **Untersuchungen** (siehe Rn 4) zu.[29] Ggf. können der AN vertragliche (§§ 280 Abs. 1, 241 Abs. 2 BGB) oder gesetzliche (§ 823 Abs. 1, 2 BGB) **Schadensersatzansprüche** zustehen.

b) Öffentlich-rechtliche Folgen (§ 21 Abs. 1 Nr. 7). Zuwiderhandlungen des AG gegen die **Freistellungsverpflichtung** nach S. 1, auch i.V.m. S. 2, können als **OWi** gem. § 21 Abs. 1 Nr. 7, Abs. 2 mit einer Geldbuße bis zu **2.500 EUR** geahndet werden.[30] Dies betrifft nicht die **Entgeltzahlungsverpflichtung** (siehe Rn 6).[31]

---

11 ErfK/*Schlachter*, § 16 MuSchG Rn 2.
12 *Meisel/Sowka*, MuSchG, § 16 Rn 5 f. m.w.N.
13 *Meisel/Sowka*, MuSchG, § 16 Rn 6.
14 *Meisel/Sowka*, MuSchG, § 16 Rn 8.
15 BAG 29.2.1984 – 5 AZR 92/82 – BAGE 45, 171, 175 ff. = DB 1984, 1405 f.; BAG 25.4.1960 – 1 AZR 16/58 – BAGE 9, 179, 183 ff. = DB 1960, 699.
16 *Meisel/Sowka*, MuSchG, § 16 Rn 7.
17 *Meisel/Sowka*, MuSchG, § 16 Rn 11.
18 *Sowka*, NZA 1997, 296, 297; *Thau*, AuR 1997, 213, 215.
19 *Meisel/Sowka*, MuSchG, § 16 Rn 9 m.w.N.
20 *Meisel/Sowka*, MuSchG, § 16 Rn 9.
21 *Meisel/Sowka*, MuSchG, § 16 Rn 9.
22 ErfK/*Schlachter*, § 16 MuSchG Rn 2.
23 *Meisel/Sowka*, MuSchG, § 16 Rn 9 m.w.N.
24 *Meisel/Sowka*, MuSchG, § 16 Rn 10 m.w.N.
25 VO des (Arbeits- und) Sozialministeriums und des Wirtschaftsministeriums zur Durchführung des MuSchG v. 20.1.1967 m.w.v.1.2.1967, GBl S. 9, 10 (damals Gewerbeaufsichtsamt), zul. geänd. durch Verwaltungsstruktur-ReformG – VRG v. 1.7.2004 m.w.v. 1.1.2005, GBl 2004 S. 469, 542, 576.
26 ErfK/*Schlachter*, § 16 MuSchG Rn 1.
27 *Meisel/Sowka*, MuSchG, § 16 Rn 11.
28 *Meisel/Sowka*, MuSchG, § 16 Rn 11.
29 ErfK/*Schlachter*, § 16 MuSchG Rn 3.
30 ErfK/*Schlachter*, § 16 MuSchG Rn 3.
31 *Meisel/Sowka*, MuSchG, § 16 Rn 13.

C. Verbindung zu anderen Rechtsgebieten und zum Prozessrecht

I. Sonstige Freistellungsvorschriften

10 Ein Anspruch auf bezahlte Freistellung für Arztbesuche kann auch aus anderen Vorschriften resultieren, entweder aus **TV**,[32] z.B. § 52 Abs. 1 S. 1 lit. a) BAT bzw. § 29 Abs. 1 S. 1 lit. a) TVöD[33] oder Gesetz, z.B. **§ 616 BGB** (siehe § 616 BGB Rn 1 ff.), ggf. auch zugunsten des Mannes bei Niederkunft seiner **Ehefrau**,[34] sowie bei Jugendlichen (§ 2 Abs. 2 JArbSchG) aus **§ 43 JArbSchG**.

II. Prozessuales

11 Der **Entgeltanspruch** ist im Rahmen einer **Leistungsklage** vor den nach § 3 Abs. 1 Nr. 3 lit. a) ArbGG zuständigen **ArbG** durchzusetzen.[35]

§ 17   Erholungsurlaub

[1]Für den Anspruch auf bezahlten Erholungsurlaub und dessen Dauer gelten die Ausfallzeiten wegen mutterschutzrechtlicher Beschäftigungsverbote als Beschäftigungszeiten. [2]Hat die Frau ihren Urlaub vor Beginn der Beschäftigungsverbote nicht oder nicht vollständig erhalten, so kann sie nach Ablauf der Fristen den Resturlaub im laufenden oder im nächsten Urlaubsjahr beanspruchen.

A. Allgemeines 1	1. Fiktion tatsächlicher Beschäftigungszeiten
I. Normzweck 1	(S. 1) 4
II. Entstehungsgeschichte 2	2. Erleichterte Übertragbarkeit von (Rest-)Urlaub
B. Regelungsgehalt 3	(S. 2) 5
I. Anwendungsbereich 3	3. Nochmalige Verlängerung (§ 7 Abs. 3 BUrlG,
II. Voraussetzungen und Umfang des Benachtei-	§ 17 Abs. 2 BEEG, § 4 Abs. 2 ArbPlSchG) .. 6
ligungsverbots nach § 17 4	C. Verbindung zu anderen Rechtsgebieten 7

A. Allgemeines

I. Normzweck

1 **S. 1** (siehe Rn 4) enthält – im Einklang mit der bereits vor seiner Einfügung bestehenden h.M. in Rspr.[1] und Lit.[2] und zur Beendigung in der Praxis gelegentlich bestehender Rechtsunsicherheit – die **Klarstellung**, dass die mutterschutzrechtlichen Ausfallzeiten bei der Berechnung des Erholungsurlaubs wie Beschäftigungszeiten (d.h., Arbeitszeiten) zählen. Denn wegen Schwangerschaft und Mutterschaft darf – schon im Hinblick auf gemeinschaftsrechtliche Vorgaben (Art. 141 EGV, Mutterschutz-RL 92/85/EWG)[3] sowie Art. 6 Abs. 4 GG[4] – keine Benachteiligung erfolgen.[5] **S. 2** (siehe Rn 5) soll als „angemessene"[6] Ergänzungsregelung bzgl. des **Resturlaubs**,[7] verhindern, dass der Urlaubsanspruch wegen Ablauf des Kalenderjahres (siehe § 7 Abs. 3 S. 1, 2 BUrlG) oder des Übertragungszeitraums (siehe § 7 Abs. 3 S. 3 BUrlG) untergeht.[8] Die Mütter sollen nicht schlechter, aber auch nicht besser gestellt werden, als sie ohne die Inanspruchnahme der Schutzfristen stünden.[9]

---

32 BAG 29.2.1984 – 5 AZR 455/81 – BAGE 45, 165, 169 ff. = DB 1984, 1687 f.; BAG 29.2.1984 – 5 AZR 92/82 – BAGE 45, 171, 173 ff. = DB 1984, 1405 f.
33 BAG 18.1.2001 – 6 AZR 492/99 – AP § 52 BAT Nr. 8 = NZA 2002, 47, 48 ff.
34 BAG 25.2.1987 – 8 AZR 430/84 – BAGE 54, 210, 212 ff. = NZA 1987, 667, 668; BAG 12.12.1973 – 4 AZR 75/73 – AP § 616 BGB Nr. 44 m. Anm. *Küchenhoff* = DB 1975, 1179 f.; BAG 26.2.1964 – 4 AZR 257/63 – AP § 616 BGB Nr. 38 = DB 1964, 664.
35 *Meisel/Sowka*, MuSchG, § 16 Rn 12.
1 BAG 9.8.1994 – 9 AZR 384/92 – BAGE 77, 296, 298 ff. = NZA 1995, 174, 175 f.; BAG 26.5.1988 – 8 AZR 774/85 – BAGE 58, 304, 306 f. = NZA 1989, 362 f.; BAG 14.5.1986 – 8 AZR 71/84 – juris; BAG 7.11.1985 – 6 AZR 169/84 – BAGE 50, 124, 126 ff. = NZA 1986, 392 f.; BAG 8.3.1984 – 6 AZR 600/82 – BAGE 45, 184, 186 ff. = NZA 1984, 197 ff.; BAG 28.1.1982 – 6 AZR 571/79 – BAGE 37, 382, 383 ff. = DB 1982, 1065 f.; a.A. die frühere Rspr., BAG 22.4.1972 – 5 AZR 499/71 – AP § 3 BUrlG Rechtsmißbrauch Nr. 6 m. Anm. *Thiele* = DB 1972, 1443, 1444; BAG 12.1.1967 – 5 AZR 321/66 – AP § 3 BUrlG Rechtsmißbrauch Nr. 4 m. Anm. *Wittig* = DB 1967, 646 f.; BAG 2.5.1961 – 5 AZR 478/60 – AP § 611 BGB Urlaubsrecht Nr. 82 m. Anm. *Zeuner* = DB 1961, 884; BAG 26.4.1960 – 1 AZR 364/58 – AP § 611 BGB Urlaubsrecht Nr. 59 = RdA 1961, 41; BAG 2.6.1956 – 1 AZR 296/54 – BAGE 3, 77, 78 ff. = AuR 1956, 285, 186 f. m. Anm. *Schneider*.
2 *Jacklofsky*, AuA 2002, 298, 299; *Joussen*, NZA 2002, 702, 705; *Tege*, BB 2002, 2602, 2603.
3 *Joussen*, NZA 2002, 702, 706.
4 *Graue*, AiB 2002, 589, 592.
5 BT-Drucks 14/8525, S. 6, 7, 9; BR-Drucks 1071/01, S. 3, 8, 14.
6 Kritisch *Sowka*, DB 2002, 1658 f.; *Friese*, NZA 2003, 597, 603.
7 BT-Drucks 14/8525, S. 9; BR-Drucks 1071/01, S. 14.
8 *Bitzer*, BuW 2003, 738, 739 f.; *Will*, FA 2002, 268, 269 f.
9 *Friese*, NZA 2002, 3208, 3211; *Sowka*, DB 2002, 1658 f.

II. Entstehungsgeschichte

§ 17 wurde m.W.v. 20.6.2002 durch das 2. Gesetz zur Änderung des Mutterschutzrechts v. 16.6.2002[10] inhaltlich neu besetzt.[11]

B. Regelungsgehalt

I. Anwendungsbereich

§ 17 gilt für den **bezahlten Erholungsurlaub** (insb. gem. §§ 1 ff. BUrlG, §§ 53 ff. SeemG) aller gem. **§ 1** unter das MuSchG fallenden AN (siehe § 1 Rn 2 ff.).[12] Über die einseitig zwingend (§ 13 Abs. 1 BUrlG, § 10 S. 2 SeemG) vorgesehene Höhe des Urlaubs hinausgehende arbeits- oder tarifvertragliche Urlaubsansprüche unterliegen grds. der freien Ausgestaltung durch die Vertragsparteien.[13]

II. Voraussetzungen und Umfang des Benachteiligungsverbots nach § 17

1. Fiktion tatsächlicher Beschäftigungszeiten (S. 1). Nach der **Fiktion**[14] des S. 1 gelten Ausfallzeiten wegen mutterschutzrechtlicher Beschäftigungsverbote für den **Anspruch** auf bezahlten Erholungsurlaub und dessen **Dauer** als Beschäftigungszeiten, so dass die Schutzfristen dem Entstehen des vollen (§ 4 BUrlG)[15] oder teilweisen (§ 5 Abs. 1 BUrlG, § 59 Abs. 1 SeemG) Urlaubsanspruchs (§§ 1, 3, BUrlG) nicht entgegenstehen.[16]

2. Erleichterte Übertragbarkeit von (Rest-)Urlaub (S. 2). Gem. S. 2 sind Urlaubstage übertragbar, die wegen genereller oder individueller mutterschutzrechtlicher Beschäftigungsverbote nicht genommen werden konnten.[17] S. 2 geht über **§ 7 Abs. 3 BUrlG**, wonach im Fall der Übertragung der Urlaub in den ersten drei Monaten des folgenden Kalenderjahres gewährt und genommen werden muss (§ 7 Abs. 3 S. 3 BUrlG), hinaus.[18] Der Urlaub kann bis zum Ablauf des Urlaubsjahres genommen werden, das dem Jahr, in dem das Beschäftigungsverbot endet, folgt.[19]

3. Nochmalige Verlängerung (§ 7 Abs. 3 BUrlG, § 17 Abs. 2 BEEG, § 4 Abs. 2 ArbPlSchG). Nicht durch S. 2 geklärt ist die Frage, ob nach Ablauf der Schutzfristen eine weitere Übertragung von (Rest-)Urlaub möglich ist. Eine nochmalige Übertragung des Urlaubs unter den Voraussetzungen des § 7 Abs. 3 S. 2, 3 BUrlG kommt nach zutreffender Ansicht nicht in Betracht, da S. 2 insoweit eine gegenüber § 7 Abs. 3 BUrlG verdrängende Regelung enthält.[20] Nimmt die AN im Anschluss an die Schutzfristen Elternzeit in Anspruch, so richtet sich die weitere Übertragbarkeit des Resturlaubs nach § 17 Abs. 2 BEEG.[21] Hat die AN den ihr zustehenden Urlaub vor ihrer Einberufung nicht oder nicht vollständig erhalten, so hat der AG gem. § 4 Abs. 2 ArbPlSchG den Resturlaub nach dem Grundwehrdienst im laufenden oder im nächsten Urlaubsjahr zu gewähren.[22]

C. Verbindung zu anderen Rechtsgebieten

Zeiten der Beschäftigungsverbote nach dem MuSchG gelten wegen Art 6 Abs. 4 GG als Ausübung einer **Beschäftigung** i.S.v. § 130 Abs. 2 S. 1 Nr. 4 SGB III.[23] Art. 6 Abs. 4 GG gebietet eine Ausnahme von der unbedingten Geltung der **vierjährigen Verfallfrist** des § 147 Abs. 2 SGB III für den eng umgrenzten Sonderfall, dass während der Zeit des Beschäftigungsverbots nach § 6 die Vierjahresfrist abläuft und dadurch ein zuvor bereits bewilligter Alg-Anspruch erlischt.[24] Die Nichtanrechnung mutterschutzrechtlicher Ausfallzeiten auf die **Bewährungszeiten** nach § 23a Nr. 4 S. 3 lit. e) BAT-O[25] verstößt gegen Art. 141 EGV und die RL 76/207/EWG.[26] Eine tarifliche Vorschrift, die die anteilige **Minderung tariflichen Urlaubsgelds** für die Zeiten der Elternzeit vorsieht, verstößt nicht gegen Art. 141 EGV. Das gilt auch für die Zeiten der Beschäftigungsverbote wegen der Geburt eines weiteren Kindes nach §§ 3 Abs. 2, 6 Abs. 1, soweit die Elternzeit nicht unterbrochen wird.[27]

---

10 BGBl I 2002 S. 1812 f.
11 *Moderegger*, ArbRB 2002, 111 ff.; *Tege*, BB 2002, 2602, 2603; *Will*, FA 2002, 268, 269 f.
12 *Friese*, NZA 2003, 597 f.
13 *Friese*, NZA 2003, 597, 598.
14 *Friese*, NZA 2003, 597, 598 f.; kritisch *Ramrath*, FA 2003, 194, 195 f.
15 *Joussen*, NZA 2002, 702, 705 f.
16 *Friese*, NZA 2003, 597, 599.
17 ErfK/*Schlachter*, § 17 MuSchG Rn 1.
18 ErfK/*Schlachter*, § 17 MuSchG Rn 1.
19 *Friese*, NZA 2003, 597, 602; *Will*, FA 2002, 268, 269 f.; *Sowka*, DB 2002, 1658 f., mit Berechnungs-Beispielen.
20 *Friese*, NZA 2003, 597, 602 m.w.N.
21 *Bergmann*, AiB 2004, 332, 333; *Friese*, NZA 2003, 597, 602; *Jorkowski*, ZTR 2003, 275, 280; *Will*, FA 2002, 268, 270.
22 *Friese*, NZA 2003, 597, 601.
23 LSG Celle 22.1.2004 – L 8 AL 147/03 – NZA-RR 2004, 663, 665 f., zur Vorgängerregelung § 131 Abs. 2 Nr. 2 SGB III.
24 BSG 21.10.2003 – B 7 AL 28/03 R – BSGE 91, 226, 227 ff. = Breith 2004, 169 ff.
25 S. nunmehr § 17 Abs. 3 S. 1 lit. b) TVöD.
26 EuGH 18.11.2004 – Rs. C-284/02 (Land Brandenburg ./. Sass) – ABl C 2005 6, 6 f. = NZA 2005, 399 ff.; BAG 21.3.2002 – 6 AZR 108/01 (A) – BAGE 101, 21, 28 ff. = NZA 2003, 112, 114 f.
27 BAG 15.4.2003 – 9 AZR 137/02 – AP § 1 TVG Tarifverträge: Bäcker Nr. 4 = NZA 2004, 47, 48 f.

Fünfter Abschnitt: Durchführung des Gesetzes

§ 18 Auslage des Gesetzes

(1) In Betrieben und Verwaltungen, in denen regelmäßig mehr als drei Frauen beschäftigt werden, ist ein Abdruck dieses Gesetzes an geeigneter Stelle zur Einsicht auszulegen oder auszuhängen.

(2) Wer Heimarbeit ausgibt oder abnimmt, hat in den Räumen der Ausgabe und Abnahme einen Abdruck dieses Gesetzes an geeigneter Stelle zur Einsicht auszulegen oder auszuhängen.

A. Allgemeines

1 Zweck der Vorschrift ist, den Frauen die jederzeitige Information über ihre Ansprüche und Verpflichtungen aus dem MuSchG ohne besondere Schwierigkeiten zu ermöglichen. Die Vorschrift ist Ordnungsvorschrift[1] und als solche kein Schutzgesetz i.S.v. § 823 Abs. 2 BGB.[2]

B. Regelungsgehalt

2 Der Begriff des **Betriebes** im mutterschutzrechtlichen Sinn umfasst alle Arten in der freien Wirtschaft, der Land- und Forstwirtschaft, der See-, Binnenschiff- und Luftfahrt, der Freiberufler und die öffentlichen Betriebe. Umfasst sind auch Nebenbetriebe und Betriebsteile. Eine Erwerbsabsicht oder die Verfolgung rein ideeller Zwecke ist dabei unerheblich.[3] **Verwaltungen** sind die staatlichen und kommunalen Dienststellen und die Verwaltungsstellen öffentlich-rechtlicher Körperschaften. Nicht ausdrücklich genannt sind **Familienhaushalte**, deren Einbeziehung aber ganz überwiegend zustimmend beurteilt wird.[4]

3 Bei der Zahl von regelmäßig **mehr als drei** beschäftigten Frauen bleiben saisonale oder kurzfristige Schwankungen außer Betracht. Gezählt werden auch Auszubildende. Eine Unterscheidung zwischen Vollzeit- oder Teilzeitbeschäftigten erfolgt nicht.

4 Die Aushangpflicht bei Heimarbeit besteht unabhängig von einer Mindestbeschäftigtenzahl. Bei Verschiedenheit der Räume von Ausgabe und Abnahme der Heimarbeit dürfte ein Aushang genügen.[5]

5 Der Informationspflicht ist durch **Auslage oder Aushang** nachzukommen. Eine Aushändigung an jede einzelne beschäftigte Frau soll nicht genügen.[6] Dagegen reicht es aus, wenn der Zugriff für alle Beschäftigten über EDV möglich ist, der AG den Gesetzestext über die EDV bereitstellt und die Beschäftigten auf dem betriebsüblichen Weg auf die Zugriffsmöglichkeit hinweist.[7] Geeignet für die Auslage oder den Aushang sind Pausen- oder Aufenthaltsräume, das schwarze Brett oder das Büro des Betriebs- oder Personalrats. Jede Beschäftigte soll sich ohne Scheu über den Inhalt des Gesetzes informieren können, ohne um die Vorlage bitten zu müssen. Ein Hinweis auf die Möglichkeit zur Einsicht beim AG genügt daher nicht.

6 Das Gesetz muss vollständig, leserlich und in aktueller Fassung verfügbar sein. Ob die Pflicht zur Auslage oder zum Aushang auch die aufgrund des Gesetzes erlassenen Ausführungs- und Durchführungsverordnungen sowie krankenversicherungsrechtliche Vorschriften erfasst, ist umstr.[8] Bei Beschäftigung von ausländischen AN ist ebenfalls umstr., ob die Bekanntmachung auch in fremder Sprache zu erfolgen hat.[9]

7 Ein Verstoß gegen die Vorschrift ist eine OWi gem. § 21 Abs. 1 Nr. 8. Er kann mit einer Geldbuße bis zu 2.500 EUR geahndet werden (§ 21 Abs. 2).

---

1 LAG Tübingen 30.11.1967 – 4 Sa 100/67 – DB 1968, 624.
2 *Buchner/Becker*, § 18 MuSchG Rn 49 ff.
3 *Buchner/Becker*, § 18 MuSchG Rn 7.
4 *Buchner/Becker*, § 18 MuSchG Rn 5; *Willikonsky*, § 18 Rn 4; ZZVV, § 18 MuSchG Rn 2.
5 ErfK/*Schlachter*, § 18 MuSchG Rn 3; a.A. *Willikonsky*, § 18 Rn 11.
6 *Willikonsky*, § 18 Rn 8; a.A. *Buchner/Becker*, § 18 MuSchG Rn 31.
7 *Buchner/Becker*, § 18 MuSchG Rn 45; ZZVV, § 18 MuSchG Rn 8.
8 Zust. *Buchner/Becker*, § 18 MuSchG Rn 37, 39; weniger weitgehend *Willikonsky*, § 18 Rn 9; a.A. ZZVV, § 18 MuSchG Rn 6.
9 Bejahend *Buchner/Becker*, § 18 MuSchG Rn 38; *Willikonsky*, § 18 Rn 10; weniger weitgehend ErfK/*Schlachter*, § 18 MuSchG Rn 3; ZZVV, § 18 MuSchG Rn 7.

§ 19 Auskunft

(1) Der Arbeitgeber ist verpflichtet, der Aufsichtsbehörde auf Verlangen
1. die zur Erfüllung der Aufgaben dieser Behörde erforderlichen Angaben wahrheitsgemäß und vollständig zu machen,
2. die Unterlagen, aus denen Namen, Beschäftigungsart und -zeiten der werdenden und stillenden Mütter sowie Lohn- und Gehaltszahlungen ersichtlich sind, und alle sonstigen Unterlagen, die sich auf die zu Nummer 1 zu machenden Angaben beziehen, zur Einsicht vorzulegen oder einzusenden.

(2) Die Unterlagen sind mindestens bis zum Ablauf von zwei Jahren nach der letzten Eintragung aufzubewahren.

A. Allgemeines

Die Bestimmung soll der Aufsichtsbehörde gem. § 20 die Aufsicht über die Durchführung des Gesetzes ermöglichen. Die Verpflichtungen aus § 19 bestehen nur gegenüber dieser Aufsichtsbehörde.

B. Regelungsgehalt

Erforderlich sind sämtliche Angaben, um die Aufgaben nach dem MuSchG sowie aufgrund des Gesetzes erlassenen Rechts-VO oder behördlichen Anordnungen überwachen und erfüllen zu können. Es genügt, wenn die geforderten Auskünfte objektiv mit den Aufgaben der Aufsichtsbehörde nach dem MuSchG in Verbindung stehen.[1] Die **Auskunftspflicht** trifft den AG, bei Heimarbeit den Auftraggeber oder Zwischenmeister (§ 24 Nr. 2). Auf das Auskunftsverlangen darf auch ohne nähere Nachfrage nichts Wesentliches verschwiegen werden. Das Verlangen der Aufsichtsbehörde ist ein VA, der von dem Betroffenen mit Widerspruch und Anfechtungsklage angegriffen werden kann.

Die Verpflichtung zur **Vorlage oder Einsendung** betrifft lediglich beim AG vorhandene Unterlagen. Unterlagen, die er nicht besitzt, braucht der AG nicht zu erstellen oder beschaffen. Die Verpflichtung gibt der Behörde die Möglichkeit zur Einsicht im Betrieb und die Befugnis zur Anfertigung von Kopien. Der Verpflichtung zur Einsendung ist grds. durch Übersendung von Originalen auf Kosten des AG nachzukommen. Wenn die Unterlagen laufend im Betrieb benötigt werden, reicht die Übersendung von Kopien aus.[2]

Die zweijährige **Aufbewahrungsfrist** berechnet sich nach §§ 187 Abs. 1, 188 Abs. 2 BGB.[3] Bei unterlassener Eintragung ist für den Fristbeginn der Tag maßgeblich, an dem die letzte Eintragung hätte vorgenommen werden müssen.

Zuwiderhandlungen können gem. § 21 Abs. 1 Nr. 8 als OWi mit einer Geldbuße bis 2.500 EUR geahndet werden (§ 21 Abs. 2). Ein Aussageverweigerungsrecht steht dem AG gegenüber dem Verlangen der Aufsichtsbehörde nicht, sondern gem. § 55 OWiG erst ab Einleitung eines OWi-Verfahrens zu.[4]

C. Verbindung zu anderen Rechtsgebieten

Gem. § 89 Abs. 1 BetrVG, § 81 Abs. 1 BPersVG sind Betriebs- bzw. Personalrat verpflichtet, die für den Arbeitsschutz zuständigen Stellen zu unterstützen. Eine Unterstützung durch Auskunft kommt in Betracht, wenn dem BR Verstöße gegen Vorschriften des MuSchG bekannt sind. Die Schweigepflicht gem. § 79 BetrVG steht dem nicht entgegen.[5] Aus dem Grundsatz der vertrauensvollen Zusammenarbeit folgend hat der BR jedoch zunächst beim AG auf Abstellung der Verstöße hinzuwirken.[6]

---

1 *Buchner/Becker*, § 19 MuSchG Rn 12.
2 ErfK/*Schlachter*, § 19 MuSchG Rn 2; *Willikonsky*, § 19 Rn 5.
3 *Willikonsky*, § 19 Rn 6; ZZVV, § 19 MuSchG Rn 5.
4 Allg. M. ErfK/*Schlachter*, § 19 MuSchG Rn 3; *Buchner/Becker*, § 19 MuSchG Rn 27; *Willikonsky*, § 19 Rn 3; ZZVV, § 19 MuSchG Rn 8.
5 *Richardi*, § 89 Rn 7.
6 *Buchner/Becker*, § 19 MuSchG Rn 7.

§ 20 Aufsichtsbehörden

(1) Die Aufsicht über die Ausführung der Vorschriften dieses Gesetzes und der auf Grund dieses Gesetzes erlassenen Vorschriften obliegt den nach Landesrecht zuständigen Behörden (Aufsichtsbehörden).

(2) ¹Die Aufsichtsbehörden haben dieselben Befugnisse und Obliegenheiten wie nach § 139b der Gewerbeordnung die dort genannten besonderen Beamten. ²Das Grundrecht der Unverletzlichkeit der Wohnung (Artikel 13 des Grundgesetzes) wird insoweit eingeschränkt.

A. Allgemeines

1 Die Ausführung des MuSchG obliegt den **Ländern** gem. Art. 83 GG als eigene Angelegenheit. Die Länder regeln dabei die Einrichtung der Behörden und das Verwaltungsverfahren, soweit nicht Bundesgesetze mit Zustimmung des Bundesrates etwas anderes bestimmen (Art. 84 Abs. 1 GG). In den Bundesländern ist zuständige **Aufsichtsbehörde** zumeist das Gewerbeaufsichtsamt bzw. das Amt für Arbeitsschutz und Arbeitssicherheit, für bergbauliche Betriebe das Bergamt.[1] Örtlich zuständig ist regelmäßig das Amt des Betriebssitzes.

B. Regelungsgehalt

2 Als Befugnisse stehen den Behörden gem. § 139b GewO insb. das jederzeitige Recht zu, während des Betriebs die betrieblichen Anlagen zum Zweck der Besichtigung und Prüfung zu betreten. Bei solchen **Betriebsbegehungen** ist der Betriebs-/Personalrat stets hinzuzuziehen (§ 89 Abs. 2 BetrVG, § 81 Abs. 2 BPersVG), die Anwesenheit des AG ist zu gestatten. Bei Behinderung durch den AG begeht dieser eine OWi gem. § 147 Abs. 3 GewO, die mit Bußgeld bis 1.000 EUR geahndet werden kann. I.Ü. können die Behörden Auskünfte einholen (§ 19), Beschwerden und Anträge prüfen und bescheiden sowie beratend, anregend und aufklärend tätig werden.

3 Rechtsverstößen kann begegnet werden mit entsprechenden Hinweisen sowie der Androhung und dem Erlass von Verfügungen. Deren Durchsetzung erfolgt mit den Mitteln des Verwaltungszwangs, sodass auch eine Stilllegung des Betriebs zulässig sein kann, wenn der Schutz der Mutter durch andere weniger beeinträchtigende Maßnahmen nicht gewährleistet ist.

4 Das Verfahren der Aufsichtsbehörde richtet sich nach den jeweiligen Bestimmungen der einzelnen Verwaltungsverfahrensgesetze der Länder.[2] Kommt der AG Anordnungen und Maßnahmen der Aufsichtsbehörde zugunsten der geschützten Beschäftigten nicht nach, macht er sich schadensersatzpflichtig gem. § 823 Abs. 2 BGB.[3]

Sechster Abschnitt: Straftaten und Ordnungswidrigkeiten

§ 21 Straftaten und Ordnungswidrigkeiten

(1) Ordnungswidrig handelt der Arbeitgeber, der vorsätzlich oder fahrlässig
1. den Vorschriften der §§ 3, 4 Abs. 1 bis 3 Satz 1 oder § 6 Abs. 1 bis 3 Satz 1 über die Beschäftigungsverbote vor und nach der Entbindung,
2. den Vorschriften des § 7 Abs. 1 Satz 1 oder Abs. 2 Satz 2 über die Stillzeit,
3. den Vorschriften des § 8 Abs. 1 oder 3 bis 5 Satz 1 über Mehr-, Nacht- oder Sonntagsarbeit,
4. den auf Grund des § 4 Abs. 4 erlassenen Vorschriften, soweit sie für einen bestimmten Tatbestand auf diese Bußgeldvorschrift verweisen,
5. einer vollziehbaren Verfügung der Aufsichtsbehörde nach § 2 Abs. 5, § 4 Abs. 5, § 6 Abs. 3 Satz 2, § 7 Abs. 3 oder § 8 Abs. 5 Satz 2 Halbsatz 1,
6. den Vorschriften des § 5 Abs. 1 Satz 3 über die Benachrichtigung,
7. der Vorschrift des § 16 Satz 1, auch in Verbindung mit Satz 2, über die Freistellung für Untersuchungen oder

---

1 Eine genaue Auflistung nach Bundesländern findet sich bei *Buchner/Becker*, § 20 MuSchG Rn 2.

2 Dazu und zu entsprechenden Rechtsmitteln näher *Buchner/Becker*, § 20 MuSchG Rn 47 ff.

3 *Buchner/Becker*, § 20 MuSchG Rn 69.

8. den Vorschriften des § 18 über die Auslage des Gesetzes oder des § 19 über die Einsicht, Aufbewahrung und Vorlage der Unterlagen und über die Auskunft

zuwiderhandelt.

(2) Die Ordnungswidrigkeit nach Absatz 1 Nr. 1 bis 5 kann mit einer Geldbuße bis zu fünfzehntausend Euro, die Ordnungswidrigkeit nach Absatz 1 Nr. 6 bis 8 mit einer Geldbuße bis zu zweitausendfünfhundert Euro geahndet werden.

(3) Wer vorsätzlich eine der in Absatz 1 Nummer 1 bis 5 bezeichneten Handlungen begeht und dadurch die Frau in ihrer Arbeitskraft oder Gesundheit gefährdet, wird mit Freiheitsstrafe bis zu einem Jahr oder mit Geldstrafe bestraft.

(4) Wer in den Fällen des Absatzes 3 die Gefahr fahrlässig verursacht, wird mit Freiheitsstrafe bis zu sechs Monaten oder mit Geldstrafe bis zu einhundertachtzig Tagessätzen bestraft.

A. Allgemeines

Die Bestimmung regelt, dass Verstöße gegen die genannten Vorschriften OWi darstellen. Bei vorsätzlicher Gefährdung der Gesundheit oder der Arbeitskraft der Frau werden die in Abs. 1 Nr. 1 bis 5 genannten Verstöße als Straftaten verfolgt. Sanktionsdrohungen ergeben sich ebenfalls aus § 6 MuSchV.

B. Regelungsgehalt

Ausschließlich der AG ist **Adressat** der angedrohten Sanktionen. Eine Beteiligung der schwangeren Frau ist nicht sanktioniert, auch wenn die Initiative für die Verwirklichung des jeweiligen Tatbestandes von ihr ausgegangen sein sollte.[1] Als AG sind zunächst natürliche Personen erfasst; die Einbeziehung von vertretungsberechtigten Organen, Gesellschaftern, gesetzlichen Vertretern oder Parteien kraft Amtes bei juristischen Personen als AG erfolgt gem. § 14 Abs. 1 StGB, § 9 Abs. 1 OWiG. Besteht das vertretungsberechtigte Organ aus mehreren Mitgliedern, richtet sich die Haftung gegen das nach der internen Aufgabenverteilung zuständige Mitglied. Das Unterlassen der anderen Mitglieder wird zumeist nicht pflichtwidrig sein, wenn sie nicht die Möglichkeit einer Pflichtverletzung erkennen und ihnen ein entsprechendes Handeln zumutbar ist.[2] Nimmt jedoch ein unzuständiges Organmitglied selbst die Pflichtverletzung vor, so verwirklicht dieses Mitglied den entsprechenden Tatbestand durch Handeln in eigener Person.

Beauftragt der AG andere Personen mit der Leitung des Betriebs oder mit der eigenverantwortlichen Wahrnehmung seiner Aufgaben, so sind diese **beauftragten Personen** gem. § 14 Abs. 2 StGB, § 9 Abs. 2 OWiG strafrechtlich verantwortlich. Nicht erforderlich ist eine ausdrückliche Beauftragung auch mit der Überwachung der Ausführung des MuSchG.[3] Als solche Beauftragte kommen insb. Personalleiter, Betriebsleiter, Betriebsabteilungsleiter, Werksmeister, Lohnbuchhalter und Betriebsassistenten in Betracht. Diese Personen müssen als „Betraute" die gesetzlichen Pflichten jedoch in eigener Verantwortung zu erfüllen haben, sodass sie selbstständig handeln und die Verantwortung des ursprünglich Verpflichteten übernehmen können. Die Abwälzung der Verantwortung auf einen AN in untergeordneter Stellung ist dagegen nicht zulässig. Bei **wirksamer Delegation** seiner Verantwortung auf beauftragte Personen kann der AG selbst nur noch für etwaiges Auswahl- oder Überwachungsverschulden in Anspruch genommen werden. Er handelt bei Pflichtverletzungen dann i.S.d § 130 Abs. 1 OWiG ordnungswidrig.

Verstöße gegen die in Abs. 1 genannten Vorschriften stellen i.d.R. OWi dar. Die Aufzählung der Pflichtverletzungen in Abs. 1 Nr. 1 bis 8 ist abschließend, sodass der AG wegen Verletzung anderer Vorschriften nicht bestraft oder mit Geldbuße belegt werden kann.[4] Bei einem Verstoß gegen eine Verfügung der Aufsichtsbehörde gem. Abs. 1 Nr. 5 muss diese Verfügung vollziehbar sein, sodass dem Vollzug kein aufschiebend wirkendes Rechtsmittel entgegenstehen darf. OWi verjähren gem. § 31 Abs. 2 Nr. 2 OWiG innerhalb von zwei Jahren, wenn nicht die Verjährung ruht oder unterbrochen wird.

Für die Ahndung als Straftat hat zu den Pflichtverletzungen nach Abs. 1 Nr. 1 bis 5 die **konkrete Gefährdung** der Arbeitskraft oder Gesundheit der Frau hinzuzutreten. Die Schädigung der Arbeitskraft oder Gesundheit wird nicht vorausgesetzt, der Schadenseintritt muss vielmehr unter Berücksichtigung der konkreten Umstände wahrscheinlich sein.[5] Dabei bezeichnet eine Gesundheitsgefährdung die Herbeiführung oder Steigerung einer Krankheit, wobei sich der Schutz sowohl auf die Mutter als auch auf das ungeborene oder neugeborene Kind erstreckt. Die Gefährdung der Arbeitskraft ist gegeben bei Beeinträchtigung der Fähigkeit Arbeit zu leisten.

Ein **Einverständnis der Mutter mit der Pflichtverletzung** schließt die Rechtswidrigkeit nicht aus, da die geschützten Rechtsgüter nicht disponibel sind. Etwas anderes gilt lediglich bei dem ausdrücklich geregelten Einverständnis des § 3 Abs. 2. Für ein Verschulden muss die Pflichtverletzung stets vorsätzlich begangen werden. Der Grad des Ver-

---

1 ErfK/*Schlachter*, § 21 MuSchG Rn 2.
2 ZZVV, § 21 MuSchG Rn 4.
3 ZZVV, § 21 MuSchG Rn 7.
4 ZZVV, § 21 MuSchG Rn 17.
5 ErfK/*Schlachter*, § 21 MuSchG Rn 4.

schuldens bei der konkreten Gefährdung wird im Rahmen der Strafdrohung durch die Abs. 3 und 4 berücksichtigt. Ein Verbotsirrtum durch fehlende Kenntnis der Vorschriften des MuSchG seitens des AG ist i.d.R. vermeidbar, sodass der Vorsatz nicht ausgeschlossen, die Strafe aber gem. § 17 S. 2 StGB gemildert werden kann. Den AG trifft zu den Inhalten des MuSchG eine Erkundigungspflicht.[6]

7 Bei OWi beträgt die Mindestgeldbuße gem. § 17 Abs. 1 OWiG 5 EUR. Bei Straftaten beträgt das Mindestmaß einer Freiheitsstrafe einen Monat (§ 38 Abs. 2 StGB). Eine Geldstrafe darf fünf Tagessätze nicht unter- und 360 Tagessätze nicht überschreiten (§§ 40, 54 Abs. 2 S. 2 StGB).

§ 22 und 23 (weggefallen)

Siebter Abschnitt: Schlussvorschriften

§ 24 In Heimarbeit Beschäftigte

Für die in Heimarbeit Beschäftigten und die ihnen Gleichgestellten gelten
1. die §§ 3, 4 und 6 mit der Maßgabe, dass an die Stelle der Beschäftigungsverbote das Verbot der Ausgabe von Heimarbeit tritt,
2. § 2 Abs. 4, § 5 Abs. 1 und 3, § 9 Abs. 1, § 11 Abs. 1, § 13 Abs. 2, die §§ 14, 16, 19 Abs. 1 und § 21 Abs. 1 mit der Maßgabe, dass an die Stelle des Arbeitgebers der Auftraggeber oder Zwischenmeister tritt.

A. Allgemeines	1	IV. Unterrichtung von der Schwangerschaft	8
B. Anpassung der mutterschutzrechtlichen Vorschriften für den Bereich der Heimarbeit	2	V. Kündigungsschutz	10
I. Verpflichtete	2	VI. Entgeltschutz	12
II. Gestaltung des Arbeitsplatzes	3	VII. Freistellung	13
III. Verbot und Beschränkung der Ausgabe von Heimarbeit	4	VIII. Zuwiderhandlungen	14

A. Allgemeines

1 § 24 ist eine Spezialvorschrift für die in Heimarbeit Beschäftigten und ihnen gleichgestellte Personen. Bereits nach § 1 Nr. 2 ist das Mutterschutzrecht auf diesen Personenkreis in vollem Umfang anwendbar. § 24 bezweckt lediglich die Klarstellung von Besonderheiten für diesen Bereich.[1] Das Heim-Arbverh zeichnet sich insb. dadurch aus, dass die Heimarbeiter in der eigenen Wohnung oder in selbst gewählten Betriebsstätten selbstständig arbeiten, dass ihnen Aufträge nach Menge und ggf. Zeitdauer zugeteilt werden und dass statt eines AG bei der Heimarbeit ein Auftraggeber oder Zwischenmeister Verpflichteter ist.

B. Anpassung der mutterschutzrechtlichen Vorschriften für den Bereich der Heimarbeit

I. Verpflichtete

2 Adressat ist der Auftraggeber und Zwischenmeister anstelle des AG. Der Auftraggeber ist dabei derjenige, der als Gewerbetreibender Heimarbeit ausgibt oder entgegennimmt. Zwischenmeister ist derjenige, der die ihm von Gewerbetreibenden übertragene Arbeit an Heimarbeiter weitergibt, soweit er nicht selbst AN ist, § 2 Abs. 3 HAG.

II. Gestaltung des Arbeitsplatzes

3 Erlangt der Auftraggeber oder Zwischenmeister Kenntnis von Schwangerschaft oder Stillen der Heimarbeiterin bzw. einer Gleichgestellten, ist er verpflichtet, ihren Arbeitsplatz zu überprüfen und i.S.v. § 2 Maßnahmen für die Gestaltung des Arbeitsplatzes zu treffen. Da die in Heimarbeit Beschäftigten regelmäßig an **selbst gewählten Arbeitsplätzen** tätig sind, diesen selbst gestaltet haben und sich auch die Arbeitsmittel selbst beschafft haben, ist das Gestaltungsrecht des Auftraggebers oder Zwischenmeisters nur begrenzt. Diese können regelmäßig nur darauf hinwirken, Gefahren, die aus der Arbeitsumgebung der Heimarbeiterinnen resultieren, abzustellen. Um dem Beschäftigungsverbot nach § 3 Abs. 1 oder § 4 zu entgehen, besteht naturgemäß eine **Art Obliegenheit des Auftraggebers** oder Zwischenmeisters, den Ar-

---

6 OLG Düsseldorf 13.4.1992 – 5 Ss (OWi) 106/92 – DB 1992, 2148.

1 *Meisel/Sowka*, § 24 Rn 3; ZZVV, § 24 MuSchG Rn 1.

beitsplatz mutterschutzgerecht einzurichten, um die weitere Arbeitsleistung der Heimarbeiterin zu erhalten. Eine Rechtspflicht des Auftraggebers oder Zwischenmeisters resultiert daraus nicht.[2] Bspw. kann eine Sitzgelegenheit zum kurzen Ausruhen angeschafft werden und darauf hingewirkt werden, kurze Arbeitsunterbrechungen vorzunehmen. Weißt die Heimarbeiterin das Ansinnen zurück, handelt sie treuwidrig. Insoweit gilt hier das Gleiche wie bei der Umsetzung einer AN (siehe § 3 Rn 26). Ist der Auftraggeber oder Zwischenmeister verantwortlich für die Gestaltung des Heimarbeitsplatzes, trifft ihn gem. § 2 die Rechtspflicht, diesen mutterschutzgerecht umzugestalten. Dies kann dann der Fall sein, wenn der Auftraggeber Maschinen, Werkzeuge und Geräte zur Verfügung stellt.

III. Verbot und Beschränkung der Ausgabe von Heimarbeit

Das Gegenstück zum Beschäftigungsverbot bei einer AN gem. §§ 3, 4 und 6 ist im Bereich der Heimarbeit das **Verbot der Ausgabe**. Diese Differenzierung ist bedingt durch die Besonderheit der Heimarbeit, die nicht in die Betriebsorganisation des Auftraggebers eingegliedert wird und insoweit auch nicht seiner Weisungsbefugnis untersteht. Der Auftraggeber wird daher verpflichtet, die Ausgabe von Heimarbeit zu beschränken oder zu unterlassen. Die **Vergütung ist nach § 11 weiter zu zahlen**. Das Ausgabeverbot betrifft allerdings nur die Fälle, in denen kein mithelfender Familienangehöriger oder keine fremde Hilfskraft vorhanden ist und die auszugebende Heimarbeit nur von der dem Ausgabeverbot unterliegenden Beschäftigten gearbeitet wird. 4

Unter den Voraussetzungen des § 3 darf die Arbeit nicht mehr ausgeführt werden, so dass der Auftraggeber bei entsprechender Kenntnis verpflichtet ist, die bereits ausgegebene, nunmehr verbotene, Arbeit zurück zu nehmen. In Entsprechung der Umsetzungsberechtigung kann er allerdings der Heim-AN unbedenkliche Auftragsarbeiten überlassen anstelle der jetzt unzulässigen. 5

Bei Vorlage eines ärztlichen Zeugnisses i.S.d. § 3 Abs. 1 besteht ein Verbot bzw. eine Beschränkung der Ausgabe von Arbeit für die Dauer des individuellen Beschäftigungsverbots. In Fällen genereller Beschäftigungsverbote gem. §§ 3 Abs. 2 und 6 Abs. 1 darf grds. keine Heimarbeit ausgegeben werden. Gem. § 3 Abs. kann die Schwangere allerdings – jederzeit widerruflich – ihr Einverständnis mit der Weiterarbeit erklären. Entsprechendes gilt nach der Entbindung beim Tod des Kindes, soweit dies ärztlich attestiert wird. 6

Aufgrund der eigenständigen Ausgestaltung der Beschäftigung kann die Heim-AN die **Stillzeiten selbst bestimmen**. Daher ist keine Regelung hinsichtlich der Arbeitszeit erforderlich, vielmehr eine Erstattungsregelung hinsichtlich des Verdienstausfalls i.S.v. § 7 Abs. 4. Gem. § 8 Abs. 5 ist ein Ausgabeverbot in Entsprechung der Beschäftigungsverbote betreffend die Beschäftigung in Mehrarbeit, Nachtarbeit und Sonn- und Feiertagen erfolgt. 7

IV. Unterrichtung von der Schwangerschaft

Die schwangere Heimarbeiterin oder die ihr Gleichgestellte ist gem. § 5 Abs. 1 und 3 verpflichtet, ihren Auftraggeber bzw. Zwischenmeister von der Schwangerschaft zu unterrichten. Diese können auf ihre Kosten das Zeugnis eines Arztes oder einer Hebamme i.S.v. § 5 Abs. 2, 3 verlangen. 8

Der Auftraggeber oder Zwischenmeister muss der Aufsichtsbehörde unverzüglich von der Schwangerschaft der Heim-AN berichten. Diese Auskunft muss vollständig und wahrheitsgemäß erfolgen. Zusätzlich hat er der Behörde die Unterlagen nach § 19 Abs. 1 Nr. 2 zur Einsicht vorzulegen. Zusätzlich trifft ihn eine Aufbewahrungspflicht für die Dauer von zwei Jahren nach der letzten Eintragung. Zu den Unterlagen gehören insb. die Listen nach § 6 HAG. Die **Aufsichtsbehörde** hat nur ein **eingeschränktes Kontrollrecht** i.S.v. § 20 Abs. 2 i.V.m. § 139b Abs. 6 GewO. Hintergrund ist das Grundrecht der Unverletzlichkeit der Wohnung i.S.v. Art. 13 GG. Wird die Heimarbeit in den eigenen Räumen der Heimarbeiterin geleistet, ist eine Überprüfung gegen ihren Willen nicht möglich, soweit nicht die öffentliche Sicherheit und Ordnung gefährdet wird.[3] Etwas anderes gilt nur dann, wenn der Auftraggeber oder Zwischenmeister zur Einhaltung des Gefahrenschutzes verpflichtet ist, d.h. wenn er Arbeitsmittel und Arbeitsstätte stellt.[4] 9

V. Kündigungsschutz

Heimarbeiterinnen und Hausgewerbetreiber i.S.d. §§ 1 Abs. 1, 2 Abs. 1, 2 HAG genießen **uneingeschränkten Künd-Schutz** i.S.v. **§ 9 Abs. 1**. Die ihnen gem. § 1 Abs. 2 HAG Gleichgestellten haben nur dann besonderen Künd-Schutz, wenn sich die Gleichstellung auch auf die Künd bezieht, § 9 Abs. 1 S. 2. Die Künd-Sperre für den Auftraggeber oder Zwischenmeister entspricht der des AG. Danach ist eine Künd während der Schwangerschaft und einer Zeit von vier Monaten nach der Entbindung unzulässig, es sei denn, die Aufsichtsbehörde hat eine Künd für zulässig erklärt gem. § 9 Abs. 3. Gem. § 9 Abs. 4 soll eine Umgehung des Künd-Verbots nicht dadurch erfolgen, dass die Heimarbeiterinnen und Gleichgestellte gegen ihren Willen von der weiteren Ausgabe von Heimarbeit ausgeschlossen und ihnen damit die Verdienstmöglichkeiten genommen werden. 10

Das Sonder-Künd-Recht nach § 10 gilt ebenso wie die Erhaltung von Rechten bei Wiedereinstellung ohne Einschränkung. 11

---

2 *Buchner/Becker*, § 24 MuSchG Rn 7.
3 *Buchner/Becker*, § 24 MuSchG Rn 37.
4 *Willikonsky*, § 24 Rn 11.

VI. Entgeltschutz

12 Die Heimarbeiterinnen und Gleichgestellte können wie AN gem. §§ 11, 13 Abs. 2, 14 die **Fortzahlung der Vergütung** verlangen. Maßgeblich ist auch hier der Durchschnittsverdienst der letzten 13 Wochen oder drei Monate vor dem Monat vor Eintritt der Schwangerschaft oder der ersten 13 Wochen oder drei Monate des Vertragsverhältnisses i.S.v. § 11. Sind sie im zeitlichen Rahmen der Schutzfristen gem. §§ 3 Abs. 2, 6 gesetzlich krankenversichert, erhalten sie Mutterschaftsgeld nach § 13 Abs. 1 ohne Unterscheidung nach Pflichtversicherung oder freiwilliger Versicherung.[5] I.Ü. haben sie Anspruch auf Mutterschaftsgeld nach § 13 Abs. 2 gegen den Bund. Auch der Zuschuss zum Mutterschaftsgeld nach § 14 besteht im gleichen Umfang wie bei AN. Berechnungsgrundlage ist hier der Arbeitsumfang, der von der Heimarbeiterin oder der ihr gleichgestellten Beschäftigten selbst erbracht wird. I.Ü. erfolgt die Berechung des Mutterschaftsgeldes und der Lohnersatzleistungen des Auftraggebers auf den Teil des Arbeitseinkommens, der ihrer Arbeit in der Vergangenheit zugrunde gelegt werden konnte.

VII. Freistellung

13 Ärztliche Untersuchungen können auch von Heimarbeiterinnen und Gleichgestelltenn i.S.d. § 16 ohne Entgeltausfall wahrgenommen werden. Der Einwand der freien Arbeitszeiteinteilung ist unerheblich.[6] Für die für die Untersuchung aufgewendete Zeit ist ihnen in Entsprechung ihres durchschnittlichen Stundenverdienstes zu berechnendes Entgelt zu zahlen.[7]

VIII. Zuwiderhandlungen

14 Die mutterschutzrechtlichen Vorschriften über Straftaten und OWi i.S.d. § 21 Abs. 1 gilt nach ausdrücklicher Bestimmung gem. § 24 Nr. 2 und über § 1 Nr. 2 uneingeschränkt auch für den Bereich der Heimarbeit. Aufgrund des Delegationsrechts des Auftraggebers und Zwischenmeisters richtet sich Geldbuße oder -strafe gem. § 9 Abs. 2 OWiG gegen die beauftragte Person sowie zusätzlich wegen Verstoßes gegen etwaige Aufsichtspflichten gegen den Auftraggeber oder Zwischenmeister selbst.

§ 25 (weggefallen)

---

[5] *Buchner/Becker*, § 24 MuSchG Rn 29.
[6] *Buchner/Becker*, § 24 MuSchG Rn 32.
[7] *ZZVV*, § 24 MuSchG Rn 3.

# Gesetz über den Nachweis der für ein Arbeitsverhältnis geltenden wesentlichen Bedingungen (Nachweisgesetz – NachwG)

Vom 20.7.1995, BGBl I S. 946, BGBl III 800-25

Zuletzt geändert durch Gesetz zur Anpassung der Formvorschriften des Privatrechts und anderer Vorschriften an den modernen Rechtsgeschäftsverkehr vom 13.7.2001, BGBl I S. 1542, 1548

Vorbemerkung

Literatur zum NachwG: *Backmeister*, Erfüllung der Nachweispflicht in Bezug auf tarifvertragliche Ausschlussfristen, AiB 2000, 773; *Behrendt/Gaumann/Liebermann*, Zulässigkeit arbeitsvertraglicher Verweisungen auf das Beamtenrecht, ZTR 2007, 522; *Benecke*, Nachweis tarifvertraglicher Ausschlussfristen, SAE 2003, 141; *Bepler*, Der Nachweis von Ausschlussfristen, ZTR 2001, 241; *Bergsdorf/Buschkröger*, Hinweispflicht des Arbeitgebers nach § 2 NachwG, AiB 2001, 241; *Bergwitz*, Die Bedeutung des Nachweisgesetzes für die Darlegungs- und Beweislast beim Arbeitsvertrag, BB 2001, 2316; *ders.*, Beweislast und Nachweisgesetz, RdA 1999, 188; *ders.*, Korrigierende Rückgruppierung – BAT, AP Nr. 3 zu § 2 NachwG; *Bieder*, Zur Verwendung „qualifizierter" Schriftformklauseln in Formulararbeitsverträgen, SAE 2007, 379; *Birk*, Das Nachweisgesetz zur Umsetzung der Richtlinie 91/533/EWG in das deutsche Recht, NZA 1996, 281; *Boudon*, Arbeitsvertragsschluss und Nachweisgesetz, ArbRB 2006, 155; *Buschmann*, Schriftlicher Nachweis einer Überstundenverpflichtung, AuR 2001, 109; *Däubler*, Aktuelle Fragen der AGB-Kontrolle im Arbeitsrecht, NZA Beilage 2006, Nr. 3, 133; *Feldgen*, Nachweisgesetz, 1995; *Franke*, Bedeutung des Nachweisgesetzes für die Darlegungs- und Beweiskraft im arbeitsgerichtlichen Verfahren, DB 2000, 274; *Friedrich/Kloppenburg*, Vergütungskorrektur und Nachweisrecht, RdA 2001, 293; *Friese*, Nachweis des Arbeitsvertrags, in: Oetker/Preis, EAS B 3050; *ders.*, Der Nachweis der Vertragsbedingungen, AuA 2003, Nr. 5, 16; *Gaul*, Der Musterarbeitsvertrag – zwischen unternehmerischer Vorsorge und den Vorgaben des Nachweisgesetzes, NZA 2000, Sonderbeilage Heft 3, 51; *Gaul*, Bezugnahmeklauseln – zwischen Inhaltskontrolle und Nachweisgesetz, ZfA 2003, 75; *Gaumann/Schafft*, Auskunftspflicht des Mitgliedsstatus im Arbeitgeberverband, NZA 2001, 1125; *Gola*, Die Digitalisierung der Personalakte und der Datenschutz, RDV 2008, 135; *Gotthardt*, Einsatz von Arbeitnehmern im Ausland – Arbeitsrechtliche Probleme und praktische Hinweise für die Vertragsgestaltung, MDR 2001, 961; *Hergenröder*, Das Zurückbehaltungsrecht an Leistungen aus dem Arbeitsverhältnis, AR-Blattei SD 1880; *ders.*, Nachweis tarifvertraglicher Ausschlussfristen, AR-Blattei ES 350 Nr. 185; *Hohmeister*, Unterrichtung des Arbeitnehmers über Arbeitsvertragsbedingungen, BB 2001, 1257; *Hold*, Nachweis der Arbeitsbedingungen nach dem Nachweisgesetz, ZTR 2000, 540; *Hunold*, AGB-Kontrolle einer Versetzungsklausel, NZA 2007, 19; *ders.*, Rechtsanwalt als Sachverständiger des Betriebsrates für die Überprüfung der Arbeitsverträge, NZA 2006, 583; *Jenak*, Beschäftigung ausländischer Arbeitnehmer, AuA 2008, 482; *Kiefer*, Zur Darlegungs- und Beweislast im BAT-Eingruppierungsprozess – eine Erwiderung, ZTR 2002, 454; *Koch*, Der fehlende Hinweis auf tarifliche Ausschlussfristen und seine Folgen, in: FS Schaub, 1998, S. 421; *Koppenburg*, Vergütungskorrektur und Nachweisrecht, RdA 2001, 293; *Krabbenhöft*, Stolpersteine – Schriftformerfordernisse aufgrund des Nachweis- und des Arbeitsgerichtsbeschleunigungsgesetzes, DB 2000, 1562; *Krebber*, „Turboprämie" – Klageverzicht als Bedingung für Abfindung, AP Nr. 17 zu § 612a BGB; *Kunst*, Individualarbeitsrechtliche Informationsrechte des Arbeitnehmers, 2003; *Lambrich*, Tarifliche Ausschlussfrist – Nachweisgesetz – Auslage im Betrieb, EzA § 2 NachwG Nr. 3; *Laskawy*, Zu den Pflichten des Arbeitgebers nach § 3 NachwG, EWiR 2004, 129; *Leuchten/Zimmer*, Haftung des Arbeitgebers durch erweiterte Nachweispflichten?, NZA 1999, 969; *Linde/Lindemann*, Der Nachweis tarifvertraglicher Ausschlussfristen, NZA 2003, 649; *Lindemann*, Nachweis tarifvertraglicher Ausschlussfristen, AP Nr. 6 zu § 2 NachwG; *Lorenz*, Tarifliche Verfallfristen, Schadenersatz und anwaltliches Mitverschulden, FA 2007, 267; *Maul-Sartori*, Europäische arbeitsverhältnisbezogene Informationsrechte, 2008; *Media/Hoß*, Das Nachweisgesetz, ArbRB 2002, 336; *Melms/Weck*, Rechtsprechungsübersicht zum Nachweisgesetz, RdA 2006, 171; *Mestwerdt*, Eingruppierung und Nachweisgesetz, jurisPR-ArbR 40/2005, Anm. 1; *Mestwerdt*, Ausschlussfristen – Nachweis eines neu abgeschlossenen Tarifvertrags, jurisPR-ArbR 13/2004, Anm. 1; *Müller-Glöge*, Zur Umsetzung der Nachweisrichtlinie in nationales Recht, RdA 2001, Sonderbeilage zu Heft 5, 46; *Oetker*, Informationspflicht des Arbeitgebers zum Arbeitsvertrag – Überstundenverpflichtung, SAE 2002, 163; *Otto*, Arbeitsvertragliche Bezugnahmeklauseln und Änderungen der Tarifgeltung, 2006; *Peifer*, „Turboprämie" – Klageverzicht als Bedingung für Abfindung, AR-Blattei ES 10 Nr. 23; *Plander*, Zu den Anforderungen an einen Hinweis nach § 2 NachwG, EWiR 2002, 823; *Plander/Wißmann*, Zur Unterrichtung über tarifliche Ausschlussfristen gemäß § 2 Abs. 1 NachwG, EWiR 2001, 543; *Plessner*, Rechtsanwalt als Sachverständiger zur Überprüfung von Formulararbeitsverträgen, AiB 2006, 759; *Preis*, Das Nachweisgesetz – lästige Förmelei oder arbeitsrechtliche Zeitbombe?, NZA 1997, 10; *Rehwald*, Nachweis tarifvertraglicher Ausschlussfristen, AuR 2002, 469; *Reinecke*, Schutz des Arbeitnehmers im Betriebsrentenrecht: Informationspflichten des Arbeitgebers und Kontrolle von Versorgungsvereinbarungen, DB 2006, 555; *Richardi*, Formzwang im Arbeitsverhältnis, NZA 2001, 57; *Richardi/Annuß*, Nachweispflicht und Formzwang beim befristeten Arbeitsvertrag, in: FS für Peter Schwerdtner 2003, 133; *Rieble*, Sprache und Sprachrisiko im Arbeitsrecht, in: FS für Manfred Löwisch 2007, 229; *Roos/Perschke*, Einzelvertragliche und tarifliche Ausschlussfristen/Verfallfristen, AiB 2004, 82; *Sartorius*, Rechtsfragen des Nachweisgesetzes, ZAP Fach 17, 701; *Schaefer*, Das Nachweisgesetz – Auswirkungen auf den Arbeitsvertrag, 2000; *Schielke*, Betriebsübergang – Unterrichtungspflicht und Widerspruchsrecht in der Rechtsprechung, MDR 2007, 1052; *Schmidt*, Pflichten aus dem Arbeitsverhältnis, KommunalPraxis BY 2008, 255; *Schnitker/Grau*, Zu den Nachweispflichten des Arbeitgebers, EWiR 2002, 929; *Schoden*, Nachweisgesetz, 1996; *Schulze*, Rechte und Pflichten im Arbeitsverhältnis, AiB 2005, 590; *Schwab*, Auslegung und Inhaltskontrolle arbeitsvertraglicher Bezugnahmen auf Tarifverträge, 2007; *Schwarze*, Praktische Handhabung und dogmatische Einordnung des Nachweisgesetzes, ZfA 1997, 10; *Schwarze*, Die Bedeutung des Nachweisgesetzes für die fehlerhafte Eingruppierung, RdA 1997, 343; *Stückemann*, Dokumentationspflichten für den Arbeitgeber, BB 1995, 1846; *ders.*, Das Nachweisgesetz: Geringe Bedeutung für die arbeitsrechtliche Praxis, BB 1999, 2670; *ders.*, Änderung des Nachweisgesetzes

1999, FA 2000, 343; *von der Grün*, Die Nachweisbescheinigung – vorteilhafter Ersatz des Arbeitsvertrages?, BrBp 2004, 73; *Weber*, Materielle und prozessuale Fragen des Nachweisgesetzes bei Nichterteilung des Nachweises, NZA 2002, 641; *Wennmacher*, Nachweis tarifvertraglicher Ausschlussfristen im Berufsausbildungsverhältnis, jurisPR-Arb 2/2003, Anm. 4; *Wolmerath*, Prozessuale Folgen der Verletzung des § 2 NachwG, jurisPR-Arb 19/2003, Anm. 5; *Zetl*, Eingruppierung – Anforderungen des Nachweisgesetzes, ZMV 2006, 52; *Zimmerling*, Zur Darlegungs- und Beweislast im BAT-Eingruppierungsprozess, ZTR 2002, 354

A. Allgemeines 1	1. Klage auf Nachweiserteilung/Berichtigungsklage 30
I. Gesetzeszweck 1	2. Antrag auf Entschädigung gem. § 61 Abs. 2 S. 1 ArbGG 38
II. Entstehungsgeschichte 4	3. Zwangsvollstreckung 41
B. Regelungsgehalt 5	4. Streitwert 42
I. Anwendungsbereich 6	II. Darlegungs- und Beweislast für das Arbeitsverhältnis 45
II. Rechtsfolgen 7	1. Nachweis erteilt 47
1. Unmittelbar aus NachwG 8	2. Kein Nachweis erteilt 53
a) Nebenpflicht des Arbeitgebers 8	3. Korrigierende Rückgruppierung 56
b) Inhalt der Nachweispflicht 12	III. Fristberechnung 57
c) Erfüllungsanspruch des Arbeitnehmers ... 16	IV. Verjährung 58
2. Sonstige Rechtsfolgen 18	V. Kündigung 59
a) Verzug 20	VI. Kündigungsschutz 60
b) Berichtigungsanspruch 21	VII. Betriebsverfassungsrecht 61
c) Zurückbehaltungsrecht 22	VIII. Parallelvorschriften zum NachwG ... 63
d) Schadensersatzansprüche 24	IX. Straf- und Bußgeldvorschriften 67
aa) Vertraglich 24	X. Betriebsübergang 68
bb) Deliktisch 28	XI. Datenschutz 69
C. Verbindung zu anderen Rechtsgebieten und zum Prozessrecht 29	**D. Beraterhinweise** 70
I. Prozessrecht 29	

A. Allgemeines

I. Gesetzeszweck

1 Das NachwG begründet eine einseitige Nachweispflicht über den wesentlichen Inhalt eines Arbverh zu Lasten des AG. Bei dieser Dokumentationsverpflichtung handelt es sich weder um ein konstitutives Formerfordernis, noch ist die Durchsetzung durch besondere Sanktionen gesichert.[1] Zweck ist der **Schutz des AN**. Der in Schriftform zu erbringende Nachweis soll dem AN **Rechtssicherheit** über seine Arbeitsbedingungen verschaffen und so dem **Rechtsfrieden** dienen.[2] Aus dem Schutzzweck folgt, dass strengere gesetzliche, individual- oder kollektivvertragliche Regelungen zugunsten des AN-Schutzes die Bestimmungen des NachwG verdrängen können (vgl. Art. 7 NachwRL).[3]

2 Der in Schriftform zu erbringende Nachweis schützt den AN in zweierlei Hinsicht. Er informiert den AN über den **wesentlichen Inhalt seines Arbverh** und verhindert, dass der AN bei einer ggf. prozessualen Auseinandersetzung mit dem AG in Beweisschwierigkeiten oder Beweisnot gerät.[4] Das NachwG enthält aber keine Formvorgaben für die Begründung und inhaltliche Ausgestaltung eines Arbverh. Insb. berührt das NachwG nicht die Formfreiheit für den wirksamen Abschluss eines Arbeitsvertrags. Wann materiellrechtlich ein Arbverh begründet wird und mit welchem Inhalt, beeinflusst das NachwG nicht. Deshalb bezeichnet man seine Wirkung für das Arbverh auch als **rein deklaratorisch** und **nicht konstitutiv**.[5] Dem entspricht die Regelung in Art. 6 NachwRL.[6]

3 **Systematisch** bildet das NachwG eine **bloße Formvorschrift**, die an ein **bestehendes** Arbverh anknüpft.[7] Die wesentlichen Bedingungen eines **zuvor begründeten** Arbverh sollen schriftlich fixiert werden, ohne jedoch die Formfreiheit für das vorherige Zustandekommen des Arbverh einzuschränken. Aufgrund dieser Funktion gehört der Inhalt des NachwG eigentlich zu den §§ 611 ff. BGB. Erkennbar wird dies auch an der Ersetzungsfunktion, die ein schriftlicher Arbeitsvertrag gem. § 2 Abs. 4 für den Nachweis hat, soweit er die vom NachwG geforderten Angaben enthält (siehe § 2 Rn 59 ff.). Das NachwG besitzt daher vor allem **beweisrechtliche Bedeutung** für Arbverh **ohne schriftlichen Arbeitsvertrag** oder für den Nachweis **späterer, inhaltlicher Änderungen**, die von den Vertragspartnern nicht durch Änderung des ursprünglichen, schriftlichen Arbeitsvertrags dokumentiert werden. Angesichts des Umstands, dass über 80 v.H. der Arbverh durch schriftlichen Arbeitsvertrag begründet werden und der überwiegende Teil den Anforderungen des NachwG genügt,[8] wird die praktische Bedeutung des NachwG als gering eingeordnet.[9]

---

1 BAG 20.5.2008 – 9 AZR 382/07 – BB 2008, 2242.
2 Vgl. zum Gesetzeszweck BT-Drucks 13/668, S. 8; BAG 20.5.2008 – 9 AZR 382/07 – BB 2008, 2242; *Feldges*, Rn 26 ff. Zweifelhaft ist dagegen, ob das NachwG einen Beitrag zur Bekämpfung illegaler Beschäftigungsverhältnisse leistet (vgl. BT-Drucks 13/668, S. 8).
3 Vgl. EG-Recht Rn 1 ff.
4 Kritisch *Bergwitz*, BB 2001, 2316, der den bloßen Informationszweck des Nachweises betont.
5 So auch BAG 20.5.2008 – 9 AZR 382/07 – BB 2008, 2242.
6 Vgl. EG-Recht Rn 1 ff.
7 Vgl. ErfK/*Preis*, Einf. NachwG Rn 7.
8 Vgl. BT-Drucks 13/668, S. 8.
9 Vgl. *Stückmann*, BB 2001, 2670.

Angesichts weitreichender, v.a. auf sozialversicherungs- und steuerrechtlichen Gründen beruhender Dokumentationspflichten des AG ist die Formfreiheit legaler Arbverh bereits in vielen Bereichen relativiert. Dem NachwG kommt daher auch **Abrundungs- bzw. Ergänzungsfunktion** zu und schafft einen gemeinschaftsrechtlich harmonisierten Mindeststandard (siehe Rn 4).

II. Entstehungsgeschichte

Das NachwG ist am 28.7.1995 in Kraft getreten[10] und setzt die **NachwRL** in nationales Recht um.[11] Die jetzige Fassung hält sich eng an die Vorgaben der NachwRL. Seit Inkrafttreten der NachwG hat es **drei Änderungen** gegeben. Als Reaktion auf eine EuGH-Entscheidung[12] wurde § 2 Abs. 1 S. 2 Nr. 5 neu gefasst (siehe § 2 Rn 7, 32).[13] Gegenüber der ursprünglichen Fassung wurde der Anwendungsbereich des NachwG gem. § 1 durch die ersatzlose Streichung fast aller Ausnahmetatbestände ausgedehnt und eine spezielle inhaltliche Ergänzung der Nachweispflicht bei geringfügigen Beschäftigungsverhältnissen hinzugefügt (siehe § 2 Rn 7, 44).[14] Als vorläufig letzte Änderung schließt § 2 Abs. 1 S. 3 die Gleichsetzung von Schriftform und elektronischer Form gem. § 126a BGB aus (§ 126 Abs. 3 BGB).[15]

B. Regelungsgehalt

Das NachwG besteht aus nur **fünf Paragraphen**. § 1 regelt den sachlichen und persönlichen Anwendungsbereich (siehe Rn 6). Als Rechtsfolge bestimmen die §§ 2, 3, 4, dass und mit welchem Inhalt und Umfang den AG eine **einseitige Nachweispflicht** trifft (siehe Rn 7 ff.). § 5 erklärt das NachwG zugunsten des AN für zwingendes Recht. I.Ü. müssen die Rechtsfolgen des NachwG in der Kombination mit dem allg. Arbeits- und Zivilrecht gefunden werden.

I. Anwendungsbereich

Das NachwG erfasst in sachlicher und persönlicher Hinsicht gem. § 1 **grds. jedes Arbverh**, auf das deutsches Arbeitsrecht Anwendung findet. Einzige Ausnahme im NachwG selbst sind **kurzfristige Arbverh**, bei denen der AN nur als vorübergehende Aushilfe für höchstens einen Monat eingestellt wird. Daneben verdrängen oder ergänzen in geringem Umfang **spezielle Regelungen für einzelne AN-Gruppen** das NachwG (siehe § 1 Rn 6 ff.). § 4 bestimmt, dass das NachwG auch die bei Inkrafttreten des Gesetzes bereits begründeten Arbverh erfasst.

II. Rechtsfolgen

Systematisch ist zu trennen zwischen den Rechtsfolgen, die sich unmittelbar aus dem NachwG ergeben (siehe Rn 8 ff.) und denen, die aus der Kombination der Nachweispflicht mit anderen materiellen Vorschriften des Zivil- und Arbeitsrechts abzuleiten sind (siehe Rn 18 ff.). Bei der Rechtsanwendung und -auslegung ist immer der gemeinschaftsrechtliche Hintergrund des NachwG einzubeziehen. Da sich die Umsetzung der NachwRL durch das NachwG sehr eng an deren Wortlaut hält, sind v.a. die sonstigen Rechtsfolgen des NachwG im gemeinschaftsrechtlichen Lichte kritisch zu würdigen. Für eine unmittelbare Drittwirkung der NachwRL, die grds. bei öffentlich-rechtlichen AG denkbar ist,[16] bleibt mangels einer Regelungslücke im NachwG kein Anwendungsbereich.

1. Unmittelbar aus NachwG. a) Nebenpflicht des Arbeitgebers. Die Verpflichtung zum schriftlichen Nachweis ist eine **Nebenpflicht des AG** aus dem Arbverh (§ 2 Abs. 1 S. 1). Sie **entsteht kraft Gesetzes** mit Begründung des Arbverh und wird einen Monat nach vereinbartem Beginn des Arbverh **fällig**. Der AG **erfüllt** die Nachweispflicht, wenn und soweit er dem AN den erforderlichen Nachweis aushändigt (siehe § 2 Rn 19 ff.). Sobald aber nachweispflichtige Veränderungen im Arbverh eintreten, entsteht in diesem Umfang wieder eine Nachweispflicht des AG, die erneut binnen einem Monats fällig wird (siehe § 3 Rn 9).

Der Nachweis ist eine **Wissenserklärung**, auf die die Vorschriften über Willenserklärungen entsprechend Anwendung finden. Die Aushändigung selbst ist ein **Realakt**. Eine Nachweiserteilung braucht deshalb nicht der AG selbst vorzunehmen, sondern sie kann auch durch einen **Vertreter/Besitzmittler bzw. Besitzdiener** erfolgen (siehe § 2 Rn 21 ff.).

Der AG hat einen Anspruch darauf, dass der AN den Erhalt des Nachweises quittiert. Zwar wurde eine zunächst erwogene, ausdrückliche Pflicht zur Quittierung im gemeinschaftsrechtlichen Gesetzgebungsverfahren der NachwRL wieder fallen gelassen.[17] Ein **Anspruch des AG auf Quittierung** besteht aber gem. § 368 BGB. Allerdings quittiert der AN nicht die ordnungsgemäße inhaltliche Erfüllung der Nachweispflicht durch den AG, sondern nur den Erhalt eines Nachweises (siehe Rn 46).

---

10 Vgl. Art. 1 ArbREGAnpG v. 20.7.1995, BGBl I 1995, 946.
11 RL 91/533/EWG, ABl EG L 288, S. 32 v. 18.10.1991, vgl. EG-Recht Rn 1 ff.
12 EuGH 4.12.1997 – C-253/96 – C 258/96 – Kampelmann – Slg. I-1997, 6907.
13 Vgl. Art. 2a BGBuaÄndG v. 29.6.1998, BGBl I 1998, S. 1694.
14 Vgl. Art. 7 BeschNeuRG v. 24.3.1999, BGBl I 1999, S. 388.
15 Vgl. Art. 32 FormVorschAnpG v. 13.7.2001, BGBl I 2001, S. 1542.
16 Vgl. zusammenfassend *Schaefer*, A Rn 16.
17 Vgl. *Schaefer*, C Rn 5.

11 Die Nachweispflicht hat den Charakter einer **Dauerpflicht**.[18] Solange der AG keinen oder nicht rechtzeitig einen inhaltlich ausreichenden Nachweis aushändigt, begeht er eine dauerhafte **Pflichtverletzung**. Dies kann **Schadensersatzansprüche** und ein **Zurückbehaltungsrecht** des AN nach sich ziehen (siehe Rn 22 ff.). Vor allem führt ein nicht oder fehlerhaft erteilter Nachweis zu nachteiligen **beweisrechtlichen Folgen** im Prozess (siehe Rn 45 ff.).

12 b) **Inhalt der Nachweispflicht.** Inhaltlich richtet sich die Nachweispflicht auf **schriftliche** Mitteilung der **für das Arbverh wesentlichen Vertragsbedingungen (§ 2 Abs. 1 S. 1)**. Der AG muss dem AN einen schriftlichen Nachweis aushändigen, der die wesentlichen Vertragsbedingungen dokumentiert, die zuvor zwischen beiden vereinbart worden sind.

13 Welche Vertragsbedingungen das NachwG als wesentlich ansieht, ergibt sich **beispielhaft aus dem Katalog des § 2 Abs. 1 S. 2**. Unzulässig ist aber der Schluss, dass der Katalog als abschließende Aufzählung den Inhalt der Nachweispflicht festlegt.[19] Aus der Systematik des NachwG als bloße Formvorschrift folgt vielmehr, dass die **materiellrechtliche Sichtweise** maßgeblich ist.[20] Zwar enthält der Katalog des § 2 Abs. 1 S. 2 alle Elemente, die für die wirksame Begründung eines Arbverh erforderlich sind und dabei vernünftigerweise von den Parteien als wesentlich angesehen werden. Zusätzlich kann aber wesentlich sein, was die Parteien nach ihren übereinstimmenden Vorstellungen zum wesentlichen Inhalt eines Arbverh gemacht haben oder was objektiv nach dem Schutzzweck des NachwG als wesentlich für den AN anzusehen ist (siehe § 2 Rn 11 f.).

14 Die Schriftform ist nur bei einer **eigenhändigen Unterzeichnung** durch den AG oder seinen Vertreter gewahrt (§ 126 BGB). Die elektronische Form gem. § 126a BGB ist ausgeschlossen (siehe § 2 Rn 15 ff.). Der AN kann auf das Formgebot nicht verzichten.

15 Ein Nachweis muss **nicht aus einem vollständigen Dokument** bestehen. Insb. die bei Änderungen der wesentlichen Vertragsbedingungen entstehende Nachweispflicht erfordert nicht eine erneute Wiedergabe der übrigen Daten. Ausreichend ist eine formgerechte Ergänzung (siehe § 2 Rn 16).

16 c) **Erfüllungsanspruch des Arbeitnehmers.** Mit der Nachweispflicht aus § 2 Abs. 1 S. 1 korrespondiert ein inhaltsgleicher, selbstständig einklagbarer **Erfüllungsanspruch des AN**, der gem. § 5 unabdingbar ist. Der Anspruch **entsteht** kraft Gesetzes mit wirksamer Begründung des Arbverh und wird einen Monat nach Beginn des vereinbarten Arbverh **fällig**. Verändern sich wesentliche Bedingungen des Arbverh zu einem späteren Zeitpunkt, entsteht erneut ein Erfüllungsanspruch des AN, soweit die Änderungen reichen. Dieser Anspruch wird ebenfalls einen Monat nach Eintritt der veränderten Bedingungen fällig (§ 3 S. 1). Für die sog. Altfälle, d.h. Arbverh, die vor Inkrafttreten des NachwG begründet waren, ist § 4 S. 1 die Anspruchsgrundlage.

Der Erfüllungsanspruch **erlischt**, wenn der AG dem AN den nach §§ 2, 3 erforderlichen Nachweis aushändigt (vgl. § 2 Rn 20).

17 Aus dem Dauerpflichtcharakter folgt, dass der Erfüllungsanspruch erst drei Jahre nach Ende des Jahres **verjährt**, in dem das Arbverh geendet hat (siehe Rn 58). Die **Vollstreckung** richtet sich nach § 888 ZPO. Stattdessen ist auch die Verurteilung des AG zu einer **Entschädigung gem. § 61 Abs. 2 S. 1 ArbGG** möglich. Sanktionen des AG wie z.B. die Künd als Reaktion auf die Geltendmachung des Erfüllungsanspruches durch den AN unterliegen dem **Maßregelverbot** gem. § 612a BGB.

18 2. **Sonstige Rechtsfolgen.** Über die Nachweispflicht des AG und den korrespondierenden Erfüllungsanspruch des AN hinaus enthält das NachwG selbst keine unmittelbaren Rechtsfolgen. Insb. fehlen **spezielle Sanktionsregelungen**, die bei der Verletzung der Nachweispflicht eingreifen. Zwar hat der Gesetzgeber diejenigen Vorschriften zu erlassen, die nach den Grundsätzen des effet utile zur Verteidigung der Rechte des AN aus der NachwRL notwendig sind (vgl. Art. 8 Abs. 1 NachwRL).[21] Die **allg. materiellen und prozessualen Instrumente**, die das **deutsche Zivilrecht** dafür bereit hält, genügen aber diesem Gebot.[22]

19 Zur Bestimmung der sonstigen, materiellen Rechtsfolgen, die sich aus der Nachweispflicht ergeben, muss der Rechtsanwender somit auf die **allg. Bestimmungen und Sanktionen des Zivilrechts** zurückgreifen und diese **mit dem NachwG kombinieren**. Dabei ist der Charakter des NachwG als einseitige, an den AG gerichtete Formvorschrift zu berücksichtigen, dessen Dokumentationsverpflichtung dem AN-Schutz dient. Gleichzeitig ist der gemeinschaftsrechtliche Hintergrund des NachwG zu beachten.

---

18 ErfK/*Preis*, Einf. NachwG Rn 25; HWK/*Kliemt*, § 2 NachwG Rn 64.
19 *Birk*, NZA 1996, 281, 285; *Wank*, RdA 1996, 21, 23.
20 BAG 23.1.2002 – 4 AZR 56/01 – BAGE 100, 225 m. zust. Anm. *Hergenröder*, AR-Blattei ES 350 Nr. 180; krit. *Lambrich*, EzA § 2 NachwG Nr. 3, und *Plander*, EWiR 2002, 823.
21 Vgl. EG-Recht Rn 1 ff.
22 EuGH 8.2.2001 – C-350/99 – Lange – Slg. I-2001, 1061 m. zust. Anm. *Oetker*, SAE 2002, 163; *Hohmeister*, BB 2001, 1257; *Buschmann*, AuR 2001, 109; s. auch ErfK/*Preis*, Einf. NachwG Rn 11; HWK/*Kliemt*, Vorb. NachwG Rn 29 m.w.N.

a) Verzug. Die Fälligkeit der Nachweispflicht ist kalendermäßig bestimmbar (§ 2 Abs. 1 S. 1, § 3 S. 1, § 4 S. 1). Der AG gerät mit Fristablauf gem. § 286 Abs. 2 Nr. 1 BGB regelmäßig in **Verzug**,[23] es sei denn, er hat die Fristüberschreitung ausnahmsweise nicht zu vertreten (§ 286 Abs. 4 BGB). Dafür trägt der AG die Darlegungs- und Beweislast. Verweigert der AN die fristgerechte Erfüllung, kann sein Verhalten nach den Grundsätzen des **Annahmeverzugs** zu beurteilen sein (§§ 293 ff. BGB). Insb. ist zu beachten, dass der AG den Nachweis nur gegen eine Quittung aushändigen braucht (vgl. Rn 10).

b) Berichtigungsanspruch. Soweit der AG den Nachweis nicht vollständig oder unrichtig erteilt, hat der AN einen Anspruch auf Ergänzung bzw. Berichtigung des Nachweises. Zu unterscheiden ist der Berichtigungsanspruch von dem originären Erfüllungsanspruch nach einer Änderung der wesentlichen Bedingungen des Arbverh.

c) Zurückbehaltungsrecht. Nach überwiegender Auff. steht dem AN ein **Zurückbehaltungsrecht gem. § 273 BGB** zu, wenn der AG nicht oder nicht rechtzeitig einen ordnungsgemäßen Nachweis erteilt.[24] Begründet wird dies mit der Wirkung des Zurückbehaltungsrechts als **zulässige AN-Sanktion** zur Durchsetzung des Anspruches aus dem NachwG. Dem ist zuzustimmen.[25] Der Nachweis ist keine unbedeutende Nebenpflicht, sondern bedarf einer effektiven, außerprozessualen Sanktion, um den Schutzzweck zu erfüllen, wie z.B. die Verweigerung eines Auslandseinsatzes bis zur Erteilung der zusätzlichen Nachweise gem. § 2 Abs. 2.

Daher kann der AG dem AN ohne besondere Umstände auch nicht entgegenhalten, dass die Geltendmachung des Zurückbehaltungsrechts **treuwidrig** i.S.d. § 242 BGB ist.[26] Treuwidrig dürfte allerdings sein, wenn der AN sein Zurückbehaltungsrecht geltend macht, ohne zuvor den Nachweis erfolglos vom AG verlangt zu haben. Reagiert der AG mit Sanktionen auf die Geltendmachung des Zurückbehaltungsrechts, verstößt er gegen das **Maßregelverbot gem. § 612a BGB**.[27] Rechtsfolgen sind die Unwirksamkeit der Maßnahme und ggf. Schadensersatzansprüche.

d) Schadensersatzansprüche. aa) Vertraglich. Verletzt der AG schuldhaft seine Nachweispflicht und verursacht er dadurch einen Schaden beim AN, hat der AN einen **vertraglichen Schadensersatzanspruch** gem. § 280 Abs. 1 BGB.[28] Anders formuliert muss der AN wegen eines fehlenden oder falschen Nachweises einen Vermögensverlust erlitten haben, weil er Ansprüche aus dem Arbverh verloren hat oder weil er im Hinblick auf seinen Informationsstand über den Inhalt des Arbverh vermögenswerte Dispositionen gemacht hat.[29]

Davon zu unterscheiden ist, inwieweit AN und AG über den Inhalt des Arbverh streiten und **sich zum Beweis auf die Nachweispflicht berufen** können. Diese prozessuale Konstellation hat regelmäßig Vorrang, weil der AN einen vom AG aufgrund der Nachweispflichtverletzung verursachten Schaden nur unter Berufung auf den vereinbarten Inhalt des Arbverh selbst nachweisen kann.[30] Etwas anderes gilt nur, wenn ein **erteilter Nachweis unstreitig falsch bzw. unvollständig** eine geschlossene Individualvereinbarung wiedergibt und der AN im Vertrauen darauf, d.h. ohne eigenes Mitverschulden, einen Schaden erlitten hat.[31] Vertragliche Schadensersatzansprüche wegen Verletzung der Nachweispflicht werden deshalb v.a. **praktisch relevant**, wenn der AN aufgrund eines vom AG verursachten Informationsdefizits vermögenswerte Ansprüche (Zusatzentgelte, zusätzliche Urlaubsansprüche) wegen Zeitablaufes, Ausschlussfrist, Verjährung) verloren hat und diese Ansprüche **aufgrund kollektivvertraglicher Regelungen unzweifelhaft** Bestandteil des Arbverh waren.[32] Allerdings ist für die Annahme einer Nachweispflichtverletzung zu beachten, dass der AG seine Nachweispflicht bereits mit einem deutlichen Hinweis auf eine Kollektivvereinbarung erfüllt (siehe § 2 Rn 39 ff.).

Der AG **verletzt seine Nachweispflicht**, wenn er den **Nachweis nicht**, **nicht rechtzeitig** oder **mit falschem Inhalt** aushändigt. Für die rechtzeitige Erfüllung der Nachweispflicht trägt der AG nach allg. Grundsätzen die Beweislast. Dieser kann er sich mittels einer Quittung bei Aushändigung entledigen. Soweit es um die Frage geht, ob der Nachweis die vereinbarten Vertragsbedingungen inhaltlich korrekt wiedergibt, streiten die Parteien regelmäßig über die Vereinbarung selbst. Hat der AN aufgrund eines Informationsdefizits über den Inhalt seines Arbverh einen **Schaden**

---

23 BAG 17.4.2002 – 5 AZR 89/01 – BAGE 101, 75 m. zust. Anm. *Rehwald*, AuR 2002, 469, und *Schnitker/Grau*, EWiR 2002, 929.
24 Vgl. *Bergwitz*, BB 2001, 2316; HWK/*Kliemt*, Vorb. NachwG Rn 37 m.w.N.
25 A.A. *Feldgen*, Rn 69.
26 Vgl. HWK/*Kliemt*, Vorb. NachwG Rn 37; ErfK/*Preis*, Einf. NachwG Rn 15; a.A. *Feldgen*, Rn 69.
27 Vgl. *Schaefer*, D Rn 190.
28 LAG Brdbg 10.8.2001 – 4 Sa 265/01 – LAGE § 2 NachwG Nr. 11; s. auch BAG 27.7.2005 – 7 AZR 443/04 – BAGE 115, 265; LAG Rheinland-Pfalz 21.8.2008 – 2 Sa 329/08; LAG Schleswig-Holstein 27.5.2008 – 2 Ta 87/08; LAG Hamm 18.10.2007 – 8 Sa 942/07; LAG Hamm 15.8.2006 – 12 Sa 450/06; LAG Köln 3.7.3006 – 2 Sa 99/06; ausführlich *Melms/Weck*, RdA 2006, 171, 175 f. m.w.N.
29 Vgl. HWK/*Kliemt*, Vorb. NachwG Rn 32.
30 Vgl. ErfK/*Preis*, Einf. NachwG Rn 13.
31 Vgl. *Schaefer*, D Rn 185 f.
32 BAG 17.4.2002 – 5 AZR 89/01 – BAGE 101, 75 m. zust. Anm. *Rehwald*, AuR 2002, 469, und *Schnitker/Grau*, EWiR 2002, 929; BAG 5.11.2003 – 5 AZR 676/02 – ZTR 2004, 205; BAG 5.11.2003 – 5 AZR 469/02 – ZIP 2004, 46; *Lindel/Lindemann*, NZA 2003, 649.

erlitten, trägt er die Darlegungslast für die **Kausalität** zwischen Pflichtverletzung und Schaden.[33] Hinsichtlich des nach § 249 BGB zu ermittelnden, adäquat kausal verursachten Schadens wird zugunsten des AN vermutet, dass er seine Vermögensinteressen in vernünftiger Weise gewahrt hätte, indem z.B. seine Vergütungsansprüche fristgerecht geltend gemacht hätte.[34] Streitig ist, ob über die Vermutung hinaus eine Umkehr der Beweislast erfolgt (zur Beweislast vgl. Rn 45 ff.).[35] Das **Verschulden** des AG wird gem. § 280 Abs. 1 S. 2 BGB vermutet (Beweislastumkehr). Der Einwand der Rechtsunkenntnis entlastet den AG selbst bei zweifelhafter Rechtslage nicht.[36]

27 Ein **Mitverschulden des AN gem. § 254 BGB** kann darauf beruhen, dass er die Nachweispflicht kannte oder hätte kennen müssen und den AG nicht darauf hingewiesen hat. Kenntnis oder Kennenmüssen des Gegenstands der Nachweispflicht wie z.B. der Ablauf einer Ausschlussfrist in einem Tarifvertrag schließt regelmäßig die Kausalität zwischen Pflichtverletzung und entstandenem Schaden aus oder ist als den Schaden minderndes Mitverschulden zu werten.[37] Der AN muss sich ein **Verschulden seines Prozessbevollmächtigten gem. § 278 BGB** zurechnen lassen.[38] Letzteres ist grds. früher zu bejahen als beim rechtsunkundigen AN.[39] Eine das Mitverschulden des AN begründende, generelle Obliegenheit des AN zur inhaltlichen Prüfung und Rüge des Nachweises besteht nicht, sondern nur dann, wenn weitere Umstände hinzukommen. Beruft sich der AG auf die Kenntnis des AN, um einen Schadensersatzanspruch abzuwenden, kann dem der AN nicht den **Einwand des rechtsmissbräuchlichen Verhaltens** entgegenhalten.[40]

Bei nicht rechtzeitiger Erfüllung der Nachweispflicht kommt ein Ersatz des **Verzugsschadens gem. §§ 280 Abs. 2, 286 BGB** in Betracht.[41]

28 **bb) Deliktisch.** Ein Schadensersatzanspruch aus **§ 823 Abs. 1 BGB** ist mangels einer tatbestandsmäßigen Rechtsgutverletzung ausgeschlossen. Ein Schadensersatzanspruch gem. **§ 826 BGB** scheitert in der Praxis regelmäßig am Nachweis der strengen Tatbestandsvoraussetzungen. Ein Schadensersatzanspruch aus § 823 Abs. 2 BGB i.V.m. §§ 2, 3 NachwG ist ausgeschlossen, da das NachwG **kein Schutzgesetz i.S.d. § 823 Abs. 2 BGB** ist.[42]

C. Verbindung zu anderen Rechtsgebieten und zum Prozessrecht

I. Prozessrecht

29 Für die Verbindung zwischen Prozessrecht und NachwG ist zwischen verschiedenen Gesichtspunkten zu unterscheiden. Es besteht ein isolierter Anspruch des AN auf Erteilung eines Nachweises gegenüber dem AG, den der AN vor dem ArbG einklagen kann (siehe Rn 30 ff.). Den titulierten Anspruch kann der AN im Wege der Zwangsvollstreckung durchsetzen lassen oder stattdessen eine Entschädigung beantragen (siehe Rn 38 ff.). Außerdem wirkt sich der Nachweis als Urkunde auf die Darlegungs- und Beweislast bei der Durchsetzung von Ansprüchen aus dem Arbverh aus (siehe Rn 45 ff.).[43]

30 **1. Klage auf Nachweiserteilung/Berichtigungsklage.** Für Klagen, deren Antrag auf die Geltendmachung von Ansprüchen aus dem Arbverh gerichtet ist, ist das **ArbG zuständig** (§ 2 Abs. 1 Nr. 3 lit. a bzw. e ArbGG). Dazu gehört der Anspruch auf Nachweiserteilung bzw. auf Aushändigung eines berichtigten Nachweises.

31 **Nach Fälligkeit** kann der AN den isolierten Anspruch auf Nachweiserteilung im Wege der **allg. Leistungsklage** verfolgen. Um die Kostentragungspflicht aufgrund eines Anerkenntnisurteils zu vermeiden, sollte der AN den AG zu-

---

33 BAG 5.11.2003 – 5 AZR 676/02 – ZTR 2004, 205; ErfK/*Preis*, Einf. NachwG Rn 13; HWK/*Kliemt*, Vorb. NachwG Rn 33; s. zur Darlegungs- und Beweislast des AN auch BAG 21.2.2007 – 4 AZR 258/06; LAG Niedersachsen 21.2.2008 – 7 Sa 659/07; LAG Schleswig-Holstein 19.6.2006 – 1 Ta 68/06; *Melms/Weck*, RdA 2006, 171, 175 f. m.w.N.

34 BAG 17.4.2002 – 5 AZR 89/01 – BAGE 101, 75; BAG 5.11.2003 – 5 AZR 676/02 – ZTR 2004, 205; LAG Schleswig-Holstein 27.5.2008 – 2 Ta 87/08; LAG Hamm 2.8.2007 – 15 Sa 278/07; LAG Hamm 15.8.2006 – 12 Sa 450/06; LAG Brdbg v.10.8.2001 – 4 Sa 265/01 – LAGE § 2 NachwG Nr. 11, *Melms/Weck*, RdA 2006, 171, 175 f. m.w.N.

35 Vgl. HWK/*Kliemt*, Vorb. NachwG Rn 33; ErfK/*Preis*, Einf. NachwG Rn 13, jeweils m.w.N.

36 Vgl. HWK/*Kliemt*, Vorb. NachwG Rn 32.

37 BAG 5.11.2003 – 5 AZR 676/02 – ZTR 2004, 205; BAG 5.11.2003 – 5 AZR 469/02 – ZIP 2004, 46; BAG 17.4.2002 – 5 AZR 89/01 – BAGE 101, 75 m. zust. Anm. *Rehwald*, AuR 2002, 469, und *Schnitker/Grau*, EWiR 2002, 929; ausführlich *Melms/Weck*, RdA 2006, 171, 176 m.w.N.

38 BAG 5.11.2003 – 5 AZR 676/02 – ZTR 2004, 205; LAG Hamm 15.8.2006 – 12 Sa 450/06.

39 BAG 29.5.2002 – 5 AZR 105/01 – NZA 2002, 1360.

40 BAG 5.11.2003 – 5 AZR 676/02 – ZTR 2004, 205; BAG 5.11.2003 – 5 AZR 469/02 – ZIP 2004, 46; BAG 29.5.2002 – 5 AZR 105/01 – ZTR 2003, 87; BAG 17.4.2002 – 5 AZR 89/01 – BAGE 101, 75.

41 BAG 17.4.2002 – 5 AZR 89/01 – BAGE 101, 75.

42 BAG 5.11.2003 – 5 AZR 676/02 – ZTR 2004, 205; BAG 17.4.2002 – 5 AZR 89/01 – BAGE 101, 75. Zustimmend das überwiegende Schrifttum: vgl. *Rehwald*, AuR 2002, 469; *Schnitker/Grau*, EWiR 2002, 929; ErfK/*Preis*, Einf. NachwG Rn 14; HWK/*Kliemt*, Vorb. NachwG Rn 36 m.w.N. zur Gegenauff.

43 Vgl. *Feldgen*, Rn 70.

nächst **mahnen**.⁴⁴ Der AN kann den Antrag **allg.** darauf richten, den AG zur Erfüllung der Nachweispflicht gem. § 2 Abs. 1 S. 1 (bzw. § 2 Abs. 2, § 3 S. 1 oder § 4 S. 1 als alternative Anspruchsgrundlagen) zu verurteilen.⁴⁵

„Der Kläger/AN beantragt, den Beklagten/AG zu verurteilen, dem Kläger/AN einen Nachweis i.S.d. § 2 Abs. 1 NachwG über die wesentlichen Vertragsbedingungen des zwischen AG und AN am ... geschlossenen Arbverh auszuhändigen."

Der Klageantrag kann aber auch die Nachweispflicht inhaltlich präzisieren, indem der AG zum Nachweis einer **bestimmten, wesentlichen Vertragsbedingung** verurteilt werden soll.

„Der Kläger/AN beantragt, den Beklagten/AG zu verurteilen, dem Kläger/AN einen Nachweis i.S.d. § 2 Abs. 1 S. 1, S. 2 Nr. 4 NachwG über den zwischen Kläger/AN und Beklagtem/AG vereinbarten Arbeitsort auszuhändigen."

Wegen der besseren Vollstreckbarkeit dürfte die Vorgehensweise, im Klageantrag gleich den **Inhalt einer bestimmten, wesentlichen Vertragsbedingung** vorzugeben, zu bevorzugen sein. Bei einer allg. Leistungsklage, die auf **Erteilung eines berichtigten Nachweises** gerichtet ist, enthält der Klageantrag regelmäßig die „richtige" Angabe.⁴⁶

„Der Kläger/AN beantragt, den Beklagten/AG zu verurteilen, dem Kläger/AN einen Nachweis i.S.d. § 2 Abs. 1 S. 1, S. 2 Nr. 6 NachwG über ein vereinbartes Arbeitsentgelt i.H.v. 2.000 EUR brutto monatlich auszuhändigen."

Soweit zwischen AG und AN ein schriftlicher Arbeitsvertrag geschlossen worden ist, der die Angaben des NachwG enthält (§ 2 Abs. 4), ist der Klageantrag entsprechend zu ergänzen:

„wahlweise durch Aushändigung des schriftlichen Arbeitsvertrages vom ... oder einer vom AG unterzeichneten Kopie des schriftlichen Arbeitsvertrages vom ..."

Die **Verteilung der Darlegungs- und Beweislast** zwischen AN und AG unterscheidet sich regelmäßig nicht von der gewöhnlichen prozessualen Situation, in der der AN mit der allg. Leistungsklage Ansprüche aus dem Arbverh geltend macht. Denn Inhalt der eingeforderten Nachweispflicht ist nur, was (zuvor) materiellrechtlich vereinbart wurde.

Eine **Feststellungsklage** zur Feststellung einer bestehenden Nachweispflicht scheidet wegen der Subsidiarität gegenüber der allg. Leistungsklage grds. aus.⁴⁷ Bei Klagen gegen öffentlich-rechtliche AG kann aber eine Klage auf Feststellung einer (bestimmten) Nachweispflicht ausnahmsweise zulässig sein, weil davon auszugehen ist, dass der Beklagte der Feststellung gehorcht.⁴⁸ Ebenfalls dürfte die Klage auf Feststellung einer einzelnen Vertragsbedingung subsidiär sein gegenüber der Leistungsklage auf Erteilung eines entsprechenden Nachweises.⁴⁹ Die allg. Klage auf Feststellung des Bestehens eines Arbverh bleibt dem AN aber unbenommen.⁵⁰

Die Klage auf Aushändigung eines Nachweises kann auch im Wege der **objektiven Klagehäufung** neben einer Klage auf sonstige Ansprüche aus dem Arbverh oder auf Feststellung des Bestehens eines Arbverh erhoben werden.⁵¹

2. Antrag auf Entschädigung gem. § 61 Abs. 2 S. 1 ArbGG. Der Klageantrag auf Erteilung eines Nachweises kann mit einem Antrag auf Zahlung einer angemessenen Entschädigung **kombiniert** werden, die das Gericht nach eigenem Ermessen festsetzt (§ 61 Abs. 2 S. 1 ArbGG).⁵²

Diese Vorgehensweise bietet sich an, soweit der AN einen **bestimmten Inhalt der Nachweispflicht** in seinen Klageantrag aufnimmt.⁵³ Im Falle eines obsiegenden Urteils hat der AN einen **für seine Zwecke ausreichenden Titel** i.S.d. § 322 ZPO. Soweit sich die materielle Rechtskraft auf den nachweispflichtigen Inhalt erstreckt, benötigt der AN keinen Nachweis mehr und kann auf die Möglichkeit der Zwangsvollstreckung zugunsten einer Entschädigungszahlung verzichten.⁵⁴

Soweit der AN dagegen nur einen **allg. Klageantrag auf Erteilung eines Nachweises** gestellt hat, dürfte er ein Interesse an der Erteilung des Nachweises selbst haben, so dass die Möglichkeit der Zwangsvollstreckung vorzugswürdig ist.⁵⁵ Anderes gilt nur dann, wenn das Arbverh beendet wird und der AN keine weiteren Ansprüche mehr gegenüber dem AG geltend machen will.

3. Zwangsvollstreckung. Der AN kann einen Titel gegen den AG auf Erteilung des Nachweises als unvertretbare Handlung durch **Zwangsgeld** bzw. **Zwangshaft** gem. § 62 ArbGG, § 888 ZPO vom Prozessgericht der ersten Instanz vollstrecken lassen.⁵⁶ Stattdessen kann der AN auch die Festsetzung einer Entschädigungszahlung gem. § 61 Abs. 2 S. 1 ArbGG durch das Gericht beantragen, deren Höhe das Gericht nach freiem Ermessen bestimmt (siehe § 61 ArbGG Rn 21 ff.).

---

44 Vgl. *Schaefer*, D Rn 173.
45 Vgl. auch den Formulierungsvorschlag von *Feldgen*, Rn 78.
46 Vgl. auch den Formulierungsvorschlag von *Feldgen*, Rn 79.
47 Vgl. *Schaefer*, F Rn 68; *Zöller/Greger*, ZPO, § 256 Rn 7a m.w.N.
48 Vgl. *Feldgen*, Rn 74; *Schaefer*, F Rn 68; BAG 4.4.1989 – 8 AZR 427/87 – BAGE 61, 243.
49 Vgl. *Feldgen*, Rn 76.
50 Vgl. *Feldgen*, Rn 77; *Schaefer*, F Rn 70.
51 Vgl. *Schaefer*, F Rn 69.
52 Vgl. *Schaefer*, G Rn 8.
53 Vgl. *Feldgen*, Rn 81.
54 Vgl. *Feldgen*, Rn 76; *Schaefer*, G Rn 9.
55 Vgl. *Feldgen*, Rn 81.
56 Vgl. *Feldgen*, Rn 88.

42 **4. Streitwert.** Zu unterscheiden ist bei der Festsetzung des Streitwertes durch das ArbG gem. § 61 Abs. 1 ArbGG, ob Streitgegenstand ein **unmittelbarer Anspruch auf Erteilung eines (berichtigten) Nachweises** oder ein **sonstiger Anspruch** ist, der mit einem erteilten oder nicht erteilten Nachweis zusammenhängt, wie z.B. ein Anspruch auf Arbeitslohn oder ein Schadensersatzanspruch. In letzterem Fall ist allein der sonstige Anspruch maßgeblich und es finden die allgemeinen Regelungen Anwendung.

43 Ist **Anspruchsgrundlage das NachwG selbst**, gilt für die **Höhe des Streitwertes** Folgendes: Maßgeblich ist **nicht die Höhe der Kosten**, die dem AG für die Erstellung des eingeklagten Nachweises entstehen. Andernfalls wäre die Rechtsmittelzulässigkeit mangels eines für eine statthafte Berufung hinreichenden Streitwerts faktisch beseitigt (vgl. § 64 Abs. 2 lit. b ArbGG). Maßgeblich ist deshalb grds., **welchen vermögenswerten Anspruch der AN mit der beantragten Nachweiserteilung verfolgt.** Dies wiederum ist abhängig vom jeweiligen Klageantrag.

44 Beantragt der AN nur allg. die Aushändigung eines Nachweises über die wesentlichen Vertragsbedingungen, ist wie bei einem Arbeitszeugnis der Streitwert auf **ein Monatsgehalt** festzusetzen.[57] Anders ist dies, wenn der AN einen mit der Nachweispflicht verfolgten vermögenswerten Anspruch weiter spezifiziert. Begehrt der AN im Wege der objektiven Klagehäufung auch die Feststellung des Bestehens eines Arbvh, ist die Begrenzung des Vermögenswertes für wiederkehrende Bezüge gem. §§ 3, 42 Abs. 3 bis 5 GKG bzw. §§ 2 Abs. 1, 23 Abs. 1 RVG zu beachten.

II. Darlegungs- und Beweislast für das Arbeitsverhältnis

45 Praktische Bedeutung hat das NachwG v.a. für die Darlegungs- und Beweislast im Prozess. Fehlt ein schriftlicher Arbeitsvertrag, kann der Nachweis als Beweismittel maßgebliche Bedeutung für Ansprüche und Feststellungen aus dem Arbvh erlangen. Voraussetzung ist aber regelmäßig, dass das **Arbvh selbst unstreitig** besteht.[58] Für die wirksame Begründung eines Arbvh hat ein erteilter Nachweis allenfalls Indizwirkung. Die Folgen des Nachweises für die Beweislast ergeben sich nicht aus dem NachwG oder der NachwRL selbst (vgl. Art. 6 NachwRL),[59] sondern aus den **allg. zivilprozessualen Regeln**, die im Lichte der NachwRL anzuwenden und auszulegen sind.[60]

46 Anwendung finden die Vorschriften über den Urkundsbeweis gem. §§ 415 ff. ZPO. Der Nachweis ist eine **Privaturkunde i.S.d. § 416 ZPO** unabhängig davon, ob der AG eine Privatperson oder ein öffentlich-rechtlicher AG ist.[61] Vollen Beweis erbringen echte Privaturkunden nur in formeller Hinsicht (§ 440 ZPO).[62] Der **materielle Inhalt des Nachweises** unterliegt der **freien Beweiswürdigung des Gerichts gem. § 286 ZPO**.[63] Das gilt auch, wenn der AN dem AG den Empfang des Nachweises auf einer Kopie quittiert.[64] Nur eine von AG und AN unterzeichnete Vertragsurkunde (Arbeitsvertrag) trägt die Vermutung der Vollständigkeit und Richtigkeit in sich.[65] Ein von AN und AG gemeinsam unterzeichneter Nachweis besitzt nicht dieselbe Beweiswirkung.[66] Beruft sich eine Partei darauf, trägt sie die Beweislast dafür, dass das Dokument nicht ein Nachweis, sondern ein schriftlicher Arbeitsvertrag ist.

47 **1. Nachweis erteilt.** Hat der AG einen Nachweis erteilt, liegt eine **Urkunde als Beweismittel** über den Inhalt des Arbvh vor. Die Urkunde unterliegt der **freien Beweiswürdigung gem. § 286 ZPO** durch das Gericht hinsichtlich ihrer Beweiskraft für das materiell Vereinbarte.

48 Der AN kann unter Vorlage des Nachweises (§ 420 ZPO) Beweis antreten für das materiell Vereinbarte. Der AG hat den Gegenbeweis zu führen.[67] Der Richter würdigt den Nachweis als Urkunde i.S.d. § 286 ZPO, soweit die Beweiskraft nicht durch den Gegenbeweis erschüttert ist.

49 I.Ü. verändert der erteilte Nachweis nicht den Grundsatz, dass jede Partei die **Beweislast** für die Vereinbarung trägt, auf die sie sich beruft.[68] Der AG kann nicht unter Hinweis auf den von ihm erstellten Nachweis seine Beweislast für den materiellen Inhalt des Arbvh umgehen, weil die Urkunde nicht dieselbe Beweiskraft wie ein schriftlicher Arbeitsvertrag besitzt. Andernfalls könnte der AG durch Manipulation des Nachweises die Beweislage zu seinen Gunsten verändern und den Zweck des NachwG pervertieren.[69] Empfohlen wird, dass der AG dem Nachweis eine **abschließende Klausel** hinzufügt, wonach der Nachweis alle tatsächlich vereinbarten, wesentlichen Vertragsbedingungen enthält und der AN den Nachweis bei Aushändigung zu **quittieren** hat. Den AN soll dann die Obliegenheit treffen, den Nachweis innerhalb einer angemessenen Frist auf seine inhaltliche Vollständigkeit und Richtigkeit zu überprüfen.[70]

---

57 Vgl. *Schaefer*, G Rn 17; *Feldgen*, Rn 87.
58 Vgl. LAG Köln 9.1.1998 – 11 Sa 155/97 – NZA-RR 1998, 513.
59 Vgl. EG-Recht Rn 1 ff.
60 EuGH 8.2.2001 – C-350/99 – Lange – Slg. I-2001, 1061 m. zust. Anm. *Oetker*, SAE 2002, 163; *Hohmeister*, BB 2001, 1257; *Buschmann*, AuR 2001, 109; EuGH 4.12.1997– C-253/96 – C-258/96 – Kampelmann – Slg. I-1997, 6907; s. auch *Melms/Weck*, RdA 2006, 171, 176 m.w.N.
61 Der Nachweis erfüllt nicht die Voraussetzungen einer öffentlichen Urkunde gem. § 415 ZPO, so dass er zu den Privaturkunden gehört. Vgl. Zöller/*Geimer*, § 416 ZPO Rn 1.
62 Vgl. Zöller/*Geimer*, § 416 ZPO Rn 9.
63 Vgl. *B/L/A/H*, Übers. § 415 ZPO Rn 8, § 416 ZPO Rn 8.
64 ErfK/*Preis*, Einf. NachwG Rn 18; HWK/*Kliemt*, Vorb. NachwG Rn 48.
65 Vgl. BAG 9.2.1995 – 2 AZR 389/94 – NJW 1996, 1299.
66 A.A. *Franke*, DB 2000, 274.
67 Vgl. HWK/*Kliemt*, Vorb. NachwG Rn 48 ff.
68 Vgl. ErfK/*Preis*, Einf. NachwG Rn 21; BAG 12.10.1994 – 7 AZR 745/93 – NJW 1995, 2941; *Schaefer*, F Rn 74.
69 Vgl. *Bergwitz*, BB 2001, 2316.
70 Vgl. *Schaefer*, B Rn 11.

Anders ist es ausnahmsweise dann, wenn aufgrund zusätzlicher Umstände den **AN die Obliegenheit** trifft, einen Nachweis auf seine Ordnungsmäßigkeit zu überprüfen und ggf. zu rügen.[71] Verletzt der AN die Obliegenheit, weil er keine Berichtigung vom AG verlangt, kann der Inhalt des Nachweises später zu seinen Lasten in die Beweiswürdigung einbezogen werden. Einen solchen Fall hat das LAG Schleswig-Holstein bei einem AN angenommen, der sich vier Monate nicht zu einem von ihm selbst angeforderten Nachweis geäußert hat, obwohl das Arbverh schon im Zeitpunkt der Anforderung des Nachweises zerstritten war.[72] 50

Der Schutzzweck des NachwG bewirkt aber auch **keine Umkehr der Beweislast zugunsten des AN**. Beruft sich der AN auf einen vom Nachweis abweichenden Inhalt des Arbverh, trägt er grds. die volle Beweislast. Etwas anderes gilt nur dann, wenn die unterstellte Vertragsbedingung nicht als eine inhaltliche Unrichtigkeit des Nachweises, sondern als Nichterteilung zu werten ist. 51

Ist ein Nachweis erteilt, greifen nicht die Grundsätze des **Anscheinsbeweises**.[73] Es existiert kein den Anscheinsbeweis begründender Erfahrungssatz, dass der AG den Nachweis vollständig und richtig ausstellt.[74] Zwar mag in der prozessualen Praxis die Anwendung des Anscheinsbeweises regelmäßig zum selben Ergebnis führen, weil es dem AG anstelle eines Gegenbeweises obliegen würde, den Anscheinsbeweis durch substantiierte Behauptungen zu erschüttern.[75] Der Gegenbeweis erfordert aber zumindest theoretisch mehr als nur das Aufzeigen eines möglichen atypischen Verlaufes, der den Anscheinsbeweis beseitigt. 52

2. Kein Nachweis erteilt. Ist kein Nachweis erteilt, führt dieser Umstand **nicht zu einer Umkehr der Beweislast**,[76] sondern es greifen in analoger Anwendung der §§ 427, 444 ZPO die **prozessualen Grundsätze der Beweisvereitelung zulasten des AG**.[77] Der Begriff der Beweisvereitelung bezeichnet die Fälle, in denen das Gesetz einer Partei Dokumentationspflichten auferlegt, deren Verletzung dem beweispflichtigen Gegner die Beweisführung erschwert oder unmöglich macht.[78] Da das NachwG den AG verpflichtet, den Inhalt eines Arbverh zum Schutze des AN zu dokumentieren und diesem Rechtsklarheit über die vereinbarten Bedingungen zu verschaffen, ist eine schuldhafte Nichterteilung des Nachweises regelmäßig als Beweisvereitelung zu beurteilen.[79] Eine einheitliche Rechtsfolge der Beweisvereitelung gibt es nicht.[80] Die vorsätzliche Beweisvereitelung fließt regelmäßig unmittelbar in die Beweiswürdigung zu Lasten des Beweisvereitelers ein oder führt zu einer Umkehr der Beweislast. Eine fahrlässige Beweisvereitelung kann von Erleichterungen für den beweispflichtigen Gegner bis zu einer Umkehr der Beweislast reichen, wenn die Beweisführung unzumutbar geworden ist.[81] 53

Angewandt auf die Nichterteilung eines Nachweises bedeutet dies: Eine Beweisvereitelung liegt regelmäßig vor, wenn der AG dem nachhaltigen Verlangen des AN auf Erteilung eines Nachweises nicht entsprochen hat. Das Verschulden des AG wird gem. § 280 Abs. 1 S. 2 BGB vermutet. Ausreichend für die Annahme einer Beweisvereitelung ist **Fahrlässigkeit**, weil der AG die Beweisfunktion des Nachweises für den Inhalt des Arbverh kennen muss.[82] Dies gilt in jedem Fall, **wenn der AN den Nachweis verlangt hat**.[83] Der AN muss nur darlegen, dass er vom AG die Erteilung eines Nachweises verlangt hat und der AG dem nicht nachgekommen ist. Bestreitet der AG das Verlangen des AN oder behauptet er, den Nachweis erteilt zu haben, trägt der AN nur die Beweislast für sein Verlangen. Bestreitet der AN die Erteilung des verlangten Nachweises, trägt der AG die Beweislast dafür, dass er den Nachweis ausgehändigt hat. Eine Beweislastentscheidung kann der AG dadurch vermieden, dass er den Nachweis **Zug um Zug gegen eine Quittung** aushändigt (siehe Rn 10). 54

Ob eine Beweisvereitelung alleine daraus gefolgert werden kann, dass der AG die Pflicht zur Erteilung des Nachweises fahrlässig verletzt hat, ohne dass weitere Umstände hinzu kommen, erscheint zweifelhaft.[84] Eine **fahrlässige** 55

---

71 *Feldgen*, Rn 65 ff. bejaht dies, soweit der AG im Nachweis den dem AN bereits bekannten, individuell vereinbarten Inhalt wiedergibt. Soweit der AG den AN zusätzlich z.B. über ausgestaltete Inhalte einseitig informieren muss, bestünde dagegen keine Obliegenheit.

72 Vgl. LAG Schleswig-Holstein 23.8.1999 – 4 Sa 43/99 – Bibliothek BAG (rkr.).

73 Vgl. HWK/*Kliemt*, Vorb. NachwG Rn 49, 51; ErfK/*Preis*, Einf. NachwG Rn 19 f.; a.A. *Bergwitz*, BB 2001, 2316.

74 Vgl. ErfK/*Preis*, Einf. NachwG Rn 20.

75 Vgl. ErfK/*Preis*, Einf. NachwG Rn 19; HWK/*Kliemt*, Vorb. NachwG Rn 49.

76 So z.B. *Wank*, RdA 1996, 21; *Birk*, NZA 1996, 281; LAG Rheinland-Pfalz 10.5.2007 – 11 Sa 25/07; LAG Niedersachsen 21.2.2003 – 10 Sa 1683/02 – NZA-RR 2003, 520.

77 Vgl. jeweils mit weiteren Nachweisen: LAG Rheinland-Pfalz 10.5.2007 – 11 Sa 25/07; LAG Niedersachsen 21.2.2003 – 10 Sa 1683/02 – NZA-RR 2003, 520; LAG Hamm 14.8.1998 – 10 Sa 777/97 – NZA-RR 1999, 210;

HWK/*Kliemt*, Vorb. NachwG Rn 44; ErfK/*Preis*, Einf. NachwG Rn 23; *Melms/Weck*, RdA 2006, 171, 176 m.w.N.; a.A. *Bergwitz*, BB 2001, 2316.

78 BGH 23.9.2003 – XI ZR 380/00 – NJW 2004, 222; BGH 15.11.1984 – IX ZR 157/83 – ZIP 1985, 312.

79 LAG Nürnberg 9.5.2002 – 7 Sa 518/01 – ZTR 2002, 395; LAG Köln 31.7.1998 – 11 Sa 1484/97 – MDR 1999, 1074.

80 BGH 15.11.1984 – IX ZR 157/83 – ZIP 1985, 312; BGH 23.9.2003 – XI ZR 380/00 – NJW 2004, 222.

81 Vgl. BGH 15.11.1984 – IX ZR 157/83 – ZIP 185, 312.

82 LAG Köln 31.7.1998 – 11 Sa 1484/97 – MDR 1999, 1074; a.A. *Bergwitz*, BB 2001, 2316.

83 LAG Hamm 14.8.1998 – 10 Sa 777/97 – NZA-RR 1999, 210.

84 Ablehnend LAG Rheinland-Pfalz 10.5.2007 – 11 Sa 25/07; LAG Hamm 14.8.1998 – 10 Sa 777/97 – NZA-RR 1999, 210; HWK/*Kliemt*, Vorb. NachwG. Rn 45; dafür LAG Köln 31.7.1998 – 11 Sa 1484/97 – MDR 1999, 1074.

Pflichtverletzung allein, die sich auf die Beweislage auswirkt, rechtfertigt nicht automatisch die Annahme einer Beweisvereitelung.[85] Angesichts des breiten Spektrums an beweisrechtlichen Sanktionsmöglichkeiten ohne Umkehr der Beweislast kann jeder Einzelfall angemessen gewürdigt werden. Eine Übertragung der Regeln der Beweislastumkehr bei ärztlichen Dokumentationspflichten würde dagegen der gesetzgeberischen Entscheidung gegen eine allgemeine Beweislastumkehr durch das NachwG widersprechen.[86]

56   **3. Korrigierende Rückgruppierung.** Nach Auff. des BAG ergibt sich aus dem NachwG für die sog. **korrigierende Rückgruppierung** im öffentlichen Dienst weder eine weitergehende Darlegungs- oder Beweislast des AG noch weitergehende Erleichterungen der Darlegungs- und Beweislast für den AN.[87] Im Streitfall kann sich der AN zunächst auf die ihm vom AG mitgeteilte Vergütungsgruppe berufen. Sodann muss der AG die objektive Fehlerhaftigkeit der mitgeteilten Vergütungsgruppe darlegen und beweisen. Hat der AG die Voraussetzungen für die sog. korrigierende Rückgruppierung dargelegt und ggf. bewiesen, so ist es Sache des AN, die Tatsachen darzulegen und ggf. zu beweisen, aus denen folgt, dass ihm die begehrte höhere Vergütung zusteht.[88]

III. Fristberechnung

57   Für die Berechnung der Fristen, die im NachwG geregelt sind, gelten die Vorschriften der **§§ 186 ff. BGB**.

IV. Verjährung

58   Der Anspruch des AN auf Erteilung eines Nachweises unterliegt der **regelmäßigen Verjährungsfrist von drei Jahren gem. § 195 BGB**. Erste Voraussetzung für den Beginn der Verjährungsfrist ist die Entstehung des Anspruches gem. § 199 Abs. 1 Nr. 1 BGB. Ist die anspruchsbegründende Pflicht eine Dauerpflicht, entsteht der Anspruch immer wieder aufs Neue, solange das die Dauerpflicht begründende Rechtsverhältnis besteht.[89] Da die Pflicht zur Erteilung des Nachweises eine Dauerpflicht ist, beginnt die regelmäßige Verjährungsfrist **nicht vor Ablauf des Jahres, in dem das Arbverh endet**.

V. Kündigung

59   Eine Künd des AN als Reaktion des AG auf die Geltendmachung von Ansprüchen aus dem NachwG unterliegt dem **Maßregelverbot des § 612a BGB**. Die Künd ist unwirksam und der AN hat ggf. Schadensersatzansprüche.

Die Verletzung der Nachweispflicht allein ist **kein wichtiger Grund**, der den AN zu einer **außerordentlichen Künd** berechtigt.[90]

VI. Kündigungsschutz

60   Auswirkungen auf das Künd-Schutzrecht entfaltet das NachwG, weil der Mindestinhalt jedes Nachweises Angaben umfasst, die für die **Sozialauswahl** und für **Änderungs-Künd** nach dem KSchG beachtlich sind. Die Weisungsbefugnis bzw. das **Direktionsrecht** des AG gegenüber dem AN wird durch die Vereinbarungen zur geschuldeten Arbeitsleistung nach Art, Ort und Zeit ausgestaltet und gleichzeitig begrenzt. Diese Angaben gehören zum **Mindestgehalt jedes Nachweises gem. § 2 Abs. 1 S. 2**. Über die Beweislast kann ein erteilter Nachweis daher den Künd-Schutz beeinflussen.[91]

VII. Betriebsverfassungsrecht

61   BR/PR überwachen gem. § 80 Abs. 1 Nr. 1 BetrVG, § 68 Abs. 1 Nr. 2 BPersVG die Durchführung der zum Schutze des AN erlassenen Gesetze. Dazu zählen auch die Vorschriften des NachwG.[92] Das Überwachungsrecht hinsichtlich des Inhalts von Formulararbeitsverträgen ist allerdings auf eine **Rechtskontrolle** des Vertragsinhalts beschränkt.[93] Aus der gesetzlichen Aufgabe, die Einhaltung von Gesetzen im Betrieb zu überwachen, folgt kein Recht des BR, vom AG die Durchführung der zur Einhaltung erforderlichen Maßnahmen zu verlangen. Der BR ist darauf beschränkt, eine Nichtbeachtung der gesetzlichen Vorschriften beim AG zu beanstanden und auf Abhilfe zu drängen.[94] Die **Überwachungsfunktion berechtigt** den BR daher auch **nicht** dazu, **aus eigenem Recht die Nachweiserteilung einzuklagen**.[95] Um ihre Überwachungsfunktion erfüllen zu können, stehen BR/PR aber Informationsrechte zu, die auch die Einsicht in die erforderlichen Unterlagen umfassen (vgl. § 80 Abs. 2 BetrVG, § 68 Abs. 2 BPersVG). Daraus folgt aber **nicht**, dass der weitreichende Inhalt und Umfang der Nachweispflicht gem. § 2 NachwG dem BR/PR einen An-

---

85 Vgl. BGH 15.11.1984 – IX ZR 157/83 – ZIP 1985, 312; LAG Rheinland-Pfalz 10.5.2007 – 11 Sa 25/07 m.w.N.
86 *Bergwitz*, BB 2001, 2316; *Krabbenhöft*, DB 2000, 1562; *Franke*, DB 2000, 274.
87 BAG 16.2.2000 – 4 AZR 62/99 – BAGE 93, 340.
88 BAG 16.2.2000 – 4 AZR 62/99 – BAGE 93, 340.
89 Vgl. BGH 28.9.1973 – I ZR 136/71 – NJW 1973, 2285.
90 Vgl. *Schaefer*, D Rn 183.
91 Vgl. *Schaefer*, F Rn 1 ff.
92 Vgl. BAG 19.10.1999 – 1 ABR 75/98 – NZA 2000, 837 für den BR; s. auch BAG 16.11.2005 – 7 ABR 12/05 – BAGE 116, 192 m. zust. Anm. *Hunold*, NZA 2006, 583, und abl. Anm. *Plessner*, AiB 2006, 759.
93 BAG 16.11.2005 – 7 ABR 12/05 – BAGE 116, 192.
94 BAG 16.11.2005 – 7 ABR 12/05 – BAGE 116, 192 m.w.N.
95 ErfK/*Preis*, Einf. NachwG Rn 24; HWK/*Kliemt*, Vorb. NachwG Rn 53.

spruch zur generellen Vorlage von Arbeitsverträgen bzw. Personalakten ohne Zustimmung des AN vermittelt.[96] Das gilt insb. für die Fälle, in denen schriftliche Arbeitsverträge gem. § 2 Abs. 4 den Nachweis ersetzen. Die Reichweite der Informationsrechte des BR/PR bestimmt sich vielmehr danach, was aufgrund darzulegender Anhaltspunkte zur Erfüllung eines konkreten Kontrollbedürfnis erforderlich ist. **Soweit ein Kontrollbedürfnis bejaht werden kann, haben BR/PR ein Einsichtsrecht in die Niederschriften zum NachwG.**[97] Ein ausreichendes Kontrollbedürfnis hat das BAG für den Fall abgelehnt, dass die von einem AG verwendeten Formulararbeitsverträge mit dem BR abgestimmt waren und keine weiteren Anhaltspunkte für eine Nichteinhaltung des NachwG vorlagen. Zur **Hinzuziehung eines RA** durch den BR hat das BAG entschieden, dass der AG zur Erteilung seiner Zustimmung nach § 80 Abs. 3 BetrVG nur verpflichtet werden kann, wenn die Heranziehung des SV in der konkreten Situation, in der der BR seine Aufgaben zu erfüllen hat, als erforderlich anzusehen ist.[98] Der BR muss vor der Hinzuziehung eines SV alle ihm zur Verfügung stehenden Erkenntnisquellen nutzen, um sich das notwendige Wissen anzueignen.[99] Die Beauftragung eines SV ist daher nicht erforderlich, wenn sich der BR nicht zuvor bei dem AG um die Klärung der offenen Fragen bemüht hat.[100]

Verwendet der AG in einem Betrieb zur Erfüllung seiner Nachweispflichten Formulare, in denen persönliche Angaben über den AN enthalten sind, die über die gesetzlichen Bestimmungen und die i.S.d. BetrVG üblichen Angaben hinausgehen, hat der BR ein **Mitbestimmungsrecht** analog § 94 BetrVG.[101] Das parallele Mitbestimmungsrecht des PR enthält § 75 Abs. 3 Nr. 8 BPersVG.

VIII. Parallelvorschriften zum NachwG

Gleichzeitig mit dem Erlass des NachwG wurden für bestimmte AN-Gruppen parallele Regelungen geschaffen.[102] Entweder wird der Regelungsgegenstand des NachwG vollständig spezialgesetzlich geregelt, so dass insoweit die allg. Vorschriften des NachwG keine Anwendung finden, oder es wird (ergänzend) auf das NachwG verwiesen.

Für **Personen in der Berufsausbildung** enthält § 11 Abs. 1 BBiG **spezielle Nachweispflichten** des AG in Form einer Niederschrift der wesentlichen Vertragsinhalte. Soweit strengere Anforderungen gelten, wird dadurch das NachwG verdrängt. Ergänzend greifen die allg. Bestimmungen des NachwG, weil **§ 10 Abs. 2 BBiG** die Anwendung der für den Arbeitsvertrag geltenden Rechtsvorschriften und Rechtsgrundsätze anordnet, soweit sich nicht aus Wesen und Zweck des Berufsausbildungsvertrags oder dem BBiG anderes ergibt. **Zusätzlich** fordert § 11 Abs. 2 BBiG, dass AG und Auszubildender die Niederschrift des Vertrages **vor Aushändigung gemeinsam unterzeichnen**. Außerdem werden die **gesetzlichen Vertreter des Auszubildenden** gem. § 11 Abs. 2, 3 BBiG einbezogen. Sie müssen die Niederschrift ebenfalls unterzeichnen und haben Anspruch auf Aushändigung eines eigenen Nachweises. Für Praktikanten oder Volontäre gelten die allg. Vorschriften des NachwG, weil **§ 26 BBiG** auf die Erstellung einer vertraglichen Niederschrift gem. § 11 BBiG verzichtet.

Für **Leih-AN** verweist § 11 Abs. 1 S. 1 AÜG auf die Vorschriften des NachwG. **§ 11 Abs. 1 S. 2, Abs. 2 AÜG** ergänzt die allg. Nachweispflichten des NachwG um an das Leih-Arbverh und das spezifische Informationsbedürfnis des Leih-AN angepasste Angaben. Dazu zählen die zusätzliche Angabe der Firma und Anschrift des Verleihers (AG),[103] die Erlaubnisbehörde sowie Ort und Tag der Erlaubniserteilung zur AÜ. Außerdem sind Art und Höhe der Leistung für die Zeiten nachzuweisen, in denen der AN nicht verliehen wird. Zusätzlich zum Nachweis hat der Verleiher (AG) gem. § 11 Abs. 2 AÜG die Pflicht, dem AN auf eigene Kosten ein **Merkblatt** der Erlaubnisbehörde mit dem Inhalt des AÜG auszuhändigen, das auf Verlangen eines ausländischen AN in dessen Muttersprache formuliert sein muss. Die Nachweispflichten des Verleihers ergänzt ggf. ein Auskunftsanspruch nach § 13 AÜG, den der AN gegenüber dem Entleiher hinsichtlich der wesentlichen Arbeitsbedingungen hat. Die Nachweispflichten betreffen nur den **Leiharbeitsvertrag** zwischen AG (Verleiher) und AN. Für einen wirksamen **Überlassungsvertrag** zwischen Verleiher und dem Entleiher ist dagegen zwingend die Schriftform erforderlich (§ 12 Abs. 1 AÜG).

Für Seeleute regelt **§ 24 SeemG** die Nachweispflichten des Reeders abschließend. Die allg. Bestimmung des **§ 105 S. 2 GewO**, der die Anwendung des NachwG für Arbverh in Gewerbebetrieben anordnet, hat gegenüber § 1 keinen eigenständigen Regelungsgehalt und ist überflüssig.

IX. Straf- und Bußgeldvorschriften

Die Verletzung von Nachweispflichten nach dem NachwG sind nicht Gegenstand eines Straf- oder Bußgeldtatbestands. Für die speziellen Nachweispflichten des BBiG enthält § 102 Abs. 1 Nr. 1, 2, Abs. 2 BBiG einen Bußgeld-

---

96 Vgl. BAG 19.10.1999 – 1 ABR 75/98 – NZA 2000, 837 m.w.N.; § 68 Abs. 2 S. 2 BPersVG.
97 Vgl. HWK/*Kliemt*, Vorb. NachwG Rn 53. Dagegen spricht auch nicht BAG 18.10.1988 – 1 ABR 33/87 – BAGE 60, 57.
98 BAG 16.11.2005 – 7 ABR 12/05 – BAGE 116, 192 m. zust. Anm. *Hunold*, NZA 2006, 583, und abl. Anm. *Plessner*, AiB 2006, 759.
99 BAG 16.11.2005 – 7 ABR 12/05 – BAGE 116, 192.
100 BAG 16.11.2005 – 7 ABR 12/05 – BAGE 116, 192.
101 Vgl. *Feldgen*, Rn 146.
102 Vgl. Art. 2 bis 4 des Gesetzes zur Anpassung arbeitsrechtlicher Bestimmungen an das EG-Recht v. 20.7.1995, BGBl I 1995, S. 946.
103 Insoweit dürfte regelmäßig Deckungsgleichheit mit § 2 Abs. 1 Nr. 1 NachwG bestehen.

tatbestand. Bei Verletzungen der Nachweispflichten droht ein Bußgeld bis zu 1.000 EUR (§ 102 Abs. 2 BBiG). Ein Bußgeld bis zu 500 EUR droht gem. § 16 Abs. 1 Nr. 8, Abs. 2 AÜG bei einer Verletzung der speziellen Nachweispflichten des AÜG (§ 16 AÜG).

X. Betriebsübergang

68 Soweit ein AG nach einem Betriebsübergang gem. § 613a BGB in die Rechte und Pflichten der Arbverh mit den AN des Betriebs eintritt, übernimmt er auch die Pflichten aus dem NachwG. In jedem Fall ist den übernommenen AN ein Nachweis über den geänderten Namen und ggf. die neue Anschrift des AG gem. § 3 S. 1 i.V.m. § 2 Abs. 1 S. 2 Nr. 1 auszuhändigen.

XI. Datenschutz

69 Der AG hat bei der Niederschrift, Aufbewahrung von Kopien erteilter Nachweise und der Löschung nach Beendigung eines Arbverh die datenschutzrechtlichen Bestimmungen des BDSG zu beachten, weil die nachweispflichtigen Angaben zu den personenbezogenen Daten i.S.d. § 3 BDSG gehören.[104]

D. Beraterhinweise

70 Weiterführende Informationen für die Praxis: Vgl. *Feldgen*, Nachweisgesetz, 1995; *Gaul*, Der Musterarbeitsvertrag – zwischen unternehmerischer Vorsorge und den Vorgaben des Nachweisgesetzes, NZA 2000, Sonderbeilage Heft 3, 51; *Schaefer*, Das Nachweisgesetz – Auswirkungen auf den Arbeitsvertrag, 2000.

§ 1 Anwendungsbereich

Dieses Gesetz gilt für alle Arbeitnehmer, es sei denn, daß sie nur zur vorübergehenden Aushilfe von höchstens einem Monat eingestellt werden.

A. Allgemeines	1	1. Persönlicher Anwendungsbereich	3
I. Normzweck	1	a) Begriff des AN	4
II. Entstehungsgeschichte	2	b) Ausnahmen	6
B. Regelungsgehalt	3	2. Sachlicher Anwendungsbereich	10
I. Tatbestandvoraussetzungen	3	II. Rechtsfolge	11

A. Allgemeines

I. Normzweck

1 § 1 regelt den **persönlichen und sachlichen Anwendungsbereich** des NachwG. Erfasst werden bis auf wenige Ausnahmen alle Arbverh, die dem deutschen Arbeitsrecht unterliegen. § 4 stellt sicher, dass dies auch für alle Arbverh gilt, die bereits vor Inkrafttreten des NachwG begründet waren.

II. Entstehungsgeschichte

2 Der ursprüngliche persönliche Anwendungsbereich wurde mit Wirkung vom 1.4.1999 durch Streichung fast aller Ausnahmetatbestände auf jedes Arbverh mit Ausnahme einer Aushilfstätigkeit bis zu einem Monat ausgedehnt.[1]

B. Regelungsgehalt

I. Tatbestandvoraussetzungen

3 **1. Persönlicher Anwendungsbereich.** Das NachwG gilt persönlich für jeden AN, soweit er nicht nur als Aushilfe für höchstens einen Monat eingestellt wird.

4 **a) Begriff des AN.** Wer AN ist, bestimmt sich nur nach allg. deutschen Arbeitsrecht[2] und nicht nach Gemeinschaftsrecht.[3] AN sind alle Arb und (leitenden) Ang in der Privatwirtschaft oder im öffentlichen Dienst (zum AN-Begriff siehe § 611 BGB Rn 50 ff.).[4] Zwischen Voll- oder Teilzeitbeschäftigung sowie geringfügig Beschäftigten unterscheidet das NachwG nicht.

---

104 Vgl. *Schaefer*, F Rn 43.
1 Vgl. Art. 19 BeschNeuRG, BGBl I 1999, S. 388.
2 Vgl. *Feldgen*, Rn 101.
3 Vgl. Oetker/Preis/*Friese*, EAS B 3050 Rn 11; LAG Köln 7.1.2000 – 11 Sa 510/99 – ZTR 2000, 515.
4 Vgl. *Schaefer*, C Rn 15, 23.

Keine AN sind insbesondere Personen (Beamte, Richter, Soldaten, Zivildienstleistende), die nicht aufgrund eines zivilrechtlichen Arbeitsvertrages, sondern kraft VA in einem besonderen öffentlich-rechtlichen Dienstverhältnis stehen. Kein AN ist, wer als Familienangehöriger nur aufgrund familienrechtlicher Verpflichtungen tätig ist (siehe § 611 BGB Rn 61).

b) Ausnahmen. Bestimmte AN-Gruppen sind vom persönlichen Anwendungsbereich des NachwG **ausgenommen**. Ausdrücklich gelten die Bestimmungen nicht für **Aushilfen, die für höchstens einen Monat eingestellt** werden. Die Begrenzung auf einen Monat unterwirft insbesondere die dauerhaft geringfügig Beschäftigten dem NachwG. Die **Höhe des Aushilfslohns** ist dagegen nicht entscheidend, so dass z.B. Erntehelfer jedenfalls bei wechselnden AG nicht unter das NachwG fallen können. Es kommt nur darauf an, dass im Zeitpunkt der Begründung das Arbverh seinem Zweck nach auf höchstens einen Monat begrenzt ist.[5]

Für das Vorliegen der Voraussetzungen einer Aushilfstätigkeit trägt der AG die Beweislast.[6] Als Ausnahme vom Schutzzweck des NachwG ist die Regelung auszulegen.[7] Für den Begriff der Aushilfe ist auf § 622 Abs. 5 Nr. 1 BGB abzustellen.[8] Sobald die Voraussetzungen für die Ausnahme wegfallen, entsteht beim AG die Nachweispflicht gem. § 2 Abs. 1 S. 1.[9] I.Ü. ist jedes Arbverh für sich zu betrachten, so dass ein AN insoweit nicht der Nachweispflicht unterliegt, als er neben einer regulären, nachweispflichtigen Beschäftigung noch einer auf maximal einen Monat begrenzten Aushilfstätigkeit nachgeht.

Für **Seeleute** gelten die speziellen Regelungen des SeemG (siehe Vor NachwG Rn 66). Für **Berufsauszubildende** und **Leih-AN** gilt das NachwG nur in modifizierter Form (siehe Vor NachwG Rn 64).

Das NachwG gilt nach überwiegender Auff. nicht entsprechend für die **arbeitnehmerähnlichen Personen** (zum Begriff siehe § 611 BGB Rn 82 ff.).[10] Zwar werden arbeitnehmerähnliche Personen als gleichermaßen schutzbedürftig angesehen.[11] Eine entsprechende Anwendung der zum Schutze der AN geschaffenen Bestimmungen des NachwG ist aber ausgeschlossen, da eine unbewusste Regelungslücke des Gesetzgebers fehlt.[12]

2. Sachlicher Anwendungsbereich. Das NachwG gilt für alle Arbverh, auf die das deutsche Arbeitsrecht Anwendung findet. Dies ergibt sich nicht unmittelbar aus dem Wortlaut des § 1, sondern aus dem **Zweck des NachwG**, für den Anwendungsbereich des deutschen Rechts die NachwRL umzusetzen (vgl. Art. 1 Abs. 1 NachwRL). Der Anwendung des NachwG können sich die Parteien nicht durch die Wahl eines anderen als des **deutschen Vertragsstatuts** entziehen, da das NachwG zum **zwingenden Recht** i.S.d. Art. 30 Abs. 1 EGBGB zählt.[13] Jedes Arbverh ist grds. für sich zu betrachten, wenn die Eröffnung des sachlichen Anwendungsbereiches geprüft wird.

II. Rechtsfolge

Unmittelbare Rechtsfolge ist die **Anwendung des NachwG**. Der AG hat eine Nachweispflicht gem. §§ 2, 3 NachwG und der AN einen korrespondierenden Erfüllungsanspruch. An den Nachweis als Informations- und Dokumentationspflicht knüpfen weitere mittelbare Rechtsfolgen an (siehe Vor NachwG Rn 18 ff.), insb. im Hinblick auf Darlegungs- und Beweislasten im Arbeitsgerichtsverfahren (siehe Vor NachwG Rn 45 ff.).

§ 2 Nachweispflicht

(1) [1]Der Arbeitgeber hat spätestens einen Monat nach dem vereinbarten Beginn des Arbeitsverhältnisses die wesentlichen Vertragsbedingungen schriftlich niederzulegen, die Niederschrift zu unterzeichnen und dem Arbeitnehmer auszuhändigen. [2]In die Niederschrift sind mindestens aufzunehmen:
1. der Name und die Anschrift der Vertragsparteien,
2. der Zeitpunkt des Beginns des Arbeitsverhältnisses,
3. bei befristeten Arbeitsverhältnissen: die vorhersehbare Dauer des Arbeitsverhältnisses,
4. der Arbeitsort oder, falls der Arbeitnehmer nicht nur an einem bestimmten Arbeitsort tätig sein soll, ein Hinweis darauf, daß der Arbeitnehmer an verschiedenen Orten beschäftigt werden kann,
5. eine kurze Charakterisierung oder Beschreibung der vom Arbeitnehmer zu leistenden Tätigkeit,
6. die Zusammensetzung und die Höhe des Arbeitsentgelts einschließlich der Zuschläge, der Zulagen, Prämien und Sonderzahlungen sowie anderer Bestandteile des Arbeitsentgelts und deren Fälligkeit,

---

5 LAG Köln 1.12.2000 – 11 Sa 1147/00 – NZA-RR 2001, 550.
6 Vgl. Schaefer, C Rn 34.
7 Vgl. HWK/*Kliemt*, § 1 NachwG Rn 6; *Schaefer*, C Rn 34.
8 Vgl. ErfK/*Preis*, § 1 NachwG Rn 3.
9 Vgl. ErfK/*Preis*, § 2 NachwG Rn 6.
10 Vgl. ErfK/*Preis*, § 1 NachwG Rn 2.
11 Vgl. *Schaefer*, C Rn 19.
12 LAG Köln 7.1.2000 – 11 Sa 510/99 – ZTR 2000, 515; ErfK/*Preis*, § 1 NachwG Rn 2; HWK/*Kliemt*, § 1 NachwG Rn 4.
13 Vgl. *Birk*, NZA 1996, 281.

7. die vereinbarte Arbeitszeit,
8. die Dauer des jährlichen Erholungsurlaubs,
9. die Fristen für die Kündigung des Arbeitsverhältnisses,
10. ein in allgemeiner Form gehaltener Hinweis auf die Tarifverträge, Betriebs- oder Dienstvereinbarungen, die auf das Arbeitsverhältnis anzuwenden sind.

³Der Nachweis der wesentlichen Vertragsbedingungen in elektronischer Form ist ausgeschlossen. ⁴Bei Arbeitnehmern, die eine geringfügige Beschäftigung nach § 8 Abs. 1 Nr. 1 des Vierten Buches Sozialgesetzbuch ausüben, ist außerdem der Hinweis aufzunehmen, daß der Arbeitnehmer in der gesetzlichen Rentenversicherung die Stellung eines versicherungspflichtigen Arbeitnehmers erwerben kann, wenn er nach § 5 Abs. 2 Satz 2 des Sechsten Buches Sozialgesetzbuch auf die Versicherungsfreiheit durch Erklärung gegenüber dem Arbeitgeber verzichtet.

(2) Hat der Arbeitnehmer seine Arbeitsleistung länger als einen Monat außerhalb der Bundesrepublik Deutschland zu erbringen, so muß die Niederschrift dem Arbeitnehmer vor seiner Abreise ausgehändigt werden und folgende zusätzliche Angaben enthalten:
1. die Dauer der im Ausland auszuübenden Tätigkeit,
2. die Währung, in der das Arbeitsentgelt ausgezahlt wird,
3. ein zusätzliches mit dem Auslandsaufenthalt verbundenes Arbeitsentgelt und damit verbundene zusätzliche Sachleistungen,
4. die vereinbarten Bedingungen für die Rückkehr des Arbeitnehmers.

(3) ¹Die Angaben nach Absatz 1 Satz 2 Nr. 6 bis 9 und Absatz 2 Nr. 2 und 3 können ersetzt werden durch einen Hinweis auf die einschlägigen Tarifverträge, Betriebs- oder Dienstvereinbarungen und ähnlichen Regelungen, die für das Arbeitsverhältnis gelten. ²Ist in den Fällen des Absatzes 1 Satz 2 Nr. 8 und 9 die jeweilige gesetzliche Regelung maßgebend, so kann hierauf verwiesen werden.

(4) Wenn dem Arbeitnehmer ein schriftlicher Arbeitsvertrag ausgehändigt worden ist, entfällt die Verpflichtung nach den Absätzen 1 und 2, soweit der Vertrag die in den Absätzen 1 bis 3 geforderten Angaben enthält.

A. Allgemeines 1	hh) Erholungsurlaub (Nr. 8) 37
I. Normzweck 1	ii) Kündigungsfristen (Nr. 9) 38
1. Konkretisierung der Nachweispflicht (Abs. 1) 1	jj) Hinweis auf kollektivvertragliche Regelungen (Nr. 10) 39
2. Nachweispflicht bei Auslandseinsätzen (Abs. 2) 3	d) Schriftformgebot (Abs. 1 S. 3) 43
3. Ersetzungsfunktion kollektivvertraglicher und gesetzlicher Regelungen (Abs. 3) 5	e) Besonderheit für geringfügig Beschäftigte (Abs. 1 S. 4) 44
4. Ersetzungsfunktion des schriftlichen Arbeitsvertrags (Abs. 4) 6	II. Zusätzliche Nachweispflicht bei Auslandseinsätzen (Abs. 2) 45
II. Entstehungsgeschichte 7	1. Tatbestandsvoraussetzungen 45
B. Regelungsgehalt 8	2. Rechtsfolge 46
I. Nachweispflicht (Abs. 1) 8	a) Erweiterte Nachweispflicht 47
1. Tatbestandsvoraussetzungen 8	aa) Dauer des Auslandseinsatzes (Nr. 1) 47
2. Rechtsfolge 9	bb) Währung (Nr. 2) 48
a) Verpflichtung zum Nachweis der wesentlichen Vertragsbedingungen (Abs. 1 S. 1) .. 11	cc) Zusatzentgelt (Nr. 3) 49
aa) Begriff der wesentlichen Vertragsbedingungen 11	dd) Rückkehrbedingungen (Nr. 4) 50
bb) Rechtsnatur des Nachweises 13	b) Aushändigungsfrist 51
cc) Form und Frist des Nachweises 14	III. Ersetzungsfunktion kollektivvertraglicher und gesetzlicher Regelungen (Abs. 3) 52
dd) Aushändigung an den Arbeitnehmer . 19	1. Tatbestandsvoraussetzungen 52
b) Erfüllungsanspruch des Arbeitnehmers ... 23	a) Abs. 3 S. 1 52
c) Mindestgehalt der Nachweispflicht (Abs. 1 S. 2) 24	b) Abs. 3 S. 2 55
	2. Rechtsfolge 56
aa) Vertragsparteien (Nr. 1) 26	a) Ersetzungsfunktion kollektivvertraglicher Regelungen (Abs. 3 S. 1) 56
bb) Beginn des Arbeitsverhältnisses 28	b) Ersetzungsfunktion gesetzlicher Regelungen (Abs. 3 S. 2) 58
cc) Dauer der Befristung (Nr. 3) 29	
dd) Arbeitsort (Nr. 4) 30	IV. Ersetzungsfunktion des schriftlichen Arbeitsvertrags (Abs. 4) 59
ee) Tätigkeitsbeschreibung (Nr. 5) 32	
ff) Arbeitsentgelt (Nr. 6) 33	C. Verbindungen zu anderen Rechtsgebieten und zum Prozessrecht 63
gg) Arbeitszeit (Nr. 7) 36	

A. Allgemeines

I. Normzweck

1. Konkretisierung der Nachweispflicht (Abs. 1). Zweck der Vorschrift ist die **Konkretisierung der Nachweispflicht**. Abs. 1 gilt auch für den Inhalt der Nachweispflicht bei Änderungen (siehe § 3 Rn 1, 9) und für die sog. Altfälle (siehe § 4 Rn 1, 6).

Der AG hat die wesentlichen Vertragsbedingungen innerhalb eines Monats nach dem vereinbarten Beginn des Arbverh schriftlich nachzuweisen (Abs. 1 S. 1). Zu den wesentlichen Vertragsbedingungen gehört mindestens der aus der NachwRL übernommene Katalog (Abs. 1 S. 2). Die Erteilung des Nachweises in elektronischer Form ist ausgeschlossen (Abs. 1 S. 3). Aufzunehmen ist seit der Neuregelung der geringfügigen Beschäftigungsverhältnisse auch ein Hinweis auf die Optionsmöglichkeit des AN für die Sozialversicherungspflicht (Abs. 1 S. 4).

2. Nachweispflicht bei Auslandseinsätzen (Abs. 2). Die Bestimmung modifiziert die Nachweispflicht gem. Abs. 1 für die Fälle, in denen ein AN länger als einen Monat im Ausland eingesetzt wird. Dem AG werden **zusätzliche Nachweispflichten** auferlegt, die dem typischerweise weitergehenden Informationsbedürfnis des AN Rechnung tragen. Abs. 2 gilt auch für die Nachweispflichten bei Änderungen (§ 3 S. 1) und für die sog. Altfälle (§ 4 S. 1).

Der Nachweis muss dem AN vor der Abreise ausgehändigt werden und zusätzliche Angaben zum Auslandseinsatz enthalten, die den AN über die Dauer des Auslandseinsatzes (Abs. 2 Nr. 1), über die Währung, in der der Arbeitslohn ausgezahlt wird (Abs. 2 Nr. 2), über mit dem Auslandeinsatz verbundene Zusatzleistungen (Abs. 2 Nr. 3) sowie über die vereinbarten Bedingungen für die Rückkehr vom Auslandseinsatz informieren (Abs. 2 Nr. 4).

3. Ersetzungsfunktion kollektivvertraglicher und gesetzlicher Regelungen (Abs. 3). Zweck der Vorschrift ist, den AG von inhaltlichen Nachweispflichten zu entlasten, die aufgrund einer kollektivvertraglichen Regelung (Abs. 3 S. 1) oder kraft Gesetzes (Abs. 3 S. 2) zum Inhalt des Arbverh gehören. In bestimmten Fällen genügt anstelle des Nachweises ein Hinweis des AG auf die entsprechende Regelung, um dem Informationsbedürfnis des AN Rechnung zu tragen. Im Gegensatz zum schriftlichen Arbeitsvertrag handelt es sich somit nur um eine partielle Ersetzungsfunktion.

4. Ersetzungsfunktion des schriftlichen Arbeitsvertrags (Abs. 4). Zweck der Vorschrift ist, den AG in den Fällen von der Nachweispflicht zu entlasten, in denen auf Seiten des AN kein entsprechendes Informationsbedürfnis besteht. **Soweit** ein schriftlicher Arbeitsvertrag existiert, dessen Inhalt den Nachweispflichten genügt, besteht keine Notwendigkeit, den AN durch die Formvorschrift des NachwG zu schützen.

II. Entstehungsgeschichte

§ 2 wurde gegenüber seiner ursprünglichen Fassung zweimal geändert. Aufgrund einer EuGH-Entscheidung[1] musste der Katalog in Abs. 1 S. 2 Nr. 5 präzisiert werden.[2] Außerdem wurde die Nachweispflicht bei geringfügig Beschäftigten um die erst nach Erlass des NachwG geschaffene Optionsmöglichkeit des AN zur Sozialversicherungspflicht ergänzt.[3]

B. Regelungsgehalt

I. Nachweispflicht (Abs. 1)

1. Tatbestandsvoraussetzungen. Der Tatbestand von Abs. 1 S. 1 erfasst die Neueinstellung eines AN nach Inkrafttreten des NachwG.[4] AG und AN müssen ein **wirksames Arbverh begründet haben**, das dem sachlichen und persönlichen Anwendungsbereich des NachwG unterliegt (§ 1). Wann ein wirksames Arbverh begründet ist, richtet sich nach den allg. Grundsätzen des Zivil- bzw. Arbeitsrechts. Erforderlich ist eine Einigung zwischen AG und AN über die wesentlichen Vertragsbedingungen i.S.d. § 611 BGB. Die essentialia negotii des § 611 BGB, d.h. Arbeitslohn und Arbeitsleistung sind aber nicht zu verwechseln mit den wesentlichen Vertragsbedingungen i.S.d. NachwG (siehe Rn 11 f., 24 ff.).

Keine Tatbestandsvoraussetzung ist, dass der AN die Aushändigung des Nachweises verlangt. Das Verlangen gehört nur bei den sog. Altfällen zum Tatbestand (siehe § 4 Rn 4).

2. Rechtsfolge. Rechtsfolge von Abs. 1 ist, dass der AG zum schriftlichen Nachweis der wesentlichen Vertragsbedingungen innerhalb eines Monats nach dem vereinbarten Beginn des Arbverh verpflichtet ist (Abs. 1 S. 1, siehe Rn 11). Mit der Nachweispflicht des AG korrespondiert ein Erfüllungsanspruch des AN, der auf die fristgerechte

---

[1] EuGH 4.12.1997 – C-253/96 – C-258/96 – Kampelmann – Slg. I-1997, 6907.
[2] Vgl. Art. 2a BGBuaÄndG v. 29.6.1998, BGBl I 1998, S. 1694.
[3] Vgl. Art. 7 BeschNeuRG v. 24.3.1999, BGBl I 1999, S. 388.
[4] Für die Nachweispflicht gegenüber den vor Inkrafttreten des NachwG bereits eingestellten AN vgl. § 4 S. 1.

Aushändigung des Nachweises gerichtet ist, ggf. auf Aushändigung eines berichtigten Nachweises (siehe Rn 23, Vor NachwG Rn 16).

10 Den Mindestgehalt der als wesentlich anzusehenden Vertragsbedingungen ergibt sich aus dem Katalog in Abs. 1 S. 2 (siehe Rn 24 ff.). Er wird für geringfügig Beschäftigte gem. Abs. 1 S. 4 ergänzt (siehe Rn 44). Die Möglichkeit einer Ersetzung der Schriftform durch einen elektronischen Nachweis schließt Abs. 1 S. 3 aus (siehe Rn 43).

11 a) Verpflichtung zum Nachweis der wesentlichen Vertragsbedingungen (Abs. 1 S. 1). aa) Begriff der wesentlichen Vertragsbedingungen. Wesentlich ist zunächst, was nach den **Vorstellungen der Vertragsparteien** dazu zählt.[5] Die Vorstellungen müssen nicht übereinstimmen.[6] Es reicht aus, wenn der AN etwas als wesentlich ansieht und dies für den AG erkennbar ist. Soweit der AG etwas als wesentlich ansieht, kann er von sich aus einen entsprechenden Nachweis erteilen. Wesentlich ist außerdem, was aus **objektiver Sicht** für den AN als bedeutsam anzusehen ist,[7] weil es zur Rechtswahrung und Rechtssicherheit der Information und schriftlichen Dokumentation bedarf.[8] Im Zweifel muss der AG eine Vertragsbedingung als wesentlich annehmen, um eine Verletzung seiner Nachweispflicht zu vermeiden. Diese Auslegung entspricht dem **Schutzweck des NachwG** (siehe Vor NachwG Rn 13). Alle Vertragsbedingungen, die bei Unkenntnis oder unsicherer Beweislage dem AN nicht nur unerhebliche Rechtsnachteile zufügen, sind wesentlich.[9] Keine Rolle spielt, ob die Vertragsbedingungen kraft gesetzlicher, kollektivvertraglicher oder individueller Regelung Inhalt des Arbeitsverhältnisses geworden sind.[10]

12 Als Beispiele sind zu nennen: Verschwiegenheitspflichten, Nebentätigkeitsverbote/-beschränkungen, betriebliche Altersvorsorge, Ausschlussfristen,[11] flexible Arbeitszeiten, Fortbildungsbedingungen, Haftungsregelungen, individuelle Verweisung auf einen TV.[12] Nachvertragliche Wettbewerbsverbote bedürfen bereits gem. § 74 Abs. 1 HGB der Schriftform.

13 bb) Rechtsnatur des Nachweises. Der Nachweis ist eine **Wissenserklärung**, die zu den **rechtsgeschäftsähnlichen Handlungen** gehört. Die **Vorschriften zu den Willenserklärungen** finden entsprechend Anwendung.[13] Dazu zählen insb. die Vertretungsregeln des allg. Zivilrechts.

14 cc) Form und Frist des Nachweises. Der Nachweis ist **innerhalb eines Monats nach Beginn des vereinbarten Arbverh** zu erteilen. Im Schrifttum herrschen **unterschiedliche Auff.**, welcher Zeitpunkt damit gemeint ist. Überwiegend abgelehnt wird die Auff., dass der **Zeitpunkt des wirksamen Vertragsschlusses** gemeint ist.[14] Z.T. wird der **Zeitpunkt der effektiven Arbeitsaufnahme** gewählt und zur Begründung auf Art. 3 Abs. 1 NachwRL verwiesen, der auf die „Aufnahme der Arbeit" abstellt.[15] Dagegen wird zu Recht angeführt, dass auch ein früherer Zeitpunkt möglich ist, zu dem die **Arbeitsaufnahme vereinbart**, aus tatsächlichen Gründen aber nicht aufgenommen wird.[16]

15 Der Nachweis ist **schriftlich** zu erstellen und muss vom AG oder seinem Vertreter **eigenhändig unterzeichnet** werden. Nach allg. zivilrechtlichen Grundsätzen über die **Einheitlichkeit einer Urkunde** ist zu beachten, dass die Abschlussfunktion der Unterschrift sich nur auf die erkennbar zusammengehörenden Bestandteile eines Nachweises bezieht (§§ 126, 126b BGB).

16 Davon zu unterscheiden ist, dass der AG seine Nachweispflicht auch durch Aushändigung mehrerer (unterzeichneter) Dokumente erfüllen kann. Dies gilt jedenfalls für Nachweispflichten, die nicht neu begründete Arbverh, sondern Änderungen von Vertragsbedingungen i.S.d. § 3 S. 1 oder Altfälle i.S.d. § 4 S. 1 betreffen. **Der Wortlaut der NachwRL verpflichtet den AG nicht, zum Schutze des AN alle wesentlichen Vertragsbedingungen immer wieder erneut in ein Dokument aufzunehmen.** Der Schutz des AN gebietet nur, dass einer oder mehrere Nachweise ihrer Form und inhaltlichen Gestalt nach das Informationsbedürfnis des AN in zumutbarer Weise befriedigen.[17]

Bei der Dokumentationsverpflichtung des AG handelt es sich weder um ein konstitutives Formerfordernis, noch ist die Durchsetzung durch besondere Sanktionen gesichert.[18] Die Verpflichtung soll zugunsten des AN der Rechtsklarheit und Beweiserleichterung über die vereinbarten Arbeitsbedingungen dienen.[19] Diese Ziele würden einge-

---

5 Vgl. *Schaefer*, B Rn 9.
6 Gleichwohl muss über die Geltung von Vertragsbedingungen Konsens erzielt worden sein, bevor sich überhaupt die Frage der Nachweispflicht stellt.
7 Vgl. *Schaefer*, Rn B 13.
8 Vgl. *Linde/Lindemann*, NZA 2003, 649.
9 Vgl. *Linde/Lindemann*, NZA 2003, 649; vgl. zu vertraglichen Ausschlussfristen als nachweispflichtige Regelung BAG 23.1.2003 – 4 AZR 56/01 – BAGE 100, 225; hierzu zust. Anm. *Hergenröder*, AR-Blattei ES 350 Nr. 180; krit. Anm. von *Lambrich*, EzA § 2 NachwG Nr. 3 und *Plander*, EWiR 2002, 823.
10 Vgl. HWK/*Kliemt*, § 2 NachwG Rn 4; BAG 29.5.2002 – 5 AZR 105/01 – ZTR 2003, 87; BAG 23.1.2003 – 4 AZR 56/01 – BAGE 100, 225.
11 Vgl. BAG 23.1.2003 – 4 AZR56/01 – BAGE 100, 225.
12 Vgl. HWK/*Kliemt*, § 2 NachwG Rn 3.
13 ErfK/*Preis*, § 2 NachwG Rn 3; HWK/*Kliemt*, § 2 NachwG Rn 6.
14 So *Birk*, NZA 1996, 281; dagegen ErfK/*Preis*, § 2 NachwG Rn 5; HWK/*Kliemt*, § 2 NachwG Rn 8; *Schaefer*, Rn B 9 ff.
15 Vgl. ErfK/*Preis*, § 2 NachwG Rn 5.
16 Vgl. HWK/*Kliemt*, § 2 NachwG Rn 8; *Feldgen*, Rn 147.
17 Vgl. *Schaefer*, Rn B 21.
18 BAG 20.5.2008 – 9 AZR 382/07 – BB 2008, 2242.
19 BT-Drucks 13/668, S. 8.

schränkt, wenn es generell nicht zulässig sein sollte, für die Änderung der Arbeitsbedingungen zugunsten der Rechtsklarheit wirksame konstitutive Schriftformerfordernisse zu vereinbaren.[20] Nach Auffassung des BAG besteht daher **kein generelles Verbot doppelter Schriftformklauseln in Arbeitsverträgen**.[21] Die Wirksamkeit der Schriftformklausel hängt allerdings von der Ausgestaltung und dem Anwendungsbereich der konkreten Klausel ab.[22]

Kopien, digitalisierte Ausfertigungen oder Fax- bzw. E-Mailzusendungen genügen dem Schriftformgebot nicht. Das Schriftformgebot wird ergänzt durch den **Ausschluss der elektronischen Form** i.S.d. § 126a BGB.

Ein Anspruch eines ausländischen AN auf Erteilung eines Nachweises in der Muttersprache wird bei ausländischen AN abgelehnt.[23]

dd) Aushändigung an den Arbeitnehmer. Der vom AG unterzeichnete Nachweis ist dem AN auszuhändigen. Aushändigen bedeutet, dem AN den **Besitz an der Urkunde zu verschaffen**.[24] Nicht ausreichend für eine Aushändigung ist daher, dem AN nur den Zugang zum Nachweis zu ermöglichen, z.B. durch Einordnung in die Personalakte. An der mangelnden Form scheitert die Besitzverschaffung in Form von Kopien (ohne Unterschrift), digitalisierten Fassungen, Telefax etc. (siehe Rn 17).

Mit der Aushändigung **erlischt** die Nachweispflicht. Die Kenntnisnahme des Inhalts durch den AN ist unerheblich.[25] Mangels einer ausdrücklichen Regelung liegt eine **Holschuld** vor. **Erfüllungsort** ist der **Betriebssitz des AG** (§ 269 Abs. 2 BGB). Nur ausnahmsweise ist nach Treu und Glauben eine Schickschuld anzunehmen, wenn dem AN der Weg zum Betriebssitz unzumutbar ist.[26]

Die Aushändigung ist ein **Realakt**, so dass nicht der AG selbst, sondern auch ein **Besitzmittler** oder **Besitzdiener** dem AN den Besitz am Nachweis verschaffen kann.

Verweigert der AN unberechtigt die Aushändigung, kann er in **Annahmeverzug** geraten. Der AG ist berechtigt, eine Aushändigung des Nachweises nur Zug um Zug gegen Quittierung vorzunehmen (siehe Vor NachwG Rn 10). Gleiches gilt, soweit der AG seine Nachweispflicht durch die Aushändigung eines schriftlichen Arbeitsvertrages zu erfüllen sucht (Abs. 4).

b) Erfüllungsanspruch des Arbeitnehmers. Mit der Nachweisverpflichtung korrespondiert ein einklagbarer Anspruch des AN auf Aushändigung eines ordnungsgemäßen Nachweises. Soweit der AG einen inhaltlich fehlerhaften bzw. unvollständigen Nachweis ausgehändigt hat, besteht ein Berichtigungsanspruch (siehe Vor NachwG Rn 16 ff., 21).

c) Mindestgehalt der Nachweispflicht (Abs. 1 S. 2). Der Katalog in Abs. 1 S. 2 enthält **beispielhaft**, was mind. zu den im Nachweis zu dokumentierenden, wesentlichen Vertragsbedingungen gehört, wenn es materiell vereinbart ist oder kraft kollektivvertraglicher bzw. normativer Anordnung zum Inhalt des Arbverh zählt. So ist z.B. bei einer Tarifbindung ein Hinweis i.S.d. Abs. 1 S. 2 Nr. 10 erforderlich, aber anstelle eines Verweises auf den TV gem. Abs. 2 S. 1 ein individueller Nachweis gem. Abs. 2, falls der TV keine Bestimmungen zu Auslandseinsätzen enthält.

Der Katalog ist **kein Mindestkonsens** i.S.d. essentialia negotii eines Arbeitsvertrags.[27] Das widerspräche dem deklaratorischen Charakter des NachwG (siehe Vor NachwG Rn 2). Haben AG und AN einen wirksamen Arbeitsvertrag vereinbart, unterliegen nur die Punkte des Katalogs einer positiven Nachweispflicht, die Gegenstand der Vereinbarung sind. Allerdings decken sich die meisten Punkte des Mindestkatalogs (Vertragsparteien, Beginn des Arbverh, Befristung oder nicht, Arbeitsleistung inkl. Arbeitszeit, Arbeitsentgelt) mit dem für eine wirksame Einigung i.S.d. § 611 BGB erforderlichen Inhalt. I.Ü. gelten die gesetzlichen Regelungen, auf die mangels besonderer Vereinbarung daher lediglich hinzuweisen ist (Arbeitsort gem. Direktionsrecht des AG; kurze Charakterisierung der Arbeitsleistung anhand allg. Berufsbilder/Berufsbezeichnungen; jährlicher Erholungsurlaub; Kündigungsfristen; gültige Kollektivvereinbarungen; Optionsmöglichkeit bei geringfügig Beschäftigten).

aa) Vertragsparteien (Nr. 1). **Name und Anschrift der Vertragsparteien** müssen angegeben werden, damit der AN Klarheit über die andere Vertragspartei hat. Wichtig ist dies für die Bestimmung des richtigen Klagegegners sowie in der Zwangsvollstreckung.

Der Name einer **natürlichen Person** bestimmt sich nach bürgerlichem Recht und umfasst mind. **Vor- und Nachnamen**.[28] Bei Verwechselungsgefahr (z.B. zwischen Vater und Sohn) bietet sich das Geburtsdatum an. Ist der AG eine **juristische Person**, sind die speziellen Anforderungen des jeweils anzuwendenden Gesetzes zu beachten (z.B. GenG, GmbHG, AktG, VereinsG). Gleiches gilt für die **Firma** bei **Handelsgesellschaften** oder für **Partnerschafts-**

---

20 BAG 20.5.2008 – 9 AZR 382/07 – BB 2008, 2242.
21 BAG 20.5.2008 – 9 AZR 382/07 – BB 2008, 2242.
22 BAG 20.5.2008 – 9 AZR 382/07 – BB 2008, 2242.
23 Vgl. ErfK/*Preis*, § 2 NachwG Rn 4; HWK/*Kliemt*, § 2 NachwG Rn 7. Näher zur Sprache des arbeitsrechtlichen Nachweises *Riesenhuber*, NZA 1999, 798; dort auch zum beweisrechtlichen Risiko einer Fehlübersetzung.
24 Vgl. *Schaefer*, Rn B 27.
25 Vgl. *Feldgen*, Rn 133.
26 Vgl. BAG 8.3.1995 – 5 AZR 848/93 – BAGE 79, 258.
27 A.A. wohl *Schaefer*, A Rn 38, D Rn 1.
28 Vgl. Palandt/*Heinrichs*, § 12 BGB Rn 5.

gesellschaften (HGB, PartGG). Seit der Anerkennung der Rechtsfähigkeit der **GbR** kann diese auch als AG unter eigenem Namen auftreten, so dass eine Angabe aller Gesellschafter nicht mehr notwendig ist.[29]

27 Die **Anschrift** muss eine Zustellung bzw. Maßnahmen im Zwangsvollstreckungsverfahren nach den Vorschriften der ZPO ermöglichen.[30]

28 **bb) Beginn des Arbeitsverhältnisses (Nr. 2).** Der Beginn des Arbverh ist der **Zeitpunkt**, zu dem das **Arbverh wirksam** wird und ab dem die gegenseitigen schuldrechtlichen Ansprüche und Verpflichtungen entstehen.[31] Anzugeben ist der Beginn der Vertragslaufzeit.[32] Nicht gemeint ist ein späterer Beginn der tatsächlichen Arbeitsaufnahme.[33]

29 **cc) Dauer der Befristung (Nr. 3).** Seit dem 1.1.2001 läuft die Bestimmung **praktisch leer**, da für ein wirksam vereinbartes, befristetes Beschäftigungsverhältnis bereits ein **Schriftformerfordernis** nach dem **TzBfG** besteht.[34] Insofern ersetzt der schriftliche Arbeitsvertrag die Nachweispflicht (Abs. 4). Die Rechtsfolgen bei einer Verletzung der Formvorschriften regelt abschließend das TzBfG.

30 **dd) Arbeitsort (Nr. 4).** Der Arbeitsort ist der zwischen AG und AN **vereinbarte geographische Leistungsort**, an dem der AN seine Arbeitsleistung zu erbringen hat.[35] Maßgeblich dafür ist, was nach den materiellen Regeln des Arbeitsrechts als Leistungsort gilt. Grds. ist dies der Betrieb des AG,[36] nicht jedoch ein bestimmter Arbeitsplatz.[37] Soweit der AN flexibel einsetzbar sein soll, darf die Angabe des Arbeitsorts nicht unterbleiben, sondern der Nachweis muss einen entsprechenden Hinweis enthalten.

31 Nicht sorgfältig formulierte Beschreibungen des Arbeitsorts im Nachweis können dazu führen, dass das Direktionsrecht des AG stärker eingeschränkt ist als vereinbart, wenn sich der AN auf den Nachweis beruft. Gelingt dem AG kein Gegenbeweis, muss er ggf. über den Weg der Änderungs-Künd eine Vertragsanpassung erreichen.

32 **ee) Tätigkeitsbeschreibung (Nr. 5).** Der AG muss die mit dem AN vereinbarte Arbeitsleistung durch eine „kurze Charakterisierung oder Beschreibung der Tätigkeit" nachweisen. Erforderlich ist eine **gewisse Präzisierung** über allg. Floskeln hinaus. Dies ergibt sich aus der Änderung des Wortlauts von Abs. 1 S. 2 Nr. 5, der in seiner ursprünglichen Fassung eine „Bezeichnung oder allgemeine Beschreibung der Tätigkeit" vorsah. Diese Formulierung wurde vom EuGH als nicht richtlinienkonforme Umsetzung bemängelt und daraufhin geändert (siehe Rn 7). Allerdings ist aus AG-Sicht zu bedenken, dass sich eine zu präzise, enge Beschreibung auf das Direktionsrecht (vgl. § 611 BGB Rn 10) und die Sozialauswahl auswirkt (siehe Vor NachwG Rn 60). Zwar hat der Nachweis lediglich deklaratorische Wirkung. Über die Beweiskraft des Nachweises kann sich der AN jedoch auf eine nicht vereinbarte, aber ihm günstige Vertragsbedingung zur geschuldeten Tätigkeit berufen oder ein Leistungsverweigerungsrecht wegen nicht geschuldeter Arbeitsleistung geltend machen.[38] Als ausreichend angesehen wird die Angabe des für die Tätigkeit **charakteristischen Berufsbildes**.[39] Als Formulierung empfohlen werden z.B. die Berufsgruppenbezeichnungen, die bei Massenentlassungen gem. § 17 Abs. 2, 3 KSchG verwendet werden.[40] Zurückgegriffen werden kann auch auf standesrechtliche Berufsbezeichnungen oder Berufsbilder, die von den Wirtschaftsverbänden oder in staatlichen Ausbildungsordnungen festgelegt werden.

32a **Bei AN des öffentlichen Dienstes** muss der Nachweis der vom AN zu leistenden Tätigkeit, die vom AG kurz zu charakterisieren oder zu beschreiben ist, nicht notwendig durch Angabe des Eingruppierungsmerkmals nach Vergütungs- und Fallgruppe erfolgen, der die Tätigkeit des AN entspricht.[41] Vielmehr kann dieser Nachweis auch mittels einer dem AN übergebenen Stellenbeschreibung erbracht werden, wie sie zum Zwecke der Bewertung der Tätigkeit regelmäßig angefertigt wird.[42] Der Nachweis kann auch durch eine die später übertragene Tätigkeit kurz charakterisierende oder beschreibende **Stellenausschreibung** erfolgen.[43]

33 **ff) Arbeitsentgelt (Nr. 6).** Zum Arbeitsentgelt gehören neben dem vereinbarten **Arbeitslohn** z.B. Zulagen, Prämien, Sonderzahlungen, Provisionen, Tantiemen, Sonn- und Feiertagszuschläge, Überstundenzuschläge, AG-Leistungen für die Altersvorsorge des AN, Gratifikationen, Fahrtgeldzuschüsse, Naturalleistungen oder sonstige geldwerte Vorteile aus dem Arbeitsverhältnis wie z.B. ein Dienstwagen oder eine Dienstwohnung.[44] Soweit kollektivvertragliche Rege-

---

29 ArbG Verden 7.5.2003 – 1 Ca 859/02 – NZA 2003, 918; ebenso *Melms/Weck*, RdA 2006, 171, 172.
30 Vgl. HWK/*Kliemt*, § 2 NachwG Rn 16; *Schaefer*, D Rn 5.
31 Vgl. ErfK/*Preis*, § 2 NachwG Rn 12.
32 So auch *Melms/Weck*, RdA 2006, 171, 172.
33 Vgl. *Schaefer*, D Rn 18.
34 Vgl. ErfK/*Preis*, § 2 NachwG Rn 13; HWK/*Kliemt*, § 2 NachwG Rn 19.
35 Vgl. *Schaefer*, D Rn 35 ff.
36 Vgl. Palandt/*Weidenkaff*, § 611 BGB Rn 31.
37 Vgl. *Schaefer*, D Rn 36.
38 Vgl. *Schaefer*, D Rn 55.
39 Vgl. HWK/*Kliemt*, § 2 NachwG Rn 25.
40 Vgl. *Schaefer*, D Rn 57.
41 BAG 8.6.2005 – 4 AZR 406/04 – BAGE 115, 104 m. Anm. *Zetl*, ZMV 2006, 52 und *Mestwerdt*, jurisPR-ArbR 40/2005, Anm. 1; s. auch *Melms/Weck*, RdA 2006, 171, 173; a.A. ErfK/*Preis*, § 2 NachwG Rn 16: präzise Eingruppierung nach Vergütungs- und Tätigkeitsmerkmalen erforderlich.
42 BAG 8.6.2005 – 4 AZR 406/04 – BAGE 115, 104; *Friedrich/Kloppenburg*, RdA 2001, 293, 296.
43 BAG 8.6.2005 – 4 AZR 406/04 – BAGE 115, 104; ebenso LAG Rheinland-Pfalz 19.11.2007 – 5 Sa 475/07.
44 Vgl. Einzelheiten bei *Schaefer*, D Rn 64 ff.

lungen das Arbeitsentgelt bestimmen, kann die Nachweispflicht ersetzt werden (Abs. 3 S. 1). Ist das Arbeitsentgelt im Zeitpunkt nicht in Zahlen zu bestimmen (z.B. Akkordlohn, Provisionen), muss der Nachweis die **Faktoren** enthalten, **aus denen sich das Arbeitsentgelt bestimmen lässt**.[45] Eine freiwillige Leistung sollte als solche aufgeführt werden, da sonst dem AG die Gefahr droht, dass die Leistung mangels Gegenbeweises als vereinbartes Arbeitsentgelt gilt (Vor NachwG Rn 48). Soweit freiwillige Leistungen zu den wesentlichen Vertragsbedingungen zählen, sind sie nachweispflichtig.[46]

Bei AN des öffentlichen Dienstes kann der AG seine Verpflichtung, die Zusammensetzung und die Höhe des Arbeitsentgelts nachzuweisen, durch einen Hinweis auf die einschlägige tarifliche Regelung erfüllen.[47] Das für die Vergütung des AN maßgebende Eingruppierungsmerkmal muss im Nachweis nicht angegeben werden.[48] Ebenso wenig sieht das NachwG eine Pflicht zum Nachweis vor, ob die Möglichkeit des Bewährungsaufstiegs besteht.[49] Das NachwG verpflichtet den AG nicht zum Nachweis von Umständen, die für eine spätere dynamische Entwicklung der Vergütung von Bedeutung sind.[50]

Anzugeben ist nur der **Bruttolohn**. Die steuerlichen und sozialversicherungsrechtlichen Abzugsbeträge unterliegen nicht der Nachweispflicht. Ein **Nettolohn** ist nur bei einer Nettolohnvereinbarung aufzuführen.[51]

Neben dem Arbeitsentgelt sind der jeweilige **Zahlungszeitraum**, die **Fälligkeit** des Arbeitsentgelts und die **Zahlungsmodalitäten** nachzuweisen.[52] Der AN soll wissen, wann, in welchen Zweiträumen und in welcher Höhe sein Arbeitsentgelt ausgezahlt wird. Ist keine eigene Fälligkeitsvereinbarung getroffen worden, entbinden die gesetzlichen Fälligkeitsregelungen gem. § 614 S. 1 BGB nicht von der Nachweispflicht, weil die Ersetzungsfunktion gesetzlicher Regelungen gem. Abs. 3 S. 2 nicht das Arbeitsentgelt umfasst.

gg) Arbeitszeit (Nr. 7). Anzugeben ist die **Dauer** und **Lage** der vereinbarten Arbeitszeit, in der der AN die Erbringung seiner Arbeitsleistung schuldet und für die er den vereinbarten Arbeitslohn erhält.[53] Als ausreichend ist grds. die **regelmäßige Arbeitszeit** anzusehen.[54] Bereitschaftsdienste und sonstige Phasen mit verminderter Arbeitsintensität gehören ebenfalls zur Arbeitszeit. Gleiches gilt z.B. für die Vereinbarung flexibler Arbeitszeiten, Gleitzeitregelungen oder Arbeitszeitmodelle. Überstunden und Kurzarbeitsregelungen gehören nicht zum Katalogpunkt Nr. 7, aber i.d.R. zu den wesentlichen Vertragsbedingungen i.S.d. Abs. 1 S. 1.[55] Angesichts der komplexen Arbeitszeitregelungen wird i.Ü. empfohlen, sich der Nachweispflicht durch Hinweis auf vorhandene kollektivvertragliche Regelungen, soweit vorhanden, zu entledigen (Abs. 3 S. 1).[56] Gleichzeitig entfällt insoweit die Verpflichtung zur Erteilung eines Nachweises nach einer Änderung der Arbeitszeit (§ 3 S. 2).

hh) Erholungsurlaub (Nr. 8). Anzugeben ist die Dauer des **jährlichen Erholungsurlaubs i.S.d. BUrlG**.[57] Für den Jahresurlaub kann zur Erfüllung der Nachweispflicht auf die entsprechenden gesetzlichen Regelungen (§ 3 Abs. 1 BUrlG, § 125 SGB IX, § 19 JArbSchG) hingewiesen werden (Abs. 3 S. 2). Nicht dazu gehören Sonderurlaubsregelungen (Hochzeit, Beerdigung etc.).[58]

ii) Kündigungsfristen (Nr. 9). Die Nachweispflicht von Künd-Fristen sollte durch Hinweis auf gesetzliche (siehe § 622 Rn 40 ff.; § 624 BGB; § 22 BBiG; § 86 SGB IX Rn 19) oder kollektivvertragliche Regelungen erfüllt werden, um die komplexe Berechnung von Künd-Fristen zu vermeiden.[59] Andernfalls sind alle Faktoren nachzuweisen, die für eine Berechnung der Künd-Frist erforderlich sind.[60]

jj) Hinweis auf kollektivvertragliche Regelungen (Nr. 10). Soweit **kollektivvertragliche Regelungen** auf das Arbverh anzuwenden sind, fordert Abs. 1 S. 2 Nr. 10 einen **in allg. Form gehaltenen Hinweis** darauf. Nicht ausreichend sind Sammelbezeichnungen wie: „Für das Arbverh gelten i.Ü. die Bestimmungen der einschlägigen TV". Ausreichend ist erst ein Hinweis, der die notwendigen Angaben enthält, damit sich der AN gezielt aus der bezeichneten Regelung eigenständig seine Informationen beschaffen kann.[61] Dazu gehört insb. die Auflistung einzelner, nach fachlichem und räumlichem Anwendungsbereich eindeutig bezeichneter Kollektivvereinbarungen.[62] Außerdem sollte angegeben werden, ob eine statische oder dynamische Verweisung vorliegt.[63]

---

45 Vgl. HWK/*Kliemt*, § 2 NachwG Rn 29.
46 Vgl. ErfK/*Preis*, § 2 NachwG Rn 18; HWK/*Kliemt*, § 2 NachwG Rn 32.
47 BAG 8.6.2005 – 4 AZR 406/04 – BAGE 115, 104 m. Anm. *Zetl*, ZMV 2006, 52, und *Mestwerdt*, jurisPR-ArbR 40/2005, Anm. 1.
48 BAG 8.6.2005 – 4 AZR 406/04 – BAGE 115, 104.
49 BAG 8.6.2005 – 4 AZR 406/04 – BAGE 115, 104.
50 LAG Mecklenburg-Vorpommern 30.5.2006 – 5 Sa 527/05.
51 Vgl. *Schaefer*, D Rn 63.
52 Vgl. HWK/*Kliemt*, § 2 NachwG Rn 33.
53 Vgl. *Schaefer*, D Rn 93.
54 Vgl. HWK/*Kliemt*, § 2 NachwG Rn 34.
55 Vgl. EuGH 8.2.2001 – C-350/99 – Lange – Slg. I-2001, 1061 m. zust. Anm. *Oetker*, SAE 2002, 163; *Hohmeister*, BB 2001, 1257; *Buschmann*, AuR 2001, 109.
56 Vgl. ErfK/*Preis*, § 2 NachwG Rn 20.
57 Vgl. *Schaefer*, D Rn 110.
58 Ebenso *Melms/Weck*, RdA 2006, 171, 173.
59 Vgl. ErfK/*Preis*, § 2 NachwG Rn 22.
60 Vgl. HWK/*Kliemt*, § 2 NachwG Rn 37.
61 Vgl. *Schaefer*, D Rn 138.
62 Vgl. HWK/*Kliemt*, § 2 NachwG Rn 40.
63 Vgl. *Schaefer*, D Rn 139.

Nicht erforderlich ist hingegen eine detaillierte Auflistung der Regelungsinhalte der anwendbaren TV.[64] Der Zweck der Vorschrift, im Sinne der Rechtsklarheit und Sicherheit auch auf die auf das Arbverh anzuwendenden Kollektivregelungen hinzuweisen, gebietet es nicht, z.B. tarifliche Bestimmungen quasi wiederholend nachzuweisen.[65] Der Gesetzgeber ist davon ausgegangen, dass es für die gesetzliche Verpflichtung nach Nr. 10 ausreicht, wenn allgemein auf die Geltung von TV unter Angabe des einschlägigen Tarifbereichs hingewiesen wird.[66]

Die wirksame Inbezugnahme eines TV setzt nicht voraus, dass dem AN ein Abdruck dieses TV besonders zur Verfügung gestellt wird oder jederzeit für den AN ohne besondere Schwierigkeiten einsehbar ist.[67] Dies gilt auch für **dynamische Verweisungen**, auch wenn diese für den AN mit den Schwierigkeiten verbunden sind, zu ermitteln, welche TV den ursprünglichen TV ergänzt, geändert oder ersetzt haben und sich die entsprechenden Texte zur Einsichtnahme zu besorgen.[68] Die in der Bezugnahmeklausel enthaltene Dynamik ergibt sich aus der Zukunftsgerichtetheit von Arbverh.[69] Von daher muss es genügen, wenn zum Zeitpunkt der jeweiligen Anwendung der Klausel die in Bezug genommenen Regelungen hinreichend bestimmbar sind.[70]

Die Hinweispflicht des AG besteht auch, wenn der TV aufgrund Allgemeinverbindlichkeit gilt.[71]

40 Umstr. ist die Reichweite, die ein Hinweis i.S.d. Abs. 1 S. 2 Nr. 10 für die Erfüllung der Nachweispflicht hat. Die **überwiegende Auff. im Schrifttum und die Rspr.** legen die Bestimmung dahingehend aus, dass der AG durch den Hinweis auf eine kollektivvertragliche Regelung seine Nachweispflicht hinsichtlich aller wesentlichen Vertragsbedingungen erfüllt, die in dem Regelwerk enthalten sind.[72] Dem AN ist zuzumuten, sich aufgrund des Hinweises über den Inhalt z.B. eines TV zu informieren.[73] Nur insoweit, als das Regelwerk wesentliche Vertragsbedingungen i.S.d. Abs. 1 S. 2 Nr. 6 bis 9 enthält, bedarf es eines **qualifizierten Hinweises i.S.d. Abs. 3 S. 1**, der für jede der drei Kategorien die kollektivvertragliche Regelung benennt.[74] Diese Auslegung lässt sich mit der vom Gesetzgeber gewollten, systematischen Ersetzungsfunktion kollektivvertraglicher Regelungen gegenüber einzelnen Nachweispflichten begründen. Der AG wird von der Pflicht entlastet, jede kollektivvertragliche Regelung auf wesentliche Vertragsbedingungen hin zu durchsuchen und diese quasi wiederholend im Nachweis aufzulisten. Dies dient der Rechtsklarheit als Gesetzeszweck und läuft dem AN-Schutz nicht zuwider.[75] Auch der EuGH hat die Hinweismöglichkeit nicht als Verstoß gegen Gemeinschaftsrecht gewertet.[76] Das Ergebnis ist zudem geboten, um Wertungswidersprüche zur allg. Ersetzungsfunktion des schriftlichen Arbeitsvertrags gem. Abs. 4 zu vermeiden, weil kollektivvertragliche Regelungen auch durch verweisende Vertragsklauseln zum Inhalt des Arbeitsverhältnisses werden können (§ 310 Abs. 4 S. 2 BGB).[77]

41 Nach **a.A.** genügt der Hinweis i.S.d. Abs. 1 S. 2 Nr. 10 grds. nicht, um wesentliche Vertragsbedingungen nachzuweisen, die in einer kollektivvertraglichen Regelung enthalten sind.[78] Die Vorschrift gewähre lediglich die Möglichkeit eines informativen Hinweises für unwesentliche Vertragsbedingungen. Der Auslegung durch die h.M. wird die Gesetzessystematik entgegengehalten. Danach entscheidet Abs. 1 S. 1, was als wesentliche Vertragsbedingung anzusehen ist. Eine Ersetzung des individuellen Nachweises durch einen Hinweis auf kollektivvertragliche Regelungen sei nur für die vom Gesetzgeber ausdrücklich benannten Abs. 1 S. 2 Nr. 6 bis 9 zulässig (Abs. 3 S. 1). Die Möglichkeit eines allg. Hinweises i.S.d. Abs. 1 S. 2 Nr. 10 liefe dem Zweck des NachwG zuwider, den AN durch ausreichende Informationen zu schützen. Gleiches gelte für die Konzeption des Gesetzgebers der Schuldrechtsreform, der die Einbeziehung kollektivvertraglicher Klauseln in Arbeitsverträge wegen des AN-Schutzes durch das NachwG zugelassen hat (vgl. § 310 Abs. 4 S. 2 BGB).[79] Dieses Ansinnen des Gesetzgebers unterlaufe die h.A. Als Lösungsmöglichkeit wird vorgeschlagen, dass der AG in den nicht ausdrücklich von Abs. 3 S. 1 erfassten Fällen einen **qualifizierten Hinweis analog Abs. 3 S. 1** vorzunehmen habe.[80]

---

64 LAG Baden-Württemberg 21.6.2007 – 11 Sa 126/06.
65 LAG Baden-Württemberg 21.6.2007 – 11 Sa 126/06.
66 BT-Drucks 13/668, S. 11.
67 BAG 3.4.2007 – 9 AZR 867/06 – NZA 2007, 1045.
68 BAG 3.4.2007 – 9 AZR 283/06 – AuR 2007, 445.
69 BAG 3.4.2007 – 9 AZR 283/06 – AuR 2007, 445; BAG 14.3.2007 – 5 AZR 630/06 – DB 2007, 1645.
70 BAG 3.4.2007 – 9 AZR 283/06 – AuR 2007, 445; BAG 14.3.2007 – 5 AZR 630/06 – DB 2007, 1645.
71 BAG 29.5.2002 – 5 AZR 105/01 – ZTR 2003, 87; LAG Schleswig-Holstein 27.5.2008 – 2 Ta 87/08; s. auch LAG Hamm 15.8.2006 – 12 Sa 450/06; *Melms/Weck*, RdA 2006, 171, 174 m.w.N.
72 BAG 29.5.2002 – 5 AZR 105/01 – ZTR 2003, 87; BAG 23.1.2002 – 4 AZR 56/01 – BAGE 100, 225; hierzu zust. Anm. *Hergenröder*, AR-Blattei ES 350 Nr. 180; krit. *Lambrich*, EzA § 2 NachwG Nr. 3, und *Plander*, EWiR 2002, 823; s. zur Vertragsauslegung auch BAG 12.12.2007 – 4 AZR 998/06 – DB 2008, 1102; vgl. auch *Feldgen*, Rn 284; *Bepler*, ZTR 2001, 241; HWK/*Kliemt*, § 2 NachwG Rn 41 ff.
73 Vgl. BT-Drucks 13/668, S. 12.
74 BAG 23.1.2002 – 4 AZR 56/01 – BAGE 100, 225.
75 BAG 23.1.2002 – 4 AZR 56/01 – BAGE 100, 225.
76 EuGH 8.2.2001 – C-350/99 – Lange – Slg. I-2001, 1061 m. zust. Anm. *Oetker*, SAE 2002, 163; *Hohmeister*, BB 2001, 1257; *Buschmann*, AuR 2001, 109; HWK/*Kliemt*, § 2 NachwG Rn 55.
77 Vgl. zum Wertungswiderspruch zwischen NachwG und § 310 Abs. 4 S. 2 BGB als Argument der Gegenauff. *Linde/Lindemann*, NZA 2003, 649.
78 Vgl. ErfK/*Preis*, § 2 NachwG Rn 25 m.w.N.
79 Vgl. zu den Einzelheiten *Linde/Lindemann*, NZA 2003, 649 m.w.N.
80 Vgl. ErfK/*Preis*, § 2 NachwG Rn 26.

Der Meinungsstreit ist für die Praxis anhand der Frage **entschieden** worden, ob ein ausreichender Nachweis von **ta-** 42
rifvertraglich geregelten Verfallsklauseln durch einen Hinweis gem. Abs. 1 Abs. 2 Nr. 10 möglich ist. Nach **der
Rspr. des BAG** reicht in diesen Fällen ein allg. Hinweis i.S.d. Abs. 1 S. 2 Nr. 10 aus.[81] Dem AG ist dennoch zu empfehlen, vorsorglich einen **qualifizierten Hinweis** in den Nachweis aufzunehmen, der nicht allein die kollektivvertragliche Regelung, sondern auch die erfasste wesentliche Vertragsbedingung nennt.[82]

Darüber hinaus hat das BAG **Bezugnahmen auf beamtenrechtliche Regelungen** in den Formulararbeitsverträgen für
Ang im öffentlichen Dienst für wirksam erachtet,[83] so etwa die dynamische Verweisung auf die für Beamte geltende
Arbeitszeit,[84] die Regelung des Urlaubsgeldes[85] und die Erhöhung der Unterrichtsverpflichtung von Lehrkräften.[86]

d) Schriftformgebot (Abs. 1 S. 3). Die von § 126 Abs. 3 BGB eröffnete Möglichkeit, die Schriftform durch die 43
elektronische Form gem. § 126a BGB zu ersetzen, schließt Abs. 1 S. 3 ausdrücklich aus.

e) Besonderheit für geringfügig Beschäftigte (Abs. 1 S. 4). Bei geringfügig Beschäftigten i.S.d. § 8 Abs. 1 44
Nr. 1 SGB IV sieht es der Gesetzgeber als wesentliche Vertragsbedingung an, dass kraft Gesetzes eine **Option
zur Sozialversicherungspflicht** gem. § 5 Abs. 2 S. 2 SGB VI besteht. Auf diese Möglichkeit muss der AN im Nachweis hingewiesen werden. Ein unterlassener Nachweis kann im Hinblick auf Schadensersatzansprüche des AN relevant werden, wenn eine Lücke in den Versorgungsanwartschaften des AN entsteht.

II. Zusätzliche Nachweispflicht bei Auslandseinsätzen (Abs. 2)

1. Tatbestandsvoraussetzungen. Zusätzliche Tatbestandsvoraussetzung neben Abs. 1 ist, dass der AN die **ver-** 45
einbarte Arbeitsleistung länger als einen Monat im Ausland zu erbringen hat.

2. Rechtsfolge. Abs. 2 **erweitert die Nachweispflicht** des AG um zusätzliche Angaben, die den Auslandseinsatz 46
betreffen. Angaben zu Abs. 2 Nr. 1, 2 sind vom AG zwingend in den Nachweis aufzunehmen. Die Angaben zu Abs. 2
Nr. 3, 4 sind dagegen nicht zwingend. Außerdem sieht Abs. 2 eine **eigene Frist zur Aushändigung des Nachweises**
an den AN vor.

a) Erweiterte Nachweispflicht. aa) Dauer des Auslandseinsatzes (Nr. 1). Der AG hat die Dauer des Aus- 47
landseinsatzes in den Nachweis aufzunehmen. Ist die Dauer der Auslandstätigkeit des AN **unbestimmt** oder nur anhand eines ungewissen Ereignisses (z.B. das erfolgreiche Ende eines Projektes) **bestimmbar**, muss ein entsprechender Hinweis aufgenommen werden.

bb) Währung (Nr. 2). Anzugeben ist, in welcher Währung das für die Zeit der Auslandstätigkeit gezahlte Arbeits- 48
entgelt ausgezahlt wird. Ändert sich die Währung später, gilt die Nachweispflicht gem. § 3 S. 1.

cc) Zusatzentgelt (Nr. 3). Ist für den Auslandseinsatz ein Zusatzentgelt vereinbart, muss der AG diese Verein- 49
barung in den Nachweis aufnehmen. Dazu gehören auch Zuschüsse zu Hotel- oder Reisekosten.

dd) Rückkehrbedingungen (Nr. 4). Soweit sich die Rückkehrbedingungen nicht bereits aus dem Nachweis der 50
Dauer des Auslandseinsatzes gem. Abs. 2 Nr. 1 ergeben, gehören die vereinbarten Rückkehrbedingungen in den Nachweis.

b) Aushändigungsfrist. Der AG hat dem AN den Nachweis **vor dessen Abreise ins Ausland** auszuhändigen. 51
Diese Frist gilt auch, soweit der Auslandseinsatz Gegenstand einer Änderung der wesentlichen Vertragsbedingungen
ist (§ 3 S. 1).

III. Ersetzungsfunktion kollektivvertraglicher und gesetzlicher Regelungen (Abs. 3)

1. Tatbestandsvoraussetzungen. a) Abs. 3 S. 1. Tatbestand von Abs. 3 S. 1 ist, dass der AG eine Nachweis- 52
pflicht für eine der folgenden, im Katalog des Abs. 1 S. 2 oder Abs. 2 Nr. 2, 3 aufgeführten wesentlichen Vertragsbedingungen hat:

– das **Arbeitsentgelt** (siehe Rn 33 ff.) 53
– die **Arbeitszeit** (siehe Rn 36)
– der **Erholungsurlaub** (siehe Rn 37)
– die **Kündigungsfrist** (Rn 38)
– die **Währung bei einem Auslandseinsatz** (siehe Rn 48)
– das Zusatzentgelt für einen Auslandseinsatz (siehe Rn 49).

---

81 BAG 5.11.2003 – 5 AZR 676/02 – ZTR 2004, 205; BAG
  29.5.2002 – 5 AZR 105/01 – ZTR 2003, 87.
82 Vgl. HWK/*Kliemt*, § 2 NachwG Rn 45.
83 Ausf. zur Zulässigkeit arbeitsvertraglicher Verweisungen
  auf das Beamtenrecht *Behrendt/Gaumann/Liebermann*,
  ZTR 2007, 522.
84 BAG 14.3.2007 – 5 AZR 630/06 – DB 2007, 1645.
85 BAG 3.4.2007 – 9 AZR 867/06 – NZA 2007, 1045.
86 BAG 3.4.2007 – 9 AZR 283/06 – AuR 2007, 445.

54 Die übrigen Punkte des Kataloges (Abs. 1 S. 2 Nr. 1 bis 5) sind im Ergebnis keiner generellen, kollektivvertraglichen Regelung zugänglich, sondern hängen vom individuellen Arbeitsverhältnis ab. Gleiches gilt aber nicht denknotwendig für sonstige wesentliche Vertragsbedingungen wie z.B. tarifvertragliche Verfallsklauseln. Für sie gilt, dass sich der AG **analog Abs. 3 S. 1** eines qualifizierten Hinweises auf kollektivvertragliche Regelungen bedienen kann, um seiner Nachweispflicht zu genügen (siehe Rn 39 ff.).

55 b) **Abs. 3 S. 2.** Tatbestand von Abs. 3 S. 2 ist, dass der AG eine Nachweispflicht für den **Erholungsurlaub** (siehe Rn 37) oder die **Künd-Fristen** (siehe Rn 38) hat.

56 2. Rechtsfolge. a) **Ersetzungsfunktion kollektivvertraglicher Regelungen (Abs. 3 S. 1).** In den Fällen des Abs. 3 S. 1 kann der AG anstelle eines individuellen Nachweises der einzelnen wesentlichen Vertragsbestandteile seiner Nachweispflicht dadurch genügen, dass er einen **qualifizierten Hinweis** auf die einschlägige, kollektivvertragliche Regelung macht (vgl. Rn 39 ff.).

57 Zu den kollektivvertraglichen Regelungen gehören TV, BV, DV und ähnliche Regelungen. **Ähnliche Regelungen** sind die Arbeitsvertrags-RL der Kirchen und ihrer diakonisch-karitativen Verbände.[87]

58 b) **Ersetzungsfunktion gesetzlicher Regelungen (Abs. 3 S. 2).** In den Fällen des Abs. 3 S. 2 kann der AG anstelle eines individuellen Nachweises einen qualifizierten Hinweis auf die für das Arbeitsverhältnis gültigen Bedingungen bezüglich **Erholungsurlaub** und **Kündigungsfristen** machen.

IV. Ersetzungsfunktion des schriftlichen Arbeitsvertrags (Abs. 4)

59 Abs. 4 nimmt Vertragsbedingungen von der Nachweispflicht aus, wenn sie in einem **schriftlichen Arbeitsvertrag** dokumentiert sind und dieser **dem AN ausgehändigt** worden ist. **Soweit** die Angaben die wesentlichen Vertragsbedingungen enthalten, entfällt das Schutzbedürfnis des AN.

Dabei ist nicht entscheidend, ob die Vertragsbedingungen mit der Vereinbarung neu und konstitutiv geregelt werden sollen, oder ob die Niederschrift den Inhalt einer zuvor mündlich getroffenen Vereinbarung wiedergeben soll. Denn beide Möglichkeiten führen zu einer inhaltlichen Bestimmung des zu diesem Zeitpunkt verbindlichen Arbeitsvertragsinhaltes, der aus der nachfolgenden Niederschrift unmittelbar abzulesen ist.[88]

60 Der später erfolgte schriftliche Arbeitsvertrag darf jedoch nicht ergänzende Regelungen enthalten, die zunächst nicht Gegenstand der Vereinbarung zwischen AG und AN waren.[89] Insoweit liegt eine Vertragsänderung vor, die nach § 3 S. 1 nachweispflichtig ist. Soweit die ergänzenden Regelungen vom AG zeitnah und in Kenntnis bzw. stillschweigender Billigung durch den AN im schriftlichen Arbeitsvertrag fixiert und ausgehändigt werden, kann eine von beiden Parteien als Formalismus empfundene doppelte Nachweispflicht praxisgerecht umgangen werden. I.Ü. schützt die doppelte Nachweispflicht den AN. Das gilt insb., wenn der AG dem AN einen schriftlichen Arbeitsvertrag vor Arbeitsaufnahme zugesagt hat, diese Zusage aber nicht einhält.[90]

61 Das Schutzbedürfnis des AN lebt insoweit wieder auf, als später eine **Änderung** der wesentlichen Vertragsbedingungen erfolgt. Dann bedarf es entweder einer entsprechenden Änderung des schriftlichen Arbeitsvertrags, die dem AN in einem aktualisierten Dokument **auszuhändigen** ist (§ 3 S. 1 i.V.m. Abs. 4), oder der AG muss dem AN in Ergänzung zum schriftlichen Arbeitsvertrag innerhalb eines Monats einen Nachweis aushändigen (§ 3 S. 1). Für die sog. Altfälle regelt § 4 S. 2 die Ersetzungsfunktion des schriftlichen Arbeitsvertrags oder sonstiger, dem NachwG genügender Dokumente (siehe § 4 Rn 5).

Bei der Dokumentationsverpflichtung des AG handelt es sich weder um ein konstitutives Formerfordernis, noch ist die Durchsetzung durch besondere Sanktionen gesichert.[91] Die Verpflichtung soll zugunsten des AN der Rechtsklarheit und Beweiserleichterung über die vereinbarten Arbeitsbedingungen dienen.[92] Diese Ziele würden eingeschränkt, wenn es generell nicht zulässig sein sollte, für die Änderung der Arbeitsbedingungen zugunsten der Rechtsklarheit wirksame konstitutive Schriftformerfordernisse zu vereinbaren.[93] Nach Auffassung des BAG besteht daher **kein generelles Verbot doppelter Schriftformklauseln in Arbeitsverträgen**.[94] Die Wirksamkeit der Schriftformklausel hängt allerdings von der Ausgestaltung und dem Anwendungsbereich der konkreten Klausel ab.[95]

62 Soweit der schriftliche Arbeitsvertrag den Nachweis ersetzt, ändern sich die **beweisrechtlichen Folgen**. Die Vertragsurkunde trägt nunmehr die **Vermutung der Vollständigkeit und inhaltlichen Richtigkeit** in sich (siehe vor NachwG Rn 46).[96] **Für den AG** bedeutet dies im Ergebnis keine Verschlechterung gegenüber der Beweislage bei Erteilung eines einseitigen Nachweises, weil ihm auch bei einem erteilten Nachweis der Gegenbeweis zur Erschütterung der formellen Richtigkeit und Vollständigkeit der Urkunde obliegt (siehe vor NachwG Rn 48).[97]

---

87 Vgl. *Schaefer*, D Rn 144.
88 BAG 12.12.2007 – 4 AZR 998/06 – DB 2008, 1102.
89 Vgl. *Schaefer*, B Rn 16.
90 Vgl. *Schaefer*, B Rn 17.
91 BAG 20.5.2008 – 9 AZR 382/07 – BB 2008, 2242.
92 BT-Drucks 13/668, S. 8.
93 BAG 20.5.2008 – 9 AZR 382/07 – BB 2008, 2242.
94 BAG 20.5.2008 – 9 AZR 382/07 – BB 2008, 2242.
95 BAG 20.5.2008 – 9 AZR 382/07 – BB 2008, 2242.
96 Vgl. BAG 9.2.1995 – 2 AZR 389/94 – NJW 1966, 1299; BGH 5.7.2002 – V ZR 143/01 – NJW 2002, 3164.
97 ErfK/*Preis*, Einf. NachwG Rn 19.

C. Verbindungen zu anderen Rechtsgebieten und zum Prozessrecht

Vgl. dazu die Erläuterungen Vor NachwG Rn 29 ff.

63

| § 3 | Änderung der Angaben |

¹Eine Änderung der wesentlichen Vertragsbedingungen ist dem Arbeitnehmer spätestens einen Monat nach der Änderung schriftlich mitzuteilen. ²Satz 1 gilt nicht bei einer Änderung der gesetzlichen Vorschriften, Tarifverträge, Betriebs- oder Dienstvereinbarungen und ähnlichen Regelungen, die für das Arbeitsverhältnis gelten.

A. Normzweck	1	2. Ausnahmeregelung (§ 3 S. 2)	8
B. Regelungsgehalt	2	II. Rechtsfolge	9
I. Tatbestandsvoraussetzungen	2	1. Nachweispflicht (S. 1)	9
1. Änderung der wesentlichen Vertragsbedingungen (S. 1)	3	2. Keine Nachweispflicht (S. 2)	12
a) Bestehendes Arbeitsverhältnis	3	C. Verbindung zu anderen Rechtsgebieten und zum Prozessrecht	13
b) Wesentliche Vertragsbedingungen	4	I. Verjährung	13
c) Änderung	5	II. Prozessrecht	14

A. Normzweck

Da das Arbverh ein Dauerschuldverhältnis ist, erfordert der Zweck des NachwG (AN-Schutz, Rechtssicherheit, siehe Vor NachwG Rn 1) eine **Aktualisierung der Nachweispflicht** für **bestehende Arbverh**. Deshalb entsteht bei einer Änderung der wesentlichen Vertragsbedingungen in diesem Umfang eine neue Nachweispflicht des AG, die innerhalb eines Monats fällig wird und mit einem entsprechenden Anspruch des AN korrespondiert. § 3 erfasst auch die Änderungen der wesentlichen Vertragsbedingungen in den **sog. Altfällen** i.S.d. § 4 unabhängig davon, ob der AN bereits ein Verlangen auf Erteilung eines Nachweises i.S.d. § 4 S. 1 gestellt hat.

1

B. Regelungsgehalt

I. Tatbestandsvoraussetzungen

Positive Tatbestandsvoraussetzung ist gem. S. 1 eine Änderung der wesentlichen Vertragsbedingungen bei einem bestehenden Arbverh. Negative Tatbestandsvoraussetzung ist, dass nicht die Ausnahmeregelung in S. 2 greift.

2

1. Änderung der wesentlichen Vertragsbedingungen (S. 1). a) Bestehendes Arbeitsverhältnis. Der Änderungstatbestand des S. 1 setzt logisch ein bestehendes Arbverh im Zeitpunkt der Änderung voraus (siehe § 2 Rn 8). Ohne Bedeutung ist, ob das Arbverh nach Inkrafttreten des NachwG begründet worden ist oder zu den sog. Altfällen i.S.d. § 4 zählt. Voraussetzung ist auch nicht, dass der AN in den sog. Altfällen bereits die erstmalige Nachweispflicht des AG durch sein Verlangen i.S.d. § 4 S. 1 ausgelöst hat.

3

b) Wesentliche Vertragsbedingungen. Der Begriff der **wesentlichen Vertragsbedingungen** ergibt sich aus § 2 Abs. 1 (siehe § 2 Rn 11 f.).

4

c) Änderung. Eine **Änderung** können AG und AN **ausdrücklich** vereinbaren oder durch tatsächliches Verhalten konkludent herbeiführen. Jede Änderung ist für sich zu betrachten und löst eine eigene Nachweispflicht mit eigener Fälligkeit aus. Wann AG und AN eine Vertragsänderung vereinbaren bzw. konkludent durch tatsächliches Verhalten herbeiführen, richtet sich nach den allg. Grundsätzen des Schuldrechts.

5

Ausgehend von § 2 Abs. 1 S. 1 liegt eine Änderung nur vor, soweit sich die **materiellen** Vertragsbedingungen geändert haben. Andernfalls hat der AG keine Änderungspflicht gem. S. 1, sondern eine **Pflicht zur Berichtigung** des ursprünglichen Nachweises gem. § 2 Abs. 1 S. 1 (siehe Vor NachwG Rn 21). Allerdings besteht aufgrund der Tatsache, dass sich ein AG bis zum Gegenbeweis an die im Nachweis niedergelegten Inhalte festhalten lassen muss (siehe Vor NachwG Rn 47 ff.), auch ein Präjudiz für die Reichweite von nachweispflichtigen Änderungen.

6

Der Unterschied zwischen erstmaligem, berichtigenden Nachweis und dem Nachweis einer Änderung wirkt sich auf den Anwendungsbereich des S. 2 aus, der die Nachweispflicht bei Änderungen tatbestandsmäßig einschränkt. Erst wenn der AG einen Nachweis erteilt hat, der im Hinblick auf den Anwendungsbereich des S. 2 ordnungsgemäß ist, greift die Befreiung des AG für den Nachweis geänderter gesetzlicher oder kollektivvertraglicher Regelungen (siehe Rn 8).

7

Eine tatbestandsmäßige Änderung der wesentlichen Verhältnisse ist auch bei den sog. **Altfällen** zu beachten, für die § 4 als Übergangsregelung greift (siehe § 4 Rn 3 f.).[1]

8 **2. Ausnahmeregelung (§ 3 S. 2).** Eine tatbestandsmäßige Ausnahme gilt für Änderungen von wesentlichen Vertragsbedingungen, die aufgrund **gesetzlicher oder kollektivvertraglicher Regelungen** (TV, BV, DV oder ähnliche Regelungen) Bestandteil des Arbverh geworden sind. Allerdings setzt die Ausnahmeregelung tatbestandsmäßig voraus, dass der AG dem AN **zuvor** einen ordnungsgemäßen Nachweis über die Geltung dieser Regelungen erteilt hat.[2] Werden nach Begründung des Arbverh **erstmalig** kollektivvertragliche Regelungen wesentliche Vertragsbestandteile, ist nur der Tatbestand des S. 1 erfüllt.[3]

Bei einem AG-Wechsel im Rahmen eines **Betriebsübergangs** ist § 613a Abs. 1 BGB zu beachten (siehe Vor NachwG Rn 68).

II. Rechtsfolge

9 **1. Nachweispflicht (S. 1).** Rechtsfolge von S. 1 ist, dass eine **originäre Nachweispflicht** i.S.d. § 2 Abs. 1 S. 1 entsteht, die inhaltlich auf die vereinbarten Änderungen der Vertragsbedingungen beschränkt ist. Der AG hat dem AN die Änderungen **innerhalb eines Monats** nach Änderung schriftlich mitzuteilen. Besteht die Änderung in einem Auslandseinsatz, der länger als einen Monat andauert, muss die Nachweispflicht vor Beginn des Auslandseinsatzes erfüllt werden (§ 2 Abs. 2).

10 Die **elektronische Form** i.S.d. § 126a BGB ist ausgeschlossen (§ 126 Abs. 3 BGB i.V.m. § 2 Abs. 1 S. 3). I.Ü. gelten die Formvorgaben wie für die erstmalige Erstellung eines Nachweises (siehe § 2 Rn 15 ff.).

11 Für die **Fälligkeit** ist nicht auf den Zeitpunkt abzustellen, zu dem vereinbarte Änderungen wirksam werden, zumal dies auch rückwirkend möglich ist. Maßgeblich für die Berechnung der Monatsfrist ist der **Zeitpunkt, in dem AG und AN die Änderung vereinbaren.**[4] Das entspricht dem Schutzzweck des NachwG. Soweit die Änderungen konkludent durch tatsächliches Verhalten herbeigeführt werden, stellt sich das Problem nicht, weil beide Zeitpunkte zusammenfallen. Soweit sich der Inhalt von kollektivrechtlich begründeten Vertragsbedingungen ändert, ist die Wirksamkeit der Änderung der Kollektivvereinbarung maßgeblich.[5] Eine Nachweispflicht entfällt in diesen Fällen aber regelmäßig wegen der Ausnahmeregelung in S. 2.

12 **2. Keine Nachweispflicht (S. 2).** Rechtsfolge von S. 2 ist, dass **keine Nachweispflicht** des AG entsteht.

C. Verbindung zu anderen Rechtsgebieten und zum Prozessrecht

I. Verjährung

13 Solange das Arbverh andauert, hat der AG die Pflicht, eine Änderung der wesentlichen Vertragsbedingungen nachzuweisen. Deshalb beginnt die **Verjährungsfrist** erst mit Ablauf des Jahres, in dem das Arbverh endet (siehe Vor NachwG Rn 58).

II. Prozessrecht

14 Der Anspruch auf Erteilung eines Nachweises über die Änderungen gem. S. 1 kann wie der Anspruch i.S.d. § 2 Abs. 1 S. 1 isoliert im Wege der **allg. Leistungsklage** vor den **ArbG** geltend gemacht werden (siehe Vor NachwG Rn 30 ff.). Gleiches gilt für sekundäre Ansprüche wie z.B. ein vertraglicher Schadensersatzanspruch (siehe Vor NachwG Rn 38 ff.).

15 Beruft sich der AN auf eine Änderung der wesentlichen Vertragsbedingungen, gelten die allg. Grundsätze der **Darlegungs- und Beweislast**. Der Nachweis hat insoweit keine konstitutive, sondern nur eine deklaratorische Wirkung (siehe Vor NachwG Rn 2 f.).

16 **Erteilt der AG einen Nachweis** über eine Vertragsänderung, braucht der AN die Änderung nur unter Vorlage des Nachweises darzulegen. Der AG trägt die Beweislast dafür, dass die behauptete Vertragsänderung nicht vereinbart worden ist bzw. der erteilte Nachweis falsch ist. I.Ü. tragen AG und AN die Beweislast für die Vertragsbedingungen, auf die sie sich berufen (siehe Vor NachwG Rn 47 ff.).

17 **Erteilt der AG keinen Nachweis**, reicht die bloße Behauptung des AN nicht aus. Grds. hat der AN die Beweislast nach allg. Grundsätzen. Um Beweiserleichterungen oder eine Umkehr der Beweislast zu erreichen, muss sich der AN

---

1 Vgl. hierzu LAG Hamm 18.10.2007 – 8 Sa 942/07.
2 Vgl. HWK/*Kliemt*, § 3 NachwG Rn 3.
3 BAG 5.11.2003 – 5 AZR 469/02 – NZA 2004, 102 m. Anm. *Laskawy*, EWiR 2004, 129, s. zur Abgrenzung auch BAG 3.5.2006 – 4 AZR 189/05 – BAGE 118, 152 m. Anm. *Krebber*, AP Nr. 17 zu § 612a BGB und *Peifer*,
AR-Blattei ES 10 Nr. 23; zur Anwendung auf Altfälle LAG Hamm 18.10.2007 – 8 Sa 942/07.
4 Vgl. HWK/*Kliemt*, § 3 NachwG Rn 2; *Schaefer*, B Rn 34, 37 ff.
5 Vgl. *Schaefer*, B Rn 35.

auf das Institut der Beweisvereitelung berufen, indem er die Vertragsänderung anhand anderer Indizien substantiiert darlegt und sein Verlangen auf Erteilung eines Nachweises beweist (siehe Vor NachwG Rn 53 ff.).

§ 4 Übergangsvorschrift

¹Hat das Arbeitsverhältnis bereits bei Inkrafttreten dieses Gesetzes bestanden, so ist dem Arbeitnehmer auf sein Verlangen innerhalb von zwei Monaten eine Niederschrift im Sinne des § 2 auszuhändigen. ²Soweit eine früher ausgestellte Niederschrift oder ein schriftlicher Arbeitsvertrag die nach diesem Gesetz erforderlichen Angaben enthält, entfällt diese Verpflichtung.

A. Normzweck 1	a) Vor dem 28.7.1995 bestehendes Arbeits-
B. Regelungsgehalt 2	verhältnis 3
I. Tatbestandsvoraussetzungen 2	b) Verlangen des Arbeitnehmers 4
1. Nachweispflicht in Übergangsfällen (S. 1) 3	2. Ausnahmeregelung (S. 2) 5
	II. Rechtsfolge 6

A. Normzweck

Zweck der Vorschrift ist, auch denjenigen AN das Recht auf einen Nachweis i.S.d. § 2 Abs. 1 S. 1 zu gewähren, deren Arbverh bereits vor Inkrafttreten des NachwG am 28.7.1995 begründet war, so dass keine originäre Nachweispflicht aus § 2 Abs. 1 S. 1 erwächst. In diesen **sog. Altfällen** entsteht die Nachweispflicht erst mit dem Verlangen des AN.

B. Regelungsgehalt

I. Tatbestandsvoraussetzungen

Tatbestandsvoraussetzung von S. 1 ist, dass ein **Arbverh vor dem 28.7.1995 besteht** und der AN danach vom AG einen Nachweis **verlangt**. Die Nachweispflicht entsteht nicht, soweit der Tatbestand der Ausnahmeregelung in S. 2 erfüllt ist.

1. Nachweispflicht in Übergangsfällen (S. 1). a) Vor dem 28.7.1995 bestehendes Arbeitsverhältnis. Das Arbverh muss vor dem Tag des Inkrafttretens am 28.7.1995 wirksam begründet gewesen sein und dem sachlichen und persönlichen Anwendungsbereich des NachwG i.S.d. § 1 unterliegen. Andernfalls unterliegt das Arbverh nicht dem NachwG oder es ist ein neues Arbverh, für das die Nachweispflicht kraft Gesetzes bei Begründung entstanden ist. Der Anspruch erlischt nicht, wenn das Arbverh beendet wird. Erst mit Eintritt der Verjährung (siehe Vor NachwG Rn 58) ist die Nachweispflicht des AG faktisch beendet. Zu den seit dem 27.7.1995 bestehenden Arbverh gehören auch solche, deren Rechte und Pflichten im Rahmen eines Betriebsübergangs gem. § 613a BGB auf einen neuen AG übergegangen sind (siehe Vor NachwG Rn 68).[1]

b) Verlangen des Arbeitnehmers. Der AN muss vom AG den Nachweis verlangen, damit die Nachweispflicht entsteht. Darin liegt kein Verstoß gegen das Gebot der effektiven Umsetzung des Gemeinschaftsrechts.[2] Das Verlangen ist **formfrei**. Der AN sollte das Verlangen aber **aus Beweisgründen schriftlich mit Zugangsbestätigung** ausüben.[3]

Fehlt es an einem solchen Verlangen des AN, scheiden entsprechende Schadensersatzansprüche des AN aus, wenn der AG seine Mitteilungspflichten nach dem NachwG schuldhaft verletzt und der AN dadurch einen Schaden erlitten hat (siehe zum Schadensersatzanspruch des AN Vor NachwG Rn 24 ff.).[4] Anderes gilt hingegen, sofern nach Inkrafttreten des NachwG eine Änderung wesentlicher Vertragsbedingungen eintritt. Für diesen Fall trifft den AG gem. § 3 S. 1 eine entsprechende Mitteilungspflicht auch ohne vorangehendes Nachweisverlangen.[5] Dies gilt unabhängig von der Tatsache, dass der zugrunde liegende Arbeitsvertrag selbst aus der Zeit vor Inkrafttreten des NachwG datiert.[6]

2. Ausnahmeregelung (S. 2). Parallel zu § 2 Abs. 4 befreit die Vorschrift **insoweit** von der Nachweispflicht in Altfällen, als der AN bereits über **ausreichende, den Nachweispflichten gem. § 2 genügende Dokumente** in Form eines schriftlichen Arbeitsvertrags oder einer sonstigen, vom AG unterzeichneten Niederschrift verfügt.

---

1 Vgl. *Schaefer*, D Rn 156.
2 EuGH 4.12.1997 – C-253/96 – C-258/96 – Kampelmann – Slg. I-1997, 6907; LAG Hamm 2.7.1998 – 4 Sa 339/96 – ZTR 1998, 512.
3 Vgl. HWK/*Kliemt*, § 4 NachwG Rn 2.
4 LAG Hamm 18.10.2007 – 8 Sa 942/07.
5 LAG Hamm 18.10.2007 – 8 Sa 942/07.
6 LAG Hamm 18.10.2007 – 8 Sa 942/07.

II. Rechtsfolge

6 Rechtsfolge von S. 1 ist, dass **mit Zugang des Verlangens** beim AG die Nachweispflicht **entsteht**. Der Anspruch des AN wird in **zwei Monaten nach Zugang fällig**.[7]

Inhalt der Nachweispflicht sind gem. **§ 2 Abs. 1 S. 1** die wesentlichen Vertragsbedingungen, die im Zeitpunkt des Verlangens Inhalt des Arbverh sind. Auch **ohne Verlangen des AN** hat der AG seit dem 28.7.1995 aber eine **Nachweispflicht i.S.d. § 3 S. 1** für Änderungen der wesentlichen Vertragsbedingungen (siehe Rn 4).[8]

Soweit der AG die wesentlichen Vertragsbedingungen, die Gegenstand der Nachweispflicht sind, bereits in anderen Dokumenten niedergelegt hat, genügt zur Erfüllung die Aushändigung einer unterzeichneten **Kopie**.[9]

§ 5 Unabdingbarkeit

Von den Vorschriften dieses Gesetzes kann nicht zuungunsten des Arbeitnehmers abgewichen werden.

A. Normzweck

1 § 5 vervollständigt den Schutzzweck des NachwG (siehe Vor NachwG Rn 1). Zugunsten des AN ist das NachwG zwingendes Recht.

B. Regelungsgehalt

2 Zu Ungunsten des AN darf weder gesetzlich noch vertraglich von den Bestimmungen des NachwG abgewichen werden. Ein Verstoß führt zur Unwirksamkeit der entsprechenden Bestimmung. Eine einzel- oder kollektivvertragliche Regelung ist wegen Verstoßes gegen § 5 unwirksam. Eine gesetzliche Bestimmung ist wegen Verstoßes gegen Gemeinschaftsrecht nicht anwendbar. Ein **Verzicht des AN** ist **unwirksam**, weil keine Dispositionsbefugnis besteht.

3 Soweit dagegen Bestimmungen einen weitergehenden Schutz des AN bewirken, können sie die Bestimmungen des NachwG überlagern (vgl. Art. 7 NachwRL).[1] Das gilt sowohl für gesetzliche als auch für einzel- oder kollektivvertragliche Regelungen, die weiterreichende Dokumentations- oder Informationspflichten des AG schaffen.

---

[7] Vgl. *Schaefer*, D Rn 152; ErfK/*Preis*, § 4 NachwG Rn 1.
[8] Vgl. *Schaefer*, B Rn 52; ErfK/*Preis*, § 4 NachwG Rn 1; LAG Hamm 18.10.2007 – 8 Sa 942/07.
[9] LAG Niedersachsen 26.7.2001 – 7 Sa 1813/00 – NZA-RR 2002,118.
[1] Vgl. EG-Recht Rn 1 ff.

Gesetz über die Pflegezeit (Pflegezeitgesetz – PflegeZG)

Vom 28.5.2008, BGBl I S. 874, I 896, BGBl III 860-11-4

§ 1 Ziel des Gesetzes

Ziel des Gesetzes ist, Beschäftigten die Möglichkeit zu eröffnen, pflegebedürftige nahe Angehörige in häuslicher Umgebung zu pflegen und damit die Vereinbarkeit von Beruf und familiärer Pflege zu verbessern.

Literatur: *Düwell,* Auf dem Weg zu einem Pflegezeitgesetz, jurisPR-ArbR 51/07; *Freihube/Sasse,* Was bringt das neue Pflegezeitgesetz!?, DB 2008, 1320; *Müller,* Das Pflegezeitgesetz (PflegeZG) und seine Folgen für die arbeitsrechtliche Praxis, BB 2008, 1058; *Müller/Stuhlmann,* Das neue Pflegezeitgesetz – eine Übersicht, ZTR 2008, 290; *Preis,* Der Regierungsentwurf eines Pflegezeitgesetzes, NZA 2008, 82; *Preis/Nehring,* Der Regierungsentwurf eines Pflegezeitgesetzes, NZA 2008, 729; *Schlegel,* Rechtsänderungen durch das Pflege-Weiterentwicklungsgesetz, jurisPR-SozR 10/2008; *Schwerdle,* Arbeitsbefreiung bei Pflege von nahen Angehörigen – Kündigungsschutz selbst in der Probezeit?, ZTR 2007, 655

A. Allgemeines

Mit der Reform der Pflegeversicherung durch das Gesetz zur strukturellen Weiterentwicklung der Pflegeversicherung vom 28.5.2008[1] soll die ambulante Pflege, insb. auch die häusliche Pflege, pflegebedürftiger Menschen durch Angehörige gestärkt werden. Der Vorrang der häuslichen Pflege gilt seit Einführung der sozialen Pflegeversicherung[2] – SGB XI – als eines der wesentlichen Ziele der Pflegeversicherung und hat bereits in § 3 SGB XI seinen gesetzlichen Niederschlag gefunden. Damit soll dem Anliegen pflegebedürftiger Menschen Rechnung getragen werden, solange wie möglich durch vertraute Angehörige in gewohnter Umgebung oder zumindest ambulant und nicht in einem Pflegeheim versorgt zu werden.[3] Die arbeitsrechtlich notwendigen Rahmenbedingungen zur Verwirklichung des in § 1 genannten Ziels des Gesetzes, die Vereinbarkeit von familiärer Pflege und Beruf zu verbessern, wurden mit dem zum 1.7.2008[4] in Kraft getretenen Pflegezeitgesetz (PflegeZG) geschaffen.

B. Regelungsgehalt

Die mit dem PflegeZG neu geregelten Pflegezeiten basieren auf zwei Säulen. Bei unerwartetem Eintritt einer besonderen Pflegesituation eines Angehörigen haben berufstätige Beschäftigte das Recht, bis zu zehn Arbeitstage der Arbeit fern zu bleiben, sog. kurzzeitige Arbeitsverhinderung – § 2. Bei längerem Pflegebedarf besteht für Beschäftigte in Unternehmen mit mehr als 15 Beschäftigten darüber hinaus die Möglichkeit, durch vollständige oder teilweise Freistellung von der Arbeit den Angehörigen bis zu einer Dauer von sechs Monaten in häuslicher Umgebung zu pflegen, sog. Pflegezeit – §§ 3, 4.

Das PflegeZG regelt im Einzelnen die Voraussetzungen des Anspruchs auf kurzzeitige Arbeitsverhinderung oder Pflegezeit und enthält daneben kündigungsschutzrechtliche Sonderbestimmungen (§ 5) sowie die Zulässigkeit der Befristung von Arbeitsverträgen im Zusammenhang mit der Vertretung eines Beschäftigten, der wegen der Pflege eines Angehörigen von der Arbeit freigestellt ist (§ 6).

C. Verbindung zu anderen Rechtsgebieten und zum Prozessrecht

Nach der Begründung zum Entwurf des PflegeZG sind die Regelungen zur Pflegezeit an die Regelungen zur Inanspruchnahme von Elternzeit nach §§ 15, 16 BEEG angelehnt.[5]

---

1 BGBl I 2008, 874.
2 Gesetz zur sozialen Absicherung des Risikos der Pflegebedürftigkeit (PflegeVG) v. 26.5.1994, BGBl I, 1014.
3 BR-Drucks 718/07, 1, 217. Siehe bereits die Gesetzesbegründung zu § 3 SGB XI, BT-Drucks 12/5262, 89.
4 Art. 3 des Gesetzes zur strukturellen Weiterentwicklung der Pflegeversicherung.
5 BR-Drucks 718/07, 218.

§ 2 Kurzzeitige Arbeitsverhinderung

(1) Beschäftigte haben das Recht, bis zu zehn Arbeitstage der Arbeit fernzubleiben, wenn dies erforderlich ist, um für einen pflegebedürftigen nahen Angehörigen in einer akut aufgetretenen Pflegesituation eine bedarfsgerechte Pflege zu organisieren oder eine pflegerische Versorgung in dieser Zeit sicherzustellen.

(2) [1]Beschäftigte sind verpflichtet, dem Arbeitgeber ihre Verhinderung an der Arbeitsleistung und deren voraussichtliche Dauer unverzüglich mitzuteilen. [2]Dem Arbeitgeber ist auf Verlangen eine ärztliche Bescheinigung über die Pflegebedürftigkeit des nahen Angehörigen und die Erforderlichkeit der in Absatz 1 genannten Maßnahmen vorzulegen.

(3) Der Arbeitgeber ist zur Fortzahlung der Vergütung nur verpflichtet, soweit sich eine solche Verpflichtung aus anderen gesetzlichen Vorschriften oder auf Grund einer Vereinbarung ergibt.

A. Allgemeines	1	1. Anzeigepflicht	7
B. Regelungsgehalt	2	2. Nachweispflicht	8
I. Anspruch auf Arbeitsbefreiung bei kurzzeitiger Pflege (Abs. 1)	2	III. Rechtsfolgen	10
1. Anwendungsbereich	2	1. Leistungsverweigerungsrecht	10
2. Voraussetzungen	3	2. Entgeltfortzahlung	11
a) Akut auftretende Pflegesituation	3	C. Verbindung zu anderen Rechtsgebieten und zum Prozessrecht	15
b) Erforderlichkeit der Arbeitsverhinderung	6	D. Beraterhinweise	16
II. Geltendmachung (Abs. 2)	7		

A. Allgemeines

1 Mit dem Anspruch auf kurzzeitige Arbeitsverhinderung soll berufstätigen Familienmitgliedern die Möglichkeit gegeben werden, zügig und zeitnah auf einen **plötzlich** eintretenden **Pflegebedarf** eines Angehörigen zu reagieren und eine sofortige pflegerische Versorgung sicherzustellen.[1] Die Arbeitsbefreiung von bis zu zehn Arbeitstagen kann vom Beschäftigten z.B. dazu genutzt werden, für den pflegebedürftigen Angehörigen nach einer stationären Behandlung eine sachgerechte Anschlussversorgung, etwa durch einen Pflegedienst, zu organisieren oder die Versorgung von Pflegebedürftigen, die nach einem Krankenhausaufenthalt nicht direkt in einer geeigneten Pflegeeinrichtung untergebracht werden können, zunächst kurzfristig selbst zu Hause zu übernehmen.[2]

B. Regelungsgehalt

I. Anspruch auf Arbeitsbefreiung bei kurzzeitiger Pflege (Abs. 1)

2 **1. Anwendungsbereich.** Der persönliche und sachliche Anwendungsbereich dieser Vorschrift richtet sich nach § 7 (siehe § 7 Rn 1–8). Hervorzuheben ist, dass die Vorschrift auf alle Betriebe Anwendung findet, unabhängig von der Anzahl der Beschäftigten. Demgegenüber hat der Gesetzgeber bei der Pflegezeit in § 3 Abs. 1 S. 2 einen Schwellenwert eingeführt, wonach der Anspruch auf Pflegezeit nicht gegenüber AG mit i.d.R. **15 oder weniger Beschäftigten** besteht (siehe § 3 Rn 5,6).

3 **2. Voraussetzungen. a) Akut auftretende Pflegesituation.** Beschäftigte i.S.d. § 7 Abs. 1 haben gem. Abs. 1 das Recht, bis zu **zehn Arbeitstage** der Arbeit fernzubleiben, wenn dies erforderlich ist, um für einen pflegebedürftigen nahen Angehörigen i.S.d. § 7 Abs. 3 (siehe § 7 Rn 6) in einer **akut auftretenden Pflegesituation** eine bedarfsgerechte Pflege zu organisieren oder eine pflegerische Versorgung in dieser Zeit sicherzustellen. Damit ist das Recht, der Arbeit fern zu bleiben, auf Akutfälle beschränkt und kann nur in Anspruch genommen werden, wenn im konkreten Fall die Notwendigkeit einer pflegerischen Versorgung besteht.[3] Im Anwendungsbereich des Abs. 1 genügt nach § 7 Abs. 4 S. 2 auch eine voraussichtlich zu erwartende Pflegebedürftigkeit. Welche Anforderungen an die insoweit erforderliche Prognose zu stellen sind, lassen Gesetzeswortlaut und -begründung offen. Die bloße Möglichkeit einer Pflegebedürftigkeit reicht nicht aus, vielmehr sind Tatsachen erforderlich, auf deren Grundlage der Eintritt einer Pflegebedürftigkeit als überwiegend wahrscheinlich erscheint.[4]

4 Nicht zu verwechseln ist die Pflegesituation mit der Pflegebedürftigkeit. Die **Pflegesituation** muss akut, d.h. plötzlich und unerwartet aufgetreten sein. Daraus folgt, dass ein Anspruch, der Arbeit fernzubleiben, ausgeschlossen ist, wenn die Pflegesituation für den Beschäftigten bereits seit längerem vorhersehbar war oder schon seit längerem eingetreten ist. Die Pflegesituation ist dabei gleichzusetzen mit der Behinderung bzw. dem Hilfebedarf der pflegebedürftigen Person, die eine Organisation bzw. Sicherstellung der Pflege erforderlich macht. Dabei ist in erster Linie

---

1 BR-Drucks 718/07, S. 217.
2 BR-Drucks 718/07, S. 217.
3 BR-Drucks 718/07, S. 220.
4 *Müller*, BB 2008, 1058.

an die Organisation bzw. Sicherstellung der **Grundpflege** und der **hauswirtschaftlichen Versorgung** zu denken. Durch die Einbeziehung der voraussichtlichen Pflegebedürftigkeit gem. § 7 Abs. 4 S. 2 fallen unter organisatorische Maßnahmen z.B. auch die Inanspruchnahme von Aufklärungs- und Beratungsleistungen der Pflegekasse gem. § 7 Abs. 1, 2 SGB XI oder die Pflegeberatung (Fallmanagement) gem. § 7a SGB XI. Im Rahmen der Pflegeberatung wird der Hilfebedarf erfasst und ein individueller Versorgungsplan aufgestellt. Dabei soll die Pflegeberatung insbesondere unter Einbeziehung von Angehörigen erfolgen, vgl. § 7a Abs. 2 SGB XI. Die akute Pflegesituation wird demnach i.d.R. bereits zu einem Zeitpunkt eintreten, zu dem das Verfahren zur Erlangung von Leistungen nach dem SGB XI oder von einer privaten Pflegeversicherung noch nicht begonnen hat oder erst am Anfang steht.[5]

Der Gesetzgeber hat nicht geregelt, wie oft der Beschäftigte von seinem Recht, bis zu zehn Arbeitstage der Arbeit fernzubleiben, Gebrauch machen kann. In der Gesetzesbegründung wird darauf hingewiesen, dass die Notwendigkeit der pflegerischen Versorgung je Pflegefall regelmäßig nur einmal pro pflegebedürftigen Angehörigen der Fall sein werde.[6] Es besteht daher **keine gesetzliche Grenze** für eine **mehrmalige Inanspruchnahme**, wobei die Pflegesituation i.d.R. nur bei der erstmalig auftretenden Pflegebedürftigkeit akut sein dürfte und angesichts der Gesetzesbegründung eine enge Auslegung angezeigt ist.[7] Eine erneute Geltendmachung kommt dagegen z.B. dann in Betracht, wenn aufgrund veränderter Umstände hinsichtlich der Betreuung die Organisation bzw. Sicherstellung der Pflege des nahen Angehörigen wieder erforderlich wird.[8]

b) Erforderlichkeit der Arbeitsverhinderung. Voraussetzung ist weiter, dass das Fernbleiben von der Arbeit **objektiv erforderlich** ist, um eine bedarfsgerechte Pflege oder die pflegerische Versorgung zu organisieren. Daraus folgt, dass der Anspruch nicht besteht, wenn bereits eine andere Person für den Pflegebedürftigen eine bedarfsgerechte Pflege organisiert bzw. eine pflegerische Versorgung sichergestellt ist.[9] Angehörige, die für diese Aufgabe selbst den Anspruch nach Abs. 1 in Anspruch nehmen müssten, zählen allerdings nicht mit.[10] Die Erforderlichkeit des Fernbleibens von der Arbeit muss dabei auch hinsichtlich der zeitlichen Dauer gegeben sein.[11] Daraus folgt, dass die Dauer der Arbeitsverhinderung – abgesehen von der gesetzlichen Höchstdauer von zehn Tagen – auf den Zeitraum begrenzt ist, in dem die persönliche Verhinderung des Beschäftigten besteht.

II. Geltendmachung (Abs. 2)

1. Anzeigepflicht. Abs. 2 enthält eine gesetzliche Regelung zu den bei einer kurzzeitigen Arbeitsverhinderung bestehenden Nebenpflichten des Beschäftigten. Abs. 2 S. 1 sieht eine **Anzeigepflicht** und Abs. 2 S. 2 eine **Nachweispflicht** vor. Die Mitteilungspflicht dient der Dispositionsmöglichkeit des AG, die ihrem Wortlaut nach an die Mitteilungspflicht bei Arbeitsunfähigkeit wegen Krankheit gem. § 5 Abs. 1 S. 1 EFZG angelehnt ist. Danach sind Beschäftigte verpflichtet, dem AG ihre Verhinderung an der Arbeitsleistung und deren voraussichtliche Dauer **unverzüglich**, d.h. **ohne schuldhaftes Zögern** i.S.d. § 121 BGB mitzuteilen.[12] Damit ist der AG nicht sofort, aber so schnell wie es dem Beschäftigten möglich ist, zu informieren.[13] Maßgebend für die rechtzeitige Erfüllung der Anzeigepflicht ist dabei der Zugang der Mitteilung, nicht deren Absendung.[14] Eine bestimmte Form der Anzeige ist im Gesetz nicht vorgesehen, so dass sich der Beschäftigte grds. aller Kommunikationsmittel bedienen oder einen Boten einschalten kann, sofern damit eine unverzügliche Anzeige gewährleistet ist.

2. Nachweispflicht. Auf Verlangen des AG hat der Beschäftigte eine **ärztliche Bescheinigung** vorzulegen. Die ärztliche Bescheinigung muss gem. Abs. 2 S. 2 neben der – voraussichtlichen – **Pflegebedürftigkeit** eines namentlich zu benennenden nahen Angehörigen auch die **Erforderlichkeit** einer der in Abs. 1 genannten Maßnahmen bestätigen. Demzufolge muss aus der ärztlichen Bescheinigung auch hervorgehen, dass der Beschäftigte infolge der Pflegesituation eine bedarfsgerechte Pflege zu organisieren oder eine pflegerische Versorgung sicherzustellen hat. Damit ist der Arzt im Hinblick auf die außerhalb des medizinischen Bereichs liegenden Umstände auf die Aussagen des Angehörigen angewiesen.[15]

Die ärztliche Bescheinigung braucht sich nicht mit der Frage der voraussichtlichen Dauer der Pflegebedürftigkeit zu befassen. Dies ergibt sich bereits aus dem Wortlaut des Abs. 2 S. 2, der gegenüber § 5 Abs. 1 S. 4 EFZG keine Angaben über die voraussichtliche Dauer des Verhinderungsgrundes nennt. Der Hinweis auf die Dauer der Pflegebedürftigkeit erübrigt sich auch im Anwendungsbereich der kurzzeitigen Arbeitsverhinderung von bis zu zehn Arbeits-

---

5 *Schlegel*, jurisPR-SozR 10/2008.
6 BT-Drucks 16/7439, S. 90.
7 *Schlegel*, jurisPR-SozR 10/2008. A.A. *Freihube/Sasse*, DB 2008 1320, die nur eine einmalige Inanspruchnahme je pflegebedürftigen Angehörigen als erforderlich ansehen.
8 *Schwerdle*, ZTR 2007, 655.
9 *Preis/Nehring*, NZA 2008, 729.
10 Zum Freistellungsanspruch bei Erkrankung eines Kindes gem. § 45 SGB V, *Krauskopf-Vay*, SozKV, § 45 SGB V Rn 12.
11 *Müller/Stuhlmann*, ZTR 2008, 290; *Preis/Nehring*, NZA 2008, 729.
12 MünchArbR/*Boecken*, § 85 Rn 13.
13 Zu § 5 EFZG ErfK/*Dörner*, § 5 EFZG Rn 13.
14 BAG 31.8.1989 – 2 AZR 13/8 – BB 1990, 559 zu § 5 EFZG.
15 *Freihube/Sasse*, DB 2008, 1320.

tagen, da eine Pflegebedürftigkeit i.S.d. §§ 14, 15 SGB XI nur dann vorliegt, wenn der Pflegebedürftige voraussichtlich für mindestens sechs Monate der Hilfe bedarf.[16]

III. Rechtsfolgen

10 1. **Leistungsverweigerungsrecht.** Abs. 1 gibt dem Beschäftigten das Recht, der Arbeit fernzubleiben. Die Vorschrift ist als **Leistungsverweigerungsrecht** ausgestaltet. Demgegenüber ist die vergleichbare Regelung bei Betreuung eines erkrankten Kindes gem. § 45 Abs. 3, Abs. 4 S. 3 SGB V als Anspruch auf Freistellung und nicht als Einrede ausgestaltet (siehe § 45 SGB V Rn 16). Die in zeitlicher Hinsicht weisungsgebundenen Beschäftigten, insb. AN, tragen damit das Risiko einer Abmahnung und ggf. einer verhaltensbedingten Künd, wenn sie sich zu Unrecht auf Abs. 1 berufen.

11 2. **Entgeltfortzahlung.** Gem. Abs. 3 ist der AG zur Fortzahlung der Vergütung nur verpflichtet, wenn sich eine solche Verpflichtung aus anderen gesetzlichen Vorschriften oder aufgrund einer Vereinbarung ergibt. Daraus folgt, dass die berechtigte Inanspruchnahme des Leistungsverweigerungsrechts im Grundsatz gem. § 326 BGB den Wegfall des Entgeltanspruchs zur Folge hat, wenn sich nicht die Aufrechterhaltung des Anspruchs aus einer anderen Vorschrift ergibt. Für Beschäftigte des **öffentlichen Dienstes** ergibt sich die Entgeltfortzahlungspflicht nach § 29 Abs. 1 TVöD/TV-Länder[17] und für **Auszubildende** nach § 19 Abs. 1 S. 2 BBiG. Für andere Beschäftigte kommt – sofern eine individual- oder kollektivrechtliche Regelung nicht vorhanden ist – ein Anspruch auf Entgeltfortzahlung gem. **§ 616 BGB** in Betracht. Insoweit wird auch in der Gesetzesbegründung[18] auf § 616 BGB und § 19 Abs. 1 Nr. 2 BBiG sowie auf die Möglichkeit einer individual- oder kollektivrechtlichen Vereinbarung verwiesen.

12 § 616 BGB setzt voraus, dass der Beschäftigte für eine verhältnismäßig **nicht erhebliche Zeit** durch einen in seiner Person liegenden Grund ohne sein Verschulden an der Dienstleistung verhindert wird. Die Rspr. des BAG hat die Betreuung und Pflege eines nahen Angehörigen als einen in der Person liegenden Grund anerkannt (siehe § 616 BGB Rn 11,12). Dabei wurden von der Rspr. des BAG bislang als Angehörige nur Eheleute,[19] Eltern, Geschwister und Abkömmlinge[20] anerkannt. Fraglich ist insoweit, ob künftig der zu § 616 BGB entwickelte Angehörigenbegriff auf alle in § 7 Abs. 3 genannten Angehörigen zu erweitern ist. Unter Berücksichtigung des Gesetzeszwecks und des weiten persönlichen Anwendungsbereichs des PflegeZG, ist davon auszugehen, dass ein Anspruch auf Fortzahlung der Vergütung nach § 616 BGB für die Pflege aller in § 7 Abs. 3 genannten Angehörigen besteht.[21]

13 Die h.M. vertritt bei der Frage, welcher Zeitraum als verhältnismäßig noch unerheblich angesehen werden kann, eine belastungsbezogene Betrachtungsweise. Danach soll auf die gesamten Umstände des Einzelfalls abgestellt werden. Insb. soll es auf das Verhältnis zwischen der Dauer der Verhinderung und der Länge der bisherigen Beschäftigung ankommen.[22] Bei der Pflege erkrankter Angehöriger ist von der Rspr. bislang eine Obergrenze von fünf Tagen angenommen worden.[23] Problematisch ist insoweit, dass z.T.[24] gefordert wird, dass der gesamte Entgeltfortzahlungsanspruch entfallen soll, wenn der Verhinderungszeitraum darüber hinausgeht. Hinzu kommt, dass § 616 BGB abdingbar ist, so dass abweichende Regelungen nicht nur von TV-Parteien, sondern auch von den Vertragsparteien vereinbart werden können.

14 Auszubildende haben demgegenüber gem. § 19 Abs. 1 Nr. 2b) BBiG bis zu sechs Wochen Anspruch auf Vergütung, wenn sie aus einem in ihrer Person liegendem Grund unverschuldet verhindert sind, ihre Pflichten aus dem Berufsausbildungsverhältnis zu erfüllen. Die Vorschrift entspricht § 616 BGB, ist jedoch unabdingbar und nicht lediglich auf eine verhältnismäßig erhebliche Zeit begrenzt (siehe § 19 BBiG Rn 11).

C. Verbindung zu anderen Rechtsgebieten und zum Prozessrecht

15 Die anspruchsbegründenden Tatsachen hat der Beschäftigte darzulegen und zu beweisen. Dazu gehört zunächst die mit einer ärztlichen Bescheinigung nachzuweisende Pflegebedürftigkeit eines nahen Angehörigen sowie die Erforderlichkeit eine Maßnahme nach Abs. 1 zu ergreifen. Selbiges gilt hinsichtlich der akut eintretenden Pflegesituation. Es ist anzunehmen, dass die Rspr. des BAG[25] zum Beweiswert einer Arbeitsunfähigkeitsbescheinigung, nach der für die inhaltliche Richtigkeit des ärztlichen Attests der Beweis des ersten Anscheins spricht, auf Bescheinigungen i.S.d. Abs. 2 S. 2 übertragen wird.[26] Demnach muss der AG, um den Beweiswert der Bescheinigung zu erschüttern, Umstände darlegen und nachweisen, die Anlass zu ernsthaften Zweifeln an der Richtigkeit der Bescheinigung geben.[27]

---

16 *Müller*, BB 2008, 1058.
17 So noch zu § 52 BAT, BAG 18.1.2001 – 6 AZR 492/99 – NZA 2002, 47.
18 BR-Drucks 718/07, S. 220.
19 BAG 20.7.1977 – 5 AZR 325/76 – DB 1977, 2332.
20 BAG 19.4.1978 – 5 AZR 834/76 – DB 1978, 1595.
21 A.A. *Freihube/Sasse*, DB 2008, 1320.
22 BAG GS 17.12.1959 – GS 2/59 – NJW 1960, 738.
23 BAG 19.4.1978 – 5 AZR 834/76 – DB 1978, 1595.
24 ErfK/*Dörner*, § 616 Rn 10.
25 BAG 15.7.1992 – 5 AZR 312/91 – NZA 1993, 23; BAG 19.2.1997 – 5 AZR 747/93 – DB 1997, 1235. Siehe hierzu MünchArbR/*Boecken*, § 85 Rn 49.
26 *Freihube/Sasse*, DB 2008, 1320. Dabei sollte nur der durch den Arzt festgestellte medizinische Sachverhalt einen Anscheinsbeweis begründen.
27 BAG 15.7.1992 – 5 AZR 312/91 – NZA 1993, 23.

Gelingt dem AG dieser Beweis, kann der Beschäftigte die Pflegebedürftigkeit eines nahen Angehörigen und die Erforderlichkeit einer Maßnahme nach Abs. 1 nicht mehr allein durch Vorlage einer ärztlichen Bescheinigung nachweisen. Er hat aber die Möglichkeit mit den Beweismitteln der ZPO nachzuweisen, dass die – ggf. voraussichtliche – Pflegebedürftigkeit bei einem nahen Angehörigen vorliegt und die Maßnahmen nach Abs. 1 erforderlich sind. Dazu gehört hinsichtlich der Pflegebedürftigkeit insb. die Vernehmung des behandelnden Arztes oder ggf. die Einholung eines Sachverständigengutachtens.

D. Beraterhinweise

Die Erfüllung der Anzeige- und Nachweispflicht gem. Abs. 2 ist keine Anspruchsvoraussetzung. Allerdings kann eine Verletzung dieser Pflichten einen Schadensersatzanspruch des AG gem. § 280 BGB begründen und nach entsprechender Abmahnung auch eine verhaltensbedingte Künd rechtfertigen.

16

§ 3 Pflegezeit

(1) ¹Beschäftigte sind von der Arbeitsleistung vollständig oder teilweise freizustellen, wenn sie einen pflegebedürftigen nahen Angehörigen in häuslicher Umgebung pflegen (Pflegezeit). ²Der Anspruch nach Satz 1 besteht nicht gegenüber Arbeitgebern mit in der Regel 15 oder weniger Beschäftigten.
(2) ¹Die Beschäftigten haben die Pflegebedürftigkeit des nahen Angehörigen durch Vorlage einer Bescheinigung der Pflegekasse oder des Medizinischen Dienstes der Krankenversicherung nachzuweisen. ²Bei in der privaten Pflege-Pflichtversicherung versicherten Pflegebedürftigen ist ein entsprechender Nachweis zu erbringen.
(3) ¹Wer Pflegezeit beanspruchen will, muss dies dem Arbeitgeber spätestens zehn Arbeitstage vor Beginn schriftlich ankündigen und gleichzeitig erklären, für welchen Zeitraum und in welchem Umfang die Freistellung von der Arbeitsleistung in Anspruch genommen werden soll. ²Wenn nur teilweise Freistellung in Anspruch genommen wird, ist auch die gewünschte Verteilung der Arbeitszeit anzugeben.
(4) ¹Wenn nur teilweise Freistellung in Anspruch genommen wird, haben Arbeitgeber und Beschäftigte über die Verringerung und die Verteilung der Arbeitszeit eine schriftliche Vereinbarung zu treffen. ²Hierbei hat der Arbeitgeber den Wünschen der Beschäftigten zu entsprechen, es sei denn, dass dringende betriebliche Gründe entgegenstehen.

§ 4 Dauer der Pflegezeit

(1) ¹Die Pflegezeit nach § 3 beträgt für jeden pflegebedürftigen nahen Angehörigen längstens sechs Monate (Höchstdauer). ²Für einen kürzeren Zeitraum in Anspruch genommene Pflegezeit kann bis zur Höchstdauer verlängert werden, wenn der Arbeitgeber zustimmt. ³Eine Verlängerung bis zur Höchstdauer kann verlangt werden, wenn ein vorgesehener Wechsel in der Person des Pflegenden aus einem wichtigen Grund nicht erfolgen kann. ⁴Die Pflegezeit wird auf Berufsbildungszeiten nicht angerechnet.
(2) ¹Ist der nahe Angehörige nicht mehr pflegebedürftig oder die häusliche Pflege des nahen Angehörigen unmöglich oder unzumutbar, endet die Pflegezeit vier Wochen nach Eintritt der veränderten Umstände. ²Der Arbeitgeber ist über die veränderten Umstände unverzüglich zu unterrichten. ³Im Übrigen kann die Pflegezeit nur vorzeitig beendet werden, wenn der Arbeitgeber zustimmt.

A. Allgemeines	1
B. Regelungsgehalt	2
I. Voraussetzungen der Pflegezeit (§ 3 Abs. 1)	2
1. Pflege eines nahen Angehörigen in häuslicher Umgebung	2
2. Schwellenwertregelung	5
II. Geltendmachung	7
1. Möglichkeiten der Inanspruchnahme	7
2. Anzeige- und Nachweispflichten (§ 3 Abs. 2, 3)	9
3. Verfahren bei Reduzierung der Arbeitszeit (§ 3 Abs. 4)	11
a) Schriftliche Vereinbarung	11
b) Dringende betriebliche Gründe	13
III. Dauer der Pflegezeit (§ 4 Abs. 1)	14
1. Höchstdauer	14
2. Verlängerung der Pflegezeit	15
3. Vorzeitige Beendigung der Pflegezeit (§ 4 Abs. 2)	16
C. Verbindung zu anderen Rechtsgebieten und zum Prozessrecht	17
I. Prozessuales	17
II. Sozialer Schutz während der Pflegezeit	18
1. Gesetzliche Kranken- und Pflegeversicherung	18
2. Gesetzliche Rentenversicherung	19
3. Arbeitslosenversicherung	20
4. Unfallversicherung	21
D. Beraterhinweise	22

A. Allgemeines

1 Mit der in § 3 geregelten Pflegezeit wird ein Rechtsanspruch auf volle oder teilweise **Freistellung** von der Arbeitsleistung für die Dauer bis zu sechs Monaten zur Pflege eines nahen Angehörigen verankert, der in Anlehnung an die Regelungen über die Inanspruchnahme von Elternzeit ausgestaltet ist. Die zeitliche Begrenzung der Pflegezeit auf höchstens **sechs Monate** ist in § 4 Abs. 1 S. 1 geregelt und soll dabei sicherstellen, dass die Betreuung durch Familienangehörige die Betreuung pflegebedürftiger Menschen durch professionelle Pflegeeinrichtungen oder Pflegeheime nicht ersetzt, sondern auf die akute Phase der Pflege beschränkt.[1]

B. Regelungsgehalt

I. Voraussetzungen der Pflegezeit (§ 3 Abs. 1)

2 **1. Pflege eines nahen Angehörigen in häuslicher Umgebung.** Der Anspruch auf Pflegezeit ist in § 3 Abs. 1 geregelt. Nach § 3 Abs. 1 sind Beschäftigte vollständig oder teilweise von der Arbeit freizustellen, wenn Sie einen pflegebedürftigen nahen Angehörigen pflegen. Hinsichtlich des anspruchsberechtigten Personenkreises sowie des Begriffs des nahen Angehörigen gelten keine Besonderheiten gegenüber dem Anspruch auf Arbeitsbefreiung bei kurzzeitiger Pflege (siehe § 7 Rn 2–6). Im Unterschied zu dem in § 2 Abs. 1 geregelten Anspruch bei kurzzeitiger Pflege reicht demgegenüber für die Inanspruchnahme der Pflegezeit i.S.d. § 3 Abs. 1 eine voraussichtlich zu erwartende Pflegebedürftigkeit nicht aus. Vielmehr muss die Pflegebedürftigkeit bereits zum Zeitpunkt der Freistellung nachweisbar bestehen.

3 Erforderlich ist dagegen nicht, dass der Beschäftigte zum Zeitpunkt der Ankündigung gem. § 3 Abs. 3 den Angehörigen bereits tatsächlich selbst pflegt. Ausreichend aber auch erforderlich ist, dass ab diesem Zeitpunkt eine ernsthafte Pflegeabsicht besteht und die Pflegeleistung während der Pflegezeit auch tatsächlich erbracht wird.[2] Das setzt voraus, dass der Beschäftigte den Angehörigen auch objektiv pflegen kann.[3]

4 Die Pflege ist in der **häuslichen Umgebung** durchzuführen, § 3 Abs. 1 S. 1. Dem Gesetzeswortlaut lässt sich keine Einschränkung dahingehend entnehmen, dass der Angehörige in dessen eigener häuslicher Umgebung zu pflegen ist.[4] Dies entspricht auch Sinn und Zweck des Gesetzes,[5] dem Wunsch Pflegebedürftiger Rechnung zu tragen, durch vertraute Angehörige in gewohnter Umgebung gepflegt werden zu können. Demnach ist in Anlehnung an den im Pflegeversicherungsrecht entwickelten Begriff der häuslichen Umgebung die Pflege im eigenen Haushalt nicht zu verlangen.[6] Das Merkmal der häuslichen Pflege dient also ausschließlich der Abgrenzung zur Pflege in zugelassenen Pflegeheimen, Krankenhäusern oder Rehabilitations- und Behinderteneinrichtungen.[7]

5 **2. Schwellenwertregelung.** Der Anspruch auf Pflegezeit besteht nicht gegenüber AG mit i.d.R. **15 oder weniger Beschäftigten**, § 3 Abs. 1 S. 2. Das Gesetz geht von einer regelmäßigen Beschäftigtenzahl aus.

Damit ist die Beschäftigungslage, die im Allgemeinen für den Betrieb kennzeichnend ist, anhand eines Rückblicks auf die bisherige personelle Situation und einer Einbeziehung der künftigen Entwicklung festzustellen.[8] Beschäftigte i.S.d. § 3 Abs. 1 S. 2 sind nicht nur AN. Die Ausnahmevorschrift knüpft – anders als bei der vergleichbaren Norm des § 15 Abs. 7 Nr. 1 BEEG oder § 8 Abs. 7 TzBfG – weder an den AN-Begriff an, noch werden Auszubildende bei der Berechnung ausgenommen. Damit sind alle Beschäftigten i.S.d. § 7 Abs. 1, d.h. insb. auch die zu ihrer Berufsbildung Beschäftigten und arbeitnehmerähnliche Personen hinzuzurechnen und zwar unabhängig vom Umfang ihrer wöchentlichen Arbeitszeit.[9]

6 Hinsichtlich der **Darlegungs- und Beweislast** für das Vorliegen des betrieblichen Geltungsbereichs sind die Grundsätze der Rspr. des BAG zu § 23 KSchG heranzuziehen. Demnach trägt der **Beschäftigte** die Darlegungs- und Beweislast für den betrieblichen Geltungsbereich. Dabei reicht es aus, wenn er schlüssig vorträgt, dass zum Zeitpunkt der Geltendmachung mehr als 15 Personen i.S.d. § 7 Abs. 1 beschäftigt werden.[10] Als sachnahe Partei muss der AG dann zum Umfang, zur Struktur und zu den beschäftigten Personen substantiierte Angaben machen.[11] Bleibt auch nach der Beweiserhebung unklar, ob die erforderliche Beschäftigtenzahl erreicht ist, geht dieser Zweifel zu Lasten des Beschäftigten.

---

1 *Schwerdle*, ZTR 2007, 655.
2 *Müller*, BB 2008, 1058.
3 *Müller*, BB 2008, 1058.
4 *Müller*, BB 2008, 1058; *Müller/Stuhlmann*, ZTR 2008, 290; *Schlegel*, jurisPR-SozR 10/2008.
5 BR-Drucks 718/07, S. 1, 217.
6 *Krauskopf-Linke*, SozKV, § 36 SGB XI Rn 7.
7 *Krauskopf-Linke*, SozKV, § 36 SGB XI Rn 7.
8 BAG 31.1.1991 – 2 AZR 356/90 – AP § 23 KSchG 1969 Nr. 11.
9 Krit. hierzu *Preis*, NZA 2008, 82; a.A. *Schlegel*, jurisPR-SozR 10/2008.
10 BAG 26.6.2008 – 2 AZR 264/07 – DB 2008, 162; BAG 24.2.2005 – 2 AZR 373/03 – NZA 2005, 764.
11 BAG 24.2.2005 – 2 AZR 373/03 – NZA 2005, 764.

II. Geltendmachung

1. Möglichkeiten der Inanspruchnahme. Nach § 3 Abs. 1 sind Beschäftigte von der Arbeitsleistung **vollständig** oder **teilweise freizustellen**. Daraus folgt, dass Beschäftigten ein **Wahlrecht** zwischen vollständiger und teilweiser Freistellung von der Arbeit eingeräumt wird. Der Anspruch auf vollständige Freistellung bedarf weder einer Freistellungserklärung seitens des AG, noch einer Vereinbarung mit dem AG. Vielmehr tritt mit Beginn der Pflegezeit der Befreiungstatbestand ein, sofern die gesetzlichen Voraussetzungen erfüllt sind.

Demgegenüber kann der Beschäftigte die gewünschte **teilweise Inanspruchnahme** und die damit verbundene Reduzierung der Arbeitszeit nicht mit einer einseitigen Erklärung erreichen. Vielmehr muss er hierzu das in § 3 Abs. 4 geregelte mehrstufige Verfahren einhalten (siehe Rn 11, 12).

2. Anzeige- und Nachweispflichten (§ 3 Abs. 2, 3). Die Inanspruchnahme der Pflegezeit ist gegenüber dem AG **anzuzeigen** und **nachzuweisen**. Unabhängig davon, ob Beschäftigte eine vollständige oder nur teilweise Freistellung zur Pflege des Angehörigen in Anspruch nehmen wollen, haben sie nach § 3 Abs. 3 S. 1 die Pflegezeit dem AG spätestens **zehn Arbeitstage** vor deren Beginn **schriftlich** anzukündigen und gleichzeitig zu erklären, für **welchen Zeitraum** und in **welchem Umfang** die Freistellung von der Arbeitsleistung in Anspruch genommen werden soll. Die Schriftform umfasst dabei sowohl die Ankündigung der Pflegezeit, als auch deren Umfang, d.h., für welchen Zeitraum die Pflegezeit in Anspruch genommen wird. Darüber hinaus sieht § 3 Abs. 3 S. 2 vor, dass die Erklärung bei nur teilweiser Inanspruchnahme der Pflegezeit auch die **gewünschte Verteilung der Arbeitszeit** umfassen muss.[12] Verlangt der Beschäftigte Pflegezeit, ohne sich darüber zu erklären, in welchem Umfang und für welchen Zeitraum er die Pflegezeit in Anspruch nehmen will, so liegt eine wirksame Geltendmachung nicht vor.[13]

Eine Fristversäumung in der Weise, dass der Beschäftigte z.B. erst eine Woche vor dem geplanten Beginn der Pflegezeit seine Erklärung abgibt, hat nicht zur Folge, dass der Anspruch auf Freistellung ersatzlos untergeht. Vielmehr ist nach Sinn und Zweck der Vorschrift, dem AG Zeit zur Disposition des freiwerdenden Arbeitsplatzes zu verschaffen, auch dann Rechnung getragen, wenn der Beginn der Pflegezeit entsprechend verschoben wird.[14]

Der Beschäftigte ist an die **Ankündigung** der Pflegezeit und für welchen **Zeitraum** sie genommen wird, **gebunden**. Dies ergibt sich daraus, dass die zunächst für einen kürzeren Zeitraum in Anspruch genommene Pflegezeit nur mit Zustimmung des AG gem. § 4 Abs. 1 S. 2 verlängert und auch die vorzeitige Beendigung der Pflegezeit – abgesehen von dem in § 4 Abs. 1 S. 1 geregeltem Ausnahmefall – nicht einseitig durchgesetzt werden kann (siehe Rn 15, 16). Damit soll den Interessen des AG Rechnung getragen werden, der entsprechend der Ankündigung seine organisatorischen Dispositionen trifft und über eine ausreichende Planungssicherheit verfügen muss.[15]

Neben der Anzeigepflicht sieht § 3 Abs. 2 vor, dass die Pflegebedürftigkeit des nahen Angehörigen durch Vorlage einer **Bescheinigung der Pflegekasse** oder des **Medizinischen Dienstes** der Krankenversicherung nachzuweisen ist. Bei in der privaten Pflege-Pflichtversicherung versicherten Pflegebedürftigen ist ein entsprechender Nachweis zu erbringen, § 3 Abs. 2 S. 2. Aus dem Wortlaut lässt sich nur entnehmen, dass eine solche Bescheinigung dem AG vorgelegt werden muss. Nicht geregelt ist dagegen, zu welchem Zeitpunkt. Daraus folgt, dass es ausreicht, wenn die Bescheinigung **nachgereicht** wird. Sie muss weder mit der Anzeige nach § 3 Abs. 3 noch zum Zeitpunkt der Inanspruchnahme der Pflegezeit vorliegen. In der Gesetzbegründung wird insoweit auf § 18 SGB XI verwiesen, wonach die Pflegekassen durch den Medizinischen Dienst in einem Gutachten die tatsächlichen Krankheits- bzw. Behindertenzustand und den daraus folgenden Pflegebedarf prüfen lassen. § 18 SGB XI weist dem MDK zwar eine maßgebende Stellung zu. Jedoch trifft die Entscheidung über das Vorliegen der Pflegebedürftigkeit allein die Pflegekasse.

3. Verfahren bei Reduzierung der Arbeitszeit (§ 3 Abs. 4). a) Schriftliche Vereinbarung. Hinsichtlich der teilweisen Freistellung, d.h. der Verringerung der Arbeitszeit und ihrer Ausgestaltung bei dem AG, dem gegenüber der Beschäftigte den Anspruch auf Pflegezeit geltend macht, sieht das Gesetz ein **zweistufiges** Verfahren vor. Primär geht das Gesetz von einer Einigung zwischen dem Beschäftigten und dem AG über die Reduzierung der Arbeitszeit aus. Nach § 3 Abs. 4 S. 1 haben der AG und der Beschäftigte über die Verringerung und die Verteilung der Arbeitszeit **eine schriftliche Vereinbarung** zu treffen. Eine selbstständig einklagbare Verhandlungspflicht ergibt sich daraus ebenso wenig wie aus der insoweit vergleichbaren Vorschrift des § 8 Abs. 3 TzBfG, die auch nur eine Verhandlungsobliegenheit begründet.[16] Daraus folgt, dass die Verletzung dieser Obliegenheit auch nicht dazu führt, dass die Zustimmung des AG als erteilt gilt.[17] Allerdings spricht einiges dafür, dass die Rspr. einen Verstoß gegen die Verhandlungsobliegenheit mit den gleichen Konsequenzen belegt, wie einen Verstoß gegen § 8 Abs. 3 TzBfG.[18] Dem AG wird es auch im Zusammenhang mit dem Anspruch eines Beschäftigten auf Verringerung der Arbeitszeit wegen

---

12 Nach § 8 Abs. 2 TzBfG „soll" der AN die gewünschte Verteilung angeben.
13 BAG 16.10.2007 – 9 AZR 239/07 – NZA 2008, 289; Hk-TzBfG/*Boecken*, § 8 Rn 103.
14 So zu § 15 BErzGG, BAG 17.10.1990 – 5 AZR 10/90 – BB 1991, 414; *Müller/Stuhlmann*, ZTR 2008, 290.
15 BR-Drucks 718/07, S. 1, 223.
16 Siehe hierzu HK-TzBfG/*Boecken*, § 8 Rn 111 ff.
17 BAG 18.2.2003 – 9 AZR 356/02 – NZA 2003, 911.
18 BAG 18.2.2003 – 9 AZR 356/02 – NZA 2003, 911.

der Pflege eines nahen Angehörigen verwehrt sein, dem Beschäftigten später Einwendungen entgegenzuhalten, die er im Rahmen einer Verhandlung hätte ausräumen können.[19]

12 Nicht geregelt ist, bis zu welchem **Zeitpunkt** der AG spätestens eine Erklärung gem. Abs. 4 S. 1 abzugeben hat. Die schriftliche Vereinbarung muss jedenfalls spätestens bei Beginn der angekündigten Pflegezeit vorliegen.[20] Der Gesetzesbegründung lässt sich entnehmen, dass das Schriftformerfordernis im Interesse der Rechtssicherheit und mit Blick auf das Nachweisgesetz aufgenommen wurde.[21] Vor diesem Hintergrund wird z.T. vertreten, dass die Vereinbarung nicht der strengen Schriftform gem. § 126 BGB unterworfen ist.[22]

13 **b) Dringende betriebliche Gründe.** Gem. § 3 Abs. 4 S. 2 hat der AG im Rahmen der Vereinbarung über die Reduzierung der Arbeitszeit den Wünschen des Beschäftigten zu entsprechen, es sei denn, dass **dringende betriebliche Gründe** entgegenstehen. Diese Regelung ist § 15 Abs. 7 Nr. 4 BEEG nachgebildet, so dass dem AG – anders als bei einem Teilzeitverlangen nach § 8 TzBfG – nicht schon bei betrieblichen Gründen jeder Art eine Einwendungsmöglichkeit eingeräumt wird.

Unter Heranziehung der von der Rspr. zu § 15 Abs. 7 S. 1 Nr. 4 BEEG entwickelten Grundsätze kann es sich damit nur um Gründe handeln, die der beabsichtigten Arbeitszeitregelung **zwingend entgegenstehen**.[23] Damit hat der AG alle Möglichkeiten der Umorganisation zu prüfen und darzulegen, dass eine Reduzierung der bisherigen Arbeitszeit anstelle des vom Gesetz ohne Einschränkung vorgesehenen Totalausfalls für die Dauer der Pflegezeit nicht machbar ist.[24] In der Gesetzesbegründung wird davon gesprochen, dass bei der Prüfung der entgegenstehenden dringenden betrieblichen Gründe stets eine **Einzelfallabwägung** vorzunehmen ist, wonach nur gewichtige Gründe in Betracht zu ziehen sind, die gegenüber dem Interesse des Beschäftigten, den Angehörigen zu pflegen, den Vorrang verdienen.[25]

Bei dem in § 3 Abs. 4 S. 2 geregelten Ablehnungsrecht handelt es sich um eine negative Anspruchsvoraussetzung, deren tatsächliche Voraussetzungen vom AG **darzulegen** und ggf. zu **beweisen** sind.[26]

III. Dauer der Pflegezeit (§ 4 Abs. 1)

14 **1. Höchstdauer.** § 4 Abs. 1 S. 1 legt die Dauer der Pflegezeit fest. Danach beträgt die Pflegezeit für jeden nahen Angehörigen **längstens sechs Monate**. Eine Regelung, die es dem Beschäftigten ermöglicht, die Pflegezeit dahingehend aufzuteilen, dass er die Pflegezeit auf mehrere Zeiträume verteilt, hat der Gesetzgeber – anders bei der Elternzeit gem. § 16 Abs. 1 S. 5 BEEG – nicht geregelt. Abgesehen von einer Verlängerung der Pflegezeit nach § 4 Abs. 1 S. 2 kann die Pflegezeit daher nicht in mehrere Zeitabschnitte aufgeteilt werden.[27] Dem steht es nicht entgegen, dass eine Aufteilung einvernehmlich mit dem AG vereinbart wird.

Die Pflegezeiten werden nicht auf Berufsbildungszeiten angerechnet, § 4 Abs. 1 S. 4, so dass sich das der Berufsbildung zugrunde liegende Vertragsverhältnis entsprechend verlängert.

15 **2. Verlängerung der Pflegezeit.** Mit der nach § 3 Abs. 3 abgegebenen Erklärung des Beschäftigten, für welchen Zeitraum und in welchem Umfang er die Freistellung von der Arbeit in Anspruch nehmen will, wird der Freistellungsanspruch verbindlich festgelegt. Hat der Beschäftigte zunächst nicht die Höchstdauer von sechs Monaten ausgeschöpft, kann er den Restanspruch bis zur Höchstdauer unter Beachtung der nach § 4 Abs. 1 S. 2 und S. 3 maßgebenden Voraussetzungen **nachträglich verlangen**. Die der Verlängerungsmöglichkeit der Elternzeit gem. § 16 Abs. 3 S. 4 BEEG nachgebildete Vorschrift des § 4 Abs. 1 S. 2 setzt damit auch die **Zustimmung** des AG voraus. Weitere Voraussetzung ist, dass ein vorgesehener Wechsel in der Person des Pflegenden aus einem wichtigen Grund nicht erfolgen kann, § 4 Abs. 1 S. 3. In der Gesetzesbegründung wird als wichtiger Grund z.B. eine schwere Erkrankung der Person genannt, welche die Pflege übernehmen wollte. Die Verlängerungsanzeige sollte unverzüglich nach Kenntnis des wichtigen Grundes gegenüber dem AG ausgesprochen werden.

16 **3. Vorzeitige Beendigung der Pflegezeit (§ 4 Abs. 2).** § 4 Abs. 2 regelt die vorzeitige Beendigung der Pflegezeit, die – entsprechend der Verlängerung nach § 4 Abs. 1 S. 2 – im Grundsatz auch der **Zustimmung** des **AG** bedarf. Ausnahmsweise endet die Pflegezeit kraft Gesetzes vorzeitig, wenn der nahe Angehörige **nicht mehr pflegebedürftig** ist oder dem Beschäftigten die Pflege **unmöglich** oder **unzumutbar** ist, § 4 Abs. 2 S. 1. Die Pflegezeit endet dann, ohne dass es einer Erklärung des Beschäftigten bedarf, **vier Wochen** nach Eintritt der veränderten Umstände, § 4 Abs. 2 S. 1. Eine Unmöglichkeit der Pflege liegt z.B. dann vor, wenn der Pflegebedürftige in eine stationäre Einrichtung aufgenommen werden muss oder wenn er verstirbt.[28] Unzumutbarkeit kann z.B. dann angenommen werden,

---

19 BAG 18.2.2003 – 9 AZR 356/02 – NZA 2003, 911.
20 *Müller*, BB 2008, 1058.
21 BR-Drucks 718/07, S. 222.
22 *Müller/Stuhlmann*, ZTR 2008, 290; kritisch zur Schriftform auch *Preis*, NZA 2008, 82; *Düwell*, jurisPR-ArbR 51/07. Danach soll die Schriftform i.S.d. § 126b BGB ausreichend sein.
23 BAG 5.6.2007 – 9 AZR 82/07 – NZA 2007, 1352; BAG 19.4.2005 – 9 AZR 233/04 – NZA 2005, 1354.
24 BAG 19.4.2005 – 9 AZR 233/04 – NZA 2005, 1354.
25 BR-Drucks 718/07, S. 222.
26 BAG 15.4.2008 – 9 AZR 380/07 – EzA § 15 BErzGG Nr. 17; BAG 9.5.2006 – 9 AZR 278/05 – NZA 2006, 1413.
27 So auch *Preis/Nehring*, NZA 2008, 729.
28 BR-Drucks 718/07, S. 223.

wenn aufgrund unvorhergesehener persönlicher Umstände die Finanzierung der Pflegezeit nicht mehr gesichert und der Beschäftigte auf die regelmäßige Arbeitsvergütung angewiesen ist.[29]

Im Falle des Eintritts eines Umstandes, der zur vorzeitigen Beendigung führt, hat der AG ein berechtigtes Interesse davon frühzeitig zu erfahren, da der Beschäftigte vor Ablauf der angekündigten Pflegezeit an seinen Arbeitsplatz zurückkehrt. Vor diesem Hintergrund hat der Gesetzgeber nach § 4 Abs. 2 S. 2 die Verpflichtung des Beschäftigten geregelt, den AG unverzüglich über die veränderten Umstände zu **unterrichten**.

C. Verbindung zu anderen Rechtsgebieten und zum Prozessrecht

I. Prozessuales

Ausgehend davon, dass die Verringerung der Arbeitszeit an eine Einigung mit dem AG geknüpft ist, muss bei fehlender Zustimmung bzw. Verweigerung Leistungsklage erhoben werden. Die Klage richtet sich dabei auf **Abgabe der Zustimmung** des AG zur Verringerung der Arbeitszeit. Im Klageantrag müssen gem. § 253 Abs. 2 Nr. 2 ZPO die Dauer der gewünschten Arbeitszeit sowie Beginn und Ende der Arbeitszeitänderung genannt werden.[30] Die Zustimmung des AG gilt mit Rechtskraft des Urteils als erteilt, § 894 ZPO. Dabei kann auch eine rückwirkende Vertragsänderung verlangt werden.[31] Die zeitliche Überholung führt dazu, dass das Klagebegehren nur noch mit einer Feststellungsklage verfolgt werden kann und eine Klageänderung erforderlich ist.

II. Sozialer Schutz während der Pflegezeit

1. Gesetzliche Kranken- und Pflegeversicherung. Die soziale Sicherung von AN setzt in der Kranken-, Pflege-, Renten- und Arbeitslosenversicherung gleichermaßen die **abhängige Tätigkeit** gegen Arbeitsentgelt nach § 7 SGB IV voraus.[32] § 7 Abs. 3 S. 1 SGB IV regelt zwar grds. das Fortbestehen des Beschäftigungsverhältnisses, wenn für einen begrenzten Zeitraum – bis zu einem Monat – die tatsächliche Beschäftigung ohne Anspruch auf Arbeitsentgelt unterbrochen wird. Diese Regelung führt jedoch nur zum Versicherungsschutz während der kurzzeitigen Arbeitsverhinderung gem. § 2 Abs. 1. Mit dem Gesetz zur strukturellen Weiterentwicklung der Pflegeversicherung wurde § 7 Abs. 3 SGB IV um einen S. 3 erweitert, wonach § 7 Abs. 3 S. 1 SGB IV nicht für die Inanspruchnahme der Pflegezeit anzuwenden ist. Diese Ergänzung bewirkt, dass die **Versicherungspflicht** mit Beginn der Pflegezeit nach § 3 **sofort endet** und nicht wie in § 7 Abs. 3 SGB IV vorgesehen einen Monat beitragsfrei fortbesteht. Besteht auch keine Familienversicherung gem. § 10 SGB V, muss der Beschäftigte sich während der Pflegezeit gem. § 3 **freiwillig versichern**. Hierzu wurde mit § 44a SGB XI ein Beitragszuschuss zur Kranken- und Pflegeversicherung eingeführt, der sich allerdings nur auf die Höhe der Mindestbeiträge, die von freiwillig Versicherten in der gesetzlichen Kranken- und Pflegeversicherung zu entrichten sind, beläuft.[33]

2. Gesetzliche Rentenversicherung. Während der Pflegezeit erfüllen Beschäftigte i.d.R. den Versicherungspflichttatbestand des § 3 S. 1 Nr. 1a SGB VI. Danach ist in der Rentenversicherung versicherungspflichtig, wer einen Pflegebedürftigen i.S.d. § 14 SGB XI wenigstens 14 Stunden in der Woche in seiner häuslichen Umgebung pflegt. Dies gilt nicht, wenn die pflegende Person trotz der Pflege regelmäßig mehr als 30 Stunden wöchentlich beschäftigt ist, § 3 S. 3 SGB VI.

3. Arbeitslosenversicherung. Gem. **§ 26 Abs. 2b SGB III** besteht **Versicherungspflicht** für Personen während der Pflegezeit, wenn sie zuvor versicherungspflichtig waren oder eine als Arbeitsbeschaffungsmaßnahme geförderte Beschäftigung ausgeübt haben, die ein Versicherungspflichtverhältnis oder den Bezug einer laufenden Entgeltersatzleistung nach dem SGB III unterbrochen hat. Beitragsrechtlich werden allerdings nur 10 % der Bezugsgröße zugrunde gelegt.[34] Die Beiträge werden von derjenigen Einrichtung getragen und gezahlt, die für die Leistungen an den Pflegebedürftigen zuständig ist. Zu beachten ist auch, dass bei der Ermittlung des **Bemessungszeitraums** für das Arbeitslosengeld gem. § 130 Abs. 2 S. 1 Nr. 3a SGB III Zeiten, in denen die Pflegezeit in Anspruch genommen wurde, außer Betracht bleiben, wenn wegen der Pflege das Arbeitsentgelt oder die durchschnittlich wöchentliche Arbeitszeit gemindert war.[35]

4. Unfallversicherung. Während der Pflegezeit, die ohne Ausübung einer Teilzeittätigkeit in Anspruch genommen wird, fehlt es zwar an einer versicherten Tätigkeit i.S.d. § 2 Abs. 1 Nr. 1 SGB VII, **Versicherungsschutz** besteht allerdings auch in diesem Fall nach **§ 2 Abs. 1 Nr. 17 SGB VII**. Dabei kommt es nach der Rspr. des BSG[36] auch nicht darauf an, ob der zeitliche Mindestumfang von 14 Stunden in der Woche nach § 19 S. 2 SGB XI eingehalten wird.

---

29 BR-Drucks 718/07, S. 223.
30 BAG 9.5.2006 – 9 AZR 278/05 – NZA 2006,1413.
31 BAG 9.5.2006 – 9 AZR 278/05 – NZA 2006,1413.
32 *Schlegel*, jurisPR-SozR 10/08.
33 § 240 Abs. 4 S. 1 SGB V, § 57 Abs. 4 SGB XI.
34 § 345 Nr. 8 SGB III i.V.m. § 18 SGB IV.
35 Bei Aufgabe der Beschäftigung besteht gem. § 28a SGB III die Möglichkeit der freiwilligen Weiterversicherung.
36 BSG 7.9.2004 – B 2 U 46/03 R – NJW 2005, 1148.

D. Beraterhinweise

22 Die Inanspruchnahme der Pflegezeit im Zeitraum des noch laufenden Verwaltungsverfahrens zur Feststellung der Pflegebedürftigkeit birgt das Risiko, dass die Pflegebedürftigkeit später nicht festgestellt wird mit der Folge, dass der Beschäftigte unberechtigt der Arbeit ferngeblieben ist und nicht den besonderen Künd-Schutz des § 5 (siehe § 5 Rn 1–6) genießt. Vor diesem Hintergrund sollte zunächst die Bescheinigung über die Pflegebedürftigkeit eingeholt werden, bevor die Pflegezeit gegenüber dem AG angezeigt wird.

§ 5 Kündigungsschutz

(1) Der Arbeitgeber darf das Beschäftigungsverhältnis von der Ankündigung bis zur Beendigung der kurzzeitigen Arbeitsverhinderung nach § 2 oder der Pflegezeit nach § 3 nicht kündigen.
(2) [1]In besonderen Fällen kann eine Kündigung von der für den Arbeitsschutz zuständigen obersten Landesbehörde oder der von ihr bestimmten Stelle ausnahmsweise für zulässig erklärt werden. [2]Die Bundesregierung kann hierzu mit Zustimmung des Bundesrates allgemeine Verwaltungsvorschriften erlassen.

A. Allgemeines 1	II. Zulassung von Kündigungen in besonderen Fällen (Abs. 2) 6
B. Regelungsgehalt 2	III. Rechtsfolgen der Verletzung des Kündigungsverbots 7
I. Kündigungsverbot (Abs. 1) 2	C. Verbindung zu anderen Rechtsgebieten und zum Prozessrecht 8
1. Geltungsbereich 2	D. Beraterhinweise 9
2. Beginn und Ende des besonderen Kündigungsschutzes 4	

A. Allgemeines

1 § 5 enthält ein Künd-Verbot mit Erlaubnisvorbehalt, ähnlich dem Künd-Verbot des § 18 BEEG oder § 9 MuSchG. Mit diesem Künd-Verbot soll Beschäftigten bei Inanspruchnahme der Pflegezeit die Sorge vor dem Verlust des Arbeitsplatzes genommen und damit das mit dem PflegeZG verfolgte Gesetzesziel – die bessere Vereinbarkeit von Beruf und familiäre Pflege – gefördert werden.[1]

B. Regelungsgehalt

I. Kündigungsverbot (Abs. 1)

2 **1. Geltungsbereich.** Von dem Künd-Verbot sind ordentliche und außerordentliche Beendigungs- oder Änderungskünd erfasst. Nicht erfasst sind andere Beendigungsgründe, z.B. Befristungen, Eigenkünd oder Aufhebungsverträge.

3 Der besondere Künd-Schutz gilt nicht nur für AN, sondern für **alle** in § 7 Abs. 1 genannten **Personen** (siehe § 7 Rn 2–4). Damit werden u.a. auch arbeitnehmerähnliche Personen und Heimarbeiter sowie diesen Gleichgestellte von dem besonderen Künd-Schutz erfasst.[2] Der Gesetzgeber hat im PflegeZG auch **keine Wartezeit** vorgesehen, so dass eine Mindestbeschäftigungszeit nicht vorzuliegen braucht.

4 **2. Beginn und Ende des besonderen Kündigungsschutzes.** Gem. Abs. 1 Abs. 1 darf der AG das Beschäftigungsverhältnis **von der Ankündigung** bis zur **Beendigung** der kurzzeitigen Arbeitsverhinderung nach § 2 oder der Pflegezeit nach § 3 nicht kündigen. Der besondere Künd-Schutz greift damit bereits von dem Zeitpunkt an ein, zu dem die Pflegezeit oder die kurzzeitige Arbeitsverhinderung **angekündigt** wird. Bei der kurzzeitigen Arbeitsverhinderung nach § 2 wird der besondere Künd-Schutz damit schon **mit der Ankündigung** des Beschäftigten gem. § 2 Abs. 2 S. 1 ausgelöst, sofern die den Anspruch begründenden Voraussetzungen vorliegen. Problematisch ist insofern, dass eine Beschränkung dahingehend, dass der Künd-Schutz in diesen Fällen erst zu einem späteren Zeitpunkt eintritt, nicht vorgesehen ist.[3] Der Gesetzgeber hat bei der Elternzeit in § 18 Abs. 1 S. 1 BEEG eine Höchstfrist vorgesehen, wonach der besondere Künd-Schutz zwar grds. auch zu dem Zeitpunkt beginnt, zu dem der AN die Elternzeit verlangt hat, höchstens jedoch acht Wochen vor dem Beginn der Elternzeit. Bei der kurzzeitigen Arbeitsverhinderung nach § 2 wird es auf eine Höchstfrist nicht ankommen, da der Anspruch ohnehin nur besteht, wenn die Pflegesituation akut eingetreten ist. Unerheblich ist dabei, dass die Pflegebedürftigkeit gem. § 7 Abs. 4 S. 2 noch nicht

---

1 BR-Drucks 718/07, S. 1, 223.
2 Kritisch hierzu *Preis/Nehring*, NZA 2008, 729.
3 So aber bei der Elternzeit, § 18 Abs. 1 S. 1 BEEG, wonach der Künd-Schutz frühestens acht Wochen vor Beginn der Elternzeit greift.

eingetreten sein muss, sondern voraussichtlich eintreten wird. Auf die Pflegebedürftigkeit kommt es in diesem Zusammenhang gerade nicht an, sondern darauf, dass die Pflegesituation akut eingetreten ist.

Problematisch ist der Beginn des besonderen Künd-Schutzes allerdings bei der Pflegezeit nach § 3 Abs. 1, v.a. im Hinblick darauf, dass der Gesetzgeber für die Ankündigung gem. § 3 Abs. 3 S. 1 zwar eine Mindestankündigungsfrist von zehn Tagen, aber **keine Frist** bestimmt hat, zu deren Zeitpunkt die Ankündigung frühestens abgegeben werden kann. Damit kann der Beschäftigte die beabsichtige Inanspruchnahme der Pflegezeit Monate vorher ankündigen, um in den Genuss des besonderen Künd-Schutzes zu gelangen. Um einem Missbrauch vorzubeugen, ist die **Höchstfrist von acht Wochen** des § 18 Abs. 1 S. 1 BEEG analog auf § 5 anzuwenden. Demnach beginnt der besondere Künd-Schutz grds. zu dem Zeitpunkt, zu dem der Beschäftigte die Pflegezeit verlangt hat, höchstens jedoch acht Wochen vor deren Beginn.[4]

Der besondere Künd-Schutz **endet** mit Beendigung der Pflegezeit. Die Pflegezeit endet nach Ablauf der Freistellungsphase oder in Fällen der vorzeitigen Beendigung i.S.d. § 4 Abs. 2 S. 1 vier Wochen nach Eintritt der veränderten Umstände (siehe § 4 Rn 16).

II. Zulassung von Kündigungen in besonderen Fällen (Abs. 2)

Nach Abs. 2 kann ausnahmsweise in besonderen Fällen eine Künd für zulässig erklärt werden, wobei die **Zulässigkeitserklärung** durch die für den Arbeitsschutz zuständige oberste Landesbehörde oder der von ihr bestimmten Stelle erfolgt. Dabei muss die Zulässigkeitserklärung zum Zeitpunkt der Künd bereits vorliegen, aber noch nicht bestandskräftig sein.[5] Als besonderer Fall, der eine Befreiung vom Künd-Verbot rechtfertigt, wird in der Gesetzesbegründung beispielhaft eine beabsichtigte Betriebsschließung genannt.[6] Abs. 2 S. 1 ermächtigt die Bundesregierung mit Zustimmung des Bundesrates, allgemeine Verwaltungsvorschriften zu erlassen, worin die Voraussetzungen der Zulässigkeitserklärung im Einzelnen geregelt werden. Bis zum Erlass einer entsprechenden Verwaltungsvorschrift sind als Sonderfälle auch alle anderen zu § 18 Abs. 1 S. 2 BEEG gebildeten Fallgruppen auf Abs. 2 zu übertragen (siehe § 18 BEEG Rn 29).

III. Rechtsfolgen der Verletzung des Kündigungsverbots

Die Regelung des Abs. 1 stellt ein **Verbotsgesetz** i.S.d. **§ 134 BGB** dar. Das hat zur Folge, dass eine ohne Zulässigkeitserklärung ausgesprochene Künd **unheilbar nichtig** ist.

C. Verbindung zu anderen Rechtsgebieten und zum Prozessrecht

Die **Darlegungs- und Beweislast** für alle Voraussetzungen des Künd-Schutzes trägt der Beschäftigte. Die Klagefrist eines betroffenen AN beträgt gem. § 4 KSchG grds. drei Wochen, auch wenn er sich auf den besonderen Künd-Schutz nach § 2 oder § 3 PflegeZG berufen möchte. Da die Künd der Zustimmung der für den Arbeitsschutz zuständigen oberste Landesbehörde oder der von ihr bestimmten Stelle bedarf, läuft die dreiwöchige Klagefrist erst ab Bekanntgabe des Zustimmungsbescheides an den AN, § 4 S. 4 KSchG.

D. Beraterhinweise

Der Rechtsweg ist doppelgleisig. Für die Überprüfung der behördlichen Entscheidung die Zustimmung nach Abs. 2 zu erteilen oder zu versagen, sind – nach durchgeführtem Widerspruchsverfahren – die Verwaltungsgerichte zuständig. Die Wirksamkeit der Künd wird dagegen von den ArbG geprüft.

---

§ 6 Befristete Verträge

(1) [1]Wenn zur Vertretung einer Beschäftigten oder eines Beschäftigten für die Dauer der kurzzeitigen Arbeitsverhinderung nach § 2 oder der Pflegezeit nach § 3 eine Arbeitnehmerin oder ein Arbeitnehmer eingestellt wird, liegt hierin ein sachlicher Grund für die Befristung des Arbeitsverhältnisses. [2]Über die Dauer der Vertretung nach Satz 1 hinaus ist die Befristung für notwendige Zeiten einer Einarbeitung zulässig.
(2) Die Dauer der Befristung des Arbeitsvertrages muss kalendermäßig bestimmt oder bestimmbar sein oder den in Absatz 1 genannten Zwecken zu entnehmen sein.
(3) [1]Der Arbeitgeber kann den befristeten Arbeitsvertrag unter Einhaltung einer Frist von zwei Wochen kündigen, wenn die Pflegezeit nach § 4 Abs. 2 Satz 1 vorzeitig endet. [2]Das Kündigungsschutzgesetz ist in diesen Fällen nicht anzuwenden. [3]Satz 1 gilt nicht, soweit seine Anwendung vertraglich ausgeschlossen ist.

---

4 A.A. *Preis/Nehring*, NZA 2008, 729.
5 BAG 17.6.2003 – 2 AZR 245/02 – AP § 9 MuSchG 1968 Nr. 33; BAG 25.3.2004– 2 AZR 295/03 – NZA 2004, 1064.
6 BR-Drucks 718/07, S. 224.

(4) ¹Wird im Rahmen arbeitsrechtlicher Gesetze oder Verordnungen auf die Zahl der beschäftigten Arbeitnehmerinnen und Arbeitnehmer abgestellt, sind bei der Ermittlung dieser Zahl Arbeitnehmerinnen und Arbeitnehmer, die nach § 2 kurzzeitig an der Arbeitsleistung verhindert oder nach § 3 freigestellt sind, nicht mitzuzählen, solange für sie auf Grund von Absatz 1 eine Vertreterin oder ein Vertreter eingestellt ist. ²Dies gilt nicht, wenn die Vertreterin oder der Vertreter nicht mitzuzählen ist. ³Die Sätze 1 und 2 gelten entsprechend, wenn im Rahmen arbeitsrechtlicher Gesetze oder Verordnungen auf die Zahl der Arbeitsplätze abgestellt wird.

A. Allgemeines 1	3. Sonderkündigungsrecht (Abs. 3) 5
B. Regelungsgehalt 2	II. Auswirkungen auf die Berechnung der Betriebsgröße 6
I. Befristung 2	
1. Befristungsarten (Abs. 1) 2	C. Verbindung zu anderen Rechtsgebieten und zum Prozessrecht 7
2. Befristungsdauer und Bestimmtheitserfordernis (Abs. 2) 4	D. Beraterhinweise 8

A. Allgemeines

1 § 6 regelt u.a. die Zulässigkeit und Beendigung von **befristeten Arbeitsverträgen**, die im Zusammenhang mit einer kurzzeitigen Arbeitsverhinderung oder einer Pflegezeit mit einer Ersatzkraft abgeschlossen werden. Die Vorschrift verfolgt den Zweck, dem AG die Möglichkeit zu geben, eine entsprechende Ersatzkraft für die Dauer der Pflegezeit einzustellen, wenn die beabsichtigte Pflegezeit nicht durch Umverteilung der Arbeit aufgefangen werden kann.¹

B. Regelungsgehalt

I. Befristung

2 **1. Befristungsarten (Abs. 1).** Die Vertretung für die Dauer der kurzzeitigen Arbeitsverhinderung bzw. der Pflege ist ein **sachlicher Grund** zur Befristung des Arbverh und rechtfertigt auch eine Zweckbefristung. Die in Abs. 1 geregelte Befristungsregelung ist der in § 21 BEEG geregelten Befristungsregelung nachgebildet. Die Befristung setzt einen **Kausalzusammenhang** zwischen dem zeitweiligen Ausfall des Beschäftigten und der befristeten Einstellung der Ersatzkraft voraus. Dafür ist notwendig und ausreichend, dass die Ersatzkraft gerade wegen des durch den zeitweiligen zu vertretenen Mitarbeiter entstehenden vorübergehenden Beschäftigungsbedarfs beschäftigt wird.² Diesem Erfordernis wird auch in den Fällen der sog. **mittelbaren Vertretung**,³ d.h., wenn die Ersatzkraft nicht unmittelbar die Aufgaben des zu vertretenden Mitarbeiters übernimmt, genügt (siehe § 21 BEEG Rn 10). Notwendiger Teil des Sachgrundes ist auch eine **Prognose** des AG im Zeitpunkt der Vereinbarung der Befristungsabrede über den voraussichtlichen Wegfall des Vertretungsbedarfs (siehe § 21 BEEG Rn 11).

3 Die Rspr. des BAG zu § 21 BEEG fordert, dass ein Verlangen des Elternzeitberechtigten bereits vorliegen muss, damit eine wirksame Befristung vereinbart werden kann.⁴ Sollte diese Rspr. auf Befristungen nach Abs. 1 übertragen werden, könnte eine wirksame Befristung während der Arbeitsverhinderung eines Beschäftigten gem. § 2 erst nach der Mitteilung gem. § 2 Abs. 2 (siehe § 2 Rn 7) und bei der Pflegezeit erst nach der schriftlichen Ankündigung gem. § 3 Abs. 3 (siehe § 3 Rn 9) vereinbart werden. Eine Übertragung dieser Rspr. ist abzulehnen, da dem AG aufgrund der kurzen Ankündigungsfrist von zehn Tagen gem. § 3 Abs. 3 ohnehin kaum Zeit bleibt eine geeignete Ersatzkraft zu finden.

4 **2. Befristungsdauer und Bestimmtheitserfordernis (Abs. 2).** Die Befristung zur Vertretung kann in **zeitlicher Hinsicht** zunächst nur für die Dauer der tatsächlichen **Arbeitsverhinderung** nach § 2 bzw. der **Pflegezeit** nach § 3 zulässig vereinbart werden. Eine Verlängerung kommt aber dann in Betracht, wenn darüber hinaus eine **Einarbeitungszeit** für die Vertretungsperson notwendig ist, Abs. 1 S. 2. Die jeweils notwendige Einarbeitungsdauer ist u.a. abhängig von dem zu besetzenden Arbeitsplatz und den Vorkenntnissen der Ersatzkraft, wobei eine **Höchstgrenze** vom Gesetzgeber nicht vorgesehen ist (siehe zu § 21 BEEG Rn 18). Das Arbverh der Ersatzkraft **endet** dann mit **Zeitablauf**, bei einer **Zweckbefristung** erst **zwei Wochen** nach Zugang der Mitteilung des AG gem. § 15 Abs. 2 TzBfG. Die Dauer der Befristung muss in jedem Fall **kalendermäßig bestimmt** oder **bestimmbar** oder den in Abs. 1 genannten Zwecken zu entnehmen sein, Abs. 2. Kalendermäßige Bestimmtheit oder Bestimmbarkeit liegen dann vor, wenn sich bei Abschluss des Arbeitsvertrages der Zeitpunkt der Beendigung allein nach dem Kalender errechnen lässt.⁵

5 **3. Sonderkündigungsrecht (Abs. 3).** Soweit in dem befristeten Arbeitsvertrag eine ordentliche Künd-Möglichkeit nicht vereinbart wurde, kann das Arbverh **nur aus wichtigem Grund** gem. § 15 Abs. 3 TzBfG beendet werden. Abweichend hiervon räumt Abs. 3 dem AG ein, das befristete Arbverh unter Einhaltung einer Frist von mindestens

---

1 BR-Drucks 718/07, S. 218.
2 BAG 27.9.2000 – 7 AZR 412/99 – NZA 2001, 339; HK-TzBfG/*Boecken*, § 14 Rn 153 ff.
3 BAG 21.2.2001 – 7 AZR 107/00 – NZA 2001, 1069.
4 BAG 9.11.1994 – 7 AZR 243/94 – AP § 21 BErzGG Nr. 1.
5 BAG 9.11.1994 – 7 AZR 243/94 – AP § 21 BErzGG Nr. 1.

zwei Wochen zu **kündigen**, wenn die Pflegezeit nach § 4 Abs. 2 S. 1 (siehe § 4 Rn 16) **vorzeitig** endet. Auf diese Künd findet wegen Abs. 3 S. 2 das KSchG keine Anwendung, es sei denn, die Anwendbarkeit ist auch für diesen Fall vereinbart worden, Abs. 3 S. 3. Aus der Beschränkung auf eine vorzeitige Beendigung der Pflegezeit gem. § 4 Abs. 2 S. 1 folgt, dass dem AG dieses Künd-Recht nicht zusteht, wenn die Pflegezeit aus sonstigen Gründen zwischen dem AG und dem AN einvernehmlich vorzeitig beendet wird.[6]

II. Auswirkungen auf die Berechnung der Betriebsgröße

Abs. 4 stellt sicher, dass der AG wegen der Beschäftigung einer Ersatzkraft nicht die in anderen Gesetzen oder Verordnungen geregelten Schwellenwerte überschreitet, z.B. § 23 KSchG, § 99 BetrVG. Für die Berechnung der **Betriebsgröße** sind daher gem. Abs. 4 S. 1 AN, die nach § 2 Abs. 1 kurzzeitig an der Arbeitsleistung verhindert oder nach § 3 freigestellt sind, **nicht mitzuzählen**, solange gem. Abs. 1 eine Ersatzkraft eingestellt ist. Der ausgefallene AN wird nur dann mitgezählt, wenn bereits der Vertreter seinerseits nicht mitzuzählen ist, Abs. 4 S. 2. Entsprechendes gilt, wenn im Rahmen arbeitsrechtlicher Gesetze oder Verordnungen auf die Zahl der Arbeitsplätze abgestellt wird. Demzufolge kann der AG auch nicht vorübergehend Schwellenwerte wegen kurzzeitiger Arbeitsverhinderung oder Pflegezeit unterschreiten.[7]

C. Verbindung zu anderen Rechtsgebieten und zum Prozessrecht

Wichtig ist, dass die allgemeinen Regeln des **TzBfG** neben **§ 6 anwendbar** sind. Damit bedarf die Befristung der Schriftform gem. § 14 Abs. 4 TzBfG.[8] Die weiteren, in den §§ 15, 16 TzBfG enthaltenen allgemeinen Regeln, sowie die Klagefrist nach § 17 TzBfG sind gleichermaßen anwendbar. Die Befristungsregelung geht über die Sachgrundbefristung des § 14 Abs. 1 S. 2 Nr. 3 TzBfG hinaus, da als Vertretene i.S.d. Abs. 1 alle Beschäftigten i.S.d. § 7 Abs. 1 (siehe § 7 Rn 2–4) in Betracht kommen.

D. Beraterhinweise

Die Darlegungs- und Beweislast für die Beschäftigungsprognose und die Kausalität trägt der AG.[9] Infolgedessen sollte der Befristungsgrund ausdrücklich in den befristeten Vertrag aufgenommen werden.

§ 7 Begriffsbestimmungen

(1) Beschäftigte im Sinne dieses Gesetzes sind
1. Arbeitnehmerinnen und Arbeitnehmer,
2. die zu ihrer Berufsbildung Beschäftigten,
3. Personen, die wegen ihrer wirtschaftlichen Unselbständigkeit als arbeitnehmerähnliche Personen anzusehen sind; zu diesen gehören auch die in Heimarbeit Beschäftigten und die ihnen Gleichgestellten.

(2) ¹Arbeitgeber im Sinne dieses Gesetzes sind natürliche und juristische Personen sowie rechtsfähige Personengesellschaften, die Personen nach Absatz 1 beschäftigen. ²Für die arbeitnehmerähnlichen Personen, insbesondere für die in Heimarbeit Beschäftigten und die ihnen Gleichgestellten, tritt an die Stelle des Arbeitgebers der Auftraggeber oder Zwischenmeister.

(3) Nahe Angehörige im Sinne dieses Gesetzes sind
1. Großeltern, Eltern, Schwiegereltern,
2. Ehegatten, Lebenspartner, Partner einer eheähnlichen Gemeinschaft, Geschwister,
3. Kinder, Adoptiv- oder Pflegekinder, die Kinder, Adoptiv- oder Pflegekinder des Ehegatten oder Lebenspartners, Schwiegerkinder und Enkelkinder.

(4) ¹Pflegebedürftig im Sinne dieses Gesetzes sind Personen, die die Voraussetzungen nach den §§ 14 und 15 des Elften Buches Sozialgesetzbuch erfüllen. ²Pflegebedürftig im Sinne von § 2 sind auch Personen, die die Voraussetzungen nach den §§ 14 und 15 des Elften Buches Sozialgesetzbuch voraussichtlich erfüllen.

---

6 *Schlegel*, jurisPR-SozR 10/2008.
7 ErfK/*Müller-Glöge*, § 21 BErzGG Rn 13.
8 Siehe hierzu HK-TzBfG/*Boecken*, § 14 Rn 153 ff.
9 BAG 2.7.2003 – 1 AZR 64/64 – EzA § 620 Nr. 6.

§ 8 Unabdingbarkeit

Von den Vorschriften dieses Gesetzes kann nicht zuungunsten der Beschäftigten abgewichen werden.

A. Allgemeines 1	2. Sachlicher Anwendungsbereich (§ 7 Abs. 3, 4) 6
B. Regelungsgehalt 2	a) Nahe Angehörige 6
I. Anwendungsbereich 2	b) Pflegebedürftigkeit 7
1. Persönlicher Anwendungsbereich (§ 7 Abs. 1,	II. Unabdingbarkeit (§ 8) 9
2) 2	C. Verbindung zu anderen Rechtsgebieten und zum
a) Beschäftigte 2	Prozessrecht 10
b) Arbeit- und Auftraggeber 5	D. Beraterhinweise 11

A. Allgemeines

1 § 7 bestimmt den persönlichen Anwendungsbereich auf Seiten der Geschützten in § 7 Abs. 1 und auf Seiten der zum Schutz Verpflichteten in § 7 Abs. 2. Daneben wird in § 7 Abs. 3 der Begriff des nahen Angehörigen definiert und in § 7 Abs. 4 der Begriff der Pflegebedürftigkeit bestimmt. In § 8 ist geregelt, dass von den Vorschriften des PflegeZG nicht zu Ungunsten des AN abgewichen werden kann.

B. Regelungsgehalt

I. Anwendungsbereich

2 **1. Persönlicher Anwendungsbereich (§ 7 Abs. 1, 2). a) Beschäftigte.** Die Vorschriften des PflegeZG sind auf Beschäftigte anwendbar. Als Beschäftigte gelten gem. § 7 Abs. 1 Nr. 1 AN. Der Begriff des AN i.S.d. § 7 Abs. 1 Nr. 1 ist nach dem allgemeinen individualrechtlichen AN-Begriff zu bestimmen. Danach ist AN, wer aufgrund eines privatrechtlichen Vertrages im Dienste eines anderen zur Leistung weisungsgebundener, fremdbestimmter Arbeit in persönlicher Abhängigkeit verpflichtet ist.[1] Dabei ist unerheblich, ob es sich um Voll- oder Teilzeitbeschäftigte in einem unbefristeten oder befristeten Arbverh handelt. Nicht erfasst sind dagegen Beamte.[2]

Erfasst werden gem. § 7 Abs. 1 Nr. 2 auch die zu ihrer **Berufsbildung Beschäftigten**. Demnach sind nicht nur Auszubildende, sondern alle Personen vom geschützten Personenkreis erfasst, die im Rahmen einer Berufsbildung beschäftigt sind. Die Berufsbildung umfasst dabei gem. § 1 Abs. 1 BBiG neben der Berufsausbildung, die Berufsausbildungsvorbereitung und die berufliche Fort- und Umschulung (siehe § 1 BBiG Rn 4 ff).

3 Als Beschäftigte gelten auch Personen, die wegen Ihrer wirtschaftlichen Unselbstständigkeit als **arbeitnehmerähnliche Personen** anzusehen sind; zu diesen gehören auch die **in Heimarbeit** Beschäftigten und die Ihnen Gleichgestellten gem. § 7 Abs. 1 Nr. 3. In der Begründung zum Gesetzesentwurf wird ausgeführt, dass arbeitnehmerähnliche Personen im Hinblick auf die Inanspruchnahme von Pflegezeit wegen ihrer wirtschaftlichen Abhängigkeit ebenso schutzbedürftig sind wie AN.[3] Nach st. Rspr. des BAG[4] sind arbeitnehmerähnliche Personen Selbstständige, bei denen an die Stelle der das Arbverh prägenden persönlichen Abhängigkeit die **wirtschaftliche Abhängigkeit** tritt. Die wirtschaftliche Abhängigkeit ist dabei dann anzunehmen, wenn der Betroffene auf die Verwertung seiner Arbeitskraft und die Einkünfte aus der Dienstleistung zur Sicherung seiner Existenzgrundlage angewiesen ist.[5] Der Beschäftigte muss außerdem seiner gesamten sozialen Stellung nach einem AN vergleichbar schutzbedürftig sein.[6] Dies wird i.d.R. bei einer Tätigkeit für nur einen Auftraggeber, die von dem Beschäftigten im Wesentlichen ohne eigene Mitarbeiter erbracht wird, der Fall sein.[7]

4 In den geschützten Personenkreis wurden auch die in **Heimarbeit** Beschäftigten und diesen **Gleichgestellte** aufgenommen. Nach § 1 Abs. 1 HAG ist in Heimarbeit beschäftigt, wer Heimarbeiter i.S.d. § 2 Abs. 1 HAG oder Hausgewerbetreibender i.S.d. § 2 Abs. 2 HAG ist (siehe hierzu § 12 BUrlG Rn 4, 6). Nach § 1 Abs. 2 HAG besteht für Personen, die weder Heimarbeiter, noch Hausgewerbetreibende sind, im Fall der Schutzbedürftigkeit die Möglichkeit einer Gleichstellung mit in Heimarbeit Beschäftigten.[8]

5 **b) Arbeit- und Auftraggeber.** Zu dem verpflichteten Personenkreis gehören nach § 7 Abs. 2 AG, d.h. alle natürlichen und juristischen Personen sowie Personengesellschaften, die Personen nach § 7 Abs. 1 beschäftigen. Für ar-

---

[1] BAG 10.4.1991 – 4 AZR 467/90 – NZA 1991, 856; BAG 14.3.2007 – 5 AZR 499/06 – DB 2007, 1595.
[2] Hierzu § 44b Abs. 3 BRRG, § 72a Abs. 4 BBG und entsprechendes Landesrecht.
[3] BR-Drucks 718/07, S. 225; krit. *Preis/Nehring*, NZA 2008, 729.
[4] BAG 26.9.2002 – 5 AZB 19/01 – BAGE 103, 20; BAG 17.1.2006 – 9 AZR 61/05 – DB 2006, 1502.
[5] BAG 26.9.2002 – 5 AZB 19/01 – BAGE 103, 20; BAG 17.1.2006 – 9 AZR 61/05 – DB 2006, 1502.
[6] BAG 30.8.2000 – 5 AZB 12/00 – NZA 2000, 1359.
[7] *Müller*, BB 2008, 1058.
[8] Die Gleichstellung erfolgt nach § 1 Abs. 3 HAG durch VA.

beitnehmerähnliche Personen, insb. für die in Heimarbeit Beschäftigten und die ihnen Gleichgestellten tritt an die Stelle des AG der Auftraggeber oder Zwischenmeister, § 7 Abs. 1 Nr. 2 S. 2. Damit ist das PflegeZG grds. unabhängig von der Größe des Betriebes und damit von der Zahl der Beschäftigten auf alle AG bzw. Auftraggeber anwendbar. Eine Einschränkung sieht das Gesetz demgegenüber bei dem Anspruch auf **Pflegezeit** gem. § 3 Abs. 1 S. 2 vor. Dort hat der Gesetzgeber einen **Schwellenwert** eingeführt, wonach der Anspruch auf Pflegezeit nicht gegenüber AG besteht mit i.d.R. **15 oder weniger Beschäftigten** (siehe § 3 Rn 5). Nachdem der Gesetzgeber eine quotale Berechnung von Teilzeitbeschäftigten nicht aufgenommen hat, erfolgt die Berechnung nach Köpfen. Die zu ihrer Berufsausbildung Beschäftigten sind mangels einer anderweitigen Regelung – anders als in § 23 Abs. 1 S. 4 KSchG – mitzuzählen.

2. Sachlicher Anwendungsbereich (§ 7 Abs. 3, 4). a) Nahe Angehörige. Der Anspruch auf Arbeitsbefreiung bei kurzzeitiger Pflege gem. § 2 Abs. 1 und die Pflegezeit gem. § 3 Abs. 1 besteht nur für Beschäftigte, die einen pflegebedürftigen **nahen Angehörigen** in häuslicher Umgebung pflegen. Als nahe Angehörige gelten nach § 7 Abs. 3

– Großeltern, Eltern, Schwiegereltern, Nr. 1
– Ehegatten, Lebenspartner, Partner einer eheähnlichen Gemeinschaft, Geschwister, Nr. 2
– Kinder, Adoptiv- oder Pflegekinder sowie solche des Ehegatten/Lebenspartners, Schwiegerkinder und Enkelkinder, Nr. 3.

b) Pflegebedürftigkeit. § 7 Abs. 4 verweist hinsichtlich des Begriffs der Pflegebedürftigkeit auf die Bestimmungen der gesetzlichen Pflegeversicherung, §§ 14, 15 SGB XI. Danach sind Personen pflegebedürftig,

– die wegen einer körperlichen, geistigen oder seelischen Krankheit
– oder wegen einer Behinderung

für die gewöhnlichen und regelmäßig wiederkehrenden Verrichtungen im Ablauf des täglichen Lebens auf Dauer voraussichtlich für mindestens sechs Monate, in erheblichem oder höherem Maße der Hilfe bedürfen. Die Zuordnung zu einer der Pflegestufen erfolgt dann nach Maßgabe der Voraussetzungen des § 15 SGB XI, wobei zwischen erheblicher Pflegebedürftigkeit (Pflegestufe I), Schwerpflegebedürftigkeit (Pflegestufe II) und Schwerstpflegebedürftigkeit (Stufe III) unterschieden wird.

Für die Anwendbarkeit des Pflegezeitgesetzes muss jedenfalls mindestens die Pflegestufe I gem. § 15 SGB XI festgestellt sein.[9] Dabei sind Pflegebedürftige der Stufe I Personen, die bei der Körperpflege, der Ernährung oder der Mobilität für wenigstens zwei Verrichtungen aus einem oder mehreren Bereichen mindestens einmal täglich der Hilfe bedürfen und zusätzlich mehrfach in der Woche Hilfen bei der hauswirtschaftlichen Versorgung benötigen, § 15 Abs. 1 Nr. 1 SGB XI. Die Pflegestufe II setzt voraus, dass die betroffenen Personen bei der Körperpflege, der Ernährung oder der Mobilität mindestens dreimal täglich zu verschiedenen Tageszeiten der Hilfe bedürfen und zusätzlich mehrfach in der Woche Hilfen bei der hauswirtschaftlichen Versorgung benötigen, § 15 Abs. 1 Nr. 2 SGB XI. Bei der Pflegestufe III ist Voraussetzung, dass die betroffene Person bei der Körperpflege, der Ernährung oder der Mobilität täglich rund um die Uhr, auch nachts, der Hilfe bedarf und zusätzlich mehrfach in der Woche Hilfe bei der hauswirtschaftlichen Versorgung benötigt, § 15 Abs. 1 Nr. 3 SGB XI.[10]

Zu beachten ist, dass der Anspruch auf Pflegezeit gem. § 3 Abs. 1 das Vorliegen der Pflegebedürftigkeit des nahen Angehörigen voraussetzt. Demgegenüber bestimmt Abs. 4 S. 2, dass es für den Freistellungsanspruch bei **kurzzeitiger Arbeitsverhinderung** i.S.d. § 2 Abs. 1 ausreicht, wenn der nahe Angehörige **voraussichtlich** die Voraussetzungen der §§ 14, 15 SGB XI erfüllt, d.h. voraussichtlich pflegebedürftig wird (siehe § 2 Rn 3).

II. Unabdingbarkeit (§ 8)

Von den Vorschriften des PflegeZG kann nicht zu Ungunsten der Beschäftigten abgewichen werden, § 8. Dies gilt für TV, BV und einzelvertragliche Vereinbarungen gleichermaßen. Nicht erfasst ist dagegen die Möglichkeit einzelvertragliche Abweichungen zu Ungunsten der AN hinsichtlich der Entgeltfortzahlungspflicht bei kurzzeitiger Arbeitsverhinderung gem. § 2 Abs. 1 zu vereinbaren, sofern keine abschließende tarifvertragliche Regelung dafür eingreift, da § 616 BGB abdingbar ist.

C. Verbindung zu anderen Rechtsgebieten und zum Prozessrecht

Die Zuständigkeit für Klagen im Zusammenhang mit dem PflegeZG richtet sich nach den allgemeinen Regeln. Bei Klagen arbeitnehmerähnlicher Personen sind unter den Voraussetzungen des § 5 Abs. 1 S. 2 ArbGG auch die ArbG zuständig.

---

9 BR-Drucks 718/07, S. 226.   10 Weiterführend *Igl/Welti*, Sozialrecht, § 22 Rn 2 ff.

D. Beraterhinweise

11 Zu beachten ist die für den Anspruch auf Pflegezeit maßgebende Schwellenwertregelung in § 3 Abs. 1 S. 2, da die im Grunde am Wortlaut des § 15 Abs. 7 S. 1 Nr. 1 BEEG orientierte Schwellenwertregelung in wesentlichen Punkten von dieser und auch allen anderen Schwellenwertregelungen abweicht. Der durchgängig verwendete Beschäftigtenbegriff erfasst vor dem Hintergrund der Regelung des § 7 Abs. 1 Nr. 3 auch arbeitnehmerähnliche Personen, so dass erstmals bei der Berechnung eines Schwellenwertes auch arbeitnehmerähnliche Selbstständige und Heimarbeiter erfasst werden.

Gesetz zur Ausführung der Verordnung (EG) Nr. 1435/2003 des Rates vom 22. Juli 2003 über das Statut der Europäischen Genossenschaft (SCE) (SCE-Ausführungsgesetz – SCEAG)

Vom 14.8.2006, BGBl I S. 1911, BGBl III 4125-11

Zuletzt geändert durch Gesetz zur Umsetzung der Aktionärsrechterichtlinie (ARUG) vom 30.7.2009, BGBl I S. 2479, 2490

§ 1 Anwendungsbereich

Dieses Gesetz ist auf Europäische Genossenschaften mit Sitz im Inland anzuwenden; im Übrigen gilt die Verordnung (EG) Nr. 1435/2003 des Rates vom 22. Juli 2003 über das Statut der Europäischen Genossenschaft (SCE) (ABl. EU Nr. L 207 S. 1).

§ 2 Kontrolle der Gründung

[1]Für die Kontrolle der Gründung der Europäischen Genossenschaft gelten die §§ 32 bis 35 des Aktiengesetzes entsprechend. [2]Ist nach § 33 Abs. 2 des Aktiengesetzes eine Prüfung durch Gründungsprüfer erforderlich, ist diese abweichend von § 33 Abs. 3 und 4 des Aktiengesetzes durch den Prüfungsverband nach § 54 des Genossenschaftsgesetzes, dem die Europäische Genossenschaft nach Artikel 71 der Verordnung (EG) Nr. 1435/2003 angehören muss (Prüfungsverband), durchzuführen.

§ 3 Eintragung

[1]Die Europäische Genossenschaft wird entsprechend den für Aktiengesellschaften geltenden Vorschriften in das Genossenschaftsregister eingetragen. [2]Der Anmeldung zur Eintragung ist zusätzlich die Bescheinigung des Prüfungsverbandes beizufügen, dass die Europäische Genossenschaft zum Beitritt zugelassen ist.

§ 4 Zulassung investierender Mitglieder

Die Satzung der Europäischen Genossenschaft kann bestimmen, dass Personen, die für die Nutzung oder Produktion der Güter und die Nutzung oder Erbringung der Dienste der Europäischen Genossenschaft nicht in Frage kommen, als investierende Mitglieder zugelassen werden können.

Literatur: *Beuthien*, Ist die Genossenschaftsreform geglückt?, NZG 2008, 210; *Düwell*, Das Gesetz zur Einführung der Europäischen Genossenschaft und zur Änderung des Genossenschaftsrechts, FA 2006, 330; *Kisker*, Unternehmerische Mitbestimmung in der Europäischen Gesellschaft, der Europäischen Genossenschaft und bei grenzüberschreitender Verschmelzung im Vergleich, RdA 2006, 206.

A. Allgemeines

Am 18.8.2006 ist das Gesetz zur Einführung der Europäischen Genossenschaft in Kraft getreten.[1] Die wesentlichen Bestandteile des Gesetzes sind das vorliegend kommentierte Gesetz zur Ausführung der Verordnung (EG) Nr. 1435/2003[2] über das Statut der Europäische Genossenschaft (**Societas Cooperativa Europaea = SCE**), das SCE-Ausführungsgesetz (SCEAG) und das nachfolgend kommentierte Gesetz über die Beteiligung der Arbeitnehmer und Arbeitnehmerinnen in einer Europäischen Genossenschaft (SCE-Beteiligungsgesetz – SCEBG), das die Richtlinie 2003/72/EG[3] zur Ergänzung des Statuts der Europäischen Genossenschaft hinsichtlich der Beteiligung der AN umsetzt. Die Einführung der neuen Gesetze wurde mit einer Reform des Genossenschaftsrechts verbunden,

1

---

1 BGBl I Nr. 39 v. 17.8.2006, S. 1911.
2 ABl EU L 207 v. 22.7.2003, S. 1 ff.
3 ABl EU L 207 v. 22.7.2003, S. 25 ff.

die teilweise auch die Gründung der nationalen eingetragenen Genossenschaft vereinfachte, um Nachteile gegenüber der Europäischen Genossenschaft zu vermeiden.[4] Das SCEAG schafft die gesellschaftsrechtlichen Voraussetzungen der Gründung einer Europäischen Genossenschaft in Deutschland. Mit der vorliegenden Kommentierung soll dabei nur auf einige Besonderheiten der Europäischen Genossenschaft eingegangen werden, im Übrigen wird auf die Kommentierung zum SEAG und zum SEBG (370 u. 371) verwiesen.

B. Regelungsgehalt

2 Der erste Abschnitt verdeutlicht die Systematik des Gesetzes. Es ergänzt die ausfüllungsbedürftigen Vorschriften der Europäischen Verordnung und verweist auf die nationalen Regelungen des Aktiengesetzes und des Genossenschaftsgesetzes. Demzufolge gibt es auch keine europaweit einheitliche Europäische Genossenschaft, sondern je nach Umsetzung der Mitgliedstaaten unterschiedliche.[5]

3 Die **Eintragung** der Europäischen Genossenschaft erfolgt gem. § 3 im Genossenschaftsregister unter Beifügung einer Bescheinigung des Prüfungsverbandes,[6] dem die Europäische Genossenschaft gem. § 2 angehören muss.

4 Eine Besonderheit der Europäischen Genossenschaft, die aber ihrer Einführung auch Einzug in das Genossenschaftsgesetz gefunden hat, ist gem. § 4 die Möglichkeit, dass die Satzung auch nichtnutzende, sondern lediglich **investierende Mitglieder** zulassen kann, die mit der Genossenschaft in keinen Fördergeschäftsverkehr treten.[7]

§ 5 Bekanntmachung

[1]Die nach Artikel 24 der Verordnung (EG) Nr. 1435/2003 bekannt zu machenden Angaben sind dem Genossenschaftsregister bei Einreichung des Verschmelzungsplans mitzuteilen. [2]Das Gericht hat diese Angaben zusammen mit dem nach § 61 Satz 2 des Umwandlungsgesetzes vorgeschriebenen Hinweis bekannt zu machen, wobei sich dieser Hinweis auf die Einreichung zum Genossenschaftsregister zu beziehen hat.

§ 6 Verschmelzungsprüfer

Die Prüfung des Verschmelzungsplans und die Erstellung des schriftlichen Berichts nach Artikel 26 der Verordnung (EG) Nr. 1435/2003 erfolgt bei einer Genossenschaft mit Sitz im Inland durch den Prüfungsverband, dem die Genossenschaft angehört.

§ 7 Verbesserung des Umtauschverhältnisses

(1) Unter den Voraussetzungen des Artikels 29 Abs. 3 Satz 1 der Verordnung (EG) Nummer 1435/2003 kann eine Klage gegen den Verschmelzungsbeschluss einer übertragenden Genossenschaft nicht darauf gestützt werden, dass das Umtauschverhältnis der Anteile nicht angemessen ist.

(2) Ist bei der Gründung einer Europäischen Genossenschaft durch Verschmelzung nach dem Verfahren der Verordnung (EG) Nr. 1435/2003 das Geschäftsguthaben eines Mitglieds in der Europäischen Genossenschaft niedriger als in der übertragenden Genossenschaft, kann jedes Mitglied einer übertragenden Genossenschaft, dessen Recht, gegen die Wirksamkeit des Verschmelzungsbeschlusses Klage zu erheben, nach Absatz 1 ausgeschlossen ist, von der Europäischen Genossenschaft einen Ausgleich durch bare Zuzahlung verlangen.

(3) [1]Die bare Zuzahlung ist nach Ablauf des Tages, an dem die Verschmelzung im Sitzstaat der Europäischen Genossenschaft nach den dort geltenden Vorschriften eingetragen und bekannt gemacht worden ist, mit jährlich 5 Prozentpunkten über dem jeweiligen Basiszinssatz nach § 247 des Bürgerlichen Gesetzbuchs zu verzinsen. [2]Die Geltendmachung eines weiteren Schadens ist nicht ausgeschlossen.

(4) [1]Macht ein Mitglied einer übertragenden Genossenschaft unter den Voraussetzungen des Artikels 29 Abs. 3 Satz 1 der Verordnung (EG) Nr. 1435/2003 geltend, dass sein Geschäftsguthaben in der Europäischen Genossenschaft niedriger als sein Geschäftsguthaben in der übertragenden Genossenschaft sei, hat auf seinen Antrag das Gericht nach dem Spruchverfahrensgesetz eine angemessene bare Zuzahlung zu bestimmen. [2]Satz 1 ist auch auf Mitglieder einer übertragenden Genossenschaft mit Sitz in einem anderen Mitgliedstaat der Europäischen Union oder in einem anderen Vertragsstaat des Abkommens über den Europäischen Wirtschaftsraum

---

4 *Beuthien*, NZG 2008, 210 ff.
5 *Düwell*, FA 2006, 330, 331.
6 Siehe www.pruefungsverband.de.
7 *Beuthien*, NZG 2008, 210, 213.

anzuwenden, wenn nach dem Recht dieses Staates ein Verfahren zur Kontrolle und Änderung des Umtauschverhältnisses der Anteile vorgesehen ist und deutsche Gerichte für die Durchführung eines solchen Verfahrens international zuständig sind.

§ 8 Ausschlagung durch einzelne Mitglieder

(1) Wird eine Europäische Genossenschaft, die ihren Sitz im Ausland haben soll, durch Verschmelzung nach dem Verfahren der Verordnung (EG) Nr. 1435/2003 gegründet, gelten die auf der Verschmelzungswirkung beruhenden Anteile und Mitgliedschaften bei der Europäischen Genossenschaft als nicht erworben, wenn sie ausgeschlagen werden.
(2) Das Recht zur Ausschlagung hat jedes Mitglied einer übertragenden Genossenschaft mit Sitz im Inland, wenn es in der Generalversammlung, die nach § 13 Abs. 1 des Umwandlungsgesetzes über die Zustimmung zum Verschmelzungsvertrag beschließen soll,
1. erscheint und gegen den Verschmelzungsbeschluss Widerspruch zu Protokoll erklärt oder
2. nicht erscheint, sofern es zu der Versammlung zu Unrecht nicht zugelassen worden ist oder die Versammlung nicht ordnungsgemäß einberufen oder der Gegenstand der Beschlussfassung nicht ordnungsgemäß bekannt gemacht worden ist.

Hat eine Vertreterversammlung die Verschmelzung beschlossen, ist jedes Mitglied zur Ausschlagung berechtigt; für die Vertreter gilt Satz 1.
(3) ¹Die Ausschlagung ist gegenüber der Europäischen Genossenschaft schriftlich binnen zwei Monaten nach dem Tag zu erklären, an dem die Verschmelzung im Sitzstaat der Europäischen Genossenschaft nach den dort geltenden Vorschriften eingetragen und bekannt gemacht worden ist. ²Die Ausschlagung kann nicht unter einer Bedingung oder einer Zeitbestimmung erklärt werden. ³Sie wird in dem Zeitpunkt wirksam, in dem die Ausschlagungserklärung der Europäischen Genossenschaft zugeht.
(4) ¹Die Europäische Genossenschaft hat sich mit einem früheren Mitglied, dessen Beteiligung an der Europäischen Genossenschaft nach Absatz 1 als nicht erworben gilt, auf Grund der Schlussbilanz der übertragenden Genossenschaft auseinanderzusetzen. ²Auf die Auseinandersetzung ist § 93 Abs. 2 und 3 des Umwandlungsgesetzes entsprechend anzuwenden.
(5) ¹Ansprüche auf Auszahlung des Geschäftsguthabens nach Absatz 4 Satz 2 in Verbindung mit § 93 Abs. 2 des Umwandlungsgesetzes sind binnen sechs Monaten seit der Ausschlagung zu befriedigen. ²Die Auszahlung darf jedoch nicht erfolgen, bevor den Gläubigern nach § 9 Satz 1 in Verbindung mit § 11 Abs. 1 und 2 Sicherheit geleistet wurde und bevor zwei Monate seit dem Tag abgelaufen sind, an dem die Verschmelzung im Sitzstaat der Europäischen Genossenschaft nach den dort geltenden Vorschriften eingetragen und bekannt gemacht worden ist.

§ 9 Gläubigerschutz bei Verschmelzung

¹Liegt der künftige Sitz der Europäischen Genossenschaft im Ausland, gilt § 11 Abs. 1 und 2 entsprechend. ²Das zuständige Gericht stellt die Bescheinigung nach Artikel 29 Abs. 2 der Verordnung (EG) Nr. 1435/2003 nur aus, wenn die Vorstandsmitglieder der übertragenden Genossenschaft versichern, dass allen Gläubigern, die nach Satz 1 einen Anspruch auf Sicherheitsleistung haben, eine angemessene Sicherheit geleistet wurde.

A. Allgemeines

Die §§ 5 bis 9 regeln die Gründung der SCE durch **Verschmelzung**. 1

B. Regelungsgehalt

Die Regelungen zur Gründung durch Verschmelzung stimmen im Wesentlichen mit den Regelungen des SEAG[1] überein. Abweichend davon regelt § 6, dass der Verschmelzungsplan von dem Prüfungsverband geprüft werden muss, dem die Genossenschaft angehört. 2

Statt der Regelungen zum Abfindungsangebot im SEAG regelt § 8 die Möglichkeit der **Ausschlagung durch einzelne Mitglieder.** Jedes Mitglied kann den durch die Verschmelzung eintretenden Erwerb der Anteile an der Euro- 3

---

1 Vgl. im Einzelnen dort (Ordnungsnummer 370).

päischen Genossenschaft, die durch Verschmelzung gegründet wird, ausschlagen. Das Mitglied hat dann einen Anspruch auf Auszahlung des Geschäftsguthabens gem. § 8 Abs. 4.

§ 10 Auseinanderfallen von Sitzstaat und Hauptverwaltung

(1) ¹Erfüllt eine Europäische Genossenschaft nicht mehr die Verpflichtung nach Artikel 6 Satz 1 der Verordnung (EG) Nr. 1435/2003, gilt dies als wesentlicher Mangel der Satzung im Sinn des § 94 des Genossenschaftsgesetzes in Verbindung mit § 397 Satz 2 des Gesetzes über das Verfahren in Familiensachen und in den Angelegenheiten der freiwilligen Gerichtsbarkeit. ²Das Registergericht fordert die Europäische Genossenschaft auf, innerhalb einer bestimmten Frist den vorschriftswidrigen Zustand zu beenden, indem sie entweder ihre Hauptverwaltung wieder im Sitzstaat errichtet oder ihren Sitz nach dem Verfahren des Artikels 7 der Verordnung (EG) Nr. 1435/2003 verlegt.

(2) Wird innerhalb der nach Absatz 1 Satz 2 bestimmten Frist der Aufforderung nicht genügt, hat das Gericht die Europäische Genossenschaft nach den § 395 in Verbindung mit § 393 Abs. 3 und 4 des Gesetzes über das Verfahren in Familiensachen und in den Angelegenheiten der freiwilligen Gerichtsbarkeit als nichtig zu löschen.

§ 11 Gläubigerschutz bei Sitzverlegung; Negativerklärung

(1) ¹Verlegt eine Europäische Genossenschaft nach Artikel 7 der Verordnung (EG) Nr. 1435/2003 ihren Sitz, ist den Gläubigern der Europäischen Genossenschaft soweit Sicherheit zu leisten, wie sie nicht Befriedigung verlangen können, wenn sie binnen zwei Monaten nach dem Tag, an dem der Verlegungsplan offen gelegt worden ist, ihren Anspruch nach Grund und Höhe schriftlich anmelden und glaubhaft machen, dass durch die Sitzverlegung die Erfüllung ihrer Forderungen gefährdet wird. ²Die Gläubiger sind im Verlegungsplan auf dieses Recht hinzuweisen.

(2) Das Recht auf Sicherheitsleistung nach Absatz 1 steht den Gläubigern nur im Hinblick auf solche Forderungen zu, die vor oder bis zu 15 Tage nach Offenlegung des Verlegungsplans entstanden sind.

(3) Das zuständige Gericht stellt die Bescheinigung nach Artikel 7 Abs. 8 der Verordnung (EG) Nr. 1435/2003 nur aus, wenn

1. bei einer Europäischen Genossenschaft mit dualistischem System die Mitglieder des Leitungsorgans und bei einer Europäischen Genossenschaft mit monistischem System die geschäftsführenden Direktoren versichern, dass allen Gläubigern, die nach den Absätzen 1 und 2 einen Anspruch auf Sicherheitsleistung haben, eine angemessene Sicherheit geleistet wurde und

2. die Vertretungsorgane der Europäischen Genossenschaft erklären, dass eine Klage gegen die Wirksamkeit des Verlegungsbeschlusses nicht oder nicht fristgemäß erhoben oder eine solche Klage rechtskräftig abgewiesen oder zurückgenommen worden ist.

A. Allgemeines

1 Die §§ 10 bis 11 treffen Regelungen zum **Sitz** und zur **Sitzverlegung** der SCE.

B. Regelungsgehalt

2 Satzungssitz und Verwaltungssitz der SCE dürfen gem. § 10 nicht auseinanderfallen. In einem solchen Fall muss die Hauptverwaltung wieder im Sitzstaat errichtet werden oder der Sitz verlegt werden. Anderenfalls wird die europäische Genossenschaft im Register gelöscht. Die Vorschrift entspricht damit § 52 SEAG.

3 § 11 entspricht den Regelungen der §§ 13 und 14 SEAG.[1]

---

1 Vgl. im Einzelnen dort (Ordnungsnummer 370).

§ 12 Bestellung der Mitglieder des Leitungsorgans

Die Satzung der Europäischen Genossenschaft kann festlegen, dass die Mitglieder des Leitungsorgans von der Generalversammlung gewählt und abberufen werden.

§ 13 Wahrnehmung der Geschäftsleitung durch Mitglieder des Aufsichtsorgans

Die Abstellung eines Mitglieds des Aufsichtsorgans zur Wahrnehmung der Aufgaben eines Mitglieds des Leitungsorgans nach Artikel 37 Abs. 3 Satz 2 der Verordnung (EG) Nr. 1435/2003 ist nur für einen im Voraus begrenzten Zeitraum zulässig.

§ 14 Zahl der Mitglieder des Leitungsorgans

[1]Das Leitungsorgan muss aus mindestens zwei Personen bestehen. [2]Die Satzung kann eine höhere Zahl vorsehen.

§ 15 Zahl der Mitglieder und Zusammensetzung des Aufsichtsorgans

(1) [1]Das Aufsichtsorgan besteht aus mindestens drei Personen. [2]Die Satzung kann eine höhere Zahl vorsehen. [3]Die Beteiligung der Arbeitnehmer nach dem SCE-Beteiligungsgesetz bleibt unberührt.
(2) Auf die Zusammensetzung des Aufsichtsorgans sind § 96 Abs. 2 sowie die §§ 97 bis 99 und 104 des Aktiengesetzes entsprechend anzuwenden, wobei auch der SCE-Betriebsrat antragsberechtigt ist.
(3) [1]§ 51 des Genossenschaftsgesetzes ist mit der Maßgabe anzuwenden, dass das gesetzwidrige Zustandekommen von Wahlvorschlägen für die Arbeitnehmervertreter im Aufsichtsorgan nur nach den Vorschriften der Mitgliedstaaten der Europäischen Union über die Besetzung der ihnen zugewiesenen Sitze geltend gemacht werden kann. [2]Für die Arbeitnehmervertreter aus dem Inland gilt § 37 Abs. 2 des SCE-Beteiligungsgesetzes.

§ 16 Informationsverlangen einzelner Mitglieder des Aufsichtsorgans

Jedes Mitglied des Aufsichtsorgans kann vom Leitungsorgan jegliche Information nach Artikel 40 Abs. 3 Satz 1 der Verordnung (EG) Nr. 1435/2003, jedoch nur an das Aufsichtsorgan, verlangen.

§ 17 Anmeldung und Eintragung

(1) Eine Europäische Genossenschaft, die nach Artikel 36 Buchstabe b der Verordnung (EG) Nr. 1435/2003 in ihrer Satzung das monistische System mit einem Verwaltungsorgan (Verwaltungsrat) gewählt hat, ist bei Gericht von allen Gründern, Mitgliedern des Verwaltungsrats und geschäftsführenden Direktoren zur Eintragung in das Genossenschaftsregister anzumelden.
(2) [1]In der Anmeldung haben die geschäftsführenden Direktoren zu versichern, dass keine Umstände vorliegen, die ihrer Bestellung nach der Verordnung (EG) Nr. 1435/2003 entgegenstehen, und dass sie über ihre unbeschränkte Auskunftspflicht gegenüber dem Gericht belehrt worden sind. [2]In der Anmeldung sind Art und Umfang der Vertretungsbefugnis der geschäftsführenden Direktoren anzugeben. [3]Der Anmeldung ist eine Abschrift der Urkunden über die Bestellung des Verwaltungsrats und der geschäftsführenden Direktoren beizufügen.
(3) Bei der Eintragung sind die geschäftsführenden Direktoren sowie deren Vertretungsbefugnis anzugeben.

§ 18 Aufgaben und Rechte des Verwaltungsrats

(1) Der Verwaltungsrat leitet die Europäische Genossenschaft, bestimmt die Grundlinien ihrer Tätigkeit und überwacht deren Umsetzung.

(2) Der Verwaltungsrat hat eine Generalversammlung einzuberufen, wenn dies im Interesse der Europäischen Genossenschaft erforderlich ist.

(3) [1]Der Verwaltungsrat stellt sicher, dass die erforderlichen Handelsbücher geführt werden. [2]Er kann jederzeit selbst oder durch einzelne von ihm zu bestimmende Verwaltungsratsmitglieder die Bücher und Schriften der Europäischen Genossenschaft sowie den Bestand der Genossenschaftskasse und die Bestände an Wertpapieren und Waren einsehen und prüfen.

(4) [1]Ergibt sich bei Aufstellung der Jahresbilanz oder einer Zwischenbilanz oder ist bei pflichtgemäßem Ermessen anzunehmen, dass ein Verlust besteht, der durch die Hälfte des Gesamtbetrags der Geschäftsguthaben und die Rücklagen nicht gedeckt ist, hat der Verwaltungsrat unverzüglich die Generalversammlung einzuberufen und ihr dies anzuzeigen. [2]Bei Zahlungsunfähigkeit oder Überschuldung der Europäischen Genossenschaft hat der Verwaltungsrat den Insolvenzantrag nach § 15a Abs. 1 der Insolvenzordnung zu stellen; zudem gilt § 99 des Genossenschaftsgesetzes entsprechend.

(5) Rechtsvorschriften außerhalb dieses Gesetzes, die dem Vorstand oder dem Aufsichtsrat einer Genossenschaft Rechte oder Pflichten zuweisen, gelten für den Verwaltungsrat entsprechend, soweit nicht in diesem Gesetz für den Verwaltungsrat und für geschäftsführende Direktoren besondere Regelungen enthalten sind.

§ 19 Zahl der Mitglieder und Zusammensetzung des Verwaltungsrats

(1) [1]Der Verwaltungsrat besteht aus mindestens fünf Personen, bei einer Europäischen Genossenschaft, die nicht mehr als 20 Mitglieder hat, aus mindestens drei Personen. [2]Die Beteiligung der Arbeitnehmer nach dem SCE-Beteiligungsgesetz bleibt unberührt. [3]Bei einer Europäischen Genossenschaft, die kapitalmarktorientiert im Sinn des § 264d des Handelsgesetzbuchs ist, muss mindestens ein unabhängiges Mitglied des Verwaltungsrats über Sachverstand in Rechnungslegung oder Abschlussprüfung verfügen.

(2) Auf die Zusammensetzung des Verwaltungsrats sind § 96 Abs. 2 sowie die §§ 97 bis 99 und 104 des Aktiengesetzes entsprechend anzuwenden, wobei

1. die dem Vorstand zugewiesenen Rechte und Pflichten vom Vorsitzenden des Verwaltungsrats wahrzunehmen sind;
2. auch der SCE-Betriebsrat entsprechend § 98 Abs. 2 und § 104 Abs. 1 des Aktiengesetzes antragsberechtigt ist.

(3) [1]Für die Anfechtung der Wahl von Verwaltungsratsmitgliedern gilt § 51 des Genossenschaftsgesetzes entsprechend, wobei das gesetzwidrige Zustandekommen von Wahlvorschlägen für die Arbeitnehmervertreter im Verwaltungsrat nur nach den Vorschriften der Mitgliedstaaten der Europäischen Union über die Besetzung der ihnen zugewiesenen Sitze geltend gemacht werden kann. [2]Für die Arbeitnehmervertreter aus dem Inland gilt § 37 Abs. 2 des SCE-Beteiligungsgesetzes.

(4) [1]Der Verwaltungsrat kann einen Prüfungsausschuss bestellen, der sich mit der Überwachung des Rechnungslegungsprozesses sowie der Wirksamkeit des internen Kontrollsystems, des Risikomanagementsystems und des internen Revisionssystems befasst. [2]Er muss mehrheitlich mit nicht geschäftsführenden Mitgliedern besetzt werden. [3]Richtet der Verwaltungsrat einer Europäischen Genossenschaft, die kapitalmarktorientiert im Sinn des § 264d des Handelsgesetzbuchs ist, einen Prüfungsausschuss ein, so muss diesem mindestens ein Mitglied angehören, welches die Voraussetzungen nach § 19 Abs. 1 Satz 2 erfüllt, und darf der Vorsitzende des Prüfungsausschusses kein geschäftsführender Direktor sein.

§ 20 Abberufung der Mitglieder des Verwaltungsrats

[1]Mitglieder des Verwaltungsrats, die von der Generalversammlung ohne Bindung an einen Wahlvorschlag gewählt worden sind, können von ihr vor Ablauf der Amtszeit abberufen werden. [2]Der Beschluss bedarf einer Mehrheit von mindestens drei Vierteln der abgegebenen Stimmen.

§ 21 Sorgfaltspflicht und Verantwortlichkeit der Verwaltungsratsmitglieder

Für die Sorgfaltspflicht und Verantwortlichkeit der Verwaltungsratsmitglieder gilt § 34 des Genossenschaftsgesetzes entsprechend.

§ 22 Geschäftsführende Direktoren

(1) ¹Der Verwaltungsrat bestellt einen oder mehrere geschäftsführende Direktoren. ²Mitglieder des Verwaltungsrats können zu geschäftsführenden Direktoren bestellt werden, sofern die Mehrheit des Verwaltungsrats weiterhin aus nicht geschäftsführenden Mitgliedern besteht. ³Die Bestellung ist zur Eintragung in das Genossenschaftsregister anzumelden. ⁴Die Satzung kann Regelungen über die Bestellung eines oder mehrerer geschäftsführender Direktoren treffen. ⁵§ 38 Abs. 2 des SCE-Beteiligungsgesetzes bleibt unberührt.

(2) ¹Die geschäftsführenden Direktoren führen die Geschäfte der Europäischen Genossenschaft. ²Sind mehrere geschäftsführende Direktoren bestellt, sind sie nur gemeinschaftlich zur Geschäftsführung befugt; die Satzung oder eine vom Verwaltungsrat erlassene Geschäftsordnung kann Abweichendes bestimmen. ³Gesetzlich dem Verwaltungsrat zugewiesene Aufgaben können nicht auf die geschäftsführenden Direktoren übertragen werden. ⁴Soweit nach den für Genossenschaften geltenden Rechtsvorschriften der Vorstand Anmeldungen und die Einreichung von Unterlagen zum Genossenschaftsregister vorzunehmen hat, treten an die Stelle des Vorstands die geschäftsführenden Direktoren.

(3) ¹Ergibt sich bei Aufstellung der Jahresbilanz oder einer Zwischenbilanz oder ist bei pflichtgemäßem Ermessen anzunehmen, dass ein Verlust besteht, der durch die Hälfte des Gesamtbetrags der Geschäftsguthaben und die Rücklagen nicht gedeckt ist, haben die geschäftsführenden Direktoren dem Vorsitzenden des Verwaltungsrats unverzüglich darüber zu berichten. ²Dasselbe gilt, wenn die Europäische Genossenschaft zahlungsunfähig wird oder sich eine Überschuldung der Europäischen Genossenschaft im Sinn des § 98 des Genossenschaftsgesetzes ergibt.

(4) ¹Geschäftsführende Direktoren können jederzeit durch Beschluss des Verwaltungsrats mit einfacher Mehrheit abberufen werden, sofern die Satzung nichts anderes regelt. ²Für die Ansprüche aus dem Anstellungsvertrag gelten die allgemeinen Vorschriften.

(5) Geschäftsführende Direktoren haben dem Verwaltungsrat jederzeit auf dessen Verlangen über die Angelegenheiten der Europäischen Genossenschaft zu berichten.

(6) Für die Sorgfaltspflicht und Verantwortlichkeit der geschäftsführenden Direktoren gilt § 34 des Genossenschaftsgesetzes entsprechend.

(7) Die Vorschriften über die geschäftsführenden Direktoren gelten auch für ihre Stellvertreter.

§ 23 Vertretung

(1) ¹Die geschäftsführenden Direktoren vertreten die Europäische Genossenschaft gerichtlich und außergerichtlich. ²Hat eine Europäische Genossenschaft keine geschäftsführenden Direktoren (Führungslosigkeit), wird die Europäische Genossenschaft für den Fall, dass ihr gegenüber Willenserklärungen abgegeben oder Schriftstücke zugestellt werden, durch den Verwaltungsrat vertreten.

(2) ¹Mehrere geschäftsführende Direktoren sind, wenn die Satzung nichts anderes bestimmt, nur gemeinschaftlich zur Vertretung der Europäischen Genossenschaft befugt. ²Ist eine Willenserklärung gegenüber der Europäischen Genossenschaft abzugeben, genügt die Abgabe gegenüber einem geschäftsführenden Direktor oder im Fall des Absatzes 1 Satz 2 gegenüber einem Mitglied des Verwaltungsrats.

(3) ¹Die Satzung kann auch bestimmen, dass einzelne geschäftsführende Direktoren allein oder in Gemeinschaft mit einem Prokuristen zur Vertretung der Europäischen Genossenschaft befugt sind. ²Absatz 2 Satz 2 gilt in diesen Fällen entsprechend.

(4) ¹Zur Gesamtvertretung befugte geschäftsführende Direktoren können einzelne von ihnen zur Vornahme bestimmter Geschäfte oder bestimmter Arten von Geschäften ermächtigen. ²Dies gilt entsprechend, wenn ein einzelner geschäftsführender Direktor in Gemeinschaft mit einem Prokuristen zur Vertretung der Europäischen Genossenschaft befugt ist.

(5) Gegenüber den geschäftsführenden Direktoren vertritt der Verwaltungsrat die Europäische Genossenschaft gerichtlich und außergerichtlich.

§ 24 (weggefallen)

§ 25 Angaben auf Geschäftsbriefen

(1) Auf allen Geschäftsbriefen gleichviel welcher Form, die an einen bestimmten Empfänger gerichtet werden, müssen die Rechtsform und der Sitz der Europäischen Genossenschaft, das Registergericht des Sitzes der Europäischen Genossenschaft und die Nummer, unter der die Europäische Genossenschaft in das Genossenschaftsregister eingetragen ist, sowie alle geschäftsführenden Direktoren und der Vorsitzende des Verwaltungsrats mit dem Familiennamen und mindestens einem ausgeschriebenen Vornamen angegeben werden.
(2) § 25a Abs. 2 und 3 des Genossenschaftsgesetzes gilt entsprechend.

§ 26 Anmeldung von Änderungen

[1]Die geschäftsführenden Direktoren haben jede sie betreffende Änderung des Verwaltungsrats sowie die Bestellung, Abberufung und Änderung der Vertretungsbefugnis von geschäftsführenden Direktoren zur Eintragung in das Genossenschaftsregister anzumelden. [2]§ 17 Abs. 2 gilt entsprechend.

§ 27 Aufstellung, Prüfung und Feststellung des Jahresabschlusses

(1) [1]Die geschäftsführenden Direktoren haben den Jahresabschluss und den Lagebericht aufzustellen und danach unverzüglich dem Verwaltungsrat zur Prüfung vorzulegen. [2]Der Vorsitzende des Verwaltungsrats legt den Jahresabschluss und den Lagebericht unverzüglich der Generalversammlung zum Zweck der Feststellung vor.
(2) [1]Jedes Verwaltungsratsmitglied hat das Recht, von den Vorlagen und Prüfungsberichten Kenntnis zu nehmen. [2]Die Vorlagen und Prüfungsberichte sind jedem Verwaltungsratsmitglied auszuhändigen.

§ 28 Einberufung durch Prüfungsverband

Unter den Voraussetzungen des § 60 des Genossenschaftsgesetzes ist auch der Prüfungsverband berechtigt, eine außerordentliche Generalversammlung der Europäischen Genossenschaft einzuberufen.

§ 29 Mehrstimmrechte

Die Satzung der Europäischen Genossenschaft kann Mitgliedern im Rahmen des Artikels 59 Abs. 2 der Verordnung (EG) Nr. 1435/2003 nach Maßgabe des § 43 Abs. 3 Satz 3 des Genossenschaftsgesetzes Mehrstimmrechte einräumen.

§ 30 Stimmrechte investierender Mitglieder

(1) Jedes investierende Mitglied hat eine Stimme vorbehaltlich des Artikels 59 Abs. 3 Satz 2 der Verordnung (EG) Nr. 1435/2003.
(2) Die Satzung der Europäischen Genossenschaft muss durch geeignete Regelungen sicherstellen, dass investierende Mitglieder die anderen Mitglieder in keinem Fall überstimmen können und dass Beschlüsse der Generalversammlung, für die nach Gesetz oder Satzung eine Mehrheit von mindestens drei Vierteln der abgegebenen Stimmen vorgeschrieben ist, durch investierende Mitglieder nicht verhindert werden können.

§ 31 Sektor- und Sektionsversammlungen

¹Die Satzung der Europäischen Genossenschaft kann im Rahmen des Artikels 63 der Verordnung (EG) Nr. 1435/2003 eine Sektor- oder Sektionsversammlung vorsehen. ²§ 43a Abs. 7 des Genossenschaftsgesetzes ist entsprechend anzuwenden, soweit sich aus Artikel 55 der Verordnung (EG) Nr. 1435/2003 nichts anderes ergibt.

A. Allgemeines
§§ 12 bis 31 regeln den Aufbau der SCE.

B. Regelungsgehalt
Wie die SE kann auch die Europäische Genossenschaft mit **dualistischer** oder **monistischer Unternehmensverfassung** gegründet werden

§§ 12 bis 16 regeln die dualistische Unternehmensverfassung und stimmen mit den Regelungen zur dualistisch verfassten SE überein. Lediglich § 12 regelt genossenschaftsspezifisch, dass die Mitglieder des Leitungsorgans – die bei der SE vom Aufsichtsrat bestellt werden – von der **Generalversammlung** gewählt und abberufen werden können, sofern die Satzung dies vorsieht. Zudem wird hinsichtlich der Größe des Aufsichtsorgans nur die Mindestgröße von drei Mitgliedern geregelt. Wiederum genossenschaftsspezifisch existiert keine Vorschrift zur Festlegung zustimmungsbedürftiger Geschäfte durch das Aufsichtsorgan.

Die §§ 17 bis 27 regeln die SCE mit monistischer Unternehmensverfassung. Der Verwaltungsrat einer SCE mit bis zu 20 Mitgliedern umfasst mindestens drei Personen, anderenfalls mindesten fünf Personen.

§§ 28 bis 30 regeln die Generalversammlung, die Möglichkeit der Einberufung einer außerordentlichen Generalversammlung durch den genossenschaftlichen Prüfungsverband sowie das Stimmenverhältnis zwischen ordentlichen und investierenden Mitgliedern. Gem. § 31 kann die Satzung zusätzlich Sektoren- oder Sektionsversammlungen vorsehen.[1]

§ 32 Aufstellung des Jahresabschlusses und Lageberichts

(1) Für die Aufstellung des Jahresabschlusses und des Lageberichts gelten die §§ 336 bis 338 des Handelsgesetzbuchs entsprechend.
(2) Handelt es sich bei der Europäischen Genossenschaft um ein Kreditinstitut, gelten die §§ 340 bis 340j des Handelsgesetzbuchs entsprechend.

§ 33 Offenlegung

(1) Für die Offenlegung gilt § 339 des Handelsgesetzbuchs entsprechend.
(2) Handelt es sich bei der Europäischen Genossenschaft um ein Kreditinstitut, gelten die §§ 340l und 340o des Handelsgesetzbuchs entsprechend.

§ 34 Prüfung

(1) Für die Prüfung der Europäischen Genossenschaft gelten die §§ 53 bis 64c des Genossenschaftsgesetzes entsprechend.
(2) Handelt es sich bei der Europäischen Genossenschaft um ein Kreditinstitut, gilt § 340k Abs. 1 und 2 des Handelsgesetzbuchs entsprechend.

---

1 Vgl. *Kisker,* RdA 2006, 206, 208.

§ 35 Zuständigkeiten

¹Für die Eintragung der Europäischen Genossenschaft und für die in Artikel 7 Abs. 8 und Artikel 29 Abs. 2 sowie den Artikeln 30 und 73 Abs. 1 und 5 der Verordnung (EG) Nr. 1435/2003 bezeichneten Aufgaben ist das nach § 10 des Genossenschaftsgesetzes und § 23a Abs. 1 und 2 Nr. 3 des Gerichtsverfassungsgesetzes in Verbindung mit § 376 des Gesetzes über das Verfahren in Familiensachen und in den Angelegenheiten der freiwilligen Gerichtsbarkeit bestimmte Gericht als Registergericht zuständig. ²Das zuständige Gericht im Sinn des Artikels 54 Abs. 2 der Verordnung (EG) Nr. 1435/2003 bestimmt sich nach § 23a Abs. 1 und 2 Nr. 4 des Gerichtsverfassungsgesetzes in Verbindung mit § 376 des Gesetzes über das Verfahren in Familiensachen und in den Angelegenheiten der freiwilligen Gerichtsbarkeit. ³Zuständige Antragsbehörde im Sinn des Artikels 73 Abs. 1 der Verordnung (EG) Nr. 1435/2003 ist die zuständige oberste Landesbehörde nach § 63 des Genossenschaftsgesetzes, in deren Bezirk die Europäische Genossenschaft ihren Sitz hat.

§ 36 Straf- und Bußgeldvorschriften

(1) ¹Die Strafvorschriften der §§ 147 bis 151 des Genossenschaftsgesetzes, des § 15a Abs. 4 und 5 der Insolvenzordnung, des § 340m in Verbindung mit den §§ 331 bis 333 des Handelsgesetzbuchs und der §§ 313 bis 315 des Umwandlungsgesetzes sowie die Bußgeldvorschriften des § 152 des Genossenschaftsgesetzes und des § 340n des Handelsgesetzbuchs gelten auch für die Europäische Genossenschaft im Sinn des Artikels 8 Abs. 1 Buchstabe c Nr. ii der Verordnung (EG) Nr. 1435/2003. ²Soweit sie
1. Mitglieder des Vorstands,
2. Mitglieder des Aufsichtsrats oder
3. Mitglieder des vertretungsberechtigten Organs

einer Genossenschaft betreffen, gelten sie bei der Europäischen Genossenschaft mit dualistischem System in den Fällen der Nummern 1 und 3 für die Mitglieder des Leitungsorgans und in den Fällen der Nummer 2 für die Mitglieder des Aufsichtsorgans. Bei der Europäischen Genossenschaft mit monistischem System gelten sie in den Fällen des Satzes 2 Nr. 1 und 3 für die geschäftsführenden Direktoren und in den Fällen des Satzes 2 Nr. 2 für die Mitglieder des Verwaltungsrats.

(2) Mit Freiheitsstrafe bis zu drei Jahren oder mit Geldstrafe wird bestraft, wer
1. als Vorstandsmitglied entgegen § 9 Satz 2,
2. als Mitglied des Leitungsorgans einer Europäischen Genossenschaft mit dualistischem System oder als geschäftsführender Direktor einer Europäischen Genossenschaft mit monistischem System entgegen § 11 Abs. 3 Nr. 1 oder
3. als geschäftsführender Direktor einer Europäischen Genossenschaft mit monistischem System entgegen § 17 Abs. 2 Satz 1, auch in Verbindung mit § 26 Satz 2,

eine Versicherung nicht richtig abgibt.

A. Allgemeines

1 Der fünfte Abschnitt regelt den Jahresabschluss und Lagebericht, der sechste Abschnitt betrifft Zuständigkeits-, Straf- und Bußgeldvorschriften.

B. Regelungsgehalt

2 Die Vorschriften zum Jahresabschluss und Lagebericht in §§ 32 bis 34 verweisen auf die einschlägigen Vorschriften des HGB und des GenG.

3 Die Zuständigkeitsvorschrift des § 35 entspricht § 4 des SEAG.[1] Genossenschaftsspezifisch wird zudem festgelegt, dass die oberste Landesbehörde nach § 63 GenG zuständige Antragsbehörde ist.

4 Auch die Straf- und Bußgeldvorschriften in § 36 entsprechen denen des SEAG.[2] Statt auf das AktG wird auf das GenG verwiesen.

---

1 Vgl. im Einzelnen dort.

2 Vgl. im Einzelnen dort (Ordnungsnummer 370).

§ 37 Übergangsvorschrift zum Bilanzrechtsmodernisierungsgesetz

§ 19 Abs. 1 Satz 3 und Abs. 4 Satz 2 und 3 in der Fassung des Bilanzrechtsmodernisierungsgesetzes vom 25. Mai 2009 (BGBl. I S. 1102) finden keine Anwendung, solange alle Mitglieder des Verwaltungsrats und des Prüfungsausschusses vor dem 29. Mai 2009 bestellt worden sind.

§ 38 Übergangsvorschrift zum Gesetz zur Umsetzung der Aktionärsrechterichtlinie

[1]Im Fall des § 7 Abs. 3 Satz 1 bleibt es für die Zeit vor dem 1. September 2009 bei dem bis dahin geltenden Zinssatz.

Gesetz über die Beteiligung der Arbeitnehmer und Arbeitnehmerinnen in einer Europäischen Genossenschaft (SCE-Beteiligungsgesetz – SCEBG)

Vom 14.8.2006, BGBl I S. 1917, BGBl III 801-16

§ 1 Zielsetzung des Gesetzes

(1) ¹Dieses Gesetz regelt die Beteiligung der Arbeitnehmer in einer Europäischen Genossenschaft, die Gegenstand der Verordnung (EG) Nr. 1435/2003 des Rates vom 22. Juli 2003 über das Statut der Europäischen Genossenschaft (SCE) (ABl. EU Nr. L 207 S. 1) ist. ²Ziel dieses Gesetzes ist, in einer Europäischen Genossenschaft die erworbenen Rechte der Arbeitnehmer (Arbeitnehmerinnen und Arbeitnehmer) auf Beteiligung an Unternehmensentscheidungen zu sichern. ³Maßgeblich für die Ausgestaltung der Beteiligungsrechte der Arbeitnehmer in der Europäischen Genossenschaft sind die bestehenden Beteiligungsrechte in den beteiligten juristischen Personen, die die Europäische Genossenschaft gründen.

(2) ¹Zur Sicherung des Rechts auf grenzüberschreitende Unterrichtung, Anhörung, Mitbestimmung und sonstige Beteiligung der Arbeitnehmer wird eine Vereinbarung über die Beteiligung der Arbeitnehmer in der Europäischen Genossenschaft getroffen. ²Kommt es nicht zu einer Vereinbarung, wird eine Beteiligung der Arbeitnehmer in der Europäischen Genossenschaft kraft Gesetzes sichergestellt.

(3) Die Vorschriften dieses Gesetzes sowie die Vereinbarung nach Absatz 2 sind so auszulegen, dass die Ziele der Europäischen Gemeinschaft, die Beteiligung der Arbeitnehmer in der Europäischen Genossenschaft sicherzustellen, gefördert werden.

(4) Die Grundsätze der Absätze 1 bis 3 gelten auch für strukturelle Änderungen einer gegründeten Europäischen Genossenschaft sowie für deren Auswirkungen auf die betroffenen Unternehmen und Betriebe und ihre Arbeitnehmer.

§ 2 Begriffsbestimmungen

(1) ¹Der Begriff des Arbeitnehmers richtet sich nach den Rechtsvorschriften und Gepflogenheiten der jeweiligen Mitgliedstaaten. ²Arbeitnehmer eines inländischen Unternehmens oder Betriebs sind Arbeiter und Angestellte einschließlich der zu ihrer Berufsausbildung Beschäftigten und der in § 5 Abs. 3 Satz 2 des Betriebsverfassungsgesetzes genannten leitenden Angestellten, unabhängig davon, ob sie im Betrieb, im Außendienst oder mit Telearbeit beschäftigt werden. ³Als Arbeitnehmer gelten auch die in Heimarbeit Beschäftigten, die in der Hauptsache für die juristische Person oder den Betrieb arbeiten.

(2) Beteiligte juristische Personen sind Gesellschaften im Sinn des Artikels 48 Abs. 2 des EG-Vertrags sowie nach dem Recht eines Mitgliedstaats errichtete und diesem Recht unterliegende juristische Personen, die unmittelbar an der Gründung einer Europäischen Genossenschaft beteiligt sind.

(3) ¹Tochtergesellschaften einer beteiligten juristischen Person oder einer Europäischen Genossenschaft sind rechtlich selbstständige Unternehmen, auf die eine juristische Person einen beherrschenden Einfluss im Sinn des Artikels 3 Abs. 2 bis 7 der Richtlinie 94/45/EG des Rates vom 22. September 1994 über die Einsetzung eines Europäischen Betriebsrats oder die Schaffung eines Verfahrens zur Unterrichtung und Anhörung der Arbeitnehmer in gemeinschaftsweit operierenden Unternehmen und Unternehmensgruppen (ABl. EG Nr. L 254 S. 64) ausüben kann. ²§ 6 Abs. 2 bis 4 des Europäische Betriebsräte-Gesetzes vom 28. Oktober 1996 (BGBl. I S. 1548) ist anzuwenden.

(4) Betroffene Tochtergesellschaften oder betroffene Betriebe sind Tochtergesellschaften oder Betriebe einer beteiligten juristischen Person, die zu Tochtergesellschaften oder Betrieben der Europäischen Genossenschaft werden sollen.

(5) ¹Leitung bezeichnet das Organ der unmittelbar an der Gründung der Europäischen Genossenschaft beteiligten juristischen Personen oder der Europäischen Genossenschaft selbst, das die Geschäfte der juristischen Person führt und zu ihrer Vertretung berechtigt ist. ²Bei den beteiligten juristischen Personen ist dies das Leitungs- oder Verwaltungsorgan; bei der Europäischen Genossenschaft sind dies das Leitungsorgan oder die geschäftsführenden Direktoren.

(6) Arbeitnehmervertretung bezeichnet jede Vertretung der Arbeitnehmer nach dem Betriebsverfassungsgesetz (Betriebsrat, Gesamtbetriebsrat, Konzernbetriebsrat oder eine nach § 3 Abs. 1 Nr. 1 bis 3 des Betriebsverfassungsgesetzes gebildete Vertretung).

(7) SCE-Betriebsrat bezeichnet das Vertretungsorgan der Arbeitnehmer der Europäischen Genossenschaft, das durch eine Vereinbarung nach § 21 oder kraft Gesetzes nach den §§ 22 bis 33 eingesetzt wird, um die Rechte auf Unterrichtung und Anhörung der Arbeitnehmer der Europäischen Genossenschaft, ihrer Tochtergesellschaften und Betriebe und, wenn vereinbart, Mitbestimmungsrechte und sonstige Beteiligungsrechte in Bezug auf die Europäische Genossenschaft wahrzunehmen.

(8) Beteiligung der Arbeitnehmer bezeichnet jedes Verfahren – einschließlich der Unterrichtung, Anhörung und Mitbestimmung –, durch das die Vertreter der Arbeitnehmer auf die Beschlussfassung in einer juristischen Person Einfluss nehmen können.

(9) ¹Beteiligungsrechte sind Rechte, die den Arbeitnehmern und ihren Vertretern im Bereich der Unterrichtung, Anhörung, Mitbestimmung und der sonstigen Beteiligung zustehen. ²Hierzu kann auch die Wahrnehmung dieser Rechte in den Konzernunternehmen der Europäischen Genossenschaft gehören.

(10) ¹Unterrichtung bezeichnet die Unterrichtung des SCE-Betriebsrats oder anderer Arbeitnehmervertreter durch die Leitung der Europäischen Genossenschaft über Angelegenheiten, welche die Europäische Genossenschaft selbst oder eine ihrer Tochtergesellschaften oder einen ihrer Betriebe in einem anderen Mitgliedstaat betreffen oder die über die Befugnisse der zuständigen Organe auf der Ebene des einzelnen Mitgliedstaats hinausgehen. ²Zeitpunkt, Form und Inhalt der Unterrichtung sind so zu wählen, dass es den Arbeitnehmervertretern möglich ist, zu erwartende Auswirkungen eingehend zu prüfen und gegebenenfalls eine Anhörung mit der Leitung der Europäischen Genossenschaft vorzubereiten.

(11) ¹Anhörung bezeichnet die Einrichtung eines Dialogs und eines Meinungsaustauschs zwischen dem SCE-Betriebsrat oder anderen Arbeitnehmervertretern und der Leitung der Europäischen Genossenschaft oder einer anderen zuständigen mit eigenen Entscheidungsbefugnissen ausgestatteten Leitungsebene. ²Zeitpunkt, Form und Inhalt der Anhörung müssen dem SCE-Betriebsrat auf der Grundlage der erfolgten Unterrichtung eine Stellungnahme zu den geplanten Maßnahmen der Leitung der Europäischen Genossenschaft ermöglichen, die im Rahmen des Entscheidungsprozesses innerhalb der Europäischen Genossenschaft berücksichtigt werden kann.

(12) Mitbestimmung bedeutet die Einflussnahme der Arbeitnehmer auf die Angelegenheiten einer juristischen Person durch

1. die Wahrnehmung des Rechts, einen Teil der Mitglieder des Aufsichts- oder Verwaltungsorgans der juristischen Person zu wählen oder zu bestellen, oder
2. die Wahrnehmung des Rechts, die Bestellung eines Teils oder aller Mitglieder des Aufsichts- oder Verwaltungsorgans der juristischen Person zu empfehlen oder abzulehnen.

§ 3 Geltungsbereich

(1) ¹Dieses Gesetz gilt für eine Europäische Genossenschaft mit Sitz im Inland. ²Es gilt unabhängig vom Sitz der Europäischen Genossenschaft auch für Arbeitnehmer der Europäischen Genossenschaft, die im Inland beschäftigt sind, sowie für beteiligte juristische Personen, betroffene Tochtergesellschaften und betroffene Betriebe mit Sitz im Inland.

(2) Mitgliedstaaten im Sinn dieses Gesetzes sind die Mitgliedstaaten der Europäischen Union und die anderen Vertragsstaaten des Abkommens über den Europäischen Wirtschaftsraum.

Literatur: *Düwell*, Das Gesetz zur Einführung der Europäischen Genossenschaft und zur Änderung des Genossenschaftsrechts, FA 2006, 330; *Habersack*, Grundsatzfragen der Mitbestimmung in der SE und SCE sowie bei grenzüberschreitender Verschmelzung, ZHR 2007, 613; *Kisker*, Unternehmerische Mitbestimmung in der Europäischen Gesellschaft, der Europäischen Genossenschaft und bei grenzüberschreitender Verschmelzung im Vergleich, RdA 2006, 206; *Pulte*, Beteiligungsrechte des Betriebsrats außerhalb der Betriebsverfassung, NZA-RR 2008, 113; *Schlickmann*, Unternehmensmitbestimmung in der eingetragenen Genossenschaft, 2007

A. Allgemeines

Das Gesetz über die Beteiligung der Arbeitnehmer in der Europäischen Genossenschaft (SCE-Beteiligungsgesetz – **SCEBG**)[1] ist am 18.8.2006 in Kraft getreten und dient der Umsetzung der Richtlinie 2003/72/EG[2] zur Ergänzung des Statuts der Europäischen Genossenschaft hinsichtlich der Beteiligung der AN. Wie das zuvor kommentierte SCEAG und das SEAG ist das Gesetz in weiten Teilen wortgleich mit dem Gesetz über die Beteiligung der AN in einer Eu-

---

1 BGBl I Nr. 39 v. 17.8.2006, S. 1917.   2 ABl EU L 207 v. 22.7.2003, S. 25 ff.

ropäischen Gesellschaft (SEBG, 371). Deshalb kann auf die dortige Kommentierung verwiesen werden und es wird hier lediglich auf einige genossenschaftsspezifische Besonderheiten eingegangen.[3]

B. Regelungsgehalt

2 Die Regelungen in §§ 1–3 SCEBG zur Zielsetzung des Gesetzes, zu den Begriffsbestimmungen und zum Geltungsbereich stimmen mit den Regelungen des SEBG überein.[4]

§ 4 Information der Leitungen

(1) [1]Ist die Gründung einer Europäischen Genossenschaft durch mindestens zwei juristische Personen oder durch Umwandlung geplant, informieren die Leitungen die Arbeitnehmervertretungen und Sprecherausschüsse in den beteiligten juristischen Personen, betroffenen Tochtergesellschaften und betroffenen Betrieben über das Gründungsvorhaben. [2]Besteht keine Arbeitnehmervertretung, erfolgt die Information gegenüber den Arbeitnehmern. [3]Die Information erfolgt unaufgefordert und unverzüglich nach Offenlegung des Verschmelzungsplans, nach der Erstellung der Satzung der Europäischen Genossenschaft oder nach Offenlegung des Umwandlungsplans.

(2) Die Information nach Absatz 1 erstreckt sich insbesondere auf die

1. Identität und Struktur der beteiligten juristischen Personen, betroffenen Tochtergesellschaften und betroffenen Betriebe und deren Verteilung auf die Mitgliedstaaten,
2. in den beteiligten juristischen Personen, betroffenen Tochtergesellschaften und betroffenen Betrieben bestehenden Arbeitnehmervertretungen,
3. Zahl der in den beteiligten juristischen Personen, betroffenen Tochtergesellschaften und betroffenen Betrieben jeweils beschäftigten Arbeitnehmer sowie die daraus zu errechnende Gesamtzahl der in einem Mitgliedstaat beschäftigten Arbeitnehmer,
4. Zahl der Arbeitnehmer, denen Mitbestimmungsrechte in den Organen der juristischen Personen und betroffenen Tochtergesellschaften zustehen.

(3) Maßgeblicher Zeitpunkt für die Ermittlung der Zahl der Arbeitnehmer ist der Zeitpunkt der Information nach Absatz 1.

§ 5 Zusammensetzung des besonderen Verhandlungsgremiums

(1) [1]Das besondere Verhandlungsgremium ist auf Grund einer schriftlichen Aufforderung der Leitungen zu bilden. [2]Es hat die Aufgabe, mit den Leitungen eine schriftliche Vereinbarung über die Beteiligung der Arbeitnehmer in der Europäischen Genossenschaft abzuschließen.

(2) [1]Für die in jedem Mitgliedstaat beschäftigten Arbeitnehmer der beteiligten juristischen Personen, betroffenen Tochtergesellschaften und betroffenen Betriebe werden Mitglieder für das besondere Verhandlungsgremium gewählt oder bestellt. [2]Für jeden Anteil der in einem Mitgliedstaat beschäftigten Arbeitnehmer, der 10 Prozent der Gesamtzahl der in allen Mitgliedstaaten beschäftigten Arbeitnehmer oder einen Bruchteil davon beträgt, ist ein Mitglied aus diesem Mitgliedstaat in das besondere Verhandlungsgremium zu wählen oder zu bestellen.

(3) [1]Wird die Europäische Genossenschaft durch Verschmelzung gegründet, sind so viele zusätzliche Mitglieder in das besondere Verhandlungsgremium zu wählen oder zu bestellen, wie erforderlich sind, um zu gewährleisten, dass jede beteiligte Genossenschaft, die eingetragen ist und Arbeitnehmer in dem betreffenden Mitgliedstaat beschäftigt und die als Folge der geplanten Eintragung der Europäischen Genossenschaft als eigene Rechtspersönlichkeit erlöschen wird, in dem besonderen Verhandlungsgremium durch mindestens ein Mitglied vertreten ist. [2]Dies darf nicht zu einer Doppelvertretung der betroffenen Arbeitnehmer führen.

(4) [1]Die Zahl der zusätzlichen Mitglieder darf 20 Prozent der sich aus Absatz 2 ergebenden Mitgliederzahl nicht überschreiten. [2]Kann danach nicht jede nach Absatz 3 besonders zu berücksichtigende Genossenschaft durch ein zusätzliches Mitglied im besonderen Verhandlungsgremium vertreten werden, so werden diese Genossenschaften in absteigender Reihenfolge der Zahl der bei ihnen beschäftigten Arbeitnehmer berücksichtigt. [3]Dabei

---

3 Zur Vertiefung vgl. z.B. *Schlickmann*, Unternehmensmitbestimmung in der eingetragenen Genossenschaft; *Habersack*, ZHR 2007, 613.

4 Vgl. im Einzelnen die dortige Kommentierung (Ordnungsnummer 371).

ist zu gewährleisten, dass ein Mitgliedstaat nicht mehrere zusätzliche Sitze erhält, solange nicht alle anderen Mitgliedstaaten, aus denen die nach Absatz 3 besonders zu berücksichtigenden Genossenschaften stammen, einen Sitz erhalten haben.

(5) [1]Treten während der Tätigkeitsdauer des besonderen Verhandlungsgremiums solche Änderungen in der Struktur oder Arbeitnehmerzahl der beteiligten juristischen Personen, der betroffenen Tochtergesellschaften oder der betroffenen Betriebe ein, dass sich die konkrete Zusammensetzung des besonderen Verhandlungsgremiums ändern würde, so ist das besondere Verhandlungsgremium entsprechend neu zusammenzusetzen. [2]Über solche Änderungen haben die zuständigen Leitungen unverzüglich das besondere Verhandlungsgremium zu informieren. [3]§ 4 gilt entsprechend.

§ 6 Persönliche Voraussetzungen der auf das Inland entfallenden Mitglieder des besonderen Verhandlungsgremiums

(1) Die persönlichen Voraussetzungen der Mitglieder des besonderen Verhandlungsgremiums richten sich nach den jeweiligen Bestimmungen der Mitgliedstaaten, in denen sie gewählt oder bestellt werden.

(2) [1]Zu Mitgliedern des besonderen Verhandlungsgremiums wählbar sind im Inland Arbeitnehmer der beteiligten juristischen Personen, betroffenen Tochtergesellschaften und betroffenen Betriebe sowie Gewerkschaftsvertreter. [2]Frauen und Männer sollen entsprechend ihrem zahlenmäßigen Verhältnis gewählt werden. [3]Für jedes Mitglied ist ein Ersatzmitglied zu wählen.

(3) Gehören dem besonderen Verhandlungsgremium mehr als zwei Mitglieder aus dem Inland an, ist jedes dritte Mitglied ein Vertreter einer Gewerkschaft, die in einer der an der Gründung der Europäischen Genossenschaft beteiligten juristischen Personen, betroffenen Tochtergesellschaften oder betroffenen Betriebe vertreten ist.

(4) Gehören dem besonderen Verhandlungsgremium mehr als sechs Mitglieder aus dem Inland an, ist mindestens jedes siebte Mitglied ein leitender Angestellter.

§ 7 Verteilung der auf das Inland entfallenden Sitze des besonderen Verhandlungsgremiums

(1) Die Wahl oder Bestellung der Mitglieder des besonderen Verhandlungsgremiums nach § 5 erfolgt nach den jeweiligen Bestimmungen der Mitgliedstaaten.

(2) Bei der Wahl der auf das Inland entfallenden Mitglieder des besonderen Verhandlungsgremiums sollen alle an der Gründung der Europäischen Genossenschaft beteiligten juristischen Personen mit Sitz im Inland, die Arbeitnehmer im Inland beschäftigen, durch mindestens ein Mitglied im besonderen Verhandlungsgremium vertreten sein.

(3) Ist die Anzahl der auf das Inland entfallenden Mitglieder des besonderen Verhandlungsgremiums geringer als die Anzahl der an der Gründung der Europäischen Genossenschaft beteiligten juristischen Personen mit Sitz im Inland, die Arbeitnehmer im Inland beschäftigen, erhalten diese in absteigender Reihenfolge der Zahl der Arbeitnehmer jeweils einen Sitz.

(4) Ist die Anzahl der auf das Inland entfallenden Mitglieder des besonderen Verhandlungsgremiums höher als die Anzahl der an der Gründung der Europäischen Genossenschaft beteiligten juristischen Personen mit Sitz im Inland, die Arbeitnehmer im Inland beschäftigen, sind die nach erfolgter Verteilung nach Absatz 2 verbleibenden Sitze nach dem d'Hondtschen Höchstzahlverfahren auf die beteiligten juristischen Personen, betroffenen Tochtergesellschaften oder betroffenen Betriebe zu verteilen.

(5) Sind keine juristischen Personen mit Sitz im Inland an der Gründung der Europäischen Genossenschaft beteiligt, sondern von ihr nur Tochtergesellschaften oder Betriebe ausländischer juristischer Personen betroffen, gelten die Absätze 2 bis 4 entsprechend.

§ 8 Zusammensetzung des Wahlgremiums; Urwahl

(1) [1]Die nach diesem Gesetz oder dem Gesetz eines anderen Mitgliedstaats auf die im Inland beschäftigten Arbeitnehmer der an der Gründung der Europäischen Genossenschaft beteiligten juristischen Personen, betroffenen Tochtergesellschaften und betroffenen Betriebe entfallenden Mitglieder des besonderen Verhandlungsgremiums werden von einem Wahlgremium in geheimer und unmittelbarer Wahl gewählt. [2]Im Fall des § 6 Abs. 3 ist jedes dritte Mitglied auf Vorschlag einer Gewerkschaft zu wählen, die in einer der an der Gründung der Europäischen Genossenschaft beteiligten juristischen Personen, betroffenen Tochtergesellschaften oder

betroffenen Betriebe vertreten ist. ³Wird nur ein Wahlvorschlag gemacht, muss dieser mindestens doppelt so viele Bewerber enthalten wie Vertreter von Gewerkschaften zu wählen sind. ⁴Jeder Wahlvorschlag einer Gewerkschaft muss von einem Vertreter der Gewerkschaft unterzeichnet sein. ⁵Im Fall des § 6 Abs. 4 ist jedes siebte Mitglied auf Vorschlag der Sprecherausschüsse zu wählen; Satz 3 gilt entsprechend. ⁶Besteht in einer der beteiligten juristischen Personen, betroffenen Tochtergesellschaften oder betroffenen Betriebe kein Sprecherausschuss, können die leitenden Angestellten Wahlvorschläge machen; ein Wahlvorschlag muss von einem Zwanzigstel oder 50 der wahlberechtigten leitenden Angestellten unterzeichnet sein.

(2) ¹Ist aus dem Inland nur ein Zusammenschluss juristischer Personen (Unternehmensgruppe) an der Gründung einer Europäischen Genossenschaft beteiligt, besteht das Wahlgremium aus den Mitgliedern des Konzernbetriebsrats oder, sofern ein solcher nicht besteht, aus den Mitgliedern der Gesamtbetriebsräte oder, sofern ein solcher in einer juristischen Person nicht besteht, aus den Mitgliedern des Betriebsrats. ²Betriebsratslose Betriebe und betriebsratslose juristische Personen innerhalb einer Unternehmensgruppe werden vom Konzernbetriebsrat, Gesamtbetriebsrat oder Betriebsrat mit vertreten.

(3) ¹Ist aus dem Inland nur eine juristische Person an der Gründung einer Europäischen Genossenschaft beteiligt, besteht das Wahlgremium aus den Mitgliedern des Gesamtbetriebsrats oder, sofern ein solcher nicht besteht, aus den Mitgliedern des Betriebsrats. ²Betriebsratslose Betriebe einer juristischen Person werden vom Gesamtbetriebsrat oder Betriebsrat mit vertreten.

(4) Ist aus dem Inland nur ein Betrieb von der Gründung einer Europäischen Genossenschaft betroffen, besteht das Wahlgremium aus den Mitgliedern des Betriebsrats.

(5) ¹Sind an der Gründung der Europäischen Genossenschaft eine oder mehrere Unternehmensgruppen oder nicht verbundene juristische Personen beteiligt oder sind von der Gründung unternehmensunabhängige Betriebe betroffen, setzt sich das Wahlgremium aus den jeweiligen Arbeitnehmervertretungen auf Konzernebene, Unternehmensebene oder Betriebsebene zusammen. ²Die Absätze 2 bis 4 gelten entsprechend. ³Ist in den Fällen des Satzes 1 eine entsprechende Arbeitnehmervertretung nicht vorhanden, werden diese Mitglieder des Wahlgremiums von den Arbeitnehmern in Urwahl gewählt. ³Die Wahl wird von einem Wahlvorstand eingeleitet und durchgeführt, der in einer Versammlung der Arbeitnehmer gewählt wird, zu der die jeweilige inländische Leitung auf Konzern-, Unternehmens- oder Betriebsebene einlädt. ⁴Es sind so viele Mitglieder des Wahlgremiums zu wählen, wie eine bestehende Arbeitnehmervertretung in den Fällen der Absätze 2 bis 4 an gesetzlichen Mitgliedern hätte; für das Wahlverfahren gilt Absatz 7 Satz 3 bis 5 entsprechend.

(6) ¹Das Wahlgremium besteht aus höchstens 40 Mitgliedern. ²Wird diese Höchstzahl überschritten, ist die Anzahl der Mitglieder in dem Wahlgremium entsprechend ihrem zahlenmäßigen Verhältnis nach dem d'Hondtschen Höchstzahlverfahren zu verringern.

(7) ¹Besteht in den Fällen der Absätze 2 bis 5 keine Arbeitnehmervertretung, wählen die Arbeitnehmer die Mitglieder des besonderen Verhandlungsgremiums in geheimer und unmittelbarer Wahl. ²Die Wahl wird von einem Wahlvorstand eingeleitet und durchgeführt, der in einer Versammlung der Arbeitnehmer gewählt wird, zu der die inländische Konzernleitung, Unternehmensleitung oder Betriebsleitung einlädt. ³Die Wahl der Mitglieder des besonderen Verhandlungsgremiums erfolgt nach den Grundsätzen der Verhältniswahl. ⁴Sie erfolgt nach den Grundsätzen der Mehrheitswahl, wenn nur ein Wahlvorschlag eingereicht wird. ⁵Jeder Wahlvorschlag der Arbeitnehmer muss von mindestens einem Zwanzigstel der wahlberechtigten Arbeitnehmer, mindestens jedoch von drei Wahlberechtigten, höchstens aber von 50 Wahlberechtigten unterzeichnet sein; in Betrieben mit in der Regel bis zu 20 wahlberechtigten Arbeitnehmern genügt die Unterzeichnung durch zwei Wahlberechtigte. ⁶Absatz 1 Satz 2 bis 6 gilt entsprechend.

§ 9 Einberufung des Wahlgremiums

(1) Auf der Grundlage der von den Leitungen erhaltenen Informationen hat der Vorsitzende der Arbeitnehmervertretung auf Konzernebene oder, sofern eine solche nicht besteht, auf Unternehmensebene oder, sofern eine solche nicht besteht, auf Betriebsebene

1. Ort, Tag und Zeit der Versammlung des Wahlgremiums festzulegen,
2. die Anzahl der Mitglieder aus den jeweiligen Arbeitnehmervertretungen nach § 8 Abs. 6 festzulegen und
3. zur Versammlung des Wahlgremiums einzuladen.

(2) Bestehen auf einer Ebene mehrere Arbeitnehmervertretungen, treffen die Verpflichtungen nach Absatz 1 den Vorsitzenden der Arbeitnehmervertretung, die die meisten Arbeitnehmer vertritt.

§ 10 Wahl der Mitglieder des besonderen Verhandlungsgremiums

(1) ¹Bei der Wahl müssen mindestens zwei Drittel der Mitglieder des Wahlgremiums, die mindestens zwei Drittel der Arbeitnehmer vertreten, anwesend sein. ²Die Mitglieder des Wahlgremiums haben jeweils so viele Stimmen, wie sie Arbeitnehmer vertreten. ³Die Wahl erfolgt mit einfacher Mehrheit der abgegebenen Stimmen.

(2) ¹Im Wahlgremium vertreten die Arbeitnehmervertretungen und die in Urwahl gewählten Mitglieder jeweils alle Arbeitnehmer der organisatorischen Einheit, für die sie nach § 8 Abs. 2 bis 5 zuständig sind. ²Nicht nach Satz 1 vertretene Arbeitnehmer werden den Arbeitnehmervertretungen innerhalb der jeweiligen Unternehmensgruppe zu gleichen Teilen zugerechnet.

(3) ¹Sind für eine Arbeitnehmervertretung mehrere Mitglieder im Wahlgremium vertreten, werden die entsprechend der von ihnen vertretenen Arbeitnehmer bestehenden Stimmenanteile gleichmäßig aufgeteilt. ²Dies gilt auch für die nach § 8 Abs. 5 Satz 3 gewählten Mitglieder des Wahlgremiums.

§ 11 Information über die Mitglieder des besonderen Verhandlungsgremiums

(1) ¹Die Wahl oder Bestellung der Mitglieder des besonderen Verhandlungsgremiums soll innerhalb von zehn Wochen nach der in § 4 Abs. 1 und 2 vorgeschriebenen Information erfolgen. ²Den Leitungen sind unverzüglich die Namen der Mitglieder des besonderen Verhandlungsgremiums, ihre Anschriften sowie die jeweilige Betriebszugehörigkeit mitzuteilen. ³Die Leitungen haben die örtlichen Betriebs- und Unternehmensleitungen, die dort bestehenden Arbeitnehmervertretungen und Sprecherausschüsse sowie die in inländischen Betrieben vertretenen Gewerkschaften über diese Angaben zu informieren.

(2) ¹Das Verhandlungsverfahren nach den §§ 12 bis 17 findet auch dann statt, wenn die in Absatz 1 Satz 1 genannte Frist aus Gründen, die die Arbeitnehmer zu vertreten haben, überschritten wird. ²Nach Ablauf der Frist gewählte oder bestellte Mitglieder können sich jederzeit an dem Verhandlungsverfahren beteiligen.

§ 12 Sitzungen, Geschäftsordnung

(1) ¹Die Leitungen laden unverzüglich nach Benennung der Mitglieder oder im Fall des § 11 nach Ablauf der in § 11 Abs. 1 Satz 1 genannten Frist zur konstituierenden Sitzung des besonderen Verhandlungsgremiums ein und informieren die örtlichen Betriebs- und Unternehmensleitungen. ²Das besondere Verhandlungsgremium wählt aus seiner Mitte einen Vorsitzenden und mindestens zwei Stellvertreter. ³Es kann sich eine schriftliche Geschäftsordnung geben.

(2) Der Vorsitzende kann weitere Sitzungen einberufen.

§ 13 Zusammenarbeit zwischen besonderem Verhandlungsgremium und Leitungen

(1) ¹Das besondere Verhandlungsgremium schließt mit den Leitungen eine schriftliche Vereinbarung über die Beteiligung der Arbeitnehmer in der Europäischen Genossenschaft ab. ²Zur Erfüllung dieser Aufgabe arbeiten sie vertrauensvoll zusammen.

(2) ¹Die Leitungen haben dem besonderen Verhandlungsgremium rechtzeitig alle erforderlichen Auskünfte zu erteilen und die erforderlichen Unterlagen zur Verfügung zu stellen. ²Das besondere Verhandlungsgremium ist insbesondere über das Gründungsvorhaben und den Verlauf des Verfahrens bis zur Eintragung der Europäischen Genossenschaft zu unterrichten. ³Zeitpunkt, Häufigkeit und Ort der Verhandlungen werden zwischen den Leitungen und dem besonderen Verhandlungsgremium einvernehmlich festgelegt.

§ 14 Sachverständige und Vertreter von geeigneten außenstehenden Organisationen

(1) ¹Das besondere Verhandlungsgremium kann bei den Verhandlungen Sachverständige seiner Wahl, zu denen auch Vertreter von einschlägigen Gewerkschaftsorganisationen auf Gemeinschaftsebene zählen können, hinzuziehen, um sich von ihnen bei seiner Arbeit unterstützen zu lassen. ²Diese Sachverständigen können, wenn das besondere Verhandlungsgremium es wünscht, an den Verhandlungen in beratender Funktion teilnehmen.

(2) Das besondere Verhandlungsgremium kann beschließen, die Vertreter von geeigneten außenstehenden Organisationen vom Beginn der Verhandlungen zu unterrichten.

§ 15 Beschlussfassung im besonderen Verhandlungsgremium

(1) ¹Die Mitglieder des besonderen Verhandlungsgremiums, die in einem Mitgliedstaat gewählt oder bestellt werden, vertreten alle in dem jeweiligen Mitgliedstaat beschäftigten Arbeitnehmer. ²Solange aus einem Mitgliedstaat keine Mitglieder in das besondere Verhandlungsgremium gewählt oder bestellt sind (§ 11 Abs. 2), gelten die betroffenen Arbeitnehmer als nicht vertreten.

(2) ¹Das besondere Verhandlungsgremium beschließt vorbehaltlich des Absatzes 3 und § 16 Abs. 1 mit der Mehrheit seiner Mitglieder, in der zugleich die Mehrheit der vertretenen Arbeitnehmer enthalten sein muss. ²Jedes auf das Inland entfallende Mitglied vertritt gleich viele Arbeitnehmer.

(3) ¹Hätten die Verhandlungen eine Minderung der Mitbestimmungsrechte zur Folge, so ist für einen Beschluss zur Billigung einer solchen Vereinbarung eine Mehrheit von zwei Dritteln der Mitglieder des besonderen Verhandlungsgremiums erforderlich, die mindestens zwei Drittel der Arbeitnehmer in mindestens zwei Mitgliedstaaten vertreten. ²Dies gilt
1. im Fall einer Europäischen Genossenschaft, die durch Verschmelzung gegründet werden soll, sofern sich die Mitbestimmung auf mindestens 25 Prozent der Gesamtzahl der Arbeitnehmer der beteiligten juristischen Personen und betroffenen Tochtergesellschaften erstreckt, oder
2. im Fall einer Europäischen Genossenschaft, die auf andere Weise gegründet werden soll, sofern sich die Mitbestimmung auf mindestens 50 Prozent der Gesamtzahl der Arbeitnehmer der beteiligten juristischen Personen und betroffenen Tochtergesellschaften erstreckt.

(4) Minderung der Mitbestimmungsrechte bedeutet, dass
1. der Anteil der Arbeitnehmervertreter im Aufsichts- oder Verwaltungsorgan der Europäischen Genossenschaft geringer ist als der höchste in den beteiligten juristischen Personen bestehende Anteil oder
2. das Recht, Mitglieder des Aufsichts- oder Verwaltungsorgans der juristischen Person zu wählen, zu bestellen, zu empfehlen oder abzulehnen, beseitigt oder eingeschränkt wird.

(5) Wird eine Europäische Genossenschaft durch Umwandlung gegründet, kann ein Beschluss nach Absatz 3 nicht gefasst werden.

§ 16 Nichtaufnahme oder Abbruch der Verhandlungen

(1) ¹Das besondere Verhandlungsgremium kann beschließen, keine Verhandlungen aufzunehmen oder bereits aufgenommene Verhandlungen abzubrechen. ²Für diesen Beschluss ist eine Mehrheit von zwei Dritteln der Mitglieder erforderlich, die mindestens zwei Drittel der Arbeitnehmer in mindestens zwei Mitgliedstaaten vertreten. ³Die Vorschriften für die Unterrichtung und Anhörung der Arbeitnehmer, die in den Mitgliedstaaten gelten, in denen die Europäische Genossenschaft Arbeitnehmer beschäftigt, finden Anwendung.

(2) ¹Ein Beschluss nach Absatz 1 beendet das Verfahren zum Abschluss der Vereinbarung nach § 21. ²Ist ein solcher Beschluss gefasst worden, finden die §§ 22 bis 33 über den SCE-Betriebsrat kraft Gesetzes und die §§ 34 bis 38 über die Mitbestimmung kraft Gesetzes keine Anwendung.

(3) Wird eine Europäische Genossenschaft durch Umwandlung gegründet, kann ein Beschluss nach Absatz 1 nicht gefasst werden, wenn den Arbeitnehmern der umzuwandelnden Genossenschaft Mitbestimmungsrechte zustehen.

§ 17 Niederschrift

In eine Niederschrift, die vom Vorsitzenden und einem weiteren Mitglied des besonderen Verhandlungsgremiums zu unterzeichnen ist, sind aufzunehmen
1. ein Beschluss über den Abschluss einer Vereinbarung nach § 13 Abs. 1,
2. ein Beschluss über die Nichtaufnahme oder den Abbruch der Verhandlungen nach § 16 Abs. 1 und
3. die jeweiligen Mehrheiten, mit denen die Beschlüsse gefasst worden sind.

Eine Abschrift der Niederschrift ist den Leitungen zu übermitteln.

§ 18 Wiederaufnahme der Verhandlungen

(1) ¹Frühestens zwei Jahre nach dem Beschluss nach § 16 Abs. 1 wird auf schriftlichen Antrag von mindestens 10 Prozent der Arbeitnehmer der Europäischen Genossenschaft, ihrer Tochtergesellschaften und Betriebe oder von deren Vertretern ein besonderes Verhandlungsgremium erneut gebildet, mit der Maßgabe, dass an die Stelle der beteiligten juristischen Personen, betroffenen Tochtergesellschaften und betroffenen Betriebe die Europäische Genossenschaft, ihre Tochtergesellschaften und ihre Betriebe treten. ²Die Parteien können eine frühere Wiederaufnahme der Verhandlungen vereinbaren.

(2) Wenn das besondere Verhandlungsgremium die Wiederaufnahme der Verhandlungen mit der Leitung der Europäischen Genossenschaft nach Absatz 1 beschließt, in diesen Verhandlungen jedoch keine Einigung erzielt wird, finden die §§ 22 bis 33 über den SCE-Betriebsrat kraft Gesetzes und die §§ 34 bis 38 über die Mitbestimmung kraft Gesetzes keine Anwendung.

(3) ¹Sind strukturelle Änderungen der Europäischen Genossenschaft geplant, die geeignet sind, Beteiligungsrechte der Arbeitnehmer zu mindern, finden auf Veranlassung der Leitung der Europäischen Genossenschaft oder des SCE-Betriebsrats Verhandlungen über die Beteiligungsrechte der Arbeitnehmer der Europäischen Genossenschaft statt. ²Anstelle des neu zu bildenden besonderen Verhandlungsgremiums können die Verhandlungen mit der Leitung der Europäischen Genossenschaft einvernehmlich von dem SCE-Betriebsrat gemeinsam mit Vertretern der von der geplanten strukturellen Änderung betroffenen Arbeitnehmer, die bisher nicht von dem SCE-Betriebsrat vertreten werden, geführt werden. ³Wird in diesen Verhandlungen keine Einigung erzielt, sind die §§ 22 bis 33 über den SCE-Betriebsrat kraft Gesetzes und die §§ 34 bis 38 über die Mitbestimmung kraft Gesetzes anzuwenden.

(4) In den Fällen der Absätze 1 und 3 gelten die Vorschriften dieses Teils entsprechend mit der Maßgabe, dass an die Stelle der Leitungen die Leitung der Europäischen Genossenschaft tritt.

§ 19 Kosten des besonderen Verhandlungsgremiums

¹Die durch die Bildung und Tätigkeit des besonderen Verhandlungsgremiums entstehenden erforderlichen Kosten tragen die beteiligten juristischen Personen und nach ihrer Gründung die Europäische Genossenschaft als Gesamtschuldner. ²Insbesondere sind für die Sitzungen in erforderlichem Umfang Räume, sachliche Mittel, Dolmetscher und Büropersonal zur Verfügung zu stellen sowie die erforderlichen Reise- und Aufenthaltskosten der Mitglieder des besonderen Verhandlungsgremiums zu tragen.

§ 20 Dauer der Verhandlungen

(1) ¹Die Verhandlungen beginnen mit der Einsetzung des besonderen Verhandlungsgremiums und können bis zu sechs Monate dauern. ²Einsetzung bezeichnet den Tag, zu dem die Leitungen zur konstituierenden Sitzung des besonderen Verhandlungsgremiums eingeladen haben.

(2) Die Parteien können einvernehmlich beschließen, die Verhandlungen über den in Absatz 1 genannten Zeitraum hinaus bis zu insgesamt einem Jahr ab der Einsetzung des besonderen Verhandlungsgremiums fortzusetzen.

§ 21 Inhalt der Vereinbarung

(1) In der schriftlichen Vereinbarung zwischen den Leitungen und dem besonderen Verhandlungsgremium wird, unbeschadet der Autonomie der Parteien im Übrigen und vorbehaltlich des Absatzes 5, festgelegt:
1. der Geltungsbereich der Vereinbarung, einschließlich der außerhalb des Hoheitsgebiets der Mitgliedstaaten liegenden juristischen Personen und Betriebe, sofern diese in den Geltungsbereich einbezogen werden,
2. die Zusammensetzung des SCE-Betriebsrats, die Anzahl seiner Mitglieder und die Sitzverteilung, einschließlich der Auswirkungen wesentlicher Änderungen der Zahl der in der Europäischen Genossenschaft beschäftigten Arbeitnehmer,
3. die Befugnisse und das Verfahren zur Unterrichtung und Anhörung des SCE-Betriebsrats,
4. die Häufigkeit der Sitzungen des SCE-Betriebsrats,
5. die für den SCE-Betriebsrat bereitzustellenden finanziellen und materiellen Mittel,

6. der Zeitpunkt des Inkrafttretens der Vereinbarung und ihre Laufzeit sowie die Fälle, in denen die Vereinbarung neu ausgehandelt werden soll und das dabei anzuwendende Verfahren.

(2) ¹Wenn kein SCE-Betriebsrat gebildet wird, haben die Parteien die Durchführungsmodalitäten des Verfahrens oder der Verfahren zur Unterrichtung und Anhörung festzulegen. ²Absatz 1 gilt entsprechend.

(3) ¹Für den Fall, dass die Parteien eine Vereinbarung über die Mitbestimmung treffen, ist deren Inhalt festzulegen. ²Insbesondere soll Folgendes vereinbart werden:
1. die Zahl der Mitglieder des Aufsichts- oder Verwaltungsorgans der Europäischen Genossenschaft, welche die Arbeitnehmer wählen oder bestellen können oder deren Bestellung sie empfehlen oder ablehnen können,
2. das Verfahren, nach dem die Arbeitnehmer diese Mitglieder wählen oder bestellen können oder deren Bestellung empfehlen oder ablehnen können,
3. die Rechte dieser Mitglieder,
4. dass auch vor strukturellen Änderungen der Europäischen Genossenschaft, ihrer Tochtergesellschaften oder ihrer Betriebe, die nach Gründung der Europäischen Genossenschaft eintreten, Verhandlungen über die Beteiligung der Arbeitnehmer in der Europäischen Genossenschaft aufgenommen werden und welches Verfahren dabei anzuwenden ist.

(4) Die Vereinbarung kann bestimmen, dass die §§ 22 bis 33 über den SCE-Betriebsrat kraft Gesetzes und die §§ 34 bis 38 über die Mitbestimmung kraft Gesetzes ganz oder in Teilen gelten.

(5) ¹Unbeschadet des Verhältnisses dieses Gesetzes zu anderen Regelungen der Mitbestimmung der Arbeitnehmer auf Unternehmensebene muss in der Vereinbarung im Fall einer durch Umwandlung gegründeten Europäischen Genossenschaft in Bezug auf alle Komponenten der Arbeitnehmerbeteiligung zumindest das gleiche Ausmaß gewährleistet werden, das in der Genossenschaft besteht, die in eine Europäische Genossenschaft umgewandelt werden soll. ²Dies gilt auch bei einem Wechsel der Genossenschaft von einer dualistischen zu einer monistischen Organisationsstruktur und umgekehrt.

§ 22 Voraussetzung

(1) Die §§ 23 bis 33 über den SCE-Betriebsrat kraft Gesetzes finden ab dem Zeitpunkt der Eintragung der Europäischen Genossenschaft Anwendung, wenn
1. die Parteien dies vereinbaren oder
2. bis zum Ende des in § 20 angegebenen Zeitraums keine Vereinbarung zustande gekommen ist und das besondere Verhandlungsgremium keinen Beschluss nach § 16 gefasst hat.

(2) Absatz 1 gilt entsprechend im Fall des § 18 Abs. 3.

§ 23 Errichtung des SCE-Betriebsrats

(1) ¹Zur Sicherung des Rechts auf Unterrichtung und Anhörung in der Europäischen Genossenschaft ist ein SCE-Betriebsrat zu errichten. ²Dieser setzt sich aus Arbeitnehmern der Europäischen Genossenschaft, ihrer Tochtergesellschaften und Betriebe zusammen. ³Für die Errichtung des SCE-Betriebsrats gelten § 5 Abs. 2, § 6 Abs. 1 und 2 Satz 2 und 3, die §§ 7 bis 10 und 11 Abs. 1 Satz 2 und 3 entsprechend mit der Maßgabe, dass an die Stelle der beteiligten juristischen Personen, betroffenen Tochtergesellschaften und betroffenen Betriebe die Europäische Genossenschaft, ihre Tochtergesellschaften und ihre Betriebe treten. ⁴Im Fall des § 22 Abs. 1 Nr. 2 ist für die Feststellung der Zahl der beschäftigten Arbeitnehmer das Ende des in § 20 angegebenen Zeitraums maßgeblich. ⁵Die Mitgliedschaft im SCE-Betriebsrat beginnt mit der Wahl oder Bestellung. ⁶Die Dauer der Mitgliedschaft der aus dem Inland kommenden Mitglieder beträgt vier Jahre, wenn sie nicht durch Abberufung oder aus anderen Gründen vorzeitig endet. ⁷Für die Abberufung gelten die §§ 8 bis 10 entsprechend mit der Maßgabe, dass an die Stelle der beteiligten juristischen Personen, betroffenen Tochtergesellschaften und betroffenen Betriebe die Europäische Genossenschaft, ihre Tochtergesellschaften und ihre Betriebe treten.

(2) ¹Die Leitung der Europäischen Genossenschaft lädt unverzüglich nach Benennung der Mitglieder zur konstituierenden Sitzung des SCE-Betriebsrats ein. ²Der SCE-Betriebsrat wählt aus seiner Mitte einen Vorsitzenden und dessen Stellvertreter.

(3) ¹Der Vorsitzende oder im Fall seiner Verhinderung der Stellvertreter vertritt den SCE-Betriebsrat im Rahmen der von ihm gefassten Beschlüsse. ²Zur Entgegennahme von Erklärungen, die dem SCE-Betriebsrat gegenüber abzugeben sind, ist der Vorsitzende oder im Fall seiner Verhinderung der Stellvertreter berechtigt.

(4) ¹Der SCE-Betriebsrat bildet aus seiner Mitte einen Ausschuss von drei Mitgliedern, dem neben dem Vorsitzenden zwei weitere zu wählende Mitglieder angehören. ²Der Ausschuss führt die laufenden Geschäfte des SCE-Betriebsrats (geschäftsführender Ausschuss).

§ 24 Sitzungen und Beschlüsse

(1) Der SCE-Betriebsrat soll sich eine schriftliche Geschäftsordnung geben, die er mit der Mehrheit seiner Mitglieder beschließt.

(2) ¹Vor Sitzungen mit der Leitung der Europäischen Genossenschaft ist der SCE-Betriebsrat oder der geschäftsführende Ausschuss – gegebenenfalls in der nach § 29 Abs. 3 erweiterten Zusammensetzung – berechtigt, in Abwesenheit der Vertreter der Leitung der Europäischen Genossenschaft zu tagen. ²Mit Einverständnis der Leitung der Europäischen Genossenschaft kann der SCE-Betriebsrat weitere Sitzungen durchführen. ³Die Sitzungen des SCE-Betriebsrats sind nicht öffentlich.

(3) ¹Der SCE-Betriebsrat ist beschlussfähig, wenn mindestens die Hälfte seiner Mitglieder anwesend ist. ²Die Beschlüsse des SCE-Betriebsrats werden, soweit in diesem Gesetz nichts anderes bestimmt ist, mit der Mehrheit der anwesenden Mitglieder gefasst.

§ 25 Prüfung der Zusammensetzung des SCE-Betriebsrats

¹Alle zwei Jahre, vom Tag der konstituierenden Sitzung des SCE-Betriebsrats an gerechnet, hat die Leitung der Europäischen Genossenschaft zu prüfen, ob Änderungen der Europäischen Genossenschaft und ihrer Tochtergesellschaften und Betriebe, insbesondere bei den Arbeitnehmerzahlen in den einzelnen Mitgliedstaaten eingetreten sind. ²Sie hat das Ergebnis dem SCE-Betriebsrat mitzuteilen. ³Ist danach eine andere Zusammensetzung des SCE-Betriebsrats erforderlich, veranlasst dieser bei den in den jeweiligen Mitgliedstaaten zuständigen Stellen, dass die Mitglieder des SCE-Betriebsrats in diesen Mitgliedstaaten neu gewählt oder bestellt werden. ⁴Mit der neuen Wahl oder Bestellung endet die Mitgliedschaft der bisherigen Arbeitnehmervertreter aus diesen Mitgliedstaaten.

§ 26 Beschluss zur Aufnahme von Neuverhandlungen

(1) Spätestens vier Jahre nach seiner Einsetzung hat der SCE-Betriebsrat mit der Mehrheit seiner Mitglieder einen Beschluss darüber zu fassen, ob über eine Vereinbarung nach § 21 verhandelt werden oder die bisherige Regelung weiter gelten soll.

(2) ¹Wird der Beschluss gefasst, über eine Vereinbarung nach § 21 zu verhandeln, gelten die §§ 13 bis 15, 17, 20 und 21 entsprechend mit der Maßgabe, dass an die Stelle des besonderen Verhandlungsgremiums der SCE-Betriebsrat tritt. ²Kommt keine Vereinbarung zustande, findet die bisherige Regelung weiter Anwendung.

§ 27 Zuständigkeiten des SCE-Betriebsrats

Der SCE-Betriebsrat ist zuständig für die Angelegenheiten, die die Europäische Genossenschaft selbst, eine ihrer Tochtergesellschaften oder einen ihrer Betriebe in einem anderen Mitgliedstaat betreffen oder die über die Befugnisse der zuständigen Organe auf der Ebene des einzelnen Mitgliedstaats hinausgehen.

§ 28 Jährliche Unterrichtung und Anhörung

(1) ¹Die Leitung der Europäischen Genossenschaft hat den SCE-Betriebsrat mindestens einmal im Kalenderjahr in einer gemeinsamen Sitzung über die Entwicklung der Geschäftslage und die Perspektiven der Europäischen Genossenschaft unter rechtzeitiger Vorlage der erforderlichen Unterlagen zu unterrichten und ihn anzuhören. ²Zu den erforderlichen Unterlagen gehören insbesondere
1. die Geschäftsberichte,
2. die Tagesordnung aller Sitzungen des Leitungsorgans und des Aufsichts- oder Verwaltungsorgans und

3. die Kopien aller Unterlagen, die der Generalversammlung vorgelegt werden.

(2) Zu der Entwicklung der Geschäftslage und den Perspektiven im Sinn des Absatzes 1 gehören insbesondere
1. die Struktur der Europäischen Genossenschaft sowie die wirtschaftliche und finanzielle Lage,
2. die voraussichtliche Entwicklung der Geschäfts-, Produktions- und Absatzlage,
3. die Beschäftigungslage und ihre voraussichtliche Entwicklung,
4. Investitionen (Investitionsprogramme),
5. grundlegende Änderungen der Organisation,
6. die Einführung neuer Arbeits- und Fertigungsverfahren,
7. die Verlegung von Unternehmen, Betrieben oder wesentlichen Betriebsteilen sowie Verlagerungen der Produktion,
8. Zusammenschlüsse oder Spaltungen von Unternehmen oder Betrieben,
9. die Einschränkung oder Stilllegung von Unternehmen, Betrieben oder wesentlichen Betriebsteilen und
10. Massenentlassungen.

(3) Die Leitung der Europäischen Genossenschaft informiert die Leitungen über Ort und Tag der Sitzung.

§ 29 Unterrichtung und Anhörung über außergewöhnliche Umstände

(1) [1]Über außergewöhnliche Umstände, die erhebliche Auswirkungen auf die Interessen der Arbeitnehmer haben, hat die Leitung der Europäischen Genossenschaft den SCE-Betriebsrat rechtzeitig unter Vorlage der erforderlichen Unterlagen zu unterrichten. [2]Als außergewöhnliche Umstände gelten insbesondere
1. die Verlegung oder Verlagerung von Unternehmen, Betrieben oder wesentlichen Betriebsteilen,
2. die Stilllegung von Unternehmen, Betrieben oder wesentlichen Betriebsteilen und
3. Massenentlassungen.

(2) Der SCE-Betriebsrat hat das Recht, auf Antrag mit der Leitung der Europäischen Genossenschaft oder den Vertretern einer anderen zuständigen, mit eigenen Entscheidungsbefugnissen ausgestatteten Leitungsebene innerhalb der Europäischen Genossenschaft zusammenzutreffen, um zu den außergewöhnlichen Umständen angehört zu werden.

(3) [1]Auf Beschluss des SCE-Betriebsrats stehen die Rechte nach Absatz 2 dem geschäftsführenden Ausschuss (§ 23 Abs. 4) zu. [2]Findet eine Sitzung mit dem geschäftsführenden Ausschuss statt, haben auch die Mitglieder des SCE-Betriebsrats, die von diesen Maßnahmen unmittelbar betroffene Arbeitnehmer vertreten, das Recht, daran teilzunehmen.

(4) Wenn die Leitung der Europäischen Genossenschaft beschließt, nicht entsprechend der von dem SCE-Betriebsrat oder dem geschäftsführenden Ausschuss abgegebenen Stellungnahme zu handeln, hat der SCE-Betriebsrat das Recht, ein weiteres Mal mit der Leitung der Europäischen Genossenschaft zusammenzutreffen, um eine Einigung herbeizuführen.

§ 30 Information durch den SCE-Betriebsrat

[1]Der SCE-Betriebsrat informiert die Arbeitnehmervertreter der Europäischen Genossenschaft, ihrer Tochtergesellschaften und ihrer Betriebe über den Inhalt und die Ergebnisse der Unterrichtungs- und Anhörungsverfahren. [2]Sind keine Arbeitnehmervertreter vorhanden, sind die Arbeitnehmer zu informieren.

§ 31 Fortbildung

[1]Der SCE-Betriebsrat kann Mitglieder zur Teilnahme an Schulungs- und Bildungsveranstaltungen bestimmen, soweit diese Kenntnisse vermitteln, die für die Arbeit des SCE-Betriebsrats erforderlich sind. [2]Der SCE-Betriebsrat hat die Teilnahme und die zeitliche Lage rechtzeitig der Leitung der Europäischen Genossenschaft mitzuteilen. [3]Bei der Festlegung der zeitlichen Lage sind die betrieblichen Notwendigkeiten zu berücksichtigen.

§ 32 Sachverständige

[1]Der SCE-Betriebsrat oder der geschäftsführende Ausschuss können sich durch Sachverständige ihrer Wahl unterstützen lassen, soweit dies zur ordnungsgemäßen Erfüllung ihrer Aufgaben erforderlich ist. [2]Sachverständige können auch Vertreter von Gewerkschaften sein.

§ 33 Kosten und Sachaufwand

[1]Die durch die Bildung und Tätigkeit des SCE-Betriebsrats und des geschäftsführenden Ausschusses entstehenden erforderlichen Kosten trägt die Europäische Genossenschaft. [2]Im Übrigen gilt § 19 Satz 2 entsprechend.

§ 34 Besondere Voraussetzungen

(1) Liegen die Voraussetzungen des § 22 vor, finden die Regelungen über die Mitbestimmung der Arbeitnehmer kraft Gesetzes nach den §§ 35 bis 38 Anwendung
1. im Fall einer durch Umwandlung gegründeten Europäischen Genossenschaft, wenn in der Genossenschaft vor der Umwandlung Bestimmungen über die Mitbestimmung der Arbeitnehmer im Aufsichts- oder Verwaltungsorgan galten,
2. im Fall einer durch Verschmelzung gegründeten Europäischen Genossenschaft, wenn
   a) vor der Eintragung der Europäischen Genossenschaft in einer oder mehreren der beteiligten Genossenschaften eine oder mehrere Formen der Mitbestimmung bestanden und sich auf mindestens 25 Prozent der Gesamtzahl der bei ihnen und den betroffenen Tochtergesellschaften beschäftigten Arbeitnehmer erstreckten oder
   b) vor der Eintragung der Europäischen Genossenschaft in einer oder mehreren der beteiligten Genossenschaften eine oder mehrere Formen der Mitbestimmung bestanden und sich auf weniger als 25 Prozent der Gesamtzahl der bei ihnen und den betroffenen Tochtergesellschaften beschäftigten Arbeitnehmer erstreckten und das besondere Verhandlungsgremium einen entsprechenden Beschluss fasst,
3. im Fall einer auf andere Weise gegründeten Europäischen Genossenschaft, wenn
   a) vor der Eintragung der Europäischen Genossenschaft in einer oder mehreren der beteiligten juristischen Personen eine oder mehrere Formen der Mitbestimmung bestanden und sich auf mindestens 50 Prozent der Gesamtzahl der bei ihnen und den betroffenen Tochtergesellschaften beschäftigten Arbeitnehmer erstreckten oder
   b) vor der Eintragung der Europäischen Genossenschaft in einer oder mehreren der beteiligten juristischen Personen eine oder mehrere Formen der Mitbestimmung bestanden und sich auf weniger als 50 Prozent der Gesamtzahl der bei ihnen und den betroffenen Tochtergesellschaften beschäftigten Arbeitnehmer erstreckten und das besondere Verhandlungsgremium einen entsprechenden Beschluss fasst.

(2) [1]Bestand in den Fällen des Absatzes 1 Nummer 2 und 3 mehr als eine Form der Mitbestimmung im Sinn des § 2 Abs. 12 in den verschiedenen beteiligten juristischen Personen, entscheidet das besondere Verhandlungsgremium, welche von ihnen in der Europäischen Genossenschaft eingeführt wird. [2]Wenn das besondere Verhandlungsgremium keinen solchen Beschluss fasst und eine inländische juristische Person, deren Arbeitnehmern Mitbestimmungsrechte zustehen, an der Gründung der Europäischen Genossenschaft beteiligt ist, ist die Mitbestimmung nach § 2 Abs. 12 Nr. 1 maßgeblich. [3]Ist keine inländische juristische Person, deren Arbeitnehmern Mitbestimmungsrechte zustehen, beteiligt, findet die Form der Mitbestimmung nach § 2 Abs. 12 Anwendung, die sich auf die höchste Zahl der in den beteiligten juristischen Personen beschäftigten Arbeitnehmer erstreckt.

(3) Das besondere Verhandlungsgremium unterrichtet die Leitungen über die Beschlüsse, die es nach Absatz 1 Nr. 2 Buchstabe b und Nr. 3 Buchstabe b und Absatz 2 Satz 1 gefasst hat.

§ 35 Umfang der Mitbestimmung

(1) Liegen die Voraussetzungen des § 34 Abs. 1 Nr. 1 (Gründung einer Europäischen Genossenschaft durch Umwandlung) vor, bleibt die Regelung zur Mitbestimmung erhalten, die in der Genossenschaft vor der Umwandlung bestanden hat.

(2) ¹Liegen die Voraussetzungen des § 34 Abs. 1 Nr. 2 (Gründung einer Europäischen Genossenschaft durch Verschmelzung) oder des § 34 Abs. 1 Nr. 3 (Gründung auf andere Weise) vor, haben die Arbeitnehmer der Europäischen Genossenschaft, ihrer Tochtergesellschaften und ihrer Betriebe oder ihr Vertretungsorgan das Recht, einen Teil der Mitglieder des Aufsichts- oder Verwaltungsorgans der Europäischen Genossenschaft zu wählen oder zu bestellen oder deren Bestellung zu empfehlen oder abzulehnen. ²Die Zahl dieser Arbeitnehmervertreter im Aufsichts- oder Verwaltungsorgan der Europäischen Genossenschaft bemisst sich nach dem höchsten Anteil an Arbeitnehmervertretern, der in den Organen der beteiligten juristischen Personen vor der Eintragung der Europäischen Genossenschaft bestanden hat.

§ 36 Sitzverteilung und Bestellung

(1) ¹Der SCE-Betriebsrat verteilt die Zahl der Sitze im Aufsichts- oder Verwaltungsorgan der Europäischen Genossenschaft auf die Mitgliedstaaten, in denen Mitglieder zu wählen oder zu bestellen sind. ²Die Verteilung richtet sich nach dem jeweiligen Anteil der in den einzelnen Mitgliedstaaten beschäftigten Arbeitnehmer der Europäischen Genossenschaft, ihrer Tochtergesellschaften und ihrer Betriebe. ³Können bei dieser anteiligen Verteilung die Arbeitnehmer aus einem oder mehreren Mitgliedstaaten keinen Sitz erhalten, hat der SCE-Betriebsrat den letzten zu verteilenden Sitz einem bisher unberücksichtigten Mitgliedstaat zuzuweisen. ⁴Dieser Sitz soll, soweit angemessen, dem Mitgliedstaat zugewiesen werden, in dem die Europäische Genossenschaft ihren Sitz haben wird. ⁵Dieses Verteilungsverfahren gilt auch in dem Fall, in dem die Arbeitnehmer der Europäischen Genossenschaft Mitglieder dieser Organe empfehlen oder ablehnen können.

(2) Soweit die Mitgliedstaaten über die Besetzung der ihnen zugewiesenen Sitze keine eigenen Regelungen treffen, bestimmt der SCE-Betriebsrat die Arbeitnehmervertreter im Aufsichts- oder Verwaltungsorgan der Europäischen Genossenschaft.

(3) ¹Die Ermittlung der auf das Inland entfallenden Arbeitnehmervertreter des Aufsichts- oder Verwaltungsorgans der Europäischen Genossenschaft erfolgt durch ein Wahlgremium, das sich aus den Arbeitnehmervertretungen der Europäischen Genossenschaft, ihrer Tochtergesellschaften und ihrer Betriebe zusammensetzt. ²Für das Wahlverfahren gelten § 6 Abs. 2 bis 4, § 8 Abs. 1 Satz 2 bis 5, Abs. 2 bis 7 und die §§ 9 und 10 entsprechend mit der Maßgabe, dass an die Stelle der beteiligten juristischen Personen, betroffenen Tochtergesellschaften und betroffenen Betriebe die Europäische Genossenschaft, ihre Tochtergesellschaften und ihre Betriebe treten. ³Das Wahlergebnis ist der Leitung der Europäischen Genossenschaft, dem SCE-Betriebsrat, den Gewählten, den Sprecherausschüssen und Gewerkschaften mitzuteilen.

(4) ¹Die nach den Absätzen 2 und 3 ermittelten Arbeitnehmervertreter werden der Generalversammlung der Europäischen Genossenschaft zur Bestellung vorgeschlagen. ²Die Generalversammlung ist an diese Vorschläge gebunden.

§ 37 Abberufung und Anfechtung

(1) ¹Ein Mitglied oder ein Ersatzmitglied der Arbeitnehmer aus dem Inland im Aufsichts- oder Verwaltungsorgan der Europäischen Genossenschaft kann vor Ablauf der Amtszeit abberufen werden. ²Antragsberechtigt sind
1. die Arbeitnehmervertretungen, die das Wahlgremium gebildet haben,
2. in den Fällen der Urwahl mindestens drei wahlberechtigte Arbeitnehmer,
3. für ein Mitglied nach § 6 Abs. 3 nur die Gewerkschaft, die das Mitglied vorgeschlagen hat,
4. für ein Mitglied nach § 6 Abs. 4 der Sprecherausschuss, der das Mitglied vorgeschlagen hat.

³Für das Abberufungsverfahren gelten die §§ 8 bis 10 entsprechend mit der Maßgabe, dass an die Stelle der beteiligten juristischen Personen, betroffenen Tochtergesellschaften und betroffenen Betriebe die Europäische Genossenschaft, ihre Tochtergesellschaften und ihre Betriebe treten; abweichend von § 8 Abs. 5 und § 10 Abs. 1 Satz 3 bedarf der Beschluss einer Mehrheit von drei Vierteln der abgegebenen Stimmen. ⁴Die Arbeitnehmervertreter sind von der Generalversammlung der Europäischen Genossenschaft abzuberufen.

(2) ¹Die Wahl eines Mitglieds oder eines Ersatzmitglieds der Arbeitnehmer aus dem Inland im Aufsichts- oder Verwaltungsorgan der Europäischen Genossenschaft kann angefochten werden, wenn gegen wesentliche Vorschriften über das Wahlrecht, die Wählbarkeit oder das Wahlverfahren verstoßen worden und eine Berichtigung nicht erfolgt ist, es sei denn, dass durch den Verstoß das Wahlergebnis nicht geändert oder beeinflusst werden konnte. ²Zur Anfechtung berechtigt sind die in Absatz 1 Satz 2 Genannten, der SCE-Betriebsrat und die Leitung der Europäischen Genossenschaft. ³Die Klage muss innerhalb eines Monats nach dem Bestellungsbeschluss der Generalversammlung erhoben werden.

§ 38 Rechtsstellung; Innere Ordnung

(1) Die Arbeitnehmervertreter im Aufsichts- oder Verwaltungsorgan der Europäischen Genossenschaft haben die gleichen Rechte und Pflichten wie die Mitglieder des Aufsichts- oder Verwaltungsorgans, die die Mitglieder der Europäischen Genossenschaft vertreten.
(2) ¹Die Zahl der geschäftsführenden Direktoren (§ 22 des SCE-Ausführungsgesetzes) beträgt mindestens zwei. ²Ein Mitglied des Leitungsorgans (§ 14 des SCE-Ausführungsgesetzes) oder ein geschäftsführender Direktor ist für den Bereich Arbeit und Soziales zuständig.
(3) Besteht in einer der beteiligten juristischen Personen das Aufsichtsorgan aus derselben Zahl von Mitglieder- und Arbeitnehmervertretern sowie einem weiteren Mitglied, ist auch im Aufsichts- und Verwaltungsorgan der Europäischen Genossenschaft ein weiteres Mitglied auf gemeinsamen Vorschlag der Mitgliederund der Arbeitnehmervertreter zu wählen.

§ 39 Tendenzunternehmen

(1) Auf eine Europäische Genossenschaft, die unmittelbar und überwiegend
1. politischen, koalitionspolitischen, konfessionellen, karitativen, erzieherischen, wissenschaftlichen oder künstlerischen Bestimmungen oder
2. Zwecken der Berichterstattung oder Meinungsäußerung, auf die Artikel 5 Abs. 1 Satz 2 des Grundgesetzes anzuwenden ist,

dient, findet Abschnitt 2 keine Anwendung.
(2) Eine Unterrichtung und Anhörung beschränkt sich auf die Gegenstände des § 28 Abs. 2 Nr. 5 bis 10 und des § 29 und erfolgt nur über den Ausgleich oder die Milderung der wirtschaftlichen Nachteile, die den Arbeitnehmern infolge der Unternehmens- oder Betriebsänderung entstehen.

A. Allgemeines 1	III. Das Verhandlungsverfahren 6
B. Regelungsgehalt 4	IV. Die Vereinbarung über die Beteiligung der Arbeitnehmer 7
I. Das besondere Verhandlungsgremium 4	
II. Das Wahlgremium 5	V. Die Beteiligung der Arbeitnehmer kraft Gesetzes 8

A. Allgemeines

Die **AN-Beteiligung** in der Europäischen Genossenschaft wird ebenso wie in der Europäischen Gesellschaft (SE)[1] von zwei Grundsätzen geprägt.[2]   **1**

Nach dem **Gestaltungsprinzip** sind die Regelung des Verfahrens und die Anhörung der AN sowie deren Mitbestimmung vorrangig einer Vereinbarung vorbehalten. Diese Vereinbarung schließen die Unternehmensleitung der Gründungsgesellschaften und das zu diesem Zweck zu bildende besondere Verhandlungsgremium der AN.   **2**

Nach dem **„Vorher-Nachher-Prinzip"** soll der bei den Gründungsgesellschaften vorhandene Standard an Beteiligungsrechten der AN auch in der SCE beibehalten werden.   **3**

---

1 Vgl. §§ 4–7 SEBG Rn 1.   2 Vgl. *Düwell*, FA 2006, 330, 331.

B. Regelungsgehalt

I. Das besondere Verhandlungsgremium

4 Die §§ 4 bis 7 regeln die Bildung und Zusammensetzung des besonderen Verhandlungsgremiums.[3] Die Regelungen entsprechen den Regelungen der §§ 4 bis 7 SEBG.[4] Das besondere Verhandlungsgremium ist nach entsprechender Information der Leitung zu bilden, wenn die SCE durch **Verschmelzung** mindestens zweier juristischer Personen oder durch **Umwandlung** gegründet wird.

II. Das Wahlgremium

5 Die §§ 8 bis 10 regeln das Wahlverfahren für die auf das Inland entfallenden Mitglieder des **besonderen Verhandlungsgremiums** und entsprechen den Vorschriften der §§ 8 bis 10 SEBG.[5]

III. Das Verhandlungsverfahren

6 Die §§ 11 bis 20 regeln das **Verhandlungsverfahren** des besonderen Verhandlungsgremiums mit den Leitungen über die Vereinbarung zur Beteiligung der AN. Die Vorschriften entsprechen §§ 11 bis 20 SEBG.[6]

IV. Die Vereinbarung über die Beteiligung der Arbeitnehmer

7 § 21 trifft Vorgaben für den **Inhalt der Vereinbarung** und entspricht § 21 SEBG.[7]

V. Die Beteiligung der Arbeitnehmer kraft Gesetzes

8 Das 5. Kapitel regelt die Beteiligung der AN kraft Gesetzes, wenn keine Vereinbarung zustande gekommen ist.

9 §§ 22 bis 26 regeln die Bildung und Geschäftsführung des **SCE-BR** kraft Gesetzes und entsprechen §§ 22 bis 26 SEBG.[8]

10 §§ 27 bis 30 regeln **Zuständigkeiten, Rechte und Aufgaben** des SCE-BR und entsprechen §§ 27 bis 30 SEBG.[9]

11 §§ 31 bis 33 regeln die Fortbildung der SCE-BR, die Möglichkeit der Hinzuziehung von Sachverständigen und Tragung der **Kosten** und entsprechen und entsprechen §§ 31 bis 33 SEBG.[10]

12 §§ 34 bis 38 regeln die **Mitbestimmung** kraft Gesetzes, also die Beteiligung der AN im Aufsichtsorgan der dualistisch verfassten SCE oder im Leitungsorgan der monistisch verfassten SCE. Die Regelungen entsprechen §§ 34 bis 38 SEBG.[11]

13 Die Regelung des § 39 zum **Tendenzschutz** entspricht § 39 SEBG.[12]

§ 40 Gründung einer Europäischen Genossenschaft durch mindestens zwei juristische Personen zusammen mit natürlichen Personen

Erfolgt die Gründung einer Europäischen Genossenschaft durch mindestens zwei juristische Personen zusammen mit natürlichen Personen, finden die §§ 1 bis 39 entsprechende Anwendung.

§ 41 Gründung einer Europäischen Genossenschaft durch ausschließlich natürliche Personen oder durch nur eine juristische Person zusammen mit natürlichen Personen

(1) Wird eine Europäische Genossenschaft ausschließlich von natürlichen Personen oder von nur einer juristischen Person zusammen mit natürlichen Personen gegründet und sind bei den beteiligten natürlichen Personen und in der beteiligten juristischen Person sowie den betroffenen Tochtergesellschaften und betroffenen Betrieben vor der Gründung insgesamt mindestens 50 Arbeitnehmer beschäftigt, die aus mehreren Mitgliedstaaten kommen, finden die §§ 1 bis 39 entsprechende Anwendung.

(2) Sind in den Gründungsfällen des Absatzes 1 bei den beteiligten natürlichen Personen und in der beteiligten juristischen Person sowie den betroffenen Tochtergesellschaften und betroffenen Betrieben insgesamt weniger als 50 Arbeitnehmer oder in nur einem Mitgliedstaat mindestens 50 Arbeitnehmer beschäftigt, finden

1. auf eine Europäische Genossenschaft mit Sitz im Inland die Regelungen, die für eine entsprechende inländische Genossenschaft gelten, und

---

3 Vgl. *Pulte*, NZA-RR 2008, 113, 122.
4 Vgl. im Einzelnen dort.
5 Vgl. im Einzelnen dort.
6 Vgl. im Einzelnen dort.
7 Vgl. im Einzelnen dort.
8 Vgl. im Einzelnen dort.
9 Vgl. im Einzelnen dort.
10 Vgl. im Einzelnen dort.
11 Vgl. im Einzelnen dort.
12 Vgl. im Einzelnen dort.

2. auf inländische Tochtergesellschaften und Betriebe einer Europäischen Genossenschaft die entsprechenden inländischen Regelungen

Anwendung.

(3) Auf eine nach Absatz 2 gegründete Europäische Genossenschaft finden die §§ 1 bis 39 entsprechende Anwendung, wenn

1. mindestens ein Drittel der Gesamtzahl der Arbeitnehmer der Europäischen Genossenschaft, ihrer Tochtergesellschaften und ihrer Betriebe, die aus mehreren Mitgliedstaaten kommen, einen entsprechenden Antrag stellt oder
2. in der Europäischen Genossenschaft, ihren Tochtergesellschaften und ihren Betrieben die Gesamtzahl von 50 Arbeitnehmern, die aus mehreren Mitgliedstaaten kommen, erreicht oder überschritten wird.

In diesen Fällen erfolgt die entsprechende Anwendung mit der Maßgabe, dass an die Stelle der beteiligten juristischen Personen, betroffenen Tochtergesellschaften und betroffenen Betriebe die Europäische Genossenschaft, ihre Tochtergesellschaften und ihre Betriebe treten.

(4) Wird der Sitz einer Europäischen Genossenschaft, in der Bestimmungen über die Mitbestimmung der Arbeitnehmer im Aufsichts- oder Verwaltungsorgan gelten, von einem Mitgliedstaat in einen anderen verlegt, ist den Arbeitnehmern nach der Sitzverlegung mindestens dasselbe Niveau an Mitbestimmungsrechten zu gewährleisten.

A. Allgemeines

Die §§ 40 bis 41 treffen genossenschaftsspezifische Sonderregelungen für den Fall, dass an der Gründung der SCE **natürliche Personen** beteiligt sind.

B. Regelungsgehalt

Für den Fall der überwiegenden Beteiligung natürlicher Personen an der Gründung der SCE wird für die Anwendbarkeit der §§ 1 bis 39 ein **Schwellenwert** geregelt. Hat die SCE nur in einem Mitgliedstaat mindestens 50 AN oder in der beteiligten juristischen Person, den betroffenen Tochtergesellschaften und Betrieben insgesamt weniger als 50 AN, so findet das jeweilige nationale Genossenschaftsrecht Anwendung. Die §§ 1 bis 39 kommen nur dann zur Anwendung, wenn ein Drittel der AN der SCE einen entsprechenden Antrag stellt oder die Gesamtzahl von 50 AN später überschritten wird.

Anders als das SEBG trifft § 41 SCEBG eine Regelung zur **Sitzverlegung**. Danach soll bei einer grenzüberschreitenden Sitzverlegung mindestens das gleiche Maß an AN-Beteiligungsrechten gelten wie zuvor. Die Regelung beruht auf Erwägungsgrund 21 der Richtlinie.[1]

§ 42 Vertrauensvolle Zusammenarbeit

Die Leitung der Europäischen Genossenschaft und der SCE-Betriebsrat oder die Arbeitnehmervertreter im Rahmen eines Verfahrens zur Unterrichtung und Anhörung arbeiten zum Wohl der Arbeitnehmer und des Unternehmens oder der Unternehmensgruppe vertrauensvoll zusammen.

§ 43 Geheimhaltung; Vertraulichkeit

(1) Informationspflichten der Leitungen und der Leitung der Europäischen Genossenschaft nach diesem Gesetz bestehen nur, soweit bei Zugrundelegung objektiver Kriterien dadurch nicht Betriebs- oder Geschäftsgeheimnisse der an der Gründung beteiligten juristischen Personen, der Europäischen Genossenschaft oder deren jeweiliger Tochtergesellschaften und Betriebe gefährdet werden.

(2) ¹Die Mitglieder und Ersatzmitglieder eines SCE-Betriebsrats sind unabhängig von ihrem Aufenthaltsort verpflichtet, Betriebs- oder Geschäftsgeheimnisse, die ihnen wegen ihrer Zugehörigkeit zum SCE-Betriebsrat bekannt geworden und von der Leitung der Europäischen Genossenschaft ausdrücklich als geheimhaltungsbedürftig bezeichnet worden sind, nicht zu offenbaren und nicht zu verwerten. ²Dies gilt auch nach dem Ausscheiden aus dem SCE-Betriebsrat.

---

1 *Kisker*, RdA 2006, 209, vertritt die Auffassung, dass die Regelung nur klarstellender Natur ist, aber keine inhaltliche Änderung gegenüber Vorher-Nachher-Prinzip oder Missbrauchsverbot darstellt.

(3) Die Pflicht zur Vertraulichkeit des SCE-Betriebsrats nach Absatz 2 gilt nicht gegenüber den
1. Mitgliedern des SCE-Betriebsrats,
2. Arbeitnehmervertretern der Europäischen Genossenschaft, ihrer Tochtergesellschaften und ihrer Betriebe, wenn diese auf Grund einer Vereinbarung nach § 21 oder nach § 30 über den Inhalt der Unterrichtung und die Ergebnisse der Anhörung zu informieren sind,
3. Arbeitnehmervertretern im Aufsichts- oder Verwaltungsorgan der Europäischen Genossenschaft,
4. Dolmetschern und Sachverständigen, die zur Unterstützung herangezogen werden.

(4) Die Pflicht zur Vertraulichkeit nach Absatz 2 gilt entsprechend für
1. die Mitglieder und Ersatzmitglieder des besonderen Verhandlungsgremiums,
2. die Arbeitnehmervertreter der Europäischen Genossenschaft, ihrer Tochtergesellschaften und ihrer Betriebe,
3. die Arbeitnehmervertreter, die in sonstiger Weise an einem Verfahren zur Unterrichtung und Anhörung teilnehmen,
4. die Sachverständigen und Dolmetscher.

(5) ^{1}Die Ausnahme von der Pflicht zur Vertraulichkeit nach Absatz 3 Nr. 1 gilt für den Personenkreis nach Absatz 4 Nr. 1 bis 3 entsprechend. ^{2}Die Pflicht zur Vertraulichkeit gilt ferner nicht für
1. die Mitglieder des besonderen Verhandlungsgremiums gegenüber Dolmetschern und Sachverständigen,
2. die Arbeitnehmervertreter nach Absatz 4 Nr. 3 gegenüber Arbeitnehmervertretern im Aufsichts- oder Verwaltungsorgan der Europäischen Genossenschaft, gegenüber Dolmetschern und Sachverständigen, die vereinbarungsgemäß zur Unterstützung herangezogen werden und gegenüber Arbeitnehmervertretern der Europäischen Genossenschaft, ihrer Tochtergesellschaften und ihrer Betriebe, sofern diese nach der Vereinbarung (§ 21) über den Inhalt der Unterrichtungen und die Ergebnisse der Anhörung zu unterrichten sind.

§ 44   Schutz der Arbeitnehmervertreter

Bei der Wahrnehmung ihrer Aufgaben genießen die
1. Mitglieder des besonderen Verhandlungsgremiums,
2. Mitglieder des SCE-Betriebsrats,
3. Arbeitnehmervertreter, die in sonstiger Weise bei einem Verfahren zur Unterrichtung und Anhörung mitwirken, und
4. Arbeitnehmervertreter im Aufsichts- oder Verwaltungsorgan der Europäischen Genossenschaft,

die Beschäftigte der Europäischen Genossenschaft, ihrer Tochtergesellschaften oder ihrer Betriebe oder einer der beteiligten juristischen Personen, betroffenen Tochtergesellschaften oder betroffenen Betriebe sind, den gleichen Schutz und die gleichen Sicherheiten wie die Arbeitnehmervertreter nach den Gesetzen und Gepflogenheiten des Mitgliedstaats, in dem sie beschäftigt sind. Dies gilt insbesondere für den Kündigungsschutz, die Teilnahme an den Sitzungen der jeweiligen in Satz 1 genannten Gremien und die Entgeltfortzahlung.

§ 45   Missbrauchsverbot

^{1}Eine Europäische Genossenschaft darf nicht dazu missbraucht werden, den Arbeitnehmern Beteiligungsrechte zu entziehen oder vorzuenthalten. ^{2}Missbrauch wird vermutet, wenn ohne Durchführung eines Verfahrens nach § 18 Absatz 3 innerhalb eines Jahres nach Gründung der Europäischen Genossenschaft strukturelle Änderungen stattfinden, die bewirken, dass den Arbeitnehmern Beteiligungsrechte vorenthalten oder entzogen werden.

§ 46   Errichtungs- und Tätigkeitsschutz

Niemand darf
1. die Bildung des besonderen Verhandlungsgremiums, die Errichtung eines SCE-Betriebsrats oder die Einführung eines Verfahrens zur Unterrichtung und Anhörung nach § 21 Abs. 2 oder die Wahl, Bestellung, Empfehlung oder Ablehnung der Arbeitnehmervertreter im Aufsichts- oder Verwaltungsorgan behindern

oder durch Zufügung oder Androhung von Nachteilen oder durch Gewährung oder Versprechen von Vorteilen beeinflussen,
2. die Tätigkeit des besonderen Verhandlungsgremiums, des SCE-Betriebsrats oder der Arbeitnehmervertreter nach § 21 Abs. 2 oder die Tätigkeit der Arbeitnehmervertreter im Aufsichts- oder Verwaltungsorgan behindern oder stören oder
3. ein Mitglied oder Ersatzmitglied des besonderen Verhandlungsgremiums, des SCE-Betriebsrats oder einen Arbeitnehmervertreter nach § 21 Abs. 2 oder einen Arbeitnehmervertreter im Aufsichts- oder Verwaltungsorgan wegen seiner Tätigkeit benachteiligen oder begünstigen.

A. Allgemeines

Die §§ 42 bis 46 regeln Grundsätze der **vertrauensvollen Zusammenarbeit** von Leitungen, SCE-BR und AN und treffen Schutzbestimmungen. 1

B. Regelungsgehalt

Die Regelungen zur vertrauensvollen Zusammenarbeit in § 42, zur **Geheimhaltung** und **Vertraulichkeit** in § 43 zum **Schutz der AN-Vertreter** in § 44, zum **Missbrauchsverbot** in § 45 und zum **Errichtungs- und Tätigkeitsschutz** in § 46 entsprechen §§ 40 bis 44 SEBG.[1] 2

§ 47 Strafvorschriften

(1) Mit Freiheitsstrafe bis zu zwei Jahren oder mit Geldstrafe wird bestraft, wer
1. entgegen § 43 Abs. 2, auch in Verbindung mit Abs. 4, ein Betriebs- oder Geschäftsgeheimnis verwertet oder
2. entgegen § 45 Satz 1 eine Europäische Genossenschaft dazu missbraucht, Arbeitnehmern Beteiligungsrechte zu entziehen oder vorzuenthalten.
(2) Mit Freiheitsstrafe bis zu einem Jahr oder mit Geldstrafe wird bestraft, wer
1. entgegen § 43 Abs. 2, auch in Verbindung mit Abs. 4, ein Betriebs- oder Geschäftsgeheimnis offenbart,
2. entgegen § 46 Nr. 1 oder 2 eine dort genannte Tätigkeit behindert, beeinflusst oder stört oder
3. entgegen § 46 Nr. 3 eine dort genannte Person benachteiligt oder begünstigt.
(3) Handelt der Täter in den Fällen des Absatzes 2 Nr. 1 gegen Entgelt oder in der Absicht, sich oder einen anderen zu bereichern oder einen anderen zu schädigen, so ist die Strafe Freiheitsstrafe bis zu zwei Jahren oder Geldstrafe.
(4) [1]Die Tat wird nur auf Antrag verfolgt. [2]In den Fällen des Absatzes 1 Nr. 2 und des Absatzes 2 Nr. 2 und 3 sind das besondere Verhandlungsgremium, der SCE-Betriebsrat, die Mehrheit der Arbeitnehmervertreter im Rahmen eines Verfahrens zur Unterrichtung und Anhörung, jedes Mitglied des Aufsichts- oder Verwaltungsorgans, eine im Unternehmen vertretene Gewerkschaft sowie die Leitungen antragsberechtigt.

§ 48 Bußgeldvorschriften

(1) Ordnungswidrig handelt, wer
1. entgegen § 4 Abs. 1 oder § 5 Abs. 5 Satz 2 eine Information nicht, nicht richtig, nicht vollständig oder nicht rechtzeitig gibt oder
2. entgegen § 28 Abs. 1 Satz 1 oder § 29 Abs. 1 Satz 1 den SCE-Betriebsrat nicht, nicht richtig, nicht vollständig oder nicht in der vorgeschriebenen Weise unterrichtet.
(2) Die Ordnungswidrigkeit kann mit einer Geldbuße bis zu zwanzigtausend Euro geahndet werden.

---

1 Vgl. im Einzelnen die dortige Kommentierung.

| § 49 | Geltung nationalen Rechts |

(1) Dieses Gesetz berührt nicht die den Arbeitnehmern nach inländischen Rechtsvorschriften und Regelungen zustehenden Beteiligungsrechte, mit Ausnahme
1. der Mitbestimmung in den Organen der Europäischen Genossenschaft,
2. der Regelung des Europäische Betriebsräte-Gesetzes, es sei denn, das besondere Verhandlungsgremium hat einen Beschluss nach § 16 gefasst.

(2) ¹Regelungen und Strukturen über die Arbeitnehmervertretungen einer beteiligten juristischen Person mit Sitz im Inland, die durch die Gründung der Europäischen Genossenschaft als eigenständige juristische Person erlischt, bestehen nach Eintragung der Europäischen Genossenschaft fort. ²Die Leitung der Europäischen Genossenschaft stellt sicher, dass diese Arbeitnehmervertretungen ihre Aufgaben weiterhin wahrnehmen können.

A. Allgemeines

1 Die §§ 47 bis 49 enthalten **Straf- und Bußgeldvorschriften** sowie eine Regelung zum Verhältnis zwischen dem SEBG und nationalem Recht.

B. Regelungsgehalt

2 Diese Regelungen entsprechen §§ 45 bis 47 SEBG.[1]

---

[1] Vgl. im Einzelnen dort (Ordnungsnummer 371).

Gesetz zur Ausführung der Verordnung (EG) Nr. 2157/2001 des Rates vom 8. Oktober 2001 über das Statut der Europäischen Gesellschaft (SE) (SE-Ausführungsgesetz – SEAG)

Vom 22.12.2004, BGBl I S. 3675, BGBl III 4121-4

Zuletzt geändert durch Gesetz zur Umsetzung der Aktionärsrechterichtlinie (ARUG) vom 30.7.2009, BGBl I S. 2479, 2490

Abschnitt 1: Allgemeine Vorschriften

§ 1 Anzuwendende Vorschriften

Soweit nicht die Verordnung (EG) Nr. 2157/2001 des Rates vom 8. Oktober 2001 über das Statut der Europäischen Gesellschaft (SE) (ABl. EG Nr. L 294 S. 1) (Verordnung) gilt, sind auf eine Europäische Gesellschaft (SE) mit Sitz im Inland und auf die an der Gründung einer Europäischen Gesellschaft beteiligten Gesellschaften mit Sitz im Inland die folgenden Vorschriften anzuwenden.

§ 2 (weggefallen)

§ 3 Eintragung

Die SE wird gemäß den für Aktiengesellschaften geltenden Vorschriften im Handelsregister eingetragen.

§ 4 Zuständigkeiten

[1]Für die Eintragung der SE und für die in Artikel 8 Abs. 8, Artikel 25 Abs. 2 sowie den Artikeln 26 und 64 Abs. 4 der Verordnung bezeichneten Aufgaben ist das nach den §§ 376 und 377 des Gesetzes über das Verfahren in Familiensachen und in den Angelegenheiten der freiwilligen Gerichtsbarkeit bestimmte Gericht zuständig. [2]Das zuständige Gericht im Sinne des Artikels 55 Abs. 3 Satz 1 der Verordnung bestimmt sich nach § 375 Nr. 4, §§ 376 und 377 des Gesetzes über das Verfahren in Familiensachen und in den Angelegenheiten der freiwilligen Gerichtsbarkeit.

Literatur: *Brandt*, Ein Überblick über die Europäische Aktiengesellschaft (SE) in Deutschland, BB 2005, 1; *Dörfler/Adrian/Oblau*, Europäisierung des deutschen Steuerrechts durch das SEStEG, RIW 2007, 266; *Eidenmüller/Engert/Hornuf*, Die Societas Europaea: Empirische Bestandsaufnahme und Entwicklungslinien einer neuen Rechtsform, AG 2008, 721 ff.; *Endres*, Europa-AG und Steuern: das Flaggschiff ist da, es fehlt nur das Segel, RIW 2004, 735; *Ihrig/Wagner*, Das Gesetz zur Einführung der Europäischen Gesellschaft (SEEG) auf der Zielgeraden, BB 2004, 1749; *Lanfermann*, Europäische Aktiengesellschaft und Europäische Privatgesellschaft – Europa macht seine Rechtsformen fit für den Wettbewerb, BB 2008, Heft 42, M1; *Lutter/Hommelhoff*, SE-Kommentar, 2008; *Mävers*, Die Mitbestimmung der Arbeitnehmer in der Europäischen Aktiengesellschaft, 2002; *Manz/Mayer/Schröder*, Europäische Aktiengesellschaft SE, 2005; *Neye*, Die Europäische Aktiengesellschaft; Einführung und Materialiensammlung zum Gesetz zur Einführung der Europäischen Gesellschaft, 2005; *Seibt*, Die Societas Europaea (SE) deutschen Rechts: Anwendungsfelder und Beratungshinweise, AnwBl 2005, 225; *Ulmer/Habersack/Henssler*, Mitbestimmungsrecht, 2. Aufl. 2006; *Vossius*, Gründung und Umwandlung der deutschen Europäischen Gesellschaft (SE), ZIP 2005, 741

A. Allgemeines

1 Am 8.10.2004 ist die VO (EG) Nr. 2157/2001[1] (SE-VO) über das Statut der Europäischen Gesellschaft (**Societas Europaea = SE**) in Kraft getreten.[2] Bis zum selben Tag war die RL 2001/86/EG[3] zur Ergänzung des Statuts der Europäischen Gesellschaft hinsichtlich der Beteiligung der AN umzusetzen. Umsetzungsbedarf bestand ausnahmsweise nicht nur hinsichtlich der RL, sondern auch hinsichtlich der VO, weil sie verschiedene Regelungsaufträge und Wahlrechte für den nationalen Gesetzgeber enthält.[4] Umgesetzt wurde in Deutschland beides durch das Gesetz zur Einführung der Europäischen Gesellschaft (SEEG),[5] das am 29.12.2004 in Kraft getreten ist. Es enthält in Art. 1 das hier kommentierte SE-Ausführungsgesetz (SEAG) mit den gesellschaftsrechtlichen und aktienrechtlichen Regelungen zur Ergänzung der Verordnung.[6] Das nachfolgend kommentierte SE-Beteiligungsgesetz (SEBG), Art. 2 des SEEG, trifft die mitbestimmungsrechtlichen Regelungen zur Umsetzung der RL. Mit der SE steht erstmals europaweit eine supranationale Rechtsform für eine Kapitalgesellschaft zur Verfügung, welche neben die bestehenden Rechtsformen nationalen Rechts tritt.[7] Die für Deutschland dabei im Gesellschaftsrecht wichtigste Neuerung ist die Möglichkeit der Gründung einer SE mit monistischer Unternehmensverfassung.

B. Regelungsgehalt

2 § 1 regelt die **Anwendbarkeit** des SEAG auf die SE und die an ihrer Gründung beteiligten Gesellschaften mit Sitz in Deutschland, soweit nicht unmittelbar die Vorschriften der SE-VO gelten. Die Rangfolge der Rechtsquellen ist für den Rechtsanwender aufgrund dieser Vorschrift nicht klar erkennbar.[8] Er muss bei der Gründung einer SE stets prüfen, ob die SE-VO eine unmittelbar anwendbare Regelung enthält, ob sie eine Regelung an den nationalen Gesetzgeber delegiert hat und dieser eine Regelung im SEEG getroffen hat, oder ob eine allgemeine gesellschaftsrechtliche Regelung mangels entgegenstehender Normierung in der SE-VO oder dem SEEG bzw. aufgrund ausdrücklicher Verweisung anwendbar ist.

3 Mit dem Sitz in Deutschland ist in Anlehnung an § 5 Abs. 1 AktG der Satzungssitz gemeint. Der **Ort des Satzungssitzes** richtet sich gem. § 2 nach dem Ort der Hauptverwaltung.[9] Vorrang vor den zwingenden Bestimmungen des AktG für den Satzungsinhalt haben bestimmte Vorgaben der SE-VO. Art. 11 SE-VO schreibt den Rechtsformzusatz „SE" vor. Das **Mindestgrundkapital** beträgt gem. Art. 4 SE-VO 120.000 EUR. Die Satzung muss gem. Art. 46 Abs. 1 SE-VO, § 20 SEAG und §§ 84, 102 AktG eine Regelung über die **Höchstamtsdauer** der Organe der SE enthalten. Außerdem muss sie gem. Art. 48 SE-VO, §§ 19, 40 Abs. 2 S. 2 eine Regelung über die Geschäfte treffen, die unter Zustimmungsvorbehalt dieser Organe stehen (vgl. §§ 15–19 Rn 2).

4 Die **Eintragung** der SE erfolgt gem. § 3 nach dem für die AG geltenden Recht durch Eintragung im Handelsregister. Durch Art. 7 SEEG wird hierzu die Handelsregister-VO entsprechend angepasst. Die Gründung einer deutschen AG wird gem. § 39 AktG, § 10 HGB, §§ 11, 25 Abs. 1 S. 2, 27 S. 2, 28, 32 bis 34 HRV in das Handelsregister ihres Sitzes eingetragen und in dem von der Landesjustizverwaltung bestimmten elektronischen Informations- und Kommunikationssystem[10] bekannt gemacht. Im Fall der Eintragung einer SE tritt neben die Offenlegungsvorschriften nach Art 13 SE-VO noch die Pflicht zur **Bekanntmachung** im Amtsblatt der EU nach Art. 14 SE-VO i.V.m. § 34a HRV. Mit der Eintragung im deutschen Handelsregister entsteht die SE als solche und wird vorbehaltlich der SE-VO und des SEEG gem. Art. 5, 10, 16 Abs. 1 SE-VO i.V.m. § 3 wie eine AG deutschen Rechts behandelt.

5 Die **Zuständigkeit des Registergerichts** ergibt sich aus § 4 i.V.m. §§ 374 ff. FamFG.

6 Das zuständige Gericht für die Einberufung der Hauptversammlung in den Fällen, in denen ein Antrag auf Einberufung einer Hauptversammlung gestellt, diesem aber nicht nachgekommen wird, ergibt sich gem. § 4 Abs. 2 aus §§ 375 Nr. 4, 376, 377 FamFG. Zuständig sind die Amtsgerichte.

C. Beraterhinweise

7 Die SE ist die erste Rechtsform in Deutschland, mit der für deutsche Gesellschaften eine grenzüberschreitende Transaktion möglich wird:[11] Die Gründung einer SE bietet sich z.B. bei einem grenzüberschreitenden Zusammenschluss gleichberechtigter Unternehmen, bei einer Akquisition eines ausländischen Zielunternehmens oder bei einer Reor-

---

1 ABl EG L 294 v. 10.11.2001, S. 1 ff.
2 Zur bisherigen Verbreitung der SE vgl. *Eidenmüller/Engert/Hornuf*, AG 2008, 721.
3 ABl EG L 294 v. 10.11.2001, S. 22 ff.
4 Kritisch zu dieser Gesetzgebungstechnik: *Lanfermann*, BB 2008, Heft 42, M1.
5 V. 22.12.2004, BGBl I S. 3675.
6 Einen Überblick sowohl über die europäischen Regelungen als auch die deutsche Umsetzung nebst Gesetzesbegründungen liefert *Neye*.
7 Vgl. *Mävers*, S. 31.
8 Vgl. DAV-Handelsrechtsausschuss, Stellungnahme Nr. 65/03 v. November 2003, abrufbar unter www.anwaltverein.de, der die Vorschrift mit § 1 EWIVAG vergleicht.
9 Vgl. *Vossius*, ZIP 2005, 741.
10 Eingeführt durch das Gesetz über elektronische Handelsregister und Genossenschaftsregister sowie das Unternehmensregister (EHUG) v. 10.11.2006, BGBl I S. 2553.
11 Vgl. *Brandt*, BB 2005, 1, 7.

ganisation der europäischen Organisationsstruktur eines Konzerns AN.[12] Darüber hinaus ergibt sich die Möglichkeit der Gründung einer mitbestimmungsfreien Konzernholding. Das SEBG kennt keine Schwellenwerte für das Eingreifen der Unternehmensmitbestimmung und keine § 5 MitbestG entsprechende Vorschrift, nach der die Arbeitnehmer von Tochtergesellschaften der Konzernholding zugerechnet werden.[13]

Zu beachten sind bei der Gründung einer SE mit Sitz in Deutschland nicht nur das SEEG, sondern auch die SE-VO sowie das übrige nationale Gesellschaftsrecht. 8

Die steuerrechtliche Flankierung wurde inzwischen durch das Gesetz über steuerliche Begleitmaßnahmen zur Einführung der europäischen Gesellschaft und zur Änderung weiterer steuerrechtlicher Vorschriften (SEStEG) geschaffen.[14] Das Gesetz dient gleichzeitig der Umsetzung der Richtlinie 2005/19/EG v. 17.2.2005 des Rates zur Änderung der Richtlinie 90/434/EWG über das gemeinsame Steuersystem für Fusionen, Spaltungen, die Einbringung von Unternehmensteilen und den Austausch von Anteilen, die Gesellschaften verschiedener Mitgliedstaaten betreffen.[15] 9

Abschnitt 2: Gründung einer SE

Unterabschnitt 1: Verschmelzung

§ 5 Bekanntmachung

[1]Die nach Artikel 21 der Verordnung bekannt zu machenden Angaben sind dem Register bei Einreichung des Verschmelzungsplans mitzuteilen. [2]Das Gericht hat diese Angaben zusammen mit dem nach § 61 Satz 2 des Umwandlungsgesetzes vorgeschriebenen Hinweis bekannt zu machen.

§ 6 Verbesserung des Umtauschverhältnisses

(1) Unter den Voraussetzungen des Artikels 25 Abs. 3 Satz 1 der Verordnung kann eine Klage gegen den Verschmelzungsbeschluss einer übertragenden Gesellschaft nicht darauf gestützt werden, dass das Umtauschverhältnis der Anteile nicht angemessen ist.

(2) Ist bei der Gründung einer SE durch Verschmelzung nach dem Verfahren der Verordnung das Umtauschverhältnis der Anteile nicht angemessen, so kann jeder Aktionär einer übertragenden Gesellschaft, dessen Recht, gegen die Wirksamkeit des Verschmelzungsbeschlusses Klage zu erheben, nach Absatz 1 ausgeschlossen ist, von der SE einen Ausgleich durch bare Zuzahlung verlangen.

(3) [1]Die bare Zuzahlung ist nach Ablauf des Tages, an dem die Verschmelzung im Sitzstaat der SE nach den dort geltenden Vorschriften eingetragen und bekannt gemacht worden ist, mit jährlich 5 Prozentpunkten über dem jeweiligen Basiszinssatz nach § 247 des Bürgerlichen Gesetzbuchs zu verzinsen. [2]Die Geltendmachung eines weiteren Schadens ist nicht ausgeschlossen.

(4) [1]Macht ein Aktionär einer übertragenden Gesellschaft unter den Voraussetzungen des Artikels 25 Abs. 3 Satz 1 der Verordnung geltend, dass das Umtauschverhältnis der Anteile nicht angemessen sei, so hat auf seinen Antrag das Gericht nach dem Spruchverfahrensgesetz vom 12. Juni 2003 (BGBl. I S. 838) eine angemessene bare Zuzahlung zu bestimmen. [2]Satz 1 findet auch auf Aktionäre einer übertragenden Gesellschaft mit Sitz in einem anderen Mitgliedstaat der Europäischen Union oder in einem anderen Vertragsstaat des Abkommens über den Europäischen Wirtschaftsraum Anwendung, sofern nach dem Recht dieses Staates ein Verfahren zur Kontrolle und Änderung des Umtauschverhältnisses der Aktien vorgesehen ist und deutsche Gerichte für die Durchführung eines solchen Verfahrens international zuständig sind.

---

12 Ausführlich dazu vgl. *Seibt*, AnwBl 2005, 225, 277.
13 Ulmer/Habersack/Henssler-*Henssler*, Einl SEBG, Rn 224.

14 BGBl I v. 7.12.2006, S. 2782; vgl. *Dörfler/Adrian/Oblau*, RIW 2007, 266.
15 BT-Drucks 16/2710 v. 25.9.2006.

§ 7 Abfindungsangebot im Verschmelzungsplan

(1) ¹Bei der Gründung einer SE, die ihren Sitz im Ausland haben soll, durch Verschmelzung nach dem Verfahren der Verordnung hat eine übertragende Gesellschaft im Verschmelzungsplan oder in seinem Entwurf jedem Aktionär, der gegen den Verschmelzungsbeschluss der Gesellschaft Widerspruch zur Niederschrift erklärt, den Erwerb seiner Aktien gegen eine angemessene Barabfindung anzubieten. ²Die Vorschriften des Aktiengesetzes über den Erwerb eigener Aktien gelten entsprechend, jedoch ist § 71 Abs. 4 Satz 2 des Aktiengesetzes insoweit nicht anzuwenden. ³Die Bekanntmachung des Verschmelzungsplans als Gegenstand der Beschlussfassung muss den Wortlaut dieses Angebots enthalten. ⁴Die Gesellschaft hat die Kosten für eine Übertragung zu tragen. ⁵§ 29 Abs. 2 des Umwandlungsgesetzes findet entsprechende Anwendung.

(2) ¹Die Barabfindung muss die Verhältnisse der Gesellschaft im Zeitpunkt der Beschlussfassung über die Verschmelzung berücksichtigen. ²Die Barabfindung ist nach Ablauf des Tages, an dem die Verschmelzung im Sitzstaat der SE nach den dort geltenden Vorschriften eingetragen und bekannt gemacht worden ist, mit jährlich 5 Prozentpunkten über dem jeweiligen Basiszinssatz nach § 247 des Bürgerlichen Gesetzbuchs zu verzinsen. ³Die Geltendmachung eines weiteren Schadens ist nicht ausgeschlossen.

(3) ¹Die Angemessenheit einer anzubietenden Barabfindung ist stets durch Verschmelzungsprüfer zu prüfen. ²Die §§ 10 bis 12 des Umwandlungsgesetzes sind entsprechend anzuwenden. ³Die Berechtigten können auf die Prüfung oder den Prüfungsbericht verzichten; die Verzichtserklärungen sind notariell zu beurkunden.

(4) ¹Das Angebot nach Absatz 1 kann nur binnen zwei Monaten nach dem Tage angenommen werden, an dem die Verschmelzung im Sitzstaat der SE nach den dort geltenden Vorschriften eingetragen und bekannt gemacht worden ist. ²Ist nach Absatz 7 dieser Vorschrift ein Antrag auf Bestimmung der Barabfindung durch das Gericht gestellt worden, so kann das Angebot binnen zwei Monaten nach dem Tage angenommen werden, an dem die Entscheidung im Bundesanzeiger bekannt gemacht worden ist.

(5) Unter den Voraussetzungen des Artikels 25 Abs. 3 Satz 1 der Verordnung kann eine Klage gegen die Wirksamkeit des Verschmelzungsbeschlusses einer übertragenden Gesellschaft nicht darauf gestützt werden, dass das Angebot nach Absatz 1 zu niedrig bemessen oder dass die Barabfindung im Verschmelzungsplan nicht oder nicht ordnungsgemäß angeboten worden ist.

(6) Einer anderweitigen Veräußerung des Anteils durch den Aktionär stehen nach Fassung des Verschmelzungsbeschlusses bis zum Ablauf der in Absatz 4 bestimmten Frist Verfügungsbeschränkungen bei den beteiligten Rechtsträgern nicht entgegen.

(7) ¹Macht ein Aktionär einer übertragenden Gesellschaft unter den Voraussetzungen des Artikels 25 Abs. 3 Satz 1 der Verordnung geltend, dass eine im Verschmelzungsplan bestimmte Barabfindung, die ihm nach Absatz 1 anzubieten war, zu niedrig bemessen sei, so hat auf seinen Antrag das Gericht nach dem Spruchverfahrensgesetz vom 12. Juni 2003 (BGBl. I S. 838) die angemessene Barabfindung zu bestimmen. ²Das Gleiche gilt, wenn die Barabfindung nicht oder nicht ordnungsgemäß angeboten worden ist. ³Die Sätze 1 und 2 finden auch auf Aktionäre einer übertragenden Gesellschaft mit Sitz in einem anderen Mitgliedstaat der Europäischen Union oder in einem anderen Vertragsstaat des Abkommens über den Europäischen Wirtschaftsraum Anwendung, sofern nach dem Recht dieses Staates ein Verfahren zur Abfindung von Minderheitsaktionären vorgesehen ist und deutsche Gerichte für die Durchführung eines solchen Verfahrens international zuständig sind.

§ 8 Gläubigerschutz

¹Liegt der künftige Sitz der SE im Ausland, ist § 13 Abs. 1 und 2 entsprechend anzuwenden. ²Das zuständige Gericht stellt die Bescheinigung nach Artikel 25 Abs. 2 der Verordnung nur aus, wenn die Vorstandsmitglieder einer übertragenden Gesellschaft die Versicherung abgeben, dass allen Gläubigern, die nach Satz 1 einen Anspruch auf Sicherheitsleistung haben, eine angemessene Sicherheit geleistet wurde.

Literatur: *Brandes*, Mitbestimmungsvermeidung mittels grenzüberschreitender Verschmelzung, ZIP 2008, 2193; *Ihrig/Wagner*, Das Gesetz zur Einführung der Europäischen Gesellschaft (SEEG) auf der Zielgeraden, BB 2004, 1749; *Lutter/Hommelhoff*, SE-Kommentar, 2008; *Theisen/Wenz*, Die Europäische Aktiengesellschaft, 2002; *Vossius*, Gründung und Umwandlung der deutschen Europäischen Gesellschaft (SE), ZIP 2005, 741; *Wollburg/Banerjea*, Die Reichweite der Mitbestimmung in der Europäischen Gesellschaft, ZIP 2005, 282

A. Allgemeines

Die §§ 5 bis 8 regeln die Gründung einer SE durch **Verschmelzung**.[1] Die Verschmelzung deutscher Gesellschaften auf eine oder zu einer SE richtet sich nach der SE-VO, durch die Verweisung in Art. 18 SE-VO nach dem SEEG, dem UmwG und dem AktG. **Verschmelzungsfähig** sind nach Art. 2 Abs. 1 SE-VO AG, die nach dem Recht eines Mitgliedstaats gegründet wurden und ihren Sitz und ihre Hauptverwaltung in der Gemeinschaft haben, sofern mindestens zwei dem Recht verschiedener Mitgliedstaaten unterliegen. Nicht verschmelzungsfähig ist z.B. eine GmbH.

B. Regelungsgehalt

Gem. § 5 sind dem Register die nach Art. 21 SE-VO bekannt zu machenden Angaben bei der Einreichung des **Verschmelzungsplans** mitzuteilen. Dazu gehören z.B. die Rechtsform, die Firma und der Sitz der sich zu verschmelzenden Gesellschaften und die für die SE vorgesehene Firma und ihr künftiger Sitz. Durch das Registergericht sind diese Angaben gemeinsam mit dem nach § 61 S. 2 UmwG vorgeschriebenen Hinweis darauf, dass der Vertrag oder sein Entwurf beim Handelsregister eingereicht worden ist, bekannt zu machen.

In Anlehnung an §§ 14 Abs. 2, 15 UmwG regelt § 6 den **Ausschluss von Aktionärsklagen** gegen den Verschmelzungsbeschluss einer übertragenden Gesellschaft mit Sitz im Inland, die auf eine Unangemessenheit des Umtauschverhältnisses gestützt werden und stellt den Aktionären stattdessen für die Prüfung der Angemessenheit des Umtauschverhältnisses das Spruchverfahren zur Verfügung. Wird im Spruchverfahren die Unangemessenheit des Umtauschverhältnisses festgestellt, sollen die Anteilsinhaber der betreffenden inländischen Gründungsgesellschaften einen Ausgleich in Form einer **baren Zuzahlung** erhalten. Der Klageausschluss und die Verweisung auf das Spruchverfahren sind auf die Aktionäre der übertragenden Gesellschaft beschränkt. Der Klageausschluss und die Zurverfügungstellung des Spruchverfahrens wird auf das Vorliegen der Voraussetzungen des Art. 25 Abs. 3 S. 1 SE-VO beschränkt. Sieht das Recht auch nur einer der an der Verschmelzung beteiligten ausländischen Gesellschaften ein dem deutschen Spruchverfahren vergleichbares Verfahren nicht vor und stimmt die betreffende ausländische Gesellschaft der Inanspruchnahme des Spruchverfahrens durch die Aktionäre der deutschen Gründungsgesellschaft nicht zu, so bleibt auch den Aktionären eines inländischen übertragenden Rechtsträgers zur Geltendmachung eines unangemessenen Umtauschverhältnisses nur die Klage gegen den Verschmelzungsbeschluss.

§ 7 regelt unter Anlehnung an die §§ 29 bis 34 UmwG, dass bei der Verschmelzungsgründung einer SE, die ihren Sitz im Ausland haben soll, der Verschmelzungsplan oder sein Entwurf das Angebot einer **Barabfindung** an diejenigen Aktionäre der inländischen übertragenden Gesellschaft enthalten muss, die gegen den Verschmelzungsbeschluss der Gesellschaft Widerspruch zur Niederschrift erklären. Das Erfordernis des Abfindungsangebotes wird auf die Fälle des grenzüberschreitenden „Wegzugs" der inländischen Gründungsgesellschaft beschränkt.[2] Das Austrittsrecht steht nur den Aktionären einer übertragenden Gesellschaft zu. § 7 Abs. 5 schließt die Klage gegen den Verschmelzungsbeschluss mit der Begründung, die Barabfindung sei zu niedrig bemessen oder sie sei nicht oder nicht ordnungsgemäß angeboten, aus. Stattdessen wird in § 7 Abs. 7 die Möglichkeit eines Spruchverfahrens vorgesehen. Wie im Falle des § 6 sind der Klageausschluss und das Spruchverfahren aber hier ebenso nur dann gegeben, wenn die Voraussetzungen des Art. 25 Abs. 3 S. 1 SE-VO erfüllt sind, wenn also jede an der Verschmelzung beteiligte ausländische Gesellschaft, deren Recht ein dem deutschen Spruchverfahren vergleichbares Verfahren nicht vorsieht, der Inanspruchnahme des Spruchverfahrens durch die Aktionäre der deutschen Gründungsgesellschaft zugestimmt hat.

Die **Gläubigerschutzvorschrift** des § 8 regelt die entsprechende Anwendbarkeit des § 13 Abs. 1 und 2, wenn der künftige Sitz der SE im Ausland liegt (siehe §§ 12–14 Rn 2).

C. Beraterhinweise

Grds. können sich mehrere AG, die in mindestens zwei verschiedenen Mitgliedstaaten ansässig sind, miteinander verschmelzen. Die nationalen Bezeichnungen der AG, die verschmelzungsfähig sind, ergeben sich aus Anhang I der SE-VO. Außerdem sind folgende Beispiele für besondere **Verschmelzungskonstellationen** denkbar:[3]

Eine deutsche AG und eine britische Public Limited Company oder eine französische Société Anonyme sind verschmelzungsfähig, auch wenn zwischen ihnen ein Mutter-Tochter-Verhältnis besteht.[4] Verschmelzungsfähig sind auch zwei ausländische AG aus anderen EU-Mitgliedstaaten, die beide ihre Hauptverwaltung nach Deutschland verlegt haben, weil auf beide das jeweilige nationale Gründungsrecht anwendbar ist. Eine Incorporated des Rechts von Delaware, USA, die ihren Verwaltungssitz nach Deutschland verlegt hat, ist allerdings nicht mit einer AG aus einem

---

[1] Zum chronologischen Ablauf und den Kosten der SE-Gründung durch Verschmelzung vgl. *Vossius*, ZIP 2005, 741, 743 f.; vgl. auch *Brandes*, ZIP 2008, 2193.
[2] Vgl. *Ihrig/Wagner*, BB 2004, 1749, 1751.
[3] Vgl. *Vossius*, ZIP 2005, 741, 743; weitere Gestaltungsbeispiele bei *Wollburg/Banerjea*, ZIP 2005, 277, 280 ff.
[4] Vgl. *Lutter/Hommelhoff-Bayer*, Art. 17 SE-VO Rn 6.

EU-Mitgliedstaat verschmelzungsfähig, da sie nicht in der EU gegründet wurde und supranationales Recht Vorrang vor dem deutsch-amerikanischen Freundschaftsvertrag hat.[5]

7 Bei Beteiligung einer deutschen Gründungsgesellschaft ist der Verschmelzungsplan spätestens einen Monat vor der Hauptversammlung dem **zuständigen BR** zur Information zuzuleiten. Insoweit ist § 5 Abs. 3 UmwG über Art. 15 SE-VO anwendbar.[6]

Unterabschnitt 2: Gründung einer Holding – SE

§ 9 Abfindungsangebot im Gründungsplan

(1) [1]Bei der Gründung einer Holding-SE nach dem Verfahren der Verordnung, die ihren Sitz im Ausland haben soll oder die ihrerseits abhängig im Sinne des § 17 des Aktiengesetzes ist, hat eine die Gründung anstrebende Aktiengesellschaft im Gründungsplan jedem Anteilsinhaber, der gegen den Zustimmungsbeschluss dieser Gesellschaft zum Gründungsplan Widerspruch zur Niederschrift erklärt, den Erwerb seiner Anteile gegen eine angemessene Barabfindung anzubieten. [2]Die Vorschriften des Aktiengesetzes über den Erwerb eigener Aktien gelten entsprechend, jedoch ist § 71 Abs. 4 Satz 2 des Aktiengesetzes insoweit nicht anzuwenden. [3]Die Bekanntmachung des Gründungsplans als Gegenstand der Beschlussfassung muss den Wortlaut dieses Angebots enthalten. [4]Die Gesellschaft hat die Kosten für eine Übertragung zu tragen. [5]§ 29 Abs. 2 des Umwandlungsgesetzes findet entsprechende Anwendung.

(2) § 7 Abs. 2 bis 7 findet entsprechende Anwendung, wobei an die Stelle der Eintragung und Bekanntmachung der Verschmelzung die Eintragung und Bekanntmachung der neu gegründeten Holding-SE tritt.

§ 10 Zustimmungsbeschluss; Negativerklärung

(1) Der Zustimmungsbeschluss gemäß Artikel 32 Abs. 6 der Verordnung bedarf einer Mehrheit, die bei einer Aktiengesellschaft mindestens drei Viertel des bei der Beschlussfassung vertretenen Grundkapitals und bei einer Gesellschaft mit beschränkter Haftung mindestens drei Viertel der abgegebenen Stimmen umfasst.

(2) Bei der Anmeldung der Holding-SE haben ihre Vertretungsorgane zu erklären, dass eine Klage gegen die Wirksamkeit der Zustimmungsbeschlüsse gemäß Artikel 32 Abs. 6 der Verordnung nicht oder nicht fristgemäß erhoben oder eine solche Klage rechtskräftig abgewiesen oder zurückgenommen worden ist.

§ 11 Verbesserung des Umtauschverhältnisses

(1) Ist bei der Gründung einer Holding-SE nach dem Verfahren der Verordnung das Umtauschverhältnis der Anteile nicht angemessen, so kann jeder Anteilsinhaber der die Gründung anstrebenden Gesellschaft von der Holding-SE einen Ausgleich durch bare Zuzahlung verlangen.

(2) § 6 Abs. 1, 3 und 4 findet entsprechende Anwendung, wobei an die Stelle der Eintragung und Bekanntmachung der Verschmelzung die Eintragung und Bekanntmachung der Gründung der Holding-SE tritt.

Literatur: *Ihrig/Wagner*, Das Gesetz zur Einführung der Europäischen Gesellschaft (SEEG) auf der Zielgeraden, BB 2004, 1749; *Teichmann*, Austrittsrecht und Pflichtangebot bei Gründung einer Europäischen Aktiengesellschaft, AG 2004, 67; *Vossius*, Gründung und Umwandlung der deutschen Europäischen Gesellschaft (SE), ZIP 2005, 741

---

5 Art. XI Abs. 1 Freundschafts-, Handels- und Schifffahrtsvertrag zwischen der Bundesrepublik Deutschland und den Vereinigten Staaten von Amerika v. 29.10.1954, BGBl II 1956 S. 488; vgl. BGH 29.1.2003 – VIII ZR 155/02 – NJW 2003, 1607.
6 Vgl. *Vossius*, ZIP 2005, 741, 743; *Theisen/Wenz*, S. 113 f.

A. Allgemeines

Die §§ 9 bis 11 regeln die **Gründung einer SE als Holding**[1] der an der Gründung beteiligten Rechtsträger. Die Gründung einer Holding-SE richtet sich einerseits nach der SE-VO, andererseits nach dem für die jeweiligen übertragenden und übernehmenden Rechtsträger geltenden nationalen Gründungsrecht einschließlich der Transformationsgesetze, also für Rechtsträger mit Sitz in Deutschland nach dem SEEG und dem AktG.

An der Gründung einer Holding-SE können sich nach Art. 2 Abs. 2 der SE-VO AG oder GmbH beteiligen, die nach dem Recht eines Mitgliedstaates gegründet wurden und ihren Sitz und ihre Hauptverwaltung in der Gemeinschaft haben, sofern mindestens zwei dem Recht verschiedener Mitgliedstaaten unterliegen oder mindestens zwei seit mindestens zwei Jahren mindestens eine Tochtergesellschaft bzw. eine Zweigniederlassung in einem anderen Mitgliedstaat haben.

B. Regelungsgehalt

§ 9 i.V.m. § 7 Abs. 2 bis 7 sieht Regelungen zum **Austrittsrecht** widersprechender Gesellschafter gegen Barabfindung vor. Ein Abfindungsangebot ist im Gründungsplan nur dann vorzusehen, wenn die Gründungsgesellschaft eine AG ist. Gesellschaftern einer GmbH, die nach Art. 2 Abs. 2 SE-VO Gründungsgesellschaft einer Holding-SE sein kann, steht kein Austrittsrecht gegen Barabfindung zu. Nach der Gesetzesbegründung[2] können sich GmbH-Gesellschafter durch die entsprechende Ausgestaltung des Gesellschaftsvertrages schützen, d.h. von der Möglichkeit der Vinkulierung der GmbH-Anteile Gebrauch machen.[3] Das Austrittsrecht der Aktionäre ist auf den Fall beschränkt, dass die Holding-SE ihren Sitz im Ausland hat und auf den Fall, dass die Holding-SE abhängig i.S.d. § 17 AktG ist. Die aktienrechtlichen Vorschriften zum Erwerb eigener Aktien gelten mit der Ausnahme, dass ein schuldrechtliches Geschäft über einen solchen Erwerb nicht nichtig ist, auch wenn es gegen § 71 Abs. 1 oder 2 AktG verstößt.

§ 10 Abs. 1 regelt die für den Zustimmungsbeschluss zur Holding-Gründung bei der inländischen Gründungsgesellschaft erforderliche **Stimmenmehrheit**. Diese erfordert bei einer AG mindestens ¾ des bei der Beschlussfassung vertretenen Grundkapitals und bei der GmbH mindestens ¾ der abgegebenen Stimmen. Dieses Erfordernis der qualifizierten Mehrheit entspricht der aktuellen Rspr. des BGH.[4] In Anlehnung an § 16 Abs. 2 UmwG regelt § 10 Abs. 2 die Abgabe einer Negativerklärung bei Anmeldung der Verschmelzung. Hierdurch soll vermieden werden, dass die Eintragung der Holding-SE erfolgt, obwohl von einer der Gründungsgesellschaften der Zustimmungsbeschluss angefochten wurde.[5]

§ 11 sieht i.V.m. § 6 Abs. 1, 3 und 4 Regelungen zur Verbesserung des Umtauschverhältnisses sowie zur Überprüfung des Umtauschverhältnisses in einem **Spruchverfahren** vor.

C. Verbindung zu anderen Rechtsgebieten und zum Prozessrecht

Weil das Gesetz weder den Kontrollbegriff des § 29 WpÜG aufgreift, noch den speziellen Fall der börsennotierten AG anspricht, ist fraglich, ob das WpÜG im Rahmen der Holdinggründung, die zwangsläufig zu einem Kontrollerwerb der Holding-SE auf die Gründungsgesellschaften bezogen führt, Anwendung findet. Für den gründungsimmanenten Kontrollwechsel wird man die Anwendung des WpÜG aufgrund der Vorschrift des Art. 33 Abs. 3 Unterabs. 2 SE-VO ablehnen, aber von der Anwendbarkeit auf eine neu gegründete börsennotierte inländische Holding-SE ausgehen können.[6]

D. Beraterhinweise

Grds. können AG und GmbH i.S.d. Anhangs II der SE-VO, die nach dem Recht eines Mitgliedstaats gegründet worden sind und ihren Sitz sowie ihre Hauptverwaltung in der Gemeinschaft haben, eine Holding-SE gründen. Bei der Gründung einer Holding-SE sind z.B. folgende **Konstellationen** denkbar:
Eine deutsche AG und eine österreichische GmbH können eine Holding-SE gründen. Eine französische Societé Anonyme mit Verwaltungssitz in Deutschland und eine britische Limited mit Verwaltungssitz in den Niederlanden können eine solche Gründung vornehmen. Ebenso können dies zwei deutsche GmbH, von denen eine seit zwei Jahren eine Tochtergesellschaft in Italien und die andere seit zwei Jahren eine Tochtergesellschaft in Polen hat.[7]

---

1 Zum Gründungsablauf und zu den Kosten vgl. im Einzelnen *Vossius*, ZIP 2005, 741, 745 f.
2 BR-Drucks 438/04, S. 85.
3 Vgl. *Ihrig/Wagner*, BB 2004, 1749, 1752; *Teichmann*, AG 2004, 67, 76.
4 BGH 26.4.2004 – II ZR 155/02 – BB 2004, 1182.
5 Begründung zum Regierungsentwurf, BR-Drucks 438/04, S. 86.
6 Vgl. hierzu *Ihrig/Wagner*, BB 2004, 1749, 1753.
7 Vgl. *Vossius*, ZIP 2005, 741, 745.

8 Neben der im SEAG ausdrücklich geregelten Gründung der SE durch Verschmelzung und der Gründung einer Holding-SE ist gem. der SE-VO die Gründung einer SE als **gemeinsamer Tochtergesellschaft** möglich sowie die **Umwandlung einer AG in eine SE**.[8]

9 Im Zusammenhang mit der **Beschränkung des Austrittsrechts** der Aktionäre gem. § 9 ist zu beachten, dass bei der Erstellung des Gründungsplans nicht automatisch feststeht, ob die Holding-SE zur abhängigen Gesellschaft wird. Im Gründungsplan ist deshalb immer eine Abfindung für den Fall der Abhängigkeit der Holding-SE vorzusehen, sofern die Entstehung eines Abhängigkeitsverhältnisses nicht von Anfang an ausgeschlossen werden kann. Für den Fall, dass nur Publikumsgesellschaften beteiligt sind, ist ein solcher Ausschluss kaum denkbar.[9]

Abschnitt 3: Sitzverlegung

§ 12 Abfindungsangebot im Verlegungsplan

(1) [1]Verlegt eine SE nach Maßgabe von Artikel 8 der Verordnung ihren Sitz, hat sie jedem Aktionär, der gegen den Verlegungsbeschluss Widerspruch zur Niederschrift erklärt, den Erwerb seiner Aktien gegen eine angemessene Barabfindung anzubieten. [2]Die Vorschriften des Aktiengesetzes über den Erwerb eigener Aktien gelten entsprechend, jedoch ist § 71 Abs. 4 Satz 2 des Aktiengesetzes insoweit nicht anzuwenden. [3]Die Bekanntmachung des Verlegungsplans als Gegenstand der Beschlussfassung muss den Wortlaut dieses Angebots enthalten. [4]Die Gesellschaft hat die Kosten für eine Übertragung zu tragen. [5]§ 29 Abs. 2 des Umwandlungsgesetzes findet entsprechende Anwendung.

(2) § 7 Abs. 2 bis 7 findet entsprechende Anwendung, wobei an die Stelle der Eintragung und Bekanntmachung der Verschmelzung die Eintragung und Bekanntmachung der SE im neuen Sitzstaat tritt.

§ 13 Gläubigerschutz

(1) [1]Verlegt eine SE nach Maßgabe von Artikel 8 der Verordnung ihren Sitz, ist den Gläubigern der Gesellschaft, wenn sie binnen zwei Monaten nach dem Tag, an dem der Verlegungsplan offen gelegt worden ist, ihren Anspruch nach Grund und Höhe schriftlich anmelden, Sicherheit zu leisten, soweit sie nicht Befriedigung verlangen können. [2]Dieses Recht steht den Gläubigern jedoch nur zu, wenn sie glaubhaft machen, dass durch die Sitzverlegung die Erfüllung ihrer Forderungen gefährdet wird. [3]Die Gläubiger sind im Verlegungsplan auf dieses Recht hinzuweisen.

(2) Das Recht auf Sicherheitsleistung nach Absatz 1 steht Gläubigern nur im Hinblick auf solche Forderungen zu, die vor oder bis zu 15 Tage nach Offenlegung des Verlegungsplans entstanden sind.

(3) Das zuständige Gericht stellt die Bescheinigung nach Artikel 8 Abs. 8 der Verordnung nur aus, wenn bei einer SE mit dualistischem System die Mitglieder des Leitungsorgans und bei einer SE mit monistischem System die geschäftsführenden Direktoren die Versicherung abgeben, dass allen Gläubigern, die nach den Absätzen 1 und 2 einen Anspruch auf Sicherheitsleistung haben, eine angemessene Sicherheit geleistet wurde.

§ 14 Negativerklärung

Das zuständige Gericht stellt die Bescheinigung nach Artikel 8 Abs. 8 der Verordnung nur aus, wenn die Vertretungsorgane einer SE, die nach Maßgabe des Artikels 8 der Verordnung ihren Sitz verlegt, erklären, dass eine Klage gegen die Wirksamkeit des Verlegungsbeschlusses nicht oder nicht fristgemäß erhoben oder eine solche Klage rechtskräftig abgewiesen oder zurückgenommen worden ist.

Literatur: *Heuschmid/Schmidt*, Die europäische Aktiengesellschaft – auf dem Weg in die Kritik?, NZG 2007, 54; *Manz/Mayer/Schröder*, Europäische Aktiengesellschaft SE, 2005

---

8 Zu den Einzelheiten vgl. *Vossius*, ZIP 2005, 741, 746 ff.   9 Vgl. *Ihrig/Wagner*, BB 2004, 1749, 1752.

A. Allgemeines

Eine Sitzverlegung der SE ist gem. Art. 8 der SE-VO möglich. Damit hat die SE aufgrund der Rspr. des EuGH,[1] der es zulässt, dass ein Mitgliedstaat die Verlegung des Sitzes einer nach seinem Recht gegründeten Gesellschaft in einen anderen Mitgliedstaat der Union verhindert, einen Vorteil gegenüber nationalen Gesellschaftsformen. Die Einzelheiten regeln §§ 12 bis 14.[2]

1

B. Regelungsgehalt

Auch bei der Sitzverlegung der SE ist in § 12 entsprechend § 9 die Pflicht eines **Abfindungsangebots** im Verlegungsplan geregelt. Die **Gläubigerschutzvorschrift** des § 13 sieht einen Anspruch auf Sicherheitsleistung der Gläubiger für den Fall vor, dass durch die Sitzverlegung die Erfüllung ihrer Forderungen gefährdet wird. Die Bescheinigung nach Art. 8 Abs. 8 SE-VO über die ordnungsgemäße Durchführung der der Verlegung vorangehenden Rechtshandlungen und Formalitäten stellt das zuständige Gericht gem. § 14 nur nach Abgabe einer Negativerklärung der Vertretungsorgane der SE aus.

2

Abschnitt 4: Aufbau der SE

Unterabschnitt 1: Dualistisches System

§ 15 Wahrnehmung der Geschäftsleitung durch Mitglieder des Aufsichtsorgans

¹Die Abstellung eines Mitglieds des Aufsichtsorgans zur Wahrnehmung der Aufgaben eines Mitglieds des Leitungsorgans nach Artikel 39 Abs. 3 Satz 2 der Verordnung ist nur für einen im Voraus begrenzten Zeitraum, höchstens für ein Jahr, zulässig. ²Eine wiederholte Bestellung oder Verlängerung der Amtszeit ist zulässig, wenn dadurch die Amtszeit insgesamt ein Jahr nicht übersteigt.

§ 16 Zahl der Mitglieder des Leitungsorgans

¹Bei Gesellschaften mit einem Grundkapital von mehr als 3 Millionen Euro hat das Leitungsorgan aus mindestens zwei Personen zu bestehen, es sei denn, die Satzung bestimmt, dass es aus einer Person bestehen soll. ²§ 38 Abs. 2 des SE-Beteiligungsgesetzes bleibt unberührt.

§ 17 Zahl der Mitglieder und Zusammensetzung des Aufsichtsorgans

(1) ¹Das Aufsichtsorgan besteht aus drei Mitgliedern. ²Die Satzung kann eine bestimmte höhere Zahl festsetzen. ³Die Zahl muss durch drei teilbar sein. ⁴Die Höchstzahl beträgt bei Gesellschaften mit einem Grundkapital

bis zu	1 500 000 Euro	neun,
von mehr als	1 500 000 Euro	fünfzehn,
von mehr als	10 000 000 Euro	einundzwanzig.

(2) Die Beteiligung der Arbeitnehmer nach dem SE-Beteiligungsgesetz bleibt unberührt.

(3) ¹Für Verfahren entsprechend den §§ 98, 99 oder 104 des Aktiengesetzes ist auch der SE-Betriebsrat antragsberechtigt. ²Für Klagen entsprechend § 250 des Aktiengesetzes ist auch der SE-Betriebsrat parteifähig; § 252 des Aktiengesetzes gilt entsprechend.

(4) ¹§ 251 des Aktiengesetzes findet mit der Maßgabe Anwendung, dass das gesetzeswidrige Zustandekommen von Wahlvorschlägen für die Arbeitnehmervertreter im Aufsichtsorgan nur nach den Vorschriften der Mitgliedstaaten über die Besetzung der ihnen zugewiesenen Sitze geltend gemacht werden kann. ²Für die Arbeitnehmervertreter aus dem Inland gilt § 37 Abs. 2 des SE-Beteiligungsgesetzes.

---

1 EuGH 16.12.2008 – C-210/06 – BB 2009, 11 ff. 2 Vgl. *Heuschmid/Schmidt*, NZG 2007, 54 ff.

| § 18 | Informationsverlangen einzelner Mitglieder des Aufsichtsorgans |

Jedes einzelne Mitglied des Aufsichtsorgans kann vom Leitungsorgan jegliche Information nach Artikel 41 Abs. 3 Satz 1 der Verordnung, jedoch nur an das Aufsichtsorgan, verlangen.

| § 19 | Festlegung zustimmungsbedürftiger Geschäfte durch das Aufsichtsorgan |

Das Aufsichtsorgan kann selbst bestimmte Arten von Geschäften von seiner Zustimmung abhängig machen.

Literatur: *Hoffmann-Becking*, Organe: Strukturen und Verantwortlichkeiten, insbesondere im monistischen System, ZGR 2004, 355; *Ihrig/Wagner*, Das Gesetz zur Einführung der Europäischen Gesellschaft (SEEG) auf der Zielgeraden, BB 2004, 1749; *Neye/ Teichmann*, Der Entwurf für das Ausführungsgesetz zur Europäischen Aktiengesellschaft, AG 2003, 169; *Schneider*, Der stellvertretende Vorsitzende des Aufsichtsorgans der dualistischen SE, AG 2008, 887; *Vossius*, Gründung und Umwandlung der deutschen Europäischen Gesellschaft (SE), ZIP 2005, 741

A. Allgemeines

1 Die §§ 15 bis 19 regeln den Aufbau der SE mit **dualistischer Unternehmensverfassung**, also mit Vorstand und AR.

B. Regelungsgehalt

2 Für die SE mit dualistischer Unternehmensverfassung werden die Vorschriften der SE-VO durch die zugehörigen Vorschriften des AktG, insb. durch §§ 76 bis 116 AktG, ergänzt. Mit dem Ziel, einen möglichst weit gehenden Gleichlauf zwischen SE und AG herzustellen, wird nur von den eingeräumten Ermächtigungen der SE-VO Gebrauch gemacht.[1] Hinsichtlich der **Zahl der Mitglieder des Leitungs- und des Aufsichtsorgans** werden die Regelungen in §§ 76 Abs. 2 S. 2, § 95 S. 1 bis 4 AktG übernommen. Gem. § 17 Abs. 1 ist die Zahl je nach Höhe des Grundkapitals auf neun, 15 oder 21 Mitglieder begrenzt. § 18 regelt das Informationsverlangen einzelner Mitglieder des Aufsichtsorgans und entspricht § 90 Abs. 3 S. 4 AktG. § 19 regelt, dass der AR bestimmte Arten von Geschäften von seiner Zustimmung abhängig machen kann und entspricht damit § 111 Abs. 4 S. 2 AktG, wobei dort allerdings zwingend vorgeschrieben ist, dass der AR bestimmte Arten von Geschäften von seiner Zustimmung abhängig machen muss. Aus der Zusammenschau mit Art. 48 Abs. 1 SE-VO kann aber davon ausgegangen werden, dass entweder in der Satzung der SE die Arten von Geschäften aufgeführt werden müssen, die von der Zustimmung des Aufsichtsorgans abhängig sind oder dass das Aufsichtsorgan selbst diese Geschäfte bestimmt.[2]

3 § 15 trifft schließlich eine Regelung zur zeitlichen Einschränkung der Möglichkeit, Mitglieder des Aufsichtsorgans zur Wahrnehmung von Aufgaben eines Mitglieds des Leitungsorgans abzustellen, und entspricht damit § 105 Abs. 2 S. 1 und 2 AktG.

4 Innerhalb der Regelung über die Zahl der Mitglieder und die **Zusammensetzung des Aufsichtsorgans** sieht § 17 Abs. 2 vor, dass die Beteiligung der AN nach dem SEBG unberührt bleibt.[3] Die Regelung der **gesetzlichen Mitbestimmung** im SEBG enthält im Gegensatz z.B. zum MitbestG keine eigenen Vorgaben für die Größe des Aufsichtsorgans. Auswirkungen auf die Mitgliederzahl können sich aber ergeben, wenn die Mitbestimmung der AN nach dem SEBG einen bestimmten Anteil an AN-Vertretern im Aufsichtsorgan verlangt. Bei einem Eingreifen der Mitbestimmung nach dem MitbestG erfordert diese eine gerade Zahl von Mitgliedern im Aufsichtsorgan und weicht damit von § 17 Abs. 1 S. 3 ab.[4]

5 Sowohl die Mitglieder der Anteilseigner als auch die Mitglieder der AN-Seite werden von der Hauptversammlung bestellt. Bei den AN-Vertretern ist die Hauptversammlung allerdings an die von der AN-Seite unterbreiteten Wahlvorschläge gebunden (vgl. §§ 34–38 SEBG Rn 2 ff.). § 17 Abs. 4 regelt die Anfechtung der Wahl von Mitgliedern des

---

1 *Ihrig/Wagner*, BB 2004, 1749, 1753; *Neye/Teichmann*, AG 2003, 169, 176; *Hoffmann-Becking*, ZGR 2004, 355, 363.

2 Vgl. *Ihrig/Wagner*, BB 2004, 1749, 1753 Fn 59; *Vossius*, ZIP 2005, 741, 742 Fn 12, meint allerdings, dass es aufgrund Art. 48 SE-VO nicht möglich sei, die vollständige Regelung der zustimmungspflichtigen Geschäfte außerhalb der Satzung zu regeln und empfiehlt daher zur Vermeidung des ständigen Erfordernisses von Hauptversammlungsbeschlüssen, sich in der Satzung auf wenige unstreitige Geschäfte zu beschränken und den Kreis der zustimmungsbedürftigen Geschäfte im Übrigen der Bestimmung durch den Aufsichts-/Verwaltungsrat zu überlassen.

3 Zur Frage, inwieweit die Mitbestimmungsvereinbarung Regelungen über die Rechte des stellvertretenden Vorsitzenden des AR treffen kann: *Schneider*, AG 2008, 887.

4 Vgl. Begründung zum Regierungsentwurf, BR-Drucks 438/04, S. 137.

Aufsichtsorgans durch die Hauptversammlung. Für die Anfechtung der Wahl von inländischen AN-Vertreten gilt allerdings § 37 Abs. 2 SEBG (siehe §§ 34–38 SEBG Rn 4). Eine Ausnahme gilt für formale Fehler bei der konstitutiven Bestellung der AN-Vertreter durch die Hauptversammlung. Diese können aufgrund der Verweisungsregelung des § 17 Abs. 4 S. 1 nach den aktienrechtlichen Vorschriften angegriffen werden.[5]

Unterabschnitt 2: Monistisches System

§ 20 Anzuwendende Vorschriften

Wählt eine SE gemäß Artikel 38 Buchstabe b der Verordnung in ihrer Satzung das monistische System mit einem Verwaltungsorgan (Verwaltungsrat), so gelten anstelle der §§ 76 bis 116 des Aktiengesetzes die nachfolgenden Vorschriften.

§ 21 Anmeldung und Eintragung

(1) Die SE ist bei Gericht von allen Gründern, Mitgliedern des Verwaltungsrats und geschäftsführenden Direktoren zur Eintragung in das Handelsregister anzumelden.
(2) [1]In der Anmeldung haben die geschäftsführenden Direktoren zu versichern, dass keine Umstände vorliegen, die ihrer Bestellung nach § 40 Abs. 1 Satz 4 entgegenstehen und dass sie über ihre unbeschränkte Auskunftspflicht gegenüber dem Gericht belehrt worden sind. [2]In der Anmeldung sind Art und Umfang der Vertretungsbefugnis der geschäftsführenden Direktoren anzugeben. [3]Der Anmeldung sind die Urkunden über die Bestellung des Verwaltungsrats und der geschäftsführenden Direktoren sowie die Prüfungsberichte der Mitglieder des Verwaltungsrats beizufügen.
(3) Das Gericht kann die Anmeldung ablehnen, wenn für den Prüfungsbericht der Mitglieder des Verwaltungsrats die Voraussetzungen des § 38 Abs. 2 des Aktiengesetzes gegeben sind.
(4) Bei der Eintragung sind die geschäftsführenden Direktoren sowie deren Vertretungsbefugnis anzugeben.
(5) (aufgehoben)

§ 22 Aufgaben und Rechte des Verwaltungsrats

(1) Der Verwaltungsrat leitet die Gesellschaft, bestimmt die Grundlinien ihrer Tätigkeit und überwacht deren Umsetzung.
(2) [1]Der Verwaltungsrat hat eine Hauptversammlung einzuberufen, wenn das Wohl der Gesellschaft es fordert. [2]Für den Beschluss genügt die einfache Mehrheit. [3]Für die Vorbereitung und Ausführung von Hauptversammlungsbeschlüssen gilt § 83 des Aktiengesetzes entsprechend; der Verwaltungsrat kann einzelne damit verbundene Aufgaben auf die geschäftsführenden Direktoren übertragen.
(3) [1]Der Verwaltungsrat hat dafür zu sorgen, dass die erforderlichen Handelsbücher geführt werden. [2]Der Verwaltungsrat hat geeignete Maßnahmen zu treffen, insbesondere ein Überwachungssystem einzurichten, damit den Fortbestand der Gesellschaft gefährdende Entwicklungen früh erkannt werden.
(4) [1]Der Verwaltungsrat kann die Bücher und Schriften der Gesellschaft sowie die Vermögensgegenstände, namentlich die Gesellschaftskasse und die Bestände an Wertpapieren und Waren, einsehen und prüfen. [2]Er kann damit auch einzelne Mitglieder oder für bestimmte Aufgaben besondere Sachverständige beauftragen. [3]Er erteilt dem Abschlussprüfer den Prüfungsauftrag für den Jahres- und Konzernabschluss gemäß § 290 des Handelsgesetzbuchs.
(5) [1]Ergibt sich bei Aufstellung der Jahresbilanz oder einer Zwischenbilanz oder ist bei pflichtmäßigem Ermessen anzunehmen, dass ein Verlust in der Hälfte des Grundkapitals besteht, so hat der Verwaltungsrat unverzüglich die Hauptversammlung einzuberufen und ihr dies anzuzeigen. [2]Bei Zahlungsunfähigkeit oder Überschuldung der Gesellschaft hat der Verwaltungsrat den Insolvenzantrag nach § 15a Abs. 1 der Insolvenzordnung zu stellen; § 92 Abs. 2 des Aktiengesetzes gilt entsprechend.

---

5 Begründung zum Regierungsentwurf, BR-Drucks 438/04, 138 f.

(6) Rechtsvorschriften, die außerhalb dieses Gesetzes dem Vorstand oder dem Aufsichtsrat einer Aktiengesellschaft Rechte oder Pflichten zuweisen, gelten sinngemäß für den Verwaltungsrat, soweit nicht in diesem Gesetz für den Verwaltungsrat und für geschäftsführende Direktoren besondere Regelungen enthalten sind.

§ 23 Zahl der Mitglieder des Verwaltungsrats

(1) [1]Der Verwaltungsrat besteht aus drei Mitgliedern. [2]Die Satzung kann etwas anderes bestimmen; bei Gesellschaften mit einem Grundkapital von mehr als 3 Millionen Euro hat der Verwaltungsrat jedoch aus mindestens drei Personen zu bestehen. [3]Die Höchstzahl der Mitglieder des Verwaltungsrats beträgt bei Gesellschaften mit einem Grundkapital

bis zu	1 500 000 Euro	neun,
von mehr als	1 500 000 Euro	fünfzehn,
von mehr als	10 000 000 Euro	einundzwanzig.

(2) Die Beteiligung der Arbeitnehmer nach dem SE-Beteiligungsgesetz bleibt unberührt.

§ 24 Zusammensetzung des Verwaltungsrats

(1) Der Verwaltungsrat setzt sich zusammen aus Verwaltungsratsmitgliedern der Aktionäre und, soweit eine Vereinbarung nach § 21 oder die §§ 34 bis 38 des SE-Beteiligungsgesetzes dies vorsehen, auch aus Verwaltungsratsmitgliedern der Arbeitnehmer.

(2) Nach anderen als den zuletzt angewandten vertraglichen oder gesetzlichen Vorschriften kann der Verwaltungsrat nur zusammengesetzt werden, wenn nach § 25 oder nach § 26 die in der Bekanntmachung des Vorsitzenden des Verwaltungsrats oder in der gerichtlichen Entscheidung angegebenen vertraglichen oder gesetzlichen Vorschriften anzuwenden sind.

§ 25 Bekanntmachung über die Zusammensetzung des Verwaltungsrats

(1) [1]Ist der Vorsitzende des Verwaltungsrats der Ansicht, dass der Verwaltungsrat nicht nach den maßgeblichen vertraglichen oder gesetzlichen Vorschriften zusammengesetzt ist, so hat er dies unverzüglich in den Gesellschaftsblättern und gleichzeitig durch Aushang in sämtlichen Betrieben der Gesellschaft und ihrer Konzernunternehmen bekannt zu machen. [2]Der Aushang kann auch in elektronischer Form erfolgen. [3]In der Bekanntmachung sind die nach Ansicht des Vorsitzenden des Verwaltungsrats maßgeblichen vertraglichen oder gesetzlichen Vorschriften anzugeben. [4]Es ist darauf hinzuweisen, dass der Verwaltungsrat nach diesen Vorschriften zusammengesetzt wird, wenn nicht Antragsberechtigte nach § 26 Abs. 2 innerhalb eines Monats nach der Bekanntmachung im Bundesanzeiger das nach § 26 Abs. 1 zuständige Gericht anrufen.

(2) [1]Wird das nach § 26 Abs. 1 zuständige Gericht nicht innerhalb eines Monats nach der Bekanntmachung im Bundesanzeiger angerufen, so ist der neue Verwaltungsrat nach den in der Bekanntmachung angegebenen Vorschriften zusammenzusetzen. [2]Die Bestimmungen der Satzung über die Zusammensetzung des Verwaltungsrats, über die Zahl der Mitglieder des Verwaltungsrats sowie über die Wahl, Abberufung und Entsendung von Mitgliedern des Verwaltungsrats treten mit der Beendigung der ersten Hauptversammlung, die nach Ablauf der Anrufungsfrist einberufen wird, spätestens sechs Monate nach Ablauf dieser Frist insoweit außer Kraft, als sie den nunmehr anzuwendenden Vorschriften widersprechen. [3]Mit demselben Zeitpunkt erlischt das Amt der bisherigen Mitglieder des Verwaltungsrats. [4]Eine Hauptversammlung, die innerhalb der Frist von sechs Monaten stattfindet, kann an Stelle der außer Kraft tretenden Satzungsbestimmungen mit einfacher Stimmenmehrheit neue Satzungsbestimmungen beschließen.

(3) Solange ein gerichtliches Verfahren nach § 26 anhängig ist, kann eine Bekanntmachung über die Zusammensetzung des Verwaltungsrats nicht erfolgen.

§ 26 Gerichtliche Entscheidung über die Zusammensetzung des Verwaltungsrats

(1) Ist streitig oder ungewiss, nach welchen Vorschriften der Verwaltungsrat zusammenzusetzen ist, so entscheidet darüber auf Antrag ausschließlich das Landgericht, in dessen Bezirk die Gesellschaft ihren Sitz hat.
(2) Antragsberechtigt sind
1. jedes Mitglied des Verwaltungsrats,
2. jeder Aktionär,
3. die nach § 98 Absatz 2 Satz 1 Nr. 4 bis 10 des Aktiengesetzes Antragsberechtigten,
4. der SE-Betriebsrat.
(3) [1]Entspricht die Zusammensetzung des Verwaltungsrats nicht der gerichtlichen Entscheidung, so ist der neue Verwaltungsrat nach den in der Entscheidung angegebenen Vorschriften zusammenzusetzen. [2]§ 25 Abs. 2 gilt entsprechend mit der Maßgabe, dass die Frist von sechs Monaten mit dem Eintritt der Rechtskraft beginnt.
(4) Für das Verfahren gilt § 99 des Aktiengesetzes entsprechend mit der Maßgabe, dass die nach Absatz 5 der Vorschrift vorgesehene Einreichung der rechtskräftigen Entscheidung durch den Vorsitzenden des Verwaltungsrats erfolgt.

§ 27 Persönliche Voraussetzungen der Mitglieder des Verwaltungsrats

(1) Mitglied des Verwaltungsrats kann nicht sein, wer
1. bereits in zehn Handelsgesellschaften, die gesetzlich einen Aufsichtsrat oder einen Verwaltungsrat zu bilden haben, Mitglied des Aufsichtsrats oder des Verwaltungsrats ist,
2. gesetzlicher Vertreter eines von der Gesellschaft abhängigen Unternehmens ist oder
3. gesetzlicher Vertreter einer anderen Kapitalgesellschaft ist, deren Aufsichtsrat oder Verwaltungsrat ein Vorstandsmitglied oder ein geschäftsführender Direktor der Gesellschaft angehört.
[2]Auf die Höchstzahl nach Satz 1 Nummer 1 sind bis zu fünf Sitze in Aufsichts- oder Verwaltungsräten nicht anzurechnen, die ein gesetzlicher Vertreter (beim Einzelkaufmann der Inhaber) des herrschenden Unternehmens eines Konzerns in zum Konzern gehörenden Handelsgesellschaften, die gesetzlich einen Aufsichtsrat oder einen Verwaltungsrat zu bilden haben, inne hat. [3]Auf die Höchstzahl nach Satz 1 Nr. 1 sind Aufsichtsrats- oder Verwaltungsratsämter im Sinne der Nummer 1 doppelt anzurechnen, für die das Mitglied zum Vorsitzenden gewählt worden ist. [4]Bei einer SE im Sinn des § 264d des Handelsgesetzbuchs muss mindestens ein Mitglied des Verwaltungsrats die Voraussetzungen des § 100 Abs. 5 des Aktiengesetzes erfüllen.
(2) § 36 Abs. 3 Satz 2 in Verbindung mit § 6 Abs. 2 bis 4 des SE-Beteiligungsgesetzes oder eine Vereinbarung nach § 21 des SE-Beteiligungsgesetzes über weitere persönliche Voraussetzungen der Mitglieder der Arbeitnehmer bleibt unberührt.
(3) Eine juristische Person kann nicht Mitglied des Verwaltungsrats sein.

§ 28 Bestellung der Mitglieder des Verwaltungsrats

(1) Die Bestellung der Mitglieder des Verwaltungsrats richtet sich nach der Verordnung.
(2) § 101 Abs. 2 des Aktiengesetzes gilt entsprechend.
(3) [1]Stellvertreter von Mitgliedern des Verwaltungsrats können nicht bestellt werden. [2]Jedoch kann für jedes Mitglied ein Ersatzmitglied bestellt werden, das Mitglied des Verwaltungsrats wird, wenn das Mitglied vor Ablauf seiner Amtszeit wegfällt. [3]Das Ersatzmitglied kann nur gleichzeitig mit dem Mitglied bestellt werden. [4]Auf seine Bestellung sowie die Nichtigkeit und Anfechtung seiner Bestellung sind die für das Mitglied geltenden Vorschriften anzuwenden. [5]Das Amt des Ersatzmitglieds erlischt spätestens mit Ablauf der Amtszeit des weggefallenen Mitglieds.

§ 29 Abberufung der Mitglieder des Verwaltungsrats

(1) ¹Mitglieder des Verwaltungsrats, die von der Hauptversammlung ohne Bindung an einen Wahlvorschlag gewählt worden sind, können von ihr vor Ablauf der Amtszeit abberufen werden. ²Der Beschluss bedarf einer Mehrheit, die mindestens drei Viertel der abgegebenen Stimmen umfasst. ³Die Satzung kann eine andere Mehrheit und weitere Erfordernisse bestimmen.

(2) ¹Ein Mitglied des Verwaltungsrats, das auf Grund der Satzung in den Verwaltungsrat entsandt ist, kann von dem Entsendungsberechtigten jederzeit abberufen und durch ein anderes ersetzt werden. ²Sind die in der Satzung bestimmten Voraussetzungen des Entsendungsrechts weggefallen, so kann die Hauptversammlung das entsandte Mitglied mit einfacher Stimmenmehrheit abberufen.

(3) ¹Das Gericht hat auf Antrag des Verwaltungsrats ein Mitglied abzuberufen, wenn in dessen Person ein wichtiger Grund vorliegt. ²Der Verwaltungsrat beschließt über die Antragstellung mit einfacher Mehrheit. ³Ist das Mitglied auf Grund der Satzung in den Verwaltungsrat entsandt worden, so können auch Aktionäre, deren Anteile zusammen den zehnten Teil des Grundkapitals oder den anteiligen Betrag von 1 Million Euro erreichen, den Antrag stellen. ⁴Gegen die Entscheidung ist die Beschwerde zulässig.

(4) Für die Abberufung eines Ersatzmitglieds gelten die Vorschriften über die Abberufung des Mitglieds, für das es bestellt ist.

§ 30 Bestellung durch das Gericht

(1) ¹Gehört dem Verwaltungsrat die zur Beschlussfähigkeit nötige Zahl von Mitgliedern nicht an, so hat ihn das Gericht auf Antrag eines Mitglieds des Verwaltungsrats oder eines Aktionärs auf diese Zahl zu ergänzen. ²Mitglieder des Verwaltungsrats sind verpflichtet, den Antrag unverzüglich zu stellen, es sei denn, dass die rechtzeitige Ergänzung vor der nächsten Sitzung des Verwaltungsrats zu erwarten ist. ³Hat der Verwaltungsrat auch aus Mitgliedern der Arbeitnehmer zu bestehen, so können auch den Antrag stellen
1. die nach § 104 Abs. 1 Satz 3 des Aktiengesetzes Antragsberechtigten,
2. der SE-Betriebsrat.

Gegen die Entscheidung ist die Beschwerde zulässig.

(2) ¹Gehören dem Verwaltungsrat länger als drei Monate weniger Mitglieder als die durch Vereinbarung, Gesetz oder Satzung festgelegte Zahl an, so hat ihn das Gericht auf Antrag auf diese Zahl zu ergänzen. ²In dringenden Fällen hat das Gericht auf Antrag den Verwaltungsrat auch vor Ablauf der Frist zu ergänzen. ³Das Antragsrecht bestimmt sich nach Absatz 1. ⁴Gegen die Entscheidung ist die sofortige Beschwerde zulässig.

(3) Das Amt des gerichtlich bestellten Mitglieds erlischt in jedem Fall, sobald der Mangel behoben ist.

(4) ¹Das gerichtlich bestellte Mitglied hat Anspruch auf Ersatz angemessener barer Auslagen und, wenn den Mitgliedern der Gesellschaft eine Vergütung gewährt wird, auf Vergütung für seine Tätigkeit. ²Auf Antrag des Mitglieds setzt das Gericht die Vergütung und die Auslagen fest. ³Gegen die Entscheidung ist die Beschwerde zulässig; die Rechtsbeschwerde ist ausgeschlossen. ⁴Aus der rechtskräftigen Entscheidung findet die Zwangsvollstreckung nach der Zivilprozessordnung statt.

§ 31 Nichtigkeit der Wahl von Verwaltungsratsmitgliedern

(1) Die Wahl eines Verwaltungsratsmitglieds durch die Hauptversammlung ist außer im Fall des § 241 Nr. 1, 2 und 5 des Aktiengesetzes nur dann nichtig, wenn
1. der Verwaltungsrat unter Verstoß gegen § 24 Abs. 2, § 25 Abs. 2 Satz 1 oder § 26 Abs. 3 zusammengesetzt wird;
2. durch die Wahl die gesetzliche Höchstzahl der Verwaltungsratsmitglieder überschritten wird (§ 23);
3. die gewählte Person nach Artikel 47 Abs. 2 der Verordnung bei Beginn ihrer Amtszeit nicht Verwaltungsratsmitglied sein kann.

(2) ¹Für die Parteifähigkeit für die Klage auf Feststellung, dass die Wahl eines Verwaltungsratsmitglieds nichtig ist, gilt § 250 Abs. 2 des Aktiengesetzes entsprechend. ²Parteifähig ist auch der SE-Betriebsrat.

(3) ¹Erhebt ein Aktionär, ein Mitglied des Verwaltungsrats oder ein nach Absatz 2 Parteifähiger gegen die Gesellschaft Klage auf Feststellung, dass die Wahl eines Verwaltungsratsmitglieds nichtig ist, so gelten § 246 Abs. 2, 3 Satz 1 bis 4, Abs. 4, die §§ 247, 248 Abs. 1 Satz 2, die §§ 248a und 249 Abs. 2 des Aktiengesetzes entsprechend. ²Es ist nicht ausgeschlossen, die Nichtigkeit auf andere Weise als durch Erhebung der Klage geltend zu machen.

§ 32 Anfechtung der Wahl von Verwaltungsratsmitgliedern

¹Für die Anfechtung der Wahl von Verwaltungsratsmitgliedern findet § 251 des Aktiengesetzes mit der Maßgabe Anwendung, dass das gesetzwidrige Zustandekommen von Wahlvorschlägen für die Arbeitnehmervertreter im Verwaltungsrat nur nach den Vorschriften der Mitgliedstaaten über die Besetzung der ihnen zugewiesenen Sitze geltend gemacht werden kann. ²Für die Arbeitnehmervertreter aus dem Inland gilt § 37 Abs. 2 des SE-Beteiligungsgesetzes.

§ 33 Wirkung des Urteils

Für die Urteilswirkung gilt § 252 des Aktiengesetzes entsprechend.

§ 34 Innere Ordnung des Verwaltungsrats

(1) ¹Der Verwaltungsrat hat neben dem Vorsitzenden nach näherer Bestimmung der Satzung aus seiner Mitte mindestens einen Stellvertreter zu wählen. ²Der Stellvertreter hat nur dann die Rechte und Pflichten des Vorsitzenden, wenn dieser verhindert ist. ³Besteht der Verwaltungsrat nur aus einer Person, nimmt diese die dem Vorsitzenden des Verwaltungsrats gesetzlich zugewiesenen Aufgaben wahr.
(2) ¹Der Verwaltungsrat kann sich eine Geschäftsordnung geben. ²Die Satzung kann Einzelfragen der Geschäftsordnung bindend regeln.
(3) ¹Über die Sitzungen des Verwaltungsrats ist eine Niederschrift anzufertigen, die der Vorsitzende zu unterzeichnen hat. ²In der Niederschrift sind der Ort und der Tag der Sitzung, die Teilnehmer, die Gegenstände der Tagesordnung, der wesentliche Inhalt der Verhandlungen und die Beschlüsse des Verwaltungsrats anzugeben. ³Ein Verstoß gegen Satz 1 oder Satz 2 macht einen Beschluss nicht unwirksam. ⁴Jedem Mitglied des Verwaltungsrats ist auf Verlangen eine Abschrift der Sitzungsniederschrift auszuhändigen. ⁵Die Sätze 1 bis 4 finden auf einen Verwaltungsrat, der nur aus einer Person besteht, keine Anwendung.
(4) ¹Der Verwaltungsrat kann aus seiner Mitte einen oder mehrere Ausschüsse bestellen, namentlich, um seine Verhandlungen und Beschlüsse vorzubereiten oder die Ausführung seiner Beschlüsse zu überwachen. ²Die Aufgaben nach Absatz 1 Satz 1 und nach § 22 Abs. 1 und 3, § 40 Abs. 1 Satz 1 und § 47 Abs. 3 dieses Gesetzes sowie nach § 68 Abs. 2 Satz 2, § 203 Abs. 2, § 204 Abs. 1 Satz 1, § 205 Abs. 2 Satz 1 und § 314 Abs. 2 und 3 des Aktiengesetzes können einem Ausschuss nicht an Stelle des Verwaltungsrats zur Beschlussfassung überwiesen werden. ³Dem Verwaltungsrat ist regelmäßig über die Arbeit der Ausschüsse zu berichten. ⁴Der Verwaltungsrat kann einen Prüfungsausschuss einrichten, dem insbesondere die Aufgaben nach § 107 Abs. 3 Satz 2 des Aktiengesetzes übertragen werden können. ⁵Er muss mehrheitlich mit nicht geschäftsführenden Mitgliedern besetzt werden. ⁶Richtet der Verwaltungsrat einer SE im Sinn des § 264d des Handelsgesetzbuchs einen Prüfungsausschuss ein, muss mindestens ein Mitglied des Prüfungsausschusses die Voraussetzungen des § 100 Abs. 5 des Aktiengesetzes erfüllen und darf der Vorsitzende des Prüfungsausschusses nicht geschäftsführender Direktor sein.

§ 35 Beschlussfassung

(1) ¹Abwesende Mitglieder können dadurch an der Beschlussfassung des Verwaltungsrats und seiner Ausschüsse teilnehmen, dass sie schriftliche Stimmabgaben überreichen lassen. ²Die schriftlichen Stimmabgaben können durch andere Mitglieder überreicht werden. ³Sie können auch durch Personen, die nicht dem Verwaltungsrat angehören, übergeben werden, wenn diese nach § 109 Abs. 3 des Aktiengesetzes zur Teilnahme an der Sitzung berechtigt sind.

(2) Schriftliche, fernmündliche oder andere vergleichbare Formen der Beschlussfassung des Verwaltungsrats und seiner Ausschüsse sind vorbehaltlich einer näheren Regelung durch die Satzung oder eine Geschäftsordnung des Verwaltungsrats nur zulässig, wenn kein Mitglied diesem Verfahren widerspricht.

(3) Ist ein geschäftsführender Direktor, der zugleich Mitglied des Verwaltungsrats ist, aus rechtlichen Gründen gehindert, an der Beschlussfassung im Verwaltungsrat teilzunehmen, hat insoweit der Vorsitzende des Verwaltungsrats eine zusätzliche Stimme.

§ 36 Teilnahme an Sitzungen des Verwaltungsrats und seiner Ausschüsse

(1) ¹An den Sitzungen des Verwaltungsrats und seiner Ausschüsse sollen Personen, die dem Verwaltungsrat nicht angehören, nicht teilnehmen. ²Sachverständige und Auskunftspersonen können zur Beratung über einzelne Gegenstände zugezogen werden.

(2) Mitglieder des Verwaltungsrats, die dem Ausschuss nicht angehören, können an den Ausschusssitzungen teilnehmen, wenn der Vorsitzende des Verwaltungsrats nichts anderes bestimmt.

(3) Die Satzung kann zulassen, dass an den Sitzungen des Verwaltungsrats und seiner Ausschüsse Personen, die dem Verwaltungsrat nicht angehören, an Stelle von verhinderten Mitgliedern teilnehmen können, wenn diese sie in Textform ermächtigt haben.

(4) Abweichende gesetzliche Bestimmungen bleiben unberührt.

§ 37 Einberufung des Verwaltungsrats

(1) ¹Jedes Verwaltungsratsmitglied kann unter Angabe des Zwecks und der Gründe verlangen, dass der Vorsitzende des Verwaltungsrats unverzüglich den Verwaltungsrat einberuft. ²Die Sitzung muss binnen zwei Wochen nach der Einberufung stattfinden.

(2) Wird dem Verlangen nicht entsprochen, so kann das Verwaltungsratsmitglied unter Mitteilung des Sachverhalts und der Angabe einer Tagesordnung selbst den Verwaltungsrat einberufen.

§ 38 Rechtsverhältnisse der Mitglieder des Verwaltungsrats

(1) Für die Vergütung der Mitglieder des Verwaltungsrats gilt § 113 des Aktiengesetzes entsprechend.

(2) Für die Gewährung von Krediten an Mitglieder des Verwaltungsrats und für sonstige Verträge mit Mitgliedern des Verwaltungsrats gelten die §§ 114 und 115 des Aktiengesetzes entsprechend.

§ 39 Sorgfaltspflicht und Verantwortlichkeit der Verwaltungsratsmitglieder

Für die Sorgfaltspflicht und Verantwortlichkeit der Verwaltungsratsmitglieder gilt § 93 des Aktiengesetzes entsprechend.

§ 40 Geschäftsführende Direktoren

(1) ¹Der Verwaltungsrat bestellt einen oder mehrere geschäftsführende Direktoren. ²Mitglieder des Verwaltungsrats können zu geschäftsführenden Direktoren bestellt werden, sofern die Mehrheit des Verwaltungsrats weiterhin aus nicht geschäftsführenden Mitgliedern besteht. ³Die Bestellung ist zur Eintragung in das Handelsregister anzumelden. ⁴Werden Dritte zu geschäftsführenden Direktoren bestellt, gilt für sie § 76 Abs. 3 des Aktiengesetzes entsprechend. ⁵Die Satzung kann Regelungen über die Bestellung eines oder mehrerer geschäftsführender Direktoren treffen. ⁶§ 38 Abs. 2 des SE-Beteiligungsgesetzes bleibt unberührt.

(2) ¹Die geschäftsführenden Direktoren führen die Geschäfte der Gesellschaft. ²Sind mehrere geschäftsführende Direktoren bestellt, so sind sie nur gemeinschaftlich zur Geschäftsführung befugt; die Satzung oder eine vom Verwaltungsrat erlassene Geschäftsordnung kann Abweichendes bestimmen. ³Gesetzlich dem Verwaltungsrat zugewiesene Aufgaben können nicht auf die geschäftsführenden Direktoren übertragen werden. ⁴Soweit nach den für Aktiengesellschaften geltenden Rechtsvorschriften der Vorstand Anmeldungen und

die Einreichung von Unterlagen zum Handelsregister vorzunehmen hat, treten an die Stelle des Vorstands die geschäftsführenden Direktoren.

(3) ¹Ergibt sich bei der Aufstellung der Jahresbilanz oder einer Zwischenbilanz oder ist bei pflichtgemäßem Ermessen anzunehmen, dass ein Verlust in der Hälfte des Grundkapitals besteht, so haben die geschäftsführenden Direktoren dem Vorsitzenden des Verwaltungsrats unverzüglich darüber zu berichten. ²Dasselbe gilt, wenn die Gesellschaft zahlungsunfähig wird oder sich eine Überschuldung der Gesellschaft ergibt.

(4) ¹Sind mehrere geschäftsführende Direktoren bestellt, können sie sich eine Geschäftsordnung geben, wenn nicht die Satzung den Erlass einer Geschäftsordnung dem Verwaltungsrat übertragen hat oder der Verwaltungsrat eine Geschäftsordnung erlässt. ²Die Satzung kann Einzelfragen der Geschäftsordnung bindend regeln. ³Beschlüsse der geschäftsführenden Direktoren über die Geschäftsordnung müssen einstimmig gefasst werden.

(5) ¹Geschäftsführende Direktoren können jederzeit durch Beschluss des Verwaltungsrats abberufen werden, sofern die Satzung nichts anderes regelt. ²Für die Ansprüche aus dem Anstellungsvertrag gelten die allgemeinen Vorschriften.

(6) Geschäftsführende Direktoren berichten dem Verwaltungsrat entsprechend § 90 des Aktiengesetzes, sofern die Satzung oder die Geschäftsordnung nichts anderes vorsieht.

(7) Die §§ 87 bis 89 des Aktiengesetzes gelten entsprechend.

(8) Für Sorgfaltspflicht und Verantwortlichkeit der geschäftsführenden Direktoren gilt § 93 des Aktiengesetzes entsprechend.

(9) Die Vorschriften über die geschäftsführenden Direktoren gelten auch für ihre Stellvertreter.

§ 41 Vertretung

(1) ¹Die geschäftsführenden Direktoren vertreten die Gesellschaft gerichtlich und außergerichtlich. ²Hat eine Gesellschaft keine geschäftsführenden Direktoren (Führungslosigkeit), wird die Gesellschaft für den Fall, dass ihr gegenüber Willenserklärungen abgegeben oder Schriftstücke zugestellt werden, durch den Verwaltungsrat vertreten.

(2) ¹Mehrere geschäftsführende en sind, wenn die Satzung nichts anderes bestimmt, nur gemeinschaftlich zur Vertretung der Gesellschaft befugt. ²Ist eine Willenserklärung gegenüber der Gesellschaft abzugeben, so genügt die Abgabe gegenüber einem geschäftsführenden Direktor oder im Fall des Absatzes 1 Satz 2 gegenüber einem Mitglied des Verwaltungsrats. ³§ 78 Abs. 2 Satz 3 und 4 des Aktiengesetzes gilt entsprechend.

(3) ¹Die Satzung kann auch bestimmen, dass einzelne geschäftsführende Direktoren allein oder in Gemeinschaft mit einem Prokuristen zur Vertretung der Gesellschaft befugt sind. ²Absatz 2 Satz 2 gilt in diesen Fällen entsprechend.

(4) ¹Zur Gesamtvertretung befugte geschäftsführende Direktoren können einzelne von ihnen zur Vornahme bestimmter Geschäfte oder bestimmter Arten von Geschäften ermächtigen. ²Dies gilt entsprechend, wenn ein einzelner geschäftsführender Direktor in Gemeinschaft mit einem Prokuristen zur Vertretung der Gesellschaft befugt ist.

(5) Den geschäftsführenden Direktoren gegenüber vertritt der Verwaltungsrat die Gesellschaft gerichtlich und außergerichtlich.

§ 42 (weggefallen)

§ 43 Angaben auf Geschäftsbriefen

(1) ¹Auf allen Geschäftsbriefen gleichviel welcher Form, die an einen bestimmten Empfänger gerichtet werden, müssen die Rechtsform und der Sitz der Gesellschaft, das Registergericht des Sitzes der Gesellschaft und die Nummer, unter der die Gesellschaft in das Handelsregister eingetragen ist, sowie alle geschäftsführenden Direktoren und der Vorsitzende des Verwaltungsrats mit dem Familiennamen und mindestens einem ausgeschriebenen Vornamen angegeben werden. ²§ 80 Abs. 1 Satz 3 des Aktiengesetzes gilt entsprechend.

(2) § 80 Abs. 2 bis 4 des Aktiengesetzes gilt entsprechend.

§ 44 Beschränkungen der Vertretungs- und Geschäftsführungsbefugnis

(1) Die Vertretungsbefugnis der geschäftsführenden Direktoren kann nicht beschränkt werden.
(2) Im Verhältnis zur Gesellschaft sind die geschäftsführenden Direktoren verpflichtet, die Anweisungen und Beschränkungen zu beachten, die im Rahmen der für die SE geltenden Vorschriften die Satzung, der Verwaltungsrat, die Hauptversammlung und die Geschäftsordnungen des Verwaltungsrats und der geschäftsführenden Direktoren für die Geschäftsführungsbefugnis getroffen haben.

§ 45 Bestellung durch das Gericht

[1]Fehlt ein erforderlicher geschäftsführender Direktor, so hat in dringenden Fällen das Gericht auf Antrag eines Beteiligten das Mitglied zu bestellen. [2]§ 85 Abs. 1 Satz 2, Abs. 2 und 3 des Aktiengesetzes gilt entsprechend.

§ 46 Anmeldung von Änderungen

(1) [1]Die geschäftsführenden Direktoren haben jeden Wechsel der Verwaltungsratsmitglieder unverzüglich in den Gesellschaftsblättern bekannt zu machen und die Bekanntmachung zum Handelsregister einzureichen. [2]Sie haben jede Änderung der geschäftsführenden Direktoren oder der Vertretungsbefugnis eines geschäftsführenden Direktors zur Eintragung in das Handelsregister anzumelden. [3]Sie haben weiterhin die Wahl des Verwaltungsratsvorsitzenden und seines Stellvertreters sowie jede Änderung in der Person des Verwaltungsratsvorsitzenden oder seines Stellvertreters zum Handelsregister anzumelden.
(2) [1]Die neuen geschäftsführenden Direktoren haben in der Anmeldung zu versichern, dass keine Umstände vorliegen, die ihrer Bestellung nach § 40 Abs. 1 Satz 4 entgegenstehen und dass sie über ihre unbeschränkte Auskunftspflicht gegenüber dem Gericht belehrt worden sind. [2]§ 37 Abs. 2 Satz 2 des Aktiengesetzes ist anzuwenden.
(3) § 81 Abs. 2 des Aktiengesetzes gilt für die geschäftsführenden Direktoren entsprechend.

§ 47 Prüfung und Feststellung des Jahresabschlusses

(1) [1]Die geschäftsführenden Direktoren haben den Jahresabschluss und den Lagebericht unverzüglich nach ihrer Aufstellung dem Verwaltungsrat vorzulegen. [2]Zugleich haben die geschäftsführenden Direktoren einen Vorschlag vorzulegen, den der Verwaltungsrat der Hauptversammlung für die Verwendung des Bilanzgewinns machen soll; § 170 Abs. 2 Satz 2 des Aktiengesetzes gilt entsprechend.
(2) [1]Jedes Verwaltungsratsmitglied hat das Recht, von den Vorlagen und Prüfungsberichten Kenntnis zu nehmen. [2]Die Vorlagen und Prüfungsberichte sind auch jedem Verwaltungsratsmitglied oder, soweit der Verwaltungsrat dies beschlossen hat und ein Bilanzausschuss besteht, den Mitgliedern des Ausschusses auszuhändigen.
(3) Für die Prüfung durch den Verwaltungsrat gilt § 171 Abs. 1 und 2 des Aktiengesetzes entsprechend.
(4) [1]Absatz 1 Satz 1 und Absatz 3 gelten entsprechend für einen Einzelabschluss nach § 325 Abs. 2a Satz 1 des Handelsgesetzbuchs sowie bei Mutterunternehmen (§ 290 Abs. 1, 2 des Handelsgesetzbuchs) für den Konzernabschluss und den Konzernlagebericht. [2]Der Einzelabschluss nach § 325 Abs. 2a Satz 1 des Handelsgesetzbuchs darf erst nach Billigung durch den Verwaltungsrat offen gelegt werden.
(5) [1]Billigt der Verwaltungsrat den Jahresabschluss, so ist dieser festgestellt, sofern nicht der Verwaltungsrat beschließt, die Feststellung des Jahresabschlusses der Hauptversammlung zu überlassen. [2]Die Beschlüsse des Verwaltungsrats sind in den Bericht des Verwaltungsrats an die Hauptversammlung aufzunehmen.
(6) [1]Hat der Verwaltungsrat beschlossen, die Feststellung des Jahresabschlusses der Hauptversammlung zu überlassen, oder hat der Verwaltungsrat den Jahresabschluss nicht gebilligt, so stellt die Hauptversammlung den Jahresabschluss fest. [2]Hat der Verwaltungsrat eines Mutterunternehmens (§ 290 Abs. 1, 2 des Handelsgesetzbuchs) den Konzernabschluss nicht gebilligt, so entscheidet die Hauptversammlung über die Billigung. [3]Für die Feststellung des Jahresabschlusses oder die Billigung des Konzernabschlusses durch die Hauptversammlung gilt § 173 Abs. 2 und 3 des Aktiengesetzes entsprechend.

§ 48 Ordentliche Hauptversammlung

(1) Unverzüglich nach der Zuleitung des Berichts an die geschäftsführenden Direktoren hat der Verwaltungsrat die Hauptversammlung zur Entgegennahme des festgestellten Jahresabschlusses und des Lageberichts, eines vom Verwaltungsrat gebilligten Einzelabschlusses nach § 325 Abs. 2a Satz 1 des Handelsgesetzbuchs sowie zur Beschlussfassung über die Verwendung des Bilanzgewinns, bei einem Mutterunternehmen (§ 290 Abs. 1, 2 des Handelsgesetzbuchs) auch zur Entgegennahme des vom Verwaltungsrat gebilligten Konzernabschlusses und des Konzernlageberichts, einzuberufen.

(2) [1]Die Vorschriften des § 176 Abs. 1 Satz 1 bis 4 und des § 176 Abs. 2 des Aktiengesetzes gelten entsprechend. [2]Der Verwaltungsrat hat der Hauptversammlung die in § 175 Abs. 2 des Aktiengesetzes angegebenen Vorlagen zugänglich zu machen. [3]Zu Beginn der Verhandlung soll der Verwaltungsrat seine Vorlagen erläutern. [4]Er soll dabei auch zu einem Jahresfehlbetrag oder einem Verlust Stellung nehmen, der das Jahresergebnis wesentlich beeinträchtigt hat. [5]Satz 4 ist auf Kreditinstitute nicht anzuwenden.

§ 49 Leitungsmacht und Verantwortlichkeit bei Abhängigkeit von Unternehmen

(1) Für die Anwendung der Vorschriften der §§ 308 bis 318 des Aktiengesetzes treten an die Stelle des Vorstands der Gesellschaft die geschäftsführenden Direktoren.

(2) Für die Anwendung der Vorschriften der §§ 319 bis 327 des Aktiengesetzes treten an die Stelle des Vorstands der eingegliederten Gesellschaft die geschäftsführenden Direktoren.

Literatur: *Ihrig/Wagner*, Das Gesetz zur Einführung der Europäischen Gesellschaft (SEEG) auf der Zielgeraden, BB 2004, 1749; *Kallmeyer*, Das monistische System in der SE mit Sitz in Deutschland, ZIP 2003, 1531; *Lutter/Hommelhoff*, SE-Kommentar, 2008; *Thamm*, Die Organisationsautonomie der monistischen Societas Europaea bezüglich ihrer geschäftsführenden Direktoren, NZG 2008, 132

A. Allgemeines

Die §§ 20 bis 49 regeln die SE mit **monistischer Unternehmensverfassung**. Diese Vorschriften fallen selbstverständlich umfangreicher aus, weil die Gründung einer Kapitalgesellschaft mit monistischer Unternehmensverfassung bisher in Deutschland nicht möglich ist und deswegen auch nicht auf entsprechende Vorschriften des AktG Bezug genommen werden kann.[1] Da die Europäische Kommission angekündigt hat, im Rahmen ihres Aktionsplans zum Gesellschaftsrecht einen RL-Vorschlag vorzulegen, der den Mitgliedsstaaten vorschreibt, den Unternehmen ein generelles Wahlrecht zwischen dualistischer und monistischer Unternehmensverfassung zu gewähren, werden die Vorschriften des SEAG zur monistischen Unternehmensverfassung zukünftig möglicherweise einmal Vorbild für eine generelle Einführung der monistischen Unternehmensverfassung in Deutschland sein.

B. Regelungsgehalt

An die Stelle des Vorstands und AR in der dualistischen Unternehmensverfassung tritt in der SE mit monistischer Unternehmensverfassung der **Verwaltungsrat als einheitliches Leitungsgremium**. Die §§ 20 bis 49 treten an die Stelle der §§ 76 bis 116 AktG.

Gem. § 22 Abs. 1 S. 1 leitet der Verwaltungsrat die Gesellschaft. Er bestimmt die Grundlinien ihrer Tätigkeit und überwacht deren Umsetzung. Der Verwaltungsrat vereinigt damit in sich die Leitungsverantwortung des Vorstandes und die Überwachungs- und Beratungsfunktion des Aufsichtsrats der AG. Selbst dann, wenn die Geschäftsführung gem. § 40 den geschäftsführenden Direktoren übertragen wird, ändert sich an der Leitungsverantwortung des Verwaltungsrats nichts. Die Letztverantwortung für die Unternehmenspolitik und die strategischen Entscheidungen liegt beim Verwaltungsrat.[2] Der Verwaltungsrat besitzt gem. § 22 Abs. 4 ebenso wie der Aufsichtsrat der AG nach § 111 Abs. 2 AktG ein Einsichts- und Prüfungsrecht und erteilt dem Abschlussprüfer den Prüfungsauftrag für den Jahres- und den Konzernabschluss. Wie der AG-Vorstand nach § 91 Abs. 1 AktG muss er gem. § 22 Abs. 3 für die Führung der Handelsbücher Sorge tragen. Genauso wie nach § 91 Abs. 2 AktG obliegt es ihm, ein Früherkennungs- und Über-

---

1 Vgl. *Lutter/Hommelhoff-Teichmann*, Art. 43 SE-VO Rn 58 ff.

2 Vgl. Begründung zum Regierungsentwurf, BR-Drucks 438/04, S. 91; zum Verhältnis der Befugnisse von Verwaltungsrat und geschäftsführenden Direktoren vgl. *Kallmeyer*, ZIP 2003, 1531 ff.

wachungssystem einzurichten. Der Verwaltungsrat hat gem. § 22 Abs. 5 die Verlustanzeige- und Insolvenzantragspflicht. Gem. § 22 Abs. 6 gelten alle Vorschriften, die dem Vorstand und dem Aufsichtsrat einer AG Rechte und Pflichten zuweisen, auch für den Verwaltungsrat, sofern das SEAG selbst nicht speziellere Vorschriften trifft. Hieraus ergibt sich bei einer börsennotierten SE auch die Pflicht des Verwaltungsrats zur Abgabe der Erklärung zur Corporate Governance nach § 161 AktG.[3]

4 Hinsichtlich der Zusammensetzung des Verwaltungsrats regelt § 24 Abs. 2, dass eine Zusammensetzung des Verwaltungsrats nach anderen als den zuletzt angewandten vertraglichen oder gesetzlichen Vorschriften nur nach Durchführung eines **Statusverfahrens** erfolgen darf. Hinsichtlich der Durchführung dieses Statusverfahrens enthalten §§ 25 und 26 Vorschriften, die sich an §§ 97 und 98 AktG anlehnen.

5 Der **Verwaltungsrat** besteht nach § 23 Abs. 1 S. 1 aus drei Mitgliedern. Die Satzung kann von dieser gesetzlichen Regel auch nach unten abweichen. Die Abweichung muss sich allerdings innerhalb der in § 23 Abs. 1 S. 2 und 3 festgelegten Mindest- und Höchstzahlen halten. Übersteigt das Grundkapital 3 Mio. EUR, so muss der Verwaltungsrat der SE zwingend aus mindestens drei Personen bestehen. Die Höchstzahl der Verwaltungsratsmitglieder richtet sich nach der Höhe des Grundkapitals. Insoweit werden die Schwellenwerte und Höchstzahlen des für den Aufsichtsrat der AG geltenden § 95 S. 4 AktG und des für das Aufsichtsorgan der SE mit dualistischer Verwaltungsstruktur geltenden § 17 Abs. 1 S. 4 übernommen. Unberührt von diesen Regelungen bleibt wiederum die Beteiligung der AN aufgrund einer Vereinbarung nach § 21 SEBG oder der gesetzlichen Mitbestimmung nach §§ 34 bis 38 SEBG. Obwohl das SEBG keine Vorschriften für die Größe des Verwaltungsrats vorsieht, können sich Auswirkungen der gesetzlichen Mitbestimmung auf die Größe des Verwaltungsrats wie im dualistischen System beim Aufsichtsorgan in den Fällen ergeben, in denen die Mitbestimmung der AN nach dem SEBG einen bestimmten Anteil von AN-Vertretern im Verwaltungsrat voraussetzt.[4]

6 Bei nicht ordnungsgemäßer Zusammensetzung des Verwaltungsrats kann gem. § 26 in Anlehnung an §§ 98 ff. AktG eine **gerichtliche Ersatzbestellung** erfolgen. Antragsberechtigt ist insoweit auch der SE-BR.

7 § 27 regelt die **persönlichen Voraussetzungen** für die Mitgliedschaft im Verwaltungsrat. Hier werden die Inkompatibilitätsgründe der AR-Mitglieder nach § 100 Abs. 2 AktG übernommen. Mitglieder des Verwaltungsrats können nur natürliche Personen sein. Alle Mitglieder des Verwaltungsrats werden durch die Hauptversammlung bestellt. Bei den AN-Vertretern ist die Hauptversammlung an die von AN-Seite unterbreiteten Wahlvorschläge gebunden. Die Vorschriften des § 29 zur Abberufung von Mitgliedern des Verwaltungsrats und des § 30 zur gerichtlichen Ersatzbestellung von Verwaltungsratsmitgliedern übernehmen inhaltlich die §§ 103 und 104 AktG. Den Antrag auf gerichtliche Ersatzbestellung kann gem. § 30 Abs. 1 Nr. 2 auch der SE-BR stellen.

8 Die Nichtigkeit der Wahl richtet sich in Anlehnung an § 250 AktG nach § 31. Für die Anfechtbarkeit der Wahl wird in § 32 § 251 AktG für anwendbar erklärt. Für die Anfechtung der Wahl von inländischen AN-Vertretern durch die AN gilt § 37 Abs. 2 SEBG (siehe §§ 34–38 SEBG Rn 4). Die §§ 34–37 zur inneren Ordnung des Verwaltungsrats, zur Beschlussfassung, zur Teilnahme an Sitzungen des Verwaltungsrats und seiner Ausschüsse und zur Einberufung des Verwaltungsrats übernehmen im Wesentlichen die Regelungen der §§ 107 Abs. 1 S. 3, 77 Abs. 2 S. 2 und 3, 107 Abs. 2, 107 Abs. 3 S. 1 und 2, 110 Abs. 1 und 2, 109 und 108 Abs. 3 und 4 AktG. Eine Besonderheit enthält der erst später im Gesetzgebungsverfahren eingefügte § 35 Abs. 3. Danach gehen Stimmen von geschäftsführenden Direktoren, die zugleich Verwaltungsratsmitglied sind, auf den Vorsitzenden des Verwaltungsrats über, wenn der geschäftsführende Direktor aus rechtlichen Gründen gehindert ist, an der Beschlussfassung teilzunehmen. Hierdurch wird verhindert, dass bei Beschlüssen, die z.B. die geschäftsführenden Direktoren selbst betreffen, bei hälftiger Besetzung des Verwaltungsrats mit AN-Vertretern die AN die Stimmenmehrheit erlangen. Der Vorsitzende des Verwaltungsrats muss gem. Art. 45 SE-VO bei hälftiger Besetzung mit AN immer von der Anteilseignerseite bestimmt werden.

9 Für die Vergütung der Verwaltungsratsmitglieder werden durch § 38 die Vorschrift des § 113 AktG und für die Gewährung von Krediten und den Abschluss sonstiger Verträge mit Verwaltungsratsmitgliedern §§ 114 und 115 AktG für entsprechend anwendbar erklärt. Gem. § 39 gilt hinsichtlich der Sorgfaltspflichten und der Verantwortlichkeit der Mitglieder des Verwaltungsrats § 93 AktG entsprechend.

10 Der Verwaltungsrat muss gem. § 40 Abs. 1 S. 1 einen oder mehrere **geschäftsführende Direktoren** bestellen,[5] die die laufenden Geschäfte der SE in eigener Verantwortung führen. Geschäftsführende Direktoren können sowohl Mitglieder des Verwaltungsrats als auch teilweise oder ausschließlich außerhalb des Verwaltungsrats stehende Dritte sein. Die Mehrheit des Verwaltungsrats muss gem. § 40 Abs. 1 S. 2 immer aus nicht geschäftsführenden Mitgliedern bestehen.

11 Die Existenz der geschäftsführenden Direktoren bedeutet zwar eine starke Annäherung an das dualistische System.[6] Im Gegensatz zum dualistischen System liegt allerdings keine vollständige Funktions- und Personaltrennung vor.

---

3 *Ihrig/Wagner*, BB 2004, 1749, 1756.
4 Vgl. Begründung zum Regierungsentwurf, BR-Drucks 438/04, S. 137.
5 Vgl. *Thamm*, NZG 2008, 132.
6 Vgl. *Ihrig/Wagner*, BB 2004, 1749, 1757 m.w.N.

Die Unternehmensleitung und deren Überwachung können in den Händen derselben Personen liegen. Mit der Übernahme der laufenden Geschäftsführung haben die geschäftsführenden Direktoren nur einen Ausschnitt der Unternehmensleitung inne. Außerdem sind sie gem. § 44 Abs. 2 im Innenverhältnis weisungsgebunden. Gem. § 40 Abs. 5 S. 1 können sie, sofern die Satzung nichts anderes bestimmt, auch ohne wichtigen Grund jederzeit durch Beschluss des Verwaltungsrats abberufen werden. Wird ein Verwaltungsratsmitglied zum geschäftsführenden Direktor abgestellt, bleibt es nach seiner Abberufung Mitglied des Verwaltungsrats.[7] Teilweise haben die geschäftsführenden Direktoren Funktionen, die mit denen des Vorstandes der AG vergleichbar sind. Ihnen obliegt gem. § 41 die Führung der laufenden Geschäfte und die Vertretung der Gesellschaft. Gem. § 47 Abs. 1 und 4 stellen sie den Jahres- und den Konzernabschluss auf. Gem. § 48 Abs. 1 berufen sie die ordentliche Hauptversammlung ein. Gem. § 40 Abs. 6 sind die geschäftsführenden Direktoren gegenüber dem Verwaltungsrat in Anlehnung an § 90 AktG berichtspflichtig, sofern die Satzung oder die Geschäftsordnung nicht gem. § 40 Abs. 4 für die geschäftsführenden Direktoren etwas anderes vorsehen. Der Verwaltungsrat vertritt die SE gem. § 41 Abs. 5 gegenüber den geschäftsführenden Direktoren.

Unterabschnitt 3: Hauptversammlung

§ 50 Einberufung und Ergänzung der Tagesordnung auf Verlangen einer Minderheit

(1) Die Einberufung der Hauptversammlung und die Aufstellung ihrer Tagesordnung nach Artikel 55 der Verordnung kann von einem oder mehreren Aktionären beantragt werden, sofern sein oder ihr Anteil am Grundkapital mindestens 5 Prozent beträgt.

(2) Die Ergänzung der Tagesordnung für eine Hauptversammlung durch einen oder mehrere Punkte kann von einem oder mehreren Aktionären beantragt werden, sofern sein oder ihr Anteil 5 Prozent des Grundkapitals oder den anteiligen Betrag von 500 000 Euro erreicht.

§ 51 Satzungsänderungen

[1]Die Satzung kann bestimmen, dass für einen Beschluss der Hauptversammlung über die Änderung der Satzung die einfache Mehrheit der abgegebenen Stimmen ausreicht, sofern mindestens die Hälfte des Grundkapitals vertreten ist. [2]Dies gilt nicht für die Änderung des Gegenstands des Unternehmens, für einen Beschluss gemäß Artikel 8 Abs. 6 der Verordnung sowie für Fälle, für die eine höhere Kapitalmehrheit gesetzlich zwingend vorgeschrieben ist.

A. Allgemeines

Die §§ 50 und 51 regeln die **Einberufung der Hauptversammlung** und die erforderliche Mehrheit für eine Satzungsänderung. 1

B. Regelungsgehalt

Hält ein Aktionär einen Anteil von mindestens 5 v.H. am Grundkapital, so kann er die Einberufung der Hauptversammlung und die Aufstellung ihrer Tagesordnung beantragen. Die Ergänzung der Tagesordnung kann von einem oder mehreren Aktionären beantragt werden, wenn deren Anteile am Grundkapital mindestens 5 v.H. ausmacht oder einen anteiligen Betrag von 500.000 EUR erreicht. 2

Ist mindestens die Hälfte des Grundkapitals vertreten, so kann gem. § 51 die Hauptversammlung mit einfacher Mehrheit die Satzung ändern. Die einfache Mehrheit ist nicht ausreichend für die Änderung des Gegenstands des Unternehmens, für Beschlüsse, für die eine höhere Kapitalmehrheit gesetzlich zwingend vorgeschrieben ist, sowie für einen Verlegungsbeschluss nach Art. 8 Abs. 6 SE-VO. 3

---

7 Vgl. *Ihrig/Wagner*, BB 2004, 1749, 1758; *Kallmeier*, ZIP 2003, 1531, 1533.

Abschnitt 5: Auflösung

§ 52 Auflösung der SE bei Auseinanderfallen von Sitz und Hauptverwaltung

(1) ¹Erfüllt eine SE nicht mehr die Verpflichtung nach Artikel 7 der Verordnung, so gilt dies als Mangel der Satzung im Sinne des § 262 Absatz 1 Nr. 5 des Aktiengesetzes. ²Das Registergericht fordert die SE auf, innerhalb einer bestimmten Frist den vorschriftswidrigen Zustand zu beenden, indem sie
1. entweder ihre Hauptverwaltung wieder im Sitzstaat errichtet oder
2. ihren Sitz nach dem Verfahren des Artikels 8 der Verordnung verlegt.

(2) Wird innerhalb der nach Absatz 1 bestimmten Frist der Aufforderung nicht genügt, so hat das Gericht den Mangel der Satzung festzustellen.

(3) Gegen Verfügungen, durch welche eine Feststellung nach Absatz 2 getroffen wird, findet die Beschwerde statt.

Abschnitt 6: Straf- und Bußgeldvorschriften

§ 53 Straf- und Bußgeldvorschriften

(1) ¹Die Strafvorschriften des § 399 Abs. 1 Nr. 1 bis 5 und Abs. 2, des § 400 und der §§ 402 bis 404 des Aktiengesetzes, der §§ 331 bis 333 des Handelsgesetzbuchs und der §§ 313 bis 315 des Umwandlungsgesetzes sowie die Bußgeldvorschriften des § 405 des Aktiengesetzes und des § 334 des Handelsgesetzbuchs gelten auch für die SE im Sinne des Artikels 9 Abs. 1 Buchstabe c Doppelbuchstabe ii der Verordnung. ²Soweit sie
1. Mitglieder des Vorstands,
2. Mitglieder des Aufsichtsrats oder
3. Mitglieder des vertretungsberechtigten Organs einer Kapitalgesellschaft

betreffen, gelten sie bei der SE mit dualistischem System in den Fällen der Nummern 1 und 3 für die Mitglieder des Leitungsorgans und in den Fällen der Nummer 2 für die Mitglieder des Aufsichtsorgans. Bei der SE mit monistischem System gelten sie in den Fällen der Nummern 1 und 3 für die geschäftsführenden Direktoren und in den Fällen der Nummer 2 für die Mitglieder des Verwaltungsrats.

(2) ¹Die Strafvorschriften des § 399 Abs. 1 Nr. 6 und des § 401 des Aktiengesetzes gelten im Sinne des Artikels 9 Abs. 1 Buchstabe c Doppelbuchstabe ii der Verordnung auch für die SE mit dualistischem System. ²Soweit sie Mitglieder des Vorstands betreffen, gelten sie für die Mitglieder des Leitungsorgans.

(3) Mit Freiheitsstrafe bis zu drei Jahren oder mit Geldstrafe wird bestraft, wer
1. als Vorstandsmitglied entgegen § 8 Satz 2,
2. als Mitglied des Leitungsorgans einer SE mit dualistischem System oder als geschäftsführender Direktor einer SE mit monistischem System entgegen § 13 Abs. 3,
3. als geschäftsführender Direktor einer SE mit monistischem System entgegen § 21 Abs. 2 Satz 1 oder § 46 Abs. 2 Satz 1 oder
4. als Abwickler einer SE mit monistischem System entgegen Artikel 9 Abs. 1 Buchstabe c Doppelbuchstabe ii der Verordnung in Verbindung mit § 266 Abs. 3 Satz 1 des Aktiengesetzes eine Versicherung nicht richtig abgibt.

(4) Ebenso wird bestraft, wer bei einer SE mit monistischem System
1. als Mitglied des Verwaltungsrats entgegen § 22 Abs. 5 Satz 1 die Hauptversammlung nicht oder nicht rechtzeitig einberuft oder ihr den Verlust nicht, nicht richtig, nicht vollständig oder nicht rechtzeitig anzeigt oder
2. als Mitglied des Verwaltungsrats entgegen § 22 Abs. 5 Satz 2 in Verbindung mit § 15a Abs. 1 Satz 1 der Insolvenzordnung

die Eröffnung des Insolvenzverfahrens nicht oder nicht rechtzeitig beantragt.

(5) Handelt der Täter in den Fällen des Absatzes 4 fahrlässig, so ist die Strafe Freiheitsstrafe bis zu einem Jahr oder Geldstrafe.

Literatur: *Ihrig/Wagner*, Das Gesetz zur Einführung der Europäischen Gesellschaft (SEEG) auf der Zielgeraden, BB 2004, 1749; *Schlösser*, Europäische Aktiengesellschaft und deutsches Strafrecht, NZG 2008, 126

A. Allgemeines

Die §§ 52 und 53 regeln die **Auflösung der SE** sowie Straf- und Bußgeldvorschriften.

B. Regelungsgehalt

Fallen bei der SE ihr satzungsmäßiger Sitz und der tatsächliche Sitz der Hauptverwaltung auseinander, so muss diese aufgelöst werden. Wird nach Aufforderung des Registergerichts nicht wieder die Hauptverwaltung im Sitzstaat errichtet oder der Sitz nach dem Verfahren des Art. 8 SE-VO verlegt, so stellt das Gericht einen Mangel der Satzung i.S.d. § 262 Abs. 1 Nr. 5 AktG fest. Gegen diese Feststellung findet die sofortige Beschwerde statt.

In Anlehnung an die Regelungstechnik des § 408 AktG und § 335b HGB[1] überträgt § 53 die einschlägigen aktien-, handels- und umwandlungsrechtlichen Straf- und Bußgeldbestimmungen auf die SE.[2] Die Straf- und Bußgeldbestimmungen gelten abhängig von der Verwaltungsstruktur der SE für die Mitglieder des Verwaltungsrats und die geschäftsführenden Direktoren oder die Mitglieder des Leitungs- und Aufsichtsorgans. Bei einer monistisch strukturierten SE ist fraglich, ob die zu Rechtsunsicherheiten führende nicht differenzierende Verweisung auf die Straf- und Bußgeldvorschriften dem Bestimmtheitsgebot genügt.[3]

Abschnitt 7: Schlussbestimmungen

§ 54 Übergangsvorschrift zum Bilanzrechtsmodernisierungsgesetz

[1]§ 27 Abs. 1 Satz 4 und § 34 Abs. 4 Satz 2 und 3 in der Fassung des Bilanzrechtsmodernisierungsgesetzes vom 25. Mai 2009 (BGBl. I S. 1102) finden keine Anwendung, solange alle Mitglieder des Verwaltungsrats und des Prüfungsausschusses vor dem 29. Mai 2009 bestellt worden sind.

§ 55 Übergangsvorschrift zum Gesetz zur Umsetzung der Aktionärsrechterichtlinie

[1]In den Fällen des § 6 Abs. 3 Satz 1 und des § 7 Abs. 2 Satz 2 bleibt es für die Zeit vor dem 1. September 2009 bei dem bis dahin geltenden Zinssatz.

---

1 Vgl. Begründung zum Regierungsentwurf, BR-Drucks 438/04, S. 101.
2 Zur europarechtlichen Zulässigkeit der Regelungstechnik vgl. *Schlösser*, NZG 2008, 126.
3 Vgl. *Ihrig/Wagner*, BB 2004, 1749, 1758 sowie die kritische Stellungnahme des Bundesrates, BR-Drucks 438/04(B), S. 14.

Gesetz über die Beteiligung der Arbeitnehmer in einer Europäischen Gesellschaft (SE-Beteiligungsgesetz – SEBG)

Vom 22.12.2004, BGBl I S. 3675, I 3686, BGBl III 801-15

Teil 1: Allgemeine Vorschriften

§ 1 Zielsetzung des Gesetzes

(1) ¹Das Gesetz regelt die Beteiligung der Arbeitnehmer in einer Europäischen Gesellschaft (SE), die Gegenstand der Verordnung (EG) Nr. 2157/2001 des Rates vom 8. Oktober 2001 über das Statut der Europäischen Gesellschaft (ABl. EGNr. L 294 S. 1) ist. ²Ziel des Gesetzes ist, in einer SE die erworbenen Rechte der Arbeitnehmer (Arbeitnehmerinnen und Arbeitnehmer) auf Beteiligung an Unternehmensentscheidungen zu sichern. ³Maßgeblich für die Ausgestaltung der Beteiligungsrechte der Arbeitnehmer in der SE sind die bestehenden Beteiligungsrechte in den Gesellschaften, die die SE gründen.

(2) ¹Zur Sicherung des Rechts auf grenzüberschreitende Unterrichtung, Anhörung, Mitbestimmung und sonstige Beteiligung der Arbeitnehmer wird eine Vereinbarung über die Beteiligung der Arbeitnehmer in der SE getroffen. ²Kommt es nicht zu einer Vereinbarung, wird eine Beteiligung der Arbeitnehmer in der SE kraft Gesetzes sichergestellt.

(3) Die Vorschriften dieses Gesetzes sowie die nach Absatz 2 zu treffende Vereinbarung sind so auszulegen, dass die Ziele der Europäischen Gemeinschaft, die Beteiligung der Arbeitnehmer in der SE sicherzustellen, gefördert werden.

(4) Die Grundsätze der Absätze 1 bis 3 gelten auch für strukturelle Änderungen einer gegründeten SE sowie für deren Auswirkungen auf die betroffenen Gesellschaften und ihre Arbeitnehmer.

§ 2 Begriffsbestimmungen

(1) ¹Der Begriff des Arbeitnehmers richtet sich nach den Rechtsvorschriften und Gepflogenheiten der jeweiligen Mitgliedstaaten. ²Arbeitnehmer eines inländischen Unternehmens oder Betriebs sind Arbeiter und Angestellte einschließlich der zu ihrer Berufsausbildung Beschäftigten und der in § 5 Abs. 3 Satz 2 des Betriebsverfassungsgesetzes genannten leitenden Angestellten, unabhängig davon, ob sie im Betrieb, im Außendienst oder mit Telearbeit beschäftigt werden. ³Als Arbeitnehmer gelten auch die in Heimarbeit Beschäftigten, die in der Hauptsache für das Unternehmen oder den Betrieb arbeiten.

(2) Beteiligte Gesellschaften sind die Gesellschaften, die unmittelbar an der Gründung einer SE beteiligt sind.

(3) ¹Tochtergesellschaften sind rechtlich selbstständige Unternehmen, auf die eine andere Gesellschaft einen beherrschenden Einfluss im Sinne von Artikel 3 Abs. 2 bis 7 der Richtlinie 94/45/EG des Rates vom 22. September 1994 über die Einsetzung eines Europäischen Betriebsrats oder die Schaffung eines Verfahrens zur Unterrichtung und Anhörung der Arbeitnehmer in gemeinschaftsweit operierenden Unternehmen und Unternehmensgruppen (ABl. EG Nr. L 254 S. 64) ausüben kann. ²§ 6 Abs. 2 bis 4 des Europäische Betriebsräte-Gesetzes vom 28. Oktober 1996 (BGBl. I S. 1548, 2022) ist anzuwenden.

(4) Betroffene Tochtergesellschaften oder betroffene Betriebe sind Tochtergesellschaften oder Betriebe einer beteiligten Gesellschaft, die zu Tochtergesellschaften oder Betrieben der SE werden sollen.

(5) ¹Leitung bezeichnet das Organ der unmittelbar an der Gründung der SE beteiligten Gesellschaften oder der SE selbst, das die Geschäfte der Gesellschaft führt und zu ihrer Vertretung berechtigt ist. ²Bei den beteiligten Gesellschaften ist dies das Leitungs- oder Verwaltungsorgan, bei der SE das Leitungsorgan oder die geschäftsführenden Direktoren.

(6) Arbeitnehmervertretung bezeichnet jede Vertretung der Arbeitnehmer nach dem Betriebsverfassungsgesetz (Betriebsrat, Gesamtbetriebsrat, Konzernbetriebsrat oder eine nach § 3 Abs. 1 Nr. 1 bis 3 des Betriebsverfassungsgesetzes gebildete Vertretung).

(7) SE-Betriebsrat bezeichnet das Vertretungsorgan der Arbeitnehmer der SE, das durch eine Vereinbarung nach § 21 oder kraft Gesetzes nach den §§ 22 bis 33 eingesetzt wird, um die Rechte auf Unterrichtung und Anhörung der Arbeitnehmer der SE, ihrer Tochtergesellschaften und Betriebe und, wenn vereinbart, Mitbestimmungsrechte und sonstige Beteiligungsrechte in Bezug auf die SE wahrzunehmen.

(8) Beteiligung der Arbeitnehmer bezeichnet jedes Verfahren – einschließlich der Unterrichtung, Anhörung und Mitbestimmung –, durch das die Vertreter der Arbeitnehmer auf die Beschlussfassung in der Gesellschaft Einfluss nehmen können.

(9) ¹Beteiligungsrechte sind Rechte, die den Arbeitnehmern und ihren Vertretern im Bereich der Unterrichtung, Anhörung, Mitbestimmung und der sonstigen Beteiligung zustehen. ²Hierzu kann auch die Wahrnehmung dieser Rechte in den Konzernunternehmen der SE gehören.

(10) ¹Unterrichtung bezeichnet die Unterrichtung des SE-Betriebsrats oder anderer Arbeitnehmervertreter durch die Leitung der SE über Angelegenheiten, welche die SE selbst oder eine ihrer Tochtergesellschaften oder einen ihrer Betriebe in einem anderen Mitgliedstaat betreffen oder die über die Befugnisse der zuständigen Organe auf der Ebene des einzelnen Mitgliedstaats hinausgehen. ²Zeitpunkt, Form und Inhalt der Unterrichtung sind so zu wählen, dass es den Arbeitnehmervertretern möglich ist, zu erwartende Auswirkungen eingehend zu prüfen und gegebenenfalls eine Anhörung mit der Leitung der SE vorzubereiten.

(11) ¹Anhörung bezeichnet die Einrichtung eines Dialogs und eines Meinungsaustauschs zwischen dem SE-Betriebsrat oder anderer Arbeitnehmervertreter und der Leitung der SE oder einer anderen zuständigen mit eigenen Entscheidungsbefugnissen ausgestatteten Leitungsebene. ²Zeitpunkt, Form und Inhalt der Anhörung müssen dem SE-Betriebsrat auf der Grundlage der erfolgten Unterrichtung eine Stellungnahme zu den geplanten Maßnahmen der Leitung der SE ermöglichen, die im Rahmen des Entscheidungsprozesses innerhalb der SE berücksichtigt werden kann.

(12) Mitbestimmung bedeutet die Einflussnahme der Arbeitnehmer auf die Angelegenheiten einer Gesellschaft durch
1. die Wahrnehmung des Rechts, einen Teil der Mitglieder des Aufsichts- oder Verwaltungsorgans der Gesellschaft zu wählen oder zu bestellen, oder
2. die Wahrnehmung des Rechts, die Bestellung eines Teils oder aller Mitglieder des Aufsichts- oder Verwaltungsorgans der Gesellschaft zu empfehlen oder abzulehnen.

§ 3 Geltungsbereich

(1) ¹Dieses Gesetz gilt für eine SE mit Sitz im Inland. ²Es gilt unabhängig vom Sitz der SE auch für Arbeitnehmer der SE, die im Inland beschäftigt sind sowie für beteiligte Gesellschaften, betroffene Tochtergesellschaften und betroffene Betriebe mit Sitz im Inland.

(2) Mitgliedstaaten im Sinne dieses Gesetzes sind die Mitgliedstaaten der Europäischen Union und die anderen Vertragsstaaten des Abkommens über den Europäischen Wirtschaftsraum.

Literatur: *Grobys*, SE-Betriebsrat und Mitbestimmung in der Europäischen Gesellschaft, NZA 2005, 84; *Rehwinkel*, Die gesetzliche Auffanglösung der Unternehmensmitbestimmung in der Europäischen Aktiengesellschaft, ZESAR 2008, 74; *Schubert*, Die Arbeitnehmerbeteiligung bei der Europäischen Gesellschaft ohne Arbeitnehmer, ZESAR 2006, 340; *Seibt*, Arbeitnehmerlose Societas Europhea, ZIP 2005, 2248; *Ulmer/Habersack/Henssler*, Mitbestimmungsrecht, 2. Aufl. 2006; *Heinze*, ECLR, Die Europäische Aktiengesellschaft, ZGR 2002, 66

A. Allgemeines

Das SEBG regelt die Beteiligungsrechte der AN in der SE.[1] Die Regeln dienen der Umsetzung der RL 2001/86/EG.[2] Der RL ging ein jahrzehntelanger Streit der Mitgliedstaaten über mögliche Lösungen voraus.[3] Die Formulierung des § 1 beruht wahrscheinlich auf der Freude des Gesetzgebers, dass Deutschland mit seiner Mitbestimmungserhaltungsstrategie erfolgreich war und präsentiert dem Rechtsanwender die Zielsetzung des Gesetzes – also die Mitbestimmungserhaltung bei der Gründung oder Umstrukturierung einer SE. Hiermit wird zugleich die Systematik europäischer RL übernommen, die meist mit der Regelung des „Gegenstandes" beginnen und damit von der deutschen Systematik, die davon ausgeht, dass sich Ziel und Gegenstand eines Gesetzes aus seinem Inhalt unmittelbar ergeben und nicht gesondert erläutert werden müssen, abweicht. Auch mit den Begriffsbestimmungen in § 2 wird die Europäisierung unserer Rechtssystematik vorangetrieben. Erst § 3 bedeutet mit der Regelung des Geltungsbereichs den Gesetzesbeginn in gewohnter Weise.

1

---

1 Zur Frage, ob die Gründung einer SE ohne Arbeitnehmer möglich ist, vgl. *Schubert*, ZESAR 2006, 340 ff.; *Seibt*, ZIP 2005, 2248 ff.

2 ABl EG L 294 v.10.11.2001, S. 22 ff.

3 Zur Entwicklung vgl. *Heinze*, 66 ff.; Ulmer/Habersack/Henssler-*Henssler*, EinlSEBG, Rn 1 ff.

B. Regelungsgehalt

2 Gem. § 1 orientiert sich die **AN-Beteiligung in der SE** an den Beteiligungsrechten, die in den Gesellschaften, die die SE gründen, bereits bestehen. Die grenzüberschreitende Unterrichtung, Anhörung und Mitbestimmung soll zunächst durch eine entsprechende **Vereinbarung** geregelt werden. Kommt eine solche Vereinbarung nicht zustande, greift eine gesetzlich zwingende **Auffanglösung**.[4] Die Vereinbarungspflicht und die Auffangregelung gelten nicht nur für den Gründungsvorgang, sondern auch für Umstrukturierungen der SE.

3 Der **persönliche Anwendungsbereich** des Gesetzes ergibt sich aus § 2 Abs. 1: Er umfasst alle AN i.S.d. deutschen Arbeitsrechts einschließlich der leitenden Ang und in Heimarbeit Beschäftigten.

4 **Beteiligte Gesellschaften** sind gem. § 2 Abs. 2 alle Gesellschaften, die unmittelbar an der Gründung einer SE beteiligt sind. Der Begriff ist bedeutsam für die Ermittlung von Beschäftigtenzahlen und Schwellenwerten sowie für die Mitbestimmung aufgrund der Auffangregelung. Hier kommt es aufgrund von § 35 Abs. 2 S. 2 auf einen Vergleich der unterschiedlichen Mitbestimmungsstandards der beteiligten Gesellschaften an.

5 **Betroffene Tochtergesellschaften** und **Betriebe** sind gem. § 2 Abs. 4 die Tochtergesellschaften und Betriebe einer beteiligten Gesellschaft, die bei der Gründung einer SE zu einer Tochtergesellschaft oder einem Betrieb der SE werden. In mehrstufigen Konzernverbindungen gehören hierzu neben den unmittelbar unter der ranghöchsten Konzernobergesellschaft angesiedelten Tochtergesellschaften auch die mittelbaren Tochter(Enkel-)gesellschaften. Sie werden durch den Vollzug der Gründung zu einer Tochtergesellschaft der SE.[5] Der Begriff der betroffenen Tochtergesellschaften und Betriebe ist bei der Ermittlung der Größe des besonderen Verhandlungsgremiums (BVG) und des SE-BR, die von den Beschäftigtenzahlen in den einzelnen Mitgliedstaaten abhängt, von Bedeutung.

6 **Beteiligungsrechte** der AN sind gem. § 2 Abs. 9 Rechte, die den AN und ihren Vertretern im Bereich der Unterrichtung, der Anhörung, der Mitbestimmung und der sonstigen Beteiligung zustehen. Dabei wird zwischen der **betrieblichen** und der **Unternehmensmitbestimmung** unterschieden. Auf betrieblicher Ebene sind die AN anzuhören und zu unterrichten. Unterrichtung heißt gem. § 2 Abs. 10 die Unterrichtung des SE-BR oder anderer AN-Vertreter durch die Leitung der SE. Die Unternehmensmitbestimmung bedeutet gem. § 2 Abs. 12 das Recht, AR- oder Verwaltungsratsmitglieder der Gesellschaft zu wählen oder deren Bestellung zu empfehlen oder abzulehnen.

7 § 2 Abs. 12 definiert den Begriff **Mitbestimmung.** Hierbei wird, wie in der RL, differenziert zwischen dem Recht der AN, einen Teil der Mitglieder des Aufsichts- oder Verwaltungsorgans zu wählen oder zu bestellen und dem Recht, die Bestellung eines Teils dieser Mitglieder zu empfehlen oder abzulehnen. Mitbestimmung ist also zu verstehen als das Recht der AN, Vertreter in den Gesellschaftsorganen zu bestimmen.

8 § 3 definiert den **Geltungsbereich** des Gesetzes. Es gilt für eine SE mit Sitz in Deutschland und unabhängig vom Sitz für die in Deutschland beschäftigten AN einer SE sowie für die AN deutscher Gesellschaften, deren inländische Tochtergesellschaften und Betriebe, sofern sie an der Gründung einer SE mit Sitz in einem anderen Mitgliedstaat beteiligt sind. Die AN sollen bei grenzüberschreitenden Sachverhalten beteiligt werden. Darüber hinaus gelten nationale Bestimmungen über die AN-Beteiligung weiter. D.h. in deutschen Betrieben der SE gelten weiterhin die Vorschriften des BetrVG. Die Unternehmensmitbestimmung unterliegt allerdings keinen nationalen Vorschriften, sondern richtet sich allein nach einer möglicherweise getroffenen Vereinbarung oder nach der Auffangregelung. Eine Ausnahme gilt gem. §§ 34 Abs. 1a, 35 Abs. 1 nur für die SE-Gründung durch Umwandlung.

Teil 2: Besonderes Verhandlungsgremium

Kapitel 1: Bildung und Zusammensetzung

§ 4 | **Information der Leitungen**

(1) ¹Das besondere Verhandlungsgremium ist auf Grund einer schriftlichen Aufforderung der Leitungen zu bilden. ²Es hat die Aufgabe, mit den Leitungen eine schriftliche Vereinbarung über die Beteiligung der Arbeitnehmer in der SE abzuschließen.

(2) ¹Wenn die Leitungen die Gründung einer SE planen, informieren sie die Arbeitnehmervertretungen und Sprecherausschüsse in den beteiligten Gesellschaften, betroffenen Tochtergesellschaften und betroffenen Betrieben über das Gründungsvorhaben. ²Besteht keine Arbeitnehmervertretung, erfolgt die Information gegenüber den Arbeitnehmern. ³Die Information erfolgt unaufgefordert und unverzüglich nach Offenlegung des

---

4 Vgl. *Rehwinkel*, ZESAR 2008, 74.   5 *Grobys*, NZA 2005, 84, 85.

Verschmelzungsplans, des Gründungsplans für eine Holdinggesellschaft, des Umwandlungsplans oder nach Abschluss der Vereinbarung eines Plans zur Gründung einer Tochtergesellschaft.

(3) Die Information erstreckt sich insbesondere auf
1. die Identität und Struktur der beteiligten Gesellschaften, betroffenen Tochtergesellschaften und betroffenen Betriebe und deren Verteilung auf die Mitgliedstaaten;
2. die in diesen Gesellschaften und Betrieben bestehenden Arbeitnehmervertretungen;
3. die Zahl der in diesen Gesellschaften und Betrieben jeweils beschäftigten Arbeitnehmer sowie die daraus zu errechnende Gesamtzahl der in einem Mitgliedstaat beschäftigten Arbeitnehmer;
4. die Zahl der Arbeitnehmer, denen Mitbestimmungsrechte in den Organen dieser Gesellschaften zustehen.

(4) Maßgeblicher Zeitpunkt für die Ermittlung der Zahl der Arbeitnehmer ist der Zeitpunkt der Information nach Absatz 2.

§ 5 Zusammensetzung des besonderen Verhandlungsgremiums

(1) ^{1}Für die in jedem Mitgliedstaat beschäftigten Arbeitnehmer der beteiligten Gesellschaften, betroffen Tochtergesellschaften und betroffenen Betriebe werden Mitglieder für das besondere Verhandlungsgremium gewählt oder bestellt. ^{2}Für jeden Anteil der in einem Mitgliedstaat beschäftigten Arbeitnehmer, der 10 Prozent der Gesamtzahl der in allen Mitgliedstaaten beschäftigten Arbeitnehmer der beteiligten Gesellschaften und der betroffenen Tochtergesellschaften oder betroffenen Betriebe oder einen Bruchteil davon beträgt, ist ein Mitglied aus diesem Mitgliedstaat in das besondere Verhandlungsgremium zu wählen oder zu bestellen.

(2) ^{1}Wird die SE durch Verschmelzung gegründet, sind so viele zusätzliche Mitglieder in das besondere Verhandlungsgremium zu wählen oder zu bestellen, wie erforderlich sind, um zu gewährleisten, dass jede beteiligte Gesellschaft, die eingetragen ist und Arbeitnehmer in dem betreffenden Mitgliedstaat beschäftigt und die als Folge der geplanten Eintragung der SE als eigene Rechtspersönlichkeit erlöschen wird, in dem besonderen Verhandlungsgremium durch mindestens ein Mitglied vertreten ist. ^{2}Dies darf nicht zu einer Doppelvertretung der betroffenen Arbeitnehmer führen.

(3) ^{1}Die Zahl der zusätzlichen Mitglieder darf 20 Prozent der sich aus Absatz 1 ergebenden Mitgliederzahl nicht überschreiten. ^{2}Kann danach nicht jede nach Absatz 2 besonders zu berücksichtigende Gesellschaft durch ein zusätzliches Mitglied im besonderen Verhandlungsgremium vertreten werden, so werden diese Gesellschaften in absteigender Reihenfolge der Zahl der bei ihnen beschäftigten Arbeitnehmer berücksichtigt. ^{3}Dabei ist zu gewährleisten, dass ein Mitgliedstaat nicht mehrere zusätzliche Sitze erhält, solange nicht alle anderen Mitgliedstaaten, aus denen die nach Absatz 2 besonders zu berücksichtigenden Gesellschaften stammen, einen Sitz erhalten haben.

(4) ^{1}Treten während der Tätigkeitsdauer des besonderen Verhandlungsgremiums solche Änderungen in der Struktur oder Arbeitnehmerzahl der beteiligten Gesellschaften, der betroffenen Tochtergesellschaften oder der betroffenen Betriebe ein, dass sich die konkrete Zusammensetzung des besonderen Verhandlungsgremiums ändern würde, so ist das besondere Verhandlungsgremium entsprechend neu zusammenzusetzen. ^{2}Über solche Änderungen haben die zuständigen Leitungen unverzüglich das besondere Verhandlungsgremium zu informieren. ^{3}§ 4 Abs. 2 bis 4 gilt entsprechend.

§ 6 Persönliche Voraussetzungen der auf das Inland entfallenden Mitglieder des besonderen Verhandlungsgremiums

(1) Die persönlichen Voraussetzungen der Mitglieder des besonderen Verhandlungsgremiums richten sich nach den jeweiligen Bestimmungen der Mitgliedstaaten, in denen sie gewählt oder bestellt werden.

(2) ^{1}Zu Mitgliedern des besonderen Verhandlungsgremiums wählbar sind im Inland Arbeitnehmer der Gesellschaften und Betriebe sowie Gewerkschaftsvertreter. ^{2}Frauen und Männer sollen entsprechend ihrem zahlenmäßigen Verhältnis gewählt werden. ^{3}Für jedes Mitglied ist ein Ersatzmitglied zu wählen.

(3) Gehören dem besonderen Verhandlungsgremium mehr als zwei Mitglieder aus dem Inland an, ist jedes dritte Mitglied ein Vertreter einer Gewerkschaft, die in einem an der Gründung der SE beteiligten Unternehmen vertreten ist.

(4) Gehören dem besonderen Verhandlungsgremium mehr als sechs Mitglieder aus dem Inland an, ist mindestens jedes siebte Mitglied ein leitender Angestellter.

§ 7	**Verteilung der auf das Inland entfallenden Sitze des besonderen Verhandlungsgremiums**

(1) Die Wahl oder Bestellung der Mitglieder des besonderen Verhandlungsgremiums nach § 5 erfolgt nach den jeweiligen Bestimmungen der Mitgliedstaaten.

(2) Bei der Wahl der auf das Inland entfallenden Mitglieder des besonderen Verhandlungsgremiums sollen alle an der Gründung der SE beteiligten Gesellschaften mit Sitz im Inland, die Arbeitnehmer im Inland beschäftigen, durch mindestens ein Mitglied im besonderen Verhandlungsgremium vertreten sein.

(3) Ist die Anzahl der auf das Inland entfallenden Mitglieder des besonderen Verhandlungsgremiums geringer als die Anzahl der an der Gründung der SE beteiligten Gesellschaften mit Sitz im Inland, die Arbeitnehmer im Inland beschäftigen, so erhalten die Gesellschaften in absteigender Reihenfolge der Zahl der Arbeitnehmer jeweils einen Sitz.

(4) Ist die Anzahl der auf das Inland entfallenden Mitglieder des besonderen Verhandlungsgremiums höher als die Anzahl der an der Gründung der SE beteiligten Gesellschaften mit Sitz im Inland, die Arbeitnehmer im Inland beschäftigen, so sind die nach erfolgter Verteilung nach Absatz 2 verbleibenden Sitze nach dem d'Hondtschen Höchstzahlenverfahren auf die beteiligten Gesellschaften zu verteilen.

(5) Sind keine Gesellschaften mit Sitz im Inland an der Gründung der SE beteiligt, sondern von ihr nur Betriebe ausländischer Gesellschaften betroffen, gelten die Absätze 2 bis 4 entsprechend.

Literatur: *Grobys*, SE-Betriebsrat und Mitbestimmung in der Europäischen Gesellschaft, NZA 2005, 84; *Kallmeyer*, Die Beteiligung der Arbeitnehmer in einer Europäischen Gesellschaft, ZIP 2004, 1442; *Kraushaar*, Verhandelte Mitbestimmung und das Problem der Arbeitnehmerpluralität, AG 2008, 809; *Manz/Mayer/Schröder*, Europäische Aktiengesellschaft SE, 2005; *Teichmann*, Gestaltungsfreiheit in Mitbestimmungsvereinbarungen, AG 2008, 797; *Wisskirchen/Bissels/Dannhorn*, Vermeidung der unternehmerischen Mitbestimmung aus arbeitsrechtlicher Sicht, DB 2007, 2258; *Wisskirchen/Prinz*, Das Gesetz über die Beteiligung der Arbeitnehmer in einer Europäischen Gesellschaft (SE), DB 2004, 2638

A. Allgemeines

1　Für die AN-Beteiligung gilt der **Vorrang der Verhandlungslösung**, die SE bricht damit grds. die nationalen Strukturen zwingender AN-Beteiligung auf.[1] Die §§ 4 bis 7 regeln das Prozedere für die Verhandlungen über die AN-Beteiligung. Das Verfahren zur Herbeiführung einer Mitbestimmungsvereinbarung gliedert sich in drei Schritte, die Einleitung des Verhandlungsverfahrens, die Bildung des besonderen Verhandlungsgremiums (BVG) und die Verhandlungen über den Inhalt der Beteiligungsrechte. Die Verhandlung über die Beteiligung der AN wird mit dem gesellschaftsrechtlichen Ablauf der Gründung der SE verknüpft. Auf Fristen und Formvorschriften wurde weitgehend verzichtet, weil die Durchführung eines ordnungsgemäßen Verhandlungsverfahrens gem. Art. 12 Abs. 2 SE-VO als Voraussetzung für eine Eintragung der SE zu prüfen ist.

B. Regelungsgehalt

2　Ist die Gründung einer SE geplant, müssen die AN nach Aufforderung der beteiligten Unternehmen ein aus AN-Vertretern bestehendes – und aus den Regelungen über den EBR bekanntes – **BVG** bilden. Die Information über die geplante SE-Gründung muss gem. § 4 Abs. 2 S. 3 den bestehenden AN-Vertretungen und Sprecherausschüssen unverzüglich, also ohne schuldhaftes Zögern i.S.d. § 121 BGB, nach Offenlegung des Verschmelzungsplans oder des Gründungsplans für eine Holdinggesellschaft oder des Umwandlungsplans oder nach Abschluss der Vereinbarung eines Plans zur Gründung einer Tochtergesellschaft erteilt werden. Gem. § 4 Abs. 3 müssen Informationen geliefert werden, die erforderlich sind, um die gesetzlich geforderte Berechnung von AN-Zahlen und Schwellenwerten vorzunehmen. Der Umfang der Mitteilung ist dadurch begrenzt, dass die AN-Seite nur solche Daten verlangen kann, die für die ordnungsgemäße Bildung des BVG erforderlich sind. Für die Ermittlung der mitzuteilenden Beschäftigtenzahlen ist gem. § 4 Abs. 4 der Zeitpunkt der Informationserteilung maßgeblich.[2] Änderungen in der Beschäftigtenstruktur, die noch vor der erstmaligen Konstituierung des BVG eintreten, bleiben aus Gründen der Rechtssicherheit unberücksichtigt. Änderungen, die nach der Konstituierung des BVG im Laufe des Verhandlungsverfahrens eintreten, sind nur dann zu berücksichtigen, wenn sich dadurch die konkrete Zusammensetzung des Gremiums verändern würde.[3] Dann muss das BVG entsprechend neu zusammengesetzt werden. Über solche Änderungen haben die Leitungen das BVG gem. § 5 Abs. 4 unverzüglich zu unterrichten. Hierzu gehören Veränderungen der Belegschafts-

---

1 Vgl. *Teichmann*, AG 2008, 797, vgl. auch *Wisskirchen/Bissels/Dannhorn*, DB 2007, 2258.
2 Vgl. ArbG Stuttgart 29.4.2008 – 12 BV 109/07 – ArbRB 2008, 133 zur Frage, ob die Volkswagen AG zum Zeitpunkt, der nach § 4 maßgeblich ist, „Tochtergesellschaft" der Porsche Automobil Holding SE war.
3 Vgl. *Grobys*, NZA 2005, 84, 87.

stärke in den einzelnen Mitgliedstaaten z.B. durch Neueinstellungen oder Personalabbau oder durch Kauf bzw. Verkauf von Betrieben oder Konzerngesellschaften. Dasselbe gilt bei einer Änderung des Gründungsplans, wenn die Leitungen z.B. beschließen, statt einer Tochter-SE eine Holding-SE zu gründen.[4] Der Lauf der einmal begonnen Verhandlungsfrist wird von der Neuzusammensetzung nicht berührt, weil § 5 Abs. 4 ausdrücklich nicht von einer Neukonstituierung spricht.

Aufgabe des BVG ist es, mit den Leitungen der beteiligten Gesellschaften eine **schriftliche Vereinbarung über die Beteiligung der AN** abzuschließen. Die Wahl oder Bestellung der Mitglieder des BVG bei der Gründung einer SE mit Sitz in Deutschland erfolgt nach den jeweiligen Bestimmungen der Mitgliedstaaten, in denen die an der SE beteiligten Gesellschaften ansässig sind. Gemäß §§ 5 ff. werden die deutschen AN-Vertreter im BVG durch ein **Wahlgremium** in geheimer und unmittelbarer Wahl gewählt. Das Wahlgremium besteht grds. aus Mitgliedern des KBR, des GBR oder des BR und hat höchstens 40 Mitglieder. Bei der Wahl ist eine anteilige Vertretung der Geschlechter zu beachten. Jedes dritte Mitglied des Wahlgremiums muss gem. §§ 6 Abs. 3, 8 Abs. 1 eine in einem beteiligten Unternehmen repräsentierte Gewerkschaft vertreten. Hinsichtlich dieser Zwangsrepräsentanz geht das Umsetzungsgesetz über die RL hinaus.[5] Da sich die vom BVG zu führenden Verhandlungen nicht nur auf die Unternehmens- sondern auch auf die betriebliche Mitbestimmung beziehen – das BVG ist nicht nur für die Bestellung der AN-Vertreter im Aufsichts- oder Verwaltungsrat der SE zuständig, sondern auch für die Einsetzung des SE-BR – ist die zwangsweise Beteiligung von Gewerkschaftsvertretern nach deutschem Verständnis systemwidrig. Aber auch nach den Vorschriften der RL sollen die AN und nicht die Gewerkschaften den maßgeblichen Einfluss auf die Bildung des BVG haben.[6] Darüber hinaus ist für die leitenden Ang gem. § 6 Abs. 4 jeder siebte deutsche Platz im BVG reserviert.

§ 7 regelt die **Sitzverteilung** der deutschen Vertreter im BVG. Grds. soll jede an der SE-Gründung beteiligte Gesellschaft mit einem Vertreter repräsentiert sein. Je nachdem, ob die Anzahl der zu entsendenden deutschen AN-Vertreter die Anzahl der deutschen Gesellschaften, die an der SE-Gründung beteiligt sind unter- oder überschreitet, erfolgt die Sitzverteilung direkt oder nach dem d'Hondtschen Höchstzahlverfahren. Nach der Gesetzesbegründung sollen Gewerkschaftsvertreter und leitende Ang i.S.v. § 6 Abs. 3 und 4 keiner Gesellschaft zuzurechnen sein. Sind nicht genügend Sitze vorhanden, so seien vorrangig vor der Vertretung jeder beteiligten Gesellschaft durch einen AN gem. § 6 Abs. 3 und 4 Gewerkschaftsmitglieder und leitende Ang zu berücksichtigen.[7] Dies ergibt sich nicht eindeutig aus dem Gesetzeswortlaut aber wohl daraus, dass § 6 Abs. 3 und 4 zwingende Vorschriften enthalten, während § 7 als Soll-Vorschrift ausgestaltet ist.[8]

Die Entsendung inländischer AN in das BVG erfolgt auch, wenn keine deutschen Gesellschaften betroffen sind, aber Betriebe ausländischer Gesellschaften mit Sitz in Deutschland an der SE-Gründung beteiligt sind. § 5 Abs. 3 schreibt vor, dass ein Mitgliedstaat nicht mehrere zusätzliche Sitze erhält, wenn nicht zuvor alle Mitgliedstaaten, in denen AN beschäftigt werden, mindestens einen Sitz erhalten haben.

C. Beraterhinweise

Die **Informationsübermittlung** über die geplante SE-Gründung kann formlos erfolgen. Zu Dokumentations- und Beweiszwecken empfiehlt es sich aber, die Information zusammen mit der schriftlichen Aufforderung zur Bildung des BVG zu erteilen.[9] Die Informationen müssen an die AN-Vertretungen der beteiligten Gesellschaften, ihrer Tochtergesellschaften und Betriebe gerichtet sein. Das sind bestehende BR, GBR und KBR, die durch ihren jeweiligen Vorsitzenden vertreten werden. Gem. § 4 Abs. 2 S. 1 sind außerdem die Sprecherausschüsse zu informieren. Andere betriebliche Gremien, wie die JAV und die SBV, haben keinen Informationsanspruch. Nach § 4 Abs. 2 S. 1 sind sämtliche vorhandenen BR und Sprecherausschüsse zu informieren. Nur wenn keine AN-Vertretung besteht, müssen die AN gem. § 4 Abs. 2 S. 2 unmittelbar informiert werden. Einzelne betriebsratslose Betriebe werden durch einen bestehenden GBR oder KBR mit vertreten, weil der Gründungsvorgang einer SE eine übergeordnete Angelegenheit i.S.d. §§ 50 Abs. 1 S. 1 Hs. 2, 58 Abs. 1 S. 1 Hs. 2 BetrVG ist. Besteht keine AN-Vertretung, so muss die Information den AN so gewährt werden, dass eine Kenntnisnahme in zumutbarer Weise möglich ist. Insoweit kommt es auf die im Konzern gebräuchlichen Kommunikationsmittel, wie E-Mail, Intranet, Schwarzes Brett, Betriebsversammlung, an. Aus Gründen der Rechtssicherheit und Praktikabilität kann nicht der Zugang der Information bei jedem einzelnen AN verlangt werden.[10] Die rechtzeitige und richtige Informationserteilung ist deshalb wichtig, weil mit der Übermittlung für die AN gem. § 11 eine Frist von zehn Wochen für die Wahl und Konstituierung des BVG beginnt.

Besondere Vorschriften zur **Anfechtung** der Wahl der AN in das BVG sehen weder die RL noch das SEBG vor. Hier bietet sich eine analoge Anwendung der Vorschrift über die Anfechtung der Wahl von AN in die Unternehmens-

---

4 Vgl. BT-Drucks 15/3405, S. 46.
5 Vgl. *Wisskirchen/Prinz*, DB 2004, 2638.
6 S. Erwägungsgrund 3 und Art. 3 Abs. 2 der RL 2001/86/EG, vgl. auch *Kallmeyer*, ZIP 2004, 1442, 1443.
7 BR-Drucks 438/04, S. 117.
8 *Manz/Mayer/Schröder-Hennings*, Art. 3 SE-RL, Rn 63; vgl. auch *Kraushaar*, AG 2008, 809.
9 Vgl. *Grobys*, NZA 2005, 84, 86.
10 *Grobys*, NZA 2005, 84, 86.

organe gem. § 37 Abs. 2 als gegenüber den Anfechtungsvorschriften des BetrVG sachnähere Regelung an.[11] Neben die in § 37 Abs. 1 genannten Anfechtungsberechtigten treten dann auch die Leitungen der einzelnen beteiligten Gesellschaften.

Kapitel 2: Wahlgremium

§ 8 Zusammensetzung des Wahlgremiums; Urwahl

(1) ¹Die nach diesem Gesetz oder dem Gesetz eines anderen Mitgliedstaats auf die im Inland beschäftigten Arbeitnehmer der an der Gründung der SE beteiligten Gesellschaften, betroffenen Tochtergesellschaften und betroffenen Betriebe entfallenden Mitglieder des besonderen Verhandlungsgremiums werden von einem Wahlgremium in geheimer und unmittelbarer Wahl gewählt. ²Im Fall des § 6 Abs. 3 ist jedes dritte Mitglied auf Vorschlag einer Gewerkschaft zu wählen, die in einem an der Gründung der SE beteiligten Unternehmen vertreten ist. ³Wird nur ein Wahlvorschlag gemacht, muss dieser mindestens doppelt so viele Bewerber enthalten wie Vertreter von Gewerkschaften zu wählen sind. ⁴Jeder Wahlvorschlag einer Gewerkschaft muss von einem Vertreter der Gewerkschaft unterzeichnet sein. ⁵Im Fall des § 6 Abs. 4 ist jedes siebte Mitglied auf Vorschlag der Sprecherausschüsse zu wählen; Satz 3 gilt entsprechend. ⁶Besteht in einem beteiligten Unternehmen oder in einer beteiligten Unternehmensgruppe kein Sprecherausschuss, können die leitenden Angestellten Wahlvorschläge machen; ein Wahlvorschlag muss von einem Zwanzigstel oder 50 der wahlberechtigten leitenden Angestellten unterzeichnet sein.

(2) ¹Ist aus dem Inland nur eine Unternehmensgruppe an der SE-Gründung beteiligt, besteht das Wahlgremium aus den Mitgliedern des Konzernbetriebsrats oder, sofern ein solcher nicht besteht, aus den Mitgliedern der Gesamtbetriebsräte, oder, sofern ein solcher in einem Unternehmen nicht besteht, aus den Mitgliedern des Betriebsrats. ²Betriebsratslose Betriebe und Unternehmen einer Unternehmensgruppe werden vom Konzernbetriebsrat, Gesamtbetriebsrat oder Betriebsrat mit vertreten.

(3) ¹Ist aus dem Inland nur ein Unternehmen an der Gründung einer SE beteiligt, besteht das Wahlgremium aus den Mitgliedern des Gesamtbetriebsrats, oder, sofern ein solcher nicht besteht, aus den Mitgliedern des Betriebsrats. ²Betriebsratslose Betriebe eines Unternehmens werden vom Gesamtbetriebsrat oder Betriebsrat mit vertreten.

(4) Ist aus dem Inland nur ein Betrieb von der Gründung einer SE betroffen, besteht das Wahlgremium aus den Mitgliedern des Betriebsrats.

(5) ¹Sind an der Gründung der SE eine oder mehrere Unternehmensgruppen oder nicht verbundene Unternehmen beteiligt oder sind von der Gründung unternehmensunabhängige Betriebe betroffen, setzt sich das Wahlgremium aus den jeweiligen Arbeitnehmervertretungen auf Konzernebene, Unternehmensebene oder Betriebsebene zusammen. ²Die Absätze 2 bis 4 gelten entsprechend. ³Ist in den Fällen des Satzes 1 eine entsprechende Arbeitnehmervertretung nicht vorhanden, werden diese Mitglieder des Wahlgremiums von den Arbeitnehmern in Urwahl gewählt. ⁴Die Wahl wird von einem Wahlvorstand eingeleitet und durchgeführt, der in einer Versammlung der Arbeitnehmer gewählt wird, zu der die inländische Konzernleitung, Unternehmensleitung oder Betriebsleitung einlädt. ⁵Es sind so viele Mitglieder des Wahlgremiums zu wählen, wie eine bestehende Arbeitnehmervertretung in den Fällen der Absätze 2 bis 4 an gesetzlichen Mitgliedern hätte; für das Wahlverfahren gilt Absatz 7 Satz 3 bis 5 entsprechend.

(6) ¹Das Wahlgremium besteht aus höchstens 40 Mitgliedern. ²Würde diese Höchstzahl überschritten, ist die Anzahl der Mitglieder in dem Wahlgremium entsprechend ihrem zahlenmäßigen Verhältnis nach dem d'Hondtschen Höchstzahlverfahren zu verringern.

(7) ¹Besteht in den Fällen der Absätze 2 bis 5 keine Arbeitnehmervertretung, wählen die Arbeitnehmer die Mitglieder des besonderen Verhandlungsgremiums in geheimer und unmittelbarer Wahl. ²Die Wahl wird von einem Wahlvorstand eingeleitet und durchgeführt, der in einer Versammlung der Arbeitnehmer gewählt wird, zu der die inländische Konzernleitung, Unternehmensleitung oder Betriebsleitung einlädt. ³Die Wahl der Mitglieder des besonderen Verhandlungsgremiums erfolgt nach den Grundsätzen der Verhältniswahl. ⁴Sie erfolgt nach den Grundsätzen der Mehrheitswahl, wenn nur ein Wahlvorschlag eingereicht wird. ⁵Jeder Wahlvorschlag der Arbeitnehmer muss von mindestens einem Zwanzigstel der wahlberechtigten Arbeitnehmer, mindestens jedoch von drei Wahlberechtigten, höchstens aber von 50 Wahlberechtigten unterzeichnet sein; in Be-

---

11 *Grobys*, NZA 2005, 84, 87.

trieben mit in der Regel bis zu 20 wahlberechtigten Arbeitnehmern genügt die Unterzeichnung durch zwei Wahlberechtigte. [6]§ 8 Abs. 1 Satz 2 bis 6 gilt entsprechend.

§ 9 Einberufung des Wahlgremiums

(1) Auf der Grundlage der von den Leitungen erhaltenen Informationen hat der Vorsitzende der Arbeitnehmervertretung auf Konzernebene oder, sofern eine solche nicht besteht, auf Unternehmensebene oder, sofern eine solche nicht besteht, auf Betriebsebene
1. Ort, Tag und Zeit der Versammlung des Wahlgremiums festzulegen;
2. die Anzahl der Mitglieder aus den jeweiligen Arbeitnehmervertretungen nach § 8 Abs. 6 festzulegen;
3. zur Versammlung des Wahlgremiums einzuladen.

(2) Bestehen auf einer Ebene mehrere Arbeitnehmervertretungen, treffen die Verpflichtungen nach Absatz 1 den Vorsitzenden der Arbeitnehmervertretung, die die meisten Arbeitnehmer vertritt.

§ 10 Wahl der Mitglieder des besonderen Verhandlungsgremiums

(1) [1]Bei der Wahl müssen mindestens zwei Drittel der Mitglieder des Wahlgremiums, die mindestens zwei Drittel der Arbeitnehmer vertreten, anwesend sein. [2]Die Mitglieder des Wahlgremiums haben jeweils so viele Stimmen, wie sie Arbeitnehmer vertreten. [3]Die Wahl erfolgt mit einfacher Mehrheit der abgegebenen Stimmen.

(2) [1]Im Wahlgremium vertreten die Arbeitnehmervertretungen und die in Urwahl gewählten Mitglieder jeweils alle Arbeitnehmer der organisatorischen Einheit, für die sie nach § 8 Abs. 2 bis 5 zuständig sind. [2]Nicht nach Satz 1 vertretene Arbeitnehmer werden den Arbeitnehmervertretungen innerhalb der jeweiligen Unternehmensgruppe zu gleichen Teilen zugerechnet.

(3) [1]Sind für eine Arbeitnehmervertretung mehrere Mitglieder im Wahlgremium vertreten, werden die entsprechend der von ihnen vertretenen Arbeitnehmer bestehenden Stimmenanteile gleichmäßig aufgeteilt. [2]Dies gilt auch für die nach § 8 Abs. 5 Satz 3 gewählten Mitglieder des Wahlgremiums.

Literatur: *Calle Lambach*, Das Gesetz über die Beteiligung der Arbeitnehmer in einer Europäischen Gesellschaft (SE-Beteiligungsgesetz – SEBG), RIW 2005, 161; *Manz/Mayer/Schröder*, Europäische Aktiengesellschaft SE, 2005

A. Allgemeines

Bei der Konstituierung des BVG muss zuerst die Größe des Gremiums ermittelt werden und dann festgestellt werden, wie viele Sitze auf jeden der beteiligten Mitgliedstaaten entfallen und welche Gesellschaften das Recht haben, AN in das BVG zu entsenden. Anschließend folgt das Verfahren für die Ermittlung der einzelnen nationalen AN-Vertreter. Die §§ 8 bis 10 regeln die Einsetzung des **Wahlgremiums,** das die deutschen Mitglieder des BVG wählt.

B. Regelungsgehalt

Die deutschen Mitglieder des BVG werden gem. § 8 Abs. 1 S. 1 durch ein Wahlgremium in **unmittelbarer und geheimer Wahl** gewählt. Das Wahlgremium wird aus den vorhandenen BR-Strukturen gebildet. Es besteht aus den Mitgliedern der auf höchster Ebene tatsächlich vorhandenen AN-Vertretung. Folglich besteht das Wahlgremium aus den Mitgliedern des KBR, ist ein solcher nicht vorhanden, aus den Mitgliedern der GBR oder des GBR oder, wenn auch ein solcher nicht vorhanden ist, aus den Mitgliedern des BR. Betriebsratslose Betriebe werden gem. § 8 Abs. 2 von den vorhandenen BR mit vertreten. Besteht in keinem deutschen beteiligten Unternehmen oder Betrieb ein BR, so werden die Mitglieder des BVG gem. § 8 Abs. 7 direkt von den AN gewählt. Es gelten dann dieselben Wahlgrundsätze wie nach dem MitbestG. Es ist gem. § 8 Abs. 4 Aufgabe der zuständigen Konzern-, Unternehmens- bzw. Betriebsleitung, zu einer Wahlversammlung einzuladen, auf der ein Wahlvorstand zu wählen ist, der die Wahl durchführt. Diese ungewöhnliche Initiativpflicht erklärt sich vor dem Hintergrund des Art. 12 Abs. 2 SE-VO, wonach erst nach Durchführung eines ordnungsgemäßen Verhandlungsverfahrens über die Beteiligung der AN die SE eingetragen werden kann.[1] Aufgrund des gem. Art. 4 Abs. 2 der SE-VO vorgeschriebenen Mindestkapitals von

---

1 Vgl. *Manz/Mayer/Schröder-Hennings*, Art. 3 SE-RL, Rn 70.

120.000 EUR, werden in den an der SE-Gründung beteiligten Unternehmen allerdings i.d.R. AN-Vertretungen bestehen, so dass diese Vorschrift von eher geringer praktischer Relevanz ist.[2]

3 Wenn mehrere **nicht konzernverbundene Unternehmen oder Unternehmensgruppen** an der SE beteiligt sind oder einzelne Niederlassungen ausländischer Gesellschaften betroffen sind,[3] greift § 8 Abs. 4. Das Wahlgremium wird dann von den AN-Vertretungen der jeweils höchsten Ebene aus den einzelnen Unternehmen oder Konzernen gebildet.[4] Sind in einzelnen der beteiligten Unternehmen keine BR vorhanden, so werden die Mitglieder des Wahlgremiums wiederum von den AN in Urwahl gewählt.

4 Für die Bestimmung der **Anzahl** der zu wählenden Mitglieder muss ermittelt werden, wie viele Mitglieder eine nach dem BetrVG gewählte AN-Vertretung hätte.

5 Die **Größe** des Wahlgremiums ist gem. § 8 Abs. 6 auf 40 Mitglieder begrenzt. Bei Überschreitung dieser Grenze ist die Anzahl der Mitglieder nach dem d'Hondtschen Höchstzahlverfahren zu verringern.

6 Nachdem die Leitungen der Unternehmen die AN bzw. deren Vertreter zur Bildung eines BVG aufgefordert haben, ist das weitere Verfahren von den Gremien der AN in eigener Verantwortung zu organisieren. Der Vorsitzende der auf jeweils höchster Ebene bestehenden AN-Vertretung lädt auf der Grundlage der von den Leitungen erhaltenen Informationen zur Versammlung ein. Er legt gemäß § 9 Abs. 1 Ort, Tag und Zeit der Versammlung sowie die Anzahl der Mitglieder aus den jeweiligen AN-Vertretungen fest. Bestehen mehrere AN-Vertretungen, so ist gem. § 9 Abs. 2 der Vorsitzende der AN-Vertretung, die die meisten AN vertritt, zuständig.

7 Bei der **Wahl der Mitglieder des BVG** müssen gem. § 10 Abs. 1 mindestens zwei Drittel der Mitglieder des Wahlgremiums, die mindestens zwei Drittel der AN vertreten, anwesend sein. Die Mitglieder des Wahlgremiums haben jeweils so viele Stimmen, wie sie AN vertreten. Die Wahl erfolgt mit einfacher Mehrheit der abgegebenen Stimmen. Die AN-Vertretungen und die in Urwahl gewählten Mitglieder vertreten gem. § 10 Abs. 2 S. 1 jeweils alle AN der organisatorischen Einheit, für die sie zuständig sind. Nicht vertretene AN werden den AN-Vertretungen innerhalb der jeweiligen Unternehmensgruppe zu gleichen Teilen zugerechnet. Eine solche Zurechnung kann allerdings nur innerhalb eines Unternehmensverbundes erfolgen.[5]

8 Sind für eine AN-Vertretung mehrere Mitglieder im Wahlgremium vertreten, wird gem. § 10 Abs. 3 die Gesamtzahl der Stimmen nach Köpfen gleichmäßig auf die Mitglieder verteilt. Dadurch wird sichergestellt, dass jedes Mitglied seine Stimmen unabhängig von anderen abgeben kann.[6]

C. Beraterhinweise

9 Ist an der SE-Gründung nur ein in Deutschland ansässiger Betrieb eines Unternehmens mit Sitz in einem anderen Mitgliedstaat beteiligt, kann bei der Bildung des Wahlgremiums nicht auf eine AN-Vertretung auf Unternehmensebene zurückgegriffen werden.[7] Da das Unternehmen mit Sitz in einem anderen Mitgliedstaat der dortigen Rechtsordnung unterliegt, bilden die Mitglieder des deutschen BR gem. § 8 Abs. 4 das Wahlgremium.

Kapitel 3: Verhandlungsverfahren

§ 11 Information über die Mitglieder des besonderen Verhandlungsgremiums

(1) [1]Die Wahl oder Bestellung der Mitglieder des besonderen Verhandlungsgremiums soll innerhalb von zehn Wochen nach der in § 4 Abs. 2 und 3 vorgeschriebenen Information erfolgen. [2]Den Leitungen sind unverzüglich die Namen der Mitglieder des besonderen Verhandlungsgremiums, ihre Anschriften sowie die jeweilige Betriebszugehörigkeit mitzuteilen. [3]Die Leitungen haben die örtlichen Betriebs- und Unternehmensleitungen, die dort bestehenden Arbeitnehmervertretungen und Sprecherausschüsse sowie die in inländischen Betrieben vertretenen Gewerkschaften über diese Angaben zu informieren.

(2) [1]Das Verhandlungsverfahren nach den §§ 12 bis 17 findet auch dann statt, wenn die in Absatz 1 Satz 1 genannte Frist aus Gründen, die die Arbeitnehmer zu vertreten haben, überschritten wird. [2]Nach Ablauf der Frist gewählte oder bestellte Mitglieder können sich jederzeit an dem Verhandlungsverfahren beteiligen.

---

2 Vgl. *Calle Lambach*, RIW 2005, 161, 162.
3 Vgl. BT-Drucks 15/3405, S. 47.
4 BT-Drucks 15/3405, S. 47.
5 BT-Drucks 15/3405, S. 48.
6 BT-Drucks 15/3405, S. 48.
7 BT-Drucks 15/3405, S. 47.

§ 12 Sitzungen; Geschäftsordnung

(1) ¹Die Leitungen laden unverzüglich nach Benennung der Mitglieder oder im Fall des § 11 nach Ablauf der in § 11 Abs. 1 Satz 1 genannten Frist zur konstituierenden Sitzung des besonderen Verhandlungsgremiums ein und informieren die örtlichen Betriebs- und Unternehmensleitungen. ²Das besondere Verhandlungsgremium wählt aus seiner Mitte einen Vorsitzenden und mindestens zwei Stellvertreter. ³Es kann sich eine schriftliche Geschäftsordnung geben.
(2) Der Vorsitzende kann weitere Sitzungen einberufen.

§ 13 Zusammenarbeit zwischen besonderem Verhandlungsgremium und Leitungen

(1) ¹Das besondere Verhandlungsgremium schließt mit den Leitungen eine schriftliche Vereinbarung über die Beteiligung der Arbeitnehmer in der SE ab. ²Zur Erfüllung dieser Aufgabe arbeiten sie vertrauensvoll zusammen.
(2) ¹Die Leitungen haben dem besonderen Verhandlungsgremium rechtzeitig alle erforderlichen Auskünfte zu erteilen und die erforderlichen Unterlagen zur Verfügung zu stellen. ²Das besondere Verhandlungsgremium ist insbesondere über das Gründungsvorhaben und den Verlauf des Verfahrens bis zur Eintragung der SE zu unterrichten. ³Zeitpunkt, Häufigkeit und Ort der Verhandlungen werden zwischen den Leitungen und dem besonderen Verhandlungsgremium einvernehmlich festgelegt.

§ 14 Sachverständige und Vertreter von geeigneten außenstehenden Organisationen

(1) ¹Das besondere Verhandlungsgremium kann bei den Verhandlungen Sachverständige seiner Wahl, zu denen auch Vertreter von einschlägigen Gewerkschaftsorganisationen auf Gemeinschaftsebene zählen können, hinzuziehen, um sich von ihnen bei seiner Arbeit unterstützen zu lassen. ²Diese Sachverständigen können, wenn das besondere Verhandlungsgremium es wünscht, an den Verhandlungen in beratender Funktion teilnehmen.
(2) Das besondere Verhandlungsgremium kann beschließen, die Vertreter von geeigneten außenstehenden Organisationen vom Beginn der Verhandlungen zu unterrichten.

§ 15 Beschlussfassung im besonderen Verhandlungsgremium

(1) ¹Die Mitglieder des besonderen Verhandlungsgremiums, die in einem Mitgliedstaat gewählt oder bestellt werden, vertreten alle in dem jeweiligen Mitgliedstaat beschäftigten Arbeitnehmer. ²Solange aus einem Mitgliedstaat keine Mitglieder in das besondere Verhandlungsgremium gewählt oder bestellt sind (§ 11 Abs. 2), gelten die betroffenen Arbeitnehmer als nicht vertreten.
(2) ¹Das besondere Verhandlungsgremium beschließt vorbehaltlich des Absatzes 3 und § 16 Abs. 1 mit der Mehrheit seiner Mitglieder, in der zugleich die Mehrheit der vertretenen Arbeitnehmer enthalten sein muss. ²Jedes auf das Inland entfallende Mitglied vertritt gleich viele Arbeitnehmer.
(3) ¹Hätten die Verhandlungen eine Minderung der Mitbestimmungsrechte zur Folge, so ist für einen Beschluss zur Billigung einer solchen Vereinbarung eine Mehrheit von zwei Dritteln der Mitglieder des besonderen Verhandlungsgremiums erforderlich, die mindestens zwei Drittel der Arbeitnehmer in mindestens zwei Mitgliedstaaten vertreten. ²Dies gilt
1. im Fall einer SE, die durch Verschmelzung gegründet werden soll, sofern sich die Mitbestimmung auf mindestens 25 Prozent der Gesamtzahl der Arbeitnehmer der beteiligten Gesellschaften und der betroffenen Tochtergesellschaften erstreckt oder
2. im Fall einer SE, die als Holding-Gesellschaft oder als Tochtergesellschaft gegründet werden soll, sofern sich die Mitbestimmung auf mindestens 50 Prozent der Gesamtzahl der Arbeitnehmer der beteiligten Gesellschaften und der betroffenen Tochtergesellschaften erstreckt.

(4) Minderung der Mitbestimmungsrechte bedeutet, dass
1. der Anteil der Arbeitnehmervertreter im Aufsichts- oder Verwaltungsorgan der SE geringer ist als der höchste in den beteiligten Gesellschaften bestehende Anteil oder

2. das Recht, Mitglieder des Aufsichts- oder Verwaltungsorgans der Gesellschaft zu wählen, zu bestellen, zu empfehlen oder abzulehnen, beseitigt oder eingeschränkt wird.

(5) Wird eine SE durch Umwandlung gegründet, kann ein Beschluss nach Absatz 3 nicht gefasst werden.

§ 16 Nichtaufnahme oder Abbruch der Verhandlungen

(1) ¹Das besondere Verhandlungsgremium kann beschließen, keine Verhandlungen aufzunehmen oder bereits aufgenommene Verhandlungen abzubrechen. ²Für diesen Beschluss ist eine Mehrheit von zwei Dritteln der Mitglieder erforderlich, die mindestens zwei Drittel der Arbeitnehmer in mindestens zwei Mitgliedstaaten vertreten. ³Die Vorschriften für die Unterrichtung und Anhörung der Arbeitnehmer, die in den Mitgliedstaaten gelten, in denen die SE Arbeitnehmer beschäftigt, finden Anwendung.

(2) Ein Beschluss nach Absatz 1 beendet das Verfahren zum Abschluss der Vereinbarung nach § 21. Ist ein solcher Beschluss gefasst worden, finden die Regelun- gen der §§ 22 bis 33 über den SE-Betriebsrat kraft Gesetzes und der §§ 34 bis 38 über die Mitbestimmung kraft Gesetzes keine Anwendung.

(3) Wird eine SE durch Umwandlung gegründet, kann ein Beschluss nach Absatz 1 nicht gefasst werden, wenn den Arbeitnehmern der umzuwandelnden Gesellschaft Mitbestimmungsrechte zustehen.

§ 17 Niederschrift

In eine Niederschrift, die vom Vorsitzenden und einem weiteren Mitglied des besonderen Verhandlungsgremiums zu unterzeichnen ist, ist aufzunehmen

1. ein Beschluss über den Abschluss einer Vereinbarung nach § 13 Abs. 1,
2. ein Beschluss über die Nichtaufnahme oder den Abbruch der Verhandlungen nach § 16 Abs. 1 und
3. die jeweiligen Mehrheiten, mit denen die Beschlüsse gefasst worden sind.

Eine Abschrift der Niederschrift ist den Leitungen zu übermitteln.

§ 18 Wiederaufnahme der Verhandlungen

(1) ¹Frühestens zwei Jahre nach dem Beschluss nach § 16 Abs. 1 wird auf schriftlichen Antrag von mindestens 10 Prozent der Arbeitnehmer der SE, ihrer Tochtergesellschaften und Betriebe oder von deren Vertretern ein besonderes Verhandlungsgremium erneut gebildet, mit der Maßgabe, dass an die Stelle der beteiligten Gesellschaften, betroffenen Tochtergesellschaften und betroffenen Betriebe die SE, ihre Tochtergesellschaften und Betriebe treten. ²Die Parteien können eine frühere Wiederaufnahme der Verhandlungen vereinbaren.

(2) Wenn das besondere Verhandlungsgremium die Wiederaufnahme der Verhandlungen mit der Leitung der SE nach Absatz 1 beschließt, in diesen Verhandlungen jedoch keine Einigung erzielt wird, finden die §§ 22 bis 33 über den SE-Betriebsrat kraft Gesetzes und die §§ 34 bis 38 über die Mitbestimmung kraft Gesetzes keine Anwendung.

(3) ¹Sind strukturelle Änderungen der SE geplant, die geeignet sind, Beteiligungsrechte der Arbeitnehmer zu mindern, finden auf Veranlassung der Leitung der SE oder des SE-Betriebsrats Verhandlungen über die Beteiligungsrechte der Arbeitnehmer der SE statt. ²Anstelle des neu zu bildenden besonderen Verhandlungsgremiums können die Verhandlungen mit der Leitung der SE einvernehmlich von dem SE-Betriebsrat gemeinsam mit Vertretern der von der geplanten strukturellen Änderung betroffenen Arbeitnehmer, die bisher nicht von dem SE-Betriebsrat vertreten werden, geführt werden. ³Wird in diesen Verhandlungen keine Einigung erzielt, sind die §§ 22 bis 33 über den SE-Betriebsrat kraft Gesetzes und die §§ 34 bis 38 über die Mitbestimmung kraft Gesetzes anzuwenden.

(4) In den Fällen der Absätze 1 und 3 gelten die Vorschriften des Teils 2 mit der Maßgabe, dass an die Stelle der Leitungen die Leitung der SE tritt.

§ 19   Kosten des besonderen Verhandlungsgremiums

¹Die durch die Bildung und Tätigkeit des besonderen Verhandlungsgremiums entstehenden erforderlichen Kosten tragen die beteiligten Gesellschaften und nach ihrer Gründung die SE als Gesamtschuldner. ²Insbesondere sind für die Sitzungen in erforderlichem Umfang Räume, sachliche Mittel, Dolmetscher und Büropersonal zur Verfügung zu stellen sowie die erforderlichen Reise- und Aufenthaltskosten der Mitglieder des besonderen Verhandlungsgremiums zu tragen.

§ 20   Dauer der Verhandlungen

(1) ¹Die Verhandlungen beginnen mit der Einsetzung des besonderen Verhandlungsgremiums und können bis zu sechs Monate dauern. ²Einsetzung bezeichnet den Tag, zu dem die Leitungen zur konstituierenden Sitzung des besonderen Verhandlungsgremiums eingeladen haben.

(2) Die Parteien können einvernehmlich beschließen, die Verhandlungen über den in Absatz 1 genannten Zeitraum hinaus bis zu insgesamt einem Jahr ab der Einsetzung des besonderen Verhandlungsgremiums fortzusetzen.

Literatur: *Grobys*, Das geplante Umsetzungsgesetz zur Beteiligung von Arbeitnehmern in der Europäischen Aktiengesellschaft, NZA 2004, 779; *Heinze/Seifert/Teichmann*, Verhandlungssache: Arbeitnehmerbeteiligung in der SE, BB 2005, 2524; *Herfs-Röttgen*, Probleme der Arbeitnehmerbeteiligung in der Europäischen Aktiengesellschaft, NZA 2002, 358; *Kallmeyer*, Die Beteiligung der Arbeitnehmer in einer Europäischen Gesellschaft, ZIP 2004, 1442; *Kleinsorge*, Europäische Gesellschaft und Beteiligungsrechte der Arbeitnehmer, RdA 2002, 343; *Manz/Mayer/Schröder*, Europäische Aktiengesellschaft SE, 2005; *Reichert/Brandes*, Mitbestimmung der Arbeitnehmer in der SE – Gestaltungsfreiheit und Bestandsschutz, ZGR 2003, 767; *Wollburg/Banerjea*, Die Reichweite der Mitbestimmung in der Europäischen Gesellschaft, ZIP 2005, 277

A. Allgemeines

Die §§ 11 bis 20 regeln das **Verfahren der Verhandlung über die AN-Beteiligung** in der SE. Ziel der Verhandlungen zwischen dem BVG und der Leitung ist eine einvernehmliche Festlegung der AN-Beteiligung in der SE.

B. Regelungsgehalt

Das BVG muss innerhalb einer angemessenen Zeit gebildet werden, weil die SE erst in das **Handelsregister** eingetragen werden kann, wenn feststeht, ob und in welcher Form die **Mitwirkungsrechte** der AN in der neuen Gesellschaft realisiert werden.¹ Gem. § 11 Abs. 1 soll die Wahl oder die Bestellung der Mitglieder des BVG innerhalb von zehn Wochen nach Erhalt der notwendigen Informationen erfolgen. Welche Dokumente die AG-Seite vorlegen muss, ergibt sich aus § 4 Abs. 3. Wird die Zehn-Wochen-Frist aus Gründen, die die AN zu vertreten haben, überschritten, kann die AG-Seite gem. §§ 11 Abs. 2, 12 Abs. 1 trotzdem zur konstituierenden Sitzung einladen und damit die Einsetzung des BVG herbeiführen.² Dies führt dazu, dass das Verhandlungsverfahren mit einem nicht vollständig besetzten BVG beginnt. Auch in diesem Fall läuft die Verhandlungsfrist von sechs Monaten gem. § 20 Abs. 1. Wird das BVG gar nicht oder verspätet gebildet, so besteht keine oder nur eine eingeschränkte Gelegenheit, eine Vereinbarung über die Beteiligung der AN nach § 13 Abs. 1 abzuschließen. Verzögerungen, die nicht von den AN zu vertreten sind, führen zu einer Verzögerung der Eintragung der Gesellschaft.

Für die Verhandlungspartner wird mit § 13 Abs. 1 S. 2 der Grundsatz der vertrauensvollen Zusammenarbeit aus dem BetrVG in das SEBG übertragen. Strittige Fragen sollen beide Seiten mit dem ernsthaften Willen zur Einigung behandeln und Vorschläge für die Beilegung von Meinungsverschiedenheiten machen.³ Gem. § 13 Abs. 2 muss das BVG von den Leitungen rechtzeitig die für die Verhandlung erforderlichen Auskünfte und Unterlagen erhalten. Hierzu gehören insb. Informationen über das Gründungsvorhaben und den Verlauf des Verfahrens bis zur Eintragung der SE. Das BVG und die Leitungen entscheiden gemeinsam über Zeitpunkt, Häufigkeit und Ort der Verhandlungen.

Gem. § 14 kann das BVG zu den Verhandlungen **SV** hinzuziehen. Diese können auch Vertreter von einschlägigen gemeinschaftsweit tätigen Gewerkschaften sein.

Das BVG muss der **Vereinbarung über die AN-Beteiligung** gem. § 15 mittels eines Beschlusses zustimmen. Das BVG beschließt grds. mit der Mehrheit seiner Mitglieder, wobei weiterhin vorausgesetzt wird, dass diese die absolute

---

1 Vgl. *Grobys*, NZA 2004, 779.
2 Vgl. *Kallmeyer*, ZIP 2004, 1442, 1443.
3 Vgl. BT-Drucks 15/3405, S. 49.

Mehrheit der AN vertreten. Jedes deutsche Mitglied vertritt dabei gleich viele AN. Ausnahmsweise ist eine qualifizierte Mehrheit von zwei Dritteln der Mitglieder, die zwei Drittel der AN vertreten und aus mindestens zwei Mitgliedstaaten kommen müssen, erforderlich, wenn die Verhandlungen gem. § 16 **abgebrochen bzw. nicht aufgenommen** werden sollen. Folge des Nichtaufnahme- bzw. Abbruchsbeschlusses ist, dass die Bestimmungen über den SE-BR kraft Gesetzes und die Unternehmensmitbestimmung kraft Gesetzes nicht eingreifen. Auf der betrieblichen Ebene bleibt es dann bei möglicherweise bestehenden Beteiligungsrechten nach dem BetrVG oder den nationalen Regelungen anderer Mitgliedstaaten. Außerdem bleibt es in diesen Fällen gem. § 47 Abs. 1 Nr. 2 bei der Anwendbarkeit des EBRG. Auf Unternehmensebene hat der Abbruchs- oder Nichtaufnahmebeschluss dagegen zur Folge, dass die SE mitbestimmungsfrei bleibt.

6 Das Erfordernis der Zweidrittelmehrheit gilt gem. § 15 Abs. 3 auch, wenn eine **Minderung von Mitbestimmungsrechten** vereinbart werden soll, allerdings nur, sofern bei einer SE-Gründung durch **Verschmelzung** zuvor 25 % und bei einer SE-Gründung durch Gründung einer **Holding oder Tochter** zuvor mindestens 50 % der AN der Mitbestimmung unterlagen. Eine Minderung der Mitbestimmung liegt gem. § 15 Abs. 4 Nr. 1 vor, wenn im Aufsichts- oder Verwaltungsorgan der SE weniger AN vertreten sind als in der beteiligten Gesellschaft, die den höchsten AN-Anteil in diesen Organen hat. Außerdem liegt gem. § 15 Abs. 4 Nr. 2 eine Verringerung der Mitbestimmung vor, wenn das Recht, Mitglieder des Aufsichts- oder Verwaltungsorgans der Gesellschaft zu wählen, zu bestellen, zu empfehlen oder abzulehnen beseitigt oder eingeschränkt wird. Mit dieser weiten Missbrauchsklausel geht der Gesetzgeber noch über die RL hinaus.[4]

7 Noch weiter gehend ist die Perpetuierung der Mitbestimmung, wenn die SE im Wege der **Umwandlung** gegründet wird. Beschlüsse nach §§ 15 Abs. 5 und 16 Abs. 3 sind bei dieser Gründungsalternative ausgeschlossen. D.h. das BVG kann weder einen Beschluss über den Verzicht oder die Minderung von Mitbestimmungsrechten fassen, noch über die Nichtaufnahme oder den Abbruch von Verhandlungen, sofern in der umzuwandelnden Gesellschaft Mitbestimmungsrechte der AN bestehen.

8 Der Beschluss des BVG über die Nichtaufnahme oder den Abbruch von Verhandlungen ist nicht endgültig. Frühestens zwei Jahre nach der Beschlussfassung besteht gem. § 18 Abs. 1 die Möglichkeit, dass auf Antrag der AN erneut ein BVG eingesetzt wird. Dieser Antrag muss schriftlich von mindestens 10 % der AN der SE gestellt werden. Das neu gebildete BVG beschließt dann über die **Wiederaufnahme** der Verhandlungen. Es bleibt allerdings gem. § 18 Abs. 2 dabei, dass die gesetzliche Auffangregelung nicht anwendbar ist, auch wenn die erneuten Verhandlungen wiederum scheitern. Die Mitbestimmung in den Organen der SE kann in diesem Fall nur durch eine Vereinbarung der Parteien nach § 21 eingeführt werden.

9 Ebenfalls Anlass für Neuverhandlungen können gem. § 18 Abs. 3 strukturelle Veränderungen der SE sein, die zur Minderung von Mitbestimmungsrechten führen können. Das ist dann der Fall, wenn die SE ein Unternehmen aufnehmen will, in dem höhere Beteiligungs- bzw. Mitbestimmungsstandards bestehen als in der SE. In diesem Fall bleibt es der Leitung oder dem SE-BR überlassen, die Einleitung von neuen Verhandlungen zu veranlassen. Anders als im Fall des § 18 Abs. 1 gelten im Falle des Scheiterns der Verhandlungen die gesetzlichen Auffangregelungen über die Beteiligung der AN.

10 Ein **Ansteigen der AN-Zahlen** durch Neueinstellungen, ebenso wie nicht unter § 18 Abs. 3 zu subsumierende Fälle der Akquisition von Gesellschaften oder des Betriebsübergangs, können dagegen nicht zu einer Änderung des Mitbestimmungsumfangs der SE führen. Dies ergibt sich aus der Erwägung (18) der SE-RL, die allein von der „Sicherung erworbener Rechte" und von den „vor der Gründung der SE bestehenden Rechten" als Ausgangspunkt für die Gestaltung der Mitbestimmung ausgeht. Damit wird nur der Bestandsschutz der bereits vorhandenen Form der Mitbestimmung gewährleistet,[5] nicht aber das künftige Erreichen der (möglicherweise paritätischen) Mitbestimmung.[6] Wollte man dennoch das Ansteigen der AN-Zahlen berücksichtigen, so würde sich die Frage stellen, welche Mitbestimmungsschwellen relevant sein sollen. Die Schwellen des deutschen Mitbestimmungsrechts können es nicht sein, weil dieses gem. § 47 Abs. 1 Nr. 1 sowie gem. Art. 13 Abs. 2 SE-RL nicht auf die SE anwendbar sind.[7] Die Konsequenz des Einfrierens des Mitbestimmungsstandards zum Zeitpunkt der Gründung der SE ist insoweit problematisch,[8] als sie auch für das Absinken des AN-Bestandes gelten dürfte.[9] Dies führt zu einem erheblichen Mangel der Attraktivität der Rechtsform der SE.

11 Vorteilhaft dagegen ist die Möglichkeit der **Sitzverlegung** der SE ohne eine Änderung des Mitbestimmungsstatus vorzusehen. Diese Möglichkeit ergibt sich aus §§ 12 ff. und Art. 8 SE-VO.[10]

---

4 Vgl. *Grobys*, NZA 2004, 779, 781; *Manz/Mayer/Schröder-Hennings*, Art. 3 SE-RL, Rn 95 hält die Regelung für richtlinienwidrig, weist aber darauf hin, dass die Gerichte die Vorschrift trotzdem anwenden müssen, weil eine richtlinienkonforme Auslegung aufgrund des klaren Wortlauts nicht möglich ist.
5 *Reichert/Brandes*, ZGR 2003, 767 ff.
6 *Wollburg/Banerjea*, ZIP 2005, 277, 282.
7 BT-Drucks 15/3405, S. 41, 57; vgl. auch *Wollburg/Banerjea*, ZIP 2005, 277, 282.
8 Vgl. *Herfs-Röttgen*, NZA 2002, 358, 365.
9 So *Wollburg/Banerjea*, ZIP 2005, 277, 282 f.; *Kleinsorge*, RdA 2002, 343, 351.
10 Vgl. *Wollburg/Banerjea*, ZIP 2005, 277, 283; *Wollburg/Banerjea*, ZIP 2005, 277, 282.

Die **Sachkosten** des BVG tragen gem. § 19 die Gründungsgesellschaften der SE. Die SE selbst haftet nach ihrer Gründung für diese Kosten gemeinsam mit den Gründungsgesellschaften. Neben den Kosten für erforderliche Räume, Sachmittel, Dolmetscher, Büropersonal, Reise- und Aufenthaltskosten gehören dazu die Kosten für nach § 14 hinzugezogene SV. § 19 trifft dabei keine besondere Regelung zu dem gem. Art. 3 Abs. 5 SE-RL bestehenden Recht des BVG, SV seiner Wahl hinzuzuziehen. In der Gesetzesbegründung wird auf § 40 BetrVG verwiesen, der nach der Rspr. (vgl. § 40 BetrVG Rn 8) dem BR ebenfalls das Recht gewährt,[11] im erforderlichen Umfang SV hinzuzuziehen. Gegenüber § 16 Abs. 1 S. 2 EBRG wurde die Kostentragungspflicht der beteiligten Gesellschaften und der SE nicht auf einen SV beschränkt. Die Kostenübernahme für weitere SV kommt aber nur im engen Rahmen des Erforderlichen in Betracht.

Teil 3: Beteiligung der Arbeitnehmer in der SE

Kapitel 1: Beteiligung der Arbeitnehmer kraft Vereinbarung

§ 21 Inhalt der Vereinbarung

(1) In der schriftlichen Vereinbarung zwischen den Leitungen und dem besonderen Verhandlungsgremium wird, unbeschadet der Autonomie der Parteien im Übrigen und vorbehaltlich des Absatzes 6, festgelegt:
1. der Geltungsbereich der Vereinbarung, einschließlich der außerhalb des Hoheitsgebietes der Mitgliedstaaten liegenden Unternehmen und Betriebe, sofern diese in den Geltungsbereich einbezogen werden;
2. die Zusammensetzung des SE-Betriebsrats, die Anzahl seiner Mitglieder und die Sitzverteilung, einschließlich der Auswirkungen wesentlicher Änderungen der Zahl der in der SE beschäftigten Arbeitnehmer;
3. die Befugnisse und das Verfahren zur Unterrichtung und Anhörung des SE-Betriebsrats;
4. die Häufigkeit der Sitzungen des SE-Betriebsrats;
5. die für den SE-Betriebsrat bereitzustellenden finanziellen und materiellen Mittel;
6. der Zeitpunkt des Inkrafttretens der Vereinbarung und ihre Laufzeit; ferner die Fälle, in denen die Vereinbarung neu ausgehandelt werden soll und das dabei anzuwendende Verfahren.

(2) [1]Wenn kein SE-Betriebsrat gebildet wird, haben die Parteien die Durchführungsmodalitäten des Verfahrens oder der Verfahren zur Unterrichtung und Anhörung festzulegen. [2]Absatz 1 gilt entsprechend.

(3) [1]Für den Fall, dass die Parteien eine Vereinbarung über die Mitbestimmung treffen, ist deren Inhalt festzulegen. [2]Insbesondere soll Folgendes vereinbart werden:
1. die Zahl der Mitglieder des Aufsichts- oder Verwaltungsorgans der SE, welche die Arbeitnehmer wählen oder bestellen können oder deren Bestellung sie empfehlen oder ablehnen können;
2. das Verfahren, nach dem die Arbeitnehmer diese Mitglieder wählen oder bestellen oder deren Bestellung empfehlen oder ablehnen können und
3. die Rechte dieser Mitglieder.

(4) [1]In der Vereinbarung soll festgelegt werden, dass auch vor strukturellen Änderungen der SE Verhandlungen über die Beteiligung der Arbeitnehmer in der SE aufgenommen werden. [2]Die Parteien können das dabei anzuwendende Verfahren regeln.

(5) Die Vereinbarung kann bestimmen, dass die Regelungen der §§ 22 bis 33 über den SE-Betriebsrat kraft Gesetzes und der §§ 34 bis 38 über die Mitbestimmung kraft Gesetzes ganz oder in Teilen gelten.

(6) [1]Unbeschadet des Verhältnisses dieses Gesetzes zu anderen Regelungen der Mitbestimmung der Arbeitnehmer im Unternehmen muss in der Vereinbarung im Fall einer durch Umwandlung gegründeten SE in Bezug auf alle Komponenten der Arbeitnehmerbeteiligung zumindest das gleiche Ausmaß gewährleistet werden, das in der Gesellschaft besteht, die in eine SE umgewandelt werden soll. [2]Dies gilt auch bei einem Wechsel der Gesellschaft von einer dualistischen zu einer monistischen Organisationsstruktur und umgekehrt.

---

11 BR-Drucks 438/04, S. 127.

Literatur: *Grobys*, SE-Betriebsrat und Mitbestimmung in der Europäischen Gesellschaft, NZA 2005, 84; *Heinze/Seifert/Teichmann*, Verhandlungssache: Arbeitnehmerbeteiligung in der SE, BB 2005, 2524; *Herfs-Röttgen*, Probleme der Arbeitnehmerbeteiligung in der Europäischen Aktiengesellschaft, NZA 2002, 358; *Ihrig/Wagner*, Das Gesetz zur Einführung der Europäischen Gesellschaft (SEEG) auf der Zielgeraden, BB 2004, 1749; *Kallmeyer*, Die Beteiligung der Arbeitnehmer in einer Europäischen Gesellschaft, ZIP 2004, 1442; *Manz/Mayer/Schröder*, Europäische Aktiengesellschaft SE, 2005; *Nagel*, Die Mitbestimmung bei der formwechselnden Umwandlung einer deutschen AG in eine europäische Gesellschaft, AuR 2007, 329; *Oetker*, Unternehmensmitbestimmung in der SE kraft Vereinbarung, ZIP 2006, 1113; *Sandmann*, Die Euro-Betriebsrats-Richtlinie 94/45/EG, 1996; *Wisskirchen/Prinz*, Das Gesetz über die Beteiligung der Arbeitnehmer in einer Europäischen Gesellschaft (SE), DB 2004, 2638

A. Allgemeines

1 Gem. § 21 können die Parteien eine **Vereinbarung über die Beteiligung der AN** treffen. Hinsichtlich des Inhalts der Vereinbarung ist zwischen der Beteiligung auf betrieblicher Ebene und der Mitbestimmung in den Unternehmensorganen zu unterscheiden. Auf betrieblicher Ebene muss die Vereinbarung entweder die Errichtung eines SE-BR oder die Schaffung eines gleichwertigen Verfahrens zur Unterrichtung und Anhörung der AN vorsehen. Die Einrichtung einer speziellen AN-Vertretung kann damit auch durch Regelungen über eine unmittelbare Kommunikation zwischen der Unternehmensleitung der SE und deren Beschäftigen ersetzt werden. Die Einrichtung eines EBR ist daneben gem. § 47 Abs. 1 Nr. 2 ausgeschlossen. Bereits vorhandene EBR werden mit Inkrafttreten der Vereinbarung gegenstandslos.[1] Aus dem Gebot, mit dem Willen zur Verständigung zu verhandeln, folgt unmittelbar, dass der Abschluss einer Vereinbarung nicht mit Arbeitskämpfen erzwungen werden darf.[2] Dies ergibt sich auch daraus, dass Art. 7 SE-RL eine Auffanglösung für den Fall des Scheiterns der Verhandlungen geschaffen hat.[3]

B. Regelungsgehalt

2 Wollen die Parteien die Beteiligung der AN abweichend von §§ 22 ff. bzw. 34 ff. regeln, so müssen sie hierüber eine **schriftliche Vereinbarung**[4] gem. § 21 schließen. Der Inhalt der Vereinbarung wird in § 21 genauestens geregelt. Er unterliegt zwar entsprechend der Vereinbarung zum EBR nach dem EBRG grds. der Privatautonomie der Parteien. Allerdings stellt § 21 eine Liste von Punkten auf, die in jedem Fall geregelt werden müssen, so etwa der Geltungsbereich der Vereinbarung, die Zusammensetzung und Befugnisse des SE-BR, die Durchführung der Unterrichtungs- und Anhörungsverfahren, wenn kein SE-BR gebildet wird und der Inhalt der Unternehmensmitbestimmung, sofern diese grds. vereinbart wird.[5]

3 Eine weitere Einschränkung der Vertragsfreiheit ergibt sich aus § 21 Abs. 6: Bei einer SE, die durch **Umwandlung** gegründet wird, darf die Vereinbarung keine Abstriche bei der Beteiligung der AN vorsehen.[6] Unabhängig von der Organisationsstruktur der SE müssen die in der Gründungsgesellschaft bestehenden Mitbestimmungsrechte erhalten bleiben. Dies gilt nach § 21 Abs. 6 S. 2 auch bei einem Wechsel zwischen **dualistischer und monistischer Unternehmensverfassung**. Führt dies dazu, dass bspw. die Mitbestimmung nach dem MitbestG in den Verwaltungsrat der monistisch verfassten SE übertragen wird, so liegt hierin nicht nur eine Mitbestimmungserhaltung, sondern eine verfassungsrechtlich bedenkliche Mitbestimmungsausweitung, weil eine AN-Beteiligung im Leitungsorgan materiell weiter gehend ist, als eine Beteiligung im Aufsichtsorgan.

4 Die Vereinbarung über die AN-Beteiligung soll auch **neue Verhandlungen** für den Fall vorsehen, dass es zu strukturellen Änderungen der SE kommt. Durch diese Soll-Vorschrift geht der Gesetzgeber über die Vorgaben der RL hinaus. Daher kann bei richtlinienkonformer Auslegung die Vereinbarung über die AN-Beteiligung auch ohne die Regelung von Neuverhandlungen wirksam abgeschlossen werden.[7]

C. Beraterhinweise

5 Aus dem Wortlaut des § 21 Abs. 3 ergibt sich, dass die Parteien grds. frei darüber entscheiden können, ob sie in der Vereinbarung über die AN-Beteiligung auch eine Regelung über die Unternehmensmitbestimmung treffen. Das Recht der Unternehmensmitbestimmung wird damit mit Ausnahme der SE-Gründung durch Umwandlung allein der Entscheidungsfreiheit der Beteiligten überlassen. Sowohl bei der SE-Gründung durch Verschmelzung als auch durch Holdinggründung kann die SE daher eingetragen werden, sobald eine Vereinbarung über die Einrichtung des SE-BR oder über ein Verfahren zur Unterrichtung und Anhörung der AN getroffen wurde.

---

1 *Grobys*, NZA 2005, 84, 88.
2 Vgl. *Manz/Mayer/Schröder*-Hennings, Art. 4 SE-RL, Rn 2; So auch *Sandmann*, S. 199 Fn 682 zu Art. 6 Abs. 1 EBR-RL.
3 *Herfs-Röttgen*, NZA 2002, 358, 364.
4 Eine Mustervereinbarung findet sich bei *Heinze/Seifert/Teichmann*, BB 2005, 2524.
5 Vgl. *Oetker*, ZIP 2006, 1113 ff.
6 Vgl. *Nagel*, AuR 2007, 329.
7 Vgl. *Wisskirchen/Prinz*, DB 2004, 2638, 2640, sowie zum Widerspruch zwischen SEBG und RL 2001/86/EG *Kallmeyer*, ZIP 2004, 1442, 1444.

Die Pflicht zur Übertragung aller Komponenten der AN-Beteiligung in die Mitbestimmungsvereinbarung im Fall der SE-Gründung durch Umwandlung bedeutet nur eine Pflicht zur Übernahme der proportionalen Beteiligung der AN im Aufsichts- oder Verwaltungsorgan der Gesellschaft.[8] Art. 2k der SE-RL und § 2 Abs. 12 definieren die Mitbestimmung ausschließlich als das Recht der AN, eine bestimmte Anzahl von AN-Vertretern in die Unternehmensorgane zu entsenden, hierdurch wird nicht die Verpflichtung begründet, eine bestimmte Größe des Aufsichts- oder Verwaltungsorgans beizubehalten.[9] Wird eine deutsche, dem MitbestG unterliegende AG umgewandelt, so müssen demzufolge die Regelungen über die Größe des AR nicht in die Mitbestimmungsvereinbarung übernommen werden. Dasselbe gilt z.B. für im MitbestG vorgesehene Verfahren zur Bestellung und zur Abberufung von Organvertretern.

Es ist zu beachten, dass gem. Art. 12 Abs. 4 der SE-VO die Satzungsbestimmungen der SE im Einklang mit der Mitbestimmungsvereinbarung stehen müssen. Sieht die Vereinbarung bspw. eine Drittelbeteiligung vor, so muss die Satzung eine durch drei teilbare Mitgliederzahl des Aufsichts- oder Verwaltungsrats vorsehen. Stimmt die Satzung nicht mit der Regelung über die Mitbestimmung überein, so muss sie durch einen Beschluss der Hauptversammlung an die Beteiligungsvereinbarung angepasst werden.

Das SEBG enthält keine Regelungen zur Beschlussfassung der Unternehmensseite über die Mitbestimmungsvereinbarung. Zur Verbindlichkeit der Vereinbarung ist es erforderlich, dass sie von allen Leitungen der beteiligten Gesellschaften nach den jeweiligen Bestimmungen über die rechtsgeschäftliche Vertretung wirksam unterzeichnet wird.[10]

Kapitel 2: Beteiligung der Arbeitnehmer kraft Gesetzes

Abschnitt 1: SE–Betriebsrat kraft Gesetzes

Unterabschnitt 1: Bildung und Geschäftsführung

§ 22 Voraussetzung

(1) Die Regelungen der §§ 23 bis 33 über den SE-Betriebsrat kraft Gesetzes finden ab dem Zeitpunkt der Eintragung der SE Anwendung, wenn
1. die Parteien dies vereinbaren oder
2. bis zum Ende des in § 20 angegebenen Zeitraums keine Vereinbarung zustande gekommen ist und das besondere Verhandlungsgremium keinen Beschluss nach § 16 gefasst hat.

(2) Absatz 1 gilt entsprechend im Fall des § 18 Abs. 3.

§ 23 Errichtung des SE-Betriebsrats

(1) ¹Zur Sicherung des Rechts auf Unterrichtung und Anhörung in der SE ist ein SE-Betriebsrat zu errichten. ²Dieser setzt sich aus Arbeitnehmern der SE, ihrer Tochtergesellschaften und Betriebe zusammen. ³Für die Errichtung des SE-Betriebsrats gelten § 5 Abs. 1, § 6 Abs. 1 und 2 Satz 2 und 3, die §§ 7 bis 10 und 11 Abs. 1 Satz 2 und 3 entsprechend mit der Maßgabe, dass an die Stelle der beteiligten Gesellschaften, betroffenen Tochtergesellschaften und betroffenen Betriebe die SE, ihre Tochtergesellschaften und Betriebe treten. ⁴Im Fall des § 22 Abs. 1 Nummer 2 ist für die Feststellung der Zahl der beschäftigten Arbeitnehmer das Ende des in § 20 angegebenen Zeitraums maßgeblich. ⁵Die Mitgliedschaft im SE-Betriebsrat beginnt mit der Wahl oder Bestellung. ⁶Die Dauer der Mitgliedschaft der aus dem Inland kommenden Mitglieder beträgt vier Jahre, wenn sie nicht durch Abberufung oder aus anderen Gründen vorzeitig endet. ⁷Für die Abberufung gelten die §§ 8 bis 10 entsprechend mit der Maßgabe, dass an die Stelle der beteiligten Gesellschaften, betroffenen Tochtergesellschaften und betroffenen Betriebe die SE, ihre Tochtergesellschaften und Betriebe treten.

(2) ¹Die Leitung der SE lädt unverzüglich nach Benennung der Mitglieder zur konstituierenden Sitzung des SE-Betriebsrats ein. ²Der SE-Betriebsrat wählt aus seiner Mitte einen Vorsitzenden und dessen Stellvertreter.

---

8 Vgl. *Grobys*, NZA 2005, 84, 88.
9 Vgl. *Ihrig/Wagner*, BB 2004, 1749, 1755.
10 *Grobys*, NZA 2005, 84, 88.

(3) ¹Der Vorsitzende oder im Fall seiner Verhinderung der Stellvertreter vertritt den SE-Betriebsrat im Rahmen der von ihm gefassten Beschlüsse. ²Zur Entgegennahme von Erklärungen, die dem SE-Betriebsrat gegenüber abzugeben sind, ist der Vorsitzende oder im Fall seiner Verhinderung der Stellvertreter berechtigt.

(4) ¹Der SE-Betriebsrat bildet aus seiner Mitte einen Ausschuss von drei Mitgliedern, dem neben dem Vorsitzenden zwei weitere zu wählende Mitglieder angehören. ²Der Ausschuss führt die laufenden Geschäfte des SE-Betriebsrats (geschäftsführender Ausschuss).

§ 24 Sitzungen und Beschlüsse

(1) Der SE-Betriebsrat soll sich eine schriftliche Geschäftsordnung geben, die er mit der Mehrheit seiner Mitglieder beschließt.

(2) ¹Vor Sitzungen mit der Leitung der SE ist der SE-Betriebsrat oder der geschäftsführende Ausschuss – gegebenenfalls in der nach § 29 Abs. 3 erweiterten Zusammensetzung – berechtigt, in Abwesenheit der Vertreter der Leitung der SE zu tagen. ²Mit Einverständnis der Leitung der SE kann der SE-Betriebsrat weitere Sitzungen durchführen. ³Die Sitzungen des SE-Betriebsrats sind nicht öffentlich.

(3) ¹Der SE-Betriebsrat ist beschlussfähig, wenn mindestens die Hälfte seiner Mitglieder anwesend ist. ²Die Beschlüsse des SE-Betriebsrats werden, soweit in diesem Gesetz nichts anderes bestimmt ist, mit der Mehrheit der anwesenden Mitglieder gefasst.

§ 25 Prüfung der Zusammensetzung des SE-Betriebsrats

¹Alle zwei Jahre, vom Tage der konstituierenden Sitzung des SE-Betriebsrats an gerechnet, hat die Leitung der SE zu prüfen, ob Änderungen der SE und ihrer Tochtergesellschaften und Betriebe, insbesondere bei den Arbeitnehmerzahlen in den einzelnen Mitgliedstaaten eingetreten sind. ²Sie hat das Ergebnis dem SE-Betriebsrat mitzuteilen. ³Ist danach eine andere Zusammensetzung des SE-Betriebsrats erforderlich, veranlasst dieser bei den in den jeweiligen Mitgliedstaaten zuständigen Stellen, dass die Mitglieder des SE-Betriebsrats in diesen Mitgliedstaaten neu gewählt oder bestellt werden. ⁴Mit der neuen Wahl oder Bestellung endet die Mitgliedschaft der bisherigen Arbeitnehmervertreter aus diesen Mitgliedstaaten.

§ 26 Beschluss zur Aufnahme von Neuverhandlungen

(1) Vier Jahre nach seiner Einsetzung hat der SE-Betriebsrat mit der Mehrheit seiner Mitglieder einen Beschluss darüber zu fassen, ob über eine Vereinbarung nach § 21 verhandelt werden oder die bisherige Regelung weiter gelten soll.

(2) ¹Wird der Beschluss gefasst, über eine Vereinbarung nach § 21 zu verhandeln, so gelten die §§ 13 bis 15, 17, 20 und 21 entsprechend mit der Maßgabe, dass an die Stelle des besonderen Verhandlungsgremiums der SE-Betriebsrat tritt. ²Kommt keine Vereinbarung zustande, findet die bisherige Regelung weiter Anwendung.

Literatur: *Manz/Mayer/Schröder*, Europäische Aktiengesellschaft SE, 2005; *Rehwinkel*, Die gesetzliche Auffanglösung der Unternehmensmitbestimmung in der Europäischen Aktiengesellschaft, ZESAR 2008, 74 ff.

A. Allgemeines

1 Blockiert ein Verhandlungspartner die Verhandlungen über die Mitbestimmung in der SE, so gelangen die **gesetzlichen Regelungen zur Beteiligung der AN** gem. §§ 22 ff. und 34 ff. zur Anwendung.[1] Das BVG ist deshalb nicht in der Lage, die Gründung einer SE durch eine Blockade des Verhandlungsverfahrens zu verhindern, hat aber wegen der Festschreibung des höchsten Niveaus der Mitbestimmung durch die Auffangregelung eine überlegene Verhandlungsposition. Die Vorschriften der §§ 23 bis 33 für den SE-BR kommen gem. § 22 zur Anwendung, wenn die Parteien dies vereinbaren oder wenn der Verhandlungszeitraum nach § 20 Abs. 1 von sechs bzw. zwölf Monaten überschritten ist und ein förmlicher Beschluss über die Nichtaufnahme oder den Abbruch der Verhandlungen nach § 16 Abs. 1 durch das BVG nicht beschlossen worden ist.

---

1 Vgl. *Rehwinkel*, ZESAR 2008, 74.

B. Regelungsgehalt

Der **SE-BR kraft Gesetzes** wird ebenso gebildet wie das BVG, also grds. durch die AN-Vertreter der verschiedenen beteiligten Gesellschaften bestimmt. Das Gesetz verweist in § 23 Abs. 1 auf die entsprechenden Vorschriften zur Bildung des BVG. Die Verweisung umfasst nicht die zwangsweise Beteiligung externer Gewerkschaftsvertreter, da gem. Teil 1a der Auffangregelung zu Art. 7 SE-RL die Mitglieder des SE-BR AN der SE, ihrer Tochtergesellschaften und Betriebe sein müssen.[2] Weiterhin ist nicht mehr auf die Gründungsgesellschaften abzustellen, sondern auf die SE selbst und ihre Tochtergesellschaften und Betriebe. Als Stichtag für die Berechnung der AN-Zahlen ist gem. § 23 Abs. 1 S. 3 der Zeitpunkt maßgeblich, zu dem das Verhandlungsverfahren endet. Die Dauer der Mitgliedschaft im SE-BR ist gem. 23 Abs. 1 S. 6 auf vier Jahre begrenzt, wenn sie nicht durch Abberufung oder aus anderen Gründen vorzeitig endet. Der SE-BR wählt aus seiner Mitte einen Vorsitzenden und dessen Stellvertreter und bildet einen geschäftsführenden Ausschuss. Gem. § 24 Abs. 1 soll der SE-BR sich eine Geschäftsordnung geben.

Gem. § 25 muss die Zusammensetzung des SE-BR alle zwei Jahre überprüft werden. Veränderungen muss die Leitung dem SE-BR mitteilen und ggf. veranlasst dieser bei den zuständigen Stellen in den jeweiligen Mitgliedstaaten, dass die Mitglieder des SE-BR in den jeweiligen Mitgliedstaaten neu gewählt oder bestellt werden.

Vier Jahre nach Einsetzung des SE-BR hat er gem. § 26 einen Beschluss darüber zu fassen, ob die Vereinbarung über die Mitbestimmung beibehalten werden soll, oder ob Verhandlungen über eine neue Vereinbarung geführt werden sollen. Entscheidet der SE-BR sich für neue Verhandlungen, so tritt er als Verhandlungspartner an die Stelle des BVG. Kommt es nicht zu einer neuen Vereinbarung, so gilt die alte weiter.

Unterabschnitt 2: Aufgaben

§ 27 Zuständigkeiten des SE-Betriebsrats

Der SE-Betriebsrat ist zuständig für die Angelegenheiten, die die SE selbst, eine ihrer Tochtergesellschaften oder einen ihrer Betriebe in einem anderen Mitgliedstaat betreffen oder die über die Befugnisse der zuständigen Organe auf der Ebene des einzelnen Mitgliedstaats hinausgehen.

§ 28 Jährliche Unterrichtung und Anhörung

(1) [1]Die Leitung der SE hat den SE-Betriebsrat mindestens einmal im Kalenderjahr in einer gemeinsamen Sitzung über die Entwicklung der Geschäftslage und die Perspektiven der SE unter rechtzeitiger Vorlage der erforderlichen Unterlagen zu unterrichten und ihn anzuhören. [2]Zu den erforderlichen Unterlagen gehören insbesondere
1. die Geschäftsberichte,
2. die Tagesordnung aller Sitzungen des Leitungsorgans und des Aufsichts- oder Verwaltungsorgans,
3. die Kopien aller Unterlagen, die der Hauptversammlung der Aktionäre vorgelegt werden.

(2) Zu der Entwicklung der Geschäftslage und den Perspektiven im Sinne von Absatz 1 gehören insbesondere
1. die Struktur der SE sowie die wirtschaftliche und finanzielle Lage;
2. die voraussichtliche Entwicklung der Geschäfts-, Produktions- und Absatzlage;
3. die Beschäftigungslage und ihre voraussichtliche Entwicklung;
4. Investitionen (Investitionsprogramme);
5. grundlegende Änderungen der Organisation;
6. die Einführung neuer Arbeits- und Fertigungsverfahren;
7. die Verlegung von Unternehmen, Betrieben oder wesentlichen Betriebsteilen sowie Verlagerungen der Produktion;
8. Zusammenschlüsse oder Spaltungen von Unternehmen oder Betrieben;
9. die Einschränkung oder Stilllegung von Unternehmen, Betrieben oder wesentlichen Betriebsteilen;
10. Massenentlassungen.

(3) Die Leitung der SE informiert die Leitungen über Ort und Tag der Sitzung.

---

2 *Manz/Mayer/Schröder-Hennings*, Auffangregelung Teil 1 SE-RL, Rn 20.

§ 29 Unterrichtung und Anhörung über außergewöhnliche Umstände

(1) ¹Über außergewöhnliche Umstände, die erhebliche Auswirkungen auf die Interessen der Arbeitnehmer haben, hat die Leitung der SE den SE-Betriebsrat rechtzeitig unter Vorlage der erforderlichen Unterlagen zu unterrichten. ²Als außergewöhnliche Umstände gelten insbesondere
1. die Verlegung oder Verlagerung von Unternehmen, Betrieben oder wesentlichen Betriebsteilen;
2. die Stilllegung von Unternehmen, Betrieben oder wesentlichen Betriebsteilen;
3. Massenentlassungen.

(2) Der SE-Betriebsrat hat das Recht, auf Antrag mit der Leitung der SE oder den Vertretern einer anderen zuständigen, mit eigenen Entscheidungsbefugnissen ausgestatteten Leitungsebene innerhalb der SE zusammenzutreffen, um zu den außergewöhnlichen Umständen angehört zu werden.

(3) ¹Auf Beschluss des SE-Betriebsrats stehen die Rechte nach Absatz 2 dem geschäftsführenden Ausschuss (§ 23 Abs. 4) zu. ²Findet eine Sitzung mit dem geschäftsführenden Ausschuss statt, so haben auch die Mitglieder des SE-Betriebsrats, die von diesen Maßnahmen unmittelbar betroffene Arbeitnehmer vertreten, das Recht, daran teilzunehmen.

(4) Wenn die Leitung der SE beschließt, nicht entsprechend der von dem SE-Betriebsrat oder dem geschäftsführenden Ausschuss abgegebenen Stellungnahme zu handeln, hat der SE-Betriebsrat das Recht, ein weiteres Mal mit der Leitung der SE zusammenzutreffen, um eine Einigung herbeizuführen.

§ 30 Information durch den SE-Betriebsrat

¹Der SE-Betriebsrat informiert die Arbeitnehmervertreter der SE, ihrer Tochtergesellschaften und Betriebe über den Inhalt und die Ergebnisse der Unterrichtungs- und Anhörungsverfahren. ²Sind keine Arbeitnehmervertreter vorhanden, sind die Arbeitnehmer zu informieren.

Literatur: *Calle Lambach*, Das Gesetz über die Beteiligung der Arbeitnehmer in einer Europäischen Gesellschaft (SE-Beteiligungsgesetz – SEBG), RIW 2005, 161; *Gaul*, Das neue Gesetz über die Europäischen Betriebsräte, NJW 1996, 3378; *Lutter/Hommelhoff*, SE-Kommentar, 2008; *Rademacher*, Der Europäische Betriebsrat, 1996

A. Allgemeines

1 Die §§ 27 bis 30 regeln die Zuständigkeit und Aufgaben des SE-BR.

B. Regelungsgehalt

2 Der SE-BR ist gem. § 27 ausschließlich für grenzüberschreitende Sachverhalte zuständig.[1] Er ist zuständig für Angelegenheiten, die die gesamte SE betreffen sowie dann, wenn eine Tochtergesellschaft oder ein Betrieb in einem anderen Mitgliedstaat betroffen ist. Der SE-BR kann ggf. wie der Wirtschaftsausschuss neben dem BR zuständig sein.[2] Er tritt daher ergänzend neben die nationalen AN-Vertretungen.

3 Gem. § 28 ist das Leitungs- bzw. Verwaltungsorgan verpflichtet, den SE-BR regelmäßig – mindestens einmal jährlich – in einer gemeinsamen Sitzung über die Entwicklung der Geschäftslage und die Perspektiven der SE zu **unterrichten**. Die wichtigsten Angelegenheiten, die hierzu gehören, werden in § 28 Abs. 2 beschrieben. Der Aufgabenkatalog ist eine Kombination aus den in § 106 Abs. 3 BetrVG geregelten Beratungsgegenständen für den Wirtschaftsausschuss und bei **Betriebsänderungen** i.S.v. § 111 Abs. 2 BetrVG.

4 Die jährliche Unterrichtung und Anhörung des SE-BR muss gem. § 28 Abs. 1 unter rechtzeitiger **Vorlage der erforderlichen Unterlagen** erfolgen. Die schriftlichen Unterlagen sind dem SE-BR vor der gemeinsamen Sitzung mit der Leitung der SE vorzulegen. Vorgelegt werden müssen die in § 28 Abs. 1 Nr. 1 bis 3 genannten Geschäftsberichte, Tagesordnungen aller Sitzungen der Organe der SE und Kopien aller an die Hauptversammlung gerichteten Unterlagen. Der Begriff der Vorlage entspricht dem in § 106 Abs. 2 BetrVG (vgl. § 106 BetrVG Rn 8). In der gemeinsamen Sitzung ist der auf diese Weise informierte SE-BR anzuhören. Damit die Leitung der SE die Stellungnahme des SE-BR im Entscheidungsprozess berücksichtigen kann, ist die gemeinsame Sitzung vor einem Beschluss der Leitung über die Unterrichtungs- und Anhörungsgegenstände anzusetzen.

---

1 Vgl. *Lutter/Hommelhoff-Oetker*, § 27 SEBG Rn 1.   2 So für den EBR *Gaul*, NJW 1996, 3378, 3382; *Rademacher*, S. 126.

Neben der regelmäßigen Unterrichtung und Anhörung gem. § 28 sieht § 29 eine bei Bedarf durchzuführende Unterrichtung und Anhörung über **außergewöhnliche Umstände** vor. Der Unterschied zur turnusmäßigen Unterrichtung und Anhörung besteht darin, dass die Gegenstände der Anhörung schwerwiegende Auswirkungen auf die Interessen der AN haben. Hierzu können die Verlegung oder Stilllegung von Unternehmen, Betrieben oder wesentlichen Betriebsteilen sowie Massenentlassungen gehören. Der Ablauf der Unterrichtung über außergewöhnliche Umstände ist derselbe. Die Unterrichtung muss rechtzeitig, also vor Abschluss des Entscheidungsprozesses in den Unternehmensorganen erfolgen. Nach erfolgter Unterrichtung kann der SE-BR entscheiden, ob eine Anhörung erfolgen soll. Sie erfolgt gem. § 29 Abs. 2 im Falle des Vorliegens außergewöhnlicher Umstände nur auf seinen Antrag. Entscheidet sich der SE-BR für eine Anhörung und beschließt das Leitungsorgan der SE, der Stellungnahme des SE-BR nicht zu folgen, schreibt § 29 Abs. 4 weitere Beteiligungsrechte für den SE-BR vor. Beschließt das Leitungsorgan der SE, die geplante Maßnahme in einer Art und Weise umzusetzen, die nicht mit der vom SE-BR abgegebenen Stellungnahme übereinstimmt, kann der SE-BR verlangen, mit dem Leitungsorgan der SE zu einer weiteren Sondersitzung zusammenzutreffen, um eine Einigung herbeizuführen. Die Leitung der SE wird zwar durch den SE-BR nicht in ihrer Entscheidungsfreiheit beschränkt, weil das Gesetz lediglich Unterrichtungs- und Anhörungsrechte und keine Mitbestimmungsrechte vorsieht. Die Möglichkeit, eine zweite Sondersitzung einzuberufen gibt dem SE-BR aber ein erhebliches Verzögerungspotenzial an die Hand.[3]

§ 30 normiert die Pflicht des SE-BR, die AN-Vertretungen der SE und ihrer Tochtergesellschaften und Betriebe zu informieren bzw. die AN, wenn keine AN-Vertretungen existieren.

C. Verbindung zu anderen Rechtsgebieten und zum Prozessrecht

Eine Zuständigkeit des SE-BR neben dem transnationalen EBR ist gem. § 47 Abs. 1b ausgeschlossen,[4] der SE-BR tritt also an die Stelle des EBR. Die Auflistung der Anhörungsgegenstände ist inhaltsgleich mit dem Katalog der Anhörungsgegenstände in § 32 Abs. 2 EBRG (vgl. §§ 31–35 EBRG Rn 4).

Unterabschnitt 3: Freistellung und Kosten

§ 31 Fortbildung

¹Der SE-Betriebsrat kann Mitglieder zur Teilnahme an Schulungs- und Bildungsveranstaltungen bestimmen, soweit diese Kenntnisse vermitteln, die für die Arbeit des SE-Betriebsrats erforderlich sind. ²Der SE-Betriebsrat hat die Teilnahme und die zeitliche Lage rechtzeitig der Leitung der SE mitzuteilen. ³Bei der Festlegung der zeitlichen Lage sind die betrieblichen Notwendigkeiten zu berücksichtigen.

§ 32 Sachverständige

¹Der SE-Betriebsrat oder der geschäftsführende Ausschuss können sich durch Sachverständige ihrer Wahl unterstützen lassen, soweit dies zur ordnungsgemäßen Erfüllung ihrer Aufgaben erforderlich ist. ²Sachverständige können auch Vertreter von Gewerkschaften sein.

§ 33 Kosten und Sachaufwand

¹Die durch die Bildung und Tätigkeit des SE-Betriebsrats und des geschäftsführenden Ausschusses entstehenden erforderlichen Kosten trägt die SE. ²Im Übrigen gilt § 19 Satz 2 entsprechend.

Literatur: *Manz/Mayer/Schröder*, Europäische Aktiengesellschaft SE, 2005

---

3 Es besteht die Gefahr, dass der SE-BR die Durchführung einer Maßnahme bis zum Abschluss des Unterrichtungs- und Anhörungsverfahrens per einstweiliger Verfügung verhindert, vgl. Court d'Appel de Versailles im Fall Renault, 7.5.1997(Nr. 308), Reg. Nr. 2780/97, AuR 1997, 299.

4 Vgl. *Calle Lambach*, RIW 2005, 161, 166.

A. Allgemeines

1 Die §§ 31 bis 33 regeln die **Freistellung** von SE-BR-Mitgliedern sowie die **Kostentragung**.

B. Regelungsgehalt

2 Gem. § 31 müssen SE-BR-Mitglieder zur Teilnahme an **Schulungs- und Bildungsveranstaltungen**, die für ihre Arbeit erforderlich sind, freigestellt werden. Der Anspruch auf Entgeltfortzahlung für die Zeit der Fortbildungsveranstaltung folgt aus § 42. § 32 sieht vor, dass der SE-BR und sein geschäftsführender Ausschuss **SV**, die auch Vertreter von Gewerkschaften sein können, hinzuziehen kann (vgl. §§ 11–20 Rn 4). § 33 regelt unter Verweis auf § 19 Abs. 2, der im Einzelnen die Kostentragung hinsichtlich des BVG normiert, dass die SE auch die Kosten für Bildung und Tätigkeit des SE-BR trägt.

C. Verbindung zu anderen Rechtsgebieten und zum Prozessrecht

3 Wie im Betriebsverfassungsrecht gilt der Grundsatz, dass Kosten vom Unternehmen nur zu tragen sind, soweit ihr Entstehen **erforderlich** ist.

D. Beraterhinweise

4 Hält die Leitung der SE die betrieblichen Belange bei der Festlegung der zeitlichen Lage von Fortbildungsveranstaltungen für nicht ausreichend berücksichtigt, kann sie zwar keine Einigungsstelle entsprechend § 37 Abs. 6 S. 5 BetrVG anrufen. Es ist aber die Anrufung des ArbG mit dem Antrag auf Einleitung eines Beschlussverfahrens gem. §§ 2a Abs. 1 Nr. 3d, Abs. 2 und 83 Abs. 3 ArbGG möglich.[1]

Abschnitt 2: Mitbestimmung kraft Gesetzes

§ 34 Besondere Voraussetzungen

(1) Liegen die Voraussetzungen des § 22 vor, finden die Regelungen über die Mitbestimmung der Arbeitnehmer kraft Gesetzes nach den §§ 35 bis 38 Anwendung
1. im Fall einer durch Umwandlung gegründeten SE, wenn in der Gesellschaft vor der Umwandlung Bestimmungen über die Mitbestimmung der Arbeitnehmer im Aufsichts- oder Verwaltungsorgan galten;
2. im Fall einer durch Verschmelzung gegründeten SE, wenn
   a) vor der Eintragung der SE in einer oder mehreren der beteiligten Gesellschaften eine oder mehrere Formen der Mitbestimmung bestanden und sich auf mindestens 25 Prozent der Gesamtzahl der Arbeitnehmer aller beteiligten Gesellschaften und betroffenen Tochtergesellschaften erstreckten oder
   b) vor der Eintragung der SE in einer oder mehreren der beteiligten Gesellschaften eine oder mehrere Formen der Mitbestimmung bestanden und sich auf weniger als 25 Prozent der Gesamtzahl der Arbeitnehmer aller beteiligten Gesellschaften und betroffenen Tochtergesellschaften erstreckten und das besondere Verhandlungsgremium einen entsprechenden Beschluss fasst;
3. im Fall einer durch Errichtung einer Holding-Gesellschaft oder einer Tochtergesellschaft gegründeten SE, wenn
   a) vor der Eintragung der SE in einer oder mehreren der beteiligten Gesellschaften eine oder mehrere Formen der Mitbestimmung bestanden und sich auf mindestens 50 Prozent der Gesamtzahl der Arbeitnehmer aller beteiligten Gesellschaften und betroffenen Tochtergesellschaften erstreckten oder
   b) vor der Eintragung der SE in einer oder mehreren der beteiligten Gesellschaften eine oder mehrere Formen der Mitbestimmung bestanden und sich auf weniger als 50 Prozent der Gesamtzahl der Arbeitnehmer aller beteiligten Gesellschaften und betroffenen Tochtergesellschaften erstreckten und das besondere Verhandlungsgremium einen entsprechenden Beschluss fasst.

(2) ¹Bestanden in den Fällen von Absatz 1 Nr. 2 und 3 mehr als eine Form der Mitbestimmung im Sinne des § 2 Abs. 12 in den verschiedenen beteiligten Gesellschaften, so entscheidet das besondere Verhandlungsgremium, welche von ihnen in der SE eingeführt wird. ²Wenn das besondere Verhandlungsgremium keinen solchen Be-

---

1 Vgl. *Manz/Mayer/Schröder-Hennings*, Auffangregelung
Teil 2 SE-RL, Rn 44.

schluss fasst und eine inländische Gesellschaft, deren Arbeitnehmern Mitbestimmungsrechte zustehen, an der Gründung der SE beteiligt ist, ist die Mitbestimmung nach § 2 Abs. 12 Nr. 1 maßgeblich. [3]Ist keine inländische Gesellschaft, deren Arbeitnehmern Mitbestimmungsrechte zustehen, beteiligt, findet die Form der Mitbestimmung nach § 2 Abs. 12 Anwendung, die sich auf die höchste Zahl der in den beteiligten Gesellschaften beschäftigten Arbeitnehmer erstreckt.

(3) Das besondere Verhandlungsgremium unterrichtet die Leitungen über die Beschlüsse, die es nach Absatz 1 Nr. 2 Buchstabe b und Nr. 3 Buchstabe b und Absatz 2 Satz 1 gefasst hat.

§ 35 Umfang der Mitbestimmung

(1) Liegen die Voraussetzungen des § 34 Abs. 1 Nr. 1 (Gründung einer SE durch Umwandlung) vor, bleibt die Regelung zur Mitbestimmung erhalten, die in der Gesellschaft vor der Umwandlung bestanden hat.

(2) [1]Liegen die Voraussetzungen des § 34 Abs. 1 Nr. 2 (Gründung einer SE durch Verschmelzung) oder des § 34 Abs. 1 Nr. 3 (Gründung einer Holding-SE oder Tochter- SE) vor, haben die Arbeitnehmer der SE, ihrer Tochtergesellschaften und Betriebe oder ihr Vertretungsorgan das Recht, einen Teil der Mitglieder des Aufsichts- oder Verwaltungsorgans der SE zu wählen oder zu bestellen oder deren Bestellung zu empfehlen oder abzulehnen. [2]Die Zahl dieser Arbeitnehmervertreter im Aufsichts- oder Verwaltungsorgan der SE bemisst sich nach dem höchsten Anteil an Arbeitnehmervertretern, der in den Organen der beteiligten Gesellschaften vor der Eintragung der SE bestanden hat.

§ 36 Sitzverteilung und Bestellung

(1) [1]Der SE-Betriebsrat verteilt die Zahl der Sitze im Aufsichts- oder Verwaltungsorgan auf die Mitgliedstaaten, in denen Mitglieder zu wählen oder zu bestellen sind. [2]Die Verteilung richtet sich nach dem jeweiligen Anteil der in den einzelnen Mitgliedstaaten beschäftigten Arbeitnehmer der SE, ihrer Tochtergesellschaften und Betriebe. [3]Können bei dieser anteiligen Verteilung die Arbeitnehmer aus einem oder mehreren Mitgliedstaaten keinen Sitz erhalten, so hat der SE-Betriebsrat den letzten zu verteilenden Sitz einem bisher unberücksichtigten Mitgliedstaat zuzuweisen. [4]Dieser Sitz soll, soweit angemessen, dem Mitgliedstaat zugewiesen werden, in dem die SE ihren Sitz haben wird. [5]Dieses Verteilungsverfahren gilt auch in dem Fall, in dem die Arbeitnehmer der SE Mitglieder dieser Organe empfehlen oder ablehnen können.

(2) Soweit die Mitgliedstaaten über die Besetzung der ihnen zugewiesenen Sitze keine eigenen Regelungen treffen, bestimmt der SE-Betriebsrat die Arbeitnehmervertreter im Aufsichts- oder Verwaltungsorgan der SE.

(3) [1]Die Ermittlung der auf das Inland entfallenden Arbeitnehmervertreter des Aufsichts- oder Verwaltungsorgans der SE erfolgt durch ein Wahlgremium, das sich aus den Arbeitnehmervertretungen der SE, ihrer Tochtergesellschaften und Betriebe zusammensetzt. [2]Für das Wahlverfahren gelten § 6 Abs. 2 bis 4, § 8 Abs. 1 Satz 2 bis 5, Abs. 2 bis 7 und die §§ 9 und 10 entsprechend mit der Maßgabe, dass an die Stelle der beteiligten Gesellschaften, betroffenen Tochtergesellschaften und betroffenen Betriebe die SE, ihre Tochtergesellschaften und Betriebe treten. [3]Das Wahlergebnis ist der Leitung der SE, dem SE-Betriebsrat, den Gewählten, den Sprecherausschüssen und Gewerkschaften mitzuteilen.

(4) [1]Die nach den Absätzen 2 und 3 ermittelten Arbeitnehmervertreter werden der Hauptversammlung der SE zur Bestellung vorgeschlagen. [2]Die Hauptversammlung ist an diese Vorschläge gebunden.

§ 37 Abberufung und Anfechtung

(1) [1]Ein Mitglied oder ein Ersatzmitglied der Arbeitnehmer aus dem Inland im Aufsichts- oder Verwaltungsorgan kann vor Ablauf der Amtszeit abberufen werden. [2]Antragsberechtigt sind
1. die Arbeitnehmervertretungen, die das Wahlgremium gebildet haben;
2. in den Fällen der Urwahl mindestens drei wahlberechtigte Arbeitnehmer;
3. für ein Mitglied nach § 6 Abs. 3 nur die Gewerkschaft, die das Mitglied vorgeschlagen hat;
4. für ein Mitglied nach § 6 Abs. 4 nur der Sprecherausschuss, der das Mitglied vorgeschlagen hat.

[3]Für das Abberufungsverfahren gelten die §§ 8 bis 10 entsprechend mit der Maßgabe, dass an die Stelle der beteiligten Gesellschaften, betroffenen Tochtergesellschaften und betroffenen Betriebe die SE, ihre Tochtergesellschaften und Betriebe treten; abweichend von § 8 Abs. 5 und § 10 Abs. 1 Satz 3 bedarf der Beschluss einer

Mehrheit von drei Vierteln der abgegebenen Stimmen. ⁴Die Arbeitnehmervertreter sind von der Hauptversammlung der SE abzuberufen.

(2) ¹Die Wahl eines Mitglieds oder eines Ersatzmitglieds der Arbeitnehmer aus dem Inland im Aufsichts- oder Verwaltungsorgan kann angefochten werden, wenn gegen wesentliche Vorschriften über das Wahlrecht, die Wählbarkeit oder das Wahlverfahren verstoßen worden und eine Berichtigung nicht erfolgt ist, es sei denn, dass durch den Verstoß das Wahlergebnis nicht geändert oder beeinflusst werden konnte. ²Zur Anfechtung berechtigt sind die in Absatz 1 Satz 2 Genannten, der SE-Betriebsrat und die Leitung der SE. ³Die Klage muss innerhalb eines Monats nach dem Bestellungsbeschluss der Hauptversammlung erhoben werden.

§ 38   Rechtsstellung; Innere Ordnung

(1) Die Arbeitnehmervertreter im Aufsichts- oder Verwaltungsorgan der SE haben die gleichen Rechte und Pflichten wie die Mitglieder, die die Anteilseigner vertreten.

(2) ¹Die Zahl der Mitglieder des Leitungsorgans (§ 16 des SE-Ausführungsgesetzes) oder der geschäftsführenden Direktoren (§ 40 des SE-Ausführungsgesetzes) beträgt mindestens zwei. ²Einer von ihnen ist für den Bereich Arbeit und Soziales zuständig.

(3) Besteht in einer der beteiligten Gesellschaften das Aufsichtsorgan aus derselben Zahl von Anteilseigner- und Arbeitnehmervertretern sowie einem weiteren Mitglied, so ist auch im Aufsichts- oder Verwaltungsorgan der SE ein weiteres Mitglied auf gemeinsamen Vorschlag der Anteilseigner- und der Arbeitnehmervertreter zu wählen.

Literatur: *Calle Lambach*, Das Gesetz über die Beteiligung der Arbeitnehmer in einer Europäischen Gesellschaft (SE-Beteiligungsgesetz – SEBG), RIW 2005, 161; *Grobys*, Das geplante Umsetzungsgesetz zur Beteiligung von Arbeitnehmern in der Europäischen Aktiengesellschaft, NZA 2004, 779; *Henssler*, Unternehmerische Mitbestimmung in der Societas Europaea – Neue Denkanstöße für die „Corporate Governance"-Diskussion, in: FS für Ulmer, 2003, S. 193; *Ihrig/Wagner*, Das Gesetz zur Einführung der Europäischen Gesellschaft (SEEG) auf der Zielgeraden, BB 2004, 1749; *Kämmerer/Veil*, Paritätische Arbeitnehmermitbestimmung in der monistischen Societas Europaea – ein verfassungsrechtlicher Irrweg?, ZIP 2005, 369; *Kallmeyer*, Das monistische System in der SE mit Sitz in Deutschland, ZIP 2003, 1531; *Nagel*, Die Europäische Aktiengesellschaft (SE) in Deutschland – Der Regierungsentwurf zum SE-Einführungsgesetz, NZG 2004, 830; *Niklas*, Beteiligung der Arbeitnehmer in der Europäischen Gesellschaft (SE) – Umsetzung in Deutschland, NZA 2004, 1200; *Reichert/Brandes*, Mitbestimmung der Arbeitnehmer in der SE – Gestaltungsfreiheit und Bestandsschutz, ZGR 2003, 767; *Roth*, Die unternehmerische Mitbestimmung in der monistischen SE, ZfA 2004, 431; *Ulmer/Habersack/Henssler*, Mitbestimmungsrecht, 2. Aufl. 2006; *Weller/Gruber*, Societas Europaee – Mitbestimmung ohne Aufsichtsrat? – Ideen für die Leitungsverfassung der monistischen Europäischen Aktiengesellschaft in Deutschland, NZG 2003, 297

A. Allgemeines

1   Die §§ 34 bis 38 regeln die **Unternehmensmitbestimmung kraft Gesetzes**. Voraussetzung für deren Einführung ist, dass die gesetzliche Regelung ausdrücklich vereinbart wird oder die Verhandlungen über die Mitbestimmung scheitern, ein Beschluss nach § 16 nicht vorliegt und die weitere Voraussetzung der erforderlichen Quoten von vor der SE-Gründung von Mitbestimmung betroffenen AN aus § 34 Abs. 1 Nr. 1 bis 3 vorliegt. Höchst problematisch ist die mit der Auffangregelung verbundene Übertragung der deutschen Mitbestimmung auf die SE mit monistischer Unternehmensverfassung. Die Mitbestimmung erfährt hierdurch eine qualitative Ausweitung. Der Mitbestimmungsgedanke wird in der SE monistischer Unternehmensverfassung erstmals in einem Leitungsorgan verwirklicht. Die Verfassungskonformität dieser Ausweitung ist im Hinblick auf die Betätigungsfreiheit und das Eigentum des Unternehmens äußerst zweifelhaft.[1]

B. Regelungsgehalt

2   Liegen die Voraussetzungen des § 34 vor und greift damit die **gesetzliche Auffangregelung**, so richtet sich der Umfang der Mitbestimmung nach § 35. Das Gesetz differenziert dabei nach den unterschiedlichen Gründungsvarianten. Bei einer SE-Gründung durch **Umwandlung** wird gem. § 35 Abs. 1 die bisher praktizierte Mitbestimmungsform hinsichtlich des Anteils der AN-Vertreter im Aufsichts- oder Verwaltungsrat unverändert auf die SE übertragen. Das gilt nur für den Anteil der AN-Vertreter, nicht für die Größe des mitbestimmten Organs.[2] Gem. Art 40 Abs. 3 SE-VO wird

---

[1] Den detaillierten Nachweis der Verfassungswidrigkeit liefern *Kämmerer/Veil*, ZIP 2005, 369, 370 ff.; verfassungsrechtliche Bedenken äußern auch *Henssler*, in: FS für Ulmer, S. 193, 202; *Kallmeyer*, ZIP 2003, 1531, 1534; *Roth*, ZfA 2004, 431, 444 f, 452 f.; *Weller/Gruber*, NZG 2003, 297, 299; a.A. *Reichert/Brandes*, ZGR 2003, 767, 790.

[2] *Ihrig/Wagner*, BB 2004, 1749, 1755; a.A. wohl *Reichert/Brandes*, ZGR 2003, 767, 775.

die Zahl der Mitglieder des Aufsichtsorgans durch die Satzung bestimmt. Die Mitgliedstaaten werden nur ermächtigt, Mindest- und Höchstzahlen festzulegen. Dem entspricht Teil 3a des Anhangs zu Art. 7 SE-RL, der die für die übrigen Gründungsarten geltende Regel in Teil 3b des Anhangs zu Art. 7 SE-RL für sinngemäß anwendbar erklärt, wonach nur der Anteil der AN-Vertreter, nicht aber die absolute Zahl auf die SE zu übernehmen ist.

Auch bei einer SE-Gründung durch **Verschmelzung, Tochter- oder Holdinggründung** wird die vorher bestehende Mitbestimmungsform übernommen. Der Anteil der AN-Vertreter im Aufsichts- oder Verwaltungsrat bemisst sich nach dem höchsten Anteil an AN-Vertretern, der in den beteiligten Gesellschaften bestand. Die Gesamtgröße des Aufsichts- oder Verwaltungsorgans wird allerdings innerhalb der Höchstzahlen der §§ 17 Abs. 1, 23 Abs. 1 von den Anteilseignern in der Satzung der SE festgelegt.

Die den AN zustehenden Sitze werden auf die verschiedenen Mitgliedstaaten verteilt. Gem. § 36 Abs. 1 obliegt diese Aufgabe dem SE-BR. Die **Verteilung der Sitze** erfolgt proportional zum Anteil der Beschäftigten in den einzelnen Mitgliedstaaten. Für AN eines Mitgliedstaates, die bei einer rein proportionalen Verteilung nicht berücksichtigt wären, ist der letzte Sitz der AN-Vertreter reserviert. Das Wahlgremium, das den SE-BR bestellt hat, wählt auch die deutschen AN-Vertreter im Aufsichts- oder Verwaltungsorgan. Die Hauptversammlung der SE ist gem. § 36 Abs. 4 bei der Bestellung der Mitglieder des Aufsichts- oder Verwaltungsrats an dieses Wahlergebnis gebunden. Eine Entscheidung des Wahlgremiums über die vorzeitige Abberufung eines AN-Vertreters bindet ebenfalls die Hauptversammlung. Gem. § 37 Abs. 2 gelten für die **Anfechtung der Wahl** eines AN-Vertreters dieselben Grundsätze wie nach § 22 MitbestG mit dem Unterschied, dass die Klagefrist einen Monat ab dem Bestellungsbeschluss der Hauptversammlung beträgt. Die Anfechtbarkeit wird in Anlehnung an § 22 MitbestG auf die Fälle beschränkt, in denen gegen wesentliche Vorschriften über das Wahlrecht, die Wählbarkeit oder das Wahlverfahren verstoßen worden und eine Berichtigung nicht erfolgt ist. Die Anfechtbarkeit ist ausgeschlossen, wenn das Wahlergebnis durch den Verstoß nicht geändert oder beeinflusst werden konnte.

Die AN-Vertreter haben gem. § 38 Abs. 1 die gleichen Rechte und Pflichten wie alle anderen Mitglieder des Aufsichts- bzw. Verwaltungsrats. Sie haben ein **volles Stimmrecht** gem. Art. 49 der SE-VO und unterliegen der ebenfalls dort geregelten **Verschwiegenheitspflicht**. Die Haftung der AN-Vertreter richtet sich gem. Art. 51 der SE-Verordnung nach §§ 116, 93 AktG. Die Stimme des von den Anteilseignern bestellten Vorsitzenden des Aufsichts- bzw. Verwaltungsrats gibt gem. Art. 50 Abs. 2 der SE-VO bei Stimmengleichheit den Ausschlag. Insoweit gilt dasselbe Zweitstimmrecht wie nach dem MitbestG. Gemäß § 38 Abs. 2 müssen für das Leitungsorgan mindestens zwei Mitglieder oder zwei **geschäftsführende Direktoren** bestellt werden, von dem einem die Funktion des **Arbeitsdirektors** zuzuweisen ist. AN-Vertreter können nicht zu geschäftsführenden Direktoren und damit auch nicht zum Arbeitsdirektor bestellt werden.[3]

§ 38 Abs. 3 sieht die Beibehaltung eines „weiteren Mitglieds" gem. § 4 MontanMitbestG bzw. § 5 MontanMitbestErgG vor, wenn an der Gründung eine deutsche Gesellschaft beteiligt ist, die diesen Mitbestimmungsvorschriften unterliegt.[4] Wenn auch die praktische Relevanz aufgrund der kleinen Zahl von Unternehmen, die noch diesen Gesetzen unterliegen, gering ist, so verstößt diese Vorschrift doch eindeutig gegen die dem deutschen Montanmitbestimmungsrecht gegenüber vorrangigen Art. 42 und 45 der SE-VO.[5]

C. Beraterhinweise

Für die Anfechtung der Wahl durch die AN ist § 37 Abs. 2 abschließend. Formale Fehler bei der konstitutiven Bestellung der AN-Vertreter durch die Hauptversammlung können dagegen aufgrund der Verweisungsregelung des § 17 Abs. 4 S. 1 nach den allgemeinen aktienrechtlichen Vorschriften geltend gemacht werden.[6] Für die Anfechtung der Wahl der AN in das BVG kann § 37 analog angewendet werden (vgl. §§ 4–7 Rn 7).

---

3 *Ihrig/Wagner*, BB 2004, 1749, 1758; *Kallmeyer*, ZIP 2003, 1531, 1534.
4 Habersack/Ulmer/Henssler–*Habersack*, § 38 SEBG, Rn 44.
5 Vgl. *Calle Lambach*, RIW 2005, 161, 167; *Grobys*, NZA 2004, 779, 780; *Nagel*, NZG 2004, 830, 838; *Niklas*, NZA 2004, 1200, 1204.
6 Vgl. Begründung zum Regierungsentwurf, BR-Drucks 438/04, S. 138 f.

Abschnitt 3: Tendenzschutz

§ 39 Tendenzunternehmen

(1) Auf eine SE, die unmittelbar und überwiegend
1. politischen, koalitionspolitischen, konfessionellen, karitativen, erzieherischen, wissenschaftlichen oder künstlerischen Bestimmungen oder
2. Zwecken der Berichterstattung oder Meinungsäußerung, auf die Artikel 5 Abs. 1 Satz 2 des Grundgesetzes anzuwenden ist, dient,

findet Abschnitt 2 keine Anwendung.

(2) ¹Eine Unterrichtung und Anhörung beschränkt sich auf die Gegenstände des § 28 Absatz 2 Nr. 5 bis 10 und des § 29 und erfolgt nur über den Ausgleich oder die Milde-Bundesgesetzblatt Jahrgang 2004 Teil I Nr. 73, ausgegeben zu Bonn am 28. Dezember 2004 3697 rung der wirtschaftlichen Nachteile, die den Arbeitnehmern infolge der Unternehmens- oder Betriebsänderung entstehen. ²Teil 4

Literatur: *Calle Lambach*, Das Gesetz über die Beteiligung der Arbeitnehmer in einer Europäischen Gesellschaft (SE-Beteiligungsgesetz – SEBG), RIW 2005, 161

A. Allgemeines

1 § 39 enthält eine Sondervorschrift für Tendenzunternehmen.

B. Regelungsgehalt

2 Für Tendenzunternehmen findet die gesetzliche Mitbestimmung gem. § 39 Abs. 1 keine Anwendung. Die Vorschrift hat – abgesehen von freiwilligen Mitbestimmungsvereinbarungen – keine praktische Relevanz, da deutsche Tendenzunternehmen aufgrund § 1 Abs. 4 MitbestG i.d.R. nicht mitbestimmt sind.[1] Allerdings ist auch in Tendenzunternehmen ein SE-BR zu errichten. Dessen Unterrichtungs- und Anhörungsrechte beschränken sich gem. § 39 Abs. 2 auf den Ausgleich oder die Milderung der wirtschaftlichen Nachteile, die den AN in Folge einer Unternehmens- oder Betriebsänderung entstehen.

Teil 4: Grundsätze der Zusammenarbeit und Schutzbestimmungen

§ 40 Vertrauensvolle Zusammenarbeit

Die Leitung der SE und der SE-Betriebsrat oder die Arbeitnehmervertreter im Rahmen eines Verfahrens zur Unterrichtung und Anhörung arbeiten zum Wohl der Arbeitnehmer und des Unternehmens oder der Unternehmensgruppe vertrauensvoll zusammen.

§ 41 Geheimhaltung; Vertraulichkeit

(1) Informationspflichten der Leitungen und der Leitung der SE nach diesem Gesetz bestehen nur, soweit bei Zugrundelegung objektiver Kriterien dadurch nicht Betriebs- oder Geschäftsgeheimnisse der an der Gründung beteiligten Gesellschaften, der SE oder deren jeweiliger Tochtergesellschaften und Betriebe gefährdet werden.

(2) ¹Die Mitglieder und Ersatzmitglieder eines SE-Betriebsrats sind unabhängig von ihrem Aufenthaltsort verpflichtet, Betriebs- oder Geschäftsgeheimnisse, die ihnen wegen ihrer Zugehörigkeit zum SE-Betriebsrat bekannt geworden und von der Leitung der SE ausdrücklich als geheimhaltungsbedürftig bezeichnet worden sind, nicht zu offenbaren und nicht zu verwerten. ²Dies gilt auch nach dem Ausscheiden aus dem SE-Betriebsrat.

---

1 Vgl. *Calle Lambach*, RIW 2005, 161, 165.

(3) Die Pflicht zur Vertraulichkeit des SE-Betriebsrats nach Absatz 2 gilt nicht gegenüber den
1. Mitgliedern des SE-Betriebsrats;
2. Arbeitnehmervertretern der SE, ihrer Tochtergesellschaften und Betriebe, wenn diese auf Grund einer Vereinbarung nach § 21 oder nach § 30 über den Inhalt der Unterrichtung und die Ergebnisse der Anhörung zu informieren sind;
3. Arbeitnehmervertretern im Aufsichts- oder Verwaltungsorgan der SE sowie
4. Dolmetschern und Sachverständigen, die zur Unterstützung herangezogen werden.
(4) Die Pflicht zur Vertraulichkeit nach Absatz 2 gilt entsprechend für
1. die Mitglieder und Ersatzmitglieder des besonderen Verhandlungsgremiums;
2. die Arbeitnehmervertreter der SE, ihrer Tochtergesellschaften und Betriebe;
3. die Arbeitnehmervertreter, die in sonstiger Weise an einem Verfahren zur Unterrichtung und Anhörung teilnehmen;
4. die Sachverständigen und Dolmetscher.
(5) [1]Die Ausnahme von der Pflicht zur Vertraulichkeit nach Absatz 3 Nr. 1 gilt für den Personenkreis nach Absatz 4 Nr. 1 bis 3 entsprechend. [2]Die Pflicht zur Vertraulichkeit gilt ferner nicht für
1. die Mitglieder des besonderen Verhandlungsgremiums gegenüber Dolmetschern und Sachverständigen;
2. die Arbeitnehmervertreter nach Absatz 4 Nr. 3 gegenüber Arbeitnehmervertretern im Aufsichts- oder Verwaltungsorgan der SE, gegenüber Dolmetschern und Sachverständigen, die vereinbarungsgemäß zur Unterstützung herangezogen werden und gegenüber Arbeitnehmervertretern der SE, ihrer Tochtergesellschaften und Betriebe, sofern diese nach der Vereinbarung (§ 21) über den Inhalt der Unterrichtungen und die Ergebnisse der Anhörung zu unterrichten sind.

§ 42 Schutz der Arbeitnehmervertreter

Bei der Wahrnehmung ihrer Aufgaben genießen die
1. Mitglieder des besonderen Verhandlungsgremiums;
2. Mitglieder des SE-Betriebsrats;
3. Arbeitnehmervertreter, die in sonstiger Weise bei einem Verfahren zur Unterrichtung und Anhörung mitwirken;
4. Arbeitnehmervertreter im Aufsichts- oder Verwaltungsorgan der SE;
die Beschäftigte der SE, ihrer Tochtergesellschaften oder Betriebe oder einer der beteiligten Gesellschaften, betroffenen Tochtergesellschaften oder betroffenen Betriebe sind, den gleichen Schutz und die gleichen Sicherheiten wie die Arbeitnehmervertreter nach den Gesetzen und Gepflogenheiten des Mitgliedstaats, in dem sie beschäftigt sind. Dies gilt insbesondere für
1. den Kündigungsschutz,
2. die Teilnahme an den Sitzungen der jeweiligen in Satz 1 genannten Gremien und
3. die Entgeltfortzahlung.

§ 43 Missbrauchsverbot

[1]Eine SE darf nicht dazu missbraucht werden, den Arbeitnehmern Beteiligungsrechte zu entziehen oder vorzuenthalten. [2]Missbrauch wird vermutet, wenn ohne Durchführung eines Verfahrens nach § 18 Abs. 3 innerhalb eines Jahres nach Gründung der SE strukturelle Änderungen stattfinden, die bewirken, dass den Arbeitnehmern Beteiligungsrechte vorenthalten oder entzogen werden.

§ 44 Errichtungs- und Tätigkeitsschutz

Niemand darf
1. die Bildung des besonderen Verhandlungsgremiums, die Errichtung eines SE-Betriebsrats oder die Einführung eines Verfahrens zur Unterrichtung und Anhörung nach § 21 Abs. 2 oder die Wahl, Bestellung, Empfehlung oder Ablehnung der Arbeitnehmervertreter im Aufsichts- oder Verwaltungsorgan behindern oder

durch Zufügung oder Androhung von Nachteilen oder durch Gewährung oder Versprechen von Vorteilen beeinflussen;
2. die Tätigkeit des besonderen Verhandlungsgremiums, des SE-Betriebsrats oder der Arbeitnehmervertreter nach § 21 Abs. 2 oder die Tätigkeit der Arbeitnehmervertreter im Aufsichts- oder Verwaltungsorgan behindern oder stören oder
3. ein Mitglied oder Ersatzmitglied des besonderen Verhandlungsgremiums, des SE-Betriebsrats oder einen Arbeitnehmervertreter nach § 21 Abs. 2 oder einen Arbeitnehmervertreter im Aufsichts- oder Verwaltungsorgan wegen seiner Tätigkeit benachteiligen oder begünstigen.

Literatur: *Grobys*, SE-Betriebsrat und Mitbestimmung in der Europäischen Gesellschaft, NZA 2005, 84; *Manz/Mayer/Schröder*, Europäische Aktiengesellschaft SE, 2005

A. Allgemeines

1 Die §§ 40 bis 44 regeln die **Grundsätze für die Zusammenarbeit** zwischen dem Leitungsorgan und den unterschiedlichen, nach dem SEBG möglichen AN-Vertretungen.

B. Regelungsgehalt

2 § 40 regelt den Grundsatz der **vertrauensvollen Zusammenarbeit**. Die Parteien dürfen die Durchsetzung ihrer Interessen nicht mit Arbeitskämpfen erzwingen.[1]

3 § 41 regelt die **Geheimhaltungs- und Verschwiegenheitspflichten** der AN-Vertreter. Soweit § 41 Abs. 3 ausnahmsweise die Weitergabe vertraulicher Informationen an den dort definierten Personenkreis gestattet, muss bei einer Weitergabe auch der Hinweis auf die Geheimhaltungsbedürftigkeit erfolgen, weil anderenfalls die Vertraulichkeitspflicht verletzt würde.[2]

4 Für den Schutz der AN-Vertreter gelten gem. § 42 dieselben Vorschriften wie für die Mitglieder inländischer AN-Vertretungen. Der Entgeltfortzahlungsanspruch der Mitglieder des BVG für die Dauer der Verhandlungen folgt aus § 42 S. 2 Nr. 3. Die deutschen AN-Vertreter genießen den Schutz der §§ 37, 103 BetrVG und § 15 KSchG. Wahlbewerber und Mitglieder des Wahlgremiums genießen keinen besonderen Künd-Schutz.[3] Gem. § 42 S. 1 Nr. 4 werden die AN-Vertreter im Aufsichts- oder Verwaltungsorgan der SE geschützt. Hier gilt der Schutzumfang des § 26 MitbestG (vgl. § 26 MitbestG Rn 5 ff.) entsprechend.[4]

5 § 43 normiert ein allgemeines Missbrauchsverbot, wonach ein verbotener Missbrauch vorliegt, wenn innerhalb eines Jahres nach SE-Gründung durch Umstrukturierungen Beteiligungsrechte beseitigt werden (vgl. §§ 45–47 Rn 2). Aufgrund der zahlreichen konkreten Schutzmechanismen und Auffangregelungen kann dieser Vorschrift allenfalls eine klarstellende Warnfunktion zukommen.

C. Verbindung zu anderen Rechtsgebieten und zum Prozessrecht

6 Die Geheimhaltungspflichten entsprechen dem Schutz von Betriebs- und Geschäftsgeheimnissen in §§ 79 und 129 BetrVG und in §§ 116, 93 Abs. 1 S. 2, 404 AktG. Die AN-Vertreter im Aufsichtsrat sind bereits nach den gesellschaftsrechtlichen Vorschriften gem. Art. 49 SE-VO, § 39 SEAG i.V.m. § 93 Abs. 1 S. 2 AktG, 53 SEAG zur Verschwiegenheit verpflichtet.

Der in § 44 geregelte Tätigkeitsschutz entspricht §§ 78, 119 BetrVG.

---

1 Vgl. *Manz/Mayer/Schröder-Hennings*, Art. 9 SE-RL, Rn 4 m.w.N.
2 *Manz/Mayer/Schröder-Hennings*, Art. 8 SE-RL, Rn 17.
3 Vgl. *Grobys*, NZA 2005, 84, 91.
4 Vgl. *Manz/Mayer/Schröder-Hennings*, Art. 10 SE-RL, Rn 7.

Teil 5: Straf- und Bußgeldvorschriften; Schlussbestimmung

§ 45 Strafvorschriften

(1) Mit Freiheitsstrafe bis zu zwei Jahren oder mit Geldstrafe wird bestraft, wer
1. entgegen § 41 Abs. 2, auch in Verbindung mit Abs. 4, ein Betriebs- oder Geschäftsgeheimnis verwertet oder
2. entgegen § 43 Satz 1 eine SE dazu missbraucht, Arbeitnehmern Beteiligungsrechte zu entziehen oder vorzuenthalten.

(2) Mit Freiheitsstrafe bis zu einem Jahr oder mit Geldstrafe wird bestraft, wer
1. entgegen § 41 Abs. 2, auch in Verbindung mit Abs. 4, ein Betriebs- oder Geschäftsgeheimnis offenbart,
2. entgegen § 44 Nr. 1 oder 2 eine dort genannte Tätigkeit behindert, beeinflusst oder stört oder
3. entgegen § 44 Nr. 3 eine dort genannte Person benachteiligt oder begünstigt.

(3) Handelt der Täter in den Fällen des Absatzes 2 Nr. 1 gegen Entgelt oder in der Absicht, sich oder einen anderen zu bereichern oder einen anderen zu schädigen, so ist die Strafe Freiheitsstrafe bis zu zwei Jahren oder Geldstrafe.

(4) [1]Die Tat wird nur auf Antrag verfolgt. [2]In den Fällen des Absatzes 1 Nr. 2 und des Absatzes 2 Nr. 2 und 3 sind das besondere Verhandlungsgremium, der SE-Betriebsrat, die Mehrheit der Arbeitnehmervertreter im Rahmen eines Verfahrens zur Unterrichtung und Anhörung, jedes Mitglied des Aufsichts- oder Verwaltungsorgans, eine im Unternehmen vertretene Gewerkschaft sowie die Leitungen antragsberechtigt.

§ 46 Bußgeldvorschriften

(1) Ordnungswidrig handelt, wer
1. entgegen § 4 Abs. 2 oder § 5 Abs. 4 Satz 2, jeweils auch in Verbindung mit § 18 Abs. 4, eine Information nicht, nicht richtig, nicht vollständig oder nicht rechtzeitig gibt oder
2. entgegen § 28 Abs. 1 Satz 1 oder § 29 Abs. 1 Satz 1 den SE-Betriebsrat nicht, nicht richtig, nicht vollständig, nicht in der vorgeschriebenen Weise oder nicht rechtzeitig unterrichtet.

(2) Die Ordnungswidrigkeit kann mit einer Geldbuße bis zu zwanzigtausend Euro geahndet werden.

§ 47 Geltung nationalen Rechts

(1) Dieses Gesetz berührt nicht die den Arbeitnehmern nach inländischen Rechtsvorschriften und Regelungen zustehenden Beteiligungsrechte, mit Ausnahme
1. der Mitbestimmung in den Organen der SE;
2. der Regelung des Europäische Betriebsräte-Gesetzes, es sei denn, das besondere Verhandlungsgremium hat einen Beschluss nach § 16 gefasst.

(2) [1]Regelungen und Strukturen über die Arbeitnehmervertretungen einer beteiligten Gesellschaft mit Sitz im Inland, die durch die Gründung der SE als eigenständige juristische Person erlischt, bestehen nach Eintragung der SE fort. [2]Die Leitung der SE stellt sicher, dass diese Arbeitnehmervertretungen ihre Aufgaben weiterhin wahrnehmen können.

Literatur: *Calle Lambach*, Das Gesetz über die Beteiligung der Arbeitnehmer in einer Europäischen Gesellschaft (SE-Beteiligungsgesetz – SEBG), RIW 2005, 161; *Grobys*, Das geplante Umsetzungsgesetz zur Beteiligung von Arbeitnehmern in der Europäischen Aktiengesellschaft, NZA 2004, 779; *Henssler*, Bewegung in der deutschen Unternehmensmitbestimmung, RdA 2005, 330; *Ihrig/Wagner*, Das Gesetz zur Einführung der Europäischen Gesellschaft (SEEG) auf der Zielgeraden, BB 2004, 1749; *Niklas*, Beteiligung der Arbeitnehmer in der Europäischen Gesellschaft (SE) – Umsetzung in Deutschland, NZA 2004, 1200

A. Allgemeines

Die §§ 45 bis 47 enthalten Straf- und Bußgeldvorschriften.

B. Regelungsgehalt

2 Zur Vermeidung des Missbrauchs mit dem Ziel der Verminderung oder Beseitigung von Beteiligungsrechten der AN im Zusammenhang mit der Gründung und Umstrukturierung einer SE sieht § 45 einen Strafkatalog vor. Auch Verstöße gegen die Verschwiegenheitspflicht und Eingriffe in den Errichtungs- und Tätigkeitsschutz werden gem. § 45 mit Freiheits- oder Geldstrafe sanktioniert. Sanktioniert wird ein (vermuteter) Missbrauch gem. § 45 Abs. 1 Nr. 2 mit einer Freiheitsstrafe von bis zu zwei Jahren. Die mit der Missbrauchsvermutung verbundene Rechtsfolge einer Freiheits- oder Geldstrafe verstößt in eklatanter Weise gegen den verfassungsrechtlich im Rechtstaatsprinzip verankerten Grundsatz in dubio pro reo.[1] Es wird erhebliche Schwierigkeiten bereiten, eine legitime Verwendung der neuen Rechtsform von Missbrauchsfällen abzugrenzen, weil nicht jede strategische Überlegung, wie die SE zur Vermeidung von Mitbestimmung genutzt werden kann, illegitim ist.[2]

3 Gem. § 47 Abs. 1 sind die sonstigen Beteiligungsrechte der AN neben den Beteiligungs- und Mitbestimmungsvorschriften des SEBG anwendbar. Hierzu gehören die Beteiligungsrechte aus dem BetrVG und dem SprAuG. Gem. § 47 Abs. 2 bestehen die Strukturen der betrieblichen Mitbestimmung durch BR, GBR, KBR oder nach § 3 Abs. 1 BetrVG gebildete Vertretungen sogar dann fort, wenn die an der Gründung beteiligte Gesellschaft mit Sitz in Deutschland durch die Gründung der SE als eigenständige juristische Person erlischt. Die Anwendung des EBRG auf die SE schließt § 47 Abs. 1 Nr. 2 aber aus. Einen auf der Grundlage des EBRG gebildeten EBR kann es in einer SE deswegen grds. nicht geben. Möglicherweise schon bestehende EBR in den beteiligten Gesellschaften entfallen mit Eintragung der SE, weil der SE-BR nahezu dieselben Funktionen erfüllt, wie ein EBR. Das EBRG bleibt allerdings anwendbar, wenn das BVG einen Beschluss nach § 16 Abs. 1 getroffen hat. Aus § 47 Abs. 1 Nr. 1 ergibt sich auch, dass das Recht der SE keine originäre gesetzliche Mitbestimmung vorsieht. Die Vorschriften des MitbestG und des DrittelbG sind ausdr. nicht anwendbar.[3]

C. Verbindung zu anderen Rechtsgebieten und zum Prozessrecht

4 Die Straf- und Bußgeldvorschriften des SEBG werden durch Änderungen des ArbGG ergänzt. Für alle Streitigkeiten aus dem SEBG besteht gem. § 2a Abs. 1 Nr. 3d ArbGG eine Zuständigkeit der ArbG im Beschlussverfahren. Die für das arbeitsgerichtliche Verfahren geltenden Sonderregelungen über die Parteifähigkeit sind in § 10 ArbGG um die im SEBG vorgesehenen Gremien erweitert worden. Das ArbG am Sitz oder am geplanten Sitz der SE ist gem. § 82 Abs. 3 ArbGG für sämtliche Streitigkeiten, die sich aus dem SEBG ergeben, zuständig.

---

1 *Calle Lambach*, RIW 2005, 161, 167 f.; *Grobys*, NZA 2004, 779, 781; a.A. *Niklas*, NZA 2004, 1200, 1205; für eine verfassungskonforme Auslegung: *Manz/Mayer/Schröder-Hennings*, Art. 11 SE-RL, Rn 4.

2 Vgl. *Ihrig/Wagner*, BB 2004, 1749, 1758.
3 *Henssler*, RdA 2005, 330, 333.

Sozialgesetzbuch (SGB) Drittes Buch (III) – Arbeitsförderung (SGB III)

Vom 24.3.1997, BGBl I S. 594, I 595, BGBl III 860-3

Zuletzt geändert durch Gesetz zur verbesserten steuerlichen Berücksichtigung von Vorsorgeaufwendungen (Bürgerentlastungsgesetz Krankenversicherung) vom 16.7.2009, BGBl I S. 1959, 1967

– Auszug –

§ 2 Zusammenwirken von Arbeitgebern und Arbeitnehmern mit den Agenturen für Arbeit

(2) ¹Die Arbeitgeber haben bei ihren Entscheidungen verantwortungsvoll deren Auswirkungen auf die Beschäftigung der Arbeitnehmer und von Arbeitslosen und damit die Inanspruchnahme von Leistungen der Arbeitsförderung einzubeziehen. ²Sie sollen dabei insbesondere
(...)
3. Arbeitnehmer vor der Beendigung des Arbeitsverhältnisses frühzeitig über die Notwendigkeit eigener Aktivitäten bei der Suche nach einer anderen Beschäftigung sowie über die Verpflichtung zur Meldung nach § 38 Abs. 1 bei der Agentur für Arbeit informieren, sie hierzu freistellen und die Teilnahme an erforderlichen Qualifizierungsmaßnahmen ermöglichen.
(...)

§ 38 Rechte und Pflichten der Ausbildung- und Arbeitsuchenden

(1) ¹Personen, deren Arbeits- oder Ausbildungsverhältnis endet, sind verpflichtet, sich spätestens drei Monate vor dessen Beendigung persönlich bei der Agentur für Arbeit arbeitsuchend zu melden. ²Liegen zwischen der Kenntnis des Beendigungszeitpunktes und der Beendigung des Arbeits- oder Ausbildungsverhältnisses weniger als drei Monate, hat die Meldung innerhalb von drei Tagen nach Kenntnis des Beendigungszeitpunktes zu erfolgen. ³Zur Wahrung der Frist nach den Sätzen 1 und 2 reicht eine Anzeige unter Angabe der persönlichen Daten und des Beendigungszeitpunktes aus, wenn die persönliche Meldung nach terminlicher Vereinbarung nachgeholt wird. ⁴Die Pflicht zur Meldung besteht unabhängig davon, ob der Fortbestand des Arbeits- oder Ausbildungsverhältnisses gerichtlich geltend gemacht oder vom Arbeitgeber in Aussicht gestellt wird. ⁵Die Pflicht zur Meldung gilt nicht bei einem betrieblichen Ausbildungsverhältnis. ⁶Im Übrigen gelten für Ausbildung- und Arbeitsuchende die Meldepflichten im Leistungsverfahren nach den §§ 309 und 310 entsprechend.
(2) (...)

Literatur: *Bährle*, Informationspflicht des Arbeitgebers nach Kündigungen, BuW 2004, 307; *Bauer*, Ausgewählte sozialversicherungsrechtliche Konsequenzen bei der Beendigung von Arbeitsverhältnissen, in: GS für Heinze, 2005, S. 31; *Bauer/Krets*, Gesetze für moderne Dienstleistungen am Arbeitsmarkt, NJW 2003, 537; *Berens*, Neue Rechtsfolge bei verspäteter Arbeitsuchendmeldung und ihre Auswirkungen, info also 2006, 99; *Brune*, Stellensuche, AR-Blattei SD 1510 Rn 56 f.; *Däubler*, Das umgesetzte Hartz-Modell: Bittere Pillen im Arbeits- und Sozialrecht, AiB 2002, 729; *Düwell*, Freistellung zur Arbeitsuche nach der Hartz-Reform, FA 2003, 108; *Gabke*, Zur Obliegenheit der „unverzüglichen Meldung" als arbeitsuchend bei Kenntnis vom bevorstehenden Ende des Arbeitsverhältnisses, AuR 2005, 160; *Gaul/Otto*, Gesetze für moderne Dienstleistungen am Arbeitsmarkt, DB 2002, 2486; *Giesen*, Arbeitsmarktpolitische Maßnahmen der großen Koalition – Neuregelungen 2006, NJW 2006, 721; *Gitter*, Kein Schadensersatzanspruch des Arbeitnehmers gegen den Arbeitgeber wegen unterlassener Informationen gem. § 2 Abs. 2 Satz 2 Nr. 3 SGB III, SAE 2006, 190; *Hanau*, Einzelfragen und -antworten zu den beiden ersten Gesetzen für moderne Dienstleistungen am Arbeitsmarkt, ZIP 2003, 1573; *Heins/Höstermann*, Keine Schadensersatzpflicht des Arbeitgebers wegen unterlassenen Hinweises zur unverzüglichen Arbeitslosmeldung, BB 2004, 1633; *Hoehl*, Persönliche Kenntnis der Pflicht zur frühzeitigen Meldung (§ 37b SGB III) als Voraussetzung einer Minderung des Arbeitslosengeldanspruchs, Juris PR-SozR 27/2004 Anm 1; *Hümmerich/Holthausen/Welslau*, Arbeitsrechtliches im Ersten Gesetz für moderne Dienstleistungen am Arbeitsmarkt, NZA 2003, 7; *Köhler*, Neue Pflichten des Arbeitgebers, DStR 2003, 1303; *Kreutz*, Rechtsfolgen für den Arbeitgeber bei einer Verletzung der Informationspflicht nach § 2 Abs. 2 Nr. 3 SGB III, AuR 2003, 201; *ders.*, Streitfragen des Ersten Gesetzes für moderne Dienstleistungen am Arbeitsmarkt, AuR 2003, 41; *Kühl/Vogelsang*, Die verspätete Arbeitslosmeldung bei der Arbeitsagentur aus arbeits- und sozialrechtlicher Sicht, RdA 2006, 224; *Marschner*, Meldepflicht und Freistellung, AuA 2003, 20; *Merten*, § 37b SGB III: Unwissenheit schützt vor Leistungskürzung nicht?, SGb 2005, 321; *Moderegger*, Frühzeitige Meldepflicht bei Beendigung des Arbeitsverhältnisses, ArbRB 2003, 187; *Otto*, Die Verpflichtung des Arbeitnehmers zur frühzeitigen Arbeitsuche nach § 37b SGB III – Inhalt und Rechtsfolgen, NZS 2005, 288; *Peters-Lange/Gagel*, Arbeitsfindungsrechtliche Konsequenzen aus § 1a KSchG, NZA 2005, 740; *Preis/Schneider*, Das

5. SGB III-Änderungsgesetz – Ein Übergangsgesetz schafft neue Probleme, NZA 2006, 177; *Rudolph*, Neue Informationspflicht für Arbeitgeber, BuW 2003, 565; *Seel*, Die Meldepflicht aus § 37b SGB III – Mitwirkung des Arbeitgebers durch Freistellung und Information, MDR 2005, 241; *ders.*, Kürzung des Arbeitslosengeldes – Haftung des Arbeitgebers, NZS 2005, 573; *ders.*, § 140 SGB III – „Ein stumpfes Schwert"? – § 2 Abs. 2 Satz 2 Ziffer 3 SGB III – Ein bloßer Programmsatz?, NZS 2006, 525; *Sibben*, Vergütungspflicht des Arbeitgebers für die Freistellung zur Meldung beim Arbeitsamt, DB 2003, 826; *Urban-Crell*, Kürzung von Arbeitslosengeld wegen verspäteter Meldung und Hinweispflicht des Arbeitgebers, NJW 2005, 3763; *Urmersbach*, Fragen im Umgang mit der frühzeitigen Arbeitssuche gemäß § 37b SGB III, SGb 2004, 684; *Vetter*, Schadensersatz – Arbeitslosmeldung – Informationspflicht des Arbeitgebers, BB 2005, 891; *Wolf*, Doch keine Informationspflicht? – Zur Schadensersatzpflicht des Arbeitgebers bei Verletzung der Informationsobliegenheit, NZA-RR 2004, 337; *Zieglmeier*, Meldepflicht bei der Agentur für Arbeit bei Beendigung des unbefristeten Arbeitsverhältnisses nach § 37b SGB III, DB 2004, 1830

A. Allgemeines 1	IV. Rechtsfolgen eines Verstoßes gegen die Meldeobliegenheit 11
B. Regelungsgehalt 3	V. Flankierende Regelung in § 2 Abs. 2 S. 2 Nr. 1 .. 12
I. Betroffener Personenkreis 3	C. Verbindung zu anderen Rechtsgebieten 16
II. Meldepflicht 4	D. Beraterhinweise 17
III. Art und Ort der Meldung 10	

A. Allgemeines

1 Durch das Gesetz zur Neuausrichtung der arbeitsmarktpolitischen Instrumente[1] wurden aus Gründen der Transparenz Mitwirkungspflichten, Obliegenheiten und Rechte im Vermittlungsprozess der Arbeit- und Ausbildungssuchenden in § 38 zusammengefasst. Die durch das Erste Gesetz für moderne Dienstleistungen am Arbeitsmarkt[2] mit Wirkung zum 1.7.2003 in § 37b eingeführte Regelung zur frühzeitigen Arbeitssuche, auf die sich die Ausführungen hier beschränken, ist als Abs. 1 in § 38 übernommen worden. Danach sind Personen, deren Versicherungspflichtverhältnis endet, verpflichtet, sich frühzeitig bei der AA arbeitsuchend zu melden. Entgegen dem Wortlaut handelt es sich nicht um eine Pflicht, sondern um eine **typische versicherungsrechtliche Obliegenheit**,[3] die keinen erzwingbaren Anspruch auf Erfüllung beinhaltet.[4] Vielmehr soll der Versicherte durch nachteilige Folgen seines Verstoßes zur frühzeitigen Meldung veranlasst werden. Sanktioniert wurde eine verspätete Meldung bis 30.12.2005 durch eine Minderung des Alg nach § 140,[5] seit 31.12.2005 durch Verhängung einer einwöchigen Sperrzeit (§ 144 Abs. 1 S. 2 Nr. 7, Abs. 6).[6] Meldet sich ein Arbeitsloser nicht frühzeitig arbeitsuchend, so verzögert sich die Einleitung von Vermittlungs- und Eingliederungsbemühungen der AA und nimmt dieser nach Auffassung des Gesetzgebers die Möglichkeit, den Eintritt des Schadensfalles zu verhindern bzw. den Schaden zu reduzieren.[7] Seit 31.12.2005 erfasst § 38 Abs. 1 bzw. seine Vorgängerregelung nicht mehr generell „Versicherte", sondern nur noch AN und Auszubildende.

2 **§§ 38 Abs. 1, 144 Abs. 1 S. 2 Nr. 7** sind insoweit problematisch, als sie vom AN ein bestimmtes Verhalten fordern und einen Verstoß sanktionieren, ohne dass der AN zuvor durch die AA aufgeklärt oder belehrt worden ist.[8] Denn die Vorschriften sehen eine Verpflichtung der BA zur individuellen Belehrung über die Notwendigkeit einer frühzeitigen Arbeitsuche nicht vor.[9] Dies **weicht vom sozialversicherungsrechtlichen Grundsatz, nach dem die Verwaltung vor Eintritt von Rechtsnachteilen über die Rechtsfolgen aufzuklären hat** (vgl. z.B. § 66 Abs. 3 und § 144 Abs. 1 Nr. 2, 3, 4, 6), **ab**. Der Gesetzgeber versucht, das Informationsdefizit des Arbeitslosen durch § 2 Abs. 2 S. 2 Nr. 3 zu beheben. Danach **soll** der AG den AN vor Beendigung des Arbverh frühzeitig u.a. über die Verpflichtung unverzüglicher Meldung bei der AA informieren (zur weiteren Verpflichtung der Freistellung von der Arbeit siehe Rn 14 f.). Damit tritt die Informationspflicht des AG nach § 2 Abs. 2 S. 2 Nr. 3 faktisch an die Stelle derjenigen Belehrungspflichten, die der Gesetzgeber der AA auferlegt, bevor aus Obliegenheitsverletzungen des Arbeitslosen nachteilige Rechtsfolgen für seinen Anspruch auf Alg eintreten können.

---

1 V. 21.12.2008, BGBl 2008 I S. 2917.
2 V. 23.12.2002, BGBl 2002 I S. 4607.
3 BSG 25.5.2005 – B 11a/11 AL 81/04 R – NJW 2005, 3803, 3806; BSG 18.8.2005 – B 7a/7 AL 80/04 R – juris; Spellbrink/Eicher/*Voelzke*, § 12 Rn 486; PK-SGB III/*Coseriu/Jakob*, § 37b Rn 8; LPK-SGB III/*Kruse*, § 37b Rn 16; *Otto*, NZS 2005, 288; *Gagel/Winkler*, § 38 Rn 16; grundlegend zu den Obliegenheiten des Sozialversicherungsrechts *Rolfs*, Das Versicherungsprinzip im Sozialversicherungsrecht, S. 363 ff.
4 S. LSG Baden-Württemberg 9.6.2004 – L 3 AL 1267/04 – juris.
5 In der Fassung des Dritten Gesetzes für moderne Dienstleistungen am Arbeitsmarkt (Hartz III), BGBl 2003 I S. 2848, aufgehoben durch Art. 1 Nr. 1 des Fünften SGB III-ÄndG v. 22.12.2005 BGBl 2005 I S. 3676. §§ 140 und 37b SGB III in der bis 30.12.2005 geltenden Fassung sind gem. dem durch Art. 1 Nr. 23 des vorgenannten ÄndG eingeführte § 434m weiterhin anzuwenden, wenn sich die Pflicht zur frühzeitigen Arbeitsuchendmeldung nach der bis zum 30.12.2005 geltenden Rechtslage bestimmt.
6 Eingeführt durch Art. 1 Nr. 9 des Fünften SGB III-Änderungsgesetzes v. 22.12.2005 BGBl 2005 I S. 3676.
7 BT-Drucks 15/25, S. 27 und 31 ebenso *Rolfs*, DB 2006, 1009.
8 Spellbrink/Eicher/*Voelzke*, § 12 Rn 487; *Zieglmeier*, DB 2004, 1830.
9 BSG 17.10.2007 – B 11a/7a AL 72/06 R – SozR 4-4300 § 37b Nr. 6.

B. Regelungsgehalt

I. Betroffener Personenkreis

Meldepflichtig nach Abs. 1 S. 1 sind nur AN und Auszubildende, deren Arbeits- oder Ausbildungsverhältnis endet. Andere Versicherungspflichtige, wie z.B. Wehr- und Zivildienstleistende (§ 26 Abs. 1 Nr. 2), sind – anders als nach § 37b S. 1 i.d.F. bis 30.12.2005 – nicht meldepflichtig.[10] Dagegen erstreckt sich die Meldepflicht aufgrund des eindeutigen Wortlauts auch auf Personen, die in einem nicht versicherungspflichtigen oder versicherungsfreien Arbverh stehen.[11] Wegen des i.d.R. bei diesen Personen fehlenden Alg-Anspruches[12] kann sich ein Verstoß hier allenfalls negativ auf einen Alg II-Anspruch auswirken (s. § 31 Abs. 4 Nr. 3).[13] Ausgenommen von der Meldepflicht sind gem. Abs. 1 S. 4 Auszubildende, die in einem **betrieblichen Ausbildungsverhältnis** stehen. Diese werden überwiegend vom Ausbildungsbetrieb weiterbeschäftigt,[14] wobei die Entscheidung über die Übernahme i.d.R. erst nach dem Bestehen der Abschlussprüfung erfolgen kann. Würde man trotz der regelmäßigen Weiterbeschäftigung eine Meldepflicht fordern, würde dies zu einem nicht unerheblichen Verwaltungsaufwand bei den AA führen.[15]

II. Meldepflicht

Nach der bis 30.12.2005 geltenden Fassung des § 37b musste sich der Arbeitslose „unverzüglich" nach Kenntnis des Beendigungszeitpunktes des Versicherungspflichtverhältnisses (S. 1 a.F.) bzw. bei Auslaufen eines befristeten Arbverh frühestens drei Monate vor dessen Beendigung (S. 2 a.F.) arbeitsuchend melden. Seit 31.12.2005 besteht eine **einheitliche Meldefrist von drei Monaten**. Diese gilt sowohl bei Beendung unbefristeter als auch beim Ende befristeter Arbverh und unabhängig davon, welche individuellen Künd-Fristen gelten.[16] Nur in Fällen, in denen zwischen der Kenntnis des Beendigungszeitpunktes und der Beendigung des Arbeits- oder Ausbildungsverhältnisses weniger als drei Monate liegen, ist die Drei-Monats-Frist nicht einzuhalten. Das kann zum einen bei außerordentlichen Künd oder Künd mit kürzerer Künd-Frist, zum anderen bei befristeten Beschäftigungsverhältnissen mit einer Dauer von weniger als drei Monaten der Fall sein. Hier hat die Meldung **gem. Abs. 1 S. 2 innerhalb von drei Tagen** nach Kenntnis des Beendigungszeitpunktes zu erfolgen. Erforderlich ist dabei die tatsächliche Kenntnis. Ein bloßes „Kennenkönnen" oder „Kennenmüssen" ist ebenso wenig ausreichend wie die Kenntnis von einem geplanten Stellenabbau, Abschluss eines Interessenausgleichs oder Sozialplans, selbst wenn der Versicherte auf der Namensliste der betriebsbedingt zu kündigenden AN steht.[17] Die Frist beginnt damit bei unbefristeten Arbverh mit Zugang der Künd,[18] bei Zweckbefristungen mit der Unterrichtung des AG über den Zeitpunkt der Zweckerreichung, wenn diese bereits innerhalb von weniger als drei Monaten eintritt.

Sowohl die in Abs. 1 S. 1 genannte Drei-Monats-Frist als auch die in Abs. 1 S. 2 geregelte Drei-Tages-Frist sind gem. § 26 Abs. 1 i.V.m. §§ 187 bis 193 BGB **nach Kalendertagen zu berechnen**.[19] Eine solche nach Tagen bestimmte Frist endet gem. § 26 Abs. 1 i.V.m. § 188 BGB mit Ablauf des letzten Tages der Frist, ungeachtet möglicher Mitwirkungspflichten anderer Personen, wie etwa der Dienstbereitschaft der BA. Hätte der Gesetzgeber hiervon abweichen wollen, hätte er dies im Gesetz deutlich machen müssen. Nur in Fällen, in denen der letzte Tag der Frist auf einen Sonntag, einen gesetzlichen Feiertag oder einen Sonnabend fällt, verlängert sich diese Frist gem. § 26 Abs. 3 S. 1 SGB X bis zum Ablauf des nächstfolgenden Werktages. Ausgehend von diesen Grundsätzen bliebe einem Arbeitslosen, dem an einem Freitag fristlos gekündigt wird, praktisch nur ein Tag (Montag) zur Wahrung der Frist. Allerdings weicht die BA bei der Bestimmung der 3-Tages-Frist von den genannten Grundsätzen ab und rechnet Tage mit fehlender Dienstbereitschaft der AA und Tage, an denen der AN aus objektiven Gründen (z.B. Krankheit, Auslandsaufenthalt, fehlende Freistellung durch den AG) an der Meldung gehindert war, nicht in die Frist ein.[20]

Die Obliegenheit zur Meldung besteht gem. Abs. 1 S. 3 **unabhängig davon, ob der Fortbestand des Arbeits- oder Ausbildungsverhältnisses gerichtlich geltend gemacht oder vom AG in Aussicht gestellt wird**.[21] Diese letztgenannte durch das 5. SGB III-ÄndG aufgenommene Verpflichtung entspricht der bisherigen Verwaltungspraxis der BA[22] und ist entsprechend anwendbar, wenn der AN Aussicht auf ein anderes Anschluss-Arbverh hat.

---

10 *Preis/Schneider*, NZA 2006, 177, 179.
11 *Rolfs*, DB 2006, 1009.
12 Ausnahme: Es besteht ein Alg-Anspruch aus einem früheren versicherungspflichtigen Beschäftigungsverhältnis.
13 Für eine Absenkung des Alg II nach § 31 Abs. 4 Nr. 3 lit. b) SGB II: PK-SGB III/*Coseriu/Jakob*, § 37b Rn 9; dagegen: *Gagel/Winkler*, § 38 Rn 13, der nur in bestimmten Fällen eine Absenkung nach § 31 Abs. 4 Nr. 3 lit. a) SGB II für zulässig erachtet, da das SGB II eine Verpflichtung zur frühzeitigen Meldung nicht kennt, ebenso BA, DA zu § 31 SGB II Rn 31.37.
14 S. BT-Drucks 15/25, S. 27.
15 S. BT-Drucks 15/25, S. 27; *Preis/Schneider*, NZA 2006, 177, 180; Spellbrink/Eicher/*Voelzke*, § 12 Rn 390.
16 S. zum Problem bei langen Künd-Fristen nach der Altfassung *Urmersbach*, SGb 2004, 684, 692 m.w.N.
17 *Niesel/Brand*, § 37b Rn 3.
18 Vgl. BT-Drucks 15/25, S. 27.
19 KR-*Wolff*, § 144 SGB III Rn 75c.
20 BA, DA § 144 SGB III, Rn 144.70b.
21 Krit. zur Meldeverpflichtung trotz in Aussichtstellen einer Weiterbeschäftigung *Preis/Schneider*, NZA 2006, 177, 179.
22 Vgl. BA, DA zu § 140 SGB III Rn 140.11, die die Aussicht auf ein Anschluss-Arbverh eine Meldepflicht bejaht hat.

7 Nach einer **Änderungs-Künd** besteht die Obliegenheit zur frühzeitigen Meldung nach Abs. 1 nur, wenn der AN das Änderungsangebot ablehnt.[23] Denn nimmt er das Angebot an, entsteht mangels Beendigung des Arbverh keine Meldepflicht nach Abs. 1. Dies gilt selbst bei einer Annahme des Änderungsangebots unter Vorbehalt der sozialen Rechtfertigung, da das Arbverh auch in diesem Fall fortbestehen wird (entweder zu den alten oder zu den geänderten Bedingungen).[24] Abs. 1 S. 3, der eine Meldepflicht unabhängig von einer gerichtlichen Geltendmachung des Fortbestandes des Arbverh bestimmt, ist aufgrund des sicheren Fortbestehens des Arbverh nicht einschlägig. Nur, wenn der AN eine Entscheidung darüber, ob er das Änderungsangebot annimmt, nicht innerhalb der Fristen des Abs. 1 trifft, hat eine Meldung zu erfolgen.

8 Die Obliegenheit zur **Meldung** besteht **grds. ungeachtet der Dauer des vorangegangenen Beschäftigungsverhältnisses**. Deshalb muss sich der Arbeitslose grds. auch nach einer (kurzzeitigen) Zwischenbeschäftigung nach Maßgabe des Abs. 1 arbeitsuchend melden.[25] Nicht erforderlich ist eine Meldung nach Abs. 1, wenn sich der Arbeitslose zur Aufnahme einer befristeten Beschäftigung unter Angabe des Endzeitpunkts aus dem Bezug von Alg abmeldet[26] Dabei darf die Abmeldung nicht nur telefonisch oder schriftlich erfolgt sein. Nach Ansicht des Gerichts ist es bei einer Zeitspanne von einem Jahr zwischen Meldung und Ende des befristeten Arbverh gerechtfertigt, eine zusätzliche persönliche Meldung zu einem späteren Zeitpunkt zu verlangen.[27]

9 Auch wenn Abs. 1 anders als § 37b i.d.F. bis 30.12.2005 keine „unverzügliche", also ohne schuldhaftes Zögern erfolgte Meldung mehr fordert, setzt die vom Arbeitsuchenden nach Abs. 1 zu erfüllende Obliegenheit zur persönlichen Arbeitsuchendmeldung eine entsprechende **Kenntnis** dieser Obliegenheit seitens des Arbeitsuchenden voraus.[28] Denn ihre verhaltenssteuernde Funktion können Obliegenheiten nach Ansicht des BSG nur entfalten, wenn dem Versicherten die Verhaltensnorm bekannt ist.[29] Nachteilige Folgen eines Verstoßes setzen deswegen ein subjektiv vorwerfbares Verhalten voraus.[30] Soweit ein Verstoß gegen die Meldeobliegenheit auch bei fehlender Kenntnis bejaht wird, kann bei unverschuldeter Unkenntnis das Vorliegen eines wichtigen Grundes den Eintritt einer Sperrzeit nach § 144 verhindern.[31]

III. Art und Ort der Meldung

10 Der AN erfüllt seine Meldeobliegenheit, wenn er sich persönlich bei der AA arbeitsuchend meldet. Zwar ist aufgrund des klaren Gesetzeswortlauts ein **persönliches Erscheinen zwingend erforderlich**, so dass eine Meldung durch einen Vertreter oder einen Telefonanruf grds. nicht genügt. Allerdings ist nach Abs. 1 S. 3[32] eine **Anzeige unter Angabe der persönlichen Daten und des Beendigungszeitpunktes** zur Wahrung der Meldfristen nach Abs. 1 S. 1 und 2 **ausreichend**, wenn die persönliche Meldung nach terminlicher Vereinbarung nachgeholt wird. Mit der zum 1.5.2007 in § 37b Abs. 1 S. 3 eingeführten Möglichkeit der fernmündlichen und seit 1.1.2009 zusätzlich bestehenden Möglichkeit der schriftlichen Anzeige wird einerseits dem Anliegen des i.d.R. noch beschäftigten Meldepflichtigen Rechnung getragen und andererseits dennoch eine frühzeitige Arbeitsvermittlung ermöglicht.[33] Der AN muss sich arbeitsuchend melden, d.h. er muss der AA mitteilen, dass er eine Beschäftigung als AN sucht (s. § 15 S. 2). Im Unterschied zu der Arbeitslosmeldung nach § 122 kann die **Meldung nach Abs. 1 bei jeder AA** erfolgen. Zweckmäßig dürfte aber eine Meldung bei der nach § 327 Abs. 1 zuständigen AA, also derjenigen, in deren Bezirk der AN bei Eintritt der leistungsbegründenden Tatbestände seinen Wohnsitz hat, sein.[34] Im Hinblick auf die strengeren Anforderungen in § 122 kann eine Arbeitsuchendmeldung die persönliche Meldung nach § 122 nicht ersetzen. Umgekehrt erfüllt eine solche Arbeitslosmeldung, die nach § 122 Abs. 1 S. 2 bis zu drei Monaten vor Eintritt der Arbeitslosigkeit erfolgen kann, die Voraussetzungen der Meldung nach Abs. 1.

---

23 HWK/*Peters-Lange*, § 37b SGB III Rn 7; a.A. Düwell/Weyand/*Weyand*, Rn 118; *Kreutz*, AuR 2003, 41, 42.
24 A.A. *Kreutz*, AuR 2003, 41, 42.
25 BSG 20.10.2005 – B 7a AL 50/05 R – SozR 4–4300 § 37b Nr. 2; BSG 20.10.2005 – B 7a AL 28/05 R – juris. Bezogen auf § 37b, 140 i.d.F. bis 31.12.2005 war z.T. im Fall der Wiederbewilligung von Alg nach einer Zwischenbeschäftigung eine Minderung nach § 140 verneint worden; Gagel/*Winkler*, § 140 Rn 5; PK-SGB III/*Coseriu*/*Jakob*, § 140 Rn 15.
26 BSG 20.10.2005 – B 7a AL 50/05 R – SozR 4–4300 § 37b Nr. 2; BSG 28.8.2007 – B 7/7a AL 56/06 – SozR 4–4300 § 37b Nr. 5.
27 BSG 28.8.2007 – B 7/7a AL 56/06 – SozR 4–4300 § 37b Nr. 5.
28 BSG 25.5.2005 – B 11a/11 AL 81/04 R – NJW 2005, 3803, 3806; KR/*Wolff*, § 144 SGB III Rn 82; Niesel/*Brand*, § 37b Rn 7; *Otto*, NZS 2005, 288; *Urban-Crell*, NJW 2005, 3763; a.A. LAG Baden-Württemberg 9.6.2004 – L 3 AL 1267/04 – juris; *Merten*, SGb 2005, 321, 323, der eine fahrlässige Unkenntnis genügen lässt; *Seel*, NZS 2006, 525; krit. Spellbrink/Eicher/*Voelzke*, § 12 Rn 501.
29 BSG 25.5.2005 – B 11a/11 AL 81/04 R – NJW 2005, 3803, 3806.
30 BSG 25.5.2005 – B 11a/11 AL 81/04 R – NJW 2005, 3803, 3806; *Preis*/*Schneider*, NZA 2006, 177, 180 f.; *Behrens*, info also 2006, 99; ErfK/*Rolfs*, § 144 Rn 50; KR/*Wolff*, § 144 SGB III Rn 81.
31 PK-SGB III/*Coseriu*/*Jakob*, § 37b Rn 19.
32 Eingeführt als § 37b S. 3 durch Art. 3 Nr. 2 lit. b) des Gesetzes zur Verbesserung der Beschäftigungschancen älterer Menschen, BGBl I 2007 S. 538.
33 S. BR-1/07, S. 16.
34 Spellbrink/Eicher/*Voelzke*, § 12 Rn 497.

IV. Rechtsfolgen eines Verstoßes gegen die Meldeobliegenheit

Kommt der Arbeitslose seiner aus Abs. 1 resultierenden Meldepflicht nicht nach, hat dies leistungsrechtliche Folgen, die sich aus **§ 144 Abs. 1 S. 2 Nr. 7 ergeben**. Danach führt der schuldhafte Verstoß gegen Abs. 1 zu einer Sperrzeit, sofern der Arbeitslose keinen wichtigen Grund für die nicht oder nicht rechtzeitig erfolgte Meldung hatte (siehe § 144 Rn 49 ff.). Neben einem Ruhen des Anspruchs für die Dauer einer Woche (§ 144 Abs. 6) führt die Sperrzeit zu einer Minderung der Anspruchsdauer nach § 128 Abs. 1 Nr. 3.

V. Flankierende Regelung in § 2 Abs. 2 S. 2 Nr. 1

Gem. § 2 Abs. 2 S. 2 Nr. 3 sollen AG AN vor der Beendigung des Arbverh frühzeitig u.a. über die Verpflichtung zur Meldung nach Abs. 1 bei der AA informieren und sie hierzu freistellen. Die Regelung konkretisiert die Obliegenheit des AG zur Mitwirkung am nahtlosen Übergang des gekündigten AN in eine neue Beschäftigung,[35] ist aber auch einschlägig, wenn der AN selbst kündigt.[36] Die Vorschrift ist keine „Muss"-, sondern eine „Soll"-Vorschrift, deren Erfüllung von der AA nicht durchgesetzt werden kann. Ein Verstoß des AG gegen diese Obliegenheit wird von der AA – anders als der Verstoß des AN gegen Abs. 1 – nicht sanktioniert. Er führt auch nicht zur Unwirksamkeit einer Künd oder eines Aufhebungsvertrages.[37]

Umstr. ist, welche Konsequenzen der **fehlende Hinweis des AG** im Verhältnis zwischen AN und AG hat. Kommt dieser aufgrund der unterbliebenen Aufklärung des AG seiner Meldeobliegenheit nicht nach, wird bezüglich der damit verbundenen leistungsrechtlichen Konsequenzen teilweise eine vertraglich bzw. deliktische **Schadensersatzpflicht des AG** (dem Grunde nach) bejaht.[38] Das BAG hat – wie einige Instanzgerichte zuvor[39] – mit Urteil v. 29.9.2005[40] entschieden, dass ein Unterlassen des nach § 2 Abs. 2 S. 2 Nr. 3 gebotenen Hinweises an den AN über dessen Pflicht nach Abs. 1 keinen Schadensersatzanspruch des AN gegen den AG begründet. Nach Ansicht des Gerichts ist Zweck des § 2 Abs. 2 S. 2 Nr. 3 nicht der Schutz des Vermögens des AN, sondern nur die Verbesserung des Zusammenwirkens von AG, AN und AA im Hinblick darauf, dass der Eintritt von Arbeitslosigkeit möglichst vermieden werden soll. Ein Verstoß des AG – also das Versäumnis, auf diese Verpflichtung gegenüber dem AN hinzuweisen – führe, so das Gericht zutreffend, daher nicht zu einem Schadensersatzanspruch seitens des AN. Ein Schadensersatzanspruch des AN nach §§ 280 Abs. 1 S. 1, 241 Abs. 2 BGB kann aber dann wegen des fehlenden Hinweises auf Abs. 1 begründet sein, wenn die Beendigung des Arbverh vom AG ausgeht.[41] In diesem Fall treffen den AG nach der Rspr. des BAG **Hinweis- und Aufklärungspflichten auch hinsichtlich sozialrechtlicher Konsequenzen**[42] (siehe hierzu § 143a Rn 61 f.).

Die weitere Obliegenheit des AG gem. § 2 Abs. 2 S. 2 Nr. 3, die **Freistellung zur Meldung** nach Abs. 1, begründet keinen eigenständigen Freistellungsanspruch des AN.[43] Ein solcher zivilrechtlicher Anspruch war in einem neuen § 629a BGB im Entwurf eines Ersten Gesetzes für moderne Dienstleistungen am Arbeitsmarkt[44] zwar vorgesehen, scheiterte aber im Vermittlungsausschuss.[45] Ein Anspruch des AN gegen den AG auf Freistellung zur Arbeitsuchendmeldung ergibt sich aber auch ohne diese Spezialregelung aus § 629 BGB.[46] Zwar hat der Dienstberechtigte

---

35 BT-Drucks 15/25, S. 26. S. zur Kritik an der den AG auferlegten Verantwortung für die Beschäftigung *Kreutz*, AuR 2003, 201.

36 *Bährle*, BuW 2004, 307.

37 *Bährle*, BuW 2004, 307; *Bauer*, in: GS für Heinze, S. 31, 38; *Bauer/Krets*, NJW 2003, 537, 541; *Rudolph*, BuW 2003, 565.

38 S. *Bährle*, BuW 2004, 307, 308; *Brune*, AR-Blattei SD 1510 Rn 56 f.; *Gabke*, AuR 2005, 160, 161; *Hanau*, ZIP 2003, 1573, 1575; *Köhler*, DStR 2003, 1303; *Kreutz*, AuR 2003, 201, 202 f.; *Moderegger*, ArbRB 2003, 187, 188; *Rudolph*, BuW 2003, 565; *Seel*, MDR 2005, 241, 245 ff. und NZS 2005, 573; Hauck/Noftz/*Valgdio*, § 144 Rn 36; *Zieglmeier*, DB 2004, 1830, 1834 f.; *Gaul/Otto*, DB 2002, 2486; vgl. auch *Düwell*, FA 2003, 108, 110.

39 S. etwa LAG Hamm 7.9.2004 – 19 Sa 1248/04 – LAGE § 37b SGB III Nr. 1; LAG Hamm 23.12.2004 – 11 Sa 1210/04 – juris; LAG Düsseldorf 29.9.2004 – 12 Sa 1323/04 – NZA-RR 2005, 104; ArbG Verden 27.11.2003 – 3 Ca 1567/03 – NZA-RR 2004, 108.

40 3 AZR 571/04 – AP § 2 SGB III Nr. 2; ebenso *Bauer*, in: GS für Heinze, S. 31, 38; *Bauer/Krets*, NJW 2003, 537, 541 f.; *Gitter*, SAE 2006, 190; *Heins/Höstermann*, BB 2004, 1633; *Hoehl*, juris PR-SozR 27/2004 Anm 1; *Urban-Crell*, NJW 2005, 3763, 3765; *Vetter*, BB 2005, 891; *Wolf*, NZA-RR 2004, 337, 338 f.

41 Ebenso Spellbrink/Eicher/*Voelzke*, § 41 Rn 17c; *Urmersbach*, SGb 2004, 684, 688, der eine Schadensersatzpflicht auch bei unterlassener Aufklärung beim Abschluss befristeter Verträge bejaht; einschränkend *Wolf*, NZA-RR 2004, 337, 339; s. auch *Kühl/Vogelsang*, RdA 2006, 224, 227 f.; *Seel*, NZS 2006, 525, 527 f.

42 S. BAG 16.11.2005 – 7 AZR 86/05 – AP § 8 AlterszeitG Nr. 8; BAG 12.12.2002 – 8 AZR 497/01 – AP § 611 BGB Haftung des Arbeitgebers Nr. 25; BAG 11.12.2001 – 3 AZR 339/00 – AP § 1 BetrAVG Auskunft Nr. 2; BAG 17.10.2000 – 3 AZR 605/99 – NZA 2001, 306; BAG 17.10.2000 – 3 AZR 69/99 – NZA 2001, 203.

43 S. *Hanau*, ZIP 2003, 1573, 1574; *Seel*, MDR 2005, 242, 243; *Urmersbach*, SGb 2004, 684, 686.

44 BT-Drucks 15/25, S. 20 und 41.

45 S. BT-Drucks 15/201, S. 2.

46 *Bauer/Krets*, NJW 2003, 537, 542; *Marschner*, AuA 2003, 20, 21; *Moderegger*, ArbRB 2003, 187, 188; *Preis/Schneider*, NZA 2006, 177, 179; PK-SGB III/*Schmidt-De Caluwe*, § 2 Rn 39; *Seel*, MDR 2005, 241; *Sibben*, DB 2003, 826; *Urmersbach*, SGb 2004, 684, 685 f.; Spellbrink/Eicher/*Voelzke*, § 12 Rn 509; *Ziegelmeier*, DB 2004, 1830, 1833; a.A. *Hümmerich/Holthausen/Welslau*, NZA 2003, 7, 8.

danach dem Verpflichteten auf Verlangen angemessene Zeit „zum Aufsuchen eines anderen Dienstverhältnisses" und nicht zur Meldung gem. Abs. 1 zu gewähren. Der Begriff der Stellensuche ist aber wegen des Gedankens der Einheit der Rechtsordnung anhand der Wertung des § 2 Abs. 2 S. 2 Nr. 3 dahingehend erweiternd auszulegen, dass auch die Freistellung zur Arbeitsuchendmeldung erfasst ist (zum Freistellungsanspruch siehe § 629 BGB und zum Vergütungsanspruch für die Zeit der Freistellung siehe § 629 BGB Rn 1 ff., 21, § 616 Rn 15).

15 Kommt der AG dem Freistellungsgesuch des AN ohne nachvollziehbare Gründe nicht nach, kann dies einen **Schadensersatzanspruch** des AN begründen, wenn diesem deshalb eine rechtzeitige Meldung nicht möglich war und zu Leistungskürzungen führte.[47] Allerdings dürfte es regelmäßig nicht zu leistungsrechtlichen Einschränkungen kommen, da der AN bei verweigerter Freistellung einen wichtigen Grund für die verspätete Meldung hat (siehe § 144 Rn 52) und deshalb die Voraussetzungen einer Sperrzeit nach § 144 Abs. 1 S. 2 Nr. 7 nicht erfüllt sind.

C. Verbindung zu anderen Rechtsgebieten

16 Durch die in § 2 Abs. 2 S. 2 Nr. 3 normierte Obliegenheit des AG, den AN frühzeitig auf seine Meldeobliegenheit hinzuweisen und ihn zur Meldung nach Abs. 1 freizustellen, ergeben sich arbeitsrechtliche Konsequenzen (siehe Rn 12 ff.).

D. Beraterhinweise

17 Weil sich der AN unter Hinweis auf unverschuldete Unkenntnis gegen Sanktionen eines Verstoßes gegen Abs. 1 wehren kann, wird der Hinweis des AG nach § 2 Abs. 2 S. 2 Nr. 3 z.T. als für den AN nachteilig angesehen. Im Hinblick darauf, dass den AG bei einem Verstoß gegen § 2 Abs. 2 S. 2 Nr. 3 nach der Rspr. des BAG keine Schadensersatzpflichten treffen, wird diesem deshalb empfohlen, bei Beendigung von Arbverh auf den Hinweis zur Pflicht der unverzüglichen Arbeitsuchendmeldung zu verzichten.[48] Dem Gedanken des Abs. 1, durch eine frühzeitige Meldung eine nahtlose Vermittlung des AN in eine andere Beschäftigung zu ermöglichen und so den Eintritt von Arbeitslosigkeit zu verhindern, wird eine solche gangbare[49] Verfahrensweise jedoch nicht gerecht. Insofern sollte der AG die Informationen nach § 2 Abs. 2 S. 2 Nr. 3 am Besten bereits in das Künd-Schreiben bzw. den Aufhebungsvertrag aufnehmen oder bei befristeten Verträgen dem AN bereits bei Vertragsschluss schriftlich mitteilen.[50]

§ 143 Ruhen des Anspruchs bei Arbeitsentgelt und Urlaubsabgeltung

(1) Der Anspruch auf Arbeitslosengeld ruht während der Zeit, für die der Arbeitslose Arbeitsentgelt erhält oder zu beanspruchen hat.
(2) ¹Hat der Arbeitslose wegen Beendigung des Arbeitsverhältnisses eine Urlaubsabgeltung erhalten oder zu beanspruchen, so ruht der Anspruch auf Arbeitslosengeld für die Zeit des abgegoltenen Urlaubs. ²Der Ruhenszeitraum beginnt mit dem Ende des die Urlaubsabgeltung begründenden Arbeitsverhältnisses.
(3) ¹Soweit der Arbeitslose die in den Absätzen 1 und 2 genannten Leistungen (Arbeitsentgelt im Sinne des § 115 des Zehnten Buches) tatsächlich nicht erhält, wird das Arbeitslosengeld auch für die Zeit geleistet, in der der Anspruch auf Arbeitslosengeld ruht. ²Hat der Arbeitgeber die in den Absätzen 1 und 2 genannten Leistungen trotz des Rechtsübergangs mit befreiender Wirkung an den Arbeitslosen oder an einen Dritten gezahlt, hat der Bezieher des Arbeitslosengeldes dieses insoweit zu erstatten.

Literatur: *Bauer/Arnold*, Urlaub und Freistellung bei Beendigung von Arbeitsverhältnissen, in: FS Leinemann, 2006, S. 155; *Denck*, Die Akzessorität des Arbeitslosengeldes, SGb 1986, 489; *Felser*, Suspendierung von Arbeitnehmern, AiB 2006, 74; *Hanau*, Sozialrechtliche Konsequenzen von Vergleichen in Kündigungsschutzprozessen, AuR 1984, 333; *v. Hoyningen-Huene*, Arbeitslosengeld – Abfindung – Zahlung an den Gläubiger des Arbeitslosen – Ruhen (Anm.), SGb 2000, 97; *Johannsen*, Neues zur Berücksichtigung von Entlassungsentschädigungen beim Arbeitslosengeld, ZTR 1999, 241; *Knospe*, Die Vereinbarung sozialversicherungsrechtlicher Freistellungen von der Arbeitsleistung, NJW 2006, 3676; *Lindemann/Simon*, Die Freistellung von der Arbeitspflicht – neue Risiken und Nebenwirkungen, BB 2005, 2462; *Marschner*, Verfassungsmäßigkeit der Berücksichtigung der Kirchensteuer bei der Arbeitslosengeldberechnung (Anm.), BuW 2001, 351; *Oelkers/Schmidt*, Sozialversicherungsrechtliche Folgen der Freistellung, NJW-Spezial 2005, 465; *Schlegel*, Versicherungs- und Beitragspflicht bei Freistellung von der Arbeit, NZA 2005, 972; *Schmidt*, Kündigungsschutz und Arbeitslosengeld, NZA 2002, 1380; *Steinmeyer*, Erstattungsanspruch gegen einen Arbeitslosen bei Gleichwohlgewährung von Arbeitslosengeld auch ohne vorherige Geltendmachung eines Anspruches auf Arbeitsentgelt gegenüber dem Arbeitgeber, EwiR 1999, 529; *Strick*, Ruhen des Arbeitslosengeldanspruches bei Urlaubsabgeltung – Scha-

---

[47] *Bauer*, in: GS für Heinze, S. 31, 40; *Bauer/Krets*, NJW 2003, 537, 542; *Urmersbach*, SGb 2004, 684, 689; *Düwell/Weyand/Weyand*, Rn 150.
[48] *Urban-Crell*, NJW 2005, 3763, 3765.
[49] *Kühl/Vogelsang*, RdA 2006, 224, 225.
[50] *Bauer/Krets*, NJW 2003, 537, 542; Formulierungsvorschläge bei *Bährle*, BuW 2004, 307, 308; *Rudolph*, BuW 2003, 565, 566.

densersatzanspruch wegen untergegangenem Urlaubsanspruch (Anm.), SGb 2002, 399; *Theile,* Die Gewährung von Arbeitslosengeld im Zeitraum der rechtlichen Ungewißheit über den Fortbestand des Arbeitsverhältnisses, 1997; *Thomas/Weidmann,* Sozialversicherungsrechtliche Risiken als Folge einer unwiderruflichen Freistellung in Aufhebungsverträgen, NJW 2006, 257; *Valgolio,* Gleichwohlgewährung und Kündigungsschutzprozeß, FA 2001, 322; *Voelzke,* Aktuelle Entwicklungen im Sperrzeitrecht, NZS 2005, 281; *ders.,* Auswirkungen von Abfindungen und Urlaubsabgeltungen auf Leistungen bei Arbeitslosigkeit – Rechtsprechung des BSG und aktuelle Probleme, SGb 2007, 713

A. Allgemeines	1	2. Rechtsfolgen der Gleichwohlgewährung	25
B. Regelungsgehalt	5	a) Zahlung von Arbeitslosengeld	25
I. Ruhen bei Zahlung von Arbeitsentgelt (Abs. 1)	5	b) Anspruchsübergang nach § 115 SGB X	26
1. Zu berücksichtigendes Arbeitsentgelt	6	c) Erstattungsanspruch der Bundesagentur für Arbeit gegen den Arbeitgeber	29
2. Zusammentreffen von Arbeitslosengeld und Arbeitsentgelt	11	d) Erstattungsanspruch der Bundesagentur für Arbeit gegen den Arbeitnehmer	31
3. Dispositionsbefugnis der Arbeitsvertragsparteien	13	C. Verbindung zu anderen Rechtsgebieten und zum Prozessrecht	33
II. Ruhen bei Urlaubsabgeltung (Abs. 2)	17	I. Krankenversicherungsrecht, Recht der sozialen Pflegeversicherung und Rentenversicherungsrecht	33
III. Rechtsfolge: Ruhen des Anspruchs	20	II. Verfahren	38
IV. Gleichwohlgewährung (Abs. 3)	23	D. Beraterhinweise	39
1. Allgemeines/Voraussetzungen der Gleichwohlgewährung	23		

A. Allgemeines

§ 143 ist durch Art. 1 des Gesetzes zur **Reform der Arbeitsförderung** v. 24.3.1997[1] eingeführt worden und am 1.1.1998 in Kraft getreten. Die Vorschrift geht auf den Gesetzentwurf[2] zurück und besteht seitdem in unveränderter Fassung. § 143 entspricht § 117 Abs. 1, 1a und 4 AFG in der zuletzt gültigen Fassung. Die in § 117 Abs. 2, 3 und 3a AFG enthaltene Ruhensanordnung wegen Anspruchs auf eine Entlassungsentschädigung ist nun in § 143a geregelt.

Die Vorschrift regelt das **Zusammentreffen von Arbeitsentgelt und Alg**, das für den gleichen Zeitraum geleistet wird. Um eine Doppelsicherung des Arbeitslosen zu vermeiden, ruht der Anspruch auf Alg, wenn der Arbeitslose für den gleichen Zeitraum einen Anspruch auf Arbeitsentgelt oder eine Urlaubsabgeltung hat. In diesen Fällen erleidet der Arbeitslose trotz Beendigung des Beschäftigungsverhältnisses keinen Verdienstausfall und ist nicht auf eine Lohnersatzleistung der BA angewiesen.[3] Nach dem klaren Wortlaut tritt das Ruhen unabhängig davon, ob der Anspruch auf Arbeitsentgelt oder Urlaubsabgeltung erfüllt wird, ein. Für Fälle, in denen der Arbeitslose das Arbeitsentgelt oder die Urlaubsabgeltung nicht erhält, sieht Abs. 3 vor, dass das Alg trotz des Ruhens nach Abs. 1 bzw. Abs. 2 geleistet wird und sichert so den Lebensunterhalt des Arbeitslosen.

§ 143 regelt **zwei Fallgruppen**, die zu einem Ruhen führen: Die Zahlung von Arbeitsentgelt führt nach Abs. 1 zum Ruhen während der Dauer des Arbverh, die Zahlung einer Urlaubsabgeltung, die der Gesetzgeber als eine Form von Arbeitsentgelt wertet,[4] führt nach Abs. 2 zum Ruhen für einen Zeitraum nach dem Ende des Arbverh.

§ 143 ist entsprechend anzuwenden bei Ansprüchen auf **Teil-Alg** (§ 150 Abs. 2) und über § 57 Abs. 3 S. 1 auch bei Ansprüchen auf **einen Gründungszuschuss**. Auf das **Übergangsgeld und das Kurzarbeitergeld** findet § 143 **keine Anwendung** (siehe §§ 160 ff., 180).

B. Regelungsgehalt

I. Ruhen bei Zahlung von Arbeitsentgelt (Abs. 1)

Ein Ruhen nach Abs. 1 tritt ein, wenn der Arbeitslose für die Zeit der Arbeitslosigkeit Arbeitsentgelt erhält oder zu beanspruchen hat. Betroffen ist damit zum einen der **Zeitraum zwischen der faktischen Beendigung des Beschäftigungsverhältnisses und der späteren rechtlichen Beendigung des Arbverh**.[5] Zum anderen findet Abs. 1 – obgleich diese Fälle seltener sein dürften und bislang in der Lit. noch nicht weiter diskutiert wurden – auch Anwendung in Fällen, in denen Arbeitsentgelt für den Zeitraum nach Begründung des Arbverh, jedoch vor Beginn der faktischen Beschäftigung geschuldet oder gezahlt wird.[6]

1. Zu berücksichtigendes Arbeitsentgelt. Im Unterschied zu § 141, der Arbeitsentgelt aus einer Beschäftigung im Umfang von weniger als 15 Stunden anrechnet, weshalb die für den Anspruch auf Alg erforderliche Voraussetzung der Beschäftigungslosigkeit nicht ausgeschlossen ist (§ 119 Abs. 1 Nr. 1, Abs. 3 S. 1), erfasst § 143 Abs. 1 nur

---

1 Arbeitsförderungs-Reformgesetz (AFRG), BGBl 1997 I S. 594.
2 BT-Drucks 13/5676.
3 BT-Drucks 9/846, S. 44; s.a. BSG 23.1.1997 – 7 RAr 72/94 – SozR 3-4100 § 117 Nr. 14; BSG 29.1.2001 – B 7 AL 62/99 – NZS 2001, 552, 553 m.w.N.
4 BT-Drucks 9/846, S. 44.
5 BSG 14.2.1978 – 7 RAr 57/76 – SozR 4100 § 117 Nr. 2; BSG 23.6.1981 – 7 RAr 29/80 – SozR 4100 § 117 Nr. 7.
6 BSG 20.6.2002 – B 7 AL 108/01 R – SozR 3-4100 § 143 Nr. 4; vgl. auch BSG 14.2.1978 – 7 RAr 57/76 – SozR 4100 § 117 Nr. 2.

Arbeitsentgelt, das aufgrund eines Arbverh noch gezahlt oder zumindest geschuldet wird, obwohl der AN tatsächlich schon nicht mehr beschäftigt wird. Gemeint ist nur Arbeitsentgelt aus einer Beschäftigung, die an sich Arbeitslosigkeit ausschließt, also mehr als kurzzeitig ist.[7]

7 Was zum **Arbeitsentgelt** zählt, bemisst sich nach den arbeitsrechtlichen Grundsätzen (siehe § 17 SGB IV Rn 2 ff.). Im Rahmen des Abs. 1 ist nur das für die vorgenannten Zeiträume zu beanspruchende Arbeitsentgelt zu berücksichtigen, **nicht Entgeltbestandteile**, die sich der Arbeitslose als Gegenleistung **für bereits erbrachte Arbeitsleistung** erdient hat. Arbeitsentgelt, das der Arbeitslose für die Zeit seiner Tätigkeit erhält oder zu beanspruchen hat, führt – selbst wenn es zum Zeitpunkt des Alg-Bezuges geleistet wird – nicht zum Ruhen des Anspruches. Das Gleiche gilt für Entgeltzahlungen für eine Zeit nach Beendigung des Arbverh. Solche Leistungen des AG können allerdings ein Ruhen nach Abs. 2 oder § 143a begründen (siehe Rn 17 ff. und § 143a Rn 2, 6 ff.). In dem oben genannten Zeitraum, in dem ein Ruhen des Anspruches in Betracht kommt, führen nur die Entgeltleistungen zum Ruhen, die für den gleichen Zeitraum, für den auch Alg gezahlt wird, erbracht werden. Das Arbeitsentgelt muss damit einem bestimmten Abrechnungszeitraum zugeordnet werden können. Der AN muss hierfür schlüssig vortragen, in welchem Zeitraum er das Arbeitsentgelt erarbeitet hat und ggf. durch Vorlage seiner Gehaltsabrechnungen die Zuordnung nachweisen.

8 **Unberücksichtigt** bleiben damit auch sonstige Leistungen des AG wie Jahressonderzahlungen, Gewinnausschüttungen, Weihnachtsgeld, Jubiläumszuwendung, selbst wenn sie zeitanteilig auf den Leistungszeitraum entfallen. Keine Berücksichtigung nach Abs. 1 finden weiter Vergütungsbestandteile, die erst bei Beendigung des Arbverh fällig werden (z.B. die Rückzahlung von Rücklagen, Karenzentschädigungen nach § 74 HGB o.ä.) oder Leistungen, die unabhängig vom Zeitpunkt der Beendigung zu erbringen sind (z.B. tarifliche oder betriebliche Überbrückungsbeihilfen), da auch diese Leistungen bereits in den vorangegangenen Jahren erarbeitet worden sind.[8] Steht einem AN aus Gründen, die in seiner Person liegen (etwa Arbeitsunfähigkeit, Leistungsverweigerung, Streik) kein Arbeitsentgelt zu, so liegt kein ruhensbegründender Tatbestand i.S.d. Abs. 1 vor. **Schadensersatzansprüche bzw. -zahlungen**, die wegen Nichterfüllung arbeitsvertraglicher Pflichten durch den AG begründet sind, sind nach Ansicht des BSG[9] im Hinblick auf den klaren Wortlaut des Abs. 1 kein Arbeitsentgelt i.S.d. Vorschrift.[10] Ein Schadensersatzanspruch des AN aus § 628 Abs. 2 BGB fällt ebenfalls nicht unter Abs. 1, sondern wird im Rahmen des § 143a berücksichtigt.

9 Der Anspruch auf Arbeitsentgelt kann auch (erst) durch zwischen AG und AN geschlossenen Aufhebungsvertrag begründet werden.[11] Im Hinblick darauf, dass § 143 die Vermeidung von Doppelleistungen bezweckt, werden auch **nachträglich geschaffene Ansprüche auf Arbeitsentgelt** für zurückliegende Zeiten des Alg-Bezuges von der Vorschrift erfasst.[12]

10 Die **Form der Zahlung** ist für ein Ruhen des Anspruchs grds. unerheblich. So kann das Arbeitsentgelt sowohl kontinuierlich in den üblichen Abrechnungszeiträumen geleistet werden oder aber auch als Einmalzahlung bei Beendigung des Arbverh. In diesem Fall muss die AA ermitteln, ob es sich bei der Einmalzahlung um bereits erdientes Arbeitsentgelt handelt oder vielmehr um eine Abfindungsleistung, die grds. nicht zum Ruhen nach Abs. 1 führt, sondern nach den Regelungen des § 143a zu beurteilen ist. „Erhalten" hat der Arbeitslose die AG-Leistung auch, **wenn der AG** nicht an ihn, sondern **an einen Gläubiger des Arbeitslosen gezahlt hat**. Der Arbeitslose erhält hier die Befreiung von seiner Verbindlichkeit.[13]

11 **2. Zusammentreffen von Arbeitslosengeld und Arbeitsentgelt.** Ein Ruhen nach Abs. 1 kann nur eintreten, wenn zunächst ein **Anspruch auf Alg** besteht, d.h. der Arbeitslose muss alle Voraussetzungen der §§ 118 ff. erfüllen. Insb. ist es erforderlich, dass trotz **(Fort-)Bestehens eines Arbverh** Arbeitslosigkeit i.S.d. § 119 f. gegeben ist; d.h., der Arbeitslose muss beschäftigungslos sein, sich bemühen, seine Beschäftigungslosigkeit zu beenden, und den Vermittlungsbemühungen der AA zur Verfügung stehen (§ 119 Abs. 1). Der Bestand eines Arbverh schließt die Unterbrechung oder Beendigung einer tatsächlichen Beschäftigung und damit eines Beschäftigungsverhältnisses nicht aus.[14] Vielmehr tritt Beschäftigungslosigkeit bei bestehendem Arbverh regelmäßig bei Beendigung der tatsächlichen Beschäftigung ein, etwa weil der AG auf weitere Leistungen des AN verzichtet oder dieser die Erbringung seiner Arbeitsleistung verweigert.[15] Eine solche Situation kann entstehen, wenn das Ende des Arbverh durch arbeitsgerichtliches Urteil oder durch einen Vergleich nach hinten verschoben wird, die letzten Tage des Arbverh mit Urlaubstagen belegt sind oder der AN aus sonstigen Gründen bei bestehendem Entgeltanspruch von der Arbeit freigestellt ist (etwa

---

7 BSG 5.2.2004 – B 11 AL 39/03 R – SozR 4-4300 § 128 Nr. 1.
8 Hauck/Noftz/*Valgolio*, § 143 Rn 12.
9 20.6.2002 – B 7 AL 108/01 R – SozR 3-4100 § 143 Nr. 4.
10 A.A. Hauck/Noftz/*Valgolio*, § 143 Rn 13; PK-SGB III/ *Keller*, § 143 Rn 17; offen gelassen: Niesel/*Düe*, § 143 Rn 10; BSG 14.2.1978 – 7 RAr 57/76 – SozR 4100 § 117 Nr. 2.
11 BSG 22.10.1998 – B 7 AL 106/97 R – SozR 3-4100 § 117 Nr. 16.
12 BSG 22.10.1998 – B 7 AL 106/97 R – SozR 3-4100 § 117 Nr. 16; *Denck*, SGb 1986, 489, 491; *Hanau*, AuR 1984, 335, 336.
13 BSG 24.6.1999 – B 11 AL 7/99 R, SozR 3-4100 § 117 Nr. 18; zust. *v. Hoyningen-Huene*, SGb 2000, 97, 97 f.
14 BSG 28.9.1993 – 11 RAr 69/92 – NZS 1994, 140.
15 BSG 24.7.1986 – 7 RAr 4/85 – SozR 4100 § 117 Nr. 16; BSG 12.7.2006 – B 11a AL 47/05 R – AP § 144 SGB III Nr. 8 m. zust. Anm. *Maties*.

bei Zahlungsunfähigkeit des AG oder wegen vorübergehender fehlender Beschäftigungsmöglichkeit aufgrund eines Arbeitskampfes).

Ist der AN im Rahmen einer Vereinbarung über **flexible Arbeitszeiten** bei Fortzahlung des Arbeitsentgelts von der Arbeit freigestellt – etwa bei verblockter Ausübung von Altersteilzeitarbeit nach dem Altersteilzeitgesetz (siehe § 2 AltersteilzeitG Rn 21 ff., 37) –, liegt regelmäßig keine Beschäftigungslosigkeit vor, da § 7 Abs. 1a SGB IV in diesen Fällen das Vorliegen eines versicherungspflichtigen Beschäftigungsverhältnisses fingiert. 12

3. Dispositionsbefugnis der Arbeitsvertragsparteien. Die Arbeitsvertragsparteien besitzen die **Dispositionsfreiheit hinsichtlich des Endes des Arbverh.**[16] Der AN ist grds. berechtigt, auf die Erfüllung seiner Ansprüche auf Arbeitsentgelt zu verzichten. Unproblematisch ist ein solcher **Verzicht**, wenn auf **künftiges Entgelt** verzichtet wird und der Arbeitslose noch keine Leistungen der BA nach Abs. 3 erhält. Hat der Arbeitslose bereits Alg nach Abs. 3 bezogen, ist sein Entgeltanspruch nach § 115 Abs. 1 SGB X in Höhe des für denselben Zeitraum geleisteten Alg auf die BA übergegangen, die damit in die Rechte und Pflichten des Arbeitslosen eingetreten ist (siehe Rn 26 ff.). Der Arbeitslose hat seine Verfügungsbefugnis in Höhe des übergegangenen Entgeltanspruchs verloren und kann nur noch einen Verzicht für den das Alg übersteigenden Entgeltanteil erklären.[17] Verfügt er dennoch über das Arbeitsentgelt, ist der Verzicht gegenüber der BA nicht wirksam.[18] Trotz des Anspruchsübergangs und der damit einhergehenden Einschränkung seiner Dispositionsbefugnis verbleibt dem AN die **prozessuale Verfügungsbefugnis**, d.h. er ist berechtigt, die auf die BA übergegangenen Entgeltansprüche vor den ArbG geltend zu machen.[19] 13

Verzichtet der AN hingegen auf **bereits entstandene Entgeltansprüche** (etwa bei einer rückwirkenden Beendigung des Arbverh), so besitzt er zwar, solange er noch keine Leistungen der BA bezogen hat, die Dispositionsbefugnis. Allerdings kann ein solcher Verzicht nach § 32 SGB I unwirksam sein,[20] wenn durch ihn andere Personen oder Leistungsträger belastet werden.[21] Die Arbeitsvertragsparteien sind aufgrund ihrer Vertrags- und Dispositionsfreiheit grds. auch nicht gehindert, das **Ende eines Arbverh bindend und einvernehmlich zu regeln**[22] und so mittelbar einen Verzicht des AN auf Arbeitsentgelt zu bewirken. Zulässig ist es dabei grds. auch, das Ende des Arbverh so festzulegen, dass **künftig** keine Ansprüche auf Arbeitsentgelt mehr entstehen, die auf die BA übergehen könnten.[23] 14

Eine **rückwirkende einvernehmliche Beendigung** des Arbverh können die Arbeitsvertragsparteien mit Wirkung gegenüber der BA aber **nur** dann treffen, **wenn der Bestand des Arbverh bzw. dessen Vertragsende unklar ist.**[24] Das BAG bewertet in diesen Fällen zu Recht das Interesse der Arbeitsvertragsparteien an einer gütlichen Beilegung ihres Streits über den Fortbestand des Arbverh höher als das Interesse der Rechtsnachfolgerin an der Erfüllung des auf sie übergegangenen Rechtsanspruchs, dessen Bestand bereits im Zeitpunkt des Übergangs zweifelhaft war.[25] 15

Unwirksam sind lediglich **rechtsmissbräuchliche Vereinbarungen**, deren alleiniger Zweck darin besteht, den Sozialleistungsträgern Leistungen bzw. Beiträge vorzuenthalten.[26] Das kann etwa der Fall sein, wenn das **Ende eines Arbverh vor dem tatsächlichen Beschäftigungsende** vereinbart wird[27] oder ein **Beendigungszeitpunkt gewählt wird, der noch vor dem Tag einer streitigen Künd liegt.**[28] Haben die Arbeitsvertragsparteien den Rechtsstreit über die Unwirksamkeit der Künd durch die ArbG rechtskräftig entscheiden lassen, knüpft hieran auch die sozialversicherungsrechtliche Regelung an. Im Hinblick auf die **Rechtskraftwirkung** dieser Entscheidung können die Parteien sich nicht nachträglich, gerade im Hinblick auf die Stellung des Sozialversicherungsträgers, anders entscheiden.[29] Erfolgt eine Auflösung des Arbverh nach §§ 9, 10 KSchG, ist dieser Zeitpunkt auch für das Sozialrecht maßgebend.[30] 16

II. Ruhen bei Urlaubsabgeltung (Abs. 2)

Das Ruhen nach Abs. 2 setzt voraus, dass der Arbeitslose eine Urlaubsabgeltung erhalten oder zu beanspruchen hat (zum **Anspruch auf Urlaubsabgeltung** siehe § 7 BUrlG Rn 133 ff.). Zahlt der AG eine Urlaubsabgeltung, obgleich ein Anspruch auf sie nicht besteht, etwa weil der Urlaubsanspruch nicht rechtzeitig geltend gemacht wurde oder weil der AN in der Zeit nach Beendigung des Arbverh bis zum Verfallszeitpunkt der Urlaubsabgeltung arbeitsunfähig ist,[31] so führt auch diese Leistung zum Ruhen nach Abs. 2 S. 1 Alt. 1.[32] Dies trägt dem Umstand Rechnung, dass 17

---

16 BAG 9.10.1996 – 5 AZR 246/95 – NZA 1997, 376 m.w.N.; *Voelzke*, SgB 2007, 713.
17 BAG 9.10.1996 – 5 AZR 246/95 – NZA 1997, 376 m.w.N.
18 BAG 28.4.1983 – 2 AZR 446/81 – AP § 117 AFG Nr. 3.
19 BSG 10.8.2000 – B 11 AL 83/99 R – DBlR § 117 AFG Nr. 4657a; vgl. BSG 22.10.1998 – B 7 AL 106/97 R – SozR 3-4100 § 117 Nr. 16.
20 BSG 25.10.1990 – 12 RK 40/89 – EzA § 9 n.F. KSchG Nr. 38.
21 Näher Niesel/*Düe*, § 143 Rn 16; auch Gagel/*Winkler*, § 143 Rn 47.
22 BSG 14.2.1978 – 7 RAr 57/76 – SozR 4100 § 117 Nr. 2; s.a. BAG 15.12.1988 – 2 AZR 189/88 – juris; BAG 17.4.1986 – 2 AZR 308/85 – AP § 615 BGB Nr. 40.
23 BAG 9.10.1996 – 5 AZR 246/95 – AP § 115 SGB X Nr. 9 m.w.N.; s.a. Spellbrink/Eicher/*Voelzke*, § 12 Rn 151 ff.
24 BAG 20.8.1980 – 5 AZR 227/79 – BAGE 34, 128, 137 f.
25 BAG 20.8.1980 – 5 AZR 227/79 – BAGE 34, 128, 138.
26 BAG 23.9.1981 – 5 AZR 527/79 – ZIP 1981, 1364, 1365.
27 BAG 23.9.1981 – 5 AZR 527/79 – ZIP 1981, 1364, 1365.
28 BSG 14.7.1994 – 7 RAr 104/93 – AP § 115 SGB X Nr. 8.
29 BAG 15.12.1988 – 2 AZR 189/88 – juris.
30 ErfK/*Rolfs*, § 143 Rn 11.
31 BAG 7.11.1985 – 6 AZR 626/84 – BAGE 50, 118, 121; BAG 28.2.1991 – 8 AZR 89/90 – BAGE 67, 279, 280 f.
32 BSG 29.7.1993 – 11 RAr 17/92 – SozR 3-4100 § 117 Nr. 14; BSG 21.6.2001 – B 7 AL 62/00 R – SozR 3-4300 § 143 Nr. 3.

zum Ruhen des Anspruchs auf Alg eine Urlaubsabgeltung nach Abs. 2 nicht nur dann führt, wenn der Arbeitslose diese Leistung „zu beanspruchen", sondern auch dann, wenn er sie „erhalten" hat. Die Ruhensfolgen des Abs. 2 treten auch ein, wenn der Arbeitslose eine – nicht geschuldete bzw. rechtsgrundlos erbrachte – Leistung seines AG erhalten hat, die nach dem Willen beider Arbeitsvertragsparteien „als Urlaubsabgeltung" geleistet bzw. entgegengenommen wird.[33] Die Urlaubsabgeltung muss „wegen" der Beendigung des Arbverh geleistet werden, d.h. es muss ein **Ursachenzusammenhang** zwischen der Beendigung und der Urlaubsabgeltung bestehen. Zahlt der AG eine Urlaubsabgeltung, obwohl das Arbverh formal fortbesteht (etwa um dem Arbeitslosen Ansprüche aus einer betrieblichen Altersversorgung zu sichern),[34] führt auch dies zum Ruhen des Alg-Anspruchs.[35]

18 **Verfällt der Urlaubsanspruch** eines AN, weil der AG den Urlaub trotz Aufforderung des AN nicht rechtzeitig gewährt hat, gerät der AG in Verzug und ist zur Schadensersatzzahlung in Höhe eines der Urlaubsabgeltung entsprechenden Betrages verpflichtet (siehe § 7 BUrlG Rn 126 ff.).[36] Dieser **Schadensersatzanspruch** führt nach Ansicht des BSG[37] nicht zu einem Ruhen nach Abs. 2, der nach seinem klaren Wortlaut nur Urlaubsabgeltungen, nicht aber auch „ähnliche Leistungen" umfasse.

19 Der **Ruhenszeitraum** beginnt mit dem ersten Tag, der dem Ende des Arbverh, aus welchem der abzugeltende Urlaubsanspruch herrührt, folgt und endet mit dem letzten fiktiven Urlaubstag. Das Ruhen läuft **kalendermäßig** ab, unabhängig davon, ob der Arbeitslose Alg beansprucht hat oder nicht.[38] Wird das Beschäftigungsverhältnis vor dem Ende des Arbverh beendet, so ruht der Alg-Anspruch ab dem Tag, der dem Ende des Beschäftigungsverhältnisses folgt.[39] Der Ruhenszeitraum wird nicht durch Feiertage verlängert, auch wenn sie bei bestehenden Arbverh zu einer Verlängerung des Urlaubs führen würden.[40]

III. Rechtsfolge: Ruhen des Anspruchs

20 Sind die Voraussetzungen des Abs. 1 oder 2 erfüllt, so ruht der Anspruch auf Alg grds. in vollem Umfang. Die in Abs. 1 bzw. Abs. 2 bezeichnete AG-Leistung führt unabhängig von der Höhe des Arbeitsentgelts zum **vollständigen Ruhen des Anspruchs auf Alg**. Ruhen bedeutet, dass der an sich bestehende Anspruch, das Stammrecht,[41] während des Zeitraums des Ruhens vom Berechtigten nicht geltend gemacht werden kann und auch von der AA nicht erfüllt zu werden braucht.[42] Das Ruhen begründet ein Leistungsverweigerungsrecht der BA.[43] Die Wirkung des Ruhens tritt mit der Erfüllung der tatbestandlichen Voraussetzungen kraft Gesetzes ein.[44] Das Ruhen lässt den Bestand des Anspruchs auf Alg dem Grunde nach grds. unberührt.[45] Durch das Ruhen wird der Anspruch auf Alg nicht verbraucht, d.h. die Dauer des Anspruchs verkürzt sich nicht.[46]

21 Fällt in den Ruhenszeitraum eine **Arbeitsunfähigkeit des AN**, so greift keine krankheitsbedingte Fortzahlung des Alg (keine Anwendung des § 126), da diese den Bezug des Alg, d.h. den realisierbaren Anspruch auf Zahlung, voraussetzt.[47]

22 Bei **Zusammentreffen der Ruhensanordnungen** nach Abs. 1, Abs. 2, §§ 143a, 144 verlaufen die Ruhenszeiten grds. parallel.[48] Das hat zur Folge, dass sich letztlich nur der längere der jeweiligen Ruhenstatbestände auswirkt. Die in § 128 Abs. 1 Nr. 4 geregelte Minderung der Anspruchsdauer für den Fall einer Sperrzeitverhängung bleibt allerdings von der gleichzeitigen Erfüllung einer der vorgenannten Ruhenstatbestände unberührt. Lediglich für das gleichzeitige Vorliegen eines Ruhens nach Abs. 2 und eines Ruhens nach § 143a sieht das Gesetz in § 143a Abs. 1 S. 5 vor, dass sich der Ruhenszeitraum nach Abs. 2 an den Ruhenszeitraum nach § 143a anschließt. Im Verhältnis zu anderen Ruhensregelungen (§§ 142, 143a, 144, 146) ist **§ 143 weder vor- noch nachrangig** zu prüfen. Sind die Voraussetzungen verschiedener Ruhenstatbestände erfüllt, so steht es der zuständigen AA frei, auf welche Vorschrift sie die Nichterfüllung des Anspruchs stützt. Fallen die Voraussetzungen für die in Bezug genommene Ruhensvorschrift weg, ist nach Ansicht des BSG ein **Austausch von Ruhenstatbeständen möglich**, sofern der VA durch die neue Begründung nach Voraussetzungen, Inhalt und Wirkung nicht wesentlich verändert und die Rechtsverteidigung

---

33 A.A. *Voelzke*, SGb 2007, 713, 717, der derartige Zahlungen entsprechend ihrem objektiven Gehalt als Arbeitsentgelt oder Entlassungsentschädigung behandeln möchte.
34 Vgl. BT-Drucks 12/4401, S. 91.
35 BSG 23.1.1997 – 7 RAr 72/94 – SozR 3-4100 § 117 Nr. 14.
36 Vgl. BAG 7.11.1985 – 6 AZR 62/84 – AP § 7 BUrlG Übertragung Nr. 8.
37 BSG 21.6.2001 – B 7 AL 62/00 R – SozR 3-4300 § 143 Nr. 3, das offen lässt, ob es sich bei der Schadensersatzzahlung evtl. um Arbeitsentgelt i.S.d. § 143 Abs. 1 handelt; zust. *Strick*, SGb 2002, 399; *Voelzke*, SGb 2007, 713, 718.
38 BSG 29.10.1986 – 7 RAr 48/85 – SozR 4100 § 117 Nr. 17.
39 BSG 23.1.1997 – 7 RAr 72/94 – SozR 3-4100 § 117 Nr. 14.
40 BSG 29.3.2001 – B 7 AL 14/00 R – DBlR § 105b AFG Nr. 4673a.

41 BSG 9.8.1990 – 11 RAr 141/88 – SozR 3-4100 § 105 Nr. 2; BSG 18.12.2003 – B 11 AL 25/03 R – SozR 4-4300 § 142 Nr. 2.
42 BSG 10.10.1978 – 7 RAr 56/72 – SozR 4100 § 151 Nr. 10; BSG 9.8.1990 – 11 RAr 141/88 – SozR 3-4100 § 105 Nr. 2; Gagel/*Hünecke*, § 142 Rn 16; Niesel/*Düe*, § 142 Rn 6.
43 BSG 18.12.2003 – B 11 AL 25/03 R – SozR 4-4300 § 142 Nr. 2; BSG 20.9.2001 – B 11 AL 35/01 R – SozR 4-4300 § 142 Nr. 1;
44 BSG 20.4.1992 – 2 RU 52/92 – SozR 1300 § 48 Nr. 26.
45 BSG 9.12.1982 – 7 RAr 116/81 – SozR 4100 § 125 Nr. 2.
46 BSG 24.5.1984 – 7 RAr 97/83 – SozR 4100 § 105b Nr. 1.
47 BSG 2.11.2000 – B 11 AL 25/00 R – BuW 2001, 351; zust. *Marschner*, BuW 2001, 351, 352.
48 S.a. *Johannsen*, ZTR 1999, 241, 246.

der Betroffenen nicht in unzulässiger Weise beeinträchtigt oder eingeschränkt wird.[49] Möglich ist auch die Berufung auf mehrere (erfüllte) Ruhensgründe.

IV. Gleichwohlgewährung (Abs. 3)

1. Allgemeines/Voraussetzungen der Gleichwohlgewährung. Abs. 3 regelt den Fall, dass der Arbeitslose die Arbeitsentgeltleistungen (noch) nicht erhält. Die BA ist in diesem Fall verpflichtet, Alg zu leisten, trotzdem der Anspruch auf Alg nach Abs. 1 oder Abs. 2 ruht (**sog. Gleichwohlgewährung**). Ziel dieser Regelung ist eine schnelle Sicherung des Lebensunterhalts des Arbeitslosen bei Nichtleistung des AG. Um Leistungen der BA nach Abs. 3 beanspruchen zu können, muss der Arbeitslose einen Anspruch auf Alg nach §§ 117 ff. haben (ungeachtet eines Ruhens nach Abs. 1 und 2) sowie Arbeitsentgeltleistungen des AG nicht erhalten. Der **Grund für das Nichtleisten des AG** ist für den Anspruch nach Abs. 3 S. 1 unerheblich. Die BA hat sowohl bei Zahlungsschwierigkeiten des AG, langen Abrechnungsperioden, Stundungsabreden u.Ä. als auch bei Rechtsstreitigkeiten über das Bestehen möglicher Entgeltansprüche des Arbeitslosen zu leisten.

Wirtschaftlich betrachtet ist das nach Abs. 3 S. 1 geleistete Alg – sofern ein Anspruch auf Arbeitsentgelt oder Urlaubsabgeltung tatsächlich besteht – **Vorleistung auf die Zahlungsverpflichtungen des AG**.[50] Trotz dieser „Vorschuss"funktion handelt es sich bei den Zahlungen der BA nicht um Arbeitsentgelt, sondern um Alg. Abs. 3 ist kein Alg-Anspruch eigener Art, der mit dem regulären Alg-Anspruch nicht identisch ist, sondern folgt den Regelungen der §§ 117 ff.[51] Die Erfüllung dieses **eigenständigen Rechtsanspruchs**[52] des Arbeitslosen erfolgt nicht vorbehaltlich einer Leistung des AG oder vorläufig,[53] sondern es handelt sich um eine **endgültige Bewirkung** eines vom Arbeitslosen bis dahin nach §§ 123, 127 erworbenen Anspruches auf Alg. Bewirkt der (ehemalige) AG des Arbeitslosen später die diesem zustehenden Ansprüche auf Arbeitsentgelt oder Urlaubsabgeltung, so wirkt diese Leistung nicht auf die Zeit der Gleichwohlleistung zurück.[54] Die **Bewilligung** dieser Leistung nach Abs. 3 S. 1 bleibt damit **auch bei einer späteren Anspruchserfüllung des (ehemaligen) AG rechtmäßig**.[55] Rechtswidrig ist die Gleichwohlgewährung von Alg nach Abs. 3 nur dann, wenn sie trotz erfolgter AG-Leistung erbracht wird (siehe Rn 27).

2. Rechtsfolgen der Gleichwohlgewährung. a) Zahlung von Arbeitslosengeld. Der Arbeitslose erhält in den Fällen des Abs. 3 S. 1 das ihm aufgrund seiner Anwartschaft zustehende Alg in der Zeit, für die er das ihm sich zustehende Arbeitsentgelt nicht erlangt, vorweg und zwar für die Dauer der nach § 127 zu ermittelnden Monate. Dabei mindert sich die Dauer des Alg-Anspruchs grds. um die Zeit der Gleichwohlgewährung nach § 128 Abs. 1 Nr. 1.[56] Nur für den Fall, dass der AA später die Leistungen nach Abs. 3 S. 2 oder § 116 SGB X erstattet werden, stellt die im Wege der Gleichwohlgewährung erbrachte Leistung nach h.M. keine Erfüllung i.S.d. § 128 Abs. 1 Nr. 1 dar.[57]

b) Anspruchsübergang nach § 115 SGB X. Leistet die AA nach Abs. 3 S. 1, so geht der Anspruch des Arbeitslosen auf Arbeitsentgelt bzw. Urlaubsabgeltung gegen seinen AG in Höhe des geleisteten Alg auf die AA über (§ 115 Abs. 1 SGB X). Zu erstatten hat der AG der AA nicht nur das geleistete Alg, sondern auch die von dieser geleisteten Beiträge zur Kranken- und Rentenversicherung des AN; der AG wird insoweit von seiner Beitragspflicht befreit (§ 335 Abs. 3 S. 1 und 2). Entscheidend für den Übergang ist der **Zeitpunkt der Zahlung** der Sozialleistung, nicht der ihrer Bewilligung. Die Forderung geht **kraft Gesetzes** auf die BA über. Einer Mitwirkung des Arbeitslosen bedarf es ebensowenig wie einer Anzeige der AA gegenüber dem AG oder der besonderen Feststellung durch VA; letztere wäre auch nicht zulässig.[58] Der Anspruchsübergang auf die BA ist gem. § 115 Abs. 2 SGB X auch nicht in den Fällen ausgeschlossen, in denen der Anspruch nicht übertragen, verpfändet oder gepfändet werden kann.[59] Der Über-

---

49 BSG 22.2.1984 – 7 RAr 55/82 – SozR 4100 § 118 Nr. 13; BSG 8.6.1989 – 7 RAr 128/87 – SozR 4100 § 117 Nr. 24; s.a. BSG 22.6.1977 – 10 RV 57/76 – SozR 3900 § 41 Nr. 4.
50 BSG 8.2.2001 – B 11 AL 59/00 R – SozR 3-4100 § 117 Nr. 23; BSG 29.8.1991 – 7 RAr 130/90 – SozR 4100 § 117 Nr. 6 m.w.N.
51 BSG 11.6.1987 – 7 RAr 16/86 – SozR 4100 § 117 Nr. 18; s.a. BSG 20.6.2002 – B 7 AL 108/01 R – SozR 3-4300 § 143 Nr. 4.
52 BSG 25.10.1989 – 7 RAr 108/88 – SozR 4100 § 117 Nr. 26.
53 BSG 11.6.1987 – 7 RAr 16/86 – SozR 4100 § 117 Nr. 18.
54 BSG 24.7.1986 – 7 RAr 4/85 – SozR 4100 § 117 Nr. 16; BSG 11.6.1987 – 7 RAr 16/86 – SozR 4100 § 117 Nr. 18; BSG 29.11.1988 – 11/7 RAr 79/87 – SozR 4100 § 117 Nr. 23; BSG 25.10.1989 – 7 RAr 108/88 – SozR 4100 § 117 Nr. 26.
55 BSG 24.7.1986 – 7 RAr 4/85 – SozR 4100 § 117 Nr. 16; BSG 25.10.1989 – 7 RAr 108/88 – SozR 4100 § 117 Nr. 26.
56 BSG 11.6.1987 – 7 RAr 16/86 – SozR 4100 § 117 Nr. 18; BSG 29.11.1988 – 11/7 RAr 79/87 – SozR 4100 § 117 Nr. 23; BSG 9.8.1990 – 7 RAr 104/88 – SozSich 1991, 223.
57 BSG 24.7.1986 – 7 RAr 4/85 – SozR 4100 § 117 Nr. 16; BSG 11.6.1987 – 7 RAr 16/86 – SozR 4100 § 117 Nr. 18; PK-SGB III/*Keller*, § 143 Rn 51. Zur Verfahrensweise in einem solchen Fall s. Niesel/*Düe*, § 143 Rn 49. Zur Frage, ob die BA den Anspruch gegenüber dem AG beizutreiben hat BSG 29.11.1988 – 11/7 RAr 79/87 – SozR 4100 § 117 Nr. 23; BSG 11.6.1987 – 7 RAr 16/86 – SozR 4100 § 117 Nr. 18; Niesel/*Düe*, § 143 Rn 47; *Schmidt*, NZA 2002, 1380, 1382; Gagel/*Winkler*, § 143 Rn 70 f.
58 BSG 14.7.1994 – 7 RAr 104/93 – SozR 3-4100 § 117 Nr. 11.
59 Hierzu KassKomm/*Kater*, § 115 SGB X Rn 70 f.

27 Der Forderungsübergang erfolgt auch, wenn das **Alg zu Unrecht** (Voraussetzungen nach §§ 117 ff. waren nicht erfüllt) geleistet wurde, sofern die Voraussetzungen des Abs. 3 S. 1 vorlagen. Der Anspruch des Arbeitslosen gegen seinen (ehemaligen) AG geht damit nur dann nicht auf die BA über, wenn der Arbeitslose neben dem gleichwohl geleisteten Alg die betreffenden AG-Leistungen erhält. Eine solchermaßen erfolgte Gleichwohlgewährung von Alg ist rechtswidrig und nach §§ 45, 50 SGB X zu korrigieren. Hierzu bedarf es – anders als im Fall des Abs. 3 S. 2 – einer ausdrücklichen Aufhebung des Bewilligungsbescheides; die Rückforderung des Alg allein ist nicht ausreichend.[61]

Vorangehender Text: gang entfällt rückwirkend, soweit die Bewilligung des Alg mit Wirkung für die Vergangenheit aufgehoben und damit ein Erstattungsanspruch nach § 50 SGB X begründet wird.[60]

28 Die BA tritt durch den Anspruchsübergang in die Rechtsstellung des Arbeitslosen ein,[62] wird somit Inhaberin der Forderung mit allen Rechten, Pflichten und Obliegenheiten. **Verfügungen**, die **vor dem Anspruchsübergang** wirksam getroffen wurden, sind auch danach von Bestand;[63] die Forderung geht mit allen Gegenrechten über, die dem AN hätten entgegengehalten werden können, s. § 404 i.V.m. § 412 BGB. Der AG kann demnach auch gegenüber der BA mit Forderungen gegen den AN aufrechnen und sich auf das Verstreichen von Ausschluss- und Verjährungsfristen berufen. Nicht entgegenhalten kann er hingegen für die BA nachteilige Verfügungen, die der AN **nach dem Forderungsübergang** (etwa zur Beilegung eines Künd-Schutzprozesses) getroffen hat.[64] Dieser verliert mit dem Zeitpunkt der Alg-Zahlung nach Abs. 3 seine Verfügungsbefugnis, kann keine für die BA nachteiligen Verfügungen treffen (siehe Rn 13 ff.). Da Doppelleistungen vermieden werden sollen, werden aber **nachträglich geschaffene Ansprüche** auf Arbeitsentgelt für zurückliegende Zeiten des Alg-Bezuges von den Regelungen des § 143 erfasst.[65]

29 c) Erstattungsanspruch der Bundesagentur für Arbeit gegen den Arbeitgeber. Bei dem Erstattungsanspruch handelt es sich auch nach dem gesetzlichen Forderungsübergang auf die BA um einen **zivilrechtlichen Anspruch**, der bei Streitigkeiten vor den **ArbG** geltend zu machen ist.[66] Ein öffentlich-rechtlicher Erstattungsanspruch steht der BA nur gem. Abs. 3 S. 2 gegen den Arbeitslosen zu, wenn der AG mit befreiender Wirkung an den Arbeitslosen oder einen Dritten geleistet hat. Hat der AG trotz des Forderungsübergangs mit **befreiender Wirkung** an den Arbeitslosen oder einen Dritten geleistet, kann die BA die übergegangene Leistung nicht mehr beanspruchen. Vielmehr ist der Arbeitslose nach Abs. 3 S. 2 verpflichtet, der BA diese AG-Leistung (soweit sie auf selbige übergegangen war) zu erstatten. Eine Leistung mit befreiender Wirkung kommt nur in Betracht, wenn der AG in **Unkenntnis des Forderungsübergangs** an den Arbeitslosen oder einen Dritten geleistet hat (§§ 412, 407 Abs. 1 BGB). Dabei hat der AG bereits dann Kenntnis i.S.d. § 407 BGB, wenn ihm die Tatsachen bekannt sind, aus denen sich der gesetzliche Forderungsübergang ergibt.[67] Im Falle des Abs. 3, § 115 Abs. 1 SGB X genügt, dass der AG weiß, dass der AN Alg in Anspruch nimmt oder genommen hat bzw. Schutz in der Arbeitslosenversicherung genießt.[68]

30 Erfolgt die Leistung an den Arbeitslosen **nicht mit befreiender Wirkung**, haftet allein der AG, dem regelmäßig lediglich ein **bereicherungsrechtlicher Rückgriffsanspruch** gegenüber dem Arbeitslosen zusteht.[69] Die BA kann jedoch eine trotz Forderungsübergangs an den AN oder einen Dritten erfolgte Leistung des AG **genehmigen** und so die befreiende Wirkung herbeiführen (§ 185 Abs. 2 BGB).[70] Z.T. werden sozialpolitische Bedenken gegen diese Genehmigungsmöglichkeit der BA erhoben und eine Genehmigung nur zugelassen, wenn die BA zunächst den Versuch unternommen hat, den auf sie übergegangenen Anspruch gegen den AG mit Erfolg zu realisieren.[71] Eine zufriedenstellende Lösung dieses Konflikts könnte das BSG in einem Urteil vom 4.12.2000 aufgezeigt haben, wonach der Genehmigung der Einwand unzulässiger Rechtsausübung (§ 242 BGB) entgegengehalten werden könne.[72] Die Genehmigung ist zivilrechtlicher Natur und kein auf Ermessensfehler zu untersuchender VA.[73]

---

60 Vgl. zum Wegfall des Übergangs eines Schadensersatzanspruchs nach § 67 VVG, wenn die Versicherungsleistung zurückverlangt wird BGH 28.9.1961 – II ZR 101/59 – NJW 1961, 2158, 2159; BGH 16.11.1961 – II ZR 23/60 – VersR 1962, 22, 23.

61 BSG 3.3.1993 – 11 RAr 49/92 – SozR 3-4100 § 117 Nr. 9; BSG 3.3.1993 – 11 RAr 57/92 – SozR 3-4100 § 117 Nr. 10.

62 Vgl. BAG 17.4.1986 – 2 AZR 308/85 – AP § 615 BGB Nr. 40.

63 Hierzu KassKomm/*Kater*, § 115 SGB X Rn 51 m.w.N.

64 BAG 17.4.1986 – 2 AZR 308/85 – AP § 615 BGB Nr. 40.

65 *Denck*, SGb 1986, 489, 491; *Hanau*, AuR 1984, 335, 336.

66 Vgl. auch BSG 16.10.1991 – 11 RAr 137/90 – SozR 3-4100 § 117 Nr. 7.

67 Palandt/*Heinrichs*, § 407 Rn 6; Niesel/*Düe*, § 143 Rn 41; Hauck/Noftz/*Valgolio*, § 143 Rn 58; BSG 29.8.1991 – 7 RAr 130/90 – SozR 3-4100 § 117 Nr. 6; vgl. auch BAG 13.1.1982 – 5 AZR 546/79 – AP § 9 KSchG Nr. 7.

68 BSG 29.8.1991 – 7 RAr 130/90 – SozR 3-4100 § 117 Nr. 6; Erfk/*Rolfs*, § 143a Rn 45.

69 BAG 25.3.1992 – 5 AZR 254/91 – AP § 117 AFG Nr. 12.

70 BSG 4.12.2000 – B 11 AL 213/00 B – n.v.; BSG 24.6.1999 – B 11 AL 7/99 R – SozR 3-4100 § 117 Nr. 18; BSG 14.9.1990 – 7 RAr 128/98 – SozR 3-4100 § 117 Nr. 3; BSG 29.8.1991 – 7 RAr 130/90 – SozR 3-4100 § 117 Nr. 6; BSG 16.10.1991 – 11 RAr 137/90 – SozR 3-4100 § 117 Nr. 7; BSG 14.7.1994 – 7 RAr 104/93 – SozR 3-4100 § 117 Nr. 11; zust. *v. Hoyningen-Huene*, SGb 2000, 97, 98.

71 *Steinmeyer*, EWiR 1999, 529, 530; vertiefend zu diesem Problem *Theile*, S. 86 ff.

72 BSG 4.12.2000 – B 11 AL 213/00 B – juris; zufrieden mit dieser Lösung *Schmidt*, NZA 2002, 1380, 1381 f.

73 BSG 4.12.2000 – B 11 AL 213/00 B – juris.

d) Erstattungsanspruch der Bundesagentur für Arbeit gegen den Arbeitnehmer. Bei dem Anspruch nach Abs. 3 S. 2 handelt es sich um einen **eigenständigen**, auf die Besonderheiten der Gleichwohlgewährung abgestimmten **öffentlich-rechtlichen Erstattungsanspruch**, der als Spezialregelung den §§ 44 ff. SGB X vorgeht[74] und dem Bereicherungsanspruch aus § 816 Abs. 2 BGB entspricht. Der Erstattungsanspruch nach Abs. 3 S. 2 i.V.m. § 115 SGB X konkurriert mit den sich aus §§ 812 ff. BGB ergebenden Ansprüchen; denn neben dem Anspruch aus Abs. 3 S. 2 stehen der BA alle bürgerlich-rechtlichen Ansprüche zu, die ihr infolge des Rechtsübergangs und dessen evtl. Nichtbeachtung erwachsen.[75] Anders als bei den zivilrechtlichen Ansprüchen **kann sich der Arbeitslose** aber bei dem öffentlich-rechtlichen Erstattungsanspruch nach Abs. 3 S. 2 **nicht auf Entreicherung berufen**.[76]

31

Der Erstattungsanspruch erfordert **keine Aufhebung der Bewilligung** von Alg.[77]

32

Hat die BA hingegen nach der Erfüllung des übergegangenen Anspruchs an den AN den ursprünglichen Leistungsbescheid (Bewilligung von Alg nach Abs. 3 S. 1) rückwirkend nach § 48 SGB X aufgehoben, so steht ihr, nachdem der Aufhebungsbescheid bindend geworden ist, ein Erstattungsanspruch gegen den Arbeitslosen nurmehr nach § 50 Abs. 1 SGB X zu.[78] Etwas anderes gilt nur dann, wenn sich der AG gegenüber dem Arbeitslosen verpflichtet hat, nicht nur die diesem versprochenen Leistungen zu erbringen, sondern auch der BA das Alg nach Abs. 3 S. 2 zu erstatten. Dies muss zwischen den Parteien jedoch ausdrücklich vereinbart werden. Die bloße Zusage des AG, bei der vergleichsweisen Beendigung des Arbverh einen bestimmten Betrag an den Arbeitslosen zu zahlen, genügt hierfür nicht.[79]

C. Verbindung zu anderen Rechtsgebieten und zum Prozessrecht

I. Krankenversicherungsrecht, Recht der sozialen Pflegeversicherung und Rentenversicherungsrecht

Die in § 5 Abs. 1 Nr. 2 SGB V, § 3 Nr. 3 SGB VI, § 20 Abs. 1 S. 2 Nr. 2 SGB XI geregelte Versicherungspflicht für Arbeitslose besteht grds. nur für Zeiten, in denen Alg bezogen wird. Für die Dauer des Ruhens der Sozialleistung besteht **nur in Ausnahmefällen Versicherungsschutz** in der Sozialversicherung. Sofern nicht eine der nachgehenden Ausnahmen erfüllt ist, ist an eine **freiwillige Weiterversicherung** zu denken.

33

In den Fällen des **Abs. 1**, in denen der AN trotz seiner Beschäftigungslosigkeit Arbeitsentgelt aus einem (fort)bestehenden Arbverh erhält (siehe Rn 5, 11), besteht **grds. eine Versicherungspflicht** in allen Sozialversicherungszweigen aufgrund des im Regelfall weiter bestehenden Arbverh (§§ 5 Abs. 1 Nr. 1 SGB V, 1 S. 1 Nr. 1 SGB VI, 20 Abs. 1 Nr. 1 SGB XI). Dies folgt aus der sozialversicherungsrechtlichen Besonderheit, dass zwischen dem leistungsrechtlichen Begriff (der an die tatsächliche Beschäftigung anknüpft) und dem versicherungsrechtlichen (der von einem Fortbestehen des Beschäftigungsverhältnisses bis zur rechtlichen Beendigung des Arbverh ausgeht) zu unterscheiden ist.[80] Zahlt der AG bei fortbestehendem Arbverh während der Zeit einer einvernehmlichen unwiderruflichen Freistellung von der Arbeit das Arbeitsentgelt an den AN, liegt deshalb eine versicherungspflichtige Beschäftigung vor (siehe §§ 7, 7a SGB IV Rn 6). Ihre gegenteilige Rechts-Auff.[81] haben die Spitzenverbände der Krankenkassen, des VdR und der BA nach einem klarstellenden Urteil des BSG vom 24.9.2008[82] aufgegeben.[83]

34

Für die Dauer des **Ruhens nach Abs. 2** besteht **grds.** mangels Leistungsbezugs **keine Versicherungspflicht in der gesetzlichen Kranken-** (§ 5 Abs. 1 Nr. 2 SGB V), **Renten-** (§ 3 Nr. 3 SGB VI) und **sozialen Pflegeversicherung** (§ 20 Abs. 1 S. 2 Nr. 2 SGB XI). Eine Ausnahme von diesem Grundsatz bestimmt das Gesetz in der gesetzlichen Kranken- und in der sozialen Pflegeversicherung, indem es eine Versicherungspflicht ab dem zweiten Monat des Ruhens anordnet (§§ 5 Abs. 1 Nr. 2, 20 Abs. 1 S. 2 Nr. 2 SGB V). Die Beiträge werden gem. § 251 Abs. 4a SGB V von der BA getragen. Bei **zuvor versicherungspflichtigen Mitgliedern der gesetzlichen Krankenversicherung** besteht zudem gem. § 19 Abs. 2 SGB V im ersten Monat nach Ende der Mitgliedschaft ein **nachwirkender Versicherungs-**

35

---

74 BSG 14.9.1990 – 7 RAr 128/89 – SozR 3-4100 § 117 Nr. 3; BSG 3.3.1993 – 11 RAr 49/92 – SozR 3-4100 § 117 Nr. 9.
75 BSG 13.3.1990 – 11 RAr 125/89 – SozR 3-4100 § 117 Nr. 1; BSG 14.9.1990 – 7 RAr 128/98 – SozR 3-4100 § 117 Nr. 3; BSG 16.10.1991 – 11 RAr 137/90 – SozR 3-4100 § 117 Nr. 7; BSG 3.3.1993 – 11 RAr 49/92 – SozR 3-4100 § 117 Nr. 10.
76 BSG 14.9.1990 – 7 RAr 128/98 – SozR 3-4100 § 117 Nr. 3.
77 BSG 24.7.1986 – 7 RAr 4/85 – SozR 4100 § 117 Nr. 16; BSG 24.6.1999 – B 11 AL 7/99 R – SozR 3-4100 § 117 Nr. 18 m.w.N.
78 BSG 14.9.1990 – 7 RAr 128/98 – SozR 3-4100 § 117 Nr. 3.
79 BSG 16.10.1991 – 11 RAr 137/90 – SozR 3-4100 § 117 Nr. 7; BAG 25.3.1992 – 5 AZR 254/91 – AP § 117 AFG Nr. 12.
80 BSG 10.9.1998 – B 7 AL 96/97 R – SozR 3-4100 § 101 Nr. 9 m.w.N.; Niesel/*Brand*, § 119 Rn 14 ff.; *Schlegel*, NZA 2005, 972, 973; *Voelzke*, NZS 2005, 281, 283 f.; *Spellbrink/Eicher/Valgolio*, § 10 Rn 114 ff.
81 Besprechung der Spitzenverbände über Fragen des gemeinsamen Beitragseinzugs, 5./6.7.2005, http://www.vdak-aev.de/arbeitgeber/Besprechungsergebnisse/be_vb/vb_22/index.htm..
82 BSG 24.9.2008 – B 12 KR 22/07 R – SGb 2008, 651.
83 Besprechung der Spitzenverbände über Fragen des gemeinsamen Beitragseinzugs am 30./31.3.2009, http://www.vdek.com/arbeitgeber/Besprechungsergebnisse/be_versicherung/versicherung_9/index.htm.

schutz. Ein solcher wird in der Praxis in analoger Anwendung des § 19 Abs. 2 SGB V auch für den Bereich der **sozialen Pflegeversicherung** gewährt.[84]

36 **Erkrankt der Arbeitslose während des Ruhens**, besteht kein Anspruch auf Krankengeld, dieser ruht gem. § 49 Abs. 1 Nr. 1 SGB V. Besteht die Arbeitsunfähigkeit nach Ablauf des Ruhens fort, kann der Arbeitslose Kranken-Alg nach § 126 nicht beanspruchen, da dies den Eintritt der Arbeitsunfähigkeit während des Leistungsbezugs voraussetzt.[85] Bis zur Wiederherstellung der Arbeitsfähigkeit erhält er nach § 44 SGB V Krankengeld.

37 Mangels Versicherungs- und damit Beitragspflicht in der **gesetzlichen Rentenversicherung** sind die Ruhenszeiten keine Beitragszeiten (§ 55 SGB VI). Ruhenszeiten nach § 143 und auch § 143a sind Anrechnungszeiten nach § 58 Abs. 1 Nr. 3, wenn der Arbeitslose bei einer deutschen AA als Arbeitsuchender gemeldet war; der grds. erforderliche Leistungsbezug ist unschädlich, weil er nur wegen des zu berücksichtigenden Einkommens oder Vermögens (dazu zählen auch die Leistungen des AG nach §§ 143, 143a) nicht erfolgt ist.[86] Wegen § 74 S. 4 Nr. 1 SGB VI zählen diese Anrechnungszeiten nur als Versicherungszeiten, gehen aber nicht in die Rentenberechnung ein.

II. Verfahren

38 Sind die Voraussetzungen des Abs. 1 oder Abs. 2 erfüllt, wird die AA die Leistungsgewährung für den Zeitraum des Ruhens ablehnen. Sofern bereits ein Bewilligungsbescheid ergangen ist, wird sie diesen nach §§ 48 ff. SGB X aufheben. Regelungsgegenstand ist bei der Ablehnung des Leistungsantrags die Versagung der Leistung von Alg. Das Vorliegen eines Ruhenstatbestands ist nur Begründung der Leistungsversagung. Gegen die Bewilligung einer um den Ruhenszeitraum verschobenen Leistung sowie gegen die Ablehnung der Zahlung von Alg nach Abs. 3 kann der Arbeitslose sich mit der Anfechtungs- und Leistungsklage nach § 54 Abs. 4 SGG an das Sozialgericht wenden. Gegen die Aufhebung der Bewilligungsentscheidung oder einen Erstattungsbescheid ist die **isolierte Anfechtungsklage** (§ 54 Abs. 1 SGG) zulässig. Nach § 86b Abs. 2 SGG ist auch eine **Entscheidung im Eilverfahren**, die insb. für Leistungen nach Abs. 3 von Bedeutung sein dürfte, **zulässig**.

D. Beraterhinweise

39 Der **Zeitpunkt**, für den ein AN Entgeltansprüche gegenüber seinem AG geltend machen kann, zieht **unterschiedliche sozial- und steuerrechtliche Konsequenzen** nach sich. Entgeltansprüche oder -zahlungen, die für eine Zeit zwischen Beendigung des Beschäftigungsverhältnisses und Ende des Arbverh geleistet werden, führen nach Abs. 1 zum Ruhen eines möglichen Anspruchs auf Alg. Sie sind zudem steuerpflichtig und unterliegen der Beitragspflicht in der Sozialversicherung. Demgegenüber sind Leistungen des AG für Zeiten nach wegen Beendigung des Beschäftigungsverhältnisses nach § 143a zu berücksichtigen und führen nur dann zum Ruhen eines Anspruchs auf Alg, wenn das Arbverh ohne Einhaltung einer der ordentlichen Künd des AG entsprechenden Frist oder der „Ersatzfrist" nach § 143a Abs. 1 S. 3 und 4 beendet worden ist. Solche Entlassungsentschädigungen sind nicht beitragspflichtig und sind zudem einkommensteuerrechtlich begünstigt (§§ 34 Abs. 1, Abs. 2, 24 Nr. 1 lit. a) EStG). Insofern sind Entlassungsentschädigungen sowohl für den AN als auch für den AG (keine Sozialversicherungsbeiträge) günstiger, sofern die maßgeblichen Künd-Fristen des § 143a beachtet sind.

40 Endet ein Künd-Schutzprozess mit einem Abfindungsvergleich zu einem nach dem durch die Künd zunächst bestimmten Ende des Arbverh, enthält die Entschädigung auch Arbeitsentgelt für die Zeit bis zu dem vergleichsweise vereinbarten Beendigungszeitpunkt. Hat der AN für diesen Zeitraum Alg bezogen, ist der Entgeltanspruch in Höhe der von der BA erbrachten Leistungen auf diese übergegangen (siehe § 143 Abs. 3, § 115 SGB X, siehe Rn 26 ff.). Ist im Abfindungsvergleich nicht **ausdrücklich vereinbart, dass die Abfindung nicht um den auf die BA übergegangenen Anteil gekürzt, sondern zusätzlich vom AG getragen werden soll**, kann der AN nur die um den übergegangenen Teil gekürzte Abfindung vom AG verlangen.[87] Eine Vereinbarung, wonach der AN die Abfindung „abzugsfrei" oder „brutto für netto" erhalten solle, ist nicht ausreichend. Diese Formulierungen zielen auf die Steuerfreiheit der Entschädigung und auf den fehlenden Abzug von Sozialversicherungsbeiträgen. Unzureichend ist auch eine Vereinbarung, wonach „mit der Zahlung der Abfindung alle gegenseitigen Ansprüche erledigt" sein sollen.[88]

41 Wird in einem Vergleichsschluss nicht bedacht, dass der AN nicht mehr über auf die BA übergegangene Ansprüche disponieren kann (siehe Rn 13 ff.), so kann der **Vergleich insg. unwirksam** sein.[89]

---

[84] S. das gemeinsame Rundschreiben der Spitzenverbände der Pflegekassen zu den leistungsrechtlichen Vorschriften des Pflegeversicherungsgesetzes vom 10.10.2002, Nr. 1 zu § 35 SGB XI, sowie Nr. 3 Abs. 2 zu § 33 SGB XI und Komm. § 144 Rn 77.

[85] BSG 24.7.1986 – 7 RAr 13/85 – SozR 4100 § 105b Nr. 6; BSG 7.2.2002 – B 7 AL 28/01 R – DBlR Nr. 4753a zu § 126 SGB III.

[86] GK-SGB VI/*Försterling*, § 58 Rn 167.

[87] BAG 25.3.1992 – 5 AZR 254/91 – NZA 1992, 1081; BAG 9.10.1996 – 5 AZR 246/95 – NZA 1997, 376.

[88] BAG 25.3.1992 – 5 AZR 254/91 – NZA 1992, 1081.

[89] *Schmidt*, NZA 2002, 1380, 1381; Gagel/*Winkler*, § 143 Rn 51, unter Verweis auf OLG Frankfurt/Main 13.8.1993 (gemeint wohl 27.5.1993) – 15 U 55/90 – NJW-RR 1994, 252.

§ 143a Ruhen des Anspruchs bei Entlassungsentschädigung

(1) ¹Hat der Arbeitslose wegen der Beendigung des Arbeitsverhältnisses eine Abfindung, Entschädigung oder ähnliche Leistung (Entlassungsentschädigung) erhalten oder zu beanspruchen und ist das Arbeitsverhältnis ohne Einhaltung einer der ordentlichen Kündigungsfrist des Arbeitgebers entsprechenden Frist beendet worden, so ruht der Anspruch auf Arbeitslosengeld von dem Ende des Arbeitsverhältnisses an bis zu dem Tage, an dem das Arbeitsverhältnis bei Einhaltung dieser Frist geendet hätte. ²Diese Frist beginnt mit der Kündigung, die der Beendigung des Arbeitsverhältnisses vorausgegangen ist, bei Fehlen einer solchen Kündigung mit dem Tage der Vereinbarung über die Beendigung des Arbeitsverhältnisses. ³Ist die ordentliche Kündigung des Arbeitsverhältnisses durch den Arbeitgeber ausgeschlossen, so gilt bei

1. zeitlich unbegrenztem Ausschluß eine Kündigungsfrist von 18 Monaten,
2. zeitlich begrenztem Ausschluß oder bei Vorliegen der Voraussetzungen für eine fristgebundene Kündigung aus wichtigem Grund die Kündigungsfrist, die ohne den Ausschluß der ordentlichen Kündigung maßgebend gewesen wäre.

⁴Kann dem Arbeitnehmer nur bei Zahlung einer Entlassungsentschädigung ordentlich gekündigt werden, so gilt eine Kündigungsfrist von einem Jahr. ⁵Hat der Arbeitslose auch eine Urlaubsabgeltung (§ 143 Abs. 2) erhalten oder zu beanspruchen, verlängert sich der Ruhenszeitraum nach Satz 1 um die Zeit des abgegoltenen Urlaubs. ⁶Leistungen, die der Arbeitgeber für den Arbeitslosen, dessen Arbeitsverhältnis frühestens mit Vollendung des 55. Lebensjahres beendet wird, unmittelbar für dessen Rentenversicherung nach § 187a Abs. 1 des Sechsten Buches aufwendet, bleiben unberücksichtigt. ⁷Satz 6 gilt entsprechend für Beiträge des Arbeitgebers zu einer berufsständischen Versorgungseinrichtung.

(2) ¹Der Anspruch auf Arbeitslosengeld ruht nach Absatz 1 längstens ein Jahr. ²Er ruht nicht über den Tag hinaus,

1. bis zu dem der Arbeitslose bei Weiterzahlung des während der letzten Beschäftigungszeit kalendertäglich verdienten Arbeitsentgelts einen Betrag in Höhe von sechzig Prozent der nach Absatz 1 zu berücksichtigenden Entlassungsentschädigung als Arbeitsentgelt verdient hätte,
2. an dem das Arbeitsverhältnis infolge einer Befristung, die unabhängig von der Vereinbarung über die Beendigung des Arbeitsverhältnisses bestanden hat, geendet hätte oder
3. an dem der Arbeitgeber das Arbeitsverhältnis aus wichtigem Grunde ohne Einhaltung einer Kündigungsfrist hätte kündigen können.

³Der nach Satz 2 Nr. 1 zu berücksichtigende Anteil der Entlassungsentschädigung vermindert sich sowohl für je fünf Jahre des Arbeitsverhältnisses in demselben Betrieb oder Unternehmen als auch für je fünf Lebensjahre nach Vollendung des fünfunddreißigsten Lebensjahres um je fünf Prozent; er beträgt nicht weniger als fünfundzwanzig Prozent der nach Absatz 1 zu berücksichtigenden Entlassungsentschädigung. ⁴Letzte Beschäftigungszeit sind die am Tag des Ausscheidens aus dem Beschäftigungsverhältnis abgerechneten Entgeltabrechnungszeiträume der letzten zwölf Monate; § 130 Abs. 2 Satz 1 Nr. 3 und Abs. 3 gilt entsprechend. ⁵Arbeitsentgeltkürzungen infolge von Krankheit, Kurzarbeit, Arbeitsausfall oder Arbeitsversäumnis bleiben außer Betracht.

(3) Hat der Arbeitslose wegen Beendigung des Beschäftigungsverhältnisses unter Aufrechterhaltung des Arbeitsverhältnisses eine Entlassungsentschädigung erhalten oder zu beanspruchen, gelten die Absätze 1 und 2 entsprechend.

(4) ¹Soweit der Arbeitslose die Entlassungsentschädigung (Arbeitsentgelt im Sinne des § 115 des Zehnten Buches) tatsächlich nicht erhält, wird das Arbeitslosengeld auch für die Zeit geleistet, in der der Anspruch auf Arbeitslosengeld ruht. ²Hat der Verpflichtete die Entlassungsentschädigung trotz des Rechtsübergangs mit befreiender Wirkung an den Arbeitslosen oder an einen Dritten gezahlt, hat der Bezieher des Arbeitslosengeldes dieses insoweit zu erstatten.

Literatur: *Bader*, Das Arbeitsförderungsreformgesetz, AuR 1997, 381; *Bauer/Röder*, Anrechnung von Abfindungen auf das Arbeitslosengeld nach neuem Recht (§ 115a AFG, § 140 SGB III), BB 1997, 834; *Boecken*, Wie sollte der Übergang vom Erwerbsleben in den Ruhestand rechtlich gestaltet werden? Gutachten B zum 62. Deutschen Juristentag, 1998; *Däubler*, Verfassungsrechtliche Probleme der AFG-Reform, SozSich 1996, 411; *Ebert*, Verfassungswidrigkeit der Anrechnung von Entlassungsentschädigungen auf das Arbeitslosengeld nach § 140 SGB III, NZS 1998, 109; *Eicher*, Die Sperrzeit für das Arbeitslosengeld bei Lösung des Beschäftigungsverhältnisses durch den Arbeitnehmer, SGb 2005, 553; *Gagel*, Zum Ruhen von Arbeitslosengeld durch Abfindungen aus Sozialplänen, NZS 2000, 327; *ders.*, Die Wirkungen der Teilauszahlung von Abfindungen im System der Gleichwohlgewährung nach § 143a Abs. 4 SGB III, NZS 2002, 230; *Habelt*, Anm. zu BSG 11.5.99 – B 11 AL 45/98 R –, AuA 2000, 44; *Hanau*, Die Wiederbelebung des § 128 AFG, DB 1992, 2625; *ders.*, Die Anrechnung von Entlassungsentschädigungen auf Arbeitslosengeld (§ 140 SGB III) kommt näher, RdA 1998, 296; *Hase*, Anm. zu BSG 22.10.98 – B 7 AL 106/97 R –, AuB 1999, 91; *Hoß/Ehrich*, Hinweis- und Aufklärungspflichten des Arbeitgebers beim Abschluss von Aufhebungsverträgen, DB 1997, 625; *Hümmerich*, Neue Einflußgrößen für Aufhebungs- und Abwicklungsvertrag, NZA 1997, 409; *ders.*, Neues zum Abwicklungsvertrag, NZA 2001, 1280; *ders.*, Aufhebungs- und Abwicklungsvertrag in einem sich wandelnden Arbeitsrecht, NJW 2004, 2921, 2926; *Johannsen*, Neues zur Berücksichtigung von Entlassungsentschädigungen beim Arbeitslosengeld, ZTR 1999, 241; *Köster*, Ruhenszeit beim Arbeitslosengeld nach § 143a SGB III – Aktuelle Probleme, NZA 536; *Kreßel*, Derzeitige und künftige Bedeutung der Abfindung, NZA 1997, 1138; *Moll/Reufels*, Aufhebungsverträge – Sozialversicherungsrechtliche und steuerrechtliche Aspekte, MDR 2001, 1024; *Nägele*, Aufklärungs- und Hinweispflichten des Arbeitgebers bei Abschluss eines Aufhebungsvertrages, BB 1992, 1274; *Neef/Schrader*, Die Behandlung der Abfindung nach dem SGB III, DB 1999, 281; *Reufels*, Aufklärungs- und Hinweispflichten des Arbeitgebers beim Abschluss von Aufhebungsverträgen, ArbRB 2001, 26; *Rockstroh/Polduwe*, Neuregelung der Berücksichtigung von Abfindungen beim Arbeitslosengeld, DB 1999, 529; *Rolfs*, Die Verfassungswidrigkeit der geplanten Anrechnung von Abfindungen auf das Arbeitslosengeld, NZA 1997, 793; *ders.*, Die Neuregelung der Anrechnung von Abfindungen auf das Arbeitslosengeld, NZA 1997, 793; *Schaub*, Steuerrechtliche und sozialversicherungsrechtliche Behandlung der Abfindung, BB 1999, 1059; *Steinmeyer*, Erstattungsanspruch gegen einen Arbeitslosen bei Gleichwohlgewährung von Arbeitslosengeld auch ohne vorherige Geltendmachung eines Anspruchs auf Arbeitsentgelt gegenüber dem Arbeitgeber, EWiR, 1999, 529; *Voelzke*, Auswirkungen von Abfindungen und Urlaubsabgeltungen auf Leistungen bei Arbeitslosigkeit – Rechtsprechung des BSG und aktuelle Probleme, SGb 2007, 713; *Wisskirchen*, Die steuerliche Behandlung von Entlassungsentschädigungen, NZA 1999, 405; *Wolf*, Entlassungsentschädigungen – Dritter Anlauf ohne längeren Bestand, Arbeitgeber 1999, 42

A. Allgemeines 1	4. Verlängerung des Ruhenszeitraums (Abs. 1 S. 5) 38
B. Regelungsgehalt 6	II. Begrenzungen des Ruhenszeitraums (Abs. 2) 39
I. Ruhen des Anspruchs auf Arbeitslosengeld wegen Zahlung einer Entlassungsentschädigung (Abs. 1) 6	1. Jahresfrist (Abs. 2 S. 1) 39
1. Entlassungsentschädigung 6	2. Ruhen unter Berücksichtigung des anrechenbaren Teils der Entlassungsentschädigung (Abs. 2 S. 2 Nr. 1) 40
a) Begriff 6	a) Allgemeines 40
b) Nicht zu berücksichtigende Entlassungsentschädigungen (Abs. 1 S. 6 und 7) 17	b) Zu berücksichtigender Anteil der Entlassungsentschädigung 41
c) Einzelfälle 20	c) Berechnung des Ruhenszeitraums 46
2. Vorzeitige Beendigung des Arbeitsverhältnisses 22	3. Befristung (Abs. 2 S. 2 Nr. 2) 49
a) Allgemeines 22	4. Kündigung aus wichtigem Grund (Abs. 2 S. 2 Nr. 3) 50
b) Ordentliche Kündigungsfrist (Abs. 1 S. 1) 24	III. Ruhen wegen Beendigung des Beschäftigungsverhältnisses (Abs. 3 i.V.m. Abs. 1 und 2) 52
c) Fiktive Kündigungsfristen (Abs. 1 S. 3 und 4) 25	IV. Gleichwohlgewährung (Abs. 4) 54
aa) Zeitlich unbegrenzter Kündigungsausschluss (Abs. 1 S. 3 Nr. 1) 26	V. Rechtsfolgen 58
bb) Zeitlich begrenzter Kündigungsausschluss (Abs. 1 S. 3 Nr. 2 Alt. 1) 27	C. Verbindung zu anderen Rechtsgebieten und zum Prozessrecht 59
cc) Fristgebundene Kündigung aus wichtigem Grund (Abs. 1 S. 3 Nr. 2 Alt. 2) 29	I. Steuerrecht 59
dd) Ordentliche Kündigung bei Zahlung einer Entlassungsentschädigung (Abs. 1 S. 4) 30	II. Rentenversicherungsrecht 60
	III. Arbeitsrecht 61
d) Fristbeginn 33	IV. Prozessrecht 63
3. Beginn und Dauer des Ruhens nach Abs. 1 S. 1 36	D. Beraterhinweise 64

A. Allgemeines

1 Die Regelung des § 143a ist durch Art. 1 Nr. 3 des Gesetzes zur Änderung der Berücksichtigung von Entlassungsentschädigungen im Arbeitsförderungsrecht v. 24.3.1999[1] eingeführt worden und am **1.4.1999 in Kraft getreten**. Die Vorschrift geht auf den Gesetzentwurf[2] zurück und wurde bislang nicht wesentlich geändert. Inhaltlich entspricht § 143a der Bestimmung des § 117 Abs. 2 bis 4 AFG in der bis zum 31.3.1997 geltenden Fassung, die durch Art. 11 Nr. 23 Arbeitsförderungsreformgesetz v. 24.3.1997[3] aufgehoben worden war. An deren Stelle war die Anrechnungsregelung des § 115a AFG (ab dem 1.1.1998 § 140)[4] getreten, nach der Abfindungen nicht mehr zum Ruhen des Anspruchs auf Alg führten, sondern – nach Abzug eines Freibetrages – auf die Hälfte des Alg angerechnet wurden. Diese **umstr. Regelung**[5] **des § 140 a.F.** ist durch Art. 1 Nr. 2 des Entlassungsentschädigungs-Änderungsgesetzes[6] aufgehoben worden. Zugleich wurde mit § 143a eine dem § 117 Abs. 2 bis 4 AFG entsprechende Regelung eingeführt.[7]

---

1 BGBl 1999 I S. 396.
2 BT-Drucks 14/394.
3 BGBl 1997 I S. 594.
4 Eingeführt durch Art. 1 des Arbeitsförderungs-Reformgesetzes (AFRG) v. 24.3.1997, BGBl 1997 I S. 594.
5 Zur Verfassungswidrigkeit des § 140 *Bauer/Röder*, BB 1997, 834, 840; *Däubler*, SozSich 1996, 411; *Ebert*, NZS 1998, 109; *Hümmerich*, NZA 1997, 409, 413 f.; *Kre-* *ßel*, NZA 1997, 1138, 1140; *Rolfs*, DB 1996, 2126; *ders.*, NZS 1997, 793; 794; s.a. BT-Drucks 14/394, S. 6. Gegen eine Verfassungswidrigkeit *Boecken*, Gutachten B zum 62. DJT 1998, 134 ff. m.w.N.; zur Problematik auch *Hanau*, RdA 1998, 296, 298.
6 V. 24.3.1999, BGBl 1999 I S. 396.
7 Art. 1 Nr. 3 des Entlassungsentschädigungs-Änderungsgesetzes, BGBl 1999 I S. 396.

§ 143a regelt das Ruhen eines Anspruchs auf Alg, wenn der Arbeitslose wegen der Beendigung seines Beschäftigungsverhältnisses eine Entlassungsentschädigung erhalten hat und dieses Beschäftigungsverhältnis vorzeitig, d.h. ohne Einhaltung der maßgeblichen Künd-Fristen, beendet wurde. Nicht zu einem Ruhen führen damit Entlassungsentschädigungen, die nach fristgerechter AG-Künd, bei oder nach Abschluss eines diese Frist einhaltenden Aufhebungsvertrages oder zur einvernehmlichen Beilegung des Künd-Schutzprozesses vereinbart werden. Wie bei § 143 Abs. 1 führt bereits das **Bestehen eines Anspruchs** auf die AG-Leistung zu einem Ruhen (Abs. 1 S. 1); der Arbeitslose kann, solange er die Leistung des AG nicht erhält, Alg im Wege der Gleichwohlgewährung (Abs. 4) beanspruchen. Wird Alg nach Abs. 4 geleistet, geht der Anspruch gegen den AG in Höhe des geleisteten Alg nach § 115 SGB X auf die BA über.

Die verfassungsmäßige[8] Regelung, die auf der Vermutung beruht, dass Entlassungsentschädigungen auch Entgeltbestandteile aufweisen (siehe Rn 7), ist sinnvolle **Ergänzung des § 143** und bezweckt ebenso wie dieser die **Vermeidung von Doppelleistungen** an den Arbeitslosen (siehe § 143 Rn 2). Lohnersatzleistungen nach dem SGB III werden nicht benötigt, solange trotz Arbeitslosigkeit kein Verdienstausfall eintritt.[9] Während § 143 Abs. 1 AG-Leistungen (Arbeitsentgelt) erfasst, die sich auf die Zeit bis zum Ende des Arbverh beziehen, betrifft § 143a **AG-Leistungen, die für die Zeit nach Beendigung des Arbverh** geleistet werden. § 143a beruht auf der **unwiderlegbaren**[10] **Vermutung**, dass die wegen vorzeitiger Beendigung des Arbverh gewährten Entlassungsentschädigungen nicht nur Entschädigung für den Verlust des sozialen Besitzstandes sind, sondern dass diese in **pauschaliertem Umfang** auch **Arbeitsentgeltanteile** enthalten (wenn auch nach Alter und Betriebszugehörigkeit des AN in unterschiedlichem Umfang).[11] Diese bei der gebotenen pauschalierten Betrachtung des Gesetzgebers verfassungsrechtlich zulässige[12] Vermutung rechtfertigt die grds. Ruhensanordnung bis zu dem Tag, an dem das Arbverh fristgemäß hätte beendet werden können. Die mit § 143a getroffene typisierende[13] Regelung ermöglicht **keine Einzelfallbetrachtung** und schließt so Streitigkeiten aus, inwieweit eine Entlassungsentschädigung Entgeltbestandteile aufweist, die ein Ruhen begründen.[14] Dementsprechend ist es nach der Rspr. des BSG sogar unbeachtlich, wenn die Parteien subjektiv davon ausgegangen sind, eine gewährte Abfindung habe keinen Entgeltcharakter[15] oder wenn ein Anspruch auf Arbeitsentgelt nicht in die Abfindung eingeflossen ist, weil er im Laufe der nicht eingehaltenen Künd-Frist nicht hätte entstehen können.[16] Wegen der typisierenden Wertung ruht der Anspruch auf Alg bei vorzeitigem Ausscheiden aus dem Arbverh auch dann wegen des Erhalts einer Abfindung, wenn dem Arbeitslosen wegen **anhaltender Arbeitsunfähigkeit** gegen seinen AG kein Anspruch auf Arbeitsentgelt mehr zugestanden hätte.[17] Einer Entlassungsentschädigung, die wegen Beendigung eines Arbverh gewährt wird, wird nur in einem gesetzlich geregeltem Fall das Fehlen von Entgeltanteilen zugesprochen, nämlich nur dann, wenn der AG das Arbverh aus wichtigem Grund ohne Einhaltung einer Künd-Frist hätte kündigen können (Abs. 3 S. 2 Nr. 3).[18]

Ohne die Regelung des § 143a bestünden weitreichende **Manipulationsmöglichkeiten** zum Nachteil der Arbeitslosenversicherung. Die Arbeitsvertragsparteien könnten das Arbverh zu einem früheren Zeitpunkt beenden und anstelle des – nach § 143 Abs. 1 zum Ruhen führenden – Arbeitsentgelts eine als Abfindung ausgewiesene AG-Leistung vereinbaren.[19]

§ 143a **gilt** seinem Wortlaut nach nur für Ansprüche auf Alg. Die Vorschrift ist aber auch anwendbar für Ansprüche auf **Teil-Alg** (§ 150 Abs. 2) und findet über § 57 Abs. 3 S. 2 auch auf Ansprüche auf **Gründungszuschuss** Anwendung. Auf das **Übergangsgeld** und das **Kurzarbeitergeld** findet § 143 dagegen keine Anwendung (s. §§ 160 ff. und § 180).

---

8 Zur Verfassungsmäßigkeit der Regelung bzw. der inhaltlich ähnlichen Vorgängerregelung BSG 8.2.2001 – B 11 AL 59/00 R – SozR 3-4100 § 117 Nr. 23 m.w.N.; zur Verfassungswidrigkeit der ursprünglichen Regelung – vollständige Anrechnung – BVerfG 12.5.1976 – 1 BvL 31/73 – SozR 4100 § 117 Nr. 1.
9 BSG 29.1.2001 – B 7 AL 62/99 – NZS 2001, 552, 553 m.w.N.
10 BSG 20.1.2000 – B 7 AL 48/99 R – SozR 3-4100 § 117 Nr. 20 m.w.N.
11 BT-Drucks 8/857, S. 9; BSG 20.1.2000 – B 7 AL 48/99 R – SozR 3-4100 § 117 Nr. 20 m.w.N.
12 Hierzu BVerfG 14.12.1981 – 1 BvR 1011/81 – SozR 4100 § 117 Nr. 8; BSG 15.7.1982 – 2 BvR 620/81 – SozR 4100 § 117 Nr. 10.
13 BSG 20.1.2000 – B 7 AL 48/99 R – SozR 3-4100 § 117 Nr. 20.
14 Vgl. BSG 20.1.2000 – B 7 AL 48/99 R – SozR 3-4100 § 117 Nr. 20 m.w.N.; BSG 21.9.1995 – 11 RAr 23/95 – AP § 117 AFG Nr. 16.
15 BSG 20.1.2000 – B 7 AL 48/99 R – SozR 3-4100 § 117 Nr. 20 m.w.N.
16 BAG 17.6.1992 – 2 AZR 23/92 – EzS 2/59.
17 BSG 10.1.2000 – B 7 AL 48/99 R – SozR 3-4100 § 117 Nr. 20.
18 BT-Drucks 8/857, S. 9.
19 BSG 3.3.1993 – 11 RAr 57/92 – SozR 3-4100 § 117 Nr. 10.

B. Regelungsgehalt

I. Ruhen des Anspruchs auf Arbeitslosengeld wegen Zahlung einer Entlassungsentschädigung (Abs. 1)

1. Entlassungsentschädigung. a) Begriff. Nach der in Abs. 1 S. 1 enthaltenen Legaldefinition ist unter dem Begriff der Entlassungsentschädigung eine Abfindung, Entschädigung oder ähnliche Leistung zu verstehen, die der Arbeitslose wegen der Beendigung des Arbverh erhalten oder zu beanspruchen hat. Im Hinblick auf den Gesetzeszweck ist der Begriff umfassend zu verstehen;[20] es werden **alle im Zusammenhang mit der Beendigung eines Arbverh gewährten Leistungen** erfasst, unabhängig von ihrer Bezeichnung,[21] dem Zweck der Leistung sowie davon, ob die Leistung ratenweise oder in einer Summe erbracht wird.[22] Anderenfalls könnten die Arbeitsvertragsparteien durch die Festlegung einer anders lautenden Bezeichnung oder Zweckbestimmung sowie durch Vereinbarung einer erst späteren Fälligkeit oder einer Ratenzahlung die Ruhensregelung des § 143a leicht umgehen.

Allein die **Bezeichnung** als „Abfindung" oder „Entlassungsentschädigung" kann nicht bewirken, dass die vereinbarte Leistung des AG nicht (z.T.) als Arbeitsentgelt bewertet werden kann.[23] Vielmehr sind auch die außerhalb der wörtlichen Erklärung liegenden tatsächlichen Umstände zur Auslegung heranzuziehen.[24] Indizien dafür, dass es sich bei der Abfindung auch um Arbeitsentgelt handelt, sind das Fehlen eines vernünftigen Grundes für die Gewährung der Entlassungsentschädigung[25] (bspw. wenn das Arbverh nur kurze Zeit bestand), das Fehlen nachvollziehbarer Gründe für einen Verzicht des AN auf ihm zustehendes Arbeitsentgelt,[26] die Zahlung einer Abfindung in einer Höhe, die der des Arbeitsentgeltanspruches, der bis zum vereinbarten Beendigungszeitpunkt bestehen würde und auf den verzichtet wird, entspricht.[27] Die AA hat aber zunächst zu beachten, dass die Parteien die Zahlung einer Entlassungsentschädigung vereinbart haben. Soll diese Leistung als Arbeitsentgelt bewertet werden, so bedarf es einer besonderen Begründung, weshalb die Zahlung des Arbeitgebers zeitlich der versicherungspflichtigen Beschäftigung zuzuordnen ist.[28]

Im Unterschied zum Arbeitsentgelt wird die Entlassungsentschädigung weder als Gegenleistung für eine vertraglich geschuldete Arbeitsleistung erbracht noch ist sie zeitlich dem Beschäftigungsverhältnis zuzuordnen, weshalb sie auch nicht der **Beitragspflicht zur Sozialversicherung** unterliegt.[29] Kennzeichnend für die Entlassungsentschädigung ist vielmehr, dass sie wegen der Beendigung eines Arbverh gewährt und damit für eine Zeit nach Beendigung des Beschäftigungsverhältnisses geleistet wird.

Vereinbaren die Arbeitsvertragsparteien ausdrücklich eine Zweckbestimmung der vom AG zu leistenden Zahlung – als Entschädigung „für den Verlust des Arbeitsplatzes" –, um damit zu erreichen, dass dem AN für die Restdauer des Arbverh keine „Vergütungsansprüche" mehr zustehen, etwa um eine Bewertung der Zahlung als Arbeitsentgelt und damit das Entstehen von Sozialversicherungsbeiträgen zu vermeiden, so macht dies die fragliche Leistung nicht zu einer „echten" Abfindung. Diese Abreden verstoßen, soweit sie die Zweckbestimmung der vereinbarten Abschlusszahlung betreffen, gegen § 32 SGB I. Die „Abschlusszahlung" ist als Arbeitsentgelt zu betrachten, soweit sie zeitlich der Dauer des Arbverh zuzuordnen ist[30] und führt nach § 143 Abs. 1 zum Ruhen des Anspruchs auf Alg.

Der einer Entlassungsentschädigung zugrunde liegende **Rechtsgrund** ist ebenso unerheblich wie der **Zeitpunkt der Vereinbarung** einer Entlassungsentschädigung. Deshalb sind Leistungen, die auf einem Aufhebungs- oder Abwicklungsvertrag, einem (außer)gerichtlichen Vergleich,[31] einem Sozialplan,[32] der Festsetzung des Gerichts nach §§ 9, 10 KSchG[33] beruhen, ebenso als Entlassungsentschädigungen zu berücksichtigen wie bereits im Arbeitsvertrag durch BV oder TV zugesagte Entschädigungen – vorausgesetzt, die Leistung wird wegen der Beendigung des Arbverh gewährt.[34] Zum Ruhen führen auch solche Leistungen des AG, die dieser ohne Bestehen eines Rechtsgrundes **tatsächlich erbracht** hat.[35]

---

20 BSG 22.2.1984 – 7 RAr 55/82 – SozR 4100 § 118 Nr. 13; BSG 3.3.1993 – 11 RAr 57/32 – SozR 3-4100 § 117 Nr. 10.
21 BSG 22.2.1984 – 7 RAr 55/82 – SozR 4100 § 118 Nr. 13; BSG 25.10.1989 – 7 RAr 108/88 – SozR 4100 § 117 Nr. 26; BSG 3.3.1993 – 11 RAr 57/32 – SozR 3-4100 § 117 Nr. 10.
22 Johannsen, ZTR 1999, 241, 242; Neef/Schrader, DB 1999, 281, 282; BSG 3.3.1993 – 11 RAr 57/92 – SozR 3-4100 § 117 Nr. 10.
23 BSG 14.7.1994 – 7 RAr 104/93 – SozR 3-4100 § 117 Nr. 11; vgl. auch BSG 14.2.1978 – 7 RAr 57/76 – SozR 4100 § 117 Nr. 2.
24 BSG 14.7.1994 – 7 RAr 104/93 – SozR 3-4100 § 117 Nr. 11.
25 BSG 25.10.1990 – 12 RK 40/89 – EzS 2/52.
26 BSG 25.10.1990 – 12 RK 40/89 – EzS 2/52.
27 BSG 23.6.1981 – 7 RAr 29/80 – SozR 4100 § 117 Nr. 7.
28 BSG 13.3.1990 – 11 RAr 69/89 – SozR 3-4100 § 117 Nr. 2.
29 BSG 21.2.1990 – 12 RK 20/88 – SozR 3-2400 § 14 Nr. 2; BSG 25.10.1990 – 12 RK 40/89 – EzA § 9 KSchG n.F. Nr. 38.
30 BSG 25.10.1990 – 12 RK 40/89 – EzS 2/52.
31 BSG 13.3.1990 – 11 RAr 69/89 – SozR 3-4100 § 117 Nr. 2; BSG 21.9.1995 – 11 RAr 41/95 – SozR 3-4100 § 117 Nr. 12.
32 BSG 29.8.1991 – 7 RAr 130/90 – SozR 3-4100 § 117 Nr. 6; BSG 29.1.2001 – B 7 AL 62/99 R – SozR 3-4100 § 117 Nr. 2.
33 BAG 13.1.1982 – 5 AZR 546/79 – AP § 9 KSchG 1969 Nr. 7.
34 BSG 29.8.1991 – 7 RAr 130/90 – SozR 3-4100 § 117 Nr. 6.
35 BSG 3.3.1993 – 11 RAr 57/92 – SozR 3-4100 § 117 Nr. 10.

Für das Ruhen ist es unerheblich, ob die Abfindung oder ähnliche Leistung unmittelbar vom AG an den Arbeitslosen erbracht oder die **Entschädigung von einem Dritten** gezahlt wird. Das BSG hat es als ausreichend erachtet, wenn etwa eine betriebliche Hilfskasse bei Beendigung des Arbverh ein Darlehen an den AN erbringt, das bei Fälligkeit vom ehemaligen AG getilgt wird.[36] Erbringt ein **neuer Betriebsinhaber**, bei dem das Arbverh mit dem Arbeitslosen nach Betriebsübergang (§ 613a BGB) nicht fortgesetzt wurde, eine Entlassungsentschädigung, wird diese Leistung ebenfalls als ruhensbegründend nach § 143a angesehen.[37]

Der **Zeitpunkt der Auszahlung** sowie deren Modalitäten sind für die Beurteilung als Entlassungsentschädigung **unerheblich**.[38] Wegen der ansonsten eröffneten Umgehungsmöglichkeiten werden bei Beendigung **noch nicht fällige Beträge** so behandelt, als würden auch sie zu Ende des Arbverh geleistet.[39] Im Hinblick darauf, dass die Zahlungen aber tatsächlich nicht mit dem Ende des Arbverh erfolgen, ist die Regelung des Abs. 3 zu beachten. **Monatliche Rentenzahlungen** werden kapitalisiert.[40] Erbringt der AG regelmäßige Zahlungen in Abhängigkeit von der Höhe des Alg (**Aufstockungsleistungen**), so sind auch diese als Entlassungsentschädigung zu bewerten;[41] die BA schätzt in diesen Fällen die voraussichtliche Höhe der Entschädigung unter Zugrundelegung der Ausschöpfung des Alg-Anspruches.[42]

Wegen der Beendigung wird eine Abfindung gewährt, wenn sie nicht nur anlässlich der vorzeitigen Beendigung des Arbverh geleistet wird, sondern zwischen der Beendigung und der Entlassungsentschädigung ein **ursächlicher Zusammenhang** besteht.[43] Ein solcher ist zu bejahen, wenn die AG-Leistung nicht ohne die Beendigung des Arbverh gewährt würde. Der Anspruch auf die Entschädigungsleistung muss mit der Beendigung des Arbverh entstehen bzw. bei der Beendigung gewährt werden und in einem Zusammenhang mit dem Verlust des Arbeitsplatzes stehen.[44] Die **Art und Weise der Beendigung** ist für den Eintritt eines Ruhens nach § 143a unbeachtlich. Das Arbverh kann sowohl durch Künd, Aufhebungsvertrag, (außer)gerichtlichen Vergleich, Auflösungsurteil oder sonstige Gründe enden.[45] Das BSG hat die Kausalität bei einer vergleichsweisen Beendigung eines Arbverh auch bejaht, wenn die Abfindung aus sozialen Gründen oder als freiwillige Zuwendung gewährt wird.[46] Unerheblich ist auch, von welcher Seite die Initiative zur Beendigung ergriffen wurde.[47] Auch ein noch nicht begonnenes Arbverh kann beendet werden und so ein Ruhen nach § 143a begründen.[48] Der Anspruch auf Alg ruht schließlich auch gem. § 143a bei vorzeitiger Beendigung eines möglicherweise aufgrund Betriebsübergangs fortgesetzten Arbverh (§ 613a BGB) gegen Abfindung.[49]

Wird in einem sog. **Abwicklungsvertrag** (siehe § 611 BGB Rn 987 f. und 995 ff.) die Zahlung einer Entlassungsentschädigung vereinbart, so führt diese nur dann zum Ruhen nach § 143a, wenn der AG bei der vorausgegangenen Künd die erforderliche Frist nicht eingehalten hat.[50] Obgleich **gesetzliche Abfindungsansprüche** nach § 1a KSchG erst mit Ablauf der maßgeblichen Künd-Frist entstehen, können sie ggf. ein Ruhen nach § 143a begründen, wenn der AG bei Ausspruch der Künd die maßgebenden Künd-Fristen nicht eingehalten hat[51] (etwa wenn die Parteien vor oder nach Ausspruch der Künd einen früheren Künd-Termin vereinbart haben).[52]

Für die Anwendung des § 143a Abs. 1 kommt es nicht darauf an, ob die Entlassungsentschädigung nur wegen der **vorzeitigen Beendigung** des Arbverh geleistet wird oder ob sie auch bei ordentlicher Beendigung in gleicher Weise angefallen wäre.[53] Im Hinblick darauf, dass die Regelung des § 143a nicht nur den Bezug von Doppelleistungen verhindern, sondern auch die vorzeitige Beendigung von Arbverh erschweren soll, um die dadurch für die BA entstehenden Belastungen zu vermeiden bzw. hinauszuzögern, ist es für den Eintritt des Ruhens unerheblich, wenn der Anspruch auf die Entlassungsentschädigung auch bei Einhaltung der ordentlichen Künd-Frist entstanden wäre.

---

36 BSG 3.3.1993 – 11 RAr 57/32 – SozR 3-4100 § 117 Nr. 10.
37 Hauck/Noftz/*Valgolio*, § 143a Rn 18.
38 BSG 3.3.1993 – 11 RAr 57/32 – SozR 3-4100 § 117 Nr. 10.
39 Niesel/*Düe*, § 143a Rn 9; Spellbrink/Eicher/*Voelzke*, § 12 Rn 193.
40 BSG 22.2.1984 – 7 RAr 55/82 – SozR 4100 § 118 Nr. 13.
41 Hauck/Noftz/*Valgolio*, § 143a Rn 24; Niesel/*Düe*, § 143a Rn 10; a.A. HWK/*Peters-Lange*, § 143a Rn 19.
42 BA, DA zu § 143a SGB III Rn 143a.7.
43 BSG 14.2.1978 – 7 RAr 57/76 – SozR 4100 § 117 Nr. 2; 21.9.1995 – 11 RAr 41/95 – SozR 3-4100 § 117 Nr. 12; BSG 14.3.1996 – 7 RAr 24/95 – EzS 2/78.
44 Gagel/*Gagel*, § 143a Rn 39.
45 Vgl. BSG 17.2.1981 – 7 RAr 94/79 – SozR 4100 § 117 Nr. 5.
46 BSG 20.1.2000 – B 7 AL 48/99 R – SozR 3-4100 § 117 Nr. 20; vgl. auch BSG 17.2.1981 – 7 RAr 94/79 – SozR 4100 § 117 Nr. 5.
47 BSG 29.8.1991 – 7 RAr 68/90 – SozR 3-4100 § 117 Nr. 5.
48 Vgl. BSG 29.8.1991 – 7 RAr 68/90 – SozR 3-4100 § 117 Nr. 5.
49 BSG 29.8.1991 – 7 RAr 68/90 – SozR 3-4100 § 117 Nr. 5.
50 Hierzu und zum Abwicklungsvertrag *Hümmerich*, NZA 2001, 1280, 1281.
51 *Eicher*, SGb 2005, 553, 559; a.A. *Peters-Lange/Gagel*, NZA 2005, 740, 742, die bei einem Vorgehen nach § 1a KSchG grds. § 143a nicht anwenden wollen; differenzierend *Voelzke*, SGb 2007, 713, 716 f.
52 KR/*Spilger*, § 1a KSchG Rn 153.
53 BSG 21.9.1995 – 11 RAr 41/95 – SozR 3-4100 § 117 Nr. 12; BSG 14.3.1996 – 7 RAr 24/95 – EzS 2/78; insoweit irreführend ältere Entscheidungen des BSG, etwa 17.2.1981 – 7 RAr 94/79 – SozR 4100 § 117 Nr. 5, in denen von einem ursächlichen Zusammenhang zwischen der „vorzeitigen" Beendigung des Arbverh und der Abfindung die Rede war.

16 Entlassungsentschädigung i.S.d. § 143a Abs. 1 ist der **Gesamtbruttobetrag** der Leistung. Anders als bei der bis 31.3.1999 geltenden Regelung des § 140 werden bei der Ruhensbestimmung nach § 143a die auf die Entlassungsentschädigung zu entrichtenden Steuern nicht in Abzug gebracht.

17 b) Nicht zu berücksichtigende Entlassungsentschädigungen (Abs. 1 S. 6 und 7). Unter den Begriff der Entlassungsentschädigung fallen auch Leistungen, die der AG wegen der Beendigung des Arbverh für eine (zusätzliche) Alterssicherung des Arbeitslosen erbringt. Der Gesetzgeber hat in Abs. 1 S. 6 und 7 bestimmte Alterssicherungsleistungen aus dem Anwendungsbereich des § 143a ausgenommen. Nicht als ruhensbegründende Entlassungsentschädigung zu berücksichtigen sind nach Abs. 1 S. 6 Leistungen, die der AG gem. **§ 187a Abs. 1 SGB VI** unmittelbar für die Rentenversicherung des Arbeitslosen erbringt. § 187a SGB VI eröffnet älteren Versicherten bis zur Vollendung des 65. Lebensjahres die Möglichkeit, die mit einer vorzeitigen Inanspruchnahme[54] einer Altersrente verbundenen Rentenminderungen in Höhe von 0,3 % pro Monat der vorzeitigen Inanspruchnahme (vgl. §§ 63 Abs. 5, 77 SGB VI) durch Zahlung freiwilliger Beiträge auszugleichen. **Voraussetzung** für die Privilegierung ist zum einen, dass das Arbverh frühestens mit **Vollendung des 55. Lebensjahres** beendet wird. Diese Grenze ist im Zusammenhang mit § 2 Abs. 1 Nr. 1 AltersteilzeitG zu sehen, der AN ab Vollendung des 55. Lebensjahres die Möglichkeit eröffnet, eine Altersteilzeitvereinbarung zu treffen. Wird ein Arbverh vor Vollendung des 55. Lebensjahres beendet, ist die Zahlung von zusätzlichen Beiträgen nach § 187a Abs. 1 SGB VI nicht möglich, insoweit kann eine entsprechende AG-Leistung nicht nach Abs. 1 S. 6 privilegiert werden.

18 Die Leistung muss „**unmittelbar**", d.h. ohne Umweg über den Arbeitslosen,[55] vom AG zur Rentenversicherung des Arbeitslosen erbracht werden. Nicht begünstigt sind damit Zahlungen des AN aus einer vom AG erhaltenen Abfindung sowie andere Formen arbeitgeberseitiger Unterstützung der Alterssicherung des AN aus Anlass der Beendigung eines Arbverh – etwa (weitere) Beiträge für eine betriebliche Altersversorgung oder für den Aufbau einer Lebensversicherung oder Beitragsleistungen für eine Höherversicherung (§ 234 SGB VI). Die Höchstsumme, die zum Ausgleich der Rentenminderung anerkannt werden kann, ist der Rentenauskunft des zuständigen Versicherungsträgers nach § 109 SGB VI zu entnehmen.

19 Den Beitragszahlungen nach § 187a Abs. 1 SGB VI gleichgestellt sind Leistungen zu einer **berufsständischen Versorgungseinrichtung**[56] (Abs. 1 S. 7). Die AG-Leistungen müssen auch hier direkt an das Versorgungswerk fließen und dürfen nicht zunächst dem Arbeitslosen überlassen werden. Ferner müssen sie den Ausgleich der voraussichtlichen Rentenminderung bezwecken und dürfen nicht einer Höherversicherung des Arbeitslosen dienen. Beiträge an eine andere Einrichtung, etwa eine private Rentenversicherung, sind ebenso wenig privilegiert wie im Rahmen des Abs. 1 S. 6 und führen zu einem Ruhen des Alg-Anspruchs.

20 c) Einzelfälle. Entlassungsentschädigungen sind u.a. **Fortzahlung von Arbeitsentgelt** über das Ende des Arbverh hinaus;[57] **Leistungen der betrieblichen Altersversorgung**,[58] die gerade wegen der Beendigung des Arbverh erbracht werden und auf die ansonsten kein Anspruch bestanden hätte;[59] zur Ermittlung des Entschädigungsbetrags sind die Renten zu kapitalisieren,[60] d.h. es ist zu errechnen, wie viel die zu erwartenden monatlichen Raten insg. ergeben;[61] **Zuschüsse für die Beitragszahlung zur gesetzlichen Krankenversicherung**, die der AG bis zum Eintritt des Rentenzugangsalters leistet; **Leistungen**, die der AG während der Dauer der Arbeitslosigkeit **zusätzlich zum Alg** gewährt (siehe Rn 12); **Abschluss einer Versicherung** zugunsten des Arbeitslosen wegen der Beendigung des Arbverh; **Sachleistungen** wie etwa eine unentgeltliche oder vergünstigte Überlassung des Dienstwagens[62] oder das (Weiter)Zurverfügungstellen einer Werkswohnung; **Schadensersatzansprüche**, die dem Arbeitslosen zustehen, wenn er wegen eines vertragswidrigen Verhaltens des AG zu einer berechtigten fristlosen Künd veranlasst worden ist (**§ 628 Abs. 2 BGB**);[63] **Sozialplanabfindungen**,[64] obwohl sie nach der Rspr. des BAG nicht für den Verlust des Arbeitsplatzes geleistet werden, sondern eine Überbrückungshilfe für die Folgen einer gerechtfertigten Künd darstellen;[65] **Übergangsgelder** wie etwa das nach § 62 BAT; **Gewährung eines Darlehens**, dessen Tilgung vom AG in Aussicht gestellt ist.[66]

21 Nicht zu berücksichtigende Leistungen des AG sind **Vergütungszahlungen** für die Zeit **bis zum Zeitpunkt der Beendigung** des Arbverh sowie alle sonstigen Zahlungen, die sich auf diesen Zeitraum beziehen und Leistungen, mit

---

54 Hierzu *Boecken/Spieß*, Rn 12 ff.
55 BA, DA zu § 143a SGB III Rn 143a.20.
56 § 6 Abs. 1 S. 1 Nr. 1 SGB VI.
57 Gagel/*Gagel*, § 143a Rn 32.
58 Bsp. hierzu bei *Johannsen*, ZTR 1999, 241.
59 BSG 22.2.1984 – 7 RAr 55/82 – SozR 4100 § 118 Nr. 13.
60 BSG 22.2.1984 – 7 RAr 55/82 – SozR 4100 § 118 Nr. 13; BSG 15.11.1984 – 7 RAr 109/83 – NZA 1985, 438.
61 Hierzu Gagel/*Gagel*, § 143a Rn 3.
62 Hauck/Noftz/*Valgolio*, § 143a Rn 20.

63 Dazu BSG 13.3.1990 – 11 RAr 69/89 – SozR 3-4100, § 117 Nr. 2; *Bader*, AuR 1997, 381, 384.
64 So auch BSG 19.12.2001 – B 11 AL 53/01 R – AP § 143a SGB III Nr. 1; BSG 8.2.2001 – B 11 AL 59/00 R – SozR 3-4100 § 117 Nr. 23; *Bader*, AuR 1997, 381, 384, *Bauer/Röder*, BB 1997, 834, 835; Hauck/Noftz/*Valgolio*, § 143a Rn 19; a.A. *Hanau*, DB 1992, 2625, 2629. Ausführlich zur Problematik *Gagel*, NZS 2000, 327.
65 BAG 9.11.1994 – 10 AZR 281/94 – AP § 112 BetrVG 1972 Nr. 85.
66 BSG 3.3.1993 – 11 RAr 57/32 – SozR 3-4100 § 117 Nr. 10.

denen der AN unabhängig von der Beendigung des Arbverh rechnen konnte; dazu zählen etwa **Beihilfen, Tantiemen, Gewinnausschüttungen, Jubiläumsgelder, zeitanteilige Einmalzahlungen, Erfindervergütungen, Anlagen der Vermögensbildung, Treueprämien, Wertguthaben nach § 7 Abs. 1a SGB IV**, das wegen der vorzeitigen Beendigung zur Auszahlung gelangt;[67] **Abfindungen von Anwartschaften nach § 3 BetrAVG**; **Entschädigungen** für in der Vergangenheit durch Pflichtverletzung des AG entgangene Einnahmen des AN; **Karenzentschädigungen**, die aufgrund nachvertraglicher Wettbewerbsverbote für die Unterlassung von Wettbewerb arbeitgeberseits gezahlt werden;[68] **öffentliche Strukturhilfen**, wie etwa das Anpassungsgeld an entlassene AN des Bergbaus.[69]

2. Vorzeitige Beendigung des Arbeitsverhältnisses. a) Allgemeines. Voraussetzung für das Ruhen des Alg-Anspruches ist nach Abs. 1 S. 1, dass das Arbverh ohne Einhaltung einer der ordentlichen Künd-Frist des AG entsprechenden Frist – und damit vorzeitig – beendet worden ist. Wird das Arbverh unter Einhaltung der für den AG maßgeblichen Künd-Frist beendet, so wirkt eine wegen der Beendigung des Arbverh gewährte Entlassungsentschädigung auch dann nicht ruhensbegründend, wenn die das Ende des Arbverh begründende ordentliche Künd – etwa wegen einer fehlenden sozialen Rechtfertigung (§ 1 KSchG) – nicht rechtmäßig ist. Maßgebend ist allein die **ordentliche Künd-Frist des AG**, nicht eine etwa kürzere des AN.[70] Das gilt uneingeschränkt, also auch unabhängig davon, wie das Arbverh beendet wurde und von welcher Seite die Initiative hierfür ergriffen wurde.[71] Geht eine oder beide der Arbeitsvertragsparteien irrtümlich von einer kürzeren Künd-Frist aus, so hat dies für den Eintritt des Ruhens keine Bedeutung.[72] Die Künd-Frist ist allein nach der **objektiven Rechtslage** zu ermitteln. Eine vorzeitige Beendigung i.S.d. Vorschrift liegt auch vor, wenn das Arbverh nach einer rechtswidrigen fristlosen Künd durch ein Urteil nach § 9 KSchG aufgelöst wird.[73]

Der **Grund für die vorzeitige Beendigung** ist grds. unerheblich.[74] Auch wenn ein AN zur fristlosen Künd berechtigt war, führt eine wegen dieser vorzeitigen Beendigung gewährte Entlassungsentschädigung zum Ruhen nach § 143a.[75] Allein in Fällen, in denen der AG das Arbverh aus wichtigem Grund ohne Einhaltung der Künd-Frist beenden könnte, hat der Gesetzgeber im Hinblick darauf, dass die Entschädigung in einem solchen Fall keinen Entgeltanteil beinhaltet, sondern lediglich den Verlust des sozialen Besitzstandes ausgleichen soll,[76] von einem Ruhen abgesehen (s. Abs. 2 S. 2 Nr. 3). Diese Einschränkung ist jedoch nicht einschlägig und vom Gesetzgeber auch nicht gewollt, wenn der AN zur fristlosen Künd berechtigt ist. § 143a ist auch bei Inanspruchnahme eines **tarifvertraglichen Optionsrechts**, das eine vorzeitige Beendigung des Arbverh durch den AN unter Zahlung einer Abfindung und Verkürzung der arbeitnehmerseitigen Künd-Frist ermöglicht, anzuwenden.[77]

b) Ordentliche Kündigungsfrist (Abs. 1 S. 1). Der Begriff der „ordentlichen Künd-Frist" ist gesetzlich nicht normiert. Im Allg. versteht man darunter diejenigen Fristen, die der Kündigende nach gesetzlicher (§ 622 BGB, § 29 HAG, § 86 SGB IX), kollektiv- oder einzelvertraglicher Regelung für seine Künd-Erklärung einhalten muss, um ein unbefristetes Arbverh einseitig beenden zu können.[78] Die in Abs. 1 S. 1 genannte „ordentliche Künd-Frist" ist damit die Frist, die der AG bei einer ordentlichen Künd (§ 622 BGB) im Gegensatz zu der in § 626 BGB geregelten außerordentlichen Künd zu beachten hat. Zu beachten ist bei der Bestimmung der maßgeblichen Frist auch die im **Insolvenzverfahren** geltende kürzere Künd-Frist (§ 113 Abs. 1 S. 2 InsO – höchstens drei Monate). Im Falle einer **Künd nach einem Betriebsübergang** (§ 613a BGB) ist für den neuen Betriebsinhaber die Künd-Frist, die für den alten Betriebsinhaber bestand, maßgeblich.[79] Auch wenn die Arbeitsvertragsparteien irrtümlich von einer kürzeren Künd-Frist ausgegangen sind, ist für die Bestimmung des Ruhens die für das Arbverh maßgebliche Künd-Frist entscheidend.[80] Die in einem arbeitsgerichtlichen Urteil getroffene Feststellung, dass das Arbverh nicht durch eine vorangegangene Künd beendet worden ist, ist für die Frage der Berechnung der Frist des Abs. 1 bedeutungslos, wenn die Arbeitsvertragsparteien anschließend eine Beendigungsvereinbarung getroffen haben.

c) Fiktive Kündigungsfristen (Abs. 1 S. 3 und 4). Ist eine Künd gesetzlich oder vertraglich ausgeschlossen bzw. nur eingeschränkt möglich, so bestimmt Abs. 1 S. 3 und 4 die Dauer der für die Frage einer vorzeitigen Beendigung des Arbverh maßgebenden Frist. Die jeweilige Dauer der für den AG fingierten (arbeitsförderungsrechtlichen) Künd-

---

67 Bader, AuR 1997, 381, 384; BA, DA zu § 143a SGB III Rn 143a.19; vgl. auch BSG 25.10.1989 – 7 RAr 108/88 – SozR 4100 § 117 Nr. 26.
68 BA, DA zu § 143a SGB III Rn 143a.19.
69 BA, DA zu § 143a SGB III Rn 143a 22 f.
70 BSG 29.8.1991 – 7 RAr 68/90 – SozR 3-4100 § 117 Nr. 5; BSG 3.3.1993 – 11 RAr 57/92 – SozR 3-4100 § 117 Nr. 10.
71 BSG 29.8.1991 – 7 RAr 130/90 – SozR 3-4100 § 117 Nr. 6; BSG 3.3.1993 – 11 RAr 57/92 – SozR 3-4100 § 117 Nr. 10; BSG 8.2.2001 – B 11 AL 59/00 R – SozR 3-4100 § 117 Nr. 23.
72 BSG 25.10.1989 – 7 RAr 108/88 – SozR 4100 § 117 Nr. 26.
73 BSG 23.6.1981 – 7 RAr 29/80 – SozR 4100 § 117 Nr. 7; BSG 8.12.1987 – 7 RAr 48/86 – SozR 4100 § 117 Nr. 21.
74 S. nur BSG 21.9.1995 – 11 RAr 23/95 – AP § 117 AFG Nr. 16.
75 BSG 29.8.1991 – 7 RAr 130/90 – SozR 3-4100 § 117 Nr. 6.
76 BT-Drucks 8/857, S. 9.
77 BSG 21.9.1995 – 11 RAr 23/95 – AP § 117 AFG Nr. 16.
78 Vgl. *Hueck/Nipperdey*, Erster Band, § 57 S. 563 ff.; BSG 21.5.1980 – 7 RAr 81/79 – SozR 4100 § 117 Nr. 3.
79 BSG 29.8.1991 – 7 RAr 68/90 – SozR 3-4100 § 117 Nr. 5.
80 *Gagel/Gagel*, § 143a Rn 65.

Fristen ist nach der Intensität des erreichten Künd-Status gestaffelt und zeigt an, inwieweit das Arbverh bei Nichteinhaltung dieser Frist als „vorzeitig" beendet gilt.

26 **aa) Zeitlich unbegrenzter Kündigungsausschluss (Abs. 1 S. 3 Nr. 1).** Für generell **ordentlich unkündbare AN** hat der Gesetzgeber in Abs. 1 S. 3 Nr. 1 mit 18 Monaten eine verhältnismäßig lange und v.a. längere Künd-Frist als bei zeitlich begrenzt unkündbaren AN angeordnet, um dem Umstand Rechnung zu tragen, dass unkündbare AN einen außergewöhnlich starken Künd-Schutz genießen und deshalb der in der Entlassungsentschädigung enthaltene Anteil an Arbeitsentgelt besonders groß ist.[81] Die Worte **„zeitlich unbegrenzt"** sind i.S.v. „nicht nur vorübergehend" zu verstehen und auf das übliche Arbeitsleben zu beziehen, während dessen Leistungen wegen Arbeitslosigkeit in Betracht kommen.[82] Praktische Bedeutung hat diese Sonderregelung v.a. für ältere AN und AN mit einer längeren Dauer der Betriebszugehörigkeit, die aufgrund von oftmals in TV oder BV enthaltenen sog. Senioritätsregelungen[83] nicht mehr ordentlich gekündigt werden können. Ist in derartigen Fällen aber die ordentliche **Künd der eigentlich Unkündbaren unter bestimmten Voraussetzungen wieder zugelassen**, findet Abs. 1 S. 4 Anwendung, wenn die Künd auf diesen Voraussetzungen beruht.[84] Wird eine vereinbarte Unkündbarkeit nachträglich rückwirkend beseitigt, verbleibt es nach der Praxis der BA aus Gründen des Vertrauensschutzes bei der fiktiven Künd-Frist von 18 Monaten.[85]

27 **bb) Zeitlich begrenzter Kündigungsausschluss (Abs. 1 S. 3 Nr. 2 Alt. 1).** In Fällen eines lediglich **zeitlich begrenzten Ausschlusses** der ordentlichen Künd ist gem. Abs. 1 S. 3 Nr. 2 Alt. 1 zur Vermeidung eines Ruhens wegen Entlassungsentschädigung die Künd-Frist einzuhalten, die ohne den Ausschluss der ordentlichen Künd maßgebend gewesen wäre. Um einen zeitlich begrenzten Ausschluss handelt es sich, wenn ein **AN lediglich für eine bestimmte Zeit und unter veränderbaren Voraussetzungen ordentlich unkündbar ist**,[86] nämlich für die Dauer von bestimmten Funktionen oder in einer besonderen Situation, wie etwa AN-Vertreter betriebsverfassungsgesetzlich vorgesehener Interessenvertretungen (§ 15 Abs. 1 KSchG, auch i.V.m. § 22 BBiG für Jugendvertreter), Schwangere und Mütter (§ 9 MuSchG, § 18 BEEG).

28 Abs. 1 S. 3 Nr. 2 Alt. 1 erfasst **alle vorübergehenden Ausschlüsse** der ordentlichen Künd, so etwa auch betrieblich oder tariflich angeordnete[87] sowie auch nicht in der Person des AN begründete vorübergehende Künd-Ausschlüsse, wie etwa einen zeitlich begrenzten betriebsbedingten Beendigungs-Künd. Ein solcher kann auch bei einem befristeten Arbverh vorliegen, denn nach § 15 Abs. 3 TzBfG unterliegt ein befristetes Arbverh nur dann der ordentlichen Künd, wenn dies einzelvertraglich oder im anwendbaren TV vereinbart ist.

29 **cc) Fristgebundene Kündigung aus wichtigem Grund (Abs. 1 S. 3 Nr. 2 Alt. 2).** Nach Abs. 1 S. 3 Nr. 2 Alt. 2 gilt die ordentliche Künd-Frist als fiktive Künd-Frist, wenn die ordentliche Künd des Arbverh zwar zeitlich unbegrenzt ausgeschlossen ist, aber die Voraussetzungen für eine **fristgebundene Künd aus wichtigem Grund** vorliegen. Für eine Änderungs-Künd gelten die für eine fristgebundene Künd aus wichtigem Grund aufgestellten Grundsätze.[88] Eröffnet ein wegen einer Betriebsstilllegung getroffener Sozialplan die Möglichkeit, zuvor nicht ordentlich kündbare AN nunmehr gegen Zahlung einer Entlassungsentschädigung zu kündigen, so liegen die Voraussetzungen des Abs. 1 S. 3 Nr. 2 Alt. 2 nicht mehr vor, denn dieser setzt voraus, dass eine ordentliche Künd überhaupt nicht mehr möglich, während bei Abs. 1 S. 4 das Recht zur ordentlichen Künd lediglich eingeschränkt ist.[89]

30 **dd) Ordentliche Kündigung bei Zahlung einer Entlassungsentschädigung (Abs. 1 S. 4).** Ist die Möglichkeit der ordentlichen Künd zwar nicht generell ausgeschlossen, aber an die Zahlung einer Entlassungsentschädigung geknüpft (Abs. 1 S. 4), so beträgt die **fiktive Künd-Frist nach Abs. 1 S. 4 ein Jahr**. Es genügt nicht, dass das Arbverh nur bei Zahlung einer Abfindung o.ä. – unter Mitwirkung des AN – beendet werden kann, sondern es ist erforderlich, dass dem AN **nur bei Zahlung einer Entlassungsentschädigung gekündigt** werden kann, dass also die Künd-Möglichkeit von der Entschädigungszahlung abhängig ist.[90] Ist die ordentliche Künd des Arbverh auch bei Zahlung einer nach TV für den Fall der Beendigung des Arbverh vorgesehenen Abfindung weiterhin zeitlich begrenzt ausgeschlossen, so kann Abs. 1 S. 4 nicht angewendet werden.

31 Bestehen neben der unter Zahlung einer Abfindung erlaubten Künd **weitere (tarifliche) Künd-Möglichkeiten** (ohne Pflicht zur Zahlung einer Abfindung), so ist die Anwendung des Abs. 1 S. 4 nur ausgeschlossen, wenn der AG diese zweite Künd-Möglichkeit auch konkret hätte realisieren können, ohne dass eine Abfindung zu zahlen gewesen wäre

---

[81] Begründung zum Entwurf eines Gesetzes zur Konsolidierung der Arbeitsförderung, BT-Drucks 9/846, S. 44.
[82] BSG 11.1.1990 – 7 RAr 130/88 – DBlR § 117 AFG Nr. 3644; 17.2.1981 – 7 RAr 90/79 – SozR 4100 § 119 Nr. 14; BSG 8.12.1987 – 7 RAr 42/86 – EzA § 117 AFG Nr. 5.
[83] Dazu *Boecken*, Gutachten B zum 62. Deutschen Juristentag, 1998, B 148 m.w.N.
[84] Hauck/Noftz/*Valgolio*, § 143a Rn 47.
[85] BA, DA zu § 143a SGB III Rn 143a.34a f.
[86] Hauck/Noftz/*Valgolio*, § 143a Rn 49.
[87] BSG 15.12.1999 – B 11 AL 29/99 R – EzS 2/99.
[88] BAG 12.11.1998 – 2 AZR 91/98 – BAGE 90, 182.
[89] BSG 29.1.2001 – B 7 AL 62/99 R – SozR 3-4100 § 117 Nr. 22.
[90] BSG 15.12.1999 – B 11 AL 29/99 R – EzS 2/99; BSG 29.1.2001 – B 7 AL 62/99 R – SozR 3-4100 § 117 Nr. 22.

(**konkrete Betrachtungsweise**[91]).[92] Eröffnet ein **wegen einer Betriebsstilllegung getroffener Sozialplan** die Möglichkeit, zuvor nicht ordentlich kündbare AN nunmehr gegen Zahlung einer Entlassungsentschädigung zu kündigen, ist dies kein Fall des Abs. 1 S. 3 Nr. 2 Alt. 2, sondern unterfällt der Regelung des Abs. 1 S. 4 (siehe Rn 29).[93] Nichts anderes gilt, wenn einem AN aufgrund einer tarifvertraglichen Regelung nur noch bei Vorliegen einer Betriebsänderung ordentlich gekündigt werden kann und es aufgrund der konkreten Verhältnisse in dem betroffenen Betrieb bei einer Betriebsänderung der Aufstellung eines Sozialplans bedarf.[94] Im Hinblick auf die vom Gesetzgeber in Abs. 1 S. 3 und 4 vorgenommene Staffelung der Künd-Fristen in Abhängigkeit der Stärke des Künd-Schutzes ist aber nach der zutreffenden Rspr. des BSG die einjährige Künd-Frist **teleologisch auf die Dauer der ordentlichen Künd-Frist des AG zu reduzieren**, wenn ohne die Möglichkeit der ordentlichen Künd wegen des Sozialplans zugleich die Voraussetzungen für eine fristgebundene Künd aus wichtigem Grund (Abs. 1 S. 3 Nr. 2 Alt. 2) vorgelegen hätten.[95]

Frühere **verfassungsrechtliche Bedenken**[96] wegen eines Verstoßes der Vorschrift gegen Art. 3 Abs. 1 GG hat das BSG zwischenzeitlich aufgegeben.[97] Teile der Lit. erachten es aber weiterhin zu Recht als mit Art. 3 Abs. 1 GG unvereinbar, wenn etwa im Fall eines Sozialplans dem grds. ordentlich kündbaren AN die gezahlte Entlassungsentschädigung wegen der gesetzlich oder tarifvertraglich einzuhaltenden Künd-Frist ungeschmälert verbleibt, während die unter den gleichen Bedingungen geleistete Entlassungsentschädigung an einen zuvor unkündbaren AN, für den nunmehr die gleiche Künd-Frist gilt,[98] ein Ruhen nach Abs. 1 S. 1 i.V.m. S. 4 begründet.[99]

32

d) Fristbeginn. Für Fälle, in denen die ordentliche Künd nicht ausgeschlossen ist, ist der Fristbeginn in Abs. 1 S. 2 ausdrücklich geregelt. Danach beginnt die einzuhaltende Frist mit der Künd, die der Beendigung des Arbverh vorausgegangen ist. Entscheidend ist dabei nicht der Zeitpunkt, in dem die Erklärung abgegeben wurde, sondern vielmehr der, in dem die Künd dem AN **zugegangen** ist (§ 130 BGB), d.h., wenn die Erklärung in den Verfügungsbereich des Empfängers gelangt ist und dieser unter gewöhnlichen Umständen die Möglichkeit der Kenntnisnahme hat. Die **Schriftform** des § 623 BGB ist einzuhalten, da anderenfalls eine wirksame Künd als das die Fristberechnung auslösende Moment[100] nicht gegeben ist.[101] Sofern anstelle einer Künd eine Vereinbarung über die Beendigung des Arbverh abgeschlossen wurde, beginnt die Frist mit dem Tage der Vereinbarung zu laufen (siehe Abs. 1 S. 2 a.E.). Etwas anderes gilt in Fällen, in denen die Aufhebungsvereinbarung oder auch eine Auflösung nach §§ 9, 10 KSchG einer Künd nachfolgt oder/und diese ersetzt. Dann beginnt die Frist mit der Künd, sofern diese Anlass für die Beendigung war und insoweit ein ursächlicher Zusammenhang besteht.[102]

33

Wird eine Künd später durch einen Aufhebungsvertrag oder eine Auflösung nach §§ 9, 10 KSchG ersetzt, bleibt für die Fristberechnung der **Zeitpunkt der Künd-Erklärung** maßgebend, wenn sie „Anlass" für die Beendigung war.[103]

34

Die o.g. Grundsätze gelten für die fiktiven Künd-Fristen des Abs. 1 S. 3 und 4 entsprechend.

35

3. Beginn und Dauer des Ruhens nach Abs. 1 S. 1. Abs. 1 S. 1 i.V.m. Abs. 2 legt den Zeitraum des Ruhens eines Alg-Anspruchs kalendermäßig fest. Der Ruhenszeitraum **beginnt** mit dem Ende des Arbverh, d.h. er beginnt mit dem Tag, der auf die kündigungsbedingte oder vereinbarungsgemäße Beendigung des Arbverh folgt.[104] Dies gilt unabhängig davon, ab wann innerhalb des vom Gesetz bestimmten Ruhenszeitraumes der Alg-Anspruch erhoben wird.[105] Dem Grund für eine spätere Antragstellung kommt keine Bedeutung zu.[106] Das gilt grds. auch dann, wenn dies erst

36

---

91 S. hierzu BSG 17.2.1981 – 7 RAr 94/79 – SozR 4100 § 117 Nr. 5; BSG 21.9.1995 – 11 RAr 41/95 – SozR 3-4100 § 117 Nr. 12 m.w.N.
92 BSG 5.2.1998 – B 11 AL 65/97 – SozR 3-4100 § 117 Nr. 15; BSG 29.1.2001 – B 7 AL 62/99 R – SozR 3-4100 § 117 Nr. 22.
93 BSG 29.1.2001 – B 7 AL 62/99 R – SozR 3-4100 § 117 Nr. 22; a.A. *Gagel*, NZS 2000, 327, 331 ff.; *Kreßel*, SGb 2002, 391.
94 BSG 9.2.2006 – B 7a AL 44/05 R – SozR 4-4300 § 143a Nr. 1.
95 BSG 29.1.2001 – B 7 AL 62/99 R – SozR 3-4100 § 117 Nr. 22, dort auch zu den verfassungsrechtlichen Bedenken gegen diese Regelung, die *Gagel*, NZS 2000, 327, 331 ff. geäußert hatte; BSG 9.2.2005 – B 7a AL 44/05 R – SozR 4–4300 § 143a Nr. 1; BSG 24.5.2006 – B 11a AL 21/05 R – info also 2006, 263.
96 BSG 13.3.1990 – 11 RAr 107/98 – NZA 1990, 917; BSG 16.10.1991 – 11 RAr 119/90 – SozR 3-4100 § 145 Nr. 3.
97 BSG 5.2.1998 – B 11 AL 65/97 R – SozR 3-4100 § 117 Nr. 15; krit. hierzu Gagel/*Gagel* § 143a Rn 60 ff.; Hauck/Noftz/*Valgolio*, § 143a Rn 58 ff., der nicht nur eine Verletzung von Art. 3 Abs. 1 GG, sondern auch von Art. 9 Abs. 3 GG bejaht; *Köster*, NZS 2000, 536, 537 f.

98 Auch bei nicht ordentlich kündbaren AN ist die gesetzliche oder tarifvertragliche Künd-Frist einzuhalten, die gelten würde, wenn die ordentliche Künd nicht ausgeschlossen wäre. Andernfalls würde der dem AN zugedachte Schutz der Unkündbarkeit sich als Nachteil erweisen und der kündigungsgeschützte AN seinen Arbeitsplatz zu einem früheren Zeitpunkt verlieren als ein noch ordentlich kündbarer AN, der auch im Fall der Betriebsstilllegung grds. die Fortsetzung seines Arbverh bis zum Ablauf der Künd-Frist verlangen kann, BAG 28.3.1985 – 2 AZR 113/84 – BAGE 48, 220, 227 f.; BSG 12.12.1984 – 7 RAr 16/84 – SozR 4100 § 117 Nr. 14 m.w.N.
99 *Gagel*, NZS 2000, 327; Gagel/*Gagel*, § 143a Rn 60 ff.; Hauck/Noftz/*Valgolio*, § 143a Rn 59.
100 BSG 29.8.1991 – 7 RAr 68/90 – SozR 3-4100 § 117 Nr. 5.
101 Spellbrink/Eicher/*Voelzke*, § 23 Rn 207.
102 BSG 8.6.1989 – 7 RAr 128/87 – SozR 4100 § 117 Nr. 25.
103 BSG 8.6.1989 – 7 RAr 128/87 – SozR 4100 § 117 Nr. 25.
104 BSG 15.2.2000 – B 11 AL 45/99 R – SozR 3-4100 § 117 Nr. 21.
105 BSG 29.10.1986 – 7 RAr 48/85 – SozR 4100 § 117 Nr. 17; BSG 15.2.2000 – B 11 AL 45/99 R – SozR 3-4100 § 117 Nr. 21.
106 BSG 29.10.1986 – 7 RAr 48/85 – SozR 4100 § 117 Nr. 17.

nach Ablauf einer Zwischenbeschäftigung geschieht, selbst wenn der Arbeitslose nach Beendigung des Arbverh, für das ihm eine Entlassungsentschädigung gewährt wurde, bei dem bisherigen AG ein neues und anderes Arbverh beginnt.[107] Mit dem Ende des Arbverh kann aufgrund des Gesetzeszwecks nur das Arbverh gemeint sein, dessen an sich zu beachtende Künd-Frist nicht eingehalten worden ist.[108]

37 Das Ruhen **dauert** grds. bis zu dem Tage, an dem das Arbverh bei Einhaltung der tatsächlichen oder fiktiven Frist geendet hätte. Abs. 2 enthält daneben eine Reihe von Tatbeständen, die eine kürzere Ruhensdauer anordnen, während Abs. 1 S. 5 eine Verlängerung des Ruhenszeitraums bestimmt. Erfüllt der Sachverhalt mehrere Tatbestände, ist der für den Arbeitslosen Günstigste maßgeblich. Wird Alg nach Ablauf des Ruhenszeitraumes beantragt, entfällt das Ruhen nach § 143a völlig. Geschieht dies vorher, wenn auch nicht schon mit Beginn des Ruhenszeitraumes, tritt ein entsprechend verkürztes Ruhen des Anspruchs bis zum Ende des kalendermäßig festliegenden Ruhenszeitraumes ein.

38 **4. Verlängerung des Ruhenszeitraums (Abs. 1 S. 5).** Abs. 1 S. 5, der fälschlicherweise von der „Verlängerung" des Ruhenszeitraums nach Abs. 1 S. 1 spricht, regelt das **Konkurrenzverhältnis** von einem Ruhen nach § 143a und einem Ruhen wegen Urlaubsabgeltung nach § 143 Abs. 2. Beide Ruhenszeiträume beginnen grds. am Tag nach Beendigung des Arbverh und laufen dann kalendermäßig ab. Ohne die Regelung des Abs. 1 S. 5 würde der kürzere der beiden Ruhenszeiträume in diesen Fällen ins Leere laufen. Um dies zu verhindern und insb. dem Zweck der Regelungen gerecht zu werden, bestimmt Abs. 1 S. 5, dass ein Ruhen wegen Urlaubsabgeltung (§ 143 Abs. 2) das Ruhen wegen einer Entlassungsentschädigung nach Abs. 1 S. 1 verlängert. Entgegen dem Wortlaut ist Abs. 1 S. 5 uneingeschränkt auf **alle in § 143a aufgeführten Ruhenstatbestände** anzuwenden.[109] Der Ruhenszeitraum verlängert sich auch in den Fällen nach Abs. 1 S. 5 um die Zeit des abgegoltenen Urlaubs, in denen der Anspruch auf Alg wegen einer Entlassungsentschädigung nicht über das Ende der ordentlichen Künd-Frist hinausreicht.[110]

II. Begrenzungen des Ruhenszeitraums (Abs. 2)

39 **1. Jahresfrist (Abs. 2 S. 1).** Gem. Abs. 2 S. 1 ruht der Anspruch auf Alg längstens für ein Jahr. Diese Jahresfrist ist die **äußerste Dauer** des Ruhens nach § 143a. Sie beginnt mit dem Eintritt des Ruhens und läuft kalendermäßig ab.[111] Das Fristende ist nach §§ 188, 187 Abs. 2 BGB zu ermitteln. Die Vorschrift macht längere Künd-Fristen, wie etwa die in Abs. 1 S. 3 Nr. 1 fingierte 18-Monats-Frist für ordentlich nicht kündbare AN, nicht gegenstandslos. Denn diese Künd-Fristen, die klären sollen, ob ein Arbverh vorzeitig beendet wurde, beginnen mit dem Ausspruch der Künd bzw. mit der Vereinbarung über die Beendigung des Arbverh, während die Einjahresfrist des Abs. 2 S. 1 als Rechtsfolge einer vorzeitigen Beendigung unabhängig vom Zeitpunkt der Künd oder der Beendigungsabrede an dem Tag zu laufen beginnt, der der Beendigung des Arbverh (oder im Fall des Abs. 3 des Beschäftigungsverhältnisses) folgt. Bei kürzeren Künd-Fristen kommt die Jahresfrist nicht zum Tragen.

40 **2. Ruhen unter Berücksichtigung des anrechenbaren Teils der Entlassungsentschädigung (Abs. 2 S. 2 Nr. 1). a) Allgemeines.** Unabhängig von der Einjahresgrenze (Abs. 2 S. 1) regelt Abs. 2 S. 2 Nr. 1 i.V.m. S. 3 bis 5 eine Begrenzung des Ruhenszeitraums durch den Tag, bis zu dem der Arbeitslose einen pauschal bestimmten Betrag der Entlassungsentschädigung – bei Weiterzahlung des während der letzten Beschäftigungszeit kalendertäglich verdienten Arbeitsentgelts – verdient hätte.[112] Der Gesetzgeber hat in Abs. 2 S. 2 Nr. 1 i.V.m. S. 3 bis 5 unwiderlegbar vermutet, inwieweit eine Entlassungsentschädigung abhängig von Lebensalter und Dauer der Betriebszugehörigkeit Arbeitsentgeltanteile enthält, denen ruhensbegründende Wirkung zukommen muss. Je älter der AN und je länger im Betrieb beschäftigt, desto geringer wird der Entgeltanteilanteil und desto größer der Betrag, der für den Verlust des sozialen Besitzstandes geleistet wird, vermutet. Insg. geht der Gesetzgeber davon aus, dass bei einer Entlassungsentschädigung ein Anteil von höchstens 60 % (Abs. 2 S. 2 Nr. 1) und mind. 25 % (Abs. 2 S. 3 letzter Hs.) als Arbeitsentgelt zu bewerten ist.

41 **b) Zu berücksichtigender Anteil der Entlassungsentschädigung.** Nach Abs. 2 S. 2 Nr. 1 wird bei Ermittlung der Ruhensdauer nur ein Betrag i.H.v. 60 % der Entlassungsentschädigung angesetzt. Dieser vermindert sich nach Abs. 2 S. 3 sowohl für je fünf Jahre des Arbverh in demselben Betrieb als auch für je fünf Lebensjahre nach Vollendung des 35. Lebensjahres um je fünf %, wobei sich die Herabsetzungen auf den Gesamtbetrag der Abfindung beziehen und nicht auf den auf 60 vom Hundert verringerten Betrag.[113] Die sich aus der Dauer der Betriebszugehörigkeit und dem Lebensalter ergebenden Kürzungen sind **kumulativ** anzuwenden. Zum Ruhen führt jedoch nach Abs. 2 S. 3 letzter Hs. mind. ein Anteil von 25 vom Hundert.

---

107 BSG 15.2.2000 – B 11 AL 45/99 R – SozR 3-4100 § 117 Nr. 21. Das neue Arbverh darf allerdings das bisherige Arbverh nicht lediglich fortsetzen oder zur Umgehung der Ruhensregelungen geschlossen worden sein.
108 BSG 15.2.2000 – B 11 AL 45/99 R – SozR 3-4100 § 117 Nr. 21.
109 Vgl. BSG 14.7.1994 – 7 RAr 104/93 – SozR 3-4100 § 117 Nr. 11.
110 BSG 27.4.1998 – B 11 AL 217/97 B – juris.
111 BSG 29.10.1986 – 7 RAr 48/85 – SozR 4100 § 117 Nr. 17.
112 Hierzu auch *Johannsen*, ZTR 1999, 241, 245; *Rockstroh/Polduwe*, DB 1999, 529, 531; *Wolf*, Arbeitgeber 1999, 42, 44 jeweils mit Beisp.
113 BT-Drucks 8/857, S. 9.

Maßgeblich für die Feststellung der **Dauer der Betriebszugehörigkeit** ist der **rechtliche Bestand des Arbverh**, d.h. es ist nicht der Künd-Zeitpunkt bzw. der Zeitpunkt der Aufhebungsvereinbarung entscheidend, sondern der Tag, an dem das Arbverh tatsächlich endet. Aufgrund des Wortlauts finden alle Beschäftigungszeiten Berücksichtigung, die der Arbeitslose bei demselben AG (auch in anderen Betrieben desselben Unternehmens) zurückgelegt hat. Erfasst sind ferner auch Zeiten vor einem Betriebsübergang nach § 613a BGB und für die Dauer der Elternzeit. Die Dauer der Betriebs- oder Unternehmenszugehörigkeit ist letztlich nach denselben Grundsätzen zu ermitteln, die auch der Berechnung der maßgeblichen Künd-Frist zugrunde liegen. 42

Entscheidend für die Feststellung des maßgeblichen **Alters** ist ebenfalls der Zeitpunkt, zu dem das Arbverh beendet wird, mithin der letzte Tag des Arbverh. Etwas anderes gilt nur dann, wenn der AN am Tag nach Beendigung des Arbverh Geburtstag hat. In diesem Fall ist nach § 187 Abs. 2 BGB das an diesem Tag vollendete Lebensalter maßgeblich. 43

Im Fall des **Abs. 3** ist nicht der letzte Tag des Arbverh, sondern der letzte Tag des Beschäftigungsverhältnisses entscheidend. 44

Der zu berücksichtigende Anteil nach Abs. 2 S. 2 Nr. 1 i.V.m. S. 3 stellt sich wie folgt dar: 45

Betriebs- oder Unternehmenszugehörigkeit	Lebensalter am Ende des Arbeitsverhältnisses					
	unter 40 Jahre	ab 40 Jahre	ab 45 Jahre	ab 50 Jahre	ab 55 Jahre	ab 60 Jahre
weniger als 5 Jahre	60	55	50	45	40	35
5 und mehr Jahre	55	50	45	40	35	30
10 und mehr Jahre	50	45	40	35	30	25
15 und mehr Jahre	45	40	35	30	25	25
20 und mehr Jahre	40	35	30	25	25	25
25 und mehr Jahre	35	30	25	25	25	25
30 und mehr Jahre		25	25	25	25	25
35 und mehr Jahre			25	25	25	25

Berücksichtigt wird grds. der **Gesamtbruttobetrag** der Entlassungsentschädigung (siehe Rn 16). Haben die Arbeitsvertragsparteien die Zahlung eines Nettobetrags vereinbart, so ist die Entlassungsentschädigung ggf. um die angefallene und vom AG zusätzlich übernommene Lohnsteuer zu erhöhen. Die Entlassungsentschädigung ist jedoch um den Betrag zu mindern, den der AG unmittelbar an die Rentenversicherung nach § 187a SGB VI oder die berufsständische Versorgungseinrichtung des Arbeitslosen erbringt (siehe Rn 17 ff.). Nicht in Abzug gebracht werden können **Kosten**, die dem AN durch eine zur Realisierung der Entlassungsentschädigung **notwendige Rechtsverfolgung** entstanden sind.[114]

c) Berechnung des Ruhenszeitraums. Die Umrechnung des zu berücksichtigenden Entgeltteils in einen Ruhenszeitraum erfolgt dergestalt, dass der Anspruch auf Alg bis zu dem Tag ruht, an dem der Arbeitslose bei fortbestehendem Arbverh und Weiterzahlung des während der letzten Beschäftigungszeit kalendertäglich verdienten Arbeitsentgelts den berücksichtigungsfähigen Anteil der Entlassungsentschädigung erhalten hätte (siehe Abs. 2 S. 2). Teilt man damit diesen Betrag durch das zuletzt kalendertäglich bezogene Arbeitsentgelt, so erhält man die Anzahl der Tage, für die der Anspruch auf Alg ruht. Das **zuletzt kalendertäglich verdiente Arbeitsentgelt** ist gem. den Rege- 46

---

114 BSG 14.6.1988 – 11/7 RAr 57/87 – SozSich 1989, 155;
 BA, DA zu § 143a SGB III Rn 143a.50.

lungen des Abs. 2 S. 4 und 5 festzustellen. Berücksichtigungsfähiges Arbeitsentgelt ist das täglich verdiente Bruttoentgelt ohne Begrenzung auf die Beitragsbemessungsgrenzen in der gesetzlichen Kranken- und Rentenversicherung. Dazu zählen grds. alle Vergütungsbestandteile, insb. auch Mehrarbeitszuschläge. Es entspricht damit dem dem Bemessungsentgelt i.S.d. § 131 Abs. 1 zugrunde liegenden Arbeitsentgelt. Arbeitsentgeltkürzungen infolge von Krankheit, Kurzarbeit, Arbeitsausfall oder Arbeitsversäumnis bleiben außer Betracht (**Abs. 1 S. 5**), d.h. das aus den vorgenannten Gründen verminderte Arbeitsentgelt ist um den Minderungsbetrag zu ergänzen. Anhaltpunkt für die Feststellung des maßgeblichen Arbeitsentgelts bietet regelmäßig eine der AA vorgelegte Arbeitsbescheinigung des AG. Stimmt diese mit den Angaben des Arbeitslosen nicht überein, ist der Sachverhalt von Amts wegen zu ermitteln.

47 **Letzte Beschäftigungszeit** sind gem. Abs. 2 S. 4 die am Tage des Ausscheidens aus dem Beschäftigungsverhältnis abgerechneten Entgeltabrechnungszeiträume der letzten zwölf Monate. Dabei sind gem. Abs. 2 S. 4 letzter Hs. die in § 130 Abs. 2 S. 1 Nr. 3 genannten Zeiten (in denen der Arbeitslose Elterngeld oder Erziehungsgeld bezogen oder nur wegen der Berücksichtigung von Einkommen nicht bezogen hat, wenn wegen der Betreuung und Erziehung des Kindes das Arbeitsentgelt oder die Arbeitszeit gemindert war) außer Betracht zu lassen. Anders als bei der Berechnung des Alg zählen nur Entgeltabrechnungszeiträume aus dem letzten Arbvrh, wegen dessen Beendigung die Entschädigung gewährt wird. **Abgerechnet** ist ein Entgeltabrechnungszeitraum, wenn der AG das für den maßgeblichen Zeitraum verdiente Arbeitsentgelt erfasst hat und ohne weitere Rechenoperationen aufgrund der Abrechnung an den AN ausgezahlt werden kann.[115] Gem. Abs. 2 S. 4 letzter Hs., der u.a. die Regelung des § 130 Abs. 3 für entsprechend anwendbar erklärt, erweitert sich der maßgebliche **Entgeltabrechnungszeitraum** auf **zwei Jahre**, wenn der Bemessungszeitraum weniger als 150 Tage mit Anspruch auf Arbeitsentgelt enthält (Nr. 1) oder es mit Rücksicht auf das Bemessungsentgelt im erweiterten Bemessungsrahmen unbillig hart wäre, von dem Bemessungsentgelt im Bemessungszeitraum auszugehen (Nr. 2).[116]

48 Der ruhensbegründende Anteil der Entlassungsentschädigung ist auf Kalendertage umzurechnen. Dies geschieht bei der Zahlung von Monatsgehältern, indem das in den letzten zwölf Monaten verdiente Arbeitsentgelt durch die Zahl der Kalendertage dividiert wird.

49 **3. Befristung (Abs. 2 S. 2 Nr. 2).** § 143a findet auch bei vorzeitiger Beendigung eines befristeten Arbvrh Anwendung.[117] In diesen Fällen ist das Ruhen nach Abs. 2 S. 2 Nr. 2 begrenzt und endet spätestens an dem Tag, an dem das Arbvrh infolge der Befristung, die unabhängig von der Vereinbarung über die Beendigung des Arbvrh bestanden hätte, geendet hätte. Die **Beendigung durch Befristung** wird damit dem Ablauf der **ordentlichen Künd-Frist gleichgestellt**. Wie bei der Künd ist auch bei der Beendigung durch Befristung die **arbeitsrechtliche Wirksamkeit** nicht Voraussetzung der Ruhensbegrenzung, sofern unstreitig eine Befristung vereinbart war oder diese nicht von den Parteien beanstandet wird.[118] Um zu verhindern, dass die Befristung als Mittel zur Beendigung eines an sich unbefristeten Arbvrh eingesetzt wird, gilt dies nur, wenn die Befristung unabhängig von der Beendigungsabrede getroffen war (Abs. 2 S. 2 Nr. 2). Wird ein zunächst unbefristetes Arbvrh anlässlich einer Beendigung von den Arbeitsvertragsparteien nachträglich befristet, ist dies als Umgehungsgeschäft zu werten.[119] Ein Ruhen nach § 143a wird auch dann durch eine Befristung nach Abs. 2 S. 2 Nr. 2 begrenzt, wenn der AN etwa durch ein **vertragliches Verlängerungsrecht** die Möglichkeit hatte, das Arbvrh zu verlängern und von diesem Mittel keinen Gebrauch gemacht hat, da dieses Verhalten einer vorzeitigen Beendigung nicht gleichgestellt werden kann.

50 **4. Kündigung aus wichtigem Grund (Abs. 2 S. 2 Nr. 3).** Schließlich wird das Ruhen nach Abs. 2 S. 2 Nr. 3 begrenzt durch den Tag, an dem der AG (nicht aber der AN)[120] das Arbvrh aus wichtigem Grunde ohne Einhaltung einer Künd-Frist hätte kündigen können. In einem solchen Fall vermutet der Gesetzgeber in einer Entlassungsentschädigung keine Entgeltanteile für die Zeit nach Beendigung, sondern nur eine Entschädigung für den Verlust des sozialen Besitzstandes.[121] Die Vorschrift erfordert nicht, dass das Arbvrh aufgrund einer außerordentlichen Künd tatsächlich beendet worden ist oder eine solche Künd tatsächlich vom AG ausgesprochen wurde,[122] sondern lässt aufgrund des eindeutigen Wortlauts das alleinige **Vorliegen eines zu einer fristlosen Künd berechtigenden Grundes** für die Begrenzung des Ruhens ausreichen. Insofern bedarf es auch nicht der Prüfung, ob sonstige Wirksamkeitserfordernisse (z.B. § 85 SGB IX,[123] § 103 BetrVG) erfüllt sind. Die Ruhensbegrenzung nach Abs. 2 S. 2 Nr. 3 findet keine Anwendung, wenn grds. **kündigungsgeschützte AN** z.B. bei einer Betriebsstilllegung mit einer Aus-

---

115 BSG 13.5.1987 – 7 RAr 7/86 – SozR 4100 § 112 Nr. 30; BSG 23.11.1988 – 7 RAr 38/87 – SozR 4100 § 112 Nr. 43.
116 S. 1 Nr. 2 ist nur anzuwenden, wenn der Arbeitslose dies verlangt und die zur Bemessung erforderlichen Unterlagen vorlegt (§ 130 Abs. 3 S. 2).
117 BSG 12.12.1984 – 7 RAr 87/83 – SozR 4100 § 117 Nr. 13.
118 HWK/*Peteres-Lange*, § 143a Rn 36; Hauck/Noftz/*Valgolio*, § 143a Rn 95.
119 Hauck/Noftz/*Valgolio*, § 143a Rn 96.
120 BSG 29.8.1991 – 7 RAr 130/90 – SozR 3-4100 § 117 Nr. 6; BSG 8.2.2001 – B 11 AL 59/00 R – SozR 3-4100 § 117 Nr. 23.
121 BT-Drucks 8/857, S. 9; BSG 24.6.1999 – B 11 AL 7/99 R – SozR 3-4100 § 117 Nr. 18; BSG 17.2.1981 – 7 RAr 94/79 – SozR 4100 § 117 Nr. 5.
122 BSG 12.12.1984 – 7 RAr 16/84 – SozR 4100 § 117 Nr. 14.
123 SG Frankfurt 16.5.1990 – 1 Ar-321/85 – EzS 2/50.

lauffrist fristlos gekündigt werden.[124] In diesen Fällen bemisst sich das Ruhen nach Abs. 1 S. 1 i.V.m. S. 3 Nr. 2 Alt. 2.
Das Vorliegen eines wichtigen Grundes zu einer außerordentlichen Künd ist **materiell-rechtlich zu bestimmen**, d.h. es genügt nicht, dass eine Künd wegen Nichterhebung (§ 4 KSchG) oder Rücknahme einer Künd-Schutzklage wirksam geworden ist. Der wichtige Grund ist auch dann festzustellen, wenn das Arbverh nach Ausspruch einer außerordentlichen Künd durch eine Vereinbarung der Arbeitsvertragsparteien gegen Zahlung einer Abfindung beendet wurde.[125] Eine spätere Übereinkunft der Parteien schließt das Vorliegen eines wichtigen Grundes nicht aus und lässt entgegen der Ansicht der BA[126] nicht auf das Fehlen eines wichtigen Grundes schließen.[127] Eine Klärung dieser Frage ist auch in solchen Fällen geboten und ggf. im Rahmen des § 103 SGG von Amts wegen zu ermitteln. Ist das Vorliegen eines zur außerordentlichen Künd berechtigenden Grundes nicht aufzuklären, muss eine Entscheidung nach den **Grundsätzen über die objektive Beweislast**[128] erfolgen. Danach geht die Unaufklärbarkeit des Sachverhalts zu Lasten desjenigen, der aus den nicht klärbaren Tatsachen rechtliche Vorteile herleitet.[129] Das wird in den vorgenannten Fällen regelmäßig der Arbeitslose oder aber bei einem Anspruchsübergang nach Abs. 4, § 115 SGB X auch der AG sein. Der wichtige Grund muss zur Einschränkung möglicher Manipulationen bereits **vor Ausspruch der Künd** oder einer Aufhebungsvereinbarung vorgelegen haben. Anderenfalls könnten die Parteien eine Beendigungsabrede treffen und der AN anschließend zielgerichtet – um das Ruhen nach Abs. 2 S. 2 Nr. 3 zu begrenzen – Anlass für außerordentliche Künd aus wichtigem Grund geben.

III. Ruhen wegen Beendigung des Beschäftigungsverhältnisses (Abs. 3 i.V.m. Abs. 1 und 2)

Nach der Regelung des Abs. 3 finden die in Abs. 1 und 2 enthaltenen Regelungen entsprechende Anwendung, wenn der Arbeitslose wegen der **Beendigung des Beschäftigungsverhältnisses unter Aufrechterhaltung des Arbverh** eine Entlassungsentschädigung erhalten oder zu beanspruchen hat. Mit dieser Bestimmung soll verhindert werden, dass der Ruhenstatbestand des Abs. 1 S. 1 allein deshalb nicht eingreifen kann, weil der AN zwar seine Tätigkeit einstellt, die Arbeitsvertragsparteien jedoch das Arbverh als solches und gewissermaßen als inhaltsleere Hülse aufrecht erhalten. Eine Beendigung des Beschäftigungsverhältnisses liegt vor, wenn der AN nicht mehr seine Arbeitskraft in persönlicher Abhängigkeit einem Dritten unterstellt, also nicht der Verfügungs-/Weisungsbefugnis des AG unterworfen ist.[130] Eine formale Aufrechterhaltung des Arbverh kann in der Praxis z.T. dann in Betracht kommen, wenn es darum geht, dem Arbeitslosen die Möglichkeit zur Erfüllung der Voraussetzungen auf eine betriebliche Altersversorgung einzuräumen.[131]

Teilweise erachtet man eine entsprechende Anwendung der Abs. 1, 2 nur dann als zulässig, wenn ein **Arbverh** ab einem bestimmten Zeitpunkt **ohne Entgeltanspruch fortbesteht** und dabei die nach Abs. 1 zu beachtenden Fristen nicht eingehalten wurden, denn nur in diesem Falle könne eine Entlassungsentschädigung Entgeltanteile enthalten.[132] Gegen eine solche Einschränkung des Abs. 3 spricht die vom Gesetzgeber in § 143a vorgenommene Pauschalisierung (siehe Rn 3), die eine individuelle Prüfung, ob und in welchem Umfang eine Entlassungsentschädigung Entgeltanteile enthält, ausschließt.[133]

IV. Gleichwohlgewährung (Abs. 4)

Erhält der Arbeitslose eine vereinbarte Entlassungsentschädigung tatsächlich nicht, leistet die AA trotz des Ruhens das volle Alg. Die Regelung entspricht der in § 143 Abs. 3 getroffenen. Wegen Einzelheiten wird daher auf die Kommentierung verwiesen (siehe § 143 Rn 23 ff.).

Anders als im Fall einer Gleichwohlgewährung nach § 143 Abs. 3 (siehe § 143 Rn 26) hat der AG der BA nicht die von dieser geleisteten Beiträge zur Kranken- und Rentenversicherung des Arbeitslosen nach § 335 zu ersetzen. Insofern verlängert sich nach Ansicht der BA die durch die Gleichwohlgewährung nach § 128 Abs. 1 Nr. 1 geminderte Dauer des Alg-Anspruches nicht um die volle Dauer des Leistungsbezugs, wenn sie den auf sie übergegangenen Teil der Entlassungsentschädigung erhält: es verbleibt vielmehr bei einer Minderung i.H. der geleisteten Versicherungsbeiträge.[134] Nach Ansicht des BSG ist hingegen nicht zu Lasten des Arbeitslosen zu berücksichtigen, dass der BA die Sozialversicherungsbeiträge aus dem Alg vom AG nicht erstattet werden.[135]

---

124 BSG 12.12.1984 – 7 RAr 16/84 – SozR 4100 § 117 Nr. 14.
125 Vgl. BSG 16.10.1991 – 11 RAr 137/90 – SozR 3-4100 § 117 Nr. 7.
126 BA, DA zu § 143a SGB III Rn 143a.69.
127 Ebenso Niesel/*Düe*, § 143a Rn 41; BSG 24.6.1999 – B 11 AL 7/99 R – SozR 3-4100 § 117 Nr. 18; BSG 17.2.1981 – 7 RAr 94/79 – SozR 4100 § 117 Nr. 5.
128 Hierzu BSG 24.10.1957 – 10 RV 945/55 – BSGE 6, 70, 73.
129 BSG 24.6.1999 – B 11 AL 7/99 R – SozR 3-4100 § 117 Nr. 18.
130 BSG 29.6.1995 – 11 RAr 97/94 – SozR 3-4100 § 101 AFG Nr. 6.
131 S.a. die Gesetzesbegründung zur Vorgängerregelung des § 117 Abs. 3a AFG, BT-Drucks 12/4401, S. 91.
132 Gagel/*Gagel*, § 143a Rn 114 f.; Hessisches LSG 18.9.1996 – L 6 Ar 917/94 – E-LSG Ar-121.
133 Ebenso Hauck/Noftz/*Valgolio*, § 143a Rn 105; Spellbrink/Eicher/*Voelzke*, § 12 Rn 252.
134 BA, DA zu § 143a SGB III Rn 143a.76, die BA rechnet einheitlich 70 v.H. für die im Gleichwohlgewährungszeitraum geleisteten Sozialversicherungsbeiträge zu dem täglichen Leistungssatz hinzu.
135 BSG 29.1.2008 – B 7/7a AL 58/06 R – juris.

56 Problematisch ist, ob und ab wann Alg gleichwohl zu gewähren ist, wenn der Arbeitslose **nur einen Teil der vom AG zu leistenden Entlassungsentschädigung** erhält. Z.T. wird angenommen, die Teilzahlung des AG erfolge zunächst nur als Entschädigung für den Verlust des sozialen Besitzstandes und eine Gleichwohlgewährung habe solange zu erfolgen, bis auch der in der Entlassungsentschädigung vermutete Entgeltanteil ausgezahlt werde.[136] Das BSG berücksichtigt hingegen bereits eine Teilzahlung, die den Anteil für den Verlust des sozialen Besitzstandes gemessen an der Gesamtabfindung noch nicht übersteigt, indem es den nach Abs. 2 S. 2 Nr. 1 i.V.m. S. 3 vermuteten prozentualen Entgeltanteil aus dem bereits geleisteten Teilbetrag errechnet.[137] Für die letztgenannte Ansicht spricht v.a., dass das Gesetz nicht vorsieht, dass dem Arbeitslosen ein Vorrecht an den tatsächlichen Zahlungen einzuräumen ist und das Ruhen erst eintritt, wenn dem Arbeitslosen von dem Abfindungsanspruch mehr ausgezahlt worden ist, als „seinem" Anteil (den für den Verlust des sozialen Besitzstandes) entspricht.

57 Leistet der AG trotz des Forderungsübergangs an die BA die Entlassungsentschädigung mit befreiender Wirkung an den Arbeitslosen, hat dieser gem. **Abs. 4 S. 2** der BA das Alg zu erstatten. Die befreiende Wirkung tritt nur ein, wenn der AG bei Zahlung keine Kenntnis von der Abtretung hatte.[138] Hat der AG in Kenntnis des Forderungsübergangs an den Arbeitslosen geleistet, haftet er der BA gegenüber weiter. Diese kann aber nach Auffassung des BSG Zahlungen ohne befreiende Wirkung nachträglich genehmigen und den Erstattungsanspruch gegenüber dem Arbeitslosen geltend machen, ohne zuvor gegen den AG vorgegangen sein zu müssen.[139]

V. Rechtsfolgen

58 Zu den Rechtsfolgen des Ruhens sowie dem möglichen Zusammentreffen mit anderen Ruhensregelungen (siehe § 143 Rn 20 ff.).

C. Verbindung zu anderen Rechtsgebieten und zum Prozessrecht

I. Steuerrecht

59 Die Zahlung einer Entlassungsentschädigung hat nicht nur rechtliche Konsequenzen für den Anspruch auf Alg. Zu berücksichtigen ist darüber hinaus die **steuerrechtliche Behandlung von Abfindungen und vergleichbaren Beendigungsleistungen**.[140] Von Bedeutung ist insoweit insb. eine mögliche Steuerbegünstigung nach den §§ 34 Abs. 1, Abs. 2, 24 Abs. 1 Nr. 1 EStG und für vor dem 1.1.2006 entstandene Ansprüche der AN auf Abfindungen, Abfindungen wegen einer vor dem 1.1.2006 getroffenen Gerichtsentscheidung oder einer am 31.12.2005 anhängigen Klage eine mögliche Steuerfreiheit nach § 3 Nr. 9 EStG i.d.F. bis 31.12.2005[141] (§ 52 Abs. 4a S. 1 EStG).

II. Rentenversicherungsrecht

60 Während des Bezugs von Alg ist der Arbeitslose versicherungspflichtiges Mitglied der gesetzlichen RV, sofern er im letzten Jahr vor Beginn der Leistung zuletzt versicherungspflichtig war (§ 3 S. 1 Nr. 3 SGB VI). Die Versicherungsbeiträge werden von der BA geleistet (§ 170 Abs. 1 Nr. 2b SGB VI). Erhält er wegen des Ruhens nach Abs. 1 kein Alg, werden für ihn wegen der fehlenden Versicherungspflicht (es wird kein Alg bezogen) für diesen Zeitraum keine Beiträge geleistet. Die Zeit des Ruhens nach § 143a wird im RV-Recht allerdings – anders als bei § 144 (siehe § 144 Rn 78) – als **Anrechnungszeit** (§ 58 Abs. 1 S. 1 Nr. 3 SGB VI) berücksichtigt.[142] Diese wirkt als rentenrechtliche Zeit i.S.d. § 54 SGB VI (s. § 54 Abs. 1 Nr. 2 i.V.m. Abs. 4 SGB VI) sowohl **anspruchsbegründend**[143] als auch **anspruchserhöhend** (s. § 71 Abs. 1 SGB VI).

III. Arbeitsrecht

61 Geht die Beendigung des Arbverh vom AG aus, treffen diesen aufgrund seiner Fürsorgepflichten u.U. **Hinweis- und Aufklärungspflichten** (siehe auch § 611 BGB Rn 1033 ff.) auch hinsichtlich der sozialrechtlichen Konsequenzen

---

136 Gagel/*Gagel*, § 143a Rn 117 ff.; *Gagel*, NZS 2002, 230 hier mit einem Aufzeigen möglicher Fallkonstellationen.
137 BSG 8.2.2001 – B 11 AL 59/00 R – SozR 3-4100 § 117 Nr. 23, krit. und differenzierend hierzu: *Gagel*, NZS 2002, 230; anders noch: BSG 13.3.1990 – 11 RAr 69/89 – SozR 3-4100 § 117 Nr. 2.
138 Zur Frage, wann der AG mit befreiender Wirkung leistet, Niesel/*Düe*, § 143 Rn 41.
139 BSG 22.10.1998 – B 7 AL 106/97 R – SozR 3-4100, § 117 Nr. 16; BSG 24.6.1999 – B 11 AL 7/99 R – SozR 3-4100, § 117 Nr. 18; zust. *Hase*, AuB 1999, 91; *Habelt*, AuA 2000, 446; krit. *H. Steinmeyer*, EWiR 1999, 529.
140 Zur steuerrechtlichen Behandlung von Entlassungsentschädigungen auch *Moll/Reufels*, MDR 2001, 1024, 1029; *Schaub*, BB 1999, 1059, 1059 f.; *Wisskirchen*, NZA 1999, 405.
141 Aufgehoben mit Wirkung ab 1.1.2006 durch Art. 1 lit. a) des Gesetzes zum Einstieg in ein steuerliches Sofortprogramm v. 22.12.2005, BGBl I S. 3682.
142 GK-SGB VI/*Försterling*, § 58 SGB VI Rn 167 ff.
143 Anrechnungszeiten werden auf die Wartezeit von 35 Jahren für die Altersrente für langjährig Versicherte (§§ 36, 236 SGB VI) sowie für die Altersrente für schwbM (§ 37, 236a SGB VI) angerechnet.

der Beendigung.[144] Zwar hat jeder Vertragspartner grds. selbst für die Wahrnehmung seiner Interessen zu sorgen, gesteigerte Hinweispflichten können den AG v.a. dann treffen, wenn die zur Beendigung des Arbverh führende Vereinbarung auf seine Initiative hin und in seinem Interesse zustande kommt[145] oder wenn sich aus den Umständen ergibt, dass der AN durch eine sachgerechte und vom AG redlicherweise zu erwartende Aufklärung vor der Aufhebung des Arbverh bewahrt werden muss, weil er sich durch sie aus Unkenntnis selbst schädigen würde.[146] Weist der AG etwa nicht darauf hin, dass in einem Aufhebungsvertrag die erforderliche Künd-Frist des § 143a nicht eingehalten wird und dadurch ein Ruhen des Alg-Anspruches begründet wird, kann dies Schadensersatzansprüche des AN gegen den AG nach §§ 280 Abs. 1, 241 Abs. 2 BGB auslösen.[147] Dies gilt allerdings nicht, wenn der AN durch einen Gewerkschaftssekretär oder einen RA vertreten oder der Aufhebungsvertrag in einem Prozessvergleich geschlossen wird.[148] Vom AG, insb. kleineren Unternehmen, kann kein fachkundiger Rechtsrat verlangt werden. Ein Schadensersatzanspruch des AN wegen einer Verletzung von Aufklärungspflichten im Zusammenhang mit dem Abschluss eines Aufhebungsvertrages kann ggf. durch ein Mitverschulden des AN ausgeschlossen sein.[149] Das LAG Hamm bejaht dies, wenn der AN hinsichtlich des aufzuklärenden Sachverhalts keinerlei eigene Nachforschungen anstellt, bereits früher erteilte schriftliche Informationen nicht verwahrt und konkrete Hinweise und Auskünfte nicht beachtet, die ihm auf Anfrage inhaltlich zutreffend erteilt werden von Personen, die auf AG-Seite nicht unmittelbar mit dem Abschluss des Aufhebungsvertrages befasst sind.

Zur Erfüllung der Hinweis- und Aufklärungspflicht genügt es, wenn der AG auf mögliche Risiken hinweist.[150] Die **Hinweis- und Aufklärungspflichten** des AG sind **abdingbar**.[151] Insoweit empfiehlt es sich auf AG-Seite, in dem Aufhebungsvertrag einen Verzicht auf Hinweise des AG bzgl. möglicher Konsequenzen des Vertrages aufzunehmen[152] oder festzuhalten, dass auf ein mögliches Ruhen nach § 143a hingewiesen wurde.[153] Möglich ist auch folgende Formulierung: „Dem AN ist bekannt, dass verbindliche Auskünfte über sozial- und steuerrechtliche Konsequenzen dieser Vereinbarung nur die zuständige BA bzw. das zuständige Finanzamt erteilen können." Hinweise des AG oder ein entsprechendes Abbedingen sind aus Beweisgründen **schriftlich** zu dokumentieren.

IV. Prozessrecht
Siehe hierzu § 143 Rn 38.

D. Beraterhinweise
Möchte ein AN nach Beendigung des Arbverh Alg beziehen, sollten die Arbeitsvertragsparteien in jedem Fall bei Beendigung des Arbverh prüfen, ob die im Einzelfall **maßgebliche Künd-Frist** nach Abs. 1 eingehalten und so ein Ruhen des Alg-Anspruches vermieden werden kann. Eine **Rückdatierung** des Aufhebungsvertrages zur Vermeidung des Ruhens nach § 143a ist nicht zulässig und erfüllt den Tatbestand des Betrugs gegenüber der AA. Zudem birgt ein solcher Vertrag die Gefahr der Unwirksamkeit.[154]

Ist dies nicht möglich, sind die **sozialversicherungsrechtlichen Konsequenzen** zu bedenken, insb. nach Ablauf des einmonatigen nachgehenden Versicherungsschutzes in der gesetzlichen Krankenversicherung (§ 19 Abs. 2 SGB V); sofern der AN bisher gesetzlich krankenversichert war, ist dann an eine freiwillige Krankenversicherung zu denken. Der **fehlende Schutz in der Sozialversicherung kann vermieden** werden, indem die Entlassungsentschädigung erst nach Ablauf des Ruhenszeitraums fällig gestellt oder während des Ruhens in Raten von so geringer Höhe gezahlt wird, dass der Arbeitslose zugleich Alg nach Abs. 3 beanspruchen und durch den Leistungsbezug Versicherungsschutz begründen kann. Dabei sind aber die Erstattungsansprüche der BA nach § 115 SGB X zu bedenken.

Zur Vermeidung von Unklarheiten und Schwierigkeiten bei der Frage der Berücksichtigung einer Leistung als Entlassungsentschädigung i.S.d. Abs. 1 S. 1 empfiehlt es sich, bei einem (außer)gerichtlichen Vergleichsabschluss nicht

---

144 BAG 16.11.2005 – 7 AZR 86/05 – AP § 8 AltersteilzeitG Nr. 2; BAG 12.12.2002 – 8 AZR 497/01 – AP § 611 BGB Haftung des Arbeitgebers Nr. 25; BAG 11.12.2001 – 3 AZR 339/00 – AP § 1 BetrAVG Auskunft Nr. 2; BAG 17.10.2000 – 3 AZR 605/99 – NZA 2001, 306; einschränkend LAG Berlin 18.1.1999 – 9 Sa 107/98 – NZA-RR 1999, 179; s.a. *Hoß/Ehrich*, DB 1997, 625; *Hümmerich*, NJW 2004, 2921, 2926; *Nägele*, BB 1992, 1274; *Reufels*, ArbRB 2001, 26.
145 BAG 16.11.2005 – 7 AZR 86/05 – AP § 8 AltersteilzeitG Nr. 2; BAG 12.12.2002 – 8 AZR 497/01 – AP § 611 BGB Haftung des Arbeitgebers Nr. 25.
146 BAG 16.11.2005 – 7 AZR 86/05 – AP § 8 AltersteilzeitG Nr. 2.
147 Vgl. BAG 10.3.1988 – 8 AZR 420/85 – NZA 1988, 837 f.; BAG 7.10.1994 – 12 Sa 437/94 – NZA 1996, 811, 811; BAG 17.10.2000 – 3 AZR 605/99 – NZA 2001, 306; BAG 17.10.2000 – 3 AZR 69/99 – NZA 2001, 203.
148 *Bauer*, I., Rn 155; *Hoß/Ehrich*, DB 1997, 625, 626.
149 LAG Hamm 2.12.2003 – 19 Sa 1014/03 – FA 2004, 155.
150 *Bauer*, I., Rn 155.
151 *Bauer*, I., Rn 159; *Bengelsdorf*, S. 40.
152 *Bauer*, I., Rn 158.
153 *Hoß/Ehrich*, DB 1997, 625, 627 f.
154 Vgl. LAG Baden-Württemberg 25.4.1991 – 13 Sa 115/90 – LAGE § 611 BGB Aufhebungsvertrag Nr. 5; LAG Baden-Württemberg 22.5.1991 – 12 Sa 160/90 – LAGE § 611 BGB Aufhebungsvertrag Nr. 4; ArbG Mannheim 20.7.1990 – 2 Ca 208/90 – EzA § 611 BGB Aufhebungsvertrag Nr. 8; ArbG Wetzlar 24.8.1993 – 1 Ca 209/93 – EzA-SD 5/94.

pauschal alle noch offenen Ansprüche des AN unter einen einheitlichen Gesamtabfindungsbetrag zusammenzufassen, sondern die **einzelnen Anspruchspositionen getrennt nach Grund und Höhe detailliert aufzuführen**.[155]

67 Zur Vermeidung von Schadensersatzansprüchen wegen Verletzung von **Hinweis und Aufklärungspflichten** hinsichtlich der sozialrechtlichen Konsequenzen der Beendigung durch den AG (siehe Rn 61 f.).

§ 144 Ruhen bei Sperrzeit

(1) [1]Hat der Arbeitnehmer sich versicherungswidrig verhalten, ohne dafür einen wichtigen Grund zu haben, ruht der Anspruch für die Dauer einer Sperrzeit. [2]Versicherungswidriges Verhalten liegt vor, wenn

1. der Arbeitslose das Beschäftigungsverhältnis gelöst oder durch ein arbeitsvertragswidriges Verhalten Anlass für die Lösung des Beschäftigungsverhältnisses gegeben und dadurch vorsätzlich oder grob fahrlässig die Arbeitslosigkeit herbeigeführt hat (Sperrzeit bei Arbeitsaufgabe),

(...)

7. der Arbeitslose seiner Meldepflicht nach § 38 Abs. 1 nicht nachgekommen ist (Sperrzeit bei verspäteter Arbeitsuchendmeldung).

[3]Der Arbeitnehmer hat die für die Beurteilung eines wichtigen Grundes maßgebenden Tatsachen darzulegen und nachzuweisen, wenn diese in seiner Sphäre oder in seinem Verantwortungsbereich liegen. [4]Beschäftigungen im Sinne des Satzes 2 Nummer 1 und 2 sind auch Arbeitsbeschaffungsmaßnahmen (§ 27 Abs. 3 Nr. 5).

(2) [1]Die Sperrzeit beginnt mit dem Tag nach dem Ereignis, das die Sperrzeit begründet, oder, wenn dieser Tag in eine Sperrzeit fällt, mit dem Ende dieser Sperrzeit. [2]Während der Sperrzeit ruht der Anspruch auf Arbeitslosengeld. [3]Werden mehrere Sperrzeiten durch dasselbe Ereignis begründet, folgen sie in der Reihenfolge des Absatzes 1 Satz 2 Nr. 1 bis 7 einander nach.

(3) [1]Die Dauer der Sperrzeit wegen Arbeitsaufgabe beträgt zwölf Wochen. [2]Sie verkürzt sich

1. auf drei Wochen, wenn das Arbeitsverhältnis innerhalb von sechs Wochen nach dem Ereignis, das die Sperrzeit begründet, ohne eine Sperrzeit geendet hätte,
2. auf sechs Wochen,
    a) das Arbeitsverhältnis innerhalb von zwölf Wochen nach dem Ereignis, das die Sperrzeit begründet, ohne eine Sperrzeit geendet hätte oder
    b) eine Sperrzeit von zwölf Wochen für den Arbeitslosen nach den für den Eintritt der Sperrzeit maßgebenden Tatsachen eine besondere Härte bedeuten würde.

(...)

(6) Die Dauer einer Sperrzeit bei Meldeversäumnis oder bei verspäteter Arbeitsuchendmeldung beträgt eine Woche.

Literatur: Zur Sperrzeit wegen Arbeitsaufgabe (Abs. 1 S. 2 Nr. 1): *Altenburg/Leister*, Der Widerspruch des Arbeitnehmers beim umwandlungsbedingten Betriebsübergang und seine Folgen, NZA 2005, 15; *Bader*, Das Gesetz zu Reformen am Arbeitsmarkt: Neues im Kündigungsschutzgesetz und im Befristungsrecht, NZA 2004, 65, 72; *Bauer*, Spiel mit Worten, NZA 1994, 440; *ders.*, Ausgewählte sozialversicherungsrechtliche Konsequenzen bei der Beendigung von Arbeitsverhältnissen, in: GS für Heinze, 1995, S. 31; *Bauer/Hümmerich*, Nichts Neues zu Aufhebungsvertrag und Sperrzeit oder: Alter Wein in neuen Schläuchen, NZA 2003, 1076; *Bauer/Krieger*, Das Ende der außergerichtlichen Beilegung von Kündigungsstreitigkeiten?, NZA 2004, 640; *dies.*, Rien ne vas plus – „Nachkarten" nach Abwicklungsvertrag ausgeschlossen, NZA 2006, 306; *Bieback*, Sperrzeiten im Bezug von Arbeitslosenunterstützung bei geringfügiger selbstverursachter Arbeitslosigkeit, NZA 1986, 121; *Boecken/Hümmerich*, Gekündigt, abgewickelt, gelöst, gesperrt – Der Abwicklungsvertrag als Lösung des Beschäftigungsverhältnisses mit der Folge einer Arbeitslosengeld-Sperrzeit?, DB 2004, 2046; *Commandeur*, Individualrechtliche Probleme des Widerspruchs des Arbeitnehmers beim Betriebsübergang, NJW 1996, 2537; *Düwell*, Das neue Abfindungsrecht, ZTR 2004, 130; *Eichenhofer*, Sperrzeit wegen Arbeitsaufgabe zwecks Aufrechterhaltung einer nichtehelichen Lebensgemeinschaft?, SGb 1999, 167; *Eicher*, Die Sperrzeit für das Arbeitslosengeld bei Lösung des Beschäftigungsverhältnisses durch den Arbeitnehmer, SGb 2005, 553; *Eicher/Spellbrink*, SGB II – Grundsicherung für Arbeitsuchende, 2005; *Engesser Means/Klebeck*, Sperrzeit durch Widerspruch bei Betriebsübergang, NZA 2008, 143; *Estelmann*, Die Sperrzeit im Spannungsfeld von Einzelfallgerechtigkeit und Pauschalierung, VSSR 1997, 313; *Felser*, Suspendierung von Arbeitnehmern, AiB 2006, 74; *Gagel*, Sperrzeitfragen bei arbeitsgerichtlichen Vergleichen – Überlegungen zur Lösung bereits gelöster Beschäftigungsverhältnisse, NZA 2005, 1328; *ders.*, Sperrzeit durch Abwicklungsvertrag, ZIP 2005, 332; *Gaul/Niklas*, Neue Grundsätze zur Sperrzeit bei Aufhebungsvereinbarung und gerichtlichem Vergleich, NZA 2008, 137 ff.; *Geiger*, Neues zu Aufhebungsvertrag und Sperrzeit, NZA 2003, 838; *Giesen/Besgen*, Fallstricke des neuen gesetzlichen Abfindungsanspruchs, NJW 2004, 185; *Grunewald*, Der arbeitsrechtliche Abwicklungsvertrag – Alternative oder Ende des arbeitsrechtlichen Aufhebungsvertrages?, NZA 1994, 441; *Heinze*, Das Verhältnis des öffentlich-rechtlichen Sozialrechts zum privatrecht-

---

155 Ebenso *Moll/Reufels*, MDR 2001, 1024, 1027.

lichen Arbeitsrecht, SGb 2000, 241; *Heuchemer,* Keine Sperrzeit nach Freistellung im Aufhebungsvertrag, BB 2004, 1562; *Holthöwer/Rolfs,* Die Beendigung des Arbeitsverhältnisses mit älteren Arbeitnehmern, DB 1995, 1074; *Hümmerich,* Abschied vom arbeitsrechtlichen Aufhebungsvertrag, NZA 1994, 200; *ders.,* Neue Einflußgrößen für Aufhebungs- und Abwicklungsvertrag, NZA 1997, 409; *ders.,* Acht aktuelle Vorteile beim Abwicklungsvertrag – Ein Leistungsvergleich zwischen Aufhebungs- und Abwicklungsvertrag nach neuem Recht, BB 1999, 1868; *ders.,* Aufhebungs- und Abwicklungsvertrag in einem sich wandelnden Arbeitsrecht, NJW 2004, 2921; *ders.,* Sperrzeitrechtsprechung im Umbruch, NJW 2007, 1025; *Johannsen,* Rechtsfolgen der Beendigung von Beschäftigungsverhältnissen nach dem SGB III, ZTR 1998, 301; *Jung,* Mitteilungen der LVA Oberfranken und Mittelfranken 1998, 267; *Karasch,* Die Entwicklung des Sperrzeitrechts in der deutschen Arbeitslosenversicherung vom AVAVG 1927 bis zu den Gesetzen für moderne Dienstleistungen am Arbeitsmarkt, AuB 2005, 3, 35, 67; *ders.,* Die neuen Sperrzeitregelungen bei Arbeitsaufgabe und Arbeitsablehnung im Dritten Buch Sozialgesetzbuch (SGB III), ZfS 1999, 266; *Kern/Kreutzfeldt,* Arbeitsrechtliche Abwicklungsverträge am Ende?, NJW 2004, 3081; *Kliemt,* Abwicklungsvertrag – Muster ohne Wert, ArbRB 2004, 212; *Kramer,* Sperrzeit als Hindernis für Beendigungsvereinbarungen, AuR 2004, 402; *Kroeschell,* Die neuen Regeln bei Aufhebungs- und Abwicklungsvereinbarungen, NZA 2008, 560; *Kunze,* Zur Dogmatik des wichtigen Grundes im Sperrzeitrecht, VSSR 1997, 259; *Lembke,* Aufhebungsverträge: Neues zur Sperrzeit, DB 2008, 293; *Lilienfeld/Spellbrink,* Für eine sperrzeitrechtliche Neubewertung des Abwicklungsvertrages im Lichte des § 1a KSchG, RdA 2005, 88; *Lindemann/Simon,* Die Freistellung von der Arbeitspflicht – neue Risiken und Nebenwirkungen, BB 2005, 2462; *Lipinski/Kumm,* Renaissance des Aufhebungs- und Abwicklungsvertrages durch die aktuelle Änderung der Durchführungsanweisungen der Bundesagentur für Arbeit?, BB 2008, 162; *Löwisch,* Die besondere Verantwortung der „Arbeitnehmer" für die Vermeidung von Arbeitslosigkeit, NZA 1998, 729; *Maties,* Die sozialrechtlichen Folgen der Beendigung eines Arbeitsverhältnisses, NZS 2006, 73; *Meyer, C.,* Regelungsfragen zumutbarer Weiterbeschäftigung beim Betriebsübergang, NJW 2002, 1615; *Oelkers/Schmidt,* Sozialversicherungsrechtliche Folgen der Freistellung, NJW-Spezial 2005, 465; *Paul-Bauer/Schimanski,* Die Sperrzeitregelung des § 119 AFG bei der Lösung von Arbeitsverhältnissen, SozSich 1985, 225; *Peters-Lange/Gagel,* Arbeitsförderungsrechtliche Konsequenzen aus § 1a KSchG, NZA 2005, 740; *Pietzko,* Der Tatbestand des § 613a BGB, 1988; *Pilz,* Anm. zu BSG 26.10.2004 – B 7 AL 98/03 R, SGb 2005, 309; *Pitschas,* Mittelbare Wehrdienstverweigerung und Arbeitsförderungsrecht, NJW 1984, 889; *Pottmeyer,* Das Widerspruchsrecht des Arbeitnehmers im Falle des Betriebsinhaberwechsels und die Sperrzeit nach § 119 Abs. 1 AFG, NZA 1988, 521; *Preis,* Die „Reform" des Kündigungsschutzrechts, DB 2004, 70; *Preis/Schneider,* Das 5. SGB III-Änderungsgesetz – Ein Übergangsgesetz schafft neue Probleme, NZA 2006, 177; *dies.,* Einvernehmliche Beendigung von Beschäftigungsverhältnissen und Sperrzeiten, in: FS AG Arbeitsrecht 2005, S. 1300; *Quecke,* Die Änderung des Kündigungsschutzgesetzes zum 1.1.2004, RdA 2004, 86; *Raab,* Der Abfindungsanspruch gemäß § 1a KSchG, RdA 2005, 1; *Rolfs,* Die Lösung des Beschäftigungsverhältnisses als Voraussetzung der Sperrzeit wegen Arbeitsaufgabe, in: FS 50 Jahre Bundesarbeitsgericht, 2004, S. 445; *Schlegel,* Versicherungs- und Beitragspflicht bei Freistellung von der Arbeit, NZA 2005, 972; *Schmitt-Rolfes,* Aufhebungs- und Abwicklungsvertrag unter Berücksichtigung der Abfindungsregelung nach § 1a KSchG, NZA 2005, 3; *Schuldt,* Sperrzeit bei betrieblich veranlasster einvernehmlicher Auflösung des Arbeitsverhältnisses, NZA 2005, 861; *Schulz,* Die Sperrzeit beim Bezug von Arbeitslosengeld – Gesamtbetrachtung unter Berücksichtigung der gesetzlichen Neuregelungen und der aktuellen BSG-Rechtsprechung, SGb 2005, 89; *Schweiger,* Die Auswirkungen des § 623 BGB auf das Recht der Lohnersatzleistungen im SGB III – Abgrenzung des (leistungsrechtlichen) Beschäftigungsverhältnisses vom Arbeitsverhältnis, NZS 2001, 519; *ders.,* Die Systematik der Sperrzeitnorm des § 144 I 1 Nr. 1 SGB III, dargestellt am Beispiel des befristeten Anschlussbeschäftigungsverhältnisses, NZS 2002, 79; *ders.,* Lösen des Beschäftigungsverhältnisses (§ 144 Abs. 1 S. 2 Nr. 1 Alt. 1 SGB III) nach betriebsbedingter Kündigung, SGb 2007, 84; *Spellbrink,* Der Eintritt einer Sperrzeit gem. § 144 Abs. 1 Satz 2 Nr. 1 Alt. 1 SGB III bei einvernehmlicher Beendigung des Beschäftigungsverhältnisses, BB 2006, 1274; *v. Steinau-Steinrück/Hurek,* Ende des Abwicklungsvertrags – Neues zur Sperrzeit, NJW-Spezial 2004, 130; *dies.,* Aus für die sperrzeitneutrale Beendigung von Arbeitsverhältnissen?, ZIP 2004, 1486; *Stück,* Aktuelle Rechtsprechung zur Sperrzeit bei Beendigung von Arbeitsverhältnissen, MDR 2007, 1355; *Thomas/Weidmann,* Sozialversicherungsrechtliche Risiken als Folge einer unwiderruflichen Freistellung in Aufhebungsverträgen, NJW 2006, 257; *Thüsing/Wege,* Der Abfindungsanspruch des § 1aKSchG, JuS 2006, 97; *Voelzke,* Aktuelle Entwicklungen im Sperrzeitrecht, NZS 2005, 281; *Vogel,* Die Sperrzeittatbestände des §§ 119, 119a AFG in der Rechtsprechung der Sozialgerichte, NZS 1997, 249; *Weber,* Sperrzeit bei Anschlussarbeitsverhältnis, AuB 2004, 97; *Winkler,* Die unberechtigte Sperrzeit – Beispiele aus der Rechtsprechung, info also 1990, 138; *Wolff,* Abwicklungsvertrag am Ende? – Konsequenzen der neuesten Rechtsprechung des BSG zur Sperrzeit für die Praxis, DStR 2005, 115 Zur Sperrzeit bei verspäteter Arbeitsuchendmeldung (Abs. 1 S. 2 Nr. 7): siehe Literatur zu § 38

A. Allgemeines 1	II. Voraussetzungen der Sperrzeit bei verspäteter
B. Regelungsgehalt 5	Arbeitsuchendmeldung 49
I. Voraussetzungen der Sperrzeit wegen Arbeitsaufgabe (Abs. 1 S. 2 Nr. 1 i.V.m. S. 1) 5	1. Verletzung der Meldepflicht nach § 38 Abs. 1 50
	2. Wichtiger Grund 52
1. Sperrzeitauslösendes Verhalten des Arbeitslosen 6	III. Rechtsfolgen der Sperrzeit 54
	1. Wirkungen der Sperrzeit 54
a) Lösen des Beschäftigungsverhältnisses ... 6	2. Beginn und Dauer der Sperrzeit 57
aa) Allgemeines 6	a) Beginn der Sperrzeit 57
bb) Einseitiges Lösen durch den Arbeitnehmer 8	b) Dauer der Sperrzeit wegen Arbeitsaufgabe 62
	aa) Allgemeines/Regelsperrzeit 62
cc) Beteiligung des Arbeitnehmers an der Beendigung 10	bb) Verkürzung der Sperrzeit auf drei Wochen (Abs. 3 S. 2 Nr. 1) 63
b) Arbeitsvertragswidriges Verhalten 16	cc) Verkürzung der Sperrzeit auf sechs Wochen 65
2. Kausalität 19	
3. Verschulden 27	c) Dauer der Sperrzeit bei verspäteter Arbeitsuchendmeldung 73
4. Fehlen eines wichtigen Grundes 32	
a) Allgemeines 32	IV. Beweislastverteilung 74
b) Gründe aus dem beruflichen Bereich 37	C. Verbindung zu anderen Rechtsgebieten und zum Prozessrecht 76
c) Persönliche Gründe 47	

I. Krankenversicherungsrecht, Recht der sozialen Pflegeversicherung und Rentenversicherungsrecht	76	III. Prozessrecht	80
II. Arbeitsrecht	79	D. Beraterhinweise	84

A. Allgemeines

1 § 144, der im Wesentlichen den bis 31.12.1997 geltenden Regelungen der §§ 119, 119a AFG entspricht,[1] ist durch Art. 1 des Arbeitsförderungs-Reformgesetz[2] eingeführt worden und am 1.1.1998 in Kraft getreten. Die Vorschrift erfuhr durch das Job-AQTIV-Gesetz,[3] das Erste[4] und das Dritte[5] Gesetz für moderne Dienstleistungen am Arbeitsmarkt sowie durch das Vierte[6] und das Fünfte[7] SGB III-Änderungsgesetz inhaltliche Änderungen.

2 § 144 regelt Tatbestände, bei denen der Anspruch auf Alg wegen Eintritts einer Sperrzeit ruht, weil sich der Arbeitslose ohne wichtigen Grund versicherungswidrig verhalten hat. Die Vorschrift erstrebt einen Interessenausgleich zwischen privater Gestaltungsfreiheit und solidarischer Verantwortung[8] und soll die Versichertengemeinschaft typisierend vor Risikofällen schützen, deren Eintritt der Arbeitslose selbst zu vertreten hat.[9] Zugleich beinhaltet § 144 einen **Schutz** der Gemeinschaft der Beitragszahler **vor möglichen Manipulationen** des Arbeitslosen.[10] Obgleich die Vorschrift in ihren faktischen Auswirkungen durchaus erzieherischen Charakter aufweist,[11] wollte der Gesetzgeber sie weder als erzieherische Maßnahme noch als eine Art Strafe ansehen.[12] Auch stellt die Sperrzeit keinen pauschalisierten Schadensausgleich dar.[13] § 144 ist vielmehr als eine Art Eigenbeteiligung des Versicherten für selbst (mit)verursachte Versicherungsfälle anzusehen,[14] durch die die Versichertengemeinschaft von einem Teil der Aufwendungen und damit von einem Teil des Risikos der Arbeitslosigkeit, die der Arbeitslose der Gemeinschaft durch sein Verhalten verursacht hat, entlastet wird.[15] Bei der Anwendung des § 144 kann es zu Kollisionen mit **verfassungsrechtlich geschützten Rechten** des AN, insb. aus Art. 4, 6, 11 und 12 GG kommen.[16] Diesen Grundrechten ist bei der Konkretisierung des unbestimmten Rechtsbegriffes des „wichtigen Grundes" Rechnung zu tragen.[17]

3 Die Sperrzeittatbestände betreffen nicht nur einen Anspruch auf Alg nach Maßgabe des § 150 Abs. 2 den Anspruch auf Teil-Alg, sondern erfassen auch andere Leistungen nach dem SGB III: Über § 31 Abs. 4 Nr. 3 SGB II gilt die Vorschrift für das Alg II.[18] Auch ein Gründungszuschuss wird nicht geleistet, solange ein Ruhenstatbestand nach § 144 vorliegt (§ 57 Abs. 3). Bei Beziehern von **Kurzarbeitergeld** kommt es über § 172 Abs. 3 S. 3 zu einer entsprechenden Anwendung der Vorschriften zur Sperrzeit bei Arbeitsablehnung (Abs. 1 S. 2 Nr. 2) und gem. § 180 Abs. 1 S. 1 gelten die Vorschriften über das Ruhen des Anspruchs auf Arbeitslosengeld bei Sperrzeiten bei Meldeversäumnis (Abs. 1 S. 2 Nr. 6) entsprechend.

4 Bei Beendigung von Arbverh sind insb. die Sperrzeit wegen Arbeitsaufgabe (Abs. 1 S. 2 Nr. 1) und die Sperrzeit bei verspäteter Arbeitsuchendmeldung (Abs. 1 S. 2 Nr. 7) bedeutsam, die an dieser Stelle näher beleuchtet werden sollen.

---

1 S. zur Entwicklung des Sperrzeitrechts *Karasch*, AuB 2005, 3, 35, 67.
2 Gesetz zur Reform der Arbeitsförderung v. 24.3.1997, BGBl 1997 I S. 594.
3 Gesetz zur Reform der arbeitsmarktpolitischen Instrumente v. 10.12.2001, BGBl 2001 I S. 3443 (in Kraft seit 1.1.2002).
4 Sog. Hartz I-Gesetz v. 23.12.2002, BGBl 2002 I S. 4607 (in Kraft seit 1.1.2003).
5 Sog. Hartz III-Gesetz v. 23.12.2003, BGBl 2003 I S. 2848 (in Kraft seit 1.1.2005).
6 Viertes Gesetz zur Änderung des Dritten Buches Sozialgesetzbuch und anderer Gesetze v. 19.12.2004, BGBl 2004 I S. 2902 (in Kraft seit 1.1.2005).
7 Fünftes Gesetz zur Änderung des Dritten Buches Sozialgesetzbuch und anderer Gesetze v. 22.12.2005, BGBl 2005 I S. 3676.
8 *Eicher*, SGb 2005, 553, 554; *Lilienfeld/Spellbrink*, RdA 2005, 88, 90; ähnlich *Gagel*, NZA 2005, 1328, 1329 f.; *Weber*, AuB 2004, 97, 98.
9 BSG 5.8.1999 – B 7 AL 14/99 R – SozR 3-4100 § 119 Nr. 17; BSG 29.7.1998 – B 7 AL 56/97 R – SozR 3-4100 § 119 Nr. 15 jeweils m.w.N.
10 BSG 10.10.1978 – 7 RAr 55/77 – SozR 4100 § 119 Nr. 5; BSG 26.3.1998 – B 11 AL 49/97 R – SozR 3-4100 § 119 Nr. 14; BSG 25.4.2002 – B 11 AL 65/01 R – SozR 4-4300 § 144 Nr. 8.
11 Vgl. BSG 25.4.1991 – 11 RAr 99/90 – SozR 3-4100 § 119 Nr. 1; BSG 11.12.1979 – 7 RAr 10/79 – SozR 4100 § 119 Nr. 11; s.a. *Schweiger*, NZS 2002, 79, 80; Gagel/*Winkler*, § 144 Rn 25.
12 BT-Drucks V/2291, S. 83, Vor §§ 114 bis 120. S.a. *Bieback*, NZA 1986, 121, 122 f.
13 BSG 4.9.2001 – B 7 AL 4/01 R – SozR 3-4100 § 119 Nr. 22; BSG 5.8.1999 – B 7 AL 14/99 R – SozR 3-4100 § 119 Nr. 17; anders noch BSG 12.12.1984 – 7 RAr 49/84 – SozR 4100 § 119 Nr. 24; krit. zu dieser Rspr.: *Bieback*, NZA 1986, 121; *Estelmann*, VSSR 1997, 313, 324; Gagel/*Winkler*, § 144 Rn 24.
14 PK-SGB III/*Curkovic*, § 144 Rn 4; s.a. *Estelmann*, VSSR 1997, 313, 325.
15 BSG 11.12.1979 – 7 RAr 10/79 – SozR 4100 § 119 Nr. 11.
16 S. zu verfassungsrechtlichen Grenzen der Sperrzeit *Schulz*, SGb 2005, 89, 96 ff.; *Weber*, AuB 1997, 98 ff; zu verfassungsrechtlichen Bedenken gegen § 144 Hauck/Noftz/*Valgolio*, § 144 Rn 14 ff., dagegen ErfK/*Rolfs*, § 144 SGB III Rn 2; krit. zur Vorgängerregelung *Paul-Bauer/Schimanski*, SozSich 1985, 225.
17 *Schulz*, SGb 2005, 89, 97; vgl. *Johannsen*, ZTR 1998, 301, 308; Spellbrink/Eicher/*Voelzke*, § 12 Rn 341 ff.; Gagel/*Winkler*, § 144 Rn 19 ff., 114; BSG 30.3.2006 – L 1 AL 162/05 – NZS 2006, 666, 667.
18 S. hierzu Eicher/Spellbrink/*Rixen*, § 31 SGB II Rn 30 ff.; *Eicher*, SGb 2005, 553, 557.

Daneben regelt § 144 die Sperrzeiten bei Arbeitsablehnung, bei unzureichenden Eigenbemühungen, bei Ablehnung und Abbruch einer beruflichen Wiedereingliederungsmaßnahme und bei Meldeversäumnis (Abs. 1 S. 2 Nr. 2 bis 6).

B. Regelungsgehalt

I. Voraussetzungen der Sperrzeit wegen Arbeitsaufgabe (Abs. 1 S. 2 Nr. 1 i.V.m. S. 1)

Der in Abs. 1 S. 2 Nr. 1 i.V.m. S. 1 geregelte Tatbestand der Sperrzeit wegen Arbeitsaufgabe enthält folgende vier Voraussetzungen:
- Der Arbeitslose muss das Beschäftigungsverhältnis gelöst oder durch arbeitsvertragswidriges Verhalten Anlass für die Lösung des Beschäftigungsverhältnisses gegeben haben;
- zwischen der Lösung des Beschäftigungsverhältnisses und der Arbeitslosigkeit muss Kausalität gegeben sein;
- die Arbeitslosigkeit muss vorsätzlich oder grob fahrlässig durch den Arbeitslosen herbeigeführt worden sein und
- schließlich darf der Arbeitslose für sein Verhalten einen wichtigen Grund nicht gehabt haben.

1. Sperrzeitauslösendes Verhalten des Arbeitslosen. a) Lösen des Beschäftigungsverhältnisses. aa) Allgemeines. Die Vorschrift stellt allein auf die Lösung des **Beschäftigungsverhältnisses**, nicht aber auf die Beendigung des Arbverh ab, auf die es damit nicht ankommt.[19] Kennzeichnend für den hier maßgebenden **leistungsrechtlichen Begriff**[20] des Beschäftigungsverhältnisses ist, dass der AN dienstbereit ist und der AG sein Direktionsrecht gegenüber dem AN rechtlich und tatsächlich ausübt.[21] Beschäftigungslos i.S.d. § 144 kann ein AN damit bereits während Bestehens eines Arbverh sein, wenn er etwa bis zu dessen rechtlicher Beendigung unwiderruflich von der Arbeit freigestellt ist.[22] Auch die Beendigung eines **Ausbildungsverhältnisses** kann nach Ansicht des BSG zu einer Sperrzeit nach § 144 führen.[23] Allerdings kann die grundrechtlich geschützte freie Berufswahl als wichtiger Grund für die Beendigung des Ausbildungsverhältnisses angesehen werden.

Unter einem **Lösen** des Beschäftigungsverhältnisses i.S.d. Abs. 1 S. 2 Nr. 1 ist grds. ein **aktives Handeln** zu verstehen, das auf die (rechtliche) Beendigung des Beschäftigungsverhältnisses gerichtet ist.[24] Das bloße Hinnehmen einer AG-Künd und das Nichterheben einer Künd-Schutzklage sind kein aktiver Beitrag des AN an der Beendigung und können eine Sperrzeit nicht begründen.[25] Entscheidend ist die tatsächlich gewählte Form der Beendigung, die sich allerdings nicht allein aus dem Wortlaut der Erklärungen ergibt. Zu bewerten ist vielmehr der **tatsächliche Geschehensablauf**.[26] Ein Lösen i.S. eines aktiven Verhaltens des AN zur Beendigung seines Beschäftigungsverhältnisses setzt nicht voraus, dass die Beendigung des Arbverh allein durch den AN erfolgt. Der Tatbestand des Abs. 1 S. 2 Nr. 1 Alt. 1 ist damit sowohl bei **einseitigem** Handeln des AN (Künd, faktische Beendigung wie etwa durch Fernbleiben von der Arbeit etc.) als auch bei einer **Vereinbarung** mit dem AG erfüllt. Dabei tritt die eine Beendigung des Beschäftigungsverhältnisses und nicht des Arbverh voraussetzende Sperrzeit auch ein, wenn die Künd oder der Aufhebungsvertrag mangels Einhaltung der erforderlichen **Schriftform** (§ 623 BGB) nichtig ist.[27]

bb) Einseitiges Lösen durch den Arbeitnehmer. Ein Lösen des Beschäftigungsverhältnisses[28] durch den Arbeitslosen liegt unproblematisch vor, wenn der AN durch **Künd** das Arbverh und damit auch das Beschäftigungsver-

---

19 BSG 18.12.2003 – B 11 AL 35/03 R – SozR 4-4300 § 144 Nr. 6; BSG 25.4.2002 – B 11 AL 65/01 R – SozR 3-4300 § 144 Nr. 8 m.w.N.

20 BSG 26.11.1985 – 12 RK 51/83 – SozR 4100 § 168 Nr. 19; BSG 28.9.1993 – 11 RAr 69/92 – SozR 3-4100 § 101 Nr. 5; s. hierzu und zum Unterschied zum beitragsrechtlichen Begriff BSG 10.9.1998 – B 7 AL 96/97 R – SozR 3-4100 § 101 Nr. 9 m.w.N.; Niesel/*Brand*, § 119 Rn 14 ff.; *Schlegel*, NZA 2005, 972, 973; *Voelzke*, NZS 2005, 281, 283 f.; Spellbrink/Eicher/*Valgolio*, § 10 Rn 114 a ff.

21 BSG 10.9.1998 – B 7 AL 96/97 R – SozR 3-4100 § 101 Nr. 9 m.w.N.; Niesel/*Brand*, § 119 Rn 16.

22 BSG 10.8.2000 – B 11 AL 115/99 R – DBlR § 119 AFG Nr. 4639a; BSG 25.4.2002 – B 11 AL 65/01 R – SozR 3-4300 § 144 Nr. 8; BSG 18.12.2003 – B 11 AL 35/03 R – SozR 4-4300 § 144 Nr. 6; *Voelzke*, NZS 2005, 281, 284.

23 BSG 26.4.1989 – 7 RAr 70/88 – SozR 4100 § 119 Nr. 35; BSG 13.3.1990 – 11 RAr 69/88 – SozR 4100 § 119 Nr. 2. Kritisch hierzu Gagel/*Winkler*, § 144 SGB III Rn 26 ff.

24 BSG 18.12.2003 – B 11 AL 35/03 R – SozR 4-4300 § 144 Nr. 6; s.a. Niesel/*Niesel*, § 144 Rn 9.

25 BSG 13.8.1986 – 7 RAr 1/86 – SozR 4100 § 119 Nr. 28; BSG 25.4.2002 – B 11 AL 89/01 R – SozR 3-4100 § 119 Nr. 24 m.w.N. unter Verneinung der in einer Entscheidung v. 9.11.1995 (11 RAr 27/95 – SozR 3-4100 § 119 Nr. 9) aufgeworfenen Frage, ob der Begriff des Lösens offener auszulegen sei und eine Sperrzeit jedenfalls dann eintrete, wenn der AN eine offensichtlich rechtswidrige Künd im Hinblick auf eine zugesagte finanzielle Vergünstigung hinnehme. Krit. zu der erwogenen offenen Auslegung Niesel/*Niesel*, § 144 Rn 13; *Winkler*, info also 1997, 60, 62.

26 BSG 12.7.2006 – B 11a AL 47/05 – SGb 2007, 302, 303 m.w.N.; BSG 18.12.2003 – B 11 AL 35/03 R – SozR 4-4300 § 144 Nr. 6; BSG 9.11.1995 – 11 RAr 27/95 – BSGE 77, 48, 51.

27 Niesel/*Niesel*, § 144 Rn 30; *Schweiger*, NZS 2001, 519, 521.

28 Auch die Beendigung eines Ausbildungsverhältnisses kann zu einer Sperrzeit nach § 144 führen (BSG 26.4.1989 – 7 RAr 70/88 – SozR 4100 § 119 Nr. 35; BSG 13.3.1990 – 11 RAr 69/88 – SozR 4100 § 119 Nr. 2). Allerdings kann die grundrechtlich geschützte freie Berufswahl als wichtiger Grund für die Beendigung des Ausbildungsverhältnisses angesehen werden.

hältnis beendet.[29] Unerheblich ist dabei für die Frage der Lösung, ob die Künd fristgemäß und rechtlich begründet ist oder ob der AN einen Grund zur Künd hat.[30] Von der Sperrzeitregelung des Abs. 1 S. 2 Nr. 1 Alt. 1 werden sowohl die ordentliche wie auch die außerordentliche Künd erfasst. Im Falle einer berechtigten außerordentlichen Künd dürfte aber regelmäßig ein wichtiger Grund für die Beendigung des Beschäftigungsverhältnisses bestehen.

9   Kein Lösen ist der **Ablauf eines befristeten Arbeits- oder Ausbildungsvertrages**. Ein aktiver Beitrag des AN an der Beendigung des Arbverh fehlt selbst, wenn der AN die Möglichkeit einer Verlängerung oder Übernahme nicht nutzt[31] oder bei unwirksamer Befristung eine Befristungsschutzklage nicht erhebt. Die Aufgabe eines **faktischen Arbverh** erfüllt im Hinblick darauf, dass ein solches Arbverh sozialrechtlich keine stärkeren Wirkungen entfalten kann als arbeitsrechtlich, nicht den Tatbestand des Lösens.[32] Bei der Ablehnung eines in einer **Änderungs-Künd** des AG enthaltenen Angebots, das Beschäftigungsverhältnis unter geänderten Bedingungen fortzusetzen, wird das bis zum Wirksamwerden der Änderungs-Künd bestehende Beschäftigungsverhältnis allein durch die Änderungs-Künd und damit durch den AG beendet.[33] Entgegen einer Entscheidung des LSG Baden-Württemberg vom 11.5.2007[34] erfüllt der **Widerspruch** eines AN **gegen einen Betriebsübergang** nach § 613a Abs. 6 BGB (siehe § 613a BGB Rn 210 ff.) nicht den Lösungsbegriff des Gesetzes.[35] Auch wenn der AN die anschließende betriebsbedingte Künd vorhergesehen und billigend in Kauf genommen hat, ist Rechtsfolge eines wirksam erklärten Widerspruchs nicht das unmittelbare Ende des Arbverh, sondern zunächst der Fortbestand des Arbverh mit dem bisherigen AG.[36] Ob ein **Antrag auf Auflösung des Arbverh nach §§ 9, 10 KSchG** ein Lösen i.S.d. Abs. 1 S. 2 Nr. 1 darstellt, ist zweifelhaft, denn die Auflösung des Arbverh erfolgt durch das arbeitsrechtliche Gestaltungsurteil.[37] Eine Sperrzeit tritt in diesen Fällen jedenfalls wegen des Vorliegens eines wichtigen Grundes (Unzumutbarkeit der Fortsetzung des Arbverh, § 9 Abs. 1 S. 1 KSchG) nicht ein.[38]

10 **cc) Beteiligung des Arbeitnehmers an der Beendigung.** Ein Lösen durch den AN ist auch bei einer einvernehmlichen Beendigung des Beschäftigungsverhältnisses erfüllt.[39] Unerheblich ist dabei, von wem die **Initiative** für eine solche vertragliche Vereinbarung ausging **oder in wessen Interesse** sie liegt.[40] Bei Abschluss eines Aufhebungsvertrages oder eines Vergleichs sind die erforderlichen Willenserklärungen von AG und AN gleichgewichtig, so dass der AN mit seiner Zustimmung gleichermaßen eine Ursache für die Beendigung des Arbverh setzt.[41] Unerheblich ist, ob das Arbverh auch durch rechtmäßige Künd beendet werden konnte.[42] Ging die Initiative zur Vereinbarung eines Aufhebungsvertrages von Seiten des AG aus, so ist zu prüfen, ob nicht für den AN ein wichtiger Grund für die Beendigung des Beschäftigungsverhältnisses gegeben war.[43]

11 Eine Sperrzeit nach Abs. 1 S. 2 Nr. 1 kann darüber hinaus auch durch eine **einvernehmliche Herabsetzung der Arbeitszeit** auf weniger als 15 Stunden wöchentlich ausgelöst werden. Dies folgt aus der Regelung des § 119 Abs. 1 Nr. 1, Abs. 3, wonach Beschäftigungslosigkeit bereits dann vorliegt, wenn die Arbeitszeit weniger als 15 Wochenstunden umfasst.

12 Bei einer **Künd durch den AG** ist der Tatbestand des Lösens grds. nicht erfüllt. Dies gilt auch im Fall einer (offensichtlich) **rechtswidrigen Künd** und auch, wenn der AN im Zusammenhang mit der Künd **Vergünstigungen** (z.B.

---

29 BSG 18.12.2003 – B 11 AL 35/03 R – SozR 4–4300 § 144 Nr. 6.
30 Gagel/*Winkler*, § 144 Rn 30.
31 Niesel/*Niesel*, § 144 Rn 17; *Schulz*, SGb 2005, 89, 94; Gagel/*Winkler*, § 144 Rn 33.
32 Niesel/*Niesel*, § 144 Rn 17; *Rolfs*, in: FS 50 Jahre BAG, S. 445, 450; a.A. SG Fulda, das in diesen Fällen allerdings einen wichtigen Grund für die Arbeitsaufgabe sieht, krit. hierzu *Vogel*, NZS 1997, 249, 252.
33 Gagel/*Winkler*, § 144 Rn 35; Niesel/*Niesel*, § 144 Rn 17.
34 LSG 11.5.2007 – L 8 AL 271/05 – juris n.r., siehe hierzu *Engesser Means/Klebeck*, NZA 2008, 143.
35 SG Frankfurt am Main 26.2.1992 – S 14 Ar 1747/88 – AuR 1992, 248; Niesel/*Niesel*, § 144 Rn 15; APS/*Steinmeyer*, 3. Teil Sozialrecht, Steuerrecht, E. Rn 439 f.; a.A. *Altenburg/Leister*, NZA 2005, 15, 23 f.; *C. Meyer*, NJW 2002, 1615, 1620 f; *Pottmeyer*, NZA 1988, 521; *Commandeur*, NJW 1996, 2537, 2544.
36 BAG 19.3.1998 – 8 AZR 139/97 – AP § 613a BGB Nr. 177. Würde der Widerspruch nach § 613a BGB als Lösen qualifiziert, würde auf den AN zumindest faktisch Druck ausgeübt, von seinem Widerspruchsrecht keinen Gebrauch zu machen (vgl. auch *Commandeur*, NJW 1996, 2537, 2545, der dennoch den Eintritt einer Sperrzeit grds. bejaht). Folgt man dem BAG in der Anerkennung des arbeitnehmerseitigen Widerspruchsrechts (zur Ablehnung dieses Rechtsinstituts s. die fundierte Kritik bei *Pietzko*, S. 229.), so ist ausgeschlossen, die Ausübung dieses Rechts mit nachteiligen Folgen zu verknüpfen.
37 Gegen ein Lösen *Lilienfeld/Spellbrink*, RdA 2005, 88, 92; Niesel/*Niesel*, § 144 Rn 17; *Rolfs*, in: FS 50 Jahre BAG, S. 445, 455; Hauck/Noftz/*Valgolio*, § 144 Rn 38.
38 Gagel/*Winkler*, § 144 Rn 34; *Maties*, NZS 2006, 73, 79; APS/*Steinmeyer*, 3. Teil Sozialrecht, Steuerrecht, E. Rn 5;
39 S. nur BSG 18.12.2003 – B 11 AL 35/03 R – SozR 4–4300 § 144 Nr. 6 m.w.N.; BSG 5.8.1999 – B 7 AL 38/98 R – SozR 3-4100 § 110 Nr. 2.
40 BSG 5.6.1997 – 7 RAr 22/96 – SozR 3-1500 § 144 Nr. 12; BSG 5.8.1999 – B 7 AL 38/98 R – SozR 3-4100 § 110 Nr. 2; BSG 18.12.2003 – B 11 AL 35/03 R – SozR 4–4300 § 144 Nr. 6.
41 BSG 12.4.1984 – 7 RAr 28/83 – SozSich 1984, 388.
42 BA, DA § 144 SGB III Rn 144.11.
43 Gagel/*Winkler*, § 144 Rn 40 und zum wichtigen Grund noch folgend unter Rn 32 ff.

eine Wiedereinstellungszusage[44] oder eine **Abfindung nach § 1a KSchG**)[45] erhält.[46] Das Arbeitslosenversicherungsrecht legt dem AN nicht die Obliegenheit auf, sich zur Vermeidung einer Sperrzeit gegen eine rechtswidrige Künd zu wehren.[47] Das „Nichtstun" kann einem aktiven Verhalten, das allein eine Lösung begründen kann, nicht gleichgestellt werden.[48] Die in seinem Urteil v. 9.11.1995[49] erwogene offene Auslegung des „Lösen"-Begriffs, insb. für den Fall, dass ein AN im Hinblick auf eine zugesagte finanzielle Vergünstigung eine offensichtlich rechtswidrige Künd des AG hinnimmt, hat das BSG zwischenzeitlich verworfen.[50] Nach Ansicht der BA kann aber die Hinnahme einer offensichtlich rechtswidrigen Künd auf eine Beteiligung des AN hindeuten. Nach ihrer Auffassung sind Künd offensichtlich rechtswidrig, wenn die maßgebende Künd-Frist nicht eingehalten wurde, der Arbeitslose nach tarif- oder einzelvertraglichen Bestimmungen nur noch aus wichtigem Grund kündbar war oder der Arbeitslose besonderen Künd-Schutz (§ 9 MSchG, § 18 BEEG, § 85 SGB IX, § 15 KSchG) genießt und die Künd deshalb nichtig ist; ob die Künd sozial (un)gerechtfertigt ist, sei für den AN dagegen nicht offensichtlich.[51]

Hatte das BSG bei **Abwicklungsverträgen** zunächst danach unterschieden, ob eine Vereinbarung über die Hinnahme einer AG-Künd vor oder nach Ausspruch der Künd erfolgte,[52] bejahte es in einem Urteil v. 18.12.2003 ein Lösen des Beschäftigungsverhältnisses auch dann, wenn der AN erst in einer nach Ausspruch der AG-Künd getroffenen Vereinbarung mit dem AG die Hinnahme der Künd erklärt und einvernehmlich mit diesem Rechte und Pflichten der Beendigung regelt.[53] Es mache keinen wesentlichen Unterschied, ob der AN an der Beendigung des Beschäftigungsverhältnisses durch Abschluss eines Aufhebungsvertrags mitwirke oder ob seine aktive Beteiligung darin liege, dass er hinsichtlich des Bestandes der Künd und deren Folgen verbindliche Vereinbarungen treffe. In beiden Fällen treffe ihn eine wesentliche Verantwortung für die Beendigung des Beschäftigungsverhältnisses. Eine Ausnahme erwog das Gericht in dieser Entscheidung nur, wenn in einer nach Ablauf der Frist für die Erhebung der Künd-Schutzklage (§ 4 KSchG) und ohne vorherige Absprachen oder Ankündigung getroffenen Vereinbarung lediglich Einzelheiten zur Beendigung des Arbverh geregelt werden oder eine Vereinbarung ohne vorherige Absprache als Prozessvergleich[54] getroffen wird. Dem Urteil ist insoweit nicht zuzustimmen, als der AN mit seinem nachträglichen Verzicht auf Künd-Schutz gegen Zahlung einer Abfindung keinen Beitrag zur Herbeiführung seiner Beschäftigungslosigkeit leistet. Das Ende der Beschäftigung tritt ohne sein Zutun durch die AG-Künd ein.[55] Die BA hat die gerichtlich vorgenommene Gleichstellung von Aufhebungs- und Abwicklungsvertrag in ihren Weisungen übernommen.[56]

Es ist zweifelhaft, ob die zu Recht vielfach kritisierte[57] Entscheidung des BSG vom 18.12.2003, die noch vor Inkrafttreten des § 1a KSchG[58] ergangen ist, nach dessen Inkrafttreten aufrechterhalten werden kann.[59] Denn es wäre in höchstem Maße widersprüchlich, wenn der Gesetzgeber einerseits im Künd-Schutzrecht nach Maßgabe des § 1a KSchG bei Klageverzicht seitens des AN diesem einen Abfindungsanspruch einräumt, andererseits diese Vorgehensweise im Sperrzeitrecht sanktioniert würde.[60] Denn zwischen einem „normalen" **Abwicklungsvertrag und einem Verfahren nach § 1a KSchG**, das in der Lit. auch als „gesetzliche Normierung des Abwicklungsvertrages"[61] oder

---

44 S. hierzu *Rolfs*, in: FS 50 Jahre BAG, S. 445, 456.
45 S. BT-Drucks 15/1587, S. 27; *Bauer*, in: GS für Heinze, S. 31, 41; *Bauer/Krieger*, NZA 2004, 640, 642; *Düwell*, ZTR 2004, 130, 132; *Gagel*, NZA 2005,1328, 1330; *Peters-Lange/Gagel*, NZA 2005, 740, 741; *Giesen/Besgen*, NJW 2004, 185, 189; *Lilienfeld/Spellbrink*, RdA 2005, 88, 96 f.; *Rolfs*, in: FS 50 Jahre BAG, S. 445, 455; *Schmitt-Rolfes*, NZA 2005, 3, 9; *v. Steinau-Steinrück/Hurek*, NJW-Spezial 2004, 130; *Voelzke*, NZS 2005, 281, 287; a.A. *Wank*, AP § 144 SGB III Nr. 3.
46 BSG 25.4.2002 – B 11 AL 89/01 R – SozR 3-4100 § 119 Nr. 24.
47 BSG 18.12.2003 – B 11 AL 35/03 R – SozR 4-4300 § 144 Nr. 6 m.w.N.
48 BSG 18.12.2003 – B 11 AL 35/03 R – SozR 4-4300 § 144 Nr. 6.
49 BSG 9.11.1995 – 11 RAr 27/95 – NZA-RR 1997, 109.
50 BSG 25.4.2002 – B 11 AL 89/01 R – SozR 3-4100 § 119 Nr. 24.
51 BA, DA § 144 SGB III Rn 144.17.
52 Einerseits BSG 9.11.1995 – 11 RAr 27/95 – SozR 3-4100 § 119 Nr. 9, andererseits BSG 25.4.2002 – B 11 AL 89/01 R – SozR 3-4100 § 119 Nr. 24.
53 BSG 18.12.2003 – B 11 AL 35/03 R – SozR 4-4300 § 144 Nr. 6; zust. *Gitter*, SGb 2004, 760; *Wank*, AP § 144 SGB III Nr. 3; krit. hierzu *Bauer/Krieger*, NZA 2004, 640; *Boecken/Hümmerich*, DB 2004, 2046; *Hümmerich*, NJW 2004, 2921, 2925 f.; *ders.*, SAE 2005, 100; *Kern/Kreutzfeldt*, NJW 2004, 3081; *Schweiger*, SGb 2007, 84 ff.
54 Ein arbeitsgerichtlicher Vergleich kann auch nach Ansicht der BA (DA § 144 SGB III Rn 144.19) keine Sperrzeit auslösen.
55 *Boecken/Hümmerich*, DB 2004, 2046, 2047; *Rolfs*, in: FS 50 Jahre BAG, 2004, S. 445, 454 ff.
56 BA, DA § 144 SGB III Rn 144.109.
57 S. nur *Boecken/Hümmerich*, DB 2004, 2046; *Hümmerich*, NJW 2004, 2921, 2925 f.; *ders.*, SAE 2005, 100; *ders.*, NJW 2007, 1025, 1028 f.; *Kern/Kreutzfeldt*, NJW 2004, 3081.
58 Eingeführt mit Wirkung zum 1.1.2004 durch Art. 1 Nr. 2 des Gesetzes zu Reformen am Arbeitsmarkt v. 24.12.2003, BGBl 2003 I S. 3002. S. dazu nur *Quecke*, RdA 2004, 86, 94 ff.; *Raab*, RdA 2005, 1.
59 S. *Bauer/Krieger*, NZA 2004, 640, 642; *Gagel*, NZA 2005,1328, 1330 und ZIP 2005, 332, 334; *Peters-Lange/Gagel*, NZA 2005, 740, 741; *Kern/Kreutzfeldt*, NJW 2004, 3081; *Lilienfeld/Spellbrink*, RdA 2005, 88, 96 f.; *Schuldt*, NZA 2005, 861; *Spellbrink*, BB 2006, 1274, 1276; *Thüsing/Wege*, JuS 2006, 97, 103; *Voelzke*, NZS 2005, 281, 287 f.
60 Vgl. auch BAG 31.5.2005 – 1 AZR 254/04 – AP § 112 BetrVG 1972 Nr. 175.
61 *Wank*, AP § 144 SGB III Nr. 3.

„sperrzeitprivilegierter Abwicklungsvertrag"[62] bezeichnet wird, sind allenfalls **formale Unterschiede** erkennbar,[63] die eine sperrzeitliche Privilegierung des Verfahrens nach § 1a KSchG nicht rechtfertigen können.[64] So hat nun auch das BSG in einem Urteil v. 12.7.2006[65] erwogen, für Streitfälle ab dem 1.1.2004 unter Heranziehung der Grundsätze des § 1a KSchG einen wichtigen Grund bei Abschluss eines Aufhebungsvertrages ohne die ausnahmslose Prüfung der Rechtmäßigkeit der AG-Künd anzuerkennen, wenn die Abfindungshöhe die in § 1a Abs. 2 KSchG vorgesehene nicht überschreitet.[66] Die BA hat ihre Durchführungsanweisungen an diese neue Rspr. angepasst.[67]

15 Die **Klagerücknahme** ist nach Ansicht des BSG kein Lösen.[68] Ist der AN nicht verpflichtet, sich gegen eine rechtswidrige Künd zur Wehr zu setzen, muss es ihm unbenommen sein, den aus der Sicht der Arbeitslosenversicherung nicht gebotenen Schritt wieder zurückzunehmen. **(Außer)gerichtliche Vereinbarungen**, die zur Beilegung eines Künd-Schutzprozesses geschlossen werden, sind sowohl als Aufhebungsvereinbarung (wenn sie konstitutiv das Arbverh beenden – etwa bei Vereinbarung eines Beendigungszeitpunkts, der vor dem durch Künd ausgesprochenen liegt)[69] oder als Abwicklungsvertrag denkbar und grds. nach dem Vorstehenden zu beurteilen. So hat das BSG mit Urt. vom 17.10.2006 entschieden, dass ein AN sein Beschäftigungsverhältnis durch die Vereinbarung über die Hinnahme einer Künd löst, wenn diese Vereinbarung im Rahmen eines arbeitsgerichtlichen Vergleichs geschlossen wird.[70] Es hat jedoch für diese Fälle den Eintritt einer Sperrzeit wegen Vorliegen eines wichtigen Grundes abgelehnt, wenn keine Gesetzesumgehung zu Lasten der Versichertengemeinschaft vorliegt.

16 **b) Arbeitsvertragswidriges Verhalten.** Dem Lösen des Beschäftigungsverhältnisses durch den AN gleichgestellt ist ein arbeitsvertragswidriges Verhalten des AN, das den AG zur Lösung des Beschäftigungsverhältnisses veranlasst hat. Arbeitsvertragswidriges Verhalten ist **jeglicher Verstoß gegen geschriebene oder ungeschriebene Haupt- und Nebenpflichten** aus dem Arbeitsvertrag.[71] Sperrzeitrelevant sind – das ergibt sich aus dem Wortlaut des Abs. 1 S. 2 Nr. 1 Alt. 2 – nur **verhaltensbedingte Künd**,[72] und zwar ordentliche Künd und außerordentliche Künd gleichermaßen. Personen- oder betriebsbedingte Künd sind von der Regelung nicht erfasst.[73] Entscheidend sind dabei immer die **tatsächlichen Geschehensabläufe**, die von der AA bzw. den SG von Amts wegen zu ermitteln sind. Im Hinblick darauf, dass die BA und die SG nicht an arbeitsrechtliche Entscheidungen gebunden sind, müssen auch Künd-Gründe, die bereits Gegenstand eines Künd-Schutzprozesses waren, im sozialgerichtlichen Verfahren nochmals geprüft werden.[74] Insoweit vermag auch eine vergleichsweise **Umbenennung** des Künd-Grundes im Künd-Schutzverfahren nicht, den Sperrzeiteintritt zu verhindern, wenn der Künd ein arbeitsvertragswidriges Verhalten des Arbeitslosen zugrunde lag.[75] Das arbeitsvertragswidrige Verhalten muss so schwerwiegend sein, dass es geeignet ist, die Künd des Beschäftigungsverhältnisses zu dem Zeitpunkt zu rechtfertigen, zu dem die Arbeitslosigkeit tatsächlich eingetreten ist.[76]

17 Nicht von Bedeutung sind im Rahmen des Abs. 1 S. 2 Nr. 1 **formelle Wirksamkeitsvoraussetzungen** wie das Erfordernis der Schriftform[77] sowie Verstöße gegen gesetzliche Künd-Verbote (z.B. § 9 MuSchG, § 18 BEEG, § 85 SGB IX, § 15 KSchG) oder Beteiligungsrechte (z.B. § 102 BetrVG,[78] § 85 SGB IX).[79] Auch die **Nichteinhaltung der Frist des § 626 Abs. 2 BGB** beseitigt nicht den Sperrzeitanlass.[80] Fehlt eine nach arbeitsrechtlichen Grundsätzen erforderliche **Abmahnung** (siehe § 1 KSchG Rn 309 ff.), so hat der AN dennoch die Lösung des Beschäftigungsver-

---

62 V. Steinau-Steinrück/Hurek, ZIP 2004, 1486, 1490.
63 Lilienfeld/Spellbrink, RdA 2005, 88, 97.
64 Lilienfeld/Spellbrink, RdA 2005, 88, 97; Peters-Lange/Gagel, NZA 2005, 740, 741.
65 BSG 12.7.2006 – B 11a AL 47/05 R – AP SGB III § 144 Nr. 8 m. Anm. Maties und krit. Anm. Boemke, SGb 2007, 302, 305 ff.; ebenso SG Duisburg – 19.10.2006 – S 12 (31) AL 46/06 – info also 2007, 70.
66 Krit. hierzu KR/Wolff, § 144 SGB III Rn 18e.
67 Siehe hierzu Lipinski/Kumm, BB 2008, 162 ff.; Lembke, DB 2008, 293 f.; Gaul/Niklas, NZA 2008, 137 ff.
68 BSG 20.4.1977 – 7 RAr 81/75 – DBlR § 117 AFG Nr. 2226a; ebenso Rolfs, in: FS 50 Jahre BAG, S. 445, 454 ff.
69 S. hierzu Rolfs, in: FS 50 Jahre BAG, S. 445, 453; BSG 5.8.1999 – B 7 AL 14/99 R – SozR 3-4100 § 119 Nr. 17.
70 BSG 17.10.2007 – B 11a AL 51/06 R – SozR 4-4300 § 144 Nr. 17, Weiterführung von BSG 18.12.2003 – B 11 AL 35/03 R – SozR 4-4300 § 144 Nr. 6.
71 BSG 15.12.2005 – B 7a AL 46/05 R – SozR 4-4300 § 144 Nr. 12; BSG 6.3.2003 – B 11 AL 69/02 R – SozR 4-4300 § 144 Nr. 2.
72 A.A. Löwisch, NZA 1998, 729, 730; Heinze, SGb 2000, 241, 244.

73 Spellbrink/Eicher/Voelzke, § 12 Rn 289 und 291; Gagel/Winkler, § 144 SGB III Rn 63; Hauck/Noftz/Valgolio, § 144 SGB III Rn 65.
74 BSG 25.4.1990 – 7 RAr 106/89 – SozR 3-4100 § 119 Nr. 3; BSG 15.5.1985 – 7 RAr 83/83 – SozR 4100 § 119 Nr. 2.
75 S. BSG 3.6.2004 – B 11 AL 70/03 R – SozR 4-4300 § 123 Nr. 2; BSG 25.4.1991 – 11 RAr 99/90 – SozR 3-4100 § 119a Nr. 1; BSG 25.3.1987 – 7 RAr 95/85 – juris.
76 BSG 25.4.1990 – 7 RAr 106/89 – SozR 3-4100 § 119 Nr. 3.
77 S. BSG 25.3.1987 – 7 RAr 95/85 – juris; BSG 15.12.2005 – B 7a AL 46/05 R – SozR 4-4300 § 144 Nr. 12; Gagel/Winkler, § 144 Rn 65; Niesel/Niesel, § 144 SGB III Rn 43; vgl. auch Schweiger, NZS 2001, 519, 520 f.
78 S. BSG 15.12.2005 – B 7a AL 46/05 R – SozR 4-4300 § 144 Nr. 12.
79 Vgl. BSG 25.3.1987 – 7 RAr 95/85 – juris; Hauck/Noftz/Valgolio, § 144 Rn 75. A.A. z.T. Gagel/Winkler, § 144 Rn 64, die eine Veranlassung zur Künd nur bejahen, wenn die im Einzelfall erforderliche Abmahnung sowie die Beteiligung des BR erfolgt ist bzw. die Zustimmung der Hauptfürsorgestelle eingeholt wurde.
80 S. BSG 15.12.2005 – B 7a AL 46/05 R – SozR 4-4300 § 144 Nr. 12; Niesel/Niesel, § 144 Rn 45; Spellbrink/Eicher/Voelzke, § 12 Rn 294.

hältnisses durch sein vertragswidriges Verhalten veranlasst. In diesem Fall kann aber eine grob fahrlässige Verursachung der Arbeitslosigkeit zu verneinen sein.[81]

Verliert ein AN, der zur Ausübung seiner Tätigkeit einer gültigen Fahrerlaubnis bedarf (z.B. Berufskraftfahrer, Außendienstmitarbeiter), in Ausführung seiner Tätigkeit seine Fahrerlaubnis (z.B. wegen Übertreten von Verkehrsregeln oder Trunkenheit am Steuer)[82] und wird ihm deswegen gekündigt, kann ein arbeitsvertragswidriges Verhalten zwar nicht in dem Verlust der Fahrerlaubnis, wohl aber in dem nicht verkehrsgerechten Verhalten gesehen werden und so eine Sperrzeit begründen. Beruht die Künd auf einem **außerdienstlichen Fehlverhalten** (z.B. private Trunkenheitsfahrt, die zum Entzug der Fahrerlaubnis führt), bejaht das BSG unter Hinweis auf die Rspr. des BAG ein vertragswidriges Verhalten des AN i.S.d. Abs. 1 S. 2 Nr. 1 Alt. 2, wenn das außerdienstliche Fehlverhalten zugleich einen Verstoß gegen eine arbeitsvertragliche Nebenpflicht darstellt.[83]

Der **Kirchenaustritt** eines bei einem kirchlichen AG Beschäftigten ist kein arbeitsvertragswidriges Verhalten.[84]

2. Kausalität. Eine Sperrzeit tritt in beiden Fällen des Abs. 1 S. 2 Nr. 1 nur ein, wenn die Lösung des Beschäftigungsverhältnisses bzw. deren Veranlassung durch den AN die eingetretene Arbeitslosigkeit herbeigeführt hat, das **sperrzeitbegründende Ereignis also ursächlich für die Arbeitslosigkeit** war. Gemeint ist hier nicht eine Arbeitslosigkeit i.S.d. § 119 Abs. 1, die neben der Beschäftigungslosigkeit auch Eigenbemühungen und Verfügbarkeit des Arbeitslosen fordert; ausreichend ist vielmehr die Verursachung der Beschäftigungslosigkeit.[85] Das Zusammenwirken mehrerer Ursachen ist nach der im Sozialrecht grds. geltenden **Ursachenlehre der wesentlichen Bedingung** zu beurteilen.[86] Ursächlich ist danach nur die Bedingung, die wegen ihrer besonders engen Beziehung zum Erfolg zu dessen Eintritt wesentlich mitgewirkt hat; Ursachen, die wegen ihrer geringen Wirkung für den eingetretenen Schaden vergleichsweise unbedeutend sind, bleiben außer Betracht.[87] Dem folgend hat das BSG die Künd eines AN, der sich frühzeitig (noch vor der Künd) mit der BA in Verbindung gesetzt hatte, im Hinblick auf den Vorrang der Vermittlung durch die BA nicht als wesentliche Bedingung für den Eintritt der Arbeitslosigkeit angesehen.[88]

Entscheidend für die Beurteilung der Kausalität ist der **tatsächliche Geschehensablauf**, hypothetische Geschehensabläufe (wie etwa eine angedrohte betriebsbedingte Künd des AG) bleiben außer Betracht.[89] Eine arbeitgeberseits angedrohte oder möglicherweise tatsächlich bevorstehende Künd kann für den AN allenfalls einen Sperrzeit ausschließenden wichtigen Grund für seine Künd oder für die einvernehmliche Beendigung des Beschäftigungsverhältnisses darstellen (siehe Rn 40 f.). Die sog. überholende Kausalität ist keine Frage der Kausalität, sondern der Schadenszurechnung[90] und als solche allenfalls bedeutsam für das Vorliegen eines wichtigen Grundes. War hingegen einem (außer)gerichtlichen Vergleich eine Künd des AG vorausgegangen, ist die Arbeitslosigkeit nicht durch den späteren Vergleich, sondern durch die Künd verursacht worden, wenn diese die Arbeitslosigkeit zum selben Zeitpunkt ausgelöst hätte.[91]

Der erforderliche Zurechnungszusammenhang ist zu verneinen, wenn das Beschäftigungsverhältnis (etwa infolge einer bestehenden Befristung) **ohnehin zu dem Zeitpunkt geendet hätte**, in welchem es durch die Künd des AN beendet worden ist. Hätte das Beschäftigungsverhältnis nicht zu demselben Zeitpunkt, sondern erst kurze Zeit später geendet, so ist die Lösung des Beschäftigungsverhältnisses durch den AN für den Eintritt der Arbeitslosigkeit ursächlich.[92] Zu beachten ist allerdings eine mögliche Verkürzung der Sperrzeit nach der Regelung des Abs. 3 S. 2 (dazu noch folgend siehe unten Rn 63 ff.).

---

81 Niesel/*Niesel*, § 144 Rn 45, 54; APS/*Steinmeyer*, 3. Teil Sozialrecht, Steuerrecht, E. Rn 469; s.a. LSG Nordrhein-Westfalen 26.10.1999 – L 7 AL 73/98 – NZS 2000, 314; a.A. Spellbrink/Eicher/*Voelzke*, § 12 Rn 295.

82 Sofern der Alkoholkonsum noch nicht die Grenze zur Krankheit überschritten hat, s. § 1 KSchG Rn 326 und 221 ff.

83 S. BSG 6.3.2003 – B 11 AL 69/02 R – SozR 4-4300 § 144 Nr. 2 mit zust. Anm. *Köhler*, SGb 2004, 50; LSG Baden-Württemberg 18.6.1998 – L 12 AL 3260/97 – E-LSG AL-174; LSG Rheinland-Pfalz 25.7.2002 – L 1 AL 134/01 – NZS 2003, 105; vgl. auch BSG 25.8.1981 – 7 RAr 44/80 – BB 1982, 559. Ebenso Niesel/*Niesel*, § 144 Rn 48; a.A. zu Recht APS/*Steinmeyer*, 3. Teil Sozialrecht, Steuerrecht, E., Rn 466; HWK/*Peters-Lange*, § 144 SGB III Rn 18; ErfK/*Rolfs*, § 144 SGB III Rn 13.

84 LSG Rheinland-Pfalz 3.3.2006 – L 1 AL 162/05 – juris, die BA hat die Berufung vor dem BSG (29.5.2008 – B 11a AL 63/06 R) zurückgenommen, DB 2008, 22.

85 BSG 25.4.2002 – B 11 AL 65/01 R – SozR 3-4300 § 144 Nr. 8; Fortführung von BSG 5.8.1999 – B 7 AL 14/99 R – SozR 3-4100 § 119 Nr. 17.

86 BSG 28.6.1991 – 11 RAr 81/90 – SozR 3-4100 § 119 Nr. 6.

87 S. BSG 28.6.1991 – 11 RAr 81/90 – SozR 3-4100 § 119 Nr. 6; s. zur Lehre der wesentlichen Bedingung auch BSG 31.5.2005 – B 2 U 12/04 R – NZS 2006, 323, 324; *Erlenkämper/Fichte*, S. 61 f.; Hauck/Noftz/*Valgolio*, § 144 Rn 91.

88 BSG 28.6.1991 – 11 RAr 81/90 – SozR 3-4100 § 119 Nr. 6; zust. Anm. *Buchner*, SGb 1992, 359 und *Berlinger*, AuB 1992, 154.

89 BSG 17.10.2002 – B 7 AL 16/02 R – AuB 2003, 56; BSG 5.8.1999 – B 7 AL 14/99 R – SozR 3-4100 § 119 Nr. 17 m.w.N.; ebenso *Buchner*, Anm. zu BSG 28.6.1991, SGb 1992, 359; *Estelmann*, VSSR 1997, 313, 336; *Gagel*, NZA 2005, 1328, 1329; Gagel/*Winkler*, § 144 Rn 76 f.; einschr. Niesel/*Niesel*, § 144 Rn 22.

90 *Estelmann*, VSSR 1997, 313, 336.

91 BSG 23.3.1995 – 11 RAr 39/94 – juris; Niesel/*Niesel*, § 144 Rn 39.

92 BSG 12.12.1984 – 7 RAr 49/84 – NZA 1985, 141; BSG 25.3.1987 – 7 RAr 95/85 – juris.

22 Nimmt der AN nach einer lösenden Beendigung des Beschäftigungsverhältnisses zunächst ein neues Beschäftigungsverhältnis auf und wird er erst im Anschluss daran durch betriebsbedingte Künd arbeitslos, dann ist nicht mehr die Lösung des ersten Beschäftigungsverhältnisses ursächlich für die später eingetretene Arbeitslosigkeit, sondern die das zweite Arbverh beendende betriebsbedingte Künd.[93] Ob dies auch in Fällen gilt, in denen ein sicheres Arbverh zugunsten eines gefährdeten Arbverh (z.B. **Wechsel von einem unbefristeten Arbverh in ein befristetes**) aufgegeben wird, ist umstr.[94] Das BSG hat in einem solchen Fall, in dem das nahtlos an das unbefristet anschließende befristete Arbverh mit Ablauf der Befristung endete, die **Kausalität** zwischen der Aufgabe des unbefristeten Beschäftigungsverhältnisses und die nach Ende des Anschluss-Arbverh eintretende Arbeitslosigkeit **bejaht**.[95] Allerdings hat es einen Sperrzeit ausschließenden wichtigen Grund für die Lösung des Beschäftigungsverhältnisses darin gesehen, dass die Aufnahme der befristeten Beschäftigung mit einem Wechsel in anderes Berufsfeld und der damit verbundenen Erlangung zusätzlicher Tätigkeit verbunden war.

Nach Ansicht der BA und des LSG Nordrhein-Westfalen kann auch der Abschluss eines Altersteilzeitvertrages zur Feststellung einer Sperrzeit führen.[96]

23 Im Fall des Abs. 1 S. 2 Nr. 1 Alt. 2 muss das **arbeitsvertragswidrige Verhalten** kausal (i.S.d. Wesentlichkeitstheorie) für die Lösung des Beschäftigungsverhältnisses durch den AG geworden sein und diese Lösung durch den AG muss – ebenfalls i.S. einer wesentlichen Bedingung – ihrerseits Ursache für den Eintritt der Beschäftigungslosigkeit sein (**mehrstufige Kausalitätsprüfung**).[97]

24 Kündigt der AG – obwohl ein vertragswidriges Verhalten vorgelegen hat – aus anderen Gründen, fehlt ein ursächlicher Zusammenhang. Daran würde auch ein späteres (vergleichsweises) Auswechseln des Künd-Grundes nichts ändern.[98]

25 Nach der Rspr. des BSG muss das **Verhalten des AN objektiv geeignet sein, die ausgesprochene Künd zu rechtfertigen**.[99] Denn eine solche könne nur ursächlich für die Arbeitslosigkeit sein, wenn sie rechtmäßig sei. Im Fall einer außerordentlichen Künd ist demnach zu überprüfen, ob ein wichtiger Grund i.S.d. § 626 BGB vorliegt.[100] Rechtfertigt vertragswidriges Verhalten des Arbeitslosen eine ordentliche, nicht aber die vom AG ausgesprochene **außerordentliche Künd**, so tritt eine Sperrzeit nach Abs. 1 S. 2 Nr. 1 nicht vor Ablauf der ordentlichen Künd-Frist ein.[101] Im Rahmen des Abs. 1 S. 2 Nr. 1 ist damit laut dem BSG folgend jeweils zu überprüfen, ob das Verhalten des Arbeitslosen objektiv geeignet ist, die Künd zu rechtfertigen.

26 Wird ein **befristetes Arbverh nach einem arbeitsvertragswidrigen Verhalten** des AN nach Ablauf der Befristung **unbefristet fortgesetzt**, tritt bei Künd des unbefristeten Arbverh durch den AG aus Anlass des früheren Verhaltens – unabhängig von der Rechtmäßigkeit der Künd – eine Sperrzeit für das Alg nicht ein.[102] Denn in diesem Fall hat der AN zunächst den Eintritt des Versicherungsfalls verhindert, der durch den Ablauf der Befristung (ohne die Sanktion der Sperrzeit) eingetreten wäre, und erst dadurch den späteren Eintritt des Versicherungsfalls anlässlich eines früheren Fehlverhaltens ermöglicht.[103]

27 **3. Verschulden.** Weitere Voraussetzung für eine Sperrzeit nach Abs. 1 S. 2 ist die vorsätzliche oder grob fahrlässige Herbeiführung der Arbeitslosigkeit durch die Aufgabe oder den Verlust des Arbeitsplatzes. Maßgeblich ist damit nicht, ob das Beschäftigungsverhältnis vorsätzlich oder fahrlässig gelöst bzw. die Lösung veranlasst wurde, sondern ob die Arbeitslosigkeit schuldhaft herbeigeführt wurde.[104] Der AN führt seine Arbeitslosigkeit **vorsätzlich** herbei, wenn er die Arbeitslosigkeit bewusst gewollt oder zumindest billigend in Kauf genommen hat.[105] **Grobe Fahrlässig-**

---

93 Vgl. BSG 21.9.1956 – 7 RAr 104/55 – BSGE 3, 298, 302.
94 Sperrzeit bejahend *Sauer*, NZS 1996, 415, 420 unter Hinw. auf BSG 21.9.1956 – 7 RAr 104/55 – BSGE 3, 298, 302; *Schweiger*, NZS 2002, 79, 82; im Grds. auch SG Mannheim 24.6.2003 – S 9 AL 229/03 – NZA-RR 2004, 109, 110; zu Recht ablehnend *Rolfs*, in: FS 50 Jahre BAG, 2004, S. 445, 458; Hauck/Noftz/*Valgolio*, § 144 SGB III Rn 96; s. zur Problematik auch *Weber*, AuB 2004, 97 ff.; *Pilz*, SGb 2005, 309, 310t.
95 BSG 12.7.2006 – B 11 AL 55/05 R – NJW 2006, 3517, 3518 m. krit. Anm *Ricken*; ebenso BA, DA zu § 144 SGB III Rn 144.25; *Schweiger*, NZS 2002, 79, 82, der aber eine Sperrzeit i.d.R. am fehlenden Verschulden scheitern lässt; offen gelassen BSG 26.10.2004 – B 7 AL 98/03 R – SozR 4-4300 § 144 Nr. 9.
96 BA, DA § 144 SGB III Rn 144.31; LSG Nordrhein-Westfalen 20.2.2008 – L 12 AL 47/07 – juris, n.r.
97 S. BSG 15.12.2005 – B 7a AL 46/05 R – SozR 4-4300 § 144 Nr. 12; vgl. zu dieser mehrstufigen Kausalkette Spellbrink/Eicher/*Voelzke*, § 12 Rn 300.
98 Vgl. BSG 25.4.1991 – 11 RAr 99/90 – SozR 3-4100 § 119a Nr. 1.
99 S. BSG 25.4.1990 – 7 RAr 106/89 – SozR 3-4100 § 119 Nr. 3 m.w.N.; ebenso Niesel/*Niesel*, § 144 Rn 50 f.; a.A. APS/*Steinmeyer*, 3. Teil Sozialrecht, Steuerrecht, E. Rn 468, der die Kausalität auch in Fällen unberechtigter Künd bejaht, die Frage der Rechtmäßigkeit der Künd dann bei der Frage des Verschuldens berücksichtigt.
100 S. BSG 21.7.1988 – 7 RAr 41/86 – SozR 4100 § 119 Nr. 32.
101 BSG 25.4.1990 – 7 RAr 106/89 – SozR 3-4100 § 119 Nr. 3.
102 BSG 15.12.2005 – B 7a AL 46/05 R – SozR 4–4300 § 144 Nr. 12.
103 BSG 15.12.2005 – B 7a AL 46/05 R – SozR 4–4300 § 144 Nr. 12.
104 A.A. *Schweiger*, NZS 2002, 79, 81, der das Verschuldenserfordernis auch auf das sperrzeitrechtlich relevante Verhalten bezieht.
105 *Karasch*, zfs 1999, 266, 267.

keit liegt vor, wenn der Arbeitslose die erforderliche Sorgfalt in besonders schweren Maße verletzt hat (§ 45 Abs. 2 S. 3 Nr. 3 SGB X). Dies ist der Fall, wenn schon einfachste, ganz nahe liegende Überlegungen nicht angestellt werden, wenn also dasjenige unbeachtet geblieben ist, was im gegebenen Falle jedem hätte einleuchten müssen.[106] Bei Feststellung eines solchen schweren Sorgfaltsverstoßes ist ein **subjektiver Verschuldensbegriff**[107] zugrunde zu legen, bei dem Urteils-, Einsicht-, und Kritikvermögen des Arbeitslosen zu berücksichtigen sind.[108] Von dem Vorliegen grober Fahrlässigkeit ist auszugehen, wenn der AN im Hinblick auf die allg. Verhältnisse auf dem für ihn in Betracht kommenden Arbeitsmarkt vernünftigerweise nicht mit einem Anschlussarbeitsplatz rechnen konnte,[109] etwa wenn ein AN sein Beschäftigungsverhältnis allein mit der Hoffnung löst, seine Bewerbung bei einem anderen AG werde erfolgreich sein, ohne dass allerdings ernstzunehmende Aussichten auf eine Einstellung bestanden.

Bei einer **Lösung des Beschäftigungsverhältnisses** nach Abs. 1 S. 2 Nr. 1 Alt. 1 wird i.d.R. eine **vorsätzliche** Herbeiführung der Arbeitslosigkeit durch eine Künd des AN oder einer einvernehmlichen Beendigung gegeben sein, wenn der AN weiß, dass eine konkrete Aussicht auf einen Anschlussarbeitsplatz nicht besteht.[110] Nicht erforderlich ist, dass bereits ein schriftlicher Arbeitsvertrag mit einem neuen AG geschlossen wurde oder dieser bereits eine feste Einstellungszusage erteilt hat. Ein vorsätzliches Verhalten ist vielmehr bereits dann zu verneinen, wenn im Zeitpunkt des Lösens eine realisierbare Chance auf einen Anschlussarbeitsplatz bestand. **Grob fahrlässig** führt ein AN seine Arbeitslosigkeit herbei, wenn er sein Beschäftigungsverhältnis löst und unter Berücksichtigung seiner beruflichen Fähigkeiten und den Verhältnissen des Arbeitsmarktes vernünftigerweise nicht mit einer Anschlussbeschäftigung rechnen konnte.[111] Ein vorsätzliches Verhalten des AN steht in Frage, wenn er **durch Täuschung oder Drohung zur Aufhebung veranlasst worden ist oder aufgrund eines Irrtums** die Folgen seines Handelns nicht übersehen konnte oder anders eingeordnet hat.[112] Hier ist dann zu prüfen, ob der Irrtum vermeidbar, das Handeln grob fahrlässig war.

Der in Abs. 1 S. 2 Nr. 1 zum Ausdruck gekommene Grundsatz, nach dem von einem AN, der sich verändern will, erwartet wird, dass er das vorhandene Arbverh nur löst, wenn er konkrete Aussichten auf einen Arbeitsplatz hat, auf den er ohne zwischenzeitliche Beschäftigungslosigkeit wechseln kann, gilt nach Ansicht des BSG grds. auch für AN, die für die Zeit nach Beendigung des Dienstverhältnisses einem vertraglichen entgeltlichen **Wettbewerbsverbot** nach §§ 74 ff. HGB unterliegen.[113]

Wird die Arbeitslosigkeit durch eine **AG-Künd** hervorgerufen, so ist für die Schuldfeststellung des **AN** zu untersuchen, ob dieser wegen seines Fehlverhaltens **mit einer Künd rechnen musste** und so die anschließende Arbeitslosigkeit vorhersehen konnte. Entscheidend ist, ob der AN die zur Arbeitslosigkeit führende Kausalkette verursacht und zu verantworten hat.[114] Dabei muss dem AN nicht jedes Glied der Kausalkette zumindest i.S. grober Fahrlässigkeit vorwerfbar sein, sondern nur die Verursachung der Arbeitslosigkeit.[115] Das der Künd zugrunde liegende arbeitsvertragswidrige Verhalten, das üblicherweise ein Verschulden voraussetzt, muss somit nicht vorsätzlich oder grob fahrlässig erfolgt sein.[116] Ausreichend ist bereits eine **einfache Pflichtverletzung**, sofern der AN z.B. aufgrund wiederholter Pflichtverletzung und vorheriger Abmahnung sicher mit der Künd rechnen musste.[117]

Erfordert eine wirksame Künd eine vorherige einschlägige Abmahnung des Arbeitslosen, in der ihm sein Fehlverhalten und die Konsequenzen (Künd) eines erneuten Verstoßes aufgezeigt wurden, so verneint das BSG eine **grob fahrlässige Herbeiführung** der Arbeitslosigkeit mangels Vorhersehbarkeit, **wenn eine Abmahnung nicht erfolgt war**.[118] Dies gilt nur dann, wenn eine Abmahnung arbeitsrechtlich auch für eine verhaltensbedingte Künd entbehrlich wäre (siehe § 1 KSchG Rn 311). Allerdings kann aus dem Vorliegen einer vor der Künd erfolgten Abmahnung bei einem neuerlichen Fehlverhalten nicht zwingend auf ein grob fahrlässiges Verhalten des Arbeitslosen geschlossen werden. Ging dieser bei seinem Tun etwa davon aus, der AG sei nachsichtiger und werde (bspw. im Hinblick auf eine lange Betriebszugehörigkeit) auch bei dem neuerlichen vertragswidrigen Verhalten keine Künd aussprechen, so ist das Verschulden des Arbeitslosen zweifelhaft und im jeweiligen Einzelfall näher zu untersuchen.

---

106 BSG 25.8.1981 – 7 RAr 44/80 – BB 1982, 559; BSG 31.8.1976 – 7 RAr 112/74, SozR 4100 § 152 Nr. 3.
107 BSG 15.12.2005 – B 7a AL 46/05 R – SozR 4–4300 § 144 Nr. 12; BSG 15.5.1985 – 7 RAr 83/83 – SozR 4100 § 119 Nr. 26; 31.8.1976 – 7 RAr 112/74 – SozR 4100 152 Nr. 3.
108 Hauck/Noftz/*Valgolio*, § 144 Rn 101.
109 BSG 12.4.1984 – 7 RAr 28/83 – DBlR § 119 AFG Nr. 2959; BSG 18.2.1987 – 7 RAr 72/85 – SozR 4100 § 119 Nr. 30.
110 BSG 28.6.1990 – 7 RAr 124/89 – DBlR § 119 AFG Nr. 3650a; BSG 20.4.1977 – 7 RAr 112/75 – SozR 4100 § 119 Nr. 2; BSG 12.11.1981 – 7 RAr 21/81 – SozR 4100 § 119 Nr. 17.
111 BSG 20.4.1977 – 7 RAr 112/75 – SozR 4100 § 119 Nr. 2; BSG 18.2.1987 – 7 RAr 72/85 – SozR 4100 § 119 Nr. 30; BSG 28.6.1990 – 7 RAr 124/89 – DBlR § 119 AFG Nr. 3650a m.w.N.
112 Gagel/*Winkler*, § 144 Rn 83.
113 BSG 28.6.1990 – 7 RAr 124/89 – DBlR § 119 AFG Nr. 3650a.
114 BSG 25.4.1990 – 7 RAr 106/89 – SozR 3-4100 § 119 Nr. 3.
115 BSG 15.12.2005 – B 7a AL 46/05 R – SozR 4–4300 § 144 Nr. 12; vgl. auch BSG SozR 4100 § 199 Nr. 26; Spellbrink/Eicher/*Voelzke*, § 12 Rn 305; KR/*Wolff*, § 144 SGB III Rn 28; a.A. Gagel/*Winkler*, § 144 Rn 83; APS/*Steinmeyer*, 3. Teil Sozialrecht, Steuerrecht, E. Rn 485.
116 BSG 15.12.2005 – B 7a AL 46/05 R – SozR 4–4300 § 144 Nr. 12.
117 KR/*Wolff*, § 144 SGB III Rn 30.
118 BSG 6.3.2003 – B 11 AL 69/02 R – SozR 4-4300 § 144 Nr. 2; Niesel/*Niesel*, § 144 Rn 54; *Winkler*, info also 1990, 138, 139. A.A. Spellbrink/Eicher/*Voelzke*, § 12 Rn 295 und 306, der bei Fehlen einer erforderlichen Abmahnung bereits den Tatbestand als nicht erfüllt ansieht.

32 **4. Fehlen eines wichtigen Grundes. a) Allgemeines.** Eine Sperrzeit tritt nur ein, wenn der Arbeitslose für sein versicherungswidriges Verhalten keinen wichtigen Grund hat. Das BSG konkretisiert den unbestimmten Rechtsbegriff „wichtiger Grund" in st. Rspr. anhand von Sinn und Zweck der Sperrzeitregelung[119] und verneint einen wichtigen Grund ebenso wie der Gesetzgeber, wenn dem „AN unter **Berücksichtigung aller Umstände des Einzelfalles und unter Abwägung seiner Interessen und der Interessen der Versichertengemeinschaft ein anderes Verhalten zugemutet** werden kann".[120] Dabei muss der wichtige Grund nicht nur die Lösung des Beschäftigungsverhältnisses, sondern gerade auch den **konkreten Zeitpunkt** der Lösung decken,[121] d.h. der Arbeitslose muss einen wichtigen Grund dafür haben, dass er das Arbverh zu dem bestimmten, von ihm gewählten Zeitpunkt auflöst.[122]

33 Der wichtige Grund muss **objektiv vorliegen**[123] und zwar im Zeitpunkt des versicherungswidrigen Verhaltens.[124] Nicht erforderlich ist es, dass der Arbeitslose ihn seinem Verhalten zugrunde gelegt oder überhaupt gekannt hat.[125] So reicht es aus, wenn der wichtige Grund im Zeitpunkt der Sperrzeit relevanten Verhaltens objektiv besteht und auch erst nachträglich erkennbar wird.[126] Umgekehrt liegt ein wichtiger Grund nicht vor, wenn der Arbeitslose **irrtümlich** vom Vorliegen eines wichtigen Grundes ausgeht.[127] Nimmt der Arbeitslose irrtümlich Umstände, die einen wichtigen Grund begründen würden, als gegeben an oder bewertet er einen Sachverhalt irrtümlich als wichtigen Grund, so vermag eine solche Vorstellung des Arbeitslosen einen wichtigen Grund nicht zu begründen, kann aber im Fall des Abs. 1 S. 2 Nr. 1 zur Annahme einer besonderen Härte i.S.d. Abs. 3 S. 2 Nr. 2 lit. b) und so zu einer Verkürzung der Sperrzeit auf sechs Wochen führen.

34 Im Hinblick darauf, dass es nach den allg. Grundsätzen der Rspr. des BSG zur Frage eines wichtigen Grundes wesentlich darauf ankommt, ob dem AN die Fortführung des Beschäftigungsverhältnisses zumutbar gewesen wäre, ist ein wichtiger Grund zur Arbeitsaufgabe nur anzunehmen, wenn der Arbeitslose zuvor einen **zumutbaren Versuch** unternommen hat, den **Grund zu beseitigen**.[128] Dabei ist ein Versuch dann unzumutbar, wenn die individuellen Umstände, insb. das Verhalten des AG, die Annahme rechtfertigen, eine Vorsprache habe keinerlei Aussicht auf Erfolg.[129] So ist ein wichtiger Grund zu verneinen, wenn ein AN das Beschäftigungsverhältnis wegen der ständigen arbeitgeberseitigen Weisung zur **Überschreitung von Lenkzeiten** gelöst hat, ohne zuvor überhaupt einen Versuch gemacht zu haben, mit dem AG zu sprechen.[130]

35 Nach Ansicht des BSG erfordert der unbestimmte Rechtsbegriff des wichtigen Grundes, dass nicht nur Gründe für die Aufgabe des Beschäftigungsverhältnisses, sondern auch das Treffen von **Vorkehrungen zur Erhaltung des bisherigen sowie zur Erlangung eines Anschluss-Arbverh** in die wertende Betrachtung einzubeziehen sind.[131] Entscheidend ist damit auch, ob sich der Arbeitslose vor der Lösung hinreichend um eine Anschlussbeschäftigung bemüht hat. Daraus kann jedoch dann kein Nachteil für den AN bzw. Arbeitslosen erwachsen, wenn er zumindest nicht aufgrund mind. grob fahrlässigen Verhaltens keine Anschlussbeschäftigung hat.[132]

36 Ist der Grund nicht als „wichtig" i.S.d. Abs. 1 S. 1 einzustufen, ist zu prüfen, ob er eine Herabsetzung der Sperrzeit wegen besonderer Härte nach Abs. 3 S. 2 Nr. 2 lit. b) zu rechtfertigen vermag.

37 **b) Gründe aus dem beruflichen Bereich.** Objektiv unzumutbar ist die Weiterführung des Arbverh jedenfalls immer dann, wenn der AN nach arbeitsrechtlichen Grundsätzen zur **fristlosen Künd** berechtigt gewesen wäre[133] oder die Voraussetzungen eines erfolgreichen Auflösungsantrags nach § 9 KSchG erkennbar sind.[134] Im Hinblick darauf,

---

119 BSG 26.10.2004 – B 7 AL 98/03 R – SozR 4-4300 § 144 Nr. 9; BSG 8.11.2001 – B 11 AL 31/01 R – SozR 3-4300 § 144 Nr. 7; BSG 5.11.1998 – B 11 AL 5/98 R – SozR 3-4100 § 119 Nr. 6, m.w.N.
120 BSG 26.10.2004 – B 7 AL 98/03 R – SozR 4-4300 § 144 Nr. 9; BSG 21.10.2003 – B 7 AL 92/02 R – SozR 4-4300 § 144 Nr. 4. So auch die Begründung des Bundestags-Ausschusses für Arbeit zu BT-Drucks 5/4110, S. 21. Zur Kritik an dieser „Leerformel" s. Gagel/Winkler, § 144 Rn 90; Kunze, VSSR 1997, 259, 270.
121 BSG 26.10.2004 – B 7 AL 98/03 R – SozR 4-4300 § 144 Nr. 9; BSG 25.4.2002 – B 11 AL 65/01 R – SozR 3-4300 § 144 Nr. 8; BSG 29.4.1998 – B 7 AL 56/97 R – SozR 3-4100 § 119 Nr. 15 m.w.N.; s.a. Eicher, SGb 2005, 553, 555; Lilienfeld/Spellbrink, RdA 2005, 88, 90.
122 BSG 25.10.1988 – 7 RAr 37/87 – SozR 4100 § 119 Nr. 33 m.w.N.; BSG 5.11.1998 – B 11 AL 5/98 R – SozR 3-4300 § 119 Nr. 16 m.w.N.
123 St. Rspr. s. nur BSG 28.6.1991 – 11 RAr 81/90 – SozR 3-4100 § 119 Nr. 6; ebenso Gagel/Winkler, § 144 Rn 91; Niesel/Niesel, § 144 Rn 122; Erfk/Rolfs, § 144 SGB III Rn 27; a.A. Preis/Schneider, FS zum 25-jährigen Bestehen der AG Arbeitsrecht, 2005, 1301, 1313.
124 Eicher, SGb 2005, 553, 555.
125 BSG 28.6.1991 – 11 RAr 81/90 – SozR 3-4100 § 119 Nr. 6.
126 Spellbrink/Eicher/Voelzke, § 12 Rn 36.
127 BSG 13.3.1997 – 11 RAr 25/96 – SozR 3-4100 § 119 Nr. 11; BSG 29.11.1989 – 7 RAr 86/88, SozR 4100 § 119 Nr. 36.
128 BSG 6.2.2003 – B 7 AL 72/01 R – SozR 4-4100 § 119 Nr. 1; s. bereits BSG 29.11.1988 – 11/7 RAr 91/87 – SozR 4100 § 119 Nr. 34.
129 BSG 6.2.2003 – B 7 AL 72/01 R – SozR 4-4100 § 119 Nr. 1.
130 BSG 6.2.2003 – B 7 AL 72/01 R – SozR 4-4100 § 119 Nr. 1.
131 BSG 27.5.2003 – B 7 AL 4/02 R – SozR 4-4300 § 144 Nr. 3. Nach Ansicht von Eicher, SGb 2005, 553, 556, ist diese Forderung im Hinblick auf die Regelung des § 37b und der Sanktionen bei Zuwiderhandlung (s. § 37b Rn 1 f.) nicht aufrechtzuerhalten.
132 BSG 27.5.2003 – B 7 AL 4/02 R – SozR 4-4300 § 144 Nr. 3.
133 LSG Nordrhein-Westfalen 20.3.1998 – L 13 Ar 37/97 – juris.
134 Gagel, RdA 2005, 1328, 1330.

dass der Anwendungsbereich des § 144 sowohl ordentliche als auch außerordentliche Künd erfasst, ist der Begriff des „wichtigen Grundes" **nicht mit dem des § 626 Abs. 1 BGB identisch**.[135] Auch ein „nur" zu einer ordentlichen Künd berechtigender Grund kann ein „wichtiger Grund" i.S.d. Abs. 1 sein, nämlich dann, wenn eine Weiterführung des Arbverh über die ordentliche Künd-Frist hinaus dem AN nicht zugemutet werden kann.

Ein wichtiger Grund können etwa **Vertragsverletzungen des AG** (z.B. Lohnrückstand, Nichteinhalten von Sicherheitsvorschriften[136] u.Ä.) oder ein unrechtmäßiges oder nicht sozialadäquates **Verhalten des AG oder anderer Mitarbeiter** (z.B. Mobbing, sexuelle Belästigung)[137] sein. Auch Passivrauchen kann ein wichtiger Grund für die Aufgabe des Beschäftigungsverhältnisses sein.[138] **Mobbing** am Arbeitsplatz kann für den hiervon betroffenen AN einen wichtigen Grund zur Lösung des Beschäftigungsverhältnisses darstellen, wenn es in einem Maße ausgeübt wird, dass dem AN die Fortführung des Arbverh nicht mehr zuzumuten ist.[139] Erforderlich ist allerdings, dass objektiv festgestellt werden kann, worin die Ausübung des Druckes bestanden hat. Als wichtiger Grund kommen auch **Verletzungen der Fürsorgepflicht** sowie sonstige Handlungen des AG, die das Vertrauensverhältnis zerstören oder nachhaltig beeinträchtigen (z.B. unberechtigte Verdachts-Künd), in Betracht.[140]

Die Fortsetzung des Beschäftigungsverhältnisses kann auch dann unzumutbar sein, wenn die arbeitgeberseits zugewiesene **Tätigkeit** mit Rücksicht auf die Dauer der Betriebszugehörigkeit und das Lebensalter **unangemessen** ist.[141] Bei fehlender beiderseitiger Tarifbindung liegt ein wichtiger Grund zur Arbeitsaufgabe nicht bereits in einer **untertariflichen Entlohnung**, sondern ist erst dann zu bejahen, wenn die Grenze der Sittenwidrigkeit überschritten ist (vgl. §§ 36 Abs. 1, 121). Dies ist nach Ansicht der BA erst bei einer mehr als 30 %igen Unterschreitung des Tarif- oder ortsüblichen Arbeitsentgelts der Fall.[142] Umstände aus dem Beschäftigungsverhältnis begründen nur dann einen wichtigen Grund für dessen Lösung, wenn zu deren **Beseitigung** durch Vereinbarung mit dem AG ein **zumutbarer Versuch** möglich und unternommen worden ist. Dabei ist ein Versuch dann unzumutbar, wenn die individuellen Umstände, insb. das Verhalten des AG, die Annahme rechtfertigen, eine Vorsprache habe keinerlei Aussicht auf Erfolg.[143] Als wichtigen Grund hatte das BSG auch das **Fehlen von Aufstiegschancen** eines Facharbeiters, der mit Aufgaben eines ungelernten Arbeiters betraut war, anerkannt.[144] Ob eine Künd wegen fehlender Aufstiegschancen ohne Aussicht auf einen Anschlussarbeitsplatz heute noch als wichtiger Grund anzuerkennen ist, ist im Hinblick auf die zwischenzeitlich verschärften Zumutbarkeitsregelungen in § 121 Abs. 3 zweifelhaft.

In Fällen, in denen ein AN das Beschäftigungsverhältnis durch Künd oder Aufhebungsvertrag beendet, weil anderenfalls der AG das Beschäftigungsverhältnis zum selben Zeitpunkt durch wirksame Künd beendet hätte, hatte das BSG einen wichtigen Grund lange Zeit nur bejaht, wenn dem Arbeitslosen ein **Abwarten der AG-Künd nicht zumutbar** gewesen ist.[145] Für unzumutbar erachtete es ein Abwarten, wenn der AN durch sein lösendes Verhalten mit einer arbeitgeberseitigen Künd objektiv verbundene Nachteile für sein berufliches Fortkommen vermieden hat,[146] etwa weil der „Makel einer Künd" für die künftige Stellensuche verhindert wird.[147] In einer Entscheidung v. 25.4.2002 hat das BSG erstmals im Hinblick auf den Zweck der Sperrzeit und das verfassungsrechtliche Übermaßverbot Bedenken geäußert, in Fällen einer rechtmäßigen Künd, in denen sich der **AN rechtlich nicht gegen die Beendigung seines Beschäftigungsverhältnisses wehren kann**, dem AN ein Abwarten der AG-Künd zuzumuten.[148] Ein wichtiger Grund für das Lösen des Beschäftigungsverhältnisses sei nach Ansicht des BSG vielmehr anzuerkennen, wenn der AG eine fristgemäße, sozial gerechtfertigte Künd angedroht hat, der AN sich **auf einer Namensliste nach § 1 Abs. 5 KSchG** befindet und durch sein Verhalten keinen Anlass für die Künd gegeben hat.[149]

Eine **drohende AG-Künd** kann folglich nach der Rspr. des BSG und der darauf gestützten geänderten Rechtsauffassung der BA[150] einen wichtigen Grund darstellen, wenn der AG mit Bestimmtheit eine Künd in Aussicht gestellt hat, die drohende AG-Künd auf betriebliche Gründe gestützt würde und die Künd zu demselben Zeitpunkt, zu dem das Beschäftigungsverhältnis geendet hat, wirksam und arbeitsrechtlich zulässig gewesen wäre.[151] Dabei müsste die

---

135 Niesel/*Niesel*, § 144 Rn 127; Gagel/*Winkler*, § 144 Rn 96 f.; a.A. *Kunze*, VSSR 1997, 259, 280.
136 BSG 6.2.2003 – B 7 AL 72/01 R – SozR 4-4100 § 119 Nr. 1.
137 BA, DA zu § 144 SGB III Rn 144.88; *Johannsen*, ZTR 1998, 301, 308.
138 LSG Hessen 11.10.2006 – L 6 AL 24/05 – DB 2007, XV III.
139 Vgl. BSG 25.4.1990 – 7 RAr 16/89 – DBlR § 119 AFG Nr. 3649; BSG 21.10.2003 – B 7 AL 92/02 R – SozR 4-4300 § 144 Nr. 4.
140 KR/*Wolff*, § 144 SGB III Rn 36.
141 BSG 13.8.1986 – 7 RAr 1/86 – NZA 1987, 180, 181.
142 BA, DA zu § 144 SGB III Rn 144.85.
143 BSG 6.2.2003 – B 7 AL 72/01 R – SozR 4-4100 § 119 Nr. 1.
144 BSG 13.8.1986 – 7 RAr 1/86 – SozR 4100 § 119 Nr. 28.
145 BSG 25.4.2002 – B 11 AL 65/01 R – SozR 3-4100 § 128 Nr. 8; BSG 18.12.2003 – B 11 AL 35/03 R – SozR 4–4300 § 144 Nr. 6.
146 BSG 25.4.2002 – B 11 AL 65/01 R – SozR 3-4100 § 128 Nr. 8; BSG 17.10.2002 – B 7 AL 134/01 R – EzA-SD 2003, 14 m.w.N.
147 So LSG NRW 17.2.2001 – L 1 AL 32/01 – juris.
148 BSG 25.4.2002 – B 11 AL 65/01 R – SozR 3-4300 § 144 Nr. 8.
149 BSG 25.4.2002 – B 11 AL 65/01 R – SozR 3-4300 § 144 Nr. 8.
150 Siehe hierzu Gaul/*Niklas*, NZA 2008, 137 ff.; *Lipinski/Kumm*, BB 2008, 162 ff.; *Lembke*, DB 2008, 293 f.
151 BSG 25.4.2002 – B 11 AL 65/01 R – SozR 3-4100 § 128 Nr. 8; BSG 18.12.2003 – B 11 AL 35/03 R – SozR 4–4300 § 144 Nr. 6.

drohende Künd **objektiv rechtmäßig** gewesen sein, subjektive Vorstellungen des AN sind nicht ausreichend.[152] Insoweit ist auch die Formulierung im Aufhebungsvertrag „zur Vermeidung einer ansonsten unumgänglichen, fristgerechten betriebsbedingten Künd" nicht ausreichend, einen wichtigen Grund zu bejahen.[153] Als Indizien für die Rechtmäßigkeit wertet das BSG die Einschaltung bzw. Beteiligung des BR durch einen Interessenausgleich oder Sozialplan.[154] Bestehen Zweifel an der Rechtmäßigkeit der angedrohten Künd, sind diese von Amts wegen aufzuklären (§ 103 SGG). Nach den Grundsätzen der objektiven Beweislast geht die Nichtaufklärbarkeit zu Lasten der BA, die grds. (Ausnahme: Abs. 1 S. 4) die Beweislast für das Nichtvorliegen eines wichtigen Grundes trägt (siehe Rn 74).[155]

42 Wegen ihres fehlenden Künd-Schutzes (§ 14 Abs. 2 KSchG) bejaht das BSG bei **leitenden Ang** einen wichtigen Grund, wenn diesen ohne Abschluss des Aufhebungsvertrages die fristgerechte Künd und für den Fall ihrer Sozialwidrigkeit die Auflösung des Arbverh auf Antrag des AG gem. § 9 Abs. 1 S. 2 i.V.m. § 14 Abs. 2 S. 2 KSchG droht.[156] Das BSG hat in einem Urteil v. 17.11.2005[157] darüber hinaus festgestellt, dass **bei drohenden rechtmäßigen Künd des AG im Regelfall** – also nicht nur bei leitenden Ang – ein **wichtiger Grund** anzunehmen sei.[158] Das Interesse an der **Zahlung einer Abfindung** sei für sich allein jedoch nicht geeignet, einen wichtigen Grund darzustellen,[159] könne aber umgekehrt auch kein Ausschlussgrund sein.[160]

43 **Unterschreitet oder übersteigt** bei einer einvernehmlichen Beendigung die **vereinbarte Abfindung nicht die in § 1a Abs. 2 KSchG festgelegten Grenzen**, (siehe Rn 14) erkennt das BSG in seiner jüngeren Rspr.[161] einen wichtigen Grund ohne die ausnahmslose Prüfung der Rechtmäßigkeit an. Nur wenn die Abfindungshöhe den Rahmen des von § 1a KSchG Vorgesehenen über- (oder auch unter-) schreitet, ist damit künftig die Rechtmäßigkeit der drohenden AG-Künd zu überprüfen.[162] Die BA bejaht einen wichtigen Grund, sofern die Abfindung einen Betrag von 0,25 bis 0,5 Monatsgehältern je Beschäftigungsjahr nicht überschreitet und

- die Künd vom AG mit Bestimmtheit in Aussicht gestellt und
- auf betrieblich Gründe gestützt wurde,
- sie zu demselben Zeitpunkt zu dem das Beschäftigungsverhältnis geendet hat oder früher wirksam geworden wäre,
- im Falle der AG-Künd die Künd-Frist eingehalten würde und
- der AN nicht unkündbar war.[163]

44 – Ein wichtiger Grund kann nach Ansicht des BSG ggf. auch bei einer drohenden oder feststehenden, aber noch nicht erfolgten **rechtswidrigen Künd** aufgrund sonstiger Umstände, etwa des Verhaltens des AG, vorliegen.[164] Bei älteren – oftmals unkündbaren – AN kann ein wichtiger Grund im Zusammenhang mit einem **betrieblichen Personalabbau** gegeben sein.[165] Das BSG stellt insoweit hohe Anforderungen an das Vorliegen eines wichtigen Grundes.[166]

45 Löst der AN ein **unbefristetes Beschäftigungsverhältnis**, um eine befristete Beschäftigung aufzunehmen, bejaht das BSG einen wichtigen Grund für die Lösung des Beschäftigungsverhältnisses, wenn im Zeitpunkt der Lösung ob-

---

152 BSG 25.4.2002 – B 11 AL 65/01 R – SozR 3-4100 § 128 Nr. 8; BSG 12.4.1984 – 7 RAr 28/83 – DBlR § 119 AFG Nr. 2959.
153 Gleichwohl kann ein solcher Hinweis – ebenso wie die Benennung der Künd-Gründe in einem Künd-Schreiben – für die AA hilfreich sein und ggf. ein Nachfragen ersparen.
154 BSG 25.4.2002 – B 11 AL 65/01 R – SozR 3-4100 § 128 Nr. 8.
155 BSG 17.10.2002 – B 7 AL 136/01 R – SozR 3-4300 § 144 Nr. 12 m.w.N.
156 BSG 17.11.2005 – B 11a/11 AL 69/04 R – SozR 4–4300 § 144 Nr. 11, Anschluss an und Fortführung von BSG 25.4.2002 – B 11 AL 65/01 R – SozR 3-4300 § 144 Nr. 8 und BSG 16.10.2003 – B 11 AL 1/03 R – SozR 4-4300 § 147a Nr. 1, m. abl. Anm. *Hase*, AuB 2006, 58.
157 BSG 17.11.2005 – B 11a/11 AL 69/04 R – SozR 4–4300 § 144 Nr. 11.
158 Anders wohl BSG 17.10.2002 – B 7 AL 136/01 R – SozR 3-4300 § 144 Nr. 12.
159 BSG 25.4.2002 – B 11 AL 65/01 R – SozR 3-4100 § 128 Nr. 8; s.a. BSG 20.1.2000 – B 7 AL 20/99 R – EzA § 144 SGB III Nr. 3; BSG 5.6.1997 – 7 RAr 22/96 – SozR 3-1500 § 144 Nr. 12 m.w.N.
160 BSG 17.11.2005 – B 11a/11 AL 69/94 R – SozR 4–4300 § 144 Nr. 11.
161 BSG 17.10.2007 – B 11a AL 51/06 R – SozR 4–4300 § 144 Nr. 17; BSG 23.7.2006 – B 11a AL 47/05 R – AP SGB III § 144 Nr. 8; krit. hierzu und insb. zur Maßgeblichkeit der Abfindungshöhe s. *Hümmerich*, NJW 2007, 1025; ähnl. auch *Gagel*, RdA 2005, 1328, 1330; *ders.*, ZIP 2005, 332, 334; *Peters-Lange/Gagel*, NZA 2005, 740, 741; *Voelzke*, NZS 2005, 281, 287; *Lilienfeld/Spellbrink*, RdA 2005, 88, 96 f.; *Spellbrink*, BB 2006, 1274, 1276; z.T. werden auch höhere oder niedrigere Abfindungen als nach § 1a KSchG für sperrzeitunschädlich gehalten: *Bauer/Krieger*, NZA 2004, 640, 642; *Kramer*, AuR 2004, 402, 405; *Wolff*, DStR 2005, 115, 117; a.A. *Wank*, AP § 144 SGB II Nr. 3, der § 1a KSchG und den Abwicklungsvertrag in gleicher Weise als sperrzeitrelevant behandeln will.
162 SG Duisburg 19.10.2006 – S 12 (31) AL 46/06 – info also 2007, 70.
163 BA, DA § 144 SGB III Rn 144.103.
164 BSG 17.11.2005 – B 11a/11 AL 69/94 R – AuB 2006, 55; BSG 17.10.2002 – B 7 AL 136/01 R – SozR 3-4300 § 144 Nr. 12; BSG 17.10.2002 – B 7 AL 16/02 R – SozR 4–4300 § 144 Nr. 11.
165 S. hierzu auch *Holthöwer/Rolfs*, DB 1995, 1074, 1074.
166 Siehe hierzu BSG 13.3.1997 – 11 RAr 17/96 – NZA-RR 1997, 495, 497; BSG 25.4.1990 – 7 RAr 16/89 – DBlR § 119 AFG Nr. 3649; BSG 29.11.1989 – 7 RAr 86/88 – SozR 4100 § 119 Nr. 36; BSG 13.5.1987 – 7 RAr 38/86 – NZA 1987, 717, 718.

jektiv **eine konkrete Aussicht** bestand, dass das neue (befristete) Beschäftigungsverhältnis sich in ein **dauerhaftes Beschäftigungsverhältnis** umwandeln würde.[167] In drei neueren Entscheidungen vom 12.7.2006[168] hat das BSG darüber hinaus unter Verweis auf die in der Rechtswirklichkeit der Arbverh bestehende – auch politisch gewollte – Tendenz zum Abschluss von befristeten Arbverh sowie der durch Art. 12 GG geschützten Berufswahlfreiheit einen wichtigen Grund angenommen, wenn die (nahtlose) Aufnahme der befristeten Beschäftigung eine **höherwertige Tätigkeit**[169] beinhaltet oder **erheblich höher dotiert ist**[170] oder mit einem **Wechsel in ein anderes Berufsfeld**[171] und der damit verbundenen Erlangung zusätzlicher beruflicher Fertigkeiten verbunden ist. Um möglichem Missbrauch vorzubeugen, soll u.U. jedoch eine Sperrzeit eintreten, wenn das befristete Anschluss-Arbverh nur für eine Dauer von weniger als drei Monaten abgeschlossen wird.[172]

Hat der AN durch **arbeitsvertragswidriges Verhalten** Anlass für die Lösung des Beschäftigungsverhältnisses gegeben, kann ein wichtiger Grund hierfür nicht vorliegen.[173]

c) Persönliche Gründe. Als wichtiger Grund für eine AN-Künd ist im Hinblick auf Art. 6 GG auch die Künd zwecks **Zuzug zum Ehegatten**[174] oder dem Partner einer **Erziehungsgemeinschaft** (unabhängig davon, ob es sich bei dem Partner um ein leibliches Elternteil handelt),[175] anerkannt, wenn der Arbeitslose die Arbeitsstelle von der gemeinsamen Wohnung aus nicht zumutbar (§ 121 Abs. 4) erreichen kann.[176] Dies gilt im Hinblick auf die durch das Lebenspartnerschaftsgesetz[177] erfolgte Gleichstellung mit der Ehe auch für **eingetragene Lebenspartnerschaften**.[178] Eine Künd wegen Zuzugs zum Partner einer **eheähnlichen Lebensgemeinschaft**[179] hat das BSG sperrzeitlos zugelassen, wenn dadurch eine bereits zuvor bestandene Lebensgemeinschaft wiederhergestellt wird, nicht aber, wenn eine solche erst begründet werden soll.[180] Vor der Künd muss der AN alle zumutbaren Anstrengungen unternommen haben, eine Arbeitslosigkeit wegen des Umzugs zu vermeiden.[181] Das BSG ist in Fällen der vorliegenden Art davon ausgegangen, dass den Arbeitslosen bei einer Eigen-Künd zwecks Fortsetzung einer (nicht)ehelichen Lebensgemeinschaft aus dem Versicherungsverhältnis eine Obliegenheit trifft, den Versicherungsfall der Arbeitslosigkeit zu vermeiden, und zwar u.a. durch rechtzeitige Einschaltung der AA mit der Bitte um Vermittlung in ein anderes Arbverh und durch eigene Bemühungen um eine neue Arbeitsstelle.[182] Der Arbeitslose muss mithin rechtzeitige Bemühungen um einen Anschlussarbeitsplatz nachweisen. Auf die Frage, ob diese Bemühungen erfolgreich gewesen wären, kommt es dabei nicht an.[183]

Religiöse oder Gewissensentscheidungen können ebenfalls geeignet sein, einen wichtigen Grund für eine Eigen-Künd darzustellen (Art. 4 Abs. 1 GG), so etwa die Beschäftigung eines Kriegsdienstverweigerers mit der unmittelbaren Produktion oder Wartung von Kriegswaffen.[184] Das Gleiche gilt, wenn das Beschäftigungsverhältnis aufgrund

---

167 BSG 26.10.2004 – B 7 AL 98/03 R – SozR 4-4300 § 144 Nr. 9.
168 BSG 12.7.2006 – B 11a AL 55/05 R – NJW 2006, 3517 mit krit. Anm. *Ricken*; BSG 12.7.2006 – B 11a AL 57/05 R – juris; BSG 12.7.2006 – B 11a AL 73/05 R – AP § 144 SGB III Nr. 9.
169 BSG 12.7.2006 – B 11a AL 73/05 R – AP § 144 SGB III Nr. 9.
170 BSG 12.7.2006 – B 11a AL 57/05 R – juris. Nach Ansicht der BA (DA § 144 SGB III Rn 144.100) muss die Steigerung mindestend 10 % betragen.
171 BSG 12.7.2006 – B 11a AL 55/05 R – NJW 2006, 3517.
172 BSG 12.7.2006 – B 11a AL 55/05 R – NJW 2006, 3517, 3519.
173 Niesel/*Niesel*, § 144 Rn 128.
174 Das BSG bejaht einen wichtigen Grund auch bei Zuzug zum zukünftigen Ehemann, wenn die Ehe in absehbarer Zeit begründet wird, s. BSG 17.11.2005 – B 11a/11 AL 49/04 R – SozR 4-4300 § 144 Nr. 10.
175 BSG 17.10.2007 – B 11a/7a AL 52/06 R – SozR 4-4300 § 144 Nr. 16. Die Erziehungsgemeinschaft muss, so das Gericht, dem Kindeswohl dienen. Die BA will bei Prüfung des Sachverhaltes wohlwollend verfahren, DA § 144 S. 6 zu DA 9.1.1 Nr. 11a.
176 BSG 20.4.1977 – 7 RAr 112/75 – BSGE 43, 269, 271; BSG 12.11.1981 – 7 RAr 21/81 – BSGE 52, 276, 277; BSG 21.7.1988 – 7 RAr 41/86 – SozR 4100 § 119 Nr. 32; BSG 25.10.1988 – 7 Rar 37/87 – SozR 4100 § 119 Nr. 33; BSG 29.11.1988 – 11/7 RAr 91/87 – BSGE 64, 202, 204.
177 V. 16.2.2001, BGBl 2001 I S. 266.
178 Niesel/*Niesel*, § 144 Rn 139; vgl. auch BSG 29.4.1998 – B 7 AL 56/97 R – SozR 3-4100 § 119 Nr. 15.
179 Das ist eine Lebensgemeinschaft zwischen einem Mann und einer Frau, die auf Dauer angelegt ist, daneben keine weitere Lebensgemeinschaft gleicher Art zulässt und sich durch innere Bindungen auszeichnet, die ein gegenseitiges Einstehen der Partner füreinander begründen, also über die Beziehungen in einer reinen Haushalts- und Wirtschaftsgemeinschaft hinausgehen, s. BVerfG 17.11.1992 – 1 BvL 8/87 – BVerfGE 87, 234, 264. Die erforderliche Ernsthaftigkeit und Kontinuität nimmt das BSG (29.4.1998 – B 7 AL 56/97 R – SozR 3-4100 § 119 Nr. 15) nach dem dreijährigen Bestand einer Lebenspartnerschaft an, hält diese Grenze aber nicht für eine absolute zeitliche Mindestvoraussetzung, BSG 17.10.2002 – B 7 AL 72/00 R – SozR 4-3300 § 144 Nr. 10. S. zur Problematik *Eichenhofer*, SGb 1999, 167.
180 BSG 17.10.2002 – B 7 AL 96/00 R – SozR 3-4100 § 119 Nr. 26.
181 BSG 17.10.2002 – B 7 AL 96/00 R – SozR 3-4100 § 119 Nr. 26 m.w.N.
182 BSG 26.3.1998 – B 11 AL 49/97 R – SozR 3-4100 § 119 Nr. 14; BSG 29.4.1998 – B 7 AL 56/97 R – SozR 3-4100 § 119 Nr. 15.
183 BSG 29.4.1998 – B 7 AL 56/97 R – SozR 3-4100 § 119 Nr. 15.
184 BSG 18.2.1987 – 7 RAr 72/85 – BSGE 61, 158, 161 ff.; dazu *Heuer*, SGb 1987, 579; s.a. *Kunze*, VSSR 1997, 259, 295 f.; *Pitschas*, NJW 1984, 889.

einer Pflegevereinbarung nach § 3 Abs. 1 S. 1 des PflegeZG beendet wird.[185] Bei **gesundheitlichen Beeinträchtigungen**, die die künftige Ausübung der bisherigen Tätigkeit zumindest wesentlich erschweren würden,[186] muss der AN versuchen, die Probleme etwa durch Umsetzung zu vermeiden.

II. Voraussetzungen der Sperrzeit bei verspäteter Arbeitsuchendmeldung

49 Der in Abs. 1 S. 2 Nr. 7[187] i.V.m. S. 1 geregelte Tatbestand der Sperrzeit bei verspäteter Arbeitsuchendmeldung ist erfüllt, wenn der Arbeitslose sich versicherungswidrig verhalten hat, indem er seiner Meldepflicht nach § 38 Abs. 1 nicht nachgekommen ist, und für dieses Verhalten keinen wichtigen Grund hatte. Die Vorschrift findet in allen Fällen Anwendung, in denen sich die Obliegenheit der Arbeitsuchendmeldung nach § 38 Abs. 1 bzw. der nahezu inhaltsgleichen Vorgängerregelung § 37b in der ab dem 31.12.2005 geltenden Fassung richtet. Bestimmt sich die Pflicht zur frühzeitigen Arbeitsuchendmeldung nach § 37b in der bis zum 30.12.2005 geltenden Fassung, ist der damals geltende § 140 anzuwenden (§ 434m).

50 **1. Verletzung der Meldepflicht nach § 38 Abs. 1.** Eine Sperrzeit bei Meldeversäumnis (Abs. 1 S. 2 Nr. 7) setzt zunächst voraus, dass der Arbeitslose seiner aus § 38 Abs. 1 folgenden Meldeobliegenheit nicht oder nicht rechtzeitig nachgekommen ist (zu den Einzelheiten dieser Meldeobliegenheit siehe § 38 Rn 4 ff.).

51 Obgleich Abs. 1 S. 2 Nr. 7 ein schuldhaftes Verhalten des Arbeitslosen nicht ausdrücklich fordert, kann eine Sperrzeit bei verspäteter Arbeitsuchendmeldung nur eintreten, wenn dem Arbeitslosen sein Meldeversäumnis **subjektiv vorwerfbar** ist.[188] Das BSG hat dementsprechend zur bis 30.12.2005 geltenden Rechtslage unter Verweis auf den Verhältnismäßigkeitsgrundsatz entschieden, dass eine Sanktion wegen Verstoßes gegen die Meldeobliegenheit nach § 37b a.F. nur bei einem schuldhaften Fehlverhalten des Arbeitslosen begründet sein könne.[189] Rechtlicher Ansatzpunkt war hier der Umstand, dass die Meldung gem. § 37b S. 1 a.F. unverzüglich nach Kenntnis des Beendigungszeitpunkts, also nach der auch im öffentlichen Recht anwendbaren Legaldefinition des § 121 Abs. 1 BGB „ohne schuldhaftes Zögern", zu erfolgen hatte.[190] Obgleich nach der Neufassung des § 37b zum 31.12.2005 und seiner Nachfolgeregelung § 38 Abs. 1 dieser rechtliche Anknüpfungspunkt nicht mehr besteht, setzt eine Sanktion der Verletzung des § 37b i.d.F. ab 31.12.2005 bzw. § 38 Abs. 1 ein Verschulden des Arbeitslosen nach einem subjektiven Fahrlässigkeitsmaßstab voraus.[191] Dies folgt aus der Rechtsnatur des § 38 Abs. 1 als Obliegenheit (siehe § 38 Rn 1). Die Ausgestaltung der versicherungsrechtlichen Obliegenheiten des Sozialrechts und insb. des Arbeitsförderungsrechts zeigt, dass der Gesetzgeber grds. davon ausgeht, dass dem Leistungsberechtigten eine Obliegenheitsverletzung mit nachteiligen Auswirkungen auf seinen Leistungsanspruch nur vorgeworfen werden kann, wenn er in Kenntnis der konkreten Verhaltensanforderung gegen diese verstößt.[192] Darüber hinaus hat das BSG für die Erfüllung der Sperrzeittatbestände nach § 144 ein subjektiv vorwerfbares Verhalten auch dann gefordert, wenn der entsprechende Tatbestand – anders als Abs. 1 S. 2 Nr. 1 – ein Verschulden nicht ausdrücklich benannte.[193] Ausreichend ist insoweit ein fahrlässiges Verhalten.[194]

52 **2. Wichtiger Grund.** Eine Sperrzeit tritt nur dann ein, wenn der Arbeitslose für sein Fernbleiben keinen wichtigen Grund hatte. Ein solcher ist gegeben, wenn dem Arbeitslosen die **Meldung unmöglich** war **oder** unter Abwägung seiner Interessen mit denen der Versichertengemeinschaft **nicht zugemutet werden konnte**. Eine solche Interessenabwägung kann nicht generell erfolgen, sondern muss die Umstände im Einzelfall berücksichtigen. Für die Beurteilung, ob ein wichtiger Grund gegeben ist, können im Hinblick auf die vergleichbare Interessenlage auch arbeitsrechtliche Grundsätze zum Erhalt des Vergütungsanspruchs bei Arbeitsverhinderung herangezogen werden.[195] Als wichtiger Grund kommen damit in Betracht die plötzliche Erkrankung des Arbeitslosen oder eines nahen Angehörigen (insb. von Kindern oder der Aufsichtsperson von Kindern oder pflegebedürftigen nahen Angehörigen), die Erledigung dringender Angelegenheiten wie etwa ein Vorstellungsgespräch bei einem potentiellen AG, ein Termin bei Gericht, einer Behörde oder einem Arzt oder auch ein Umzug, ferner auch die Kenntnisnahme von der Beendigung

---

185 BA, DA zu § 144 SGB III Rn 144.100a.
186 *Karasch*, zfs 1999, 266, 268; Niesel/*Niesel*, § 144 Rn 129.
187 Eingeführt durch Art. 1 Nr. 9 lit. a) des 5. SGB III-ÄndG v. 22.12.2205, BGBl 2005 I S. 3676.
188 Ebenso *Giesen*, NJW 2006, 721, 726.
189 BSG 25.5.2005 – B 11a/11 AL 81/04 R – NJW 2005, 3803; BSG 18.8.2005 – B 7a/7 AL 94/04 R – SozR 4–4300 § 140 Nr. 2; BSG 20.10.2005 – B 7a AL 50/05 R – SozR 4–4300 § 37b Nr. 2; ebenso *Zieglmeier*, DB 2004, 1830, 203, 1833; a.A. *Hoehl*, juris PR-SozR 43/2004 Anm. 1; *Urmersbach*, SGb 2004, 684, 693.
190 BSG 25.5.2005 – B 11a/11 AL 81/04 R – NJW 2005, 3803; BSG 18.8.2005 – B 7a/7 AL 94/04 R – NZA-RR 2006, 48, 49; BSG 20.10.2005 – B 7a AL 50/05 R – SozR 4–4300 § 37b Nr. 2.

191 LSG Baden-Württemberg 21.8.2008 – L 7 AL 3358/08 – juris; ebenso *Preis*/*Schneider*, NZA 2006, 177, 180 f., die als rechtlichen Anknüpfungspunkt das Merkmal des wichtigen Grundes benennen.
192 BSG 20.10.2005 – B 7a AL 50/05 R – SozR 4–4300 § 37b Nr. 2.
193 BSG 14.7.2004 – B 11 AL 67/03 R – SozR 4-4300 § 144 Nr. 8.
194 Vgl. BSG 14.7.2004 – B 11 AL 67/03 R – SozR 4-4300 § 144 Nr. 8.
195 Vgl. Niesel/*Niesel*, § 144 Rn 112, hier zum wichtigen Grund bei Meldeversäumnissen.

des Arbverh während eines Auslandsaufenthaltes, die den AN an der zügigen Meldung hindert.[196] Im Hinblick darauf, dass der AN kein Recht auf Selbstbeurlaubung hat (siehe § 629 BGB Rn 16), liegt ein wichtiger Grund auch vor, wenn der AG die Freistellung zur Meldung ablehnt oder mit Lohnabzug droht und dem AN eine Meldung außerhalb der Arbeitszeit nicht möglich ist.

Entscheidend ist, dass der **wichtige Grund objektiv vorlag** und sich nicht der Arbeitslose über das Vorliegen des Grundes im Irrtum befand (siehe Rn 33). Unerheblich ist, ob der Arbeitslose der AA seine verspätete Meldung zuvor angezeigt hat. Dies mag zwar zweckmäßig sein, ist für die Bejahung eines wichtigen Grundes jedoch nicht erforderlich. Sofern der Arbeitslose Gründe für sein Fernbleiben mitteilt, führt dies zu **erhöhten Anforderungen an die Belehrungspflicht der AA**. Kann nicht ermittelt werden, ob sich der Arbeitslose bei der AA gem. § 38 Abs. 1 arbeitsuchend gemeldet hat, geht dies zu Lasten der BA, die die Beweislast für das Vorliegen des versicherungswidrigen Verhaltens trägt. 53

III. Rechtsfolgen der Sperrzeit

1. Wirkungen der Sperrzeit. Das Eingreifen einer Sperrzeit wegen Arbeitsaufgabe hat zum einen zur Folge, dass der **Anspruch** auf Alg gem. Abs. 1 S. 1 während der Sperrzeit **ruht** (zum Ruhen siehe § 143 Rn 20 ff.). Das bedeutet, dass die genannten Ansprüche während der Dauer der Sperrzeit nicht zu erfüllen sind. 54

Zum anderen hat die Anordnung einer Sperrzeit nach Abs. 1 S. 2 Nr. 1 und Nr. 7 die Wirkung, dass sich die **Dauer des Anspruchs** um die Tage der Sperrzeit **mindert** (§ 128 Abs. 1 Nr. 3 und 4). In Fällen einer Sperrzeit wegen Arbeitsaufgabe (Abs. 1 S. 2 Nr. 1) von zwölf Wochen mindert sich der Anspruch um mind. ein Viertel der Anspruchsdauer, die dem Arbeitslosen bei erstmaliger Erfüllung der Anspruchsvoraussetzungen nach dem sperrzeitbegründenden Ereignis zusteht (§ 128 Abs. 1 Nr. 4 Hs. 2). Liegt das die Sperrzeit begründende Ereignis bei Erfüllung der Voraussetzungen für den Anspruch auf Alg **länger als ein Jahr zurück, entfällt** die Minderung für Sperrzeit wegen Arbeitsaufgabe (§ 128 Abs. 2 S. 2). Meldet sich der AN demnach erst nach Ablauf eines Jahres seit der Auflösung des Arbverh arbeitslos, mindert sich sein Anspruch auf Alg nicht. Diesbezüglich besteht eine **Beratungspflicht der AA**, bei deren Verletzung der Arbeitslose kraft des sozialrechtlichen Herstellungsanspruchs so zu stellen ist, als hätte er sich erst nach Ablauf der in § 128 Abs. 2 S. 2 benannten Frist arbeitslos gemeldet.[197] 55

Nach **§ 147 Abs. 1 Nr. 2 erlischt der Anspruch** auf Alg, wenn der Arbeitslose Anlass für den Eintritt von Sperrzeiten mit einer Dauer von insg. mind. 21 Wochen gegeben hat. Erforderlich ist, dass der Arbeitslose über den Eintritt der Sperrzeiten schriftliche Bescheide erhalten hat und jeweils, d.h. auch bereits im ersten Sperrzeitbescheid, auf die Rechtsfolgen des Eintritts von Sperrzeiten mit einer Dauer von insg. mind. 21 Wochen hingewiesen worden ist.[198] Seit 1.1.2004 werden auch Sperrzeiten berücksichtigt, die in einem Zeitraum von zwölf Monaten vor der Entstehung des Anspruchs eingetreten sind und nicht bereits zum Erlöschen eines Anspruchs geführt haben. Bei einer Entscheidung nach **§ 147 Abs. 1 Nr. 2 ist auch die Rechtmäßigkeit der früheren Sperrzeit(en) zu überprüfen,** wenn der Arbeitslose Umstände vorträgt, die gegen die Rechtmäßigkeit des vorangegangenen Sperrzeitbescheides sprechen (zu weiteren, mittelbaren Rechtsfolgen in anderen Sozialversicherungsbereichen siehe Rn 76 ff.).[199] 56

2. Beginn und Dauer der Sperrzeit. a) Beginn der Sperrzeit. Gem. Abs. 2 S. 1 beginnt die Sperrzeit grds. mit dem Tag nach dem Ereignis, das die Sperrzeit begründet. Das gilt **unabhängig** davon, ob, wann und wie **lange ein Anspruch auf Alg besteht** oder **ob ein Anspruch geltend gemacht** wurde.[200] Wird der Alg-Anspruch erst zu einer Zeit geltend gemacht, in der das Beschäftigungsverhältnis ohnedies geendet hätte, kann dies den Eintritt der Sperrzeit also nicht verhindern. Ruht ein Anspruch auch aus anderen Gründen (etwa aus §§ 143, 143a), so wirkt sich dies nicht auf die Sperrzeit aus. Auch weitere Umstände, etwa die Erschöpfung des Anspruchs, der Eintritt von Arbeitsunfähigkeit oder eine zwischenzeitliche Beschäftigung, führen nicht zu einer Hemmung, Unterbrechung oder Aufhebung der Sperrzeit.[201] 57

Fällt der Tag nach dem sperrzeitbegründenden Ereignis in eine Sperrzeit, so beginnt die neue Sperrzeit mit dem Ende dieser Sperrzeit (Abs. 2 S. 1 Hs. 2). Dadurch können auch Verstöße des Arbeitslosen – etwa das Ablehnen einer Arbeit – während der Dauer einer Sperrzeit voll sanktioniert werden (gesamte Ruhenszeit nach § 144 und Minderung nach § 128) und laufen nicht wegen eines Überschneidens der sich aus Abs. 2 S. 1 Hs. 1 ergebenden Anfangszeiten einer Sperrzeit teilweise ins Leere.[202] Werden mehrere Sperrzeiten durch dasselbe Ereignis begründet (z.B. wenn ein 58

---

196 Giesen, NJW 2006, 721, 726.
197 BSG 5.8.1999 – B 7 AL 38/98 R – SozR 3-4100 § 110 Nr. 2.
198 So bereits BSG 13.5.1987 – 7 RAr 90/85 – SozR 4100 § 119 Nr. 31 m.w.N.; BSG 16.10.1990 – 11 RAr 65/89 – SozR 3-4100 § 119 Nr. 4.
199 BSG 21.3.2002 – B 7 AL 44/01 R – SozR 3-4100 § 119 Nr. 23.
200 BSG 22.7.1982 – 7 RAr 93/81 – SozR 4100 § 119 Nr. 20; BSG 5.8.1999 – B 7 AL 38/98 R – SozR 3-4100 § 110 Nr. 2; Anm. *Hase*, AuB 1999, 3778.
201 BSG 22.7.1982 – 7 RAr 93/81 – SozR 4100 § 119 Nr. 20.
202 Krit. zu dieser Regelung Hauck/Noftz/*Valgolio*, § 144 Rn 270.

AN sein Beschäftigungsverhältnis löst und sich nicht frühzeitig arbeitsuchend meldet), folgen sie gem. **Abs. 2 S. 2** in der Reihenfolge des Abs. 1 S. 2 Nr. 1 bis 7 einander nach.

59 Das die **Sperrzeit begründende Ereignis** ist im Falle des **Abs. 1 S. 2 Nr. 1** nicht die Eigen-Künd des AN, der Aufhebungsvertrag bzw. bei vertragswidrigem Verhalten die AG-Künd, sondern die **Beendigung des Beschäftigungsverhältnisses**. Beginn der Sperrzeit ist damit der erste Tag der Arbeitslosigkeit.[203] Auf die Beendigung des Arbverh kommt es nicht an.[204] Fallen das Ende des Arbverh und das Ende des Beschäftigungsverhältnisses auseinander – etwa im Fall eines erfolgreichen gegen eine außerordentliche Künd gerichteten Künd-Schutzprozesses oder weil der AN bereits vor Beendigung des Arbverh von der Arbeit freigestellt wurde –, so ist allein das Ende der tatsächlichen Beschäftigung für den Sperrzeitbeginn maßgeblich. Unabhängig von einer Arbeitslosmeldung oder Antragstellung beginnt die Sperrzeit damit mit dem Tag, der auf die Beendigung des Beschäftigungsverhältnisses folgt, selbst wenn der AN während einer Freistellung weiter Arbeitsentgelt erhält.[205] Im Fall einer Freistellung bis zum Ende des Arbverh kann die Sperrzeit damit bei Beendigung des Arbverh bereits abgelaufen sein.

60 Hat der AG den Arbeitslosen **außerordentlich gekündigt und rechtfertigt das vertragswidrige Verhalten** des Arbeitslosen nicht eine fristlose, sondern **nur eine ordentliche Künd**, so beginnt die Sperrzeit nicht am ersten Tag der Beschäftigungslosigkeit, sondern erst nach Ablauf der ordentlichen Künd-Frist.[206] Wird die außerordentliche Künd später vom ArbG als unwirksam erklärt oder die Beendigung des Arbverh auf einen späteren Zeitpunkt gelegt, so ist die von der AA erteilte Sperrzeit wegen Arbeitsaufgabe aufzuheben. Dies gilt jedoch nicht in Fällen, in denen in einem nachträglichen Vergleich das Ende des Beschäftigungsverhältnisses entgegen der Sach- und Rechtslage zu einem späteren Zeitpunkt als dem ursprünglichen Künd-Termin bestimmt wird.[207]

61 Wie auch bei der Sperrzeit wegen Arbeitsaufgabe ist das die **Sperrzeit begründende Ereignis** bei einer Sperrzeit nach **Abs. 1 S. 2 Nr. 7** die Beendigung des Beschäftigungsverhältnisses.[208] Dies gilt auch im Falle einer Ablehnung eines Arbeitsangebots in der Zeit zwischen Arbeitsuchendmeldung und Beschäftigungslosigkeit.[209]

62 **b) Dauer der Sperrzeit wegen Arbeitsaufgabe. aa) Allgemeines/Regelsperrzeit.** Die Dauer einer Sperrzeit wegen Arbeitsaufgabe (Abs. 1 S. 2 Nr. 1) beträgt nach Abs. 3 S. 1 grds. zwölf Wochen (**Regelsperrzeit**).[210] In bestimmten, in Abs. 3 S. 2 aufgezählten Fällen verkürzt sich die Dauer auf drei bzw. sechs Wochen. **Die Sperrzeit läuft kalendermäßig ab,** und zwar ohne Rücksicht auf das Bestehen eines Anspruchs auf Alg. Deswegen ist es unerheblich, wann der Arbeitslose einen Antrag auf Alg geltend macht bzw. sich arbeitslos meldet. Dies folgt bereits aus dem Wortlaut des Abs. 2, der den kalendermäßigen Beginn der Sperrzeit unabhängig von der Geltendmachung von Alg anordnet.[211] Eine spätere Antragstellung kann zwar dazu führen, dass es nicht mehr zu einem Ruhen des Anspruchs auf Alg kommt, die in § 128 Abs. 1 Nr. 4 geregelte weitere Sperrzeitfolge, die Minderung der Anspruchsdauer (siehe Rn 55), tritt aber grds. ein (Ausnahme § 128 Abs. 2 S. 2).

63 **bb) Verkürzung der Sperrzeit auf drei Wochen (Abs. 3 S. 2 Nr. 1).** Die Verursachung eines nur kurzen Zeitraums ist wegen des **Übermaßverbotes** zu beachten.[212] Aus diesem Grund bestimmt Abs. 3 S. 2 Nr. 1, dass die Sperrzeit nur drei Wochen beträgt, wenn das Arbverh auch ohne das sperrzeitbegründende Verhalten des Arbeitslosen innerhalb von sechs Wochen nach dem Ereignis, das die Sperrzeit begründet, geendet hätte. Relevant sind dabei v.a. Fälle, in denen bereits von vornherein das Ende des Arbverh feststeht, etwa wegen des Auslaufens eines befristeten Arbeitsvertrags oder einer vom AG ausgesprochenen Künd. Hat der AG die Künd noch nicht erklärt, ist aber entschlossen, das Arbverh zu kündigen, ohne dass der Arbeitslose durch vertragswidriges Verhalten dazu Anlass gegeben hat, so führt dieser Umstand nach Ansicht des BSG ebenfalls zu einer Verkürzung der Sperrzeitdauer auf drei Wochen.[213]

64 Z.T. wird eine **einschränkende Auslegung des Abs. 3 S. 2 Nr. 1** für verfassungsrechtlich geboten erachtet, wenn die vom Arbeitslosen verursachte Arbeitslosigkeit weniger als drei Wochen beträgt.[214] Das Rechtsstaatsprinzip gebiete, dass die Sperrzeit grds. nicht länger dauern dürfe als die durch vorgezogene Lösung des Beschäftigungsverhältnisses

---

203 BSG 25.4.2002 – B 11 AL 65/01 R – SozR 3-4300 § 144 Nr. 8; BSG 17.10.2002 – B 7 AL 136/01 R – SozR 3-4300 § 144 Nr. 12.
204 Nach der Auffassung des BSG ist die Beschäftigungslosigkeit unabhängig vom Bestehen eines Arbverh i.S. des Arbeitsrechts durch die tatsächliche Nichtbeschäftigung des Versicherten gekennzeichnet (vgl. BSG 28.9.1993 – 11 RAr 69/92 – SozR 3-4100 § 101 Nr. 5).
205 BSG 25.4.2002 – B 11 AL 65/01 R – SozR 3-4300 § 144 Nr. 8; krit. hierzu *Heuchemer*, BB 2004, 1562.
206 BSG 25.4.1990 – 7 RAr 106/89 – SozR 3-4100 § 119 Nr. 3.
207 Niesel/*Niesel*, § 144 Rn 148.
208 BT-Ducks 16/109, S. 7.
209 BT-Ducks 16/109, S. 7.
210 Die Regeldauer verstößt nicht gegen den Grundsatz der Verhältnismäßigkeit, s. BSG 4.9.2001 – B 7 AL 4/01 R – SozR 3-4100 § 119 Nr. 22.
211 BSG 5.8.1999 – B 7 AL 14/99 R – SozR 3-4100 § 119 Nr. 17.
212 BSG 9.2.1995 – 7 RAr 34/94 – SozR 3-4100 § 119a Nr. 2.
213 BSG 4.7.1991 – 7 RAr 124/90 – DBlR § 119 AFG Nr. 3850a.
214 *Estelmann*, VSSR 1997, 313, 332; ebenfalls an der Verfassungsmäßigkeit zweifelnd APS/*Steinmeyer*, 3. Teil Sozialrecht, Steuerrecht, E. Rn 536; LSG Niedersachsen 27.2.2003 – L 8 AL 17/02 – juris (aufgehoben durch BSG 5.2.2004 – B 11 AL 31/03 R – SozR 4-4300 § 144 Nr. 7).

verursachte längere Arbeitslosigkeit. Das BSG teilt die verfassungsrechtlichen Bedenken nicht und hält den Gesetzgeber für befugt, pauschalierend eine Mindestsperrzeit festzulegen.[215]

cc) **Verkürzung der Sperrzeit auf sechs Wochen.** Eine Verkürzung der Sperrzeit wegen Arbeitsaufgabe auf die Hälfte der Regeldauer ist in zwei Fällen möglich: zum einen, wenn das Arbverh innerhalb von zwölf Wochen nach dem Sperrzeitereignis auch ohne eine Sperrzeit geendet hätte (Abs. 3 Nr. 2 lit. a)), zum anderen wenn eine Sperrzeit von zwölf Wochen für den Arbeitslosen eine besondere Härte bedeuten würde (Abs. 3 Nr. 2 lit. b)). **65**

Die entsprechend der früheren Rspr. des BSG[216] durch Art. 1 Nr. 76 des Dritten Gesetzes für moderne Dienstleistungen am Arbeitsmarkt[217] eingeführte Regelung des **Abs. 3 Nr. 2 lit. a)** soll ebenso wie die Verkürzung nach Abs. 3 S. 2 Nr. 1 die Verhältnismäßigkeit von Dauer der Sperrzeit und Umfang der vom Arbeitslosen verursachten Arbeitslosigkeit gewährleisten. **66**

Nach **Abs. 3 Nr. 2 lit. b)** verkürzt sich die Regelsperrzeit auf sechs Wochen, wenn eine Dauer von zwölf Wochen für den Arbeitslosen nach den für den Eintritt der Sperrzeit maßgebenden Tatsachen eine besondere Härte bedeuten würde. Der **unbestimmte Rechtsbegriff**[218] der besonderen Härte, der in den in Abs. 3 S. 2 Nr. 1 und 2 lit. a) geregelten Fällen gesetzlich konkretisiert wurde, unterliegt bei einer gerichtlichen Überprüfung keinerlei Einschränkungen und kann in vollem Umfang nachgeprüft werden.[219] Die AA hat das Vorliegen eines Härtefalls **von Amts wegen zu prüfen**. Ein Ermessens- oder Beurteilungsspielraum steht ihr dabei nicht zu.[220] **67**

Besondere Härte ist anzunehmen, wenn im Einzelfall bei Abwägung der Sperrzeit begründenden Tatsachen und der Interessen der Versichertengemeinschaft, eine Regelsperrzeit von zwölf Wochen objektiv als unverhältnismäßig zu erachten ist.[221] Allg. Umstände persönlicher oder wirtschaftlicher Art, die zwar die wirtschaftlichen Folgen der Sperrzeit für den Arbeitslosen beeinflussen, ohne dass sie Grundlage des für den Eintritt der Sperrzeit maßgebenden Verhaltens des Arbeitslosen gewesen wären (Einkommen, Unterhaltspflichten, Miete, Behinderung etc.), bleiben i.d.R. außer Betracht.[222] Etwas anderes gilt dann, wenn diese Umstände im Zusammenhang mit dem Sperrzeitereignis stehen, wie etwa der Zuzug zum Lebenspartner[223] oder eine Künd wegen zu geringen Arbeitsentgelts.[224] **68**

Ein **(Rechts-)Irrtum** des Arbeitslosen über das Vorliegen einer Sperrzeitvoraussetzung (etwa die Vorstellung, für die Arbeitsaufgabe einen wichtigen Grund zu haben) rechtfertigt die Annahme besonderer Härte nur, **wenn der Irrtum unverschuldet**, d.h. für den Arbeitslosen unvermeidbar war.[225] Geht der Irrtum allein aus Vorstellungen des Arbeitslosen oder aus Aussagen des AG[226] oder des BR hervor, vermag dies nicht den Schuldvorwurf zu entkräften. Ein Irrtum des Arbeitslosen kann nur dann zur Verminderung der Regeldauer einer Sperrzeit führen, wenn er durch die konkrete Auskunft einer hiermit vertrauten Stelle – i.dR. einer Dienststelle der BA – hervorgerufen oder gestützt wird.[227] Anderenfalls wäre der sorgfältige Arbeitslose, der sich etwa vor Lösung seines Beschäftigungsverhältnisses mit den sich hieraus ergebenden sozialrechtlichen Folgen vertraut macht, benachteiligt.[228] **69**

Die für die Feststellung eines Härtefalles maßgeblichen Tatsachen sind nicht isoliert zu betrachten, vielmehr sind für die Beurteilung, ob eine Regelsperrzeit unverhältnismäßig ist, die **Gesamtumstände des Einzelfalles** zu berücksich- **70**

---

215 BSG 5.2.2004 – B 11 AL 31/03 R – SozR 4-4300 § 144 Nr. 7; ebenso bereits BSG 12.12.1984 – 7 RAr 49/84 – SozR 4100 § 119 Nr. 24.
216 BSG 15.11.1995 – 7 RAr 32/95 – SozR 3-4100 § 119a Nr. 3.
217 V. 23.12.2003, BGBl 2003 I S. 2848.
218 S. hierzu etwa BSG 13.3.1997 – 11 RAr 25/96 – SozR 3-4100 § 119 Nr. 11.
219 BSG 13.3.1997 – 11 RAr 25/96 – SozR 3-4100 § 119 Nr. 11; BSG 21.7.1988 – 7 RAr 41/86 – SozR 4100 § 119 Nr. 32.
220 BSG 21.7.1988 – 7 RAr 41/86 – SozR 4100 § 119 Nr. 32; BSG 25.10.1988 – 7 RAr 37/87 – SozR 4100 § 119 Nr. 33; BSG 13.3.1997 – 11 RAr 25/96 – SozR 3-4100 § 119 Nr. 11.
221 BSG 21.7.1988 – 7 RAr 41/86 – SozR 4100 § 119 Nr. 32; BSG 13.3.1997 – 11 RAr 25/96 – SozR 3-4100 § 119 Nr. 11; BSG 26.3.1998 – B 11 AL 49/97 R – SozR 3-4100 § 119 Nr. 14; BSG 4.9.2001 – B 7 AL 4/01 R – SozR 3-4100 § 119 Nr. 22.
222 BSG 15.11.1995 – 7 RAr 32/95 – SozR 3-4100 § 119a Nr. 3; BSG 13.3.1997 – 11 RAr 25/96 – SozR 3-4100 § 119 Nr. 11; BSG 10.8.2000 – B 11 AL 115/99 R – DBlR § 119 AFG Nr. 4639a; BSG 4.9.2001 – B 7 AL 4/01 R – SozR 3-4100 § 119 Nr. 22.
223 BSG 26.3.1998 – B 11 AL 49/97 R – SozR 3-4100 § 119 Nr. 14.
224 APS/*Steinmeyer*, 3. Teil Sozialrecht, Steuerrecht, E. Rn 531.
225 BSG 13.3.1997 – 11 RAr 17/96 – NZA-RR 1997, 495, 498; BSG 5.6.1997 – 7 RAr 22/96 – SozR 3-1500 § 144 Nr. 12.
226 Ausnahmen können u.U. bei öffentlich-rechtlichen AG oder AG in staatlicher Trägerschaft gelten, da hier das Vertrauen der AN in die Richtigkeit des staatlichen Handelns besonders zu schützen ist, s. SG Berlin 7.4.1993 – S 53 Ar 2268/92 – juris.
227 BSG 5.6.1997 – 7 RAr 22/96 – SozR 3-1500 § 144 Nr. 12; s.a. BSG 13.3.1997 – 11 RAr 25/96 – SozR 3-4100 § 119 Nr. 11; Spellbrink/Eicher/*Voelzke*, § 12 Rn 386; einschränkend APS/*Steinmeyer*, 3. Teil Sozialrecht, Steuerrecht, E. Rn 532 und *Eicher*, SGb 2005, 553, 557, der darauf hinweist, dass bei einer Falschberatung durch die BA eine Sperrzeit wegen eines sozialrechtlichen Herstellungsanspruches entfallen würde.
228 BSG 13.3.1997 – 11 RAr 17/96 – NZA-RR 1997, 495; BSG 5.6.1997 – 7 RAr 22/96 – SozR 3-1500 § 144 Nr. 12.

igen.²²⁹ Liegen mehrere Tatsachen vor, die jeweils für sich genommen eine Herabsetzung der Regelsperrzeit nicht rechtfertigen, so kann durch das **Zusammenwirken aller Umstände** eine Sperrzeitdauer von zwölf Wochen unverhältnismäßig sein und zur Annahme einer Härte führen.²³⁰ Der Herabsetzung der Sperrzeit auf sechs Wochen wegen Vorliegen eines Härtefalls steht es nicht entgegen, dass der Arbeitslose sich (nach Beendigung des Arbverh) nicht **um einen neuen Arbeitsplatz bemüht**, sich etwa nicht sofort nach Ausspruch einer Künd/Abschluss eines Aufhebungsvertrags bei der AA als arbeitsuchend gemeldet hat.²³¹ Die nicht rechtzeitige Arbeitslosmeldung wird nach Abs. 1 S. 2 Nr. 7 sanktioniert.

71 **Einzelfälle**: Zu den Tatsachen, die objektiv Einfluss auf den Eintritt der Sperrzeit genommen haben können und die abhängig von den Umständen des Einzelfalls geeignet sein können, das Vorliegen einer besonderen Härte zu begründen, gehören

72 – der Umzug zur Begründung einer eheähnlichen²³² oder gleichgeschlechtlichen²³³ Lebensgemeinschaft,
– ein entschuldbarer Irrtum über das Vorliegen eines wichtigen Grundes (siehe Rn 69),
– Fälle, in denen eine Verdachts-Künd zwar zulässig, ein anderer AG aber im Hinblick auf lange Betriebszugehörigkeit und nur geringem Wert der entwendeten Sache nur eine Abmahnung erteilt hätte,²³⁴
– Fälle, in denen der Arbeitslose durch seinen AG aus dem Dienstverhältnis gedrängt wird, ohne dass verhaltensbedingte Gründe für die Künd ersichtlich sind,²³⁵
– eine Arbeitsablehnung aus Gewissensgründen,²³⁶ sofern nicht bereits ein wichtiger Grund vorliegt.

73 **c) Dauer der Sperrzeit bei verspäteter Arbeitsuchendmeldung.** Die Sperrzeit bei verspäteter Arbeitsuchendmeldung beträgt gem. **Abs. 6** eine Woche.

IV. Beweislastverteilung

74 Nach dem in Sozialverwaltungsverfahren geltenden Untersuchungsgrundsatz (§ 20 SGB X) hat die AA den Sachverhalt **von Amts wegen zu ermitteln**. Bestreitet der AN etwa die Rechtmäßigkeit der verhaltensbedingten Künd, muss die AA die genauen Umstände der Künd feststellen. Eine Nichtaufklärbarkeit des Sachverhalts (es müssen alle verfügbaren Erkenntnisquellen ausgeschöpft sein)²³⁷ geht grds. zu Lasten der **BA**, die die **objektive Beweislast** bezogen auf die Voraussetzungen des Sperrzeittatbestands nach Abs. 1 S. 2 Nr. 1 trägt. Bzgl. des Vorliegens eines wichtigen Grundes bestimmt Abs. 1 S. 3²³⁸ seit 1.1.2003, angeregt durch eine entsprechende Rspr. des BSG,²³⁹ dass der AN die für die Beurteilung eines wichtigen Grundes maßgebenden Tatsachen darzulegen und nachzuweisen hat, sofern diese in seiner Sphäre oder in seinem Verantwortungsbereich liegen. Diese Beweislastumkehr entbindet die AA aber nicht von ihrer Verpflichtung zur umfassenden Sachverhaltsaufklärung, sondern erhöht lediglich die Mitwirkungspflichten des Arbeitslosen und weist ihm das Risiko der Nichtfeststellbarkeit eines wichtigen Grundes zu.²⁴⁰

75 Im Verfahren bei den Sozialgerichten sind diese **nicht an arbeitsgerichtliche Entscheidungen gebunden**.²⁴¹ Auch ein arbeitsgerichtlicher Vergleich entfaltet keine Bindungswirkung für das sozialgerichtliche Verfahren. Wird etwa vor dem AG eine verhaltensbedingte Künd vergleichsweise in eine betriebsbedingte Künd umbenannt, obgleich die Voraussetzungen für eine solche nicht vorlagen, ist dies für die Frage des Sperrzeiteintritts unbeachtlich.²⁴² Die Gerichte der Sozialgerichtsbarkeit müssen damit insb. die Frage, ob der Arbeitslose durch arbeitsvertragswidriges Verhalten Anlass zur Künd gegeben hat, selbst klären.

---

229 BSG 21.7.1988 – 7 RAr 41/86 – SozR 4100 § 119 Nr. 32; BSG 21.7.1988 – 7 RAr 41/86 – SozR 4100 § 119 Nr. 33; BSG 13.3.1997 – 11 RAr 25/96 – SozR 3-4100 § 119 Nr. 11.
230 Hauck/Noftz/*Valgolio*, § 144 Rn 289; Spellbrink/Eicher/*Voelzke*, § 12 Rn 387.
231 BSG 29.11.1988 – 11/7 RAr 91/87 – SozR 4100 § 119 Nr. 34.
232 BSG 26.3.1998 – B 11 AL 49/97 R – SozR 3-4100 § 119 Nr. 14; s. bereits BSG 25.10.1988 – 7 RAr 37/87 – SozR 4100 § 119 Nr. 33.
233 Ablehnend (noch) SG Detmold 17.7.1996 – S 12 Ar 181/95, info also 1997, 7.
234 BSG 21.7.1988 – 7 RAr 41/86 – SozR 4100 § 119 Nr. 32.
235 BSG 10.8.2000 – B 11 AL 115/99 R – DBlR § 119 AFG Nr. 4639a.
236 BSG 23.6.1982 – 7 RAr 89/81 – SozR 4100 § 119 Nr. 19.
237 BSG 2.9.2004 – B 7 AL 88/03 R – SGb 2005, 300, 303 mit Anm. *Pilz*; BSG 2.9.2004 – B 7 AL 18/04 R – juris; BSG 17.10.2002 – B 7 AL 136/01 R – SozR 3-4300 § 144 Nr. 12; 26.11.1992 – 7 RAr 38/92 – SozR 3-4100 § 119 Nr. 7 m.w.N.
238 Eingeführt durch Art. 1 Nr. 20 lit. b) des Ersten Gesetzes für moderne Dienstleistungen am Arbeitsmarkt vom 23.12.2002, BGBl 2002 I 4607.
239 BSG 26.11.1992 – 7 RAr 38/92 – SozR 3-4100 § 119 Nr. 7. S. BT-Drucks 15/25, S. 31.
240 KR/*Wolf*, § 144 SGB III Rn 48; *Winkler*, info also 2003, 3, 6; s.a. *Eicher*, SGb 2005, 553, 555.
241 BSG 25.4.1990 – 7 RAr 106/89 – SozR 3-4100 § 119 Nr. 3.
242 BSG 25.4.1991 – 11 RAr 99/90 – SozR 3-4100 § 119a Nr. 1.

C. Verbindung zu anderen Rechtsgebieten und zum Prozessrecht

I. Krankenversicherungsrecht, Recht der sozialen Pflegeversicherung und Rentenversicherungsrecht

Krankenversicherungsrechtlich hat die Sperrzeit zur Folge, dass der Arbeitslose während des ersten Monats der Sperrzeit nicht versicherungspflichtig ist (§ 5 Abs. 1 Nr. 2 SGB V). Es besteht insoweit nur ein nachwirkender Versicherungsschutz für zuvor versicherungspflichtige Mitglieder gem. § 19 Abs. 2 SGB V. Ab Beginn des zweiten Sperrzeitmonats besteht nach § 5 Abs. 1 Nr. 2 SGB V Versicherungspflicht in der gesetzlichen Krankenversicherung. Die Beiträge werden gem. § 251 Abs. 4a i.V.m. § 232a Abs. 1 S. 3 SGB V von der BA getragen. Erkrankt der Arbeitslose während der Sperrzeit, besteht kein Anspruch auf Krankengeld, dieser ruht gem. § 49 Abs. 1 Nr. 3a SGB V. Besteht die Arbeitsunfähigkeit nach Ablauf der Sperrzeit fort, kann der Arbeitslose Kranken-Alg nach § 126 nicht beanspruchen, da dies den Eintritt der Arbeitsunfähigkeit während des Leistungsbezugs voraussetzt.[243] Bis zur Wiederherstellung der Arbeitsfähigkeit erhält er nach § 44 SGB V Krankengeld. 76

In der **sozialen Pflegeversicherung** besteht übereinstimmend mit der Versicherungspflicht in der gesetzlichen Krankenversicherung ebenfalls (erst) ab dem zweiten Monat der Sperrzeit Versicherungspflicht (§ 20 Abs. 1 S. 2 Nr. 2 SGB XI). Die Beiträge werden von der BA getragen (§ 59 Abs. 1 S. 1 SGB XI i.V.m. §§ 251 Abs. 4a, 232a Abs. 1 S. 3 SGB V). Anders als im Krankenversicherungsrecht gibt es im Recht der sozialen Pflegeversicherung keinen nachwirkenden Versicherungsschutz. Nach der Gesetzeslage besteht damit im ersten Monat der Sperrzeit kein Versicherungsschutz in der sozialen Pflegeversicherung.[244] In der Praxis bedarf es allerdings für diesen Zeitraum keiner freiwilligen Versicherung. Nach dem Grundsatz „Pflegeversicherung folgt Krankenversicherung" bewerten die Spitzenverbände der Pflegekassen vor dem Hintergrund der nachgehenden Leistungsansprüche nach § 19 SGB V Unterbrechungen der Versicherung von bis zu einem Monat als unschädlich für den Leistungsanspruch.[245] 77

In der **Rentenversicherung** besteht während der Dauer der Sperrzeit mangels Bezugs von Alg keine Versicherungspflicht nach § 3 S. 1 Nr. 3 SGB VI. Insoweit ist diese Zeit mangels Beitragszahlung bei Berechnung der Rente nicht als Beitragszeit (§ 55 SGB VI) und mangels Leistungsbezugs auch nicht als Anrechnungszeit nach § 58 Abs. 1 S. 2 Nr. 3 SGB VI zu berücksichtigen.[246] Die Rentenversicherungsträger behandeln die Sperrzeit als **Überbrückungstatbestand**,[247] so dass die nachfolgende Zeit der Arbeitslosigkeit auch dann Anrechnungszeit ist, wenn bei fortdauernder Arbeitslosigkeit Leistungen wegen der Berücksichtigung von Einkommen oder Vermögen nicht gezahlt werden.[248] Als Anrechnungszeiten gelten jedoch Sperrzeiten bei Arbeitslosen, die wegen Bedürftigkeit (abgesenktes) Alg II beziehen (§§ 3 S. 1 Nr. 3a, 58 Abs. 1 S. 2 Nr. 3 SGB VI). 78

II. Arbeitsrecht

Zu den Hinweis- und Aufklärungspflichten des AG (siehe § 143a Rn 61 f.). 79

III. Prozessrecht

Lehnt die AA einen Antrag auf Alg (für einen bestimmten Zeitraum) wegen des Eintritts einer Sperrzeit ab, bedarf es wegen eines fehlenden **Eingriffs in bestehende Rechte** keiner **Anhörung** des betroffenen Arbeitslosen nach § 24 Abs. 1 SGB X.[249] Wird hingegen der Eintritt einer Sperrzeit seitens der AA erst zu einem Zeitpunkt nach dem Erlass des Bewilligungsbescheides festgestellt, dann hat das zur Folge, dass der ursprüngliche Bescheid nach §§ 48 ff. SGB X aufgehoben werden muss und im Rahmen der notwendig neuen Leistungsbewilligung die Folgen der Sperrzeitverhängung zu berücksichtigen sind.[250] Angesichts dessen, dass hier in die durch den ersten Bescheid festgestellten Rechte des Arbeitslosen eingegriffen wird, bedarf es einer vorherigen Anhörung nach § 24 Abs. 1 SGB X.[251] Wird eine nach § 24 Abs. 1 SGB X erforderliche Anhörung unterlassen, so kann dieser Mangel gem. § 41 Abs. 1 Nr. 3 80

---

243 BSG 24.7.1986 – 7 RAr 13/85 – SozR 4100 § 105b Nr. 6.
244 S. zu dieser Problematik KassKomm/*Peters*, § 20 SGB XI Rn 25.
245 S. das gemeinsame Rundschreiben der Spitzenverbände der Pflegekassen zu den leistungsrechtlichen Vorschriften des Pflegeversicherungsgesetzes vom 10.10.2002, Nr. 1 zu § 35 SGB XI, sowie Nr. 3 Abs. 2 zu § 33 SGB XI.
246 Mitteilungen der LVA Rheinprovinz 1996, 577; KassKomm/*Niesel*, § 58 SGB VI Rn 30.
247 Vgl. etwa *Jung*, Mitteilungen der LVA Oberfranken und Mittelfranken 1998, 267, 269.
248 Gagel/*Winkler*, § 144 Rn 236.
249 BSG 29.6.1995 – 11 RAr 87/94 – SozR 3-1300 § 104 Nr. 9; vgl. auch BSG 24.6.1999 – B 11 AL 75/98 R – DBlR § 136 AFG Nr. 4550; BSG 29.11.1990 – 7 RAr 6/90 – SozR 3-4100 § 139a Nr. 1; i.E. zustimmend *Seewald*, SGb 1996, 124; *Vogel*, NZS 1997, 249, 252; krit. zu dieser Rspr. GK-SGB X/*Schnapp*, Bd. 1, § 24 Rn 12 ff.
250 S. nur BSG 15.6.2000 – B 7 AL 86/99 R – SozR 3-1300 § 24 Nr. 16, hier auch zu der Frage, ob ein isolierter Sperrzeitbescheid in einen Aufhebungsbescheid der Alg-Bewilligung umgedeutet werden kann.
251 S.a. LSG München 5.10.1995 – L 8 Al 298/94 – Breith. 1996, 248; Niesel/*Niesel*, § 144 Rn 178; *Vogel*, NZS 1997, 249, 252.

80 SGB X durch **Nachholung der Anhörung** geheilt werden und zwar gem. § 41 Abs. 2 SGB X bis zur letzten Tatsacheninstanz eines sozial- oder verwaltungsgerichtlichen Verfahrens.[252]

81 Die **Zusage** einer AA, eine Sperrzeit trete nicht ein, bedarf zu ihrer Wirksamkeit gem. § 34 Abs. 1 S. 1 SGB X der Schriftform.[253] Eine Aktennotiz des AG über eine entsprechende Zusage der AA genügt dem Schriftformerfordernis nicht.[254]

82 Gegen die Entscheidung der AA kann der Arbeitslose binnen eines Monats nach Bekanntgabe der Entscheidung (§ 84 Abs. 1 SGG) **Widerspruch** bei der AA einlegen (§ 83 SGG). Hilft diese dem Widerspruch nicht ab, so kann der Arbeitslose innerhalb eines Monats nach Zustellung des Widerspruchsbescheides schriftlich[255] Klage bei dem zuständigen SG erheben (§ 87 Abs. 1 und 2 SGG). Wird in einem Bewilligungsbescheid oder einem isolierten Sperrzeitbescheid Alg für die Dauer der Sperrzeit abgelehnt, ohne dass zuvor für diesen Zeitraum eine Bewilligung ausgesprochen war, so ist die **kombinierte Anfechtungs- und Leistungsklage** nach § 54 Abs. 4 SGG richtige Klageart, wenn der Kläger neben der Beseitigung der Sperrzeit Zahlung von Alg für die Zeit der verhängten Sperrzeit begehrt.[256] Wird im Sperrzeitbescheid eine für den Zeitraum der Sperrzeit bereits erfolgte Alg-Bewilligung aufgehoben, so ist richtige Klageart die **reine Anfechtungsklage** nach § 54 Abs. 1 SGG, da mit Aufhebung des Sperrzeitbescheides die Alg-Bewilligung wieder wirksam wird und an einer Verurteilung zur Leistung deswegen kein schutzwürdiges Interesse besteht. Darüber hinaus ist eine isolierte Anfechtungsklage (§ 54 Abs. 1 SGG) nur zulässig, wenn sich der Kläger allein gegen die Feststellung der Sperrzeit richtet, etwa weil er die mit der Sperrzeit einhergehende Minderung der Anspruchsdauer nach § 128 Abs. 1 Nr. 4 beseitigt haben möchte.[257]

83 Über den Antrag auf Alg kann nach § 328 Abs. 1 S. 1 Nr. 3 vorläufig entschieden werden.[258]

D. Beraterhinweise

84 Auch wenn die Rspr. des BSG zum Abwicklungsvertrag verfehlt ist, muss in der Praxis davon ausgegangen werden. Soll bei Beendigung des Arbvh eine **Sperrzeit vermieden** werden, ist im Hinblick auf diese Rspr. ein Vorgehen nach § 1a KSchG, der Abschluss des Abwicklungsvertrages als Prozessvergleich oder als außergerichtlicher Vergleich nach Ablauf der Frist für die Erhebung der Künd-Schutzklage anzuraten.[259] Die Parteien sollten dabei alles vermeiden, was auf eine vorherige Absprache deuten könnte.[260]

85 Lässt sich der Eintritt einer Sperrzeit nicht vermeiden, so können doch die **Sperrzeitfolgen für den AN durch eine Freistellung am Ende des Arbvh begrenzt** werden. Im Hinblick darauf, dass die Sperrzeit mit dem ersten Tag nach Beendigung des Beschäftigungsverhältnisses beginnt (siehe Rn 57), kann sie bereits bei noch bestehendem Arbvh eintreten, wenn der AN bis zur Beendigung des Arbvh von der Arbeit freigestellt wird. Bei einer mind. zwölfwöchigen Freistellung kann der AN damit ab dem ersten Tag nach Beendigung des Arbvh Alg beziehen. Die weitere Sperrzeitfolge nach § 128 Abs. 1 Nr. 4 entfällt hingegen erst, wenn das sperrzeitbegründende Ereignis (hier die Freistellung) **länger als ein Jahr** zurückliegt (siehe Rn 55).

86 Zur Vermeidung von Schadensersatzansprüchen wegen Verletzung von **Hinweis- und Aufklärungspflichten** durch den AG (siehe § 143a Rn 61). Bezogen auf den Abschluss eines **Altersteilzeitarbeitsvertrages** hat das BSG einen Schadensersatzanspruch des AN grds. verneint.[261] Genügt die Altersteilzeitvereinbarung den Anforderungen des § 8 Abs. 3 AltersteilzeitG, treffen den AG keine Nebenpflichten hinsichtlich der Vermögensinteressen des AN, weil diesem nach dem gesetzgeberischen Willen (§ 8 Abs. 3 AltersteilzeitG) bereits durch den anschließenden Anspruch auf Altersrente Rechnung getragen ist.[262] Erfüllt die Vereinbarung nicht die Voraussetzungen des AltersteilzeitG, besteht eine Hinweispflicht des AG nicht, wenn der Lebensunterhalt des AN nach Beendigung des Arbvh gleichwohl gesichert ist, etwa durch eine Altersrente oder Leistungen einer befreienden Lebensversicherung.[263]

---

252 Nach Ansicht des BSG (24.7.2001 – B 4 RA 2/01 R – SozR 3-8850 § 5 Nr. 5) ist jedoch der Zweck des § 24 Abs. 1 SGB X bei Nachholung einer Anhörung während des Gerichtsverfahrens generell nicht mehr zu verwirklichen.
253 BSG 29.11.1989 – 7 RAr 86/88 – SozR 4100 § 119 Nr. 36.
254 BSG 29.11.1989 – 7 RAr 86/88 – SozR 4100 § 119 Nr. 36.
255 § 90 SGG.
256 Vgl. BSG 29.4.1998 – B 7 AL 56/97 R – SozR 3-4100 § 119 Nr. 15; BSG 9.2.1995 – 7 RAr 34/94 – SozR 3-4100 § 119a Nr. 1 m.w.N.
257 BSG 5.6.1997 – 7 RAr 22/96 – SozR 3-1500 § 144 Nr. 12 m.w.N.
258 Siehe hierzu Niesel/*Niesel*, § 328 Rn 1 ff., insb. Rn 10 ff.
259 Vgl. BSG 18.12.2003 – B 11 AL 35/03 R – SozR 4-4300 § 144 Nr. 6; s.a. *Hümmerich*, SAE 2005, 100, 112 f.; *Kliemt*, ArbRB 2004, 212, 214; *Kramer*, AuR 2004, 402, 404 f.; *Schmitt-Rolfes*, NZA 2005, 3, 6; *Wolff*, DStR 2005, 115; z.T. krit. *Lilienfeld/Spellbrink*, NZA 2005, 88; *Maties*, NZS 2006, 75 ff.
260 *Kliemt*, ArbRB 2004, 212, 214.
261 BAG 16.11.2005 – 7 AZR 86/05 – juris.
262 BAG 16.11.2005 – 7 AZR 86/05 – juris.
263 BAG 16.11.2005 – 7 AZR 86/05 – juris.

§ 183　Anspruch

(1) Arbeitnehmer haben Anspruch auf Insolvenzgeld, wenn sie im Inland beschäftigt waren und bei
1. Eröffnung des Insolvenzverfahrens über das Vermögen ihres Arbeitgebers,
2. Abweisung des Antrags auf Eröffnung des Insolvenzverfahrens mangels Masse oder
3. vollständiger Beendigung der Betriebstätigkeit im Inland, wenn ein Antrag auf Eröffnung des Insolvenzverfahrens nicht gestellt worden ist und ein Insolvenzverfahren offensichtlich mangels Masse nicht in Betracht kommt,

(Insolvenzereignis) für die vorausgehenden drei Monate des Arbeitsverhältnisses noch Ansprüche auf Arbeitsentgelt haben. ²Ein ausländisches Insolvenzereignis begründet einen Anspruch auf Insolvenzgeld für im Inland beschäftigte Arbeitnehmer. ³Zu den Ansprüchen auf Arbeitsentgelt gehören alle Ansprüche auf Bezüge aus dem Arbeitsverhältnis. ⁴Als Arbeitsentgelt für Zeiten, in denen auch während der Freistellung eine Beschäftigung gegen Arbeitsentgelt besteht (§ 7 Abs. 1a Viertes Buch), gilt der auf Grund der schriftlichen Vereinbarung zur Bestreitung des Lebensunterhalts im jeweiligen Zeitraum bestimmte Betrag. ⁵Hat der Arbeitnehmer einen Teil seines Arbeitsentgelts gemäß § 1 Abs. 2 Nr. 3 des Betriebsrentengesetzes umgewandelt und wird dieser Entgeltteil in den Durchführungswegen Pensionsfonds, Pensionskasse oder Direktversicherung verwendet, gilt, soweit der Arbeitgeber keine Beiträge an den Versorgungsträger abgeführt hat, für die Berechnung des Insolvenzgeldes die Entgeltumwandlung als nicht vereinbart.

(2) Hat ein Arbeitnehmer in Unkenntnis eines Insolvenzereignisses weitergearbeitet oder die Arbeit aufgenommen, besteht der Anspruch für die dem Tag der Kenntnisnahme vorausgehenden drei Monate des Arbeitsverhältnisses.

(3) Anspruch auf Insolvenzgeld hat auch der Erbe des Arbeitnehmers.

(4) Der Arbeitgeber ist verpflichtet, einen Beschluß des Insolvenzgerichts über die Abweisung des Antrags auf Insolvenzeröffnung mangels Masse dem Betriebsrat oder, wenn ein Betriebsrat nicht besteht, den Arbeitnehmern unverzüglich bekanntzugeben.

Literatur: *Berscheid*, Kaug-Anspruch für erarbeitetes Arbeitsentgelt und Zuordnung von Entgeltzahlungen im Insg-Zeitraum, ZInsO 2000, 134

A. Allgemeines 1	4. Arbeitsentgelt 13
B. Regelungsgehalt 2	II. Weiterarbeit bei Unkenntnis des Insolvenz-
I. Anspruchsvoraussetzungen, Abs. 1 2	ereignisses, Abs. 2 17
1. Anspruchsberechtigung 2	III. Insolvenzgeldanspruch der Erben, Abs. 3 ... 18
2. Insolvenzereignis 3	IV. Mitteilungspflichten des Arbeitgebers, Abs. 4 19
a) Eröffnung des Insolvenzverfahrens 6	**C. Verbindungen zu anderen Rechtsgebieten und**
b) Abweisung der Insolvenzeröffnung 8	**zum Prozessrecht** 20
c) Beendigung der Betriebstätigkeit 9	**D. Beraterhinweise** 21
3. Insolvenzgeldzeitraum 11	

A. Allgemeines

Die Vorschrift ist, wie auch die übrigen Vorschriften des SGB III zum Insolvenzgeld, zum 1.1.1999 in Kraft getreten. Nach Abs. 1 Nr. 1 hat ein AN Anspruch auf Insolvenzgeld, wenn er bei Eröffnung des Insolvenzverfahrens über das Vermögen seines AG oder bei einem anderen Insolvenzereignis i.S.d. § 183 für die letzten der Eröffnung des Insolvenzverfahrens vorausgehenden drei Monate des Arbeitsverhältnisses noch Ansprüche auf Arbeitsentgelt hat. Das Insolvenzgeld soll ebenso wie zuvor das Konkursausfallgeld (KAUG) die vorleistungspflichtigen AN vor dem Risiko des Lohnausfalls bei Zahlungsunfähigkeit des AG schützen. Neben dem ausfallenden Arbeitsentgelt ist auch die Entrichtung der Pflichtbeiträge zur Sozialversicherung gesichert, § 208. Das Insolvenzgeld wird nach den §§ 358 ff. durch Umlagen der AG finanziert. Daraus folgt, dass es sich nicht um eine Leistung der Arbeitslosenversicherung handelt.[1]

1

---

1 BSG 29.5.2008 – B 11 a AL 61/06 R – NZA-RR 2008, 661: Die Zahlung einer Insolvenzgeld-Umlage verstößt weder gegen sozialgesetzliche Vorschriften noch gegen Verfassungs- oder europäisches Gemeinschaftsrecht.

B. Regelungsgehalt

I. Anspruchsvoraussetzungen, Abs. 1

2 **1. Anspruchsberechtigung.** Anspruchsberechtigt sind nur **AN im sozialversicherungsrechtlichen Sinne**. Hierzu gehören nach § 13 auch die Heimarbeiter und Auszubildenden (§ 14). Fremd-GF oder Minderheits-GF als Organmitglieder einer Gesellschaft können anspruchsberechtigt sein, wenn sie keinen maßgeblichen Einfluss auf die geschäftspolitischen Entscheidungen der Gesellschaft nehmen können.[2] Das BSG hat in einigen Urteilen aus jüngerer Zeit seine Rechtsprechung zur sozialversicherungsrechtlichen Einordnung von GmbH-GF präzisiert. Danach sind **Fremd-GF**, die am Stammkapital der GmbH nicht beteiligt sind, grds. abhängig beschäftigt und damit sozialversicherungspflichtig. Von dieser Regel ist nur dann abzuweichen, wenn besondere Umstände, z.B. die persönliche oder wirtschaftliche Dominanz des GF, sich feststellen lassen.[3] Im umgekehrten Fall eines **Allein- oder Mehrheitsgesellschafters**, der, ohne GF zu sein, in der GmbH tätig ist, ist wegen des maßgeblichen Einflusses auf die Entscheidungsfindung in der GmbH ein abhängiges Beschäftigungsverhältnis in der Regel nicht anzunehmen.[4] Ein sozialversicherungspflichtiges Beschäftigungsverhältnis kann aber auch für die Tätigkeit eines stillen Gesellschafters, dem eine interne Rechtsmacht in der GmbH nicht eingeräumt war, angenommen werden.[5] Für den Fall des **Gesellschafter-GF** ist von einer Sozialversicherungspflicht dann nicht auszugehen, wenn durch eine aus den Gesellschaftsanteilen resultierende Rechtsmacht maßgeblicher Einfluss auf die Gesellschaft genommen werden kann. Ist dies wie beim Fremd-GF oder dem Minderheitsgesellschafter nicht der Fall, liegt ein abhängiges Beschäftigungsverhältnis in der Regel vor.[6] Vorstandsmitglieder einer AG sind aufgrund ihrer unabhängigen Stellung im Unternehmen grundsätzlich insolvenzgeldberechtigt, weil sie selbst durch Weisungen die Geschicke des Unternehmens leiten und demzufolge nicht persönlich abhängig sind.[7]

3 **2. Insolvenzereignis.** Als Insolvenzereignis gelten nach § 183 die **Eröffnung des Insolvenzverfahrens** über das Vermögen des AG, die Abweisung des Antrags auf Eröffnung des Insolvenzverfahrens mangels Masse und die vollständige **Beendigung der Betriebstätigkeit** im Inland, wenn ein Antrag auf Eröffnung des Insolvenzverfahrens nicht gestellt worden ist und ein Insolvenzverfahren offensichtlich mangels Masse nicht in Betracht kommt.

4 Treten im Rahmen derselben Insolvenz die Versicherungsfälle des Abs. 1 bis 3 nacheinander auf, so wird der Anspruch auf das Insolvenzgeld durch das zeitlich früheste Ereignis ausgelöst.[8] Solange ein bestimmtes Insolvenzereignis andauert, kann ein anderes Ereignis nicht mehr eintreten, das den Insolvenzgeldanspruch auslöst.[9]

5 Die vor dem Insolvenzstichtag (Insolvenzeröffnung, Abweisung des Antrags auf Verfahrenseröffnung mangels Masse, vollständige Beendigung der Betriebstätigkeit bei Masseunzulänglichkeit) ausgeschiedenen AN können das Insolvenzgeld nur beanspruchen, wenn die Nichtzahlung des rückständigen Arbeitsentgelts auf dieses Insolvenzereignis zurückzuführen ist.[10]

6 **a) Eröffnung des Insolvenzverfahrens.** Im Fall der Eröffnung des Insolvenzverfahrens wird unwiderleglich vermutet, dass der AG **zahlungsunfähig** ist. Der Insolvenzzeitraum endet, wenn bei Eröffnung des Insolvenzverfahrens das Arbeitsverhältnis nicht mehr besteht, mit dem letzten Tag des Arbeitsverhältnisses. Besteht das Arbeitsverhältnis noch fort, so erstreckt sich der Anspruch auf Insolvenzgeld nicht mehr auf den Tag der Insolvenzeröffnung.[11] Die Eröffnung des Insolvenzverfahrens bleibt als Insolvenzereignis auch dann maßgebend, wenn der Beschluss im Beschwerdeverfahren aufgehoben oder zurückgenommen wird.[12]

7 Liegt eine inländische Beschäftigung vor, so begründet nach Abs. 1 S. 2 ein ausländisches Insolvenzereignis einen Anspruch für im Inland beschäftigte AN.[13]

8 **b) Abweisung der Insolvenzeröffnung.** Gem. Abs. 1 Nr. 2 besteht ein Anspruch auf Insolvenzgeld auch, wenn der Antrag auf Eröffnung des Insolvenzverfahrens mangels Masse abgewiesen wird (§ 26 InsO). Wird der Antrag auf Eröffnung des Insolvenzverfahrens aus anderen Gründen abgelehnt, so liegt kein Insolvenzereignis i.S.d. Abs. 1 Nr. 2 vor, die Vermögenslage des AG bleibt in diesem Falle ungeprüft.[14] Maßgeblicher Zeitpunkt ist der Erlass der Entscheidung. Da die Abweisungsbeschluss nicht öffentlich bekannt gegeben wird, ist der AG nach Abs. 4 verpflichtet, den Beschluss des Insolvenzgerichts dem BR oder, wenn ein BR nicht besteht, den AN unverzüglich bekannt zu machen.

---

2 BSG 23.9.1992 – 10 RAr 10/91 – ZIP 1993, 103.
3 BSG 18.12.2001 – B 12 KR 10/01 R –, NZA-RR 2003, 325.
4 BSG 25.1.2006 – B 12 KR 30/04 R – GmbHR 2006, 645.
5 BSG 24.1.2007 – B 12 KR 31/06 R – NZS 2007, 648.
6 BSG 4.7.2007 -B 11a AL 5/06 R – ZIP 2007, 2185.
7 BSG 22.4.1987 – 10 RAr 5/86 – NZA 1987, 614; LSG Berlin-Brandenburg. 7.2.2008 – L 30 AL 134/05 – juris.
8 Gottwald/*Heinze*, § 108 Rn 25.
9 BSG 17.5.1989 – 10 RAr 10/88 – NZA 1989, 773; Küttner/*Voelzke*, Insolvenz des Arbeitgebers, Rn 46.
10 *Berscheid*, ZInsO 2000, 134.
11 BSG 22.3.1995 – 10 RAr 1/94 – ZIP 1995, 935.
12 Niesel/*Roeder*, § 183 Rn 24; a.A. Gottwald/*Heinze*, § 108 Rn 15.
13 Küttner/*Volezke*, Insolvenz des Arbeitgebers, Rn 47.
14 BSG 22.9.1993 – 10 RAr 9/91 – SozR 3-4100, § 141b Nr. 7; Niesel/*Roeder*, § 183 Rn 26.

c) Beendigung der Betriebstätigkeit. Als drittes Insolvenzereignis nennt Abs. 1 Nr. 3 die vollständige Beendigung der Betriebstätigkeit im Inland, wenn ein Antrag auf Eröffnung des Insolvenzverfahrens nicht gestellt worden ist und ein Insolvenzverfahren offensichtlich mangels Masse nicht in Betracht kommt. Dieser im Einzelfall auch hinsichtlich des Zeitpunktes schwierig festzustellende Tatbestand wird nicht durch das Insolvenzgericht, sondern von der Bundesagentur für Arbeit geprüft. Eine vollständige Beendigung der Betriebstätigkeit liegt vor, wenn die dem Betriebszweck dienende Tätigkeit vollständig eingestellt wurde. Die Durchführung reiner Abwicklungsarbeiten ist hierbei unbeachtlich.[15] Bis zum Zeitpunkt der vollständigen Beendigung der Betriebstätigkeit darf ein Insolvenzantrag nicht gestellt worden sein.

Ferner darf ein Insolvenzverfahren offensichtlich mangels Masse nicht in Betracht kommen. Ausreichend ist, wenn die äußeren Tatsachen für eine Masseunzulänglichkeit sprechen. Dies ist insbesondere anzunehmen, wenn die **Lohnzahlung** unter Hinweis auf die Zahlungsunfähigkeit **eingestellt** wird.[16] Letzte Klarheit über die Frage der Insolvenz des AG muss nicht bestehen.[17] Die Feststellungslast für die offensichtliche Masselosigkeit liegt beim Antragsteller.[18] Indizien können z.B. zahlreiche arbeitsgerichtliche Versäumnisurteile auf Lohnzahlung sein.[19] Hat sich z.B. der AG mit dem Betriebsvermögen ins Ausland abgesetzt, sind auch dessen Vermögensverhältnisse im Ausland zu berücksichtigen. Zweifel, ob Zahlungsunfähigkeit oder lediglich Zahlungsunwilligkeit besteht, gehen zu Lasten des Antragstellers, sprich des AN.[20]

3. Insolvenzgeldzeitraum. Der Anspruch auf Insolvenzgeld besteht zur Begrenzung der Risiken für die Insolvenzausfallversicherung nur für das ausgefallene Arbeitsentgelt, das auf **die letzten drei dem Insolvenzereignis vorausgehenden Monate** entfällt. Für diesen Zeitraum wird rückständiges Arbeitsentgelt durch die Zahlung von Insolvenzgeld ausgeglichen. Zu diesem Zeitraum gehört jedoch nicht der Tag des Insolvenzereignisses selbst, da Insolvenzgeld nur für die dem Insolvenzereignis vorausgehenden drei Monate gewährt wird. Die Beschlussfassung über die Eröffnung des Insolvenzverfahrens (§ 27 InsO) ist maßgeblich für den Insolvenzgeldzeitraum.

War das Arbeitsverhältnis vor dem Insolvenztag bereits beendet, endet die Drei-Monats-Frist mit dem letzten Tag des Arbeitsverhältnisses. Dies gilt unabhängig davon, wie lange das Ende des Arbeitsverhältnisses vor dem Insolvenztag liegt. Erforderlich ist, dass das Arbeitsverhältnis sein rechtliches Ende gefunden hat. Bei mehreren Arbverh bei demselben AG endet der Insolvenzgeld-Zeitraum mit dem letzten Tag des letzten Arbverh, wenn das Insolvenzereignis erst danach eintritt. Dabei sind auch geringfügige Nebenbeschäftigungen i.S.d. § 141 Abs. 1 SGB III zu berücksichtigen.[21]

4. Arbeitsentgelt. Den Insolvenzgeldanspruch begründen nur Ansprüche auf Arbeitsentgelt, die dem Insolvenzgeldzeitraum zeitlich zuzuordnen und noch durchsetzbar sind. Entgeltansprüche wegen oder für die Zeit nach Beendigung des Arbeitsverhältnisses sind ausgeschlossen, § 184 Abs. 1 Nr. 1. Zum Arbeitsentgelt gehören grundsätzlich alle **Geld- und Naturalleistungen**, die der AN aus dem Arbeitsverhältnis als Gegenwert für die von ihm geleistete Arbeit oder als Ersatz der von ihm bei Erbringung der Arbeitsleistung entstandenen **Auslagen** ohne Rücksicht auf Lohn- und Sozialversicherungspflicht zu beanspruchen hat.[22] Der Anspruch auf Insolvenzgeld setzt aber voraus, dass der AN im Insolvenzgeldzeitraum gegenüber seinem AG einen Arbeitsentgeltanspruch erarbeitet hat. Hierzu ist erforderlich, dass der AN seiner Pflicht zur Arbeitsleistung nachgekommen ist. Kann der Nachweis einer tatsächlichen Arbeitsleistung nicht erbracht werden, so kommt die Berücksichtigung eines Arbeitsentgeltanspruchs nur in Betracht, wenn die Voraussetzungen des Annahmeverzugs vorliegen.[23] Gelingt dem AN der Beweis seiner Behauptung des Abschlusses einer bestimmten Entgeltvereinbarung nicht, ist das Gericht aber auch nicht davon überzeugt, dass die Behauptung des AN unwahr ist, so geht die Unmöglichkeit der Tatsachenaufklärung nicht zu Lasten des AN, wenn der AG entgegen § 2 NachwG dem AN keinen Nachweis der wesentlichen Vertragsbedingungen erteilt hat.[24] Ein Anspruch auf variable Entgeltbestandteile ist durch Insolvenzgeld auszugleichen, wenn die zugrunde liegende Zielvereinbarung aus Gründen nicht zustande kommt, die der AN nicht zu vertreten hat.[25]

Zum Arbeitsentgelt gehören Lohn und Gehalt (einschließlich Zuschlägen für Überstunden, Schichtarbeit etc.), die Vergütung von Mehrarbeit, Überstunden, Sonntags-, Feiertags- und Nachtarbeit, vom AG zu leistende Entgeltfortzahlung bei Krankheit, Wege- und Schmutzzulagen, Kleidergeld, Essensgeld, Gewinnbeteiligungen, Deputate und sonstige Naturalleistungen, Provisionen, Tantiemen, Urlaubsentgelt, Urlaubsgeld, Gratifikationen, Jubiläumszuwendungen, vom AG übernommene Kontoführungsgebühren, Reisekosten und sonstige Spesen ebenso wie

---

15 Niesel/*Roeder*, § 183 Rn 28.
16 Küttner/*Voelzke*, Insolvenz des Arbeitgebers, Rn 51.
17 BSG 22.9.1993 – 10 RAr 9/91 – SozR 3-4100, § 141 B Nr. 7.
18 BSG 22.9.1993 – 10 RAr 9/91 – SozR 3-4100, § 141 B Nr. 7.
19 Niesel/*Roeder*, § 183 Rn 30.
20 BSG 22.9.1993 – 10 RAr 9/91 – SozR 3-4100, § 141 B Nr. 7; Niesel/*Roeder*, § 183 Rn 28.
21 Sächsisches LSG 30.4.2008 – L 1 AL 141/07 – juris.
22 Niesel/*Roeder*, § 183 Rn 37..
23 LSG Berlin-Brandenburg 14.11.2007 – L 16 AL 541/06 – juris.
24 LSG Nordrhein-Westfalen 24.10.2007 – L 12 AL 127/06 – juris.
25 BSG 23.3.2006 – B 11a AL 29/05 R – NZA-RR 2007, 101.

ggf. Schadensersatzansprüche aus dem Arbeitsverhältnis.[26] Abfindungen gem. §§ 9, 10 KSchG, die für den Verlust des sozialen Besitzstandes gezahlt werden, sind vom Insolvenzgeld grundsätzlich nicht erfasst.

Ebenso ist der Anspruch auf Urlaubsabgeltung gem. § 184 Abs. 1 Nr. 1 Hs. 1 ausgeschlossen.[27] Die gilt auch für einen Schadensersatzanspruch des AN auf Gewährung von Ersatzurlaub in Geld, da die Beendigung des Arbverh wesentliche Bedingung für den Anspruch ist. Dieser Schadensersatzanspruch ist in seiner Struktur mit dem Anspruch auf Urlaubsabgeltung nach § 7 Abs. 4 BUrlG vergleichbar.[28]

Bei erfolgsabhängigen Vergütungsansprüchen, z.B. bei Provisionen oder Tantiemen, ist darauf abzustellen, wann nach der konkreten arbeitsvertraglichen Regelung der AN das zur Erlangung einer gesicherten Provisionsanwartschaft Erforderliche getan hat. Hat der AN im Insolvenzgeldzeitraum alles Erforderliche getan, dass der Erfolg eintritt, ist der Anspruch auf Insolvenzgeld versichert, auch wenn die Ausführung des Geschäfts wegen des Insolvenzereignisses unterbleibt.[29] Bei Sonderzahlungen, z.B. Gratifikationen, Weihnachtsgeld, ist zu differenzieren. Wird die Sonderzahlung nur einmal im Jahr geleistet, steht ebenfalls ihr **Entgeltcharakter** im Vordergrund. Bei jährlichen Sonderzahlungen, deren Erarbeitung bestimmten Zeiträumen zugeteilt werden kann, sind die im Insolvenzgeldzeitraum erarbeiteten Anteile der Sonderzahlung mit $^1/_{12}$ pro Monat versichert. Dies gilt auch dann, wenn die Fälligkeit der Sonderzahlung erst an einem nach dem Insolvenzereignis liegenden Stichtag eintritt.[30] Bei Sonderzahlungen, die zu einem bestimmten Anlass oder Stichtag gezahlt werden, ohne dass sie als Gegenleistung einem bestimmten Zeitraum zugeordnet werden können, ist die gesamte Zahlung versichert, wenn das Ereignis in den Insolvenzgeldzeitraum fällt.[31] Der AN erhält kein Insolvenzgeld, wenn der Stichtag für die Sonderzahlung außerhalb des Insolvenzgeldzeitraums liegt. Auch eine anteilige Zahlung scheidet in diesem Falle aus, sog. „Alles-oder-Nichts-Prinzip".[32]

15 Da der AN als Insolvenzgeld nur das erhalten soll, was ihm durch die Insolvenz verloren geht, setzt das Insolvenzgeld einen noch **durchsetzbaren Lohnanspruch** voraus. Ein rechtskräftiges klageabweisendes arbeitsgerichtliches Urteil ist daher vom Arbeitsamt zu berücksichtigen. Auch ein arbeitsgerichtlicher Vergleich, mit dem der AN teilweise auf Entgeltansprüche verzichtet, lässt den Insolvenzgeldanspruch insoweit entfallen.[33] Ist der Anspruch nach arbeitsrechtlichen Grundsätzen verjährt, verwirkt oder aufgrund vertraglicher oder tariflicher Ausschlussklausel verfallen, so entfällt in diesem Umfange auch ein Anspruch auf Insolvenzgeld. Der Insolvenzgeldanspruch kann auch durch die Erzielung anderweitigen Verdienstes gemindert sein, § 615 S. 2 BGB.

16 **Nebenforderungen**, etwa Verzugszinsen, Finanzierungskosten sowie Kosten der Rechtsverfolgung, gehören **nicht** zu den vom Insolvenzgeld geschützten Forderungen.[34] Bei diesen Forderungen handelt es sich nicht um Arbeitsentgelt, die Gegenleistung für die geschuldete Arbeitskraft sind.[35] **Wertguthaben** aus Arbeitszeitkonten bei flexiblen Arbeitszeitregelungen werden ebenfalls geschützt, soweit der dem Arbeitszeitkonto gutgeschriebene Anspruch im Insolvenzgeldzeitraum erarbeitet worden ist.[36] Vor der gesetzlichen Ergänzung um die Regelung zur Entgeltumwandlung unterlagen umgewandelte Entgeltansprüche nicht dem Schutz der Insolvenzgeld-Versicherung.[37]

II. Weiterarbeit bei Unkenntnis des Insolvenzereignisses, Abs. 2

17 Arbeitet der AN in Unkenntnis des Insolvenzereignisses weiter, sind die letzten drei Monate des Arbeitsverhältnisses zu berücksichtigen, die dem Tag der Kenntnisnahme vorausgehen, Abs. 2. Auf ein Vertretenmüssen der Unkenntnis kommt es jedenfalls bis zur endgültigen Betriebseinstellung nicht an.[38] Die Vorschrift erfasst auch die erstmalige Tätigkeitsaufnahme.

III. Insolvenzgeldanspruch der Erben, Abs. 3

18 Der Anspruch auf Insolvenzgeld geht nach S. 3 auf den Erben, anders als das Bundessozialgericht dies zum früheren Recht entschieden hatte, über. Der Insolvenzgeldanspruch setzt allerdings auch beim Erben dessen bestehen voraus.

IV. Mitteilungspflichten des Arbeitgebers, Abs. 4

19 Den AG treffen unverzügliche Mitteilungspflichten, die im Falle der Nichtbeachtung Schadensersatzansprüche der AN auslösen oder eine Ordnungswidrigkeit nach § 404 darstellen können. Die Vorschrift soll Fällen der Weiterarbeit oder Tätigkeitsaufnahme i.S.v. Abs. 2 vorbeugen.

---

26 Vgl. die Aufzählung bei Niesel/*Roeder*, § 183 Rn 40–60.
27 BSG 20.2.2002 – B 11 AL 71/01 R – NZA-RR 2003, 209.
28 BSG 6.5.2009 – B 11 AL 12/08 R – juris.
29 BSG 24.3.1983 – 10 RAr 15/81 – SozR 4100, § 141b Nr. 26.
30 BSG 9.12.1997 – 10 RAr 5/97 – SGb 1998, 161.
31 Niesel/*Roeder*, § 183 Rn 52.
32 Niesel/*Roeder*, § 183 Rn 52.
33 BSG 27.9.1994 – 10 RAr 1/93 – AP Nr. 17 zu § 141b AFG.
34 ArbG Frankfurt 1.11.2001 – 4 Ca 2589/00 – ZInsO 2002, 93.
35 *Steindorf/Regh*, § 6 Rn 11.
36 BSG 25.6.2002 – B 11 AL 90/01 R – AP Nr. 3 zu § 141a AFG; BSG 9.12.1997 – 10 RAr 5/97 – ZIP 1998, 481.
37 BSG 5.12.2006 – B 11a AL 19/05 R – ZIP 2007, 929.
38 BSG 3.10.1989 – 10 RAr 8/89 – SozR 4100 § 141b Nr. 50.

C. Verbindungen zu anderen Rechtsgebieten und zum Prozessrecht

Für die Frage, ob dem AN ein Insolvenzgeldanspruch für entgangenes Arbeitsentgelt zusteht kommt es darauf an, ob der Anspruch nach **arbeitsrechtlichen Gründsätzen** entstanden, fällig und durchsetzbar ist. Daher sind die Allgemeinen Regeln des Arbeitsrechts zu beachten. Die für die anspruchsbegründende Einordnung maßgebliche Frage nach dem Bestehen eines sozialversicherungsrechtlichen Beschäftigungsverhältnisses ist nach den dafür geltenden Grundsätzen zu lösen 20

D. Beraterhinweise

Zwingend zu beachten ist, dass das Insolvenzgeld nur auf **Antrag** gezahlt. Dieser ist binnen einer **Ausschlussfrist** von **zwei Monaten** nach der Insolvenzeröffnung, der Abweisung mangels Masse oder der tatsächlichen vollständigen Betriebsstilllegung, § 324 Abs. 3, zu stellen. Bei unverschuldeter Fristversäumnis ist eine Nachholung innerhalb von zwei Monaten nach Wegfall des Hinderungsgrundes möglich, § 324 Abs. 3 S. 2. Die Fristenregelung des Absatzes drei ist europarechtskonform.[39] An das Vertretenmüssen im Sinne des § 324 Abs. 3 S. 2 und 3 SGB III dürfen aber keine überhöhten Anforderungen gestellt werden dürfen. Die Vorschrift ist restriktiv auszulegen.[40] 21

Die Weiterleitung von Insolvenzgeldanträgen von AN des Schuldners gehört hingegen nicht zum Pflichtenkreis eines Insolvenzverwalters.[41] Auch der Leistungsträger des SGB III ist nicht verpflichtet, den betroffenen AN bei Kenntnis eines Insolvenzereignisses zu ermitteln und diesen über einen zu stellenden Insolvenzgeldantrag und die Antragsfrist aufzuklären. Ein etwaiges Verschulden des bevollmächtigten RA wird zugerechnet.[42]

Der Insolvenzverwalter hat der Arbeitsagentur nach § 314 auf Verlangen die Bruttovergütung mitzuteilen, aus der dann die Nettovergütung errechnet wird. Die Insolvenzgeldbescheinigung stellt ein Anerkenntnis dar, das auch arbeitsrechtliche Ausschlussfristen wahrt. Für die Klage des AN auf erstmalige Erteilung einer Insolvenzgeldbescheinigung ist das Arbeitsgericht zuständig. Die Korrektur kann entsprechend der Rechtslage bei der Arbeitsbescheinigung nach § 312 nur beim Sozialgericht eingefordert werden. 22

---

§ 184   Anspruchsausschluß

(1) Der Arbeitnehmer hat keinen Anspruch auf Insolvenzgeld für Ansprüche auf Arbeitsentgelt, die
1. er wegen der Beendigung des Arbeitsverhältnisses oder für die Zeit nach der Beendigung des Arbeitsverhältnisses hat,
2. er durch eine nach der Insolvenzordnung angefochtene Rechtshandlung oder eine Rechtshandlung erworben hat, die im Falle der Eröffnung des Insolvenzverfahrens anfechtbar wäre oder
3. der Insolvenzverwalter wegen eines Rechts zur Leistungsverweigerung nicht erfüllt.

(2) Soweit Insolvenzgeld auf Grund eines für das Insolvenzgeld ausgeschlossenen Anspruchs auf Arbeitsentgelt erbracht worden ist, ist es zu erstatten.

A. Allgemeines	1	a) Angefochtene Rechtshandlungen	6
B. Regelungsgehalt	3	b) Anfechtbare Rechtshandlungen	7
I. Ausgeschlossene Ansprüche, Abs. 1	3	3. Leistungsverweigerungsrecht des Insolvenzverwalters	8
1. Zusammenhang mit der Beendigung des Arbeitsverhältnisses	3	II. Erstattungsanspruch, Abs. 2	9
2. Angefochtene oder Anfechtbare Rechtshandlungen	5		

A. Allgemeines

Abs. 1 nimmt bestimmte Ansprüche von dem in § 183 Abs. 1 geregelten Begriff der Ansprüche auf Arbeitsentgelt aus. Ausgeschlossen sind danach Ansprüche auf Arbeitsentgelt, die der AN wegen der Beendigung des Arbverh oder für die Zeit nach der Beendigung des Arbverh hat, Abs. 1 Nr. 1, die durch eine nach der Insolvenzordnung angefochtenen Rechtshandlung oder eine Rechtshandlung erworben hat, die im Falle der Eröffnung des Insolvenzverfahrens anfechtbar wäre, Abs. 1 Nr. 2 oder, die der Insolvenzverwalterwegen eines Rechts zur Leistungsverweigerung nicht erfüllt hat, Abs. 1 Nr. 3. Die Ausschlussgründe nach Abs. 1 Nr. 2 Alt. 1 (angefochtene Rechtshandlung) 1

---

39 BSG 17.10.2007 – B 11a AL 75/07 B – SozR 4–4300 § 324 Nr. 4.
40 LSG Hessen 26.10.2007 – L 7 AL 185/05 – info also 2008, 17.
41 OLG Hamm 12.2.2008 – 27 U 122/07 – NZI 2008, 500.
42 BSG 29.10.1992 – 10 RAr 14/91 – SozR 3–4100 § 141e Nr. 2.

und nach Abs. 1 Nr. 3 (Leistungsverweigerungsrecht) greifen nur bei dem Eintritt des Insolvenzereignisses „Eröffnung des Insolvenzverfahrens" nach § 183 Abs. 1 S. 1 Nr. 1 ein.[1]

Abs. 1 Nr. 1 bezweckt die Begrenzung des Insolvenzschutzes für Ansprüche auf Arbeitsentgelt, die bis zur Beendigung des Arbverh gezahlt werden. Abs. 1 Nr. 2 und Nr. 3 dienen daher der Missbrauchsabwehr.[2] Es soll verhindert werden, AN ohne Änderung der Arbeitsleistung höhere Ansprüche auf Insolvenzgeld zu verschaffen. Es soll folglich eine Besserstellung des AN im Hinblick auf seine Entgeltansprüche vermieden werden. Auf der anderen Seite soll auch der Möglichkeit entgegengewirkt werden, zur Entlassung der Masse Arbeitsentgeltansprüche in den Insolvenzgeldzeitraum zu verschieben.

B. Regelungsgehalt
I. Ausgeschlossene Ansprüche, Abs. 1

1. Zusammenhang mit der Beendigung des Arbeitsverhältnisses. Die Vorschrift erfasst **Arbeitsentgelt**, das mit der Beendigung des Arbverh in einem **kausalen Zusammenhang** steht. Es muss sich demnach um Ansprüche handeln, die überhaupt erst mit der Beendigung entstehen oder die jedenfalls ihrer Eigenart nach in einem engen Zusammenhang mit dem Arbeitsplatzverlust stehen.[3] Daher ist zwischen Leistungen zu unterscheiden, die wegen der Beendigung und solchen, die nur anlässlich der Beendigung gezahlt werden.[4] Zu den nicht insolvenzgeldfähigen Ansprüchen gehören insbesondere Abfindungen, gleich auf welcher Rechtsgrundlage diese beruhen. Erfasst sind demnach gesetzliche Abfindungsansprüche, etwa nach den §§ 1a, 9, 10 KSchG, Abfindungsansprüche aus Tarifverträgen oder Betriebsvereinbarungen, z.B. zum Rationalisierungsschutz oder insolvenznahen Sozialplänen sowie individualvertraglich vereinbarte Abfindungen, etwa in Aufhebungs- und Abwicklungsverträgen. Unerheblich ist auch, ob die Abfindungszahlung in einer Summe, in Raten oder als Darlehen gewährt wird.[5] Die Abfindungen dienen dem Ausgleich für den Verlust des Arbeitsplatzes und werden daher wegen der Beendigung des Arbverh gezahlt.

Umstritten ist die Frage, ob Ansprüche auf Urlaubsabgeltung durch das Insolvenzgeld auszugleichen sind.[6] Das BSG[7] stellt auf den ursächlichen Zusammenhang im Sinne eines zeitlichen und natürlichen Kausalzusammenhanges ab und nimmt daher diese Ansprüche aus.

2. Angefochtene oder Anfechtbare Rechtshandlungen. Ebenfalls **kein Anspruch auf Insolvenzgeld** besteht nach Abs. 1 für Ansprüche auf Arbeitsentgelt, die der AN durch eine nach der Insolvenzordnung angefochtene Rechtshandlung oder durch eine Rechtshandlung erworben hat, die im Falle der Eröffnung des Insolvenzverfahrens anfechtbar wäre. Nach § 129 Abs. 1 InsO kann der Insolvenzverwalter Rechtshandlungen, die vor der Eröffnung des Insolvenzverfahrens vorgenommen worden sind und die Insolvenzgläubiger benachteiligen, nach Maßgabe der §§ 130 bis 146 InsO anfechten. Als Anfechtungstatbestände kommen solche in Betracht, in denen die anfechtbare Rechtshandlung in einem Rechtsgeschäft des Schuldners besteht, da die Gewährung einer inkongruenten Sicherung oder Befriedigung nur zur Anfechtung dieser und nicht des zugrunde liegenden Arbeitsentgeltsanspruchs führt.[8]

a) Angefochtene Rechtshandlungen. Für den Tatbestand des Abs. 1 Nr. 2 Alt. 1 ist nur die Anfechtung von Rechtshandlungen von Bedeutung, soweit durch eine Rechtshandlung Ansprüche auf Arbeitsentgelt begründet worden sind. Einschlägig sind damit in erster Linie die in §§ 132, 133 Abs. 1 und 2 InsO geregelten Anfechtungstatbestände.[9] Voraussetzung ist, dass der Insolvenzverwalter von dem ihm zustehenden Anfechtungsrecht **auch tatsächlich Gebrauch** macht. Nur wenn der Insolvenzverwalter sich auf sein Anfechtungsrecht berufen hat, besteht das Leistungsverweigerungsrecht.[10] Weitere Voraussetzung ist, dass der Insolvenzverwalter zur **Anfechtung berechtigt** ist. Dies ist dann anzunehmen, wenn der Insolvenzverwalter seinen Anfechtungsanspruch erfolgreich durchgesetzt hat. Andernfalls muss die Anfechtungsberechtigung des Insolvenzverwalters ggf. im sozialgerichtlichen Verfahren geprüft werden.[11] Eine unmittelbare Benachteiligung i.S.v. § 132 Abs. 1 Nr. 1 InsO liegt vor, wenn ein Rechtsgeschäft, das die Masse unmittelbar benachteiligt, in den letzten drei Monaten vor der Insolvenzeröffnung vorgenommen wurde und der Anfechtungsgegner Kenntnis von der Zahlungsunfähigkeit hatte. Nach § 133 Abs. 1 S. 1 InsO sind Rechtshandlungen des Schuldners in den letzten zehn Jahren vor dem Antrag auf Insolvenzeröffnung bzw. nach diesem Antrag anfechtbar, wenn sie vorgenommen wurden, mit dem Vorsatz der Gläubigerbenachteiligung und der Anfechtungsgegner zurzeit der Handlung den Vorsatz des Schuldners kannte. In zeitlicher Hinsicht enger gefasst und nur auf entgeltliche Verträge bezogen ist das Anfechtungsrecht nach § 133 Abs. 2

---

1 Hauck/Noftz/*Voelzke*, § 184 SGB III Rn 2.
2 Hauck/Noftz/*Voelzke*, § 184 SGB III Rn 8.
3 Hauck/Noftz/*Voelzke*, § 184 SGB III Rn 8.
4 Gagel/*Peters-Lange*, § 184 SGB III Rn 9 b.
5 Gagel/*Peters-Lange*, § 184 SGB III Rn 6.
6 Dafür Gagel/*Peters-Lange*, § 184 SGB III Rn 8; dagegen Hauck/Noftz/*Voelzke*, § 184 SGB III Rn 15.
7 BSG 20.2.2002 – B 11 Al 71/01 R – SozR 3–4300 § 184 Nr. 3.
8 Gagel/*Peters-Lange*, § 184 SGB III Rn 14.
9 Hauck/Noftz/*Voelzke*, § 184 SGB III Rn 21.
10 Hauck/Noftz/*Voelzke*, § 184 SGB III Rn 22.
11 Hauck/Noftz/*Voelzke*, § 184 SGB III Rn 23.

InsO. Anfechtbar sind danach entgeltliche Verträge des Schuldners mit ihm nahe stehenden Personen in einem Zeitraum von zwei Jahren vor dem Eröffnungsantrag.

b) Anfechtbare Rechtshandlungen. Ist es nicht zur Eröffnung des Insolvenzverfahrens gekommen, beispielsweise durch Abweisung mangels Masse oder Beendigung der Betriebstätigkeit bei offensichtlicher Masselosigkeit (§ 183 Abs. 1 S. 1 Nr. 2, § 183 Abs. 1 S. 1 Nr. 3, so kann es nicht zur Anfechtung von Rechtshandlungen nach §§ 129 ff. InsO kommen. Damit AN bei Nichteröffnung des Insolvenzverfahrens nicht günstiger gestellt werden, bestimmt Abs. 1 Nr. 2 Alt. 2, das die **hypothetische Anfechtbarkeit** der Rechtshandlung im Falle der Eröffnung des Insolvenzverfahrens ausreicht.[12] In diesem Fall ist durch die Bundesagentur zu prüfen, ob ein Anfechtungsrecht bestanden hätte, wenn das Insolvenzverfahren eröffnet worden wäre.

3. Leistungsverweigerungsrecht des Insolvenzverwalters. Ist die Anfechtung wegen Versäumnis der zweijährigen Verjährungsfrist nicht mehr möglich, steht dem Insolvenzverwalter dennoch ein Leistungsverweigerungsrecht zu, § 146 Abs. 2 InsO.[13] Der Insolvenzverwalter muss sich allerdings **explizit** auf das Leistungsverweigerungsrecht berufen. Daneben stehen dem Insolvenzverwalter alle sonstigen Einwendungen und Einreden gegen den Arbeitsentgeltanspruch zu, z.B. Erlass, Erfüllung, Ausschlussfristen oder Verwirkung. In diesen Fällen muss der Insolvenzverwalter sich allerdings nicht ausdrücklich auf sie berufen, sie können auch von der Bundesagentur unmittelbar geltend gemacht werden. Dies gilt allerdings nicht für die Verjährungseinrede, die vom Insolvenzverwalter erhoben werden muss.[14]

II. Erstattungsanspruch, Abs. 2

Die Vorschrift begründet einen eigenständigen Erstattungsanspruch gegen den AN für den Fall, dass trotz Anfechtung bzw. Anfechtbarkeit des zugrunde liegenden Arbeitsentgeltanspruchs Insolvenzgeld gewährt wurde. Die ansonsten nach §§ 45, 48, 50 SGB X zu beachtenden Voraussetzungen, müssen nicht vorliegen. Eine Vertrauensschutzprüfung und Ermessensausübung ist daher nicht erforderlich.[15] Im Falle der Rückerstattung fällt der zunächst nach § 187 S. 1 auf die Bundesagentur übergegangene Anspruch an den AN zurück, der diesen nun wieder gegenüber dem AG bzw. Insolvenzverwalter geltend machen kann.

Hat der Insolvenzverwalter eine Vereinbarung zwischen AN und AG angefochten oder von seinem Leistungsverweigerungsrecht Gebrauch gemacht, sind die Bezüge nicht in die Insolvenzgeldbescheinigung gem. § 314 aufzunehmen. Ist der Insolvenzverwalter zur Ausübung der vorgenannten Rechte nicht bereit, ist die Anrufung des Insolvenzgerichts möglich, wenn die Unterlassung eine Pflichtwidrigkeit i.S.v. § 58 InsO darstellt.[16]

Zu beachten ist, dass in der Geltendmachung des Erstattungsanspruchs zugleich die Aufhebung des entsprechenden Bewilligungsbescheides zu sehen ist.[17] Daran müssen sich die Rechtsmittel des AN ausrichten.

§ 185 Höhe

(1) Insolvenzgeld wird in Höhe des Nettoarbeitsentgelts geleistet, das sich ergibt, wenn das auf die monatliche Beitragsbemessungsgrenze (§ 341 Abs. 4) begrenzte Bruttoarbeitsentgelt um die gesetzlichen Abzüge vermindert wird.

(2) Ist der Arbeitnehmer
1. im Inland einkommensteuerpflichtig, ohne daß Steuern durch Abzug vom Arbeitsentgelt erhoben werden oder
2. im Inland nicht einkommensteuerpflichtig und unterliegt das Insolvenzgeld nach den für ihn maßgebenden Vorschriften nicht der Steuer,

ist das Arbeitsentgelt um die Steuern zu vermindern, die bei Einkommensteuerpflicht im Inland durch Abzug vom Arbeitsentgelt erhoben würden.

A. Allgemeines	1	I. Regelhöhe, Abs. 1	3
B. Regelungsgehalt	3	II. Abzüge in besonderen Fällen, Abs. 2	6

---

12 Hauck/Noftz/*Voelzke*, § 184 SGB III Rn 32.
13 Niesel/*Roeder*, § 184 SGB III Rn 7.
14 Gagel/*Peters-Lange*, § 184 SGB III Rn 25.
15 Niesel/*Roeder*, § 185 SGB III Rn 9.
16 Niesel/*Roeder*, § 184 SGB III Rn 8.
17 Hauck/Noftz/*Voelzke*, § 184 SGB III Rn 34.

A. Allgemeines

1 § 185 bestimmt die Höhe des auszuzahlenden Betrags. In Abs. 1 ist der Regelfall und in Abs. 2 sind die Sonderfälle bei Einkommensteuerpflichtigkeit normiert, soweit das Arbeitsentgelt nach Maßgabe der §§ 183, 184 berücksichtigungsfähig ist.

2 Durch das Dritte G für moderne Dienstleistungen am Arbeitsmarkt wurde der Insolvenzgeldanspruch m.W.v. 1.1.2004 auf die durch die Beitragsbemessungsgrenze gezogene Höhe des Arbeitsentgelts begrenzt. Der Grund dieser Begrenzung waren die gestiegenen Aufwendungen für die Insolvenzausfallversicherung in den letzten Jahren. Die Vorschrift setzt das sog. **Nettoprinzip** um. Der AN soll durch das Insolvenzgeld weder besser noch schlechter gestellt werden, als ohne Eintritt des Insolvenzereignisses.[1]

B. Regelungsgehalt

I. Regelhöhe, Abs. 1

3 Insolvenzgeld wird in Höhe des **Nettoarbeitsentgelts** gezahlt. Bei der Berechnung ist vom Bruttoarbeitsentgelt auszugehen, soweit es insolvenzgeldfähig und dem Insolvenzgeldzeitraum zuzuordnen ist.[2] Abzusetzen sind die Arbeitnehmeranteile des Pflichtbeitrages zur Sozialversicherung.

4 Die steuerlichen Abzüge, um die laufend gezahltes Arbeitsentgelt zu vermindern ist, sind nach der Monatslohnsteuertabelle zu ermitteln, die jeweils nach dem Fälligkeitszeitpunkt des Anspruchs auf Arbeitsentgelt innerhalb des Insolvenzgeldzeitraums maßgebend ist.[3] Kirchensteuer ist nur bei tatsächlicher Kirchensteuerpflicht des AN abzusetzen.[4] Die für die Ermittlung des Nettoentgelts zusätzlich erforderlichen Angaben sind den Eintragungen auf der Lohnsteuerkarte zu entnehmen. Umstritten ist, ob auch auf der Lohnsteuerkarte eingetragene individuelle Freibeträge zu berücksichtigen sind.[5] Unberücksichtigt bleiben mangels Anwendbarkeit der Vorschriften über den Lohnsteuerjahresausgleich dagegen etwaige Steuererstattungen. Hierdurch sollen Zufälligkeiten bei der Errechnung des Insolvenzgelds möglichst ausgeschaltet werden.[6] Umstritten ist auch die Frage, wer den auf den Bruttoentgeltanspruch entfallenen mit der Zahlung von Insolvenzgeld fiktiven Steueranteil beanspruchen kann. Hintergrund ist, dass das Insolvenzgeld ebenso Zahlungen des Insolvenzverwalters an die BA auf den Anspruchsübergang des § 187 steuerfrei sind. Nach der Rechtsprechung des BSG steht dem AN ein Anspruch auf Rückübertragung der steuerlichen Bruttorestlohnforderung gegen die BA nicht zu.[7] Nur für den Fall, dass der Insolvenzantrag zurückgenommen oder abgelehnt wird, steht dem AN wieder der volle Bruttolohnanspruch gegenüber dem AG zu, da der Anspruch auf Arbeitsentgelt an den AN zurückfällt.[8]

5 Seit dem **1.1.2004** ist der Anspruch auf die **Höhe der monatlichen Beitragsbemessungsgrenze** der Arbeitslosenversicherung **begrenzt**.[9] Wird Insolvenzgeld für volle drei Monate gezahlt, ist der Betrag in Höhe des dreifachen der monatlichen Bemessungsentgeltgrenze abzüglich der gesetzlichen Abzüge in dem Bezugszeitraum erfasst.[10] Probleme können sich bei der Berücksichtigung von sonstigen Bezügen, die nicht als laufender Arbeitslohn gezahlt werden, ergeben. Sofern daher Einmalzahlungen für die Berechnung des Insolvenzgeldes Berücksichtigung finden, ist nur der die Kappungsgrenze in Höhe der dreifachen Monatsbeitragsbemessungsgrenze überschießende Betrag bei der Berechnung des Insolvenzgeldes ausgeschlossen.[11]

II. Abzüge in besonderen Fällen, Abs. 2

6 Abs. 2 Nr. 1 erfasst Arbeitnehmer, die nicht vom gesetzlichen Abzugsverfahren erfasst werden, dennoch aus der inländischen Tätigkeit einkommensteuerpflichtig sind. Dies betrifft insbesondere die Gesellschafter einer OHG oder KG, wenn sie innerhalb der OHG als AN beschäftigt werden. Deren Arbeitsentgelt wird als Einkünfte aus dem Gewerbebetrieb besteuert (§ 15 Abs. 1 EStG). Um jedoch eine Besserstellung gegenüber AN, bei denen ein gesetzlicher Lohnabzug durchgeführt wird, zu vermeiden, erfolgt hinsichtlich dieser Personen ein fiktives Lohnabzugsverfahren. Das Insolvenzgeld wird um den Betrag gekürzt, der im Lohnabzugsverfahren als Lohnsteuer abzuziehen gewesen wäre.[12]

---

1 Gagel/*Peters-Lange*, § 185 Rn 4.
2 Niesel/*Roeder*, § 185 SGB III Rn 2.
3 BSG 19.2.1986 – 10 RAr 14/84 – SozR 4100, § 141d Nr. 2.
4 Niesel/*Roeder*, § 185 Rn 4.
5 Dafür: Hauck/Noftz/*Voelzke*, § 185 Rn 15; Gagel/*Peters-Lange*, § 185 Rn 7; dagegen: Niesel/*Roeder*, § 185 Rn 3.
6 BSG 19.2.1986 – 10 RAR 14/84 – SozR 4100, § 141d Nr. 2.
7 BSG 20.6.2001 – B 11 AL 97/00R – SozR 3-4100 § 141m Nr. 3; vgl. auch BAG 11.2.1998 – 5 AZR 159/97 – AP Nr. 19 zu § 611 BGB Lohnanspruch; Küttner/*Voelzke*, Insolvenz des Arbeitgebers, Rn 59; Niesel/*Roeder*, § 185 Rn 4; a.A. Spellbrink/Eicher/*Peters-Lange*, § 8 Insolvenzgeld, Rn 146.
8 BSG 17.7.1979 – 12 RAr 15/78 – SozR 4100, § 141b Nr. 11; Niesel/*Roeder*, § 185 Rn 4.
9 Die Beitragsbemessungsgrenze wird gem. § 160 SGB VI jährlich von der Bundesregierung durch RechtsVO für die Zeit ab 1.1. des folgenden Jahres festgesetzt.
10 Gagel/*Peters-Lange*, § 185 Rn 7 b.
11 Gagel/*Peters-Lange*, § 185 Rn 7 b.
12 Gagel/*Peters-Lange*, § 185 Rn 8.

Grenzgänger oder nur vorübergehend im Inland tätige Personen können aufgrund der Doppelbesteuerungsabkommen von der Steuerpflicht im Inland befreit sein. Um auch hier ungerechtfertigte Vorteile zu vermeiden, ist das Insolvenzgeld um den hypothetischen Lohnsteueranteil in bestimmten Fällen zu vermindern. Findet dagegen im Ausland eine Besteuerung des Insolvenzgeldes statt, so werden bei der Berechnung des Insolvenzgeldes keine fiktiven steuerlichen Abzüge vorgenommen.[13] Unterliegt das verdiente Arbeitsentgelt aber weder im Ausland noch im Inland der Steuerpflicht, so greift Abs. 2 Nr. 2 nicht ein. Der fiktive Steuerabzug unterbleibt, denn durch die Zahlung des Insolvenzgeldes soll der AN weder besser, noch schlechter gestellt werden, als wenn der AG seine Zahlungspflicht erfüllt hätte.[14]

§ 186 Vorschuß

Die Agentur für Arbeit kann einen Vorschuß auf das Insolvenzgeld erbringen, wenn
1. die Eröffnung des Insolvenzverfahrens über das Vermögen des Arbeitgebers beantragt ist,
2. das Arbeitsverhältnis beendet ist und
3. die Voraussetzungen für den Anspruch auf Insolvenzgeld mit hinreichender Wahrscheinlichkeit erfüllt werden.

²Die Agentur für Arbeit bestimmt die Höhe des Vorschusses nach pflichtgemäßem Ermessen. ³Der Vorschuß ist auf das Insolvenzgeld anzurechnen. ⁴Er ist zu erstatten, soweit ein Anspruch auf Insolvenzgeld nicht oder nur in geringerer Höhe zuerkannt wird.

A. Allgemeines	1	II. Höhe des Vorschusses, S. 2	7
B. Regelungsgehalt	2	III. Anrechnung, Abs. 3	8
I. Voraussetzungen der Vorschussgewährung, Abs. 1	2	IV. Erstattung, Abs. 4	9
1. Eröffnungsantrag	3	C. Verbindungen zu anderen Rechtsgebieten und zum Prozessrecht	11
2. Beendigung des Arbeitsverhältnisses	4		
3. Hinreichende Wahrscheinlichkeit	5	D. Beraterhinweise	14

A. Allgemeines

§ 186 regelt die Vorschussgewährung auf das Insolvenzgeld. In der Praxis sehen sich AN häufig der Situation ausgesetzt, dass zwischen dem Antrag auf Eröffnung des Insolvenzverfahrens und der Entscheidung über die Eröffnung des Insolvenzverfahrens meist ein längerer Zeitraum liegt. Im Vorfeld der Insolvenzeröffnung bleiben aufgrund der wirtschaftlichen Krise des AG meist die Arbeitsentgeltzahlungen an den AN aus. Um in dieser Situation den Lebensunterhalt des AN zu sichern, soll er bereits vor der Eröffnung des Insolvenzverfahrens oder im Falle der Ablehnung der Eröffnung des Insolvenzverfahrens mangels Masse einen Vorschuss auf das Insolvenzgeld erhalten können. Im Gegensatz zur Vorläuferregelung des § 141f AFG enthält die Vorschrift eine teilweise Besserstellung der betroffenen AN, da ein Vorschuss auf das Insolvenzgeld bereits vor Eintritt der anspruchsbegründenden Tatsachen geleistet werden kann.[1] Abgesichert sind allerdings nur die AN, deren **Arbverh bereits beendet worden** ist. In diesen Fällen steht der voraussichtliche Insolvenzgeldzeitraum fest.[2]

B. Regelungsgehalt

I. Voraussetzungen der Vorschussgewährung, Abs. 1

Die BA kann einen Vorschuss auf das Insolvenzgeld erbringen, wenn die in Abs. 1 Nr. 1 bis 3 genannten Voraussetzungen kumulativ vorliegen. Die Voraussetzungen sind von Amts wegen ungeachtet der noch fehlenden Vorlage einer Insolvenzgeldbescheinigung nach § 314 zu prüfen.

1. Eröffnungsantrag. Voraussetzung für die Vorschussgewährung ist, dass die Eröffnung des Insolvenzverfahrens bereits beantragt ist. Damit wird sichergestellt, dass ein Vorschuss nur gewährt wird, wenn (voraussichtlich) zu einem späteren Zeitpunkt aufgrund einer Entscheidung des Insolvenzgerichts ein Insolvenzereignis i.S.d. § 183 Abs. 1 S. 1 Nr. 1 oder 2 eintritt.[3] Im Falle der vollständigen Betriebseinstellung ohne Eröffnungsantrag i.S.v. § 183 Abs. 1 S. 1 Nr. 3 ist eine Vorschussgewährung ausgeschlossen.[4] Eine rechtmäßige Vorschussgewährung kann aber auch vorliegen, wenn der Eröffnungsantrag rückwirkend zurückgenommen wird und ein Vorschuss bereits

---

13 Hauck/Noftz/*Voelzke*, § 185 Rn 20.
14 BSG 27.6.1985 – 10 RAr 16/84 – SozR 4100 § 141d Nr. 1.

1 Spellbrink/Eicher/*Peters-Lange*, § 8 Insolvenzgeld Rn 118.

2 Hauck/Noftz/*Voelzke*, § 186 SGB III Rn 11; BSG 22.3.1995 – 10 RAr 1/94 – SozR 3-4100 § 141k Nr. 2.
3 Hauck/Noftz/*Voelzke*, § 186 SGB III Rn 16.
4 Niesel/*Roeder*, § 186 SGB III Rn 5.

bewilligt wurde. In diesem Fall ist zu prüfen, ob nunmehr eine vollständige Beendigung der Betriebstätigkeit i.S.v. § 183 Abs. 1 S. 1 Nr. 3 als Insolvenzereignis vorliegt.[5]

4 **2. Beendigung des Arbeitsverhältnisses.** Weitere Voraussetzung ist, dass das Arbverh im Zeitpunkt der Entscheidung über die Vorschussgewährung rechtlich beendet ist. Die rechtliche Beendigung des Arbverh tritt erst mit **Ablauf der Künd-Frist** ein. Ein Vorschuss ist daher nicht zu gewähren, solange das Arbverh nach einer Künd für den Lauf der maßgeblichen Künd-Frist noch andauert, ungeachtet, ob der AN durch Freistellung nicht mehr verpflichtet ist, seine Arbeitsleistung zu erbringen.

5 **3. Hinreichende Wahrscheinlichkeit.** Schließlich müssen die Voraussetzungen für den Anspruch auf Insolvenzgeld mit hinreichender Wahrscheinlichkeit erfüllt werden. Es ist daher eine **Prognose** darüber zu treffen, ob mit hinreichender Wahrscheinlichkeit das Insolvenzereignis der Eröffnung des Insolvenzverfahrens oder Abweisung mangels Masse eintreten wird.

6 Umstritten ist, ob auf die Anforderungen der Glaubhaftmachung des früheren § 141f AFG zurückgegriffen werden kann, ohne dass insoweit eine Mitwirkungspflicht des AN besteht[6] oder ob die Vorlage der letzten Arbeitsentgeltabrechnung sowie einer Bescheinigung über Entgeltrückstände lediglich Grundlage für die weitere Amtsermittlung sind.[7] Umstritten ist auch, ob zur Glaubhaftmachung des Insolvenzereignisses der nach S. 1 Nr. 1 erforderliche Antrag auf Eröffnung des Insolvenzverfahrens ausreicht.[8]

II. Höhe des Vorschusses, S. 2

7 Ebenso wie die Entscheidung über die Gewährung des Vorschusses dem Grunde nach, liegt auch die Entscheidung über die Höhe des Vorschusses im Ermessen der BA. Dabei ist die voraussichtliche Höhe der zu erwartenden Insolvenzgeldbewilligung zu berücksichtigen. Je konkreter der Insolvenzgeldanspruch der Höhe nach belegt ist, umso höher wird der Vorschuss ausfallen können.[9] Regelmäßig dürfte ein Betrag von mindestens **70 % der zu erwartenden Leistung** angemessen sein.

III. Anrechnung, Abs. 3

8 Der gezahlte Vorschuss ist bei der endgültigen Bewilligung gem. S. 3 auf das zustehende Insolvenzgeld anzurechnen. Zur Auszahlung gelangt folglich nur der über den Vorschuss hinausgehende Differenzbetrag. In Höhe der Vorschusszahlung ist der Anspruch auf Insolvenzgeld erfüllt.[10] Der Vorschussbescheid verliert mit dem endgültigen Bewilligungsbescheid über das Insolvenzgeld seine Wirkung, ohne dass es einer gesonderten Aufhebung des Vorschussbescheides bedarf.[11]

IV. Erstattung, Abs. 4

9 Ist die endgültige Leistung geringer als der Vorschuss oder eine Leistung mangels Vorliegen der Voraussetzungen für das Insolvenzgeld nicht zuerkannt, so ist der Vorschuss vom Vorschussempfänger zu erstatten. Die Rückzahlungspflicht besteht, ohne dass sich der Empfänger auf einen Vertrauensschutz berufen kann, da er Kenntnis von der Vorläufigkeit der Vorschusszahlung hatte. Der Erstattungsanspruch ist durch Verwaltungsakt geltend zu machen, ohne dass es einer gesonderten Aufhebung des Vorschussbescheides bedarf.

10 Auch wenn § 186 keine dem § 42 Abs. 3 SGB I entsprechende Regelung enthält, kommt im Einzelfall eine Stundung, Niederschlagung oder ein Erlass in Betracht.[12]

C. Verbindungen zu anderen Rechtsgebieten und zum Prozessrecht

11 Neben § 186 existieren weitere sozialrechtliche Regelungen, aus denen Anspruchsberechtigte Vorschüsse oder vorläufige Leistungen beanspruchen können. So kann der Leistungsberechtigte Vorschüsse nach der allgemeinen Regel des § 42 SGB I oder nach § 328 eine vorläufige Leistung beanspruchen. Fraglich ist, in welchem Verhältnis diese Ansprüche zueinander stehen.

12 **§ 186 verdrängt § 42 SGB I nicht.**[13] Nach § 42 SGB I kann ein Vorschuss allerdings nur dann gezahlt werden, wenn sämtliche materiell-rechtlichen Voraussetzungen für die Leistung dem Grunde nach bereits feststehen. § 42 SGB I kommt daher nur zum Tragen, wenn die Voraussetzungen für die Gewährung des Insolvenzgeldes bereits feststehen und lediglich noch eine Unsicherheit hinsichtlich der Höhe des Anspruchs besteht. § 42 SGB I kommt daher in der Regel nur nach Eröffnung des Insolvenzverfahrens zum Tragen. Nicht ausreichend ist, wie im Anwendungsbereich

---

5 Niesel/*Roeder*, § 186 SGB III Rn 5.
6 Gagel/*Peters-Lange*, § 186 SGB III Rn 10.
7 Niesel/*Roeder*, § 186 SGB III Rn 5.
8 Gagel/*Peters-Lange*, § 186 SGB III Rn 11, a.A. Niesel/*Roeder*, § 186 Rn 7; Hauck/Noftz/*Voelzke*, § 186 SGB III Rn 19.

9 Niesel/*Roeder*, § 186 SGB III Rn 8.
10 Hauck/Noftz/*Voelzke*, § 186 SGB III Rn 23.
11 BSG 31.5.1989 – 4 RA 19/88 – SozR 1200 § 42 Nr. 4.
12 Niesel/*Roeder*, § 186 SGB III Rn 12.
13 Gagel/*Peters-Lange*, § 186 SGB III Rn 16; abweichend Niesel/*Roeder*, § 186 SGB III Rn 3.

von § 186, dass die Voraussetzungen für das Insolvenzgeld mit hinreichender Wahrscheinlichkeit in der Zukunft vorliegen. Für die noch im Betrieb verbliebenen Arbeitnehmer bietet § 42 SGB I keine Alternative zur Vorfinanzierung der Arbeitsentgelte.[14]

Der Anspruch auf vorläufige Leistungen nach § 328 Abs. 1 Nr. 3 verlangt, dass zur Ermittlung der Anspruchsvoraussetzungen voraussichtlich noch eine längere Zeit erforderlich ist, die Voraussetzungen aber mit hinreichender Wahrscheinlichkeit vorliegen und der AN die Umstände, die einer sofortigen abschließenden Entscheidung entgegenstehen, nicht zu vertreten hat. **Als speziellere Regelung verdrängt § 186 die Vorschrift des § 328 Abs. 1 Nr. 3**, wenn vor Eintritt des Insolvenzereignisses Insolvenzgeld gezahlt werden soll.[15] Raum für eine vorläufige Entscheidung nach § 328 Abs. 1 S. 1 Nr. 3 bleibt nach Eintritt des Insolvenzereignisses und bei Fortbestehen im Arbverh, wenn die Anspruchsvoraussetzungen noch nicht endgültig geklärt sind.[16]

D. Beraterhinweise

Die Vorschussgewährung hängt nicht von einem Antrag des Berechtigten ab, da es sich nicht um Leistungen der Arbeitsförderung i.S.d. § 323 Abs. 1 handelt. Dennoch wird der Vorschuss regelmäßig ohne Antrag des AN, der allerdings auch formlos gestellt werden kann, nicht gewährt werden.

Die Voraussetzungen des § 186 prüft die BA von Amts wegen. Die Entscheidung ergeht bei Vorliegen der genannten Voraussetzungen nach **pflichtgemäßem Ermessen**. Bei der Ermessensentscheidung sind die Umstände des Einzelfalls maßgebend. Ermessensgesichtspunkte können etwa die Dauer des Eröffnungsverfahrens, die Höhe des rückständigen Arbeitsentgelts und die Einkommenssituation des AN seien.[17] Liegen die Voraussetzungen für eine Vorschussgewährung vor und sind sie durch Vorlage der notwendigen Erklärungen und Bescheinigungen glaubhaft gemacht, wird eine Ermessensentscheidung regelmäßig zugunsten des Antragstellers zu treffen sein. Insoweit dürfte sich die Ermessensentscheidung nur noch auf die Höhe der Vorschussgewährung beschränken.[18]

§ 187 Anspruchsübergang

[1]Ansprüche auf Arbeitsentgelt, die einen Anspruch auf Insolvenzgeld begründen, gehen mit dem Antrag auf Insolvenzgeld auf die Bundesagentur über. [2]§ 183 Abs. 1 Satz 5 gilt entsprechend. [3]Die gegen den Arbeitnehmer begründete Anfechtung nach der Insolvenzordnung findet gegen die Bundesagentur statt.

A. Allgemeines	1	2. Umfang des Anspruchsübergangs	4
B. Regelungsgehalt	2	3. Rechtsstellung der Bundesagentur	7
I. Anspruchsübergang, S. 1	2	II. Anfechtung durch den Insolvenzverwalter, S. 2	8
1. Zeitpunkt des Übergangs	2	C. Beraterhinweise	9

A. Allgemeines

§ 187 bestimmt, dass mit Antragstellung der Anspruch auf Arbeitsentgelt auf die BA übergeht. Der Zeitpunkt des Anspruchsübergangs wird damit anders als nach § 115 SGB X auf den Zeitpunkt der Antragstellung vorverlegt, um der BA bereits zu diesem Zeitpunkt die Möglichkeit einzuräumen, den übergegangenen Entgeltanspruch noch zu realisieren. S. 2 bestimmt, dass die Anfechtung nach den Vorschriften der Insolvenzordnung nach dem erfolgten Anspruchsübergang nur noch gegenüber der BA ohne die Einschränkungen des § 145 Abs. 2 InsO erfolgen muss.

B. Regelungsgehalt

I. Anspruchsübergang, S. 1

1. Zeitpunkt des Übergangs. **Mit der Antragstellung** geht der Anspruch auf Arbeitsentgelt auf die BA über. Dabei ist es ausreichend, dass hinreichende Anhaltspunkte für die Leistungspflicht der BA vorliegen.[1] Für den Anspruchsübergang ist es nicht erforderlich, dass der Antrag bereits näher konkretisiert und die rückständige Arbeitsentgeltforderung genau beziffert ist, wenn dies später nachgeholt wird. Ein Anspruchsübergang scheidet allerdings

---

14 Spellbrink/Eicher/*Peters-Lange*, § 8 Insolvenzgeld Rn 125.
15 LSG NRW 12.4.2000 – 12 AL 164/99 – ZIP 2000, 1119; Gagel/*Peters-Lange*, § 186 SGB III Rn 18; Niesel/*Roeder*, § 186 SGB III Rn 3.
16 Hauck/Noftz/*Voelzke*, § 186 SGB III Rn 8; Niesel/*Roeder*, § 186 SGB III Rn 3.
17 Niesel/*Roeder*, § 186 SGB III Rn 4.
18 Spellbrinck/Eicher/*Peters-Lange*, § 8 Insolvenzgeld, Rn 123.
1 BSG 17.7.1979 – 12 RAr 15/78 – SozR 4100 § 141b Nr. 11; weitergehend BAG 10.2.1982 – 5 AZR 936/79 – AP Nr. 1 zu § 141m AFG.

bei einem nach § 324 Abs. 3 S. 1 verfristeten Insolvenzantrag aus, wenn auch die Nachfrist des § 324 Abs. 3 S. 2 abgelaufen ist.

3 Steht dem AN kein Anspruch auf Insolvenzgeld zu, fällt der Anspruch auf Arbeitsentgelt an den AN zurück.[2] Entsprechendes gilt, wenn ein geringerer Betrag an Insolvenzgeld bewilligt wird, als zuvor an Arbeitsentgelt übergegangen ist.[3]

4 **2. Umfang des Anspruchsübergangs.** Der Anspruchsübergang erfasst **alle Ansprüche auf Arbeitsentgelt**, die einen Insolvenzgeldanspruch gem. § 183 begründen. Nicht erfasst sind danach Ansprüche auf Arbeitsentgelt, die der AN wegen der Beendigung des Arbverh oder für die Zeit nach der Beendigung des Arbverh zu beanspruchen hat (§ 184) sowie Verfahrenskosten und Nebenforderungen, z.B. Zinsen.

5 Sehr **umstritten** ist die Frage, ob der Forderungsübergang die **gesamte Bruttolohnforderung** umfasst. Einigkeit besteht aufgrund der gesetzlichen Regelung in § 208 Abs. 2, dass der Anspruchsübergang hinsichtlich des Gesamtsozialversicherungsbeitrages ausgeschlossen ist. Die Ansprüche gehen nicht auf die BA über. Vielmehr besteht lediglich ein Erstattungsanspruch gegen die Einzugsstelle.[4]

6 Ob auch der auf den Bruttolohnanspruch entfallende Lohnsteueranteil übergeht, wird hingegen unterschiedlich beurteilt. Zum Teil wird angenommen, dass der Übergang sich auf den Nettobetrag des Arbeitslohns beschränke, da auch in dieser Höhe nur Insolvenzgeld gezahlt werde.[5] Nach der entgegenstehenden Ansicht gehen auch die auf den Arbeitsentgeltanspruch entfallenden Lohnsteueranteile auf die BA über.[6] Fällt der Anspruch allerdings an den AN zurück, steht nach allen Ansichten dem AN wieder der volle Bruttolohnanspruch gegenüber dem AG zu.

7 **3. Rechtsstellung der Bundesagentur.** Der **Anspruchsübergang berührt** die **arbeitsrechtliche Natur des Arbeitsentgeltanspruchs nicht.** Die BA ist berechtigt, den Anspruch einzuklagen oder, sofern noch zulässig, Zwangsvollstreckungsmaßnahmen zu betreiben. Für Streitigkeiten sind gem. § 2 Abs. 1 Nr. 3 ArbGG die Arbeitsgerichte zuständig. Nach § 404 BGB bleiben Einwendungen und Einreden auch nach dem Anspruchsübergang erhalten. Daher sind tarifliche Ausschlussfristen zu beachten. Allerdings reicht zur Wahrung der Ausschlussfrist die Anmeldung zur Insolvenztabelle aus.[7] Auch die Ausstellung der Insolvenzgeldbescheinigung nach § 314 reicht als Anerkenntnis zur Wahrung der Ausschlussfristen aus. Mit dem Anschlussübergang gehen gem. § 401 auch akzessorische Rechte auf die BA über. Zahlt der AG nach der Insolvenzgeldantragstellung das Arbeitsentgelt mit befreiender Wirkung (gutgläubig oder mit Genehmigung der BA oder des AN), entfällt aufgrund der Erfüllung der Insolvenzgeldanspruch.[8] Bei einem vor Eröffnung des Verfahrens gestellten Insolvenzantrag ist die BA verpflichtet, alle Rechte aus der Forderung im Hinblick auf den möglichen Rückfall an den Arbeitnehmer treuhänderisch wahrzunehmen. Dazu kann es auch gehören, einen Eröffnungsantrag zu stellen, um die Voraussetzungen für einen bisher nicht begründeten Insolvenzgeldanspruch zu schaffen.[9]

II. Anfechtung durch den Insolvenzverwalter, S. 2

8 S. 2 soll eine Benachteiligung der übrigen Insolvenzgläubiger durch den Anspruchsübergang verhindern. Der BA ist es damit verwehrt, sich auf den den übrigen Rechtsnachfolgern eingeräumten Vertrauensschutz nach § 145 Abs. 2 InsO zu berufen.[10] **Die Anfechtung ist gegenüber der BA zu erklären.** Die BA wird durch § 184 geschützt. Im Leistungsfall besteht ein Rückerstattungsanspruch gem. § 184 Abs. 2.

C. Beraterhinweise

9 Bei den auf die BA übergegangenen Ansprüchen handelt es sich insolvenzrechtlich um Insolvenzforderungen. Die BA ist lediglich Insolvenzgläubigerin i.S.d. § 38 InsO. Wie § 55 Abs. 3 InsO nunmehr ausdrücklich festlegt, sind auch die von einem vorläufigen „starken" Insolvenzverwalter nach § 55 Abs. 2 InsO begründeten Ansprüche auf Arbeitsentgelt, soweit sie nach § 187 auf die BA übergehen, Insolvenzforderungen. Während die vom vorläufigen „starken" Insolvenzverwalter nach § 55 Abs. 2 begründeten Ansprüche in der Hand des AN Masseforderungen darstellen, kann die BA diese Ansprüche nur als Insolvenzgläubigerin geltend machen. Dies hatte das BAG vor Einführung der Vorschrift des § 55 Abs. 3 InsO bereits so entschieden.[11] Die nach § 187 übergegangenen Entgeltforderungen sind daher durch die BA beim Insolvenzverwalter **schriftlich zur Insolvenztabelle anzumelden**. Im Falle des Widerspruchs

---

2 BSG 17.7.1979 – 12 RAr 15/78 – SozR 4100 § 141b Nr. 11.
3 Hauck/Noftz/*Voelzke*, § 187 Rn 14.
4 Hauck/Noftz/*Voelzke*, § 187 Rn 19.
5 Gagel/*Peters-Lange*, § 187 Rn 6.
6 Hauck/Noftz/*Voelzke*, § 187 Rn 20; BAG 17.4.1985 – 5 AZR 74/84 – AP Nr. 15 zu § 611 BGB Lohnanspruch; BSG 20.6.2001 – B 11 AL 97/00 R – SozR 3-4100 § 141m Nr. 3.
7 BAG 18.12.1984 – 1 AZR 588/82 – AP Nr. 88 zu § 4 TVG Ausschlussfristen.
8 BSG 27.9.1994 – 10 RAr 1/93 – SozR 3-4100 § 141b Nr. 10.
9 Gagel/*Peters-Lange*, § 187 Rn 21; BSG 17.7.1979 – 12 RAr 15/78 – SozR 4100 § 141b Nr. 11.
10 Hauck/Noftz/*Voelzke*, § 187 Rn 36.
11 BAG 3.4.2001 – 9 AZR 143/00 – ZIP 2001, 1727; BAG 3.4.2001 – 9 AZR 301/00 – ZIP 2001, 1727.

gegen die angemeldete Forderung, sind sie im Klagewege gegen den Insolvenzverwalter feststellen zu lassen (§§ 179 ff. InsO).

Nach Anspruchsübergang ist der AN hinsichtlich des übergegangenen Teils nicht mehr aktivlegitimiert. Auch eine Ermächtigung des AN, die übergegangenen Ansprüche im eigenen Namen und auf eigene Kosten beim Arbeitsgericht einzuklagen ist unzulässig.[12]

Keinen Einfluss auf die Prozessführungsbefugnis des AN hat der Anspruchsübergang, wenn der AN bereits wegen der offenen Arbeitsentgeltansprüche Klage erhoben hatte (§ 265 Abs. 2 S. 1 ZPO).[13] Er muss allerdings seinen Klageantrag auf Leistung an die BA umstellen. Einen bereits zugunsten des AN bestehenden Titel kann die BA im Wege des § 727 ZPO als Rechtsnachfolgerin auf sich umschreiben lassen,[14] wobei hinsichtlich der Anforderungen an den Nachweis der Rechtsnachfolge Uneinigkeit besteht.[15]

§ 188 Verfügungen über das Arbeitsentgelt

(1) Soweit der Arbeitnehmer vor seinem Antrag auf Insolvenzgeld Ansprüche auf Arbeitsentgelt einem Dritten übertragen hat, steht der Anspruch auf Insolvenzgeld diesem zu.
(2) Von einer vor dem Antrag auf Insolvenzgeld vorgenommenen Pfändung oder Verpfändung des Anspruchs auf Arbeitsentgelt wird auch der Anspruch auf Insolvenzgeld erfaßt.
(3) Die an den Ansprüchen auf Arbeitsentgelt bestehenden Pfandrechte erlöschen, wenn die Ansprüche auf die Bundesagentur übergegangen sind und sie Insolvenzgeld an den Berechtigten erbracht hat.
(4) ¹Der neue Gläubiger oder Pfandgläubiger hat keinen Anspruch auf Insolvenzgeld für Ansprüche auf Arbeitsentgelt, die ihm vor dem Insolvenzereignis ohne Zustimmung der Agentur für Arbeit zur Vorfinanzierung der Arbeitsentgelte übertragen oder verpfändet wurden. ²Die Agentur für Arbeit darf der Übertragung oder Verpfändung nur zustimmen, wenn Tatsachen die Annahme rechtfertigen, daß durch die Vorfinanzierung der Arbeitsentgelte ein erheblicher Teil der Arbeitsplätze erhalten bleibt.

A. Allgemeines	1	II. Pfändung und Verpfändung, Abs. 2	7
B. Regelungsgehalt	3	III. Erlöschen von Pfandrechten, Abs. 3	8
I. Übertragung des Anspruchs, Abs. 1	3	IV. Vorfinanzierung, Abs. 4	9

A. Allgemeines

§ 188 regelt die Folgen bei einer Verfügung über das Arbeitsentgelt in Form der Abtretung oder bei Pfändung bzw. Verpfändung des Arbeitsentgeltanspruchs. Durch die Verbindung von Arbeitsentgeltanspruch und Insolvenzgeldanspruch wird bewirkt, dass nur der Inhaber des Arbeitsentgeltanspruchs bzw. der Pfandgläubiger Insolvenzgeld verlangen kann. Hierdurch wird sichergestellt, dass nur dem Inhaber des Arbeitsentgeltanspruchs das Insolvenzgeld zusteht und nicht demjenigen, der seinen Entgeltanspruch zuvor wirtschaftlich verwertet hat.[1] Durch die Vorschrift wird aus Sicht des AN der Wert des **Arbeitsentgeltanspruchs als Sicherungsmittel** deutlich erhöht.

Die in Abs. 4 geregelte Vorfinanzierung ermöglicht eine auf den voraussichtlichen Insolvenzzeitraum begrenzte Weiterführung des in die wirtschaftliche Krise geratenen Unternehmens, in dem es für diesen Zeitraum um die Personalkosten entlastet wird.

B. Regelungsgehalt

I. Übertragung des Anspruchs, Abs. 1

Ist der Anspruch auf Arbeitsentgelt vor Stellung des Insolvenzgeldantrages kraft Gesetzes oder durch Abtretung übergegangen, steht der Insolvenzgeldanspruch nunmehr Dritten zu. Dem Erwerber des Arbeitsentgeltanspruchs steht bei Eintritt des Insolvenzereignisses der Insolvenzgeldanspruch aus eigenem Recht zu.

Hauptanwendungsfälle des gesetzlichen **Forderungsübergangs sind § 115 SGB X**, die **Gleichwohlgewährung gem. § 143 Abs. 3** und **§ 49 Abs. 1 SGB V**. Im Falle des Übergangs des Anspruchs auf die BA handelt es sich nicht um einen Fall der sog. Konfusion, die die Forderung insgesamt zum Erlöschen bringt, denn das Insolvenzgeld wird im Umlageverfahren finanziert und damit aus einer anderen Vermögensmasse geleistet, als die Versicherungsleistun-

---

12 LAG Nürnberg 14.6.1984 – 8 (6) Sa 84/82 – AMBl By C 19; Gagel/*Peters-Lange*, § 187 Rn 18.
13 Hauck/Noftz/*Voelzke*, § 187 Rn 35.
14 Gagel/*Peters-Lange*, § 187 Rn 20.

15 LAG München 21.1.1987 – 2 (3) Ta 107/86 – NZA 1987, 827; LAG Nürnberg 17.6.1994 – 6 Ta 57/94 – NZA 1994, 1056; Gagel/*Peters-Lange*, § 187 Rn 20.
1 Hauck/Noftz/*Voelzke*, § 188 Rn 9.

gen, die aus Beiträgen finanziert werden.[2] In diesen Fällen hat nach der Durchführungsanweisung der BA zu § 187 (2.1.1 Abs. 8) eine Umbuchung zu erfolgen. Ein in der Praxis häufig anzutreffende Anwendungsfall ist die Entgeltfortzahlung an den AN bei Zahlungsunfähigkeit des AG durch die Krankenkasse. Auf den Krankengeldbezug hat der AN nach § 49 Abs. 1 Nr. 1 SGB V Anspruch, da der Krankengeldanspruch nur ruht, solange der Versicherte beitragspflichtiges Arbeitsentgelt tatsächlich erhalten hat.

5 Folge des gesetzlichen Forderungsübergangs ist, dass der Anspruch im Umfange, wie er sich aus §§ 183 und 185I ergibt, auf den Zessionar übergeht. Er muss sich etwa auch die Wirksamkeit einer Künd entgegenhalten lassen.[3] Auch nach Abtretung des Arbeitsentgeltanspruchs kann die BA mit befreiender Wirkung an den AN Insolvenzgeld zahlen, wenn sie von der Abtretung des Anspruchs keine Kenntnis hatte.[4]

6 Mit dem Anspruchsübergang wird der Zessionar antragsbefugt. Der Berechtigte muss den Insolvenzgeldantrag innerhalb der Ausschlussfrist von zwei Monaten nach dem Insolvenzereignis gem. § 324 Abs. 3 stellen. Ein vom AN gestellter Antrag kann ebenfalls nur innerhalb des § 324 Abs. 3 genehmigt werden.[5]

II. Pfändung und Verpfändung, Abs. 2

7 Abs. 2 bestimmt, dass der Anspruch auf Insolvenzgeld auch von einer vor dem Antrag auf Insolvenzgeld vorgenommenen Pfändung oder Verpfändung des Arbeitsentgeltanspruchs erfasst wird. Die für das Arbeitseinkommen geltenden Pfändungsschutzvorschriften sind daher auch durch die Bundesagentur zu beachten.[6]

III. Erlöschen von Pfandrechten, Abs. 3

8 Die Vorschrift schützt die BA davor, dass der Pfandgläubiger wegen weitergehender Arbeitsentgeltansprüche gegen diese vorgeht, sobald das Insolvenzgeld an den Berechtigten gezahlt hat, indem die Pfandrechte des Dritten aus Verpfändung und Pfändung erlöschen.[7] Die Vorschrift stellt sicher, dass die Pfandgläubiger sich nicht über den Insolvenzgeldanspruch hinaus befriedigen können.

IV. Vorfinanzierung, Abs. 4

9 Die Vorfinanzierung des Arbeitsentgelts ermöglicht die Fortführung der Betriebstätigkeit im Vorfeld der Insolvenzeröffnung. Stehen vor Insolvenzeröffnung ausreichende Mittel zur Gewährung des Arbeitsentgeltes an die AN nicht zur Verfügung, könnten AN aufgrund der Möglichkeit der Geltendmachung eines Zurückbehaltungsrechtes in der Regel ihre Arbeitsleistung verweigern. Die damit verbundene Gefährdung der Unternehmensfortführung würde Sanierungsbemühungen endgültig zunichte machen. Um die Möglichkeit der Unternehmensfortführung zu sichern, dient das Mittel der Vorfinanzierung von Arbeitsentgelt. Die mit der Vorfinanzierung verbundenen **Missbrauchsrisiken** liegen namentlich in der Möglichkeit zur **Insolvenzverschleppung**. Mit der **Neufassung** der Regelung zur Vorfinanzierung in Abs. 4 soll **missbräuchlichen Praktiken** bei der Vorfinanzierung von Insolvenzgeld **entgegengewirkt werden**.[8] Die Vorfinanzierung ist nunmehr an den Nachweis eines Erfolgversprechenden Sanierungsversuchs geknüpft. Die BA darf der Vorfinanzierung nur zustimmen, wenn Tatsachen die Annahme rechtfertigen, dass ein erheblicher Teil der Arbeitsplätze durch die Vorfinanzierung erhalten bleibt.[9] Nach Auffassung der BA ist eine solche positive Prognose gerechtfertigt, wenn in umgekehrter Anwendung der Zahlenverhältnisse des § 112a BetrVG ein entsprechender Teil der Arbverh auf Dauer erhalten werden kann, wobei in anerkannten Fördergebieten der regionalen Strukturpolitik oder Arbeitsamtsbezirken mit überdurchschnittlicher Arbeitslosenquote bzw. -dauer auch eine geringere Quote ausreichend ist.[10]

10 Allerdings können jetzt auch Unternehmensgläubiger, insbesondere Banken oder beteiligte Unternehmen, mit Zustimmung der BA durch Vorfinanzierung der Arbeitsentgelte Ansprüche auf Insolvenzgeld erwerben, wenn die Vorfinanzierung der Arbeitsentgelte einer ernsthaft betriebenen Sanierung des Betriebes dient.

§ 189   Verfügungen über das Insolvenzgeld

¹Nachdem das Insolvenzgeld beantragt worden ist, kann der Anspruch auf Insolvenzgeld wie Arbeitseinkommen gepfändet, verpfändet oder übertragen werden. ²Eine Pfändung des Anspruchs vor diesem Zeitpunkt wird erst mit dem Antrag wirksam.

---

2 Gagel/*Peters-Lange*, § 188 Rn 16.
3 BSG 11.1.1989 – 10 RAr 16/87 – SozR 4100 § 141k Nr. 5.
4 Hauck/Noftz/*Voelzke*, § 188 Rn 26; einschränkend Gagel/ *Peters-Lange*, § 188 Rn 24.
5 Hauck/Noftz/*Voelzke*, § 188 Rn 25.
6 Hauck/Noftz/*Voelzke*, § 188 Rn 33.
7 Niesel/*Roeder*, § 188 Rn 13.
8 Spellbrink/Eicher/*Peters-Lange*, § 8 Insolvenzgeld Rn 133.
9 Spellbrink/Eicher/*Peters-Lange*, § 8 Insolvenzgeld Rn 134.
10 Durchführungsanweisung zu § 188 SGB III, 4.2 (8), ZIP 1999, 205, 211; MünchArbR/*Peters-Lange*, § 77 Rn 40.

A. Allgemeines	1	I. Pfändung und Übertragung des Insolvenzgeld-	
B. Regelungsgehalt	3	anspruchs	3
		II. Pfändung des Insolvenzgeldes vor Antragstellung	5

A. Allgemeines

§ 189 regelt im Gegensatz zu § 188 die Übertragung, Verpfändung und Pfändung des Insolvenzgeldanspruchs nach Stellung des Insolvenzantrages, also nach Eingang des Antrages der BA. Die Vorschrift stellt klar, dass diese Handlungen auch nach Stellung des Insolvenzantrags unter den genannten Voraussetzungen wirksam sein können. **1**

Die Vorschrift geht als speziellere Regelung den §§ 53 bis 55 SGB I vor und erhöht damit die Verkehrsfähigkeit des Insolvenzgeldes gegenüber anderen Sozialleistungen.[1] Umstritten ist allerdings, ob § 189 SGB auch den Konten- und Bargeldpfändungsschutz nach § 55 SGB I ausschließt.[2] **2**

B. Regelungsgehalt

I. Pfändung und Übertragung des Insolvenzgeldanspruchs

Vor der Antragstellung kann über den Insolvenzgeldanspruch nur zusammen mit dem Anspruch auf Arbeitsentgelt verfügt werden. Die aus § 189 folgende Übertragungssperre hat **zwingenden Charakter**, so dass eine isolierte Übertragung vor Antragstellung nach § 134 BGB nichtig ist.[3] Dies war ausdrücklich noch in der Vorgängervorschrift des § 141 Abs. 1 S. 1 AFG geregelt. Aus der Vorschrift ergab sich die Unzulässigkeit und Unwirksamkeit einer Verfügung über das Konkursausfallgeld vor Antragstellung. Heute folgt dieses Ergebnis aus einem Umkehrschluss aus § 189.[4] **3**

Nach Antragstellung kann der Insolvenzgeldanspruch nunmehr wie Arbeitsentgelt übertragen, verpfändet oder gepfändet werden, da ab diesem Zeitpunkt der Insolvenzgeldanspruch wirtschaftlich an die Stelle des übergegangenen rückständigen Arbeitsentgeltanspruch nach § 187 tritt.[5] **4**

II. Pfändung des Insolvenzgeldes vor Antragstellung

Anders als die Verfügung über den Insolvenzgeldanspruch ist die Pfändung des Anspruchs vor Antragstellung nach S. 2 aufschiebend bedingt wirksam. Die Vorschrift schützt den Gläubiger, der regelmäßig nur schwer feststellen kann, wann ein Insolvenzereignis eingetreten oder ein Insolvenzantrag gestellt worden ist, davor, ein erneutes Pfändungsverfahren einzuleiten, in dem die Pfändung zwar zunächst schwebend unwirksam ist, aber mit dem Insolvenzgeldantrag wirksam wird.[6] Es gilt das **Prioritätsprinzip**, so dass die zuerst zugestellte Pfändung Vorrang genießt. **5**

---

§ 189a Datenaustausch und Datenübermittlung

(1) [1]Ist der insolvente Arbeitgeber auch in einem anderen Mitgliedstaat der Europäischen Union tätig, teilt die Bundesagentur dem zuständigen ausländischen Träger von Leistungen bei Zahlungsunfähigkeit des Arbeitgebers das Insolvenzereignis und die im Zusammenhang mit der Erbringung von Insolvenzgeld getroffenen Entscheidungen mit, soweit dies für dessen Aufgabenwahrnehmung erforderlich ist. [2]Übermittelt ein ausländischer Träger der Bundesagentur entsprechende Daten, darf sie diese Daten zum Zwecke der Erbringung von Insolvenzgeld nutzen.

(2) Die Bundesagentur ist berechtigt, Daten über geleistetes Insolvenzgeld für jeden Empfänger durch Datenfernübertragung an die in § 32b Abs. 4 des Einkommensteuergesetzes bezeichnete Übermittlungsstelle der Finanzverwaltung zu übermitteln.

A. Allgemeines	1	II. Datenübermittlung an die Finanzverwaltung,	
B. Regelungsgehalt	3	§ 189a Abs. 2	4
I. Datenaustausch und -übermittlung zwischen EU-Mitgliedstaaten, Abs. 1	3		

---

1 Hauck/Noftz/*Voelzke*, § 189 SGB III Rn 3.
2 Dafür: Gagel/*Peters-Lange*, § 189 Rn 11; dagegen: Hauck/Noftz/*Voelzke*, § 189 SGB III Rn 3.
3 Hauck/Noftz/*Voelzke*, § 189 SGB III Rn 9.
4 Hauck/Noftz/*Voelzke*, § 189 SGB III Rn 9.
5 Niesel/*Roeder*, § 189 SGB III Rn 4.
6 Hauck/Noftz/*Voelzke*, § 189 SGB III Rn 8.

A. Allgemeines

1 Zum 1.1.2004 wurde durch Abs. 1 eine Regelung zum Datenaustausch und -übermittlung zwischen EU-Mitgliedstaaten eingeführt. Die Vorschrift soll sicherstellen, dass dem AN aufgrund der nationalen Unterschiede und Zuständigkeiten keine Nachteile entstehen.[1]

2 Ebenfalls m.W.v. 1.1.2004 wurde die elektronische Mitteilung über Insolvenzgeld an die Finanzverwaltung eingeführt. Damit soll die steuerliche Erfassung des Insolvenzgeldes sichergestellt werden, denn das Insolvenzgeld hat Auswirkungen auf den Progressionsvorbehalt. Viele AN haben in der Vergangenheit das Insolvenzgeld in ihrer Steuererklärung nicht angegeben.

B. Regelungsgehalt

I. Datenaustausch und -übermittlung zwischen EU-Mitgliedstaaten, Abs. 1

3 Die Vorschrift regelt den Datenaustausch und die Datenübermittlung der zur Gewährung der innerstaatlichen Leistungen erforderlichen Informationen zwischen EU-Mitgliedstaaten. Erfasst sind **alle erforderlichen Informationen**, auch wenn der Wortlaut der Vorschrift enger gefasst ist. Insbesondere sind auch die Höhe des Arbeitsentgelts mitzuteilen und zu übermitteln.[2]

II. Datenübermittlung an die Finanzverwaltung, § 189a Abs. 2

4 Für die Zuordnung wird dabei eine sog. eTIN (electronical Taxpayer Identification Number) gebildet, die aus dem Vor- und Zunamen sowie dem Geburtsdatum besteht. Die Meldung erfolgt bis zum 28. Februar des Folgejahres, § 32b Abs. 4 EStG. Der AN wird über die gemeldeten Daten informiert. Das neue Mitteilungsverfahren ist erstmals für Insolvenzgeld anzuwenden, das im Jahre 2005 gezahlt wird (§ 52 Abs. 43a EStG 2004).

5 Das neue Mitteilungsverfahren über Insolvenzgeld dient als Erprobung. Wenn die Finanzverwaltung damit genügend Erfahrungen gesammelt hat, sollen auch andere Lohnersatzleistungen, wie Arbeitslosengeld, Arbeitslosenhilfe, Mutterschaftsgeld, Krankengeld usw., in die elektronische Meldung einbezogen werden.

---

1 Gagel/*Peters-Lange*, § 189a SGB III Rn 4.　　2 Gagel/*Peters-Lange*, § 189a SGB III Rn 4.

Viertes Buch Sozialgesetzbuch – Gemeinsame Vorschriften für die Sozialversicherung – (SGB IV)

Vom 23.12.1976, BGBl I S. 3845, BGBl III 860-4-1

Zuletzt geändert durch Gesetz zur Änderung des Vierten Buches Sozialgesetzbuch, zur Errichtung einer Versorgungsausgleichskasse und anderer Gesetze vom 15.7.2009, BGBl I S. 1939

– Auszug –

§ 7 Beschäftigung

(1) ¹Beschäftigung ist die nichtselbständige Arbeit, insbesondere in einem Arbeitsverhältnis. ²Anhaltspunkte für eine Beschäftigung sind eine Tätigkeit nach Weisungen und eine Eingliederung in die Arbeitsorganisation des Weisungsgebers.

(1a) Eine Beschäftigung besteht auch in Zeiten der Freistellung von der Arbeitsleistung von mehr als einem Monat, wenn

1. während der Freistellung Arbeitsentgelt aus einem Wertguthaben nach § 7b fällig ist und
2. das monatlich fällige Arbeitsentgelt in der Zeit der Freistellung nicht unangemessen von dem für die vorausgegangenen zwölf Kalendermonate abweicht, in denen Arbeitsentgelt bezogen wurde.

²Beginnt ein Beschäftigungsverhältnis mit einer Zeit der Freistellung, gilt Satz 1 Nr. 2 mit der Maßgabe, dass das monatlich fällige Arbeitsentgelt in der Zeit der Freistellung nicht unangemessen von dem für die Zeit der Arbeitsleistung abweichen darf, mit der das Arbeitsentgelt später erzielt werden soll. ³Eine Beschäftigung gegen Arbeitsentgelt besteht während der Zeit der Freistellung auch, wenn die Arbeitsleistung, mit der das Arbeitsentgelt später erzielt werden soll, wegen einer im Zeitpunkt der Vereinbarung nicht vorhersehbaren vorzeitigen Beendigung des Beschäftigungsverhältnisses nicht mehr erbracht werden kann. ⁴Die Vertragsparteien können erst beim Abschluss der Vereinbarung nur für den Fall, dass Wertguthaben wegen der Beendigung der Beschäftigung auf Grund verminderter Erwerbsfähigkeit, des Erreichens einer Altersgrenze, zu der eine Rente wegen Alters beansprucht werden kann, oder des Todes des Beschäftigten nicht mehr für Zeiten einer Freistellung von der Arbeitsleistung verwendet werden können, einen anderen Verwendungszweck vereinbaren. ⁵Die Sätze 1 bis 4 gelten nicht für Beschäftigte, auf die Wertguthaben übertragen werden. ⁶Bis zur Herstellung einheitlicher Einkommensverhältnisse im Inland werden Wertguthaben, die durch Arbeitsleistung im Beitrittsgebiet erzielt werden, getrennt erfasst; sind für die Beitrags- oder Leistungsberechnung im Beitrittsgebiet und im übrigen Bundesgebiet unterschiedliche Werte vorgeschrieben, sind die Werte maßgebend, die für den Teil des Inlandes gelten, in dem das Wertguthaben erzielt worden ist.

(1b) Die Möglichkeit eines Arbeitnehmers zur Vereinbarung flexibler Arbeitszeiten gilt nicht als eine die Kündigung des Arbeitsverhältnisses durch den Arbeitgeber begründende Tatsache im Sinne des § 1 Abs. 2 Satz 1 des Kündigungsschutzgesetzes.

(2) Als Beschäftigung gilt auch der Erwerb beruflicher Kenntnisse, Fertigkeiten oder Erfahrungen im Rahmen betrieblicher Berufsbildung.

(3) ¹Eine Beschäftigung gegen Arbeitsentgelt gilt als fortbestehend, solange das Beschäftigungsverhältnis ohne Anspruch auf Arbeitsentgelt fortdauert, jedoch nicht länger als einen Monat. ²Eine Beschäftigung gilt auch als fortbestehend, wenn Arbeitsentgelt aus einem der Deutschen Rentenversicherung Bund übertragenen Wertguthaben bezogen wird. ³Satz 1 gilt nicht, wenn Krankengeld, Krankentagegeld, Verletztengeld, Versorgungskrankengeld, Übergangsgeld oder Mutterschaftsgeld oder nach gesetzlichen Vorschriften Erziehungsgeld oder Elterngeld bezogen oder Elternzeit in Anspruch genommen oder Wehrdienst oder Zivildienst geleistet wird. ⁴Satz 1 gilt auch nicht für die Inanspruchnahme von Pflegezeit im Sinne des § 3 des Pflegezeitgesetzes.

(4) (aufgehoben)

§ 7a Anfrageverfahren

(1) ¹Die Beteiligten können schriftlich eine Entscheidung beantragen, ob eine Beschäftigung vorliegt, es sei denn, die Einzugsstelle oder ein anderer Versicherungsträger hatte im Zeitpunkt der Antragstellung bereits ein Verfahren zur Feststellung einer Beschäftigung eingeleitet. ²Die Einzugsstelle hat einen Antrag nach Satz 1 zu stellen, wenn sich aus der Meldung des Arbeitgebers (§ 28a) ergibt, dass der Beschäftigte Ehegatte,

Lebenspartner oder Abkömmling des Arbeitgebers oder geschäftsführender Gesellschafter einer Gesellschaft mit beschränkter Haftung ist. ³Über den Antrag entscheidet abweichend von § 28h Abs. 2 die Deutsche Rentenversicherung Bund.

(2) Die Deutsche Rentenversicherung Bund entscheidet auf Grund einer Gesamtwürdigung aller Umstände des Einzelfalles, ob eine Beschäftigung vorliegt.

(3) ¹Die Deutsche Rentenversicherung Bund teilt den Beteiligten schriftlich mit, welche Angaben und Unterlagen sie für ihre Entscheidung benötigt. ²Sie setzt den Beteiligten eine angemessene Frist, innerhalb der diese die Angaben zu machen und die Unterlagen vorzulegen haben.

(4) Die Deutsche Rentenversicherung Bund teilt den Beteiligten mit, welche Entscheidung sie zu treffen beabsichtigt, bezeichnet die Tatsachen, auf die sie ihre Entscheidung stützen will, und gibt den Beteiligten Gelegenheit, sich zu der beabsichtigten Entscheidung zu äußern.

(5) Die Deutsche Rentenversicherung Bund fordert die Beteiligten auf, innerhalb einer angemessenen Frist die Tatsachen anzugeben, die eine Widerlegung begründen, wenn diese die Vermutung widerlegen wollen.

(6) Wird der Antrag nach Absatz 1 innerhalb eines Monats nach Aufnahme der Tätigkeit gestellt und stellt die Deutsche Rentenversicherung Bund ein versicherungspflichtiges Beschäftigungsverhältnis fest, tritt die Versicherungspflicht mit der Bekanntgabe der Entscheidung ein, wenn der Beschäftigte

1. zustimmt und
2. er für den Zeitraum zwischen Aufnahme der Beschäftigung und der Entscheidung eine Absicherung gegen das finanzielle Risiko von Krankheit und zur Altersvorsorge vorgenommen hat, die der Art nach den Leistungen der gesetzlichen Krankenversicherung und der gesetzlichen Rentenversicherung entspricht.

Der Gesamtsozialversicherungsbeitrag wird erst zu dem Zeitpunkt fällig, zu dem die Entscheidung, dass eine Beschäftigung vorliegt, unanfechtbar geworden ist.

(7) ¹Widerspruch und Klage gegen Entscheidungen, dass eine Beschäftigung vorliegt, haben aufschiebende Wirkung. ²Eine Klage auf Erlass der Entscheidung ist abweichend von § 88 Abs. 1 des Sozialgerichtsgesetzes nach Ablauf von drei Monaten zulässig.

Literatur zum SGB IV: *Ars/Blümke/Scheithauer*, Nach dem FlexiG II-Neue Spielregeln für Zeitwertkonten (Teil Insolvenz), BB 2009, 1358; *Benner/Bals*, Lohnsteuer und Sozialversicherung – Arbeitslohn und Arbeitsentgelt, BB-Special 2/2007; *Bergwitz*, Beschäftigungsverhältnis bei Freistellung, NZA 2009, 518; *Boecken*, BGB – Allgemeiner Teil, 2007; *Bröder*, Die beitragsrechtliche Behandlung von geschuldeten Arbeitsentgelten, DAngVers 2005, 8; *Cisch/Ulbrich*, Flexi-Gesetz II: Licht und Schatten, BB 2009, 550; *Dudda*, Zur Sozialversicherungspflicht von Vorstandsmitgliedern gesetzlicher Krankenkassen, NZS 1997, 23; Erfurter Kommentar zum Arbeitsrecht, 9. Aufl. 2009; *Freudenberg*, Die unwiderrufliche Freistellung des Arbeitnehmers, Rechtswidriges Besprechungsergebnis der Spitzenverbände, B + P 2006, 340 ff.; Gemeinsames Rundschreiben der Spitzenorganisationen der Sozialversicherung, März 2009; *Hanau/Veit*, Neues Gesetz zur Verbesserung der Rahmenbedingungen für die Absicherung flexibler Arbeitszeitregelungen und zur Änderung anderer Gesetze, NJW 2009, 182; *v. Hoyningen-Huene*, Der „freie Mitarbeiter" im Sozialversicherungsrecht, BB 1987, 1730; *Huke/Lepping*, Neue Rahmenbedingungen für die Insolvenzsicherung von Arbeitszeitkonten, ZIP 2009, 1204; *Jacobsen*, Flexi II: Neue gesetzliche Rahmenbedingungen für Langzeit- und Lebensarbeitszeitkonten, ZTR 2009, 115; *Jula*, Der GmbH-Geschäftsführer, 2005; *Knospe/Ewert/Marx*, Die Flexibilisierung der Arbeitszeit in der Sozialversicherung, NZS 2001, 459; *Kunz/Kunz*, Freie-Mitarbeiter-Verträge als Alternative zur Festanstellung, DB 1993, 326; *Langohr-Plato/Sopora*, Neue gesetzliche Rahmenbedingungen für Zeitwertkonten, NZA 2008, 1377; *Marburger*, Sozialversicherungsrechtliche Neuerungen in Zusammenhang mit flexiblen Arbeitszeitregelungen, DöD 2009, 81; *Matern*, Die versicherungsrechtliche Beurteilung von mitarbeitenden Familienangehörigen, DAngVers 2005, 16; *Müller*, Die Rentenversicherungspflicht von GmbH-Geschäftsführern im Spiegel der Rechtsprechung, DB 2006, 614; *Necati*, Arbeitszeitkonten bei flexibler Arbeitszeit, 2005; *Parchmann*, Gesetzliche Rahmenbedingungen für die Vereinbarung von Arbeitszeitkonten, Das Personal-Büro, Gruppe 12, 81; *Rolfs/Witschen*, Neue Regeln für Wertguthaben, NZS 2009, 295; *Rombach*, Neuregelungen für geringfügig Beschäftigte zum 1. April 2003, SGb 2003, 196; *Schimansky/Bunt/Lwowski*, Bankrechts-Handbuch, 3. Aufl., 2007; *Schlegel*, Neuregelungen bei Wertguthaben zur Sicherung flexibler Arbeitszeitgestaltung, jurisPR-SozR 3/2009 Anm. 4; *Schönfeld*, Geringfügige Beschäftigungsverhältnisse/Mini-Jobs/400-€-Jobs, 8. Aufl. 2006; *Smid/Lindenberg*, Die insolvenzrechtliche Sicherung von Wertguthaben aus Altersteilzeit durch Verwaltungs-, Treuhand- und Sicherungsvertrag DZWIR 2006, 133; *Sommer*, Das Ende der Scheinselbständigkeit? NZS 2003, 169; *v. Steinau-Steinrück/Rosing*, Mehr Schutz für Langzeitkonten – „Flexi-II", NJW-Spezial 2009, 146; *Ulbrich/Rihn*, Zeitwertkonten nach Flexi II: Ansichten der Sozialversicherungsträger, DB 2009, 1466; *Wilke*, Das Verhältnis des sozialversicherungsrechtlichen Beschäftigungsverhältnisses zum zivilrechtlichen Arbeitsverhältnis, 2008

A. Allgemeines 1	a) Mitarbeitende Familienangehörige 8
B. Regelungsgehalt 2	b) GmbH-Geschäftsführer 10
I. § 7 Abs. 1 2	aa) Fremdgeschäftsführer 11
1. Beschäftigung 2	bb) Gesellschafter-Geschäftsführer 13
2. Arbeitsverhältnis 5	c) Persönlich haftende Gesellschafter 18
3. Einzelfälle 7	d) Vorstands- und Vereinsmitglieder 19
	e) Freie Mitarbeiter und Scheinselbstständige ... 21

II. § 7 Abs. 1a bis 3 23
III. Anfrageverfahren nach § 7a 32
  1. Verfahren nach § 7a Abs. 1 S. 1 33
  2. Verfahren nach § 7a Abs. 1 S. 2 36
C. Verbindung zu anderen Rechtsgebieten und zum Prozessrecht 37
I. Bescheidprüfung im Rechtsbehelfsverfahren 37
II. Bescheidprüfung außerhalb eines Rechtsbehelfsverfahrens 38
D. Beraterhinweise 39

A. Allgemeines

§ 7 Abs. 1 S. 1 definiert den Begriff der Beschäftigung. Der Beschäftigungsbegriff ist im Sozialversicherungs- und Arbeitsförderungsrecht charakteristisches Anknüpfungsmerkmal für Rechte und Pflichten sozialrechtlicher Art, insb. im Hinblick auf die Versicherungspflicht und die Berechnung von Beiträgen und Leistungen.[1] **Abs. 1a** dient der Flexibilisierung der Arbeitszeit und fingiert zu diesem Zweck das Vorliegen einer Beschäftigung für Zeiten der Freistellung von der Arbeitsleistung.[2] Ergänzend schützt die arbeitsrechtliche Regelung in **Abs. 1b** den AN davor, dass die Möglichkeit, flexible Arbeitszeiten zu vereinbaren, kündigungsrechtlich zu seinem Nachteil berücksichtigt wird. Durch **Abs. 2** werden Berufsbildungsverhältnisse der Beschäftigung gleichgestellt. **Abs. 3** enthält eine zeitlich beschränkte Fiktion für das Fortbestehen einer entgeltlichen Beschäftigung für Phasen des Beschäftigungsverhältnisses, in denen kein Anspruch auf Arbeitsentgelt gegen den AG besteht. Die Regelung des **Abs. 4** a.F., die eine Vermutung der Selbstständigkeit von Antragstellern und Empfängern eines Existenzgründungszuschusses nach § 421 Abs. 1 SGB III beinhaltete, ist mit Wirkung zum 1.7.2009 gestrichen worden.[3]

B. Regelungsgehalt

I. § 7 Abs. 1

1. Beschäftigung. § 7 Abs. 1 S. 1 definiert die Beschäftigung als **nichtselbstständige Arbeit**, insb. in einem **Arbverh.** Nach st. Rspr. des BSG[4] setzt eine Beschäftigung voraus, dass der AN vom AG **persönlich abhängig** ist. Dies ist bei einer Beschäftigung in einem fremden Betrieb der Fall, wenn der Beschäftigte in den Betrieb eingegliedert ist und dabei einem umfassenden Weisungsrecht des AG hinsichtlich Zeit, Dauer, Ort und Art der Ausführung unterliegt.[5] Hinsichtlich des **Weisungsrechts** ist ausreichend, dass der AG das Recht und die tatsächliche Möglichkeit nach den Gegebenheiten des Einzelfalls hat, die Durchführung der Beschäftigung entscheidend zu bestimmen.[6] Das Weisungsrecht kann jedoch – insb. bei leitenden und hoch qualifizierten AN – erheblich eingeschränkt und zur funktionsgerecht dienenden Teilhabe am Arbeitsprozess verfeinert sein.[7] Damit soll verdeutlicht werden, dass auch ohne umfassende Weisungsbefugnis die Eingliederung in eine fremde Arbeitsorganisation möglich ist.[8] Das dann ausschlaggebende Merkmal der **Eingliederung** in den Betrieb[9] bedeutet nicht die Einordnung in eine Betriebsstätte oder Verwaltung, sondern die Ausübung einer dem Betriebszweck dienenden und ihm untergeordneten Tätigkeit;[10] es muss eine fremdbestimmte Leistung verbleiben, d.h. die Dienstleistung muss zumindest in einer von anderer Seite vorgegebenen Ordnung des Betriebs aufgehen.[11]

Die in § 7 Abs. 1 S. 2 normierten Merkmale der Weisungsgebundenheit und der Eingliederung in eine fremde Arbeitsorganisation des Weisungsgebers bilden lediglich Anhaltspunkte i.S. typischer Merkmale einer Beschäftigung und sind keine abschließenden Bewertungskriterien.[12] Zu berücksichtigen sind insb. auch Merkmale wie soziale Schutzbedürftigkeit, wirtschaftliche Abhängigkeit, fehlende Verfügung über die eigene Arbeitskraft, fehlendes Unternehmerrisiko, Fehlen einer eigenen Betriebsstätte, fehlende vertragliche Haftung für Verluste und Fehlmengen, keine Möglichkeit der Beschäftigung von Hilfskräften und keine eigene Beschaffung von Arbeitsmaterial und

---

1 BSG 27.4.1982 – 1 RJ 72/81 – BSGE 53, 242, 244.
2 BT-Drucks 13/9818, S. 10.
3 Art. 1 Nr. 3b des Gesetzes zur Änderung des Vierten Buches Sozialgesetzbuch und anderer Gesetze v. 19.12.2007 (BGBl I 2007 S. 3024).
4 S. z.B. BSG 28.5.2008 – B 12 KR 13/07 R – juris; BSG 4.7.2007 – B 11a AL 45/06 R – juris; BSG 26.6.2007 – B 2 U 17/06 R – juris; BSG 30.1.2007 – B 2 U 6/06 R – juris; BSG 24.1.2007 – B 12 KR 31/06 R – juris; BSG 25.1.2006 – B 12 KR 30/04 R – juris; BSG 31.5.2005 – B 2 U 35/04 R – juris; BSG 19.8.2003 – B 2 U 38/02 R – SozR 4–2700 § 2 Nr. 1; BSG 10.8.2000 – B 12 KR 21/98 R – BSGE 87, 53, 55.
5 BSG 29.1.2008 – B 7/7a AL 70/06 R – SozR 4–4300 § 25 Nr. 2; BSG 10.3.1994 – 7 RAr 38/93 – NZS 1994, 421, 424.
6 BSG 18.5.1983 – 12 RK 41/81 – USK 8393, 431, 434, 435.
7 BSG 22.2.1996 – 12 RK 6/95 – BSGE 78, 34, 36; BSG 30.11.1978 – 12 RK 33/76 – BSGE 47, 201, 204, 205; BSG 21.2.1990 – 12 RK 47/87 – juris; BSG 18.12.2001 – B 12 KR 10/01 R – juris.
8 BSG 25.9.1981 – 12 RK 5/80 – SozR 2200 § 165 Nr. 61.
9 BSG 30.11.1978 – 12 RK 33/76 – BSGE 47, 201, 205.
10 *Krauskopf/Baier*, § 7 Rn 9.
11 BSG 9.2.1995 – 7 RAr 76/94 – USK 9519, 103, 106.
12 BT-Drucks 14/1855, S. 6.

Arbeitsgeräten.[13] Nicht erforderlich ist, dass alle Kriterien gleichzeitig vorliegen. Maßgebend ist stets das Gesamtbild der Arbeitsleistung unter Berücksichtigung der Verkehrsanschauung.[14]

4 Demgegenüber ist eine **selbstständige Tätigkeit** vornehmlich durch das eigene Unternehmerrisiko, das Vorhandensein einer eigenen Betriebsstätte, die Verfügungsmöglichkeit über die eigene Arbeitskraft und die im Wesentlichen frei gestaltete Tätigkeit und Arbeitszeit gekennzeichnet. Ob jemand abhängig beschäftigt oder selbstständig tätig ist, hängt davon ab, welche Merkmale überwiegen; das Gesamtbild bestimmt sich nach den tatsächlichen Verhältnissen.[15] Sprechen ebenso viele Gründe für die Selbstständigkeit wie für eine abhängige Beschäftigung, so ist dem im Vertrag zum Ausdruck gekommenen Willen der Vorrang einzuräumen.[16]

5 **2. Arbeitsverhältnis.** Nach Abs. 1 S. 1 liegt eine Beschäftigung insb. dann vor, wenn die nichtselbstständige Arbeit innerhalb eines **Arbverh** geleistet wird, wobei es nicht darauf ankommt, ob ein wirksamer Arbeitsvertrag geschlossen wurde oder ob es sich um ein sog. faktisches Arbverh handelt.[17] Zwischen dem Beschäftigungsverhältnis und dem Arbverh besteht keine vollständige Deckungsgleichheit; bspw. umfasst das **Beschäftigungsverhältnis** neben dem Arbverh **auch andere Rechtsverhältnisse**, wie etwa öffentlich-rechtliche Dienstverhältnisse.[18]

6 In den Fällen, in denen vor dem Zeitpunkt der rechtlichen Beendigung des Arbverh bereits die tatsächliche Leistung von Arbeit nicht (mehr) erfolgt, hat das BSG grds. entschieden, dass das Beschäftigungsverhältnis bis zum rechtlichen Ende des Arbverh fortdauert, sofern der AN seine Arbeitskraft zur Verfügung stellt, also dienstbereit ist, ein Anspruch auf Fortzahlung des Entgelts bis zur Beendigung des Arbverh besteht und der AG seine Dispositionsbefugnis über den konkreten Einsatz des AN rechtlich und tatsächlich ausübt.[19] Unschädlich für das (Fort-)Bestehen des Beschäftigungsverhältnisses sind vor allem Unterbrechungen der tatsächlichen Arbeitsleistung von relativ kurzer Dauer, wenn das Arbverh fortbesteht und die Arbeitsvertragsparteien den Willen haben, das Beschäftigungsverhältnis fortzusetzen.[20] Das ist regelmäßig z.B. der Fall bei bezahltem Urlaub[21] oder vorübergehender Arbeitsunfähigkeit[22] des AN. Das BSG hat in einigen Fällen aber auch ein weiterbestehendes Beschäftigungsverhältnis unabhängig von der Fortzahlung des Arbeitsentgelts angenommen und insoweit auf das Merkmal der Entgeltlichkeit verzichtet (z.B. beim unbezahlten Urlaub[23] oder während der Dauer eines Streiks[24]).[25] Solange das Beschäftigungsverhältnis als solches auch ohne Anspruch auf Arbeitsentgelt fortbesteht, gilt dieses aber regelmäßig nur für die Dauer eines Monats als entgeltliches und damit versicherungspflichtiges Beschäftigungsverhältnis, § 7 Abs. 3 S. 1 (siehe Rn 26). Darüber hinaus wird an dem Merkmal des beiderseitigen Fortsetzungswillens hinsichtlich des Beschäftigungsverhältnisses nach einer Phase der Freistellung nicht zwingend festgehalten; so kann nach der Rspr. des BSG ein fortbestehendes Beschäftigungsverhältnis auch dann in Betracht kommen, wenn eine Wiederaufnahme der tatsächlichen Arbeitsleistung von vorneherein nicht beabsichtigt ist, wie etwa im Falle der einseitigen[26] oder einvernehmlichen[27] widerruflichen Freistellung des AN bis zur rechtlichen Beendigung des Arbverh. Diese Rspr. ist jüngst auf den Fall der (einvernehmlichen) unwiderruflichen Freistellung erstreckt worden,[28] was im Schrifttum jedenfalls im Hinblick auf die dogmatische Begründung zu Recht auf Kritik gestoßen ist.[29] In der Praxis der Sozialversicherungsträger wurde in diesem Punkt bislang anders entschieden, allerdings haben sich die Spitzenverbände der Sozialversicherung darauf verständigt, spätestens seit dem 1.7.2009 entsprechend dieser neuen Rspr. zu verfahren und nicht weiter an ihrem anders lautenden Besprechungsergebnis vom 5./6.7.2005 festzuhalten.[30]

---

13 BSG 24.1.2007 – B 12 KR 31/06 R – NZS 2007, 648, 649; BSG 25.1.2006 – B 12 KR 30/04 R – USK 2006–8; s. zu diesen und weiteren Kriterien KassKomm/*Seewald*, § 7 Rn 50 ff.
14 BSG 1.12.1977 – 12/3/12 RK 39/74 – BSGE 45,199, 200; BSG 19.8.2003 – B 2 U 38/02 R – juris; BSG 25.1.2006 – B 12 KR 30/04 R – USK 2006–8; BSG 24.1.2007 – B 12 KR 31/06 R – NZS 2007, 648, 649; ausführlich zu Einzelfällen s. KassKomm/*Seewald*, § 7 Rn 125.
15 BSG 28.5.2008 – B 12 KR 13/07 R – juris; BSG 25.1.2006 – B 12 KR 30/04 R – USK 2006–8.
16 BSG 24.1.2007 – B 12 KR 31/06 R – juris; BSG 13.7.1978 – 12 RK 14/78 – SozR 2200 § 1227 Nr. 17.
17 BT-Drucks 7/4122, S. 31.
18 BSG 6.10.1988 – 1 RA 53/87 – BSGE 64, 130, 133 = NJW 1989, 931, 932, 933.
19 BSG 25.9.1981 – 12 RK 58/80 – BSGE 52, 153, 155, 156.
20 BSG 18.4.1991 – 7 RAr 106/90 – SozR 3–4100 § 104 Nr. 6; BSG 28.9.1993 – 11 RAr 69/92 – NZS 1994, 140; BSG 21.8.2008 – B 13 R 9/08 R – juris.
21 BSG 26.3.1980 – 3 RK 9/79 – USK 8062.
22 BSG 20.12.1960 – 4 RJ 303/59 – SozR Nr. 7 zu § 1248 RVO; BSG 21.8.2008 – B 13 R 9/08 R – juris.
23 BSG 26.3.1980 – 3 RK 9/79 – juris.
24 BSG 15.12.1971 – 3 RK 87/68 – NJW 1972, 1101 ff.; BSG 11.12.1973 – GS 1/73 – SozR Nr. 62 zu § 1259 RVO.
25 Zu weiteren Einzelfällen und der Entwicklung in der Rspr. s. *Wilke*, S. 273 ff.
26 BSG 18.9.1973 – 12 RK 15/72 – BB 1973, 1582 f.
27 BSG 25.9.1981 – 12 RK 58/80 – SozR 2200 § 405 Nr. 10; BSG 25.10.1990 – 12 RK 40/89 – USK 9055.
28 BSG 24.9.2008 – B 12 KR 22/07 R – NZA-RR 2009, 272 ff.
29 S. nur *Bergwitz*, NZA 2009, 518 ff.
30 So die Besprechung des GKV-Spitzenverbandes, der Deutschen Rentenversicherung Bund und der Bundesagentur für Arbeit über Fragen des gemeinsamen Beitragseinzugs vom 30./31.3.2009, S. 7 ff.

3. Einzelfälle. Insb. bei mitarbeitenden Familienangehörigen, GmbH-GF, persönlich haftenden Gesellschaftern, Vorstands- und Vereinsmitgliedern sowie sog. freien Mitarbeitern kann fraglich sein, ob ein Beschäftigungsverhältnis vorliegt oder ob die Tätigkeit als selbstständige zu qualifizieren ist.

a) Mitarbeitende Familienangehörige. Die Mitarbeit naher Familienangehöriger, insb. von Ehegatten, kann im Rahmen eines Beschäftigungsverhältnisses oder einer selbstständigen Tätigkeit erfolgen. Bei Vorliegen persönlicher Abhängigkeit, die sich in einem Weisungsrecht des AG hinsichtlich Zeit, Dauer, Ort und Art der Ausführung und der Eingliederung in den Betrieb zeigt, steht der Familienangehörige in einem Beschäftigungsverhältnis. Dem steht nicht entgegen, dass die **Abhängigkeit** unter Ehegatten **weniger stark** ausgeprägt ist und deshalb das **Weisungsrecht nur eingeschränkt** ausgeübt wird.[31] Vielmehr ist die Grenze zwischen einer abhängigen Beschäftigung und einer selbstständigen Tätigkeit unter Berücksichtigung der gesamten Umstände des Einzelfalls zu ziehen.[32] Ein wesentlicher Anhaltspunkt für das Vorliegen einer Beschäftigung ist die **Zahlung eines Entgelts**, welches einen angemessenen Gegenwert für die erbrachte Arbeitsleistung darstellt, wobei nicht erforderlich ist, dass der Tarif- oder ortsübliche Lohn gezahlt wird. Auch bei Zahlung eines **unterhalb der tariflichen Vergütung** liegenden Arbeitsentgelts kann unter Berücksichtigung der Gesamtumstände ein Beschäftigungsverhältnis vorliegen.[33] Weitere Anzeichen für das Bestehen eines Beschäftigungsverhältnisses sind die **Zahlung von Lohnsteuer** und die entsprechende **Buchung als Betriebsausgabe**[34] sowie die **steuerrechtliche Behandlung** durch das Finanzamt.[35] Für eine Beschäftigung spricht schließlich, wenn der Angehörige auf die **Verwertung seiner Arbeitskraft** angewiesen ist[36] und **anstelle einer fremden Arbeitskraft** beschäftigt wird.[37] Das Vorliegen einer Beschäftigung oder einer selbstständigen Tätigkeit richtet sich danach, welche Merkmale im Rahmen der vorzunehmenden Gesamtwürdigung überwiegen. Weichen die vertraglichen Vereinbarungen von den tatsächlichen Verhältnissen ab, so geben Letztere den Ausschlag.[38]

Ob Partner einer **nichtehelichen Lebensgemeinschaft**[39] oder einer **eingetragenen Lebenspartnerschaft** Beschäftigte sind, ist ebenfalls nach den vorstehend ausgeführten Grundsätzen zu beurteilen.

In der Vergangenheit ist es immer wieder vorgekommen, dass für die im Betrieb mitarbeitenden Familienangehörigen Beiträge zur Sozialversicherung gezahlt wurden. Oft stellte sich in diesen Fällen erst bei Verlust der Erwerbstätigkeit heraus, dass Ansprüche auf Alg nicht bestehen, weil der Familienangehörige nicht abhängig beschäftigt, sondern Mitinhaber des Familienbetriebs gewesen ist. Um derartige für die Betroffenen überraschende Entscheidungen zu vermeiden, wurde der AG durch § 28a Abs. 3 S. 2 Nr. 1d verpflichtet, bei der Anmeldung zusätzlich anzugeben, ob der Beschäftigte zum AG in einer Beziehung als Ehegatte, Lebenspartner oder Abkömmling steht. Die Einzugsstelle als Adressatin entsprechender Meldungen hat sodann bei der Deutschen Rentenversicherung Bund gem. § 7a Abs. 1 S. 2 ein **Statusfeststellungsverfahren** zu beantragen, in dem eine **verbindliche Feststellung** des Status des Familienangehörigen getroffen wird (siehe Rn 36).

b) GmbH-Geschäftsführer. In sozialgerichtlichen Verfahren, in denen ein Leistungen – insb. Alg – ablehnender Bescheid angegriffen wird, wird oft darüber gestritten, ob ein Beschäftigungsverhältnis als eine Voraussetzung für die begehrte Leistung vorliegt. Betroffen hiervon sind v.a. GF einer GmbH, bei denen wegen der Möglichkeit der Einflussnahme auf die Geschicke der Gesellschaft Zweifel hinsichtlich der persönlichen Abhängigkeit bestehen können.

aa) Fremdgeschäftsführer. Ob der Fremd-GF, also ein nicht am Kapital der GmbH beteiligter GF in einem freien Dienstverhältnis oder einem abhängigen Beschäftigungsverhältnis zur Gesellschaft steht, ist dem Anstellungsvertrag und den näheren Umständen seiner Tätigkeit zu entnehmen.[40] Weder ist er wegen seiner Organstellung[41] noch deshalb von einer abhängigen Beschäftigung ausgeschlossen, weil er gegenüber den AN der GmbH AG-Funktionen ausübt;[42] maßgebend ist vielmehr die Bindung an das willensbildende Organ der Gesellschaft.[43] Bei der Prüfung der Weisungsgebundenheit ist zu berücksichtigen, dass sie bei Diensten höherer Art – wie denjenigen eines GF einer

---

31 BSG 29.6.1972 – 2 RU 81/69 – BSGE 34, 207, 211; BSG 21.4.1993 – 11 RAr 67/92 – SozR 3–4110 § 168 Nr. 11 = SGb 1994, 388, 390; BSG 10.5.2007 – B 7a AL 8/06 R – USK 2007–53.
32 BSG 17.12.2002 – B 7 AL 34/02 R – USK 2002–42, 237, 238.
33 BSG 17.12.2002 – B 7 AL 34/02 R – USK 2002–42, 237, 238.
34 BSG 29.3.1962 – 3 RK 83/59 – BSGE 17, 1, 5; BSG 27.6.2000 – B 2 U 21/99 R – NZS 2001, 429, 430.
35 BSG 21.4.1993 – 11 RAr 67/92 – SozR 3–4110 § 168 Nr. 11 = SGb 1994, 388, 392.
36 BSG 5.4.1956 – 3 RK 65/55 – BSGE 3, 30, 40.
37 BSG 23.6.1994 – 12 RK 50/93 – SozR 3–2500 § 5 Nr. 17; *Matern*, DAngVers 2005, 16, 17.
38 BSG 13.7.1978 – 12 RK 14/78 – SozR 2200 § 1227 Nr. 17.
39 BSG 21.4.1993 – 11 RAr 67/92 – SozR 3–4110 § 168 Nr. 11 = SGb 1994, 388; LSG Niedersachsen 21.9.94 – 4 Kr 16/94 – NZS 1995, 221.
40 BSG 13.12.1960 – 3 RK 2/56 – BSGE 13, 196, 201; BSG 14.12.1999 – B 2 U 38/98 R – BSGE 85, 214, 217.
41 BSG 13.12.1960 – 3 RK 2/56 – BSGE 13, 196, 200; BSG 18.4.1991 – 7 RAr 32/90 – NZA 1991, 869, 870.
42 BSG 6.3.2003 – B 11 AL 25/02 R – SozR 4–2400 § 7 Nr. 1.
43 BSG 9.2.1995 – 7 RAr 76/94 – USK 9519, 103, 106.

Kapitalgesellschaft – erheblich eingeschränkt sein kann, aber nicht völlig entfallen darf.[44] Demgemäß hat das BSG **regelmäßig** eine abhängige **Beschäftigung** angenommen.[45]

12 Eine Beschäftigung ist ausnahmsweise zu verneinen, wenn **besondere Umstände** vorliegen, die eine Weisungsgebundenheit gegenüber den Gesellschaftern im Einzelfall aufheben.[46] Insb. beim GF einer Familiengesellschaft, der mit den Gesellschaftern familiär verbunden ist, kann der Ausnahmefall in Betracht kommen, dass er faktisch wie ein Alleininhaber die Geschäfte der Gesellschaft nach eigenem Gutdünken führen kann, ohne dass ihn die Gesellschafter hieran hindern.[47]

13 **bb) Gesellschafter-Geschäftsführer.** Bei **Beteiligung** des GF am **Gesellschaftskapital** ist nach der Rspr. insb. auf den Umfang der Kapitalbeteiligung und das Ausmaß des sich hieraus ergebenden Einflusses abzustellen.[48] Ein abhängiges Beschäftigungsverhältnis liegt nicht vor, wenn der am Gesellschaftskapital beteiligte Gesellschafter allein oder mithilfe seiner Gesellschafterrechte die für das Beschäftigungsverhältnis typische Abhängigkeit vermeiden kann.[49] Dies ist der Fall bei GmbH-Gesellschaftern, die über mind. die **Hälfte des Stammkapitals** der Gesellschaft verfügen und damit einen maßgebenden Einfluss auf deren Entscheidungen besitzen.[50]

14 Minderheitsbeteiligungen ermöglichen im Regelfall keinen bestimmenden Einfluss auf die Gesellschaft, so dass ein Beschäftigungsverhältnis vorliegt, wenn der GF bei seiner Tätigkeit der Kontrolle der Gesellschafter unterliegt und diese ihre Gesellschafterrechte auch tatsächlich ausüben.[51] Eine andere Beurteilung ist ausnahmsweise dann gegeben, wenn der GmbH-GF über eine **Sperrminorität** verfügt, die es ihm ermöglicht, ihm nicht genehme Weisungen der Gesellschaft zu verhindern.[52] Eine Sperrminorität, die sich auf die Festlegung der Unternehmenspolitik, die Änderung des Gesellschaftsvertrags und die Auflösung der Gesellschaft beschränkt, schließt allerdings die Annahme eines Beschäftigungsverhältnisses nicht aus.[53]

15 Reicht der Kapitalanteil eines Gesellschafter-GF für eine Beherrschung der Gesellschaft nicht aus und liegt auch keine Sperrminorität vor, so kann eine Beschäftigung dennoch zu verneinen sein, wenn der GF hinsichtlich Zeit, Dauer, Umfang und Ort seiner Tätigkeit **im Wesentlichen weisungsfrei** ist und, wirtschaftlich gesehen, seine Tätigkeit nicht für ein fremdes, sondern für ein eigenes Unternehmen ausübt.[54] Ein Gesellschafter-GF, der zwar weniger als die Hälfte des Gesellschaftskapitals hält, die Gesellschaft jedoch **faktisch beherrscht**[55] oder aufgrund der zusätzlichen **Kapitalbeteiligung des Ehepartners** weisungsfrei handeln kann,[56] ist ebenfalls nicht Beschäftigter. Eine versicherungspflichtige Beschäftigung liegt auch nicht vor, wenn der Betroffene zwar nicht GF, aber **neben dem Ehegatten alleiniger und gleichberechtigter Gesellschafter** der GmbH ist.[57] Schließlich kann bei einem GF einer GmbH, deren **alleiniger Gesellschafter mit ihm in gerader Linie verwandt** ist, eine Beschäftigung zu verneinen sein.[58]

16 Bei Vorliegen einer selbstständigen Tätigkeit ist ein Gesellschafter-GF als **arbeitnehmerähnlicher Selbstständiger** in der Rentenversicherung nach § 2 S. 1 Nr. 9 SGB VI pflichtversichert, wenn er im Zusammenhang mit seiner selbstständigen Tätigkeit regelmäßig keinen versicherungspflichtigen AN beschäftigt und wenn er auf Dauer und im Wesentlichen nur für einen Auftraggeber tätig ist[59] (siehe § 2 SGB VI Rn 5 ff.).

17 Auch bei Gesellschafter-GFn ist es in der Vergangenheit vorgekommen, dass Sozialversicherungsbeiträge ohne Statusprüfung entrichtet wurden und sich bei Verlust der Erwerbstätigkeit herausstellte, dass ein Alg-Anspruch nicht bestand, weil der Betroffene nicht abhängig beschäftigt gewesen ist. Um dies zu vermeiden, ist eine Tätigkeit als geschäftsführender Gesellschafter einer GmbH[60] im Zusammenhang mit der Anmeldung zusätzlich nach § 28a Abs. 3 S. 2 Nr. 1e anzugeben. Die Einzugsstelle ist verpflichtet, nach § 7a Abs. 1 S. 2 eine Statusentscheidung der Deutschen Rentenversicherung Bund herbeizuführen (siehe Rn 36).

---

44 BSG 28.1.1992 – 11 RAr 133/90 – Die Beiträge 1992, 310, 312.
45 BSG 4.7.2007 – B 11a AL 5/06 R – SozR 4–2400 § 7 Nr. 8; BSG 18.12.2001 – B 12 KR 10/01 R – BSG SozR 3–2400 § 7 Nr. 20 m.w.N.
46 BSG 30.1.1990 – 11 RAr 47/88 – SozR 3–2400 § 7 Nr. 1 = BSGE 66, 168, 171.
47 BSG 8.12.1987 – 7 RAr 25/86 – BB 1989, 72, 73 m.w.N.; s. auch *Jula*, Der GmbH-Geschäftsführer, S. 172.
48 BSG 27.7.1989 – 11/7 RAr 71/87 – Die Beiträge 1989, 373, 376.
49 BSG 24.9.1992 – 7 RAr 12/92 – NZA 1993, 430, 431.
50 BSG 8.12.1987 – 7 RAr 25/86 – BB 1989, 72, 73 m.w.N.; BSG 25.1.2006 – B 12 KR 30/04 R – USK 2006–8.
51 BSG 6.3.2003 – B 11 AL 25/02 R – SozR 4–2400 § 7 Nr. 1.
52 BSG 17.5.2001 – B 12 KR 34/00 R – SozR 3–2400 § 7 Nr. 17; BSG 8.8.1990 – 11 RAr 77/89 – SozR 3–2400 § 7 Nr. 4.
53 BSG 24.9.1992 – 7 RAr 12/92 – NZA 1993, 430, 431, 432.
54 BSG 4.7.2007 – B 11a AL 5/06 R – SozR 4–2400 § 7 Nr. 8; BSG 9.2.1995 – 7 RAr 76/94 – USK 9519, 103, 107.
55 BSG 7.9.1988 – 10 RAr 10/87 – BSG SozR 4100 § 141b Nr. 41 = DB 1989, 936.
56 BSG 28.1.1992 – 11 RAr 133/90 – Die Beiträge 1992, 311, 312, 313.
57 BSG 17.5.2001 – B 12 KR 34/00 R – SozR 3-2400 § 7 Nr. 17.
58 BSG 30.1.1990 – 11 RAr 47/88 – SozR 3–2400 § 7 Nr. 1.
59 BSG 24.11.2005 – B 12 RA 1/04 R – DB 2006, 616 ff.; *Müller*, DB 2006, 614 ff.
60 Zur Identität mit dem Begriff des Gesellschafter-Geschäftsführers s. BT-Drucks 15/1749, S. 9.

c) **Persönlich haftende Gesellschafter.** **Gesellschafter einer GbR und einer OHG** tragen wegen ihrer persönlichen Haftung für die Verbindlichkeiten der Gesellschaft das volle Unternehmerrisiko; eine Beschäftigung scheidet somit i.d.R. aus.[61] Außerhalb des Gesellschaftsverhältnisses kann jedoch ein Beschäftigungsverhältnis zur Gesellschaft begründet werden, wenn dessen Voraussetzungen, insb. die Weisungsgebundenheit des Gesellschafters, vorliegen.[62] Bei den **Gesellschaftern einer KG** ist zu differenzieren: Während der persönlich unbeschränkt haftende **Komplementär** nicht in einem Beschäftigungsverhältnis zur Gesellschaft steht,[63] kann der zwar auch persönlich, aber nur bis zur Höhe seiner nicht geleisteten Einlage haftende **Kommanditist** Beschäftigter sein, wenn er insb. keinen maßgebenden Einfluss auf die Gestaltung der Tätigkeit der Gesellschaft ausüben kann.[64]

18

d) **Vorstands- und Vereinsmitglieder.** **Vorstände juristischer Personen** des privaten und öffentlichen Rechts können grds. Beschäftigte der juristischen Person sein, da die Organstellung eine Beschäftigung nicht von vornherein ausschließt. Unabhängig von der Frage, ob **Vorstandsmitglieder einer AG** in einem Beschäftigungsverhältnis stehen,[65] sind sie nach § 1 S. 4 SGB VI in dem Unternehmen, dessen Vorstand sie angehören, nicht rentenversicherungspflichtig beschäftigt, wobei Konzernunternehmen i.S.d. § 18 AktG als ein Unternehmen gelten. In anderen Beschäftigungen unterliegt dieser Personenkreis hingegen der Rentenversicherungspflicht. Mitglieder des Vorstands einer AG, die am 6.11.2003 in einer weiteren Beschäftigung oder selbständigen Tätigkeit nicht versicherungspflichtig waren, bleiben in dieser Beschäftigung oder Tätigkeit nach § 229 Abs. 1a S. 1 SGB VI nicht versicherungspflichtig.[66] Gem. § 229 Abs. 1a S. 2 SGB VI konnten sie bis zum 31.12.2004 die Versicherungspflicht mit Wirkung für die Zukunft beantragen. Im Recht der Arbeitsförderung folgt der Ausschluss von der Versicherungspflicht aus § 27 Abs. 1 Nr. 5 SGB III. Für die gesetzliche Unfallversicherung hat das BSG entschieden, dass Mitglieder des Vorstands einer AG in Tätigkeiten für das Unternehmen, dessen Vorstand sie angehören, nicht als Beschäftigte versichert sind.[67] In der gesetzlichen Krankenversicherung dürfte – bei Bejahung eines Beschäftigungsverhältnisses – wegen der Höhe des regelmäßigen Jahresarbeitsentgelts i.d.R. jedenfalls Versicherungsfreiheit nach § 6 Abs. 1 Nr. 1 SGB V bestehen. Vorstandsmitglieder von **VVaG** unterliegen in entsprechender Anwendung des § 1 S. 4 SGB VI nicht der Versicherungspflicht.[68] Ein **Vorstandsmitglied** einer **e.G.** hingegen kann dann versicherungspflichtig sein, wenn es auch laufende Verwaltungsgeschäfte unter Zahlung gleich bleibender Bezüge erledigt.[69] **Angestellte Vorstände** öffentlich-rechtlicher Anstalten, z.B. von **Sparkassen**, hat das BSG wegen der Fremdbestimmtheit ihrer Tätigkeit als Beschäftigte behandelt.[70]

19

Auch **Vorstandsmitglieder eines rechtsfähigen Vereins** können in einem Beschäftigungsverhältnis zum Verein stehen, wenn die gesellschaftliche Stellung nicht so ausgestaltet ist, dass sie jeden Beschluss verhindern können.[71] **Einfache Mitglieder** werden für den Verein vielfach z.B. als Schriftführer, Jugendwart, Übungsleiter usw. tätig. Gehen diese Arbeiten über die sich aus dem Vereinszweck ergebenden mitgliedschaftlichen Verpflichtungen hinaus, so ist ein Beschäftigungsverhältnis dann zu bejahen, wenn auch die übrigen Merkmale vorliegen[72] (siehe Rn 2 ff.). So hat das BSG die Tätigkeit eines Vereinsmitglieds als Übungsleiterin in einem Sportverein als Beschäftigung angesehen, weil der Verein Art und Zeit der Tätigkeit festgelegt hatte, eine gesonderte vertragliche Vergütung vereinbart war, vergleichbare Funktionen auch von Vereinsfremden in gleicher Weise wahrgenommen wurden und die Vergütung bei Urlaub und Krankheit weitergezahlt wurde.[73]

20

e) **Freie Mitarbeiter und Scheinselbstständige.** **Freie Mitarbeiter** üben für ein fremdes Unternehmen eine selbstständige unternehmerische Tätigkeit auf dienst- oder werkvertraglicher Grundlage aus. Durch die Vereinbarung eines freien Mitarbeiterverhältnisses wollen die Parteien deutlich machen, dass weder ein Arbeits- noch ein Beschäftigungsverhältnis begründet werden soll.[74] Konsequenterweise zahlt der Auftraggeber keine Sozialversicherungsbeiträge; vielmehr ist es Sache des freien Mitarbeiters, für seine soziale Absicherung zu sorgen. Ob aber ein freies Mitarbeiter- oder ein Beschäftigungsverhältnis vorliegt, richtet sich ungeachtet der Bezeichnung danach, ob die Tätigkeit in persönlicher Abhängigkeit vom Auftraggeber erbracht wird.[75] Insb. bei Diensten höherer Art (z.B.

21

---

61 KassKomm/*Seewald*, § 7 Rn 87.
62 BSG 20.7.1988 – 12 RK 23/87 – SGb 1989, 165, 167; Krauskopf/*Baier*, § 7 Rn 13.
63 KassKomm/*Seewald*, § 7 Rn 87.
64 BSG 27.6.1974 – 2 RU 23/73 – USK 74127, 527, 529.
65 Bejahend BSG 31.5.1989 – 4 RA 22/88 – SozR 2200 § 1248 Nr. 48; BSG 27.2.2008 – B 12 KR 23/06 R – SozR 4–2600 § 1 Nr. 3; a.A. z.B. KassKomm/*Seewald*, § 7 Rn 99.
66 Zur Entstehungsgeschichte der Vorschrift und weiteren Einzelheiten s. die Besprechung der Spitzenverbände über Fragen des gemeinsamen Beitragseinzugs v. 30./31.10.2003, S. 3 ff.
67 BSG 14.12.1999 – B 2 U 38/98 R – NZA-RR 2000, 434, 435.
68 BSG 27.3.1980 – 12 RAr 1/79 – SozR 2400 § 3 Nr. 4 zu der vergleichbaren Vorschrift des § 3 AVG a.F.
69 BSG 21.2.1990 – 12 RK 47/87 – SozR 3–2940 § 3 Nr. 1 = NZA 1990, 950.
70 BSG 3.2.1994 – 12 RK 84/92 – SozR 3–2940 § 3 Nr. 2 = Die Beiträge 1994, 483; zur Sozialversicherungspflicht von Vorstandsmitgliedern gesetzlicher Krankenkassen s. *Dudda*, NZS 1997, 23 ff.
71 BSG 15.12.1983 – 12 RK 57/82 – USK 83188, 883, 884, 885.
72 KassKomm/*Seewald*, § 7 Rn 85 m.w.N.
73 BSG 18.12.2001 – B 12 KR 8/01 R – Breith 2002, 363 ff.
74 *V. Hoyningen-Huene*, BB 1987, 1730 ff.
75 BSG 25.1.2001 – B 12 KR 17/00 R – USK 2001–25, 175, 176, 177.

Tätigkeit als Rechtsanwalt, Steuerberater, freier Mitarbeiter von Rundfunkanstalten) verliert die Einzelweisung an Bedeutung. Dennoch kann die Dienstleistung fremdbestimmt sein, wenn sie ihr Gepräge von der Ordnung des Betriebs erhält, in deren Dienst die Arbeit verrichtet wird.[76] Die selbstständige Tätigkeit ist vornehmlich durch das eigene Unternehmerrisiko, das Vorhandensein einer eigenen Betriebsstätte, die Verfügungsmöglichkeit über die eigene Arbeitskraft und die im Wesentlichen freie Gestaltung der Tätigkeit und der Arbeitszeit gekennzeichnet.[77] Überwiegen nach den insoweit maßgebenden tatsächlichen Gegebenheiten des Einzelfalls die Merkmale eines Beschäftigungsverhältnisses, besteht Versicherungspflicht.[78] Sprechen ebenso viele Gründe für die Selbstständigkeit wie für eine abhängige Beschäftigung, so ist dem im Vertrag zum Ausdruck gekommenen Willen der Vorrang einzuräumen.[79]

22 Als **Scheinselbstständige** werden Personen bezeichnet, die sich als Selbstständige gerieren, nach der tatsächlichen Ausgestaltung ihrer Tätigkeit aber als Beschäftigte anzusehen sind.[80] Anhaltspunkte für Scheinselbstständigkeit sind insb. dann gegeben, wenn tatsächlich nur für einen **Auftraggeber** gearbeitet wird, **unternehmerische Chancen und Risiken nicht** eingeräumt werden, eine **Berichtspflicht** und **Kontrolle** der Tätigkeit vorgesehen ist und es sich um **Tätigkeiten** handelt, die **ansonsten von abhängig Beschäftigten ausgeübt** werden.[81] Der Scheinselbstständige ist Beschäftigter, wenn sich seine Tätigkeit nach den maßgeblichen tatsächlichen Gegebenheiten als Beschäftigung darstellt.[82] Ist seine Tätigkeit jedoch als selbstständige zu bewerten, so kann unter den Voraussetzungen des § 2 S. 1 Nr. 9 SGB VI Versicherungspflicht in der Rentenversicherung als arbeitnehmerähnlicher Selbstständiger bestehen (siehe § 2 SGB VI Rn 4 ff.).

II. § 7 Abs. 1a bis 3

23 Vor Einführung des § 7 Abs. 1a durch das Gesetz zur sozialrechtlichen Absicherung flexibler Arbeitszeiten v. 6.4.1998[83] war es für Freistellungszeiten im Rahmen flexibler Arbeitszeitmodelle, in denen es an der Arbeitsleistung oder -bereitschaft fehlte, fraglich, ob ein Beschäftigungsverhältnis vorlag.[84] § 7 Abs. 1a bewirkt nunmehr unter bestimmten Voraussetzungen, dass das Arbverh auch in der Freistellungsphase von der Sozialversicherungspflicht erfasst wird. Die Regelung, die durch Art. 1 Nr. 2a des Gesetzes zur Verbesserung von Rahmenbedingungen flexibler Arbeitszeitregelungen v. 21.12.2008[85] mit Wirkung zum 1.1.2009 neu gefasst wurde, enthält eine Beschäftigungsfiktion für Zeiten der Freistellung von mehr als einem Monat, wenn während der Freistellung Arbeitsentgelt aus einem Wertguthaben nach § 7b fällig ist (**§ 7 Abs. 1a S. 1 Nr. 1**). Dieses Arbeitsentgelt darf weder nach unten noch nach oben unangemessen von demjenigen der vorausgegangenen zwölf Kalendermonate abweichen (**§ 7 Abs. 1a S. 1 Nr. 2**). Beginnt ein Beschäftigungsverhältnis mit einer Freistellungsphase, ist als Maßstab das Arbeitsentgelt der späteren Arbeitsphase heranzuziehen, mit der das Arbeitsentgelt nachträglich erzielt werden soll. Anhaltspunkte für eine unangemessene Abweichung können nur dem Sinn und Zweck der Regelung entnommen werden, der zum einen darin begründet ist, dem Beschäftigten in etwa den bisherigen Lebensstandard zu erhalten und zum anderen, die Begründung der Sozialversicherungspflicht durch Leistung erheblich geringerer Beiträge zu verhindern.[86] In der Praxis der Sozialversicherungsträger werden Abweichungen von maximal 30 v.H. nach oben oder nach unten als angemessen angesehen.[87] Teilweise wird auch das Sicherungsniveau etwa in der Renten- oder Unfallversicherung vergleichend herangezogen.[88] Bei der Ermittlung des Verhältnisses der Entgelte haben zusätzlich zum Lohn/Gehalt gezahlte Zulagen oder Zuschläge außer Betracht zu bleiben.[89]

24 Seit der Neufassung des § 7 Abs. 1a wird nicht mehr gefordert, dass die Arbeitsentgelte in der Arbeitsphase 400 EUR im Monat übersteigen müssen, weshalb nun auch für entgeltgeringfügig Beschäftigte i.S.d. § 8 Abs. 1 Nr. 1 die Möglichkeit besteht, Wertguthaben aufzubauen.[90] Entsprechend ist in § 7b Nr. 5 vorgesehen, dass für diesen Personenkreis das in der Freistellungsphase aus dem Wertguthaben monatlich fällige Arbeitsentgelt 400 EUR nicht übersteigen muss. Die Einbeziehung von geringfügig Beschäftigten wird vom Gesetzgeber zum einen im Hinblick darauf gerechtfertigt, dass der AG auch für diese (wenn auch geringere) Beiträge zur gesetzlichen Renten- und Krankenversicherung zu entrichten hat und der Beschäftigte nach § 5 Abs. 2 S. 2 SGB VI durch eigene Aufstockungsleistungen eine vollwertige Mitgliedschaft in der Rentenversicherung erlangen kann. Zum anderen sollte damit der Sorge vor

---

76 BSG 29.3.1962 – 3 RK 74/57 – BSGE 16, 289, 294.
77 BSG 28.5.2008 – B 12 KR 13/07 R – USK 2008–45; BSG 25.1.2001 – B 12 KR 17/00 R – USK 2001–25, 175, 176, 177.
78 BSG 1.12.1977 – 12/3/12 RK 39/74 – BSGE 45, 199, 200; s. auch den Katalog bestimmter Berufsgruppen zur Abgrenzung zwischen abhängiger Beschäftigung und selbstständiger Tätigkeit, Anlage 4 des Gemeinsamen Rundschreibens der Spitzenverbände der Sozialversicherung vom 5.7.2005.
79 BSG 13.7.1978 – 12 RK 14/78 – SozR 2200 § 1227 Nr. 17; Kunz/Kunz, DB 1993, 326, 327.
80 BT-Drucks 14/45, S. 20.
81 Küttner/Voelzke, Freie Mitarbeiter Rn 38.
82 BSG 25.2.1995 – 12 BK 98/93 – Die Beiträge 1995, 296 f.; LSG Berlin 14.8.1996 – L 15 KR 16/95 – NZS 1997, 31 f.; Sommer, NZS 2003, 169 ff.
83 BGBl 1998 I S. 688.
84 S. hierzu z.B. Knospel/Ewert/Marx, NZS 2001, 459 ff.
85 BGBl 2008 I S. 2940.
86 BT-Drucks 13/9818, S. 10.
87 S. das Gemeinsame Rundschreiben der Spitzenverbände der Sozialversicherung v. 31.3.2009, S. 21 ff.
88 KassKomm/Seewald, § 7 Rn 145g.
89 BT-Drucks 13/9818, S. 10.
90 BT-Drucks 16/10289, S. 13 f.

einer ungerechtfertigten Benachteiligung Teilzeitbeschäftigter begegnet werden.[91] Voraussetzung ist aber, dass die geringfügige Beschäftigung bereits vor der Freistellung bestanden hat; für während der Arbeitsphase nicht geringfügig Beschäftigte bleibt es gem. § 7b Nr. 5 dabei, dass das fällige Arbeitsentgelt in der Freistellungsphase 400 EUR monatlich übersteigen muss (siehe § 7b Rn 10).

Die gesetzliche Begriffsbestimmung des Wertguthabens ist nicht mehr in § 7 Abs. 1a selbst enthalten, sondern aus systematischen Gründen in die Vorschrift des § 7b (siehe § 7b Rn 2 ff.) ausgelagert worden, auf die in § 7 Abs. 1a verwiesen wird. Aus dieser Verweisung ergibt sich auch, dass eine entsprechende Wertguthabenvereinbarung zwischen AG und AN gem. § 7b Nr. 1 nach wie vor der Schriftform bedarf.

§ 7 Abs. 1a S. 3 stellt im Interesse eines einmal entstandenen Versicherungsschutzes klar, dass eine Beschäftigung gegen Arbeitsentgelt während der Zeit der Freistellung auch besteht, wenn die Arbeitsleistung, mit der das Arbeitsentgelt später erzielt werden soll, wegen einer im Zeitpunkt der Vereinbarung nicht vorhersehbaren vorzeitigen Beendigung des Arbverh nicht mehr erbracht werden kann. Dabei spielt der Grund für die Beendigung oder ein eventuelles Verschulden des AN keine Rolle; maßgebend ist allein, dass die vorzeitige Beendigung nicht vorhersehbar war.[92] Beim Abschluss der Vereinbarung können die Vertragsparteien nach **§ 7 Abs. 1a S. 4** nur für bestimmte Fälle einen anderen Verwendungszweck vereinbaren. An diesen anderen Verwendungszweck stellt die Regelung keine Anforderungen; so kann das Wertguthaben z.B. nach § 23b Abs. 3a beitragsfrei in eine betriebliche Altersversorgung überführt werden.

Die Bestimmungen des § 7 Abs. 1a S. 1 bis 4 finden gem. **§ 7 Abs. 1a S. 5** keine Anwendung auf Beschäftigte, die bestehende Wertguthaben von anderen übernehmen, da sie während der Arbeitsphase insoweit nicht durch eigene Arbeitsleistung in Vorleistung getreten sind.[93]

§ 1 Abs. 2 S. 1 KSchG lässt die Künd aus in der Person oder im Verhalten des AN liegenden Gründen sowie wegen dringender betrieblicher Erfordernisse, die einer Weiterbeschäftigung in diesem Betrieb entgegenstehen, zu. Die arbeitsrechtliche Regelung des **§ 7 Abs. 1b** schützt den AN davor, dass die Möglichkeit, flexible Arbeitszeiten zu vereinbaren, als ein in der Person oder im Verhalten des AN liegender Künd-Grund zu seinem Nachteil berücksichtigt wird.[94] Eine Künd wird auch nicht durch betriebliche Erfordernisse, die der Flexibilisierung der Arbeitszeit entgegenstehen, gerechtfertigt. Eine Künd aus anderen Gründen, z.B. Arbeitskräfteüberhang, kann § 7 Abs. 1b selbst dann nicht verhindern, wenn diese Gründe zu einem Zeitpunkt vorliegen, von dem ab der AN die Möglichkeit zum Abschluss einer Vereinbarung zur Flexibilisierung seiner Arbeitszeit hat.[95]

Durch **§ 7 Abs. 2** werden betriebliche Berufsbildungsverhältnisse einem Beschäftigungsverhältnis i.S.d. § 7 Abs. 1 gleichgestellt. Unter betrieblicher Berufsbildung ist in Abgrenzung zur schulischen Ausbildung **Berufsbildung in Betrieben** der Wirtschaft, in Handwerksbetrieben und vergleichbaren Einrichtungen insb. des öffentlichen Dienstes und der Angehörigen der freien Berufe sowie in Haushalten zu verstehen.[96]

§ 7 Abs. 3 S. 1 regelt einheitlich für die gesetzliche Krankenversicherung, die soziale Pflegeversicherung, die gesetzliche Rentenversicherung und das Recht der Arbeitsförderung das **Fortbestehen des entgeltlichen Beschäftigungsverhältnisses** und der davon abhängigen Versicherungspflicht, wenn für einen begrenzten Zeitraum die tatsächliche Beschäftigung unterbrochen wird und der Anspruch auf Arbeitsentgelt entfällt, ohne dass eine Entgeltersatzleistung bezogen wird (z.B. unbezahlter Urlaub). Erforderlich ist lediglich, dass das Beschäftigungsverhältnis fortbesteht und nicht z.B. durch Künd beendet ist.[97] Die **Dauer des Fortbestehens** ist auf **maximal einen Monat** begrenzt; die Berechnung der Monatsfrist erfolgt nach § 26 Abs. 1 SGB X i.V.m. §§ 187 ff. BGB. **Keine Anwendung** findet die Fiktion des § 7 Abs. 3 S. 1 auf Zeiten, in denen **Entgeltersatzleistungen**, z.B. Krankengeld, bezogen werden oder Elternzeit in Anspruch genommen wird. Wehr- und Zivildienst werden nicht erwähnt in § 7 Abs. 3 S. 3. Unerheblich ist in diesem Zusammenhang, ob auf die Entgeltersatzleistungen bzw. die Elternzeit ein Anspruch besteht. Es genügt, dass die Leistung tatsächlich bezogen oder die Elternzeit tatsächlich in Anspruch genommen wird.[98] Die Beschäftigungsfiktion gilt gem. § 7 Abs. 3 S. 4 ferner nicht für Zeiten der Inanspruchnahme einer **Pflegezeit** i.S.d. § 3 PflegeZG. Folge der in § 7 Abs. 3 S. 3 und 4 angeordneten Unanwendbarkeit des S. 1 ist nicht etwa, dass eine entgeltliche Beschäftigung dann zeitlich unbegrenzt fingiert würde. Vielmehr besteht eine solche in diesen Fällen überhaupt nicht fort, und zwar nicht einmal für einen Monat.[99] Soweit nach den Regelungen in § 7 Abs. 3 S. 1, 3 und 4 eine Beschäftigung gegen Entgelt nicht bzw. nicht mehr besteht, ist zu beachten, dass die Versicherungspflicht bzw. die Mitgliedschaft in den einzelnen Versicherungszweigen aufgrund spezialgesetzlicher Anordnung vielfach dennoch erhalten bleibt (s. z.B. § 3 SGB VI, § 26 SGB III, §§ 192, 193 SGB V, § 49 SGB XI). Wehr- oder Zivildienstleistende, die für die Zeit ihres Dienstes Arbeitsentgelt weiter erhalten oder Leistungen für Selbstständige nach § 13a des Unterhaltssicherungsgesetzes beziehen, sind nicht nach § 3 S. 1 Nr. 2 SGB VI pflichtversichert. Vielmehr gilt die Beschäftigung

---

91 BT-Drucks 16/10289, S. 13.
92 KassKomm/*Seewald*, § 7 Rn 145j.
93 KassKomm/*Seewald*, § 7 Rn 145l.
94 BT-Drucks 13/9741, S. 9.
95 Hauck/Noftz/*Knospe*, § 7 Rn 40.
96 Krauskopf/*Baier*, § 7 Rn 46.
97 Hauck/Noftz/*Knospe*, § 7 Rn 52.
98 Hauck/Noftz/*Knospe*, § 7 Rn 53.
99 BSG 17.4.2002 – B 10 LW 24/01 R – SozR 3–5860 § 12 Nr. 1.

oder selbstständige Tätigkeit in diesen Fällen als nicht unterbrochen (§ 3 S. 4 SGB VI). Für den Bereich der Arbeitsförderung bestimmt § 25 Abs. 2 S. 1 SGB III, dass das Beschäftigungsverhältnis durch den Wehr- oder Zivildienst als nicht unterbrochen gilt, wenn Wehr- und Zivildienstleistenden nach gesetzlichen Vorschriften für die Zeit ihres Dienstes Arbeitsentgelt weiterzugewähren ist.

31 Eine eigenständige Fortbestehensfiktion enthält **§ 7 Abs. 3 S. 2**. Hiernach gilt eine entgeltliche Beschäftigung als fortbestehend, wenn Arbeitsentgelt aus einem der Deutschen Rentenversicherung Bund übertragenen Wertguthaben bezogen wird. Das gilt im Gegensatz zu § 7 Abs. 3 S. 1 **zeitlich unbegrenzt**, also auch dann, wenn die Nichtausübung der tatsächlichen Beschäftigung länger als einen Monat andauert.[100]

III. Anfrageverfahren nach § 7a

32 Das Anfrageverfahren nach § 7a, auch Statusfeststellungsverfahren genannt, erfasst zwei Fallkonstellationen. Zum einen eröffnet **§ 7 Abs. 1 S. 1** den beteiligten Vertragspartnern des zu beurteilenden Rechtsverhältnisses bei objektiven Zweifeln, ob eine Beschäftigung vorliegt, die Möglichkeit, den versicherungsrechtlichen Status des AN/Auftragnehmers durch die Deutsche Rentenversicherung Bund klären zu lassen.[101] Zum anderen kann Auslöser des Statusfeststellungsverfahrens nach **§ 7 Abs. 1 S. 2** die Anmeldung eines Beschäftigen durch den AG als **Ehegatte, Lebenspartner oder Abkömmling des AG** (§ 28a Abs. 3 S. 2 Nr. 1d) oder **geschäftsführender Gesellschafter einer GmbH** (§ 28a Abs. 3 S. 2 Nr. 1e) sein. Ist in anderen Fällen zu klären, ob ein Beschäftigungsverhältnis besteht, bleibt es bei der Zuständigkeit der Einzugsstelle nach § 28h Abs. 2 bzw. der Rentenversicherungsträger bei AG-Prüfungen nach § 28p.

33 **1. Verfahren nach § 7a Abs. 1 S. 1.** Den Antrag kann jeder der Vertragspartner stellen, allerdings nur, solange weder bei der Einzugsstelle noch bei einem anderen Versicherungsträger ein Verwaltungsverfahren anhängig ist, um das Vertragsverhältnis versicherungsrechtlich zu klären. Wird der **Antrag** nach § 7a Abs. 1 **innerhalb eines Monats** nach Aufnahme der Tätigkeit gestellt und stellt die Deutsche Rentenversicherung Bund ein versicherungspflichtiges Beschäftigungsverhältnis fest, so tritt die **Versicherungspflicht** nach § 7a Abs. 6 erst mit der **Bekanntgabe der Entscheidung** (§ 37 SGB X) ein, wenn der **Beschäftigte zustimmt** und er für den Zeitraum zwischen Aufnahme der Beschäftigung und der Entscheidung eine **Absicherung** gegen das finanzielle Risiko von Krankheit und zur Altersvorsorge vorgenommen hat, die der Art nach den Leistungen der gesetzlichen Krankenversicherung und der gesetzlichen Rentenversicherung entspricht. Hierdurch soll derjenige vor rückwirkenden Beitragsforderungen geschützt werden, der sich um rechtzeitige Statusklärung bemüht.[102] Die Verweigerung der Zustimmung führt zu einer rückwirkenden Beitragsfestsetzung.

34 Nach § 7a Abs. 6 S. 2 wird der Gesamtsozialversicherungsbeitrag erst zu dem Zeitpunkt fällig, zu dem die Entscheidung, dass eine Beschäftigung vorliegt, unanfechtbar geworden ist. **Widerspruch** und **Klage** gegen Entscheidungen, dass eine Beschäftigung vorliegt, haben nach § 7a Abs. 7 **aufschiebende Wirkung** mit der Folge, dass der Gesamtsozialversicherungsbeitrag zu diesem Zeitpunkt noch nicht zu zahlen ist.

35 § 336 SGB III schließlich regelt, dass die BA an den VA, der die Versicherungspflicht feststellt, **leistungsrechtlich gebunden** ist.

36 **2. Verfahren nach § 7a Abs. 1 S. 2.** § 7 Abs. 1 S. 2 verpflichtet unter bestimmten Voraussetzungen die Einzugsstelle, einen Antrag zur Klärung, ob eine Beschäftigung vorliegt, zu stellen. Hierdurch soll verhindert werden, dass erst bei Beendigung einer Erwerbstätigkeit als Familienangehöriger oder geschäftsführender Gesellschafter einer GmbH die Tätigkeit als selbständige gewertet und dementsprechend ein Alg-Anspruch verneint wird.[103] Zuständig ist die Deutsche Rentenversicherung Bund (§ 7 Abs. 1 S. 3). Nach Auffassung der Spitzenverbände der Sozialversicherung[104] ist in diesen Fällen für die Anwendung der Besonderheiten hinsichtlich des Beginns von Versicherungspflicht und Fälligkeit des Gesamtsozialversicherungsbeitrags gem. § 7 Abs. 6 und die in § 7 Abs. 7 vorgesehene aufschiebende Wirkung kein Raum, da der AG durch die Meldung dokumentiert, dass er von einem Beschäftigungsverhältnis ausgeht.[105] Auch in den Fällen des § 7 Abs. 1 S. 2 bewirkt § 336 SGB III eine leistungsrechtliche Bindung der BA an den die Versicherungspflicht feststellenden VA.

C. Verbindung zu anderen Rechtsgebieten und zum Prozessrecht

I. Bescheidprüfung im Rechtsbehelfsverfahren

37 In der Vielzahl der Fälle ergehen keine Bescheide über die Versicherungs- und die damit verbundene Beitragspflicht. Vielmehr meldet der AG die versicherungspflichtig Beschäftigten an die Einzugsstelle (siehe § 28a Rn 2 ff.) und zahlt den Gesamtsozialversicherungsbeitrag (siehe §§ 28d–28h Rn 9 ff.). Der Begriff der Beschäftigung wird daher weni-

---

100 BT-Drucks 16/10289, S. 14.
101 BT-Drucks 15/1749, S. 9.
102 Krauskopf/*Baier*, § 7a Rn 15.
103 BT-Drucks 15/1749, S. 35.
104 Gemeinsame Grundsätze zur leistungsrechtlichen Bindung der Bundesagentur für Arbeit vom 11.11.2004, S. 8 f.
105 S. auch Hauck/Noftz/*Klattenhoff*, § 7a Rn 29a, 43.

ger im Rahmen eines Widerspruchsverfahrens gegen einen Versicherungs- und Beitragspflicht feststellenden Bescheid mit evtl. sich anschließendem Sozialgerichtsverfahren bzw. im Rahmen einer – grds. subsidiären – Feststellungsklage nach § 55 Abs. 1 Nr. 1 SGG,[106] sondern im Zusammenhang mit leistungsrechtlichen Streitigkeiten thematisiert. Wird ein Leistungsantrag mit der Begründung abgelehnt, ein Beschäftigungsverhältnis als eine von mehreren Voraussetzungen liege nicht vor, so ist diese Entscheidung zunächst mit den Rechtsbehelfen des **Widerspruchs** und der **Klage** anzugreifen. Bleibt es bei der Ablehnungsentscheidung, so werden die zu Unrecht entrichteten Beiträge nach Maßgabe der §§ 26, 27 und 28 erstattet. Dies gilt auch, wenn – ausnahmsweise – über die Versicherungs- und Beitragspflicht sofort mit Bescheid entschieden wird und dieser Bescheid im Rechtsbehelfsverfahren aufgehoben wird.

II. Bescheidprüfung außerhalb eines Rechtsbehelfsverfahrens

Auch **außerhalb eines Rechtsbehelfsverfahrens** kann sich herausstellen, dass ein die Versicherungs- und Beitragspflicht feststellender VA fehlerhaft ist. Die Fehlerhaftigkeit kann auf unterschiedlichen Gründen beruhen, z.B. auf falschen oder unvollständigen Angaben der Beteiligten oder auf einer fehlerhaften Rechtsanwendung durch die Verwaltung. Derartige VA sind nach **§§ 44 ff. SGB X** im Rahmen der Vertrauensschutzregelungen aufzuheben und zu Unrecht entrichtete Beiträge zu erstatten. 38

D. Beraterhinweise

Im Hinblick auf die jüngste Rspr. des BSG betreffend das Fortbestehen einer Beschäftigung im Falle einer einvernehmlichen unwiderruflichen Freistellung des AN bei Weiterzahlung des Arbeitsentgelts bis zum rechtlichen Ende des Arbverh (siehe Rn 6) wird bei derartigen Vereinbarungen ein Verlust des Sozialversicherungsschutzes grds. nicht mehr zu befürchten sein. Es ist daher nicht mehr notwendig, die Freistellungsvereinbarung widerruflich auszugestalten bzw. eine unwiderrufliche Freistellung nur einseitig auszusprechen.[107] 39

Die Beurteilung der Versicherungspflicht von GmbH-GF wird durch das im Gemeinsamen Rundschreiben der Spitzenverbände der Sozialversicherungsträger vom 5.7.2005 festgehaltene Besprechungsergebnis mit Entscheidungshilfe und Rspr.-Übersicht[108] erleichtert. An die dort getroffenen Feststellungen sind die Gerichte bei ihrer Entscheidung jedoch nicht gebunden. Schriftsatzmuster für einen Anfechtungswiderspruch finden sich in der einschlägigen Lit.[109] 40

§ 7b Wertguthabenvereinbarungen

Eine Wertguthabenvereinbarung liegt vor, wenn
1. der Aufbau des Wertguthabens auf Grund einer schriftlichen Vereinbarung erfolgt,
2. diese Vereinbarung nicht das Ziel der flexiblen Gestaltung der werktäglichen oder wöchentlichen Arbeitszeit oder den Ausgleich betrieblicher Produktions- und Arbeitszeitzyklen verfolgt,
3. Arbeitsentgelt in das Wertguthaben eingebracht wird, um es für Zeiten der Freistellung von der Arbeitsleistung oder der Verringerung der vertraglich vereinbarten Arbeitszeit zu entnehmen,
4. das aus dem Wertguthaben fällige Arbeitsentgelt mit einer vor oder nach der Freistellung von der Arbeitsleistung oder der Verringerung der vertraglich vereinbarten Arbeitszeit erbrachten Arbeitsleistung erzielt wird und
5. das fällige Arbeitsentgelt insgesamt 400 Euro monatlich übersteigt, es sei denn, die Beschäftigung wurde vor der Freistellung als geringfügige Beschäftigung ausgeübt.

A. Allgemeines 1	4. Wertguthaben aufgrund Vorleistung oder Nachleistung von Arbeit 9
B. Regelungsgehalt 2	5. Mindesthöhe des aus dem Wertguthaben fälligen Arbeitsentgelts 10
I. Voraussetzungen einer Wertguthabenvereinbarung 2	
1. Schriftliche Vereinbarung 3	II. Wesentliche rechtliche Folgen einer Wertguthabenvereinbarung 11
2. Keine kurzzeitige Flexibilisierung 7	C. Verbindung zu anderen Rechtsgebieten und Prozessrecht 12
3. Freistellung von der Arbeitsleistung oder Verringerung der vertraglich vereinbarten Arbeitszeit 8	D. Beraterhinweise 13

---

106 Zu den Voraussetzungen einer Feststellungsklage s. z.B. Meyer-Ladewig/*Keller*, § 55 Rn 4 ff., 15 ff., 18, 19 ff.
107 S. dazu *Bergwitz*, NZA 2009, 518, 523, 524.
108 Anlage 3 des Rundschreibens, in: Die Beiträge 2003, 532 ff.
109 Z.B. bei *Kummer*, Das sozialgerichtliche Verfahren, Schriftsatzmuster Nr. 21.

A. Allgemeines

1 Die Regelung des § 7b ist durch Art. 1 Nr. 3 des Gesetzes zur Verbesserung der Rahmenbedingungen für die Absicherung flexibler Arbeitszeitregelungen und zur Änderung anderer Gesetze vom 21.12.2008[1] mit Wirkung zum 1.1.2009[2] eingeführt worden. Sie enthält eine gesetzliche Präzisierung des Begriffs der **Wertguthabenvereinbarung** und damit auch des Begriffs des Wertguthabens, an den wesentlich die Beschäftigungsfiktion des § 7 Abs. 1a S. 1 wie auch die Schutzregelungen der §§ 7c ff. und die beitragsrechtliche Bestimmung des § 23b anknüpfen. Das wesentliche Ziel der Neufassung des § 7b besteht in der gesetzlichen Definition von Wertguthabenvereinbarungen bzw. **Wertguthaben**, um damit den Anwendungsbereich der vorgenannten Schutzbestimmungen auf solche Wertguthaben zu begrenzen, die mit der Zwecksetzung der Finanzierung einer Freistellung von der Arbeitsleistung vereinbart werden.[3] Hierdurch soll die in der Vergangenheit bestehende Unsicherheit darüber, welche Formen von Arbeitszeitguthaben den insoweit besonderen sozialversicherungsrechtlichen Vorschriften unterfallen, beseitigt werden.[4]

B. Regelungsgehalt

I. Voraussetzungen einer Wertguthabenvereinbarung

2 Nach der Legaldefinition des § 7b ist die Wertguthabenvereinbarung i.S.d. Regelung durch fünf Merkmale gekennzeichnet. Diese müssen kumulativ vorliegen.

3 **1. Schriftliche Vereinbarung.** Gem. Nr. 1 liegt eine Wertguthabenvereinbarung nur vor, wenn der Aufbau des Wertguthabens aufgrund einer schriftlichen Vereinbarung erfolgt. Die Anforderungen an die **Schriftform** richten sich nach § 126 BGB.[5]

4 Bei der Vereinbarung kann es sich um eine tarifvertragliche Regelung, eine BV oder eine einzelvertragliche Vereinbarung handeln.[6] Beruht die Wertguthabenvereinbarung auf einer kollektivvertraglichen Grundlage, so kann hierdurch allein nicht wirksam eine Verpflichtung tarifgebundener AN bzw. – bei einer BV – betriebsangehöriger AN zum Aufbau eines Wertguthabens begründet werden. Denn hierbei würde es sich um eine nicht unter die kollektivvertragliche Regelungsmacht fallende und damit **unwirksame Lohnverwendungsabrede** handeln.[7] Deshalb bedarf es für den Fall einer kollektivvertraglichen Wertguthabenvereinbarung zusätzlich einer individualvertraglichen Vereinbarung zwischen AG und AN zum Zwecke der Umsetzung der kollektivvertraglichen Wertguthabenvereinbarung. Gesetzlich eingeräumte Individualrechte wie z.B. das Künd-Recht des AN nach § 7e Abs. 5 (siehe § 7e Rn 28 f.) haben Bedeutung nur im Verhältnis zwischen AG und AN. Die kollektivvertragliche Grundlage kann nicht als Ganzes durch den AN gekündigt werden.

5 Inhaltlich muss aus der Wertguthabenvereinbarung wegen der Anforderung der Nr. 3 (siehe Rn 8 f.) hervorgehen, dass der Aufbau des Wertguthabens auf die **Finanzierung einer Freistellung** von der Arbeitsleistung oder einer Verringerung der Arbeitszeit zielt. Des Weiteren hat eine Festlegung der Höhe der während der Arbeitsphase und der Freistellungsphase auszuzahlenden Arbeitsentgelte zu erfolgen,[8] um der Voraussetzung des § 7 Abs. 1a S. 1 Nr. 2 Rechnung zu tragen.[9] Im Hinblick auf den nach § 7e zwingenden Insolvenzschutz muss die Vereinbarung den Maßgaben dieser Vorschrift entsprechende Regelungen treffen.[10] Darüber hinaus sind vor dem Hintergrund von § 7c in der Vereinbarung vertraglich die **Verwendungszwecke** des Wertguthabens zu bestimmen, soll sich deren Verwendung nicht auf gesetzlich geregelte Fallkonstellationen der Freistellung von der Arbeitszeit oder der Verringerung der Arbeitszeit beschränken oder wenn kraft Vereinbarung gesetzlich geregelte Verwendungsmöglichkeiten ausgeschlossen werden sollen. Mangels näherer gesetzlicher Ausgestaltung sind auch Abreden über die Erbringung besonderer arbeitgeberseitiger Leistungen während Zeiten der Freistellung oder Verringerung der Arbeitsleistung sinnvoll.[11]

6 Bei dem Abschluss einer Wertguthabenvereinbarung zum Aufbau von Wertguthaben sind der AG und die Kollektivvertragsparteien an den arbeitsrechtlichen Gleichbehandlungsgrundsatz bzw. besonders gesetzlich geregelte Gleich-

---

1 Im BGBl 2008 I S. 2940.
2 Siehe Art. 7 Abs. 1 des Gesetzes zur Verbesserung der Rahmenbedingungen für die Absicherung flexibler Arbeitszeitregelung und zur Änderung anderer Gesetze.
3 Siehe BT-Drucks. 16/10289, S. 14.
4 Siehe BT-Drucks. 16/10289, S. 14.
5 Dazu *Boecken*, BGB-AT, 2007, Rn 375 ff.
6 Siehe Gemeinsames Rundschreiben der Spitzenorganisationen der Sozialversicherung, 2009, 19; *Parchmann*, in: Das Personal-Büro, Gruppe 12, 81 ff. (90).
7 Zur grundsätzlichen Unzulässigkeit von Lohnverwendungsabreden in Kollektivverträgen siehe Staudinger/*Richardi*, § 611 Rn 857; *Schaub*, Arbeitsrecht, 13. Aufl. 2009, § 88 Rn 28; *Wiedemann/Wiedemann*, TVG, 7. Aufl. 2007, Einleitung, Rn 457.
8 Siehe *Parchmann*, in: Das Personal-Büro, Gruppe 12, 81 ff. (90); *Rolfs/Witschen*, NZS 2009, 295 ff. (296).
9 Siehe auch Gemeinsames Rundschreiben der Spitzenorganisationen der Sozialversicherung, 2009, 20.
10 Siehe nur *Parchmann*, in: Das Personal-Büro, Gruppe 12, 81 ff. (91).
11 Siehe hierzu *Ars/Blümke/Scheithauer*, BB 2009, 1358 ff. (1363 f.).

heitssätze gebunden. Hiervon ausgehend bedarf es zur Differenzierung unter den AN eines sachlichen Grundes. So ist etwa ein genereller Ausschluss befristet beschäftigter AN wegen § 4 Abs. 2 TzBfG unzulässig.[12] Hingegen können AN mit einem Arbeitsentgelt oberhalb der Beitragsbemessungsgrenze der gesetzlichen Rentenversicherung wegen der damit verbundenen beitragsrechtlichen Nachteile für den AG von dem Abschluss von Wertguthabenvereinbarungen ausgenommen werden.[13]

2. Keine kurzzeitige Flexibilisierung. Nach Nr. 2 darf die Wertguthabenvereinbarung nicht das Ziel der flexiblen Gestaltung der werktäglichen oder wöchentlichen Arbeitszeit oder den Ausgleich betrieblicher Produktions- und Arbeitszeitzyklen verfolgen. Mit diesem negativen Erfordernis als Abgrenzungsmerkmal sollen Arbeitszeitflexibilisierungen in Gestalt von Vereinbarungen über so genannte **Kurzzeitkonten, Gleitzeitkonten** oder **Jahresarbeitszeitausgleiche** von dem Begriff der Wertguthabenvereinbarung i.S.d. § 7b und damit den hieran anknüpfenden insb. sozialversicherungsrechtlichen Folgen (siehe Rn 11) ausgenommen werden.[14] Bei diesen kurzzeitigen Formen der Arbeitszeitflexibilisierung geht es nicht um den Aufbau von Wertguthaben mit dem Ziel der Freistellung von der Arbeitsleistung oder der Verringerung der Arbeitszeit. Vielmehr steht hier das Ziel der Flexibilisierung von Beginn und Ende der täglichen oder wöchentlichen Arbeitszeit unter Verstetigung des Arbeitsentgelts im Vordergrund.[15] Mit dem Abgrenzungsmerkmal der Nr. 2 wird gesetzlich deutlich gemacht, dass der Begriff der Wertguthabenvereinbarung nicht die vorerwähnten Systeme kurzfristiger Arbeitszeitflexibilisierung erfasst.

3. Freistellung von der Arbeitsleistung oder Verringerung der vertraglich vereinbarten Arbeitszeit. In spiegelbildlicher Ergänzung zu dem negativen Abgrenzungsmerkmal von Nr. 2 bestimmt Nr. 3 positiv als weiteres Merkmal, dass eine Wertguthabenvereinbarung nur vorliegt, wenn das Arbeitsentgelt in das Wertguthaben eingebracht wird, um es für Zeiten der **Freistellung** von der Arbeitsleistung oder der **Verringerung** der vertraglich vereinbarten Arbeitszeit zu entnehmen. Hierdurch wird gesetzlich ausdrücklich hervorgehoben, dass das Ziel der Vereinbarung darin bestehen muss, mittels Arbeitsentgelt (siehe § 7d Rn 4 f.) ein Wertguthaben aufzubauen, aus dem Zeiten einer Freistellung von der Arbeitsleistung oder einer Verringerung der vertraglich vereinbarten Arbeitszeit durch eine Entsparung des Wertguthabens (mit)finanziert werden.[16] Wertguthabenvereinbarungen sind mithin Vereinbarungen über den Aufbau von Wertguthaben in Gestalt von sog. Langzeit- oder Lebensarbeitszeitkonten.[17] Auch wenn das vorbeschriebene Ziel in der Wertguthabenvereinbarung nicht als solches ausdrücklich erwähnt werden muss,[18] so muss die Zielsetzung der Wertguthabenvereinbarung als Grundlage eines Langzeit- oder Lebensarbeitszeitkontos zwecks Abgrenzung zu Vereinbarungen über Wertguthaben i.S.v. Nr. 2 deutlich zum Ausdruck gelangen.

4. Wertguthaben aufgrund Vorleistung oder Nachleistung von Arbeit. Gem. Nr. 4 setzt ein Wertguthaben i.S.d. Gesetzes weiter voraus, dass das aus dem Wertguthaben fällige Arbeitsentgelt mit einer vor oder nach der Freistellung von der Arbeitsleistung oder der Verringerung der vertraglich vereinbarten Arbeitszeit erbrachten Arbeitsleistung erzielt wird. Dieses Merkmal macht deutlich, dass eine Wertguthabenvereinbarung nur vorliegt und die daran anknüpfenden rechtlichen Folgen (siehe Rn 11) nur eintreten, wenn der AN das während Zeiten der Freistellung von der Arbeitsleistung oder der Verringerung der vertraglichen Arbeitszeit fällige Arbeitsentgelt wirtschaftlich durch Vorerbringung oder Nacherbringung der entsprechenden Arbeitsleistung unter Verzicht auf die Auszahlung eines Teils des Arbeitsentgelts wirtschaftlich in Gestalt des Wertguthabens aufgebaut hat. Wertguthabenvereinbarungen i.S.d. Gesetzes liegen deshalb z.B. nicht vor, wenn Zeiten der Freistellung vereinbart werden und das während dieser Zeiten arbeitgeberseits gezahlte Arbeitsentgelt nicht durch eine **Vorleistung** oder **Nachleistung** von Arbeit seitens des AN finanziert wird bzw. worden ist. Die Alternativität der Vorerbringung oder der Nacherbringung der Arbeitsleistung zur Finanzierung des Wertguthabens knüpft an die Regelung der Beschäftigungsfiktion des § 7 Abs. 1a an (siehe §§ 7, 7a Rn 23).

5. Mindesthöhe des aus dem Wertguthaben fälligen Arbeitsentgelts. Schließlich setzt Nr. 5 als letztes unabdingbares Merkmal für eine Wertguthabenvereinbarung voraus, dass das fällige Arbeitsentgelt insgesamt 400 EUR monatlich übersteigt. Anderes gilt dann, wenn die Beschäftigung vor der Freistellung als **geringfügige Beschäftigung** ausgeübt worden ist. Mit der 400 EUR-Grenze bei einer Beschäftigung, die vor der Zeit der Freistellung von der Arbeitsleistung oder der Verringerung der Arbeitszeit als versicherungspflichtige Beschäftigung ausgeübt wurde, soll sichergestellt werden, dass das auf der Grundlage einer versicherungspflichtigen Beschäftigung aufgebaute Wertguthaben nicht im Rahmen einer geringfügigen Beschäftigung mit der Folge der grundsätzlichen Ver-

---

12 Siehe *Ars/Blümke/Scheithauer*, BB 2009, 1358 ff. (1360 f.).
13 *Ars/Blümke/Scheithauer*, BB 2009, 1358 ff. (1361).
14 Siehe BT-Drucks. 16/10289, S. 14; *Cisch/Ulbrich*, BB 2009, 550 ff. (550); *Parchmann*, in: Das Personal-Büro, Gruppe 12, 81 ff. (89); *Langohr-Plato/Sopora*, NZA 2008, 1377 ff. (1377); *Ars/Blümke/Scheithauer*, BB 2009, 1358 ff. (1358).
15 Siehe BT-Drucks 16/10289, S. 14; insoweit wird von „Verstetigungsmodellen" gesprochen, so etwa *Cisch/Ulbrich*, BB 2009, 550 ff. (550) in Abgrenzung zu so genannten „Aufschubmodellen".
16 Vgl. BT-Drucks 16/10289, S. 14 f.
17 Siehe *Parchmann*, in: Das Personal-Büro, Gruppe 12, 81 ff. (88 f.); vgl. *Hanau/Veit*, NJW 2009, 182 ff. (183).
18 So BT-Drucks 16/10289, S. 14.

sicherungsfreiheit des AN entspart werden kann.[19] In Übereinstimmung mit der Fiktion des § 7 Abs. 1a S. 1 wird damit der Sozialversicherungsschutz des AN auch während der Freistellungs- bzw. Verringerungsphase gewährleistet.[20] Der mit einer Wertguthabenvereinbarung verbundene Verzicht auf die Auszahlung eines Teils des verdienten Arbeitsentgelts führt in dem Fall, dass das ausgezahlte Arbeitsentgelt die 400 EUR-Grenze nicht übersteigt, nicht zum Wegfall der Versicherungspflicht des AN.[21] Insoweit ist für den Versicherungsstatus im Zeitpunkt der Erbringung der Arbeitsleistung im Einklang mit dem das Sozialversicherungsrecht kennzeichnenden Entstehungsprinzip unabhängig von dem mit der Wertguthabenvereinbarung verbundenen Verzicht auf die Auszahlung eines Teils des Arbeitsentgelts die Höhe des erdienten Arbeitsentgelts maßgebend. War der AN schon vor den Zeiten der Freistellung oder der Verringerung der Arbeitszeit geringfügig beschäftigt, dann findet die 400 EUR-Grenze bzgl. des aus dem aufgebauten Wertguthaben zu zahlenden monatlichen Arbeitsentgelts keine Anwendung. Demgemäß kann die Entsparung von Wertguthaben aus einer geringfügigen Beschäftigung nur in geringfügig entlohntem Umfang erfolgen.[22] Ausgehend von dem Wortlaut des Nr. 5 und der Zielsetzung von Wertguthabenvereinbarungen i.S.d. Regelung (siehe § 7b Nr. 3) sind Wertguthabenvereinbarungen allein bezogen auf geringfügige Beschäftigungen i.S.v. § 8 Abs. 1 Nr. 1 möglich.[23]

II. Wesentliche rechtliche Folgen einer Wertguthabenvereinbarung

11 Das Vorliegen einer Wertguthabenvereinbarung und eines auf dieser Grundlage aufgebauten Wertguthabens i.S.v. § 7b ist eine wesentliche Voraussetzung für das Eingreifen der Beschäftigungsfiktion des § 7 Abs. 1a S. 1, wonach unter den dort genannten Maßgaben während Zeiten der Freistellung von der Arbeitsleistung von mehr als einem Monat eine Beschäftigung besteht (siehe §§ 7, 7a Rn 23). Des Weiteren knüpft die Regelung des § 7c betreffend die Verwendung von Wertguthaben an das Bestehen eines Wertguthabens aufgrund einer Vereinbarung nach § 7b an (siehe § 7c Rn 12). Hinsichtlich der Führung und Verwaltung von Wertguthaben sind die zwingenden Vorgaben des § 7d zu beachten (siehe § 7d Rn 4, 14). Als weitere bedeutsame Regelung knüpft § 7e die Verpflichtung zur Schaffung eines Insolvenzschutzes an das Vorliegen eines Wertguthabens auf der Grundlage einer Vereinbarung nach § 7b an (siehe § 7e Rn 2). Die Möglichkeit zur Übertragung von Wertguthaben nach Maßgabe des § 7f setzt das Vorliegen eines Wertguthabens i.S.v. § 7b voraus. Schließlich ist sozialversicherungsrechtlich die beitragsrechtliche Fälligkeitsregelung des § 23b zu beachten, die sich auf Vereinbarungen nach § 7b bezieht. Hiernach ist in Abweichung von § 23 für Zeiten der tatsächlichen Arbeitsleistung und für Zeiten der tatsächlichen Inanspruchnahme des Wertguthabens nach § 7c das in den jeweiligen Zeiträumen fällige Arbeitsentgelt als beitragspflichtiges Arbeitsentgelt i.S.d. § 23 Abs. 1 maßgebend (siehe § 23b Rn 2). Steuerrechtlich ist zu beachten, dass weder die Vereinbarung eines Wertguthabens noch die jeweiligen Gutschriften auf dem Wertguthabenkonto zu einem steuerrechtlich relevanten Zufluss (§ 11 Abs. 1 EStG) von Arbeitsentgelt führen.[24] Auf der Grundlage des Zuflussprinzips fällt deshalb in Übereinstimmung mit der sozialversicherungsbeitragsrechtlichen Situation Einkommensteuer erst im Zeitpunkt der Auszahlung von Arbeitsentgelt aus dem Wertguthaben an, soweit es um den Teil des eingebrachten Arbeitsentgelts geht.[25]

C. Verbindung zu anderen Rechtsgebieten und Prozessrecht

12 Wertguthabenvereinbarungen i.S.d. § 7b sind **individual- oder kollektivarbeitsrechtliche Vereinbarungen** (siehe Rn 4). Damit besteht, soweit nicht insb. zwingende sozialversicherungsrechtliche und arbeitsrechtliche Vorgaben entgegenstehen, bei der Ausgestaltung von Wertguthabenvereinbarungen Vertragsfreiheit. Eine bedeutsame arbeitsrechtliche Beschränkung ergibt sich z.B. aus der Verpflichtung des AG wie auch der Kollektivvertragsparteien zur Beachtung des arbeitsrechtlichen Gleichbehandlungsgrundsatzes wie auch besonderer Gleichheitsverbürgungen (siehe Rn 6). Betriebsverfassungsrechtlich hat der BR nach Maßgabe des § 87 Abs. 1 Nr. 4 BetrVG im Hinblick auf die Verschiebung der Fälligkeit der in ein Wertguthaben eingebrachten Arbeitsentgelte unter dem Gesichtspunkt der Zeit der Auszahlung der Arbeitsentgelte ein zwingendes Mitbestimmungsrecht.[26]

---

19 Gemeinsames Rundschreiben der Spitzenorganisationen der Sozialversicherung, 2009, 20; vgl. auch *Schlegel*, jurisPR-SozR 3/2009 Anm. 4, sub. 2. b).
20 Siehe *Ars/Blümke/Scheithauer*, BB 2009, 1358 ff. (1358); *Rolfs/Witschen*, NZS 2009, 295 ff. (297).
21 Siehe auch Gemeinsames Rundschreiben der Spitzenorganisationen der Sozialversicherung, 2009, 21.
22 Gemeinsames Rundschreiben der Spitzenorganisationen der Sozialversicherung, 2009, 20.
23 Siehe auch Gemeinsames Rundschreiben der Spitzenorganisationen der Sozialversicherung, 2009, 21.

24 Siehe *Parchmann*, in: Das Personal-Büro, Gruppe 12, 81 ff. (101).
25 Siehe *Parchmann*, in: Das Personal-Büro, Gruppe 12, 81 ff. (100); vgl. auch *Hanau/Veit*, NJW 2009, 182 ff. (183).
26 Siehe *Hanau/Veit*, NJW 2009, 182 ff. (185); *Ars/Blümke/Scheithauer*, BB 2009, 1358 ff. (1362); siehe auch GK-BetrVG/*Wiese*, 8. Aufl., § 87 Rn 427, hier bezogen auf den Zeitpunkt der Vergütung eines Zeitguthabens m.N. aus der Rspr. des BAG.

D. Beraterhinweise

Angesichts der Bedeutung der Wertguthabenvereinbarung i.S.d. § 7b als i.d.R. langfristige Grundlage für die Flexibilisierung der Arbeitszeit durch den Aufbau von Langzeit- und Lebensarbeitszeitkonten sollten die Vertragsparteien großen Wert darauf legen, den gesetzlich notwendigen Inhalt einer solchen Vereinbarung wie auch darüber hinausgehende Inhalte zur Vermeidung von späteren Auseinandersetzungen ausdrücklich und präzise zu regeln (zum wesentlichen Inhalt einer Wertguthabenvereinbarung siehe Rn 3 f.). 13

§ 7c Verwendung von Wertguthaben

(1) Das Wertguthaben auf Grund einer Vereinbarung nach § 7b kann in Anspruch genommen werden
1. für gesetzlich geregelte vollständige oder teilweise Freistellungen von der Arbeitsleistung oder gesetzlich geregelte Verringerungen der Arbeitszeit, insbesondere für Zeiten,
   a) in denen der Beschäftigte nach § 3 des Pflegezeitgesetzes vom 28. Mai 2008 (BGBl. I S. 874, 896) in der jeweils geltenden Fassung einen pflegebedürftigen nahen Angehörigen in häuslicher Umgebung pflegt,
   b) in denen der Beschäftigte nach § 15 des Bundeselterngeld- und Elternzeitgesetzes ein Kind selbst betreut und erzieht,
   c) für die der Beschäftigte eine Verringerung seiner vertraglich vereinbarten Arbeitszeit nach § 8 des Teilzeit- und Befristungsgesetzes verlangen kann; § 8 des Teilzeit- und Befristungsgesetzes gilt mit der Maßgabe, dass die Verringerung der Arbeitszeit auf die Dauer der Entnahme aus dem Wertguthaben befristet werden kann,
2. für vertraglich vereinbarte vollständige oder teilweise Freistellungen von der Arbeitsleistung oder vertraglich vereinbarte Verringerungen der Arbeitszeit, insbesondere für Zeiten,
   a) die unmittelbar vor dem Zeitpunkt liegen, zu dem der Beschäftigte eine Rente wegen Alters nach dem Sechsten Buch beziehen oder beziehen könnte oder
   b) in denen der Beschäftigte an beruflichen Qualifizierungsmaßnahmen teilnimmt.

(2) Die Vertragsparteien können die Zwecke, für die das Wertguthaben in Anspruch genommen werden kann, in der Vereinbarung nach § 7b abweichend von Absatz 1 auf bestimmte Zwecke beschränken.

A. Allgemeines	1	III. Abweichende Verwendungsabreden	17
B. Regelungsgehalt	4	C. Verbindung zu anderen Rechtsgebieten und Prozessrecht	19
I. Inanspruchnahme von Wertguthaben für gesetzlich geregelte Verwendungen	4	D. Beraterhinweise	20
II. Inanspruchnahme von Wertguthaben für vertraglich festgelegte Verwendungen	12		

A. Allgemeines

Die Regelung des § 7c ist durch Art. 1 Nr. 4 des Gesetzes zur Verbesserung der Rahmenbedingungen für die Absicherung flexibler Arbeitszeitregelungen und zur Änderung anderer Gesetze vom 21.12.2008[1] mit Wirkung zum 1.1.2009[2] eingeführt worden. Im bisherigen Recht hatte sie kein Vorbild. 1

§ 7c regelt die Verwendung von Wertguthaben, die auf der Grundlage einer Wertguthabenvereinbarung i.S.v. § 7b (siehe § 7b Rn 11) aufgebaut werden. Ihrem Konzept nach unterscheidet die Regelung in Abs. 1 zwischen gesetzlich und vertraglich festgelegten **Verwendungsmöglichkeiten**. Abs. 2 stellt die Verwendungsmöglichkeiten nach Abs. 1 zur Disposition der Vertragsparteien. 2

Bzgl. des zeitlichen Anwendungsbereichs von Abs. 1 ist zu beachten, dass nach § 116 Abs. 2 die Regelung des § 7c nur auf Wertguthabenvereinbarungen Anwendung findet, die nach dem 1.1.2009[3] geschlossen worden sind. Damit soll klargestellt werden, dass ein vor dem vorgenannten Zeitpunkt vereinbarter und von Abs. 1 abweichender Verwendungszweck unverändert und ohne vertragliche Anpassung weitergeführt werden kann (siehe Rn 18).[4] 3

---

1 BGBl 2008 I S. 2940.
2 Siehe Art. 7 Abs. 1 des Gesetzes zur Verbesserung der Rahmenbedingungen für die Absicherung flexibler Arbeitszeitregelungen und zur Änderung anderer Gesetze v. 21.12.2008, BGBl 2008 I S. 2940.

3 Hier scheint es sich um ein Redaktionsversehen zu handeln. Richtig muss es wohl nach dem „31.12.2008" heißen.
4 So BT-Drucks 16/10289, S. 15.

B. Regelungsgehalt

I. Inanspruchnahme von Wertguthaben für gesetzlich geregelte Verwendungen

4 Gem. Abs. 1 Nr. 1 kann das Wertguthaben für **gesetzlich geregelte** vollständige oder teilweise **Freistellungen** von der Arbeitsleistung oder gesetzlich geregelte Verringerungen der Arbeitszeit verwendet werden. Damit ist die Verwendung eines aufgebauten Wertguthabens im Unterschied zu dem bis Ende 2008 maßgebenden Recht im Ausgangspunkt, siehe aber § 7c Abs. 2 (vgl. Rn 18), nicht mehr davon abhängig, dass die Vertragsparteien in der Wertguthabenvereinbarung i.S.d. § 7b einen Verwendungszweck festgelegt haben.[5] Der AN kann das Wertguthaben vorbehaltlich vertraglicher Beschränkungen (siehe Rn 12) ohne Zustimmung des AG für gesetzlich vorgesehene Freistellungen von der Arbeitszeit oder Verringerungen der Arbeitszeit verwenden.[6] Diese Möglichkeit besteht des Weiteren unabhängig davon, ob das Wertguthaben durch den AG oder die Deutsche Rentenversicherung Bund geführt wird (siehe § 7f Rn 17).

5 Nach Abs. 1 Nr. 1 muss es sich um gesetzlich geregelte Freistellungen von der Arbeitsleistung oder Verringerungen der Arbeitszeit handeln. Damit scheiden wiederum vorbehaltlich anderweitiger Vereinbarungen untergesetzlich eingeräumte Ansprüche auf Freistellung oder Verringerung der Arbeitszeit, etwa auf **tarifvertraglicher Grundlage**, als Anknüpfungspunkt für eine Inanspruchnahme des Wertguthabens durch den Beschäftigten ohne Zustimmung des AG aus.

6 Das Wertguthaben kann für gesetzlich geregelte vollständige oder teilweise Freistellungen von der Arbeitsleistung oder gesetzlich geregelte Verringerungen der Arbeitszeit in Anspruch genommen werden. Der Unterschied zwischen teilweiser Freistellung und Verringerung der Arbeitszeit besteht darin, dass im ersten Fall bei unverändert bleibendem Umfang der Arbeitszeit eine zeitlich teilweise Freistellung von der Verpflichtung zur Erbringung der Arbeitsleistung erfolgt, während im Fall der Verringerung der Arbeitszeit eine Reduzierung des zeitlichen Umfangs der Verpflichtung zur Arbeitsleistung in Frage steht, eine Freistellung von an sich bestehender Arbeitspflicht liegt hier nicht vor.

7 Das Gesetz nennt in Abs. 1 Nr. 1 beispielhaft („insbesondere") Zeiten einer gesetzlich geregelten Freistellung oder Verringerung der Arbeitszeit. Im Einzelnen handelt es sich um die Pflegezeit nach § 3 PflegeZG, die Inanspruchnahme von Elternzeit nach Maßgabe des § 15 BEEG und die Verringerung der Arbeitszeit nach § 8 TzBfG.

8 Abs. 1 Nr. 1a regelt die Inanspruchnahme des Wertguthabens für die **Pflegezeit** i.S.v. § 3 PflegeZG (siehe § 3 PflegeZG Rn 2). Gem. § 3 Abs. 1 S. 1 PflegeZG sind Beschäftigte von der Arbeitsleistung vollständig oder teilweise freizustellen, wenn sie einen pflegebedürftigen nahen Angehörigen (siehe § 7 Abs. 3 und 4) in häuslicher Umgebung pflegen (siehe § 7 PflegeZG Rn 6 f.). Damit hat der AN die Möglichkeit, durch die Inanspruchnahme eines Wertguthabens i.S.v. § 7b Zeiten der Pflege (teilweise) wirtschaftlich abzusichern. Das ist vor dem Hintergrund bedeutsam, dass der AG während Zeiten einer Freistellung i.S.v. § 3 Abs. 1 S. 1 PflegeZG nicht zur Fortzahlung des Lohns verpflichtet ist (siehe § 2 PflegeZG Rn 11).

9 Zeiten der kurzzeitigen Arbeitsverhinderung i.S.v. § 2 PflegeZG werden nicht von der Regelung des Abs. 1 Nr. 1a erfasst, was schon aus der ausdrücklichen Nennung allein von § 3 PflegeZG folgt. Unabhängig davon kann Abs. 1 Nr. 1 als gesetzliche Grundlage für die Inanspruchnahme des Wertguthabens bezogen auf § 2 PflegeZG nicht eingreifen, weil es sich nicht um einen gesetzlich geregelten Fall der Freistellung von der Arbeitsleistung handelt, sondern den Beschäftigten allein das Recht eingeräumt wird, aus den in § 2 Abs. 1 PflegeZG genannten Gründen bis zu zehn Arbeitstage der Arbeit fernzubleiben. I.Ü. stellt die kurzzeitige Verhinderung keinen Verwendungszweck i.S.d. § 7b Nr. 3 dar.

10 Gem. Abs. 1 Nr. 1b kann das Wertguthaben für Zeiten in Anspruch genommen werden, in denen der Beschäftigte nach § 15 BEEG ein Kind selbst betreut und erzieht.[7] Die Möglichkeit der Inanspruchnahme besteht unabhängig davon, ob gleichzeitig Elterngeld nach Maßgabe der §§ 1 ff. BEEG bezogen wird oder nicht.[8] Eine Anrechnung des aus dem Wertguthaben fließenden Arbeitsentgelts auf zeitgleich bezogenes Elterngeld nach § 2 Abs. 3 BEEG kommt im Hinblick darauf nicht in Betracht, dass es sich bei dem Arbeitsentgelt aus einem vor der Geburt des Kindes aufgebauten Wertguthaben nicht um nach der Geburt des Kindes erzieltes Einkommen i.S.d. Vorschrift handelt.[9] Für die Erfüllung der Voraussetzung des § 7 Abs. 1a S. 1 Nr. 2, wonach das monatlich fällige Arbeitsentgelt in der Zeit der Freistellung nicht unangemessen von dem für die vorausgegangenen zwölf Kalendermonate abweicht, ist bei gleichzeitigem Bezug von Elterngeld und Arbeitsentgelt aus dem Wertguthaben auf die Summe dieser Beträge abzustellen,[10] weil ansonsten die mit der ausdrücklichen Nennung des § 15 BEEG in Abs. 1 Nr. 1b zum Ausdruck gebrachte Zulassung auch der Aufstockungsfunktion der Verwendung von Wertguthaben nicht zum Tragen kommen könnte.

---

5 Siehe auch *Ars/Blümke/Scheidthauer*, BB 2009, 1358 ff. (1362); *Jacobsen*, ZTR 2009, 115 ff. (117).
6 Siehe *Langohr-Plato/Sopora*, NZA 2008, 1377 ff. (1378); *Ulbrich/Rihn*, DB 2009, 1466 ff. (1467); von *Steinau-Steinrück/Rosing*, NJW-Spezial 2009, 146 f. (146).
7 Siehe H/S/*Boecken*, § 7 Rn 704 ff.
8 Siehe *Hanau/Veit*, NJW 2009, 182 ff. (183); *Rolfs/Witschen*, NZS 2009, 295 ff. (298 f.).
9 Zutreffend *Hanau/Veit*, NJW 2009, 182 ff. (183 f.).
10 So richtig *Hanau/Veit*, NJW 2009, 182 ff. (184).

Des Weiteren wird in Abs. 1 Nr. 1c ausdrücklich bestimmt, dass ein Wertguthaben i.S.v. § 7b für Zeiten einer Verringerung der vertraglich vereinbarten Arbeitszeit nach § 8 TzBfG in Anspruch genommen werden kann. Die arbeitsrechtlichen Voraussetzungen des Anspruchs auf **Verringerung der Arbeitszeit** ergeben sich aus § 8 TzBfG.[11] Liegen diese vor, so ist der Anspruch nach § 8 TzBfG auf eine unbefristete Herabsetzung der Arbeitszeit gerichtet.[12] Insoweit regelt allerdings nunmehr Abs. 1 Nr. 1c Hs. 2 eine Modifizierung, als die Regelung des § 8 TzBfG mit der Maßgabe gilt, dass die Verringerung der Arbeitszeit auf die Dauer der Entnahme aus dem Wertguthaben befristet werden kann. Vorbehaltlich einer vertraglichen Beschränkung (siehe Rn 12) ist damit unter der Voraussetzung einer Verwendung von Wertguthaben nach § 7b gesetzlich der Anspruch einer befristeten Verringerung der Arbeitszeit nach Maßgabe des § 8 TzBfG geschaffen worden. Im Hinblick darauf, dass die sog. Angemessenheitsklausel[13] des § 7 Abs. 1a S. 1 Nr. 2 ihrem eindeutigen Wortlaut nach allein auf Zeiten der **Freistellung** bezogen ist, spielt dieses Erfordernis bei der Inanspruchnahme von Wertguthaben für Zeiten der Verringerung der Arbeitszeit nach § 8 TzBfG keine Rolle.[14] Das ist auch sachlich unter dem Aspekt begründet, dass die Beschäftigungsfiktion des § 7 Abs. 1a S. 1 in dieser Fallkonstellation nicht erforderlich ist. Denn anders als im Fall einer völligen Freistellung ist der AN, wenn auch in verringertem Umfang, weiterhin gegen Arbeitsentgelt beschäftigt und damit versicherungspflichtig. Eine wertguthabenfinanzierte Verringerung der Arbeitszeit unterhalb der Grenze der Geringfügigkeit mit der Folge von Versicherungsfreiheit kommt wegen § 7b Nr. 5 nicht in Betracht. Danach liegt eine Wertguthabenvereinbarung i.S.v. § 7b, woran wiederum § 7c anknüpft, nur vor, wenn das aus dem Wertguthaben fällige Arbeitsentgelt insgesamt 400 EUR monatlich übersteigt.[15]

II. Inanspruchnahme von Wertguthaben für vertraglich festgelegte Verwendungen

Nach Abs. 1 Nr. 2 kann das Wertguthaben aufgrund einer Vereinbarung nach § 7b für **vertraglich vereinbarte** vollständige oder teilweise **Freistellungen** von der Arbeitsleistung oder vertraglich vereinbarte Verringerungen der Arbeitszeit in Anspruch genommen werden. Die Regelung macht deutlich, dass im Rahmen der Wertguthabenvereinbarung grundsätzlich inhaltliche **Gestaltungsfreiheit** auch hinsichtlich der Bestimmung des Verwendungszwecks besteht. Mithin können über die in Abs. 1 Nr. 1 gesetzlich geregelten Verwendungen hinaus weitere und andere Zwecke der Inanspruchnahme des Wertguthabens festgelegt werden. Allerdings muss dabei jedenfalls für nach dem 1.1.2009 geschlossene Wertguthabenvereinbarungen, vgl. § 116 Abs. 2 (siehe Rn 18) den Voraussetzungen des § 7b Rechnung getragen werden. Das gilt insb. für das Erfordernis eines Verwendungszwecks i.S.v. § 7b Nr. 3 (siehe § 7b Rn 8).

Nicht abschließend, sondern nur beispielhaft („insbesondere") werden zwei vertraglich festlegbare Verwendungszwecke hervorgehoben. Hierbei handelt es sich nach Abs. 1 Nr. 2a um die Verwendung für Zeiten, die unmittelbar vor dem Zeitpunkt liegen, zu dem der Beschäftigte eine Rente wegen Alters nach dem SGB VI bezieht oder beziehen könnte. Hiermit wird die Bedeutung der Wertguthabenvereinbarung als Grundlage für die Vereinbarung von **Lebensarbeitszeitkonten** mit dem Ziel der Ermöglichung eines (gleitenden) Ausscheidens aus dem Erwerbsleben bereits vor dem Zeitpunkt des Bezuges einer Altersrente aus der gesetzlichen Rentenversicherung und der Erfüllung der Voraussetzungen für eine solche Altersrente hervorgehoben. Dieser Verwendungszweck wird in der Praxis vor dem Hintergrund insb. der Anhebung der Altersgrenzen in der gesetzlichen Rentenversicherung und der Befristung der Förderungsfähigkeit von Altersteilzeit-Vereinbarungen nach Maßgabe des § 16 ATG in Zukunft zunehmendes Gewicht als Instrument einer Flexibilisierung der Lebensarbeitszeit erlangen. Zu den Renten wegen Alters nach dem SGB VI i.S.d. Vorschrift zählen die in den §§ 35 ff. SGB VI i.V.m. §§ 235 ff. SGB VI geregelten Altersrenten. Von Abs. 1 Nr. 2a werden auch Altersteilzeit-Vereinbarungen erfasst.[16] Ein nach Abs. 1 Nr. 2a vereinbarter Verwendungszweck kann gem. § 7f Abs. 2 S. 1 auch dann realisiert werden, wenn das Wertguthaben auf die Deutsche Rentenversicherung Bund übertragen worden ist und ein Arbverh nicht mehr besteht (siehe § 7f Rn 19).

Darüber hinaus werden als Zeiten einer vertraglich festgelegten Verwendung in Abs. 1 Nr. 2b ausdrücklich Zeiten genannt, in denen der Beschäftigte an **beruflichen Qualifizierungsmaßnahmen** teilnimmt. Eine Verwendung zu diesem Zweck kommt nur in Betracht, wenn der Beschäftigte während der beruflichen Qualifizierungsmaßnahme in einem Arbverh steht. Das folgt aus der Regelung des § 7f Abs. 2 S. 1, wonach im Fall einer Übertragung des Wertguthabens auf die Deutsche Rentenversicherung Bund außerhalb eines bestehenden Arbverh das Wertguthaben nicht für die in Abs. 1 S. 2b genannten Zeiten in Anspruch genommen werden kann.

Die ausdrücklich genannten vertraglich festlegbaren Verwendungsmöglichkeiten sind nur Beispiele. Entsprechend dem Grundsatz der **Vertragsfreiheit** können die Vertragsparteien weitere und andere Verwendungszwecke vereinbaren, etwa die Verwendung des Wertguthabens zu Erholungszwecken.

---

11 Siehe hierzu ausführlich HK-TzBfG/*Boecken*, § 8 Rn 6 ff.
12 Siehe BAG, 19.8.2003, 9 AZR 542/02, ZTR 2004, 542 ff. (544); HK-TzBfG/*Boecken*, § 8 Rn 91.
13 Siehe BT-Drucks 16/10289, S. 15.
14 Zutreffend *Hanau/Veit*, NJW 2009, 182 ff. (184); vgl. auch *Rolfs/Witschen*, NZS 2009, 295 ff. (299); a.A. BT-Drucks. 16/10289, S. 15.
15 Siehe auch *Hanau/Veit*, NJW 2009, 182 ff. (184).
16 Siehe BT-Drucks 16/10289, S. 15.

16 Als typischer Bestandteil der Wertguthabenvereinbarung i.S.v. § 7b (siehe § 7b Rn 3) muss der Verwendungszweck schriftlich festgelegt werden. Die Vereinbarung über den Verwendungszweck kann nachträglich einvernehmlich geändert werden.[17] Davon zu unterscheiden ist der in § 7 Abs. 1a S. 4 geregelte Fall der Vereinbarung eines anderen Verwendungszwecks bereits im Zeitpunkt des Abschlusses der Wertguthabenvereinbarung bezogen auf die in dieser Regelung genannten Ereignisse.[18] Diese Regelung hat im Zusammenhang mit § 23b Abs. 3a Bedeutung, wenn als sekundäre Verwendung eine solche für Zwecke der betrieblichen Altersversorgung vorgesehen ist.[19] Gem. § 23b Abs. 3a S. 2 i.d.F. von Art. 1 Nr. 6e cc) des Gesetzes zur Verbesserung der Rahmenbedingungen für die Absicherung flexibler Arbeitszeitregelungen und zur Änderung anderer Gesetze vom 21.12.2008[20] findet § 23b Abs. 3a S. 1 keine Anwendung mehr auf Wertguthabenvereinbarungen, die nach dem 13.11.2008 geschlossen worden sind.

III. Abweichende Verwendungsabreden

17 Gem. Abs. 2 können die Vertragsparteien die Zwecke, für die das Wertguthaben in Anspruch genommen werden kann, in der Vereinbarung nach § 7b abweichend von Abs. 1 auf bestimmte Zwecke beschränken. Die Regelung des Abs. 2 hat trotz ihres Bezuges auf Abs. 1 insgesamt rechtliche Bedeutung in erster Linie im Hinblick auf den in Abs. 1 Nr. 1 geregelten gesetzlichen Anspruch des Beschäftigten auf die Verwendung von Wertguthaben i.S.v. § 7b. Hiernach stellt das Gesetz den gesetzlichen Anspruch auf die Verwendung von Wertguthaben für die in Abs. 1 Nr. 1 genannten Zwecke zur Disposition der Vertragsparteien. Diese können den gesetzlichen Anspruch auf Verwendung des Wertguthabens beschränken oder auch ganz ausschließen. Letzteres folgt aus der Formulierung des Abs. 2, dass die Verwendung des Wertguthabens abweichend von Abs. 1 „auf bestimmte Zwecke" beschränkt werden kann, mithin unter völligem Ausschluss gesetzlich geregelter Verwendungszwecke auf allein vertraglich festgelegte Zwecke.[21] Um Zweifeln über die Frage, ob eine **Beschränkung** oder ein Ausschluss der gesetzlich geregelten **Verwendungszwecke** gewollt ist, zu begegnen, sollten sich die Vertragsparteien in der Wertguthabenvereinbarung nicht darauf beschränken, allein einen oder mehrere vertraglich festgelegte Verwendungszwecke positiv zu formulieren. Vielmehr sollte, wenn das gewollt ist, eine ausdrückliche Regelung über eine Beschränkung oder den Ausschluss gesetzlich geregelter Verwendungszwecke in die Wertguthabenvereinbarung aufgenommen werden. Zwar kann die vorbeschriebene rechtliche Wirkung auch ohne eine solche ausdrückliche Erklärung erreicht werden,[22] wenn die Auslegung einer positiven Zweckbeschreibung allein dieses Ergebnis zulässt. Jedoch schafft eine entsprechende ausdrückliche Regelung Rechtssicherheit.

18 Vertragsparteien i.S.d. Abs. 2 sind sowohl die Arbeitsvertragsparteien wie auch die Kollektivvertragsparteien. Gem. § 116 Abs. 2 findet Abs. 1 nur auf Wertguthabenvereinbarungen Anwendung, die nach dem 1.1.2009 geschlossen worden sind. Das bedeutet im vorliegenden Zusammenhang, dass bezogen auf vor diesem Zeitpunkt getroffene Wertguthabenvereinbarungen ein gesetzlicher Anspruch auf Verwendung der Wertguthaben i.S.v. Abs. 1 Nr. 1 nicht besteht und es demzufolge insoweit auch nicht einer beschränkenden bzw. ausschließenden Regelung nach Abs. 2 bedarf (siehe § 116 Rn 4).[23]

C. Verbindung zu anderen Rechtsgebieten und Prozessrecht

19 Formularmäßig durch den AG festgelegte Verwendungszwecke und Beschränkungs- bzw. Ausschlussregelungen unterliegen nach §§ 310 Abs. 4, 307 BGB der **Inhaltskontrolle**. Beabsichtigt der AN, das auf der Grundlage einer nach dem 1.1.2009 geschlossenen Wertguthabenvereinbarung aufgebaute Wertguthaben für eine gesetzlich geregelte Freistellung von der Arbeitsleistung oder eine gesetzlich geregelte Verringerung der Arbeitszeit i.S.d. Abs. 1 Nr. 1 zu verwenden, dann ist es Sache des AG, darzulegen und im Bestreitensfall zu beweisen, dass der gesetzliche Anspruch auf Verwendung nach Maßgabe des Abs. 1 Nr. 1 durch eine Vereinbarung gem. Abs. 2 beschränkt oder ausgeschlossen worden ist.

D. Beraterhinweise

20 Im Rahmen einer nach § 7b geschlossenen Wertguthabenvereinbarung kommt der präzisen Bestimmung der Verwendungszwecke, für die das Wertguthaben aufgebaut werden sollte, besondere Bedeutung zu. Darüber hinaus sollte unabhängig von einer positiven Beschreibung des vertraglich festgelegten Verwendungszwecks ausdrücklich geregelt werden, ob der gesetzliche Anspruch auf Verwendung des Wertguthabens nach Maßgabe des Abs. 1 Nr. 1 beschränkt oder ausgeschlossen wird. Ansonsten besteht die Gefahr, dass eine allein positive Beschreibung des vertrag-

---

17 Siehe *Hanau/Veit*, NJW 2009, 182 ff. (183).
18 In den Fällen des § 7 Abs. 1a S. 4 kann der Zweck einer aus dem Wertguthaben finanzierten Freistellung nicht mehr erreicht werden.
19 Siehe näher zu § 7 Abs. 1a S. 4 und § 23b Abs. 3a *Veit*, Arbeitszeitkonten und betriebliche Altersversorgung, 2008, S. 43 ff.
20 BGBl 2008 I, S. 2940.
21 Siehe auch *Ars/Blümke/Scheithauer*, BB 2009, 1358 ff. (1362 f.); *Ulbrich/Rihn*, DB 2009, 1466 ff. (1467).
22 A.A. wohl Gemeinsames Rundschreiben der Spitzenorganisationen der SV, 2009, 25.
23 Vgl. auch BT-Drucks 16/10289, S. 15.

lichen Verwendungszwecks nicht für ausreichend erachtet wird, den in Abs. 1 Nr. 1 normierten Anspruch des Beschäftigten auf Inanspruchnahme des Wertguthabens für die dort bezeichneten Zwecke zu beschränken oder auszuschließen.

§ 7d   Führung und Verwaltung von Wertguthaben

(1) ¹Wertguthaben sind als Arbeitsentgeltguthaben einschließlich des darauf entfallenden Arbeitgeberanteils am Gesamtsozialversicherungsbeitrag zu führen. ²Die Arbeitszeitguthaben sind in Arbeitsentgelt umzurechnen.

(2) Arbeitgeber haben Beschäftigte mindestens einmal jährlich in Textform über die Höhe ihres im Wertguthaben enthaltenen Arbeitsentgeltguthabens zu unterrichten.

(3) ¹Für die Anlage von Wertguthaben gelten die Vorschriften über die Anlage der Mittel von Versicherungsträgern nach dem Vierten Titel des Vierten Abschnitts entsprechend, mit der Maßgabe, dass eine Anlage in Aktien oder Aktienfonds bis zu einer Höhe von 20 Prozent zulässig und ein Rückfluss zum Zeitpunkt der Inanspruchnahme des Wertguthabens mindestens in der Höhe des angelegten Betrages gewährleistet ist. ²Ein höherer Anlageanteil in Aktien oder Aktienfonds ist zulässig, wenn

1. dies in einem Tarifvertrag oder auf Grund eines Tarifvertrages in einer Betriebsvereinbarung vereinbart ist oder
2. das Wertguthaben nach der Wertguthabenvereinbarung ausschließlich für Freistellungen nach § 7c Abs. 1 Nr. 2 Buchstabe a in Anspruch genommen werden kann.

A. Allgemeines 1	III. Verwaltung von Wertguthaben 14
B. Regelungsgehalt 4	C. Verbindung zu anderen Rechtsgebieten und
I. Führung von Wertguthaben 4	Prozessrecht 25
II. Unterrichtungspflicht des Arbeitgebers 9	D. Beraterhinweise 26

A. Allgemeines

Die Regelung des § 7d über die Führung und Verwaltung von Wertguthaben ist durch Art. 1 Nr. 4 des Gesetzes zur Verbesserung der Rahmenbedingungen für die Absicherung flexibler Arbeitszeitregelungen und zur Änderung anderer Gesetze vom 21.12.2008¹ mit Wirkung zum 1.1.2009² in Kraft getreten. Zusätzlich zu der in § 7e enthaltenen Bestimmung über den Insolvenzschutz bezweckt sie durch verschiedene Vorgaben ebenfalls den Schutz von Wertguthaben.³ Insoweit regelt Abs. 1 Anforderungen hinsichtlich der Führung von Wertguthaben (siehe Rn 4). Abs. 2 normiert eine Unterrichtungspflicht der AG gegenüber den Beschäftigten (siehe Rn 9). Schließlich bestimmt Abs. 3 Beschränkungen bzgl. der Anlage von Wertguthaben verbunden mit einer sog. Werterhaltungsgarantie (siehe Rn 14).

Bezogen auf den zeitlichen Anwendungsbereich des Abs. 1 ist die Übergangsregelung des § 116 Abs. 1 zu beachten. Hiernach können Wertguthaben für Beschäftigte, die am 1.1.2009 abweichend von Abs. 1 als Zeitguthaben geführt werden, als Zeitguthaben oder als Entgeltguthaben geführt werden. Das gilt auch für neu vereinbarte Wertguthabenvereinbarungen auf der Grundlage früherer Vereinbarungen (siehe § 116 Rn 2 f.). Die Unterrichtungspflicht nach Abs. 2 gilt für alle Wertguthaben unabhängig davon, ob diese schon vor dem Inkrafttreten des § 7d begründet worden sind. Demgegenüber kann die Beschränkung der Anlagemöglichkeiten nach Maßgabe des Abs. 3 grundsätzlich nur Wertguthaben erfassen, die nach dem 31.12.2008 aufgebaut worden sind.⁴ Bereits vor dem 1.1.2009 bestehende Wertguthaben unterfallen den Kapitalanlagevorgaben nur insoweit, als nach dem 31.12.2008 Entscheidungen über neue Anlagen getroffen werden.⁵ Die in Abs. 3 ebenfalls normierte Werterhaltungsgarantie gilt für bereits vor dem 1.1.2009 angesparte Wertguthaben bezogen auf die am 31.12.2008 maßgebende Höhe.⁶

Auch wenn in § 7d anders als z.B. in § 7c oder § 7e nicht ausdrücklich auf § 7b Bezug genommen wird, so ist für die Regelungen über die Führung und Verwaltung von Wertguthaben davon auszugehen, dass diese rechtlich allein für Wertguthaben gelten, die auf der Grundlage einer den Anforderungen des § 7b genügenden Wertguthabenvereinbarung (siehe § 7b Rn 2) aufgebaut werden. Das folgt daraus, dass allein solche Wertguthaben sozialversicherungs-

---

1 BGBl 2008 I S. 2940.
2 Siehe Art. 7 Abs. 1 des Gesetzes zur Verbesserung der Rahmenbedingungen für die Absicherung flexibler Arbeitszeitregelungen und zur Änderung anderer Gesetze vom 21.12.2008, BGBl 2008 I, 2940.
3 Siehe *Hanau/Veit*, NJW 2009, 182 ff. (184).
4 Siehe Gemeinsames Rundschreiben der Spitzenorganisationen der SV, 2009, 26.
5 Gemeinsames Rundschreiben der Spitzenorganisationen der SV, 2009, 26.
6 Siehe Gemeinsames Rundschreiben der Spitzenorganisationen der SV, 2009, 26.

beitragsrechtlich privilegiert werden (siehe § 23b Rn 2) und deshalb auch nur insoweit der insb. mit den Kapitalanlagebeschränkungen des Abs. 3 einschließlich der sog. Werterhaltungsgarantie verfolgte Zweck der Erhaltung des Wertguthabens[7] gerechtfertigt werden kann. In diesem Rahmen gilt § 7d auch für Altersteilzeitvereinbarungen.[8] Das gelangt auch in § 8a Abs. 1 S. 1, letzter Hs. ATG[9] zum Ausdruck, wonach im Zusammenhang mit dem Insolvenzschutz ausdrücklich allein die Anwendung von § 7e ausgeschlossen wird (siehe § 7e Rn 2).

B. Regelungsgehalt

I. Führung von Wertguthaben

4 Gem. der Regelung des Abs. 1 S. 1 sind Wertguthaben als **Arbeitsentgeltguthaben** einschließlich des darauf entfallenden **AG-Anteils** am Gesamtsozialversicherungsbeitrag zu führen. Damit wird gesetzlich zwingend festgelegt, dass Wertguthaben ausschließlich als Arbeitsentgeltguthaben geführt werden können. Eine Führung in Arbeitszeit ist seit dem Inkrafttreten des Abs. 1 nicht mehr möglich.[10] Die Einbringung von Arbeitszeit in das Wertguthaben ist zwar weiterhin zulässig.[11] Jedoch hat nach Abs. 1 S. 2 eine Umrechnung in Arbeitsentgelt zu erfolgen. Zu beachten ist die Übergangsregelung des § 116 Abs. 1 (siehe Rn 2). Die wesentlichen Gründe für die nach Abs. 1 S. 1 zwingende gesetzliche Vorgabe der Führung eines Arbeitsentgeltguthabens bestehen in einer Vereinfachung der Ermittlung der rechnerischen Grundlagen zum Beispiel für die Sozialversicherungs-Beitragszahlung wie auch einer Erleichterung der Kontrolle durch die Rentenversicherungsträger nach § 28p.[12] Die verpflichtende Führung allein als Arbeitsentgeltguthaben ist für AN insofern nachteilig, als Wertsteigerungen von **Arbeitszeitguthaben** durch Erhöhung der Arbeitsentgelte nicht mehr zum Tragen kommen können.[13]

5 Abs. 1 S. 1 enthält mit der Vorgabe, dass Wertguthaben als Arbeitsentgeltguthaben einschließlich des darauf entfallenden AG-Anteils am Gesamtsozialversicherungsbeitrag zu führen sind, Aussagen über die **Bestandteile des Wertguthabens**. Zum einen umfasst das Wertguthaben, wie auch § 7b Nr. 3 deutlich macht, das vom AN eingebrachte Arbeitsentgelt, und zwar als **Bruttoarbeitsentgelt**,[14] d.h., unter Einbeziehung des AN-Anteils am Gesamtsozialversicherungsbeitrag[15] und der darauf entfallenden Steuern.

6 Des Weiteren umfasst das Wertguthaben nach Abs. 1 S. 1 den auf das Arbeitsentgelt entfallenden **AG-Anteil** am Gesamtsozialversicherungsbeitrag. Für die Berechnung der Höhe des AG-Anteils am Gesamtsozialversicherungsbeitrag ist im Einklang mit der Höhe des AN-Anteils am Gesamtsozialversicherungsbeitrag als Bestandteil des eingebrachten Bruttoarbeitsentgelts der Zeitpunkt der Einbringung des Arbeitsentgelts in das Wertguthaben maßgebend.[16] Eine gesetzliche Verpflichtung zur nachfolgenden Anpassung des AG-Anteils am Gesamtsozialversicherungsbeitrag entsprechend der Veränderung der Sozialversicherungsbeitragssätze bis zum Zeitpunkt der Entsparung des Wertguthabens besteht nicht.[17] Nach der gesetzlichen Konzeption geht eine nach Einbringung des Bruttoarbeitsentgelts und des darauf entfallenden AG-Anteils am Gesamtsozialversicherungsbeitrag eintretende Erhöhung der Sozialversicherungsbeitragssätze zu Lasten der AN durch Verminderung des im Zeitpunkt der Entsparung des Wertguthabens zur Verfügung stehenden auszahlungsfähigen Arbeitsentgeltanteils.

7 In das Wertguthaben kann auch Arbeitsentgelt aus Lohnbestandteilen oberhalb der jeweils maßgebenden **Beitragsbemessungsgrenzen** eingebracht werden.[18] Auch in einem solchen Fall ist nach der eindeutigen Vorgabe des Abs. 1 S. 1 der auf das eingebrachte Arbeitsentgelt entfallende AG-Anteil am Gesamtsozialversicherungsbeitrag einzubringen,[19] und zwar wiederum in Höhe der im Zeitpunkt der Einbringung maßgebenden Beitragssätze. Der Grund für die Verbeitragung von an sich nicht beitragspflichtigem Arbeitsentgelt oberhalb der Beitragsbemessungsgrenzen liegt

---

7 Siehe BT-Drucks 16/10289, S. 16.
8 Siehe *Hanau/Veit*, NJW 2009, 182 ff. (184); *Schlegel*, jurisPR-SozR 3/2009, Anm. 4, sub. 3. c).
9 In der Fassung von Art. 2 des Gesetzes zur Verbesserung der Rahmenbedingungen für die Absicherung flexibler Arbeitszeitregelungen und zur Änderung anderer Gesetze v. 21.12.2008 (BGBl 2008 I S. 2940) in Kraft getreten zum 1.1.2009, siehe Art. 7 Abs. 1 des vorgenannten Gesetzes.
10 Siehe BT-Drucks 16/10289, S. 15.
11 BT-Drucks 16/10289, S. 15.
12 Siehe BT-Drucks 16/10289, S. 15 f.; siehe auch *Langohr/Sopora*, NZA 2008, 1377 ff. (1378); *Cisch/Ulbrich*, BB 2009, 550 ff. (552).
13 Siehe *Langohr/Sopora*, NZA 2008, 1377 ff. (1378); siehe auch Gemeinsames Rundschreiben der Spitzenorganisationen der SV, 2009, 24; a.A. BT-Drucks 16/10289, S. 15, danach sollen mit der Verpflichtung zur Führung allein als Arbeitsentgeltguthaben für die Beschäftigten keine Nachteile verbunden sein.

14 BT-Drucks 16/10289, S. 15; *Ars/Blümke/Scheithauer*, BB 2009, 1358 ff. (1359).
15 *Cisch/Ulbrich*, BB 2009, 550 ff. (552); zum Gesamtsozialversicherungsbeitrag siehe § 28d.
16 Siehe BT-Drucks 16/10289, S. 15, hier bezogen auf das Bruttoentgelt; siehe auch *Ars/Blümke/Scheithauer*, BB 2009, 1358 ff. (1359); *Schlegel*, jurisPR-SozR, Anm. 4, sub. 3. a).
17 *Ulbrich/Rihn*, DB 2009, 1466 ff. (1467); a.A. *Ars/Blümke/Scheithauer*, BB 2009, 1358 ff. (1359).
18 Siehe Gemeinsames Rundschreiben der Spitzenorganisationen der SV, 2009, 24; *Cisch/Ulbrich*, BB 2009, 550 ff. (552); *Ars/Blümke/Scheithauer*, BB 2009, 1358 ff. (1359).
19 Siehe Gemeinsames Rundschreiben der Spitzenorganisationen der SV, 2009, 24; *Ars/Blümke/Scheithauer*, BB 2009, 1358 ff. (1359); a.A. *Ulbrich/Rihn*, DB 2009, 1466 ff. (1468).

darin, dass die während des Zeitraums der Freistellung von der Arbeitsleistung oder der Verringerung der Arbeitszeit aus dem Wertguthaben zu zahlenden Arbeitsentgelte der **Beitragspflicht** unterliegen,[20] und zwar unabhängig davon, ob das Wertguthaben aus im Zeitpunkt der Einbringung die jeweiligen Beitragsbemessungsgrenzen übersteigenden Arbeitsentgelten aufgebaut worden ist.[21]

Beruhen Entgeltansprüche auf einem TV, so können diese als Arbeitsentgelte nur dann wirksam in ein Wertguthaben i.S.d. § 7d eingebracht werden, wenn dies aufgrund einer entsprechenden **Öffnungsklausel** im TV zugelassen ist.[22] Wegen der mit der Einbringung von Arbeitsentgelt in ein Wertguthaben zivilrechtlich verbundenen Stundung des an sich fälligen Anspruchs auf Arbeitsentgelt handelt es sich um einen nach § 4 Abs. 4 S. 1 TVG grundsätzlich unzulässigen Verzicht auf tarifliche Rechte (zum Begriff des Verzichts siehe § 4 TVG Rn 25).[23] Daran ändert sich auch nichts durch Einräumung einer Option für den AN, ob er von der Möglichkeit der Einbringung von Tariflohn in ein Wertguthaben Gebrauch machen will und für den Fall der Ausübung ein Rückkehrrecht hat.[24] Die Einräumung eines entsprechenden individualvertraglichen Wahlrechts bedeutet nichts anderes, als dass die grundsätzlich zwingende Wirkung des TV ausgehöhlt wird und der AN aufgrund tatsächlicher Abhängigkeiten im Verhältnis zum AG unter Druck geraten kann, die Option i.S. einer Abweichung vom TV auszuüben. Deshalb kann die Einräumung einer solchen Option nicht mit dem Günstigkeitsprinzip gerechtfertigt werden. Die danach nur bei Vorliegen einer entsprechenden tariflichen Öffnungsklausel zulässige Verwendung von Tariflohn für den Aufbau eines Wertguthabens wird bestätigt durch die im Zusammenhang mit einer Entgeltumwandlung im Rahmen der betrieblichen Altersversorgung bedeutsamen Regelung des § 17 Abs. 5 BetrAVG. Danach kann bzgl. tarifvertraglich begründeter Entgeltansprüche eine Entgeltumwandlung nur vorgenommen werden, soweit dies durch TV vorgesehen oder durch TV zugelassen ist.

II. Unterrichtungspflicht des Arbeitgebers

Gem. Abs. 2 hat der AG die Beschäftigten mindestens einmal jährlich in Textform über die Höhe ihres im Wertguthaben enthaltenen Arbeitsentgeltguthabens zu unterrichten. Die hiernach dem AG gesetzlich auferlegte Unterrichtungspflicht besteht unabhängig von § 7e Abs. 4 (siehe § 7e Rn 22). Damit soll dem Interesse der Beschäftigten Rechnung getragen werden, in regelmäßig wiederkehrenden Zeitabständen Auskunft über die Höhe des erdienten Wertguthabens zu erhalten.[25]

Die Anforderungen an die Einhaltung der Textform richten sich nach § 126b BGB.[26] Im Hinblick auf die Verpflichtung des AG zu einer „mindestens" einmaligen Unterrichtung jährlich ist es von Gesetzes wegen nicht ausgeschlossen, dass jedenfalls bei Vorliegen eines berechtigten Interesses des AN auf dessen Verlangen ein weiteres Mal eine Unterrichtung zu erfolgen hat. Das kann etwa der Fall sein, wenn ein AN kurzfristig zu entscheiden hat, ob er das Wertguthaben für eine gesetzliche Verwendung i.S.d. § 7c Abs. 1 Nr. 1 (siehe § 7c Rn 4) in Anspruch nehmen will.

Adressat der Verpflichtung zur Unterrichtung ist der AG. Das ist die natürliche oder juristische Person, mit der der AN, für den auf der Grundlage einer Wertguthabenvereinbarung ein Wertguthaben aufgebaut wird, einen Arbeitsvertrag geschlossen hat (zur Verpflichtung der Deutschen Rentenversicherung Bund nach einer Übertragung des Wertguthabens siehe § 7f Rn 12, 16). Die Führung des Wertguthabens durch einen Dritten nach Maßgabe des § 7e Abs. 2 S. 1 (siehe § 7e Rn 13) entbindet den AG nicht von der Verpflichtung zur Unterrichtung nach Abs. 2. Deshalb muss der AG durch eine entsprechende Vereinbarung mit dem Dritten sicherstellen, dass er von diesem die erforderlichen Informationen erhält, um die Beschäftigten unterrichten zu können.[27]

Der Gegenstand der Unterrichtung ist in Abs. 2 dahingehend festgelegt, dass der AG die Beschäftigten „über die Höhe ihres im Wertguthaben enthaltenen Arbeitsentgeltguthabens" zu unterrichten hat. Der Begriff des Arbeitsentgeltguthabens in Abs. 2 ist derselbe wie in Abs. 1 S. 1 und meint damit das vom AN eingebrachte Bruttoarbeitsentgelt. Deshalb trifft den AG keine Verpflichtung zur Unterrichtung über die Höhe des auf dieses Bruttoarbeitsentgelt entfallenden AG-Anteils am Gesamtsozialversicherungsbeitrag, der nach Abs. 1 S. 1 ebenfalls Bestandteil des Wertguthabens ist. Unterrichtet der AG gleichwohl auch über die im Wertguthaben enthaltene Höhe des AG-Anteils am Gesamtsozialversicherungsbeitrag, so sind insoweit die zum Zeitpunkt der Unterrichtung maßgebenden Beitragssätze zugrunde zu legen.[28] Nur dann ist für den AN klar ersichtlich, in welchem Umfang das von ihm eingebrachte Arbeitsentgelt durch steigende Sozialversicherungsbeitragssätze geschmälert wird.

---

20 § 32b Abs. 1 S. 1 i.V.m. § 23 Abs. 1.
21 Siehe auch *Ars/Blümke/Scheithauer*, BB 2009, 1358 ff. (1359).
22 Anders Gemeinsames Rundschreiben der Spitzenorganisationen der SV, 2009, 24, wonach Wertguthaben auch aus tariflichen Entgelten aufgebaut werden können, sofern der TV eine entsprechende Verwendung nicht ausdrücklich verbietet.
23 In Gestalt der Hinderung der Durchsetzbarkeit des Anspruchs, siehe zum Begriff des Verzichts auch ErfK/*Franzen*, § 4 TVG Rn 44, hier mit ausdrücklichem Hinweis auf die Stundung.
24 So aber unter Hinweis auf das Günstigkeitsprinzip z.B. *Ars/Blümke/Scheithauer*, BB 2009, 1358 ff. (1362).
25 BT-Drucks 16/10289, S. 16.
26 Siehe dazu *Boecken*, BGB-AT, Rn 386.
27 Siehe *Hanau/Veit*, NJW 2009, 182 ff. (184); *Cisch/Ulbrich*, BB 2009, 550 ff. (553).
28 Siehe Gemeinsames Rundschreiben der Spitzenorganisationen der SV, 2009, 27.

13 Ihrem zeitlichen Anwendungsbereich nach bezieht sich die Unterrichtungspflicht auf alle Wertguthaben, die auf der Grundlage einer Wertguthabenvereinbarung nach dem Inkrafttreten des § 7d zum 1.1.2009 abgeschlossen worden sind. Des Weiteren ist auch über die Wertguthaben zu unterrichten, die bereits vor dem 1.1.2009 aufgebaut worden sind und nach dem 31.12.2008 fortgeführt werden, und zwar unabhängig davon, ob als Arbeitsentgelt- oder als Arbeitszeitguthaben (siehe § 116 Abs. 1). Im letzteren Fall muss allerdings zum Zweck der Unterrichtung eine Umrechnung in Arbeitsentgelt erfolgen, um den Anforderungen des Abs. 2 Genüge leisten zu können.

III. Verwaltung von Wertguthaben

14 Gem. Abs. 3 S. 1 gelten für die Anlage von Wertguthaben die Vorschriften über die **Anlage der Mittel von Versicherungsträgern** nach dem Vierten Titel des Vierten Abschnitts des SGB IV entsprechend, und zwar mit der Maßgabe, dass eine Anlage in Aktien oder Aktienfonds bis zu einer Höhe von 20 % zulässig und ein Rückfluss zum Zeitpunkt der Inanspruchnahme des Wertguthabens mindestens in der Höhe des angelegten Betrages gewährleistet ist. Abweichend von S. 1 ist nach Abs. 3 S. 2 ein höherer Anlageanteil in Aktien oder Aktienfonds zulässig, wenn dies in einem TV oder aufgrund eines TV in einer BV vereinbart ist oder das Wertguthaben nach der Wertguthabenvereinbarung ausschließlich für Freistellungen nach § 7c Abs. 1 Nr. 2a in Anspruch genommen werden kann.

15 Der wesentliche Zweck der in Abs. 3 normierten Vorgaben für die **Kapitalanlage** von Wertguthaben besteht nach der Begründung des Gesetzentwurfs darin, die mit § 7e beabsichtigte Verbesserung des Insolvenzschutzes (siehe § 7e Rn 1, 5) durch eine Regelung zum Schutz gegen das Anlage- oder Börsenrisiko von Wertguthaben zu flankieren.[29] Damit soll eine privat verantwortete spekulative Anlage von Wertguthaben ausgeschlossen werden, um vor allem zu verhindern, dass riskante Anlageentscheidungen der Vertragsparteien für die Sozialversicherung und den Fiskus zum Verlust von Beiträgen und Steuern führen.[30]

16 Adressaten der Vorgaben des Abs. 3 sind im Ausgangspunkt die Parteien der Wertguthabenvereinbarung, das heißt, der das Wertguthaben führende AG und im Falle des § 7e Abs. 2 S. 1 ein das Wertguthaben zur Erfüllung der Insolvenzschutzverpflichtung führender Dritter (siehe § 7e Rn 13). Demgegenüber begründet Abs. 3 für Kapitalinstitute, von denen die Kapitalanlage durchgeführt wird, keine Verpflichtung zur Beachtung der Schutzregelungen. Denn diese sind weder an der Wertguthabenvereinbarung beteiligt noch entscheiden sie über die Anlage des Wertguthabens.[31]

17 Mit der Anordnung einer entsprechenden Geltung der Vorschriften über die Anlage der Mittel von Versicherungsträgern nach dem Vierten Titel des Vierten Abschnitts des SGB IV werden die Regelungen der §§ 80 ff. für die Anlage von Wertguthaben in Bezug genommen. Entsprechend anwendbar ist hiernach auf jeden Fall die Regelung des § 80 Abs. 1. Demnach sind die Mittel so anzulegen und zu verwalten, dass ein Verlust ausgeschlossen erscheint, ein angemessener Ertrag erzielt wird und eine ausreichende Liquidität gewährleistet ist. Dem bei dieser Trias von Vorgaben im Vordergrund stehenden Grundsatz der **Anlagesicherheit**[32] in Gestalt des Verlustausschlusses wird Rechnung getragen, wenn die Wertbeständigkeit der Anlage durch eine vereinbarte Verzinsung gewährleistet ist, die jedenfalls einen Inflationsausgleich sicherstellt.[33] Darüber hinausgehend beinhaltet die Anforderung einer angemessenen Ertragserzielung, dass die Höhe der Verzinsung der marktüblichen Rendite entspricht.[34] Von einer ausreichenden Liquidität ist auszugehen, wenn gewährleistet ist, dass für die zweckentsprechende Verwendung des Wertguthabens (siehe § 7c) jederzeit der Rückgriff auf das angelegte Kapital möglich ist.[35] Solchermaßen ausgestaltete sog. Verzinsungsmodelle[36] unterliegen nicht den weitergehenden Anlagebeschränkungen des § 83,[37] wonach nur gesetzlich genau bestimmte Anlageformen zulässig sind. Die Vorgaben des § 83 finden entsprechende Anwendung allein auf Anlagen in Gestalt sog. unbeschränkter Partizipationsmodelle, bei denen die Entwicklung des Wertguthabens bzw. der Anlage von der Veränderung externer Faktoren abhängig gemacht wird und eine Verminderung des Guthabens unter den Wert des eingebrachten Bruttoarbeitsentgelts und des darauf entfallenden Anteils des AG am Gesamtsozialversicherungsbeitrag nicht durch entsprechende vertragliche Vereinbarungen ausgeschlossen ist.[38] Solchermaßen gestaltete Anlagemodelle unterfallen den Beschränkungen des § 83.[39]

18 Die entsprechende Geltung der Vorschriften der §§ 80 ff. ist allerdings zum einen nur mit der Maßgabe angeordnet, dass eine Anlage in Aktien oder Aktienfonds bis zu einer Höhe von 20 % zulässig ist. Diese Abweichung von den sozialversicherungsrechtlichen Anlagevorschriften wird damit begründet, dass Wertguthaben im Vergleich zum

---

29 Siehe BT-Drucks 16/10289, S. 16.
30 Siehe BT-Drucks 16/10289, S. 16.
31 Offen hinsichtlich der Frage, ob auch Anlagedienstleister erfasst werden, etwa *Cisch/Ulbrich*, BB 2009, 550 ff. (553).
32 Siehe Hauck/Noftz/*Borrmann*, SGB IV, § 80 Rn 4.
33 Siehe *Cisch/Ulbrich*, BB 2009, 550 ff. (553).
34 Siehe *Brandt*, in: Kreikebohm, § 80 Rn 13; Hauck/Noftz/*Borrmann*, SGB IV, § 80 Rn 5.
35 Vgl. *Brandt*, in: Kreikebohm, § 80 Rn 14.
36 Siehe Gemeinsames Rundschreiben der Spitzenorganisationen der SV, 2009, 25.
37 Siehe Gemeinsames Rundschreiben der Spitzenorganisationen der SV, 2009, 25.
38 Siehe zum Begriff *Cisch/Ulbrich*, BB 2009, 550 ff. (553); *Ulbrich/Rihn*, DB 2009, 1466 ff. (1468).
39 Siehe Gemeinsames Rundschreiben der Spitzenorganisationen der SV, 2009, 25, kritisch *Langohr-Plato/Sopora*, NZA 2008, 1377 ff. (1379) zur Anwendung des § 83 unter dem Gesichtspunkt des Eingriffs in die Privatautonomie.

Vermögen der Sozialversicherungsträger typischerweise eine **längere Laufzeit** haben,[40] was die spezifischen Risiken dieser Anlageform weniger hoch erscheinen lässt. Bezugspunkt des vorgenannten Vomhundertsatzes ist die Höhe des Wertguthabens im Zeitpunkt der Anlage in Aktien oder Aktienfonds. Wird nachfolgend der Vomhundertsatz aufgrund der Wertentwicklung der Anlage überschritten, so ist das unschädlich.[41]

Gem. Abs. 3 S. 2 Nr. 1 ist ein höherer Anlageanteil in Aktien oder Aktienfonds zulässig, wenn dies in einem TV oder aufgrund eines TV in einer BV vereinbart ist. Insoweit wird in der Gesetzesbegründung zu Abs. 3 unterstellt, dass die TV-Parteien das Anlagerisiko in ihrer Vereinbarung ausreichend berücksichtigen und ein gemeinsam verantwortetes Modell vereinbaren.[42] Das Gesetz schreibt den TV-Parteien bzw. den auf der Grundlage einer tariflichen Öffnungsklausel auch zur Abweichung befugten Betriebsparteien keine bestimmte **Höchstgrenze für die Anlage** in Aktien oder Aktienfonds vor. Gleichwohl heißt das nicht, dass kollektivvertraglich für das gesamte Wertguthaben allein diese Anlageform gewählt werden könnte. Dagegen spricht sowohl der Gesichtspunkt, dass die grundsätzliche Vorgabe der entsprechenden Geltung der sozialversicherungsrechtlichen Kapitalanlagevorschriften auch für die TV-Parteien bzw. Betriebsparteien gilt, wie auch die Formulierung in Abs. 3 S. 2 Nr. 1, dass in einem „höherer Anlageanteil" in Aktien oder Aktienfonds zulässig ist, also diese Anlageform auch bei kollektivvertraglicher Vereinbarung nur einen Anteil bezogen auf die Gesamtanlage des Wertguthabens ausmachen darf.

Des Weiteren kann diese Anlageform die 20 % Grenze nach Abs. 3 S. 2 Nr. 2 überschreiten, wenn das Wertguthaben nach der Wertguthabenvereinbarung ausschließlich für Freistellungen nach § 7c Abs. 1 Nr. 2a (siehe § 7c Rn 12) in Anspruch genommen werden kann. Dieser Abweichungsmöglichkeit von den Vorgaben der §§ 80 ff. liegt der Gedanke zugrunde, dass in den Fällen einer nach der Wertguthabenvereinbarung allein zulässigen Verwendung des Wertguthabens für einen Übergang vom Erwerbsleben in den Ruhestand bereits vor dem Zeitpunkt, zu dem eine Altersrente der gesetzlichen Rentenversicherung bezogen wird oder bezogen werden könnte, wegen der **Langfristigkeit des Aufbaus** des Wertguthabens das besondere Risiko dieser Anlageform besser „abgedämpft" werden kann.[43] Soll von dieser Option i.S.d. sog. „Lebenszyklusmodelle"[44] Gebrauch gemacht werden, so bedeutet das für die Parteien der Wertguthabenvereinbarung, dass jede gesetzliche Verwendungsmöglichkeit i.S.v. § 7c Abs. 1 Nr. 1 ausgeschlossen werden muss und andere vertragliche Verwendungsmöglichkeiten nicht vereinbart werden dürfen.[45]

Die entsprechende Geltung der §§ 80 ff. für die Anlage von Wertguthaben ist zum anderen mit der Maßgabe angeordnet, dass ein Rückfluss zum Zeitpunkt der Inanspruchnahme des Wertguthabens mindestens in der Höhe des angelegten Betrages gewährleistet ist. Mit dieser sog. **Werterhaltungsgarantie**[46] bzw. Garantieklausel[47] soll sichergestellt werden, dass das angelegte Wertguthaben i.H. des angelegten Betrages vor Verlusten geschützt ist.[48] Die in Abs. 3 S. 1 vorgeschriebene Werterhaltungsgarantie bedeutet insofern eine gegenüber § 80 Abs. 1 verschärfte Anlagevorgabe, als nach dieser Regelung eine Anlage unter anderem nur derart zu erfolgen hat, dass ein Verlust ausgeschlossen erscheint. Die Werterhaltungsgarantie gilt generell unabhängig von der Ausgestaltung der Anlage des Wertguthabens im Einzelnen.[49] Deshalb greift sie auch dann ein, wenn eine Anlage in Aktien oder Aktienfonds nicht erfolgt, des Weiteren gilt sie auch in den Fällen des Abs. 3 S. 2.

Ein Rückfluss mindestens in Höhe des angelegten Betrages muss zum Zeitpunkt der Inanspruchnahme des Wertguthabens gewährleistet sein. Unter dem Begriff der Inanspruchnahme des Wertguthabens sind die gesetzlich zulässigen und vertraglich festgelegten Verwendungsmöglichkeiten i.S.d. § 7c Abs. 1 (siehe § 7c Rn 4 ff., 12 ff.) zu verstehen.[50] Das folgt systematisch bereits daraus, dass der in Abs. 3 S. 1 verwendete Begriff der Inanspruchnahme gleichermaßen in § 7c Abs. 1 Einleitungssatz gebraucht wird, um die Fälle zulässiger Entsparung von Wertguthaben zu beschreiben. Des Weiteren folgt dieses Verständnis aus dem Zweck der Werterhaltungsgarantie verbunden mit dem Zweck der Kapitalanlagevorgaben insgesamt. Es soll nämlich jedenfalls die Höhe des aufgebauten Wertguthabens bezogen auf das eingebrachte Bruttoarbeitsentgelt und den darauf entfallenden Anteil des AG am Gesamtsozialversicherungsbeitrag bezogen auf die Verwendung des Wertguthabens zur Verfügung stehen. Das hat zur Folge, dass die Werterhaltung zum Zeitpunkt einer gesetzlich oder vertraglich vorgesehenen Verwendung sichergestellt sein muss. Im Hinblick darauf, dass nach § 7c Abs. 1 Nr. 1 gesetzlich zulässige Entnahmen von den Parteien der Wertguthabenvereinbarung vorbehaltlich eines Ausschlusses oder einer Beschränkung zeitlich nicht geplant, sondern von den Be-

---

40 BT-Drucks 16/10289, S. 16.
41 Siehe Gemeinsames Rundschreiben der Spitzenorganisationen der SV, 2009, 26; *Ulbrich/Rihn*, DB 2009, 1466 ff. (1468).
42 BT-Drucks 16/10289, S. 16.
43 Siehe BT-Drucks 16/10289, S. 16.
44 Siehe BT-Drucks 16/10289, S. 16; *Langohr-Plato/Sopora*, NZA 2008, 1377 ff. (1379).
45 Kritisch unter dem Aspekt des Regelungsaufwands für den AG *Langohr-Plato/Sopora*, NZA 2008, 1377 ff. (1379).
46 Siehe Gemeinsames Rundschreiben der Spitzenorganisationen der SV, 2009, 26.
47 Siehe BT-Drucks 16/10289, S. 16.
48 BT-Drucks 16/10289, S. 16; *Rolfs/Witschen*, NZS 2009, 295 ff. (300).
49 Siehe BT-Drucks 16/10289, S. 16.
50 Unklar Gemeinsames Rundschreiben der Spitzenorganisationen der SV, 2009, 26, wo von planmäßiger Entsparung gesprochen wird, was vermuten lässt, dass unter Inanspruchnahme des Wertguthabens nur vertraglich festgelegte Verwendungen verstanden werden; offen hinsichtlich gesetzlich möglicher Verwendungen z.B. *Cisch/Ulbrich*, BB 2009, 550 ff. (553).

schäftigten jederzeit bei Vorliegen der einschlägigen Voraussetzungen einseitig vorgenommen werden können, beinhaltet die gesetzlich vorgeschriebene Werterhaltungsgarantie letztlich die Notwendigkeit einer kontinuierlichen Sicherstellung des Bestands der Wertguthaben. Keine Inanspruchnahme des Wertguthabens i.S.v. Abs. 3 S: 1 ist der Eintritt eines Störfalls nach Maßgabe des § 23b Abs. 2 (zum Begriff des Störfalls siehe § 23b Rn 3 ff.).[51]

23 Die Parteien der Wertguthabenvereinbarung können in dieser regeln, wem die im Zusammenhang mit der Anlage des Wertguthabens **anfallenden Wertzuwächse** zugewiesen werden.[52] Soweit hiernach Erträge aus der Anlage des Wertguthabens dem AN zustehen, werden diese von der Werterhaltungsgarantie nicht erfasst,[53] die ihrem Umfang nach nur auf die Höhe des angelegten Betrages bezogen ist. Wird in der Wertguthabenvereinbarung keine Regelung über die Zuweisung der Anlagerendite getroffen, so stehen die Erträge dem AG im Hinblick darauf zu, dass dieser die Kosten der Insolvenzsicherung und das Risiko der Wertanlage trägt.[54]

24 Die Höhe des über die Werterhaltungsgarantie abgesicherten angelegten Betrages mindert sich um die Kosten der Wertguthabenanlage, sofern diese aufgrund einer entsprechenden Regelung in der Wertguthabenvereinbarung aus dem Wertguthaben getragen werden sollen.[55]

C. Verbindung zu anderen Rechtsgebieten und Prozessrecht

25 Wird das Wertguthaben unter Verstoß gegen die Vorgaben des Abs. 3 angelegt, so sind daran sozialversicherungsrechtlich keine Konsequenzen geknüpft, etwa in Gestalt der Einordnung als Ordnungswidrigkeit und daran anknüpfender Geldbußen. Die Nichtbeachtung der Regelungen des Abs. 3 kann deliktsrechtlich eine Haftung z.B. des AG nach § 823 Abs. 2 BGB auslösen, wenn es sich bei Abs. 3 um ein Schutzgesetz i.S.d. Vorschrift handelt.[56] Daran bestehen im Hinblick darauf Zweifel, dass die Kapitalanlagebestimmungen des Abs. 3 nach der Gesetzesbegründung wesentlich mit dem Ziel des Schutzes der Sozialversicherungsträger und des Fiskus vor Beitrags- und Steuerausfällen geschaffen worden sind[57] und damit den Schutz der Allgemeinheit verfolgen. Deshalb fehlt es bei Abs. 3 an dem primären Ziel des Schutzes der Wertguthaben im Interesse der Beschäftigten und insoweit des Schutzes individueller Rechtsgüter gerade durch die Gewährung **privatrechtlicher Schadensersatzansprüche**, was allerdings Voraussetzung für die Einordnung als Schutzgesetz ist.[58] Der sich aus dem beabsichtigten Schutz der Sozialversicherungsträger und des Fiskus ergebende reflexartige Schutz auch der Beschäftigten vor einem Verlust des Wertguthabens reicht für die Einordnung des Abs. 3 als Schutzgesetz nicht aus. Allerdings können vertragliche Schadensersatzansprüche auf der Grundlage von § 280 Abs. 1 BGB zugunsten der Beschäftigten in Betracht kommen, wenn bei der Anlage des Wertguthabens gegen Regelungen in der Wertguthabenvereinbarung verstoßen wird und daraus Schäden für die Beschäftigten resultieren.

D. Beraterhinweise

26 Vor dem Hintergrund, dass im Rahmen der zwingenden Vorgaben des Abs. 3 Vertragsfreiheit bzgl. der Anlage von Wertguthaben besteht, können (und sollten) die Parteien der Wertguthabenvereinbarung die Einzelheiten der Anlage von Wertguthaben in der Vereinbarung regeln. Insoweit ist es sinnvoll, in der Wertguthabenvereinbarung präzise Bestimmungen über die Anlage und die Anlageform der Wertguthabenvereinbarung aufzunehmen. Hierbei sollte auch eine Regelung darüber getroffen werden, wem die Erträge aus der Kapitalanlage zugewiesen werden. Aus der Sicht des AN erscheint es naheliegend, den auf das eingebrachte Bruttoarbeitsentgelt bezogenen Ertragsanteil jedenfalls insoweit zu beanspruchen, als dieser nicht aufgrund einer entsprechenden Abrede zur Finanzierung der Anlagekosten (mit)herangezogen wird.

---

51 Siehe *Cisch/Ulbrich*, BB 2009, 550 ff. (553); nach *Langohr-Plato/Sopora*, NZA 2008, 1377 ff. (1379) spricht der Schutzzweck des § 7d Abs. 3 für ein Eingreifen der Werterhaltungsgarantie auch bei Eintritt eines Störfalls.

52 Siehe BT-Drucks 16/10289, S. 15; *Hanau/Veit*, NJW 2009, 182 ff. (185); *Schlegel*, jurisPR-SozR 3/2009, Anm. 4, 3. c); Gemeinsames Rundschreiben der Spitzenorganisationen der SV, 2009, 26.

53 Siehe Gemeinsames Rundschreiben der Spitzenorganisationen der SV, 2009, 26.

54 Siehe *Hanau/Veit*, NJW 2009, 182 ff. (185); *Ulbrich/Rihn*, DB 2009, 1466 ff. (1468); *Rolfs/Witschen*, NZS 2009, 295 ff. (300).

55 Siehe Gemeinsames Rundschreiben der Spitzenorganisationen der SV, 2009, 26.

56 So wohl Gemeinsames Rundschreiben der Spitzenorganisationen der SV, 2009, 27; *Langohr-Plato/Sopora*, NZA 2008, 1377 ff. (1380).

57 Siehe BT-Drucks 16/10289, S. 16.

58 Siehe HK-BGB/*Staudinger*, § 823 Rn 146 m.N.

§ 7e Insolvenzschutz

(1) Die Vertragsparteien treffen im Rahmen ihrer Vereinbarung nach § 7b durch den Arbeitgeber zu erfüllende Vorkehrungen, um das Wertguthaben einschließlich des darin enthaltenen Gesamtsozialversicherungsbeitrages gegen das Risiko der Insolvenz des Arbeitgebers vollständig abzusichern, soweit
1. ein Anspruch auf Insolvenzgeld nicht besteht und wenn
2. das Wertguthaben des Beschäftigten einschließlich des darin enthaltenen Gesamtsozialversicherungsbeitrages einen Betrag in Höhe der monatlichen Bezugsgröße übersteigt.

In einem Tarifvertrag oder auf Grund eines Tarifvertrages in einer Betriebsvereinbarung kann ein von Satz 1 Nummer 2 abweichender Betrag vereinbart werden.

(2) ¹Zur Erfüllung der Verpflichtung nach Absatz 1 sind Wertguthaben unter Ausschluss der Rückführung durch einen Dritten zu führen, der im Fall der Insolvenz des Arbeitgebers für die Erfüllung der Ansprüche aus dem Wertguthaben für den Arbeitgeber einsteht, insbesondere in einem Treuhandverhältnis, das die unmittelbare Übertragung des Wertguthabens in das Vermögen des Dritten und die Anlage des Wertguthabens auf einem offenen Treuhandkonto oder in anderer geeigneter Weise sicherstellt. ²Die Vertragsparteien können in der Vereinbarung nach § 7b ein anderes, einem Treuhandverhältnis im Sinne des Satzes 1 gleichwertiges Sicherungsmittel vereinbaren, insbesondere ein Versicherungsmodell oder ein schuldrechtliches Verpfändungs- oder Bürgschaftsmodell mit ausreichender Sicherung gegen Kündigung.

(3) Keine geeigneten Vorkehrungen sind bilanzielle Rückstellungen sowie zwischen Konzernunternehmen (§ 18 des Aktiengesetzes) begründete Einstandspflichten, insbesondere Bürgschaften, Patronatserklärungen oder Schuldbeitritte.

(4) Der Arbeitgeber hat den Beschäftigten unverzüglich über die Vorkehrungen zum Insolvenzschutz in geeigneter Weise schriftlich zu unterrichten, wenn das Wertguthaben die in Absatz 1 Satz 1 Nr. 2 genannten Voraussetzungen erfüllt.

(5) Hat der Beschäftigte den Arbeitgeber schriftlich aufgefordert, seinen Verpflichtungen nach den Absätzen 1 bis 3 nachzukommen und weist der Arbeitgeber dem Beschäftigten nicht innerhalb von zwei Monaten nach der Aufforderung die Erfüllung seiner Verpflichtung zur Insolvenzsicherung des Wertguthabens nach, kann der Beschäftigte die Vereinbarung nach § 7b mit sofortiger Wirkung kündigen; das Wertguthaben ist nach Maßgabe des § 23b Abs. 2 aufzulösen.

(6) Stellt der Träger der Rentenversicherung bei der Prüfung des Arbeitgebers nach § 28p fest, dass
1. für ein Wertguthaben keine Insolvenzschutzregelung getroffen worden ist,
2. die gewählten Sicherungsmittel nicht geeignet sind im Sinne des Absatzes 3,
3. die Sicherungsmittel in ihrem Umfang das Wertguthaben um mehr als 30 Prozent unterschreiten oder
4. die Sicherungsmittel den im Wertguthaben enthaltenen Gesamtsozialversicherungsbeitrag nicht umfassen,

weist er in dem Verwaltungsakt nach § 28p Abs. 1 Satz 5 den in dem Wertguthaben enthaltenen und vom Arbeitgeber zu zahlenden Gesamtsozialversicherungsbeitrag aus. ²Weist der Arbeitgeber dem Träger der Rentenversicherung innerhalb von zwei Monaten nach der Feststellung nach Satz 1 nach, dass er seiner Verpflichtung nach Absatz 1 nachgekommen ist, entfällt die Verpflichtung zur sofortigen Zahlung des Gesamtsozialversicherungsbeitrages. ³Hat der Arbeitgeber den Nachweis nach Satz 2 nicht innerhalb der dort vorgesehenen Frist erbracht, ist die Vereinbarung nach § 7b als von Anfang an unwirksam anzusehen; das Wertguthaben ist aufzulösen.

(7) ¹Kommt es wegen eines nicht geeigneten oder nicht ausreichenden Insolvenzschutzes zu einer Verringerung oder einem Verlust des Wertguthabens, haftet der Arbeitgeber für den entstandenen Schaden. ²Ist der Arbeitgeber eine juristische Person oder eine Gesellschaft ohne Rechtspersönlichkeit haften auch die organschaftlichen Vertreter gesamtschuldnerisch für den Schaden. ³Der Arbeitgeber oder ein organschaftlicher Vertreter haften nicht, wenn sie den Schaden nicht zu vertreten haben.

(8) Eine Beendigung, Auflösung oder Kündigung der Vorkehrungen zum Insolvenzschutz vor der bestimmungsgemäßen Auflösung des Wertguthabens ist unzulässig, es sei denn, die Vorkehrungen werden mit Zustimmung des Beschäftigten durch einen mindestens gleichwertigen Insolvenzschutz abgelöst.

(9) Die Absätze 1 bis 8 finden keine Anwendung gegenüber dem Bund, den Ländern, Gemeinden, Körperschaften, Stiftungen und Anstalten des öffentlichen Rechts, über deren Vermögen die Eröffnung des Insolvenzverfahrens nicht zulässig ist, sowie solchen juristischen Personen des öffentlichen Rechts, bei denen der Bund, ein Land oder eine Gemeinde kraft Gesetzes die Zahlungsfähigkeit sichert.

A. Allgemeines	1	VII. Haftung auf Schadensersatz	50
B. Regelungsgehalt	5	VIII. Verbot der vorzeitigen Beendigung von Insolvenzschutzmaßnahmen	60
I. Verpflichtung zum Insolvenzschutz	5		
II. Art des Insolvenzschutzes	12	IX. Ausschluss der Anwendung auf juristische Personen des öffentlichen Rechts	67
III. Ausgeschlossene Sicherungsmittel	21		
IV. Unterrichtungspflicht	22	**C. Verbindung zu anderen Rechtsgebieten und Prozessrecht**	70
V. Kündigungsrecht des Beschäftigten	28		
VI. Prüfung des zuständigen Rentenversicherungsträgers und Unwirksamkeit der Wertguthabenvereinbarung	36	**D. Beraterhinweise**	75

A. Allgemeines

1 Die Regelung des § 7e ist durch Art. 1 Nr. 4 des Gesetzes zur Verbesserung der Rahmenbedingungen für die Absicherung flexibler Arbeitszeitregelungen und zur Änderung anderer Gesetze v. 21.12.2008[1] mit Wirkung zum 1.1.2009[2] eingeführt worden. Das wesentliche Ziel dieser Regelung besteht darin, den Insolvenzschutz von auf der Grundlage von Wertguthabenvereinbarungen i.S.d. § 7b aufgebauten Wertguthaben gegenüber der aus verschiedenen Gründen für unzulänglich erachteten Insolvenzschutzbestimmung des § 7b a.F.,[3] die unter anderem weder nähere Vorgaben hinsichtlich der Ausgestaltung des Insolvenzschutzes noch für den Fall eines Verstoßes gegen die Verpflichtung zur Schaffung eines Insolvenzschutzes Sanktionen vorsah, zu verbessern.[4] Die gegenüber der bis Ende 2008 maßgebenden Rechtslage wesentlichen Änderungen bestehen in einer ausdrücklichen Ausweitung des Insolvenzschutzes auf den Gesamtsozialversicherungsbeitrag, Abs. 1 (siehe Rn 5), der grundsätzlichen Vorgabe einer Führung des Wertguthabens durch Dritte, Abs. 2 (siehe Rn 12), dem ausdrücklichen Ausschluss ungeeigneter Insolvenzschutzmaßnahmen, Abs. 3 (siehe Rn 21), der Fristverkürzung bzgl. der Unterrichtung über Maßnahmen des Insolvenzschutzes, Abs. 4 (siehe Rn 22 f.), der Regelung eines Rechts der Beschäftigten zur Künd der Wertguthabenvereinbarung, Abs. 5 (siehe Rn 28), der Einführung einer Prüfung des Insolvenzschutzes durch die Deutsche Rentenversicherung Bund und einer Nichtigkeitsanordnung, Abs. 6 (siehe Rn 36 f.), der Statuierung eines Schadensersatzanspruchs bei ungeeignetem Insolvenzschutz, Abs. 7 (siehe Rn 50) sowie der Regelung eines Verbots der vorfristigen Beendigung des Insolvenzschutzes, Abs. 8 (siehe Rn 60).

2 Ihrem **sachlichen Anwendungsbereich** nach gilt die Insolvenzschutzregelung des § 7e für Wertguthaben auf der Grundlage von Wertguthabenvereinbarungen i.S.d. § 7b (siehe § 7bRn 11), wie aus Abs. 1 S. 1 deutlich hervorgeht. Ausgenommen sind nach § 8a Abs. 1 S. 1 Hs. 2 ATG[5] Wertguthaben auf der Grundlage von Altersteilzeitvereinbarungen. Insoweit findet § 7e keine Anwendung, für die Insolvenzsicherung dieser Wertguthaben ist allein § 8a ATG maßgebend.

3 Bezogen auf den **zeitlichen Anwendungsbereich** des § 7e ist die Übergangsregelung des § 116 Abs. 3 zu beachten. Hiernach gelten für Wertguthabenvereinbarungen i.S.v. § 7b, die vor dem 31.12.2008[6] geschlossen worden sind und in denen entgegen Abs. 1 und Abs. 2 keine Vorkehrungen für den Fall der Insolvenz des AG vereinbart sind, die Regelungen des Abs. 5 und Abs. 7 mit Wirkung ab dem 1.6.2009. Das bedeutet, dass bis zu diesem Zeitpunkt ein den Anforderungen des Abs. 1 bis Abs. 3 entsprechender Insolvenzschutz nachgeholt worden sein muss,[7] anderenfalls die Sanktionsmöglichkeiten des Abs. 5 und Abs. 6 greifen können. Die übrigen Regelungen des § 7e gelten für Wertguthaben i.S.d. § 116 Abs. 3 bereits seit dem Inkrafttreten des § 7e mit Wirkung zum 1.1.2009.

4 Der **persönliche Anwendungsbereich** des § 7e ist bezogen auf die zur Insolvenzsicherung verpflichteten AG nach Maßgabe des Abs. 9 beschränkt (siehe Rn 67).

---

1 BGBl 2008 I S. 2940.
2 Siehe Art. 7 Abs. 1 des Gesetzes zur Verbesserung der Rahmenbedingungen für die Absicherung flexibler Arbeitszeitregelungen und zur Änderung anderer Gesetze v. 21.12.2008 (BGBl 2008 I S. 2940).
3 Neu gefasst durch Art. 1 Nr. 3 des Gesetzes zur Verbesserung der Rahmenbedingungen für die Absicherung flexibler Arbeitszeitregelungen und zur Änderung anderer Gesetze v. 21.12.2008 (BGBl 2008 I S. 2940). Bis Ende 2007 war der Inhalt von § 7b a.F. in § 7d a.F. geregelt, diese Vorschrift wurde durch Art. 1 Nr. 1a des Gesetzes zur Änderung des Vierten Buches Sozialgesetzbuch und anderer Gesetze v. 19.12.2007 (BGBl I 2007 S. 3024), zu § 7b a.F., siehe näher *Marschner*, in: Kreikebohm, § 7b Rn 1 ff.

4 Siehe ausführlich zu den Gründen für die Neuregelung der Verpflichtung zur Absicherung von Wertguthaben gegen das Risiko der Insolvenz des AG BT-Drucks 16/10289, S. 10 f.
5 I.d.F.v. Art. 2 des Gesetzes zur Verbesserung der Rahmenbedingungen für die Absicherung flexibler Arbeitszeitregelungen und zur Änderung anderer Gesetze v. 21.12.2008 (BGBl 2008 I S. 2940).
6 Hierbei handelt es sich wohl um ein Redaktionsversehen. Zutreffend sollte es im Gesetz 1.1.2009 heißen.
7 Siehe auch Gemeinsames Rundschreiben der Spitzenorganisationen der SV, 2009, 28; *Cisch/Ulbrich*, BB 2009, 550 ff. (555); *Rolfs/Witschen*, NZS 2009, 295 ff. (302); *Huke/Lepping*, ZIP 2009, 1204 ff. (1207).

B. Regelungsgehalt

I. Verpflichtung zum Insolvenzschutz

Gem. Abs. 1 S. 1 haben die Vertragsparteien im Rahmen ihrer Vereinbarung nach § 7b durch den AG zu erfüllende Vorkehrungen zu treffen, um das Wertguthaben einschließlich des darin enthaltenen Gesamtsozialversicherungsbeitrags gegen das Risiko der Insolvenz des AG vollständig abzusichern. Die Verpflichtung zur Insolvenzsicherung greift nach Abs. 1 S. 1 ein, soweit (1.) ein Anspruch auf Insolvenzgeld nicht besteht und wenn (2.) das Wertguthaben des Beschäftigten einschließlich des darin enthaltenen Gesamtsozialversicherungsbeitrags einen Betrag i.H.d. monatlichen Bezugsgröße übersteigt. Gem. Abs. 1 S. 2 kann in einem TV oder aufgrund eines TV in einer BV ein von der monatlichen Bezugsgröße abweichender Betrag vereinbart werden.

Adressaten der Verpflichtung zur Sicherung der Wertguthaben gegen das Risiko der Insolvenz des AG sind die Vertragsparteien der Wertguthabenvereinbarung i.S.v. § 7b, also je nach rechtlicher Grundlage der Vereinbarung die Individualvertragsparteien oder auch die Kollektivvertragsparteien. Inhaltlich haben die Vertragsparteien selbst Vorkehrungen zum **Insolvenzschutz** zu treffen, womit gemeint ist, dass die Vertragsparteien in der Wertguthabenvereinbarung als solcher das Sicherungsmittel bzw. den Sicherungsweg unter Beachtung der Vorgaben des Abs. 2, Abs. 3 festlegen. Die Erfüllung der vertraglich festgelegten Vorkehrungen, sprich die Durchführung des Insolvenzschutzes obliegt sodann dem AG.[8] Treffen die Parteien in der Wertguthabenvereinbarung keine konkrete Festlegung des Sicherungsmittels bzw. des Sicherungsweges, so entscheidet der AG unter Beachtung der Vorgaben des Abs. 2, Abs. 3 über das Sicherungsmittel.[9]

Gegenstand des Insolvenzschutzes ist das Wertguthaben einschließlich des darin enthaltenen Gesamtsozialversicherungsbeitrags. Die Verpflichtung nach Abs. 1 bezieht sich nur auf Wertguthaben auf der Grundlage einer Wertguthabenvereinbarung i.S.v. § 7b.[10] Dem **Umfang** nach müssen durch den Insolvenzschutz sowohl das eingebrachte Bruttoarbeitsentgelt wie auch der darauf entfallende Anteil des AG am Gesamtsozialversicherungsbeitrag i.S.v. § 28d abgesichert sein.[11]

Die Absicherung hat gegen das Risiko der Insolvenz des AG zu erfolgen. **Sicherungsfall** ist hiernach die Eröffnung des Insolvenzverfahrens nach Maßgabe der §§ 16 ff. InsO. Darüber hinaus sind der Eröffnung des Insolvenzverfahrens die Sicherungsfälle der Abweisung des Antrags auf Eröffnung des Insolvenzverfahrens mangels Masse wie auch der vollständigen Beendigung der Betriebstätigkeit im Inland, wenn ein Antrag auf Eröffnung des Insolvenzverfahrens nicht gestellt worden ist und ein Insolvenzverfahren offensichtlich mangels Masse nicht in Betracht kommt, gleichzustellen.

Die Verpflichtung zur Vereinbarung eines Insolvenzschutzes in der Wertguthabenvereinbarung greift zum einen nach Abs. 1 S. 1 Nr. 1 nur ein, soweit ein Anspruch auf **Insolvenzgeld** nicht besteht. Der Anspruch auf Insolvenzgeld ist in den Vorschriften der §§ 183 ff. SGB III geregelt. Hiernach haben AN bei Eintritt eines Insolvenzereignisses Anspruch auf Insolvenzgeld, wenn sie für die vorausgehenden drei Monate des Arbverh noch Ansprüche auf Arbeitsentgelt haben (§ 183 Abs. 1 S. 1 SGB III). Gem. § 183 Abs. 1 S. 4 SGB III gilt als Arbeitsentgelt für Zeiten, in denen auch während der Freistellung eine Beschäftigung gegen Arbeitsentgelt besteht (§ 7 Abs. 1a), der aufgrund der schriftlichen Vereinbarung zur Bestreitung des Lebensunterhalts in dem jeweiligen Zeitraum bestimmte Betrag. Die Voraussetzung des § 7 Abs. 1e S. 1 Nr. 1 kann sinnvoll nur dahin verstanden werden, dass im Zeitpunkt des Abschlusses der Wertguthabenvereinbarung prospektiv zu beurteilen und zu entscheiden ist, ob die geplante Freistellungsphase voraussichtlich den Zeitraum übersteigen wird, für den nach Maßgabe des § 183 SGB III ein Anspruch auf Insolvenzgeld besteht.[12]

Zum anderen greift die Verpflichtung zur Insolvenzsicherung gem. Abs. 1 S. 1 Nr. 2 nur ein, wenn das Wertguthaben des Beschäftigten einschließlich des darin enthaltenen Gesamtsozialversicherungsbeitrags einen Betrag i.H.d. **monatlichen Bezugsgröße** übersteigt. Für das Jahr 2009 beträgt die in § 18 geregelte monatliche Bezugsgröße 2.520 EUR (West) und 2.135 EUR (Ost). Für die Beurteilung des Vorliegens dieser Voraussetzung ist gleichfalls i.S. einer prospektiven Betrachtung bezogen auf den Zeitpunkt des Abschlusses der Wertguthabenvereinbarung darauf abzustellen, ob durch die zugrunde liegenden Vorstellungen das Wertguthaben in der Ansparphase die monatliche Bezugsgröße überschreiten wird.[13] Darüber hinaus ist die Bezugsgröße im Zeitpunkt des Abschlusses der Wertguthabenvereinbarung maßgebend, nicht die zu dem Zeitpunkt geltende Bezugsgröße, zu dem das Wertguthaben

---

8 Siehe auch *Ulbrich/Rihn*, DB 2009, 1466 ff. (1469); *Jacobsen*, ZTR 2009, 115 ff. (118).

9 Insoweit zutreffend *Cisch/Ulbrich*, BB 2009, 550 ff. (554).

10 Siehe *Cisch/Ulbrich*, BB 2009, 550 ff. (554); *Marburger*, DöD 2009, 81 ff. (82).

11 Siehe BT-Drucks 16/10289, S. 16; Gemeinsames Rundschreiben der Spitzenorganisationen der SV, 2009, 27; *Cisch/Ulbrich*, BB 2009, 550 ff. (554); *Ulbrich/Rihn*, DB 2009, 1466 ff. (1469); *Langohr-Plato/Sopora*, NZA 2008, 1377 ff. (1380).

12 Zutreffend Gemeinsames Rundschreiben der Spitzenorganisationen der SV, 2009, 28; siehe auch KassKomm/*Seewald*, § 7d SGB IV Rn 8; a.A. *Ulbrich/Rihn*, DB 2009, 1466 ff. (1469).

13 Siehe Gemeinsames Rundschreiben der Spitzenorganisationen der SV, 2009, 28; a.A. *Ulbrich/Rihn*, DB 2009, 1466 ff. (1469).

erstmals die monatliche Bezugsgröße übersteigt.[14] Des Weiteren ist das insgesamt angesparte Wertguthaben gegen das Risiko der Insolvenz des AG abzusichern, nicht nur der Betrag, der die monatliche Bezugsgröße übersteigt.[15] Das folgt aus der in Abs. 1 S. 1 niedergelegten Verpflichtung zu einer „vollständigen Absicherung" wie auch daraus, dass das „soweit" des zweiten Halbsatzes von Abs. 1 S. 1 nur auf die Voraussetzung der Nr. 1, nicht aber auf das Erfordernis des Überschreitens der Bezugsgröße nach Nr. 2 bezogen ist.

11 Nach Abs. 1 S. 2 kann in einem TV oder aufgrund eines TV in einer BV ein von dem Betrag i.H. der monatlichen Bezugsgröße abweichender Betrag vereinbart werden. Hiernach steht das Eingreifen der Verpflichtung zur Insolvenzsicherung zur Disposition der TV-Parteien, soweit es um die Voraussetzung der Höhe des Wertguthabens, bei deren Überschreiten Vorkehrungen zum Insolvenzschutz zu treffen sind, geht. Die Zulässigkeit einer Abweichung durch BV von Abs. 1 S. 1 Nr. 2 setzt voraus, dass ein seinem räumlichen, fachlichen und persönlichen Geltungsbereich nach einschlägiger TV eine entsprechende **Öffnungsklausel** (§ 77 Abs. 3 S. 2 BetrVG) enthält. Abs. 1 S. 2 lässt Abweichungen sowohl zum Nachteil wie auch zum Vorteil der betroffenen AN zu.

II. Art des Insolvenzschutzes

12 Im Ausgangspunkt besteht für die Parteien der Wertguthabenvereinbarung **Vertragsfreiheit** hinsichtlich der Art des Insolvenzschutzes, sprich der Wahl des Sicherungsmittels. Allerdings haben sie die in Abs. 2 und Abs. 3 (siehe Rn 21) aufgestellten Vorgaben zu beachten, durch die ein ausreichender Insolvenzschutz gewährleistet werden soll. Hiernach wird für die Sicherung von Wertguthaben gegen das Risiko der Insolvenz des AG grundsätzlich vorgeschrieben, dass die Wertguthaben durch einen Dritten zu führen sind. Davon abweichend kann bei Führung der Wertguthaben durch den AG die Absicherung auch durch andere geeignete Sicherungsformen erfolgen.

13 Gem. Abs. 2 S. 1 sind zur Erfüllung der Verpflichtung nach Abs. 1 Wertguthaben grundsätzlich unter **Ausschluss der Rückführung** durch einen Dritten zu führen, der im Fall der Insolvenz des AG für die Erfüllung der Ansprüche aus dem Wertguthaben für den AG einsteht, wobei beispielhaft ausdrücklich die Gestaltung eines Treuhandverhältnisses hervorgehoben wird, das die unmittelbare Übertragung des Wertguthabens in das Vermögen des Dritten und die Anlage des Wertguthabens auf einem offenen Treuhandkonto oder in anderer geeigneter Weise sicherstellt. Prinzipielles Ziel der Vorgabe dieses Sicherungsweges ist die Trennung der Wertguthaben von dem übrigen Vermögen des AG, um die **Insolvenzfestigkeit** der Wertguthaben zu gewährleisten.[16]

14 Der AG hat für den Fall der Absicherung durch ein **Treuhandmodell** mit einem Dritten einen Treuhandvertrag zu schließen, auf dessen Grundlage die Wertguthaben unmittelbar in das Vermögen des Dritten bzw. Treuhänders übertragen werden. Dieser wird mithin treuhänderisch gebundener Inhaber der Wertguthaben mit der Konsequenz, dass eine Insolvenz des AG auf die rechtlich dem Treuhänder zugewiesenen Wertguthaben keine Auswirkungen hat. Die Verpflichtung zur Übertragung des Wertguthabens auf den Treuhänder beinhaltet die Übertragung des Bruttoentgelts und des darauf entfallenden Anteils des AG am Gesamtsozialversicherungsbeitrag.[17] Auf der Grundlage des Treuhandvertrages muss des Weiteren die Verpflichtung des Treuhänders geregelt werden, die Anlage des Wertguthabens auf einem offenen Treuhandkonto oder in anderer geeigneter Weise sicherzustellen. Von einem offenen Treuhandkonto wird dann gesprochen, wenn der Treuhänder bei der Errichtung des Treuhandkontos dem Kreditinstitut gegenüber offenlegt, dass das Konto ausschließlich zur Aufnahme von fremden Geldern bestimmt ist, die der Kontoinhaber nur in seiner Funktion als Treuhänder erhält.[18]

15 Die Rückführung der Wertguthaben muss für den Fall einer Führung durch Dritte ausgeschlossen sein. Dieses im Hinblick auf den Begriff der Insolvenzmasse (§ 35 InsO)[19] bedeutsame Erfordernis hindert allerdings nicht, dass der Treuhänder aus dem Treuhandkonto Zahlungen an den AG vornimmt, wenn dieser im Zusammenhang mit einer verwendungsbezogenen Entsparung des Wertguthabens oder bei Eintritt eines Störfalls Arbeitsentgelt an den Beschäftigten auszahlt und die hierauf entfallenden Sozialversicherungsbeiträge sowie Steuern entrichtet (zum Begriff des Störfalls siehe § 23b Rn 2 ff.).[20] Der wesentliche Grund hierfür besteht darin, dass mit der arbeitgeberseitigen Erfüllung der Verpflichtungen aus der Wertguthabenvereinbarung im Umfang der erbrachten Zahlungen ein Bedürfnis zur Insolvenzsicherung nicht mehr besteht.[21]

---

14 Zutreffend KassKomm/*Seewald*, § 7d SGB IV Rn 10.
15 So aber *Cisch/Ulbrich*, BB 2009, 550 ff. (554); *Ulbrich/Rihn*, DB 2009, 1466 ff. (1469).
16 Siehe BT-Drucks 16/10289, S. 16 f.
17 Siehe BT-Drucks 16/10289, S. 17; Gemeinsames Rundschreiben der Spitzenorganisationen der SV, 2009, 27.
18 Siehe zum Begriff näher Schimansky/Bunt/Lwowski/ *Lwowski*, Bankrechts-Handbuch, § 37 Rn 39 m.N. aus der Rspr.

19 Siehe dazu näher *Schumacher*, in: Frankfurter Kommentar zur InsO, § 35 Rn 5 f.
20 Siehe *Ulbrich/Rihn*, DB 2009, 1466 ff. (1470); *Rolfs/Witschen*, NZS 2009, 295 ff. (301); *Hanau/Veit*, NJW 2009, 182 ff. (185); *Langohr-Plato/Sopora*, NZA 2008, 1377 ff. (1380); *Cisch/Ulbrich*, BB 2009, 550 ff. (555); Gemeinsames Rundschreiben der Spitzenorganisationen der SV, 2009, 28.
21 Siehe *Hanau/Veit*, NJW 2009, 182 ff. (185); *Ulbrich/Rihn*, DB 2009, 1466 ff. (1470).

Der Treuhänder bzw. Dritte muss im Fall der Insolvenz des AG für die Erfüllung der Ansprüche aus dem Wertguthaben für den AG einstehen. Das bedeutet, dass der Dritte im Sicherungsfall die gegen den AG aus dem Wertguthaben bestehenden Ansprüche der Beschäftigten sowie der Sozialversicherungsträger und des Fiskus zu befriedigen hat.[22]

Gem. Abs. 2 S. 2 können die Parteien in der Wertguthabenvereinbarung nach § 7b auch ein anderes, einem Treuhandverhältnis i.S.v. Abs. 2 S. 1 gleichwertiges Sicherungsmittel vereinbaren. Ausdrücklich werden insoweit beispielhaft die Vereinbarung eines **Versicherungsmodells**, eines **schuldrechtlichen Verpfändungsmodells** oder eines **Bürgschaftsmodells** genannt, wobei jeweils eine ausreichende Sicherung gegen Künd gewährleistet sein muss.

Die Regelung macht deutlich, dass die in Abs. 1 angeordnete Verpflichtung zur Vereinbarung eines Insolvenzschutzes nicht ausschließt, dass der AG die Wertguthaben selbst führt, mithin also die Übertragung der Wertguthaben auf einen Dritten nicht unabdingbare Voraussetzung für einen den gesetzlichen Anforderungen genügenden Insolvenzschutz ist. Im Falle der Führung der Wertguthaben durch den AG muss allerdings ein der Führung durch einen Dritten gleichwertiges Sicherungsmittel vereinbart werden. Von **Gleichwertigkeit des Sicherungsmittels** kann nur gesprochen werden, wenn entsprechend der Zielsetzung des Gesetzgebers bei Eintritt des Sicherungsfalles gewährleistet ist, dass trotz Führung der Wertguthaben durch den AG und deren grundsätzlicher Zugehörigkeit zur Insolvenzmasse (§ 35 InsO) im Insolvenzfall die gegen den AG bestehenden Ansprüche der Beschäftigten sowie der Sozialversicherungsträger und des Fiskus gedeckt sind.[23]

Die beispielhaft genannten Versicherungsmodelle und Bürgschaftsmodelle genügen dieser Anforderung aufgrund der Leistungspflicht des Versicherers bzw. des Bürgen bei Eintritt der Insolvenz des AG als Versicherungsfall bzw. Bürgschaftsfall. Bei der Wahl eines, wie es im Gesetz heißt, schuldrechtlichen Verpfändungsmodells als Sicherungsmittel ist die Gleichwertigkeit im Hinblick auf das aus § 50 Abs. 1 InsO folgende Absonderungsrecht der Pfandgläubiger (Beschäftigte, Sozialversicherungsträger, Fiskus) gewährleistet.[24] Des Weiteren können Sicherungsübereignungen und Sicherungszessionen im Hinblick auf das nach § 51 Nr. 1 InsO bestehende Absonderungsrecht als gleichwertige Sicherungsmittel eingeordnet werden.[25]

Die im Gesetz beispielhaft ausdrücklich genannten gleichwertigen Sicherungsmittel in Gestalt etwa eines Versicherungsmodells müssen nach Abs. 2 S. 2 eine ausreichende **Sicherung gegen Künd** vorsehen. Dieses Erfordernis ist auf das Verhältnis zwischen dem AG als Sicherungsnehmer und dem jeweiligen Sicherungsgeber (z.B. Versicherer, Bürge) bezogen und insoweit auf eine zu vereinbarende Beschränkung der Kündmöglichkeit des Sicherungsgebers gerichtet.[26] Das folgt gesetzessystematisch daraus, dass es bereits nach Abs. 8 den Parteien der Wertguthabenvereinbarung und insoweit insb. dem Vorkehrungen zum Insolvenzschutz durchführenden AG unter anderem untersagt ist, diese Vorkehrungen, sprich Sicherungsmittel vor der bestimmungsgemäßen Auflösung des Wertguthabens zu kündigen.[27]

III. Ausgeschlossene Sicherungsmittel

In der Regelung des Abs. 3 werden bestimmte unternehmensinterne und konzerninterne Sicherungsmittel ausdrücklich als ausreichende Möglichkeiten zur Erfüllung der in Abs. 1 angeordneten Verpflichtung zum Insolvenzschutz ausgeschlossen. Hierbei handelt es sich um **bilanzielle Rückstellungen** (§ 266 Abs. 3 B. HGB), Einstandspflichten von Konzernunternehmen i.S.d. § 18 AktG begründete Einstandspflichten, wobei insoweit Bürgschaften, **Patronatserklärungen**[28] und Schuldbeitritte hervorgehoben werden. Die Vorschrift des Abs. 3 ist § 8a Abs. 1 S. 2 AltersteilzeitG nachgebildet (siehe auch § 8a AltersteilzeitG Rn 15 f.).[29] Der wesentliche Grund für den Ausschluss der in Abs. 3 genannten unternehmensinternen und konzerninternen Sicherungsmittel liegt darin, dass sich diese Vorkehrungen in der Praxis als untauglich erwiesen haben, einen ausreichenden Insolvenzschutz von Wertguthaben zu gewährleisten.[30] Von dem Ausschluss nach Abs. 3 nicht erfasst werden Sicherungsmittel, welche die AG selbst als Sicherungsprodukte am Markt anbieten[31] (siehe auch § 8a AltersteilzeitG Rn 16). So kann ein Versicherungsunternehmen, das am Markt (unter anderem) Rückdeckungsversicherungen anbietet, dieses Sicherungsmittel auch für den Insolvenzschutz von Wertguthaben der eigenen Beschäftigten nutzen.[32]

---

22 Gemeinsames Rundschreiben der Spitzenorganisationen der SV, 2009, 28; siehe auch *Hanau/Veit*, NJW 2009, 182 ff. (185).

23 Zur Zielsetzung der Verpflichtung zum Insolvenzschutz von Wertguthaben siehe BT-Drucks 16/10289, S. 16 f.

24 Siehe *Cisch/Ulbrich*, BB 2009, 550 ff. (555); zum Absonderungsrecht nach § 50 Abs. 1 InsO *Smid/Lindenberg*, DZWIR 2006, 133 ff. (134), hier zu Verpfändungsmodellen im Rahmen von § 8a ATG; siehe auch ErfK/*Rolfs*, § 8a AltersteilzeitG Rn 5.

25 *Cisch/Ulbrich*, BB 2009, 550 ff. (555).

26 Siehe *Rolfs/Witschen*, NZS 2009, 295 ff. (301); offen z.B. *Hanau/Veit*, NJW 2009, 182 ff. (185).

27 Siehe auch *Rolfs/Witschen*, NZS 2009, 295 ff. (301); *Marburger*, DöD 2009, 81 ff. (83); *Jacobsen*, ZTR 2009, 115 ff. (118).

28 Siehe näher zum Begriff und zur Bedeutung der Patronatserklärung als Sicherungsmittel Schimansky/Bunte/Lwowski/*Merkel*, Bankrechts Handbuch, § 98 Rn 8 ff.

29 Siehe BT-Drucks 16/10289, S. 17.

30 BT-Drucks 16/10289, S. 17.

31 Gemeinsames Rundschreiben der Spitzenorganisationen der SV, 2009, 28.

32 So das Beispiel in Gemeinsames Rundschreiben der Spitzenorganisationen der SV, 2009, 28.

IV. Unterrichtungspflicht

22 Gem. Abs. 4 hat der AG den Beschäftigten unverzüglich über die Vorkehrungen zum Insolvenzschutz in geeigneter Weise schriftlich zu unterrichten, wenn das Wertguthaben die in Abs. 1 S. 1 Nr. 2 genannten Voraussetzungen erfüllt. Mit dieser Regelung wird inhaltlich an § 7b Abs. 3 a.F.[33] angeknüpft, allerdings mit dem Unterschied, dass jetzt nicht mehr von einer „alsbaldigen" sondern einer **„unverzüglichen" Unterrichtung** die Rede ist. Die Orientierung an § 121 BGB soll sicherstellen, dass bei Vorliegen der Voraussetzungen die Unterrichtung durch den AG ohne schuldhaftes Zögern erfolgt.[34]

23 Zur Unterrichtung verpflichtet ist der AG, insoweit korrespondiert die Regelung des Abs. 4 mit Abs. 1 S. 1, wonach die in der Wertguthabenvereinbarung getroffenen Vorkehrungen durch den AG zu erfüllen sind. Adressat der arbeitgeberseitigen Unterrichtungspflicht ist der Beschäftigte.[35] Das ist der an der Wertguthabenvereinbarung als Vertragspartner beteiligte AN.

24 **Gegenstand** der Unterrichtung sind die **Vorkehrungen zum Insolvenzschutz**. Im Hinblick darauf, dass nach Abs. 1 S. 1 die Parteien der Wertguthabenvereinbarung in dieser Vereinbarung die Vorkehrungen zum Insolvenzschutz festzulegen haben (siehe Rn 5), kann in Abs. 4 nur die arbeitgeberseitig zu realisierende Durchführung des festgelegten Insolvenzschutzes, d.h., die Vornahme bzw. der Abschluss der Insolvenzsicherung gemeint sein.[36] Dieser Bezugspunkt der Unterrichtungspflicht korrespondiert auch mit der Sanktionsregelung des Abs. 5, wo von dem Nachweis des AG bezogen auf „die Erfüllung seiner Verpflichtung zu Insolvenzsicherung des Wertguthabens" gesprochen wird (zu Abs. 5 siehe Rn 28).

25 Die Unterrichtungspflicht greift ein, wenn das Wertguthaben die in Abs. 1 S. 1 Nr. 2 genannten Voraussetzungen erfüllt. Diese liegen vor, wenn das Wertguthaben des Beschäftigten einschließlich des darin enthaltenen Gesamtsozialversicherungsbeitrags einen Betrag i.H. der monatlichen Bezugsgröße (§ 18) übersteigt. Hiernach hat der AG in dem Zeitpunkt, in welchem das Wertguthaben, sprich das eingebrachte Bruttoarbeitsentgelt einschließlich des darauf entfallenden Anteils des AG am Gesamtsozialversicherungsbeitrag, die monatliche Bezugsgröße überschreitet, den Beschäftigten unverzüglich (§ 121 BGB) über die zur Erfüllung der Insolvenzschutzvorkehrungen getroffenen Maßnahmen zu unterrichten.

26 Bzgl. der Anforderungen an die Unterrichtung spricht Abs. 4 davon, dass diese in geeigneter Weise schriftlich zu erfolgen hat. Damit verlangt das Gesetz für die Unterrichtung die Beachtung der **Schriftform** (§ 126 BGB),[37] anders als bei § 7d Abs. 2 (siehe § 7d Rn 9) ist Textform nicht genügend. Mit dem Kriterium einer Unterrichtung in geeigneter Weise räumt das Gesetz dem AG Spielraum ein, ob er jeden AN unmittelbar persönlich unter Einhaltung der Schriftform informiert oder die Unterrichtung bei Beachtung der Schriftform allgemein etwa mittels eines Aushangs vornimmt.[38]

27 Die Unterrichtungspflicht gilt auch bezogen auf den Insolvenzschutz von Wertguthaben, die bereits auf der Grundlage einer vor dem 1.1.2009 geschlossenen Wertguthabenvereinbarung aufgebaut worden sind. Mit Ausnahme der Regelungen des Abs. 5 und Abs. 6, die gem. § 116 Abs. 3 hinsichtlich der vorgenannten Wertguthabenvereinbarungen[39] erst ab dem 1.6.2009 gelten, finden die übrigen Regelungen des § 7e und damit auch die Verpflichtung zur Unterrichtung i.S.d. Abs. 4 ab dem 1.1.2009 Anwendung.[40]

V. Kündigungsrecht des Beschäftigten

28 Abs. 5 regelt ein Recht des Beschäftigten zur Künd der Wertguthabenvereinbarung i.S.v. § 7b mit der Folge, dass das Wertguthaben nach Maßgabe des § 23b aufzulösen ist. Das hiernach gesetzlich eingeräumte **Sonderkündrecht**[41] hat zur Voraussetzung, dass der Beschäftigte den AG schriftlich aufgefordert hat, seinen Verpflichtungen nach Abs. 1 bis Abs. 3 nachzukommen und der AG dem Beschäftigten nicht innerhalb von zwei Monaten nach der Aufforderung die Erfüllung seiner Verpflichtung zur Insolvenzsicherung des Wertguthabens nachweist. Das gesetzgeberische Ziel der Einräumung eines Sonderkündrechts für die Beschäftigten mit der Folge der Auflösung des Wertguthabens besteht darin, den Beschäftigten bei Nichterfüllung der in der Wertguthabenvereinbarung festgelegten Insolvenzschutzvorkehrungen durch den AG eine **Sanktionsmöglichkeit** an die Hand zu geben.[42]

---

33 I.d.F.v. Art. 1 Nr. 4 und 5 des Gesetzes zur Änderung des Vierten Buches SGB und anderer Gesetze v. 19.12.2007 (BGBl 2007 I S. 3024).
34 BT-Drucks 16/10289, S. 17.
35 In § 7b Abs. 3 a.F. wurde davon gesprochen, dass der AG „die Beschäftigten" zu unterrichten hat.
36 Siehe auch BT-Drucks 16/10289, S. 17.
37 Siehe dazu näher *Boecken*, BGB-AT, Rn 375 ff.
38 Vgl. KassKomm/*Seewald*, § 7d Rn 16.
39 Das in § 116 Abs. 3 genannte Datum des 31.12.2008 scheint ein Redaktionsversehen zu sein.
40 Siehe zum Inkrafttreten Art. 7 Abs. 1 des Gesetzes zur Verbesserung der Rahmenbedingungen für die Absicherung flexibler Arbeitszeitregelungen und zur Änderung anderer Gesetze v. 21.12.2008 (BGBl 2008 I S. 2940).
41 Siehe *Ulbrich/Rihn*, DB 2009, 1466 ff. (1470); *Cisch/Ulbrich*, BB 2009, 550 ff. (555); *Schlegel*, jurisPR-SozR 3/209, Anm. 4, sub. 4. e); *Huke/Lepping*, ZIP 2009, 1204 ff. (1207).
42 Siehe BT-Drucks 16/10289, S. 17.

Der Beschäftigte muss den AG schriftlich auffordern, seinen Verpflichtungen nach Abs. 1 bis Abs. 3 nachzukommen. Für die Einhaltung der **Schriftform** sind die Anforderungen des § 126 BGB maßgebend. Bezogen auf den Inhalt einer Abs. 5 genügenden Aufforderung enthält das Gesetz keine konkreten Vorgaben. Der Beschäftigte wird dem AG gegenüber zumindest deutlich machen müssen, dass und warum er die dem AG nach Abs. 1 bis Abs. 3 obliegenden Verpflichtungen als nicht erfüllt ansieht. Dieser Mindestinhalt der Aufforderung folgt aus der im Gesetz jedenfalls festgelegten Zielrichtung, den AG zur Einhaltung der Verpflichtung zum Insolvenzschutz anzuhalten. 29

Liegt eine den vorgenannten form- und inhaltlichen Anforderungen genügende wirksame Aufforderung des Beschäftigten vor, so setzt das Sonderkündrecht weiter voraus, dass der AG dem Beschäftigten nicht innerhalb von zwei Monaten nach der Aufforderung die Erfüllung seiner Verpflichtung zur Insolvenzsicherung nachweist. Die **Nachweispflicht von zwei Monaten** beginnt mit dem Zugang der schriftlichen Aufforderung bei dem AG unter Anwendung der §§ 187 Abs. 1, 188 Abs. 2, Alt. 1 BGB zu laufen. Im Unterschied zur Aufforderung schreibt das Gesetz für den arbeitgeberseitigen Nachweis keine bestimmte Form vor. Angesichts der Bedeutung des Nachweises und der unter Umständen gerichtlichen Überprüfung seiner erfolgreichen Führung ist es für den AG allerdings angeraten, den Nachweis schriftlich zu erbringen. 30

Inhaltlich hat der AG die Erfüllung seiner Verpflichtung zur Insolvenzsicherung nachzuweisen. Insoweit kommt es nicht auf die Sicht des Beschäftigten, sondern allein darauf an, ob die arbeitgeberseits nach Maßgabe des Abs. 1 bis Abs. 3 zu erfüllenden Vorkehrungen zur Absicherung des Wertguthabens für den Insolvenzfall gegeben sind. Nur bei einer **objektiv festzustellenden Verletzung** der genannten gesetzlichen Vorgaben ist der Nachweis nicht geführt. Nicht erforderlich, aber auch nicht ausreichend für das Sonderkündrecht ist eine Verletzung der nach Abs. 4 bestehenden Unterrichtungspflicht.[43] Abs. 5 knüpft das Recht zur Künd ausdrücklich allein an den fehlenden Nachweis der in Abs. 1 bis Abs. 3 bestimmten Verpflichtungen. 31

Liegen die Voraussetzungen des Abs. 5 vor, dann kann der Beschäftigte die Vereinbarung nach § 7b mit sofortiger Wirkung kündigen. Dieses **Sonderkündrecht** ist ein Recht zur fristlosen Künd. Die Einhaltung einer bestimmten Form ist nicht vorgeschrieben. Wegen der erheblichen Folgen der Künd und zur Vermeidung von Beweisproblemen sollte die Künd jedoch nur schriftlich erfolgen. Wird die Künd vor Ablauf des Nachweiszeitraums von zwei Monaten erklärt, dann ist sie unwirksam. Denn vor dem Ablauf der Frist hat der Beschäftigte kein Kündrecht, dieses entsteht erst mit Ablauf der Nachweisfrist. 32

Wenn Abs. 5 von der Künd der „Vereinbarung nach § 7b" spricht, kann damit nur eine auf individualvertraglicher Ebene geschlossene Wertguthabenvereinbarung gemeint sein. Kollektivvertraglich getroffene Wertguthabenvereinbarungen können von dem Beschäftigten nicht gekündigt werden. Insoweit scheitert das Sonderkündrecht bereits an der fehlenden Vertragspartnerstellung. Jedoch kommt dem Kündrecht im Falle kollektivvertraglicher Begründung der Wertguthabenvereinbarung dahingehend Bedeutung zu, dass bei Vorliegen der Voraussetzungen des Abs. 5 der in diesen Fällen wegen der Unzulässigkeit kollektivvertraglich getroffener Lohnverwendungsabreden auf individualrechtlicher Ebene erforderliche Umsetzungsakt in Gestalt einer zwischen AG und AN zusätzlich erforderlichen Vereinbarung über den Aufbau eines Wertguthabens gekündigt werden kann (siehe § 7b Rn 2). 33

Die wirksame Künd hat gem. Abs. 5, Hs. 2 zur Folge, dass das Wertguthaben nach Maßgabe des § 23b Abs. 2 aufzulösen ist. Das bedeutet, dass die auf das im Wertguthaben enthaltene Arbeitsentgelt entfallenden Sozialversicherungsbeiträge nach § 23b Abs. 2 sofort fällig werden (siehe § 23b Rn 11). Des Weiteren hat die **Auflösung** zur Folge, dass das im Wertguthaben angesparte Arbeitsentgelt an den AN auszuzahlen ist, denn mit der Künd der Wertguthabenvereinbarung fällt unter anderem die Stundungsabrede weg. Die Auszahlung des dann fälligen Arbeitsentgelts löst wiederum gem. dem steuerrechtlich maßgebenden Zuflussprinzip die Besteuerung aus. 34

Nach § 116 Abs. 3 gilt Abs. 5 mit Wirkung ab dem 1.6.2009 für Wertguthabenvereinbarungen nach § 7b, die vor dem 31.12.2008[44] ohne Vorkehrungen i.S.d. Abs. 1 und Abs. 2 für den Fall der Insolvenz des AG geschlossen worden sind (siehe § 116 Rn 5). In diesen Fällen kann das Sonderkündrecht mithin frühestens ab dem 1.8.2009 ausgeübt werden. 35

VI. Prüfung des zuständigen Rentenversicherungsträgers und Unwirksamkeit der Wertguthabenvereinbarung

Neben Abs. 5 (siehe Rn 28) enthält auch Abs. 6 rechtliche Konsequenzen für den Fall einer ungenügenden Sicherung von Wertguthaben gegen das Risiko der Insolvenz des AG. Stellt der zuständige **Rentenversicherungsträger** im Rahmen einer **Betriebsprüfung** nach § 28p einen ungenügenden Insolvenzschutz i.S.v. Abs. 6 S. 1 fest, dann hat der Rentenversicherungsträger nach Abs. 6 S. 1 auf der Grundlage von § 28p Abs. 1 S. 5 einen Prüfbescheid zu erlassen, in welchem er den in dem Wertguthaben enthaltenen und vom AG zu zahlenden Gesamtsozialversicherungsbeitrag ausweist. Gelingt dem AG binnen zwei Monaten der Nachweis, dass er den Anforderungen nach Abs. 1 nachgekommen ist, dann entfällt gem. Abs. 6 S. 2 die Verpflichtung zur sofortigen Zahlung des Gesamtsozialversicherungsbeitrags. An- 36

---

43 Siehe auch *Ulbrich/Rihn*, DB 2009, 1466 ff. (1470); a.A. Gemeinsames Rundschreiben der Spitzenorganisationen der SV, 2009, 29.

44 Richtig muss es wohl 1.1.2009 heißen.

derenfalls bestimmt Abs. 6 S. 3, dass die Wertguthabenvereinbarung nach § 7b als von Anfang an unwirksam anzusehen und das Wertguthaben aufzulösen ist.

37 Ziel dieser Regelung ist es nach der Gesetzesbegründung, den Vertragsparteien die Konsequenzen eines fehlenden Insolvenzschutzes zu verdeutlichen.[45] Mit den gesetzlich angeordneten Folgen der sofortigen Zahlbarkeit des Gesamtsozialversicherungsbeitrags und der Unwirksamkeit der Wertguthabenvereinbarung wird die in Abs. 6 S. 1 präzisierte Nichterfüllung der Insolvenzschutzvorkehrungen öffentlich-rechtlich und zivilrechtlich sanktioniert.

38 Voraussetzung für den Erlass eines Prüfbescheids des zuständigen Rentenversicherungsträgers auf der Grundlage von § 28p Abs. 1 S. 5 mit dem in Abs. 6 S. 1 bestimmten Inhalt ist die im Rahmen einer Betriebsprüfung nach § 28p erfolgte Feststellung eines ungenügenden Insolvenzschutzes i.S.v. Abs. 6 S. 1. Im Unterschied zu der Sanktionsregelung des Abs. 5 wird nicht an eine Verletzung der nach Abs. 1 bis Abs. 3 bestehenden Verpflichtungen des AG angeknüpft. Vielmehr werden in Abs. 6 S. 1 konkret vier Fallkonstellationen ungenügender Insolvenzsicherung benannt, deren Vorliegen jeweils für sich den prüfenden Rentenversicherungsträger zum Erlass eines Prüfbescheids i.S.d. Abs. 6 S. 1 verpflichten. Die ausdrücklich genannten Fälle ungenügender Insolvenzsicherung stellen allein Verstöße gegen die in Abs. 1 i.V.m. Abs. 3 bestimmten Vorgaben dar, wie aus der Zusammenschau von Abs. 6 S. 2 und Abs. 6 S. 1 Nr. 2 hervorgeht. Ein Verstoß gegen die in Abs. 2 bestimmten Anforderungen an den Insolvenzschutz kann die Sanktionsfolge des Abs. 6 nicht auslösen.[46]

39 Der Rentenversicherungsträger hat einen Prüfbescheid nach § 28p Abs. 1 S. 5 zunächst dann zu erlassen, wenn er feststellt, dass für ein Wertguthaben **keine Insolvenzschutzregelung** getroffen worden ist (Abs. 6 S. 1 Nr. 1). Des Weiteren hat er entsprechend vorzugehen, wenn zur Erfüllung der Insolvenzschutzvorkehrungen **ungeeignete Sicherungsmittel** i.S.v. Abs. 3 gewählt worden sind (Abs. 6 S. 1 Nr. 2). Darüber hinaus werden die Sanktionsfolgen ausgelöst, wenn die Sicherungsmittel in ihrem Umfang das **Wertguthaben** von mehr als 30 % **unterschreiten** (Abs. 6 S. 1 Nr. 3). Das Wertguthaben umfasst das eingebrachte Bruttoarbeitsentgelt und den darauf entfallenden Anteil des AG am Gesamtsozialversicherungsbeitrag (siehe Rn 1). Schließlich hat der Rentenversicherungsträger nach Abs. 6 S. 1 vorzugehen, wenn die Sicherungsmittel den im Wertguthaben enthaltenen **Gesamtsozialversicherungsbeitrag nicht umfassen** (Abs. 6 S. 1 Nr. 4). Die eigenständige Bedeutung dieser Fallkonstellation im Verhältnis zu der ungenügenden Sicherung i.S.d. Abs. 6 S. 1 Nr. 3 ist nicht ohne weiteres klar. Denn die Fallkonstellation der Nr. 4 wird bereits von der Nr. 3 erfasst, wenn der Gesamtsozialversicherungsbeitrag i.S.v. § 28d bezogen auf den Gesamtbetrag des Wertguthabens mehr als 30 % ausmacht. Eine eigenständige Bedeutung kommt der Nr. 4 jedenfalls dann zu, wenn das gewählte Sicherungsmittel inhaltlich nur auf bestimmte Bestandteile des Wertguthabens unter Ausschluss jedenfalls des Gesamtsozialversicherungsbeitrags bezogen ist.

40 Alle in Abs. 6 S. 1 ausdrücklich bezeichneten Fallkonstellationen sind dadurch gekennzeichnet, dass deren (Nicht-)Vorliegen für den prüfenden Rentenversicherungsträger relativ leicht feststellbar sind. Zugleich bewirkt die **abschließende Aufzählung** der für den Erlass eines Prüfbescheides i.S.v. Abs. 6 S. 1 in Betracht kommenden ungenügenden Insolvenzschutzmaßnahmen, dass sich die Prüfung des Rentenversicherungsträgers auf diese Fallkonstellationen zu beschränken hat und andere Defizite des Insolvenzschutzes den Rentenversicherungsträger nicht zum Erlass eines Prüfbescheides berechtigen.[47]

41 Stellt der prüfende Rentenversicherungsträger das Vorliegen eine der vorgenannten Fallkonstellationen ungenügenden Insolvenzschutzes fest, dann hat er in dem auf der Grundlage von § 28p Abs. 1 S. 5 zu erlassenden Prüfbescheid den in dem Wertguthaben enthaltenen und vom AG zu zahlenden Gesamtsozialversicherungsbeitrag auszuweisen. Mit der Bekanntgabe dieses Verwaltungsakts dem AG gegenüber[48] wird der Prüfbescheid wirksam.[49] Das hat zur Folge, dass der AG zur sofortigen Zahlung des bis zu diesem Zeitpunkt nach Maßgabe des § 23b Abs. 1 noch nicht fälligen Gesamtsozialversicherungsbeitrags verpflichtet ist, wie die Regelung des Abs. 6 S. 2 deutlich macht, in welcher die Voraussetzungen für ein Entfallen dieser Verpflichtung normiert sind.[50] Der Widerspruch des AG gegen den Prüfbescheid hat nach § 86a Abs. 2 Nr. 1 SGG keine aufschiebende Wirkung. Allerdings kann der Rentenversicherungsträger gem. § 86a Abs. 3 S. 1 entscheiden, die sofortige Vollziehung des Bescheides ganz oder teilweise auszusetzen. Im Hinblick auf die in Abs. 6 S. 2 geregelte Nachweismöglichkeit für den AG zur Vermeidung der Konsequenzen des Prüfbescheids ist das Ermessen des Rentenversicherungsträgers auf Null reduziert, die Vollziehung ist befristet[51] auf den Zeitpunkt des Ablaufs der **Nachweisfrist** auszusetzen.

42 Gem. Abs. 6 S. 2 entfällt die Verpflichtung zur sofortigen Zahlung des Gesamtsozialversicherungsbeitrags, wenn der AG dem Träger der Rentenversicherung innerhalb von zwei Monaten nach der Feststellung gem. Abs. 6 S. 1 nachweist, dass er seiner Verpflichtung nach Abs. 1 nachgekommen ist. Adressat des Nachweises ist der Rentenversiche-

---

45 Siehe BT-Drucks 16/10289, S. 18.
46 Siehe auch *Cisch/Ulbrich*, BB 2009, 550 ff. (556).
47 Vgl. auch Gemeinsames Rundschreiben der Spitzenorganisationen der SV, 2009, 29.
48 Siehe § 37 Abs. 1 SGB X.
49 § 39 Abs. 1 SGB X.

50 A.A. *Rolfs/Witschen*, NZS 2009, 295 ff. (301), wonach der Gesamtsozialversicherungsbeitrag erst nach Ablauf der Nachweisfrist sofort fällig werden soll; wie hier *Cisch/Ulbrich*, BB 2009, 550 ff. (556).
51 Siehe § 86a Abs. 3 S. 4 SGG.

rungsträger, der den Prüfbescheid erlassen hat. Das Gesetz schreibt für den **Nachweis des AG** keinen Formzwang vor. Angesichts der Bedeutung des Nachweises im Hinblick auf die in Abs. 6 S. 3 bestimmten Konsequenzen sollte der Nachweis allerdings schriftlich erbracht werden. Die Nachweisfrist von zwei Monaten beginnt mit Bekanntgabe des Prüfbescheids an den AG zu laufen.[52] Inhaltlich muss der AG den Nachweis führen, dass er die gem. Abs. 1 S. 1 zu erfüllenden Vorkehrungen zum Insolvenzschutz der Wertguthaben unter Beachtung auch des Abs. 3 getroffen hat. Gelingt der Nachweis fristgerecht, so entfällt die Verpflichtung zur sofortigen Zahlung des Gesamtsozialversicherungsbeitrags.

Sofern der AG den Nachweis nicht innerhalb der **Zweimonatsfrist** erbracht hat, ist gem. Abs. 6 S. 3 die Vereinbarung nach § 7b als von Anfang an unwirksam anzusehen. Des Weiteren ist das aufgebaute Wertguthaben aufzulösen. **43**

Damit ordnet das Gesetz im Unterschied zu Abs. 5 die **Nichtigkeit** der Vereinbarung nach § 7b **ex tunc** an. Mit der „Vereinbarung nach § 7b" kann allein die einzelvertraglich zwischen AG und AN getroffene Wertguthabenvereinbarung gemeint sein. Ist eine kollektivvertragliche Wertguthabenvereinbarung i.S.d. § 7b geschlossen worden, so kann die Nichtigkeitsfolge nur auf die in diesem Fall zusätzlich erforderliche (siehe § 7b Rn 4) Vereinbarung zwischen AG und AN über den Aufbau eines Wertguthabens nach Maßgabe der kollektivvertraglichen Grundlage bezogen sein. Ansonsten hätte es der einzelne AG in der Hand, die Unwirksamkeit einer kollektivvertraglichen Wertguthabenvereinbarung herbeizuführen. **44**

Die Nichtigkeit der Vereinbarung nach § 7b ex tunc hat zur Folge, dass der Aufbau des Wertguthabens mit den daran anknüpfenden Konsequenzen der Stundung eines Teils des Arbeitsentgelts unter Abweichung von § 614 S. 2 BGB sowie des Hinausschiebens der Fälligkeit der darauf entfallenden Gesamtsozialversicherungsbeiträge nach § 23b Abs. 1 ohne rechtlichen Grund erfolgt ist. Weder die Stundung des Arbeitsentgelts noch das Hinausschieben der Fälligkeit der Beiträge waren von einer wirksamen rechtlichen Grundlage getragen. Demzufolge hat die in Abs. 6 S. 3 angeordnete **Auflösung** des Wertguthabens **nach allgemeinen Vorschriften** zu erfolgen. **45**

Das bedeutet bezogen auf den Gesamtsozialversicherungsbeitrag, dass sich dessen Fälligkeit nach § 23 Abs. 1 S. 2 richtet. § 23b Abs. 2 ist nicht anwendbar, weil die hier besonders geregelte sog. „Störfallabrechnung" das Bestehen einer Wertguthabenvereinbarung voraussetzt, was jedoch wegen der ex tunc-Nichtigkeit nicht der Fall ist (siehe § 23b Rn 2 ff.).[53] Die Anwendung des § 23 Abs. 1 S. 2 hat zur Folge, dass die im Wertguthaben angesammelten Teile des Gesamtsozialversicherungsbeitrags jeweils spätestens am drittletzten Bankarbeitstag des Monats fällig gewesen sind, in dem die Beschäftigung, mit der das Arbeitsentgelt erzielt worden ist, ausgeübt wurde. Je nach Laufzeit des aufgebauten Wertguthabens kann das wiederum dazu führen, dass Gesamtsozialversicherungsbeiträge gem. § 25 Abs. 1 S. 1 verjährt sind.[54] Der Nachweis einer vorsätzlichen Beitragsvorenthaltung mit einer daran anknüpfenden Verjährungsfrist von 30 Jahren (§ 25 Abs. 1 S. 2) dürfte kaum gelingen. **46**

Im Verhältnis zum AN hat der AG das im Wertguthaben aufgebaute Arbeitsentgelt auszuzahlen. Insoweit führt die ex tunc-Nichtigkeit der Wertguthabenvereinbarung dazu, dass die Auszahlung des Arbeitsentgelts nicht wirksam gestundet war. Damit war das monatlich bemessene und erdiente Arbeitsentgelt gem. § 614 S. 2 BGB mit Ablauf des jeweiligen Monats fällig. Je nach Laufzeit des Wertguthabens im Zeitpunkt der Auflösung kann deshalb ein Teil der angesammelten jeweiligen Ansprüche auf Arbeitsentgelt nach §§ 195, 199 Abs. 1 BGB verjährt sein. **47**

Mit der Auszahlung des Arbeitsentgelts sind auf der Grundlage des steuerrechtlichen Zuflussprinzips die darauf entfallenden Steuern fällig. **48**

Die vorbeschriebenen Konsequenzen der Nichtigkeitsanordnung in Abs. 6 Satz 3 machen deutlich, dass sich die damit verbundene Rückabwicklung[55] sowohl zulasten des AN wie auch zulasten der Sozialversicherungsträger auswirken kann. Das ist insb. im Hinblick darauf nicht nachvollziehbar, dass weder der AN noch die Sozialversicherungsträger unmittelbar Einfluss darauf haben, ob der AG seinen Verpflichtungen nach Abs. 1 nachkommt. Von daher ist die Anordnung der ex tunc-Nichtigkeit eine unbefriedigende Reaktion auf arbeitgeberseitige Pflichtverletzungen[56] und sollte zur Vermeidung unter anderem der Verjährungsproblematik beseitigt werden. Sinnvoll erscheint allein eine Lösung, die vergleichbar Abs. 5 eine Störfallabrechnung nach Maßgabe des § 23b Abs. 2 zulässt. **49**

VII. Haftung auf Schadensersatz

Abs. 7 regelt eine **verschuldensabhängige Schadensersatzhaftung** des AG und der Organe einer Gesellschaft für den Fall eines nicht geeigneten oder nicht ausreichenden Insolvenzschutzes. Der hier niedergelegte gesetzliche Anspruch auf Schadensersatz ergänzt die in Abs. 5 und Abs. 6 enthaltenen Sanktionsregelungen,[57] die ebenfalls, wenn **50**

---

52 Siehe auch Gemeinsames Rundschreiben der Spitzenorganisationen der SV, 2009, 29, vgl. *Rolfs/Witschen*, NZS 2009, 295 ff. (301); *Schlegel*, jurisPR-SozR 3/2009, Anm. 4, sub. 4. f).
53 Zutreffend *Cisch/Ulbrich*, BB 2009, 550 ff. (556); a.A. Gemeinsames Rundschreiben der Spitzenorganisationen der SV, 2009, 29, wonach anstelle der Rückabwicklung auch eine Störfallabrechnung möglich sein soll.
54 Siehe auch *Cisch/Ulbrich*, BB 2009, 550 ff. (556).
55 Siehe auch *Rolfs/Witschen*, NZS 2009, 295 ff. (302).
56 Kritisch z.B. auch *Langohr-Plato/Sopora*, NZA 2008, 1377 ff. (1381); *Cisch/Ulbrich*, BB 2009, 550 ff. (556).
57 Siehe BT-Drucks 16/10289, S. 18.

auch in unterschiedlichem Umfang, an einen unzureichenden Schutz von Wertguthaben gegen das Risiko der Insolvenz anknüpfen (siehe Rn 28, 36). Die Einführung einer ausdrücklichen Schadensersatzregelung ist vor dem Hintergrund zu sehen, dass die bis Ende 2008 geltende Bestimmung des § 7b a.F., die den Vertragsparteien einer Wertguthabenvereinbarung eine Verpflichtung zum Insolvenzschutz auferlegte, von der Rspr. nicht als Schutzgesetz i.S.d. § 823 Abs. 2 BGB angesehen wurde.[58]

51 Gem. Abs. 7 S. 1 haftet der AG für den Fall, dass es wegen eines nicht geeigneten oder nicht ausreichenden Insolvenzschutzes zu einer **Verringerung** oder einem **Verlust** des Wertguthabens kommt, für den entstandenen Schaden. Nach Abs. 7 S. 3 tritt die Haftung nicht ein, wenn der AG den Schaden nicht zu vertreten hat.

52 Die Haftung des AG setzt hiernach zunächst das Vorliegen eines nicht geeigneten oder nicht ausreichenden Insolvenzschutzes voraus. Von einem nicht geeigneten Insolvenzschutz kann in jedem Fall dann gesprochen werden, wenn der AG ein Sicherungsmittel i.S.d. Abs. 3 gewählt hat, sprich eine unternehmensinterne oder konzerninterne Absicherung (siehe Rn 21). Darüber hinaus ist wegen des fehlenden ausdrücklichen Bezuges auf Abs. 3 jede Vorkehrung des Insolvenzschutzes ungeeignet, die nicht eine Insolvenzfestigkeit des Sicherungsmittels selbst gewährleistet. Als Anhaltspunkte für das Vorliegen eines **nicht ausreichenden Insolvenzschutzes** kann grundsätzlich eine Orientierung an den in Abs. 6 S. 1 bezeichneten Fallkonstellationen erfolgen. Allerdings ist dabei zu beachten, dass jede Unterschreitung des Umfangs des Wertguthabens (bestehend aus dem eingebrachten Bruttoarbeitsentgelt und dem darauf entfallenden Anteil des AG am Gesamtsozialversicherungsbeitrag) durch das gewählte Sicherungsmittel einen nicht ausreichenden Insolvenzschutz i.S.d. Abs. 7 S. 1 darstellt.

53 Der nicht geeignete oder nicht ausreichende Insolvenzschutz muss ursächlich sein für eine Verringerung oder einen Verlust des Wertguthabens. Vorausgesetzt wird damit, dass im Insolvenzfall des AG die Verringerung oder der Verlust des Wertguthabens gerade auf der arbeitgeberseitigen Wahl eines nicht geeigneten oder unzureichenden Sicherungsmittels beruhen.

54 Eine Haftung des AG kommt nicht in Betracht, wenn er den Schaden nicht zu vertreten hat. Damit ist die Schadensersatzhaftung verschuldensabhängig konzipiert, Maßstab für das Verschulden des AG ist § 276 BGB. Die Formulierung des Verschuldenserfordernisses in Abs. 7 S. 3 macht deutlich, dass der AG darzulegen und im Bestreitensfall zu beweisen hat, dass ihn an der Entstehung des Schadens kein Verschulden trifft.[59]

55 Infolge der Verringerung oder eines Verlusts des Wertguthabens können der Beschäftigte durch den Ausfall von Arbeitsentgelt und die Sozialversicherungsträger sowie der Fiskus durch den Ausfall von Sozialversicherungsbeiträgen und Steuern geschädigt werden. Dementsprechend kommt auf der Grundlage von Abs. 7 eine Schadensersatzhaftung des AG gegenüber allen vorgenannten möglicherweise Geschädigten in Betracht.[60] Zusätzlich kann im Verhältnis zu einem aus den in Abs. 7 S. 1 genannten Gründen geschädigten Beschäftigten wegen einer damit einhergehenden Verletzung von Pflichten aus der Wertguthabenvereinbarung eine vertragliche Schadensersatzhaftung des AG nach Maßgabe des § 280 Abs. 1 BGB bestehen.

56 Vor dem Hintergrund, dass die Schadensersatzhaftung des AG nach Abs. 7 S. 1 unter den dort bezeichneten Voraussetzungen nur im Insolvenzfall (siehe Rn 50) eingreift und deshalb i.d.R. mangels (ausreichender) Insolvenzmasse bestehende Schadensersatzansprüche nicht (vollständig) zu realisieren sind,[61] ist die Ausdehnung der verschuldensabhängigen Schadensersatzhaftung auf eine persönliche Haftung organschaftlicher Vertreter gem. Abs. 7 S. 2 von besonderer Bedeutung. Hiernach haften für den Fall, dass der AG eine juristische Person oder eine Gesellschaft ohne Rechtspersönlichkeit ist, auch die organschaftlichen Vertreter gesamtschuldnerisch für den Schaden.[62]

57 Die haftungsbegründenden Voraussetzungen der Regelungen des Abs. 7 S. 1 und S. 3 gelten gleichermaßen für die **Schadensersatzhaftung von Organen**. Danach steht auch diesen die Möglichkeit des Nachweises offen, dass sie an der Entstehung des Schadens kein Verschulden trifft.

58 Von der Organhaftung werden organschaftliche Vertreter juristischer Personen wie auch von Gesellschaften ohne Rechtspersönlichkeit erfasst. In die persönliche Haftung von Gesellschaftsorganen werden hiernach z.B. auch die organschaftlichen Vertreter von BGB-Gesellschaften, handelsrechtlichen Personengesellschaften oder auch Freiberuflergesellschaften i.S.d. PartGG einbezogen. Über den Wortlaut des Abs. 7 S. 2 hinaus muss die Organhaftung auch auf organschaftliche Vertreter nicht rechtsfähiger Vereine Anwendung finden, was z.B. bezogen auf Gewerkschaften von Bedeutung ist.

59 Abs. 7 S. 2 ordnet eine **gesamtschuldnerische Haftung** der organschaftlichen Vertreter an. Das bedeutet, dass die organschaftlichen Vertreter im Außenverhältnis dem bzw. den Geschädigten gegenüber neben dem nach Abs. 7 S. 1

---

58 Siehe BAG 21.11.2006 – 9 AZR 206/06 – NZA 2007, 693 (694); BAG 13.2.2007 – 9 AZR 106/07 – NZA 2008, 121 (122).
59 Siehe auch BT-Drucks 16/10289, S. 18; *Rolfs/Witschen*, NZS 2009, 295 ff. (302).
60 In BT-Drucks 16/10289, S. 18 wird ausdrücklich nur davon gesprochen, dass Abs. 7 den Beschäftigten einen Anspruch auf Schadensersatz gibt. Eine solche Beschränkung der potentiell anspruchsberechtigten Geschädigten lässt sich aus dem Gesetz nicht entnehmen.
61 Siehe auch *Cisch/Ulbrich*, BB 2009, 550 ff. (556).
62 Kritisch zu der persönlichen Haftung organschaftlicher Vertreter z.B. *Langohr-Plato/Sopora*, NZA 2008, 1377 ff. (1381).

haftenden AG als Gesamtschuldner einzutreten haben. Damit sind die Regelungen der §§ 421 ff. BGB anwendbar, für den Ausgleich im Innenverhältnis der Gesamtschuldner untereinander ist § 426 BGB maßgebend.

VIII. Verbot der vorzeitigen Beendigung von Insolvenzschutzmaßnahmen

Abs. 8 enthält ein Verbot der vorzeitigen Beendigung von Insolvenzschutzvorkehrungen. Hiernach ist eine Beendigung, Auflösung oder Künd der Vorkehrungen zum Insolvenzschutz vor der bestimmungsgemäßen Auflösung des Wertguthabens unzulässig, es sei denn, die Vorkehrungen werden mit Zustimmung des Beschäftigten durch einen mindestens gleichwertigen Insolvenzschutz abgelöst. Mit dieser **Veränderungssperre**[63] soll sichergestellt werden, dass der bei Abschluss der Wertguthabenvereinbarung festgelegte Insolvenzschutz nicht zu einem späteren Zeitpunkt einseitig durch den AG verändert bzw. beseitigt werden kann.[64]

Adressat der Veränderungssperre ist der AG.[65] Hingegen richtet sie sich nicht gegen Dritte, mit denen der AG zur Erfüllung der in der Wertguthabenvereinbarung festgelegten Vorkehrungen Vereinbarungen über Sicherungsmaßnahmen trifft. Systematisch wird das schon daran deutlich, dass der AG nach Abs. 2 S. 2 bei entsprechenden Vereinbarungen für eine ausreichende Sicherung gegen Künd zu sorgen hat (siehe Rn 17).

Die Veränderungssperre besteht grundsätzlich bis zum Zeitpunkt der bestimmungsgemäßen Auflösung des Wertguthabens. Das ist der Zeitpunkt einer gesetzlichen oder vertraglichen Inanspruchnahme des Wertguthabens i.S.v. § 7c (siehe § 7c Rn 12).

Inhaltlich schließt die Veränderungssperre eine Beendigung, Auflösung oder Künd der Vorkehrungen zum Insolvenzschutz aus. Der Begriff der Beendigung umfasst die Begriffe der Auflösung und der Künd. Aus der gesetzlichen Formulierung wird deutlich, dass dem AG jedes mehrseitige und einseitige Rechtsgeschäft, das die Beseitigung der Insolvenzsicherung zur Folge hat, grundsätzlich untersagt ist. Unter den Begriff der Beendigung fällt bspw. auch die Befristung eines Sicherungsmittels auf einen Zeitpunkt, der vor der bestimmungsgemäßen Auflösung des Wertguthabens liegt.

Ausnahmsweise greift die Veränderungssperre nicht ein, wenn die Vorkehrungen zum Insolvenzschutz mit Zustimmung des Beschäftigten durch einen **mindestens gleichwertigen Insolvenzschutz** abgelöst werden. Nach dem eindeutigen Gesetzeswortlaut kommt es auf die Zustimmung des Beschäftigten an. Diese kann nicht durch eine kollektive Zustimmung des BR ersetzt werden.[66] Damit ist ein AG, der den Insolvenzschutz von Wertguthaben neu gestalten will, auf die Zustimmung jedes Beschäftigten, mit dem eine Wertguthabenvereinbarung besteht, angewiesen. Ausgehend von dem Zweck des Zustimmungserfordernisses, mit dem sichergestellt werden soll, dass der AG keine einseitigen Maßnahmen zur Beendigung des vereinbarten Insolvenzschutzes ergreifen oder einleiten kann,[67] ist unter Zustimmung i.S.d. Abs. 8 allein die vorherige Zustimmung, sprich die Einwilligung des Beschäftigten zu verstehen. Würde man auch die Genehmigung als nachträgliche Zustimmung ausreichen lassen, so könnte der AG zunächst einmal einseitig vorgehen im Vertrauen darauf, nachfolgend die Zustimmung des Beschäftigten einzuholen. Diese Vorgehensweise stünde mit der vorbeschriebenen Zielsetzung nicht im Einklang.

Auch mit Zustimmung des Beschäftigten wird die Veränderungssperre nur beseitigt, wenn die bisherigen Vorkehrungen durch einen mindestens gleichwertigen Insolvenzschutz ersetzt werden. Insoweit sind dieselben Anforderungen zu stellen wie an den Begriff des gleichwertigen Sicherungsmittels in Abs. 2 S. 2 (siehe Rn 20).

Beendet der AG ohne Zustimmung des Beschäftigten eine vereinbarte Vorkehrung zum Insolvenzschutz vorzeitig, so ist das Beendigungsrechtsgeschäft nicht nach § 134 BGB nichtig. Zwar handelt es sich bei Abs. 8 um ein gesetzliches Verbot i.S.v. § 134 BGB.[68] Jedoch ist dieses allein gegen den AG gerichtet. In einem solchen Fall wird aus dem Verbotsgesetz grundsätzlich entnommen, dass das gegen das Verbotsgesetz verstoßende Rechtsgeschäft gleichwohl nicht unwirksam ist.[69] Rechtliche Konsequenzen hat der Verstoß des AG deshalb im Rahmen eines im Insolvenzfall möglichen Schadensersatzanspruchs auf der Grundlage von Abs. 7.

IX. Ausschluss der Anwendung auf juristische Personen des öffentlichen Rechts

Gem. Abs. 9 finden die Insolvenzschutzregelungen des Abs. 1 bis Abs. 8 keine Anwendung gegenüber dem Bund, den Ländern, Gemeinden, Körperschaften, Stiftungen und Anstalten des öffentlichen Rechts, über deren Vermögen die Eröffnung des Insolvenzverfahrens nicht zulässig ist sowie solchen juristischen Personen des öffentlichen Rechts, bei denen der Bund, ein Land oder eine Gemeinde kraft Gesetzes die Zahlungsfähigkeit sichert. Mit Ausnahme der in Bezug genommenen Regelungen stimmt Abs. 9 wörtlich mit § 8a Abs. 6 ATG überein.

---

63 So Cisch/Ulbrich, BB 2009, 500 ff. (556); kritisch Hukel/Lepping, 1204 ff. (1207).
64 BT-Drucks 16/10289, S. 18; vgl. Hanau/Veit, NJW 2009, 182 ff. (186).
65 Siehe auch Cisch/Ulbrich, BB 2009, 500 ff. (556); Hanau/Veit, NJW 2009, 182 ff. (186); BT-Drucks 16/10289, S. 18.
66 Kritisch zu der fehlenden Möglichkeit einer Zustimmung durch den BR etwa Langohr-Plato/Sopora, NZA 2008, 1377 ff. (1381).
67 Siehe BT-Drucks 16/10289, S. 18.
68 Zum Begriff des gesetzlichen Verbots i.S.v. § 134 BGB siehe Boecken, BGB-AT, Rn 437 ff.
69 Siehe dazu mit Nachweisen aus der Rechtsprechung Boecken, BGB-AT, Rn 440.

68 Die **Unanwendbarkeit der Insolvenzschutzvorschriften** gilt bezogen auf die eingangs in Abs. 9 aufgezählten Gebietskörperschaften und juristischen Personen des öffentlichen Rechts nur insoweit, als über deren Vermögen die Eröffnung des Insolvenzverfahrens nicht zulässig ist. Nach § 12 Abs. 1 Nr. 1 InsO ist das Insolvenzverfahren über das Vermögen des Bundes oder eines Landes unzulässig. Des Weiteren ist das Insolvenzverfahren gem. § 12 Abs. 1 Nr. 2 InSO über das Vermögen einer juristischen Person des öffentlichen Rechts, die der Aufsicht eines Landes untersteht, unzulässig, wenn das Landesrecht dies bestimmt.[70]

69 Soweit eine Gebietskörperschaft bei juristischen Personen des öffentlichen Rechts kraft Gesetzes die Zahlungsfähigkeit sichert, finden die Regelungen des Abs. 1 bis Abs. 8 ebenfalls keine Anwendung. Hierunter fallen auf Landesebene z.B. Landesbanken und Landesrundfunkanstalten.[71]

C. Verbindung zu anderen Rechtsgebieten und Prozessrecht

70 Bei Streit über die Wirksamkeit einer Künd nach Abs. 5 hat der Beschäftigte das Vorliegen einer wirksamen Aufforderung darzulegen und zu beweisen. Den AG trifft die Darlegungs- und Beweislast bezogen auf den rechtzeitigen Nachweis der Erfüllung seiner Verpflichtung zum Insolvenzschutz.

71 Im Falle einer Auseinandersetzung über die Unwirksamkeit der Wertguthabenvereinbarung und die Verpflichtung zur Auflösung des Wertguthabens nach Abs. 6 trägt der Rentenversicherungsträger die objektive Beweislast hinsichtlich des Vorliegens der Voraussetzungen zum Erlass des Prüfbescheides. Den AG trifft die Beweislast für den rechtzeitigen Nachweis i.S.v. Abs. 6 S. 2.

72 Bezogen auf einen Schadensersatzanspruch nach Abs. 7 hat der Geschädigte (z.B. der Beschäftigte) die Voraussetzungen eines nicht geeigneten oder nicht ausreichenden Insolvenzschutzes, die Verringerung oder den Verlust des Wertguthabens, die Kausalität zwischen den beiden vorgenannten Voraussetzungen und die AG-Eigenschaft bzw. Stellung als organschaftlicher Vertreter darzulegen und im Bestreitensfall zu beweisen. Der auf Schadensersatz in Anspruch genommene AG oder organschaftliche Vertreter hat darzulegen und bei Bestreiten zu beweisen, dass ihn an der Entstehung des Schadens kein Verschulden trifft.

73 Im Verhältnis zwischen AG und AN handelt es sich bei der Geltendmachung eines Schadensersatzanspruchs auf der Grundlage von Abs. 7 um eine Streitigkeit aus dem Arbverh i.S.v. § 2 Abs. 1 Nr. 3a ArbGG, sodass die Zuständigkeit des ArbG gegeben ist. Demgegenüber ist für Schadensersatzansprüche der Sozialversicherungsträger wegen des Ausfalls von Sozialversicherungsbeiträgen im Hinblick auf die öffentlich-rechtliche Beziehung zwischen AG und Sozialversicherungsträger gem. § 51 Abs. 1 Nr. 5 SGG der Rechtsweg zu den Sozialgerichten eröffnet.

74 Die Voraussetzungen für eine Ausnahme von der in Abs. 8 geregelten Veränderungssperre – Zustimmung des Beschäftigten und Ablösung durch einen mindestens gleichwertigen Insolvenzschutz – sind vom AG darzulegen und ggf. zu beweisen.

D. Beraterhinweise

75 In der Wertguthabenvereinbarung i.S.d. § 7b ist darauf zu achten, dass diese klare Regelungen bzw. Vorgaben bezogen auf die arbeitgeberseitig zu treffenden Vorkehrungen zum Insolvenzschutz enthält. Dabei sollte auch die Grundentscheidung über die Durchführung mittels eines externen Trägers nach Maßgabe des Abs. 2 S. 1 oder durch den AG selbst unter Festlegung eines gleichwertigen Sicherungsmittels i.S.v. Abs. 2 S. 2 getroffen werden.

76 Des Weiteren ist unbedingt darauf zu achten, dass die im Zusammenhang mit dem Insolvenzschutz von Wertguthaben für Vereinbarungen und Erklärungen vorgeschriebenen Formerfordernisse eingehalten werden. So müssen die in der Wertguthabenvereinbarung festzulegenden Vorkehrungen zum Insolvenzschutz nach Abs. 1 i.V.m. § 7b schriftlich erfolgen. Darüber hinaus hat der AG die Unterrichtung gem. Abs. 4 schriftlich vorzunehmen. Des Weiteren ist Schriftform für die Aufforderung des AG durch den AN i.S.v. Abs. 5 vorgeschrieben.

77 Demgegenüber fehlt es an einem gesetzlich vorgegebenen Formzwang bezogen auf den Nachweis des AG i.S.d. Abs. 5, die Künderklärung des AN nach Abs. 5, den Nachweis des AG i.S.v. Abs. 6 sowie die Zustimmung des AN gem. Abs. 8. Trotz eines insoweit fehlenden gesetzlichen Formzwangs ist angesichts der gewichtigen Bedeutung der vorgenannten Erklärungen und Nachweise mit Nachdruck zu empfehlen, diese schriftlich abzugeben bzw. zu erbringen.

---

[70] Siehe § 45 AGGVG.

[71] Siehe § 4 Abs. 3 LBWG.

§ 7f Übertragung von Wertguthaben

(1) Bei Beendigung der Beschäftigung kann der Beschäftigte durch schriftliche Erklärung gegenüber dem bisherigen Arbeitgeber verlangen, dass das Wertguthaben nach § 7b
1. auf den neuen Arbeitgeber übertragen wird, wenn dieser mit dem Beschäftigten eine Wertguthabenvereinbarung nach § 7b abgeschlossen und der Übertragung zugestimmt hat,
2. auf die Deutsche Rentenversicherung Bund übertragen wird, wenn das Wertguthaben einschließlich des Gesamtsozialversicherungsbeitrages einen Betrag in Höhe des Sechsfachen der monatlichen Bezugsgröße übersteigt; die Rückübertragung ist ausgeschlossen.

Nach der Übertragung sind die mit dem Wertguthaben verbundenen Arbeitgeberpflichten vom neuen Arbeitgeber oder von der Deutschen Rentenversicherung Bund zu erfüllen.

(2) ¹Im Fall der Übertragung auf die Deutsche Rentenversicherung Bund kann der Beschäftigte das Wertguthaben für Zeiten der Freistellung von der Arbeitsleistung und Zeiten der Verringerung der vertraglich vereinbarten Arbeitszeit nach § 7c Abs. 1 sowie auch außerhalb eines Arbeitsverhältnisses für die in § 7c Abs. 1 Nr. 2 Buchstabe a genannten Zeiten in Anspruch nehmen. ²Der Antrag ist spätestens einen Monat vor der begehrten Freistellung schriftlich bei der Deutschen Rentenversicherung Bund zu stellen; in dem Antrag ist auch anzugeben, in welcher Höhe Arbeitsentgelt aus dem Wertguthaben entnommen werden soll; dabei ist § 7 Abs. 1a Satz 1 Nr. 2 zu berücksichtigen.

(3) ¹Die Deutsche Rentenversicherung Bund verwaltet die ihr übertragenen Wertguthaben einschließlich des darin enthaltenen Gesamtsozialversicherungsbeitrages als ihr übertragene Aufgabe bis zu deren endgültiger Auflösung getrennt von ihrem sonstigen Vermögen treuhänderisch. ²Die Wertguthaben sind nach den Vorschriften über die Anlage der Mittel von Versicherungsträgern nach dem Vierten Titel des Vierten Abschnitts anzulegen. ³Die der Deutschen Rentenversicherung Bund durch die Übertragung, Verwaltung und Verwendung von Wertguthaben entstehenden Kosten sind vollständig vom Wertguthaben in Abzug zu bringen und in der Mitteilung an den Beschäftigten nach § 7d Abs. 2 gesondert auszuweisen.

A. Allgemeines ... 1	II. Inanspruchnahme des Wertguthabens bei Übertragung auf die Deutsche Rentenversicherung Bund ... 17
B. Regelungsgehalt ... 4	III. Verwaltung des Wertguthabens und Kostentragung bei Übertragung auf die Deutsche Rentenversicherung Bund ... 24
I. Anspruch auf Übertragung des Wertguthabens ... 4	
1. Allgemeine Voraussetzungen der Übertragung ... 4	
2. Übertragung auf den neuen Arbeitgeber ... 8	C. Verbindung zu anderen Rechtsgebieten und Prozessrecht ... 27
3. Übertragung auf die Deutsche Rentenversicherung Bund ... 12	D. Beraterhinweise ... 29

A. Allgemeines

Die Regelung des § 7f ist durch Art. 1 Nr. 4a des Gesetzes zur Verbesserung der Rahmenbedingungen für die Absicherung flexibler Arbeitszeitregelungen und zur Änderung anderer Gesetze v. 21.12.2008[1] mit Wirkung zum 1.7.2009[2] eingefügt worden. Zuvor galt vom 1.1.2009 bis zum 30.6.2009 § 7f i.d.F.v. Art. 1 Nr. 4 des vorgenannten Gesetzes.[3] Abs. 1 normiert einen Anspruch des Beschäftigten auf Übertragung eines Wertguthabens i.S.v. § 7b auf einen neuen AG oder die Deutsche Rentenversicherung Bund bei Beendigung der Beschäftigung (siehe Rn 4). Für den Fall einer Übertragung auf die Deutsche Rentenversicherung Bund bestimmt Abs. 2 die Möglichkeiten der Inanspruchnahme des Wertguthabens und stellt insoweit besondere Voraussetzungen auf (siehe Rn 17). Schließlich enthält Abs. 3 Vorschriften zur Verwaltung und Anlage von Wertguthaben durch die Deutsche Rentenversicherung Bund sowie eine Regelung zur Kostentragung (siehe Rn 24).

Die Zielsetzung des § 7f geht dahin, AN bei Beendigung des Arbverh gesetzlich die Möglichkeit einzuräumen, ein während des Arbverh aufgebautes **Wertguthaben** auf einen neuen AG oder auf die Deutsche Rentenversicherung Bund **übertragen** zu können statt wegen der Beendigung des Arbverh eine sog. Störfallabrechnung nach Maßgabe des § 23b durchführen zu müssen, verbunden mit der Auszahlung des angesparten Arbeitsentgelts, der Entrichtung des Gesamtsozialversicherungsbeitrags an die Einzugsstelle sowie der Versteuerung des ausgezahlten Arbeitsent-

---

[1] BGBl 2008 I S. 2940.
[2] Art. 7 Abs. 3 des Gesetzes zur Verbesserung der Rahmenbedingungen für die Absicherung flexibler Arbeitszeitregelungen und zur Änderung anderer Gesetze v. 21.12.2008 (BGBl 2008 I S. 2940).
[3] In Kraft getreten gemäß Art. 7 Abs. 1 des Gesetzes zur Verbesserung der Rahmenbedingungen für die Absicherung flexibler Arbeitszeitregelungen und zur Änderung anderer Gesetze v. 21.12.2008 (BGBl 2008 I S. 2940) zum 1.1.2009.

gelts (siehe § 23b Rn 3).[4] Zwar bestand auch schon vor der Einführung des § 7f bei Beendigung des Arbverh rechtsgeschäftlich die Möglichkeit, ein Wertguthaben auf einen neuen AG zu übertragen.[5] Allerdings setzte dieser Weg (auch) das Einverständnis des früheren AG voraus,[6] worauf es nunmehr bei Vorliegen der Voraussetzungen des Abs. 1 nicht mehr ankommt.

3 Von der Einführung des § 7f als gesetzlicher Option zur Übertragung eines aufgebauten Wertguthabens bleibt die Möglichkeit des AN unberührt, bei Beendigung des Arbverh statt der Übertragung eine Störfallabrechnung nach Maßgabe des § 23b durchführen zu lassen (siehe § 23b Rn 2 ff.).[7]

B. Regelungsgehalt

I. Anspruch auf Übertragung des Wertguthabens

4 **1. Allgemeine Voraussetzungen der Übertragung.** Nach Abs. 1 S. 1 kann der Beschäftigte bei Beendigung der Beschäftigung durch schriftliche Erklärung gegenüber dem bisherigen AG verlangen, dass das Wertguthaben bei Vorliegen der Voraussetzungen des Abs. 1 Nr. 1 oder Nr. 2 auf einen neuen AG oder auf die Deutsche Rentenversicherung Bund übertragen wird. Damit wird dem Beschäftigten ein **Anspruch auf Übertragung des Wertguthabens** eingeräumt.

5 Der Anspruch auf Übertragung besteht nur für den Fall der **Beendigung der Beschäftigung**. Aus dem Kontext der Regelung wird deutlich, dass damit das rechtliche Ende des Arbverh gemeint ist, in dessen Rahmen auf der Grundlage einer Wertguthabenvereinbarung i.S.v. § 7b ein Wertguthaben aufgebaut worden ist. Während des bestehenden Arbverh ist die Übertragung des Wertguthabens ausgeschlossen.

6 Abs. 1 S. 1 spricht von der Übertragung des Wertguthabens nach § 7b. Hierdurch wird zum einen festgelegt, dass der Übertragungsanspruch nicht bezogen auf Arbeitszeit- oder Arbeitsentgeltkonten besteht, die nicht auf einer den Anforderungen des § 7b genügenden Wertguthabenvereinbarung (siehe § 7b Rn 2) beruhen. Zum anderen ist bei Geltendmachung des Anspruchs das Wertguthaben zu übertragen, sprich das eingebrachte Bruttoarbeitsentgelt und der darauf entfallende Anteil des AG am Gesamtsozialversicherungsbeitrag.[8]

7 Der Beschäftigte muss die Übertragung des Wertguthabens durch schriftliche Erklärung gegenüber dem bisherigen AG verlangen. Hiernach hat die Geltendmachung der Übertragung der **Schriftform** i.S.v. § 126 BGB zu genügen. Auf ein Einverständnis des bisherigen AG mit der Übertragung kommt es nicht an. Dieser ist vielmehr zur Übertragung verpflichtet, wenn die in Abs. 1 S. 1 Nr. 1 oder Nr. 2 festgelegten weiteren Voraussetzungen für eine Übertragung des Wertguthabens vorliegen.[9]

8 **2. Übertragung auf den neuen Arbeitgeber.** Gem. Abs. 1 S. 1 Nr. 1 kann der Beschäftigte die Übertragung auf einen neuen AG verlangen, wenn dieser mit dem Beschäftigten eine Wertguthabenvereinbarung nach § 7b abgeschlossen und der Übertragung zugestimmt hat. Damit setzt der Anspruch auf Übertragung auf einen AG zunächst den Abschluss einer **Wertguthabenvereinbarung** zwischen diesem und dem Beschäftigten voraus. Diese Wertguthabenvereinbarung muss den Anforderungen des § 7b genügen (siehe § 7b Rn 2). Inhaltlich können die neuen Vertragsparteien eine von der Vereinbarung zwischen dem Beschäftigten und dem bisherigen AG abweichende Wertguthabenvereinbarung treffen.[10] So können z.B. andere Verwendungszwecke i.S.v. § 7c Abs. 1 wie auch andere Vorkehrungen zum Insolvenzschutz nach Maßgabe des § 7e festgelegt werden.

9 Mit dem weiteren Erfordernis der **Zustimmung des neuen AG** zu der Übertragung des bei dem früheren AG aufgebauten Wertguthabens wird deutlich, dass der neue AG zusätzlich zu und unabhängig von dem Abschluss einer Wertguthabenvereinbarung mit der Übernahme des vorhandenen Wertguthabens einverstanden sein muss.[11] Der Beschäftigte hat mithin keinen Anspruch gegen den neuen AG, dass dieser das bei dem bisherigen AG aufgebaute Wertguthaben übernimmt.[12]

10 Der Abschluss einer Wertguthabenvereinbarung mit dem neuen AG und die Übertragung des Wertguthabens sind zwei rechtlich zu trennende Vorgänge. Das hindert allerdings nicht, dass die Zustimmung des neuen AG zur Übertragung des Wertguthabens bereits in die Wertguthabenvereinbarung aufgenommen werden kann. Anders als die Wertguthabenvereinbarung, die nach § 7b Nr. 1 der Schriftform bedarf, kann die Zustimmung des neuen AG zur Übertragung des Wertguthabens auf diesen formlos erfolgen. Allerdings sollte wegen der Bedeutung der Zustimmung auch insoweit die Schriftform eingehalten werden.

---

4 Siehe BT-Drucks 16/10289, S. 18.
5 Siehe *Cisch/Ulbrich*, BB 2009, 550 ff. (556 f.); *Rolfs/Witschen*, NZS 2009, 295 ff. (302); *Jacobsen*, ZTR 2009, 115 ff. (117).
6 Siehe *Rolfs/Witschen*, NZS 2009, 195 ff. (302).
7 Siehe *Rolfs/Witschen*, NZS 2009, 195 ff. (302).
8 Siehe *Langohr-Plato/Sopora*, NZA 2008, 1377 ff. (1382); *Hanau/Veit*, NJW 2009, 182 ff. (186).
9 Siehe *Cisch/Ulbrich*, BB 2009, 550 ff. (557); *Rolfs/Witschen*, NZS 2009, 195 ff. (302).
10 Siehe BT-Drucks 16/10289, S. 18; *Rolfs/Witschen*, NZS 2009, 195 ff. (302).
11 Siehe *Hanau/Veit*, NJW 2009, 182 ff. (186); *Marburger*, DöD 2009, 81 ff. (84).
12 *Cisch/Ulbrich*, BB 2009, 550 ff. (557); *Huke/Lepping*, ZIP 2009, 1204 ff. (1207).

Erklärt der neue AG sein Einverständnis mit der **Übertragung des Wertguthabens**, so ist der bisherige AG verpflichtet, die an dem aufgebauten Wertguthaben bestehenden Rechte an den neuen AG im Wege der Abtretung zu übertragen. Hiervon werden i.d.R. als Übertragungswert[13] das eingebrachte Bruttoarbeitsentgelt und der darauf entfallende Anteil des AG am Gesamtsozialversicherungsbeitrag erfasst,[14] unter Berücksichtigung von Erträgen und Kosten des Wertguthabens entsprechend der in der Wertguthabenvereinbarung mit dem bisherigen AG getroffenen Zuweisung. Sobald das Wertguthaben auf den neuen AG übertragen worden ist, sind nach Abs. 1 S. 2 die mit dem Wertguthaben verbundenen AG-Pflichten von dem neuen AG zu erfüllen. Hierzu gehören wesentlich die in § 7d bezogen auf die Führung und Verwaltung sowie in § 7e im Zusammenhang mit dem Insolvenzschutz von Wertguthaben niedergelegten Verpflichtungen des AG. Darüber hinaus treffen den früheren AG auch für den Fall einer späteren Auflösung des Wertguthabens keine Pflichten mehr, weder zur Auszahlung des eingebrachten Arbeitsentgelts noch zur Entrichtung des Gesamtsozialversicherungsbeitrags oder zur Abführung der bei Auszahlung anfallenden Steuern.[15]

3. Übertragung auf die Deutsche Rentenversicherung Bund. Nach Abs. 1 S. 1 Nr. 2 kann der Beschäftigte von seinem bisherigen AG verlangen, dass das Wertguthaben nach § 7b auf die **Deutsche Rentenversicherung Bund** übertragen wird, wenn das Wertguthaben einschließlich des Gesamtsozialversicherungsbeitrags einen Betrag i.H. des Sechsfachen der monatlichen Bezugsgröße übersteigt. Kommt es zu einer Übertragung auf die Deutsche Rentenversicherung Bund, so ist eine Rückübertragung ausgeschlossen.

Nach der Gesetzesbegründung ist die Möglichkeit zur Übertragung eines Wertguthabens bei Beendigung der Beschäftigung auf die Deutsche Rentenversicherung Bund zusätzlich eingeführt worden, um eine Auflösung des Wertguthabens nach § 23b in den Fällen vermeiden zu können, in denen ein neuer AG nicht bereit ist, ein aufgebautes Wertguthaben zu übernehmen, oder in denen der Beschäftigte nach Beendigung des Arbverh eine selbstständige Tätigkeit aufnimmt oder arbeitslos ist.[16] Wenn insoweit in der Gesetzesbegründung eine Subsidiarität der Übertragbarkeit des Wertguthabens auf die Deutsche Rentenversicherung Bund zum Ausdruck gelangt, so hat dieses Konzept im Wortlaut des Abs. 1 S. 1 wie auch in den weiteren Absätzen von § 7f keinen Niederschlag gefunden. Zwar kann in den vorbeschriebenen Konstellationen zur Vermeidung eines Störfalls i.S.v. § 23b allein eine Übertragung auf die Deutsche Rentenversicherung Bund in Betracht kommen. Fraglich ist jedoch, ob der Beschäftigte in dem Fall, in dem er ein neues Arbverh aufnimmt und der neue AG zur Übertragung des Wertguthabens bereit ist, ein Wahlrecht zwischen einer Übertragung auf den neuen AG und einer solchen auf die Deutsche Rentenversicherung Bund hat. Im Hinblick darauf, dass der Wortlaut des Abs. 1 S. 1 keinen Anhaltspunkt für eine diesbezügliche Nachrangigkeit der Möglichkeit zur Übertragung des Wertguthabens auf die Deutsche Rentenversicherung Bund enthält, ist von einer entsprechenden Option des AN auszugehen. Wegen der mit einer Übertragung auf den Rentenversicherungsträger verbundenen Beschränkungen insb. durch **Ausschluss der Rückübertragung** und aufgrund der Maßgaben des Abs. 2 dürfte jedoch der Wahl dieser Option bei Übernahmebereitschaft des neuen AG praktisch keine große Bedeutung zukommen.

Neben den im Einleitungssatz von Abs. 1 S. 1 enthaltenen Voraussetzungen (siehe Rn 4) kommt eine Übertragung auf die Deutsche Rentenversicherung Bund nur in Betracht, wenn das Wertguthaben einschließlich des Gesamtsozialversicherungsbeitrags einen Betrag i.H.d. **Sechsfachen der monatlichen Bezugsgröße** übersteigt. Dieser Schwellenwert[17] für die Übertragbarkeit von Wertguthaben auf die Deutsche Rentenversicherung Bund ist eingeführt worden, um den Rentenversicherungsträger von allzu aufwendiger bürokratischer Verwaltung zu entlasten.[18]

Anders als im Fall einer Übertragung des Wertguthabens auf den neuen AG nach Abs. 1 S. 1 Nr. 1 bedarf es für die Übertragung auf die Deutsche Rentenversicherung Bund keiner Wertguthabenvereinbarung und auch keiner Zustimmung des Rentenversicherungsträgers zur Übertragung. An die Stelle der Wertguthabenvereinbarung treten die in Abs. 2 und Abs. 3 geregelten Maßgaben. Mit dem fehlenden Erfordernis einer Zustimmung der Deutschen Rentenversicherung Bund zur Übertragung ist sichergestellt, dass diese das Wertguthaben bei einem entsprechenden Verlangen des AN übernehmen muss.

Rechtliche Folge der Geltendmachung des Anspruchs auf Übertragung auf die Deutsche Rentenversicherung Bund ist zunächst die Verpflichtung des bisherigen AG, das Wertguthaben auf den Rentenversicherungsträger zu übertragen, der seinerseits zur Übernahme verpflichtet ist. Mit dem Wirksamwerden der Übertragung tritt die Deutsche Ren-

---

13 Der in § 7f anders als in § 4 Abs. 5 BetrAVG gesetzlich nicht definiert ist, siehe auch *Cisch/Ulbrich*, BB 2009, 550 ff. (557).
14 Siehe *Cisch/Ulbrich*, BB 2009, 550 ff. (557); *Ulbrich/Rihn*, DB 2009, 1466 ff. (1470); *Hanau/Veit*, NJW 2009, 182 ff (186).
15 Siehe auch *Hanau/Veit*, NJW 2009, 182 ff. (186); *Cisch/Ulbrich*, BB 2009, 550 ff. (557); *Rolfs/Witschen*, NZS 2009, 295 ff. (302); *Langohr-Plato/Sopora*, NZA 2009, 1377 ff. (1381).
16 Siehe BT-Drucks 16/10289, S. 18; *Hanau/Veit*, NJW 2009, 182 ff. (186).
17 Für 2009 beträgt das Sechsfache der monatlichen Bezugsgröße (West) nach § 18 Abs. 1 SGB IV 15.120 EUR und der monatlichen Bezugsgröße (Ost) nach § 18 Abs. 2 SGB IV 12.810 EUR (Bezugsgröße (West) 2.520 Euro; (Ost) 2.135 Euro; Verordnung über maßgebende Rechengrößen der Sozialversicherung für 2009, BGBl 2008 I S. 2336).
18 BT-Drucks 16/10289, S. 18.

tenversicherung Bund gem. Abs. 1 S. 2 in die mit dem Wertguthaben verbundenen AG-Pflichten ein. So hat die Deutsche Rentenversicherung Bund etwa im Falle der Entsparung des Wertguthabens den entsprechenden Gesamtsozialversicherungsbeitrag an die Einzugsstelle zu entrichten.[19] Ein weiterer Aufbau des Wertguthabens ist ausgeschlossen.[20] Des Weiteren ist nach Abs. 1 S. 1 Nr. 2 eine Rückübertragung des Wertguthabens ausgeschlossen. Mithin ist die Wahl der Übertragung auf die Deutsche Rentenversicherung Bund endgültig. Mit dem **Ausschluss der Rückübertragung** soll ein zu großer bürokratischer Aufwand der Deutschen Rentenversicherung Bund vermieden werden.[21] Der Ausschluss gilt auch dann, wenn ein neuer AG bereit ist, das Wertguthaben zu übernehmen.[22] In diesem Fall bleibt nur die Möglichkeit, eine neue Wertguthabenvereinbarung nach § 7b verbunden mit dem Aufbau eines neuen Wertguthabens abzuschließen.[23]

II. Inanspruchnahme des Wertguthabens bei Übertragung auf die Deutsche Rentenversicherung Bund

17 In Abs. 2 S. 1 sind die Möglichkeiten der Inanspruchnahme des Wertguthabens für den Fall der Übertragung auf die Deutsche Rentenversicherung Bund geregelt. Insoweit ist zu unterscheiden, ob sich der Beschäftigte in einem Arbverh befindet oder nicht.

18 Steht er in einem Arbverh, so kann das Wertguthaben für Zeiten der **Freistellung von der Arbeitsleistung** und Zeiten der Verringerung der vertraglich vereinbarten Arbeitszeit nach § 7c Abs. 1 in Anspruch genommen werden. In Betracht kommt mithin eine Verwendung für gesetzlich geregelte Zeiten der Freistellung und der Verringerung der Arbeitszeit i.S.v. § 7c Abs. 1 Nr. 1 (siehe § 7c Rn 4) wie auch für Zeiten vertraglich vereinbarter Freistellung und Verringerung der Arbeitszeit nach § 7c Abs. 1 Nr. 2 (siehe § 7c Rn 12).[24] Die im Rahmen der Wertguthabenvereinbarung mit dem früheren AG vertraglich vereinbarten Verwendungsmöglichkeiten können unabhängig davon in Anspruch genommen werden, ob der neue AG damit einverstanden ist.[25] Maßgebend für die vertraglichen Verwendungsmöglichkeiten ist allein die Wertguthabenvereinbarung mit dem früheren AG, an welche die Regelung des Abs. 2 S. 1 mit dem Verweis auf § 7c Abs. 1 anknüpft. Der neue AG kann mit dem Beschäftigten keine Vereinbarung schließen, die von der zwingenden Regelung des Abs. 2 S. 1 zum Nachteil des AN abweicht. Demgegenüber können zugunsten des AN zwischen diesem und dem neuen AG vertraglich weitere Verwendungszwecke vereinbart werden.[26]

19 Außerhalb eines Arbverh kann das auf die Deutsche Rentenversicherung Bund übertragene Wertguthaben allein für die in § 7c Abs. 1 Nr. 2a genannten Zeiten in Anspruch genommen werden. In diesem Fall soll das Wertguthaben mithin nur für einen **frühzeitigen Übergang in den Ruhestand** verwendet werden können (siehe § 7c Rn 13).[27] Das setzt nicht voraus, dass in der Wertguthabenvereinbarung mit dem früheren AG ein entsprechender Verwendungszweck festgelegt worden ist. Ansonsten würde nämlich für Personen, die bei Beendigung ihres Arbverh die Übertragung des Wertguthabens auf die Deutsche Rentenversicherung Bund herbeigeführt haben und kein neues Arbverh eingegangen sind oder jedenfalls unmittelbar vor dem Zeitpunkt der Möglichkeit eines Altersrentenbezuges nach SGB VI nicht in einem Arbverh stehen, keine Möglichkeit zu einer planmäßigen Entsparung des Wertguthabens gegeben sein, wenn der Verwendungszweck des § 7c Abs. 1 Nr. 2a nicht vereinbart war. Abs. 2 S. 1 stellt mithin in der zweiten Alternative einen gesetzlich geregelten Verwendungszweck dar.

20 Das Wertguthaben kann nach Abs. 2 S. 2 nur auf Antrag in Anspruch genommen werden. Der Antrag bedarf der **Schriftform** (§ 126 BGB) und ist spätestens einen Monat vor der begehrten Freistellung bei der Deutschen Rentenversicherung Bund zu stellen. Mit der Antragsfrist soll die rechtzeitige Auszahlung des Arbeitsentgelts aus dem Wertguthaben sichergestellt werden.[28] Wird die **Antragsfrist** nicht eingehalten, erfolgt die Auszahlung des Arbeitsentgelts möglicherweise später als zum Zeitpunkt der begehrten Freistellung.

21 Das Antragserfordernis ist nach dem Wortlaut des Abs. 2 S. 2 allein auf die Fallkonstellation einer „begehrten Freistellung" bezogen. Im Hinblick darauf, dass nach Abs. 2 S. 1 eine Verwendung des Wertguthabens auch für Zeiten einer Verringerung der Arbeitszeit in Betracht kommen kann (siehe Rn 17), bedarf auch die Entsparung des Wertguthabens für solche Zeiten der rechtzeitigen und formgerechten Antragstellung.

22 Inhaltlich schreibt Abs. 2 S. 2 für den Antrag vor, dass in diesem auch anzugeben ist, in welcher Höhe Arbeitsentgelt aus dem Wertguthaben entnommen werden soll, wobei die Anforderung des § 7 Abs. 1a S. 1 Nr. 2 zu berücksichtigen ist. Neben der aus der Antragsfrist folgenden Pflichtangabe des Zeitpunkts, zu dem Arbeitsentgelt aus dem Wertgut-

---

19 Siehe auch *Hanau/Veit*, NJW 2009, 182 ff. (186).
20 Siehe auch *Rolfs/Witschen*, NZS 2009, 295 ff. (302).
21 BT-Drucks 16/10289, S. 18.
22 Kritisch insoweit zum Ausschluss der Rückübertragung etwa *Langohr-Plato/Sopora*, NZA 2008, 1377 ff. (1381); *Rolfs/Witschen*, NZS 2009, 295 ff. (302).
23 Siehe auch *Rolfs/Witschen*, NZS 2009, 295 ff. (302).
24 Siehe auch *Hanau/Veit*, NJW 2009, 182 ff. (186); nicht zutreffend *Langohr-Plato/Sopora*, NZA 2008, 1377 ff. (1381), wonach die Verwendung des Wertguthabens nach § 7f Abs. 2 S. 1 auf gesetzlich geregelte Freistellungen und Verringerungen der Arbeitszeit beschränkt sein soll.
25 *Cisch/Ulbrich*, BB 2009, 550 ff. (557); *Huke/Lepping*, ZIP 2009, 1204 ff. (1208).
26 Siehe *Cisch/Ulbrich*, BB 2009, 550 ff. (557).
27 Siehe auch *Cisch/Ulbrich*, BB 2009, 550 ff. (557); *Hanau/Veit*, NJW 2009, 182 ff. (186).
28 BT-Drucks 16/10289, S. 18.

haben gezahlt werden soll, ist danach auch die gewünschte Höhe des Arbeitsentgelts mitzuteilen. Der Verweis auf die Beachtung der Anforderung des § 7 Abs. 1a S. 1 Nr. 2 (siehe §§ 7, 7a Rn 23) soll verhindern, dass die Deutsche Rentenversicherung Bund durch die Auszahlung von Kleinstbeträgen über längere Zeit belastet wird.[29]

Mit der Auszahlung des Arbeitsentgelts zum Zwecke der planmäßigen Verwendung des Wertguthabens hat die Deutsche Rentenversicherung Bund auch den darauf entfallenden Gesamtsozialversicherungsbeitrag aus dem Wertguthaben an die zuständige Einzugsstelle[30] abzuführen.[31]

III. Verwaltung des Wertguthabens und Kostentragung bei Übertragung auf die Deutsche Rentenversicherung Bund

Gem. Abs. 3 S. 1 verwaltet die Deutsche Rentenversicherung Bund die ihr übertragenen Wertguthaben einschließlich des darin enthaltenen Gesamtsozialversicherungsbeitrags als ihr übertragene Aufgabe bis zu deren endgültiger Auflösung getrennt von ihrem sonstigen Vermögen treuhänderisch. Mit dieser Regelung wird klargestellt, dass es sich bei der Führung der Wertguthaben durch die Deutsche Rentenversicherung Bund um eine gesetzlich vorgeschriebene Aufgabe i.S.v. § 30 Abs. 1 handelt.[32] Zugleich wird hinsichtlich der Dauer der Verwaltung der Wertguthaben festgelegt, dass diese bis zu deren endgültiger Auflösung zu erfolgen hat, sei es aufgrund planmäßiger Entsparung oder aufgrund einer Störfallabrechnung. Des Weiteren wird vorgeschrieben, dass die Deutsche Rentenversicherung Bund die Wertguthaben als Treuhänder und getrennt von ihrem sonstigen Vermögen zu verwalten hat. Die Vorgabe der Vermögenstrennung gelangt auch in der finanzverfahrensrechtlichen Regelung des § 153 Abs. 3 S. 1[33] zum Ausdruck, wonach gem. Abs. 1 S. 1 Nr. 2 übertragene Wertguthaben nicht Teil des Umlageverfahrens sind. Die weitere Vorgabe einer treuhänderischen Verwaltung macht deutlich, dass die Deutsche Rentenversicherung Bund als Folge der Übertragung der Wertguthaben zwar die Stellung des Rechtsinhabers innehat, jedoch im Verhältnis zu den Beschäftigten, Sozialversicherungsträgern und zum Fiskus bzgl. der Verfügung über die Wertguthaben entsprechend der damit verbundenen Zwecksetzung gebunden ist.

Gem. Abs. 3 S. 3 sind die Wertguthaben nach den Vorschriften über die Anlage der Mittel von Versicherungsträgern nach dem Vierten Titel des Vierten Abschnitts des SGB IV anzulegen. Mithin finden die Kapitalanlagevorschriften der §§ 80 ff. unmittelbare Anwendung auf die Anlage der Wertguthaben. Besondere Bedeutung kommt insoweit der Regelung des § 80 Abs. 1 zu, wonach die Anlage und Verwaltung derart zu erfolgen hat, dass ein Verlust ausgeschlossen erscheint, ein angemessener Ertrag erzielt wird und eine ausreichende Liquidität gewährleistet ist.[34] Des Weiteren ist insb. § 83 zu beachten, wonach die in Betracht kommenden Anlageformen beschränkt sind.[35]

Schließlich bestimmt Abs. 3 S. 3, dass die der Deutschen Rentenversicherung Bund durch die Übertragung, Verwaltung und Verwendung von Wertguthaben entstehenden **Kosten** vollständig von dem Wertguthaben in Abzug zu bringen und in der Mitteilung an den Beschäftigten nach § 7d Abs. 2 gesondert auszuweisen sind. Zu den danach von dem Wertguthaben abzuziehenden Kosten sollen auch die bei der Einführung des Systems der treuhänderischen Verwaltung von Wertguthaben durch die Deutsche Rentenversicherung Bund entstehenden sog. Anlaufkosten gehören.[36] Entsprechend der Belastung der Wertguthaben mit den der Deutschen Rentenversicherung Bund entstehenden Kosten sind die aus der Anlage resultierenden Erträge den Wertguthaben gutzuschreiben.[37] Fangen die Erträge die der Deutschen Rentenversicherung Bund entstehenden Kosten nicht auf, vermindern diese das für eine Zeit der Freistellung oder Verringerung zur Verfügung stehende Arbeitsentgelt. Der Umfang der Reduzierung wird aus dem in Abs. 3 S. 3 vorgeschriebenen gesonderten Ausweis der Kosten in der nach § 7d Abs. 2 vorzunehmenden Unterrichtung deutlich.

C. Verbindung zu anderen Rechtsgebieten und Prozessrecht

Die Übertragung des Wertguthabens auf den neuen AG ist arbeitsrechtlich ausgestaltet. Dementsprechend sind für mit der Übertragung im Zusammenhang stehende Streitigkeiten zwischen dem Beschäftigten mit dem neuen AG oder mit dem früheren AG jeweils die Arbeitsgerichte nach § 2 Abs. 1 Nr. 3a ArbGG zuständig.

Kommt es zu einer Übertragung des Wertguthabens auf die Deutsche Rentenversicherung Bund, so ist zu unterscheiden. Bei Streitigkeiten zwischen dem Beschäftigten und der Deutschen Rentenversicherung Bund ist nach § 51 Abs. 1 Nr. 5 SGG die Zuständigkeit der Sozialgerichte begründet. Es handelt sich um öffentlich-rechtliche Streitigkeiten in

---

29 Siehe BT-Drucks 16/10289, S. 18.
30 Siehe § 28h f.
31 Siehe auch BT-Drucks 16/10289, S. 19; *Hanau/Veit*, NJW 2009, 182 ff. (186).
32 BT-Drucks 16/10289, S. 18.
33 Eingeführt durch Art. 4 Nr. 4 des Gesetzes zur Verbesserung der Rahmenbedingungen für die Absicherung flexibler Arbeitszeitregelungen und zur Änderung anderer Gesetze v. 21.12.2008 (BGBl 2008 I S. 2940) mit Wirkung zum 1.7.2009, siehe Art. 7 Abs. 3 des vorgenannten Gesetzes.
34 Siehe hierzu näher *Brandt*, in: Kreikebohm, § 80 Rn 3 ff.
35 Dazu *Brandt*, in: Kreikebohm, § 83 Rn 7 ff.
36 Siehe BT-Drucks 16/10289, S. 18; zu Recht kritisch *Langohr-Plato/Sopora*, NZA 2008, 1377 ff. (1382) im Hinblick darauf, nach welchen Kriterien die Anlaufkosten auf die Wertguthaben umgelegt werden sollen.
37 Zutreffend *Hanau/Veit*, NJW 2009, 182 ff. (186).

sonstigen Angelegenheiten der Sozialversicherung.[38] Das durch die Übertragung des Wertguthabens auf die Deutsche Rentenversicherung Bund begründete Rechtsverhältnis zwischen dem Rentenversicherungsträger und dem Beschäftigten ist eine öffentlich-rechtliche Beziehung, was z.B. in dem Antragserfordernis des Abs. 2 zum Ausdruck gelangt. Geht es um den Anspruch des Beschäftigten gegen seinen früheren AG auf Übertragung des Wertguthabens auf die Deutsche Rentenversicherung Bund, dann sind die ArbG nach § 2 Abs. 1 Nr. 3a ArbGG zuständig.

D. Beraterhinweise

29 Aus AN-Sicht sollte nach Möglichkeit eine Übertragung des Wertguthabens auf den neuen AG angestrebt werden. Denn bei dieser arbeitsrechtlichen Lösung besteht im Rahmen der §§ 7b ff. größere Gestaltungsfreiheit als dies bei der rentenversicherungs-rechtlichen Lösung in Gestalt der Übertragung auf die Deutsche Rentenversicherung Bund der Fall ist. Diese Lösung ist i.Ü. deshalb besonders nachteilig, weil keine Möglichkeit zum weiteren Aufbau des Wertguthabens mehr besteht und das Wertguthaben außerhalb eines Arbvverh allein für den in § 7c Abs. 1 Nr. 2a bestimmten Verwendungszweck in Anspruch genommen werden kann.

30 Aus AG-Sicht ist die Übertragung eines Wertguthabens auf der Grundlage einer Wertguthabenvereinbarung nach § 7b bei einem bereits vorhandenen Wertguthabensystem nur sinnvoll, wenn sich das übernommene Wertguthaben in das System einpasst, vor allem unter den Aspekten der möglichen Verwendungszwecke und der Insolvenzsicherung. Für die Übertragung von Wertguthaben spricht, dass der neue AG dadurch mittels der abzuschließenden Wertguthabenvereinbarung Einfluss auf die Ausgestaltung vor allem hinsichtlich der Verwendungszwecke nehmen kann. Kommt es zu einer Übertragung auf die Deutsche Rentenversicherung Bund, so kann der Beschäftigte ohne Einverständnis des neuen AG das Wertguthaben für die nach § 7c Abs. 1 möglichen und damit insb. auch für gesetzlich festgelegte Verwendungszwecke in Anspruch nehmen. Für den AG, der bei der Einstellung eines AN nicht ein von diesem in einem früheren Arbvverh aufgebautes Wertguthaben übernimmt, besteht bei der rentenversicherungsrechtlichen Lösung keine Möglichkeit, von der in § 7c Abs. 2 geregelten Abweichungsbefugnis (siehe § 7c Rn 17) zu seinen Gunsten Gebrauch zu machen.

§ 7g Bericht der Bundesregierung (gültig ab 1.7.2009 bis 31.12.2012)

Die Bundesregierung berichtet den gesetzgebenden Körperschaften bis zum 31. März 2012 über die Auswirkungen des Gesetzes zur Verbesserung der Rahmenbedingungen für die Absicherung flexibler Arbeitszeitregelungen und zur Änderung anderer Gesetze vom 21. Dezember 2008 (BGBl. I S. 2940), insbesondere über die Entwicklung der Inanspruchnahme und Nutzung der Wertguthaben, den Umfang und die Kosten der an die Deutsche Rentenversicherung Bund übertragenen Wertguthaben und der wegen Insolvenz des Arbeitgebers ersatzlos aufgelösten Wertguthaben und sonstigen Arbeitszeitguthaben, und macht gegebenenfalls Vorschläge für eine Weiterentwicklung des Insolvenzschutzes.

1 § 7g normiert eine Berichtspflicht der Bundesregierung gegenüber den gesetzgebenden Körperschaften, bis zum 31.3.2012 über die Auswirkungen des Gesetzes zur Verbesserung der Rahmenbedingungen für die Absicherung flexibler Arbeitszeitregelungen und zur Änderung anderer Gesetze v. 21.12.2008.[1] Dabei hat die Bundesregierung insb. über die Entwicklung der Inanspruchnahme und die Nutzung der Wertguthaben, den Umfang und die Kosten der an die Deutsche Rentenversicherung Bund übertragenen Wertguthaben und der wegen Insolvenz des AG ersatzlos aufgelösten Wertguthaben und sonstigen Arbeitszeitguthaben zu berichten. Gegebenenfalls hat sie Vorschläge für eine Weiterentwicklung des Insolvenzschutzes zu machen. Die Regelung des § 7g ist durch Art. 1 Nr. 4 des vorgenannten Gesetzes mit Wirkung zum 1.1.2009[2] eingeführt worden und tritt mit Ablauf des 31.12.2012 außer Kraft.[3]

---

38 Siehe hierzu HK-SGG/*Groß*, § 51 Rn 12.
1 (BGBl 2008 I S. 2940).
2 Siehe Art. 7 Abs. 1 des Gesetzes zur Verbesserung der Rahmenbedingungen für die Absicherung flexibler Arbeitszeitregelungen und zur Änderung anderer Gesetze v. 21.12.2008 (BGBl 2008 I S. 2940).

3 Siehe Art. 7 Abs. 5 des Gesetzes zur Verbesserung der Rahmenbedingungen für die Absicherung flexibler Arbeitszeitregelungen und zur Änderung anderer Gesetze v. 21.12.2008 (BGBl 2008 I S. 2940).

§ 8 Geringfügige Beschäftigung und geringfügige selbständige Tätigkeit

(1) Eine geringfügige Beschäftigung liegt vor, wenn
1. das Arbeitsentgelt aus dieser Beschäftigung regelmäßig im Monat 400 Euro nicht übersteigt,
2. die Beschäftigung innerhalb eines Kalenderjahres auf längstens zwei Monate oder 50 Arbeitstage nach ihrer Eigenart begrenzt zu sein pflegt oder im Voraus vertraglich begrenzt ist, es sei denn, dass die Beschäftigung berufsmäßig ausgeübt wird und ihr Entgelt 400 Euro im Monat übersteigt.

(2) [1]Bei der Anwendung des Absatzes 1 sind mehrere geringfügige Beschäftigungen nach Nummer 1 oder Nummer 2 sowie geringfügige Beschäftigungen nach Nummer 1 mit Ausnahme einer geringfügigen Beschäftigung nach Nummer 1 und nicht geringfügige Beschäftigungen zusammenzurechnen. [2]Eine geringfügige Beschäftigung liegt nicht mehr vor, sobald die Voraussetzungen des Absatzes 1 entfallen. [3]Wird bei der Zusammenrechnung nach Satz 1 festgestellt, dass die Voraussetzungen einer geringfügigen Beschäftigung nicht mehr vorliegen, tritt die Versicherungspflicht erst mit dem Tage der Bekanntgabe der Feststellung durch die Einzugsstelle oder einen Träger der Rentenversicherung ein. [4]Dies gilt nicht, wenn der Arbeitgeber vorsätzlich oder grob fahrlässig versäumt hat, den Sachverhalt für die versicherungsrechtliche Beurteilung der Beschäftigung aufzuklären.

(3) [1]Die Absätze 1 und 2 gelten entsprechend, soweit anstelle einer Beschäftigung eine selbständige Tätigkeit ausgeübt wird. [2]Dies gilt nicht für das Recht der Arbeitsförderung.

§ 8a Geringfügige Beschäftigung in Privathaushalten

[1]Werden geringfügige Beschäftigungen ausschließlich in Privathaushalten ausgeübt, gilt § 8. [2]Eine geringfügige Beschäftigung im Privathaushalt liegt vor, wenn diese durch einen privaten Haushalt begründet ist und die Tätigkeit sonst gewöhnlich durch Mitglieder des privaten Haushalts erledigt wird.

A. Allgemeines 1	2. Krankenversicherungspflicht bei Zusammenrechnung 19
B. Regelungsgehalt 2	II. Pflegeversicherung 22
I. Entgeltgeringfügige Beschäftigungen 3	III. Rentenversicherung 23
II. Zeitgeringfügige Beschäftigungen 8	1. Rentenversicherungsfreiheit bei Geringfügigkeit 23
III. Zusammenrechnung mehrerer Beschäftigungen .. 12	
1. Entgeltgeringfügige Beschäftigungen 13	2. Verzicht auf die Versicherungsfreiheit 24
2. Zeitgeringfügige Beschäftigungen 15	3. Rentenversicherungspflicht bei Zusammenrechnung 25
IV. Selbstständige geringfügige Tätigkeiten 17	
C. Verbindung zu anderen Rechtsgebieten und zum Prozessrecht 18	IV. Arbeitsförderung 28
	V. Beginn der Versicherungspflicht 30
I. Krankenversicherung 18	D. Beraterhinweise 31
1. Krankenversicherungsfreiheit bei Geringfügigkeit 18	

A. Allgemeines

Die in der Vergangenheit mehrfach geänderte Regelung des § 8 Abs. 1 definiert die **geringfügige Beschäftigung** und die **geringfügige selbstständige Tätigkeit**. Ob bei geringfügiger Beschäftigung **Versicherungsfreiheit** eintritt, ergibt sich hingegen aus spezialgesetzlichen Regelungen. Wesentlicher Grund für die Versicherungsfreiheit ist, dass geringfügige Beschäftigungen oder Tätigkeiten nicht die maßgebliche Lebensgrundlage der Betroffenen bilden und ihre Einbeziehung in die Versicherungspflicht aus Gründen des sozialen Schutzes nicht geboten erscheint.[1] Über § 8a S. 1 ist § 8 auch auf **geringfügige Beschäftigungen in Privathaushalten** anwendbar.

1

B. Regelungsgehalt

§ 8 regelt zwei Arten geringfügiger Beschäftigung: **entgeltgeringfügige Beschäftigungen** gem. § 8 Abs. 1 Nr. 1 und **zeitgeringfügige Beschäftigungen** gem. § 8 Abs. 1 Nr. 2.

2

---

1 S. statt vieler Hauck/Noftz/*Knospe*, § 8 Rn 1.

I. Entgeltgeringfügige Beschäftigungen

3 Eine entgeltgeringfügige Beschäftigung nach Abs. 1 Nr. 1 liegt in Abgrenzung zu Abs. 1 Nr. 2 vor, wenn sie **regelmäßig**[2] und **nicht nur gelegentlich** ausgeübt wird. Dies ist der Fall, wenn die Beschäftigung von vornherein auf ständige Wiederholung gerichtet ist und über mehrere Jahre ausgeübt werden soll.[3] Nicht entscheidend ist, dass der Beschäftigung ein Dauerarbeitsverhältnis zugrunde liegt.[4] Abzustellen ist auf die Häufigkeit und Voraussehbarkeit des Arbeitseinsatzes und nicht auf die Dauer der täglichen Beanspruchung.[5] Die Regelmäßigkeit einer Beschäftigung ergibt sich auch aus der zeitlichen Nähe einander folgender terminlich von vornherein feststehender Tätigkeiten auch ohne Vorliegen ausdrücklicher Vereinbarungen, wenn beide Seiten davon ausgehen können, dass die jeweils andere Seite die Fortsetzung der Beziehungen beabsichtigt.[6] Mehrere bei einem AG nebeneinander ausgeübte Beschäftigungen sind ohne Rücksicht auf ihre arbeitsvertragliche Gestaltung als einheitliches Beschäftigungsverhältnis anzusehen.[7]

4 Entgeltgeringfügig ist eine Beschäftigung, wenn das Arbeitsentgelt aus dieser Beschäftigung regelmäßig im Monat 400 EUR nicht übersteigt. **Regelmäßiges Arbeitsentgelt** i.S.d. § 8 sind alle **laufenden** Entgelte, aber auch **einmalige Sonderzahlungen**, die nach der bisherigen Übung mit Sicherheit zu erwarten sind wie z.B. Weihnachts-[8] und Urlaubsgeld (zum Begriff des Arbeitsentgelts vgl. § 14 SGB IV Rn 2 ff.). Hingegen bleiben z.B. Jubiläumszuwendungen als nicht jährlich wiederkehrende Zuwendungen außer Betracht.[9] Für die Feststellung des **regelmäßig im Monat** erzielten Arbeitsentgelts sind die zu berücksichtigenden Sonderzahlungen auf die einzelnen Monate des Jahres zu verteilen.[10] Bei Vereinbarung eines Monatsentgelts von 360 EUR und einer jährlichen Sonderzahlung von 480 EUR führt die Aufteilung der Sonderzahlung auf die einzelnen Monate zu einer monatlichen Sonderzahlung von 40 EUR, insg. also zu einem monatlichen Entgelt von 400 EUR; die Entgeltgrenze wird nicht überschritten.

5 Maßgeblich ist nicht auf das tatsächlich gezahlte, sondern auf das Arbeitsentgelt abzustellen, auf das ein **Rechtsanspruch** z.B. aufgrund eines TV, einer BV oder einer Einzelabsprache besteht.[11] Die Maßgeblichkeit des dieser Ansicht zugrunde liegenden **Entstehungsprinzips** für die Feststellung der Versicherungs- und Beitragspflicht hat das BSG auch für den Fall der untertariflichen statt der zustehenden tariflichen Bezahlung bestätigt.[12] Entscheidend hierfür ist nach Ansicht des BSG u.a., dass es nach dem Schutzzweck der Sozialversicherung nicht darauf ankommen kann, ob und wann der AG das Arbeitsentgelt tatsächlich zahlt und dieses dem AN zufließt.[13] Denn anderenfalls hätte es der AG in der Hand, durch verzögerte oder verkürzte Zahlung des Arbeitsentgelts über den Versicherungsschutz des AN zu verfügen. Bereits bei Aufnahme der Beschäftigung müsse aber feststehen, ob Versicherungsschutz besteht oder nicht. Diese zum Schutz der Beschäftigten erforderliche Rechtssicherheit ist nach Auffassung des BSG jedoch nur gewährleistet, wenn auf das **geschuldete Arbeitsentgelt** abgestellt wird.[14] Auf eine – beitragsrechtliche – Ausnahme vom Entstehungsprinzip seit dem 1.1.2003 sei an dieser Stelle hingewiesen: Nach § 22 Abs. 1 S. 2 entstehen bei einmalig gezahltem Arbeitsentgelt[15] Beitragsansprüche erst, sobald dieses ausgezahlt worden ist.[16] Die Anwendung des § 22 Abs. 1 S. 2 wiederum ist seit dem 1.4.2005 in den Fällen ausgeschlossen, in denen das einmalig gezahlte Arbeitsentgelt nur wegen eines Insolvenzereignisses i.S.d. § 183 SGB III vom AG nicht ausgezahlt worden ist. Das bedeutet, dass die Beitragsansprüche aus nicht gezahlten Einmalzahlungen in den Fällen des § 22 Abs. 1 S. 3 mit dem Eintritt des Insolvenzereignisses entstehen.[17] Auf den tatsächlichen Zufluss ist ausnahmsweise auch bei überobligatorischen Zahlungen abzustellen, also soweit dem AN mehr Arbeitsentgelt zufließt, als tariflich oder individualvertraglich geschuldet ist.[18]

6 Die Geringfügigkeit einer Beschäftigung ist bei ihrer Aufnahme **vorausschauend zu beurteilen**[19] und nicht im Rückblick und unter Zugrundelegung ermittelter Durchschnittswerte.[20] Bei **schwankender Höhe** des Arbeitsent-

---

2 BSG 23.5.1995 – 12 RK 60/93 – SozR 3–2400 § 8 Nr. 4; BSG 11.5.1993 – 12 RK 23/91 – SozR 3–2400 § 8 Nr. 3.
3 BSG 28.4.1982 – 12 RK 1/80 – SozR 2200 § 168 Nr. 6.
4 BSG 11.5.1993 – 12 RK 23/91 – SozR 3–2400 § 8 Nr. 3.
5 BSG 1.2.1979 – 12 RK 7/77 – SozR 2200 § 165 Nr. 36.
6 BSG 28.4.1982 – 12 RK 1/80 – SozR 2200 § 168 Nr. 6.
7 BSG 16.2.1983 – 12 RK 26/81 – BSGE 55, 1, 2.
8 BSG 28.2.1984 – 12 RK 21/83 – Die Beiträge 1984, 280, 282.
9 Geringfügigkeits-Richtlinien B. 2.1.1., abgedr. in *Aichberger*, Sozialgesetzbuch, 4/21.
10 BSG 28.2.1984 – 12 RK 21/83 – Die Beiträge 1984, 280, 282, 283.
11 Geringfügigkeits-Richtlinien B. 2.1.1.
12 BSG 14.7.2004 – B 12 KR 1/04 R – Breith 2004, 971 ff.; zum Entstehungsprinzip s. auch KassKomm/*Seewald*, § 8 Rn 8 und § 14 Rn 42 ff.
13 BSG 30.8.1994 – 12 RK 59/92 – BSGE 75, 61, 65.
14 BSG 14.7.2004 – B 12 KR 1/04 R – Breith 2004, 971 ff.
15 Hierunter sind die einmaligen Einnahmen der Beschäftigten zu verstehen, s. BT-Drucks 15/26, S. 24.
16 Kritisch hierzu Krauskopf/*Baier*, § 22 Rn 10, aus dessen Sicht der tarif- oder arbeitsvertraglich vereinbarte Zahlungsmodus für das zustehende Arbeitsentgelt kein Differenzierungskriterium hinsichtlich der Beitragsansprüche ist.
17 Krauskopf/*Baier*, § 22 Rn 9b; zur beitragsrechtlichen Behandlung von geschuldetem Arbeitsentgelt s. den Überblick von *Bröder*, DAngVers 2005, 8 ff.
18 BSG 14.7.2004 – B 12 KR 1/04 R – Breith 2004, 971 ff.
19 BSG 23.4.1974 – 4 RJ 335/72 – Breith 1975, 115, 116; BSG 25.2.1997 – 12 RK 51/96 – SozR 3–2500 § 6 Nr. 15 zum Überschreiten der Jahresarbeitsentgeltgrenze in der Krankenversicherung; BSG 19.2.1987 – 12 RK 9/85 – SozR 2200 § 172 Nr. 19 zur Aufnahme einer Vollzeitbeschäftigung durch einen Studenten.
20 BT-Drucks 7/4122, S. 43.

gelts oder **saisonbedingt unterschiedlichem Arbeitsentgelt** ist die Entgelthöhe zu schätzen.[21] Stimmt die Beurteilung infolge nicht vorhersehbarer Umstände mit den tatsächlichen Entgelten aus der Beschäftigung nicht überein, so erfolgt jedenfalls für die Vergangenheit keine Korrektur; für die Zukunft ist eine neue Schätzung erforderlich.[22]

Sobald das Arbeitsentgelt regelmäßig 400 EUR überschreitet, z.B. durch eine **vertraglich vereinbarte Erhöhung des Arbeitsentgelts**, liegt eine geringfügige Beschäftigung ab dem Tag des Überschreitens nicht mehr vor. Ein allerdings **nur gelegentliches und nicht vorhersehbares Überschreiten**, z.B. wenn der AG den AN unerwartet bittet, eine Urlaubsvertretung zu übernehmen, ist **bis zu einem Zeitraum von zwei Monaten** im Verlauf eines Jahres unschädlich.[23]

II. Zeitgeringfügige Beschäftigungen

Eine zeitgeringfügige Beschäftigung nach Abs. 1 Nr. 2 liegt unabhängig von der Entgelthöhe vor, wenn sie innerhalb eines **Kalenderjahres** auf längstens **zwei Monate** oder **50 Arbeitstage** nach ihrer Eigenart begrenzt zu sein pflegt (z.B. Tätigkeit als Erntehelfer)[24] oder im Voraus vertraglich begrenzt ist (z.B. durch einen längstens auf ein Jahr befristeten Rahmenarbeitsvertrag. Der Zeitraum, innerhalb dessen nicht mehr als zwei Monate bzw. 50 Kalendertage gearbeitet werden darf, bezieht sich seit dem 1.4.2003 auf das **Kalenderjahr** und nicht mehr auf das Beschäftigungsjahr.[25]

Die Zeitgrenze von **zwei Monaten** gilt für Beschäftigungen, die an mind. fünf Wochentagen ausgeübt werden;[26] in den übrigen Fällen ist auf den Zeitraum von 50 Arbeitstagen abzustellen. Nicht erforderlich ist, dass die Zeitdauer von zwei Monaten oder 50 Arbeitstagen ununterbrochen ist; sie kann sich vielmehr über das ganze Kalenderjahr erstrecken. Allerdings liegt keine kurzfristige, sondern eine regelmäßige Beschäftigung vor, wenn die Zeitdauer zwar 50 Arbeitstage im Laufe eines Kalenderjahres nicht überschreitet, aber innerhalb eines **Dauer-Arbverh** abgeleistet wird. Als Dauer-Arbverh wird eine Beschäftigung angesehen, die aufgrund eines über zwölf Monate hinausgehenden Rahmenarbeitsvertrags begründet wird.[27] Eine Hausfrau, die als Bankkauffrau bei einem Geldinstitut jeweils an den letzten vier Arbeitstagen im Kalendermonat gegen ein monatliches Arbeitsentgelt von 420 EUR an insgesamt nur 48 Tagen tätig wird, übt eine Dauerbeschäftigung aus; Entgeltgeringfügigkeit nach Abs. 1 Nr. 1 scheidet aus, da die 400-EUR-Grenze überschritten wird.[28]

Maßgeblicher Zeitpunkt für die Beurteilung der Geringfügigkeit ist die **Aufnahme** der Beschäftigung, d.h. es ist im Wege vorausschauender Betrachtung festzustellen, ob die zeitliche Grenze von zwei Monaten oder 50 Arbeitstagen eingehalten wird.[29] Stellt sich entgegen der ursprünglichen Erwartung heraus, dass die Zeitdauer überschritten wird, liegt vom Tag des Überschreitens an keine zeitgeringfügige Beschäftigung mehr vor; allerdings ist zu prüfen, ob die Voraussetzungen der Entgeltgeringfügigkeit gegeben sind.[30] Ergibt sich im Laufe der Beschäftigung, dass sie länger dauern wird, ist für die Beurteilung der Frage evtl. eintretender Versicherungspflicht auf den Tag abzustellen, an dem das Überschreiten der Zeitdauer erkennbar wird; für die zurückliegende Zeit bleibt es bei der Feststellung der Geringfügigkeit.[31]

Eine zeitgeringfügige Beschäftigung ist dann nicht mehr gegeben, wenn sie **berufsmäßig** ausgeübt wird **und** die Entgeltgrenze von **400 EUR überschritten wird**. Berufsmäßig wird eine Beschäftigung ausgeübt, wenn der Betreffende durch sie seinen Lebensunterhalt überwiegend bestreitet oder doch in einem solchen Umfang bestreitet, dass seine wirtschaftliche Stellung zu einem erheblichen Teil auf der Beschäftigung beruht.[32] Von grds. untergeordneter wirtschaftlicher Bedeutung sind Beschäftigungen, die nur gelegentlich, z.B. in einer Übergangszeit zwischen dem Ende der Schulausbildung und dem Beginn eines Hochschulstudiums oder der Aufnahme einer auf Dauer gerichteten Beschäftigung, ausgeübt werden.[33] Zu berücksichtigen ist, dass die Merkmale der Berufsmäßigkeit und des Überschreitens der 400-EUR-Grenze kumulativ vorliegen müssen.[34]

III. Zusammenrechnung mehrerer Beschäftigungen

Jeweils mehrere **entgeltgeringfügige** (Abs. 1 Nr. 1) und mehrere **zeitgeringfügige** (Abs. 1 Nr. 2) Beschäftigungen sind nach Abs. 2 S. 1 **zusammenzurechnen**, nicht aber entgeltgeringfügige mit zeitgeringfügigen. Dies gilt auch für die Zusammenrechnung einer geringfügigen Beschäftigung in einem Privathaushalt (§ 8a) mit einer Beschäftigung außerhalb des Haushalts. Mit **nicht geringfügigen Beschäftigungen** werden nur entgelt-, nicht aber zeitgeringfügige

---

21 Krauskopf/*Baier*, § 8 Rn 10; Geringfügigkeits-Richtlinien B.2.1.1.
22 BSG 23.4.1974 – 4 RJ 335/72 – Breith 75, 115, 116.
23 Geringfügigkeits-Richtlinien B. 3.1.
24 S. hierzu auch ausführlich Küttner/*Schlegel*, Geringfügige Beschäftigung, Rn 76 ff.
25 *Rombach*, SGb 2003, 196, 197, 198.
26 Geringfügigkeits-Richtlinien B. 2.2.1; BSG 27.1.1971 – 12 RJ 118/70 – BSGE 32, 182, 184 zu den hier vergleichbaren §§ 168 Abs. 2a, 1228 Abs. 2a RVO a.F.
27 Geringfügigkeits-Richtlinien B. 2.2.
28 Geringfügigkeits-Richtlinien B. 2.2. Beispiel 28.
29 Küttner/*Schlegel*, Geringfügige Beschäftigung, Rn 81.
30 Geringfügigkeits-Richtlinien B. 3.2.
31 Geringfügigkeits-Richtlinien B. 3.2.
32 BSG 25.4.1991 – 12 RK 14/89 – BSGE 68, 256, 258.
33 Hauck/Noftz/*Knospe*, § 8 Rn 24.
34 Hauck/Noftz/*Knospe*, § 8 Rn 24.

Beschäftigungen zusammengerechnet. Der AG geringfügig beschäftigter AN ist berechtigt, seine AN unter Darlegung der Voraussetzungen für das Entstehen der Versicherungs- und Beitragspflicht zu fragen, ob sie bei einem anderen AG in einem Umfang beschäftigt sind, der zusammen mit der bei ihm ausgeübten Beschäftigung Versicherungspflicht und Beitragspflicht begründet.[35] Wird bei der Zusammenrechnung festgestellt, dass die Voraussetzungen einer geringfügigen Beschäftigung nicht mehr vorliegen, tritt nach § 8 Abs. 2 S. 3 die Versicherungspflicht erst mit dem Tag der Bekanntgabe der Feststellung durch die Einzugsstelle oder einen Träger der Rentenversicherung ein. Hat es der AG allerdings vorsätzlich oder grob fahrlässig versäumt, den Sachverhalt für die versicherungsrechtliche Beurteilung der Beschäftigung aufzuklären, tritt die Versicherungspflicht gem. Abs. 2 S. 4 rückwirkend mit dem Beschäftigungsbeginn ein.

13 **1. Entgeltgeringfügige Beschäftigungen.** Werden Beschäftigungen bei **verschiedenen AG** nebeneinander ausgeübt, dann sind die **Arbeitsentgelte** aus den einzelnen Beschäftigungen nach § 8 Abs. 2 S. 1 zu **addieren**.[36] Führt dies zum Übersteigen des Grenzwerts von 400 EUR, so entfällt die Geringfügigkeit für beide Beschäftigungen.

14 Übt ein AN **neben** einer **nicht geringfügigen** (Haupt-)Beschäftigung bei einem anderen AG eine **entgeltgeringfügige** Beschäftigung aus, so ergibt die Anwendung des § 8 Abs. 2 S. 1, dass diese eine neben der (Haupt-)Beschäftigung ausgeübte entgeltgeringfügige Beschäftigung von der Zusammenrechnung ausgenommen ist (hinsichtlich der Modifikationen im Recht der Kranken-, Renten- und Pflegeversicherung sowie im Bereich der Arbeitsförderung vgl. Rn 18 ff.). Werden neben der (Haupt-)Beschäftigung jedoch **mehrere entgeltgeringfügige Beschäftigungen** ausgeübt, ist fraglich, welche dieser Beschäftigungen anrechnungsfrei bleibt.[37] Nach Auffassung der Verwaltungspraxis ist dies die **zeitlich zuerst aufgenommene** Beschäftigung.[38] Diese Privilegierung findet keine Anwendung, wenn eine (Haupt-)Beschäftigung erst durch ein Zusammenrechnen mehrerer geringfügiger Beschäftigungen festgestellt wird; erforderlich ist vielmehr das Vorliegen einer (Haupt-)Beschäftigung, die bereits für sich genommen die Geringfügigkeitsgrenze überschreitet.[39]

15 **2. Zeitgeringfügige Beschäftigungen.** Nach § 8 Abs. 2 S. 1 sind mehrere Beschäftigungen nach Abs. 1 Nr. 2 dergestalt zusammenzurechnen, dass die Zeiten mehrerer aufeinander folgender Beschäftigungen – auch bei verschiedenen AG – addiert werden, und zwar unabhängig davon, ob sie geringfügig oder mehr als geringfügig entlohnt sind.[40] Jeweils zu Beginn einer neuen Beschäftigung ist zu prüfen, ob diese mit den schon im laufenden Kalenderjahr ausgeübten Beschäftigungen die maßgebende Zeitgrenze überschreitet. Im Wege einer vorausschauenden Betrachtung muss feststehen, dass diese Beschäftigung und zuvor im **gleichen Kalenderjahr** ausgeübte Beschäftigungen die Zeitgrenze des Abs. 1 Nr. 2 nicht überschreiten; anderenfalls ist grds. von einer regelmäßigen Beschäftigung auszugehen.

16 Bei einem **Beschäftigungsverhältnis über den Jahreswechsel** hinaus erfolgt keine nach Kalenderjahren getrennte versicherungsrechtliche Beurteilung dieser Beschäftigung,[41] so dass eine Beschäftigung, die in einem Kalenderjahr, in dem die Dauer von zwei Monaten bzw. 50 Arbeitstagen zusammen mit Vorbeschäftigungen erreicht ist, nicht geringfügig ist, und zwar auch, soweit sie in das neue Kalenderjahr fällt. Nimmt eine Hausfrau z.B. am 1.12. eine von vornherein bis zum 31.1. des Folgejahres befristete Beschäftigung als Aushilfsverkäuferin gegen ein monatliches Arbeitsentgelt von 1.000 EUR auf und hat sie im laufenden Kalenderjahr bereits vom 1.7. bis zum 31.8. eine Beschäftigung ausgeübt, so ist die am 1.12. aufgenommene Beschäftigung nicht zeitgeringfügig. Zu ihrem Beginn steht nämlich bereits fest, dass die Beschäftigungsdauer im laufenden Kalenderjahr unter Berücksichtigung der Vorbeschäftigung mehr als zwei Monate beträgt.[42]

IV. Selbstständige geringfügige Tätigkeiten

17 Die praktische Bedeutung des § 8 Abs. 3, der die Geltung von Abs. 1 und 2 für selbstständige Tätigkeiten – mit Ausnahme des Bereichs der Arbeitsförderung – vorsieht, ist gering, so dass von weiteren Ausführungen abgesehen wird.

C. Verbindung zu anderen Rechtsgebieten und zum Prozessrecht

I. Krankenversicherung

18 **1. Krankenversicherungsfreiheit bei Geringfügigkeit.** Grds. sind gegen Arbeitsentgelt Beschäftigte nach § 5 Abs. 1 Nr. 1 SGB V krankenversichert; eine Ausnahme hiervon macht § 7 Abs. 1 S. 1 Hs. 1 SGB V für geringfügig Beschäftigte i.S.d. §§ 8, 8a: Sie sind in dieser Beschäftigung krankenversicherungsfrei. Der AG einer Beschäftigung nach § 8 Abs. 1 Nr. 1 hat nach § 249b S. 1 SGB V[43] einen Pauschalbeitrag in Höhe von 13 v.H. (bei Beschäftigungen

---

35 BSG 23.2.1988 – 12 RK 43/87 – SozR 2100 § 8 Nr. 5.
36 Geringfügigkeits-Richtlinien B 2.1.2.1.
37 Zum Meinungsstand s. Hauck/Noftz/*Knospe*, § 8 Rn 30 f.
38 Geringfügigkeits-Richtlinien B. 2.1.2.2.
39 *Rombach*, SGb 2003, 196, 199.
40 Geringfügigkeits-Richtlinien B. 2.2.2.
41 Geringfügigkeits-Richtlinien B. 2.2.2.
42 Geringfügigkeits-Richtlinien B. 2.2.2. Beispiel 33.
43 Zur Vereinbarkeit des § 249b SGB V mit dem Grundgesetz s. BSG 25.1.2006 – B 12 KR 27/04 R – SozR 4-2500 § 249b Nr. 2.

im Privathaushalt 5 v.H.) des Arbeitsentgelts dieser Beschäftigung zu tragen, wenn der Beschäftigte **Versicherter** ist (z.B. als Student nach § 5 Abs. 1 Nr. 9 SGB V, als freiwillig Versicherter nach § 9 SGB V oder aufgrund einer Familienversicherung nach § 10 SGB V). **Ein (zusätzlicher) Anspruch** auf Leistungen der Krankenversicherung entsteht hierdurch jedoch nicht. Für geringfügig Beschäftigte, die privat krankenversichert oder gar nicht krankenversichert sind, ist kein Pauschalbeitrag zu zahlen (hinsichtlich der Meldung geringfügig Beschäftigter und des Verfahrens bei der Beitragszahlung vgl. § 28a Rn 9, siehe § 28h Rn 12).

2. Krankenversicherungspflicht bei Zusammenrechnung. Ergibt die Zusammenrechnung mehrerer für sich genommen geringfügiger Beschäftigungen, dass die Entgelt- und Zeitgrenzen überschritten werden, so besteht Versicherungspflicht in der Krankenversicherung nach § 5 Abs. 1 Nr. 1 SGB V.

Eine Modifizierung des § 8 Abs. 2 hinsichtlich der Zusammenrechnung mit einer (Haupt-)Beschäftigung enthält § 7 Abs. 1 S. 2 SGB V. Danach erfolgt eine Zusammenrechnung einer entgeltgeringfügigen Beschäftigung mit einer **nicht geringfügigen (Haupt-)Beschäftigung** nur, wenn diese **Versicherungspflicht** begründet. Übt jemand also neben seiner versicherungspflichtigen (Haupt-)Beschäftigung und einer entgeltgeringfügigen Beschäftigung eine weitere entgeltgeringfügige Beschäftigung aus, so ist diese weitere Beschäftigung mit der (Haupt-)Beschäftigung zusammenzurechnen. Wird dadurch die Grenze von 400 EUR überschritten, liegt ein geringfügiges Beschäftigungsverhältnis nicht mehr vor, so dass Versicherungspflicht nach § 5 Abs. 1 Nr. 1 SGB V eintritt. Geht hingegen ein nach § 6 Abs. 1 Nr. 1 SGB V versicherungsfreier Ang oder ein nach § 6 Abs. 1 Nr. 2 SGB V versicherungsfreier Beamter neben der (Haupt-)Beschäftigung als Ang bzw. Beamter einer geringfügigen Beschäftigung nach § 8 Abs. 1 Nr. 1 nach, so findet eine Zusammenrechnung nach § 7 Abs. 1 S. 2 SGB V nicht statt, weil es an die Versicherungspflicht begründenden Beschäftigungen fehlt.

Folge der Versicherungspflicht ist die **Beitragspflicht** nach § 223 SGB V, wobei auch das Arbeitsentgelt aus der Nebenbeschäftigung zu den beitragspflichtigen Einnahmen nach § 226 Abs. 1 S. 1 Nr. 1 SGB V zählt. AG und AN sind nach § 249 Abs. 1 SGB V zur hälftigen Beitragstragung verpflichtet.

II. Pflegeversicherung

Nach § 20 Abs. 1 S. 1 und S. 2 Nr. 1 SGB XI sind in der sozialen Pflegeversicherung diejenigen Beschäftigten versicherungspflichtig, die in der gesetzlichen Krankenversicherung versichert sind. Die durch Zusammenrechnung mit einer versicherungspflichtigen (Haupt-)Beschäftigung begründete Krankenversicherungspflicht auch der für sich genommen entgeltgeringfügigen Beschäftigung führt zur Versicherungspflicht dieser Beschäftigung in der sozialen Pflegeversicherung. Arbeitsentgelt aus einer geringfügigen Beschäftigung eines in der gesetzlichen Krankenversicherung freiwillig Versicherten ist als beitragspflichtige Einnahme in der sozialen Pflegeversicherung für die Beitragsbemessung auch dann heranzuziehen, wenn der Versicherte in der gesetzlichen Krankenversicherung hieraus keine Beiträge zu zahlen hat.[44] Die nach dem Arbeitsentgelt zu bemessenden Beiträge tragen die versicherungspflichtig Beschäftigten und ihre AG jeweils zur Hälfte (§ 58 Abs. 1 S. 1 SGB XI). § 249b SGB V, der den alleinigen AG-Beitrag regelt, findet im Bereich der sozialen Pflegeversicherung keine Anwendung.[45]

III. Rentenversicherung

1. Rentenversicherungsfreiheit bei Geringfügigkeit. Auch in der Rentenversicherung sind geringfügig Beschäftigte bzw. selbstständig Tätige i.S.v. §§ 8, 8a nach § 5 Abs. 2 S. 1 Nr. 1, 2 SGB VI in dieser Beschäftigung bzw. selbständigen Tätigkeit versicherungsfrei. Gleichwohl hat der AG für geringfügig Beschäftigte i.S.v. § 8 Abs. 1 Nr. 1 einen Beitrag von 15 v.H. des Arbeitsentgelts (bei geringfügiger Beschäftigung in einem Privathaushalt 5 v.H. des Arbeitsentgelts), das beitragspflichtig wäre, wenn die Beschäftigten versicherungspflichtig wären, zu tragen (§ 172 Abs. 3 S. 1, Abs. 3a SGB VI). Hierdurch werden **keine Pflichtbeitragszeiten** i.S.d. § 55 SGB VI begründet. Für diesen AG-Beitrag werden vielmehr Zuschläge an Entgeltpunkten ermittelt (§ 76b SGB VI) und für Wartezeitanteile berechnet (§ 52 Abs. 2 SGB VI).[46]

2. Verzicht auf die Versicherungsfreiheit. Für geringfügig Beschäftigte nach § 8 Abs. 1 Nr. 1 sowie nach § 8a besteht nach § 5 Abs. 2 S. 2 SGB VI die Möglichkeit, mit **Wirkung für die Zukunft** dem AG gegenüber schriftlich auf die **Versicherungsfreiheit zu verzichten**. Die Erklärung des Verzichts lässt die grds. durch eine Beschäftigung bewirkte Versicherungspflicht wirksam werden und führt zur Beitragspflicht. Nach § 168 Abs. 1 Nr. 1b SGB VI hat der AG in diesen Fällen den Beitrag in Höhe von 15 v.H. des der Beschäftigung zugrunde liegenden Arbeitsentgelts zu tragen. Der Versicherte hat diesen Beitrag bis zur Erreichung des nach §§ 158, 160 SGB VI i.V.m. der jeweils aktuellen Beitragssatz-VO maßgebenden Beitragssatzes der gesetzlichen Rentenversicherung aufzustocken. Bei dem derzeit in der Rentenversicherung geltenden Beitragssatz von 19,9 v.H. beträgt der Aufstockungsbetrag 4,9 v.H. des beitragspflichtigen Arbeitsentgelts.

---

44 BSG 29.11.2006 – B 12 P 2/06 R – SozR 4–3300 § 57 Nr. 3.

45 BSG 29.11.2006 – B 12 P 2/06 R – SozR 4–3300 § 57 Nr. 3.

46 S. auch Hauck/Noftz/*Knospe*, § 8 Rn 45 m.w.N.

3. Rentenversicherungspflicht bei Zusammenrechnung. Die Zusammenrechnung mehrerer geringfügiger Beschäftigungen führt bei Überschreiten der Grenzwerte zur Versicherungspflicht nach § 1 S. 1 Nr. 1 SGB VI.

§ 8 Abs. 2 wird durch § 5 Abs. 2 S. 1 Hs. 2 SGB VI dahin gehend modifiziert, dass eine **Zusammenrechnung** einer entgeltgeringfügigen Beschäftigung mit einer nicht geringfügigen Beschäftigung nur dann erfolgt, wenn die **nicht geringfügige Beschäftigung versicherungspflichtig** ist. Bei Überschreiten der Grenze des § 8 Abs. 1 Nr. 1 tritt Versicherungspflicht nach § 1 S. 1 Nr. 1 SGB VI ein.

Aus der Versicherungspflicht folgt die Pflicht zur **Beitragszahlung** nach Maßgabe der §§ 157 ff. SGB VI. AG und AN haben die Beiträge je zur Hälfte zu tragen (§ 168 Abs. 1 Nr. 1 SGB VI).

IV. Arbeitsförderung

Die Versicherungsfreiheit geringfügig Beschäftigter im Recht der Arbeitsförderung ergibt sich aus § 27 Abs. 2 S. 1 Hs. 1 SGB III. Jedoch sind in Abweichung von § 8 Abs. 2 S. 1 nach § 27 Abs. 2 S. 1 Hs. 2 SGB III geringfügige und nicht geringfügige Beschäftigungen nicht zusammenzurechnen. Eine Zusammenrechnung mit einer nicht geringfügigen selbstständigen Tätigkeit ist ebenso ausgeschlossen, § 8 Abs. 3 S. 2.

Führt die Zusammenrechnung mehrerer geringfügiger Beschäftigungen nach § 8 Abs. 1 zur Überschreitung der Geringfügigkeitsgrenzen, so besteht in jeder Beschäftigung Versicherungspflicht nach § 25 Abs. 1 S. 1 SGB III. Beiträge hierfür sind nach § 341 ff. SGB III zu zahlen; AG und AN tragen die Beiträge nach § 346 Abs. 1 S. 1 SGB III je zur Hälfte.

V. Beginn der Versicherungspflicht

Wird bei der **Zusammenrechnung** nach § 8 Abs. 2 S. 1 festgestellt, dass die Voraussetzungen einer geringfügigen Beschäftigung nicht mehr vorliegen, **beginnt die Versicherungspflicht** in den einzelnen Versicherungszweigen gem. Abs. 2 S. 3 erst mit dem **Tag der Bekanntgabe der Feststellung** durch die Einzugsstelle oder einen Träger der Rentenversicherung. Diese Regelung verhindert die rückwirkende Feststellung der Versicherungs- und Beitragspflicht und schützt den AG vor möglicherweise erheblichen Beitragsnachforderungen.[47] Versäumt der AG vorsätzlich oder grob fahrlässig die Aufklärung des Sachverhalts für die versicherungsrechtliche Beurteilung der Beschäftigung, ist die Privilegierung des § 8 Abs. 2 S. 3 ausgeschlossen (§ 8 Abs. 2 S. 4). Die Feststellung der Einzugsstelle oder des Rentenversicherungsträgers ist ein VA, dessen Rechtmäßigkeit im Rechtsbehelfsverfahren überprüft werden kann.

D. Beraterhinweise

Die rechtliche Einordnung der möglichen Fallkonstellationen im Bereich der geringfügigen Beschäftigungen wird durch die Geringfügigkeits-RL, in denen die Besprechungsergebnisse der Spitzenverbände der Sozialversicherung unter Berücksichtigung der Rspr. zusammengefasst sind, erheblich erleichtert.

Zur Aufklärung des Sachverhalts hinsichtlich des Vorliegens mehrerer Beschäftigungen und um sich vor nachträglichen Belastungen durch die Zusammenrechnung mehrerer geringfügiger Beschäftigungen zu schützen,[48] kann der AG geringfügig beschäftigter AN diese unter Darlegung der Voraussetzungen für das Entstehen der Versicherungs- und Beitragspflicht fragen, ob sie bei einem anderen Arbeitgeber in einem Umfang beschäftigt sind, der zusammen mit der bei ihm ausgeübten Beschäftigung Versicherungs- und Beitragspflicht begründet.[49] Dem entspricht aufseiten des AN die Pflicht nach § 28o Abs. 1, bei mehreren Beschäftigungen gegenüber allen beteiligten AG die zur Durchführung des Meldeverfahrens und der Beitragszahlung erforderlichen Angaben zu machen und, soweit erforderlich, Unterlagen vorzulegen. Mit einem Personalfragebogen können entsprechende Angaben zur richtigen versicherungsrechtlichen Beurteilung erhoben und dokumentiert werden. Ein Muster für einen Personalfragebogen für geringfügig Beschäftigte einschließlich einer Verzichtserklärung auf die Rentenversicherungsfreiheit findet sich bei *Schönfeld*.[50] Mustererklärungen zur Belehrung durch den AG zum Aufstockungsbeitrag der RV und zum Verzicht auf die Rentenversicherungsfreiheit des AN sind bei *Küttner*[51] abgedruckt.

---

47 BT-Drucks 15/26, S. 23.
48 Hauck/Noftz/*Knospe*, § 8 Rn 33.
49 BSG 23.2.1988 – 12 RK 43/87 – SozR 2100 § 8 Nr. 5.
50 *Schönfeld*, 167 ff.
51 Küttner/*Schlegel*, Geringfügige Beschäftigung Rn 104 f.

§ 14 Arbeitsentgelt

(1) ¹Arbeitsentgelt sind alle laufenden oder einmaligen Einnahmen aus einer Beschäftigung, gleichgültig, ob ein Rechtsanspruch auf die Einnahmen besteht, unter welcher Bezeichnung oder in welcher Form sie geleistet werden und ob sie unmittelbar aus der Beschäftigung oder im Zusammenhang mit ihr erzielt werden. ²Arbeitsentgelt sind auch Entgeltteile, die durch Entgeltumwandlung nach § 1 Abs. 2 Nr. 3 des Betriebsrentengesetzes in den Durchführungswegen Direktzusage oder Unterstützungskasse verwendet werden, soweit sie 4 vom Hundert der jährlichen Beitragsbemessungsgrenze der allgemeinen Rentenversicherung übersteigen. ³Steuerfreie Aufwandsentschädigungen und die in § 3 Nr. 26 und 26a des Einkommensteuergesetzes genannten steuerfreien Einnahmen gelten nicht als Arbeitsentgelt.
(2) ¹Ist ein Nettoarbeitsentgelt vereinbart, gelten als Arbeitsentgelt die Einnahmen des Beschäftigten einschließlich der darauf entfallenden Steuern und der seinem gesetzlichen Anteil entsprechenden Beiträge zur Sozialversicherung und zur Arbeitsförderung. ²Sind bei illegalen Beschäftigungsverhältnissen Steuern und Beiträge zur Sozialversicherung und zur Arbeitsförderung nicht gezahlt worden, gilt ein Nettoarbeitsentgelt als vereinbart.
(3) Bei Verwendung eines Haushaltsschecks (§ 28a Abs. 7) gilt der ausgezahlte Betrag zuzüglich der durch Abzug vom Arbeitslohn einbehaltenen Steuern als Arbeitsentgelt.

§ 15 Arbeitseinkommen

(1) ¹Arbeitseinkommen ist der nach den allgemeinen Gewinnermittlungsvorschriften des Einkommensteuerrechts ermittelte Gewinn aus einer selbständigen Tätigkeit. ²Einkommen ist als Arbeitseinkommen zu werten, wenn es als solches nach dem Einkommensteuerrecht zu bewerten ist.
(2) Bei Landwirten, deren Gewinn aus Land- und Forstwirtschaft nach § 13a des Einkommensteuergesetzes ermittelt wird, ist als Arbeitseinkommen der sich aus § 32 Abs. 6 des Gesetzes über die Alterssicherung der Landwirte ergebende Wert anzusetzen.

§ 16 Gesamteinkommen

Gesamteinkommen ist die Summe der Einkünfte im Sinne des Einkommensteuerrechts; es umfasst insbesondere das Arbeitsentgelt und das Arbeitseinkommen.

§ 17 Verordnungsermächtigung

(1) Die Bundesregierung wird ermächtigt, durch Rechtsverordnung mit Zustimmung des Bundesrates zur Wahrung der Belange der Sozialversicherung und der Arbeitsförderung, zur Förderung der betrieblichen Altersversorgung oder zur Vereinfachung des Beitragseinzugs zu bestimmen,
1. dass einmalige Einnahmen oder laufende Zulagen, Zuschläge, Zuschüsse oder ähnliche Einnahmen, die zusätzlich zu Löhnen oder Gehältern gewährt werden, und steuerfreie Einnahmen ganz oder teilweise nicht als Arbeitsentgelt gelten,
2. dass Beiträge an Direktversicherungen und Zuwendungen an Pensionskassen oder Pensionsfonds ganz oder teilweise nicht als Arbeitsentgelt gelten,
3. wie das Arbeitsentgelt, das Arbeitseinkommen und das Gesamteinkommen zu ermitteln und zeitlich zuzurechnen sind,
4. den Wert der Sachbezüge nach dem tatsächlichen Verkehrswert im Voraus für jedes Kalenderjahr.

Dabei ist eine möglichst weitgehende Übereinstimmung mit den Regelungen des Steuerrechts sicherzustellen.
(2) ¹Das Bundesministerium für Arbeit und Soziales bestimmt im Voraus für jedes Kalenderjahr durch Rechtsverordnung mit Zustimmung des Bundesrates die Bezugsgröße (§ 18). ²Das Bundesministerium für Arbeit und Soziales wird ermächtigt, durch Rechtsverordnung mit Zustimmung des Bundesrates auch sonstige aus der Bezugsgröße abzuleitende Beträge zu bestimmen.

A. Allgemeines	1	7. Ausnahmeregelungen	14
B. Regelungsgehalt	2	8. Arbeitsentgelt bei Nettoentgeltvereinbarung	
I. § 14	2	(§ 14 Abs. 2)	19
1. Bruttoentgelt	3	9. Haushaltsscheckverfahren	21
2. Einnahmen aus einer Beschäftigung	4	II. § 15	22
3. Laufende und einmalige Einnahmen	8	III. § 16	24
4. Rechtsanspruch	9	C. Verbindung zu anderen Rechtsgebieten und	
5. Bezeichnung und Form der Einnahme	10	zum Prozessrecht	26
6. Entgeltumwandlung	12	D. Beraterhinweise	31

A. Allgemeines

1 § 14 definiert für den Bereich der Sozialversicherung und das Recht der Arbeitsförderung einheitlich den Begriff des **Arbeitsentgelts** als Einnahmen aus unselbstständiger Arbeit.[1] Das für die Sozialversicherung relevante Einkommen aus selbstständiger Tätigkeit wird als **Arbeitseinkommen** in § 15 geregelt. § 16 bestimmt den Begriff des **Gesamteinkommens** einheitlich für alle Sozialversicherungszweige und die Arbeitsförderung. § 17 enthält zur Ergänzung der §§ 14 bis 16 verschiedene VO-Ermächtigungen.

B. Regelungsgehalt

I. § 14

2 § 14 erfasst laufende und einmalige Einnahmen, die in ursächlichem Zusammenhang mit einer Beschäftigung stehen. Unerheblich ist, ob die Einnahmen unmittelbar oder nur im Zusammenhang mit der Beschäftigung erzielt werden, ob ein Rechtsanspruch auf sie besteht oder unter welcher Bezeichnung und in welcher Form sie erzielt werden.

3 **1. Bruttoentgelt.** Arbeitsentgelt i.S.d. Vorschrift ist das Bruttoarbeitsentgelt[2] aus der Beschäftigung. Dazu gehören außer dem Nettoarbeitsentgelt die hierauf entfallende Lohn- und Kirchensteuer sowie die AN-Anteile zur Sozialversicherung, nicht aber die AG-Anteile.[3] Die Beiträge zur gesetzlichen Unfallversicherung, die der AG allein zu tragen hat, zählen nicht zum Arbeitsentgelt.[4]

4 **2. Einnahmen aus einer Beschäftigung.** Arbeitsentgelt kann nur geleistet oder erzielt werden, wenn die entsprechende Einnahme ihre **Ursache in einer Beschäftigung** i.S.d. § 7 hat, wobei es nicht darauf ankommt, ob die Einnahmen unmittelbar aus der Beschäftigung oder nur im Zusammenhang mit dieser erzielt werden. Die Gewährung von Geld oder geldwerten Vorteilen für Tätigkeiten, die keine Beschäftigungen sind, ist somit kein Arbeitsentgelt.[5]

5 Ein **unmittelbarer Zusammenhang** zwischen Entgelt und Beschäftigung ist immer dann gegeben, wenn sich die Einnahme als Gegenleistung des AG für die individuelle Arbeitsleistung des Beschäftigten darstellt. Auch Vergütungen, die im Zusammenhang mit der Beschäftigung stehen wie Gratifikationen, Gewinnbeteiligungen und sonstige Vorteile sind als Arbeitsentgelt zu qualifizieren.[6] Arbeitsentgelt schließlich sind auch Vermögensvorteile, denen ein Anspruch des AG auf Arbeitsleistung nicht gegenübersteht wie die Entgeltfortzahlung im Krankheitsfall und das Urlaubsgeld.[7] Auslagenerstattungen, Schadensersatzleistungen, Geschenke u.Ä. sind dagegen kein Arbeitsentgelt.

6 Der erforderliche Ursachenzusammenhang liegt auch vor bei **mittelbar aus der Beschäftigung** erzielten Einnahmen wie freiwilligen **Leistungen Dritter**,[8] z.B. Trinkgelder im Hotel- und Gaststättengewerbe.

7 In **zeitlicher Hinsicht** sind die Einnahmen nur dann als Arbeitsentgelt zu bewerten, wenn die Zahlung oder Gewährung der Leistung auf die Zeit der Beschäftigung entfällt, d.h. Leistungen aufgrund eines Beschäftigungsverhältnisses für Zeiten nach dessen Beendigung, z.B. Abfindungen, sind kein Arbeitsentgelt.[9] **Abfindungen** hingegen, die nach einer Änderungs-Künd oder einer einvernehmlichen Änderung des Arbeitsvertrages als Gegenleistung für die Verschlechterung der Arbeitsbedingungen bei fortbestehendem Beschäftigungsverhältnis gezahlt werden, sind Arbeitsentgelt.[10] Auch eine **Urlaubsabgeltung** bei Beendigung des Arbverh als Surrogat für den nicht mehr zu realisierenden Urlaubsanspruch ist Arbeitsentgelt, da der Abgeltungsanspruch – anders als im Fall der Abfindung – bereits mit der Entstehung des Urlaubsanspruchs während der zurückliegenden Beschäftigung entstanden ist.[11]

---

1 BT-Drucks 7/4122, S. 32.
2 BSG 22.9.1988 – 12 RK 36/86 – BSGE 64, 110, 111; BSG 22.8.1969 – 3 RK 78/68 – BSGE 30, 61, 64.
3 S. z.B. KassKomm/*Seewald*, § 14 Rn 63.
4 BSG 12.12.1991 – 7 RAr 26/90 – NZA 1992, 622, 623.
5 S. KassKomm/*Seewald*, § 14 Rn 8 ff.
6 BSG 28.1.1999 – B 12 KR 6/98 R – SGb 2000, 130, 131.
7 BSG 3.3.1994 – 1 RK 17/93 – SozR 3–2500, § 47 Nr. 5.
8 BSG 26.3.1998 – B 12 KR 17/97 R – SozR 3–2400 § 14 Nr. 15.
9 BSG 21.2.1990 – 12 RK 20/88 – BSGE 66, 219, 221, 222.
10 BSG 28.1.1999 – B 12 KR 6/98 R – SGb 2000, 130, 131, 132.
11 BSG 1.4.1993 – 1 RK 38/92 – SozR 3–2200 § 182 Nr. 16.

3. Laufende und einmalige Einnahmen. § 14 unterscheidet zwischen laufenden und einmaligen Einnahmen. **Laufendes Arbeitsentgelt** wird in einem Entgeltabrechnungszeitraum erzielt und steht in einem direkten Zusammenhang mit der Arbeitsleistung eines bestimmten Entgeltabrechnungszeitraums.[12] Da es weder auf den Zahlungsanlass noch auf die Zahlungsweise ankommt, ist auch die Vergütung, die für die Arbeit in mehreren Entgeltabrechnungszeiträumen bestimmt ist, aber erst später in einer Summe ausgezahlt wird (z.B. Montagebeteiligungen) eine laufende Einnahme.[13] Neben der als Lohn, Gehalt o.Ä. bezeichneten laufenden Vergütung können auch Zuschläge, Zulagen, Zuschüsse, Prämien, Provisionen, Gewinnanteile, vermögenswirksame Leistungen usw. als laufende Leistungen gezahlt werden.[14] **Einmalige Einnahmen** sind nach § 23a Abs. 1 S. 1 Zuwendungen, die dem Arbeitsentgelt zuzurechnen sind und nicht für die Arbeit in einem einzelnen Entgeltabrechnungszeitraum gezahlt werden. Hierzu gehören insb. Weihnachts- und Urlaubsgeld, Urlaubsabgeltungen, Jubiläumszuwendungen und Gratifikationen.[15] Von Bedeutung ist die Unterscheidung zwischen laufenden und einmaligen Einnahmen v.a. wegen der besonderen beitragsrechtlichen Regelungen zur Erfassung des einmalig gezahlten Arbeitsentgelts in § 23a. Derartige Zuwendungen sind – nach dem insoweit geltenden Zuflussprinzip – grds. dem Entgeltabrechnungszeitraum zuzuordnen, in dem sie gezahlt wurden, § 23a Abs. 1 S. 3. Überschreitet das einmalig gezahlte Arbeitsentgelt zusammen mit dem laufenden Arbeitsentgelt die Beitragsbemessungsgrenze, so bliebe an sich ein Teil des Arbeitsentgelts beitragsfrei. § 23a Abs. 2 bis 4 enthalten Sonderregelungen zur Verteilung auf frühere Abrechnungszeiträume, um weitere Teile des Arbeitsentgelts der Beitragsberechnung zu unterwerfen.[16]

4. Rechtsanspruch. Ohne Bedeutung für die Bewertung einer Einnahme als Arbeitsentgelt ist, ob ein Rechtsanspruch hierauf besteht.[17] Damit sind sowohl Leistungen, auf die ein Anspruch aus Arbeitsvertrag oder TV besteht, als auch Leistungen, die der AG von sich aus, also freiwillig gewährt, Arbeitsentgelt. Unter welchen Voraussetzungen ein Anspruch auf an sich freiwillige Leistungen des AG entsteht, ist für die sozialversicherungsrechtliche Betrachtung ohne Bedeutung.

5. Bezeichnung und Form der Einnahme. Für die rechtliche Einordnung einer Einnahme kommt es auf ihre **Bezeichnung** nicht an.[18] Dadurch soll verhindert werden, dass die Beteiligten eine beschäftigungsbezogene Einnahme durch Wahl einer abweichenden Bezeichnung der Erfassung als Arbeitsentgelt entziehen.

Auch die **Form**, in der die Einnahmen geleistet werden, ist unerheblich. Neben den Einnahmen in Geld sind auch alle Güter in Geldeswert, die dem Beschäftigten im Zusammenhang mit seiner Beschäftigung zufließen, Einnahmen i.S.d. § 14. Hierzu zählen insb. **Sachbezüge**, wie freie Verpflegung, Unterkunft und Wohnung, Kleidung, Heizung, Beleuchtung und Deputate. Mit welchem Wert diese Einnahmen im Leistungs- und Beitragsbereich der Sozialversicherung und im Recht der Arbeitsförderung berücksichtigt werden, bestimmt sich nach der auf der Grundlage des § 17 erlassenen Sozialversicherungsentgeltverordnung (SvEV). Sie legt den Wert aller Einnahmen, die nicht in Geld bestehen, nach dem Verkehrswert im Voraus für jedes Kalenderjahr fest. Unterschieden werden einerseits freie oder verbilligte Unterkunft bzw. Wohnung und Verpflegung, für die 2 SvEV feste Werte vorgibt und andererseits sonstige Sachbezüge, deren Bewertung in 3 SvEV geregelt wird. Letztere Norm nimmt im Wesentlichen auf Regelungen des § 8 EStG Bezug und übernimmt die für das Steuerrecht festgesetzten Werte.

6. Entgeltumwandlung. Gem. § 14 Abs. 1 S. 2 sind Arbeitsentgelt auch Entgeltteile, die durch Entgeltumwandlung nach § 1 Abs. 2 Nr. 3 des BetrAVG für die betriebliche Altersversorgung in den Durchführungswegen Direktzusage oder Unterstützungskasse verwendet werden, soweit sie vier v.H. der jährlichen Beitragsbemessungsgrenze der allgemeinen Rentenversicherung übersteigen. Bis zu dieser Höhe ist die Entgeltumwandlung demnach beitragsfrei. Eine Entgeltumwandlung ist nach § 1 Abs. 2 Nr. 3 BetrAVG gegeben, wenn künftige Entgeltansprüche in eine wertgleiche Anwartschaft auf Versorgungsleistungen umgewandelt werden. Eine **Direktzusage** liegt vor, wenn sich der AG nach § 1 Abs. 2 Nr. 1 BetrAVG verpflichtet, bestimmte Beiträge in eine Anwartschaft auf Alters-, Invaliditäts- oder Hinterbliebenenversorgung umzuwandeln. Bei einer **Unterstützungskasse** handelt es sich um eine rechtlich selbstständige, rechtsfähige Versorgungseinrichtung, die für ein oder mehrere Unternehmen das bei ihr angesammelte Vermögen treuhänderisch verwaltet. Nach § 1a Abs. 1 BetrAVG hat der Beschäftigte einen **Anspruch auf Entgeltumwandlung**, d.h. er kann von seinem AG verlangen, dass von seinen künftigen Entgeltansprüchen – unabhängig von der tatsächlichen Höhe – bis zu 4 v.H. der für das jeweilige Kalenderjahr geltenden Beitragsbemessungsgrenze der allgemeinen Rentenversicherung durch Entgeltumwandlung für seine betriebliche Altersversorgung verwendet werden.

Sonstige während der Anwartschaftsphase getätigte Aufwendungen für die betriebliche Altersversorgung des Beschäftigten, die nicht von § 14 Abs. 1 S. 2 erfasst sind, werden grds. auch dem Arbeitsentgelt zugerechnet.[19]

---

12 BSG 9.9.1971 – 3 RK 33/71 – Breith 1972, 273, 274.
13 BSG 27.10.1989 – 12 RK 9/88 – BSGE 66, 34, 38 ff.
14 Hauck/Noftz/*Klattenhoff*, § 14 Rn 16 m.w.N.
15 Krauskopf/*Baier*, § 14 Rn 20 m.w.N.
16 S. hierzu i.E. KassKomm/*Seewald*, § 23a Rn 4 ff.
17 BSG 26.3.1998 – B 12 KR 17/97 – SozR 3-2400 § 14 Nr. 15.
18 BSG 17.10.1986 – 12 RK 21/85 – USK 86120, 561, 562, 563.
19 Hauck/Noftz/*Klattenhoff*, § 14 Rn 30 m.w.N.

14 **7. Ausnahmeregelungen.** Nach § 14 Abs. 1 S. 3 gelten steuerfreie Aufwandsentschädigungen und die in § 3 Nr. 26 und 26a EStG genannten steuerfreien Einnahmen nicht als Arbeitsentgelt. **Steuerfreie Aufwandsentschädigungen** sind die in § 3 Nr. 12 EStG genannten Einnahmen aus inländischen öffentlichen Kassen, d.h. Aufwandsentschädigungen in Geld, die als solche im Haushalt einer öffentlich-rechtlichen Körperschaft ausgewiesen und aufgrund eines Gesetzes oder der Entscheidung der Bundes- oder einer Landesregierung zu Lasten des Bundes oder eines Landes gezahlt werden (§ 3 Nr. 12 S. 1 EStG). Weiterhin gehören hierzu auch sonstige, nicht von § 3 Nr. 12 S. 1 EStG erfasste Aufwandsentschädigungen in Geld, die aus öffentlichen Kassen an öffentliche Dienste leistende Personen gezahlt werden, soweit nicht festgestellt wird, dass sie für Verdienstausfall oder Zeitverlust gewährt werden oder den Aufwand, der dem Empfänger erwächst, offenbar übersteigen (§ 3 Nr. 12 S. 2 EStG).

15 Nach § 3 Nr. 26 EStG sind Einnahmen aus bestimmten nebenberuflichen Tätigkeiten bis zum Betrag von 2.100 EUR im Kalenderjahr steuerfrei. Bei den nebenberuflichen Tätigkeiten handelt es sich um z.B. solche als Übungsleiter, Ausbilder, Erzieher und Betreuer. Eine nebenberufliche Tätigkeit i.d.S. setzt keinen Hauptberuf voraus. Sie kann also auch von einem Studenten oder Rentner ohne Vollzeiterwerb ausgeübt werden; erforderlich ist nur, dass die Tätigkeit abstrakt neben einer Vollbeschäftigung ausgeübt werden könnte.[20] Zu beachten ist, dass die Steuerbefreiung des § 3 Nr. 26 EStG im Kalenderjahr nur einmal in Anspruch genommen werden kann, auch wenn mehrere unterschiedliche nebenberufliche Tätigkeiten für verschiedene Träger ausgeübt werden.[21]

16 Weitere Besonderheiten ergeben sich aus der aufgrund des § 17 erlassenen SvEV. Nach **§ 1 Abs. 1 S. 1 Nr. 1 Hs. 1 SvEV** sind einmalige Einnahmen, laufende Zulagen, Zuschläge, Zuschüsse sowie ähnliche Einnahmen, die zusätzlich zu den Löhnen und Gehältern gewährt werden, nicht dem Arbeitsentgelt zuzurechnen, soweit sie lohnsteuerfrei sind.[22] Sonntags-, Feiertags- und Nachtarbeitszuschläge werden hingegen dem Arbeitsentgelt zugerechnet, soweit das Entgelt, aus dem sie berechnet werden, mehr als 25 EUR für jede Stunde beträgt, § 1 Abs. 1 S. 1 Nr. 1 Hs. 2 SvEV. Die Lohnsteuerfreiheit ergibt sich insb. aus §§ 3, 3b und 8 Abs. 3 EStG. Für den Bereich der Unfallversicherung enthält jedoch § 1 Abs. 2 SvEV eine Sonderregelung, wonach Zuschläge für Sonntags-, Feiertags- oder Nachtarbeit dem Arbeitsentgelt zuzurechnen sind, auch soweit sie steuerfrei sind.

17 § 1 Abs. 1 S. 1 Nr. 2 bis 4 SvEV regelt für einzelne Fälle pauschalbesteuerter zusätzlicher Zuwendungen des AG, dass diese nicht dem Arbeitsentgelt zuzurechnen sind.[23] In diesem Zusammenhang ist darauf hinzuweisen, dass pauschalversteuerte Prämien für eine **Direktversicherung** nur dann i.S.v. § 1 Abs. 1 S. 1 Nr. 4 SvEV **zusätzlich zum Arbeitsentgelt** gewährt werden und damit nicht dem Arbeitsentgelt i.S.d. § 14 zuzuordnen sind, wenn sie **neben** dem geschuldeten Arbeitsentgelt und aufgrund einer für die Zukunft getroffenen Vereinbarung **anstelle** bisher gezahlter **Entgeltbestandteile (Entgeltumwandlung)** gezahlt werden.[24]

18 § 1 Abs. 1 S. 1 Nr. 5 bis 8 SvEV bestimmt des weiteren für sonstige sozial motivierte AG-Zuschüsse (z.B. Zuschüsse zum Mutterschafts- oder Kurzarbeitergeld), dass diese nicht dem Arbeitsentgelt zuzurechnen sind. Zu berücksichtigen ist in diesem Zusammenhang die am 30.3.2005 in Kraft getretene Vorschrift des **§ 23c**, die einen Katalog **nicht zum Arbeitsentgelt gehörender Einnahmen** enthält. Hierbei handelt es sich zum einen um die Zahlung eines AG-Zuschusses zum Kranken-, Verletzten-, Übergangs- oder Krankenhaustagegeld. Zum anderen fallen unter diese Regelung sonstige Einnahmen aus einer Beschäftigung, die für die Zeit des Bezugs von Kranken-, Krankentage-, Versorgungskranken-, Verletzten-, Übergangs- oder Mutterschaftsgeld, Erziehungs- oder Elterngeld weiter erzielt werden. Dies sind alle Vorteile aus einer ruhenden Beschäftigung, die nicht die Funktion eines Zuschusses zu einer der in S. 1 Alt. 1 genannten Entgeltersatzleistungen haben, z.B. Sachbezüge, Firmen- und Belegschaftsrabatte.[25] Zuschüsse und sonstige Einnahmen gehören allerdings nur insoweit nicht zum Arbeitsentgelt, als sie zusammen mit den in § 23c S. 1 genannten Sozialleistungen das Nettoarbeitsentgelt i.S.v. § 47 SGB V um nicht mehr als 50 EUR im Monat übersteigen. § 23c findet keine Anwendung, wenn die sonstigen Einnahmen bereits nach § 14 Abs. 1 S. 3 oder nach den Vorschriften der SvEV beitragsfrei sind.

19 **8. Arbeitsentgelt bei Nettoentgeltvereinbarung (§ 14 Abs. 2).** Arbeitsentgelt i.S.d. § 14 Abs. 1 ist immer das **Bruttoarbeitsentgelt** (vgl. Rn 3). Jedoch können die Beteiligten ausdrücklich oder konkludent vereinbaren, dass die vom AG zu erbringende Vergütung netto geschuldet wird. Als Arbeitsentgelt gelten dann nach Abs. 2 S. 1 zunächst die Einnahmen des Beschäftigten. Hinzugerechnet werden die auf den Nettobetrag entfallende Lohn- und Kirchensteuer sowie die Sozialversicherungsbeitragsanteile des AN.[26] Diese Abzugsbeträge sind – als Ziel einer Nettolohn-Vereinbarung – ebenfalls vom AG zu tragen.

---

20 Küttner/*Schlegel*, Arbeitsentgelt Rn 122.
21 Krauskopf/*Baier*, § 14 Rn 34.
22 Zu einzelnen Anwendungsfällen der bis zum 31.12.2006 geltenden Vorläufervorschrift des § 1 ArEV s. Küttner/*Schlegel*, Arbeitsentgelt Rn 126.
23 Ausführlich hierzu Küttner/*Schlegel*, Arbeitsentgelt Rn 128 ff.
24 BSG 14.7.2004 – B 12 KR 10/02 R – SozR 4–5375 § 2 für die entsprechende Regelung des § 2 Abs. 1 S. 1 Nr. 3 ArEV.
25 Hauck/Noftz/*Klattenhoff*, § 23c Rn 9 mit weiteren Beispielen.
26 Zum Berechnungsverfahren (sog. Abtastverfahren) s. i.E. BSG 22.9.1988 – 12 RK 36/86 – BSGE 64, 110, 111, 112.

Sind bei einer illegalen Beschäftigung Steuern und Sozialversicherungsbeiträge nicht gezahlt worden, so gilt nach § 14 Abs. 2 S. 2 ein Nettoarbeitsentgelt als vereinbart. Hierbei handelt es sich um eine **unwiderlegbare Vermutung**, die auf der Annahme beruht, dass bei illegaler Beschäftigung von der Vereinbarung eines Nettoarbeitsentgelts ausgegangen werden könne.[27] Illegal ist eine Beschäftigung, die geltendes Recht verletzt. Dabei geht es um Verstöße gegen solche Vorschriften, die die Beschäftigung oder die aus ihr folgenden Hauptpflichten des öffentlichen Rechts (Steuer- und Beitragspflicht) zum Gegenstand haben.[28] Die Vorschrift gilt also nicht nur für gem. § 134 BGB verbotene Beschäftigungsverhältnisse sondern auch dann, wenn der AG im Rahmen einer an sich zulässigen Beschäftigung pflichtwidrig die vorgeschriebenen Meldungen nicht erstattet oder Beiträge für die versicherten AN nicht zahlt.[29] Weitere Voraussetzung ist, dass Steuern und Sozialversicherungsbeiträge nicht gezahlt worden sind, wobei unter Steuern die direkten, aus dem Arbeitsentgelt abgeleiteten individuellen Steuern und unter Beiträgen alle Pflichtbeiträge zur Sozialversicherung und Arbeitsförderung für Beschäftigte einschließlich der Pauschalbeiträge für geringfügig Beschäftigte zu verstehen sind. Zu beachten ist, dass die Regelung des § 14 Abs. 2 S. 2 nur greift, wenn zum einen sowohl Steuern als auch Beiträge kumulativ nicht abgeführt und zum anderen die vollen Beiträge nicht gezahlt werden.[30]

9. Haushaltsscheckverfahren. Nach § 14 Abs. 3 gilt im **Haushaltsscheckverfahren** (§ 28a Abs. 7) für in Privathaushalten geringfügig Beschäftigte der dem AN ausgezahlte Betrag zuzüglich der durch Abzug vom Arbeitslohn einbehaltenen Steuern als Arbeitsentgelt. Im Gegensatz zu § 14 Abs. 2 sind die vom AG geleisteten Sozialversicherungsbeiträge nicht dem Arbeitsentgelt hinzuzurechnen. Nach dem Wortlaut des § 14 Abs. 3 fallen bei Beschäftigungen in Privathaushalten Sachbezüge nicht unter den Begriff des Arbeitsentgelts. Werden in Privathaushalten jedoch Sachbezüge in erheblichem Umfang gewährt, so führt dies im Bereich der Versicherungs- und Beitragspflicht zu einer Ungleichbehandlung mit anderen Beschäftigungsverhältnissen.[31] Ob dies gerechtfertigt ist, erscheint fraglich.

II. § 15

§ 15 Abs. 1 S. 1 definiert das Arbeitseinkommen als den nach den allgemeinen Gewinnermittlungsvorschriften des Einkommensteuerrechts ermittelten **Gewinn aus einer selbstständigen Tätigkeit**. Zu berücksichtigen ist also nur das Einkommen, das in einem ursächlichen Zusammenhang mit einer selbstständigen Tätigkeit erzielt wird.

Nach der Rspr. des BSG ist der Begriff der selbstständigen Tätigkeit spezifisch sozialversicherungsrechtlich zu verstehen und damit umfassender als der in § 2 Abs. 1 S. 1 Nr. 3 i.V.m. § 18 Abs. 1 EStG verwendete Begriff der selbstständigen Arbeit. Selbstständig tätig i.S.v. § 15 Abs. 1 sind demnach Personen, die mit Gewinnerzielungsabsicht eine Tätigkeit in der Land- und Forstwirtschaft, in einem Gewerbebetrieb oder als sonstige selbstständige Arbeit – insb. als freiberufliche Tätigkeit – in persönlicher Unabhängigkeit und auf eigene Rechnung und Gefahr (Unternehmerrisiko) ausüben.[32] Das Arbeitseinkommen ist nach den **allg. Gewinnermittlungsvorschriften** der §§ 4 bis 7k EStG zu ermitteln.[33] Die Regelung des § 15 Abs. 1 S. 2, wonach Einkommen als Arbeitseinkommen zu werten ist, wenn es als solches nach dem Einkommensteuerrecht zu bewerten ist, erlaubt es den zuständigen Versicherungsträgern zum Zwecke der Verwaltungsvereinfachung, den steuerrechtlichen Gewinn unverändert aus dem Steuerbescheid des Selbstständigen zu entnehmen.[34] § 15 Abs. 2 enthält eine Sonderregelung für Land- und Forstwirte, die nicht buchführungspflichtig sind und einen Kleinbetrieb führen; danach ist als Arbeitseinkommen der sich aus § 32 Abs. 6 ALG ergebende Wert anzusetzen.

III. § 16

Gem. § 16 ist Gesamteinkommen die Summe der Einkünfte i.S.d. Einkommensteuerrechts (Hs. 1); es umfasst insb. das Arbeitsentgelt und das Arbeitseinkommen (Hs. 2). Von praktischer Relevanz ist das Gesamteinkommen etwa für den Anspruch auf Familienversicherung in der gesetzlichen Krankenversicherung (§ 10 Abs. 1 S. 1 Nr. 5 SGB V) und in der sozialen Pflegeversicherung (§ 25 Abs. 1 S. 1 Nr. 5 SGB XI) sowie in der gesetzlichen Rentenversicherung in Bezug auf den Anspruch auf Geschiedenen-Hinterbliebenenrente nach § 243 Abs. 3 S. 1 Nr. 1 SGB VI.

Einkünfte i.S.d. EStG sind nach § 2 Abs. 1 S. 1 EStG solche aus Land- und Forstwirtschaft, aus Gewerbebetrieb, aus selbstständiger Arbeit, aus nichtselbstständiger Arbeit, aus Kapitalvermögen, aus Vermietung und Verpachtung sowie sonstige Einkünfte i.S.d. § 22 EStG. Ob bestimmte Bezüge zu einer Einkunftsart und ggf. zu welcher gehören, richtet sich nach § 13 ff. EStG. Die **Einkünfte** aus Land- und Forstwirtschaft, Gewerbebetrieben und selbstständiger

---

27 BT-Drucks 14/8221, S. 14.
28 S. i.E. Hauck/Noftz/*Klattenhoff*, § 14 Rn 44 m.w.N.
29 BGH 2.12.2008 – 1 StR 416/08 – NJW 2009, 528, 529.
30 Hauck/Noftz/*Klattenhoff*, § 14 Rn 45.
31 KassKomm/*Seewald*, § 14 Rn 144; Hauck/Noftz/*Klattenhoff*, § 14 Rn 47 Fn 207.
32 BSG 26.11.1984 – 12 RK 32/82 – BSGE 57, 235, 238; BSG 30.3.2006 – B 10 KR 2/04 R – SozR 4-5420 § 2 Nr. 1; BSG 23.1.2008 – B 10 LW 1/07 R – Die Beiträge Beilage 2008, 141.
33 Einzelheiten bei KassKomm/*Seewald*, § 14 Rn 10 ff.
34 BT-Drucks 12/5700, S. 92.

Arbeit bezeichnet § 2 Abs. 2 Nr. 1 EStG als **Gewinn**; bei den anderen Einkunftsarten sind Einkünfte der **Überschuss der Einnahmen über die Werbungskosten** (§ 2 Abs. 2 Nr. 2 EStG).[35]

C. Verbindung zu anderen Rechtsgebieten und zum Prozessrecht

26 Eine Beschäftigung gegen **Arbeitsentgelt** ist in der Sozialversicherung (mit Ausnahme der Unfallversicherung) und in der Arbeitsförderung Voraussetzung für den Eintritt der **Versicherungspflicht** (§ 5 Abs. 1 Nr. 1 SGB V, § 20 Abs. 1 S. 2 Nr. 1 SGB XI, § 1 S. 1 Nr. 1 SGB VI, § 25 Abs. 1 S. 1 SGB III).

27 Arbeitsentgelt und Arbeitseinkommen sind außerdem Bemessungsgrundlage für zahlreiche **Leistungen** der Sozialversicherung und der Arbeitsförderung. So richten sich Kranken- und Verletztengeld nach dem „regelmäßigen Arbeitsentgelt und Arbeitseinkommen" (§ 47 Abs. 1 S. 1 SGB V und § 47 Abs. 1 SGB VII). Nach § 63 Abs. 1 SGB VI ist die Höhe einer Rente v.a. von der Höhe der während des Versicherungslebens durch Beiträge versicherten Arbeitsentgelte und Arbeitseinkommen abhängig. § 131 Abs. 1 SGB III definiert das für den Anspruch auf Alg maßgebliche Bemessungsentgelt als das durchschnittlich auf den Tag entfallende beitragspflichtige Arbeitsentgelt, das der Arbeitslose im Bemessungszeitraum erzielt hat.

28 Sowohl das **Arbeitsentgelt** aus einer Beschäftigung als auch das **Arbeitseinkommen** bilden die **Grundlage für die Beitragsberechnung** (§§ 226 Abs. 1 S. 1 Nr. 1, 240 SGB V, § 162 Nr. 1 SGB VI, § 57 Abs. 1 SGB XI sowie § 342 SGB III).

29 Fragen des **Gesamteinkommens** sind häufig bei Streitigkeiten über das **Bestehen einer Familienversicherung** betroffen, wobei diese z.T. im Rahmen von Feststellungsklagen, z.T. im Rahmen leistungsrechtlicher Streitigkeiten entschieden werden.

30 Bei Widersprüchen und Klagen gegen Beitragsbescheide ist zu beachten, dass diese Rechtsbehelfe nach § 86a Abs. 2 Nr. 1 SGG **keine aufschiebende Wirkung** haben. Es besteht jedoch die Möglichkeit, die Aussetzung der Vollziehung nach § 86a Abs. 3 SGG bei der Stelle, die den VA erlassen oder die über den Widerspruch zu entscheiden hat, zu beantragen. In Beitragsangelegenheiten soll die **Aussetzung der Vollziehung** erfolgen, wenn **ernstliche Zweifel** an der Rechtmäßigkeit des VA bestehen oder wenn die Vollziehung für den Abgaben- und Kostenpflichtigen eine **unbillige**, nicht durch überwiegende öffentliche Interessen gebotene Härte zur Folge hätte. Ein entsprechender Antrag kann schon vor Klageerhebung wahlweise auch bei dem Gericht der Hauptsache nach § 86b Abs. 1 S. 1 Nr. 2, Abs. 3 SGG erfolgen.

D. Beraterhinweise

31 Eine ausführliche Übersicht über einzelne Entgeltarten und ihre Zugehörigkeit zu § 14 findet sich bei *Benner/Bals*,[36] ein Schriftsatzmuster für einen Antrag auf Anordnung der aufschiebenden Wirkung einer Anfechtungsklage bei *Kummer*.[37] Zwar bezieht sich das Schriftsatzmuster auf eine leistungsrechtliche Angelegenheit; die Ausführungen lassen sich aber gut auf beitragsrechtliche Streitigkeiten übertragen.

32 Für die Entscheidung, ob die Herstellung der aufschiebenden Wirkung durch den Versicherungsträger oder das Gericht der Hauptsache erstrebt werden sollte, ist u.a. zu bedenken, dass bei einem erfolglosen Antrag nach § 86b Abs. 1 Nr. 2 SGG im Gegensatz zu dem Verfahren nach § 86a Abs. 3 SGG Gerichtskosten (§ 197a SGG) anfallen.

| § 23b | Beitragspflichtige Einnahmen bei flexiblen Arbeitszeitregelungen |

(1) ¹Bei Vereinbarungen nach § 7b ist für Zeiten der tatsächlichen Arbeitsleistung und für Zeiten der Inanspruchnahme des Wertguthabens nach § 7c das in dem jeweiligen Zeitraum fällige Arbeitsentgelt als Arbeitsentgelt im Sinne des § 23 Absatz 1 maßgebend. ²Im Falle des § 23a Abs. 3 und 4 gilt das in dem jeweils maßgebenden Zeitraum erzielte Arbeitsentgelt bis zu einem Betrag in Höhe der Beitragsbemessungsgrenze als bisher gezahltes beitragspflichtiges Arbeitsentgelt; in Zeiten einer Freistellung von der Arbeitsleistung tritt an die Stelle des erzielten Arbeitsentgelts das fällige Arbeitsentgelt.

(2) Soweit das Wertguthaben nicht gemäß § 7c verwendet wird, insbesondere

1. nicht laufend für eine Zeit der Freistellung von der Arbeitsleistung oder der Verringerung der vertraglich vereinbarten Arbeitszeit in Anspruch genommen wird oder
2. nicht mehr für solche Zeiten gezahlt werden kann, da das Beschäftigungsverhältnis vorzeitig beendet wurde,

ist als Arbeitsentgelt im Sinne des § 23 Abs. 1 ohne Berücksichtigung einer Beitragsbemessungsgrenze die Summe der Arbeitsentgelte maßgebend, die zum Zeitpunkt der tatsächlichen Arbeitsleistung ohne Berücksichtigung der

---

35 S. ausführlich z.B. Hauck/Noftz/*Klattenhoff*, § 16 Rn 12 ff.
36 *Benner/Bals*, BB-Special 2/2007.

37 *Kummer*, Das sozialgerichtliche Verfahren, Schriftsatzmuster Nr. 26.

Vereinbarung nach § 7b beitragspflichtig gewesen wäre. [2]Maßgebend ist jedoch höchstens der Betrag des Wertguthabens aus diesen Arbeitsentgelten zum Zeitpunkt der nicht zwecksentsprechenden Verwendung des Arbeitsentgelts. [3]Zugrunde zu legen ist der Zeitraum ab dem Abrechnungsmonat der ersten Gutschrift auf einem Wertguthaben bis zum Zeitpunkt der nicht zwecksentsprechenden Verwendung des Arbeitsentgelts. [4]Bei einem nach § 7f Abs. 1 Satz 1 Nr. 2 auf die Deutsche Rentenversicherung Bund übertragenen Wertguthaben gelten die Sätze 1 bis 3 entsprechend, soweit das Wertguthaben wegen der Inanspruchnahme einer Rente wegen verminderter Erwerbsfähigkeit, einer Rente wegen Alters oder wegen des Todes des Versicherten nicht mehr in Anspruch genommen werden kann. [5]Wird das Wertguthaben vereinbarungsgemäß an einen bestimmten Wertmaßstab gebunden, ist der im Zeitpunkt der nicht zwecksentsprechenden Verwendung des Arbeitsentgelts maßgebende angepasste Betrag als Höchstbetrag der Berechnung zugrunde zu legen. [6]Im Falle der Insolvenz des Arbeitgebers gilt auch als beitragspflichtiges Arbeitsentgelt höchstens der Betrag, der als Arbeitsentgelt den gezahlten Beiträgen zugrunde liegt. [7]Für die Berechnung der Beiträge sind der für den Entgeltabrechnungszeitraum nach den Sätzen 8 und 9 für den einzelnen Versicherungszweig geltende Beitragssatz und die für diesen Zeitraum für den Einzug des Gesamtsozialversicherungsbeitrags zuständige Einzugsstelle maßgebend; für Beschäftigte, die bei keiner Krankenkasse versichert sind, gilt § 28i Satz 2 entsprechend. [8]Die Beiträge sind mit den Beiträgen der Entgeltabrechnung für den Kalendermonat fällig, der dem Kalendermonat folgt, in dem

1. im Fall der Insolvenz die Mittel für die Beitragszahlung verfügbar sind,
2. das Arbeitsentgelt nicht zwecksentsprechend verwendet wird.

[9]Wird durch einen Bescheid eines Trägers der Rentenversicherung der Eintritt von verminderter Erwerbsfähigkeit festgestellt, gilt der Zeitpunkt des Eintritts der verminderten Erwerbsfähigkeit als Zeitpunkt der nicht zwecksentsprechenden Verwendung des bis dahin erzielten Wertguthabens; in diesem Fall sind die Beiträge mit den Beiträgen der auf das Ende des Beschäftigungsverhältnisses folgenden Entgeltabrechnung fällig. [10]Wird eine Rente wegen verminderter Erwerbsfähigkeit in Anspruch genommen und besteht ein nach § 7f Abs. 1 Satz 1 Nr. 2 an die Deutsche Rentenversicherung Bund übertragenes Wertguthaben, kann der Versicherte der Auflösung dieses Wertguthabens widersprechen. [11]Ist für den Fall der Insolvenz des Arbeitgebers ein Dritter Schuldner des Arbeitsentgelts, erfüllt dieser insoweit die Pflichten des Arbeitgebers.

(2a) [1]Als Arbeitsentgelt im Sinne des § 23 Abs. 1 gilt im Falle des Absatzes 2 auch der positive Betrag, der sich ergibt, wenn die Summe der ab dem Abrechnungsmonat der ersten Gutschrift auf einem Wertguthaben für die Zeit der Arbeitsleistung maßgebenden Beträge der jeweiligen Beitragsbemessungsgrenze um die Summe der in dieser Zeit der Arbeitsleistung abgerechneten beitragspflichtigen Arbeitsentgelte gemindert wird, höchstens der Betrag des Wertguthabens im Zeitpunkt der nicht zwecksentsprechenden Verwendung des Arbeitsentgelts. [2]Absatz 2 Satz 5 bis 11 findet Anwendung, Absatz 1 Satz 2 findet keine Anwendung.

(3) Kann das Wertguthaben wegen Beendigung des Beschäftigungsverhältnisses nicht mehr nach § 7c oder 7f Abs. 2 Satz 1 verwendet werden und ist der Versicherte unmittelbar anschließend wegen Arbeitslosigkeit bei einer deutschen Agentur für Arbeit als Arbeitsuchender gemeldet und bezieht eine öffentlich-rechtliche Leistung oder nur wegen des zu berücksichtigenden Einkommens oder Vermögens nicht, sind die Beiträge spätestens sieben Kalendermonate nach dem Kalendermonat, in dem das Arbeitsentgelt nicht zwecksentsprechend verwendet worden ist, oder bei Aufnahme einer Beschäftigung in diesem Zeitraum zum Zeitpunkt des Beschäftigungsbeginns fällig, es sei denn, eine zwecksentsprechende Verwendung wird vereinbart; beginnt in diesem Zeitraum eine Rente wegen Alters oder Todes oder tritt verminderte Erwerbsfähigkeit ein, gelten diese Zeitpunkte als Zeitpunkt der nicht zwecksentsprechenden Verwendung.

(3a) Sieht die Vereinbarung nach § 7b bereits bei ihrem Abschluss für den Fall, dass Wertguthaben wegen der Beendigung der Beschäftigung auf Grund verminderter Erwerbsfähigkeit, des Erreichens einer Altersgrenze, zu der eine Rente wegen Alters beansprucht werden kann, oder des Todes des Beschäftigten nicht mehr für Zeiten einer Freistellung von der Arbeitsleistung odert der Verringerung der vertraglich vereinbarten Arbeitszeit verwendet werden können, deren Verwendung für Zwecke der betrieblichen Altersversorgung vor, gilt das bei Eintritt dieser Fälle für Zwecke der betrieblichen Altersversorgung verwendete Wertguthaben nicht als beitragspflichtiges Arbeitsentgelt; dies gilt nicht,

1. wenn die Vereinbarung über die betriebliche Altersversorgung eine Abfindung vorsieht oder zulässt oder Leistungen im Fall des Todes, der Invalidität und des Erreichens einer Altersgrenze, zu der eine Rente wegen Alters beansprucht werden kann, nicht gewährleistet sind oder
2. soweit bereits im Zeitpunkt der Ansammlung des Wertguthabens vorhersehbar ist, dass es nicht für Zwecke nach § 7c oder 7f Abs. 2 Satz 1 verwendet werden kann.

Die Bestimmungen dieses Absatzes finden keine Anwendung auf Vereinbarungen, die nach dem 13. November 2008 geschlossen worden sind.

(4) Werden Wertguthaben auf Dritte übertragen, gelten die Absätze 2 bis 3a nur für den Übertragenden, der die Arbeitsleistung tatsächlich erbringt.

A. Allgemeines

1 § 23b regelt wesentlich die Festlegung der beitragspflichtigen Einnahmen und die Fälligkeit der Sozialversicherungsbeiträge im Zusammenhang mit Wertguthabenvereinbarungen i.S.v. § 7b. Die Beitragsvorschrift des § 23b ist eine notwendige Ergänzungsregelung zu der allgemeinen Fälligkeitsregelung des § 23 Abs. 1. § 23b ist durch Art. 1 Nr. 6 des Gesetzes zur Verbesserung der Rahmenbedingungen für die Absicherung flexibler Arbeitszeitregelungen und zur Änderung anderer Gesetze v. 21.12.2008[1] mit Wirkung zum 1.1.2009[2] geändert und durch Art. 1 Nr. 6a des vorgenannten Gesetzes im Zusammenhang mit der Einführung der Möglichkeit der Übertragung von Wertguthaben auf die Deutsche Rentenversicherung Bund (siehe § 7f Rn 12 ff.) mit Wirkung zum 1.7.2009[3] erneut geändert und angepasst worden.

B. Wesentlicher Regelungsgehalt

2 Gem. dem Grundsatz des § 23 Abs. 1 S. 2 sind Beiträge, die nach dem Arbeitsentgelt zu bemessen sind, in voraussichtlicher Höhe der Beitragsschuld spätestens am drittletzten Bankarbeitstag des Monats fällig, in dem die Beschäftigung oder Tätigkeit, mit der das Arbeitsentgelt erzielt wird, ausgeübt worden ist oder als ausgeübt gilt. Damit ist die **Fälligkeit der Sozialversicherungsbeiträge** grundsätzlich an die geleistete Arbeit und den Anspruch auf das erarbeitete Arbeitsentgelt gebunden.[4] Hiervon weicht § 23b ab. Nach Abs. 1 S. 1 ist bei Vereinbarungen nach § 7b (zu den Anforderungen an Wertguthabenvereinbarungen siehe § 7b Rn 2 ff.) für Zeiten der tatsächlichen Arbeitsleistung und für Zeiten der Inanspruchnahme des Wertguthabens nach § 7c (zur Inanspruchnahme des Wertguthabens siehe § 7c Rn 4) das in dem jeweiligen Zeitraum fällige Arbeitsentgelt als Arbeitsentgelt i.S.d. § 23 Abs. 1 maßgebend. Das bedeutet, dass die Fälligkeit der Sozialversicherungsbeiträge auf die Zeiten der Inanspruchnahme des Wertguthabens im Umfang der Fälligkeit von Arbeitsentgelt aus einem Wertguthaben verschoben wird.[5] Bei Vorliegen einer wirksamen Wertguthabenvereinbarung i.S.d. § 7b bestimmt sich die Fälligkeit der Sozialversicherungsbeiträge in der Arbeitsphase gem. Abs. 1 i.V.m. § 23 Abs. 1 nach der Fälligkeit des Arbeitsentgelts. Für Zeiten der Inanspruchnahme des Wertguthabens ist das entsprechend der Vereinbarung fällige Arbeitsentgelt maßgebend für die Fälligkeit der Sozialversicherungsbeiträge nach Abs. 1 i.V.m. § 23 Abs. 1, und zwar bis zur jeweiligen Beitragsbemessungsgrenze.[6]

3 Wird das Wertguthaben nicht gem. § 7c verwendet, liegt ein sogenannter **Störfall** vor. Abs. 1 findet insoweit keine Anwendung. Die Bestimmung des für die Beitragsberechnung nach § 23 Abs. 1 maßgebenden Arbeitsentgelts richtet sich nach Abs. 2 unter Anwendung des sog. „Summenfelder-Modells"[7] oder wahlweise nach dem in Abs. 2a zugelassenen sog. Alternativ- bzw. Optionsmodell.[8]

4 Gem. Abs. 2 S. 1 liegt ein Störfall insb. vor, wenn das Wertguthaben nicht laufend für eine Zeit der Freistellung von der Arbeitsleistung oder der Verringerung der vertraglich vereinbarten Arbeitszeit in Anspruch genommen wird (Nr. 1) oder nicht mehr für solche Zeiten gezahlt werden kann, da das Beschäftigungsverhältnis vorzeitig beendet wurde (Nr. 2).

5 Hiernach ist ein Störfall gegeben, wenn das Wertguthaben vollständig oder teilweise ausgezahlt wird, ohne dass die Auszahlung für eine Zeit der Freistellung von der Arbeitsleistung oder Verringerung der vertraglichen Arbeitszeit erfolgt.

6 Des Weiteren stellt die **Beendigung des Beschäftigungsverhältnisses**, zum Beispiel durch Aufhebungsvertrag, Künd oder Tod, einen Störfall dar. Kein Störfall tritt jedoch ein, wenn es bei der Beendigung des Beschäftigungsverhältnisses zu einer Übertragung des Wertguthabens auf einen neuen AG oder auf die Deutsche Rentenversicherung

---

1 BGBl 2008 I S. 2940.
2 Siehe Art. 7 Abs. 1 des Gesetzes zur Verbesserung der Rahmenbedingungen für die Absicherung flexibler Arbeitszeitregelungen und zur Änderung anderer Gesetze v. 21.12.2008 (BGBl 2008 I S. 2940).
3 Siehe Art. 7 Abs. 3 des Gesetzes.
4 Siehe Gemeinsames Rundschreiben der Spitzenorganisationen der SV, 2009, 44.
5 Siehe zur Bedeutung von § 23b Abs. 1 näher KassKomm/ *Seewald*, § 23b SGB IV Rn 2 f.; siehe auch Gemeinsames Rundschreiben der Spitzenorganisationen der SV, 2009, 44.
6 Siehe Gemeinsames Rundschreiben der Spitzenorganisationen der SV, 2009, 46.
7 Siehe hierzu ausführlich Gemeinsames Rundschreiben der Spitzenorganisationen der SV, 2009, 31 ff.; *Kreikebohm*, in: Kreikebohm, § 23b Rn 9.
8 Siehe hierzu Gemeinsames Rundschreiben der Spitzenorganisationen der SV, 2009, 23 ff.; *Kreikebohm*, in: Kreikebohm, § 23b Rn 10.

Bund kommt (siehe § 7f Rn 13). Besteht unmittelbar nach Beendigung des Beschäftigungsverhältnisses Arbeitslosigkeit, so tritt ein Störfall nur unter den zusätzlichen Voraussetzungen des Abs. 3 ein.[9]

Bei Beendigung des Beschäftigungsverhältnisses wegen der Zubilligung einer Rente wegen Erwerbsminderung kann ebenfalls ein Störfall gegeben sein.[10] Der Störfall tritt allerdings nur ein, wenn das Arbverh endgültig endet, nicht hingegen in den Fällen eines bloßen Ruhens oder einer Beendigung mit Wiedereinstellungsgarantie.[11] Kommt es zu einer endgültigen Beendigung des Beschäftigungsverhältnisses aufgrund der Erwerbsminderung, so wird der Zeitpunkt der nicht zweckentsprechenden Verwendung nach Abs. 2 S. 8 bestimmt.

Die Übertragung von Wertguthaben auf andere Personen stellt ebenfalls einen Störfall dar. Es handelt sich um einen Störfall der nicht zweckentsprechenden Verwendung des Wertguthabens.

Weiterhin liegt bei der Verwendung des Wertguthabens für Zwecke der **betrieblichen Altersversorgung** ohne Erfüllung der Voraussetzungen des Abs. 3a ein Störfall vor.[12] Gem. Abs. 3a ist kein Störfall gegeben, wenn das Wertguthaben in Fällen der Beendigung der Beschäftigung aufgrund verminderter Erwerbsfähigkeit, des Erreichens einer Altersgrenze, zu der eine Rente wegen Alters beansprucht werden kann, oder wegen Todes des Beschäftigten für die betriebliche Altersversorgung verwendet wird. Wesentliche Voraussetzung für den Ausschluss eines Störfalls ist, dass die Wertguthabenvereinbarung bereits bei ihrem Abschluss für die vorgenannten Fälle die Möglichkeit der Verwendung für die betriebliche Altersversorgung vorgesehen hat. Darüber hinaus müssen die weiteren Maßgaben des Abs. 3a beachtet sein. Allerdings gilt diese beitragsrechtliche Privilegierung von Wertguthaben bei Verwendung für die betriebliche Altersversorgung nach Abs. 3a S. 2 nicht mehr für Wertguthabenvereinbarungen, die nach dem 13.11.2008 geschlossen worden sind.[13] Die Abschaffung der Möglichkeit einer beitragsfreien Überführung von Wertguthaben in die betriebliche Altersversorgung erfolgte vor dem Hintergrund, dass in der Praxis Wertguthabenvereinbarungen allein zu diesem Zweck geschlossen worden sind mit der Folge unter anderem einer Umgehung der Schutzvorschriften des Gesetzes über die betriebliche Altersversorgung.[14]

Maßgebender Zeitpunkt für den Eintritt des Störfalls ist grundsätzlich der Tag, an dem das Arbeitsentgelt aus dem Wertguthaben nicht vereinbarungsgemäß verwendet wird bzw. an dem bei Eintritt der Insolvenz des AG die Beiträge aus dem Wertguthaben gezahlt werden.[15]

Die **Fälligkeit der Sozialversicherungsbeiträge** bei Vorliegen eines Störfalls ist in Abs. 2 S. 7 geregelt. Hiernach sind die Beiträge mit den Beiträgen der Entgeltabrechnung für den Kalendermonat fällig, der dem Kalendermonat folgt, in dem (1) im Falle der Insolvenz die Mittel für die Beitragszahlung verfügbar sind oder (2) das Arbeitsentgelt nicht zweckentsprechend verwendet wird. Die Berechnung der Beiträge richtet sich gem. Abs. 2 S. 6 nach den für den Entgeltabrechnungszeitraum i.S.v. Abs. 2 S. 7 und 8 versicherungszweigbezogen geltenden Beitragssätzen und der für den Beitragseinzug zuständigen Einzugsstelle.[16]

§ 26 Beanstandung und Erstattung zu Unrecht entrichteter Beiträge

(1) ¹Sind Pflichtbeiträge in der Rentenversicherung für Zeiten nach dem 31. Dezember 1972 trotz Fehlens der Versicherungspflicht nicht spätestens bei der nächsten Prüfung beim Arbeitgeber beanstandet worden, gilt § 45 Abs. 2 des Zehnten Buches entsprechend. ²Beiträge, die nicht mehr beanstandet werden dürfen, gelten als zu Recht entrichtete Pflichtbeiträge. ³Gleiches gilt für zu Unrecht entrichtete Beiträge nach Ablauf der in § 27 Abs. 2 Satz 1 bestimmten Frist.

(2) Zu Unrecht entrichtete Beiträge sind zu erstatten, es sei denn, dass der Versicherungsträger bis zur Geltendmachung des Erstattungsanspruchs auf Grund dieser Beiträge oder für den Zeitraum, für den die Beiträge zu Unrecht entrichtet worden sind, Leistungen erbracht oder zu erbringen hat; Beiträge, die für Zeiten entrichtet worden sind, die während des Bezugs von Leistungen beitragsfrei sind, sind jedoch zu erstatten.

(3) ¹Der Erstattungsanspruch steht dem zu, der die Beiträge getragen hat. ²Soweit dem Arbeitgeber Beiträge, die er getragen hat, von einem Dritten ersetzt worden sind, entfällt sein Erstattungsanspruch.

---

9 Siehe hierzu *Kreikebohm*, in: Kreikebohm, § 23b Rn 20.
10 Siehe hierzu Gemeinsames Rundschreiben der Spitzenorganisationen der SV, 2009, 48.
11 Siehe Gemeinsames Rundschreiben der Spitzenorganisationen der SV, 2009, 49.
12 Siehe *Kreikebohm*, in: Kreikebohm, § 23b Rn 15; ausführlich hierzu *Veit*, Arbeitszeitkonten und betriebliche Altersvorsorung, 2008, 45 ff.
13 Eingeführt durch Art. 1 Nr. 6e cc) des Gesetzes zur Verbesserung der Rahmenbedingungen für die Absicherung flexibler Arbeitszeitregelungen und zur Änderung anderer Gesetzes v. 21.12.2008 (BGBl 2008 I S. 2940) mit Wirkung zum 1.1.2009 (Art. 7 Abs. 1 des vorgenannten Gesetzes).
14 Siehe *Cisch/Ulbrich*, BB 2009, 550 ff. (557).
15 Siehe Gemeinsames Rundschreiben der Spitzenorganisationen der SV, 2009, 50 mit Differenzierungen je nach dem Grund für den Eintritt des Störfalls.
16 Siehe hierzu Gemeinsames Rundschreiben der Spitzenorganisationen der SV, 2009, 51 f.

§ 27 Verzinsung und Verjährung des Erstattungsanspruchs

(1) ¹Der Erstattungsanspruch ist nach Ablauf eines Kalendermonats nach Eingang des vollständigen Erstattungsantrags, beim Fehlen eines Antrags nach der Bekanntgabe der Entscheidung über die Erstattung bis zum Ablauf des Kalendermonats vor der Zahlung mit vier vom Hundert zu verzinsen. ²Verzinst werden volle Euro-Beträge. ³Dabei ist der Kalendermonat mit dreißig Tagen zugrunde zu legen.

(2) ¹Der Erstattungsanspruch verjährt in vier Jahren nach Ablauf des Kalenderjahrs, in dem die Beiträge entrichtet worden sind. ²Beanstandet der Versicherungsträger die Rechtswirksamkeit von Beiträgen, beginnt die Verjährung mit dem Ablauf des Kalenderjahrs der Beanstandung.

(3) ¹Für die Hemmung, die Ablaufhemmung, den Neubeginn und die Wirkung der Verjährung gelten die Vorschriften des Bürgerlichen Gesetzbuchs sinngemäß. ²Die Verjährung wird auch durch schriftlichen Antrag auf die Erstattung oder durch Erhebung eines Widerspruchs gehemmt. ³Die Hemmung endet sechs Monate nach Bekanntgabe der Entscheidung über den Antrag oder den Widerspruch.

§ 28 Verrechnung und Aufrechnung des Erstattungsanspruchs

Der für die Erstattung zuständige Leistungsträger kann
1. mit Ermächtigung eines anderen Leistungsträgers dessen Ansprüche gegen den Berechtigten mit dem ihm obliegenden Erstattungsbetrag verrechnen,
2. mit Zustimmung des Berechtigten die zu Unrecht entrichteten Beiträge mit künftigen Beitragsansprüchen aufrechnen.

A. Allgemeines	1	III. § 28		15
B. Regelungsgehalt	3	C. Verbindung zu anderen Rechtsgebieten und		
I. § 26	3	zum Prozessrecht		18
1. Beanstandung zu Unrecht entrichteter Beiträge	3	I. Anwendung des § 26 Abs. 2 in den einzelnen		
2. Erstattung zu Unrecht entrichteter Beiträge	4	Sozialversicherungszweigen		18
3. Erstattungsanspruch und Leistungen	6	II. Verfahrensfragen		22
4. Geltendmachung des Erstattungsanspruchs	8	D. Beraterhinweise		23
II. § 27	10			

A. Allgemeines

1 § 26 regelt die Beanstandung und Erstattung zu Unrecht entrichteter Beiträge. Während § 26 Abs. 2 und 3 die Erstattung zu Unrecht entrichteter Beiträge des gesamten Bereichs der Sozialversicherung und der Arbeitsförderung betreffen,¹ regelt der später eingefügte Abs. 1 die Einschränkung der Beanstandung ab 1.1.1973 zu Unrecht entrichteter Pflichtbeiträge zur gesetzlichen Rentenversicherung aus einem Beschäftigungsverhältnis.

2 § 27 bestimmt, unter welchen Voraussetzungen der **Erstattungsanspruch** nach § 26 zu **verzinsen** ist und wann er **verjährt**; § 28 betrifft die **Verrechung** und **Aufrechnung** des Erstattungsanspruchs.

B. Regelungsgehalt

I. § 26

3 **1. Beanstandung zu Unrecht entrichteter Beiträge.** Abs. 1 setzt voraus, dass **Pflichtbeiträge zur Rentenversicherung** aus einem Beschäftigungsverhältnis zu Unrecht, nämlich mit der materiellen Rechtslage nicht übereinstimmend, für die Zeit ab 1.1.1973 entrichtet wurden und diese Beiträge trotz Fehlens der Versicherungspflicht nicht spätestens bei der nächsten Prüfung beim AG beanstandet worden sind. Für diesen Fall gilt § 45 Abs. 2 SGB X entsprechend, d.h. dass die bereits entrichteten Beiträge zur Rentenversicherung nicht mehr beanstandet werden können und als zu Recht entrichtete Pflichtbeiträge gelten, soweit der Beschäftigte auf die Wirksamkeit der Beiträge **vertraut** hat und **sein Vertrauen unter Abwägung mit dem öffentlichen Interesse an der Beanstandung schutzwürdig** ist.² Dies dürfte regelmäßig zu bejahen sein, denn der Beschäftigte vertraut aufgrund der entrichteten Beiträge auch auf die spätere Zahlung einer Rente und hat allenfalls ergänzende Vermögensdispositionen getroffen. Der Vertrauensschutz entfällt jedoch in entspr. Anwendung von § 45 Abs. 2 S. 3 SGB X, wenn der Beschäftigte die unrechtmäßige Beitragszahlung durch sein schuldhaftes Verhalten veranlasst hat oder die Rechtswidrigkeit der Beitragsent-

---

1 BSG 24.3.1983 – 8 RK 36/81 – Die Beiträge 1985, 318, 319.   2 Hauck/Noftz/*Udsching*, § 26 Rn 3b.

richtung kannte bzw. infolge grober Fahrlässigkeit nicht kannte. Wenn Vertrauensschutz besteht, so bezieht sich dieser nur auf **tatsächlich entrichtete** Beiträge; Beiträge, die bei Versicherungspflicht zwar entstanden und fällig gewesen wären, aber nicht entrichtet sind, werden nicht geschützt.[3] § 26 Abs. 1 S. 2 stellt klar, dass Beiträge, die nicht mehr beanstandet werden können, als zu Recht entrichtete Pflichtbeiträge gelten. Nach § 26 Abs. 1 S. 3 gilt Entsprechendes für zu Unrecht entrichtete Beiträge, wenn die Verjährungsfrist des § 27 Abs. 2 S. 1 (vier Jahre) verstrichen ist. Mit dieser Bestimmung, die durch Art. 1 Nr. 14 des Gesetzes zur Änderung des Vierten Buches Sozialgesetzbuch und anderer Gesetze v. 19.12.2007 mit Wirkung zum 1.1.2008 eingefügt wurde, sollte die frühere Rechtslage beseitigt werden, wonach zu Unrecht entrichtete Beiträge zur gesetzlichen Rentenversicherung im Einzelfall viele Jahre rückwirkend erstattet werden mussten.[4] In den Fällen des § 26 Abs. 1 wird der Betreffende damit so gestellt, als wäre er tatsächlich pflichtversichert gewesen, da ihm die gezahlten Beiträge zwar erhalten bleiben, aber nicht erstattet werden.[5]

2. Erstattung zu Unrecht entrichteter Beiträge. Zu Unrecht entrichtete Beiträge sind gem. § 26 Abs. 2 grds. zu erstatten. Die Gründe für die irrtümliche Beitragszahlung sind vielfältiger Art; z.B. werden Pflichtbeiträge entrichtet, obwohl keine Versicherungspflicht besteht oder bei der Berechnung von Beiträgen wird eine zu hohe Bemessungsgrundlage berücksichtigt.[6] Im Einzelnen ergeben sich die Voraussetzungen für die rechtmäßige Entrichtung von Beiträgen aus den speziellen Vorschriften für die verschiedenen Versicherungszweige.

Eine unrechtmäßige Beitragsentrichtung liegt jedoch nicht vor, wenn ihr ein zwar rechtswidriger (aber nicht nichtiger) Beitragsbescheid zugrunde liegt, denn dieser bildet losgelöst von der ihm zugrunde liegenden Norm einen selbstständigen Verpflichtungsgrund.[7] Der Erstattungsanspruch entsteht erst, wenn **der rechtswidrige VA** entweder im Rechtsbehelfsverfahren oder nach § 44 SGB X beseitigt worden ist.[8]

3. Erstattungsanspruch und Leistungen. Die Erstattung zu Unrecht entrichteter Beiträge ist gem. § 26 Abs. 2 Hs. 2 ausgeschlossen, wenn der Versicherungsträger bis zur Geltendmachung des Erstattungsanspruchs **aufgrund dieser Beiträge (erste Verfallklausel)** oder **für den Zeitraum**, für den die Beiträge zu Unrecht entrichtet worden sind **(zweite Verfallklausel)**, Leistungen erbracht oder zu erbringen hat. Unerheblich für den Wegfall des Erstattungsanspruchs ist grds. sowohl die Art (z.B. Geld- oder Sachleistung) als auch die Höhe der Leistung, da § 26 Abs. 2 insoweit keine Differenzierung enthält. Zu beachten ist aber, dass die erste Verfallklausel im Bereich der gesetzlichen Krankenversicherung jedenfalls bei Sachleistungen nicht anwendbar ist, da diese Leistungen nicht aufgrund von Beiträgen, sondern aufgrund der Mitgliedschaft erbracht werden. Die erste Verfallklausel betrifft in erster Linie Versicherungszweige wie die Rentenversicherung, in denen mit Beiträgen Leistungen erworben werden. Demgegenüber bezieht sich die zweite Verfallklausel vor allem auf die Krankenversicherung, in der während der Mitgliedschaft gleichzeitig Beiträge entrichtet und Leistungen in Anspruch genommen werden.[9] Im Anwendungsbereich der zweiten Verfallklausel, d.h. wenn Leistungs- und Beitragszeitraum übereinstimmen, ist die Beitragserstattung nicht nur für den Zeitraum der Leistungserbringung selbst, sondern auch für die vorangegangene Zeit ausgeschlossen.[10] Die Verfallklauseln des § 26 Abs. 2 erfassen auch die Ansprüche des AG auf Erstattung der AG-Anteile.[11]

Leistungen, die der Versicherungsträger **nach Geltendmachung** des Erstattungsanspruchs erbringt, schließen den Erstattungsanspruch nicht aus, denn dem Leistungsträger musste zumindest bekannt sein, dass er nicht leistungspflichtig ist.[12] Die Beitragserstattung wird durch § 26 Abs. 2 auch dann nicht ausgeschlossen, wenn es an jeder Form eines **Zusammenhangs** zwischen den zu **erstattenden Beiträgen** und der erbrachten oder zu erbringenden **Leistung** fehlt.[13] Das bedeutet, dass Beiträge trotz Leistungsbezugs zu erstatten sind, wenn eine nach Art und Höhe gleiche Leistung auch ohne die zu Unrecht entrichteten Beiträge z.B. aus einem anderen Versicherungsverhältnis oder aufgrund eines nachgehenden Anspruchs nach § 19 Abs. 2 und 3 SGB V zu gewähren gewesen wären.

4. Geltendmachung des Erstattungsanspruchs. Zu Unrecht entrichtete Beiträge sind **von Amts wegen** zu erstatten. Der Erstattungsanspruch entsteht mit der Zahlung der nicht geschuldeten Beiträge. Nach § 26 Abs. 3 S. 1 steht der Erstattungsanspruch demjenigen zu, der die Beiträge getragen hat. Da in den Fällen von Beschäftigungsverhältnissen die Beiträge von AG und AN jeweils grds. zur Hälfte getragen werden, steht ihnen der Erstattungsanspruch zur Hälfte zu. Beide sind voneinander unabhängig antragsberechtigt; der Antrag des AG z.B. löst auch das Erstattungsverfahren des AN – dann von Amts wegen – aus.

---

3 Krauskopf/*Baier*, § 26 Rn 4.
4 BT-Drucks 16/6540, S. 23.
5 BT-Drucks 16/6540, S. 24.
6 Zu einzelnen Fällen s. KassKomm/*Seewald*, § 26 Rn 11.
7 BSG 28.1.1982 – 5a RKn 1/81 – SozR 2600 § 121 Nr. 4.
8 BSG 16.4.1985 – 12 RK 19/83 – SozR 2100 § 27 Nr. 3.
9 BSG 25.3.2004 – B 12 AL 1/03 R – NZS 2005, 546, 547; BSG 25.4.1991 – 12 RK 40/90 – NZA 1991, 957, 958 (auch zu Vorstehendem).
10 BSG 25.4.1991 – 12 RK 40/90 – NZA 1991, 957, 958.
11 BSG 7.11.1995 – 12 RK 19/94 – SozR 3–2400 § 26 Nr. 7.
12 Hauck/Noftz/*Udsching*, § 26 Rn 10.
13 BSG 25.3.2004 – B 12 AL 1/03 R – NZS 2005, 546, 547.

9 Für die Erstattung der Kranken- und Pflegeversicherungsbeiträge ist die Krankenkasse, für die der Rentenversicherungsbeiträge grds. der Rentenversicherungsträger **zuständig**. Die Erstattung von Arbeitslosenversicherungsbeiträgen erfolgt nach § 351 Abs. 2 Nr. 1 SGB III grds. durch die A.A., in deren Bezirk die Stelle, an welche die Arbeitslosenversicherungsbeiträge entrichtet worden sind, ihren Sitz hat. Abweichend können die Rentenversicherungsträger nach § 211 S. 1 Nr. 1 SGB VI und die BA nach § 351 Abs. 2 Nr. 3 SGB III mit den Einzugsstellen vereinbaren, dass diese die Erstattung der Rentenversicherungs- und Arbeitslosenversicherungsbeiträge übernehmen. Eine solche Vereinbarung haben die Spitzenverbände der Krankenkassen, die Deutsche Rentenversicherung Bund sowie die BA in den „Gemeinsamen Grundsätzen für die Verrechnung und Erstattung zu Unrecht gezahlter Beiträge zur Kranken-, Pflege-, Renten- und Arbeitslosenversicherung"[14] getroffen; für bestimmte Ausnahmefälle, z.B. bei Zusammentreffen des Erstattungsanspruchs mit gewährten Leistungen, bleibt jedoch der Rentenversicherungsträger bzw. die BA zuständig.[15]

II. § 27

10 Gem. § 27 Abs. 1 SGB IV ist der Anspruch auf Erstattung zu Unrecht entrichteter Beiträge unabhängig vom Verschulden des Leistungsträgers mit 4 v.H. zu verzinsen. Der Verzinsungszeitraum beginnt nach Ablauf eines Kalendermonats nach Eingang des **vollständigen Antrags**, beim Fehlen eines Antrags nach der **Bekanntgabe der Entscheidung** über die Erstattung und endet mit Ablauf des Kalendermonats vor der Zahlung. Verzinst werden volle EUR-Beträge; der Kalendermonat ist mit 30 Tagen zugrunde zu legen.

11 Ein **vollständiger Erstattungsantrag** liegt immer dann vor, wenn der Erstattungsberechtigte einen entsprechenden Vordruck ausgefüllt an den zuständigen Versicherungsträger leitet; eine Verpflichtung zur Benutzung eines Vordrucks besteht allerdings nicht. Ein formloser Antrag muss alle Tatsachen enthalten, die erforderlich sind, um dem Sozialversicherungsträger eine Entscheidung zu ermöglichen. Der bei einem unzuständigen Leistungsträger gestellte Erstattungsantrag ist zwar kein Antrag auf Sozialleistungen i.S.d. § 11 SGB I; wegen der Bedeutung des Antrags für die Stellung als Versicherter ist er jedoch in entsprechender Anwendung des § 16 Abs. 2 SGB I wirksam.[16]

12 Gem. § 27 Abs. 2 S. 1 beträgt die Verjährungsfrist für Erstattungsansprüche vier Jahre. Sie beginnt mit dem ersten Tag des Kalenderjahres, das dem Kalenderjahr der **Beitragsentrichtung** folgt. **Abweichend** hiervon regelt § 27 Abs. 2 S. 2, dass die Verjährung im Falle der **Beanstandung** der Rechtswirksamkeit von Beiträgen mit dem Ablauf des Kalenderjahrs der Beanstandung beginnt.

13 Der Ablauf der Verjährungsfrist berechtigt den Versicherungsträger, die Erstattung zu verweigern (§ 214 BGB), wobei die Ausübung dieses Rechts im pflichtgemäßen **Ermessen** des Versicherungsträgers steht. Die Erhebung der Verjährungseinrede kann in Ausnahmefällen ausgeschlossen sein, wenn der Erstattungsberechtigte vom Versicherungsträger in der Sache unrichtig beraten wurde[17] oder sonst fehlerhaftes Verwaltungshandeln vorliegt.[18]

14 Für die Hemmung, die Ablaufhemmung und den Neubeginn der Verjährung verweist § 27 Abs. 3 S. 1 auf die Vorschriften des bürgerlichen Rechts. Neben den im BGB genannten Tatbeständen wird nach § 27 Abs. 3 S. 2 die Verjährung auch durch einen schriftlichen Antrag auf Erstattung oder durch Erhebung eines Widerspruchs im Vorverfahren gehemmt.

III. § 28

15 § 28 regelt die **Aufrechnung** (§ 28 Nr. 2) und **Verrechnung** (§ 28 Nr. 1) von Erstattungsansprüchen. Die Wirkung der Aufrechnung besteht darin, dass die Ansprüche, soweit sie sich der Höhe nach decken, in dem Zeitpunkt als erloschen gelten, in dem sie zur Aufrechnung oder Verrechnung geeignet einander gegenübergetreten sind (§ 389 BGB). Für die Aufrechnung gelten grds. die Vorschriften des BGB (§§ 387 ff. BGB); § 28 regelt Ausnahmen vom Erfordernis der Fälligkeit (Nr. 2) und der Gegenseitigkeit (Nr. 1).[19]

16 § 28 Nr. 2 ermöglicht die **Aufrechnung** der zu Unrecht entrichteten Beiträge mit **künftigen Beitragsansprüchen**, soweit diese hinreichend bestimmt oder bestimmbar sind. Wegen der noch fehlenden Fälligkeit der Beitragsforderungen ist es erforderlich, dass der Erstattungsberechtigte der Aufrechnung zustimmt.[20] Eine **Verrechnung** nach § 28 Nr. 1 ist im Ergebnis eine Aufrechnung, bei der vom Erfordernis der Gegenseitigkeit abgesehen wird. Der erstattungspflichtige Leistungsträger kann gegen den Erstattungsanspruch nach § 26 Abs. 2 auch mit Ansprüchen anderer Leistungsträger (z.B. auf Erstattung zu Unrecht gewährter Sozialleistungen gem. § 50 SGB X) aufrechnen, soweit er von diesem anderen Leistungsträger dazu **ermächtigt** wurde. Hierdurch sollen Nachteile der unterschiedlichen Zuständigkeit für Bei-

---

14 V. 21.11.2006.
15 Gemeinsame Grundsätze für die Verrechnung und Erstattung zu Unrecht gezahlter Beiträge, S. 13 f.
16 S. z.B. BSG 17.7.1990 – 12 RK 10/89 – SozR 3–1200 § 16 Nr. 2.
17 S. z.B. BSG 28.9.1976 – 3 RK 97/75 – BSGE 42, 219, 222, 223.
18 Bayerisches LSG 25.6.2004 – L 8 AL 39/03 –.juris; die hiergegen eingelegte Revision hat das BSG zurückgewiesen, weil ein Erstattungsanspruch, der hätte verjähren können, nicht entstanden sei, Urteil v. 13.9.2006 – B 12 AL 1/05 R – SozR 4–2400 § 27 Nr. 2.
19 BSG 15.12.1994 – 12 RK 69/93 – SozR 3–2400 § 28 Nr. 2.
20 BSG 15.12.1994 – 12 RK 69/93 – SozR 3–2400 § 28 Nr. 2.

tragseinzug und Beitragserstattung ausgeglichen und eine durch die gemeinsame Zielsetzung aller Sozialleistungen gebotene funktionale Einheit der Leistungsträger hergestellt werden.[21]

Die Entscheidung über Aufrechnung und Verrechnung obliegt dem erstattungspflichtigen Leistungsträger. Dritte, wie Versicherte und AG, können gegen die Ansprüche der Versicherungsträger nur nach §§ 387 ff. BGB aufrechnen.

C. Verbindung zu anderen Rechtsgebieten und zum Prozessrecht

I. Anwendung des § 26 Abs. 2 in den einzelnen Sozialversicherungszweigen

Die Verfallklausel „**aufgrund dieser Beiträge**" bezieht sich v.a. auf die **Rentenversicherung**, die in aller Regel nur nach vorheriger Beitragszahlung leistet. Diese Verfallklausel kommt sowohl im Falle der Rentenzahlung als auch bei der Erbringung von Rehabilitationsleistungen zur Anwendung.[22]

In der **Krankenversicherung** findet die Verfallklausel in der Alternative „**für den Zeitraum**" Anwendung. Von der Erstattung ausgeschlossen sind alle Beiträge, die **für Zeiten vor** der Erbringung der Leistung zu Unrecht entrichtet worden sind.[23]

Für die **Unfallversicherung** hat das BSG festgestellt, dass die Verfallklausel auf der Vorstellung einer wechselseitigen Abhängigkeit von Beiträgen und Leistungen beruht und dann keine Anwendung findet, wenn es an jeder Form eines Zusammenhangs zwischen den zu erstattenden Beiträgen und erbrachten oder zu erbringenden Leistungen fehlt.[24]

Im Bereich der **Arbeitsförderung** gilt § 351 Abs. 1 SGB III, wonach sich der zu erstattende Betrag um den Betrag der Leistung mindert, der in irrtümlicher Annahme der Versicherungspflicht gezahlt worden ist.

II. Verfahrensfragen

Entscheidungen über die Erstattung von zu Unrecht entrichteten Beiträgen ergehen durch VA, gegen den die Rechtsbehelfe des Widerspruchs und nachgehend der Klage vor dem Sozialgericht gegeben sind.

D. Beraterhinweise

Hinsichtlich der Rentenversicherungsbeiträge kann der Beschäftigte beantragen, dass die als Pflichtbeiträge gezahlten Beiträge nicht erstattet werden, sondern als freiwillig entrichtete Beiträge gelten sollen (§ 202 S. 1 SGB VI). Möchte der Beschäftigte freiwillige Beiträge in anderer Höhe zahlen, so kann er die Pflichtbeiträge zurückfordern und anschließend für diese Zeiträume innerhalb von drei Monaten, nachdem die Beanstandung unanfechtbar geworden ist, nach § 202 S. 2 SGB VI freiwillige Beiträge zahlen, deren Höhe er jetzt selbst innerhalb der Mindestbemessungsgrundlage (§ 167 SGB VI) und der Beitragsbemessungsgrenze (§§ 157, 159 SGB VI) bestimmen kann.

Einem Erstattungsbegehren des AG kann das Interesse des Versicherten entgegenstehen, die gezahlten Pflichtbeiträge als freiwillige Beiträge wirksam werden zu lassen. Daher hat der Versicherte gem. § 202 S. 4 SGB VI die Möglichkeit, den an den AG zu erstattenden Betrag zu zahlen und so den Erstattungsanspruch auszuschließen.

Einzelheiten hinsichtlich der Erstattung zu Unrecht entrichteter Beiträge ergeben sich aus den „Gemeinsamen Grundsätzen für die Verrechnung und Erstattung zu Unrecht gezahlter Beiträge zur Kranken-, Pflege-, Renten- und Arbeitslosenversicherung", die die Spitzenverbände der Sozialversicherung und der Arbeitsförderung mit Wirkung ab 1.6.2006 vereinbart haben. Für weitere Informationen stehen die Sozialversicherungsträger im Rahmen ihrer Beratungs- und Auskunftspflichten nach §§ 14, 15 SGB I zur Verfügung.

---

21 BSG 15.12.1994 – 12 RK 85/92 – SozR 3-2400 § 28 Nr. 1.
22 BSG 25.4.1991 – 12/1 RA 65/89 – SozR 3-2400 § 26 Nr. 2.
23 S. hierzu auch BSG 25.4.1991 – 12/1 RA 65/89 – SozR 3-2400 § 26 Nr. 2.
24 BSG 26.1.1988 – 2 RU 5/87 – SozR 1300 § 44 SGB I Nr. 31; KassKomm/*Seewald*, § 26 Rn 20.

§ 28a Meldepflicht (gültig ab 1.11.2009 bis 31.12.2009)

(1) Der Arbeitgeber oder ein anderer Meldepflichtiger hat der Einzugsstelle für jeden in der Kranken-, Pflege-, Rentenversicherung oder nach dem Recht der Arbeitsförderung kraft Gesetzes Versicherten
1. bei Beginn der versicherungspflichtigen Beschäftigung,
2. bei Ende der versicherungspflichtigen Beschäftigung,
3. bei Eintritt eines Insolvenzereignisses,
4. (weggefallen)
5. bei Änderungen in der Beitragspflicht,
6. bei Wechsel der Einzugsstelle,
7. bei Anträgen auf Altersrenten oder Auskunftsersuchen des Familiengerichts in Versorgungsausgleichsverfahren,
8. bei Unterbrechung der Entgeltzahlung,
9. bei Auflösung des Arbeitsverhältnisses,
10. (aufgehoben)
11. (aufgehoben)
12. bei einmalig gezahltem Arbeitsentgelt, soweit es nicht in einer Meldung aus anderem Anlass erfasst werden kann,
13. bei Beginn der Berufsausbildung,
14. bei Ende der Berufsausbildung,
15. bei Wechsel von einer Betriebsstätte im Beitrittsgebiet zu einer Betriebsstätte im übrigen Bundesgebiet oder umgekehrt,
16. bei Beginn der Altersteilzeitarbeit,
17. bei Ende der Altersteilzeitarbeit,
18. bei Änderung des Arbeitsentgelts, wenn die in § 8 Abs. 1 Nr. 1 genannte Grenze über- oder unterschritten wird,
19. bei nach § 23b Abs. 2 bis 3 gezahltem Arbeitsentgelt oder
20. bei Wechsel von einem Wertguthaben, das im Beitrittsgebiet und einem Wertguthaben, das im übrigen Bundesgebiet erzielt wurde,

eine Meldung durch gesicherte und verschlüsselte Datenübertragung aus systemgeprüften Programmen oder mittels maschinell erstellter Ausfüllhilfen zu erstatten. Dies gilt für die Übermittlung von Meldungen nach § 97 Abs. 1 entsprechend.

(2) Der Arbeitgeber hat jeden am 31. Dezember des Vorjahres Beschäftigten nach Absatz 1 zu melden (Jahresmeldung).

(3) Die Meldungen enthalten für jeden Versicherten insbesondere
1. seine Versicherungsnummer, soweit bekannt,
2. seinen Familien- und Vornamen,
3. sein Geburtsdatum,
4. seine Staatsangehörigkeit,
5. Angaben über seine Tätigkeit nach dem Schlüsselverzeichnis der Bundesagentur für Arbeit,
6. die Betriebsnummer seines Beschäftigungsbetriebes,
7. die Beitragsgruppen,
8. die zuständige Einzugsstelle und
9. den Arbeitgeber.

Zusätzlich sind anzugeben
1. bei der Anmeldung
   a) die Anschrift,
   b) der Beginn der Beschäftigung,
   c) sonstige für die Vergabe der Versicherungsnummer erforderliche Angaben,
   d) die Angabe, ob zum Arbeitgeber eine Beziehung als Ehegatte, Lebenspartner oder Abkömmling besteht,
   e) die Angabe, ob es sich um eine Tätigkeit als geschäftsführender Gesellschafter einer Gesellschaft mit beschränkter Haftung handelt,

  f) die Angabe der Staatsangehörigkeit,
2. bei der Abmeldung und bei der Jahresmeldung
  a) eine Namens-, Anschriften- oder Staatsangehörigkeitsänderung, soweit diese Änderung nicht schon anderweitig gemeldet ist,
  b) das in der Rentenversicherung oder nach dem Recht der Arbeitsförderung beitragspflichtige Arbeitsentgelt in Euro,
  c) das in der Unfallversicherung beitragspflichtige Arbeitsentgelt in Euro und die geleisteten Arbeitsstunden,
  d) der Zeitraum, in dem das angegebene Arbeitsentgelt erzielt wurde,
  e) Wertguthaben, die auf die Zeit nach Eintritt der Erwerbsminderung entfallen,
  f) die Unfallversicherungsmitgliedsnummer seines Beschäftigungsbetriebs,
  g) die Betriebsnummer des zuständigen Unfallversicherungsträgers,
  h) die anzuwendende Gefahrtarifstelle,
3. (aufgehoben)
4. bei der Meldung nach Absatz 1 Nr. 19
  a) das Arbeitsentgelt in Euro, für das Beiträge gezahlt worden sind,
  b) im Falle des § 23b Abs. 2 der Kalendermonat und das Jahr der nicht zweckentsprechenden Verwendung des Arbeitsentgelts, im Falle der Zahlungsunfähigkeit des Arbeitgebers jedoch der Kalendermonat und das Jahr der Beitragszahlung.

Arbeitgeber, die Mitglied einer Landwirtschaftlichen Berufsgenossenschaft mit Ausnahme der Gartenbau-Berufsgenossenschaft sind, haben Meldungen nach Satz 2 Nr. 2 Buchstabe c, f, g und h nicht zu erstatten.

(4) Arbeitgeber haben den Tag des Beginns eines Beschäftigungsverhältnisses spätestens bei dessen Aufnahme an die Datenstelle der Träger der Rentenversicherung nach Satz 2 zu melden, sofern sie Personen in folgenden Wirtschaftsbereichen oder Wirtschaftszweigen beschäftigen:
1. im Baugewerbe,
2. im Gaststätten- und Beherbergungsgewerbe,
3. im Personenbeförderungsgewerbe,
4. im Speditions-, Transport- und damit verbundenen Logistikgewerbe,
5. im Schaustellergewerbe,
6. bei Unternehmen der Forstwirtschaft,
7. im Gebäudereinigungsgewerbe,
8. bei Unternehmen, die sich am Auf- und Abbau von Messen und Ausstellungen beteiligen,
9. in der Fleischwirtschaft.

Die Meldung enthält folgende Angaben über den Beschäftigten:
1. den Familien- und die Vornamen,
2. die Versicherungsnummer, soweit bekannt, ansonsten die zur Vergabe einer Versicherungsnummer notwendigen Angaben (Tag und Ort der Geburt, Anschrift),
3. die Betriebsnummer des Arbeitgebers und
4. den Tag der Beschäftigungsaufnahme.

[3]Die Meldung wird in der Stammsatzdatei nach § 150 Abs. 1 und 2 des Sechsten Buches gespeichert. [4]Die Meldung gilt nicht als Meldung nach Absatz 1 Satz 1 Nr. 1.

(5) Der Meldepflichtige hat der zu meldenden Person den Inhalt der Meldung in Textform mitzuteilen.

(6) Soweit der Arbeitgeber eines Hausgewerbetreibenden Arbeitgeberpflichten erfüllt, gilt der Hausgewerbetreibende als Beschäftigter.

(6a) Beschäftigt ein Arbeitgeber, der
1. im privaten Bereich nichtgewerbliche Zwecke oder
2. mildtätige, kirchliche, religiöse, wissenschaftliche oder gemeinnützige Zwecke im Sinne des § 10b des Einkommensteuergesetzes

verfolgt, Personen versicherungsfrei geringfügig nach § 8, kann er auf Antrag abweichend von Absatz 1 Meldungen auf Vordrucken erstatten, wenn er glaubhaft macht, dass ihm eine Meldung auf maschinell verwertbaren Datenträgern oder durch Datenübertragung nicht möglich ist.

(7) [1]Der Arbeitgeber erstattet der Einzugsstelle für einen im privaten Haushalt Beschäftigten anstelle der Meldung nach Absatz 1 unverzüglich eine vereinfachte Meldung (Haushaltsscheck) mit den Angaben nach Absatz 8 Satz 1, wenn das Arbeitsentgelt (§ 14 Abs. 3) aus dieser Beschäftigung regelmäßig 400 Euro im Monat nicht

übersteigt. ²Der Arbeitgeber erteilt der Einzugsstelle eine Ermächtigung zum Einzug des Gesamtsozialversicherungsbeitrags. ³Der Haushaltsscheck ist vom Arbeitgeber und vom Beschäftigten zu unterschreiben. ⁴Die Absätze 2 bis 5 gelten nicht.

(8) Der Haushaltsscheck enthält
1. den Familiennamen, Vornamen, die Anschrift und die Betriebsnummer des Arbeitgebers,
2. den Familiennamen, Vornamen, die Anschrift und die Versicherungsnummer des Beschäftigten; kann die Versicherungsnummer nicht angegeben werden, ist das Geburtsdatum des Beschäftigten einzutragen,
3. die Angabe, ob der Beschäftigte im Zeitraum der Beschäftigung bei mehreren Arbeitgebern beschäftigt ist, und
4. a) bei einer Meldung bei jeder Lohn- oder Gehaltszahlung den Zeitraum der Beschäftigung, das Arbeitsentgelt (§ 14 Abs. 3) für diesen Zeitraum sowie am Ende der Beschäftigung den Zeitpunkt der Beendigung,
   b) bei einer Meldung zu Beginn der Beschäftigung deren Beginn und das monatliche Arbeitsentgelt (§ 14 Absatz 3),
   c) bei einer Meldung wegen Änderung des Arbeitsentgelts (§ 14 Abs. 3) den neuen Betrag und den Zeitpunkt der Änderung,
   d) bei einer Meldung am Ende der Beschäftigung den Zeitpunkt der Beendigung,
   e) bei Erklärung des Verzichts auf Versicherungsfreiheit nach § 5 Abs. 2 Satz 2 des Sechsten Buches den Zeitpunkt des Verzichts.

Bei sich anschließenden Meldungen kann von der Angabe der Anschrift des Arbeitgebers und des Beschäftigten abgesehen werden.

(9) Die Absätze 1 bis 8 gelten entsprechend für versicherungsfrei geringfügig Beschäftigte.

(10) ¹Der Arbeitgeber hat für Beschäftigte, die nach § 6 Abs. 1 Nr. 1 des Sechsten Buches von der Versicherungspflicht in der gesetzlichen Rentenversicherung befreit und Mitglied einer berufsständischen Versorgungseinrichtung sind, die Meldungen nach den Absätzen 1, 2 und 9 zusätzlich an die Annahmestelle der berufsständischen Versorgungseinrichtungen zu erstatten. ²Die Datenübermittlung hat durch gesicherte und verschlüsselte Datenübertragung aus systemgeprüften Programmen oder mittels systemgeprüfter maschinell erstellter Ausfüllhilfen zu erfolgen. ³Zusätzlich zu den Angaben nach Absatz 3 enthalten die Meldungen die Mitgliedsnummer des Beschäftigten bei der Versorgungseinrichtung. ⁴Die Absätze 5 bis 6a gelten entsprechend.

(11) ¹Der Arbeitgeber hat für Beschäftigte, die nach § 6 Abs. 1 Nr. 1 des Sechsten Buches von der Versicherungspflicht in der gesetzlichen Rentenversicherung befreit und Mitglied einer berufsständischen Versorgungseinrichtung sind, der Annahmestelle der berufsständischen Versorgungseinrichtungen monatliche Meldungen zur Beitragserhebung zu erstatten. ²Absatz 10 Satz 2 gilt entsprechend. ³Diese Meldungen enthalten für den Beschäftigten
1. die Mitgliedsnummer bei der Versorgungseinrichtung oder, wenn die Mitgliedsnummer nicht bekannt ist, die Personalnummer beim Arbeitgeber, den Familien- und Vornamen, das Geschlecht und das Geburtsdatum,
2. den Zeitraum, für den das Arbeitsentgelt gezahlt wird,
3. das beitragspflichtige ungekürzte laufende Arbeitsentgelt für den Zahlungszeitraum,
4. das beitragspflichtige ungekürzte einmalig gezahlte Arbeitsentgelt im Monat der Abrechnung,
5. die Anzahl der Sozialversicherungstage im Zahlungszeitraum,
6. den Beitrag, der bei Firmenzahlern für das Arbeitsentgelt nach Nummer 3 und 4 anfällt,
7. die Betriebsnummer der Versorgungseinrichtung,
8. die Betriebsnummer des Beschäftigungsbetriebes,
9. den Arbeitgeber,
10. den Ort der Betriebsstätte,
11. den Monat der Abrechnung.

Soweit nicht aus der Entgeltbescheinigung des Beschäftigten zu entnehmen ist, dass die Meldung erfolgt ist und welchen Inhalt sie hatte, gilt Absatz 5.

(12) Der Arbeitgeber hat auch für ausschließlich nach § 2 Absatz 1 Nummer 1 des Siebten Buches versicherte Beschäftigte mit beitragspflichtigem Entgelt Meldungen nach den Absätzen 1 und 3 Satz 2 Nummer 2 abzugeben.

(13) ¹Die Künstlersozialkasse hat für die nach dem Künstlersozialversicherungsgesetz krankenversicherungspflichtigen Mitglieder monatlich eine Meldung an die zuständige Krankenkasse (§ 28i) durch Datenübermitt-

lung mit den für den Nachweis der Beitragspflicht notwendigen Angaben, insbesondere die Versicherungsnummer, den Namen und Vornamen, den beitragspflichtigen Zeitraum, die Höhe des der Beitragspflicht zu Grunde liegenden Arbeitseinkommens, ein Kennzeichen über die Ruhensanordnung gemäß § 16 Absatz 2 des Künstlersozialversicherungsgesetzes und den Verweis auf die Versicherungspflicht in der Rentenversicherung des Versicherten zu übermitteln. ²Den Übertragungsweg und die Einzelheiten des Verfahrens wie den Aufbau des Datensatzes regeln die Künstlersozialkasse und der Spitzenverband Bund der Krankenkassen in gemeinsamen Grundsätzen entsprechend § 28b Absatz 2.³Bei der Nutzung allgemein zugänglicher Netze sind dem jeweiligen Stand der Technik entsprechende Verschlüsselungsverfahren zu verwenden.

§ 28a Meldepflicht (gültig ab 1.1.2010)

(1) Der Arbeitgeber oder ein anderer Meldepflichtiger hat der Einzugsstelle für jeden in der Kranken-, Pflege-, Rentenversicherung oder nach dem Recht der Arbeitsförderung kraft Gesetzes Versicherten
1. bei Beginn der versicherungspflichtigen Beschäftigung,
2. bei Ende der versicherungspflichtigen Beschäftigung,
3. bei Eintritt eines Insolvenzereignisses,
4. (weggefallen)
5. bei Änderungen in der Beitragspflicht,
6. bei Wechsel der Einzugsstelle,
7. bei Anträgen auf Altersrenten oder Auskunftsersuchen des Familiengerichts in Versorgungsausgleichsverfahren,
8. bei Unterbrechung der Entgeltzahlung,
9. bei Auflösung des Arbeitsverhältnisses,
10. (aufgehoben)
11. (aufgehoben)
12. bei einmalig gezahltem Arbeitsentgelt, soweit es nicht in einer Meldung aus anderem Anlass erfasst werden kann,
13. bei Beginn der Berufsausbildung,
14. bei Ende der Berufsausbildung,
15. bei Wechsel von einer Betriebsstätte im Beitrittsgebiet zu einer Betriebsstätte im übrigen Bundesgebiet oder umgekehrt,
16. bei Beginn der Altersteilzeitarbeit,
17. bei Ende der Altersteilzeitarbeit,
18. bei Änderung des Arbeitsentgelts, wenn die in § 8 Abs. 1 Nr. 1 genannte Grenze über- oder unterschritten wird,
19. bei nach § 23b Abs. 2 bis 3 gezahltem Arbeitsentgelt oder
20. bei Wechsel von einem Wertguthaben, das im Beitrittsgebiet und einem Wertguthaben, das im übrigen Bundesgebiet erzielt wurde,

eine Meldung durch gesicherte und verschlüsselte Datenübertragung aus systemgeprüften Programmen oder mittels maschinell erstellter Ausfüllhilfen zu erstatten. Dies gilt für die Übermittlung von Meldungen nach § 97 Abs. 1 entsprechend.

(2) Der Arbeitgeber hat jeden am 31. Dezember des Vorjahres Beschäftigten nach Absatz 1 zu melden (Jahresmeldung).

(3) Die Meldungen enthalten für jeden Versicherten insbesondere
1. seine Versicherungsnummer, soweit bekannt,
2. seinen Familien- und Vornamen,
3. sein Geburtsdatum,
4. seine Staatsangehörigkeit,
5. Angaben über seine Tätigkeit nach dem Schlüsselverzeichnis der Bundesagentur für Arbeit,
6. die Betriebsnummer seines Beschäftigungsbetriebes,
7. die Beitragsgruppen,
8. die zuständige Einzugsstelle und
9. den Arbeitgeber.

Zusätzlich sind anzugeben
1. bei der Anmeldung
   a) die Anschrift,
   b) der Beginn der Beschäftigung,
   c) sonstige für die Vergabe der Versicherungsnummer erforderliche Angaben,
   d) die Angabe, ob zum Arbeitgeber eine Beziehung als Ehegatte, Lebenspartner oder Abkömmling besteht,
   e) die Angabe, ob es sich um eine Tätigkeit als geschäftsführender Gesellschafter einer Gesellschaft mit beschränkter Haftung handelt,
   f) die Angabe der Staatsangehörigkeit,
2. bei der Abmeldung und bei der Jahresmeldung
   a) eine Namens-, Anschriften- oder Staatsangehörigkeitsänderung, soweit diese Änderung nicht schon anderweitig gemeldet ist,
   b) das in der Rentenversicherung oder nach dem Recht der Arbeitsförderung beitragspflichtige Arbeitsentgelt in Euro,
   c) das in der Unfallversicherung beitragspflichtige Arbeitsentgelt in Euro und die geleisteten Arbeitsstunden,
   d) der Zeitraum, in dem das angegebene Arbeitsentgelt erzielt wurde,
   e) Wertguthaben, die auf die Zeit nach Eintritt der Erwerbsminderung entfallen,
   f) die Unfallversicherungsmitgliedsnummer seines Beschäftigungsbetriebs,
   g) die Betriebsnummer des zuständigen Unfallversicherungsträgers,
   h) die anzuwendende Gefahrtarifstelle,
3. (aufgehoben)
4. bei der Meldung nach Absatz 1 Nr. 19
   a) das Arbeitsentgelt in Euro, für das Beiträge gezahlt worden sind,
   b) im Falle des § 23b Abs. 2 der Kalendermonat und das Jahr der nicht zweckentsprechenden Verwendung des Arbeitsentgelts, im Falle der Zahlungsunfähigkeit des Arbeitgebers jedoch der Kalendermonat und das Jahr der Beitragszahlung.

Arbeitgeber, die Mitglied einer Landwirtschaftlichen Berufsgenossenschaft mit Ausnahme der Gartenbau-Berufsgenossenschaft sind, haben Meldungen nach Satz 2 Nr. 2 Buchstabe c, f, g und h nicht zu erstatten.

(3a) ¹Die Datenstelle der Träger der Rentenversicherung übermittelt für Zwecke der Berechnung der Umlage nach § 152 des Siebten Buches nach Eingang der Jahresmeldung die Daten nach Absatz 3 Satz 2 Nummer 2 Buchstaben c und h zusammengefasst für jeden Arbeitgeber an den zuständigen Träger der gesetzlichen Unfallversicherung. ²Dabei sind die Arbeitsentgelte den Gefahrtarifstellen zuzuordnen.

(4) Arbeitgeber haben den Tag des Beginns eines Beschäftigungsverhältnisses spätestens bei dessen Aufnahme an die Datenstelle der Träger der Rentenversicherung nach Satz 2 zu melden, sofern sie Personen in folgenden Wirtschaftsbereichen oder Wirtschaftszweigen beschäftigen:
1. im Baugewerbe,
2. im Gaststätten- und Beherbergungsgewerbe,
3. im Personenbeförderungsgewerbe,
4. im Speditions-, Transport- und damit verbundenen Logistikgewerbe,
5. im Schaustellergewerbe,
6. bei Unternehmen der Forstwirtschaft,
7. im Gebäudereinigungsgewerbe,
8. bei Unternehmen, die sich am Auf- und Abbau von Messen und Ausstellungen beteiligen,
9. in der Fleischwirtschaft.

Die Meldung enthält folgende Angaben über den Beschäftigten:
1. den Familien- und die Vornamen,
2. die Versicherungsnummer, soweit bekannt, ansonsten die zur Vergabe einer Versicherungsnummer notwendigen Angaben (Tag und Ort der Geburt, Anschrift),
3. die Betriebsnummer des Arbeitgebers und
4. den Tag der Beschäftigungsaufnahme.

³Die Meldung wird in der Stammsatzdatei nach § 150 Abs. 1 und 2 des Sechsten Buches gespeichert. ⁴Die Meldung gilt nicht als Meldung nach Absatz 1 Satz 1 Nr. 1.

(5) Der Meldepflichtige hat der zu meldenden Person den Inhalt der Meldung in Textform mitzuteilen.

(6) Soweit der Arbeitgeber eines Hausgewerbetreibenden Arbeitgeberpflichten erfüllt, gilt der Hausgewerbetreibende als Beschäftigter.

(6a) Beschäftigt ein Arbeitgeber, der
1. im privaten Bereich nichtgewerbliche Zwecke oder
2. mildtätige, kirchliche, religiöse, wissenschaftliche oder gemeinnützige Zwecke im Sinne des § 10b des Einkommensteuergesetzes

verfolgt, Personen versicherungsfrei geringfügig nach § 8, kann er auf Antrag abweichend von Absatz 1 Meldungen auf Vordrucken erstatten, wenn er glaubhaft macht, dass ihm eine Meldung auf maschinell verwertbaren Datenträgern oder durch Datenübertragung nicht möglich ist.

(7) ¹Der Arbeitgeber erstattet der Einzugsstelle für einen im privaten Haushalt Beschäftigten anstelle der Meldung nach Absatz 1 unverzüglich eine vereinfachte Meldung (Haushaltsscheck) mit den Angaben nach Absatz 8 Satz 1, wenn das Arbeitsentgelt (§ 14 Abs. 3) aus dieser Beschäftigung regelmäßig 400 Euro im Monat nicht übersteigt. ²Der Arbeitgeber erteilt der Einzugsstelle eine Ermächtigung zum Einzug des Gesamtsozialversicherungsbeitrags. ³Der Haushaltsscheck ist vom Arbeitgeber und vom Beschäftigten zu unterschreiben. ⁴Die Absätze 2 bis 5 gelten nicht.

(8) Der Haushaltsscheck enthält
1. den Familiennamen, Vornamen, die Anschrift und die Betriebsnummer des Arbeitgebers,
2. den Familiennamen, Vornamen, die Anschrift und die Versicherungsnummer des Beschäftigten; kann die Versicherungsnummer nicht angegeben werden, ist das Geburtsdatum des Beschäftigten einzutragen,
3. die Angabe, ob der Beschäftigte im Zeitraum der Beschäftigung bei mehreren Arbeitgebern beschäftigt ist, und
4. a) bei einer Meldung bei jeder Lohn- oder Gehaltszahlung den Zeitraum der Beschäftigung, das Arbeitsentgelt (§ 14 Abs. 3) für diesen Zeitraum sowie am Ende der Beschäftigung den Zeitpunkt der Beendigung,
   b) bei einer Meldung zu Beginn der Beschäftigung deren Beginn und das monatliche Arbeitsentgelt (§ 14 Abs. 3),
   c) bei einer Meldung wegen Änderung des Arbeitsentgelts (§ 14 Abs. 3) den neuen Betrag und den Zeitpunkt der Änderung,
   d) bei einer Meldung am Ende der Beschäftigung den Zeitpunkt der Beendigung,
   e) bei Erklärung des Verzichts auf Versicherungsfreiheit nach § 5 Abs. 2 Satz 2 des Sechsten Buches den Zeitpunkt des Verzichts.

Bei sich anschließenden Meldungen kann von der Angabe der Anschrift des Arbeitgebers und des Beschäftigten abgesehen werden.

(9) Die Absätze 1 bis 8 gelten entsprechend für versicherungsfrei geringfügig Beschäftigte.

(10) ¹Der Arbeitgeber hat für Beschäftigte, die nach § 6 Abs. 1 Nr. 1 des Sechsten Buches von der Versicherungspflicht in der gesetzlichen Rentenversicherung befreit und Mitglied einer berufsständischen Versorgungseinrichtung sind, die Meldungen nach den Absätzen 1, 2 und 9 zusätzlich an die Annahmestelle der berufsständischen Versorgungseinrichtungen zu erstatten. ²Die Datenübermittlung hat durch gesicherte und verschlüsselte Datenübertragung aus systemgeprüften Programmen oder mittels systemgeprüfter maschinell erstellter Ausfüllhilfen zu erfolgen. ³Zusätzlich zu den Angaben nach Absatz 3 enthalten die Meldungen die Mitgliedsnummer des Beschäftigten bei der Versorgungseinrichtung. ⁴Die Absätze 5 bis 6a gelten entsprechend.

(11) ¹Der Arbeitgeber hat für Beschäftigte, die nach § 6 Abs. 1 Nr. 1 des Sechsten Buches von der Versicherungspflicht in der gesetzlichen Rentenversicherung befreit und Mitglied einer berufsständischen Versorgungseinrichtung sind, der Annahmestelle der berufsständischen Versorgungseinrichtungen monatliche Meldungen zur Beitragserhebung zu erstatten. ²Absatz 10 Satz 2 gilt entsprechend. ³Diese Meldungen enthalten für den Beschäftigten
1. die Mitgliedsnummer bei der Versorgungseinrichtung oder, wenn die Mitgliedsnummer nicht bekannt ist, die Personalnummer beim Arbeitgeber, den Familien- und Vornamen, das Geschlecht und das Geburtsdatum,
2. den Zeitraum, für den das Arbeitsentgelt gezahlt wird,
3. das beitragspflichtige ungekürzte laufende Arbeitsentgelt für den Zahlungszeitraum,
4. das beitragspflichtige ungekürzte einmalig gezahlte Arbeitsentgelt im Monat der Abrechnung,

Bristle

5. die Anzahl der Sozialversicherungstage im Zahlungszeitraum,
6. den Beitrag, der bei Firmenzahlern für das Arbeitsentgelt nach Nummer 3 und 4 anfällt,
7. die Betriebsnummer der Versorgungseinrichtung,
8. die Betriebsnummer des Beschäftigungsbetriebes,
9. den Arbeitgeber,
10. den Ort der Betriebsstätte,
11. den Monat der Abrechnung.

Soweit nicht aus der Entgeltbescheinigung des Beschäftigten zu entnehmen ist, dass die Meldung erfolgt ist und welchen Inhalt sie hatte, gilt Absatz 5.

(12) Der Arbeitgeber hat auch für ausschließlich nach § 2 Absatz 1 Nummer 1 des Siebten Buches versicherte Beschäftigte mit beitragspflichtigem Entgelt Meldungen nach den Absätzen 1 und 3 Satz 2 Nummer 2 abzugeben.

(13) ¹Die Künstlersozialkasse hat für die nach dem Künstlersozialversicherungsgesetz krankenversicherungspflichtigen Mitglieder monatlich eine Meldung an die zuständige Krankenkasse (§ 28i) durch Datenübermittlung mit den für den Nachweis der Beitragspflicht notwendigen Angaben, insbesondere die Versicherungsnummer, den Namen und Vornamen, den beitragspflichtigen Zeitraum, die Höhe des der Beitragspflicht zu Grunde liegenden Arbeitseinkommens, ein Kennzeichen über die Ruhensanordnung gemäß § 16 Absatz 2 des Künstlersozialversicherungsgesetzes und den Verweis auf die Versicherungspflicht in der Rentenversicherung des Versicherten zu übermitteln. ²Den Übertragungsweg und die Einzelheiten des Verfahrens wie den Aufbau des Datensatzes regeln die Künstlersozialkasse und der Spitzenverband Bund der Krankenkassen in gemeinsamen Grundsätzen entsprechend § 28b Absatz 2.³Bei der Nutzung allgemein zugänglicher Netze sind dem jeweiligen Stand der Technik entsprechende Verschlüsselungsverfahren zu verwenden.

A. Allgemeines 1	VI. Einzugsstelle 8
B. Regelungsgehalt 2	VII. Geringfügig Beschäftigte 9
I. Meldepflichtige und zu meldende Personen 2	VIII. Mitglieder berufsständischer Versorgungseinrichtungen 9a
II. Meldeanlässe 4	IX. Fristen und Verfahren 10
III. Jahresmeldung 5	C. Verbindung zu anderen Rechtsgebieten 12
IV. Inhalt 6	D. Beraterhinweise 13
V. Haushaltsscheckverfahren 7	

A. Allgemeines

1 Um ihre Aufgaben erfüllen zu können, benötigen die Versicherungsträger eine Vielzahl von Informationen, die sie im Rahmen des Meldeverfahrens gem. § 28a erhalten.

B. Regelungsgehalt

I. Meldepflichtige und zu meldende Personen

2 Abs. 1 verpflichtet den AG für jeden in der Kranken-, Pflege-, Rentenversicherung oder nach dem Recht der Arbeitsförderung kraft Gesetzes Versicherten (vgl. § 5 Abs. 1 Nr. 1 SGB V, § 20 Abs. 1 S. 1, 2 Nr. 1 SGB XI, § 1 S. 1 Nr. 1 SGB VI, § 25 Abs. 1 S. 1 Alt. 1 SGB III) bei den in Nr. 1 bis 20 genannten Anlässen eine Meldung zu erstatten. Dabei löst bereits die Versicherungspflicht in einem dieser Bereiche die Meldepflicht aus.¹

3 AG ist derjenige, für den der Beschäftigte in persönlicher Abhängigkeit unselbstständige Arbeit leistet, dem der Wert der geleisteten Arbeit zugute kommt und der das Unternehmerrisiko trägt. Bei juristischen Personen hat das vertretungsberechtigte Organ die Meldungen abzugeben. Einem beauftragten leitenden Ang kann die Meldepflicht obliegen, wenn der AG ihn mit der Leitung des Betriebs oder eines Teils davon beauftragt oder die eigenverantwortliche Wahrnehmung bestimmter Aufgaben ausdrücklich überträgt.²

II. Meldeanlässe

4 Die Meldeanlässe sind in Abs. 1 Nr. 1 bis 20 – vorbehaltlich der Jahresmeldung nach Abs. 2 – abschließend aufgezählt. Hierzu gehören v.a. Beginn und Ende einer versicherten Beschäftigung oder Berufsausbildung, Änderungen in der Beitragspflicht, Wechsel der Einzugsstelle, Unterbrechung der Entgeltzahlung (z.B. durch unbezahlten Ur-

---

1 Krauskopf/*Baier*, § 28a Rn 8.   2 Krauskopf/*Baier*, § 28a Rn 5.

laub), die Auflösung des Arbverh, einmalig gezahltes Arbeitsentgelt, soweit nicht in einer anderen Meldung erfasst, sowie Beginn und Ende der Altersteilzeit. Durch die Datenerfassungs- und -übermittlungsverordnung (DEÜV) werden die einzelnen Meldeanlässe konkretisiert.

III. Jahresmeldung

Nach Abs. 2 hat der AG für jeden am 31.12. eines Jahres Beschäftigten eine sog. Jahresmeldung abzugeben (vgl. i.E. § 10 DEÜV). Sie dient insb. als Versicherungs- und Entgeltnachweis für die Rentenversicherung.[3]

IV. Inhalt

Der Inhalt der Meldungen ergibt sich aus Abs. 3, wobei die Aufzählung keine abschließende ist; weitere Einzelheiten sind in der DEÜV geregelt. Gem. Abs. 3 S. 1 haben die Meldungen in jedem Fall Versicherungsnummer, Name, Geburtsdatum, Staatsangehörigkeit, Tätigkeit, Betriebsnummer des Beschäftigungsbetriebes, Beitragsgruppen, die zuständige Einzugsstelle und den AG zu enthalten. Zusätzliche Angaben nach Abs. 3 S. 2 sind bei der Anmeldung, der Abmeldung sowie der Jahresmeldung zu machen. Hervorzuheben in diesem Zusammenhang ist, dass bei der Anmeldung auch anzugeben ist, ob der Versicherte zum AG in einer Beziehung als Ehegatte, Lebenspartner oder Abkömmling steht (Abs. 3 S. 2 Nr. 1d) bzw. ob es sich um eine Tätigkeit als geschäftsführender Gesellschafter einer GmbH handelt (Abs. 3 S. 2 Nr. 1e). Ist dies der Fall, hat die Einzugsstelle als Adressatin der Meldung bei der Deutschen Rentenversicherung Bund ein Statusfeststellungsverfahren nach § 7a zu beantragen. Sinn dieser Regelung ist, zu einem frühen Zeitpunkt den Status des Familienangehörigen oder GmbH-GF zu klären, damit sich nicht z.B. erst bei Verlust der Erwerbstätigkeit herausstellt, dass Ansprüche auf Alg mangels Vorliegens eines Beschäftigungsverhältnisses nicht bestehen.[4] Bei der Abmeldung und bei der Jahresmeldung sind AG, die Mitglied einer Landwirtschaftlichen Berufsgenossenschaft mit Ausnahme der Gartenbau-Berufsgenossenschaft sind, gem. Abs. 3 S. 3 von den Angaben zur Unfallversicherung nach Abs. 3 S. 2 Nr. 2c, f, g und h ausgenommen, da diese aufgrund anderer Beitragsberechnungsgrundlagen nicht erforderlich sind.[5] Durch Abs. 12 ist klargestellt, dass Meldungen an die gesetzliche Unfallversicherung auch für GF abzugeben sind, die ausschließlich in der gesetzlichen Unfallversicherung aufgrund von Satzungsrecht der Berufsgenossenschaften abweichend von § 7 als Beschäftigte gelten und pflichtversichert sind.[6] Vor dem Hintergrund, dass aufgrund der Beitragsabführung an den Gesundheitsfonds die Beitragsnachweise durch die Künstlersozialkasse an die Krankenkassen weggefallen sind, wird durch Abs. 13 sichergestellt, dass die Krankenkassen weiterhin mit den erforderlichen Informationen versorgt werden.[7] Den Inhalt der Meldung hat der AG oder sonst Meldepflichtige der zu meldenden Person nach Abs. 5 in Textform mitzuteilen. Die im Vergleich zur Schriftform weniger strenge Textform i.S.d. § 126b BGB bietet dem AG die Möglichkeit, seinen Beschäftigten die Meldekopie auch in elektronischer Form in einem geeigneten technisch gesicherten Abrufverfahren zugänglich zu machen.[8]

V. Haushaltsscheckverfahren

Für die im privaten Haushalt Beschäftigten, deren Arbeitsentgelt aus dieser Beschäftigung regelmäßig 400 EUR im Monat nicht übersteigt, sieht Abs. 7 ein vereinfachtes Meldeverfahren (Haushaltsscheck) vor, dessen Einzelheiten sich aus Abs. 8 ergeben. Der AG ist nach Abs. 7 S. 2 verpflichtet, der Einzugsstelle die Ermächtigung zu erteilen, den Gesamtsozialversicherungsbeitrag von seinem Konto einzuziehen. Alleinige Einzugsstelle ist gem. § 28i S. 5 die Deutsche Rentenversicherung Knappschaft-Bahn-See/Verwaltungsstelle Cottbus.

VI. Einzugsstelle

Der AG hat die Meldung der Einzugsstelle zu erstatten. Nach § 28h sind dies die Krankenkassen als diejenigen Stellen, an die der Gesamtsozialversicherungsbeitrag zu zahlen ist. Zuständige Einzugsstelle ist die Krankenkasse, die die Krankenversicherung durchführt (§ 28i). Die Einzugsstelle wirkt auf die rechtzeitige und korrekte Erfüllung der Meldepflichten hin, z.B. durch Informationen im Internet oder in Broschüren, Rundschreiben oder anlässlich ihrer Kontakte mit den AG im Einzelfall.

VII. Geringfügig Beschäftigte

Für versicherungsfreie geringfügig Beschäftigte sind nach Abs. 9 die gleichen Meldungen (mit Entgeltangabe) vorzunehmen, die auch für versicherungspflichtige Beschäftigte in Betracht kommen. Alleinige Einzugsstelle ist auch für diesen Personenkreis die Deutsche Rentenversicherung Knappschaft-Bahn-See/Verwaltungsstelle Cottbus (§ 28i S. 5).

---

3 Krauskopf/*Baier*, § 28a Rn 18.
4 BT-Drucks 15/1749, S. 9.
5 BT-Drucks 16/10903, S. 10.
6 BT-Drucks 16/10903, S. 11.
7 Siehe BT-Drucks 16/12596, S. 10.
8 BT-Drucks 16/10488, S. 15.

VIII. Mitglieder berufsständischer Versorgungseinrichtungen

9a Für Beschäftigte, die gem. § 6 Abs. 1 S. 1 Nr. 1 SGB VI zugunsten der Mitgliedschaft in einer berufsständischen Versorgungseinrichtung von der Versicherungspflicht in der gesetzlichen Rentenversicherung befreit sind, hat der AG die Meldungen nach Abs. 1, 2 und 9 als Kopie zusätzlich an die Annahmestelle des Versorgungswerks zu übermitteln (Abs. 10 S. 1). Um eine klare Zuordnung zu gewährleisten, ist nach Abs. 10 S. 2 den Meldungen die Mitgliedsnummer des Beschäftigten bei der Versorgungseinrichtung beizufügen.[9] Darüber hinaus muss der AG der Annahmestelle der Versorgungseinrichtung monatliche Meldungen zur Abrechnung der Beiträge mit dem in Abs. 11 S. 3 festgelegten Inhalt erstatten.

IX. Fristen und Verfahren

10 §§ 6 ff. DEÜV regeln u.a. die Fristen für die einzelnen Meldetatbestände. So sind Beginn und Ende einer versicherungspflichtigen Beschäftigung nach §§ 6 und 8 DEÜV mit der ersten folgenden Lohn- und Gehaltsabrechnung, spätestens innerhalb von sechs Wochen nach ihrem Beginn bzw. Ende zu melden; die Jahresmeldung ist spätestens zum 15. April des folgenden Jahres zu erstatten (§ 10 DEÜV).

11 Seit 1.1.2006 sind sämtliche Meldungen durch gesicherte und verschlüsselte Datenübertragung mittels zugelassener systemgeprüfter Programme oder maschinell erstellter Ausfüllhilfen zu erstatten (Abs. 1 S. 1 a.E., §§ 16 ff. DEÜV); Meldungen der AG auf Vordrucken sind nicht mehr zugelassen. Vor dem erstmaligen Einsatz maschinell geführter Lohn- und Gehaltsabrechnungsprogramme und maschinell erstellter Ausfüllhilfen ist eine Systemprüfung durchzuführen (§§ 18 ff. DEÜV). Hierbei ist die korrekte Ausführung der Lohn- und Gehaltsabrechnungsverfahren, der Erstellung der Meldungen und der technischen Sicherheit der Verfahren zu prüfen. Werden Programme mit Auswirkungen auf die Verarbeitungsergebnisse verändert oder durch neue Programme ersetzt, ist vor ihrem Einsatz eine erneute Prüfung zu beantragen. Im Zulassungsbescheid werden die für die ordnungsgemäße Durchführung der Datenübertragung einzuhaltenden Voraussetzungen festgelegt.

C. Verbindung zu anderen Rechtsgebieten

12 Meldepflichtige, die Meldungen nach näherer Maßgabe des § 111 vorsätzlich oder leichtfertig nicht, nicht richtig, nicht vollständig oder nicht rechtzeitig erstatten, begehen eine OWi, die nach Abs. 4 der Regelung mit einer Geldbuße geahndet werden kann.

D. Beraterhinweise

13 Mithilfe der „Informationstechnischen Servicestelle der gesetzlichen Krankenversicherung" (ITSG) sollen Pannen und Anlaufschwierigkeiten bei den Meldungen durch gesicherte und verschlüsselte Datenübertragung vermieden werden.[10] Darüber hinaus sind die Sozialversicherungsträger im Rahmen der §§ 14, 15 SGB I verpflichtet, den Meldepflichtigen im Einzelfall mit Beratung und Auskunft zur Verfügung zu stehen. Außerdem informieren sie regelmäßig in Broschüren, im Internet und in Informationsveranstaltungen über Neuerungen im Bereich des Meldewesens.

§ 28d Gesamtsozialversicherungsbeitrag

[1]Die Beiträge in der Kranken- oder Rentenversicherung für einen kraft Gesetzes versicherten Beschäftigten oder Hausgewerbetreibenden sowie der Beitrag aus Arbeitsentgelt aus einer versicherungspflichtigen Beschäftigung nach dem Recht der Arbeitsförderung werden als Gesamtsozialversicherungsbeitrag gezahlt. [2]Satz 1 gilt auch für den Beitrag zur Pflegeversicherung für einen in der Krankenversicherung kraft Gesetzes versicherten Beschäftigten. [3]Die nicht nach dem Arbeitsentgelt zu bemessenden Beiträge in der landwirtschaftlichen Krankenversicherung für einen kraft Gesetzes versicherten Beschäftigten gelten zusammen mit den Beiträgen zur Rentenversicherung und Arbeitsförderung im Sinne des Satzes 1 ebenfalls als Gesamtsozialversicherungsbeitrag.

---

9 BT-Drucks 16/6540, S. 24.   10 Im Internet abrufbar unter www.itsg.de.

§ 28e Zahlungspflicht, Vorschuss

(1) ¹Den Gesamtsozialversicherungsbeitrag hat der Arbeitgeber und in den Fällen der nach § 7f Absatz 1 Satz 1 Nr. 2 auf die Deutsche Rentenversicherung Bund übertragenen Wertguthaben die Deutsche Rentenversicherung Bund zu zahlen. ²Die Zahlung des vom Beschäftigten zu tragenden Teils des Gesamtsozialversicherungsbeitrags gilt als aus dem Vermögen des Beschäftigten erbracht. ³Ist ein Träger der Kranken- oder Rentenversicherung oder die Bundesagentur für Arbeit der Arbeitgeber, gilt der jeweils für diesen Leistungsträger oder, wenn eine Krankenkasse der Arbeitgeber ist, auch der für die Pflegekasse bestimmte Anteil am Gesamtsozialversicherungsbeitrag als gezahlt; dies gilt für die Beiträge zur Rentenversicherung auch im Verhältnis der Träger der Rentenversicherung untereinander.

(2) ¹Für die Erfüllung der Zahlungspflicht des Arbeitgebers haftet bei einem wirksamen Vertrag der Entleiher wie ein selbstschuldnerischer Bürge, soweit ihm Arbeitnehmer gegen Vergütung zur Arbeitsleistung überlassen worden sind. ²Er kann die Zahlung verweigern, solange die Einzugsstelle den Arbeitgeber nicht gemahnt hat und die Mahnfrist nicht abgelaufen ist. ³Zahlt der Verleiher das vereinbarte Arbeitsentgelt oder Teile des Arbeitsentgelts an den Leiharbeitnehmer, obwohl der Vertrag nach § 9 Nr. 1 des Arbeitnehmerüberlassungsgesetzes unwirksam ist, so hat er auch den hierauf entfallenden Gesamtsozialversicherungsbeitrag an die Einzugsstelle zu zahlen. ⁴Hinsichtlich der Zahlungspflicht nach Satz 3 gilt der Verleiher neben dem Entleiher als Arbeitgeber; beide haften insoweit als Gesamtschuldner.

(2a) ¹Für die Erfüllung der Zahlungspflicht, die sich für den Arbeitgeber knappschaftlicher Arbeiten im Sinne von § 134 Abs. 4 des Sechsten Buches ergibt, haftet der Arbeitgeber des Bergwerksbetriebes, mit dem die Arbeiten räumlich und betrieblich zusammenhängen, wie ein selbstschuldnerischer Bürge. ²Der Arbeitgeber des Bergwerksbetriebes kann die Befriedigung verweigern, solange die Einzugsstelle den Arbeitgeber der knappschaftlichen Arbeiten nicht gemahnt hat und die Mahnfrist nicht abgelaufen ist.

(3) Für die Erfüllung der Zahlungspflicht des Arbeitgebers von Seeleuten nach § 13 Abs. 1 Satz 2 haften Arbeitgeber und Reeder als Gesamtschuldner.

(3a) ¹Ein Unternehmer des Baugewerbes, der einen anderen Unternehmer mit der Erbringung von Bauleistungen im Sinne des § 175 Abs. 2 des Dritten Buches beauftragt, haftet für die Erfüllung der Zahlungspflicht dieses Unternehmers oder eines von diesem Unternehmer beauftragten Verleihers wie ein selbstschuldnerischer Bürge. ²Satz 1 gilt entsprechend für die vom Nachunternehmer gegenüber ausländischen Sozialversicherungsträgern abzuführenden Beiträge. ³Absatz 2 Satz 2 gilt entsprechend.

(3b) ¹Die Haftung nach Absatz 3a entfällt, wenn der Unternehmer nachweist, dass er ohne eigenes Verschulden davon ausgehen konnte, dass der Nachunternehmer oder ein von ihm beauftragter Verleiher seine Zahlungspflicht erfüllt. ²Ein Verschulden des Unternehmers ist ausgeschlossen, soweit und solange er Fachkunde, Zuverlässigkeit und Leistungsfähigkeit des Nachunternehmers oder des von diesem beauftragten Verleihers durch eine Präqualifikation nachweist, die die Eignungsvoraussetzungen nach § 8 der Vergabe- und Vertragsordnung für Bauleistungen Teil A in der Fassung der Bekanntmachung vom 20. März 2006 (BAnz. Nr. 94a vom 18. Mai 2006) erfüllt.

(3c) ¹Ein Unternehmer, der Bauleistungen im Auftrag eines anderen Unternehmers erbringt, ist verpflichtet, auf Verlangen der Einzugstelle Firma und Anschrift dieses Unternehmers mitzuteilen. ²Kann der Auskunftsanspruch nach Satz 1 nicht durchgesetzt werden, hat ein Unternehmer, der einen Gesamtauftrag für die Erbringung von Bauleistungen für ein Bauwerk erhält, der Einzugstelle auf Verlangen Firma und Anschrift aller Unternehmer, die von ihm mit der Erbringung von Bauleistungen beauftragt wurden, zu benennen.

(3d) ¹Absatz 3a gilt ab einem geschätzten Gesamtwert aller für ein Bauwerk in Auftrag gegebenen Bauleistungen von 275 000 Euro. ²Für die Schätzung gilt § 3 der Vergabeverordnung vom 9. Januar 2001 (BGBl. I S. 110), die zuletzt durch Artikel 3 Abs. 1 des Gesetzes vom 16. Mai 2001 (BGBl. I S. 876) geändert worden ist.

(3e) ¹Die Haftung des Unternehmers nach Absatz 3a erstreckt sich in Abweichung von der dort getroffenen Regelung auf das von dem Nachunternehmer beauftragte nächste Unternehmen, wenn die Beauftragung des unmittelbaren Nachunternehmers bei verständiger Würdigung der Gesamtumstände als ein Rechtsgeschäft anzusehen ist, dessen Ziel vor allem die Auflösung der Haftung nach Absatz 3a ist. ²Maßgeblich für die Würdigung ist die Verkehrsanschauung im Baubereich. ³Ein Rechtsgeschäft im Sinne dieser Vorschrift, das als Umgehungstatbestand anzusehen ist, ist in der Regel anzunehmen,

a) wenn der unmittelbare Nachunternehmer weder selbst eigene Bauleistungen noch planerische oder kaufmännische Leistungen erbringt oder
b) wenn der unmittelbare Nachunternehmer weder technisches noch planerisches oder kaufmännisches Fachpersonal in nennenswertem Umfang beschäftigt oder
c) wenn der unmittelbare Nachunternehmer in einem gesellschaftsrechtlichen Abhängigkeitsverhältnis zum Hauptunternehmer steht.

Bristle

Besonderer Prüfung bedürfen die Umstände des Einzelfalles vor allem in den Fällen, in denen der unmittelbare Nachunternehmer seinen handelsrechtlichen Sitz außerhalb des Europäischen Wirtschaftsraums hat.

(3f) ¹Der Unternehmer kann den Nachweis nach Absatz 3b Satz 2 anstelle der Präqualifikation auch durch Vorlage einer Unbedenklichkeitsbescheinigung der zuständigen Einzugsstelle für den Nachunternehmer oder den von diesem beauftragten Verleiher erbringen. ²Die Unbedenklichkeitsbescheinigung enthält Angaben über die ordnungsgemäße Zahlung der Sozialversicherungsbeiträge und die Zahl der gemeldeten Beschäftigten. ³Die Bundesregierung berichtet unter Beteiligung des Normenkontrollrates über die Wirksamkeit und Reichweite der Generalunternehmerhaftung für Sozialversicherungsbeiträge im Baugewerbe, insbesondere über die Haftungsfreistellung nach Satz 1 und nach Absatz 3b, den gesetzgebenden Körperschaften im Jahr 2012.

(4) Die Haftung umfasst die Beiträge und Säumniszuschläge, die infolge der Pflichtverletzung zu zahlen sind, sowie die Zinsen für gestundete Beiträge (Beitragsansprüche).

(5) Die Satzung der Einzugsstelle kann bestimmen, unter welchen Voraussetzungen vom Arbeitgeber Vorschüsse auf den Gesamtsozialversicherungsbeitrag verlangt werden können.

§ 28f Aufzeichnungspflicht, Nachweise der Beitragsabrechnung und der Beitragszahlung (gültig bis 31.12.2010)

(1) ¹Der Arbeitgeber hat für jeden Beschäftigten, getrennt nach Kalenderjahren, Lohnunterlagen im Geltungsbereich dieses Gesetzes in deutscher Sprache zu führen und bis zum Ablauf des auf die letzte Prüfung (§ 28p) folgenden Kalenderjahres geordnet aufzubewahren. ²Satz 1 gilt nicht hinsichtlich der Beschäftigten in privaten Haushalten. ³Die landwirtschaftlichen Krankenkassen können wegen der mitarbeitenden Familienangehörigen Ausnahmen zulassen. ⁴Für die Aufbewahrung der Beitragsabrechnungen und der Beitragsnachweise gilt Satz 1.

(1a) Bei der Ausführung eines Dienst- oder Werkvertrages im Baugewerbe hat der Unternehmer die Lohnunterlagen und die Beitragsabrechnung so zu gestalten, dass eine Zuordnung der Arbeitnehmer, des Arbeitsentgelts und des darauf entfallenden Gesamtsozialversicherungsbeitrags zu dem jeweiligen Dienst- oder Werkvertrag möglich ist.

(2) ¹Hat ein Arbeitgeber die Aufzeichnungspflicht nicht ordnungsgemäß erfüllt und können dadurch die Versicherungs- oder Beitragspflicht oder die Beitragshöhe nicht festgestellt werden, kann der prüfende Träger der Rentenversicherung den Beitrag in der Kranken-, Pflege- und Rentenversicherung und zur Arbeitsförderung von der Summe der vom Arbeitgeber gezahlten Arbeitsentgelte geltend machen. ²Satz 1 gilt nicht, soweit ohne unverhältnismäßig großen Verwaltungsaufwand festgestellt werden kann, dass Beiträge nicht zu zahlen waren oder Arbeitsentgelt einem bestimmten Beschäftigten zugeordnet werden kann. ³Soweit der prüfende Träger der Rentenversicherung die Höhe der Arbeitsentgelte nicht oder nicht ohne unverhältnismäßig großen Verwaltungsaufwand ermitteln kann, hat er diese zu schätzen. ⁴Dabei ist für das monatliche Arbeitsentgelt eines Beschäftigten das am Beschäftigungsort ortsübliche Arbeitsentgelt mitzuberücksichtigen. ⁵Der prüfende Träger der Rentenversicherung hat einen auf Grund der Sätze 1, 3 und 4 ergangenen Bescheid insoweit zu widerrufen, als nachträglich Versicherungs- oder Beitragspflicht oder Versicherungsfreiheit festgestellt und die Höhe des Arbeitsentgelts nachgewiesen werden. ⁶Die von dem Arbeitgeber auf Grund dieses Bescheides geleisteten Zahlungen sind insoweit mit der Beitragsforderung zu verrechnen.

(3) ¹Der Arbeitgeber hat der Einzugsstelle einen Beitragsnachweis zwei Arbeitstage vor Fälligkeit der Beiträge durch Datenübertragung zu übermitteln; dies gilt nicht hinsichtlich der Beschäftigten in privaten Haushalten bei Verwendung von Haushaltsschecks. ²Übermittelt der Arbeitgeber den Beitragsnachweis nicht zwei Arbeitstage vor Fälligkeit der Beiträge ein, so kann die Einzugsstelle das für die Beitragsberechnung maßgebende Arbeitsentgelt schätzen, bis der Nachweis ordnungsgemäß übermittelt wird. ³Der Beitragsnachweis gilt für die Vollstreckung als Leistungsbescheid der Einzugsstelle und im Insolvenzverfahren als Dokument zur Glaubhaftmachung der Forderungen der Einzugsstelle. ⁴Im Beitragsnachweis ist auch die Steuernummer des Arbeitgebers anzugeben, wenn der Beitragsnachweis die Pauschsteuer für geringfügig Beschäftigte enthält.

(4) Arbeitgeber, die den Gesamtsozialversicherungsbeitrag an mehrere Orts- oder Innungskrankenkassen zu zahlen haben, können bei

1. dem jeweils zuständigen Bundesverband oder
2. einer Orts- oder Innungskrankenkasse

(beauftragte Stelle) für die jeweilige Kassenart beantragen, dass der beauftragten Stelle der jeweilige Beitragsnachweis eingereicht wird. ²Dies gilt auch für Arbeitgeber, die den Gesamtsozialversicherungsbeitrag an mehrere Betriebskrankenkassen oder landwirtschaftliche Krankenkassen zu zahlen haben, gegenüber dem jeweiligen Bundesverband. ³Gibt die beauftragte Stelle dem Antrag statt, hat sie die zuständigen Einzugsstellen zu

unterrichten. ⁴Im Falle des Satzes 1 erhält die beauftragte Stelle auch den Gesamtsozialversicherungsbeitrag, den sie arbeitstäglich durch Überweisung unmittelbar an folgende Stellen weiterzuleiten hat:
1. die Beiträge zur Kranken- und Pflegeversicherung an die zuständigen Einzugsstellen,
2. die Beiträge zur Rentenversicherung gemäß § 28k,
3. die Beiträge zur Arbeitsförderung an die Bundesagentur für Arbeit.

⁵Die beauftragte Stelle hat die für die zuständigen Einzugsstellen bestimmten Beitragsnachweise an diese weiterzuleiten. ⁶Die Träger der Pflegeversicherung, der Rentenversicherung und die Bundesagentur für Arbeit können den Beitragsnachweis sowie den Eingang, die Verwaltung und die Weiterleitung ihrer Beiträge bei der beauftragten Stelle prüfen. ⁷§ 28q Abs. 2 und 3 sowie § 28r Abs. 1 und 2 gelten entsprechend.

(5) ¹Abweichend von Absatz 1 Satz 1 sind die am 31. Dezember 1991 im Beitrittsgebiet vorhandenen Lohnunterlagen mindestens bis zum 31. Dezember 2011 vom Arbeitgeber aufzubewahren. ²Die Pflicht zur Aufbewahrung erlischt, wenn der Arbeitgeber die Lohnunterlagen dem Betroffenen aushändigt oder die für die Rentenversicherung erforderlichen Daten bescheinigt, frühestens jedoch mit Ablauf des auf die letzte Prüfung der Träger der Rentenversicherung bei dem Arbeitgeber folgenden Kalenderjahres, und wenn ein Unternehmen aufgelöst wird.

§ 28f Aufzeichnungspflicht, Nachweise der Beitragsabrechnung und der Beitragszahlung (gültig ab 1.1.2011)

(1) ¹Der Arbeitgeber hat für jeden Beschäftigten, getrennt nach Kalenderjahren, Lohnunterlagen im Geltungsbereich dieses Gesetzes in deutscher Sprache zu führen und bis zum Ablauf des auf die letzte Prüfung (§ 28p) folgenden Kalenderjahres geordnet aufzubewahren. ²Satz 1 gilt nicht hinsichtlich der Beschäftigten in privaten Haushalten. ³Die landwirtschaftlichen Krankenkassen können wegen der mitarbeitenden Familienangehörigen Ausnahmen zulassen. ⁴Für die Aufbewahrung der Beitragsabrechnungen und der Beitragsnachweise gilt Satz 1.

(1a) Bei der Ausführung eines Dienst- oder Werkvertrages im Baugewerbe hat der Unternehmer die Lohnunterlagen und die Beitragsabrechnung so zu gestalten, dass eine Zuordnung der Arbeitnehmer, des Arbeitsentgelts und des darauf entfallenden Gesamtsozialversicherungsbeitrags zu dem jeweiligen Dienst- oder Werkvertrag möglich ist.

(2) ¹Hat ein Arbeitgeber die Aufzeichnungspflicht nicht ordnungsgemäß erfüllt und können dadurch die Versicherungs- oder Beitragspflicht oder die Beitragshöhe nicht festgestellt werden, kann der prüfende Träger der Rentenversicherung den Beitrag in der Kranken-, Pflege- und Rentenversicherung und zur Arbeitsförderung von der Summe der vom Arbeitgeber gezahlten Arbeitsentgelte geltend machen. ²Satz 1 gilt nicht, soweit ohne unverhältnismäßig großen Verwaltungsaufwand festgestellt werden kann, dass Beiträge nicht zu zahlen waren oder Arbeitsentgelt einem bestimmten Beschäftigten zugeordnet werden kann. ³Soweit der prüfende Träger der Rentenversicherung die Höhe der Arbeitsentgelte nicht oder nicht ohne unverhältnismäßig großen Verwaltungsaufwand ermitteln kann, hat er diese zu schätzen. ⁴Dabei ist für das monatliche Arbeitsentgelt eines Beschäftigten das am Beschäftigungsort ortsübliche Arbeitsentgelt mitzuberücksichtigen. ⁵Der prüfende Träger der Rentenversicherung hat einen auf Grund der Sätze 1, 3 und 4 ergangenen Bescheid insoweit zu widerrufen, als nachträglich Versicherungs- oder Beitragspflicht oder Versicherungsfreiheit festgestellt und die Höhe des Arbeitsentgelts nachgewiesen werden. ⁶Die von dem Arbeitgeber auf Grund dieses Bescheides geleisteten Zahlungen sind insoweit mit der Beitragsforderung zu verrechnen.

(3) ¹Der Arbeitgeber hat der Einzugsstelle einen Beitragsnachweis zwei Arbeitstage vor Fälligkeit der Beiträge durch Datenübertragung zu übermitteln; dies gilt nicht hinsichtlich der Beschäftigten in privaten Haushalten bei Verwendung von Haushaltsschecks. ²Übermittelt der Arbeitgeber den Beitragsnachweis nicht zwei Arbeitstage vor Fälligkeit der Beiträge ein, so kann die Einzugsstelle das für die Beitragsberechnung maßgebende Arbeitsentgelt schätzen, bis der Nachweis ordnungsgemäß übermittelt wird. ³Der Beitragsnachweis gilt für die Vollstreckung als Leistungsbescheid der Einzugsstelle und im Insolvenzverfahren als Dokument zur Glaubhaftmachung der Forderungen der Einzugsstelle. ⁴Im Beitragsnachweis ist auch die Steuernummer des Arbeitgebers anzugeben, wenn der Beitragsnachweis die Pauschsteuer für geringfügig Beschäftigte enthält.

(4) Die Krankenkassen stellen sicher, dass der Arbeitgeber statt bei einer Einzugsstelle bei einer Weiterleitungsstelle (beauftragten Stelle)
1. die Meldungen nach § 28a erstatten,
2. die Gesamtsozialversicherungsbeiträge nach § 28d zahlen,
3. die Betragsnachweise nach § 28f einreichen

kann. ²Weiterleitungsstelle können Krankenkassen sowie Verbünde, Arbeitsgemeinschaften oder Verbände von Krankenkassen sein. ³Der Arbeitgeber hat einen entsprechenden Antrag an die beauftragte Stelle zu richten. ⁴Die beauftragte Stelle hat die zuständigen Einzugsstellen davon zu unterrichten. ⁵Die beauftragte Stelle hat die Gesamtsozialversicherungsbeiträge arbeitstäglich unmittelbar an die in § 28k genannten Stellen zu überweisen. ⁶Die Beitragsnachweise und Meldungen sind an die zuständige Einzugsstelle mit einer Übersicht der gezahlten Beiträge unverzüglich weiterzuleiten. ⁷Die Träger der Kranken- und Pflegeversicherung, der Rentenversicherung, die Bundesagentur für Arbeit und das Bundesversicherungsamt, soweit es die Verwaltung des Gesundheitsfonds betrifft, können den Beitragnachweis sowie den Eingang, die Verwaltung und die Weiterleitung der Beiträge bei der beauftragten Stelle prüfen. ⁸§ 28q Abs. 2 und 3 sowie § 28r Abs. 1 und 2 gelten entsprechend.

(5) ¹Abweichend von Absatz 1 Satz 1 sind die am 31. Dezember 1991 im Beitrittsgebiet vorhandenen Lohnunterlagen mindestens bis zum 31. Dezember 2011 vom Arbeitgeber aufzubewahren. ²Die Pflicht zur Aufbewahrung erlischt, wenn der Arbeitgeber die Lohnunterlagen dem Betroffenen aushändigt oder die für die Rentenversicherung erforderlichen Daten bescheinigt, frühestens jedoch mit Ablauf des auf die letzte Prüfung der Träger der Rentenversicherung bei dem Arbeitgeber folgenden Kalenderjahres, und wenn ein Unternehmen aufgelöst wird.

§ 28g Beitragsabzug

¹Der Arbeitgeber und in den Fällen der nach § 7f Abs. 1 Satz 1 Nr. 2 auf die Deutsche Rentenversicherung Bund übertragenen Wertguthaben die Deutsche Rentenversicherung Bund hat gegen den Beschäftigten einen Anspruch auf den vom Beschäftigten zu tragenden Teil des Gesamtsozialversicherungsbeitrags. ²Dieser Anspruch kann nur durch Abzug vom Arbeitsentgelt geltend gemacht werden. ³Ein unterbliebener Abzug darf nur bei den drei nächsten Lohn- oder Gehaltszahlungen nachgeholt werden, danach nur dann, wenn der Abzug ohne Verschulden des Arbeitgebers unterblieben ist. ⁴Die Sätze 2 und 3 gelten nicht, wenn der Beschäftigte seinen Pflichten nach § 28o Abs. 1 vorsätzlich oder grob fahrlässig nicht nachkommt oder er den Gesamtsozialversicherungsbeitrag allein trägt oder solange der Beschäftigte nur Sachbezüge erhält.

§ 28h Einzugsstellen

(1) ¹Der Gesamtsozialversicherungsbeitrag ist an die Krankenkassen (Einzugsstellen) zu zahlen. ²Die Einzugsstelle überwacht die Einreichung des Beitragsnachweises und die Zahlung des Gesamtsozialversicherungsbeitrags. ³Beitragsansprüche, die nicht rechtzeitig erfüllt worden sind, hat die Einzugsstelle geltend zu machen.
(2) ¹Die Einzugsstelle entscheidet über die Versicherungspflicht und Beitragshöhe in der Kranken-, Pflege- und Rentenversicherung sowie nach dem Recht der Arbeitsförderung und prüft die Einhaltung der Arbeitsentgeltgrenzen bei geringfügiger Beschäftigung nach den §§ 8 und 8a; sie erlässt auch den Widerspruchsbescheid. ²Soweit die Einzugsstelle die Höhe des Arbeitsentgelts nicht oder nicht ohne unverhältnismäßig großen Verwaltungsaufwand ermitteln kann, hat sie dieses zu schätzen. ³Dabei ist für das monatliche Arbeitsentgelt des Beschäftigten das am Beschäftigungsort ortsübliche Arbeitsentgelt mit zu berücksichtigen.
(3) ¹Bei Verwendung eines Haushaltsschecks vergibt die Einzugsstelle im Auftrag der Bundesagentur für Arbeit die Betriebsnummer des Arbeitgebers, berechnet den Gesamtsozialversicherungsbeitrag und die Umlagen nach dem Aufwendungsausgleichsgesetz und zieht diese vom Arbeitgeber im Wege des Lastschriftverfahrens ein. ²Die Einzugsstelle meldet bei Beginn und Ende der Beschäftigung und zum Jahresende der Datenstelle der Träger der Rentenversicherung die für die Rentenversicherung und die Bundesagentur für Arbeit erforderlichen Daten eines jeden Beschäftigten. ³Die Einzugsstelle teilt dem Beschäftigten den Inhalt der abgegebenen Meldung schriftlich mit.
(4) Bei Verwendung eines Haushaltsschecks bescheinigt die Einzugsstelle dem Arbeitgeber zum Jahresende
1. den Zeitraum, für den Beiträge zur Rentenversicherung gezahlt wurden, und
2. die Höhe des Arbeitsentgelts (§ 14 Abs. 3), des von ihm getragenen Gesamtsozialversicherungsbeitrags und der Umlagen.

A. Allgemeines	1	IV. § 28g	9
B. Regelungsgehalt	2	V. § 28h	12
I. § 28d	2	C. Verbindung zu anderen Rechtsgebieten und zum Prozessrecht	16
II. § 28e	3		
III. § 28f	5	D. Beraterhinweise	17

A. Allgemeines

Die Finanzierung der Sozialversicherung und der Arbeitsförderung durch Beiträge erfordert die korrekte Zahlung der Beiträge. Durch § 28d bis h wird das Verfahren zur Beitragszahlung einschließlich der damit verbundenen Haftungsfragen geregelt.

B. Regelungsgehalt

I. § 28d

§ 28d definiert den Begriff des **Gesamtsozialversicherungsbeitrags** für alle Zweige der Sozialversicherung und für das Recht der Arbeitsförderung dahingehend, dass die Beiträge zur gesetzlichen Kranken-, Pflege- und Rentenversicherung für pflichtversicherte Beschäftigte oder Hausgewerbetreibende sowie zur Arbeitsförderung als Gesamtsozialversicherungsbeitrag zu zahlen sind. Hierzu gehören sowohl die AN- als auch die AG-Anteile.[1] Der Beitrag zur gesetzlichen Unfallversicherung, den der Unternehmer für versicherte Beschäftigte gem. § 150 Abs. 1 SGB VII allein trägt, wird vom Gesamtsozialversicherungsbeitrag nicht erfasst. Der Gesamtsozialversicherungsbeitrag ist gem. § 28h Abs. 1 S. 1 an die Krankenkassen als Einzugsstellen (siehe Rn 12) zu zahlen und wird von diesen an die jeweiligen Versicherungsträger weitergeleitet, § 28k Abs. 1 S. 1 Hs. 1. Durch die Einbeziehung der verschiedenen Beiträge in den Gesamtsozialversicherungsbeitrag ist die Einzugsstelle bis zur Weiterleitung der Mittel den Beitragsschuldnern gegenüber alleinige Gläubigerin der Beitragsansprüche, was etwa dazu führt, dass der einzelne Versicherungsträger im Außenverhältnis zum Beitragsschuldner weder Zahlung der ihm gebührenden Beiträge an sich selbst verlangen kann noch eine Befugnis zur Aufrechnung hat.[2]

II. § 28e

§ 28e Abs. 1 S. 1 stellt zunächst klar, dass der **AG grds. alleiniger Beitragsschuldner** ist, d.h. er hat sowohl die AG- als auch die AN-Anteile an die Einzugsstelle zu zahlen. Mit der Abführung der Beiträge erfüllt der AG eine Hauptpflicht im Rahmen seiner gesetzlichen „Indienstnahme als Privater" in der Sozialversicherung.[3] Der versicherungspflichtige AN, der an diesem Verhältnis im Grundsatz nicht beteiligt ist, hat gegen die Einzugsstelle einen Anspruch auf Beitragseinzug, sofern ihm an der Entrichtung der Beiträge ein unmittelbares rechtliches Interesse zukommt.[4] Eine Inanspruchnahme des AN durch die Einzugsstelle ist – abgesehen von der Sonderregelung in § 28m – nicht möglich, auch nicht bzgl. des AN-Anteils und auch dann nicht, wenn der AG zahlungsunfähig ist.[5] Zahlt der AG Beiträge nicht, hat dies auf den Versicherungsschutz des AN keinen Einfluss, entscheidend ist insofern nur die ordnungsgemäße Meldung des versicherungspflichtig Beschäftigten.[6] Im Innenverhältnis zwischen AG und AN tragen beide die Beiträge hinsichtlich einer Beschäftigung je zur Hälfte (§ 249 Abs. 1 S. 1 Hs. 1 SGB V, § 168 Abs. 1 Nr. 1 SGB VI, § 58 Abs. 1 S. 1 SGB XI und § 346 Abs. 1 S. 1 SGB III). Um die korrekte Beitragszahlung durchführen zu können, prüft der AG in eigener Verantwortung, ob und in welcher Höhe Beiträge anfallen. Eine Aufforderung zur Zahlung oder gar ein Beitragsbescheid ergehen regelmäßig nicht.[7] Besteht Klärungsbedarf auf Seiten des AG, so kann dieser – je nach Sachlage – ein Statusverfahren nach § 7a (siehe §§ 7, 7a Rn 32 ff.) oder eine Entscheidung der Einzugsstelle nach § 28h herbeiführen (vgl. Rn 14). In den Fällen der nach § 7f Abs. 1 S. 1 Nr. 2 auf die Deutsche Rentenversicherung Bund übertragenen Wertguthaben übernimmt nach § 28e Abs. 1 S. 1 Alt. 2 die Deutsche Rentenversicherung Bund die Beitragszahlung.

§ 28e Abs. 2 bis 3f enthalten **Sonderregelungen** für die Bereiche der **AÜ, des Bergbaus, der Seefahrt** und der **Bauwirtschaft**. § 28e Abs. 4 stellt klar, dass die Haftung sowohl den Gesamtsozialversicherungsbeitrag als auch die darauf entfallenden Säumniszuschläge und die bei der Stundung von Ansprüchen grds. zu zahlenden Zinsen umfasst. § 28e Abs. 5 schließlich ermöglicht der Einzugsstelle durch Satzungsregelung zu bestimmen, unter welchen Voraussetzungen vom AG Vorschüsse auf den Gesamtsozialversicherungsbeitrag verlangt werden können.

III. § 28f

§ 28f dient der Sicherstellung der ordnungsgemäßen Zahlung der Beiträge und der Überwachung der Melde- und Beitragszahlungspflichten.[8]

Gem. § 28f Abs. 1 hat der AG für jeden Beschäftigten – mit Ausnahme derjenigen in privaten Haushalten – getrennt nach Kalenderjahren **Lohnunterlagen** zu führen und diese sowie die Beitragsrechnungen und Beitragsnachweise bis

---

1 Krauskopf/*Baier*, § 28d Rn 4.
2 BSG 12.6.2008 – B 3 P 1/07 R – Die Beiträge Beilage 2009, 81 ff.
3 BSG 29.4.1976 – 12/3 RK 66/75 – SozR 2200 § 1399 Nr. 4; BSG 13.8.1996 – 12 RK 76/94 – SozR 3–2400 § 25 Nr. 6.
4 Bejahend für den Bereich der Rentenversicherung BSG 13.8.1996 – 12 RK 76/94 – SozR 3–2400 § 25 Nr. 6.
5 BSG 29.6.2000 – B 4 RA 57/98 R – NZS 2001, 370, 375.
6 BSG 29.6.2000 – B 4 RA 57/98 R – NZS 2001, 370, 375.
7 BSG 8.12.1999 – B 12 KR 18/99 R – SozR 3–2400 § 28e Nr. 2.
8 Krauskopf/*Baier*, § 28f Rn 2.

zum Ablauf des der letzten Prüfung durch die Rentenversicherungsträger nach § 28p folgenden Kalenderjahres aufzubewahren. Weitere Einzelheiten ergeben sich aus § 8 Beitragsverfahrensverordnung (BVV).

7 Führt die **Verletzung der Aufzeichnungspflicht** dazu, dass der Versicherungs- und Beitragspflicht sowie die Höhe der Beiträge nicht festgestellt werden können, so kann der prüfende Träger der Rentenversicherung nach § 28f Abs. 2 S. 1 den Beitrag von der Summe der vom AG gezahlten Entgelte (Beitragssummenbescheid) geltend machen. Dies gilt jedoch nicht, soweit sich ohne unverhältnismäßig großen Verwaltungsaufwand feststellen lässt, dass keine Beiträge zu zahlen waren oder das Arbeitsentgelt einem bestimmten Beschäftigten zugeordnet werden kann (§ 28f Abs. 2 S. 2). Lässt sich die Höhe der Arbeitsentgelte nicht oder nur unter unverhältnismäßigem Verwaltungsaufwand ermitteln, besteht die Möglichkeit, diese zu schätzen (§ 28f Abs. 2 S. 3), wobei fehlerhafte Bescheide nach näherer Maßgabe des § 28f Abs. 2 S. 5 zu widerrufen sind.

8 Der AG hat der Einzugsstelle zwei Arbeitstage vor Fälligkeit der Beiträge einen **Beitragsnachweis** zu übermitteln; seit dem **1.1.2006** ist dies nach § 28f Abs. 3 nur noch durch **Datenübertragung** möglich. Die nicht rechtzeitige Einreichung des Beitragsnachweises hat zur Folge, dass das für die Beitragsberechnung maßgebliche Arbeitsentgelt geschätzt werden kann, bis der Beitragsnachweis vorliegt (§ 28f Abs. 3 S. 2). AG, die Beiträge an verschiedene Einzugsstellen zu entrichten haben, können nach § 28f Abs. 4 eine **zentrale Beitragsabrechnung und -zahlung** bei dem jeweils zuständigen Bundesverband der Krankenkasse oder einer Orts- oder Innungskrankenkasse beantragen.[9]

IV. § 28g

9 Vor dem Hintergrund, dass regelmäßig der AG alleiniger Beitragsschuldner ist, die Beiträge für eine Beschäftigung jedoch von AG und AN zu tragen sind, bedarf es einer Ausgleichsregelung hinsichtlich der vom AG nicht zu tragenden Beitragsanteile. § 28g S. 1 bestimmt, dass der AG einen Anspruch gegen den Beschäftigten auf den von diesem zu tragenden Teil des Gesamtsozialversicherungsbeitrags hat. Nach § 28g S. 2 kann der AG seinen Anspruch nur durch **Abzug vom Arbeitsentgelt** geltend machen; der Beschäftigte ist insoweit zur Duldung verpflichtet. Der AG ist demgegenüber nicht berechtigt, vom AN in entsprechender Höhe Zahlung oder die teilweise Nichtgeltendmachung des Lohnanspruchs zu verlangen; entgegen dem Wortlaut des § 28g ist der Entgeltabzug daher nicht als Anspruch, sondern als ein dem AG kraft öffentlichen Rechts zustehender privatrechtlicher Erfüllungseinwand gegen den Lohn- oder Gehaltsanspruch des AN einzuordnen.[10] Ein entsprechendes Recht steht der Deutschen Rentenversicherung Bund in den Fällen der nach § 7f Abs. 1 S. 1 Nr. 2 auf diese übertragenen Wertguthaben zu. Die Abzugsbefugnis ist nach näherer Maßgabe des § 28g S. 3 auflösend bedingt, darüber hinaus verzichtbar und kann durch TV oder Arbeitsvertrag abbedungen werden.[11]

10 Nach § 28g S. 3 darf ein **unterbliebener Abzug** nur bei den drei nächsten Lohn- oder Gehaltszahlungen nachgeholt werden; danach nur, wenn der Abzug ohne Verschulden des AG unterblieben ist. Da der AG i.d.R. schon für leichte Fahrlässigkeit haftet, dürfte eine spätere Nachholung nur selten möglich sein. Insb. bei freien Mitarbeiterverhältnissen, die sich erst nach langer Zeit als Beschäftigungsverhältnisse darstellen, können auf den AG gravierende Beitragsnachforderungen zukommen. Dies lässt sich durch ein rechtzeitig durchgeführtes **Statusfeststellungsverfahren** nach § 7a vermeiden, denn die Feststellung von Versicherungs- und Beitragspflicht hat unter den Vorraussetzungen des § 7a Abs. 6 keine Rückwirkung.

11 Ist der AN aus der Beschäftigung **bereits ausgeschieden**, kann eine Nachholung nach § 28g S. 3 nicht mehr erfolgen.[12] In diesen Fällen hat der AG den vollen Beitrag zu zahlen. Hat der AN die ihm obliegende Auskunftspflicht nach § 28o vorsätzlich oder grob fahrlässig verletzt, so gelten § 28g S. 2 und 3 nicht, so dass der Abzug vom Lohn oder Gehalt nach § 28g S. 3 Hs. 2 zeitlich unbefristet nachgeholt werden kann. Bei einer derartigen Sachlage besteht schließlich nach § 28g S. 4 zusätzlich die Möglichkeit, den AN auch außerhalb des Lohn- bzw. Gehaltsabzugs und auch noch nach Beendigung des Beschäftigungsverhältnisses in Anspruch zu nehmen.[13]

V. § 28h

12 Nach § 28h Abs. 1 ist der Gesamtsozialversicherungsbeitrag an die **Einzugsstellen zu zahlen**; dies gilt auch für die Beiträge, die für geringfügig Beschäftigte nach § 249b S. 3 SGB V und § 172 Abs. 4 SGB VI zu entrichten sind. Einzugsstellen sind die Allgemeinen Ortskrankenkassen, die Betriebskrankenkassen, die Innungskrankenkassen, die Landwirtschaftlichen Krankenkassen, die Deutsche Rentenversicherung Knappschaft-Bahn-See als Träger der Krankenversicherung und die Ersatzkassen (§ 4 Abs. 2 SGB V) sowie nach § 28i S. 5 die Deutsche Rentenversicherung Knappschaft-Bahn-See/Verwaltungsstelle Cottbus als Träger der Rentenversicherung für die Beiträge für geringfügig Beschäftigte. Welche Stelle im Einzelfall zuständig ist, ergibt sich aus § 28i. Der AG hat die Zahlungsmittel auf seine Kosten und Gefahr der Einzugsstelle zu übermitteln.[14] Gem. § 28k Abs. 1 S. 1 leitet die Einzugsstelle die Beiträge an die zuständigen Versicherungsträger arbeitstäglich weiter.

---

9 Zu den Einzelheiten s. Krauskopf/*Baier*, § 28f Rn 24 ff.
10 BSG 29.6.2000 – B 4 RA 57/98 R – NZS 2001, 370, 371.
11 BSG 29.1.2004 – B 4 RA 29/03 R – SozR 4-2600 § 46 Nr. 1.
12 BT-Drucks 11/2221, S. 24.
13 Krauskopf/*Baier*, § 28g Rn 10.
14 Krauskopf/*Baier*, § 28h Rn 4.

Weiterhin **überwachen** die Einzugsstellen die Einreichung des Beitragsnachweises und die Zahlung des Gesamtsozialversicherungsbeitrags (§ 28h Abs. 1 S. 2); sie sind verpflichtet, nicht rechtzeitig entrichtete Gesamtsozialversicherungsbeiträge geltend zu machen (§ 28h Abs. 1 S. 3), wozu auch die entsprechenden Vollstreckungsmaßnahmen gehören.

Schließlich **entscheiden** die **Einzugsstellen** über Versicherungspflicht und Beitragshöhe in der gesetzlichen Krankenversicherung, der sozialen Pflegeversicherung, in der gesetzlichen Rentenversicherung und im Bereich der Arbeitsförderung in **eigener Zuständigkeit**. Das gilt aus Gründen der Rechtssicherheit auch dann, wenn um die Versicherungspflicht oder Beitragshöhe in nur einem Zweig der Sozialversicherung – außerhalb der Krankenversicherung – gestritten wird.[15] Die Zuständigkeitsregelung steht nicht zur Disposition der Beteiligten, insb. kann sie nicht mit dem Hinweis auf die größere Sachnähe eines anderen Versicherungsträgers abbedungen werden.[16] Von der Zuständigkeit der Einzugsstelle sind Entscheidungen sowohl dem AG als auch dem Beschäftigten gegenüber erfasst, unabhängig davon, ob die Zweifelsfragen rechtlicher oder tatsächlicher Natur sind oder rein verfassungsrechtliche Bedenken aufgeworfen werden.[17] Im Kern zählen hierzu alle Entscheidungen über die Versicherungs- und Beitragspflicht, die beitragspflichtigen Einnahmen, den Beitragssatz und die Beitragsbemessungsgrenzen und auch, wer die Beiträge zu tragen und zu zahlen hat (wegen der Abgrenzung zum Statusfeststellungsverfahren siehe §§ 7, 7a Rn 32).[18] Darüber hinaus ist die Einzugsstelle bei geringfügigen Beschäftigungen nach §§ 8 und 8a verpflichtet, die Einhaltung der **Entgeltgrenzen zu prüfen** und Entsprechendes zu veranlassen.

Bei einem **Wechsel der Krankenkasse** geht die Zuständigkeit als Einzugsstelle auf die neue Krankenkasse über, die dann die Krankenversicherung i.S.v. § 28i S. 1 durchführt. Für Fragen der Versicherungs- und Beitragspflicht, die einen Zeitraum vor dem Wechsel betreffen, bleibt die frühere Krankenkasse zuständig.[19]

Im **Haushaltsscheckverfahren** hat die Deutsche Rentenversicherung Knappschaft-Bahn-See/Verwaltungsstelle Cottbus als zuständige Einzugsstelle im Auftrag der BA die Betriebsnummer des AG zu vergeben, den Gesamtsozialversicherungsbeitrag zu berechnen und diesen vom AG im Wege des Lastschriftverfahrens einzuziehen (§ 28h Abs. 3).

C. Verbindung zu anderen Rechtsgebieten und zum Prozessrecht

Die Entscheidung über das Bestehen oder Nichtbestehen von Versicherungs- und Beitragspflicht nach § 28h Abs. 2 S. 1 ist ein VA der Einzugsstelle, die im Rechtsbehelfsverfahren auch über Widersprüche entscheidet.[20] Gegen den Bescheid der Einzugsstelle sind die Fremdversicherungsträger klagebefugt und in Prozessen, die von AG oder AN angestrengt werden, nach § 75 Abs. 2 SGG notwendig beizuladen.[21] Im Verfahren zwischen Einzugsstelle und AG ist außerdem der AN notwendig beizuladen.[22] Eine Feststellungsklage des AN oder AG, deren Begehren im Einzugsstellenverfahren nach §§ 28h ff. geklärt werden kann, ist mangels Feststellungsinteresse und Rechtsschutzbedürfnis unzulässig; das betrifft auch Streitigkeiten über die Verteilung der AG- und AN-Anteile.[23]

D. Beraterhinweise

Bei Fragen hinsichtlich der Aufzeichnungs- und Nachweispflichten sowie der Beitragsberechnung empfiehlt sich eine Beratung durch die Einzugsstelle.

---

§ 28o   Auskunfts- und Vorlagepflicht des Beschäftigten

(1) Der Beschäftigte hat dem Arbeitgeber die zur Durchführung des Meldeverfahrens und der Beitragszahlung erforderlichen Angaben zu machen und, soweit erforderlich, Unterlagen vorzulegen; dies gilt bei mehreren Beschäftigungen gegenüber allen beteiligten Arbeitgebern.

(2) ¹Der Beschäftigte hat auf Verlangen den zuständigen Versicherungsträgern unverzüglich Auskunft über die Art und Dauer seiner Beschäftigungen, die hierbei erzielten Arbeitsentgelte, seine Arbeitgeber und die für die Erhebung von Beiträgen notwendigen Tatsachen zu erteilen und alle für die Prüfung der Meldungen und der

---

15 BSG 23.9.2003 – B 12 RA 3/02 R – SozR 4–2400 § 28h Nr. 1.
16 BSG 24.6.2008 – B 12 KR 24/07 R – SozR 4–2400 § 28h Nr. 4; BSG 23.9.2003 – B 12 RA 3/02 R – SozR 4–2400 § 28h Nr. 1.
17 BSG 23.9.2003 – B 12 RA 3/02 R – SozR 4–2400 § 28h Nr. 1.
18 BSG 30.9.1999 – B 8 KN 2/98 P R – juris.
19 BSG 24.6.2008 – B 12 KR 24/07 R – SozR 4–2400 § 28h Nr. 4.
20 BSG 29.6.2000 – B 4 RA 57/98 R – NZS 2001, 370, 375. Zu Einzelheiten s. Krauskopf/*Baier*, § 28h Rn 13.
21 BSG 1.7.1999 – B 12 KR 2/99 R – SozR 3–2400 § 28h Nr. 9; BSG 23.9.2003 – B 12 RA 3/02 R – SozR 4–2400 § 28h Nr. 1.
22 BSG 8.12.1999 – B 12 KR 18/99 R – SozR 3–2400 § 28e Nr. 2.
23 BSG 30.9.1999 – B 8 KN 2/98 P R – juris.

Bristle

Beitragszahlung erforderlichen Unterlagen vorzulegen. ²Satz 1 gilt für den Hausgewerbetreibenden, soweit er den Gesamtsozialversicherungsbeitrag zahlt, entsprechend.

§ 28p   Prüfung bei den Arbeitgebern

(1) ¹Die Träger der Rentenversicherung prüfen bei den Arbeitgebern, ob diese ihre Meldepflichten und ihre sonstigen Pflichten nach diesem Gesetzbuch, die im Zusammenhang mit dem Gesamtsozialversicherungsbeitrag stehen, ordnungsgemäß erfüllen; sie prüfen insbesondere die Richtigkeit der Beitragszahlungen und der Meldungen (§ 28a) mindestens alle vier Jahre. ²Die Prüfung soll in kürzeren Zeitabständen erfolgen, wenn der Arbeitgeber dies verlangt. ³Die Einzugsstelle unterrichtet den für den Arbeitgeber zuständigen Träger der Rentenversicherung, wenn sie eine alsbaldige Prüfung bei dem Arbeitgeber für erforderlich hält. ⁴Die Prüfung umfasst auch die Lohnunterlagen der Beschäftigten, für die Beiträge nicht gezahlt wurden. ⁵Die Träger der Rentenversicherung erlassen im Rahmen der Prüfung Verwaltungsakte zur Versicherungspflicht und Beitragshöhe in der Kranken-, Pflege- und Rentenversicherung sowie nach dem Recht der Arbeitsförderung einschließlich der Widerspruchsbescheide gegenüber den Arbeitgebern; insoweit gelten § 28h Abs. 2 sowie § 93 in Verbindung mit § 89 Abs. 5 des Zehnten Buches nicht. ⁶Die landwirtschaftlichen Krankenkassen nehmen abweichend von Satz 1 die Prüfung für die bei ihnen versicherten mitarbeitenden Familienangehörigen vor.

(1a) ¹Die Träger der Rentenversicherung prüfen bei den Arbeitgebern, ob diese ihre Meldepflichten nach dem Künstlersozialversicherungsgesetz ordnungsgemäß erfüllen und die Künstlersozialabgabe rechtzeitig und vollständig entrichten. ²Das Prüfverfahren kann mit der Aufforderung zur Meldung eingeleitet werden. ³Die Träger der Deutschen Rentenversicherung erlassen insoweit die erforderlichen Verwaltungsakte zur Künstlersozialabgabepflicht, zur Höhe der Künstlersozialabgabe und zur Höhe der Vorauszahlungen nach dem Künstlersozialversicherungsgesetz einschließlich der Widerspruchsbescheide. ⁴Die Träger der Rentenversicherung unterrichten die Künstlersozialkasse über Sachverhalte, soweit sie Melde- und Abgabepflichten der Arbeitgeber nach dem Künstlersozialversicherungsgesetz betreffen.

(1b) ¹Die Träger der Rentenversicherung teilen den Trägern der Unfallversicherung die Feststellungen aus der Prüfung bei den Arbeitgebern nach § 166 Abs. 2 des Siebten Buches mit. ²Die Träger der Unfallversicherung erlassen die erforderlichen Bescheide.

(2) ¹Im Bereich der Regionalträger richtet sich die örtliche Zuständigkeit nach dem Sitz der Lohn- und Gehaltsabrechnungsstelle des Arbeitgebers. ²Die Träger der Rentenversicherung stimmen sich darüber ab, welche Arbeitgeber sie prüfen; ein Arbeitgeber ist jeweils nur von einem Träger der Rentenversicherung zu prüfen.

(3) Die Träger der Rentenversicherung unterrichten die Einzugsstellen über Sachverhalte, soweit sie die Zahlungspflicht oder die Meldepflicht des Arbeitgebers betreffen.

(4) (weggefallen)

(5) ¹Die Arbeitgeber sind verpflichtet, angemessene Prüfhilfen zu leisten. ²Abrechnungsverfahren, die mit Hilfe automatischer Einrichtungen durchgeführt werden, sind in die Prüfung einzubeziehen.

(6) ¹Zu prüfen sind auch steuerberatende Stellen, Rechenzentren und vergleichbare Einrichtungen, die im Auftrag des Arbeitgebers oder einer von ihm beauftragten Person Löhne und Gehälter abrechnen oder Meldungen erstatten. ²Die örtliche Zuständigkeit richtet sich im Bereich der Regionalträger nach dem Sitz dieser Stellen. ³Absatz 5 gilt entsprechend.

(7) ¹Die Träger der Rentenversicherung haben eine Übersicht über die Ergebnisse ihrer Prüfungen zu führen und bis zum 31. März eines jeden Jahres für das abgelaufene Kalenderjahr den Aufsichtsbehörden vorzulegen. ²Das Nähere über Inhalt und Form der Übersicht bestimmen einvernehmlich die Aufsichtsbehörden der Träger der Rentenversicherung mit Wirkung für diese.

(8) ¹Die Deutsche Rentenversicherung Bund führt eine Datei, in der der Name, die Anschrift, die Betriebsnummer, der für den Arbeitgeber zuständige Unfallversicherungsträger und weitere Identifikationsmerkmale eines jeden Arbeitgebers sowie die für die Planung der Prüfungen bei den Arbeitgebern und zur Ermittlung der nach dem Künstlersozialversicherungsgesetz abgabepflichtigen Unternehmer und die für die Übersichten nach Absatz 7 erforderlichen Daten gespeichert sind; die Deutsche Rentenversicherung Bund darf die in dieser Datei gespeicherten Daten nur für die Prüfung bei den Arbeitgebern verarbeiten und nutzen. ²In die Datei ist eine Kennzeichnung aufzunehmen, wenn nach § 166 Abs. 2 Satz 2 des Siebten Buches die Prüfung der Arbeitgeber für die Unfallversicherung nicht von den Trägern der Rentenversicherung durchzuführen ist; die Träger der Unfallversicherung haben die erforderlichen Angaben zu übermitteln. ³Die Datenstelle der Träger der Rentenversicherung führt für die Prüfung bei den Arbeitgebern eine Datei, in der neben der Betriebsnummer eines jeden Arbeitgebers, die Betriebsnummer des für den Arbeitgeber zuständigen Unfallversicherungsträgers, die Unfallversicherungsmitgliedsnummer des Arbeitgebers, das in der Unfallversicherung beitragspflichtige Entgelt der bei ihm Beschäftigten in Euro, die anzuwendenden Gefahrtarifstellen der bei ihm Beschäftigten, die

Versicherungsnummern der bei ihm Beschäftigten einschließlich des Beginns und des Endes von deren Beschäftigung, die Bezeichnung der für jeden Beschäftigten zuständigen Einzugsstelle sowie eine Kennzeichnung des Vorliegens einer geringfügigen Beschäftigung gespeichert sind. ⁴Sie darf die Daten der Stammsatzdatei nach § 150 Abs. 1 und 2 des Sechsten Buches sowie die Daten der Datei nach § 150 Abs. 3 des Sechsten Buches für die Prüfung bei den Arbeitgebern verarbeiten und nutzen; die Daten der Stammsatzdatei darf sie auch für Prüfungen nach § 212a des Sechsten Buches verarbeiten und nutzen. ⁵Sie ist verpflichtet, auf Anforderung des prüfenden Trägers der Rentenversicherung

1. die in den Dateien nach den Sätzen 1 und 3 gespeicherten Daten,
2. die in den Versicherungskonten der Träger der Rentenversicherung gespeicherten, auf den Prüfungszeitraum entfallenden Daten der bei dem zu prüfenden Arbeitgeber Beschäftigten,
3. die bei den für den Arbeitgeber zuständigen Einzugsstellen gespeicherten Daten aus den Beitragsnachweisen (§ 28f Abs. 3) für die Zeit nach dem Zeitpunkt, bis zu dem der Arbeitgeber zuletzt geprüft wurde,
4. die bei der Künstlersozialkasse über den Arbeitgeber gespeicherten Daten zur Melde- und Abgabepflicht für den Zeitraum seit der letzten Prüfung sowie
5. die bei den Trägern der Unfallversicherung gespeicherten Daten zur Melde- und Beitragspflicht sowie zur Gefahrtarifstelle für den Zeitraum seit der letzten Prüfung,

zu erheben, zu verarbeiten und zu nutzen, soweit dies für die Prüfung, ob die Arbeitgeber ihre Meldepflichten und ihre sonstigen Pflichten nach diesem Gesetzbuch, die im Zusammenhang mit dem Gesamtsozialversicherungsbeitrag stehen, sowie ihre Pflichten als zur Abgabe Verpflichtete nach dem Künstlersozialversicherungsgesetz und ihre Pflichten nach dem Siebten Buch zur Meldung und Beitragszahlung ordnungsgemäß erfüllen, erforderlich ist. ⁶Die dem prüfenden Träger der Rentenversicherung übermittelten Daten sind unverzüglich nach Abschluss der Prüfung bei der Datenstelle und beim prüfenden Träger der Rentenversicherung zu löschen. ⁷Die Träger der Rentenversicherung, die Einzugsstellen, die Künstlersozialkasse und die Bundesagentur für Arbeit sind verpflichtet, der Deutschen Rentenversicherung Bund und der Datenstelle die für die Prüfung bei den Arbeitgebern erforderlichen Daten zu übermitteln. ⁸Sind für die Prüfung bei den Arbeitgebern Daten zu übermitteln, so dürfen sie auch durch Abruf im automatisierten Verfahren übermittelt werden, ohne dass es einer Genehmigung nach § 79 Abs. 1 des Zehnten Buches bedarf.

(9) Das Bundesministerium für Arbeit und Soziales bestimmt im Einvernehmen mit dem Bundesministerium für Gesundheit durch Rechtsverordnung mit Zustimmung des Bundesrates das Nähere über

1. den Umfang der Pflichten des Arbeitgebers und der in Absatz 6 genannten Stellen bei Abrechnungsverfahren, die mit Hilfe automatischer Einrichtungen durchgeführt werden,
2. die Durchführung der Prüfung sowie die Behebung von Mängeln, die bei der Prüfung festgestellt worden sind und
3. den Inhalt der Datei nach Absatz 8 Satz 1 hinsichtlich der für die Planung der Prüfungen bei Arbeitgebern und der für die Prüfung bei Einzugsstellen erforderlichen Daten, über den Aufbau und die Aktualisierung dieser Datei sowie über den Umfang der Daten aus der Datei nach Absatz 8 Satz 1, die von den Einzugsstellen und der Bundesagentur für Arbeit nach § 28q Abs. 5 abgerufen werden können.

(10) Arbeitgeber werden wegen der Beschäftigten in privaten Haushalten nicht geprüft.

(11) ¹Sind beim Übergang der Prüfung der Arbeitgeber von Krankenkassen auf die Träger der Rentenversicherung Angestellte übernommen worden, die am 1. Januar 1995 ganz oder überwiegend mit der Prüfung der Arbeitgeber beschäftigt waren, sind die bis zum Zeitpunkt der Übernahme gültigen Tarifverträge oder sonstigen kollektiven Vereinbarungen für die übernommenen Arbeitnehmer bis zum Inkrafttreten neuer Tarifverträge oder sonstiger kollektiver Vereinbarungen maßgebend. ²Soweit es sich bei einem gemäß Satz 1 übernommenen Beschäftigten um einen Dienstordnungs-Angestellten handelt, tragen der aufnehmende Träger der Rentenversicherung und die abgebende Krankenkasse bei Eintritt des Versorgungsfalles die Versorgungsbezüge anteilig, sofern der Angestellte im Zeitpunkt der Übernahme das 45. Lebensjahr bereits vollendet hatte. ³§ 107b Abs. 2 bis 5 des Beamtenversorgungsgesetzes gilt sinngemäß.

A. Allgemeines 1	C. Verbindung zu anderen Rechtsgebieten und zum Prozessrecht 7
B. Regelungsgehalt 2	D. Beraterhinweise 8
I. § 28o 2	
II. § 28p 4	

A. Allgemeines

Zur Durchführung des Meldeverfahrens und der Beitragszahlung benötigen AG und Versicherungsträger z.T. Angaben, über die nur der Beschäftigte verfügt. § 28o regelt die entsprechende Verpflichtung des Beschäftigten zur Kooperation; § 28p bestimmt Voraussetzungen und Modalitäten der Prüfung der AG hinsichtlich der Einhaltung ihrer Pflichten im Zusammenhang mit dem Gesamtsozialversicherungsbeitrag durch die Rentenversicherungsträger.

B. Regelungsgehalt

I. § 28o

2 **Gegenüber dem AG** sind Beschäftigte – auch geringfügig Beschäftigte – nach **§ 28o Abs. 1** verpflichtet, die Angaben zu machen, die dieser zur Erfüllung seiner Meldepflichten nach § 28a benötigt, sowie entsprechende Unterlagen vorzulegen. Diese Verpflichtung besteht während der gesamten Dauer der Beschäftigung und erstreckt sich auch auf die Mitteilung von Änderungen, die für die Versicherungs- und Beitragspflicht erkennbar von Bedeutung sind. Die Aufnahme einer weiteren geringfügigen Beschäftigung etwa hat ein geringfügig Beschäftigter seinem AG stets mitzuteilen; anderenfalls kann er hinsichtlich der AN-Anteile am Gesamtsozialversicherungsbeitrag schadensersatzpflichtig sein, wenn die Zusammenrechnung der Mehrfachbeschäftigungen nach §§ 8, 8a dazu führt, dass der AG Beiträge nachzuentrichten hat.[1] Das bloße Unterlassen der Anzeige einer weiteren Beschäftigung führt aber nicht dazu, dass der AN auch den AG-Anteil zu tragen hat, da § 28o Abs. 1 nicht den Zweck verfolgt, den AG von seiner ohnehin bestehenden Beitragspflicht zu entlasten; die Vorschrift dient vielmehr der ordnungsgemäßen Durchführung von Meldeverfahren und Beitragsentrichtung. Entsprechend werden durch die bloße Verletzung der Auskunftspflicht aus § 28o Abs. 1 auch keine deliktischen Ansprüche gegen den AN aus § 823 Abs. 2 BGB begründet.[2] Arbeitsvertragliche Abreden, die eine Schadensersatzpflicht pauschal i.H.d. AG-Anteile begründen, sind unwirksam.[3] Bei bewusstem Verschweigen auf ausdrückliches Nachfragen können allerdings Ansprüche des AG auf Erstattung auch der AG-Anteile aus (vor-)vertraglicher Pflichtverletzung und im Falle sittenwidriger Täuschung aus § 826 BGB in Betracht kommen.[4] Zu beachten ist aber, dass der AG in diesen Fällen gem. § 8 Abs. 2 S. 3, 4 regelmäßig gar keine Beiträge nachentrichten muss, da man ihm insoweit kaum den Vorwurf machen kann, er habe es grob fahrlässig unterlassen, den versicherungsrechtlichen Sachverhalt aufzuklären. Der AG hat dann auch keinen Schaden, den er beim AN liquidieren könnte. In jedem Fall aber hat die vorsätzliche oder grob fahrlässige Verletzung der Auskunftspflicht zur Folge, dass der AG den fällig werdenden AN-Anteil durch Abzug vom Arbeitsentgelt nach § 28g S. 4 unbefristet geltend machen kann und zwar auch dann, wenn das Arbverh bereits beendet ist.[5]

3 **Gegenüber den Versicherungsträgern** besteht auf deren Verlangen hin nach **§ 28o Abs. 2** für die Beschäftigten einschließlich der geringfügig Beschäftigten die Pflicht, über alle Tatsachen, die notwendig sind, um über die Versicherungspflicht und Beitragshöhe in der gesetzlichen Krankenversicherung, der sozialen Pflegeversicherung, der gesetzlichen Rentenversicherung und nach dem Recht der Arbeitsförderung zu entscheiden, Auskunft zu erteilen und ggf. Unterlagen vorzulegen. Hierbei handelt es sich um Auskunft über die Art und Dauer der Beschäftigungen, die hierbei erzielten Arbeitsentgelte, die AG und die für die Erhebung von Beiträgen erforderlichen Tatsachen.

II. § 28p

4 Zur Sicherstellung des Meldeverfahrens und der korrekten Beitragszahlung **überprüfen** die **Rentenversicherungsträger** sowohl bei den AG als auch bei steuerberatenden Stellen, Rechenzentren und ähnlichen Einrichtungen die Erfüllung der sozialversicherungsrechtlichen Pflichten im Melde- und Beitragsrecht. Diese ursprünglich den Einzugsstellen obliegende Aufgabe ist mit Einführung der Krankenkassenwahlrechte zum 1.1.1996 und der damit verbundenen Werbung für eine bestimmte Krankenkasse auch bei den AG auf die Rentenversicherungsträger übergegangen.[6] Nach wie vor ist es jedoch die Aufgabe der Einzugsstellen, im Rahmen des § 28h Abs. 1 S. 2 und 3 die Einziehung des Beitragsnachweises und die Zahlung des Gesamtsozialversicherungsbeitrags zu überwachen und nicht rechtzeitig erfüllte Beitragsansprüche geltend zu machen sowie gem. § 28h Abs. 2 über die Versicherungspflicht und Beitragshöhe zu entscheiden (vgl. §§ 28d–28h Rn 13 f.).

5 Die **Rentenversicherungsträger prüfen** insb. die Richtigkeit der Beitragszahlungen und Meldungen, aber auch die Lohnunterlagen für Beschäftigte, für die keine Beiträge gezahlt werden. Der regelmäßige **Prüfturnus** beträgt vier Jahre, es sei denn, der AG verlangt eine Prüfung zu einem früheren Zeitpunkt. Die Prüfung ist grds. einen Monat, spätestens 14 Tage vor dem Termin anzukündigen, § 7 Abs. 1 S. 2 BVV. Sie kann gem. § 7 Abs. 1 S. 4 BVV unangekündigt erfolgen, wenn besondere Gründe (z.B. drohende Zahlungsunfähigkeit des AG, begründeter Verdacht auf Beitragshinterziehung sowie Betriebsschließung oder -verlegung)[7] dies gerechtfertigt erscheinen lassen.

6 Nach § 28o Abs. 5 S. 1 sind die AG verpflichtet, **angemessene Prüfhilfen** zu leisten. Das bedeutet nicht nur, dass die Arbeit der Prüfer nicht erschwert werden darf, sondern auch, dass sie bei ihrer Arbeit zu unterstützen sind. Daher muss der AG die benötigten Unterlagen vollständig und in prüffähiger Form bereitstellen (§ 10 BVV) und erforderlichenfalls die nötigen Auskünfte erteilen (§ 98 Abs. 1 S. 2, 3 SGB X). Der AG kann grds. wählen, ob er die Unter-

---

1 BAG 18.11.1988 – 8 AZR 12/86 – NZA 1989, 389, 390.
2 BAG 27.4.1995 – 8 AZR 382/94 – NZA 1995, 935, 936.
3 BAG 18.11.1988 – 8 AZR 12/86 – NZA 1989, 389, 390.
4 BAG 27.4.1995 – 8 AZR 382/94 – NZA 1995, 935, 936.
5 LAG Schleswig-Holstein 18.1.2005 – 2 Sa 501/04 – juris.
6 Krauskopf/*Baier*, § 28p Rn 2.
7 Hauck/Noftz/*Sehnert*, § 28p Rn 9.

lagen in seinen eigenen Geschäftsräumen oder denen des Rentenversicherungsträgers vorlegt. Das Wahlrecht entfällt aber nach § 98 Abs. 1 S. 4 SGB X, wenn besondere Gründe (z.B. die Gefahr der nicht vollständigen Vorlage der Unterlagen) eine Prüfung in den Geschäftsräumen des AG gerechtfertigt erscheinen lassen.

Eine Prüfung der AG von Beschäftigten in **privaten Haushalten** erfolgt gem. § 28p Abs. 10 nicht; dies ist nach Ansicht des Gesetzgebers aus verwaltungsökonomischen Gründen nicht zu rechtfertigen.[8]

C. Verbindung zu anderen Rechtsgebieten und zum Prozessrecht

Die Nichterfüllung der in § 28o Abs. 1 und 2 geregelten Mitwirkungspflichten durch den AN begründet eine **Ordnungswidrigkeit** nach Maßgabe des § 111 Abs. 1 S. 1 Nr. 4, die nach Abs. 4 dieser Vorschrift mit einer Geldbuße bis zu 5.000 EUR geahndet werden kann.

Gem. § 28p Abs. 1 S. 5 erlassen die **Rentenversicherungsträger** im Rahmen der Prüfung VA zur Versicherungspflicht und Beitragshöhe einschließlich der Widerspruchsbescheide. Stellt sich im Prüfungsverfahren durch die Rentenversicherungsträger heraus, dass VA der Einzugsstelle im Rahmen des § 28h rechtswidrig sind, haben die Rentenversicherungsträger diese unter Berücksichtigung der §§ 44 ff. SGB X außerhalb eines Widerspruchverfahrens aufzuheben oder zu ändern.[9]

D. Beraterhinweise

Für den AG kann es sich zur Klärung zweifelhafter Sachverhalte, insb. zur Vermeidung von Beitragsnachforderungen, empfehlen, eine Prüfung in kürzeren Zeitabständen vornehmen zu lassen (§ 28p Abs. 1 S. 2). Auch auf entsprechende Information der Einzugsstelle (z.B. drohende Zahlungsunfähigkeit des AG) wird der Rentenversicherungsträger eine alsbaldige Prüfung durchführen. Einzelheiten sind den Verlautbarungen der Spitzenorganisationen der Sozialversicherung über die Betriebsprüfungen der Rentenversicherungsträger bei den AG vom 24.4.2007 zu entnehmen.[10] Vor dem Hintergrund, dass die Prüfungen allein zum Zweck der Sicherung der Beitragsentrichtung zu den einzelnen Zweigen der Sozialversicherung und nicht im Interesse des AG erfolgen, sind die Prüfbehörden auch bei kleineren Betrieben nicht verpflichtet, die versicherungsrechtlichen Verhältnisse aller Versicherten vollständig aufzuklären.[11] AG und AN haben aber die Möglichkeit, in Zweifelsfällen nach § 28h Abs. 2 S. 1 rechtzeitig eine Entscheidung der Einzugsstelle durch Verwaltungsakt herbeizuführen, an den auch die Versicherungsträger gebunden sind.[12]

§ 116	Übergangsregelungen für bestehende Wertguthaben

(1) Wertguthaben für Beschäftigte, die am 1. Januar 2009 abweichend von § 7d Abs. 1 als Zeitguthaben geführt werden, können als Zeitguthaben oder als Entgeltguthaben geführt werden; dies gilt auch für neu vereinbarte Wertguthabenvereinbarungen auf der Grundlage früherer Vereinbarungen.

(2) § 7c Abs. 1 findet nur auf Wertguthabenvereinbarungen Anwendung, die nach dem 1. Januar 2009 geschlossen worden sind.

(3) Für Wertguthabenvereinbarungen nach § 7b, die vor dem 31. Dezember 2008 geschlossen worden sind und in denen entgegen § 7e Abs. 1 und 2 keine Vorkehrungen für den Fall der Insolvenz des Arbeitgebers vereinbart sind, gilt § 7e Abs. 5 und 6 mit Wirkung ab dem 1. Juni 2009.

A. Allgemeines	1	II. Zeitlicher Anwendungsbereich von § 7c Abs. 1 ..	4
B. Regelungsgehalt	2	III. Zeitlicher Anwendungsbereich von § 7e Abs. 5 und	
I. Weiterführung von Wertguthaben als Zeitguthaben oder als Entgeltguthaben	2	Abs. 6	5

A. Allgemeines

§ 116 ist durch Art. 1 Nr. 9 des Gesetzes zur Verbesserung der Rahmenbedingungen für die Absicherung flexibler Arbeitszeitregelungen und zur Änderung anderer Gesetze v. 21.12.2008[1] mit Wirkung zum 1.1.2009[2] eingeführt worden. Die Vorschrift trifft Übergangsregelungen für zum Zeitpunkt des Inkrafttretens des Gesetzes bestehende

---

8 BT-Drucks 15/26, S. 25.
9 BT-Drucks 13/1205, S. 7; Krauskopf/*Baier*, § 28p Rn 12.
10 Dort S. 9 f.
11 BSG 14.7.2004 – B 12 KR 1/04 R – NZS 2005, 538, 543.
12 BSG 14.7.2004 – B 12 KR 1/04 R – NZS 2005, 538, 543.

1 (BGBl 2008 I S. 2940).
2 Art. 7 Abs. 1 des Gesetzes zur Verbesserung der Rahmenbedingungen für die Absicherung flexibler Arbeitszeitregelungen und zur Änderung anderer Gesetze v. 21.12.2008 (BGBl 2008 I S. 2940).

Wertguthaben bzw. Wertguthabenvereinbarungen im Hinblick auf die Weiterführung von Wertguthaben als Zeitguthaben oder Entgeltguthaben (siehe Rn 2) und für den zeitlichen Anwendungsbereich von § 7c Abs. 1 (siehe Rn 4) und von § 7e Abs. 5 und Abs. 6 (siehe Rn 5).

B. Regelungsgehalt

I. Weiterführung von Wertguthaben als Zeitguthaben oder als Entgeltguthaben

2 Gem. § 7d Abs. 1 sind Wertguthaben als Arbeitsentgeltguthaben einschließlich des darauf entfallenden AG-Anteils am Gesamtsozialversicherungsbeitrag zu führen (siehe § 7d Rn 4). In Ausnahme hierzu bestimmt die Übergangsregelung des Abs. 1, dass Wertguthaben für Beschäftigte, die am 1.1.2009 abweichend von § 7d Abs. 1 als **Zeitguthaben** geführt werden, als Zeitguthaben oder als Entgeltguthaben geführt werden können. Das gilt auch für neu vereinbarte Wertguthabenvereinbarungen auf der Grundlage früherer Vereinbarungen.

3 Abs. 1 eröffnet hinsichtlich der von dieser Regelung erfassten Wertguthaben die Option, diese als Zeitguthaben oder als **Entgeltguthaben** zu führen. Die Möglichkeit der Weiterführung als Zeitguthaben ist für AN unter dem Gesichtspunkt vorteilhaft, dass eine Erhöhung des Arbeitsentgelts zu einer Wertsteigerung des Arbeitszeitguthabens führt (siehe § 7d Rn 4). Wird bezogen auf ein am 1.1.2009 bereits aufgebautes Wertguthaben die diesem zugrunde liegende Wertguthabenvereinbarung nach dem 31.12.2008 durch eine neue Wertguthabenvereinbarung abgelöst, so kann das Wertguthaben nach Abs. 1, Hs. 2 als Zeitguthaben oder als Entgeltguthaben weitergeführt werden.

II. Zeitlicher Anwendungsbereich von § 7c Abs. 1

4 Gem. Abs. 2 findet § 7c Abs. 1 nur auf Wertguthabenvereinbarungen Anwendung, die nach dem 1.1.2009[3] geschlossen worden sind. Nach der Gesetzesbegründung soll mit dieser Vorschrift klargestellt werden, dass bei Wertguthabenverträgen, die einen von der Neuregelung in § 7c Abs. 1 abweichenden Verwendungszweck vereinbart haben, kein Anpassungsbedarf besteht, sondern diese Verträge bis zur Erfüllung oder Beendigung unverändert weitergeführt werden können.[4] Bedeutung hat die **zeitliche Beschränkung** des Anwendungsbereichs von § 7c Abs. 1 vor allem insoweit, als im Falle von vor dem 1.1.2009 geschlossenen Wertguthabenvereinbarungen die auf dieser Grundlage aufgebauten Wertguthaben nicht ohne Einverständnis des AG für gesetzlich geregelte vollständige oder teilweise Freistellungen von der Arbeitsleistung oder gesetzlich geregelte Verringerungen der Arbeitszeit in Anspruch genommen werden können (siehe § 7c Rn 12). Im Hinblick auf das Inkrafttreten des Gesetzes zur Verbesserung der Rahmenbedingungen für die Absicherung flexibler Arbeitszeitregelungen und zur Änderung anderer Gesetze v. 21.12.2008[5] zum 1.7.2009[6] wäre es konsequent gewesen, den zeitlichen Anwendungsbereich von § 7c Abs. 1 auf Wertguthabenvereinbarungen zu beschränken, die nach dem 31.12.2008 (statt, wie es heißt: nach dem 1.1.2009) geschlossen worden sind.

III. Zeitlicher Anwendungsbereich von § 7e Abs. 5 und Abs. 6

5 Nach Abs. 3 gelten die Regelungen des § 7e Abs. 5 und Abs. 6 erst mit Wirkung ab dem 1.6.2009 für solche Wertguthabenvereinbarungen nach § 7b, die vor dem 31.12.2008 geschlossen worden sind und in denen entgegen § 7e Abs. 1 und Abs. 2 keine Vorkehrungen für den Fall der Insolvenz des AG vereinbart wurden. Ein Hinausschieben der Anwendbarkeit von § 7e Abs. 5 betreffend das Sonderkündrecht des Beschäftigten (siehe § 7e Rn 28) und von § 7e Abs. 6 betreffend die Anordnung der Unwirksamkeit einer Wertguthabenvereinbarung ex tunc nach vorheriger Betriebsprüfung (siehe § 7e Rn 36) kommt nur unter folgenden Voraussetzungen in Betracht. Es muss eine Wertguthabenvereinbarung i.S.v. § 7b vorliegen. Diese muss vor dem 31.12.2008 geschlossen worden sein, wobei dieses Datum im Hinblick auf das Inkrafttreten des Gesetzes zum 1.1.2009[7] keinen Sinn macht, konsequent müsste es „vor dem 1.1.2009" heißen. Schließlich dürfen in der Wertguthabenvereinbarung entgegen § 7e Abs. 1 und Abs. 2 keine Vorkehrungen für den Fall der Insolvenz des AG vereinbart sein. Die **Übergangsregelung** findet damit auf alle „Alt-Wertguthabenvereinbarungen" Anwendung, die am 1.1.2009 nicht den Insolvenzschutzanforderungen des § 7e Abs. 1 und Abs. 2 genügten. Insoweit hat der Gesetzgeber den Vertragsparteien die Möglichkeit eingeräumt, eine entsprechende Insolvenzsicherung nachzuholen, ohne vor dem 1.6.2009 den in § 7e Abs. 5 und Abs. 6 bestimmten Sanktionsmöglichkeiten ausgesetzt zu sein.[8]

---

3 Hier scheint es sich um eine Redaktionsversehen zu handeln. Richtig muss es wohl nach dem „31.12.2008" heißen.
4 Siehe BT-Drucks 16/10289, S. 20.
5 BGBl 2008 I S. 2940.
6 Siehe Art. 7 Abs. 1 des Gesetzes.
7 Siehe Art. 7 Abs. 1 des Gesetzes.
8 Siehe auch BT-Drucks 16/10289, S. 20.

Sozialgesetzbuch (SGB) Fünftes Buch (V) – Gesetzliche Krankenversicherung (SGB V)

Vom 20.12.1988, BGBl I S. 2477, 2482, BGBl III 860-5

Zuletzt geändert durch Gesetz zur Regelung des Assistenzpflegebedarfs im Krankenhaus vom 30.7.2009, BGBl I S. 2495

– Auszug –

§ 44 Krankengeld

(1) Versicherte haben Anspruch auf Krankengeld, wenn die Krankheit sie arbeitsunfähig macht oder sie auf Kosten der Krankenkasse stationär in einem Krankenhaus, einer Vorsorge- oder Rehabilitationseinrichtung (§ 23 Abs. 4, §§ 24, 40 Abs. 2 und § 41) behandelt werden.

(2) Keinen Anspruch auf Krankengeld haben
1. die nach § 5 Abs. 1 Nr. 2a, 5, 6, 9, 10 oder 13 sowie die nach § 10 Versicherten; dies gilt nicht für die nach § 5 Abs. 1 Nr. 6 Versicherten, wenn sie Anspruch auf Übergangsgeld haben, und für Versicherte nach § 5 Abs. 1 Nr. 13, soweit sie abhängig beschäftigt und nicht nach den §§ 8 und 8a des Vierten Buches geringfügig beschäftigt sind,
2. hauptberuflich selbständig Erwerbstätige, es sei denn, das Mitglied erklärt gegenüber der Krankenkasse, dass die Mitgliedschaft den Anspruch auf Krankengeld umfassen soll (Wahlerklärung),
3. Versicherte nach § 5 Absatz 1 Nummer 1, die bei Arbeitsunfähigkeit nicht mindestens sechs Wochen Anspruch auf Fortzahlung des Arbeitsentgelts auf Grund des Entgeltfortzahlungsgesetzes, eines Tarifvertrags, einer Betriebsvereinbarung oder anderer vertraglicher Zusagen oder auf Zahlung einer die Versicherungspflicht begründenden Sozialleistung haben, es sei denn, das Mitglied gibt eine Wahlerklärung ab, dass die Mitgliedschaft den Anspruch auf Krankengeld umfassen soll. Dies gilt nicht für Versicherte, die nach § 10 des Entgeltfortzahlungsgesetzes Anspruch auf Zahlung eines Zuschlages zum Arbeitsentgelt haben,
4. Versicherte, die eine Rente aus einer öffentlichrechtlichen Versicherungseinrichtung oder Versorgungseinrichtung ihrer Berufsgruppe oder von anderen vergleichbaren Stellen beziehen, die ihrer Art nach den in § 50 Abs. 1 genannten Leistungen entspricht. Für Versicherte nach Satz 1 Nummer 4 gilt § 50 Abs. 2 entsprechend, soweit sie eine Leistung beziehen, die ihrer Art nach den in dieser Vorschrift aufgeführten Leistungen entspricht.

[2]Für die Wahlerklärung nach Satz 1 Nummer 2 und 3 gilt § 53 Absatz 8 Satz 1 entsprechend. [3]Für die nach Nummer 2 und 3 aufgeführten Versicherten bleibt § 53 Abs. 6 unberührt.

(3) Der Anspruch auf Fortzahlung des Arbeitsentgelts bei Arbeitsunfähigkeit richtet sich nach arbeitsrechtlichen Vorschriften.

A. Allgemeines	1	IV. Leistungsdauer und Leistungshöhe	13
B. Regelungsgehalt	5	1. Leistungsdauer	13
I. Versicherungsverhältnis	5	2. Leistungshöhe	14
II. Anspruchsauslösende Tatbestände	7	V. Entgeltfortzahlung	15
1. Krankheitsbedingte Arbeitsunfähigkeit	7	**C. Verbindung zu anderen Rechtsgebieten und zum**	
2. Stationäre Behandlung	10	**Prozessrecht**	16
III. Leistungsausschlüsse	11	**D. Beraterhinweise**	19

A. Allgemeines

§ 44 ist durch das GKV-WSG[1] mit Wirkung zum 14.4.2007 bzw. zum 1.1.2009 neu gefasst worden, wobei es sich inhaltlich allerdings weitgehend um Ergänzungen und nur zum kleinen Teil um Neuerungen handelt. Das Krankengeld ergänzt als laufende Geldleistung die Sach- und Dienstleistungen der gesetzlichen Krankenversicherung bei Krankheit (§§ 27 ff.) sowie die Vorsorgeleistungen dieses Versicherungszweiges (§§ 23 Abs. 4, 24). Die Leistung hat – wie § 47 Abs. 3 auch sprachlich klarstellt – **Entgeltersatzfunktion**[2] und dient der **wirtschaftlichen Sicherung** des an der Arbeitsleistung verhinderten Mitglieds der gesetzlichen Krankenversicherung i.S.v. § 4 Abs. 2 S. 1 Nr. 2

---

1 Gesetz v. 26.3.2007, BGBl I S. 378.
2 BT-Drucks 15/4228, S. 25 (zu Nr. 2); BVerfG 24.3.1998 – 1 BvL 6/92 – SozR 2500 § 48 Nr. 7 = NJW 1998, 2731;

BSG 30.3.2004 – B 1 KR 32/02 R – SozR 4–2500 § 47 Nr. 1 = NZA 2004, 1144; BSG 7.5.2002 – B 1 KR 24/01 R – NZS 2003, 429, 431.

SGB I.[3] Es entspricht der Funktion dieser Sozialleistung, dass sie mit der Arbeitsunfähigkeit und der Behandlung des Versicherten in einem Krankenhaus oder einer vergleichbaren Einrichtung an Tatbestände anknüpft, die einen Ausfall von Arbeitsentgelt indizieren. Das Krankengeld soll sicherstellen, dass der Lebensstandard des Leistungsberechtigten infolge der Erkrankung oder der stationären Behandlung nicht unangemessen absinkt.[4]

2 Durch die Anknüpfung an das beitragspflichtige Arbeitsentgelt ist das Krankengeld **beitragsäquivalent** ausgestaltet,[5] ohne wie die Renten der gesetzlichen Rentenversicherung eine Mindestversicherungszeit oder wie die Entgeltfortzahlung bei Arbeitsunfähigkeit eine Mindestbeschäftigungszeit vorauszusetzen. Der Anspruch auf Krankengeld entsteht unabhängig von arbeitsrechtlichen Ansprüchen auf Entgeltfortzahlung. Er ruht allerdings nach § 49 Abs. 1 Nr. 1, sofern und solange der Versicherte tatsächlich beitragspflichtiges laufendes Arbeitsentgelt oder Arbeitseinkommen erhält (vgl. § 49 Rn 3 ff.).

3 Beruht die Arbeitsunfähigkeit oder die stationäre Behandlungsbedürftigkeit auf einem Arbeitsunfall oder einer Berufskrankheit i.S.d. Rechts der **gesetzlichen Unfallversicherung**,[6] besteht gem. § 11 Abs. 5 kein Leistungsanspruch gegen den Krankenversicherungsträger (dies gilt ungeachtet verfassungsrechtlicher Bedenken[7] auch für einen das Verletztengeld der gesetzlichen Unfallversicherung übersteigenden Krankengeld-Spitzbetrag).[8] Hat sich der Versicherte die zur Arbeitsunfähigkeit **führende Erkrankung vorsätzlich zugezogen**, kann die Krankenkasse gem. § 52 das Krankengeld ganz oder teilweise versagen oder zurückfordern; Vergleichbares gilt hinsichtlich der in § 52 Abs. 2 (abschließend) aufgezählten medizinisch nicht indizierten Maßnahmen.[9] Insoweit gilt hinsichtlich des Verschuldens ein strengerer Maßstab als bei Anwendung von § 3 Abs. 1 EFZG, der auch ein grob fahrlässiges Verschulden des AN sanktioniert.[10]

4 Die in Abs. 2 genannten Versicherten haben keinen Anspruch auf Krankengeld. Der Anspruchsausschluss stellt eine **Konkretisierung des Entgeltersatzprinzips** dar.

B. Regelungsgehalt

I. Versicherungsverhältnis

5 Die Zahlung von Krankengeld setzt – vorbehaltlich etwaiger Anspruchsausschlüsse nach Abs. 2 – voraus, dass bei Eintritt der Arbeitsunfähigkeit[11] oder bei Beginn der stationären Behandlung aufgrund Pflichtversicherung oder freiwilliger Versicherung ein **Mitgliedschaftsverhältnis zur gesetzlichen Krankenversicherung** besteht.[12] Zu Beginn und Ende der Mitgliedschaft siehe §§ 186 ff. SGB V sowie § 7a Abs. 6, § 7b und § 8 Abs. 2 S. 3 SGB IV. Die Mitgliedschaft kann auch auf fingierter Beschäftigung i.S.v. § 7 Abs. 3 SGB IV[13] beruhen oder auf einen der Fortsetzungstatbestände des § 192 zurückzuführen sein. Tritt der Versicherungsfall nach Erlöschen der Mitgliedschaft ein, kommen nachgehende Leistungsansprüche im Rahmen von § 19 Abs. 2 in Betracht.[14]

6 Obgleich die Rspr. des BSG die Rechtsfigur des sog. **missglückten Arbeitsversuchs**[15] aufgegeben hat,[16] führt aus Gründen der Missbrauchsabwehr auch heute noch ein Arbverh, das lediglich mit dem Ziel der Verschaffung von Leistungsansprüchen aus der gesetzlichen Krankenversicherung begründet worden ist, nicht zum Versicherungsschutz.[17]

II. Anspruchsauslösende Tatbestände

7 **1. Krankheitsbedingte Arbeitsunfähigkeit.** Krankengeld erhält, wer krank und deswegen **arbeitsunfähig** ist. Dies setzt die ärztliche (nicht unbedingt vertragsärztliche)[18] Feststellung der Arbeitsunfähigkeit voraus (§ 46 S. 1 Nr. 2).[19] Nach § 49 Abs. 1 Nr. 5 ruht das Krankengeld, solange der Krankenkasse die Arbeitsunfähigkeit nicht gemeldet wird; dies gilt nicht, wenn die Meldung innerhalb einer Woche nach Beginn der Arbeitsunfähigkeit erfolgt.

---

3 BSG 7.8.1991 – 1/3 RK 28/89 – SozR 3–2200 § 182 Nr. 9.
4 BSG 9.12.1986 – 8 RK 12/85 – SozR 2200 § 182 Nr. 104; BSG 31.1.1995 – 1 RK 1/94 – SozR 3–2500 § 45 Nr. 1.
5 BVerfG 11.1.1995 – 1 BvR 192/88 – BVerfGE 92, 53 = NZA 1995, 752.
6 §§ 7 ff. SGB VII.
7 BVerfG 9.11.1988 – 1 BvL 22/84 – BVerfGE 79, 87 = NZA 1989, 406.
8 BT-Drucks 15/4228, S. 26 (zu Nr. 3 lit. c); zum früheren Recht BSG 23.11.1995 – 1 RK 13/94 – SozR 3-2500 § 11 Nr. 1 = NZS 1996, 284.
9 Dazu *Becker/Kingreen/Lang*, SGB V, § 52 Rn 2, 7.
10 BAG 30.3.1988 – 5 AZR 42/87 – BAGE 57, 380 = DB 1988, 1403.
11 BSG 5.10.1977 – 3 RK 35/75 – SozR 2200 § 183 Nr. 11.
12 BSG 16.2.2005 – B 1 KR 8/04 R – SozR 4-2500 § 44 Nr. 4.
13 KassKomm/*Höfler*, § 44 SGB V Rn 4a.

14 KassKomm/*Höfler*, § 19 SGB V Rn 11 f.
15 Hierzu BSG 16.2.1982 – 8 RK 10/81 – SozR 2200 § 165 Nr. 66.
16 BSG 4.12.1997 – 12 RK 3/97 – BSGE 81, 231 = NZS 1998, 234; BSG 29.9.1998 – B 1 KR 10/96 R – SozR-2500 § 5 Nr. 40 = NZS 1999, 500.
17 Besprechung der Spitzenverbände der Sozialversicherung v. 6./7.5.1998, Die Beiträge 1998, 481, 486.
18 BSG 26.2.1992 – 1/3 RK 13/90 – SozR 3-2200 § 182 Nr. 12.
19 BSG 19.9.2002 – B 1 KR 11/02 R – SozR 3-2500 § 44 Nr. 10; BSG 8.11.2005 – B 1 KR 18/04 R – SozR 4-2500 § 44 Nr. 7 = AP § 44 SGB IV Nr. 1; BSG 8.11.2005 – B 1 KR 30/04 R – SozR 4-2500 § 46 Nr. 1 = BSGE 95, 219.

Krankheit ist ein regelwidriger Körper- oder Geisteszustand i.S. einer erheblichen funktionellen Abweichung.[20] Dies wird gemessen am Leitbild des gesunden Menschen, der zur Ausübung normaler körperlicher oder psychischer Funktionen in der Lage ist. Die Formulierung „gesunder Mensch" nimmt kein Idealbild in Bezug, sie rekurriert auf das Normalbild des Menschen.[21] Die Krankheit muss als wesentliche Bedingung für die **Arbeitsunfähigkeit** ursächlich sein.[22] Diese **Kausalitätsbedingung** ist eine qualitativ andere als im Recht der Entgeltfortzahlung, wo die Krankheit alleinige Ursache der Arbeitsverhinderung zu sein hat.[23] Dieser Begriff, der im SGB V nicht einheitlich gebraucht wird, ist bei Anwendung von § 44 eng auszulegen.[24] Arbeitsunfähig ist danach, wer die vor Beginn der Krankheit aktuell ausgeübte[25] oder eine ähnlich geartete Tätigkeit aufgrund der Erkrankung entweder überhaupt nicht mehr oder nur auf die Gefahr hin ausüben kann, seinen Zustand zu verschlimmern.[26] Von dieser Definition ist – jedenfalls bei fortbestehendem Arbverh – unabhängig von der Dauer der Erkrankung auszugehen. Ob der erkrankte AN, der seine bisher ausgeübte Tätigkeit nicht mehr zu verrichten vermag, auf eine andere (ähnlich geartete) Tätigkeit verwiesen werden kann, ist davon abhängig, ob das bisherige Arbverh andauert oder nicht. Diese Differenzierung folgt aus der Funktion des Krankengeldes, dem AN bis zu seiner gesundheitlichen Wiederherstellung seinen bisherigen Arbeitsplatz zu sichern. Besteht das Arbverh fort, kann der Versicherte nur dann auf ähnlich geartete Tätigkeiten verwiesen werden, wenn der bisherige AG eine darauf gerichtete innerbetriebliche Umsetzung konkret und arbeitsrechtlich wirksam anbietet.[27] Eine Verweisung auf Tätigkeiten bei einem anderen AG ist regelmäßig unzulässig.[28] Wird das zuletzt ausgeübte Arbverh aufgegeben, kommt es nicht mehr auf die Verhältnisse an diesem Arbeitsplatz an, sondern auf die Art der zuletzt ausgeübten Beschäftigung. Der AN darf dann abstrakt auf ähnlich geartete (und auf dem Arbeitsmarkt in nennenswerter Zahl vorhandene)[29] Tätigkeiten bei einem anderen AG verwiesen werden, wobei der Kreis der Verweisungstätigkeiten eng zu ziehen ist. Handelt es sich bei der zuletzt ausgeübten Beschäftigung um einen anerkannten Ausbildungsberuf, kann nur auf solche Beschäftigungen verwiesen werden, die dem mit der Ausbildung vermittelten Berufsbild entsprechen.[30]

Für die Feststellung der Arbeitsunfähigkeit gilt das „Alles-oder-Nichts-Prinzip"; es gibt keine **Teil-Arbeitsunfähigkeit**.[31] Dies bedeutet, dass arbeitsunfähig auch (noch) der Versicherte ist, der seine bisherige Tätigkeit lediglich teilweise zu verrichten vermag. Nimmt der AN also seine frühere Tätigkeit im Rahmen einer stufenweisen Wiedereingliederung in das Arbeitsleben[32] teilweise wieder auf, so ist er weiterhin arbeitsunfähig. Das hierbei erzielte Arbeitsentgelt führt zum Ruhen des Krankengeldes nach § 49 Abs. 1 Nr. 1.

2. Stationäre Behandlung. Anspruch auf Krankengeld hat auch der Versicherte, der auf Kosten der Krankenkasse in einem **Krankenhaus, einer Vorsorge- oder Rehabilitationseinrichtung** stationär behandelt wird.[33] In Betracht kommen hierbei auch teilstationäre Maßnahmen,[34] wenn sie den AN konkret daran hindern, seiner bisherigen Tätigkeit nachzugehen, und stationäre Mitaufnahmen i.S.v. § 11 Abs. 3.[35] Es ist nicht erforderlich, dass beim Versicherten während der stationären Behandlung wegen einer Krankheit Arbeitsfähigkeit vorliegt.[36]

III. Leistungsausschlüsse

Die vorher teilweise in Abs. 1 S. 2 normierten Leistungsausschlüsse bzw. die Leistungsbeschränkungen des Abs. 2 a.F. hat der Gesetzgeber jetzt einheitlich in Abs. 2 geregelt und in den Nr. 1 bis 4 des S. 1 ausdifferenziert.

Der Anspruchsausschluss nach Abs. 2 S. 1 Nr. 1 betrifft vornehmlich Empfänger von Alg II, Personen, die in Einrichtungen der Jugendhilfe für eine Erwerbstätigkeit befähigt werden sollen, Studenten, Praktikanten und Familienversicherte, mithin also Mitglieder der gesetzlichen Krankenversicherung, die kein Arbeitsentgelt aus einer Beschäftigung erhalten.[37] Die Krankenkasse kann im Interesse der Pflichtversichertengemeinschaft[38] nach Abs. 2 in ihrer Satzung vorsehen, dass der Krankengeldanspruch freiwillig Versicherter ausgeschlossen oder zeitlich beschränkt

---

20 BSG 30.9.1999 – B 8 KN 8/98 KR R – SozR 3-2500 § 27 Nr. 11 = NJW 2000, 2764.
21 Vertiefend dazu *Becker/Kingreen/Lang*, SGB V, § 27 Rn 12 m.w.N.
22 BSG 23.11.1971 – 3 RK 26/70 – BSGE 33, 202 = NJW 1972, 1157.
23 BAG 28.1.2004 – 5 AZR 58/03 – AP § 3 EFZG Nr. 21 = NZA 2005, 656 (LS).
24 ErfK/*Rolfs*, § 44 SGB V Rn 7.
25 BSG 15.11.1984 – 3 RK 21/82 – SozR 2200 § 182 Nr. 96 = NZA 1985, 373.
26 BSG 7.8.1991 – 1/3 RK 28/89 – BSGE 69, 180; BSG 19.9.2002 – B 1 KR 11/02 R – BSGE 90, 72, 74.
27 BSG 7.8.1991 – 1/3 RK 28/89 – BSGE 69, 180; *May*, SGb 1988, 477, 479.
28 LPK-SGB V/*Kruse*, § 44 SGB V Rn 14.
29 BSG 9.12.1986 – 8 RK 12/85 – SozR 2200 § 182 Nr. 104.
30 BSG 8.2.2000 – B 1 KR 11/99 R – SozR 3-2500 § 49 Nr. 4 = NZS 2000, 611.
31 BSG 3.10.1984 – 5b RJ 96/83 – SozR 2200 § 1255 Nr. 21.
32 § 28 SGB IX i.V.m. § 74 SGB V.
33 § 23 Abs. 4; §§ 24, 39; § 40 Abs. 2; § 41.
34 *Becker/Kingreen/Joussen*, SGB V, § 44 Rn 15.
35 Im Ergebnis auch LSG Berlin 12.3.1986 – L 9 Kr 29/85 – Breithaupt 1987, 9.
36 BSG 31.1.1995 – 1 RK 1/94 – SozR 3-2500 § 45 Nr. 1 = NZS 1995, 363.
37 BSG 14.2.2001 – B 1 KR 1/00 R – SozR 3-2500 § 44 Nr. 8.
38 BSG 28.9.1993 – 1 RK 34/92 – SozR 3-2500 § 44 Nr. 4 = NZS 1994, 176.

wird.[39] Damit wird zugleich der typisierend unterstellten geringeren sozialen Schutzbedürftigkeit freiwillig Versicherter Rechnung getragen.[40]

Die früher hauptsächlich über Abs. 2 a.F. erfassten hauptberuflich selbstständigen Erwerbstätigen schließt das Gesetz nunmehr durch Nr. 2 vom Leistungsbezug aus, eröffnet ihnen aber gleichzeitig die Möglichkeit, krankgeldbezogenen Versicherungsschutz über § 53 Abs. 6 zu erlangen.[41]

Abs. 2 S. 1 Nr. 3 betrifft Personen, die wegen der Dauer ihres Beschäftigungsverhältnisses von vornherein keinen Anspruch auf Entgeltfortzahlung von mindestens sechs Wochen erwerben können; zum einen also Personen, deren Beschäftigungsverhältnis im Voraus auf weniger als zehn Wochen befristet ist[42] und Personen in einer sog. unständigen Beschäftigung (Legaldefinition dazu in § 27 Abs. 3 Nr. 1 SGB III). Auch diese Personen verweist der Gesetzgeber zur Absicherung im Krankheitsfall auf den Abschluss eines Wahltarifs;[43] allerdings sollen die in Heimarbeit Beschäftigten aufgrund ihrer besonderen Schutzbedürftigkeit nicht ausgeschlossen sein.

Abs. 2 S. 1 Nr. 4 dient der Beseitigung von Ungleichbehandlungen, die der Gesetzgeber in der (bisher möglichen) Kumulation von Rente und Krankengeld sah.[44]

Abs. 2 S. 2 kommt lediglich klarstellende Funktion zu.

IV. Leistungsdauer und Leistungshöhe

1. Leistungsdauer. Der Krankengeldanspruch entsteht gem. § 46 mit dem Beginn der stationären Behandlung oder mit dem Tag, der auf die für den Leistungsanspruch konstitutive[45] ärztliche Feststellung der Arbeitsunfähigkeit folgt.

Der Anspruch kann theoretisch für unbegrenzte Zeit bestehen. Mit Rücksicht auf die Interessen der Versichertengemeinschaft und aus Gründen der Systemabgrenzung zur gesetzlichen Rentenversicherung[46] begrenzt jedoch § 48 den Leistungsanspruch. Zunächst bestimmt dessen Abs. 1, dass bei Arbeitsunfähigkeit wegen derselben Krankheit längstens für 78 Wochen innerhalb von jeweils drei Jahren Krankengeld gezahlt wird. Die Blockfrist von drei Jahren rechnet vom erstmaligen Beginn der Arbeitsunfähigkeit an. Zeiten, in denen der Krankengeldanspruch ruhte[47] oder das Krankengeld versagt worden ist,[48] sind auf die Höchstdauer anzurechnen. Von derselben Erkrankung ist auszugehen, wenn der konkrete Krankheitszustand auf dieselbe Ursache zurückzuführen ist. Art und Ausprägungsgrad der Krankheitserscheinungen können unterschiedlich sein; entscheidend ist, dass sie auf dasselbe, medizinisch nicht ausgeheilte Grundleiden zurückzuführen sind.[49] Das Hinzutreten einer neuen Erkrankung zu der fortdauernden Ersterkrankung führt nach § 48 Abs. 1 S. 2 weder zur Entstehung eines neuen Krankengeldanspruchs noch zur Verlängerung der Anspruchsdauer. Dies gilt auch dann, wenn aufgrund der Ersterkrankung kein Krankengeld mehr gezahlt wird. Ist die Blockfrist abgelaufen, so kommt ein erneuter Anspruch wegen derselben Erkrankung nur in Betracht, wenn der Versicherte die Voraussetzungen des § 48 Abs. 2 erfüllt. Danach ist zunächst erforderlich, dass die wegen derselben Krankheit eingetretene Arbeitsunfähigkeit wenigstens sechs Monate, die nicht zusammenhängen müssen, unterbrochen war. Darüber hinaus muss der Versicherte bei Eintritt der erneuten Arbeitsunfähigkeit mit Anspruch auf Krankengeld versichert sein. Schließlich muss der Versicherte während der Unterbrechung der Arbeitsunfähigkeit abhängig oder selbstständig erwerbstätig gewesen sein, an einer beruflichen Rehabilitation teilgenommen[50] oder der Arbeitsvermittlung zur Verfügung gestanden[51] haben.

2. Leistungshöhe. Die Berechnung des Krankengelds ergibt sich aus § 47.[52] Auszugehen ist vom beitragspflichtigen **Regelentgelt**. Das Krankengeld beträgt 70 % des Regelentgelts, höchstens 90 % des Nettoarbeitsentgelts. Für die Berechnung des Regelentgelts ist von dem im letzten (abgelaufenen und abgerechneten)[53] Entgeltabrechnungszeitraum von wenigstens vier Wochen vor Eintritt der Arbeitsunfähigkeit erzielten Arbeitsentgelt auszugehen. Während dieses Zeitraums gezahltes einmaliges Arbeitsentgelt[54] bleibt unberücksichtigt, um Zufälligkeiten zu vermeiden. **Diskontinuierlich gezahltes Entgelt** wird vielmehr nach § 47 Abs. 2 S. 6 in der Weise in die Bemessungsgrundlage für das Krankengeld einbezogen, dass dem laufenden Arbeitsentgelt ein Bruchteil des in den letzten zwölf Kalendermonaten vor Beginn der Arbeitsunfähigkeit insg. erzielten einmaligen Entgelts hinzugerechnet wird. Nach Ende des Entgeltabrechnungszeitraums eintretende Veränderungen des Einkommens sind ohne Einfluss auf das Krankengeld.[55]

---

39 BSG 30.5.2006 – B 1 KR 15/05 R – USK 2006, 32; BSG 5.1.2006 – B1 KR 68/05 B – RegNr. 27311.
40 BSG 31.1.1995 – 1 RK 1/94 – SozR 3-2500 § 45 Nr. 1 = NZS 1995, 363.
41 Dazu *Becker/Kingreen/Lang*, SGB V, § 53 Rn 20f.
42 Vgl. dazu BT-Drucks 16/3100, S. 107.
43 BT-Drucks 16/3100, S. 108.
44 BT-Drucks 16/3100, S. 1078.
45 BSG 24.2.1976 – 5 RKn 26/75 – SozR 2200 § 182 Nr. 12.
46 BVerfG 24.3.1998 – 1 BvL 6/92 – SozR 3-2500 § 48 Nr. 7 = NJW 1998, 2731.
47 §§ 16, 49.
48 § 52 SGB V, § 60 SGB I.
49 BSG 29.9.1998 – B 1 KR 2/97 R – SozR 3-2500 § 48 Nr. 8 = NZS 1999, 294.
50 BSG 3.11.1993 – 1 RK 10/93 – SozR 3-2500 § 48 Nr. 5.
51 § 119 Abs. 1 Nr. 2, Abs. 2 SGB III.
52 BSG 14.12.2006 – B 1 KR 9/06 R – USK 2006, 51; BSG 14.12.2006 – B 1 KR 11/06 R – RegNr. 27761.
53 BSG 24.7.1985 – 8 RK 14/84 – SozR 2200 § 182 Nr. 99.
54 § 23a SGB IV.
55 BSG 25.6.1991 – 1/3 RK 6/90 – SozR 3-2200 § 182 Nr. 8.

V. Entgeltfortzahlung

Abs. 3 verweist in Bezug auf die Entgeltfortzahlung im Krankheitsfall auf das **Arbeitsrecht** und hat damit lediglich deklaratorische Bedeutung. Tatsächlich gezahltes Arbeitsentgelt führt nach § 49 Abs. 1 Nr. 1 zum Ruhen des Krankengeldes. Erfüllt der AG seine Verpflichtung zur Fortzahlung des Arbeitsentgelts nicht, hat die Krankenkasse Krankengeld zu leisten; der Entgeltanspruch des AN geht dann gem. § 115 SGB X kraft Gesetzes auf die Krankenkasse über.

15

C. Verbindung zu anderen Rechtsgebieten und zum Prozessrecht

Besondere Bezüge zum Arbeitsrecht ergeben sich nicht. Insb. wird **§ 616 BGB** nicht berührt, da die Anrechnungsklausel des § 616 S. 2 BGB faktisch leer läuft. Auf AN findet das EFZG Anwendung, während sonstige Dienstnehmer i.S.d. § 616 BGB (freie Mitarbeiter oder arbeitnehmerähnliche Personen) nicht der Pflichtversicherung in der gesetzlichen Krankenversicherung unterliegen. Auf freiwilliger Mitgliedschaft beruhende Entgeltersatzleistungen sind im Rahmen von § 616 S. 2 BGB nicht zu berücksichtigen. I.Ü. ist der Anspruch auf Krankengeld im Hinblick auf § 49 gegenüber dem Vergütungsanspruch des Dienstnehmers subsidiär.[56]

16

Der Krankengeldbezug führt zur **Versicherungspflicht** in der gesetzlichen Rentenversicherung[57] und in der Arbeitslosenversicherung.[58] In der Kranken- und Pflegeversicherung bleibt ein bestehendes Mitgliedschaftsverhältnis während des Leistungsbezugs erhalten.[59] Das Krankengeld ist gem. § 3 Nr. 1a EStG **steuerfrei**, unterliegt aber dem Progressionsvorbehalt nach § 32b Abs. 1 Nr. 1 lit. b) EStG. Das Krankengeld fließt also nicht in die Steuerbemessungsgrundlage ein, ist aber für die Berechnung des Steuersatzes hinzuzurechnen. Zuschüsse des AG zum Krankengeld und sonstiges Entgelt für die Zeit des Krankengeldbezugs zählen nach Maßgabe von § 23c SGB IV nicht zu dem in der Sozialversicherung beitragspflichtigen **Arbeitsentgelt**.[60]

17

Die Gewährung von Krankengeld erfüllt unabhängig davon, ob sie mit einer förmlichen Entscheidung erfolgt oder nicht, die Begriffsmerkmale eines VA.[61]

18

D. Beraterhinweise

Im Falle des § 115 SGB X werden mit dem Anspruchsübergang auf die Krankenkasse (siehe Rn 15) Rechtsnatur und Bestand der arbeitsrechtlichen Forderung nicht verändert. Der Leistungsträger muss also Einwendungen des AG aus dem Arbeitsrechtsverhältnis gegen sich gelten lassen.[62] Der gutgläubige AG kann sich auf Schuldnerschutz gem. §§ 407, 412 BGB berufen.

19

§ 45 Krankengeld bei Erkrankung des Kindes

(1) ¹Versicherte haben Anspruch auf Krankengeld, wenn es nach ärztlichem Zeugnis erforderlich ist, daß sie zur Beaufsichtigung, Betreuung oder Pflege ihres erkrankten und versicherten Kindes der Arbeit fernbleiben, eine andere in ihrem Haushalt lebende Person das Kind nicht beaufsichtigen, betreuen oder pflegen kann und das Kind das zwölfte Lebensjahr noch nicht vollendet hat oder behindert und auf Hilfe angewiesen ist. ²§ 10 Abs. 4 und § 44 Absatz 2 gelten.

(2) ¹Anspruch auf Krankengeld nach Absatz 1 besteht in jedem Kalenderjahr für jedes Kind längstens für 10 Arbeitstage, für alleinerziehende Versicherte längstens für 20 Arbeitstage. ²Der Anspruch nach Satz 1 besteht für Versicherte für nicht mehr als 25 Arbeitstage, für alleinerziehende Versicherte für nicht mehr als 50 Arbeitstage je Kalenderjahr.

(3) ¹Versicherte mit Anspruch auf Krankengeld nach Absatz 1 haben für die Dauer dieses Anspruchs gegen ihren Arbeitgeber Anspruch auf unbezahlte Freistellung von der Arbeitsleistung, soweit nicht aus dem gleichen Grund Anspruch auf bezahlte Freistellung besteht. ²Wird der Freistellungsanspruch nach Satz 1 geltend gemacht, bevor die Krankenkasse ihre Leistungsverpflichtung nach Absatz 1 anerkannt hat, und sind die Voraussetzungen dafür nicht erfüllt, ist der Arbeitgeber berechtigt, die gewährte Freistellung von der Arbeitsleistung auf einen späteren Freistellungsanspruch zur Beaufsichtigung, Betreuung oder Pflege eines erkrankten Kindes anzurechnen. ³Der Freistellungsanspruch nach Satz 1 kann nicht durch Vertrag ausgeschlossen oder beschränkt werden.

---

56 BAG 19.4.1978 – 5 AZR 834/76 – BAGE 30, 240 = NJW 1978, 2316; LAG Köln 11.8.1994 – 6 Sa 90/94 – AuA 1995, 269; LSG Chemnitz 20.1.1998 – L 1 KR 3/97 – AuA 1998, 355.
57 § 3 S. 1 Nr. 3, § 4 Abs. 3 Nr. 1 SGB VI.
58 § 26 Abs. 2 Nr. 1 SGB III.
59 § 192 Abs. 1 Nr. 2 SGB V, § 49 Abs. 2 SGB XI.
60 BT-Drucks 15/4228, S. 22.
61 BSG 9.12.1986 – 8 RK 27/84 – SozR 2200 § 183 Nr. 51.
62 BAG 19.2.2003 – 4 AZR 168/02 – EzA § 4 TVG Ausschlussfristen Nr. 164.

(4) Versicherte haben ferner Anspruch auf Krankengeld, wenn sie zur Beaufsichtigung, Betreuung oder Pflege ihres erkrankten und versicherten Kindes der Arbeit fernbleiben, sofern das Kind das zwölfte Lebensjahr noch nicht vollendet hat oder behindert und auf Hilfe angewiesen ist und nach ärztlichem Zeugnis an einer Erkrankung leidet,
a) die progredient verläuft und bereits ein weit fortgeschrittenes Stadium erreicht hat,
b) bei der eine Heilung ausgeschlossen und eine palliativmedizinische Behandlung notwendig oder von einem Elternteil erwünscht ist und
c) die lediglich eine begrenzte Lebenserwartung von Wochen oder wenigen Monaten erwarten lässt.
²Der Anspruch besteht nur für ein Elternteil. ³Absatz 1 Satz 2 und Absatz 3 gelten entsprechend.
(5) Anspruch auf unbezahlte Freistellung nach den Absätzen 3 und 4 haben auch Arbeitnehmer, die nicht Versicherte mit Anspruch auf Krankengeld nach Absatz 1 sind.

A. Allgemeines	1	II. Leistungsdauer und Leistungshöhe	10
B. Regelungsgehalt	2	1. Leistungsdauer	10
I. Allgemeiner Krankengeldanspruch	2	2. Leistungshöhe	13
1. Begünstigter Personenkreis	2	III. Krankengeldanspruch bei schwerstkranken Kindern	14
a) Voraussetzungen auf Seiten des Elternteils	2	IV. Freistellungsanspruch	16
b) Voraussetzungen auf Seiten des Kindes	3	C. Verbindung zu anderen Rechtsgebieten und zum Prozessrecht	18
2. Fernbleiben von der Arbeit	8	D. Beraterhinweise	19
3. Keine Betreuungsmöglichkeit im Haushalt des Arbeitnehmers	9		

A. Allgemeines

1 Das Krankengeld nach § 45 ist eine **Leistung des Familienlastenausgleichs**,[1] die entsprechend dem allg. Nachrangprinzip des § 11 Abs. 4 gegenüber den Leistungen der gesetzlichen Unfallversicherung subsidiär ist. Mit Abs. 1 wird dem Versicherten, der wegen der Erkrankung seines gesetzlich krankenversicherten[2] Kindes gezwungen ist, seiner Arbeit fernzubleiben, ein nach Maßgabe von Abs. 2 zeitlich limitierter und insoweit auf das Kalenderjahr bezogener Krankengeldanspruch verschafft. Der Anspruch dient dem Ausgleich des auf dem Arbeitsausfall beruhenden Verlustes an Erwerbseinkommen.[3] Es handelt sich um einen Sekundäranspruch zu dem im Folgenden geregelten arbeitsrechtlichen Freistellungsanspruch.[4] Das Kinderpflegekrankengeld hat mithin wie das Krankengeld während krankheitsbedingter Arbeitsunfähigkeit oder einer stationären Behandlung **Entgeltersatzfunktion**.[5] Der Krankengeldanspruch verstärkt sich unter den Voraussetzungen von Abs. 4 zu einem unbefristeten Anspruch, wenn das betreuungsbedürftige Kind **schwer und unheilbar erkrankt** ist. Darüber hinaus räumen die Abs. 3 und 5 allen AN – unabhängig von ihrem krankenversicherungsrechtlichen Status – einen (unabdingbaren) arbeitsrechtlichen Anspruch auf unbezahlte[6] Freistellung von der Arbeit gegen ihren AG ein, sofern sie nicht bereits einen gesetzlichen[7] bzw. individual- oder kollektivvertraglich begründeten arbeitsrechtlichen Anspruch auf bezahlte Freistellung von der Arbeit haben.

B. Regelungsgehalt

I. Allgemeiner Krankengeldanspruch

2 **1. Begünstigter Personenkreis. a) Voraussetzungen auf Seiten des Elternteils.** Der Elternteil (der nicht AN i.S.d. Arbeitsrechts sein muss) hat in dem Zeitpunkt, in dem er erstmals der Arbeit fernbleibt, Versicherter der gesetzlichen Krankenversicherung zu sein.[8] Der Krankengeldanspruch darf nicht nach § 44 Abs. 1 S. 2 oder aufgrund § 44 Abs. 2 ausgeschlossen sein.[9]

3 **b) Voraussetzungen auf Seiten des Kindes. Kind** i.S.v. Abs. 1 S. 1 ist zunächst jede im ersten Grad vom Versicherten genetisch abstammende Person,[10] wobei es nicht darauf ankommt, ob der Versicherte für das Kind personensorgeberechtigt ist. Einem leiblichen Abkömmling stehen die durch die Annahme als Kind mit dem Versicher-

---

1 Hauck/Noftz/*Klattenhoff*, K § 6 SGB I Rn 72.
2 Bei privatversicherten Kindern findet die Regelung also keine Anwendung, so explizit BSG 31.3.1998 – B 1 KR 9/96 R – NZS 1999, 29, dort auch mit einer Auseinandersetzung mit den dadurch aufgeworfenen verfassungsrechtlichen Fragestellungen.
3 BSG 15.12.1977 – 8 RU 44/77 – BSGE 45, 221.
4 BSG 22.10.1980 – 3 RK 56/79 – SozR 2200 § 185c Nr. 2; BSG 31.3.1998 – B 1 KR 9/96 R – NZS 1999, 29.
5 BSG 17.9.1986 – 3 RK 51/84 – SozR 2200 § 185c Nr. 3 = NZA 1987, 140; *Becker/Kingreen/Joussen*, SGB V, § 45 Rn 1.
6 § 326 Abs. 1 i.V.m. § 275 BGB.
7 § 616 BGB.
8 KassKomm/*Höfler*, § 45 SGB V Rn 3.
9 BSG 31.1.1995 – 1 RK 1/94 – SozR 3-2500 § 45 Nr. 1 = NZS 1995, 363.
10 §§ 1591 ff. BGB.

ten verbundenen Kinder gleich.[11] Nach Abs. 1 S. 2 sind ferner die in § 10 Abs. 4 genannten Stiefkinder, Enkel, Pflegekinder und Adoptiv-Pflegekinder zu berücksichtigen. Dies setzt bei Stief- und Enkelkindern zusätzlich zu dem sich aus § 45 ergebenden Erfordernis der Aufnahme des Kindes in den Haushalt des Versicherten voraus, dass dieser sie überwiegend unterhält.

Der Anspruch auf Krankengeld bei Pflege eines erkrankten Kindes besteht nur, wenn neben der Betreuungsperson auch das **Kind** – im Rahmen der Familienversicherung gem. § 10 oder aufgrund des Bezugs einer Waisenrente gem. § 5 Abs. 1 Nr. 11 – **gesetzlich krankenversichert** ist (siehe Rn 1).[12]

Das Kind darf das **zwölfte Lebensjahr** noch nicht vollendet haben (siehe § 26 SGB X i.V.m. §§ 187, 188 BGB); mit Vollendung des zwölften Lebensjahrs des Kindes endet der Leistungsbezug. Alternativ genügt es den Anspruchsvoraussetzungen für das Krankengeld, wenn das Kind **behindert**[13] und auf Hilfe angewiesen ist. Es ist hilfebedürftig, wenn es in erheblicher Weise der Beaufsichtigung, Betreuung oder Pflege bedarf.

Beim Kind – auch dem behinderten Kind – muss eine **Erkrankung** vorliegen (vgl. § 44 Rn 8). Die Krankheit wiederum muss wenigstens mitursächlich für die Betreuungsbedürftigkeit des Kindes sein, was bei Kindern unter zwölf Jahren allerdings unterstellt werden kann. Sowohl die Erkrankung als auch der Zusammenhang zwischen dieser und der Betreuungsbedürftigkeit des Kindes müssen durch ein ärztliches (nicht notwendigerweise vertragsärztliches und ggf. auch im Nachhinein ausgestelltes)[14] Zeugnis belegt sein.

Schließlich muss das Kind nicht nur vorübergehend[15] in den **Haushalt des Versicherten** aufgenommen sein, wobei es ausreicht, wenn beabsichtigt ist, das Kind auf längere Dauer aufzunehmen. Haushalt ist der Ort, an dem oder von dem aus die menschlichen Grundbedürfnisse zumeist erfüllt werden.[16] Hierunter ist nicht nur ein örtlich verbundenes Zusammenleben zu verstehen.[17] Diese Voraussetzung liegt vielmehr erst vor, wenn zwischen dem Kind und dem AN eine gemeinsame Lebens- und Wirtschaftsführung unter Begründung eines Betreuungs- und Erziehungsverhältnisses familienhafter (d.h.: fürsorgerischer und unentgeltlicher) Art hergestellt worden ist.[18]

2. Fernbleiben von der Arbeit. Krankheit und Betreuungsbedürftigkeit des Kindes müssen es erforderlich machen, dass der AN der Arbeit fernbleibt. Bei **Heimarbeit** ist es erforderlich, dass durch den Betreuungsaufwand für das Kind die Fortsetzung der bisherigen Tätigkeit nicht möglich ist.

3. Keine Betreuungsmöglichkeit im Haushalt des Arbeitnehmers. Als **negative Voraussetzung** verlangt Abs. 1, dass keine andere im Haushalt des AN lebende Person den krankheitsbedingt erhöhten Betreuungsbedarf des Kindes decken kann. Hierbei kommen nur Dritte in Betracht, welche über die objektive und subjektive Fähigkeit zur Übernahme dieser Aufgabe verfügen. Geht die weitere im Haushalt lebende Person ebenfalls einer Arbeit nach und müsste daher selbst Ansprüche nach § 45 geltend machen, kann der AN nicht auf die Betreuung des Kindes durch diesen Haushaltsangehörigen verwiesen werden. I.Ü. wird man bei der insoweit vorzunehmenden Auslegung der Norm das verfassungsrechtlich garantierte Elternrecht (Art. 6 Abs. 2 S. 1 GG) zu respektieren haben. Entscheidet sich ein Elternteil (leiblicher Elternteil oder Adoptivelternteil)[19] in Wahrnehmung dieses Rechts und zugleich in Konkretisierung seiner Elternverantwortung für die Betreuung seines Kindes[20] während dessen Erkrankung, so ist dies von der – grundrechtsgebundenen – Krankenkasse zu respektieren.

II. Leistungsdauer und Leistungshöhe

1. Leistungsdauer. Der Anspruch auf Kinderpflegekrankengeld nach Abs. 1 lebt mit dem ersten Tag des **Fernbleibens von der Arbeit auf** und besteht für ein Kind grds. **längstens für zehn Tage** im Kalenderjahr, wobei – anders als beim Krankengeld nach § 44 – von den individuell maßgebenden Arbeitstagen auszugehen ist.[21] Bei zwei Kindern beträgt die Höchstbezugsdauer 20 Tage, sie erhöht sich bei drei und mehr Kindern auf 25 Tage. Erziehen die Eltern ihr Kind gemeinsam, kann jeder Elternteil den Krankengeldanspruch (jedoch nicht für dieselben Tage in Bezug auf dasselbe Kind) bis zur Höchstdauer ausschöpfen. Der Krankengeldanspruch nach Abs. 4 besteht ohne zeitliche Begrenzung.

Es ist zweifelhaft, ob auf die **Anspruchshöchstdauer** entsprechend § 48 Abs. 3 Zeiten, in denen der **Krankengeldanspruch** nach § 49 **ruhte**, anzurechnen sind. In der Rspr. wird dies bejaht,[22] im Hinblick auf die Subsidiarität des

---

11 § 1754 BGB.
12 BSG 31.3.1998 – B 1 KR 9/96 R – SozR 3-2500 § 45 Nr. 2 = NZS 1999, 29.
13 § 2 Abs. 1 SGB IX.
14 LAG Köln 10.11.1993 – 7 Sa 690/93 – MDR 1994, 1020.
15 BSG 7.3.1990 – 3 RK 16/89 – SozR 3-2200 § 185b Nr. 1 = NZA 1990, 672.
16 KassKomm/*Höfler*, § 37 SGB V Rn 12.
17 BSG 15.3.1988 – 4/11a RA 14/87 – SozR 2200 § 1267 Nr. 35 = MDR 1988, 805.
18 BSG 30.6.1966 – 12 RJ 162/64 – BSGE 25, 109 = NJW 1967, 127.
19 Hierzu BVerfG 8.12.1965 – 1 BvR 662/65 – BVerfGE 19, 323, 329; BVerfG 12.10.1988 – 1 BvR 818/88 – BVerfGE 79, 51, 60.
20 BVerfG 17.10.1984 – 1 BvL 18/82, 1 BvL 46/83, 1 BvL 2/84 – BVerfGE 68, 171, 176 f.; BVerfG 10.11.1998 – 2 BvR 1057/91, 2 BvR 1226/91, 2 BvR 980/91 – BVerfGE 99, 216, 234.
21 BSG 22.10.1980 – 3 RK 56/79 – SozR 2200 § 185c Nr. 2.
22 LSG Chemnitz 20.1.1998 – L 1 KR 3/97 – AuA 1998, 355.

Freistellungsanspruchs (dessen bloße Flankierung das Krankengeld nach § 45 ist)[23] gegenüber speziellen arbeitsrechtlichen Regelungen ist dies aber kaum überzeugend.

12 Bei **allein erziehenden** Versicherten verdoppeln sich die Höchstgrenzen für den Leistungsbezug, um sie gemeinsam erziehenden Eltern gleichzustellen. Unter allein erziehenden Elternteilen sind in Anlehnung an § 30 Abs. 2 SGB XII Mütter und Väter zu verstehen, die ohne Hilfe Dritter für die Pflege und Erziehung ihres Kindes sorgen und mit ihm in einem Haushalt leben. Teilen sie den Haushalt mit einer dritten Person, die zur Übernahme der Betreuung des Kindes objektiv in der Lage ist und – ohne Rücksicht auf das Personensorgerecht – in einer Verantwortungsbeziehung zu dem Kind steht, so kann nicht von einem allein erziehenden Elternteil gesprochen werden. Der Besuch einer Tageseinrichtung für Kinder i.S.v. § 22 SGB VIII (Kindergarten, Hort, Krippe usw.) ändert dagegen nichts am Status als allein erziehender Elternteil.

13 **2. Leistungshöhe.** Für die Berechnung des Kinderpflegekrankengeldes gilt **§ 47** mit der Besonderheit, dass bei der Berechnung der Leistung an Vollzeitbeschäftigte auf Kalendertage, bei deren Zahlung jedoch – abweichend von § 47 Abs. 1 S. 6 – auf Arbeitstage abgestellt wird.[24]

III. Krankengeldanspruch bei schwerstkranken Kindern

14 Einen **zeitlich unbegrenzten Krankengeldanspruch** (und Freistellungsanspruch nach Abs. 3) spricht Abs. 4 dem mit Anspruch auf Krankengeld versicherten Elternteil zu, der ein unheilbar schwerkrankes Kind, bei dem mit Ausnahme der Haushaltsaufnahme die übrigen Voraussetzungen des Abs. 1 vorliegen müssen, beaufsichtigt, betreut oder pflegt. Der Zweck der Regelung besteht darin, den Eltern eines schwerstkranken Kindes unzumutbare Belastungen zu ersparen, die anderenfalls bei der Kollision zwischen ihrer Elternverantwortung einerseits und ihren arbeitsrechtlichen Pflichten andererseits entstehen würden.[25]

15 Die in Abs. 4 beschriebenen medizinischen Voraussetzungen müssen kumulativ vorliegen und durch ein (formfreies) ärztliches Zeugnis belegt sein. Die stationäre Betreuung des Kindes in einem **Kinderhospiz** oder in palliativ-medizinischen Abteilung eines Krankenhauses steht dem Anspruch nicht entgegen,[26] da angesichts der Schwere der Erkrankung ungeachtet der professionellen Betreuung in diesen Einrichtungen von einem ergänzenden, besonders hohen Betreuungsbedarf durch die Eltern oder sonstige Erziehungspersonen, denen das Kind i.S.v. § 10 Abs. 4 verbunden ist, ausgegangen werden muss.

IV. Freistellungsanspruch

16 Der AN, der die Voraussetzungen für das Kinderpflegekrankengeld erfüllt, hat nach Abs. 3 einen subsidiären arbeitsrechtlichen Anspruch gegen seinen AG auf unbezahlte Freistellung von der Arbeit. Der Anspruch kann gem. Abs. 5 unter den sonstigen Voraussetzungen der Abs. 1 und 4 auch dann geltend gemacht werden kann, wenn der AN (z.B. als geringfügig Beschäftigter oder als freiwillig Versicherter) nicht mit Anspruch auf Krankengeld krankenversichert ist. Ziel der Regelung ist insoweit die Gleichbehandlung aller AN.[27]

Die Regelung ist **zwingendes Recht** und kann – auch tarifvertraglich[28] – nicht ausgeschlossen werden. Dem AG ist es nicht möglich, den materiell begründeten Anspruch zu versagen; dem AN obliegt es jedoch, den AG unverzüglich davon in Kenntnis zu setzen, dass er von seinem Recht auf unbezahlte Freistellung Gebrauch macht.[29]

17 Bleibt der AN der Arbeit fern, bevor die Krankenkasse ihre Leistungsverpflichtung anerkannt hat, und stellt sich nach der Unterbrechung der Tätigkeit heraus, dass er **objektiv zu Unrecht von einem Freistellungsanspruch** gegen seinen AG **ausgegangen** ist, kann der AG nach Abs. 3 S. 2 die arbeitsfreien Tage auf den gesetzlichen Freistellungsanspruch (ggf. auch eines anderen Kalenderjahres) anrechnen. Weitere arbeitsrechtliche Konsequenzen kommen nur dann in Betracht, wenn das Fernbleiben von der Arbeit offensichtlich unbegründet war und der AN in rechtsmissbräuchlicher Absicht gehandelt hat.[30]

C. Verbindung zu anderen Rechtsgebieten und zum Prozessrecht

18 Der Anspruch auf Kinderpflegekrankengeld ist – wie der Anspruch auf Krankengeld bei Arbeitsunfähigkeit nach § 44 (vgl. § 44 Rn 16) – gegenüber einem auf § 616 BGB beruhenden Entgeltanspruch des AN gegen seinen AG subsidiär.[31]

---

23 BSG 22.10.1980 – 3 RK 56/79 – SozR 2200 § 185c Nr. 2.
24 BSG 22.10.1980 – 3 RK 56/79 – SozR 2200 § 185c Nr. 2.
25 BT-Drucks 14/9031, S. 3.
26 BT-Drucks 14/9031, S. 3.
27 BT-Drucks 14/9585, S. 4; *Becker/Kingreen/Joussen*, SGB V, § 45 Rn 10.
28 BAG 5.9.1995 – 3 AZR 216/95 – AP § 1 TVG Tarifverträge Papierindustrie Nr. 1 = NZA 1996, 261.
29 LAG Hamm 8.10.2001 – 19 Sa 772/01 – LAGReport 2002, 196.
30 ErfK/*Rolfs*, § 45 SGB V Rn 10.
31 BAG 31.7.2002 – 10 AZR 578/01 – AP § 1 TVG Tarifverträge Wohnungswirtschaft Nr. 3 = DB 2002, 2493.

D. Beraterhinweise

In der Praxis der Krankenkassen wird eine Übertragung von Leistungsansprüchen nach § 45 von einem Elternteil auf den anderen zugelassen, wenn einer von ihnen die Betreuung nicht übernehmen kann und der AG den Versicherten von der Arbeit freistellt.[32]

19

§ 49 Ruhen des Krankengeldes

(1) Der Anspruch auf Krankengeld ruht,
1. soweit und solange Versicherte beitragspflichtiges Arbeitsentgelt oder Arbeitseinkommen erhalten; dies gilt nicht für einmalig gezahltes Arbeitsentgelt
2. solange Versicherte Elternzeit nach dem Bundeselterngeld- und Elternzeitgesetz in Anspruch nehmen; dies gilt nicht, wenn die Arbeitsunfähigkeit vor Beginn der Elternzeit eingetreten ist oder das Krankengeld aus dem Arbeitsentgelt zu berechnen ist, das aus einer versicherungspflichtigen Beschäftigung während der Elternzeit erzielt worden ist,
3. soweit und solange Versicherte Versorgungskrankengeld, Übergangsgeld, Unterhaltsgeld oder Kurzarbeitergeld beziehen,
4. solange Versicherte Mutterschaftsgeld oder Arbeitslosengeld beziehen oder der Anspruch wegen einer Sperrzeit nach dem Dritten Buch ruht,
5. soweit und solange Versicherte Entgeltersatzleistungen, die ihrer Art nach den in Nummer 3 genannten Leistungen vergleichbar sind, von einem Träger der Sozialversicherung oder einer staatlichen Stelle im Ausland erhalten,
6. solange die Arbeitsunfähigkeit der Krankenkasse nicht gemeldet wird; dies gilt nicht, wenn die Meldung innerhalb einer Woche nach Beginn der Arbeitsunfähigkeit erfolgt,
7. soweit und solange für Zeiten einer Freistellung von der Arbeitsleistung (§ 7 Abs. 1a des Vierten Buches) eine Arbeitsleistung nicht geschuldet wird,
8. während der ersten sechs Wochen der Arbeitsunfähigkeit für Versicherte, die eine Wahlerklärung nach § 44 Absatz 2 Satz 1 Nummer 3 abgegeben haben.

(2) ¹Absatz 1 Nr. 3 und 4 ist auch auf einen Krankengeldanspruch anzuwenden, der für einen Zeitraum vor dem 1. Januar 1990 geltend gemacht wird und über den noch keine nicht mehr anfechtbare Entscheidung getroffen worden ist. ²Vor dem 23. Februar 1989 ergangene Verwaltungsakte über das Ruhen eines Krankengeldanspruchs sind nicht nach § 44 Abs. 1 des Zehnten Buches zurückzunehmen.

(3) Auf Grund gesetzlicher Bestimmungen gesenkte Entgelt- oder Entgeltersatzleistungen dürfen bei der Anwendung des Absatzes 1 nicht aufgestockt werden.

(4) Erbringt ein anderer Träger der Sozialversicherung bei ambulanter Ausführung von Leistungen zur medizinischen Rehabilitation Verletztengeld, Versorgungskrankengeld oder Übergangsgeld, werden diesem Träger auf Verlangen seine Aufwendungen für diese Leistungen im Rahmen der nach § 13 Abs. 2 Nr. 7 des Neunten Buches vereinbarten gemeinsamen Empfehlungen erstattet.

A. Allgemeines	1	5. Meldeversäumnis	11
B. Regelungsgehalt	3	6. Freistellungsphase bei flexiblen Arbeitszeitmodellen	13
I. Ruhenstatbestände (Abs. 1)	3	II. Sonstiger Regelungsgehalt	14
1. Arbeitsentgelt oder -einkommen	3	1. Übergangsregelung und Aufstockungsverbot	14
2. Elternzeit	6	2. Erstattungsanspruch gegen die Krankenkasse	15
3. Sozialleistungsbezug	7		
4. Ausländische Sozialleistungen	10		

A. Allgemeines

Die krankengeldspezifische Norm ergänzt die allgemeine Ruhensregelung des § 16 und dient primär der Konkretisierung der **Entgeltersatzfunktion** dieser Leistung.[1] Die Regelung soll insoweit die Kumulation von Einkommen aus einer Beschäftigung oder selbstständigen Tätigkeit sowie ihren kurzfristigen Surrogaten einerseits und Kranken-

1

---

32 S. KassKomm/*Höfler*, § 44 SGB V Rn 16.

1 BVerfG 9.11.1988 – 1 BvL 22/84 u.a. – SozR 2200 § 183 Nr. 54 = NZA 1989, 406; s.a. BSG 14.11.1996 – 2 RU 5/96 – SozR 3-2500 § 49 Nr. 3 = NZS 1997, 238.

geld andererseits ausschließen.[2] Sie wird in Bezug auf langfristige Entgeltersatzleistungen durch die Kumulationen verhindernde Regelung des § 50 flankiert. Der Verwirklichung anderer Zwecke dient die Sanktionierung von Meldeversäumnissen des Versicherten gem. Abs. 1 Nr. 5: Durch die strikt[3] anzuwendende Regelung sollen die Krankenkassen davon freigestellt werden, die Voraussetzungen eines verspätet angemeldeten Anspruchs im Nachhinein zu prüfen.[4] Zudem dient die Vorschrift dazu, Leistungsmissbräuchen entgegenzutreten und Maßnahmen zur Wiederherstellung der Arbeitsfähigkeit möglichst frühzeitig einleiten zu können.[5] Der Versicherte schließlich soll damit zur Erfüllung seiner **Obliegenheiten aus dem Versicherungsverhältnis** angehalten werden.[6]

2 Der rechtstechnische **Begriff des Ruhens** bedeutet auch im Krankengeldrecht, dass der Grundanspruch (Stammrecht) während des Ruhenstatbestandes fortbesteht, während die hieraus resultierenden Einzelleistungen nicht zur Auszahlung gelangen (Zahlungssperre).[7] Die Zeit, während der das Krankengeld ruht, wird gem. § 48 Abs. 3 auf die **Höchstbezugsdauer** angerechnet. Das Ruhen tritt kraft Gesetzes ein, wenn die tatbestandlichen Voraussetzungen des § 49 vorliegen; es bedarf keiner Entscheidung der Krankenkasse.[8] Ein bereits ergangener Bewilligungsbescheid ist jedoch im Rahmen der §§ 45 ff. SGB X zu korrigieren.[9]

B. Regelungsgehalt
I. Ruhenstatbestände (Abs. 1)

3 **1. Arbeitsentgelt oder -einkommen.** Nr. 1 regelt den in der Praxis bedeutsamsten Ruhensfall und betrifft vornehmlich die **Entgeltfortzahlung bei** unverschuldeter krankheitsbedingter **Arbeitsunfähigkeit** nach dem EFZG. Die Vorschrift erfasst demgemäß insb. beitragspflichtiges laufendes Arbeitsentgelt auf Bruttobasis.[10] Die Sonderregelung des früheren Rechts für AG-Zuschüsse zum Krankengeld ist nach dem Inkrafttreten des § 23c SGB IV am 30.3.2005 entfallen.[11] **Laufendes Arbeitsentgelt** ist das beitragspflichtige Entgelt, das nicht i.S.v. § 23a SGB IV einmalig gezahlt wird.[12] Einmaliges Arbeitsentgelt sind Leistungen und sonstige vermögenswerte Vorteile, die nicht für die Arbeit in einem einzelnen Entgeltabrechnungszeitraum gezahlt oder eingeräumt werden. Diese Vergütungen werden einmalig oder in größeren als monatlichen Abständen gezahlt. Hierzu zählen insb. Sondervergütungen wie Weihnachtsgeld, Urlaubsgeld und -abgeltungen,[13] Jahresabschlussvergütungen,[14] Jubiläumszuwendungen, Tantiemen, Heirats- und Geburtsbeihilfen sowie Erholungs- und Ferienbeihilfen.[15]

4 Das Krankengeld ruht mit Rücksicht auf seine Funktion als Entgeltersatz nur dann, wenn **Arbeitsentgelt tatsächlich gezahlt** wird.[16] Erfüllt der AG seine Verpflichtung zur Zahlung des Entgelts nicht, hat die Krankenkasse ungeachtet des arbeitsrechtlichen Anspruchs ihres Versicherten gegen den AG Krankengeld zu leisten; der Anspruch auf Entgeltfortzahlung geht gem. § 115 SGB X auf sie über.[17] Sie muss versuchen, ihn ggf. im arbeitsgerichtlichen Verfahren durchzusetzen. Von dem Erfordernis des tatsächlichen Entgeltzuflusses kann nur dann abgesehen werden, wenn der AG mit einer fälligen Gegenforderung aufgerechnet hat, weil der Versicherte mit dem Vorteil, der ihm durch das Erlöschen der Gegenforderung entsteht, seinen Lebensunterhalt sicherstellen kann. Wird die Aufrechnung erklärt, nachdem die Krankenkasse bereits Krankengeld geleistet hat, so kann diese die Leistung u.U. zurückfordern.

5 Es ist **umstr.**, ob Nr. 1 rechtsanalog zur Anwendung kommt, wenn der AN veranlasst hat, dass er über **keinen Entgeltanspruch** (mehr) verfügt, z.B. durch Eigen-Künd, Verstreichenlassen einer Ausschlussfrist oder Erlassvertrag.[18] Dies wird in der Lit. unter Berufung auf Judikate zum früheren Recht teilweise bejaht.[19] Dagegen finden sich in der Rspr. zu vergleichbaren Fragestellungen bei Anwendung von Ruhensvorschriften anderer Sozialleistungsgebiete Hinweise, die es rechtfertigen, ausnahmslos auf die tatsächliche Entgeltzahlung abzustellen.[20] Der Normtext (Nr. 1 spricht davon, dass das Arbeitsentgelt „erhalten" wurde), Gründe der Praktikabilität und schließlich auch sys-

---

2 BSG 20.8.1986 – 8 RK 69/84 – SozR 2200 § 183 Nr. 50.
3 LSG Berlin-Brandenburg 5.12.2008 – L 1 KR 75/07 -BSGE 85, 271, 276 Rn 33 – juris.
4 BSG 8.11.2005 – B 1 KR 30/04 R – BSGE 95, 219.
5 Bayerisches LSG 17.1.2008 – L 4 KR 77/05 – juris Rn 29.
6 BSG 22.2.1989 – 8 RKn 8/88 – SozR 2200 § 216 Nr. 11.
7 BSG 28.3.1979 – 3 RK 14/77 – SozR 2200 § 183 Nr. 20; BSG 9.8.1990 –11 RAr 141/88 – SozR 3-4100 § 105a Nr. 2 = NZA 1991, 325; BSG 29.6.1994 – 1 RK 45/93 – SozR 3–1300 § 48 Nr. 33.
8 BSG 13.8.1986 – 7 RAr 33/85 – SozR 1300 § 48 Nr. 26; BSG 15.10.1985 – 11b/7 RAr 2/84 – SozR 1300 § 50 Nr. 10 = NZA 1986, 238.
9 BSG 19.2.1986 – 7 RAr 55/84 – SozR 1300 § 48 Nr. 22; BSG 29.10.1997 – 7 RAr 10/97 – SozR 3-4100 § 142 Nr. 2.
10 § 226 Abs. 1 S. 1 Nr. 1 SGB V i.V.m. §§ 14, 23c SGB IV.
11 Art. 1 Nr. 5 und Art. 4 Nr. 3 des Gesetzes zur Vereinfachung der Verwaltungsverfahren im Sozialrecht v. 21.3.2005, BGBl I S. 818.
12 Hauck/Noftz/*Klattenhoff*, K § 14 SGB IV Rn 15.
13 BSG 3.3.1994 – 1 RK 17/93 – SozR 3-2500 § 47 Nr. 5 = AuA 1994, 363; BSG 30.5.2006 – B 1 KR 26/05 R – SozR 4-2500 § 49 Nr. 4 = USK 2006, 28.
14 BSG 7.2.2002 – B 12 KR 6/01 R – SozR 3-2400 § 14 Nr. 23 = NZA-RR 2002, 429.
15 BSG 21.2.1980 – 5 RKnU 1/78 – SozR 2200 § 571 Nr. 16.
16 BSG 29.6.1994 – 1 RK 45/93 – SozR 3-1300 § 48 Nr. 33 = NZS 1995, 267.
17 § 115 SGB X.
18 ErfK/*Rolfs*, § 49 SGB V Rn 8.
19 KassKomm/*Höfler*, § 49 SGB V Rn 7.
20 BSG 9.12.1982 – 7 RAr 120/81 – AuB 1983, 155; auch LSG Niedersachsen-Bremen 27.8.2002 – L 4 KR 138/00 – NZS 2003, 378.

tematische Erwägungen (Fehlen einer § 51 Abs. 3 entsprechenden Sanktionsnorm) sprechen zugunsten der zuletzt genannten Auffassung.
Zu den Auswirkungen der Entgeltfortzahlung auf die Beitragsberechnung vgl. §§ 241, 242.

2. Elternzeit. Während der Elternzeit[21] ruht nach Nr. 2 grds. der Krankengeldanspruch, da der Versicherte während dieser Zeit im Allgemeinen keiner Einkommensersatzleistung bedarf. Dies gilt jedoch nicht, wenn die dem Anspruch zugrunde liegende Arbeitsunfähigkeit bereits vor Beginn der Elternzeit eingetreten ist oder dem Krankengeld ein Arbeitsentgelt aus einer während der Elternzeit ausgeübten Teilzeitbeschäftigung[22] zugrunde liegt.

3. Sozialleistungsbezug. Nach Nr. 3 ruht das Krankengeld Pflichtversicherter und freiwillig Versicherter, soweit und solange das Mitglied der gesetzlichen Krankenversicherung Versorgungskrankengeld,[23] Übergangsgeld,[24] Unterhaltsgeld,[25] Kurzarbeitergeld[26] oder Winterausfallgeld[27] erhält; auch hier genügt also ein bloßer Rechtsanspruch nicht.[28] Abzustellen ist auf den tatsächlichen Leistungsbezug.[29] Es gilt der Grundsatz der **Zeitkongruenz**, sodass das Krankengeld nur für die Zeit ruht, in der diese Leistung mit der anderen Sozialleistung zusammentrifft. Auch der Höhe nach ist die Leistungsrestriktion begrenzt. Das Krankengeld ruht nämlich nur bis zu dem Betrag der anderen Leistung; ein Differenzbetrag zwischen dem höheren Krankengeld und der anderen Leistung wird dem Versicherten – als Spitzbetrag – ausgezahlt.[30]
Mutterschaftsgeld[31] und Alg[32] führen gem. Nr. 3a für die Zeit des Leistungsbezugs zum Ruhen des Krankengelds. Der Zahlung von Alg steht es hierbei gleich, wenn diese Leistung wegen einer Sperrzeit nach dem SGB III[33] ruht. Das Krankengeld ruht in voller Höhe, und zwar – in verfassungsrechtlich bedenklicher Weise[34] – auch dann, wenn es höher ist als die andere Leistung. Alg i.S.v. Nr. 3a ist nur das Alg, das der arbeitsunfähige Arbeitslose nach § 126 Abs. 1 S. 1 SGB III fortgezahlt erhält.[35]
Bezieht der Versicherte **Verletztengeld aus der gesetzlichen Unfallversicherung**, führt bereits die Zuständigkeitsregelung des § 11 Abs. 4 zum vollständigen Ausschluss[36] eines parallel bestehenden Krankengeldanspruchs.[37] Empfänger von **Alg II** haben gem. § 44 Abs. 1 S. 2 i.V.m. § 5 Abs. 1 Nr. 2a keinen Anspruch auf Krankengeld; damit bedarf es auch keiner expliziten Ruhensregelung.[38]

4. Ausländische Sozialleistungen. Nr. 4 erstreckt im Ergebnis den Anwendungsbereich von Nr. 3 (und in lückenfüllender Rechtsergänzung: von Nr. 3a)[39] auf funktionsidentische – d.h.: strukturell und konzeptionell vergleichbare[40] – Entgeltersatzleistungen eines öffentlich-rechtlich organisierten ausländischen Leistungsträgers. Die Erstreckung vermeidet ungerechtfertigte Privilegierungen von Empfängern ausländischer Sozialleistungen.[41] Die Regelung betrifft Ansprüche, die allein nach nationalem Recht begründet worden sind. Sie wird in Bezug auf Ansprüche, die auf der Anwendung des EU-Sozialrechts beruhen, gemeinschaftsrechtlich (noch) durch Art. 12 Abs. 2 VO (EWG) 1408/71 ergänzt.[42]

5. Meldeversäumnis. Die Sanktionsnorm des Abs. 1 Nr. 5 ist eine **spezialgesetzliche Regelung** zu § 66 SGB I und soll den Versicherten zur Wahrnehmung seiner Obliegenheiten[43] gegenüber dem Leistungsträger anhalten (siehe Rn 1).[44]

---

21 §§ 15, 16 BEEG.
22 § 15 Abs. 4 BEEG.
23 § 16 BVG oder in entsprechender Anwendung dieser Vorschrift.
24 § 45 Abs. 1 Nr. 3, Abs. 2 SGB IX.
25 § 153 SGB III in der bis zum 31.12.2004 geltenden Fassung.
26 § 169 SGB III.
27 §§ 209, 214 SGB III.
28 BSG 9.12.1976 – 2 RU 39/76 – BSGE 43, 68, 70; *Becker/Kingreen/Joussen*, SGB V, § 49 Rn 5; *Seewald*, SGb 1986, 133, 134.
29 BSG 18.3.1982 – 7 RAr 50/80 – SozR 4100 § 118 Nr. 10.
30 BVerfG 9.11.1988 – 1 BvL 22/84 u.a. – SozR 2200 § 183 Nr. 54 = NZA 1989, 406.
31 § 200 RVO, § 13 MuSchG.
32 § 117 SGB III; BSG 14.12.2006 – B 1 KR 6/06 R – RegNr. 27754.
33 § 144 SGB III.
34 KassKomm/*Höfler*, § 49 SGB V Rn 15; auch BSG 3.11.1976 – 7 RAr 104/75 – SozR 4100 § 118 Nr. 3.
35 BSG 3.6.2004 – B 11 AL 55/03 R – SozR 4-4300 § 125 Nr. 1.
36 BSG 25.6.2002 – B 1 KR 13/01 R – SozR 3-2500 § 11 Nr. 3 = NZS 2003, 479; BSG 8.11.2005 – B 1 KR 33/03 R SozR 4-2500 § 48 Nr. 2 = USK 2500, 37.
37 BT-Drucks 15/4228, S. 26 (zu Nr. 3 lit. c).
38 BT-Drucks 15/4751, S. 13.
39 ErfK/*Rolfs*, § 49 SGB V Rn 14.
40 BSG 29.10.1997 – 7 RAr 10/97 – SozR 3-4100 § 142 Nr. 2.
41 BSG 8.7.1993 – 7 RAr 64/92 – SozR 3-4100 § 118 Nr. 4 = NZS 1994, 28.
42 EuGH 21.10.1975 – 24/75 – SozR 6050 Art. 46 Nr. 1. Zur (in Aussicht stehenden) Neuordnung des koordinierenden Sozialrechts der EU *Voigt*, ZESAR 2005, 73 und 121 und grundlegend *Marhold*, Das neue Sozialrecht der EU.
43 Zur rechtlichen Qualifizierung als Obliegenheit etwa BSG 8.2.2000 – B 1 KR 11/99 – NZS 2000, 611, 613.
44 LSG Berlin-Brandenburg 5.12.2008 – L 1 KR 75/07 – juris Rn 33.

Dem Versicherten obliegt es, der Krankenkasse **anzuzeigen, dass er arbeitsunfähig** und die Arbeitsunfähigkeit ärztlich festgestellt **ist**.[45] Dies gilt nicht nur bei der erstmaligen, sondern auch bei jeder weiteren Zahlung von Krankengeld.[46] Keine Meldepflicht besteht, wenn Krankengeld – z.B. bei stationärer Behandlung – auch ohne Arbeitsunfähigkeit zu zahlen ist. Die Meldung kann formfrei und auch durch einen Dritten (z.B. den behandelnden Arzt) abgegeben werden.[47] Sie schließt i.d.R. einen konkludenten Leistungsantrag ein. In der Praxis der Krankenversicherung erfolgt die Anzeige regelmäßig durch den Vertragsarzt, der zur Meldung der Arbeitsunfähigkeit an die Krankenkasse verpflichtet ist.[48]

12 Die Meldung ist **fristgebunden** (zur Fristberechnung s. § 26 Abs. 1 SGB X i.V.m. §§ 187 ff. BGB). Wird sie innerhalb einer Woche abgegeben, so ist Krankengeld von dem nach § 46 S. 1 Nr. 2 bestimmten Zeitpunkt an zu zahlen, ansonsten von dem Tag an, an dem der Krankenkasse die Arbeitsunfähigkeit gemeldet wird (§ 130 BGB gilt). Die Folgen einer verspäteten Meldung hat grds. der Versicherte zu tragen, selbst wenn ihn kein **Verschulden** an der verspäteten Anzeige trifft.[49] Mit Rücksicht auf Treu und Glauben gilt jedoch dann etwas anderes, wenn die verzögerte Meldung der Arbeitsunfähigkeit auf Umständen beruht, die dem Verantwortungsbereich der Krankenkasse zuzurechnen sind.[50] Da auch das Verhalten der Vertragsärzte der Krankenkasse zuzurechnen ist,[51] ist der Ruhenstatbestand rechtstatsächlich von untergeordneter Bedeutung.

13 **6. Freistellungsphase bei flexiblen Arbeitszeitmodellen.** Nach Abs. 1 Nr. 6 – der letztlich ein Unterfall von Abs. 1 Nr. 1 ist – ruht der Krankengeldanspruch, soweit und solange im Rahmen einer flexiblen Arbeitszeitregelung (§ 7 Abs. 1a SGB IV) eine Arbeitsleistung nicht geschuldet wird. Die Regelung stärkt die Entgeltersatzfunktion des Krankengeldes und trägt dem Umstand Rechnung, dass eine während der Freistellungsphase im **Blockmodell** eintretende Arbeitsunfähigkeit keinen Einfluss auf das Entgelt hat. Das Krankengeld ruht in voller Höhe und dauerhaft.[52]

II. Sonstiger Regelungsgehalt

14 **1. Übergangsregelung und Aufstockungsverbot.** Die Übergangsregelung in Abs. 2 und das Aufstockungsverbot des Abs. 3 haben keine aktuelle Bedeutung mehr.

15 **2. Erstattungsanspruch gegen die Krankenkasse.** Mit Abs. 4 wird ein Erstattungsanspruch anderer Leistungsträger gegen die Krankenkasse begründet, wenn diese während einer ambulanten Rehabilitation i.S.d. § 26 SGB IX Verletztengeld, Versorgungskrankengeld oder Übergangsgeld – mit der Folge des Leistungsausschlusses nach § 11 Abs. 4 oder des Ruhens nach § 49 – erbringen. Die Regelung schafft einen Ausgleich zugunsten dieser Leistungsträger und ordnet die **Finanzierungsverantwortung** für Entgeltersatzleistungen im Ergebnis wieder der Krankenversicherung zu.

---

45 BSG 12.11.1985 – 3 RK 35/84 – SozR 2200 § 216 Nr. 8; BSG 8.11.2005 – B 1 KR 30/04 R – juris Rn 16.
46 BSG 22.2.1989 – 8 RKn 8/88 – SozR 2200 § 216 Nr. 11.
47 BSG 12.11.1985 – 3 RK 35/84 – SozR 2200 § 216 Nr. 8.
48 LSG Essen 26.8.2004 – L 16 KR 324/03 – ArbRB 2004, 326.
49 BSG 8.2.2000 – B 1 KR 11/99 R – SozR 3-2500 § 49 Nr. 4; BSG 24.6.1969 – 3 RK 64/66 – BSGE 29, 271, 272; BSG 20.9.1974 – 3 RK 31/73 – BSGE 38, 133, 135; BSG 8.2.2000 – B 1 KR 11/99 – BSGE 85, 271, 275 f.
50 So jetzt explizit auch BSG 8.11.2005 – B 1 KR 30/04 R – juris Rn 22, 23.
51 BSG 28.10.1981 – 3 RK 59/80 – SozR 2200 § 216 Nr. 5 = NJW 1982, 715; LSG Essen 25.3.2004 – L 5 KR 149/03 = Breithaupt 2004, 602.
52 BSG 25.8.2004 – B 12 KR 22/02 R – ZTR 2005, 114.

Sozialgesetzbuch (SGB) Sechstes Buch (VI) – Gesetzliche Rentenversicherung

Vom 18.12.1989, BGBl I S. 2261, 1337 (1990), BGBl III 860-6

In der Fassung der Bekanntmachung vom 19.2.2002, BGBl S. 754
Zuletzt geändert durch Gesetz zur Änderung des Vierten Buches Sozialgesetzbuch, zur Errichtung einer Versorgungsausgleichskasse und anderer Gesetze vom 15.7.2009, BGBl I S. 1939, 1944
– Auszug –

§ 2 Selbständig Tätige

Versicherungspflichtig sind selbständig tätige
(...)
9. Personen, die
   a) im Zusammenhang mit ihrer selbständigen Tätigkeit regelmäßig keinen versicherungspflichtigen Arbeitnehmer beschäftigen und
   b) auf Dauer und im Wesentlichen nur für einen Auftraggeber tätig sind; bei Gesellschaftern gelten als Auftraggeber die Auftraggeber der Gesellschaft,
(...)
²Nach Satz 1 Nr. 1 bis 9 ist nicht versicherungspflichtig, wer in dieser Tätigkeit nach Satz 1 Nr. 10 versicherungspflichtig ist. ³Nach Satz 1 Nr. 10 ist nicht versicherungspflichtig, wer mit der Tätigkeit, für die ein Zuschuss nach § 421l des Dritten Buches oder eine entsprechende Leistung nach § 16 des Zweiten Buches gezahlt wird, die Voraussetzungen für die Versicherungspflicht nach dem Gesetz über die Alterssicherung der Landwirte erfüllt. ⁴Als Arbeitnehmer im Sinne des Satzes 1 Nr. 1, 2, 7 und 9 gelten
1. auch Personen, die berufliche Kenntnisse, Fertigkeiten oder Erfahrungen im Rahmen beruflicher Bildung erwerben,
2. nicht Personen, die als geringfügig Beschäftigte nach § 5 Abs. 2 Satz 2 auf die Versicherungsfreiheit verzichtet haben,
3. für Gesellschafter auch die Arbeitnehmer der Gesellschaft.

A. Allgemeines 1	III. Konkurrenzen 8
I. Allgemeiner Inhalt 1	IV. Befreiung von der Versicherungspflicht 9
II. Sinn und Zweck der Vorschrift 3	V. Verfahren und Beitragsrecht 12
B. Regelungsgehalt 4	C. Verbindung zu anderen Rechtsgebieten und
I. Selbstständige 4	Prozessrecht 13
II. Alleinunternehmerstellung 5	D. Beraterhinweise 14

A. Allgemeines

I. Allgemeiner Inhalt

Seit 1999 bezieht S. 1 Nr. 9 **Alleinunternehmer mit einem Auftraggeber** in die Versicherungspflicht ein – und zwar unabhängig von deren Berufsbild.[1] Alleinunternehmer ist, wer eine selbstständige Erwerbstätigkeit ausübt und im Zusammenhang mit dieser Tätigkeit regelmäßig keinen rentenversicherungspflichtigen Arbeitnehmer beschäftigt.[2] Für einen Auftraggeber ist tätig, wer aufgrund rechtlicher Bindungen oder faktisch auf Dauer und im Wesentlichen lediglich die Aufträge einer natürlichen oder juristischen Person erledigt; bei Gesellschaften gelten als Auftraggeber die Auftraggeber der Gesellschaft (S. 1 Nr. 9 lit. b) Hs. 2 n.F.). Nach h.M. besteht auch dann Versicherungspflicht, wenn die selbstständige Tätigkeit neben einer abhängigen Beschäftigung ausgeübt wird (Nebentätigkeit).[3]

---

1 Hierzu Gemeinsames Rundschreiben der Spitzenverbände der Sozialversicherung i.d.F. v. 5.7.2005 (abrufbar unter www.deutsche-rentenversicherung.de); krit. *Buchner*, DB 1999, 146, 149.
2 Die Begrenzung auf AN bis zur Grenze eines regelmäßigen Arbeitsentgelts von 400 EUR mtl. wurde m.W.v. 1.5.2007 durch Art. 1 Nr. 2 lit. b) des Gesetzes zur Anpassung der Regelaltersgrenze an die demografische Entwicklung und zur Stärkung der Finanzierungsgrundlagen der gesetzlichen Rentenversicherung (RV-AltersgrenzenanpassungsG) v. 20.4.2007, BGBl I S. 554, 575 aufgehoben.
3 A.A. Hauck/Noftz/*Klattenhoff*, K § 2 SGB VI Rn 41 f.

2 Die rückwirkend zum 1.1.1999 in Kraft getretene Fassung der Norm[4] geht auf Gesetzgebungsempfehlungen eines Sachverständigengremiums („Dieterich-Kommission")[5] zurück, das von der BReg nach massiver Kritik am früheren Recht eingesetzt worden war.[6] Die aktuelle Fassung erhielt § 2 Nr. 9 durch Art. 1 Nr. 2 lit. b) des RV-Altersgrenzenanpassungs G v. 20.4.2007.[7]

II. Sinn und Zweck der Vorschrift

3 Die Regelung bezieht selbstständig Erwerbstätige in den Rentenversicherungsschutz ein, die einen arbeitnehmerähnlichen sozialen Status haben, weil sie keine Arbeitskräfte beschäftigen und nur für einen Auftraggeber tätig sind. Der soziale und ökonomische Status dieses Personenkreises wird dadurch gekennzeichnet, dass die Betroffenen weitgehend ohne eigenes Betriebsvermögen arbeiten und auf den Einsatz ihrer eigenen Fertigkeiten und Befähigungen im unmittelbaren Produktionsprozess angewiesen sind.[8] Dies indiziert nach gesetzgeberischer Einschätzung[9] ein den AN vergleichbares **soziales Sicherungsbedürfnis**.[10]

B. Regelungsgehalt

I. Selbstständige

4 Die Vorschrift erfasst nur „echte" Selbstständige, also Personen, die weisungsfrei (d.h.: ohne in eine fremde Arbeitsorganisation integriert zu sein) auf eigene Rechnung und mit Gewinnerzielungsabsicht arbeiten.[11] Personen, die sich nur als Selbstständige gerieren, ihrem Erscheinungsbild nach tatsächlich aber AN sind (Scheinselbstständige), werden als Beschäftigte von § 1 S. 1 Nr. 1 erfasst.[12] Auch sog. arbeitnehmerähnliche Selbstständige fallen unter § 2 S. 1 Nr. 9, wenn sie versicherungspflichtige AN beschäftigen. Die Einbeziehung sog. arbeitnehmerähnlicher Selbstständiger in die Versicherungspflicht verstößt nicht gegen Art. 3 Abs. 1 und Art. 12 Abs. 1 GG, wenn sie ihnen zugeordnete selbstständige Hilfskräfte, etwa Untervertreter, einsetzen.[13] Denn eine nicht rechtlich begründete Befugnis zur Delegation von Aufgaben, also ein bloß faktisches Weisungsrecht, lässt das die soziale Schutzbedürftigkeit umschreibende Merkmal „Alleinunternehmerschaft" i.S.v. § 2 S. 1 Nr. 9 nicht entfallen.[14] Vom Grundsatz her betrifft die Vorschrift alle natürlichen Personen, die allein oder mit anderen durch eine selbstständige Tätigkeit **Gewinneinkünfte** i.S.v. § 2 Abs. 2 Nr. 1 i.V.m. § 4 Abs. 1 S. l, Abs. 3 und § 5 EStG zu erzielen beabsichtigen. **Landwirtschaftliche Unternehmer** unterliegen allerdings vorrangig der Versicherungspflicht in der Alterssicherung der Landwirte,[15] während **Existenzgründer** für die Dauer des Bezugs eines Existenzgründungszuschusses nach § 421l SGB III der Versicherung nach S. 1 Nr. 10 unterliegen.

II. Alleinunternehmerstellung

5 Selbstständig Erwerbstätige sollen der Versicherungspflicht unterliegen, wenn sie in vergleichbarer Weise wie ein AN auf die Verwertung ihrer Arbeitskraft angewiesen sind. Daher hat die Versicherungspflicht zur Voraussetzung, dass der Selbstständige im Zusammenhang mit seiner Tätigkeit regelmäßig keinen **rentenversicherungspflichtigen AN** beschäftigt.[16] Die AN-Beschäftigung hat in einem Bezug zur selbstständigen Tätigkeit zu stehen, muss jedoch nicht in diesem Berufsbereich erfolgen. Zu den AN zählen auch Familienangehörige[17] und Personen in einem Berufsbildungsverhältnis i.S.v. § 7 Abs. 2 SGB IV, nicht jedoch geringfügig Beschäftigte, die auf die Versicherungsfreiheit verzichtet haben. Der Versicherungspflicht steht nicht entgegen, wenn sich der Alleinunternehmer der Mitwirkung anderer Selbstständiger oder – außerhalb eines Beschäftigungsverhältnisses[18] – mitarbeitender Familienangehöriger bedient.[19] Allerdings gebietet der Normzweck das Erlöschen der Versicherungspflicht, wenn der Selbstständige mehrere (geringfügig) Beschäftigte einsetzt, deren Entgelt zusammen den früheren gesetzlichen Grenzbetrag von 400 EUR überschreitet.[20] Nachdem sich das BSG[21] unter Zustimmung der Rentenversicherungsträger dieser Ansicht anschloss, hat der Gesetzgeber reagiert und die 400-EUR-Grenze gestrichen.[22]

---

4 Art. 2 Nr. 1a des G. zur Förderung der Selbstständigkeit v. 20.12.1999, BGBl I 2000 S. 2.
5 NZS 1999, 443 und NZS 12/1999, XI.
6 *Schmidt*, NZS 2000, 57; *Sommer*, NZS 2000, 122.
7 BGBl I 2007, S. 554.
8 BSG 12.10.2000 – B 12 RA 2/99 R – SozR 3–2600 § 2 Nr. 5 = NJ 2001, 280 (LS).
9 BT-Drucks 14/45, S. 20.
10 Zur Kritik s. Hauck/Noftz/*Klattenhoff*, K § 2 SGB VI Rn 8a; *Löwisch*, BB 1999, 102.
11 Hierzu Hanau/Eltzschig, NZS 2002, 281.
12 S. BT-Drucks 14/45, S. 20.
13 BSG 10.5.2006 – B 12 RA 2/05 R – SozR 4-2600 § 2 Nr. 8 = NZS 2007, 97.
14 BSG 10.5.2006 – B 12 RA 2/05 R – SozR 4-2600 § 2 Nr. 8 = NZS 2007, 97, 100.

15 Hauck/Noftz/*Klattenhoff*, K § 2 SGB VI Rn 41c.
16 BSG 9.12.1982 – 12 RK 21/82 – SozR 2400 § 2 Nr. 22; BSG 11.12.1987 – 12 RK 58/85 – SozR 2400 § 2 Nr. 24.
17 *Oberthür/Lohr*, NZA 2001, 126, 127.
18 Hierzu BSG 19.2.1987 – 12 RK 45/85 – SozR 2200 § 165 Nr. 90 = NJW 1988, 843.
19 BSG 28.4.1977 – 12/3 RK 56/75 – SozR 2400 § 2 Nr. 4; BSG 30.1.1997 – 12 RK 31/96 – SozR 3-2600 § 2 Nr. 5.
20 *Schmidt*, NZS 2000, 57, 60; a.A. *Oberthür/Lohr*, NZA 2001, 126, 128; *Pezoldt*, Info DRV in Bayern 2005, 465, 474.
21 BSG 23.11.2005 – B 12 RA 15/04 R-BSGE 95, 238 = SozR 4-2600 § 2 Nr. 5.
22 Art. 1 Nr. 2 lit b) RV-AltersgrenzenanpassungsG v. 20.4.2007, BGBl I S. 554; S. BR-Drucks 2/07, S. 3, 83.

Ist der Selbstständige nach der tatsächlichen Ausgestaltung der Verhältnisse auf Dauer und im Wesentlichen nur für **einen Auftraggeber** tätig, so ist dies ein Indiz für dessen wirtschaftliche Abhängigkeit.[23] Dies legitimiert die Versicherungspflicht, da dem Selbstständigen kein nennenswerter Freiraum zur Verteilung des Unternehmerrisikos auf verschiedene Auftraggeber zur Verfügung steht. Daher ist es mit der Teleologie der Norm nur schwer zu vereinbaren, wenn das BSG[24] auch den Alleingesellschafter einer GmbH in die Versicherungspflicht nach S. 1 Nr. 9 a.F. einbezieht, sofern er zugleich deren Geschäftführer ist und damit eine selbstständige Tätigkeit ausübt. Zwar ist dem BSG zu folgen, wenn es die eigene Rechtspersönlichkeit der Gesellschaft anerkennt, gleichwohl fehlt es in einem solchen Fall an dem die Versicherungspflicht rechtfertigenden Merkmal der fremdbestimmten Abhängigkeit. Der Gesetzgeber hat die BSG-Rechtsprechung nicht aufgegriffen. Nach S. 1 Nr. 9 lit. b) Hs. 2 n.F. gelten bei Gesellschaften als Auftraggeber die Auftraggeber der Gesellschaft.[25] Dies entspricht der ständigen Praxis der Rentenversicherungsträger und der h.L. Auch der Allein-Gesellschafter-Geschäftführer (Ein-Mann-GmbH) ist demnach rentenversicherungsfrei, wenn die GmbH mehrere Auftraggeber hat. Betroffen hiervon sind alle Gesellschaften unabhängig von ihrer Rechtsform.[26] Erfasst sind nicht nur solche Fälle, in denen der Selbstständige rechtlich an einen Auftraggeber gebunden ist und sich vertragsgemäß verhält, sondern auch solche, in denen die Bindung faktischer Natur ist.[27] Bei einer Mehrfachtätigkeit ist auf die Person des Selbstständigen und nicht auf jede einzelne der von ihm ausgeübten selbstständigen Tätigkeiten abzustellen.[28] Unter „einem Auftraggeber" ist „derselbe Auftraggeber" zu verstehen. Daher tritt Versicherungspflicht nicht ein, wenn der Selbstständige nacheinander für verschiedene Auftraggeber tätig ist. Die Praxis geht – anknüpfend an den Gedanken des § 12a Abs. 2 TVG – auch dann von einer Tätigkeit nur für einen Auftraggeber aus, wenn der Selbstständige zwar für verschiedene Unternehmen tätig ist, diese aber Konzernunternehmen (§ 18 AktG) sind.[29]

Das Merkmal dauerhafter und wesentlicher Bindung an einen Auftraggeber enthält **zeitliche und wirtschaftliche Elemente**.[30] Hinsichtlich der Dauer der Bindung kommt es darauf an, ob nach dem längerfristigen Unternehmenskonzept die Tätigkeit für verschiedene Auftraggeber angestrebt wird und die Realisierung dieses Konzepts nach den rechtlichen und tatsächlichen Gegebenheiten auch erwartet werden kann. Von der Dauerhaftigkeit der Tätigkeit ist auszugehen, wenn diese im Rahmen eines dauernden oder regelmäßig wiederkehrenden Auftragsverhältnisses erfolgt.[31] Ob der Selbstständige im Wesentlichen für einen Auftraggeber tätig ist, wird auf der Grundlage der erzielten Bruttoeinkünfte beurteilt. Die Praxis sieht dieses Erfordernis als erfüllt an, wenn der Selbstständige mindestens fünf Sechstel seiner gesamten Einkünfte (aus selbstständiger Tätigkeit) allein aus der Tätigkeit für einen Auftraggeber erzielt.

III. Konkurrenzen

Erfüllt der Selbstständige in Bezug auf ein und dieselbe Tätigkeit die Voraussetzungen mehrerer Versicherungspflichttatbestände der Nr. 1–9 und 10, dann sind nicht generell die Nr. 1–8 lex specialis.[32] § 2 enthält insoweit keine Konkurrenzregelung.[33] Nach dem Willen des Gesetzgebers gilt in diesen Fällen das Günstigkeitsprinzip, das heißt, die Regelung geht vor, die im Einzelfall den günstigsten sozialen Schutz gewährt, sodass etwa versicherungspflichtige Künstler und Publizisten i.S.d. Künstlersozialversicherungsgesetzes im Hinblick auf die für die Beteiligten günstigeren Beitragsregelungen dieses Gesetzes allein nach § 2 Nr. 5 SGB VI versicherungspflichtig sind.[34]

IV. Befreiung von der Versicherungspflicht

Für Alleinunternehmer mit einem Auftraggeber ist mit § 6 Abs. 1a eine spezielle Befreiungsregelung geschaffen worden, die Existenzgründer und ältere Selbstständige begünstigt. Mit dieser Vorschrift soll der besonderen Situation dieses nicht beruflich definierten Personenkreises Rechnung getragen werden.[35]

---

23 BGH 21.10.1998 – VIII ZB 54/97 – EzA § 5 ArbGG 1979 Nr. 30 = NZA 1999, 110.
24 BSG 24.11.2005 – B 12 RA 1/04 R – DB 2006, 16 m. Anm. *Müller*.
25 Art. 11 Nr. 1 lit. a) HaushaltsbegleitG 2006 (HBeglG 2006) v. 29.6.2006, BGBl I S. 1402, 1405; s. BT-Drucks 16/1525, S. 12 f., 28.
26 KassKomm/*Gürtner*, § 2 SGB VI Rn 35; BT-Drucks 16/1525, S. 28.
27 BT-Drucks 14/45, S. 20; *Rolfs*, NZA 2000, 188, 189; KassKomm/*Gürtner*, § 2 SGB VI Rn 39; vgl. auch LSG Berlin-Brandenburg 6.2.2007 – L 22 R 1732/05 – juris, LSG Berlin-Brandenburg 8.10.2008 – L 33 R 1203/08 – juris.
28 *Pezoldt*, Info DRV in Bayern 2005, 465, 474.
29 A.A. *Bauer/Diller/Lorenzen*, NZA 1999, 169, 172; siehe hierzu auch LSG Berlin-Brandenburg 6.2.2007 – L 22 R 1732/05 – juris.
30 LSG Berlin-Brandenburg 6.2.2007 – L 22 R 1732/05 – juris; KassKomm/*Gürtner*, § 2 SGB VI Rn 39.
31 Rundschreiben der Spitzenverbände der Sozialversicherungsträger v. 20.12.1999, NZA 2000, 190, 191.
32 KassKomm/*Gürtner*, § 2 SGB VI Rn 43.
33 Kreikebohm/*Grintsch*, § 2 SGB VI Rn 52.
34 BT-Drucks 14/151, S. 32.
35 BT-Drucks 14/1855, S. 9; ErfK/*Rolfs*, § 2 SGB VI Rn 10 m.w.N.

10 Nach § 6 Abs. 1a S. 1 Nr. 1 kann durch Antrag (längstens) für die **ersten drei Jahre nach Aufnahme der selbstständigen Erwerbstätigkeit** i.S.v. S. 1 Nr. 9[36] (auch als geringfügige Tätigkeit)[37] oder nach Wegfall des (die Versicherungspflicht nach S. 1 Nr. 10 begründenden) Existenzgründungszuschusses die Befreiung von der Versicherungspflicht in Anspruch genommen werden. Sie ist darüber hinaus nach Aufnahme einer zweiten Tätigkeit – ebenfalls für längstens drei Jahre – möglich, wobei es sich um eine später begonnene oder während der Drei-Jahres-Frist aufgenommene weitere selbstständige Tätigkeit handeln kann. Während des Bezugs des Existenzgründungszuschusses ist die Befreiung von der Versicherungspflicht nicht möglich, da der Zuschuss auch der sozialen Absicherung des Existenzgründers dienen soll.

11 Durch § 6 Abs. 1a S. 1 Nr. 2 wird **älteren Selbstständigen** die Möglichkeit eröffnet, eine bisherige Altersvorsorge außerhalb der gesetzlichen Rentenversicherung fortzusetzen. Daher können sie von der Versicherungspflicht nach S. 1 Nr. 9 befreit werden, wenn sie vor Vollendung des **58. Lebensjahres** eine selbstständige Tätigkeit aufgenommen haben, in dieser nicht versicherungspflichtig waren[38] und nach diesem Zeitpunkt erstmals die Tatbestandsmerkmale von S. 1 Nr. 9 erfüllen. Zwischen der vor dem 58. Lebensjahr ausgeübten selbstständigen Tätigkeit und der Tätigkeit, die zur Versicherungspflicht nach S. 1 Nr. 9 führt, muss ein zeitlicher (nicht aber zwingend ein inhaltlicher) Zusammenhang bestehen.

V. Verfahren und Beitragsrecht

12 Der Selbstständige hat die Aufnahme der versicherungspflichtigen Tätigkeit innerhalb von drei Monaten beim zuständigen Rentenversicherungsträger[39] anzuzeigen (§ 190a Abs. 1)[40] und an der Klärung des Versicherungsverhältnisses mitzuwirken (§ 196 Abs. 1). Zur Bemessung der Beiträge, Beitragslast und -zahlung s. § 165 Abs. 1 S. 1 Nr. 1 und S. 2, § 169 Nr. 1 und § 173. Für die Fälligkeit der Beiträge, die im Abbuchungsverfahren unmittelbar vom zuständigen RV-Träger eingezogen werden sollen (§ 3 RV-BZV), gilt § 23 Abs. 1 S. 2 ff. SGB IV.

C. Verbindung zu anderen Rechtsgebieten und Prozessrecht

13 Die Sozialversicherungspflicht von Selbstständigen mit einem Auftraggeber ist auf die **Rentenversicherung** beschränkt. Ferner hat die Regelung keinen Einfluss auf die Definition der arbeitnehmerähnlichen Person im Arbeitsrecht (siehe hierzu § 5 Abs. 1 S. 2 ArbGG, § 2 S. 2 BUrlG, § 12a Abs. 1 Nr. 1 TVG).[41]

D. Beraterhinweise

14 Für die Prüfung der Versicherungspflicht maßgebende **Indizien** einer Tätigkeit nur für einen Auftraggeber i.S.v. S. 1 Nr. 9 können u.a. sein:
- die regelmäßige Vergabe von Aufträgen oder ein Dauerauftrag;
- eine vertragliche Wettbewerbsklausel, die zur ausschließlichen Tätigkeit für den Auftraggeber verpflichtet;
- die Höhe der Einnahmen aus der Tätigkeit;
- Waren oder Dienstleistungen dienen ausschließlich den Bedürfnissen des Auftraggebers;
- das einheitliche äußere Auftreten (z.B. Dienstkleidung, Firmenwagen, Firmenlogo u.Ä.).

Die Neuregelung des S. 1 Nr. 9 führt nicht zu Problemen der sog. **Versicherungskonkurrenz**, d.h.: der gleichzeitigen Erfüllung mehrerer Rentenversicherungsbestände für ein und dieselbe Tätigkeit.[42]

§ 3 Sonstige Versicherte

Versicherungspflichtig sind Personen in der Zeit,
(...)
3. für die sie von einem Leistungsträger Krankengeld, Verletztengeld, Versorgungskrankengeld, Übergangsgeld oder Arbeitslosengeld beziehen, wenn sie im letzten Jahr vor Beginn der Leistung zuletzt versicherungspflichtig waren,

---

[36] § 6 Abs. 1a findet keine Anwendung auf § 2 S. 1 Nr. 6, BSG 23.11.2005 – B 12 RA 9/04 R – USK 2005, 47.
[37] BSG 10.12.1998 – B 12 RJ 2/98 R – SozR 3-2600 § 165 Nr. 1 = NZA-RR 1999, 597.
[38] Hauck/Noftz/*Klattenhoff*, § 2 SGB VI Rn 69g; a.A. Kass-Komm/*Gürtner*, § 2 SGB VI Rn 20h.
[39] § 127 Abs. 2; siehe hierzu *Schmidt*, DAngVers. 2005, 113, 115.
[40] Siehe auch BSG 24.11.2005 – B 12 RA 9/03 R – SozR 4-2600 § 6 Nr. 5 = USK 2005, 46, zur Drei-Monats-Frist des Befreiungsantrags.
[41] ErfK/*Rolfs*, § 2 SGB VI Rn 1.
[42] BSG 5.7.2006 – B 12 RA 4/05 R – SozR 4-2600 § 2 Nr. 9 = Breithaupt 2007, 38 m.w.N.

3 a. für die sie von den jeweils zuständigen Trägern nach dem Zweiten Buch Arbeitslosengeld II beziehen; dies gilt nicht für Empfänger der Leistung,
   a) die Arbeitslosengeld II nur darlehensweise oder
   b) nur Leistungen nach § 23 Abs. 3 Satz 1 des Zweiten Buches beziehen oder
   c) die auf Grund von § 2 Abs. 1a des Bundesausbildungsförderungsgesetzes keinen Anspruch auf Ausbildungsförderung haben oder
   d) deren Bedarf sich nach § 12 Abs. 1 Nr. 1 des Bundesausbildungsförderungsgesetzes oder nach § 66 Abs. 1 Satz 1 des Dritten Buches bemisst oder
   e) die versicherungspflichtig beschäftigt oder versicherungspflichtig selbständig tätig sind, oder eine Leistung beziehen, wegen der sie nach Satz 1 Nr. 3 versicherungspflichtig sind,
4. für die sie Vorruhestandsgeld beziehen, wenn sie unmittelbar vor Beginn der Leistung versicherungspflichtig waren.
(...)
⁵Trifft eine Versicherungspflicht nach Satz 1 Nr. 3 im Rahmen von Leistungen zur Teilhabe am Arbeitsleben mit einer Versicherungspflicht nach § 1 Satz 1 Nr. 2 oder 3 zusammen, geht die Versicherungspflicht vor, nach der die höheren Beiträge zu zahlen sind. ⁶Die Versicherungspflicht nach Satz 1 Nr. 3 und 4 erstreckt sich auch auf Personen, die ihren gewöhnlichen Aufenthalt im Ausland haben.

A. Allgemeines 1	4. Zusammentreffen mit anderen Versicherungspflichten 12
I. Geltende Fassung 1	II. Versicherungspflicht aufgrund des Bezugs von Arbeitslosengeld II 13
II. Allgemeiner Inhalt 2	1. Leistungsbezug 13
III. Sinn und Zweck der Vorschrift 3	2. Ausnahmen von der Versicherungspflicht 15
B. Regelungsgehalt 6	3. Befreiung von der Versicherungspflicht 17
I. Versicherungspflicht aufgrund des Bezugs einer Entgeltersatzleistung 6	III. Verfahren und Beitragsrecht 19
1. Leistungsbezug 6	**C. Beraterhinweise** 20
2. Entgeltersatzleistung 8	
3. Vorversicherung 11	

A. Allgemeines

I. Geltende Fassung

Die Regelung einer generellen Versicherungspflicht für Entgeltersatzleistungen ist durch das RRG 1992[1] eingeführt worden. Diese wurden bis Ende 1991 bei der Rentenberechnung nur als „Ausfallzeiten" (nunmehr Anrechnungszeiten) berücksichtigt. Mit der Rentenreform 1992 erfolgte dann eine Aufwertung von Entgeltersatzleistungen zu Beitragszeiten in der Rentenversicherung.

Mit Gesetz vom 24.12.2003[2] ist S. 1 Nr. 3a eingefügt worden. Neufassungen bzw. Änderungen erfolgten durch das Kommunale Optionsgesetz vom 30.7.2004,[3] durch das Gesetz zur Änderung des Zweiten Buches Sozialgesetzbuch und anderer Gesetze vom 24.3.2006[4] sowie durch Gesetz vom 20.7.2006.[5]

II. Allgemeiner Inhalt

Mit S. 1 Nr. 3, 3a wird die Rentenversicherungspflicht von **Empfängern einer kurzfristigen Entgeltersatzleistung**, die während des Jahres vor Leistungsbeginn zuletzt versicherungspflichtig waren, sowie von Empfängern von Alg II begründet. Der gewöhnliche **Aufenthalt im Ausland** steht – abweichend von § 3 Nr. 2 SGB IV – der Versicherungspflicht während des Bezugs einer Entgeltersatzleistung nicht entgegen.[6] Personen, die ihren gewöhnlichen Aufenthalt im Ausland haben, sollen nicht anders gestellt sein als ein AN, der als Rentner ins Ausland umzieht. Erforderlich ist aber der Leistungsbezug des innerstaatlichen Leistungsträgers. Ein solcher wird bereits angenommen, wenn ein ausländischer Leistungsträger im Wege der Amtshilfe die Auszahlung vornimmt und eine Verrechnung mit dem deutschen Träger erfolgt.[7]

III. Sinn und Zweck der Vorschrift

Die Versicherungspflicht der Bezieher von **Entgeltersatzleistungen** stellt eine Ergänzung der Versicherungspflicht abhängig Beschäftigter und selbstständig Tätiger insbesondere nach den §§ 1, 2 dar. Sie trägt dem Umstand Rechnung, dass eine Entgeltersatzleistung von ihrer Funktion her Arbeitsentgelt oder -einkommen ersetzen soll und be-

---

1 BGBl I 2261.
2 BGBl I 2954.
3 BGBl I 2014.
4 BGBl I 558.
5 BGBl I 1706.
6 BT-Drucks 11/4124, S. 150.
7 KassKomm/*Gürtner*, § 3 SGB VI Rn 20.

handelt sie dementsprechend auch in Bezug auf die Alters- und Invaliditätssicherung wie versicherungspflichtiges Arbeitsentgelt oder -einkommen. Der Sozialleistungsträger, der die Entgeltersatzleistung erbringt und damit den laufenden Bedarf des Leistungsberechtigten befriedigt, übernimmt mit der Zahlung von Beiträgen zur gesetzlichen Rentenversicherung auch die Sicherstellung von dessen Altersvorsorgebedarf.

4 Das **Alg II** i.S.v. § 1 Abs. 2 Nr. 2 und §§ 19 ff. SGB II ist keine Entgeltersatzleistung, sondern eine am lebensnotwendigen Bedarf orientierte subsidiäre Fürsorgeleistung für erwerbsfähige Hilfebedürftige i.S.d. § 7 Abs. 1 S. 1 SGB II.[8] Auch die Bezieher dieser Sozialleistung unterliegen der Rentenversicherungspflicht, und zwar unabhängig von einer Vorversicherung.[9] Die gesetzgebenden Körperschaften wollten damit offensichtlich den altersvorsorgerechtlichen Status der Bezieher der funktional teilidentischen Arbeitslosenhilfe des bis 2004 geltenden Rechts fortschreiben,[10] haben jedoch mit den erwerbsfähigen ehemaligen Sozialhilfeempfängern (die seit 2005 Alg II erhalten) eine deutliche Erweiterung des versicherten Personenkreises vorgenommen. Die dem Alg II vergleichbare – und im Verhältnis hierzu subsidiäre[11] – **Hilfe zum Lebensunterhalt** nach den §§ 27 ff. SGB XII führt nicht zur Versicherungspflicht. Dies dürfte damit zu begründen sein, dass diese Leistung nur Personen zufließt, die für den Arbeitsmarkt nicht zur Verfügung stehen und daher keinen Altersvorsorgebedarf, der in einem arbeitnehmerorientierten System sozialer Sicherheit zu befriedigen wäre, haben.

5 Die Zeit des versicherungspflichtigen Leistungsbezugs vor Vollendung des 25. Lebensjahres des Berechtigten kann zugleich eine **Anrechnungszeit** i.S.v. § 58 sein.[12]

B. Regelungsgehalt

I. Versicherungspflicht aufgrund des Bezugs einer Entgeltersatzleistung

6 **1. Leistungsbezug.** Nach S. 1 Nr. 3 sind Bezieher bestimmter Entgeltersatzleistungen für die Dauer des Bezugs dieser Leistung[13] versicherungspflichtig. Die Versicherungspflicht betrifft vor allem bisher Beschäftigte während der Zeit der nicht im Wege der Entgeltfortzahlung abgesicherten Krankheit oder während der Arbeitslosigkeit mit Anspruch auf Alg i.S.d. §§ 117 ff. SGB III.

7 Die Versicherungspflicht setzt den **tatsächlichen** (nicht unbedingt materiell rechtmäßigen)[14] **Bezug einer Entgeltersatzleistung** voraus.[15] Der Leistungsanspruch allein genügt den Voraussetzungen für den Eintritt der Versicherungspflicht nicht, wobei allerdings die Aufrechnung, Verrechnung, Übertragung, Verpfändung oder Pfändung der Leistung der Versicherungspflicht nicht entgegensteht. Keine Versicherungspflicht besteht für Zeiten, in denen der Leistungsanspruch in voller Höhe ruht oder für die er versagt worden ist.[16] In der Praxis wird das durch den Leistungsbezug begründete Versicherungsverhältnis grds. nicht rückwirkend beseitigt, wenn die Sozialleistung (auch) mit Wirkung für die Vergangenheit entzogen, zurückgefordert oder erstattet wird.[17] Die Versicherungspflicht wird nämlich grds. nur vom Zeitpunkt der Beitragszahlung aus beurteilt. Diese für sämtliche Zweige der Sozialversicherung entwickelte Verfahrensweise ist für den Bereich der Krankenversicherung und der sozialen Pflegeversicherung wegen der Besonderheiten der durch diese Systeme abgedeckten (aktuellen) Risiken gut begründbar. Sie erscheint aber mit Rücksicht auf das andersartige – grds. langfristig ausgerichtete – Risiko der gesetzlichen Rentenversicherung als Entscheidungsmaßstab in diesem Versicherungszweig problematisch.[18]

Eine rückwirkende Aufhebung der Versicherungspflicht und eine Erstattung gezahlter Beiträge kommt nur dann in Betracht, wenn anstelle von gezahltem Krankengeld oder Alg im Nachhinein Arbeitsentgelt nach § 1 gezahlt wird.

8 **2. Entgeltersatzleistung.** Entgeltersatzleistungen i.S.v. S. 1 Nr. 3 sind:
– **Krankengeld** der gesetzlichen Krankenversicherung,[19] und zwar auch dann, wenn es während einer stufenweisen Wiedereingliederung (§ 74 SGB V), als Spitzbetrag (§ 49 Abs. 1 Nr. 1, 3 und 4 SGB V) oder nach den §§ 47a, 47b SGB V gezahlt wird;
– **Verletztengeld** der gesetzlichen Unfallversicherung i.S.d. § 45 ff. SGB VII, auch soweit es als Spitzbetrag gezahlt wird (vgl. § 52 Nr. 1 SGB VII);

---

8 LPK-SGB II/*Brünner*, § 20 Rn 4, 7; *Münder*, SGB II, Einl. 12 ff.
9 BT-Drucks 15/1749, S. 37.
10 BT-Drucks 15/1516, S. 72.
11 § 5 Abs. 2 SGB II.
12 § 58 Abs. 1 S. 3.
13 Zum „Für-Prinzip" vgl. BSG 17.12.1996 – 12 RK 45/95 – SozR 3-2500 § 251 Nr. 1 = SGb 1997, 376.
14 Dies ist im Einzelnen str., siehe BSG 25.1.1995 – 12 RK 51/93 – SozR 3-2400 § 26 Nr. 6 = NZS 1995, 414.
15 BSG 15.5.1984 – 12 RK 7/83 – SozR 2200 § 381 Nr. 50 = DB 1985, 448; BSG 18.12.1989 – 8a RK 20/79 – SozR 2200 § 381 Nr. 43 = BSGE 51, 100.
16 BSG 26.3.1996 – 12 RK 5/95 – SozR 3-2500 § 5 Nr. 26 = AuA 1997, 281; Kreikebohm/*Grintsch*, § 3 SGB VI Rn 28.
17 BSG 30.6.1997 – 8 RKn 3/96 – SozR 3-2400 § 26 Nr. 8 = NZS 1998, 127; Kreikebohm/*Grintsch*, § 3 SGB VI Rn 29.
18 Bedenken bei Hauck/Noftz/*Klattenhoff*, K § 3 SGB VI Rn 89.
19 § 44 SGB V und § 45 SGB V.

- **Versorgungskrankengeld** der Kriegsopferversorgung i.S.d §§ 16 ff. BVG und nach solchen Vorschriften des sozialen Entschädigungsrechts, die das BVG für entsprechend anwendbar erklären (s. §§ 80, 83 SVG; §§ 47, 49 ZDG; § 1 Abs. 1 OEG; § 60 IfSG; § 4 HHG, § 21 Abs. 1 StrRehaG);
- **Übergangsgeld** i.S.d. § 45 Abs. 1 Nr. 3, Abs. 2 und 3 SGB IX durch einen Träger der gesetzlichen Renten- oder Unfallversicherung, der Kriegsopferfürsorge oder durch die BA;
- **Alg** i.S.d. §§ 117 ff. SGB III, auch in den Fällen des § 150 Abs. 2 oder des § 143 Abs. 3 SGB III.

Mittelbar erfasst S. 1 Nr. 3 auch die Leistungen, auf die die Vorschriften über die genannten Entgeltersatzleistungen **entsprechend anzuwenden** sind.[20] Dies betrifft beispielsweise die Arbeitslosenbeihilfe an frühere Zeitsoldaten oder Entwicklungshelfer (s. § 86a Abs. 1 S. 2 SVG; § 13 EhfG).

Keine Entgeltersatzleistungen i.S.v. S. 1 Nr. 3 sind etwa das Überbrückungsgeld,[21] der Existenzgründungszuschuss[22] (Existenzgründer unterliegen als selbstständig Erwerbstätige der Versicherungspflicht nach § 2 S. 1 Nr. 10), die Berufsausbildungsbeihilfe[23] (sie kann jedoch zur Versicherungspflicht nach § 1 S. 1 Nr. 3 führen) und das Kurzarbeiter- und Winterausfallgeld (in diesen Fällen besteht Versicherungspflicht als Beschäftigter nach § 1 S. 1 Nr. 1 Hs. 2).

3. Vorversicherung. Die Versicherungspflicht nach S. 1 Nr. 3 setzt voraus, dass der Leistungsbezieher in dem Jahr vor Beginn der Sozialleistung zuletzt rentenversicherungspflichtig war. Maßgeblich ist **nicht** das Kalenderjahr, sondern der dem Tag und Monat des Leistungsbeginns entsprechende Tag und Monat des Vorjahres. Innerhalb dieses Jahres muss Versicherungspflicht in der deutschen Rentenversicherung bestanden haben. Es ist also erforderlich, dass nach Bundesrecht Pflichtbeiträge zur gesetzlichen Rentenversicherung entrichtet worden sind[24] oder als entrichtet gelten (z.B. nach § 185 Abs. 2, § 203 Abs. 2, § 279e Abs. 1); Pauschalbeiträge für geringfügig Beschäftigte nach § 172 Abs. 3, 3a reichen nicht aus. Die Jahresfrist wird nach § 26 SGB X i.V.m. §§ 187, 188 BGB bestimmt.[25] **Versicherungspflicht** in der gesetzlichen Rentenversicherung lag **zuletzt** vor, wenn in dem Jahr vor Beginn der Entgeltersatzleistung ein (fiktiver) Pflichtbeitrag liegt und dieser den versicherungsrechtlichen Status des Leistungsbeziehers bis zur Zahlung der Entgeltersatzleistung bestimmt. Entfällt zwar ein Pflichtbeitrag auf den Jahreszeitraum vor Beginn der Entgeltersatzleistung, war der Leistungsbezieher jedoch danach versicherungsfrei, von der Versicherungspflicht befreit oder hat er zuletzt freiwillige Beiträge gezahlt, so kommt während des Leistungsbezugs nur eine Versicherungspflicht auf Antrag nach § 4 Abs. 3 S. 1 Nr. 1 in Betracht.

4. Zusammentreffen mit anderen Versicherungspflichten. Eine Versicherungspflicht nach S. 1 Nr. 3 schließt eine Versicherungspflicht wegen eines anderen Sachverhalts nicht aus; diese können vielmehr nebeneinander stehen.[26] Löst ein und derselbe Sachverhalt eine Versicherungspflicht nach mehreren Vorschriften aus, gilt das Günstigkeitsprinzip, d.h. derjenigen Rentenversicherungspflicht ist der Vorrang zu geben, die den besseren sozialen Schutz gewährt.[27]

Wird eine Leistung zur Teilhabe am Arbeitsleben in einer Werkstatt für behinderte Menschen nach § 1 S. 1 Nr. 2 durchgeführt, kommt eine Versicherung nach § 1 S. 1 Nr. 2 und S. 1 Nr. 3 in Betracht. Für diesen Fall regelt S. 5 ausdrücklich, dass die Versicherungspflicht vorgeht, nach der die höheren Beiträge zu zahlen sind.

II. Versicherungspflicht aufgrund des Bezugs von Arbeitslosengeld II

1. Leistungsbezug. Nach S. 1 Nr. 3a Hs. 1 unterliegen Bezieher von Alg II der Rentenversicherungspflicht, wobei es unerheblich ist, ob die Leistung von der BA oder dem nach § 6 Abs. 1 S. 1 Nr. 2 SGB II zuständigen **kommunalen Träger der Grundsicherung für Arbeitsuchende** gezahlt wird. Zur einheitlichen Wahrnehmung ihrer Aufgaben nach dem SGB II haben die örtlichen Agenturen für Arbeit und die kommunalen Träger (die bisher noch bestehenden) Arbeitsgemeinschaften (§ 44b SGB II)[28] errichtet, die wiederum die unterschiedlichen Leistungsanteile des Alg II erbringen. Leben mehrere erwerbsfähige Hilfebedürftige in einer Bedarfsgemeinschaft i.S.v. § 7 Abs. 3 SGB II zusammen, so unterliegt jeder von ihnen der Rentenversicherungspflicht. Nicht erwerbsfähige Angehörige der Bedarfsgemeinschaft erhalten nach § 28 SGB II Sozialgeld, sofern sie nicht vorrangig Anspruch auf Leistungen der

---

20 BT-Drucks 11/4124, S. 149.
21 § 57 SGB III.
22 § 4211 SGB III.
23 §§ 59 ff. SGB III.
24 BSG 23.6.1964 – 11/1 RA 186/62 – SozR Nr. 3 zu Art. 2 § 52 ArVNG.
25 BSG 31.1.1974 – 4 RJ 57/72 – SozR 2200 § 1248 Nr. 1 = NJW 1974, 919.
26 Kass/Komm/*Gürtner*, § 3 SGB VI Rn 15.
27 BT-Drucks 11/1424, S. 148.
28 Die in § 44b SGB II geregelte Pflicht der Kreise zur Aufgabenübertragung der Leistungen nach dem Sozialgesetzbuch Zweites Buch auf die Arbeitsgemeinschaften und die einheitliche Aufgabenwahrnehmung von kommunalen Trägern und der Bundesagentur für Arbeit in den Arbeitsgemeinschaften verletzt die Gemeindeverbände in ihrem Anspruch auf eigenverantwortliche Aufgabenerledigung und verstößt gegen die Kompetenzordnung des Grundgesetzes; BVerfG 20.12.2007 – 2 BvR 2433/04, 2 BvR 2434/04 – BVerfGE 119, 331= NVwZ 2008, 183 = NZS 2008, 198 = DVBl 2008, 173.

Grundsicherung im Alter und bei Erwerbsminderung haben.[29] Empfänger von Sozialgeld sind nicht rentenversicherungspflichtig.

14 Zur Rentenversicherungspflicht führt das **gesamte**, in den §§ 20 bis 24 SGB II definierte **Leistungsspektrum des AlgII**, und zwar auch dann, wenn die Leistungen nach § 23 Abs. 2, § 31 Abs. 5 SGB II als Sachleistung oder während eines Einigungsstellenverfahrens nach § 44a S. 3 SGB II erbracht werden. Die Versicherungspflicht ist nicht auf die Bezieher der Regelleistung beschränkt, sondern kann auch auf den sonstigen Leistungen zur Sicherung des Lebensunterhalts i.S.v. § 19 S. 1 SGB II beruhen. Es kommt auf den tatsächlichen Leistungsbezug an, wobei eine Leistung an Dritte unschädlich ist. Der Bezug von **Einstiegsgeld** i.S.d. § 29 SGB II führt nicht zur Versicherungspflicht.

15 **2. Ausnahmen von der Versicherungspflicht.** Nicht versicherungspflichtig sind Hilfebedürftige, die
– Alg II nach § 7 Abs. 5 S. 2, § 9 Abs. 4 Hs. 2, § 22 Abs. 5 oder § 23 Abs. 1 SGB II als **Darlehen** erhalten;
– Leistungen nach § 23 Abs. 3 S. 1 SGB II beziehen, und zwar bei einmaligem **Sonderbedarf** in Form der Erstausstattung einer Wohnung, der Erstausstattung bei Schwangerschaft und Geburt und der Kosten einer mehrtägigen Klassenfahrt im Rahmen des Schulrechts;
– nach § 7 Abs. 6 SGB II anspruchsberechtigt sind, weil sie eine **Ausbildung** absolvieren und bei ihren Eltern wohnen oder eine der anderen in § 2 Abs. 1a BAFöG genannten Voraussetzungen erfüllen oder weil sich ihre Leistung nach dem Bedarf eines Schülers berechnet.

16 Seit 2007 tritt Versicherungspflicht als Bezieher von Alg II darüber hinaus dann nicht ein, wenn während des Leistungsbezugs bereits aufgrund einer Beschäftigung, selbstständigen Erwerbstätigkeit oder des Bezugs einer anderen Sozialleistung Rentenversicherungspflicht besteht (siehe § 3 S. 1 Nr. 3a Buchst. e i.d.F. v. Art. 2 Nr. 1 des Gesetzes zur Änderung des Zweiten Buches Sozialgesetzbuch und anderer Gesetze v. 24.3.2006, BGBl I S. 558).[30] Nach der Gesetzesbegründung soll die Regelung der Vermeidung von Mehrfachversicherungen von Personen dienen, die bereits aus einem anderen Grund in der gesetzlichen Rentenversicherung versicherungspflichtig sind, insbesondere weil sie neben dem Bezug von Alg II versicherungspflichtig beschäftigt sind oder versicherungsrechtlich selbstständig tätig sind oder Arbeitslosengeld beziehen. Es handelt sich nicht um eine beispielhafte, sondern um eine enumerative Aufzählung.[31]

Der Ausschluss von der Versicherungspflicht sollte aus Gleichbehandlungsgründen auch dann eintreten, wenn die Versicherungspflicht aufgrund des Bezugs von Leistungen i.S.v. § 3 S. 1 Nr. 3 wegen fehlender Vorpflichtversicherung nur auf Antrag nach § 4 Abs. 3 S. 1 Nr. 1 eintritt.[32] Etwas anderes gilt aber beim Krankengeldbezug von berufsständisch Versicherten. Die nach § 4 Abs. 3 Nr. 1 für diesen Personenkreis vorgesehene Möglichkeit, die Versicherungspflicht in der gesetzlichen Rentenversicherung zu beantragen, scheitert an der Ausschlussnorm des § 4 Abs. 3a S. 3.[33] Eine analoge Heranziehung der in den §§ 207, 207a SGB III getroffenen Regelungen im Krankenversicherungsrecht kommt nicht in Betracht. Darin liegt auch kein Verstoß gegen höherrangiges Recht, insbesondere wird nach st. Rspr. des BSG[34] dadurch kein Verstoß gegen den allgemeinen Gleichheitssatz des Art 3 Abs. 1 GG begründet.[35]

17 **3. Befreiung von der Versicherungspflicht.** Die umfassende Versicherungspflicht der Empfänger von Alg II unterliegt in Form der **Befreiungsregelung des § 6 Abs. 1b** einem Korrektiv. Sie gestattet die Befreiung von der Rentenversicherungspflicht zugunsten von Leistungsbeziehern, die ihre Altersvorsorge nicht in der gesetzlichen Rentenversicherung, sondern anderweitig betrieben haben.[36] Nach § 6 Abs. 1b kann auf seinen Antrag von der Rentenversicherungspflicht befreit werden, wer im letzten Kalendermonat vor Beginn der Leistung nicht versichert war und
– während des Leistungsbezugs weiterhin Mitglied seiner berufsständischen Versorgungseinrichtung i.S.v. § 6 Abs. 1 S. 1 Nr. 1a bleibt (dann wird gem. § 26 Abs. 1 SGB II ein Zuschuss zu den Altersvorsorgeaufwendungen gezahlt);
– vor dem Leistungsbezug eine selbstständige Erwerbstätigkeit ausgeübt und im Wege einer gesetzlich näher qualifizierten Lebensversicherung vorgesorgt hat, sofern er während des Leistungsbezugs für diese Versicherung Beiträge wenigstens in Höhe des freiwilligen Mindestbeitrags zur gesetzlichen Rentenversicherung zahlt.

---

29 §§ 41 ff. SGB XII.
30 Zur Begründung s. BT-Drucks 16/688, S. 15 (Vermeidung von „Doppelversicherungen" [richtig: Mehrfachversicherungen]).
31 Kreikebohm/*Grintsch*, § 3 SGB VI Rn 39.
32 So auch Kreikebohm/*Grintsch*, § 3 SGB VI Rn 39.
33 BT-Drucks 13/3150, S. 46 zu Art 10 Nr. 9a des Entwurfs zum SGB VI-Änderungsgesetz v. 15.12.1995.
34 BSG 13.6.1989 – 2 RU 50/88 – Urteilssammlung der gesetzlichen Krankenversicherung (USK) 8926 – Ärzteversorgung bei Übergangsgeld; BSG 6.9.1991 – 3 RK 2/90 – USK 91110 – Lebensversicherung bei Krankengeld; BSG 14.2.2001 – B 1 KR 25/99 R – SozR 3–2600 § 170 Nr. 1 – Versorgungsbeiträge zur Ärzteversorgung bei Krankengeldbezug; BSG 7.5.2002 – B 1 KR 38/00 R – SozR 3–2500 § 47b Nr. 1 – Lebensversicherung bei Krankengeldbezug.
35 S. LSG N-W 24.1.2008 – L 16 KR 108/07 – juris; LSG N-W 3.1.2006 – L 11 KR 47/05 – juris.
36 BT-Drucks 15/1749, S. 37.

Die Befreiung von der Versicherungspflicht ist nicht fristgebunden. Allerdings wirkt sie nur dann vom Vorliegen der Befreiungsvoraussetzungen an, wenn sie innerhalb von drei Monaten beantragt wird, sonst beginnt die Versicherungsbefreiung mit dem Eingang des Antrags beim Rentenversicherungsträger oder einer anderen zur Annahme des Antrags berechtigten Stelle i.S.v. § 16 Abs. 1 S. 2 SGB I.[37]

III. Verfahren und Beitragsrecht

Die versicherungspflichtigen Bezieher von Sozialleistungen sind dem Rentenversicherungsträger durch den zuständigen Leistungsträger gem. § 28a SGB IV zu melden, § 191 S. 1 Nr. 2. Zur Beitragsbemessung, Beitragslast und Beitragszahlung bei Sozialleistungsempfängern s. § 166 Abs. 1 Nr. 2 bis 2c, § 170 Abs. 1 Nr. 2 und Abs. 2 und §§ 173, 176.

C. Beraterhinweise

Liegen während des Bezugs einer Entgeltersatzleistung die Voraussetzungen für die Versicherungspflicht kraft Gesetzes nicht vor, so kann der Leistungsempfänger zwischen einer freiwilligen Versicherung (§§ 7, 232) und einer Pflichtversicherung auf Antrag (§ 4 Abs. 3) wählen. Die Pflichtversicherung verschafft einen stärkeren Sicherungsstatus als die freiwillige Versicherung, nimmt dem Leistungsempfänger aber die Wahlfreiheit in Bezug auf Höhe und Dauer der Beitragszahlung. Wird von einer möglichen Antragspflichtversicherung abgesehen, ist die Zeit des Sozialleistungsbezugs keine Anrechnungszeit, § 58 Abs. 3.

§ 34 Voraussetzungen für einen Rentenanspruch und Hinzuverdienstgrenze

(...)

(2) ¹Anspruch auf eine Rente wegen Alters besteht vor Erreichen der Regelaltersgrenze nur, wenn die Hinzuverdienstgrenze nicht überschritten wird. ²Sie wird nicht überschritten, wenn das Arbeitsentgelt oder Arbeitseinkommen aus einer Beschäftigung oder selbständigen Tätigkeit oder vergleichbares Einkommen im Monat die in Absatz 3 genannten Beträge nicht übersteigt, wobei ein zweimaliges Überschreiten um jeweils einen Betrag bis zur Höhe der Hinzuverdienstgrenze nach Absatz 3 im Laufe eines jeden Kalenderjahres außer Betracht bleibt. ³Die in Satz 2 genannten Einkünfte werden zusammengerechnet. ⁴Nicht als Arbeitsentgelt gilt das Entgelt, das

1. eine Pflegeperson von dem Pflegebedürftigen erhält, wenn es das dem Umfang der Pflegetätigkeit entsprechende Pflegegeld im Sinne des § 37 des Elften Buches nicht übersteigt, oder
2. ein behinderter Mensch von dem Träger einer in § 1 Satz 1 Nr. 2 genannten Einrichtung erhält.

(3) Die Hinzuverdienstgrenze beträgt
1. bei einer Rente wegen Alters als Vollrente 400 Euro,
2. bei einer Rente wegen Alters als Teilrente von
   a) einem Drittel der Vollrente das 0,25 fache,
   b) der Hälfte der Vollrente das 0,19 fache,
   c) zwei Dritteln der Vollrente das 0,13 fache

der monatlichen Bezugsgröße, vervielfältigt mit der Summe der Entgeltpunkte (§ 66 Abs. 1 Nr. 1 bis 3) der letzten drei Kalenderjahre vor Beginn der ersten Rente wegen Alters, mindestens jedoch mit 1,5 Entgeltpunkten.

(...)

§ 96a Rente wegen verminderter Erwerbsfähigkeit und Hinzuverdienst

(1) ¹Eine Rente wegen verminderter Erwerbsfähigkeit wird nur geleistet, wenn die Hinzuverdienstgrenze nicht überschritten wird. ²Sie wird nicht überschritten, wenn das Arbeitsentgelt oder Arbeitseinkommen aus einer Beschäftigung oder selbständigen Tätigkeit oder vergleichbares Einkommen im Monat die in Absatz 2 genannten Beträge nicht übersteigt, wobei ein zweimaliges Überschreiten um jeweils einen Betrag bis zur Höhe der Hinzuverdienstgrenze nach Absatz 2 im Laufe eines jeden Kalenderjahres außer Betracht bleibt. ³Die in Satz 2 genannten Einkünfte werden zusammengerechnet. ⁴Nicht als Arbeitsentgelt gilt das Entgelt, das

---

37 BSG 22.9.1988 – 2/9b RU 36/87 – SozR 2200 § 545 Nr. 8.

1. eine Pflegeperson von dem Pflegebedürftigen erhält, wenn es das dem Umfang der Pflegetätigkeit entsprechende Pflegegeld im Sinne des § 37 des Elften Buches nicht übersteigt, oder
2. ein behinderter Mensch von dem Träger einer in § 1 Satz 1 Nr. 2 genannten Einrichtung erhält.

(1a) Abhängig vom erzielten Hinzuverdienst wird
1. eine Rente wegen teilweiser Erwerbsminderung in voller Höhe oder in Höhe der Hälfte,
2. eine Rente wegen voller Erwerbsminderung in voller Höhe, in Höhe von drei Vierteln, in Höhe der Hälfte oder in Höhe eines Viertels,
3. eine Rente für Bergleute in voller Höhe, in Höhe von zwei Dritteln oder in Höhe von einem Drittel geleistet.

(2) Die Hinzuverdienstgrenze beträgt
1. bei einer Rente wegen teilweiser Erwerbsminderung
   a) in voller Höhe das 0,23 fache,
   b) in Höhe der Hälfte das 0,28 fache

   der monatlichen Bezugsgröße, vervielfältigt mit der Summe der Entgeltpunkte (§ 66 Abs. 1 Nr. 1 bis 3) der letzten drei Kalenderjahre vor Eintritt der teilweisen Erwerbsminderung, mindestens jedoch mit 1,5 Entgeltpunkten,
2. bei einer Rente wegen voller Erwerbsminderung in voller Höhe400 Euro,
3. bei einer Rente wegen voller Erwerbsminderung
   a) in Höhe von drei Vierteln das 0,17 fache,
   b) in Höhe der Hälfte das 0,23 fache,
   c) in Höhe eines Viertels das 0,28 fache

   der monatlichen Bezugsgröße, vervielfältigt mit der Summe der Entgeltpunkte (§ 66 Abs. 1 Nummer 1 bis 3) der letzten drei Kalenderjahre vor Eintritt der vollen Erwerbsminderung, mindestens jedoch mit 1,5 Entgeltpunkten,
4. bei einer Rente für Bergleute
   a) in voller Höhe das 0,25 fache,
   b) in Höhe von zwei Dritteln das 0,34 fache,
   c) in Höhe von einem Drittel das 0,42 fache

   der monatlichen Bezugsgröße, vervielfältigt mit der Summe der Entgeltpunkte (§ 66 Abs. 1 Nr. 1 bis 3) der letzten drei Kalenderjahre vor Eintritt der im Bergbau verminderten Berufsfähigkeit oder der Erfüllung der Voraussetzungen nach § 45 Abs. 3, mindestens jedoch mit 1,5 Entgeltpunkten.

(3) Bei der Feststellung eines Hinzuverdienstes, der neben einer Rente wegen teilweiser Erwerbsminderung oder einer Rente für Bergleute erzielt wird, stehen dem Arbeitsentgelt oder Arbeitseinkommen gleich der Bezug von
1. Krankengeld,
   a) das aufgrund einer Arbeitsunfähigkeit geleistet wird, die nach dem Beginn der Rente eingetreten ist, oder
   b) das aufgrund einer stationären Behandlung geleistet wird, die nach dem Beginn der Rente begonnen worden ist,
2. Versorgungskrankengeld,
   a) das aufgrund einer Arbeitsunfähigkeit geleistet wird, die nach dem Beginn der Rente eingetreten ist, oder
   b) das während einer stationären Behandlungsmaßnahme geleistet wird, wenn diesem ein nach Beginn der Rente erzieltes Arbeitsentgelt oder Arbeitseinkommen zugrunde liegt,
3. Übergangsgeld,
   a) dem ein nach Beginn der Rente erzieltes Arbeitsentgelt oder Arbeitseinkommen zugrunde liegt oder
   b) das aus der gesetzlichen Unfallversicherung geleistet wird, und
4. den weiteren in § 18a Abs. 3 Satz 1 Nr. 1 des Vierten Buches genannten Sozialleistungen.

²Bei der Feststellung eines Hinzuverdienstes, der neben einer Rente wegen voller Erwerbsminderung erzielt wird, steht dem Arbeitsentgelt oder Arbeitseinkommen das für denselben Zeitraum geleistete
1. Verletztengeld und
2. Übergangsgeld aus der gesetzlichen Unfallversicherung

gleich. ³Als Hinzuverdienst ist das der Sozialleistung zugrunde liegende monatliche Arbeitsentgelt oder Arbeitseinkommen zu berücksichtigen. ⁴Die Sätze 1 und 2 sind auch für eine Sozialleistung anzuwenden, die aus Gründen ruht, die nicht im Rentenbezug liegen. [5]Absatz 1 Satz 3 ist nicht für geringfügiges Arbeitsentgelt oder Arbeitseinkommen anzuwenden, soweit dieses auf die sonstige Sozialleistung angerechnet wird.

(4) Absatz 3 wird auch für vergleichbare Leistungen einer Stelle mit Sitz im Ausland angewendet.

Literatur: *Andresen*, Frühpensionierung und Altersteilzeit, 2003; *Cirsovius*, Hinzuverdienstgrenzen bei Bezug von Erwerbsminderungsrenten, ZFSH/SGB 2007, S. 648; *DGB-Bundesvorstand*, Änderungen im SGB VI, SGB V und SGB II durch die Neuregelung zur „Rente mit 67", zur Gesundheitsreform und zur Beschäftigung Älterer, 2007; *Marburger*, Hinzuverdienen als Rentner, 2007; *Marburger*, Hinzuverdienstgrenzen für Rentner – Neuregelungen, rv 2007, S. 126; *Schneider*, Rentenreform 2007/2008 – Überblick über die wichtigsten Änderungen durch das „RV Altersgrenzenanpassungsgesetz", SF-Medien Nr. 168, S. 65; *Wiegelmann*, Beitragsbemessungsgrenzen, Bezugsgrößen, Beitragssätze in der Sozialversicherung 2008, BB-Special 2008, Nr. 3, S. 1.

A. Allgemeines	1	2. Rente wegen verminderter Erwerbsfähigkeit	8
I. Geltende Fassung	1	II. Höhe der Hinzuverdienstgrenze	9
II. Allgemeiner Inhalt	2	1. Altersrente	9
1. Altersrente	2	2. Rente wegen verminderter Erwerbsfähigkeit	10
2. Rente wegen verminderter Erwerbsfähigkeit	4	III. Berücksichtigungsfähiges Einkommen	11
III. Sinn und Zweck der Vorschrift	5	1. Altersrente	11
1. Altersrente	5	2. Rente wegen verminderter Erwerbsfähigkeit	14
2. Rente wegen verminderter Erwerbsfähigkeit	6	IV. Erfassung des Einkommens	15
B. Regelungsgehalt	7	C. Verbindung zu anderen Rechtsgebieten und Prozessrecht	17
I. Geltungsbereich	7	D. Beraterhinweise	19
1. Altersrente	7		

A. Allgemeines

I. Geltende Fassung

Durch das Rentenreformgesetz 1992[1] wurde § 34 in das SGB VI eingefügt. Mit Wirkung vom 1.1.1996 erfolgte durch das SGB VI-Änderungsgesetz[2] die Neufassung des Abs. 2 S. 1. Durch das RRG 1999 wurde Abs. 2 S. 2 letzter Hs. geändert, das zweimalige Überschreiten der Hinzuverdienstgrenze war nunmehr im Kalenderjahr, nicht mehr im sog. Rentenjahr möglich. Im Zuge der Neuregelung der geringfügigen Beschäftigungsverhältnisse durch Gesetz vom 24.3.1999[3] wurde die bisher variable Rechengröße durch einen Festbetrag als Hinzuverdienstgrenze bei einer Rente wegen Alters als Vollrente ersetzt. Die Änderung in Abs. 2 Nr. 2 übernimmt die Terminologie des SGB IX.[4] Eine weitere Änderung des Abs. 2 erfolgte durch das Hüttenknappschaftliche Zusatzversicherungs-Neuregelungsgesetz vom 21.6.2002.[5] In S. 2 wurden die Wörter „oder vergleichbares Einkommen" eingefügt, die S. 3 und 4 durch den jetzigen S. 3 ersetzt. Danach werden dem Arbeitsentgelt und Arbeitseinkommen vergleichbare Einkommen, die nach § 34 Abs. 2 in der bis zum 31.12.2002 geltenden Fassung unberücksichtigt blieben,[6] ab 2003 als Hinzuverdienst angerechnet. Mit dem 2. Gesetz für moderne Dienstleistungen am Arbeitsmarkt vom 23.12.2002[7] wurde die starre Hinzuverdienstgrenze für die Altersrente als Vollrente auf ein Siebtel der monatlichen Bezugsgröße angehoben und damit wieder dynamisiert. Zum 1.1.2008 ist durch das RV-Anpassungsgesetz vom 20.4.2007[8] in Abs. 2 die wegen der nunmehr geltenden Regelaltersgrenze erforderliche Änderung vorgenommen worden. In Abs. 3 erfolgte eine Änderung der Hinzuverdienstgrenzen, wonach bei der Berechnung der Teilrenten nicht mehr auf den allgemeinen Rentenwert, sondern auf die monatliche Bezugsgröße abgestellt wird.

II. Allgemeiner Inhalt

1. Altersrente. § 34 Abs. 2 ergänzt die spezifischen Anspruchsnormen für vorzeitige Altersrenten und hat für diese den Charakter einer **negativen Anspruchsvoraussetzung**.[9] Die Regelung schließt eine Voll- oder Teilrente wegen Alters vor Erreichen der Regelaltersgrenze, die gem. § 35 S. 2 mit Vollendung des 67 Lebensjahres bzw. das durch die Übergangsvorschrift des § 235 festgelegte Lebensjahr erreicht ist, aus, wenn das während der Zeit, für die Rente in Anspruch genommen wird, erzielte Einkommen eine gesetzlich definierte Hinzuverdienstgrenze überschreitet. Sie beschreibt in Anlehnung an § 18a Abs. 2 S. 1 SGB IV die im Rahmen der Hinzuverdienstgrenzen relevanten (ggf. kumulierten) Einkünfte. Mit § 34 Abs. 3 sind die Hinzuverdienstgrenzen in der Höhe dynamisch und folgen unmittelbar der Lohnentwicklung, da sie auf die Bezugsgröße (§ 18 SGB IV) abstellen. Bei Bezug einer Vollrente gilt ein fester Betrag (Nr. 1), bei Bezug einer Teilrente wegen Alters gilt ein Betrag, der sich an den individuellen Einkom-

---

1 BGBl I S. 2261.
2 BGBl I S. 1824.
3 BGBl I S. 388.
4 BGBl I 2001 S. 1046.
5 BGBl I S. 2137.
6 BSG 4.5.1999 – B 4 RA 55/98 R – SozR 3–2600 § 34 Nr. 1 = NJW 2000, 1519.
7 BGBl I S. 4621.
8 BGBl I S. 554.
9 BSG 4.5.1999 – B 4 RA 55/98 R – SozR 3–2600 § 34 Nr. 1 = NJW 2000, 1519.

mensverhältnissen orientiert (Nr. 2). Bis zum 31.12.2007 wurde in Abs. 3 Nr. 1 die für eine Altersvollrente maßgebende generelle Hinzuverdienstgrenze bestimmt und in Abs. 3 Nr. 2 die für eine Teilrente jeweils maßgebende, durch einen Garantiewert in Form eines absoluten Betrags flankierte individuelle Hinzuverdienstgrenze definiert. Die Hinzuverdienstgrenzen wurden entsprechend der jeweiligen Rentenanpassung fortgeschrieben und folgten grds. der Lohnentwicklung. Nunmehr wird aufgrund der Berücksichtigung auch anderer Entwicklungen (zahlenmäßiges Verhältnis zwischen Rentnern und Beitragszahlern) nicht mehr anhand des aktuellen Rentenwerts, sondern anhand der monatlichen Bezugsgröße die Fortschreibung der Hinzuverdienstgrenze vorgenommen. Die monatliche Bezugsgröße ist in § 18 SGB IV festgeschrieben und wird durch Rechtsverordnung zum 1.1. eines jeden Jahres neu bestimmt.[10] Die persönlichen Entgeltpunkte sind nach § 66 Abs. 1 Nr. 1 bis 3 zu ermitteln. Überschreitet das Einkommen nicht nur gelegentlich die maßgebende Hinzuverdienstgrenze, so hat der Rentenversicherungsträger von Amts wegen[11] eine (niedrigere) Teilrente zuzuerkennen, wenn der Rentenberechtigte nicht etwas anderes bestimmt. Eine vorherige Anhörung des Rentenberechtigten findet nicht statt;[12] dürfte aber wegen des zumeist vorliegenden Hinweises im Bewilligungsbescheid, geänderte Einkünfte mitzuteilen, mit Blick auf § 48 Abs. 2 Nr. 3 SGB X sinnvoll sein.[13] Erst bei Überschreiten auch der höchsten Hinzuverdienstgrenze (für die Teilrente in Höhe von einem Drittel der Vollrente) erlischt der Anspruch vollständig. Die objektive Beweislast für den Vortrag, dass die maßgebliche Verdienstgrenze nicht überschritten wurde, trägt der Versicherte.[14]

3 Nach Erreichen der **Regelaltersgrenze** des Rentenberechtigten kann unbeschränkt zur Altersrente hinzuverdient werden. Rechtspolitische Forderungen, den Anwendungsbereich der Hinzuverdienstregelungen auf Anspruchszeiträume nach diesem Zeitpunkt zu erstrecken,[15] sind von der Politik nicht aufgegriffen worden.[16]

4 **2. Rente wegen verminderter Erwerbsfähigkeit.** Seit 1996 gelten auch für die Rente wegen verminderter Erwerbsfähigkeit[17] Hinzuverdienstgrenzen. Diese berühren allerdings nicht – anders als § 34 Abs. 2 – den Anspruch dem Grunde nach,[18] sondern nehmen auf den aus dem Stammrecht folgenden **Zahlungsanspruch** Einfluss.[19] Rente wegen Erwerbsminderung wird nur geleistet, wenn die maßgebende Hinzuverdienstgrenze mit Arbeitsentgelt, Arbeitseinkommen, diesen Einnahmen vergleichbarem Einkommen oder kurzfristigen Entgeltersatzleistungen i.S.v. § 96a Abs. 3 nicht überschritten wird. Es gilt der Grundsatz der Zeitkongruenz: Einkommen wird berücksichtigt, wenn es in der Zeit erworben worden ist, für die Rente beansprucht wird. Für die einzelnen Renten gelten unterschiedliche Rentenquoten, die in Korrelation mit der Höhe der Einkünfte gestaffelt sind.

III. Sinn und Zweck der Vorschrift

5 **1. Altersrente.** Die Hinzuverdienstgrenzen für die **Vollrente** dienen rechtsdogmatisch der Konkretisierung des einer vorzeitigen Altersrente zugrunde liegenden Versicherungsfalls als einer Kombination biologischer und sozialer Merkmale.[20] Sie vermeiden zugleich die sozialpolitisch problematische Kumulation von Erwerbs- und Erwerbsersatzeinkommen und haben damit auch eine auf den Arbeitsmarkt gerichtete Funktion. Einen anderen Zweck haben die Hinzuverdienstgrenzen für die **Altersteilrenten**, indem sie durch die Kombination von Teilerwerbseinkommen und Teilrente die Flexibilisierung der Lebensarbeitszeit und den gleitenden Übergang vom Erwerbsleben in den Ruhestand ermöglichen.[21]

6 **2. Rente wegen verminderter Erwerbsfähigkeit.** Die Berücksichtigung von Einkommen trägt der **Entgeltersatzfunktion** der Rente wegen verminderter Erwerbsfähigkeit Rechnung.[22] Durch die Harmonisierung mit § 34 Abs. 2 werden zugleich unerwünschte **Ausweichreaktionen** von der vorzeitigen Altersrente zur Erwerbsminderungsrente ausgeschlossen. Die früher rentenrechtlich unbeachtliche Arbeit auf Kosten der Gesundheit[23] führt seit 1996 zu einer Minderung des Leistungsanspruchs.[24]

B. Regelungsgehalt
I. Geltungsbereich

7 **1. Altersrente.** Die Regelung gilt für **sämtliche vorzeitige Altersrenten** des SGB VI (§§ 36 ff., §§ 236 ff.) bis zum Ablauf des Kalendermonats, in dem der Rentenberechtigte die Regelaltersgrenze erreicht hat.[25] Für die Knapp-

---

10 § 17 Abs. 2 SGB IV.
11 § 115 Abs. 1 S. 2.
12 § 24 Abs. 2 Nr. 5 SGB X.
13 Kreikebohm/*Löns*, § 34 SGB VI Rn 25.
14 KassKomm/*Niesel*, § 34 Rn 5 m.w.N.
15 Etwa *Boecken*, Gutachten B zum 62. DJT, S. B 68 ff.; *Waltermann*, NJW 1998, 2488, 2492.
16 Ablehnend auch der 62. DJT, NJW 1999, 117, 119.
17 § 33 Abs. 3.
18 BSG 6.3.2003 – B 4 RA 35/02 R – SozR 4–2600 § 313 Nr. 1 = NZS 2004, 209.
19 BT-Drucks 13/3150, S. 42.
20 Hauck/Noftz/*Klattenhoff*, K § 34 SGB VI Rn 5; ErfK/*Rolfs*, vor § 2 SGB VI Rn 2; Bedenken bei *Rolfs*, Das Versicherungsprinzip im Sozialversicherungsrecht, 2000, S. 453 f.
21 BSG 31.1.2002 – B 13 RJ 33/01 R – SozR 3–2600 § 34 Nr. 4 = NZS 2002, 658.
22 BT-Drucks 13/2590, S. 23.
23 BSG 9.9.1983 – 5b RJ 90/82 – SozR 2200 § 1247 Nr. 41.
24 Kreikebohm/*Löns*, SGB VI, § 96a Rn 2.
25 BSG 9.11.1982 – 11 RA 48/82 – SozR 2200 § 1248 Nr. 39.

schaftsausgleichsleistung als Sonderleistung zugunsten langjährig unter Tage beschäftigter Bergleute gilt die für die Altersvollrente maßgebende Hinzuverdienstgrenze entsprechend (§ 239 Abs. 3 S. 6).

2. Rente wegen verminderter Erwerbsfähigkeit. § 96a gilt für die Rente wegen teilweiser oder voller Erwerbsminderung (§§ 43, 240), die Rente für Bergleute (§ 45) sowie nach Maßgabe von § 313 für die Rente wegen Berufs- oder Erwerbsunfähigkeit auf der Grundlage des vor 2001 geltenden Rechts, § 302b. Die Regelung ist im Verhältnis zur Anrechnungsvorschrift des § 94 nachrangig (§ 98 S. 1 Nr. 7).

II. Höhe der Hinzuverdienstgrenze

1. Altersrente. Die Höhe der Hinzuverdienstgrenze ist davon abhängig, ob die Altersrente als Voll- oder Teilleistung gezahlt wird. Für die Vollrente gilt einheitlich eine Hinzuverdienstgrenze von 400 Euro. Für die Teilrenten gelten individuelle Hinzuverdienstgrenzen auf Mindestbasis. Sie errechnen sich aus den Entgeltpunkten der letzten drei Kalenderjahre vor Rentenbeginn für Beitragszeiten, beitragsfreie Zeiten und Zuschläge für beitragsgeminderte Zeiten einerseits sowie der monatlichen Bezugsgröße (§ 18 SGB IV) andererseits multipliziert mit dem jeweiligen Teilrentenfaktor. Die monatliche Bezugsgröße ist mit einem Vielfachen des aktuellen Rentenwerts (Ost) zu vervielfältigen und durch den aktuellen Rentenwert zu teilen, wenn das Arbeitsentgelt oder Arbeitseinkommen aus der Beschäftigung oder Tätigkeit im Beitrittsgebiet erzielt wird (§ 228a Abs. 2).

2. Rente wegen verminderter Erwerbsfähigkeit. Die Höhe der Hinzuverdienstgrenze hängt von der Rentenart und dem Grad der Erwerbsminderung ab; sie bestimmt sich nach den zu § 34 dargestellten Grundsätzen.
Der Überlegung des Deutschen Bundesrates,[26] die monatliche Hinzuverdienstgrenze bei voller Erwerbsminderung von (im Jahre 2007) 350,- EUR an die Geringfügigkeitsgrenze nach § 8 SGB IV i.H.v. monatlich 400,- EUR anzugleichen, unter anderem um den Verwaltungsaufwand bei den Rentenversicherungsträgern zu verringern, ist der Ausschuss für Arbeit und Soziales im Gesetzgebungsverfahren zum RV-Altersgrenzenanpassungsgesetz nicht gefolgt.[27]
Bei den Hinzuverdienstgrenzen in den neuen und alten Bundesländern ergeben sich, obwohl die Bezugsgröße für das gesamte Bundesgebiet gilt, unterschiedliche Werte (siehe Rn 8). § 228a Abs. 2 sieht nämlich vor, dass die monatliche Bezugsgröße mit dem aktuellen Rentenwert (Ost) zu vervielfältigen und durch den aktuellen Rentenwert zu teilen ist, wenn das Arbeitsentgelt oder Arbeitseinkommen aus einer Beschäftigung oder Tätigkeit im Beitrittsgebiet erzielt wird.

III. Berücksichtigungsfähiges Einkommen

1. Altersrente. Im Rahmen der Hinzuverdienstregelung ist das **Arbeitsentgelt** Beschäftigter**, das Arbeitseinkommen** (§ 15 SGB IV) selbstständig Erwerbstätiger oder ein diesen Einkünften **vergleichbares Einkommen** zu berücksichtigen, das während der Zeit, für die Rente gezahlt werden soll, erzielt wird.[28] Sonstige Einkünfte sind grds unbeachtlich.[29] Dies gilt insb. für kurz- u. langfristige Entgeltersatzleistungen (z.B. Alg, Krankengeld, Verletztenrente usw.),[30] für die im jeweiligen Sachzusammenhang besondere Konkurrenzregelungen bestehen. Einkommen aus einer **ausländischen Quelle** ist zu berücksichtigen[31] und ggf. – vorbehaltlich besonderer Regelungen des internationalen Sozialrechts (§ 6 SGB IV) – nach § 17a SGB IV umzurechnen. Der Begriff des Arbeitsentgelts wird im Sozialversicherungsrecht eigenständig definiert,[32] sodass auch den Einkommensfeststellungen anderer Behörden insoweit keine Drittbindungswirkung beizumessen ist.[33] **Arbeitsentgelt** sind alle laufenden oder einmaligen Zahlungen und geldwerten Vorteile im Zusammenhang mit einer abhängigen Beschäftigung als Bruttobetrag (§ 14 SGB IV). Auf die konkrete versicherungsrechtliche Beurteilung der Beschäftigung kommt es dabei nicht an,[34] sodass z.B. auch Entgelt aus einer versicherungsfreien Beschäftigung zu berücksichtigen ist. Bei Anwendung der Norm gilt der Grundsatz, dass das Arbeitsentgelt dem AN zugeflossen sein muss (Zuflussprinzip). Ausnahmen vom Grundsatz der Totalerfassung aller Einkünfte, die kausal auf der Beschäftigung beruhen, enthält die – auch im Leistungsrecht zu beachtende[35] –

---

26 BT-Drucks 16/4372, Anl 2.
27 BT-Drucks 16/4583.
28 BSG 15.12.1977 – 11 RA 30/77 – SozR 2200 § 1248 Nr. 18.
29 BSG 31.5.1989 – 4 RA 22/88 – SozR 2200 § 1248 Nr. 48 = NZA 1990, 668; BSG 9.9.1993 – 5 RJ 60/92 – SozR 3-2200 § 1248 Nr. 9 = NZS 1994, 229.
30 BSG 23.2.2000 – B 5 RJ 26/99 R – SozR 3-2600 § 34 Nr. 3 = NJW 2001, 2493 (LS).
31 BSG 9.11.1982 – 11 RA 2/82 – SozR 2200 § 1248 Nr. 38 = MDR 1983, 700; BSG 1.2.2005 – B 8 KN 6/04 R – Breithaupt 2005, 942.
32 Hauck/Noftz/*Klattenhoff*, K § 14 SGB IV Rn 4.
33 BSG 18.1.1990 – 4 RA 17/89 – SozR 3-2200 § 1248 Nr. 1 = NZA 1990, 544 (LS).
34 BSG 11.2.1993 – 5 RJ 8/92 – SozR 3-2200 § 1248 Nr. 8 = NZS 1993, 366.
35 BSG 31.1.2002 – B 13 RJ 33/01 R – SozR 3-2600 § 34 Nr. 4 = NZS 2002, 658.

Sozialversicherungsentgeltverordnung[36] bzw. vormals die Arbeitsentgeltverordnung.[37] Anspruchsirrelevant ist Arbeitsentgelt, soweit es gezahlt wird als weitergeleitetes Pflegegeld (§ 37 SGB XI) an die nicht erwerbsmäßig tätige Pflegeperson (§ 19 SGB XI) oder als Entgelt, das einem Behinderten von einem Träger der in § 1 S. 1 Nr. 2 genannten Einrichtungen (Werkstätten für behinderte Menschen, Blindenwerkstätten, Heil- und Pflegeanstalten etc.) geschuldet wird.

12 **Arbeitseinkommen** ist der nach den allg. Gewinnermittlungsvorschriften des Einkommensteuerrechts ermittelte Gewinn aus einer selbstständigen Tätigkeit (§ 15 SGB IV). Es liegt nach § 15 Abs. 1 S. 2 SGB IV vor, wenn Einkommen nach dem Einkommensteuerrecht „als Arbeitseinkommen" (ein Begriff, der dem Steuerrecht unbekannt ist – gemeint sind die Gewinneinkünfte i.S.v. § 2 Abs. 2 Nr. l, §§ 4 ff. EStG) zu bewerten ist. Es besteht eine volle Parallelität zwischen Einkommensteuer- und Sozialversicherungsrecht,[38] und zwar nicht nur in Bezug auf die Zuordnung und Höhe des Einkommens, sondern nach Auffassung des BSG auch hinsichtlich der Frage, wann im Sozialversicherungsrecht von einer selbstständigen Tätigkeit auszugehen ist.[39] Dies hat zur Konsequenz, dass der Rentenversicherungsträger an die Entscheidungen der Finanzbehörden und -gerichte gebunden ist.[40] Der Begriff der selbstständigen Tätigkeit, der nicht identisch mit dem Begriff der selbstständigen Arbeit i.S.v. § 2 Abs. l Nr. 3 EStG ist, erfasst alle typischerweise mit persönlichem Einsatz verbundenen Einkunftsarten.[41] Arbeitseinkommen können daher nur Einkünfte aus Land- und Forstwirtschaft (§ 2 Abs. 1 Nr. 1 i.V.m. §§ 13 bis 14a EStG), aus Gewerbebetrieb (§ 2 Abs. 1 Nr. 2 i.V.m. §§ 15, 16 EStG) und aus selbstständiger Arbeit (§ 2 Abs. l Nr. 3 i.V.m. § 18 EStG) sein.[42] Einkünfte aus Kapitalvermögen sowie aus Vermietung und Verpachtung sind nur dann als Arbeitseinkommen zu berücksichtigen, soweit sie Einkünften aus einer selbstständigen Tätigkeit einkommensteuerrechtlich zuzurechnen sind.[43] Besonderheiten bei der Einkommensermittlung gelten nach § 15 Abs. 2 SGB IV für landwirtschaftliche Unternehmer, deren Gewinn nach § 13a EStG ermittelt wird oder bei denen keine Einkommensteuerveranlagung erfolgt.[44]

13 Zum 1.1.2003 ist aufgrund einer neu geschaffenen Generalklausel pauschal dem Arbeitsentgelt oder -einkommen **vergleichbares Einkommen** in den Anwendungsbereich der Hinzuverdienstregelung einbezogen worden.[45] Hierbei handelt es sich um Einkommen im ursächlichen (nicht notwendigerweise zeitlichen) Zusammenhang mit einer Arbeit als Äquivalent der geschuldeten Dienstleistung, ohne vom Eintritt eines biologischen Ereignisses abhängig (und damit Versorgung) zu sein. Die parlamentarischen Materialien[46] definieren als vergleichbare Einkünfte beispielhaft Vorruhestandsgelder,[47] Überbrückungsleistungen, Abgeordnetenentschädigungen und Ministerbezüge.[48]

14 **2. Rente wegen verminderter Erwerbsfähigkeit.** Die bei Anwendung von § 96a zu berücksichtigenden **Erwerbseinkünfte** entsprechen den Einkünften, die im Rahmen von § 34 relevant sind. Darüber hinaus erfasst die Hinzuverdienstregelung in Abhängigkeit von der jeweiligen Rentenart eine Reihe kurzfristiger (auch ausländischer) **Entgeltersatzleistungen**. Dies gilt – parallel zum Krankenversicherungsrecht – auch dann, wenn sie ruhen und diese Leistungseinschränkung nicht auf den Rentenbezug zurückzuführen ist (Beispiel: Ruhen des Alg wegen einer Sperrzeit gem. § 144 SGB III). Entgeltersatzleistungen werden allerdings nicht auf der Basis ihres Zahlbetrags, sondern in Höhe des der Sozialleistung zugrunde liegenden Arbeitsentgelts oder -einkommens berücksichtigt. Die Erfassung von Entgeltersatzleistungen trägt deren Surrogatfunktion Rechnung und verhindert, dass der Rentenberechtigte während des Leistungsbezugs besser steht als während der Beschäftigung oder selbstständigen Tätigkeit.[49]

IV. Erfassung des Einkommens

15 Das Einkommen ist auf **Monatsbasis** zu erfassen.[50] Bei AN ist für jeden Kalendermonat, für den Rente gezahlt werden soll, das während dieses Monats konkret erzielte Einkommen der maßgebenden Hinzuverdienstgrenze gegenüberzustellen, wobei ein zweimaliges Überschreiten der Hinzuverdienstgrenze (limitiert auf ein Gesamteinkommen in Höhe der doppelten Hinzuverdienstgrenze, jedoch unabhängig vom Grund der eingetretenen Einkommensspitze)[51] während eines Kalenderjahres anspruchsirrelevant ist. Das vom Gesetz eingeräumte Recht, zweimal im Kalen-

---

36 VO über die sozialversicherungsrechtliche Beurteilung von Zuwendungen des AG als Arbeitsentgelt (Sozialversicherungsentgeltverordnung – SvEV) v. 21.12.2006, BGBl I S. 3385.
37 VO über die Bestimmung des Arbeitsentgelts in der Sozialversicherung (Arbeitsentgeltverordnung – ArEV) i.d.F. der Bekanntmachung v. 18.12.1984, BGBl I S. 1642, 1644, zul. geänd. durch VO v. 29.6.2006, BGBl I S. 1402, aufgehoben durch VO v. 21.12.2006, BGBl I S. 3385.
38 BT-Drucks 12/5700, S. 92.
39 BSG 7.10.2004 – B 13 RJ 13/04 R – SGb 2004, 697 (LS).
40 SG Freiburg 30.11.2001 – S 6 RA 1305/00 – NZS 2002, 435.
41 BSG 26.9.1996 – 12 RK 46/95 – SozR 3-2500 § 240 Nr. 27.
42 BSG 30.9.1997 – 4 RA 122/95 – SozR 3-2400 § 15 Nr. 4 = NZS 1998, 182.
43 BSG 9.9.1993 – 5 RJ 60/92 – SozR 3-2200 § 1248 Nr. 9 = NZS 1994, 229; *Lehner/Stellmacher*, SGb 1995, 100, 101.
44 Hierzu Hauck/Noftz/*Klattenhoff*, K § 15 SGB IV Rn 24 ff.
45 Zum Übergangsrecht siehe § 302 Abs. 6.
46 BT-Drucks 14/9442, S. 49.
47 Zu diesem Begriff s. BSG 6.9.2001 – B 5 RJ 28/00 R – SozR 3-2400 § 18a Nr. 7.
48 BSG 1.2.2005 – B 8 KN 6/04 R – Breithaupt 2005, 942.
49 BT-Drucks 13/8671, S. 118.
50 BSG 23.2.2000 – B 5 RJ 26/99 R – SozR 3-2600 § 34 Nr. 3 = NJW 2001, 2493 (LS).
51 BSG 31.1.2002 – B 13 RJ 33/01 R – SozR 3-2600 § 34 Nr. 4 = NZS 2002, 658.

derjahr die für die jeweilige Rente maßgebliche Hinzuverdienstgrenze überschreiten zu dürfen, ist im Hinblick auf diejenigen Versicherten geschaffen worden, die neben der Rente Hinzuverdienstmöglichkeiten durch monatlich abzurechnende Arbeitsentgelte oder Arbeitseinkommen wahrnehmen wollen und können. Nach der Rspr. des BSG[52] kommt deshalb ein privilegiertes Überschreiten i.S.v. § 34 Abs. 2 S. 2 Hs. 2 nur dann in Betracht, wenn der Selbstständige seine Einkünfte Monat für Monat nachweist, denn nur dann ist eine Gegenüberstellung dieser Einkünfte mit den maßgeblichen monatlichen Hinzuverdienstgrenzen möglich. Die Vorschrift ist folglich auf solche Versicherte von vornherein nicht anwendbar, die über Einkünfte verfügen, die nicht in unterschiedlicher Höhe einzelnen Kalendermonaten zugeordnet werden können.[53] Versicherte, die nicht über schwankende (monatliche) Einkünfte verfügen, wie etwa bei unveränderten Hinzuverdiensten können danach von der Überschreitensmöglichkeit keinen Gebrauch machen. Von einem Überschreiten kann begrifflich nur gesprochen werden, wenn sich der Hinzuverdienst über die im jeweiligen Vormonat eingehaltene Hinzuverdienstgrenze bewegt. Bewegen sich die schwankenden Hinzuverdienste über das Jahr hinweg unterhalb derselben Hinzuverdienstgrenze, so liegt ein Überschreiten nicht vor.[54]

Überschreitet das Monatseinkommen die Hinzuverdienstgrenze, steht – wenn sich der Mehrverdienst nicht im Rahmen der „Zweimonatsregelung" bewegt – für diesen Monat die beanspruchte Leistung nicht zu. Dies gilt auch dann, wenn das während des Kalenderjahres erzielte Einkommen durchschnittlich die Hinzuverdienstgrenze nicht überschreitet.

Erzielt der Rentenberechtigte **mehrere** sozialrechtlich relevante **Einkommen**, so sind diese zusammenzurechnen; deren Summe ist an der jeweils maßgebenden Hinzuverdienstgrenze zu messen. Hierbei kommt eine Addition mehrerer Einkünfte derselben Einkommensart (z.B. zweier Entgelte) als auch die Zusammenrechnung von Einkünften verschiedener Einkommensarten (z.B. Arbeitsentgelt mit Arbeitseinkommen) in Betracht.

C. Verbindung zu anderen Rechtsgebieten und Prozessrecht

Im Zusammenhang mit den Hinzuverdienstregelungen des Rentenversicherungsrechts stellt sich in der Praxis die Frage, ob der Rentenanspruch (in der gewünschten Höhe) durch einen **Verzicht auf „Entgeltspitzen"** gewahrt werden kann. Ob ein arbeitsrechtlich zulässiger Verzicht[55] auf das die Hinzuverdienstgrenze überschreitende Entgelt vom Rentenversicherungsträger beachtet werden muss, ist unter dem Gesichtspunkt missbräuchlicher Rechtsausübung zu beurteilen.[56] Die h.M. sieht einen Verzicht auf über der Hinzuverdienstgrenze liegende Entgeltbestandteile als rentenrechtlich irrelevant an, weil mit einer Beschäftigung, aus der ein über den Grenzbetrag liegendes Arbeitsentgelt erzielt wird, der arbeitsmarktpolitische Steuerungseffekt und der humanitäre Zweck vor vorzeitiger Altersrente und Hinzuverdienstgrenze in Frage gestellt und damit das Gesetzesziel umgangen wird.[57]

Nach § 6 S. 2 BetrAVG kann der Anspruch auf **vorzeitige betriebliche Altersrente** wegfallen, wenn der AN wegen Überschreitens der Hinzuverdienstgrenze seinen Anspruch auf Altersvollrente verliert. Steht zu einem späteren Zeitpunkt wieder Altersvollrente aus der gesetzlichen Rentenversicherung zu, ist nach § 6 S. 1 BetrAVG auch die Zahlung der betrieblichen Versorgungsleistung wieder aufzunehmen. Der frühere AN ist gem. § 6 S. 3 BetrAVG verpflichtet, dem betrieblichen Versorgungsträger die Aufnahme oder Ausübung einer Beschäftigung oder selbstständigen Tätigkeit, die zum Wegfall der Altersvollrente führt, unverzüglich anzuzeigen.

D. Beraterhinweise

Bei der Zuerkennung vorzeitiger Altersleistungen der betrieblichen Altersversorgung ist ein Hinweis auf die Informationspflicht des § 6 S. 3 BetrAVG empfehlenswert.[58]

| § 41 | Altersrente und Kündigungsschutz |

[1]Der Anspruch des Versicherten auf eine Rente wegen Alters ist nicht als ein Grund anzusehen, der die Kündigung eines Arbeitsverhältnisses durch den Arbeitgeber nach dem Kündigungsschutzgesetz bedingen kann. [2]Eine Vereinbarung, die die Beendigung des Arbeitsverhältnisses eines Arbeitnehmers ohne Kündigung zu einem Zeitpunkt vorsieht, zu dem der Arbeitnehmer vor Erreichen der Regelaltersgrenze eine Rente wegen Alters beantragen kann, gilt dem Arbeitnehmer gegenüber als auf das Erreichen der Regelaltersgrenze abge-

---

52 BSG 26.6.2008 – B 13 R 119/07 R – NJOZ 2008, 4671 ff. m.w.N.
53 BSG 26.6.2008 – B 13 R 119/07 R, NJOZ 2008, 4671, 4674 f. m.w.N.
54 Hierzu auch Kreikebohm/*Löns*, § 34 Rn 21.
55 Hierzu BSG 28.2.1990 – 10 RKg 15/89 – SozR 3–5870 § 2 Nr. 4 = NZA 1990, 995.
56 BSG 20.1.1976 – 5 RJ 119/75 – SozR 2200 § 1248 Nr. 9.
57 *Löschau*, DAngVers 1986, 311, 314; vgl. auch BFH 11.3.2003 – VIII R 16/02 – BStBl II 2003 S. 746 = NJW 2003, 3151.
58 Küttner/*Kreitner*, Altersrente Rn 5.

schlossen, es sei denn, dass die Vereinbarung innerhalb der letzten drei Jahre vor diesem Zeitpunkt abgeschlossen oder von dem Arbeitnehmer innerhalb der letzten drei Jahre vor diesem Zeitpunkt bestätigt worden ist.

Literatur: *Ammermüller*, Flexible Altersgrenze und Beendigung des Arbeitsverhältnisses, DB 1973, 822; *Baeck/Diller*, Altersgrenzen – und sie gelten doch, NZA 1995, 360; *Bahnsen*, Altresgrenzen, NJW 2008, 407; *Bauer*, Europäische Antidiskriminierungsrichtlinien und ihr Einfluss auf das deutsche Arbeitsrecht, NJW 2001, 2672; *Birk*, Die Befristung von Altersteilzeitverträgen auf einen vorgezogenen Renteneintritt, NZA 2007, 244; *Boecken*, Gesetzliche Rentenversicherung und Arbeitsrecht, in: Schulin, Handbuch des Sozialversicherungsrechts, Bd. 3 – Rentenversicherungsrecht, 1999; *ders.*, Das SGB VI ÄndG und die Wirksamkeit von „alten" Altersgrenzenvereinbarungen, NZA 1995, 145; *ders.*, Zulässigkeit von frühzeitigen Altersgrenzen für leitende Krankenhausärzte, ArztR 2000, 60; *Boerner*, Der neue (alte) § 41 SGB VI, ZfA 1995, 537; *Buchner*, Die Wiederentdeckung der Älteren im Unternehmen, NZA Beilage 2008, Nr. 1, 47; *Cisch/Kruip*, Die Auswirkungen der Anhebung der Altersgrenze in der gesetzlichen Rentenversicherung auf die betriebliche Altersversorgung, BB 2007, 1162; *Doerner*, Kontrolle befristeter Arbeitsverträge nach dem neuen Recht im TzBfG, Sonderbeilage NZA 16/2003, 33; *Ehrich*, Die Neuregelung des § 41 Abs. 4 Satz 3 SGB VI – nun doch wieder mit 65 in Rente?, BB 1994, 1633; *Gallon*, Rente als Einkommensergänzung oder -ersatz?, SGb 1994, 166; *Gaul/Bonanni*, Diskriminierung durch Altersgrenzen, ArbRB 2008, 87; *Gawlik/Ludwig*, Alternative zur Altersteilzeit, AuA 2005, 169; *Giesen*, Die „alternde Arbeitswelt" vor arbeits- und sozialrechtlichen Herausforderungen, NZA 2008, 905; *Grimm/Brock*, Neue Regelaltersgrenze in der Rentenversicherung und Altersgrenzenvereinbarungen, ArbRB 2007, 210; *Hanau*, Zur Wirksamkeit vertraglicher Altersgrenzen zwischen dem 1.1.1992 und dem 31.7.1994, DB 1994, 2394; *ders.*, Noch einmal: Die Befristung von Altersteilzeitverträgen auf einen vorgezogenen Renteneintritt, NZA 2007, 848; *Henssler*, Was ist von der Altersgrenze geblieben?, DB 1993, 1669; *Löwisch*, Neuregelungen des Kündigungs- und Befristungsrechts durch das Gesetz zu Reformen am Arbeitsmarkt, BB 2004, 154; *Schlachter*, Altersgrenzen angesichts des gemeinschaftsrechtlichen Verbots der Altersdiskriminierung, in: *Richardi/Reichold* (Hrsg.): Altersgrenzen und Alterssicherung im Arbeitsrecht, Gedenkschrift für Blomeyer (2003), 355; *Peters-Lange*, Anpassung einer Ruhestandsvereinbarung – Freistellungsanspruch, SAE 2004, 24; *Pfeiffer*, Einladung zum Abfindungspoker, Flexibilisierung der Lebensarbeitszeit oder Rettung der Rentenkasse?, ZIP 1994, 264; *Schipp*, Neue Altersgrenzen in der betrieblichen Altersversorgung, ArbRB 2008, 50; *Schreiner*, Die Befristung von Altersteilzeitverträgen auf einen vorgezogenen Renteneintritt, NZA 2007, 846; *Schmitt-Rolfes*, Altersgrenzen passé?, AuA 2007, 135; *Simitis*, Die Altersgrenzen – ein spät entdecktes Problem, RdA 1994, 257; *Steinmeyer*, Kollektivrechtliche Altersbegrenzungsregelungen ab 1. Januar 1992, RdA 1992, 6; *Twesten*, Beginn und Ende des Arbeitsverhältnisses im Arbeitsrecht und Sozialversicherungsrecht, Die Leistungen 2006, 129 und 193; *Waltermann*, Altersgrenzen in Kollektivverträgen, RdA 1993, 209; *ders.*, Wieder Altersgrenze 65?, NZA 1994, 822.

A. Allgemeines	1	II. Vereinbarungen über Altersgrenzen (S. 2)	13
I. Allgemeiner Inhalt	1	1. Geltungsbereich	13
II. Sinn und Zweck der Vorschrift	2	2. Voraussetzungen	17
III. Gesetzesgeschichte	5	a) Rentenanspruch	17
B. Regelungsgehalt	8	b) Vereinbarung	18
I. Anspruch auf Altersrente als Kündigungsgrund (S. 1)	8	c) Vereinbarungszeitpunkt	19
1. Geltungsbereich	8	3. Rechtsfolgen	21
2. Voraussetzungen	9	C. Verbindung zu anderen Rechtsgebieten und zum Prozessrecht	24
3. Rechtsfolgen	12		

A. Allgemeines

I. Allgemeiner Inhalt

1 § 41 ist ungeachtet seiner Verortung in einer sozialversicherungsrechtlichen Kodifikation eine Schutzvorschrift **arbeitsrechtlicher Natur**.[1] S. 1 regelt, dass ein (realisierungsfähiger) Anspruch auf Altersrente aus der deutschen gesetzlichen Rentenversicherung nicht als ein die Künd des Arbverh sozial rechtfertigender, in der Person des AN liegender Grund i.S.v. § 1 Abs. 2 KSchG angesehen werden kann. Mit S. 2 wird bestimmt, dass die vereinbarte Beendigung des Arbverh ohne Künd für den Fall, dass vor Erreichen der Regelaltersgrenze Altersrente beansprucht werden kann, gegenüber dem AN nur dann verbindlich ist, wenn dieser sich mit der Vereinbarung in einem „rentennahen" Alter (durch Zustimmung zur erstmaligen oder Bestätigung einer früheren Vereinbarung) einverstanden erklärt hat. Ist dies nicht der Fall, so gilt die Vereinbarung als auf die Vollendung der Regelaltersgrenze abgeschlossen.

II. Sinn und Zweck der Vorschrift

2 Bei der Norm handelt es sich neben der Teilrentenregelung des (partiell durch § 8 TzBfG verdrängten) § 42[2] und der Altersteilzeit um ein Element der rentenrechtlich motivierten **Flexibilisierung und Verlängerung der Lebensarbeitszeit**.[3] In diesem Kontext kommt der Regelung eine Doppelfunktion zu, weil sie als – europarechtlich legitimierte[4] –

---

1 Vgl. nur Kreikebohm/*Löns*, § 41 SGB VI Rn 3, 4; Kass-Komm/*Gürtner*, § 41 SGB VI Rn 3.
2 S. hierzu Gawlik/Ludwig, AuA 2005, 169.
3 S. BAG 20.10.1993 – 7 AZR 135/93 – BAGE 74, 363 = NZA 1994, 128.
4 S. RL 2000/78/EG v. 27.11.2000 zur Festlegung eines allg. Rahmens für die Verwirklichung der Gleichbehandlung in Beschäftigung und Beruf, ABlEG Nr. L 303 S. 16.

Schutzvorschrift zugunsten älterer AN zugleich deren Grundrechtsposition stärkt. Sie trägt dem Gedanken Rechnung, dass es die verfassungsrechtlich verbürgte Berufsfreiheit[5] auch älterer AN – verstanden als Recht, den gewählten Arbeitsplatz beizubehalten oder aufzugeben[6] – gebietet, die nicht einvernehmliche Auflösung des Arbverh von einem ausreichend legitimierenden Grund abhängig zu machen.

§ 41 stellt zunächst sicher, dass die dem AN sozialrechtlich eingeräumte Dispositionsbefugnis über den Beginn des Ruhestandes vor Erreichen der Regelaltersgrenze[7] keine arbeitsrechtliche Statusverschlechterung bewirkt. Die Vorschrift hat nur Bedeutung für die personenbedingte Künd.[8] Daher bestimmt **S. 1**, dass die potenzielle (d.h. nach Erfüllung der materiellen Leistungsvoraussetzungen nur noch von der Antragstellung abhängige)[9] Altersrentenberechtigung des AN – unabhängig von dessen Lebensalter – kein Grund für eine personenbedingte Künd ist. Dies korrespondiert mit dem aus dem Individualprinzip des Künd-Schutzes folgenden Grundsatz, dass allein das Überschreiten einer Altersgrenze keine personenbedingte Künd rechtfertigt.[10] Ergänzt wird die Vorschrift seit 1.10.1996 durch § 1 Abs. 3 S. 1 KSchG, wonach soziale Gesichtspunkte im Falle einer betriebsbedingten Künd bei der Auswahl der AN zwar berücksichtigt werden können. Der Anspruch des AN auf eine Altersrente gehört jedoch nicht zu den berücksichtigungsfähigen sozialen Gesichtspunkten. Für die Altersteilzeitarbeit regelt § 8 Abs. 1 ATG als lex specialis zu § 41 S. 1, dass die Möglichkeit eines AN zur Inanspruchnahme von Altersteilzeitarbeit nicht als eine die Künd des Arbverh durch den AG begründende Tatsache i.S.d. § 1 Abs. 2 S. 2 KSchG gilt.

Die Regelung des **S. 2** ist dazu bestimmt, die stufenweise Anhebung des für die vorzeitige Zahlung einer (abschlagsfreien)[11] Altersrente maßgebenden Lebensalters zu flankieren (vgl. §§ 236 ff.). Sie schützt daher die Freiheit des AN, über die Dauer seiner beruflichen Tätigkeit selbst zu entscheiden. Zu diesem Zweck wird sichergestellt, dass ein möglicher vorzeitiger Rentenanspruch nicht zur Auflösung des Arbverh führt, wenn nicht der AN einer solchen Regelung im rentennahen Alter zugestimmt hat. Ihm soll es ermöglicht werden, sich in einem Lebensabschnitt über die Beendigung des Arbverh aus Anlass einer vorzeitigen Altersrentenberechtigung entscheiden zu können, in dem er die Auswirkungen einer entsprechenden Vereinbarung richtig absehen kann.[12] Auch insoweit ist die Norm also nicht primär individualrechtlich ausgerichtet, sondern dient der Aufrechterhaltung der Funktionsfähigkeit der gesetzlichen Rentenversicherung.[13]

III. Gesetzesgeschichte

§ 41 wurde mit Wirkung vom 1.1.1992 durch Art. 1 RRG 1992 vom 18.12.1989[14] eingeführt. Die Abs. 1 bis 3 enthielten Regelungen über die stufenweise Anhebung und Flexibilisierung der Altersgrenzen von 60 und 63 Jahren. Sie wurden geändert durch Gesetz vom 23.7.1996[15] sowie Gesetz vom 25.9.1996[16] und mit Wirkung vom 1.1.2000 gestrichen durch Gesetz vom 16.12.1997.[17] Diese Regelungen sind in die für die einzelnen Rentenarten maßgebenden Anspruchsnormen integriert worden (§§ 236 ff. SGB VI). Mit der weiteren Anhebung der Altersgrenze durch das RV-Altersgrenzenanpassungsgesetz vom 20.4.2007[18] wurde zwar die weitere Zersplitterung des § 41 als zentrale Vorschrift vorangetrieben, jedoch erfolgte dies vor dem gesetzgeberischen Hintergrund, dass nur noch für langjährig Versicherte die Möglichkeit der vorgezogenen Inanspruchnahme einer Altersgrenze bestehen soll (siehe § 36).[19]

Die bis 1999 in einem eigenen Absatz zusammengefassten arbeitsrechtlichen Regelungen knüpften an das bis dahin geltende Recht[20] an. Bereits zum 1.8.1994 wurden die in § 41 teilkodifizierten Zulässigkeitsvoraussetzungen für **arbeitsrechtlich vereinbarte Altersgrenzen** durch das SGB VI-ÄndG[21] neu geregelt. Anlass hierzu gab, dass seit 1992 eine solche Vereinbarung – auch, soweit sie sich auf die Vollendung des 65. Lebensjahres bezog – nur dann wirksam war, wenn sie innerhalb der letzten drei Jahre abgeschlossen oder vom AN bestätigt worden war. Dies konnte nicht nur sozialpolitisch unerwünschte Kumulationen von Arbeitsentgelt und Regelaltersrente sowie unangemessene Abfindungsverlangen älterer AN zur Folge haben, sondern bedeutete nach Auffassung des BAG auch die generelle Unzulässigkeit tarifvertraglicher Altersgrenzenregelungen.[22] Um den bedenklichen Konsequenzen der in

---

5 Vgl. hierzu *Waltermann*, NZA 1994, 822, 824 f.; *Simitis*, RdA 1994, 257, 260 f.
6 S. BVerfG 24.4.1991 – 1 BvR 134/90 – BVerfGE 84, 133, 146 = NJW 1991, 1667; BAG 11.6.1997 – 7 AZR 186/96 – BAGE 86, 105 = NZA 1997, 1290.
7 Gesetzes zur Anpassung der Regelaltersgrenze an die demografische Entwicklung und zur Stärkung der Finanzierungsgrundlagen der gesetzlichen Rentenversicherung (RV-Altersgrenzenanpassungsgesetz) vom 20.4.2007, BGBl I 2007, S. 554. Hierzu BT-Drucks 16/3794.
8 Kreikebohm/*Löns*, § 41 SGB VI Rn 4; KassKomm/*Gürtner*, § 41 SGB VI Rn 4.
9 S. § 19 S. 1 SGB IV, § 115 Abs. 1 S. 1 SGB VI.
10 S. BAG 20.11.1987 – 2 AZR 284/86 – BAGE 57, 30 = NZA 1988, 617.
11 S. § 63 Abs. 5 i.V.m. § 77 Abs. 2 S. 1 Nr. 2.
12 Vgl. BAG 20.12.1993 – 7 AZR 135/93 – BAGE 74, 363 = NZA 1994, 128.
13 Vgl. *Hanau*, DB 1994, 2394, 2395.
14 BGBl I 1992, S. 2261.
15 BGBl I 1996, S. 1078.
16 BGBl I 1996, S. 1461.
17 BGBl I 1997, S. 2998.
18 BGBl I 2007, S. 554.
19 S. hierzu auch Kreikebohm/*Löns*, § 41 SGB VI Rn 1.
20 S. Art. 6 § 5 des Rentenreformgesetzes v. 16.10.1972, BGBl I S. 1965; vgl. hierzu *Ammermüller*, DB 1973, 822.
21 Gesetz zur Änderung des SGB VI v. 26.7.1994, BGBl I S. 1797.
22 BAG 1.12.1993 – 7 AZR 428/93 – BAGE 75, 166 = NZA 1994, 369.

dieser Weise durch die Rspr. konkretisierten (indirekt rückwirkenden)[23] Neuregelung zu begegnen und den AG wieder eine verlässliche Personal- und Nachwuchsplanung zu ermöglichen, stellten die gesetzgebenden Körperschaften mit dem SGB VI-ÄndG den vor 1992 geltenden Rechtszustand wieder her.[24] Durch das RV-Altersgrenzenanpassungsgesetz ist S. 2 als Folge der Anhebung der Regelaltersgrenze geändert worden.

7 Mit den am 1.1.1998 in Kraft getretenen Änderungen[25] wurde (ohne materielle Neuregelung) eine Harmonisierung mit der 1996[26] wirksam gewordenen **Novelle des § 1 Abs. 3 S. 1 KSchG** vorgenommen. Die seinerzeit geschaffene (und nach einer Unterbrechung seit 2004 prinzipiell wieder maßgebende)[27] Enumeration sozialer Merkmale gestattet es nicht, bei der Sozialauswahl die Tatsache eines (potenziellen) Anspruchs auf vorzeitige Altersrente zu berücksichtigen. Sonderregelungen im Rentenversicherungsrecht sind damit entbehrlich.

B. Regelungsgehalt
I. Anspruch auf Altersrente als Kündigungsgrund (S. 1)

8 **1. Geltungsbereich.** Mit S. 1 werden AN unabhängig vom Umfang ihrer Arbeitszeit[28] begünstigt, wenn sie nach §§ 1 Abs. 1, 23 KSchG (ggf. i.V.m. Art. 30 Abs. 2 EGBGB) dem **Anwendungsbereich des KSchG** unterliegen.

9 **2. Voraussetzungen.** S. 1 bestimmt, dass die Möglichkeit, eine vorzeitige **Altersrente** (siehe §§ 36 ff., 236 ff.) oder eine Regelaltersrente (siehe § 35) erhalten zu können, kein in der Person des AN liegender sozialer Rechtfertigungsgrund für eine Künd i.S.v. § 1 Abs. 2 KSchG ist. Sonstige Leistungen der gesetzlichen Rentenversicherung aus eigener Versicherung oder aus abgeleitetem Recht (vgl. § 33) fallen nicht unter S. 1, und zwar auch dann nicht, wenn sie erst nach Vollendung eines gesetzlich definierten Lebensalters in Anspruch genommen werden können (siehe §§ 45 Abs. 3, 239 Abs. 1). Mit Rücksicht auf den innerstaatlich-rentenversicherungsrechtlich ausgerichteten Normzweck muss es sich bei dem AN um einen **Versicherten der deutschen gesetzlichen Rentenversicherung** handeln. Das Versicherungsverhältnis beruht auf wirksamer – ggf. fingierter[29] – Beitragszahlung auch als geringfügig Beschäftigter i.S.v. § 8 Abs. 1 Nr. 1, 8a SGB IV (siehe auch § 172 Abs. 3, 3a), auf einem Versorgungsausgleich oder einem Rentensplitting bzw. § 120a (siehe § 8 Abs. 1 Nr. 2). Damit sind im Rahmen von S. 1 Ansprüche aus einer ausländischen RV, einem „Ersatzinstitut" i.S.d. §§ 5, 6, 230 ff.[30] (beamtenähnliche Versorgung, berufsständische Altersversorgung, Lebensversicherung etc.) oder der Altersicherung der Landwirte (vgl. § 23 Abs. 1 Nr. 2 SGB I) irrelevant. Der Versichertenstatus muss sich aufgrund des im Einzelfall kündigungsschutzrechtlich zu beurteilenden Arbverh ergeben.[31] Hintergrund der Regelung in § 41 ist nämlich vor allem auch der Gedanke, die Rentenfinanzierung zu konsolidieren, indem der AN unbeeinflusst von arbeitsrechtlichen Vereinbarungen, die an die gesetzliche Altersgrenze anknüpfen, möglichst lange arbeiten können soll, um so das zahlenmäßige Verhältnis von Beitragszahlern und Rentnern günstig zu beeinflussen.[32] Hat der AN wegen Versicherungsfreiheit oder wegen Versicherungsbefreiung in der gesetzlichen Rentenversicherung keinen Anspruch auf Altersrente, sondern eine Altersversorgung außerhalb der gesetzlichen Rentenversicherung, dann ist § 41 nicht anwendbar.[33]

10 Ein **Altersrentenanspruch** besteht, wenn die materiell-rechtlichen Leistungsvoraussetzungen erfüllt sind (siehe § 40 SGB I); die (lediglich) verfahrensrechtlich erforderliche Antragstellung zählt nicht zu den Anspruchsvoraussetzungen.[34] Der interpretationsbedürftige Gesetzeswortlaut führt jedoch zu der Frage, ob S. 1 auch den AN schützt, der bereits seinen Rentenanspruch realisiert hat und Altersrente tatsächlich bezieht. Hierzu wird überzeugend darauf hingewiesen, dass nach der Teleologie des Gesetzes eine mit dem Ziel des vernünftigen Altersaufbaus der Belegschaft sowie im Hinblick auf die tatsächliche Altersrentenberechtigung des AN ausgesprochene Künd nicht ausgeschlossen und hinsichtlich ihrer Zulässigkeit nach § 1 Abs. 2 KSchG zu beurteilen ist.[35]

11 Bei der Vorschrift handelt es sich um eine Teilregelung ohne abschließenden Charakter, die die allgemeinen arbeitsrechtlichen Regelungen über die Auflösung eines Arbverh ergänzt.[36] Hieraus folgt u.a., dass S. 1 einer **Künd aus sonstigen**, in der Person des AN liegenden oder betrieblichen **Gründen** nicht entgegensteht, auch wenn sie mit

---

23 S. § 300 Abs. 1.
24 S. BT-Drucks 12/8040 S. 4; BT-Drucks 12/8145 S. 6; BVerfG (Kammerbeschluss) 30.3.1999 – 1 BvR 1814/94 – NZA 1999, 816.
25 S. Gesetz zur sozialrechtlichen Absicherung flexibler Arbeitszeitregelungen v. 6.4.1998, BGBl I S. 688.
26 S. Arbeitsrechtliches Beschäftigungsförderungsgesetz v. 25.9.1996, BGBl I S. 1476.
27 S. hierzu *Löwisch*, BB 2004, 154.
28 Vgl. BAG 13.3.1987 – 7 AZR 724/85 – BAGE 54, 248 = NZA 1987, 629.
29 S. § 55 Abs. 1 S. 2, 3.
30 Vgl. BAG 26.4.1995 – 7 AZR 984/93 – AP § 41 SGB VI Nr. 6 = NZA 1995, 889.
31 So auch KassKomm/*Gürtner*, § 41 SGB VI Rn 6.
32 BAG 20.10.1993 – 7 AZR 135/93 – BAGE 74, 363 = NZA 1994, 128; BAG 26.4.1995 – 7 AZR 984/93 – AP § 41 SGB VI Nr. 6 = NZA 1995, 889.
33 BAG 14.10.1997 – 7 A ZR 660/96 – BAGE 86, 380 = NZA 1998, 652.
34 Vgl. Hauck/Noftz/*Hauck*, K § 40 SGB I Rn 3a.
35 S. ErfK/*Rolfs*, § 41 SGB VI Rn 7; KassKomm/*Gürtner*, § 41 SGB VI Rn 7; Kreikebohm/*Löns*, § 41 SGB VI Rn 4.
36 Vgl. hierzu *Henssler*, DB 1993, 1669, 1670.

dem Zeitpunkt des Erwerbs eines Rentenanspruchs zusammentrifft.[37] Solche Gründe können in dringenden betrieblichen Erfordernissen, aber auch in der Person des AN oder in seinem Verhalten (etwa besonderer alterungsbedingter Leistungsabbau)[38] zu sehen sein.

3. Rechtsfolgen. Eine Künd, die unter Verletzung von S. 1 ausgesprochen worden ist, ist gem. § 134 BGB nichtig. Hierin erschöpft sich die Regelung, sodass durch S. 1 die Berücksichtigung des Rentenbezugs bei der Bemessung der wirtschaftlichen Nachteile, die durch eine aus anderen Gründen gerechtfertigte Künd entstehen, nicht ausgeschlossen wird.[39] Der AN ist an die Klagefrist des § 4 KSchG gebunden. Lässt er sie verstreichen, gilt die Künd als sozial gerechtfertigt.[40]

II. Vereinbarungen über Altersgrenzen (S. 2)

1. Geltungsbereich. Die Regelung beruht auf dem SGB VI-ÄndG und ist **am 1.8.1994 in Kraft getreten**. Sie galt gem. § 300 Abs. 1 auch für vor diesem Zeitpunkt vereinbarte Altersgrenzenregelungen.[41] Soweit diese Vereinbarungen nicht mit dem bis zum 31.7.1994 geltenden Recht in seiner Konkretisierung durch die Rspr. des BAG vereinbar und daher unwirksam waren, haben sie aufgrund der Neuregelung wieder Verbindlichkeit erlangt, sofern der AN nach dem 31.7.1994 das 65. Lebensjahr vollendet hat oder vollendet.[42]

Problematisch ist nach der Neuregelung des S. 2 durch das RV-Altersgrenzenanpassungsgesetz, dass die meisten bestehenden Verträge auf die Vollendung des 65. Lebensjahres abstellen, der AN zu diesem Zeitpunkt aber noch gar keine (Regel-)Altersrente beanspruchen kann. Fraglich ist dann, ob derartige Vereinbarungen dahingehend ausgelegt werden können, dass an die Stelle des „65. Lebensjahres" jeweils das „Erreichen der Regelaltersgrenze" tritt.[43] Nur für die vor Inkrafttreten des RV-Altersgrenzenanpassungsgesetz abgeschlossenen Vereinbarungen wird man dies bejahen können.[44]

Auch S. 2 erfasst nur AN, die in einem **Versicherungsverhältnis zur deutschen gesetzlichen RV** stehen. Abgesehen hiervon betrifft die Regelung mit Rücksicht auf ihren Zweck – und zwar über den Anwendungsbereich des KSchG hinaus – alle Arbverh, die ohne Künd mit dem Erwerb eines Altersrentenanspruchs vor dem Erreichen der Regelalterszeit enden sollen.[45] Die Regelung betrifft **Befristungen des Arbverh**, die an den Erwerb eines Altersrentenanspruchs vor Erreichen der Regelaltersgrenze (siehe §§ 36, 37, 40, 236 ff.) anknüpfen.

Für die Möglichkeit der Befristung von Altersteilzeitverträgen ist auf § 8 Abs. 3 AltersteilzeitG abzustellen. Als lex specialis[46] regelt § 8 Abs. 3 AltersteilzeitG abweichend von § 41 S. 2, dass eine Vereinbarung zwischen AN und AG über die Altersteilzeitarbeit, die die Beendigung des Arbverh ohne Künd zu einem Zeitpunkt vorsieht, in dem der AN Anspruch auf eine Rente wegen Alters (siehe § 33 Abs. 2 SGB VI) hat, zulässig ist. Damit sind auch Befristungen von Altersteilzeit-Arbverh, die auf den Zeitpunkt eines individuell gegebenen anderweitigen vorzeitigen Rentenzugangs abstellen, wirksam.[47] Nach § 8 Abs. 3 AltersteilzeitG stellt damit die Möglichkeit des AN zur Inanspruchnahme einer der Rentenformen nach § 33 Abs. 2 SGB VII einen hinreichenden Grund zur wirksamen Befristung des Altersteilzeit-Arbverh dar.

2. Voraussetzungen. a) Rentenanspruch. Die Anwendung von S. 2 setzt einen Zusammenhang zwischen der vorzeitigen Altersrentenberechtigung des AN und der Beendigung des Arbverh voraus. Als **Rentenanspruch** ist von einem dem Grunde nach bestehenden – nur noch von der Antragstellung abhängigen – Anspruch auszugehen. Stellt die Vereinbarung (nicht auf den potenziellen, sondern) auf den *tatsächlichen* Rentenbezug ab, so ist S. 2 nicht anzuwenden, da durch eine solche Regelung die sozialrechtliche Dispositionsmacht des AN nicht eingeschränkt wird.[48] **Renten wegen Alters** i.S.v. S. 2 sind die in § 33 Abs. 2 Nr. 2 bis 6 genannten vorzeitigen Altersrenten der gesetzlichen Rentenversicherung. Die Vorschrift erfasst daher nicht Vereinbarungen, welche die Auflösung des Arbverh zu einem Zeitpunkt vorsehen, zu dem der AN eine Alterssicherungsleistung seitens eines **rentenversicherungsexternen Versorgungsschuldners** (bei „befreiten" Ang: Lebensversicherungsunternehmen, bei Beschäftigten i.S.v. § 5 Abs. 1 Nr. 2: Träger einer beamtenähnlichen Versorgung etc.)[49] oder eine Vorruhestands- bzw. Übergangsversorgung[50] in Anspruch nehmen kann. Sie erfasst ferner nicht solche Beendigungsregelungen, die nichts mit einem Anspruch

---

[37] S. ErfK/*Rolfs*, § 41 SGB VI Rn 8; vgl. auch *Waltermann*, RdA 1993, 209, 213.
[38] Vgl. *Gallon*, SGb 1994, 166, 169; *Henssler*, DB 1993, 1669, 1671.
[39] S. BAG 30.3.2000 – 6 AZR 645/98 – AP § 4 TVG Nr. 33 = NZA-RR 2001, 203.
[40] S. auch ErfK/*Rolfs*, § 41 SGB VI Rn 9.
[41] S. BAG 11.6.1997 – 7 AZR 186/96 – BAGE 86, 105 = NZA 1997, 1129.
[42] S. LAG Köln 12.12.2001 – 8 TaBV 71/01 – NZA-RR 2002, 425; a.A. *Boecken*, NZA 1995, 145.
[43] S. hierzu ErfK/*Rolfs*, § 41 SGB VI Rn 9a.
[44] ErfK/*Rolfs*, § 41 SGB VI Rn 9a.
[45] S. ErfK/*Rolfs*, § 41 SGB VI Rn 10.
[46] BT-Drucks 16/3794, S. 47; *Schreiner*, NZA 2007, 846, 847 m.w.N.
[47] BT-Drucks 16/3794, S. 48; *Schreiner*, NZA 2007, 846, 847.
[48] S. *Pfeiffer*, ZIP 1994, 264, 272; vgl. auch BAG 1.12.1993 – 7 AZR 428/93 – BAGE 75, 166, 170 = NZA 1994, 369, 373.
[49] S. BAG 26.4.1995 – 7 AZR 984/93 – AP § 41 SGB VI Nr. 6 = NZA 1995, 889.
[50] S. BAG 11.3.1998 – 7 AZR 700/96 – BAGE 88, 162 = NZA 1998, 716.

auf Altersrente aus der gesetzlichen Rentenversicherung zu tun haben, sondern auf die besonderen Anforderungen – insbesondere fachlicher und gesundheitlicher Art – des ausgeübten Berufs abstellen.[51] Dies gilt ab 2012 auch für die bisher regelmäßig vereinbarte „Altersgrenze 65", da es außer für besonders langjährig Versicherte (§ 38) keine Altersgrenze von 65 Jahren mehr gibt. Derartige Vereinbarungen sind grds. vor allem mit Blick auf Art. 12 Abs. 1 GG nicht zulässig, weil die für die sachliche Rechtfertigung der Beendigung des Arbverh wirtschaftliche Absicherung durch die gesetzliche Altersrente mit Erreichen der Regelaltersgrenze nicht besteht.[52]

18 **b) Vereinbarung.** Der Normtext lässt im Unklaren, ob S. 2 neben einzelvertraglichen Vereinbarungen über die Altersgrenze (mittelbar oder unmittelbar) **auch kollektivvertragliche Altersgrenzenregelungen** erfasst. Die Frage stellt sich, weil auch TV und Betriebsvereinbarungen trotz ihrer normativen Wirkungen auf einer rechtsgeschäftlichen Vereinbarung beruhen.[53] Unumstritten ist zunächst, dass der Zustimmungsvorbehalt in S. 2 Hs. 2 aus rechtslogischen und -systematischen Gründen nur für einzelvertragliche Vereinbarungen gelten kann,[54] sodass die Regelung unmittelbar nur für Einzelvereinbarungen maßgebend ist.[55] Die wohl h.M. schließt hieraus, dass Altersgrenzenvereinbarungen, die sich auf eine vorzeitige Altersrentenberechtigung beziehen, nur unter den ergänzenden Voraussetzungen von S. 2 wirksam sind, sofern es sich hierbei um Individualabreden handelt, während für Kollektivvereinbarungen ausschließlich die allgemeinen Grundsätze des Befristungsrechts gelten.[56] Knüpft man allerdings an die tragenden Gründe der Rspr. des BAG zu dem bis Juli 1994 geltenden – und gesetzgeberisch insoweit nicht ausdrücklich revidierten – Recht an, so gelangt man zu der generellen Unzulässigkeit solcher kollektivrechtlichen Altersgrenzenvereinbarungen.[57] Hierfür spricht die Teleologie der Regelung, denn die Dispositionsmacht des AN wird durch kollektivrechtliche Altersgrenzenregelungen nicht weniger – wegen ihres überindividuellen Charakters regelmäßig sogar intensiver – eingeschränkt als durch einzelvertragliche Regelungen.[58]

19 **c) Vereinbarungszeitpunkt.** Einzelvertragliche Altersgrenzenregelungen, die an eine vorzeitige Rentenberechtigung wegen Alters anknüpfen, sind gegenüber dem AN nur wirksam, wenn die Vereinbarung innerhalb der letzten drei Jahre abgeschlossen oder von ihm innerhalb der letzten drei Jahre vor diesem Zeitraum bestätigt worden ist. Für die Fristberechnung (§§ 187 ff. BGB) ist der vereinbarte Ausscheidenszeitpunkt – und nicht die Vollendung des Regelalters – maßgebend.[59]

20 Bis zu der Bestätigung i.S.v. S. 2 Hs. 2 ist eine vor Beginn der Drei-Jahres-Frist abgeschlossene Vereinbarung **schwebend unwirksam**. Wird die Erklärung abgegeben, handelt es sich bei ihr im Ergebnis um die Bestätigung eines nichtigen Rechtsgeschäfts (§ 141 BGB).[60] Die Bestätigung kann durch Abgabe einer einseitigen Willenserklärung, die seit dem 1.5.2000 dem Schriftformerfordernis (siehe § 14 Abs. 4 TzBfG) zu genügen hat,[61] erfolgen.

21 **3. Rechtsfolgen.** Auch S. 2 hat lediglich **Teilregelungscharakter**[62] und ist eingebettet in den Kontext der allgemeinen Regelungen über die Zulässigkeit befristeter Arbverh. Daher kann der nach § 14 Abs. 1 S. 1 TzBfG erforderliche Sachgrund für die Befristung des Arbverh durch Vereinbarung einer Altersgrenze[63] nicht bereits in dieser Schutzregelung – die nicht über ihren unmittelbaren Zweck hinaus der sachlichen Rechtfertigung von Befristungen dienen soll – gesehen werden.[64] Es entspricht ferner dem Zuschnitt der Regelung als AN-Schutzvorschrift, dass sie es dem Versicherten lediglich gestattet, die Fortsetzung des Arbverh bis zum Erreichen der Regelaltersgrenze zu verlangen, nicht aber Leistungsansprüche im Zusammenhang mit dem vorzeitigen Ausscheiden aus dem Arbverh zu begründen vermag.[65]

22 Vorzeitige Altersgrenzenvereinbarungen, die nicht den oben genannten Voraussetzungen genügen, sind nicht unwirksam, sondern gelten aufgrund einer **gesetzlichen Fiktion** gegenüber dem AN als auf das Erreichen der Regelaltersgrenze abgeschlossen. Es tritt eine Verlängerung des Arbverh kraft Gesetzes ein. Die Fiktion wirkt einseitig zu-

---

51 S. BAG 25.2.1998 – 7 AZR 641/96 – BAGE 88, 118 = NZA 1998, 715; BAG 11.3.1998 – 7 AZR 700/96 – BAGE 88, 162 = NZA 1988, 716; *Boecken*, ArztR 2000, 60, 62 ff.
52 ErfK/*Rolfs*, § 41 SGB VI Rn 17.
53 S. BAG 20.10.1993 – 7 AZR 135/93 – BAGE 74, 363 = NZA 1994, 128.
54 Vgl. BAG 1.12.1993 – 7 AZR 428/93 – BAGE 75, 166 = NZA 1994, 369.
55 So auch ErfK/*Rolfs*, § 41 SGB VI Rn 13.
56 S. KassKomm/*Gürtner*, § 41 SGB VI Rn 16 ff.
57 S. Hauck/Noftz/*Klattenhoff*, K § 41 SGB VI Rn 17; vgl. auch ErfK/*Rolfs*, § 41 SGB VI Rn 14; a.A. *Boecken*, in Schulin, HS-RV § 12 Rn 23; ArbG Hamburg 6.12.2007 – 7 Ca 378/07 – AuR 2008, 111.
58 Vgl. *Steinmeyer*, RdA 1992, 6, 10.

59 S. BAG 31.7.2002 – 7 AZR 140/01 – BAGE 102, 65 = NZA 2002, 1155; BAG 18.2.2003 – 9 AZR 136/02 – BAGE 105, 100 = NJW 2003, 3005.
60 S. *Peters-Lange*, SAE 2004, 24.
61 S. *Peters-Lange*, SAE 2004, 24, 25.
62 Vgl. *Henssler*, DB 1993, 1669; *Boerner*, ZfA 1995, 537, 550.
63 Vgl. hierzu BAG 31.7.2002 – 7 AZR 140/01 – BAGE 102, 65 = NZA 2002, 1155; *Doerner*, Sonderbeilage NZA 16/2003, 33, 37 f.
64 S. BAG 19.11.2003 – 7 AZR 296/03 – AP § 17 TzBfG Nr. 3 = NZA 2004, 1336.
65 S. BAG 18.2.2003 – 9 AZR 136/02 – BAGE 105, 100 = NJW 2003, 3005; BAG 14.10.2003 – 9 AZR 678/02 – AP § 1 TVG Tarifverträge: Lufthansa Nr. 31 = NZA 2004, 679.

gunsten des AN; der AG kann sich nicht auf sie berufen.[66] Das Fortbestehen des Arbverh ist vom AN innerhalb von drei Wochen nach Erreichen der vereinbarten Altersgrenze geltend zu machen.[67]

Aus der Fiktion einer auf das Erreichen der Regelalterszeit abgeschlossenen Altersgrenzenvereinbarung kann nicht gefolgert werden, dass der Gesetzgeber damit inzident die voraussetzungsfreie Vereinbarung einer auf das Erreichen der Regelalterszeit lautenden arbeitsrechtlichen Altersgrenze habe anerkennen wollen.[68] Insoweit gelten die in der Rspr. des BAG entwickelten Grundsätze der **Befristungskontrolle**.[69]

C. Verbindung zu anderen Rechtsgebieten und zum Prozessrecht

Die Zulässigkeit von Altersgrenzenvereinbarungen ist im Kontext mit dem **europäischen Gemeinschaftsrecht** zu sehen. Während die Richtlinie 1999/70/EG[70] die sachgrundlose Altersbefristung von Arbverh verbietet,[71] enthält die auf der Grundlage von Art. 13 EG erlassene Richtlinie 2000/78/EG weitergehend auch ein Verbot der unmittelbaren und mittelbaren Altersdiskriminierung in Beschäftigung und Beruf.[72] Sie postuliert u.a. ein Diskriminierungsverbot in Bezug auf die Entlassungsbedingungen, zu denen auch Altersgrenzenregelungen zählen.[73] Sachlich legitimierte und ihrer Eingriffsintensität nach angemessene Altersgrenzenregelungen in Einzel- oder Kollektivvereinbarungen werden durch die Richtlinie aber nicht ausgeschlossen.[74] Die Richtlinie war in Bezug auf das Diskriminierungsmerkmal „Alter" bis zum 2.12.2006 in nationales Recht zu transformieren. Dies sollte zunächst während der 15. Legislaturperiode des Deutschen Bundestages mit dem von den Bundestagsfraktionen der SPD und BÜNDNIS 90/DIE GRÜNEN initiierten Entwurf eines Gesetzes zur Umsetzung europäischer Antidiskriminierungsrichtlinien[75] geschehen. Der Entwurf fand jedoch wegen seines über das EU-Recht hinausgehenden Gestaltungsanspruchs nicht die Zustimmung des Bundesrats.[76] Mit dem am 18.8.2006 in Kraft getretenen Allgemeinen Gleichbehandlungsgesetz (AGG) wurde die Richtlinie nunmehr in deutsches Recht umgesetzt.[77] Derzeit ist im Vorabentscheidungsverfahren vor dem EuGH anhängig, womit unter anderem die Frage geklärt werden soll, ob kollektivvertragliche Regelungen, die nach dem Merkmal Alter differenzieren und die dem Staat, den Tarifparteien und den Parteien eines einzelnen Arbeitsvertrages erlaubt, eine automatische Beendigung von Arbverh zu einem bestimmten festgelegten Alters zu regeln mit dem Verbot der Altersdiskriminierung in Art. 1 und 2 Abs. 1 der Richtlinie 2000/78/EG vereinbar sind.[78]

Nach § 6 S. 1 BetrAVG kann der AN, der vor Erreichen der Regelaltersgrenze Altersvollrente aus der gesetzlichen Rentenversicherung in Anspruch nimmt, unter den allgemeinen Voraussetzungen die vorzeitige Zahlung **betrieblicher Versorgungsleistungen** verlangen. Nach Maßgabe des Leistungsplans des Versorgungsträgers kommt hierbei eine Kürzung der vorzeitigen Altersrente – auch in Form eines versicherungsmathematischen Abschlags[79] – in Betracht.[80]

Macht der AN vor dem ArbG die Unwirksamkeit einer Befristungsabrede geltend, so hat das mit der **Entfristungsklage** nach § 17 TzBfG innerhalb von drei Wochen nach dem vereinbarten Ende des Arbverh zu geschehen.[81] Dies gilt auch für vor dem 1.10.1996 abgeschlossene Vereinbarungen.[82] § 7 KSchG findet entsprechend Anwendung (§ 17 S. 2 TzBfG).

---

66 S. BAG 31.7.2002 – 7 AZR 140/01 – BAGE 102, 65 = NZA 2002, 1155.
67 S. ErfK/*Rolfs*, § 41 SGB VI Rn 19.
68 Vgl. BAG 14.8.2002 – 7 AZR 469/01 – BAGE 102, 174 = NZA 2003, 1397; *Ehrich*, BB 1994, 1633, 1635.
69 S. hierzu BAG 20.11.1987 – 2 AZR 284/86 – BAGE 57, 30 = NZA 1988, 617; BAG 11.6.1997 – 7 AZR 313/96 – AP § 19 AVR Caritasverband Nr. 1 = NZA 1997, 1288.
70 ABlEG Nr. L 175 S. 43.
71 S. *Hümmerich/Holthausen/Welslau*, NZA 2003, 7, 9.
72 S. EuGH 22.11.2005 – C-144/04 – NJW 2005, 3695.
73 S. *Linsenmeier*, RdA Sonderbeilage 5/2003, 22, 30; *Zöllner*, in: Gedenkschrift *Blomeyer*, S. 517, 529.
74 S. Hessisches LAG 25.2.2003 – 13 Sa 1063/02 – NZA-RR 2003, 648; *Bauer*, NJW 2001, 2672, 2673; *Linsenmeier*, RdA Sonderbeilage 5/2003, 22, 30; *Schlachter*, in: Gedenkschrift *Blomeyer*, S. 355, 368 ff.
75 BT-Drucks 15/4538 und BR-Drucks 445/05.
76 S. BR-Drucks 445/05 (Beschluss).
77 Gesetz v. 14.8.2006, BGBl I 1897, zuletzt geändert durch Art. 15 Abs. 66 Gesetz v. 5.2.2009, BGBl I 160.
78 ArbG Hamburg 20.1.2009 – 21 Ca 235/08 – juris.
79 S. BAG 24.7.2001 – 3 AZR 567/00 – BAGE 98, 212 = NZA 2002, 672; BAG 28.5.2002 – 3 AZR 358/01 – BAGE 101, 163.
80 S. BAG 29.7.1997 – 3 AZR 134/96 – AP § 6 BetrAVG Nr. 24 = NZA 1998, 544.
81 Vgl. BAG 14.8.2002 – 7 AZR 469/01 – BAGE 102, 174 = NZA 2003, 1397; hinsichtlich der Abgrenzung zur Feststellungsklage s. BAG 23.2.2002 – 7 AZR 586/00 – BAGE 100, 216 = NZA 2002, 669; a.A. KassKomm/*Gürtner*, § 41 SGB VI Rn 20.
82 S. BAG 20.1.1999 – 7 AZR 715/97 – BAGE 90, 348 = NZA 1999, 671.

Siebtes Buch Sozialgesetzbuch – Gesetzliche Unfallversicherung

Vom 7.8.1996, BGBl I S. 1254, BGBl III 860-7

Zuletzt geändert durch Gesetz zur Verbesserung der Absicherung von Zivilpersonal in internationalen Einsätzen zur zivilen Krisenprävention vom 17.7.2009, BGBl I S. 1974, 1975

– Auszug –

§ 104 Beschränkung der Haftung der Unternehmer

(1) [1]Unternehmer sind den Versicherten, die für ihre Unternehmen tätig sind oder zu ihren Unternehmen in einer sonstigen die Versicherung begründenden Beziehung stehen, sowie deren Angehörigen und Hinterbliebenen nach anderen gesetzlichen Vorschriften zum Ersatz des Personenschadens, den ein Versicherungsfall verursacht hat, nur verpflichtet, wenn sie den Versicherungsfall vorsätzlich oder auf einem nach § 8 Abs. 2 Nr. 1 bis 4 versicherten Weg herbeigeführt haben. [2]Ein Forderungsübergang nach § 116 des Zehnten Buches findet nicht statt.

(2) Absatz 1 gilt entsprechend für Personen, die als Leibesfrucht durch einen Versicherungsfall im Sinne des § 12 geschädigt worden sind.

(3) Die nach Absatz 1 oder 2 verbleibenden Ersatzansprüche vermindern sich um die Leistungen, die Berechtigte nach Gesetz oder Satzung infolge des Versicherungsfalls erhalten.

Literatur: *Becker,* Das aktuelle SGG-Änderungsgesetz, SGb 2008, 267 ff; *Becker/Burchardt/Krasney/Kruschinsky,* Gesetzliche Unfallversicherung (SGB VII) – Kommentar, Loseblatt, Stand: April 2009; *Benz,* Der so genannte dritte Ort bei Wegeunfällen in der gesetzlichen Unfallversicherung (§ 8 Abs. 2 Nr. 1 SGB VII), HVBG-INFO 13/2003, 1178 = WzS 2003, 71; *Bereiter-Hahn/Mehrtens,* Gesetzliche Unfallversicherung, Loseblatt, Stand: März 2007; *Bertold/Richte,* Prozesse in Sozialsachen, 2009; *Dahm,* Die Haftungsbeschränkungen nach dem SGB VII, zfs 2000, 38; *Dahm,* Die Neufassung des § 110 SGB VII, r+s 2004, 403; *ders.,* Die Behandlung von Schockschäden in der höchstrichterlichen Rechtsprechung, NZV 2008, 187; *Faust,* Zur Haftung bei Sportwettkämpfen, JuS 2008, 838; *Franke/Molkentin,* Sozialgesetzbuch VII, Lehr- und Praxiskommentar, 2. Aufl. 2007; *Fuhlrott,* Der Schmerzensgeldausschluss durch die Unfallversicherung – Verfassungswidriger Zustand oder gerechtfertigte Ungleichbehandlung?, NZS 2007, 237; *Geigel,* Der Haftpflichtprozess, 24. Aufl. 2004; *Giesen,* Unfallversicherungsrechtliche Haftungsfreistellung und Regress, Festschrift für Leinemann, 2006, S. 831; *Gross/Wesch,* Änderungen des Haftungsrechts im Arbeitsverhältnis?, NZA 2008, 849; *Guhl,* Die Rahmengebühren des RVG für sozialrechtliche Angelegenheiten, NZS 2005, 193; *Halm/Engelbrecht/Krahe,* Handbuch des Fachanwalts Versicherungsrecht, 3. Aufl. 2008 (zitiert Halm/Engelbrecht/Krahe/*Bearb.*); *Himmelreich/Halm,* Handbuch des Fachanwalts Verkehrsrecht, 2. Aufl. (zitiert Himmelreich/Halm/*Bearb.*); *Horst/Katzenstein,* Die Bindung der Gerichte nach § 108 SGB VII, VersR 2009, 165; *Imbusch,* Das Haftungsprivileg des § 106 Abs. 3 Alt. 3 SGB VII und seine Auswirkungen auf die Haftung des Unternehmers, VersR 2001, 1485; *ders.,* Neue Tendenzen zur Auslegung des Haftungsausschlusses nach § 106 Abs. 3 Alt. 3 SGB VII, VersR 2001, 547; *Jaeger,* Kapitalisierung von Renten im Haftungsvergleich, VersR 2006, 597; *Jaklin/Middendorf,* Haftungsprivileg nach § 828 Abs. 2 BGB auch im ruhenden Verkehr?, VersR 2004, 1104; *Jerczynski/Zimmermann,* Arbeitsunfälle bei der Beschäftigung ausländischer Leiharbeitnehmer – unbekannte Risiken, NZS 2007, 243; *Jungfleisch,* Ein nicht versicherter Unternehmer steht nicht gemäß § 106 Abs. 3 3. Alt SGB VII i.V.m. § 105 Abs. 2 S. 2 SGB VII unter dem Schutz der gesetzlichen Unfallversicherung, BG 2007, 107; *ders.,* Leistungsansprüche des nicht versicherten Unternehmers, BG 2006, 464; *Kilger/Schmidt/Bünger,* Das sozialrechtliche Mandat, 2005; *Klier,* Höhe der gesetzlichen Gebühren im Sozialrecht nach § 3 Rechtsanwaltsvergütungsgesetz, NZS 2004, 469; *Kock,* Entsperrung der Haftungsprivilegierung gem. §§ 104 ff. SGB VII wegen Vorsatzes und bei sog. Hol- und Bringunfällen jetzt höchstrichterlich geklärt, NZS 2005, 18; *ders.,* Der Leistungsanspruch des nicht versicherten Unternehmers bei Arbeitsunfällen, NZA 2006, 471; *Köhler,* Bedarf es einer Fokussierung des Wegeunfallrisikos durch Präzisierung der Tatbestände?, SGb 2004, 533; *Konradi,* Die fehlende Beteiligung des Schädigers am Sozialverwaltungsverfahren und deren Folgen für den Zivilprozess, BG 2008, 245; *ders.,* Zur Notwendigkeit der Schädigerbeteiligung am Sozialverwaltungsverfahren, NZS 2009, 478; *Kornes,* Anmerkung zur Entscheidung des Bundesgerichtshofes (BGH) vom 27.6.2006 (143/05), BG 2007, 41; *ders.,* Flexibler Realzins statt 5 %-Tabellenzins bei Kapitalisierung von Schadensersatzrenten, Teil I und II, r+s 2003, 485 und r+s 2004, 1; *Krasney,* Haftungsbeschränkung bei Verursachung von Arbeitsunfällen, Teil II, NZS 2004, 68; *ders.,* Die „Wie-Beschäftigten" nach § 2 Abs. 2 Satz 1 SGB VII, NZS 1999, 577; *Küppersbusch,* Aktuelle Fragen beim Regress des Sozialversicherungsträgers nach § 110 SGB VII, NZV 2005, 393; *Kummer,* Das sozialgerichtliche Verfahren, 4. Aufl. 2005; *Lang,* Der Abfindungsvergleich beim Personenschaden, VersR 2005, 894; *Lauterbach,* Unfallversicherung, Loseblattsammlung, Stand: April 2009 (zitiert: Lauterbach/*Bearbeiter*); *Lehmacher,* Das Gesetz zur Bekämpfung der Schwarzarbeit und illegalen Beschäftigung und die Neufassung des § 110 SGB VII, BG 2005, 408; *dies.,* Das neue Verjährungsrecht unter besonderer Berücksichtigung der Teilungsabkommen, BG 2003, 384; *dies.,* Einbeziehung des Schmerzensgeldes beim Regress nach § 110 SGB VII, BG 2003, 464; *dies.,* Die Berücksichtigung des fiktiven Schmerzensgeldanspruchs des Geschädigten beim Regress des Sozialversicherungsträgers nach § 110 SGB VII, NZV 2006, 63; *Leitherer, S.,* Die Aufgaben des Sozialgerichtsgesetzes und des Arbeitsgerichtsgesetzes – Änderungen des SGG, NJW 2008, 1258 ff; *Lemcke,* Anmerkung zu BGH, Urteil vom 19.5.2009, r+s 2009, 389; *Lepa,* Haftungsbeschränkungen bei Personenschäden nach dem Unfallversicherungsrecht, 2004; *ders.,* Haftungsbeschränkungen bei Personenschäden nach dem Unfallversicherungsrecht, 2004; *Leube*, Gesetzliche Unfallversicherung: Haftung und Haftungsbeschränkung bei Wegeunfällen mit besonderer Berücksichtigung der Schule, VersR 2001, 1215; *ders.*, Haftungsbegrenzung bei Personenschäden in der Schule (§§ 104 ff. SGB VII), VersR 2000, 948; *ders*, Personenkreis der Unternehmer und der Versicherten (§§ 104 ff. SGB VII), BG 2001, 139; *ders.*, Haftungsbeschränkung bei Arbeitsunfällen im Berufssport, VersR 2008, 880; *Meyer-Ladewig*, Sozialgerichtsgesetz Kommentar, 9. Aufl. 2008; *Möllers*, Haftungsbeschränkung bei Sportwettkämpfen, LMK 2008, 260030; *Müller-Petzer*, Haftung des Arbeitgebers aus Fürsorgepflichtverletzungen, BG 2008, 165 ff.; *Muschner*, Die Privilegierung des § 105 SGB VII für Personen, die nur in geringfügigem Umfang Hilfe zu einer betrieblichen Verrichtung leisten, VersR 2007, 1134; *Otto*, Die BGH-Rechtsprechung zur Haftungsbefreiung beim Unfall auf einer gemeinsamen Betriebsstätte, NZV 2002, 10; *Otto/Schwarze*, Die Haftung des Arbeitnehmers, 3. Aufl. 1998; *Pickel/Marschner*, SGB X Kommentar zum Sozialgesetzbuch Zehntes Buch, Loseblatt, Stand: Oktober 2009; *Richardi*, Leistungsstörungen und Haftung im Arbeitsverhältnis nach dem Schuldrechtsmodernisierungsgesetz, NZA 2002, 1004; *Ricke*, Haftungsbeschränkung nach §§ 104 ff. SGB VII: Neue Abgrenzung der Wegearten (§ 8 Abs. 1 und 2 SGB VII) und zivilrechtliche Unsicherheiten, HVBG-INFO 22/2003, 2103 = VersR 2003, 540; *ders.*, Schwarzarbeitsregress in der Unfallversicherung (§ 110 As. 1 a SGB VII) – löblich gedacht, kläglich gemacht, SGb 2008, 648; *Rolfs*, Aktuelle Entwicklungen beim unfallversicherungsrechtlichen Haftungsausschluss (§§ 104 ff. SGB VII), HVBG-INFO 31/2001, 2918 = DB 2001, 2294; *Roller*, Präklusionsvorschriften im sozialgerichtlichen Verfahren, SGb 2008, 394 ff; *Schimikowski*, Die Übertragung der BGH – Entscheidung für die Haftung bei sportlichen Wettbewerben auf die Haftung bei Gefälligkeitshandlungen, r+s 2008, 189; *Schlegel/Voelzke/Brandenburg*, juris PraxisKommentar, SGB VII, 2009; *Schneider*, Nochmals: Flexibler Realzins statt 5 %-Kapitalisierungen bei Schadensersatzrenten, Erwiderung auf Kornes, r+s 2004, 177; *Seewald*, Anmerkung zu BSG, Urteil vom 1.7.1997 – 2 RU 26/96 –, SGb 1998, 280; *Stern-Krieger/Arnau*, Neuregelung der gesetzlichen Unfallversicherung im SGB VII unter Berücksichtigung des zivilrechtlichen Haftungsrechts, VersR 1997, 408; *Stöhr*, Haftungsprivileg bei einer gemeinsamen Betriebsstätte und bei Verkehrsunfällen, VersR 2004, 809; *Tischendorf*, Zum Begriff der Gefahrengemeinschaft und seiner Bedeutung bei der Auslegung und Anwendung des § 106 Abs. 3 Alt. 3 SGB VII, VersR 2003, 1361; *ders.*, Zur Auseinandersetzung über die unfallversicherungsrechtlichen Haftungsbeschränkungen in den §§ 104 ff. SGB VII, VersR 2002, 1188

A. Allgemeines	1	c) Wie-Beschäftigte	10
I. Einwirkung der nichtarbeitsrechtlichen Norm auf das Arbeitsverhältnis	1	3. Werkvertrag	11
		4. Angehörige	13
II. Grundlagen des § 104	1a	III. Schaden durch einen Versicherungsfall	14
B. Regelungsgehalt	3	IV. Vorsatz	18
I. Unternehmerbegriff	3	V. Wegeunfall	20
II. Versicherte sowie Angehörige und Hinterbliebene als Geschädigte	6	VI. Kein Forderungsübergang (Abs. 1 S. 2)	25
		VII. Schädigung der Leibesfrucht (Abs. 2)	26
1. Versicherte	6	VIII. Anrechnung von Leistungen (Abs. 3)	27
2. Sonderfälle	7	C. Verbindung zu anderen Rechtsgebieten und zum Prozessrecht	28
a) Leiharbeitsverhältnis	8		
b) Arge	9	D. Beraterhinweise	31

A. Allgemeines

I. Einwirkung der nichtarbeitsrechtlichen Norm auf das Arbeitsverhältnis

Fällen, in denen § 104 Anwendung findet, liegt ein Sachverhalt zugrunde, in dem der Unternehmer einen AN oder eine sonstige Person (siehe Rn 7 ff.) schädigt, die für ihn tätig ist. Die in diesen Fällen normalerweise gegebenen Schadensersatzansprüche werden durch § 104 dahingehend modifiziert, dass der Personenschadensersatzanspruch des Geschädigten durch die in § 104 enthaltene Haftungsprivilegierung entweder komplett, einschließlich des Schmerzensgeldanspruchs, entfällt (sog. **Haftungsausschluss**, vgl. Rn 14 ff.) oder der schädigende Unternehmer zwar zum Schadensersatz verpflichtet bleibt (Abs. 1 S. 1 a.E), auf den Schadensersatzanspruch aber die Leistungen aus der gesetzlichen Sozialversicherung angerechnet werden, so dass hinsichtlich des Personenschadensersatzanspruchs nur noch die **Schadensspitzen** zu ersetzen sind (siehe Rn 18 ff.). § 104 greift damit unmittelbar in die eigentlich innerhalb des Arbverh gegebenen Schadensersatzverpflichtungen ein.

II. Grundlagen des § 104

§ 104 ersetzt § 636 RVO. Die Vorschrift enthält eine der Grundlagen der gesetzlichen Unfallversicherung: die **Ablösung der Unternehmerhaftpflicht**. An die Stelle der zivilrechtlichen Ansprüche gegen den Unternehmer treten die Ansprüche gegen den Träger der gesetzlichen Unfallversicherung aus Anlass des Versicherungsfalles, die privatrechtliche Haftpflicht des Unternehmers wird abgelöst durch die Gesamthaftung der in der Berufsgenossenschaft zusammengeschlossenen Unternehmer; dies macht das Risiko von Arbeitsunfällen kalkulierbar.[1] Die Anwendung des § 104 setzt daher zwingend bestehende Schadensersatzansprüche des Versicherten voraus, die sich aus anderen gesetzlichen Vorschriften als dem SGB VII ergeben müssen. Die Haftungsablösung begründet sich einerseits daraus, dass der Unternehmer die Beiträge zur Unfallversicherung allein trägt, § 150 Abs. 1 S. 1, (**Finanzierungsargument**)[2]

---

1 BAG 30.10.2003 – 8 AZR 548/02 – VersR 2004, 1047.   2 BGH 10.12.1974 – VI ZR 73/73 – BGHZ 63, 313 = VersR 1975, 274.

und andererseits gerichtliche Auseinandersetzungen zwischen AG und AN vermieden werden sollen (**Friedensargument**).[3]

2   Sind die Voraussetzungen des § 104 erfüllt, ohne dass die Schädigung vorsätzlich erfolgte oder ein Wegeunfall vorliegt (siehe Rn 18 ff.), führt dies zum vollständigen sog. **Haftungsausschluss** zugunsten des Schädigers hinsichtlich der **Personenschadenersatzansprüche** einschließlich **des Schmerzensgeldes.** Der Wegfall der Personenschadensersatzansprüche des Geschädigten ist verfassungsrechtlich zulässig.[4] Jedoch ist die Verfassungsmäßigkeit des Wegfalls des Schmerzensgeldanspruchs nach der Überführung des Anspruchs aus § 847 BGB a.F. in § 253 Abs. 2 BGB n.F. durch das zweite Schadensrechtänderungsgesetz[5] in die Diskussion geraten.[6] Das LAG Köln[7] hat den Wegfall des Schmerzensgeldanspruchs für **Minijobber** jedoch bejaht, da auch sie Leistungen aus der gesetzlichen Unfallversicherung erhalten. Hat der Schädiger den Versicherungsfall **vorsätzlich** herbeigeführt oder ist der Versicherungsfall **auf einem nach § 8 Abs. 2 Nr. 1 bis 4 SGB versicherten Weg** (sog. **Wegeunfall**) eingetreten, verbleibt der Schadensersatzanspruch beim Geschädigten, vermindert sich aber der Höhe nach um die Leistungen, die der Berechtigte nach Gesetz oder Satzung infolge des Versicherungsfalles erhält (Abs. 3), sog. **Haftungsbeschränkung/-reduzierung.**

B. Regelungsgehalt
I. Unternehmerbegriff

3   Der Unternehmerbegriff ist definiert in § 136 Abs. 3 Nr. 1 bis 5. **Unternehmer** ist derjenige, dem das wirtschaftliche Ergebnis des Unternehmens unmittelbar zum Vor- und Nachteil gereicht, der das wirtschaftliche Wagnis trägt und weitgehend Einfluss auf die Führung oder kaufmännische Leitung des Unternehmens hat.[8] Erfüllen mehrere diese Voraussetzungen sind sie **Mitunternehmer.**[9] Es wird weder ein Geschäftsbetrieb noch eine auf Erwerb gerichtete Tätigkeit vorausgesetzt, so dass auch der **Pkw-Halter, Haushaltsvorstand** oder **Eigenbauherr** Unternehmer im Sinne des § 104 sein kann.[10] Bei **juristischen Personen** ist diese selbst Unternehmerin, bei einer **OHG** die Gesellschaft und die Gesellschafter, bei einer **KG** die Gesellschaft und die Komplementäre, bei der **BGB- Gesellschaft** die Gesellschafter.[11] Der **geschäftsführende Gesellschafter,** der aufgrund seiner Kapitalbeteiligung maßgeblichen Einfluss auf die Entscheidungen einer GmbH hat, ist ebenfalls als Unternehmer anzusehen.[12] § 104 erfasst auch Unternehmer von **unerlaubten Tätigkeiten,** z.B. **Schwarzarbeiten**;[13] es kommt nicht darauf an, ob der Unternehmer versichert ist oder nicht.[14]

4   Unternehmer im unfallversicherungsrechtlichen Sinn sind auch **Bund, Länder, Gemeinden** und **sonstige selbstständige öffentlich-rechtliche Körperschaften** (siehe hierzu auch unter II.1). Werden durch sie Beamte oder Soldaten bei Ausübung des Dienstes verletzt, richtet sich die Frage, ob sie ihren Dienstherrn in Anspruch nehmen können, nach Sondervorschriften (§§ 46 BeamtVG, 91a SoldVG).

5   Voraussetzung für eine Haftungsprivilegierung des Unternehmers ist jedoch, dass der Unternehmer gegenüber den im Unternehmen Tätigen als Unternehmer gehandelt hat,[15] eine Schädigungshandlung des Unternehmers als Privatperson, bspw. im Urlaub, führt nicht zur Haftungsprivilegierung. Haben bei der Entstehung eines Schadens ein haftungsprivilegierte Unternehmer und ein nicht haftungsprivilegierter Zweitschädiger mitgewirkt, ist die Haftung des Zweitschädigers gegenüber dem Geschädigten auf den Betrag beschränkt, den er im Innenverhältnis zum schädigenden Unternehmer gem. § 426 BGB zu tragen hätte (sog. **gestörtes Gesamtschuldverhältnis**).[16]

II. Versicherte sowie Angehörige und Hinterbliebene als Geschädigte

6   **1. Versicherte.** § 104 Abs. 1 bezieht die Haftungsfreistellung der Unternehmer auf die **Versicherten,** die für ihre Unternehmen tätig werden oder zu ihrem Unternehmen in einer sonstigen die Versicherung begründenden Beziehung stehen, also nicht für sondern im Unternehmen für eigene oder fremde Zwecke tätig werden. Die Abgrenzung voneinander ist bedeutungslos.[17] Außer den kraft Gesetzes (§ 2) Versicherten fallen unter § 104 auch die Personen,

---

3   BVerfG 7.11.1972 – 1 BvL 4, 17/71 u. 10/72; 1 BvR 355/71 – BVerfGE 34, 118 = VersR 1973, 269.
4   BVerfG 7.11.1972 – 1 BvL 4, 17/71 u. 10/72; 1 BvR 355/71 – BVerfGE 34, 118 = VersR 1973, 269.
5   2. SchadRÄndG v. 19.7.2002, in Kraft getreten zum 1.8.2002, BGBl I S. 2674.
6   *Fuhlrott*, NZS 2007, 237 m.w.N.
7   LAG Köln 29.1.2008 – 9 Sa 1208/07 – juris.
8   BSG 29.3.1961 – 2 Ru 204/57 – BSGE 14, 142; BGH 4.10.1988 – VI ZR 7/88 – VersR 1988, 1276.
9   Vgl. Bereiter-Hahn/*Mehrtens*, § 136 Rn 8.
10 Vgl. LPK-SGB VII/*Rapp*, § 104 Rn 7.
11 Vgl. KassKomm/*Ricke*, § 136 Rn 29, 30.
12 BSG 11.6.1990 – 2 Ru 59/89 – BB 1990, 2049.
13 Vgl. Brackmann/*Krasney*, § 104 Rn 7.
14 Vgl. Bereiter-Hahn/*Mehrtens*, § 104 Rn 4.1.
15 Vgl. Bereiter-Hahn/*Mehrtens*, § 104 Rn 4.1; Brackmann/*Krasney*, § 104 Rn 7.
16 St. Rspr. BGH 14.7.1970 – VI ZR 179/68 – NJW 1970, 1844; BGH 23.3.1993 – VI ZR 164/92 – VersR 1993, 841; zum gestörten Gesamtschuldverhältnis und arbeitsrechtlichen Freistellungsanspruch vgl. BGH 11.11.2003 – VI ZR 13/03 – VersR 2004, 202; zur gestörten Gesamtschuld ausführlich Wussow/*Schneider*, S. 1583 Rn 120 ff.; zur Beweislastverteilung bei der gestörten Gesamtschuld siehe Himmelreich/Halm/*Engelbrecht, S.* 839.
17 Vgl. KassKomm/*Ricke*, § 104 Rn 6a.

die kraft Satzung (§ 3) versichert sind. Allerdings ist zu beachten, dass Versicherte nach § 2 Abs. 1 Nr. 13a (**Hilfeleistung bei Unglücksfällen** und Rettung aus erheblicher Gefahr) nicht in einer besonderen Beziehung zu der Person stehen, der sie geholfen haben, eine Nothilfesituation also nicht zu einer Haftungsprivilegierung führen kann.[18] Bei Versicherten nach § 2 Abs. 1 Nr. 15 (**medizinische und berufliche Rehabilitation**) ist gem. § 136 Abs. 3 Nr. 2 der Rehabilitationsträger der Unternehmer, bei Versicherten nach § 2 Abs. 1 Nr. 2 und Nr. 8 (**Lernende** während der beruflichen Aus- und Fortbildung, **Schüler, Studenten und Kinder in Tageseinrichtungen**) der Sachkostenträger nach § 136 Abs. 3 Nr. 3. Von den Versicherten zu unterscheiden sind die **versicherungsfreien Personen** nach den §§ 4, 5.

2. Sonderfälle. Durch das Zusammenwirken von Unternehmen und Betrieben bei vielen Arbeitsgängen war bisher § 104 darüber hinaus auf folgende Fallgestaltungen anzuwenden (sog. **Eingliederungsfälle**); diese Rspr. ist vom BGH geändert worden (siehe Rn 10a).

a) Leiharbeitsverhältnis. Beim **Leiharbeitsverhältnis** nach dem AÜG oder in Form vorübergehender Überlassung eigener Beschäftigter kommt die Haftungsprivilegierung trotz § 133 Abs. 2 sowohl dem Stammunternehmer als auch dem Entleiher zugute.[19]

b) Arge. Die **Arbeitsgemeinschaft (Arge)** ist ein vereinbarter Zusammenschluss mehrerer Unternehmen bei Wahrung ihrer rechtlichen Selbstständigkeit, um in gemeinsamer Arbeit unter einheitlicher Leitung und wechselseitigem Personaleinsatz auf der im Wesentlichen selben Betriebsstätte ein gemeinsames Arbeitsergebnis zu erreichen.[20] Die Haftungsbeschränkung des § 104 gilt für alle an der Arge beteiligten Unternehmer gegenüber sämtlichen im Rahmen der Arge eingesetzten Versicherten dieser Unternehmer. Keine Arge besteht zwischen **Haupt- und Subunternehmer**.[21] Bei einer Zusammenarbeit mehrerer Unternehmen außerhalb einer Arge kommt eine Haftungsbeschränkung nach den Grundsätzen der **gemeinsamen Betriebsstätte** nach § 106 Abs. 3 in Betracht (siehe § 106 Rn 13 ff.).

c) Wie-Beschäftigte. Die Haftungsbeschränkung des § 104 Abs. 1 S. 1 gilt für Unternehmer auch im Verhältnis zu allen Personen, die als **Versicherte nach § 2 Abs. 2 (sog. Wie-Beschäftigte)**[22] für das Unternehmen tätig werden. Personen können als Versicherte nach § 2 Abs. 2 insbesondere dann für ein Unternehmen tätig werden, wenn sie vorübergehend unentgeltlich arbeitnehmerähnliche Mithilfe für das Unternehmen leisten, die dem ausdrücklichen oder mutmaßlichen Willen des Unternehmers entspricht (Reparaturarbeiten,[23] Öffnen einer Tür für Reinigungskräfte,[24] Hergabe einer Leiter zur Verrichtung der betrieblichen Tätigkeit,[25] Ausführen eines Hundes,[26] Ausreiten eines Pferdes[27] oder Zurückführen eines Pferdes in eine Box – Arbeit wie eine Pferdewirtin).[28] Maßgeblich ist die Handlungstendenz des Tätigen.[29] Nicht nach § 2 Abs. 2 versichert sind **Gefälligkeitsleistungen** unter Verwandten, Freunden (Mithilfe der Mutter bei **Umbauarbeiten**,[30] Hilfe von Freunden beim **Gardinenabhängen**,[31] **Betreuung eines Kindes** unter befreundeten Müttern),[32] bei **Verfolgung wesentlicher eigener Interessen** oder **Tätigkeiten aufgrund mitgliedschaftlicher Verpflichtungen**[33] (Transport von Baumaterial für Zeugen Jehovas,[34] Ordnungsdienst für politische Partei).[35] In den beiden letztgenannten Fällen ist aber dazu beachten, dass diese nach heutiger Rechtslage eventuell anders zu beurteilen wären, da ehrenamtliche Tätigkeiten gem. § 2 Abs. 1 Nr. 10a, b unter dem Schutz der gesetzlichen Unfallversicherung stehen. Die Fälle von **Nachbarschaftshilfe** bei Hauseigentümern werden in der Rspr. sehr uneinheitlich beurteilt. Teilweise wird angenommen, die Nachbarschaftshilfe diene in der Regel auch den eigenen Interessen[36] bzw. sie sei unternehmerähnlich;[37] in einem anderen Fall[38] hatte das Gericht einen stillschweigend

---

18 BGH 16.4.1996 – VI ZR 79/95 – VersR 1996, 856; OLG Düsseldorf 15.1.2002 – 4 U 116/01 – r+s 2003, 292; vgl. dazu ausf. Himmelreich/Halm/*Engelbrecht*, S. 826 ff.
19 LG München I 25.11.2002 – 17 O 13797/02 – Schaden-Praxis 2003, 237; KassKomm/*Ricke*, § 104 Rn 8; Brackmann/*Krasney*, § 104 Rn 11; siehe auch *Jerczynski/Zimmermann*, NZS 2007, 243.
20 Vgl. Hauck/Noftz/*Nehls*, § 104 Rn 25; Bereiter-Hahn/*Mehrtens*, § 104 Rn 8.4.
21 BAG 13.4.1983 – 7 AZR 650/79 – NJW 1984, 885.
22 Vgl. zu den Einzelheiten *Krasney*, NZS 1999, 577.
23 LG Düsseldorf 3.7.2001 – 24 S 12/01 – HVBG-INFO 21/2002, 2046.
24 LG Saarbrücken 17.1.2007 – 3 O 179/06 – NZV 2007, 472.
25 OLG Brandenburg 2.8.2006 – 7 U 215/05 – VersR 2007, 1133.
26 OLG Stuttgart 27.3.2002 – 2 U 2143/01 – HVBG-INFO 35/2002, 3343; LG Magdeburg 28.9.2007 – 9 O 675/07, 9 O 675/07 (154) – juris - hat eine Haftungsprivilegierung abgelehnt.
27 LSG Rheinland-Pfalz 19.3.2002 – L 3 U 262/01 – HVBG-INFO 37/2002, 3486.
28 LSG Rheinland-Pfalz 11.6.2002 – L 3 U 121/01 – HVBG-INFO 37/2002, 3494.
29 Bayerisches LSG 17.10.2001 – L 18 U 212/00 – Breithaupt 2002, 548.
30 Bayerisches LSG 16.12.1998 – L 17 U 6/97 – HVBG-INFO 16/1999, 1443.
31 LSG Rheinland-Pfalz 23.5.2003 – L 2 U 370/02 – HVBG-INFO 31/2003, 2814.
32 Schleswig-Holsteinisches OVG 9.11.2006 – UV R 2007, 206.
33 Vgl. *Krasney*, NZS 1999, 577.
34 LSG Baden-Württemberg 11.9.2003 – L 7 U 2955/01 – HVBG-INFO 1/2004, 25.
35 BSG 29.1.1986 – 9b RU 68/84 – BSGE 59, 284 = INFO 7/1986, 473.
36 BSG 5.7.2005 – B 2 U 22/04 R – SGb 2005, 522.
37 BSG 31.5.2005 – B 2 U 35/04 R – HVBG-INFO 2005, 619.
38 OLG Stuttgart 8.5.2008 – 13 U 223/07 – r+s 2008, 304 mit Anm. *Lemcke*.

vereinbarten Haftungsausschluss unter den Hauseigentümern bzw. eine Haftungsprivilegierung angenommen.[39] Dient die Tätigkeit sowohl dem Stammunternehmen des Tätigen als auch einem fremden Unternehmen, so ist in der Regel anzunehmen, dass der Verletzte im Zweifel allein zur Förderung der Interessen seines Stammbetriebs tätig wird.[40]

10a Die bisher geltende Rspr. ist durch die Entscheidung des BGH[41] teilweise als überholt anzusehen. Der BGH hat seine bisherige Rspr., dass eine Haftungsprivilegierung in einem anderen Betrieb anerkannt werden konnte als in dem Betrieb, den der Unfallversicherungsträger im Sozialverwaltungsverfahren des Geschädigten als Unfallbetrieb anerkannt hat, aufgegeben. Der BGH führt aus, dass dann, wenn der Unfallversicherungsträger die Versicherung des Unfalls nach § 2 Abs. 1 Nr. 1 anerkannt hat und diese Entscheidung unanfechtbar geworden ist, der Zivilrichter an diese Entscheidung gebunden ist nach § 108 (siehe auch § 108). Der Haftungsfall darf dann keinem weiteren Unternehmer nach § 2 Abs. 2 S. 1 zugeordnet werden. Dies begründet der BGH damit, dass nach der Konkurrenzregelung des § 135 Abs. 1 Nr. 7 die Versicherung nach § 2 Abs. 1 Nr. 1 der nach § 2 Abs. 2 vorgehe. Es müsse daher nicht mehr geprüft werden, ob die Aufgaben dem Stamm- oder Fremdbetrieb zuzuordnen seien. § 2 Abs. 2 komme vor allem nur noch dann zur Anwendung, wenn es um die Abgrenzung von privaten Tätigkeiten zu solchen nach § 2 Abs. 2 gehe. Zudem habe sich mit der Einführung des SGB VII die Rechtslage durch die Einführung des § 106 Abs. 3 Alt. 3 geändert; es bedürfe der früheren Rspr. deshalb nicht mehr. Schließlich sei auch die frühere Vorschrift über die Teilung der Entschädigungslast weggefallen (§ 1739 RVO). Im Ergebnis bedeutet dies, dass eine Haftungsprivilegierung nur noch im Stammbetrieb des Schädigers oder über § 106 Abs. 3 gegeben ist; die Entscheidung des Unfallversicherungsträgers bindet insofern über § 108 die Zivilgerichte.

Probleme bereitet diese Rspr. insb. bei den Leih-AN und bei den „Argen" (siehe Rn 8, 9). Der Unfall eines Leih-AN geschieht i.d.R. im Entleiherbetrieb, anerkannt wird er aber im Verleiherbetrieb, weil nur dieser Beiträge zur Unfallversicherung zahlt. Dies führt zu Problemen bei der Haftungsprivilegierung des Leih-AN.

Dabei ist zwischen der Haftungsprivilegierung des § 104 und des § 105 zu unterscheiden. Bei § 104 genügt ein „Tätigsein" des AN für den Unternehmer, so dass eine Haftungsprivilegierung des Leih-AN zum Entleiherunternehmen grds. möglich ist. Bei § 105 ist zu differenzieren, ob der Leih-AN Schädiger oder Geschädigter ist. Schädigt der Leih-AN einen AN des Entleiherbetriebes, so greift die Haftungsprivilegierung nach § 105 ein, weil der Schädiger gemäß § 105 nur in demselben Betrieb wie der geschädigte AN tätig sein muss. Ist der Leih-AN dagegen Geschädigter im Entleiherbetrieb greift § 105 nicht ein, weil § 105 auf der Geschädigtenseite einen Versicherten desselben Betriebs, also des Entleiherbetriebs, voraussetzt. Dies trifft aber auf den geschädigten Leih-AN nicht zu, da dieser Versicherter im Verleiherbetrieb ist. Damit verbliebe nur noch eine Haftungsprivilegierung nach § 106 Abs. 3 Alt. 3, deren von der Rspr. formulierte Voraussetzungen bei Unfällen im Entleiherbetrieb aber nicht immer vorliegen.

Die Lösung des Problems kann einmal dadurch erfolgen, dass der Begriff „desselben Betriebs" des § 105 erweitert dahingehend ausgelegt wird, dass sämtliche AN eines Betriebs, gleich ob Stamm- oder Leih-AN, als Angehörige „desselben Betriebs" gelten, wenn sie der Weisungsbefugnis desselben Unternehmers unterliegen.[42] Mit gleicher Begründung – Erweiterung des Betriebsbegriffs – soll § 106 Abs. 3 Alt. 3 zur Anwendung kommen.[43]

Die Lösung von *Lepa* ist vorzugswürdig. Den Betriebsbegriff in § 105 zu erweitern, bringt Probleme mit sich, da die AN beitragsrechtlich verschiedenen Unternehmen zugeordnet sind und bleiben. Beitragsrechtlich und haftungsrechtlich verschiedene Unternehmensbegriffe innerhalb des gleichen Gesetzes einzuführen, ist aber im Hinblick auf die Rechtseinheitlichkeit bedenklich und wegen § 106 Abs. 3 Alt. 3 auch nicht nötig.

Schädigen sich Mitarbeiter einer Arge untereinander sollte mit gleicher Begründung § 106 Abs. 3 Alt. 3 ebenfalls zur Anwendung gelangen.[44]

11 **3. Werkvertrag.** Bei der Ausführung von Arbeiten im Rahmen **eigener vertraglicher Pflichten** als Unternehmer oder AN greift die Haftungsprivilegierung nicht im Verhältnis zum Auftraggeber ein. Der **Werkvertrags-AN** bleibt bei der Erledigung seiner Arbeit dem Stammunternehmen zugeordnet,[45] auch dann, wenn er Weisungen des Vertragspartners zu beachten hat,[46] es sei denn, der Werkvertrags-AN nimmt Aufgaben wahr, die dem Auftraggeber selbst obliegen.[47] Dies gilt auch dann, wenn der AN von einer Gefahr betroffen wurde, die der Sphäre des Auftraggebers entspringt.[48] In Betracht kommt dann allenfalls das Vorliegen einer **gemeinsamen Betriebsstätte**, § 106 Abs. 3 (siehe § 106 Rn 13 ff.).

---

39 OLG Schleswig 27.4.2006 – 7 U 47/04 – r+s 2006, 306.
40 BGH 20.1.1998 – VI ZR 311/96 – VersR 1998, 582 = BB 1998, 748; BGH 23.3.2004 – VI ZR 160/03 – NZV 2004, 349 m. Anm. *Tischendorf*.
41 19.5.2009 – VI ZR 56/08 – UVR 14/2009, 868.
42 *Otto/Schwarze*, Rn 548, 549.
43 *Lepa*, S. 156.
44 Ebenso *Lepa*, S. 157.
45 BGH 20.11.1962 – VI ZR 44/62 – VersR 1963, 252.
46 Vgl. KassKomm/*Ricke*, § 104 Rn 10; Bereiter-Hahn/*Mehrtens*, § 104 Rn 9.1.
47 Vgl. KassKomm/*Ricke*, § 104 Rn 10; Brackmann/*Krasney*, § 104 Rn 10 m. jeweils w.N.
48 Vgl. Brackmann/*Krasney*, § 104 Rn 10.

Beschäftigte, die ins **Ausland** gem. § 4 SGB IV entsandt wurden, unterliegen weiterhin § 104 ff.; diese Rechtsfolge ergibt sich aus Art. 93 Abs. 2 VO (EWG) Nr. 1408/71 (sog. Ausstrahlung). Legale AN-Überlassung aus dem Ausland unterliegt § 5 SGB IV, d.h. die §§ 104 ff. gelten nicht (sog. Einstrahlung).

4. Angehörige. Der Begriff **Angehörige** ist definiert in § 16 Abs. 5 SGB X. Hier kann eine Haftungsprivilegierung im Hinblick auf den Dienstleistungsschaden nach § 845 BGB bedeutsam werden. Wer zum Kreis der **Hinterbliebenen** gehört, ergibt sich aus den §§ 65 bis 69. Die Einbeziehung der Hinterbliebenen in die Haftungsbeschränkung resultiert daraus, dass diese Personen Anspruch auf Leistungen nach den §§ 63 ff. haben können. Es ist nicht entscheidend, ob sie im Einzelfall diese Ansprüche realisieren.[49]

III. Schaden durch einen Versicherungsfall

Die Haftungsbeschränkung gilt nach Abs. 1 S. 1 für Ersatzansprüche wegen eines Personenschadens infolge eines Versicherungsfalles. Gleichgültig ist es, ob der Personenschaden bspw. wegen einer Vertragsverletzung, einer unerlaubten Handlung, durch Vorschriften des StVG oder des Haftpflichtgesetzes ersatzpflichtig ist; es kommen **alle Haftungsgründe** in Betracht.[50] Ausgeschlossen ist der Anspruch auf Ersatz von **Personenschäden**. Hierzu gehören alle unmittelbaren und mittelbaren Schäden aus der durch den Versicherungsfall herbeigeführten Gesundheitsbeschädigung – zu Letzterer gehört auch die seelische Unversehrtheit[51] – wie bspw. Heilbehandlungskosten, Pflegekosten, Erwerbsausfallschaden,[52] Ausfall für vermehrte Bedürfnisse, Kosten für Ersatzkräfte,[53] Kosten für Krankenhausbesuche, Beerdigungskosten,[54] Kosten für den Ausfall beim Bau eines Eigenheimes,[55] Kosten verletzungsbedingter Reisestornierung.[56]

Zum Personenschaden gehört auch der **Schmerzensgeldanspruch**, der ausgeschlossen bleibt; die §§ 104, 105 sind insofern mit dem Grundgesetz vereinbar.[57] Dies gilt, obwohl der Verletzte vom Sozialversicherungsträger keinen Ersatz für den immateriellen Schaden erhält.

Der Ersatzanspruch für **Sachschäden** verbleibt unabhängig von § 104 beim Geschädigten. **Ausgenommen** sind Schadensersatzansprüche wegen der Beschädigung und des Verlustes von **Hilfsmitteln** – Legaldefinition in § 31 – (Prothese, orthopädisches Schuhwerk, Seh- und Hörhilfen usw.), da sie dem Gesundheitsschaden gleichgestellt werden (§ 8 Abs. 3) und der Sozialversicherungsträger hierfür aufkommt (§ 27 Abs. 1 Nr. 4).

Versicherungsfälle sind Arbeitsunfälle und Berufskrankheiten (§ 7). Eine Legaldefinition des Begriffs Arbeitsunfall findet sich in § 8 Abs. 1. Berufskrankheiten sind nach § 9 Abs. 1 S. 1 Krankheiten, die die Bundesregierung durch Rechtsverordnung mit Zustimmung des Bundesrates als Berufskrankheiten bezeichnet und die Versicherte infolge einer versicherten Tätigkeit erleiden. Schadensersatzklagen im Zusammenhang mit einer Berufskrankheit sind in Deutschland – anders als in den USA – wegen der Beweisproblematik ungewöhnlich, so dass in Zusammenhang mit § 104 in der Regel nur Arbeitsunfälle relevant sind (im Übrigen vgl. unten Rn 28 ff.).

IV. Vorsatz

Sinn und Zweck der Regelung ist, den Haftungsausschluss dann nicht eingreifen zu lassen, wenn der Unternehmer in besonders vorwerfbarer Weise – nämlich vorsätzlich – gehandelt hat;[58] er soll dann grundsätzlich zum Schadensersatz verpflichtet bleiben (vgl. aber Abs. 3). Dies entspricht allg.en haftungsrechtlichen Grundsätzen, vgl. § 152 VVG a.F., § 81 Abs. 1 VVG n.F., § 276 Abs. 1, 3 BGB.

Der **Vorsatzbegriff** erfordert, dass der Unfall bewusst und gewollt verursacht worden ist. Zu beachten ist, dass sich der Vorsatz auf die Verletzungshandlung und den Verletzungserfolg, also auf Eintritt und Umfang des Schadens, erstrecken muss[59] (anders bei § 110 Abs. 1 S. 3). Letzteres wird insb. bei Schülerunfällen relevant, wo Schüler durchaus vorsätzlich schädigen, der eingetretene Verletzungserfolg häufig aber nicht gewollt war.[60] Um Vorsatz anzunehmen, reicht es nicht aus, wenn der Unternehmer vorsätzlich gegen **Unfallverhütungsvorschriften** verstoßen hat, den Per-

---

49 Vgl. Brackmann/*Krasney*, § 104 Rn 14.
50 Vgl. Geigel/*Wellner*, S. 1350 Rn 13; Wussow/*Schneider*, S. 1544 Rn 26; Brackmann/*Krasney*, § 104 Rn 16.
51 OLG Düsseldorf 6.12.1977 – 4 U 112/77 – VersR 1980, 622.
52 LAG Hamm 10.5.1990 – 17 Sa 28/90 – VersR 1991, 445; OLG Dresden 17.10.2000 – 3 U 1761/00 – NJW-RR 2001, 747.
53 OLG Düsseldorf 30.10.1979 – 4 U 53/79 – VersR 1980, 269.
54 BAG 10.10.2002 – 8 AZR 103/02 – HVBG-INFO 2003, 725.
55 BGH 6.6.1989 – VI ZR 66/88 – VersR 1989, 857.
56 OLG Karlsruhe 24.5.2002 – 10 U 253/01 – VersR 2003, 506.

57 BVerfG 7.11.1972 – 1 BvL 4,17/71 u. 10/72; 1 BvR 355/71 – BVerfGE 34, 118 = VersR 1973, 269; BVerfG 8.2.1995 – 1 BvR 753/94 – NJW 1995, 1607; a.A. *Richardi*, NZA 2002, 1004 im Hinblick darauf, dass der Schmerzensgeldanspruch nicht mehr im Deliktsrecht verankert ist.
58 BGH 11.2.2003 – VI ZR 34/02 – NJW 2003, 1605 = VersR 2003, 595.
59 BGH 11.2.2003 – VI ZR 34/02 – NJW 2003, 1605 = VersR 2003, 595; BAG 10.10.2002 – 8 AZR 103/02 – NZS 2003, 606 = VersR 2003, 740; OLG Celle 6.10.1999 – 9 U 24/99 – VersR 1999, 1550.
60 BGH 11.2.2003 – VI ZR 34/02 – VersR 2003, 595; OLG Celle 24.9.2003 – 9 U 114/03 – NZS 2004, 216.

sonenschaden aber nicht einmal bedingt in Kauf genommen hat.[61] Dies gilt auch, wenn UVV gegenüber Minijobbern verletzt wurden.[62] Ein Verstoß gegen **Arbeitssicherheitsregeln** ist für sich genommen nicht so schwerwiegend, dass er ohne Hinzutreten weiterer Umstände als schikanöses Verhalten (**Mobbing**) ausgelegt werden kann.[63] Fehlt es am Vorliegen einer vorsätzlichen Schädigung durch den AG, steht einem Schadensersatzanspruch wegen **Mobbings** der Haftungsausschluss des § 104 entgegen.[64] **Bedingter Vorsatz** genügt; er liegt vor, wenn der Unternehmer den als möglich erkannten Personenschaden billigend in Kauf genommen hat.[65] Der bedingte Vorsatz ist von der **bewussten Fahrlässigkeit** abzugrenzen. Diese liegt vor, wenn der Schädiger den Erfolg zwar für möglich hält, aber darauf vertraut, der Erfolg werde nicht eintreten („es wird schon gut gehen").

V. Wegeunfall

20 Der Haftungsausschluss greift nicht ein, wenn sich der Versicherungsfall auf einem nach § 8 Abs. 2 Nr. 2 bis 4 versicherten Weg (sog. Wegeunfall) ereignet hat. Der **Sinn und Zweck** der Regelung ist darin zu sehen, dass der Versicherte keine Ansprüche verlieren soll, die jeder andere im Straßenverkehr Geschädigte auch hätte.

21 Ein **Wegeunfall**[66] liegt vor, wenn der Versicherte den unmittelbaren Weg nach und vom Ort der versicherten Tätigkeit zurücklegt (§ 8 Abs. 2 Nr. 1). Ferner, wenn der Versicherte von diesem Weg abweicht, um 1. sein Kind, das mit ihm in einem Haushalt lebt, wegen der beruflichen Tätigkeit in fremde Obhut zu geben (§ 8 Abs. 2 Nr. 2a) oder 2. zum Zweck einer Fahrgemeinschaft (§ 8 Abs. 2 Nr. 2b). Ein Wegeunfall ist auch dann gegeben, wenn das Kind des Versicherten von seinem unmittelbaren Weg nach und von dem Ort seiner Tätigkeit (bspw. Schule, Kindergarten) abweicht, um sich wegen der Berufstätigkeit der mit ihm in gemeinsam Haushalt lebenden Personen in fremde Obhut zu begeben (§ 8 Abs. 2 Nr. 3) oder bei Familienheimfahrten (§ 8 Abs. 2 Nr. 4).[67] Ob ein Wegeunfall vorliegt, richtet sich danach, ob sich der **Geschädigte** auf einem versicherten Weg befand.[68]

22 Kein Wegeunfall nach § 8 Abs. 2 ist der sog. **Betriebsweg**,[69] der § 8 Abs. 1 unterfällt, mit der Konsequenz, dass der Haftungsausschluss bestehen bleibt. Ein Betriebsweg ist ein Weg, der in Ausübung der versicherten Tätigkeit zurückgelegt wird, Teil der versicherten Tätigkeit ist und damit der Betriebsarbeit gleichsteht.[70] Er wird im unmittelbaren Betriebsinteresse unternommen und geht nicht lediglich der versicherten Tätigkeit voraus.[71] Danach ist ein Weg „dann als Teil des betrieblichen Organisations- und Funktionsbereichs und mithin als Betriebsweg anzusehen, wenn eine Fahrt maßgeblich durch die betriebliche Organisation geprägt ist, insbesondere indem sie durch die Organisation (Werkverkehr, Einsatz eines betriebseigenen Fahrzeugs, Fahrt auf dem Werksgelände) als innerbetrieblicher bzw. innerdienstlicher Vorgang gekennzeichnet oder durch Anordnung des AG oder Dienstherrn zu einer entsprechenden Aufgabe erklärt wird".[72] Maßgeblich ist, ob sich aufgrund der bestehenden betrieblichen Gefahrengemeinschaft ein betriebsbezogenes Haftungsrisiko verwirklicht,[73] so dass auch ein Unfall auf einem betriebsfremden Hotelparkplatz ein Betriebswegeunfall sein kann, wenn das Hotel die regelmäßige Arbeitsstätte der Versicherten war.[74] Nicht ausreichend für die Annahme eines Betriebsweges ist es, wenn mit einer Fahrt lediglich die Förderung betrieblicher Interessen verbunden ist.[75] Nicht entscheidend für die Einordnung als Betriebsweg ist, ob die Örtlichkeit der Organisation des AG unterliegt[76] und wo der Unfall passiert ist.[77]

23 Diese Rspr. führt dazu, dass ein **Sammeltransport zur Baustelle** mit einem Betriebsfahrzeug und einem vom Betrieb gestellten Fahrer als Betriebsweg anzusehen ist, auch dann, wenn der Transport von der Wohnung des AN ausgeht.[78] Die **Fahrt vom Betriebsgelände zum auswärtigen Beschäftigungsort unter Mitnahme von Gerätschaften** und Material ist ebenfalls ein Betriebsweg, auch dann, wenn die Fahrt vor der regulären Arbeitszeit angetreten wurde und keine Anordnung des AG bestand; maßgeblich ist nur die tatsächliche Inanspruchnahme der Mitfahrgelegenheit.[79] Der **Transport von AN zu einer Handelsmesse** ist als Betriebsweg anzusehen.[80] Der **Transport von Schülern von einer Sammelstelle zur Schule mit einem eigenen Fahrzeug und eigenem Personal des Schulträ-**

---

61 BAG 27.6.1975 – 3 AZR 457/74 – VersR 1976, 574; vgl. aber auch BVerfG 2.3.2000 – 1 BvR 2224/98 – NJW 2000, 2098.
62 LAG Köln 29.1.2008 – 9 Sa 1208/07 – juris.
63 LAG Rheinland-Pfalz 24.1.2007 – 9 Sa 935/06 – juris.
64 LAG Rheinland-Pfalz 24.1.2007 – 9 Sa 935/06 – juris.
65 BAG 27.6.1975 – 3 AZR 457/74 – VersR 1976, 574; OLG Frankfurt 7.11.1979 – 7 U 89/79 – VersR 1980, 682.
66 Vgl. zu Einzelheiten des Wegeunfalls, insbesondere zu Ab- und Umwegen und Wegverlängerungen *Köhler*, SGb 2004, 533.
67 Eine kurze übersichtliche Zusammenfassung zum Wegeunfall findet sich in Geigel/*Wellner*, S. 1367 Rn 89.
68 BAG 30.10.2003 – 8 AZR 548/02 – VersR 2004, 1047.
69 Vgl. zur Abgrenzung *Ricke*, VersR 2003, 540 = HVBG-INFO 22/2003, 2103; ausführlich Himmelreich/Halm/*Engelbrecht*, S. 815 ff.
70 BAG 30.10.2003 – 8 AZR 548/02 – VersR 2004, 1047.
71 BAG 30.10.2003 – 8 AZR 548/02 – VersR 2004, 1047.
72 BGH 9.3.2004 – VI ZR 439/02 – VersR 2004, 788; BGH 2.12.2003 – VI ZR 348/02 – NZS 2005, 32.
73 So auch Geigel/*Wellner*, S. 1367, Rn 89; Bereiter-Hahn/*Mehrtens*, § 104 Rn 19.2; *Ricke*, VersR 2003, 540 ff.
74 BGH 25.10.2005 – VI ZR 334/04 – VersR 2006, 221.
75 BGH 9.3.2004 – VI ZR 439/02 – VersR 2004, 788; BGH 2.12.2003 – VI ZR 348/02 – NZS 2005, 32.
76 BGH 15.7.2008 – VI ZR 212/07 – NJW Spezial 2008, 554; BGH 5.10.2005 – VI ZR 334/04 – VersR 2006, 221.
77 BGH 15.7.2008 – VI ZR 212/07 – NJW Spezial 2008, 554.
78 BAG 30.10.2003 – 8 AZR 548/02 – VersR 2004, 1047; BGH 2.12.2003 – VI ZR 348/02 – NZS 2005, 32.
79 BGH 9.3.2004 – VI ZR 439/02 – VersR 2004, 788.
80 BAG 19.8.2004 – 8 AZR 349/03 – BAG, AP Nr. 4 zu § 104 SGB VII = DB 2004, 2592 (L).

gers ist ebenfalls ein Betriebsweg.[81] Als Betriebswegeunfälle gelten Unfälle auf **Firmenparkplätzen,**[82] auch auf einem betriebsfremden Parkplatz, der zu einem Hotel gehört, in der die Versicherten regelmäßig arbeiten.[83] Stürzt eine **Krankenschwester auf der Treppe des Haupteingangs des Krankenhauses wegen Glätte**, ist dies kein Wegeunfall, weil sich der Unfall zwar auf dem Weg zur Arbeit, aber bereits im Gefahren- und Organisationsbereich des AG ereignet hat.[84]

Die vorgenannte Rspr. weicht von der des BSG ab, nach der Transporte mit betriebseigenen Fahrzeugen von der Wohnung zur Arbeitsstelle keine Betriebswege nach § 8 Abs. 1, sondern Wegeunfälle nach § 8 Abs. 2 sind.[85] Hintergrund dieser divergierenden Rspr. dürfte es sein, dass es für die Leistungen des Unfallversicherungsträgers, über die das BSG nur entscheidet, unerheblich ist, ob ein Wegeunfall oder ein Arbeitsunfall im engeren Sinne vorliegt, Auswirkungen hat dies nur für die Beitragslast des einzelnen Unternehmers (§ 162). Dagegen ist diese Frage für § 104 maßgeblich, da davon die Haftungsfreistellung abhängt. Die Rspr. des BGH und des BAG trägt dem Umstand Rechnung, dass bei Transporten in firmeneigenen Fahrzeugen oder durch eigenes Personal oder auf Anordnung des AG dieser Einfluss auf das Wegerisiko nimmt. Er kann für sichere Verkehrsmittel sorgen, das Fahrpersonal schulen, risikoarme Strecken und Uhrzeiten festlegen usw., so dass es gerechtfertigt ist, diese Fallgestaltung mit sonstigen Arbeitsunfällen im engeren Sinne, auf die ein AG durch Prävention ebenfalls Einfluss nehmen kann, gleichzustellen und sie nicht als Wegeunfälle einzustufen.[86]

VI. Kein Forderungsübergang (Abs. 1 S. 2)

Nach Abs. 1 S. 2 findet kein Forderungsübergang nach § 116 SGB X statt. Die Regelung hat rein klarstellende Bedeutung. Greift der Haftungsausschluss oder die Haftungsreduzierung (bei Vorsatz oder Wegeunfall) ein, geht die Forderung nicht nach § 116 SGB X auf den Unfallversicherungsträger über. Dieser hat im Falle von grober Fahrlässigkeit oder Vorsatz vielmehr die Möglichkeit, Regress nach § 110 zu nehmen.

VII. Schädigung der Leibesfrucht (Abs. 2)

Die Vorschrift stellt die durch einen Versicherungsfall im Sinne des § 12 geschützte Leibesfrucht den Versicherten im Sinne des Abs. 1 gleich.

VIII. Anrechnung von Leistungen (Abs. 3)

Abs. 3 regelt, dass sich der Schadensersatzanspruch, der dem Verletzten bei vorsätzlicher Herbeiführung des Versicherungsfalls oder bei einem Wegeunfall gegen den Unternehmer zusteht, um die Sozialversicherungsleistungen mindert, die der Versicherte infolge des Versicherungsfalles erhalten hat. Dadurch sollen Doppelzahlungen von Sozialleistungen und Schadensersatzzahlungen an den Geschädigten vermieden werden. Sozialleistungen sind nicht nur solche im Sinne des SGB VII, sondern **Sozialleistungen aller Sozialversicherungsträger,**[87] die der Berechtigte nach Gesetz oder Satzung erhält. Also führt bspw. auch die Gewährung einer Rente aus der Rentenversicherung infolge des Versicherungsfalles zur Leistungsanrechnung. Die anzurechnende Leistung muss jedoch dem Gegenstand des betroffenen Anspruchs gleichartig sein, d.h. es muss eine **zeitliche und sachliche Kongruenz** (Identität der Leistungszeit und des Leistungszwecks) gegeben sein.[88] Zeitliche Kongruenz bedeutet, dass bspw. die Verletztenrente des Versicherten für den Monat Mai eines Jahres nur auf den Verdienstschadensersatzanspruch für den Monat Mai desselben Jahres angerechnet werden darf. Zur Ermittlung der sachlichen Kongruenz sind die zivilrechtlichen Schadensgruppen mit Sozialleistungen zu vergleichen, die dem gleichen Leistungszweck dienen. So entsprechen bspw. die Heilbehandlungskosten den Leistungen nach § 27, der Erwerbsschaden dem Verletztengeld (§§ 45 ff.) und der Verletztenrente (§§ 56 ff.), der Unterhaltsschaden den Hinterbliebenenleistungen nach den §§ 63 ff. usw. **Dem Geschädigten verbleiben die Schadensspitzen, der Sachschadensanspruch und das Schmerzensgeld**. Die Anrechnung von Sozialversicherungsleistungen auf das Schmerzensgeld ist mangels entsprechender Versicherungsleistungen nicht möglich.[89]

---

81 BGH 12.10.2000 – III ZR 39/00 – BGHZ 145, 311 = VersR 2001, 335; OLG München 8.1.2004 – 1 U 3924/03 – OLGR 2004, 266; von der Schule organisierte Exkursionsfahrt eines Leistungskurses Biologie mit Privat-Pkw ist ebenfalls Betriebsweg, LG Kassel 17.1.2006 – 5 O 2198/05 – NZV 2006, 375 = Schaden-Praxis 2006, 205.
82 LG Bochum 31.8.2004 – 2 O 222/04 – NZV 2005, 104 = NJW – RR 2005, 29; vgl. auch OLG Dresden 24.9.2004 – 1 U 832/04 – r+s 2004, 479, zustimmend BGH 25.10.2005 – VI ZR 334/04 – VersR 2006, 221 = r+s 2006, 127.
83 BGH 25.10.2005 – VI ZR 334/04 – VersR 2006, 221.
84 OLG München 13.5.2004 – 1 U 1566/04 – OLGR München 2005, 703.
85 BSG 11.2.1981 – 2 RU 87/79 – HVBG-INFO 12/1983, 126; so auch mit ausführlicher Auseinandersetzung der verschiedenen Argumente Brackmann/*Krasney*, § 104 Rn 23, 23a; Hauck/Noftz/*Nehls*, § 104 Rn 30, 31.
86 So auch Bereiter-Hahn/*Mehrtens*, § 104 Rn 19.2; Lauterbach/*Dahm*, § 104 Rn 23, 24; KassKomm/*Ricke*, § 104 Rn 13; Geigel/*Wellner* S. 1367, Rn 89; Wussow/*Schneider*, S. 1571 Rn 94, *Ricke*, VersR 2003, 540.
87 Vgl. Lauterbach/*Dahm*, § 104 Rn 32; Geigel/*Wellner*, S. 1368 Rn 90; KassKomm/*Ricke*, § 104 Rn 16.
88 Vgl. siehe die Kommentierung zu § 116 SGB X, Rn 3; Brackmann/*Krasney*, § 104 Rn 28; Lauterbach/*Dahm*, § 104 Rn 32; KassKomm/*Ricke*, § 104 Rn 16.
89 Vgl. KassKomm/*Ricke*, § 104 Rn 16; Lauterbach/*Dahm*, § 104 Rn 32.

C. Verbindung zu anderen Rechtsgebieten und zum Prozessrecht

28 Streitigkeiten darüber, ob eine Haftung besteht und eine Haftungsprivilegierung eingreift, fallen in die **Zuständigkeit der Zivilgerichte und** – wenn es sich um Ansprüche aus dem Arbeitsverhältnis handelt – in die **Zuständigkeit der Arbeitsgerichte.**[90] Es gelten die allg.en Darlegungs- und Beweislasten dieser Gerichtszweige.[91]

Faktisch wird die Zuständigkeit der ArbG häufig übersehen mit der Folge, dass die Zivilgerichte auch dann entscheiden, wenn der Haftungsanspruch aus dem Arbverh resultiert. Die Zivilgerichte werden zuständig, wenn die **Unzuständigkeit** von der Beklagtenseite nicht gerügt wird. Da es aber um Ersatzansprüche wegen Personenschäden und Haftungsfragen im weitesten Sinne geht, mit denen ArbG meist nicht so vertraut sind, erscheint es sinnvoll, die Unzuständigkeit der Zivilgerichte nicht zu rügen.

Wird in einem Verfahren über Schadensersatzansprüche nach den § 823 BGB, § 104 in der ersten Instanz der Antrag angekündigt, der Schädiger möge verurteilt werden, auch etwaige **zukünftige Schäden** zu tragen und wird dieser Antrag zwar im Protokoll der mündlichen Verhandlung als gestellt niedergelegt, erscheint aber nicht im Tatbestand des erstinstanzlichen Urteils, wird sodann keine Tatbestandsberichtigung beantragt, so hat das Berufungsgericht, wenn der Antrag in der Berufungsinstanz nicht ausdr. wieder aufgegriffen wird, keinen Anlass über ihn zu entscheiden.[92]

Zu beachten ist, dass das Zivil-/Arbeitsgericht das Verfahren auszusetzen hat, bis die in § 108 genannten Vorfragen geklärt sind[93] (siehe dort).

29 **Der Schädiger ist** gem. § 12 Abs. 2 SGB X nach der Grundsatzentscheidung des BGH[94] schon **am sozialversicherungsrechtlichen Verfahren zu beteiligen**, d.h. am Verfahren des Unfallversicherungsträgers zu der Frage, ob ein Versicherungsfall vorliegt oder nicht. Nach § 12 Abs. 2 SGB X ist ein Dritter vom Verfahren – soweit er bekannt ist – zu benachrichtigen und auf seinen Antrag als Beteiligter zum Verfahren hinzuzuziehen. Eine ordnungsgemäße Beteiligung am Verfahren ist nur dann erfolgt, wenn ein Hinweis seitens des Unfallversicherungsträgers gegeben wird, dass ein Antrag auf Hinzuziehung gestellt werden kann. Eine ordnungsgemäße Verfahrensbeteiligung setzt ferner voraus, dass der Sozialversicherungsträger den Schädiger darüber informiert, welche Auswirkung die Entscheidung im Sozialverwaltungsverfahren auf die Rechtsposition des Schädigers hat.[95] Erkennt der Sozialversicherungsträger den Unfall als Versicherungsfall an, ist der Schädiger in der Regel nicht beschwert, weil die Haftungsprivilegierung greift; eine Hinzuziehung des Schädigers zum Sozialverwaltungsverfahren ist mithin entbehrlich.[96] Lehnt der Sozialversicherungsträger jedoch die Anerkennung als Versicherungsfall ab, haftet der Schädiger.[97] Der Schädiger muss auf seine Verfahrensbeteiligung am sozialrechtlichen Verwaltungsverfahren eindeutig verzichten; ggf. muss der Sozialversicherungsträger dem Schädiger eine angemessene Frist setzen, binnen derer er sich zur Verfahrensbeteiligung äußern muss.[98]

War der Dritte, in der Regel der Schädiger, nicht in der gebotenen Weise beteiligt, ist das sozialversicherungsrechtliche Verfahren mit einem Mangel behaftet, der zur Folge hat, dass der ergangene **Bescheid**, ob ein Versicherungsfall vorliegt, gegenüber dem Schädiger **nicht bindend** ist. Das sozialversicherungsrechtliche Verfahren kann mit der Möglichkeit einer abweichenden Sachentscheidung wieder aufleben.[99]

30 Die §§ 104 ff. erfassen nur gesetzliche Schadensersatzansprüche. **Vertragliche Vereinbarungen zur Haftung** bleiben unberührt; eine **freiwillige Haftungsübernahme** ist nicht ausgeschlossen.[100] Die praktische Bedeutung von Haftungsvereinbarungen ist im Rahmen der §§ 104 ff. jedoch gering.[101]

D. Beraterhinweise

31 Da es bei den §§ 104 ff. um haftungsrechtliche Fragen und Wegeunfälle geht, tritt aufseiten des Schädigers häufig eine Haftpflichtversicherung auf. Hierbei ist zu beachten, dass **die Haftungsprivilegierung auch zugunsten des Haftpflichtversicherers gilt, d.h.** eine bestehende Haftpflichtversicherung für das Handeln des Unternehmers schließt die Haftungsprivilegierung nicht aus.[102] Etwas anderes gilt jedoch für Sportunfälle (siehe § 106 Rn 25). Zur **allg. Haftpflichtversicherung (sog. AH – Versicherung)** hat der BGH entschieden,[103] dass die Haftpflichtver-

---

90 Bereiter-Hahn/*Mehrtens*, § 108 Rn 3; *Krasney*, NZS 2004, 68; siehe im Übrigen die Kommentierung zu § 108 SGB VII.
91 Zu neuem Vorbringen in der Berufungsinstanz: OLG Celle 24.9.2003 – 9 U 114/03 – NZS 2004, 216.
92 Hanseatisches OLG 11.10.2007 – 2 U 117/01 – SVR 2008, 105 (Leitsatz) mit Anmerkung von *Lang*.
93 Vgl. hierzu die Kommentierung zu § 108 SGB VII.
94 BGH 20.4.2004 – VI ZR 189/03 – NZS 2004, 342.
95 BGH 20.11.2007 – VI ZR 244/06 – VersR 2008, 255 = NJW 2008, 1877; siehe auch BGH 22.4.2008 – VI ZR 202/07 – VersR 2008, 820 = NJW-RR 2008, 1239.
96 BGH 17.6.2008 – VI ZR 257/06 – NJW 2008, 2916 = VersR 2008, 1260.
97 Vgl. auch *Konradi*, BG 2008, 247.
98 Siehe auch § 108 Rn 5 ff.
99 Vgl. *Stöhr*, VersR 2004, 809.
100 Vgl. Wussow/*Schneider*, S. 1582 Rn 119 m.w.N.
101 Vgl. ausführlich zu Haftungsvereinbarungen, auch bei gestörter Gesamtschuld, im Rahmen der §§ 104 ff. Wussow/*Schneider*, S. 1582 bis S. 1592.
102 BAG 14.12.2000 – 8 AZR 92/00 – VersR 2001, 720; KassKomm/*Ricke*, § 104 Rn 4.
103 BGH 7.10.2003 – VI ZR 392/02 – VersR 2003, 1547.

sicherung gem. § 5 Nr. 7 AHB quasi **Herrin des Regulierungsverfahrens** ist. Sie könne alle ihr zweckmäßig erscheinenden Erklärungen abgeben, auch Erklärungen, mit denen zu Lasten des Versicherten auf die Einrede der Verjährung verzichtet wird. Der Versicherte müsse die Erklärungen des Haftpflichtversicherers gegen sich gelten lassen, auch dann, wenn sie für ihn ungünstig sind.

In Angelegenheiten der Kraftfahrt – Haftpflicht (**sog. KH-Versicherung**) ist zu beachten, dass der Direktanspruch des Geschädigten gegen die Haftpflichtversicherung nicht mehr in § 3 PflVG geregelt ist, sondern nunmehr in § 115 VVG.

Der RA, der die Vorschriften der Haftungsprivilegierung übersieht, und dennoch Schadensersatzansprüche, insb. Schmerzensgeld im Falle des Haftungsausschlusses, gegen den schädigenden Unternehmer geltend macht, bzw. im Falle der Haftungsreduzierung (siehe Rn 2, 18 ff.) kein Schmerzensgeld einfordert, setzt sich der **Gefahr der anwaltlichen Haftung** aus.

32

Des Weiteren muss der RA auf Seiten des Geschädigten in Betracht ziehen, dass der verletzte Versicherte sozialrechtliche Ansprüche wegen des Arbeitsunfalls haben kann und insofern ein anwaltlicher Beistand erforderlich ist. Auf Seiten des Schädigers ist zu bedenken, dass der Schädiger im Falle der grob fahrlässigen oder vorsätzlichen Schädigung vom Sozialversicherungsträger in Regress genommen werden kann gemäß § 110 (siehe dort).

Im Falle einer vorsätzlich oder grob fahrlässigen Schädigungshandlung sind die Vorschriften der §§ 81 Abs. 2, 102 bis 104 VVG zu beachten.

§ 105 Beschränkung der Haftung anderer im Betrieb tätiger Personen

(1) ¹Personen, die durch eine betriebliche Tätigkeit einen Versicherungsfall von Versicherten desselben Betriebs verursachen, sind diesen sowie deren Angehörigen und Hinterbliebenen nach anderen gesetzlichen Vorschriften zum Ersatz des Personenschadens nur verpflichtet, wenn sie den Versicherungsfall vorsätzlich oder auf einem nach § 8 Abs. 2 Nr. 1 bis 4 versicherten Weg herbeigeführt haben. ²Satz 1 gilt entsprechend bei der Schädigung von Personen, die für denselben Betrieb tätig und nach § 4 Abs. 1 Nr. 1 versicherungsfrei sind. ³§ 104 Abs. 1 Satz 2, Abs. 2 und 3 gilt entsprechend.

(2) ¹Absatz 1 gilt entsprechend, wenn nicht versicherte Unternehmer geschädigt worden sind. ²Soweit nach Satz 1 eine Haftung ausgeschlossen ist, werden die Unternehmer wie Versicherte, die einen Versicherungsfall erlitten haben, behandelt, es sei denn, eine Ersatzpflicht des Schädigers gegenüber dem Unternehmer ist zivilrechtlich ausgeschlossen. ³Für die Berechnung von Geldleistungen gilt der Mindestjahresarbeitsverdienst als Jahresarbeitsverdienst. ⁴Geldleistungen werden jedoch nur bis zur Höhe eines zivilrechtlichen Schadenersatzanspruchs erbracht.

A. Allgemeines 1	IV. Vorsatz und Wegeunfall 11
I. Einwirkung der nichtarbeitsrechtlichen Norm auf das Arbeitsverhältnis 1	V. Schädigung versicherungsfreier Personen (Abs. 1 S. 2) 12
II. Grundlagen des § 105 .... 1a	VI. Verweisung auf § 104 Abs. 1 S. 2, Abs. 2 und Abs. 3 (Abs. 1 S. 3) 13
B. Regelungsgehalt 3	
I. Versicherungsfall eines Versicherten 3	VII. Schädigung nicht versicherter Unternehmer (Abs. 2) 14
II. Schädiger und Geschädigter sind für denselben Betrieb tätig 4	C. Verbindung zu anderen Rechtsgebieten und zum Prozessrecht 23
III. Verursachung des Versicherungsfalls durch eine betriebliche Tätigkeit 8	D. Beraterhinweise 27

A. Allgemeines

I. Einwirkung der nichtarbeitsrechtlichen Norm auf das Arbeitsverhältnis

Die Vorschrift des § 105 greift unmittelbar in die Haftung des AN für Schäden, die er bei der Arbeit verursacht, ein. Nach den **Grundsätzen zur AN-Haftung**¹ (dazu siehe auch § 611 BGB Rn 896 ff.) haftet ein AN für Schäden, die bei der Ausführung der Arbeit passieren, nur für grobe Fahrlässigkeit. Bei mittlerer Fahrlässigkeit haftet der AN in der Regel nur zur Hälfte, bei leichter Fahrlässigkeit gar nicht; der AG hat den AN von seiner Haftung im Außenverhältnis insoweit freizustellen.² Bevor § 105 zur Anwendung kommt, ist zunächst zu prüfen, ob der schädigende AN über-

1

---

1 BAG GS 27.9.1994 – GS 1/89 – NJW 1995, 210 = NZA 1994, 1083 = BB 1994, 2205.

2 Zur Frage inwieweit diese Haftungsgrundsätze im Hinblick auf die Änderung im § 102 VVG noch aufrecht zu erhalten sind: vgl. *Gross/Wesch*, NZA 2008, 849.

haupt nach den Grundsätzen zur AN-Haftung schadensersatzpflichtig ist. Erst wenn dies der Fall ist, ist § 105 zu prüfen, da eine Haftungsprivilegierung logisch zwingend eine bestehende Haftung des schädigenden AN voraussetzt.

Verursacht der AN durch eine betriebliche Tätigkeit einen Versicherungsfall (siehe auch § 104 Rn 17) einer im selben Betrieb, § 105 Rn 4 ff., tätigen Person, so stellt ihn Abs. 1 S. 1 von der Haftung für Personenschäden gänzlich frei (siehe auch § 104 Rn 2). Schädigt der AN vorsätzlich (siehe § 104 Rn 18) oder durch einen Wegeunfall (siehe auch § 104 Rn 20 ff.), so sind auf den vom AN zu leistenden Personenschadensersatz die Sozialleistungen, die der Geschädigte aus Anlass des Versicherungsfalles erhält, anzurechnen Abs. 1 S. 3 i.V.m. § 104 Abs. 3). Der AN haftet nur noch für die **Schadensspitzen** und den **Sachschaden**.

II. Grundlagen des § 105

1a § 105 ersetzt § 637 RVO. Die Systematik dieser Vorschrift ist die gleiche wie bei § 104. Die in § 105 genannten Personen haften grundsätzlich nicht nach Zivilrecht (**Haftungsausschluss**), es sei denn, sie verursachen den Versicherungsfall vorsätzlich oder auf einem nach § 8 Abs. 2 Nr. 1 bis 5 versichertem Weg (**Haftungsreduzierung**, siehe auch § 104 Rn 1, 2).

2 **Normzweck**[3] ist einmal die Wahrung des Betriebsfriedens. Der **Betriebsfrieden** soll nicht dadurch gefährdet werden, dass AN Rechtsstreitigkeiten untereinander austragen. Ferner trägt § 105 dem Gedanken der **Gefahrengemeinschaft** Rechnung. AN können einander durch leichte Fahrlässigkeit schwere Schäden zufügen. Sie sollen dadurch nicht der Gefahr ausgesetzt sein zu haften, müssen aber im Gegenzug dafür auf den zivilrechtlichen Schadensersatzanspruch hinsichtlich des Personenschadens verzichten, soweit nicht die Ausnahmevorschriften eingreifen (Vorsatz und Wegeunfall). Schließlich **schützt § 105 auch den AG**. In vielen Fällen, in denen ein AN den anderen schädigt, wäre der AG eigentlich nach den Grundsätzen der arbeitsrechtlichen Freistellungsanspruchs[4] verpflichtet, den AN ganz oder teilweise von der Haftung freizustellen, so dass der AG über diesen Umweg trotz seiner Beitragszahlung zur Unfallversicherung haften würde. Hiervor bewahrt ihn § 105.

B. Regelungsgehalt

I. Versicherungsfall eines Versicherten

3 Der Sachverhalt, der die Voraussetzungen des zivilrechtlichen Schadensersatzes erfüllt, muss für den Versicherten ein Versicherungsfall i.S.d. § 7 sein. **Versicherte** können neben den in den §§ 2, 3 genannten Personen auch versicherte Unternehmer sein,[5] die freiwillig oder kraft Satzung versichert sind, § 6. Diese Auslegung ergibt sich aus Abs. 2, wonach sogar gegenüber den nicht versicherten Unternehmern die Haftung ausgeschlossen ist (Erstrechtschluss aus Abs. 2 S. 1).[6] Danach findet § 105 auch Anwendung, wenn der Betriebsangehörige seinen Unternehmer schädigt (zu den geschädigten **versicherungsfreien Personen**, die keinen Versicherungsfall erleiden können, siehe Rn 12 ff., zu den **Unternehmer – Ehegatten** und **unternehmerähnlichen Personen** siehe Rn 14 ff.).

Nach dem Wortlaut des Abs. 1 SGB VII umfasst der Haftungsausschluss alle Ansprüche des Versicherten aber auch seiner **Angehörigen und Hinterbliebenen** (siehe auch § 104 Rn 13) aus Personenschäden. Das sind all diejenigen Schäden, die durch die Verletzung oder Tötung des Versicherten verursacht worden sind.[7] Ob der Haftungsausschluss auch **Schmerzensgeldansprüche von Angehörigen oder Hinterbliebenen** eines Versicherten aufgrund so genannter **Schockschäden**[8] erfasst, hat der BGH nunmehr dahingehend entschieden,[9] dass der Haftungsausschluss nicht greifen soll. Grds. werden **eigene Rechtsgutsverletzungen der Angehörigen** nicht von dem Haftungsausschluss des § 105 mit umfasst. Bei dem Schockschaden eines Angehörigen infolge der Benachrichtigung vom Tod des Versicherten handelt es sich um eine mittelbar durch den Versicherungsfall verursachte eigene Rechtsgutsverletzung des Angehörigen. Dass der Haftungsausschluss nicht greife, sei durch den Sinn und Zweck des § 105 geboten, der dem Betriebsfrieden und dem Gedanken der Gefahrengemeinschaft diene (siehe Rn 2) und weil die gesetzliche Unfallversicherung eine Schmerzensgeld vergleichbare Leistung nicht erbringe.[10]

II. Schädiger und Geschädigter sind für denselben Betrieb tätig

4 Wie der Begriff „**Betrieb**" zu definieren ist, ist **streitig**. Der **BGH**[11] vertritt einen engen Betriebsbegriff, der von dem des Unternehmens im Sinne der §§ 104 Abs. 1, 106 Abs. 1, 131 und 136 verschieden ist. Danach ist ein Betrieb die organisatorisch verfestigte Einheit, in der durch sachliche und räumliche Verbindung faktisch eine Betriebsgemein-

---

3 Vgl. Bereiter-Hahn/*Mehrtens*, § 105 Rn 2; Brackmann/*Krasney*, § 105 Rn 3; LPK-SGB VII/*Rapp*, § 105 Rn 3.
4 S. hierzu Ausführungen zu § 611 Rn 896 ff. BGB.
5 LSG Rheinland-Pfalz 25.6.2002 – L 3 U 205/01 – HV Info 35/2002, 3344; Brackmann/*Krasney*, § 105 Rn 9; Bereiter-Hahn/*Mehrtens*, § 105 Rn 3.1, 3.2.
6 Vgl. Bereiter-Hahn/*Mehrtens*, § 105 Rn 3.2; Brackmann/*Krasney*, § 105 Rn 9; Geigel/*Wellner*, S. 1373 Rn 107.

7 BAG 24.5.1998 – 8 AZR 240/87 – NJW 1989, 2838 (zu § 636 Abs. 1 RVO).
8 Siehe dazu auch *Dahm*, NZV 2008, 187.
9 BGH 6.2.2007 – VI ZR 55/06 – NJW-RR 2007, 1395 = VersR 2007, 803.
10 BGH 6.2.2007 – VI ZR 55/06 – NJW-RR 2007, 1395 = VersR 2007, 803.
11 BGH 14.7.1987 – VI ZR 18/87 – NJW 1988, 493.

schaft besteht.[12] Diese Ansicht beruft sich auf den verschiedenen Wortlaut der Vorschrift des § 105 einerseits und § 104 andererseits[13] und auf den Normzweck „Wahrung des Betriebsfriedens".[14] Das **BAG**[15] ist der Ansicht, dass eine Trennung des Betriebsbegriffs von dem des Unternehmens nicht erforderlich sei. Es begründet seine Ansicht damit, dass die Haftungsfreistellungsvorschriften den Unternehmer gänzlich von der Haftung freistellen sollen. Würde aber der Betriebsbegriff nicht mit dem des Unternehmens gleichgestellt, führe dies über den Umweg der Haftungsfreistellung des AN zur Haftung des Unternehmers (siehe Rn 2).[16] Die Urteile des BGH und BAG sind noch zu § 637 RVO ergangen, haben aber immer noch Gültigkeit, da das SGB VII insofern keine Änderung gebracht hat. Eine **vermittelnde Meinung** ist der Ansicht, beide Auffassungen ließen sich annähern, „wenn man den Unternehmensbegriff einschränkt und nicht auf den mehrere Unternehmen betreibende Unternehmer ausdehnt, den Begriff desselben Betriebes aber erweitert auf Betriebe mit gemeinsamer Gefahrengemeinschaft in für das Unternehmen enger organisatorischer Verflechtung sowie wirtschaftlicher und betrieblicher Verbundenheit".[17]

Der enge Betriebsbegriff des BGH führt – wie das BAG zutreffend ausführt – in der Tat dazu, dass der Unternehmer über den Umweg des arbeitsrechtlichen Freistellungsanspruchs in die Gefahr einer Haftung käme. Dies ist dem Unternehmer, der sich mit den Beiträgen zur Unfallversicherung eine Haftungsablösung „erkauft", aber nicht zuzumuten und ist mit dem Gedanken der Haftungsablösung nicht zu vereinbaren. Dieser enge Betriebsbegriff wird daher der Zielsetzung der §§ 104 ff. nicht gerecht. Zu berücksichtigen ist ferner, dass durch die Einführung des § 106 Abs. 3 Alt. 3 die Haftungsfreistellung ausgeweitet wird auf AN verschiedener Unternehmen, wenn sie denn auf einer gemeinsamen Betriebsstätte arbeiten. Es ist dann aber nicht nachvollziehbar, dass AN verschiedener Unternehmen über § 106 in den Genuss der Haftungsprivilegierung kommen sollen, die des gleichen Unternehmens jedoch nicht.[18] Die vermittelnde Meinung führt demgegenüber dazu, die Begriffe Betrieb und Unternehmen gänzlich zu verwischen und bringt nicht unerhebliche Subsumtionsprobleme mit sich. Die Auffassung des BAG erscheint daher überzeugend. Praktisch ist jedoch darauf hinzuweisen, dass das Abgrenzungsproblem durch die Einführung des § 106 Abs. 3 Alt. 3 an Bedeutung verloren hat, da bei Anwendung des engen Betriebsbegriffs § 106 Abs. 3 Alt. 3 in den meisten Fällen zur Anwendung käme.

Schädiger und Geschädigter sind nicht nur dann **für denselben Betrieb tätig**, wenn sie beide Betriebsangehörige sind (dies war nach § 637 RVO erforderlich), sondern auch dann, wenn sie zu den in § 104 B II 2 genannten Personen gehören (Leih-AN, Arge und Wie-Beschäftigte – siehe § 104 Rn 7 ff.). Die in § 104 gemachten Ausführungen zur „Eingliederung" gelten sowohl für den Schädiger als auch den Geschädigten.[19] Die geänderte Rspr. des BGH gilt auch für § 105 (siehe § 104 Rn 10a).

Nicht zu den Versicherten desselben Betriebs gehören diejenigen Personen, die in § 106 Abs. 1 genannt sind.[20] Wären sie Versicherte desselben Betriebs i.S.d. § 105, wäre § 106 Abs. 1 überflüssig (zu **Schulunfällen** siehe § 106 Rn 2 ff.).

III. Verursachung des Versicherungsfalls durch eine betriebliche Tätigkeit

Das Tatbestandsmerkmal **betriebliche Tätigkeit** muss **durch den Schädiger** erfüllt sein,[21] d.h. der Schädiger muss durch eine betriebliche Tätigkeit schädigen. Eine betriebliche Tätigkeit ist eine solche, die unmittelbar mit dem Zweck der betrieblichen Beschäftigung zusammenhängt und dem Betrieb dienlich ist, also eine Tätigkeit, deren Erledigung für den Betrieb dem Schädiger aufgegeben oder von ihm für den Betrieb übernommen worden ist.[22] Eine betriebliche Tätigkeit liegt nicht nur dann vor, wenn der AN eine Aufgabe erfüllt, die in den engeren Rahmen des ihm zugewiesenen Aufgabenkreises fällt, da der Begriff der betrieblichen Tätigkeit weit auszulegen ist.[23] Eine betriebliche Tätigkeit liegt demnach auch vor, wenn der Schädiger bei objektiver Betrachtungsweise aus seiner Sicht im Betriebsinteresse handeln durfte, sein Verhalten unter Berücksichtigung der Verkehrsüblichkeit nicht untypisch ist und keinen Exzess darstellt.[24] Abzugrenzen sind betriebliche Tätigkeiten von denen, die nur dem persönlich-privaten Bereich des schädigenden AN zuzurechnen sind.[25] Die Betriebsbezogenheit einer Tätigkeit entfällt immer dann, wenn die schädigende Handlung nach ihrer Anlage und Intention des Schädigers erst gar nicht auf die Förderung der Betriebsinteressen ausgerichtet ist oder ihnen gar zuwiderläuft.[26] Auf die Stellung des Schädigers im Betrieb kommt es nicht an. Das **Vorstandsmitglied einer AG** oder der **GF einer GmbH** fallen ebenfalls unter § 105, sofern sie nicht wegen ihres beherrschenden Einflusses auf die Gesellschaft unter § 104 fallen (siehe § 104 Rn 3).[27]

---

12 Zustimmend LPK-SGB VII/*Rapp*, § 105 Rn 7.
13 Vgl. LPK-SGB VII/*Rapp*, § 105 Rn 7.
14 BGH 14.7.1987 – VI ZR 18/87 – NJW 1988, 493.
15 BAG 24.9.1992 – 8 AZR 572/91 – NZA 1993, 451.
16 Zust. KassKomm/*Ricke*, § 105 Rn 5; Hauck/Noftz/*Nehls*, § 105 Rn 12a.
17 Vgl. Bereiter-Hahn/*Mehrtens*, § 105 Rn 3.3; Brackmann/ *Krasney*, § 105 Rn 11; Lauterbach/*Dahm*, § 105 Rn 14.
18 So im Ergebnis auch KassKomm/*Ricke*, § 105 Rn 5.
19 Vgl. Bereiter-Hahn/*Mehrtens*, § 105 Rn 3.6.
20 Vgl. Lauterbach/*Dahm*, § 105 Rn 16; KassKomm/*Ricke*, § 105 Rn 4.
21 Vgl. Bereiter-Hahn/*Mehrtens*, § 105 Rn 3.4.
22 BGH 14.7.1987 – VI ZR 18/87 – NJW 1988, 493.
23 BAG 22.4.2004 – 8 AZR 159/03 – NJW 2004, 3360.
24 BAG 22.4.2004 – 8 AZR 159/03 – NJW 2004, 3360.
25 BAG 22.4.2004 – 8 AZR 159/03 – NJW 2004, 3360.
26 BAG 22.4.2004 – 8 AZR 159/03 – NJW 2004, 3360.
27 Vgl. Bereiter-Hahn/*Mehrtens*, § 104 Rn 3.4.

Eine betriebliche Tätigkeit kann sich auch daraus ergeben, dass eine Mithilfeleistung erbracht wird, die bei genauer Betrachtung eine beschäftigtenähnliche Tätigkeit ist, weil der Mithelfer wie ein Beschäftigter (sog. Wie – Beschäftigter § 2 Abs. 2 – vgl. § 104 Rn 10) tätig wird.

Eine **Nothilfe** (Hilfe bei Unglücksfällen oder gemeiner Gefahr oder Not) i.S.d. § 2 Abs. 1 Nr. 13a ist keine betriebliche Tätigkeit. Die Nothilfe ist keine die Versicherung begründende Beziehung i.S.d. § 104 Abs. 1,[28] so dass eine Haftungsprivilegierung ausscheidet. Eine Nothilfe ist aber im Zweifel nicht gegeben, wenn eine arbeits- oder dienstvertragliche Pflicht zum Handeln besteht.[29] Zur Abgrenzung der Nothilfe von der Mithilfe in einem anderen Betrieb als Wie-Beschäftigter (vgl. § 104 Rn 10) ist darauf abzustellen, wo der Schwerpunkt der Tätigkeit liegt. Treibt ein Bauer die entlaufene Kuh des benachbarten Bauern von der Straße weg, um einen Unfall auf der Straße zu vermeiden, liegt Nothilfe vor. Wird der Bauer tätig, um seinem Nachbarn zu helfen, ist er u.U. als Wie-Beschäftigter gem. § 2 Abs. 2 für den Betrieb des Nachbarn tätig.

9 **Einzelfälle: Fahrten auf Betriebswegen** (zu der Abgrenzung siehe § 104 Rn 22 f.) stellen regelmäßig eine betriebliche Tätigkeit dar, bspw. Unfall beim **Rangieren auf dem Personalparkplatz eines Hotels**,[30] Heimfahrt von einer auswärtigen **Betriebsstätte mit betriebseigenem Fahrzeug**;[31] selbst kleine Hilfeleistungen, wie das Anreichen einer Leiter, können eine betriebliche Tätigkeit darstellen und zur Anwendung des Haftungsprivilegs führen.[32] Kein Betriebsweg und damit keine betriebliche Tätigkeit liegt vor bei einer Fahrt von und zur **Betriebsfeier**.[33]

10 **Sonstige Fälle**: **Pannenhilfe** durch das Freischleppen eines festgefahrenen Lkw fördert die Aufgaben des Betriebes des geschädigten Lkw-Fahrers und stellt somit eine betriebliche Tätigkeit dar.[34] Eine betriebliche Tätigkeit hat das BAG bejaht bei einem AN, der die **Arbeit seines Kollegen beanstandet**, ihn deshalb geschubst und dadurch unabsichtlich schwer verletzt hat.[35] Verletzung eines Betriebsangehörigen durch den Fahrer einer Spedition, der beim **Abladen** des Fahrzeugs auf dem Betriebsgelände geholfen hat, unterfällt § 105.[36] **Mithilfe bei der Reparatur** des eigenen Traktors durch versehentliches Anlassen des Motors stellt eine betriebliche Tätigkeit dar.[37] Das Merkmal betriebliche Tätigkeit kann auch vorliegen, wenn der Schädiger, z.B. der Kfz-Fahrer, sich durch den Konsum von **Alkohol** vom Betrieb gelöst hat.[38] Ein **Tierhalter**, der sein Tier während einer tierärztlichen Behandlung festhält, handelt überwiegend im eigenen Interesse. Wird der Tierarzt durch das Tier verletzt, findet § 105 keine Anwendung.[39] Schädigung durch eine **gefahrenträchtige Spielerei** bei Gelegenheit der Arbeit ist ebenfalls keine betriebliche Tätigkeit[40] (zu nachbarschaftlichen Hilfeleistungen siehe § 104 Rn 10).

IV. Vorsatz und Wegeunfall

11 Der Schädiger ist den geschädigten Versicherten sowie deren Angehörigen und Hinterbliebenen nur zum Schadensersatz verpflichtet, wenn er den Versicherungsfall vorsätzlich oder auf einem nach § 8 Abs. 2 Nr. 1 bis 4 versicherten Weg (Wegeunfall) herbeigeführt hat. Soweit er haftet, ist seine Haftung reduziert um die Leistungen, die der Versicherte, Angehörige oder Hinterbliebene aufgrund des Versicherungsfalls von einem Sozialversicherungsträger erhält, §§ 105 Abs. 1 S. 3, 104 Abs. 3 (zu den Begriffen **Angehörige** und **Hinterbliebene** siehe § 104 Rn 13; zum **Vorsatz** siehe § 104 Rn 18~, zum **Wegeunfall** siehe § 104 Rn 20 ff.). Im Umkehrschluss bedeutet dies, dass die Haftung des Schädigers im Übrigen ausgeschlossen ist.

V. Schädigung versicherungsfreier Personen (Abs. 1 S. 2)

12 Abs. 1 S. 1 gilt entsprechend für Personen, die geschädigt werden, wenn sie für denselben Betrieb wie der Schädiger tätig sind, **jedoch keinen Versicherungsfall erleiden, weil sie nach § 4 Abs. 1 Nr. 1 versicherungsfrei sind (Beamte und gleichgestellte Personen)**, denn die in § 4 Abs. 1 Nr. 1 genannten Personen erhalten keine Leistungen aufgrund des SGB VII, sondern Unfallfürsorge nach Sondervorschriften. Damit gilt Abs. 1 S. 1 auch dann, wenn ein Versicherter einen im gleichen Betrieb tätigen Beamten schädigt. Der mit dem SGB VII neu eingeführte Abs. 1 S. 2 beseitigt die noch unter der RVO geltende unbefriedigende Rechtslage, nach der ein im Angestelltenverhältnis stehender Schädiger in diesen Fällen selbst bei leichtester Fahrlässigkeit den Rückgriffsansprüchen des die Fürsorgeleistungen erbringenden Versorgungsträgers ausgesetzt war, während der den Angestellten schädigende

---

28 BGH 24.1.2006 – VI ZR 290/04 – VersR 2006, 548 = NJW 2006, 1592 m.w.N.
29 BSG 18.3.2008 – B 2 U 12/07 R – SGb 2008, 292.
30 BAG 22.4.2004 – 8 AZR 159/03 – NJW 2004, 3360; BAG 22.4.2004 – 8 AZR 159/03 – NJW 2004, 3360; OLG Dresden 24.9.2004 – 1 U 832/04 – r+s 2004, 479.
31 LAG Niedersachsen 3.12.2001 – 17 Sa 310/01 – HVBG Info 19/2002, 1821; Nichtzulassungsbeschwerde abgelehnt BAG 27.3.2002 – 8 AZN 117/02 – HVBG Info 19/2002, 1831.
32 OLG Brandenburg 2.8.2006 – 7 U 215/05 – VersR 2007, 1133; zust. *Muschner*, VersR 2007, 1134.
33 OLG Frankfurt 12.3.2003 – 23 U 133/02 – NJW-RR 2003, 1025 = HVBG Info 27/2003, 2503.
34 OLG Köln 5.6.2001 – 3 U 17/00 – HVBG Info 30/2001, 2818.
35 BAG 22.4.2004 – 8 AZR 159/03 – NZV 2004, 627.
36 LG Bielefeld 25.11.1998 – 4 O 304/98 – HVBG Info 32/1999, 3072.
37 AG Andernach 9.9.1998 – 6 C 537/98 – r+s 2000, 418.
38 Vgl. Bereiter-Hahn/*Mertens*, § 105 Rn 3.7.
39 OLG Hamm 26.9.2002 – 6 U 14/02 – NJW-RR 2003, 239.
40 OLG Brandenburg 10.9.2002 – 11 U 24/98 – VersR 2004, 382; Nichtzulassungsbeschwerde abgelehnt BGH 3.2.2003 – VI ZR 341/02 – VersR 2004, 383.

Beamte in den Genuss der Haftungsprivilegierung kam.[41] **Schädigt** hingegen ein **Beamter einen anderen Beamten**, gelten ausschließlich die beamtenrechtlichen Sonderregelungen. Die Haftungsprivilegierung gilt aber nur bei **Versicherungsfreiheit** nach § 4 Abs. 1 S. 1, **nicht auch in den Fällen nach § 4 Abs. 1 S. 2**. Eine analoge Anwendung des § 105 Abs. 1 S. 2 scheidet aus.[42]

VI. Verweisung auf § 104 Abs. 1 S. 2, Abs. 2 und Abs. 3 (Abs. 1 S. 3)

Durch Abs. 1 S. 3 wird die entsprechende Anwendung des § 104 Abs. 1 S. 2 (kein Forderungsübergang gemäß § 116 SGB X), Abs. 2 (Einbeziehung der Leibesfrucht) und Abs. 3 (Anrechnung von Leistungen infolge des Versicherungsfalles) geregelt (vgl. § 104 Rn 25 ff.).

VII. Schädigung nicht versicherter Unternehmer (Abs. 2)

Abs. 2 S. 1 ordnet an, dass sich auch der nicht versicherte Unternehmer, wenn die weiteren Voraussetzungen des Abs. 1 S. 1 vorliegen, den **Haftungsausschluss** entgegenhalten lassen muss. Als Ausgleich wird der nicht versicherte Unternehmer nach Abs. 2 S. 2 im Wege der Fiktion **wie ein Versicherter** behandelt, der einen Versicherungsfall erlitten hat, d.h. er erhält Leistungen aus der gesetzlichen Unfallversicherung, obwohl er nicht versichert ist und keine Beiträge zur Unfallversicherung geleistet hat. Abs. 2 S. 3 und 4 regeln die Berechnung und den Umfang der Leistungen aus der gesetzlichen Unfallversicherung.

Abs. 2 enthält in zweierlei Hinsicht ein Novum. Nach dem Recht der RVO konnte jeder Unternehmer, gleichgültig ob versichert oder nicht, den schädigenden Betriebsangehörigen auf Schadensersatz in Anspruch nehmen.[43] Dies hat sich nunmehr geändert. Darüber hinaus ist die Einbeziehung eines nicht versicherten Unternehmers in die Leistungen aus der gesetzlichen Unfallversicherung untypisch für die Unfallversicherung,[44] denn dem nicht versicherten Unternehmer steht es grundsätzlich frei, ob er sich nach § 6 Abs. 1 Nr. 1 freiwillig versichert, um in den Genuss des Versicherungsschutzes zu kommen.[45] Die Einfügung von Abs. 2 dient der **Ausweitung des Betriebsfriedens** und verhindert, dass die Haftung des Betriebsangehörigen von dem Zufall abhängt, ob der Unternehmer, den er geschädigt hat, versichert ist oder nicht.[46]

Der Haftungsausschluss kann nur gegenüber dem nicht versicherten Unternehmer geltend gemacht werden. Die **nicht versicherten unternehmerähnlichen Personen** (§ 6 Abs. 1 Nr. 2) und die nicht versicherten, aber zur freiwilligen Versicherung berechtigten **Ehegatten der Unternehmer** (§ 6 Abs. 1 Nr. 1) sind nicht mit einbezogen.[47] Es ist streitig, ob es sich dabei um ein Versehen des Gesetzgebers handelt, mit der Folge, dass diese Lücke durch Analogie zu schließen ist.[48] Dafür spricht, dass der Zweck des Gesetzes, das Schließen einer Lücke im Recht der Haftungsbeschränkung, die Einziehung der nicht versicherten unternehmerähnlichen Personen und der Ehegatten der Unternehmer gebietet.[49] Dagegen wird argumentiert, dass das Gesetz unternehmerähnliche Unternehmer nicht immer gleich behandelt (vgl. § 3 Abs. 1 Nr. 1) und der Schädiger nicht lückenlos von der Haftung freigestellt werden soll.[50] Der letzteren Ansicht ist der Vorzug zu geben, auch wenn die Argumente von *Jungfleisch* nicht von der Hand zu weisen sind. Im UVMG[51] hat der Gesetzgeber weiterhin keine Versicherungsmöglichkeit für unternehmerähnliche Personen in der gesetzlichen Unfallversicherung vorgesehen, was für eine bewusste Ungleichbehandlung spricht. Zudem ist die Gewährung von Leistungen an einen nicht versicherten Unternehmer zu Lasten der anderen Beitragszahler ohnehin schon eine atypische Fallgestaltung, die ohne ausdrückliche gesetzliche Vorgaben nicht noch weiter ausgedehnt werden sollte.

Voraussetzung für das Eingreifen des Haftungsausschlusses[52] ist zunächst, dass eine Ersatzpflicht des Schädigers gegen den Unternehmer nicht ausgeschlossen ist (Abs. 2 S. 2 a.E.). Das bedeutet, dass der nicht versicherte Unternehmer dem Grunde nach aufgrund des Schadensereignisses einen Schadensersatzanspruch haben muss, dieser darf nicht wegen der Regeln über die beschränkte AN-Haftung (siehe § 611 BGB Rn 896 ff., § 105 Abs. 1)[53] oder wegen eines gesetzlichen oder vertraglichen Haftungsausschluss entfallen sein. Dieser Hinweis hat nur klarstellende Wirkung, denn wenn eine zivilrechtliche Haftung nicht gegeben ist – gleich aus welchen Gründen – kann sie auch nicht ausgeschlossen sein.[54]

---

41 Vgl. LPK-SGB VII/*Rapp*, § 105 Rn 11.
42 AG Schöneberg 27.4.2000 – 11 C 494/99 – NZS 2001, 435.
43 Vgl. Lauterbach/*Dahm*, § 105 Rn 22.
44 Vgl. KassKomm/*Ricke*, § 105 Rn 10.
45 Vgl. Wussow/*Schneider*, S. 1580 Rn 112.
46 Vgl. Lauterbach/*Dahm*, § 105 Rn 24; Hauck/Noftz/*Nehls*, § 105 Rn 18.
47 Vgl. Lauterbach/*Dahm*, § 105 Rn 23;
48 *Jungfleisch*, BG 2006, 464, 465; a.A.: KassKomm/*Ricke*, § 105 Rn 17.
49 *Jungfleisch*, BG 2006, 464, 465.
50 KassKomm/*Ricke*, § 105 Rn 17.
51 Gesetz zur Modernisierung der gesetzlichen Unfallversicherung (Unfallversicherungsmodernisierungsgesetz – UVMG) BGBl I vom 4.11.2008, Nr. 50, S. 2130 ff.
52 Siehe dazu ausführlich *Kock*, NZS 2006, 471.
53 So auch *Jungfleisch*, BG 2006, 464, 465.
54 LSG Rheinland-Pfalz 25.6.2002 – L 3 U 205/01 – HVBG Info 35/2002, 3344.

Ferner muss der Schädiger den Unternehmer bei einer betrieblichen Tätigkeit (vgl. Rn 8 ff.) geschädigt haben, beide müssen für denselben Betrieb (vgl. Rn 4 ff.) tätig sein und der Unternehmer muss als Unternehmer zum Zeitpunkt der Schädigung gehandelt haben (vgl. § 104 Rn 5).[55] Letzteres bedeutet, dass hypothetisch zu fragen ist, wäre die Tätigkeit des Unternehmers eine versicherte Tätigkeit gewesen, wäre er in der gesetzlichen Unfallversicherung versichert; der Unternehmer muss also einen „Quasiarbeitsunfall"[56] erlitten haben. Zu den unternehmerischen Tätigkeiten in diesem Sinne gehören danach alle fachlichen und handwerklichen Tätigkeiten, die den Gegenstand des Unternehmens bilden sowie alle kaufmännischen und verwaltenden Arbeiten, auch werbende Tätigkeiten mit dem Ziel, neue Geschäftsbeziehungen zu knüpfen.[57] Eine Schädigung des Unternehmers bei Gelegenheit der Arbeit oder bei privaten Tätigkeiten führt nicht zu einem Haftungsausschluss, so dass keine Leistungen aus der gesetzlichen Unfallversicherung zu gewähren sind. Wird der Unternehmer bei sogenannten gemischten Tätigkeiten geschädigt, also solchen, die sowohl unternehmerischen als auch privaten Zwecken dienen, ist der Schädiger nur haftungsprivilegiert, wenn die Tätigkeit des Unternehmers dem Unternehmen wesentlich gedient hat.[58]

Bleibt der Schadensersatzanspruch wegen einer **Vorsatzhandlung** oder weil der Unfall auf einem nach § 8 Abs. 2 Nr. 1 bis 4 **versicherten Weg** passiert ist, bestehen, so ist für die Anwendung von Abs. 2 kein Raum; das Gleiche gilt, wenn eine sonstige Tatbestandsvoraussetzung für den Haftungsausschluss fehlt.[59]

Wird der **nicht versicherte Unternehmer auf einer gemeinsamen Betriebsstätte** (§ 106 Abs. 3) **geschädigt**, greift die Haftungsprivilegierung des § 106 Abs. 3 Alt. 3 nicht gegenüber dem nicht versicherten Unternehmer. Da er somit seinen zivilrechtlichen Schadensersatzanspruch behält, sind keine Leistungen nach dem SGB VII zu gewähren. Nach dem Urteil des LSG Baden-Württemberg[60] würde Abs. 2 ausgehöhlt, wenn diese Vorschrift auch in der Konstellation mit § 106 Abs. 3 Anwendung fände. Das BSG hat – im Gleichklang mit dem BGH[61] – diese Rspr. bestätigt[62] und die Anwendung der Haftungsprivilegierung nach § 106 Abs. 3 Alt. 3 auf den nicht versicherten Unternehmer abgelehnt.[63] Dieser Rspr. ist zuzustimmen, da die Haftungsprivilegierung des § 106 Abs. 3 Alt. 3 ausdr. nur „Versicherte" mehrerer Unternehmen in die Haftungsprivilegierung einbezieht, nicht jedoch nicht versicherte Personen.[64]

18 **Rechtsfolge des Haftungsausschlusses** ist, dass der nicht versicherte Unternehmer ähnlich einem Versicherten behandelt wird, d.h. er bekommt Leistungen aus der gesetzlichen Unfallversicherung, jedoch mit folgenden Einschränkungen:

19 – **Geldleistungen** (Verletzten-, Übergangsgeld, Rente) werden nach dem Mindestjahresarbeitsverdienst (§ 85) berechnet (Abs. 2 S. 3).

20 – Die **Höhe der Geldleistungen** ist beschränkt auf die Höhe des zivilrechtlichen Schadensersatzes (Abs. 2 S. 4). Dies bedeutet, dass der Unfallversicherungsträger in Abkehr vom Prinzip der abstrakten Schadensbemessung den Schaden nach den zivilrechtlichen Vorschriften **konkret berechnen** muss.[65] Das **Mitverschulden** des Geschädigten ist dabei zu berücksichtigen; dies ergibt sich aus Abs. 2 S. 4.[66] Die Berücksichtigung des Mitverschuldens begegnet Bedenken,[67] da Verschuldensaspekte der Unfallversicherung fremd sind und sich die Frage stellt, ob die Leistungen der Unfallversicherung den Verlust der zivilrechtlichen Schadensersatzansprüche noch kompensieren. Hier ist jedoch richtigerweise darauf hinzuweisen, dass die Berücksichtigung des Mitverschuldens Ausfluss der Begrenzung der Leistungen auf die Höhe des zivilrechtlichen Schadensersatzanspruches ist.[68] Darüber hinaus wird durch die Einbeziehung des Mitverschuldens die Rechtseinheitlichkeit gewahrt, da – mittlerweile unstreitig – auch bei § 110 Abs. 1 S. 1 das Mitverschulden bei der Berechnung der Höhe des Regressanspruchs zu berücksichtigen ist (siehe § 110 Rn 19).

21 – Die Gleichbehandlung des nicht versicherten Unternehmers mit einem Versicherten führt dazu, dass auch die Hinterbliebenen die Leistungen aus der gesetzlichen Unfallversicherung erhalten, da auch ihr zivilrechtlicher Schadensersatzanspruch ausgeschlossen ist.[69]

22 – **Streitig** ist, ob der nicht versicherte Unternehmer auch Anspruch auf **Heilbehandlung** und **Rehabilitation** hat. Nach einer Ansicht[70] hat der geschädigte unversicherte Unternehmer keinen Anspruch auf die zuvor genannten Leistungen, sondern muss sich diese über die Krankenversicherung sichern und erhält als Ausgleich eine Kos-

---

55 Vgl. Bereiter-Hahn/*Mehrtens*, § 105 Rn 15.1.
56 *Kock*, NZA 2006, 471, 472.
57 *Kock*, NZA 2006, 471, 472.
58 *Kock*, NZA 2006, 471, 472.
59 Vgl. Brackmann/*Krasney*, § 105 Rn 18; Bereiter-Hahn/ *Mehrtens*, § 105 Rn 15.2.
60 LSG Baden-Württemberg 22.5.2006 – L 2 U 327/06 – UV-Recht aktuell 2006, 536; *Jungfleisch*, BG 2007, 107.
61 BGH 3.7.2001 – VI ZR 284/00 – NJW 2001, 3125 = HVBG - Info 22/2001, 2132.
62 BSG 26.6.2007 – B 2 U 17/06 R, B 2 U 35/06 R – NZA 2008, 344.
63 Ebenso Bayrisches LSG 29.4.2009 – L 2 U 17/08 – juris.
64 Ebenso *Jungfleisch*, BG 2007, 107, 108.
65 Vgl. Lauterbach/*Dahm*, § 105 Rn 28.
66 Vgl. Lauterbach/*Dahm*, § 105 Rn 28; Bereiter-Hahn/ *Mehrtens*, § 105 Rn 16.
67 Lauterbach/*Dahm*, § 105 Rn 28; *Dahm*, zfs 2000, 38; Hauck/Noftz/*Nehls*, § 105 Rn 18.
68 So auch Brackmann/*Krasney*, § 105 Rn 19; Hauck/Noftz/ *Nehls*, § 105 Rn 18; Stern-Krieger/Arnau, VersR 1997, 408.
69 Vgl. Bereiter-Hahn/*Mehrtens*, § 105 Rn 14.
70 Vgl. Bereiter-Hahn/*Mehrtens*, § 105 Rn 14; Lauterbach/ *Dahm*, § 105 Rn 31.

tenerstattung vom Unfallversicherungsträger. Nach anderer Ansicht[71] erhält er die Sachleistungen vom Unfallversicherungsträger ungekürzt. Die Lösung des Streits ergibt sich aus dem Wortlaut des Gesetzes. Nach Abs. 2 S. 4 werden nur die Geldleistungen bis zur Höhe des zivilrechtlichen Schadensersatzes erbracht. Das heißt im Umkehrschluss, dass die Sachleistungen ungekürzt vom Unfallversicherungsträger zu erbringen sind. Dies entspricht dem Prinzip der Unfallversicherung, der ein Kostenerstattungsanspruch für die vorgenannten Leistungen fremd ist. Es ist auch im Interesse der Unfallversicherungsträger mit allen geeigneten Mitteln (§ 1 Nr. 1) für eine Heilbehandlung bzw. Rehabilitation zu sorgen, um Geldleistungen zu sparen. Die Zuständigkeit nur eines Sozialversicherungsträgers ist zudem sachgerecht und verhindert Zuständigkeitsprobleme.

C. Verbindung zu anderen Rechtsgebieten und zum Prozessrecht

Schnittpunkte ergeben sich insbesondere bei § 105 zur zivilrechtlichen Haftung des AN. **In vielen Fällen besteht keine oder nur eine verminderte Haftung des AN nach den Grundsätzen des arbeitsrechtlichen Freistellungsanspruchs** (siehe auch § 611 BGB Rn 896 ff.). Es ist daher bei § 105 Abs. 1 immer zu prüfen, ob der AN überhaupt haftet und erst wenn dies der Fall ist, ist weiterhin zu prüfen, ob die Haftungsprivilegierung des § 105 greift. **23**

Im öffentlichen Dienst haften Beschäftigte nach §§ 78 BBG, 46 BRRG, 14 BAT erst ab grober Fahrlässigkeit. Da § 3 TvöD eine Verweisung auf die Beamtenhaftung für die AN-Haftung nicht mehr enthält, besteht derzeit Unsicherheit darüber, ob auch nach dem TvöD erst ab grober Fahrlässigkeit gehaftet wird. **24**

Haften neben dem haftungsprivilegierten, schädigenden AN noch weitere nicht haftungsprivilegierte Personen, so sind die Grundsätze der **gestörten Gesamtschuld** zu berücksichtigen (vgl. auch § 104 Rn 5). Haften mehrere Schädiger aus unterschiedlichen Haftungstatbeständen, sieht § 840 Abs. 2 BGB vor, dass derjenige der deliktisch haftet, neben demjenigen der nach §§ 831, 832 BGB haftet, alleine zum Schadensersatz verpflichtet ist. **25**

Ferner ist zu berücksichtigen, dass immer zuerst geprüft werden muss, ob ein AN, der geschädigt hat oder geschädigt wurde, zum Betrieb gehört oder wenigstens in den Betrieb eingegliedert ist, also eine Haftungsbeschränkung nach § 105 vorliegt. Erst wenn dies verneint wird, kommt eine Haftungsprivilegierung über die **gemeinsame Betriebsstätte** nach § 106 Abs. 3 Alt. 3 in Betracht. **26**

D. Beraterhinweise

Wird ein nicht versicherter Unternehmer im Rahmen von § 105 geschädigt, so sind die Leistungen der gesetzlichen Unfallversicherung bei dem zuständigen Unfallversicherungsträger geltend zu machen. Welcher das ist, lässt sich im Handbuch „Alphabetisches Verzeichnis der Gewerbezweige", erschienen im Verlag Düringshofen, nachlesen oder bei der Hotline der gewerblichen Berufsgenossenschaften erfragen.[72] Der Unfallversicherungsträger entscheidet im Rahmen eines Verwaltungsverfahrens über die Leistungen, die an den nicht versicherten Unternehmer zu erbringen sind. Gegen diese Entscheidung steht der Klageweg vor den Sozialgerichten offen. Zur Hinzuziehung des Schädigers zum Sozialverwaltungsverfahren siehe die Kommentierung zu § 104 Rn 29 und § 108. **27**

Zu beachten ist ferner, dass nach der Änderung des VVG ein schädigender AN in den Geltungsbereich der **Betriebshaftpflichtversicherung** einbezogen sein kann. Anders als § 151 Abs. 1 VVG a.F., nach dem nur der Versicherungsnehmer selbst, seine Vertreter und Leitungs- und Aufsichtspersonen in der Betriebshaftpflichtversicherung versichert waren, erstreckt sich gem. § 102 VVG n.F. die Betriebshaftpflichtversicherung nun auch auf Personen, die in einem Dienstverhältnis zum Unternehmen stehen, so dass für Schäden, die der AN anrichtet, u.U. die Betriebshaftpflichtversicherung des Unternehmens aufkommen muss. **28**

Auf die Ausführungen bei § 104 Rn 28 ff. wird Bezug genommen.

Schädigt der AN vorsätzlich oder grob fahrlässig, ist zu beachten, dass er vom Sozialversicherungsträger gem. § 110 in **Regress** genommen werden kann (siehe dort). Dabei ist dann zu prüfen, ob dem geschädigten AN ein **Mitverschulden** am Eintreten des Versicherungsfalls angelastet werden kann (siehe auch § 110 Rn 19). **29**

Das Übersehen einer Haftungsprivilegierung bedeutet für den RA die Gefahr einer möglichen **Anwaltshaftung**.

| § 106 | Beschränkung der Haftung anderer Personen |

(1) In den in § 2 Abs. 1 Nr. 2, 3 und 8 genannten Unternehmen gelten die §§ 104 und 105 entsprechend für die Ersatzpflicht
1. der in § 2 Abs. 1 Nr. 2, 3 und 8 genannten Versicherten untereinander,

---

71 Vgl. Hauck/Noftz/*Nehls*, § 105 Rn 22, 23; Brackmann/*Krasney*, § 105 Rn 18; *Kock*, NZA 2006, 471, 473, 474.

72 S. hierzu unter www.dguv.de.

2. der in § 2 Abs. 1 Nummer 2, 3 und 8 genannten Versicherten gegenüber den Betriebsangehörigen desselben Unternehmens,
3. der Betriebsangehörigen desselben Unternehmens gegenüber den in § 2 Absatz 1 Nr. 2, 3 und 8 genannten Versicherten.

(2) Im Fall des § 2 Abs. 1 Nr. 17 gelten die §§ 104 und 105 entsprechend für die Ersatzpflicht
1. der Pflegebedürftigen gegenüber den Pflegepersonen,
2. der Pflegepersonen gegenüber den Pflegebedürftigen,
3. der Pflegepersonen desselben Pflegebedürftigen untereinander.

(3) Wirken Unternehmen zur Hilfe bei Unglücksfällen oder Unternehmen des Zivilschutzes zusammen oder verrichten Versicherte mehrerer Unternehmen vorübergehend betriebliche Tätigkeiten auf einer gemeinsamen Betriebsstätte, gelten die §§ 104 und 105 für die Ersatzpflicht der für die beteiligten Unternehmen Tätigen untereinander.

(4) Die §§ 104 und 105 gelten ferner für die Ersatzpflicht von Betriebsangehörigen gegenüber den nach § 3 Abs. 1 Nr. 2 Versicherten.

A. Allgemeines 1	III. Unternehmen zur Hilfe bei Unglücksfällen und des Zivilschutzes (Abs. 3, 1. und 2. Alt) 12
I. Einwirkung der nichtarbeitsrechtlichen Norm auf das Arbeitsverhältnis 1	IV. Gemeinsame Betriebsstätte (Abs. 3 Alt. 3) 13
II. Grundlagen des § 106 .... 1a	V. Besucher (Abs. 4) 19
B. Regelungsgehalt 2	C. Verbindung zu anderen Rechtsgebieten und zum Prozessrecht 20
I. Unternehmen für Kinder, Lernende und Untersuchungen (Abs. 1) 2	D. Beraterhinweise 22
II. Pflegebedürftige und Pflegepersonen (Abs. 2) 10	

A. Allgemeines

I. Einwirkung der nichtarbeitsrechtlichen Norm auf das Arbeitsverhältnis

1 Die Vorschrift des § 106 greift unmittelbar in die Haftung des AN für Schäden, die er bei der Arbeit verursacht, ein. Anders als § 105, der eine Haftungsprivilegierung nur für Betriebsangehörige oder in den Betrieb eingegliederte Personen vorsieht, **dehnt § 106 den Anwendungsbereich der Haftungsprivilegierung erheblich aus**. Insb. Abs. 3 Alt. 3 sieht eine Haftungsprivilegierung für Tätigkeiten von AN verschiedener Unternehmen auf einer gemeinsamen Betriebsstätte vor. Da der Begriff der gemeinsamen Betriebsstätte gesetzlich nicht definiert ist, gibt es eine reichhaltige Kasuistik zu der Frage, wer gem. Abs. 3 Alt. 3 haftungsprivilegiert ist. Diese Vorschrift ist für den RA, der die Haftungsprivilegierung nach § 106 übersieht und dennoch Schadensersatzansprüche einklagt, eine **Haftungsfalle**. Bezüge ergeben sich für schädigende AN zu den Grundsätzen der AN-Haftung, vgl. hierzu die Ausführungen zu § 105 Abs. 1.

Greift eine Haftungsprivilegierungsvorschrift des § 106 ein, kann sich der Sozialversicherungsträger seine Aufwendungen gem. § 110 vom Schädiger wieder holen, wenn dieser den Versicherungsfall vorsätzlich oder grob fahrlässig herbeigeführt hat (vgl. § 110 Rn 6 ff.).

II. Grundlagen des § 106

1a § 106 entspricht im Wesentlichen dem früheren § 637 Abs. 2 bis 5 RVO, enthält jedoch gegenüber dem alten Recht Ergänzungen. In § 106 ist die Ausdehnung der Haftungsbeschränkung der §§ 104 und 105 zugunsten von Versicherten geregelt, die in ähnlich enger Gefahrengemeinschaft[1] leben wie die in den §§ 104, 105 genannten Personen, aber die Voraussetzungen dieser Vorschriften nicht erfüllen. Wesentliche Bedeutung hat § 106 für Schulunfälle (Abs. 1) und Unfälle auf einer gemeinsamen Betriebsstätte (Abs. 3 Alt. 3).

B. Regelungsgehalt

I. Unternehmen für Kinder, Lernende und Untersuchungen (Abs. 1)

2 Abs. 1 regelt die entspr. Anwendung der Haftungsprivilegierung der §§ 104 ff. für Lernende i.S.v. § 2 Abs. 1 Nr. 2, Personen, die sich Untersuchungen, Prüfungen o. ä. nach § 2 Abs. 1 Nr. 3 unterziehen und für Kinder in Tageseinrichtungen, Schüler und Studenten nach § 2 Abs. 1 Nr. 8. Die Haftungsprivilegierung gilt für die Ersatzpflicht der genannten Versicherten untereinander (Abs. 1 Nr. 1), gegenüber den Betriebsangehörigen wie bspw. Lehrer und Hausmeister desselben Unternehmens (Abs. 1 Nr. 2) und der Betriebsangehörigen gegenüber den genannten Ver-

---

[1] Zum Begriff der Gefahrengemeinschaft vgl. *Tischendorf*, VersR 2003, 1361.

sicherten (Abs. 1 Nr. 3). **Lernende i.S.v. § 2 Abs. 1 Nr. 2** sind insb. erwachsene Personen, die sich zu beruflichen Zwecken in Betriebsstätten, Lehrwerkstätten, Schulungskursen und ähnlichen Einrichtungen aus- und fortbilden lassen. Hierzu können auch Fahrschullehrgänge und Volkshochschulkurse gehören, wenn sie berufliche Kenntnisse und Fähigkeiten vermitteln. **Personen i.S.v. § 2 Abs. 1 Nr. 3** sind solche, die sich auf Veranlassung einer Behörde oder von Unternehmen Untersuchungen, Prüfungen oder ähnlichen Maßnahmen wie Eignungstests oder Schutzimpfungen unterziehen. **Personen i.S.v. § 2 Abs. 1 Nr. 8** sind insb. Kindergarten- und Hortkinder (Nr. 8a), Schulkinder, die bei allen schulischen Maßnahmen, also auch Klassenfahrten und Ausflügen versichert sind (Nr. 8b) und Studenten sämtlicher Arten von Hochschulen, auch solcher in privater Trägerschaft (Nr. 8c).

Der wichtigste Anwendungsfall des Abs. 1 sind die **Schulunfälle**.[2] Die Anwendung der Regelungen über die Haftungsprivilegierung bei Schulunfällen dient dem **Zweck**, den Schulfrieden und das ungestörte Zusammenleben von Lehrern und Schülern in der Schule zu gewährleisten.[3] Die Schüler sollen durch die Haftungsbegrenzung vor unter Umständen hohen finanziellen Forderungen geschützt werden, die ihre Zukunft belasten würden.[4]

Die Anwendung der Vorschriften über die Haftungsprivilegierung macht es erforderlich, den Begriff der betrieblichen Tätigkeit und den Schulbetrieb umzuformen.[5] Es ist daher für die Befreiung von der Haftung darauf abzustellen, ob die Verletzungshandlung **schulbezogen** war.[6] Schulbezogen ist eine Verletzungshandlung dann, wenn sie auf der typischen Gefährdung aus engem schulischen Kontakt beruht und deshalb einen inneren Bezug zur Schule aufweist; in diesem Sinne sind insb. Verletzungshandlungen, die aus Spielereien, Neckereien und Raufereien unter den Schülern hervorgegangen sind und Verletzungen aus Neugier, Sensationslust und Imponierverhalten mit einzubeziehen.[7] Die konkrete Verletzungshandlung muss durch die Besonderheit des Schulbetriebes geprägt werden, was in der Regel eine enge räumliche und zeitliche Nähe zu dem organisierten Betrieb der Schule voraussetzt.[8] Auch Verletzungshandlungen, die in einer Phase der allgemeinen Lockerung der Disziplin, insbesondere in Pausen, auf Klassenfahrten, nach Beendigung des Unterrichts oder in Abwesenheit einer Aufsichtsperson erfolgen, sind schulbezogen.[9] Das Haftungsprivileg darf nach der Rspr. nicht eng ausgelegt werden, um den Schulfrieden und das ungestörte Zusammenleben von Lehrern und Schülern in der Schule zu gewährleisten.[10] Selbst aggressives Schädigerverhalten wie ein Messerstich in der Pause[11] schließt nach der Rspr. die Schulbezogenheit des Handelns nicht aus. **Nicht schulbezogen** sind Verletzungshandlungen, die nur bei Gelegenheit des Schulbesuchs erfolgen.[12]

Passiert ein Unfall nach der Schule eigentlich schon auf dem Nachhauseweg der Schüler an der Bushaltestelle, stellt sich die Frage, ob der Unfall noch schulbezogen ist, also zum Haftungsausschluss führt, oder ob ein Wegeunfall gem. § 8 eingetreten ist mit der Konsequenz, dass der schädigende Schüler grds. haftet und nur eine Haftungsreduzierung eingreift (zu den Begriffen vgl. § 104 Abs. 1 und Rn 2, 9). Der BGH hat in einer Grundsatzentscheidung[13] ausgeführt: „Sofern sich spielerisches oder aggressives Verhalten nach Verlassen des Schulgeländes in diesem Sinn einer Lockerung der im Schulbetrieb erforderlichen Disziplin noch auf eine innere schulische Verbundenheit von Schädiger und Verletztem zurückführen lässt, liegt eine Prägung durch die Besonderheiten des Schulbetriebs, also eine Schulbezogenheit vor, die den Haftungsausschluss jedenfalls dann rechtfertige, wenn eine engere räumliche und zeitliche Nähe zu dem organisierten Betrieb Schule besteht.". Damit sind Unfälle schulbezogen, wenn sie auf die Vor- und Nachwirkungen des Schulbetriebs zurückzuführen sind. Im konkreten Fall hatte ein Schüler einen anderen nach dem Unterricht an der Bushaltestelle mit einem Schneeball beworfen und schwer verletzt. Der BGH hat eine Ungleichbehandlung vergleichbarer Sachverhalte – wenn sich Auszubildende nach Arbeitsschluss an der Bushaltestelle verletzten, ist dies ein Wegeunfall – verneint. Die Ausbildung in einem Betrieb unterscheide sich vom Schulbetrieb, da in der Schule regelmäßig eine große Anzahl von Schülern gruppendynamischen Prozessen unterliege.

Einzelfälle; Schulbezogenheit bejaht: Wurf eines Feuerwerkskörpers in Richtung einer Schülergruppe in einer Unterrichtspause,[14] Schlagen von Kugeln aus Aluminiumfolie mit einer Eisensäge während des Unterrichts, wobei sich das Sägeblatt löst und einen Mitschüler schwer verletzt,[15] Manipulation am Mountainbike eines Lehrers nach Schulschluss an der Schulbushaltestelle, die normalerweise von einer Lehrkraft beaufsichtigt wird,[16] Verletzung eines Mitschülers an der vor der Schule gelegenen Bushaltestelle durch einen Knallkörper,[17] Schlag mit beiden Fäusten

---

2 Zu Schulunfällen vgl. *Leube*, VersR 2000, 948.
3 BGH 30.3.2004 – VI ZR 163/03 – VersR 2004, 789.
4 OLG Nürnberg 20.12.2001 – 8 U 2749/01 – NJW-RR 2003, 160.
5 OLG Hamm 20.1.2004 – 9 U 151/03 – NZV 2004, 400.
6 St. Rspr., BGH 15.7.2008 – VI ZR 212/07 – NJW Spezial 2008, 554; BGH 30.3.2004 – VI ZR 163/03 – VersR 2004, 789; OLG Nürnberg 20.12.2004 – 8 U 2749/01 – NJW-RR 2003, 160; OLG Hamm 20.1.2004 – 9 U 151/03 – NZV 2004, 400.
7 BGH 30.3.2004 – VI ZR 163/03 – VersR 2004, 789.
8 BGH 28.4.1992 – VI ZR 284/91 – VersR 1992, 854 = NJW 1992, 2032.
9 BGH 30.3.2004 – VI ZR 163/03 – VersR 2004, 789.
10 BGH 15.7.2008 – VI ZR 212/07 – NJW Spezial 2008, 554.
11 OLG Koblenz 28.11.1975 – 2 U 648/74 – VersR 1976, 1060.
12 BGH 28.4.1992 – VI ZR 284/91 – NJW 1992, 2032 = VersR 1992, 854.
13 BGH 15.7.2008 – VI ZR 212/07 – NJW Spezial 2008, 554.
14 BGH 30.3.2004 – VI ZR 163/03 – VersR 2004, 789.
15 BGH 11.2.2003 – VI ZR 34/02 – NJW 2003, 1605.
16 OLG Schleswig-Holstein 16.3.2000 – 7 U 118/98 – VersR 2002, 238.
17 OLG Hamm 20.1.2004 – 9 U 151/03 – NZV 2004, 400.

gegen den Hodensack während eines Stundenwechsels vor dem Klassenzimmer,[18] Wurf mit einem Schneeball nach der Schule an einer Bushaltestelle.[19]

5 **Schulbezogenheit verneint**: Tätliche Auseinandersetzung unmittelbar nach dem Aussteigen aus dem Schulbus,[20] Anfahren eines Mitschülers mit dem Fahrrad auf dem Heimweg,[21] Verletzung eines Mitschülers durch Feuerwerkskörper unmittelbar nach Schulschluss vor dem Schulgebäude.[22]

6 **Anders als in Abs. 1 Nr. 2 und 3 setzt Nr. 1 nicht voraus, dass die Schüler demselben Unternehmen angehören.** Der Haftungsausschluss greift daher nach Nr. 1 ein bei jeglichem schulbezogenen Zusammentreffen ohne Rücksicht auf die schulische Herkunft und den Ort des Zusammentreffens. Abs. 1 Nr. 1 gilt daher auch dann, wenn Schüler verschiedener Schulen, öffentlicher und privater Schulen und verschiedener Schulzweige einander verletzen.[23]

7 Der Begriff **desselben Unternehmens** nach Abs. 1 Nr. 2 und 3 bedarf nach ständiger Rspr. der gedanklichen Umformung auf die konkrete Schulsituation.[24] Als Unternehmen sind die allgemein- und berufsbildenden Schulen (vgl. § 2 Abs. 1 Nr. 8b), aber nicht deren Träger anzusehen.[25] Allerdings ist die Auslegung des Unternehmensbegriffs den Besonderheiten des Schulbetriebs so anzupassen, dass die Zweckbestimmung der Norm hinreichend zum Tragen kommt.[26]

8 Zu den **Betriebsangehörigen desselben Unternehmens** gehören nach der Rspr. auch der Ehemann einer Lehrerin bzw. die Pflegemutter eines Schülers, die beim Grillen helfen,[27] und alle mit der Durchführung eines schulischen Betriebspraktikums befassten Personen.[28] In Ausweitung dieser Rspr. hat der BGH alle mit der Vorbereitung und Durchführung eines ausgelagerten Sportunterrichts auf einer Skipiste befassenden Mitarbeiter der Sportstätte als in den Schulbetrieb eingegliederte Betriebsangehörige betrachtet.[29] Die Besonderheit dieses Falles lag allerdings darin, dass der Schulträger auch gleichzeitig Betreiber der Sportstätte war und somit Weisungen erteilen konnte. Die **Betriebsangehörigkeit verneint** hatte der BGH dagegen bei einem privaten Transportunternehmer und den von ihm eingesetzten **Schulbusfahrer**, der beim Anfahren an eine Bushaltestelle ein Kind schwer verletzte,[30] da hier kein Weisungsverhältnis zwischen Schule und privatem Transportunternehmen gegeben war.

9 Ereignet sich die Verletzungshandlung auf einem nach § 8 Abs. 2 Nr. 1 bis 4 versicherten Weg oder wird sie vorsätzlich ausgeführt, so bleibt die Haftung grundsätzlich bestehen, der Schadensersatz verringert sich jedoch um die vom Unfallversicherungsträger geleisteten Zahlungen (Abs. 1, §§ 105 Abs. 1 S. 3, 104 Abs. 1 S. 1, 3). Zu dem **Wegeunfall** in Abgrenzung zum **Betriebsweg** siehe § 104 Rn 20 ff: und zum **Vorsatz** siehe unter § 104 Rn 18 ff (zur Haftung von Schülern gem. § 828 Abs. 2 BGB siehe Rn 20 ff.). Bei den Schulunfällen ist nochmals darauf hinzuweisen, dass sich der Vorsatz des Schädigers nicht nur auf die Verletzungshandlung, sondern auch auf den Eintritt und Umfang des Schadens richten muss.[31]

II. Pflegebedürftige und Pflegepersonen (Abs. 2)

10 In Abs. 2 wird die Haftungsprivilegierung der §§ 104, 105 auf Pflegeverhältnisse nach § 2 Abs. 1 Nr. 17 übertragen. Nach § 2 Abs. 1 Nr. 17 sind **unentgeltlich** – also nicht als Selbstständige oder im Rahmen eines Beschäftigungsverhältnis – **tätige Pflegepersonen** versichert (zum Begriff der Pflegeperson s. § 19 SGB XI), die Pflegebedürftigen in einem Umfang von mind. 14 Stunden und nicht nur vorübergehend die in § 2 Abs. 1 Nr. 17 i.V.m. § 14 Abs. 4 SGB XI genannten Hilfeleistungen angedeihen lassen. Das BSG[32] hat jedoch entschieden, dass bereits kurzfristige, evtl. sogar einmalige Tätigkeiten unter dem Schutz der gesetzlichen Unfallversicherung stehen können. § 2 Abs. 1 Nr. 17 bezieht damit unentgeltlich tätige Pflegepersonen in den Versicherungsschutz der gesetzlichen Unfallversicherung ein und grenzt sie von den Beschäftigten ab, die schon nach § 2 Abs. 1 Nr. 1, 5 und 9 oder als Unternehmer versichert sind (dann kommt eine Haftungsprivilegierung nach §§ 104, 105 in Betracht).

11 In die Haftungsprivilegierung einbezogen werden durch Abs. 2 die Fälle, in denen der Pflegebedürftige die Pflegeperson schädigt (Nr. 1), die Pflegeperson den Pflegebedürftigen schädigt (Nr. 2) und die Schädigung einer Pflegeperson durch eine andere Pflegeperson desselben Pflegebedürftigen erfolgt (Nr. 3). Zur pflegerischen Tätigkeit

---

18 OLG Nürnberg 20.12.2001 – 8 U 2749/01 – NJW-RR 2003, 160.
19 BGH 15.7.2008 – VI ZR 212/07 – NJW – Spezial 2008, 554.
20 BGH 28.4.1992 – VI ZR 284/91 – NJW 1992, 2032 = VersR 1992, 854.
21 OLG Oldenburg 5.11.1984 – 13 U 70/84 – VersR 1986, 57.
22 OLG Hamm 12.1.1993 – 27 U 181/92 – VersR 1994, 500.
23 BGH 14.7.1987 – VI ZR 18/87 – VersR 1988, 167 = NJW 1988, 493; Bereiter-Hahn/*Mehrtens*, § 106 Rn 4.3; LPK-SGB VII/*Rapp*, § 106 Rn 6.
24 BGH 26.11.2002 – VI ZR 449/01 – NJW 2003, 1121 m.w.N.
25 BGH 26.11.2002 – VI ZR 449/01 – NJW 2003, 1121.
26 BGH 26.11.2002 – VI ZR 449/01 – NJW 2003, 1121.
27 BGH 25.9.1979 – VI ZR 184/78 – NJW 1980, 289; BGH 3.2.1981 – VI ZR 178/79 – VersR 1981, 428.
28 BGH 3.4.1984 – VI ZR 288/82 – MDR 1985, 42.
29 BGH 26.11.2002 – VI ZR 449/01 – NJW 2003, 1121.
30 BGH 1.12.1981 – VI ZR 219/80 – VersR 1982, 270 = NJW 1982, 1042.
31 St. Rspr., BGH 11.2.2003 – VI ZR 34/02 – NJW 2003, 1605; BGH 30.3.2004 – VI ZR 163/03 – VersR 2004, 789; OLG Hamm 20.1.2004 – 9 U 151/03 – NZV 2004, 400; OLG Nürnberg 20.12.2001 – 8 U 2749/01 – NJW-RR 2003, 160.
32 BSG 7.9.2004 – B 2 U 46/03 – NJW 2005, 1148.

bei einer Schädigung nach Nr. 3 gehören auch solche im Bereich der Mobilität. Schädigt eine Pflegeperson die andere bei der Fahrt mit dem Pflegebedürftigen zum Arzt, so ist eine Haftungsprivilegierung nach Abs. 2 Nr. 3 gegeben.[33]
Die Haftungsprivilegierung bedeutet für die Pflegeperson keine Einbuße, da sie im Schadensfall Leistungen aus der gesetzlichen Unfallversicherung erhält. **Der Pflegebedürftige ist jedoch in der Regel unversichert**, so dass im Falle seiner Schädigung durch die Pflegeperson weder durch zivilrechtlichen Schadensersatz noch durch Leistungen der gesetzlichen Unfallversicherung der Schaden kompensiert wird. Es wird daher teilweise die Ansicht vertreten, dass diese Lücke dadurch geschlossen werden soll, dass der Pflegebedürftige Leistungen nach **§ 105 Abs. 2** erhält.[34]

III. Unternehmen zur Hilfe bei Unglücksfällen und des Zivilschutzes (Abs. 3, 1. und 2. Alt)

Die Haftungsprivilegierung findet ferner in den Fällen Anwendung, in denen Unternehmen zur Hilfe bei Unglücksfällen und/oder Unternehmen des Zivilschutzes i.S.v. § 2 Abs. 1 Nr. 12 zusammenwirken. Unternehmen zur Hilfe bei Unglücksfällen sind insbesondere die Feuerwehr, auch freiwillige Feuerwehren,[35] das Deutsche Rote Kreuz, die Bergwacht, die Deutsche Lebensrettungsgesellschaft und die Gesellschaft zur Rettung Schiffbrüchiger. Ein Zusammenwirken dieser Unternehmen liegt nicht nur bei einem Noteinsatz vor, sondern auch bei einem Übungseinsatz.[36] Ein Zusammenwirken setzt ein faktisches Miteinander in einer besonderen Gefahrengemeinschaft voraus; ein solches ist auch dann gegeben, wenn zwei Feuerwehren an verschiedenen Straßenenden eine Absperrung vornehmen müssen.[37] Der Haftungsausschluss erstreckt sich auf alle in Betracht kommenden Haftungsgrundlagen, also auch auf solche aus Gefährdungshaftung und Amtshaftung nach § 839 BGB i.V.m. Art. 34 GG.[38] Die Haftungsprivilegierung gilt für alle dort betrieblich tätigen Personen untereinander, unabhängig davon, ob sie demselben Betrieb angehören. Voraussetzung für die Haftungsbeschränkung des Schädigers bei dem Zusammenwirken dieser Unternehmen ist, dass der Schädiger durch eine betriebliche Tätigkeit einen Versicherungsfall des Geschädigten verursacht.[39] Schon die Fahrt zum Einsatzort einer freiwilligen Feuerwehr mit einem Privat-PKW ist eine betriebliche Tätigkeit, da sie eilbedürftig und in erhöhter Anspannung erfolgt und nicht nach Belieben gestaltet werden kann.[40]

IV. Gemeinsame Betriebsstätte (Abs. 3 Alt. 3)

Der **Sinn und Zweck**[41] einer Haftungsbeschränkung auf gemeinsamer Betriebsstätte ist darin zu sehen, dass Versicherte verschiedener Unternehmen in einer arbeitsteiligen Welt zwangsläufig aufeinander treffen und dadurch gemeinsamen Gefahren ausgesetzt sind. Dabei können Situationen entstehen, in denen jeder wechselseitig zum Schädiger oder Geschädigten werden kann. Wer aber als Schädiger von der Haftungsfreistellung profitiert, soll als Geschädigter auch deren Nachteile ertragen.[42]

Der **Begriff der gemeinsamen Betriebsstätte** ist nicht im Gesetz definiert, ist aber durch zahlreiche höchstrichterliche Entscheidungen mittlerweile gefestigt. In seiner Grundsatzentscheidung vom 17.10.2000[43] hat der BGH entschieden: *die Haftungsfreistellung aus Abs. 3 Alt. 3 erfasst über die Fälle der Arbeitsgemeinschaft hinaus betriebliche Aktivitäten von Versicherten mehrerer Unternehmen, die bewusst und gewollt bei einzelnen Maßnahmen ineinander greifen, miteinander verknüpft sind, sich ergänzen oder unterstützen, wobei es ausreicht, dass die gegenseitige Verständigung stillschweigend durch bloßes Tun erfolgt.*[44] Der BGH hat in weiteren Entscheidungen ausgeführt, dass die gemeinsame Betriebsstätte mehr ist als dieselbe Betriebsstätte.[45] Das bloße Zusammentreffen von Risikosphären mehrerer Unternehmen oder parallele Tätigkeiten, die sich beziehungslos nebeneinander vollziehen oder bloße Arbeitsberührungen seien nicht ausreichend, um eine gemeinsame Betriebsstätte annehmen zu können.[46] Erforderlich sei vielmehr eine Arbeitsverknüpfung; diese sei nur gegeben bei betrieblichen Aktivitäten, die aufeinander bezogen oder miteinander verknüpft seien oder sich gegenseitig ergänzen oder unterstützen.[47] In Fortführung dieser Rspr. hat der BGH entschieden, eine gemeinsame Betriebsstätte erfordere, dass sich die Beteiligten

---

33 OLG Saarbrücken 25.9.2007 – 4 U 110/07 – SP 2008, 243 = juris.
34 Vgl. Lauterbach/*Dahm*, § 106 Rn 12; KassKomm/*Ricke*, § 106 Rn 8, 9; *Leube*, BG 2001, 141.
35 BGH 18.12.2007 – VI ZR 235/06 – VersR 2008, 410 = NZV 2008, 289.
36 Vgl. LPK-SGB VII/*Rapp*, § 106 Rn 10; Lauterbach/*Dahm*, § 106 Rn 15.
37 BGH 18.12.2007 – VI ZR 235/06 – VersR 2008, 410 = NZV 2008, 289.
38 BGH 18.12.2007 – VI ZR 235/06 – VersR 2008, 410 = NZV 2008, 289.
39 Vgl. Hauck/Noftz/*Nehls*, § 106 Rn 14; Lauterbach/*Dahm*, § 106 Rn 15, 17.
40 BGH 18.12.2007 – VI ZR 235/06 – VersR 2008, 410 = NZV 2008, 289.
41 Vgl. dazu BGH 16.12.2003 – VI ZR 103/03 – NJW 2004, 947; Bereiter-Hahn/*Mehrtens*, § 106 Rn 8.2.
42 BGH 3.7.2001 – VI ZR 198/00 – Vers R 2001, 1156 = NZA 2001, 1080; Zusammenfassung der Rspr. zu § 106 Abs. 3 Alt. 3 durch *Stöhr*, VersR 2004, 809.
43 Bewertung des Grundsatzurteils durch *Imbusch*, VersR 2001, 547.
44 BGH 17.10.2000 – VI ZR 67/00 – BGHZ 145, 331 = NJW 2001, 443 = MDR 2001, 155; vgl. auch *Otto*, NZV 2002, 10.
45 BGH 8.4.2003 – VI ZR 251/02 – VersR 2003, 904 = HVBG Info 22/2003, 2110; BGH 14.9.2004 – VI ZR 32/04 – VersR 2004, 1604 = NZV 2005, 37.
46 BGH 8.4.2003 – VI ZR 251/02 – VersR 2003, 904 = HVBG Info 22/2003, 2110; BGH 14.9.2004 – VI ZR 32/04 – VersR 2004, 1604 = NZV 2005, 37.
47 BGH 8.4.2003 – VI ZR 251/02 – VersR 2003, 904 = HVBG Info 22/2003, 2110; BGH 16.12.2003 – VI ZR 103/03 – NJW 2004, 947 = VersR 2004, 381.

„ablaufbedingt in die Quere" kommen können müssen, d.h. dass der BGH einen **zeitlichen Zusammenhang** zwischen den Tätigkeiten auf gemeinsamer Betriebsstätte fordert. Es reiche nicht aus, wenn ein AN auf die Vorarbeit eines anderen angewiesen sei, ansonsten aber unabhängig von der Vorarbeit des anderen seine Arbeit anschließend erledige.[48] Im entschiedenen Fall war ein Dachdeckermeister von einem nicht ordnungsgemäßen Gerüst gefallen, das von einer anderen Firma vor Beginn seiner Tätigkeit aufgebaut worden war; der BGH hatte eine gemeinsame Betriebsstätte verneint. Das BAG, das zunächst eine engere Auslegung des Begriffs der gemeinsamen Betriebsstätte vertreten hatte, hat sich der Rspr. des BGH angeschlossen.[49] Die Instanzgerichte sind dieser Rspr. ebenfalls gefolgt (siehe Rn 17, 18). In letzter Zeit erfährt der Begriff der gemeinsamen Betriebsstätte eine extensive Auslegung. Der BGH hat entschieden, dass eine gemeinsame Betriebsstätte auch dann vorliege, wenn eine wechselseitige Gefährdung innerhalb der auf der Betriebsstätte Zusammenwirkenden zwar eher fern liege, aber nicht völlig ausgeschlossen werden könne.[50] Damit hat der BGH faktisch das bisher für erforderlich gesehene Merkmal einer konkreten wechselseitigen Gefährdung aufgegeben.[51] Auch das LAG Hamm hat eine Haftungsprivilegierung nach Abs. 3 Alt. 3 angenommen in einem Fall, in dem zwar mehrere Firmen an einem Gewerk arbeiteten, am Unfalltag war jedoch der Schädiger, der es verabsäumt hatte, für eine Absturzsicherung zu sorgen, weit von der Unfallstelle entfernt.[52]

Diese Ausweitung des Begriffs der gemeinsamen Betriebsstätte ist bedenklich. Einerseits deshalb, weil der Geschädigte seinen Schmerzensgeldanspruch verliert. Andererseits werden erhebliche Kosten auf die gesetzliche Unfallversicherung abgewälzt, die nur unter den einschränkenden Vorraussetzungen des § 110 Abs. 1, 2 regressiert werden können, während die Haftpflichtversicherungen entlastet werden. Da nach der Reform des VVG alle AN unter die Betriebshaftpflichtversicherung fallen (§ 102 VVG n.F.), besteht für diese extensive Auslegung des Begriffs der gemeinsamen Betriebsstätte kein Bedürfnis, da der AG das Schädigungsrisiko seiner AN versichern kann.

15 Str. war lange Zeit, ob auch ein **Unternehmer** unter das Haftungsprivileg des Abs. 3 Alt. 3 fallen könne. In zwei Grundsatzentscheidungen vom gleichen Tag[53] hat der BGH entschieden, dass auch ein *versicherter Unternehmer das Haftungsprivileg des Abs. 3 Alt. 3 in Anspruch nehmen könne, wenn er selbst auf der gemeinsamen Betriebsstätte eine versicherte Tätigkeit verrichte und dabei den Versicherten eines anderen Unternehmens verletze.* Zur Begründung führt der BGH aus, dass auch ein Unternehmer ein für sein Unternehmen Tätiger i.S.d. Wortlautes des Abs. 3 Alt. 3 sein könne. Der Sinn und Zweck der Vorschrift, nämlich die in einer Gefahrengemeinschaft Tätigen vor Schadensersatzansprüchen zu schützen, gebiete ebenfalls eine Einbeziehung des **versicherten Unternehmers**, weshalb aber auch nur der auf der Betriebsstätte tätige Unternehmer unter das Haftungsprivileg falle. Diese Auslegung sei systemgerecht, da der Unternehmer in vielen Fällen als Versicherter in die Unfallversicherung einbezogen und dieser Schutz durch § 105 Abs. 2 sogar auf den nicht versicherten Unternehmer ausgedehnt worden sei. Die Haftungsprivilegierung nach Abs. 3 Alt. 3 könne aber nur einem Unternehmer zugute kommen, der zum Zeitpunkt der Schädigung selbst Versicherter der gesetzlichen Unfallversicherung sei, nicht aber dem **nicht versicherten Unternehmer** (siehe auch § 105 Rn 17).[54] Diese Auslegung des BGH ergibt sich aus dem Wortlaut des Gesetzes „(...) verrichten **Versicherte** mehrerer Unternehmen auf einer gemeinsamen Betriebsstätte (...)" und wird in der zitierten Entscheidung als unabdingbare Voraussetzung postuliert.[55] Das BSG hat sich dieser Rspr. angeschlossen.[56] Die Haftungsprivilegierung i.S.d. Abs. 3 Alt. 3 gilt auch gegenüber dem **geschädigten versicherten Unternehmer, der freiwillig oder kraft Satzung versichert ist**.[57]

16 Für den Fall, dass der **haftungsprivilegierte Unternehmer zugleich Gesellschafter einer GbR ist,** hat der BGH eine Inanspruchnahme der Gesellschaft nach den Grundsätzen der gestörten Gesamtschuld (zum Begriff der gestörten Gesamtschuld vgl. § 104 Rn 5) ausgeschlossen.[58] Der BGH hat ausdrücklich die Frage, ob der Gesellschaft selbst auch die Haftungsprivilegierung zugute kommen müsse, offen gelassen.[59] Das OLG Rostock[60] hat jedoch die Anwendung der Haftungsprivilegierungsvorschrift des Abs. 3 Alt. 3 auf eine juristische Person ausdr. abgelehnt.

---

48 BGH 16.12.2003 – VI ZR 103/03 – NJW 2004, 947 = VersR 2004, 381.
49 BAG 12.12.2002 – 8 AZR 94/02 – HVBG Info 8/2003, 739.
50 BGH 22.1.2008 – VI ZR 17/07 – VersR 2008, 642 = NJW 2008, 2116.
51 Ebenso OLG Frankfurt r+s 2007, 524, Nichtzulassungsbeschwerde wurde zurückgewiesen BGH 6.11.2007 – VI ZR 76/07.
52 LAG Hamm 16.10.2007 – 19 Sa 1891/06 – juris.
53 BGH 3.7.2001 – VI ZR 284/00 – NJW 2001, 3125 = VersR 2001, 1028; BGH 3.7.2001 – VI ZR 198/00 – VersR 2001, 1156 = NZA 2001, 1080; bestätigt BGH 29.10.2002 – VI ZR 283/01 – NJW-RR 2003, 239 = HVBG Info 38/2002, 3657, darin ausdrücklich offen gelassen, ob die Haftungsfreistellung auf die Organe einer GmbH & Co. KG angewendet werden kann.
54 BGH 24.6.2003 – VI ZR 434/01 – VersR 2003, 1260; LSG Baden-Württemberg 22.5.2006 – L 2 U 327/06; BSG 26.6.2007 – B 2 U 17/06 R, B 2 U 35/06 R – NZA 2008, 344; Bayrisches LSG 29.4.2009 – L 2 U 17/08 – juris.
55 Kritisch zum BGH *Imbusch*, VersR 2001, 1485; *Otto*, NZV 2002, 10.
56 BSG 26.6.2007 – B 2 U 17/06 R, B s U 35/06 R – NZA 2008, 344.
57 BGH 17.6.2008 – VI ZR 257/06 – VersR 2008, 1260 = NJW 2008, 2916.
58 BGH 24.6.2003 – VI ZR 434/01 – VersR 2003, 1260.
59 Zur Haftungsprivilegierung bei Amtshaftungsansprüchen: BGH 27.6.2002 – III ZR 134/01 – BGHZ 151/198.
60 OLG Rostock 3.3.2009 – 5 U 113/08 – juris.

Einzelfälle: Gemeinsame Betriebsstätte bejaht: Absprache über ein zeitliches und örtliches Miteinander bei Einhaltung besonderer beiderseitiger Vorsichtsmaßnahmen bei Klempnerarbeiten im Bereich eines Rolltores, das von Gabelstaplern benutzt wird;[61] Tötung eines Arbeiters bei Gleisbauarbeiten dadurch, dass das zur Sicherung der Arbeiten bestellte Unternehmen den Sicherungspflichten nicht nachkommt;[62] Verletzung eines Unternehmers eines Landhandels durch einen Landwirt, der Getreide ablädt;[63] koordinierter Abladevorgang zwischen Mitarbeitern zweier Unternehmen;[64] zu Verletzungen zwischen Berufssportlern[65] (vgl. Rn 25); Anhängen von Ladegut an einen Kran durch einen AN, Durchführen des Beladens durch den AN einer anderen Firma, wobei der erste AN von einem herabfallenden Kranteil verletzt wird.[66]

Gemeinsame Betriebsstätte verneint: Verletzung der Geschäftsführerin einer Firma, die einen Umzug überwacht und packt, durch die Mitarbeiter der Umzugsfirma,[67] Verletzung einer Auszubildenden als Pferdewirtin bei einer Hengstkörung durch den Hengst eines anderen Unternehmers, da diese Veranstaltung nur der Körung des eigenen Hengstes diene, kein Zusammenwirken;[68] Verletzung eines Beifahrers eines Wäschereiunternehmens durch den Fahrer des Unternehmens, da keine gegenseitige Verletzungsgefahr bestehe;[69] Verletzung eines AN einer Firma beim Fahren mit einem Gabelstapler durch einen AN einer anderen Firma;[70] Verletzung des Tierarztes durch einen Hund, den sein Halter während der Behandlung festhält;[71] Verletzung eines Subunternehmers durch ungesicherten Spalt auf einer Baustelle, für den der Generalunternehmer die Baustellensicherungspflicht hat;[72] Fahrt in einem Auto, um den Übernehmer eines Betriebes den Kunden vorzustellen;[73] zwischen dem mit der Bauleitung beauftragten Architekten und einem Bauhandwerker besteht regelmäßig keine gemeinsame Betriebsstätte;[74] Verletzung des Bauleiters der Auftraggeberin wegen einer Verletzung der Verkehrssicherungspflicht durch den für die Verkehrssicherung zuständigen Subunternehmer;[75] Verletzung eines Schülers in der Nachmittagsbetreuung durch ein verkehrsunsicheres Hockeytor, für das sich der Betreiber eines Spielplatzes verantwortlich zeichnet.[76]

V. Besucher (Abs. 4)

Abs. 4 regelt die Haftungsprivilegierung von Betriebsangehörigen gegenüber Personen, die sich mit ausdrücklicher oder stillschweigender Erlaubnis des Unternehmers auf der Unternehmensstätte (= Betriebsgelände)[77] aufhalten und gemäß § 3 Abs. 1 Nr. 2 kraft Satzung des Unfallversicherungsträgers versichert sind. Die Haftungsprivilegierung gilt nur für die Betriebsangehörigen, da sich ihr Risiko, einen Schaden zu verursachen durch Besucher erhöht, nicht jedoch für den Besucher selbst. Die Vorschrift kann insbesondere an Bedeutung gewinnen bei Unternehmen, die Besuchergruppen herumführen oder einen Tag der offenen Tür veranstalten.[78]

C. Verbindung zu anderen Rechtsgebieten und zum Prozessrecht

Bei den Schulunfällen ergeben sich Überschneidungen zu **§ 828 Abs. 2 BGB**, der mit Wirkung zum 1. August 2002 geändert wurde. Nach altem Recht waren Kinder bis zum vollendeten siebten Lebensjahr nicht **deliktsfähig**, ab dem vollendeten siebten Lebensjahr bis zur Volljährigkeit beschränkt deliktsfähig abhängig von ihrer Einsichtsfähigkeit. Ab 1. Januar 2002 wurde § 828 Abs. 2 BGB dahingehend geändert, dass Kinder, die das siebente, aber nicht das zehnte Lebensjahr vollendet haben, für Schäden, die sie bei einem Unfall mit einem Kraftfahrzeug, einer Schienenbahn oder einer Schwebebahn einem anderen zufügen nicht verantwortlich sind, es sei denn, die Verletzung wurde vorsätzlich herbeigeführt. Für Unfälle auf dem Weg von und zur Schule bedeutet dies, dass Kinder von sieben bis zehn Jahren kein Mitverschulden an einem stattgefundenen Unfall treffen kann und der Fahrer des Kraftfahrzeugs in vollem Umfang haftet, sofern kein Vorsatz des Kindes vorliegt.

Str. war in diesem Zusammenhang bisher, ob die Neuregelung des § 828 Abs. 2 BGB auch dann Anwendung finden soll, wenn das Kind auf ein **stehendes Hindernis**, bspw. ein geparktes Fahrzeug, prallt. Der BGH hat nunmehr mit zwei Grundsatzurteilen zu dieser Frage Stellung genommen und entschieden, dass das Haftungsprivileg des § 828 Abs. 2 BGB nach dem Sinn und Zweck der Vorschrift nur eingreifen kann, wenn sich bei der gegebenen Fallkonstel-

---

61 OLG Schleswig-Holstein 4.1.2001 – 7 U 104/99 – HVBG Info 30/2001.
62 OLG Frankfurt 31.3.2003 – 1 U 95/02 – OLGR Frankfurt 2003, 441.
63 OLG Koblenz 19.4.2004 – 12 U 544/03 – NZV 2005, 102.
64 OLG Jena 19.10.2004 – 8 U 259/04 – MDR 2005, 448 = OLGR 2004, 437.
65 Siehe dazu ausführlich: *Leube*, VersR 2008, 880.
66 OLG Frankfurt 19.2.2007 – 16 U 100/06 – r+s 2007, 524 – Zurückweisung der Nichtzulassungsbeschwerde durch BGH 6.11.2007 – VI ZR 76/07.
67 BAG 28.10.2004 – 8 AZR 443/03 – r+s 2005, 304.
68 BGH 14.9.2004 – VI ZR 32/04 – NJW 2005, 288.
69 OLG Stuttgart 14.10.2004 – 7 U 96/04 – MDR 2005, 336 = NJW-RR 2005, 536.
70 BAG 12.12.2002 – 8 AZR 94/02 – VersR 2003, 1177 = HVBG Info 8/2003, 739.
71 OLG Hamm 26.9.2002 – 6 U 14/02 – r+s 2003, 39.
72 OLG Frankfurt 29.5.2002 – 4 U 101/01 – r+s 2003, 306.
73 OLG Stuttgart 14.10.2004 – 7 U 96/04 – MDR 2005, 336 = NJW – RR 2005, 536.
74 BGH 13.3.2007 – VI ZR 178/05 – NJW-RR 2007, 1027 = VersR 2007, 948.
75 OLG Koblenz 20.12.2007 – 5 U 281/07 – juris.
76 OLG München 15.2.2007 – 1 U 5048/06 – juris.
77 Vgl. Bereiter-Hahn/*Mertens*, § 3 Rn 9 m.w.N.
78 OLG Hamm 4.2.2002 – 6 U 130/01 – NZV 2003, 32 mit Ausführungen zur gestörten Gesamtschuld bei Abs. 4.

lation eine typische Überforderungssituation des Kindes durch die spezifischen Gefahren des motorisierten Verkehrs realisiert hat.[79] In den beiden entschiedenen Fällen waren die jeweils neun Jahre alten Kinder mit einem Kickboard bzw. mit einem Fahrrad auf geparkte Fahrzeuge aufgefahren und zum Schadensersatz verurteilt worden. Der BGH leitet seine Ansicht aus dem Sinn und Zweck der Vorschrift des § 828 Abs. 2 BGB ab, Kinder vor Überforderungen des motorisierten Verkehrs zu schützen und aus der Gesetzesbegründung, wonach Kinder altersbedingte Defizite bei der Einschätzung von Geschwindigkeiten hätten, dem die Änderung des § 828 Abs. 2 BGB Rechnung tragen wolle. Diese Rspr. hat erhebliche Kritik erfahren.[80] Der BGH ist in der Folgezeit immer weiter von dieser Rspr. abgerückt. So hat er einen Haftungsausschluss nach § 828 Abs. 2 BGB bejaht in einem Fall, in dem ein achtjähriges Kind ein Fahrrad, das es auf dem Gehweg schiebt, loslässt und dieses auf ein Kfz prallt.[81] Der BGH hat ausgeführt, dass eine Überforderung des Kindes im Straßenverkehr nicht ausgeschlossen werden könne, weil das Kind vielleicht die Geschwindigkeit des herannahenden Kfz nicht richtig eingeschätzt habe. Auch hat der BGH eine Privilegierung eines knapp zehnjährigen Kindes nach § 828 Abs. 2 BGB bejaht, das mit seinem Fahrrad auf ein geparktes Kfz auffuhr, dessen Türen aber noch nicht geschlossen waren.[82] Mit seiner Entscheidung vom 30.6.2009[83] hat der BGH faktisch, wenn auch nicht ausdr. seine Rspr. von 2004[84] endgültig aufgegeben. Der BGH hat eine Haftungsprivilegierung eines achtjährigen Kindes bejaht, das mit seinem Fahrrad zwischen Autos, die auf dem Parkplatz einer Realschule geparkt waren, hindurchfuhr und eines dabei beschädigte. Dies bedeutet, dass, wenn ein Kind unter zehn Jahren auf ein stehendes Hindernis auffährt, § 828 Abs. 2 BGB anzuwenden ist.

D. Beraterhinweise

22 Bevor das Vorliegen einer **gemeinsamen Betriebsstätte** angenommen wird, ist zunächst immer zu prüfen, ob die §§ 104, 105 Anwendung finden, insbesondere ob der AN in den Betrieb des geschädigten AN eingegliedert war.

23 Bei **Schulunfällen** wird das **Spätschadenrisiko** oft nicht hinreichend erkannt und richtig eingeschätzt. Bei einer **Kapitalisierung** oder im Hinblick auf die **Verjährung** ist das Zukunftsrisiko zu berücksichtigen, insbesondere eine zukünftige Verschlimmerung der Unfallfolgen oder eine unfallbedingte verzögerte Schulausbildung. Das unfallbedingte Wiederholen nur eines einzigen Schuljahres führt im späteren Leben zu einem Erwerbsschaden des Kindes, da Ausbildung und Eintritt in das Erwerbsleben verspätet erfolgen. Selbst wenn der Unfallversicherungsträger eine Rente gewährt, verbleibt beim Kind häufig ein späterer Erwerbsschaden, da die Unfallrente in der Regel geringer ist als der ohne Zeitverzögerung erwirtschafte Lohn aus einer Tätigkeit.

Die Zeitverzögerung durch Wiederholung eines Schuljahres kann auch zu einem Spätschaden führen, wenn Tarifverträge Einkommenssteigerungen nach Berufsjahren vorsehen.

Schließlich kann unfallbedingt im späteren Leben ein **Hausarbeitsschaden** auftreten, da das verletzte Kind unfallbedingt im späteren Leben in der Verrichtung von Haushaltstätigkeiten beeinträchtigt sein kann. Auch **psychische Beeinträchtigungen** können mit erheblicher Zeitverzögerung auftreten.

24 Es ist dem RA bei Schulunfällen daher unter dem Gesichtspunkt drohender **Verjährung** anzuraten, neben einer Zahlungsklage auch eine Feststellungsklage zu erheben, in der die Verpflichtung des Schädigers zum Ausgleich eventuell später auftretender Schäden festgestellt wird.

Jede vorbehaltlose Zahlung eines Haftpflichtversicherers in Ausführung eines deliktischen Urteils stellt ein Anerkenntnis des gesamten Schadensersatzanspruchs dar und führt zu einer Unterbrechung der Verjährung nach § 218 Abs. 1 S. 1 BGB a. F bzw. zum Neubeginn der Verjährung nach § 212 BGB n.F.[85]

Schließt der RA einen **Abfindungsvergleich**,[86] so ist zu beachten, dass Änderungen im Leistungsrecht der Sozialleistungen nur in extremen Ausnahmefällen Anpassungen des Abfindungsvergleichs an das geänderte Sozialrecht zulassen.[87] Es ist dem RA daher anzuraten, exakt und ggf. in einem Zusatzprotokoll festzuhalten, welches die Vergleichsgrundlagen sind, auf denen der Abfindungsvergleich beruht.

25 Fraglich ist eine Haftungsprivilegierung nach § 106 bei **Sportverletzungen**. Bisher war eine deliktische Haftung bei regelgerechter Sportausübung ausgeschlossen. In einer grundlegenden Entscheidung hat der BGH nunmehr jedoch festgelegt, dass eine Haftung des Schädigers, obwohl eine Regelverletzung nicht vorlag, gegeben ist, soweit Ver-

---

79 BGH 30.11.2004 – VI ZR 335/03 und VI ZR 365/03 – NJW 2005, 354 und 356 = r+s 2005, 80 und 82 m. Anm. *Lemcke*, r+s 2005, 83.
80 *Jaklin/Middendorf*, VersR 2004, 1104 mit beachtlichen Argumenten; *Ebert*, jurisPR-BGHZivilR 9/2008.
81 BGH 16.10.2007 – VI ZR 42/07 – VersR 2007, 1669 = NJW 2008, 147.
82 BGH 11.3.2008 – VI ZR 75/07 – VersR 2008, 701 = SP 2008, 208 mit zust. Anm. *Lang*, jurisPR-VerkR 10/2008 und abl. Anm. *Ebert*, jurisPR-BGH ZivilR 9/2008.
83 VI ZR 310/08 – VersR 2009, 1136.
84 BGH 30.11.2004 – VI ZR 335/03 und VI ZR 365/03 – NJW 2005, 354 und 356 = r+s 2005, 80 und 82.
85 BGH 2.12.2008 – VI ZR 312/07 – VersR 2009, 230.
86 Zu weiteren Fragen des Abfindungsvergleich siehe Halm/Engelbrecht/Krahe/*Euler/Kornes/Kreuter-Lange*, S. 1673 ff.
87 Grundlegend BGH 12.2.2008 – VI ZR 154/07 – VersR 2008, 686.

sicherungsschutz besteht.[88] Ein konkludenter Haftungsausschluss kommt dann nicht in Betracht. Ebenso wenig kann die Geltendmachung von Schadensersatzansprüchen bei bestehendem Versicherungsschutz als treuwidrig angesehen werden. Zwar ist die Entscheidung zum Motorsport ergangen, jedoch besteht Einigkeit darüber, dass die Ausführungen des BGH für alle Sportveranstaltungen mit nicht unerheblichem Gefahrenpotential gelten.[89] Es bedarf jedoch noch einer näheren Bestimmung, welche Sportarten unter den Begriff „nicht unerhebliches Gefahrenpotential" fallen. Der BGH führt in seiner Entscheidung unter Bezugnahme auf das entscheidungserhebliche Autorennen auf dem Hockenheimring aus, dass die Gefahr gegenseitiger Schädigung bestehen muss. Die Änderung der Rechtsprechung beruht auf dem Wegfall des § 4 Abs. 1 Nr. 4 AHB[90] 2002.[91] Nach dieser Versicherungsbestimmung bestand kein Versicherungsschutz durch eine allgemeine Haftpflichtversicherung bei Schäden infolge Teilnahme an Pferde-, Rad- oder Kraftfahrzeugrennen, Box- oder Ringkämpfen sowie den Vorbereitungen hierzu. Bei der Bearbeitung von Schadensfällen aufgrund sportlicher Betätigung muss der bearbeitende RA daher künftig überprüfen, ob es sich um eine **Sportart mit erheblichem Gefahrenpotential** handelt und ob der **Schädiger haftpflichtversichert** ist.

Bei Schädigungen im Bereich des **Berufssports** geht *Leube*[92] davon aus, dass die Sportler Beschäftigte i.S.d. § 2 Abs. 1 Nr. 1 sind,[93] so dass bei gegenseitigen Schädigungen beim Sport eine Haftungsprivilegierung nach Abs. 3 Alt. 3 in Betracht komme. Diese Ansicht ist richtig. Zwar spielen bspw. Fußballspieler gegeneinander, aber es handelt sich um Versicherte verschiedener Unternehmen, deren Handlungen ineinandergreifen und aufeinander abgestimmt sind.

§ 107 Besonderheiten in der Seefahrt

(1) ¹Bei Unternehmen der Seefahrt gilt § 104 auch für die Ersatzpflicht anderer das Arbeitsentgelt schuldender Personen entsprechend. ²§ 105 gilt für den Lotsen entsprechend.

(2) Beim Zusammenstoß mehrerer Seeschiffe von Unternehmen, für die die See-Berufsgenossenschaft zuständig ist, gelten die §§ 104 und 105 entsprechend für die Ersatzpflicht, auch untereinander, der Reeder der dabei beteiligten Fahrzeuge, sonstiger das Arbeitsentgelt schuldender Personen, der Lotsen und der auf den beteiligten Fahrzeugen tätigen Versicherten.

A. Allgemeines

Da § 107 nur eine Ausweitung der Haftungsprivilegierungsvorschriften der §§ 104 bis 106 enthält, gelten die dortigen Ausführungen unter Rn 1 sinngemäß.

§ 107 ersetzt § 849 RVO a.F. Die Vorschrift enthält eine Erweiterung der Haftungsbeschränkung für die besonderen Verhältnisse der Seefahrt.

B. Regelungsgehalt

Zu den **Unternehmen der Seefahrt** gehören deutsche Schiffe i.S.d. § 13 Abs. 2 SGB IV.

Beim Betrieb eines Seefahrzeuges ist nach § 136 Abs. 3 Nr. 4 der **Reeder** oder die **Reederei** der Unternehmer. Er ist bereits unter den Voraussetzungen des § 104 von der Haftung freigestellt. Da die Reederei gem. § 489 HGB keine juristische Person ist, erstreckt sich die Haftungsfreistellung unter den Voraussetzungen des § 104 auf die Gesamtheit der Mitreeder.[1] Nicht unter die Haftungsfreistellung fällt jedoch der ausländische Reeder.[2]

§ 107 dehnt die Haftungsfreistellung auf die Arbeitsentgeltschuldner aus, die nicht Reeder sind. Als solche kommt insbesondere der **Charterer** eines Schiffes in Betracht, der dann zwar Arbeitgeber, aber nicht Unternehmer i.S.d. Unfallversicherung ist. Er wird durch § 107 in die Haftungsprivilegierung einbezogen.

Seelotsen (Abs. 1 S. 2) üben ihre Tätigkeit als freien, nicht gewerblichen Beruf aus (§ 25 Abs. 1 SeelotsG); sie gehören nicht zur Schiffsbesatzung. Aus diesem Grund ordnet § 107 an, dass eine Haftungsfreistellung des Lotsen unter den weiteren Voraussetzungen des § 105 erfolgen kann. Der Lotse wird damit unter Haftungsgesichtspunkten einem Angehörigen der Schiffsbesatzung gleichgestellt.

---

88 BGH 29.1.2008 – VI ZR 98/07 – VersR 2008, 540 = NJW 2008, 1591 = JZ 2008, 999.
89 *Faust*, JuS 2008, 838; *Möllers*, LMK 2008, 260030.
90 Abgedr. in *Prölss/Martin*, Versicherungsvertragsgesetz – Kommentar.
91 Vgl. dazu *Schimikowski*, r+s, 2008, 189 ff.
92 *Leube*, VersR 2008, 880.
93 Nach den Richtlinien der Verwaltungs-Berufsgenossenschaft ist von einem Beschäftigungsverhältnis ab einem Einkommen von 300 EUR monatlich auszugehen.
1 Vgl. Lauterbach/*Göttsch*, § 107 Rn 4.
2 Bereiter-Hahn/*Mehrtens*, § 107 Rn 4 m.w.N.

6 Abs. 2 findet Anwendung beim **Zusammenstoß mehrerer Schiffe, deren Reeder Mitglieder der See-BG**[3] sind, also nicht bei Kollisionen mit ausländischen oder Binnenschiffen (für Letztere ist die Binnenschifffahrts-BG zuständig). Die in Abs. 2 genannten Personen unterliegen der Haftungsbeschränkung.

C. Verbindung zu anderen Rechtsgebieten und zum Prozessrecht

7 Für Unfälle im Zusammenhang mit der Seefahrt gelten die allgem. Verfahrensregelungen und Zuständigkeiten der Zivilgerichte, da § 107 nur eingreift, wenn zwei Schiffe unter deutscher Flagge beteiligt sind. Ist ein ausländisches Schiff beteiligt, gilt § 107 nicht.

8 Das Vorliegen einer gemeinsamen Betriebsstätte i.S.d. § 106 Abs. 3 Alt. 3 kommt nur ausnahmsweise dann in Betracht, wenn das Schiff nicht auf See ist, bspw. dann, wenn das Schiff durch einen Vertäuer vertäut wird oder das Schiff im Dock liegt.

§ 108 Bindung der Gerichte

(1) Hat ein Gericht über Ersatzansprüche der in den §§ 104 bis 107 genannten Art zu entscheiden, ist es an eine unanfechtbare Entscheidung nach diesem Buch oder nach dem Sozialgerichtsgesetz in der jeweils geltenden Fassung gebunden, ob ein Versicherungsfall vorliegt, in welchem Umfang Leistungen zu erbringen sind und ob der Unfallversicherungsträger zuständig ist.

(2) ¹Das Gericht hat sein Verfahren auszusetzen, bis eine Entscheidung nach Absatz 1 ergangen ist. ²Falls ein solches Verfahren noch nicht eingeleitet ist, bestimmt das Gericht dafür eine Frist, nach deren Ablauf die Aufnahme des ausgesetzten Verfahrens zulässig ist.

A. Allgemeines 1	3. Zuständigkeit des UV-Trägers 11
B. Regelungsgehalt 2	III. Aussetzung des Verfahrens 14
I. Bindung an unanfechtbare Entscheidung 2	C. Verbindung zu anderen Rechtsgebieten und zum Prozessrecht 18
II. Bezugspunkte der Bindungswirkung 7	
1. Vorliegen eines Versicherungsfalles 7	D. Beraterhinweise 20
2. Umfang der zu erbringenden Leistungen 10	

A. Allgemeines

1 Im Schadensersatzprozess vor den zuständigen Arbeits- und Zivilgerichten[1] werden angesichts der §§ 104 bis 107 unfallversicherungsrechtliche Fragen auftauchen, insbes. ob ein Versicherungsfall vorliegt und in welchem Umfang Leistungen von welchem zuständigen UV-Träger zu erbringen sind. Um hier etwaig divergierende Entscheidungen von Arbeits- und Zivilgerichten einerseits und UV-Trägern und Sozialgerichten andererseits auszuschließen, sieht Abs. 1 eine Bindung Ersterer an unanfechtbare Entscheidungen Letzterer vor;[2] hierfür spricht i.Ü. auch die größere Sachnähe Letzterer einhergehend mit einer diesbezüglichen Fachkompetenz.[3] Damit wird insbes. ausgeschlossen, dass es für den Geschädigten ungünstigerweise zur Ablehnung eines Versicherungsfalles durch den UV-Träger kommt, derweil ein Arbeits- oder Zivilgericht dennoch ein Haftungsprivileg des Schädigers annimmt; ein Ergebnis, welches „das Vertrauen in die Rechtsprechung erschüttern" würde.[4]

B. Regelungsgehalt

I. Bindung an unanfechtbare Entscheidung

2 Die von § 108 Abs. 1 ins Visier genommene **unanfechtbare Entscheidung nach diesem Buch oder nach dem Sozialgerichtsgesetz** ist nur eine solche, die im Verhältnis zwischen UV-Träger und Versichertem (Hinterbliebenen) ergangen ist. Entscheidungen in anderen Verfahren (z.B. Erstattungsstreit zwischen UV-Träger und Krankenkasse) sind unter dem Blickwinkel der Rechtskraft nur dann relevant, wenn der Versicherte hierzu beigeladen wurde (§ 75

---

3 Zum 1.1.2010 fusioniert die See-BG mit anderen zur BG Verkehr.

1 Es geht nur um den Ersatz von Personenschäden (Ausnahme §§ 8 Abs. 3, 13).

2 Vgl. BGH 20.11.2007 – VI ZR 244/06 – NJW 2008, 1877; BGH 12.6.2007 – ZR 70/06 – VersR 2007, 1131 ff.; BGH 24.1.2006 – VI ZR 290/04 – NJW 2006, 1592; BGH 20.9.2005 – VI ZB 78/04 – VersR 2005, 1751; BGH 20.4.2004 – VI ZR 189/03 – VersR 2004, 931 = r+s 2004, 344, 345.

3 Vgl. auch die Parallelvorschrift des § 118 SGB X im Bereich der cessio legis des § 116 SGB X – hierzu jüngst BGH 5.5.2009 – VI ZR 208/08 – r+s 2009, 302.

4 BGH 20.4.2004 – VI ZR 189/03 – VersR 2004, 931; dies gilt auch für den umgekehrten Fall.

SGG).[5] Geht es dagegen in einem Rechtsstreit zwischen dem Sozialversicherungsträger des Geschädigten und dem Haftpflichtversicherer des Schädigers um einen Anspruch aus einem Teilungsabkommen, so ist § 108 nicht (auch nicht entsprechend) anzuwenden.[6]

Die unanfechtbare Entscheidung **nach diesem Buch** (SGB VII) ist in aller Regel ein bestandskräftiger Verwaltungsakt eines UV-Trägers, während eine solche nach dem Sozialgerichtsgesetz ein rechtskr. Urt. oder ein Beschl. ist.[7] Nach allg. Ansicht fallen unter letztere Variante auch Vergleiche und angenommene Anerkenntnisse.[8] Bei beiden Varianten geht es um eine **unanfechtbare Entscheidung**, was bedeutet, dass sie mit Rechtsbehelfen bzw. Rechtsmitteln nicht mehr zulässigerweise angreifbar ist;[9] das Überprüfungsverfahren gem. § 44 SGB X steht dem nicht entgegen.[10]

Unanfechtbarkeit i.d.S. bedeutet zudem, dass die unfallversicherungsrechtliche Entscheidung auch für die in den §§ 104 bis 107 angesprochenen Personen nicht mehr zulässigerweise angreifbar ist. Unter **rechtsstaatlichen Aspekten** kann eine solche Bindung allerdings nur dann eingreifen, wenn diese Personen auch an dem Verfahren, welches die unfallversicherungsrechtliche Entscheidung letztlich hervorgebracht hat, **in gebotener Weise beteiligt** waren. Letzteres ist in der Praxis problematisch, weil die im Focus stehende Entscheidung das Verhältnis zwischen UV-Träger und Versichertem (Hinterbliebenen) betrifft, die in §§ 104 bis 107 genannten Personen diesbezüglich also nur Dritte sind. Hier bleibt lediglich der Weg einer Beteiligung Letzterer gem. § 12 Abs. 2 S. 2 Hs. 1 i.V.m. Abs. 1 Nr. 4 SGB X,[11] wonach ein Dritter auf Antrag zum Verfahren hinzuzuziehen ist, wenn der Ausgang des Verfahrens rechtsgestaltende Wirkung für ihn hat.[12] Der BGH verlangt hier mittlerweile, dass der UV-Träger den Schädiger „von der Einleitung des Verfahrens benachrichtigen" muss, soweit er ihr (gemeint war eine BG) bekannt war"; außerdem ist der Schädiger „auf sein Recht auf Beteiligung" hinzuweisen.[13] Geschieht der entsprechende Hinweis respektive diese Hinzuziehung nicht, so wird eine Entscheidung des UV-Trägers den in §§ 104 bis 107 angesprochenen Personen gegenüber nicht bindend und ist damit nicht unanfechtbar i.S.d. Abs. 1, auch wenn die Entscheidung vom Versicherten (Hinterbliebenen) eventuell nicht mehr angefochten werden kann.[14] Das Verwaltungsverfahren ist dann auf **Antrag** der in §§ 104 bis 107 angesprochenen Personen zu **wiederholen**, falls diese nicht auf Anfrage erklären, an der Wiederholung kein Interesse zu haben oder auf diese Anfrage hin keine Erklärung abgeben.[15] Allein eine spätere Beiladung zum Sozialgerichtsverfahren gem. § 75 Abs. 2 SGG kann die fehlerhafte Nichthinzuziehung nach § 12 Abs. 2 S. 2 Hs. 1 SGB X dagegen nicht (gem. § 41 Abs. 1 Nr. 6 SGB X) heilen.[16]

Bei alledem ist jedoch zu beachten, dass sich die erörterte Hinzuziehungsproblematik nur dann stellen wird, wenn der UV-Träger einen Versicherungsfall ablehnt. Hat er ihn dagegen anerkannt, begünstigt dies die in §§ 104–107 angesprochenen Personen und beschert ihnen das (ersehnte) Haftungsprivileg.[17] In diesem Fall kann sich die verfahrensfehlerhafte Nichthinzuziehung dieser Personen **mangels Beschwer** derselben nicht auswirken; die Entscheidung kann nach Ablauf der Rechtsbehelfsfrist (für den Versicherten/Hinterbliebenen) unanfechtbar i.S.d. Abs. 1 werden.[18]

---

5 A.A. wohl *Ebsen*, jurisPK-SGB VII, § 108 Rn 8 in Richtung einer generellen Anwendung von § 108.
6 BGH 20.9.2005 – VI ZB 78/04 – VersR 2005, 1751.
7 Die Frage, welcher Variante der Widerspruchsbescheid zuzuordnen ist, besitzt keine praktische Relevanz.
8 Vgl. nur Becker/Burchardt/*Krasney*, § 108 Rn 6 m.w.N.; Hauck/Noftz/*Nehls*, § 108 Rn 5 ordnet hier auch öffentlich-rechtliche Verträge gem. §§ 53 ff. SGB X ein.
9 Vgl. BGH 4.4.1995 – VI ZR 327/93 – BGHZ 129, 195, 200 = NJW 1995, 2038 f. (zu § 638 RVO).
10 Vgl. Becker/Burchardt/*Krasney*, § 108 Rn 7 mit Blick auf die Formulierung „endgültige Entscheidung" in § 638 RVO.
11 Vgl. BGH 20.4.2004 – VI ZR 189/03 – VersR 2004, 931; BGH 4.4.1995 – VI ZR 327/93 – BGHZ 129, 195, 200; BSG 22.6.1983 – 12 RK 73/82 – BSGE 55, 160, 162 f.; OLG Hamm 28.2.2000 – 6 W 1/00 – HVBG-INFO 2000, 1880 f. = r+s 2000, 156.
12 Die damit einhergehenden (noch nicht abschließend geklärten) datenschutzrechtlichen Fragen im Bereich der Akteneinsicht werden in Zukunft eine große Rolle spielen.
13 BGH 20.11.2007 – VI ZR 244/06 – NJW 2008, 1877 (1878); vgl. hierzu auch *Konradi*, BG 2008, 245 ff., der zutreffend darauf hinweist, dass diese Benachrichtigung „so qualifiziert gefasst sein muss, dass dem Schädiger die Tragweite seiner Entscheidung über die Beteiligung oder Nichtbeteiligung am Verwaltungsverfahren bewusst wird".
14 Vgl. BGH 19.5.2009 – VI ZR 56/08 – Schaden-Praxis 2009, 319, 322; BGH 12.6.2007 – VI ZR 70/06 – VersR 2007, 1131 ff.; BGH 20.4.2004 – VI ZR 189/03 – VersR 2004, 931; vgl. auch *Horst/Katzenstein*, VersR 2009, 165, 167.
15 Vgl. BGH 19.5.2009 – VI ZR 56/08 – Schaden-Praxis 2009, 319, 322; BGH 12.6.2007 – VI ZR 70/06 – VersR 2007, 1131 ff.; BGH 4.4.1995 – VI ZR 327/93 – BGHZ 129, 199, 201 (mit Hinw. darauf, wann das Recht auf Wiederholung verwirkt sein kann); BSG 22.6.1983 – 12 RK 73/82 – BSGE 55, 160, 163. Allein aufgrund einer möglichen Kenntnis von einem einschlägigen Versicherungsverfahren kann bei Inaktivität nicht auf einen Verzicht hinsichtlich der Beteiligung an dem Selben geschlossen werden – vgl. BGH 20.11.2007 – VI ZR 244/06 – NJW 2008, 1877 (1878).
16 Vgl. BSG 22.6.1983 – 12 RK 73/82 – BSGE 55, 160, 162.
17 Dies wird allerdings relativiert, falls der anerkannte Versicherungsfall ein Wegeunfall i.S.d. § 8 Abs. 2 Nr. 1–4 ist, da hier lediglich die Haftungsminderung des § 104 Abs. 3 greift; vgl. hierzu auch *Konradi*, NZS 2009, 478, 481.
18 Vgl. OLG Zweibrücken 4.7.2001 – 1 U 64/01 – Schaden-Praxis 2002, 127 = HVBG-INFO 2002, 2186, 2189; OLG Hamm 22.3.1999 – 6 W 13/99 – VersR 2000, 602; so jetzt auch ausdr. – BGH 17.6.2008 – VI ZR 257/06 – VersR 2008, 1260, 1261; vgl. allgemein auch *Konradi*, NZS 2009, 478, 480 f.

Hier ist allerdings unter Berücksichtigung der neueren Rspr. des BGH hervorzuheben, dass doch eine Beschwer des Schädigers anzunehmen ist, wenn ein Versicherungsfall zwar anerkannt, aber durch die bindende Zuordnung des Versicherungsfalls zu einem Unternehmen die Haftungsprivilegierung des Schädigers verneint wird.[19]

6 Der **Bindung** an eine unanfechtbare Entscheidung i.S.d. § 108 Abs. 1 steht nicht entgegen, dass diese etwaig falsch ist.[20] Unter Evidenzaspekten könnte allein eine **offensichtlich abwegige Entscheidung** der Bindungskraft nicht fähig sein.[21]

II. Bezugspunkte der Bindungswirkung

7 **1. Vorliegen eines Versicherungsfalles.** Die Bindungswirkung hinsichtlich des Vorliegens eines **Versicherungsfalles** (Arbeitsunfall oder Berufskrankheit) erschöpft sich nicht allein im Faktum des Versicherungsfalles selbst, sondern erstreckt sich auch auf dessen integrale Bestandteile[22] – so z.B. darauf, dass der Verletzte eine **versicherte Person** ist.[23] Beim **Arbeitsunfall** zielt die Bindungswirkung auch auf das Vorliegen eines **Unfalls** (i.S.d. § 8 Abs. 1 S. 2), wobei zu beachten ist, dass der **primäre Gesundheitsschaden** inklusive dessen **Verursachung** i.S.d. im Unfallversicherungsrecht dominierenden **Theorie der rechtlich wesentlichen Bedingung**[24] durch ein zeitlich begrenztes, von außen auf den Körper einwirkendes Ereignis zum Unfallbegriff gehört. Schließlich erstreckt sich die Bindungswirkung – wiederum beim Arbeitsunfall – auch auf das Vorliegen einer **versicherten Tätigkeit** des Verletzten, infolge derer der Unfall (das Unfallereignis) rechtlich wesentlich herbeigeführt wurde, womit letztlich auch die Feststellung verbunden ist, in welchem **Unternehmen** sich der Arbeitsunfall ereignet hat,[25] und damit welcher UV-Träger zuständig ist.

8 **Keine Bindungswirkung** existiert dagegen bei der Frage, welche aus dem primären Gesundheitsschaden resultierenden **weiteren Gesundheitsschäden** vorliegen, da die zivilrechtlichen und die unfallversicherungsrechtlichen Kausalitäts- bzw. Zurechnungslehren differieren.[26]

9 Die Annahme einer Bindungswirkung bei der Feststellung, dass der Arbeitsunfall ein **Wegeunfall** i.S.d. § 8 Abs. 2 ist, ist umstr.[27] Unabhängig davon, ob sich diese Feststellung im Verfügungssatz eines Verwaltungsakts[28] oder im Tenor einer sozialgerichtlichen Entscheidung[29] oder eventuell „nur" in der Begründung Letzterer findet,[30] ist zu beachten, dass es sich hier – wie auch bei der Frage des Vorsatzes – um ein Merkmal der Haftungsentsperrung i.S.d. § 104 Abs. 1 S. 1 (a.E.) handelt. Es geht also nicht um das Vorliegen eines Versicherungsfalles als konstitutives Merkmal des Haftungsprivilegs überhaupt, sondern allein um die Frage, ob ein schon feststehendes Haftungsprivileg in Form des Haftungsausschlusses oder lediglich in Form einer Haftungsminderung vorliegt. Letzteres ist jedoch nicht von Sinn und Zweck des Abs. 1 thematisiert (vgl. Rn 1), wie i.Ü. auch die Tatsache belegt, dass die Frage des **Vorsatzes** (das andere Merkmal der Haftungsentsperrung) anerkanntermaßen nicht der Bindung des Abs. 1 unterliegt.[31] Warum also sollten die beiden Merkmale der Haftungsentsperrung unterschiedliche Wege gehen?[32]

10 **2. Umfang der zu erbringenden Leistungen.** Die Bindungswirkung hinsichtlich des **Umfangs der zu erbringenden Leistungen** zielt auf **Art, Höhe und Dauer von Entschädigungsleistungen** vor dem Hintergrund der Haf-

---

19 Vgl. BGH 19.5.2009 – VI ZR 56/08 – Schaden-Praxis 2009, 319, 320 ff.
20 Vgl. BAG 14.12.2006 – 8 AZR 628/05 – NZA 2007, 262; vgl. auch BGH 22.4.2008 – VI ZR 202/07 – NJW-RR 2008, 1239 f.; BGH 20.11.2007 – VI ZR 244/06 – NJW 2008, 1877.
21 Vgl. OLG Koblenz 3.3.1992 – 3 U 865/91 – NJW-RR 1992, 1056 f. = MDR 1992, 494 f.
22 Vgl. Horst/Katzenstein, VersR 2009, 165, 169; Müller-Petzer, BG 2008, 165.
23 Vgl. BGH 22.4.2008 – VI ZR 202/07 – VersR 2008, 820 f.; Brackmann/Krasney, § 108 Rn 10 m.w.N.
24 Vgl. etwa Wagner, jurisPK-SGB VII, § 108 Rn 27 ff. m.w.N.
25 Vgl. BGH 19.5.2009 – VI ZR 56/08 – Schaden-Praxis 2009, 319 ff.; BGH 22.4.2008 – VI ZR 202/07 – VersR 2008, 820 f.; Becker/Burchardt/Krasney, § 108 Rn 10 m.w.N.
26 Deutlich etwa BGH 25.4.2006 – VI ZR 109/05 – Schaden-Praxis 2006, 240; vgl. auch Ebsen, jurisPK-SGB VII, § 108 Rn 14; Hauck/Noftz/Nehls, § 108 Rn 9; KassKomm/Ricke, § 108 Rn 4.
27 Vgl. zum Streitstand Konradi, NZS 2009, 478, 482; Horst/Katzenstein, VersR 2009, 165, 172; Leube, VersR 2001, 1215, 1219.
28 In der Praxis der UV-Träger kommt dies kaum vor, da hinsichtlich des Verletzten die Bejahung eines Versicherungsfalles respektive eines Arbeitsunfalles ausreicht.
29 Darauf stellt etwa Becker/Burchardt/Krasney, § 108 Rn 10 ab.
30 Dies lässt etwa KassKomm/Ricke, § 108 Rn 7 ausreichen, der zudem beim Fehlen einer diesbezüglich unfallversicherungsrechtlichen Entscheidung, ob der Arbeitsunfall ein Wegeunfall sei, § 108 Abs. 2 analog anwenden will.
31 Vgl. nur Becker/Burchardt/Krasney, § 108 Rn 10; KassKomm/Ricke, § 108 Rn 7.
32 So im Ergebnis auch Horst/Katzenstein, VersR 2009, 165, 173; Leube, VersR 2001, 1215, 1219; a.A. offenbar OLG Zweibrücken 4.7.2001 – 1 U 64/01 – Schaden-Praxis 2002, 127 f. = HVBG-INFO 2002, 2186, 2190, das von einer Bindung des Zivilgerichts ausgeht, falls in dem Bescheid des UV-Trägers „festgelegt (sei), dass der Arbeitsunfall auf dem (…) nach § 8 Abs. 1 SGB VII oder auf dem nach § 8 Abs. 2 Nr. 1 SGB VII versicherten Weg stattfand"; ebenso LAG Niedersachsen 3.12.2001 – 17 Sa 310/01 – HVBG-INFO 2002, 1821, 1826 f. = LAGE § 105 SGB VII Nr. 5.

tungsminderung.[33] Die in den §§ 104 bis 107 angesprochenen Personen können damit im Schadensersatzprozess nicht mit Erfolg vortragen, der Versicherte (Hinterbliebene) hätte einen höheren Leistungsanspruch als ihm unfallversicherungsrechtlich zuerkannt worden ist.[34]

3. Zuständigkeit des UV-Trägers. Die Bindungswirkung hinsichtlich der Zuständigkeit des UV-Trägers hat neben der leistungsrechtlichen Komponente unterschiedlicher satzungsmäßiger Jahresarbeitsverdienst-Höchstgrenzen der einzelnen UV-Träger[35] vor allem die Funktion, verbindlich festzustellen, in welchem Unternehmen sich der Versicherungsfall ereignet hat respektive **welchem Unternehmen der Versicherungsfall zuzuordnen ist.**[36] Letztlich geht es dabei auch um die Feststellung, ob der Schädiger grundsätzlich in den Genuss des Haftungsprivilegs kommt.[37]

Eine so geartete Zuordnung eines Versicherungsfalls zu einem Unternehmen entfaltete nach älterer Rspr. jedoch grds. keine Sperrwirkung i.d.S., dass der Versicherungsfall im Schadensersatzprozess nicht auch noch einem weiteren Unternehmen zugeordnet werden könnte.[38] Die Zuordnung zu einem weiteren Unternehmen war jedoch dann ausgeschlossen, wenn die Zuordnung des UV-Trägers oder des Sozialgerichts einen Versicherungsschutztatbestand bejahte, der andere im Wege der Subsidiarität ausschloss.[39]

Die jüngere Rspr. des BGH[40] betont nunmehr generell mit Blick auf die Konkurrenzregelung des § 135, dass Arbeits- und Zivilgerichte „an die Zuordnung des Unfalls zu einem bestimmten Unternehmen durch die Sozialbehörden oder das SozG gebunden (sind), wenn die Feststellung unanfechtbar geworden ist."[41] Damit hat der BGH den Gedanken einer möglichen Doppelversicherung eines Versicherten in zwei unterschiedlichen Unternehmen aufgegeben.[42] Daraus aber folgt zwingend: Führt die Zuordnung eines Versicherungsfalls zu einem Unternehmen durch einen UV-Träger zum Verlust der Haftungsprivilegierung des Schädigers, so ist dessen Beteiligung am Verwaltungsverfahren des Geschädigten notwendig, um die Bindungswirkung des § 108 auszulösen. Wer aber weiß dies im Voraus? Damit deutet sich die generelle Beteiligung des Schädigers am Verwaltungsverfahren des Geschädigten hinsichtlich der Feststellung und Zuordnung eines Versicherungsfalls an; allein wenn es evident ist, dass eine anderweitige Zuordnung des Versicherungsfalls als zum Unternehmen des Schädigers nicht in Betracht kommt, wäre eine Beteiligung des Schädigers nicht notwendig.

III. Aussetzung des Verfahrens

War bis zum 31.12.1996 bezüglich der Aussetzung des Gerichtsverfahrens noch ein Rückgriff auf § 148 ZPO nötig, so normiert Abs. 2 S. 1 nunmehr explizit einen Zwang zur Aussetzung,[43] bis eine Entscheidung nach Abs. 1 ergangen ist. Letzteres dürfte angesichts der Pflicht zur Leistungserbringung von Amts wegen (§ 19 S. 2 SGB IV) in der Variante eines bislang völlig fehlenden Verwaltungsverfahrens eher die Ausnahme sein.[44] Größere Bedeutung kommt der Variante zu, dass bislang eine gerade auch die in §§ 104 bis 107 angesprochenen Personen bindende (unanfechtbare) Entscheidung noch nicht vorliegt; dies etwa, weil die in §§ 104–107 angesprochenen Personen noch nicht in der gebotenen Weise beteiligt wurden oder Rechtsbehelfs- bzw. Rechtsmittelverfahren noch nicht abgeschlossen sind.[45] Dagegen kommt eine Aussetzung nicht in Betracht, wenn auch nicht ansatzweise erkennbar ist, dass Ansprüche nach dem SGB VII überhaupt betroffen sein könnten.[46]

Im Sinne einer **Verfahrensbeschleunigung** hat das Gericht gem. Abs. 2 S. 2 für den Fall, dass ein Verfahren noch nicht eingeleitet ist, das zu einer Entscheidung nach Abs. 1 kommen kann, die Pflicht, eine **Frist für die Einleitung eines solchen Verfahrens** zu bestimmen. Dabei kann diese Fristsetzung allein gegenüber den am Schadensersatzprozess Beteiligten ausgesprochen werden, nicht aber etwa gegenüber dem UV-Träger.[47]

---

33 Vgl. KassKomm/*Ricke*, § 108 Rn 4.
34 Vgl. Becker/Burchardt/*Krasney*, § 108 Rn 11 m.w.N.
35 Vgl. KassKomm/*Ricke*, § 108 Rn 5; Hauck/Noftz/*Nehls*, § 108 Rn 10.
36 BGH 4.4.1995 – VI ZR 327/93 – BGHZ 129, 195, 198.
37 So deutlich KassKomm/*Ricke*, § 108 Rn 5.
38 Vgl. etwa BGH 4.4.1995 – VI ZR 327/93 – BGHZ 129, 195 198 f.
39 Vgl. BGH 24.1.2006 – VI ZR 290/04 – NJW 2006, 1592 f. zum Verhältnis von § 2 Abs. 1 Nr. 1 oder § 2 Abs. 2 S. 1 SGB VII zu § 2 Abs. 1 Nr. 13a SGB VII; ebenso schon BGH 4.4.1995 – VI ZR 327/93 – BGHZ 129, 195, 199 zum Verhältnis § 539 Abs. 1 Nr. 9a RVO zu § 539 Abs. 1 Nr. 1 und Abs. 2 RVO.
40 BGH 19.5.2009 – VI ZR 56/08 – Schaden-Praxis 2009, 319 ff.; BGH 22.4.2008 – VI ZR 202/07 – VersR 2008, 820 f.; anders jedoch (noch?) BAG 19.2.2009 – 8 AZR 188/08 – DB 2009, 1134 ff.
41 BGH 19.5.2009 – VI ZR 56/08 – Schaden-Praxis 2009, 319, 322.
42 Vgl. hierzu auch die Anmerkung von Lemcke, r+s 2009, 389, 391 ff., die sich allerdings primär mit den möglichen Auswirkungen der Rechtsprechung des BGH auf den Bereich der Leiharbeitnehmer beschäftigt.
43 Vgl. nur BGH 20.4.2004 – VI ZR 189/03 – VersR 2004, 931.
44 Vgl. KassKomm/*Ricke*, § 108 Rn 8.
45 Vgl. auch OLG Hamm 28.2.2000 – 6 W 1/00 – HVBG-INFO 2000, 1880 f. = RuS 2000, 156.
46 OLG Sachsen-Anhalt 21.12.2004 – 9 U 100/04 – OLGR Naumburg 2005, 620 f. „Die bloße Behauptung, dass Ansprüche nach dem SGB VII betroffen sein könnten, führt mangels Benennung von Anhaltspunkten, die diese Ansicht rechtfertigen könnten, nicht zur Aussetzung des Verfahrens".
47 Vgl. Becker/Burchardt/*Krasney*, § 108 Rn 15; KassKomm/*Ricke*, § 108 Rn 8.

16 Hinsichtlich der **Länge** der zu setzenden Frist entscheidet das Gericht nach **pflichtgemäßem Ermessen**. Wenn hier z.T. auf die Sechs-Monats-Frist für die Untätigkeitsklage des § 88 SGG abgestellt wird,[48] ist dies wenig überzeugend, da § 88 SGG die Bearbeitung einer Angelegenheit mit einer verfahrensbeendenden Entscheidung im Blick hat, während sich die Fristsetzung nach Abs. 2 S. 2 lediglich auf die **Verfahrenseinleitung** bezieht,[49] nicht aber auf die Beendigung des Verfahrens.[50]

17 Sollte ein Verfahren nicht innerhalb der gerichtlich gesetzten Frist eingeleitet worden sein, ist die Aufnahme des ausgesetzten Verfahrens zulässig, was bedeutet, dass das Gericht nunmehr selbst über den Versicherungsfall, den Leistungsumfang und den zuständigen UV-Träger entscheidet. Letzteres gilt im Vorfeld einer etwaigen Fristsetzung auch dann, wenn die am Schadensersatzprozess Beteiligten erklären oder sonst klar erkennen lassen, dass sie das unfallversicherungsrechtliche Verfahren nicht betreiben wollen.[51]

C. Verbindung zu anderen Rechtsgebieten und zum Prozessrecht

18 Der deutlich erkennbare verfahrensrechtliche Charakter des § 108 offenbart vielfältige Berührungspunkte zwischen arbeits- und zivilrechtlichem Schadensersatz und unfallversicherungsrechtlichem Verwaltungs- sowie dem Sozialgerichtsverfahren. So kann sich der im Schadensersatzprozess Beklagte und potenziell Haftungsprivilegierte unfallversicherungsrechtlich in der Rolle eines am dortigen Verfahren Beteiligten wiederfinden (**Hinzuziehung/Beiladung**). Diesbezüglich ist es für den potenziell Haftungsprivilegierten unter dem Aspekt der Verfahrensökonomie vorzugswürdig, so früh wie möglich am unfallversicherungsrechtlichen Verwaltungsverfahren beteiligt zu werden; hierauf besteht – gegebenenfalls nach Antrag – gem. § 12 Abs. 1 Nr. 4 i.V.m. Abs. 2 S. 2 SGB X ein **Anspruch**.[52] Lehnt der UV-Träger eine solche Beteiligung ab, so ist der dieses Verfahren abschließende Verwaltungsakt rechtswidrig;[53] das Verfahren ist unter Beteiligung des Betroffenen zu wiederholen.[54] Im Sozialgerichtsverfahren stellt die Unterlassung einer **notwendigen Beiladung** (§ 75 Abs. 2 SGG) einen Verfahrensfehler dar, der zur Aufhebung der getroffenen gerichtlichen Entscheidung führt.[55]

19 Bezüglich der Bindungswirkung des Abs. 1 ist revisionsrechtlich zu beachten, dass unfallversicherungsrechtlich unanfechtbare Entscheidungen, die erst nach Einlegung der **Revision** im arbeits- oder zivilgerichtlichen Schadensersatzprozess ergehen, dort noch zu berücksichtigen sind.[56]

D. Beraterhinweise

20 Während das **Verwaltungs- und Widerspruchsverfahren kostenfrei** ist, können für den unterlegenen Beigeladenen im **Sozialgerichtsverfahren Gerichtskosten** gem. § 197a Abs. 2 SGG i.V.m. § 154 Abs. 3 VwGO anfallen; dies allerdings nur, falls **Sachanträge** gestellt oder **Rechtsmittel** eingelegt wurden.[57]

21 Bei anwaltlicher Vertretung fallen keine Betragsrahmengebühren gem. § 3 Abs. 1 S. 1 RVG an; vielmehr richten sich die **RA-Gebühren** gem. § 3 Abs. 1 S. 2 i.V.m. § 2 Abs. 1 RVG nach dem **Gegenstandswert**, weil der Beigeladene (Hinzugezogene) den Prozess (das Verfahren) nicht gerichtskostenfrei als Versicherter oder Leistungsempfänger führt.[58]

22 Mit Wirkung zum 1.4.2008 ist das Gesetz zur Änderung des SGG und des ArbGG in Kraft getreten.[59] Hiermit verbinden sich u.a. massive gesetzgeberische Interventionen im Bereich der Beschleunigung des sozialgerichtlichen Verfahrens sowie der Auferlegung verstärkter Mitwirkungspflichten der Beteiligten,[60] insb. die Einführung einer für das sozialgerichtliche Verfahren bislang völlig unbekannten Präklusionsregelung (§ 106a SGG).[61]

---

48 Vgl. etwa Becker/Burchardt/*Krasney*, § 108 Rn 15; Hauck/Noftz/*Nehls*, § 108 Rn 13; Lauterbach/*Dahm*, § 108 Rn 13.
49 Vgl. *Ebsen*, jurisPK-SGB VII, Rn 18; KassKomm/*Ricke*, § 108 Rn 8.
50 Dies übersieht Lauterbach/*Dahm*, § 108 Rn 13: „Ob allerdings sechs Monate für die Herbeiführung einer unanfechtbaren Entscheidung ausreichen, erscheint fraglich; andererseits sollte es sich um einen überschaubaren Zeitraum handeln.".
51 Vgl. Becker/Burchardt/*Krasney*, § 108 Rn 15; Bereiter-Hahn/*Mehrtens*, § 108 Rn 9.
52 Das BSG hat schon 1962 hervorgehoben, dass der Unternehmer (aus dem Mitgliedschaftsverhältnis zum UV-Träger) einen Anspruch darauf habe, dass dieser ihn gegen zivilrechtliche Schadensersatzansprüche schütze; insofern habe dieser z.B. im Leistungsbescheid an den Versicherten ausdrücklich den Ausspruch darüber aufzunehmen, welchem Unternehmen die unfallbringende Tätigkeit des Versicherten diente; BSG 29.6.1962 – 2 RU 82/60 – BSGE 17, 153, 155 = NJW 1962, 1983 f.
53 Vgl. *Pickel/Marschner*, § 12 Rn 31.
54 BSG 22.6.1983 – 12 RK 73/82 – BSGE 55, 160, 163.
55 Vgl. nur *Meyer-Ladewig*, § 75 Rn 13a m.w.N.
56 BGH 4.6.2009 – III ZR 229/07 – NJW 2009, 2956 ff.; BGH 20.4.2004 – VI ZR 189/0 – VersR 2004, 931; zu § 638 RVO vgl. auch BGH 19.10.1993 – VI ZR 158/93 – VersR 1983, 1540, 1541; BGH 24.6.1980 – VI ZR 106/79 – VersR 1980, 822.
57 Vgl. *Meyer-Ladewig*, § 197a Rn 13.
58 Allgem. zu RA-Gebühren im Sozialrecht nach dem RVG Klatt, in: *Berchtold/Richter*, Prozesse in Sozialsachen 2009, § 2, 39–74; *Guhl*, NZS 2005, 193 ff.; *Klier*, NZS 2004, 469 ff.
59 BGBl I, S. 444 ff.
60 Vgl. dazu etwa *Becker*, SGb 2008, 267 ff.; *Leitherer*, NJW 2008, 1258 ff.
61 Vgl. dazu etwa *Roller*, SGb 2008, 394 ff.

| **§ 109** | **Feststellungsberechtigung von in der Haftung beschränkten Personen** |

¹Personen, deren Haftung nach den §§ 104 bis 107 beschränkt ist und gegen die Versicherte, ihre Angehörigen und Hinterbliebene Schadensersatzforderungen erheben, können statt der Berechtigten die Feststellungen nach § 108 beantragen oder das entsprechende Verfahren nach dem Sozialgerichtsgesetz betreiben. ²Der Ablauf von Fristen, die ohne ihr Verschulden verstrichen sind, wirkt nicht gegen sie; dies gilt nicht, soweit diese Personen das Verfahren selbst betreiben.

A. Allgemeines	1	IV. Fristen	8
B. Regelungsgehalt	2	C. Verbindung zu anderen Rechtsgebieten und zum	
I. Kreis der Feststellungsberechtigten	2	Prozessrecht	10
II. Ausgangslage der Feststellungsberechtigten	4	D. Beraterhinweise	11
III. Feststellungsinhalt und Feststellungsverfahren	7		

A. Allgemeines

Hintergrund des § 109 ist ein möglicher verfahrensrechtlicher und prozessualer Konflikt zwischen einer Schadensersatz fordernden Person und dem Schädiger. Will sich der Schädiger auf sein Haftungsprivileg gem. §§ 104 bis 107 berufen, setzt dies diesbezüglich bindende Feststellungen voraus; insbesondere, ob ein Versicherungsfall i.S.d. gesetzlichen Unfallversicherung vorliegt (vgl. § 108 Rn 7). Letzteres zu verfolgen, ist jedoch Sache der gerade Schadensersatz fordernden Person. Diese wiederum könnte bewusst davon absehen, weil sie sich durch den zivilrechtlichen Schadensersatz höhere Leistungen verspricht (z.B. Schmerzensgeld) als solche beim Vorliegen eines Versicherungsfalles durch die gesetzliche Unfallversicherung.¹ Solch manipulatives Vorgehen will § 109 zum Schutz des Haftungsprivilegierten verhindern,² indem Letzterem eine **Feststellungsberechtigung** der für das Haftungsprivileg notwendigen Umstände zugebilligt wird.³ Rechtstechnisch verleiht § 109 dem Haftungsprivilegierten das Recht, in eigenem Namen eine fremde Rechtsposition verwaltungsverfahrensrechtlich (**Verfahrensführungsbefugnis**) und gerichtlich (**Prozessstandschaft**) nachprüfen zu lassen.⁴   1

B. Regelungsgehalt

I. Kreis der Feststellungsberechtigten

Zum Kreis der Feststellungsberechtigten gehört **jede natürliche oder juristische Person**, die dem Haftungsprivileg unterliegt.⁵ Dabei unterscheidet § 109 nicht zwischen den Varianten des Haftungsausschlusses und der Haftungsminderung (Vorsatz; Wegeunfall).⁶   2

Ebenfalls zum Kreis der Feststellungsberechtigten gehört ein (**Kfz-)Haftpflichtversicherer**, wenn er von dem durch einen Unfall Verletzten gem. § 3 Nr. 1 PflVG direkt in Anspruch genommen wird und mit dem Schädiger gem. § 3 Nr. 2 PflVG als Gesamtschuldner haftet, wobei es die Rechtsprechung des BSG hier offen lässt, ob § 109 (vormals – bis 31.12.1996 – § 639 RVO) direkt oder zumindest analog anwendbar ist.⁷ Hintergrund dieser zutreffenden Sichtweise ist, dass – logisch vorrangig – auch die Ersatzpflicht eines Versicherers i.S.d. PflVG nach den §§ 104 f. beschränkt ist, wenn er vom Opfer eines Versicherungsfalls i.S.d. gesetzlichen Unfallversicherung in Anspruch genommen wird.⁸ **Andere Haftpflichtversicherer – außerhalb des PflVG** – fallen dagegen nicht unter den Kreis der Feststellungsberechtigten.⁹ Auch der **Träger eines Krankenhauses**, in dem ein Versicherter stationär behandelt und verletzt wurde, gehört nicht zu den Feststellungsberechtigten.¹⁰ Eine Vollmachtserteilung des Schädigers (an eine natürliche Person) ist allerdings nicht ausgeschlossen.¹¹   3

---

1 Vgl. *Seewald*, SGb 1998, 281, 282; Bereiter-Hahn/*Mehrtens*, § 109 Rn 3.3; KassKomm/*Ricke*, § 109 Rn 2; *Krasney*, NZA 2004, 68, 72.
2 BSG 16.5.1984 – 9b RU 68/82 – BSGE 56, 279, 280 f. = NZA 1985, 165, 166; BSG 1.7.1997 – 2 RU 26/96 – BSGE 80, 279, 280 = NJW 1998, 477 = SGb 1998, 280, 281 m. Anm. *Seewald*, 281, 283.
3 Vgl. Bereiter-Hahn/*Mehrtens*, § 109 Rn 2.
4 Vgl. *Seewald*, SGb 1998, 281, 283.
5 Ausführlich zum diesbezüglichen Personenkreis vgl. Hauck/Noftz/*Nehls*, § 109 Rn 4.
6 Vgl. Becker/Burchardt/*Krasney*, § 109 Rn 5 m.w.N.
7 BSG 1.7.1997 – 2 RU 26/96 – BSGE 80, 279, 280 = NJW 1998, 477 = SGb 1998, 280 m. Anm. *Seewald*.
8 Hierauf verweist auch BSG 1.7.1997 – 2 RU 26/96 – BSGE 80, 279, 280 = SGb 1998, 280.
9 Vgl. Becker/Burchardt/*Krasney*, § 109 Rn 8; auch die Haltereigenschaft (Traktor) soll nicht zur Feststellungsberechtigung gem. § 109 führen – so LSG Berlin-Brandenburg 24.9.2008 – L 31 U 467/08 – UV-Recht Aktuell 2008, 1481, 1485.
10 BSG 31.1.1980 – 8a RU 92/78 – NJW 1980, 1920; vgl. i.Ü. auch § 136 Abs. 3 Nr. 2.
11 Vgl. LPK-SGB VII/*Rapp*, § 109 Rn 9.

II. Ausgangslage der Feststellungsberechtigten

4 Situativ setzt § 109 an der **Erhebung von Schadensersatzforderungen** an. Anerkanntermaßen reicht hierzu allein die Befürchtung, dies könne geschehen, nicht aus, während andererseits eine Klageerhebung nicht verlangt wird.[12] Die „goldene Mitte" dürfte in einem konkreten und ernsthaften Schadensersatzverlangen – egal ob mündlich oder schriftlich – liegen.[13] Ob § 109 auch dann eingreift, wenn nicht der Geschädigte sondern ein Sozialleistungsträger aus übergegangenem Recht (§ 116 SGB X) vom Haftungsprivilegierten Schadensersatz begehrt, hat das BSG offen gelassen,[14] das LSG Berlin-Brandenburg jüngst jedoch bejaht.[15]

5 Weiterhin kann der Haftungsprivilegierte nur **statt der Berechtigten** agieren, was voraussetzt, dass diese das Verwaltungsverfahren oder das Gerichtsverfahren bezüglich des Versicherungsfalls nicht oder nicht mehr weiter betreiben. Ist dies der Fall, kann der Haftungsprivilegierte das Verfahren nach eigenem Gutdünken führen; an etwaige Interessen des eigentlich Berechtigten ist er nicht gebunden.[16]

6 Betreibt der eigentlich Berechtigte das Verfahren dagegen selbst oder wird das Verfahren von Amts wegen eingeleitet (vgl. § 19 S. 2 SGB IV), so kommt lediglich eine Hinzuziehung des Haftungsprivilegierten zu diesem Verfahren in Betracht; dies allerdings zwingend als Beteiligter gem. § 12 Abs. 1 Nr. 4 i.V.m. Abs. 2 S. 2 SGB X (vgl. § 108 Rn 4) im Verwaltungsverfahren oder als notwendig Beigeladener gem. § 75 Abs. 2 SGG im sozialgerichtlichen Verfahren.[17]

III. Feststellungsinhalt und Feststellungsverfahren

7 Inhaltlich kann der Haftungsprivilegierte die **Feststellungen nach § 108** beantragen; es geht also um das Vorliegen eines Versicherungsfalls, um den Umfang diesbezüglich zu erbringender Leistungen und um die Zuständigkeit des UV-Trägers (siehe § 108 Rn 7 ff.). Dabei reicht im Verwaltungsverfahren jede Erklärung des Haftungsprivilegierten aus, die darauf zielt, das Feststellungsverfahren betreiben zu wollen. Ein konkreter Antrag – z.B. auf Leistungen abstellend – ist nicht notwendig.[18] Fällt die entsprechende Entscheidung des UV-Trägers nicht zur Zufriedenheit des Haftungsprivilegierten aus, kann dieser das **Verfahren nach dem SGG betreiben** – sprich Widerspruch (§§ 77 ff. SGG) und Klage (§§ 87 ff. SGG) erheben; dies inklusive Berufung und Revision. Natürlich kann der Haftungsprivilegierte auch ein Verfahren „übernehmen", das der eigentlich Berechtigte nicht weiterführen will (z.B. Einlegung einer Berufung, die der eigentlich Berechtigte gegen ein klageabweisendes erstinstanzliches Urteil nicht einlegt);[19] dies gilt auch umgekehrt.[20] Der Haftungsprivilegierte kann etwa ein vom eigentlich Berechtigten angestrengtes Verfahren auch dann weiterführen, wenn Letzterer noch nicht formell aus dem Verfahren ausgeschieden ist; es ist dem Haftungsprivilegierten nicht zuzumuten solange warten zu müssen, bis das Verfahren auch formell nicht mehr vom eigentlich Berechtigten betrieben wird.[21]

IV. Fristen

8 Die Feststellungsberechtigung des Haftungsprivilegierten kann in zeitlicher Hinsicht mit evtl. für den eigentlich Berechtigten bereits abgelaufenen Rechtsbehelfs- bzw. Rechtsmittelfristen kollidieren; Letzterer hat z.B. das Verfahren bis zum erstinstanzlich klageabweisenden Urteil betrieben; die einmonatige Klagefrist des § 87 SGG ist abgelaufen. Hier setzt das **Fristprivileg** des S. 2 Hs. 1 ein: Eine ohne sein (des Haftungsprivilegierten) Verschulden verstrichene Frist wirkt nicht gegen ihn. Dabei bezieht sich das Verschulden notwendigerweise auf die Kenntnis oder das Kennenkönnen einer eine Rechtsbehelfs- bzw. Rechtsmittel auslösenden Entscheidung; Haftungsmaßstab: leichte Fahrlässigkeit genügt.[22] Ist dem Haftungsprivilegierten etwa die Anhängigkeit eines einschlägigen Verfahrens bekannt und beobachtet er dessen Fortgang nicht, handelt er bei entsprechender Fristversäumnis schuldhaft.[23] Erfährt ein Haftungsprivilegierter von einer Entscheidung mit laufender Rechtsbehelfs- bzw. Rechtsmittelfrist, muss er unverzüglich den Rechtsbehelf bzw. das Rechtsmittel einlegen; eine autonom gesetzte Monatsfrist ab eigener Kenntnis ist nicht zulässig respektive eine damit verbundene Fristversäumnis nicht unverschuldet.[24]

9 Demgegenüber stellt S. 2 Hs. 2 klar, dass das Fristprivileg des Hs. 1 selbstverständlich nicht eingreift, wenn der Haftungsprivilegierte das Verfahren selbst betreibt; hier bleibt es bei den allgemeinen Grundsätzen der Fristwahrung.

---

12 Vgl. Becker/Burchardt/*Krasney*, § 109 Rn 9 m.w.N.
13 Vgl. auch LSG Berlin-Brandenburg 18.12.2008 – L 31 U 479/08 – VersR 2009, 567, 568 „…ausreichend deutlich zum Ausdruck kommt, dass … in Anspruch nehmen will."
14 BSG 26.4.1990 – 2 RU 47/89 – BB 1990, 1703 f. (bejahend dagegen LSG Mainz 2.8.1989 – L 3 U 65/88 –).
15 LSG Berlin-Brandenburg 24.9.2008 – L 31 U 467/08 – UV-Recht Aktuell 2008, 1481, 1485.
16 BSG 16.5.1984 – BSGE 56, 279, 280 = NZA 1985, 165, 166; KassKomm/*Ricke*, § 109 Rn 3; Becker/Burchardt/ *Krasney*, § 109 Rn 6.
17 Vgl. Hauck/Noftz/*Nehls*, § 109 Rn 8; Becker/Burchardt/ *Krasney*, § 109 Rn 6.
18 BSG 28.10.1960 – 2 RU 272/57 – BSGE 13, 122, 124 f. = NJW 1961, 239; KassKomm/*Ricke*, § 109 Rn 5.
19 Vgl. Hauck/Noftz/*Nehls*, § 109 Rn 7; Becker/Burchardt/ *Krasney*, § 109 Rn 5.
20 Vgl. Hauck/Noftz/*Nehls*, § 109 Rn 6.
21 BSG 18.12.1969 – 2 RU 238/66 – NJW 1970, 1147, 1148.
22 Vgl. Hauck/Noftz/*Nehls*, § 109 Rn 9; Becker/Burchardt/ *Krasney*, § 109 Rn 11.
23 Vgl. KassKomm/*Ricke*, § 109 Rn 6.
24 Vgl. Hauck/Noftz/*Nehls*, § 109 Rn 9; Becker/Burchardt/ *Krasney*, § 109 Rn 11.

C. Verbindung zu anderen Rechtsgebieten und zum Prozessrecht

Auch § 109 zeigt diverse Schnittstellen zwischen dem Recht des arbeits- und zivilrechtlichen Schadensersatzprozesses und unfallversicherungsrechtlichem Verwaltungsverfahren sowie dem Sozialgerichtsverfahren. Anders als bei der möglichen Hinzuziehung oder der Beiladung des Schädigers im Rahmen der Frage der Bindung an eine unanfechtbare Entscheidung i.S.d. § 108 sieht § 109 den Schädiger in der Rolle desjenigen, der selbstständig (statt des Berechtigten) unfallversicherungsrechtliche Positionen im Verwaltungs- und Sozialgerichtsverfahren geltend macht (**Verfahrensführungsbefugnis/Prozessstandschaft**). Diesbezüglich ist zwar das **Verwaltungs- und Widerspruchsverfahren kostenfrei**; allerdings werden beim **Sozialgerichtsverfahren** im Unterlegensfall **Gerichtskosten** anfallen, da der Prozessstandschafter hier als solcher auftritt, nicht aber in der Eigenschaft als Versicherter oder Leistungsempfänger (§§ 197a Abs. 1 S. 1, 183 S. 1 SGG).

10

D. Beraterhinweise

Geht es – wie in aller Regel – um das Vorliegen eines Versicherungsfalles, so wird der Prozessstandschafter nach erfolglosem Widerspruch im sozialgerichtlichen Verfahren eine entsprechende **Feststellungsklage** erheben; dies lässt § 55 Abs. 1 Nr. 3 SGG – trotz engerer Formulierung – zu.[25] Sicherheitshalber ist hier angesichts des den Versicherungsfall leugnenden Bescheides des beklagten UV-Trägers eine **kombinierte Anfechtungs- und Feststellungsklage** zu erheben.[26]

11

Auch hier werden entsprechende **RA-Gebühren** gem. § 3 Abs. 1 S. 2 i.V.m. § 2 Abs. 1 RVG nach dem **Gegenstandswert** berechnet (vgl. § 108 Rn 21). Auch hier ist auf die Änderungen des SGG zum 1.4.2008 hinzuweisen (vgl. § 108 Rn 22).

§ 110 Haftung gegenüber den Sozialversicherungsträgern

(1) ¹Haben Personen, deren Haftung nach den §§ 104 bis 107 beschränkt ist, den Versicherungsfall vorsätzlich oder grob fahrlässig herbeigeführt, haften sie den Sozialversicherungsträgern für die infolge des Versicherungsfalls entstandenen Aufwendungen, jedoch nur bis zur Höhe des zivilrechtlichen Schadensersatzanspruchs. ²Statt der Rente kann der Kapitalwert gefordert werden. ³Das Verschulden braucht sich nur auf das den Versicherungsfall verursachende Handeln oder Unterlassen zu beziehen.

(1a) ¹Unternehmer, die Schwarzarbeit nach § 1 des Schwarzarbeitsbekämpfungsgesetzes erbringen und dadurch bewirken, dass Beiträge nach dem Sechsten Kapitel nicht, nicht in der richtigen Höhe oder nicht rechtzeitig entrichtet werden, erstatten den Unfallversicherungsträgern die Aufwendungen, die diesen infolge von Versicherungsfällen bei Ausführung der Schwarzarbeit entstanden sind. ²Eine nicht ordnungsgemäße Beitragsentrichtung wird vermutet, wenn die Unternehmer die Personen, bei denen die Versicherungsfälle eingetreten sind, nicht nach § 28a des Vierten Buches bei der Einzugsstelle oder der Datenstelle der Träger der Rentenversicherung angemeldet hatten.

(2) Die Sozialversicherungsträger können nach billigem Ermessen, insbesondere unter Berücksichtigung der wirtschaftlichen Verhältnisse des Schuldners, auf den Ersatzanspruch ganz oder teilweise verzichten.

A. Allgemeines	1	VI. Schwarzarbeit	22
I. Einwirkung der nichtarbeitsrechtlichen Norm auf das Arbeitsverhältnis	1	VII. Umfang des Erstattungsanspruchs nach Abs. 1a	31
II. Grundlagen des § 110	1a	VIII. Verzicht auf den Erstattungsanspruch	32
B. Regelungsgehalt	3	C. Verbindung zu anderen Rechtsgebieten und zum Prozessrecht	36
I. Anspruchsberechtigte	3	I. Rechtsweg für den Erstattungsanspruch nach Abs. 1	36
II. Anspruchsverpflichtete	5	II. Rechtsweg für den Erstattungsanspruch nach Abs. 1a	38
III. Vorsätzliche oder grob fahrlässige Herbeiführung	6		
IV. Umfang des Erstattungsanspruchs nach Abs. 1	15	III. Verhältnis von § 110 zu § 116 SGB X	42
V. Kapitalwert (Abs. 1 S. 2)	21		

---

25 Vgl. nur *Meyer-Ladewig*, § 55 Rn 13 m.w.N.
26 Entsprechende Schriftsatzmuster finden sich z.B. bei Kilger/Schmidt/Bünger, Das sozialrechtliche Mandat, 2005 (inkl. CD); *Kummer*, Das sozialgerichtliche Verfahren, 2. Aufl., München 2004 (inkl. CD); *Niesel*, Der Sozialgerichtsprozess.

A. Allgemeines

I. Einwirkung der nichtarbeitsrechtlichen Norm auf das Arbeitsverhältnis

1 Abs. 1 wirkt nur mittelbar auf das Arbverh ein, indem die Vorschrift dem Sozialversicherungsträger als Folge der Haftungsprivilegierung der §§ 104 bis 107 eine Rückgriffsmöglichkeit gegen den Schädiger eröffnet.

Bei Abs. 1a ist der Einfluss ein wenig größer, da durch die Meldepflichten zur Soziaversicherung und der Sofortmeldepflicht an die Deutsche Rentenversicherung (siehe Rn 25) sowie die Aufklärungspflichten des § 2a Abs. 2 SchwarzArbG n.F. unmittelbare Pflichten für den AG statuiert werden, deren Verletzung den Regress der Unfallversicherungsträger nach Abs. 1a nach sich zieht.

II. Grundlagen des § 110

1a § 110 ersetzt § 640 RVO. Abs. 1 ist gewissermaßen die Kehrseite der Haftungsprivilegierung, da Abs. 1 als Schädiger eine haftungsprivilegierte Person voraussetzt. Ist der Schädiger haftungsprivilegiert, gehen die unfallbedingten Aufwendungen des Sozialversicherungsträgers zu Lasten der Allgemeinheit der Beitragszahler. Diese sollen aber im Falle eines krassen Fehlverhaltens des Schädigers nicht mit den Kosten des Versicherungsfalls belastet werden, weshalb der Sozialversicherungsträger bei vorsätzlichem und grob fahrlässigem Fehlverhalten seine Aufwendungen vom Schädiger erstattet verlangen kann. Abs. 1 dient daneben aber auch **präventiven Zwecken**,[1] da die Möglichkeit der Regressnahme auf den Schädiger und andere AN erzieherisch einwirken soll. Ist der Schädiger nicht haftungsprivilegiert, findet § 116 SGB X Anwendung (siehe Rn 42).

§ 110 ist ein **originärer Aufwendungsersatzanspruch** und damit nach seiner Rechtsnatur anders als der gesetzliche Forderungsübergang nach § 116 SGB X. Da § 110 ein originärer Anspruch ist, kann der Sozialversicherungsträger alle Aufwendungen **ohne Beachtung sachlicher oder zeitlicher Kongruenz**[2] bis zur Kappungsgrenze (siehe Rn 18) regressieren.

2 Der zum 1.8.2004 neu eingefügte Abs. 1a[3] hat demgegenüber einen stark pönalen Charakter, denn nach Abs. 1a hat nur der Unfallversicherungsträger (nach Abs. 1 dagegen der Sozialversicherungsträger) im Vergleich zu Abs. 1 einen im Umfang ausgeweiteten Aufwendungserstattungsanspruch. Im Gegensatz zu Abs. 1 knüpft Abs. 1a nach seinem Wortlaut nicht an ein schädigendes Verhalten (zum Streitstand siehe Rn 26) bei der Verursachung des Versicherungsfalls an, sondern an die Verletzung von Beitragspflichten. Abs. 1a ist daher systemwidrig in § 110 eingefügt worden.

B. Regelungsgehalt

I. Anspruchsberechtigte

3 Die Vorschrift des Abs. 1 **gilt für alle Sozialversicherungsträger**, die Leistungen aufgrund des Versicherungsfalls erbringen, insb. natürlich für die gesetzlichen Unfallversicherungsträger, aber auch für die Rentenversicherungsträger, die bspw. Erwerbsunfähigkeitsrente zahlen oder die Krankenkassen.[4] Diese Auslegung ergibt sich aus der Formulierung „(...) haften sie den Sozialversicherungsträgern (...)" Die BA ist hiervon ausgenommen, da sie nicht wegen des Versicherungsfalls, sondern aufgrund der Arbeitslosigkeit des Versicherten leistet.[5]

4 Erbringt ein **unzuständiger Sozialversicherungsträger** (bspw. die Krankenversicherung statt der Berufsgenossenschaft) die Sozialleistung, bspw. Heilbehandlung, oder ein Sozialversicherungsträger, dessen Leistungspflicht später entfällt (Wechsel in der Zuständigkeit der Berufsgenossenschaft), so steht der Anspruch aus Abs. 1 dem vorleistenden Sozialversicherungsträger zu. Erst bei rückwirkendem Entfallen der Leistungspflicht (es wird später festgestellt, dass der Unfall ein Arbeitsunfall war) und dem Entstehen von Erstattungsansprüchen gem. §§ 103, 105 SGB X steht die Anspruchsberechtigung des endgültig Leistungspflichtigen fest. Ist der Anspruch aus Abs. 1 schon gegenüber dem vorleistenden Sozialversicherungsträger erfüllt worden, so mindert sich dessen Erstattungsanspruch nach den §§ 103, 105 SGB X in entsprechender Höhe.[6]

Stehen zwei Sozialversicherungsträgern nebeneinander Regressansprüche aus Abs. 1 zu, bspw. weil der Versicherungsfall zu Leistungen der gesetzlichen Unfallversicherung und gleichzeitig zur Erwerbsunfähigkeitsrente geführt hat, so sind die beiden Sozialversicherungsträger Gesamtgläubiger gegenüber dem Schädiger.

---

1 BGH 18.10.1988 – VI ZR 15/88 – HVBG-INFO 4/1989, 310; BGH 19.7.2008 – VI ZR 212/07 – NJW-Spezial 2008, 554.
2 BGH 27.6.2006 – VI ZR 143/05 – VersR 2006, 1429 = NJW 2006, 3563 = r+s 2006, 479, vorhergehend OLG Köln 30.5.2005 – 21 U 22/04 – r+s 2005, 306.
3 Eingefügt mit dem Gesetz zur Bekämpfung der Schwarzarbeit und illegalen Beschäftigung (SchwarzArbG), BT Drucks. 15/2573 zur Begründung, BGBl I Nr. 39 vom 28.7.2004, 1842.
4 Vgl. Bereiter-Hahn/*Mehrtens*, § 110 Rn 2.5.
5 Vgl. Lauterbach/*Dahm*, § 110 Rn 5.
6 Vgl. LPK-SGB VII/*Rapp*, § 110 Rn 9.

II. Anspruchsverpflichtete

Ersatzpflichtig nach Abs. 1 sind die Personen, deren Haftung nach den §§ 104 bis 107 beschränkt sind. Hierunter fallen auch diejenigen, deren Haftung entsperrt ist, also diejenigen, die den Unfall vorsätzlich oder auf einem versicherten Weg nach § 8 Abs. 2 Nr. 1 bis 4 verursacht haben. Ersatzpflichtig ist ferner der **Kfz-Versicherer** nach § 3 Nr. 1 PflVG a.F.,[7] (jetzt § 115 Abs. 1 VVG).[8] Stirbt der Schuldner, richtet sich die Nachlassverbindlichkeit gegen dessen **Erben** gem. § 1967 BGB.[9] Ist der Schuldner **Beamte**, so haftet der Beamte persönlich, eine Haftungsabwälzung nach Art 34 GG kommt nicht in Betracht, ebenso findet § 839 Abs. 1 S. 2 BGB (nachrangige Haftung des Beamten) keine Anwendung. Der BGH hat hierzu entschieden, dass Art. 34 GG von der Regel, dass die Haftung öffentlicher Bediensteter für Amtspflichtverletzungen im hoheitlichen Bereich auf ihren Dienstherrn verlagert wird, Ausnahmen zulasse. § 640 RVO, Vorgängervorschrift zu § 110, genüge den Anforderungen für eine solche Ausnahme, so dass die Haftung gem. Art. 34 GG i.V.m. § 839 BGB durch die Regelungen der §§ 636 ff. RVO (nunmehr §§ 104 ff.) ersetzt werde. Der Beamte kann also persönlich nach Abs. 1 in Anspruch genommen werden.[10]

III. Vorsätzliche oder grob fahrlässige Herbeiführung

Nach Abs. 1 muss der Haftungsprivilegierte den Unfall vorsätzlich oder grob fahrlässig verursacht haben.

Nach dem Wortlaut des Abs. 1 S. 3 **braucht sich das Verschulden nur auf das den Versicherungsfall verursachende Handeln oder Unterlassen beziehen**, nicht jedoch auf den Eintritt und Umfang des rechtswidrigen Erfolges oder des Schadens. Diese Änderung im Wortlaut der Vorschrift müsste eigentlich bedeuten, dass die zu § 640 RVO zu diesem Thema ergangene Rspr.[11] keine Gültigkeit mehr hat, weil sich nach § 640 RVO der Vorsatz auch auf den Eintritt und Umfang des rechtswidrigen Erfolges beziehen musste. Die Änderung im Wortlaut des Abs. 1 hätte insb. Auseinandersetzungen unter Schülern betroffen, die häufig vorsätzlich handeln, bspw. schlagen oder einen Schneeball werfen, die daraus resultierenden, teilweise schweren, Körperverletzungen aber nicht in ihren Vorsatz mit einbezogen hatten. In diesen Fällen wäre ein Regress des Sozialversicherungsträgers nach dem geänderten Wortlaut des Abs. 1 möglich gewesen, der nach § 640 RVO jedoch nicht möglich war mangels Erfüllung des alten Vorsatzbegriffs und da grobe Fahrlässigkeit wegen der vorsätzlichen Handlung ebenfalls ausschied.

Davon abweichend hat der **BGH** jedoch **unter Missachtung des** geänderten **Gesetzeswortlauts** des Abs. 1 S. 3 entschieden, dass der **Vorsatz** nach Abs. 1 weiterhin auch das **Wissen und Wollen des rechtswidrigen Erfolgs** voraussetze.[12] Zur Begründung führt der BGH an, dass sich die Begriffe Vorsatz und grobe Fahrlässigkeit des § 110 ersichtlich auf § 276 Abs. 1 S. 1; Abs. 2 BGB bezögen. Danach sei Vorsatz das Wissen und Wollen eines rechtswidrigen Erfolges bzw. dessen billigende Inkaufnahme. Diese im Zivil- und Strafrecht einheitliche begriffliche Auslegung lasse keinen Raum für eine Auslegung dahingehend, dass die Begriffe Verschulden und Vorsatz im § 110 auf ein nicht vom Wissen und Wollen einer Rechtsgutverletzung getragenes Handeln rekurrierten.

Abweichend vom BGH vertritt das BAG die Ansicht,[13] dass in den §§ 104 ff. der Vorsatz den rechtswidrigen Erfolg umfasse müsse, der Gesetzgeber aber für den Regress nach § 110 eine bewusst abweichende Regelung getroffen habe. Das BAG führt aus: *„Gerade die Regelung in § 110 Abs. 1 Satz 3, die in den §§ 104, 105 SGB VII nicht enthalten ist, zeigt, daß der Gesetzgeber hier bewußt zwischen dem Anspruch des Versicherten und dem Regreßanspruch der Versicherung differenziert. Die unterschiedliche Regelung ist auch interessengerecht. Denn der Versicherte, der vorsätzlich oder grob fahrlässig bezüglich der Verletzungshandlung, nicht aber vorsätzlich bezüglich des Verletzungserfolgs handelt, kann zwar nicht von dem Geschädigten in Anspruch genommen werden, muß aber im Verhältnis zum Sozialversicherungsträger dessen Aufwendungen ersetzen. Durch diese Regelung wird erreicht, daß der Betriebsfrieden nicht durch die Geltendmachung von Schadensersatzansprüchen gestört wird, andererseits wird der Versicherte jedoch angehalten, Handlungen zu unterlassen, die Körper oder Gesundheit der Mitarbeiter gefährden können."*

Der BGH ignoriert mit seiner Entscheidung den klaren und geänderten Wortlaut des Abs. 1 S. 3 und unterläuft den präventiven Charakter der Vorschrift (vgl. Rn 1a). Die Argumentation des BGH ist auch nicht überzeugend. Der Verschuldensbegriff des § 110 bezieht sich nicht zwingend auf § 276 BGB, da § 276 BGB den Begriff der groben Fahrlässigkeit nicht kennt und es dem Gesetzgeber freisteht – so auch das BAG –, Begriffe für bestimmte Sachverhalte zu definieren. Auch im Strafrecht, das vom BGH in Bezug genommen wird, weicht § 18 StGB vom dem Erfordernis ab, dass der Vorsatz immer zwingend das Wissen und Wollen des rechtswidrigen Erfolges voraussetze. Die Entscheidung des BGH schwächt die präventive Intention des § 110, da die nach dem Wortlaut eigentlich bestehende erleichterte Regressmöglichkeit entfällt. Da es mangels Regresses in den zuvor beschriebenen Fällen nun bei der Haftungsprivilegierung des Schädigers verbleibt, werden die Schadensfolgen kostenmäßig auf die Sozialversicherung

---

7 BGH 21.12.1971 – VI ZR 137/70 – VersR 1972, 271.
8 Gesetz zur Reform des Versicherungsvertragsrechts vom 23.11.2007, BGBl S. 2631.
9 BGH 23.11.1971 – VI ZR 148/70 – VersR 1972, 270.
10 BGH 27.11.1984 – VI ZR 296/81 – VersR 1985, 237.
11 BGH 20.11.1979 – VI ZR 238/78 – VersR 1980, 164.
12 BGH 19.7.2008 – VI ZR 212/07 – NJW-Spezial 2008, 554; a.A. BAG 10.10.2002 – 8 AZR 103/02 – NJW 2003, 1890 = VersR 2003, 740.
13 BAG 10.10.2002 – 8 AZR 103/02 – NJW 2003, 1890 = VersR 2003, 740.

verschoben und der Haftpflichtversicherer bzw. der Schädiger zu Lasten der Beitragszahler in der Sozialversicherung entlastet. Auch dieses Ergebnis ist nicht zu billigen. Die Ausführungen des BAG entsprechen demgegenüber dem Wortlaut der Vorschrift und dem Gesetzeszweck, so dass diese Ansicht überzeugt.

7 **Vorsatz** ist eine vom Wissen und Wollen getragene rechtswidrige Rechtsgutverletzung; ob der Vorsatz des Abs. 1 auch den Eintritt des rechtswidrigen Erfolges umfassen muss, ist zwischen BGH und BAG streitig (siehe Rn 6 f.); ausreichend ist bedingter Vorsatz.[14]

8 **Grobe Fahrlässigkeit** liegt vor, wenn der Schädiger die erforderliche Sorgfalt in ganz besonders schwerem Maße verletzt und selbst einfachste, nahe liegende Überlegungen nicht angestellt hat.[15] Er beachtet nicht, was jedem hätte einleuchten müssen. Ein objektiv grober Pflichtenverstoß rechtfertigt für sich alleine aber noch nicht den Schluss auf ein entsprechend gesteigertes subjektives Verschulden, weil dies häufig damit einherzugehen pflegt. Vielmehr ist die Inanspruchnahme des haftungspflichtigen Schädigers im Wege des Rückgriffs nur gerechtfertigt, wenn auch subjektiv eine schlechthin unentschuldbare Pflichtverletzung vorliegt, die das in § 276 Abs. 1 BGB bestimmte Maß erheblich überschreitet.[16]

Ein **Augenblicksversagen** allein rechtfertigt es nicht, grobe Fahrlässigkeit zu verneinen, wenn nicht weitere subjektive Umstände hinzukommen, die es gestatten, im Einzelfall unter Abwägung aller Umstände den Schuldvorwurf geringer als grob fahrlässig einzustufen.[17] Der Ausdruck Augenblicksversagen beschreibt nur den Umstand, dass der Handelnde für eine kurze Zeit die im Verkehr erforderliche Sorgfalt außer Acht ließ. Dieser Umstand allein ist aber auch von Rechts wegen kein ausreichender Grund, den Schuldvorwurf von einer groben auf einfache Fahrlässigkeit herabzustufen, wenn die objektiven Merkmale einer groben Fahrlässigkeit gegeben sind. Eine **Konzentrationsschwäche infolge gleichmäßiger und länger andauernder Tätigkeit**, kann sich jedoch schuldmindernd auswirken[18] (zum **Mitverschulden** siehe Rn 19).

9 Ein **Verstoß gegen UVV** rechtfertigt für sich genommen alleine nicht ohne weiteres die Annahme eines grob fahrlässigen Handelns; ein derartiger Vorwurf ist vielmehr gegen den Schädiger nur dann zu erheben, wenn auch in subjektiver Hinsicht ein gegenüber einfacher Fahrlässigkeit gesteigertes Verschulden vorliegt.[19]

10 Eine andere Beurteilung ist aber dann geboten, wenn gegen **UVV** verstoßen wird, die **mit Sicherungsanweisungen vor tödlichen Gefahren** schützen soll. Hierzu hat der BGH in einer Grundsatzentscheidung von 1988[20] Stellung genommen. Darin hat der BGH zwei Grundsätze aufgestellt: 1. Ein Verstoß gegen UVV, die vor tödlichen Gefahren schützen sollen, stellt regelmäßig eine objektiv schwere Pflichtverletzung dar und 2. daraus kann der Schluss auf ein auch subjektiv gesteigertes Verschulden gezogen werden. Diese Rechtsprechung hat der BGH in einer Entscheidung aus dem Jahre 2001 bestätigt.[21]

11 Wird ein **ausländischer**, der deutschen Sprache nur unzureichend mächtiger **AN** mit lebensgefährlichen Arbeiten allein gelassen und ist er nicht in der Lage das beigefügte Merkblatt zu lesen, auf dem auf die tödlichen Gefahren hingewiesen wird, darf der AN mit den gefährlichen Arbeiten nicht allein gelassen werden, geschieht dies doch, hat der Regress der Berufsgenossenschaft gegen den Unternehmer Erfolg.[22]

12 Hat eine BG durch ihren Technischen Aufsichtsdienst den Verstoß eines Unternehmers gegen UVV, die vor tödlichen Gefahren schützen sollen, jahrelang nicht beanstandet, so kann dies den Vorwurf eines subjektiv gesteigerten Verschuldens entfallen lassen.[23] Das Gericht hat in dieser Entscheidung allerdings deutlich klargestellt, **dass der Unternehmer selber dafür verantwortlich ist, die aktuellen UVV zu kennen und umzusetzen**; er kann diese Verantwortung nicht auf die Berufsgenossenschaft abwälzen. Der Unternehmer ist auch dafür verantwortlich, die Einhaltung von UVV zu überwachen; es reicht nicht, dass er darauf vertraut, dass seine AN eine mitgegebene Absturzsicherung auch anlegen.[24]

13 Bei einer Pflichtenübertragung haftet der Beauftragte; der Unternehmer haftet nur, wenn er den Beauftragten vorsätzlich oder grob fahrlässig nicht sorgfältig ausgewählt oder beaufsichtigt hat und dadurch der Versicherungsfall verursacht wurde.[25]

---

14 Vgl. Lauterbach/*Dahm*, § 110 Rn 8.
15 BGH 30.1.2001 – VI ZR 49/00 – VersR 2001, 985 ff.
16 BGH 30.1.2001 – VI ZR 49/00 – VersR 2001, 985 ff.
17 BGH 8.7.1992 – IV ZR 223/91 – VersR 1992, 1085 = NJW 1992, 2418 zum Rotlichtverstoß; OLG München – 13.2.1998 – 10 U 3611/97 – OLGR 1998, 128 zum Auffahren auf ein Vorderfahrzeug auf einer Autobahn; OLG Koblenz 26.3.2007 – 12 U 653/06 – juris zur fehlerhaften Gleisfreigabe.
18 BGH 8.7.1992 – IV ZR 223/91 – VersR 1992, 1085 = NJW 1992, 2418; OLG Koblenz 26.3.2007 – 12 U 653/06 – juris.
19 Std. Rspr. BGH 12.1.1988 – VI ZR 158/87 – HVBG-INFO 11/1988, 922, BGH 30.1.2001 – VI ZR 49/00 – VersR 2001, 985; OLG Naumburg 12.12.2007 – 6 U 200/06 – VersR 2008, 704.
20 BGH 18.10.1988 – VI ZR 15/88 – VersR 1989, 109 ff.
21 BGH 30.1.2001 – VI ZR 49/00 – HVBG-INFO 13/2001, 1264.
22 LG Hanau 25.5.2004 – 1 O 1183/03 und Berufungszurückweisung durch OLG Frankfurt, 9.11.2004 – 16 U 112/04.
23 OLG Düsseldorf 24.9.2003 – I-15 U 188/02, 15 U 188/02 – VersR 2004, 65.
24 OLG Frankfurt 17.9.2009 – 2 O 346/06 – n. rkr. -noch nicht veröffentlicht.
25 OLG München 5.7.1989 – 3 U 6971/88 – HVBG-INFO 29/1989, 2368 und OLG München 11.1.1992 – 30 U 837/91 – HVBG-Info-13/1992, 1188.

Einzelfälle: Einnicken am Steuer ist keine grobe Fahrlässigkeit, erst dann, wenn sich der Fahrer über erkannte, deutliche Müdigkeitszeichen hinweggesetzt hat;[26] zur groben Fahrlässigkeit bei einem **Auffahrunfall**;[27] **Überholen trotz unzureichender Sichtweite**;[28] grobe Fahrlässigkeit der **Bauleitung bei fehlenden Sicherheitsvorkehrungen**;[29] **Freigabe eines Gleises** im Zugverkehr, obwohl auf dem Gleis noch ein Zug steht, ist objektiv und subjektiv grob fahrlässig;[30] das Erstellen eines Gerüstes unter Missachtung einschlägiger UVV ist grob fahrlässig.[31]

IV. Umfang des Erstattungsanspruchs nach Abs. 1

Der Regresspflichtige haftet für die infolge des Schadensfalles entstandenen Aufwendungen des Sozialversicherungsträgers, jedoch nach Abs. 1 nur **bis zur Höhe des zivilrechtlichen Schadensersatzes** (zu den Beweisanforderungen siehe Rn 37).

Die Begrenzung des Aufwendungsersatzes des Sozialversicherungsträgers auf die Höhe des zivilrechtlichen Schadensersatzes ist erst mit dem SGB VII 1997 eingeführt worden. Nach der alten Vorschrift des **§ 640 RVO** konnte der Sozialversicherungsträger alle infolge des Versicherungsfalles getätigten Aufwendungen zu 100 % ersetzt verlangen, **ohne eine Beschränkung der Höhe nach**. Dieses Ergebnis wurde und wird insb. für den berufsgenossenschaftlichen Bereich als missglückt empfunden,[32] denn der Unternehmer, der durch seine Beiträge die Unfallversicherung finanziert, haftete im Falle der grob fahrlässigen Verursachung eines Unfalls schärfer gegenüber der Berufsgenossenschaft als gegenüber dem Geschädigten selbst nach zivilrechtlichem Schadensersatzrecht. Dieser Kritik hat der Gesetzgeber mit der Einführung des SGB VII Rechnung getragen und den Ersatzanspruch in Abs. 1 auf die Höhe des zivilrechtlichen Schadensersatzanspruches begrenzt. In der **amtlichen Gesetzesbegründung**[33] wird ergänzend nur knapp zur Begründung ausgeführt:

„*Die Haftung wird auf den Umfang des Schadensersatzes beschränkt, den der Verpflichtete zivilrechtlich hätte leisten müssen; es ist Sache des Schädigers, den Umfang seiner zivilrechtlichen Haftung darzulegen.*"

Zu den **Aufwendungen**, die der Sozialversicherungsträger (zu den Beweisanforderungen siehe Rn 37) nach Abs. 1 geltend machen kann, zählen alle seine aufgrund Gesetz oder Satzung erbrachten Geld- oder Sachleistungen und die Kosten der Ermittlung wie bspw. Kosten für Gutachten oder Zeugenvernehmungen.

Diesen Aufwendungen des Sozialversicherungsträgers ist der Gesamtbetrag des (fiktiven) zivilrechtlichen Schadensersatzanspruchs des Geschädigten gegenüberzustellen. Er stellt die Obergrenze für den Ersatzanspruch des Sozialversicherungsträgers dar (sog. **Kappungsgrenze**). Zur Höhe des zivilrechtlichen Schadens gehört auch der den Leistungen des Sozialversicherungsträgers **nicht kongruente Personenschaden**,[34] also auch das **Schmerzensgeld**.[35] Da für den Aufwendungsersatzanspruch des Sozialversicherungsträgers **keine sachliche oder zeitliche Kongruenz** zum Personenschadensersatzanspruch erforderlich ist, kann der Sozialversicherungsträger Aufwendungen für Renten geltend machen, denen für den Zeitraum der Rentenzahlung kein vergleichbarer zivilrechtlicher Schadensposten gegenüber steht oder bspw. Gutachtenkosten mit dem fiktiven Schmerzensgeldanspruch verrechnen (sog. „Zwei – Säulentheorie", eine „Säule" wird gebildet aus den Aufwendungen des Sozialversicherungsträgers, die zweite aus dem fiktiven Schadensersatzanspruch des Geschädigten).[36]

Der (fiktive) Schmerzensgeldanspruch ist bei der Höhe des zivilrechtlichen Schadensersatzanspruchs jedoch nur zu berücksichtigen soweit der Geschädigte diesen Anspruch nicht selbst geltend machen kann;[37] dies ist dann der Fall, wenn er den Versicherungsfall vorsätzlich oder grob fahrlässig verursacht hat (§ 104 Abs. 3). In diesen Fällen muss der Sozialversicherungsträger gem. Abs. 2 auf die Einbeziehung des fiktiven Schmerzensgeldanspruchs verzichten.

---

26 OLG Brandenburg 16.3.1999 – 2 U 87/98 – HVBG-INFO 24/1999, 2295.
27 OLG München 13.2.1998 – 10 U 3611/97 – HVBG-INFO 13/1999, 1251 – juris; OLG München 16.5.2008 – 10 U 5191/07 n.v.; OLG Rostock 26.9.2008 – 5 U 115/08 – juris.
28 OLG München 28.10.1994 – 10 U 4119/94 – HVBG-INFO 6/1995, 450.
29 OLG Koblenz 15.1.1997 – 9 U 1543/95 – HVBG-INFO 13/1997, 1254.
30 OLG Koblenz 26.3.2007 – 12 U 653/06 – juris.
31 OLG Rostock 3.3.2009 – 5 U 113/08 – juris.
32 Vgl. *Stern-Krieger/Arnau*, VersR 1997, 408 ff.
33 BT – Drucks. 13/2204, 101.
34 LG Freiburg 8.4.2004 – 5 O 166/03 – n.v.; OLG Köln 30.5.2005 – 21 U 22/04 – r+s 2005, 306 m. Anm. *Lemcke*;
BGH 27.6.2006 – VI ZR 143/05 – NJW 2006, 3563 = r+s 2006, 479; OLG Rostock 26.9.2008 – 5 U 115/08 – juris.
35 BGH 27.6.2006 – VI ZR 143/05 – VersR 2006, 1429 = NJW 2006, 3563 = r+s 2006, 479, vorhergehend OLG Köln 30.5.2005 – 21 U 22/04 – r+s 2005, 306; OLG Rostock 26.9.2008 – 5 U 115/08 – juris: vgl. Bereiter-Hahn/*Mehrtens*, § 110 Rn 7.2; Hauck/Noftz/*Nehls*, § 110 Rn 16; Brackmann/*Krasney*, § 110 Rn 14; *Lehmacher*, BG 2003, 464; *Lehmacher*, NZV 2006, 63; *Kornes*, BG 2007, 41; a.A.: *Küppersbusch*, NZV 2005, 393; *Stern-Krieger/Arnau*, VersR 1997, 408.
36 Beispiel für die Umsetzung dieser Zwei – Säulentheorie: Schleswig Holsteinisches Oberlandesgericht 31.7.2008 – 11 U 152/07 – unveröffentlicht.
37 BGH 27.6.2006 – VI ZR 143/05 – VersR 2006, 1429 = NJW 2006, 3563 = r+s 2006, 479; vgl. *Lehmacher*, BG 2003, 464; *Kornes*, r+s 2002, 309.

19 Ein **Mitverschulden** des Geschädigten wirkt sich nach § 254 BGB unmittelbar auf die Höhe des zivilrechtlichen Schadensersatzanspruchs aus und ist daher zu berücksichtigen.[38]

Die **Übernahme gefährlicher Arbeiten** oder solcher, von denen der AN weiß, dass sie gegen UVV verstoßen, begründen dann kein Mitverschulden des Geschädigten, wenn der AN einer **Anordnung des Weisungsbefugten** entspricht,[39] da der AN nicht autonom, sondern unter dem Eindruck einer tatsächlichen Zwangslage handelt. Der AN nimmt eher eine gefährliche Arbeit in Kauf als den Verlust seines Arbeitsplatzes.

20 Das OLG Bamberg[40] modifiziert die bisher ergangene Rspr. zum Mitverschulden bei der Übernahme gefährlicher Arbeiten auf Weisung eines Vorgesetzten dahingehend, dass den AN dann kein Mitverschulden treffe, wenn er zuvor auf erkennbare oder von ihm erkannte Gefahren aufmerksam gemacht hat. Darüber hinaus ist das OLG Bamberg der Ansicht, dass ein Mitverschulden eines AN bei der **Mitverursachung eines betrieblichen Schadensereignisses grds. in einem milderen Licht** zu sehen sei. Aus der Entscheidung des Großen Senats des BAG zu den Grundsätzen der AN-Haftung[41] (vgl. auch § 611 BGB Rn 896) ergebe sich, dass die vom AG vorgegebene Organisation des Betriebes das Haftungsrisiko für den AN präge, denn damit schaffe der AG Bedingungen für Schadensrisiken, denen der AN nicht ausweichen kann. Bei der Abwägung von Verschuldensanteilen sei deshalb der Verschuldensanteil des AN grds. geringer zu bewerten. Die Ansicht des OLG Bamberg ist aus den genannten Gründen überzeugend, aber auch deshalb, weil einem eventuellen Mitverschulden des AN ein schadensursächliches, unentschuldbares grobes Verschulden des Schädigers gegenübersteht, das grds. wesentlich schwerer wiegt als ein Mitverschulden des Geschädigten.

Das Mitverschulden des Geschädigten gemäß § 254 BGB ist vom Schädiger zu beweisen.[42]

Ersparte Aufwendungen des Geschädigten infolge des Versicherungsfalles wie bspw. Verpflegungskosten während eines Krankenhausaufenthaltes mindern die Höhe des zivilrechtlichen Schadensersatzanspruchs ebenfalls. Die ersparten Aufwendungen sind nach allgemeinen Beweisgrundsätzen vom Schädiger zu beweisen.[43]

V. Kapitalwert (Abs. 1 S. 2)

21 Der Sozialversicherungsträger hat die Wahl, ob er als Aufwendungsersatz statt der Rente den Kapitalwert fordert. Der Begriff Rente in Abs. 1 meint nicht nur die Versichertenrenten im engeren Sinne, sondern umfasst auch alle regelmäßig wiederkehrenden Geld- und Sachleistungen[44] (str.). Die **Berechnung der Kapitalisierung** ist im Gesetz nicht festgelegt. Bei der Kapitalisierung sind daher die von der Rechtsprechung[45] entwickelten Grundsätze zu beachten. Es sind sowohl die Umstände zu berücksichtigen, die den Kapitalwert erhöhen (Dynamisierung, Karriere des Geschädigten) als auch die, die ihn mindern (Abzinsung, voraussehbare Arbeitslosigkeit, Wiederverheiratung bei Hinterbliebenenrenten). Wesentlich ist auch die Anwendung aktueller **Sterbetafeln**, da die Lebenserwartung beständig steigt. Umstr. ist der **Zinssatz**, mit dem der Kapitalbetrag abzuzinsen ist.[46] Das LG Köln[47] hat in 2005 einen Abzinsungssatz von 2,5 % als angemessen erachtet.

Eine Berechnung der Kapitalisierung anhand der VO zu § 76 Abs. 1 S. 3 empfiehlt sich nicht,[48] da dieser VO die Sterbetafel von 1932/34 zugrunde liegt und weil Rentenerhöhungen nicht berücksichtigt sind.[49]

VI. Schwarzarbeit

22 Abs. 1a des § 110 ist seit dem 1.8.2004 in Kraft und neu eingefügt worden durch das Gesetz zur Bekämpfung der Schwarzarbeit und illegalen Beschäftigung (SchwarzArbG).[50] Abs. 1a ist durch das Zweite Gesetz zur Änderung des Vierten Buches Sozialgesetzbuch und anderer Gesetze[51] mit Wirkung zum 1.1.2009 erneut geändert worden; der Gesetzgeber hat insb. eine Sofortmeldepflicht des AG für seine AN in bestimmten Berufsbranchen eingeführt.

---

38 BGH 29.1.2008 – VI ZR 70/07 – VersR 2008, 659 = NJW 2008, 2033 = MDR 2008, 564; LG Freiburg 8.4.2004 – 5 O 166/03 – n.v.; LG München I 18.2.2003 – 25 O 7900/02 – juris; Lauterbach/*Dahm*, § 110 Rn 15; Brackmann/*Krasney*, § 110 Rn 16; Hauck/Noftz/*Nehls*, § 110 Rn 18; *Lehmacher*, BG 2003, 464.

39 St. Rspr. OLG Rostock 18.5.2000 – 1 U 168/99 – OLGR Rostock 2002, 140; LG Saarbrücken 28.7.2005 – 4 O 19/04 – VersR 2006, 975 mit Anm. *Kiel*; OLG Naumburg 12.12.2007 – 6 U 200/06 – VersR 2008, 704 mit Anm. *Konradi*; LG Schweinfurt 19.10.2007 – 23 O 672/06, Bestätigung durch OLG Bamberg 3.3.2008 – 1 U 207/07, beide in UVR – Aktuell 8/2008, 585.

40 LG Schweinfurt 19.10.2007 – 23 O 672/06, UVR – Aktuell 8/2008, 585; Bestätigung durch OLG Bamberg 3.3.2008 – 1 U 207/07, VersR 2009, 132 mit zust. Anm. *Lehmacher*, VersR 2009, 133.

41 BAG GS 27.9.1994 – GS 1/89 – NJW 1995, 210 = NZA 1994, 1083 = BB 1994, 2205.

42 BGH 29.1.2008 – VI ZR 70/07 – VersR 2008, 659 = NJW 2008, 2033 = MDR 2008, 564.

43 BGH 18.12.2007 – VI ZR 278/06 – VersR 2008, 513.

44 Vgl. Hauck/Noftz/*Nehls*, § 110 Rn 20; LPK-SGB VII/*Rapp*, § 110 Rn 24; a.A.: Brackmann/*Krasney*, § 110 Rn 18; Lauterbach/*Dahm*, § 110 Rn 17; KassKomm/*Ricke*, § 110 Rn 8.

45 BGH 8.1.1981 – VI ZR 128/79 – VersR 1981, 283; BGH 12.7.1983 – VI ZR 176/81 – VersR 1983, 1034.

46 Vgl. *Kornes*, r+s 2003, 485 und r+s 2004, 1; *Schneider*, r+s 2004, 17; *Lang*, VersR 2005, 894; *Jaeger*, VersR 2006, 597; vgl. Hauck/Noftz/*Nehls*, § 110 Rn 21.

47 LG Köln 9.2.2005 – 25 O 649/03 – VersR 2005, 710.

48 Vgl. KassKomm/*Ricke*, § 110 Rn 8; Lauterbach/*Dahm*, § 110 Rn 18.

49 Vgl. Hauck/Noftz/*Nehls*, § 110 Rn 22; LPK-SGB VII/*Rapp*, § 110 Rn 24.

50 BGBl I 2004 S. 1842 ff.

51 BGBl I 2008 S. 2933.

Regress nach Abs. 1a[52] können – anders als bei Abs. 1 – **nur die Unfallversicherungsträger** nehmen, nicht die sonstigen Sozialversicherungsträger wie Krankenkassen und Rentenversicherungsträger. Dies ergibt sich einerseits aus der Bezugnahme auf die Beitragsverletzungen „(...) nach dem sechsten Kapitel (...)" und andererseits daraus, dass es heißt: „(...) erstatten den Unfallversicherungsträgern (...)".

Abs. 1a ist eingeführt worden, weil auch bei Schwarzarbeit Leistungen aus der gesetzlichen Unfallversicherung gewährt werden, obwohl dafür keine Beiträge der „Schwarzarbeitsunternehmer" geleistet wurden. Dies hat zu teilweise hohen Beitragseinbußen der Unfallversicherungsträger geführt, insb. im Bereich der Bauwirtschaft, während die Kosten der Leistungen der Unfallversicherungsträger von den Unternehmern getragen werden, die redlich Beiträge zur Unfallversicherung zahlen, was die Beitragslast für diese Unternehmer in einigen Branchen nicht unerheblich erhöht hat. Insoweit hat Abs. 1a auch pönalen Charakter. Es ist streitig, ob es sich bei Abs. 1a um einen zivilrechtlichen Anspruch handelt,[53] weil die Vorschrift nach der Gesetzesbegründung „systemkonform" in § 110 SGB eingefügt wurde[54] oder um einen öffentlich-rechtlichen Anspruch, weil die Vorschrift an die Verletzung von Beitragspflichten anknüpft (vgl. Rn 38 ff.).[55]

Eine Definition des Begriffs „**Schwarzarbeit**" ist in § 1 Abs. 2 des SchwarzArbG aufgeführt.

SchwarzArbG § 1 – Zweck

(1) ....

(2) ¹Schwarzarbeit leistet, wer Dienst- oder Werkleistungen erbringt oder ausführen lässt und dabei
1. als Arbeitgeber, Unternehmer oder versicherungspflichtiger Selbstständiger seine sich aufgrund der Dienst- oder Werkleistungen ergebenden sozialversicherungsrechtlichen Melde-, Beitrags oder Aufzeichnungspflichten nicht erfüllt,
2. als Steuerpflichtiger seine sich aufgrund der Dienst- oder Werkleistungen ergebenden steuerlichen Pflichten nicht erfüllt,
3. als Empfänger von Sozialleistungen seine sich aufgrund der Dienst- oder Werkleistungen ergebenden Mitteilungspflichten gegenüber dem Sozialleistungsträger nicht erfüllt,
4. als Erbringer von Dienst- oder Werkleistungen seiner sich daraus ergebenden Verpflichtung zur Anzeige vom Beginn des selbstständigen Betriebes eines stehenden Gewerbes (§ 14 der Gewerbeordnung) nicht nachgekommen ist oder die erforderliche Reisegewerbekarte (§ 55 der Gewerbeordnung) nicht erworben hat,
5. als Erbringer von Dienst- oder Werkleistungen ein zulassungspflichtiges Handwerk als stehendes Gewerbe selbstständig betreibt, ohne in der Handwerksrolle eingetragen zu sein (§ 1 der Handwerksordnung).

(3) ¹Absatz 2 findet keine Anwendung für nicht nachhaltig auf Gewinn gerichtete Dienst- oder Werkleistungen, die
1. von Angehörigen im Sinne des § 15 der Abgabenordnung oder Lebenspartnern,
2. aus Gefälligkeit,
3. im Wege der Nachbarschaftshilfe oder
4. im Wege der Selbsthilfe im Sinne des § 36 Abs. 2 und 4 des Zweiten Wohnungsbaugesetzes in der Fassung der Bekanntmachung vom 19. August 1994 (BGBl I S. 2137) oder als Selbsthilfe im Sinne des § 12 Abs. 1 Satz 2 des Wohnraumförderungsgesetzes vom 13. September 2001 (BGBl I S. 2376), zuletzt geändert durch Artikel 7 des Gesetzes vom 29. Dezember 2003 (BGBl I S. 3076),

erbracht werden. ²Als nicht nachhaltig auf Gewinn gerichtet gilt insb. eine Tätigkeit, die gegen geringes Entgelt erbracht wird.

Neu eingeführt wurden nach § 2 SchwarzArbG § 2a SchwarzArbG:[56]

SchwarzArbG § 2a – Mitführungs- und Vorlagepflicht von Ausweispapieren

(1) ¹Bei der Erbringung von Dienst- oder Werkleistungen sind die in folgenden Wirtschaftsbereichen oder Wirtschaftszweigen tätigen Personen verpflichtet, ihren Personalausweis, Pass, Passersatz oder Ausweisersatz mitzuführen und den Behörden der Zollverwaltung auf Verlangen vorzulegen:
1. im Baugewerbe,
2. im Gaststätten- und Beherbergungsgewerbe,
3. im Personenbeförderungsgewerbe,
4. im Speditions-, Transport- und damit verbundenen Logistikgewerbe,
5. im Schaustellergewerbe,

---

52 Vgl. zu § 110 Abs. 1a insg. *Lehmacher*, BG 2005, 408; *Dahm*, r+s 2004, 403.
53 Vgl. KassKomm/*Ricke*, § 110 Rn 11.
54 BT Drucks. 15/2573, 32; Bereiter-Hahn/*Mehrtens*, § 110 Rn 9.
55 Vgl. Lauterbach/*Dahm*, § 110 Rn 20; *Lehmacher*, BG 2005, 408.
56 BGBl I 2009 S. 2934.

6. bei Unternehmen der Forstwirtschaft,
7. im Gebäudereinigungsgewerbe,
8. bei Unternehmen, die sich am Auf- und Abbau von Messen und Ausstellungen beteiligen,
9. in der Fleischwirtschaft.

(2) ¹Der Arbeitgeber hat jeden und jede seiner Arbeitnehmer und Arbeitnehmerinnen nachweislich und schriftlich auf die Pflicht nach Absatz 1 hinzuweisen, diesen Hinweis für die Dauer der Erbringung der Dienst- oder Werkleistungen aufzubewahren und auf Verlangen bei den Prüfungen nach § 2 Abs. 1 vorzulegen.

Ebenfalls neu gefasst wurde § 28a Abs. 4 SGB IV (siehe im Kommentar unter Ordnungsnr. 390).

26 Für die Unfallversicherungsträger maßgeblich ist insb. § 1 Abs. 2 Nr. 1 des SchwarzArbG, der an die **Nichterfüllung der sozialversicherungsrechtlichen Melde-, Beitrags- oder Aufzeichnungspflichten** anknüpft. In der Unfallversicherung sind dies die Mitteilung des Unternehmensbeginns (§ 192), die Meldung der im Unternehmen gezahlten Entgelte für das vorangegangene Kalenderjahr (§ 165) und die Beitragszahlung (§ 150). Abs. 1a setzt weiter voraus, dass durch die Schwarzarbeit **Beiträge nach dem sechsten Kapitel nicht, nicht in der richtigen Höhe oder nicht rechtzeitig entrichtet werden**. In der Literatur wird daher die Ansicht vertreten, dass der Eintritt des Beitragsnachteils für die Unfallversicherung Voraussetzung für den Regress nach Abs. 1a ist, so dass ein Anwendungsfall für Abs. 1a erst nach Erlass des Beitragsbescheids der Unfallversicherung gegeben sein soll[57] oder wenn Vorschüsse nicht gezahlt wurden.[58] Würde dieser Ansicht gefolgt, wäre der Anwendungsbereich der Vorschrift so eingeengt, dass die Vorschrift ins Leere laufen würde. Denn bedingt durch das System der nachträglichen Bedarfsdeckung in der gesetzlichen Unfallversicherung (die Beiträge zur Unfallversicherung werden im Frühjahr eines Jahres für das vorangegangene Jahr festgesetzt) kann zum Unfallzeitpunkt gar nicht bestimmt werden, ob die Beiträge zur gesetzlichen Unfallversicherung überhaupt und in der richtigen Höhe entrichtet waren, denn diese werden erst nachträglich erhoben.

Der Gesetzgeber, dessen den Sozialversicherungsträgern zugeleiteter Gesetzesentwurf zu Abs. 1a ursprünglich nur den S. 1 in Abs. 1a enthielt, hat das Problem erst im Laufe des Gesetzgebungsverfahrens erkannt und wollte mit der Vermutung in S. 2 den systematischen Fehler in S. 1 ausgleichen. Nach der Intention des Gesetzgebers soll also der nicht vorhandene Beitragsnachteil zum Unfallzeitpunkt durch die Vermutung in S. 2 ersetzt werden.[59] Der Wortlaut in S. 2 bringt diese Intention auch klar zum Ausdruck, er heißt „Eine nicht ordnungsgemäße Beitragsentrichtung wird vermutet…". In Anbetracht der Gesetzeshistorie und des Wortlauts des S. 2 findet der Schwarzarbeitsregress daher nicht erst dann statt, wenn ein Beitragsnachteil entstanden ist. Es ist allerdings der Gegenansicht, die systematische Bedenken gegen diese Auslegung erhebt,[60] zuzugeben, dass dieser „Fehlerausgleich" des Gesetzgebers auch im Hinblick auf § 292 ZPO misslungen ist.

Eine Neufassung der gesetzlichen Vorschrift ist daher notwendig, der hierzu gemachten Vorschlag,[61] in S. 1 den Versuch der Beitragshinterziehung aufzunehmen und S. 2 als Versuch einer Beitragshinterziehung zu definieren, ist in sich stimmig.

27 Nach S. 2 ist entsprechend der (misslungenen) Intention des Gesetzgebers von einer nicht ordnungsgemäßen Beitragsentrichtung auszugehen, wenn der Unternehmer den AN nicht zur sonstigen Sozialversicherung (Kranken-, Rentenversicherung) oder der Datenstelle der Träger der Rentenversicherung angemeldet hat. Die Vermutung in S. 2 ist widerlegbar; dies sieht § 292 ZPO, der auch über § 202 SGG Anwendung findet, vor.[62]

Ob eine solche Anmeldung erfolgt ist, war für den Unfallversicherungsträger bisher nur schwer und aufwändig zu überprüfen, da § 6 DEÜV eine Anmeldefrist zur sonstigen Sozialversicherung von sechs Wochen nach Arbeitsaufnahme vorsieht. Diese Lücke hat der Gesetzgeber nunmehr durch die Einführung einer Sofortmeldung bei der Datenstelle der Träger der Rentenversicherung gem. § 28a Abs. 4 SGB IV schließen wollen. Der Ansatz ist richtig, die Ausführung jedoch wiederum unzureichend erfolgt. Die Sofortmeldung muss aus datenschutzrechtlichen Erwägungen sofort nach erfolgter regulärer Anmeldung des AN zur Sozialversicherung gelöscht werden; somit ist davon auszugehen, dass auch die Einführung einer Sofortmeldung keine bessere Beweisbarkeit der Schwarzarbeit bringen wird. Die Mitführungspflicht von Ausweisen gem. § 2a SchwarzArbG erleichtert bei Schwarzarbeitskontrollen lediglich die Personenidentifikation.

28 Streitig ist weiterhin bei Abs. 1a, ob ein unternehmerisches Verschulden erforderlich ist.[63] Der eindeutige Wortlaut des Abs. 1a setzt, anders als Abs. 1, weder grobe Fahrlässigkeit noch Vorsatz voraus. Auch das Schwarzarbeitsgesetz

---

57 Vgl. KassKomm/*Ricke*, § 110 Rn 12a.
58 Vgl. KassKomm/*Ricke*, § 110 Rn 12a,b.
59 Deshalb im Ergebnis ebenso *Lehmacher*, BG 2005, 408.
60 *Ricke*, SGb 2008, 648; KassKomm/*Ricke*, § 110 Rn 12a bis 12c.
61 *Ricke*, SGb 2008, 648, 650.
62 Es ist streitig, ob es sich um eine widerlegbare oder unwiderlegbare Vermutung handelt, vgl. KassKomm/*Ricke*, § 110 Rn 13a; *Ricke*, SGb 2008, 648, 650 (widerlegbar); Hauck/Noftz/*Nehls*, § 110 Rn 23b (unwiderlegbar).
63 Befürwortend *Ricke*, SGb 2008, 648, 649; *Giesen*, in: FS für Leinemann, 2006, S. 836; a.A.: Hauck/Noftz/*Nehls*, § 110 Rn 23b.

setzt ein solches Verschulden nicht voraus. Dennoch wird die Ansicht vertreten,[64] der pönale Charakter der Vorschrift, der Verweis in S. 1 auf das Schwarzarbeitsgesetz – Schwarzarbeit ist nach der Gesetzesbegründung eine „handfeste Wirtschaftskriminalität" mit „hohem Unrechtsgehalt"[65] – sowie der in Rn 1a dargelegte erzieherische Zweck des Regresses, setze Vorsatz des Schwarzarbeitsunternehmers voraus. Dieser Ansicht ist aus den genannten Gründen zuzustimmen.

Der Versicherungsfall muss **bei Ausführung der Schwarzarbeit** entstehen. Dem Wortlaut des Abs. 1a lässt sich nicht zweifelsfrei entnehmen, ob ein Erstattungsanspruch auch für **Wegeunfälle** gilt. Erstattet werden die Aufwendungen des Unfallversicherungsträgers für „Versicherungsfälle". Zu diesen gehört zunächst auch gem. § 8 Abs. 2 Nr. 1 der Wegeunfall. Lediglich die Einschränkung „(...) bei Ausführung der Schwarzarbeit (...)" ließe darauf schließen, dass Wegeunfälle nicht von Abs. 1a mit umfasst werden sollen. Dem ist aber entgegenzuhalten, dass Abs. 1a nach seinem Sinn und Zweck den Unfallversicherungsträgern alle Aufwendungen, sogar diejenigen, die über die Höhe des zivilrechtlichen Schadensersatzes hinausgehen, ersetzen soll, die diesen im Zusammenhang mit der Schwarzarbeit entstehen. Auch der pönale Charakter der Vorschrift spricht dafür, die Wegeunfälle mit einzubeziehen. Ausgehend von diesem Sinn und Zweck der Vorschrift sollte Abs. 1a weit ausgelegt werden und der Erstattungsanspruch des Abs. 1a auch für Wegeunfälle gelten;[66] diese Handhabung hat der Arbeitskreis Regress den Berufsgenossenschaften empfohlen.[67] Unzweifelhaft aber fallen alle **Arbeitsunfälle im engeren Sinn** und alle Unfälle auf so genannten **Betriebswegen** (zu dem Begriff vgl. § 104 Rn 22) darunter. Es ist auch davon auszugehen, dass Kosten infolge von **Berufskrankheiten** im Zusammenhang mit Schwarzarbeit nach Abs. 1a regressiert werden können sollen, aber Regresse in Zusammenhang mit Berufskrankheiten sind wegen der schwierigen Beweislage höchst selten.

Ungeklärt ist auch folgende Fallgestaltung: ein haftungsprivilegierter Schädiger schädigt grob fahrlässig einen Schwarzarbeiter eines anderen Unternehmers. Der Unfallversicherungsträger kann nach Abs. 1 den Schädiger und nach Abs. 1a den „Schwarzarbeitsunternehmer" in Regress – in unterschiedlicher Höhe – nehmen. Da jedoch die Haftungshöhe nach Abs. 1 nicht mit der nach Abs. 1a identisch ist, liegt kein Fall einer Gesamtschuldnerschaft im Sinne des § 421 BGB vor. Hier ist fraglich, wen der Unfallversicherungsträger in Regress nehmen soll. Unter verjährungsrechtlichen Gesichtspunkten ist jedoch dem Unfallversicherungsträger anzuraten, zunächst beide haftbar zu machen.

VII. Umfang des Erstattungsanspruchs nach Abs. 1a

Anders als nach Abs. 1 kann der Sozialversicherungsträger nach Abs. 1a seine gesamten Aufwendungen vom Schwarzarbeitsunternehmer erstattet verlangen. Eine Kappungsgrenze bis zur Höhe des zivilrechtlichen Schadensersatzes gibt es nicht. Insofern gleicht Abs. 1a der Regelung des § 640 RVO, so dass die Rechtsprechung zu § 640 RVO im Rahmen des Abs. 1a herangezogen werden kann.

VIII. Verzicht auf den Erstattungsanspruch

Die Berufsgenossenschaft ist nach Abs. 2 nicht nur ermächtigt, sondern – wenn billiges Ermessen es gebietet, verpflichtet – auf die Durchsetzung des Regressanspruchs ganz oder teilweise zu verzichten. Da in Abs. 2 das Wort „Schädigers" durch das Wort „Schuldners" mit Einführung des SchwarzArbG ersetzt wurde, lässt sich daraus schließen, dass 110 Abs. 2 auch auf Abs. 1a anzuwenden ist. Im Falle der **Schwarzarbeit** ist eine strenge Prüfung der Voraussetzungen nach Abs. 2 erforderlich, da der Schwarzarbeitsunternehmer vorsätzlich handelt. Für geringfügige **Schwarzarbeit im Haushalt** ist nach der Gesetzesbegründung[68] in der Regel ein Verzicht angebracht.

Bei der **Ermessensentscheidung** hat die Berufsgenossenschaft insb. folgende Aspekte zu berücksichtigen: Schwere der Schuld des Schädigers, wirtschaftliche Verhältnisse des Schädigers (die Existenzgrundlage des Schädigers soll durch den Rückgriff nicht vernichtet werden), häusliche und familiäre Verhältnisse des Schädigers, insb. bestehende Unterhaltsverpflichtungen, Bestehen einer Haftpflichtversicherung (in diesem Fall liegt kein Grund für ein Verzicht vor), (überwiegendes) Mitverschulden des Geschädigten.

Die Regressansprüche sind nicht in entsprechender Anwendung des § 67 Abs. 2 VVG a.F., § 86 Abs. 3 VVG n.F. bzw. § 116 Abs. 6 SGB X ausgeschlossen,[69] wenn ein in häuslicher Gemeinschaft lebender Familienangehöriger verletzt worden ist, allerdings kann diese Tatsache bei der Entscheidung über den Verzicht auf einen Regressanspruch berücksichtigt werden.

Gestörtes Gesamtschuldverhältnis: Kann eine Berufsgenossenschaft wegen eines Arbeitsunfalls den AG oder Betriebstätigen nach § 110 und daneben einen Zweitschädiger aus übergegangenem Recht nach § 116 Abs. 1 SGB X in

---

64 *Ricke*, SGb 2008, 648, 649; *Giesen*, in: FS für Leinemann, 2006, S. 836.
65 BT-Drucks 15/2573, S. 15, 31, 32.
66 Vgl. *Lehmacher*, BG 2005, 408; Bereiter-Hahn/*Mehrtens*, § 110 Rn 9; KassKomm/*Ricke*, § 110 Rn 11.
67 Rundschreiben des HVBG Regress 001/2005.
68 BT Drucks. 15/2573, 32.
69 Vgl. Bereiter-Hahn/*Mehrtens*, § 110, Rn 10.3.

Anspruch nehmen, finden die Grundsätze des gestörten Gesamtschuldverhältnisses (vgl. § 104 Rn 5) Anwendung (sog. unechte Gesamtschuld).

Auch hier ist deshalb die Haftung des Zweitschädigers gegenüber der BG **von vornherein auf die Quote beschränkt.**[70]

C. Verbindung zu anderen Rechtsgebieten und zum Prozessrecht

I. Rechtsweg für den Erstattungsanspruch nach Abs. 1

36 Der BGH[71] hat in einem Grundsatzurteil zur Vorgängervorschrift des Abs. 1 – § 640 RVO – entschieden, dass der Anspruch aus § 640 RVO **zivilrechtlicher Natur** sei. Der BGH hat ausgeführt, dass es sich der Sache nach um einen bürgerlichrechtlichen Anspruch eigener Art auf Ersatz mittelbaren Schadens handele. Der Rückgriffsanspruch habe seinen Grund in der Schadensverursachung durch den Unternehmer und der Streit drehe sich um Fragen des Verschuldens und nicht um Fragen des Sozialversicherungsrechts. Deshalb seien die Zivilgerichte zuständig.

Diese Ausführungen des BGH sind uneingeschränkt auf Abs. 1 übertragbar.[72] Dies gilt auch soweit über den Verzicht des Rückgriffsanspruchs gem. Abs. 2 zu entscheiden ist.[73]

Es gelten daher die allgemeinen zivilprozessualen Grundsätze für das Verfahren im Zusammenhang mit Abs. 1.

37 Die Sozialversicherungsträger sind für den geltend gemachten **Aufwendungserstattungsanspruch beweispflichtig**, es genügt jedoch, wenn sie ihre Rentenzahlungen mittels bestandskräftiger Bescheide belegen.[74] Darüber hinaus ist die Schadensaufstellung des Sozialversicherungsträgers eine Urkunde einer öffentlichen Behörde, so dass die dort aufgestellten Schadenspositionen gem. § 418 ZPO bewiesen sind.[75]

Die **Sozialversicherungsträger** sind ebenfalls **beweispflichtig für die Höhe des** zivilrechtlichen **Schadensersatzanspruchs,**[76] mit Ausnahme des Mitverschuldens des Geschädigten gem. § 254 BGB[77] und der ersparten Aufwendungen des Geschädigten, da nach allgemeinen Beweisgrundsätzen der Schädiger hierfür beweispflichtig ist.[78]

II. Rechtsweg für den Erstattungsanspruch nach Abs. 1a

38 Probleme bereitet die Frage, auf welchem Rechtsweg Ansprüche nach Abs. 1a geltend zu machen sind.

Eine Meinung[79] vertritt die Ansicht, dass es sich bei dem neuen Abs. 1a um einen **privatrechtlichen Anspruch** handelt und stützt ihre Ansicht auf die Stellung der Vorschrift im § 110. Dieser Ansicht ist zugute zu halten, dass es in der Tat ungewöhnlich wäre, wenn durch eine Vorschrift zwei verschiedene Rechtswegzuständigkeiten eröffnet würden.

39 Nach a.A.[80] knüpft Abs. 1a an die Verletzung von Beitragspflichten an, also an das Sozialversicherungsverhältnis als solchem.

40 Wird ein Klageanspruch aus einem Rechtsverhältnis abgeleitet, das seinem Wesen nach dem öffentlichen Recht angehört, und nicht dem bürgerlichen Recht, so handelt es sich um eine **öffentlich-rechtliche Streitigkeit.**[81] Letztendlich entscheidend ist, ob im Vordergrund für die Beurteilung der Rechtsbeziehungen die Anwendung öffentlichrechtlicher Rechtsvorschriften des Sozialversicherungsrechts steht oder ob vorrangig Vorschriften des bürgerlichen Rechts heranzuziehen sind, dies richtet sich nach dem zugrunde liegenden materiellen Recht.[82]

41 Da Abs. 1a vorrangig an die Frage anknüpft, ob der Schwarzarbeitsunternehmer seine Beiträge überhaupt, richtig und rechtzeitig entrichtet hat und sich diese Frage nur unter Heranziehung öffentlich – rechtlicher Vorschriften (§§ 150 ff. SGB VII, §§ 20 ff. SGB IV) beantworten lässt, sprechen die überwiegenden Argumente dafür, dass Abs. 1a ein **öffentlich-rechtlicher Anspruch** ist, mit der Konsequenz, dass der Anspruch durch Verwaltungsakt festzusetzen ist und vor den Sozialgerichten geltend zu machen ist. Dieser Ansicht hat sich der Arbeitskreis Regress angeschlossen[83] und den Berufsgenossenschaften eine entsprechende Handhabung empfohlen.

III. Verhältnis von § 110 zu § 116 SGB X

42 Ein und derselbe Verursacher eines Versicherungsfalls kann sich nur entweder einem Regressanspruch des Sozialversicherungsträgers nach § 110 oder nach § 116 SGB X ausgesetzt sehen; die Vorschriften schließen einander aus.

---

70 BGH 7.4.1981 – VI ZR 251/78 – VersR 1981, 649.
71 BGH 9.1.1968 – VI ZR 77/66 – VersR 1968, 373.
72 Vgl. Bereiter-Hahn/*Mehrtens*, § 110 Rn 2.3; Brackmann/ *Krasney*, § 110 Rn 20; KassKomm/*Ricke*, § 110 Rn 2.
73 Brackmann/*Krasney*, § 110 Rn 20.
74 LG München I 18.2.2003 – 25 O 7900/02 – juris; OLG Köln 30.5.2005, r+s 2005, 306.
75 LG Frankfurt 18.3.2008 – 2-18 O 239/06 n.v; im Ergebnis ebenso LG Leipzig 9.5.1996 – 9 O 245/96 – n.v.
76 BGH 29.1.2008 – VI ZR 70/07 – NJW 2008, 2033 = MDR 2008, 564.
77 BGH 29.1.2008 – VI ZR 70/07 – NJW 2008, 2033 = MDR 2008, 564.
78 BGH 18.12.2007 – VI ZR 278/06 – VersR 2008, 513.
79 Vgl. KassKomm/*Ricke*, § 110 Rn 11; Hauck/Nofts/*Nehls*, § 110 Rn 26.
80 Vgl. Lauterbach/*Dahm*, § 110 Rn 20; *Lehmacher*, BG 2005, 408.
81 Vgl. *Meyer-Ladewig*, SGG, § 451 Rn 3 ff.
82 BSG 11.11.1966 – 10 RV 87/65 – BSGE 25, 271; BSG 15.12.1970 – 1/12 RJ 132/69 BSGE 32, 145.
83 Rundschreiben des HVBG Regress 001/2005.

Während § 110 an die Haftungsprivilegierung anknüpft und ein originärer Anspruch ist, ordnet § 116 SGB X einen gesetzlichen Forderungsübergang zivilrechtlicher Schadensersatzansprüche auf den Sozialversicherungsträger an, sofern diese sachlich und zeitlich kongruent sind.

§ 111 Haftung des Unternehmens

¹Haben ein Mitglied eines vertretungsberechtigten Organs, Abwickler oder Liquidatoren juristischer Personen, vertretungsberechtigte Gesellschafter oder Liquidatoren einer Personengesellschaft des Handelsrechts oder gesetzliche Vertreter der Unternehmer in Ausführung ihnen zustehender Verrichtungen den Versicherungsfall vorsätzlich oder grob fahrlässig verursacht, haften nach Maßgabe des § 110 auch die Vertretenen. ²Eine nach § 110 bestehende Haftung derjenigen, die den Versicherungsfall verursacht haben, bleibt unberührt. ³Das gleiche gilt für Mitglieder des Vorstands eines nicht rechtsfähigen Vereins oder für vertretungsberechtigte Gesellschafter einer Personengesellschaft des bürgerlichen Rechts mit der Maßgabe, daß sich die Haftung auf das Vereins- oder das Gesellschaftsvermögen beschränkt.

A. Allgemeines

§ 111 ersetzt § 641 RVO a.F. § 111 trägt dem Umstand Rechnung, dass natürliche Personen als Vertreter für Unternehmen auftreten. Deshalb dehnt § 111 die nur eine persönliche Erstattungspflicht des Schädigers begründende Vorschrift des § 110 auf die Personengesellschaften des Handelsrechts, die juristischen Personen usw. aus, d.h. dass sie auch gegenüber dem Sozialversicherungsträger erstattungspflichtig sind. Der wichtigste Anwendungsfall der Norm liegt darin, dass vertretungsberechtigte Personen i.S.d. § 111 Vorschriften zur Arbeitssicherheit bzw. zur Verhütung von Unfällen nicht einhalten und sich dies unfallursächlich auswirkt (im Übrigen siehe § 110 Rn 1).

B. Regelungsgehalt

Die in § 111 genannten Unternehmen haften nach Maßgabe des § 110, wenn ihre gesetzlichen Vertreter **vorsätzlich oder grob fahrlässig** (vgl. dazu § 110 Rn 6 ff.) einen Versicherungsfall (vgl. § 104 Rn 17) verursachen. Dabei muss der Versicherungsfall bei Ausübung der zustehenden Verrichtung eintreten. Da nach **S. 2** die Haftung des den Versicherungsfall Verursachenden unberührt bleibt, haftet der Unternehmer als **Gesamtschuldner** neben dem nach § 110 Erstattungspflichtigen.

Die **juristischen Personen des öffentlichen und Privatrechts** haften für vertretungsberechtigte Organmitglieder, Abwickler und Liquidatoren. Die **Personengesellschaften des Handelsrechts** haften für ihre vertretungsberechtigten Gesellschafter und für ihre Liquidatoren. Der Unternehmer haftet ferner für seinen gesetzlichen Vertreter; gemeint ist der **gesetzliche Vertreter des minderjährigen Unternehmers, aber auch der Insolvenzverwalter und der Testamentsvollstrecker**.¹

Nach S. 3 haftet der **nicht rechtsfähige Verein** für die Mitglieder des Vorstandes und die **Personengesellschaft des bürgerlichen Rechts** für vertretungsberechtigte Gesellschafter, wenn sie in Ausführung einer zustehenden Verrichtung den Versicherungsfall vorsätzlich oder grob fahrlässig herbeiführen, allerdings mit der Maßgabe, dass sich die Haftung auf das Vereins- bzw. Gesellschaftsvermögen beschränkt (S. 3). Nach allgemeiner Ansicht wäre es unbillig, wenn alle Vereinsmitglieder bzw. Gesellschafter persönlich haften müssten.²

Der **Umfang der Haftung** richtet sich nach § 110 Abs. 1 S. 1 (vgl. § 110 Rn 15 ff.), d.h. bis zur Höhe des zivilrechtlichen Schadensersatzanspruchs. Findet § 110 Abs. 2 Anwendung (vgl. § 110 Rn 32 ff.), ist auf die wirtschaftlichen Verhältnisse des Unternehmens abzustellen.³

C. Verbindung zu anderen Rechtsgebieten und zum Prozessrecht

Die Vorschrift greift unmittelbar zurück auf die Vorschriften des Handels- und Gesellschaftsrechts, da sich die Vertretungsbefugnisse der Gesellschaften aus diesen Vorschriften ergeben.

Hat eine AG mehrere Zweigniederlassungen und in einer dieser Zweigniederlassungen ereignet sich ein Unfall, so haftet die AG nur, wenn ein Mitglied des Vorstands den Unfall verursacht hat oder wenn einem Mitglied des Vor-

---

1 Lauterbach/*Dahm*, § 111 Rn 5.
2 Lauterbach/*Dahm*, § 111 Rn 7; LPK-SGB VII/*Rapp*, § 111 Rn 2; Bereiter-Hahn/*Mehrtens*, § 111 Rn 3; KassKomm/ *Ricke*, § 111 Rn 2.
3 LPK-SGB VII/*Rapp*, § 111 Rn 4.

standes eine Aufsichtspflichtverletzung z.B. hinsichtlich der Einhaltung von Unfallverhütungsvorschriften vorzuwerfen ist.[4]

D. Beraterhinweise

8 Die Vorschrift findet in der Praxis selten Anwendung, weshalb Entscheidungen hierzu bisher kaum ergangen sind.

§ 112   Bindung der Gerichte

§ 108 über die Bindung der Gerichte gilt auch für die Ansprüche nach den §§ 110 und 111.

1 Die Vorschrift erklärt die Regelung des § 108 auch bei Ansprüchen nach §§ 110, 111 für anwendbar. Die Ansprüche nach §§ 110, 111 sind vor den ordentlichen Gerichten geltend zu machen. Da im Vorfeld dieser Ansprüche über das Vorliegen eines Versicherungsfalles usw. von den Sozialversicherungsträgern und den Sozialgerichten zu entscheiden ist, sollen divergierende Entscheidungen zwischen den Sozialversicherungsträgern und Sozialgerichten einerseits und den Zivilgerichten, die über die Ansprüche nach §§ 110, 111 entscheiden, andererseits vermieden werden. Auf die Ausführungen zu § 108 wird daher verwiesen.

§ 113   Verjährung

[1]Für die Verjährung der Ansprüche nach den §§ 110 und 111 gelten die §§ 195, 199 Abs. 1 und 2 und § 203 des Bürgerlichen Gesetzbuchs entsprechend mit der Maßgabe, daß die Frist von dem Tag an gerechnet wird, an dem die Leistungspflicht für den Unfallversicherungsträger bindend festgestellt oder ein entsprechendes Urteil rechtskräftig geworden ist. [2]Artikel 229 § 6 Abs. 1 des Einführungsgesetzes zum Bürgerlichen Gesetzbuche gilt entsprechend.

A. Allgemeines

1 Die Vorschrift ersetzt § 642 Abs. 1 RVO. Sie enthält eine Spezialregelung für die Ersatzansprüche **aller anspruchsberechtigten Sozialversicherungsträger** und entgegen dem Wortlaut nicht für die Unfallversicherungsträger.[1] Verjährungsgegenstand ist nicht der Anspruch dem Grunde nach (sog. Stammrecht), sondern der **Anspruch in der Höhe der Aufwendungen** nach § 110 Abs. 1.[2]

B. Regelungsgehalt

2 Die Vorschrift verweist auf die §§ 195 und 199 Abs. 1 und 2 BGB.[3] Allerdings beginnt die Verjährung abweichend von den in Bezug genommenen Vorschriften nicht mit der Kenntnis oder grob fahrlässigen Unkenntnis des Sozialversicherungsträgers von dem Schaden und der Person des Schädigers, sondern erst von dem Tag an, an dem die Leistungspflicht für den Sozialversicherungsträger bindend festgestellt ist. Eine Feststellung in diesem Sinne liegt vor, wenn der Sozialversicherungsträger seine Leistungsverpflichtung durch **Verwaltungsakt oder durch sonstige vorläufige Bescheide für sich bindend festgestellt hat.** Schlichtes Verwaltungshandeln, also bspw. die Zahlung von Heilbehandlungskosten, stellt keine bindende Entscheidung des Sozialversicherungsträgers i.S.d. § 113 dar.[4]

3 Die Frist beginnt mit der Bekanntgabe an den Geschädigten.[5] Bei **Zustellung durch die Post mit Zustellungsurkunde** (vgl. § 65 SGB X) ist dies der Tag der Aushändigung des Verwaltungsaktes, des Einlegens in den Briefkasten oder durch Niederlegung. Bei **Übermittlung eines schriftlichen Verwaltungsaktes durch die Post** im Geltungsbereich des SGB gilt er mit dem dritten Tag nach der Aufgabe zur Post als bekannt gegeben, es sei denn, er ist nicht oder zu einem späteren Zeitpunkt zugegangen (§ 37 Abs. 2 SGB X). Das Gleiche gilt bei Zustellung durch **eingeschriebenen Brief** (§ 65 Abs. 1 SGB X i.V.m. § 4 Abs. 1 VwZG).

---

4 Geigel/*Wellner*, S. 11390 Rn 41.
1 H.M., vgl. Hauck/Noftz/*Nehls*, § 113 Rn 4; Brackmann/*Krasney*, § 113 Rn 5; Lauterbach/*Dahm*, § 113 Rn 2; KassKomm/*Ricke*, § 113 Rn 6.
2 Hauck/Noftz/*Nehls*, § 113 Rn 4; KassKomm/Ricke, § 113 Rn 2.
3 Vgl. die Kommentierung zu diesen Vorschriften im Auszug aus dem BGB; vgl. auch *Lehmacher*, BG 2003, 384.

4 OLG Frankfurt 17.9.2009 – 2 O 34/06 – n. rkr. – noch nicht veröffentlicht.
5 So auch Brackmann/*Krasney*, § 113 Rn 7; Hauck/Noftz/ *Nehls*, § 113 Rn 5; a.A. KassKomm/*Ricke*, § 113 Rn 3, der von einem Verjährungsbeginn zum Jahresschluss, der auf die bindende Feststellung der Leistungspflicht folgt, ausgeht; ebenso Halm/Engelbrecht/Krahe/*Lange*, S. 1667.

Ist das Verwaltungsverfahren durch einen Rechtsstreit fortgeführt worden, beginnt die Verjährung mit der **Rechtskraft des Urteils**. Ist kein Feststellungsverfahren über die Leistungspflicht des Sozialversicherungsträgers durchgeführt worden, beginnt die Verjährung mit dem **Zeitpunkt des Versicherungsfalls; die Frist beträgt dann dreißig Jahre.**

Für die Hemmung der Verjährung gilt § 203 entspr. (vgl. § 203 BGB).

In Art. 229 § 6 Abs. 1 EGBGB sind die Übergangsregelungen zum erst seit 1.1.2002 geltenden Verjährungsrecht geregelt; sie gelten gem. S. 2 entspr. (vgl. Art. 229 § 6).[6]

C. Verbindung zu anderen Rechtsgebieten und zum Prozessrecht

Die Verjährung beginnt aufgrund der für den Träger der Unfallversicherung bindenden Feststellung nicht nur für ihn, sondern **für alle Sozialversicherungsträger**, es sei denn, die Leistungspflicht eines Sozialversicherungsträgers tritt erst später ein. Dies ist z.B. der Fall, wenn erst zeitlich nach der bindenden Feststellung eine Erwerbsminderungsrente zu zahlen ist.

D. Beraterhinweise

Wie im Zivilrecht wird auch nach § 113 die Verjährung nur auf die Geltendmachung der Einrede derselben hin berücksichtigt.

---

6 Siehe auch *Lehmacher*, BG 2003, 384.

Sozialgesetzbuch (SGB) Neuntes Buch (IX) – Rehabilitation und Teilhabe behinderter Menschen

Vom 19.6.2001, BGBl I S. 1046, BGBl III 860-9

Zuletzt geändert durch Gesetz zur Regelung des Assistenzpflegebedarfs im Krankenhaus vom 30.7.2009, BGBl I S. 2495

– Auszug –

§ 68 Geltungsbereich

(1) Die Regelungen dieses Teils gelten für schwerbehinderte und diesen gleichgestellte behinderte Menschen.

(2) [1]Die Gleichstellung behinderter Menschen mit schwerbehinderten Menschen (§ 2 Abs. 3) erfolgt auf Grund einer Feststellung nach § 69 auf Antrag des behinderten Menschen durch die Bundesagentur für Arbeit. [2]Die Gleichstellung wird mit dem Tag des Eingangs des Antrags wirksam. [3]Sie kann befristet werden.

(3) Auf gleichgestellte behinderte Menschen werden die besonderen Regelungen für schwerbehinderte Menschen mit Ausnahme des § 125 und des Kapitels 13 angewendet.

(4) [1]Schwerbehinderten Menschen gleichgestellt sind auch behinderte Jugendliche und junge Erwachsene (§ 2 Abs. 1) während der Zeit einer Berufsausbildung in Betrieben und Dienststellen, auch wenn der Grad der Behinderung weniger als 30 beträgt oder ein Grad der Behinderung nicht festgestellt ist. [2]Der Nachweis der Behinderung wird durch eine Stellungnahme der Agentur für Arbeit oder durch einen Bescheid über Leistungen zur Teilhabe am Arbeitsleben erbracht. [3]Die besonderen Regelungen für schwerbehinderte Menschen, mit Ausnahme des § 102 Abs. 3 Nr. 2 Buchstabe c, werden nicht angewendet.

§ 69 Feststellung der Behinderung, Ausweise

(1) [1]Auf Antrag des behinderten Menschen stellen die für die Durchführung des Bundesversorgungsgesetzes zuständigen Behörden das Vorliegen einer Behinderung und den Grad der Behinderung fest. [2]Beantragt eine erwerbstätige Person die Feststellung der Eigenschaft als schwerbehinderter Mensch (§ 2 Abs. 2), gelten die in § 14 Abs. 2 Satz 2 und 4 sowie Abs. 5 Satz 2 und 5 genannten Fristen sowie § 60 Abs. 1 des Ersten Buches entsprechend. [3]Das Gesetz über das Verwaltungsverfahren der Kriegsopferversorgung ist entsprechend anzuwenden, soweit nicht das Zehnte Buch Anwendung findet. [4]Die Auswirkungen auf die Teilhabe am Leben in der Gesellschaft werden als Grad der Behinderung nach Zehnergraden abgestuft festgestellt. [5]Die Maßstäbe des § 30 Abs. 1 des Bundesversorgungsgesetzes und der auf Grund des § 30 Abs. 17 des Bundesversorgungsgesetzes erlassenen Rechtsverordnung gelten entsprechend. [6]Eine Feststellung ist nur zu treffen, wenn ein Grad der Behinderung von wenigstens 20 vorliegt. [7]Durch Landesrecht kann die Zuständigkeit abweichend von Satz 1 geregelt werden.

(2) [1]Feststellungen nach Absatz 1 sind nicht zu treffen, wenn eine Feststellung über das Vorliegen einer Behinderung und den Grad einer auf ihr beruhenden Erwerbsminderung schon in einem Rentenbescheid, einer entsprechenden Verwaltungs- oder Gerichtsentscheidung oder einer vorläufigen Bescheinigung der für diese Entscheidung zuständigen Dienststellen getroffen worden ist, es sei denn, dass der behinderte Mensch ein Interesse an anderweitiger Feststellung nach Absatz 1 glaubhaft macht. [2]Eine Feststellung nach Satz 1 gilt zugleich als Feststellung des Grades der Behinderung.

(3) [1]Liegen mehrere Beeinträchtigungen der Teilhabe am Leben in der Gesellschaft vor, so wird der Grad der Behinderung nach den Auswirkungen der Beeinträchtigungen in ihrer Gesamtheit unter Berücksichtigung ihrer wechselseitigen Beziehungen festgestellt. [2]Für diese Entscheidung gilt Absatz 1, es sei denn, dass in einer Entscheidung nach Absatz 2 eine Gesamtbeurteilung bereits getroffen worden ist.

(4) Sind neben dem Vorliegen der Behinderung weitere gesundheitliche Merkmale Voraussetzung für die Inanspruchnahme von Nachteilsausgleichen, so treffen die zuständigen Behörden die erforderlichen Feststellungen im Verfahren nach Absatz 1.

(5) [1]Auf Antrag des behinderten Menschen stellen die zuständigen Behörden auf Grund einer Feststellung der Behinderung einen Ausweis über die Eigenschaft als schwerbehinderter Mensch, den Grad der Behinderung sowie im Falle des Absatzes 4 über weitere gesundheitliche Merkmale aus. [2]Der Ausweis dient dem Nachweis für die Inanspruchnahme von Leistungen und sonstigen Hilfen, die schwerbehinderten Menschen nach Teil 2

oder nach anderen Vorschriften zustehen. ³Die Gültigkeitsdauer des Ausweises soll befristet werden. ⁴Er wird eingezogen, sobald der gesetzliche Schutz schwerbehinderter Menschen erloschen ist. ⁵Der Ausweis wird berichtigt, sobald eine Neufeststellung unanfechtbar geworden ist.

Literatur: *Balders/Lepping,* Das betriebliche Eingliederungsmanagement nach dem SGB IX, NZA 2005, 854; *Bauer/Powietzka,* Kündigung schwerbehinderter Arbeitnehmer – Nachweis, Sozialauswahl, Klagefrist und Reformbedarf, NZA-RR 2004, 505; *Berger-Delhey,* „Gesetz ist mächtig, mächtiger ist die Not", ZTR 2004, 347; *Bernhardt/Barthel,* Verwirkter Kündigungsschutz bei Schwerbehinderungen – Ehrlich währt am längsten, AuA 2004, 20; *Brose,* Das betriebliche Eingliederungsmanagement nach § 84 Abs. 2 SGB IX als eine neue Wirksamkeitsvoraussetzung für die krankheitsbedingte Kündigung?, DB 2005, 390; *Cramer,* Die Neuerungen im Schwerbehindertenrecht des SGB IX, NZA 2004, 698; *Düwell,* Mehr Rechte für Schwerbehinderte und ihre Vertretungen durch das SchwbBAG, BB 2000, 2570; *ders.*, Das Gesetz zur Förderung und Beschäftigung schwerbehinderter Menschen, FA 2004, 200; *ders.*, Der Kündigungsschutz schwerbehinderter Beschäftigter nach der Novelle vom 23.4.2004, BB 2004, 2811; *Fenski,* Die Neuregelung des Zusatzurlaubs im Schwerbehindertenrecht, NZA 2004, 1255; *Grimm/Brock/Windeln,* Einschränkung des besonderen Kündigungsschutzes für Schwerbehinderte im SGB IX, DB 2005, 282; *Großmann,* Geltendmachung und Nachweis der Schwerbehinderteneigenschaft bei Kündigungen, NZA 1992, 241; *Kuhlmann,* Auswirkungen des § 90 Abs. 2a SGB IX auf das Widerspruchsverfahren im Rahmen des besonderen Kündigungsschutzes schwerbehinderter Menschen beim Integrationsamt, br 2004, 181; *Lorenz,* Mindestanforderungen eines ordnungsgemäßen betrieblichen Eingliederungsmanagements nach. § 84 Abs. 2 SGB IX, ArbRB 2008, 382; *Mianowicz,* Zur Problematik des Sonderkündigungsschutzes nach den §§ 15 SchwbG 1986, RdA 1998, 281; *Namensdorf/J. Natzel,* Betriebliches Eingliederungsmanagement nach § 84 Abs. 2 SGB IX und seine arbeitsrechtlichen Implikationen, DB 2005, 1794; *Rolfs/Paschke,* Die Pflichten des Arbeitgebers und die Rechte schwerbehinderter Arbeitnehmer nach § 81 SGB IX, BB 2002, 1260; *Schimanski,* Prävention bei Gefährdung eines Arbeitsplatzes – § 84 SGB IX, br 2002, 121; *Schmidt,* Zur Gleichstellung mit schwerbehinderten Menschen, br 2002, 141; *Schmidt,* § 4 S. 4 KSchG und Gesetz zu Reformen am Arbeitsmarkt, NZA 2004, 79; *Tschöpe,* Krankheitsbedingte Kündigung und betriebliches Eingliederungsmanagement, NZA 2008, 398; *Westers,* Neuregelungen im Recht des besonderen Kündigungsschutzes nach dem SGB IX, br 2004, 93

A. Allgemeines	1	1. Voraussetzungen	9
B. Regelungsgehalt	2	2. Verfahren (§ 68 Abs. 2, § 69)	11
I. Schwerbehinderte Menschen (§ 2 Abs. 2)	2	III. Behinderte Jugendliche und junge Erwachsene	
1. Behinderung (§ 2 Abs. 1)	2	(§ 68 Abs. 4)	12
2. Grad der Behinderung	3	IV. Wegfall der Behinderteneigenschaft (§§ 116, 117)	13
3. Inlandsbezug	4	C. Verbindung zu anderen Rechtsgebieten und	
4. Feststellung der Behinderung, § 69	5	zum Prozessrecht	14
II. Gleichgestellte behinderte Menschen (§ 2 Abs. 3)	9	D. Beraterhinweise	17

A. Allgemeines

Entsprechend dem Ziel einer Zusammenfassung und Weiterentwicklung des Rechts der Eingliederung behinderter Menschen durch das SGB IX ist das SchwbG m.W.v. 1.7.2001 als Teil 2 in das SGB IX integriert worden.¹ Die Regelungen entsprechen im Wesentlichen dem bisherigen SchwbG i.d.F. des Gesetzes zur Bekämpfung der Arbeitslosigkeit Schwerbehinderter v. 29.9.2000.² Teil 1 des SGB IX (§§ 1 bis 67) beinhaltet Regelungen für behinderte und von Behinderung bedrohte Menschen und stellt originäres Sozialrecht dar. Teil 2 (§§ 68 bis 144) beinhaltet besondere Regelungen zur Teilhabe schwerbehinderter Menschen und enthält sowohl arbeits- als auch sozialrechtliche Elemente. Durch das Gesetz zur Förderung der Ausbildung und Beschäftigung schwerbehinderter Menschen v. 23.4.2004³ ist dieses Recht in einer Vielzahl von Punkten erneut geändert worden.⁴

B. Regelungsgehalt

I. Schwerbehinderte Menschen (§ 2 Abs. 2)

1. Behinderung (§ 2 Abs. 1). Nach § 2 Abs. 1 ist ein Mensch behindert, wenn seine körperliche Funktion, geistige Fähigkeit oder seelische Gesundheit mit hoher Wahrscheinlichkeit länger als sechs Monate von dem für das Lebensalter typischen Zustand abweicht und daher seine Teilhabe am Leben in der Gesellschaft beeinträchtigt ist. Der Begriff der Behinderung ist an der Definition der Weltgesundheitsorganisation ausgerichtet.⁵ Erforderlich ist danach, dass a) aus einem Gesundheitsschaden (impairment) b) eine funktionelle Beeinträchtigung (disability) resultiert, die zu einer c) sozialen Beeinträchtigung (handicap) in den Lebensbereichen der Arbeit, des Berufes und der Teilnahme an der Gesellschaft, führt. Behindert ist dabei nur derjenige, dessen Zustand von dem für das **Lebensalter typischen abweicht.** Damit sollte erreicht werden, dass typische Alters- oder Entwicklungserscheinungen keine Behinderung darstellen, da sie nicht Folge eines regelwidrigen Zustands sind.⁶ Außerdem muss der Zustand mit hoher Wahr-

---

1 BGBl I S. 1046.
2 BGBl I S. 1394.
3 BGBl I S. 606.

4 *Cramer,* NZA 2004, 698; *Berger-Delhey,* ZTR 2004, 347.
5 BT-Drucks 14/5074, S. 98.
6 *Neumann/Pahlen,* § 2 Rn 14.

scheinlichkeit **länger als sechs Monate** vom alterstypischen abweichen. Maßgeblich ist hierbei nicht, ob der Zustand schon sechs Monate besteht, sondern ob die Dauer prognostisch sechs Monate überschreitet.[7]

3 **2. Grad der Behinderung.** Die Schwere der Behinderung und damit das Ausmaß der Auswirkungen der Funktionsstörungen werden in **GdB** ausgedrückt. Voraussetzung für die Schwerbehinderung als Grundlage für die Anwendung des 2. Teils des SGB IX ist der GdB von **mindestens 50.** Der GdB wird unabhängig vom angestrebten oder ausgeübten Beruf, unter Gesamtwürdigung der Auswirkungen der Funktionsbeeinträchtigungen in allen Lebensbereichen, bemessen.[8] Für den GdB werden die Anhaltspunkte für die ärztliche Gutachtertätigkeit, die von dem zuständigen Bundesministerium fortlaufend herausgegeben werden, zugrunde gelegt.[9] Obwohl die Anhaltspunkte noch einer Rechtsgrundlage entbehren und nicht auf einer RechtsVO oder Verwaltungsvorschrift beruhen, entfalten sie nach Auffassung des BSG normähnliche Wirkung.[10] Durch das am 21.12.2007 in Kraft getretene Gesetz zur Änderung des BVG[11] wurde nunmehr zur Verrechtlichung der Anhaltspunkte eine Ermächtigungsgrundlage in § 30 Abs. 17 BVG für eine vom BMAS zu erlassende RechtsVO geschaffen.[12] Gem. § 69 Abs. 1 S. 5 gelten die Maßstäbe des § 30 Abs. 1 BVG und der aufgrund § 30 Abs. 17 BVG erlassenen RechtsVO entspr. Gem. § 69 Abs. 1 S. 4 werden die Auswirkungen auf die Teilhabe am Leben in der Gesellschaft als GdB nach Zehnergraden abgestuft festgestellt.

4 **3. Inlandsbezug.** Nach § 2 Abs. 2 muss ein schwerbehinderter Mensch seinen Wohnsitz, seinen gewöhnlichen Aufenthalt oder seine Beschäftigung auf einem Arbeitsplatz rechtmäßig im Geltungsbereich dieses Gesetzes haben. Indem das Gesetz vom **territorialen Geltungsbereich** ausgeht und den Schutz davon abhängig macht, dass der behinderte Mensch – unabängig von der Staatsangehörigkeit – in der BRD wohnt, sich gewöhnlich aufhält oder als AN tätig ist, schließt es diejenigen aus, die im Ausland wohnen und arbeiten,[13] selbst wenn vertraglich vereinbart wurde, dass deutsches Arbeitsrecht Anwendung finden soll.[14] Etwas anderes gilt demgegenüber für im Ausland wohnende Personen, die den Nachweis ihres GdB benötigen, um in der BRD andere Vergünstigungen in Anspruch nehmen können,[15] die keinen Inlandswohnsitz voraussetzen.[16]

5 **4. Feststellung der Behinderung, § 69.** Für die Durchführung des Feststellungs- und Ausweisverfahrens sind nach § 69 Abs. 1 und 5 die Versorgungsämter zuständig. Den Bundesländern wird aber die Möglichkeit eröffnet, die Zuständigkeit durch Landesrecht abweichend zu regeln, § 69 Abs. 1 S. 7. Die Eigenschaft als schwerbehinderter Mensch tritt bereits bei einem GdB von 50 und mehr **kraft Gesetzes** ein, so dass die Feststellung durch das Versorgungsamt nur deklaratorischen Charakter hat und v.a. dem Nachweis dient.[17] Aufgrund des mit Gesetz v. 23.5.2004[18] neu eingefügten § 90 Abs. 2a gilt das beim besonderen Künd-Schutz gem. §§ 85 ff. nicht mehr uneingeschränkt (siehe § 85 Rn 6 ff.). Andere Behörden sind nicht berechtigt derartige Feststellungen zu treffen. Weder aus der Bescheinigung eines Finanzamtes, dass ein schwerbehinderter Mensch steuerbegünstigt ist, noch aus einer amtsärztlichen Bescheinigung kann eine GdB-Feststellung abgeleitet werden.[19] Ausnahmen sind in Abs. 2 geregelt, so dass eine Feststellung nur dann entbehrlich ist, wenn sie bereits in einem Rentenbescheid, einer entsprechenden Verwaltungs- oder Gerichtsentscheidung oder einer vorläufigen Bescheinigung hierfür zuständiger Dienststellen getroffen worden ist.

6 Die Feststellung beim Versorgungsamt über das Vorliegen einer Schwerbehinderung erfolgt nur auf Antrag des Betroffenen und wurde für erwerbstätige Personen beschleunigt. Insoweit gelten die in § 14 Abs. 2 S. 2 und S. 4, sowie § 14 Abs. 5 S. 2 und 5 genannten Fristen und die Mitwirkung des schwerbehinderten Menschen betreffend, § 60 Abs. 1 SGB I entsprechend, § 69 Abs. 1 S. 2. Demnach ist die Schwerbehinderung, wenn ein Gutachten für die Feststellung nicht erforderlich ist, binnen **drei Wochen** nach Antragseingang festzustellen, § 14 Abs. 2 S. 2. Ist ein Gutachten erforderlich, ist unverzüglich ein geeigneter SV zu beauftragen, § 14 Abs. 5 S. 2, der innerhalb von **zwei Wochen** nach Auftragserteilung das Gutachten zu erstellen hat, § 14 Abs. 5 S. 5. Die Entscheidung wird innerhalb **zwei Wochen** nach Vorliegen des Gutachtens getroffen, § 14 Abs. 2 S. 4. Demnach ist spätestens innerhalb von **sieben Wochen** zu entscheiden.

7 **Die Mitwirkungspflicht** des § 60 Abs. 1 SGB I fordert, dass der Antragsteller alle erheblichen Tatsachen anzugeben und auf Verlangen des Versorgungsamtes der Einholung der erforderlichen Auskünfte durch Dritte zuzustimmen hat. Darüber hinaus hat er Änderungen der Verhältnisse, die für den Antrag erforderlich sind, unverzüglich mitzuteilen und Beweismittel zu bezeichnen und auf Verlangen Beweisurkunden (z.B. Atteste, Befundberichte usw.) vorzulegen oder Ihrer Vorlage zuzustimmen (siehe auch § 85 Rn 9).

---

7 BSG 12.4.2000 – B 9 SB 3/99 R – SozR 3–3870 § 3 Nr. 9 = br 2000, 184.
8 BSG 13.12.2000 – B 9 V 8/00 R – SozR 3–3870 § 4 Nr. 28.
9 AHP 2008.
10 BSG 23.6.1993 – 9/9a RVs 1/91– BSGE 72, 285.
11 BGBl I S. 2904 f.
12 Düwell, jurisPR-ArbR 3/2008.
13 GK-SGB IX/*Schimanski*, § 2 Rn 155.
14 BAG 30.4.1987 – 2 AZR 192/86 – NJW 1987, 2766.
15 BSG 5.7.2007 – B 9/9a SB 2/06 R – SGb 2008, 616.
16 Z.B. die vorzeitige Altersrente für schwerbehinderte Menschen.
17 BVerwG 15.12.1988 – 5 C 67/85 – NZA 1989, 554 = BVerwGE 81, 84; BAG 23.2.1978 – 2 AZR 462/76 – DB 1978, 1227.
18 BGBl I S. 606.
19 BSG 6.10.1981 – 9 RVs 3/81 – BSGE 52, 168.

Auf Antrag wird ein **Ausweis über die Eigenschaft** als schwerbehinderter Mensch ausgestellt, § 69 Abs. 5. Dieser Ausweis wird nicht mehr ausnahmslos befristet ausgestellt, sondern kann unbefristet ausgestellt werden, wenn eine Neufeststellung wegen einer wesentlichen Änderung in den gesundheitlichen Verhältnissen, die für die Feststellung maßgebend gewesen sind, nicht zu erwarten ist, § 6 Abs. 2 S. 2 SchwbAwV.

II. Gleichgestellte behinderte Menschen (§ 2 Abs. 3)

1. Voraussetzungen. Schwerbehinderten Menschen gleichgestellt werden gem. § 2 Abs. 3 behinderte Menschen mit einem **GdB** von weniger als 50, aber **mindestens 30**, bei denen die übrigen Voraussetzungen des § 2 Abs. 2 vorliegen und sie infolge der Behinderung ohne die Gleichstellung keinen geeigneten Arbeitsplatz i.S.d. § 73 **erlangen** oder ihren Arbeitsplatz **nicht behalten** können. Für Gleichgestellte gelten **bis** die Vorschriften über den Zusatzurlaub gem. § 125 und die unentgeltliche Beförderung gem. §§ 145 bis 154 alle Vorschriften der schwerbehinderten Menschen nach Teil 2, § 68 Abs. 3. Soweit andere Rechtsnormen, Tarifvereinbarungen usw. schwerbehinderten Menschen besondere Rechte einräumen, ist jeweils durch Auslegung zu ermitteln, ob diese Vorschriften auch für Gleichgestellte Anwendung finden.[20]

Die Gleichstellung zur **Erlangung eines Arbeitsplatzes** setzt kein konkretes Arbeitsplatzangebot voraus, sondern soll erfolgen, wenn der behinderte Mensch infolge seiner Behinderung in seiner Wettbewerbsfähigkeit gegenüber Nichtbehinderten beeinträchtigt und deshalb schwer vermittelbar ist.[21] Die Gleichstellung zur **Erhaltung des Arbeitsplatzes** soll erfolgen, wenn bei wertender Betrachtung, also gerade in der Art und Schwere der Behinderung, die Schwierigkeit der Erhaltung des Arbeitsplatzes liegt.[22] Ob der behinderte Mensch ohne Hilfe des Gesetzes einen Arbeitsplatz erhalten kann, hängt sowohl von seinen persönlichen Verhältnissen als auch von der Lage auf dem Arbeitsmarkt ab.[23] Eine konkrete Gefährdung des Arbeitsplatzes ist nicht notwendig, vielmehr genügt, dass durch die Gleichstellung der Arbeitsplatz sicherer gemacht werden kann.[24]

2. Verfahren (§ 68 Abs. 2, § 69). Die Gleichstellung begründet als konstitutiver VA den Schutz des behinderten Menschen im Unterschied zu den kraft Gesetzes geschützten schwerbehinderten Menschen. Voraussetzung für die Gleichstellung ist die Feststellung des GdB von mindestens 30, wobei die Feststellung des Versorgungsamtes noch nicht bestandskräftig sein muss.[25] Die Gleichstellung erfolgt durch die **AA** und tritt rückwirkend **mit dem Tag des Antrags in Kraft**, § 68 Abs. 2 S. 2. Antragsberechtigt ist der behinderte Mensch, der sich durch einen Bevollmächtigten vertreten lassen kann.[26]

III. Behinderte Jugendliche und junge Erwachsene (§ 68 Abs. 4)

Nach dem neu eingeführten § 68 Abs. 4 werden behinderte Jugendliche und junge Erwachsene während der Zeit einer Berufsausbildung in Betrieben und Dienststellen, auch wenn der GdB weniger als 30 beträgt oder ein GdB nicht festgestellt ist, schwerbehinderten Menschen gleichgestellt. Die besonderen Regelungen für schwerbehinderte Menschen werden mit Ausnahme des § 102 Abs. 3 Nr. 2c **nicht angewendet**.

IV. Wegfall der Behinderteneigenschaft (§§ 116, 117)

Sinkt der GdB eines schwerbehinderten Menschen unter 50, sind die Vorschriften für schwerbehinderte Menschen nach Ablauf einer dreimonatigen Schonfrist nicht mehr anwendbar, § 116 Abs. 1 Hs. 2. Die Frist beginnt mit Eintritt der Unanfechtbarkeit des diese Verringerung feststellenden Bescheids. Dasselbe gilt für Gleichgestellte, wenn der Gleichstellungsbescheid widerrufen wird, § 116 Abs. 2 S. 3. Der Wegfall des erforderlichen Inlandsbezugs i.S.d. § 2 Abs. 2 bewirkt dagegen nach § 116 Abs. 1 Hs. 1 unmittelbar die Nichtanwendbarkeit der Vorschriften für schwerbehinderte Menschen. Darüber hinaus können einem schwerbehinderten Menschen oder diesem Gleichgestellten die besonderen Hilfen zeitweilig entzogen werden, § 117.[27]

C. Verbindung zu anderen Rechtsgebieten und zum Prozessrecht

Gegen **Feststellungsbescheide** der Versorgungsverwaltung nach § 69 Abs. 1 kann der behinderte Mensch, soweit seinem Antrag ganz oder teilweise nicht entsprochen worden ist, innerhalb eines Monats Widerspruch beim Versorgungsamt einlegen, § 84 Abs. 1 SGG. Gegen den ablehnenden Widerspruchsbescheid ist innerhalb eines Monats Klage beim SG zu erheben, §§ 51 Abs. 1 Nr. 7, 87 SGG.

---

20 BAG 19.9.2000 – 9 AZR 516/99 – ZTR 2001, 565.
21 BSG 2.3.2000 – B 7 AL 46/99 R – BSGE 86,10 = br 2001, 167; *Schmidt*, br 2002, 141.
22 BVerwG 17.5.1973 – V C 60/72 – BVerwGE 42, 189 = DVBl 1974, 445.
23 *Neumann/Pahlen*, § 2 Rn 52.
24 BVerwG 17.5.1973 – V C 60/72 – BVerwGE 42, 189 = DVBl 1974, 445.
25 *Neumann/Pahlen*, § 68 Rn 10.
26 GK-SGB IX/*Schimanski*, § 69 Rn 14.
27 *Neumann/Pahlen*, § 117 Rn 1 f.

15 Gegen die Ablehnung einer **Gleichstellung** durch die AA ist gem. § 118 Abs. 2 Widerspruch binnen eines Monats einzulegen. Gegen den ablehnenden Widerspruchsbescheid ist innerhalb eines Monats Klage beim SG zu erheben, § 51 Abs. 1 Nr. 4 SGG.

16 AG haben weder gegen eine versorgungsamtliche Feststellung der Schwerbehinderung,[28] noch gegen eine Gleichstellung[29] ein Widerspruchs- bzw. Anfechtungsrecht.

D. Beraterhinweise

17 Da die Feststellung des GdB durch die Versorgungsämter zu erfolgen hat, ist richtige Klageart eine mit der Anfechtung des VA einhergehende Verpflichtungsklage, ein Sonderfall der Leistungsklage.[30] Der Antrag muss demzufolge darauf gerichtet sein, den Bescheid des Versorgungsamtes in der Gestalt des Widerspruchsbescheides abzuändern und die Bekl. zu verurteilen einen GdB von mind. 50 anzuerkennen.

§ 71 Pflicht der Arbeitgeber zur Beschäftigung schwerbehinderter Menschen

(1) ¹Private und öffentliche Arbeitgeber (Arbeitgeber) mit jahresdurchschnittlich monatlich mindestens 20 Arbeitsplätzen im Sinne des § 73 haben auf wenigstens 5 Prozent der Arbeitsplätze schwerbehinderte Menschen zu beschäftigen. ²Dabei sind schwerbehinderte Frauen besonders zu berücksichtigen. ³Abweichend von Satz 1 haben Arbeitgeber mit jahresdurchschnittlich monatlich weniger als 40 Arbeitsplätzen jahresdurchschnittlich je Monat einen schwerbehinderten Menschen, Arbeitgeber mit jahresdurchschnittlich monatlich weniger als 60 Arbeitsplätzen jahresdurchschnittlich je Monat zwei schwerbehinderte Menschen zu beschäftigen.

(2) (aufgehoben)

(3) Als öffentliche Arbeitgeber im Sinne des Teils 2 gelten
1. jede oberste Bundesbehörde mit ihren nachgeordneten Dienststellen, das Bundespräsidialamt, die Verwaltungen des Deutschen Bundestages und Bundesrates, das Bundesverfassungsgericht, die obersten Gerichtshöfe des Bundes, der Bundesgerichtshof jedoch zusammengefasst mit dem Generalbundesanwalt, sowie das Bundeseisenbahnvermögen,
2. jede oberste Landesbehörde und die Staats- und Präsidialkanzleien mit ihren nachgeordneten Dienststellen, die Verwaltungen der Landtage, die Rechnungshöfe (Rechnungskammern), die Organe der Verfassungsgerichtsbarkeit der Länder und jede sonstige Landesbehörde, zusammengefasst jedoch diejenigen Behörden, die eine gemeinsame Personalverwaltung haben,
3. jede sonstige Gebietskörperschaft und jeder Verband von Gebietskörperschaften,
4. jede sonstige Körperschaft, Anstalt oder Stiftung des öffentlichen Rechts.

§ 72 Beschäftigung besonderer Gruppen schwerbehinderter Menschen

(1) Im Rahmen der Erfüllung der Beschäftigungspflicht sind in angemessenem Umfang zu beschäftigen
1. schwerbehinderte Menschen, die nach Art oder Schwere ihrer Behinderung im Arbeitsleben besonders betroffen sind, insbesondere solche,
   a) die zur Ausübung der Beschäftigung wegen ihrer Behinderung nicht nur vorübergehend einer besonderen Hilfskraft bedürfen oder
   b) deren Beschäftigung infolge ihrer Behinderung nicht nur vorübergehend mit außergewöhnlichen Aufwendungen für den Arbeitgeber verbunden ist oder
   c) die infolge ihrer Behinderung nicht nur vorübergehend offensichtlich nur eine wesentlich verminderte Arbeitsleistung erbringen können oder
   d) bei denen ein Grad der Behinderung von wenigstens 50 allein infolge geistiger oder seelischer Behinderung oder eines Anfallsleidens vorliegt oder
   e) die wegen Art oder Schwere der Behinderung keine abgeschlossene Berufsbildung im Sinne des Berufsbildungsgesetzes haben,

---

28 BSG 22.10.1986 – 9a RVs 3/84 – NJW 1987, 2462.
29 BSG 19.12.2001 – B 11 AL 57/01 R – ZTR 2002, 298; a.A. LSG Nordrhein-Westfalen 20.6.2001 – L 12 AL 50/00 – br 2002, 25; *Schmidt*, br 2002, 141.
30 BSG 12.4.2000 – B 9 SB 3/99 R – SozR 3-3870, § 3 Nr. 9.

2. schwerbehinderte Menschen, die das 50. Lebensjahr vollendet haben.

(2) ¹Arbeitgeber mit Stellen zur beruflichen Bildung, insbesondere für Auszubildende, haben im Rahmen der Erfüllung der Beschäftigungspflicht einen angemessenen Anteil dieser Stellen mit schwerbehinderten Menschen zu besetzen. ²Hierüber ist mit der zuständigen Interessenvertretung im Sinne des § 93 und der Schwerbehindertenvertretung zu beraten.

§ 73 Begriff des Arbeitsplatzes

(1) Arbeitsplätze im Sinne des Teils 2 sind alle Stellen, auf denen Arbeitnehmer und Arbeitnehmerinnen, Beamte und Beamtinnen, Richter und Richterinnen sowie Auszubildende und andere zu ihrer beruflichen Bildung Eingestellte beschäftigt werden.

(2) Als Arbeitsplätze gelten nicht die Stellen, auf denen beschäftigt werden

1. behinderte Menschen, die an Leistungen zur Teilhabe am Arbeitsleben nach § 33 Abs. 3 Nr. 3 in Betrieben oder Dienststellen teilnehmen,
2. Personen, deren Beschäftigung nicht in erster Linie ihrem Erwerb dient, sondern vorwiegend durch Beweggründe karitativer oder religiöser Art bestimmt ist, und Geistliche öffentlich-rechtlicher Religionsgemeinschaften,
3. Personen, deren Beschäftigung nicht in erster Linie ihrem Erwerb dient und die vorwiegend zu ihrer Heilung, Wiedereingewöhnung oder Erziehung erfolgt,
4. Personen, die an Arbeitsbeschaffungsmaßnahmen nach dem Dritten Buch teilnehmen,
5. Personen, die nach ständiger Übung in ihre Stellen gewählt werden,
6. (aufgehoben)
7. Personen, deren Arbeits-, Dienst- oder sonstiges Beschäftigungsverhältnis wegen Wehr- oder Zivildienst, Elternzeit, unbezahltem Urlaub, wegen Bezuges einer Rente auf Zeit oder bei Altersteilzeitarbeit in der Freistellungsphase (Verblockungsmodell) ruht, solange für sie eine Vertretung eingestellt ist.

(3) Als Arbeitsplätze gelten ferner nicht Stellen, die nach der Natur der Arbeit oder nach den zwischen den Parteien getroffenen Vereinbarungen nur auf die Dauer von höchstens acht Wochen besetzt sind, sowie Stellen, auf denen Beschäftigte weniger als 18 Stunden wöchentlich beschäftigt werden.

§ 74 Berechnung der Mindestzahl von Arbeitsplätzen und der Pflichtarbeitsplatzzahl

(1) ¹Bei der Berechnung der Mindestzahl von Arbeitsplätzen und der Zahl der Arbeitsplätze, auf denen schwerbehinderte Menschen zu beschäftigen sind (§ 71), zählen Stellen, auf denen Auszubildende beschäftigt werden, nicht mit. ²Das Gleiche gilt für Stellen, auf denen Rechts- oder Studienreferendare und -referendarinnen beschäftigt werden, die einen Rechtsanspruch auf Einstellung haben.

(2) Bei der Berechnung sich ergebende Bruchteile von 0,5 und mehr sind aufzurunden, bei Arbeitgebern mit jahresdurchschnittlich weniger als 60 Arbeitsplätzen abzurunden.

§ 75 Anrechnung Beschäftigter auf die Zahl der Pflichtarbeitsplätze für schwerbehinderte Menschen

(1) Ein schwerbehinderter Mensch, der auf einem Arbeitsplatz im Sinne des § 73 Abs. 1 oder Abs. 2 Nr. 1 oder 4 beschäftigt wird, wird auf einen Pflichtarbeitsplatz für schwerbehinderte Menschen angerechnet.

(2) ¹Ein schwerbehinderter Mensch, der in Teilzeitbeschäftigung kürzer als betriebsüblich, aber nicht weniger als 18 Stunden wöchentlich beschäftigt wird, wird auf einen Pflichtarbeitsplatz für schwerbehinderte Menschen angerechnet. ²Bei Herabsetzung der wöchentlichen Arbeitszeit auf weniger als 18 Stunden infolge von Altersteilzeit gilt Satz 1 entsprechend. ³Wird ein schwerbehinderter Mensch weniger als 18 Stunden wöchentlich beschäftigt, lässt die Bundesagentur für Arbeit die Anrechnung auf einen dieser Pflichtarbeitsplätze zu, wenn die Teilzeitbeschäftigung wegen Art oder Schwere der Behinderung notwendig ist.

(2a) Ein schwerbehinderter Mensch, der im Rahmen einer Maßnahme zur Förderung des Übergangs aus der Werkstatt für behinderte Menschen auf den allgemeinen Arbeitsmarkt (§ 5 Abs. 4 Satz 1 der Werkstättenverordnung) beschäftigt wird, wird auch für diese Zeit auf die Zahl der Pflichtarbeitsplätze angerechnet.

(3) Ein schwerbehinderter Arbeitgeber wird auf einen Pflichtarbeitsplatz für schwerbehinderte Menschen angerechnet.

(4) Der Inhaber eines Bergmannsversorgungsscheins wird, auch wenn er kein schwerbehinderter oder gleichgestellter behinderter Mensch im Sinne des § 2 Abs. 2 oder 3 ist, auf einen Pflichtarbeitsplatz angerechnet.

§ 76 Mehrfachanrechnung

(1) [1]Die Bundesagentur Arbeit kann die Anrechnung eines schwerbehinderten Menschen, besonders eines schwerbehinderten Menschen im Sinne des § 72 Abs. 1 auf mehr als einen Pflichtarbeitsplatz, höchstens drei Pflichtarbeitsplätze für schwerbehinderte Menschen im Anschluss an eine Beschäftigung in einer Werkstatt für behinderte Menschen und für für schwerbehinderte Menschen zulassen, wenn dessen Teilhabe am Arbeitsleben auf besondere Schwierigkeiten stößt. [2]Satz 1 gilt auch für teilzeitbeschäftigte schwerbehinderte Menschen im Sinne des § 75 Abs. 2.

(2) [1]Ein schwerbehinderter Mensch, der beruflich ausgebildet wird, wird auf zwei Pflichtarbeitsplätze für schwerbehinderte Menschen angerechnet. [2]Satz 1 gilt auch während der Zeit einer Ausbildung im Sinne des § 35 Abs. 2, die in einem Betrieb oder einer Dienststelle durchgeführt wird. [3]Die Bundesagentur für Arbeit kann die Anrechnung auf drei Pflichtarbeitsplätze für schwerbehinderte Menschen zulassen, wenn die Vermittlung in eine berufliche Ausbildungsstelle wegen Art oder Schwere der Behinderung auf besondere Schwierigkeiten stößt. [4]Bei Übernahme in ein Arbeits- oder Beschäftigungsverhältnis durch den ausbildenden oder einen anderen Arbeitgeber im Anschluss an eine abgeschlossene Ausbildung wird der schwerbehinderte Mensch im ersten Jahr der Beschäftigung auf zwei Pflichtarbeitsplätze angerechnet; Absatz 1 bleibt unberührt.

(3) Bescheide über die Anrechnung eines schwerbehinderten Menschen auf mehr als drei Pflichtarbeitsplätze für schwerbehinderte Menschen, die vor dem 1. August 1986 erlassen worden sind, gelten fort.

§ 77 Ausgleichsabgabe

(1) [1]Solange Arbeitgeber die vorgeschriebene Zahl schwerbehinderter Menschen nicht beschäftigen, entrichten sie für jeden unbesetzten Pflichtarbeitsplatz für schwerbehinderte Menschen eine Ausgleichsabgabe. [2]Die Zahlung der Ausgleichsabgabe hebt die Pflicht zur Beschäftigung schwerbehinderter Menschen nicht auf. [3]Die Ausgleichsabgabe wird auf der Grundlage einer jahresdurchschnittlichen Beschäftigungsquote ermittelt.

(2) Die Ausgleichsabgabe beträgt je unbesetzten Pflichtarbeitsplatz

1. 105 Euro bei einer jahresdurchschnittlichen Beschäftigungsquote von 3 Prozent bis weniger als dem geltenden Pflichtsatz,
2. 180 Euro bei einer jahresdurchschnittlichen Beschäftigungsquote von 2 Prozent bis weniger als 3 Prozent,
3. 260 Euro bei einer jahresdurchschnittlichen Beschäftigungsquote von weniger als 2 Prozent.

Abweichend von Satz 1 beträgt die Ausgleichsabgabe je unbesetzten Pflichtarbeitsplatz für schwerbehinderte Menschen

1. für Arbeitgeber mit jahresdurchschnittlich weniger als 40 zu berücksichtigenden Arbeitsplätzen bei einer jahresdurchschnittlichen Beschäftigung von weniger als einem schwerbehinderten Menschen 105 Euro und
2. für Arbeitgeber mit jahresdurchschnittlich weniger als 60 zu berücksichtigenden Arbeitsplätzen bei einer jahresdurchschnittlichen Beschäftigung von weniger als zwei schwerbehinderten Menschen 105 Euro und bei einer jahresdurchschnittlichen Beschäftigung von weniger als einem schwerbehinderten Menschen 180 Euro.

(3) [1]Die Ausgleichsabgabe erhöht sich entsprechend der Veränderung der Bezugsgröße nach § 18 Abs. 1 des Vierten Buches. [2]Sie erhöht sich zum 1. Januar eines Kalenderjahres, wenn sich die Bezugsgröße seit der letzten Neubestimmung der Beträge der Ausgleichsabgabe um wenigstens 10 Prozent erhöht hat. [3]Die Erhöhung der Ausgleichsabgabe erfolgt, indem der Faktor für die Veränderung der Bezugsgröße mit dem jeweiligen Betrag der Ausgleichsabgabe vervielfältigt wird. [4]Die sich ergebenden Beträge sind auf den nächsten durch fünf teilbaren Betrag abzurunden. [5]Das Bundesministerium für Arbeit und Soziales gibt den Erhöhungsbetrag und die sich nach Satz 3 ergebenden Beträge der Ausgleichsabgabe im Bundesanzeiger bekannt.

(4) [1]Die Ausgleichsabgabe zahlt der Arbeitgeber jährlich zugleich mit der Erstattung der Anzeige nach § 80 Abs. 2 an das für seinen Sitz zuständige Integrationsamt. [2]Ist ein Arbeitgeber mehr als drei Monate im Rückstand, erlässt das Integrationsamt einen Feststellungsbescheid über die rückständigen Beträge und zieht diese ein. [3]Für rückständige Beträge der Ausgleichsabgabe erhebt das Integrationsamt nach dem 31. März Säumniszuschläge nach Maßgabe des § 24 Abs. 1 des Vierten Buches; für ihre Verwendung gilt Absatz 5 entsprechend. [4]Das Integrationsamt kann in begründeten Ausnahmefällen von der Erhebung von Säumniszuschlägen abse-

hen. ⁵Widerspruch und Anfechtungsklage gegen den Feststellungsbescheid haben keine aufschiebende Wirkung. ⁶Gegenüber privaten Arbeitgebern wird die Zwangsvollstreckung nach den Vorschriften über das Verwaltungszwangsverfahren durchgeführt. ⁷Bei öffentlichen Arbeitgebern wendet sich das Integrationsamt an die Aufsichtsbehörde, gegen deren Entscheidung es die Entscheidung der obersten Bundes- oder Landesbehörde anrufen kann. ⁸Die Ausgleichsabgabe wird nach Ablauf des Kalenderjahrs, das auf den Eingang der Anzeige bei der Bundesagentur für Arbeit folgt, weder nachgefordert noch erstattet.

(5) ¹Die Ausgleichsabgabe darf nur für besondere Leistungen zur Förderung der Teilhabe schwerbehinderter Menschen am Arbeitsleben einschließlich begleitender Hilfe im Arbeitsleben (§ 102 Abs. 1 Nr. 3) verwendet werden, soweit Mittel für denselben Zweck nicht von anderer Seite zu leisten sind oder geleistet werden. ²Aus dem Aufkommen an Ausgleichsabgabe dürfen persönliche und sächliche Kosten der Verwaltung und Kosten des Verfahrens nicht bestritten werden. ³Das Integrationsamt gibt dem Beratenden Ausschuss für behinderte Menschen bei dem Integrationsamt (§ 103) auf dessen Verlangen eine Übersicht über die Verwendung der Ausgleichsabgabe.

(6) ¹Die Integrationsämter leiten den in der Rechtsverordnung nach § 79 bestimmten Prozentsatz des Aufkommens an Ausgleichsabgabe an den Ausgleichsfonds (§ 78) weiter. ²Zwischen den Integrationsämtern wird ein Ausgleich herbeigeführt. ³Der auf das einzelne Integrationsamt entfallende Anteil am Aufkommen an Ausgleichsabgabe bemisst sich nach dem Mittelwert aus dem Verhältnis der Wohnbevölkerung im Zuständigkeitsbereich des Integrationsamtes zur Wohnbevölkerung im Geltungsbereich dieses Gesetzbuches und dem Verhältnis der Zahl der im Zuständigkeitsbereich des Integrationsamtes in den Betrieben und Dienststellen beschäftigungspflichtiger Arbeitgeber auf Arbeitsplätzen im Sinne des § 73 beschäftigten und der bei den Agenturen für Arbeit arbeitslos gemeldeten schwerbehinderten und diesen gleichgestellten behinderten Menschen zur entsprechenden Zahl der schwerbehinderten und diesen gleichgestellten behinderten Menschen im Geltungsbereich dieses Gesetzbuchs.

(7) ¹Die bei den Integrationsämtern verbleibenden Mittel der Ausgleichsabgabe werden von diesen gesondert verwaltet. ²Die Rechnungslegung und die formelle Einrichtung der Rechnungen und Belege regeln sich nach den Bestimmungen, die für diese Stellen allgemein maßgebend sind.

(8) Für die Verpflichtung zur Entrichtung einer Ausgleichsabgabe (Absatz 1) gelten hinsichtlich der in § 71 Abs. 3 Nr. 1 genannten Stellen der Bund und hinsichtlich der in § 71 Abs. 3 Nr. 2 genannten Stellen das Land als ein Arbeitgeber.

A. Allgemeines 1	3. Anrechnung (§§ 75, 76) 10
B. Regelungsgehalt 2	a) Anrechnung schwerbehinderter Arbeitnehmer (§ 75) 10
I. Beschäftigungspflicht (§ 71) 2	b) Mehrfachanrechnung (§ 76) 13
1. Beschäftigungspflichtige Arbeitgeber ... 2	II. Ausgleichsabgabe (§ 77) 15
2. Umfang der Beschäftigungspflicht 4	1. Höhe 15
a) Pflichtquote (§ 71 Abs. 1) 4	2. Erhebung 16
b) Zu berücksichtigende Arbeitsplätze (§ 73 Abs. 1) 6	C. Verbindung zu anderen Rechtsgebieten und zum Prozessrecht 19
c) Nicht zu berücksichtigende Arbeitsplätze (§ 73 Abs. 2, 3) 8	D. Beraterhinweise 20

A. Allgemeines

Die Eingliederung schwerbehinderter Menschen in Arbeit und Beruf war schon in den Anfängen staatlicher Fürsorgetätigkeit ein vordringliches Anliegen. § 71 legt hierzu dem AG eine Pflicht zur Beschäftigung schwerbehinderter Menschen auf. Erfüllt der AG die Pflichtquote nicht, muss er eine Ausgleichsabgabe zahlen. Die Ausgleichsabgabe hat dabei zum einen die Funktion, einen Anreiz zur Erfüllung der Beschäftigungspflicht zu schaffen – Antriebsfunktion – und zum anderen durch die finanzielle Belastung der nichterfüllenden AG einen Kostenausgleich herbeizuführen – Ausgleichsfunktion.[1]

B. Regelungsgehalt

I. Beschäftigungspflicht (§ 71)

1. Beschäftigungspflichtige Arbeitgeber. Beschäftigungspflichtig sind alle privaten und öffentlichen AG, die über mindestens **20 Arbeitsplätze** verfügen. Für die Berechnung der Pflichtquote nach § 71 ist die Gesamtzahl der Arbeitsplätze maßgebend. Es kommt deshalb nicht darauf an, ob sie in einem einzigen **Betrieb** konzentriert oder über

---

1 BVerfG 26.5.1981 – 1 BvL 58/78 – NJW 1981, 2107; BVerfG 1.10.2004 – 1 BvR 2221/03 – DB 2004, 2380.

mehrere Betriebe, Nebenbetriebe oder Betriebsteile i.S.d. § 4 BetrVG verteilt sind.[2] Die Eigentumsverhältnisse an den Betriebsanlagen sind nicht entscheidend, wie überhaupt ein Betrieb im arbeitstechnischen Sinn entbehrlich ist. Deshalb sind z.B. bei Leiharbeit die **Verleiher** AG.[3] Beschäftigungspflichtig sind auch Dienstherrn des öffentlichen Rechts, für die in Abs. 3 Sonderregelungen aufgestellt sind.[4] § 71 erfasst auch **ausländische juristische oder natürliche Personen**, soweit sie ihren Sitz im Inland haben, ebenso inländische Zweigniederlassungen ausländischer Betriebe. Ausgenommen sind exterritoriale Stellen, wie Gesandtschaften ausländischer Staaten, Dienststellen der NATO und der alliierten Streitkräfte.[5]

3 Ausnahmen von der Beschäftigungspflicht gibt es keine. Damit ist dem AG auch der Einwand verwehrt, nur Arbeitsplätze zu haben, auf denen der Einsatz von schwerbehinderten Menschen von vorneherein ausscheidet.[6]

4 **2. Umfang der Beschäftigungspflicht. a) Pflichtquote (§ 71 Abs. 1).** Die in § 71 Abs. 2 a.F. vorgesehene Erhöhung der Pflichtquote wurde mit dem Gesetz zur Förderung der Ausbildung und Beschäftigung schwerbehinderter Menschen v. 23.4.2004[7] rückwirkend zum 1.1.2004 von 6 % auf **5 %** reduziert. Nur für öffentliche AG des Bundes i.S.d. § 71 Abs. 3 Nr. 1 und 4, die am 31.10.1999 auf mehr als 6 % der Arbeitsplätze schwerbehinderte Menschen beschäftigt haben, gilt auch weiterhin eine Pflichtquote von 6 %, § 159. Kleinunternehmen sind privilegiert, da abweichend von der Pflichtquote des § 71 Abs. 1 AG mit weniger als 40 Arbeitsplätzen einen, AG mit weniger als 60 Arbeitsplätzen zwei schwerbehinderte Menschen zu beschäftigen haben, § 71 Abs. 1 S. 3.

5 Die sich bei dem Pflichtsatz von 5 % ergebende Pflichtzahl von Arbeitsplätzen, auf denen schwerbehinderte Menschen beschäftigt werden müssen, richtet sich nach den Arbeitsplätzen, über die der AG verfügt. Für diese sog. Zählarbeitsplätze gilt der rechnerische Arbeitsplatzbegriff, d.h. es sind alle Arbverh im arbeits- und dienstrechtlichen Sinn nach § 73 Abs. 1 zu ermitteln und hiervon die Arbeitsplätze nach § 73 Abs. 2, Abs. 3 und § 74 abzuziehen. Aus den sich hieraus ergebenden Arbeitsplätzen ist unter Ansatz von 5 % die Zahl der mit schwerbehinderten Menschen zu besetzenden Arbeitsplätze zu errechnen, wobei Bruchteile von 0,5 und mehr gem. § 74 Abs. 2 aufzurunden und bei AG mit jahresdurchschnittlich weniger als 60 AN abzurunden sind.

6 **b) Zu berücksichtigende Arbeitsplätze (§ 73 Abs. 1).** Nach der gesetzlichen Definition sind Arbeitsplätze alle Stellen, auf denen AN, Beamte, Richter und Auszubildende sowie andere zu ihrer beruflichen Bildung Eingestellte beschäftigt werden, § 73 Abs. 1. Die Definition ist maßgeblich für alle Vorschriften des Teils 2 des Gesetzes. Unter Arbeitsplatz ist die Gesamtheit des dem AN zugewiesenen Tätigkeitsbereichs mit allen sich daraus ergebenden Rechten und Pflichten zu verstehen.[8] Da die Feststellung der vorhandenen Arbeitsplätze dazu dient, den Umfang der Beschäftigungspflicht nach § 71 zu ermitteln, muss die Zahl der Arbeitsplätze – abgesehen von Abs. 2, 3 und § 74 Abs. 1 – identisch mit der Zahl der im jeweiligen Monat bestehenden Beschäftigungsverhältnisse sein.[9] Soweit Teilzeit-AN oder kurzfristig beschäftigte AN nach Abs. 3 überhaupt zu berücksichtigen sind, zählen sie nach Köpfen.[10]

7 **Heimarbeiter** sind keine AN, so dass sie nicht von § 73 erfasst werden, gleichwohl werden sie nach § 127 auf die Pflichtquote angerechnet, wenn sie nur für einen Auftraggeber arbeiten. Stellen, auf denen **Auszubildende** oder andere zu ihrer **beruflichen Bildung** Eingestellte beschäftigt werden, sind Arbeitsplätze i.S.d. § 73 Abs. 1. Bei der Pflichtplatzberechnung i.S.d. § 71 Abs. 1 werden dagegen Stellen, auf denen Auszubildende beschäftigt werden gem. § 74 Abs. 1 S. 1 **nicht mitgezählt**. Das Gleiche gilt für Stellen, auf denen Referendare beschäftigt werden, § 74 Abs. 1 S. 2.

8 **c) Nicht zu berücksichtigende Arbeitsplätze (§ 73 Abs. 2, 3).** § 73 Abs. 2 und Abs. 3 enthalten Sonderregelungen, wonach bestimmte Stellen nicht als Arbeitsplätze gelten, mit der Folge, dass sie für die Begründung der Beschäftigungspflicht und für die Anzahl der Pflichtarbeitsplätze nicht gezählt werden. In Nr. 1 wird Bezug genommen auf die Regelung in § 33 Abs. 3 Nr. 3. **Berufliche Rehabilitationsstellen**, die innerhalb des Betriebes bestehen, werden nicht berücksichtigt. Die Regelung in Nr. 2 entspricht § 5 Abs. 2 Nr. 3 BetrVG, so dass Personen ausgenommen sind, deren Arbeit in erster Linie **religiösen oder karitativen Motiven** folgt, z.B. Beschäftigte einer Ordensgemeinschaft, usw.[11] Ausgenommen sind auch Personen, die ihre Arbeitsleistung überwiegend zu ihrer **Heilung, Wiedereingewöhnung oder Erziehung** erbringen, Nr. 3.

9 Nach Nr. 4 sind Teilnehmer an Maßnahmen zur Arbeitsbeschaffungs- und Strukturanpassungsmaßnahmen nach **§§ 260 ff. SGB III** und nach Nr. 5 Personen, die nach ständiger Übung in ihre Stellen **gewählt werden**, nicht mitzuzählen. Dabei handelt es sich z.B. um Bundesrichter und um Personen, die in Parteien, Gewerkschaften usw. in ihre Stellung und Funktion gewählt werden.[12] Freigestellte Betriebs- und Personalratsmitglieder fallen nicht unter

---

2 BVerwG 6.7.1989 – 5 C 64/84 – NZA 1990, 192; GK-SGB IX/*Großmann*, § 71 Rn 65.
3 BVerwG 13.12.2001 – 5 C 26/01 – NZA 2002, 385.
4 GK-SGB IX/*Großmann*, § 71 Rn 87 f.
5 GK-SGB IX/*Großmann*, § 71 Rn 69; *Neumann/Pahlen*, § 71 Rn 20.
6 BVerwG 10.12.1991 – 5 B 125/91 – BVerwGE 115, 312.
7 BGBl I S. 606.
8 BVerwG 21.10.1987 – 5 C 42/84 – NZA 1988, 431; BayVGH 26.11.2008 – 12 BV 07.2529 – juris.
9 BSG 6.5.1994 – 7 RAr 68/93 – BSGE 74, 176.
10 BayVGH 26.11.2008 – 12 BV 07.2529 – juris.
11 HK-SGB IX/*Trenk-Hinterberger*, § 73 Rn 21.
12 HK-SGB IX/*Trenk-Hinterberger*, § 73 Rn 24.

Nr. 5, da sie im Rahmen ihres weiterhin bestehenden Arbverh in diese Funktion gewählt werden.[13] Zur Vermeidung einer Doppelzählung werden nach Nr. 7 **ruhende Arbverh** dann nicht mitgezählt, wenn eine Vertretung eingestellt wird. Arbeitsplätze, die nur für **acht Wochen** befristet werden und Teilzeitarbeitsplätze, mit einem Zeitdeputat von **weniger als 18 Wochenstunden**, sind auch nicht mitzuzählen, Abs. 3.

3. Anrechnung (§§ 75, 76).
a) **Anrechnung schwerbehinderter Arbeitnehmer (§ 75).** Die Vorschrift regelt, mit welchen Beschäftigten der AG seine Beschäftigungspflicht erfüllt. Im Grundsatz werden zunächst alle **schwerbehinderten** und diesen **gleichgestellte AN**, die auf einem Arbeitsplatz nach § 73 Abs. 1 beschäftigt sind, auf je einen Pflichtplatz angerechnet. Voraussetzung für eine Anrechnung ist, dass die Schwerbehinderung nach § 69 **festgestellt**, bzw. eine **Gleichstellung** nach § 68 Abs. 2 **erfolgt** ist.[14] Eine Ausnahme gilt dann, wenn die Schwerbehinderung offensichtlich ist, denn dann ist der Nachweis entbehrlich.[15]

Die Anrechnung wird in Abs. 1 erweitert, indem auch schwerbehinderte Menschen bzw. Gleichgestellte, die zur **Rehabilitation** gem. § 33 Abs. 3 Nr. 3 oder in Arbeitsbeschaffungs- und Strukturanpassungsmaßnahmen nach §§ 260 f. SGB III beschäftigt sind, angerechnet werden, obwohl diese Stellen bei der Berechnung der Pflichtplätze nicht mitzuzählen sind. Nach Abs. 2 werden schwerbehinderte Menschen bzw. Gleichgestellte mit einer Teilzeitbeschäftigung **von nicht weniger als 18 Wochenstunden** auf einen Pflichtarbeitsplatz angerechnet. Für kurzfristige Arbverh mit höchstens achtwöchiger Dauer besteht keine vergleichbare Beschränkung, so dass sie für den entsprechenden Zeitraum auf die Pflichtquote anzurechnen sind.[16] Demgegenüber wird ein schwerbehinderter Mensch bzw. Gleichgestellter mit weniger als 18 Wochenstunden angerechnet, wenn er im Zuge von **Altersteilzeit** mit einer verringerten Arbeitszeit beschäftigt ist, Abs. 2 S. 2. Ist eine reduzierte Arbeitszeit von weniger als 18 Wochenstunden wegen Art oder Schwere der Behinderung notwendig, lässt die AA eine Anrechnung zu, Abs. 2 S. 3. Ein schwerbehinderter Mensch, der im Rahmen einer Maßnahme zur Förderung des Übergangs aus der **Werkstatt für behinderte Menschen** auf den allg. Arbeitsmarkt beschäftigt wird, ist nach Abs. 2a auch für diese Zeit anzurechnen.

Auf die Pflichtquote anzurechnen ist auch ein schwerbehinderter **AG**, § 75 Abs. 3. Die Vorschrift gilt nicht für Organe juristischer Personen.[17] Geschäftsführer einer GmbH sind dann nicht anzurechnen, wenn sie gleichzeitig Gesellschafter mit einem nicht unerheblichen Anteil sind.[18] Nach Abs. 4 werden Inhaber eines **Bergmannversorgungsscheins** angerechnet, auch wenn sie nicht schwerbehindert oder gleichgestellt sind.

b) **Mehrfachanrechnung (§ 76).** Die AA kann eine Mehrfachanrechnung eines schwerbehinderten, insb. eines schwerstbehinderten Menschen i.S.d. § 72 Abs. 1 auf höchstens **drei Pflichtplätze** zulassen, wenn dessen Teilhabe auf besondere Schwierigkeiten stößt, Abs. 1. Dazu gehören auch schwerbehinderte Menschen aus Werkstätten für behinderte Menschen, selbst wenn sie nur i.S.d. § 75 Abs. 2 teilzeitbeschäftigt sind, Abs. 1 S. 2. Eine Anrechnung auf höchstens **drei Pflichtplätze** kann auch zugelassen werden, wenn ein schwerbehinderter Mensch zur Ausbildung beschäftigt wird und die Vermittlung in eine Ausbildungsstelle wegen Art oder Schwere der Behinderung auf besondere Schwierigkeiten stößt, Abs. 2 S. 3. Eine automatische Mehrfachanrechnung kraft Gesetzes ist aber nicht vorgesehen, sondern liegt im Ermessen der AA.

Demgegenüber erfolgt während der **beruflichen Ausbildung** kraft Gesetzes eine Anrechnung schwerbehinderter Menschen auf **zwei Pflichtplätze**, Abs. 2 S. 1. Diese doppelte Anrechnung bleibt für ein Jahr erhalten, wenn der schwerbehinderte Mensch nach Abschluss der Ausbildung vom ausbildenden oder einem anderen AG in ein Arbeits- oder Beschäftigungsverhältnis übernommen wird, Abs. 2 S. 4. Über das erste Jahr hinaus kann eine weitergehende Anrechnung nach Abs. 1 zugelassen werden, wenn die Eingliederung auf besondere Schwierigkeiten stößt.[19]

II. Ausgleichsabgabe (§ 77)

1. Höhe. Die Höhe der Ausgleichsabgabe hängt neben der Zahl der Arbeitsplätze v.a. davon ab, in welchem Umfang der AG die Beschäftigungsquote erfüllt. Sie wird auf Basis einer jahresdurchschnittlichen Berechnung ermittelt, so dass ein AG die Nichterfüllung in bestimmten Monaten durch eine „Übererfüllung" in anderen Monaten ausgleichen kann. Für die Besetzung reicht es aus, dass ein schwerbehinderter Mensch wenigstens einen Tag des Monats beschäftigt war.[20] AG mit **mindestens 20**, aber **weniger als 40** Arbeitsplätzen zahlen pro Monat eine Abgabe von **105 EUR**, wenn sie keinen schwerbehinderten Menschen beschäftigen; AG mit **weniger als 60** Arbeitsplätze zahlen pro Monat **180 EUR**, wenn sie keinen, und **105 EUR**, wenn sie weniger als zwei schwerbehinderte Menschen beschäftigen, § 77 Abs. 2 S. 2. Bei AG **mit 60** oder mehr AN hängt die Höhe der Ausgleichsabgabe davon ab, wie weit sie die Beschäftigungsquote verfehlen: Bei der Beschäftigung von weniger als **2 %** schwerbehinderter Menschen beträgt die Abgabe **260 EUR** je unbesetztem Pflichtplatz im Monat, bei mindestens **2 %** aber weniger als

---

13 HK-SGB IX/*Trenk-Hinterberger*, § 73 Rn 25; a.A. *Neumann/Pahlen*, § 73 Rn 55.
14 BVerwG 21.10.1987 – 5 C 42/84 – NZA 1988, 431.
15 HK-SGB IX/*Trenk-Hinterberger*, § 75 Rn 7.
16 ErfK/*Preis*, § 75 SGB IX Rn 3.
17 BVerwG 24.2.1994 – 5 C 44/92 – DVBl 1994, 1300; BVerwG 25.7.1997 – 5 C 16/96 – NZA 1997, 1166.
18 BVerwG 24.2.1994 – 5 C 44/92 – DVBl 1994, 1300; BVerwG 25.7.1997 – 5 C 16/96 – NZA 1997, 1166.
19 *Cramer*, NZA 2004, 698.
20 BSG 6.5.1994 – 7 RAr 68/93 – BSGE 74, 176.

3 % 180 EUR und bei mindestens 3 % aber weniger als 5 % 105 EUR, § 77 Abs. 2 S. 1. Die genannten Beträge werden nach Abs. 3 dynamisiert.

16 2. **Erhebung.** AG haben die Ausgleichsabgabe jährlich bis zum 31.3. zugleich mit der Erstattung der Anzeige nach § 80 Abs. 2 an das zuständige **Integrationsamt** zu zahlen, § 77 Abs. 4 S. 1. Die gesetzliche Regelung macht deutlich, dass der AG die Ausgleichsabgabe selbst zu berechnen hat. Zur Kontrolle sind der AA auf dem dafür vorgesehenen Vordruck im Rahmen der Anzeige nach § 80 Abs. 2, die Daten mitzuteilen, die zur Berechnung des Umfangs der Beschäftigungspflicht und der Ausgleichsabgabe notwendig sind.

17 Erfüllt der AG seine **Anzeigepflicht** nach § 80 Abs. 2 nicht oder unvollständig, erlässt die AA nach Prüfung in tatsächlicher sowie rechtlicher Hinsicht einen Feststellungsbescheid über die zur Berechnung der Zahl der Pflichtarbeitsplätze notwendigen Daten, § 80 Abs. 3. Mit dieser Änderung wurde der AA durch das SGB IX mit Wirkung zum 1.7.2001 die Befugnis einer bescheidmäßigen Feststellung auch in rechtlicher Hinsicht zuerkannt. Die noch zur alten Rechtslage ergangene Rspr. des BSG,[21] wonach die AA nur Korrekturen in tatsächlicher Hinsicht vornehmen konnte, ist damit überholt.

18 Befindet sich der AG mit der Bezahlung der Ausgleichsabgabe mehr als drei Monate in Rückstand, ergeht ein Feststellungsbescheid gem. Abs. 4 S. 2, indem das zuständige **Integrationsamt** die rückständigen Beträge einzieht und Säumniszuschläge erhebt. Erstattung und Nachforderung sind gem. § 77 Abs. 4 S. 8 nach Ablauf eines Kalenderjahres, das auf den Eingang der Anzeige bei der AA folgt, ausgeschlossen.

C. Verbindung zu anderen Rechtsgebieten und zum Prozessrecht

19 Gegen die Festsetzung durch das Integrationsamt ist nach Durchführung des Widerspruchverfahrens gem. § 118 Abs. 1 Klage beim Verwaltungsgericht zu erheben. Widerspruch und Anfechtungsklage haben keine aufschiebende Wirkung, Abs. 4 S. 5. Gegen den Feststellungsbescheid der AA ist nach Durchführung des Widerspruchverfahrens gem. § 118 Abs. 2 Klage beim SG zu erheben, § 51 Abs. 1 Nr. 4.

D. Beraterhinweise

20 Das vorgeschriebene Formular ist bei der AA erhältlich. Die Anzeige kann auch in elektronischer Form abgegeben werden.[22]

§ 81 Pflichten des Arbeitgebers und Rechte schwerbehinderter Menschen

(1) [1]Die Arbeitgeber sind verpflichtet zu prüfen, ob freie Arbeitsplätze mit schwerbehinderten Menschen, insbesondere mit bei der Agentur für Arbeit arbeitslos oder arbeitsuchend gemeldeten schwerbehinderten Menschen, besetzt werden können. [2]Sie nehmen frühzeitig Verbindung mit der Agentur für Arbeit auf. [3]Die Bundesagentur für Arbeit oder ein Integrationsfachdienst schlägt den Arbeitgebern geeignete schwerbehinderte Menschen vor. [4]Über die Vermittlungsvorschläge und vorliegende Bewerbungen von schwerbehinderten Menschen haben die Arbeitgeber die Schwerbehindertenvertretung und die in § 93 genannten Vertretungen unmittelbar nach Eingang zu unterrichten. [5]Bei Bewerbungen schwerbehinderter Richter und Richterinnen wird der Präsidialrat unterrichtet und gehört, soweit dieser an der Ernennung zu beteiligen ist. [6]Bei der Prüfung nach Satz 1 beteiligen die Arbeitgeber die Schwerbehindertenvertretung nach § 95 Abs. 2 und hören die in § 93 genannten Vertretungen an. [7]Erfüllt der Arbeitgeber seine Beschäftigungspflicht nicht und ist die Schwerbehindertenvertretung oder eine in § 93 genannte Vertretung mit der beabsichtigten Entscheidung des Arbeitgebers nicht einverstanden, ist diese unter Darlegung der Gründe mit ihnen zu erörtern. [8]Dabei wird der betroffene schwerbehinderte Mensch angehört. [9]Alle Beteiligten sind vom Arbeitgeber über die getroffene Entscheidung unter Darlegung der Gründe unverzüglich zu unterrichten. [10]Bei Bewerbungen schwerbehinderter Menschen ist die Schwerbehindertenvertretung nicht zu beteiligen, wenn der schwerbehinderte Mensch die Beteiligung der Schwerbehindertenvertretung ausdrücklich ablehnt.

(2) [1]Arbeitgeber dürfen schwerbehinderte Beschäftigte nicht wegen ihrer Behinderung benachteiligen. [2]Im Einzelnen gelten hierzu die Regelungen des Allgemeinen Gleichbehandlungsgesetzes.

(3) [1]Die Arbeitgeber stellen durch geeignete Maßnahmen sicher, dass in ihren Betrieben und Dienststellen wenigstens die vorgeschriebene Zahl schwerbehinderter Menschen eine möglichst dauerhafte behinderungsgerechte Beschäftigung finden kann. [2]Absatz 4 Satz 2 und 3 gilt entsprechend.

(4) Die schwerbehinderten Menschen haben gegenüber ihren Arbeitgebern Anspruch auf

---

21 BSG 20.1.2000 – B 7 AL 26/99 R – BSGE 85, 246.   22 Unter www.rehadat.de/elan.

1. Beschäftigung, bei der sie ihre Fähigkeiten und Kenntnisse möglichst voll verwerten und weiterentwickeln können,
2. bevorzugte Berücksichtigung bei innerbetrieblichen Maßnahmen der beruflichen Bildung zur Förderung ihres beruflichen Fortkommens,
3. Erleichterungen im zumutbaren Umfang zur Teilnahme an außerbetrieblichen Maßnahmen der beruflichen Bildung,
4. behinderungsgerechte Einrichtung und Unterhaltung der Arbeitsstätten einschließlich der Betriebsanlagen, Maschinen und Geräte sowie der Gestaltung der Arbeitsplätze, des Arbeitsumfeldes, der Arbeitsorganisation und der Arbeitszeit, unter besonderer Berücksichtigung der Unfallgefahr,
5. Ausstattung ihres Arbeitsplatzes mit den erforderlichen technischen Arbeitshilfen

unter Berücksichtigung der Behinderung und ihrer Auswirkungen auf die Beschäftigung. ²Bei der Durchführung der Maßnahmen nach den Nummern 1, 4 und 5 unterstützt die Bundesagentur für Arbeit und die Integrationsämter die Arbeitgeber unter Berücksichtigung der für die Beschäftigung wesentlichen Eigenschaften der schwerbehinderten Menschen. ³Ein Anspruch nach Satz 1 besteht nicht, soweit seine Erfüllung für den Arbeitgeber nicht zumutbar oder mit unverhältnismäßigen Aufwendungen verbunden wäre oder soweit die staatlichen oder berufsgenossenschaftlichen Arbeitsschutzvorschriften oder beamtenrechtliche Vorschriften entgegenstehen.

(5) ¹Die Arbeitgeber fördern die Einrichtung von Teilzeitarbeitsplätzen. ²Sie werden dabei von den Integrationsämtern unterstützt. ³Schwerbehinderte Menschen haben einen Anspruch auf Teilzeitbeschäftigung, wenn die kürzere Arbeitszeit wegen Art oder Schwere der Behinderung notwendig ist; Absatz 4 Satz 3 gilt entsprechend.

§ 82 Besondere Pflichten der öffentlichen Arbeitgeber

¹Die Dienststellen der öffentlichen Arbeitgeber melden den Agenturen für Arbeit frühzeitig frei werdende und neu zu besetzende sowie neue Arbeitsplätze (§ 73). ²Haben schwerbehinderte Menschen sich um einen solchen Arbeitsplatz beworben oder sind sie von der Bundesagentur für Arbeit oder einem von dieser beauftragten Integrationsfachdienst vorgeschlagen worden, werden sie zu einem Vorstellungsgespräch eingeladen. ³Eine Einladung ist entbehrlich, wenn die fachliche Eignung offensichtlich fehlt. ⁴Einer Integrationsvereinbarung nach § 83 bedarf es nicht, wenn für die Dienststellen dem § 83 entsprechende Regelungen bereits bestehen und durchgeführt werden.

A. Pflichten bei der Besetzung von Arbeitsplätzen (Abs. 1) 1	I. Allgemeines 12
I. Allgemeines 1	II. Regelungsgehalt 13
II. Regelungsgehalt 2	1. Behinderungsgerechte Einrichtung des Betriebes (Abs. 3) 13
1. Prüfpflicht (Abs. 1 S. 1 bis 3) ... 2	2. Individuelle Ansprüche schwerbehinderter Menschen (Abs. 4) 14
2. Beteiligung der Interessenvertretungen 4	3. Zumutbarkeit und Verhältnismäßigkeit (Abs. 4 S. 3) 19
a) Unterrichtungs- und Anhörungspflicht (Abs. 1 S. 4, 6, 10) 4	4. Darlegungs- und Beweislast 20
b) Besondere Erörterungspflicht (Abs. 1 S. 7, 8) 6	III. Verbindung zu anderen Rechtsgebieten und zum Prozessrecht 21
c) Unterrichtungspflicht über die Einstellungsentscheidung (Abs. 1 S. 9) 7	IV. Beraterhinweise 23
	D. Teilzeitanspruch (Abs. 5) 24
III. Verbindung zu anderen Rechtsgebieten und zum Prozessrecht 8	I. Allgemeines 24
IV. Beraterhinweise 10	II. Regelungsgehalt 25
B. Benachteiligungsverbot (Abs. 2) 11	III. Verbindung zu anderen Rechtsgebieten und zum Prozessrecht 30
C. Behinderungsgerechte Beschäftigung (Abs. 3 bis 4) 12	IV. Beraterhinweise 31

A. Pflichten bei der Besetzung von Arbeitsplätzen (Abs. 1)

I. Allgemeines

§ 81 kommt im Arbverh zentrale Bedeutung zu, da die Vorschrift konkrete Rechtspositionen schwerbehinderter Menschen und spezielle Pflichten des AG enthält.[1] Sinn und Zweck des § 81 ist die Chancengleichheit schwerbehinderter Menschen und ihnen Gleichgestellter im Arbeits- und Berufsleben zu verbessern und die seit den achtziger

---

1 *Müller-Wenne/Schorn*, § 81 SGB Rn 1.

Jahren auf ein überdurchschnittlich hohes Niveau angewachsene Arbeitslosigkeit schwerbehinderter Menschen abzubauen.[2] Die Verfahrensbestimmungen, insb. die Stärkung der Beteiligungsrechte der Interessenvertretungen, sollen die Einstellungsentscheidung des AG transparenter machen.[3]

II. Regelungsgehalt

1. **Prüfpflicht (Abs. 1 S. 1 bis 3).** Der AG hat zu prüfen, ob ein freier Arbeitsplatz mit einem schwerbehinderten Menschen, insb. mit bei der AA arbeitslos gemeldeten schwerbehinderten Menschen, besetzt werden kann, S. 1. Die Prüfpflicht beschränkt sich nicht nur auf beschäftigungspflichtige AG i.S.d. § 71, sondern ist **von allen AG** zu beachten.[4] Die Prüfung ist nicht abstrakt, sondern konkret für den zu besetzenden Arbeitsplatz vorzunehmen.[5] Hierzu hat der AG frühzeitig Kontakt mit der AA aufzunehmen, S. 2. Der AG genügt seiner Prüfpflicht, wenn er der AA eine Stellenausschreibung zusendet und ihm kein geeigneter schwerbehinderter Arbeitsloser benannt wird.[6]

Für den **öffentlichen AG** bestehen erweiterte Pflichten. Er hat nach § 82 S. 1 auch alle künftig frei werdenden Arbeitsplätze der AA zu melden und gem. § 82 S. 2 alle schwerbehinderten Bewerber zu einem **Vorstellungsgespräch** einzuladen, es sei denn, die fachliche Eignung des Bewerbers fehlt offensichtlich, § 82 S. 3. Das bedeutet im Umkehrschluss, dass der AG einem schwerbehinderten Bewerber die Chance eines Vorstellungsgesprächs gewähren muss, wenn seine fachliche Eignung zwar zweifelhaft, aber nicht offensichtlich ausgeschlossen ist.[7] Ob ein Bewerber offensichtlich nicht die notwendige fachliche Eignung hat, ist anhand der für die zu besetzende Stelle bestehenden Ausbildungs- oder Prüfungsvoraussetzungen zu beurteilen.[8]

2. **Beteiligung der Interessenvertretungen. a) Unterrichtungs- und Anhörungspflicht (Abs. 1 S. 4, 6, 10).** Da es zur Aufgabe der SBV gehört, die Eingliederung arbeitsuchender schwerbehinderter Menschen zu fördern, ist der AG bereits bei der Prüfung nach Abs. 1 S. 1 verpflichtet, die SBV gem. §§ 81 Abs. 1 S. 6, 95 Abs. 2 zu beteiligen und die in § 93 genannten Interessenvertretungen anzuhören. Über die Vermittlungsvorschläge der AA und alle vorliegenden Bewerbungen schwerbehinderter Menschen und ihnen Gleichgestellter sind die SBV und der BR, unter den Voraussetzungen des Abs. 1 S. 5 auch die Präsidialräte, zu unterrichten, Abs. 1 S. 4. Nach § 95 Abs. 2 S. 3, der ausdrücklich auf § 81 Abs. 1 verweist, besteht für die SBV ein Recht zur Teilnahme an Vorstellungsgesprächen und ein Einsichtsrecht in die entscheidungsrelevanten Teile der Bewerbungsunterlagen. Ist das Bewerbungsverfahren abgeschlossen, hat der AG die SBV über die beabsichtigte Einstellungsentscheidung gem. § 95 Abs. 2 S. 1 zu informieren und vor seiner Entscheidung anzuhören. Das Recht der SBV zur Verfahrensbeteiligung besteht dann nicht, wenn der schwerbehinderte Mensch dies ausdrücklich ablehnt, S. 10. Die Beteiligung der übrigen Interessenvertretungen kann der Bewerber nicht ablehnen.[9]

Die Verletzung der **Unterrichtungspflicht** nach Abs. 1 S. 4 wird in § 156 Abs. 1 Nr. 7 und ein Verstoß gegen die Pflichten aus § 95 Abs. 2 nach § 156 Abs. 1 Nr. 9 als **Ordnungswidrigkeit** mit einer Geldbuße bis zu 10.000 EUR geahndet. Darüber hinaus ist eine ohne Beteiligung der SBV getroffene Entscheidung in ihrem **Vollzug auszusetzen** und innerhalb von sieben Tagen nachzuholen, § 95 Abs. 2 S. 2.

b) **Besondere Erörterungspflicht (Abs. 1 S. 7, 8).** Ist die SBV oder eine in § 93 genannte Interessenvertretung mit der beabsichtigten Entscheidung des AG nicht einverstanden, sieht Abs. 1 S. 7 eine besondere Erörterungspflicht vor. Diese Pflicht besteht für **beschäftigungspflichtige AG** nur dann, **wenn sie die Pflichtquote nicht erfüllen**. Sie beinhaltet die Pflicht für den AG, die geplante Entscheidung zu begründen und darzulegen, warum er von einer Einstellung absehen will. Verpflichtender Bestandteil der Erörterung ist die Anhörung aller abgelehnten schwerbehinderten Bewerber, S. 8. Die Verletzung der Erörterungspflicht wird in § 157 Nr. 8 als Ordnungswidrigkeit geahndet.

c) **Unterrichtungspflicht über die Einstellungsentscheidung (Abs. 1 S. 9).** Hat der AG seine Einstellungsentscheidung getroffen, hat er unverzüglich alle Beteiligten, d.h. alle schwerbehinderten Bewerber, die SBV und alle in § 93 genannten Vertretungen unter **Darlegung der Gründe** zu unterrichten. Z.T. wird vertreten, dass der AG die Unterrichtung **schriftlich** vorzunehmen hat und später Gründe, die nicht in der schriftlichen Unterrichtung enthalten waren, nicht mehr nachschieben kann.[10] Damit soll der Gefahr vorgebeugt werden, dass nachträglich sachliche Gründe vorgetragen werden, um das Benachteiligungsverbot des Abs. 2 zu unterlaufen. Dem kann auch dadurch begegnet werden, dass nachgeschobene Gründe, die nicht in der Stellenausschreibung genannt waren, einer kritischen Würdigung zu unterziehen sind. Ein Schriftformerfordernis ist abzulehnen, da sich hierfür im Gesetzeswortlaut keine Anhaltspunkte finden.

---

2 BT-Drucks 14/3372, S. 15.
3 BT-Drucks 14/3372, S. 18.
4 BAG 14.11.1989 – 1 ABR 88/88 – BAGE 63, 226 = DB 1990, 636.
5 BAG 10.11.1992 – 1 ABR 21/92 – BAGE 71, 337 = DB 1993, 1141.
6 BAG 10.11.1992 – 1 ABR 21/92 – BAGE 71, 337 = DB 1993, 1141.
7 BAG 12.9.2006 – 9 AZR 807/05 – NZA 2007, 507.
8 BAG 12.9.2006 – 9 AZR 807/05 – NZA 2007, 507.
9 *Neumann/Pahlen*, § 81 Rn 10.
10 Hessisches LAG 22.3.2006 – 2 Sa 1686/05 – AUR 2006, 373; Hessisches LAG 7.11.2005 – 7 Sa 473/05 – NJW-Spezial 2006, 325; a.A. LAG Baden-Württemberg 10.12.2003 – 16 Sa 58/03 – n.v.

III. Verbindung zu anderen Rechtsgebieten und zum Prozessrecht

Verstöße gegen die Verfahrensvorschriften des Abs. 1 werden neben der teilweisen Ahndung als Ordnungswidrigkeit auch mittelbar dadurch sanktioniert, dass der BR das Recht hat gem. § 99 Abs. 2 Nr. 1 BetrVG die **Zustimmung** zur Einstellung zu verweigern. Für einen Verstoß gegen die **Prüfpflicht** hat das BAG einen Zustimmungsverweigerungsgrund angenommen.[11] Ein Gesetzesverstoß nach § 99 Abs. 2 Nr. 1 BetrVG ist auch für die Verletzung der **Erörterungspflicht** nach Abs. 1 S. 7 anzunehmen.[12] Verstöße gegen die Beteiligung der SBV begründen dagegen kein Zustimmungsverweigerungsrecht nach § 99 Abs. 2 Nr. 1 BetrVG, da die SBV gem. § 95 Abs. 2 S. 2 mit eigenen Rechten ausgestattet ist.[13]

Die Missachtung der Verfahrensvorschriften des Abs. 1 oder der Pflichten öffentlicher AG nach § 82 hat auch Auswirkungen auf die Beweislastverteilung des § 22 AGG, wenn ein Verstoß gegen das Benachteiligungsverbot wegen einer Behinderung nach § 7 AGG geltend gemacht wird. Der schwerbehinderte Mensch muss danach Indizien beweisen, die eine Benachteiligung wegen einer Behinderung vermuten lassen. Die Nichteinschaltung der AA gem. § 81 Abs. 1 S. 2,[14] oder ein Verstoß gegen die Verpflichtung öffentlicher AG gem. § 82,[15] lassen die Vermutung einer Benachteiligung wegen der Behinderung zu. Gleiches ist auch dann anzunehmen, wenn der AG entgegen Abs. 1 S. 4 die SBV nicht unmittelbar nach Eingang über die Bewerbung eines schwerbehinderten Menschen unterrichtet und sie entgegen Abs. 1 S. 6 nicht bei der Prüfung beteiligt, ob ein Arbeitsplatz mit einem schwerbehinderten Menschen besetzt werden kann.[16]

IV. Beraterhinweise

AG sollten darauf achten, dass die Einhaltung der Verfahrensvorschriften nach Abs. 1 entsprechend dokumentiert und die Unterrichtung des schwerbehinderten Menschen unter Angabe aller für die Entscheidung maßgeblichen Sachgründe schriftlich vorgenommen wird.

B. Benachteiligungsverbot (Abs. 2)

Abs. 2 regelt das Benachteiligungsverbot für schwerbehinderte Beschäftigte. Durch die umfassende Neuregelung im AGG wurde die früher in S. 2 Nr. 1 bis 5 enthaltene Spezialregelung entbehrlich und durch einen Verweis auf die Regelungen des AGG ersetzt, S. 2. Insoweit kann auf die Kommentierung zum AGG verwiesen werden. Die früher umstr. Frage, ob das Benachteiligungsverbot in Abs. 2 gemeinschaftskonform dahingehend auszulegen ist, dass die Vorschrift auf alle behinderten Menschen anzuwenden ist,[17] hat sich damit erledigt. Diese Umsetzungslücke hat der Gesetzgeber durch Ausweitung des Benachteiligungsverbots auf alle behinderten Menschen in § 1 AGG geschlossen.

C. Behinderungsgerechte Beschäftigung (Abs. 3 bis 4)

I. Allgemeines

Um eine möglichst dauerhafte Beschäftigung schwerbehinderter Menschen zu gewährleisten, wurden die Rechte schwerbehinderter Menschen im bestehenden Arbverh durch das Gesetz zur Bekämpfung der Arbeitslosigkeit v. 29.9.2000[18] erweitert.

II. Regelungsgehalt

1. Behinderungsgerechte Einrichtung des Betriebes (Abs. 3). Die Verpflichtung des Abs. 3 richtet sich an **beschäftigungspflichtige AG**. Um die Beschäftigungspflicht zu erfüllen, müssen sie konkrete Maßnahmen ergreifen, damit in ihren Betrieben und Dienststellen schwerbehinderte Menschen dauerhaft beschäftigt werden können. Durch diese Regelung wird klargestellt, dass dem AG der Einwand, über keine behindertengerechte Arbeitsplätze zu verfügen, abgeschnitten werden soll.[19] Welche geeigneten Maßnahmen zu ergreifen sind, wird in Abs. 4 geregelt.

2. Individuelle Ansprüche schwerbehinderter Menschen (Abs. 4). Die in Abs. 4 enthaltenen Verpflichtungen sind als arbeitsvertragliche Pflichten ausgestaltet, die dem einzelnen schwerbehinderten Menschen einen einklagbaren **Anspruch** geben, unabhängig davon, ob sein AG der Beschäftigungspflicht unterliegt oder nicht.[20]

---

11 BAG 14.11.1989 – 1 ABR 88/88 – DB 1990, 636.
12 Düwell, BB 2000, 2570.
13 Offen gelassen BAG 10.11.1992 – 1 ABR 21/92 – NZA 1993, 376; Hessisches LAG 17.10.2006 – 4 TaBV 42/06 – ArbuR 2007, 145.
14 BAG 12.9.2006 – 9 AZR 807/05 – NZA 2007, 507.
15 ArbG Berlin 10.10.2003 – 91 Ca 17871/03 – br 2004, 110; VGH Baden-Württemberg 21.9.2005 – 9 S 1357/05 – NJW 2006, 538.
16 BAG 15.2.2005 – 9 AZR 635/03 – NZA 2005, 870.
17 BAG 3.4.2007 – 9 AZR 823/06 – NJW 2007, 3515.
18 BGBl I S. 1394.
19 Müller-Wenne/Schorn, § 81 Rn 55.
20 BAG 14.3.2006 – 9 AZR 411/05 – NZA 2006, 1214; BAG 10.5.2005 – 9 AZR 230/04 – DB 2006, 55; BAG 3.12.2002 – 9 AZR 481/01 – NZA 2003, 1215.

Nach **Nr. 1** hat der schwerbehinderte Mensch einen Anspruch darauf, dass ihm eine Beschäftigung zugewiesen wird, bei der er entsprechend seiner Vorbildung und seinem Gesundheitszustand seine Fähigkeiten und Kenntnisse möglichst voll verwerten und weiterentwickeln kann.[21] Die Vorschrift ist Ausdruck der gesteigerten Fürsorgepflicht des AG gegenüber schwerbehinderten AN. Ein Anspruch des AN, dass der AG einen neuen Arbeitsplatz schafft, ergibt sich daraus nicht.[22]

15 Problematisch sind Konstellationen, in denen der schwerbehinderte Mensch seine arbeitsvertraglich geschuldete Tätigkeit aus gesundheitlichen Gründen nicht mehr ausüben kann. Im Schwerbehindertenrecht schließt die Unfähigkeit der vertraglich geschuldeten Arbeit einen Beschäftigungsanspruch nicht aus.[23] Steht dem AG ein freier Arbeitsplatz zur Verfügung, auf dem eine den Fähigkeiten und Kenntnissen des AN entsprechende Beschäftigung möglich ist, hat der schwerbehinderte Mensch einen Anspruch darauf, entsprechend beschäftigt zu werden. Voraussetzung für einen Anspruch auf **leidensgerechte Beschäftigung** ist, dass der schwerbehinderte Mensch substantiiert darlegt, welche leidensgerechte Tätigkeit er noch ausüben kann. Ein Anspruch des schwerbehinderten AN darauf, einen Arbeitsplatz frei zu kündigen, ist auf solche Ausnahmefälle beschränkt, in denen der zu kündigende AN nicht auch behindert ist und die Künd für ihn keine soziale Härte darstellt.[24] Die Versetzung eines anderen AN kann dann beansprucht werden, wenn sie für den nicht behinderten AN mit keinen gewichtigen Nachteilen verbunden ist.[25]

16 Ähnlich wie schon § 74 SGB V sieht § 28 für schwerbehinderte AN, die nach ärztlicher Feststellung ihre bisherige Tätigkeit nur teilweise ausüben können, eine **stufenweise Wiedereingliederung** vor. Das BAG hat in seinen älteren Entscheidungen zu § 74 SGB V einen Anspruch des AN auf stufenweise Wiedereingliederung abgelehnt.[26] Hiervon abweichend kann dagegen der Beschäftigungsanspruch schwerbehinderter bzw. gleichgestellter AN gem. Abs. 4 Nr. 1 einen solchen Anspruch begründen, wenn eine ärztliche Bescheinigung den Wiedereingliederungsplan einschließlich der Prognose über den Zeitpunkt der zu erwartenden Wiedererlangung der Arbeitsfähigkeit enthält.[27]

17 Nach **Nr. 2 und 3** hat der AG die berufliche **Aus- und Fortbildung** schwerbehinderter AN zu **fördern**. Bei innerbetrieblichen Maßnahmen ist der schwerbehinderte AN bevorzugt zu berücksichtigen, während der AG ihm den Zugang zu außerbetrieblichen Maßnahmen nur erleichtern muss.[28]

18 **Nr. 4** verpflichtet alle AG zur **behinderungsgerechten** Einrichtung und Unterhaltung des **Arbeitsplatzes** und der Arbeitsumgebung. Es werden damit auch die Betriebsstätte und die gesamte betriebliche Organisation erfasst, z.B. die Einrichtung von Aufzügen, betriebsnahen Parkplätzen, barrierefreien Betriebsgebäuden und Sanitäranlagen. Der AG ist auch zur Umgestaltung der Arbeitsorganisation verpflichtet, sofern dies betrieblich möglich ist.[29] Ergänzend hierzu verpflichtet Nr. 5 den AG den Arbeitsplatz mit technischen Arbeitshilfen auszustatten. Dazu gehören z.B. Seh- oder Hebehilfen usw.

19 **3. Zumutbarkeit und Verhältnismäßigkeit (Abs. 4 S. 3).** Die in Abs. 4 S. 1 Nr. 1 bis 5 genannten Pflichten des AG stehen unter dem Vorbehalt der **Zumutbarkeit** und **Verhältnismäßigkeit**. Hierbei sind unter Beachtung aller Umstände des Einzelfalls und unter Berücksichtigung der beiderseitigen Interessen die Vorteile und Lasten der jeweiligen Maßnahme abzuwägen.[30] Maßgebend sind zum einen die Größe und Leistungsfähigkeit des Betriebes sowie Art, Ausmaß und Kosten für die jeweilige Maßnahme, unter Berücksichtigung der begleitenden Hilfen des Integrationsamts.[31] Unzumutbar können geforderte Maßnahmen sein, wenn durch sie z.B. andere Arbeitsplätze gefährdet oder die wirtschaftliche Lage des Unternehmens überfordert wird. Die Verpflichtungen des AG bestehen auch dann nicht, soweit staatliche oder berufsgenossenschaftliche Arbeitsschutzvorschriften oder beamtenrechtliche Vorschriften entgegenstehen.

20 **4. Darlegungs- und Beweislast.** Die Darlegungs- und Beweislast ist **abgestuft**.[32] Nach den allgemeinen Regelungen hat der AN grundsätzlich die Darlegungs- und Beweislast für den Anspruch auf eine behinderungsgerechte Beschäftigung.[33] Zur Begründung des Beschäftigungsanspruchs ist notwendig, dass der schwerbehinderte AN Beschäftigungsmöglichkeiten aufzeigt, die seinem infolge der Behinderung eingeschränkten Leistungsvermögen und seinen Fähigkeiten entsprechen. Dazu gehört auch die Darlegung der Umgestaltung oder Ausstattung des Arbeitsplatzes mit technischen Arbeitshilfen. Diese Anforderungen an die Darlegungslast gelten allerdings nicht, wenn

---

21 BAG 10.5.2005 – 9 AZR 230/04 – DB 2006, 55; BAG 3.12.2002 – 9 AZR 481/01 – NZA 2003, 1215.
22 BAG 10.5.2005 – 9 AZR 230/04 – DB 2006, 55; BAG 28.4.1998 – 9 AZR 348/97– NZA 1999, 152; BAG 19.9.1979 – 4 AZR 887/77 – DB 1980, 405.
23 BAG 13.6.2006 – 9 AZR 229/05 – NZA 2007, 91.
24 BAG 28.4.1998 – 9 AZR 348/97 – NZA 1999, 152; BAG 10.7.1991 – 5 AZR 383/90 – BAGE 68, 141.
25 BAG 3.12.2002 – 9 AZR 481/01 – NZA 2003, 1215; HK-SGB IX/*Trenk-Hinterberger*, § 81 Rn 38.
26 BAG 29.1.1992 – 5 AZR 37/91 – DB 1992, 1478; BAG 19.4.1994 – 9 AZR 462/92 – DB 1994, 1880.
27 BAG 13.6.2006 – 9 AZR 229/05 – NZA 2007, 91.
28 HK-SGB IX/*Trenk-Hinterberger*, § 81 Rn 42.
29 BAG 14.3.2006 – 9 AZR 411/05 – NZA 2006, 1214.
30 GK-SGB IX/*Großmann*, § 81 Rn 411.
31 *Müller-Wenne/Schorn*, § 81 Rn 76.
32 BAG 10.5.2005 – 9 AZR 230/04 – DB 2006, 55; LAG Schleswig-Holstein 7.6.2005 – 5 Sa 68/05 – AuA 2005, 504.
33 BAG 14.3.2006 – 9 AZR 411/05 – NZA 2006, 1214.

der AG seinen Pflichten nach § 84 nicht nachgekommen ist.[34] Der AG hat sich auf den Vortrag des AN substantiiert einzulassen und die Tatsachen vorzutragen, aus denen sich ergibt, dass solche behinderungsgerechte Beschäftigungsmöglichkeiten nicht bestehen. Hierzu gehört auch die Darlegung, dass kein entsprechender freier Arbeitsplatz vorhanden ist und auch nicht durch Versetzung frei gemacht werden kann. Den anspruchsausschließenden Umstand der **Unzumutbarkeit** der Beschäftigung nach Abs. 4 S. 3 hat der **AG** darzulegen und zu beweisen.[35]

III. Verbindung zu anderen Rechtsgebieten und zum Prozessrecht

Kann der schwerbehinderte Mensch seine geschuldete Arbeitsleistung aus gesundheitlichen Gründen nicht mehr ausüben, besteht auch dann kein Annahmeverzugslohnanspruch, wenn er durch eine Versetzung auf einen anderen Arbeitsplatz, oder durch eine behinderungsgerechte Einrichtung des Arbeitsplatzes im Stande wäre, die Arbeit zu verrichten.[36] Dem schwerbehinderten Menschen kann aber ein **Schadensersatzanspruch** zustehen, wenn der AG seine Verpflichtungen nach Abs. 4 Nr. 1 bis 5 schuldhaft nicht erfüllt, da Abs. 4 ein Schutzgesetz i.S.d. § 823 Abs. 2 BGB ist.[37]

Soweit für die Erfüllung des Beschäftigungsanspruchs eine Versetzung erforderlich ist, hat der schwerbehinderte Mensch einen Anspruch darauf, dass der AG die **Zustimmung nach § 99 BetrVG** beim BR einholt.[38] Die Pflichten des AG gem. § 81 Abs. 4 sind auch bei der Prüfung zu berücksichtigen, ob eine Beendigungskünd durch eine mit einer Änderungskünd verbundene Versetzung vermieden werden kann.[39] Der AG ist in diesen Fällen aber i.d.R. nicht verpflichtet vor Ausspruch der Kündigung bei fehlender Zustimmung des BR zur Versetzung das Zustimmungsersetzungsverfahren einzuleiten, wenn das Integrationsamt bereits zuvor eine entspr. Weiterbeschäftigungsmöglichkeit geprüft und abgelehnt hat.[40]

IV. Beraterhinweise

Soweit der bisherige Arbeitsvertrag die angestrebte Beschäftigungsmöglichkeit nicht abdeckt, hat der schwerbehinderte AN einen Anspruch auf eine entsprechende Vertragsänderung.[41] Dieser Anspruch soll nach der Rspr. des BAG[42] unmittelbar bei Vorliegen der gesetzlichen Voraussetzungen bestehen, d.h. der AN ist nicht verpflichtet, den AG vorab auf Zustimmung zur Vertragsänderung zu verklagen. Soweit für die Erfüllung des Beschäftigungsanspruchs die Zustimmung nach § 99 BetrVG erforderlich ist, kann der Klageantrag vorbehaltlich der Zustimmung des BR nach § 259 ZPO gestellt werden, wenn der AG seine Leistungspflicht leugnet.

D. Teilzeitanspruch (Abs. 5)

I. Allgemeines

Der behinderungsbedingte Teilzeitanspruch ist als Spezialfall der Verpflichtung des AG zur behinderungsgerechten Beschäftigung nach Abs. 4 S. 1 Nr. 1, 4 und 5 zu verstehen. Im Vordergrund steht das Interesse des schwerbehinderten Menschen, eine mit seiner Behinderung vereinbare Arbeitszeit zu ermöglichen.

II. Regelungsgehalt

Die Vorschrift begründet i.V.m. § 81 Abs. 4 S. 1 für den schwerbehinderten Menschen einen Anspruch auf tatsächliche Beschäftigung mit verringerter Arbeitszeit, wenn die kürzere Arbeitszeit wegen der **Art oder Schwere** der Behinderung notwendig ist. Ein Anspruch auf Altersteilzeit mit tariflichen Aufstockungsleistungen ergibt sich daraus nicht.[43] Anders als der Teilzeitanspruch nach § 8 TzBfG kann der behinderungsbedingte Teilzeitanspruch ohne Einhaltung einer Frist bereits in den ersten sechs Monaten des Arbverh formlos geltend gemacht werden. Der Anspruch besteht gegenüber allen AG, unabhängig davon, ob sie beschäftigungspflichtig gem. §§ 71 f. sind oder eine bestimmte Anzahl von AN beschäftigen. Darüber hinaus kann ein schwerbehinderter Mensch, der seine Arbeitszeit bereits nach § 8 TzBfG vermindert hat, eine weitere Reduzierung nach Abs. 5 vor Ablauf der Zwei-Jahres-Frist des § 8 Abs. 6 TzBfG verlangen, wobei eine befristete Herabsetzung der Arbeitszeit in Betracht kommt.

Nach Auffassung des BAG[44] soll das Verlangen auf Reduzierung der Arbeitszeit unmittelbar eine Reduzierung der Arbeitszeit bewirken, **ohne** dass es einer vorherigen **Vertragsänderung** bedarf. Begründet wird dies mit dem Wort-

---

34 BAG 4.10.2005 – 9 AZR 632/04 – NJW 2006, 1691.
35 BAG 14.3.2006 – 9 AZR 411/05 – NZA 2006, 1214.
36 BAG 4.10.2005 – 9 AZR 632/04 – NJW 2006, 1691; BAG 10.7.1991 – 5 AZR 383/90 – BAGE 68/141; BAG 23.1.2001 – 9 AZR 287/99 – NZA 2001, 1020.
37 BAG 4.10.2005 – 9 AZR 632/04 – NJW 2006, 1691; BAG 12.11.1980 – 4 AZR 779/78 – DB 1981, 899.
38 BAG 3.12.2002 – 9 AZR 481/01 – NZA 2003, 1215.
39 BAG 22.9.2005 – 2 AZR 519/04 – DB 2006, 952.
40 BAG 22.9.2005 – 2 AZR 519/04 – DB 2006, 952.
41 So noch BAG 28.4.1998 – 9 AZR 348/97 – NZA 1999, 152; BAG 19.9.1979 – 4 AZR 887/77 – DB 1980, 405; offen gelassen BAG 3.12.2002 – 9 AZR 481/01 – NZA 2003, 1215.
42 BAG 10.5.2005 – 9 AZR 230/04 – DB 2006, 55.
43 BAG 26.6.2001 – 9 AZR 244/00 – NZA 2002, 44.
44 BAG 14.10.2003 – 9 AZR 100/03 – AP § 81 SGB IX Nr. 3; a.A. ArbG Frankfurt 27.3.2002 – 2 Ca 5484/01 – ZTR 2002, 496.

laut des Abs. 5 S. 3, der keinen Anhalt für die Annahme biete, der AG müsse zuvor einem Verlangen des schwerbehinderten Menschen auf Reduzierung der Arbeitszeit zustimmen.

27 Mit einer tarifvertraglichen Regelung, nach der das Arbverh wegen Erwerbsminderung ruht, kann der Anspruch auf Teilzeitbeschäftigung nach Abs. 5 S. 3 nicht aufgehoben werden.[45] Das ist nach der Rspr. des BAG der Fall, wenn der schwerbehinderte AN nach ärztlicher Feststellung noch in der Lage ist, mit verringerter Arbeitszeit tätig zu werden und der schwerbehinderte Mensch im zeitlichen Zusammenhang mit der Rentenbewilligung die Verringerung der Arbeitszeit mit Rücksicht auf die Behinderung verlangt.[46]

28 Voraussetzung für einen Anspruch auf Reduzierung der Arbeitszeit nach Abs. 5 ist, dass dem AG die **Schwerbehinderung bekannt** war und die Reduzierung der Arbeitszeit auf **behinderungsbedingte Gründe** gestützt wurde.[47] Zur Darlegung der **Notwendigkeit** einer Verkürzung der Arbeitszeit genügt eine ärztliche Bescheinigung, aus der hervorgeht, dass eine Verkürzung der Arbeitszeit aus gesundheitlichen Gründen indiziert ist.[48]

29 Für den behinderungsbedingten Teilzeitanspruch gilt nach Abs. 5 S. 3 Hs. 2 der Zumutbarkeitsvorbehalt des Abs. 4 S. 3 entsprechend. Diese Regelung bezweckt wegen ihrer gegenüber § 8 Abs. 4 S. 1 TzBfG engeren Beschränkung eine Privilegierung schwerbehinderter Menschen. Allgemeine betriebliche Gründe reichen daher nicht aus.[49] Demnach ist die Reduzierung der Arbeitszeit dem AG auch dann nicht unzumutbar, wenn der schwerbehinderte Mensch eine spezielle Qualifikation vorhält und infolgedessen der Einsatz von Ersatzpersonen Schwierigkeiten bereitet.[50]

III. Verbindung zu anderen Rechtsgebieten und zum Prozessrecht

30 Die Darlegungs- und Beweislast dafür, dass die Art oder Schwere der Behinderung ursächlich für die Notwendigkeit der Arbeitszeitverringerung ist, trägt der schwerbehinderte AN. Die Unzumutbarkeit hat dagegen der AG zu beweisen.[51]

IV. Beraterhinweise

31 Da der Anspruch auf Teilzeitbeschäftigung nach Abs. 5 unmittelbar bei Vorliegen der gesetzlichen Voraussetzungen geltend gemacht werden kann, ist er nicht wie der Anspruch nach § 8 TzBfG mit einer auf Abgabe einer Willenerklärung gerichteten Klage, sondern vielmehr mit einer auf Beschäftigung mit entsprechender reduzierter Arbeitszeit gerichteten Leistungsklage durchzusetzen. Dabei ist zu beachten, dass der Klageantrag den angestrebten Umfang und Zeitraum der Verringerung der Arbeitszeit umfasst. Das auf Beschäftigung gerichtete Urteil ist wie ein Weiterbeschäftigungstitel nach § 888 ZPO zu vollstrecken, da es sich insoweit um eine unvertretbare Handlung handelt.

§ 84 Prävention

(1) Der Arbeitgeber schaltet bei Eintreten von personen-, verhaltens- oder betriebsbedingten Schwierigkeiten im Arbeits- oder sonstigen Beschäftigungsverhältnis, die zur Gefährdung dieses Verhältnisses führen können, möglichst frühzeitig die Schwerbehindertenvertretung und die in § 93 genannten Vertretungen sowie das Integrationsamt ein, um mit ihnen alle Möglichkeiten und alle zur Verfügung stehenden Hilfen zur Beratung und mögliche finanzielle Leistungen zu erörtern, mit denen die Schwierigkeiten beseitigt werden können und das Arbeits- oder sonstige Beschäftigungsverhältnis möglichst dauerhaft fortgesetzt werden kann.

(2) ¹Sind Beschäftigte innerhalb eines Jahres länger als sechs Wochen ununterbrochen oder wiederholt arbeitsunfähig, klärt der Arbeitgeber mit der zuständigen Interessenvertretung im Sinne des § 93, bei schwerbehinderten Menschen außerdem mit der Schwerbehindertenvertretung, mit Zustimmung und Beteiligung der betroffenen Person die Möglichkeiten, wie die Arbeitsunfähigkeit möglichst überwunden werden und mit welchen Leistungen oder Hilfen erneuter Arbeitsunfähigkeit vorgebeugt und der Arbeitsplatz erhalten werden kann (betriebliches Eingliederungsmanagement). ²Soweit erforderlich wird der Werks- oder Betriebsarzt hinzugezogen. ³Die betroffene Person oder ihr gesetzlicher Vertreter ist zuvor auf die Ziele des betrieblichen Eingliederungsmanagements sowie auf Art und Umfang der hierfür erhobenen und verwendeten Daten hinzuweisen. ⁴Kommen Leistungen zur Teilhabe oder begleitende Hilfen im Arbeitsleben in Betracht, werden vom Arbeitgeber die örtlichen gemeinsamen Servicestellen oder bei schwerbehinderten Beschäftigten das Integrationsamt hinzugezogen. ⁵Diese wirken darauf hin, dass die erforderlichen Leistungen oder Hilfen unverzüglich beantragt und innerhalb der Frist des § 14 Abs. 2 Satz 2 erbracht werden. ⁶Die zuständige Interessenvertretung im Sinne des § 93, bei schwerbehinderten Menschen außerdem die Schwerbehindertenvertretung,

---

45 BAG 14.10.2003 – 9 AZR 100/03 – AP § 81 SGB IX Nr. 3.
46 BAG 14.10.2003 – 9 AZR 100/03 – AP § 81 SGB IX Nr. 3.
47 BAG 14.10.2003 – 9 AZR 100/03 – AP § 81 SGB IX Nr. 3.
48 ArbG Frankfurt 27.3.2002 – 2 Ca 5484/01 – ZTR 2002, 496.
49 Müller-Wenne/Schorn, § 81 Rn 80.
50 GK-SGB IX/Großmann, § 81 Rn 439; a.A. LAG Schleswig-Holstein 23.10.01 – 3 Sa 393/01 – LAGReport 2002, 29.
51 BAG 14.10.2003 – 9 AZR 100/03 – AP § 81 SGB IX Nr. 3.

können die Klärung verlangen. [7]Sie wachen darüber, dass der Arbeitgeber die ihm nach dieser Vorschrift obliegenden Verpflichtungen erfüllt.

(3) Die Rehabilitationsträger und die Integrationsämter können Arbeitgeber, die ein betriebliches Eingliederungsmanagement einführen, durch Prämien oder einen Bonus fördern.

A. Allgemeines 1	III. Auswirkungen im Zustimmungs- und Kündigungsschutzverfahren 12
B. Regelungsgehalt 2	C. Verbindung zu anderen Rechtsgebieten und zum Prozessrecht 13
I. Prävention bei Gefährdung des Arbeitsplatzes (Abs. 1) 2	
II. Prävention beim Auftreten gesundheitlicher Schwierigkeiten (Abs. 2) 6	D. Beraterhinweise 15

A. Allgemeines

§ 84 dient der Konfliktprävention. Die Vorschrift wurde durch das Gesetz zur Förderung der Ausbildung und Beschäftigung schwerbehinderter Menschen v. 23.4.2004[1] um das sog. betriebliche Eingliederungsmanagement (BEM) erweitert. **1**

B. Regelungsgehalt

I. Prävention bei Gefährdung des Arbeitsplatzes (Abs. 1)

Alle AG haben unabhängig davon, ob sie beschäftigungspflichtig gem. § 71 sind oder nicht, bei Eintreten von personen-, verhaltens-, oder betriebsbedingten Gründen, die zur Gefährdung des Arbverh eines **schwerbehinderten Menschen** oder eines **Gleichgestellten** führen können, möglichst frühzeitig die SBV und die in § 93 genannten Vertretungen, sowie das Integrationsamt einzuschalten. Hierbei sollen alle zur Verfügung stehenden Hilfen zur Beratung und mögliche finanzielle Leistungen erörtert werden. **2**

Der Anwendungsbereich ist nicht auf AN beschränkt, sondern erfasst entsprechend dem weiten Anwendungsbereich des SGB IX auch andere Beschäftigungsverhältnisse (siehe §§ 71–77 Rn 6). Allerdings werden von Abs. 1 **nur schwerbehinderte** und diesen nach § 2 Abs. 3 **gleichgestellte Menschen** erfasst.[2] Die Rspr. des BAG[3] schränkt den Anwendungsbereich dahingehend weiter ein, dass die Präventionspflicht **nicht** bei Arbverh anwendbar sein soll, die noch **keine sechs Monate** bestehen und damit mangels Erfüllung der Wartezeit i.S.d. § 1 KSchG noch keinen Künd-Schutz genießen.[4] **3**

Die Präventionspflicht setzt ein, wenn personen-, verhaltens- oder betriebsbedingte **Schwierigkeiten** im Beschäftigungsverhältnis auftreten, die zur **Gefährdung** dieses Verhältnisses führen können. Daraus folgt einerseits, dass die Schwierigkeiten bereits greifbare Formen und zumindest ein solches Gewicht angenommen haben müssen, dass der Bestand des Arbverh gefährdet sein kann. Andererseits folgt daraus, dass diese Schwierigkeiten noch nicht den Charakter von Künd-Gründen aufweisen dürfen, da nach dem Gesetz die präventiven Maßnahmen eine Gefährdung des Arbverh verhindern, also dem Entstehen von Künd-Gründen zuvorkommen sollen.[5] Daraus folgt, dass jedenfalls bei **schwerwiegenden Verstößen**, die eine Abmahnung erübrigen, der AG wegen Aussichtslosigkeit **kein Präventionsverfahren** durchführen muss.[6] **4**

Liegen die Voraussetzungen des Abs. 1 vor, hat der AG das Präventionsverfahren durchzuführen. Im Gegensatz zum Vorgehen nach Abs. 2 ist diese Pflicht nicht von der Zustimmung des Beschäftigten abhängig. Die Durchführung ist aber nach der Rspr. des BAG[7] dann **entbehrlich**, wenn es von vornherein keinen Erfolg verspricht. Letzteres nimmt das BAG dann an, wenn das **Integrationsamt** nach eingehender Prüfung die **Zustimmung** zur Künd erteilt hat und nur bei Vorliegen besonderer Anhaltspunkte davon ausgegangen werden kann, das Präventionsverfahren habe die Künd verhindern können.[8] **5**

II. Prävention beim Auftreten gesundheitlicher Schwierigkeiten (Abs. 2)

Das in Abs. 2 geregelte Verfahren zur Durchführung der betrieblichen Prävention bezeichnet das Gesetz als betriebliches Eingliederungsmanagement (BEM). Ziel des BEM ist die Überwindung der bestehenden und Vermeidung künftiger Arbeitsunfähigkeiten und damit auch die Vermeidung krankheitsbedingter Künd. Ein gesetzlich verbindliches Konzept für die Durchführung eines BEM gibt es nicht, § 84 benennt nur einige Mindestanforderungen, die an **6**

---

1 BGBl I S. 606.
2 BAG 7.12.2006 – 2 AZR 182/06 – NZA 2007, 617.
3 BAG 28.6.2007 – 6 AZR 750/06 – NZA 2007, 1049.
4 A.A. *Gagel*, jurisPR-ArbR 22/07; KSchR/*Kittner*, § 84 SGB IX Rn 6.
5 BAG 7.12.2006 – 2 AZR 182/06 – NZA 2007, 617; a.A. H/S/*Düwell*, § 7 Rn 429b.
6 BAG 7.12.2006 – 2 AZR 182/06 – NZA 2007, 617.
7 BAG 7.12.2006 – 2 AZR 182/06 – NZA 2007, 617.
8 BAG 7.12.2006 – 2 AZR 182/06 – NZA 2007, 617.

ein BEM zu stellen sind.⁹ Die Einladung zu einem klärenden Sozialgespräch oder sog. Krankenrückkehrgespräche genügen den Mindestanforderungen nicht.¹⁰

7 Sind Beschäftigte innerhalb eines Jahres länger als **sechs Wochen** ununterbrochen oder wiederholt arbeitsunfähig, klärt der AG mit der zuständigen Interessensvertretung i.S.d. § 93, bei schwerbehinderten Menschen außerdem mit der SBV, mit **Zustimmung** und Beteilung des Betroffenen die Möglichkeiten, wie die Arbeitsunfähigkeit überwunden werden kann und mit welchen Leistungen oder Hilfen erneuter Arbeitsunfähigkeit vorgebeugt werden kann. Soweit erforderlich wird der Betriebsarzt hinzugezogen. Die in Abs. 2 erweiterte und speziellere Präventionsregelung ist **ohne Bezug zur Schwerbehinderung bei jedem AN** einzuhalten.¹¹

8 Tatbestandliche Voraussetzung ist zunächst das Vorliegen einer ununterbrochenen oder wiederholten **6-wöchigen Arbeitsunfähigkeit** eines Beschäftigten, wobei es nicht darauf ankommt, ob die Arbeitsunfähigkeit auf dieselbe oder verwandte Ursachen zurückzuführen sind.¹² Bezugszeitraum für die Dauer der Arbeitsunfähigkeit ist dabei nicht das Kj, sondern das vor der jeweiligen Arbeitsunfähigkeit liegende abgelaufene Jahr.¹³

9 Stellt der AG fest, dass bei einem Beschäftigten Arbeitsunfähigkeit von mind. sechs Wochen vorliegt, hat er das BEM einzuleiten. Für die Durchführung des BEM ist gem. Abs. 2 S. 1 die **Zustimmung** des Betroffenen erforderlich. Der AG hat daher die betroffene Person oder ihren gesetzlichen Vertreter nach Abs. 2 S. 3 zuvor auf die gesetzlichen Ziele des BEM sowie auf Art und Umfang der hierfür erhobenen und verwendeten Daten hinzuweisen. Die Zustimmung ist in der konkret anstehenden Situation einzuholen, ein pauschaler klauselartiger Hinweis im Arbeitsvertrag reicht nicht aus.

10 Wird die Zustimmung erteilt, so sind mit dem BR oder dem PR unter Beteiligung des Betroffenen, ggf. unter Hinzuziehung des Werks- oder Betriebsarztes, die Möglichkeiten zu klären, wie die Arbeitsunfähigkeit möglichst überwunden werden und mit welchen Leistungen oder Hilfen erneuter Arbeitsunfähigkeit vorgebeugt werden und der Arbeitsplatz erhalten werden kann. Existiert in dem Betrieb keine Interessenvertretung, so hat der AG gleichwohl das BEM durchzuführen, da diese Verpflichtung unabhängig vom Vorhandensein einer Interessenvertretung besteht. Zu den denkbaren Möglichkeiten im Rahmen des BEM gehören v.a. Veränderungen des Arbeitsplatzes, die Umschulung für eine leidensgerechte Tätigkeit, die Versetzung auf einen anderen Arbeitsplatz wie auch medizinische Maßnahmen der Prävention und Rehabilitation. Sofern der Betroffene schwerbehindert oder gleichgestellt ist, ist zusätzlich die SBV hinzuzuziehen. Kommen Leistungen zur Teilhabe oder begleitenden Hilfen im Arbeitsleben in Betracht, werden vom AG die gemeinsamen Servicestellen und das Integrationsamt hinzugezogen. Diese wirken darauf hin, dass die erforderlichen Leistungen oder Hilfen unverzüglich beantragt und innerhalb der Frist des § 14 Abs. 2 S. 2 erbracht werden. Die Durchführung des BEM steht nicht im Ermessen des AG. Der Rechtspflicht korrespondiert ein Überwachungsmandat der Interessensvertretungen i.S.d. § 93 und der SBV, Abs. 2 S. 7. Außerdem können gem. Abs. 2 S. 6 die zuständige Interessenvertretung i.S.d. § 93 bei schwerbehinderten die SBV Klärung verlangen.

11 Abs. 3 sieht vor, dass die Rehabilitationsträger und Integrationsämter AG, die ein BEM einführen durch Prämien oder einen Bonus fördern. Die Vergabe einer solchen Prämie bzw. eines solchen Bonus steht im Ermessen des Integrationsamtes. Abs. 3 ist dahingehend zu verstehen, dass AG gefördert werden, die sich zu einer generellen Einführung des BEM, z. B in einer Integrationsvereinbarung gem. § 83 Abs. 2a oder in einer BV entschließen.

III. Auswirkungen im Zustimmungs- und Kündigungsschutzverfahren

12 Nach der Rspr. des BAG ist weder die Prävention nach Abs. 1,¹⁴ noch das BEM nach Abs. 2¹⁵ Wirksamkeitsvoraussetzung einer Künd, so dass bei Verletzung der Pflichten aus § 84 nicht per se die Unwirksamkeit der Künd folgt. Andererseits stellt die Vorschrift nicht nur eine reine Ordnungsvorschrift mit bloß Appellativcharakter dar, deren Missachtung in jedem Fall folgenlos bleibt. Vielmehr ist § 84 eine Konkretisierung des dem Künd-Schutzrecht innewohnenden Verhältnismäßigkeitsgrundsatzes.¹⁶ Eine Künd ist danach nur erforderlich, wenn sie nicht durch mildere Maßnahmen bzw. Mittel zu vermeiden ist. Solche Maßnahmen können die in Abs. 1 genannten Möglichkeiten und Hilfen zur Beratung und mögliche finanzielle Hilfen darstellen.¹⁷ Das in Abs. 2 geregelte BEM ist zwar nicht an sich ein solches milderes Mittel, durch das BEM können aber solche milderen Mittel, z.B. die Umgestaltung des Arbeitsplatzes oder eine Weiterbeschäftigung zu geänderten Arbeitsbedingungen auf einem anderem Arbeitsplatz erkannt und entwickelt werden.¹⁸ Eine Künd kann damit wegen Verstoßes gegen das Verhältnismäßigkeitsprinzip als sozial

---

9 *Lorenz*, ArbRB 2008, 382.
10 BAG 7.12.2006 – 2 AZR 182/06 – NZA 2007, 617.
11 BAG 12.7.2007 – 2 AZR 716/06 – NZA 2008, 173; *Cramer*, NZA 2004, 698; *Düwell*, FA 2004, 200; a.A. *Balders/Lepping*, NZA 2005, 854; *Brose*, DB 2005, 390; *Namensdorf/Natzel*, DB 2005, 1794.
12 *Lorenz*, ArbRB 2008, 382; a.A. *Balders/Lepping*, NZA 2005, 854.
13 *Lorenz*, ArbRB 2008, 382; *Balders/Lepping*, NZA 2005, 854.
14 BAG 7.12.2006 – 2 AZR 182/06 – NZA 2007, 617.
15 BAG 12.7.2007 – 2 AZR 716/06 – NZA 2008, 173.
16 BAG 7.12.2006 – 2 AZR 182/06 – NZA 2007, 617.
17 BAG 7.12.2006 – 2 AZR 182/06 – NZA 2007, 617.
18 BAG 12.7.2007 – 2 AZR 716/06 – NZA 2008, 173.

ungerechtfertigt zu beurteilen sein, wenn bei gehöriger Durchführung des Präventionsverfahrens oder des BEM Möglichkeiten bestanden hätten die Künd zu vermeiden.

C. Verbindung zu anderen Rechtsgebieten und zum Prozessrecht

Nach Auffassung des BAG darf sich der AG durch seine dem Gesetz widersprechende Untätigkeit keine darlegungs- und beweisrechtlichen Vorteile verschaffen.[19] Der AG trägt gem. § 1 Abs. 2 S. 4 KSchG grds. die Darlegungs- und Beweislast für die Tatsachen, die die Künd bedingen. Dazu gehört auch die Darlegung fehlender alternativer Beschäftigungsmöglichkeiten, wobei dem AG bislang die Möglichkeit eingeräumt wurde sich bei einer Künd wegen Krankheit zunächst auf pauschale Erklärungen zu beschränken, er kenne keine alternativen Einsatzmöglichkeiten bzw. es gebe keine freien Arbeitsplätze, die der erkrankte AN noch ausfüllen könne. Hat der AG hingegen kein BEM nach Abs. 2 durchgeführt, bedarf es nunmehr eines konkreten Sachvortrages des AG zu einem nicht mehr möglichen Einsatz des AN auf dem bisher innegehabten Arbeitsplatz einerseits, und warum andererseits eine leidensgerechte Anpassung und Veränderung ausgeschlossen ist, und der AN nicht auf einem alternativen anderen Arbeitsplatz bei geänderter Tätigkeit eingesetzt werden kann.[20]

13

Der BR und die SBV haben nach § 84 Abs. 2 S. 7 darüber zu wachen, dass der AG seinen Verpflichtungen nach dieser Vorschrift nachkommt. Diese Regelung macht deutlich, dass die Beteiligung der Interessenvertretungen eine Mindestanforderung an ein ordnungsgemäß durchgeführtes BEM darstellt.

14

D. Beraterhinweise

Dem AG ist aus Beweisgründen zu empfehlen die Zustimmung des Beschäftigten zur Durchführung des BEM schriftlich einzuholen. Im Hinblick auf die Erhebung, Speicherung, Verarbeitung und Übermittlung von Daten sollte ebenfalls die ausdrückliche Einwilligung des Betroffenen eingeholt werden. Vor dem Hintergrund des Ultima-Ratio-Grundsatzes und der erhöhten Anforderungen an die Darlegungslast des AG bei einer Künd wegen Krankheit sollten vor Ausspruch einer Künd die Präventionsmaßnahmen des Abs. 1 bzw. bei Vorliegen der tatbestandlichen Voraussetzungen das in Abs. 2 geregelte BEM durchgeführt und die einzelnen Abläufe dokumentiert werden.

15

§ 85   Erfordernis der Zustimmung

Die Kündigung des Arbeitsverhältnisses eines schwerbehinderten Menschen durch den Arbeitgeber bedarf der vorherigen Zustimmung des Integrationsamtes.

§ 86   Kündigungsfrist

Die Kündigungsfrist beträgt mindestens vier Wochen.

A. Allgemeines 1	4. Kenntnis des Arbeitgebers 11
B. Regelungsgehalt 2	5. Darlegungs- und Beweislast 14
I. Geltungsbereich 2	II. Rechtsfolgen der Verletzung des Kündigungsverbots 16
1. Räumlich 2	
2. Sachlich 3	III. Rechtsweg 17
3. Persönlich 4	IV. Kündigungsfrist (§ 86) 19
a) Arbeitnehmer 4	C. Verbindung zu anderen Rechtsgebieten und zum Prozessrecht 20
b) Schwerbehinderter Mensch 5	
c) Gleichgestellte 10	D. Beraterhinweise 22

A. Allgemeines

Die Vorschrift regelt den besonderen Kündigungsschutz schwerbehinderter und diesen gleichgestellten AN, indem sie die Wirksamkeit der arbeitgeberseitigen Künd von der **vorherigen Zustimmung** des Integrationsamts abhängig macht. Zweck der Regelung ist, schwerbehinderte bzw. diesen gleichgestellte AN in besonderer Weise vor dem Verlust ihres Arbeitsplatzes zu schützen.

1

---

19 BAG 12.7.2007 – 2 AZR 716/06 – NZA 2008, 173.

20 BAG 12.7.2007 – 2 AZR 716/06 – NZA 2008, 173; BAG 23.4.2008 – 2 AZR 1012/06 – DB 2008, 2091; a.A. *Tschöpe*, NZA 2008, 398.

B. Regelungsgehalt

I. Geltungsbereich

1. Räumlich. In Deutschland lebende Ausländer und Staatenlose genießen den besonderen Künd-Schutz in gleicher Weise wie Deutsche. Dagegen findet er keine Anwendung auf Betriebe im Ausland, da § 85 räumlich auf Arbverh in der BRD selbst dann beschränkt ist, wenn die Anwendung deutschen Rechts vereinbart ist.[1]

2. Sachlich. Besteht das Arbverh zum Zeitpunkt des Künd-Zugangs noch keine **sechs Monate**, ist die Künd nicht zustimmungspflichtig, § 90 Abs. 1 S. 1. Abgesehen von den sich aus § 90 weiter ergebenden **Ausnahmen** bedarf jede ordentliche und gem. § 91 außerordentliche Beendigungs- und Änderungs-Künd, auch wenn sie vom Insolvenzverwalter ausgesprochen wird, der vorherigen Zustimmung des Integrationsamts.[2] Der besondere Künd-Schutz ist nicht abdingbar.[3] **Keine Anwendung** findet § 85 dagegen bei der Anfechtung des Arbeitsvertrages, der Eigen-Künd, dem Ablauf einer Befristung, einem Aufhebungsvertrag oder der Auflösung des Arbeitsvertrages nach §§ 9, 10 KSchG.[4] Für den Fall der Beendigung des Arbverh wegen Eintritts einer Erwerbsminderung ist § 92 zu beachten.

3. Persönlich. a) Arbeitnehmer. Dem besonderen Künd-Schutz unterfallen alle **schwerbehinderten** und ihnen **gleichgestellte AN**, unabhängig davon, ob sie in einem Kleinbetrieb nach § 23 Abs. 1 S. 2 KSchG beschäftigt sind oder nicht.[5] Die Vorschrift ist auch auf Leih-AN, leitende Ang[6] und AN im Kirchendienst[7] anwendbar. Darüber hinaus gilt er auch für Auszubildende[8] und aufgrund § 127 Abs. 2 S. 2 für Heimarbeiter. Keine Anwendung finden §§ 85 ff. dagegen bei Beamten und Soldaten, § 128.

b) Schwerbehinderter Mensch. Das Erfordernis der Schwerbehinderung knüpft an die Tatbestandsmerkmale des § 2 an, da § 68 Abs. 1 auf § 2 verweist. Im Unterschied zur Gleichstellung hat die Feststellung der Schwerbehinderung keine konstitutive Wirkung, so dass bei Vorliegen der gesetzlichen Voraussetzungen die Schwerbehinderung auch ohne eine entsprechende Feststellung besteht (siehe § 68 Rn 5). Dennoch hat das BAG angenommen, dass die rechtlichen Wirkungen der Schwerbehinderung im Falle des Sonder-Künd-Schutzes nicht ohne weiteres eintreten, wenn die Schwerbehinderung im Zeitpunkt der Künd objektiv bestand. Vielmehr musste vor Ausspruch der Künd ein Bescheid über die Schwerbehinderung ergangen oder ein Antrag beim Versorgungsamt gestellt sein.[9] Im Falle der Schwerbehinderung wurde diese teleologische Reduktion zunehmend kritisiert[10] und vom BAG inzwischen aufgegeben, wenn der schwerbehinderte Mensch den AG vor Ausspruch der Künd über seine körperliche Beeinträchtigung und die beabsichtige Antragsstellung in Kenntnis gesetzt hat,[11] oder die Schwerbehinderung offenkundig war.[12] Offenkundig muss dabei nicht nur die Behinderung, sondern auch der GdB von 50 sein, z.B. bei Kleinwuchs, Blindheit oder Verlust von Gliedmaßen.[13] Hatte der AG mangels offenkundiger Schwerbehinderung zum Zeitpunkt der Künd keine Kenntnis von einer Schwerbehinderung bzw. einem entspr. Antrag, musste der AN den AG bisher innerhalb eines Monats hierüber informieren, um sich den besonderen Kündigungsschutz zu erhalten.[14]

§ 90 Abs. 2a bestimmt nunmehr, dass die Vorschriften des 4. Kapitels keine Anwendung finden, wenn zum Zeitpunkt der Künd die Eigenschaft als schwerbehinderter Mensch **nicht nachgewiesen** ist oder das Versorgungsamt nach Ablauf der **Frist des § 69 Abs. 1 S. 2** eine Feststellung wegen **fehlender Mitwirkung** nicht treffen konnte. In der Begründung des Gesetzesentwurfs heißt es, dass die Eigenschaft als schwerbehinderter Mensch zum Zeitpunkt der Künd nicht nachgewiesen ist, wenn sie nicht **offenkundig** ist, oder der Nachweis nicht durch einen **Feststellungsbescheid** nach § 69 Abs. 1 oder Abs. 2 erbracht ist.[15] Das bedeutet im Umkehrschluss, dass die Mitteilung über eine Schwerbehinderung und eine beabsichtige Antragsstellung nicht mehr und – mit Ausnahme der 2. Alt. des § 90 Abs. 2a – ein anhängiges Verfahren beim Versorgungsamt auch **nicht mehr ausreicht**, um den Anwendungsbereich des § 85 zu eröffnen.[16] Dies gilt auch dann, wenn die Feststellung der Eigenschaft als schwerbehinderter Mensch erst später z.B. durch einen Widerspruchsbescheid mit Rückwirkung erfolgt.[17]

---

1 BAG 30.4.1987 – 2 AZR 192/86 – NJW 1987, 2766.
2 LAG Hamm 12.2.2001 – 4 Ta 277/00 – NZA-RR 2002, 157; LAG Niedersachsen 4.4.2003 – 16 SA 1646/02 – MDR 2003, 1303.
3 HK-SGB IX/*Trenk-Hinterberger*, § 85 Rn 45
4 LAG Baden-Württemberg 12.3.2003 – 4 Sa 45/02 – br 2003, 154; BVerwG 11.5.2006 – 5 B 24/06 – jurisPR-BVerwG 18/2006 m. Anm. *Berlit*.
5 VGH Baden-Württemberg 4.3.2002 – 7 S 1651/01 – br 2003, 29.
6 HK-SGB IX/*Trenk-Hinterberger*, § 85 Rn 4.
7 VGH Baden-Württemberg 26.5.2003 – 9 S 1077/02 – br 2004, 207.
8 BAG 10.12.1987 – 2 AZR 385/87 – NZA 1988, 428.
9 BAG 17.2.1977 – 2 AZR 687/75 – NJW 1977, 1701; BAG 16.8.1991 – 2 AZR 241/90 – NZA 1992, 23; BAG 7.3.2002 – 2 AZR 612/00 – NZA 2002, 1145; s.a. BVerfG 9.4.1987 – 1 BvR 1406/86 – NZA 1987, 563.
10 *Großmann*, NZA 1992, 241; *Mianowicz*, RdA 1998, 281.
11 BAG 7.3.2002 – 2 AZR 612/00 – NZA 2002, 1145.
12 BAG 28.6.1995 – 7 AZR 555/94 – NZA 1996, 374; BAG 11.5.2000 – 2 AZR 276/99 – NZA 2000, 1106.
13 H/S/*Düwell*, § 7 Rn 373.
14 BAG 23.2.1978 – 2 AZR 462/76 – DB 1978, 1227; BAG 31.8.1989 – 2 AZR 8/89 – NZA 1990, 612; BAG 5.7.1990 – 2 AZR 8/90 – NZA 1991, 667.
15 BT-Drucks 15/2357, S. 24.
16 BAG 29.11.2007 – 2 AZR 613/06 – NZA 2008, 361; *Westers*, br 2004, 93.
17 BAG 29.11.2007 – 2 AZR 613/06 – NZA 2008, 361.

Die **2. Alt.** des § 90 Abs. 2a regelt demgegenüber den Fall, dass ein Feststellungsverfahren zum Zeitpunkt des Zugangs der Künd beim Versorgungsamt **anhängig** ist und der schwerbehinderte Mensch deshalb seine Schwerbehinderung noch nicht durch einen entsprechenden Bescheid nachweisen kann. Nach § 90 Abs. 2a Alt. 2 finden die Vorschriften über den Sonderkünd-Schutz keine Anwendung, wenn das Versorgungsamt nach Ablauf der Frist des § 69 Abs. 1 S. 2 eine Feststellung wegen fehlender Mitwirkung nicht treffen konnte. § 69 Abs. 1 S. 2 verweist auf die Fristen des § 14 Abs. 2 sowie Abs. 5 S. 2 und 5, die sich auf die Feststellung von Rehabilitationsbedarf beziehen. Ist ein Gutachten für die Feststellung nicht erforderlich, ist die Schwerbehinderung binnen **drei Wochen** nach Antragseingang festzustellen, § 14 Abs. 2 S. 2. Ist dagegen ein Gutachten erforderlich, ist die Schwerbehinderung spätestens in **sieben Wochen** festzustellen (siehe §§ 68, 69 Rn 6 ff.) Durch die Neuregelung soll der besondere Künd-Schutz für den Zeitraum ausgeschlossen werden, indem ein aussichtsloses Verfahren betrieben wird.[18] Damit soll dem Missbrauch des besonderen Künd-Schutzes entgegengewirkt werden, indem von vorneherein aussichtslose Feststellungsverfahren eingeleitet werden. Die Neuregelung zeigt, dass der Gesetzgeber nicht so weit gehen wollte, ausnahmslos jedem Antragsteller für die Dauer des Feststellungsverfahrens den besonderen Künd-Schutz zu entziehen.

Infolgedessen bleibt nach der Rspr. des BAG[19] der Sonderkünd-Schutz bestehen, wenn der Antrag so frühzeitig vor Künd-Zugang gestellt worden ist, dass eine Entscheidung vor Ausspruch der Künd – bei ordnungsgemäßer Mitwirkung des Antragstellers – binnen der Frist des § 69 Abs. 1 S. 2 möglich gewesen wäre. § 90 Abs. 2a Alt. 2 enthält insoweit die Bestimmung einer Vorfrist.[20] Dabei ist nach Auffassung des BAG im Interesse der Rechtssicherheit **alleine** die **dreiwöchige Frist** des § 14 Abs. 2 S. 2 maßgeblich.[21] Ist der Antrag demnach drei Wochen vor der Künd gestellt worden und beruht das Fehlen des Nachweises nicht auf fehlender Mitwirkung des AN, so bleibt der Sonderkünd-Schutz erhalten.[22] In diesen Fällen bedarf die Künd der Zustimmung des Integrationsamtes auch dann, wenn die Schwerbehinderung nach Zugang der Künd im Rechtsmittelverfahren rückwirkend festgestellt wird.[23] Die Anwendbarkeit des § 85 kann nicht davon abhängig gemacht werden, ob das Versorgungsamt die Schwerbehinderung rechtlich zutreffend beurteilt oder nicht. Weder dem Gesetzeswortlaut noch der Gesetzesbegründung sind Anhaltspunkte dafür zu entnehmen, dass – entgegen der bisherigen Rspr. und über Missbrauchsfälle hinaus – in der Form Rechtssicherheit für den AG geschaffen werden sollte, dass es auf den Erstbescheid des Versorgungsamtes ankommen soll, selbst wenn dieser rechtswidrig ist.[24]

Wenn die Überschreitung der Frist demgegenüber darauf beruht, dass der schwerbehinderte Mensch seinen **Mitwirkungspflichten** nach § 60 Abs. 1 SGB I nicht nachgekommen ist, bleibt es dabei, dass der besondere Künd-Schutz nicht mehr zu erlangen ist. Der antragstellende AN hat nach § 60 SGB I alle Tatsachen anzugeben, die für die Feststellung der Schwerbehinderung erforderlich sind, z.B. die amtlichen Vordrucke vollständig auszufüllen und auf Verlangen dem Versorgungsamt der Erteilung der erforderlichen Auskünfte durch Dritte zuzustimmen sowie Beweismittel zu bezeichnen und ggf. vorzulegen oder ihrer Vorlage zuzustimmen. Darüber hinaus werden mit dem Merkmal „fehlende Mitwirkung" i.S.d. § 90 Abs. 2a aber auch alle Regelungen in Bezug genommen, die in einem Sachzusammenhang mit § 60 SGB I stehen.[25] Hier sind in erster Linie die §§ 61, 62 SGB I zu nennen, wonach der Antragsteller verpflichtet ist, auf Verlangen zur mündlichen Erörterung seines Antrags persönlich zu erscheinen bzw. sich auf Verlangen ärztlicher und psychologischer Untersuchungsmaßnahmen zu unterziehen.

c) Gleichgestellte. Umstr. ist, ob die Gesetzesänderung Auswirkungen auf den besonderen Künd-Schutz für gleichgestellte behinderte AN hat.[26] Für noch nicht abgeschlossene Antragsverfahren nimmt die 2. Alt. des § 90 Abs. 2a nur auf Verfahren vor dem Versorgungsamt nach § 69 und nicht auf Gleichstellungsverfahren vor der AA nach § 68 Abs. 2 Bezug.[27] Daraus wird z.T. geschlossen, dass § 90 Abs. 2a auf den besonderen Künd-Schutz Gleichgestellter keine Auswirkungen hat.[28] Das BAG[29] ist dagegen zu Recht der Auffassung, dass § 90 Abs. 2a auch für die Gleichstellung bzw. für die Dauer eines Gleichstellungsverfahrens bei der AA gilt. Wegen der Rückwirkung der Gleichstellung auf den Antragseingang bei der AA nach § 68 Abs. 2 S. 2. könnte nach wie vor ein von vorneherein aussichtsloses Verfahren eingeleitet werden. Entscheidend ist, dass gem. § 68 Abs. 3 die besonderen Regelungen für schwerbehinderte Menschen, d.h. die Vorschriften des 2. Teils auf gleichgestellte behinderte Menschen, mit Ausnahme des § 125 und des 13. Kapitels anzuwenden sind. Damit kommt nach der Rspr. des BAG[30] bei gleichgestellten behinderten Menschen Kapitel 4 des Teils 2 und damit auch § 90 Abs. 2a vollständig zur Anwendung. Für das Gleich-

---

18 BT-Drucks 15/2357, S. 24.
19 BAG 1.3.2007 – 2 AZR 217/06 – NZA 2008, 302.
20 BAG 1.3.2007 – 2 AZR 217/06 – NZA 2008, 302.
21 BAG 1.3.2007 – 2 AZR 217/06 – NZA 2008, 302.
22 BAG 29.11.2007 – 2 AZR 613/06 – NZA 2008, 361.
23 BAG 6.9.2007 – 324/06 – NZA 2008, 407; a.A. *Westers*, br 2004, 93; *Kuhlmann*, br 2004, 181; *Grimm/Brock/Windeln*, DB 2005, 282.
24 BAG 6.9.2007 – 2 AZR 324/06 – NZA 2008, 407; LAG Hamm 31.7.2008 – 15 Sa 2027/06 – juris.
25 LAG Schleswig-Holstein 11.12.2007 – 5 Sa 386/07 – NZA-RR 2008, 408; *Griebeling*, in Hauck/Noftz, SGB IX § 90 Rn 23a.
26 *Westers*, br 2004, 93; *Bauer/Powietzka*, NZA-RR 2004, 505; a.A. *Düwell*, BB 2004, 2811.
27 *Düwell*, BB 2004, 2811; *Kuhlmann*, br 2004, 181; a.A. *Westers*, br 2004, 93.
28 ArbG Pforzheim 23.2.2005 – 5 Ca 348/04 – AE 2006, 111; *Düwell*, BB 2004, 2811.
29 BAG 1.3.2007 – 2 AZR 217/06 – NZA 2008, 302.
30 BAG 1.3.2007 – 2 AZR 217/06 – NZA 2008, 302.

stellungsverfahren sind zwar grundsätzlich keine Bearbeitungsfristen vorgesehen, gleichwohl ist aus Gründen der Einheitlichkeit und Gleichbehandlung die kürzeste Frist der §§ 69, 14, indessen die **3-Wochenfrist** heranzuziehen.[31]

11 **4. Kenntnis des Arbeitgebers.** Im Falle des Betriebsübergangs nach § 613a BGB muss sich der Betriebsübernehmer die Kenntnis des Betriebsveräußerers von der Schwerbehinderteneigenschaft eines AN zurechnen lassen.[32] Str. ist, ob die Formulierung des § 90 Abs. 2a Hs. 1 „nachgewiesen" erfordert, dass der schwerbehinderte Mensch den Nachweis durch Vorlage eines entsprechenden Bescheides bzw. eines Ausweises gegenüber dem AG vor Zugang der Künd erbringen muss.[33] Maßgebend ist insoweit, dass die Formulierung des Bundesrates, wonach die entsprechenden Bescheide dem AG vorgelegt worden sein mussten, vom Gesetzgeber nicht aufgegriffen wurde. Der besondere Künd-Schutz nach § 85 greift damit immer dann ein, wenn die Schwerbehinderung auf einen Zeitpunkt vor Zugang der Künd behördlich festgestellt ist.[34]

12 Da der AG mangels Kenntnis von der Schwerbehinderung keine Veranlassung zur Einleitung des Zustimmungsverfahrens beim Integrationsamt hat, ist entsprechend der bisherigen Rspr. des BAG einzufordern, dass der schwerbehinderte Mensch den AG innerhalb einer angemessen Frist, die bisher einen Monat betragen hat, über die Schwerbehinderung bzw. eine erfolgte Antragstellung zu informieren hat, um sich den besonderen Künd-Schutz des § 85 zu erhalten.[35] Das BAG erwägt allerdings diese Rspr. dahingehend zu ändern, die Mitteilungsfrist auf **drei Wochen** zu verkürzen.[36] Die Überschreitung dieser Frist kann unschädlich sein, wenn dem AN die Fristwahrung z.B. wegen einer Krankheit nicht möglich war[37] oder der AG Kenntnis von den gesundheitlichen Einschränkungen in dem Maße hatte, dass der Verdacht einer Schwerbehinderung nahe lag.[38] Ausreichend ist auch, dass der AG aus der Stellungnahme des BR Kenntnis von der Schwerbehinderung hatte.[39] Die Mitteilung hat gegenüber dem AG – d.h. bei juristischen Personen einem vertretungsberechtigtem Organmitglied – oder einer Person zu erfolgen, die für den Ausspruch von Künd bevollmächtigt ist oder eine ähnlich selbstständige Stellung wie ein rechtsgeschäftlicher Vertreter hat.[40] Wird die Mitteilungsfrist nicht eingehalten, kann die Schwerbehinderung allenfalls im Rahmen der Interessensabwägung nach § 1 KSchG bzw. § 626 BGB berücksichtigt werden.[41]

13 Hat der AG von einer Gleichstellung bzw. einem entsprechenden Antrag keine Kenntnis, gelten die Mitteilungspflichten entsprechend. Dies dürfte sich auf Ausnahmefälle beschränken, da der AG i.d.R. von der AA von einem Antrag auf Gleichstellung unterrichtet wird.

14 **5. Darlegungs- und Beweislast.** Der AN trägt die **Beweislast** dafür, dass er zum Zeitpunkt der Künd schwerbehindert bzw. gleichgestellt war. Im Arbeitsgerichtsverfahren kann er diesen Beweis durch Vorlage eines Schwerbehindertenausweises, eines Bescheides nach § 69 oder eines Gleichstellungsbescheides führen. Dem AG ist der Gegenbeweis verwehrt.[42] Eines Nachweises bedarf es nicht, wenn die Schwerbehinderung offenkundig ist, es sei denn es besteht Streit über die Offenkundigkeit der Schwerbehinderung.[43]

15 Beruft sich ein AG auf die Ausnahmeregelung des § 90 Abs. 2 Hs. 2 ist er darlegungs- und beweispflichtig dafür, dass die Entscheidung des Versorgungsamtes nicht innerhalb der gesetzlichen Fristen getroffen werden konnte, da der Schwerbehinderte seinen Mitwirkungspflichten nicht nachgekommen ist.[44] Da diese Umstände in der Sphäre des AN liegen und der AG vom Verlauf des Verfahrens keine Kenntnis hat, ist nach den Grundsätzen der abgestuften Darlegungs- und Beweislast zu verlangen, dass der AN sich nach § 138 Abs. 2 ZPO substantiiert zur Erfüllung seiner Mitwirkungspflichten erklärt, wenn der AG pauschal die Verletzung der Mitwirkungspflichten behauptet hat.[45]

II. Rechtsfolgen der Verletzung des Kündigungsverbots

16 Wird die Künd ohne vorherige Zustimmung des Integrationsamtes ausgesprochen und liegt eine Ausnahme nach § 90 Abs. 2a nicht vor, ist die Künd gem. § 134 BGB unheilbar nichtig.[46] Das Vorliegen eines **Negativattests** beseitigt die Zustimmungssperre. Ein solches wird erteilt, wenn das Integrationsamt auf einen Zustimmungsantrag des AG fest-

---

31 BAG 1.3.2007 – 2 AZR 217/06 – NZA 2008, 302.
32 BAG 11.12.2008 – 2 AZR 395/07 – NZA 2009, 556.
33 *Cramer*, NZA 2004, 698; *Bauer/Powietzka*, NZA-RR 2004, 505.
34 BAG 11.12.2008 – 2 AZR 395/07 – NZA 2009, 556; *Westers*, br 2004, 93; *Bernhard/Barthel*, AuA 2004, 20.
35 BAG 12.1.2006 – 2 AZR 539/05 – NZA 2006, 1035; BAG 23.2.1978 – 2 AZR 462/76 – BAGE 30, 141; BAG 14.5.1982 – 7 AZR 1221/79 – DB 1982, 1778.
36 BAG 12.1.2006 – 2 AZR 539/05 – NZA 2006, 1035.
37 BAG 16.1.1985 – 7 AZR 373/83 – DB 1985, 2106.
38 BAG 5.12.1980 – 7 AZR 931/78 – n.v.; BAG 16.12.1980 – 7 AZR 1031/78 – n.v.
39 BAG 20.1.2005 – 2 AZR 675/03 – NZA 2005, 689.
40 BAG 5.7.1990 – 2 AZR 8/90 – DB 1991, 2676; LAG Köln 30.6.1994 – 5 Sa 360/94 – NZA 1995, 995.
41 BAG 17.2.1977 – 2 AZR 687/75 – NJW 1977, 1701.
42 GK-SGB IX/*Schimanski*, § 69 Rn 248.
43 GK-SGB IX/*Steinbrück*, § 85 Rn 101.
44 LAG Schleswig-Holstein 11.12.2007 – 5 Sa 386/07 – NZA-RR 2008, 408; LAG Düsseldorf 22.3.2005 – 6 Sa 1938/04 – br 2005, 198; *Cramer*, NZA 2004, 698; a.A. *Hauck/Noftz/Griebeling*, SGB IX § 90 Rn 26.
45 LAG Düsseldorf 22.3.2005 – 6 Sa 1938/04 – br 2005, 198; LAG Schleswig-Holstein 11.12.2007 – 5 Sa 386/07 – NZA-RR 2008, 408; *Bauer/Powietzka*, NZA-RR 2004, 505.
46 BAG 16.3.1994 – 8 AZR 688/92 – NZA 1994, 879; BVerwG 15.12.1988 – 5 C 67/85 – NZA 1989, 554.

stellt, dass die Künd nicht zustimmungspflichtig ist.[47] Ein Negativtest beseitigt allerdings nur dann die Zustimmungssperre, wenn es bestandskräftig ist und vor Ausspruch der Künd vorliegt.[48]

III. Rechtsweg

Der Rechtsweg ist für beide Beteiligten **doppelgleisig**. Für die Überprüfung der Entscheidung des Integrationsamts, die Zustimmung zu erteilen oder zu versagen, sind nach durchgeführtem Widerspruchsverfahren die Verwaltungsgerichte zuständig[49] (siehe § 88 Rn 7).

Die Wirksamkeit der Künd wird dagegen von den ArbG geprüft. Liegen sowohl hinsichtlich der Schwerbehinderung als auch über die Gleichstellung bestandskräftige Bescheide vor, sind die ArbG daran gebunden.[50] Bis zur bestandskräftigen Entscheidung über die Zustimmung des Integrationsamts oder einen Feststellungsbescheid kann das ArbG den Rechtsstreit nach § 148 ZPO aussetzen.[51] Entscheidet das ArbG dennoch und wird später der Zustimmungsbescheid aufgehoben oder die Schwerbehinderung zum Zeitpunkt der Künd festgestellt, ist eine Restitutionsklage analog zu § 580 ZPO zulässig.[52]

IV. Kündigungsfrist (§ 86)

Die Vorschrift gilt für alle Arbverh mit schwerbehinderten und gleichgestellten AN, die dem Sonder-Künd-Schutz des § 85 unterliegen. Sie ist damit **nicht** für die in § 90 genannten **Ausnahmen anwendbar**. Die vierwöchige Künd-Frist ist auf alle **ordentlichen Änderungs- und Beendigungs-Künd** des AG anzuwenden. Da § 86 nur eine Mindest-Künd-Frist vorschreibt, werden von ihr weder gesetzliche, noch tarifvertragliche oder einzelvertraglich längere Künd-Fristen verdrängt. Für die Künd des AN gilt die Künd-Frist des § 86 nicht.[53]

C. Verbindung zu anderen Rechtsgebieten und zum Prozessrecht

Durch die Neufassung des § 4 S. 1 KSchG muss nunmehr auch dann eine Künd-Schutzklage binnen drei Wochen nach Zugang der Künd erhoben werden, wenn ein Verstoß gegen § 85 gerügt werden soll.[54] Da die Kündigung schwerbehinderter und diesen gleichgestellter AN der Zustimmung des Integrationsamtes bedarf, läuft die dreiwöchige Klagefrist erst ab Bekanntgabe des Zustimmungsbescheides an den AN, § 4 S. 4 KSchG.[55]

Str. ist, ob die Drei-Wochen-Frist des § 4 S. 1 KSchG auch dann zu laufen beginnt, wenn der AG **keine Zustimmung** eingeholt hat. Richtigerweise ist danach zu differenzieren, ob der AG Kenntnis von der Schwerbehinderung bzw. einer Gleichstellung hatte.[56] Demnach kann ein schwerbehinderter oder gleichgestellter AN bis zur Grenze der Verwirkung zuwarten, wenn der AG trotz Kenntnis der Schwerbehinderung bzw. Gleichstellung kein Zustimmungsverfahren eingeleitet hat.[57] Demgegenüber ist die dreiwöchige Klagefrist des § 4 S. 1 KSchG immer dann anzuwenden, wenn der AG keine Kenntnis von der Schwerbehinderung bzw. Gleichstellung hatte.

D. Beraterhinweise

Schwerbehinderte AN, die einen Antrag auf Feststellung der Schwerbehinderung beim Versorgungsamt einreichen, ist anzuraten, bereits den Antrag sorgfältig und vollständig auszufüllen und jeder Aufforderung durch das Versorgungsamt, ergänzende Auskünfte zu erteilen, unverzüglich nachzukommen. Sollte der AG zum Zeitpunkt der Künd noch keine Kenntnis von einer Schwerbehinderung bzw. einer Gleichstellung oder einem entsprechenden Antrag haben, muss der AN den AG darüber informieren. Es empfiehlt sich die Mitteilung vorsorglich spätestens **binnen drei Wochen** nach Zugang der Künd gegenüber dem AG und nicht erst in der Klageschrift vorzunehmen, da nicht absehbar ist, wann die Klageschrift dem AG zugestellt wird. Beruft sich ein gekündigter AN fristgerecht auf eine Schwerbehinderung, Gleichstellung oder einen entsprechenden Antrag, sollte vorsorglich die Zustimmung beim Integrationsamt eingeholt und erneut gekündigt werden.

---

47 BAG 27.5.1983 – 7 AZR 482/81 – DB 1984, 134; BVerwG 15.12.1988 – 5 C 67/85 – NZA 1989, 554.
48 BAG 6.9.2007 – 2 AZR 324/06 – NZA 2008, 407; BAG 27.5.1983 – 7 AZR 482/81 – DB 1984, 134.
49 BVerwG 10.9.1992 – 5 C 39/88 – BVerwGE 91, 7.
50 BAG 25.11.1980 – 6 AZR 210/80 – BAGE 34, 275; BAG 26.9.1991– 2 AZR 132/91 – DB 1992, 2196.
51 BAG 26.9.1991 – 2 AZR 132/91 – DB 1992, 2196; LAG Schleswig-Holstein 6.4.2004 – 5 Sa 400/03 – MDR 2004, 1190.
52 BAG 25.11.1980 – 6 AZR 210/80 – BAGE 34, 275; BAG 15.8.1984 – 7 AZR 558/82 – NJW 1985, 1485.
53 HK-SGB IX/*Trenk-Hinterberger*, § 86 Rn 7.
54 BT-Drucks 15/1204, S. 12; *Bauer/Powietzka*, NZA-RR 2004, 505.
55 BAG 17.2.1982 – 7 AZR 846/79 – BAGE 38, 42.
56 LAG Hamm 22.9.2005 – 8 Sa 974/05 – FA 2006, 190; *Schmidt*, NZA 2004, 79; a.A. *Bauer/Powietzka*, NZA-RR 2004, 505.
57 BAG 13.2.2008 – 2 AZR 864/06 – NZA 2008, 1055.

§ 87 Antragsverfahren

(1) ¹Die Zustimmung zur Kündigung beantragt der Arbeitgeber bei dem für den Sitz des Betriebes oder der Dienststelle zuständigen Integrationsamt schriftlich. ²Der Begriff des Betriebes und der Begriff der Dienststelle im Sinne des Teils 2 bestimmen sich nach dem Betriebsverfassungsgesetz und dem Personalvertretungsrecht.
(2) Das Integrationsamt holt eine Stellungnahme des Betriebsrates oder Personalrates und der Schwerbehindertenvertretung ein und hört den schwerbehinderten Menschen an.
(3) Das Integrationsamt wirkt in jeder Lage des Verfahrens auf eine gütliche Einigung hin.

A. Allgemeines 1	C. Verbindung zu anderen Rechtsgebieten und zum
B. Regelungsgehalt 2	Prozessrecht 5
I. Antragstellung (Abs. 1) 2	D. Beraterhinweise 6
II. Verfahren und gütliche Einigung (Abs. 2 bis 3) ... 3	

A. Allgemeines

1 Das Zustimmungsverfahren vor dem Integrationsamt richtet sich nach den Vorschriften des SGB X, soweit § 87 keine abweichenden Bestimmungen enthält.

B. Regelungsgehalt

I. Antragstellung (Abs. 1)

2 Der Antrag muss schriftlich i.S.d. § 126 BGB beim Integrationsamt eingereicht werden. Hierzu genügt nach der Neuregelung der Schriftformvorschriften in §§ 126a bis 126b BGB nicht mehr die Übermittlung per Telefax oder Telegramm.¹ Erteilt das Integrationsamt trotz Verletzung der Schriftform die Zustimmung, ist die Entscheidung anfechtbar.² Bei welchem örtlichen Integrationsamt der Antrag zu stellen ist, richtet sich nach dem Sitz des Betriebes bzw. der Dienststelle. Hierzu verweist die Vorschrift auf die Bestimmungen des BetrVG bzw. PersVG, Abs. 1 S. 2. Inhaltlich muss der Antrag bestimmte Mindestangaben enthalten. Neben dem Namen des schwerbehinderten AN muss aus ihm hervorgehen, ob eine ordentliche, außerordentliche Beendigungs- oder Änderungs-Künd ausgesprochen werden soll. Will der AG die Zustimmung zur außerordentlichen Künd und hilfsweise zur ordentlichen Künd beantragen, muss er die Zustimmung zu beiden Künd einholen, da die Künd ansonsten mangels Zustimmung nichtig ist.³ Eine Begründung ist zwar nicht vorgeschrieben, Angaben über den Künd-Grund bilden jedoch ebenso die Grundlage für die Ermessensentscheidung des Integrationsamtes nach §§ 89, 91, wie Angaben über die persönlichen und sozialen Verhältnisse des schwerbehinderten AN. Anzugeben ist ferner, ob eine SBV oder ein BR oder PR besteht.

II. Verfahren und gütliche Einigung (Abs. 2 bis 3)

3 Zur Verfahrensbeschleunigung wurde die früher in Abs. 2 geregelte Einholung einer Stellungnahme der Arbeitsverwaltung gestrichen. Die Stellungnahme der SBV und des BR bzw. PR ist nach wie vor einzuholen und der schwerbehinderte Mensch anzuhören. Die Stellungnahme des BR ersetzt nicht die Beteiligung des BR nach § 102 BetrVG.⁴ Abs. 2 hat zwingenden Charakter, so dass eine unter Missachtung dieser Vorschrift ergangene Entscheidung durch Widerspruch und ggf. Klage anfechtbar ist,⁵ es sei denn, es hätte keine andere Entscheidung in der Sache ergehen können.⁶ Die unterlassene Verfahrenshandlung kann mit heilender Wirkung im Widerspruchsverfahren nachgeholt werden.⁷

4 Abs. 3 bestimmt, dass das Integrationsamt in jeder Lage des Verfahrens auf eine gütliche Einigung hinwirken muss. Die Entscheidungsfristen des § 88 Abs. 1 und des § 91 Abs. 3 S. 1 werden durch die Einigungsversuche nicht gehemmt.

C. Verbindung zu anderen Rechtsgebieten und zum Prozessrecht

5 Nach § 95 Abs. 2 ist die SBV vor der Antragstellung umfassend über die beabsichtigte Künd anzuhören. Ist die Beteiligung nicht durchgeführt worden, muss das Integrationsamt den AG auffordern, die Beteiligung innerhalb von

---

1 H/S/*Düwell*, § 7 Rn 365.
2 BVerwG 17.3.1988 – 5 B 60/87 – juris; HK-SGB IX/*Trenk-Hinterberger*, § 87 Rn 14.
3 LAG Rostock 22.7.2004 – 1 Sa 581/03 – juris; HK-SGB IX/*Trenk-Hinterberger*, § 87 Rn 18.
4 HK-SGB IX/*Trenk-Hinterberger*, § 87 Rn 23; *Neumann/Pahlen*, § 87 Rn 19.
5 BVerwG 28.9.1995 – 5 C 14/94 – BVerwGE 99, 262 zu § 17 Abs. 2 SchwbG; BVerwG 8.2.1967 – 5 C 167/65 – BVerwGE 26, 145.
6 BVerwG 28.9.1995 – 5 C 14/94 – BVerwGE 99, 262 zu § 17 Abs. 2 SchwbG.
7 BVerwG 11.11.1999 – 5 C 23/99 – BVerwGE 110, 67 zu § 17 Abs. 2 SchwbG.

sieben Tagen nachzuholen, § 95 Abs. 2 S. 2. Erfolgt dies nicht, ist die Zustimmung zurückzuweisen.[8] Die Anhörung des BR oder PR nach § 102 BetrVG bzw. § 79 BPersVG kann demgegenüber vor, während oder nach dem Zustimmungsverfahren erfolgen.[9] Soweit die Beteiligung des BR bzw. PR nach Zustellung der Zustimmung noch nicht erfolgt ist, muss der AG sie rechtzeitig einleiten, um die Monatsfrist des § 88 Abs. 3 noch wahren zu können (siehe § 88 Rn 4). Ausnahmsweise ist eine neue Anhörung erforderlich, wenn die Anhörung des BR oder PR vor der Zustimmungserteilung erfolgte und sich der Künd-Sachverhalt nachträglich geändert hat.[10]

D. Beraterhinweise

Im Falle der beabsichtigten außerordentlichen Künd ist zu empfehlen, vorsorglich auch die Zustimmung zur hilfsweisen ordentlichen Künd zu beantragen. Der Antrag ist nach § 64 SGB X gebührenfrei.

6

§ 88 Entscheidung des Integrationsamtes

(1) Das Integrationsamt soll die Entscheidung, falls erforderlich auf Grund mündlicher Verhandlung, innerhalb eines Monats vom Tage des Eingangs des Antrages an treffen.
(2) [1]Die Entscheidung wird dem Arbeitgeber und dem schwerbehinderten Menschen zugestellt. [2]Der Bundesagentur für Arbeit wird eine Abschrift der Entscheidung übersandt.
(3) Erteilt das Integrationsamt die Zustimmung zur Kündigung, kann der Arbeitgeber die Kündigung nur innerhalb eines Monats nach Zustellung erklären.
(4) Widerspruch und Anfechtungsklage gegen die Zustimmung des Integrationsamtes zur Kündigung haben keine aufschiebende Wirkung.
(5) [1]In den Fällen des § 89 Abs. 1 Satz 1 und Abs. 3 gilt Absatz 1 mit der Maßgabe, dass die Entscheidung innerhalb eines Monats vom Tage des Eingangs des Antrages an zu treffen ist. [2]Wird innerhalb dieser Frist eine Entscheidung nicht getroffen, gilt die Zustimmung als erteilt. [3]Die Absätze 3 und 4 gelten entsprechend.

A. Allgemeines 1	IV. Zustimmungsfiktion (Abs. 5) 6
B. Regelungsgehalt 2	C. Verbindung zu anderen Rechtsgebieten und zum
I. Entscheidungsfrist des Integrationsamtes (Abs. 1) 2	Prozessrecht 7
II. Zustellung der Entscheidung (Abs. 2) 3	D. Beraterhinweise 8
III. Kündigungserklärungsfrist (Abs. 3, 4) 4	

A. Allgemeines

§ 88 enthält Verfahrensregelungen über die Entscheidung des Integratiosamtes, sowie über das nach Erlass der Entscheidung weiter vom AG zu beachtende Verfahren. Durch das Gesetz zur Förderung der Ausbildung und Beschäftigung schwerbehinderter Menschen v. 23.4.2004 wurde in Abs. 5 eine neue Zustimmungsfiktion geregelt, die zur Beschleunigung des Verfahrens beitragen soll.

1

B. Regelungsgehalt

I. Entscheidungsfrist des Integrationsamtes (Abs. 1)

Das Integrationsamt soll seine Entscheidung innerhalb eines Monats nach Eingang des Antrags treffen. Die Frist ist keine Wirksamkeitsvoraussetzung, darf aber nur mit Sachgrund überschritten werden.[1] Wird die Frist ohne jeden Sachgrund überschritten, kommt ein Amtshaftungsanspruch nach § 839 BGB, Art. 34 GG in Betracht.[2] Bei einer Verzögerung von über drei Monaten ist außerdem eine Untätigkeitsklage nach §§ 42, 75 VwGO möglich.

2

II. Zustellung der Entscheidung (Abs. 2)

Die Entscheidung des Integrationsamtes ist ein VA mit Drittwirkung. Es gelten die §§ 31 ff. SGB X. Die Entscheidung muss an den AG und den schwerbehinderten AN, nach den jeweiligen landesrechtlichen Vorschriften, **förmlich zugestellt** werden, Abs. 2. Anders als bei einer außerordentlichen Künd, bei der in § 91 Abs. 5 eine von Abs. 2 abweichende Regelung besteht, kann die ordentliche Künd erst nach förmlicher Zustellung an den AG ausgesprochen werden.[3] Die Zustellung an den schwerbehinderten Menschen ist demgegenüber keine Wirksamkeitsvoraussetzung

3

---

8 HK-SGB IX/*Trenk-Hinterberger*, § 87 Rn 26.
9 BAG 11.3.1998 – 2 AZR 401/97 – RzK IV 8a Nr. 45; BAG 18.5.1994 – 2 AZR 626/93 – DB 1995, 532.
10 BAG 11.3.1998 – 2 AZR 401/97 – RzK IV 8a Nr. 45.

1 *Müller-Wenne/Schorn*, § 88 Rn 5.
2 *Müller-Wenne/Schorn*, § 88 Rn 5.
3 BAG 16.10.1991 – 2 AZR 332/91 – BAGE 68, 333.

für die ausgesprochene Künd.⁴ Wird der Antrag vom Integrationsamt abgelehnt und die Zustimmung erst im Widerspruchsverfahren erteilt, muss auch der Widerspruchsbescheid zugestellt werden.⁵

III. Kündigungserklärungsfrist (Abs. 3, 4)

4 Die ordentliche **Künd** muss dem AN innerhalb **eines Monats** zugehen, es genügt nicht, dass sie nur den Machtbereich des AG verlassen hat.⁶ Versäumt der AG diese Frist, verliert die Zustimmung ihre Wirkung und die Kündigungssperre des § 85 lebt wieder auf.⁷ Der AG kann die ihm später zugestellte Zustimmung bei gleich bleibendem Künd-Sachverhalt gleichwohl nutzen und erneut kündigen.⁸ Die Frist beginnt mit Zustellung des Bescheids und berechnet sich nach den §§ 187 Abs. 1, 188 Abs. 2 BGB.⁹ Wird die Zustimmung erst im Widerspruchsverfahren erteilt, beginnt die Frist mit Zustellung des Widerspruchsbescheids bzw. nach erhobener Verpflichtungsklage mit der Zustellung der daraufhin erteilten Zustimmung.¹⁰

5 Nach Abs. 4 haben Widerspruch und Anfechtungsklage keine aufschiebende Wirkung. Der AG muss daher die Monatsfrist auch dann wahren, wenn der Bescheid über die Zustimmung noch nicht rechtskräftig ist. Der schwerbehinderte Mensch kann nach §§ 80a Abs. 3 S. 2, 80 Abs. 5 VwGO beantragen, dass die aufschiebende Wirkung des Zustimmungsbescheids angeordnet wird.¹¹

IV. Zustimmungsfiktion (Abs. 5)

6 Neu eingefügt wurde die Zustimmungsfiktion des Abs. 5. Danach muss das Integrationsamt über einen Antrag auf Zustimmung zur ordentlichen Künd innerhalb eines Monats vom Tage des Eingangs des Antrages entscheiden, wenn ein Fall des § 89 Abs. 1 S. 1 oder Abs. 3 vorliegt (siehe § 89 Rn 4, 9). Zu § 91 Abs. 3 S. 2 (siehe § 91 Rn 6) nimmt die st. Rspr. an, dass die Entscheidung dem AG nicht schriftlich mitgeteilt oder zugestellt werden muss, sondern jede Art der Bekanntgabe mündlich oder fernmündlich ausreicht.¹² Aufgrund des unterschiedlichen Wortlauts in Abs. 2 S. 1 „zugestellt" und „getroffen" in Abs. 5, ist die Rspr. auf Abs. 5 zu übertragen.¹³ Wird innerhalb dieser Frist eine Entscheidung nicht getroffen, gilt die Zustimmung als erteilt, Abs. 5 S. 2. Aufgrund des Verweises auf Abs. 3 muss der AG innerhalb eines Monats die Künd erklären.

C. Verbindung zu anderen Rechtsgebieten und zum Prozessrecht

7 Für die Überprüfung der Entscheidung des Integrationsamts, die Zustimmung zu erteilen oder zu versagen, sind – nach durchgeführtem Widerspruchsverfahren gem. §§ 118 f. – die Verwaltungsgerichte zuständig. Gegen den Widerspruchsbescheid kann Anfechtungsklage beim Verwaltungsgericht innerhalb eines Monats erhoben werden, § 74 VwGO. Wurde der Antrag auf Zustimmung sowohl vom Integrationsamt als auch vom Widerspruchsausschuss abgelehnt, ist eine Verpflichtungsklage gem. § 42 Abs. 1 Alt. 2 VwGO zu erheben.

D. Beraterhinweise

8 Die Rechtsschutzversicherer sind für das Zustimmungsverfahren vor dem Integrationsamt eintrittspflichtig.¹⁴ Str. ist, ob gem. § 12 Abs. 7 ArbGG a.F. (§ 42 Abs. 4 S. 1 GKG) ein Quartalsbezug¹⁵ oder der Auffangwert¹⁶ gem. § 13 Abs. 1 S. 2 GKG a.F. (§ 52 Abs. 2 GKG) zugrunde zu legen ist.

§ 89 Einschränkungen der Ermessensentscheidung

(1) ¹Das Integrationsamt erteilt die Zustimmung bei Kündigungen in Betrieben und Dienststellen, die nicht nur vorübergehend eingestellt oder aufgelöst werden, wenn zwischen dem Tage der Kündigung und dem Tage, bis zu dem Gehalt oder Lohn gezahlt wird, mindestens drei Monate liegen. ²Unter der gleichen Voraussetzung soll es die Zustimmung auch bei Kündigungen in Betrieben und Dienststellen erteilen, die nicht nur vorübergehend

---

4 BAG 16.10.1991 – 2 AZR 332/91 – BAGE 68, 333.
5 BAG 16.10.1991 – 2 AZR 332/91 – BAGE 68, 333.
6 LAG Köln 27.2.1997 – 5 Sa 1377/96 – NZA-RR 1997, 337.
7 BAG 16.10.1991 – 2 AZR 332/91 – BAGE 68, 333.
8 BAG 8.11.2007 – 2 AZR 425/06 – NZA 2008, 471.
9 HK-SGB IX/*Trenk-Hinterberger*, § 88 Rn 41.
10 BAG 16.10.1991 – 2 AZR 332/91 – BAGE 68, 333.
11 OVG Sachsen 25.8.2003 – 5 BS 107/03 – br 2004, 81 = juris PR-ArbR 5/2004 m. Anm. *v. Roetteken*; OVG Hamburg 11.2.1997 – Bs IV 312/96 – DVBl 1997, 1446; a.A. VG Aachen 2.6.2003 – 2 L 523/03 – br 2003, 194.
12 BAG 15.11.1990 – 2 AZR 255/90 – DB 1991, 2675.
13 *Westers*, br 2004, 93; HK-SGB IX/*Trenk-Hinterberger*, § 88 Rn 35.
14 AG Paderborn 10.1.1995 – 7 C 686/94 – zfs 1995, 150; AG Gelsenkirchen 27.7.1988 – 4 C 356/88 – NZA 1988, 818.
15 Hessischer VGH 23.12.1987 – 9 TE 3288/86 – AnwBl 1988, 484.
16 BVerwG 16.12.1992 – 5 C 39/89 – MDR 1993, 584; OVG Schleswig-Holstein 21.1.1993 – 5 O 3/93 – juris; VG Ansbach 19.6.2008 – AN 14 K 08.00271 – juris.

wesentlich eingeschränkt werden, wenn die Gesamtzahl der weiterhin beschäftigten schwerbehinderten Menschen zur Erfüllung der Beschäftigungspflicht nach § 71 ausreicht. ³Die Sätze 1 und 2 gelten nicht, wenn eine Weiterbeschäftigung auf einem anderen Arbeitsplatz desselben Betriebes oder derselben Dienststelle oder auf einem freien Arbeitsplatz in einem anderen Betrieb oder einer anderen Dienststelle desselben Arbeitgebers mit Einverständnis des schwerbehinderten Menschen möglich und für den Arbeitgeber zumutbar ist.

(2) Das Integrationsamt soll die Zustimmung erteilen, wenn dem schwerbehinderten Menschen ein anderer angemessener und zumutbarer Arbeitsplatz gesichert ist.

(3) Ist das Insolvenzverfahren über das Vermögen des Arbeitgebers eröffnet, soll das Integrationsamt die Zustimmung erteilen, wenn
1. der schwerbehinderte Mensch in einem Interessenausgleich namentlich als einer der zu entlassenden Arbeitnehmer bezeichnet ist (§ 125 der Insolvenzordnung),
2. die Schwerbehindertenvertretung beim Zustandekommen des Interessenausgleichs gemäß § 95 Abs. 2 beteiligt worden ist,
3. der Anteil der nach dem Interessenausgleich zu entlassenden schwerbehinderten Menschen an der Zahl der beschäftigten schwerbehinderten Menschen nicht größer ist als der Anteil der zu entlassenden übrigen Arbeitnehmer an der Zahl der beschäftigten übrigen Arbeitnehmer und
4. die Gesamtzahl der schwerbehinderten Menschen, die nach dem Interessenausgleich bei dem Arbeitgeber verbleiben sollen, zur Erfüllung der Beschäftigungspflicht nach § 71 ausreicht.

A. Allgemeines	1	3. Sicherung eines anderen Arbeitsplatzes (Abs. 2)	8
B. Regelungsgehalt	2	4. Ermessensbindung in der Insolvenz (Abs. 3)	10
I. Ermessensentscheidung des Integrationsamtes	2	C. Verbindung zu anderen Rechtsgebieten und zum Prozessrecht	11
II. Ermessenseinschränkungen	5	D. Beraterhinweise	12
1. Betriebseinstellung oder Auflösung (Abs. 1 S. 1)	5		
2. Wesentliche Einschränkung des Betriebes (Abs. 1 S. 2)	7		

A. Allgemeines

Die Vorschrift enthält vier Fallgruppen, in denen die Ermessensentscheidung des Integrationsamtes eingeschränkt wird. **1**

B. Regelungsgehalt

I. Ermessensentscheidung des Integrationsamtes

Das Integrationsamt entscheidet – soweit nicht eine der Ausnahmen des § 89 vorliegt – nach seinem **pflichtgemäßen Ermessen**.[1] Die Ermessensentscheidung ist gem. § 39 SGB I nur durch Sinn und Zweck des Schwerbehindertenrechts gebunden. Im Rahmen der Interessensabwägung ist das Interesse des AG an der Erhaltung seiner unternehmerischen Gestaltungsmöglichkeiten gegen das Interesse des schwerbehinderten Menschen an der Erhaltung des Arbeitsplatzes abzuwägen.[2] Ob die Künd sozial gerechtfertigt ist, bleibt der Überprüfung der ArbG überlassen.[3] Der besondere Künd-Schutz hat v.a. dann besonderes Gewicht, wenn die Künd auf Gründe gestützt wird, die in der Behinderung ihre Ursache haben, so dass in diesen Fällen an die Zumutbarkeitsgrenze des AG für die Weiterbeschäftigung des schwerbehinderten Menschen hohe Anforderungen zu stellen sind.[4] Umgekehrt sind die Interessen des schwerbehinderten Menschen geringer zu gewichten, je weniger ein Zusammenhang zwischen der Behinderung und dem Künd-Grund besteht.[5] Daher darf bei einer Künd wegen personenbedingter Gründe, die sich auf wiederholte Kurzerkrankungen oder krankheitsbedingte Leistungsminderung des schwerbehinderten Menschen stützt, die Zustimmung nur erteilt werden, wenn infolge von hohen Fehlzeiten die Prognose gerechtfertigt ist, dass mit einer sinnvollen Arbeitsleistung nicht mehr gerechnet werden kann.[6] Der AG braucht keinen neuen Arbeitsplatz zu schaffen, er braucht auch keinen anderen AN zu entlassen.[7] Die äußerste Zumutbarkeitsgrenze wurde bei einem schwerbehinderten Menschen, der in den letzten drei Jahren an mehr als der Hälfte der Arbeitstage nicht gearbeitet hat, als überschrit- **2**

---

1 BVerwG 28.11.1958 – 5 C 32/56 – BVerwGE 8, 46; BVerwG 21.10.1964 – 5 C 14/63 – BVerwGE 19, 327.
2 BVerwG 28.2.1968 – 5 C 33, 66 – DB 1968, 856; BVerwG 19.10.1995 – 5 C 24/93 – BVerwGE 99, 336.
3 BVerwG 2.7.1992 – 5 C 51/90 – BVerwGE 90, 287 – DVBl 1992, 1490; BVerwG 19.10.1995 – 5 C 24/93 – BVerwGE 99, 336.
4 BVerwG 19.10.1995 – 5 C 24/93 – BVerwGE 99, 336.
5 BVerwG 19.10.1995 – 5 C 24/93 – BVerwGE 99, 336.
6 OVG Nordrhein-Westfahlen 21.3.1990 – 13 A 1605/89 – br 1991, 93.
7 BVerwG 11.9.90 – 5 B 63/90 – Buchholz 436.61 § 15 SchwbG 1986 Nr. 4; OVG Thüringen 26.11.2003 – 3 KO 858/01 – ThürVBl 2004, 187.

Euler 4623

ten angesehen.[8] Die Behörde hat in diesen Fällen zu prüfen, ob eine Weiterbeschäftigung des schwerbehinderten Menschen unter Berücksichtigung der Verpflichtung des AG zur behindertengerechten Beschäftigung gem. § 81 Abs. 4 und 5 möglich ist. In ihre Prüfung muss sie auch die Möglichkeit einbeziehen, ob eine Fortsetzung des Arbverh unter veränderten Arbeitsbedingungen in Betracht kommt.[9]

3   Bei einer verhaltensbedingten Künd ist zu prüfen, ob das Verhalten des AN im Zusammenhang mit seiner Schwerbehinderung steht.[10] Die Prüfung, ob zuvor eine Abmahnung ausgesprochen werden musste, ist eine arbeitsrechtliche Frage und damit den ArbG vorbehalten.[11] Im Falle einer betriebsbedingten Künd ist der vom AG vorgetragene Sachverhalt, insb. der Wegfall des Arbeitsplatzes auf seine Richtigkeit, zu prüfen.[12] Weiter ist zu prüfen, ob eine Weiterbeschäftigung für den AG zumutbar und möglich ist.[13]

4   Die Durchführung des Präventionsverfahrens gem. § 84 ist nach Auffassung des BVerwG[14] zwar keine Rechtmäßigkeitsvoraussetzung für die Zustimmungsentscheidung des Integrationsamtes. Allerdings kann das Integrationsamt im Rahmen der Ermessensentscheidung die fehlende Durchführung zu Lasten des AG berücksichtigen, wenn bei gehöriger Durchführung die Möglichkeit bestanden hätte, die Künd zu vermeiden.[15]

II. Ermessenseinschränkungen

5   **1. Betriebseinstellung oder Auflösung (Abs. 1 S. 1).** Bei einer nicht nur vorübergehenden Einstellung oder Auflösung des Betriebes oder der Dienststelle muss die Zustimmung erteilt werden, Abs. 1 S. 1. Für die Begriffe der nicht nur vorübergehenden Einstellung oder Auflösung sind die Auslegungsgrundsätze, die zu § 111 BetrVG und § 15 Abs. 4 KSchG entwickelt wurden, heranzuziehen, so dass auf die Kommentierung zu § 111 BetrVG verwiesen werden kann.[16] Es genügt nicht, wenn ein Betrieb eines in Insolvenz gefallenen AG in einer Auffanggesellschaft weitergeführt[17] oder nur ein Betriebsteil stillgelegt wird.[18]

6   Der Anspruch auf Zustimmung besteht nur, wenn zwischen dem Tag der Künd und dem Tag, bis zu dem Gehalt weiter gezahlt wird mindestens drei Monate liegen, Abs. 1 S. 1. Der Rechtsgrund der Zahlung ist unerheblich, da es nur darauf ankommt, dass die Vergütung für die letzten drei Monate gezahlt wird.[19] Das Intergrationsamt kann insoweit die Zustimmungserklärung mit einer auflösenden Bedingung oder einer Auflage verknüpfen.[20] Die Einschränkung des Ermessens besteht nach Abs. 1 S. 3 nicht, wenn eine Weiterbeschäftigung auf einem anderen Arbeitsplatz desselben Betriebes oder derselben Dienststelle oder auf einem freien Arbeitsplatz in einem anderen Betrieb oder einer anderen Dienststelle desselben AG mit Einverständnis des schwerbehinderten Menschen möglich und dem AG zumutbar ist. Die Vorschrift ist § 1 Abs. 2 KSchG nachgebildet, so dass die Rspr. zu § 1 Abs. 2 KSchG herangezogen werden kann.[21] Zumutbar ist die Weiterbeschäftigung jedenfalls immer dann, wenn der AG einen anderen freien Arbeitsplatz hat und die Weiterbeschäftigung des schwerbehinderten Menschen aufgrund seiner Qualifikation auf diesem Arbeitsplatz möglich ist.[22] Zu berücksichtigen ist auch die Verpflichtung des AG, nach § 81 Abs. 4 den Arbeitsplatz behindertengerecht einzurichten.[23]

7   **2. Wesentliche Einschränkung des Betriebes (Abs. 1 S. 2).** Bei einer nicht nur vorübergehenden wesentlichen Einschränkung des Betriebs soll das Integrationsamt die Zustimmung erteilen, wenn die Gesamtzahl der weiterhin beschäftigten schwerbehinderten AN zur Erfüllung der Beschäftigungspflicht nach § 71 ausreicht. Der Begriff der wesentlichen Einschränkung entspricht demjenigen des § 111 Abs. 1 S. 3 Nr. 1 BetrVG.[24] Die Soll-Vorschrift bedeutet, dass das Integrationsamt im Regelfall die Zustimmung erteilen muss. Nur wenn ein atypischer Fall vorliegt, kann es nach pflichtgemäßem Ermessen entscheiden und ggf. den Antrag ablehnen.[25] Dazu muss nach den Umständen des Einzelfalls beurteilt werden, ob der Künd-Sachverhalt Besonderheiten zugunsten des schwerbehinderten Menschen aufweist, der es sachlich rechtfertigt, die Zustimmung entgegen dem Regelfall zu verweigern.[26] Die Einschränkungen des Abs. 1 S. 1 Hs. 2 und S. 3 gelten auch hier.

---

8 OVG Nordrhein-Westfalen 27.2.1998 – 24 A 6870/95 – n.v.
9 BVerwG 11.9.90 – 5 B 63/90 – Buchholz 436.61 § 15 SchwbG 1986 Nr. 4.
10 VGH Baden-Württemberg 16.4.2003 – 9 S 2742/02 – br 2004, 14.
11 BVerwG 2.7.1992 – 5 C 51/90 – BVerwGE 90, 287.
12 OVG Thüringen 26.11.2003 – 3 KO 858/01 – ThürVBl 2004, 187.
13 BVerwG 28.2.1968 – 5 C 33/66 – BVerwGE 29, 140.
14 BVerwG 29.8.2007 – 5 B 77/07 – NJW 2008, 166.
15 BVerwG 29.8.2007 – 5 B 77/07 – NJW 2008, 166.
16 OVG Brandenburg 20.3.1996 – 4 A 171/95 – n.v.
17 VGH Baden-Württemberg 14.5.1980 – 6 S 580/80 – BB 1981, 615.
18 OVG Rheinland-Pfalz 29.5.1998 – 12 A 12950/97 – FEVS 49, 326.
19 BAG 12.7.1990 – 2 AZR 35/90 – NZA 1991, 348.
20 BAG 12.7.1990 – 2 AZR 35/90 – NZA 1991, 348.
21 *Neumann/Pahlen*, § 89 Rn 24.
22 OVG Rheinland-Pfalz 29.5.1998 – 12 A 12950/97 – FEVS 49, 326.
23 *Müller-Wenne/Schorn*, § 89 Rn 56.
24 OVG Nordrhein-Westfalen 12.12.1989 – 13 A 181/89 – br 1991, 66.
25 BVerwG 6.3.1995 – 5 B 59/94 – Buchholz 436.61 § 19 SchwbG Nr. 1.
26 BVerwG 6.3.1995 – 5 B 59/94 – Buchholz 436.61 § 19 SchwbG Nr. 1.

3. Sicherung eines anderen Arbeitsplatzes (Abs. 2). Die **Zustimmung soll** auch erteilt werden, wenn für den schwerbehinderten Menschen ein anderer angemessener und zumutbarer Arbeitsplatz gesichert ist, Abs. 2. Anders als bei der anderweitigen Beschäftigungsmöglichkeit i.S.d. Abs. 1 S. 3 erfasst Abs. 2 den Fall, dass der schwerbehinderte AN mit dem angebotenen Arbeitsplatz nicht einverstanden ist. Diese Vorschrift hat demnach v.a. bei Änderungs-Künd Bedeutung. Darüber hinaus ist die Vorschrift auch dann anwendbar, wenn derselbe oder ein anderer AG dem schwerbehinderten Menschen den Abschluss eines Arbverh verbindlich zusagt.[27]

Der neue Arbeitsplatz ist dann angemessen und zumutbar, wenn die Art der Tätigkeit, die Arbeitsbedingungen und die Höhe des Arbeitsentgelts den durch die Behinderung bedingten Einsatzmöglichkeiten und der Vorbildung des schwerbehinderten Menschen entsprechen.[28] Zu berücksichtigen ist auch der Weg von und zu der Arbeitsstätte und die soziale und familiäre Situation des schwerbehinderten Menschen.[29]

4. Ermessensbindung in der Insolvenz (Abs. 3). Das Integrationsamt **soll** die **Zustimmung** erteilen, wenn das Insolvenzverfahren über das Vermögen des AG eröffnet ist und die in Abs. 3 Nr. 1 bis 4 enumerativ genannten zusätzlichen Voraussetzungen vorliegen. Besteht keine SBV, tritt nach h.M. keine Ermessensbindung ein.[30]

C. Verbindung zu anderen Rechtsgebieten und zum Prozessrecht

Maßgebender Beurteilungszeitpunkt für die Zustimmungsentscheidung des Integrationsamtes ist die Künd-Erklärung. Tatsachen und Umstände, die erst nach Ausspruch der Künd eintreten, sind daher im Widerspruchs- bzw. Klageverfahren nicht zu berücksichtigen.[31] Ist dagegen die Zustimmung versagt worden, sind im nachgehenden Widerspruchs- bzw. Klageverfahren die Verhältnisse zum Zeitpunkt der letzten Verwaltungsentscheidung maßgeblich.[32]

D. Beraterhinweise

In den Fällen des Abs. 1 S. 1 und Abs. 3 ist die Zustimmungsfiktion des § 88 Abs. 5 und wegen des Verweises in Abs. 5 S. 3 auch die einmonatige Künd-Erklärungsfrist gem. § 88 Abs. 3 im Auge zu behalten.

§ 90   Ausnahmen

(1) Die Vorschriften dieses Kapitels gelten nicht für schwerbehinderte Menschen,
1. deren Arbeitsverhältnis zum Zeitpunkt des Zugangs der Kündigungserklärung ohne Unterbrechung noch nicht länger als sechs Monate besteht oder
2. die auf Stellen im Sinne des § 73 Absatz 2 Nr. 2 bis 5 beschäftigt werden oder
3. deren Arbeitsverhältnis durch Kündigung beendet wird, sofern sie
   a) das 58. Lebensjahr vollendet haben und Anspruch auf eine Abfindung, Entschädigung oder ähnliche Leistung auf Grund eines Sozialplanes haben oder
   b) Anspruch auf Knappschaftsausgleichsleistung nach dem Sechsten Buch oder auf Anpassungsgeld für entlassene Arbeitnehmer des Bergbaus haben,
   wenn der Arbeitgeber ihnen die Kündigungsabsicht rechtzeitig mitgeteilt hat und sie der beabsichtigten Kündigung bis zu deren Ausspruch nicht widersprechen.

(2) Die Vorschriften dieses Kapitels finden ferner bei Entlassungen, die aus Witterungsgründen vorgenommen werden, keine Anwendung, sofern die Wiedereinstellung der schwerbehinderten Menschen bei Wiederaufnahme der Arbeit gewährleistet ist.

(2a) Die Vorschriften dieses Kapitels finden ferner keine Anwendung, wenn zum Zeitpunkt der Kündigung die Eigenschaft als schwerbehinderter Mensch nicht nachgewiesen ist oder das Versorgungsamt nach Ablauf der Frist des § 69 Abs. 1 Satz 2 eine Feststellung wegen fehlender Mitwirkung nicht treffen konnte.

(3) Der Arbeitgeber zeigt Einstellungen auf Probe und die Beendigung von Arbeitsverhältnissen schwerbehinderter Menschen in den Fällen des Absatzes 1 Nr. 1 unabhängig von der Anzeigepflicht nach anderen Gesetzen dem Integrationsamt innerhalb von vier Tagen an.

---

27 BVerwG 12.1.1966 – 5 C 62/64 – BVerwGE 23, 123.
28 BVerwG 12.1.1966 – 5 C 62/64 – BVerwGE 23, 123.
29 OVG Rheinland-Pfalz 28.11.1996 – 12 A 10457/96 – br 1997, 210.
30 *Müller-Wenne/Schorn*, § 89 Rn 75; HK-SGB IX/ *Trenk-Hinterberger*, § 89 Rn 46; a.A. *Neumann/Pahlen*, § 89 Rn 34.
31 BVerwG 7.3.1991 – 5 B 114/89 – NZA 1991, 511.
32 BVerwG 22.1.1993 – 5 B 80/92 – DVBl 1993, 803.

A. Allgemeines ... 1	4. Entlassung aus Witterungsgründen (Abs. 2) .. 6
B. Regelungsgehalt ... 2	5. Fehlender Nachweis der Schwerbehinderung (Abs. 2a) ... 7
I. Ausnahmen (Abs. 1 u. 2) ... 2	
1. Kündigung in den ersten sechs Monaten (Abs. 1 Nr. 1) ... 2	II. Anzeigepflicht (Abs. 3) ... 8
2. Beschäftigungen auf Stellen gem. § 73 Abs. 2 Nr. 2 bis 5 (Abs. 1 Nr. 2) ... 3	C. Verbindung zu anderen Rechtsgebieten und zum Prozessrecht ... 9
3. Gesicherte Altersvorsorge (Abs. 1 Nr. 3) ... 4	D. Beraterhinweise ... 10

A. Allgemeines

1 § 90 enthält Ausnahmen, bei deren Vorliegen die Künd eines schwerbehinderten Menschen **nicht der Zustimmung des Integrationsamtes** bedarf.

B. Regelungsgehalt

I. Ausnahmen (Abs. 1 u. 2)

2 **1. Kündigung in den ersten sechs Monaten (Abs. 1 Nr. 1).** Besteht das Arbverh zum Zeitpunkt des Künd-Zugangs noch keine sechs Monate, ist die Künd nicht zustimmungspflichtig. Die Frist des Abs. 1 S. 1 ist der Wartezeit des § 1 Abs. 1 KSchG nachgebildet, so dass die dort entwickelten Grundsätze entsprechend anzuwenden sind.[1]

3 **2. Beschäftigungen auf Stellen gem. § 73 Abs. 2 Nr. 2 bis 5 (Abs. 1 Nr. 2).** Schwerbehinderte Menschen, die auf Stellen beschäftigt werden, die gem. § 73 Abs. 2 Nr. 2 bis 5 nicht als Arbeitsplätze im Sinne des 2. Teils zählen (siehe §§ 71–77 Rn 8, 9), genießen nicht den besonderen Künd-Schutz der §§ 85 ff. Sie können ohne Zustimmung des Integrationsamtes gekündigt werden.

4 **3. Gesicherte Altersvorsorge (Abs. 1 Nr. 3).** Personen, deren Altersvorsorgung gesichert ist und deren Ausscheiden einvernehmlich gewollt ist, können nach Abs. 1 Nr. 3 ohne den besonderen Künd-Schutz des § 85 gekündigt werden. Zu dieser Personengruppe gehören schwerbehinderte Menschen, die spätestens zum Zeitpunkt des Künd-Zugangs ihr 58. Lebensjahr vollendet und einen Anspruch auf Abfindung oder ähnliche Leistung aufgrund eines Sozialplans haben, Abs. 1 Nr. 3a. Die Rechtsgrundlage für die finanzielle Leistung muss kollektiver Art sein. Einzelvertraglich vereinbarte Abfindungszahlungen reichen nicht aus.[2] Als sozial genügend abgesichert gelten auch Personen, die Anspruch auf Knappschaftsausgleichsleistungen gem. § 239 SGB VI oder auf Anpassungsgeld für entlassene AN des Bergbaus haben, Abs. 1 Nr. 3b.

5 In beiden Alt. ist Voraussetzung, dass der AG dem schwerbehinderten Menschen die Künd-Absicht **rechtzeitig mitgeteilt** und dieser der beabsichtigten Künd bis zu deren Ausspruch **nicht widersprochen** hat.[3] Umstr. sind die an die Rechtzeitigkeit zu stellenden Anforderungen. Als ausreichend muss allerdings eine Frist von **drei Wochen** angesehen werden.[4]

6 **4. Entlassung aus Witterungsgründen (Abs. 2).** Der besondere Künd-Schutz findet auch bei witterungsbedingten Entlassungen keine Anwendung, wenn eine Wiedereinstellung durch TV, BV oder Einzelzusage gewährleistet ist, Abs. 2. Anwendbar ist diese Vorschrift auf alle Wirtschaftszweige, die ihre Arbeiten typischerweise im Freien erledigen, wie etwa die Land- und Forstwirtschaft, Bauhaupt- und Nebengewerbe usw. Wird die Zusage später nicht eingehalten, hat dies keine Auswirkung auf die Wirksamkeit der Künd. Der schwerbehinderte AN muss vielmehr die **Wiedereinstellung** gerichtlich durchsetzen.[5]

7 **5. Fehlender Nachweis der Schwerbehinderung (Abs. 2a).** Nach Abs. 2a finden die Vorschriften der §§ 85 ff. dann keine Anwendung, wenn zum Zeitpunkt der Künd die Schwerbehinderung nicht **nachgewiesen** ist oder das Versorgungsamt nach Ablauf der Frist des § 69 Abs. 1 S. 2 eine Feststellung **wegen fehlender Mitwirkung** nicht treffen konnte. Das bedeutet im Umkehrschluss, dass die Mitteilung einer Schwerbehinderung und eine beabsichtigte Antragstellung nicht mehr und – mit Ausnahme der 2. Alt. des § 90 Abs. 2a – ein anhängiges Verfahren beim Versorgungsamt auch nicht mehr ausreicht, um den Anwendungsbereich des § 85 zu eröffnen (siehe §§ 85, 86 Rn 6, 7). Die 2. Alt. betrifft demgegenüber den Fall, dass ein Feststellungsverfahren zum Zeitpunkt des Zugangs der Künd **anhängig** ist und der schwerbehinderte Mensch deshalb seine Schwerbehinderung noch nicht durch einen Bescheid nachweisen kann. In diesen Fällen greift nach der Rspr. des BAG[6] der besondere Künd-Schutz nur noch ein, wenn der AN den Antrag auf Anerkennung einer Schwerbehinderung bzw. einen Gleichstellungsantrag mindestens drei Wochen

---

1 BAG 19.6.2007 – 2 AZR 94/06 – NZA 2007, 1103; BAG 4.2.1993 – 2 AZR 416/92 – NZA 1994, 214.
2 LAG Köln 4.4.1997 – 11 Sa 1138/96 – AiB 1998, 351.
3 HWK/*Thies*, § 90 Rn 4; HK-SGB IX/*Trenk-Hinterberger*, § 90 Rn 16.
4 *Neumann/Pahlen*, § 90 Rn 17; HWK/*Thies*, § 90 Rn 5.
5 HWK/*Thies*, § 90 Rn 5; HK-SGB IX/*Trenk-Hinterberger*, § 90 Rn 22; a.A. *Neumann/Pahlen*, § 90 Rn 22.
6 BAG 1.3.2007 – 2 AZR 217/06 – NZA 2008, 302.

vor Zugang der Künd gestellt hat und das Versorgungsamt **ohne Verschulden** des AN innerhalb der Fristen des § 69 Abs. 1 S. 2 keine Feststellungen treffen konnte (siehe §§ 85, 86 Rn 8). Zur Anwendbarkeit des Abs. 2a auf **Gleichgestellte** siehe §§ 85, 86 Rn 10, 11.

II. Anzeigepflicht (Abs. 3)

Probe-Arbverh und Künd während der Wartezeit sind dem Integrationsamt innerhalb von **vier Tagen anzuzeigen**, Abs. 3. Die Verletzung der Anzeigepflicht führt nicht zur Unwirksamkeit der Probezeitvereinbarung oder zum besonderen Künd-Schutz.[7] Der schwerbehinderte Mensch kann ggf. einen Schadensersatzanspruch gegen den AG haben.[8]

C. Verbindung zu anderen Rechtsgebieten und zum Prozessrecht

Die Frage, ob die Vorschrift des § 90 zur Anwendung kommt, haben die ArbG zu entscheiden.

D. Beraterhinweise

Wegen der einheitlichen Klagefrist des § 4 S. 1 KSchG sollte immer dann, wenn das Vorliegen eines Ausnahmetatbestandes des § 90 unklar ist, binnen drei Wochen Künd-Schutzklage erhoben werden (siehe §§ 85, 86 Rn 21).

§ 91 Außerordentliche Kündigung

(1) Die Vorschriften dieses Kapitels gelten mit Ausnahme von § 86 auch bei außerordentlicher Kündigung, soweit sich aus den folgenden Bestimmungen nichts Abweichendes ergibt.
(2) [1]Die Zustimmung zur Kündigung kann nur innerhalb von zwei Wochen beantragt werden; maßgebend ist der Eingang des Antrages bei dem Integrationsamt. [2]Die Frist beginnt mit dem Zeitpunkt, in dem der Arbeitgeber von den für die Kündigung maßgebenden Tatsachen Kenntnis erlangt.
(3) [1]Das Integrationsamt trifft die Entscheidung innerhalb von zwei Wochen vom Tage des Eingangs des Antrages an. [2]Wird innerhalb dieser Frist eine Entscheidung nicht getroffen, gilt die Zustimmung als erteilt.
(4) Das Integrationsamt soll die Zustimmung erteilen, wenn die Kündigung aus einem Grunde erfolgt, der nicht im Zusammenhang mit der Behinderung steht.
(5) Die Kündigung kann auch nach Ablauf der Frist des § 626 Abs. 2 Satz 1 des Bürgerlichen Gesetzbuchs erfolgen, wenn sie unverzüglich nach Erteilung der Zustimmung erklärt wird.
(6) Schwerbehinderte Menschen, denen lediglich aus Anlass eines Streiks oder einer Aussperrung fristlos gekündigt worden ist, werden nach Beendigung des Streiks oder der Aussperrung wieder eingestellt.

A. Allgemeines 1	3. Kündigungserklärungsfrist des Arbeitgebers
B. Regelungsgehalt 2	(Abs. 5) 7
I. Anwendungsbereich (Abs. 1) 2	III. Einschränkung des Ermessens (Abs. 4) 9
II. Fristen 3	IV. Streik und Aussperrung (Abs. 6) 10
1. Antragsfrist des Arbeitgebers (Abs. 2) 3	C. Verbindung zu anderen Rechtsgebieten und
2. Entscheidungsfrist des Integrationsamtes	zum Prozessrecht 11
(Abs. 3 S. 1) 6	D. Beraterhinweise 12

A. Allgemeines

Das Zustimmungserfordernis des § 85 sowie die Regelungen des §§ 87 bis 90 finden grds. auch auf die außerordentliche Künd Anwendung. Die Abs. 2 bis 6 enthalten abweichende Sonderbestimmungen.

B. Regelungsgehalt

I. Anwendungsbereich (Abs. 1)

Die Vorschrift findet auf **alle** außerordentlichen **Änderungs- oder Beendigungs-Künd** Anwendung, unabhängig davon, ob sie fristlos oder mit sozialer Auslauffrist erklärt werden.[1] Hinsichtlich des persönlichen, räumlichen und sachlichen Geltungsbereichs gelten die gleichen Grundsätze wie bei einer ordentlichen Künd (siehe §§ 85, 86

---

7 BAG 21.3.1980 – 7 AZR 314/78 – DB 1980, 1701.
8 BAG 21.3.1980 – 7 AZR 314/78 – DB 1980, 1701.

1 BAG 12.8.1999 – 2 AZR 748/98 – DB 1999, 2424; a.A. KSchR/*Kittner*, § 91 SGB IX Rn 2.

Rn 2 ff.). Die **Ausnahmen** des § 90 (siehe § 90 Rn 2 ff.) sowie die **Mitteilungspflichten** des schwerbehinderten Menschen bzw. Gleichgestellten (siehe §§ 85, 86 Rn 12, 13) sind auch bei einer außerordentlichen Künd zu beachten.

II. Fristen

1. Antragsfrist des Arbeitgebers (Abs. 2). Für die Antragstellung gilt das in § 87 geregelte Verfahren (siehe § 87). Der Antrag muss v.a. erkennen lassen, dass die Zustimmung zu einer **außerordentlichen Künd** beantragt wird. Abs. 2 wandelt die Ausschlussfrist in § 626 Abs. 2 BGB insoweit ab, als an die Stelle des Ausspruchs der Künd der **Antrag auf Zustimmung** tritt.[2]

Die **zweiwöchige Frist** des Abs. 2 S. 1 beginnt mit **Kenntnis des AG** von den für die außerordentlichen Künd maßgebenden Tatsachen. Insoweit sind die von der Rspr. entwickelten Grundsätze zu § 626 Abs. 2 BGB zu übertragen, so dass auf die Kommentierung zu § 626 BGB verwiesen werden kann. Dies gilt auch bei sog. Dauertatbeständen.[3] Besonderheiten für den Fristlauf des Abs. 2 gelten, wenn der AG keine Kenntnis von der Schwerbehinderung bzw. einer Gleichstellung hat. Beruft sich der AN fristwahrend auf seine Schwerbehinderung bzw. Gleichstellung, muss der AG analog zu § 626 Abs. 2 binnen zwei Wochen nach Kenntniserlangung die Zustimmung zur Künd beantragen.[4]

Die Frist endet mit dem Eingang des Antrags beim Integrationsamt, welches die Wahrung der Frist von Amts wegen zu prüfen und den Antrag bei Verletzung der Frist als unzulässig zurückzuweisen hat.[5] Eine Wiedereinsetzung ist nicht möglich.[6] Entscheidet das Integrationsamt trotz Fristversäumnis zur Sache, muss der schwerbehinderte Mensch Widerspruch einlegen, andernfalls sind die ArbG an die Entscheidung gebunden.[7] Da nach der Rspr. des BAG die Frist des Abs. 2 allerdings die Ausschlussfrist des § 626 BGB **nicht verdrängt**, steht damit noch nicht fest, ob die – von den ArbG zu prüfende Zwei-Wochenfrist des § 626 BGB – gewahrt ist.[8] Nur wenn die Frist des § 626 BGB nach Erteilung der Zustimmung bereits abgelaufen ist, kommt Abs. 5 zur Anwendung (siehe Rn 7).

2. Entscheidungsfrist des Integrationsamtes (Abs. 3 S. 1). Nach Abs. 3 S. 1 hat das Integrationsamt die Entscheidung innerhalb von **zwei Wochen** vom Tage des Antragseingangs an zu treffen. Wegen des unterschiedlichen Wortlauts in § 88 Abs. 2 S. 1 „zugestellt" und „getroffen" in Abs. 3 muss die Entscheidung dem AG nicht schriftlich mitgeteilt oder zugestellt werden, sondern jede Art der Bekanntgabe **mündlich** oder fernmündlich reicht aus.[9] Anders als bei einer ordentlichen Künd bedarf es der Zustellung der – schriftlichen – Entscheidung vor dem Zugang der Künd nicht.[10] Versäumt die Behörde die zweiwöchige Frist, gilt die Zustimmung **als erteilt**, Abs. 3 S. 2; wobei die Fiktionswirkung dann **nicht** eingreift, wenn die Behörde den ablehnenden[11] oder zustimmenden Bescheid[12] innerhalb der Frist des Abs. 3 S. 1 **zur Post** gegeben hat.

3. Kündigungserklärungsfrist des Arbeitgebers (Abs. 5). Aus Abs. 5 ergibt sich, dass der AG die Künd nach Ablauf der Frist des § 626 Abs. 2 BGB erklären kann. Da durch Abs. 5 die Zwei-Wochen-Frist des § 626 Abs. 2 BGB nur ausgedehnt wird, greift sie erst und nur dann ein, wenn die Frist des § 626 Abs. 2 BGB abgelaufen ist.[13] Soweit die Frist des § 626 Abs. 2 BGB bei Erteilung der Zustimmung noch nicht abgelaufen ist, darf der AG sie voll ausnutzen.[14] Damit wird berücksichtigt, dass es dem AG wegen des vorgeschalteten Zustimmungsverfahrens i.d.R. nicht möglich sein wird, dem AN fristgerecht nach § 626 Abs. 2 BGB zu kündigen. Die Rspr. des BAG wendet Abs. 5 analog an, wenn vor Ausspruch einer Künd ein Zustimmungsersetzungsverfahren nach § 103 Abs. 2 BetrVG oder ein personalvertretungsrechtliches Mitbestimmungsverfahren durchzuführen ist. Hat der AG rechtzeitig innerhalb der Ausschlussfrist des § 626 BGB beim BR oder PR die erforderliche Zustimmung zur außerordentlichen Künd beantragt und bei verweigerter Zustimmung noch innerhalb der Zwei-Wochenfrist das Zustimmungsersetzungsverfahren eingeleitet, so ist die Frist des § 626 BGB auch dann gewahrt, wenn das Mitbestimmungsverfahren nicht innerhalb dieser Frist abgeschlossen ist.[15]

---

2 BAG 22.1.1987 – 2 ABR 6/86 – BAGE 55, 9 = DB 1987, 1743.
3 BAG 13.5.2004 – 2 AZR 36/04 – DB 2004, 2273.
4 BAG 14.5.1982 – 7 AZR 1221/79 – DB 1982, 1778.
5 BVerwG 2.5.1996 – 5 B 186/95 – Buchholz 436.61 § 21 SchwbG Nr. 7.
6 *Müller-Wenne/Schorn*, § 91 Rn 11.
7 BAG 2.3.2006 – 2 AZR 46/05 – NZA 2006, 1211; BAG 11.5.2000 – 2 AZR 276/99 – BAGE 94, 313 = DB 2001, 205.
8 BAG 1.2.2007 – 2 AZR 333/06 – NZA 2007, 744; BAG 2.3.2006 – 2 AZR 46/05 – NZA 2006, 1211; BAG 15.11.2001 – 2 AZR 380/00 – BAGE 99, 358 = NZA 2002, 970.
9 BAG 15.11.1990 – 2 AZR 255/90 – DB 1991, 2675.
10 BAG 19.6.2007 – 2 AZR 226/06 – NZA 2007, 1153; BAG 12.5.2005 – 2 AZR 159/04 – NZA 2005, 1173.
11 BAG 9.2.1994 – 2 AZR 720/93 – BAGE 75/358 = DB 1994, 1627.
12 LAG Baden-Württemberg 6.9.2004 – 15 Sa 39/04 – LAGE § 91 SGB IX Nr. 2.
13 BAG 15.11.2001 – 2 AZR 380/00 – BAGE 99, 358 = NZA 2002, 970; BAG 13.5.2004 – 2 AZR 36/04 – DB 2004, 2273.
14 BAG 15.11.2001 – 2 AZR 380/00 – BAGE 99, 358 = NZA 2002, 970.
15 BAG 2.2.2006 – 2 AZR 57/05 – NZA-RR 2006, 440; BAG 21.10.1983 – 7 AZR 281/82 – DB 1984, 1250; BAG 18.8.1977 – 2 ABR 19/77 – DB 1978, 109.

Der AG muss die Künd nach Bekanntgabe der Entscheidung des Integrationsamtes **unverzüglich** erklären. Die Frist beginnt mit – **ggf. mündlicher** – Bekanntgabe der Zustimmungserteilung oder des Negativattests[16] an den AG.[17] Wird die Zustimmung dagegen erst im Widerspruchsverfahren erteilt, soll die Frist mit der ggf. mündlichen Mitteilung des Widerspruchsausschusses zu laufen beginnen.[18] Unverzüglich bedeutet ohne schuldhaftes Zögern. Eine starre Zeitvorgabe besteht hierfür nicht, allerdings muss die Künd dem AN unverzüglich nach der Entscheidung des Integrationsamtes **zugegangen** sein.[19]

III. Einschränkung des Ermessens (Abs. 4)

Das Integrationsamt hat über den Antrag auf Zustimmung zu einer außerordentlichen Künd nach pflichtgemäßen Ermessen zu entscheiden. Erfolgt die Künd jedoch aus einem Grund, der **nicht mit der Behinderung** im unmittelbaren Zusammenhang steht, **soll** das Integrationsamt die Zustimmung erteilen, Abs. 4. Ein mittelbarer Zusammenhang, z.B. Beschaffungskriminalität eines suchtkranken AN, ist schon dann anzunehmen, wenn sich das Verhalten des Schwerbehinderten zwanglos aus der Schwerbehinderung ergibt und der Zusammenhang nicht nur ein entfernter ist.[20] Nur ausnahmsweise hat das Integrationsamt eine Entscheidung nach pflichtgemäßem Ermessen trotz fehlenden Zusammenhangs zwischen Künd-Grund und Behinderung zu treffen, wenn besondere atypische Umstände vorliegen.[21] Ein atypischer Fall soll vorliegen, wenn die außerordentliche Künd den Schwerbehinderten in einer die Schutzzwecke des Schwerbehindertenrechts berührenden Weise besonders hart trifft.[22] Die Prüfung der übrigen arbeitsrechtlichen Wirksamkeitsvoraussetzungen ist den ArbG vorbehalten.[23]

IV. Streik und Aussperrung (Abs. 6)

Abs. 6 hat kaum noch praktische Bedeutung, da nach der Rspr. des BAG[24] ein AN aus Anlass eines Arbeitskampfes nicht gekündigt werden kann. Lösende Aussperrungen sind praktisch nicht mehr zugelassen und begründen bereits nach der Rspr. des BAG einen Wiedereinstellungsanspruch.[25]

C. Verbindung zu anderen Rechtsgebieten und zum Prozessrecht

Hat der AG den BR bzw. PR nicht vor oder während des Zustimmungsverfahrens angehört, muss er die Anhörung unverzüglich i.d.R. **am ersten Tag** nach der Zustimmungserteilung einleiten.[26] Sobald die Stellungnahme des BR vorliegt oder die dreitägige Frist des § 102 Abs. 2 S. 3 BetrVG verstrichen ist, muss der AG am **darauf folgenden Tag** für den Zugang der Künd sorgen.[27]

D. Beraterhinweise

Da die Zustimmungsfiktion nicht eingreift, wenn der Bescheid den Machtbereich der Behörde verlassen hat, sollte nach Ablauf der Entscheidungsfrist des Abs. 3 beim Integrationsamt nachgefragt werden, ob und ggf. mit welchem Inhalt eine Entscheidung getroffen wurde.

---

§ 92 Erweiterter Beendigungsschutz

¹Die Beendigung des Arbeitsverhältnisses eines schwerbehinderten Menschen bedarf auch dann der vorherigen Zustimmung des Integrationsamtes, wenn sie im Falle des Eintritts einer teilweisen Erwerbsminderung, der Erwerbsminderung auf Zeit, der Berufsunfähigkeit oder der Erwerbsunfähigkeit auf Zeit ohne Kündigung erfolgt. ²Die Vorschriften dieses Kapitels über die Zustimmung zur ordentlichen Kündigung gelten entsprechend.

A. Allgemeines	1	C. Verbindung zu anderen Rechtsgebieten und zum Prozessrecht		5
B. Regelungsgehalt	2	D. Beraterhinweise		6
I. Anwendungsbereich	2			
II. Verfahren	4			

---

16 BAG 27.5.1983 – 7 AZR 482/81 – BAGE 42, 169 = DB 1984, 134.
17 BAG 1.2.2007 – 2 AZR 333/06 – NZA 2007, 744; BAG 15.11.1990 – 2 AZR 255/90 – DB 1991, 2675.
18 BAG 21.4.2005 – 2 AZR 255/04 – MDR 2005, 1298.
19 BAG 3.7.1980 – 2 AZR 340/78 – DB 1981, 103; BAG 7.11.2002 – 2 AZR 475/01 – DB 2003, 833.
20 OVG Nordhein-Westfalen 23.5.2000 – 22 A 3145/98 – DB 2000, 1969.
21 *Neumann/Pahlen*, § 91 Rn 21.
22 BVerwG 2.7.1992 – 5 C 39/90 – BVerwGE 90, 275.
23 BVerwG 2.7.1992 – 5 C 39/90 – BVerwGE 90, 275.
24 BAG GS 21.4.1971 – GS 1/68 – BAGE 23, 292.
25 BAG GS 21.4.1971 – GS 1/68 – BAGE 23, 292.
26 BAG 3.7.1980 – 2 AZR 340/78 – DB 1981, 103.
27 BAG 3.7.1980 – 2 AZR 340/78 – DB 1981, 103.

A. Allgemeines

1 Die Vorschrift sieht ausnahmsweise eine Zustimmungspflicht bei Beendigung des Arbverh vor, ohne dass eine Künd ausgesprochen wurde.

B. Regelungsgehalt

I. Anwendungsbereich

2 Für die Beendigung des Arbverh wegen dauerhafter voller Erwerbsunfähigkeit ist § 92 bereits seinem Wortlaut nach nicht anwendbar. Die Vorschrift hat an Bedeutung verloren, da die v.a. im öffentlichen Dienst geltenden tariflichen Regelungen insoweit geändert wurden, dass sie nicht mehr zur Beendigung, sondern nur noch zum Ruhen des Arbverh führen. Außerdem fordert die Rspr., dass ein Arbverh bei Berufsunfähigkeit nur endet, wenn keine zumutbare Weiterbeschäftigung besteht.[1] Damit beschränkt sich der Anwendungsbereich auf Fälle der Erwerbsunfähigkeit und der Berufsunfähigkeit **auf Zeit** ohne **Weiterbeschäftigungsmöglichkeit**.[2] Der geschützte Personenkreis ist i.Ü derselbe wie im Falle des § 85, d.h. dass die nach § 90 ausgeschlossenen Personen keinen besonderen Künd-Schutz nach § 85 genießen (siehe § 90 Rn 2 ff.).

3 Voraussetzung ist weiter, dass der AG **Kenntnis** von der Schwerbehinderung hat. Damit gelten bei Unkenntnis des AG von der Schwerbehinderteneigenschaft des AN die Ausführungen zu § 85 entsprechend (siehe § 85 Rn 12). Da das BAG[3] bei Künd nunmehr eine Mitteilungsfrist von **drei Wochen** nach Zugang der Künd angekündigt hat, dürfte dies auch für die Mitteilungsfrist des § 92 gelten. Bislang hat das BAG offen gelassen, ob für den Beginn der Mitteilungsfrist auf den Zeitpunkt der Stellung des Rentenantrages oder auf den Zeitpunkt des Zugangs des Rentenbescheides abzustellen ist.[4]

II. Verfahren

4 Nach S. 2 gelten die Vorschriften dieses Kapitels über die Zustimmung zur ordentlichen Künd entsprechend. Maßgeblicher Zeitpunkt für die Antragsstellung ist der Zugang des Rentenbescheides.[5] Kennt der AG die Schwerbehinderung, weiß allerdings nichts von dem Rentenbescheid, besteht das Arbverh solange fort, bis die Zustimmung des Integrationsamts eingeholt ist.[6]

C. Verbindung zu anderen Rechtsgebieten und zum Prozessrecht

5 Für die Überprüfung der Entscheidung des Integrationsamts, die Zustimmung zu erteilen oder zu versagen, sind – nach durchgeführtem Widerspruchsverfahren gem. § 118 – die Verwaltungsgerichte zuständig (siehe § 88 Rn 7).

D. Beraterhinweise

6 Erhält der schwerbehinderte Mensch eine Erwerbsminderungsrente, sollte er seinen Anspruch auf Teilzeit nach § 81 Abs. 5 geltend machen, da das Integrationsamt die Zustimmung nur dann zu erteilen hat, wenn dem AG die geänderte Beschäftigung nicht zumutbar ist.[7]

---

§ 124 Mehrarbeit

Schwerbehinderte Menschen werden auf ihr Verlangen von Mehrarbeit freigestellt.

---

§ 125 Zusatzurlaub

(1) ¹Schwerbehinderte Menschen haben Anspruch auf einen bezahlten zusätzlichen Urlaub von fünf Arbeitstagen im Urlaubsjahr; verteilt sich die regelmäßige Arbeitszeit des schwerbehinderten Menschen auf mehr oder weniger als fünf Arbeitstage in der Kalenderwoche, erhöht oder vermindert sich der Zusatzurlaub entsprechend. ²Soweit tarifliche, betriebliche oder sonstige Urlaubsregelungen für schwerbehinderte Menschen einen längeren Zusatzurlaub vorsehen, bleiben sie unberührt.

---

1 BAG 28.6.1995 – 7 AZR 555/94 – NZA 1996, 374.
2 H/S/*Düwell*, § 7 Rn 400.
3 BAG 12.1.2006 – 2 AZR 539/05 – NZA 2006, 1035.
4 BAG 28.6.1995 – 7 AZR 555/94 – NZA 1996, 374.
5 BAG 28.6.1995 – 7 AZR 555/94 – NZA 1996, 374.
6 *Müller-Wenne/Schorn*, § 92 Rn 9.
7 H/S/*Düwell*, § 7 Rn 457.

(2) ¹Besteht die Schwerbehinderteneigenschaft nicht während des gesamten Kalenderjahres, so hat der schwerbehinderte Mensch für jeden vollen Monat der im Beschäftigungsverhältnis vorliegenden Schwerbehinderteneigenschaft einen Anspruch auf ein Zwölftel des Zusatzurlaubs nach Absatz 1 Satz 1. ²Bruchteile von Urlaubstagen, die mindestens einen halben Tag ergeben, sind auf volle Urlaubstage aufzurunden. ³Der so ermittelte Zusatzurlaub ist dem Erholungsurlaub hinzuzurechnen und kann bei einem nicht im ganzen Kalenderjahr bestehenden Beschäftigungsverhältnis nicht erneut gemindert werden.

(3) Wird die Eigenschaft als schwerbehinderter Mensch nach § 69 Abs. 1 und 2 rückwirkend festgestellt, finden auch für die Übertragbarkeit des Zusatzurlaubs in das nächste Kalenderjahr die dem Beschäftigungsverhältnis zugrunde liegenden urlaubsrechtlichen Regelungen Anwendung.

A. Allgemeines 1	2. Urlaubsdauer 6
B. Regelungsgehalt 2	C. Verbindung zu anderen Rechtsgebieten und zum
I. Mehrarbeit (§ 124) 2	Prozessrecht 9
II. Zusatzurlaub (§ 125) 5	D. Beraterhinweise 10
1. Anwendungsbereich 5	

A. Allgemeines

Die Vorschriften über Mehrarbeit und Zusatzurlaub sollen schwerbehinderte Menschen vor zeitlicher Überbeanspruchung schützen. 1

B. Regelungsgehalt

I. Mehrarbeit (§ 124)

§ 124 ist auf alle schwerbehinderten Menschen und ihnen Gleichgestellte anwendbar. Die Norm bezieht alle AN, Beamte und Richter ein, gem. § 128 Abs. 4 S. 2 Soldaten nur, soweit dies mit den Besonderheiten ihres Dienstverhältnisses vereinbar ist. Aus der Vorschrift ergibt sich kein Verbot der Mehrarbeit, sondern nur ein Anspruch auf Befreiung von Mehrarbeit. Mehrarbeit i.S.d. Vorschrift ist die über die gesetzliche Arbeitszeit nach § 3 S. 1 ArbZG hinaus geleistete Arbeit, nicht die über die individuell geschuldete Arbeitszeit hinaus geleistete Arbeitszeit.[1] 2

Sonn-, Feiertags- und Nachtarbeit sind von § 124 nicht erfasst.[2] Ein Anspruch auf eine bestimmte Lage oder eine bestimmte Dauer der Arbeitszeit kann sich aber aus dem Gesichtspunkt der behindertengerechten Beschäftigung nach § 81 Abs. 4 oder 5 (siehe §§ 81, 82 Rn 18) ergeben. 3

Der Anspruch ist vom schwerbehinderten Menschen bzw. diesem Gleichgestellten ausdrücklich und rechtzeitig geltend zu machen.[3] Soweit der schwerbehinderte Mensch verlangt, von Mehrarbeit freigestellt zu werden, bedarf es anders als im Urlaubsrecht keiner Freistellungserklärung des AG.[4] 4

II. Zusatzurlaub (§ 125)

1. Anwendungsbereich. Anspruchsberechtigt sind alle schwerbehinderten AN, mit Ausnahme der **Gleichgestellten**, § 68 Abs. 3. Ein schwerbehinderter Mensch hat auch dann einen Anspruch auf Zusatzurlaub, wenn die Schwerbehinderung nicht durch einen Bescheid nach § 69 nachgewiesen ist.[5] Daran ändert § 90 Abs. 2a nichts, da nach dieser Vorschrift nur die Anwendbarkeit des 4. Kapitels ausgeschlossen wird. 5

2. Urlaubsdauer. Dem schwerbehinderten Menschen steht ein zusätzlicher Urlaubsanspruch von **fünf Tagen** zu, wenn sich seine Arbeitszeit auf eine Fünf-Tage-Woche verteilt. Ist die Arbeitszeit anders verteilt, erhöht oder vermindert sich der zusätzliche Urlaubsanspruch entsprechend, Abs. 1 S. 1 Hs. 2. 6

Bei Eintritt oder Wegfall der Schwerbehinderung im Verlaufe des Kalenderjahres und bei rückwirkender Feststellung, hatte der schwerbehinderte Mensch nach der Rspr. des BAG[6] bislang Anspruch auf den vollen Zusatzurlaub. Durch die mit Gesetz zur Förderung der Ausbildung und Beschäftigung schwerbehinderter Menschen v. 23.4.2004[7] neu eingeführten Abs. 2 und 3 hat ein schwerbehinderter Mensch nur noch einen Anspruch auf anteiligen – 1/12 des vollen Zusatzurlaubs für jeden vollen Monat der im Beschäftigungsverhältnis vorliegenden Schwerbehinderung. Bruchteile von Urlaubstagen, die mindestens einen halben Tag ergeben, sind aufzurunden. Geringere Bruchteile sind nicht abzurunden, sondern in geringerem Umfang zu gewähren. Der so ermittelte Zusatzurlaub ist dem Erho- 7

---

1 BAG 21.11.2006 – 9 AZR 176/06 – juris; BAG 8.11.1989 – 5 AZR 642/88 – DB 1990, 889; BAG 3.12.2002 – 9 AZR 462/01 – br 2003, 40; a.A. GK-SGB IX/*Großmann*, § 124 Rn 27.
2 BAG 3.12.2002 – 9 AZR 462/01 – DB 2004, 1621.
3 *Neumann/Pahlen*, SGB IX, § 124 Rn 5.
4 BAG 3.12.2002 – 9 AZR 462/01 – DB 2004, 1621.
5 BAG 28.1.1982 – 6 AZR 636/79 – BAGE 37, 379.
6 BAG 21.2.1995 – 9 AZR 675/93 – BAGE 79, 207 = NZA 1995, 746.
7 BGBl I, S. 606.

lungsurlaub hinzuzurechnen und kann bei einem nicht im ganzen Kalenderjahr bestehendem Beschäftigungsverhältnis nicht erneut gemindert werden. Kann der Urlaub wegen Beendigung des Arbverh nicht mehr genommen werden, ist er nach § 7 Abs. 4 BUrlG selbst dann abzugelten, wenn der AG erst nach Beendigung von der Schwerbehinderung Kenntnis erlangt.[8]

8 Nach Abs. 3 wird im Falle rückwirkender Feststellung der Schwerbehinderung die Kumulation von Zusatzurlaubsansprüchen für die vergangenen Jahre abgeschnitten, da für die Übertragbarkeit des Zusatzurlaubs in das nächste Kalenderjahr die dem Beschäftigungsverhältnis zugrunde liegenden urlaubsrechtlichen Regelungen Anwendung finden.[9]

C. Verbindung zu anderen Rechtsgebieten und zum Prozessrecht

9 Zur Geltendmachung behindertengerechter Dauer und Lage der Arbeitszeit siehe §§ 81, 82 Rn 20.

D. Beraterhinweise

10 Die Freistellung von Mehrarbeit sowie die Inanspruchnahme von Zusatzurlaub sollten stets unter Bezugnahme auf die Schwerbehinderung schriftlich geltend gemacht werden.

---

[8] BAG 25.6.1996 – 9 AZR 182/95 – BAGE 83, 225 = NZA 1996, 1153.

[9] *Fenski*, NZA 2004, 1255.

Zehntes Buch Sozialgesetzbuch – Sozialverwaltungsverfahren und Sozialdatenschutz (SGB X)

Vom 18.8.1980, BGBl I S. 1469, 2218, und 1450 (1982), BGBl III 860-10-1

In der Fassung der Bekanntmachung vom 18.1.2001, BGBl. I S. 130

Zuletzt geändert durch Gesetz zur Reform der Sachaufklärung in der Zwangsvollstreckung vom 29.7.2009, BGBl I S. 2258, 2270

– Auszug –

§ 39 Wirksamkeit des Verwaltungsaktes

(1) ¹Ein Verwaltungsakt wird gegenüber demjenigen, für den er bestimmt ist oder der von ihm betroffen wird, in dem Zeitpunkt wirksam, in dem er ihm bekannt gegeben wird. ²Der Verwaltungsakt wird mit dem Inhalt wirksam, mit dem er bekannt gegeben wird.

(2) Ein Verwaltungsakt bleibt wirksam, solange und soweit er nicht zurückgenommen, widerrufen, anderweitig aufgehoben oder durch Zeitablauf oder auf andere Weise erledigt ist.

(3) Ein nichtiger Verwaltungsakt ist unwirksam.

A. Allgemeines	1	IV. Innere Wirksamkeit	7
B. Regelungsgehalt	2	V. Unwirksamkeit	8
I. Formelle Bestandskraft	3	C. Verbindung zu anderen Rechtsgebieten und zum Prozessrecht	9
II. Materielle Bestandskraft	4	D. Beraterhinweise	10
III. Äußere Wirksamkeit	5		

A. Allgemeines

Wirksamkeit ist die durch die Bekanntgabe eingetretene Existenz des VA mit der Folge, dass Rechtswirkungen eintreten. Von der Wirksamkeit ist die Vollziehbarkeit zu unterscheiden. Ebenso darf die Wirksamkeit nicht mit der Bestandskraft verwechselt werden, denn diese setzt einen wirksamen VA voraus, der nicht mehr mit einem Rechtsbehelf angefochten werden kann. Die Bestandskraft eines VA entspricht in etwa der Rechtskraft eines gerichtlichen Urteils.[1] Wie die Rechtskraft gerichtlicher Urteile fußt auch die Bestandskraft auf dem Grundsatz der Rechtssicherheit und des Rechtsfriedens als wesentliche Bestandteile des Rechtsstaatsprinzips.[2]

B. Regelungsgehalt

Die Vorschrift des § 39 orientiert sich an § 43 VwVfG.[3]

I. Formelle Bestandskraft

Die formelle Bestandskraft (Unanfechtbarkeit) hat zur Folge, dass der VA nicht mehr mit einem Rechtsbehelf angefochten werden kann. Dies schließt aber die Aufhebung des VA durch die Verwaltung nicht aus. Die Behörde hat das Ermessen, den VA unter den Voraussetzungen der §§ 44 ff. aufzuheben. Bei einer nachträglichen Änderung der Rechtslage ist es auch nicht ausgeschlossen, sich gegen die Vollziehung zu wenden.

II. Materielle Bestandskraft

Die materielle Bestandskraft bedeutet, dass die Regelung des VA für erlassende Behörde und Adressaten grds. verbindlich ist und eine Bindungswirkung eintritt.[4] Der Umfang richtet sich nach § 77 SGG. Daraus folgt, dass es eine absolute Bindungswirkung nicht gibt. Ebenso muss beachtet werden, dass zwischen der Rechtskraft eines Urteils und der Bestandskraft eines VA erhebliche Unterschiede bestehen, weil die Verwaltung in stärkerem Maße als die Gerichte in der Lage sein muss, neuen Tatsachen Rechnung zu tragen. Es kann sich nämlich in Fällen, in denen ein VA formell bestandskräftig geworden ist, eine andere Entscheidung in der Sache ergeben. Die Bindungswirkung nach § 77 SGG ist deswegen schwächer als die Rechtskraft. Das wesentliche materielle Problem ist die Frage, unter welchen Voraussetzungen die Behörde VA aufheben kann. Einzelheiten dazu ergeben sich aus §§ 44 ff.

---

1 BVerwG 6.6.1975 – IV C 15.73 – BVerwGE 48, 271 = NJW 1976, 340.
2 BVerfG 30.4.1952 – 1 BvR 14/52 – BVerfGE 1, 264.
3 BT-Drucks 8/2034, S. 93.
4 BSG 17.12.1975 – 7 RAr 4/74 – BSGE 41, 113.

III. Äußere Wirksamkeit

5 Die äußere Wirksamkeit beginnt mit der Bekanntgabe an den Betroffenen durch Erlass.[5] Durch den Erlass wird der VA existent. Die äußere Wirksamkeit ist maßgeblich für den Beginn der Anfechtungsfristen. Eine schwebende äußere Unwirksamkeit kennt das Verwaltungsverfahrensrecht anders als das bürgerliche Recht nicht. VA sind entweder wirksam, wenn auch ggf. rechtswidrig und damit anfechtbar, oder unwirksam, also nichtig.

6 Die Wirksamkeit kann nur dem Adressaten gegenüber eintreten oder gegenüber dem, der von dem VA betroffen und dem er bekannt gemacht worden ist. Werden vom VA Mehrere betroffen, wird er jedem von ihnen gegenüber zu dem Zeitpunkt wirksam, zu dem er ihm bekannt gegeben worden ist.[6] Zeitpunkt der Bekanntgabe ist grds. der Zeitpunkt des Zugangs des VA. Gegen einen VA, der die Rechte des Adressaten nicht berühren kann und somit für ihn keine Rechtsfolgen bewirkt, kann aber aus Gründen des effektiven Rechtsschutzes mit der Anfechtungsklage vorgegangen werden.[7]

IV. Innere Wirksamkeit

7 Innere Wirksamkeit bedeutet, dass der VA die in ihm enthaltenen bzw. kraft Gesetzes mit ihm verbundenen Rechtswirkungen gegenüber der Behörde, den Betroffenen und ggf. Dritten auslöst.[8] Die innere Wirksamkeit setzt die äußere Wirksamkeit voraus.

V. Unwirksamkeit

8 Ein nichtiger VA ist eo ipso unwirksam.[9] Er muss daher von niemanden befolgt oder beachtet werden, auch wenn er noch nicht formell aufgehoben oder seine Nichtigkeit gem. § 40 Abs. 5 oder § 55 Abs. 1 Nr. 4 SGG verbindlich festgestellt wird.[10] Der nichtige VA ist existent, er entfaltet aber keinerlei Rechtswirkungen. Die Nichtigkeit wirkt sich sowohl auf die innere als auch auf die äußere Wirksamkeit des VA aus.[11]

C. Verbindung zu anderen Rechtsgebieten und zum Prozessrecht

9 Die aufschiebende Wirkung nach § 86a Abs. 1 SGG wirkt sich nicht rückwirkend auf die Wirksamkeit des VA aus, sondern hemmt nur dessen Vollziehung.

D. Beraterhinweise

10 In der Beratungspraxis ist zunächst immer der Zeitpunkt des Zugangs des VA zu klären. Dieser richtet sich nach dem VwZG des Bundes bzw. der einzelnen Länder. Soweit der VA nicht mit Zustellungsurkunde oder gegen Empfangsbekenntnis zugestellt worden ist, greift die Drei-Tages-Frist des § 4 Abs. 1 VwZG ein. Danach gilt bei der Zustellung durch die Post mittels – eingeschriebenen – Briefes dieser mit dem dritten Tage nach der Aufgabe zur Post als zugestellt. Etwas anderes gilt nur dann, wenn das zuzustellende Schriftstück nicht oder zu einem späteren Zeitpunkt zugegangen ist, was im Zweifel von der Behörde nachzuweisen ist.

§ 40 Nichtigkeit des Verwaltungsaktes

(1) Ein Verwaltungsakt ist nichtig, soweit er an einem besonders schwerwiegenden Fehler leidet und dies bei verständiger Würdigung aller in Betracht kommenden Umstände offensichtlich ist.
(2) Ohne Rücksicht auf das Vorliegen der Voraussetzungen des Absatzes 1 ist ein Verwaltungsakt nichtig,
1. der schriftlich oder elektronisch erlassen worden ist, die erlassende Behörde aber nicht erkennen lässt,
2. der nach einer Rechtsvorschrift nur durch die Aushändigung einer Urkunde erlassen werden kann, aber dieser Form nicht genügt,
3. den aus tatsächlichen Gründen niemand ausführen kann,
4. der die Begehung einer rechtswidrigen Tat verlangt, die einen Straf- oder Bußgeldtatbestand verwirklicht,
5. der gegen die guten Sitten verstößt.

---

5 BSG 14.3.1996 – 7 Rar 84/94 – DBlR 4314a, SGB X/§ 45.
6 BVerwG 28.10.1993 – 4 C 15/93 – NVwZ-RR 1994, 305 = DVBl 1994, 697.
7 BSG 26.10.1989 – 4 RA 90/88 – VdKMitt 1990, 39 = HVInfo 1990, 102.
8 BVerwG 21.6.1961 – VIII C 398.59 – BVerwGE 13, 1 = NJW 1962, 602.
9 BSG 26.5.1964 – 9 RV 218/63 – BSGE 21, 79; BSG 26.10.1989 – 4 RA 90/88 – VdKMitt 1990, 39 = HVInfo 1990, 102.
10 BSG 22.9.1965 – 1 RA 165/62 – BSGE 24, 13 = DOK 1966, 417.
11 *Kopp/Ramsauer*, VwVfG, § 43 Rn 47.

(3) Ein Verwaltungsakt ist nicht schon deshalb nichtig, weil
1. Vorschriften über die örtliche Zuständigkeit nicht eingehalten worden sind,
2. eine nach § 16 Abs. 1 Satz 1 Nummer 2 bis 6 ausgeschlossene Person mitgewirkt hat,
3. ein durch Rechtsvorschrift zur Mitwirkung berufener Ausschuss den für den Erlass des Verwaltungsaktes vorgeschriebenen Beschluss nicht gefasst hat oder nicht beschlussfähig war,
4. die nach einer Rechtsvorschrift erforderliche Mitwirkung einer anderen Behörde unterblieben ist.

(4) Betrifft die Nichtigkeit nur einen Teil des Verwaltungsaktes, ist er im Ganzen nichtig, wenn der nichtige Teil so wesentlich ist, dass die Behörde den Verwaltungsakt ohne den nichtigen Teil nicht erlassen hätte.

(5) Die Behörde kann die Nichtigkeit jederzeit von Amts wegen feststellen; auf Antrag ist sie festzustellen, wenn der Antragsteller hieran ein berechtigtes Interesse hat.

A. Allgemeines	1	III. Negativkatalog des Abs. 3	5
B. Regelungsgehalt	2	C. Verbindung zu anderen Rechtsgebieten und zum	
I. Generalklausel des Abs. 1	3	Prozessrecht	6
II. Positivkatalog des Abs. 2	4	D. Beraterhinweise	7

A. Allgemeines

§ 40 orientiert sich an § 44 VwVfG.[1] Folglich ist auch bei § 40 eine Abgrenzung von Fehlern eines VA, die zur Nichtigkeit führen, und solchen, die nur zur Rechtswidrigkeit mit der Folge der Anfechtbarkeit führen, vorzunehmen.[2]

B. Regelungsgehalt

Ein VA ist rechtswidrig, wenn die gesetzlichen Voraussetzungen für seinen Erlass nicht vorgelegen haben, er also im Widerspruch zur Rechtsordnung steht.[3] Nichtig ist der VA dagegen ausschließlich unter den in Abs. 1 (Generalklausel) und Abs. 2 (Aufzählung) genannten Voraussetzungen.

I. Generalklausel des Abs. 1

Abs. 1 geht von der Evidenztheorie aus.[4] Entscheidend für die Einordnung als besonders schwerwiegender und offensichtlicher Form- und Inhaltsfehler i.S.v. Abs. 1 sind die Bedeutung und das Gewicht des Fehlers, nicht aber die Art des Fehlers. Schwerwiegend ist ein Fehler dann, wenn er derart im Widerspruch zur geltenden Rechtsordnung und den ihr zugrunde liegenden Wertvorstellungen der Gemeinschaft steht, dass es unerträglich wäre, wenn der VA die mit und in ihm enthaltenen Rechtswirkungen hätte. Maßgebend ist nicht so sehr der Verstoß gegen bestimmte Rechtsvorschriften, sondern der Verstoß gegen die der Rechtsordnung insgesamt oder in bestimmter Hinsicht zugrunde liegenden wesentlichen Zweck- und Wertvorstellungen, insb. auch gegen tragende Verfassungsgrundsätze.[5] Dafür geben die in Abs. 2 und 3 geregelten Tatbestände gute Anhaltspunkte. Entscheidend sind die Umstände des Einzelfalles. Besonders schwerwiegende Fehler sind z.B. absolute sachliche Unzuständigkeit der erlassenden Behörde, absolute rechtliche Unmöglichkeit, völlige Unbestimmtheit des Adressaten. Erschlichene VA oder durch Drohung, arglistige Täuschung oder Bestechung zustande gekommene VA können ebenso nichtig sein.
Die Generalklausel ist subsidiär gegenüber dem Positivkatalog (Abs. 2) und dem Negativkatalog (Abs. 3).

II. Positivkatalog des Abs. 2

In Abs. 2 werden die Fälle abschließend geregelt,[6] in denen VA auch dann nichtig sind, wenn der Fehler nicht offensichtlich ist. Die Aufzählung der absoluten Nichtigkeitsgründe ist abschließend.

III. Negativkatalog des Abs. 3

In Abs. 3 wird ausdrücklich erklärt, dass die dort unter Nr. 1 bis 4 genannten Verfahrensverstöße nicht schon deswegen zur Nichtigkeit führen, selbst wenn die Voraussetzungen des Abs. 1 vorliegen.

C. Verbindung zu anderen Rechtsgebieten und zum Prozessrecht

Die Nichtigkeit kann jederzeit, ohne dass Fristen zu beachten sind, geltend gemacht werden.

---

1 BT-Drucks 8/2034, S. 33.
2 BT-Drucks 7/910, S. 63.
3 BVerwG 30.1.1969 – III C 153.67 – BVerwGE 31, 222 = WM 1969, 1331.
4 BSG 14.12.1965 – 2 RU 113/63 – BSGE 24, 162 = MDR 1966, 540.
5 BVerwG 22.2.1985 – 8 C 107/83 – DVBl 1985, 624 = NJW 1985, 2658.
6 *Stelkens/Bonk/Sachs*, § 44 Rn 124; a.A. BSG 23.2.1989 – 11/7 Rar 103/87 – DVBl 1990, 210 = MDR 1989, 939 = NVwZ 1989, 902.

D. Beraterhinweise

7 Die Bedeutung des Instituts der Nichtigkeit des VA wird sehr häufig überschätzt. In der Praxis werden die Gerichte allenfalls mit dem Problem der Nichtigkeit befasst, wenn der Adressat oder Betroffene eines belastenden VA die Rechtsmittelfristen versäumt hat und sich mithilfe der Nichtigkeitsfeststellungsklage vor den Rechtsfolgen des unanfechtbar gewordenen VA zu schützen versucht. Zu bedenken ist weiterhin, dass der Begriff der Nichtigkeit von den Gerichten eng ausgelegt wird.[7]

§ 41 Heilung von Verfahrens- und Formfehlern

(1) Eine Verletzung von Verfahrens- oder Formvorschriften, die nicht den Verwaltungsakt nach § 40 nichtig macht, ist unbeachtlich, wenn
1. der für den Erlass des Verwaltungsaktes erforderliche Antrag nachträglich gestellt wird,
2. die erforderliche Begründung nachträglich gegeben wird,
3. die erforderliche Anhörung eines Beteiligten nachgeholt wird,
4. der Beschluss eines Ausschusses, dessen Mitwirkung für den Erlass des Verwaltungsaktes erforderlich ist, nachträglich gefasst wird,
5. die erforderliche Mitwirkung einer anderen Behörde nachgeholt wird,
6. die erforderliche Hinzuziehung eines Beteiligten nachgeholt wird.

(2) Handlungen nach Absatz 1 Nr. 2 bis 6 können bis zur letzten Tatsacheninstanz eines sozial- oder verwaltungsgerichtlichen Verfahrens nachgeholt werden.

(3) [1]Fehlt einem Verwaltungsakt die erforderliche Begründung oder ist die erforderliche Anhörung eines Beteiligten vor Erlass des Verwaltungsaktes unterblieben und ist dadurch die rechtzeitige Anfechtung des Verwaltungsaktes versäumt worden, gilt die Versäumung der Rechtsbehelfsfrist als nicht verschuldet. [2]Das für die Wiedereinsetzungsfrist maßgebende Ereignis tritt im Zeitpunkt der Nachholung der unterlassenen Verfahrenshandlung ein.

1 Die Vorschrift regelt in Abs. 1 und 2, inwieweit Verfahrensfehler, die einen VA nicht nach § 40 nichtig sondern nur rechtswidrig machen, durch Nachholen der unterbliebenen Handlung geheilt werden können. Die Heilung soll Rechtsbehelfe, die ausschließlich auf die Verletzung von Verfahrensfehlern gestützt werden, einschränken und die Befugnisse der Behörden beschränken, begünstigende VA nach §§ 45 bis 48 mit der Begründung zurücknehmen zu können, diese seien verfahrensfehlerhaft zustande gekommen.[1] Die Vorschrift stärkt im Ergebnis den Gedanken der dienenden Funktion des Verfahrensrechts. Sie unterstützt die Funktionsfähigkeit der Verwaltung und zielt darauf ab, auch in Massenverfahren eine zügige und konzentrierte Prüfung zu gewährleisten.[2]

§ 42 Folgen von Verfahrens- und Formfehlern

[1]Die Aufhebung eines Verwaltungsaktes, der nicht nach § 40 nichtig ist, kann nicht allein deshalb beansprucht werden, weil er unter Verletzung von Vorschriften über das Verfahren, die Form oder die örtliche Zuständigkeit zustande gekommen ist, wenn offensichtlich ist, dass die Verletzung die Entscheidung in der Sache nicht beeinflusst hat. [2]Satz 1 gilt nicht, wenn die erforderliche Anhörung unterblieben oder nicht wirksam nachgeholt ist.

1 § 42 soll verhindern, dass in den von der Vorschrift erfassten Fällen ein VA wegen eines Verfahrensfehlers auch dann aufgehoben werden muss, wenn er mit demselben materiell-rechtlichen Ergebnis neu erlassen werden müsste. Dies wäre eine dem Rechtssuchenden schwer verständliche Überbewertung des der Durchsetzung materiell-rechtlicher Ansprüche dienenden formellen Rechts. Auch würde dies nur zu einer Verzögerung des Verfahrens führen. Andererseits stellt § 42 die Verpflichtung der Verwaltungsbehörde, beim Erlass von VA Verfahrensvorschriften einzuhalten, nachträglich weitgehend sanktionslos. § 42 weicht damit in gewisser Weise zum Schutz des Bürgers geschaffene verfahrensrechtliche Garantien auf und ist deshalb nicht unbedenklich.

---

7 *Stelkens*, NJW 1980, 2174.
1 BVerwG 7.10.1980 – 6 C 39/80 – BVerwGE 61, 45 = NJW 1981, 1683.

2 BVerwG 26.6.1980 – 2 C 8/78 – BVerwGE 60, 253 = DÖD 1980, 206; BVerwG 5.6.1991 – 1 WB 5/90 – BVerwGE 93, 99 = NVwZ-RR 1992, 87.

§ 44 Rücknahme eines rechtswidrigen nicht begünstigenden Verwaltungsaktes

(1) ¹Soweit sich im Einzelfall ergibt, dass bei Erlass eines Verwaltungsaktes das Recht unrichtig angewandt oder von einem Sachverhalt ausgegangen worden ist, der sich als unrichtig erweist, und soweit deshalb Sozialleistungen zu Unrecht nicht erbracht oder Beiträge zu Unrecht erhoben worden sind, ist der Verwaltungsakt, auch nachdem er unanfechtbar geworden ist, mit Wirkung für die Vergangenheit zurückzunehmen. ²Dies gilt nicht, wenn der Verwaltungsakt auf Angaben beruht, die der Betroffene vorsätzlich in wesentlicher Beziehung unrichtig oder unvollständig gemacht hat.

(2) ¹Im Übrigen ist ein rechtswidriger nicht begünstigender Verwaltungsakt, auch nachdem er unanfechtbar geworden ist, ganz oder teilweise mit Wirkung für die Zukunft zurückzunehmen. ²Er kann auch für die Vergangenheit zurückgenommen werden.

(3) Über die Rücknahme entscheidet nach Unanfechtbarkeit des Verwaltungsaktes die zuständige Behörde; dies gilt auch dann, wenn der zurückzunehmende Verwaltungsakt von einer anderen Behörde erlassen worden ist.

(4) ¹Ist ein Verwaltungsakt mit Wirkung für die Vergangenheit zurückgenommen worden, werden Sozialleistungen nach den Vorschriften der besonderen Teile dieses Gesetzbuches längstens für einen Zeitraum bis zu vier Jahren vor der Rücknahme erbracht. ²Dabei wird der Zeitpunkt der Rücknahme von Beginn des Jahres an gerechnet, in dem der Verwaltungsakt zurückgenommen wird. ³Erfolgt die Rücknahme auf Antrag, tritt bei der Berechnung des Zeitraumes, für den rückwirkend Leistungen zu erbringen sind, anstelle der Rücknahme der Antrag.

§ 45 Rücknahme eines rechtswidrigen begünstigenden Verwaltungsaktes

(1) Soweit ein Verwaltungsakt, der ein Recht oder einen rechtlich erheblichen Vorteil begründet oder bestätigt hat (begünstigender Verwaltungsakt), rechtswidrig ist, darf er, auch nachdem er unanfechtbar geworden ist, nur unter den Einschränkungen der Absätze 2 bis 4 ganz oder teilweise mit Wirkung für die Zukunft oder für die Vergangenheit zurückgenommen werden.

(2) ¹Ein rechtswidriger begünstigender Verwaltungsakt darf nicht zurückgenommen werden, soweit der Begünstigte auf den Bestand des Verwaltungsaktes vertraut hat und sein Vertrauen unter Abwägung mit dem öffentlichen Interesse an einer Rücknahme schutzwürdig ist. ²Das Vertrauen ist in der Regel schutzwürdig, wenn der Begünstigte erbrachte Leistungen verbraucht oder eine Vermögensdisposition getroffen hat, die er nicht mehr oder nur unter unzumutbaren Nachteilen rückgängig machen kann. ³Auf Vertrauen kann sich der Begünstigte nicht berufen, soweit
1. er den Verwaltungsakt durch arglistige Täuschung, Drohung oder Bestechung erwirkt hat,
2. der Verwaltungsakt auf Angaben beruht, die der Begünstigte vorsätzlich oder grob fahrlässig in wesentlicher Beziehung unrichtig oder unvollständig gemacht hat, oder
3. er die Rechtswidrigkeit des Verwaltungsaktes kannte oder infolge grober Fahrlässigkeit nicht kannte; grobe Fahrlässigkeit liegt vor, wenn der Begünstigte die erforderliche Sorgfalt in besonders schwerem Maße verletzt hat.

(3) ¹Ein rechtswidriger begünstigender Verwaltungsakt mit Dauerwirkung kann nach Absatz 2 nur bis zum Ablauf von zwei Jahren nach seiner Bekanntgabe zurückgenommen werden. ²Satz 1 gilt nicht, wenn Wiederaufnahmegründe entsprechend § 580 der Zivilprozessordnung vorliegen. ³Bis zum Ablauf von zehn Jahren nach seiner Bekanntgabe kann ein rechtswidriger begünstigender Verwaltungsakt mit Dauerwirkung nach Absatz 2 zurückgenommen werden, wenn
1. die Voraussetzungen des Absatzes 2 Satz 3 Nr. 2 oder 3 gegeben sind oder
2. der Verwaltungsakt mit einem zulässigen Vorbehalt des Widerrufs erlassen wurde.
⁴In den Fällen des Satzes 3 kann ein Verwaltungsakt über eine laufende Geldleistung auch nach Ablauf der Frist von zehn Jahren zurückgenommen werden, wenn diese Geldleistung mindestens bis zum Beginn des Verwaltungsverfahrens über die Rücknahme gezahlt wurde. ⁵War die Frist von zehn Jahren am 15. April 1998 bereits abgelaufen, gilt Satz 4 mit der Maßgabe, dass der Verwaltungsakt nur mit Wirkung für die Zukunft aufgehoben wird.

(4) ¹Nur in den Fällen von Absatz 2 Satz 3 und Absatz 3 Satz 2 wird der Verwaltungsakt mit Wirkung für die Vergangenheit zurückgenommen. ²Die Behörde muss dies innerhalb eines Jahres seit Kenntnis der Tatsachen tun, welche die Rücknahme eines rechtswidrigen begünstigenden Verwaltungsaktes für die Vergangenheit rechtfertigen.

(5) § 44 Abs. 3 gilt entsprechend.

§ 46 Widerruf eines rechtmäßigen nicht begünstigenden Verwaltungsaktes

(1) Ein rechtmäßiger nicht begünstigender Verwaltungsakt kann, auch nachdem er unanfechtbar geworden ist, ganz oder teilweise mit Wirkung für die Zukunft widerrufen werden, außer wenn ein Verwaltungsakt gleichen Inhalts erneut erlassen werden müsste oder aus anderen Gründen ein Widerruf unzulässig ist.
(2) § 44 Abs. 3 gilt entsprechend.

§ 47 Widerruf eines rechtmäßigen begünstigenden Verwaltungsaktes

(1) Ein rechtmäßiger begünstigender Verwaltungsakt darf, auch nachdem er unanfechtbar geworden ist, ganz oder teilweise mit Wirkung für die Zukunft nur widerrufen werden, soweit
1. der Widerruf durch Rechtsvorschrift zugelassen oder im Verwaltungsakt vorbehalten ist,
2. mit dem Verwaltungsakt eine Auflage verbunden ist und der Begünstigte diese nicht oder nicht innerhalb einer ihm gesetzten Frist erfüllt hat.

(2) Ein rechtmäßiger begünstigender Verwaltungsakt, der eine Geld- oder Sachleistung zur Erfüllung eines bestimmten Zweckes zuerkennt oder hierfür Voraussetzung ist, kann, auch nachdem er unanfechtbar geworden ist, ganz oder teilweise auch mit Wirkung für die Vergangenheit widerrufen werden, wenn
1. die Leistung nicht, nicht alsbald nach der Erbringung oder nicht mehr für den in dem Verwaltungsakt bestimmten Zweck verwendet wird,
2. mit dem Verwaltungsakt eine Auflage verbunden ist und der Begünstigte diese nicht oder nicht innerhalb einer ihm gesetzten Frist erfüllt hat.

[2]Der Verwaltungsakt darf mit Wirkung für die Vergangenheit nicht widerrufen werden, soweit der Begünstigte auf den Bestand des Verwaltungsaktes vertraut hat und sein Vertrauen unter Abwägung mit dem öffentlichen Interesse an einem Widerruf schutzwürdig ist. [3]Das Vertrauen ist in der Regel schutzwürdig, wenn der Begünstigte erbrachte Leistungen verbraucht oder eine Vermögensdisposition getroffen hat, die er nicht mehr oder nur unter unzumutbaren Nachteilen rückgängig machen kann. [4]Auf Vertrauen kann sich der Begünstigte nicht berufen, soweit er die Umstände kannte oder infolge grober Fahrlässigkeit nicht kannte, die zum Widerruf des Verwaltungsaktes geführt haben. [5]§ 45 Abs. 4 Satz 2 gilt entsprechend.
(3) § 44 Abs. 3 gilt entsprechend.

§ 48 Aufhebung eines Verwaltungsaktes mit Dauerwirkung bei Änderung der Verhältnisse

(1) [1]Soweit in den tatsächlichen oder rechtlichen Verhältnissen, die beim Erlass eines Verwaltungsaktes mit Dauerwirkung vorgelegen haben, eine wesentliche Änderung eintritt, ist der Verwaltungsakt mit Wirkung für die Zukunft aufzuheben. [2]Der Verwaltungsakt soll mit Wirkung vom Zeitpunkt der Änderung der Verhältnisse aufgehoben werden, soweit
1. die Änderung zugunsten des Betroffenen erfolgt,
2. der Betroffene einer durch Rechtsvorschrift vorgeschriebenen Pflicht zur Mitteilung wesentlicher für ihn nachteiliger Änderungen der Verhältnisse vorsätzlich oder grob fahrlässig nicht nachgekommen ist,
3. nach Antragstellung oder Erlass des Verwaltungsaktes Einkommen oder Vermögen erzielt worden ist, das zum Wegfall oder zur Minderung des Anspruchs geführt haben würde,
4. der Betroffene wusste oder nicht wusste, weil er die erforderliche Sorgfalt in besonders schwerem Maße verletzt hat, dass der sich aus dem Verwaltungsakt ergebende Anspruch kraft Gesetzes zum Ruhen gekommen oder ganz oder teilweise weggefallen ist.

Als Zeitpunkt der Änderung der Verhältnisse gilt in Fällen, in denen Einkommen oder Vermögen auf einen zurückliegenden Zeitraum auf Grund der besonderen Teile dieses Gesetzbuches anzurechnen ist, der Beginn des Anrechnungszeitraumes.

(2) Der Verwaltungsakt ist im Einzelfall mit Wirkung für die Zukunft auch dann aufzuheben, wenn der zuständige oberste Gerichtshof des Bundes in ständiger Rechtsprechung nachträglich das Recht anders auslegt als die Behörde bei Erlass des Verwaltungsaktes und sich dieses zugunsten des Berechtigten auswirkt; § 44 bleibt unberührt.

(3) [1]Kann ein rechtswidriger begünstigender Verwaltungsakt nach § 45 nicht zurückgenommen werden und ist eine Änderung nach Absatz 1 oder 2 zugunsten des Betroffenen eingetreten, darf die neu festzustellende Leis-

tung nicht über den Betrag hinausgehen, wie er sich der Höhe nach ohne Berücksichtigung der Bestandskraft ergibt. ²Satz 1 gilt entsprechend, soweit einem rechtmäßigen begünstigenden Verwaltungsakt ein rechtswidriger begünstigender Verwaltungsakt zugrunde liegt, der nach § 45 nicht zurückgenommen werden kann.
(4) ¹§ 44 Abs. 3 und 4, § 45 Abs. 3 Satz 1 bis 5 und Abs. 4 Satz 2 gelten entsprechend. ²§ 45 Abs. 4 Satz 2 gilt nicht im Fall des Absatzes 1 Satz 2 Nr. 1.

A. Allgemeines	1	1. Belastender VA	6
B. Regelungsgehalt	2	2. Begünstigender VA	7
I. Rücknahme	3	C. Verbindung zu anderen Rechtsgebieten und zum	
1. Belastender VA	3	Prozessrecht	8
2. Begünstigender VA	5	D. Beraterhinweise	11
II. Widerruf	6		

A. Allgemeines

Den §§ 44 bis 48 kommt eine besondere Bedeutung zu. Sie ermöglichen eine Durchbrechung der materiellen Bestandskraft und der Bindungswirkung, da sie nicht nur vor und während eines Rechtsbehelfsverfahrens anwendbar sind, sondern auch für VA gelten, die bereits unanfechtbar und bestandskräftig geworden sind. Das Prinzip der Rechtssicherheit fordert an sich, bestandskräftige Entscheidungen auch bestandskräftig bleiben zu lassen. Da dies immer wieder mit dem Gebot der Gerechtigkeit in Widerspruch geraten wird, ist es Sache des Gesetzgebers, angemessene Kriterien aufzustellen, nach denen im Einzelfall entschieden werden kann, welchem Grundsatz der Vorrang gebührt.[1] Die Bestandskraft bleibt dabei der Grundsatz, denn an ihr besteht aus Gründen der Rechtssicherheit ein hohes rechtsstaatliches Interesse.[2]

B. Regelungsgehalt

Das Gesetz spricht bei der Aufhebung rechtswidriger VA von Rücknahme (§§ 44, 45), bei der Aufhebung rechtmäßiger VA von Widerruf (§§ 46, 47). Innerhalb dieser beiden Gruppen wird unterschieden, ob der VA für den Betroffenen begünstigend oder nicht begünstigend, neutral oder belastend wirkt. Ein VA mit Dauerwirkung wird entweder nach § 45 Abs. 3 zurückgenommen oder aber bei Änderung der Verhältnisse nach § 48 aufgehoben. Ein solcher liegt vor, wenn sich der VA nicht in einem einmaligen Gebot oder Verbot oder in einer einmaligen Gestaltung der Rechtslage erschöpft, sondern ein auf Dauer berechnetes oder in seinem Bestand vom VA abhängiges Rechtsverhältnis begründet oder inhaltlich verändert (z.B. Rentenbescheid, Bescheid über die Höhe laufender Beitragszahlungen).[3]

I. Rücknahme

1. Belastender VA. Ein rechtswidriger, nicht begünstigender (belastender) VA nimmt jemandem etwas, ohne dies zu rechtfertigen. Er ist daher zurückzunehmen, und zwar nach § 44 i.d.R. rückwirkend. Die Rechtswidrigkeit des VA ergibt sich entweder aus einer unrichtigen Rechtsanwendung oder einem falschen Sachverhalt und muss kausal für die Belastung des Versicherten geworden sein. Soweit der VA rechtswidrig ist, hat die Behörde ihn aufzuheben und nach allg. Grundsätzen die Leistung neu festzustellen. Der Betroffene hat bei Rechtswidrigkeit des Erstbescheids einen einklagbaren Anspruch auf Aufhebung und Neubescheidung. Allerdings ist die Behörde nicht verpflichtet, Akten von sich aus auf Rücknahmemöglichkeiten durchzuarbeiten.

Liegen die Voraussetzungen des § 44 vor, kann ein sozialrechtlicher Herstellungsanspruch (vgl. unten Rn 9) gegeben sein. Jedoch geht dann § 44 als gesetzlich getroffene Sonderregelung dem allg. Rechtsinstitut des Herstellungsanspruchs vor, wenn das behördliche Fehlverhalten bereits durch § 44 erfasst wird.[4] Inwieweit an die Stelle der aufgehobenen, belastenden Regelung eine günstigere treten kann, richtet sich nach dem materiellen Recht. Daneben besteht ein Folgenbeseitigungsanspruch, d.h. ein Anspruch auf Rückgängigmachung aller durch den aufgehobenen VA bewirkten unmittelbaren, belastenden Folgen, so weit das behördliche Fehlverhalten nicht tatbestandsmäßig bereits durch § 44 erfasst ist.[5]

2. Begünstigender VA. Die Rücknahme eines begünstigenden VA, selbst wenn er rechtswidrig ist, stellt für den Bürger einen Eingriff in seine Rechtsposition und damit eine Belastung dar. Folglich kann sie nur aufgrund einer dies rechtfertigenden Vorschrift erfolgen. Diese die Rücknahme als Eingriff rechtfertigende Vorschrift ist § 45. Nach § 45 darf, d.h. kann (Ermessen) ein VA zurückgenommen werden, wenn das öffentliche Interesse an der Rücknahme des rechtswidrigen begünstigenden VA ein schutzwürdiges Interesse des Betroffenen an der Aufrechterhaltung über-

---

1 BVerfG 14.3.1963 – 1 BvL 28/62 – BVerfGE 15, 313.
2 BVerfG 20.4.1982 – 2 BvL 26/81 – BVerfGE 60, 269.
3 So BT-Drucks 8/2034, S. 34.
4 BSG 19.2.1986 – 8 RK 64/84 – ZfS 1986, 309.
5 Umstr.; zur Abgrenzung § 44 Abs. 4 – Herstellungs- und Folgenbeseitigungsanspruch – vgl. BSG 12.10.1979 – 12 RK 47/77 – BSGE 49, 79.

steigt. Ob das Ermessen richtig ausgeübt worden ist, kann von den Gerichten nur eingeschränkt überprüft werden. Es ist daran zu orientieren, dass das Ermessen pflichtgemäß auszuüben ist, d.h. nur in strenger Bindung an die Ziele des jeweiligen Gesetzes, in dessen Vollzug die Behörde handelt.[6] Das Gericht darf sein Ermessen nicht an die Stelle des Ermessens der Verwaltung setzen, vielmehr darf es nur prüfen, ob die Grenzen des Ermessens eingehalten worden sind. Die Rücknahme soll hier grds. lediglich für die Zukunft möglich sein, nur in den Fällen des Abs. 4 ist sie auch für die Vergangenheit zulässig.

II. Widerruf

1. Belastender VA. Bei der Aufhebung rechtmäßiger VA spricht das Gesetz in Übereinstimmung mit dem allgemeinen Verwaltungsrecht von Widerruf. Einen rechtmäßigen belastenden VA kann die Behörde jederzeit nach § 46 aufheben, wenn derselbe nicht zwingend geboten ist, d.h. wenn nicht ein VA gleichen Inhalts von Gesetzes wegen sofort wieder erlassen werden müsste. Da der VA der Rechtslage entspricht, kann kein Anspruch des Bürgers auf Widerruf bestehen, vielmehr steht dieser im pflichtgemäßen Ermessen der Behörde, d.h. der Bürger hat nur einen Anspruch auf ermessensfehlerfreie Entscheidung.[7] Rechtmäßig sind der nach § 41 geheilte und der mit unwesentlichen Verfahrensfehlern behaftete VA, ferner der nur unzweckmäßige VA, wie überhaupt die Rücknahme eines VA aus Zweckmäßigkeitserwägungen der Hauptanwendungsfall des § 46 ist. Eine entsprechende Anwendung des § 46 ist nicht nur bei nichtigen VA geboten, sondern auch bei rechtswidrigen möglich.

2. Begünstigender VA. Bei einem rechtmäßigen begünstigenden VA besteht dagegen ein noch stärkerer Bestandsschutz als beim rechtswidrigen begünstigenden VA nach § 45. Bei einem rechtmäßigen begünstigenden VA kann ein zum Widerruf berechtigendes öffentliches Interesse an der Aufhebung nur in den in § 47 ausdrücklich normierten Ausnahmefällen in Betracht kommen, die im Sozialrecht selten vorliegen. Anders ist beim Widerrufsvorbehalt die Aufhebung gerechtfertigt, da der Betroffene mit dem Widerruf rechnen musste, ein Vertrauenstatbestand ist insoweit von vornherein nicht entstanden.

C. Verbindung zu anderen Rechtsgebieten und zum Prozessrecht

Sonderregelungen, wie z.B. § 95 Abs. 6 SGB V (Entzug der vertragsärztlichen Zulassung), gehen wegen § 37 SGB I den allg. sozialrechtlichen Aufhebungsregelungen in §§ 44 ff. vor. Gesetzliche Sondervorschriften, wie etwa § 22 Abs. 2 S. 3 SGB XI (Befreiung von der Versicherungspflicht zur Pflegeversicherung), können einen Widerruf nach § 47 als vorrangig mitunter gänzlich ausschließen. Es können auch solche vom SGB X inhaltlich abweichende Vorschriften verdrängende Wirkung haben, z.B. Aufhebung eines begünstigenden VA ohne Ermessensausübung, die zwar nicht im SGB enthalten sind, aber aufgrund einer darin enthaltenen Ermächtigung, z.B. § 37 SGB I, erlassen wurden.[8] Darüber hinaus kommt einer Spezialvorschrift im besonderen Teil des SGB eine verdrängende Wirkung auch dann zu, wenn sich aus ihrem Sinn und Zweck bei Berücksichtigung der zugrunde liegenden Interessenbewertung ergibt, dass sie die Rückforderungsvoraussetzungen für von ihr erfasste Sachverhalte eigenständig und abweichend regeln will.[9] Die Regeln des allgemeinen Verwaltungsrechts über die Aufhebung von VA sind neben §§ 44 ff. nicht anwendbar.

Bei Vorliegen der Voraussetzungen des § 44 könnte ebenso der durch die Rspr. geschaffene sog. sozialrechtliche Herstellungsanspruch zur Anwendung kommen.[10] Bei diesem Anspruch handelt es sich um ein eigenständiges Ausgleichsinstitut. Der Rspr. ging es bei der Schaffung des sozialrechtlichen Herstellungsanspruchs darum, dem Versicherten einen vom Verschulden des Sozialleistungsträgers unabhängigen Anspruch auf des Herstellung des rechtlichen Zustands zu geben, der jetzt bestehen würde, wenn sich die Behörde rechtmäßig verhalten hätte. Voraussetzungen des Herstellungsanspruchs sind das Vorliegen eines Nachteils oder Schadens beim Leistungsberechtigten, ein Verhalten eines Sozialleistungsträgers (Tun oder – häufiger – Unterlassen), die Pflichtwidrigkeit dieses Verhaltens (wobei die Pflicht gerade dazu bestehen muss, den Nachteil zu verhindern) sowie die Ursächlichkeit dieses Verhaltens für den Eintritt des Schadens. Außerdem muss der Anspruch gerade auf die Vornahme einer Amtshandlung zur Herstellung des Zustandes gerichtet sein, der bestehen würde, wenn der Sozialleistungsträger die ihm aus dem Sozialverhältnis erwachsende Pflicht ordnungsgemäß wahrgenommen hätte. Zu beachten ist aber, dass § 44 als gesetzliche Sonderregelung dem allgemeinen Rechtsinstitut des Herstellungsanspruchs vorgeht, wenn das behördliche Fehlverhalten bereits durch § 44 erfasst wird.[11] Auch wenn nicht zugleich die Voraussetzungen des § 44 vorliegen, schließt Abs. 4 über vier Jahre zurückgehende Erstattungen aufgrund eines Herstellungsanspruchs aus. Inwieweit an die Stelle einer aufgehobenen, belastenden Regelung eine günstigere zu treten hat, richtet sich nach dem materiellen Recht. Daneben besteht ein Folgenbeseitigungsanspruch, soweit das behördliche Fehlverhalten nicht be-

---

6 BVerfG 16.2.1965 – 1 BvL 15/62 – BVerfGE 18, 363.
7 BVerfG 17.12.1969 – 2 BvR 23/65 – BVerfGE 27, 297; BVerwG 24.5.1977 – 2 BvL 11/74 – BVerfGE 44, 333.
8 BSG 11.12.1985 – 6 RKa 30/84 – BSGE 59, 211.
9 BSG 25.9.2000 – B 1 KR 2/00 R – Breith. 2001, 471.

10 Vgl. aus der umfangreichen Literatur etwa *Ladage*, Der sozialrechtliche Herstellungsanspruch, 1990; *Schmidt-De Caluwe*, Der sozialrechtliche Herstellungsanspruch, 1992.
11 BSG 19.2.1986 – 8 RK 64/84 – ZfS 1986, 309.

reits durch § 44 erfasst ist. Der Folgenbeseitigungsanspruch geht jedoch nur auf die Wiederherstellung des tatsächlichen früheren Zustandes, wie er vor dem rechtswidrigen Verwaltungshandeln bestand.

Neben den Folgen aus §§ 44 ff. können Schadensersatzansprüche aus der Verletzung von Mitwirkungsansprüchen nicht bestehen. 10

D. Beraterhinweise

Von der Verpflichtung der Behörde, die Aufhebung eines VA anzuordnen, ist zu unterscheiden, unter welchen Umständen der Leistungsträger zu einer Prüfung aufgefordert ist. In der Praxis ist dabei der sog. Überprüfungsantrag nach § 44 bedeutsam. Anders als im allgemeinen Verwaltungsverfahrensrecht folgt das SGB X bei Ansprüchen auf Sozialleistungen dem Grundsatz, dass der materiellen Gerechtigkeit auch für die Vergangenheit Vorrang vor der Rechtsbeständigkeit behördlicher und gerichtlicher Entscheidung und damit vor der Rechtssicherheit gebührt. Es kennt daher keine dem § 51 VwVfG vergleichbare Regelung, die es der Behörde erlaubt, ein Wiederaufgreifen des abgeschlossenen Verwaltungsverfahrens unter Berufung auf die Bindungswirkung früherer Bescheide abzulehnen, wenn sich die Sach- und Rechtslage nicht geändert hat und der Antragsteller keine neuen Beweismittel vorlegen kann. Auf einen Überprüfungsantrag hin darf der Leistungsträger weder untätig bleiben noch schweigen. Dem Antragsteller muss zumindest die Art der Erledigung des Antrags mitgeteilt werden. Im Rahmen des § 44 kann diese Benachrichtigung nicht darin bestehen, die Überprüfung werde abgelehnt, da keine ausreichende Aussicht auf Erfolg bestehe. So ist es eine weiteres möglich, nach einer zeitlich mitunter weit zurückliegenden rechtskräftigen Entscheidung des Leistungsträgers, einen (sogar wiederholten) Antrag auf Überprüfung dieser zu stellen. Der Leistungsträger ist dann verpflichtet, über die Rücknahme des entgegenstehenden VA und die Gewährung der beanspruchten Sozialleistung zu entscheiden.[12] Von dieser Möglichkeit sollte insb. dann Gebrauch gemacht werden, wenn erst nach Vorliegen einer rechtskräftigen Entscheidung anwaltliche Beratung in Anspruch genommen und auf die Rechtswidrigkeit des Bescheides hingewiesen wird. Die Grenze des Anspruchs ist aber dann erreicht, wenn ein Antrag oder Vorbringen, das bereits erledigt ist, mehrfach in rechtsmissbräuchlicher Weise wiederholt wird. 11

§ 50 Erstattung zu Unrecht erbrachter Leistungen

(1) [1]Soweit ein Verwaltungsakt aufgehoben worden ist, sind bereits erbrachte Leistungen zu erstatten. [2]Sach- und Dienstleistungen sind in Geld zu erstatten.

(2) [1]Soweit Leistungen ohne Verwaltungsakt zu Unrecht erbracht worden sind, sind sie zu erstatten. [2]§§ 45 und 48 gelten entsprechend.

(2a) [1]Der zu erstattende Betrag ist vom Eintritt der Unwirksamkeit eines Verwaltungsaktes, auf Grund dessen Leistungen zur Förderung von Einrichtungen oder ähnliche Leistungen erbracht worden sind, mit fünf Prozentpunkten über dem Basiszinssatz jährlich zu verzinsen. [2]Von der Geltendmachung des Zinsanspruchs kann insbesondere dann abgesehen werden, wenn der Begünstigte die Umstände, die zur Rücknahme, zum Widerruf oder zur Unwirksamkeit des Verwaltungsaktes geführt haben, nicht zu vertreten hat und den zu erstattenden Betrag innerhalb der von der Behörde festgesetzten Frist leistet. [3]Wird eine Leistung nicht alsbald nach der Auszahlung für den bestimmten Zweck verwendet, können für die Zeit bis zur zweckentsprechenden Verwendung Zinsen nach Satz 1 verlangt werden; Entsprechendes gilt, soweit eine Leistung in Anspruch genommen wird, obwohl andere Mittel anteilig oder vorrangig einzusetzen sind; § 47 Abs. 2 Satz 1 Nr. 1 bleibt unberührt.

(3) [1]Die zu erstattende Leistung ist durch schriftlichen Verwaltungsakt festzusetzen. [2]Die Festsetzung soll, sofern die Leistung auf Grund eines Verwaltungsaktes erbracht worden ist, mit der Aufhebung des Verwaltungsaktes verbunden werden.

(4) [1]Der Erstattungsanspruch verjährt in vier Jahren nach Ablauf des Kalenderjahres, in dem der Verwaltungsakt nach Absatz 3 unanfechtbar geworden ist. [2]Für die Hemmung, die Ablaufhemmung, den Neubeginn und die Wirkung der Verjährung gelten die Vorschriften des Bürgerlichen Gesetzbuchs sinngemäß. [3]§ 52 bleibt unberührt.

(5) Die Absätze 1 bis 4 gelten bei Berichtigungen nach § 38 entsprechend.

---

12 BSG 28.1.1981 – 9 RV 29/80 – BSGE 51, 139; BSG 3.2.1988 – 9/9a RV 18/86 – BSGE 63, 33; BSG 11.11.2003 – B 2 U 32/02 R – HVBG-INFO 2004, 41.

A. Allgemeines

1 Der öffentlich-rechtliche Erstattungsanspruch ist schon seit langem in Rspr. und Lit. als Rechtsinstitut allgemein anerkannt. Er ist in vielen gesetzlichen Regelungen für einzelne Bereiche des besonderen Verwaltungsrechts normiert. § 50 normiert den Anspruch selbst und seine Rechtsfolgen einheitlich umfassend und abschließend für alle Bereiche des Sozialrechts, soweit nicht Sonderregelungen bestehen, die nach § 37 SGB I vorgehen. Er stellt einen Vermögensausgleich eigener Art dar und beruht nicht auf einer Analogie zu §§ 812 ff. BGB und ist kein öffentlich-rechtlicher Bereicherungsanspruch.[1] § 50 gilt nur für Ansprüche der Verwaltung gegen den Bürger, nicht für den umgekehrten Fall, auch nicht für Ansprüche von Leistungsträgern untereinander.[2]

B. Regelungsgehalt

2 Voraussetzung für die Anwendung des § 50 ist, dass die Leistung von der Behörde als öffentlich-rechtliche Leistung erbracht worden ist und dass der Empfänger sie als öffentlich-rechtlich erbrachte Leistung – i.d.R. als Sozialleistung – erkannt hat oder erkennen konnte. Auch wenn zu ihm vorher kein sozialversicherungsrechtliches Leistungsverhältnis bestanden hat, wird mit der Entgegennahme der Leistung als öffentlich-rechtliche Leistung ein solches öffentlich-rechtliches Leistungsverhältnis begründet, das nach § 50 rückabzuwickeln ist. So sind auch Leistungen, die bewusst oder unbewusst oder durch rechtswidriges Verhalten eines Dritten an diesen gelangt sind, nach § 50 zurückzuerstatten.

3 Nach Abs. 1 werden nur Leistungen erstattet, die aufgrund eines aufgehobenen VA erbracht worden sind. Durch die Rücknahme oder den Widerruf des VA für die Vergangenheit muss nachträglich der Rechtsgrund für die Leistung weggefallen sein. Die Aufhebung muss nicht nach §§ 45, 48 erfolgt sein. Abs. 1 gilt auch bei Aufhebung eines VA nach anderen sozialrechtlichen Vorschriften, soweit diese den §§ 45, 48 gleichwertig sind. Ist der VA aufgehoben, steht der Verwaltung kein Ermessen mehr zu, ob sie den Erstattungsanspruch geltend macht. Nicht erheblich für die Geltendmachung des Erstattungsanspruchs sind ein Verschulden der Behörde oder des Bürgers, der Grad des beiderseitigen Verschuldens und die wirtschaftlichen Verhältnisse des Betroffenen. Über die zu erstattende Leistung hat ein Rückforderungs- oder Festsetzungsbescheid zu ergehen, der jedoch mit dem Aufhebungsbescheid verbunden werden kann.

4 Abs. 2 regelt den Fall, dass die Leistung nicht durch VA bewilligt worden ist und dem Empfänger materiell-rechtlich nicht zusteht. So ist etwa die Weiterzahlung über einen Wegfalltatbestand hinaus die Leistung ohne VA.[3] Da bei einer Erstattung nach Abs. 2 kein zugrunde liegender VA aufgehoben worden ist, gelten dort für die Frage, ob zu erstatten ist, die §§ 45, 48 zum Schutz des Erstattungsschuldners entsprechend. Im Gegensatz zu der auf Abs. 1 gestützten Entscheidung steht die Rückforderung nach Abs. 2 im Ermessen der Behörde, soweit incidenter die § 45 Abs. 1 und 2 zu prüfen sind. Denn auch die Rücknahme nach § 45 steht im Ermessen der Behörde.[4]

5 Der Erstattungsanspruch geht auf Herausgabe des Erlangten.[5] Aus Gründen der Rechtssicherheit ist die zu erstattende Leistung durch schriftlichen VA festzusetzen. Mit einer laufenden Leistung darf erst verrechnet werden, wenn der Festsetzungsbescheid bestandskräftig geworden ist.[6]

C. Verbindung zu anderen Rechtsgebieten und zum Prozessrecht

6 Der öffentlich-rechtliche Erstattungsanspruch ist vor den Gerichten der Sozialgerichtsbarkeit geltend zu machen. Für ein Nebeneinander des öffentlich-rechtlichen Erstattungsanspruchs und des bürgerlich-rechtlichen Bereicherungsanspruchs ist deshalb grds. kein Raum. Auch wenn zwischen Leistungsträger und Leistungsempfänger vorher kein sozialversicherungsrechtliches Leistungsverhältnis bestand, erfolgt die Rückabwicklung mittels des öffentlich-rechtlichen Erstattungsanspruchs. Sozialleistungen werden aufgrund öffentlichen Rechts in einem Verwaltungsverfahren erbracht. Dass die Leistung etwa in die Hand eines Dritten gelangt ist, beseitigt den öffentlich-rechtlichen Charakter des Leistungsvorgangs nicht. Mit der Entgegennahme der Leistung entsteht daher eine öffentlich-rechtliche Rechtsbeziehung zwischen Leistungsempfänger und Leistungsträger und damit auch ein öffentlich-rechtliches Erstattungsverhältnis. Das gilt nur dann nicht, wenn für den Empfänger der öffentlich-rechtliche Leistungsvorgang nicht erkennbar war. In diesem Fall richtet sich die Rückabwicklung dann nach bürgerlichem Recht.[7]

Mit einem öffentlich-rechtlichen Erstattungsanspruch kann aufgerechnet und verrechnet werden.

7 § 50 gilt grds. für alle Sozialleistungsbereiche. Er gilt auch dann, wenn der VA aufgrund einer Vorschrift in den besonderen Teilen des SGB aufgehoben worden ist. Nach den Grundsätzen des speziellen Rechts gem. § 37 SGB I ge-

---

1 BSG 30.1.1962 – 2 RU 219/59 – BSGE 16, 157 = DÖV 1962, 463. Hierin ist u.a. ein deutlicher Unterschied zu § 49a VwVfG zu sehen.
2 BT-Drucks 8/2034, S. 36.
3 BSG 24.1.1995 – 8 RKn 11/93 – BSGE 75, 291.
4 BSG 18.8.1983 – 11 RZLw 1/82 – BSGE 55, 250 = ZfS 1984, 218.
5 BSG 9.12.1964 – 2 RU 147/61 – BSGE 22, 136 = NJW 1965, 1503.
6 *von Wulffen*, SGB X, § 50 Rn 30.
7 Siehe dazu *von Wulffen*, SGB X, § 50 Rn 4 ff.

hen allerdings einige Regelungen der besonderen Teile der allgemeinen Erstattungsvorschrift vor: §§ 143 Abs. 3 S. 2 (Ruhen des Anspruchs auf Alg), 335 SGB III (Erstattung von Beiträgen zur Kranken-, Renten- und Pflegeversicherung), § 96 Abs. 3 und 4 SGB VII (Fälligkeit, Auszahlung und Berechnungsgrundsätze bei der Unfallversicherung), § 20 BAföG (Rückzahlungspflicht beim BAföG). § 50 gilt auch für die Sozialhilfe. Ein Erstattungsanspruch nach § 50 ist nicht an die Vorschriften der §§ 102 ff. SGB XII (Kostenersatz; früher §§ 92, 92a und 92c BSHG) gebunden.

D. Beraterhinweise

Für die Beratungspraxis ist von Bedeutung, dass sich der Erstattungspflichtige nicht auf den Wegfall der Bereicherung berufen kann. Eine Aufrechnung gegen den Erstattungsanspruch ist hingegen möglich, wenn Haupt- und Gegenforderung Rechtsansprüche auf Geldleistungen öffentlich-rechtlicher Natur sind und darüber hinaus die Gegenforderung bindend festgestellt oder unbestritten ist.[8]

§ 52 Hemmung der Verjährung durch Verwaltungsakt

(1) ¹Ein Verwaltungsakt, der zur Feststellung oder Durchsetzung des Anspruchs eines öffentlich-rechtlichen Rechtsträgers erlassen wird, hemmt die Verjährung dieses Anspruchs. ²Die Hemmung endet mit Eintritt der Unanfechtbarkeit des Verwaltungsakts oder sechs Monate nach seiner anderweitigen Erledigung.
(2) Ist ein Verwaltungsakt im Sinne des Absatzes 1 unanfechtbar geworden, beträgt die Verjährungsfrist 30 Jahre.

A. Allgemeines 1	C. Verbindung zu anderen Rechtsgebieten und zum Prozessrecht 4
B. Regelungsgehalt 2	D. Beraterhinweise 5
I. Hemmung 2	
II. Verwirkung 3	

A. Allgemeines

§ 52 regelt einen Teilbereich der Fragen, die mit der Durchsetzung eines Leistungsanspruchs eines öffentlich-rechtlichen Rechtsträgers trotz Zeitablaufs zusammenhängen. Er erfasst aber nicht Ansprüche des Bürgers gegen die Sozialleistungsträger. § 52 legt die Wirkung fest, die dem Erlass eines VA, seiner Unanfechtbarkeit und ggf. seiner Aufhebung für die Verjährung des Anspruchs eines öffentlich-rechtlichen Rechtsträgers zukommen kann. Öffentlich-rechtliche Ansprüche unterliegen ebenso wie privatrechtliche der Verjährung. Der Erlass eines VA zur Durchsetzung eines entsprechenden Anspruchs hemmt die Verjährung. Die Behörde braucht daher zu diesem Zweck nicht andere Vollstreckungsmaßnahmen einzuleiten oder Leistungsklage zu erheben.

B. Regelungsgehalt

I. Hemmung

Hemmung der Verjährung bedeutet nach § 209 BGB, dass der Zeitraum, während dessen die Verjährung gehemmt ist, nicht in die Verjährung eingerechnet wird. Hemmung stellt sich somit als zeitweiliges Ruhen dar. Eine große praktische Bedeutung haben die in §§ 205 bis 207 BGB genannten Hemmungsgründe im Sozialrecht allerdings nicht.

II. Verwirkung

Über die Verjährung hinausgehend kann im Einzelfall dem Anspruch auf Leistung die Verwirkung entgegenstehen. Verwirkung eines Anspruchs liegt vor, wenn der Berechtigte mit seinem Geltendmachen längere Zeit gewartet hat und besondere Umstände hinzugetreten sind, die die nunmehrige Erhebung des Anspruches dem Dritten gegenüber als unzulässig erscheinen lassen.[1] Solche die Verwirkung auslösende Umstände liegen vor, wenn der Verpflichtete infolge eines bestimmten Verhaltens des Berechtigten (Verwirkungsverhalten) darauf vertrauen durfte, dass dieser das Recht nicht mehr geltend machen werde (Vertrauensgrundlage), der Verpflichtete tatsächlich darauf vertraut hat, dass das Recht nicht mehr ausgeübt werde (Vertrauenstatbestand) und sich infolgedessen in seinen Vorkehrungen und Maßnahmen so eingerichtet hat (Vertrauensverhalten), dass ihm durch die verspätete Durchsetzung des Rechts ein unzumutbarer Nachteil entstehen würde.[2]

---

8 BSG 9.6.1988 – 4 RA 9/88 – BSGE 63, 224.
1 BSG 26.3.1976 – 6 RKa 18/75 – BSGE 41, 275; BSG 30.11.1978 – 12 RK 6/76 – BSGE 47, 194.
2 BSG 29.1.1997 – 5 RJ 52/94 – BSGE 80, 41.

C. Verbindung zu anderen Rechtsgebieten und zum Prozessrecht

4 Unter welchen Voraussetzungen und in welchen Fristen öffentlich-rechtliche Ansprüche verjähren, ist nicht im SGB X geregelt, sondern ergibt sich aus dem jeweils anzuwendenden materiellen Sozialrecht, ist aber auch hier nur z.T. ausdrücklich normiert. Eine analoge Anwendung von Verjährungsvorschriften des BGB kommt in Betracht, soweit allg. Rechtsgrundsätze und Erfordernisse des öffentlichen Rechts oder des jeweiligen sozialrechtlichen Teilgebietes dem nicht entgegenstehen.[3]

D. Beraterhinweise

5 Eine erfolgreiche Berufung auf den Grundsatz der Verwirkung ist in der Praxis sehr selten. So hat die jüngste Rspr. des BSG bestätigt, dass bei der Entscheidung über die Versicherungspflicht keinerlei Vertrauensschutz hinsichtlich etwaiger Nachforderungsansprüche von Sozialversicherungsbeiträgen auf Tariflohn entstehen und sich der betroffene AG daher nicht auf Verwirkung berufen kann.[4] Im zu entscheidenden Fall hatten die Rentenversicherungsträger anlässlich von vor 2003 durchgeführten Betriebsprüfungen von AG Sozialversicherungsbeiträge aus tarifvertraglich geschuldetem, tatsächlich aber nicht gezahltem Arbeitsentgelt nachgefordert. Gründe dafür waren, dass die AG jahrelang ihre Mitarbeiter untertariflich entlohnten (z.B. zu geringer Stundenlohn oder keine Zahlung von Urlaubs- oder Weihnachtsgeld), obwohl die anzuwendenden TV für allgemeinverbindlich erklärt worden waren. Nur aus diesen geringeren Arbeitsentgelten, die teilweise knapp unter den Geringfügigkeitsgrenzen lagen, wurden Sozialversicherungsbeiträge für die Beschäftigten entrichtet. Die AG waren der Auffassung, dass sich die Versicherungspflicht und Beitragspflicht nach dem tatsächlich gezahlten Arbeitsentgelt (sog. Zuflussprinzip) richtet und ihnen zudem durch die Verwirkung Vertrauensschutz zukommen müsse. Denn die Krankenkassen hätten bereits seit längerer Zeit Kenntnis von den Umständen gehabt und dennoch nichts unternommen. Mit seiner jüngsten Entscheidung bestätigte das BSG seine st. Rspr. und stellt – entgegen erstinstanzlichen Entscheidungen – klar, dass bei der Beurteilung der Versicherungspflicht und der Beitragshöhe auf das geschuldete Arbeitsentgelt (Entstehungsprinzip) abgestellt werden muss. Den betroffenen AG stände ein ausreichender Schutz durch die Verjährungsvorschriften zu, so dass keinerlei Bedürfnis gegeben sei, einen Vertrauensschutz aufgrund Verwirkung anzunehmen.

§ 63 Erstattung von Kosten im Vorverfahren

(1) ¹Soweit der Widerspruch erfolgreich ist, hat der Rechtsträger, dessen Behörde den angefochtenen Verwaltungsakt erlassen hat, demjenigen, der Widerspruch erhoben hat, die zur zweckentsprechenden Rechtsverfolgung oder Rechtsverteidigung notwendigen Aufwendungen zu erstatten. ²Dies gilt auch, wenn der Widerspruch nur deshalb keinen Erfolg hat, weil die Verletzung einer Verfahrens- oder Formvorschrift nach § 41 unbeachtlich ist. ³Aufwendungen, die durch das Verschulden eines Erstattungsberechtigten entstanden sind, hat dieser selbst zu tragen; das Verschulden eines Vertreters ist dem Vertretenen zuzurechnen.
(2) Die Gebühren und Auslagen eines Rechtsanwalts oder eines sonstigen Bevollmächtigten im Vorverfahren sind erstattungsfähig, wenn die Zuziehung eines Bevollmächtigten notwendig war.
(3) ¹Die Behörde, die die Kostenentscheidung getroffen hat, setzt auf Antrag den Betrag der zu erstattenden Aufwendungen fest; hat ein Ausschuss oder Beirat die Kostenentscheidung getroffen, obliegt die Kostenfestsetzung der Behörde, bei der der Ausschuss oder Beirat gebildet ist. ²Die Kostenentscheidung bestimmt auch, ob die Zuziehung eines Rechtsanwalts oder eines sonstigen Bevollmächtigten notwendig war.

A. Allgemeines 1	II. Abrechnung nach dem Gegenstandswert oder nach Betragsrahmengebühren 8
B. Regelungsgehalt 2	1. Wertgebühren 9
I. Ersatzberechtigter 2	2. Betragsrahmengebühren 11
II. Erstattungsverpflichteter 3	III. Einzelne Gebührentatbestände 15
III. Erfolgreiches Rechtsbegehren 4	1. Geschäftsgebühr nach VV 2400 und VV 2401 15
IV. Kosten(grund)entscheidung 5	2. Einigungsgebühr nach VV 1000 16
V. Kostenfestsetzung 6	3. Erledigungsgebühr nach VV 1002 bzw. 1005 18
C. Verbindung zu anderen Rechtsgebieten und zum Prozessrecht 7	4. Mehrere Auftraggeber 20
I. Gebühren und Auslagen nach dem RVG 7	D. Beraterhinweise 21

---

[3] BSG 20.9.1995 – 6 RKa 40/94 – BSGE 76, 285 = NVwZ-RR 1997, 26.

[4] BSG 14.7.2004 – B 12 KR 1/04 – BSGE 93, 119; vgl. zur Vorinstanz *Breidenbach*, BB 2002, 1910.

A. Allgemeines

Die Vorschrift ist im Wesentlichen § 80 VwVfG nachgebildet. Wegen der Gebührenfreiheit im Sozialrecht fehlt eine Erstattungspflicht bei erfolglosem Widerspruch. In § 63 sind sowohl die einzelnen materiellen Voraussetzungen des Kostenerstattungsanspruchs geregelt (Abs. 1 und 2), als auch das Verfahren für die von Amts wegen zu treffende Kostenentscheidung (Abs. 3) und die eventuell (auf Antrag) nachfolgende Kostenfestsetzungsentscheidung (Abs. 3).

B. Regelungsgehalt

I. Ersatzberechtigter

Erstattungsberechtigt ist derjenige, der den Widerspruch erhoben hat. Der Kostenerstattungsanspruch ist ein Schadensersatzanspruch gegen die sich nicht rechtmäßig verhaltende Behörde nach erfolgreichem Widerspruch. Dieser Schadensersatzanspruch geht im Wege der Gesamtrechtsnachfolge (§§ 1922 ff. BGB) auf die Erben über. Somit haben die Erben Anspruch auf Erstattung der gesamten Kosten. Die §§ 56 und 58 SGB I sind nicht anwendbar, da es sich bei dem Kostenerstattungsanspruch nicht um Geldleistungen i.S.d. § 11 SGB I handelt.

II. Erstattungsverpflichteter

Erstattungsverpflichteter ist der Hoheitsträger, dessen Rechte und Pflichten die Behörde wahrgenommen hat. § 63 regelt nur Erstattungsansprüche gegen den Rechtsträger, dessen Behörde den VA erlassen hat. Ein dem Träger zukommender Anspruch ist jedoch nicht geregelt. So hat die Behörde, die dem Widerspruch abhilft, dem Rechtsträger der Ausgangsbehörde, die nicht miteinander identisch sein müssen, die Kosten aufzuerlegen. Auch wenn der Widerspruch unzulässig gewesen ist, und die Behörde dennoch zur Sache für den Widerspruchsführer günstig entschieden hat, entsteht die Kostenpflicht für den Rechtsträger.

Jedoch können dem Widerspruchsführer bei Drittwidersprüchen, welche im Einzelfall zurückgewiesen werden können, dennoch die daraus entstehenden Kosten auferlegt werden.[1]

III. Erfolgreiches Rechtsbegehren

Aufwendungen, die einem Drittbeteiligten im Widerspruchsverfahren entstanden sind, sind, auch wenn der Widerspruch keinen Erfolg hatte, erstattungsfähig. Dies aber nur, wenn zumindest das Rechtsbegehren erfolgreich war. Hier ist eine Analogie aus Gleichheitsgründen geboten, denn der Widerspruchsführer ist insofern erfolgreich, als dass die Behörde den ihn belastenden VA zurücknimmt bzw. sich zu einer ihm günstigen Neubescheidung verpflichtet. Dass der Widerspruchsführer auch in einem solchen Fall eine Kostenerstattung geltend machen kann, ist unmittelbar einsichtig. Der Widerspruch war auch hier, wie es in der genannten Bestimmung heißt, „erfolgreich".[2]

IV. Kosten(grund)entscheidung

Die VwGO sieht in § 72 bzw. § 73 Abs. 3 eine Kostenentscheidungspflicht der Behörde bzw. im Widerspruchsbescheid von Amts wegen vor. Eine wortgleiche Regelung fehlt im SGG. Daraus darf aber nicht der Schluss gezogen werden, für den Anwendungsbereich des SGB X seien solche Entscheidungen entbehrlich. Die Verpflichtung zu einem entsprechenden Anspruch ergibt sich aus Abs. 1 und 3 („Die Behörde, die die Kostenentscheidung getroffen hat …"). Die Festsetzung der zu erstattenden Aufwendungen setzt eine solche Kostenentscheidung dem Grunde nach voraus. Inhalt der Kostenentscheidung ist, wer Träger der Kosten und wie das Ausmaß der Erstattungspflicht ist. Die Kosten(grund)entscheidung sagt aus, ob die Kosten ganz oder zu einem Teil dem Widerspruchsführer ersetzt werden (arg. Abs. 3 S. 1 Hs. 1; Abs. 1); falls ein RA oder Bevollmächtigter beteiligt ist, muss außerdem darüber entschieden werden, ob diese Zuziehung notwendig war (Abs. 3 S. 2). Dies ist dann der Fall, wenn das Widerspruchsverfahren rechtlich oder tatsächlich nicht einfach ist oder auch bei einfach gelagerten Fällen der Widerspruchführer ohne den Bevollmächtigten hilflos wäre. Abzustellen ist hierbei auf die individuellen Fähigkeiten und Möglichkeiten des Antragstellers.[3]

Die Entscheidung über die Kostenlast ist ein VA, der selbständig angefochten werden kann.[4] Dabei ist die Kostenentscheidung i.d.R. nicht Teil der Sachentscheidung,[5] sondern regelmäßig Teil des Widerspruchsbescheides.[6]

V. Kostenfestsetzung

Die Kostenfestsetzung über die im Einzelnen erstattungsfähigen Kosten und den Betrag der Summe nach erfolgt jedoch, im Gegensatz zur Kostenentscheidung, die von Amts wegen verfolgt wird, nur auf Antrag. Der Antrag kann

---

1 BSG 11.12.1985 – 6 RKa 35/84 – BSGE 59, 216.
2 BSG 11.12.1985 – 6 RKa 35/84 – BSGE 59, 216; BSG 18.12.1996 – 6 Rka 33/95; LSG NW 26.5.2004 – L 11 KA 106/03 – SozR 3-1300 § 63 Nr. 9; nunmehr a.A. BSG 31.5.2006 – B 6 KA 62/04 – SozR 4-1300 § 63 Nr. 3; SG Marburg 24.1.2007 – S 12 KA 712/06; LSG Hessen 26.9.2007 – L 4 KA 15/07; BVerwG 23.2.1982 – 7 C 72/79 – DÖV 1983, 32.
3 von Wulffen, SGB X, § 63 Rn 26.
4 BVerwG 17.7.1969 – II C 97.67 – BVerwGE 32, 327.
5 BSG 17.10.2006 – B 5 RJ 66/04 R.
6 SG Reutlingen 16.4.2007 – S 2 AS 841/06.

formlos vom Widerspruchsführer bzw. dessen Bevollmächtigtem gestellt werden und ist auch vor Unanfechtbarkeit der Entscheidung zulässig. Die Kostenfestsetzung selbst kann aber erst nach Unanfechtbarkeit der Kostengrundentscheidung erfolgen. Die förmliche Kostenfestsetzung entfällt häufig, wenn in der Kostengrundentscheidung ein fester Betrag genannt ist. Zuständig für die Kostenfestsetzung ist die Behörde,[7] d.h. also entweder die Widerspruchsstelle oder die Dienststelle der Behörde, die dem Widerspruch abgeholfen hat. Die Festsetzung dem Betrage nach ist ein VA, der selbstständig angefochten werden kann.[8] Gegen die Kostenfestsetzung ist der Widerspruch zulässig.

C. Verbindung zu anderen Rechtsgebieten und zum Prozessrecht

I. Gebühren und Auslagen nach dem RVG

7 § 63 enthält keine Bestimmung, die die Höhe der Gebühren und Auslagen regelt, die der bevollmächtigte RA erstattet erhält. Abs. 2 spricht insoweit allgemein von den „Gebühren und Auslagen eines Rechtsanwaltes oder eines sonstigen Bevollmächtigten im Vorverfahren". Damit ist der gesetzliche Vergütungsanspruch gemeint, der sich für die Tätigkeit eines RA im Vorverfahren nach den Vorschriften des RVG richtet, insb. nach dem VV zum RVG, welches die konkreten Gebührentatbestände enthält. Mit dem zum 1.7.2004 in Kraft getretenen RVG wollte der Gesetzgeber eine wesentliche Vereinfachung der Gebührentatbestände gegenüber der BRAGO erreichen. Hinsichtlich der Systematik und des Aufbaus ist das RVG nunmehr an andere Kostengesetze, insb. das GKG, angeglichen worden.

II. Abrechnung nach dem Gegenstandswert oder nach Betragsrahmengebühren

8 Für die hier interessierenden sozialrechtlichen Angelegenheiten bestimmt die Vorschrift des § 3 Abs. 1 S. 1 RVG, dass in Verfahren vor den Gerichten der Sozialgerichtsbarkeit, in denen das GKG nicht anzuwenden ist, Betragsrahmengebühren entstehen. In den Fällen, in denen der Auftraggeber nicht zu den in § 183 SGG genannten Personen gehört, werden die Gebühren des RA nach dem Gegenstandswert berechnet. Entscheidend ist daher, ob es sich um einen sog. kostenprivilegierten Auftraggeber handelt oder nicht. Der Gesetzgeber wollte mit der Vorschrift des § 183 SGG typisieren und den Kreis der sozial besonders schutzwürdigen Kläger von den Gerichtskosten freistellen. Dabei handelt es sich um Versicherte, insbesondere solche in der gesetzlichen Sozialversicherung, Empfänger von Sozialleistungen einschließlich der Hinterbliebenenleistungsempfänger, Behinderte sowie Sonderrechtsnachfolger der vorstehend genannten Personen. Entscheidend ist dabei, dass der Betroffene im Zeitpunkt der Klageerhebung bzw. der Einlegung des Rechtsmittels als Versicherter oder Leistungsempfänger anzusehen ist.[9] Im Statusfeststellungsverfahren liegt daher grds. Versicherteneigenschaft vor, auch wenn es dem Kläger bzw. Widerspruchsführer gerade um die Feststellung der Versicherungsfreiheit geht, und er dementsprechend gerade nicht privilegiert sein will.

9 **1. Wertgebühren.** Handelt es sich um nicht privilegierte Auftraggeber, mithin um Verfahren vor den Gerichten der Sozialgerichtsbarkeit bzw. um entsprechende außergerichtliche Verfahren, in denen das GKG anzuwenden ist, werden die Gebühren des § 3 Abs. 1 S. 2 RVG nach dem Gegenstandswert berechnet. Zum Gegenstandswert finden sich in den §§ 22 ff. RVG eigene Regelungen; id.R. folgt dieser jedoch den Regelungen zum Streitwert nach dem GKG.

10 Ebenso wie in der Verwaltungsgerichtsbarkeit existiert auch für die Sozialgerichtsbarkeit ein Streitwertkatalog, zuletzt aktualisiert am 1.4.2009, der zwar nur empfehlenden Charakter hat, auf den in der Praxis jedoch in nahezu allen Fällen von den Gerichten wie auch den Behörden zurückgegriffen wird. Der Streitwertkatalog für die Sozialgerichtsbarkeit ist hier (siehe unten Rn 21) auszugsweise abgedruckt.

11 **2. Betragsrahmengebühren.** Handelt es sich bei dem Mandanten um einen kostenprivilegierten Auftraggeber i.S.d. § 183 und findet somit das GKG keine Anwendung, ordnet die Vorschrift des § 3 Abs. 1 S. 1 RVG an, dass der RA in Verfahren vor den Gerichten der Sozialgerichtsbarkeit Betragsrahmengebühren erhält. Gleiches gilt nach § 3 Abs. 2 RVG für die außergerichtliche Tätigkeit. Die einzelnen Betragsrahmengebühren und ihre Höhe sind im VV niedergelegt. Beispielhaft soll hier schon auf die Geschäftsgebühr nach VV 2400 verwiesen werden, die einen Betragsrahmen von 40 bis 520 EUR enthält (Einzelheiten hierzu siehe Rn 15). Die Mittelgebühr beträgt daher bei diesem Gebührentatbestand 280 EUR. Mit dem RVG hat der Gesetzgeber bei den Betragsrahmengebühren noch eine weitere Gebühr eingeführt, nämlich die sog. Regel- oder Schwellengebühr, die bei der zuvor genannten Geschäftsgebühr 240 EUR beträgt. Diese Gebühr kann nach VV 2400 nur dann gefordert werden, wenn die Tätigkeit umfangreich oder schwierig war.

12 Weitere Kriterien zum Bestimmungsrecht im Hinblick auf den auszuschöpfenden Gebührenrahmen enthält die Vorschrift des § 14 Abs. 1 RVG. Danach bestimmt der RA die Gebühr im Einzelfall unter Berücksichtigung aller Um-

---

7 SG Reutlingen – 16.4.2007 – S 2 AS 841/06.
8 BSG 14.11.1984 – 1 RJ 54/84 – HV-INFO 1985, Nr. 4, 32–35; SG Reutlingen – 16.4.2007 – S 2 AS 841/06.
9 Vgl. BSG 5.10.2006 – B 10 LW 5/05 R.

stände, vor allem des Umfangs und der Schwierigkeit der anwaltlichen Tätigkeit, der Bedeutung der Angelegenheit sowie der Einkommens- und Vermögensverhältnisse des Auftraggebers nach billigem Ermessen (§ 14 Abs. 1 S. 1 RVG). Darüber hinaus ordnet § 14 Abs. 1 S. 3 RVG an, dass bei Rahmengebühren das Haftungsrisiko des RA bei der Bemessung zu berücksichtigen „ist". Gerade das zuletzt genannte Kriterium wird bei der Kostenfestsetzung gerne von den Behörden außer Acht gelassen, obwohl es für den Mandanten oft um hohe Beträge geht (z.B. bei der rechtzeitigen Stellung eines Rentenantrages oder aber eines Antrages auf Insolvenzgeld) und daher auch ein erhebliches Haftungsrisiko für den RA besteht.[10]

Da es bei der Kostenerstattung nach § 63 um den Ersatz der Gebühr durch einen Dritten geht, ist die von dem RA getroffene Bestimmung nur dann für die Behörde verbindlich, wenn sie der Billigkeit entspricht. Dies ist dann nicht – mehr – der Fall, wenn die Bestimmung der Gebühr nicht mehr hinnehmbar ist, so z.B. in den Fällen, in denen die angesetzte Gebühr die in vergleichbaren Fällen angemessene deutlich übersteigt.[11] Da das RVG keine Regelung darüber enthält, welche Rechtsfolgen eintreten, wenn die Bestimmung unbillig ist, ist insoweit auf die Vorschrift des § 315 Abs. 3 BGB zurückzugreifen. Entspricht danach die Festsetzung der Gebühr nicht der Billigkeit, so wird diese durch einen entsprechenden Kostenfestsetzungsbescheid der Behörde bzw. durch Urteil getroffen (vgl. § 315 Abs. 3 S. 2, 1. Hs. BGB). Dies darf jedoch nicht dazu führen, dass die Bestimmung der Gebühr durch den RA im Einzelfall bis auf den Cent überprüft werden darf. Vielmehr steht dem Anwalt ein gewisser Ermessensspielraum („Toleranzbereich") zu, innerhalb dessen seine Entscheidung auch gerichtlich nicht überprüfbar ist. Nach der bereits zur BRAGO ergangenen Rspr. betrug dieser Toleranzbereich 20 %, in der jüngeren Rspr. ist jedoch die Tendenz zu erkennen, diesen Bereich nach unten zu korrigieren.[12]

Durch die Betragsrahmengebühren wird die gesamte Tätigkeit des RA in derselben Angelegenheit i.S.d. § 16 RVG vom Anfang bis zur Erledigung der Angelegenheit abgegolten (§ 15 Abs. 1 RVG). Der RA kann die Betragsrahmengebühr in derselben Angelegenheit nur einmal fordern (§ 15 Abs. 2 S. 1 RVG).

III. Einzelne Gebührentatbestände

1. Geschäftsgebühr nach VV 2400 und VV 2401. Entsprechend der im RVG erstmals vorgenommenen gebührenrechtlichen Unterscheidung zwischen Verwaltungs- und Widerspruchs- bzw. Beschwerdeverfahren hat der Gesetzgeber neben der „normalen" Geschäftsgebühr in VV 2401 noch eine abgesenkte Geschäftsgebühr vorgesehen, die einen Gebührenrahmen von 40 bis 250 EUR und eine Regel- oder Schwellengebühr i.H.v. 120 EUR enthält. Diese Gebühr ist dann für die Tätigkeit des RA im Widerspruchs- bzw. Beschwerdeverfahren in Ansatz zu bringen, wenn der RA zuvor bereits im Verwaltungsverfahren für den Mandanten tätig war.

2. Einigungsgebühr nach VV 1000. Endet das Widerspruchsverfahren mit dem Abschluss eines Vergleichs, kann neben der zuvor genannten Geschäftsgebühr auch eine Einigungsgebühr nach VV 1000 entstehen. Nach Anm.VV 1000 Abs. 1 entsteht die Einigungsgebühr für die Mitwirkung beim Abschluss eines Vertrages, durch den der Streit oder die Ungewissheit der Parteien über ein Rechtsverhältnis beseitigt wird, es sei denn, der Vertrag beschränkt sich ausschließlich auf ein Anerkenntnis oder einen Verzicht. Der Begriff des Vergleichs ergibt sich aus § 779 BGB. Danach stellt ein Vergleich einen Vertrag dar, durch den der Streit oder die Ungewissheit der Parteien über ein Rechtsverhältnis im Wege des gegenseitigen Nachgebens beseitigt wird.[13]

Die Einigungsgebühr fällt nach Anm. Abs. 1 S. 2 zu VV 1000 nicht an, wenn die Mitwirkung des RA für den Abschluss eines Vergleichs nicht ursächlich war. In welcher Form der Anwalt an dem Abschluss des Vergleichs mitgewirkt hat, ist für die Einigungsgebühr unerheblich. Anm. VV 1000 Abs. 2 nennt insoweit nur beispielhaft die Mitwirkung an Einigungsverhandlungen. Es reicht jedoch jede Tätigkeit aus, die auf den Abschluss der Einigung ausgerichtet war (z.B. ein entsprechendes Telefonat mit der Behörde). Soweit der Anwalt an den Einigungsverhandlungen mitgewirkt hat, wird auch die Ursächlichkeit im Sinne der Vorschrift vermutet. Wird dies von der Behörde angezweifelt, so muss diese die fehlende Ursächlichkeit beweisen.[14]

3. Erledigungsgebühr nach VV 1002 bzw. 1005. Bei Rechtsverhältnissen des öffentlichen Rechts kommt der Erledigungsgebühr in der Praxis eine weitaus größere Bedeutung als der Einigungsgebühr zu. Die Erledigungsgebühr entsteht nach VV 1002, wenn sich eine Rechtssache ganz oder teilweise nach Aufhebung oder Änderung des mit einem Rechtsbehelf angefochtenen VA durch die anwaltliche Mitwirkung erledigt. Das Gleiche gilt, wenn sich die Rechtssache ganz oder teilweise durch Erlass eines bisher abgelehnten VA erledigt (so die amtlichen, vom Gesetzestext umfassten Erläuterungen zu VV 1002). Ist der Mandant bzw. Auftraggeber ein Kostenprivilegierter i.S.d. § 183 SGG, findet VV 1005 („Einigung oder Erledigung in sozialrechtlichen Angelegenheiten, in denen im gerichtlichen Verfahren Betragsrahmengebühren entstehen (§ 3 RVG)") Anwendung, wonach der Gebührenrahmen 40 bis 520 EUR beträgt.

---

10 Siehe hierzu auch AnwK-RVG/*Rick* § 14 Rn 51.
11 Vgl. hierzu AnwK-RVG/*Rick*, § 14 Rn 73 m.w.N.
12 Vgl. hierzu AnwK-RVG/*Rick* m.w.N.
13 Vgl. hierzu BSG 10.9.1977 – 9 BVs 12/97.
14 AnwK-RVG/*N. Schneider*, VV 1000 Rn 129.

19 In der Rspr. wird immer wieder problematisiert, ob sich das Widerspruchsverfahren i.S.d. Abs. 1 „durch die anwaltliche Mitwirkung" i.S.v. VV 1002 erledigt hat. Nach der Rspr. des BSG kann ein RA für die Mitwirkung an der Erledigung eines isolierten Vorverfahrens durch Abhilfebescheid nur dann eine Erledigungsgebühr verlangen, wenn er eine über die Einlegung und Begründung des Widerspruchs hinausgehende besondere Tätigkeit entfaltet hat. Nach dem Wortlaut der Erläuterungen zu VV 1002 (S. 2) kommt es hiernach für das Entstehen einer Erledigungsgebühr sowohl in einer Anfechtungssituation als auch bei einem Verpflichtungsrechtsbehelf auf die auf Erledigung gerichtete Mithilfe des Anwalts an. Auch die Regelungssystematik, der Sinn und Zweck der Regelung sowie ihre Entstehungsgeschichte erfordern nach der vorzitierten Rspr. eine qualifizierte erledigungsgerichtete Mitwirkung des RA, die über das Maß dessen hinausgeht, was schon durch den allgemeinen Gebührentatbestand für das anwaltliche Auftreten im sozialrechtlichen Widerspruchsverfahren abgegolten wird.[15] Die erforderliche anwaltliche Mitwirkung ist nach dieser Rspr. daher nicht gegeben, wenn der RA lediglich den Widerspruch eingelegt und später dann auch begründet hat. Eine über das normale Maß hinausgehende Mitwirkungshandlung ist nach der Rspr. des BSG jedoch z.B. dann gegeben, wenn der RA den Widerspruchsführer dazu veranlasst, einen neuen ärztlichen Befundbericht erstellen zu lassen, dessen Vorlage dann letztlich zum Erfolg führt.[16] Gleiches gilt auch für den Fall, dass sich der RA mit der Aufsichtsbehörde in Verbindung setzt und diese dann die Ausgangsbehörde anweist bzw. dazu bringt, den angegriffenen VA aufzuheben bzw. den bislang abgelehnten VA zu erlassen.

20 **4. Mehrere Auftraggeber.** Erhält der RA den Auftrag in derselben Angelegenheit von mehreren Personen, so erhöht sich nach VV 1008 die Geschäftsgebühr für jede weitere Person um 0,3 (bei den nach Gegenstandswert abzurechnenden Gebühren), bzw. bei Betragsrahmengebühren erhöht sich der Mindest- und Höchstbetrag um 30 %. Dabei dürfen mehrere Erhöhungen einen Gebührensatz von insgesamt 2,0 nicht übersteigen; bei Festgebühren dürfen die Erhöhungen das Doppelte der Festgebühr und bei Betragsrahmengebühren das Doppelte des Mindest- und Höchstbetrages nicht übersteigen (so ausdrücklich Anm. Abs. 3).

D. Beraterhinweise

21 Probleme gibt es in der Praxis, wenn es um die Erstattung der RA-Kosten für die erfolgreiche Stellung eines Überprüfungsantrags nach § 44 geht. Hier kommt eine analoge Anwendung des Abs. 1 in Betracht. Die Behörde hat auch hier auf Antrag des Betroffenen ihr früheres rechtswidriges Verhalten korrigiert und eine für den Betroffenen günstige förmliche Entscheidung erlassen. Damit macht sie das Rechtsbegehren des Betroffenen „erfolgreich" i.S.d. Abs. 1.

Anhang:

Streitwertkatalog für die Sozialgerichtsbarkeit

Streitwertkatalog 2009

Stand: 1. April 2009
– Auszug –
Überarbeitung des von der Konferenz der Präsidentinnen und Präsidenten der LSG am 16.5.2006
auf Vorschlag des LSG Rheinland-Pfalz beschlossenen Streitwertkatalogs 2006

A. Vorbemerkungen

1. Der **Streitwert** (Wert des Streitgegenstandes; § 3 des Gerichtskostengesetzes -GKG–) ist auch in den Verfahren vor den Gerichten der Sozialgerichtsbarkeit maßgebend für die Höhe der gerichtlichen Kosten (Gebühren und Auslagen). Kosten werden nur in den Verfahren erhoben, in denen § 197a des Sozialgerichtsgesetzes (SGG) anzuwenden ist (§ 1 Abs. 1 Nr. 4 des GKG).
2. Für die Festsetzung der **Höhe des Streitwerts** gilt grundsätzlich:
    a) Der Streitwert ist nach der sich aus dem Antrag des Klägers für ihn ergebenden Bedeutung der Sache nach Ermessen zu bestimmen (§ 52 Abs. 1 GKG).
    b) Bietet der Sach-und Streitstand für die Bestimmung des Streitwerts keine genügenden Anhaltspunkte, ist ein Streitwert von 5000 Euro anzunehmen (§ 52 Abs. 2 GKG: Regelstreitwert [BSG, 20.10.2004 – B 6 KA 15/04 R –; 1.2.2005 – B 6 KA 70/04 B –; 15.1.2009 – B 3 KS 5/08 B –]; auch: Auffangwert [BSG, 28.2.2006 B 2 U 31/05 R –; 9.5.2006 – B 2 U 34/05 R –; LSG Schleswig-Holstein, 14.3.2006 – L 4 KA 3/04 –; Hartmann, Kostengesetze, 39. Aufl., § 52 Rdnr. 17] oder Regelwert [BSG, 28.11.2007 – B 6 KA 26/07 R –; 15.1.2008 – B 12 KR 69/07 B –]).

---

[15] BSG 5.5.2009 – B 13 R 137/08 R.   [16] So ausdrücklich BSG 2.10.2008 – B 9/9a SB 5/07 R.

c) Betrifft der Antrag des Klägers eine bezifferte Geldleistung oder einen hierauf gerichteten Verwaltungsakt ist deren Höhe maßgebend (§ 52 Abs. 3 GKG). Für die Ansetzung des Streitwerts ist der Urkundsbeamte der Geschäftsstelle zuständig (Hartmann, Kostengesetze, 39. Aufl., § 63 Rdnrn. 2–4).

d) In Verfahren des einstweiligen Rechtsschutzes nach § 86b SGG bestimmt sich der Streitwert nach § 52 Abs. 1 und 2 GKG (§ 53 Abs. 3 Nr. 4 GKG).

e) Werden Ansprüche auf wiederkehrende Leistungen dem Grunde oder der Höhe nach geltend gemacht oder abgewehrt, ist der dreifache Jahresbetrag der wiederkehrenden Leistungen maßgebend, wenn nicht der Gesamtbetrag der geforderten Leistungen geringer ist (§ 42 Abs. 1 GKG). Ist die Höhe des Jahresbetrags nicht nach dem Antrag des Klägers bestimmt oder nach diesem Antrag mit vertretbarem Aufwand bestimmbar, ist der Streitwert nach § 52 Abs. 1 und 2 GKG zu bestimmen (§ 42 Abs. 3 Satz 2 GKG).

f) Sind außer dem Hauptanspruch noch Nebenforderungen (z.B. Zinsen, Kosten) betroffen, wird der Wert der Nebenforderungen nicht berücksichtigt (§ 43 Abs. 1 GKG). Sind Nebenforderungen ohne den Hauptanspruch betroffen, ist der Wert der Nebenforderungen maßgebend, soweit er den Wert des Hauptanspruchs nicht übersteigt (§ 43 Abs. 2 GKG). Sind die Kosten des Rechtsstreits ohne den Hauptanspruch betroffen, ist der Betrag der Kosten maßgebend, soweit er den Wert des Hauptanspruchs nicht übersteigt (§ 43 Abs. 3 GKG).

g) Für die Wertberechnung ist der Zeitpunkt der den jeweiligen Streitgegenstand betreffenden Antragstellung maßgebend, die den Rechtszug einleitet (§ 40 GKG). Nach teilweiser Erledigung des Rechtsstreits ist eine gestaffelte Streitwertfestsetzung vorzunehmen; das Rechtsschutzinteresse ergibt sich aus § 32 RVG (Hartmann, Kostengesetze, 39. Aufl., § 52 Rdnr. 13; LSG Rheinland-Pfalz, 13.3.2007 – L 5 B 373/06 KNK –; LSG Nordrhein-Westfalen, 20.5.2008 – L 16 B 87/07 KR –; 3.7.2008 – L 16 B 31/08 KR –).

3. Der Streitwert ist sogleich mit der Einreichung der Klage-, Antrags-oder Rechtsmittelschrift oder mit der Abgabe der entsprechenden Erklärung zu Protokoll **vorläufig festzusetzen** (§ 63 Abs. 1 Satz 1 GKG). Ein Beschwerderecht gegen die vorläufige Streitwertfestsetzung ist nicht gegeben (LSG Rheinland-Pfalz, 21.12.2006 – L 5 B 350/06 KA –; LSG Baden-Württemberg, 3.12.2007 – L 5 KA 3492/07 W-B –); auch eine Überprüfung im Rahmen der Beschwerde gegen den Kostenansatz (§ 66 Abs. 2 GKG) kommt nicht in Betracht (Thüringer LSG, 16.2.2007 – L 6 B 141/06 SF –).

Spätestens nach Abschluss des Verfahrens ist der Streitwert **endgültig festzusetzen** (§ 63 Abs. 2 GKG). Dies ist erst nach Beendigung der Rechtshängigkeit zulässig (Bayerisches LSG, 4.7.2006 – L 5 B 160/06 KR –).

Diese Festsetzungen sind auch für die Gebühren des Rechtsanwalts maßgebend (§ 32 Abs. 1, § 3 Abs. 1 Satz 2 des Rechtsanwaltsvergütungsgesetzes – RVG –).

4. Der Streitwertkatalog soll dazu beitragen, die Maßstäbe der Festsetzung des Streitwerts zu **vereinheitlichen** und die Entscheidungen der Gerichte **vorhersehbar** zu machen.

Der Streitwertkatalog ist eine **Empfehlung** auf der Grundlage der Rechtsprechung der Gerichte der Sozialgerichtsbarkeit unter Berücksichtigung der einschlägigen Rechtsliteratur. Die Empfehlungen sind Vorschläge ohne verbindliche Wirkung für die Gerichte der Sozialgerichtsbarkeit.

5. Der Streitwertkatalog wird in regelmäßigen Zeitabständen aktualisiert und fortgeschrieben werden. Zuständig hierfür ist das Landessozialgericht Rheinland-Pfalz.

B. Allgemeines; Verfahrensrecht

1.	Grundsätzliches
1.1	Für die Anwendung des § 197a SGG ist auf die Stellung eines Beteiligten im jeweiligen Rechtszug abzustellen. Ein Kostenprivilegierter hat auch dann keine Gerichtskosten zu tragen, wenn er in seiner ursprünglichen Rolle als Beigeladener in einem Prozess zwischen Nichtprivilegierten Rechtsmittel einlegt. Diese Kostenprivilegierung erstreckt sich dann auch auf einen nicht privilegierten Rechtsmittelführer (BSG, 13.4.2006 – B 12 KR 21/05 B –; 29.5.2006 – B 2 U 391/05 B –); vgl. auch B.5.5.
1.2	Versicherter gem. § 183 Satz 1 SGG ist -unabhängig vom Ausgang des Verfahrens jeder Beteiligte, über dessen Status als Versicherter gestritten wird. Auch wenn der Beteiligte die vom Versicherungsträger behauptete Versicherteneigenschaft bestreitet, gilt der insoweit allgemeine Rechtsgedanke des § 183 Satz 3 SGG (BSG, 5.10.2006 – B 10 LW 5/05 R –).
1.3	Die Kostenprivilegierung des § 183 Satz 1 SGG entfällt bei einem Beteiligtenwechsel vor dem Beginn des Rechtszuges; vgl. auch § 183 Satz 2 SGG (BSG, 3.8.2006 – B 3 KR 24/05 R –).
1.4	Für die Festsetzung des Streitwerts ist die sich aus dem Antrag des Klägers für ihn ergebende Bedeutung der Sache maßgebend, dh in der Regel das wirtschaftliche Interesse an der erstrebten Entscheidung (§ 52 Abs. 1 GKG; BSG, 5.10.1999 – B 6 KA 24/98 R –).
1.5	Der mittelbare wirtschaftliche Wert eines endgültigen oder vorläufigen Prozesserfolgs ist bei der Streitwertfestsetzung nicht zu berücksichtigen (BSG, 9.5.2000 – B 6 KA 72/97 R –).

1.6	Bei Musterverfahren sind die wirtschaftlichen Folgewirkungen für andere Klageansprüche nicht zu berücksichtigen (BSG, 25.9.1997 -6 RKa 65/91 –; 24.9.2008 – B 12 R 10/07 R –).
1.7	Eine Streitwertfestsetzung darf auch im Urteil erfolgen (LSG Rheinland-Pfalz, 23.3.2009 – L 1 AL 25/09 B –; a.A.: LSG Berlin-Brandenburg, 12.11.2008 – L 9 KR 119/08 –).
1.8	Die Höhe des Streitwerts unterliegt nicht der Dispositionsfreiheit der Beteiligten (arg. § 61, § 63 Abs. 1 Satz 1, Abs. 2 Satz 1 GKG).
2.	**Feststellungsklage**
2.1	Der Streitwert ist grundsätzlich niedriger als der Streitwert der Leistungsklage (Bayerisches LSG, 15.7.2005 – L 3 B 154/05 KA –). Bei einer Feststellungsklage, die mit einer Leistungsklage gleichwertig ist, bemisst sich der Streitwert nach dem Betrag, den der Kläger letztlich erstrebt. Ein Abzug ist nicht vorzunehmen (BSG, 5.10.1999 – B 6 Ka 24/98 R –). Regelstreitwert, wenn Anhaltspunkte für eine anderweitige Festsetzung fehlen (BSG, 15.1.2009 – B 3 KS 5/08 B –).
3.	**Bescheidungsklage**
3.1	Bei Verpflichtungs-Neubescheidungen beträgt der Wert des Streitgegenstandes drei Viertel bis zur Hälfte des Streitwerts der „Hauptsache" (Hälfte: LSG Baden-Württemberg, 23.5.1996 – L 5 Ka 653/96 W-A –; drei Viertel: LSG Schleswig-Holstein, 22.9.2003 – L 6 SF 22/03 SG –).
3.2	Bei Anfechtungs-Neubescheidungen ist der mit dem Verwaltungsakt angeforderte Betrag in voller Höhe als Streitwert zugrunde zu legen (BSG, 16.7.2008 – B 6 KA 57/07 R –); vgl. C.IX.15.2.
4.	**Untätigkeitsklage**
4.1	Der Wert des Streitgegenstandes beträgt 10 bis 25 v.H. des Streitwerts der „Hauptsache" (LSG Rheinland-Pfalz, 11.8.1994 – L 3 Sb 19/94 –; Bayerisches LSG, 9.1.1997 – L 12 B 185/95 Ka –).
5.	**Klage/Antragshäufung**
5.1	Richtet sich eine Klage gegen mehrere Beklagte, so ist der Streitwert auf ein Mehrfaches des wirtschaftlichen Wertes für den Kläger (§ 39 Abs. 1 GKG; BSG, 8.4.2005 – B 6 Ka 60/04 B –), hilfsweise auf ein Mehrfaches des Regelstreitwertes festzusetzen.
5.2	Ein hilfsweise geltend gemachter Anspruch wird mit dem Hauptanspruch zusammengerechnet, soweit über ihn entschieden wird (§ 45 Abs. 1 S. 2 GKG).
5.3	Bei subjektiver Klagehäufung kommt es nicht auf die Anzahl der Prozessrechtsverhältnisse, sondern darauf an, ob mehrere unterschiedliche Streitgegenstände vorliegen (BSG, 14.9.2006 – B 6 KA 24/06 B –; 19.9.2006 B 6 KA 30/06 B –).
5.4	Ist bei teilbarem Streitgegenstand nur ein Teil kostenprivilegiert, so ist bei der Kostenentscheidung nach den Streitgegenständen zu differenzieren. Dies gilt sowohl bei einer objektiven Klagehäufung als auch bei einer Eventualklagehäufung (BSG, 27.7.2006 – B 3 KR 6/06 B –; 26.9.2006 – B 1 KR 1/06 R –).
5.5	Ist bei unteilbarem Streitgegenstand ein kostenrechtlich Privilegierter Hauptbeteiligter, gilt für die jeweilige Instanz einheitlich die Regelung für Kostenprivilegierte. Dies gilt auch bei subjektiver Klagehäufung mit einem nicht Kostenprivilegierten (BSG, 29.5.2006 – B 2 U 391/05 B –; 26.7.2006 – B 3 KR 6/06 B –; 26.9.2006 – B 1 KR 1/06 R –; 30.7.2008 – B 5a/5 R 30/07 R –; 24.9.2008 – B 12 R 10/07 R –).
6.	**Beigeladene**
6.1	Für Beigeladene ist grundsätzlich der Antrag des Klägers maßgebend. Eine gesonderte Streitwertfestsetzung ist zulässig (BSG, 19.2.1996 -6 RKa 40/93 –). Der Streitwert darf jedoch nicht höher als der für die Hauptbeteiligten festgesetzt werden (BSG, 25.11.1992 -1 RR 1/91 –).
7.	**Einstweilige Anordnung**
7.1	Bei Regelungsanordnungen nach § 86b Abs. 2 SGG: Der Streitwert beträgt ein Viertel bis zur Hälfte des Streitwerts der Hauptsache je nach deren wirtschaftlicher Bedeutung. Bei Vorwegnahme der Hauptsache ist in der Regel der volle Streitwert festzusetzen.
7.2	Bei Verfahren nach § 86a Abs. 2 Nr. 1 SGG: ein Viertel des Hauptsachestreitwertes (LSG Baden-Württemberg, 14.2.2007 – L 5 KR 2854/06 W-A –).

8.	**Gegenvorstellung**
8.1	Gegen unanfechtbare Streitwertbeschlüsse ist die Gegenvorstellung statthaft. Die Einlegung muss innerhalb eines Monats erfolgen (BSG, 8.9.1997 -3 RK 27/95 –).
8.2	Auch im Gegenvorstellungsverfahren ist eine Kostenentscheidung zu treffen (BSG, 28.7.2005 – B 13 RJ 178/05 B –) und der Streitwert festzusetzen (LSG Nordrhein-Westfalen, 27.1.2009 – L 16 B 24/08 R –).
9.	**Rechtswegbeschwerde**
9.1	Im Verfahren über eine Rechtswegbeschwerde ist eine Kostenentscheidung zu treffen (BSG, 29.9.1994 -3 BS 2/93 –; 9.2.2006 – B 3 SF 1/05 R –). Der Streitwert beträgt im Regelfall ein Fünftel, höchstens bis zu einem Drittel des Hauptsachewerts (BSG, 6.9.2007 – B 3 SF 1/07 R –; 22.4.2008 – B 1 SF 1/08 R –).
10.	**Nichtzulassungsbeschwerde**
10.1	Der Streitwert bemisst sich gemäß § 47 Absatz 3 GKG nach dem Streitwert des Rechtsmittelverfahrens (BSG, 12.9.2006 – B 6 KA 70/05 B –).
11.	**Beschwerde gegen Festsetzung des Streitwerts**
11.1	Das Gericht ist an keine Anträge gebunden. Es gilt auch nicht das Verschlechterungsverbot (BSG, 5.10.2006 – B 10 LW 5/05 R –; vgl. auch B.1.8).
11.2	Auch bei unzulässigen Beschwerden darf das Rechtsmittelgericht den Streitwert von Amts wegen ändern (Bayerisches LSG, 9.1.2006 – L 5 B 456/05 KR –; LSG Nordrhein-Westfalen, 24.2.2006 – L 10 B 21/05 KA –; a.A.: LSG Rheinland-Pfalz, 20.7.2006 – L 5 ER 130/06 KA –).
11.3	Der Rechtsanwalt kann aus eigenem Recht eine Streitwertbeschwerde erheben (§ 32 Abs. 2 RVG; LSG Nordrhein-Westfalen, 24.2.2006 – L 10 B 21/05 KA –); dies gilt nicht bei einer vorläufigen Festsetzung des Streitwerts (LSG Rheinland-Pfalz, 21.12.2006 – L 5 B 350/06 KA –; LSG Baden-Württemberg, 3.12.2007 – L 5 KA 3492/07 W-B –); vgl. auch A.3.
11.4	Über Beschwerden gegen die Festsetzung des Streitwerts entscheidet nach § 68 Abs. 2 Satz 6 iVm § 66 Abs. 6 Satz 1 GKG allein der Berichterstatter (Sächsisches LSG, 9.6.2008 – L 1 B 351/07 KR –; LSG Baden-Württemberg, 16.12.2008 – L 10 R 5747/08 W-B –; a.A.: nur im vorbereitenden Verfahren nach § 155 Abs. 2 Nr. 4 SGG, LSG Nordrhein-Westfalen, 24.2.2006 – L 10 B 21/05 KA –), wobei die Möglichkeit der Übertragung auf den Senat (§ 66 Abs. 6 Satz 2 GKG) besteht.
11.5	Die Ablehnung einer Streitwertfestsetzung stellt einen beschwerdefähigen Beschluss dar (LSG Nordrhein-Westfalen, 23.7.2007 – L 1 B 18/07 AL –).
11.6	Das Verfahren ist gebührenfrei (§ 68 Abs. 3 Satz 1 GKG).
11.7	Außergerichtliche Kosten sind nicht zu erstatten (§ 68 Abs. 3 Satz 2 GKG).
12.	**Abänderung des Streitwerts durch das Rechtsmittelgericht**
12.1	Für den Wert des Streitgegenstands des ersten Rechtszuges ist gemäß § 47 Absatz 2 GKG nicht der in erster Instanz festgesetzte, sondern der objektiv angemessene Streitwert maßgeblich. Die Abänderung der erstinstanzlichen Streitwertfestsetzung steht gemäß § 63 Absatz 3 Satz 1 GKG im Ermessen des Rechtsmittelgerichts (BSG, 19.9.2006 – B 6 KA 30/06 B –).
12.2	Eine unterbliebene Streitwertfestsetzung kann vom Rechtsmittelgericht jedenfalls bei betragsmäßig von vornherein feststehendem und offensichtlich gleich gebliebenem Streitwert in erweiternder Auslegung des § 63 Absatz 3 Satz 1 GKG nachgeholt werden (BSG, 5.10.2006 – B 10 LW 5/05 R –).
13.	**Einseitige Erledigungserklärung durch den Kläger**
13.1	Der Kläger hat nicht zwingend die Kosten gemäß § 197a SGG i.V.m. § 155 Abs. 2 VwGO zu tragen, sondern das Gericht entscheidet nach billigem Ermessen (§ 161 Abs. 2 VwGO; LSG Nordrhein-Westfalen, 7.3.2005 – L 10 KA 36/03 –).
14.	**Verjährung**
14.1	Es gilt keine Verjährung für den Antrag auf Festsetzung des Streitwertes (BSG, 15.2.2001 -6 RKa 20/83 –). Nach § 63 Absätze 1 und 2 GKG ist der Streitwert von Amts wegen festzusetzen.
15.	**Widerspruchsverfahren**
15.1	Zurückweisung des Bevollmächtigten im Widerspruchsverfahren (§ 13 Abs. 5 SGB X); Klage des Bevollmächtigten: Höhe des Gebührenanspruchs des Bevollmächtigten für die begehrte Vertretung (LSG Baden-Württemberg, 3.1.2007 – L 13 AL 4889/05 W-B –).
15.2	Erstattung der Aufwendungen nach § 63 SGB X: Differenz zwischen den geforderten und den erstatteten Kosten (BSG, 5.10.2006 – B 10 LW 5/05 R –; 9.4.2008 – B 6 KA 3/07 B –).

15.3	Eine gesonderte Festsetzung des Gegenstandswerts durch die Verwaltung ist im Gesetz nicht vorgesehen und damit unzulässig. Die Gerichte haben im Rahmen der Prüfung der Höhe der Kostenerstattung den Gegenstandswert eigenständig zu bestimmen (BSG, 9.4.2008 – B 6 KA 3/07 B –).	
16.	**Stufenklage**	
16.1	Für die Wertberechnung ist nur einer der verbundenen Ansprüche, und zwar der höhere, maßgebend (§ 44 GKG). dies gilt aber nur, wenn in einer Instanz über beide Ansprüche entschieden wird. Wird nur über einen Anspruch entschieden, ist der Streitwert nur anhand dieses Anspruchs zu bemessen (BSG, 28.2.2007 – B 3 KR 12/06 R –).	
17.	**Streitwert des Rechtsmittelverfahrens**	
17.1	Im Rechtsmittelverfahren bestimmt sich der Streitwert nach den Anträgen des Rechtsmittelführers (§ 47 Abs. 1 Satz 1 GKG), nur ausnahmsweise nach der Beschwer (§ 47 Abs. 1 Satz 2 GKG). Es bleibt dann bei der Streitwertberechnung nach § 52 GKG entsprechend der Bedeutung der Sache für den Kläger, wenn der Streitgegenstand unverändert geblieben ist und die Beklagte als Rechtsmittelführer nach wie vor die Abweisung der Klage beantragt (BSG, 28.2.2007 – B 3 KR 12/06 R –, 12.6.2008 – B 3 P 2/07 R –). Bei Anschlussberufung bzw. Anschlussrevision <kein eigentliches Rechtsmittel> ist die sich aus dem Antrag des Klägers ergebende Bedeutung der Sache maßgebend (BSG, 17.2.2009 – B 2 U 38/06 R –).	
18.	**Zurückverweisung**	
18.1	Bei Zurückverweisung ist eine Festsetzung des Streitwerts vorzunehmen (BSG, 13.12.2005 – B 4 RA 28/05 R –; 10.5.2007 – B 10 KR 1/05 R –).	
19.	**Unzulässige Klage; Nichterhebung von Kosten wegen unrichtiger Sachbehandlung (§ 21 GKG)**	
19.1	Ein Streitwertbeschluss ist wegen § 32 RVG unabhängig von der Frage, ob Gerichtskosten im Einzelfall erhoben werden, notwendig. Auch nicht zu erhebende Kosten sind aufzuerlegen (LSG Nordrhein-Westfalen, 14.6.2007 – L 16 B 5/07 SF –). Soweit Kosten zu Unrecht erhoben wurden, ist die Erinnerung gegen den Kostenansatz gem. § 66 GKG möglich.	
20.	**Ablehnung eines Sachverständigen wegen Besorgnis der Befangenheit (§ 118 Abs. 1 Satz 1 SGG)**	
20.1	Ein Drittel des Streitwerts der Hauptsache (LSG Nordrhein-Westfalen, 4.6.2007 – L 1 B 7/07 AL –).	
21.	**Befundbericht; Klage des Arztes auf höhere Vergütung (JVEG)**	
21.1	Höhe der streitigen Vergütung (BSG, 2.10.2008 – B 9 SB 7/07 R –).	
22.	**Anhörungsrüge (§ 178a SGG)**	
22.1	Einer Streitwertfestsetzung bedarf es nicht, da sich die Gerichtsgebühr unmittelbar aus Nr. 7400 der Anlage 1 des GKG ergibt (BSG, 8.11.2006 – B 2 U 5/06 C –).	

C. Streitwertkatalog

I.	**Arbeitsförderungsrecht**	
1.	**Arbeitsgenehmigung (Arbeitserlaubnis, Arbeitsberechtigung) (§ 284 Abs. 1, Abs. 2 SGB III)**	
1.1	Erteilung (§ 284 SGB III)	Wirtschaftliches Interesse des Unternehmers (Hessisches LSG, 31.8.1998 – L 6 AL 1106/97 ER –).
1.2	Gebühr für die Erteilung (§ 287 Abs. 1, Abs. 2 SGB III, § 3 ASAV)	Höhe der Gebühr (BSG, 13.12.2000 – B 7 AL 58/99 R –).
2.	**Arbeitnehmerüberlassung**	
2.1	Erteilung der Erlaubnis (§ 2 AÜG)	Unmittelbares wirtschaftliches Interesse.
2.2	Rücknahme, Widerruf der Erlaubnis (§ 4, § 5 AÜG)	Unmittelbarer wirtschaftlicher „Schaden" (LSG Niedersachsen-Bremen, 6.5.2003 – L 8 AL 336/02 ER –) bzw. bei normalem Geschäftsbetrieb erzielbarer Unternehmensgewinn (Bayerisches LSG, 13.12.2006 – L 9 B 823/06 AL ER –), hilfsweise Regelstreitwert (LSG Niedersachsen-Bremen, 21.1.2003 – L 8 B 158/03 AL –).

I.	Arbeitsförderungsrecht	
2.3	Auflage (§ 2 AÜG)	Regelstreitwert bei Klage des Arbeitnehmers und fehlenden Anhaltspunkten für das wirtschaftliche Interesse (SG Koblenz, 5.9.2006 – S 9 ER 102/06 AL –).
3.	Zulassung als förderungsfähige Bildungsmaßnahme (§ 61, § 77 SGB III)	Hälfte des Streitwerts für die Genehmigung einer Ersatzschule: 15.000 € (Nr. 38.2 Streitwertkatalog Verwaltungsgerichtsbarkeit; LSG Baden-Württemberg, 4.4.2005 – L 13 AL 219/05 W-A –).
4.	Eingliederungszuschüsse (§§ 217ff. SGB III)	Keine Streitwertfestsetzung, da gerichtskostenfrei nach § 183 SGG (BSG, 22.9.2004 – B 11 AL 33/03 R –).
5.	Erstattungspflicht des Arbeitgebers (§ 147a SGB III)	
5.1	Grundlagenbescheid	Regelstreitwert (BSG, 22.3.2001 – B 11 AL 91/00 R –; 4.9.2001 – B 7 AL 6/01 R –).
5.2	Abrechnungsbescheid	Höhe der Erstattungsforderung (BSG, 3.3.1998 -11 RAr 103/96 –).
6.	Kurzarbeitergeld, Klagen des Arbeitnehmers oder der Betriebsvertretung (§§ 169ff. SGB III)	Keine Streitwertfestsetzung, da gerichtskostenfrei nach § 183 SGG (Meyer-Ladewig/Keller/Leitherer, SGG, 9. Aufl., § 183 Rdnr. 6b).
7.	Vermittlungsgutschein (§ 421g SGB III)	
7.1	Ausstellung des Vermittlungsgutscheins	Wert des Gutscheins.
7.2	Ablehnung der Auszahlung der Vermittlungsvergütung	Der Vermittler ist kein Leistungsempfänger im Sinne des § 183 SGG (BSG, 6.4.2006 – B 7a AL 56/05 R –); Wert des Gutscheins (BSG, 21.2.2008 – B 11a AL 91/07 B –) bzw. 1000 € als Teilbetrag der ersten oder zweiten Rate (LSG Sachsen, 16.2.2005 – L 3 B 64/04 AL –; 20.7.2005 – L 3 AL 132/04 –).
8.	Winterbeschäftigungs-Umlage (§§ 354ff. SGB III)	
8.1	Grundlagenbescheid	Regelstreitwert.
8.2	Festsetzung der Umlagenhöhe	Dreifacher Jahresbetrag der Umlage (BSG, 20.6.1995 -10 RAr 7/94 –).
9.	Anzeigepflichtige Entlassungen (§§ 17ff. KSchG); Klage eines Arbeitnehmers gegen den Bescheid der Bundesagentur	Der Arbeitnehmer ist kein Versicherter im Sinne des § 183 SGG; Regelstreitwert (LSG Baden-Württemberg, 8.1.2007 – L 9 AL 3242/06 AK-A –).
10.	Insolvenzgeld; Übertragung des Anspruchs auf Arbeitsentgelt auf einen Dritten (§ 188 Abs. 1 SGB III)	Dritter ist Leistungsempfänger im Sinne des § 183 SGG; kein Fall der Rechtsnachfolge nach § 183 S. 2 SGG (BSG, 5.12.2006 – B 11a AL 19/05 R –). Dies gilt nicht, wenn der schon entstandene Insolvenzgeldanspruch während des Vorverfahrens abgetreten wird und zwar selbst dann, wenn der ursprünglich Leistungsberechtigte als gewillkürter Prozessstandschafter auftritt (BSG, 4.6.2007 – B 11a AL 153/06 B –).
11.	Berichtigung einer Arbeitsbescheinigung (§ 312 SGB III)	Ein Zehntel des Arbeitsentgelts, dessen zusätzliche Bescheinigung begehrt wird (SG Hamburg, 27.4.2006 – S 60 AL 2074/04 –) oder ein Zehntel des mittelbar verfolgten Begehrens <Verhinderung einer Sperrzeit> LSG Rheinland-Pfalz, 23.3.2009 – L 1 AL 25/09 B –).
12.	Erstattung von Leistungen nach §§ 4 und 12 Altersteilzeitgesetz ATG-; Klage des Arbeitgebers	Keine Streitwertfestsetzung, da gerichtskostenfrei nach § 183 SGG (BSG, 21.3.2007 – B 11a AL 9/06 R –).

II.	Aufsichtsrecht	
1.	Genehmigung zur Errichtung oder Erweiterung einer Krankenkasse (§§ 147 ff., §§ 157ff. SGB V, §§ 87ff. SGB IV)	Bedeutung der Sache: bei bis zu 1000 betroffenen Pflichtmitgliedern 20-facher, bei bis zu 5000 Pflichtmitgliedern 30-facher Regelstreitwert (BSG,12.12.1996 – 1 RR 5/90 –).

2.	Genehmigung zur Ermäßigung der Beiträge einer Krankenkasse (§ 220 Abs. 3 SGB V a.F.)	Dreifacher Regelstreitwert (LSG Baden-Württemberg, 9.2.2005 – L 1 A 5378/04 W-B –); bei Erwartung eines konkreten Mitgliederzuwachses wie C.II.1. (LSG Schleswig-Holstein, 4.3.2004 – L 1 B 23/04 KR ER –).
3.	**Genehmigung einer Satzung oder Satzungsänderung (§ 34 Abs. 1 SGB IV)**	
3.1	Verlegung des Sitzes einer Krankenkasse (§ 195 SGB V iVm Satzung)	Regelstreitwert (LSG Berlin-Brandenburg, 9.9.2005 – L 24 B 1038/05 KR ER –).
3.2	Genehmigung einer Satzung oder Satzungsänderung	Bei einer bundesweit zuständigen Krankenkasse (§ 195 Abs. 1 SGB V) zehnfacher Regelstreitwert
4.	**Aufsichtsverfügung (§§ 89, 90 SGB IV)**	(BSG, 19.9.2007 – B 1 A 4/06 R –). Zehnfacher Regelstreitwert, wenn erhebliche Schadensersatzforderungen befürchtet werden (BSG, 14.2.2007 – B 1 A 3/06 R –: Veröffentlichung der Vergütung eines Vorstandsmitglieds gem. § 35 Abs. 6 Satz 2 SGB IV).
5.	**Prüfungsverfügung (§§ 304 ff. SGB III aF, § 107 SGB IV aF; § 18 h Abs. 3 bis 8 SGB IV iVm dem Schwarzarbeitsbekämpfungsgesetz)**	Auffangstreitwert (BSG, 28.8.2007 – B 7/7a AL 16/06 R –).
III.	**Beitragsrecht**	
1.	**Gesamtsozialversicherungsbeitrag (§ 28d, § 28e SGB IV)**	Höhe der Forderung (BSG, 1.6.2006 – B 12 KR 34/05 B –).
2.	**Säumniszuschlag (§ 24 SGB IV)**	
2.1	Von der Hauptforderung getrennte Erhebung	Höhe der Forderung (BSG, 29.11.2007 – B 13 R 48/06 R –).
2.2	Erhebung zusammen mit der Hauptforderung	a) als Nebenforderung nicht zu berücksichtigen nach § 43 Abs. 1 GKG analog („Zinsen", LSG Rheinland-Pfalz, 3.11.2005 – L 5 B 192/05 KR –; Thüringer LSG, 29.1.2007 – L 6 RJ 1024/03 –; a.A.: LSG Baden-Württemberg, 26.1.2009 – L 10 R 5795/08 W-B –). b) streitwerterhöhend zu berücksichtigen bei Haftungsbescheid
		gegenüber Gesellschafter einer Vor-GmbH (§ 11 Abs. 2 GmbHG; LSG Rheinland-Pfalz, 2.12.2005 – L 2 B 129/05 R –).
3.	**Künstlersozialversicherung (KSVG)**	
3.1	Erfassungsbescheid gegenüber einem Unternehmer nach § 23ff. KSVG	Festgesetzte oder voraussichtlich anfallende Beträge bei einem Zeitraum von unter drei Jahren, ansonsten der zu erwartende Betrag der Abgabe in den ersten drei Jahren (BSG, 30.5.2006 – B 3 KR 7/06 R –); kein Abzug wegen eines evtl. anschließenden Streits über die Betragshöhe (BSG, 18.9.2008 – B 3 KS 1/08 R –).
3.2	Beitragsbescheid gegen einen Unternehmer	Höhe der festgesetzten Künstlersozialabgabe. Keine Erhöhung nach § 42 Abs. 3 Satz 1 GKG (wiederkehrende Leistungen), da jahresbezogene einmalige Leistung (BSG, 7.12.2006 B 3 KR 2/06 R –).
4.	**Erstattung von Beiträgen (§ 26 SGB IV)**	Keine Streitwertfestsetzung, da gerichtskostenfrei nach § 183 SGG: Der kostenrechtliche Status richtet sich nach dem Status, der nach der ursprünglichen Annahme das Versicherungsverhältnis begründet hatte (BSG, 12.12.2007 – B 12 AL 1/06 R –).
5.	**Verpflichtung des Arbeitgebers zur Erteilung einer Ermächtigung zum Einzug des Gesamtsozialversicherungsbeitrags (§ 28a Abs. 7 Satz 2 SGB IV)**	Auffangstreitwert, da keine Beitragsforderung, sondern die Art und Weise der Beitragszahlung streitig ist (BSG, 8.12.2008 – B 12 R 38/07 B –).

…

VI.	Rentenversicherung	
1.	**Betriebsprüfung, Feststellung der Versicherungspflicht (§ 28p SGB IV)**	
1.1	Klage des Arbeitnehmers	Keine Streitwertfestsetzung, da gerichtskostenfrei nach § 183 SGG; vgl. B.1.2
1.2	Klage des Arbeitgebers	Höhe der Beiträge, vgl. C. IV. 6.2.
2.	**Anfrageverfahren (§ 7a SGB IV)**	
2.1	Klage des Arbeitnehmers	Keine Streitwertfestsetzung, da gerichtskostenfrei nach § 183 SGG.
2.2	Klage des Arbeitgebers	Umfang der zu erwartenden Beitragspflicht in Höhe von 20 % der Arbeitgeberbei-träge für einen Zeitraum von drei Jahren, bei Nichtanwendung des § 28g SGB IV für den Arbeitgeber 40 %; bei fehlenden Schätzungsgrundlagen Rückgriff auf die Bezugsgröße des § 18 SGB IV (LSG Nordrhein-Westfalen, 6.11.2007 – L 16 B 3/07 R –, Sächsisches LSG, 9.6.2008 – L 1 B 351/07 KR –, auch zum Streitstand); bei geringfügig Beschäftigten/Tätigen 20 % (3000 €) oder 40 % (6000 €) des Auffangstreitwerts (LSG Nordrhein-Westfalen a.a.O.).
3.	**Klage des Rentenversicherungsträgers gegen ein Geldinstitut auf Rücküberweisung von Rentenleistungen (§ 118 Abs. 3 Satz 2 SGB VI)**	Höhe des Betrags (vgl. z.B. BSG, 5.2.2009 – B 13 R 87/08 R –).
4.	**Befreiung von der Versicherungspflicht**	Keine Streitwertfestsetzung, da gerichtskostenfrei nach § 183 SGG (LSG Rheinland-Pfalz, 21.12.2004 – L 5 LW 13/04 –; LSG Hamburg, 28.6.2005 – L 3 B 138/05 R –); vgl. auch B.1.2.

...

VIII.	Unfallversicherung	
1.	**Anfechtung der Wahl der Vertreterversammlung (§ 46, § 57 SGB IV)**	Regelstreitwert (LSG Baden-Württemberg, 6.8.2004 – L 7 U 3170/04 W-A –); vgl. auch C.IX. 14.
2.	**Beitragsforderung (§ 150, § 168 SGB VII); Gefahrtarif, Gefahrklassen (§§ 157ff. SGB VII)**	
2.1	Veranlagungsbescheid	Grundsätzlich das Dreifache des Differenzbetrages zwischen dem geforderten und dem bei einem Erfolg der Klage zu erwartenden Jahresbeitrag, mindestens der vierfache Auffangstreitwert (BSG, 28.2.2006 – B 2 U 31/05 R –); bei geringerer Bedeutung für das Unternehmen <Tarifzeit maximal sechs Jahre>, aber bei doch erheblichem Gewicht, das Zweifache der Beitragsdifferenz, mindestens der dreifache Auffangstreitwert (BSG, 3.5.2006 – B 2 U 415/05 B –; 30.11.2006 – B 2 U 410/05 B –); a.A.: LSG Baden-Württemberg, 25.9.2006 – L 10 U 1403/06 W-A <L 10 U 2726/05> –: Tatsächliche bzw. zu erwartende Beitragslast für die ersten drei Umlagejahre, sofern der Gefahrtarif keine kürzere Laufzeit hat; bei Nichtfeststellbarkeit der erstrebten Beitragsersparnis die Hälfte der Beitragslast für die ersten drei Beitragsjahre).
2.2	Beitragsbescheid	Höhe der Forderung; vgl. auch C.VIII.4.2
3.	**Mitgliedschaft bei Berufsgenossenschaft (§§ 121ff., § 136 SGB VII); Zuständigkeitsstreit**	Dreifacher Jahresbeitrag des Unfallversicherungsträgers, gegen dessen Zuständigkeit sich der Kläger wendet, mindestens der vierfache Regelstreitwert (BSG, 28.2.2006 – B 2 U 31/05 R–; 9.5.2006 – B 2 U 34/05 R –).
4.	**Versicherungspflicht als Unternehmer (§ 2 SGB VII)**	
4.1	Feststellung der (Mit–)Unternehmereigenschaft eines Beigeladenen; Klage des Unternehmers	Auffangstreitwert (BSG, 5.2.2008 – B 2 U 3/07 R –).

4.2	Gleichzeitiger Streit um Versicherungspflicht und Beitragspflicht	Höhe der Beiträge, mindestens der Auffangstreitwert; keine Kostenprivilegierung, da keine Rechte als Versicherter auf Leistungen verfolgt werden, sondern sich der Kläger gegen die Erhebung von Beiträgen gegenüber ihm als Unternehmer wendet (BSG, 5.3.2008 – B 2 U 353/07 B –; Köhler SGb 2008, 76ff. mwN; LSG Berlin-Brandenburg, 5.11.2008 L 3 B 1007/05 U –); a.A.: Wegen der Identität des beitragspflichtigen Unternehmers mit dem Versicherten gerichtskostenfrei nach § 183 SGG (LSG Sachsen, 2.5.2005 – L 2 B 236/04 U/LW/ER –; 22.11.2005 – L 2 B 206/05 U –; LSG Baden-Württemberg, 4.5.2005 – L 2 U 5059/04 ER-B –; Bayerisches LSG, 29.6.2005 – L 1/3 U 291/04 –; vgl. auch B.1.2).
5.	Feststellung des Versicherungsfalls von in der Haftung beschränkten Personen (§§ 109, 108 SGB VII)	Auffangstreitwert (BSG, 26.6.2007 – B 2 U 35/06 R –).

§ 98 Auskunftspflicht des Arbeitgebers

(1) ¹Soweit es in der Sozialversicherung einschließlich der Arbeitslosenversicherung im Einzelfall für die Erbringung von Sozialleistungen erforderlich ist, hat der Arbeitgeber auf Verlangen dem Leistungsträger oder der zuständigen Einzugsstelle Auskunft über die Art und Dauer der Beschäftigung, den Beschäftigungsort und das Arbeitsentgelt zu erteilen. ²Wegen der Entrichtung von Beiträgen hat der Arbeitgeber auf Verlangen über alle Tatsachen Auskunft zu erteilen, die für die Erhebung der Beiträge notwendig sind. ³Der Arbeitgeber hat auf Verlangen die Geschäftsbücher, Listen oder andere Unterlagen, aus denen die Angaben über die Beschäftigung hervorgehen, während der Betriebszeit nach seiner Wahl den in Satz 1 bezeichneten Stellen entweder in deren oder in seinen eigenen Geschäftsräumen zur Einsicht vorzulegen. ⁴Das Wahlrecht nach Satz 3 entfällt, wenn besondere Gründe eine Prüfung in den Geschäftsräumen des Arbeitgebers gerechtfertigt erscheinen lassen. ⁵Satz 4 gilt nicht gegenüber Arbeitgebern des öffentlichen Dienstes. ⁶Die Sätze 2 bis 5 gelten auch für Stellen im Sinne des § 28p Abs. 6 des Vierten Buches.
(1a) Soweit die Träger der Rentenversicherung nach § 28p des Vierten Buches prüfberechtigt sind, bestehen die Verpflichtungen nach Absatz 1 Satz 3 bis 6 gegenüber den Einzugsstellen wegen der Entrichtung des Gesamtsozialversicherungsbeitrags nicht; die Verpflichtung nach Absatz 1 Satz 2 besteht gegenüber den Einzugsstellen nur im Einzelfall.
(2) ¹Wird die Auskunft wegen der Erbringung von Sozialleistungen verlangt, gilt § 65 Abs. 1 des Ersten Buches entsprechend. ²Auskünfte auf Fragen, deren Beantwortung dem Arbeitgeber selbst oder einer ihm nahe stehenden Person (§ 383 Abs. 1 Nr. 1 bis 3 der Zivilprozessordnung) die Gefahr zuziehen würde, wegen einer Straftat oder einer Ordnungswidrigkeit verfolgt zu werden, können verweigert werden; dem Arbeitgeber stehen die in Absatz 1 Satz 6 genannten Stellen gleich.
(3) Hinsichtlich des Absatzes 1 Satz 2 und 3 sowie des Absatzes 2 stehen einem Arbeitgeber die Personen gleich, die wie ein Arbeitgeber Beiträge für eine kraft Gesetzes versicherte Person zu entrichten haben.
(4) Das Bundesministerium für Arbeit und Soziales kann durch Rechtsverordnung mit Zustimmung des Bundesrates das Nähere über die Durchführung der in Absatz 1 genannten Mitwirkung bestimmen.
(5) Ordnungswidrig handelt, wer vorsätzlich oder leichtfertig
1. entgegen Absatz 1 Satz 1 oder
2. entgegen Absatz 1 Satz 2 oder Satz 3, jeweils auch in Verbindung mit Absatz 1 Satz 6 oder Absatz 3,
eine Auskunft nicht, nicht richtig, nicht vollständig oder nicht rechtzeitig erteilt oder eine Unterlage nicht, nicht richtig, nicht vollständig oder nicht rechtzeitig vorlegt. ²Die Ordnungswidrigkeit kann mit einer Geldbuße bis zu fünftausend Euro geahndet werden. ³Die Sätze 1 und 2 gelten nicht für die Leistungsträger, wenn sie wie ein Arbeitgeber Beiträge für eine kraft Gesetzes versicherte Person zu entrichten haben.

A. Allgemeines ... 1	C. Verbindung zu anderen Rechtsgebieten und zum Prozessrecht ... 4
B. Regelungsgehalt ... 2	D. Beraterhinweise ... 5
I. Arbeitgeber ... 2	
II. Umfang der Auskunftspflicht ... 3	

A. Allgemeines

Sozialrechtliche Vorschriften knüpfen vielfach an das Bestehen oder den Inhalt eines Beschäftigungsverhältnisses an, insb. in der Sozialversicherung und der Arbeitslosenversicherung. Um dem Leistungsträger und der Einzugstelle für Versicherungsbeiträge hierzu die notwendigen Informationen zu geben, reichen Auskünfte des Betroffenen vielfach nicht aus. Die Vorschrift sieht daher für die Sozial- und Arbeitslosenversicherung eine Auskunfts- und Vorlagepflicht für Unterlagen des AG und der in Abs. 1 S. 6 genannten Stellen vor.[1] Die Regelung gestattet es, Sozialdaten anstatt bei dem Betroffenen selbst bei anderen Personen oder Stellen zu erheben. Sie wird u.a. ergänzt durch die Meldepflichten des AG nach §§ 28a (Meldepflichten bzgl. jedes in der Kranken-, Pflege- und Rentenversicherung Beschäftigten), 102 (Kontrollmeldung über Nichtvorlage des Sozialversicherungsausweises), 103 SGB IV (Sofortmeldung über Einstellung eines zur Mitführung des Sozialversicherungsausweis verpflichteten Beschäftigten), § 198 SGB V (Meldepflicht für versicherungspflichtig Beschäftigte) und § 190 SGB VI (Meldepflichten bei Beschäftigten und Hausgewerbetreibenden).

B. Regelungsgehalt

I. Arbeitgeber

AG i.S.v. § 98 ist jeder, der mindestens eine sozialversicherungspflichtige Person beschäftigt bzw. beschäftigt hat. Auf die Rechtsform kommt es dabei nicht an. Ist der AG eine juristische Person, wird die Auskunft durch seine Organe bzw. gesetzlichen Vertreter erteilt.

II. Umfang der Auskunftspflicht

Anders als im früheren Recht wird nun zwischen einer Auskunftspflicht des AG für die Erbringung von Sozialleistungen im Einzelfall (S. 1) und wegen der Entrichtung von Beiträgen (S. 2) unterschieden. Grund hierfür ist der unterschiedliche Datenbedarf. Formen für Anfrage und Auskunft sind im Gesetz nicht geregelt.

C. Verbindung zu anderen Rechtsgebieten und zum Prozessrecht

Mangels einer speziellen Schadensersatzregelung in § 98 besteht bei unrichtiger Auskunft für den AG keine Schadensersatzpflicht.[2] Es liegt auch keine öffentlich-rechtliche Sonderbeziehung vor, welche die sinngemäße Heranziehung der Grundsätze über die positive Vertragsverletzung rechtfertigen könnte. Gleichfalls kommt ein Schadensersatzanspruch aus § 823 Abs. 2 BGB nicht in Betracht, da § 98 Abs. 1 S. 1 kein Schutzgesetz i.S.d. Vorschrift ist.[3] Eine Schadensersatzpflicht aus § 826 BGB könnte lediglich bei vorsätzlicher Schädigung in Betracht kommen,[4] wobei jedoch ein evtl. Mitverschulden gem. § 254 BGB zu berücksichtigen wäre.

D. Beraterhinweise

Die bestehenden Auskunfts- und Vorlagepflichten sind jedoch für den AG und die gleichgestellten Personen nicht bloße Obliegenheiten, sondern echte Rechtspflichten. Die Auskunfts- und Vorlageverlangen des Leistungsträgers oder der Einzugstelle sind VAe, die nach allg. Vorschriften anfechtbar sind. Wird die Auskunft oder Vorlage verweigert, kann der Leistungsträger oder die Einzugstelle das SG im Rahmen des § 22 um Vernehmung des AG oder der gleichgestellten Person oder Einrichtungen ersuchen. Weiter ist nach den VwVG des Bundes und der einzelnen Länder die Auferlegung eines Zwangsgeldes möglich. Ebenso besteht nach Abs. 5 S. 2 die Möglichkeit der Zahlung einer Geldbuße bis zu 5.000 EUR zur Ahndung der Ordnungswidrigkeit i.S.v. Abs. 5 S. 1.

§ 115 Ansprüche gegen den Arbeitgeber

(1) Soweit der Arbeitgeber den Anspruch des Arbeitnehmers auf Arbeitsentgelt nicht erfüllt und deshalb ein Leistungsträger Sozialleistungen erbracht hat, geht der Anspruch des Arbeitnehmers gegen den Arbeitgeber auf den Leistungsträger bis zur Höhe der erbrachten Sozialleistungen über.
(2) Der Übergang wird nicht dadurch ausgeschlossen, dass der Anspruch nicht übertragen, verpfändet oder gepfändet werden kann.
(3) An Stelle der Ansprüche des Arbeitnehmers auf Sachbezüge tritt im Fall des Absatzes 1 der Anspruch auf Geld; die Höhe bestimmt sich nach den nach § 17 Abs. 1 Satz 1 Nummer 3 des Vierten Buches festgelegten Werten der Sachbezüge.

---

1 BT-Drucks 9/95, S. 23.
2 LSG NRW – 30.11.2000 – L 16 KR 3/98.
3 BSG 4.5.1994 – 1 RS 2/92 – BSGE 74, 139; LSG NRW – 30.11.2000 – L 16 KR 3/98.
4 LSG NRW – 30.11.2000 – L 16 KR 3/98.

A. Allgemeines

1 Die Vorschrift fasst zahlreiche Regelungen, die den Übergang von Ansprüchen gegen den AG auf den Sozialleistungsträger bestimmen, zusammen. Sie betrifft die Fälle, in denen ein Sozialleistungsträger einem AN Leistungen erbracht hat, weil der AG seiner Entlohnungsverpflichtung (so auch zur Entgeltfortzahlung z.B. bei Arbeitsunfähigkeit – ohne eigenes Verschulden –,[1] medizinischen Rehabilitationsmaßnahmen, Schwangerschaft bzw. Mutterschaft, Pflege eines erkrankten Kindes) nicht nachgekommen ist und infolgedessen der AN auf die Sozialleistung angewiesen war. Da der AG aus seiner Zahlungspflicht dadurch nicht entlassen ist, der AN jedoch bereits eine Gegenleistung von dritter Seite bekommen hat, geht der Anspruch auf Arbeitsentgelt vom AN (Zedent – bisheriger Gläubiger) auf den Sozialleistungsträger (Zessionar – neuer Gläubiger) über. Kraft Gesetzes (cessio legis) wird der Sozialleistungsträger Forderungsinhaber und kann gegen den AG die Ansprüche durchsetzen, die sonst der AN hat. Der Sozialleistungsträger erhält keinen originären, sondern lediglich einen abgeleiteten Anspruch. Er geht durch die cessio legis (gesetzlicher Forderungsübergang) in dem Umfang auf den Sozialleistungsträger über, in dem er zugunsten des zedierten AN bestand. Darüber hinaus ist er beschränkt auf den Umfang der erbrachten Sozialleistung.

B. Regelungsgehalt

2 Die Forderung geht nach § 115 auf den Sozialleistungsträger über, wenn die Sozialleistung anstelle von Arbeitsentgelt gezahlt worden ist, auf das der AN einen fälligen Anspruch gegen den AG hatte.

AG i.S.d. Vorschrift ist nicht nur der aktuelle, sondern auch der frühere AG. Es kann sich dabei um eine natürliche oder eine juristische Person des privaten oder öffentlichen Rechts handeln. Bei Betriebsübergängen gehen gem. § 613a Abs. 1 S. 1 BGB die Arbverh auf den Übernehmer über; alter und neuer Inhaber haften als Gesamtschuldner.

AG ist derjenige, dem ein Beschäftigter unselbstständige Dienste schuldet, unabhängig davon, wer das Arbeitsentgelt, das der AG dem AN schuldet, tatsächlich zahlt.

3 AN ist, wer in einem Arbverh steht und eine vom AG abhängige, weisungsgebundene Tätigkeit ausübt. Gem. § 7 SGB IV ist ein Beschäftigungsverhältnis eine nichtselbstständige Arbeit, insb. in einem Arbeitsverhältnis.

Aus dem Arbverh muss dem AN ein fälliger einredefreier Anspruch auf Arbeitsentgelt zustehen. Gem. § 14 Abs. 1 SGB IV ist dies jede einmalige oder laufende Einnahme aus einer Beschäftigung. Eine Einschränkung der Übertragbarkeit auf das Arbeitsentgelt i.S.v. § 115 folgt aber daraus, dass hier nur solche Einnahmen in Betracht kommen, auf die der AN einen Anspruch hat. Auch einmalige Leistungen, wie z.B. Weihnachts- und Urlaubsgeld, sind Arbeitsentgelt i.S.v. § 115.[2] Abfindungen in Künd-Schutzverfahren i.S.v. §§ 9, 10 KSchG sind hingegen kein Einkommen i.S.v. § 115.[3]

4 Eine zeitliche Kongruenz ist insoweit erforderlich, als die Sozialleistung tatsächlich an die Stelle des Arbeitsentgelts getreten ist. Für den Bereich der Sozialhilfe hat das BAG dazu die Auffassung vertreten, dass es nicht auf eine völlige zeitliche Deckung zwischen dem arbeitsrechtlichen Vergütungszeitraum und dem sozialhilferechtlichen Leistungszeitraum ankommt. Entscheidend ist vielmehr, für welchen jeweiligen Zeitraum die Leistungen im sozialrechtlichen Sinn zur Deckung des Lebensunterhalts bestimmt sind. Zahlt daher der AG nachträglich Arbeitsentgelt am Ende eines Monats an den AN, so geht dieser Anspruch auf den Sozialhilfeträger über, auch wenn er Sozialhilfe erst für den Folgemonat gewährt.[4]

C. Verbindung zu anderen Rechtsgebieten und zum Prozessrecht

5 Die Ansprüche, die gem. § 115 auf einen Sozialleistungsträger übergehen, stammen aus einem Arbeitsvertrag und sind daher gem. §§ 2, 3 ArbGG vor den ArbG geltend zu machen.

D. Beraterhinweise

6 Die Forderung geht kraft Gesetzes auf den Sozialleistungsträger in dem Umfang über, in dem er Leistungen an den AN erbracht hat. Ein Restanspruch verbleibt dem AN zur eigenen Durchsetzung. Grundlage des Forderungsübergangs ist mithin nicht die abstrakte Leistungspflicht, sondern die tatsächlich erbrachte Leistung des Sozialleistungsträgers. Darin unterscheidet sich der Forderungsübergang in § 115 von dem in § 116. Des Weiteren gilt ein anderer Zeitpunkt. Die Forderung geht erst in dem Moment über, in dem sämtliche Voraussetzungen erfüllt sind, nicht bereits mit Entstehen einer Leistungspflicht des Sozialleistungsträgers wie in § 116. Die Zusage oder Absichtserklärung des Leistungsträgers reicht für den Übergang nicht aus.

7 Der Übergang der Entgeltforderung verändert nicht deren Rechtsnatur.[5] Durch den Forderungsübergang rückt der Sozialleistungsträger in die Gläubigerstellung des AN ein. Gem. § 412 BGB werden damit die Abtretungsvorschrif-

---

1 LArbG Hamm – 7.3.2007 – 18 Sa 1839/06.
2 LAG Schleswig-Holstein – 31.1.2007 – 6 Sa 490/05.
3 ArbG Hannover – 25.11.1998 – 2 Ca 431/98.
4 BAG 26.5.1993 – 5 AZR 405/92 – BAGE 73, 186 = DB 1993, 2035.
5 BFH 16.3.1993 – XI R 52/88 – BFHE 171, 70.

ten der §§ 398 ff. BGB anwendbar. Der AG kann im Rahmen des § 406 BGB dem Sozialleitungsträger gegenüber die Aufrechnung erklären und Einwendungen i.S.v. § 404 BGB erheben. Befreiend an den Zedenten kann der Schuldner gem. § 407 BGB leisten, wenn er von dem Forderungsübergang nichts wusste. War dem AG bekannt, dass der AN Sozialleistungen anstelle des Arbeitsentgelts bekommen hat, insb. wenn der Forderungsübergang angezeigt worden ist, so ist er dem Sozialleistungsträger ggf. zur nochmaligen Zahlung verpflichtet. Der Zahlung an den AN kommt hier keine Erfüllungswirkung zu.

Problematisch ist die Anwendung des § 115 im Rahmen des Verzichts auf den Entgeltanspruch durch den AN. Bei Beendigung von Arbverh sind sog. Ausgleichsquittungen üblich, mit denen der AN auf weitere Lohnansprüche verzichtet. Ein derartiger Verzicht begünstigt gem. § 407 BGB den AG nach dem Forderungsübergang nicht, wenn er bei Vertragsabschluss mit dem AN bösgläubig war, d.h. Kenntnis von den Tatsachen hatte, die dem Forderungsübergang zugrunde lagen, insb. von den Sozialleistungen wusste, die der AN bekommt. Ebenso fraglich ist die Wirksamkeit von Verzichtserklärungen vor dem Forderungsübergang. Auf noch nicht fällige Ansprüche soll der AN nach der Rspr. des BAG nicht verzichten können.[6] Hingegen ist der Verzicht auf bereits fällige Ansprüche vom BAG[7] und dem BSG[8] grds. gebilligt worden. Da dieser Verzicht aber zu Lasten des Sozialleistungsträgers abgeschlossen wird, verstößt er im Hinblick auf §§ 32 und 46 Abs. 2 SGB I gegen geltendes Recht und ist unwirksam.[9]

Das Recht, die Unwirksamkeit einer Künd nach § 4 KSchG geltend zu machen, ist grundsätzlich ein dem AN zustehendes höchstpersönliches Recht, selbst wenn damit Ansprüche des Sozialleistungsträgers tangiert werden. Hat bspw. eine Krankenkasse ihrem Mitglied Krankengeld für einen Zeitraum nach der fristlosen Künd gewährt und erhebt der AN nicht fristgerecht Künd-Schutzklage, dann wird die Künd wirksam mit der Folge, dass ein Anspruch auf Arbeitsentgelt nicht besteht, der auf die Krankenkasse übergehen kann. In einem solchen Fall kann der Sozialleistungsträger lediglich noch ausstehende Zahlungen im Hinblick auf die Einhaltung von Künd-Fristen fordern.[10] Im Rahmen von Aufhebungsverträgen darf der AN nicht mit dem AG eine bewusst zu Lasten des Sozialleistungsträgers gehende Regelung treffen. Im Übrigen kann er jedoch seine Dispositions- und Vertragsfreiheit aus Art. 2 GG ausüben.

§ 116 Ansprüche gegen Schadenersatzpflichtige

(1) ¹Ein auf anderen gesetzlichen Vorschriften beruhender Anspruch auf Ersatz eines Schadens geht auf den Versicherungsträger oder Träger der Sozialhilfe über, soweit dieser auf Grund des Schadensereignisses Sozialleistungen zu erbringen hat, die der Behebung eines Schadens der gleichen Art dienen und sich auf denselben Zeitraum wie der vom Schädiger zu leistende Schadenersatz beziehen. ²Dazu gehören auch
1. die Beiträge, die von Sozialleistungen zu zahlen sind, und
2. die Beiträge zur Krankenversicherung, die für die Dauer des Anspruchs auf Krankengeld unbeschadet des § 224 Abs. 1 des Fünften Buches zu zahlen wären.

(2) Ist der Anspruch auf Ersatz eines Schadens durch Gesetz der Höhe nach begrenzt, geht er auf den Versicherungsträger oder Träger der Sozialhilfe über, soweit er nicht zum Ausgleich des Schadens des Geschädigten oder seiner Hinterbliebenen erforderlich ist.

(3) ¹Ist der Anspruch auf Ersatz eines Schadens durch ein mitwirkendes Verschulden oder eine mitwirkende Verantwortlichkeit des Geschädigten begrenzt, geht auf den Versicherungsträger oder Träger der Sozialhilfe von dem nach Absatz 1 bei unbegrenzter Haftung übergehenden Ersatzanspruch der Anteil über, welcher dem Vomhundertsatz entspricht, für den der Schädiger ersatzpflichtig ist. ²Dies gilt auch, wenn der Ersatzanspruch durch Gesetz der Höhe nach begrenzt ist. ³Der Anspruchsübergang ist ausgeschlossen, soweit der Geschädigte oder seine Hinterbliebenen dadurch hilfebedürftig im Sinne der Vorschriften des Zwölften Buches werden.

(4) Stehen der Durchsetzung der Ansprüche auf Ersatz eines Schadens tatsächliche Hindernisse entgegen, hat die Durchsetzung der Ansprüche des Geschädigten und seiner Hinterbliebenen Vorrang vor den übergegangenen Ansprüchen nach Absatz 1.

(5) Hat ein Versicherungsträger oder Träger der Sozialhilfe auf Grund des Schadensereignisses dem Geschädigten oder seinen Hinterbliebenen keine höheren Sozialleistungen zu erbringen als vor diesem Ereignis, geht in den Fällen des Absatzes 3 Satz 1 und 2 der Schadenersatzanspruch nur insoweit über, als der geschuldete Schadenersatz nicht zur vollen Deckung des eigenen Schadens des Geschädigten oder seiner Hinterbliebenen erforderlich ist.

---

6 BAG 26.10.1971 – 1 AZR 40/71 – BAGE 24, 1 = NJW 1972, 702.
7 BAG 26.10.1971 – 1 AZR 40/71 – BAGE 24, 1 = NJW 1972, 702.
8 BSG 16.12.1980 – 3 RK 40/79 – BSGE 51, 82; BSG 13.5.1992 – 1/3 RK 10/90 – SozR 3-2200 § 189 Nr. 1 = NZA 1993, 142.
9 *Kunze*, DOK 1980, 77.
10 BSG 11.1.1989 – 10 RAr 16/87 – EWiR 1990, 941.

(6) ¹Ein Übergang nach Absatz 1 ist bei nicht vorsätzlichen Schädigungen durch Familienangehörige, die im Zeitpunkt des Schadensereignisses mit dem Geschädigten oder seinen Hinterbliebenen in häuslicher Gemeinschaft leben, ausgeschlossen. ²Ein Ersatzanspruch nach Absatz 1 kann dann nicht geltend gemacht werden, wenn der Schädiger mit dem Geschädigten oder einem Hinterbliebenen nach Eintritt des Schadensereignisses die Ehe geschlossen hat und in häuslicher Gemeinschaft lebt.

(7) ¹Haben der Geschädigte oder seine Hinterbliebenen von dem zum Schadenersatz Verpflichteten auf einen übergegangenen Anspruch mit befreiender Wirkung gegenüber dem Versicherungsträger oder Träger der Sozialhilfe Leistungen erhalten, haben sie insoweit dem Versicherungsträger oder Träger der Sozialhilfe die erbrachten Leistungen zu erstatten. ²Haben die Leistungen gegenüber dem Versicherungsträger oder Träger der Sozialhilfe keine befreiende Wirkung, haften der zum Schadenersatz Verpflichtete und der Geschädigte oder dessen Hinterbliebene dem Versicherungsträger oder Träger der Sozialhilfe als Gesamtschuldner.

(8) Weist der Versicherungsträger oder Träger der Sozialhilfe nicht höhere Leistungen nach, sind vorbehaltlich der Absätze 2 und 3 je Schadensfall für nicht stationäre ärztliche Behandlung und Versorgung mit Arznei- und Verbandmitteln 5 vom Hundert der monatlichen Bezugsgröße nach § 18 des Vierten Buches zu ersetzen.

(9) Die Vereinbarung einer Pauschalierung der Ersatzansprüche ist zulässig.

(10) Die Bundesagentur für Arbeit und die Träger der Grundsicherung für Arbeitsuchende nach dem Zweiten Buch gelten als Versicherungsträger im Sinne dieser Vorschrift.

A. Allgemeines	1	IV. Ausschluss wegen Hilfsbedürftigkeit	6
B. Regelungsgehalt	2	C. Verbindung zu anderen Rechtsgebieten und zum Prozessrecht	7
I. Forderungsübergang	2		
II. Prinzip der kongruenten Deckung	3	D. Beraterhinweise	8
III. Haftungshöchstgrenze	4		

A. Allgemeines

1 Die Vorschrift erfasst Fälle, in denen nach einem Schadensereignis der Geschädigte sowohl vom Sozialversicherungs- oder vom Sozialhilfeträger Leistungen bekommt als auch den Schädiger auf Ersatzleistungen in Anspruch nehmen kann, z.B. bei einem Sachschaden oder bei Heilungs- oder Pflegekosten, die zur Behebung des entstandenen Schadens anfallen. Ohne gesetzliche Regelung käme eine doppelte Entschädigung des Geschädigten in Betracht, wenn ihm Schädiger und Sozialversicherungs- oder Sozialhilfeträger Leistungen erbringen, oder eine teilweise Freistellung des Schädigers, wenn sich der Geschädigte die Leistungen des Sozialversicherungs- oder Sozialhilfeträgers im Wege des Vorteilsausgleichs anrechnen lassen muss.¹ Da weder eine derartige Haftungsfreistellung des Schädigers noch eine Besserstellung des Geschädigten rechtlich vertretbar ist und darüber hinaus dem Interesse des Sozialversicherungs- oder Sozialhilfeträgers Geltung zu verschaffen ist, für ihre Aufwendungen, die ohne das Schadensereignis nicht angefallen wären, einen Ausgleich zu bekommen, sieht das Gesetz einen Übergang des Anspruchs des Geschädigten (Zedent) auf den Sozialversicherungs- oder Sozialhilfeträger (Zessionar) vor. Im Wege der cessio legis (Abs. 1 S. 1 ist selbst keine Anspruchsgrundlage) werden diese aktivlegitimiert, bei dem Schädiger in Höhe der durch ihn verursachten Aufwendungen Regress zu nehmen.

B. Regelungsgehalt

I. Forderungsübergang

2 Der Forderungsübergang vollzieht sich grds. zum Zeitpunkt des Schadensereignisses.² Die Höhe der Leistungen braucht noch nicht festzustehen. Es reicht die sich aus einem bestehenden Sozialversicherungsverhältnis ergebende Möglichkeit, dass der Sozialleistungsträger dem Verletzten Leistungen zu erbringen haben wird.³ Demnach reicht es aus, wenn der Anspruch auf Ersatz des Schadens dem Grunde nach besteht.⁴ Auf den Zeitpunkt, wann die Leistungen bewilligt oder gewährt werden, kommt es grds. nicht an. Ändern sich die gesetzlichen Grundlagen für die Sozialleistung etwa hinsichtlich der Berechnungsmodalitäten oder der Höhe, bleibt für den Forderungsübergang trotzdem der

---

1 BSG 22.6.1983 – 6 RKa 3/81 – VersR 1983, 956.
2 BGH 13.2.1996 – VI ZR 318/94; BGH 8.12.1998 – VI ZR 318/97.
3 Zu § 1542 RVO BGH 10.7.1967 – III ZR 78/66 – BGHZ 48, 181 = VersR 1967, 974; zu § 116 SGB X BGH 12.12.1995 – VI ZR 271/94; bestätigt in BGH – 25.6.1996 – VI ZR 117/95.
4 BGH 8.7.2003 – VI ZR 274/02; BGH 8.4.2008 – VI ZR 49/07.

Zeitpunkt des Schadensereignisses maßgeblich.[5] Werden Ansprüche erst neu geschaffen, findet der Forderungsübergang dagegen erst mit Inkrafttreten der gesetzlichen Neuregelung statt.[6]

II. Prinzip der kongruenten Deckung

In Abs. 1 wird das von der Rspr. entwickelte Prinzip der kongruenten Deckung, d.h. der sachlichen und zeitlichen Kongruenz normiert. Demnach müssen Schadensersatz- und Leistungsanspruch auf dem gleichen Schadensereignis beruhen. Sachliche Kongruenz ist dabei gegeben, wenn die Sozialleistung der Behebung eines artgleichen Schadens dient.[7] Zeitliche Kongruenz setzt voraus, dass die Sozialleistung den Schaden für denselben Zeitraum abdeckt, für den der Verletzte Ansprüche auf Ersatz eines (sachlich kongruenten) Schadens hat. Dauerte z.B. der verletzungsbedingte Verdienstausfall zwei Wochen, wurde aber Unfallrente für einen ganzen Monat gezahlt, kann die Rente auch nur zur Hälfte gedeckt werden.

Sinn einer kongruenten Deckung ist es zum einen, dass eine mehrfache Leistung an den Geschädigten vermieden werden soll, als auch zum anderen, dass ein Zugriff auf vermeintliche Ersatzansprüche des Geschädigten lediglich wegen solcher Schädigungen erfolgen soll, die denselben Gegenstand betreffen wie den des sozialen Leistungsanspruchs.

III. Haftungshöchstgrenze

Abs. 2 und 3 regeln das Problem, wie zu verfahren ist, wenn der Ersatzanspruch des Geschädigten gegen den Schädiger rechtlich nicht zum Ausgleich des Gesamtschadens ausreicht. Abs. 2 legt fest, dass im Falle einer gesetzlichen Schadensbegrenzung der Höhe nach (z.B. aus § 10 ProdHaftG, § 9 HPflG, §§ 12, 12a StVG) der Anspruch entgegen Abs. 1 insoweit dem Geschädigten oder seinen Hinterbliebenen verbleibt, als er zum Ausgleich deren Schadens erforderlich ist. Dem Geschädigten wird also im Gegensatz zum vormaligen § 1542 RVO und der dazu ergangenen höchstrichterlichen Rspr. ein Quotenvorrecht eingeräumt. Der Versicherungsträger erhält nur die u.U. übrig bleibende Restforderung.

Abs. 2 gibt dem Geschädigten ein Quotenvorrecht nur bei voller Haftung des Schädigers und Begrenzung des Ersatzanspruchs durch Gesetz. Dies gilt nicht, wenn der Schädiger auch nach anderen Rechtsgrundlagen haftet, die Höchstgrenzen nicht vorsehen, wie bspw. § 823 BGB. Wird der Schadensersatzanspruch darüber hinaus durch Mitverschulden oder Mitverursachung des Geschädigten begrenzt, gilt ausschließlich die Sonderregelung des Abs. 3, so dass Abs. 2 keine Anwendung findet. Eine Teilung des Schadensersatzanspruchs nach dem Grad des Mitverschuldens oder der Mitverantwortlichkeit des Geschädigten findet nicht statt. Vielmehr werden zivilrechtliche Schadensersatzansprüche im Verhältnis der Leistung des Sozialversicherungsträger oder Sozialhilfeträgers im Verhältnis zu dem Teil des Schadens, der durch die Sozialleistung nicht gedeckt ist, aufgeteilt. Der Anteil des Schadensersatzanspruches, der nach dieser Aufteilung dem Prozentsatz der Schadensdeckung durch den Sozialleistungsträger entspricht, geht auf diesen über. Im Ergebnis erhält also der Sozialleistungsträger den Teil seiner übergangsfähigen Leistung erstattet, welcher der Haftungsquote des Schädigers entspricht.[8] Durch diese Regelung soll eine leichtere Handhabung durch die Praxis gewährleistet werden.[9]

IV. Ausschluss wegen Hilfsbedürftigkeit

Abs. 3 schließt den Anspruchsübergang aus, soweit der Geschädigte oder dessen Hinterbliebene dadurch hilfebedürftig i.S.d. SGB XII (früher BSHG) werden. Die Bestimmung dient dem Schutz des Versicherten und bezweckt, dass dieser nicht deshalb sozialhilfebedürftig wird, weil er bei Mithaftung kein Quotenvorrecht hat. Voraussetzung für die Anwendung ist, dass die fiktive Sozialhilfebedürftigkeit gerade durch den Anspruchsübergang hervorgerufen wird. Die Kausalität zwischen Anspruchsübergang und Sozialhilfebedürftigkeit ist dann zu verneinen, wenn diese schon vor Eintritt des Schadensereignisses bestanden hat oder danach aus Gründen eintritt, die mit dem Schadensereignis nicht in Zusammenhang stehen.

C. Verbindung zu anderen Rechtsgebieten und zum Prozessrecht

Der Sozialversicherungs- oder Sozialhilfeträger erwirbt einen Anspruch, den der Geschädigte zivilrechtlich durchsetzen müsste. Demzufolge müssen die Sozialversicherungs- oder Sozialhilfeträger ihre gem. § 116 übergegangenen Ansprüche vor den ordentlichen Gerichten einklagen. Eine Geltendmachung im Wege eines Leistungsbescheides ist demnach nicht möglich.

---

5 BGH 30.11.1955 – VI ZR 211/54 – BGHZ 19, 177; BGH 12.7.1960 – VI ZR 122/59 – VersR 1960, 830; BGH 20.2.1962 – VI ZR 120/61 – VersR 1962, 467; BGH 27.6.2006 – VI ZR 337/04.
6 BGH 17.4.1990 – VI ZR 276/89 – NJW 1990, 2933 zu § 186 AFG n.F; BGH 18.2.1997 – VI ZR 70/96.
7 BGH 14.11.1963 – III ZR 19/63 – VersR 1964, 162; BGH 24.2.1981 – VI ZR 154/79 – VersR 1981, 477.
8 BGH 14.2.1989 – VI ZR 244/88.
9 BT-Drucks 9/1753, S. 44.

D. Beraterhinweise

8 Für den von dem Geschädigten beauftragten RA bietet es sich in vielen Fällen zur Aufklärung des Sachverhalts an, Kontakt mit dem in Vorleistung getretenen Versicherungsträger – Krankenkasse, Rentenversicherungsträger oder Berufsgenossenschaft – aufzunehmen. Soweit hier bereits eine Tätigkeit entfaltet worden ist, besteht die Möglichkeit, dass der betreffende Versicherungsträger auch den RA des Geschädigten mit der Durchsetzung der nach § 116 übergegangenen Ansprüche beauftragt.

Umgekehrt ist zu beachten, dass der Geschädigte über bereits übergegangene Ansprüche nicht mehr verfügen darf. Wird dieses Prinzip bei der Bemessung der eingeforderten Schadensersatzansprüche missachtet, so besteht die Gefahr, dass die vom Schädiger auf bereits übergangene Ansprüche direkt an den Geschädigten geleistete Zahlungen vom Geschädigten dem Sozialleistungsträger/-versicherungsträger zu erstatten sind, Abs. 7.

Sozialgerichtsgesetz (SGG)

Vom 3.9.1953, BGBl I S. 1239, BGBl III 330-1

Zuletzt geändert durch Gesetz zur Modernisierung von Verfahren im anwaltlichen und notariellen Berufsrecht, zur Errichtung einer Schlichtungsstelle der Rechtsanwaltschaft sowie zur Änderung sonstiger Vorschriften vom 30.7.2009, BGBl I S. 2449, 2473

– Auszug –

Vorbemerkung

Der einstweilige Rechtsschutz ist mit Wirkung v. 2.1.2002 durch das 6. SGGÄnderG v. 17.8.2001 grundlegend umgestaltet und in § 86a (aufschiebende Wirkung) und § 86b (einstweiliger Rechtsschutz und Anordnung der aufschiebenden Wirkung) zusammengefasst worden.[1] Vorher war der einstweilige Rechtsschutz im SGG nicht zufrieden stellend geregelt. Die Rspr. hat deswegen in immer stärkeren Umfang § 80 Abs. 5 VwGO entsprechend herangezogen und die Befugnis des Gerichts der Hauptsache, die aufschiebende Wirkung anzuordnen oder wiederherzustellen, aus dieser Vorschrift auch für die Sozialgerichtsbarkeit hergeleitet. Die Neuregelung beendet den Zustand, dass geltendes und im SGG geschriebenes Recht nicht übereinstimmen, und schafft Rechtsklarheit.

1

§ 86a

(1) [1]Widerspruch und Anfechtungsklage haben aufschiebende Wirkung. [2]Das gilt auch bei rechtsgestaltenden und feststellenden Verwaltungsakten sowie bei Verwaltungsakten mit Drittwirkung.

(2) Die aufschiebende Wirkung entfällt

1. bei der Entscheidung über Versicherungs-, Beitrags- und Umlagepflichten sowie der Anforderung von Beiträgen, Umlagen und sonstigen öffentlichen Abgaben einschließlich der darauf entfallenden Nebenkosten,
2. in Angelegenheiten des sozialen Entschädigungsrechts und der Bundesagentur für Arbeit bei Verwaltungsakten, die eine laufende Leistung entziehen oder herabsetzen,
3. für die Anfechtungsklage in Angelegenheiten der Sozialversicherung bei Verwaltungsakten, die eine laufende Leistung herabsetzen oder entziehen,
4. in anderen durch Bundesgesetz vorgeschriebenen Fällen,
5. in Fällen, i n denen die sofortige Vollziehung im öffentlichen Interesse oder im überwiegenden Interesse eines Beteiligten ist und die Stelle, die den Verwaltungsakt erlassen oder über den Widerspruch zu entscheiden hat, die sofortige Vollziehung mit schriftlicher Begründung des besonderen Interesses an der sofortigen Vollziehung anordnet.

(3) [1]In den Fällen des Absatzes 2 kann die Stelle, die den Verwaltungsakt erlassen oder die über den Widerspruch zu entscheiden hat, die sofortige Vollziehung ganz oder teilweise aussetzen. [2]In den Fällen des Absatzes 2 Nr. 1 soll die Aussetzung der Vollziehung erfolgen, wenn ernstliche Zweifel an der Rechtmäßigkeit des angegriffenen Verwaltungsaktes bestehen oder wenn die Vollziehung für den Abgaben- oder Kostenpflichtigen eine unbillige, nicht durch überwiegende öffentliche Interessen gebotene Härte zur Folge hätte. [3]In den Fällen des Absatzes 2 Nr. 2 ist in Angelegenheiten des sozialen Entschädigungsrechts die nächsthöhere Behörde zuständig, es sei denn, diese ist eine oberste Bundes- oder eine oberste Landesbehörde. [4]Die Entscheidung kann mit Auflagen versehen oder befristet werden. [5]Die Stelle kann die Entscheidung jederzeit ändern oder aufheben.

(4) [1]Die aufschiebende Wirkung entfällt, wenn eine Erlaubnis nach Artikel 1 § 1 des Arbeitnehmerüberlassungsgesetzes in der Fassung der Bekanntmachung vom 3. Februar 1995 (BGBl. I S. 158), das zuletzt durch Artikel 2 des Gesetzes vom 23. Juli 2001 (BGBl. I S. 1852) geändert worden ist, aufgehoben oder nicht verlängert wird. [2]Absatz 3 gilt entsprechend.

A. Allgemeines 1	V. Abs. 2 Nr. 4 6
B. Regelungsgehalt 2	VI. Anordnung der sofortigen Vollziehung (Abs. 2 Nr. 5) 7
I. Grundsatz der aufschiebenden Wirkung (Abs. 1) . 2	VII. Aussetzung der Vollziehung durch die Verwaltung
II. Abs. 2 Nr. 1 3	(Abs. 3) 8
III. Abs. 2 Nr. 2 4	VIII. Zuständigkeit und Verfahren 12
IV. Abs. 2 Nr. 3 5	C. Beraterhinweise 15

---

1 BGBl I 2001, S. 2144.

A. Allgemeines

1 In § 86a ist der einstweilige Rechtsschutz außerhalb des Gerichtsverfahrens geregelt. § 86a betrifft somit die Befugnisse der Verwaltung.

B. Regelungsgehalt

I. Grundsatz der aufschiebenden Wirkung (Abs. 1)

2 Als Grundsatz gilt gem. Abs. 1, dass Widerspruch und Anfechtungsklage aufschiebende Wirkung haben. Dies gilt auch bei rechtsgestaltenden und feststellenden VA. Widerspruch und Anfechtungsklage haben Suspensiveffekt, denn die Bindung des VA nach § 77 (seine Bestandskraft) wird hinausgeschoben. Die aufschiebende Wirkung ist Ausprägung des Grundsatzes der Garantie des effektiven Rechtsschutzes aus Art. 19 Abs. 4 GG. Wesentliches Ziel dieses Grundsatzes ist es zu verhindern, dass vollendete Tatsachen geschaffen werden. Der in Art. 19 Abs. 4 GG geschaffene Rechtsschutz würde illusorisch, wenn die Verwaltung irreparable Maßnahmen durchführen könnte, bevor die Gerichte deren Rechtmäßigkeit überprüft haben. Dass die sofortige Vollziehung die Ausnahme bleibt, ist somit schon aus verfassungsrechtlichen Gründen notwendig.

II. Abs. 2 Nr. 1

3 Die aufschiebende Wirkung entfällt bei der Entscheidung über Versicherungs-, Beitrags- und Umlagepflicht und darüber hinaus bei der Anforderung von Beiträgen, Umlagen und sonstigen öffentlichen Abgaben einschließlich der Nebenkosten. Diese Regelung soll die Funktionsfähigkeit der Leistungsträger sichern. Öffentliche Abgaben sind nach der Rspr. des BVerwG öffentlich-rechtliche Geldforderungen, die ein Hoheitsträger zur Deckung seines Finanzbedarfs für die Erfüllung seiner öffentlich-rechtlichen Aufgaben von allen erhebt.[1] Dazu zählen auch Gebühren und Sonderabgaben.

III. Abs. 2 Nr. 2

4 Zudem entfällt die aufschiebende Wirkung bei VA, die in Angelegenheiten des sozialen Entschädigungsrechts und der Bundesagentur für Arbeit eine laufende Leistung entziehen oder herabsetzen. Laufende Leistung ist dabei eine wiederkehrende Leistung, die in früherem Zeitpunkt bewilligt und dann ganz oder teilweise entzogen worden ist. Unter Nr. 2 fallen also auch VA, mit denen das Alg entzogen wird.

IV. Abs. 2 Nr. 3

5 Nr. 3 erfasst Anfechtungsklagen gegen VA, mit denen in Angelegenheiten der Sozialversicherung eine laufende Leistung herabgesetzt oder entzogen wird. Der Widerspruch hat dem gegenüber aufschiebende Wirkung, damit der belastende VA vor dem Vollzug noch einmal von einer anderen Stelle überprüft werden kann. Angelegenheiten der Sozialversicherung sind die in § 51 Abs. 1 Nr. 1 und 5 genannten Angelegenheiten der gesetzlichen Rentenversicherung einschließlich der Alterssicherung der Landwirte, der gesetzlichen Krankenversicherung und der sozialen Pflegeversicherung sowie der gesetzlichen Unfallversicherung.

V. Abs. 2 Nr. 4

6 Des Weiteren entfällt die aufschiebende Wirkung in anderen durch Bundesgesetz vorgeschriebenen Fällen. Beispiele sind § 336a SGB III (Bereich der Arbeitsförderung); § 35 Abs. 7 S. 2 SGB V (Festbeträge für Arznei- und Verbandsmittel); § 36 Abs. 3 SGB V (Festbeträge für Hilfsmittel); § 85 Abs. 4 S. 9 SGB V (Gesamtvergütung der Vertragsärzte); § 89 Abs. 1 S. 6, Abs. 1a S. 4 SGB V (Schiedsamt bei vertragsärztlicher Versorgung); § 92 Abs. 3 S. 2 SGB V (RL des Bundesausschusses zur ärztlichen Versorgung), § 106 Abs. 5a S. 7 SGB V (Anfechtungsklage nach Wirtschaftlichkeitsprüfung in der vertragsärztlichen Versorgung).

VI. Anordnung der sofortigen Vollziehung (Abs. 2 Nr. 5)

7 Voraussetzung für die Anordnung der sofortigen Vollziehung ist, dass die Anordnung im öffentlichen Interesse oder im überwiegenden Interesse eines Beteiligten geboten ist. Die Anordnung ist somit eine Ermessensentscheidung der Behörde, die aber ausdrücklich ergehen muss. Die Behörde muss die Interessen der Beteiligten abwägen und den Grundsatz der Verhältnismäßigkeit beachten.[2] Beteiligter i.S.d. Abs. 2 Nr. 5 ist dabei, wer im Hauptsacheverfahren beigeladen werden kann oder muss.[3]

---

1 Zu § 80 VwGO *Kopp/Schenke*, Rn 57; *Eyermann*, Rn 19.
2 BVerfG 18.7.1973 – 1 BvR 23/73, 1 BvR 155/73 – BVerfGE 35, 382; BVerfG 16.7.1974 – 1 BvR 75/74 – BVerfGE 38, 52; BVerfG 2.5.1984 – 2 BvR 1413/83 – BVerfGE 67, 43.
3 LSG Berlin-Brandenburg 29.1.2008 – L 10 B 2195/07 AS ER.

Die Anordnung der sofortigen Vollziehung ist dann gerechtfertigt, wenn eine umfassende Abwägung aller öffentlichen und privaten Belange zum Ergebnis kommt, dass das Vollziehungsinteresse überwiegt.[4] Für die Abwägung wird von Bedeutung sein, ob der Rechtsbehelf Aussicht auf Erfolg hat oder nicht.[5] An der Vollziehung eines offensichtlich rechtswidrigen VA kann kein öffentliches Interesse bestehen.[6] Ein überwiegendes öffentliches Interesse an der sofortigen Vollziehung besteht hingegen dann, wenn sich ohne weiteres und in einer jeden vernünftigen Zweifel ausschließenden Weise erkennen lässt, dass der angefochtene VA rechtmäßig ist und die Rechtsverfolgung des Bürgers keinerlei Erfolg verspricht.[7] Es muss aber ebenso grds. beachtet werden, dass wegen des Gebots eines effizienten Rechtsschutzes in Art. 19 Abs. 4 GG die aufschiebende Wirkung die Regel und die sofortige Vollziehung die Ausnahme sein muss.[8]

VII. Aussetzung der Vollziehung durch die Verwaltung (Abs. 3)

Die Vorschrift ist an § 80 Abs. 4 VwGO angelehnt. Die Befugnis zur Aussetzung der Vollziehung ist sachlich nicht beschränkt. Sie steht jetzt auch der Stelle zu, die den VA erlassen hat und nicht nur der Widerspruchsstelle. Weil zwei Stellen zuständig sind, stellt sich die Frage der Bindungswirkung der Entscheidung. Es ist davon auszugehen, dass die Widerspruchsstelle nicht an die Entscheidung der Ausgangsbehörde gebunden ist, wohl aber umgekehrt.[9] 8

Die Aussetzungsentscheidung erfolgt nach Ermessen, auf Antrag oder von Amts wegen. Die Vollziehung wird ausgesetzt, wenn die rechtlichen Voraussetzungen für die Vollziehbarkeit nicht mehr bestehen. Nicht ausgesetzt wird aber, wenn der VA unanfechtbar geworden ist. I.Ü. erfolgt eine Interessenabwägung. 9

Wie der Wortlaut des Abs. 3 S. 1 zeigt, handelt es sich hierbei um eine Kann-Vorschrift. Hierbei müssen also in Fällen des Abs. 2 die Erfolgsaussichten des Widerspruchs herangezogen und das öffentliche Interesse an der Vollziehung des VA mit dem privaten Interesse an der Aussetzung abgewogen werden. 10

Abs. 3 S. 2 stellt dagegen eine Soll-Vorschrift dar und engt den Ermessensrahmen der Behörde in den Fällen des Abs. 2 Nr. 1 ein, d.h. wenn die Voraussetzungen vorliegen, dann muss sie im Regelfall die Aussetzung aussprechen. Voraussetzung ist einerseits das Vorliegen von ernstlichen Zweifeln an der Rechtmäßigkeit des angefochtenen VA oder aber die Vollziehung des Bescheides müsste andererseits eine unbillige nicht durch überwiegende öffentliche Interessen gebotene Härte für den Abgaben- und Kostenpflichtigen darstellen.[10] 11

Ernstliche Zweifel bestehen vor allem dann, wenn der Erfolg des Rechtsbehelfs wahrscheinlicher ist, als der Misserfolg.[11] Eine unbillige Härte liegt vor, wenn dem Betroffenen durch die Vollziehung Nachteile entstehen, die über die eigentliche Leistung hinausgehen und nicht der nur schwer wieder gutgemacht werden können.[12] Es muss also eine Prüfung der wirtschaftlichen Verhältnisse des Betroffenen vorgenommen werden. Ist eine der beiden Voraussetzungen erfüllt, darf die Aussetzung der Vollziehung gem. Abs. 3 S. 2 nur noch in besonderen Fällen versagt werden.

VIII. Zuständigkeit und Verfahren

Zuständig für die Anordnung der sofortigen Vollziehung ist die Stelle, die den VA erlassen oder über den Widerspruch zu entscheiden hat. Die Zuständigkeit der Ausgangsstelle ist, wenn Widerspruch erhoben wurde, von Erlass des VA an bis zur Unanfechtbarkeit oder gerichtlichen Auseinandersetzung gegeben und bleibt auch erhalten. Die Widerspruchsstelle ist während des Widerspruchsverfahrens ebenso zuständig, d.h. von Erhebung des Widerspruchs bis zum Erlass des Widerspruchsbescheids. Damit sind in diesem Zeitraum beide Stellen zuständig. Anders jedoch ist die Zuständigkeitsregelung gem. Abs. 3 S. 3, der die Fälle des Abs. 2 Nr. 2 betrifft. Hiernach ist in Angelegenheiten des sozialen Entschädigungsrechts grds. die nächsthöhere Behörde zuständig. Mit Klageerhebung ist dann das Gericht der Hauptsache nach § 86b Abs. 1 Nr. 1 zuständig. 12

Die Anordnung muss schriftlich erfolgen. Sie kann mit dem VA verbunden werden oder gesondert ergehen. Eine ausdrückliche Anordnung ist erforderlich. Zudem bedarf sie der Begründung, aus der hervorgehen muss, warum das öffentliche Interesse an der sofortigen Vollziehung des VA in diesem besonderen Fall andere Interessen überwiegt. Dabei genügt es nicht, den Gesetzeswortlaut, auf den der VA gestützt ist, zu wiederholen.[13] Eine fehlende bzw. nicht ausreichende Begründung führt zur Wiederherstellung der aufschiebenden Wirkung durch das Gericht nach § 86b Abs. 1. Die Begründung soll sicherstellen, dass der Beteiligte die Gründe der Verwaltung kennt, damit 13

---

4 Zu § 80 VwGO *Kopp/Schenke*, Rn 90.
5 BVerfG 31.1.1984 – 2 BvR 507/81 – NVwZ 1984, 429.
6 LSG Berlin-Brandenburg 6.2.2008 – L 7 B 46/07 KA ER.
7 Zu § 80 VwGO *Kopp/Schenke*, Rn 100.
8 Zu § 80 VwGO *Redeker/v. Oertzen*, Rn 20.
9 Zu § 80 VwGO *Kopp/Schenke*, Rn 110.
10 LSG Berlin-Brandenburg 18.12.2007 – L 9 B 584/07 KR ER.
11 OVG NW 17.11.1989 – 9 B 2594/89 – DVBl 1990, 720; OVG NW 17.3.1994 – 15 B 3022/93 – NVwZ-RR 1994, 617.
12 Zu § 80 VwGO *Kopp/Schenke*, Rn 116; *Redeker/v. Oertzen*, Rn 37.
13 BVerwG 22.11.1965 – IV CB 224.65 – DVBl. 1966, 273; zu § 80 VwGO *Redeker/v. Oertzen*, Rn 26.

er seine Rechte wirksam wahrnehmen kann. Auch soll sie die Verwaltung zu besonderer Sorgfalt anhalten. Die Begründung kann nicht nachgeholt werden.[14]

14 Vor der Anordnung der sofortigen Vollziehung müssen die Beteiligten angehört werden.[15]
Gegen die Anordnung der sofortigen Vollziehung ist nur der Antrag auf gerichtliche Entscheidung nach § 86b Abs. 1 Nr. 2 möglich. Das Gericht legt dabei dieselben Grundsätze zugrunde wie die Behörde bei der Anordnung der sofortigen Vollziehung. Das Gericht wird aber stärker auf die Erfolgsaussichten der Klage abstellen. Eine Anfechtungsklage daneben ist nicht möglich.[16] Die Anordnung der sofortigen Vollziehung stellt keinen VA dar.

C. Beraterhinweise

15 Von großer praktischer Bedeutung ist das durch Einlegung eines Widerspruchs hervorgerufene Vollstreckungsverbot insb. bei Honorarkürzungsbescheidungen nach erfolgter Wirtschaftlichkeitsprüfung von Vertragsärzten. Obwohl § 106 Abs. 5 S. 4 SGB V ausdrücklich klarstellt, dass die Anrufung des Beschwerdegremiums aufschiebende Wirkung hat, verrechnen die meisten Kassenärztlichen Vereinigungen (KV) die durch Prüfungsbescheid festgestellte Kürzung mit aktuellen Honorarforderungen, ohne die Entscheidung des Beschwerdegremiums abzuwarten. Gleiches gilt beim Arzneimittelregress.[17]

16 In § 106 Abs. 5 S. 7 SGB V wird – im Gegensatz zu der Regelung in S. 4 hinsichtlich des Widerspruchs – ausdrücklich klargestellt, dass eine Klage gegen eine vom Beschwerdeausschuss festgesetzte Honorarkürzung keine aufschiebende Wirkung hat. Das bedeutet, dass die KV mit der ordnungsgemäßen Zustellung der Entscheidung des Beschwerdeausschusses an den Vertragsarzt aus dem Prüfbescheid vollstrecken kann. Will sich der betroffene Vertragsarzt gegen die dann drohende Vollstreckung aus dem Prüfbescheid, d.h. gegen die Aufrechnung mit aktuellen Honoraransprüchen, zur Wehr setzen, so bleibt ihm nichts anderes übrig, als beim zuständigen SG (das SG, an dem die KV ihren Sitz hat, § 57a) einen Antrag auf Anordnung der aufschiebenden Wirkung nach § 86b Abs. 1 Nr. 2 zu stellen.

§ 86b

(1) Das Gericht der Hauptsache kann auf Antrag
1. in den Fällen, in denen Widerspruch oder Anfechtungsklage aufschiebende Wirkung haben, die sofortige Vollziehung ganz oder teilweise anordnen,
2. in den Fällen, in denen Widerspruch oder Anfechtungsklage keine aufschiebende Wirkung haben, die aufschiebende Wirkung ganz oder teilweise anordnen,
3. in den Fällen des § 86a Abs. 3 die sofortige Vollziehung ganz oder teilweise wiederherstellen.

²Ist der Verwaltungsakt im Zeitpunkt der Entscheidung schon vollzogen oder befolgt worden, kann das Gericht die Aufhebung der Vollziehung anordnen. ³Die Wiederherstellung der aufschiebenden Wirkung oder die Anordnung der sofortigen Vollziehung kann mit Auflagen versehen oder befristet werden. ⁴Das Gericht der Hauptsache kann auf Antrag die Maßnahmen jederzeit ändern oder aufheben.

(2) ¹Soweit ein Fall des Absatzes 1 nicht vorliegt, kann das Gericht der Hauptsache auf Antrag eine einstweilige Anordnung in Bezug auf den Streitgegenstand treffen, wenn die Gefahr besteht, dass durch eine Veränderung des bestehenden Zustands die Verwirklichung eines Rechts des Antragstellers vereitelt oder wesentlich erschwert werden könnte. ²Einstweilige Anordnungen sind auch zur Regelung eines vorläufigen Zustands in Bezug auf ein streitiges Rechtsverhältnis zulässig, wenn eine solche Regelung zur Abwendung wesentlicher Nachteile nötig erscheint. ³Das Gericht der Hauptsache ist das Gericht des ersten Rechtszugs und, wenn die Hauptsache im Berufungsverfahren anhängig ist, das Berufungsgericht. ⁴Die §§ 920, 921, 923, 926, 928 bis 932, 938, 939 und 945 der Zivilprozessordnung gelten entsprechend.

(3) Die Anträge nach den Absätzen 1 und 2 sind schon vor Klageerhebung zulässig.

(4) Das Gericht entscheidet durch Beschluss.

---

14 Str. vgl. zu § 80 VwGO Schoch/Schmidt-Aßmann/Pietzner/*Schoch*, Rn 179.
15 VGH BW 11.6.1990 – 10 S 797/90 – NVwZ-RR 1990, 561; OVG Lüneburg 28.4.1989 – 1 B 114/88 – DVBl 1989, 887; OVG RP 25.11.1987 – 12 B 112/87 – NVwZ 1988, 748; a.A. OVG Lüneburg 10.6.1992 – 7 M 3839/91 – NVwZ-RR 193, 585.
16 Zu § 80 VwGO BVerwG 30.11.1994 – 4 B 243/94 – NVwZ-RR 1995, 299.
17 Zur Rechtswidrigkeit dieser Praxis SG Magdeburg 20.9.2001 – S 17 KA 177/01 – zitiert von *Breidenbach*, DÄBl. 2002, 1346.

A. Allgemeines	1	4. Verfahrensvoraussetzungen	5
B. Regelungsgehalt	2	5. Entscheidung des Gerichts	8
I. Einstweiliger Rechtsschutz (Abs. 1)	2	II. Feststellung der aufschiebenden Wirkung	9
1. Anordnung der sofortigen Vollziehung (Abs. 1 Nr. 1)	2	III. Abgrenzung zur einstweiligen Anordnung	10
		1. Sicherungsanordnung (Abs. 2 S. 1)	11
2. Anordnung der aufschiebenden Wirkung (Abs. 1 Nr. 2)	3	2. Regelungsanordnung (Abs. 2 S. 2)	12
		3. Keine Vorwegnahme der Hauptsache	13
3. Wiederherstellung der sofortigen Vollziehung (Abs. 1 Nr. 3)	4	C. Beraterhinweise	14

A. Allgemeines

§ 86b fasst die Regelungen über den einstweiligen Rechtsschutz durch das Gericht zusammen. Abs. 1 betrifft die Möglichkeit, die aufschiebende Wirkung oder das Fehlen der aufschiebenden Wirkung durch gerichtliche Entscheidung zu korrigieren. Abs. 2 regelt den Fall der einstweiligen Anordnung. Das SGG hat damit ein anderes System als die VwGO, welche in § 80 die aufschiebende Wirkung einschließlich gerichtlicher Befugnisse regelt und in § 123 die einstweilige Anordnung. **1**

B. Regelungsgehalt

I. Einstweiliger Rechtsschutz (Abs. 1)

1. Anordnung der sofortigen Vollziehung (Abs. 1 Nr. 1). Das Gericht hat dieselben Befugnisse, wie sie die Verwaltung nach § 86a Abs. 1 Nr. 5 hat. Das Vollzugsinteresse kann bei der Verwaltung liegen, die den VA erlassen hat. Jedoch kann diese den Antrag nicht stellen, sondern muss nach § 86a Abs. 1 Nr. 5 vorgehen. **2**

Abs. 1 Nr. 1 erfasst insb. VAe mit Doppelwirkung, die den Adressaten begünstigen und einen Dritten belasten. Wenn der Dritte dann einen Rechtsbehelf mit aufschiebender Wirkung einlegt, kann das Gericht auf Antrag des Begünstigten die sofortige Vollziehung anordnen. Dasselbe gilt, wenn der VA den Adressaten belastet und einen Dritten begünstigt; dieser Dritte hat dann ein Vollzugsinteresse und kann einen Antrag stellen.

2. Anordnung der aufschiebenden Wirkung (Abs. 1 Nr. 2). Die aufschiebende Wirkung kann in den Fällen des § 86a Abs. 2 und 4 angeordnet werden. I.d.R. ist es der belastete Adressat, der einen Rechtsbehelf einlegt und die Anordnung der aufschiebenden Wirkung beantragt, es kann aber auch ein durch einen begünstigenden VA belasteter Dritter sein. Ob die aufschiebende Wirkung dann ganz oder teilweise anzuordnen ist oder nicht, entscheidet das Gericht nach pflichtgemäßem Ermessen auf der Grundlage einer Abwägung. Dabei ist das private Interesse des Bescheidadressaten an der Aufschiebung der Vollziehung gegen das öffentliche Interesse an der sofortigen Vollziehung des Verwaltungsaktes abzuwägen. Um eine Entscheidung zugunsten des Bescheidadressaten zu treffen, ist erforderlich, dass ernstliche Zweifel an der Rechtmäßigkeit des streitigen Bescheides stehen.[1] **3**

3. Wiederherstellung der sofortigen Vollziehung (Abs. 1 Nr. 3). Gemeint sind die Fälle, in denen der Rechtsbehelf keine aufschiebende Wirkung hatte, die Verwaltung aber nach § 86a Abs. 3 die sofortige Vollziehung ausgesetzt hat. Die Interessenlage ist hier ähnlich wie bei Nr. 1. **4**

4. Verfahrensvoraussetzungen. Es handelt sich um ein selbstständiges Verfahren, für das z.T. die allgemeinen, z.T. die besonderen Prozessvoraussetzungen vorliegen müssen. Das Gericht entscheidet nur auf Antrag und nicht wie die Verwaltung nach § 86a auch von Amts wegen. Der Antrag kann vom Adressaten des VA gestellt werden. Insb. ist bei belastenden VA anzuraten den Antrag nach Nr. 2 auf Anordnung der aufschiebenden Wirkung zu stellen. Den Antrag kann aber auch ein Dritter stellen, der von dem VA begünstigt oder belastet wird. Eine Antragstellung ist gem. Abs. 3 bereits vor Erlass des Widerspruchsbescheids bzw. vor Klageerhebung zulässig. Es genügt dann, dass Widerspruch erhoben worden ist. Voraussetzung zur Antragstellung ist die Klagebefugnis. Antragsgegner ist die Stelle, die den VA erlassen hat, im Falle des § 86a Abs. 2 Nr. 5 der Rechtsträger der Behörde, die die Vollzugsanordnung erlassen hat. **5**

Der Antrag muss schriftlich oder zur Niederschrift gestellt werden. Ein telefonischer Antrag ist hingegen nicht möglich. Zudem gibt es keine Antragsfrist. **6**

Zuständig ist das Gericht der Hauptsache. Das ist vor Klageerhebung das Gericht, das zuständig wäre, danach das mit der Sache befasste Gericht. Wenn das LSG oder BSG mit der Sache befasst ist, dann ist dieses zuständig. Für die Fälle, in denen das BSG nach § 39 Abs. 2 in erster Instanz zuständig ist, ist dieses Gericht der Hauptsache. **7**

5. Entscheidung des Gerichts. Das Gericht kann wie folgt entscheiden: Ganz oder teilweise Anordnung der sofortigen Vollziehung nach Abs. 1 Nr. 1, Anordnung der aufschiebenden Wirkung nach Nr. 2, Wiederherstellung der **8**

---

1 LSG Berlin-Brandenburg 29.7.2008 – L 3 B 257/08 U ER.

aufschiebenden Wirkung nach Nr. 3, Anordnung der Aufhebung der Vollziehung nach Abs. 1 S. 2 oder Feststellung der aufschiebenden Wirkung. Ebenso sind Auflagen und Befristungen nach Abs. 1 S. 3 möglich. Eine Entscheidung ergeht dann nach Ermessen des Gerichtes und aufgrund einer Interessenabwägung. Das Gericht wird im Rahmen der Abwägung stärker auf die Erfolgsaussichten der Klage abstellen. In den Fällen des § 86a Abs. 2 Nr. 1 genügen ernstliche Zweifel; § 86a Abs. 3 S. 2 ist heranzuziehen. I.Ü. gilt: Ist die Klage aussichtslos, wird die sofortige Vollziehung angeordnet. Ist der VA offenbar rechtswidrig, wird ausgesetzt, dass ein überwiegendes öffentliches Interesse oder Interesse eines Dritten an der Vollziehung nicht erkennbar ist. Bei Anträgen auf Anordnung der sofortigen Vollziehung gilt dasselbe.

II. Feststellung der aufschiebenden Wirkung

9 Ob die aufschiebende Wirkung eingetreten ist oder nicht, kann zweifelhaft sein. Allerdings kann bei Zweifeln keine neue Klage auf Feststellung mit dem Antrag erhoben werden, dass die erste Klage aufschiebende Wirkung hatte. Eine Klage auf Anordnung oder Feststellung der aufschiebenden Wirkung ist mangels Rechtsschutzbedürfnisses unzulässig. Das Gericht kann aber auf Antrag durch Beschluss aussprechen, dass die Klage aufschiebende Wirkung hatte (sog. deklaratorischer Beschluss).[2]

III. Abgrenzung zur einstweiligen Anordnung

10 Abs. 1 erfasst nur einstweiligen Rechtsschutz bei Anfechtungsklagen. Die aufschiebende Wirkung schließt nur Eingriffe in bestehende Rechtspositionen vorläufig aus. Sie kann nicht dazu führen, dass der Rechtsschutz des Betroffenen, der den Antrag gestellt hat, vorläufig verbessert wird. Bei Verpflichtungsklagen und sonstigen Leistungsklagen, auch bei Unterlassungs- und Feststellungsklagen kann einstweiliger Rechtsschutz nur durch Erlass einer einstweiligen Anordnung nach Abs. 2 gewährt werden. Wie sich aber aus Abs. 2 S. 1 ergibt, hat das Verfahren nach Abs. 1 Vorrang.

11 **1. Sicherungsanordnung (Abs. 2 S. 1).** Die Sicherungsanordnung dient der Sicherung der Rechte des Antragstellers. Das Gericht kann bestandsschützende einstweilige Maßnahmen treffen. Neben den allg. Prozessvoraussetzungen muss in der Hauptsache eine andere Antragsart als die Anfechtungsklage gegeben sein. Ein Vorverfahren ist nicht notwendig. Zusätzliche Voraussetzung für die Sicherungsanordnung ist das Vorliegen einer Gefahr, dass durch eine Veränderung des bestehenden Zustandes die Verwirklichung eines Rechts des Antragstellers vereitelt oder wesentlich erschwert werden könnte. Danach müssen also ein Anordnungsanspruch und ein Anordnungsgrund bestehen. Die Anordnungsvoraussetzungen sind zudem glaubhaft zu machen.[3] Dies ist der Fall, wenn das Vorliegen der insoweit beweisbedürftigen Tatsachen überwiegend wahrscheinlich ist.[4]

12 **2. Regelungsanordnung (Abs. 2 S. 2).** Die Regelungsanordnung kann auch eine Rechtsposition vorläufig begründen oder erweitern. Sie ist in Bezug auf ein streitiges Rechtsverhältnis zulässig, wenn die Regelung zur Abwendung wesentlicher Nachteile nötig erscheint.[5] Eine solche Regelungsanordnung ist vor allem dann geboten, wenn der Anordnungsanspruch, d.h. die Rechtspositionen, deren Durchsetzung im Hauptsacheverfahren begehrt wird, und der Anordnungsgrund, d.h. die Eilbedürftigkeit der begehrten vorläufigen Regelung, mit Wahrscheinlichkeit vorliegen.[6]

13 **3. Keine Vorwegnahme der Hauptsache.** Die einstweilige Anordnung darf die grds. Entscheidung nicht vorwegnehmen. Deswegen ist es nicht zulässig, die Behörde zum Erlass eines im Hauptverfahren beantragten VA zu verpflichten. Allerdings kann es im Interesse der Effektivität des Rechtsschutzes aber ausnahmsweise erforderlich sein, der Entscheidung in der Hauptsache vorzugreifen, wenn sonst der Rechtsschutz nicht erreichbar und dies für den Antragsteller unzumutbar wäre.[7]

C. Beraterhinweise

14 Für zahlreiche Unternehmen endet eine Betriebsprüfung mit einem Nachforderungsbescheid für Sozialversicherungsbeiträge. Die Nachzahlung bezieht sich dabei häufig auf Bezüge, die wegen tariflicher Ausschlussklauseln von AN nicht mehr eingefordert werden können.[8] Darüber hinaus rückt in jüngster Zeit auch die Abgabenpflicht nach dem Künstlersozialversicherungsgesetz (KSVG) in den Blickpunkt, da seit 2007 die Prüfdienste der DRV auch die AG auf ihre Künstlersozialabgabepflicht hin überprüfen.

---

2 BSG 3.3.1994 – 1 RK 6/93 – NZS 1994, 335.
3 LSG Baden-Württemberg 30.7.2008 – L 7 AS 2809/08 ER-B.
4 LSG Berlin-Brandenburg – 4.7.2008 – L 24 B 273/08 KR ER.
5 LSG Hessen 8.8.2008 – L 7 AS 149/08 B ER.
6 LSG Berlin-Brandenburg – 29.7.2008 – L 3 B 257/08 U ER.
7 BVerfG 10.10.1972 – 2 BvL 51/69 – DÖV 1973, 133.
8 Zur Rechtslage bei der Nachforderung von Sozialversicherungsbeiträgen *Breidenbach*, BB 2002, 1910; zur Berechnung der Beitragsschuld des AG zur Sozialversicherung LSG NRW 28.1.2003 – L 5 KR 197/01 – BB 2003, 1562, mit Besprechung *Breidenbach*, BB 2003, 1567 (dann BSG – B 12 KR 10/03 R).

15 Gegen einen solchen Nachforderungs- bzw. Abgabenbescheid können die AG zwar grds. Widerspruch erheben. Jedoch hat der Widerspruch keine aufschiebende Wirkung, weil es sich um die Anforderung von Beiträgen gem. § 86a Abs. 2 Nr. 1 handelt. Neben dem Widerspruch muss daher beim Rentenversicherungsträger ein Antrag auf Aussetzung der Vollziehung gestellt werden, um die Entscheidung aufzuschieben. Eine Aussetzung käme etwa dann in Betracht, wenn nach § 86a Abs. 3 S. 2 ernstliche Zweifel an der Rechtmäßigkeit des angegriffenen Bescheides bestehen oder wenn die Vollziehung für den Pflichtigen eine unbillige, nicht durch überwiegende öffentliche Interessen gebotene Härte zur Folge hätte. Wird dieser Antrag dennoch abgelehnt, bevor über den Widerspruch entschieden ist, muss vor dem SG ein Antrag auf Anordnung der aufschiebenden Wirkung des Widerspruchs nach Abs. 1 Nr. 2 gestellt werden. Hilft der Rentenversicherungsträger dem Widerspruch nicht ab und ergeht ein ablehnender Widerspruchsbescheid, so ist dieser mit einer Anfechtungsklage beim zuständigen SG angreifbar. Allerdings hat auch die Erhebung der Anfechtungsklage keine aufschiebende Wirkung, so dass gleichzeitig ein Antrag auf Anordnung der aufschiebenden Wirkung nach Abs. 1 Nr. 2 gestellt werden muss. Dabei ist dringend anzuraten, Kontakt zur Krankenkasse herzustellen, um mitunter eine Stundung oder gar einen (teilweisen) Erlass der Nachzahlungsforderung zu erreichen. Ebenso ist es von Vorteil, wenn man der Zahlungsaufforderung unabhängig von deren Rechtmäßigkeit nachkommen kann und (unter Vorbehalt) zahlt, da die Krankenkassen sehr oft sofort Zwangsvollstreckungsmaßnahmen ergreifen. Leider wird eine Zahlung, auch wenn sie unter Vorbehalt vorgenommen wird, nicht immer möglich sein, da der AG u.U. in seiner Liquidität beschränkt ist. Deshalb sollte man auch unbedingt daran denken, die Beiladung der beteiligten Krankenkassen zu beantragen, damit diese dann vom SG darüber informiert werden, bis zum Abschluss des Verfahrens von der Einleitung von Zwangsvollstreckungsmaßnahmen abzusehen. Aufgrund der Rechtsstellung der beteiligten Krankenkassen als jeweils zuständige Einzugsstelle liegt eine notwendige Beiladung nach § 75 Abs. 2 vor, die das Gericht vornehmen muss.[9]

---

9 Ausführlich zum Rechtsschutz bei Nachforderung von Sozialversicherungsbeiträgen *Breidenbach*, BB 2002, 1910.

Gesetz über Sprecherausschüsse der leitenden Angestellten (Sprecherausschußgesetz – SprAuG)

Vom 20.12.1988, BGBl I S. 2312, 2316, BGBl III 801-11

Zuletzt geändert durch Neunte Zuständigkeitsanpassungsverordnung vom 31.10.2006, BGBl I S. 2407, 2434

Erster Teil: Allgemeine Vorschriften

§ 1 Errichtung von Sprecherausschüssen

(1) In Betrieben mit in der Regel mindestens zehn leitenden Angestellten (§ 5 Abs. 3 des Betriebsverfassungsgesetzes) werden Sprecherausschüsse der leitenden Angestellten gewählt.

(2) Leitende Angestellte eines Betriebs mit in der Regel weniger als zehn leitenden Angestellten gelten für die Anwendung dieses Gesetzes als leitende Angestellte des räumlich nächstgelegenen Betriebs desselben Unternehmens, der die Voraussetzungen des Absatzes 1 erfüllt.

(3) Dieses Gesetz findet keine Anwendung auf
1. Verwaltungen und Betriebe des Bundes, der Länder, der Gemeinden und sonstiger Körperschaften, Anstalten und Stiftungen des öffentlichen Rechts sowie
2. Religionsgemeinschaften und ihre karitativen und erzieherischen Einrichtungen unbeschadet deren Rechtsform.

Literatur: *Bauer*, Sprecherausschußgesetz mit Wahlordnung und Erläuterungen, 1990; *Goldschmidt*, Aufgaben und Rechte von Sprecherausschüssen, FA 2003, 98; *Hromadka*, Sprecherausschussgesetz, Kommentar, 1991; *Kramer*, Vereinbarungen des Arbeitgebers mit dem Sprecherausschuß, DB 1996, 1082; *Kramer*, Zur Rechtsstellung von Sprecherausschußmitgliedern, DB 1993, 1138; *Oetker*, Grundprobleme bei der Anwendung des Sprecherausschußgesetzes, ZfA 1990, 43

A. Allgemeines	1	III. Abs. 3	8
B. Regelungsgehalt	2	C. Verbindung zu anderen Rechtsgebieten und zum Prozessrecht	9
I. Abs. 1	2		
II. Abs. 2	7	D. Beraterhinweise	10

A. Allgemeines

1 § 5 Abs. 3 BetrVG nimmt die **leitenden Ang** weitgehend aus dem Anwendungsbereich dieses Gesetzes heraus. Sie werden aufgrund ihrer unternehmensleitenden Funktion der AG-Seite zugeordnet, so dass der BR für ihre Interessenvertretung ungeeignet ist. Der Gesetzgeber verzichtete zunächst auf eine institutionalisierte Interessenvertretung für die leitenden Ang. Aufgrund **freiwilliger Vereinbarungen** zwischen Unternehmensleitungen und leitenden Ang bildeten sich bis zum Inkrafttreten des „Gesetzes über Sprecherausschüsse der leitenden Angestellten" (SprAuG) am 1.1.1989 etwa 400 Sprecherausschüsse,[1] deren Tätigkeit nun abschließend (§ 37 Abs. 2) durch das Gesetz geregelt wird. **Ziel** des Gesetzgebers war es, den leitenden Ang die Möglichkeit zu geben, an der Schaffung von angemessenen Arbeitsbedingungen für sie mitzuwirken. Außerdem sollten sie ihre besonderen Kenntnisse und Einsichten in die organisatorischen und wirtschaftlichen Zusammenhänge des Unternehmens in die Entscheidungsprozesse einbringen.[2] Dementsprechend sieht das Gesetz hauptsächlich Anhörungs-, Unterrichtungs- und Beratungsrechte, aber **keine echten (Mit-)Entscheidungsrechte** vor.

B. Regelungsgehalt

I. Abs. 1

2 In Betrieben mit in der Regel **mehr als zehn leitenden Ang** können Sprecherausschüsse gewählt werden. Der **Begriff** des leitenden Ang entspricht dem in § 5 Abs. 3 BetrVG (siehe § 5 BetrVG Rn 45). Für die Zuordnung von Ang zur Gruppe der leitenden Ang gilt das Verfahren nach § 18a BetrVG (siehe § 18a BetrVG Rn 3 ff.), wenn Streit darüber besteht, ob ein Ang für die BR-Wahl oder die Wahl zum Sprecherausschuss wahlberechtigt ist. Entgegen der Geset-

---

[1] ErfK/*Oetker*, Einl. SprAuG Rn 2.
[2] BT-Drucks 11/2503, S. 26.

zesformulierung („werden") ist die Errichtung eines Sprecherausschusses **freiwillig**. Er wird nur gewählt, wenn die Mehrheit der leitenden Ang dies in einer Versammlung oder durch schriftliche Stimmabgabe verlangt (so genannter **Grundsatzbeschluss**, § 7 Abs. 2 S. 4).

Der Begriff des Betriebes wird im SprAuG nicht definiert. Weil das Gesetz wie das BetrVG zum materiellen Betriebsverfassungsrecht zählt, gilt der **einheitliche Betriebsbegriff** des BetrVG[3] (für Einzelheiten siehe § 1 BetrVG Rn 4). Allerdings ist nach h.M. **§ 4 BetrVG nicht entsprechend anwendbar**.[4] Denn es besteht keine Regelungslücke im SprAuG, das den Begriff Betriebsteil nicht kennt. Sind in einem Betrieb weniger als zehn leitende Ang beschäftigt, gelten diese gem. Abs. 2 als leitende Ang des räumlich nächstgelegenen Betriebs mit mindestens zehn leitenden Ang desselben Unternehmens. Gibt es zwar nicht in einzelnen Betrieben, wohl aber im gesamten Unternehmen mindestens zehn leitende Ang, ermöglicht § 20 Abs. 1 die Errichtung eines Unternehmenssprecherausschusses. Eine Vertretung der leitenden Ang ist also stets gewährleistet, sofern es nur insgesamt mindestens zehn von ihnen im Unternehmen gibt.

Für die Zahl der leitenden Ang ist die bei **normalem Betriebsverlauf** für den Betrieb kennzeichnende Beschäftigtenzahl entscheidend. Sie wird nach Köpfen ermittelt, **unabhängig von der Arbeitszeit**, so dass auch leitende Ang in Teilzeit voll mitgezählt werden (vgl. § 1 BetrVG Rn 32). Sinkt die Zahl während der Amtsperiode auf unter zehn, ist der Betrieb **nicht mehr sprecherausschussfähig** und die Amtszeit des Ausschusses endet. Liegt dann ein Fall des Abs. 2 vor, werden die leitenden Ang vom Ausschuss des **räumlich nächstgelegenen Betriebes** des Unternehmens vertreten.[5] Nach der Gegenauffassung ist dies nicht möglich, weil dieser Ausschuss von den leitenden Ang nicht demokratisch legitimiert worden ist.[6] Angesichts des Gesetzeszweckes, eine organisierte Interessenvertretung der leitenden Ang zu erleichtern und zu fördern, ist diese Gegenauffassung aber wenig überzeugend.

Ob **im Ausland tätige leitende Ang** einem Betrieb im Inland zugerechnet werden, richtet sich wie im BetrVG nach den **Grundsätzen der Betriebsausstrahlung** (siehe § 1 BetrVG Rn 48). Das bedeutet: Das SprAuG ist auf sie nicht persönlich anwendbar, wenn sie dauerhaft in den im Ausland gelegenen Betrieb eingegliedert sind.

Der räumliche Anwendungsbereich des SprAuG richtet sich nach dem **Territorialprinzip**: Es gilt für alle – ob deutsche oder ausländische – im Inland ansässige Unternehmen und Betriebe, also nicht für im Ausland tätige Betriebe deutscher Unternehmen.[7]

II. Abs. 2

Der **räumlich nächstgelegene Betrieb** desselben Unternehmens ist nach überwiegender Auffassung entgegen dem Wortlaut der mit gewöhnlichen Verkehrsmitteln **am schnellsten zu erreichende**, nicht der in der geringsten Luftlinienentfernung.[8] Gibt es keinen anderen inländischen Betrieb desselben Unternehmens mit mehr als zehn leitenden Ang, kommt die Errichtung eines Unternehmenssprecherausschusses in Betracht, wenn es insgesamt mindestens zehn leitende Ang im Unternehmen gibt. Sind es weniger, sollen die Grundsätze zur Zulässigkeit freiwilliger Sprecherausschüsse weiter gelten.[9]

III. Abs. 3

Wie auch das BetrVG (§§ 118 Abs. 2, 130 BetrVG) ist das SprAuG weder auf den öffentlichen Dienst noch auf Religionsgemeinschaften anwendbar. Die **Abgrenzung zwischen öffentlichem Dienst und Privatwirtschaft** bestimmt sich wie bei § 130 BetrVG (siehe § 130 BetrVG Rn 3 ff.) formell: Sprecherausschüsse können also nur in Unternehmen und Betrieben errichtet werden, die privatrechtlich organisiert sind. Ist dies der Fall, etwa bei einer GmbH, kommt es für die Anwendbarkeit des SprAuG nicht darauf an, dass die öffentliche Hand möglicherweise alle Gesellschaftsanteile hält.[10] Entscheidend ist, dass eine natürliche oder juristische Person des Privatrechts Betriebsinhaber ist. Für **Tendenzbetriebe** (§ 118 BetrVG) gilt das SprAuG mit der Einschränkung, dass es keine Pflicht zur Unterrichtung in wirtschaftlichen Angelegenheiten gibt (§ 32 Abs. 1).

C. Verbindung zu anderen Rechtsgebieten und zum Prozessrecht

Der Aufbau des gesamten SprAuG orientiert sich stark am BetrVG, quasi dem älteren Bruder. Insb. die Vorschriften über Wahl, Zusammensetzung, Amtszeit, Geschäftsführung etc. entsprechen häufig sogar **wortgleich den Regelungen im BetrVG**. Das belegt die Absicht des Gesetzgebers, eine möglichst identische Interessenvertretung für die leitenden Ang nach dem Vorbild der schon existierenden Interessenvertretung der AN zu schaffen. Zudem erfolgt

---

3 DKK/*Trümner*, § 5 BetrVG Rn 171; ErfK/*Oetker*, § 1 SprAuG Rn 2.
4 DKK/*Trümner*, § 5 BetrVG Rn 171; *Richardi*, § 5 BetrVG Rn 275; unentschieden ErfK/*Oetker*, § 1 SprAuG Rn 3.
5 *Hromadka*, § 1 Rn 38.
6 *Löwisch*, § 1 SprAuG Rn 39.
7 ErfK/*Oetker*, § 1 SprAuG Rn 5; HWK/*Annuß/Girlich*, § 1 SprAuG Rn 13.
8 ErfK/*Oetker*, § 1 SprAuG Rn 4; *Hromadka*, § 1 Rn 39; *Goldschmidt*, FA 2003, 6; a.A. *Bauer*, Sprecherausschussgesetz, § 1 Anm. 4: Luftlinienentfernung.
9 *Kramer*, BB 1993, 2153.
10 HWK/*Annuß/Girlich*, § 1 SprAuG Rn 10.

häufig eine Verzahnung beider Gesetze, etwa bei den Vorschriften über die gleichzeitige Abhaltung von BR- und Sprecherausschusswahlen (§ 5 Abs. 1 S. 1) und dem Verfahren der Zuordnung von Ang zu einer der beiden Gruppen (§ 18a BetrVG). Für mögliche Streitigkeiten im Zusammenhang mit Sprecherausschüssen können daher die **entsprechenden Bestimmungen aus dem BetrVG** und die dazu **von der Rspr. entwickelten Grundsätze herangezogen** werden.[11]

D. Beraterhinweise

10 Das Recht der Sprecherausschüsse hat **für den Praktiker nur geringe Bedeutung.** In den Unternehmen spielen die Sprecherausschüsse im Gegensatz zu den BR keine Rolle. Das dürfte v.a. daran liegen, dass sie nach dem Gesetz in erster Linie nur Anhörungs- und Informationsrechte haben, aber kaum Möglichkeiten, substanziell Unternehmensentscheidungen zu beeinflussen. Für viele leitende Ang, die meist zu Genüge mit Managementaufgaben ausgelastet sind, lohnt sich der bürokratische Aufwand von Errichtung und Führung eines Sprecherausschusses daher nicht. Infolge ihrer geringen Zahl und ihren eher unbedeutenden Rechten kommt es nur selten zu Konflikten, die vor Gericht ausgetragen werden. Juris etwa verzeichnet in den 15 Jahren seit Inkrafttreten des Gesetzes nur eine handvoll Entscheidungen. Dennoch sollten gerade Anwälte, die Unternehmen mit bestehenden Sprecherausschüssen beraten, genau die Mitwirkungsrechte der Ausschüsse im Auge behalten, um **unnötige Formfehler** zu **vermeiden.**

§ 2 Zusammenarbeit

(1) ¹Der Sprecherausschuß arbeitet mit dem Arbeitgeber vertrauensvoll unter Beachtung der geltenden Tarifverträge zum Wohl der leitenden Angestellten und des Betriebs zusammen. ²Der Arbeitgeber hat vor Abschluß einer Betriebsvereinbarung oder sonstigen Vereinbarung mit dem Betriebsrat, die rechtliche Interessen der leitenden Angestellten berührt, den Sprecherausschuß rechtzeitig anzuhören.
(2) ¹Der Sprecherausschuß kann dem Betriebsrat oder Mitgliedern des Betriebsrats das Recht einräumen, an Sitzungen des Sprecherausschusses teilzunehmen. ²Der Betriebsrat kann dem Sprecherausschuß oder Mitgliedern des Sprecherausschusses das Recht einräumen, an Sitzungen des Betriebsrats teilzunehmen. ³Einmal im Kalenderjahr soll eine gemeinsame Sitzung des Sprecherausschusses und des Betriebsrats stattfinden.
(3) ¹Die Mitglieder des Sprecherausschusses dürfen in der Ausübung ihrer Tätigkeit nicht gestört oder behindert werden. ²Sie dürfen wegen ihrer Tätigkeit nicht benachteiligt oder begünstigt werden; dies gilt auch für ihre berufliche Entwicklung.
(4) ¹Arbeitgeber und Sprecherausschuß haben Betätigungen zu unterlassen, durch die der Arbeitsablauf oder der Frieden des Betriebs beeinträchtigt werden. ²Sie haben jede parteipolitische Betätigung im Betrieb zu unterlassen; die Behandlung von Angelegenheiten tarifpolitischer, sozialpolitischer und wirtschaftlicher Art, die den Betrieb oder die leitenden Angestellten unmittelbar betreffen, wird hierdurch nicht berührt.

A. Regelungsgehalt 1	IV. Abs. 4 8
I. Abs. 1 1	B. Verbindungen zu anderen Rechtsgebieten und
II. Abs. 2 3	zum Prozessrecht 9
III. Abs. 3 4	

A. Regelungsgehalt

I. Abs. 1

1 Der **Grundsatz der vertrauensvollen Zusammenarbeit** zwischen AG und Sprecherausschuss entspricht der Regelung in Abs. 1 BetrVG für das Verhältnis BR – AG. Aus der Pflicht zur vertrauensvollen Zusammenarbeit folgt eine **Verhandlungspflicht** mit dem ernsten Willen zur Einigung, wenn der Sprecherausschuss rechtmäßig die Belange der leitenden Ang vertritt.[1]

2 Nach S. 2 muss („hat") der AG bei Vereinbarungen mit dem BR, die auch die leitenden Ang betreffen, den Sprecherausschuss zumindest informieren und seine Stellungnahme entgegennehmen. Das alleinige Entscheidungsrecht bleibt freilich bei AG und BR. Eine **Verletzung der Anhörungspflicht** wie auch sonst einer Verhandlungspflicht berührt nicht die Wirksamkeit der Vereinbarung, kann bei bewusster Wiederholung aber eine nach § 34 Abs. 1 Nr. 2 strafbare Behinderung der Tätigkeit des Sprecherausschusses sein.[2]

---

11 *Weber u.a.*, Handbuch zum Betriebsverfassungsrecht, Teil B Rn 799.

1 *Löwisch*, § 2 SprAuG Rn 6.
2 *Löwisch*, § 2 SprAuG Rn 11.

II. Abs. 2

Für das Verhältnis zwischen Sprecherausschuss und BR wird zwar nicht ausdrücklich das Leitbild der vertrauensvollen Zusammenarbeit festgeschrieben. Aber aus der Verpflichtung beider Interessenvertretungen auf das betriebliche Wohl (siehe § 2 Abs. 1 BetrVG) ergibt sich bei AN und leitende Ang betreffenden Themen die Pflicht zur gegenseitigen Information.[3] Die **Zusammenarbeit von BR und Sprecherausschuss** soll durch die (in S. 2 und 3) eingeräumten Möglichkeiten der Teilnahme an Sitzungen bzw. gemeinsame Sitzungen gefördert werden. Sie stehen im **Ermessen** der beiden Gremien, denn das Gesetz verzichtet auf Sanktionsmöglichkeiten.[4] Erfolgt eine Zusammenarbeit, können AG, BR und Sprecherausschuss auch so genannte **Gesamtvereinbarungen** treffen. Rechtlich sind diese aber getrennt zu bewerten: Für die AN sind es BV, für die leitenden Ang RL oder Vereinbarungen nach § 28.[5]

III. Abs. 3

Die Mitglieder des Sprecherausschusses unterliegen einem **Behinderungs-** sowie einem **Benachteiligungs- und Begünstigungsverbot**. Im Gegensatz zu BR-Mitgliedern genießen sie daher auch **keinen besonderen Künd-Schutz** nach § 15 KSchG, § 103 BetrVG. Ihnen kann daher nach allgemeinen Grundsätzen ordentlich oder außerordentlich gekündigt werden. Nur wenn die Künd allein wegen der Mitgliedschaft im Sprecherausschuss oder wegen einer rechtmäßigen Amtshandlung ausgesprochen wird, verstößt sie gegen das Benachteiligungsverbot und ist nichtig nach § 134 BGB.[6]

Das Benachteiligungs- und Begünstigungsverbot gilt auch für Mitglieder und Ersatzmitglieder von Gesamt-, Unternehmens- und Konzernsprecherausschuss (§§ 18 Abs. 3, 20 Abs. 1 S. 2, 24 Abs. 1). Auch das Organ Sprecherausschuss wird von Abs. 3 geschützt.[7] Etwas unklar ist der **Vergleichsmaßstab** für die Benachteiligung oder den Vorteil. Praktikabel und logisch erscheint der Vorschlag, auf die **Vertretungsform** abzustellen: Alle leitenden Ang (natürlich nur diejenigen, die nicht dem Sprecherausschuss angehören) eines Betriebes sind der Maßstab bei einem Betriebssprecherausschuss, alle leitenden Ang im ganzen Unternehmen bei einem Unternehmenssprecherausschuss.[8]

Weil die Mitglieder **keine Vorteile** aus der Tätigkeit im Sprecherausschuss ziehen dürfen, handelt es sich um ein **unentgeltliches Ehrenamt**. Der AG darf ihnen keine über den Ersatz des Verdienstausfalls und der ihnen tatsächlich entstandenen Kosten hinausgehende Aufwandsentschädigung zahlen.[9] § 14 sieht nur eine Arbeitsfreistellung bei notwendiger Sprecherausschusstätigkeit vor, nicht einen Freizeitausgleich wie § 37 Abs. 3 BetrVG für BR, wenn sie außerhalb der normalen Arbeitszeiten ihre BR-Aufgaben wahrnehmen.

Als **unzulässige Benachteiligung** wird – wenn kein Einverständnis vorliegt – die Erwähnung der Sprecherausschusstätigkeit in einem **Zeugnis** nach Beendigung des Arbverh angesehen.[10] Die vorsätzliche Verletzung von Abs. 3 ist nach § 34 Abs. 1 Nr. 2 und 3 strafbar. Ein Verstoß gegen Abs. 3 S. 2 verpflichtet i.V.m. § 823 Abs. 2 BGB zum Schadensersatz, etwa wenn ein leitender Ang nur aufgrund seiner Tätigkeit für den Sprecherausschuss nicht befördert wird.[11] Darlegungs- und beweispflichtig ist nach allgemeinen Regeln derjenige, der eine Verletzung von Abs. 3 rügt, es sei denn, nur Sprecherausschussmitglieder sind von einer Maßnahme betroffen.

IV. Abs. 4

AG und Sprecherausschuss unterliegen nach Abs. 4 S. 1 und S. 2 Hs. 1 auch der **betrieblichen Friedenspflicht** und dem **Verbot parteipolitischer Betätigung**. Die Regelung ist § 74 Abs. 2 BetrVG nachgebildet und enthält trotz Fehlens einer ausdrücklichen Anordnung auch ein **Arbeitskampfverbot** zwischen AG und Sprecherausschuss[12] (für Einzelheiten siehe § 74 BetrVG Rn 3 ff). Bei Verstößen gegen Abs. 4 besteht ein Unterlassungsanspruch; bei fortgesetzten oder schweren Verstößen kommt eine Auflösung oder ein Ausschluss einzelner Mitglieder nach § 9 Abs. 1 in Betracht.

B. Verbindungen zu anderen Rechtsgebieten und zum Prozessrecht

Eine **Regelung wie in § 23 Abs. 3 BetrVG**, wonach gegen den AG bei groben Verstößen gegen seine Pflichten eine mit Zwangsgeld bewehrte Ordnungsverfügung beim ArbG beantragt werden kann, **fehlt im SprAuG**. Daher kommt **zur Durchsetzung** der Rechte aus § 2 wie auch aus anderen Paragraphen für den Sprecherausschuss nur das Be-

---

3 HWK/*Annuß/Girlich*, § 2 SprAuG Rn 3.
4 ErfK/*Oetker*, § 2 SprAuG Rn 6; A.A. HWK/*Annuß/Girlich*, § 2 SprAuG Rn 5, wonach die gemeinsame Sitzung stattzufinden hat, wenn nicht sachliche Gründe eine Ausnahme rechtfertigen.
5 *Hromadka*, § 2 SprAuG Rn 18; *Löwisch*, § 2 SprAuG Rn 18; HWK/*Annuß/Girlich*, § 2 SprAuG Rn 7.
6 *Weber u.a.*, Handbuch zum Betriebsverfassungsrecht, Teil B Rn 842.
7 *Löwisch*, § 2 SprAuG Rn 20.
8 So *Kramer*, DB 1993, 1138; HWK/*Annuß/Girlich*, § 2 SprAuG Rn 14; a.A. *Löwisch*, § 2 SprAuG Rn 23 (immer die leitenden Ang des gesamten Unternehmens), *Hromadka*, § 2 SprAuG Rn 25 (abhängig von Personalpolitik).
9 *Kramer*, DB 1993, 1138.
10 *Weber u.a.*, Handbuch zum Betriebsverfassungsrecht, Teil B Rn 841.
11 ErfK/*Oetker*, § 2 SprAuG Rn 9.
12 *Hromadka*, § 2 SprAuG Rn 38; ErfK/*Oetker* § 2 SprAuG Rn 10.

schlussverfahren nach § 2a Abs. 1 Nr. 2 ArbGG in Betracht. Ein solcher rechtskräftiger Beschluss ist gem. § 85 Abs. 1 ArbGG i.V.m. mit §§ 888 ff. ZPO **vollstreckbar**. Der AG hat noch eine weitere Möglichkeit: Er kann gem. § 9 Abs. 1 beim ArbG den Ausschluss eines Mitglieds oder die Auflösung des gesamten Sprecherausschuss beantragen, wenn das Mitglied oder der Ausschuss als solcher die gesetzlichen Pflichten grob missachten.

Zweiter Teil: Sprecherausschuß, Versammlung der leitenden Angestellten, Gesamt-, Unternehmens- und Konzernsprecherausschuß

Erster Abschnitt: Wahl, Zusammensetzung und Amtszeit des Sprecherausschusses

§ 3 Wahlberechtigung und Wählbarkeit

(1) Wahlberechtigt sind alle leitenden Angestellten des Betriebs.

(2) ¹Wählbar sind alle leitenden Angestellten, die sechs Monate dem Betrieb angehören. ²Auf die sechsmonatige Betriebszugehörigkeit werden Zeiten angerechnet, in denen der leitende Angestellte unmittelbar vorher einem anderen Betrieb desselben Unternehmens oder Konzerns (§ 18 Abs. 1 des Aktiengesetzes) als Beschäftigter angehört hat. ³Nicht wählbar ist, wer

1. aufgrund allgemeinen Auftrags des Arbeitgebers Verhandlungspartner des Sprecherausschusses ist,
2. nicht Aufsichtsratsmitglied der Arbeitnehmer nach § 6 Abs. 2 Satz 1 des Mitbestimmungsgesetzes in Verbindung mit § 105 Abs. 1 des Aktiengesetzes sein kann oder
3. infolge strafgerichtlicher Verurteilung die Fähigkeit, Rechte aus öffentlichen Wahlen zu erlangen, nicht besitzt.

§ 4 Zahl der Sprecherausschußmitglieder

(1) Der Sprecherausschuß besteht in Betrieben mit in der Regel
10 bis 20 leitenden Angestellten aus einer Person,
21 bis 100 leitenden Angestellten aus drei Mitgliedern,
101 bis 300 leitenden Angestellten aus fünf Mitgliedern,
über 300 leitenden Angestellten aus sieben Mitgliedern.

(2) Männer und Frauen sollen entsprechend ihrem zahlenmäßigen Verhältnis im Sprecherausschuß vertreten sein.

§ 5 Zeitpunkt der Wahlen und Amtszeit

(1) ¹Die regelmäßigen Wahlen des Sprecherausschusses finden alle vier Jahre in der Zeit vom 1. März bis 31. Mai statt. ²Sie sind zeitgleich mit den regelmäßigen Betriebsratswahlen nach § 13 Abs. 1 des Betriebsverfassungsgesetzes einzuleiten.

(2) Außerhalb dieses Zeitraums ist der Sprecherausschuß zu wählen, wenn
1. im Betrieb ein Sprecherausschuß nicht besteht,
2. der Sprecherausschuß durch eine gerichtliche Entscheidung aufgelöst ist,
3. die Wahl des Sprecherausschusses mit Erfolg angefochten worden ist oder
4. der Sprecherausschuß mit der Mehrheit seiner Mitglieder seinen Rücktritt beschlossen hat.

(3) ¹Hat außerhalb des in Absatz 1 festgelegten Zeitraums eine Wahl des Sprecherausschusses stattgefunden, ist der Sprecherausschuß in dem auf die Wahl folgenden nächsten Zeitraum der regelmäßigen Wahlen des Sprecherausschusses neu zu wählen. ²Hat die Amtszeit des Sprecherausschusses zu Beginn des in Absatz 1 festgelegten Zeitraums noch nicht ein Jahr betragen, ist der Sprecherausschuß in dem übernächsten Zeitraum der regelmäßigen Wahlen des Sprecherausschusses neu zu wählen.

(4) ¹Die regelmäßige Amtszeit des Sprecherausschusses beträgt vier Jahre. ²Die Amtszeit beginnt mit der Bekanntgabe des Wahlergebnisses oder, wenn zu diesem Zeitpunkt noch ein Sprecherausschuß besteht, mit Ab-

lauf von dessen Amtszeit. ³Die Amtszeit endet spätestens am 31. Mai des Jahres, in dem nach Absatz 1 die regelmäßigen Wahlen des Sprecherausschusses stattfinden. ⁴In dem Fall des Absatzes 3 Satz 2 endet die Amtszeit spätestens am 31. Mai des Jahres, in dem der Sprecherausschuß neu zu wählen ist.
(5) In dem Fall des Absatzes 2 Nr. 4 führt der Sprecherausschuß die Geschäfte weiter, bis der neue Sprecherausschuß gewählt und das Wahlergebnis bekanntgegeben ist.

§ 6 Wahlvorschriften

(1) Der Sprecherausschuß wird in geheimer und unmittelbarer Wahl gewählt.
(2) Die Wahl erfolgt nach den Grundsätzen der Verhältniswahl; wird nur ein Wahlvorschlag eingereicht, erfolgt die Wahl nach den Grundsätzen der Mehrheitswahl.
(3) ¹In Betrieben, deren Sprecherausschuß aus einer Person besteht, wird dieser mit einfacher Stimmenmehrheit gewählt. ²In einem getrennten Wahlgang ist ein Ersatzmitglied zu wählen.
(4) ¹Zur Wahl des Sprecherausschusses können die leitenden Angestellten Wahlvorschläge machen. ²Jeder Wahlvorschlag muß von mindestens einem Zwanzigstel der leitenden Angestellten, jedoch von mindestens drei leitenden Angestellten unterzeichnet sein; in Betrieben mit in der Regel bis zu zwanzig leitenden Angestellten genügt die Unterzeichnung durch zwei leitende Angestellte. ³In jedem Fall genügt die Unterzeichnung durch fünfzig leitende Angestellte.

§ 7 Bestellung, Wahl und Aufgaben des Wahlvorstands

(1) Spätestens zehn Wochen vor Ablauf seiner Amtszeit bestellt der Sprecherausschuß einen aus drei oder einer höheren ungeraden Zahl von leitenden Angestellten bestehenden Wahlvorstand und einen von ihnen als Vorsitzenden.
(2) ¹Besteht in einem Betrieb, der die Voraussetzungen des § 1 Abs. 1 erfüllt, kein Sprecherausschuß, wird in einer Versammlung von der Mehrheit der anwesenden leitenden Angestellten des Betriebes ein Wahlvorstand gewählt. ²Zu dieser Versammlung können drei leitende Angestellte des Betriebs einladen und Vorschläge für die Zusammensetzung des Wahlvorstands machen. ³Der Wahlvorstand hat unverzüglich eine Abstimmung darüber herbeizuführen, ob ein Sprecherausschuß gewählt werden soll. ⁴Ein Sprecherausschuß wird gewählt, wenn dies die Mehrheit der leitenden Angestellten des Betriebs in einer Versammlung oder durch schriftliche Stimmabgabe verlangt.
(3) ¹Zur Teilnahme an der Versammlung und der Abstimmung nach Absatz 2 sind die Angestellten berechtigt, die vom Wahlvorstand aus Anlaß der letzten Betriebsratswahl oder der letzten Wahl von Aufsichtsratsmitgliedern der Arbeitnehmer, falls diese Wahl später als die Betriebsratswahl stattgefunden hat, oder durch gerichtliche Entscheidung den leitenden Angestellten zugeordnet worden sind. ²Hat zuletzt oder im gleichen Zeitraum wie die nach Satz 1 maßgebende Wahl eine Wahl nach diesem Gesetz stattgefunden, ist die für diese Wahl erfolgte Zuordnung entscheidend.
(4) ¹Der Wahlvorstand hat die Wahl unverzüglich einzuleiten, sie durchzuführen und nach Abschluß der Wahl öffentlich die Auszählung der Stimmen vorzunehmen, deren Ergebnis in einer Niederschrift festzustellen und es im Betrieb bekanntzugeben. ²Dem Arbeitgeber ist eine Abschrift der Wahlniederschrift zu übersenden.

§ 8 Wahlanfechtung, Wahlschutz und Wahlkosten

(1) ¹Die Wahl kann beim Arbeitsgericht angefochten werden, wenn gegen wesentliche Vorschriften über das Wahlrecht, die Wählbarkeit oder das Wahlverfahren verstoßen worden ist und eine Berichtigung nicht erfolgt ist, es sei denn, daß durch den Verstoß das Wahlergebnis nicht geändert oder beeinflußt werden konnte. ²Zur Anfechtung berechtigt sind mindestens drei leitende Angestellte oder der Arbeitgeber. ³Die Wahlanfechtung ist nur innerhalb einer Frist von zwei Wochen, vom Tag der Bekanntgabe des Wahlergebnisses an gerechnet, zulässig.
(2) ¹Niemand darf die Wahl des Sprecherausschusses behindern. ²Insbesondere darf kein leitender Angestellter in der Ausübung des aktiven und passiven Wahlrechts beschränkt werden. ³Niemand darf die Wahl des Sprecherausschusses durch Zufügung oder Androhung von Nachteilen oder durch Gewährung oder Versprechen von Vorteilen beeinflussen.

(3) ¹Die Kosten der Wahl trägt der Arbeitgeber. ²Versäumnis von Arbeitszeit, die zur Ausübung des Wahlrechts, zur Betätigung im Wahlvorstand oder zur Tätigkeit als Vermittler (§ 18a des Betriebsverfassungsgesetzes) erforderlich ist, berechtigt den Arbeitgeber nicht zur Minderung des Arbeitsentgelts.

A. Allgemeines

1 Die §§ 3 bis 8 regeln **Wahl und Zusammensetzung des Sprecherausschusses** sehr ähnlich wie die §§ 7 bis 20 BetrVG Zusammensetzung und Wahl des Betriebsrates regeln. Daher kann die Kommentierung dort für weitere Einzelheiten herangezogen werden. Die Details der Sprecherausschusswahl richten sich nach der gem. § 38 erlassenen **„Wahlordnung zum Sprecherausschussgesetz"**.[1]

B. Regelungsgehalt

2 **Wahlberechtigt** sind alle leitenden Ang des Betriebes bzw. Unternehmens (§ 3 Abs. 1). Um das Wahlrecht ausüben zu können, müssen sie in einer vom Wahlvorstand zu erstellenden **Wählerliste** eingetragen sein (Einzelheiten siehe § 2 WahlO). Besteht Unklarheit über den Status als leitender Ang, ist das **Zuordnungsverfahren** nach § 18a BetrVG durchzuführen (siehe § 18a BetrVG Rn 3 ff.).

3 **Wählbar** sind leitende Ang erst nach sechsmonatiger Betriebszugehörigkeit (§ 3 Abs. 2 S. 1). Weil eine vergleichbare Regelung wie § 8 Abs. 2 BetrVG fehlt, ist umstr., ob dies auch für **neu gegründete Betriebe** gilt.[2] Vermutlich hat der Gesetzgeber gar nicht daran gedacht, dass es etwa durch Fusionen neugegründete Unternehmen mit gleich mindestens zehn leitenden Ang geben kann und deshalb eine Regelung unterlassen. Auch wenn die Frage eher theoretisch ist: Der Gesetzeszweck spricht für eine **analoge Anwendung von § 8 Abs. 2 BetrVG**.[3] **Ausgeschlossen** vom passiven Wahlrecht sind gem. § 3 Abs. 2 Nr. 1 leitende Ang, die vom AG regelmäßig mit Verhandlungen mit dem Sprecherausschuss insb. nach den §§ 25 ff. betraut werden, und gem. § 3 Abs. 2 Nr. 2 **Prokuristen**, die dem Vertretungsorgan unmittelbar unterstellt sind und Prokura für den gesamten Geschäftsbereich haben.

4 Die **Zahl der Sprecherausschussmitglieder** richtet sich gem. § 4 nach der Zahl der leitenden Ang, ist aber auf **maximal sieben** begrenzt. Veränderungen während einer Amtszeit sind unbeachtlich, solange die Zahl der leitenden Ang nicht unter zehn sinkt (anders beim BR, vgl. § 13 Abs. 2 Nr. 1 und Nr. 2 BetrVG). Im Gegensatz zum BR (§ 15 Abs. 2 BetrVG) ist auch die gleichmäßige Repräsentation von Frauen und Männern nicht zwingend.

5 Die regelmäßigen Wahlen finden gem. § 5 Abs. 1 S. 1 **alle vier Jahre** vom 1. März bis 31. Mai statt. 1990 wurde das erste Mal gewählt (§ 37 Abs. 1 S. 1). Die nächste Wahl ist also 2010, dann 2014 usw. Sprecherausschuss- und BR-Wahlen werden gem. § 5 Abs. 1 S. 2 SprAuG, § 13 Abs. 1 S. 2 BetrVG **gleichzeitig eingeleitet.** Die Wahl wird eingeleitet, indem die Wahlvorstände die Wahlausschreiben erlassen (§ 3 Abs. 1 S. 2 WahlO). Sie müssen sich also vorher absprechen und auf ein Datum verständigen. Allerdings bleibt ein Verstoß ohne Folgen, denn allein deswegen sind keine wesentlichen Auswirkungen auf die Wahl zu befürchten, so dass eine Anfechtung nach § 8 Abs. 1 keinen Erfolg hat.[4]

6 In besonderen, in § 5 Abs. 2 genannten Fällen, finden **außerordentliche Wahlen** zum Sprecherausschuss statt. Wichtig ist Abs. 2 Nr. 1, der eine Wahl immer dann ermöglicht, wenn in einem Betrieb oder Unternehmen noch kein Sprecherausschuss existiert, obwohl dies nach §§ 1, 20 zulässig wäre.

7 Die **Amtszeit** endet gemäß Abs. 4 grundsätzlich **nach vier Jahren**. Ist bis zum Ablauf dieser Frist oder bis zum 31.5. des Regelwahljahres kein neuer Sprecherausschuss gewählt, besteht kein Sprecherausschuss mehr und eine Neuwahl richtet sich nach § 7 Abs. 2.[5] Die Amtszeit endet außer unter den Voraussetzungen von § 5 Abs. 2 Nr. 2 bis 4 auch, wenn die Zahl der i.d.R. ständig beschäftigten leitenden Ang unter zehn sinkt (siehe § 1 Rn 4). Bei einem **Betriebsübergang** nach § 613a BGB bleibt die Amtszeit des Sprecherausschuss dagegen unberührt. Das gilt aber nicht, wenn im neuen Unternehmen schon ein Unternehmenssprecherausschuss existiert, denn der Betriebssprecherausschuss des übergehenden Betriebes kann daneben nicht bestehen bleiben. Seine Amtszeit endet also in diesem Fall.[6]

8 Der **Ablauf der Wahl** richtet sich nach den §§ 6, 7 und der WahlO. Gem. § 7 Abs. 1 bestellt der Sprecherausschuss spätestens zehn Wochen vor Ablauf seiner Amtszeit einen Wahlvorstand aus mindestens drei leitenden Ang, darunter einem Vorsitzenden, der gem. Abs. 4 S. 1 die Wahl unverzüglich einzuleiten hat. Der Sprecherausschuss kann auch eigene Mitglieder in den Wahlvorstand bestellen.[7] Die Wahl von **Ersatzmitgliedern** sieht das Gesetz – im Unterschied zu § 16 Abs. 1 BetrVG – nicht vor; es spricht aber auch nichts dagegen.[8] Der Wahlvorstand muss eine Wählerliste auf-

---

1 Abgedruckt bei *Löwisch*, S. 235 ff.
2 Dagegen *Löwisch*, § 3 SprAuG Rn 23; für § 8 Abs. 2 BetrVG analog: *Hromadka*, § 3 SprAuG Rn 1.
3 Ähnlich HWK/*Annuß/Girlich*, §§ 3–8 SprAuG Rn 6.
4 *Weber u.a.*, Handbuch zum Betriebsverfassungsrecht, Teil B Rn 812, *Hromadka*, § 5 SprAuG Rn 3; *Löwisch*, § 5 SprAuG Rn 2.
5 *Löwisch*, § 5 SprAuG Rn 10.
6 ErfK/*Oetker*, §§ 3–8 SprAuG Rn 8; *Hromadka*, § 5 SprAuG Rn 28; *Löwisch*, § 5 SprAuG Rn 15.
7 *Löwisch*, § 7 SprAuG Rn 1.
8 HWK/*Annuß/Girlich*, §§ 3–8 SprAuG Rn 11.

stellen (§ 2 Abs. 1 WahlO), und spätestens sechs Wochen vor der Wahl ein Wahlausschreiben erlassen (§ 3 WahlO). Innerhalb von zwei Wochen nach der Wahlausschreibung müssen die Wahlvorschlagslisten beim Wahlvorstand eingereicht werden (§ 5 Abs. 1 S. 2 WahlO). Jeder Wahlvorschlag muss von mindestens drei leitenden Ang unterzeichnet sein (§ 6 Abs. 4 S. 2). **Stimmabgabe, Auszählung und Bekanntgabe** erfolgen nach den §§ 10 ff. WahlO.

Besteht in dem Betrieb noch kein Sprecherausschuss, obwohl die Voraussetzungen gem. §§ 1, 20 vorliegen, erfolgt die so genannte **Grundabstimmung** gem. § 7 Abs. 2 über die Einrichtung. Dazu können drei leitende Ang alle gem. § 7 Abs. 3 wahlberechtigten leitenden Ang einladen und einen Wahlvorstand vorschlagen. Wird dieser von der Mehrheit der anwesenden leitenden Ang gewählt (§ 7 Abs. 2 S. 1), erstellt er eine Abstimmungsliste aller wahlberechtigten leitenden Ang (§ 26 Abs. 2 S. 1 WahlO). Spricht sich die **absolute Mehrheit** (§ 7 Abs. 2 S. 4) von ihnen in einer Versammlung oder schriftlich für die Errichtung eines Sprecherausschusses aus, leitet der Wahlvorstand die dazu erforderliche Wahl nach den üblichen Regeln ein.

§ 8 entspricht hinsichtlich **Wahlanfechtung, Wahlschutz und Wahlkosten** den §§ 19, 20 BetrVG (mit der Ausnahme, dass Gewerkschaften nicht anfechtungsberechtigt sind). **Gewerkschaften** haben nach dem SprAuG weder Einfluss auf die Wahl noch auf die sonstige Tätigkeit des Sprecherausschusses, was der Nähe der leitenden Ang zum AG entspricht und keinesfalls einen Verstoß gegen Art. 9 Abs. 3 GG darstellt.[9]

C. Verbindung zu anderen Rechtsgebieten und zum Prozessrecht

Das ArbG kann im Beschlussverfahren nach §§ 2a Abs. 1 Nr. 2, 80 ff. ArbGG über Streitigkeiten bei Vorbereitung und Durchführung der Wahl entscheiden. Außerdem besteht die Möglichkeit der Wahlanfechtung nach § 8 Abs. 1.

§ 9 Ausschluß von Mitgliedern, Auflösung des Sprecherausschusses und Erlöschen der Mitgliedschaft

(1) ¹Mindestens ein Viertel der leitenden Angestellten oder der Arbeitgeber können beim Arbeitsgericht den Ausschluß eines Mitglieds aus dem Sprecherausschuß oder die Auflösung des Sprecherausschusses wegen grober Verletzung seiner gesetzlichen Pflichten beantragen. ²Der Ausschluß eines Mitglieds kann auch vom Sprecherausschuß beantragt werden.

(2) Die Mitgliedschaft im Sprecherausschuß erlischt durch
1. Ablauf der Amtszeit,
2. Niederlegung des Sprecherausschußamtes,
3. Beendigung des Arbeitsverhältnisses,
4. Verlust der Wählbarkeit,
5. Ausschluß aus dem Sprecherausschuß oder Auflösung des Sprecherausschusses aufgrund einer gerichtlichen Entscheidung oder
6. gerichtliche Entscheidung über die Feststellung der Nichtwählbarkeit nach Ablauf der in § 8 Abs. 1 Satz 3 bezeichneten Frist, es sei denn, der Mangel liegt nicht mehr vor.

§ 10 Ersatzmitglieder

(1) ¹Scheidet ein Mitglied des Sprecherausschusses aus, rückt ein Ersatzmitglied nach. ²Dies gilt entsprechend für die Stellvertretung eines zeitweilig verhinderten Mitglieds des Sprecherausschusses.

(2) ¹Die Ersatzmitglieder werden der Reihe nach aus den nicht gewählten leitenden Angestellten derjenigen Vorschlagslisten entnommen, denen die zu ersetzenden Mitglieder angehören. ²Ist eine Vorschlagsliste erschöpft, ist das Ersatzmitglied derjenigen Vorschlagsliste zu entnehmen, auf die nach den Grundsätzen der Verhältniswahl der nächste Sitz entfallen würde. ³Ist das ausgeschiedene oder verhinderte Mitglied nach den Grundsätzen der Mehrheitswahl gewählt, bestimmt sich die Reihenfolge der Ersatzmitglieder nach der Höhe der erreichten Stimmenzahl.

(3) In dem Fall des § 6 Abs. 3 gilt Absatz 1 mit der Maßgabe, daß das gewählte Ersatzmitglied nachrückt oder die Stellvertretung übernimmt.

§ 9 Abs. 1 und 2 und § 10 entsprechen den §§ 23 Abs. 1, 24, 25 BetrVG. Daher kann auf die Ausführungen dort verwiesen werden (siehe § 23 BetrVG Rn 4 ff.). **Ausschluss eines Mitgliedes** oder **Auflösung** des Ausschusses kommen

---
9 So aber DKK/*Trümner*, § 5 BetrVG Rn 173c.

also nur bei **grober Fahrlässigkeit** oder vorsätzlicher Pflichtverletzung in Betracht. Ein **Erzwingungsverfahren gegen den AG** wie in § 23 Abs. 3 BetrVG gibt es im SprAuG nicht, weil der Sprecherausschuss anders als der BR keine unverzichtbaren Mitbestimmungsrechte hat (zur Durchsetzung seiner Rechte siehe § 2 Rn 9). Scheidet ein Mitglied des Sprecherausschusses gem. § 9 Abs. 2 aus, rückt automatisch ein **Ersatzmitglied** nach (§ 10 Abs. 1). Das geschieht auch, wenn das Mitglied nur vorübergehend – etwa durch eine Dienstreise – verhindert ist; ein entgegenstehender Wille ist unbeachtlich, weil sonst die Beschlussfähigkeit gefährdet wäre.[1] Sind keine Ersatzmitglieder mehr vorhanden und sinkt die Mitgliederzahl unter die gem. § 4 vorgeschriebene Mindestzahl, bleibt der Sitz unbesetzt; eine Neuwahl gibt es nur, wenn überhaupt kein Mitglied mehr vorhanden ist.[2]

Zweiter Abschnitt: Geschäftsführung des Sprecherausschusses

§ 11 Vorsitzender

(1) Der Sprecherausschuß wählt aus seiner Mitte den Vorsitzenden und dessen Stellvertreter.
(2) [1]Der Vorsitzende vertritt den Sprecherausschuß im Rahmen der von diesem gefaßten Beschlüsse. [2]Zur Entgegennahme von Erklärungen, die dem Sprecherausschuß gegenüber abzugeben sind, ist der Vorsitzende berechtigt. [3]Im Falle der Verhinderung des Vorsitzenden nimmt sein Stellvertreter diese Aufgaben wahr.
(3) Der Sprecherausschuß kann die laufenden Geschäfte auf den Vorsitzenden oder andere Mitglieder des Sprecherausschusses übertragen.

§ 12 Sitzungen des Sprecherausschusses

(1) [1]Vor Ablauf einer Woche nach dem Wahltag hat der Wahlvorstand die Mitglieder des Sprecherausschusses zu der nach § 11 Abs. 1 vorgeschriebenen Wahl einzuberufen. [2]Der Vorsitzende des Wahlvorstands leitet die Sitzung, bis der Sprecherausschuß aus seiner Mitte einen Wahlleiter zur Wahl des Vorsitzenden und seines Stellvertreters bestellt hat.
(2) [1]Die weiteren Sitzungen beruft der Vorsitzende des Sprecherausschusses ein. [2]Er setzt die Tagesordnung fest und leitet die Verhandlung. [3]Der Vorsitzende hat die Mitglieder des Sprecherausschusses zu den Sitzungen rechtzeitig unter Mitteilung der Tagesordnung zu laden.
(3) Der Vorsitzende hat eine Sitzung einzuberufen und den Gegenstand, dessen Beratung beantragt ist, auf die Tagesordnung zu setzen, wenn dies ein Drittel der Mitglieder des Sprecherausschusses oder der Arbeitgeber beantragen.
(4) Der Arbeitgeber nimmt an den Sitzungen, die auf sein Verlangen anberaumt sind, und an den Sitzungen, zu denen er ausdrücklich eingeladen ist, teil.
(5) [1]Die Sitzungen des Sprecherausschusses finden in der Regel während der Arbeitszeit statt. [2]Der Sprecherausschuß hat bei der Anberaumung von Sitzungen auf die betrieblichen Notwendigkeiten Rücksicht zu nehmen. [3]Der Arbeitgeber ist über den Zeitpunkt der Sitzung vorher zu verständigen. [4]Die Sitzungen des Sprecherausschusses sind nicht öffentlich; § 2 Abs. 2 bleibt unberührt.

§ 13 Beschlüsse und Geschäftsordnung des Sprecherausschusses

(1) [1]Die Beschlüsse des Sprecherausschusses werden, soweit in diesem Gesetz nichts anderes bestimmt ist, mit der Mehrheit der Stimmen der anwesenden Mitglieder gefaßt. [2]Bei Stimmengleichheit ist ein Antrag abgelehnt.
(2) [1]Der Sprecherausschuß ist nur beschlußfähig, wenn mindestens die Hälfte seiner Mitglieder an der Beschlußfassung teilnimmt. [2]Stellvertretung durch Ersatzmitglieder ist zulässig.
(3) [1]Über jede Verhandlung des Sprecherausschusses ist eine Niederschrift anzufertigen, die mindestens den Wortlaut der Beschlüsse und die Stimmenmehrheit, mit der sie gefaßt sind, enthält. [2]Die Niederschrift ist von dem Vorsitzenden und einem weiteren Mitglied zu unterzeichnen. [3]Der Niederschrift ist eine Anwesenheitsliste beizufügen, in die sich jeder Teilnehmer eigenhändig einzutragen hat.

---

1 *Kramer*, BB 1993, 2156.

2 *Weber* u.a., Handbuch zum Betriebsverfassungsrecht, Teil B Rn 823.

(4) Die Mitglieder des Sprecherausschusses haben das Recht, die Unterlagen des Sprecherausschusses jederzeit einzusehen.
(5) Sonstige Bestimmungen über die Geschäftsführung können in einer schriftlichen Geschäftsordnung getroffen werden, die der Sprecherausschuß mit der Mehrheit der Stimmen seiner Mitglieder beschließt.

Für die Vorschriften zur **Geschäftsführung** (§§ 11 bis 13) siehe die Kommentierung bei §§ 26, 29, 33 BetrVG. 1

§ 14 Arbeitsversäumnis und Kosten

(1) Mitglieder des Sprecherausschusses sind von ihrer beruflichen Tätigkeit ohne Minderung des Arbeitsentgelts zu befreien, wenn und soweit es nach Umfang und Art des Betriebs zur ordnungsgemäßen Durchführung ihrer Aufgaben erforderlich ist.
(2) ¹Die durch die Tätigkeit des Sprecherausschusses entstehenden Kosten trägt der Arbeitgeber. ²Für die Sitzungen und die laufende Geschäftsführung hat der Arbeitgeber in erforderlichem Umfang Räume, sachliche Mittel und Büropersonal zur Verfügung zu stellen.

Nach Abs. 1 haben die Mitglieder Anspruch auf Befreiung von der beruflichen Tätigkeit, soweit die Arbeit im Sprecherausschuss dies erfordert. Anders als im BetrVG gibt es keine Regelungen über einen Ausgleich für **Tätigkeiten außerhalb der Arbeitszeit** und die **vollständige Freistellung** von Mitgliedern für Sprecherausschusstätigkeiten. Beides kommt daher für die leitenden Ang im Sprecherausschuss nicht in Betracht.¹ Die Auffassung, ausnahmsweise komme die vollständige Befreiung analog dem BetrVG in Betracht, wenn dies zur ordnungsgemäßen Amtsführung erforderlich sei,² überzeugt genauso wenig wie die Idee eines Befreiungsanspruches nach Abs. 1 gegen den AG bei unzumutbarem Umfang der Amtstätigkeit außerhalb der Arbeitszeit.³ Die Stellung der leitenden Ang würde sonst missachtet, da für sie regelmäßig eine feste Arbeitszeit gar nicht vorgeschrieben ist (§ 18 Abs. 1 Nr. 1 ArbZG) und Überstunden mit dem Gehalt abgegolten sind. Es ist daher kaum feststellbar, wann sie außerhalb der Arbeitszeit tätig werden.⁴ 1

Abs. 2 bürdet dem AG unabdingbar die **Kosten** des Sprecherausschusses auf, wobei die bei der entsprechenden Regelung des § 40 BetrVG geltenden Grundsätze (siehe § 40 BetrVG Rn 2 ff.) anwendbar sind. Für **Schulungs- und Bildungsveranstaltungen** sieht das SprAuG im Gegensatz zu § 36 Abs. 6 und Abs. 7 BetrVG keinen Anspruch auf Arbeitsbefreiung oder Kostenübernahme vor. Im Einzelfall kann sich aber eine **Pflicht der Freistellung** aus Abs. 1 und zur **Kostenübernahme** aus Abs. 2 ergeben, wenn die Schulung unumgänglich für die Arbeit im Sprecherausschuss ist.⁵ An einen solchen Fall müssen aber angesichts der Vorbildung der leitenden Ang und der grundsätzlichen Verpflichtung, sich die notwendigen Kenntnisse außerhalb der Arbeitszeit anzueignen, hohe Anforderungen gestellt werden.⁶ Für neue, nicht juristisch vorgebildete Sprecherausschussmitglieder mag dies aber etwa für arbeitsrechtliche Schulungen zutreffen. 2

Dritter Abschnitt: Versammlung der leitenden Angestellten

§ 15 Zeitpunkt, Einberufung und Themen der Versammlung

(1) ¹Der Sprecherausschuß soll einmal im Kalenderjahr eine Versammlung der leitenden Angestellten einberufen und in ihr einen Tätigkeitsbericht erstatten. ²Auf Antrag des Arbeitgebers oder eines Viertels der leitenden Angestellten hat der Sprecherausschuß eine Versammlung der leitenden Angestellten einzuberufen und den beantragten Beratungsgegenstand auf die Tagesordnung zu setzen.
(2) ¹Die Versammlung der leitenden Angestellten soll während der Arbeitszeit stattfinden. ²Sie wird vom Vorsitzenden des Sprecherausschusses geleitet. ³Sie ist nicht öffentlich.
(3) ¹Der Arbeitgeber ist zu der Versammlung der leitenden Angestellten unter Mitteilung der Tagesordnung einzuladen. ²Er ist berechtigt, in der Versammlung zu sprechen. ³Er hat über Angelegenheiten der leitenden

---

1 *Löwisch*, § 14 SprAuG Rn 1; *Kramer*, BB 1993, 1139; *Hromadka*, § 14 SprAuG Rn 9.
2 *Weber u.a.*, Handbuch zum Betriebsverfassungsrecht, Teil B Rn 830 m.w.N.
3 MünchArb/*Joost*, Bd. 3, § 315 Rn 87.
4 *Löwisch*, § 14 SprAuG Rn 1.
5 MünchArb/*Joost*, Bd. 3, § 315 Rn 103; HWK/*Annuß/Girlich*, §§ 11–14 SprAuG Rn 4.
6 Vgl. *Kramer*, DB 1993, 1140.

Angestellten und die wirtschaftliche Lage und Entwicklung des Betriebs zu berichten, soweit dadurch nicht Betriebs- oder Geschäftsgeheimnisse gefährdet werden.
(4) ¹Die Versammlung der leitenden Angestellten kann dem Sprecherausschuß Anträge unterbreiten und zu seinen Beschlüssen Stellung nehmen. ²§ 2 Abs. 4 gilt entsprechend.

1   Die **jährliche (ordentliche) Versammlung** der leitenden Ang ist in Abs. 1 S. 1 nur als Sollvorschrift ausgestaltet. Dagegen muss eine **außerordentliche Versammlung** einberufen werden, wenn der AG oder ein Viertel der leitenden Ang dies verlangt, Abs. 1 S. 2. Außerdem muss es sich – was sich aus dem Grundsatz der vertrauensvollen Zusammenarbeit ergibt – um ein alle leitenden Ang betreffendes, so wichtiges Thema handeln, dass ein Abwarten bis zur nächsten regelmäßigen Versammlung nicht zumutbar ist. Denn auch ohne ausdrückliche gesetzliche Regelung haben die leitenden Ang entsprechend § 14 einen **Anspruch auf Arbeitsbefreiung** und auf **Kostenübernahme** gegen den AG.¹ Das gilt grds. auch für die **Fahrtkosten**, wenn die Versammlung an einem anderen Betriebsort stattfindet.² Weil die Kosten für den AG daher erheblich sein können, sollten an das Vorliegen eines **wichtigen Grundes** für eine außerordentliche Versammlung der leitenden Ang strenge Anforderungen gestellt werden.

Vierter Abschnitt: Gesamtsprecherausschuß

§ 16   Errichtung, Mitgliederzahl und Stimmengewicht

(1) Bestehen in einem Unternehmen mehrere Sprecherausschüsse, ist ein Gesamtsprecherausschuß zu errichten.
(2) ¹In den Gesamtsprecherausschuß entsendet jeder Sprecherausschuß eines seiner Mitglieder. ²Satz 1 gilt entsprechend für die Abberufung. ³Durch Vereinbarung zwischen Gesamtsprecherausschuß und Arbeitgeber kann die Mitgliederzahl des Gesamtsprecherausschusses abweichend von Satz 1 geregelt werden.
(3) Der Sprecherausschuß hat für jedes Mitglied des Gesamtsprecherausschusses mindestens ein Ersatzmitglied zu bestellen und die Reihenfolge des Nachrückens festzulegen; § 10 Abs. 3 gilt entsprechend.
(4) ¹Jedes Mitglied des Gesamtsprecherausschusses hat so viele Stimmen, wie in dem Betrieb, in dem es gewählt wurde, leitende Angestellte in der Wählerliste der leitenden Angestellten eingetragen sind. ²Ist ein Mitglied des Gesamtsprecherausschusses für mehrere Betriebe entsandt worden, hat es so viele Stimmen, wie in den Betrieben, für die es entsandt ist, leitende Angestellte in den Wählerlisten eingetragen sind. ³Sind für einen Betrieb mehrere Mitglieder des Sprecherausschusses entsandt worden, stehen diesen die Stimmen nach Satz 1 anteilig zu.

§ 17   Ausschluß von Mitgliedern und Erlöschen der Mitgliedschaft

(1) Mindestens ein Viertel der leitenden Angestellten des Unternehmens, der Gesamtsprecherausschuß oder der Arbeitgeber können beim Arbeitsgericht den Ausschluß eines Mitglieds aus dem Gesamtsprecherausschuß wegen grober Verletzung seiner gesetzlichen Pflichten beantragen.
(2) Die Mitgliedschaft im Gesamtsprecherausschuß endet mit Erlöschen der Mitgliedschaft im Sprecherausschuß, durch Amtsniederlegung, durch Ausschluß aus dem Gesamtsprecherausschuß aufgrund einer gerichtlichen Entscheidung oder Abberufung durch den Sprecherausschuß.

§ 18   Zuständigkeit

(1) ¹Der Gesamtsprecherausschuß ist zuständig für die Behandlung von Angelegenheiten, die das Unternehmen oder mehrere Betriebe des Unternehmens betreffen und nicht durch die einzelnen Sprecherausschüsse innerhalb ihrer Betriebe behandelt werden können. ²Er ist den Sprecherausschüssen nicht übergeordnet.

---

1 HWK/*Annuß*/*Girlich*, § 15 SprAuG Rn 6; *Preis*, Kollektivarbeitsrecht, S. 761.
2 ErfK/*Oetker*, § 15 SprAuG Rn 8; ähnlich *Löwisch*, § 15 SprAuG Rn 15: jedenfalls aus § 675 i.V.m. § 670; offengelassen von HWK/*Annuß*/*Girlich*, § 15 SprAuG Rn 6; a.A. *Hromadka*, § 15 SprAuG Rn 36: grds. keine Erstattung.

(2) ¹Der Sprecherausschuß kann mit der Mehrheit der Stimmen seiner Mitglieder den Gesamtsprecherausschuß schriftlich beauftragen, eine Angelegenheit für ihn zu behandeln. ²Der Sprecherausschuß kann sich dabei die Entscheidungsbefugnis vorbehalten. ³Für den Widerruf der Beauftragung gilt Satz 1 entsprechend.

(3) Die Vorschriften über die Rechte und Pflichten des Sprecherausschusses und die Rechtsstellung seiner Mitglieder gelten entsprechend für den Gesamtsprecherausschuß.

§ 19 Geschäftsführung

(1) Für den Gesamtsprecherausschuß gelten § 10 Abs. 1, die §§ 11, 13 Abs. 1, 3 bis 5 und § 14 entsprechend.

(2) ¹Ist ein Gesamtsprecherausschuß zu errichten, hat der Sprecherausschuß der Hauptverwaltung des Unternehmens oder, sofern ein solcher nicht besteht, der Sprecherausschuß des nach der Zahl der leitenden Angestellten größten Betriebs zu der Wahl des Vorsitzenden und des stellvertretenden Vorsitzenden des Gesamtsprecherausschusses einzuladen. ²Der Vorsitzende des einladenden Sprecherausschusses hat die Sitzung zu leiten, bis der Gesamtsprecherausschuß aus seiner Mitte einen Wahlleiter zur Wahl des Vorsitzenden und seines Stellvertreters bestellt hat. ³§ 12 Abs. 2 bis 5 gilt entsprechend.

(3) ¹Der Gesamtsprecherausschuß ist nur beschlußfähig, wenn mindestens die Hälfte seiner Mitglieder an der Beschlußfassung teilnimmt und die Teilnehmenden mindestens die Hälfte aller Stimmen vertreten. ²Stellvertretung durch Ersatzmitglieder ist zulässig.

Der **Gesamtsprecherausschuss** soll die Belange der leitenden Ang eines Unternehmens betriebsübergreifend regeln. Mit **Unternehmen** ist wie bei § 47 BetrVG der **einheitliche Rechtsträger** gemeint (siehe § 47 BetrVG Rn 2); d.h. wenn es sich um organisatorisch und wirtschaftlich eng verflochtene, aber rechtlich selbstständige Unternehmen handelt, kann kein Gesamtsprecherausschuß gebildet werden. Existieren in einem Unternehmen aber mindestens zwei Sprecherausschüsse, ist seine Errichtung **zwingend**. Sie geschieht durch Entsendung von Mitgliedern der einzelnen Sprecherausschüsse (§ 16 Abs. 2). Unterbleibt die Entsendung, liegt eine grobe Pflichtverletzung des Sprecherausschusses i.S.d. § 9 Abs. 1 vor.[1] Wird in einem Unternehmen ein **Unternehmenssprecherausschuss** gewählt (§ 20 Abs. 1 und 2), scheidet die Bildung eines Gesamtsprecherausschusses aus. 1

Der Gesamtsprecherausschuss ist als Dauereinrichtung **unabhängig vom Wechsel seiner Mitglieder**.[2] Daher kommt es auf den Fortbestand einzelner Sprecherausschüsse und das Erlöschen der Mitgliedschaft eines entsandten Vertreters (§ 17 Abs. 2) nicht an. 2

Seine **Zuständigkeit** ergibt sich originär aus § 18 Abs. 1 S. 1. Es muss ein **zwingendes Erfordernis** an einer **unternehmenseinheitlichen** bzw. zumindest **betriebsübergreifenden Regelung** bestehen (entsprechend siehe § 50 BetrVG Rn 3 ff.). Das ist dann der Fall, wenn die angestrebte Regelung aus Rechtsgründen, insb. wegen des Gleichbehandlungsgrundsatzes, unternehmenseinheitlich getroffen werden muss oder wenn sich die Regelung in einem Betrieb zwingend auf die Regelungen in anderen Betrieben auswirkt.[3] Zu bejahen ist dies etwa bei Regelungen über die betriebliche Altersvorsorge, der unternehmenseinheitlichen Einführung von Zielvereinbarungen für die leitenden Ang oder der generellen Unternehmensorganisation. Einstellungen oder Künd betreffen dagegen regelmäßig nur den betrieblichen Sprecherausschuss. 3

Außerdem kann sich eine Zuständigkeit durch den **Auftrag eines Sprecherausschusses** gem. § 18 Abs. 2 S. 1 ergeben. Umstr., aber wohl zu bejahen ist die Frage, ob der Gesamtsprecherausschuss **verpflichtet** ist, dem Auftrag Folge zu leisten.[4] Abzulehnen ist die Auffassung,[5] wonach sich die Zuständigkeit des Gesamtsprecherausschusses auch auf **Betriebe ohne Sprecherausschuss** erstreckt. Denn im SprAuG fehlt eine § 50 Abs. 1 S. 1 letzter Hs. BetrVG vergleichbare Regelung. Sie widerspräche auch dem Grundgedanken des SprAuG, wonach nur auf ausdrücklichen Wunsch der leitenden Ang eine organisierte Interessenvertretung für sie tätig werden soll.[6] 4

Die Vorschriften über **Geschäftsführung, Beschlussfassung und Erlöschen der Mitgliedschaft** entsprechen denen der Sprecherausschüsse. Jedes Mitglied hat so viele Stimmen wie es leitende Ang repräsentiert (vgl. § 16 Abs. 4). Sie können nur **einheitlich** abgegeben werden, wobei die Mitglieder nicht an Vorgaben der entsendenden betrieblichen Sprecherausschüsse gebunden sind.[7] 5

---

1 HWK-*Annuß/Girlich*, §§ 16–19 SprAuG Rn 3.
2 ErfK/*Oetker*, §§ 16–19 SprAuG Rn 5.
3 *Löwisch*, § 18 SprAuG Rn 3.
4 Vgl die unterschiedlichen Meinungen bei HWK-*Annuß/Girlich*, §§ 16–19 SprAuG Rn 5 Fn 14.
5 Siehe auch HWK-*Annuß/Girlich*, §§ 16–19 SprAuG Rn 3.
6 Siehe auch *Löwisch*, § 18 SprAuG Rn 2; *Hromadka*, § 18 SprAuG Rn 13.
7 *Löwisch*, § 16 SprAuG Rn 11.

Fünfter Abschnitt: Unternehmenssprecherausschuß

§ 20 Errichtung

(1) ¹Sind in einem Unternehmen mit mehreren Betrieben in der Regel insgesamt mindestens zehn leitende Angestellte beschäftigt, kann abweichend von § 1 Abs. 1 und 2 ein Unternehmenssprecherausschuß der leitenden Angestellten gewählt werden, wenn dies die Mehrheit der leitenden Angestellten des Unternehmens verlangt. ²Die §§ 2 bis 15 gelten entsprechend.

(2) ¹Bestehen in dem Unternehmen Sprecherausschüsse, hat auf Antrag der Mehrheit der leitenden Angestellten des Unternehmens der Sprecherausschuß der Hauptverwaltung oder, sofern ein solcher nicht besteht, der Sprecherausschuß des nach der Zahl der leitenden Angestellten größten Betriebs einen Unternehmenswahlvorstand für die Wahl eines Unternehmenssprecherausschusses zu bestellen. ²Die Wahl des Unternehmenssprecherausschusses findet im nächsten Zeitraum der regelmäßigen Wahlen im Sinne des § 5 Abs. 1 Satz 1 statt. ³Die Amtszeit der Sprecherausschüsse endet mit der Bekanntgabe des Wahlergebnisses.

(3) ¹Besteht ein Unternehmenssprecherausschuß, können auf Antrag der Mehrheit der leitenden Angestellten des Unternehmens Sprecherausschüsse gewählt werden. ²Der Unternehmenssprecherausschuß hat für jeden Betrieb, der die Voraussetzungen des § 1 Abs. 1 erfüllt, einen Wahlvorstand nach § 7 Abs. 1 zu bestellen. ³Die Wahl von Sprecherausschüssen findet im nächsten Zeitraum der regelmäßigen Wahlen im Sinne des § 5 Abs. 1 Satz 1 statt. ⁴Die Amtszeit des Unternehmenssprecherausschusses endet mit der Bekanntgabe des Wahlergebnisses eines Sprecherausschusses.

(4) Die Vorschriften über die Rechte und Pflichten des Sprecherausschusses und die Rechtsstellung seiner Mitglieder gelten entsprechend für den Unternehmenssprecherausschuß.

1 § 20 hat zwei Funktionen: Zum einen ermöglicht er die Bildung eines Unternehmenssprecherausschusses, wenn es im **gesamten Unternehmen** (zum Unternehmensbegriff siehe §§ 16–19 Rn 1) mindestens zehn leitende Ang gibt, nicht aber in einem selbstständigen Betrieb (Abs. 1). Zum anderen ermöglicht er den leitenden Ang in Unternehmen mit mehreren sprecherausschußfähigen Betrieben, zwischen **zwei Modellen der Interessenvertretung** zu wählen: entweder betriebliche Sprecherausschüsse und ein Gesamtsprecherausschuß (§ 16) oder ein Unternehmenssprecherausschuß (Abs. 2). Dieser vereint dann die Aufgaben von Betriebssprecherausschuss und Gesamtsprecherausschuss in sich.[1] Hat das Unternehmen nur einen Betrieb mit mindestens zehn leitenden Ang, aber weitere Betriebe mit weniger als zehn leitenden Ang, greift Abs. 2 wegen § 1 Abs. 2 nicht ein.

2 Die erstmalige Errichtung eines Unternehmenssprecherausschusses setzt die Zustimmung der **Mehrheit aller leitenden Ang** voraus (Abs. 1 S. 1, Abs. 2 S. 1). Das Wahlverfahren entspricht im Wesentlichen dem zur betrieblichen Sprecherausschusswahl; (für Besonderheiten siehe § 14a BetrVG Rn 18 ff., 25 ff.). Bestehen in dem Unternehmen schon Betriebssprecherausschüsse, erfolgt die Wahl des Unternehmenssprecherausschusses – sofern die Mehrheit der Errichtung zugestimmt hat – zum **regulären Termin** nach § 5 (Abs. 2 S. 2). Umgekehrt kann nach dem gleichen Verfahren – wieder einen Mehrheitsbeschluss vorausgesetzt – von einem existierenden Unternehmenssprecherausschuss **zurück zum System mit Betriebs- und Gesamtsprecherausschuss** gewechselt werden (Abs. 3).

3 Die **Zahl der Mitglieder** im Unternehmenssprecherausschuss richtet sich gem. Abs. 1 S. 2 nach § 4. Teilweise wird dies für nicht ausreichend gehalten und eine Aufstockung analog §§ 16 Abs. 2 S. 2, 21 Abs. 2 S. 3 als möglich angesehen.[2] Dafür besteht aber kein Grund, denn mit dem Unternehmenssprecherausschuss sollte ja gerade eine einfachere und praktikablere Alternative gegenüber dem zweistufigen System angeboten werden.[3] Dieser Vorteil würde durch eine Aufstockung verringert.

Sechster Abschnitt: Konzernsprecherausschuß

§ 21 Errichtung, Mitgliederzahl und Stimmengewicht

(1) ¹Für einen Konzern (§ 18 Abs. 1 des Aktiengesetzes) kann durch Beschlüsse der einzelnen Gesamtsprecherausschüsse ein Konzernsprecherausschuß errichtet werden. ²Die Errichtung erfordert die Zustimmung der Ge-

---

[1] DKK/*Trümner*, § 5 BetrVG Rn 171b.
[2] *Hromadka*, § 20 SprAuG Rn 6; ErfK/*Oetker*, § 20 SprAuG Rn 6.
[3] *Löwisch*, § 20 SprAuG Rn 13.

samtsprecherausschüsse der Konzernunternehmen, in denen insgesamt mindestens 75 vom Hundert der leitenden Angestellten der Konzernunternehmen beschäftigt sind. ³Besteht in einem Konzernunternehmen nur ein Sprecherausschuß oder ein Unternehmenssprecherausschuß, tritt er an die Stelle des Gesamtsprecherausschusses und nimmt dessen Aufgaben nach den Vorschriften dieses Abschnitts wahr.
(2) ¹In den Konzernsprecherausschuß entsendet jeder Gesamtsprecherausschuß eines seiner Mitglieder. ²Satz 1 gilt entsprechend für die Abberufung. ³Durch Vereinbarung zwischen Konzernsprecherausschuß und Arbeitgeber kann die Mitgliederzahl des Konzernsprecherausschusses abweichend von Satz 1 geregelt werden.
(3) Der Gesamtsprecherausschuß hat für jedes Mitglied des Konzernsprecherausschusses mindestens ein Ersatzmitglied zu bestellen und die Reihenfolge des Nachrückens festzulegen; nimmt der Sprecherausschuß oder der Unternehmenssprecherausschuß eines Konzernunternehmens die Aufgaben des Gesamtsprecherausschusses nach Absatz 1 Satz 3 wahr, gilt § 10 Abs. 3 entsprechend.
(4) ¹Jedes Mitglied des Konzernsprecherausschusses hat so viele Stimmen, wie die Mitglieder des Gesamtsprecherausschusses, von dem es entsandt wurde, im Gesamtsprecherausschuß Stimmen haben. ²Ist ein Mitglied des Konzernsprecherausschusses von einem Sprecherausschuß oder Unternehmenssprecherausschuß entsandt worden, hat es so viele Stimmen, wie in dem Betrieb oder Konzernunternehmen, in dem es gewählt wurde, leitende Angestellte in der Wählerliste der leitenden Angestellten eingetragen sind. ³§ 16 Abs. 4 Satz 2 und 3 gilt entsprechend.

§ 22 Ausschluß von Mitgliedern und Erlöschen der Mitgliedschaft

(1) Mindestens ein Viertel der leitenden Angestellten der Konzernunternehmen, der Konzernsprecherausschuß oder der Arbeitgeber können beim Arbeitsgericht den Ausschluß eines Mitglieds aus dem Konzernsprecherausschuß wegen grober Verletzung seiner gesetzlichen Pflichten beantragen.
(2) Die Mitgliedschaft im Konzernsprecherausschuß endet mit dem Erlöschen der Mitgliedschaft im Gesamtsprecherausschuß, durch Amtsniederlegung, durch Ausschluß aus dem Konzernsprecherausschuß aufgrund einer gerichtlichen Entscheidung oder Abberufung durch den Gesamtsprecherausschuß.

§ 23 Zuständigkeit

(1) ¹Der Konzernsprecherausschuß ist zuständig für die Behandlung von Angelegenheiten, die den Konzern oder mehrere Konzernunternehmen betreffen und nicht durch die einzelnen Gesamtsprecherausschüsse innerhalb ihrer Unternehmen geregelt werden können. ²Er ist den Gesamtsprecherausschüssen nicht übergeordnet.
(2) ¹Der Gesamtsprecherausschuß kann mit der Mehrheit der Stimmen seiner Mitglieder den Konzernsprecherausschuß schriftlich beauftragen, eine Angelegenheit für ihn zu behandeln. ²Der Gesamtsprecherausschuß kann sich dabei die Entscheidungsbefugnis vorbehalten. ³Für den Widerruf der Beauftragung gilt Satz 1 entsprechend.

§ 24 Geschäftsführung

(1) Für den Konzernsprecherausschuß gelten § 10 Abs. 1, die §§ 11, 13 Abs. 1, 3 bis 5, die §§ 14, 18 Abs. 3 und § 19 Abs. 3 entsprechend.
(2) ¹Ist ein Konzernsprecherausschuß zu errichten, hat der Gesamtsprecherausschuß des herrschenden Unternehmens oder, sofern ein solcher nicht besteht, der Gesamtsprecherausschuß des nach der Zahl der leitenden Angestellten größten Konzernunternehmens zu der Wahl des Vorsitzenden und des stellvertretenden Vorsitzenden des Konzernsprecherausschusses einzuladen. ²Der Vorsitzende des einladenden Gesamtsprecherausschusses hat die Sitzung zu leiten, bis der Konzernsprecherausschuß aus seiner Mitte einen Wahlleiter zur Wahl des Vorsitzenden und seines Stellvertreters bestellt hat. ³§ 12 Abs. 2 bis 5 gilt entsprechend.

Um eine Vertretung der leitenden Ang auch gegenüber der Konzernspitze zu gewährleisten, sehen die §§ 21 bis 24 entsprechend den §§ 54 bis 59 BetrVG für den KBR die Bildung eines **Konzernsprecherausschusses** vor. Voraussetzung dafür ist, dass in mind. zwei Konzernunternehmen Gesamtsprecherausschüsse gewählt worden sind und amtieren. Es muss sich um einen **Konzern i.S.d. § 18 Abs. 1 AktG** handeln, d.h. ein herrschendes und ein oder mehrere abhängige Unternehmen müssen unter der Leitung des herrschenden Unternehmens zusammengefasst sein, wobei es auf die Rechtsform nicht ankommt. Anders als beim Gesamtsprecherausschuss besteht **keine Pflicht zur Errich-**

tung. Jeder Gesamtsprecherausschuss kann aber die Initiative zur Gründung ergreifen; zur wirksamen Errichtung ist ein Beschluss der **Mehrheit der Gesamtsprecherausschüsse** erforderlich, die wiederum mindestens **75 % der leitenden Ang** repräsentieren müssen. Da der Konzernsprecherausschuss keine obligatorische Einrichtung ist, können ihn die Gesamtsprecherausschüsse bzw. der nach § 18 Abs. 1 S. 3 zuständige Unternehmens- oder Betriebssprecherausschuss durch Beschluss auch wieder **auflösen**.[1] Das ist zwar im Gesetz nicht geregelt, ist aber logische Konsequenz der Freiwilligkeit seiner Errichtung. Mangels eines besonderen Quorums wie in § 21 S. 2 für die Errichtung reicht für die Auflösung die Zustimmung der Gesamtsprecherausschüsse, die mehr als die Hälfte der leitenden Ang repräsentieren.[2] § 23 Abs. 1 beschränkt die **Zuständigkeit** auf die Behandlung solcher Fragen, für die ein **zwingendes Erfordernis für eine einheitliche Regelung** auf Konzernebene besteht. Das ist insb. bei der betrieblichen Altersvorsorge, bei Sozialeinrichtungen oder bei anderen freiwilligen AG-Leistungen der Fall.[3] Zu Mitgliedschaft, Beschlussfassung, Geschäftsführung vgl. zu den meist parallelen Regelungen die Kommentierung der §§ 16 bis 19 Rn 5 für den Gesamtsprecherausschuss bzw. §§ 54 bis 59 BetrVG die Kommentierung § 55 Rn 2 ff., § 59 Rn 6 für den KBR.

Dritter Teil: Mitwirkung der leitenden Angestellten

Erster Abschnitt: Allgemeine Vorschriften

§ 25 Aufgaben des Sprecherausschusses

(1) [1]Der Sprecherausschuß vertritt die Belange der leitenden Angestellten des Betriebs (§ 1 Abs. 1 und 2). [2]Die Wahrnehmung eigener Belange durch den einzelnen leitenden Angestellten bleibt unberührt.

(2) [1]Der Sprecherausschuß ist zur Durchführung seiner Aufgaben nach diesem Gesetz rechtzeitig und umfassend vom Arbeitgeber zu unterrichten. [2]Auf Verlangen sind ihm die erforderlichen Unterlagen jederzeit zur Verfügung zu stellen.

A. Regelungsgehalt

1 Die Beteiligungsrechte des Sprecherausschusses sind nur schwach ausgebildet. Anders als der BR hat er **kein Mitbestimmungsrecht**, sondern nur Mitwirkungsrechte, also **Informations-, Anhörungs- und Beratungsrechte**. Abs. 1 umschreibt den allgemeinen Aufgabenbereich des Sprecherausschusses als Interessenvertretung der leitenden Ang. Der Streit über die Grenzen des Abs. 1[1] ist letztlich müßig, da konkrete Mitwirkungsrechte nur aus den §§ 30 bis 32, nicht aber aus Abs. 1 abgeleitet werden können.[2] Gem. Abs. 2 hat der Unternehmer eine **Unterrichtungspflicht** gegenüber dem Sprecherausschuss und eine **Pflicht zur Vorlage der dafür erforderlichen Unterlagen**, sofern die Angelegenheit zu den dem Sprecherausschuss nach diesem Gesetz zugewiesenen Aufgaben zählt.

2 Abs. 2 entspricht der Regelung in § 80 Abs. 2 BetrVG für den Betriebsrat. Die darin enthaltenen Grundsätze sind deshalb entsprechend anzuwenden.[3] Wegen Fehlens einer ausdrücklichen Regelung wie in § 80 Abs. 2 Hs. 2 BetrVG ist umstr., ob der Sprecherausschuss auch **Einblick in die Bruttogehaltslisten** der leitenden Ang nehmen darf.[4] Die besseren Argumente sprechen gegen eine analoge Anwendung von § 80 Abs. 2 Hs. 2 BetrVG, denn es liegt **keine planwidrige Regelungslücke** vor.[5] Leitende Ang handeln ihr Gehalt meist außertariflich selbst aus, so dass der Gesetzgeber einen Schutz durch eine kollektive Interessenvertretung in dieser Frage für entbehrlich hielt. Das ergibt sich auch aus § 30 S. 1 Nr. 1, der ein Mitwirkungsrecht des Sprecherausschusses nur für Fragen der Gehaltsgestaltung, also die **Entlohnungsgrundsätze**, nicht aber für die Gehaltshöhe vorsieht. Allerdings kann zur Erfüllung der Aufgaben nach § 27 Abs. 1 eine **Information** des Sprecherausschusses über die Bruttogehaltsdaten erforderlich sein; dieses Recht kann jedoch problemlos über Abs. 2 S. 1 gewährleistet werden; also ohne Vorlage von Unterlagen.

---

1 *Löwisch*, § 21 SprAuG Rn 10.
2 HWK/*Annuß/Girlich*, §§ 21–24 SprAuG Rn 7, ErfK/*Oetker*, §§ 21–24 SprAuG Rn 5.
3 *Löwisch*, § 24 SprAuG Rn 2.
1 Vgl. dazu HWK/*Annuß/Girlich*, § 25 SprAuG Rn 1.
2 So auch HWK/*Annuß/Girlich*, § 25 SprAuG Rn 1.

3 HWK/*Annuß/Girlich*, § 25 SprAuG Rn 2.
4 ErfK/*Oetker*, § 25 SprAuG Rn 5 m.w.N. für beide Meinungen.
5 So auch *Kramer*, NZA 1993, 1025; a.A. HWK/*Annuß/Girlich*, § 25 SprAuG Rn 3; *Löwisch*, § 25 SprAuG Rn 20; ErfK/*Oetker*, § 25 SprAuG Rn 5.

B. Verbindungen zu anderen Rechtsgebieten und zum Prozessrecht

Eine Anfrage des Sprecherausschusses hat der Unternehmer unverzüglich zu bearbeiten.[6] Verstöße sind zwar nicht gem. § 36 sanktioniert, doch entscheidet bei Streitigkeiten über den Umfang von Informations- und Herausgabepflicht gem. § 2a Abs. 1 Nr. 2 ArbGG das ArbG im Beschlussverfahren. Die Vollstreckung erfolgt nach § 85 ArbGG i.V.m. § 888 ZPO. 3

Die Vorschrift gibt dem Sprecherausschuss nicht das Recht, sich die erwünschten Informationen selbst zu beschaffen. 4

§ 26 Unterstützung einzelner leitender Angestellter

(1) Der leitende Angestellte kann bei der Wahrnehmung seiner Belange gegenüber dem Arbeitgeber ein Mitglied des Sprecherausschusses zur Unterstützung und Vermittlung hinzuziehen.
(2) [1]Der leitende Angestellte hat das Recht, in die über ihn geführten Personalakten Einsicht zu nehmen. [2]Er kann hierzu ein Mitglied des Sprecherausschusses hinzuziehen. [3]Das Mitglied des Sprecherausschusses hat über den Inhalt der Personalakten Stillschweigen zu bewahren, soweit es von dem leitenden Angestellten im Einzelfall nicht von dieser Verpflichtung entbunden wird. [4]Erklärungen des leitenden Angestellten zum Inhalt der Personalakten sind diesen auf sein Verlangen beizufügen.

Abs. 1 stellt klar, dass leitende Ang **eigenverantwortlich** ihre Belange regeln. Sie können, aber müssen nicht den Sprecherausschuss einschalten, wenn es Konflikte mit dem AG gibt. Sie haben das Recht, ein Mitglied des Sprecherausschusses zur Unterstützung oder Vermittlung hinzuziehen. Welches Mitglied dies ist, bestimmen sie selbst. Mit „Belange" sind **alle Themen** gemeint, die Bezug zur Tätigkeit haben. Anders als in der parallelen Vorschrift des § 82 Abs. 2 BetrVG ist **keine ausdrückliche Schweigepflicht** des Sprecherausschussmitgliedes normiert. Dennoch gilt sie unbestritten auch hier.[1] 1

Der Anspruch auf **Einsicht in die Personalakten** nach Abs. 2 ist für die leitenden Ang genauso wie für AN nach § 83 Abs. 2 BetrVG geregelt (siehe § 83 BetrVG Rn 17). Ein Verstoß gegen die Verschwiegenheitspflicht nach Abs. 2 S. 3 ist gem. § 35 Abs. 2 strafbar. 2

§ 27 Grundsätze für die Behandlung der leitenden Angestellten

(1) Arbeitgeber und Sprecherausschuss haben darüber zu wachen, dass alle leitenden Angestellten des Betriebs nach den Grundsätzen von Recht und Billigkeit behandelt werden, insbesondere, dass jede Benachteiligung von Personen aus Gründen ihrer Rasse oder wegen ihrer ethnischen Herkunft, ihrer Abstammung oder sonstigen Herkunft, ihrer Nationalität, ihrer Religion oder Weltanschauung, ihrer Behinderung, ihres Alters, ihrer politischen oder gewerkschaftlichen Betätigung oder Einstellung oder wegen ihres Geschlechts oder ihrer sexuellen Identität unterbleibt.
(2) Arbeitgeber und Sprecherausschuß haben die freie Entfaltung der Persönlichkeit der leitenden Angestellten des Betriebs zu schützen und zu fördern.

§ 27 legt AG und Sprecherausschuss die Verpflichtung auf, die Grundrechte der leitenden Ang, insb. den Gleichheitsgrundsatz, zu wahren und die freie Entfaltung ihrer Persönlichkeit zu fördern. Die Regelung entspricht § 75 BetrVG. Jede nicht durch **sachliche Gründe** gerechtfertigte unterschiedliche Behandlung aus den in Abs. 1 genannten Gründen ist verboten. Über die Einhaltung dieses Leitbildes soll der Sprecherausschuss wachen. Verstöße des AG gegen § 27 sind in § 36 aber **nicht sanktionsbewehrt**; der Sprecherausschuss kann lediglich einen **Feststellungs- und Unterlassungsanspruch** im Beschlussverfahren nach § 2a Abs. 1 Nr. 2, Abs. 2 ArbGG geltend machen. Unter Verstoß gegen § 27 abgeschlossene Vereinbarungen zwischen AG und Sprecherausschuss (§ 28) sind nichtig.[1] 1

Die Überwachungspflicht berechtigt den Sprecherausschuss aber nicht, sich ohne oder sogar gegen den Willen eines leitenden Ang in dessen **individualarbeitsrechtliche Belange** einzumischen.[2] Die einzelnen leitenden Ang können aus § 27 keine individuellen Rechte herleiten; die Vorschrift ist kein Schutzgesetz i.S.d. § 823 Abs. 2 BGB.[3] 2

---

6 HWK/*Annuß*/*Girlich*, § 25 SprAuG Rn 2.
1 Mit unterschiedlichen Begründungen ErfK/*Oetker*, § 26 SprAuG Rn 1; MünchArb/*Joost*, Bd. 3, § 314 Rn 64; ohne Begründung HWK/*Annuß*/*Girlich*, § 26 SprAuG Rn 1.

1 ErfK/*Oetker*, § 27 SprAuG Rn 2.
2 HWK/*Annuß*/*Girlich*, § 27 SprAuG Rn 1.
3 *Hromadka*, § 27 SprAuG Rn 47.

§ 28 Richtlinien und Vereinbarungen

(1) Arbeitgeber und Sprecherausschuß können Richtlinien über den Inhalt, den Abschluß oder die Beendigung von Arbeitsverhältnissen der leitenden Angestellten schriftlich vereinbaren.
(2) [1]Der Inhalt der Richtlinien gilt für die Arbeitsverhältnisse unmittelbar und zwingend, soweit dies zwischen Arbeitgeber und Sprecherausschuß vereinbart ist. [2]Abweichende Regelungen zugunsten leitender Angestellter sind zulässig. [3]Werden leitenden Angestellten Rechte nach Satz 1 eingeräumt, so ist ein Verzicht auf sie nur mit Zustimmung des Sprecherausschusses zulässig. [4]Vereinbarungen nach Satz 1 können, soweit nichts anderes vereinbart ist, mit einer Frist von drei Monaten gekündigt werden.

1 Nach § 28 können AG und Sprecherausschuss durch **freiwillige Vereinbarungen** Inhalt, Abschluss und Beendigung von Arbverh mit leitenden Ang regeln. Nach dem Wortlaut von Abs. 1 ist die Befugnis von Sprecherausschuss und AG ausschließlich auf Regelungen über Inhalt, Abschluss und Beendigung der Arbverh beschränkt. Themen, die lediglich die Interessen der leitenden Ang berühren, fallen nicht darunter. Keine Angelegenheit i.S.d. Abs. 1 ist z.B. die Erweiterung von Mitwirkungsrechten des Sprecherausschusses; dies kann also nicht zulässiger Gegenstand einer RL sein.[1] Zulässig sind dagegen z.B. Vereinbarungen über Gehaltsgestaltung, Gratifikationen, Zielvereinbarungen, betriebliche Altersvorsorge, Urlaub, Krankheit, Reisekosten, Verschwiegenheitspflichten und nachvertragliche Wettbewerbsverbote.[2] Hinsichtlich des Abschlusses von Arbverh können insb. Regelungen über Einstellungsgespräche und Ausschreibung von offenen Stellen Gegenstand von Vereinbarungen sein; hinsichtlich der Beendigung von Arbverh kommen Formerfordernisse für Künd, Künd-Fristen, Abfindungsregeln o.ä. in Betracht.[3] Voraussetzung ist stets, dass es sich um eine **generelle Regelung** für alle oder einen Teil der leitenden Ang handelt und nicht um ein individuelles Problem.[4]

2 Die Vorschrift unterscheidet etwas verwirrend in der Überschrift zwischen **RL und Vereinbarung**. Hinsichtlich des Inhalts und der notwendigen Schriftform bestehen aber keine Unterschiede zwischen Abs. 1 und Abs. 2. Nach Abs. 2 S. 1 können AG und Sprecherausschuss aber einer RL durch eine entsprechende ausdrückliche Vereinbarung auch **unmittelbare und zwingende Wirkung** verleihen. Dieser gemeinsame Wille von Sprecherausschuss und AG muss sich aus der geschlossenen Vereinbarung deutlich und zweifelsfrei ergeben.[5] Die rechtliche Wirkung entspricht dann der einer BV (§ 77 Abs. 4 S. 1 BetrVG). Die Regelung gilt also automatisch **ohne weiteren Umsetzungsakt** für jeden leitenden Ang und dieser kann unmittelbar Rechte daraus gegenüber dem AG geltend machen. Wegen der zwingenden Wirkung werden **abweichende Regelungen** in den individuellen Arbeitsverträgen aller, auch der später eintretenden leitenden Ang **verdrängt** bzw. ergänzt.[6] Allerdings ermöglichen Abs. 2 S. 2 bzw. S. 3 Abweichungen sowohl zugunsten leitender Ang als auch zu deren Nachteil. In letzterem Fall muss allerdings der Sprecherausschuss zustimmen. Die Auslegung von unmittelbaren und zwingenden Vereinbarungen nach Abs. 2 S. 1 erfolgt nach den für die Auslegung von Sozialplänen und BV geltenden Grundsätzen.[7]

3 Vereinbaren Sprecherausschuss und AG keine unmittelbare und zwingende Wirkung, hat eine RL nach Abs. 1 nur **schuldrechtliche Wirkung zwischen AG und Sprecherausschuss**.[8] Der einzelne leitende Ang kann daraus keine Rechte herleiten. Umstr. ist, ob der AG bei einzelnen leitenden Ang wegen besonderer Umstände von der schuldrechtlichen RL **abweichen** kann.[9] Wegen des Charakters einer RL, die gerade **Spielraum in Einzelfällen** eröffnen soll und wegen der Abgrenzung zur verbindlichen Vereinbarung nach Abs. 2 ist dies zu bejahen. Der Sprecherausschuss kann aber im arbeitsrechtlichen Beschlussverfahren feststellen lassen, ob der AG berechtigt war, von der RL abzuweichen (§ 2a Abs. 1 Nr. 2, Abs. 2 i.V.m. §§ 80 ff. ArbGG).

4 Für die **Künd** einer zwingenden Vereinbarung sieht Abs. 2 S. 4 eine Frist von drei Monaten vor; allerdings können die Parteien auch etwas anderes – auch eine kürzere Frist – vereinbaren. Eine **Nachwirkung** kommt – wenn nicht etwas anderes vereinbart ist – wegen des Fehlens einer § 77 Abs. 6 BetrVG vergleichbaren Regelung nicht in Betracht.[10] Beim **Betriebsübergang** ist § 613a Abs. 1 S. 2 bis 4 BGB auf zwingende Vereinbarungen nach Abs. 2 S. 1 analog anzuwenden.[11] Denn die der Vorschrift zugrunde liegende EG-RL 77/185/EWG bestimmt in Art. 3 Abs. 2 die Anwendbarkeit auf alle „Kollektivverträge". Das sind zwingende Vereinbarungen zwischen AG und Sprecherausschuss nach Abs. 2 S. 1, nicht aber die bloß schuldrechtlich wirkenden RL nach Abs. 1.[12]

---

1 *Kramer*, DB 1996, 1084; *Hromadka*, § 28 SprAuG Rn 9.
2 Vgl. die Beispiele bei *Tschöpe*, 4 A Rn 1119.
3 Vgl. die Beispiele bei *Kramer*, DB 1996, 1084.
4 *Kramer*, DB 1996, 1084.
5 BAG 10.2.2009 – 1 AZR 767/07.
6 ErfK/*Oetker*, § 28 SprAuG Rn 9.
7 BAG 10.2.2009 – 1 AZR 767/07.
8 *Kramer*, DB 1996, 1082.
9 Dafür *Richardi*, § 5 Rn 291; *Hromadka*, § 28 SprAuG Rn 14; ErfK/*Oetker*, § 28 SprAuG Rn 8; dagegen *Krämer*, DB 1996, 1082; ähnlich *Löwisch*, § 28 SprAuG Rn 12, der die RL als Mindeststandard ansieht.
10 *Löwisch*, § 28 SprAuG Rn 32; HWK/*Annuß/Girlich*, § 28 SprAuG Rn 13.
11 *Hromadka*, § 28 SprAuG Rn 40; *Löwisch*, § 28 SprAuG Rn 32; HWK/*Annuß/Girlich*, § 28 SprAuG Rn 13.
12 *Krämer*, DB 1996, 1082; a.A. MünchArb/*Joost*, Bd. 3, § 314 Rn 44.

§ 29 Geheimhaltungspflicht

(1) ¹Die Mitglieder und Ersatzmitglieder des Sprecherausschusses sind verpflichtet, Betriebs- oder Geschäftsgeheimnisse, die ihnen wegen ihrer Zugehörigkeit zum Sprecherausschuß bekanntgeworden und vom Arbeitgeber ausdrücklich als geheimhaltungsbedürftig bezeichnet worden sind, nicht zu offenbaren und nicht zu verwerten. ²Dies gilt auch nach dem Ausscheiden aus dem Sprecherausschuß. ³Die Verpflichtung gilt nicht gegenüber Mitgliedern des Sprecherausschusses, des Gesamtsprecherausschusses, des Unternehmenssprecherausschusses, des Konzernsprecherausschusses und den Arbeitnehmervertretern im Aufsichtsrat.
(2) Absatz 1 gilt entsprechend für die Mitglieder und Ersatzmitglieder des Gesamtsprecherausschusses, des Unternehmenssprecherausschusses und des Konzernsprecherausschusses.

A. Regelungsgehalt

Mitglieder und Ersatzmitglieder des Sprecherausschusses unterliegen einer **Geheimhaltungspflicht** hinsichtlich der Betriebs- und Geschäftsgeheimnisse, an denen der AG ein schutzwürdiges Interesse hat.[1]   1

Die Pflicht trifft zudem (Ersatz-)Mitglieder des Gesamtsprecherausschusses, des Unternehmenssprecherausschusses und des Konzernsprecherausschusses, Abs. 2. Auch die Ausschüsse als **Gremien** sind zur Geheimhaltung verpflichtet.[2] Wenn zugunsten des AG ein wirksames Geheimhaltungsinteresse bestehen soll, ist es erforderlich, dass es umfassend besteht. Konsequenterweise darf der AG bei einer **Verletzung** der Geheimhaltungspflicht gegen den Ausschuss ggf. auf **Unterlassung** klagen und im Falle einer schweren Pflichtverletzung seine **Auflösung** beantragen.[3] Aufgrund der Tatsache, dass ihn der AG im Zuordnungsverfahren erforderlichenfalls mit vertraulichen Informationen (z.B. über die zuzuordnenden AN und über Ziele und Struktur des Unternehmens) zu versorgen hat, unterliegt schließlich auch der Vermittler im Zuordnungsverfahren nach § 18a BetrVG der Geheimhaltungspflicht.[4] Nach dem Ausscheiden aus dem Ausschuss besteht die Geheimhaltungspflicht fort. Sie endet nicht mit dem Ausscheiden aus dem Betrieb.   2

Der **Begriff** des Betriebs- und Geschäftsgeheimnisses ist folgendermaßen zu bestimmen: Ein sog. **materielles Geheimnis**[5] liegt – unabhängig vom AG-Willen – dann vor, wenn es sich 1. um eine in Zusammenhang mit dem Betrieb stehende Tatsache handelt, die 2. nicht offenkundig und 3. geheimhaltungsbedürftig ist, der AG also an der Geheimhaltung ein berechtigtes wirtschaftliches Interesse ausweisen kann.[6] **Beispiele** für materielle Geheimnisse sind Jahresabschlüsse, Lohn- und Gehaltsdaten, Informationen über die Unternehmenspolitik, Know-how des Unternehmens, Patente, Arbeitnehmererfindungen etc.   3

Zusätzlich verlangt Abs. 1 Hs. 2 wohl aus Gründen der Rechtssicherheit, dass der AG das Geheimnis ausdrücklich als ein solches bezeichnet (sog. **formelles Geheimnis**). Wenn danach die Tatsache nicht geheimnisbedürftig ist, reicht die Bezeichnung des AG allein nicht aus, um den Tatbestand des § 29 zu erfüllen.   4

Der AG-Hinweis muss klar und eindeutig sein. Eine bestimmte Wortwahl oder gar Schriftform schreibt das Gesetz nicht vor. Ausreichend ist es, die Information als „geheimhaltungsbedürftig", „Betriebsgeheimnis" oder „vertraulich" zu bezeichnen. Aus Gründen der **Rechtssicherheit** ist der Praxis zu empfehlen, einen diesbezüglichen Vermerk anzufertigen oder die Vertraulichkeit in das Sitzungsprotokoll aufzunehmen.[7]   5

Weiterhin verlangt § 29, dass das Geheimnis dem Mitglied in seiner **Eigenschaft als Mitglied** bekannt geworden sein muss. Zufällig erworbene Kenntnisse und Geheimnisse, die dem Betroffenen im Rahmen seiner Arbeitstätigkeit zur Kenntnis gelangen, fallen nicht unter diese Vorschrift. Eine Schweigepflicht kann sich dann aber aus anderen Normen oder aus dem Arbeitsvertrag ergeben. Will das Mitglied derart gewonnene Kenntnisse in den Sprecherausschuss einführen, bedarf es dazu der Zustimmung des AG.   6

Die Geheimhaltungspflicht besteht **gegenüber Dritten**, zu denen auch alle sonstigen Betriebsangehörigen, die Gewerkschaften und die Vertretungsorgane der nicht leitenden Ang gehören. Sie besteht nicht gegenüber den Mitgliedern der Sprecherausschüsse und der AN-Vertreter im Aufsichtsrat. Die Geheimhaltungspflicht **entfällt** bei einer Kollision mit höherrangigen Pflichten, z.B. um nicht der Strafvereitelung zu unterfallen oder um in Gerichtsverfahren auszusagen.[8]   7

---

1 BT-Drucks 11/2503, S. 42.
2 Vgl. HWK/*Schrader*, § 79 BetrVG Rn 3 zur parallelen Problematik dort.
3 *Hromadka*, § 29 SprAuG Rn 3.
4 *Hromadka*, § 29 SprAuG Rn 4; a.A. *Löwisch*, § 29 SprAuG Rn 1.
5 Vgl. BAG 26.2.1987 – 6 ABR 46/84 – BB 1987, 2448.
6 *Löwisch*, § 29 SprAuG Rn 2.
7 So auch *Hromadka*, § 29 SprAuG Rn 11.
8 A.A. *Oetker*, ZfA 1990, 43.

B. Verbindungen zu anderen Rechtsgebieten und zum Prozessrecht

8 Die **Verletzung** der Geheimhaltungspflicht ist **strafbewehrt**, § 35. Als ein etwaiger grober Verstoß gegen die gesetzlichen Pflichten des Ausschussmitglieds kann sie zu einem **Ausschluss** aus dem Gremium führen, §§ 9, 17, 20, 22. Der AG kann in einem solchen Fall eine **Schadensersatzpflicht** aus § 823 Abs. 2 BGB i.V.m. § 29 sowie aus § 280 Abs. 1 BGB und §§ 17, 19 UWG geltend machen. Da die Verletzung auch das Vertrauensverhältnis zwischen AG und Mitglied (als leitender Ang) beeinträchtigt, kann sie auch einen **Künd-Grund** darstellen.[9]

9 Für das Schadensersatz- und Künd-Verfahren ist das ArbG gem. § 2 Abs. 2 Nr. 3d und b, Abs. 5 ArbGG im **Urteilsverfahren** zuständig; eine Unterlassungsklage macht der AG richtigerweise im **Beschlussverfahren** nach §§ 2a Abs. 1 Nr. 2, Abs. 2, 80 ff. ArbGG geltend.

Zweiter Abschnitt: Mitwirkungsrechte

§ 30 Arbeitsbedingungen und Beurteilungsgrundsätze

Der Arbeitgeber hat den Sprecherausschuß rechtzeitig in folgenden Angelegenheiten der leitenden Angestellten zu unterrichten:
1. Änderungen der Gehaltsgestaltung und sonstiger allgemeiner Arbeitsbedingungen;
2. Einführung oder Änderung allgemeiner Beurteilungsgrundsätze.

Er hat die vorgesehenen Maßnahmen mit dem Sprecherausschuß zu beraten.

1 Die Vorschrift regelt – generalklauselartig – die **Beteiligung** des Sprecherausschusses in **sozialen Angelegenheiten** (Nr. 1) und bei der Einführung oder Änderung allgemeiner **Beurteilungsgrundsätze**.[1] Als Gegenstand der Beteiligung kommen nur Maßnahmen mit **Kollektivbezug** in Betracht, individuelle Gehaltsentscheidungen sind nicht beteiligungspflichtig.[2] Dem Sprecherausschuss steht kein Mitbestimmungs-, sondern ein **Mitwirkungsrecht** in Form der rechtzeitigen Unterrichtung und Beratung mit dem AG zu.

2 Der Begriff der Gehaltsgestaltung ist dem der Lohngestaltung nach § 87 Abs. 1 Nr. 10 BetrVG gleichzustellen. Nicht mitwirkungspflichtig ist die Regelung der **Gehaltshöhe**, da das Gesetz diesbezüglich allein von der Gestaltung als einer formellen Arbeitsbedingung, und nicht vom Gehalt selbst spricht.[3] Nicht beteiligungspflichtig ist auch der Dotierungsrahmen.[4] Im Übrigen sind auch die materiellen Arbeitsbedingungen wie Dauer und Lage der Arbeitszeit, Urlaubsregelungen, Betriebsordnung etc. vom Mitwirkungsrecht erfasst, soweit sie vertragseinheitlich geregelt sind.[5]

3 Die Regelung zur Einführung und Änderung allgemeiner **Beurteilungsgrundsätze** entspricht grds. der in **§ 94 Abs. 2 BetrVG**, wobei im Unterschied dazu kein Mitbestimmungsrecht vorgesehen ist. Nr. 2 erfasst nicht Anforderungs- oder Führungsrichtlinien und die Anwendung der Beurteilungsgrundsätze auf den einzelnen leitenden Ang.[6]

4 Wie üblich muss dem Ausschuss eine Beteiligung möglich sein, ohne dass bereits Fakten geschaffen sind. Die Unterrichtung und Beratung hat also nach der Phase der Vorüberlegung, spätestens bei der Planung konkreter und greifbarer Maßnahmen anzufangen.

5 Maßnahmen, die unter **Verletzung** des Beteiligungsrechts durchgeführt wurden, **bleiben wirksam**. Dem Sprecherausschuss steht in diesem Zusammenhang auch **kein Unterlassungsanspruch** im Wege einstweiligen Rechtsschutzes zu, da er (damit) nicht in die Unternehmensführung eingreifen darf und ihm keine über die Kompetenzen eines BR hinausgehenden Befugnisse zustehen.[7] Der Verstoß gegen § 30 kann eine Ordnungswidrigkeit nach § 36 Abs. 1 darstellen.

---

9 *Hromadka*, § 29 SprAuG Rn 19.
1 Dazu BAG 23.10.1984 – 1 ABR 2/83 – DB 1985, 495.
2 HWK/*Annuß*/*Girlich*, § 30 SprAuG Rn 1.
3 A.A. *Löwisch*, § 30 SprAuG Rn 3, der dies mit dem im Vergleich zu § 87 BetrVG geringeren Mitwirkungsrecht des § 30 begründet.
4 *Hromadka*, § 30 SprAuG Rn 14; HWK/*Annuß*/*Girlich*, § 30 SprAuG Rn 2.
5 Vgl. nur HWK/*Annuß*/*Girlich*, § 30 SprAuG Rn 3 m.w.N.
6 *Bauer*, § 30 SprAuG Anm. III; ErfK/*Oetker*, § 30 SprAuG Rn 6 m.w.N.
7 *Hromadka*, § 30 SprAuG Rn 31; *Bauer*, § 30 SprAuG Anm. VI; ErfK/*Oetker*, § 30 SprAuG Rn 8; a.A. *Löwisch*, § 30 SprAuG Rn 16.

§ 31 Personelle Maßnahmen

(1) Eine beabsichtigte Einstellung oder personelle Veränderung eines leitenden Angestellten ist dem Sprecherausschuß rechtzeitig mitzuteilen.

(2) ¹Der Sprecherausschuß ist vor jeder Kündigung eines leitenden Angestellten zu hören. ²Der Arbeitgeber hat ihm die Gründe für die Kündigung mitzuteilen. ³Eine ohne Anhörung des Sprecherausschusses ausgesprochene Kündigung ist unwirksam. ⁴Bedenken gegen eine ordentliche Kündigung hat der Sprecherausschuß dem Arbeitgeber spätestens innerhalb einer Woche, Bedenken gegen eine außerordentliche Kündigung unverzüglich, spätestens jedoch innerhalb von drei Tagen, unter Angabe der Gründe schriftlich mitzuteilen. ⁵Äußert er sich innerhalb der nach Satz 4 maßgebenden Frist nicht, so gilt dies als Einverständnis des Sprecherausschusses mit der Kündigung.

(3) Die Mitglieder des Sprecherausschusses sind verpflichtet, über die ihnen im Rahmen personeller Maßnahmen nach den Absätzen 1 und 2 bekanntgewordenen persönlichen Verhältnisse und Angelegenheiten der leitenden Angestellten, die ihrer Bedeutung oder ihrem Inhalt nach einer vertraulichen Behandlung bedürfen, Stillschweigen zu bewahren; § 29 Abs. 1 Satz 2 und 3 gilt entsprechend.

A. Allgemeines

Abs. 2 ist die in der Praxis bedeutendste Regelung im SprAuG. Denn nur im Falle von Künd leitender Ang hat der Sprecherausschuss ein **zwingendes Beteiligungsrecht**, dessen Nichtbeachtung immer zur Unwirksamkeit einer Künd führt. § 31 weicht vom ansonsten im SprAuG verankerten Grundsatz der Beschränkung auf eine rein kollektivrechtliche Interessenwahrung ab, indem er die Zuständigkeit des Sprecherausschusses auf individualrechtliche Angelegenheiten einzelner leitender Ang erstreckt.[1]

B. Regelungsgehalt

Abs. 1 regelt die Mitwirkung bei **Einstellungen und personellen Veränderungen** leitender Ang. Der Sprecherausschuss soll über die Besetzung der Leitungspositionen ständig unterrichtet sein. Daher umfasst die Mitteilungspflicht alle Einstellungen, erheblichen Änderungen der Position eines leitenden Ang sowie Maßnahmen, die zu Verlust oder Gewinn dieser Stellung führen. Die Mitteilung von der Einstellung oder personellen Veränderung muss so rechtzeitig erfolgen, dass sich der Sprecherausschuss noch vor der Durchführung der Maßnahme informieren kann.[2] Abs. 1 beschränkt sich aber auf eine **Mitteilungspflicht**; zur Beratung der Maßnahme mit dem Sprecherausschuss ist der AG nicht verpflichtet.[3] Eine parallele Regelung findet sich in § 105 BetrVG, wonach der AG den BR bei Einstellungen und personellen Veränderungen (auch Künd) rechtzeitig informieren muss (siehe § 105 BetrVG Rn 6).

Abs. 2 verpflichtet den AG aber **zwingend**, vor Ausspruch einer **Künd** eines leitenden Ang den Sprecherausschuss anzuhören. Eine ohne Anhörung ausgesprochene Künd eines leitenden Ang ist **unwirksam**.[4] Im Gegensatz zum BR nach § 102 BetrVG kann der Sprecherausschuss einer Künd aber nicht widersprechen. Entsprechend gibt es – anders als im BetrVG – auch keinen besonderen **Weiterbeschäftigungsanspruch**. Auch ein allgemeiner Weiterbeschäftigungsanspruch kommt wegen der Vertrauensposition, die leitende Ang genießen, nicht in Betracht.[5] Das Anhörungsverfahren ist aber vergleichbar, so dass hinsichtlich Inhalt, Zeit und Form des Verfahrens auf die Kommentierung zu § 102 BetrVG verwiesen werden kann (siehe § 102 BetrVG Rn 16 ff.). Wichtig ist, dass Abs. 2 für **alle Künd-Arten** (ordentliche, außerordentliche, Änderungs-Künd) gilt und der Sprecherausschuss **vollständig** und wahrheitsgemäß unterrichtet werden muss, insb. über die Künd-Gründe. Auf Gründe, die der AG dem Sprecherausschuss nicht mitgeteilt hat, kann er die Künd im späteren Prozess nicht stützen.[6] Auch in **Eilfällen** kann auf die Anhörung nicht verzichtet werden.[7] Der Sprecherausschuss kann bei ordentlichen Künd **innerhalb von einer Woche** schriftlich und unter Angabe von Gründen seine **Bedenken mitteilen**. Äußert er sich nicht, gilt die Zustimmung als erteilt (Abs. 2 S. 5); äußert er sich, muss der AG dies nur zur Kenntnis nehmen. Zur **Beratung** mit dem Sprecherausschuss ist er danach **nicht verpflichtet**.[8] Er kann vielmehr dem leitenden Ang nach der abschließenden Stellungnahme des Sprecherausschuss sofort wirksam kündigen.

---

1 HWK/*Annuß*/*Girlich*, § 31 SprAuG Rn 1.
2 *Löwisch*, § 31 SprAuG Rn 12.
3 *Hromadka*, § 31 SprAuG Rn 14; HWK/*Annuß*/*Girlich*, § 31 SprAuG Rn 3.
4 BAG 27.9.2001 – 2 AZR 176/00 – AP § 14 KSchG Nr. 6 = NJW 2002, 3192.
5 Ebenso HWK/*Annuß*/*Girlich*, § 31 SprAuG Rn 5.
6 *Löwisch*, § 31 SprAuG Rn 28.
7 *Hromadka*, § 31 SprAuG Rn 18; *Löwisch*, § 31 SprAuG Rn 16.
8 *Löwisch*, § 31 SprAuG Rn 35.

C. Verbindungen zu anderen Rechtsgebieten und zum Prozessrecht

4 Die Mitteilungspflicht nach Abs. 1 kann im arbeitsgerichtlichen **Beschlussverfahren** nach § 2a Abs. 1 Nr. 2 ArbGG durchgesetzt werden. Leitende Ang, die wegen – jedenfalls auch – fehlender oder unzureichender Anhörung des Sprecherausschusses gegen ihre Künd vorgehen wollen, können wegen § 14 Abs. 2 KSchG **Künd-Schutzklage** erheben. Nach §§ 13 Abs. 3, 4 S. 1 KSchG muss dies innerhalb von drei Wochen geschehen.

D. Beraterhinweise

5 Die Anhörung des Sprecherausschuss kann mit Wirkung auf eine bereits ausgesprochene Künd nicht nachgeholt werden; vielmehr muss dem leitenden Ang nach vorheriger Anhörung des Sprecherausschusses **erneut gekündigt** werden. In der Praxis taucht häufig das Problem auf, dass nicht mit letzter Gewissheit gesagt werden kann, ob ein zu kündigender Mitarbeiter **leitender Ang** ist oder nicht. In diesen Fällen sollten unbedingt vorsorglich **BR und Sprecherausschuss** vor der Künd des Mitarbeiters angehört werden.

§ 32 Wirtschaftliche Angelegenheiten

(1) ¹Der Unternehmer hat den Sprecherausschuß mindestens einmal im Kalenderhalbjahr über die wirtschaftlichen Angelegenheiten des Betriebs und des Unternehmens im Sinne des § 106 Abs. 3 des Betriebsverfassungsgesetzes zu unterrichten, soweit dadurch nicht die Betriebs- oder Geschäftsgeheimnisse des Unternehmens gefährdet werden. ²Satz 1 gilt nicht für Unternehmen und Betriebe im Sinne des § 118 Abs. 1 des Betriebsverfassungsgesetzes.

(2) ¹Der Unternehmer hat den Sprecherausschuß über geplante Betriebsänderungen im Sinne des § 111 des Betriebsverfassungsgesetzes, die auch wesentliche Nachteile für leitende Angestellte zur Folge haben können, rechtzeitig und umfassend zu unterrichten. ²Entstehen leitenden Angestellten infolge der geplanten Betriebsänderung wirtschaftliche Nachteile, hat der Unternehmer mit dem Sprecherausschuß über Maßnahmen zum Ausgleich oder zur Milderung dieser Nachteile zu beraten.

A. Regelungsgehalt

1 Der Sprecherausschuss soll regelmäßig über die wirtschaftlichen Angelegenheiten des Unternehmens unterrichtet werden, damit er Nachteile für die leitenden Ang erkennen und vermeiden helfen kann. Die Vorschrift verweist in Abs. 1 auf § 106 BetrVG hinsichtlich des Begriffes **wirtschaftliche Angelegenheiten** (siehe § 106 BetrVG Rn 10 ff.). Anders als im BetrVG besteht die Informationspflicht unabhängig von der Betriebsgröße; ausreichend ist bereits, dass ein Sprecherausschuss existiert. Eine mit § 106 Abs. 2 BetrVG vergleichbare ausdrückliche Pflicht zur Vorlage von Unterlagen besteht für den AG nach Abs. 1 nicht, doch muss er den Mitgliedern des Sprecherausschusses schon nach § 25 Abs. 2 S. 2 die erforderlichen Unterlagen zur Verfügung stellen, insb. bei komplizierten technischen und wirtschaftlichen Vorgängen.[1]

2 Nach Abs. 2 muss der AG den Sprecherausschuss auch bei **Betriebsänderungen** i.S.d. § 111 BetrVG rechtzeitig und umfassend informieren (zum Begriff siehe § 111 BetrVG Rn 11 ff.). Hier trifft den AG auch eine **Beratungspflicht** hinsichtlich der wirtschaftlichen Nachteile, die leitenden Ang in Folge der Betriebsänderung entstehen. Im Gegensatz zum BR kann der Sprecherausschuss aber weder einen Interessenausgleich i.S.d. § 111 BetrVG vereinbaren noch einen Sozialplan i.S.d. § 112 Abs. 1 S. 2 BetrVG erzwingen. Allerdings kann der AG **freiwillig** eine entsprechende Vereinbarung mit gleicher Wirkung nach § 28 Abs. 2 mit dem Sprecherausschuss schließen.[2]

B. Verbindungen zu anderen Rechtsgebieten und zum Prozessrecht

3 Streitigkeiten über das Bestehen, den Umfang und die Durchführung der Unterrichtungs- und Beratungspflichten werden nach §§ 2a Abs. 1 Nr. 2, 80 ff. ArbGG im arbeitsgerichtlichen Beschlussverfahren ausgetragen. Zur Durchsetzung der Pflichten kommt auch der Erlass einer einstweiligen Verfügung nach § 85 Abs. 2 ArbGG i.V.m. §§ 935, 940 ZPO in Betracht.[3]

---

1 *Hromadka*, § 32 Rn 47.
2 HWK/*Annuß/Girlich*, § 32 SprAuG Rn 8.
3 *Hromadka*, § 32 Rn 77.

Vierter Teil: Besondere Vorschriften

§ 33 Seeschiffahrt

(1) Auf Seeschiffahrtsunternehmen (§ 114 Abs. 2 des Betriebsverfassungsgesetzes) und ihre Betriebe ist dieses Gesetz anzuwenden, soweit sich aus den Absätzen 2 bis 4 nichts anderes ergibt.

(2) Sprecherausschüsse werden nur in den Landbetrieben von Seeschiffahrtsunternehmen gewählt.

(3) ¹Leitende Angestellte im Sinne des § 1 Abs. 1 dieses Gesetzes sind in einem Seebetrieb (§ 114 Abs. 3 und 4 des Betriebsverfassungsgesetzes) nur die Kapitäne. ²Sie gelten für die Anwendung dieses Gesetzes als leitende Angestellte des Landbetriebs. ³Bestehen mehrere Landbetriebe, so gelten sie als leitende Angestellte des nach der Zahl der leitenden Angestellten größten Landbetriebs.

(4) Die Vorschriften über die Wahl des Sprecherausschusses finden auf Sprecherausschüsse in den Landbetrieben von Seeschiffahrtsunternehmen mit folgender Maßgabe Anwendung:
1. Die in § 7 Abs. 1 genannte Frist wird auf sechzehn Wochen verlängert.
2. Die Frist für die Wahlanfechtung nach § 8 Abs. 1 Satz 3 beginnt für die leitenden Angestellten an Bord, wenn das Schiff nach Bekanntgabe des Wahlergebnisses erstmalig einen Hafen im Geltungsbereich dieses Gesetzes oder einen Hafen, in dem ein Seemannsamt seinen Sitz hat, anläuft. Nach Ablauf von drei Monaten seit Bekanntgabe des Wahlergebnisses ist eine Wahlanfechtung unzulässig. Die Wahlanfechtung kann auch zu Protokoll des Seemannsamts erklärt werden. Die Anfechtungserklärung ist vom Seemannsamt unverzüglich an das für die Anfechtung zuständige Arbeitsgericht weiterzuleiten.

Fünfter Teil: Straf- und Bußgeldvorschriften

§ 34 Straftaten gegen Vertretungsorgane der leitenden Angestellten und ihre Mitglieder

(1) Mit Freiheitsstrafe bis zu einem Jahr oder mit Geldstrafe wird bestraft, wer
1. eine Wahl des Sprecherausschusses oder des Unternehmenssprecherausschusses behindert oder durch Zufügung oder Androhung von Nachteilen oder durch Gewährung oder Versprechen von Vorteilen beeinflußt,
2. die Tätigkeit des Sprecherausschusses, des Gesamtsprecherausschusses, des Unternehmenssprecherausschusses oder des Konzernsprecherausschusses behindert oder stört oder
3. ein Mitglied oder ein Ersatzmitglied des Sprecherausschusses, des Gesamtsprecherausschusses, des Unternehmenssprecherausschusses oder des Konzernsprecherausschusses um seiner Tätigkeit willen benachteiligt oder begünstigt.

(2) Die Tat wird nur auf Antrag des Sprecherausschusses, des Gesamtsprecherausschusses, des Unternehmenssprecherausschusses, des Konzernsprecherausschusses, des Wahlvorstands oder des Unternehmers verfolgt.

§ 35 Verletzung von Geheimnissen

(1) Wer unbefugt ein fremdes Betriebs- oder Geschäftsgeheimnis offenbart, das ihm in seiner Eigenschaft als Mitglied oder Ersatzmitglied des Sprecherausschusses, des Gesamtsprecherausschusses, des Unternehmenssprecherausschusses oder des Konzernsprecherausschusses bekanntgeworden und das vom Arbeitgeber ausdrücklich als geheimhaltungsbedürftig bezeichnet worden ist, wird mit Freiheitsstrafe bis zu einem Jahr oder mit Geldstrafe bestraft.

(2) Ebenso wird bestraft, wer unbefugt ein fremdes Geheimnis eines leitenden Angestellten oder eines anderen Arbeitnehmers, namentlich ein zu dessen persönlichen Lebensbereich gehörendes Geheimnis, offenbart, das ihm in seiner Eigenschaft als Mitglied oder Ersatzmitglied des Sprecherausschusses oder einer der in Absatz 1 genannten Vertretungen bekanntgeworden ist und über das nach den Vorschriften dieses Gesetzes Stillschweigen zu bewahren ist.

(3) ¹Handelt der Täter gegen Entgelt oder in der Absicht, sich oder einen anderen zu bereichern oder einen anderen zu schädigen, so ist die Strafe Freiheitsstrafe bis zu zwei Jahren oder Geldstrafe. ²Ebenso wird bestraft,

wer unbefugt ein fremdes Geheimnis, namentlich ein Betriebs- oder Geschäftsgeheimnis, zu dessen Geheimhaltung er nach den Absätzen 1 oder 2 verpflichtet ist, verwertet.
(4) Die Absätze 1 bis 3 sind auch anzuwenden, wenn der Täter das fremde Geheimnis nach dem Tode des Betroffenen unbefugt offenbart oder verwertet.
(5) ¹Die Tat wird nur auf Antrag des Verletzten verfolgt. ²Stirbt der Verletzte, so geht das Antragsrecht nach § 77 Absatz 2 des Strafgesetzbuchs auf die Angehörigen über, wenn das Geheimnis zum persönlichen Lebensbereich des Verletzten gehört; in anderen Fällen geht es auf die Erben über. ³Offenbart der Täter das Geheimnis nach dem Tode des Betroffenen, so gilt Satz 2 entsprechend.

§ 36 Bußgeldvorschriften

(1) Ordnungswidrig handelt, wer eine der in § 30 Satz 1, § 31 Abs. 1 oder § 32 Abs. 1 Satz 1 oder Abs. 2 Satz 1 genannten Unterrichtungs- oder Mitteilungspflichten nicht, wahrheitswidrig, unvollständig oder verspätet erfüllt.
(2) Die Ordnungswidrigkeit kann mit einer Geldbuße bis zu zehntausend Euro geahndet werden.

Sechster Teil: Übergangs- und Schlußvorschriften

§ 37 Erstmalige Wahlen nach diesem Gesetz

(1) ¹Die erstmaligen Wahlen des Sprecherausschusses oder des Unternehmenssprecherausschusses finden im Zeitraum der regelmäßigen Wahlen nach § 5 Abs. 1 im Jahre 1990 statt. ²§ 7 Abs. 2 und 3 findet Anwendung.
(2) ¹Auf Sprecherausschüsse, die aufgrund von Vereinbarungen gebildet worden sind und bei Inkrafttreten dieses Gesetzes bestehen, findet dieses Gesetz keine Anwendung. ²Sie bleiben bis zur Wahl nach Absatz 1, spätestens bis zum 31. Mai 1990, im Amt.

§ 38 Ermächtigung zum Erlaß von Wahlordnungen

Das Bundesministerium für Arbeit und Soziales kann durch Rechtsverordnung zur Regelung des Wahlverfahrens Vorschriften über die in den §§ 3 bis 8, 20 und 33 bezeichneten Wahlen erlassen, insbesondere über
1. die Vorbereitung der Wahl, insbesondere die Aufstellung der Wählerlisten;
2. die Frist für die Einsichtnahme in die Wählerlisten und die Erhebung von Einsprüchen gegen sie;
3. die Vorschlagslisten und die Frist für ihre Einreichung;
4. das Wahlausschreiben und die Fristen für seine Bekanntmachung;
5. die Stimmabgabe;
6. die Feststellung des Wahlergebnisses und die Fristen für seine Bekanntmachung;
7. die Aufbewahrung der Wahlakten.

§ 39 (gegenstandslos)

Tarifvertragsgesetz

Vom 9.4.1949, BGBl I S. 55, 68, BGBl III 802-1

In der Fassung der Bekanntmachung vom 25.8.1969, BGBl I S. 1323
Zuletzt geändert durch Neunte Zuständigkeitsanpassungsverordnung
vom 31.10.2006, BGBl I S. 2407, 2434

§ 1 Inhalt und Form des Tarifvertrages

(1) Der Tarifvertrag regelt die Rechte und Pflichten der Tarifvertragsparteien und enthält Rechtsnormen, die den Inhalt, den Abschluß und die Beendigung von Arbeitsverhältnissen sowie betriebliche und betriebsverfassungsrechtliche Fragen ordnen können.
(2) Tarifverträge bedürfen der Schriftform.

Literatur: *Bauer/Danoli*, Zur Anwendung noch nicht rechtswirksamer tarifvertraglicher Vereinbarungen, ZTR 1997, 401; *Bepler*, Die „zweifelhafte Rechtsquelle" der betrieblichen Übung – Beharrungen und Entwicklungen, RdA 2005, 323; *Braun/Schreiner*, Erstreikbarkeit von tariflichen Sozialplänen, ArbRB 2006, 243; *Bruns*, Tarifrecht an öffentlichen Krankenhäusern, Arztrecht 2005, 326; *Hanau*, Die Rechtsprechung des Bundesarbeitsgerichts im Jahr 2002, ZfA 2003, 735; *Kiefer*, Neue Tarifverträge und Ausschlussfrist, ZTR 1995, 205; *Kleinebrink*, Tücken des Anerkennungstarifvertrags, DB 2007, 518; *Lindemann/Simon*, Tarifpluralität – Abschied vom Grundsatz der Tarifeinheit?, BB 2006, 1852; *Löwisch*, Tariftreue-Verpflichtung im Vergaberecht und Koalitionsfreiheit, DB 2001, 1090; *ders.*, Kollektivverträge und Allgemeines Gleichbehandlungsgesetz, DB 2006, 1729; *Reichel/Kuberski/Clasen/Menzel*, Tarifvertragsgesetz, Kommentar, Stand: 15. Ergänzung Nov. 1999; *Rockel/Rocke*, Der neue TVöD Spartentarifvertrag Krankenhaus – der Weg in die Zukunft?, KH 2005, 377; *dies.*, Die Gestaltung der Leistungsentgelte nach dem TVöD-Spartentarifvertrag Krankenhaus, KH 2005, 839; *dies.*, Der TVöD Krankenhaus Spartentarifvertrag – altes Gewand in neuen Kleidern?, RiA 2005, 157; *Schwab*, Die vergaberechtliche „Tariftreueerklärung" im Spannungsfeld von Arbeitsrecht und Wettbewerb, DB 2001, 1090; *ders.*, Vergaberecht – Tariftreueerklärung – Wettbewerbsverstoß – Berliner Vergabegesetz – Vorlage an das BVerfG, Anmerkung zu BGH 18.1.2000 – KVR 23/98 –, AuR 2000, 271; *Witteler*, Die Allgemeinverbindlichkeitserklärung – kein geeignetes Mittel zur faktischen Einführung von Mindestlöhnen, BB 2007, 1620; *Zachert*, „Jenseits des Tarifvertrages"?, NZA 2006, 10; *Zwanziger*, Rechtliche Rahmenbedingungen für „Ein-Euro-Jobs", AuR 2005, 8

A. Allgemeines 1	a) Berufsspezifische Tarifverträge 31
B. Regelungsgehalt 2	b) Spartentarifverträge 33
I. Begriff des Tarifvertrages 2	5. Unterscheidung der Tarifverträge nach den sie
II. Bedeutung des Tarifvertrages 4	regelnden Gegenständen 34
III. Abgrenzungen 5	VII. Der Abschluss, das Inkrafttreten, das Auslaufen
1. Sonstige Kollektivvereinbarungen von	des Tarifvertrages 35
Koalitionen 5	1. Der Abschluss 35
2. Kirchliche Arbeitsrechtsregelungen 6	2. Das Inkrafttreten 40
3. Richtlinien 7	3. Das Ende/Auslaufen des Tarifvertrages 43
4. Bindende Festsetzungen der Heimarbeits-	a) Befristung 44
ausschüsse 8	b) Aufhebungsvertrag 45
5. Dienstordnungen 9	c) Bedingung 46
6. Betriebsvereinbarungen 10	d) Kündigung 47
7. Allgemeine Arbeitsbedingungen 11	aa) Ordentliche Kündigung 48
8. Betriebliche Übung 12	bb) Außerordentliche Kündigung 50
IV. Rechtsnatur des Tarifvertrages 13	cc) Teilkündigung 54
V. Funktion des Tarifvertrages 15	dd) Änderungskündigung 55
1. Schutzfunktion 17	e) Sonstige mögliche Fälle des Endes des
2. Die Verteilungsfunktion 18	Tarifvertrages 56
3. Ordnungsfunktion 19	aa) Wegfall der Geschäftsgrundlage 56
4. Friedensfunktion 20	bb) Wegfall einer Tarifvertragspartei 57
5. Orientierungsfunktion 21	cc) Insolvenzverfahren 58
6. Wirtschaftliche Funktion 22	dd) Wegfall der Tariffähigkeit oder der
VI. Erscheinungsformen des Tarifvertrages 24	Tarifzuständigkeit 59
1. Vorbemerkung 24	ee) Auflösung des Verbandes 60
2. Unterscheidung nach Abschlussparteien auf	f) Folgen des Endes von Tarifverträgen 61
Arbeitgeberseite 25	VIII. Inhalt des Tarifvertrages 62
a) Verbandstarifverträge 25	1. Schuldrechtlicher Teil 62
b) Firmenverbandstarifvertrag 27	a) Durchführungspflicht/Einwirkungspflicht 64
c) Firmentarifvertrag 28	b) Friedenspflicht 71
3. Mehrgliedrige Tarifverträge 30	2. Normativer Teil 77
4. Berufsspezifische und Spartentarifverträge ... 31	

a)	Die das Arbeitsverhältnis betreffenden Normen	79	h) Tarifvertragliche Normen mit Doppelcharakter	96
b)	Abschlussnormen	82	IX. Auslegung von Tarifverträgen	101
c)	Inhaltsnormen	86	X. Grenzen der tariflichen Gestaltungsmacht	105
d)	Beendigungsnormen	87	XI. Kontrolle von Tarifverträgen	109
e)	Betriebliche Normen	89	**C. Verbindung zu anderen Rechtsgebieten**	**119**
f)	Betriebsverfassungsrechtliche Normen	93	**D. Beraterhinweise**	**120**
g)	Gemeinsame Einrichtungen	95		

A. Allgemeines

1 Abs. 1 setzt den Begriff des TV voraus und bestimmt im Wesentlichen den Inhalt von TV. Abs. 2 schreibt die schriftliche Niederlegung des TV vor.

B. Regelungsgehalt

I. Begriff des Tarifvertrages

2 Das Gesetz setzt den Begriff voraus. Aus §§ 1, 2 und 4 ergibt sich folgende Umschreibung, die sich mehr oder weniger gleich lautend in der Lit. findet: Der TV ist ein privatrechtlicher schriftlicher Vertrag zwischen tariffähigen Parteien, einem oder mehreren oder einer der mehreren Gewerkschaften andererseits, der die Rechte und Pflichten der TV-Parteien regelt – schuldrechtlicher Teil – und Rechtsnormen über Abschluss, Inhalt und Beendigung von Arbverh festlegt sowie über die Ordnung betrieblicher und betriebsverfassungsrechtlicher Fragen – normativer Teil.[1]

3 Die Koalitionen sind nach Art. 9 Abs. 3 GG zur Gestaltung der Arbeitsbedingungen berufen, haben insb. das Recht zum Abschluss von TV, somit zum Setzen von Rechtsnormen, was die sog. Tarifautonomie ausmacht.

Der Unterschied zu einem rein privatrechtlichen Vertrag liegt darin, dass er ein Koalitionsvertrag ist. Nicht jeder Kollektivvertrag ist indes ein TV (vgl. Rn 5 ff.).

II. Bedeutung des Tarifvertrages

4 Die Bedeutung des TV-Rechts liegt darin, dass jährlich etwa 5 bis 7.000 TV abgeschlossen werden. Etwa 70.000 sind beim BMAS registriert. Wenngleich sich die unmittelbare und zwingende Wirkung des TV auf die Gewerkschaftsmitglieder beschränkt, wobei der Organisationsgrad in den einzelnen Branchen sehr unterschiedlich ist, führen die verbreiteten Bezugnahmeklauseln dazu, dass die TV am Ende etwa 70 % der AN in den alten Bundesländern und etwa 54 % der AN in den neuen Bundesländern erfassen.[2] Hinzukommt die steigende Anzahl von Firmen-/Haus-TV, die die einzelnen AG selbst mit der zuständigen Gewerkschaft abschließen, aber auch als firmenbezogene Verbands-TV vorkommen. Ihre Zahl wird mit etwa 28.000 angegeben.[3] Das macht die nach wie vor bestehende wichtige Funktion der TV deutlich. Trotz der Diskussionen um die angebliche „Krise des Flächentarifvertrages" und des Rufes nach der Verlagerung der Lohn-/Gehaltsfindung auf die betriebliche Ebene zumindest durch tarifvertragliche Öffnungsklauseln.

III. Abgrenzungen

5 **1. Sonstige Kollektivvereinbarungen von Koalitionen.** Von TV sind „sonstige Kollektivvereinbarungen der Koalitionen" zu unterscheiden, die auch „Sozialvereinbarungen" genannt werden.[4] Ob eine solche Vereinbarung oder ob ein TV vorliegt, ist durch Auslegung zu ermitteln. Ein TV liegt dann nicht vor, wenn eine TV-Partei deutlich gemacht hat, sie wolle einen TV nicht abschließen.[5] Einen mit „Betriebsvereinbarung" überschriebenen „Konsolidierungsvertrag" zwischen AG einerseits und IG-Metall sowie BR andererseits hat das BAG[6] als Haus-/Firmen-TV angesehen: Die Beteiligten hätten eine wirksame Vereinbarung abschließen wollen, was wegen der Sperrwirkung des § 77 Abs. 3 BetrVG nur als TV möglich gewesen sei. Ein TV liegt dann nicht vor, wenn nicht tariffähige Parteien entscheidend an der Willensbildung beteiligt sind.[7] Es handelt sich dann um sonstige Kollektivvereinbarungen.

---

1 Vgl. z.B. HWK/*Henssler*, § 1 TVG Rn 2; *Hueck/Nipperdey*, Bd. II, S. 207.
2 *Kempen/Zachert*, § 1 Rn 4.
3 *Kempen/Zachert*, § 1 Rn 4.
4 *Zachert*, NZA 2006, 10 ff.
5 BAG 14.4.2004 – 4 AZR 232/03 – AP § 1 TVG Auslegung Nr. 188 betreffend Lehrerpersonalkonzept des Landes Mecklenburg-Vorpommern v. 8.12.1995, schriftlich abgeschlossen zwischen dem Land Mecklenburg-Vorpommern einerseits und der Gewerkschaft Erziehung und Wissenschaft (GEW) „gleichsam handelnd für den Deutschen Gewerkschaftsbund" (DGB) und fünf weitere Verbände aus dem Bereich der Lehrerschaft.
6 7.11.2000 – 1 AZR 175/00 – AP § 77 BetrVG 1972 Nr. 14; vgl. dazu BAG 15.4.2008 – 1 AZR 86/07 – AP § 77 BetrVG 1972 Nr. 96; vgl. auch den Fall LAG Baden-Württemberg 6.7.2006 – 13 Sa 68/05 – juris.
7 *Zachert*, NZA 2006, 10, 13 m.w.N. in Fn 20.

2. Kirchliche Arbeitsrechtsregelungen. Die katholische Kirche und die evangelische Kirche in Deutschland schaffen Arbeitsbedingungen auf dem sog. Dritten Weg.[8] Auf der Grundlage kirchlicher Gesetze beschließen paritätisch von AG und AN besetzte Kommissionen Arbeitsrechtsregelungen. Die kirchlichen Arbeitsrechtsregelungen wie AVR Caritas, AVR Diakonie, BAT-KF[9] lehnten sich weitgehend an die Tarifregelungen des öffentlichen Dienstes an, sind aber keine TV.[10] Sie sind nicht von TV-Parteien ausgehandelt und nach Maßgabe des TVG zustande gekommen. Ihnen fehlt der Normencharakter, so dass sie auch nur kraft einzelarbeitsvertraglicher Vereinbarung das jeweilige Arbverh zu bestimmen vermögen. Zwar sehen einzelne evangelische Kirchen in ihren Regelungen die normative Geltung beschlossener Arbeitsvertragsregelungen kirchenrechtlich vor,[11] aber abgesehen davon, dass eine normative Geltung durch Kirchengesetz allenfalls Kirchenmitglieder zu erfassen vermag – oder kann sich aus dem Eintritt in die kirchliche Dienstgemeinschaft etwas anderes ergeben? –,[12] enthält das säkulare Recht keine Bestimmung, die die normative Wirkung kirchlicher Arbeitsrechtsregelungen anordnet. § 4 Abs. 1 scheidet aus, weil es sich bei den kirchlichen Arbeitsrechtsregelungen nicht um TV handelt. Eine analoge Anwendung des § 4 Abs. 1 scheitert daran, dass die unmittelbare und zwingende Wirkung von TV auf Art. 9 Abs. 3 S. 1 GG zurückzuführen ist, während die Schaffung kirchlicher Arbeitsrechtsregelungen auf dem Dritten Weg auf dem kirchlichen Selbstbestimmungsrecht, Art. 140 GG, Art. 137 WRV, beruht. Dieser Unterschied verbietet die analoge Anwendung des § 4 Abs. 1. Auch aus dem Selbstbestimmungsrecht der Religionsgemeinschaften, Art. 140 GG, Art. 137 Abs. 3 WRV, lässt sich eine normative Wirkung der auf dem Dritten Weg entstandenen Arbeitsrechtsregelungen nicht herleiten.[13]

3. Richtlinien. RL einzelner Länder oder der Tarifgemeinschaft deutscher Länder, wie z.B. die Lehrer-RL der TdL oder die RL der TdL über die Eingruppierung des im Ang-Verhältnis beschäftigten Ausbildungspersonals an den Katastrophenschutzschulen der Länder, aber auch ministerielle Richtlinien über die Vergütung von Lehrern im Ang-Verhältnis sind keine TV. Die RL sind nämlich nicht von den TV-Parteien ausgehandelt worden und daher auch nicht nach Maßgabe des TVG zustande gekommen, sondern sind eine einseitige Empfehlung einer TV-Partei – der AG-Seite – an ihre Mitglieder oder sind bei entsprechender Handhabung als verwaltungsinterne Anweisungen anzusehen. Ihnen fehlt jeder normative Charakter. Ihnen kommt nur dann arbeitsrechtliche Bedeutung zu, wenn ihre Anwendung einzelarbeitsvertraglich vereinbart worden ist, wie es in aller Regel geschieht. Dabei kommt es nicht darauf an, ob sie inhaltlich einem TV ganz oder teilweise entsprechen, wie etwa dem BAT oder dem TVöD.[14]

4. Bindende Festsetzungen der Heimarbeitsausschüsse. Festsetzungen i.S.v. § 19 HAG sind zwar als Rechtsregeln den normativen Bestimmungen eines TV vergleichbar,[15] ihre rechtliche Konstruktion erinnert an für allgemeinverbindlich erklärte TV. Sie sind aber von geringerem Gewicht.[16]

5. Dienstordnungen. Dienstordnungen der Selbstverwaltungskörperschaften der Sozialversicherung sind aufgrund gesetzlicher Ermächtigung, z.B. des § 144 SGB VII, erlassenes autonomes Satzungsrecht,[17] nicht aber TV.[18]

6. Betriebsvereinbarungen. Arbeitsbedingungen können auch in BV geregelt sein, etwa eine Gehaltsordnung, soweit die Sperrwirkung des § 77 Abs. 3 S. 1 BetrVG nicht greift. Auch die BV ist ein Normenvertrag, der u.a. Normen zur Regelung der ihrem Geltungsbereich unterworfenen Arbverh enthält. § 77 Abs. 3 S. 1 BetrVG verhindert eine betriebliche Normsetzung, die schon Gegenstand tariflicher Regelungsmacht ist, wobei es ausreicht, dass die Tarifgebundenheit des AG an einen Verbands-TV möglich ist.[19] Mit Inkrafttreten eines Firmen-TV, der denselben Gegenstand wie die BV regelt, wird die BV wegen der Sperrwirkung des § 77 Abs. 3 S. 1 BetrVG unwirksam.[20]

---

8 Im Gegensatz zum Ersten Weg: Gestaltung der Arbeitsbedingungen einseitig durch Kirchengesetz oder durch die verfasste Kirche oder durch ihre Einrichtungen wie Caritas und Diakonie und zum Zweiten Weg durch Abschluss von TV wie im Bereich der Nordelbischen Kirche (NEK) und der Evangelischen Kirche Berlin-Brandenburg-Schlesische Oberlausitz – dazu *Richardi*, Arbeitsrecht in der Kirche, 5. Aufl., 2009, § 13 S. 203 ff. –, wobei nicht abschließend geklärt ist, ob es sich bei diesen kirchlichen TV um TV i.S.d. TVG handelt, ablehnend *Richardi*, Arbeitsrecht in der Kirche, 5. Aufl., 2009, § 13 S. 208 ff.; *Hammer*, Kirchliches Arbeitsrecht, 2002, S. 184.
9 I.e. Bundes-Angestellten-TV kirchliche Fassung.
10 St. Rspr. des BAG, vgl. z.B. 24.9.1980 – 4 AZN 289/80 – AP § 72a ArbGG 1979 Grundsatz Nr. 9.
11 Vgl. § 3 ARRG der Evangelischen Kirche von Westfalen (Kirchliches Amtsblatt Westfalen 2000, 51 ff.).
12 *Thüsing*, Kirchliches Arbeitsrecht, 2006, S. 125.
13 BAG 20.3.2002 – 4 AZR 101/01 – AP Art. 140 GG Nr. 53; 13.11.2002 – 4 AZR 73/01 – AP § 1 AVR Caritas-Verband Nr. 2; 21.5.2003 – 4 AZR 420/02 – AP § 611 BGB Kirchendienst Nr. 37; 8.6.2005 – 4 AZR 412/04 – AP § 42 MitarbeitervertretungsG-EK Rheinland-Westfalen Nr. 1, zu III 2 der Gründe; a.A. *Thüsing*, Kirchliches Arbeitsrecht, 2006, S. 122 m.w.N.
14 Vgl. BAG 13.1.1981 – 3 AZN 302/80 – AP § 72a ArbGG 1979 Grundsatz Nr. 30.
15 BVerfG 27.2.1973 – 2 BvL 27/69 – BVerfGE 34, 307 = AP § 19 HAG Nr. 7.
16 BAG 20.1.1981 – 3 AZN 302/80 – AP § 72a ArbGG 1979 Grundsatz Nr. 12.
17 Vgl. BAGE 31, 380 = AP § 611 BGB Dienstordnungs-Angestellte Nr. 49.
18 Vgl. BAG 29.9.1980 – 4 AZN 289/80 – AP § 72a ArbGG 1979 Grundsatz Nr. 9; 31.3.1983 – 2 AZN 76/83 – AP § 72a ArbGG 1979 Grundsatz Nr. 26.
19 BAG 22.3.2005 – 1 ABR 64/03 – AP § 4 TVG Geltungsbereich Nr. 26, zu B II 2 c ee der Gründe.
20 LAG Baden-Württemberg 6.7.2006 – 13 Sa 68/05 – juris.

11 **7. Allgemeine Arbeitsbedingungen.** Darunter sind Arbeitsbedingungen zu verstehen, die der AG kraft seines Weisungs- und Ordnungsrechts erlassen hat. Sie werden mit den AN vereinbart. Sie sind nachrangig gegenüber einer geltenden BV oder gegenüber einem geltenden TV, es sei denn, die allg. Arbeitsbedingungen sind günstiger.

12 **8. Betriebliche Übung.** Die „zweifelhafte Rechtsquelle" der betrieblichen Übung[21] vermag zu Arbeitsbedingungen zu führen. Die betriebliche Übung wird aus der regelmäßigen Wiederholung bestimmter Verhaltensweisen des AG abgeleitet, aus denen die AN schließen können, ihnen solle eine Leistung oder eine Vergünstigung auf Dauer gewährt werden. Im Gegensatz zum öffentlichen Dienst, bei dem typischerweise eine durch den Haushaltsgesetzgeber legitimierter Wille fehlt, sich zu Leistungen zu verpflichten, die über das hinausgehen, was der öffentliche AG zu zahlen ohnehin verpflichtet ist, werden in der Privatwirtschaft nach wie vor Rechtsbegründungen durch betriebliche Übung anerkannt,[22] wie etwa bei wiederholten Jahressonderzahlungen. Auch die Anwendung von TV kann auf betrieblicher Übung beruhen.[23] Bei einem nicht tarifgebundenen AG ist nur dann von einer betrieblichen Übung, Löhne und Gehälter der Vergütungsentwicklung in einem bestimmten Bereich anzupassen, auszugehen, wenn aus dem Verhalten des AG deutlich geworden ist, dass er auf Dauer die von den TV-Parteien beschlossenen Tariferhöhungen für seine Arbeitnehmerschaft übernehmen will. Das ergibt sich daraus, dass es an der Tarifgebundenheit des AG gerade fehlt. Daraus ist zu schließen, dass er sich nicht dem „Tarifdiktat" anderer unterwerfen will.[24]

IV. Rechtsnatur des Tarifvertrages

13 Der schuldrechtliche (obligatorische) Teil des TV regelt die Rechte und Pflichten der TV-Parteien untereinander. Er umfasst u.a. die Friedenspflicht. Außerdem geht es um Selbstpflichten, wie etwa die Einrichtung und Unterhaltung von Unterstützungskassen, sowie um Einwirkungspflichten. Dabei verpflichten sich die TV-Parteien, auf ihre Mitglieder im Sinne bestimmter Verhaltensweisen einzuwirken, etwa mit Außenseitern gleiche oder andere Arbeitsbedingungen als die tariflich vorgesehenen zu vereinbaren oder Arbeitskampfmaßnahmen zu unterlassen. Dieser Teil des TV wird als privatrechtlicher Vertrag angesehen.[25] Soweit der TV Rechtsnormen über Abschluss, Inhalt und Beendigung von Arbverh sowie über die Ordnung von betrieblichen und betriebsverfassungsrechtlichen Fragen enthält – normativer Teil –, ist seine Rechtsnatur nach wie vor umstr.[26]

14 Richtig dürfte sein, dass es sich bei der Normsetzungsbefugnis der TV-Parteien um eine vom Staat anerkannte originäre Regelungsmacht handelt.[27] Die gesetzlich angeordnete Rechtsnormeneigenschaft der Tarifregelungen und ihre gesetzlich vorgeschriebene unmittelbare und zwingende Wirkung nach §§ 3 Abs. 1, 4 Abs. 1 gewährleistet das auf der Grundlage des Art. 9 Abs. 3 GG gegebene TV-System, die Eigenschaft des TV als privatautonomes Recht bleibt erhalten.[28]

V. Funktion des Tarifvertrages

15 TV sind in der geltenden Wirtschaftsordnung der Bundesrepublik Deutschland eine zentrale Rechtsquelle des Arbeitsrechts.[29] Ihre Funktionen vermögen zum Verständnis und zur Auslegung des Art. 9 Abs. 3 S. 1 GG, des TVG und der TV selbst beizutragen. Umgekehrt kann nicht aus einer der Funktionen zwingend auf die Zulässigkeit einer tariflichen Regelung geschlossen werden.

16 Der TV erfüllt im Wesentlichen folgende Funktionen:

17 **1. Schutzfunktion.** Der wirtschaftlich schwächere AN soll gegenüber dem stärkeren AG geschützt werden, der ohne Tarifgebundenheit leichter in der Lage wäre, die Arbeitsbedingungen einseitig zu diktieren. Dabei ist von der Gleichgewichtigkeit der TV-Parteien auszugehen. Daraus folgt die materielle Richtigkeitsgewähr des TV, was am Ende zur Verengung der Kontrolldichte darauf führt, ob der TV gegen höherrangiges Recht verstößt.[30] Allerdings ist nicht zu verkennen, dass in der aktuellen Diskussion die tariflichen Arbeitsbedingungen als „zu hoch" bezeichnet und dem Vorwurf ausgesetzt werden, sie führten zu Vernichtung von Arbeitsplätzen. Dem ist entgegen zu halten, dass es an den TV-Parteien ist, ggf. die tariflichen Arbeitsbedingungen an die gesamtwirtschaftliche oder an die branchenspezifische Lage anzupassen.[31] Gerade dann vermag der TV seine Schutzfunktion zu entfalten.

18 **2. Die Verteilungsfunktion.** Dabei geht es nicht nur um die innerbetriebliche Lohnverteilung unter dem Gesichtspunkt der Lohngerechtigkeit, sondern darüber hinaus um die Verteilung der Wertschöpfung überhaupt.[32]

---

21 *Bepler*, RdA 2005, 323 im Anschluss an *Hanau*, ZfA 2003, 735, 753.
22 *Bepler*, RdA 2005, 326 m.N.
23 BAG 19.1.1999 – 1 AZR 606/98 – AP § 1 TVG Bezugnahme auf Tarifvertrag Nr. 9.
24 BAG 19.1.1999 – 1 AZR 606/98 – EzA § 3 TVG Bezugnahme auf Tarifvertrag Nr. 10; BAG 16.1.2002 – 5 AZR 715/00 – AP § 242 BGB Betriebliche Übung Nr. 56.
25 Vgl. nur HWK/*Henssler*, § 1 TVG Rn 3.
26 Vgl. nur HWK/*Henssler*, § 1 TVG Rn 3 m.w.N.
27 *Däubler/Reim*, TVG, § 1 Rn 36 ff., 61.
28 *Berg u.a.*, 2. Aufl. 2008, § 1 TVG Rn 14.
29 BVerfGE 15.7.1980 – 1 BvR 24/74, 439/79 – BVerfGE 55, 7, 8 = AP § 5 TVG Nr. 17.
30 Vgl. unten Rn 109 ff.
31 H/S/*Schliemann*, § 20 Rn 23.
32 Vgl. z.B. *Berg u.a.*, § 1 TVG Rn 28.

3. Ordnungsfunktion. Der TV sorgt für seinen Geltungsbereich für ein einheitliches Arbeitsrecht. Sämtliche TV einer Branche zusammengenommen, also das gesamte Tarifwerk, vermögen das Arbeitsleben des jeweiligen Bereiches zu ordnen.

4. Friedensfunktion. Die Materien, die im TV geregelt sind, dürfen während der Laufzeit des TV nicht Gegenstand von Tarifauseinandersetzungen oder Arbeitskampfmaßnahmen (Streik, Aussperrung oder Boykott) sein. Mit dem Abschluss des TV beginnt die Friedenspflicht. Sie kann durch Vereinbarung erweitert werden.

5. Orientierungsfunktion. Darunter wird verstanden, dass nicht tarifgebundene AG, aber auch tarifgebundene AG die einschlägigen TV mit ihren AN vereinbaren, indem sie sie arbeitsvertraglich in Bezug nehmen (siehe § 3 Rn 7, 81 ff.), andere AG sich jedenfalls beim Entgelt nach den einschlägigen oder aber auch nach branchenfremden TV richten (z.B. BAT oder TVöD) oder sich an ihnen orientieren (z.B. „in Anlehnung an VergGr. IV b BAT"), in Zeiten des Arbeitskräftemangels schon deswegen, weil anderenfalls qualifizierte AN nicht zu gewinnen sind.

6. Wirtschaftliche Funktion. Die TV führen für die tarifgebundenen AN zu Mindestarbeitsbedingungen, die wegen der unmittelbaren und zwingenden Wirkung ihrer Normen nicht unterschritten werden dürfen. Wegen der darüber hinaus häufig erfolgenden vertraglichen Bezugnahme auf die TV führt das zu einer branchenweiten Vereinheitlichung des Preises der Arbeitskraft. Diese Wirkung wird als „Kartellfunktion"[33] bezeichnet oder es wird von einem „Mindestkonditionenkartell"[34] gesprochen. Sie führt aber dazu, dass der Konkurrenzkampf unter den Unternehmen nicht über eine Lohnspirale nach unten geführt wird, sondern der Wettbewerb sich auf den Ebenen Innovation, Produktivität, Qualität, Service abspielt,[35] wenngleich nicht verkannt werden darf, dass Rationalisierungen wegen eines als „zu hoch" empfundenen Mindestarbeitsbedingungsniveaus zum Arbeitsplatzabbau führen (können). Auf der Ebene der Marktsteuerungsfunktion der TV liegt auch das AEntG,[36] mit dem ausländische AG verpflichtet werden, ihren in Deutschland beschäftigten AN die hier geltenden wettbewerbsrelevanten Arbeitsbedingungen zu gewähren. § 1 AEntG erstreckt deshalb bestimmte in für allgemeinverbindlich erklärten TV geregelte Arbeitsbedingungen auf AG mit Sitz im Ausland auf ihre im Inland beschäftigten AN, was insb. für das Bauhaupt- und das Baunebengewerbe gilt. Die Unterwerfung der Arbverh ausländischer Firmen unter deutsche Tarifnormen durch Allgemeinverbindlichkeitserklärung oder Rechtsverordnung, § 2 AEntG ist bei allem Verständnis für den Versuch der Verhinderung von Lohndumping verfassungsrechtlich nicht unbedenklich. Arbeits- und Wirtschaftsbedingungen werden vom Staat festgelegt, ggf. ohne Konsens mit den Sozialpartnern.[37] Das Entsendegesetz wurde am 25.4.2007 auf die Branche der rund 850.000 Gebäudereiniger ausgeweitet.[38] Postdienstleister wurden einbezogen.[39] Weitere einbezogene Branchen ergeben sich aus § 4 AEntG. Eine weitere Ausdehnung auf Zeit-AN ist in der Diskussion.[40]

Auf derselben Ebene liegen die Tariftreueregelungen der Bundesländer,[41] mit denen erreicht werden soll, dass nur solche Unternehmen öffentliche Aufträge, in erster Linie Bauaufträge, erhalten, die örtliche Löhne an die AN zahlen. Bedenken bestehen, wenn nicht tarifgebundene AG verpflichtet werden, Tariflöhne zu entrichten.[42]

VI. Erscheinungsformen des Tarifvertrages

1. Vorbemerkung. Partei des TV ist, wer im TV als solche angegeben ist. Das folgt aus dem Erfordernis der Schriftform, Abs. 2.[43] Treten Vertreter auf, muss das Vertretungsverhältnis angegeben werden (z.B. Spitzenverband A handelnd in Vertretung der Regionalverbände X und Y).

---

33 *Berg* u.a., Einleitung TVG Rn 27.
34 H/S/*Schliemann*, § 20 Rn 29.
35 *Berg* u.a., Einleitung TVG Rn 27.
36 V. 26.2.1996 (BGBl I S. 227 i.d.F. v. 20.4.2009, BGBl I S. 799).
37 Zur Kritik vgl. nur *Dörner/Luczak/Wildschütz*, A Rn 890.
38 Erstes Gesetz zur Änderung des Arbeitnehmer-Entsendegesetzes, BGBl I 2007 S. 576. Kritisch zur Ausdehnung auf weitere Branchen *Witteler*, BB 2007, 1620, 1624.
39 VO über zwingende Arbeitsbedingungen für die Branche Briefdienstleistungen (BAnz 2007, 8410), gültig bis 30.4.2010; sie wurde vom VG Berlin (7.3.2008 – 4 A 439.07 – NZA 2008, 482) und vom OVG Berlin-Brandenburg (18.12.2008 – 1 B 13.08 – AuR 2009, 46) für rechtswidrig erklärt.
40 Allerdings kommt es zunehmend zu TV, die „für ein ausgeglichenes Lohnniveau zwischen Stammpersonal und flexiblen Arbeitskräften" sorgen, z.B. TV für die Leiharbeiter bei Audi, abgeschlossen zwischen der IG-Metall und der Zeitarbeitsfirma Adecco, Tagesspiegel Nr. 19 647 v. 25.8.2007, S. 16.
41 Vgl. die Nachweise bei *Berg* u.a., § 5 TVG Rn 57.
42 BGH 18.1.2000 – KVR 23/98 A – AP § 20 GWB Nr. 1; *Löwisch*, DB 2001, 1090; a.A. *Schwab*, NZA 2001, 701; AuR 2000, 271; die Vorlage beim BVerfG hat dieses am 11.7.2006 – 1 BvL 4/00 – AP Art. 9 GG Nr. 129 – dahin entschieden, dass die Tariftreueregelung des § 1 Abs. 1 S. 2 des Berliner Vergabegesetzes v. 9.7.1999 (GVBl S. 369) – VgG Bln – das Grundrecht der Koalitionsfreiheit aus Art. 9 Abs. 3 GG nicht berührt und das Grundrecht der Berufsfreiheit aus Art. 12 GG nicht verletzt, AP Art. 9 GG Nr. 129. Das OLG Celle hat mit Beschluss v. 17.8.2006 – 13 U 72/06 – ZIP 2006, 1908 dem EuGH die Frage vorgelegt, ob die Tariftreueklausel des Niedersächsischen Landesvergabegesetzes eine nicht gerechtfertigte Beschränkung der Dienstleistungsfreiheit innerhalb der EG, Pressemitteilung v. 17.8.2006.
43 BAG 26.4.2000 – 4 AZR 190/99 – AP § 1 TVG Kündigung Nr. 4.

25 **2. Unterscheidung nach Abschlussparteien auf Arbeitgeberseite. a) Verbandstarifverträge.** Der Verbands-TV, auch Flächen-TV genannt, wird zwischen dem für einen bestimmten Wirtschaftszweig zuständigen AG-Verband und der zuständigen Gewerkschaft abgeschlossen – die Gewerkschaften und die AG-Verbände sind i.d.R. nach dem Industrieverbandsprinzip organisiert.

26 Dabei kommt es hinsichtlich des räumlichen Geltungsbereichs zu bundesweiten Abschlüssen (z.B. Bundesmantel-TV für das Baugewerbe), aber auch zu regional beschränkten (z.B. Mantel-TV für die Beschäftigten in der Metallindustrie in Nordwürttemberg/Nordbaden), was in erster Linie historisch bedingt ist. Bei allem Gerede um die „Krise" des Flächen-TV hat er bislang seine Bedeutung nicht verloren, wie die „Tariflandschaft" zeigt.

27 **b) Firmenverbandstarifvertrag.** Der nur firmenbezogene Verbands-TV wird zwischen dem zuständigen AG-Verband und der zuständigen Gewerkschaft geschlossen, aber nur bezogen auf ein Unternehmen und seine(n) Betrieb(e).[44]

28 **c) Firmentarifvertrag.** Der einzelne AG ist tariffähig, § 2 Abs. 1.[45] Der Firmen-TV gewinnt an Bedeutung, nachdem viele AG ihren Verbänden den Rücken gekehrt haben (Stichwort: Verbandsflucht) oder nur im Rahmen einer Gastmitgliedschaft,[46] OT-Mitgliedschaft im Verband verbleiben.[47] Im sog. Häuserkampf bemüht sich die zuständige Gewerkschaft um einen Firmen-TV. Dabei wird nicht selten ein sog. Anerkennungs-TV geschlossen, mit dem der AG das Verbandstarifwerk oder Teile davon übernimmt, wobei das bezogen auf einen bestimmten Zeitpunkt, also statisch, aber auch bezogen auf die jeweilige Fassung, also dynamisch, erfolgen kann.[48]

29 Aber auch der verbandsangehörige AG kann wirksam einen Firmen-TV abschließen. Dieser ist wirksam, selbst wenn der AG damit verbandswidrig handeln sollte. Der abgeschlossene Firmen-TV geht wegen des Grundsatzes der Spezialität dem Verbands-TV vor.[49] Eine solche Fallgestaltung ist bei sog. tarifvertraglichen Bündnissen für Arbeit möglich, wenn etwa befristet Abschläge vom Tariflohn, Verzicht auf Sonderzahlungen mit einem befristeten Schutz vor betriebsbedingten Künd vereinbart werden. Auf diese Weise versuchen die Gewerkschaften betriebsspezifischen Besonderheiten, besonders in insolvenzgefährdeten Unternehmen zusammen mit dem AG Rechnung zu tragen.

30 **3. Mehrgliedrige Tarifverträge.** Darunter werden TV verstanden, bei denen auf AG- und/oder AN-Seite mehrere Verbände beteiligt sind. Sind auf einer Seite mehrere Parteien am TV beteiligt, ist durch Auslegung nach §§ 133, 157 BGB zu ermitteln, ob damit mehrere voneinander unabhängige und nur äußerlich in einer Urkunde zusammengefasste TV vorliegen oder ob ein alle Beteiligten gemeinsam bindender einheitlicher TV vorliegt.[50] Davon zu unterscheiden ist der **Anschluss-TV**. Von einem Anschluss-TV wird gesprochen, wenn ein nicht beteiligter Verband das von TV-Parteien ausgehandelte Ergebnis mit gleichem Wortlaut seinerseits mit der anderen Seite abschließt. Es handelt sich dabei nicht selten um einen Gefälligkeits-TV, die die AG-Seite abschließt, um einer kleineren AN-Vereinigung ein gewisses Gewicht zu verleihen, das bei einer entsprechenden Vielzahl verbunden mit anderen Gesichtspunkten zur Tariffähigkeit führen kann.[51]

31 **4. Berufsspezifische und Spartentarifverträge. a) Berufsspezifische Tarifverträge.** TV dürfen sich auf AN-Seite auf bestimmte Berufe beschränken oder bestimmte Berufe, auch solche in bestimmten Betrieben von ihrem Geltungsbereich ausnehmen (vgl. z.B. § 1 TVÖD; § 3 BAT). Deshalb kann z.B. der Marburger Bund (MB, 110.000 Mitglieder), der die den Chefärzten angeordneten Ärzte in den Krankenhäusern mehrheitlich vertritt, einen arztspezifischen TV mit den öffentlichen AG wirksam abschließen, wie es am 1.8.2006 mit den Ländern geschehen ist und sich nunmehr auch die kommunalen AG (VKA) nach langem Ringen „gestreckt" haben mit einem Abschluss am 17.8.2006.[52] Dass Ver.di bereits vorher einen TV mit den kommunalen AG-Verbänden geschlossen hat, in dem auch Regelungen für angestellte Ärzte enthalten sind, ändert daran nichts. Dieser TV gilt nur für die – wenigen – Ärzte, die bei ver.di organisiert sind.

---

44 Vgl. dazu BAG 24.4.2007 – 1 AZR 252/06 – betr. Zulässigkeit eines verbandsbezogenen TVs und Zulässigkeit eines Streiks um den Abschluss eines firmenbezogenen Verbands-TV.
45 S. § 2 Rn 41.
46 Diese ist unproblematisch vgl. schon BAG 16.2.1962 – 1 AZR 167/61 – AP § 3 TVG Verbandszugehörigkeit Nr. 12.
47 Dazu BAG 18.7.2006 – 1 ABR 36/05 – PM Nr. 51/06 = EzA § 2 TVG Tarifzuständigkeit Nr. 10; *Annuß*, FA 26.7.2006; vgl. auch § 3 Rn 31 ff.
48 Einzelheiten bei *Kleinebrink*, DB 2007, 518 ff.
49 Vgl. nur BAG 23.3.2005 – 4 AZR 203/04 – AP § 4 TVG Tarifkonkurrenz Nr. 29; 21.6.2005 – 9 AZR 353/04 – BB 2006, 680.

50 BAG 29.6.2004 – 1 AZR 143/03 – AP § 1 TVG Nr. 36.
51 Vgl. § 2 Rn 60 ff.
52 Vgl. auch den Abschluss v. 6.9.2006 zwischen dem Marburger Bund und dem Land Hessen, das seit März 2004 der Tarifgemeinschaft deutscher Länder (TdL) nicht mehr angehört, für 2.000 Ärzte, vgl. HNA, 7.9.2006. Damit ist der „Kampf der Ärzte" noch nicht vorbei. Jetzt geht es noch um die privaten und kirchlichen AG. Von den 2.166 Krankenhäusern in Deutschland befinden sich 780 in öffentlicher, 831 in freigemeinnütziger und 555 in privater Trägerschaft (HNA, 21.8.2006); vgl. zum Tarifrecht an öffentlichen Krankenhäusern vor Abschluss des TV zwischen Marburger Bund und TdL *Bruns*, Arztrecht 2005, 326 ff.

Der Grundsatz der Tarifeinheit – in einem Betrieb soll nur ein TV gelten – steht dem nicht entgegen. Schließt die AG-Seite mit verschiedenen Gewerkschaften verschiedene TV ab oder wird sie dazu – ggf. nach Arbeitskampfmaßnahmen gezwungen –, so liegt ein Fall der Tarifpluralität vor, und zwar in ihrer Erscheinungsform der gewillkürten Tarifpluralität, für die der umstr. Grundsatz der Tarifeinheit – „ein Betrieb, ein Tarif" – nicht gilt.[53]

b) Spartentarifverträge. Im Zuge der Ausfaserung und Differenzierung der Tariflandschaft wächst die Bedeutung von Sparten-TV. So erwähnt § 10 BAT den „Spartentarifvertrag Nahverkehrsbetriebe" eines AG-Verbandes, der der Vereinigung der kommunalen AG-Verbände angehört. Der Sparten-TV Nahverkehrsbetriebe Nordrhein-Westfalen vom 25.5.2001 hat per 1.1.2002 den BMT-G II abgelöst (Ablösungsprinzip/„Zeitkollisionsregel"), beide TV waren von denselben TV-Parteien abgeschlossen worden.[54] Auch im Bereich der Bahn-AG sind Sparten-TV zumindest angestrebt.[55] Das zeigten die Bemühungen einer „kleinen Spartengewerkschaft", Fachgewerkschaft, nämlich der Gewerkschaft Deutscher Lokomotivführer (GDL) (etwa 35.000 Mitglieder) um einen eigenen Sparten-TV für Lokführer, Zugbegleiter und Arbeiter in Speisewagen (Fahrpersonal) mit der Deutschen Bahn AG.[56]

Sie führten zu einem neuen TV-Werk im DB-Konzern, das als „Brandenburger-Tor-Modell" bezeichnet wird. Im Grundlagen-TV zwischen der GdL und dem AG-Verband der Mobilitäts- und Verkehrsdienstleister vom 9.3.2008[57] anerkennt der AG-Verband und damit die DB die Eigenständigkeit des Lokomotivführer-TV[58] in den Grenzen seines persönlichen und betrieblichen Geltungsbereichs sowie die entsprechende Verhandlungs- und Abschlusskompetenz der GdL für Lokomotivführer. § 2 Grundlagen-TV regelt die „Konflikt- und Widerspruchsfreiheit", u.a. die Verpflichtung der GdL, mit der Tarifgemeinschaft TRANSNET/GDBA eine Kooperationsabrede zu vereinbaren, die die Abstimmung der Gewerkschaften über ihre Tarifforderungen und Verhandlungsergebnisse regelt zur Vermeidung gegenseitigen „Aufschaukelns", einen Konfliktlösungsmechanismus (z.B. Schiedsverfahren) zur Findung einer Regelungsempfehlung sowie eine Verpflichtung zur Übernahme der TV der jeweils anderen Seite vorsieht. Der Lokomotivführer-TV ist dann einer von insgesamt sechs funktionsspezifischen TV (neben Lokomotivführer in der Zuständigkeit der Tarifgemeinschaft Anlagen- und Fahrzeuginstandhaltung, Zugbildung und -bereitstellung/Verkehrliche Aufgaben Schienengüterverkehr, Bahnbetrieb und Netze, Bahnservice und Vertrieb, Allgemeine Aufgaben) neben einem funktionsübergreifenden Basis-TV, der funktionsübergreifende Themen regelt, so das Modell, soweit erkennbar. Weitere Umstrukturierungen sind vorgesehen (vgl. TV zur Weiterentwicklung des Tarifsystems „ProzessTV 2009" vom 6.2.2009). Der Sache nach besteht noch eine Zweiteilung zwischen Lokführern einerseits und Nichtlokführern andererseits. Die rechtliche Bewertung dieses Konstrukts ist offen. Jedenfalls ermöglicht der Grundlagen-TV der GdL, Tarifforderungen für Lokomotivführer zu erheben und auch durchzusetzen. Die weitere Entwicklung bleibt abzuwarten.

5. Unterscheidung der Tarifverträge nach den sie regelnden Gegenständen. In der tariflichen Praxis finden sich, häufig historisch bedingt, aber auch aus Zweckmäßigkeitsgründen, unterschiedlich bezeichnete TV, die, branchenmäßig zusammengefasst, als Tarifwerk bezeichnet werden. So regelt der Mantel-TV die Arbeitsbedingungen, die für längere Zeit Bestand haben sollen, i.d.R. auch den Urlaubsanspruch, es kommen aber auch „Urlaubsabkommen" vor.[59] Lohn- und Gehalts-TV, z.T. unterschieden für Ang, gewerbliche AN, Auszubildende, werden häufig neu

---

53 H/S/*Schliemann*, § 20 Rn 188; vgl. zur neuesten Entwicklung auch *Lindemann/Simon*, BB 2006, 1852 ff. *Weiß* rechnet damit, dass das „Prinzip der Tarifeinheit demnächst geschlachtet wird", Der Spiegel 33/2007, S. 24; *Steinrück/Glanz*, NZA 2009, 113 f.; Plädoyer für die Beibehaltung des Grundsatzes der Tarifeinheit bei *Giesen*, NZA 2009, 11 ff.
54 BAG 14.12.2004 – 9 AZR 33/04 – EzA § 1 TVG Auslegung Nr. 38.
55 „Spartentarifvertrag für das Fahrpersonal Schienenverkehr", vgl. dazu LAG Hessen 2.5.2003 – 9 SaGa 637/03 – FA 2003, 211. Zum Sparten-TV Nahverkehrsbetriebe vgl. LAG Köln 5.5.2006 – 11 Sa 714/04 – juris. Zum Sparten-TV Krankenhaus sei auf *Rocke/Rocke*, KH 2005, 377 ff., 839 ff.; RiA 2005, 157 ff. verwiesen. Zum Sparten-TV über betriebsverfassungsrechtliche Fragen, § 3 BetrVG, vgl. z.B. Hessisches LAG 21.4.2005 – 9/5 TaBV 115/04 – juris, das anhängige Rechtsbeschwerdeverfahren hat am 16.6.2006 – 7 ABR 50/05 – n.v. seine Erledigung gefunden.
56 Zum Vergleich: Die Transnet Gewerkschaft GdED hat rund 260.000 Mitglieder, kooperiert seit 2002 mit der Gewerkschaft Deutscher Bundesbahnbeamter und Anwärter (GDBA) (65.000 Mitglieder) und bildete 2005 mit ihr eine Tarifgemeinschaft (TG) (Umbach HNA 5.7.2007 PO 3); von den 20.000 Lokführern der Deutschen Bahn AG gehören etwa 5.000 den Gewerkschaften Transnet und GDBA an und 15.000 der GDL. Von den insgesamt 20.000 im Dienst der Deutschen Bahn AG stehenden Lokführern dürfen nur 7.000 in den Streik treten, da ein großer Teil (8.000, vgl. *Eisenbeis*, FA 2007, 225) von ihnen beamtet ist (Thüringer Allgemeine v. 9.8.2007). Zum weiteren Vergleich: Die Dienstleistungsgewerkschaft ver.di hat 2,3 Mio. Mitglieder und vertritt mehr als 1.000 unterschiedliche Berufe (Der Spiegel 33/2007, S. 24). Die Christliche Gewerkschaft Deutscher Eisenbahner (CGDE) hat einige tausend Mitglieder bei der Deutschen Bahn AG und ihren Tochtergesellschaften (Umbach wie vorstehend). Die IG-Metall hat 2,3, die IG Bergbau, Chemie, Energie 0,7 Mio. Mitglieder.
57 Www.gdl-m.de
58 Jetzt i.d.F. v. 31.1.2009 gültig ab 1.2.2009, www.gdl.de/redaktionssystem, wobei sich der betriebliche Geltungsbereich aus den in „Anlage 1 zum Lokomotivführer-TV" aufgeführten Unternehmen ergibt.
59 Z.B. Urlaubsabkommen für die Beschäftigten in der Metallindustrie in Nordwürttemberg/Nordbaden.

geschlossen, um der Vergütungsentwicklung Rechnung zu tragen. Ferner sind TV über betriebliche Sonderzahlungen, vermögenswirksame Leistungen, Rationalisierungsschutzabkommen, TV, mit denen die Eingruppierung als Grundlage für das Gehalt der Beschäftigten geregelt werden,[60] zu nennen. Es finden sich Schlichtungs- und Schiedsvereinbarungen und – seltener – TV über den Schutz der gewerkschaftlichen Vertrauensleute sowie etwa TV über gemeinsame Einrichtungen, insb. im Bau- und Nebengewerbe. Außerdem kommen zunehmend TV zur Standortsicherung,[61] sog. Tarifsozialpläne (Sozial-TV) im Zusammenhang mit Standortentscheidungen (Schließung von Produktionsstätten oder Verlagerung ins Ausland) vor.[62]

VII. Der Abschluss, das Inkrafttreten, das Auslaufen des Tarifvertrages

35 **1. Der Abschluss.** Der Abschluss des TV zwischen den tariffähigen Verbänden oder dem AG allein richtet sich nach den §§ 145 ff. BGB. Für den jeweiligen Verband ist das zur Vertretung beauftragte Organ abschlussberechtigt (Vorstand, § 26 BGB, Sondervertreter, § 30 BGB; Bevollmächtigte, §§ 164 ff. BGB). Die TV-Parteien können sich durch Dritte vertreten lassen, so tritt etwa eine Gewerkschaft auch in Vollmacht für andere Gewerkschaften auf. Nicht selten kommt es zunächst zu einem „Eckpunktepapier". Dabei handelt es sich noch nicht um einen TV, vielmehr bedarf er noch der Ausformulierung. Ob es sich bei einem „Eckpunktepapier" um einen – zulässigen – Vorvertrag handelt, mit dem sich die TV-Parteien zum Abschluss eines entsprechenden TV verpflichten, bedarf der Auslegung.[63]

36 Nach Abs. 2 bedarf der TV, und zwar sowohl der schuldrechtliche als auch der normative Teil, der Schriftform. Er ist erst dann wirksam zustande gekommen, wenn alle TV-Parteien den TV durch ihre dazu berechtigten Vertreter unterschrieben haben. Das stößt in der Praxis der TV mit vielen beteiligten Verbänden – mehrgliedrige TV – durchaus auf Schwierigkeiten, wenn im Umlaufverfahren die Unterschriften „eingesammelt" werden.[64] Anders ist es, wenn der TV nicht von allen Verbänden mit allen Verbänden als Einheit vereinbart worden ist, sondern es nur um parallel abgeschlossene TV zwischen einzelnen AG-Vereinigungen und Gewerkschaften geht. Im letzteren Fall ist der jeweilige TV wirksam, wenn die jeweils erforderlichen Unterschriften vorliegen. Ist die – konstitutive – Schriftform nicht gewahrt worden, ist der TV nichtig.[65] Die zwingend vorgeschriebene Schriftform bezweckt, Unsicherheiten möglichst zu vermeiden und den Tarifunterworfenen, aber auch den TV-Parteien selbst eine sichere Grundlage für ihre jeweiligen Rechte und Pflichten zu geben.[66]

37 Die elektronische Form (§ 126a n.F. BGB) anstelle der eigenhändigen Unterzeichnung genügt, weil sich aus dem TVG nichts anderes ergibt. Allerdings müssen die TV-Parteien dem jeweils übereinstimmenden elektronischen Text ihre Namen hinzufügen und ihn mit einer qualifizierten elektronischen Signatur nach dem Signaturgesetz versehen.[67] Auch Änderungen eines bestehenden TV bedürfen der Schriftform. Sie sind Gegenstand eines TV.[68] Dagegen bedarf ein Aufhebungsvertrag nicht der Schriftform.[69] Auch der Vorvertrag unterliegt nicht der Schriftform.[70]

38 Nimmt der TV auf einen anderen TV Bezug, sei es auf den gesamten TV, sei es auf einzelne Teile, wie etwa auf das Urlaubsgeld eines Urlaubsabkommens, so ist die Schriftform des Abs. 2 gewahrt, wenn die in Bezug genommenen tariflichen Regelungen ihrerseits schriftlich niedergelegt sind und in dem verweisenden TV so genau bezeichnet sind, dass hinreichend deutlich ist, welche Tarifregelung in welchem Umfang übernommen wurde.[71] Tariftexte müssen vergleichbar Gesetzen dem Bestimmtheitsgrundsatz genügen. Blankettverweisungen sind zulässig, wenn beide Tarifbereiche in einem engen Zusammenhang stehen. Das Erfordernis des engen Zusammenhangs des Geltungsbereichs der TV dient dazu, dass auch bei der Delegation der Rechtssetzungsbefugnis auf andere TV-Parteien dem Postulat der Sachgerechtigkeit der tariflichen Regelung im Sinne eines angemessenen Interessenausgleichs Rechnung getragen wird.[72] Die Bezugnahme muss konstitutiv und darf nicht etwa nur deklaratorisch sein, auf einen anderen bestehenden oder noch abschließenden TV verweisen.[73]

39 Bezugnahme auf andere TV, ja ganze Tarifwerke finden sich vielfach in Firmen-TV in ihrer Erscheinungsform des Anerkennungs-TV (vgl. Rn 28). Auch auf gesetzliche Regelungen dürfen TV verweisen,[74] etwa auf das EFZG. Zwar haben die TV-Parteien eigenverantwortlich ihre Arbeits- und Wirtschaftsbedingungen innerhalb ihres Zuständig-

---

60 Z.B. Lohn- und Gehaltsrahmen-TV I für Arb und Ang in der Metallindustrie in Nordwürttemberg/Nordbaden.
61 LAG Hamm 13.5.2000 – 18 Sa 1858/00 – juris.
62 LAG Schleswig-Holstein 27.3.2003 – 5 Sa 137/03 – AP Art. 9 GG Arbeitskampf Nr. 165; LAG Niedersachsen 2.6.2004 – 7 Sa 819/04 – LAGE Art. 9 GG Arbeitskampf Nr. 74; Hessisches LAG 9.2.2006 – 19 Sa 915/05 – juris, zusammenfassend *Braun/Schreiner*, ArbRB 2006, 143 ff.
63 Vgl. BAG 5.7.2006 – 4 AZR 381/05 – PM Nr. 46/04 = AP § 1 TVG Nr. 38: Verurteilung einer Gewerkschaft zum Abschluss eines TV nach Vorvertrag aufgrund beiderseits gebilligten Verhandlungsergebnisses.
64 Dazu plastisch *Kiefer*, ZTR 1995, 205; *Bauer/Danoli*, ZTR 1997, 401.
65 *Dörner/Luczak/Wildschütz*, H Rn 60.
66 BAG 9.7.1980 – 4 AZR 564/78 – AP § 1 TVG Form Nr. 7.
67 *Dörner/Luczak/Wildschütz*, Rn 61; a.A. H/S/*Schliemann*, § 20 Rn 41.
68 *Dörner/Luczak/Wildschütz*, Rn 61.
69 BAG 8.9.1976 – 4 AZR 359/75 – AP § 1 TVG Form Nr. 5, anders die h.L., vgl. nur Berg u.a., § 1 TVG Rn 61 m.w.N., weil ein den TV aufhebender Vertrag seinerseits als TV zu qualifizieren sei; H/S/*Schliemann*, § 20 Rn 55.
70 BAG 19.10.1976 – 1 AZR 611/75 – EzA § 1 TVG Nr. 7, st. Rspr.
71 BAG 9.7.1980 – 4 AZR 564/78 – AP § 1 TVG Form Nr. 7.
72 BAG 29.8.2001 – 4 AZR 332/00 – AP § 1 TVG Bezugnahme auf Tarifvertrag Nr. 17, zu I 2 a der Gründe.
73 BAG 2.3.1988 – 4 AZR 595/87 – AP § 1 TVG Form Nr. 11.
74 BAG 24.11.1999 – 4 AZR 666/98 – BAGE 93, 34, 40.

keitsbereichs zu regeln, eine unzulässige Delegation ihrer Rechtsetzungsbefugnis liegt aber deswegen nicht vor, weil die TV-Parteien die Verweisung auf gesetzliche Bestimmungen zu jeder Zeit durch eine eigenständige Regelung ersetzen können.[75]

2. Das Inkrafttreten. Die TV-Parteien bestimmen den Zeitpunkt des Inkrafttretens des TV. Fehlt eine solche Bestimmung, tritt er sofort mit der Unterzeichnung in Kraft. Das gilt dann sowohl für das schuldrechtliche Tarifverhältnis – die Begründung der Friedenspflicht und der Einwirkungspflicht –[76] als auch für die normativen Wirkungen des TV. Für die normative Wirkung wird i.d.R. der Tag des Inkrafttretens im TV selbst festgelegt, etwa mit dem Satz „Dieser Tarifvertrag tritt am 1.1.2009 in Kraft". Allerdings ist es auch möglich, normative Regelungen zu unterschiedlichen Zeitpunkten in Kraft zu setzen, etwa eine 2 %ige Lohn-/Gehaltserhöhung per 1.1.2009 und eine weitere um 1,5 % per 1.9.2009 (sog. Staffelung). Ein TV kann grds. auch rückwirkend in Kraft gesetzt werden. Das geschieht nicht selten dann, wenn ein TV, etwa ein Lohn-TV, per 31.12. des Vorjahres ausgelaufen ist und sich die TV-Parteien erst im Laufe des nachfolgenden Kalenderjahres auf eine Anschlussregelung haben verständigen können. Die Rückwirkung ist im TV deutlich zum Ausdruck zu bringen (vgl. Rn 38).

Bei der rückwirkenden Inkraftsetzung von TV ist jedoch Folgendes zu beachten:

Während es jahrzehntelang nur darum ging, die Arbeitsbedingungen zu verbessern, kommt es aufgrund der sich ändernden wirtschaftlichen Rahmenbedingungen, insb. wegen der hohen Arbeitslosigkeit zunehmend auch zu Verschlechterungen, ja sogar zu rückwirkenden Abänderungen, Herabsetzungen z.B. von Lohnansprüchen. Auch bereits entstandene und fällig gewordene, noch nicht abgewickelte Ansprüche, die aus einer Tarifnorm folgen (sog. wohlerworbene Rechte), können während der Laufzeit des TV rückwirkend verändert, also auch gesenkt werden,[77] so kann etwa der TV Weihnachtsgratifikation 1994, der eine Weihnachtsgratifikation von 100 % vorsieht, für das Jahr 1996 durch einen Änderungs-TV vom 14.12.1996 wirksam auf 75 % abgesenkt werden, wenn das schutzwürdige Vertrauen in den Fortbestand der Tarifnorm, hier TV 1994, beseitigt worden ist.[78]

Die Gestaltungsfreiheit der TV-Parteien zur rückwirkenden Änderung tariflicher Regelungen ist durch den Grundsatz des Vertrauensschutzes der Normunterworfenen beschränkt. Es gelten insoweit die gleichen Regeln wie nach der Rspr. des BVerfG bei der Rückwirkung von Gesetzen. Dementsprechend ist der Normunterworfene z.B. dann nicht schutzwürdig, wenn und sobald der Normunterworfene mit Änderungen der bestehenden Normen rechnen musste. Ob das der Fall war, ist eine Frage des Einzelfalles. Es kann eine gemeinsame Erklärung der TV-Parteien sein, eine ungekündigte tarifliche Regelung werde geändert werden (müssen), kann aber auch durch die Bekanntmachung eines Verbandes erfolgen, etwa die Weihnachtsgratifikation 1996 sei Gegenstand von Verhandlungen, obwohl der TV Weihnachtsgratifikation 1994 noch nicht gekündigt war.[79]

3. Das Ende/Auslaufen des Tarifvertrages. Das TVG regelt nicht, wann der TV seine Wirksamkeit verliert. § 3 Abs. 3 bestimmt lediglich, dass die Tarifgebundenheit bestehen bleibt, bis der TV „endet", Nachbindung, Nachgeltung oder verlängerte Tarifgebundenheit genannt (vgl. § 3 Rn 42 ff.), das TVG setzt also voraus, dass der TV irgendwann einmal „endet". Wann ein TV „endet", richtet sich nach bürgerlichem Recht. Es ist ein Tatbestand erforderlich, der dazu führt, dass der TV „endet".

a) Befristung. Der TV „endet" mit Ablauf seiner etwaigen Befristung, also durch Zeitablauf.

b) Aufhebungsvertrag. Durch Aufhebungsvertrag kann ein TV beendet werden. Dabei handelt es sich um die Vereinbarung der TV-Parteien, den abgeschlossenen TV während seiner Laufzeit vorzeitig zu beenden. Bei einem mehrgliedrigen TV kann dieser nur durch die alle beteiligten Verbände gemeinsam aufgehoben werden, es sei denn, der TV selbst sieht eine andere Regelung vor.[80] Ein solcher Aufhebungsvertrag bedarf mangels einer entsprechenden gesetzlichen Bestimmung nicht der Schriftform.[81]

c) Bedingung. Das Ende eines TV ist auch durch auflösende Bedingung möglich. Ihr Eintritt führt zum Ende des TV. So sind Indexklauseln denkbar. Mit Erreichen eines bestimmten Indexes soll der TV enden. Sicherer dürfte aber eine Künd-Regelung sein.[82]

d) Kündigung. Am häufigsten endet der TV durch Künd.

---

75 H/S/*Schliemann*, § 20 Rn 43.
76 BAG 1.12.1977 – 2 AZR 429/76 – BB 1978, 358.
77 Grundsatzentscheidung 23.11.1994 – 4 AZR 879/93 – AP § 1 TVG Rückwirkung Nr. 12.
78 BAG 17.5.2000 – 4 AZR 216/99 – AP § 1 TVG Rückwirkung Nr. 19; LAG Rheinland-Pfalz 11.4.2006 – 8 Sa 304/05 – juris.
79 BAG 17.5.2000 – 4 AZR 216/99 – AP § 1 TVG Rückwirkung Nr. 19; vgl. auch BAG 22.10.2003 – 10 AZR 152/03 – AP § 1 TVG Rückwirkung Nr. 21 betreffend Sanierungs-TV.
80 BAG 8.9.1976 – 4 AZR 359/75 – AP § 1 TVG Form Nr. 5.
81 BAG 8.9.1976 – 4 AZR 359/75 – AP § 1 TVG Form Nr. 5, a.A. h.M. vgl. oben Rn 37 mit Nachweis.
82 H/S/*Schliemann*, § 20 Rn 51.

48 **aa) Ordentliche Kündigung.** I.d.R. enthält der TV in seinem schuldrechtlichen Teil Bestimmungen über die Künd, z.B. „Dieser Tarifvertrag kann mit einer Frist von drei Monaten zum Monatsende, erstmals zum 31. Dezember 2006, gekündigt werden". Letzteres stellt eine Mindestlaufzeit dar. Eine solche Künd-Regelung ist einzuhalten. Denkbar ist auch eine ordentliche Künd ohne Einhaltung einer Frist.

Fehlen im TV Bestimmungen über die Laufzeit und Künd, so ist er auf unbestimmte Zeit abgeschlossen, es gilt § 77 Abs. 5 BetrVG entsprechend.[83]

49 Oft wird für die Künd auch Schriftform vereinbart.[84] Das ist schon wegen § 6 sinnvoll. Das Ende von TV wird im Tarifregister vermerkt. Ist Schriftform vereinbart, muss die Künd-Erklärung diesem Erfordernis entsprechen. D.h., der Wille, den TV zum nächstmöglichen Zeitpunkt zu beenden, muss deutlich werden. Das Schriftstück bedarf der vollständig ausgeschriebenen Unterschrift(en) der zeichnungsberechtigten Person(en). Zur Künd eines TV ist berechtigt, wer Partei einer TV-Partei ist. Partei eines TV ist nur, wer im TV als solche angegeben ist.[85] Liegt ein einheitlicher TV mehrerer Parteien vor, können die auf einer Seite Beteiligten von ihrem Künd-Recht wirksam nur gemeinsam Gebrauch machen.[86]

50 **bb) Außerordentliche Kündigung.** TV können als Dauerrechtsverhältnis grds. analog § 626 BGB oder § 314 BGB[87] außerordentlich gekündigt werden. Ein TV ist sonach aus wichtigem Grund ohne Einhaltung einer Frist kündbar, wenn Tatsachen vorliegen, aufgrund derer dem Kündigenden unter Berücksichtigung aller Umstände des Einzelfalles und unter Abwägung der Interessen beider Vertragsteile die Fortsetzung des Vertrages bis zum Ablauf der Künd-Frist oder bis zu der vereinbarten Beendigung des Vertrages nicht zugemutet werden kann.[88]

51 Nicht abschließend geklärt sind die Einzelheiten des Maßstabs für die Unzumutbarkeit des Festhaltens am TV wegen der Änderung der wirtschaftlichen Verhältnisse, hauptsächlich bei der Künd von Flächen-TV, die Zulässigkeit oder Notwendigkeit einer Teil- oder Änderungs-Künd und die Frage der etwaigen Nachwirkung, § 4 Abs. 5, eines außerordentlich gekündigten TV.[89]

52 Welche Umstände bei der außerordentlichen fristlosen Künd eines TV als kündigungsrelevante Tatsachen i.S.d. wichtigen Grundes zu berücksichtigen sind, richtet sich nach dem Vorbringen des Kündigenden. Wird etwa als Grund geltend gemacht, eine künftige wirtschaftliche Belastung bedinge die außerordentliche fristlose Künd des TV mit seinen belastenden Normen, so muss die Unzumutbarkeit der wirtschaftlichen Belastung in dem Zeitpunkt vorliegen, in dem die Belastung wirksam wird. Das ist bei tarifvertraglichen Leistungen regelmäßig der Zeitpunkt ihrer Fälligkeit. Tritt die Fälligkeit erst erhebliche Zeit nach Zugang der außerordentlichen Künd ein, so muss zu diesem Zeitpunkt aufgrund greifbarer Tatsachen anzunehmen sein, dass die Unzumutbarkeit der wirtschaftlichen Belastung zurzeit der Fälligkeit bestehen wird. Das erfordert i.d.R. eine entsprechende auf Tatsachen beruhende Prognose.[90] Hinzu kommt, dass aus dem ultima-ratio-Grundsatz, der die außerordentliche Künd von Dauerrechtsverhältnissen prägt, folgt, dass eine außerordentliche Künd des TV nur wirksam ist, wenn keine andere Möglichkeit besteht, die Unzumutbarkeit zu beseitigen. Deshalb muss die durch den TV nach ihrer Auff. unzumutbar belastete Partei zunächst versuchen, die Möglichkeiten der tarifändernden Anpassung als milderes Mittel auszuschöpfen. Sie hat auch ohne eine etwa im TV enthaltene Nachverhandlungsklausel mit der anderen Seite Verhandlungen zur Anpassung des TV aufzunehmen.[91] Zu denken ist etwa an die Unterbreitung eines Änderungsangebotes oder ein sonstiger Einigungsversuch, etwa durch den Versuch der Aufnahme von Nachverhandlungen, deren Dauer zu klären wäre, Teil-Künd, sofern diese sinnvoll möglich ist, sowie an eine Änderungs-Künd (vgl. Rn 55).

Jedenfalls sind an der Nichtbeachtung des Ultima-Ratio-Grundsatzes die in der Rspr. des BAG bislang behandelten Fälle außerordentlicher Künd von TV gescheitert.[92]

53 Eine außerordentliche Künd eines TV kann jedenfalls dann mangels eines dahingehenden mutmaßlichen Willens des Kündigenden nicht nach § 140 BGB in eine ordentliche Künd umgedeutet werden, wenn der Kündigende die Beendigung des TV ohne Nachwirkung, § 4 Abs. 5, festgestellt wissen will.[93]

---

83 So in der Tendenz BAG 18.6.1997 – 4 AZR 710/95 – AP § 1 TVG Kündigung Nr. 2, [zu II 5 der Gründe unter Hinweis auf die „nahezu einhellige Meinung in der Literatur", vgl. z.B. *Berg u.a.*, § 1 TVG Rn 42.
84 Vgl. z.B. § 39 Abs. 2 TVÖD.
85 BAG 26.4.2000 – 4 AZR 170/99 – AP § 1 TVG Kündigung Nr. 4.
86 BAG 29.6.2004 – 1 AZR 143/03 – AP § 1 TVG Nr. 36.
87 *Berg u.a.*, § 1 TVG Rn 48.
88 St. Rspr. des BAG zuletzt 18.2.1998 – 4 AZR 363/96 – AP § 1 TVG Kündigung Nr. 3.
89 Vgl. dazu die Lit.-Nachweise bei *Schaub*, Arbeitsrechts-Handbuch, § 199 IV vor Rn 36 sowie *Löwisch*, Anm. zu BAG 18.12.1996 – 4 AZR 129/96 – AP § 1 TVG Kündigung Nr. 1.
90 BAG 18.2.1998 – 4 AZR 363/96 – AP E 1 TVG Kündigung Nr. 3.
91 BAG 18.12.1996 – 4 AZR 129/96 – AP § 1 TVG Kündigung Nr. 1.
92 BAG 18.12.1996 – 4 AZR 129/96 – AP § 1 TVG Kündigung Nr. 1, zu II 2, 3 der Gründe; 18.6.1997 – 4 AZR 410/97 – AP § 1 TVG Kündigung Nr. 2, zu II 2.1.4 der Gründe.
93 BAG 16.6.1997 – 4 AZR 410/97 – AP § 1 TVG Kündigung Nr. 2, zu 2.2 der Gründe.

cc) Teilkündigung. Manche TV lassen die Künd einzelner Bestimmungen oder Regelungsbereiche zu. Dann ist eine entsprechende Teil-Künd unproblematisch. Allerdings muss klar ersichtlich sein, auf welche Bestimmungen oder Teile des TV sich die Möglichkeit der Teil-Künd beziehen soll. Ob i.Ü. eine Teil-Künd möglich ist, wird unterschiedlich beantwortet. Nach der Rspr. ist eine Teil-Künd jedenfalls dann möglich, wenn sie ausdrücklich vereinbart wurde.[94] Dafür spricht, dass TV auf Kompromissen beruhen, die zu einem Abschluss geführt haben, der als Einheit angesehen wird, falls die TV-Parteien durch die Vereinbarung von Teil-Künd-Möglichkeit(en) nicht etwas anderes zum Ausdruck gebracht haben.[95] Jedenfalls wenn eine Teil-Künd eine sinnvolle und durchführbare Regelung nicht mehr bestehen lässt oder sie erkennbar die Kompromissstruktur einer einheitlichen Regelung verliert, scheidet eine Teil-Künd aus.[96]

dd) Änderungskündigung. Zumindest im Rahmen der erforderlichen Beachtung des Ultima-Ratio-Prinzips, das auch für die außerordentliche Künd eines TV gilt (vgl. Rn 52 f.), wird diskutiert, ob die Änderungs-Künd auch insoweit Vorrang hat, und das wird jedenfalls für den Fall bejaht, dass die Gegenseite sich geweigert hat, ein Änderungsangebot anzunehmen.[97]

Ob darüber hinaus die (außerordentliche) Änderungs-Künd in Betracht kommt, erscheint immerhin als zweifelhaft.

e) Sonstige mögliche Fälle des Endes des Tarifvertrages. aa) Wegfall der Geschäftsgrundlage. Die Grundsätze des WGG sind nicht anzuwenden. Wegen der Tarifautonomie ist eine Anpassung des TV durch die ArbG nicht möglich.[98] Denkbar ist aber eine Künd wegen WGG, wenn völlig unvorhersehbare Veränderungen der wirtschaftlichen Verhältnisse eintreten.[99]

bb) Wegfall einer Tarifvertragspartei. Der TV endet, wenn das Unternehmen oder der Betrieb, für den der TV gelten soll, weggefallen ist, also etwa ein Firmen-TV oder ein firmenbezogener Verbands-TV.

cc) Insolvenzverfahren. Die Eröffnung des Insolvenzverfahrens über das Vermögen eines AG-Verbandes führt nicht zum Ende des TV. Die Mitgliedsunternehmen bleiben an den TV gebunden. Der Insolvenzverwalter kann den TV kündigen.[100]

dd) Wegfall der Tariffähigkeit oder der Tarifzuständigkeit. Es entfällt nur die unmittelbare und zwingende Wirkung des TV. Es tritt Nachwirkung ein.[101]

ee) Auflösung des Verbandes. Auch in diesem Fall entfällt die unmittelbare und zwingende Wirkung des TV. Auch in diesem Fall tritt Nachwirkung ein.[102]

f) Folgen des Endes von Tarifverträgen. „Endet" der TV, sind die schuldrechtlichen Wirkungen nicht mehr gegeben. Die Friedens- und die Einwirkungspflicht bestehen grds. nicht mehr. Allerdings sind Vereinbarungen wie Schlichtungsabkommen möglich, die zumindest vorübergehend Arbeitskampfmaßnahmen verhindern. Der normative Teil des TV gilt nach Ablauf des TV weiter bis er durch eine andere Abmachung ersetzt wird, § 4 Abs. 5, wobei es sich um einen neuen TV handeln kann, der für beide Arbeitsvertragsparteien kraft beiderseitiger Tarifgebundenheit gilt, §§ 3 Abs. 1, 4 Abs. 1,[103] eine BV unter Beachtung der Sperre des § 77 Abs. 3 BetrVG, eine Änderung des Arbeitsvertrages oder eine wirksame Änderungs-Künd (vgl. § 4 Rn 40). Allerdings kann die Nachwirkung tarifvertraglich ausgeschlossen werden. Das kann auch konkludent geschehen.[104]

VIII. Inhalt des Tarifvertrages

1. Schuldrechtlicher Teil. Der schuldrechtliche (obligatorische) Teil enthält die Rechte und Pflichten der TV-Parteien untereinander. Dem schuldrechtlichen Teil sind die Durchführungspflicht (siehe Rn 64) und die Friedenspflicht (siehe Rn 71 ff.) immanent. Diese können aber erweitert werden. Die TV-Parteien können weitere schuldrechtliche Regelungen vorsehen. Der schuldrechtliche Teil eines TV wirkt nicht unmittelbar und zwingend wie der normative Teil des TV für die tarifgebundenen Mitglieder der tarifvertragschließenden Parteien, sondern schafft ausschließlich Rechte und Pflichten der TV-Parteien.

---

94 BAG 3.12.1985 – 4 ABR 60/85 – EzA § 1 TVG Nr. 21; 16.8.1990 – 8 AZR 439/99 – AP § 4 TVG Nachwirkung Nr. 19, zu 2 der Gründe.
95 Berg u.a., § 1 TVG Rn 44.
96 Löwisch, Anm. zu BAG 18.12.1996 – 4 AZR 129/96 – AP § 1 TVG Kündigung Nr. 1 unter 2. b).
97 Däubler/Deinert, TVG, § 4 Rn 185 S. 1082 m.w.N. in Fn 389 ff.
98 Dörner/Luczak/Wildschütz, H Rn 51; BAG 15.12.1976 – 4 AZR 531/75 – AP § 36 BAT Nr. 1 Bl. 3 R/4 des Abdrucks.
99 Schaub/Schaub, Arbeitsrechts-Handbuch, § 199 IV Rn 43, offengelassen von BAG 18.6.1997 – 4 AZR 710/95 – AP § 1 TVG Kündigung Nr. 2, zu II 2.1.3 der Gründe.
100 BAG 27.6.2000 – 1 ABR 33/99 – AP § 2 TVG Nr. 56.
101 Schaub/Schaub, Arbeitsrechts-Handbuch, § 199 Rn 46 m.w.N. in Fn 126.
102 BAG 15.10.1986 – 4 AZR 489/85 – AP § 3 TVG Nr. 4.
103 Vgl. z.B. BAG 20.4.2005 – 4 AZR 288/04 – AP § 4 TVG Nachwirkung Nr. 43.
104 BAG 8.10.1997 – 4 AZR 87/96 – AP § 4 TVG Nachwirkung Nr. 29.

63 Ein TV ist in seinem schuldrechtlichen Teil, insb. hinsichtlich der Friedenspflicht, auch als Vertrag zugunsten Dritter, § 328 BGB, anzusehen.[105] Dem einzelnen Mitglied kann bei Verletzung der Pflichten ein Schadensersatzanspruch gegen die andere Seite zustehen.[106]

64 **a) Durchführungspflicht/Einwirkungspflicht.** Die TV-Parteien haben die Pflicht, dafür zu sorgen, dass ihre Mitglieder sich an den vereinbarten TV halten. Der AG hat insb. die tariflichen Löhne zu zahlen. Diese Durchführungspflicht ist dem TV immanent, sie bedarf insoweit keiner Erwähnung im TV selbst. Die Durchführungspflicht ist die Konkretisierung des allg. Prinzips „pacta sunt servanda" (Verträge sind einzuhalten) und des Grundsatzes von Treu und Glauben, § 242 BGB.[107] Die TV-Parteien haben nicht nur alles zu tun, dass die sich aus dem TV ergebenden Pflichten erfüllt werden, sondern auch alles zu unterlassen, was die tarifvertraglichen Regelungen leer laufen lassen könnte.[108] Die Einhaltung der Tarifnormen durch die Mitglieder kann nicht immer mit deren Unterrichtung über den Inhalt und der damit verbundenen Aufforderung an die Verbandsmitglieder, die Tarifnormen einzuhalten, sichergestellt werden. Weigert sich etwa ein Teil der Mitglieder des AG-Verbandes, z.B. die ab einem bestimmten Zeitpunkt vereinbarten Lohnerhöhungen den AN auszuzahlen, etwa mit dem Hinweis auf die schwierige wirtschaftliche Lage, sollen die neuen Tariflöhne erst ein Quartal später bezahlt werden, hat der AG-Verband über die Unterrichtungspflicht hinaus die Pflicht, auf die Mitglieder einzuwirken, den TV so, wie er abgeschlossen ist, umzusetzen.[109] Die Durchführungspflicht ist eine Konkretisierung der vertraglichen Verpflichtung, Verträge auch einzuhalten.[110]

65 Eine Klage auf Erfüllung der Einwirkungspflicht ist auch als Leistungsklage auf „Einwirkung" auf einen anderen Verband oder auf einen AG, eine bestimmte Handlung vorzunehmen oder zu unterlassen, zulässig; ein bestimmtes Einwirkungsmittel muss nicht in den Antrag aufgenommen werden.[111] Die Feststellungsklage bleibt zulässig, wenn mit der Feststellungsklage auch ohne den Leistungstitel eine prozesswirtschaftlich sinnvolle Entscheidung erreicht werden kann, wobei bei tariffähigen Verbänden davon auszugehen ist, dass sie ein Feststellungsurteil beachten.[112]

66 Nach der Rspr. des BAG besteht eine Einwirkungspflicht einer TV-Partei auf ihre Mitglieder, eine bestimmte Regelung von Arbeitsbedingungen zu unterlassen, nur dann, wenn die Auslegung des TV eindeutig ergibt, dass die Regelung nicht dem TV entspricht oder ein entsprechendes rechtskräftiges Urteil oder eine verbindliche Entscheidung einer tariflichen Schiedsstelle vorliegt oder die TV-Parteien selbst von der Tarifwidrigkeit der Regelung ausgehen.[113] Ein Teil der Lit. bezeichnet die Einwirkungspflicht als „ein wenig effektives Mittel zur Durchsetzung des Tarifvertrages".[114]

67 Bei einem Firmen-TV ist der AG der Gewerkschaft gegenüber direkt verpflichtet, die Tarifnormen einzuhalten. Er ist als Tarifpartner der Gewerkschaft ihr gegenüber unmittelbar zur Erfüllung des TV verpflichtet. Im Wege der Leistungsklage kann von der anderen Seite die Durchführung des abgeschlossenen Vertrages verlangt werden.[115] Der AG, der einen Firmen-TV abgeschlossen hat, ist verpflichtet, auf ein rechtlich selbstständiges Tochterunternehmen, das nicht tarifgebunden ist, einzuwirken, den Firmen-TV anzuwenden.[116]

68 Der wegen des Abschlusses eines Firmen-TV von einer Gewerkschaft bedrängte AG kann sich durch „Flucht in den Arbeitgeberverband" auf die ihn dann erfassende Friedenspflicht[117] berufen, wenn mit dem Verbands-TV von derselben Gewerkschaft abgeschlossen wurde. Das folgt daraus, dass der TV mit der eigenen Friedenspflicht als Vertrag zugunsten Dritter gerade auf die Mitglieder einer TV-Partei vor Arbeitskampfmaßnahmen der anderen Seite schützt.[118]

69 Bei Tarifflucht, also Austritt aus dem AG-Verband während der TV noch läuft, tritt zwar die Nachbindung, Nachgeltung oder verlängerte Tarifgebundenheit nach § 3 Abs. 3 ein (vgl. § 3 Rn 42 ff.). Es endet aber mit dem Zeitpunkt des Wirksamwerdens des Austritts aus dem AG-Verband die Friedenspflicht.[119] § 3 Abs. 3 ist auf den normativen Teil des TV beschränkt. Die Gewerkschaft kann versuchen, einen Anerkennungs-TV gegen den ausgetretenen AG auch mit Mitteln des Arbeitskampfes durchzusetzen. Er wird von der Friedenspflicht nicht mehr erfasst.[120]

---

105 BAG 14.11.1958 – 1 AZR 247/57 – AP § 1 TVG Friedenspflicht Nr. 4.
106 BAG 31.1.1958 – 1 AZR 632/57 – AP § 1 TVG Friedenspflicht Nr. 2 betreffend Streik in der Metallindustrie Schleswig-Holsteins vom 24.10.1956 bis 14.10.1957 zur Haftung für Streikschäden wegen Verletzung der sich aus einer Schlichtungsvereinbarung ergebenden Friedenspflicht.
107 BAG 29.4.1992 – 4 AZR 432/91 – AP § 1 TVG Durchführungspflicht Nr. 3 Bl. 3/3R des Abdrucks.
108 BAG 11.9.1991 – 4 AZR 71/91 – AP Internationales Privatrecht, Arbeitsrecht Nr. 28.
109 BAG 29.4.1992 – 4 AZR 332/91 – AP § 1 TVG Durchführungspflicht Nr. 3 Bl. 3R des Abdrucks.
110 BAG 11.9.1991 – 4 AZR 71/91 – EzA § 1 TVG Durchführungspflicht Nr. 1, zu II 2 a der Gründe.
111 BAG 29.4.1992 – 4 AZR 432/91 – AP § 1 TVG Durchführungspflicht Nr. 3.
112 *Rieble*, Anm. zu BAG 29.4.1992 – 4 AZR 432/91 – EzA § 1 TVG Durchführungspflicht Nr. 2, unter I 2 S. 15.
113 BAG 29.4.1992 – 4 AZR 432/91 – AP § 1 TVG Durchführungspflicht Nr. 3.
114 *Berg u.a.*, § 1 TVG Rn 120 f. m.w.N.
115 BAG 14.6.1995 – 4 AZR 915/91 – AP § 1 TVG Durchführungspflicht Nr. 4.
116 BAG 11.9.1991 – 4 AZR 71/91 – EzA § 1 TVG Durchführungspflicht Nr. 1, zu III 2 der Gründe; dazu *Berg u.a.*, § 1 TVG Rn 121, § 3 TVG Rn 68.
117 *Löwisch/Rieble*, § 1 Rn 386 f. m.w.N.
118 BAG 31.10.1958 – 1 AZR 632/57 – AP § 1 TVG Friedenspflicht Nr. 2.
119 Zutreffend *Kempen/Zachert*, § 1 Rn 688.
120 *Kempen/Zachert*, § 1 Rn 689.

Verweist ein Firmen-TV dynamisch auf einen Flächen-TV und endet der in Bezug genommene Flächen-TV, so endet auch die Friedenspflicht. Der Außenseiter muss sich, obwohl koalitionsunwillig, wie ein Verbandsmitglied behandeln lassen. Dem entspricht es, dass nach dem BAG[121] ein nicht dem AG-Verband angehörender AG trotz ungekündigten Firmen-TV nach Ablauf des Verbands-TV, auf den der Firmen-TV dynamisch verweist, in einen um den Neuabschluss des Verbands-TV geführten Arbeitskampf einbezogen werden kann, weil er keine eigenständigen inhaltlichen Tarifregelungen mit der Gewerkschaft vereinbart hat und deshalb an dem Ergebnis der Verhandlungen um den Verbands-TV teilhat.

b) Friedenspflicht. Die Friedenspflicht, „also eine Pflicht, Kampfmaßnahmen zu unterlassen",[122] verpflichtet die Parteien des TV, während der Laufzeit des TV Änderungswünsche oder einen anderen TV mit gleichen Regelungsinhalten nicht durch Arbeitskampf zu erzwingen.

Nach der Rspr. des BAG ist jedem TV die Friedenspflicht immanent; sie muss nicht besonders vereinbart werden.[123] Die auf die im jeweiligen TV getroffenen Regelungen bezogene Friedenspflicht wird als relative oder gesetzliche Friedenspflicht bezeichnet. Sie bezieht sich also nicht auf Fragen, die in dem TV nicht geregelt sind.[124]

Die Friedenspflicht kann erweitert werden durch besondere Vereinbarungen der TV-Parteien. Diese besonderen Friedenspflichten werden als absolute Friedenspflicht bezeichnet.

Die Verletzung der Friedenspflicht durch Arbeitskampfmaßnahmen kann zu Unterlassungs- und/oder Schadenersatzansprüchen führen.

Die Friedenspflicht beginnt mit dem Abschluss des TV. Sie endet mit dem zeitlichen Ablauf des TV, sei es durch Befristung, Künd, Aufhebungsvertrag usw. Sie kann durch Vereinbarung verlängert werden, etwa durch Schlichtungsabkommen.

Während eines laufenden Verbands-TV besteht Friedenspflicht auch gegenüber einem Mitglied der TV-Parteien. Eine Gewerkschaft darf den Abschluss eines Firmen-TV gegen einen verbandsangehörigen AG nicht mit Arbeitskampf erzwingen.

Schlichtungsvereinbarungen[125] sollen Arbeitskämpfe vermeiden oder ausgebrochene Arbeitskämpfe möglichst rasch beenden und den Konflikt zwischen den Verbänden lösen. Die Schlichtungsvereinbarung verlängert i.d.R. die tarifliche Friedenspflicht oder lässt sie wieder eintreten. Es wird davon ausgegangen, dass für etwa 2/3 der AN TV gelten, in denen eine Schlichtung vorgesehen ist, wenn die Verhandlungen nicht zum Abschluss eines TV geführt haben, sondern gescheitert sind.[126]

Bei einem nur nach § 4 Abs. 5 nachwirkenden TV besteht keine Friedenspflicht (mehr). Anders als das BAG[127] erkennt die h.L. die Möglichkeit an, einen neuen TV nur als „nachwirkenden Tarifvertrag", also ohne Friedenspflicht zu vereinbaren.[128]

2. Normativer Teil. Die Rechtsnormen des TV, der sog. normative Teil, regeln in erster Linie den Inhalt der zwischen den Mitgliedern der TV-Parteien bestehenden, neu vereinbarten und zur Beendigung vorgesehenen Arbverh. Außerdem können betriebliche und betriebsverfassungsrechtliche Fragen geordnet werden. § 1 Abs. 1 Hs. 2 umschreibt damit die Angelegenheiten, die durch einen TV ge„regelt" werden können. Regelungen über gemeinsame Einrichtungen der TV-Parteien sind nach § 4 Abs. 2 möglich. § 4 Abs. 1 greift § 1 Abs. 1 Hs. 2 wieder auf und ordnet die unmittelbare und zwingende Wirkung für die Tarifunterworfenen an, was § 4 Abs. 2 für die Regelungen über gemeinsame Einrichtungen aufgreift. §§ 3, 4 befassen sich i.Ü. mit der rechtlichen Ausgestaltung der so in § 1 Abs. 1 Hs. 2 genannten regelbaren Gegenstände, u.a. ihre Wirkung auf die einzelnen Arbverh und die sich aus ihnen ergebenden Ansprüche.

Zu erwähnen ist, dass die tarifvertraglichen Normen Privatrecht sind. Sie sind Teil des materiellen Arbeitsrechts.[129] Das gilt auch, wenn die Tarifnormen für allgemeinverbindlich erklärt wurden.[130] Die einzelnen Bestimmungen der TV gehören zu den Rechtsnormen i.S.d. § 2 EGBGB.

a) Die das Arbeitsverhältnis betreffenden Normen. Wie Abs. 1 Hs. 2 Alt. 1 zeigt, ist Regelungsgegenstand des TV insb. das Arbverh. Das schließt Regelungen über arbeitnehmerähnliche Personen ein, § 12a. Für den Bereich der

---

121 18.2.2003 – 1 AZR 142/02 – AP Art. 9 GG Arbeitskampf Nr. 163 m. abl. Anm. *Thüsing*; die Verfassungsbeschwerde gegen dieses Urteil wurde vom BVerfG nicht zur Entscheidung angenommen: BVerfG 10.9.2004 – 1 BvR 1191/03 – AP Art. 9 GG Arbeitskampf Nr. 167.
122 BAG 31.10.1958 – 1 AZR 632/57 – AP § 1 TVG Friedenspflicht Nr. 2, zu II 2 der Gründe.
123 BAG 10.12.2002 – 1 AZR 96/02 – AP Art. 9 GG Arbeitskampf Nr. 162, kritisch dazu *Kempen/Zachert*, § 1 Rn 677.
124 *Kempen/Zachert*, § 1 Rn 683.
125 Z.B. „Schlichtungs- und Schiedsvereinbarung für die Metallindustrie v. 14.12.1979, gültig ab 1.1.1980"
126 *Kempen/Zachert*, § 1 Rn 632.
127 14.2.1973 – 4 AZR 176/72 – AP § 4 TVG Nachwirkung Nr. 6.
128 *Kempen/Zachert*, § 1 TVG Rn 692 m.w.N.
129 *Reichel/Kuberski/Clasen/Menzel*, § 1 Rn 227.
130 BAG 4.5.1977 – 4 AZR 10/76 – AP § 1 TVG Tarifverträge: Bau. Nr. 30.

Heimarbeit können TV und tarifgleiche Abmachungen vereinbart werden, § 17 HAG. Der AN-Begriff ist der des Arbeitsrechts. Entsprechendes gilt für den AG-Begriff. Die TV-Parteien können den AN- oder den AG-Begriff nicht wirksam abweichend bestimmen.[131]

80 Die TV-Parteien können Bestimmungen über unbefristet und befristet beschäftigte AN, in Teilzeit Beschäftigte, geringfügig Beschäftigte, über Außendienstmitarbeiter, Telearbeit, Auszubildende, Praktikanten, AN in Beschäftigungs- und Qualifizierungs- oder Transfergesellschaften[132] und für ÜT-Angestellte treffen, also solche, die lediglich übertariflich bezahlt werden, aber i.Ü. unter den Geltungsbereich des TV fallen, über Leih-AN, und zwar sowohl hinsichtlich des Verhältnisses Verleiher-AN[133] als auch des Verhältnisses Entleiher-AN, § 3 Abs. 1 Nr. 3 AÜG. Die Regelbarkeit von Arbverh der AT-Ang, also solchen, die außertariflich angestellt sind mit Gehältern oberhalb der tariflich vorgesehenen, werden vom Geltungsbereich des TV insg. ausgenommen, was aber nicht zwingend ist. AT-Ang sind Ang, die unabhängig von einer Tarifgebundenheit i.S.d. §§ 3, 4 nicht mehr unter den persönlichen Geltungsbereich des einschlägigen TV fallen. Im Tarifbereich sind leitende Ang stets außertariflich Ang. Umgekehrt ist jedoch nicht jeder AT-Ang gleichzeitig auch leitender Ang. In der Praxis werden die Angelegenheiten der AT-Angestellten nicht durch TV geregelt.[134]

81 Sozialrechtlich geregelte Beschäftigungsverhältnisse sind nicht durch TV regelbar. Diese Beschäftigten sind keine AN, mag auch der öffentliche Arbeitsschutz auf sie anwendbar sein. Auch Beschäftigte i.S.d. § 16 Abs. 3 SGB II – sog. 1-Euro-Jobber – sind keine AN, allerdings wird insoweit die Möglichkeit befürwortet, TV i.S.d. § 12a zu schließen.[135]

82 **b) Abschlussnormen.** Obwohl erst an zweiter Stelle des § 1 Abs. 1 Hs. 2 Alt. 1 genannt, stehen die Abschlussnormen systematisch am Anfang. Denn Abschlussnormen regeln das Zustandekommen neuer, die Wiederaufnahme alter oder die Fortsetzung unterbrochener Arbverh. Zu den Abschlussnormen gehören Formvorschriften für den Abschluss von Arbeitsverträgen, aber auch für Änderungen während des laufenden Arbverh. Dabei ist zu prüfen, ob diese Normen lediglich Beweisfunktion haben oder ob die Schriftform zwingend, konstitutiv ist.[136]

83 Zu erwähnen sind tarifvertragliche Abschlussgebote. Damit sind Gebote zur Einstellung, und zwar zur Neueinstellung oder zur Wiedereinstellung gemeint. Das Abschlussgebot verschafft dem AN einen tarifvertraglichen Anspruch gegen den AG auf Abschluss eines Arbeitsvertrages. Allerdings ist der AN nicht verpflichtet, diesen Anspruch zu verfolgen. Der so begünstigte Kreis der AN muss hinreichend bestimmt oder doch bestimmbar sein. In vielen TV findet sich ein Einstellungsanspruch nach Beendigung eines Arbeitskampfes (Wiedereinstellungsklausel). In diesen Zusammenhang gehört das Maßregelungsverbot („Eine Benachteiligung von AN aus Anlass oder im Zusammenhang mit dem Arbeitskampf unterbleibt oder wird rückgängig gemacht"). Ob unter arbeitsmarktpolitischen Gesichtspunkten Einstellungsansprüche wirksam geschaffen werden können, ist immerhin zweifelhaft. Arbeitsmarktpolitik ist nicht Sache der TV-Parteien, wird aber überwiegend für zulässig gehalten, so für arbeitslose Jugendliche, ältere AN, Langzeitarbeitslose. Für Saison-AN werden Wiedereinstellungsansprüche geschaffen, etwa bei Wiederbeginn der Saison, wie z.B. in Kurorten und Seebädern.

Denkbar sind Abschlussgebote zum Zwecke der Erhaltung oder Erreichung einer bestimmten Zusammensetzung der Belegschaft oder zur Erreichung einer bestimmten Beschäftigtenzahl.[137]

84 Normen über die Zulässigkeit von befristeten Arbeitsverträgen sind nach dem BAG Abschlussnormen, wenn die Anforderungen an die Zulässigkeit einer Befristung enger sind als die der gesetzlichen Regelung. Sie können Beendigungsnormen sein, wenn es um die Frage der Beendigung eines befristet abgeschlossenen Arbeitsvertrages geht.[138]

85 In diesen Zusammenhang gehört – über den tariffesten § 78a BetrVG hinaus – die tarifvertraglich festgelegte Verpflichtung, den erfolgreich Ausgebildeten, der nicht übernommen werden kann, befristet in einem Arbverh zu beschäftigen, um ihm die Suche nach einem ausbildungsadäquaten Arbeitsplatz zu erleichtern unter Hinweis auf eine bereits erlangte gewisse Berufserfahrung.[139]

---

131 BAG 15.3.1978 – 5 AZR 819/76 – AP § 611 BGB Abhängigkeit Nr. 26.
132 Vgl. die Aufzählung bei Berg u.a., § 1 TVG Rn 67.
133 Wobei nach BAG 12.1.2006 – 2 AZR 126/05 – AP § 2 KSchG 1969 Nr. 82 für die Anwendbarkeit eines TV mit niedrigerem Entgelt als für die Stammbelegschaft des Entleihers Tarifgebundenheit auch des Leih-AN vorliegen muss oder aber die Arbeitsvertragsparteien – Verleiher/Leih-AN – im Arbeitsvertrag die Anwendung des (Zeitarbeits-)TV vereinbart haben.
134 Kittner/Zwanziger/*Kittner*, Arbeitsrecht Handbuch, § 18 Rn 75.
135 *Zwanziger*, AuR 2005, 8, 13.
136 Vgl. z.B. § 2.2 S. 1 „Der Arbeitsvertrag ist schriftlich zu vereinbaren" Manteltarifvertrag für Beschäftigte in der Metallindustrie Nordwürttemberg/Nordbaden gültig ab 1.1.1997 einerseits und § 2 Abs. 1 „Der Arbeitsvertrag wird schriftlich abgeschlossen" und § 2 Abs. 3 S. 1 TVöD „Nebenabreden sind nur wirksam, wenn sie schriftlich vereinbart werden" andererseits, vgl. das Tarifrecht der Beschäftigten im öffentlichen Dienst, *Bettenhausen*, § 2 TVöD Rn 9, wobei selbstverständlich die Schriftform des § 14 Abs. 4 TzBfG für befristete Arbeitsverträge zu beachten ist.
137 Berg u.a., § 1 TVG Rn 78.
138 27.4.1988 – 7 AZR 593/87 – AP § 1 BeschFG Nr. 1.
139 *Dörner/Luczak/Wildschütz*, B Rn 179 ff. m.N.; vgl. z.B. 2.1 S. 1 TV zur Beschäftigungssicherung für die Arb, Arb und Ang, Auszubildenden i.S.d. BBiG in der Metallindustrie in Nordwürttemberg/Nordbaden in Kraft ab 1. Januar 1998.

Tarifvertragliche Abschlussgebote sind zum Schutz bestimmter AN-Gruppen denkbar, aber im Lichte der gebotenen hinreichenden Differenzierungsgründe nicht zweifelsfrei.

c) Inhaltsnormen. Unter Inhaltsnormen werden alle Bestimmungen verstanden, die die Arbverh der einzelnen AN innerhalb des räumlichen, fachlichen und persönlichen Geltungsbereichs des TV regeln. Es geht v.a. um die Löhne, Gehälter je einschließlich Eingruppierung/Einreihung/Einstufung, Anspruch auf Regelbeförderung, Ausbildungsvergütungen, Zuschläge für Überarbeit, Nachtarbeit, Sonn- und Feiertagsarbeit, Arbeit unter erschwerten Umständen, über die Dauer und zeitliche Lage der Arbeitszeit, (Mindest-)Arbeitszeit für Teilzeitbeschäftigte, über Kurzarbeit, Sonderzahlungen/Gratifikationen, Urlaub und Urlaubsentgelt/Urlaubsgeld; Aufwendungsersatz, Fahrtkosten, Ablösungen, auch in Form von Pauschalen, (Beschränkung der) Haftung der Beschäftigten und Ausschussregelungen, Unmöglichkeit/Verzug, Betriebsrisiko, bezahlte, unbezahlte Freistellung von der Verpflichtung zur Arbeitsleistung in besonderen Fällen, (erweiterte) Entgeltfortzahlung im Krankheitsfall; Altersteilzeit; Wettbewerbsverbote, Akkordarbeit, Prämienlohn, Gedinge (Bergbau), andere leistungsbezogene Entgelte; Schichtarbeit, somit alles, was das Austauschverhältnis Arbeitsleistung gegen Entgelt, das arbeitsvertragliche Synallagma ausmacht oder mit ihm in einem Zusammenhang steht.[140]

86

d) Beendigungsnormen. Normen über die Beendigung von Arbverh finden sich in fast allen (Mantel-)TV. Es geht dabei um Vorschriften über die Form der Künd (Es war und ist i.d.R. Schriftform vorgesehen, was durch § 326 BGB n.F. überholt ist), über Künd-Fristen, Aufhebungsverträge, Ausgleichsquittungen. Die TV-Parteien sind dabei an zwingendes Gesetzesrecht gebunden. So ist z.B. § 626 BGB tariffest. Das Künd-Recht kann tarifvertraglich nicht ausgeschlossen werden. Die TV-Parteien können allenfalls festlegen, welche Tatsachen sie als i.S.d. § 626 BGB relevant ansehen. Der allg. Künd-Schutz kann tarifvertraglich ausgedehnt werden, wie durch Ausschluss der ordentlichen Künd für langjährig beschäftigte AN.[141] Bei für Arbeiter und Ang unterschiedlichen Künd-Fristen bedarf es eines sachlichen Grundes für die Differenzierung.[142] Tarifvertragliche Bündnisse für Arbeit, in denen betriebsbedingte Künd für eine bestimmte Zeit ausgeschlossen werden bei Verzicht der AN auf Teile ihrer Vergütung sind zulässig.[143]

87

Tarifvertragliche Altersgrenzen sind zulässig. Das Arbverh endet bei Erreichung eines bestimmten Lebensjahres automatisch. Altersgrenzenregelungen sind Befristungen.[144] Die automatische Beendigung des Arbverh erfordert einen sachlichen Grund, arg. §§ 21, 14 TzBfG. Das führt zu einer Einzelfallbetrachtung. Allg. kann gesagt werden, dass berufsspezifische Gefahren, seien es Selbst- oder Drittgefährdungen (Piloten), mit starren Altersgrenzen begegnet werden kann, jedenfalls dann, wenn den AN die Möglichkeit bleibt, den Nachweis des Fortbestandes ihres Leistungsvermögens zu führen. Ein Abstellen auf das 60., 63., 65. Lebensjahr unter dem Gesichtspunkt der ausreichenden finanziellen Sicherung des AN ist von der Rspr. bislang anerkannt worden,[145] was die Lit. eher kritisch sieht.[146]

88

e) Betriebliche Normen. Betriebliche Normen, Betriebsnormen sind tarifvertragliche Bestimmungen, die das Verhältnis zwischen AG und der Belegschaft oder Teilen der Belegschaft regeln, nicht aber das einzelne Arbverh betreffen.[147] Sie betreffen die Organisation des Betriebes oder beziehen sich auf die Gestaltung des Betriebes oder der Betriebsmittel. Eine Betriebsnorm liegt dann vor, wenn eine „individualrechtliche Regelung wegen evident sachlogischer Unzweckmäßigkeit" ausscheidet,[148] weil eine einheitliche Regelung auf betrieblicher Ebene unerlässlich ist, oder wenn „entsprechende Bestimmungen in der sozialen Wirklichkeit aus tatsächlichen oder rechtlichen Gründen nur einheitlich gelten können".[149]

89

Die Betriebsnormen wirken für und gegen alle Betriebsangehörigen entsprechend dem festgelegten persönlichen Geltungsbereich, also nicht nur für die Mitglieder der Gewerkschaft(en), die den TV abgeschlossen hat (haben), § 3 Abs. 2 (siehe § 3 Rn 41). Betriebsnormen können sinnvoll nur für alle AN gelten. Die Tarifgebundenheit des AG ist ausreichend. Tarifvertragliche Bestimmungen können die Ordnung des Betriebes betreffen (Rauchverbot,[150] Anwesenheitskontrollen, Stechuhren, Torkontrollen, Leibesvisitationen (z.B. in der Schmuckindustrie)). Es können über den gesetzlichen Arbeitsschutz hinausgehende Regelungen getroffen werden. Betriebliche Eingruppierungs-

90

---

140 Zu einzelnen Inhaltsnormen vgl. Schaub/*Schaub*, § 202 Rn 5 ff.; Wiedemann/*Thüsing*, § 1 TVG Rn 566 ff., 575 ff.; HWK/*Henssler*, § 1 TVG Rn 91 ff.
141 Z.B. § 4.4 „Kündigungsschutz für ältere Beschäftigte" MTV für Arb und Ang in der Metallindustrie Nordwürttemberg/Nordbaden, gültig ab 1.1.1997.
142 Vgl. z.B. BAG 2.4.1992 – 2 AZR 516/91 – AP § 622 BGB Nr. 38 „wegen der Besonderheiten des Baugewerbes".
143 BAG 27.9.2001 – 6 AZR 404/00 – EzA § 1 TVG Nr. 55.
144 BAG 27.11.2002 – 7 AZR 655/01 – AP § 620 BGB Altersgrenze Nr. 22.
145 BAG 19.11.2003 – 7 AZR 296/03 – AP § 17 Tz BfG Nr. 3; 20.11.1987 – 2 AZR 284/86 – AP § 620 BGB Altersgrenze Nr. 2.
146 Vgl. z.B. Däubler/*Hensche*, TVG, § 1 Rn 609 f. m.w.N.
147 BAG 17.6.1997 – 1 ABR 3/97 – AP § 3 TVG Betriebsnorm Nr. 2.
148 BAG 24.4.1990 – 1 ABR 84/87 – AP Art. 9 GG Nr. 57.
149 BAG 17.6.1997 – 1 ABR 3/97 – AP § 3 TVG Betriebsnorm Nr. 2, zu II 2 a der Gründe; BAG 11.11.2008 – 1 ABR 68/07 – EzA § 87 BetrVG 2001 Betriebliche Lohngestaltung Nr. 17.
150 Kritisch *Reichel/Koberstein/Clasen/Menzel*, § 1 TVG Rn 517.

91 kommissionen hinsichtlich der Beurteilung der zutreffenden Eingruppierung/Einreichung in das tarifliche Vergütungsgruppensystem können vereinbart werden. Denkbar ist eine Betriebsbuße durch TV.

Wenn ein TV vorsieht, dass am 31. Dezember grds. dienstfrei ist, die Geschäftsstellen der Banken geschlossen bleiben und die AN nur erforderlichenfalls beschäftigt werden dürfen, vorrangig mit Abschlussarbeiten, und dafür an einem anderen Arbeitstag einen zusammenhängenden Freizeitausgleich in gleicher Höhe erhalten, so handelt es sich dabei nach dem BAG[151] um eine betriebliche Norm i.S.d. § 3 Abs. 2, die das Organisationsrecht des AG beschränkt und dadurch sicherstellt, dass die Arbeit am Silvestertag auf das Notwendige beschränkt bleibt.

92 Die Regelung, nach der die dem BR halbjährlich mitzuteilende Zahl der Beschäftigten mit abweichender individueller Arbeitszeit 18 % der Beschäftigten nicht überschreiten darf, ist eine Betriebsnorm i.S.d. § 3 Abs. 2.[152] Damit ist die bewegliche Arbeitszeit für bestimmte AN angesprochen, quantitative Besetzungsregelungen des Anhangs C II Nr. 3 S. 1 bis 3 des MTV für gewerbliche AN der Druckindustrie in der BRD vom 3. März 1980 wirken als Betriebsnormen nach § 3 Abs. 2.[153]

93 **f) Betriebsverfassungsrechtliche Normen.** Mit betriebsverfassungsrechtlichen Normen, die wie Betriebsnormen für alle AN des Betriebes gelten, § 3 Abs. 2 (vgl. § 3 Rn 41 ff.), – die Tarifgebundenheit des AG ist maßgebend –, können die Mitbestimmungsrechte des BR erweitert und verstärkt,[154] aber nicht verschlechtert werden.[155] Das betrifft sonach auch personelle Angelegenheiten,[156] aber auch wirtschaftliche.[157] Die Mitwirkungsbestimmungen des BetrVG sind nur als einseitig zwingende Normen angelegt.

Dagegen sind die Organisationsbestimmungen des BetrVG zwingend, es sei denn, es ist eine Tariföffnungsklausel vorgesehen wie etwa bei § 3 BetrVG.

94 Hinzuweisen ist noch darauf, dass eine vom BPersVG abweichende Regelung durch TV nicht möglich ist, §§ 9, 97 BPersVG. Eine dagegen verstoßende Tarifnorm ist unwirksam. Durch § 97 BPersVG ist die Möglichkeit des Abs. 1, durch TV von der gesetzlichen Regelung abzuweichen, für den öffentlichen Dienst in den Ländern eingeschränkt worden. Dem trägt Art. 3 LPVG Bayern Rechnung.[158]

95 **g) Gemeinsame Einrichtungen.** „Gemeinsame Einrichtungen der Tarifvertragsparteien", § 4 Abs. 2, sind von den Tarifvertragsparteien geschaffene und von ihnen abhängige Organisationen, deren Zweck und Organisationsstruktur durch Tarifverträge festgelegt werden. Zwischen einer gemeinsamen Einrichtung und den einzelnen Arbeitgebern und Arbeitnehmern entstehen unmittelbar tarifrechtlich begründete Rechtsverhältnisse. Mit der Gründung einer gemeinsamen Einrichtung können die Tarifvertragsparteien Zwecke verfolgen, die in den Rahmen ihrer tariflichen Regelungsmacht fallen".[159] Mehrere AG oder AG-Verbände und die Gewerkschaft(en) sehen in einem TV eine gemeinsame Einrichtung vor und gestalten sie aus, um gemeinsam Leistungen zu erbringen, die von den einzelnen AG aus technischen, organisatorischen oder wirtschaftlichen Gründen effektiv und zweckmäßig nicht gewährt werden können,[160] wobei § 4 Abs. 2, mit dem gemeinsame Einrichtungen in das Tarifrecht Aufnahme gefunden haben, mit seinem Regelungsgehalt Abs. 1 ergänzt, „Lohnausgleichskassen, Verbandskassen usw." nennt. Der wesentliche Grund für die Schaffung der Sozialkassen (Urlaubskasse, Zusatzversorgungskasse, Lohnausgleichskasse) als gemeinsame Einrichtungen besteht darin, dem AN tarifliche Ansprüche zu verschaffen, die von dem einzelnen AG nicht gewährt werden können,[161] weil die Anspruchsvoraussetzungen für einzelne Leistungen bei einem AG nicht erfüllt werden können. Sie kommen in erster Linie im Bau- und Baunebengewerbe vor. So soll den Bauarbeitern ein zusammenhängender Urlaub durch Gewährung bezahlter Freizeit ermöglicht werden, da ein solcher Urlaubsanspruch wegen der häufigen AG-Wechsels, wie er im Baugewerbe zumindest üblich war, nicht erworben werden kann, da etwa die erforderliche Wartezeit nicht erfüllt wird. Die Mittel für die deswegen eingerichtete Urlaubskasse werden durch Beiträge der AG aufgebracht. Einem solchen TV über eine gemeinsame Einrichtung unterliegen die tarifgebundenen AG. Diese TV über gemeinsame Einrichtungen werden häufig für allgemeinverbindlich erklärt, § 5, was das BVerfG als unbedenklich angesehen hat.[162]

---

[151] 7.11.1995 – 3 AZR 676/94 – AP § 3 TVG Betriebsnorm Nr. 1 m. abl. Anm. *Hans Hanau*.
[152] BAG 17.6.1997 – 1 ABR 3/97 – AP § 3 TVG Betriebsnorm Nr. 2 m. zust. Anm. *Wiedemann*.
[153] BAG 17.6.1999 – 2 AZR 456/98 – AP § 1 KSchG 1969 Betriebsbedingte Kündigung Nr. 103.
[154] BAG 8.10.1959 – 2 AZR 503/56 – AP § 56 BetrVG 1952 Nr. 14; 24.9.1959 – 2 AZR 28/57 – AP § 611 BGB Akkordlohn Nr. 11; 1.10.1991 – 1 ABR 1/91 – n.v., zu B III der Gründe.
[155] BAG 21.10.2003 – 1 ABR 39/02 – AP § 80 BetrVG 1972 Nr. 62.
[156] BAG 18.8.1987 – 1 ABR 30/86 – AP § 77 BetrVG 1972 Nr. 23; 10.2.1988 – 1 ABR 70/86 – AP § 99 BetrVG 1972 Nr. 53.
[157] *Berg u.a.*, § 1 TVG Rn 84 m.w.N.
[158] Vgl. auch BAG 15.7.1986 – 1 AZR 654/84 – AP Art. 3 LPVG Bayern Nr. 1.
[159] BVerfG 15.7.1980 – 1 BvR 24/74, 439/79 – BVerfGE 55, 7, 9.
[160] *Berg u.a.*, § 1 TVG Rn 85.
[161] *Berg u.a.*, § 1 TVG Rn 23.
[162] BVerfG 15.7.1980 – 1 BvR 24/74, 439/79 – BVerfGE 55, 7, 9; 10.9.1991 – 1 BvR 561/89 – AP § 5 TVG Nr. 27.

h) Tarifvertragliche Normen mit Doppelcharakter. Manche tarifvertragliche Normen lassen sich nicht ausschließlich einer der in Abs. 1 genannten Normtypen zuordnen.

Das gilt zum einen für die Bestimmungen, die den Geltungsbereich eines TV regeln, also den fachlichen, räumlichen und persönlichen Geltungsbereich. Sie werden dem normativen Teil des TV zugeordnet, wirken aber auch beim obligatorischen Teil. Sie bestimmen die Einhaltungspflicht, die Einwirkungspflicht und die Friedenspflicht. Das gilt auch für die Bestimmungen über den Zeitrahmen, also über das Inkrafttreten, die Dauer und die Regelung der Kündbarkeit eines TV. Der zeitliche Rahmen ist sowohl für den schuldrechtlichen Teil als auch für den normativen Teil von Bedeutung.[163]

Auch die Inhaltsnormen sind nicht immer ohne Weiteres als Inhalts-, Abschluss-, Beendigungs-, Betriebs- oder betriebsverfassungsrechtliche Norm erkennbar. Die Regelung kann z.B. gleichzeitig den Abschluss wie den Inhalt von Arbverh oder einen anderen Bereich betreffen.[164]

Wie die Tarifnorm einzuordnen ist, ist eine Frage der Auslegung. Die Beantwortung dieser Frage hat auch Auswirkungen. Betriebliche und betriebsverfassungsrechtliche Normen binden nicht nur den tarifgebundenen AG, sondern auch nicht oder anders organisierte AN.

Als Beispiele für Tarifnormen mit Doppelcharakter sind Arbeitszeitregeln zu nennen,[165] Abschluss- und Beschäftigungsverbote,[166] und Besetzungsregelungen.[167]

IX. Auslegung von Tarifverträgen

Sofern der Wortlaut des TV oder eine einzelne tarifvertragliche Norm nicht zweifelsfrei und klar ist, muss der TV oder muss die einzelne tarifvertragliche Norm ausgelegt werden.

Dabei erfolgt die Auslegung des schuldrechtlichen Teils den allgemeinen Regeln für Verträge.

Die Auslegung des normativen Teils des TV folgt nach st. Rspr. den für die Auslegung von Gesetzen geltenden Regeln. Dabei ist zunächst vom Tarifwortlaut auszugehen, wobei der maßgebliche Sinn der Erklärung zu erforschen ist, ohne am Buchstaben zu haften. Bei einem nicht eindeutigen Tarifwortlaut ist der wirkliche Wille der TV-Parteien mit zu berücksichtigen, soweit er in den tariflichen Normen seinen Niederschlag gefunden hat. Abzustellen ist stets auf den tariflichen Gesamtzusammenhang, weil dieser Anhaltspunkte für den wirklichen Willen der TV-Parteien liefert und nur so der Sinn und Zweck der Tarifnorm zutreffend ermittelt werden können. Lässt dies zweifelsfreie Auslegungsergebnisse nicht zu, dann können die Gerichte für Arbeitssachen ohne Bindung an eine Reihenfolge weitere Kriterien wie die Entstehungsgeschichte des TV, ggf. auch die praktische Tarifübung ergänzend heranziehen. Auch die Praktikabilität denkbarer Auslegungsergebnisse ist zu berücksichtigen; im Zweifel gebührt derjenigen Tarifauslegung der Vorzug, die zu einer vernünftigen, sachgerechten, zweckorientierten und praktisch brauchbaren Regelung führt.[168] Diese Formulierung kehrt in fast allen mit Tarifauslegung befassten Entscheidungen des BAG so oder mit geringfügigen Abweichungen wieder. Weiter gilt für die Anwendung von Tarifnormen ebenso wie für die Anwendung von Gesetzesrecht der Grundsatz, dass von zwei möglichen Auslegungen einer Norm, deren eine zu einem verfassungswidrigen, die andere dagegen zu einem verfassungsgemäßen Ergebnis führt, die Letztgenannte zu wählen ist. Ebenso sind Tarifbestimmungen so auszulegen, dass sie nicht in Widerspruch zu sonstigem zwingenden Gesetzesrecht geraten. Die TV-Parteien wollen nämlich im Zweifel Regelungen treffen, die mit zwingendem höherrangigem Recht im Einklang stehen und damit auch Bestand haben.[169] Dabei wird davon ausgegangen, dass, definieren die TV-Parteien einen Begriff, von dieser Definition auszugehen ist.[170] Begriffe, die in der Rechtsterminologie einen bestimmten Inhalt haben, werden von den TV-Parteien in ihrer allg. rechtlichen Bedeutung angewendet, wenn sich aus dem TV nichts anderes ergibt.[171] Hat ein Begriff sich noch nicht zu einem konkretisierten Rechtsbegriff entwickelt, ist davon auszugehen, dass ihn die TV-Parteien so angewendet wissen wollen, wie er entsprechend seiner Provenienz verwendet wird, also etwa im Handelsverkehr und im Wirtschaftsleben und den entsprechenden Anschauungen der beteiligten Berufskreise und dem Handelsbrauch, § 346 HGB.[172]

Für die Auslegung einer Tarifnorm ist eine von den TV-Parteien vereinbarte Überschrift zu beachten.

In Eingruppierungsvorschriften (Vergütungsordnungen/Entgeltgruppensystem) werden häufig Tätigkeitsmerkmale mit unbestimmten Rechtsbegriffen vereinbart, die durch Beispiele erläutert werden. Trifft eines der Beispiele zu,

---

163 Reichel/Koberski/Clasen/Menzel, § 1 Rn 526.
164 Vgl. BAG 21.1.1987 – 4 AZR 547/86 – AP Art. 9 GG Nr. 47.
165 S. dazu Wiedemann/Wiedemann, § 1 Rn 277.
166 S. dazu Wiedemann/Wiedemann, § 1 Rn 278.
167 Berg u.a., § 1 TVG Rn 86; Wiedemann/Wiedemann, § 1 Rn 279.
168 Vgl. z.B. BAG 16.6.2004 – 4 AZR 408/03 – BAGE 111, 108, 115 f.; 7.7.2004 – 4 AZR 433/03 – BAGE 111, 204, 9; BAG 19.9.2007 – 4 AZR 670/06 – BAGE 124, 110, 119.
169 BAG 21.7.1993 – 4 AZR 468/92 – AP § 1 TVG Auslegung Nr. 44, zu II 1 bb der Gründe.
170 BAG 28.4.1982 – 4 AZR 649/79 – AP § 1 TVG Tarifverträge Bau Nr. 39; 9.3.1983 – 4 AZR 61/80 – AP § 1 TVG Auslegung Nr. 127.
171 Z.B. BAG 18.3.2003 – 9 AZR 691/01 – AP § 49 MTArbG Nr. 1 betreffend den Begriff „sonstige Giftstoffe".
172 Z.B. BAG 8.2.1984 – 4 AZR 158/83 – AP § 1 TVG Auslegung Nr. 134 betreffend den Begriff des Verbrauchermarkts.

104 kommt es auf das Tätigkeitsmerkmal und die Erfüllung seiner Anforderungen nicht mehr an. Ist ein Beispiel nicht gegeben, sind die Merkmale des in Frage kommenden Tätigkeitsmerkmals der str. Vergütungsgruppe im Lichte der Beispiele auszulegen. Auf die allg. Tätigkeitsmerkmale muss auch dann zurückgegriffen werden, wenn das Tätigkeitsbeispiel selbst unbestimmte Rechtsbegriffe enthält, die nicht aus sich heraus ausgelegt werden können.[173]

104 Haben die TV-Parteien eine Frage gar nicht geregelt, ist die Schließung der Lücke weder durch ergänzende Tarifauslegung noch durch Analogie möglich. Das gilt jedenfalls bei einer bewussten Regelungslücke.[174] Bei unbewusster, insb. nachträglich entstandener Regelungslücke – ein Berufsbild hat sich erst später herausgebildet, die Vergütungsordnung konnte es noch gar nicht erfassen – stellt die Rspr. darauf ab, wie die TV-Parteien die betreffende Frage bei objektiver Betrachtung der wirtschaftlichen und sozialen Zusammenhänge im Zeitpunkt des TV-Abschlusses geregelt hätten, falls sie den nicht geregelten Fall bedacht hätten. Bestehen keine gesicherten Anhaltspunkte dafür, welche Regelung die TV-Parteien getroffen hätten, und sind verschiedene Regelungen denkbar, die billigem Ermessen entsprechen, kann ein mutmaßlicher Wille der TV-Parteien nicht festgestellt werden. Eine Lückenausfüllung durch die Arbeitsgerichtsbarkeit ist dann nicht möglich. Die ArbG sind nicht befugt, in die Gestaltungsfreiheit der TV-Parteien einzugreifen und ihre ihnen durch Art. 9 Abs. 3 GG zugewiesene Aufgabe wahrzunehmen.[175]

X. Grenzen der tariflichen Gestaltungsmacht

105 Die Freiheit, TV abzuschließen, ist inhaltlich beschränkt. Die Mitglieder der TV-Parteien ermächtigen diese, TV abzuschließen entsprechend der verbandsinternen Willensbildung. Gleichwohl bestehen inhaltliche Schranken. Die Grenzen der Tarifautonomie zum Schutz der normunterworfenen AG und AN sind im Einzelnen nicht geklärt.[176] Herausgebildet hat sich aber eine h.A. für einzelne tarifvertragliche Klauseln. Zum einen geht es um den Schutz der individuellen dem TV unterworfenen Privatsphäre. Der TV darf hinsichtlich ihrer nicht bestimmen, wie der AN seinen Urlaub zu verbringen hat. Durch TV kann nicht wirksam jede Nebentätigkeit verboten werden. Dagegen können Wettbewerbsverbote tarifvertraglich vereinbart werden. Lohnverwendungsgebote sind unzulässig. Das gilt allerdings nicht, wenn der AN tarifvertraglich verpflichtet wird, Teile seines Lohnes zur Vermögensbildung zu verwenden, oder der AG gehalten ist, Beiträge an gemeinsame Einrichtungen abzuführen. Ein Lohnabtretungsverbot ist tarifvertraglich möglich.[177] Die Aufrechnung des AG gegen Lohn- und Gehaltsforderungen bleibt möglich, allerdings nur gegen den sich aus dem Bruttobetrag sich ergebenden Nettobetrag unter Berücksichtigung der Pfändungsfreigrenzen.

Ein tariflicher Lohnverzicht ist jedenfalls für noch nicht erfüllte Ansprüche der AN möglich.[178]

106 Nach der Rspr. des BAG[179] sind Effektivklauseln nicht zulässig. Die Effektivgarantieklausel führt nicht nur dazu, dass die bisher bezahlten Effektivvergütungen (bisheriger Tariflohn zuzüglich übertarifliche/außertarifliche Vergütungsbestandteile) zu unabdingbaren tariflichen Mindestvergütungen führen, sondern verpflichtet die AG außerdem dazu, dass darüber hinaus diese Beträge (also einschließlich der übertariflichen/außertariflichen Vergütungsanteile) um den Prozentsatz der Tariferhöhung aufgestockt werden. Bei der begrenzten Effektivklausel geht es darum, die Tariflohnerhöhung zusätzlich zur tatsächlichen Vergütung zu zahlen. Die Anrechnung der Tariflohnerhöhung findet nicht statt. Der über-/außertarifliche Vergütungsbestandteil ändert seine rechtliche Qualität nicht.[180] Bei einer anderen Form soll der bisherige übertarifliche oder außertarifliche Lohnbestandteil Tariflohn werden.

107 Während unter Berücksichtigung der Rspr. kaum noch Effektivklauseln vereinbart werden, gibt die tarifvertragliche Verdienstsicherung für altersbedingt auf geringer vergütete Arbeitsplätze versetzte AN immer wieder Anlass, auf die Frage der Effektivklauseln einzugehen, wenn die Verdienstsicherung sich neben dem Tariflohn auch auf über-/außertarifliche Zulagen erstreckt. Dabei geht das BAG davon aus, dass die TV-Parteien „nicht die ursprünglich freiwillig gezahlte übertarifliche Zulage in einen tariflichen Lohnanspruch (haben) umwandeln wollen".[181] Es geht lediglich um eine – zulässige – Berechnungsgrundlage für den verdienstgesicherten Durchschnittsverdienst.[182]

108 Umstr. ist, ob Höchstarbeitszeiten tariflich regelbar sind, was verneint wird, es sei denn, sie seien aus Gründen des Gesundheitsschutzes geboten oder es handelt sich um tarifvertragliche Bündnisse für Arbeit (Beschäftigungssicherungs-TV, Sanierungs-TV), mit denen eine zeitweise Verringerung der Arbeitszeit bei – zeitweisem – Verzicht auf

---

173 Vgl. z.B. BAG 8.2.1984 – 4 AZR 158/83 – AP § 1 TVG Auslegung Nr. 134.
174 Vgl. z.B. BAG 10.11.1982 – 4 AZR 109/80 – AP §§ 22, 23 BAT 1975 Nr. 69; *Reichel/Koberski/Clasen/Menzel*, § 1 TVG Rn 66 a.
175 Vgl. z.B. BAG 4.9.1991 – 5 AZR 647/90 – AP § 4 TVG Ausschlussfristen Nr. 113, zu II 2 b der Gründe m.w.N.; a.A. *Löwisch/Rieble*, § 1 Rn 596: Es handele sich nicht um eine Rechtsfrage, sondern um eine Regelungsfrage: Die TV-Parteien hätten es in der Hand, die Frage positiv oder gar nicht zu regeln.
176 Wiedemann/*Wiedemann*, Einleitung Rn 431 ff.
177 Wiedemann/*Wiedemann*, Einleitung Rn 469 m.w.N.
178 Wiedemann/*Wiedemann*, Einleitung Rn 470.
179 Z.B. 14.2.1968 – 4 AZR 275/67 – AP § 4 TVG Effektivklausel Nr. 7; 16.6.2004 – 4 AZR 408/03 – AP § 4 TVG Effektivklausel Nr. 24, zu den – beachtlichen – Gegenargumenten vgl. Däubler/*Deinert*, § 4 Rn 792 ff.
180 S. dazu BAG 14.2.1969 – 4 AZR 275/67 – AP § 4 TVG Effektivklausel Nr. 7.
181 17.10.1997 – 3 AZR 443/96 – AP § 4 TVG Nr. 10, zu II 2 b der Gründe.
182 BAG 16.4.1980 – 4 AZR 261/78 – AP § 4 TVG Effektivklausel Nr. 9.

betriebsbedingte Künd vereinbart wird.[183] Höchstarbeitszeiten begrenzen die Gestaltungsfreiheit des AG und schränken die Gestaltungsfreiheit des AN mittelbar ein.[184]

Das BAG hat bislang die Zulässigkeit von Differenzierungsklauseln verneint.[185] Dabei geht es darum, ob wirksam vereinbart werden kann, dass der tarifgebundene AG seinen tarifgebundenen AN günstigere Arbeitsbedingungen einräumen muss als den Außenseitern. Das wurde wegen Verletzung der negativen Koalitionsfreiheit, Überschreitens der Tarifmacht, Regelung der Arbverh von Außenseitern und Förderung des sozialen Gegenspielers verneint. Durch einige Entscheidungen der Instanzgerichte ist die Frage wieder in Bewegung geraten.[186] Mit der Entscheidung vom 8.3.2009[187] hat der Vierte Senat des BAG eine tariflich festgelegte Sonderzahlung in Abhängigkeit von der Mitgliedschaft in einer bestimmten Gewerkschaft als einfache Differenzierungsklausel für rechtswirksam angesehen. Eine einfache Differenzierungsklausel setzt die Gewerkschaftszugehörigkeit des AN für einen bestimmten Anspruch voraus, stellt aber keine rechtlichen Schranken dafür auf, dass der AG individualarbeitsrechtlich die tariflich vorgesehene Ungleichbehandlung beseitigt. Die sog. qualifizierte Differenzierungsklausel will auf die individual-rechtliche Gestaltungsbefugnis des AG einwirken und sicherstellen, dass dem gewerkschaftlich organisierten AN im Ergebnis mehr zusteht als dem Außenseiter.   108a

XI. Kontrolle von Tarifverträgen

TV müssen sich an höherrangigem Recht, also am zwingenden Gesetzesrecht,[188] den guten Sitten oder an den tragenden Grundsätzen des Arbeitsrechts, an der Verfassung, an europäischem Gemeinschaftsrecht messen lassen.   109

Die ArbG, aber auch andere Gerichte, die mit tarifvertraglichen Regelungen konfrontiert werden, prüfen die Vereinbarkeit der tariflichen Regelung mit höherrangigem Recht in eigener Zuständigkeit. Eine Vorlage an das BVerfG kommt nicht in Betracht. Ein TV ist kein Gesetz. Daran ändert eine Allgemeinverbindlichkeitserklärung nichts.   110

Während zunächst davon ausgegangen wurde, dass die TV-Parteien wie der Gesetzgeber an die Grundrechte gebunden sind,[189] wird nunmehr im Zusammenhang mit der vom BVerfG entwickelten Schutzgebotsfunktion[190] z.T. eine unmittelbare Grundrechtsgebundenheit der TV-Parteien verneint.   111

So hat der 7. Senat des BAG in seiner Entscheidung vom 25.2.1998[191] ausgeführt, mit der privatautonomen Unterwerfung unter geltendes und künftiges Tarifrecht seien die Parteien eines Arbverh der Gestaltungsmacht der TV-Parteien nicht schutzlos ausgeliefert. Das folge aus der vom BVerfG anerkannten Schutzpflichtfunktion der Grundrechte, die staatliche Grundrechtsadressaten dazu verpflichten, einzelne Grundrechtsträger von einer unverhältnismäßigen Beschränkung ihrer Grundrechte durch privatautonome Regelungen zu bewahren. Wie der aus der grundrechtlichen Schutzpflicht folgende Mindestschutz im Bezug auf die Beendigung von Arbverh zu bestimmen und das Spannungsverhältnis der jeweiligen Grundrechtsträger und Grundrechtsträger zu lösen sei, hat der 7. Senat nicht abschließend entschieden. Es hat sich auf die Position zurückgezogen, für den Bereich der Beendigung von Arbverh habe der Gesetzgeber eine aus Art. 12 Abs. 1 GG folgende Schutzpflicht durch den Erlass von Künd-Schutzvorschriften genügt und damit ein bestimmtes Maß an Arbeitsplatzschutz vorgegeben. Nichts anderes gelte für die Befristung von Arbverh, bei der die Funktion des Künd-Schutzes die arbeitsgerichtliche Befristungskontrolle übernehme. Ihre Aufgabe sei es, den AN vor einem grundlosen, den staatlichen Künd-Schutz umgehenden Verlust des Arbeitsplatzes zu schützen und damit einen angemessenen Ausgleich der kollidierenden Grundrechtspositionen der Arbeitsvertragsparteien zu finden.   112

Der 6. Senat hat am 27.5.2005[192] die unmittelbare Grundrechtsgebundenheit der TV-Parteien verneint. Sie seien aber verpflichtet, bei der tariflichen Normsetzung wegen der Schutzfunktion der Grundrechte den allg. Gleichheitssatz des Art. 3 Abs. 1 GG und die Diskriminierungsverbote des Art. 3 Abs. 2 und 3 GG zu beachten – mittelbare Grund-   113

---

183 H/S/*Schliemann*, § 20 Rn 92 m.w.N.
184 BAG 17.6.1997 – 1 ABR 3/97 – AP § 3 TVG Betriebsnormen Nr. 2 betreffend tarifvertragliche Quotenregelungen für unterschiedliche regelmäßige Höchstarbeitszeiten der Metallindustrie Nordwürttemberg/Nordbaden: Der AG ist nicht bei einzelnen Maßnahmen (Einstellungen) gebunden; er muss nur die vorgegebene Quote erreichen.
185 BAG 29.11.1967 – GS 1/67 – AP Art. 9 GG Nr. 13; BAG 21.3.1978 – 1 AZR 11/76 – AP Art. 9 GG Arbeitskampf Nr. 62; offen gelassen 9.5.2007 – 4 AZR 275/06 – AP Art. 9 Arbeitskampf Nr. 62 = EzA Art. 9 GG Nr. 91 Rz. 31.
186 LAG Niedersachsen 11.12.2007 – 5 Sa 914/07 – LAGE Art. 9 TVG Nr. 15a; LAG Köln 17.1.2008 – 6 Sa 1354/07 – DB 2008, 1979, dazu *Ulber/Strauß*, DB 2008, 1970 ff.; *Reichel*, FAZ 17.9.2008; *Kocher*, NZA 2009, 119 ff.; ArbG Hamburg 25.2.2009 – 15 Ca 188/08 – zu der Erholungshilfe von 260 EUR pro Kalenderjahr für jedes Ver.di-Mitglied bei Nachweis der Mitgliedschaft im laufenden Haus-TV 2008 der Hamburger Hafen und Logistik AG.
187 4 AZR 64/08 – PM Nr. 29/09 EzA-SD 7/2009, S. 14 f.
188 BAG 31.7.2002 – 7 AZR 140/01 – AP § 1 Tarifverträge Luftfahrt Nr. 14.
189 BAG 13.1.1955 – 1 AZR 305/55 – AP Art. 3 GG Nr. 4; 23.3.1957– 1 AZR 64/56 – AP Art. 3 GG Nr. 18.
190 Etwa 19.10.1993 – 1 BvR 567, 1040/89 – BVerfGE 89, 214, 232 ff.; 7.2.1990 – 1 BvR 26/84 – BVerfGE 81, 242, 255.
191 7 AZR 641/96 – AP § 1 TVG Tarifverträge: Luftfahrt Nr. 11; vgl. auch 31.7.2002 – 7 AZR 140/01 – AP § 1 TVG Tarifverträge: Luftfahrt Nr. 14.
192 6 AZR 129/03 – AP § 1 TVG Gleichbehandlung Nr. 5 Bl. 4/Blatt 4 R oben.

rechtsbindung. Zu einer Anrufung des Großen Senats des BAG ist es bislang nicht gekommen, weil, wie stets betont wird, die unterschiedlichen Auff. für die jeweilige Entscheidung nicht tragend gewesen waren.[193]

Zu beachten ist auch das Europarecht. So haben die TV-Parteien den Lohngleichheitssatz des Art. 141 EG zu beachten.[194]

114 Die TV erfahren eine neue Schranke durch das am 18.8.2006 in Kraft getretene Gesetz zur Umsetzung europäischer RL zur Verwirklichung des Grundsatzes der Gleichbehandlung vom 14.8.2006[195] (Allgemeines Gleichbehandlungsgesetz – AGG). Das gilt auch für vor Inkrafttreten des Gesetzes abgeschlossene TV. Tarifvertragliche Bestimmungen, die an das Lebensalter anknüpfen, bedürfen als unmittelbare Benachteiligung einer besonderen Rechtfertigung. Tarifvertragliche Künd-Verbote, die nach dem Lebensalter differenzieren, dürften in den Grenzen des § 10 S. 3 Nr. 6 AGG erlaubt sein. Auch dürfte eine Staffelung der Dauer der wöchentlichen Arbeitszeit nach dem Lebensalter grds. möglich sein, soweit sie angemessen und erforderlich ist, um dem Schutzbedürfnis älterer AN Rechnung zu tragen. Dagegen dürften Staffelungen der Entgelte nach dem Lebensalter nicht zu rechtfertigen sein.[196] Regelungen, die an die Dauer der Betriebszugehörigkeit anknüpfen und deshalb im Hinblick auf das Alter mittelbar benachteiligend wirken können, sind möglicherweise deswegen berechtigt, weil die Betriebstreue belohnt werden soll, § 3 Abs. 2 AGG.[197]

115 Auf der anderen Seite darf eine Überprüfung der TV auf ihre Zweckmäßigkeit nicht erfolgen.[198] Das wäre eine mit Art. 9 Abs. 3 GG nicht zu vereinbarende Tarifzensur.[199]

116 Einer Inhaltskontrolle nach §§ 307 Abs. 1 und 2, 308, 309 BGB unterliegen die TV nicht. Nach § 310 Abs. 4 S. 1 BGB bleiben TV vom Anwendungsbereich der §§ 305 ff. BGB ausgeschlossen. AG und Gewerkschaften handeln die TV aus. Es wird von einem angemessenen Interessenausgleich ausgegangen. § 310 Abs. 4 S. 3 BGB ordnet die Gleichstellung von TV mit Rechtsvorschriften i.S.v. § 307 Abs. 3 BGB an.

117 Dagegen müssen sich arbeitsvertragliche Bezugnahmen auf Tarifnormen einer Transparenz- und Angemessenheitskontrolle stellen, sofern nicht eine Gesamtinbezugnahme auf ein fachlich einschlägiges Tarifwerk vorliegt oder einzelne, inhaltlich und sachlich zusammenhängende Regelungskomplexe in Bezug genommen werden.[200]

Die grundsätzliche Richtigkeitsgewähr der einbezogenen tariflichen Regelungen kann nicht für Einzelregelungen gelten, die einem Tarifwerk entnommen wurden.[201]

118 Zu einzelnen Tarifnormen, soweit sie nicht im Vorstehenden bereits angesprochen wurden,[202] ist auf die Aufstellung bei HWK/*Henssler*, § 1 TVG Rn 91 ff. und *Däubler/Winter*, TVG, Rn 365 ff. verwiesen.

C. Verbindung zu anderen Rechtsgebieten

119 Auf das Verhältnis des TV zu anderen Rechtsquellen wurde wiederholt hingewiesen. Bei dem Verhältnis TV/Gesetz ist zu beachten, dass nur zweiseitig zwingende Gesetze von den TV-Parteien inhaltlich nicht abgeändert werden können. Einseitig zwingende Gesetze können die TV-Parteien verbessern. Tarifdispositive Gesetze können die TV-Parteien hinsichtlich ihres Regelungsgehaltes verändern, also etwa zugunsten der AN verbessern, aber auch verschlechtern. Gegenüber einer Betriebsvereinbarung hat der TV Vorrang, es sei denn, es liegt eine Tariföffnungsklausel zugunsten von betrieblichen Normen vor. Bei beiderseitiger Tarifgebundenheit ist eine arbeitsvertragliche Abweichung nur möglich, wenn sie für den AN günstiger oder im TV zugelassen ist. Die Tarifnormen müssen sich an höherrangigem Recht messen lassen, Frage der Rechts- und Inhaltskontrolle des TV (vgl. Rn 109 ff.).

---

193 Vgl. z.B. BAG 27.5.2004 – 6 AZR 129/03 – EzA Art. 3 GG Nr. 101, zu B III der Gründe: Trotz der unterschiedlichen Auff. der Senate zu Grund und Umfang der Bindung der TV-Parteien an den Gleichheitssatz des Art. 3 GG bei der Festlegung des persönlichen Geltungsbereiches eines TV zur Regelung allg. Arbeitsbedingungen seien die Auff.-Unterschiede nicht tragend; BAG 30.10.2008 – 6 AZR 712/07 – AP § 11 TVÜ Nr. 1 zu Art. 6 Abs. 1 GG; BAG 30.10.2008 – 6 AZR 682/07 – EzA Art. 3 GG Nr. 7 zu Art. 6 Abs. 1 und Art. 3 Abs. 1 GG; BAG 30.10.2008 – 6 AZR 32/08 – AP § 1 TVG Tarifverträge: Bundesagentur für Arbeit Nr. 1; zu den einzelnen Grundrechten vgl. die Aufstellungen von *Kristina Schmidt*, HZA Gruppe 18 Teilbereich 1 Stand 6/2006 Rn 27 ff. und *Berg u.a.*, Einl. TVG Rn 8a ff.
194 Schaub/*Schaub*, Arbeitsrechts-Handbuch, § 200 Rn 20 S. 1931.
195 BGBl I S. 1897 ff.
196 LAG Hessen 22.4.2009 – 2 Sa 1689/08 – juris, zur Staffelung der Grundvergütung der Höhe nach Lebensaltersstufen, Revision zugelassen.
197 Vgl. im Einzelnen *Löwisch*, DB 2006, 1729 ff.
198 Vgl. z.B. BAG 30.11.1988 – 4 AZR 415/88 – AP § 1 TVG Tarifverträge: Papierindustrie Nr. 6 Bl. 2 R des Abdruckes m.w.N.
199 Vgl. z.B. BAG 23.10.1996 – 4 AZR 245/95 – AP § 23a BAT Nr. 38.
200 Vgl. BAG 24.9.2008 – 6 AZR 76/07 – AP § 305c BGB Nr. 11.
201 Kompaktkommentar-BGB/*Micklitz*, 1. Aufl. 2003, § 310 BGB Rn 3; HWK/*Henssler*, § 1 TVG Rn 89.
202 Altersgrenze Rn 88, Lohnverwendungsverbote Rn 105, Besetzungsregeln Rn 100, Verweisungsklauseln Rn 38 f., Effektivlohnklauseln Rn 106 f., Maßregelungsverbote Rn 83, Rückwirkung Rn 40 ff., Wiedereinstellungsklauseln Rn 83.

D. Beraterhinweise

Bei jedem arbeitsrechtlichen Mandat ist zu überprüfen, ob Tarifgebundenheit vorliegt, also welches Tarifwerk oder welche TV aufgrund beiderseitiger Tarifgebundenheit oder aufgrund von Allgemeinverbindlichkeitserklärung(en) gelten, wegen arbeitsvertraglicher Bezugnahme Anwendung finden oder etwa aufgrund einer betrieblichen Übung. Auf jeden Fall ist die Vorlage des Arbeitsvertrages geboten. Gibt es einen solchen nicht, sind sonstige Unterlagen, wie Lohnabrechnungen zu erbitten und eine Schilderung der tatsächlichen Handhabung des Arbverh. Die einschlägigen TV sind manchmal nicht einfach zu beschaffen. Sie sind mitunter im Buchhandel erhältlich (z.B. öffentlicher Dienst, Bauhauptgewerbe, aber auch Baunebengewerbe), bei den Koalitionen, AG-Verbänden, Gewerkschaften zu bekommen, wobei die Hilfsbereitschaft sehr unterschiedlich ist. Häufig sind sie in den (Gerichts-)Bibliotheken vorhanden. Sehr hilfreich ist die Sammlung des Bayerischen Sozial- und Arbeitsministeriums, die insb. auch bei manchmal erforderlicher Aufarbeitung der Tarifgeschichte (sog. Tarifarchäologie) zu zuweilen lückenlosen Nachweisen zu führen vermag. Auch eine Nachfrage beim BR oder PR kann weiterhelfen. Außerdem kann auf die allg. Einsichts- und Auskunftsrechte beim Tarifregister nach § 6 i.V.m. § 16 der VO zur Durchführung des TV (DVO) vom 16.1.1989[203] zurückgegriffen werden, also Einsicht in die im Tarifarchiv im vollen Wortlaut hinterlegten TV,[204] was die Möglichkeit einschließt, Abschriften, Kopien zu fertigen. Die Bemühungen um ein Volltextarchiv der geltenden TV sind bislang gescheitert, was bei etwa 55.000 geltenden TV, die sich häufig ändern oder durch andere ersetzt werden, auch als nicht ganz einfach zu bewerkstelligen erscheint. Zur Not kann der einzelne AN die Einsicht in den TV, etwa in den Firmen-TV durch Leistungsklage mit Erfolg geltend machen.[205] Auch kann die Frage der Geltung eines TV im Wege einer Feststellungsklage geklärt werden.[206]

Genau zu prüfen ist stets der räumliche, persönliche und fachliche Geltungsbereich des TV. Fällt der Mandant unter den Geltungsbereich des TV?

§ 2 Tarifvertragsparteien

(1) Tarifvertragsparteien sind Gewerkschaften, einzelne Arbeitgeber sowie Vereinigungen von Arbeitgebern.

(2) Zusammenschlüsse von Gewerkschaften und von Vereinigungen von Arbeitgebern (Spitzenorganisationen) können im Namen der ihnen angeschlossenen Verbände Tarifverträge abschließen, wenn sie eine entsprechende Vollmacht haben.

(3) Spitzenorganisationen können selbst Parteien eines Tarifvertrages sein, wenn der Abschluß von Tarifverträgen zu ihren satzungsgemäßen Aufgaben gehört.

(4) In den Fällen der Absätze 2 und 3 haften sowohl die Spitzenorganisationen wie die ihnen angeschlossenen Verbände für die Erfüllung der gegenseitigen Verpflichtungen der Tarifvertragsparteien.

Literatur: *Blank*, Tariffähigkeit nach der Gründung von ver.di, in: FS 50 Jahre BAG, 2004, S. 597; *Buchner*, Der „Funktionseliten"-Streik – Zu den Grenzen der Durchsetzbarkeit von Spartentarifverträgen, BB 2003, 2121; *Feudner*, Die „im Betrieb/im Unternehmen vertretenen Gewerkschaften", DB 1995, 2114; *Gitter*, Durchsetzungsfähigkeit als Kriterium der Tariffähigkeit für einzelne Arbeitgeber und Arbeitgeberverbände, in: FS Kissel, 1994, S. 265; *Hanau*, Verbands-, Tarif- und Gerichtspluralismus, NZA 2003, 128; *Junker*, Die Tarifzuständigkeit als Wirksamkeitserfordernis des Tarifvertrages, ZfA 2007, 229; *Kempen*, Form follows function – Zum Begriff der „Gewerkschaft" in der tarif- und arbeitskampfrechtlichen Rechtsprechung des Bundesarbeitsgerichts, in: FS 50 Jahre BAG, 2004, S. 733; *Kissel*, Arbeitsrecht und Staatsvertrag, NZA 1990, 545; *Konzen*, Richterliches Arbeitskampfrecht – Grundlagen, Bilanz, Weiterentwicklung – in: FS 50 Jahre BAG, 2004, S. 515; *Richardi*, Tariffähigkeit und Erfordernis der sozialen Mächtigkeit, Besprechung des Beschlusses BAG v. 28.3.2006 – 1 ABR 58/04 – AP § 2 TVG Tariffähigkeit Nr. 4, RdA 2007, 117; *Ricken*, Neues zur Tarifzuständigkeit?, RdA 2007, 35; *ders.*, Autonomie und tarifliche Rechtsetzung – Die Tarifzuständigkeit als Wirksamkeitserfordernis des Tarifvertrages, 2006; *Rieble*, Relativität und Tariffähigkeit, in: FS Wiedemann, 2002, S. 519; *Stelling*, Das Erfordernis der Überbetrieblichkeit – ein Anachronismus des modernen Gewerkschaftsbegriffs, NZA 1998, 920

A. Allgemeines 1	(1) Freiwilliger privatrechtlicher und auf gewisse Dauer angelegter Zusammenschluss 13
B. Regelungsgehalt 2	(2) Folgerungen aus dem Koalitionszweck 15
I. Tariffähigkeit 2	
1. Abgrenzung der Tariffähigkeit vom Koalitionsbegriff 7	(a) Körperschaftliche Struktur 16
2. Tarifvertragsparteien auf Arbeitnehmerseite .. 10	(b) Gegnerfreiheit 17
a) Tariffähigkeit von Arbeitnehmervereinigungen – Gewerkschaften 11	(c) Gegnerunabhängigkeit 18
aa) Grundvoraussetzungen der Koalition 13	(d) Unabhängigkeit von Dritten 20

---

203 BGBl I S. 76.
204 Däubler/*Reinecke*, TVG, § 6 Rn 27.
205 Vgl. LAG Nürnberg 9.12.2005 – 5 Sa 328/04 – NZA-RR 2005, 377.
206 BAG 27.5.2004 – 6 AZR 129/03 – AP § 1 TVG Gleichbehandlung Nr. 5.

(3) Anforderungen an den Koalitionszweck 20
bb) Zusätzliche Voraussetzungen für die Tariffähigkeit 21
   (1) Satzungsmäßige Aufgabenbestimmung 23
   (2) Tarifwilligkeit 24
   (3) Überbetrieblichkeit 26
   (4) Verbindliche Anerkennung des geltenden Tarifrechts 27
   (5) Sinnvolle Aufgabenerfüllung 28
    (a) Durchsetzungskraft (soziale Mächtigkeit) 29
    (b) Kriterien für die Durchsetzungskraft 32
     (aa) Mitgliederzahl/Organisationsgrad 33
     (bb) Finanzkraft 36
     (cc) Bereits erfolgte aktive Teilnahme am Prozess der Regelung tariflicher Arbeitsbedingungen 37
     (dd) Ausreichende Leistungsfähigkeit 42
     (ee) Demokratische Willensbildung 46
  cc) Keine Voraussetzungen für die Tariffähigkeit einer Arbeitnehmervereinigung 48
   (1) Bereitschaft zum Arbeitskampf 48
   (2) Unerheblichkeit der Eintragung von „Tarifverträgen" in das Tarifregister 49
   (3) Fähigkeit zur Leistung von Schadensersatz bei rechtswidrigen Streiks gegenüber den betroffenen Arbeitgebern 50
   (4) Problem der Doppelmitgliedschaften 51
  dd) Einheitlicher Gewerkschaftsbegriff 52
  ee) Partielle Tariffähigkeit/Tarifunfähigkeit? 53
b) Zusammenschlüsse von Gewerkschaften – Spitzenorganisationen 54
  aa) Handeln mit entsprechender Vollmacht (Abs. 2) 55
  bb) Abschluss von Tarifverträgen zählt zu satzungsmäßigen Aufgaben 57
3. Tarifvertragsparteien auf Arbeitgeberseite ... 59
  a) Einzelne Arbeitgeber 60
  b) Vereinigungen von Arbeitgebern – Arbeitgeberverband 65
  c) Zusammenschlüsse von Vereinigungen von Arbeitgebern 71
4. Tariffähigkeit von Handwerksinnungen und Innungsverbänden 72
5. Beginn und Ende der Tariffähigkeit 75
  a) Gewerkschaften und Arbeitgeberverbände 75
  b) Einzelner Arbeitgeber 76
6. Konsequenzen fehlender Tariffähigkeit 78
  a) Fehlende Tariffähigkeit bei Abschluss des Tarifvertrages 79
  b) Späterer Wegfall der Tariffähigkeit 80
  c) „Sozialpartnervereinbarungen" als Vertragsgegenstand 81
7. Haftungserweiterung des Abs. 4 82
II. Tarifzuständigkeit 84
1. Tarifzuständigkeit der einzelnen Tarifvertragsparteien 85
  a) Tarifzuständigkeit von Arbeitnehmervereinigungen 85
   aa) Doppelzuständigkeiten (außerhalb des DGB) 87
   bb) Besonderheit bei DGB-Gewerkschaften – DGB-Schiedsgericht 88
   cc) Beschränkung der Satzungskompetenz 93
  b) Tarifzuständigkeit von Arbeitgeberverbänden 94
  c) Tarifzuständigkeit des einzelnen Arbeitgebers 95
2. Auslegung von Satzungen 96
3. Konsequenzen fehlender Tarifzuständigkeit ... 97
  a) Bereits bei Tarifvertragsschluss fehlende Tarifzuständigkeit 97
  b) Nachträglicher Wegfall der Tarifzuständigkeit 98
III. Tarifkonkurrenz und Tarifpluralität 99
C. Verbindung zu anderen Rechtsgebieten und zum Prozessrecht 101
I. Betriebsverfassung 101
II. Feststellung der Tariffähigkeit und der Tarifzuständigkeit 103
D. Beraterhinweise 105

A. Allgemeines

1 Einen TV können nur tariffähige und (tarif-)zuständige TV-Parteien schließen. Wer tariffähig ist, also Partei eines TV sein kann, regelt § 2 (siehe Rn 11 ff.). Die Tarifzuständigkeit ist nicht gesetzlich geregelt. Insoweit ist auf Rspr. und Lit. zurückzugreifen (siehe Rn 84 ff.).

B. Regelungsgehalt

I. Tariffähigkeit

2 Unter Tariffähigkeit wird die Fähigkeit verstanden, durch Vereinbarung mit dem sozialen Gegenspieler u.a. die Arbeitsbedingungen des Einzelarbeitsvertrages mit der Wirkung zu regeln, dass sie für die tarifgebundenen Personen unmittelbar und unabdingbar wie Rechtsnormen gelten.[1]

3 Historisch bedingt waren und sind die TV-Parteien zumeist nicht rechtsfähige Vereine; die Tariffähigkeit setzt daher keine Rechtsfähigkeit voraus.

4 Nach Abs. 1 sind Gewerkschaften, einzelne AG sowie Vereinigungen von AG (AG-Verbände) tariffähig. Abs. 2 bestimmt ferner, dass auch Zusammenschlüsse von Gewerkschaften und von Vereinigungen von AG (sog. Spitzenorga-

---

[1] BVerfG 19.10.1966 – 1 BvL 24/65 – AP § 2 TVG Nr. 24.

nisationen) bei entsprechender Vollmacht TV abschließen können. Hierzu zählen z.B. der DGB oder die BDA. Darüber hinaus können diese Spitzenorganisationen gem. Abs. 3 selbst TV abschließen, wenn dies zu ihren satzungsmäßigen Aufgaben gehört.

Problematisch ist jedoch, dass § 2 offen lässt, was genau unter einer Gewerkschaft oder unter einem AG-Verband zu verstehen ist.

Der Gesetzgeber hat es der Rspr. überlassen, diese unbestimmten Rechtsbegriffe im Lichte des Art. 9 Abs. 3 GG auszulegen und somit die Voraussetzungen für die Tariffähigkeit zu umschreiben.[2] Bis auf den rechtsprechungsorientierten[3] Leitsatz III 2 des Staatsvertrages über die Wirtschafts-, Währungs- und Sozialunion[4] – der mittlerweile wieder gem. Art. 40 Abs. 1 des Einigungsvertrages gegenstandslos geworden ist[5] – finden sich keinerlei normierte Anhaltspunkte für die Tariffähigkeit.

Der Leitsatz besagte: „Tariffähige Gewerkschaften und AG-Verbände müssen frei gebildet, gegnerfrei, auf überbetrieblicher Grundlage organisiert und unabhängig sein sowie das geltende Tarifrecht als für verbindlich anerkennen; ferner müssen sie in der Lage sein, durch Ausüben von Druck auf den Tarifpartner zu einem Tarifabschluss zu kommen" (siehe Rn 13 ff.). 5

Dem Leitsatz nach sind an die Tariffähigkeit der verschiedenen TV-Parteien die gleichen Anforderungen zu stellen. Dies kann jedoch nicht zutreffen.[6] Die AG-Seite wird i.d.R. wegen des Besitzes der Produktionsmittel und der damit verbundenen Verfügungsbefugnis über die Arbeitsplätze überlegen sein, so dass die Anforderungen an die Tariffähigkeit auf der AG-Seite von denen einer AN-Vereinigung abweichen müssen. Auch der Gesetzgeber geht von einer Überlegenheit der AG-Seite aus. Dies zeigt sich darin, dass er bereits den einzelnen AG gem. Abs. 1 für tariffähig erklärt. 6

1. Abgrenzung der Tariffähigkeit vom Koalitionsbegriff. Die Begriffe Tariffähigkeit und Koalitionsfähigkeit sind nicht identisch. Jede TV-Partei ist zugleich grds. Koalition, nicht aber ist jede Koalition zugleich TV-Partei. 7

Der Begriff der Koalition i.S.v. Art. 9 Abs. 3 GG ist weiter (siehe Art. 9 GG Rn 43) als der der Tariffähigkeit. Eine AN-Vereinigung, die für sich die Tariffähigkeit beanspruchen will, muss grds. Koalition i.S.v. Art. 9 Abs. 3 GG sein und darüber hinaus noch weitere Voraussetzungen erfüllen; der Koalitionsbegriff und der Begriff der Tariffähigkeit stehen somit in einem Stufenverhältnis. 8

Während Koalitionen Vereinigungen sind, deren Ziel die Wahrung und Förderung der Arbeits- und Wirtschaftsbedingungen ist, und Interessenvertretung nach dem Gegnermachtprinzip, Gegnerfreiheit und Gegnerunabhängigkeit und Unabhängigkeit von Staat, Parteien, Kirchen sowie freie Bildung und demokratische Struktur voraussetzen, verlangt die Tariffähigkeit darüber hinaus die Dauerhaftigkeit der Organisation, die Kampfbereitschaft und die Durchsetzungsfähigkeit. 9

Vom Grundsatz, dass eine TV-Partei zugleich die Voraussetzungen des Koalitionsbegriffs erfüllen muss, hat der Gesetzgeber jedoch für Handwerksinnungen und Innungsverbände einzelgesetzlich Ausnahmen gemacht und ihnen die Tariffähigkeit verliehen (siehe Rn 72 ff.).

2. Tarifvertragsparteien auf Arbeitnehmerseite. Auf der AN-Seite sind gem. Abs. 1 Gewerkschaften und gem. Abs. 2 Zusammenschlüsse solcher (Spitzenorganisationen) TV-Parteien. Die Frage der Tariffähigkeit einer AN-Vereinigung erfordert daher stets die Klärung der Gewerkschaftseigenschaft.[7] Wie bereits erwähnt, fehlt es an gesetzlich festgeschriebenen Anforderungen. 10

a) Tariffähigkeit von Arbeitnehmervereinigungen – Gewerkschaften. Nach der st. Rspr. des BAG „muss eine Arbeitnehmervereinigung bestimmte Mindestvoraussetzungen erfüllen, um tariffähig und damit eine Gewerkschaft im arbeitsrechtlichen Sinne zu sein. Sie muss sich als satzungsgemäße Aufgabe die Wahrnehmung der Interessen ihrer Mitglieder in deren Eigenschaft als Arbeitnehmer gesetzt haben und willens sein, Tarifverträge abzuschließen. Sie muss frei gebildet, gegnerfrei, unabhängig und auf überbetrieblicher Grundlage organisiert sein und das geltende Tarifrecht als verbindlich anerkennen. Weiterhin ist Voraussetzung, dass die Arbeitnehmervereinigung ihre Aufgabe als Tarifpartnerin sinnvoll erfüllen kann. Dazu gehört einmal die Durchsetzungskraft gegenüber dem sozialen Gegenspieler, zum anderen aber auch eine gewisse Leistungsfähigkeit der Organisation."[8] 11

---

2 BVerfG 20.10.1981 – 1 BvR 404/78 – AP § 2 TVG Nr. 31.
3 BVerfG 20.10.1981 – 1 BvR 404/78 – AP § 2 TVG Nr. 31.
4 BGBl 1990 II S. 537, 545.
5 Es ist umstr., ob diese Bestimmung wieder gegenstandslos geworden ist (so *Löwisch/Rieble*, § 2 Rn 7). Aber selbst bis zum Tag ihres Außerkrafttretens war str., ob diese Bestimmung als verbindliche Auslegungsregel (so *Gitter*, in: FS Kissel, 1994, S. 265, 270; *Kissel*, NZA 1990, 545, 549 f.) oder als Willensbekundung des deutschen Gesetzgebers und damit zu berücksichtigende Interpretationshilfe (*Richardi/Richardi*, § 2 Rn 38 f.; Wiedemann/*Oetker*,

§ 2 Rn 7) anzusehen ist, s. ErfK/*Schaub/Franzen*, § 2 TVG Rn 2.
6 So auch BAG 20.11.1990 – 1 ABR 62/89 – AP § 2 TVG Nr. 40; *Kempen/Zachert*, § 2 Rn 9.
7 Vgl. BAG 25.11.1986 – 1 ABR 22/85 – BAGE 53, 347 = AP § 2 TVG Nr. 36.
8 Zuletzt BAG 14.12.2004 – 1 ABR 51/03 – AP § 2 TVG Tariffähigkeit Nr. 1 = EzA § 2 TVG Nr. 27 = NZA 2005, 697 m.w.N.; BAG 28.3.2006 – 1 ABR 58/04 – EzA § 2 TVG Nr. 28.

12 Auch wenn die Rspr. in diesem Leitsatz nicht alle (Grund-)Voraussetzungen des Koalitionsbegriffs aufzählt, so müssen diese dennoch auch erfüllt sein.[9] Dies ergibt sich aus dem eingangs erwähnten Stufenverhältnis zwischen dem Koalitionsbegriff und der Tariffähigkeit (siehe Rn 7 ff.).

Im Einzelnen ergeben sich daher für die Tariffähigkeit einer AN-Vereinigung folgende Voraussetzungen:

13 **aa) Grundvoraussetzungen der Koalition. (1) Freiwilliger privatrechtlicher und auf gewisse Dauer angelegter Zusammenschluss.** Der Koalitionsbegriff setzt zunächst voraus, dass es sich bei der AN-Vereinigung um einen **freiwilligen Zusammenschluss** auf **privatrechtlicher Ebene** handelt. Dies ergibt sich schon daraus, dass es sich bei Art. 9 Abs. 3 GG um ein Freiheitsrecht gegenüber dem Staat handelt.[10] Daher erfüllen öffentlich-rechtliche Verbände mit Zwangsmitgliedschaft – wie z.B. RA-Kammern, Ärztekammern und IHK oder sonstige öffentlich-rechtliche Körperschaften – nicht den Koalitionsbegriff.[11]

Ausnahmsweise hat der Gesetzgeber gleichwohl **Handwerksinnungen und Innungsverbänden** die Tariffähigkeit zugesprochen, vgl. §§ 54 Abs. 3 Nr. 1, 82 Nr. 3, 85 Abs. 2 S. 1 HandwO (siehe Rn 72 ff.).

14 Darüber hinaus muss eine Koalition auf eine **gewisse Dauer** angelegt sein.[12] Somit werden Ad-hoc-Koalitionen, d.h. Vereinigungen, die nur ein bestimmtes Ziel verfolgen, vom Koalitionsbegriff ausgenommen.[13] Tariffähig sind jedoch AN-Vereinigungen, die ad hoc gegründet werden, aber über die Gründungsversammlung hinaus bestehen bleiben sollen (sog. Gründungsverbände).[14]

15 **(2) Folgerungen aus dem Koalitionszweck.** Eine Vereinigung i.S.v. Art. 9 Abs. 3 GG unterscheidet sich von anderen Vereinen und Gesellschaften dadurch, dass sie der „Wahrung und Förderung der Arbeits- und Wirtschaftsbedingungen„ dient. Aus diesem Koalitionszweck werden weitere Grundvoraussetzungen der Koalition gefolgert:

16 **(a) Körperschaftliche Struktur.** Zunächst muss eine Koalition eine **körperschaftliche Struktur** aufweisen. Dies bedeutet, dass sie vom Wechsel ihrer Mitglieder unabhängig organisiert ist, zu einer organisierten Willensbildung fähig ist und durch Organe handeln muss, deren Stellung nicht nur auf ihrer Mitgliedschaft, sondern auf der Wahl durch Mitglieder beruht.[15]

17 **(b) Gegnerfreiheit.** Eine Koalition muss **gegnerfrei** sein. Dies bedeutet, dass ihr grds. keine Personen angehören können, die ihrerseits AG-Funktionen wahrnehmen.[16]

Ein „Harmonieverband", dem sowohl AN als auch AG angehören, erfüllt nicht die Voraussetzungen des Koalitionsbegriffs. Solch einem Verband wäre es nicht möglich, die Interessen der einen oder anderen Seite mit Nachdruck zu vertreten.[17]

18 **(c) Gegnerunabhängigkeit.** Weiterhin muss eine Koalition nach st. Rspr. des BAG und des BVerfG **gegnerunabhängig** sein.[18] Der Begriff der Gegnerunabhängigkeit ist nicht im formalen, sondern im materiellen Sinn zu verstehen.[19] Er erfordert, dass die AN-Vereinigung vom tariflichen Gegenspieler unabhängig genug sein muss, um die Interessen ihrer Mitglieder wirksam und nachhaltig vertreten zu können. Sie muss über ihre Organisation und ihre Willensbildung selbst entscheiden können.[20] Jedoch schließt nicht jegliche Beeinträchtigung der Gegnerunabhängigkeit die Gewerkschaftseigenschaft aus. An einer dafür konstitutiven Voraussetzung fehlt es vielmehr erst dann, wenn die Vereinigung strukturell vom sozialen Gegenspieler abhängig ist.[21] Würden an die Gegnerunabhängigkeit überhöhte Anforderungen gestellt, bestünde die Gefahr, dass die Koalitionsfreiheit ausgehöhlt wird.[22] An der erforderlichen Unabhängigkeit fehlt es daher erst, wenn die Abhängigkeit vom sozialen Gegenspieler in der Struktur der AN-Vereinigung angelegt und verstetigt und die eigenständige Interessenwahrnehmung der TV-Partei durch **personelle Verflechtungen**, auf **organisatorischem Weg** oder durch wesentliche **finanzielle Zuwendungen** ernsthaft gefährdet ist.[23] Daran ist insb. dann zu denken, wenn sich eine Gewerkschaft im Wesentlichen nicht aus

---

9 S. z.B. BAG 15.11.1963 – 1 ABR 5/63 – AP § 2 TVG Nr. 14.
10 S. *Junker*, GK ArbeitsR, Rn 452.
11 Vgl. HWK/*Henssler*, § 2 TVG Rn 6.
12 *Schaub*, Arbeitsrecht Handbuch, § 187 Rn 6.
13 S. z.B. *Hromadka/Maschmann*, ArbeitsR II, § 12 Rn 11.
14 HWK/*Henssler*, § 2 TVG Rn 7; ErfK/*Schaub/Franzen*, § 2 TVG Rn 4.
15 *Junker*, GK ArbeitsR, Rn 453 m.w.N.
16 S. BAG 14.12.2004 – 1 ABR 51/03 – AP § 2 TVG Tariffähigkeit Nr. 1 = EzA § 2 TVG Nr. 27 = NZA 2005, 697 mit Verweis auf Däubler/*Däubler*, TVG, Einl. Rn 88.
17 *Junker*, GK ArbeitsR, Rn 454.
18 S. BAG 14.12.2004 – 1 ABR 51/03 – AP § 2 TVG Tariffähigkeit Nr. 1 = EzA § 2 TVG Nr. 27 = NZA 2005, 697 m.w.N.
19 Vgl. BAG 17.2.1998 – 1 AZR 364/97 – BAGE 88, 38 = AP Art. 9 GG Nr. 87 = NZA 1998, 754 = NJW 1999, 2691; BAG 20.4.1999 – 3 AZR 352/97 – AP § 1 TVG Tarifverträge: Rundfunk Nr. 28 = NZA 1999, 1339.
20 BAG 14.12.2004 – 1 ABR 51/03 – AP § 2 TVG Tariffähigkeit Nr. 1 = EzA § 2 TVG Nr. 27 = NZA 2005, 697 m.w.N.
21 BAG 14.12.2004 – 1 ABR 51/03 – AP § 2 TVG Tariffähigkeit Nr. 1 = EzA § 2 TVG Nr. 27 = NZA 2005, 697 m.w.N.
22 BAG 14.12.2004 – 1 ABR 51/03 – AP § 2 TVG Tariffähigkeit Nr. 1 = EzA § 2 TVG Nr. 27 = NZA 2005, 697 m.w.N.
23 BAG 14.12.2004 – 1 ABR 51/03 – AP § 2 TVG Tariffähigkeit Nr. 1 = EzA § 2 TVG Nr. 27 = NZA 2005, 697 m.w.N.

Beiträgen ihrer Mitglieder, sondern aus Zuwendungen der AG finanziert und zu befürchten ist, dass die AG-Seite durch Androhung der Zahlungseinstellung die Willensbildung auf AN-Seite beeinflussen kann.

Nach Auff. des LAG Rheinland-Pfalz ist die „Gewerkschaft der Flugsicherung e.V." – GdF – keine Gewerkschaft im Rechtsinne, weil es an der erforderlichen Unabhängigkeit fehle, wenn sie als kleine, wesentlich auf einen AG konzentrierte Organisation elementar von Organisationsentscheidungen des AG abhängig sei.[24]

(d) Unabhängigkeit von Dritten. Die Koalition muss unabhängig vom Staat und anderen gesellschaftlichen Gruppen, wie politischen Parteien oder Kirchen sein. Dies bedeutet jedoch nicht, dass Koalitionen parteipolitisch oder religiös neutral sein müssten. Es gehört schließlich zur inneren Autonomie eines Verbandes, sich bestimmte gesellschaftliche Ordnungsvorstellungen zu Eigen zu machen, mögen diese auch von politischen Parteien oder Kirchen entlehnt sein.[25]

(3) Anforderungen an den Koalitionszweck. Eine Koalition muss den Zweck verfolgen, die Arbeits- und Wirtschaftbedingungen zu wahren.

Arbeits- und Wirtschaftbedingungen sind nach der h.M. die Gesamtheit der Bedingungen, unter denen abhängige Arbeit geleistet und eine sinnvolle Ordnung des Arbeitslebens ermöglicht wird.[26] Deshalb erfüllen Konsumvereine oder Wirtschaftsverbände, die sich im wirtschaftspolitischen Bereich betätigen, nicht den Koalitionsbegriff.[27]

bb) Zusätzliche Voraussetzungen für die Tariffähigkeit. Damit eine Koalition i.S.v. Abs. 1 auch tariffähig ist, müssen ferner die nachfolgenden Voraussetzungen erfüllt sein:

(1) Satzungsmäßige Aufgabenbestimmung. Die AN-Vereinigung muss sich als satzungsmäßige Aufgabe die Wahrnehmung der Interessen ihrer Mitglieder in deren Eigenschaft als AN gesetzt haben.[28]

(2) Tarifwilligkeit. Weiterhin muss die AN-Vereinigung nach der Rspr. des BAG willens sein, TV abzuschließen.[29] Dies richtet sich nach der Satzung der AN-Vereinigung. In ihr muss bestimmt sein, dass der Abschluss von TV zu den satzungsmäßigen Aufgaben zählt.[30]

Es reicht aber auch aus, wenn bereits TV abgeschlossen wurden oder erkennbar um den Abschluss von TV gerungen wird. Ob die Herausnahme bestimmter Bereiche – gewillkürte Tarifunwilligkeit – aus der Tarifwilligkeit zur Tarifunfähigkeit führt oder ob eine Teiltariffähigkeit möglich ist, ist umstr.[31] Davon zu unterscheiden ist die Frage, ob es eine partielle Tariffähigkeit gibt, sie also bezogen auf bestimmte Regionen, Berufskreise, Branchen vorliegen kann, weil die AN-Vereinigung nur partiell eine gewisse Mächtigkeit aufweist (siehe Rn 53).

In der Satzung können nicht besondere als heikel empfundene Sachbereiche von der Tarifwilligkeit ausgenommen werden.[32]

(3) Überbetrieblichkeit. Nach der st. Rspr. des BAG muss die AN-Vereinigung auf überbetrieblicher Grundlage organisiert sein.[33] Dieses Erfordernis dient u.a. der besseren Abgrenzung zu den betriebsverfassungsrechtlichen Organen.[34] Ausnahmen hat das BAG bisher nur für besonders große Unternehmen wie Bahn- und Postnachfolgeunternehmen sowie für bestimmte Berufszweige, etwa Lehrer eines Bundeslandes zugelassen.[35]

Das Erfordernis der Überbetrieblichkeit gehört jedoch zu den umstrittensten Erfordernissen der Tariffähigkeit einer AN-Vereinigung.[36]

Dagegen wird u.a. vorgebracht, dass es aus historischen Gründen nicht mehr erforderlich sei, da es aus Zeiten resultiere, zu denen es noch keinen Künd-Schutz gegeben habe. Der AG habe zu solchen Zeiten eine AN-Vereinigung, die nur in einem Betrieb bestehe (sog. Werksvereine), einfach durch Künd ihrer Mitglieder auflösen können.

---

24 22.6.2004 – 11 Sa 2096/03 – AP Art. 9 GG Arbeitskampf Nr. 169; a.A. Hessisches LAG 22.7.2004 – 9 SaGa 593/04 – AP Art. 9 GG Arbeitskampf Nr. 168 und *Däubler*, Anm. zu beiden Entscheidungen, a.a.O.
25 *Löwisch/Rieble*, § 2 Rn 18.
26 ErfK/*Dieterich*, Art. 9 GG Rn 23; *Gamillscheg*, Kollektives Arbeitsrecht I, S. 219 ff.
27 *Hromadka/Maschmann*, ArbeitsR II, § 12 Rn 15.
28 S. zuletzt BAG 14.12.2004 – 1 ABR 51/03 – AP § 2 TVG Tariffähigkeit Nr. 1 = EzA § 2 TVG Nr. 27 = NZA 2005, 697, 700.
29 S. zuletzt BAG 14.12.2004 – 1 ABR 51/03 – AP § 2 TVG Tariffähigkeit Nr. 1 = EzA § 2 TVG Nr. 27 = NZA 2005, 697.
30 BAG 10.9.1985 – 1 ABR 32/83 – BAGE 49, 322 = AP § 2 TVG Nr. 34; BAG 25.11.1986 – 1 ABR 22/85 – BAGE 53, 347 = AP § 2 TVG Nr. 36; BVerfG 20.10.1981 – 1 BvR 404/78 – AP § 2 TVG Nr. 31.
31 Bejahend ErfK/*Schaub/Franzen*, § 2 TVG Rn 8, verneinend *Däubler/Peter*, TVG, Rn 45 ff., 108.
32 ErfK/*Schaub/Franzen*, § 2 TVG Rn 9.
33 S. zuletzt BAG 14.12.2004 – 1 ABR 51/03 – AP § 2 TVG Tariffähigkeit Nr. 1 = EzA § 2 TVG Nr. 27 = NZA 2005, 697.
34 *Hromadka/Maschmann*, ArbeitsR II, § 12 Rn 20.
35 *Schaub/Koch*, Arbeitsrecht Handbuch, § 187 Rn 15.
36 S. *Oetker*, Anm. zu BAG 6.6.2000 – 1 ABR 10/99 – AP § 2 TVG Nr. 55.

27 (4) Verbindliche Anerkennung des geltenden Tarifrechts. Die AN-Vereinigung muss das geltende Tarifrecht als verbindlich anerkennen; daneben das geltende Schlichtungs- und Arbeitskampfrecht.[37] Ohne Anerkennung der „Spielregeln" könnten das geltende Tarifrecht und seine Konfliktlösungsmechanismen nicht funktionieren.[38]

28 (5) Sinnvolle Aufgabenerfüllung. Nach der vom BVerfG[39] gebilligten Rspr. des BAG muss eine Gewerkschaft ihre Aufgabe als Tarifpartnerin sinnvoll erfüllen können.[40]

Dazu zählen zum einen die **Durchsetzungskraft** gegenüber dem sozialen Gegenspieler und zum anderen eine gewisse **Leistungsfähigkeit** der Organisation.[41]

Bei diesen Erfordernissen handelt es sich um die entscheidenden Voraussetzungen der Tariffähigkeit einer Gewerkschaft. Teile der Lit. erblicken allerdings in diesen Voraussetzungen einen Verstoß gegen Art. 9 Abs. 3 GG.[42] So seien die bereits bestehenden großen Gewerkschaften privilegiert und die Bildung weiterer, neuer Gewerkschaften werde verhindert.[43] Allerdings hält das BAG an diesen Erfordernissen u.a. wegen ihrer verfassungsrechtlichen Bestätigung fest.

29 (a) Durchsetzungskraft (soziale Mächtigkeit). Eine Gewerkschaft muss gegenüber dem sozialen Gegenspieler Durchsetzungskraft besitzen. In zurückliegenden Entscheidungen sprach das BAG anstatt von Durchsetzungskraft von Tauglichkeit einer Gewerkschaft; die Lit. spricht z.T. von Gegenmächtigkeit oder **sozialer Mächtigkeit**.[44]

30 Durchsetzungskraft muss eine AN-Vereinigung besitzen, um sicherzustellen, dass der soziale Gegenspieler Verhandlungsangebote nicht übergehen kann. Ein angemessener, sozial befriedender Interessenausgleich kann nur zu Stande kommen, wenn die AN-Vereinigung zumindest soviel Druck ausüben kann, dass sich die AG-Seite veranlasst sieht, sich auf Verhandlungen über eine tarifliche Regelung von Arbeitsbedingungen einzulassen. Die AN-Vereinigung muss von ihrem sozialen Gegenspieler ernst genommen werden, so dass die Arbeitsbedingungen nicht einseitig von der AG-Seite festgelegt, sondern ausgehandelt werden. Ob eine AN-Vereinigung eine solche Durchsetzungsfähigkeit besitzt, muss aufgrund aller Umstände im Einzelfall festgestellt werden.[45]

31 Das Erfordernis der Durchsetzungskraft bedeutet nicht, dass die AN-Vereinigung die Chance des vollständigen Sieges haben muss. Ansonsten läge auch nach Ansicht des BAG ein Verstoß gegen die Koalitionsfreiheit aus Art. 9 Abs. 3 GG vor. Es muss daher nur erwartet werden können, dass die AN-Vereinigung vom Gegner überhaupt ernst genommen wird, so dass die Regelung der Arbeitsbedingungen nicht einem Diktat der einen Seite entspringt.[46]

32 (b) Kriterien für die Durchsetzungskraft. Wann eine AN-Vereinigung über genügend Durchsetzungskraft verfügt, lässt sich nicht pauschalisierend beantworten. Das BAG hat jedoch Kriterien entwickelt, die für die Durchsetzungskraft einer AN-Vereinigung sprechen:

33 (aa) Mitgliederzahl/Organisationsgrad. Entscheidende Bedeutung für die Beurteilung der Durchsetzungskraft haben die Mitgliederzahl und der Organisationsgrad der AN-Vereinigung.[47]

Grds. sprechen eine hohe Mitgliederzahl und ein hoher Organisationsgrad für die Durchsetzungskraft einer AN-Vereinigung.

Ausnahmsweise steht aber auch eine kleine Mitgliederzahl für die Durchsetzungskraft, nämlich dann, wenn die Möglichkeit einer empfindlichen Druckausübung besteht. Dies ist der Fall, wenn es sich bei den Mitgliedern vorwiegend um Spezialisten in **Schlüsselstellungen** handelt – etwa Piloten.[48]

34 Beispiel für eine ausreichende Mitgliederzahl: „Unabhängige Flugbegleiter Organisation" (UFO); 6467 Mitglieder bei einem Organisationsgrad von 32 %.[49]

---

37 BAG 10.9.1985 – 1 ABR 32/83 – AP § 2 TVG Nr. 34; BAG 25.11.1985 – 1 ABR 22/85 – § 2 TVG Nr. 36.
38 BAG 25.11.1986 – 1 ABR 22/85 – AP § 2 TVG Nr. 36; ErfK/*Schaub/Franzen*, § 2 TVG Rn 10; *Hromodka/Maschmann*, ArbeitsR II, § 12 Rn 29.
39 Vgl. BVerfG 20.10.1981 – 1 BvR 404/78 – BVerfGE 58, 233 = AP § 2 TVG Nr. 31 = EzA § 2 TVG Nr. 13 = NJW 1982, 815.
40 S. zuletzt BAG 14.12.2004 – 1 ABR 51/03 – AP § 2 TVG Tariffähigkeit Nr. 1 = EzA § 2 TVG Nr. 27 = NZA 2005, 697.
41 Zuletzt BAG 14.12.2004 – 1 ABR 51/03 – AP § 2 TVG Tariffähigkeit Nr. 1 = EzA § 2 TVG Nr. 27 = NZA 2005, 697, 700 m.w.N.
42 S. zum Meinungsstand Wiedemann/*Oetker*, Rn 306 ff.
43 S. *Kempen/Zachert*, § 2 Rn 24 m.w.N.
44 Vgl. *Kempen/Zachert*, § 2 Rn 19 ff.
45 BAG 14.12.2004 – 1 ABR 51/03 – AP § 2 TVG Tariffähigkeit Nr. 1 = EzA § 2 TVG Nr. 27 = NZA 2005, 697 m.w.N.
46 BAG 14.12.2004 – 1 ABR 51/03 – AP § 2 TVG Tariffähigkeit Nr. 1 = EzA § 2 TVG Nr. 27 = NZA 2005, 697 mit Hinweis auf BVerfG 20.10.1981 – 1 BvR 404/78 – BVerfGE 58, 233 = AP § 2 TVG Nr. 31.
47 BAG 6.6.2000 – 1 ABR 10/99 – BAGE 95, 36 = AP § 2 TVG Nr. 55 = EzA § 2 TVG Nr. 24 = NZA 2001, 160; zuletzt BAG 14.12.2004 – 1 ABR 51/03 – AP § 2 TVG Tariffähigkeit Nr. 1 = EzA § 2 TVG Nr. 27 = NZA 2005, 697.
48 Vgl. nur BVerfG 20.10.1981 – 1 BvR 404/78 – BVerfGE 58, 233 = AP § 2 TVG Nr. 31.
49 BAG 14.12.2004 – 1 ABR 51/03 – AP § 2 TVG Tariffähigkeit Nr. 1 = EzA § 2 TVG Nr. 27 = NZA 2005, 697.

Beispiel für eine nicht ausreichende Mitgliederzahl „Bedienstete der Technischen Überwachung" (BTÜ); bundesweit tätige AN-Vereinigung bestehend aus 1.600 Mitgliedern (davon 400 Pensionäre) bei einem Organisationsgrad von 14 %.[50]

(bb) Finanzkraft. Weiteres Indiz für die Durchsetzungskraft einer AN-Vereinigung ist deren Finanzkraft.[51] Sie muss über angemessene finanzielle Mittel verfügen. Es ist jedoch nicht erforderlich, dass eine AN-Vereinigung in der Lage ist, ihren Mitgliedern eine Streikunterstützung in „üblicher Höhe" zu zahlen.[52]

(cc) Bereits erfolgte aktive Teilnahme am Prozess der Regelung tariflicher Arbeitsbedingungen. Weiterhin spricht es für die Durchsetzungskraft einer AN-Vereinigung, wenn diese schon aktiv in den Prozess der tariflichen Regelung von Arbeitsbedingungen eingegriffen hat.[53]

Dabei kommt es nicht darauf an, ob mit solchen TV die Arbeitsbedingungen für die Mitglieder schon ähnlich günstig geregelt worden sind, wie sie von großen und anerkannten Gewerkschaften geregelt werden konnten, denn der Inhalt der TV hängt von der unterschiedlichen Stärke der Vereinigungen auf der AN- und der AG-Seite ab.

Allerdings müssen **Arbeitsbedingungen im eigentlichen Sinne** geregelt worden sein. Es genügt nicht, wenn z.B. in einem „Haus-TV" nur Sonderregelungen für die Funktionäre einer AN-Vereinigung getroffen worden sind.[54] Auch genügt es nicht, wenn der TV lediglich betriebsverfassungsrechtliche Normen (Zuordnungs-TV nach § 3 Abs. 1 Nr. 3 BetrVG) enthält.[55] Hieraus lassen sich (allenfalls) eingeschränkte Rückschlüsse auf die Durchsetzungskraft einer AN-Vereinigung ziehen.[56]

Auch **Schein-TV**, verstanden nicht als Scheingeschäft i.S.d. § 117 Abs. 1 BGB, sondern als Abmachungen, bei denen nur die Form eines TV gewählt wurde, ihr Inhalt aber einem solchen nicht entspricht, **Gefälligkeits-TV**, verstanden als „kollusives Zusammenwirken der AN-Vereinigung mit der AG-Seite" oder „bei Vorliegen eines krassen Mißverhältnisses zwischen den vereinbarten Leistungen",[57] sagen nichts über die Tariffähigkeit einer AN-Vereinigung aus; solche sollen von vornherein nicht der Regelung der Arbeitsbedingungen dienen.[58]

Zudem spricht auch noch nicht der **einmalige selbstständige Abschluss** eines Firmen-TV für die Durchsetzungskraft einer AN-Vereinigung.[59] Anzumerken ist, dass der Abschluss eines Firmen-TV mit einer kleinen Gewerkschaft nicht ohne Weiteres dazu führt, dass dieser Firmen-TV auf alle AN der Firma anzuwenden ist. Die umstr. Lehre von der Tarifeinheit greift bei gewillkürter Tarifpluralität ohnehin nicht (vgl. § 4 Rn 19 ff.). Überdies kann der Streit um die Tarifeinheit nicht mit erhöhten Anforderungen an die Tariffähigkeit einer AN-Vereinigung gelöst oder relativiert werden.

Anschluss-TV können ein Anzeichen für die Durchsetzungskraft sein. Dieses Indiz ist aber dann nicht ausreichend, wenn es sich bei den TV um Schein- oder Gefälligkeits-TV handelt oder wenn sie auf einem Diktat der AG-Seite beruhen,[60] wovon nur im Ausnahmefall auszugehen ist, also etwa bei einem Firmen-TV zur Beschäftigungssicherung – Bündnis für Arbeit – nicht anzunehmen ist, auch wenn z.T. einschneidend vom Flächen-TV abgewichen worden sein sollte.

Ist es noch nicht zu ernsthaften Verhandlungen über einen TV gekommen, so kann im Einzelfall auch eine **Prognose** ausreichen. Eine AN-Vereinigung besitzt dann Gewerkschaftseigenschaft, wenn aufgrund ihrer Organisationsstärke die Aufnahme von Tarifverhandlungen ernsthaft zu erwarten ist.[61]

Teile der Lit. plädieren für die Aufgabe des Kriteriums des Abschlusses von TV in der Vergangenheit. Schließlich sei die Tariffähigkeit Voraussetzung und nicht die Folge eines Tarifabschlusses; dieses komme einem Zirkelschluss gleich.[62]

(dd) Ausreichende Leistungsfähigkeit. Neben der Durchsetzungskraft muss eine AN-Vereinigung auch von ihrem organisatorischen Aufbau her in der Lage sein, die ihr gestellten Aufgaben zu erfüllen.[63] Der Abschluss eines TV

---

50 BAG 6.6.2000 – 1 ABR 10/99 – BAGE 95, 36 = AP § 2 TVG Nr. 55.
51 S. z.B. HWK/*Hensler*, § 2 TVG Rn 18.
52 BAG 16.11.1982 – 1 ABR 22/78 – AP § 2 TVG Nr. 32.
53 BAG 14.12.2004 – 1 ABR 51/03 – AP § 2 TVG Tariffähigkeit Nr. 1 = EzA § 2 TVG Nr. 27 = NZA 2005, 697 m.w.N.
54 BAG 6.6.2000 – 1 ABR 10/99 – BAGE 95, 36 = AP § 2 TVG Nr. 55.
55 BAG 6.6.2000 – 1 ABR 10/99 – BAGE 95, 36 = AP § 2 TVG Nr. 55.
56 BAG 14.12.2004 – 1 ABR 51/03 – AP § 2 TVG Tariffähigkeit Nr. 1 = EzA § 2 TVG Nr. 27 = NZA 2005, 697.
57 Formulierungen von *Linsenmeier*, Richter im 1. Senat des BAG im Rahmen der Entscheidung über die Tariffähigkeit der CGM von 28.3.2006 – 1 ABR 58/04 – Pressemitteilung Nr. 19/06 = EzA § 2 TVG Nr. 28 mit Anm *Greiner*, dazu auch *Richardi*, RdA 2007,117 ff. sowie zu den arbeits-, sozial- und strafrechtlichen Risiken bei der Verwendung von Schein-TV, *Park/Riederer von Paar/Schüren*, NJW 2008, 3670 ff.
58 BAG 10.9.1985 – 1 ABR 32/83 – AP § 2 TVG Nr. 34.
59 BAG 25.11.1986 – 1 ABR 22/85 – BAGE 53, 347 = AP § 2 TVG Nr. 36 = EzA § 2 TVG Nr. 17.
60 BAG 14.12.2004 – 1 ABR 51/03 – AP § 2 TVG Tariffähigkeit Nr. 1 = EzA § 2 TVG Nr. 27 = NZA 2005, 697 m. Verweis auf BAG 25.11.1986 – 1 ABR 22/85 – BAGE 53, 347 = AP § 2 TVG Nr. 36 = EzA § 2 TVG Nr. 17.
61 Für weitere Nachweise s. BAG 6.6.2000 – 1 ABR 10/99 – BAGE 95, 36 = AP § 2 TVG Nr. 55.
62 So z.B. *Rieble*, in: FS Wiedemann, 2002, 519, 534.
63 S. zuletzt BAG 14.12.2004 – 1 ABR 51/03 – AP § 2 TVG Tariffähigkeit Nr. 1 = EzA § 2 TVG Nr. 27 = NZA 2005, 697.

erfordert Vorbereitungen. Er muss der Mitgliedschaft vermittelt und auch tatsächlich durchgeführt werden. Dies alles muss eine AN-Vereinigung sicherstellen, um TV abschließen zu können.[64] Es bedarf also entsprechender **sachlicher und personeller Mittel**, um eine Schlussfolgerung für die entsprechende Leistungsfähigkeit ziehen zu können.

43 Erstreckt sich der Zuständigkeitsbereich einer AN-Vereinigung auf das gesamte Bundesgebiet und auf AN einer Vielzahl von Berufen und Sparten, wird regelmäßig eine erhebliche organisatorische Ausstattung auch in der Fläche erforderlich sein.[65] Erstreckt der Zuständigkeitsbereich hingegen lediglich auf eine Berufsgruppe und ist er zudem räumlich auf wenige Schwerpunkte konzentriert, so kann auch ein relativ kleiner zentralisierter Apparat ausreichen, um Tarifverhandlungen effektiv zu führen, die Durchführung von Tarifverträgen zu überwachen und abzusichern sowie die Mitglieder zu betreuen.[66]

44 I.d.R. erfordert eine leistungsfähige Organisation einen hauptamtlichen Mitarbeiterapparat. Unabdingbare Voraussetzung ist dies aber nicht. Wenn ehrenamtliche Mitarbeiter über die erforderlichen Kenntnisse und Erfahrungen verfügen, kann eine Gewerkschaft auch auf der Grundlage ehrenamtlicher Mitarbeit aufgebaut sein.[67]

45 Nicht ausreichend ist z.B., wenn eine bundesweit (alte Bundesländer) tätige AN-Vereinigung lediglich drei hauptamtliche Sekretäre und verschiedene Bürokräfte beschäftigt[68] oder eine andere bundesweit tätige AN-Vereinigung lediglich einen hauptberuflichen Geschäftsführer und eine Bürokraft beschäftigt und darüber hinaus die Vorstandsmitglieder nur ehrenamtlich tätig sind.[69] U.U. können sogar 19 hauptamtliche Kräfte nicht ausreichend sein.[70] Auch genügt es z.B. nicht, wenn eine AN-Vereinigung lediglich über ein 17 qm großes Büro in den Räumen des AG verfügt.[71]

Ad-hoc-Koalitionen verfügen i.d.R. nicht über ausreichende personelle und sachliche Mittel und sind deshalb nicht leistungsfähig genug. Das bedeutet, dass diesen neben der „Dauer" des Bestandes (siehe Rn 13) eine weitere erforderliche Eigenschaft fehlt, um tariffähig zu sein.

46 **(ee) Demokratische Willensbildung.** Eine Gewerkschaft muss demokratisch organisiert sein.[72] Die abgeschlossenen Tarifnormen wirken gegenüber den Mitgliedern der TV-Parteien unmittelbar und zwingend, § 3 Abs. 1 und § 4 Abs. 1 (siehe § 1 Rn 14) und greifen somit in die von Art. 12 GG gewährleistete Berufsfreiheit ein. Solch ein Eingriff macht eine besondere Legitimation notwendig, die über den rechtsgeschäftlichen Beitrittsakt hinausgeht. Es muss gesichert sein, dass die Mitglieder an der Willensbildung gleichberechtigt und effektiv teilnehmen können.[73]

47 Zu den Wesensmerkmalen einer demokratischen Willenbildung zählen das Mehrheitsprinzip, die Mitwirkung an der Meinungs- und Willensbildung des Verbands, die Gleichbehandlung der Mitglieder als auch das Recht eines jeden Mitglieds, den Verband wieder jederzeit zu verlassen.[74]

48 **cc) Keine Voraussetzungen für die Tariffähigkeit einer Arbeitnehmervereinigung. (1) Bereitschaft zum Arbeitskampf.** Die Bereitschaft zum Arbeitskampf zählt nach der vom BVerfG[75] gebilligten Rspr. des BAG nicht zu den Voraussetzungen der Tariffähigkeit.[76]

Teile der Lit. hingegen fordern sie.[77] Nur wenn die AN-Vereinigung zum Arbeitskampf bereit und dazu fähig sei, diesen auch durchzuführen, sei eine hinreichende Gegnerstellung gegeben und könne das Ziel, die AG zu Zugeständnissen zu zwingen, erreicht werden.[78] Für die Rspr. spricht jedoch, dass die Tarifautonomie nicht in ihrer Funktion beeinträchtigt ist, wenn auch arbeitskampfunwillige Verbände TV abschließen. Solche Verbände verfügen u.U. über andere Mittel, um ihre Drohungen durchsetzen zu können.[79]

49 **(2) Unerheblichkeit der Eintragung von „Tarifverträgen" in das Tarifregister.** Unerheblich für die Beurteilung der Tariffähigkeit einer AN-Vereinigung ist, ob die von der AN-Vereinigung geschlossenen „TV" in das Tarifregister nach § 6 eingetragen worden sind.[80] Das Tarifregister entfaltet weder negative noch positive Publizitätswir-

---

64 Für weitere Nachweise s. BAG 6.6.2000 – 1 ABR 10/99 – BAGE 95, 36, 46 = AP § 2 TVG Nr. 55 = EzA § 2 TVG Nr. 24 = NZA 2001, 160; grundlegend BAG 10.9.1985 – 1 ABR 32/83 – BAGE 49, 322 = AP § 2 TVG Nr. 34.
65 BAG 14.12.2004 – 1 ABR 51/03 – AP § 2 TVG Tariffähigkeit Nr. 1 = EzA § 2 TVG Nr. 27 = NZA 2005, 697 m.w.N.
66 BAG 14.12.2004 – 1 ABR 51/03 – AP § 2 TVG Tariffähigkeit Nr. 1 = EzA § 2 TVG Nr. 27 = NZA 2005, 697.
67 BAG 14.12.2004 – 1 ABR 51/03 – AP § 2 TVG Tariffähigkeit Nr. 1 = EzA § 2 TVG Nr. 27 = NZA 2005, 697.
68 BVerfG 20.10.1981 – 1 BvR 404/78 – BVerfGE 58, 233 = AP § 2 TVG Nr. 30.
69 BAG 6.6.2000 – 1 ABR 10/99 – BAGE 95, 36 = AP § 2 TVG Nr. 55.
70 BAG 16.1.1990 – 1 ABR 10/89 – BAGE 64, 16 = AP § 2 TVG Nr. 39.
71 BAG 6.6.2000 – 1 ABR 10/99 – BAGE 95, 36 = AP § 2 TVG Nr. 55.
72 BAG 15.11.1963 – 1 ABR 5/63 – AP § 2 TVG Nr. 14; BAG 25.11.1986 – 1 ABR 22/85 – AP § 2 TVG Nr. 36; ErfK/*Schaub/Franzen*, § 2 TVG Rn 7, 15; *Löwisch/Rieble*, § 2 Rn 30 ff.
73 *Löwisch/Rieble*, § 2 Rn 30 ff.
74 Vgl. ErfK/*Schaub/Franzen*, § 2 TVG Rn 15; *Gamillscheg*, Kollektives Arbeitsrecht I, § 9 II 5 m.w.N.
75 BVerfG 6.5.1964 – 1 BvR 79/62 – AP § 2 TVG Nr. 15.
76 BAG 9.7.1968 – 1 ABR 2/67 – AP § 2 TVG Nr. 25.
77 So etwa *Kempen/Zachert*, § 2 TVG Rn 33 ff.
78 *Berg u.a.*, § 2 TVG Rn 13.
79 ErfK/*Schaub/Franzen*, § 2 TVG Rn 10; Wiedemann/*Oetker*, § 2 Rn 379.
80 BAG 6.6.2000 – 1 ABR 10/99 – BAGE 95, 36 = AP § 2 TVG Nr. 55.

kung.[81] Die Eintragung oder Nichteintragung sagt nichts darüber aus, ob der entsprechende „TV" von tariffähigen Partnern abgeschlossen worden ist.

(3) Fähigkeit zur Leistung von Schadensersatz bei rechtswidrigen Streiks gegenüber den betroffenen Arbeitgebern. Weiterhin setzt die Tariffähigkeit nicht voraus, dass die AN-Vereinigung die Fähigkeit besitzen muss, im Falle rechtswidriger Streiks, den betroffenen AG Schadensersatz zu leisten.[82] 50
Nach der Rspr. des BAG würde ein derartiges Erfordernis zu einer unzulässigen Aushöhlung der durch Art. 9 Abs. 3 GG gewährleisteten freien Koalitionsbildung führen. Auch wäre es nach Ansicht des BAG widersprüchlich, bei der Prüfung der Gewerkschaftseigenschaft von einer AN-Vereinigung die Anerkennung des geltenden Tarifrechts zu verlangen und ihr gleichzeitig rechtswidriges Verhalten zu unterstellen. Ein ansonsten rechtmäßiger Streik wäre anderenfalls in zirkulärer Weise nur deshalb rechtswidrig, weil er von einer AN-Vereinigung geführt wird, die für den Fall der Rechtswidrigkeit des Streiks zur Leistung von Schadensersatz eben dieses Streiks finanziell nicht in der Lage wäre. I.Ü. bliebe unklar, bis zu welcher Höhe etwaige Schadensersatzforderungen der AG abgedeckt sein müssten.

(4) Problem der Doppelmitgliedschaften. Der Tariffähigkeit einer AN-Vereinigung steht es nicht entgegen, wenn die Mitglieder in mehreren AN-Vereinigungen (Doppelmitgliedschaften) organisiert sind.[83] 51

dd) Einheitlicher Gewerkschaftsbegriff. Laut BAG ist der Gewerkschaftsbegriff im Arbeitsrecht ein einheitlicher, d.h. er ist auch für das BetrVG und das ArbGG maßgeblich.[84] 52

ee) Partielle Tariffähigkeit/Tarifunfähigkeit? Bei bundesweit tätigen AN-Vereinigungen mit relativ geringer Mitgliederzahl, aber mit ausgedehnter für sich in Anspruch genommener Tarifzuständigkeit fragt sich, ob die Tariffähigkeit stets eine einheitliche, unaufteilbare sein muss oder ob sie auch bezogen auf bestimmte Regionen, Berufe, Branchen gegeben sein kann, wenn die AN-Vereinigung nur in bestimmten Regionen (z.B. neue Bundesländer) oder Bereichen (z.B. Handwerk) bezogen auf ihre Mitgliederzahlen und erzielten TV-Abschlüsse Durchsetzungskraft aufweist, in anderen jedoch weniger oder gar nicht. Die Frage stellt sich nicht, wenn die von einer AN-Vereinigung beanspruchte Tarifzuständigkeit eng begrenzt ist, wie etwa die von dem Berufsverband der in der Kabine beschäftigten Flugbegleiter(UFO).[85] Dafür könnte sprechen, Tariffähigkeit nur insoweit als gegeben anzusehen, als Durchsetzungsfähigkeit tatsächlich gegeben ist und deshalb die abgeschlossenen TV Richtigkeitsgewähr bieten. Die aus diesem Ansatz ergebenden Abgrenzungsschwierigkeiten lassen aber doch nur die Lösung zu, dass die AN-Vereinigung für den von ihr festgelegten Zuständigkeitsbereich tariffähig ist oder gar nicht. Es muss ausreichen, dass die Durchsetzungskraft in einem zumindest nicht unbedeutenden Teilbereich der satzungsmäßigen Zuständigkeit die Tariffähigkeit für den gesamten Bereich der in Anspruch genommenen Zuständigkeit begründet.[86] Dehnt eine Gewerkschaft ihren Zuständigkeitsbereich durch Satzungsänderung auf andere Bereiche aus,[87] in denen die Durchsetzungsfähigkeit noch gar nicht vorhanden sein kann, bleibt es bei der Tariffähigkeit dieser Gewerkschaft. Die in beachtlichen Teilbereichen erforderliche Mächtigkeit macht die Rspr. des 1. Senats des BAG von der Mitgliederzahl abhängig.[88] 53

b) Zusammenschlüsse von Gewerkschaften – Spitzenorganisationen. Neben Gewerkschaften können auf der AN-Seite zudem Zusammenschlüsse oder Dachverbände von Gewerkschaften, wie etwa der DGB, – sog. Spitzenorganisationen – beim TV-Abschluss auftreten und zwar entweder in der Eigenschaft als Vertreter ihrer angehörenden Mitglieder (Abs. 2) oder als TV-Partei selbst (Abs. 3). Im letztgenannten Fall muss der Abschluss von TV jedoch zu den satzungsgemäßen Aufgaben der Spitzenorganisation zählen. 54

aa) Handeln mit entsprechender Vollmacht (Abs. 2). Beim Abschluss von TV können sich die Gewerkschaften durch beliebige Personen nach allg. Grundsätzen (§§ 164 ff. BGB) vertreten lassen.[89] Abs. 2 stellt klar, dass dies auch Spitzenverbände sein können. An den TV gebunden werden in diesem Fall die Mitglieder der Spitzenorganisation, 55

---

81 Vgl. Wiedemann/*Oetker*, § 6 Rn 21 m.w.N.
82 S. BAG 14.12.2004 – 1 ABR 51/03 – AP § 2 TVG Tariffähigkeit Nr. 1 = EzA § 2 TVG Nr. 27 = NZA 2005, 697; a.A. *Kempen*, in: FS 50 Jahre BAG, S. 733.
83 BAG 14.12.2004 – 1 ABR 51/03 – AP § 2 TVG Tariffähigkeit Nr. 1 = EzA § 2 TVG Nr. 27 = NZA 2005, 697, 703; s. dort auch zu den dadurch möglicherweise entstehenden Problemen.
84 BAG 6.7.1956 – 1 AZB 18/55 – BAGE 4, 351 = AP § 11 ArbGG 1953 Nr. 11; BAG 23.4.1971 – 1 ABR 26/70 – AP § 97 ArbGG 1953 Nr. 2; 15.3.1977– 1 ABR 16/75 – AP Art. 9 GG Nr. 24.
85 BAG 14.12.2004 – 1 ABR 51/03 – AP § 2 TVG Tariffähigkeit Nr. 1.
86 BAG 28.3.2006 – 1 ABR 58/04 – Pressemitteilung Nr. 19/06 – AP § 2 TVG Tariffähigkeit Nr. 4 betr. Christliche Gewerkschaft Metall (CGM).
87 Vgl. BAG 27.9.2005 – 1 ABR 41/04 – HzA aktuell 11/05 S. 17 – AP § 2 TVG Tarifzuständigkeit Nr. 18: Ausdehnung der Tarifzuständigkeit auf den Bereich der Informationstechnik durch die IG Metall.
88 BAG 14.12.2004 – 1 ABR 51/03 – AP TVG § 2 Tariffähigkeit Nr. 1, zu B III 2 e der Gründe, vgl. oben Rn 33 ff.
89 BAG 11.6.1975 – 4 AZR 395/74 – AP § 2 TVG Nr. 29; kritisch hierzu ErfK/*Schaub/Franzen*, § 2 TVG Rn 16 m.w.N.

nicht die Spitzenorganisation selbst. Daraus folgt, dass die Mitglieder der Spitzenorganisation tariffähig sein müssen, nicht jedoch die Spitzenorganisation.[90]

56 Ebenso wie bei den einzelnen Gewerkschaften ist es aus historischen Gründen – entgegen den eigentlichen Regeln des Vertretungsrechts – nicht erforderlich, dass ein Spitzenverband selbst rechtsfähig ist – dies stellt Abs. 2 klar.[91] Ansonsten gilt allg. Vertretungsrecht. Der Offenkundigkeitsgrundsatz ist dann nicht verletzt, wenn auch aus den Umständen ersichtlich war, dass die Spitzenorganisation in fremden Namen handelt.[92] Fehlt die Offenkundigkeit, liegt ein Eigengeschäft des Vertreters vor. Der angeblich Vertretene kann den TV in diesem Fall nicht kündigen, da er nicht zur TV-Partei geworden ist.[93] Bei fehlender Bevollmächtigung kommen die Grundsätze von Anscheins- und Duldungsvollmacht zur Anwendung.[94]

57 **bb) Abschluss von Tarifverträgen zählt zu satzungsmäßigen Aufgaben.** Spitzenorganisation können TV schließen, wenn dies zu ihren satzungsmäßigen Aufgaben zählt (Abs. 3). Das kann sich auch aus dem in der Satzung niedergelegten Verbandszweck und aus der bisherigen Tarifpraxis ergeben.[95]

58 Im Unterschied zum Fall des Abs. 2 (siehe Rn 55 ff.) ist es hierbei erforderlich, dass die Spitzenorganisation selbst tariffähig ist. Daneben müssen die ihr angeschlossenen Mitgliedsverbände tariffähig sein.[96] Allerdings steht es der Tariffähigkeit des Spitzenverbandes nicht entgegen, wenn nur einzelne Mitglieder nicht tariffähig sind.[97]

Über die abgeschlossenen TV können nur die Spitzenorganisationen verfügen. D.h., nur sie können ihn später kündigen, aufheben oder ändern.[98]

Die Mitgliedverbände können trotz TV-Schluss durch die Spitzenorganisation eigene TV abschließen.[99] Geschieht das, geht der von dem Mitgliedsverband geschlossene TV als der speziellere dem vom Spitzenverband abgeschlossenen vor.[100]

59 **3. Tarifvertragsparteien auf Arbeitgeberseite.** Auf der AG-Seite können gem. Abs. 1 einzelne AG, Vereinigungen von AG und gem. Abs. 2 Zusammenschlüsse von solchen Vereinigungen (Spitzenorganisationen) als TV-Parteien auftreten.

60 **a) Einzelne Arbeitgeber.** Nach Abs. 1 Alt. 2 ist der einzelne AG tariffähig. Der einzelne AG muss also weder über die bei den Gewerkschaften geforderte Durchsetzungskraft verfügen[101] noch muss er willens sein, TV abzuschließen (Tarifwilligkeit).[102]

So soll sichergestellt werden, dass sich der einzelne AG nicht durch die Ausübung seiner negativen Koalitionsfreiheit jeglichem TV-Abschluss entziehen kann.

61 TV, die ein einzelner AG mit einer AN-Vereinigung abschließt, sind sog. Haus-TV (weitere gängige Bezeichnungen: Unternehmens-TV, Werks-TV oder Firmen-TV). Bei diesen besteht die Besonderheit darin, dass der AG zugleich Normgeber und Normunterworfener ist.[103]

62 Die Tariffähigkeit des einzelnen AG erlischt nicht durch den Beitritt zu einem AG-Verband.[104] Auch das Mitglied kann eigene Haus-TV wirksam abschließen. Der Firmen-TV geht als speziellere Regelung dem Verbands-TV vor, wenn das Arbverh sowohl dem Geltungsbereich eines Verbands-TV als auch dem des Firmen-TV unterfällt.[105] Bei Abschluss des Firmen-TV mit einer anderen tariffähigen AN-Vereinigung/Gewerkschaft kommt es auf die beiderseitige Tarifgebundenheit an. Die etwaige Tarifpluralität ist als gewillkürte hinzunehmen und kann nicht über die Lehre von der Tarifeinheit zugunsten des Firmen-TV gelöst werden (Einzelheiten siehe § 4 Rn 19 ff.). Allerdings verstößt das Verbandsmitglied i.d.R. gegen die Satzung des Verbands, die den Mitgliedern meist den TV-Abschluss untersagt. Das hat aber keine Außenwirkung.

63 AG ist jeder, der einen anderen aufgrund eines Arbverh persönlich abhängig beschäftigt.

Dies kann jede natürliche oder juristische Person des privaten oder öffentlichen Rechts sein – darunter fallen auch nichtgewerbliche private AG und öffentliche AG, soweit sie Partner von Arbverh sind. Die katholische und die evangelische Kirche als solche sind nicht tariffähig, wohl aber ihre rechtlich selbstständigen (Unter-)Gliederungen, so-

---

90 *Löwisch/Rieble*, § 2 Rn 107.
91 ErfK/*Schaub/Franzen*, § 2 TVG Rn 28.
92 BAG 31.10.1958 – 1 AZR 632/57 – AP § 1 TVG Nr. 2.
93 BAG 26.4.2000 – 4 AZR 170/99 – AP § 1 TVG Kündigung Nr. 4.
94 ErfK/*Schaub/Franzen*, § 2 TVG Rn 28; Wiedemann/ *Oetker*, § 2 Rn 446; BAG 12.12.2007 – 4 AZR 996/06 – AP § 1 TVG Nr. 39.
95 *Berg u.a.*, § 2 TVG Rn 25.
96 BAG 2.11.1960 – 1 ABR 18/59 – AP § 97 ArbGG 1953 Nr. 1.
97 BAG 6.5.2003 – 1 AZR 241/02 – BAGE 106, 124 = AP § 3 TVG Verbandszugehörigkeit Nr. 21.
98 BAG 22.2.1957 – 1 AZR 426/56 – AP § 2 TVG Nr. 2.
99 BAG 22.2.1957 – 1 AZR 426/56 – AP § 2 TVG Nr. 2.
100 BAG 22.2.1957 – 1 AZR 426/56 – AP § 2 TVG Nr. 2.
101 BAG 20.11.1990 – 1 ABR 62/89 – BAGE 66, 258 = AP § 2 TVG Nr. 40.
102 *Löwisch/Rieble*, § 1 Rn 138.
103 *Löwisch/Rieble*, § 2 Rn 54.
104 BAG 25.9.1996 – 1 ABR 4/96 – AP § 2 TVG Tarifzuständigkeit Nr. 10.
105 BAG 21.6.2005 – 9 AZR 353/04 – EzA § 4 TVG Altersteilzeit Nr. 16.

nach die einzelnen Diözesen, die Kirchengemeinden, die Orden oder Säkularinstitute, der Caritasverband, die einzelnen Diözesancaritasverbände, soweit sie Personen in Arbverh beschäftigen, im katholischen Bereich, die einzelnen Landeskirchen, Gemeinden, diakonischen Werke und ihre Mitglieder, soweit diese rechtlich selbstständig sind, im evangelischen Bereich.[106] Allerdings hat sich der kirchliche Bereich überwiegend nicht für den „Zweiten Weg" – der „Erste Weg" ist gekennzeichnet durch den Vorrang des kirchlichen Rechts vor staatlichem Recht, m.a.W., es wird einseitig über den Inhalt der Dienstverhältnisse (so die Begrifflichkeit im kirchlichen Bereich) bestimmt –, Vorrang des staatlichen Rechts vor kirchlichem Recht, also für den Abschluss von TV entschieden, sondern für eine Arbeitsrechtsregelung auf dem „Dritten Weg". Nur die Nordelbische-Lutherische-Kirche (NEK) und die Evangelische Kirche Berlin-Brandenburgische-schlesische Oberlausitz schließen TV ab, wobei es zweifelhaft ist, ob es tatsächlich um TV i.S.d. TVG handelt oder ob „lediglich das Verfahrensgerüst des Zweiten Weges"[107] verwendet wurde.[108]

Beschäftigungsgesellschaften können als AG i.S.v. Abs. 1 Firmen-TV abschließen.[109] Die Tariffähigkeit der Gewerkschaft als AG scheitert an ihrer Doppelstellung, Doppelfunktion sowohl als AG ihrer bei ihr beschäftigten AN als auch als AN-Vereinigung, der die bei ihr beschäftigten AN satzungsmäßig angehören müssen. Deswegen sind die Arbeitsbedingungen der AN einer Gewerkschaft i.d.R. in BV geregelt. Allerdings könnte eine AN-Vereinigung von Gewerkschafts-AN TV mit der Gewerkschaft abschließen. Das setzte in der Praxis voraus, dass das Verbot der Mitgliedschaft in mehreren Gewerkschaften aufgehoben werden müsste. Dem „Verband der Gewerkschaftsbeschäftigten" (VGB) hat das BAG die Tariffähigkeit wegen fehlender Durchsetzungskraft nicht zuerkannt.[110] Die Frage der Tariffähigkeit von Konzernen kann hier nicht dargestellt werden.[111]

b) Vereinigungen von Arbeitgebern – Arbeitgeberverband. Im Vergleich zur Tariffähigkeit einer AN-Vereinigung setzt die Tariffähigkeit der AG-Verbände keine Durchsetzungskraft voraus.[112] Wenn schon dem einzelnen AG nach Willen des Gesetzgebers unabhängig von seiner Durchsetzungskraft die Tariffähigkeit zugesprochen wird, dann muss dies erst recht für die AG-Verbände gelten.[113]

Anderenfalls käme man möglicherweise zu dem Ergebnis, dass der tariffähige AG sich einem TV entziehen könnte, indem er sich mit anderen AG zu einem Verband zusammenschlösse, dem ein – wie auch immer bestimmbares – Durchsetzungsvermögen fehlte. Eine solche Konsequenz ließe sich schwerlich mit dem Sinn der Verleihung der Tariffähigkeit an den einzelnen AG vereinbaren, die Existenz eines Tarifpartners auf AG-Seite auf jeden Fall sicherzustellen.[114]

Durch den Beitritt zu einem AG-Verband verliert der einzelne AG nicht seine Tariffähigkeit.[115]

An den TV, den ein AG-Verband schließt, sind nur seine Mitglieder gebunden, nicht auch deren Rechtsnachfolger.[116]

Umstr. ist der Fortbestand der Tarifgebundenheit nach § 3 Abs. 1 trotz des vollzogenen Wechsels des AG in die **OT-Mitgliedschaft** was von der Frage der Unzulässigkeit sog. OT-Mitgliedschaften (Mitgliedschaften in einem AG-Verband ohne Tarifbindung) zu unterscheiden ist.

Hierbei geht es um die Frage, ob ein einzelner AG nicht tarifgebunden sein kann, obwohl er einem AG-Verband angehört. Viele AG möchten die Vorzüge eines AG-Verbandes nutzen – wie Rechtsberatung und Rechtsbeistand, Information und Erfahrungsaustausch und nicht selten die Vertretung der gemeinsamen Interessen –, ihm ansonsten aber fernbleiben.[117] Es handelt sich dabei um ein Problem der Begrenzbarkeit der personellen Tarifzuständigkeit auf einen Teil der Mitglieder eines AG-Verbandes.[118]

In der Praxis existieren zwei Modelle, wie OT-Mitgliedschaften konstruiert werden: Das Aufteilungsmodell (externes Modell) und das Stufenmodell (internes Modell).

Beim Aufteilungsmodell werden zwei externe selbstständige Verbände gegründet, von denen der eine nur Serviceleistungen erbringt und der andere auch TV abschließt. Beim Stufenmodell werden intern – nach der Satzung – verschiedene Mitgliedschaftsverhältnisse geschaffen, wobei die Mitglieder bei einem der Verhältnisse an die TV gebunden sind und bei dem anderen nicht. Hier begrenzt der Verband seine Tarifzuständigkeit auf „tarifwillige" Mitglieder.

---

106 Vgl. *Richardi*, Arbeitsrecht in der Kirche, 5. Aufl. 2009, § 13 Rn 6.
107 *Pahlke*, Kirche und Koalitionsrecht, 1983, S. 14.
108 *Richardi*, a.a.O., § 13 Rn 11; *Hammer*, Kirchliches Arbeitsrecht, S. 184.
109 LAG Brandenburg 24.2.1994 – 3 Sa 869/93 – NZA 1995, 905.
110 BAG 17.2.1998 – 1 ABR 364/97 – AP Art. 9 GG Nr. 87.
111 Dazu *Däubler/Peter*, TVG, § 2 Rn 91 ff.; *Berg u.a.*, § 2 TVG Rn 41 ff.; HWK/*Henssler*, § 2 TVG Rn 23.
112 BAG 20.11.1990 – 1 ABR 62/89 – BAGE 66, 258 = AP § 2 TVG Nr. 40.
113 So i.E. auch ErfK/*Schaub/Franzen*, § 2 TVG Rn 11; a.A. *Löwisch/Rieble*, § 2 Rn 63 ff.
114 BAG 20.11.1990 – 1 ABR 62/89 – AP § 2 TVG Nr. 40.
115 BAG 25.9.1996 – 1 ABR 4/96 – AP § 2 TVG Tarifzuständigkeit Nr. 10.
116 BAG 10.11.1993 – 4 AZR 375/92 – AP § 3 TVG Verbandszugehörigkeit Nr. 13.
117 *Hromadka/Maschmann*, ArbeitsR II, § 13 Rn 75.
118 BAG 23.10.1996 – 4 AZR 409/95 (A) – BAGE 84, 238 = AP § 3 Verbandszugehörigkeit Nr. 15.

70 Das BAG hat die OT-Mitgliedschaft anerkannt und für zulässig erklärt.[119] Auch ein kurzfristiger Wechsel von der Mitgliedschaft mit Tarifbindung in eine solche ohne Tarifgebundenheit ist grundsätzlich zulässig[120] wie auch der sog. „Blitzaustritt" aus dem AG-Verband.[121] Das ist letztlich Folge der Satzungsautonomie des jeweiligen Verbandes.[122] Davon unterscheidet das BAG die Frage, ob der kurzfristige Wechsel in die OT-Mitgliedschaft oder der Austritt mit sofortiger Wirkung tarifrechtlich wirksam ist oder ob der betreffende AG tarifgebunden bleibt. Da ein vereinsrechtlich wirksamer Wechsel der Vollmitgliedschaft in die OT-Mitgliedschaft während laufender Tarifverhandlungen die Geschäftsgrundlage dieser Tarifverhandlungen[123] und den Gleichlauf von Verantwortlichkeit und Betroffenheit stören kann, verlangt das BAG[124] für die tarifliche Wirksamkeit eines solchen Wechsels während des Laufs der Tarifverhandlungen dessen Offenlegung gegenüber der an der Verhandlung beteiligten Gewerkschaft, und zwar zu einem Zeitpunkt, in dem die Gewerkschaft auf eine solche Veränderung noch im Rahmen der laufenden Tarifauseinandersetzung reagieren kann. Diese „Anzeigepflicht" des betreffenden AG oder des betroffenen AG-Verbandes als Voraussetzung für die tarifrechtliche Wirksamkeit der kurzfristigen Veränderung der Mitgliedschaft(en) im AG-Verband wird im Einzelnen noch zu klären sein.[125]

71 **c) Zusammenschlüsse von Vereinigungen von Arbeitgebern.** Genau wie auf der AN-Seite (siehe Rn 54 ff.) können unter den gleichen Voraussetzungen auch auf der AG-Seite Spitzenorganisationen beim TV-Schluss tätig werden. Die Besonderheit besteht darin, dass es auf der AG-Seite möglich ist, dass ein Verband auch Einzelmitglieder hat.[126] In solch einem Fall kann die Spitzenorganisation sowohl nach Abs. 1 als auch nach Abs. 3 tariffähig sein.[127]

72 **4. Tariffähigkeit von Handwerksinnungen und Innungsverbänden.** Der Gesetzgeber hat die Tariffähigkeit neben den in § 2 genannten TV-Parteien zusätzlich den **Handwerksinnungen und Innungsverbänden** die Tariffähigkeit zugesprochen, vgl. §§ 54 Abs. 3 Nr. 1, 82 Nr. 3, 85 Abs. 2 S. 1 HandwO.

73 Mit der Tariffähigkeit geht jedoch nicht die Anerkennung der Koalitionsfähigkeit i.S.v. Art. 9 Abs. 3 GG einher. Es handelt sich hierbei um einen Sonderfall, bei dem trotz fehlender Koalitionsfähigkeit die Tariffähigkeit ausnahmsweise gesetzlich normiert ist. Die Verfassungsmäßigkeit der entsprechenden Normen war anfangs sehr umstr.,[128] sie wurde jedoch im Jahre 1966 durch das BVerfG ausdrücklich bestätigt.[129]

74 Eine Handwerksinnung kann Mitglied in einem AG-Verband werden und diesem die ihr nach § 54 Abs. 3 Nr. 1 HandwO verliehene Tarifsetzungsbefugnis übertragen, soweit und solange nicht ein Innungsverband TV für ihren Bereich geschlossen hat.[130]

75 **5. Beginn und Ende der Tariffähigkeit. a) Gewerkschaften und Arbeitgeberverbände.** Bei Vorliegen aller zuvor genannten Voraussetzungen **beginnt** die Tariffähigkeit einer Gewerkschaft bzw. eines AG-Verbandes. Sie **endet** wieder, wenn eine der Voraussetzungen wegfällt. Zudem können sich die Gewerkschaften und die AG-Verbände durch Beschluss wieder auflösen (sog. Auflösungsbeschluss). Nach Auflösung des Verbandes entfällt die unvermeidbare und zwingende Wirkung des TV.[131] Der Verlust der Tariffähigkeit ist dann bereits im Zeitpunkt des Eintritts des Liquiditätsstadiums anzunehmen.[132]

Mit Eröffnung des Insolvenzverfahrens über einen Verband geht nicht ohne Weiteres der Wegfall der normativen Wirkung des TV einher.[133] Es bedarf noch einer Künd, welche auch vom Insolvenzverwalter ausgesprochen werden kann.[134]

---

119 18.7.2006 – 1 ABR 36/05 – AP § 2 TVG Tarifzuständigkeit Nr. 19.
120 BAG 4.6.2008 – 4 AZR 419/07 – AP § 3 TVG Nr. 38.
121 BAG 20.2.2008 – 4 AZR/64/07 – AP Art. 9 GG Nr. 134.
122 Vgl. etwa *Besgen*, SAE 2007, 293.
123 Z.B. Der Arbeitgeberverband hat ein großes Unternehmen und zehn mittelständische Unternehmen als Mitglieder, das große Unternehmen wechselt kurzfristig in OT-Mitgliedschaft.
124 4.6.2008 – 4 AZR 419/07 – AP § 3 TVG Nr. 38 Ls 4, Orientierungssatz 4, Rn 57 ff.
125 Dazu z.B. *Huke*, Status: Recht 01/2009, S. 17; *Filges*, „Tarifflucht ja – aber bitte nur nach Anmeldung", FAZ 16.7.2008.
126 BAG 6.5.2003 – 1 AZR 241/02 – AP § 3 TVG Verbandszugehörigkeit Nr. 21 m.w.N.
127 BAG 22.3.2000 – 4 ABR 79/98 – AP § 2 TVG Nr. 49 mit Verweis auf Wiedemann/*Oetker*, § 2 Rn 176.
128 Für die Tariffähigkeit BAG 22.2.1957 – 1 AZR 426/56 – AP § 2 TVG Nr. 2, gegen die Tariffähigkeit Hessisches LAG 14.9.1965 – 5 Sa 86/65 – AP § 2 TVG Nr. 23.
129 BVerfG 19.10.1966 – 1 BvL 24/65 – AP § 2 TVG Nr. 24 = NJW 1966, 2305.
130 BAG 6.5.2003 – 1 AZR 241/02 – BAGE 106, 124 = AP § 3 TVG Verbandszugehörigkeit Nr. 21 = EzA § 2 TVG Nr. 26.
131 Schaub/*Schaub*, § 188 Rn 47; a.A. BAG 23.1.2008 – 4 AZR 312/01 – AP § 3 TVG Nr. 36.
132 BAG 25.9.1990 – 3 AZR 266/89 – AP § 9 TVG Nr. 8, str. A.A. ein Teil der Lit.: Erst nach Beendigung des Liquidationszeitraumes, vgl. z.B. *Berg u.a.*, § 2 TVG Rn 60 m.w.N.; Däubler/*Peter*, § 2 TVG Rn 152.
133 BAG 27.6.2000 – 1 ABR 31/99 – AP § 2 TVG Nr. 56; a.A. ErfK/*Schaub/Franzen*, § 2 TVG Rn 17 f.
134 BAG 27.6.2000 – 1 ABR 31/99 – AP § 2 TVG Nr. 56; Einzelheiten zu den Rechtsfolgen bei einer tariffähigen Vereinigung in der Insolvenz vgl. Wiedemann/*Oetker*, § 2 Rn 46.

b) Einzelner Arbeitgeber. Die Tariffähigkeit des einzelnen AG **beginnt** bereits, wenn die Einstellung von AN vorgesehen ist.[135] Bei Personengesellschaften beginnt sie bereits zu dem Zeitpunkt, in dem die Gesellschaft ihre Geschäfte tatsächlich beginnt und nicht erst mit Eintragung in das Handelsregister.[136] Bei juristischen Personen sind bereits die Vorgesellschaften (nicht die Vorgründungsgesellschaften) tariffähig.[137] Nach der Eintragung setzen sich die TV an den identischen juristischen Personen fort.[138]

Die Tariffähigkeit des einzelnen AG **endet** mit Verlust seiner AG-Eigenschaft oder mit ersatzlosem Wegfall als TV-Partei.[139] Str. ist, ob der AG seine Eigenschaft als AG bereits dann verliert, wenn er keine AN mehr beschäftigt.[140] Durch den Beitritt zu einem AG-Verband verliert der einzelne AG nicht seine Tariffähigkeit.[141] Im Erbfall treten bei natürlichen Personen die Erben im Wege der Universalsukzession in den TV ein.[142] Bei der Insolvenz des AG verliert dieser seine Tariffähigkeit nicht; der Insolvenzverwalter bleibt somit an die TV gebunden und kann sogar neue abschließen.[143] Löst sich eine juristische Person (z.B. Aktiengesellschaft) auf, so endet die Tariffähigkeit nicht schon mit dem Auflösungsbeschluss, sondern erst mit Abschluss der Liquidation (anders beim Verlust der Tariffähigkeit von Verbänden, siehe Rn 75)[144] bei Weiterbeschäftigung von AN. Das gilt auch für Personengesellschaften (oHG, KG, GbR) entsprechend.

6. Konsequenzen fehlender Tariffähigkeit. Die Tariffähigkeit ist Wirksamkeitsvoraussetzung des TV.

a) Fehlende Tariffähigkeit bei Abschluss des Tarifvertrages. Fehlt die Tariffähigkeit bereits bei Abschluss des TV, so ist dieser nichtig.[145] Die fehlende Tariffähigkeit kann nachträglich nicht geheilt werden.[146]

b) Späterer Wegfall der Tariffähigkeit. Fällt die Tariffähigkeit nach Abschluss des TV weg, so fehlt ab diesem Zeitpunkt eine Wirksamkeitsvoraussetzung für den TV und er wird ex nunc unwirksam.[147]

c) „Sozialpartnervereinbarungen" als Vertragsgegenstand. Die nichtigen/unwirksamen TV können aber als „Sozialpartnervereinbarungen" im Arbeitsvertrag vereinbart werden. Der Sache nach führt das zu demselben Ergebnis, wie wenn eine kaum im Betrieb vertretene Gewerkschaft einen Firmen-TV schließt und dieser dann mit den nicht tarifgebundenen AN im Arbeitsvertrag vereinbart wird.

7. Haftungserweiterung des Abs. 4. Für den Fall, dass Spitzenverbände TV abschließen, sieht Abs. 4 eine gesamtschuldnerische Haftung vor. Dies bedeutet, dass sowohl der Spitzenverband als auch die ihm angehörenden Mitglieder für die Primärpflichten aus dem schuldrechtlichen Teil des TV (Friedenspflicht, Durchführungspflicht) und für Sekundärpflichten wegen Verletzung von schuldrechtlichen Pflichten aus dem TV einzustehen haben. Es ist dabei irrelevant, ob der Spitzenverband seine Mitglieder nur gem. Abs. 2 vertreten oder gem. Abs. 3 in eigenem Namen gehandelt hat. Wenn der Spitzenverband mit Vertretungsmacht (Abs. 2) gehandelt hat, begründet Abs. 4 entgegen §§ 164, 179 BGB trotz vorliegender Vertretungsmacht eine Eigenhaftung des Spitzenverbandes. Für den Fall, dass der Spitzenverband nur einen Teil der Verbände vertreten hat, ist die gesamtschuldnerische Haftung jedoch auf diesen Teil beschränkt.[148] Hat der Spitzenverband in eigenem Namen gehandelt (Abs. 3), so begründet Abs. 4 eine Durchgriffshaftung auf die Mitglieder, die nach allg. Grundsätzen nicht haften würden.

Mit der gesamtschuldnerischen Haftung des Abs. 4 geht eine notwendige Streitgenossenschaft zwischen Spitzenverband und Mitglied nicht einher.[149]

II. Tarifzuständigkeit

Neben der Tariffähigkeit setzt der wirksame Abschluss eines TV voraus, dass die TV-Partei für den Abschluss zuständig ist (zu den Auswirkungen fehlender Tarifzuständigkeit siehe Rn 97).[150] Außerhalb ihres Zuständigkeitsbereichs kann eine Koalition nicht handeln. Dies ist nicht ausdrücklich normiert, jedoch allg. anerkannt.[151] Unter Tarifzuständigkeit wird die Fähigkeit eines an sich tariffähigen Verbandes verstanden, TV mit einem bestimmten

---

135 ErfK/*Schaub/Franzen*, § 2 TVG Rn 25; *Löwisch/Rieble*, § 2 Rn 149.
136 *Löwisch/Rieble*, § 2 Rn 150.
137 BAG 24.1.2001 – 4 ABR 4/00 – AP § 3 BetrVG 1972 Nr. 1.
138 *Löwisch/Rieble*, § 2 Rn 150.
139 ErfK/*Schaub/Franzen*, § 2 TVG Rn 26; HWK/*Henssler*, § 2 TVG Rn 24; *Löwisch/Rieble*, § 2 Rn 151.
140 Dafür ErfK/*Schaub/Franzen*, § 2 TVG Rn 26; dagegen *Löwisch/Rieble*, § 2 Rn 151.
141 BAG 25.9.1996 – 1 ABR 4/96 – AP § 2 TVG Tarifzuständigkeit Nr. 10.
142 *Löwisch/Rieble*, § 2 Rn 152; HWK/*Henssler*, § 2 TVG Rn 24.
143 ErfK/*Schaub/Franzen*, § 2 TVG Rn 26; HWK/*Henssler*, § 2 TVG Rn 24.
144 ErfK/*Schaub/Franzen*, § 2 TVG Rn 26; *Berg u.a.*, § 2 TVG Rn 57.
145 Vgl. HWK/*Henssler*, § 2 TVG Rn 3.
146 ErfK/*Schaub/Franzen*, § 2 TVG Rn 5.
147 ErfK/*Schaub/Franzen*, § 2 TVG Rn 5.
148 HWK/*Henssler*, § 2 TVG Rn 28; Wiedemann/*Oetker*, § 2 Rn 455.
149 HWK/*Henssler*, § 2 TVG Rn 28; ErfK/*Schaub/Franzen*, § 2 TVG Rn 32; *Löwisch/Rieble*, § 2 Rn 126.
150 BAG 24.7.1990 – 1 ABR 46/89 – AP § 2 TVG Tarifzuständigkeit Nr. 7; Wiedemann/*Oetker*, § 2 Rn 54; Däubler/*Peter*, § 2 TVG Rn 164.
151 Vgl. HWK/*Henssler*, § 2 TVG Rn 30 m.w.N.

Geltungsbereich abzuschließen.[152] Sie besagt, für welchen räumlichen, betrieblich-fachlichen und persönlichen Geltungsbereich eine Gewerkschaft oder ein AG-Verband TV abschließen kann.[153] Die Tarifzuständigkeit wird nach der st. Rspr. des BAG von den Verbänden selbst in ihren Satzungen bestimmt.[154] Dies schließt auch das Recht ein, sie jederzeit wieder zu ändern, wenn es zweckmäßig oder notwendig erscheint.[155]

85 **1. Tarifzuständigkeit der einzelnen Tarifvertragsparteien. a) Tarifzuständigkeit von Arbeitnehmervereinigungen.** Jede Gewerkschaft kann in ihrer Satzung selbst entscheiden, für welche AN und in welchen Gewerbezweigen sie tätig werden will.[156] Für die Ausrichtung bieten sich im Wesentlichen zwei Möglichkeiten an, sich auszurichten. Entweder nach dem Industrieverbandsprinzip oder nach dem Berufsverbandsprinzip. Die Ausrichtung nach dem Industrieverbandsprinzip besagt, dass Gewerkschaften sich nach Branchen und Wirtschaftszweigen ausrichten. Bei der Ausrichtung nach dem Berufsverbandsprinzip findet die Ausrichtung hingegen an Hand der Berufe der angehörenden Mitglieder statt, so dass eine Gewerkschaft branchenübergreifend zuständig sein kann. Die meisten Gewerkschaften haben von der Ausrichtung nach dem Industrieverbandsprinzip Gebrauch gemacht: So z.B. die Mitgliedsgewerkschaften des DGB und die christlichen Gewerkschaften. Zu den wenigen nach dem Berufsverband ausgerichteten Gewerkschaften zählen z.B. die Vereinigung Cockpit (VC) oder die Unabhängige Flugbegleiter Organisation (UFO). Bei den von der VC oder der UFO abgeschlossenen TV handelt es sich um Sparten-TV, die im Grunde genommen mit dem vom BAG geforderten Prinzip der Tarifeinheit kollidieren.[157]

86 Industrieverbands- und Berufsverbandsprinzip geben jedoch nur eine grobe Richtschnur für die Ausgestaltung der Tarifzuständigkeit vor; sie müssen aufgrund der durch Art. 9 Abs. 1 GG gewährleisteten Satzungsautonomie nicht zwingend eingehalten werden.[158] Grds. sind alle Gestaltungsmöglichkeiten denkbar – angefangen von Teilzuständigkeiten bis hin zu Allzuständigkeiten.[159] So können Gewerkschaften in der Satzung einen oder mehrere Wirtschaftsbereiche festlegen, aber bspw. auch bestimmen, dass sie ergänzend für ein einzelnes branchenfremdes Unternehmen tarifzuständig sind.[160]

87 **aa) Doppelzuständigkeiten (außerhalb des DGB).** Durch die den Gewerkschaften zustehende Satzungskompetenz kann es zu Doppelzuständigkeiten kommen. Insb. dann, wenn eine Gewerkschaft nach dem Industrieverbands- und eine andere Gewerkschaft nach dem Berufsverbandsprinzip organisiert ist. Aber auch sonst sind Überschneidungen wegen der vielfältigen Gestaltungsmöglichkeiten der Tarifzuständigkeit möglich. Kommt es zu solchen sog. Doppelzuständigkeiten, so richtet sich das maßgebliche Tarifrecht nach den Grundsätzen der Tarifkonkurrenz und Tarifpluralität (siehe Rn 99 f.).

88 **bb) Besonderheit bei DGB-Gewerkschaften – DGB-Schiedsgericht.** Eine Besonderheit besteht bei den DGB-Gewerkschaften. Um sicherzustellen, dass es möglichst nicht zu Doppelzuständigkeiten kommt, sind diese nach dem Organisationsgrundsatz des Industrieverbandsprinzips zusammengeschlossen (vgl. DGB-Satzung). Es gilt der Grundsatz: Ein Betrieb – eine Gewerkschaft.

89 Nach der Rspr. des BAG liegt es aber allein in der Satzungsautonomie der einzelnen Gewerkschaften, die Grenzen des jeweiligen Industriezweigs und damit die Zuständigkeit zu bestimmen. Dem steht die freiwillig eingegangene Bindung an die DGB-Satzung nicht entgegen.[161]

90 Es kann also daher auch unter den DGB-Gewerkschaften zu Doppelzuständigkeiten kommen. Nach der DGB-Satzung sollen sich die Gewerkschaften in diesem Fall bezüglich der Tarifzuständigkeit selbstständig einigen. Für den Fall, dass sie hierzu nicht in der Lage sind, hat der DGB ein formalisiertes Verfahren eingerichtet (§ 16 DGB

---

152 Z.B. BAG 27.9.2005 – 1 ABR 41/04 – AP § 2 TVG Tarifzuständigkeit Nr. 18; BAG 12.12.1995 – 1 ABR 27/95 – AP § 2 TVG Tarifzuständigkeit Nr. 8; BAG 24.7.1990 – 1 ABR 46/89 – § 2 TVG Tarifzuständigkeit Nr. 7.
153 BAG 27.9.2005 – 1 ABR 41/04 – AP § 2 TVG Tarifzuständigkeit Nr. 18; BAG 27.11.1964 – 1 ABR 13/63 – AP § 2 TVG Tarifzuständigkeit Nr. 1; BAG 27.7.1956 – 1 AZR 430/54 – AP § 4 TVG Geltungsbereich Nr. 3; BAG 22.2.1957 – 1 AZR 426/56 – AP § 2 TVG Nr. 2.
154 Z.B. BAG 17.2.1970 – 1 ABR 15/69 – § 2 TVG Tarifzuständigkeit Nr. 2; BAG 19.11.1985 – 1 ABR 37/83 – AP § 2 TVG Tarifzuständigkeit Nr. 4; BAG 22.11.1988 – 1 ABR 6/87 – AP § 2 TVG Tarifzuständigkeit Nr. 5; BAG 24.7.1990 – 1 ABR 46/89 – § 2 TVG Tarifzuständigkeit Nr. 7.
155 BAG 27.9.2005 – 1 ABR 41/04 – AP § 2 TVG Tarifzuständigkeit Nr. 18; BAG 19.11.1985 – 1 ABR 37/83 – BAGE 50, 179; BAG 12.12.1995 – 1 ABR 27/95 – AP § 2 TVG Tarifzuständigkeit Nr. 8; BAG 25.9.1996 – 1 ABR 4/96 – BAGE 84, 166.
156 Zuletzt BAG 27.9.2005 – 1 ABR 41/04 – juris; BAG 12.12.1995 – 1 ABR 27/95 – AP § 2 TVG Tarifzuständigkeit Nr. 8.
157 S. auch HWK/*Henssler*, § 2 TVG Rn 33; *Buchner*, BB 2003, 2121.
158 Vgl. BAG 19.11.1985 – 1 ABR 37/83 – AP § 2 TVG Tarifzuständigkeit Nr. 4.
159 Vgl. *Däubler/Peter*, § 2 TVG Rn 166 m.w.N.
160 BAG 19.11.1985 – 1 ABR 37/83 – BAGE 50, 179 = AP § 2 TVG Tarifzuständigkeit Nr. 4.
161 BAG 27.9.2005 – 1 ABR 41/04 – juris; BAG 19.11.1985 – 1 ABR 37/83 – BAGE 50, 179 = AP § 2 TVG Tarifzuständigkeit Nr. 4.

Satzung i.V.m. der Schiedsgerichtsordnung).[162] Es wird zunächst ein Vermittlungsverfahren beim Bundesvorstand des DGB durchgeführt. Bleibt dieses erfolglos, entscheidet eine Schiedsstelle beim Bundesvorstand.

Solange ein solches Schiedsverfahren noch nicht durchgeführt worden ist, bleibt es nach der Rspr. des BAG trotz heftiger Einwände seitens der Lit.[163] bei der Alleinzuständigkeit derjenigen Gewerkschaft, die vor Eintreten der Konkurrenzsituation als zuständig angesehen worden war.[164] **91**

Das Schiedsurteil ist für alle beteiligten DGB-Gewerkschaften verbindlich. Der Schiedsspruch klärt auch die Frage der Tarifzuständigkeit für den Gegenspieler, also für die AG-Seite.[165] Dieselbe Wirkung wie der Schiedsspruch hat die Einigung in einem Vermittlungsverfahren nach § 16 der DGB-Satzung beim Bundesvorstand.[166] Die Schiedsstelle ist nicht berechtigt, die Satzung der obsiegenden Gewerkschaft im Sinne einer Zuständigkeitserweiterung zu ergänzen.[167] **92**

Es kann auch nach dem Schiedsspruch der DGB-Schiedsstelle angebracht sein, eine Doppelzuständigkeit ausnahmsweise bestehen zu lassen. In diesem Fall gelten – wie auch bei Doppelzuständigkeiten außerhalb des DGB – die Grundsätze der Tarifkonkurrenz und Tarifpluralität (siehe Rn 99 f.).[168]

cc) Beschränkung der Satzungskompetenz. Eine Gewerkschaft kann sich selbst in ihrer Satzungskompetenz beschränken und Änderungen von der Zustimmung Dritter abhängig machen, wenn dies einem legitimen Interesse der Gewerkschaft dient.[169] Allerdings darf die Selbstbeschränkung die eigene Willensbestimmung nicht vollständig zum Erliegen bringen.[170] Ein Verstoß gegen einen derartigen Zustimmungsvorbehalt führt im Außenverhältnis nicht notwendig zur Unwirksamkeit der Satzungsänderung.[171] **93**

b) Tarifzuständigkeit von Arbeitgeberverbänden. Auch die AG-Verbände bestimmen ihre Tarifzuständigkeit autonom in ihren Satzungen, indem sie ihren Geschäftsbereich in räumlicher und fachlicher Hinsicht festlegen.[172] **94**

c) Tarifzuständigkeit des einzelnen Arbeitgebers. Der einzelne AG ist nach neuerer Rspr. des BAG für sein gesamtes Unternehmen tarifzuständig.[173] Es kommt nicht (mehr) auf den Schwerpunkt des Unternehmensgegenstandes an. Der einzelne AG kann damit seine Tarifzuständigkeit nicht mehr selbstständig festlegen. In der Lit. ist diese Rspr. aufgrund ihres möglichen Verstoßes gegen Art. 12 GG auch auf Ablehnung gestoßen.[174] **95**

In diesen Zusammenhang gehört, dass für einen negativen, auf die Feststellung der Unzuständigkeit einer Gewerkschaft gerichteten Antrag eines einzelnen AG ein Feststellungsinteresse besteht, wenn sich die Gewerkschaft einer Tarifzuständigkeit für das Unternehmen oder einen Betrieb des AG berühmt. Dazu ist Voraussetzung, dass sie die Wahrnehmung von Befugnissen beabsichtigt, für die es ihrer Tarifzuständigkeit bedarf.[175]

2. Auslegung von Satzungen. Die Tarifzuständigkeit einer Gewerkschaft beurteilt sich nach ihrer Satzung.[176] Ein schlichtes Tätigwerden außerhalb der satzungsgemäßen Aufgaben erweitert die Tarifzuständigkeit nicht.[177] **96**

Bei ihrer Auslegung – die auch noch in der dritten Instanz möglich ist – kommt es nur auf das an, was aus ihr selbst für jeden Außenstehenden zu ersehen ist, nicht aber auf das, was sich der Satzungsgeber insgeheim unter dem von ihm geschaffenen Begriffen vorgestellt hat.[178]

3. Konsequenzen fehlender Tarifzuständigkeit. a) Bereits bei Tarifvertragsschluss fehlende Tarifzuständigkeit. Fehlt die Tarifzuständigkeit bereits bei Abschluss des TV vollständig oder teilweise, so ist der **97**

---

162 Schiedsgericht des DGB 4.4.2002 – AP § 2 TVG Tarifzuständigkeit Nr. 16, wobei es sich nicht um ein echtes Schiedsgericht i.S.d. §§ 1025 ff. ZPO handelt und daher auch DGB-Clearingverfahren genannt wird, vgl. *Ricken*, RdA 2007, 35, 43 m.w.N., Fn 75.
163 Z.B. *Löwisch/Rieble*, § 2 Rn 99 ff.; *Konzen*, in: FS Kraft, 1998, S. 291.
164 BAG 27.9.2005 – 1 ABR 41/04 – AP § 2 TVG Tarifzuständigkeit Nr. 18; BAG 12.11.1996 – 1 ABR 33/96 – BAGE 84, 314 = AP § 2 TVG Tarifzuständigkeit Nr. 11.
165 Z.B. BAG 17.2.1979 – 1 ABR 15/69 – § 2 TVG Tarifzuständigkeit Nr. 3; BAG 22.11.1988 – 1 ABR 6/87 – AP § 2 TVG Tarifzuständigkeit Nr. 5; BAG 25.9.1996 – 1 ABR 4/96 – AP § 2 TVG Tarifzuständigkeit Nr. 10.
166 BAG 14.12.1999 – 1 ABR 74/98 – BAGE 93, 83 = AP § 2 TVG Tarifzuständigkeit Nr. 14.
167 BAG 25.9.1996 – 1 ABR 4/96 – BAGE 84, 166 = AP § 2 TVG Tarifzuständigkeit Nr. 10.
168 BAG 27.9.2005 – 1 ABR 41/04 – AP § 2 TVG Tarifzuständigkeit Nr. 18; BAG 25.9.1996 – 1 ABR 4/96 – BAGE 84, 166 = AP § 2 TVG Tarifzuständigkeit Nr. 10.
169 BAG 27.9.2005 – 1 ABR 41/04 – AP § 2 TVG Tarifzuständigkeit Nr. 18; BAG 25.9.1996 – 1 ABR 4/96 – BAGE 84, 166 = AP § 2 TVG Tarifzuständigkeit Nr. 10.
170 BAG 27.9.2005 – 1 ABR 41/04 – AP § 2 TVG Tarifzuständigkeit Nr. 18; BVerfG 5.2.1991 – 2 BvR 263/86 – BVerfGE 83, 341 = NJW 1991, 2623.
171 BAG 27.9.2005 – 1 ABR 41/04 – AP § 2 TVG Tarifzuständigkeit Nr. 18.
172 Vgl. z.B. ErfK/*Schaub/Franzen*, § 2 TVG Rn 36.
173 BAG 25.9.1996 – 1 ABR 4/96 – BAGE 84, 166 = AP § 2 TVG Tarifzuständigkeit Nr. 10, zustimmend *Junker*, ZfA 2007, 229, 244.
174 *Ricken*, S. 238; ErfK/*Schaub/Franzen*, § 2 TVG Rn 37 m.w.N.
175 BAG 13.3.2007 – 1 ABR 24/06 – Rn 21.
176 BAG 27.11.1964 – 1 ABR 13/63 – AP § 2 TVG Tarifzuständigkeit Nr. 1.
177 BAG 24.7.1990 – 1 ABR 46/89 – AP § 2 TVG – Tarifzuständigkeit Nr. 11.
178 BAG 27.11.1964 – 1 ABR 13/63 – AP § 2 TVG Tarifzuständigkeit Nr. 1.

TV insoweit rechtsunwirksam.[179] Eine Heilung – auch durch nachträgliche Satzungsänderung – ist nicht mehr möglich.[180] Der TV muss vielmehr von einem tariffähigen und tarifzuständigen Verband neu abgeschlossen werden.

98 **b) Nachträglicher Wegfall der Tarifzuständigkeit.** Fällt die Tarifzuständigkeit später – bspw. infolge nachträglicher Satzungsänderung – weg und hat der Verband auch keine Übergangsregelung getroffen, so bleibt der TV dennoch wirksam. Anderenfalls könnte ein einzelner Verband seine Tarifgebundenheit durch einfache Satzungsänderung einseitig beenden. Ggf. berechtigt der nachträglich Wegfall der Tarifzuständigkeit jedoch zur ordentlichen Künd des TV.

III. Tarifkonkurrenz und Tarifpluralität

99 U.U. können mehrere TV zur Anwendung kommen, so dass eine Normenkonkurrenz entsteht.

100 Im ersten Fall deshalb, weil ein Arbverh verschiedenen TV unterliegt (sog. Tarifkonkurrenz), im zweiten Fall, weil in einem Betrieb auf verschiedene Arbeitsverhältnisse verschiedene TV Anwendung finden (sog. Tarifpluralität). (S. die Erläuterungen bei § 4)

C. Verbindung zu anderen Rechtsgebieten und zum Prozessrecht

I. Betriebsverfassung

101 Den Gewerkschaften sind im Rahmen der Betriebsverfassung zahlreiche Aufgaben zugewiesen.[181] Die Tariffähigkeit ist unerlässliche Voraussetzung der Gewerkschaftseigenschaft. Die Tariffähigkeit kann geleugnet werden, wenn es darum geht, ob eine „Gewerkschaft" im Betrieb vertreten ist, ihr also mind. ein AN des Betriebes angehört, der nicht zu den leitenden Ang i.S.d. § 5 Abs. 3 BetrVG zählt.

102 Es ist nicht ausreichend, dass es sich hierbei um eine beliebige Gewerkschaft handelt, sondern es muss sich um eine **tarifzuständige** Gewerkschaft handeln,[182] was bei einer ausländischen Gewerkschaft regelmäßig nicht der Fall ist, so dass sie nicht in die Betriebsverfassung einbezogen ist, auch wenn ein AN des Betriebs ihr Mitglied ist. Die Einräumung von Rechten an die Gewerkschaften im Rahmen der Betriebsverfassung ist nur sinnvoll, wenn die Gewerkschaft für den Betrieb auch tatsächlich zuständig ist.[183]

II. Feststellung der Tariffähigkeit und der Tarifzuständigkeit

103 Ist die Tariffähigkeit oder Tarifzuständigkeit st., so ist hierüber im Beschlussverfahren nach § 2a Abs. 1 Nr. 4 i.V.m. § 97 Abs. 1 ArbGG zu entscheiden.[184] Grund ist die rechtliche Tragweite der dazu ergehenden Entscheidung. Der Streit muss also darum gehen, ob eine Vereinigung TV mit normativer Wirkung schließen kann[185] und/oder ob eine an sich tariffähige Vereinigung nach ihrer Satzung befugt ist, TV mit einem bestimmten Geltungsbereich abzuschließen.[186]

104 Bei Entscheidungserheblichkeit der Frage der Tariffähigkeit und/oder der Tarifzuständigkeit einer Vereinigung in einem Rechtsstreit ist das Verfahren nach § 97 Abs. 5 ArbGG – nicht nach § 148 ZPO – auszusetzen. Diese Aussetzungspflicht besteht nicht nur für die Arbeitsgerichtsbarkeit, sondern auch in einem anderen Rechtsweg und hat auch noch im Rechtsmittelverfahren zu erfolgen.[187] Verletzt das Gericht die Aussetzungspflicht, kann dieser Verfahrensfehler mit Erfolg in der Berufungs- oder Revisionsinstanz gerügt werden: Das Verfahren wird dann ausgesetzt.[188] Die Parteien oder Beteiligten können die Tariffähigkeit und/oder Tarifzuständigkeit nicht wirksam unstreitig stellen, § 97 Abs. 5 ArbGG ist zwingendes Recht. Die Aussetzung erfolgt von Amts wegen. Ein entsprechender Antrag ist nur eine Anregung an das Gericht. Zu prüfen ist aber stets, ob die Entscheidung des Rechtsstreits tatsächlich von der Tarif-

---

179 Vgl. HWK/*Henssler*, § 2 TVG Rn 39.
180 BAG 24.7.1990 – 1 ABR 46/89 – AP § 2 TVG – Tarifzuständigkeit Nr. 7.
181 Vgl. die Zusammenstellung bei *Gross u.a.*, § 2 Rn 12.
182 Richardi/*Richardi*, § 2 Rn 68; Hess u.a./*Hess*, § 2 Rn 64; *Feudner*, DB 1995, 2114, 2116 f.; *Hanau*, NZA 2003, 128, 130; GK-BetrVG/*Kraft/Franzen*, § 2 Rn 38; a.A. *Fitting u.a.*, § 2 Rn 43; DKK/*Berg*, § 2 Rn 29; GK-BetrVG/*Keutz*, § 14 Rn 87.
183 LAG München 18.2.2004 – 9 TaBV 68/03 – juris betr. Antrag auf Bestellung eines Wahlvorstandes gem. §§ 17 Abs. 4, 16 Abs. 2 BetrVG: Thermische Entlackung von Metall zur Zuständigkeit der IG BCE gehörend? A.A. BAG 10.11.2004 – 7 ABR 19/04 – AP § 17 BetrVG 1972 Nr. 7, zu B I 2 der Gründe, etwas anderes soll allenfalls dann gelten, wenn der AN von der Gewerkschaft als Mitglied aufgenommen wurde, obwohl er die nach der Satzung erforderlichen Voraussetzungen dafür offenkundig und zweifelsfrei nicht erfüllt.

184 S. z.B. BAG 6.6.2000 – 1 ABR 10/99 – BAGE 95, 36 = AP § 2 TVG Nr. 55.
185 Z.B. eine Gewerkschaft, etwa Berufsverband der in der Kabine beschäftigten Flugbegleiter (UFO), BAG 14.12.2004 – 1 ABR 51/03 – AP § 2 TVG Tariffähigkeit Nr. 1 oder eine AG-Vereinigung, etwa Arbeiterwohlfahrt-Bundesverband e.V. als Spitzenverband der freien Wohlfahrtspflege, vgl. BAG 29.6.2004 – 1 AZR 143/03 – EzA § 1 TVG Nr. 46.
186 Vgl. z.B. BAG 12.11.1996 – 1 ABR 33/96 – AP § 2 TVG Tarifzuständigkeit Nr. 11 betr. Tarifzuständigkeit der IG Medien, Druck und Papier, Publizistik und Kunst oder der IG Chemie-Papier-Keramik für einen Papiererzeugnisse verarbeitenden Betrieb.
187 BAG 23.10.1996 – 4 AZR 409/95 A – EzA § 97 ArbGG 1879 Nr. 3.
188 *Ascheid*, HzA Gruppe 21 Stand 1/06, Rn 1517 m.w.N.

fähigkeit und/oder Tarifzuständigkeit abhängt. Die Aussetzungspflicht besteht aber nicht im Eilverfahren der einstweiligen Verfügung, weil andernfalls der vorläufige Rechtsschutz nicht gewährleistet werden kann.[189] Wird das Verfahren nach § 97 Abs. 5 ArbGG ausgesetzt, kommt es nicht automatisch zu einem Beschlussverfahren, vielmehr bedarf es eines entsprechenden Antrages, den nach § 97 Abs. 5 S. 2 ArbGG auch die Parteien oder Beteiligten des ausgesetzten Verfahrens stellen können.[190] Ist die Tarifzuständigkeit der TV-Parteien eines TV nicht str. und bestehen auch beim erkennenden Gericht keine Bedenken – mehr – gegen die Tarifzuständigkeit, so kann das Gericht die Tarifzuständigkeit selbst bejahen, ohne das Verfahren nach § 97 Abs. 5 ArbGG aussetzen zu müssen.[191] Die Rechtskraft der Entscheidung in einem Verfahren nach § 97 ArbGG wirkt nicht nur zwischen den Verfahrensbeteiligten, sondern sie wirkt gegenüber jedermann.[192] Das folgt aus einer entsprechenden Anwendung des § 9. Für das Gericht, das sein Verfahren ausgesetzt hat, ist die Entscheidung nach § 97 ArbGG bindend. Ist die Gewerkschaftseigenschaft und damit die Tariffähigkeit einer AN-Vereinigung rechtskräftig bejaht worden, steht die Rechtskraft dieser Entscheidung einer erneuten Entscheidung nicht entgegen, wenn sich die tatsächlichen oder rechtlichen Verhältnisse (wesentliche Änderungen des Sachverhaltes, der rechtlichen Grundlagen zur Beurteilung der Gewerkschaftseigenschaft) wesentlich geändert haben.[193] Entsprechendes gilt für die rechtskräftige Verneinung der Tariffähigkeit einer AN-Vereinigung.[194]

D. Beraterhinweise

Es kann im Einzelfall sinnvoll sein, im Rahmen eines anhängigen Rechtsstreits, etwa um die Differenz zu den Tarifentgelten des Entleiherbetriebs nach § 10 Abs. 4 AÜG, die sich nach den „Christentarifverträgen für Leiharbeitnehmer" richten sollen, die Tariffähigkeit und/oder Tarifzuständigkeit einer Vereinigung zu leugnen, etwa der „Tarifgemeinschaft Christlicher Gewerkschaften für Zeitarbeit und Personalserviceagenturen" (CGZP) mit der nicht seltenen Folge, dass die leugnende Partei klaglos gestellt wird, indem ihre Forderungen erfüllt werden, um eine Aussetzung und/oder ein Verfahren nach § 97 ArbGG über die Frage der Tariffähigkeit, etwa der CGZP, zu vermeiden.[195] Auch in dem der Entscheidung des 4. Senats des BAG vom 23.10.1996[196] zugrunde liegenden Fall ist ein Verfahren zur Klärung, ob der Verband für diejenigen Mitglieder tarifzuständig ist, die bei ihm eine Mitgliedschaft ohne Tarifbindung (OT-Mitgliedschaft) erworben haben, nicht durchgeführt worden.

Hat der RA ein Verfahren nach § 2a i.V.m. § 97 Abs. 1 ArbGG zu führen, etwa um die Tariffähigkeit einer AN-Vereinigung, dürfte von zwei Fallkonstellationen auszugehen sein:

Handelt es sich um eine neue AN-Vereinigung mit dem Ziel des Abschlusses von TV, muss die Darlegung von Tatsachen und deren Nachweis im Bestreitensfalle ausreichen, die den Schluss rechtfertigen, die AG-Seite werde sich den Verhandlungsangeboten nicht widersetzen können, wobei die Anzahl der Mitglieder, die vorhandene Organisation, und die Darstellung geboten sein wird, dass hinreichender Druck ausgeübt werden könne,, etwa dass Mitglieder Schlüsselpositionen in bestimmten Bereichen inne hätten ein Mitarbeiter mit einer Spezialqualifikation, ohne deren Anwesenheit nicht gearbeitet werden darf, etwa aus Gründen des Arbeitsschutzes), so dass deren Streik zum Stillstand oder doch zu einer erheblichen Beeinträchtigung des Produktions- oder Dienstleistungsbetriebes führte (etwa Flugsicherung[197] oder Mitarbeiter im Rechenzentrum). Hier kann nur auf eine Prognose abgestellt werden.

Hat die AN-Vereinigung, deren Tariffähigkeit geleugnet wird und die ihre eigene Tariffähigkeit festgestellt wissen will oder die sich gegen die behauptete fehlende Tariffähigkeit wehrt, aber bereits „aktiv in den Prozess der tariflichen Regelung von Arbeitsbedingungen eingegriffen"[198] hat, muss es ausreichen, wenn dargestellt wird, welche Vereinbarungen („Sozialpartnervereinbarungen") –, ob es sich dabei um TV handelt, ist ja gerade die Frage – mit der AG-Seite bereits abgeschlossen werden konnten und ob und wenn ja, welche, mit welchen Druckmitteln – etwa Streik – im Einzelfall durchgesetzt werden konnten. Dabei kann es auch auf Anschluss-TV oder Anerkennungs-TV ankommen. Dann wird es der die Tariffähigkeit leugnenden Seite obliegen, dem mit entsprechendem Tatsachenvortrag entgegenzutreten.

---

189 LAG Hamm 12.6.1975 – 8 TaBV 37/75 – LAGE § 46 BetrVG 1972 Nr. 1; Hessisches LAG 22.7.2004 – 9 SaGa 593/04 – AP Art. 9 GG Arbeitskampf Nr. 168; *Kempen/Zachert*, § 2 Rn 179 m.w.N.; *Ascheid*, HzA Gruppe 21 Stand 1/06, Rn 1517 m.w.N.
190 *Bader/Creutzfeldt/Friedrich*, ArbGG 5. Aufl. 2008, § 97 Rn 4, Rn 5 sowie BAG 13.3.2007 – 1 ABR 24/06 – EzA-SD 17/07 S. 15 f. = EzA § 97 ArbGG 1979 Nr. 8 zur Antragsberechtigung und zu denen, die an dem Verfahren zu beteiligen sind.
191 BAG 22.9.1993 – 10 AZR 535/91 – AP § 1 TVG Tarifverträge: Bau Nr. 168.
192 *Bader/Creutzfeldt/Friedrich*, ArbGG 5. Aufl. 2008, § 97 Rn 6a m.w.N. in Fn 40.
193 BAG 6.6.2000 – 1 ABR 22/99 – EzA § 322 ZPO Nr. 12; Verfassungsbeschwerde nicht angenommen durch Beschluss BVerfG 23.2.2001 – 1 BvR 4/01 – EzA § 322 ZPO Nr. 12a.
194 BAG 1.2.1983 – 1 ABR 33/78 – EzA § 322 ZPO Nr. 4; BAG 25.11.1986 – 1 ABR 22/85 – EzA § 2 TVG Nr. 17.
195 Vgl. *Ulber/Schindele*, AiB 2006, 212.
196 4 AZR 409/95 (A) – AP § 3 TVG Verbandszugehörigkeit Nr. 15.
197 Vgl. LAG Rheinland-Pfalz 22.6.2004 – 11 Sa 2096/03 – AP Art. 9 GG Arbeitskampf Nr. 169.
198 BAG 14.12.2004 – 1 ABR 51/03 – AP § 2 TVG Tariffähigkeit Nr. 1, zu B III 2 e der Gründe.

109 Bei der Tarifzuständigkeit geht es um die Satzung und deren Auslegung. Auf AG-Seite ist zu beachten, dass manche AG-Verbände branchenunabhängig nur auf die Mitgliedschaft im Verband abstellen, was zulässig ist,[199] und für sie unabhängig von der Branchenzugehörigkeit ihrer Mitglieder TV abschließen, sei es mit Wirkung für und gegen alle Mitglieder, sei es nur für die tarifwilligen Mitglieder oder einige dieser Mitglieder, was sich aus dem vereinbarten Geltungsbereich ergibt.

§ 3 Tarifgebundenheit

(1) Tarifgebunden sind die Mitglieder der Tarifvertragsparteien und der Arbeitgeber, der selbst Partei des Tarifvertrages ist.
(2) Rechtsnormen des Tarifvertrages über betriebliche und betriebsverfassungsrechtliche Fragen gelten für alle Betriebe, deren Arbeitgeber tarifgebunden ist.
(3) Die Tarifgebundenheit bleibt bestehen, bis der Tarifvertrag endet.

Literatur: *Bauer/Haussmann*, Schöne Bescherung: Abschied von der Gleichstellungsabrede!, DB 2005, 2815; *Berg*, Rechtliche Auswirkungen einer OT-Mitgliedschaft in der Praxis, AuR 2001, 393; *Buchner*, Verbandsmitgliedschaft ohne Tarifgebundenheit, NZA 1995, 761; *Däubler*, Tarifausstieg – Erscheinungsformen und Rechtsfolgen, NZA 1996, 225; *Deinert*, Zur Zulässigkeit von OT-Mitgliedschaften in Arbeitgeberverbänden, AuR 2006, 217; *ders.*, Schranken der Satzungsgestaltung beim Abstreifen der Verbandstarifbindung durch OT-Mitgliedschaften, RdA 2007, 83; *Fieberg*, TVöD – ohne Tarifwechselklausel ade – oder doch nicht?, NZA 2005, 1226; *Gamillscheg*, Ihr naht euch wieder, schwankende Gestalten – „Tarifbonus" für Gewerkschaftsmitglieder, NZA 2005, 148; *Giesen*, Tarifbonus für Gewerkschaftsmitglieder, NZA 2004, 1317; *Hanau*, Besprechung des Urteils BAG v. 14.12.2005 – 4 AZR 536/04, RdA 2007, 180; *Heeke*, Bezugnahmeklauseln in Arbeitsverträgen: Das Ende der Gleichstellungsabrede! – Wie soll der tarifgebundene Arbeitgeber damit umgehen, dass das Bundesarbeitsgericht (BAG) bei der Beurteilung von Bezugnahmeklauseln eine Kehrtwendung um 180 Grad vollzogen hat?, DPL 2006, 217; *Houben*, Nachbindung und Nachwirkung im Tarifrecht – Struktur und Anwendungsbereich von §§ 3 III und 4 V TVG, NJW 2008, 2160; *Hümmerich/Mäßen*, TVöD – ohne Tarifwechselklausel ade!, NZA 2005, 961; *Hunold*, Kontrolle arbeitsrechtlicher Absprachen nach der Schuldrechtsreform, NZA-RR 2006, 113; *Kempen*, Die wiederbelebte tarifliche Differenzierungsklausel, FA 2005, 14; *Klebeck*, Unklarheiten bei arbeitsvertraglicher Bezugnahmeklausel – Zur angekündigten Anwendbarkeit des § 305c II BGB auf arbeitsvertragliche Bezugnahmeklauseln, NZA 2006, 15; *Kühnel*, Zeitliche Grenzen der gemäß § 3 Nr. 3 TVG fortbestehenden Tarifgebundenheit beim Verbandsaustritt des Arbeitgebers, Europäische Hochschulschriften Reihe II Bd. 4742, 2008; *Laskawi/Lomb*, Zur Gleichstellungsabrede, EwiR 2005, 487; *Meinel/Herms*, Änderung der BAG-Rechtsprechung zu Bezugnahmeklauseln in Arbeitsverträgen, DB 2006, 1429; *Melot de Beauregard*, Fluch und Segen arbeitsvertraglicher Verweisungen auf Tarifverträge, NJW 2006, 2522; *Moll*, Fortgeltung von Tarifverträgen bei Betriebsübergang – Besprechung des Urteils des BAG v. 11.5.2005 – 4 AZR 315/04, RdA 2007, 47; *Müller-Bonanni/Seeger*, Geänderte Rechtsprechung zu Bezugnahmeklauseln – Tarifdynamik ohne Ende?, ArbRB 2006, 249; *Nicolai*, EuGH bestätigt statische Weitergeltung von Tarifnormen nach Betriebsübergang, DB 2006, 670; *Otto*, Die rechtliche Zulässigkeit einer tarifbindungsfreien Mitgliedschaft in Arbeitgeberverbänden, NZA 1996, 624; *Rieble/Klebeck*, Tarifwechsel ins Handwerk, BB 2006, 885; *Rossbruch*, Bezugnahme auf Tarifvertrag – Gleichstellungsabrede, PflegeR 2004, 25; *Simon/Kock/Halbsguth*, Keine Bindung eines nicht tarifgebunden Betriebsbewerbers an einen nach Betriebsübergang geschlossenen Kollektivvertrag, ZIP 2006, 726; *v. Steinau-Steinrück*, Wann liegt eine ausreichende Bezugnahme auf den TVöD vor?, NJW-Spezial 2005, 561; *Thüsing*, Europarechtliche Bezüge der Bezugnahmeklausel, NJW 2006, 473; *Werthebach*, Tarifreform im öffentlichen Dienst – Zur Entbehrlichkeit einer Tarifwechselklausel, NZA 2005, 1224; *Vogel/Oelkers*, Tarifliche Bezugnahmeklauseln in der Praxis, NJW-Spezial 2006, 369; *Wiedemann*, Der nichtorganisierte Arbeitnehmer im kollektiven Arbeitsrecht, RdA 2007, 65; *Wilhelm/Dannhorn*, Die „OT-Mitgliedschaft" – neue Tore für die Tarifflucht?, NZA 2006, 466; *Wroblewski*, Kein generelles O.k. für OT, NZA 2007, 421

A. Allgemeines ... 1	6. Betriebsvereinbarungen ... 38
B. Regelungsgehalt ... 2	II. Tarifgebundenheit bei Firmentarifvertrag ... 39
I. Tarifgebundenheit ... 3	III. Tarifgebundenheit bei Normen über betriebliche und betriebsverfassungsrechtliche Fragen, Abs. 2 ... 41
1. Allgemeines ... 3	IV. Nachgeltung, verlängerte Tarifgebundenheit, Nachbindung nach Abs. 3 ... 42
a) Normativer Teil ... 4	1. Gesetzeszweck ... 42
b) Schuldrechtlicher Teil ... 5	2. Anwendungsbereich ... 43
c) Wirkung der Tarifgebundenheit ... 6	3. Wirkungen der Nachbindung, der verlängerten Tarifgebundenheit, der Nachgeltung ... 53
d) Tarifgebundenheit und Außenseiter ... 7	4. Ende der Nachbindung, der verlängerten Tarifgebundenheit, der Nachgeltung ... 56
e) Tarifgebundenheit und persönlicher Geltungsbereich ... 8	V. Tarifgebundenheit bei Betriebsübergang ... 60
2. Mitgliedschaft bei den Tarifvertragsparteien ... 9	1. Verbandstarifvertrag ... 61
3. Beginn und Ende der Mitgliedschaft ... 11	2. Firmentarifvertrag ... 64
a) Beitritt/Erwerb der Mitgliedschaft ... 11	VI. Tarifgebundenheit bei Umwandlung ... 66
b) Austritt/Ende der Mitgliedschaft ... 20	
4. Die Gastmitgliedschaft ... 30	
5. Die OT-Mitgliedschaft ... 31	

---
[199] *Löwisch/Rieble*, § 2 Rn 83.

1. Verbandstarifvertrag	67
a) Formwechsel	67
b) Verschmelzung zur Aufnahme und zur Neugründung	68
c) Aufspaltungen, Abspaltungen, Ausgliederungen	71
2. Firmentarifvertrag	74
a) Formwechsel	74
b) Verschmelzung zur Aufnahme und zur Neugründung	75
c) Aufspaltungen, Abspaltungen, Ausgliederungen	79
VII. Differenzierungsklauseln	80
VIII. Einzelarbeitsvertragliche Bezugnahme auf Tarifverträge	81
1. Zweck	81
2. Erscheinungsformen der Bezugnahmeklauseln	84
a) Allgemeines	84
b) Gegenstand und Reichweite der Verweisungsklausel	86
aa) Statische Bezugnahme	88
bb) Dynamische Verweisungen	89
(1) Die kleine dynamische Verweisungsklausel	90
(2) Die große dynamische Verweisungsklausel	91
(3) Bezugnahme auf den BAT und den am 1.10.2005 in Kraft getretenen TVöD	96
cc) Die Gleichstellungsabrede	99
c) Bezugnahme und AGB-Kontrolle	110
d) Bezugnahme auf Tarifvertrag und Betriebsübergang	112
aa) Bezugnahme auf Verbandstarifvertrag und Betriebsübergang	112
(1) Die Ausgangslage	112
(2) Bezugnahmeklausel bei Nicht- oder Andersorganisierten	113
bb) Bezugnahme auf Firmentarifvertrag und Betriebsübergang	116
(1) Die Ausgangslage	116
(2) Nichtorganisierte und Bezugnahmeklausel	117
e) Bezugnahme auf Tarifvertrag und Umwandlung	119
aa) Formwechsel	119
bb) Verschmelzung	120
cc) Aufspaltungen, Abspaltungen, Angleichungen	121
IX. Bezugnahme auf Tarifvertrag durch Betriebsvereinbarung	122
C. Verbindung zu anderen Rechtsgebieten	123
D. Beraterhinweise	124

A. Allgemeines

§ 3 ist mit „Tarifgebundenheit" überschrieben. Der Begriff der Tarifgebundenheit wird im Gesetz nicht definiert. Die Tarifgebundenheit ergibt sich aus der Mitgliedschaft in einer der Vereinigungen oder – auf AG-Seite –, wenn der AG weil er tariffähig ist, § 2 Abs. 1 (vgl. § 2 Rn 76), mit der zuständigen Gewerkschaft einen Firmen-TV abschließt, Abs. 1. Mit der Zugehörigkeit zu einer der tarifvertragschließenden Parteien oder zu der Gewerkschaft, die mit einem AG einen Firmen-TV abgeschlossen hat, korrespondiert der Geltungsanspruch der Tarifnormen, also die unmittelbare und zwingende Wirkung nach § 4 Abs. 1.[1] TV gelten unmittelbar und zwingend nur für tarifgebundene Arbeitsvertragsparteien, die unter den Geltungsbereich des TV fallen, wobei § 4 Abs. 2 den TV-Parteien ermöglicht, auch gemeinsame Einrichtungen zu schaffen. Dieses Zusammengreifen von Abs. 1 und § 4 Abs. 1 findet sich in zahllosen Entscheidungen des BAG, etwa mit der Formulierung „Für das Arbeitsverhältnis der Parteien gilt kraft beiderseitiger Tarifgebundenheit der BAT/VKA unmittelbar und zwingend (§§ 3 Abs. 1, 4 Abs. 1)."[2]

B. Regelungsgehalt

Abs. 1 regelt die Tarifgebundenheit, auch „Tarifbindung" oder „Tarifunterworfenheit" genannt, wobei im Folgenden bei dem vom Gesetz vorgegebenen Begriff der Tarifgebundenheit verblieben wird. Abs. 2 bestimmt, welche Tarifnormen gelten, obwohl – nur – der AG tarifgebunden ist. Abs. 3 sieht vor, dass die Tarifgebundenheit bestehen bleibt, bis der TV „endet". Diese sog. verlängerte Tarifgebundenheit, Nachgeltung, Nachbindung verhindert, dass sich eine Arbeitsvertragspartei während der Laufzeit eines TV durch Verbandsaustritt – i.d.R. Austritt des AG aus dem AG-Verband, aber auch Austritt des AN aus der Gewerkschaft – von der unmittelbaren und zwingenden Wirkung des TV lösen kann, Stichwort: „Flucht aus dem TV". Im Gegensatz zur Nachwirkung des § 4 Abs. 5 können während der verlängerten Tarifgebundenheit die immer noch zwingenden Tarifnormen nicht auf betrieblicher Ebene, etwa durch BV oder individualrechtlich, sei es im Wege der Vertragsänderung oder durch Änderungs-Künd zum Nachteil des AN verschlechtert werden. Ändern allerdings die TV-Parteien den TV oder heben sie ihn auf und/oder ersetzen sie ihn durch einen anderen TV oder erfolgt nach einer Künd des TV keine Neuregelung, „endet" die verlängerte Tarifgebundenheit.[3] Es tritt die Nachwirkung des § 4 Abs. 5 ein. Während des Nachwirkungszeitraums kann die Nachwirkung durch beiderseits geltenden TV, durch Aufhebungsvertrag, durch Änderungs-Künd, soweit durchsetzbar, auch zum Nachteil des AN beendet werden, also der Inhalt der – nur – nachwirkenden Tarifnormen verschlechtert werden.[4]

---

1 *Kristina Schmidt*, HzA Gruppe 18 Teilbereich 1 Rn 199.
2 Vgl. z.B. 12.5.2004 – 4 AZR 371/03 – AP §§ 22, 23 BAT 1975 Nr. 301, zu I 1 a der Gründe.
3 Vgl. zum Zeitpunkt, in dem der TV endet, § 1 Rn 43 ff.
4 Einzelheiten § 4 Rn 37 ff.

I. Tarifgebundenheit

3 **1. Allgemeines.** Nach Abs. 1 sind die Mitglieder der TV-Parteien tarifgebunden und der AG, der selbst Partei des TV ist. Angesprochen ist damit die beiderseitige Tarifgebundenheit, auch kongruente Tarifgebundenheit genannt. Außenseiter sind grds. nicht einbezogen. Die in § 5 vorgesehene Allgemeinverbindlichkeitserklärung ist das Instrument dafür, die nicht i.S.v. Abs. 1 kongruent tarifgebundenen AG und AN in die Tarifgebundenheit einzubeziehen. Ein anderes Instrument, die Tarifnormen auf nicht tarifgebundene AN, aber auch auf etwa nicht tarifgebundene AG im Ergebnis, aber ohne unmittelbare und zwingende Wirkung, § 4 Abs. 1, zu erstrecken, sind Klauseln in Arbeitsverträgen, die einen TV oder ein Tarifwerk in Bezug nehmen, was im Gegensatz zur Geltung damit zum Ausdruck gebracht wird, dass „zwischen den Parteien... aufgrund arbeitsvertraglicher Verweisung der BAT vereinbart... ist"[5] oder dass „auf das Arbeitsverhältnis der Parteien ... kraft arbeitsvertraglicher Vereinbarung die Bestimmungen des BAT/VKA Anwendung ... finden",[6] wobei die Diskussion um Bezugnahmeklauseln auf TV aufgrund der Entscheidung des 4. Senats des BAG v. 14.12.2005[7] zur Auslegung von Bezugnahmeklauseln als Gleichstellungsabrede wieder Auftrieb gewonnen hat, zumal in der Zusammenschau mit der Entscheidung des EuGH v. 9.3.2006 – Werhof.[8]

4 **a) Normativer Teil.** Der normative Teil des TV (siehe § 1 Rn 72 ff.) wirkt unmittelbar und zwingend zwischen den Tarifgebundenen, die unter den räumlichen, fachlichen und persönlichen Geltungsbereich des TV fallen, und zwar bei beiderseitiger Tarifgebundenheit.

5 **b) Schuldrechtlicher Teil.** Die TV-Parteien schaffen nicht nur Normen, sondern begründen gegenseitige Pflichten, wie eine etwa über die dem TV eigene allg. Friedenspflicht hinausgehende besondere Friedenspflicht (siehe § 1 Rn 72 ff.).

Die tarifunterworfenen Mitglieder der TV-Parteien werden vom schuldrechtlichen Teil nicht erfasst.

6 **c) Wirkung der Tarifgebundenheit.** § 4 Abs. 1 S. 1 schreibt vor, dass die Rechtsnormen eines TV über Abschluss, Inhalt und Beendigung von Arbverh unmittelbar und zwingend zwischen den beiderseits Tarifgebundenen gelten, die unter den räumlichen, fachlichen und persönlichen Geltungsbereich des TV fallen (siehe § 4 Rn 3).

7 **d) Tarifgebundenheit und Außenseiter.** Nicht oder anders organisierte Arbeitsvertragsparteien werden von den TV nicht erfasst, es sei denn, der TV wurde für allgemeinverbindlich erklärt, § 5. Die Allgemeinverbindlichkeitserklärung ersetzt die Tarifgebundenheit. Entscheidend ist, ob die Arbeitsvertragsparteien nach dem räumlichen, fachlichen und persönlichen Geltungsbereich dem TV unterfallen, wären sie Mitglied der tarifvertragschließenden Vereinigungen. Ein TV oder ein Tarifwerk kann durch entsprechende arbeitsvertragliche Bestimmungen – Bezugnahme- oder Verweisungsklausel – zur Anwendung gebracht werden. Dabei können die Arbeitsvertragsparteien einen TV oder ein Tarifwerk in Bezug nehmen, an das sie an sich bei Verbandszugehörigkeit nicht beiderseits gebunden wären, weil etwa der fachliche Geltungsbereich sie nicht erfasst. So wird nicht selten von privaten AG, die keinem AG-Verband angehören, der BAT in Bezug genommen. Häufiger ist die von organisierten, also tarifgebundenen AG in die Arbeitsverträge aufgenommene dynamische Bezugnahme auf das Tarifwerk, an das der AG aufgrund seiner Verbandszugehörigkeit gebunden ist und das er bei satzungsmäßigem Verhalten mit den Nichttarifgebundenen zu vereinbaren hat, Stichwort: Gleichstellungsabrede (Einzelheiten vgl. Rn 99 ff.).

§ 4 Abs. 1 S. 2 sieht vor, dass die Tarifgebundenheit des AG für Betriebsnormen und betriebsverfassungsrechtliche Normen ausreicht. Allerdings muss der Betrieb des AG vom räumlichen und fachlichen Geltungsbereich des TV erfasst sein.

8 **e) Tarifgebundenheit und persönlicher Geltungsbereich.** Von der Tarifgebundenheit ist der persönliche Geltungsbereich des TV zu unterscheiden. Die Tarifgebundenheit regelt Abs. 1. Er bezeichnet die AN und die AG, die von Verbands-TV überhaupt erfasst werden können. Der persönliche Geltungsbereich besagt neben den anderen Regelungen, die den Geltungsbereich ausmachen, wie fachlicher und räumlicher, welche bestimmbaren AG und welche AN mit den bestehenden Arbverh erfasst sind. Der Geltungsbereich des TV wird von den TV-Parteien bestimmt. Trotz an sich bestehender Tarifgebundenheit, der AG ist im AG-Verband Metall, der AN ist Mitglied der IG Metall, gelten nicht alle zwischen diesen Vereinigungen abgeschlossene TV für die bestehenden Arbverh, sondern, ist der TV für den Bereich des Handwerks Heizung, Lüftung, Sanitär für das Land Baden-Württemberg abgeschlossen, nur für die Betriebe und Betriebsteile dieses Handwerks, deren Inhaber im AG-Verband Metall sind und für die in diesem Bereich beschäftigten Mitglieder der IG Metall, unterstellt, der AG-Verband Metall habe diese TV auch, etwa neben der Handwerksinnung, abgeschlossen.

9 **2. Mitgliedschaft bei den Tarifvertragsparteien.** Die Tarifgebundenheit setzt voraus, dass sowohl der AG als auch der AN Mitglied des oder eines der tarifvertragschließenden Verbände sind und sie vom Geltungsbereich

---

5 Vgl. z.B. BAG 12.5.2004 – 4 AZR 379/03 – AP §§ 22, 23 BAT 1975 Nr. 299, zu I 1 der Gründe.
6 Vgl. z.B. BAG 11.2.2004 – 4 AZR 42/03 – AP §§ 22, 23 BAT 1975 Nr. 296, zu I 1 a der Gründe.
7 4 AZR 536/04 – BB 2006, 1504.
8 C-499/04 – EzA § 613a BGB 2002 Nr. 44, vgl. dazu unten Rn 99 ff.

des TV erfasst werden. Nur bei einem Haus-, Firmen- oder Werk-TV bedarf es einer Mitgliedschaft im AG-Verband nicht, der AG ist unabhängig von seiner Mitgliedschaft in einem AG-Verband tariffähig, § 2 Abs. 1.

Der Erwerb und das Ende der Mitgliedschaft erfolgen je nach der Form der Organisation der Vereinigungen. Das ist i.d.R. das Vereinsrecht, letztlich das Satzungsrecht. Die AG-Verbände sind meist als rechtsfähige Vereine organisiert. Die Gewerkschaften sind – historisch bedingt[9] – regelmäßig nicht rechtsfähige nicht eingetragene Vereine.[10] Allerdings ist ver.di ein eingetragener Verein.[11]

3. Beginn und Ende der Mitgliedschaft. a) Beitritt/Erwerb der Mitgliedschaft. Die Mitgliedschaft in einer TV-Partei wird in § 3 vorausgesetzt. Die Frage, ob jemand Mitglied einer TV-Partei ist, ist auch für die Geltung eines TV nach dem Rechtsverhältnis zwischen der TV-Partei und ihrem Mitglied zu beurteilen. Ob die Mitgliedschaft zu einer TV-Partei besteht, bestimmt sich nicht nach den Vorschriften des TVG, sondern nach den auf das Rechtsverhältnis zwischen TV-Partei und ihrem Mitglied zur Anwendung kommenden Normen, u.a. nach denen des Vereinsrechts.[12] Die Mitgliedschaft richtet sich nach der allg. Grundsatz, dass die Mitgliedschaft in einem Verein nur einvernehmlich aufgrund übereinstimmender Willenserklärungen zustande kommen kann. Die Modalitäten der Begründung der Mitgliedschaft werden durch die jeweilige Satzung geregelt.[13]

Mit der unterschriebenen Beitrittserklärung erkennt der Bewerber die Satzung an. Die Mitgliedschaft setzt i.d.R. die Annahme der Beitrittserklärung voraus, der Zugang der Beitrittserklärung reicht nicht aus. Mitunter wird der Beginn der Mitgliedschaft außerdem von der Leistung eines ersten Beitrages abhängig gemacht. Die Mitgliedschaft soll erst einsetzen, wenn der Beitretende seinen Beitragszahlungsverpflichtungen erstmals nachgekommen ist.

Wie sich die Annahme der Beitrittserklärung, die Aufnahme eines Mitglieds vollzieht, richtet sich nach der Satzung.[14]

Erst mit der Annahme der Beitrittserklärung, also mit der Aufnahme eines Mitglieds, ist der Bewerber tarifgebunden. War im Zeitpunkt des Zugangs einer ordentlichen Künd die Mitgliedschaft des AN und damit seine Tarifgebundenheit also Voraussetzung für die Geltung des TV noch nicht gegeben, kann sich der AN nicht mit Erfolg auf den besonderen tarifvertraglichen Künd-Schutz für ältere AN berufen.[15]

Die Vereinbarung eines rückwirkenden Beginns der Mitgliedschaft führt nicht zu einem rückwirkenden Beginn der Tarifgebundenheit. Eine möglicherweise im Innenverhältnis zwischen Gewerkschaft und Mitglied wirksame Rückwirkung des Beginns der Mitgliedschaft in der Koalition ist für die Begründung der Tarifgebundenheit gem. Abs. 1 rechtlich ohne Bedeutung. Es kommt auf den „tatsächlichen Beitritt" an. Der 4. Senat des BAG[16] begründet das damit, dass die gesetzlich geregelten Folgen der mitgliedschaftlich begründeten Tarifgebundenheit nicht einseitig modifiziert werden können. Die gesetzlich begründete normative Wirkung steht nicht zur Disposition einer rückwirkenden Vereinbarung über den Beginn der Mitgliedschaft zwischen der TV-Partei und deren Mitgliedern.

Bei den AG-Verbänden wird die Mitgliedschaft häufig aufgrund eines Beschlusses eines dafür zuständigen Vereinsorgans, etwa des Vorstandes oder eines Aufnahmeausschusses begründet. Die Satzung kann bestimmen, welche Personen nicht aufgenommen werden dürfen.[17] Die Satzung kann vorsehen, dass nur solche Personen aufgenommen werden, die im örtlichen und fachlichen Tätigkeitsbereich des Verbandes arbeiten. Manche AG-Verbände haben solche Beschränkungen nicht. Jeder AG kann beitreten (keine örtlich- und/oder fachlichbezogene Mitgliedschaft). Damit ist jede natürliche oder juristische Person gemeint. Auf den Betrieb kommt es nicht an. Aus den Satzungen ergibt sich i.d.R. kein Anspruch auf Aufnahme.

Die Rspr. der ordentlichen Gerichte garantiert dem AN einen Anspruch auf Aufnahme in die Gewerkschaft, wenn die Gewerkschaft über eine überragende Machtstellung verfügt, der AN ein wesentliches Interesse an dem Erwerb der Mitgliedschaft hat und ein sachlicher Grund für die Ablehnung der Mitgliedschaft nicht gegeben ist.[18] Das wird unmittelbar aus der Koalitionsfreiheit abgeleitet. Das Recht, Koalitionen beizutreten, kann wirksam nur ausgeübt werden, wenn der Einzelne vor der missbräuchlichen Versagung der Mitgliedschaft in einer mächtigen Gewerkschaft

---

9 *Medicus*, Allgemeiner Teil des BGB, 4. Aufl. 1990, Rn 1443, Gewerkschaften „haben durchweg den Verzicht auf die Rechtsfähigkeit der behördlichen Kontrolle vorgezogen", ähnlich *Däubler*, Das Arbeitsrecht, 1985, S. 604 unter Hinweis auf *Kögler*, Arbeiterbewegung und Vereinsrecht, 1974, anders aber z.B. *Richter*, Grundverhältnisse des Arbeitsrechts, 1928, S. 45.

10 Vgl. nur *Hueck/Nipperdey*, Lehrbuch des Arbeitsrechts II/1, 7. Aufl. 1966, § 11 IV 1; Schaub/*Koch*, Arbeitsrechts-Handbuch, § 189 I Rn 9.

11 Schaub/*Koch*, Arbeitsrechts-Handbuch, § 189 II Rn 12, dazu *Kempen u.a.*, JbArbR, Band 39 (2002), S. 65 ff.

12 BAG 14.10.1960 – 1 AZR 233/58 – AP Art. 9 GG Arbeitskampf Nr. 10, Bl. 4R des Abdrucks.

13 BAG 22.11.2000 – 4 AZR 688/99 – AP § 3 TVG Verbandszugehörigkeit Nr. 20, zu I 3 der Gründe.

14 BAG 22.11.2000 – 4 AZR 688/99 – AP § 3 TVG Verbandszugehörigkeit Nr. 20.

15 BAG 22.11.2000 – 4 AZR 688/99 – AP § 3 TVG Verbandszugehörigkeit Nr. 20.

16 BAG 22.11.2000 – 4 AZR 688/99 – AP § 3 TVG Verbandszugehörigkeit Nr. 20, zu I 4 der Gründe; vgl. BAG 10. Senat 21.1.2009 – 10 AZR 216/08 – NZA-RR 2009, 385.

17 Vgl. z.B. Satzung der IG Metall, Ziffer 5.

18 BGH 10.12.1984 – II ZR 91/84 – NJW 1985, 1216 = NZA 1985, 540.

17 geschützt wird.[19] Entsprechendes gilt für AG. Ein AG kann nicht Erfolg auf die Möglichkeit des Firmen-TV verwiesen werden. Er muss sich durch „Flucht in den Verband" schützen können dürfen.

17 Aus Vorstehendem wurde bereits deutlich, dass die Tarifgebundenheit an einen bereits in Kraft getretenen, noch laufenden TV erst zu dem Zeitpunkt eintritt, in dem beide Seiten, also sowohl AG als auch AN, Mitglieder eines der tarifvertragschließenden Partei (geworden) sind und sie unter den Geltungsbereich des TV fallen.

18 Das gilt selbst dann, wenn der TV rückwirkend in Kraft gesetzt wurde. Das führt nicht dazu, dass der während des Laufes des TV in die Gewerkschaft eingetretene AN, etwa per 1.10.2005, die am 1.9. rückwirkend ab 1.4. vereinbarte Lohnerhöhung auch noch bekommt, auch wenn das Arbverh bereits am 2.1.2005 begonnen hätte.[20]

19 Tritt der AN im Nachgeltungszeitraum, Abs. 3, der tarifvertragschließenden Gewerkschaft bei, tritt Tarifgebundenheit hinsichtlich eines noch geltenden TV ein. Der AN ist eben während der verlängerten Tarifgebundenheit, also während eines noch laufenden TV Mitglied der Gewerkschaft geworden, so dass er mit Wirksamwerden seines Beitritts von der Tarifgeltung erfasst wird.[21]

20 **b) Austritt/Ende der Mitgliedschaft.** Die Beendigung der Mitgliedschaft erfolgt i.d.R. durch Austritt. Die Modalitäten des Austritts richten sich nach der Satzung. I.d.R. werden Fristen vorgesehen. Die Gewerkschaftssatzungen sehen eine Frist von sechs Wochen, drei Monaten oder sechs Monaten vor.[22] In der täglichen Praxis ist der Austritt aus einem AG-Verband bedeutsamer. Während der AN i.d.R. unstr. Mitglied der tarifvertragsschließenden Gewerkschaft, also tarifgebunden ist, kommt es darauf an, ob der AG zur Zeit des Abschlusses des TV Mitglied des tarifvertragschließenden AG-Verbandes war und ob sich bei Bejahung dieser Frage der TV nach seinem Geltungsbereich auch auf diesen AG erstreckte.[23]

21 Die AG-Verbände haben unterschiedliche satzungsmäßige Fristen. Sie schwanken meistens zwischen vier und sechs Monaten, i.d.R. zum Jahresende. Während nach § 39 Abs. 2 BGB die Satzung grds. eine Austrittsfrist/Künd-Frist von maximal zwei Jahren vorsehen kann, wird bei Koalitionen eine mehr als halbjährige Künd-Frist als zu lang angesehen.[24] Es wird vorgeschlagen, längere Fristen auf das angemessene Maß zu reduzieren.[25] Welche Frist aber angemessen ist, wird unterschiedlich beantwortet. Bei einem Austritt aus Gewerkschaften werden sechs Monate, bei AG-Verbänden zwölf Monate angemessen sein.[26] Der 4. Senat hat in seiner Entscheidung vom 1.12.2004[27] die Frage offen lassen können, weil der kündigende AG die Künd. „zum nächstzulässigen Termin" ausgesprochen hatte und damit zu erkennen gegeben hat, satzungsgemäß ausscheiden zu wollen – sechs Monate zum Jahresschluss –, einen früheren Zeitpunkt hat er nicht für sich in Anspruch genommen. Deshalb rät *Oetker* AG, die sich vorzeitig, also ohne Einhaltung der satzungsmäßigen Frist, von der Verbandsmitgliedschaft lösen wollen, dies unter Bezugnahme auf die Rspr. des BGH zu den Austrittsfristen bei Gewerkschaften[28] bereits in der Künd-Erklärung zum Ausdruck zu bringen.[29] Die Frage des möglichst raschen Austritts aus dem AG-Verband stellt sich insb. dann, wenn sich der Abschluss eines TV abzeichnet, den der AG nicht zu übernehmen wünscht.

22 Ob das durch eine außerordentliche Künd wirksam geschehen kann, ist umstr.,[30] muss aber dem Grunde nach im Hinblick auf §§ 314, 626 BGB bejaht werden, jedenfalls bedarf es eines wichtigen Grundes,[31] der den Fortbestand der Verbandszugehörigkeit bis zum nächstzulässigen Beendigungstermin für den AG unzumutbar macht. Das kann auch der Inhalt des vor dem Abschluss stehenden TV sein, der für den AG bei fristgerechtem Austritt noch gelten würde. Das wäre dann i.E. zu überprüfen.[32]

23 Nicht selten wird aber von den Verbänden eine außerordentliche Künd durch das Mitglied hingenommen. Daran sind aber die Gerichte nicht gebunden. Vielmehr ist als Vorfrage für die Tarifgebundenheit zu klären, ob und wenn ja, auf welchen Zeitpunkt die Austritts-/Künd-Erklärung wirkt.[33]

---

19 *Löwisch/Rieble*, § 3 Rn 36.
20 Vgl. den Fall LAG Düsseldorf 12.6.1991 – 4 Sa 387/91 – LAGE § 3 TVG Nr. 3 betreffend Anspruch des AN auf den vollen tariflichen Jahresurlaub bei Beitritt des AG in den AG-Verband am 1.8. des laufenden Jahres, was das LAG bejaht hat, dazu richtig *Löwisch/Rieble*, § 3 Rn 79: Zwölftelungsprinzip bzw. tarifliche Regelung für ein nicht das ganze Jahr bestandenes Arbverh.
21 Anders bei der Nachwirkung, § 4 Abs. 5, sei es, dass das Arbverh mit einem tarifgebundenen AN erst im Nachwirkungszeitraum begründet wurde, sei es, dass er erst im Nachwirkungszeitraum der Gewerkschaft beigetreten ist, BAG 22.7.1998 – 4 AZR 403/97 – AP § 4 TVG Nachwirkung Nr. 32.
22 *Berg* u.a., § 3 TVG Rn 17.
23 So die zutreffende Fragestellung bereits bei BAG 9.11.1956 – 1 AZR 421/54 – AP § 3 TVG Verbandszugehörigkeit Bl. 1R des Abdrucks.
24 HWK/*Henssler*, § 3 TVG Rn 11, mit Nachweisen in Fn 1.
25 HWK/*Henssler*, § 3 TVG Rn 11.
26 *Berg* u.a., § 3 TVG Rn 17; Nachweise bei *Oetker*, Anm. zu BAG 11.12.2004 – 4 AZR 55/04 – AP § 3 TVG Verbandsaustritt Nr. 12.
27 4 AZR 450/04 – AP § 3 TVG Verbandsaustritt Nr. 12.
28 4.7.1977 – II ZR 30/76 – AP Art. 9 GG Nr. 25; 22.9.1980 – II ZR 34/80 – AP Art. 9 GG Nr. 33.
29 Anm. zu BAG 1.12.2004 – 4 AZR 55/04 – AP § 3 TVG Verbandsaustritt Nr. 12.
30 Ablehnend LAG Düsseldorf 13.2.1996 – 16 (6) Sa 1457/95 – LAGE § 3 TVG Nr. 4.
31 ArbG Berlin 5.3.2003 – 96 Ca 5296/03 – ZTR 2003, 447 = DB 2003, 518.
32 *Oetker*, Anm. zu BAG 11.12.2004 – 4 AZR 55/04 – AP § 3 TVG Verbandsaustritt Nr. 12.
33 BAG 1.12.2004 – 4 AZR 55/04 – AP § 3 TVG Verbandsaustritt Nr. 12, zu 1 der Gründe.

Das folgt schon daraus, dass im vereinsrechtlichen Verfahren vor den ordentlichen Gerichten nur Rechtskraft zwischen dem AG einerseits und dem AG-Verband andererseits bestehen würde, also ein AN in einem späteren Prozess etwa um Tariflohn aufgrund eines TV, der den AG wegen noch bestehender Mitgliedschaft noch erfassen würde, wenn der str. Austritt unwirksam oder nicht fristgerecht wäre, nicht einbezogen wäre.

Deswegen überzeugt die Entscheidung des BAG vom 14.10.1960,[34] nach der eine rechtskräftig gewordene Entscheidung des Inhalts, der AG habe zu Recht seine Mitgliedschaft aus wichtigem Grund in einem bestimmten Zeitpunkt gelöst, auch für und gegen die einzelne TV-Partei und deren Mitglieder wirke, nicht. Das vermag § 8 a.F., jetzt § 9 nicht zu leisten.[35]

Bleibt die Beendigung der Mitgliedschaft durch Aufhebungsvertrag mit sofortiger Wirkung. Er ist uneingeschränkt zulässig,[36] allerdings nicht rückwirkend.[37] Für die einvernehmliche Beendigung gilt nichts anderes als für den Beitritt mit Rückwirkung. Die gesetzlich begründete normative Wirkung kann nicht schuldrechtlich geändert werden (vgl. Rn 14).

Manche Satzungen sehen vor, dass die Mitgliedschaft endet, wenn die Mitgliedsbeiträge nicht erbracht werden. I.d.R. ist es aber so, dass das automatische Ende der Mitgliedschaft erst nach Aufforderung, den Zahlungsverzug zu beenden, erfolgt oder es eines formellen Beschlusses eines Vereinsorgans bedarf.

Ferner kann die Mitgliedschaft durch Ausschluss aus der Vereinigung erfolgen. Das dafür in der Satzung vorgesehene Verfahren muss eingehalten werden. Bei Koalitionen unterliegt die Ausschließung sowohl in formeller als auch in materieller Hinsicht der vollen richterlichen Nachprüfung,[38] allerdings wird man fordern müssen, dass der Ausgeschlossene seinerseits die satzungsmäßigen Möglichkeiten wahrzunehmen hat, etwa die Anrufung der Mitgliederversammlung oder eines sonstigen in der Satzung vorgesehenen Konfliktlösungsmechanismus, wie etwa die Anrufung eines Schiedsgerichts.[39]

Gewerkschaftsmitglieder, die auf einer konkurrierenden Liste kandidieren, können ausgeschlossen werden.[40] Einer Aufnahmepflicht (vgl. Rn 16) entspricht das Erfordernis, dass der Ausschluss in der Satzung vorgesehen ist und durch sachliche Gründe gerechtfertigt ist.[41]

4. Die Gastmitgliedschaft. Nach Abs. 1 sind tarifgebunden die Mitglieder der TV-Parteien und der AG, der selbst Partei eines TV ist. Ob eine „Gastmitgliedschaft" bei einem AG-Verband als Mitgliedschaft i.S.d. § 3 anzusehen ist, entscheidet sich nach den Grundsätzen des Vereinsrechts. Es kommt darauf an, ob das „Gastmitglied" nach der Satzung des Vereins die vereinsrechtliche Stellung eines Mitglieds in allen wesentlichen Punkten, also insb. das Stimmrecht in der Mitgliederversammlung und das Wahlrecht zu den Vereinsorganen hat. Die Tarifgebundenheit der Mitglieder der TV schließenden Verbände beruht auf dem freiwilligen Eintritt in den Verband und darauf, dass der Tarifabschluss auf einem Beschluss der Mitgliederversammlung oder auf einem Willensakt des durch Satzung oder Mitgliederbeschluss im Einzelfall dazu ermächtigten Vereinsorgans (Tarifkommission) erfolgt.[42] Das Gastmitglied nimmt lediglich einige Leistungen in Anspruch, wie Beratung und Führung von Prozessen, insb. vor den ArbG.[43]

5. Die OT-Mitgliedschaft. Ob die Mitgliedschaft ohne Tarifgebundenheit (sog. OT-Mitgliedschaft) zulässig ist und ob daraus folgt, dass das OT-Mitglied an die von dem AG-Verband abgeschlossenen TV nicht gebunden ist, ist nach wie vor umstr.[44] und nunmehr wieder vermehrt Gegenstand der Diskussion.[45]

---

34 1 AZR 233/58 – AP Art. 9 GG Arbeitskampf Nr. 10, zu II der Gründe.
35 Zutreffend *Löwisch/Rieble*, § 3 Rn 161 ff.
36 *Löwisch/Rieble*, § 3 Rn 59 ff.; *Oetker*, Anm. zu BAG 1.12.2004 – 4 AZR 44/04 – AP § 3 TVG Verbandsaustritt Nr. 12 Bl. 4 m.w.N., allerdings als „vereinsrechtlich... nicht unproblematisch" bezeichnet; anders *Berg* u.a., § 1 TVG Rn 19, die den Aufhebungsvertrag nur bei Wahrung der Künd-Frist erlauben wollen; vgl. auch ArbG Berlin 8.5.2003 – 96 Ca 5296/03 – ZTR 2003, 448, das der Sache nach die Wirksamkeit eines Aufhebungsvertrages vom Vorliegen eines wichtigen Grundes abhängig macht.
37 *Löwisch/Rieble*, § 3 Rn 61.
38 Schaub/*Koch*, Arbeitsrechts-Handbuch, § 191 Rn 13 m.w.N. in Fn 27.
39 BGH 6.3.1967 – II ZR 231/64 – BGHZ 47, 172.
40 BVerfG 24.2.1999 – 1 BvR 123/93 – AP § 20 BetrVG 1972 Nr. 18.
41 HWK/*Henssler*, § 3 TVG Rn 12 m.w.N. in Fn 4.
42 So schon BAG 16.2.1962 – 1 AZR 167/61 – AP § 3 TVG Verbandszugehörigkeit Nr. 12, bestätigt von BAG 26.1.2005 – 10 AZR 299/04 – EzA § 611 BGB 2002 Gratifikation, Prämien Nr. 15 betreffend sonstiges Mitglied eines kommunalen AG-Verbandes; 23.2.2005 – 4 AZR 186/04 – AP § 4 TVG Nachwirkung Nr. 42.
43 *Wilhelm/Dannhorn*, NZA 2006, 466, 467.
44 Dafür z.B. LAG Rheinland-Pfalz 17.2.1995 – 10 Sa 1092/94 – NZA 1995, 800; *Wiedemann/Oetker*, § 3 Rn 102; *Löwisch/Rieble*, § 2 Rn 88; *Otto*, NZA 1996, 624 ff.; *Buchner*, NZA 1996, 761 ff.; ablehnend Däubler/*Lorenz*, TVG, § 3 Rn 36 ff.; *Kempen/Zachert*, § 2 Rn 117 ff.; *Berg*, AuR 2001, 393 ff.; *Däubler*, NZA 1996, 225, 230 ff.; *Berg* u.a., § 1 TVG Rn 24 f.
45 Vgl. nur *Wilhelm/Dannhorn*, NZA 2006, 466 ff.; *Deinert*, AuR 2006, 217 ff. je m.w.N.; *Wiedemann/Oetker*, § 2 Rn 78 ff.

32 Das BAG hat die Frage der Zulässigkeit von OT-Mitgliedschaften wiederholt offen gelassen.[46] In der Entscheidung v. 23.2.2005[47] hat der 4. Senat des BAG darauf verwiesen, die Zulässigkeit einer Mitgliedschaft ohne Verbandstarifbindung hänge davon ab, ob die Begrenzung der personellen Tarifzuständigkeit auf einen Teil der Verbandsmitglieder zulässig sei. Die Frage der Zulässigkeit einer OT-Mitgliedschaft sei deshalb eine Frage der Tarifzuständigkeit.[48] Da im konkreten Fall der AG streitlos ab dem 1.3.2002 „tariflos in der entsprechenden Verbandsgruppe geführt" wurde, also zu diesem Stichtag in eine sog. OT-Mitgliedschaft gewechselt ist, hat sich der 4. Senat unter Hinweis auf die oben genannte Entscheidung des 1. Senats v. 16.2.1962[49] mit dem Hinweis begnügt: „Für eine Annahme einer generellen Unwirksamkeit einer OT-Mitgliedschaft unabhängig von den konkreten Regelungen der Satzung zu der organisatorischen Struktur der betroffenen Verbandsbereiche und den Rechten der OT-Mitglieder, insbesondere im Hinblick auf den Abschluss von Tarifverträgen, mit der weiteren Konsequenz eines Verbleibens des Mitglieds im Zustand der Tarifgebundenheit trotz entgegenstehender Erklärung, gibt es danach keine rechtliche Grundlage".[50]

33 Der 1. Senat hat in seinem Beschluss v. 18.7.2006[51] die Frage der Tarifzuständigkeit in den Vordergrund gerückt und betont, die satzungsmäßige Möglichkeit einer Mitgliedschaft ohne Tarifgebundenheit führe nicht zu einer Beschränkung der Tarifzuständigkeit. Das ist deswegen richtig, weil die Frage der Tarifzuständigkeit abstrakt den Bereich festlegt, für den der AG-Verband „an sich" mit einer Gewerkschaft TV abschließen kann, letztlich aber auch will. Die Tarifgebundenheit steht für die Frage der unmittelbaren Anwendbarkeit des abgeschlossenen TV für den einzelnen AG. Dass es einem AG-Verband grds. nicht verwehrt ist, eine Form der Mitgliedschaft vorzusehen, die nicht zur Tarifgebundenheit führt, anerkennt auch der 1. Senat. Er unterscheidet lediglich deutlich zwischen Tarifzuständigkeit und Tarifgebundenheit. Ob im Einzelfall der AG aufgrund seiner OT-Mitgliedschaft nicht (mehr) tarifgebunden war, hat der 1. Senat nicht entschieden.

34 I.E.: Bei einer OT-Mitgliedschaft bestehen grds. die Mitgliedschaftsrechte. Nur in Angelegenheiten der Tarifpolitik und des Arbeitskampfes sind OT-Mitglieder nicht stimmberechtigt. Es haben sich zwei Modelle herausgebildet:

35 Beim sog. **Aufteilungsmodell** gibt es der Sache nach zwei AG-Verbände: Eine Tarifgemeinschaft, der die tarifwilligen AG angehören, die dann nach Abschluss von TV auch tarifgebunden sind. Außerdem gibt es einen weiteren Verband, der keine TV abschließt und abschließen will, dem auch die Mitglieder der Tarifgemeinschaft angehören und der für die sonstigen Aufgaben eines AG-Verbandes steht wie Beratung und Führung der Prozesse, insb. vor den ArbG.

Bei dem umstr. **Stufenmodell** besteht nur ein tariffähiger und tarifwilliger Verband, dessen Satzung aber unterschiedliche Mitgliedschaften vorsieht:

36 Die Vollmitgliedschaft mit allen satzungsmäßigen Rechten und Pflichten und – ggf. neben der Gastmitgliedschaft – die Mitgliedschaft ohne Tarifgebundenheit. Bei Letzterer sieht die Satzung vor, dass die Mitglieder ohne Tarifgebundenheit kein Stimmrecht haben, soweit über den Abschluss von TV und über etwaige Kampfmaßnahmen entschieden wird. Die OT-Mitgliedschaft verstößt nicht gegen Abs. 1, Tarifgebundenheit der Mitglieder der TV-Parteien. Es wird zutreffend darauf verwiesen, dass sich die Beitrittserklärung auf den tariffreien Bereich wirksam beschränken kann, wenn gewährleistet ist, dass die tarifunwilligen Mitglieder des Verbandes die tarifpolitischen Entscheidungen nicht beeinflussen können. Die verfassungsrechtlich garantierte Satzungsautonomie der Verbände[52] ermöglicht, einzelne Mitglieder von der Tarifgebundenheit auszunehmen. Dass der Verband nach wie vor tarifzuständig ist und sich auch für zuständig hält, wie der 1. Senat[53] betont hat, zeigen Satzungen, nach denen OT-Mitglieder verpflichtet sind, bei Verhandlungen über einen Firmen-TV den Verband zu informieren und/oder hinzuzuziehen.[54]

37 Die Entscheidung des 4. Senats v. 23.2.2005,[55] bei der unstr. war, dass der AG kurzfristig mit Ablauf des 28.2.2002 in eine OT-Mitgliedschaft gewechselt war, hat die Frage aufkommen lassen, ob die OT-Mitgliedschaft das Mittel für eine rasche Tarifflucht sei.[56] Das setzt voraus, dass die Satzung einen fristlosen Wechsel in die OT-Mitgliedschaft vorsieht und, ist das nicht der Fall, ob man das – entsprechend beim Austritt (vgl. Rn 22 ff.) – überhaupt für zulässig hält und bejahendenfalls einen wichtigen Grund verlangt. Das LAG Hamm hat diese Frage offen gelassen, die Vereinbarung des sofortigen Wechsels der Mitgliedschaft mit Tarifgebundenheit i.S.d. Abs. 1 in eine OT-Mitgliedschaft während laufender Tarifverhandlungen, um sich der Tarifgebundenheit an den bevorstehenden TV zu entziehen, aber deshalb für unwirksam gehalten, weil die Vereinbarung nicht mit dem nach der Verbandssatzung zuständigen Vertreter getroffen worden sei.[57] Hält man einen „Blitzwechsel" für zulässig,[58] tritt die Nachgeltung des Abs. 3 hinsicht-

---

46 23.101996 – 4 AZR 409/95 (A) – AP § 3 Verbandszugehörigkeit Nr. 15; 24.2.1999 – 4 AZR 42/98 – AP § 3 TVG Verbandszugehörigkeit Nr. 17.
47 4 AZR 186/04 – AP § 4 TVG Nachwirkung Nr. 42.
48 Zu I 2 b der Gründe, vgl. § 2 Rn 94.
49 1 AZR 167/61 – AP § 3 TVG Verbandszugehörigkeit Nr. 12.
50 Blatt 3 des Abdruckes vor I 3 der Gründe.
51 1 ABR 36/05 – PM 51/06 abgedr. z.B. EzA SD Nr. 16/2006, S. 3 = AuR 2006, 279 f., nunmehr AP § 2 TVG Tarifzuständigkeit Nr. 19.
52 BVerfG 4.7.1995 – 1 BvF 2/86 u.a. – AP § 116 AFG Nr. 4.
53 1 ABR 36/05 – PM 51/06 – AP § 2 TVG Tarifzuständigkeit Nr. 19.
54 Dazu *Wilhelm/Dannhorn*, NZA 2006, 466, 467.
55 4 AZR 186/04 – AP § 4 TVG Nachwirkung Nr. 42.
56 *Wilhelm/Dannhorn*, NZA 2006, 466 ff.
57 27.9.2005 – 19 Sa 936/05 – juris.
58 LAG Baden-Württemberg 19.1.2007 – 7 Sa 86/06 – juris Rn 71: Statuswechsel aufgrund der Satzung, die insoweit keine Fristen vorsieht, einvernehmlich mit sofortiger Wirkung; vgl. dazu *Deinert*, RdA 2007, 83 f.; *Wroblewski*, NZA 2007, 421, 425.

lich der laufenden TV ein. Nach Ablauf des TV, sei es durch Neuabschluss, sei es durch Änderung, wirkt der TV nach, § 4 Abs. 5. Bei nichttarifgebundenen AN mit entsprechenden Bezugnahmeklauseln verstanden als Gleichstellungsabrede ergibt sich nichts anderes: Es handelt sich nur noch um eine statische Verweisung, das gilt jedenfalls für „Altverträge", also vor dem 1.1.2002 abgeschlossene Arbeitsverträge.[59]

Nach der neuesten Rspr. des BAG ist ein kurzfristiger Wechsel von der Mitgliedschaft mit Tarifbindung in eine solche ohne Tarifgebundenheit grundsätzlich zulässig[60] wie auch der sog. „Blitzaustritt" aus dem AG-Verband.[61] Das ist letztlich Folge der Satzungsautonomie des jeweiligen Verbandes.[62] Davon unterscheidet das BAG die Frage, ob der kurzfristige Wechsel in die OT-Mitgliedschaft oder der Austritt mit sofortiger Wirkung tarifrechtlich wirksam ist, oder ob der betreffende AG tarifgebunden bleibt. Da ein vereinsrechtlich wirksamer Wechsel der Vollmitgliedschaft in die OT-Mitgliedschaft während laufender TV-Verhandlungen die Geschäftsgrundlage dieser TV-Verhandlungen[63] und den Gleichlauf von Verantwortlichkeit und Betroffenheit stören kann, verlangt das BAG[64] für die tarifliche Wirksamkeit eines solchen Wechsels während des Laufs der Tarifverhandlungen dessen Offenlegung gegenüber der an der Verhandlung beteiligten Gewerkschaft, und zwar zu einem Zeitpunkt, in dem die Gewerkschaft auf eine solche Veränderung noch im Rahmen der laufenden Tarifauseinandersetzungen reagieren kann. Diese „Anzeigepflicht" des betreffenden AG oder des betroffenen AG-Verbandes als Voraussetzung für die tarifrechtliche Wirksamkeit der kurzfristigen Veränderung der Mitgliedschaft(en) im AG-Verband wird im Einzelnen noch zu klären sein.[65]

6. Betriebsvereinbarungen. Arbeitsbedingungen können auch in BV geregelt sein, etwa eine Gehaltsordnung, solange die Sperrwirkung des § 77 Abs. 3 S. 1 BetrVG nicht greift. Auch die BV ist ein Normenvertrag, der u.a. Normen zur Regelung der ihrem Geltungsbereich unterworfenen Arbverh enthält. § 77 Abs. 3 S. 1 BetrVG verhindert eine betriebliche Normsetzung, die schon Gegenstand tariflicher Regelungsmacht ist, wobei es ausreicht, dass die Tarifgebundenheit des AG an einen Verbands-TV möglich ist.[66] Mit Inkrafttreten eines Firmen-TV, der denselben Gegenstand wie die BV regelt, wird die BV wegen der Sperrwirkung des § 77 Abs. 3 S. 1 BetrVG unwirksam.[67]

II. Tarifgebundenheit bei Firmentarifvertrag

Der einzelne AG ist tariffähig, § 2 Abs. 1. Schließt er mit der Gewerkschaft einen TV ab, ist er TV-Partei. Ein solcher TV wird als Firmen-TV bezeichnet. Es wird auch von Haus- oder Werk-TV gesprochen.

Der AG, der Mitglied eines AG-Verbandes ist, kann die Verhandlungen über einen TV auch in die Hände seines Verbandes legen. Kommt es zu einem Abschluss spricht man von einem firmenbezogenen Verbands-TV.

Der verbandsangehörige AG kann auch ohne seinen Verband einzuschalten Firmen-TV abschließen. Die Verbandszugehörigkeit ändert an seiner Tariffähigkeit nichts.[68] Der AG mag dabei gegen die Verbandssatzung verstoßen. Der AG bleibt trotz Verbandszugehörigkeit tariffähig. Auch ein gegen die Satzung des AG-Verbandes verstoßender TV ist wirksam.[69]

III. Tarifgebundenheit bei Normen über betriebliche und betriebsverfassungsrechtliche Fragen, Abs. 2

Betriebliche und betriebsverfassungsrechtliche Normen gelten auch für nicht oder anders organisierte AN in Betrieben, bei denen nur der AG tarifgebunden ist, während grds. für die Geltung von Tarifnormen die beiderseitige Tarifbundenheit erforderlich ist. Der erweiterte persönliche Geltungsbereich wird mit der sachlogisch zwingenden Erforderlichkeit gerechtfertigt.[70] Es geht um „vernünftigerweise" betriebseinheitliche Regelungen aus Gründen der innerbetrieblichen Gerechtigkeit und Gleichbehandlung.[71] Darüber hinaus werden gegen Abs. 2 verfassungsrechtliche Bedenken geltend gemacht. Die TV-Parteien haben keine Legitimität, für Außenseiter Rechtsnormen zu schaffen.[72] Das BAG hat die Vereinbarkeit von Betriebsnormen mit Art. 9 Abs. 3 GG (negative Koalitionsfreiheit) und mit dem Demokratie- und Rechtsstaatsprinzip, Art. 20 GG, sowie mit der Freiheit der Berufsausübung im Zusammenhang

---

59 BAG 14.12.2005 – 4 AZR 536/04 – PM Nr. 77/05 – EzA § 3 TVG Bezugnahme auf Tarifvertrag Nr. 32, bestätigt von BAG 18.4.2007 – 4 AZR 625/05 – PM Nr. 25/07, vgl. dazu unten Rn 105 ff.
60 4.6.2008 – 4 AZR 419/07 – § 3 TVG Nr. 38.
61 20.2.2008 – 4 AZR 64/07 – AP Art. 9 GG Nr. 134.
62 Vgl. etwa *Besgen*, SAE 2007, 293.
63 Z.B.: Der AG-Verband hat ein großes Unternehmen und zehn mittelständische Unternehmen als Mitglieder, das große Unternehmen wechselt kurzfristig in OT-Mitgliedschaft.
64 4.6.2008 – 4 AZR 419/07 – AP § 3 TVG Nr. 38 LS 4, Orientierungssatz 4, Rn 57 ff.
65 Dazu z.B. *Huke*, Status: Recht 01/2009, S. 17; *Filges*, Tarifflucht ja – aber bitte nur nach Anmeldung, FAZ 16.7.2008.
66 BAG 22.3.2005 – 1 ABR 64/03 – AP § 4 TVG Geltungsbereich Nr. 26, zu B II 2 c ee der Gründe.
67 LAG Baden-Württemberg 6.7.2006 – 13 Sa 68/05 – juris.
68 BAG 10.12.2002 – 1 AZR 96/02 – BAGE 104, 155, 160 ff.
69 BAG 4.4.2001 – 4 AZR 237/00 – BAGE 97, 263, 268.
70 BAG 26.4.1990 – 1 ABR 84/87 – AP Art. 9 GG Nr. 57.
71 BAG 11.11.2008 – 1 ABR 68/07 – EzA § 87 BetrVG 2001 Betriebliche Lohngestaltung Nr. 17; kritisch *Wiedemann*, Anm. zu BAG 1.8.2001 – 4 AZR 388/99 – AP § 3 TVG Betriebsnormen Nr. 5; *Wiedemann*, RdA 1997, 297 ff.; *Dieterich*, in: FS für Däubler, 1999, S. 451; *Giesen*, Tarifvertragliche Rechtsgestaltung für den Betrieb, 2002, S. 381 ff.
72 ErfK/*Schaub*/*Franzen*, § 3 Rn 24 m.w.N.

mit einer tariflichen Regelung im Bankengewerbe, die verbietet, dass die unter den Geltungsbereich des TV fallenden AN an Silvestertagen im Kundenbereich eingesetzt werden, für gegeben angesehen.[73] Umstr. ist, ob wenigstens ein AN Mitglied der tarifvertragschließenden Gewerkschaft sein muss. Die Gewerkschaft habe keine Legitimation, ausschließlich Außenseiter an den TV zu binden.[74] Fraglich ist, ob bei einem gemeinsamen Betrieb alle AG tarifgebunden sein müssen. Das dürfte deswegen zu bejahen sein, weil Abs. 2 als Ausnahmevorschrift eng auszulegen ist.[75]

IV. Nachgeltung, verlängerte Tarifgebundenheit, Nachbindung nach Abs. 3

42 **1. Gesetzeszweck.** Nach Abs. 3 bleibt die Tarifgebundenheit bestehen, bis der TV endet. Sinn und Zweck dieser Regelung ist es, die „Tarifflucht" eines tarifgebundenen Mitgliedes einer TV-Partei, i.d.R. des AG, aber auch des AN[76] – Stichwort: „Flucht aus dem TV durch Verbandsaustritt" – zu verhindern, ggf. zu erschweren. Die zwingende unmittelbare Wirkung der tariflichen Normen soll nicht mit den Möglichkeiten des Verbandsrechts mit dem Wirksamwerden des Austritts aufhören. Trotz des Austritts aus dem Verband wird die Tarifgebundenheit fingiert. Bedenken gegen die Verfassungsmäßigkeit der Regelung bestehen nicht. Ebenso wie der Gesetzgeber einen TV für allgemeinverbindlich erklären kann, ohne damit gegen die Verfassung zu verstoßen,[77] kann er die Fortdauer der einmal wirksam durch Verbandsmitgliedschaft begründeten Tarifgebundenheit über das Ende der Mitgliedschaft hinaus bis zum Ablauf des TV anordnen.[78] Immerhin wird anders als bei der Allgemeinverbindlichkeitserklärung die mitgliedschaftliche Legitimation nicht verlassen.[79]

43 **2. Anwendungsbereich.** Wenn ein im Betrieb beschäftigter AN im Nachgeltungszeitraum der tarifvertragschließenden Gewerkschaft beitritt, so besteht ab dem Zeitpunkt des Beitritts Tarifgebundenheit, aber auch wenn der AG bereits wirksam aus dem AG-Verband ausgeschieden ist.[80] Zwar hat zu keinem Zeitpunkt eine beiderseitige Mitgliedschaft bestanden. Aber Abs. 3 sorgt für eine verlängerte Tarifgebundenheit des AG trotz Austritts aus dem Verband. Der AN kann mit Erfolg die tarifvertragliche Vergütung verlangen.[81]

44 Entsprechendes gilt für den AG, der im Nachgeltungszeitraum in den Verband eintritt, „Flucht in den AG-Verband", etwa um dem Druck seitens der Gewerkschaft zum Abschluss eines Firmen-TV zu entgehen. Der Beitritt führt zur von der Gewerkschaft einzuhaltenden Friedenspflicht aufgrund der vorgefundenen laufenden TV.

45 Die (verlängerte) Tarifgebundenheit entfällt, wenn der AG aus dem betrieblichen/branchenmäßigen Geltungsbereich des bisherigen TV herauswächst und nicht in einen anderen TV hinein, z.B. statt Metallverarbeitung gezielt oder schleichend nur noch Dienstleistungen erbringt. Es besteht keine Tarifgebundenheit mehr, Nachwirkung des TV nach § 4 Abs. 5, aber nur statisch[82] und mit der Möglichkeit, das „durch eine andere Abmachung" zu ersetzen.

46 Wechselt der AG in eine andere Branche, also etwa im obigen Beispiel (siehe Rn 45) in das Handwerk, so kann er die Flucht in einen billigeren TV erfolgreich durch Beitritt zur tarifvertragschließenden AG-Organisation (z.B. Innung) und Eintrag in die Handwerksrolle durchführen, wenn die Handwerks-TV mit derselben Gewerkschaft abgeschlossen sind wie die TV der Branche, aus der er kommt, was bei der IG Metall und bei ver.di nicht so selten der Fall ist, mit der Folge, dass eine „andere Abmachung" vorliegt, weil beide Seiten – wieder – kongruent tarifgebunden sind.[83] Ist das nicht der Fall, etwa weil der Handwerker-TV mit einer anderen Gewerkschaft abgeschlossen wurde, kann der AG versuchen, mit der Gewerkschaft, an deren TV er durch seine frühere Verbandszugehörigkeit gebunden war, einen Firmen-TV zu schließen oder mit den AN die TV, an die er durch Verbandswechsel gebunden ist, zu vereinbaren, andere Abmachungen i.S.d. § 4 Abs. 5.

47 Davon ist der schlichte Verbandswechsel zu unterscheiden. Der AG tritt aus dem AG-Verband aus, ohne aus dem betrieblichen – branchenmäßigen – Geltungsbereich herausgewachsen zu sein oder hingewechselt zu haben, und tritt einem anderen AG-Verband bei.

48 Die Folge ist die Nachbindung i.S.d. Abs. 3, bis die TV enden,[84] dann schließt sich die Nachwirkung des § 4 Abs. 5 an, es sei denn, die TV des AG-Verbandes, dem der AG nunmehr beigetreten ist und an den er kraft seiner Mitgliedschaft gebunden ist, erfassen die Arbverh. Das ist dann der Fall, wenn die TV-Parteien für den Betrieb tarifzuständig sind,

---

73 7.11.1995 – 3 AZR 676/94 – AP § 3 TVG Betriebsnormen Nr. 1.
74 ErfK/*Schaub*/*Franzen*, § 3 Rn 25 m.w.N., anders die h.M., z.B. HWK/*Hensslier*, § 3 TVG Rn 35 m.w.N. in Fn 7; *Berg* u.a., § 3 TVG Rn 38.
75 HWK/*Hensslier*, § 3 TVG Rn 33; Wiedemann/*Oetker*, § 3 Rn 169, a.A. *Berg* u.a., § 3 TVG Rn 39.
76 BAG 4.4.2001 – 4 AZR 237/00 – AP § 4 TVG Tarifkonkurrenz Nr. 26.
77 BVerfG 24.5.1977 – 2 BvL 11/74 – AP § 5 TVG Nr. 15.
78 BAG 4.8.1993 – 4 AZR 499/92 – AP § 3 TVG Nr. 15, zu I 2 c der Gründe; zustimmend ErfK/*Schaub*/ *Franzen*, § 3 TVG Rn 30.
79 *Löwisch*/*Rieble*, § 3 Rn 83.
80 BAG 4.8.1993 – 4 AZR 499/92 – AP § 3 TVG Nr. 15.
81 Anders bei Beitritt zur Gewerkschaft im Nachwirkungszeitraum von Inhaltsnormen nach § 4 Abs. 5, so BAG in st. Rspr. seit 6.6.1958 – 1 AZR 515/57 – BAGE 6, 90, zuletzt 22.7.1998 – 4 AZR 403/97 – AP § 4 TVG Nachwirkung Nr. 32, arg: Nachwirkung kann nur das, was einmal gewirkt hat, anders die h.L.
82 BAG 5.10.1993 – 3 AZR 586/92 – AP § 1 BetrAVG Zusatzversorgungskassen Nr. 42, zu I 2 der Gründe; 10.12.1997 – 4 AZR 247/96 – AP § 3 TVG Nr. 20.
83 Dazu *Rieble*/*Klebeck*, BB 2006, 885.
84 BAG 13.12.1995 – 4 AZR 1062/94 – AP § 3 TVG Verbandsaustritt Nr. 3.

der Betrieb und die AN unter den räumlichen, fachlichen und persönlichen Geltungsbereich des TV fallen, der TV „gilt", also nicht nur nachwirkt, § 4 Abs. 5, und beiderseitige Tarifgebundenheit vorliegt. Dann entsteht möglicherweise Tarifkonkurrenz oder Tarifpluralität.[85] Tarifkonkurrenz liegt vor, wenn dieselbe Gewerkschaft auch mit dem anderen für den AG neuen Verband TV abgeschlossen hat, was bei der heutigen Konstellation bei der IG Metall und bei ver.di nicht so selten vorkommt. Hier misst die Rspr. dem nach Abs. 3 nachgeltenden TV nicht den Vorrang zu, sondern löst die Tarifkonkurrenz „wie in Fällen sonstiger Tarifkonkurrenz",[86] sonach nach dem Grundsatz der Spezialität oder nach dem „Prinzip der Sachnähe".

Tarifpluralität entsteht, wenn die andere Gewerkschaft mit dem „neuen" AG-Verband des AG TV abgeschlossen hat. Es tritt Nachgeltung, Abs. 3, anschließend Nachwirkung, § 4 Abs. 5, ein. Die TV des „neuen" AG-Verbandes gelten nur für etwaige Gewerkschaftsmitglieder der anderen Gewerkschaft, bzw. wenn die AN die Gewerkschaft wechseln. Diese Tarifpluralität ist nicht nach dem umstr. Grundsatz der Tarifeinheit zu lösen, sondern nach den Grundsätzen der „gewillkürten Tarifpluralität", es gelten im Betrieb zwei TV. Zweifelhaft ist dabei lediglich, wie es sich mit den betrieblichen und betriebsverfassungsrechtlichen Normen verhält. Vielleicht kann darauf abgestellt werden, dass die Betriebsnormen des TV gelten, der für die Mehrheit der Mitarbeiter kraft Tarifgebundenheit gilt. Der Minderheit bleiben die Inhaltsnormen erhalten; sie befinden sich nicht in einem tariflichen Loch.[87]

Bei einem Wechsel in die Mitgliedschaft ohne Tarifgebundenheit (OT-Mitgliedschaft) (vgl. Rn 37) tritt die Nachgeltung des Abs. 3 zum Zeitpunkt des Wirksamwerdens des Wechsels ein.[88]

Über den Wortlaut des Abs. 3 hinaus, der an sich nur den Austritt aus dem Verband erfasst, wird der Ausschluss aus dem Verband gleichgestellt. Das Mitglied hat durch sein Verhalten den Ausschluss herbeigeführt.[89] Entsprechendes gilt für den Fall der Insolvenz des AG, wenn die Satzung des Verbandes das automatische Ende der Mitgliedschaft im Verband für den Fall der Insolvenz vorsieht. Die TV gelten nach, Abs. 3.[90] Ansonsten bleibt es bei der Tarifgebundenheit des insolventen AG.[91] Unbeachtlich ist, wenn der Insolvenzverwalter den Betrieb nur zum Zweck der Liquidation fortführt. Der Insolvenzverwalter nimmt die Tarifrechte des AG wahr,[92] weil er im Insolvenzverfahren eines Unternehmens AG-Funktionen ausübt[93] bzw. in die Rechte und Pflichten des Insolvenzschuldners eintritt.[94]

Bei Tod des AG ist Abs. 3 nicht anwendbar. Ist der Erbe tarifgebunden, ändert sich nichts. Ist der Erbe nicht tarifgebunden, wirkt der TV nach, § 4 Abs. 5.

Stirbt der AN, endet das Arbverh.

Bei Auflösung des Verbandes gilt Abs. 3 nicht. Die Tarifgebundenheit der Mitglieder nach Abs. 1 entfällt.[95] Die AN verlieren durch die Verbandsauflösung, die zur Beendigung des TV führt, nicht den Schutz der tariflichen Vorschriften. Nach Ablauf des TV wirken seine Rechtsnormen nach § 4 Abs. 5 weiter, bis sie durch eine andere Abmachung ersetzt werden.[96] Richtiger dürfte es sein, auf die Liquidation des Verbandes abzustellen[97] und auf eine mit ihr einhergehende ggf. außerordentliche Künd des (der) TV mit der Folge der dann entstehenden Nachwirkung.[98]

Für den Zusammenschluss von Verbänden unter Auflösung eines Verbandes gilt nichts anderes. Nach der Rspr.[99] tritt Nachwirkung, § 4 Abs. 5, ein, während in der Lit. überwiegend für eine Nachbindung, Abs. 3, plädiert wird.[100]

3. Wirkungen der Nachbindung, der verlängerten Tarifgebundenheit, der Nachgeltung.
Abs. 3 verlagert die Tarifgebundenheit, nachdem sie an sich i.S.d. Abs. 1 geendet hat. Die fehlende Mitgliedschaft wird fingiert.

Daraus folgt, wie bereits betont (vgl. Rn 43), dass im Nachbindungszeitraum begründete Arbverh dem TV unterliegen. Das gilt auch, wenn der AN im Nachgeltungszeitraum der Gewerkschaft beitritt oder der AG sich dem AG-Verband anschließt.

Der Austritt des AG-Verbandes führt trotz der Nachgeltung aber dazu, dass die zuständige Gewerkschaft notfalls einen Firmen-TV erstreiken kann, weil die Tarifflucht aus dem TV für den ausgetretenen AG erloschen ist.[101]

---

85 Zutreffend *Berg* u.a., § 1 TVG Rn 47.
86 BAG 26.10.1983 – 4 AZR 219/81 – AP § 3 TVG Nr. 3 Blatt 3 des Abdrucks; a.A. *Däubler/Lorenz*, TVG, § 3 Rn 90, arg. Schutz vor der „Flucht in den Billig-Tarif", vgl. *Berg* u.a., § 3 TVG Rn 46 m.w.N.
87 Diskussionsbeitrag *Bepler* im September 2006, n.v.; vgl. *Löwisch/Rieble*, § 4 Rn 151; zusammenfassend Wiedemann/*Wank*, § 4 Rn 299 g.
88 *Berg* u.a., § 1 TVG Rn 44 m.w.N.
89 ErfK/*Schaub/Franzen*, § 3 TVG Rn 32.
90 *Berg* u.a., § 1 TVG Rn 47 m.w.N.
91 BAG 28.1.1987 – 4 AZR 150/86 – AP § 4 TVG Geltungsbereich Nr. 14, Blatt 2 des Abdrucks.
92 *Berg* u.a., § 1 TVG Rn 47.
93 Vgl. BAG 17.9.1974 – 1 AZR 16/74 – AP § 113 BetrVG 1972 Nr. 1, Blatt 2R des Abdrucks.
94 Vgl. BAG 28.1.1987 – 4 AZR 150/86 – AP § 4 TVG Geltungsbereich Nr. 14, Blatt 3 des Abdrucks.
95 BAG 15.10.1986 – 4 AZR 289/85 – AP § 3 TVG Nr. 4 m. abl. Anm. *Wiedemann*; Schaub/*Schaub*, § 199 Rn 47; a.A. BAG 23.1.2008 – 4 AZR 312/01 – AP § 3 TVG Nr. 36.
96 BAG 28.5.1997 – 4 AZR 546/95 – AP § 4 TVG Nachwirkung Nr. 26, zu 2 a bb der Gründe Blatt 3 des Abdrucks; zustimmend *Löwisch/Rieble*, § 3 Rn 90.
97 Wiedemann/*Wank*, § 4 Rn 79 ff., 83; *Wiedemann*, Anm. zu BAG 15.10.1986 – 4 AZR 289/85 – AP § 3 TVG Nr. 4.
98 Wiedemann/*Oetker*, § 2 Rn 36 ff., 42 f.
99 BAG 28.5.1997 – 4 AZR 546/95 – AP § 4 TVG Nachwirkung Nr. 26.
100 *Berg* u.a., § 3 TVG Rn 49.
101 *Berg* u.a., § 3 TVG Rn 53, Teil 2 Tz. 55 m.w.N.

56 **4. Ende der Nachbindung, der verlängerten Tarifgebundenheit, der Nachgeltung.** Die Tarifgebundenheit ist bis zum Ende des TV verlängert.

Der TV endet, wenn er aufgrund seiner Befristung abläuft, aufgehoben oder gekündigt wird.

57 Es tritt Nachwirkung ein, § 4 Abs. 5.[102] Neue TV berühren das ausgeschiedene Mitglied nicht mehr. Wird ein befristeter TV verlängert oder ein gekündigter TV wieder in Kraft gesetzt, ist das ausgeschiedene Mitglied daran nicht mehr gebunden. Dies gilt dann nicht, wenn sich der TV automatisch verlängert, wenn er nicht rechtzeitig gekündigt wird.[103] Ungekündigte TV gelten nach, Abs. 3, eine Begrenzung auf einen nächstmöglichen Künd-Termin findet nicht statt.[104] Demgegenüber wird vielfach dafür plädiert, die verlängerte Tarifgebundenheit zeitlich zu begrenzen, wobei die unterschiedlichsten Vorschläge gemacht werden.[105] Abs. 3 enthält wie § 4 Abs. 5 keine zeitliche Grenze. Davon ist auszugehen.[106]

58 Das Problem relativiert sich dadurch, dass viele TV, insb. die Lohn- und Gehalts-TV erfahrungsgemäß von kurzer Dauer sind und durch andere ersetzt werden. Außerdem ist jede Änderung des TV als Beendigung i.S.d. Abs. 3 anzusehen. Das hat der 4. Senat des BAG bereits 1992 angedeutet.[107] Das LAG Baden-Württemberg ist dem in seiner zweiten Burda-Entscheidung v. 24.10.2000[108] gefolgt. In seiner Entscheidung v. 7.11.2001 hat der 4. Senat des BAG[109] ausgeführt: „Jede Änderung eines Tarifvertrages, die sich auf Inhalt, Abschluss-, Beendigungsnormen, betriebliche und betriebsverfassungsrechtliche Fragen bezieht, ist als Beendigung im Sinne des Abs. 3 TVG – auch hinsichtlich der unveränderten Bestimmungen anzusehen." Damit hat er im Interesse der Rechtssicherheit Differenzierungsversuchen[110] eine Absage erteilt.

59 Bei in TV vorgesehenen Möglichkeiten einer Teil-Künd mag das anders sein, hier sind die TV-Parteien davon ausgegangen, dass der nichtgekündigte Teil sinnvoll aufrechterhalten werden kann; der bestehen bleibende Rest ist vom ausgeschiedenen AG-Verbandsmitglied noch gedeckt.

V. Tarifgebundenheit bei Betriebsübergang

60 Betriebsübergang und Unternehmenskauf sind zu unterscheiden. Mit einem Betriebsübergang muss ein Tarifwechsel nicht verbunden sein. § 613a Abs. 1 S. 2 bis 4 BGB stellen nur „Auffangregelungen" dar. Sie sollen nur besitzstandswahrend wirken.

61 **1. Verbandstarifvertrag.** Auch beim Betriebsübergang ist Abs. 3 nicht anwendbar. Das folgt aus § 613a Abs. 1 S. 2 BGB: Die tariflichen Regelungen sinken ins Vertragsrecht ab bei einer Veränderungssperre von einem Jahr mit individualrechtlichen Mitteln wie Änderungsvertrag oder Änderungs-Künd, es sei denn, der neue AG und der AN sind kongruent tarifgebunden, die Tarifgebundenheit des Erwerbers genügt nicht.[111]

Beispiel: Die V-GmbH gliedert aus ihrem Produktionsbetrieb die Lagerhaltung und die Auslieferung aus und beauftragt damit das Logistik-Unternehmen L GmbH, das nicht tarifgebunden ist.

62 Wenn ein Betriebsteilübergang vorliegt, dann sind die diesem Betriebsteil zugeordneten Arbverh auf die Erwerberin, die L GmbH übergegangen, § 613a Abs. 1 S. 1 BGB. Inhalte der übergegangenen Arbverh, § 613a Abs. 1 S. 1 BGB, somit Vereinbarungen im Arbeitsvertrag sind gleichermaßen auf die Erwerberin übergegangen. § 613a Abs. 1 S. 2 BGB greift ein, soweit Rechte und Pflichten nur durch TV und/oder BV geregelt waren. Geregelt heißt: Zwingende und unmittelbare Wirkung von TV oder BV. Die Folge: Absinken der Normen des TV ins Vertragsrecht, nur Besitzstandswahrung, keine dynamische, sondern nur statische Weiterwirkung der Bestimmungen mit dem Inhalt und den Vergütungen, die beim Betriebsübergang bestanden, aber mit Änderungsschutz für ein Jahr. Das heißt nicht, dass nach Ablauf dieses Jahres automatisch etwas anderes gilt: Wird keine Änderung herbeigeführt, bleibt alles beim Alten. Der AG trägt die Änderungslast. Nach § 613a Abs. 1 S. 2 BGB werden die tarifvertraglichen Regelungen mit dem Inhalt, den sie im Zeitpunkt des Betriebsüberganges haben, Bestandteil des Arbeitsvertrages. Spätere tarifvertragliche Änderungen werden auch dann nicht erfasst, wenn sie rückwirkend gelten sollen.[112]

---

102 BAG 13.12.1995 – 4 AZR 1062/94 – § 3 TVG Verbandsaustritt Nr. 3.
103 Wiedemann/*Oetker*, § 3 Rn 87.
104 Zutreffend HWK/*Henssler*, § 2 TVG Rn 44; vgl. BAG 15.10.2003 – 4 AZR 573/02 – AP § 4 TVG Nachwirkung Nr. 41: „Eine zeitliche Begrenzung der Nachwirkung nach § 4 Abs. 5 TVG sieht das Gesetz nicht vor". Für § 3 Abs. 3 gilt nichts anderes; vgl. auch BVerfG 3.7.2000 – 1 BvR 945/00 – AP § 4 TVG Nachwirkung Nr. 36.
105 Löwisch/*Rieble*, § 3 Rn 93 m.w.N.; Wiedemann/*Oetker*, § 3 Rn 93 ff.; *Kühnel*, S. 197 f.; ArbG Hannover 17.4.2008 – 10 Ca 436/07 – juris, Begrenzung auf höchstens zehn Jahre.
106 *Berg* u.a., § 3 TVG Rn 57 mit erwägenswerter historisch untermauerter Argumentation.
107 18.3.1992 – 4 AZR 339/91 – AP TVG § 3 Nr. 15.
108 10 Ta BV 2/99 – zu II 2 B der Gründe LAGE Art. 9 GG Nr. 14.
109 4 AZR 703/00 – AP § 3 TVG Verbandsaustritt Nr. 11, zu I c cc der Gründe; vgl. etwa LAG Köln 25.1.2006 – 7 Sa 831/05 – NZA-RR 2007, 254, 255; LAG Baden-Württemberg 28.11.2008 – 7 Sa 54/08 – juris.
110 ErfK/*Schaub/Franzen*, § 3 TVG Rn 36; Kempen/Zachert, § 3 Rn 61 ff.; Däubler/*Lorenz*, TVG, § 3 Rn 122 f.; in diese Richtung auch *Berg*, § 3 TVG Rn 55.
111 BAG 21.2.2001 – 4 AZR 18/00 – AP § 4 TVG Nr. 20.
112 BAG 24.11.1999 – 4 AZR 666/98 – BAGE 93, 34 = AP § 4 TVG Nachwirkung Nr. 34.

§ 613a Abs. 1 S. 3 BGB greift nur dann, wenn die Rechte und Pflichten durch andere TV „geregelt werden". „Geregelt werden" heißt dasselbe wie in S. 2. Daher ist kongruente Tarifgebundenheit erforderlich. Die Tarifgebundenheit des Erwerbers genügt nicht. Vielmehr muss auch der AN der Gewerkschaft angehören, die den anderen TV abgeschlossen hat.[113] Die Verdrängung eines gem. § 613a Abs. 1 S. 2 BGB Inhalt des Arbverh gewordenen TV durch einen anderen TV gem. § 613a Abs. 1 S. 3 BGB tritt auch dann ein, wenn die kongruente Tarifgebundenheit erst nach dem Betriebsübergang begründet wird; das Gesetz sieht dafür eine zeitliche Grenze nicht vor.[114] Das gilt auch dann, wenn der beim Betriebserwerber geltende TV nicht ein verschlechternder, sondern ein verbessernder wäre. In einem solchen Fall werden die AN „flugs" in die „richtige" Gewerkschaft eintreten, jedenfalls wären sie bereit, bessere Bedingungen zu akzeptieren. Wegen der breiten Tarifzuständigkeit der IG Metall und von ver.di hat sich die Situation aus Sicht der AG insoweit verbessert.[115] Besteht keine kongruente Tarifgebundenheit, obliegt dem neuen Betriebsinhaber die Veränderung des Vertragsinhalts mit individualrechtlichen Mitteln, aber nicht vor Ablauf des Schutzjahres, also durch Änderungsvertrag oder Änderungs-Künd, wobei die Erfolgsaussichten der Änderungs-Künd im Lichte der Rspr. des 2. Senats des BAG als nicht allzu günstig erscheinen.[116] Voraussetzung für das Absinken tariflicher Normen in das Vertragsrecht ist also allein die normative Geltung des TV vor dem Betriebsübergang, sei es aufgrund beiderseitiger Tarifgebundenheit, sei es aufgrund von Allgemeinverbindlichkeit. Auf eine Vereinbarung nach § 613a Abs. 1 S. 4 BGB wird sich der AN nicht einlassen, wenn das Tarifwerk, an das der Betriebsübernehmer gebunden ist, schlechter ist. § 613a BGB ist kein Gestaltungsprinzip, aber auch kein Gestaltungshindernis. § 613a BGB und Abs. 3 sowie § 4 Abs. 5 laufen so gesehen parallel. Ausnahme: Die im Gesetz vorgesehene Änderungssperre von einem Jahr.

2. Firmentarifvertrag. Die wegen beiderseitiger Tarifgebundenheit unmittelbar und zwingenden Bestimmungen eines Firmen-TV werden nach einem Betriebsübergang zum Inhalt des Arbverh, dies aber nur mit dem Tarifstand zur Zeit des Betriebsübergangs, also statisch.

Daran ändert sich nichts, wenn der Firmen-TV lediglich auf Verbands-TV Bezug nimmt. Spätere Änderungen der im Firmen-TV in Bezug genommenen Verbands-TV sind unbeachtlich.[117] Nach einem Teil der Lit. soll der Firmen-TV tarifrechtlich fortgelten,[118] jedenfalls dann, wenn die betriebliche Identität erhalten bleibt, also nicht beim Betriebsteilübergang (zu den Nichtorganisierten vgl. Rn 113 ff.).[119]

VI. Tarifgebundenheit bei Umwandlung

Bei Umwandlung (Verschmelzung oder Spaltung) juristischer Personen ist Abs. 3 nicht anwendbar. Es bleibt bei § 324 UmwG i.V.m. § 613a BGB.[120]

1. Verbandstarifvertrag. a) Formwechsel. Es gibt keine Veränderungen beim Formwechsel, §§ 190 ff. UmwG, bei dem nur gesellschaftsrechtliche Form gewechselt, nicht aber Vermögen übertragen wird, etwa eine KG zu einer GmbH wird. Die Mitgliedschaft im AG-Verband bleibt erhalten.

b) Verschmelzung zur Aufnahme und zur Neugründung. Hier findet ein AG-Wechsel statt. Für die Geltung eines Verbands-TV fehlt die arbeitgeberseitige Tarifgebundenheit. Die Mitgliedschaft im AG-Verband wird nicht ohne weiteres auf den Gesamtrechtsnachfolger übertragen. In diesem Falle der umwandlungsbedingten Beendigung der Rechtsnormen greift § 613a Abs. 1 S. 2 BGB: Die Tarifnormen sinken in den Arbeitsvertrag ab.

Bei Verschmelzung zur Aufnahme:

Ist das aufnehmende Unternehmen tarifgebunden, ist der Weg über § 613a Abs. 1 S. 3 BGB i.d.R. versperrt, weil beiderseitige Tarifgebundenheit vorausgesetzt ist.

Beispiel: Der aufnehmende Rechtsträger gehört zum fachlichen und räumlichen Geltungsbereich der Metallindustrie Nordwürttemberg-Nordbaden und nimmt ein Transportunternehmen auf – IG Metall einerseits und ver.di andererseits. Folge: Die AN des Bereiches Transport, die – zufällig – Mitglieder der IG Metall sind, sind tarifgebunden. Die ver.di-Mitglieder fallen aus der Tarifgebundenheit heraus, es sei denn, sie treten zur IG Metall über, was bei DGB-Gewerkschaften möglich ist und auch erwünscht ist. Tun sie das nicht: § 613a Abs. 1 S. 2 BGB oder § 4 Abs. 5.

---

113 BAG 30.8.2000 – 4 AZR 581/99 – BAGE 95, 296, eingehend begründet in der Entscheidung v. 21.2.2001 – 4 AZR 18/00 – BAGE 97, 107; 11.5.2005 – 4 AZR 315/04 – AP § 613a BGB Nr. 286.
114 BAG 11.5.2005 – 4 AZR 315/04 – AP § 613a BGB Nr. 286.
115 BAG 11.5.2005 – 4 AZR 315/04 – AP § 613a BGB Nr. 286, dazu eingehend *Moll*, RdA 2007, 47, 49 ff.
116 Vgl. nur KR/*Rost*, § 2 KSchG Rn 108 ff.; vgl. nur LAG Rheinland-Pfalz 20.7.2006 – 6 Sa 1015/05 – DB 2007, 1761; BAG 29.11.2007 – 2 AZR 22/07 – ZinsO 2008, 1040; BAG 29.11.2007 – 2 AZR 789/06 – juris.
117 BAG 20.6.2001 – 4 AZR 295/00 – AP § 1 TVG Bezugnahme auf Tarifvertrag Nr. 18; 29.8.2001 – 4 AZR 332/00 – AP § 1 TVG Bezugnahme auf Tarifvertrag Nr. 17.
118 Däubler/*Lorenz*, TVG, § 3 Rn 176.
119 *Kempen/Zachert*, § 3 Rn 120; *Berg* u.a., § 3 TVG Rn 67.
120 *Löwisch/Rieble*, § 3 Rn 88.

71 c) **Aufspaltungen, Abspaltungen, Ausgliederungen.** Die Tarifgebundenheit kann entfallen, wenn z.B. der Gastronomiebetrieb einer Kaufhaus GmbH abgetrennt und auf eine neu gegründete GmbH übertragen wird, die nicht tarifgebunden ist.[121]

72 Die Mitgliedschaft im AG-Verband geht nicht mit, § 38 BGB. Es kommt zur schuldrechtlichen Anwendung der vor der Spaltung geltenden TV. Ist der neue AG tarifgebunden, kann § 613a Abs. 1 S. 3 BGB zur Geltung eines TV führen bei beiderseitiger Tarifgebundenheit, die AN treten (möglicherweise mit für sie ungünstigeren Folgen) in die nunmehr zuständige Gewerkschaft ein.

73 Werden Unternehmensteile nicht zur Neugründung, sondern auf schon bestehende Rechtsträger ausgegliedert oder abgespalten und sind die aufnehmenden Rechtsträger ihrerseits tarifgebunden, ist § 613a Abs. 1 S. 3 BGB nur anwendbar, wenn kongruente Tarifgebundenheit besteht.

74 **2. Firmentarifvertrag. a) Formwechsel.** Es ändert sich nichts. Es bleibt beim Firmen-TV.

75 **b) Verschmelzung zur Aufnahme und zur Neugründung.** Hatten die verschmelzenden Rechtsträger Firmen-TV abgeschlossen, so tritt der neugegründete Rechtsträger oder der Rechtsträger, auf den verschmolzen wird, im Wege der Gesamtrechtsfolge an die Stelle des untergehenden Rechtsträgers. Es besteht weiterhin Tarifgebundenheit. Das hat der 4. Senat des BAG für den Fall der Verschmelzung zur Neugründung anerkannt.[122] Der Firmen-TV zählt zu den Verbindlichkeiten i.S.d. § 20 Abs. 1 Nr. 1 UmwG. Geht ein Firmen-TV durch Verschmelzung auf einen neuen Unternehmensträger über, so ist wegen der normativen Wirkung für eine Anwendung des § 613a Abs. 1 S. 2 BGB kein Raum. Denn § 613a Abs. 1 S. 2 BGB, der nach § 324 UmwG unberührt bleibt, stellt im Fall der Umwandlung nur eine Auffangregelung für den Fall dar, dass ein TV nicht kollektivrechtlich für den neuen Unternehmensträger gilt.

76 Gab es bei dem aufgenommenen Rechtsträger keinen TV, wohl aber beim aufnehmenden Rechtsträger einen Firmen-TV, so gilt dieser für die AN des aufgenommenen Rechtsträgers, wenn der Firmen-TV unternehmensbezogen abgeschlossen war (Frage des Geltungsbereiches) und die aufgenommenen AN tarifgebunden sind.[123]

77 Stoßen zwei oder mehrere Firmen-TV aufeinander, bleibt es bei diesen unter Beachtung ihres persönlichen, sachlichen und räumlichen Geltungsbereichs, auch wenn es sich um einen einheitlichen Betrieb handelt, es sei denn, der arbeitsrechtliche Zweck änderte sich völlig, dann gilt § 613a BGB.[124]

78 Bei Verschmelzung zur Aufnahme:

Wenn der TV mit derselben Gewerkschaft und mit demselben AG-Verband als firmenbezogener Verbands-TV geschlossen worden war und der aufnehmende Rechtsträger an den Verbandstarif gebunden ist, geht der Firmen-TV wegen Spezialität vor, § 613a Abs. 1 S. 3 BGB ist nicht anwendbar.[125] Sind die TV mit unterschiedlichen Gewerkschaften abgeschlossen, bestehen die TV nebeneinander. Es handelte sich um einen Fall der „gewillkürten" Tarifpluralität. Auf Tarifeinheit kann nicht abgestellt werden. Dabei handelt es sich um ein Ordnungsprinzip, nicht aber um ein Rechtsprinzip.

79 **c) Aufspaltungen, Abspaltungen, Ausgliederungen.** Bei Bestehen eines Firmen-TV tritt der übernehmende Rechtsträger nach §§ 20 Abs. 1 Nr. 1, 131 Abs. 1 Nr. 1 UmwG in den Firmen-TV ein. Der Firmen-TV gilt normativ weiter, § 4 Abs. 4.[126]

VII. Differenzierungsklauseln

80 Nachdem es lange Zeit um die sog. Differenzierungsklauseln still geworden war, hat die IG Metall in firmenbezogenen Sanierungs-TV Vereinbarungen getroffen, die Mitglieder der Gewerkschaft weniger stark belasten als Nichtmitglieder,[127] und zwar im Zusammenhang mit Sanierungen. Hierbei geht es darum, dass zwei Formen der Differenzierungsklauseln unterschieden werden. Dem AG wird verboten, seinen nichtorganisierten AN – bestimmte – tarifliche Leistungen zu gewähren, sog. Tarifausschlussklausel. Verletzt der AG die Verpflichtung, kann er auf Unterlassung in Anspruch genommen werden. Der AG muss bei jeder zusätzlichen Leistung an Nichtorganisierte den der tarifvertragschließenden Gewerkschaft angehörenden AN diese Leistung auch gewähren bzw. sogar mehr („Spannungsklausel"[128] oder „Spannen- bzw. Abstandsklausel").[129] Der Große Senat des BAG hat in der Entscheidung v. 29.11.1967[130] eine Spannensicherungsklausel und damit auch andere normative Differenzierungsklauseln als unwirksam angesehen. Es hat dabei auf einen Verstoß gegen die negative Koalitionsfreiheit, die Grenzen der Tarifmacht und die Unzumutbarkeit für den AG abgestellt, dem sozialen Gegenspieler, also der Gewerkschaft, zu hel-

---

121 Vgl. BAG 1.4.1987 – 4 AZR 77/86 – AP § 613a BGB Nr. 64.
122 24.6.1998 – 4 AZR 208/97 – AP § 20 UmwG Nr. 1.
123 Berg u.a., § 1 TVG Rn 77.
124 Berg u.a., § 1 TVG Rn 77, 2. Abs.
125 Dazu Berg u.a., § 1 TVG Rn 78.
126 Berg u.a., § 3 TVG Rn 79.

127 Dazu *Gamillscheg*, NZA 2005, 148; *Giesen*, NZA 2004, 1317.
128 *Löwisch/Rieble*, § 1 Rn 818; dazu *Däubler*, BB 2002, 1643.
129 *Däubler/Henschel*, TVG, § 1 Rn 871.
130 GS 1/67 – AP Art. 9 GG Nr. 13.

fen. Wenngleich die Entscheidung im eigentlichen Sinne nicht rechtskräftig geworden ist, weil eine Entscheidung in der Sache nicht ergangen ist – die Parteien haben das ruhende Ausgangsverfahren nicht wieder aufgenommen –,[131] ist dieses Ergebnis vom 4. Senat des BAG bestätigt worden.[132] Ein Teil der Lit. ist dieser Auff. gefolgt, etwa mit der Begründung, diese Klauseln verstießen gegen Art. 9 Abs. 3 GG wegen unzulässiger Diskriminierung Nicht- oder Andersorganisierter.[133] Die wohl überwiegende Lit. hält Differenzierungsklauseln für zulässig in kritischer Auseinandersetzung mit der Argumentation des BAG.[134] Ein Teil der zweitinstanzlichen Rspr. ist der Kritik gefolgt und hat Differenzierungsklauseln als zulässig angesehen. Nichtorganisierte AN müssten hinnehmen, dass Ansprüche aus nicht für allgemeinverbindlich erklärten TV nur tarifgebundenen AN zustünden. Der davon ausgehende Druck auf Außenseiter, sich der Gewerkschaft anzuschließen, sei sozialadäquat.[135] Durch einige Entscheidungen der Instanzgerichte[136] ist die Frage wieder in Bewegung geraten. Mit der Entscheidung vom 8.3.2009[137] hat der 4. Senat des BAG eine tariflich festgelegte Sonderzahlung in Abhängigkeit von der Mitgliedschaft in einer bestimmten Gewerkschaft als einfache Differenzierungsklausel für rechtswirksam angesehen. Eine einfache Differenzierungsklausel setzt die Gewerkschaftszugehörigkeit des AN für einen bestimmten Anspruch voraus, stellt aber keine rechtlichen Schranken dafür auf, dass der AG individual-arbeitsrechtlich die tariflich vorgesehene Ungleichbehandlung beseitigt. Die sog. qualifizierte Differenzierungsklausel will auf die individual-rechtliche Gestaltungsbefugnis des AG einwirken und sicherstellen, dass dem gewerkschaftlich organisierten AN im Ergebnis mehr zusteht als dem Außenseiter.

VIII. Einzelarbeitsvertragliche Bezugnahme auf Tarifverträge

1. Zweck. Die Normen des TV gelten nur zwischen beiderseits tarifgebundenen Arbeitsvertragsparteien, Abs. 1, § 4 Abs. 1, es sei denn, der TV ist für allgemeinverbindlich erklärt worden, § 5. Der tarifgebundene AG mag zwar zwischen einschlägig organisierten und nicht oder anders organisierten AN unterscheiden wollen; er könnte mit ihnen andere, auch schlechtere Arbeitsbedingungen vereinbaren, sieht sich darin nicht selten gehindert, weil er nach h.M. vor der Einstellung nach der Gewerkschaftszugehörigkeit nicht fragen darf,[138] er nach der Satzung seines AG-Verbandes die TV, an die er gebunden ist, auch auf nicht oder anders Organisierte anzuwenden hat, woran er sich aber im Außenverhältnis nicht zu halten braucht, weil die Satzung des AG-Verbandes kein Vertrag zugunsten nichtorganisierter AN ist (§ 328 BGB), er – schon aus Vereinfachungsgründen – alle AN einheitlich behandeln will oder aber er, jedenfalls in Zeiten der Hochkonjunktur, keine qualifizierten AN gewinnen kann, bietet er untertarifliche Bezahlung an.

Deswegen wird häufig im Arbeitsvertrag auf die Anwendung von TV verwiesen. Diese Verweisungen bezeichnet man als Inbezugnahme, Bezugnahme- und Verweisungsklauseln oder als Be-/oder Inbezugnahme von TV. Ihre Zulässigkeit ist unbestritten. In manchen gesetzlichen Vorschriften werden sie erwähnt, z.B. § 622 Abs. 4 S. 2 BGB, § 4 Abs. 4 S. 2 EFZG, § 13 Abs. 1 S. 2 BUrlG, § 9 Nr. 2 AÜG.

Aber auch nicht tarifgebundene AG verwenden Bezugnahmeklauseln, sei es auf einschlägige TV, sei es auf fremde TV, etwa Verweis auf BAT oder TVöD durch private AG.

Die TV „gelten" nicht aufgrund Tarifgebundenheit oder Allgemeinverbindlichkeitserklärung, sondern werden vertraglich vereinbart, „angewendet". Statt die Bestimmungen im Arbeitsvertrag i.E. aufzuführen, also abzuschreiben, wird der TV oder werden die TV, ein Tarifwerk in Bezug genommen, wird auf sie verwiesen.

2. Erscheinungsformen der Bezugnahmeklauseln. a) Allgemeines. Die arbeitsvertragliche Inbezugnahme befindet sich i.d.R. im schriftlichen Arbeitsvertrag. Eine konkludente Inbezugnahme ist möglich[139] und ist anzunehmen, wenn die Arbeitsvertragsparteien jahrelang die für den Betrieb einschlägigen TV auf das Arbverh angewendet haben,[140] was etwa durch Lohnabrechnungen belegt werden kann. Tarifvertragliche Regelungen können auch auf-

---

131 Die Verfassungsbeschwerde wurde wegen fehlender Erschöpfung des Rechtsweges als unzulässig verworfen, BVerfG 4.5.1971 – 1 BvR 761/67 – AP Art. 9 Abs. 3 GG Nr. 19.
132 21.1.1987 – 4 AZR 486/86, AZR 547/86 – AP Art. 9 GG Nr. 46, 47.
133 *Löwisch/Rieble*, § 1 Rn 819 m.w.N.
134 Vgl. z.B. Däubler/*Henschel*, TVG, § 1 Rn 876 ff.; Kempen/*Zachert*, § 3 Rn 246 ff., 253 ff.; *Berg* u.a., § 3 TVG Rn 111, je m.w.N.
135 LAG Düsseldorf 29.1.1974 – 8 Sa 482/73 – EzA Art. 9 GG Nr. 20 betreffend 13. Monatsgehalt, Gewerkschaftszugehörigkeit als anspruchsbegründendes Merkmal, bestätigt von BAG 11.6.1975 – 5 AZR 206/74 – EzA § 3 TVG Bezugnahme auf Tarifvertrag Nr. 1, allerdings mit abweichender Begründung.
136 LAG Niedersachsen 11.12.2007 – 5 Sa 914/07 – LAGE Art. 9 GG Nr. 15a; LAG Köln 17.1.2008 – 6 Sa 1354/07 – DB 2008, 1979; dazu *Ulber/Strauß*, DB 2008, 1970 ff.; *Reichel*, FAZ 17.9.2008; *Kocher*, NZA 2009, 119 ff.; ArbG Hamburg 25.2.2009 – 15 Ca 188/08 – zu der Erholungsbeihilfe von 260 EUR pro Kalenderjahr für jedes Ver.di-Mitglied bei Nachweis der Mitgliedschaft im laufenden Haus-TV 2008 der Hamburger Hafen und Logistik AG.
137 4 AZR 64/08 – PM Nr. 29/09 EzA-SD 7/2009, S. 14 f.
138 Vgl. nur Dörner/Luczak/Wildschütz, B Rn 271.
139 HWK/*Henssler*, § 3 TVG Rn 19 m.N. in Fn 6.
140 Vgl. z.B. BAG 11.6.1975 – 5 AZR 206/74 – EzA § 3 TVG Bezugnahme auf Tarifvertrag Nr. 1; BAG 1.12.2004 – 4 AZR 77/04 – EzA § 4 TVG Versicherungswirtschaft Nr. 6: „Streitlos kraft konkludenter Vereinbarung".

grund stillschweigender Bezugnahme, z.B. durch betriebliche Übung, auf das Arbverh anwendbar sein.[141] Der in Bezug genommene TV oder das Tarifwerk, auf das verwiesen wird, muss hinreichend bestimmt, jedenfalls aber bestimmbar sein.[142]

Nach § 2 Abs. 1 Nr. 10 NachwG ist der AG verpflichtet, in dem schriftlichen Arbeitsvertrag oder im Anstellungsschreiben auf die das Arbverh anzuwendenden TV hinzuweisen.

85 Da in der betrieblichen Praxis die unterschiedlichsten Verweisungsklauseln vorkommen, geht es in der arbeitsgerichtlichen Praxis weniger um die Frage, ob auf TV wirksam verwiesen wurde, sondern um die Reichweite, den Umfang der Verweisung, letztlich um die Auslegung der Verweisungsklausel.

86 **b) Gegenstand und Reichweite der Verweisungsklausel.** Die Arbeitsvertragsparteien legen den Umfang der Inbezugnahme fest. Dabei kann auf ein ganzes Tarifwerk, aber auch nur auf einen bestimmten TV, z.B. ein Urlaubsabkommen, verwiesen werden. Zwar werden i.d.R., insb. von tarifgebundenen AG, die räumlich, betrieblich, fachlich und persönlich einschlägigen TV vereinbart. Zwingend ist das nicht, es kann auch wirksam auf ein „fremdes" Tarifwerk oder auf einzelne fremde TV verwiesen werden, etwa von privaten Einrichtungen auf den BAT oder den TVöD. Der AG kann bei Abschluss eines Arbeitsvertrages im Nachwirkungszeitraum eines TV, § 4 Abs. 5, mit seinen neuen AN die Anwendung des abgelaufenen TV vereinbaren.[143]

Der Umfang, die Reichweite der Inbezugnahmeklausel ist durch Auslegung zu ermitteln.

87 Es werden zwei Grundformen unterschieden:

88 **aa) Statische Bezugnahme.** Mit einer statischen Bezugnahme wird ein bestimmter TV in einer bestimmten Fassung für anwendbar erklärt (z.B.: „Auf das Arbeitsverhältnis findet im übrigen der Manteltarifvertrag für Beschäftigte in der Metallindustrie in Nordwürttemberg-Nordbaden in der Fassung vom 18.12.1996, 6.10.1997 mit Ausnahme des § 6 „Alterssicherung" Anwendung", nachdem das Gehalt frei vereinbart worden war). Änderungen des Mantel-TV sind nicht erfasst. Das kann sich zum Vorteil oder zum Nachteil des AN auswirken. Ist im Mantel-TV z.B. auch das Urlaubsgeld geregelt und wird dieses später abgesenkt, verbleibt es bei einer statischen Verweisung bei dem „alten" Urlaubsgeld. Zur Klarstellung wird häufig noch aufgenommen, dass der AN an etwaigen tariflichen Lohn-/Gehaltserhöhungen nicht teilnimmt. Solche statischen Verweisungen sind eher unproblematisch.

89 **bb) Dynamische Verweisungen.** Dynamische Verweisungsklauseln sind in der Praxis die Regel. Dabei wird zwischen der kleinen und der großen dynamischen Verweisungsklausel unterschieden. Die Rspr. geht im Zweifel, also wenn etwa kein Datum des TV genannt ist oder auch sonst keine entgegenstehenden Anhaltspunkte gegeben sind, auch bei Fehlen einer ausdrücklichen Regelung davon aus, dass eine dynamische Verweisung gewollt ist.[144]

90 **(1) Die kleine dynamische Verweisungsklausel.** Die kleine dynamische Verweisungsklausel verweist auf einen bestimmten TV, „Auf das Arbeitsverhältnis findet der Manteltarifvertrag für Beschäftigte in der Metallindustrie in Nordwürttemberg-Nordbaden gültig ab 1.1.1997 in seiner jeweils gültigen Fassung Anwendung". Mit dieser „Jeweiligkeitsklausel" stellen die Arbeitsvertragsparteien eine zeitliche Dynamik her,[145] mit anderen Worten, sie unterwerfen sich künftigen Änderungen des in Bezug genommenen TV, was zugunsten der einen Seite – i.d.R. des AN –, aber – in Zeiten hoher Arbeitslosigkeit und branchenspezifischer Strukturprobleme – auch zugunsten der anderen Seite – der AG – ausgehen kann.

91 **(2) Die große dynamische Verweisungsklausel.** Eine solche Klausel verweist auf alle für den Betrieb oder den AG geltenden TV in der jeweiligen Fassung, etwa mit der Formulierung:

92 „Auf das Arbeitsverhältnis finden die für den Betrieb (oder für die Arbeitgeberin, die XY-GmbH) jeweils fachlich einschlägige Tarifverträge Anwendung", oder

„Das Arbeitsverhältnis richtet sich nach den Bedingungen des jeweiligen für den Arbeitgeber einschlägigen Tarifwerks".

93 Damit ist die Verweisungsklausel so formuliert, dass für den Fall eines Verbandswechsels die TV vereinbart sind, an die der AG dann gebunden sein wird. Sie bezieht auch den Branchenwechsel mit ein, wenn z.B. der AG aus dem Metallbereich in die Kunststoffbranche wechselt und für ihn die TV „Holz und Kunststoff" gelten. Sie sind damit vereinbart.

---

141 BAG 19.1.1999 – 1 AZR 600/98 – AP § 1 TVG Bezugnahme auf Tarifvertrag Nr. 9, zu III 1 der Gründe.
142 BAG 8.3.1995 – 10 AZR 27/95 – AP § 1 TVG Verweisungstarifvertrag Nr. 5.
143 BAG 22.7.1989 – 4 AZR 403/97 – AP § 4 TVG Nachwirkung Nr. 32, zu 3 der Gründe; BAG 20.9.2006 – 10 AZR 33/06 – ZTR 2007, 33; ArbG Hamburg 5.6.2007 – 21 Ca 504/06 – ZTR 2007, 449.
144 BAG 28.5.1997 – 4 AZR 663/95 – AP § 1 TVG Bezugnahme auf Tarifvertrag Nr. 6; 9.11.2005 – 5 AZR 128/05 – EzA § 305c BGB 2002 Nr. 3.
145 BAG 4.6.2008 – 4 AZR 308/07 – juris.

Man kann auch noch den Betriebsübergang einbeziehen und andere AG-Wechsel etwa mit der Formulierung: „Auf das Arbeitsverhältnis finden die für den jeweiligen Arbeitgeber jeweils fachlich einschlägigen Tarifverträge Anwendung".

Wegen § 2 Abs. 1 S. 2 Nr. 10 NachwG ist im Arbeitsvertrag sinnvollerweise anzugeben, welche TV es denn „zur Zeit" sind. Bei einem Wechsel der TV sind diese dann dem AN mitzuteilen.

(3) Bezugnahme auf den BAT und den am 1.10.2005 in Kraft getretenen TVöD. Bei beiderseitiger Tarifgebundenheit stellt sich das Problem nicht, ob eine arbeitsvertragliche Bezugnahmeklausel zur Anwendbarkeit des TVöD führt.

In vielen Arbeitsverträgen findet sich die Formulierung: „Der Arbeitsvertrag bestimmt sich nach dem Bundesangestellten-Tarifvertrag (BAT) vom 23.2.1961 und nach den diesen ergänzenden, ändernden oder ersetzenden Tarifverträgen in der für den Bereich... jeweils geltenden Fassung".

Diese Vereinbarung deckt den Übergang vom BAT zum TVöD ab, weil ein ersetzender TV erfasst ist.[146] Vielfach findet sich aber nur die Verweisung auf den BAT vom 23.2.1961 in seiner jeweils geltenden Fassung.

Diese Klausel ist eine sog. kleine dynamische Verweisungsklausel auf einen bestimmten TV mit vereinbarter zeitlicher Dynamik. Str. ist, ob eine solche Klausel zur statischen Anwendung des BAT Stand 30.9.2005 führt, weil der TVöD keine Neufassung oder bloße Nachfolgeregelung ist.[147] Andere legen die Klausel so aus, dass nunmehr der TVöD in seiner jeweils geltenden Fassung anzuwenden ist. Es liege kein anderer TV vor, sondern das bestehende Tarifwerk sei durch ein anderes ersetzt worden.[148] Das gelte jedenfalls dann, wenn der TVöD bei Tarifgebundenheit gölte.[149] Das ist nur dann zutreffend, wenn die Klausel so verstanden werden kann, dass ein Nachfolge-TV erfasst ist, es also auf die Bezeichnung allein nicht ankommt.[150]

cc) Die Gleichstellungsabrede. Zum Verständnis die Ausgangslage: Es erfolgt ein Verbandsaustritt durch den AG. Die Folge ist die Nachbindung nach Abs. 3, nach Ende der Nachbindung tritt die Nachwirkung, § 4 Abs. 5, ein. Ergebnis: Die Bedingungen des abgelaufenen TV beherrschen das Arbverh statisch weiter bis zu einer etwaigen Änderung i.S.d. § 4 Abs. 5. Was ist mit den Nicht- oder anders Organisierten (und den Tarifgebundenen), bei einer dynamischen Inbezugnahmeklausel? Greift die Dynamik nicht mehr tarifvertraglich, sondern arbeitsvertraglich?

Eine Gleichstellungsabrede hat regelmäßig den Zweck, die Gleichstellung der nicht oder anders organisierten AN mit denjenigen AN herbeizuführen, für die die in Bezug genommene Tarifbestimmungen kraft beiderseitiger Tarifgebundenheit gelten.[151] Der nicht oder anders organisierte AN soll so gestellt werden wie ein organisierter AN. Deshalb stehen ihm arbeitsvertraglich die Tariferhöhungen nach einem Verbandsaustritt des AG ebenso wenig wie einem organisierten AN nach Tarifrecht zu.[152] Wann liegt eine Gleichstellungsabrede vor?

Z.B. „Es gelten die tarifvertraglichen Bestimmungen für die Angestellten in der Wohnungswirtschaft Berlin in der jeweils geltenden Fassung".

Die Voraussetzung für eine Gleichstellungsabrede ist die Tarifgebundenheit des AG.

Der TV muss für den AG unmittelbar und zwingend im Zeitpunkt der vertraglichen Vereinbarung der Verweisungsklausel gelten,[153] also muss der AG in den fachlichen Geltungsbereich des in Bezug genommenen Tarifwerks fallen.

Die Vereinbarung eines fremden Tarifwerks reicht nicht aus. Es waren z.B. zunächst die TV der Stahlindustrie (eisenschaffende Industrie), dann die der metallverarbeitenden Industrie vereinbart, obwohl immer Handel betrieben wurde.[154]

Es stellt sich die Frage, wodurch die Verweisungsklausel als Gleichstellungsklausel zu qualifizieren ist.

Der AG setzt i.d.R. die Arbeitsbedingungen. Er will nicht mehr zahlen als der Tarif(vertrag) vorsieht. Woher weiß der AN, dass der AG im AG-Verband ist, und in welchem? Er darf uneingeschränkt nach der Tarifgebundenheit des AG fragen.[155] Indes wird der AN i.d.R. nicht fragen. Der 4. Senat des BAG kommt ist im Wege der ergänzenden Vertragsauslegung zu dem Ergebnis des Vorliegens einer Gleichstellungsabrede. Der AN müsse damit rechnen, dass der AG eine solche Klausel in die arbeitsvertragliche Vereinbarung aufnimmt, weil er tarifgebunden ist. Der AG offeriert

---

146 V. *Steinau-Steinrück*, NJW-Spezial 2005, 561; *Fieberg*, NZA 2005, 1226, 1227; *Kristina Schmidt*, HzA Gruppe 18 Teilbereich 1 Rn 238.
147 *Hümmerich/Mäßen*, NZA 2005, 961, 966.
148 *Werthebach*, NZA 2005, 1224, 1226.
149 *Fieberg*, NZA 2005, 1226, 1228, zust. *Kristina Schmidt*, HzA Gruppe 18 Teilbereich 1 Rn 238.
150 Vgl. *Kristina Schmidt*, HzA Gruppe 18 Teilbereich 1 Rn 238.
151 BAG 30.8.2000 – 4 AZR 581/99 – BAGE 95, 296 = EzA § 3 TVG Bezugnahme auf Tarifvertrag Nr. 13.
152 BAG 26.9.2001 – 4 AZR 544/00 – BAGE 99, 120 = EzA § 3 TVG Bezugnahme auf Tarifvertrag Nr. 19.
153 BAG 1.12.2004 – 4 AZR 50/04 – AP § 1 TVG Verweisung auf Tarifvertrag Nr. 34; 30.8.2000 – 4 AZR 581/99 – BAGE 95, 296 = EzA § 3 TVG Bezugnahme auf Tarifvertrag Nr. 13.
154 Vgl. BAG 25.10.2000 – 4 AZR 506/99 – AP § 1 TVG Bezugnahme auf Tarifvertrag Nr. 13; es wäre eine Tarifwechselklausel erforderlich gewesen.
155 BAG 19.3.2003 – 4 AZR 331/02 – AP § 1 TVG Bezugnahme auf Tarifvertrag Nr. 33, zu I 2 d aa der Gründe.

die Anwendung des TV. Mehr will er nicht leisten, das Tarifwerk soll für Nichtorganisierte wie für Tarifgebundene gleichermaßen angewendet werden. Deswegen ist i.d.R. von einer Gleichstellungsklausel auszugehen. Diese Rspr. hat der 4. Senat des BAG mit der Entscheidung v. 19.3.2003[156] verteidigt.

Will der AN die Gleichstellungsabrede vermeiden, hat der die Möglichkeit, das abzuwenden mit der Vereinbarung einer verbandszugehörigkeitsüberdauernden oder geltungsbereichsverlassungsresistenten Dynamik, was zugegebenermaßen als nicht sehr praxisnah erscheint.

104 Wenn man so will, hat der 4. Senat des BAG die Auslegung in eine große dynamische Verweisungsklausel[157] der Sache nach aufgegeben. Er verlangt eine große dynamische Verweisungsklausel in Form einer Tarifwechselklausel oder Transformationsklausel („Es sind die für den Arbeitgeber jeweils geltenden Tarifverträge in ihrer jeweiligen Fassung auf das Arbeitsverhältnis anzuwenden"), wobei wegen des Nachweisgesetzes die zzt. aktuellen TV aufzulisten sind. Wechselt der AG den Verband oder wandert er aus dem Geltungsbereich eines Tarifwerkes aus, so teilt er im Hinblick auf das Nachweisgesetz den AN mit, welche TV nunmehr anzuwenden sind. Die Entscheidung v. 4.9.1996[158] ist aber gleichwohl richtig. Der AG hatte bei unverändertem Betriebszweck lediglich einen Verbandswechsel innerhalb derselben Branche vorgenommen und die für seinen Betrieb nunmehr geltenden TV waren mit derselben Gewerkschaft abgeschlossen.

105 Die Rspr. zur Auslegung von Bezugnahmeklauseln in Arbeitsverträgen, die der tarifgebundene AG vereinbart hatte, als Gleichstellungsklausel ist zwar auf Kritik gestoßen,[159] aber in der Praxis im Wesentlichen akzeptiert worden, insb. von der Anwaltschaft.[160] In seiner Entscheidung vom 14.12.2005[161] hat der 4. Senat unter dem (neuen) Vorsitzenden *Bepler*, der von seinen Vorbehalten gegen die Rspr. des 4. Senats zur Gleichstellungsklausel keinen Hehl gemacht hatte,[162] die Änderung dieser Rspr. angekündigt: Für die Auslegung von arbeitsvertraglichen Bezugnahmeklauseln in bis zum 31.12.2001 abgeschlossenen Arbeitsverträgen („Altverträge") gilt weiter die Auslegungsregel, nach der die Bezugnahme in einem von einem tarifgebundenen AG vorformulierten Arbeitsvertrag auf die für das Arbverh einschlägigen TV regelmäßig als Gleichstellungsabrede auszulegen ist, sonach nur die Gleichstellung nicht tarifgebundener mit tarifgebundenen AN bezweckt. Der Senat beabsichtigt, diese Auslegungsregel nicht auf die ab dem 1.1.2002 abgeschlossenen Arbeitsverträge anzuwenden. Nach diesem Klauselverständnis endet die Einbindung der Arbeitsvertragsparteien in die Tarifentwicklung, wenn die Tarifgebundenheit auf AG-Seite entfällt. Anders gewendet: Die einzelarbeitsvertragliche Inbezugnahme wird ceteris paribus Tarifgebundenheit des AN als konstitutive Regelung verstanden, mit der der AG, wenn er im Vertrag nichts anderes zum Ausdruck bringt, die bei beiderseitiger Tarifgebundenheit unmittelbar und zwingenden Bedingungen des TV oder der TV unabhängig von der Organisationszugehörigkeit beider Arbeitsvertragsparteien zum Inhalt des Arbeitsvertrages machen will.[163] Der 4. Senat meint nun, der zum 1.1.2002 in Kraft getretenen Schuldrechtsreform Rechnung tragen zu müssen. Nicht nur die Unklarheitenregel des § 305c Abs. 2 BGB, auch das Transparenzgebot des § 307 Abs. 1 S. 1 BGB und das Verbot der geltungserhaltenden Reduktion stritten als allg. Rechtsgrundsätze gegen eine wohlwollende Auslegung zugunsten des Klauselverwenders und damit auch dagegen, eine durch das Ende einer ursprünglich bestehenden Tarifgebundenheit auflösend bedingte Dynamik in Bezug genommener TV, an die der Klauselverwender bei Vertragsschluss gedacht haben möge, als Vertragsinhalt auch dann zu erkennen, wenn sich hierfür weder im Vertragswortlaut noch in den den Vertragsabschluß begleitenden Umständen ein Anhaltspunkt finde. Eine Vertragslücke liege nicht vor.[164]

106 Schon die Pressemitteilung[165] zu dieser Entscheidung hat ein lebhaftes Echo erfahren.[166] Von „Gericht erschwert die Tarifflucht"[167] oder „Klauseln fesseln Arbeitgeber an Flächentarif"[168] lauten die Reaktionen. Andere reagieren ruhiger:[169] Es gehe nur um die Beseitigung des Zweifels durch Klarstellung der Tarifgebundenheit, die sich erreichen lasse, wenn in die Bezugnahmeklausel selbst der Hinweis auf die Tarifgebundenheit des AG aufgenommen werde. Die Diskussion ist vielfältig.[170]

---

156 4 AZR 331/02 – AP § 1 TVG Bezugnahme auf Tarifvertrag Nr. 33.
157 4.9.1996 – 4 AZR 135/95 – BAGE 84, 97.
158 4 AZR 135/95 – BAGE 84, 97.
159 Vgl. die Nachweise bei *Kristina Schmidt*, HzA Gruppe 18, Teilbereich 1 Rn 240; BAG 14.12.2005 – 4 AZR 536/04 – EzA § 3 TVG Bezugnahme auf Tarifvertrag Nr. 32, zu I 2 b der Gründe.
160 Vgl. z.B. *Rossbruch*, PflegeR 2004, 25; *Laskawi/Lomb*, EwiR 2005, 487.
161 4 AZR 536/04 – EzA § 3 TVG Bezugnahme auf Tarifvertrag Nr. 32.
162 *Däubler/Bepler*, TVG, 1. Aufl. § 4 Rn 909, desgleichen 2. Aufl. § 4 Rn 909.
163 *Däubler/Bepler*, TVG, § 4 Rn 909.
164 EzA § 3 TVG Bezugnahme auf Tarifvertrag Nr. 32, zu I 2 c (1) der Gründe.
165 Nr. 77/05.
166 Z.B. *Bauer/Haussmann*, DB 2005, 2815; *Klebeck*, NZA 2006, 15; *Thüsing*, NZA 2006, 473; *Hunold*, NZA-RR 2006, 113, 117.
167 FAZ v. 19.12.2005.
168 *Betz-Rehm*, FAZ v. 4.1.2006.
169 Vgl. z.B. *Löwisch/Feldmann*, Anm. zu BAG 14.12.2005 – 4 AZR 536/04 – EzA, § 3 Bezugnahme auf Tarifvertrag Nr. 32.
170 *Heeke*, DPL 2006, 217; *Meinel/Herms*, DB 2006, 1429; *Hanau*, Anm zu BAG 14.12.2005 – 4 AZR 536/04 – RdA 2007,181 ff.; *Wiedemann*, RdA 2007, 66, 67 f.; kritisch und den „Gleichlauf zwischen Arbeitsvertragssituation und der Tarifsituation" verteidigend *Moll*, RdA 2007, 47, 51 f.

Richtig daran ist, dass bei dynamischer Formulierung der Bezugnahmeklausel der AG trotz Austritts aus dem AG-Verband an künftige Tarifänderungen oder Lohn-/Gehaltserhöhungen gebunden ist. Es entsteht der Sache nach eine Tarifgebundenheit, wenn auch eine arbeitsvertragliche über das Ende der Tarifgebundenheit, Abs. 3, hinaus.[171] Die Entscheidung lässt sich damit rechtfertigen, dass die bisherige Rspr. des 4. Senats des BAG, die sich der Gleichstellung der nicht oder anders organisierten AN mit den Tarifgebundenen verpflichtet sah, als untauglicher Versuch einer „Justizchirurgie" zugunsten der AG angesehen werden konnte. Die AG hatten genügend Gelegenheit, die Arbeitsverträge zu präzisieren, also deutlich zu machen, dass die Teilnahme an der Tarifentwicklung nur so lange gewährt wird, wie der AG selbst tarifgebunden ist, etwa mit der Formulierung: „Der Arbeitgeber ist Mitglied im Arbeitgeberverband XY. Auf das Arbeitsverhältnis finden die Tarifverträge, abgeschlossen zwischen der Gewerkschaft Z und dem Arbeitgeberverband XY Anwendung, allerdings nur solange, wie der Arbeitgeber Mitglied im Arbeitgeberverband XY ist."

Sinnvoller kann auch eine Tarifwechselklausel sein, mit auf die für den AG maßgeblichen TV in der jeweils geltenden Fassung verwiesen wird (vgl. Rn 104). Das dürfte für Neueinstellungen kein Problem sein.[172]

Anders ist es bei bestehenden, ab dem 1.1.2002 abgeschlossenen Arbeitsverträgen. Bei diesen ist der AG dauerhaft an die künftige Tarifentwicklung gebunden, es sei denn, er überzeugt seine Mitarbeiter von einer Vertragsänderung. Eine Änderungs-Künd wird kaum durchsetzbar sein.[173] Zu denken ist an einen Vertrauensschutz für Verträge, die vor dem 14.12.2005 abgeschlossen wurden.[174]

Der 4. Senat hat in seinem Urteil vom 18.4.2007[175] die Ankündigung in dem Urteil vom 14.12.2005[176] umgesetzt: Eine individualrechtliche Klausel, die ihrem Wortlaut nach ohne Einschränkung auf einen bestimmten TV in seiner jeweiligen Fassung verweist, ist im Regelfall dahingehend auszulegen, dass dieser TV in seiner jeweiligen Fassung gelten soll und dass diese Geltung nicht von Faktoren abhängt, die nicht im Vertrag genannt oder sonst für beide Parteien ersichtlich zur Voraussetzung gemacht worden sind. Die Bezugnahmeklausel kann bei einer etwaigen Tarifgebundenheit des AG an den im Arbeitsvertrag genannten TV grds. keine andere Wirkung haben als bei einem nicht tarifgebundenen AG. In beiden Fällen unterliegt die in der Bezugnahmeklausel liegende Dynamik keiner auflösenden Bedingung (Rn 28). Der AG muss seine Tarifgebundenheit ausdrücklich oder in einer für den AN hinreichend deutlich erkennbaren Weise zur Voraussetzung oder zum Inhaltselement seiner Verweisungsklausel machen.

Der 4. Senat versteht nunmehr eine einzelarbeitsvertraglich vereinbarte dynamische Bezugnahme auf einen bestimmten TV jedenfalls dann, wenn eine Tarifgebundenheit des AG an den in Bezug genommenen TV nicht in einer für den AN erkennbaren Weise zur auflösenden Bedingung der Vereinbarung gemacht worden ist, als **konstitutive Verweisungsklausel**, die durch einen Verbandsaustritt des AG oder durch einen sonstigen Wegfall seiner Tarifgebundenheit nicht berührt wird. Der 4. Senat bezeichnet das als **„unbedingte zeitdynamische Verweisung"**.[177] Das hat in dem zu entscheidenden Fall dazu geführt, dass der Austritt des AG aus der AG-Vereinigung für seine arbeitsvertraglichen Verpflichtungen, die AN aufgrund der Verweisungsklausel entsprechend dem – geänderten – TV zu behandeln, ohne Bedeutung ist.

Der 4. Senat hat daran festgehalten, dass die Änderung der Rspr. zur Auslegung einer solchen Verweisungsklausel auf diejenigen Arbeitsverträge beschränkt ist, die nach dem Inkrafttreten der Schuldrechtsreform am 1.1.2002 abgeschlossen worden sind, und ist der Kritik an diesem Stichtag nicht gefolgt (Rn 43 ff.).[178] Dass der Vertrauensschutz nicht bis zur Veröffentlichung der beabsichtigten Rechtsprechungsänderung gewährt wird, wird damit begründet, dass für „die beteiligten Kreise" erkennbar war, dass die bisherige Sicht des Senats einer nicht unbeachtlichen Kritik unterlag und von daher nicht als unbestritten habe gelten können, was bei der Rspr. des 2. Senats zu § 17 KSchG vor dem anders lautenden Urteil des EuGH v. 27.1.2005[179] gerade nicht der Fall gewesen sei (Rn 56).

c) Bezugnahme und AGB-Kontrolle. Mit der Schuldrechtsreform erstreckt sich die AGB-Kontrolle nunmehr grds. auch auf Arbverh und auf vorformulierte Arbeitsverträge, die die Regel sind, und damit auch auf Inbezugnahmeklauseln. Bei der Inbezugnahme eines ganzen TV unterliegen die anzuwendenden Regelungen keiner Inhaltskontrolle.[180] Das dürfte jedenfalls dann richtig sein, wenn der persönlich, fachlich, räumlich einschlägige TV in Bezug

---

171 *Vogel/Oelkers*, NJW-Spezial 2006, 369, 370.
172 Vgl. nur *Betz-Rehm*, FAZ v. 4.1.2006.
173 *Meinel/Herms*, DB 2006, 1429, 1430.
174 *Meinel/Herms*, DB 2006, 1429, 1430 ff., 1433; vgl. etwa die Rspr. zum Massenentlassungsschutz im Lichte der Entscheidung des EuGH 27.1.2006 – C-188/03 – Junk – AP § 17 KSchG 1969 Nr. 18, z.B. BAG 23.3.2006 – 2 AZR 343/05 – PM 18/06 = AP KSchG 1969 § 17 Nr. 21 = EzA § 17 KSchG Nr. 16; 13.7.2006 – 6 AZR 198/06 – PM Nr. 49/06 = AP KSchG 1969 § 17 Nr. 22 = EzA § 17 KSchG Nr. 17.
175 4 AZR 652/05 – BAGE 122, 74; bestätigt BAG 22.10.2008 – 4 AZR 793/07 – BB 2009, 962.
176 4 AZR 536/04 – AP TVG § 1 Bezugnahme auf Tarifvertrag Nr. 39 = EzA § 3 Bezugnahme auf Tarifvertrag Nr. 32.
177 Vgl. Leitsatz und Rn 26.
178 Vgl. „Altvertrag" BAG 18.4.2007 – 4 AZR 751/06; LAG Berlin 30.1.2007 – 12 Sa 2044/06 – juris; BAG 4.6.2008 – 4 AZR 308/07 – juris; weiterer „Altfall": BAG 29.8.2007 – 4 AZR 765/06 – SAE 2008, 365; BAG 23.1.2008 – 4 AZR 602/06 – AP § 1 TVG Bezugnahme auf Tarifvertrag Nr. 63.
179 C – 188/03 – „Junk" EuGHE I 2005, 885 = AP § 17 KSchG 1969 Nr. 18; vgl. dazu BAG 23.3.2006 – 2 AZR 343/05 – AP KSchG 1969 § 17 Nr. 21 = EzA § 17 KSchG Nr. 16.
180 BT-Drucks 14/6857, S. 54 – „Globalverweisung".

genommen wird.[181] Bei einem arbeitsvertraglichen Verweis auf einzelne tarifliche Bestimmungen (Einzelverweisung) wird wegen der Gefahr der einseitigen Benachteiligung des AN für eine volle Inhaltskontrolle plädiert.[182] Bei einer Teilverweisung wird ein bestimmter Regelungskomplex in Bezug genommen, etwa das Urlaubsabkommen für Beschäftigte in der Metallindustrie in Nordwürttemberg-Nordbaden, gültig ab 1.1.1997. Eine Inhaltskontrolle findet nicht statt, wenn auf einen einschlägigen Tarifkomplex verwiesen wird, weil noch von einer Richtigkeitsgewähr ausgegangen werden kann.[183]

111 Die Auslegung der Bezugnahmeklausel geht vor Anwendung der Unklarheitenregel des § 305c Abs. 2 BGB. Richtet sich z.B. der Urlaub „nach den einschlägigen tariflichen Bestimmungen", so sind das die Regelungen, die bei beiderseitiger Tarifgebundenheit gölten, also auch solche über das zusätzliche Urlaubsgeld. Ist die arbeitsvertragliche Bezugnahme klar, bedarf es eines Rekurrierens auf § 305c Abs. 2 BGB nicht.[184] Nur wenn nach Ausschöpfung der anerkannten Auslegungsmethoden nicht behebbare Zweifel bleiben, führt die Unklarheitenregel des § 305 Abs. 2 BGB (die auch schon vor der Schuldrechtsreform im Arbeitsrecht galt und auf das römische Recht zurückgeht, „in dubio minus" oder „ambiguitas contra stipulatorem")[185] zu einer Auslegung zu Lasten des AG.[186] Die Unklarheitenregel beruht auf dem Gedanken, dass es Sache des Verwenders ist, sich klar und unmissverständlich auszudrücken.[187]

112 **d) Bezugnahme auf Tarifvertrag und Betriebsübergang. aa) Bezugnahme auf Verbandstarifvertrag und Betriebsübergang. (1) Die Ausgangslage.** § 613a Abs. 1 S. 1 BGB greift, soweit Vereinbarungen im Arbeitsvertrag enthalten sind. Soweit Rechte und Pflichten nach TV oder BV „geregelt" waren, also bei beiderseitiger Tarifgebundenheit, zwingende und unmittelbare Wirkung von TV vorlag, sinken die tariflichen Regelungen ins Vertragsrecht ab, keine dynamische, sondern nur noch statische Weiterwirkung mit dem Inhalt und den Vergütungen, die zum Zeitpunkt des Betriebsübergangs bestanden, aber mit Änderungsschutz von einem Jahr. Spätere tarifvertragliche Änderungen werden auch dann nicht mehr erfasst, selbst wenn sie sich Rückwirkung beigelegt haben (vgl. Rn 62).

113 **(2) Bezugnahmeklausel bei Nicht- oder Andersorganisierten.** Eine Gleichstellung führt nicht zu einer Besserstellung, sondern die Gleichgestellten werden nur so wie die Tarifgebundenen behandelt, d.h. ab Betriebsübergang keine Dynamik mehr, sondern statische Wirkung der tariflichen Regelungen, aber wie dort Änderungsschutz von einem Jahr. Das wird damit begründet, dass die Gleichstellungsklausel keinen gegenüber tarifgebundenen AN überschießenden Inhalt hat – für die Nichttarifgebundenen nicht mehr als für den Tarifgebundenen. Zwar gilt an sich § 613a Abs. 1 S. 1 BGB, aber es gelten auch die Rechtsfolgen der S. 2 bis 4, jedenfalls ist das in Bezug genommene Tarifwerk anwendbar, aber mit der vom Gesetz angeordneten Veränderungssperre von einem Jahr. Ausnahme: § 613a Abs. 1 S. 3 BGB.

114 Das hat der 4. Senat des BAG in seinem Urteil v. 14.12.2005[188] für einen „Altfall" (Bezugnahme in § 2 des Anstellungsvertrages v. 23.6.1988) ausdrücklich bestätigt.

115 Der EuGH hat die statische Weiterwirkung von Tarifnormen nach Betriebsübergang bestätigt.[189] Diese Entscheidung hat insb. auch im Lichte der Entscheidung des 4. Senats des Bundesarbeitsgerichts vom 14.12.2005 Diskussionen ausgelöst, und zwar unter dem Aspekt, dass die vom 4. Senat nunmehr befürwortete dynamische Weitergeltung der in Bezug genommenen TV keinen Bestand haben werde.[190] Dies folge daraus, dass der EuGH auf die negative Koalitionsfreiheit des AG/Betriebserwerbers hingewiesen habe. Die nur noch statische Wirkung des TV stelle sicher, dass der nichttarifgebundene Erwerber nicht an künftige Veränderungen des auf ihn gekommenen TV gebunden sei.[191]

116 **bb) Bezugnahme auf Firmentarifvertrag und Betriebsübergang. (1) Die Ausgangslage.** Die wegen beiderseitiger Tarifgebundenheit unmittelbar und zwingend geltenden Bestimmungen eines Firmen-TV werden durch den Betriebsübergang zum Inhalt des Arbeitsvertrages, dies aber nur mit dem Tarifstand zzt. des Betriebsüberganges,

---

181 *Kristina Schmidt*, HzA Gruppe 18, Teilbereich 1 Rn 235; BAG 28.6.2007 – 6 AZR 750/06 – juris, Rn 25: Jedenfalls die bei einem tarifgebundenen AG einschlägigen TV sind jeglicher Inhaltskontrolle nach §§ 305 ff. BGB entzogen, gleichviel, ob der TV kraft beiderseitiger Tarifgebundenheit gilt oder im Arbeitsvertrag auf den TV Bezug genommen wurde, betr. Künd-Möglichkeit; BAG 24.9.2008 – 6 AZR 76/07 – AP § 305c BGB Nr. 1.
182 ErfK/*Preis*, §§ 305–310 Rn 20.
183 ErfK/*Preis*, §§ 305–320 Rn 20 bis 22; a.A. *Däubler*, NZA 2001, 1329, 1335; *Kristina Schmidt*, HzA Gruppe 18, Teilbereich 1 Rn 235, arg.: Gefahr, dass AG nur für sich günstige Tarifregelungen heraussuchen und vereinbaren könne.
184 BAG 17.1.2006 – 9 AZR 41/05 – AP § 1 TVG Bezugnahme auf Tarifvertrag Nr. 40.
185 *Medicus*, Allgemeiner Teil des BGB, 4. Aufl. 1990, § 28 II Rn 426.
186 BAG 9.11.2005 – 5 AZR 128/05 – EzA § 305c BGB 2002 Nr. 3.
187 *Kristina Schmidt*, HzA Gruppe 18 Teilbereich 1 Rn 236.
188 4 AZR 536/04 – EzA § 3 TVG Bezugnahme auf Tarifvertrag Nr. 32.
189 EuGH 9.3.2006 – C-499/04 – Werhof – NZA 2006, 376.
190 Z.B. *Nicolai*, DB 2006, 670.
191 *Simon/Kock/Halbsguth*, ZIP 2006, 726 ff.; vgl. auch *Melot de Beauregard*, NJW 2006, 2522; *Müller-Bonanni/Seeger*, ArbRG 2006, 249; *Löwisch/Feldmann*, Anm. zu BAG 14.12.2005 – 4 AZR 536/04 – EzA § 3 TVG Bezugnahme auf Tarifvertrag Nr. 32, zu II Bl. 15 f.

also statisch. Nimmt der Firmen-TV lediglich Verbands-TV in Bezug, ändert sich nichts. Spätere Änderungen der im Firmen-TV in Bezug genommenen Verbands-TV sind unbeachtlich.[192]

(2) Nichtorganisierte und Bezugnahmeklausel. Vertragsklausel: „Die Bestimmungen des Firmentarifvertrages vom 24.4.1992 sind für diesen Vertrag maßgebend". 117

Jedenfalls dann, wenn der Firmen-TV vereinbart ist, alle nach dem Firmen-TV behandelt werden, liegt eine Gleichstellungsabrede vor. Es kommt zu keiner weitergehenden Tarifwirkung als in der Beziehung zwischen nach Abs. 1 tarifgebundenen Arbeitsvertragsparteien. Folge: Der im Firmen-TV in Bezug genommene Gehalts-TV wirkt nur statisch weiter. Die AN nehmen an späteren Veränderungen des in Bezug genommenen Gehalts-TV nicht mehr teil. 118

e) Bezugnahme auf Tarifvertrag und Umwandlung. aa) Formwechsel. Bei Formwechsel ändert sich nichts. 119

bb) Verschmelzung. Bei Verschmelzung zur Aufnahme und zur Neugründung findet ein AG-Wechsel statt. Es gilt § 613a Abs. 1 S. 2 BGB bei einem Verbands-TV. 120
Bei Vorliegen eines FirmenTV ändert sich nichts.

cc) Aufspaltungen, Abspaltungen, Angleichungen. Beim Verbands-TV greift § 613a Abs. 1 S. 2 BGB. Beim Firmen-TV ändert sich nichts. Der übernehmende Rechtsträger tritt in die Firmen-TV nach §§ 20 Abs. 1 Nr. 1, 131 Abs. 1 Nr. 1 UmwG ein. Der Firmen-TV gilt normativ weiter. 121

IX. Bezugnahme auf Tarifvertrag durch Betriebsvereinbarung

Die Bezugnahme auf TV durch BV ist unter Beachtung des § 77 Abs. 3 BetrVG möglich,[193] es sei denn, der TV sieht eine Öffnungsklausel vor. Das BAG lässt bei Beachtung des Tarifvorrangs des § 77 Abs. 3 BetrVG statische Verweisungen zu.[194] Dynamische Blankettverweisungen sind nicht zulässig.[195] 122

C. Verbindung zu anderen Rechtsgebieten

Es sind Berührungspunkte sowohl zu § 613a BGB als auch zum UmwG gegeben. § 3, der die Tarifgebundenheit regelt, wirkt sich auf den Betriebs(teil)übergang des § 613a BGB aus, aber auch auf Umwandlungen in ihren meisten Erscheinungsformen. Außerdem besteht ein Bezug zum Insolvenzrecht unter dem Gesichtspunkt der Tarifgebundenheit des Insolvenzschuldners bzw. des Insolvenzverwalters. Bei Bezugnahmeklauseln geht es um deren Auslegung nach den allg. Grundsätzen und um die AGB-Kontrolle nach den § 305 ff. BGB, insb. bei punktuellen Verweisungen auf einzelne tarifliche Bestimmungen, aber auch bei Verweisungen auf einzelne Regelungsbereiche, etwa unter dem Gesichtspunkt der kumulierten selektiven Elementenoptimierung (vulgo: Rosinentheorie). 123
Im Zusammenhang mit den Verweisungsklauseln spielt auch das NachwG eine Rolle.

D. Beraterhinweise

Neben den Auswirkungen des Austritts aus dem AG-Verband, dem gewollten oder schleichenden Herauswachsen aus einem Geltungsbereich eines TV und des Betriebs(teil)übergangs und einer Umwandlung bei Tarifgebundenen stehen insb. die Bezugnahmeklauseln spätestens mit der Entscheidung des BAG v. 15.12.2005 und des EuGH v. 9.3.2006 – Werhof – wieder im Brennpunkt der Diskussion. Zum einen geht es um den Umfang der Bezugnahmeklausel und um ihre Reichweite und um ihre Einordnung als konstitutive Verweisung unabhängig der Tarifgebundenheit. Im Bereich der außerprozessualen Beratung geht es um die Frage der zutreffenden Formulierung der Bezugnahmeklauseln unter strenger Beachtung, welche Ziele mit der Verweisung verfolgt werden sollen. Am umfassendsten wäre eine Klausel, nach der die für den jeweiligen AG jeweils geltenden TV Anwendung finden. Das Nachweisgesetz ist dabei zu beachten. 124

| § 4 | Wirkung der Rechtsnormen |

(1) [1]Die Rechtsnormen des Tarifvertrages, die den Inhalt, den Abschluß oder die Beendigung von Arbeitsverhältnissen ordnen, gelten unmittelbar und zwingend zwischen den beiderseits Tarifgebundenen, die unter den Geltungsbereich des Tarifvertrages fallen. [2]Diese Vorschrift gilt entsprechend für Rechtsnormen des Tarifvertrages über betriebliche und betriebsverfassungsrechtliche Fragen.

---

192 BAG 20.6.2001 – 4 AZR 295/00 – AP § 1 TVG Bezugnahme auf Tarifvertrag Nr. 18; BAG 29.8.2001 – 4 AZR 332/00 – BAGE 99, 10 = AP § 1 TVG Bezugnahme auf Tarifvertrag Nr. 17.
193 *Berg* u.a., § 3 TVG Rn 136.
194 BAG 23.6.1992 – 1 ABR 4/92 – AP § 77 BetrVG 1972 Nr. 55.
195 *Berg* u.a., § 3 TVG Rn 136, kritisch zum Ganzen Däubler/ *Lorenz*, TVG, § 3 Rn 268 ff.

(2) Sind im Tarifvertrag gemeinsame Einrichtungen der Tarifvertragsparteien vorgesehen und geregelt (Lohnausgleichskassen, Urlaubskassen usw.), so gelten diese Regelungen auch unmittelbar und zwingend für die Satzung dieser Einrichtung und das Verhältnis der Einrichtung zu den tarifgebundenen Arbeitgebern und Arbeitnehmern.

(3) Abweichende Abmachungen sind nur zulässig, soweit sie durch den Tarifvertrag gestattet sind oder eine Änderung der Regelungen zugunsten des Arbeitnehmers enthalten.

(4) [1]Ein Verzicht auf entstandene tarifliche Rechte ist nur in einem von den Tarifvertragsparteien gebilligten Vergleich zulässig. [2]Die Verwirkung von tariflichen Rechten ist ausgeschlossen. [3]Ausschlußfristen für die Geltendmachung tariflicher Rechte können nur im Tarifvertrag vereinbart werden.

(5) Nach Ablauf des Tarifvertrages gelten seine Rechtsnormen weiter, bis sie durch eine andere Abmachung ersetzt werden.

Literatur: *Annuß*, Tarifbindung durch arbeitsvertragliche Bezugnahme?, ZfA 2005, 405; *Bayreuther*, Tarifpluralitäten und -konkurrenzen im Betrieb – Zur Zukunft des Grundsatzes der Tarifeinheit, NZA 2007, 187; *ders.*, Der Arbeitskampf des Marburger Bundes – Ein Lehrstück zur Tarifeinheit im Betrieb, NZA 2006, 642; *Ehlers*, Personalkosten und betriebliche Bündnisse für Arbeit, RdA 2008, 81; *Engels*, Die verfassungsrechtliche Dogmatik des Grundsatzes der Tarifeinheit, RdA 2008, 331; *Heinze*, Tarifautonomie und sogenanntes Günstigkeitsprinzip, NZA 1991, 329; *Heinze/Ricken*, Verbandsaustritt und Verbandsauflösung im Spannungsfeld von Tarifeinheit und Tarifpluralität, ZfA 2001, 159; *Höfling/Burkiczak*, Das Günstigkeitsprinzip – ein grundrechtsdogmatischer Zwischenruf, NJW 2005, 469; *Jacobs*, Tarifpluralität statt Tarifeinheit – Aufgeschoben ist nicht aufgehoben!, NZA 2008, 325; *Kempen*, Aktuelles zur Tarifpluralität und zur Tarifkonkurrenz, NZA 2003, 415; *Meyer*, Aktuelle Fragen zum Grundsatz der Tarifeinheit, DB 2006, 1271; *Preis/Roloff*, Hinweis-, Aufklärungs- und Beratungspflichten im Betriebsrentenrecht, RdA 2005, 144; *Reinecke*, Die gerichtliche Kontrolle von Ausschlussfristen nach dem Schuldrechtsmodernisierungsgesetz, BB 2005, 378 und BB 2005, 1388; *Rieble*, Zulässigkeit des Lokführer-„Funktionseliten"-Streiks, BB 2003, 1227; *Thüsing*, Tarifkonkurrenz durch arbeitsvertragliche Bezugnahme, NZA 2005, 1280

A. Allgemeines 1	a) Tarifkonkurrenz 19
B. Regelungsgehalt 2	b) Tarifpluralität 21
I. Normative Wirkung des Tarifvertrages (Abs. 1) .. 2	c) Sonderkonstellationen 22
1. Unmittelbare und zwingende Wirkung 2	IV. Verlust tariflicher Rechte (Abs. 4) 24
2. Normative Wirkung für alle Tarifnormen 3	1. Allgemeines 24
3. Adressaten der normativen Wirkung 4	2. Verzicht (Abs. 4 S. 1) 25
4. Geltungsbereich des Tarifvertrages 5	3. Verwirkung (Abs. 4 S. 2) 27
a) Räumlicher Geltungsbereich 5	4. Ausschlussfristen (Abs. 4 S. 3) 28
b) Sachlich-fachlicher Geltungsbereich 6	a) Allgemeines und Abgrenzung zur AGB-Kontrolle 28
c) Persönlicher Geltungsbereich 7	b) Erfasste tarifliche Rechte 30
d) Zeitlicher Geltungsbereich 8	c) Geltendmachung 32
e) Mischbetriebe 9	d) Fristen in Ausschlussklauseln 35
II. Gemeinsame Einrichtungen (Abs. 2) 10	e) Treuwidrige Berufung auf Ausschlussfristen 36
1. Begriff der gemeinsamen Einrichtung 10	V. Nachwirkung (Abs. 5) 37
2. Umfang der Tarifbindung 11	1. Allgemeines 37
III. Verhältnis zu anderen Regelungen: Öffnungsklauseln, Günstigkeitsprinzip und Tarifkollisionsrecht (Abs. 3) 12	2. Ablauf des Tarifvertrages 38
1. Tarifvertragliche Öffnungsklauseln 12	3. Umfang der Nachwirkung 39
a) Grundsätze 12	4. Begriff der anderen Abmachung 40
b) Bündniswirkung für Arbeit 14	5. Nachwirkung und Günstigkeitsprinzip 41
2. Günstigkeitsprinzip 15	6. Modifizierende Regelungen über die Nachwirkung 42
a) Grundsätze 15	C. Beraterhinweise 43
b) Günstigkeitsvergleich 16	
3. Tarifkollisionsrecht 19	

A. Allgemeines

1 Bei der Vorschrift des § 4 handelt es sich um eine Kernvorschrift des TV-Rechts. Die in Abs. 1 angeordnete unmittelbare und zwingende Wirkung im Arbverh betrifft die Wirkungsweise der Tarifnorm. In Abs. 3 wird diese Wirkungsweise wiederum beschränkt, in dem Abweichungen aufgrund tariflicher Öffnungsklauseln und für den AN günstigere Regelungen erlaubt werden (Günstigkeitsprinzip). Die unmittelbare und zwingende Tarifwirkung wird ferner in Abs. 4 abgesichert, denn der Verzicht, die Verwirkung sowie der Rechtsverlust auf der Grundlage von Ausschlussfristen sind verboten bzw. nur unter bestimmten Bedingungen zulässig. Abs. 5 regelt schließlich die sog. Nachwirkung. Tarifnormen gelten nach Vertragsablauf weiter, bis sie durch eine andere Abmachung ersetzt werden. Während der Nachwirkung entfällt also die zwingende Wirkung, wohingegen die unmittelbare Geltung des TV erhalten bleibt. In Abs. 2 wird schließlich die normative Geltung der TV-Vorschriften für die Satzung gemeinsamer Einrichtungen vorgeschrieben.

B. Regelungsgehalt

I. Normative Wirkung des Tarifvertrages (Abs. 1)

1. Unmittelbare und zwingende Wirkung. Der Normcharakter von TV-Vorschriften folgt bereits aus den Vorschriften § 1 Abs. 1 und § 3 Abs. 2. Dort werden die TV-Vorschriften als „Rechtsnormen" bezeichnet. Darüber hinaus ordnet § 4 Abs. 1 die unmittelbare und zwingende Wirkung dieser Rechtsnormen an. Unmittelbare Geltung bedeutet normative Einwirkung auf die tarifgebundenen Arbverh wie Gesetze. Zwingende Geltung hingegen bedeutet, dass von den TV-Vorschriften nicht zu Lasten der AN-Seite abgewichen werden kann (Ausnahme Günstigkeitsprinzip, siehe Rn 15). Der TV wirkt damit zwischen den beiderseits tarifgebundenen wie ein materielles Gesetz.[1]

2. Normative Wirkung für alle Tarifnormen. Die unmittelbare und zwingende Wirkung wird in Abs. 1 S. 1 für Inhalt-, Abschluss- und Beendigungsnormen angeordnet. Abs. 1 S. 2 sieht die „entsprechende" Anwendung für betriebliche und betriebsverfassungsrechtliche Tarifvorschriften vor. Auch Letztere werden damit von der unmittelbaren und zwingenden normativen Wirkung erfasst (zur beschränkten Geltung betrieblicher und betriebsverfassungsrechtlicher Normen siehe § 3 Rn 41; zu den Besonderheiten gemeinsamer Einrichtungen siehe Rn 10).

3. Adressaten der normativen Wirkung. Das TVG unterscheidet zwischen schuldrechtlichen und normativen TV-Vorschriften. Die Rechtsbeziehungen zwischen den TV-Parteien werden durch die schuldrechtlichen Tarifvorschriften geregelt, die normativen Tarifvorschriften hingegen beziehen sich auf die Rechtsbeziehungen zwischen AG und AN. Tarifnormen gelten daher nur für die Tarifgebundenen (zur Tarifbindung siehe § 3 Rn 3 ff.), also die AN und ausnahmsweise den einzelnen AG beim Firmen-TV. Handelt es sich um betriebsverfassungsrechtliche Normen gelten diese für BR und AG (im Einzelnen siehe § 3 Rn 38).

4. Geltungsbereich des Tarifvertrages. a) Räumlicher Geltungsbereich. Der räumliche Geltungsbereich eines TV beschreibt das geographische Gebiet, in dem der TV Anwendung finden soll. Damit werden die territorialen Grenzen des Anwendungsbereichs eines TV geregelt.[2]

b) Sachlich-fachlicher Geltungsbereich. Die sachliche und/oder fachliche Abgrenzung eines TV wird terminologisch nicht einheitlich angewendet. Es geht um die sachlichen Kriterien für die TV-Anbindung. Grds. kommt hier das Industrieverbandsprinzip zur Anwendung.[3] Ist kein fachlicher Geltungsbereich benannt, gilt der TV insoweit für alle AN, die unter den persönlichen Geltungsbereich fallen.

c) Persönlicher Geltungsbereich. Der persönliche Geltungsbereich eines TV legt fest, auf welche AG und AN der TV anzuwenden ist. Es können aber auch bestimmte Gruppen ausgenommen werden, solange das Willkürverbot beachtet wird.

d) Zeitlicher Geltungsbereich. Der zeitliche Geltungsbereich bestimmt den Anfang und das Ende der Tarifwirkung, also der Wirkung der tariflichen Rechtsnorm.[4] Von dem zeitlichen Geltungsbereich ist daher die Vertragsdauer des TV zu unterscheiden. Es ist ohne Weiteres möglich, dass Inkrafttreten der Tarifnormen auf einen Zeitpunkt nach TV-Schluss zu legen oder auch die Tarifwirkung vor dem Auslaufen des TV enden zu lassen (zur rückwirkenden Vertragsnorm siehe § 1 Rn 40 ff.). In der Praxis werden die Vertragsdauer des TV und der zeitliche Geltungsbereich nicht unterschiedlich geregelt. Fehlt eine Regelung zum Inkrafttreten bzw. Außerkrafttreten, tritt der TV mit Unterzeichnung in Kraft.[5]

e) Mischbetriebe. Die Zuordnung des sachlich/fachlich und auch räumlichen Geltungsbereichs ist insb. bei Mischbetrieben schwierig, also dort, wo der Hauptbetrieb einem anderen TV als bspw. branchenfremde Abteilungen zuzuordnen ist. Das BAG stellt hier auf die überwiegend zu leistende Arbeit ab, also auf den Hauptzweck des Betriebs.[6] Den TV-Parteien steht es aber frei, die Zuordnung von Mischbetrieben anders zu regeln, sowie sie sich im Rahmen ihrer Tarifzuständigkeit halten (siehe § 2 Rn 84 ff.).

II. Gemeinsame Einrichtungen (Abs. 2)

1. Begriff der gemeinsamen Einrichtung. Gemeinsame Einrichtung i.S.v. Abs. 2 sind tariflich geschaffene privatrechtliche Institutionen der TV-Parteien.[7] Beispiele werden unmittelbar im Gesetz genannt: Lohnausgleichskas-

---

1 Wiedemann/*Wank*, § 4 Rn 300 und § 1 Rn 11; vgl. allg. zum Rechtsnormcharakter des normativen TV-Modells *Gamillscheg*, Kollektives Arbeitsrecht I, S. 540 ff.; zu den früheren Erklärungsmodellen *Giesen*, Tarifvertragliche Rechtsgestaltung für den Betrieb, S. 127 ff.
2 Däubler/*Deinert*, TVG, § 4 Rn 201.
3 Dazu etwa Wiedemann/*Oetker*, § 2 Rn 353 ff.
4 So Wiedemann/*Wank*, § 4 Rn 228.
5 HWK/*Henssler*, § 4 TVG Rn 20.
6 *Löwisch/Rieble*, § 4 Rn 82; BAG 22.3.1994 – 1 ABR 47/93 – EzA § 4 TVG Geltungsbereich Nr. 10.
7 Vgl. *Löwisch/Rieble*, § 4 Rn 177.

sen oder Urlaubskassen. Es muss sich um gemeinsame Einrichtungen der TV-Parteien handeln. Dritte dürfen daher daran nicht beteiligt sein.[8] Die h.M. verlangt eine paritätische Beteiligung der TV-Parteien.[9]

11 **2. Umfang der Tarifbindung.** Der Wortlaut in Abs. 2 bezieht die gemeinsame Einrichtung nur auf tarifgebundene AG und AN. Nach zutreffender Ansicht muss deshalb eine zweiseitige Tarifbindung vorliegen, damit Ansprüche an die gemeinsame Einrichtung entstehen können.[10] In der Praxis ist dies jedoch regelmäßig nicht von Bedeutung, denn die gemeinsame Einrichtung wird regelmäßig auch für die nicht organisierten AN begründet, so dass auch diese berechtigt sind, Ansprüche gegen die gemeinsame Einrichtung geltend zu machen. Diese Ansprüche sind dann aber nicht tarifrechtlicher Natur, sondern ergeben sich aus der Satzung.

III. Verhältnis zu anderen Regelungen: Öffnungsklauseln, Günstigkeitsprinzip und Tarifkollisionsrecht (Abs. 3)

12 **1. Tarifvertragliche Öffnungsklauseln. a) Grundsätze.** Die TV-Parteien können ihre Normsetzungsbefugnis auch einschränken. Dieses Recht wird in Abs. 3 ausdrücklich klargestellt. Danach sind vom TV abweichende Abmachungen zulässig, soweit sie durch den TV gestattet sind. Entsprechende Regelungen finden sich auch in den §§ 3 Abs. 2, 77 Abs. 3 und 87 Abs. 1 Eingangssatz BetrVG. Die in Abs. 1 und 2 festgelegte zwingende Wirkung der tarifvertraglichen Normen wird auf diese Weise eingeschränkt. Man kann insoweit von nachgiebigem Recht sprechen.[11] Abweichende Abmachungen i.S.v. Abs. 3 können ein anderer TV, eine BV oder auch Individualabreden sein. Die Tarifsperre in § 77 Abs. 3 BetrVG wird durch Tariföffnungsklauseln aufgehoben.[12]

13 Inhaltlich können die TV-Parteien bestimmen, nach welcher Maßgabe die Abweichung von den Tarifnormen erlaubt sein soll (bspw. nur durch BV oder räumliche, zeitliche und persönliche Beschränkung).[13] Eine zeitlich vor dem Inkrafttreten des TV bereits abgeschlossene BV wird im Zweifel von einer später vorgesehenen tariflichen Öffnungsklausel nicht erfasst.[14] Regelungsabreden sind keine BV. Lässt deshalb die tarifliche Öffnungsklausel nur den Abschluss von BV zu, werden Regelungsabreden nicht erfasst. Die Tarifpartner können schließlich auch bestimmen, dass bei abweichenden Individualvereinbarungen die Zustimmung des BR zusätzlich vorliegen muss.

14 **b) Bündnisse für Arbeit.** Im Zusammenhang mit tariflichen Öffnungsklauseln werden auch sog. betriebliche Bündnisse für Arbeit diskutiert. In solchen Bündnissen wird AN regelmäßig der Ausschluss betriebsbedingter Künd für einen bestimmten Zeitraum gegen Entgeltverzicht oder eine sonstige Flexibilisierung der Arbeitsbedingungen zugesagt.[15] In solchen betrieblichen Bündnissen kann im Wege eines Haus-TV die Regelungssperre des § 77 Abs. 3 BetrVG beseitigt werden. Dies eröffnet den Weg abweichender BV. Das BAG lässt unter bestimmten Voraussetzungen auch eine Rückwirkung zu.[16] Allerdings werden freiwillige BV im Rahmen aktueller Öffnungsklauseln meist unter dem Vorbehalt der Zustimmung durch die Tarifpartner vereinbart. Auf diese Weise soll vermieden werden, inhaltliche Entscheidungen abschließend den Betriebsparteien zu überlassen. Wegen der strengen Rspr. des BAG zum Günstigkeitsvergleich (siehe Rn 15 ff.) wird zunehmend eine Reform des Tarifsystems gefordert, um arbeitsplatzsichernde betriebliche Bündnisse für Arbeit zu ermöglichen.[17]

15 **2. Günstigkeitsprinzip. a) Grundsätze.** In Abs. 3 ist auch das sog. tarifliche Günstigkeitsprinzip geregelt. Abweichende Abmachungen sind u.a. zulässig, soweit sie eine Änderung zugunsten des Arbeitnehmers enthalten. Günstiger ABV sein. V.a. die in Art. 12 GG geschützte Vertragsfreiheit der Arbeitsvertragsparteien wird durch das Günstigkeitsprinzip geschützt. Auf den Zeitpunkt der „Abmachung" kommt es nicht an. Es werden also auch dem TV zeitlich vorangehende anderweitige Regelungen von dem Günstigkeitsprinzip erfasst. Ein TV kann damit günstigere bereits bestehende Individualabmachungen ebenfalls nicht verschlechtern.[18]

16 **b) Günstigkeitsvergleich.** Die Frage, welche Regelungen im Einzelfall günstiger sind, ist nicht unproblematisch. Das BAG vertritt einen objektiv-individuellen Lösungsansatz bzw. verfolgt einen Sachgruppenvergleich. Es werden die für jedes Arbverh verschiedenen Arten der jeweiligen TV-Vorschriften und der mit ihnen konkurrierenden Regelungen verglichen.

---

8 *Löwisch/Rieble*, § 4 Rn 179.
9 ErfK/*Franzen*, § 4 TVG Rn 24; a.A. Wiedemann/*Oetker*, § 1 Rn 789.
10 Str., wie hier HWK/*Henssler*, § 4 TVG Rn 22; a.A. Däubler/*Hensche*, TVG, § 1 Rn 945 ff.
11 Wiedemann/*Wank*, § 4 Rn 375 ff.; vgl. auch BAG 20.2.2001 – 1 AZR 233/00 – NZA 2001, 903.
12 Vgl. BAG 29.10.2002 – 1 AZR 573/01 – NZA 2003, 993.
13 Vgl. ErfK/*Franzen*, § 4 TVG Rn 29.
14 Vgl. auch BAG 20.2.2001 – 1 AZR 233/00 – NZA 2003, 903.

15 Vgl. zum betrieblichen Bündnis *Ehlers*, RdA 2008, 81; *Kempen/Zachert*, grundl. Rn 149 ff.
16 BAG 20.4.1999 – 1 AZR 631/98 – NZA 1999, 1059.
17 S. die Gesetzgebungsvorschläge der CDU/CSU BT-Drucks 15/1182 vom 18.6.2003 und der FDP BT-Drucks 15/1225 vom 25.6.2003; dazu auch *Buchner*, in: Gedächtnisschrift für Heinze, 2005, S. 105 ff.; ebenso *Wolf*, in: Gedächtnisschrift für Heinze, 2005, S. 1095 ff.; vgl. auch *Höfling/Burkiczak*, NJW 2005, 469.
18 Vgl. *Löwisch/Rieble*, § 4 Rn 266 m.w.N.

Beispiel: Regelungen im Zusammenhang mit dem Entgelt (Entgelt/Überstunden/Zuschläge); Urlaubsfragen (Urlaubsdauer, Wartezeit, Urlaubsgeld); Arbeitszeitfragen (Wochenstunden, Pausen). Siehe im Einzelnen die ausführlichen einschlägigen Kommentierungen.[19]   17

Abgelehnt wird grds. die Berücksichtigung subjektiver Elemente der AN. Bedeutung hat dies insb. bei der Verlängerung der Wochenarbeitszeit.[20] So wurde im Rahmen sog. betrieblicher Bündnisse für Arbeit (siehe auch Rn 4) bspw. der Künd-Schutz erweitert und dafür die Arbeitszeit verlängert. Das BAG hat solche Regelungen für unzulässig erklärt.[21] Damit werden Stimmen in der Lit., wonach Wünsche einzelner Beschäftigter stets als günstiger anzusehen sind, vom BAG eindeutig abgelehnt.[22]   18

Kann nicht genau festgestellt werden, welche Regelungen günstiger oder ungünstiger sind, bleibt es stets bei der tariflichen Regelung.[23] Dies gilt auch für sog. günstigkeitsneutrale Regelungen.[24]

3. Tarifkollisionsrecht. a) Tarifkonkurrenz. Finden auf ein Arbvh Tarifnormen unterschiedlicher TV-Parteien Anwendung, liegt ein Fall der sog. Tarifkonkurrenz vor.[25] Ist bspw. ein AN Mitglied in mehreren Gewerkschaften, die für das Arbvh einschlägige (unterschiedliche) TV geschlossen haben, entsteht ein solcher Fall der Tarifkonkurrenz. Auf AG-Seite können Tarifkonkurrenzen bei gleichzeitiger Mitgliedschaft in mehreren AG-Verbänden auftreten oder aber ein AG ist Mitglied in einem AG-Verband und schließt zusätzlich mit derselben Gewerkschaft einen Haus-TV ab. Dagegen liegt ein Fall der Tarifkonkurrenz nicht vor, wenn ein TV kraft Allgemeinverbindlichkeit gilt und ein anderer TV aufgrund einer arbeitsrechtlichen Bezugnahmeklausel Anwendung findet. In diesen Fällen „konkurriert" vielmehr ein Arbeitsvertrag mit einem TV, so dass eine Auflösung nach dem Günstigkeitsprinzip des Abs. 3 erfolgen muss.[26]   19

Das BAG löst die Fälle der Tarifkonkurrenz nach dem sog. Grundsatz der Tarifeinheit. Nach diesem Grundsatz kann für ein einziges Arbvh auch nur ein einziger TV Geltung erlangen.[27] Zusätzlich greift das Spezialitätsprinzip. Danach gilt der TV mit der größten Sachnähe.[28] Regionale TV haben also Vorrang vor bundesweit geltenden TV; Haus-TV gelten vor Verbands-TV.[29] Ein kraft arbeitsvertraglicher Vereinbarung geltender Firmen-TV verdrängt einen kraft Allgemeinverbindlichkeit geltenden Verbands-TV.[30]   20

b) Tarifpluralität. Anders als bei der Tarifkonkurrenz, gelten bei der Tarifpluralität im Betrieb ebenfalls mehrere, mit unterschiedlichen Gewerkschaften abgeschlossene TV; für den einzelnen AG gilt aber höchstens einer dieser TV.[31] Das BAG wendet auch in Fällen der Tarifpluralität den Grundsatz der Tarifeinheit an.[32] Danach ist in Fällen einer Tarifpluralität nur der TV auf den gesamten Betrieb anwendbar, der ihm räumlich, fachlich, betrieblich und persönlich am nächsten steht, also spezieller ist.[33] Dies führt dazu, dass eigentlich geltende TV für den Betrieb verdrängt werden. In der Lit. gibt es deshalb gewichtige kritische Stimmen zu dieser Rspr. des BAG.[34]   21

c) Sonderkonstellationen. Die zuvor dargestellten Grundprinzipien bei Tarifkonkurrenz, Tarifpluralität und der Auflösung nach dem Grundsatz der Tarifeinheit bzw. nach dem Spezialitätsprinzip, beziehen sich zunächst auf die übliche Tarifbindung nach § 3 Abs. 1. Gesonderte Fragestellungen können sich jedoch in den Fällen des § 3 Abs. 2 und 3, des § 4 Abs. 5 und/oder § 5 ergeben.   22

Einigkeit besteht darüber, dass betriebliche und betriebsverfassungsrechtliche Tarifnormen nur einheitlich im Betrieb gelten können. Insoweit greifen uneingeschränkt die Prinzipien der Tarifeinheit und der Spezialität.[35] Liegt ein Fall der fortgeltenden Tarifbindung nach § 3 Abs. 3 vor, wendet das BAG die zu § 3 Abs. 1 entwickelten Grund-   23

---

19 *Kempen/Zachert*, § 4 Rn 328 ff.; vgl. auch *Löwisch/Rieble*, § 4 Rn 303.
20 Sehr ausführlich zu dieser Problematik *Wiedemann/Wank*, § 4 Rn 479 ff.
21 BAG 20.4.1999 – 1 ABR 72/98 – AP Art. 9 GG Nr. 89.
22 In diesem Sinne *Heinze*, NZA 1991, 329 ff., der jede selbstbestimmte Abweichung vom TV als günstiger ansieht; vgl. auch *Löwisch/Rieble*, § 4 Rn 317 ff.
23 ErfK/*Franzen*, § 4 TVG Rn 40.
24 Vgl. *Kempen/Zachert*, § 4 Rn 314 m.w.N.
25 BAG 5.9.1990 – 4 AZR 59/1990 – AP § 4 TVG Tarifkonkurrenz Nr. 19; BAG 20.4.2005 – 4 AZR 288/04 – NZA 2005, 1360.
26 BAG 29.8.2007 – 4 AZR 767/06 – AP § 1 TVG Bezugnahme auf Tarifvertrag Nr. 61.
27 BAG 27.9.2005 – 1 AZR 41/04 – NZA 2006, 373; kritisch *Kempen*, NZA 2003, 415; s.a. *Bayreuther*, NZA 2006, 642; ders., NZA 2007, 187; s.a. *Hromadka*, in: Gedächtnisschrift für Heinze, 2005, S. 387; ferner *Gamillscheg*, Kollektives Arbeitsrecht I, S. 752; *Meyer*, DB 2006, 1271.
28 Vgl. BAG 18.10.2006 – 10 AZR 576/05 – AP § 1 TVG Tarifverträge: Bau Nr. 287.
29 Vgl. z.B. BAG 14.6.1989 – 4 AZR 200/89 – AP § 4 TVG Tarifkonkurrenz Nr. 16.
30 BAG 23.3.2005 – 4 AZR 203/04 – DB 2005, 2419.
31 Z.B. BAG 4.12.2002 – 10 AZR 113/02 – AP § 4 TVG Tarifkonkurrenz Nr. 28.
32 BAG 5.9.1990 – 4 AZR 59/90 – AP § 4 TVG Tarifkonkurrenz Nr. 19; BAG 4.12.2002 – 10 AZR 113/02 – AP § 4 TVG Tarifkonkurrenz Nr. 28; vgl. hierzu auch *Meyer*, NZA 2006, 1387 ff.; *Lindemann/Simon*, BB 2006, 1852 ff.
33 BAG 4.12.2002 – 10 AZR 113/02 – AP § 4 TVG Tarifkonkurrenz Nr. 28.
34 Vgl. *Engels*, RdA 2008, 331; *Jacobs*, NZA 2008, 325; *Löwisch/Rieble*, § 4 Rn 132 ff.; *Rieble*, BB 2003, 1227 ff.; *Wiedemann/Wank*, § 4 Rn 287; s.a. HWK/*Henssler*, § 4 TVG Rn 46 ff.
35 Dazu ausführlich *Giesen*, Tariftragliche Rechtsgestaltung, 536 ff.; vgl. auch *Schliemann*, Sonderbeilage NZA 2000, 24 f.

sätze an.[36] Im Stadium der Nachwirkung nach Abs. 5 sind konkurrierende TV als „andere Abmachung" gegenüber den nachwirkenden Vorschriften anzusehen.[37] Bei der Allgemeinverbindlicherklärung wendet das BAG die allg. oben dargestellten Kollisionsregeln (siehe Rn 19) an (zu einer Tarifkollision beim Betriebsübergang siehe § 613a BGB Rn 106 ff.).[38] Findet ein TV kraft Bezugnahme auf ein Arbverh Anwendung, handelt es sich nicht um einen Fall der Tarifbindung. In diesen Fällen ist deshalb ohne weiteres die unterschiedliche Geltung verschiedener TV innerhalb eines Betriebs denkbar.[39]

IV. Verlust tariflicher Rechte (Abs. 4)

24 **1. Allgemeines.** In Abs. 4 wird die unmittelbare und zwingende Wirkung von TV-Normen weiter abgesichert. Es geht nicht um die Entstehung der tariflichen Rechte, sondern um den Schutz des Verlusts dieser Rechte. Entstandene tarifvertragliche Rechte werden deshalb in Abs. 4 bezogen auf Verzicht, Verwirkung und Ausschlussfristen abgesichert. In diesem Zusammenhang spricht man von der sog. Unverbrüchlichkeit tariflicher Rechte. Diese Unverbrüchlichkeit erfasst alle entstandenen Rechte der AN, nicht hingegen die des AGs und auch nicht Rechte Dritter.[40]

Beispiele: Rechte auf ausstehendes Arbeitsentgelt, erworbene Anwartschaften, Urlaubsansprüche etc.

Auch Zurückbehaltungsrechte sind unverzichtbar; ebenso die Einhaltung der Mindest-Künd-Frist.[41] Wird der Verzicht im Rahmen eines Vergleichs erklärt, ist der Vergleich, auch der Prozessvergleich, unwirksam.[42] Die TV-Parteien haben die Möglichkeit, dem Vergleich zuzustimmen, §§ 182 ff. BGB. Dies gilt gleichermaßen für die Einwilligung wie die Genehmigung. Entgegen der h.M. besteht die Unverbrüchlichkeit nicht mehr während der Nachwirkung gem. Abs. 5.[43] Während der Nachwirkungsphase entfällt die zwingende Wirkung der Tarifnormen. Damit ist den Arbeitsvertragsparteien jedwede verschlechternde Abmachung eröffnet. Die Geltung der Unverbrüchlichkeit ist in diesem Stadium daher nicht mehr sinnvoll.

25 **2. Verzicht (Abs. 4 S. 1).** Der Verzicht auf entstandene tarifliche Rechte ist nach S. 1 nur in einem von den TV-Parteien gebilligten Vergleich zulässig. Verzicht in diesem Sinne ist jede Verfügung des AN, die zum Wegfall des Anspruchs oder seiner Durchsetzbarkeit führt. Die Klagerücknahme wird daher nicht erfasst (§ 269 ZPO), denn die erneute Klageerhebung bleibt unberührt. Der Verzicht wird ausnahmsweise dann erlaubt, wenn dieser in einem von den TV-Parteien gebilligten Vergleich erfolgt. Es gelten wiederum die §§ 182 ff. BGB (siehe Rn 24). Erfasst werden außergerichtliche und gerichtlich geschlossene Vergleiche.

26 Der Tatsachenvergleich wird allerdings nach der Rspr. des BAG nicht von Abs. 4 S. 1 erfasst.[44] Die Rspr. beachtet das praktische Bedürfnis nach gütlicher Einigung. Vergleiche beziehen sich regelmäßig auch auf einen streitigen Sachverhalt bzw. Streit über tatsächliche Voraussetzungen. In diesen Fällen kann daher ein Tatsachenvergleich ohne Zustimmung der TV-Parteien vereinbart werden.

Beispiel: Von 100 geltend gemachten Überstunden einigt man sich im Ergebnis auf 50 Überstunden.

27 **3. Verwirkung (Abs. 4 S. 2).** Die Verwirkung tariflicher Rechte ist nach Abs. 4 S. 2 ausgeschlossen. Für das Vorliegen von Verwirkungen ist es bekanntlich erforderlich, dass der Inhaber eines Rechts dieses längere Zeit nicht geltend gemacht hat und der Verpflichtete sich nach dem gesamten Verhalten des Berechtigten, also nach den konkreten Umständen, darauf einrichten durfte, dass dies auch weiterhin nicht der Fall sein werde (Zeit- und Umstandsmoment).[45] Hingegen können der Geltendmachung eines Rechts andere Fälle treuwidriger Rechtsausübung bzw. Rechtsmissbrauch entgegengehalten werden (zur Nachwirkung siehe Rn 37 ff.).[46]

28 **4. Ausschlussfristen (Abs. 4 S. 3). a) Allgemeines und Abgrenzung zur AGB-Kontrolle.** Die Vereinbarung von Ausschlussfristen betrifft Abreden, nach denen ein Anspruch oder ein sonstiges Recht erlischt oder nicht mehr geltend gemacht werden kann, wenn es nicht innerhalb einer bestimmten Zeit und ggf. in einer bestimmten Form geltend gemacht wird.[47] Begrifflich wird der Begriff der Ausschlussfrist unterschiedlich verwandt; gebräuchlich sind auch Verfallfrist, Präklusivfrist, Ausschlussklausel, Verfallklausel und Verwirkungsfrist.

---

36 BAG 26.10.1983 – 4 AZR 219/81– AP § 3 TVG Nr. 3; im Einzelnen jedoch str., teilweise wird im Vorrang von § 3 Abs. 3 angenommen, so *Däubler*, NZA 1996, 225; vgl. auch Wiedemann/*Oetker*, § 3 Rn 108 ff.
37 Vgl. BAG 20.4.2005 – 4 AZR 288/04 – NZA 2005, 1360; s.a. *Heinze/Ricken*, ZFA 2001, 159, 171 ff.
38 BAG 14.6.1989 – 4 AZR 200/89 – AP § 4 TVG Tarifkonkurrenz Nr. 16.
39 Vgl. BAG 22.9.1993 – 10 AZR 207/92 – AP § 4 TVG Tarifkonkurrenz Nr. 21; s.a. *Thüsing*, NZA 2005, 1280; ferner *Annuß*, ZFA 2005, 405, 444; abweichend BAG 23.3.2005 – 4 AZR 203/04 – NZA 2005, 1003.
40 Vgl. *Löwisch/Rieble*, § 4 Rn 344.
41 Vgl. BAG 18.11.1999 – 2 AZR 147/99 – NZA 2000, 605.
42 Vgl. ErfK/*Franzen*, § 4 TVG Rn 45.
43 So aber Wiedemann/*Wank*, § 4 Rn 700.
44 BAG 20.8.1980 – 5 AZR 955/1978 – AP § 6 LohnFG Nr. 12; BAG 21.12.1972 – 5 AZR 319/1972 – AP § 9 LohnFG Nr. 1; BAG 5.11.1997 – 4 AZR 682/1995 – AP § 4 TVG Nr. 17; vgl. i.Ü. Wiedemann/*Wank*, § 4 Rn 680 ff.
45 S. dazu nur Palandt/*Heinrichs*, § 242 Rn 87 ff.; ferner Wiedemann/*Wank*, § 4 Rn 693 ff.
46 HWK/*Henssler*, § 4 TVG Rn 57; s. zu Einzelfällen Wiedemann/*Wank*, § 4 Rn 703 ff.
47 Vgl. nur Wiedemann/*Wank*, § 4 Rn 713.

Im Rahmen der AGB-Kontrolle greift sowohl für tarifliche Ausschlussfristen aufgrund Tarifbindung als auch aufgrund vollständiger Bezugnahme eines TV die Tarifprivilegierung des § 310 Abs. 4 BGB. Für einzelvertraglich vereinbarte Ausschlussfristen greift hingegen die volle AGB-Kontrolle ein (vgl. § 310 Abs. 4 S. 3 BGB). Hier kommt eine Verletzung der §§ 305c, 307, 309 Nr. 7 BGB in Betracht. Für solche einzelvertraglichen Ausschlussfristen (nicht tarifvertragliche) fordert das BAG eine Mindestfrist zur gerichtlichen Geltendmachung von drei Monaten.[48] Die Lit. ist uneinheitlich.[49]

b) Erfasste tarifliche Rechte. Ausschlussfristen erfassen grds. sämtliche Rechte aus dem Arbverh. Regelmäßig werden deshalb nicht nur tarifvertragliche Rechte erfasst. Im Einzelfall kann diese bedeutsame Frage aber nur im Wege der Auslegung geklärt werden. Üblicherweise erfassen Ausschlussklauseln „alle Ansprüche aus dem Arbeitsverhältnis". Bei einer solchen Klausel werden bspw. Überstunden und Provisionsansprüche erfasst, Urlaubsansprüche, Vertragsstrafen und Zeugnisansprüche sowie Sozialplan- oder Nachteilsausgleichszahlungen. Nicht erfasst werden hingegen Abfindungen nach §§ 9, 10 KSchG, Ansprüche aus BR-Tätigkeit oder aber Altersversorgungsansprüche und Sterbegeld.[50] Besonderheiten gelten beim Urlaub. Konnte der AN den Urlaub aufgrund Krankheit durchgängig nicht nehmen, greift die Verfallklausel nicht ein. Siehe die dazu allerdings alte Entscheidung des BAG vom 6.6.1968.[51]

Ausschlussfristen gelten auch nicht für gesetzlich zwingend angeordnete Ansprüche. § 12 EFZG ordnet dies bspw. für die Entgeltfortzahlung im Krankheitsfall ausdrücklich an. Dieses Verzichtsverbot gilt regelmäßig auch für tarifliche Ausschlussfristen.[52] Ob dies auch für andere gesetzliche Ansprüche greift, ist umstr.[53]

c) Geltendmachung. Welche Form der Geltendmachung von Ansprüchen vorgesehen ist, ergibt sich aus der Klausel selbst bzw. muss durch Auslegung des TV ermittelt werden. Regelmäßig wird auf der ersten Stufe die bloße Geltendmachung und in der zweiten Stufe die Klageerhebung gefordert. Dabei ist auf die tariflich vorgeschriebenen Formen zu achten. I.d.R. ist die schriftliche Geltendmachung erforderlich; teilweise wird aber auch die mündliche Geltendmachung festgelegt, wobei in diesen Fällen dennoch die schriftliche Geltendmachung zu Beweiszwecken sinnvoll ist.

Inhaltlich muss unmissverständlich zum Ausdruck kommen, dass der Gläubiger Inhaber einer näher bestimmten Forderung ist und auf deren Erfüllung besteht. Zudem muss der Umfang der Forderung genannt werden. Ein pauschales Abrechnungsverlangen reicht deshalb noch nicht aus.[54]

Für die schriftliche Geltendmachung fordert das BAG nicht die strengen Formvorschriften des § 126 BGB, also eigenhändige Unterschrift. Deshalb ist auch ein Fax zugelassen.[55] Wird die Forderung durch einen Vertreter geltend gemacht, kommt eine Zurückweisung nach § 174 BGB nicht in Betracht.[56] Dies begründet sich damit, dass es sich bei der Geltendmachung nicht um ein Rechtsgeschäft, sondern um eine einseitige geschäftsähnliche Handlung handelt.[57] Wird statt der schriftlichen Geltendmachung der Anspruch direkt mit Klage verfolgt, kommt es auf den Zeitpunkt der Rechtshängigkeit, also Klagezustellung, an. Die Vorschrift des § 167 ZPO („Demnächst-Zustellung") findet in diesen Fällen keine Anwendung. Etwas anderes gilt aber dann, wenn die Fristwahrung auch tatsächlich per Klage zu erfolgen hat. Wird hingegen nur die einfache Schriftform gefordert, kann der Gläubiger § 167 ZPO nicht für sich in Anspruch nehmen.[58]

Die Fristberechnung bei der Geltendmachung von Ausschlussfristen erfolgt allg. nach den §§ 186 ff. BGB. Fristbeginn tritt mit Fälligkeit des Anspruchs ein, soweit nichts anderes geregelt ist. Der Anspruchsinhaber muss die anspruchsbegründenden Tatsachen kennen oder zumindest kennen können.[59] Allerdings ist die Kenntnis von der Ausschlussfristregelung selbst nicht erforderlich. Ansprüche können deshalb auch bei völliger Unkenntnis der Frist verfallen.

d) Fristen in Ausschlussklauseln. Das BAG unterscheidet bei der Dauer von Ausschlussfristen nach tarifvertraglichen und einzelvertraglichen Fristen. Auf einzelvertragliche Fristen findet umfänglich die AGB-Kontrolle Anwendung (vgl. § 310 Abs. 4 S. 3 BGB). Hier gilt eine Mindestfrist zur Geltendmachung von drei Monaten (siehe Rn 29). In TV werden ohne Weiteres auch zweimonatige Ausschlussfristen für zulässig erachtet.[60]

---

48 Vgl. BAG 25.5.2005 – 5 AZR 572/04 – NZA 2005, 1111; vgl. auch BAG 28.9.2005 – 5 AZR 52/05 – NZA 2006, 650.
49 Vgl. *Reinecke*, BB 2005, 378 und BB 2005, 1388; *Preis/Roloff*, RdA 2005, 144; s. zu einzelvertraglichen Ausschlussfristen und zur AGB-Kontrolle i.Ü. § 305c BGB Rn 11.
50 Ausführlich in zahlreichen Beispielen Wiedemann/*Wank*, § 4 Rn 760 f., 802 ff.
51 Vgl. BAG 6.6.1968 – 5 AZR 410/1967 – AP § 3 BUrlG Rechtsmissbrauch Nr. 5 = EzA § 1 BUrlG Nr. 5.
52 Vgl. BAG 16.1.2001 – 5 AZR 430/00 – NZA 2002, 746.
53 S. dazu ausführlich Wiedemann/*Wank*, § 4 Rn 752 ff. m.w.N.
54 BAG 5.11.2003 – 5 AZR 676/02 – AP § 2 Nachweisgesetz Nr. 7.
55 BAG 11.10.2000 – 5 AZR 313/99 – AP § 4 TVG Ausschlussfristen Nr. 153.
56 BAG 14.8.2002 – 5 AZR 341/01 – AP § 174 BGB Nr. 16.
57 Vgl. BAG 11.10.2000 – 5 AZR 313/1999 – AP § 4 TVG Ausschlussfristen Nr. 153.
58 Vgl. BAG 13.2.1974 – 4 AZR 192/1973 – AP § 70 BAT Nr. 4; ferner Wiedemann/*Wank*, § 4 Rn 851.
59 Vgl. BAG 19.3.1986 – 5 AZR 86/1985 – AP § 4 TVG Ausschlussfrist Nr. 95.
60 BAG 22.9.1999 – 10 AZR 839/1998 – AP § 1 TVG Tarifverträge: Bau Nr. 226.

36 e) Treuwidrige Berufung auf Ausschlussfristen. Die Vorschrift des § 242 BGB gilt auch für tarifliche Ausschlussfristen. Wer den Gläubiger von der rechtzeitigen Geltendmachung seines Anspruchs abhält, in dem er bspw. die geschuldete Leistung wahrheitswidrig zusagt, um sich dann später auf den Fristablauf zu berufen, handelt treuwidrig.[61] Der AG braucht hingegen nicht gesondert und ausdrücklich auf die Ausschlussfrist hinzuweisen. Verletzt der AG seine Nachweispflicht nach § 2 Abs. 1 NachwG, kann er sich dadurch schadensersatzpflichtig machen.[62] Bei unverschuldeter Fristversäumnis wird der Gläubiger ebenfalls nicht von seinen Rechten ausgeschlossen.

Beispiele: Berufsbedingter Auslandsaufenthalt sowie Krankheit oder Urlaub.[63]

Voraussetzung ist dann allerdings, dass der AN durchgängig nicht in der Lage war, seine Rechte geltend zu machen. Erfolgt eine fehlerhafte Rechtsberatung durch den RA, wird der Fristablauf ebenfalls nicht gehemmt.[64] Führen die Parteien einen Musterprozess, beinhaltet dies die Vereinbarung, während der Zeit dieses Prozesses die Ausschlussfrist nicht laufen zu lassen.[65]

V. Nachwirkung (Abs. 5)

37 1. Allgemeines. Die Nachwirkung nach Abs. 5 soll verhindern, dass nach dem Ende eines TV die von ihm geregelten Rechtsverhältnisse nicht „inhaltsleer" werden. Dies wäre der Fall, wenn für die Zeit nach Beendigung des TV keine besondere Regelung im TVG enthalten wäre. Deshalb ordnet Abs. 5 an, dass die Rechtsnormen eines TV (nicht sein schuldrechtlicher Teil) nach seinem Ablauf weiter gelten, bis sie durch eine andere Abmachung ersetzt werden. Der Inhalt der Arbverh wird deshalb auch nach Beendigung des TV durch den alten TV weiter bestimmt, bis eine neue Abmachung (zum Begriff siehe Rn 40) vereinbart wird. Die Nachwirkung hat deshalb Überbrückungs- und Ordnungsfunktion.[66] Die in Abs. 5 angeordnete Nachwirkung beruht nach Auff. des BAG auf staatlichem Recht und nicht auf dem TV.[67] Die Nachwirkung ist zeitlich nicht begrenzt, kann damit theoretisch unendlich andauern. Verfassungsrechtliche Bedenken hiergegen hat das BAG zurückgewiesen,[68] weil dem AG die Möglichkeiten arbeitsvertraglicher Änderung (zum Begriff der Abmachung siehe Rn 40) stets verbleiben.

38 2. Ablauf des Tarifvertrages. Die Nachwirkung tritt mit Ablauf des TV ein. Gemeint ist das Ende des TV. Die Nachwirkung greift jedoch dann nicht ein, wenn vorrangige Sonderregelungen zu beachten sind. Dies gilt z.B. bei der Transformation tarifvertraglicher Vorschriften nach § 613a Abs. 1 S. 2 bis 4 BGB. Demgegenüber soll nach Auff. des BAG bei einer Auflösung des tarifschließenden Verbandes zwar die normative Tarifgeltung nach § 3 Abs. 3 enden, jedoch soll dennoch die Nachwirkung gem. Abs. 5 eingreifen.[69] Dies gilt nach h.M. auch beim sog. Herauswachsen eines Unternehmens aus dem räumlichen oder fachlichen Geltungsbereich eines TV.[70] Der Verbandsaustritt eines AG führt jedoch noch nicht unmittelbar zur Nachwirkung. Vielmehr greift hier vorab die Sonderregelung des § 3 Abs. 3 (siehe § 3 Rn 42 ff.). Erst wenn der TV – trotz vorherigem Verbandsaustritt – endet, endet damit auch die Tarifbindung nach § 3 Abs. 3 und im Anschluss hieran beginnt die Nachwirkung.[71]

39 3. Umfang der Nachwirkung. Mit der Nachwirkung endet lediglich die zwingende Wirkung des TV, nicht aber die unmittelbare Wirkung (siehe Rn 2). Nachwirkende Tarifnormen gelten deshalb wie andere Tarifnormen zunächst nach Maßgabe der Abs. 1 bis 4 weiter. Voraussetzung ist lediglich, dass die Tarifgeltung durch das TVG angeordnet wird. Die Nachwirkung greift auch für gemeinsame Einrichtungen,[72] nach h.A. auch bei betrieblichen und betriebsverfassungsrechtlichen Tarifnormen (zur Nachwirkungsproblematik bei allgemeinverbindlichen TV ausführlich vgl. § 5 Rn 27).[73] Arbverh, die erst im Nachwirkungszeitraum eines TV begründet werden, werden nach Auff.

---

61 Vgl. dazu BAG 18.12.1984 – 3 AZR 383/1982 – AP § 4 TVG Ausschlussfristen Nr. 87.
62 BAG 5.11.2003 – 5 AZR 676/02 – AP § 2 Nachweisgesetz Nr. 7.
63 Vgl. Wiedemann/*Wank*, § 4 Rn 779.
64 BAG 16.8.1983 – 3 AZR 206/1982 – AP § 1 TVG Auslegung Nr. 131.
65 HWK/*Henssler*, § 4 TVG Rn 74.
66 S. nur Wiedemann/*Wank*, § 4 Rn 327 ff.; ErfK/*Franzen*, § 4 TVG Rn 50; vgl. auch BVerfG 3.7.2000 – 1 BVR 945/00 – AP § 4 TVG Nachwirkung Nr. 36.
67 Str., BAG 16.8.1990 – 8 AZR 439/89 – AP § 4 TVG Nachwirkung Nr. 19; a.A. Wiedemann/*Wank*, § 4 Rn 325; *Gamillscheg*, Kollektives Arbeitsrecht I, S. 874, jeweils m.w.N.
68 BAG 15.10.2003 – 4 AZR 573/02 – AP § 4 TVG Nachwirkung Nr. 41.
69 BAG 28.5.1997 – 4 AZR 546/95 – AP § 4 TVG Nachwirkung Nr. 26; s.a. *Besgen*, Mitgliedschaft im Arbeitgeberverband ohne Tarifbindung, S. 53 ff., 104 ff.
70 BAG 18.3.1992 – 4 AZR 339/91 – NZA 1992, 700; Däubler/*Lorenz*, TVG, § 3 Rn 88.
71 St. Rspr. des BAG, s. nur BAG 17.5.2000 – 4 AZR 363/1999 – NZA 2001, 453; in der Lit. werden teilweise Beschränkungsvorschläge vertreten, in Anlehnung an § 613a Abs. 1 S. 2 BGB ein Jahr, entsprechend § 39 Abs. 2 BGB zwei Jahre oder entsprechend § 624 BGB fünf Jahre (Wiedemann/*Oetker*, § 3 Rn 93; Löwisch/*Rieble*, § 3 Rn 93, jeweils m.w.N.).
72 Löwisch/*Rieble*, § 4 Rn 404.
73 *Gamillscheg*, Kollektives Arbeitsrecht I, S. 875 f.; Löwisch/*Rieble*, § 4 Rn 403; differenzierend *Giesen*, Tarifvertragliche Rechtsgestaltung, S. 521 ff.; offen gelassen BAG 8.10.1997 – 4 AZR 87/1996 – AP § 4 TVG Nachwirkung Nr. 29.

des BAG nicht von dem nachwirkenden TV erfasst.[74] Dagegen gilt der nachwirkende TV für AN, mit denen während der Laufzeit des TV ein Ausbildungsverhältnis bestanden hat, das ohne zeitliche Unterbrechung nunmehr im Nachwirkungszeitraum fortgeführt wird.[75] Bei Bezugnahmeklauseln wird regelmäßig angenommen, dass sich die Verweisung auch auf die nachwirkenden Tarifnormen bezieht (zu Bezugnahmeklauseln siehe § 3 Rn 81 ff.).

4. Begriff der anderen Abmachung. Der Begriff der „anderen Abmachung" wird – entsprechend der Formulierung – weit verstanden, also jedwede anderweitige Regelung. Die Rechtsnormen des TV werden also nicht nur durch einen anderen TV ersetzt,[76] sondern auch durch einzelvertragliche Abreden oder BV. Bei Letzteren muss allerdings die Regelungssperre des § 77 Abs. 3 BetrVG beachtet werden.[77]   40

5. Nachwirkung und Günstigkeitsprinzip. Im Nachwirkungszeitraum greift nicht mehr das Günstigkeitsprinzip. Es können deshalb auch verschlechternde Regelungen, insb. durch einen ungünstigeren Arbeitsvertrag, vereinbart werden. Über den Gesetzeswortlaut hinaus kann eine „andere Abmachung" in Form einer einzelvertraglichen Vereinbarung, welche die bisherigen Bedingungen aus dem ablaufenden TV ohne Verstoß gegen das Günstigkeitsprinzip verschlechtern kann, im Einzelfall auch schon vor Ablauf des TV geschlossen werden. Sie löst die tariflichen Bestimmungen aber nur dann ab, wenn sie konkret und zeitnah vor dem bevorstehenden Ablauf des TV die sich dann auf Grund Nachwirkung ergebende Situation regelt.[78] Das BAG lässt zur Herbeiführung einer anderen Abmachung auch eine Änderungs-Künd zu.[79] Freilich müssen die besonderen hohen Voraussetzungen einer betriebsbedingten Änderungskündigung dennoch erfüllt sein.[80] Die andere Abmachung muss nach dem Ablauf des TV zu Stande kommen. Dies schließt aber nicht aus, dass eine arbeitsvertragliche Vereinbarung, die die Nachwirkung gem. Abs. 5 ablösen soll, auch schon vor Eintritt der Nachwirkung abgeschlossen wird.[81]   41

6. Modifizierende Regelungen über die Nachwirkung. Die in Abs. 5 angeordnete Nachwirkung kann von den TV-Parteien ohne Weiteres modifiziert werden. Das BAG hat bereits entschieden, dass die Nachwirkung ausgeschlossen oder auch befristet werden kann.[82] Demgegenüber lehnt das BAG den Abschluss lediglich nachwirkender TV ab.[83] Eine Verstärkung der Nachwirkung darf nicht dazu führen, die gesetzlich angeordnete Nachwirkung nach Abs. 5 (siehe Rn 37 ff.) zu erweitern. Allerdings wird man die Zulässigkeit einer verstärkenden Nachwirkung dennoch annehmen können, wenn man die tarifvertraglichen Vereinbarungen insoweit als Öffnungsklauseln nach Abs. 3 (siehe Rn 12 f.) versteht. Ausgehend von dem Grundsatz, dass die TV-Parteien im Zweifel zulässige Regelungen vereinbaren wollen, bestehen gegen eine solche „Umdeutung" keine Bedenken.   42

C. Beraterhinweise

Bei der Bewertung der tariflichen Rechte ist streng danach zu unterscheiden, ob die Rechte kraft Tarifbindung gelten oder aber „nur" kraft einzelvertraglicher Bezugnahme. Liegt kein Fall der originären Tarifbindung vor, greift auch nicht die in Abs. 4 vorgesehene sog. Unverbrüchlichkeit tariflicher Rechte. Bspw. greift die AGB-Kontrolle im Arbeitsrecht nicht für TV und nach einhelliger Ansicht auch nicht für einzelvertraglich in Bezug genommene TV (vgl. auch § 310 Abs. 4 BGB). Individuell vereinbarte Ausschlussfristen unterliegen hingegen in vollem Umfange der AGB-Kontrolle (siehe oben Rn 29).   43

Das in Abs. 3 verankerte Günstigkeitsprinzip gilt nicht im Verhältnis zu ablösenden TV. Soweit ein TV durch einen ersetzenden TV abgelöst wird, können deshalb auch für den AN ungünstigere Regelungen vereinbart werden.

Bei betrieblichen Bündnissen ist generell die Sperrwirkung des § 77 Abs. 3 BetrVG zu beachten. Gegenüber dem TV ungünstigere BV können deshalb nur dann wirksam vereinbart werden, wenn der TV oder ein entsprechender Haus-TV betriebliche Öffnungsklauseln ausdrücklich zulässt (vgl. Rn 12 f.). Bei Verstößen gegen die Regelungssperre des § 77 Abs. 3 BetrVG kommt generell ein Unterlassungsanspruch nach § 23 BetrVG bzw. § 1004 BGB in Betracht.[84] Einzelne AN können bei Entgeltkürzungen unmittelbar im Urteilsverfahren gegen den AG klagen.   44

---

74 BAG 8.10.1997 – 4 AZR 87/1996 – AP § 4 TVG Nachwirkung Nr. 29; a.A. das überwiegende Schrifttum, s. z.B. Wiedemann/*Wank*, § 4 Rn 332 m.w.N.
75 BAG 7.5.2008 – 4 AZR 288/07 – AP § 4 TVG Nr. 31.
76 Vgl. hierzu BAG 15.11.2006 – 10 AZR 665/05 – NZA 2007, 448.
77 Vgl. *Löwisch/Rieble*, § 4 Rn 388 ff.
78 BAG 23.2.2005 – 4 AZR186/04 – AP § 4 TVG Nachwirkung Nr. 42; BAG 22.10.2008 – 4 AZR 789/07 – AP § 4 TVG Tarifkonkurrenz Nr. 37; BAG 20.5.2009 – 4 AZR 230/08 – n.v.; vgl. zu den engen Grenzen auch BAG 1.7.2009 – 4 AZR 250/08 – n.v. sowie BAG 1.7.2009 – 4 AZR 261/08 – n.v.
79 BAG 25.10.2000 – 4 AZR 212/00 – AP § 4 TVG Nachwirkung Nr. 38.
80 Dazu ausführlich *Besgen*, Gestaltungsmöglichkeiten des Personalabbaus und der Anpassung von Vertragsbedingungen durch Änderungskündigung, B+P 2004, 381 ff.; ferner ErfK/*Oetker*, § 2 KSchG Rn 47. ff.
81 BAG 23.2.2005 – 4 AZR 186/2004 – AP § 4 TVG Nachwirkung Nr. 42.
82 BAG 8.10.1997 – 4 AZR 87/1996 – AP § 4 TVG Nachwirkung Nr. 29.
83 BAG 29.1.1975 – 4 AZR 218/1974 – AP § 4 TVG Nachwirkung Nr. 8; a.A. zutreffend Wiedemann/*Wank*, § 4 Rn 365.
84 ErfK/*Eisemann/Koch*, § 23 BetrVG Rn 34.

§ 5 Allgemeinverbindlichkeit

(1) Das Bundesministerium für Arbeit und Soziales kann einen Tarifvertrag im Einvernehmen mit einem aus je drei Vertretern der Spitzenorganisationen der Arbeitgeber und der Arbeitnehmer bestehenden Ausschuß auf Antrag einer Tarifvertragspartei für allgemeinverbindlich erklären, wenn

1. die tarifgebundenen Arbeitgeber nicht weniger als 50 vom Hundert der unter den Geltungsbereich des Tarifvertrages fallenden Arbeitnehmer beschäftigen und
2. die Allgemeinverbindlicherklärung im öffentlichen Interesse geboten erscheint.

Von den Voraussetzungen der Nummern 1 und 2 kann abgesehen werden, wenn die Allgemeinverbindlicherklärung zur Behebung eines sozialen Notstandes erforderlich erscheint.

(2) Vor der Entscheidung über den Antrag ist Arbeitgebern und Arbeitnehmern, die von der Allgemeinverbindlicherklärung betroffen werden würden, den am Ausgang des Verfahrens interessierten Gewerkschaften und Vereinigungen der Arbeitgeber sowie den obersten Arbeitsbehörden der Länder, auf deren Bereich sich der Tarifvertrag erstreckt, Gelegenheit zur schriftlichen Stellungnahme sowie zur Äußerung in einer mündlichen und öffentlichen Verhandlung zu geben.

(3) Erhebt die oberste Arbeitsbehörde eines beteiligten Landes Einspruch gegen die beantragte Allgemeinverbindlicherklärung, so kann das Bundesministerium für Arbeit und Soziales dem Antrag nur mit Zustimmung der Bundesregierung stattgeben.

(4) Mit der Allgemeinverbindlicherklärung erfassen die Rechtsnormen des Tarifvertrages in seinem Geltungsbereich auch die bisher nicht tarifgebundenen Arbeitgeber und Arbeitnehmer.

(5) [1]Das Bundesministerium für Arbeit und Soziales kann die Allgemeinverbindlicherklärung eines Tarifvertrages im Einvernehmen mit dem in Absatz 1 genannten Ausschuß aufheben, wenn die Aufhebung im öffentlichen Interesse geboten erscheint. [2]Die Absätze 2 und 3 gelten entsprechend. [3]Im übrigen endet die Allgemeinverbindlichkeit eines Tarifvertrages mit dessen Ablauf.

(6) Das Bundesministerium für Arbeit und Soziales kann der obersten Arbeitsbehörde eines Landes für einzelne Fälle das Recht zur Allgemeinverbindlicherklärung sowie zur Aufhebung der Allgemeinverbindlichkeit übertragen.

(7) Die Allgemeinverbindlicherklärung und die Aufhebung der Allgemeinverbindlichkeit bedürfen der öffentlichen Bekanntmachung.

Literatur zu den §§ 5 bis 12a TVG: *Beck*, Übersendungs- und Mitteilungspflicht, § 7 TVG, ZTR 2000, 15; *Besgen*, Nachwirkung eines allgemein-verbindlichen Tarifvertrages, SAE 2002, 220; *Bötticher*, Die Gemeinsamen Einrichtungen der Tarifvertragsparteien, 1966; *Diller*, Wie beschafft man sich Tarifverträge?, FA 1999, 43; *Lindena*, Publizität von Tarifverträgen, DB 1988, 1114; *Mäßen/Mauer*, Allgemeinverbindlicherklärung von Tarifverträgen und verwaltungsgerichtlicher Rechtsschutz, NZA 1993, 121; *Schrader*, Neues zu Ausschlussfristen, NZA 2003, 345; *Witteler*, Die Allgemeinverbindlichkeitserklärung – kein geeignetes Mittel zur faktischen Einführung von Mindestlöhnen, BB 2007, 1620; *Zachert*, „Neue Kleider für die Allgemeinverbindlicherklärung?", NZA 2003, 132

A. Allgemeines ... 1	1. Erstreckung der Tarifbindung ... 20
I. Wirkung der Allgemeinverbindlichkeit ... 2	2. Erfasste Normen der Allgemeinverbindlicherklärung ... 21
II. Normzweck ... 3	3. Umfang der Allgemeinverbindlicherklärung ... 22
1. Sozialpolitische Funktion ... 4	4. Beginn und Ende ... 23
2. Kartellfunktion ... 5	a) Beginn ... 23
3. Schutz der Koalitionen ... 6	b) Rückwirkung ... 24
4. Gesetzesfunktion ... 8	c) Ende ... 25
5. Gemeinsame Einrichtungen ... 9	d) Änderungen des Tarifvertrags ... 26
B. Regelungsgehalt ... 10	e) Nachwirkungsproblematik ... 27
I. Formelle Voraussetzungen der Allgemeinverbindlicherklärung ... 11	**C. Verbindung zu anderen Rechtsgebieten** ... 28
1. Antrag einer Tarifvertragspartei ... 11	I. Rechtsnatur der Allgemeinverbindlicherklärung ... 29
2. Zuständige Behörde ... 12	II. Rechtsschutz der Tarifvertragsparteien ... 30
3. Weitere Verfahrensfragen ... 13	III. Rechtsschutz anderer Koalitionen ... 31
II. Materielle Voraussetzungen der Allgemeinverbindlicherklärung ... 16	IV. Rechtsschutz der Normunterworfenen ... 32
1. Bestehender wirksamer Tarifvertrag ... 16	**D. Beraterhinweise** ... 33
2. 50 %-Klausel ... 17	I. Internet ... 33
3. Öffentliches Interesse ... 18	II. Weitere Quellen ... 34
4. Sozialer Notstand ... 19	III. Prozessuale Hinweise ... 35
III. Wirkungen der Allgemeinverbindlichkeit ... 20	IV. Anspruch auf Abschrift des Tarifvertrags und Auslegepflicht der Arbeitgeber ... 36

A. Allgemeines

Die Allgemeinverbindlichkeit von TV ist trotz vielfältiger Kritik, insb. in den 70er Jahren, nach wie vor **fester Bestandteil** in der deutschen Tariflandschaft. Die Anzahl der für allgemeinverbindlich erklärten TV nimmt zwar stetig ab. Dennoch ist das Institut der Allgemeinverbindlichkeit gerade in Branchen, die sich durch einen niedrigen Ausbildungsstand auszeichnen, **wesentliche Grundlage für den Inhalt der Arbverh**. Damit kommt der Allgemeinverbindlicherklärung von TV nach wie vor eine erhebliche sozialpolitische und auch wettbewerbsrechtliche Dimension zu.[1]

I. Wirkung der Allgemeinverbindlichkeit

TV gelten nach § 4 Abs. 1 S. 1 unmittelbar und zwingend zwischen den beiderseits Tarifgebundenen. Diese Tarifbindung setzt die **Mitgliedschaft** sowohl des AG als auch des AN in der den TV abschließenden Organisation voraus, § 3 Abs. 1. **Die Allgemeinverbindlichkeit ersetzt diese notwendige Tarifbindung** und erstreckt die unmittelbare und zwingende Wirkung des TV auf die Außenseiter bzw. nichttarifgebundenen AN. Damit werden auch die nichtorganisierten AN von den Rechtsnormen des TV erfasst. Auf die **Kenntnis der Allgemeinverbindlichkeit** kommt es für diese erweiterte Tarifbindung nicht an.[2]

II. Normzweck

Mit der Allgemeinverbindlicherklärung werden **verschiedene Normzwecke** erfüllt. Diese beschränken sich nicht allein auf die Erweiterung der Tarifbindung, sondern die Allgemeinverbindlicherklärung hat eine soziale Schutzfunktion, führt zu einer Kartellwirkung aufgrund der wettbewerbsrechtlichen Dimension und kodifiziert schließlich für bestimmte Branchen die geltenden Arbeitsbedingungen.

1. Sozialpolitische Funktion. Das Institut der Allgemeinverbindlicherklärung geht bis in die Weimarer Republik zurück und war bereits in der TV-Ordnung von 1918 in § 1 Abs. 2 normiert. Sozialpolitisch können mit der Allgemeinverbindlicherklärung sowohl die organisierten als auch die nichtorganisierten AN geschützt werden. Die nichtorganisierten sollen nicht dem Zwang ausgesetzt werden, zu sozial unvertretbaren Bedingungen ihre Arbeitsleistung anbieten zu müssen. Diese Gefahr besteht aber immer dort, wo nach unten keine Grenzen gesetzt sind. Umgekehrt sollen die organisierten AN vor der sog. **Schmutzkonkurrenz** geschützt werden, denn gerade in Zeiten hoher Arbeitslosigkeit besteht die Gefahr, dass nichtorganisierte AN ihre Arbeitsleistung untertariflich anbieten. Mit der Erstreckung eines TV auf sämtliche AN einer Branche innerhalb des Geltungsbereichs werden damit **einheitliche Arbeitsbedingungen** geschaffen, die einen Mindeststandard absichern und gleichzeitig ein soziales Mindestniveau garantieren.

2. Kartellfunktion. Der sozialpolitische Schutz der Allgemeinverbindlichkeit führt auf AG-Seite zu einer Kartellfunktion dieses Institutes. Mit der Allgemeinverbindlicherklärung von TV wird unmittelbar verhindert, dass nichtorganisierte AG die bei ihnen beschäftigten AN zu untertariflichen Bedingungen beschäftigen, diese also billiger arbeiten lassen. Auch hier gilt damit, dass „Lohndrückerei" und „Schmutzkonkurrenz" verhindert werden.[3] Mit der Allgemeinverbindlichkeit werden damit die **Wettbewerbsbedingungen insg.** vereinheitlicht. Nicht zuletzt wegen dieser Einschränkung des freien Wettbewerbs werden von AG-Seite allgemeinverbindliche TV überwiegend kritisch betrachtet.

3. Schutz der Koalitionen. Die Allgemeinverbindlicherklärung schützt unmittelbar die betroffenen Koalitionen. Können AN untertariflich wegen der allgemeinverbindlichen Wirkung eines TV nicht beschäftigt werden, besteht auch kein Anreiz für einen Verbandsaustritt. Zwar stellt der Verbandsaustritt wegen § 3 Abs. 3 ohnehin kein probates Mittel dar, um sich schnell von den Wirkungen eines TV befreien zu können. Nach § 3 Abs. 3 bleibt nämlich die Tarifgebundenheit bestehen, bis der TV endet (siehe § 3 Rn 42). Und danach wirkt der TV sogar noch nach, bis er durch eine andere Abmachung ersetzt wird, § 4 Abs. 5 an (siehe § 4 Rn 37 ff.).[4] Selbst diesem verzögerten Austrittsrisiko trägt jedoch die Allgemeinverbindlichkeit Rechnung. Mit der Einstellung nichtorganisierter AN kommt dem AG keinerlei Vorteil zu, und umgekehrt lohnt sich der Austritt aus den Verbänden nicht, da die Allgemeinverbindlichkeit die Tarifbindung ersetzt.

Dieser Schutz kann freilich auch als Eingriff in die negative Koalitionsfreiheit der tariflichen Außenseiter angesehen werden, was in den 70er Jahren zu einer verfassungsrechtlichen Diskussion führte. In dem **grundlegenden Beschluss des BVerfG** vom 12. März 1977 wurde jedoch die Vereinbarkeit der Allgemeinverbindlicherklärung von TV mit

---

1 Ein aktueller Überblick über die rechtstatsächliche Bedeutung der Allgemeinverbindlicherklärung findet sich bei Däubler/*Lakies*, TVG, § 5 Rn 13 ff.
2 Vgl. BAG 16.8.1983 – 3 AZR 206/82 – AP § 1 TVG Auslegung Nr. 131 = EzA § 4 TVG Ausschlussfristen Nr. 56; vgl. auch Wiedemann/*Wank*, § 5 Rn 127.
3 So BVerwG 3.11.1988 – 7 C 115/86 – AP § 5 TVG Nr. 23 = NZA 1989, 364; so auch Däubler/*Lakies*, TVG, § 5 Rn 7.
4 BAG 13.12.1995 – 4 AZR 1062/94 – AP § 3 TVG Verbandsaustritt Nr. 3 = DB 1996, 1284 m.w.N.

dem Grundgesetz entschieden.[5] Die Verfassungsmäßigkeit ist damit anerkannt. Eine Verletzung der negativen Koalitionsfreiheit der Nichtorganisierten besteht nicht. Die Allgemeinverbindlicherklärung löst keinen Beitrittszwang aus. Vielmehr führt sie gerade dazu, dass nichtorganisierte AN die Vorteile des TV erlangen ohne einer Koalition beitreten zu müssen.[6] *Kempen/Zachert* weisen in diesem Zusammenhang zutreffend darauf hin, dass dies für die Gewerkschaften eher zu gegenteiligen Effekten führen kann, da eine Mitgliedschaft vor diesem Hintergrund kaum noch attraktiv erscheint.[7]

8 **4. Gesetzesfunktion.** Vielfach wird auf die Gesetzesfunktion der Allgemeinverbindlicherklärung hingewiesen.[8] Gerade die für allgemeinverbindlich erklärten Mantel-TV beinhalten eine Vielzahl von Arbeitsbedingungen (Inhalts-, Abschluss- und Beendigungsnormen), mit denen die **Arbeitsbedingungen bestimmter Branchen insg. geregelt werden**. Hinzu kommen die allgemeinverbindlichen Entgelttarifverträge. In den betroffenen Branchen werden damit die Arbeitsvertragsbedingungen überwiegend tariflich geregelt. *Wank* sieht deshalb in der Allgemeinverbindlichkeit auch „einen vorläufigen Ersatz für ein bislang fehlendes allgemeines Arbeitsgesetzbuch".[9] Dem ist jedoch entgegenzuhalten, dass eine Vielzahl von Gesetzen einen sozialen Mindeststandard für die AN schafft. Die Schaffung eines allgemeinen Arbeitsgesetzbuches mag zwar wünschenswert sein; das Institut der Allgemeinverbindlicherklärung ist jedoch nicht geeignet, dieses Ziel umzusetzen.

9 **5. Gemeinsame Einrichtungen.** Im Zusammenhang mit dem Normzweck der Allgemeinverbindlicherklärung wird schließlich auf die gemeinsamen Einrichtungen der TV-Parteien hingewiesen. Gemeinsame Einrichtungen sind nach der grundlegenden Arbeit von *Bötticher* auf eine Einbeziehung auch der Nichtorganisierten angelegt.[10] Ausreichende Mittel für eine gemeinsame Einrichtung können nur erbracht werden, wenn auch die betroffenen Außenseiter herangezogen werden. In vielen Fällen kommt es daher bei dem Abschluss von TV über gemeinsame Einrichtungen zwischen den TV-Parteien zu **schuldrechtlichen Abreden** dahingehend, dass man sich gemeinschaftlich zu einem Antrag auf Allgemeinverbindlicherklärung verpflichtet. Das BVerfG hat auch die Allgemeinverbindlicherklärung von TV über gemeinsame Einrichtungen verfassungsrechtlich anerkannt.[11]

B. Regelungsgehalt

10 Das Verfahren zur Allgemeinverbindlichkeitserklärung bestimmt sich nach § 5 i.V.m. der Verordnung zur Durchführung des TV-Gesetzes (DVO), die nach § 11 erlassen wurde.[12] Es müssen damit formelle und materielle Voraussetzungen vorliegen. Die Wirkungen der Allgemeinverbindlicherklärung bestimmen sich nach Abs. 4. Schließlich ist auf Beginn und Ende der Allgemeinverbindlicherklärung einzugehen und dabei insb. auf die Probleme der Rückwirkung und der Nachwirkung der Allgemeinverbindlichkeit.

I. Formelle Voraussetzungen der Allgemeinverbindlicherklärung

11 **1. Antrag einer Tarifvertragspartei.** TV werden zwar vom BMAS bzw. von der obersten Arbeitsbehörde eines Landes für allgemeinverbindlich erklärt. Diese Erklärung darf aber nicht von Amts wegen ausgesprochen werden. Zwingende Voraussetzung ist nach Abs. 1 S. 1 vielmehr der Antrag einer TV-Partei. Wie bereits ausgeführt (siehe Rn 9), können sich die TV-Parteien untereinander schuldrechtlich zu einem entsprechenden Antrag verpflichten. Bestimmte **Fristen für den Antrag sind nicht vorgesehen**. Der Antrag kann also jederzeit gestellt und auch zurückgenommen werden;[13] dies gilt sogar noch im Nachwirkungszeitraum.[14]

12 **2. Zuständige Behörde.** Zuständig ist das BMAS. Diese Zuständigkeit kann vom BMAS nach Abs. 6 der obersten Arbeitsbehörde eines einzelnen Landes übertragen werden. In der Praxis macht man von dieser **Delegation** regelmäßig dann Gebrauch, wenn nicht **mehr als zwei Bundesländer** betroffen sind.[15] § 12 der Durchführungs-VO zum TVG sieht für eine Delegation die Allgemeinverbindlicherklärung eines TV mit regional begrenztem Geltungsbereich vor.

13 **3. Weitere Verfahrensfragen.** Die weiteren Verfahrensfragen ergeben sich aus den in § 5 getroffenen Regelungen sowie der Durchführungs-VO. Wird ein Antrag gestellt, muss dieser im Bundesanzeiger bekannt gemacht werden. Die Bekanntmachung hat nach § 4 Abs. 1 S. 1 DVO mit dem Hinweis zu erfolgen, dass die Allgemeinverbindlicherklärung mit Rückwirkung ergehen kann. Weiter wird von dem zuständigen Minister in dem Antrag eine Frist bestimmt, wäh-

---

5 BVerfG 24.5.1977 – 2 BvL 11/74 – BVerfGE 44, 322 = AP § 5 TVG Nr. 15 = EzA § 5 TVG Nr. 5 = BB 1977, 1249 = NJW 1977, 2255.
6 Däubler/*Lakies*, TVG, § 5 Rn 38; Wiedemann/*Wank*, § 5 Rn 19 f., 23.
7 *Kempen/Zachert*, § 5 Rn 61.
8 *Löwisch/Rieble*, § 5 Rn 60 ff.; Wiedemann/*Wank*, § 5 Rn 30 ff.; ErfK/*Franzen*, § 5 TVG Rn 4.
9 Wiedemann/*Wank*, § 5 Rn 6.
10 *Bötticher*, Die gemeinsamen Einrichtungen der Tarifvertragsparteien, 1966.
11 BVerfG 15.7.1980 – 1 BvR 24/74; 439/74 – BVerfGE 55, 7 = AP § 5 TVG Nr. 17 = NJW 1981, 215 = DB 1980, 2523.
12 Abgedruckt in Nipperdey I Nr. 504a.
13 Wiedemann/*Wank*, § 5 Rn 79 ff., 81 m.w.N.
14 MünchArb/*Löwisch/Rieble*, Bd. 3, § 268 Rn 54.
15 Vgl. Wiedemann/*Wank*, § 5 Rn 82 m.w.N.

rend der zu dem Antrag schriftlich Stellung genommen werden kann. Diese Frist soll mind. drei Wochen vom Tage der Bekanntmachung an betragen. Der Wortlaut der Bekanntmachung muss den TV-Parteien und den obersten Arbeitsbehörden der Länder, auf deren Bereich sich der TV erstreckt, mitgeteilt werden. Ist nicht der Bundesminister zuständig, sondern die oberste Landesarbeitsbehörde, gelten nach § 12 S. 2 DVO die gleichen Vorschriften.

Die Allgemeinverbindlicherklärung eines TV kann nur im Einvernehmen mit einem aus je drei Vertretern der Spitzenorganisation der AG und der AN bestehenden Ausschuss erklärt werden. Die Einzelheiten zu Inhalt und Verfahren des Tarifausschusses ergeben sich aus §§ 1 ff. DVO. Der Tarifausschuss ist paritätisch besetzt. Die Einflussmöglichkeiten beider Seiten sind damit grds. gleich groß. Nur bei **Stimmenmehrheit** liegt ein bejahender Beschluss vor. Dabei hat der Beauftragte des Bundesministers selbst kein Stimmrecht, § 3 Abs. 1 S. 2 DVO. Jede Seite hat damit die Möglichkeit, die Allgemeinverbindlichkeit zu verhindern. Lehnt der Tarifausschuss die Allgemeinverbindlicherklärung ab, muss auch der Bundesminister den Antrag ablehnen. Über die Entscheidung des Tarifausschusses darf er sich nicht hinwegsetzen. Umgekehrt ist er an die Entscheidung nicht in der Weise gebunden, dass er bei einem positiven Beschluss zur Allgemeinverbindlicherklärung verpflichtet wäre. Nach Zustimmung durch den Tarifausschuss ist also der Bundesminister im Rahmen seiner eigenständigen Prüfungsbefugnis berechtigt, den Antrag zurückzuweisen. 14

Ablehnung und Vornahme der Allgemeinverbindlicherklärung bedürfen der **Bekanntmachung** im BAnz, Abs. 7 i.V.m. § 11 DVO. Der für allgemeinverbindlich erklärte TV selbst muss allerdings nicht bekannt gemacht werden.[16] Für die weiteren Einzelheiten und formellen Voraussetzungen der Allgemeinverbindlicherklärung verweisen wir auf die Lektüre der Durchführungsverordnung und der einschlägigen Spezial-Lit.[17] 15

II. Materielle Voraussetzungen der Allgemeinverbindlicherklärung

1. Bestehender wirksamer Tarifvertrag. Die Allgemeinverbindlicherklärung setzt einen TV voraus. Es muss also ein **gültiger TV** nach dem TVG bestehen. Unwirksamkeitsgründe schlagen auf die Allgemeinverbindlichkeit durch. Die Allgemeinverbindlicherklärung kann damit unwirksame Tarifnormen nicht heilen.[18] Die möglichen **Unwirksamkeitsgründe** können vielfältig sein (Tariffähigkeit, Tarifzuständigkeit, Geltungsbereich, Schriftform, Friedenspflichten etc.). Grds. können auch bereits nachwirkende TV allgemeinverbindlich erklärt werden.[19] Regelmäßig wird dies jedoch wenig sinnvoll sein, wenn bereits der unmittelbar und zwingend wirkende TV nicht für allgemeinverbindlich erklärt worden war. 16

2. 50 %-Klausel. Die Allgemeinverbindlicherklärung setzt nach Abs. 1 S. 1 voraus, dass die tarifgebundenen AG nicht weniger als 50 % der unter den Geltungsbereich des TV fallenden AN beschäftigen. Es kommt damit auf die **Zahl der AN** an, die in **tarifgebundenen Betrieben** beschäftigt werden. Diese Anzahl muss mind. die Hälfte (50 %) der in den branchenmäßigen Geltungsbereich des TV fallenden AN betragen. Maßgeblich ist damit allein die Tarifbindung auf AG-Seite.[20] Sinn und Zweck der 50 %-Klausel lassen sich auf demokratische Grundregeln zurückführen. Gerade wegen der dargestellten Kartellwirkung der Allgemeinverbindlicherklärung (siehe Rn 5) muss einer **Mindestlegitimation des TV** Rechnung getragen werden. Eine Minderheit der AG darf die Übrigen nicht majorisieren.[21] Die genaue Anzahl der beschäftigten AN wird regelmäßig nicht sicher festzustellen sein. Sind alle **Erkenntnisquellen** (bspw. Auskünfte der IHK, der BA, Anfragen an die TV-Parteien etc.) ausgenutzt, kann die Feststellung der erforderlichen Zahl nur über eine **sorgfältige Schätzung** erreicht werden.[22] 17

3. Öffentliches Interesse. Weitere Voraussetzung der Allgemeinverbindlicherklärung ist neben der Erfüllung des 50 %-Quorums das öffentliche Interesse, Abs. 1 S. 1 Nr. 2.[23] Ausgehend **von Sinn und Zweck** der Allgemeinverbindlicherklärung wird ein öffentliches Interesse immer dann gegeben sein, wenn für eine beachtliche Zahl von AN drohende Nachteile abgewendet werden können. Ob dies der Fall ist, wird im Einzelfall der zuständige Minister, dem ein außerordentlich **weiter Beurteilungsspielraum** zugebilligt wird, zu entscheiden haben. Nicht erforderlich ist, dass ein sozialer Notstand vorliegt. Dies folgt aus einem Umkehrschluss zu Abs. 1 S. 2, dessen Regelung andernfalls überflüssig wäre. I.Ü. wird man davon ausgehen können, dass sich das öffentliche Interesse überwiegend auf die Allgemeinverbindlicherklärung von Verbands-TV, die für eine Vielzahl von Betrieben gelten, erstreckt. An der Allgemeinverbindlicherklärung eines Firmen-TV wird i.d.R. kein öffentliches Interesse bestehen.[24] 18

4. Sozialer Notstand. Von den beiden kumulativ vorliegenden Voraussetzungen des 50 %-Quorums und des öffentlichen Interesses kann nach Abs. 1 S. 2 dann abgesehen werden, wenn die Allgemeinverbindlicherklärung zur Behebung eines sozialen Notstandes erforderlich erscheint. Ein sozialer Notstand wird dann vorliegen, wenn die 19

---

16 Wiedemann/Wank, § 5 Rn 101.
17 Ausführliche Darstellung bspw. bei Däubler/Lakies, TVG, § 5 Rn 110 ff.
18 Vgl. Gamillscheg, Kollektives Arbeitsrecht I, § 194b, 889 f.; Wiedemann/Wank, § 5 Rn 53.
19 Gamillscheg, Kollektives Arbeitsrecht I, § 194a (2), 889 m.w.N.
20 Däubler/Lakies, TVG, § 5 Rn 87; Witteler, BB 2007, 1620.
21 Vgl. Zachert, NZA 2003, 132/134.
22 BAG 11.6.1975 – 4 AZR 395/74 – AP § 2 TVG Nr. 29 = EzA § 2 TVG Nr. 7; vgl. auch BAG 24.1.1979 – 4 AZR 377/77 – AP § 5 TVG Nr. 16 = EzA § 5 TVG Nr. 6.
23 Vgl. dazu ausführlich Witteler, BB 2007, 1620.
24 So auch Wiedemann/Wank, § 5 Rn 74, der als Ausnahme ein dominierendes Unternehmen, bei dem ein Großteil der örtlichen Bevölkerung beschäftigt ist, nennt.

Vergütung der AN so niedrig liegt, dass sie nicht mehr in der Lage sind, ihre notwendigen sozialen und wirtschaftlichen Bedürfnisse zu befriedigen. **Orientierungspunkte** können hier die Leistungen nach dem SGB II als anerkanntes Existenzminimum sein.[25] Praktische Bedeutung kommt der Vorschrift nicht zu.

III. Wirkungen der Allgemeinverbindlichkeit

20 **1. Erstreckung der Tarifbindung.** Mit der Allgemeinverbindlicherklärung werden die Rechtsnormen eines TV in seinem Geltungsbereich nach Abs. 4 auf die bisher nicht tarifgebundenen AG und AN erstreckt. Die Allgemeinverbindlicherklärung dehnt damit allein die unmittelbare und zwingende Wirkung der Tarifbindung aus. Sämtliche anderen Voraussetzungen, die für die Einwirkung eines TV auf ein Arbverh vorliegen müssen, bleiben unberührt und müssen zusätzlich vorliegen.[26] Der räumliche, betriebliche, fachliche und persönliche Geltungsbereich eines TV kann durch die Allgemeinverbindlicherklärung nicht ausgedehnt werden. Nur die **Arbverh innerhalb des Geltungsbereichs** werden von der erweiterten Tarifbindung erfasst. Dies gilt ebenfalls für die Tarifzuständigkeit der TV-Parteien. Auch i.Ü. können durch die Allgemeinverbindlichkeit die Tarifnormen selbst nicht abgeändert, erweitert oder ergänzt werden. Betroffen ist allein die Tarifbindung.

Die **Kenntnis** der betroffenen AN und AG von der Allgemeinverbindlichkeit ist für deren Wirkung **irrelevant**.[27] Dies folgt bereits aus dem Wortlaut des Abs. 4 („bisher nicht tarifgebunden").

21 **2. Erfasste Normen der Allgemeinverbindlicherklärung.** Mit der Allgemeinverbindlicherklärung werden **alle Rechtsnormen eines TV** erfasst.[28] Es geht also nicht nur um die Individualnormen, die den Abschluss, den Inhalt und die Beendigung von Arbverh regeln. Vielmehr bezieht sich die Allgemeinverbindlichkeit auch auf betriebliche und betriebsverfassungsrechtliche sowie prozessuale[29] Normen. Auch Normen über gemeinsame Einrichtungen werden von ihr erfasst. Der Wortlaut des Abs. 4 macht weiter deutlich, dass die **schuldrechtlichen Verpflichtungen** zwischen den TV-Parteien nicht für allgemeinverbindlich erklärt werden können. Denn die TV-Parteien können selbst nicht Normadressaten des TV sein.[30] Nicht differenziert wird zwischen Verbands- und Haus-TV. Wie bereits ausgeführt (siehe Rn 18) wird allerdings bei Haus- bzw. Firmenverträgen ein öffentliches Interesse an der Allgemeinverbindlichkeit regelmäßig nicht vorhanden sein.

22 **3. Umfang der Allgemeinverbindlicherklärung.** Die Allgemeinverbindlicherklärung kann sich nicht auf einen Teil eines TV beschränken. In der tarifrechtlichen Lit. wird diese Frage kontrovers diskutiert. Überwiegend wird die **teilweise Allgemeinverbindlicherklärung** bejaht,[31] da schließlich von der Allgemeinverbindlicherklärung auch ganz abgesehen werden könne. I.Ü. seien die TV-Parteien ohnehin berechtigt, ihre Tarifvereinbarungen auch in getrennten Verträgen zusammenzufassen und dann jeweils getrennte Anträge auf Allgemeinverbindlichkeit zu stellen. Diese Auff. berücksichtigt jedoch nicht die Ausgewogenheit tariflicher Werke. TV kommen im Rahmen des bestehenden Kräftegleichgewichtes der TV-Parteien zustande. Nimmt man einzelne Regelungsgegenstände von diesem ausgewogenen Regelwerk aus, wird dieses Kräftegleichgewicht beeinträchtigt. *Wank* weist zutreffend darauf hin, dass die Lösung einzelner Normen aus diesem Gesamtzusammenhang zu einer Störung des durch die TV-Parteien sorgfältig ausgehandelten Systems führen kann.[32]

23 **4. Beginn und Ende. a) Beginn.** Der Beginn der Allgemeinverbindlicherklärung wird nach § 7 S. 2 DVO vom zuständigen Bundesminister im Benehmen mit dem Tarifausschuss bestimmt. Dieser Beginn liegt nach § 7 S. 3 DVO in aller Regel nicht vor dem Tage der Bekanntmachung des Antrages, sofern es sich nicht nur um die Erneuerung oder Änderung eines bereits für allgemeinverbindlich erklärten TV handelt.

24 **b) Rückwirkung.** Der Beginn der Allgemeinverbindlichkeit ist damit nur im Falle einer Rückwirkung problematisch. Grds. ist eine echte Rückwirkung unzulässig.[33] Die Allgemeinverbindlichkeit kann erst mit ihrer Veröffentlichung eintreten. Bei der Rückwirkung von Allgemeinverbindlicherklärungen müssen daher die **Grundsätze über die Rückwirkung** von **Gesetzen** entsprechend angewendet werden.[34] Vertrauensschutz scheidet also nur dann aus, wenn die von der Allgemeinverbindlicherklärung betroffenen AN und/oder AG mit der Rückwirkung rechnen mussten.[35] Die Allgemeinverbindlicherklärung eines TV kann allerdings auch dann mit Rückwirkung ergehen,

---

25 Vgl. Däubler/*Lakies*, § 5 Rn 77.
26 Wiedemann/*Wank*, § 5 Rn 128.
27 BAG 16.8.1983 – 3 AZR 206/82 – AP § 1 TVG Auslegung Nr. 131.
28 ErfK/*Franzen*, § 5 TVG Rn 6.
29 Vgl. BAG 19.3.1975 – 4 AZR 270/74 – AP § 5 TVG Nr. 14 = EzA § 5 TVG Nr. 3.
30 Vgl. MünchArb/*Löwisch/Rieble*, Bd. 3, § 268 Rn 17 m.w.N.
31 *Kempen/Zachert*, § 5 Rn 24; MünchArb/*Löwisch/Rieble*, Bd. 3, § 268 Rn 21.
32 In: Wiedemann/*Wank*, § 5 Rn 59; vgl. ähnlich auch *Gamillscheg*, Kollektives Arbeitsrecht I, § 194c (2), 891; s.a. OVG NW 23.9.1983 – 20 A 842/81 – BB 1984, 723.
33 BAG 3.11.1982 – 4 AZR 1255/79 – AP § 5 TVG Nr. 18 = EzA § 5 TVG Nr. 8.
34 BAG 3.11.1982 – 4 AZR 1255/79 – AP § 5 TVG Nr. 18 = EzA § 5 TVG Nr. 8.
35 Däubler/*Lakies*, TVG, § 5 Rn 181 m.w.N.; vgl. auch § 4 Abs. 1 S. 1 DVO.

wenn bereits der erneuerte oder geänderte TV für allgemeinverbindlich erklärt war. Das BAG sieht in diesem Fall durch die mit Rückwirkung ergehende Allgemeinverbindlicherklärung weder den Grundsatz der Rechtssicherheit noch denjenigen des Vertrauensschutzes als verletzt an.[36] Keinesfalls möglich ist eine Rückdatierung der Allgemeinverbindlicherklärung vor Inkrafttreten des TV. In diesem Fall fehlt es an der Geltung für die Tarifgebundenen, so dass der TV auch nicht nach Abs. 4 auf die bislang Nichttarifgebundenen erstreckt werden kann.[37]

c) Ende. Die Allgemeinverbindlichkeit endet nach Abs. 5 S. 3 mit dem Ablauf des TV. Die Allgemeinverbindlichkeit endet demnach mit jeder Beendigung des für allgemeinverbindlich erklärten TV selbst. Über den Gesetzeswortlaut hinaus gilt dies auch bei jedem anderem Ende, z.B. durch außerordentliche Künd., einvernehmliche Beendigung (Aufhebungsvertrag) und Wegfall der Tariffähigkeit (zum Sonderproblem der Nachwirkung ausführlich vgl. unten Rn 27).

d) Änderungen des Tarifvertrags. Die Allgemeinverbindlichkeit hindert die TV-Parteien nicht, den für allgemeinverbindlich erklärten TV selbst zu ändern. **Die Regelungsbefugnis der TV-Parteien** bleibt von der Allgemeinverbindlichkeitserklärung unberührt. Die Auswirkungen einer Änderung des TV selbst auf die Allgemeinverbindlichkeit sind gesetzlich nicht geregelt. Zunächst besteht Einigkeit darüber, dass die geänderten Bestimmungen des TV nicht mehr von der Allgemeinverbindlichkeit erfasst werden. Die TV-Parteien haben eine Normsetzungsbefugnis nur für ihre Mitglieder. Die geänderten Normen wurden aber nicht für allgemeinverbindlich erklärt. Für die geänderten Bestimmungen muss also eine erneute Allgemeinverbindlicherklärung erfolgen. Bei einer **Änderung wesentlicher Bestimmungen** des TV stehen aber Sinn und Zweck der Allgemeinverbindlichkeit insg. in Frage. Nach der hier vertretenen Auff. gilt dies umso mehr, als die zuständige Behörde nicht befugt ist, nur Teile eines TV für allgemeinverbindlich zu erklären (siehe oben Rn 22). Werden aber einzelne Teile eines TV später abgeändert, würde es zu einer Teilallgemeinverbindlichkeit kommen. Etwas anderes gilt dann, wenn die TV-Parteien lediglich den Geltungsbereich ändern. Hier bleiben die Außenseiter innerhalb des bisherigen Geltungsbereichs weiterhin tarifgebunden. Der erweiterte Geltungsbereich erfasst jedoch die Nichtorganisierten erst dann, wenn insoweit ebenfalls eine Allgemeinverbindlichkeitserklärung erfolgt ist. Umgekehrt werden die Außenseiter bei einer Beschränkung des Geltungsbereichs frei.[38]

e) Nachwirkungsproblematik. Die Allgemeinverbindlichkeit eines TV endet gem. Abs. 5 S. 3 mit dessen Ablauf. Endet ein TV, gelten seine Rechtsnormen nach § 4 Abs. 5 weiter, bis sie durch eine andere Abmachung ersetzt werden. Das BAG wendet § 4 Abs. 5 auch auf allgemeinverbindlich erklärte TV an[39] und bekennt sich auch damit konsequent zu der von ihm entwickelten **Nachwirkungslehre**. Danach findet § 4 Abs. 5 auf alle Fallgestaltungen entsprechende Anwendung, in denen die Tarifbindung, aus welchem Grund auch immer, entfallen ist.[40] Die Nachwirkung wird in diesen Fällen allerdings durch einen nicht für allgemeinverbindlich erklärten Folge-TV nicht beendet.[41] Der neue TV, wird er nicht für allgemeinverbindlich erklärt, ist keine andere Regelung i.S.d. § 4 Abs. 5. BV verstoßen regelmäßig gegen § 77 Abs. 3 BetrVG. Auch das Instrument der Änderungs-Künd. scheitert an der strengen Rspr. des BAG und zwar gerade für den in der Praxis häufig interessierenden Fall der Entgeltminderung.[42] Dieser u.U. ewig andauernden Nachwirkung[43] kann der AG in diesen Fällen nur durch den Beitritt in eine TV-Partei entgehen. Ein solcher Druck, in bestimmten Situationen einer Koalition beitreten zu müssen, ist jedoch mit der in Art. 9 Abs. 3 GG gewährleisteten negativen Koalitionsfreiheit nicht zu vereinbaren.[44]

C. Verbindung zu anderen Rechtsgebieten

Die Allgemeinverbindlichkeit hat sowohl Rechtsfolgen für die TV-Parteien als auch für die Normunterworfenen. Die Rechtsschutzmöglichkeiten hängen eng mit der Rechtsnatur der Allgemeinverbindlicherklärung zusammen.

I. Rechtsnatur der Allgemeinverbindlicherklärung

Die Frage nach der Rechtsnatur der Allgemeinverbindlicherklärung wird seit ihrer Einführung gestellt und ist seitdem auch umstr. Die Einzelheiten des Streitstandes sollen an dieser Stelle nicht ausgebreitet werden. Mit den Entscheidungen des BVerfG aus den Jahren 1977 und 1980 ist die Frage heute für die Praxis entschieden.[45] Nach Auff.

---

36 BAG 25.9.1996 – 4 AZR 209/95 – AP § 5 TVG Nr. 30 = NZA 1997, 495.
37 So auch Kempen/Zachert, § 5 Rn 42.
38 Vgl. auch Wiedemann/Wank, § 5 Rn 117 ff., 123.
39 BAG 25.10.2000 – 4 AZR 212/00 – AP § 4 TVG Nachwirkung Nr. 38 = NZA 2001, 1146 = SAE 2002, 220 m. krit. Anm. Besgen.
40 Ausführlich zur Nachwirkungslehre Däubler/Bepler, TVG, § 4 Rn 879 ff.
41 BAG 25.10.2000 – 4 AZR 212/00 – AP § 4 TVG Nachwirkung Nr. 38 = NZA 2001, 1146 = SAE 2002, 220 m. krit. Anm. Besgen.
42 BAG 1.7.1999 – 2 AZR 826/98 – NZA 1999, 1336; BAG 20.8.1998 – 2 AZR 84/98 – NZA 1999, 255; BAG 12.11.1998 – 2 AZR 91/98 – NZA 1999, 471.
43 Vgl. auch BAG 15.10.2003 – 4 AZR 573/02 – NZA 2004, 387.
44 Vgl. dazu ausführlich auch Besgen, SAE 2002, 224, Anm. zu BAG 25.10.2000 – 4 AZR 212/00.
45 BVerfG 24.5.1977 – 2 BVL 11/74 – BVerfGE 44, 322 = AP § 5 TVG Nr. 15; BVerfG 15.7.1980 – 1 BvR 24/74; 439/74 – BVerfGE 55, 7 = AP § 5 TVG Nr. 17.

des BVerfG ist die Allgemeinverbindlicherklärung im Verhältnis zu den ohne sie nichttarifgebundenen AG und AN ein **Rechtsetzungsakt eigener Art** zwischen autonomer Regelung und staatlicher Rechtssetzung. Dieser Rechtssetzungsakt findet seine Grundlage in Art. 9 Abs. 3 GG. Das BAG und das BVerwG haben sich dieser Rspr. des BVerfG ebenfalls angeschlossen.[46] Ausgehend von dieser Prämisse sollen nun nachfolgend die jeweiligen Rechtsschutzmöglichkeiten dargestellt werden.

II. Rechtsschutz der Tarifvertragsparteien

30 Die Frage des Rechtsschutzes für TV-Parteien kann sich aus unterschiedlichen Gesichtspunkten stellen. So kann eine beantragte Allgemeinverbindlicherklärung abgelehnt werden. Denkbar ist auch die Variante, dass sich eine TV-Partei gegen eine bereits erlassene Allgemeinverbindlicherklärung wenden möchte. In allen Fällen ist der **Rechtsweg allein zu den Verwaltungsgerichten** nach § 40 Abs. 1 VwGO eröffnet. Die ArbG sind nicht zuständig.[47] Geklagt wird daher gegen die Bundesrepublik Deutschland, vertreten durch das BMAS als zuständiges Ministerium. Zutreffende Klageart ist die Feststellungsklage, denn eine Leistungsklage auf Normerlass ist nicht möglich. Weil es sich bei der Allgemeinverbindlicherklärung nicht um einen VA handelt, scheiden Anfechtungs- oder Verpflichtungsklage regelmäßig aus.[48]

III. Rechtsschutz anderer Koalitionen

31 Mit der Allgemeinverbindlicherklärung können auch die Rechte anderer Koalitionen beeinträchtigt werden. Solche Interessenkonflikte können dann vorliegen, wenn durch die Allgemeinverbindlichkeit die tarif- oder sozialpolitischen Ziele anderer Koalitionen berührt werden.[49] Rechtsschutz ist allerdings in diesen besonderen Konstellationen nicht gegen die Versagung oder Aufhebung der Allgemeinverbindlichkeit denkbar, sondern nur gegen die Allgemeinverbindlicherklärung selbst. In diesen Fällen ist der **Verwaltungsrechtsweg** mit der statthaften Klageart der Feststellungsklage eröffnet. Besonderes Augenmerk ist dabei auf die **Klagebefugnis** zu richten. So hat das Verwaltungsgericht Köln in einer Entscheidung aus dem Jahr 1998 die Klagebefugnis mit der Begründung abgelehnt, der konkurrierende Verband sei durch die Allgemeinverbindlicherklärung nicht gehindert, im gleichen fachlichen Geltungsbereich einen anderen TV abzuschließen.[50]

IV. Rechtsschutz der Normunterworfenen

32 Ein für allgemeinverbindlich erklärter TV wirkt unmittelbar und zwingend auf die betroffenen Arbverh ein. Für die Normunterworfenen kann deshalb einerseits die Feststellung von Bedeutung sein, dass ein TV Kraft Allgemeinverbindlichkeit auf das Arbverh Anwendung findet, bspw. um bestimmte Entgeltansprüche durchzusetzen; andererseits kann auch die Feststellung der Nichtanwendung eines für allgemeinverbindlich erklärten TV für die eigene Rechtsdurchsetzung zu klären sein, bspw. bei der Anwendung von bestimmten Ausschlussfristen. In beiden Fällen sind **stets die ArbG** zuständig.[51] Diese haben die geltend gemachten bzw. abgewehrten Ansprüche zu prüfen. Im Rahmen dieser Prüfung wird eine **Inzidentkontrolle** der **Allgemeinverbindlicherklärung** vorgenommen. Die ArbG haben dabei diese Wirksamkeit von Amts wegen zu prüfen.[52] Dies bedeutet nun aber nicht, dass die ArbG in jedem Fall, in dem es auf die Wirksamkeit eines für allgemeinverbindlich erklärten TV ankommt, genaue Nachforschungen anstellen müssen. Vielmehr ist eine gerichtliche Prüfung nur dann notwendig, wenn konkrete Tatsachen vorgetragen werden, die Zweifel an der Rechtmäßigkeit begründen.[53] Ein erster Anschein spricht damit für die Rechtmäßigkeit der Allgemeinverbindlicherklärung.[54] Alternativ besteht die Möglichkeit einer arbeitsgerichtlichen Feststellungsklage. Bei dieser wird allerdings regelmäßig das Rechtsschutzbedürfnis wegen der vorrangigen Leistungsklage fehlen. Eine verwaltungsgerichtliche Feststellungsklage kommt nicht in Betracht; zuständig sind allein die ArbG. Deren Entscheidungen wirken dann allerdings nur zwischen den Prozessparteien. Die Vorschrift des § 9 kommt nicht zur Anwendung.[55]

D. Beraterhinweise

I. Internet

33 Ein Verzeichnis der für allgemeinverbindlich erklärten TV befindet sich auf der Homepage des BMAS.[56] unter. Mit Stand 1.7.2009 sind von den rund 70.600 als gültig in das Tarifregister eingetragenen TV zurzeit 463 allgemeinverbindlich. Das BMAS weist darauf hin, dass der Bestand an allgemeinverbindlichen TV ständigen Veränderungen unterliegt.

---

46 BAG 28.3.1990 – 4 AZR 536/89 – AP § 5 TVG Nr. 25; BVerwG 3.11.1988 – 7 C 115/86 – BVerwGE 80, 355 = AP § 5 TVG Nr. 23 = EzA § 5 TVG Nr. 9.
47 BVerwG 3.11.1988 – 7 C 115/86 – AP § 5 TVG Nr. 23.
48 Däubler/*Lakies*, TVG, § 5 Rn 229.
49 Vgl. MünchArb/*Löwisch*/*Rieble*, Bd. 3, § 268 Rn 105; Däubler/*Lakies*, TVG, § 5 Rn 232 f.
50 VG Köln 4.6.1998 – 1 K 7725/96 – NZA-RR 1999, 47.
51 Däubler/*Lakies*, TVG, § 5 Rn 219.
52 BAG 22.9.1993 – 10 AZR 371/92 – AP § 1 TVG Tarifverträge: Gerüstbau Nr. 2.
53 ErfK/*Franzen*, § 5 TVG Rn 28.
54 Däubler/*Lakies*, TVG, § 5 Rn 220.
55 Überwiegende Ansicht; für eine analoge Anwendung hingegen *Mäßen*/*Mauer*, NZA 1996, 121, 125 f.
56 www.bmas.de unter Arbeitsrecht/Rubrik Arbeitsrecht im Überblick/Thema Tarifverträge.

Auf der Homepage des BMAS sind allerdings die TV nur benannt und nicht vollständig abrufbar. Diese Informationen können nur kostenpflichtig bezogen werden, bspw. beim Haufe-Verlag. Das Verzeichnis der für allgemeinverbindlich erklärten TV wird vierteljährlich aktualisiert und auf der Homepage des BMAS eingestellt. Zudem wird dieses Verzeichnis im Bundesarbeitsblatt veröffentlicht. Wer sich vollständig, zeitnah und über alle Einzelheiten der Allgemeinverbindlicherklärungen informieren will, muss die Bekanntmachungen im BAnz (www.bundesanzeiger.de) verfolgen.

II. Weitere Quellen

Der Bestand der allgemeinverbindlichen TV ist ständigen Schwankungen unterworfen. Unsicherheiten ergeben sich dabei zusätzlich daraus, dass die Allgemeinverbindlichkeit auch mit Rückwirkung (siehe Rn 24) ausgesprochen werden kann. Die vierteljährliche Aktualisierung kann ferner dazu führen, dass ein TV auch als allgemeinverbindlich aufgeführt wird, obwohl zwischenzeitlich die Allgemeinverbindlichkeit endete. In Zweifelsfragen empfiehlt es sich daher, den aktuellen Stand sowohl der laufenden Allgemeinverbindlichkeitserklärungs-Verfahren als auch der Gültigkeit bei den zuständigen Ministerien einzuholen. Handelt es sich um einen überregionalen TV, erteilt das BMAS Auskünfte. Hat hingegen der Bund das Recht zur Allgemeinverbindlicherklärung gem. Abs. 6 der obersten Arbeitsbehörde eines Landes übertragen, geben die jeweiligen Landesministerien Informationen. Unter dem Vorbehalt etwaiger Änderungen geben wir nachfolgend die zuständigen Stellen des Bundes und der Länder wieder: 34

- Sozialministerium Baden-Württemberg, Schellingstraße 15, 70174 Stuttgart, Tel: 0711/1233731, Fax: 0711/1233999
- Bayerisches Staatsministerium für Arbeit und Sozialordnung, Familie und Frauen, Winzererstraße 9, 80797 München, Tel: 089/12611371, Fax: 089/12611644
- Senatsverwaltung für Integration, Arbeit und Soziales, Gemeinsames Tarifregister Berlin und Brandenburg, Oranienstraße 106, 10969 Berlin, Tel: 030/90281457, Fax: 030/90281444, E-Mail: tarifregister@senias.verwalt-berlin.de
- Ministerium für Arbeit, Soziales, Gesundheit und Familie des Landes Brandenburg, Heinrich-Mann-Allee 103, 14473 Potsdam, Tel: 0331/8660, Fax: 0331/8665108, E-Mail: tarifregister@senias.verwalt-berlin.de
- Senator für Arbeit, Frauen, Gesundheit, Jugend und Soziales der Freien Hansestadt Bremen, Doventorskontrescarpe 172 D, 28195 Bremen, Tel: 0421/3612081, Fax: 0421/36110059, E-Mail: Tarifregister@arbeit.bremen.de
- Freie Hansestadt Hamburg, Behörde für Wirtschaft und Arbeit, Alter Steinweg 4, 20459 Hamburg, Tel: 040/428414088, Fax: 040/428412141
- Hessisches Sozialministerium, Dostojewskistraße 4, 65187 Wiesbaden, Tel: 0611/8173495
- Ministerium für Wirtschaft, Arbeit und Tourismus Mecklenburg-Vorpommern, Abteilung Arbeit, Handwerk, Mittelstand, Qualifizierung, Johannes-Stelling-Straße 14, 19053 Schwerin, Tel: 0385/5885395, Fax: 0385/5884855404, E-Mail: h.six@wm.mv-regierung.de
- Niedersächsisches Ministerium für Wirtschaft, Arbeit und Verkehr, Friedrichswall 1, 30159 Hannover, Tel: 0511/1205711, Fax: 0511/120995711
- Ministerium für Arbeit, Gesundheit und Soziales des Landes Nordrhein-Westfalen, Fürstenwall 25, 40219 Düsseldorf, Tel: 0211/8555, Fax: 0211/8553211; Bürgercenter Call NRW 01803/100115
- Ministerium für Arbeit, Soziales, Gesundheit, Familie und Frauen des Landes Rheinland-Pfalz, Bauhofstraße 9, 55116 Mainz, Tel: 06131/160. Das Tarifregister Rheinland-Pfalz wird geführt beim Landesamt für Soziales, Jugend und Versorgung, Moltkestraße 19, 54292 Trier, Tel: 0651/1447231, Fax: 0651/144714231, E-Mail: Tarifregister@asa-trier-lsjv.rlp.de
- Ministerium für Justiz, Arbeit, Gesundheit und Soziales des Saarlandes, Franz-Josef-Röder-Straße 23, 66119 Saarbrücken, Tel: 0681/5013204, Fax: 0681/5013302
- Sächsisches Staatsministerium für Wirtschaft und Arbeit, Wilhelm-Buck-Straße 2, 01097 Dresden, Tel: 0351/5648700, Fax: 0351/5648137
- Ministerium für Wirtschaft und Arbeit des Landes Sachsen-Anhalt, Hasselbachstraße 4, 39104 Magdeburg, Tel: 0391/5674245, Fax: 0391/5674234
- Ministerium für Justiz, Arbeit und Europa des Landes Schleswig-Holstein, Legienstraße 1, 24103 Kiel, Tel: 0431/9885517, Fax: 0431/9885659, E-Mail: tarifregister@jumi.landsh.de
- Thüringer Ministerium für Wirtschaft, Technologie und Arbeit, Max-Reger-Straße 4–8, 99096 Erfurt, Tel: 0361/3797967, Fax: 0361/37978955, E-Mail: Tarifregister@tmwta.thueringen.de
- Bundesministerium für Arbeit und Soziales, Rochusstr. 1, 53123 Bonn, Tel: 0228/99527-0, Fax: 0228/99527-1830

III. Prozessuale Hinweise

Für die weiteren Einzelheiten zum Rechtsschutz wird auf die Ausführungen zu Rn 30 ff. verwiesen. 35

IV. Anspruch auf Abschrift des Tarifvertrags und Auslegepflicht der Arbeitgeber

Alle Normunterworfenen eines für allgemeinverbindlich erklärten TV, also sowohl die AG als auch die AN, haben nach § 9 DVO einen gesetzlichen Anspruch, von einer der TV-Parteien eine Abschrift des TV gegen Erstattung der 36

Selbstkosten zu verlangen. Dieses Recht gilt allerdings nur für diejenigen Normunterworfenen, für die der allgemeinverbindliche TV unmittelbar gilt. Wird der für allgemeinverbindlich erklärte TV lediglich kraft einzelvertraglicher Verweisung in Bezug genommen, besteht der Anspruch nach § 9 DVO nicht.

37 Daneben sind gem. § 9 Abs. 2 DVO die für allgemeinverbindlich erklärten TV zusätzlich an geeigneter Stelle im Betrieb auszulegen. Soweit deshalb ein AN einen für allgemeinverbindlich erklärten TV, der auf sein Arbeitsverhältnis Anwendung findet, benötigt, kann er sich auch unmittelbar an seinen AG wenden (siehe § 8 Rn 2 ff.).

§ 6 Tarifregister

Bei dem Bundesministerium für Arbeit und Soziales wird ein Tarifregister geführt, in das der Abschluß, die Änderung und die Aufhebung der Tarifverträge sowie der Beginn und die Beendigung der Allgemeinverbindlichkeit eingetragen werden.

A. Allgemeines 1	C. Verbindung zu anderen Rechtsgebieten 7
B. Regelungsgehalt 3	D. Beraterhinweise 10
I. Zuständigkeit 4	I. Auskunftspflicht 10
II. Inhalt 5	II. Internet und weitere Quellen 11
III. Wirkungen der Eintragung 6	

A. Allgemeines

1 Eine öffentliche Bekanntmachung von TV ist nicht vorgesehen. Dies führt für die Tarifanwender i.d.R. zu nicht unerheblichen Problemen, denn es existieren ca. 70.000 TV und in vielen Fällen können Streitigkeiten nur bei genauer Kenntnis des Inhalts der jeweils geltenden TV beigelegt werden. Die Mitglieder der TV-Parteien können sich zwar bei ihren Verbänden Kenntnis von dem Inhalt der TV verschaffen. Alle anderen Rechtsanwender haben jedoch einen solchen Anspruch nicht. In der Praxis bereitet es daher erhebliche Schwierigkeiten, an den Wortlaut von TV zu gelangen.[1]

2 Wegen der beachtlichen Bedeutung der TV für das Arbeits- und Wirtschaftsleben bedarf es indessen einer gewissen Mindestpublizität. Dem dient § 6. In der Vorschrift wird ein Ist-Zustand beschrieben, nämlich die Führung des Tarifregisters bei dem BMAS. Neben der notwendigen Publizität, die der rechtsstaatlichen Sicherung tarifvertraglicher Normsetzung dient,[2] wird durch die Führung des Tarifregisters auch dem Informationsinteresse des BMAS Rechnung getragen. Der Bundesminister hat auf diese Weise die Möglichkeit, sich über aktuelle Entwicklungen in der Tariflandschaft zeitnah zu informieren und ggf. zu reagieren.

B. Regelungsgehalt

3 Der Regelungsgehalt des § 6 erschließt sich nicht unmittelbar aus dem Wortlaut. Weitergehende Fragen betreffen den Inhalt des Tarifregisters sowie die Rechtsfolgen einer Eintragung in das Tarifregister und ggf. auch einer Ablehnung. In diesem Zusammenhang stellt sich die weitere Frage, ob dem BMAS ein Prüfungsrecht bezogen auf die mitgeteilten Informationen zusteht und welche Rechtswirkungen die Eintragung entfaltet. Schließlich interessiert den Rechtsanwender, welche konkreten Auskunftspflichten und -möglichkeiten bestehen.

I. Zuständigkeit

4 Die Vorschrift des § 6 verpflichtet das BMAS, ein Tarifregister zu führen. Eine Verpflichtung der obersten Arbeitsbehörden der Länder, ebenfalls Tarifregister zu führen, besteht nicht. Dies folgt unmittelbar aus dem Wortlaut des § 6 und zusätzlich aus einem Umkehrschluss zu § 7 Abs. 1 S. 2. Die Länder führen ihre Tarifregister daher freiwillig. Das Tarifregister wird damit am Amtssitz des BMAS in Bonn geführt.[3]

II. Inhalt

5 In das Tarifregister sind der Abschluss, die Änderung und die Aufhebung der TV sowie der Beginn und die Beendigung der Allgemeinverbindlichkeit einzutragen. Welche Angaben erforderlich sind, wird weiter durch § 14 DVO konkretisiert. Danach umfasst der Abschluss nach § 14 DVO alle Angaben, die für den Geltungsbereich des TV von Bedeutung sind, also die Angabe der TV-Parteien, des Geltungsbereichs sowie des Zeitpunktes ihres Abschlusses und ihres Inkrafttretens. Im Tarifregister wird folglich nicht der Inhalt der TV festgehalten. Allerdings sieht § 7 Abs. 1 S. 1 vor, dass die TV-Parteien Urschriften oder beglaubigte Abschriften dem BMAS übersenden müssen. Dadurch ist der Inhalt der TV,

---

1 Diller, FA 1999, 43.
2 Wiedemann/Oetker, § 6 Rn 5.
3 Referat IIIa, 53107 Bonn, Telefon: 0228/99527–0, Telefax: 0228/99527–1830

auch wenn er nicht Eingang in das Tarifregister findet, bei dem BMAS vorhanden und wird dort im Tarifarchiv aufbewahrt. Auf diese Weise wird zugleich das in § 16 S. 1 DVO gewährte jederzeitige Einsichtsrecht in die registrierten TV gewährleistet. Wird ein TV geändert, wird dies ebenfalls im Tarifregister vermerkt. § 6 sieht als einzutragende Tatsache auch die Aufhebung des TV vor. Nach einhelliger Ansicht ist der Begriff der Aufhebung in einem weiten Sinne zu verstehen. Erfasst wird jeder Beendigungstatbestand, also nicht nur eine einvernehmliche Aufhebung des TV durch die TV-Parteien, sondern auch die ordentliche und/oder außerordentliche Künd des TV oder aber das Laufzeitende aufgrund einer vereinbarten Befristung. Wird eine auflösende Bedingung vereinbart, ist diese ebenfalls einzutragen.[4] Schließlich wird in der Lit. auch der Wegfall einer TV-Partei als Beendigungsgrund für einen TV genannt.[5]

Bei allgemeinverbindlichen TV sind zusätzlich der Beginn und die Beendigung der Allgemeinverbindlichkeit einzutragen. Ergänzende Eintragungsangaben sieht § 15 Abs. 2 DVO vor.

III. Wirkungen der Eintragung

Die Rechtswirksamkeit der TV wird durch die Eintragung in das Tarifregister nicht berührt.[6] Die Eintragung in das Tarifregister ist rein deklaratorischer Natur. Dementsprechend kann das Tarifregister auch weder eine negative noch eine positive Publizitätswirkung, wie sie etwa dem Handelsregister nach § 15 HGB zukommt, entfalten. **Irrtümliche Eintragungen** in das Tarifregister lösen daher **keine Rechtsfolgen** aus und auch Amtshaftungsansprüche kommen nicht in Betracht.[7] Nichts anderes gilt für allgemeinverbindliche TV. Die Allgemeinverbindlicherklärung bedarf nach § 5 Abs. 7 i.V.m. § 11 DVO der Bekanntmachung im BAnz. Die Eintragung im Tarifregister ist hingegen keine Wirksamkeitsvoraussetzung.

C. Verbindung zu anderen Rechtsgebieten

Die Vorschrift des § 6 korrespondiert mit der Übersendungs- und Mitteilungspflicht nach § 7 und der Pflicht der AG nach § 8, die für ihren Betrieb maßgebenden TV an geeigneter Stelle im Betrieb auszulegen. Das BMAS ist zur Führung des Tarifregisters auf die Hilfe und Unterstützung der TV-Parteien angewiesen. Nur wenn diese ihrer Pflicht aus § 7 nachkommen und die notwendigen Angaben und TV übersenden, wird das BMAS in die Lage versetzt, die Eintragungen in dem Tarifregister vorzunehmen. Die Vorschriften der §§ 6 bis 8 werden durch die §§ 14 ff. DVO ergänzt. Neben dem Tarifregister, das den Inhalt der TV gerade nicht enthält (siehe Rn 5), führt das BMAS auch ein Tarifarchiv. Dieser Begriff wird zwar weder im TVG noch in der DVO ausdrücklich genannt; aus § 16 DVO ergibt sich jedoch, dass ein solches Tarifarchiv geführt wird.[8]

Die Eintragung in das Tarifregister ist eine Amtspflicht des BMAS.[9] Mit dieser Amtspflicht korrespondiert ein Prüfungsrecht des BMAS.[10] Dem BMAS steht damit das Recht zu, den übersandten TV daraufhin zu überprüfen, ob es sich um einen TV i.S.d. TVG handelt. Dies umfasst auch die Prüfungskompetenz, die Tariffähigkeit der TV-Parteien und deren Tarifzuständigkeit zu kontrollieren.[11] Über diese formalen Anforderungen hinaus ist jedoch eine **inhaltliche Kontrolle des TV grds. ausgeschlossen**. Die Vereinbarkeit des TV mit höherem Recht bleibt der Prüfungskompetenz der Gerichte vorbehalten.

Lehnt das BMAS die Eintragung eines TV in das Tarifregister ab, ist der Rechtsweg eröffnet. Gesetzlich ungeregelt ist allerdings die Frage, welche Rechtsschutzmöglichkeiten bestehen. Wird die Tarifzuständigkeit oder die Tariffähigkeit abgelehnt, greift das spezielle Beschlussverfahren nach § 2a Abs. 1 Nr. 4 ArbGG. I.Ü. besteht in der Lit. Einigkeit, dass es sich bei einer ablehnenden Entscheidung des BMAS nicht um einen VA handelt, sondern um einen bloßen Realakt.[12] Es bleibt damit nur die allg. Leistungsklage vor dem Verwaltungsgericht. Die Entscheidungen in den gerichtlichen Verfahren sind für das BMAS verbindlich.

D. Beraterhinweise

I. Auskunftspflicht

Die Einsicht des Tarifregisters sowie der registrierten TV (Tarifarchiv) ist jedem gestattet, § 16 S. 1 DVO. Zudem sieht § 16 S. 2 DVO vor, dass der Bundesminister auf Anfrage Auskunft über die Eintragungen erteilt. Das Tarifregister ist damit öffentlich, es kann von jedermann eingesehen werden. Ein berechtigtes Interesse für dieses Einsichtsrecht ist nicht erforderlich.[13] Für den Rechtsanwender sind weniger die Abschlussdaten des TV von Bedeutung, als vielmehr dessen genauer Inhalt. Das Einsichtsrecht erstreckt sich daher ausdrücklich auch auf das bei dem BMAS

---

4 Wiedemann/*Oetker*, § 6 Rn 20.
5 Däubler/*Reinecke*, TVG, § 6 Rn 15.
6 Allg. Ansicht, vgl. (allerdings zu § 7) BAG 16.5.1995 – 3 AZR 535/94 – AP § 4 TVG Ordnungsprinzip Nr. 15 = NZA 1995, 1166; Wiedemann/*Oetker*, § 6 Rn 25; Däubler/ *Reinecke*, TVG, § 6 Rn 18, alle jeweils m.w.N.
7 Däubler/*Reinecke*, TVG, § 6 Rn 18.
8 So auch Däubler/*Reinecke*, TVG, § 6 Rn 4.

9 Wiedemann/*Oetker*, § 6 Rn 11; Däubler/*Reinecke*, TVG, § 6 Rn 20.
10 So auch das BAG 5.11.1997 – 4 AZR 872/05 – NZA 1998, 654 = AP § 1 TVG Nr. 29 unter II 1.1 der Gründe.
11 Wiedemann/*Oetker*, § 6 Rn 12; Däubler/*Reinecke*, TVG, § 6 Rn 21.
12 Löwisch/*Rieble*, § 6 Rn 9.
13 Vgl. Wiedemann/*Oetker*, § 6, Rn 28.

geführte Tarifarchiv. Zur **Erteilung von Abschriften** der TV aus dem Tarifarchiv ist das BMAS nicht verpflichtet. Dieser Anspruch besteht seit der Neufassung der Durchführungs-VO im Jahre 1988 nicht mehr.[14] Der Rechtsanwender ist daher auf die mündlichen bzw. telefonischen Angaben angewiesen oder aber gehalten, vor Ort Einsicht zu nehmen. Die genauen Adressdaten wurden bereits am Ende der Kommentierung zu § 5 aufgeführt (siehe § 5 Rn 33 f.). Das Einsichtsrecht umfasst selbstverständlich auch, dass vor Ort Notizen angefertigt werden dürfen.[15] Unklar ist, ob vor Ort Kopien gemacht werden dürfen. Dies wird man im Hinblick auf die Öffentlichkeit des Tarifregisters, wie *Oetker* zutreffend feststellt, bejahen können.[16] Allerdings müssen etwaige Kopierkosten dann von dem Einzelnen getragen werden.

II. Internet und weitere Quellen

11 Die Schwierigkeiten, sich Einsicht in TV zu verschaffen,[17] werden durch das Internet nicht gelöst. Keine der TV-Parteien stellt die vollständigen TV im Wortlaut in das Netz. Allenfalls vereinzelt kann auf TV zurückgegriffen werden, was oftmals aber nur über aufwändige Recherchen mit den einschlägigen Suchmaschinen möglich ist. Die TV-Parteien selbst geben Auskünfte nur unmittelbar an die tarifgebundenen Mitglieder ab. Fachanwälte für Arbeitsrecht werden regelmäßig mit ihren Bitten, die TV zur Verfügung zu stellen, abgewiesen.

12 Viele ArbG sammeln auf den Geschäftsstellen ebenfalls die üblicherweise in den örtlich anhängigen Verfahren maßgeblichen TV. Hierbei handelt es sich aber stets um eine freiwillige Zusatzleistung. Kommt es in einem Rechtsstreit auf einen einschlägigen TV an, empfiehlt sich dennoch die Rückfrage. Eigene Tarifregister werden auch bei der Bundesvereinigung der Deutschen Arbeitgeberverbände (BDA)[18] und der Hans-Böckler-Stiftung[19] geführt. Schließlich haben auch die obersten Arbeitsbehörden der Länder (siehe § 5 Rn 34) durchgehend Tarifregister aufgebaut. Allerdings gilt auch hier, dass eine Auskunftspflicht nicht besteht. Vielmehr liegt es im pflichtgemäßen Ermessen der zuständigen Behörden, Auskünfte zu erteilen.

§ 7 Übersendungs- und Mitteilungspflicht

(1) ¹Die Tarifvertragsparteien sind verpflichtet, dem Bundesministerium für Arbeit und Soziales innerhalb eines Monats nach Abschluß kostenfrei die Urschrift oder eine beglaubigte Abschrift sowie zwei weitere Abschriften eines jeden Tarifvertrages und seiner Änderungen zu übersenden; sie haben ihm das Außerkrafttreten eines jeden Tarifvertrages innerhalb eines Monats mitzuteilen. ²Sie sind ferner verpflichtet, den obersten Arbeitsbehörden der Länder, auf deren Bereich sich der Tarifvertrag erstreckt, innerhalb eines Monats nach Abschluß kostenfrei je drei Abschriften des Tarifvertrages und seiner Änderungen zu übersenden und auch das Außerkrafttreten des Tarifvertrages innerhalb eines Monats mitzuteilen. ³Erfüllt eine Tarifvertragspartei die Verpflichtungen, so werden die übrigen Tarifvertragsparteien davon befreit.

(2) ¹Ordnungswidrig handelt, wer vorsätzlich oder fahrlässig entgegen Absatz 1 einer Übersendungs- oder Mitteilungspflicht nicht, unrichtig, nicht vollständig oder nicht rechtzeitig genügt. ²Die Ordnungswidrigkeit kann mit einer Geldbuße geahndet werden.

(3) Verwaltungsbehörde im Sinne des § 36 Abs. 1 Nr. 1 des Gesetzes über Ordnungswidrigkeiten ist die Behörde, der gegenüber die Pflicht nach Absatz 1 zu erfüllen ist.

A. Allgemeines

1 Bei der in § 7 normierten Übersendungs- und Mitteilungspflicht der TV-Parteien handelt es sich um die notwendige Ergänzung zu § 6. Das Tarifregister kann nur dann umfassend und vollständig geführt werden, wenn die TV-Parteien von sich aus alle notwendigen Informationen mitteilen.[1] Die Anerkennung des Tarifregisters als authentische und vollständige Informationsquelle ist damit maßgeblich von der Mitwirkung der TV-Parteien abhängig. Konsequent werden Verstöße gegen die Übersendungs- und Mitteilungspflicht als OWi behandelt.

2 Gegenstand der gesetzlichen Übersendungs- und Mitteilungspflicht nach § 7 sind **ausschließlich TV**. Weitere kollektivrechtliche Vereinbarungen, auch zwischen TV-Parteien, werden von § 7 hingegen nicht erfasst. Im Übrigen ist eine öffentliche Bekanntmachung der übersandten TV, über das Tarifregister hinaus, nicht vorgeschrieben.

---

14 Vgl. *Lindena*, DB 1988, 1114, 1115.
15 Wiedemann/*Oetker*, § 6 Rn 30.
16 In: Wiedemann/*Oetker*, § 6 Rn 30.
17 *Diller*, FA 1999, 43.
18 Breite Straße 29, 10178 Berlin, Tel. 030/2033-0, www.bda-online.de, info@arbeitgeber.de.
19 Wirtschafts- und Sozialwissenschaftliches Institut in der Hans-Böckler-Stiftung (WSI), Hans-Böckler-Straße 39, 40476 Düsseldorf, Tel. 0211/77780, www.boeckler.de, zentrale@boeckler.de.
1 *Beck*, ZTR 2000,15.

B. Regelungsgehalt

Die Übersendungs- und Mitteilungspflichten des Abs. 1 sind öffentlich-rechtlicher Natur. Sie bestehen gegenüber dem Staat und können damit im Verwaltungsverfahren mit den Instrumenten der Verwaltungsvollstreckung durchgesetzt werden.

Das BMAS ist zur ordnungsgemäßen Führung des Tarifregisters gem. § 6 auf die Übersendung der notwendigen Angaben zwingend angewiesen. Aus diesem Grunde handelt es sich bei der Verletzung der Übersendungs- und Mitteilungspflichten nach Abs. 2 um eine OWi, die mit einer Geldbuße geahndet werden kann. Die Einzelheiten richten sich nach dem Gesetz über Ordnungswidrigkeiten (OWiG). Bei vorsätzlicher Verletzung beträgt die Geldbuße mind. 5 EUR und höchstens 1.000 EUR, bei fahrlässiger Begehung im Höchstfall 500 EUR (vgl. § 7 OWiG). In der Praxis kommen die TV-Parteien ihren Pflichten aus Abs. 1 nach, so dass dem OWi-Verfahren keine nennenswerte Bedeutung zukommt.

C. Verbindung zu anderen Rechtsgebieten

Die Übersendungs- und Mitteilungspflichten treffen die TV-Parteien. Dies sind Gewerkschaften und AG-Verbände. Bei einem Firmen-TV ist die TV-Partei hingegen der einzelne tariffähige AG. Abs. 1 S. 3 stellt klar, dass es ausreichend ist, wenn eine TV-Partei ihren Verpflichtungen nachkommt. Den Pflichten wird genügt, wenn von jedem TV einschließlich seiner Änderungen die Urschrift oder eine beglaubigte Abschrift sowie zwei weitere Abschriften übersandt werden. Übersandt werden müssen nur TV i.S.d. § 1 Abs. 1, nicht die sonstige kollektivrechtliche Vereinbarungen oder Abreden zwischen den TV-Parteien.[2] Allerdings erstreckt sich die Übersendungspflicht auch auf rein schuldrechtliche TV.[3] Nehmen TV auf andere Bezug, sind auch diese zu übersenden und zwar unabhängig davon, ob ein vollständiger TV in Bezug genommen wird oder nur einzelne Normen. Die Frist für die Übersendungs- und Mitteilungspflicht beträgt nach Abs. 1 S. 1 einen Monat. Die Fristberechnung richtet sich nach den §§ 187 ff. BGB. Mitzuteilen ist auch das Außerkrafttreten eines jeden TV innerhalb eines Monats. Die Pflicht besteht allerdings auch dann, wenn der TV trotz der Beendigung nach § 4 Abs. 5 nachwirkt.[4] Kommt es also zur Beendigung bspw. aufgrund einer Befristung, einer Künd oder auch des Eintrittes einer auflösenden Bedingung und tritt im Anschluss an die Beendigung die vorgeschriebene Nachwirkung nach § 4 Abs. 5, muss der Beendigungstatbestand dennoch mitgeteilt werden.

D. Beraterhinweise

Verstöße gegen die Übersendungs- und Mitteilungspflicht nach § 7 sind für die Wirksamkeit des TV ohne Bedeutung. Es handelt sich um eine reine Ordnungsvorschrift.[5] Wegen der angedrohten Geldbuße nach Abs. 2 ist jedoch bei TV-Verhandlungen darauf zu achten, dass die einmonatige Frist für die Übersendung und die Mitteilung, die mit dem Tag des Abschlusses des TV zu laufen beginnt, gewahrt wird. Ggf. sollte nach Abschluss der Verhandlungen mit der anderen TV-Partei vereinbart werden, wer den Pflichten aus § 7 nachkommt (vgl. Abs. 1 S. 3). Schließlich ist darauf zu achten, dass auch den obersten Arbeitsbehörden der Länder, auf deren Bereich sich der TV erstreckt, die notwendigen Abschriften innerhalb der Monatsfrist übersandt werden (vgl. Abs. 1 S. 2).

Das BMAS veröffentlicht regelmäßig aktuelle Informationen über das Tarifgeschehen im monatlich erscheinenden Bundesarbeitsblatt.[6]

---

§ 8	**Bekanntgabe des Tarifvertrages**

Die Arbeitgeber sind verpflichtet, die für ihren Betrieb maßgebenden Tarifverträge an geeigneter Stelle im Betrieb auszulegen.

A. Allgemeines 1	1. Keine Wirksamkeitsvoraussetzung 7
B. Regelungsgehalt 2	2. Ordnungsvorschrift und Ausschlussfristen ... 8
I. Inhalt der Bekanntgabepflicht 2	C. Verbindung zu anderen Rechtsgebieten 10
1. Auslegen der Tarifverträge 2	I. Nachweisgesetz 10
2. Maßgebende Tarifverträge 3	II. Tarifvertragliche Durchführungspflicht 11
3. Adressat der Bekanntgabepflicht 5	D. Beraterhinweise 12
4. Nachwirkung 6	I. Sicherstellung der Bekanntgabe 12
II. Verstoß gegen die Bekanntgabepflicht und Rechtsfolgen 7	II. Sonderfall betriebliche Übung 13
	III. Art und Weise der Bekanntgabe 14

---

2 Wiedemann/*Oetker*, § 7 Rn 6; Däubler/*Reinecke*, TVG, § 7 Rn 3.
3 Däubler/*Reinecke*, TVG, § 7 Rn 3.
4 Däubler/*Reinecke*, TVG, § 7 Rn 5.
5 BAG 16.5.1995 – 3 AZR 535/94 – NZA 1995, 1166 = AP § 7 TVG Ordnungsprinzip Nr. 15.
6 www.bundesarbeitsblatt.de.

A. Allgemeines

1 Die Vorschrift des § 8 verpflichtet die AG, die für ihren Betrieb maßgebenden TV an geeigneter Stelle im Betrieb auszulegen. Vorrangiges Ziel der Norm ist es, dem Informationsbedürfnis der im Betrieb beschäftigten AN nachzukommen. Die Mitarbeiter sollen die Möglichkeit haben, von dem Inhalt der maßgebenden TV Kenntnis zu nehmen. Die Vorschrift dient damit dem Individualschutz. Daneben ergänzt § 8 die Bestimmungen zum Tarifregister und zur Übersendungs- und Mitteilungspflicht (§§ 6 und 7). Die Vorschrift trägt mithin ebenfalls den rechtsstaatlichen Anforderungen an die Publizität von Rechtsnormen Rechnung. Freilich sieht das TVG auch in § 8 keine öffentliche Bekanntmachung der TV vor, sondern weist diese Veröffentlichungspflicht den tarifgebundenen AG zu. Bedeutung erlangt die Vorschrift in der Praxis bei der Frage, welche Rechtsfolgen eintreten, wenn der AG seiner Bekanntgabepflicht aus § 8 nicht nachkommt. Insb. stellt sich die Frage, welche Auswirkungen eine Verletzung der Auslagepflicht auf tarifliche Ausschlussfristen hat.

B. Regelungsgehalt

I. Inhalt der Bekanntgabepflicht

2 **1. Auslegen der Tarifverträge.** Die Vorschrift des § 8 verpflichtet die AG, die maßgebenden TV auszulegen. In der Lit. besteht Einigkeit darüber, dass es letztlich keine Rolle spielt, in welcher Weise der AG die TV bekannt macht. Möglich sind damit alle Formen einer Bekanntgabe, so dass auch am schwarzen Brett ausgehängt werden kann. Diskutiert wird jedoch die Frage, ob der Hinweis ausreichend ist, die AN könnten den TV in der Personalabteilung oder bei einem BR einsehen. Die h.M. hält diesen Hinweis für zulässig.[1] Nach der Gegenansicht muss den AN die Kenntnisnahme unbefangen möglich sein, um dem Gesetzeszweck und den praktischen Bedürfnissen gerecht zu werden.[2] Der letztgenannten Meinung ist zuzugeben, dass es für AN eine gewisse Hürde darstellen kann, wenn sie in der Personalabteilung nach dem genauen Text des TV nachfragen müssen bzw. ein Mitarbeiter aus der Personalabteilung von der Einsichtnahme Kenntnis erlangt. Dies bedeutet aber noch nicht, dass der AG auf diese Weise seinen Pflichten nicht ordnungsgemäß nachkommt. Zielgruppe des § 8 sind die im Betrieb beschäftigten AN. Ihnen soll die Feststellung ermöglicht werden, welchen tariflichen Rechten und Pflichten sie unterliegen. Diese Möglichkeit ist auch dann eröffnet, wenn der AG die TV, die äußerst umfangreich sein können, in der Personalabteilung oder im BR-Büro zur Einsichtnahme bereithält. Der AG kommt daher seiner Verpflichtung aus § 8 immer dann nach, wenn allen AN die Möglichkeit der Kenntnisnahme ohne Beschränkungen ermöglicht wird. Dieser Zweck ist schon dann gewährleistet, wenn die AN ungehindert Zugang zu den Räumlichkeiten haben und die gut sichtbaren und eindeutig gekennzeichneten TV ohne ausdrückliches Verlangen ungestört einsehen können.[3] Dem AG steht es frei, auf welche Weise er diese Voraussetzungen im Einzelfall ermöglicht.

3 **2. Maßgebende Tarifverträge.** Die Bekanntgabepflicht betrifft ausschließlich TV. Sonstige kollektivrechtliche Abreden, die keine TV sind, sind hingegen nicht auszulegen. Z.B. § 77 Abs. 2 S. 3 BetrVG (siehe § 77 BetrVG Rn 6). Der Wortlaut des § 8 sieht eine Beschränkung der Auslagepflicht nur auf den normativen Teil des TV nicht vor. Die Bekanntgabepflicht erstreckt sich damit auch auf den schuldrechtlichen Teil.[4] Nach einhelliger Ansicht erfasst die Auslegungspflicht auch die in einem TV in Bezug genommenen TV. Der mit § 8 verfolgte Zweck wird nur gewährleistet, wenn die betroffenen AN die Möglichkeit haben, sich umfassend von dem gesamten geltenden Tarifwerk Kenntnis zu verschaffen. Entgegen der Rspr. des BAG gilt dies aber auch dann, wenn der für den Betrieb maßgebende TV lediglich auf einzelne jeweils geltende Normen eines anderen TV verweist.[5] Die AN müssen die Möglichkeit haben, von sämtlichen auf ihr Arbvverh anwendbaren Tarifbestimmungen Kenntnis zu erlangen, auch wenn in dem für sie maßgeblichen TV lediglich auf einzelne Normen eines anderen TV Bezug genommen wird. Die Rspr. des BAG ist insoweit mit Sinn und Zweck des § 8 nicht in Einklang zu bringen.[6] Allgemeinverbindliche TV sind ebenfalls bekannt zu geben. Dies folgt ergänzend aus § 9 Abs. 2 DVO. Die Praxis zeigt, dass gerade in Kleinbetrieben, in denen TV lediglich kraft Allgemeinverbindlicherklärung gelten, bei der Bekanntgabepflicht erhebliche Defizite bestehen (zu den Rechtsfolgen eines Verstoßes gegen die Bekanntgabe siehe Rn 7 ff.).

4 Umstr. ist schließlich die Frage, ob auch eine einzelvertragliche Bezugnahme auf einen TV die Bekanntgabepflicht nach § 8 auslöst. Hier wird man differenzieren müssen. Ist der AG tarifgebunden, besteht die Bekanntgabepflicht uneingeschränkt, selbst dann, wenn kein AN in der zuständigen Gewerkschaft organisiert ist. Ist der AG hingegen

---

1 BAG 5.11.1963 – 5 AZR 136/63 – AP § 1 TVG Bezugnahme auf den Tarifvertrag Nr. 1; offengelassen von BAG 11.11.1998 – 5 AZR 63/98 – NZA 1999, 605; ErfK/ *Franzen*, § 8 TVG Rn 3; Wiedemann/*Oetker*, § 8 Rn 7 m.w.N.

2 So *Kempen/Zachert*, § 8 Rn 2 am Ende; *Löwisch/Rieble*, § 8 Rn 6; *Gamillscheg*, Kollektives Arbeitsrecht I, S. 520.

3 So LAG Niedersachsen 7.12.2000 – 10 Sa 1505/00 – NZA-RR 2001, 145 = LAGE § 8 TVG Nr. 1.

4 *Däubler/Reinecke*, TVG, § 8 Rn 6; Wiedemann/*Oetker*, § 8 Rn 9.

5 BAG 10.11.1982 – 4 AZR 1203/79 – AP § 1 TVG Form Nr. 8.

6 Wie hier Wiedemann/*Oetker*, § 8 Rn 10; *Däubler/Reinecke*, TVG, § 8 Rn 7; *Löwisch/Rieble*, § 8 Rn 5.

nicht tarifgebunden, gilt der in Bezug genommene TV allein aufgrund arbeitsvertraglicher Vereinbarung. Tarifrechtlich entfaltet er hingegen keinerlei Wirkungen, denn die Vorschrift des § 8 regelt allein das gesetzlich geltende Tarifrecht.[7] In diesem Fall gilt keine Bekanntgabepflicht. Gleichwohl ist der AN in diesem Fall nicht ungeschützt, da seine Rechte sich vielmehr nach § 2 Abs. 1 S. 2 Nr. 10 NachwG bestimmen.[8] Darüber hinaus hat der AN bei einer Bezugnahmevereinbarung einen Anspruch aus der arbeitgeberseitigen Fürsorgepflicht auf Informationen über das anzuwendende Recht.[9]

3. Adressat der Bekanntgabepflicht. Die Bekanntgabepflicht nach § 8 trifft ausschließlich den gem. § 3 Abs. 1 tarifgebundenen AG.[10] AG ist der Vertrags-AG. Handelt es sich um einen gemeinsamen Betrieb mehrerer Unternehmen, trifft die Bekanntgabepflicht den jeweiligen Unternehmer, unabhängig von den Besonderheiten des Gemeinschaftsbetriebs. Die weitergehende Auff., dass zusätzlich ein im Betrieb beschäftigter AN tarifgebunden sein muss, ist abzulehnen.[11] Der Gesetzeswortlaut ist eindeutig. Es müssen die für den Betrieb maßgebenden TV ausgelegt werden. Dies deckt sich i.Ü. auch mit der Rspr. zur sog. Gleichstellungsabrede bei dynamischen Verweisungen auf TV. Eine Gleichstellungsabrede wird immer schon dann angenommen, wenn allein der AG tarifgebunden ist.[12] Ist hingegen der AG nicht tarifgebunden, besteht keine Bekanntgabepflicht aus § 8, sondern nur aus allg. Bestimmungen (Fürsorgepflicht, vertragliche Nebenpflicht) und gem. § 2 Abs. 1 S. 2 Nr. 10 NachwG.

4. Nachwirkung. Aus den vorgenannten Erwägungen folgt weiter, dass die Pflicht zur Bekanntgabe an die Tarifbindung gem. § 3 gekoppelt ist. Hingegen findet die Nachwirkungslehre des BAG (siehe § 4 Rn 37 ff.) auch im Rahmen von § 8 entsprechende Anwendung. Während des Zeitraums der Nachwirkung nach § 4 Abs. 5 wirkt der TV weiterhin unmittelbar. Lediglich die zwingende Wirkung ist aufgehoben. Die Bekanntgabepflicht besteht deshalb auch im Stadium der Nachwirkung uneingeschränkt fort, so dass die TV an ihrem ausgelegten Platz zu belassen sind. Erst wenn diese tarifliche Nachwirkung durch eine andere Abmachung ersetzt wurde, ist der AG zur Entfernung berechtigt.[13]

II. Verstoß gegen die Bekanntgabepflicht und Rechtsfolgen

1. Keine Wirksamkeitsvoraussetzung. Jeder TV wirkt unmittelbar und zwingend, also normativ nach § 4 Abs. 1 S. 1. Auf die Kenntnis der normativen Wirkung kommt es für die Rechtswirksamkeit des TV nicht an. Dies gilt für Verbands-TV und auch für Firmen-TV. Mit den §§ 6 bis 8 soll zwar die Publizität der tariflichen Vorschriften und der tariflichen Geltung sichergestellt werden. Auswirkungen auf die Wirksamkeit der jeweiligen TV haben die §§ 6 bis 8 jedoch nicht. Dies folgt i.Ü. auch aus einem Umkehrschluss zu § 5 Abs. 7, der für den speziellen Fall der Allgemeinverbindlicherklärung die öffentliche Bekanntmachung im BAnz fordert. Dieses Erfordernis kann aber der private AG nicht erfüllen.

2. Ordnungsvorschrift und Ausschlussfristen. Der Streit über die Rechtsfolgen betrifft in erster Linie die Anwendung der tariflichen Ausschlussfristen und insb. deren Versäumung. Ist der AG seiner Bekanntgabepflicht aus § 8 nicht ordnungsgemäß nachgekommen und konnte ein AN so von bestimmten tariflichen Ausschlussfristen keine Kenntnis erlangen, stellt sich die Frage der Verantwortung. Das BAG hat hier bislang eine klare Position bezogen. Die Vorschrift des § 8 enthalte keine Sanktionsregelungen für den Fall eines Pflichtenverstoßes. Werde daher gegen die gesetzliche Auslegungspflicht verstoßen, sei die unterlassene Bekanntgabe ohne Bedeutung.[14] Solange also keine weiteren Umstände hinzutreten, die die unzulässige Rechtsausübung des AG erkennen lassen, gelten Ausschlussfristen auch dann, wenn die Verpflichtung zur Bekanntgabe des TV im Betrieb verletzt wird. Dieser zutreffenden Rspr. wird in unterschiedlichster Art und Weise widersprochen. Gewichtige Stimmen sehen die Auslagepflicht als Schutzgesetz i.S.v. § 823 Abs. 2 BGB an.[15] Dies ist abzulehnen. Sanktioniert man die Bekanntgabepflicht über den Umweg des § 823 Abs. 2 BGB, käme dies einer faktischen Wirksamkeitsvoraussetzung gleich.[16] Die Durchsetzung der tariflichen Rechte hinge dann doch von der ordnungsgemäßen Bekanntgabe ab. Dies steht jedoch nicht im Einklang mit der normativen Wirkung von TV, die unabhängig von der Kenntnis des TV-Inhaltes gilt. Dies mag de lege ferenda gewollt sein, de lege lata ist dies jedoch nicht möglich.

I.Ü. ist der AN natürlich in besonders gelagerten Fällen dennoch geschützt. Verweigert bspw. der AG trotz nachhaltiger Aufforderung die Herausgabe des TV, kann er sich später nicht auf die tariflichen Ausschlussfristen berufen.[17]

---

7 Däubler/*Reinecke*, TVG, § 8 Rn 10.
8 So auch Däubler/*Reinecke*, TVG, § 8 Rn 10.
9 A.A. *Gamillscheg*, Kollektives Arbeitsrecht I, S. 520; vgl. auch ErfK/*Franzen*, § 8 TVG Rn 4, der eine Bekanntmachungspflicht aus vertraglicher Nebenpflicht fordert; wie hier auch Wiedemann/*Oetker*, § 8 Rn 16 m.w.N.
10 Wiedemann/*Oetker*, § 8 Rn 14.
11 So aber *Kempen*/*Zachert*, § 8 Rn 3.
12 BAG 26.12.2001, BAGE 99, 120 = AP § 1 TVG Nr. 21.
13 Vgl. auch Däubler/*Reinecke*, TVG, § 8 Rn 11.

14 BAG 23.1.2002 – 4 AZR 56/01 – NZA 2002, 800 = AP § 2 NachwG Nr. 5; in einer neueren Entscheidung hat das BAG die Frage dagegen ausdrücklich offen gelassen: vgl. BAG 21.2.2007 – 4 AZR 258/06 – juris.
15 Däubler/*Reinecke*, TVG, § 8 Rn 18; *Gamillscheg*, Kollektives Arbeitsrecht I, S. 520; MünchArb/*Löwisch*/*Rieble*, Bd. 3, § 257 Rn 8; anders allerdings nunmehr *Löwisch*/*Rieble*, § 8 Rn 14.
16 So zutreffend *Kempen*/*Zachert*, § 8 Rn 8.
17 Vgl. Wiedemann/*Oetker*, § 8 Rn 26 m.w.N.

Oetker weist zutreffend darauf hin, dass der Schadensersatzanspruch in diesem Fall allerdings nicht aus einer Verletzung der Bekanntgabepflicht des § 8 resultiert, sondern aus der unzulässigen Reaktion des AG. Um Streitigkeiten zu vermeiden sehen neuere TV vor, dass es dem AG versagt ist, sich auf tarifliche Ausschlussfristen zu berufen, wenn der TV nicht ausgelegt worden ist.[18]

C. Verbindung zu anderen Rechtsgebieten

I. Nachweisgesetz

10 Die hier vertretene Auff., dass eine Verletzung der Bekanntgabepflicht grds. keine Schadensersatzansprüche auslöst, steht auch in Einklang mit den Vorschriften des Nachweisgesetzes.[19] In § 2 Abs. 1 S. 2 Nr. 10 NachwG ist geregelt, dass der AG spätestens einen Monat nach dem vereinbarten Beginn des Arbverh die wesentlichen Vertragsbedingungen schriftlich niederzulegen hat. Dies umfasst insb. einen in allg. Form gehaltenen Hinweis auf die TV, die auf das Arbverh anzuwenden sind. Nach dem Gesetzeswortlaut ist bereits ein allg. Hinweis ausreichend. Das BAG vertritt in st. Rspr. zu § 2 Abs. 1 S. 2 Nr. 10 NachwG die Ansicht, dass dem Nachweisgesetz auch hinsichtlich einer tarifvertraglichen Ausschlussfrist genüge getan ist, wenn auf die Anwendbarkeit des einschlägigen TV hingewiesen wird.[20] Tarifliche Bestimmungen müssen nicht „quasi wiederholend" nachgewiesen werden. Eine detaillierte Auflistung der Regelungsinhalte der anwendbaren TV ist damit nicht nötig. Der AG ist also nur verpflichtet, den AN auf den TV hinzuweisen, in dem die Ausschlussfrist enthalten ist. Eines gesonderten Hinweises auf die Ausschlussfristen bedarf es hingegen nicht.[21] Erfüllt der AG allerdings auch seine Mindestnachweispflichten aus § 2 Abs. 1 S. 2 Nr. 10 NachwG nicht, kommt nach dem BAG ein Schadensersatzanspruch des AN in Betracht.[22]

II. Tarifvertragliche Durchführungspflicht

11 Bei der Bekanntgabe des TV nach § 8 handelt es sich um eine Durchführungspflicht. Diese Durchführungspflicht kann von der Gewerkschaft mit einer Leistungsklage gerichtlich durchgesetzt werden. Die Klage ist gerichtet auf Erfüllung der Bekanntgabepflicht. Besonderheiten gelten insoweit nicht. Handelt es sich also um einen Firmen-TV, richtet sich die Klage unmittelbar gegen den tariffähigen einzelnen AG als TV-Partei. Handelt es sich hingegen um einen Verbands-TV, steht der Gewerkschaft die sog. Einwirkungsklage zur Verfügung.

D. Beraterhinweise

I. Sicherstellung der Bekanntgabe

12 Eine Verletzung der Bekanntgabepflicht wird regelmäßig nicht sanktioniert. Es empfiehlt sich dennoch, die AN eindeutig auf die geltenden TV hinzuweisen. Dies gilt insb. dann, wenn einzelvertraglich bestimmte TV in Bezug genommen werden. Der Ort, an dem die TV eingesehen werden können, könnte zusätzlich bereits im Arbeitsvertrag genannt werden. AN wird so die Möglichkeit genommen, sich auf die Unkenntnis des TV zu berufen.

II. Sonderfall betriebliche Übung

13 TV gelten vorrangig kraft beiderseitiger Tarifbindung oder die Tarifbindung ersetzender Allgemeinverbindlicherklärung. In der betrieblichen Praxis kommt es zudem in zahlreichen Fällen zur einzelvertraglichen Bezugnahme auf bestimmte TV. Die Geltung eines TV kann aber schließlich auch auf einer betrieblichen Übung beruhen. Wird ein bestimmter TV im Betrieb über einen längeren Zeitraum uneingeschränkt angewandt, sind beide Seiten an den Inhalt des TV gebunden.[23] Regelmäßig kommt es zu einer solchen betrieblichen Übung, wenn ein tarifgebundener AG allen AN, gleich ob sie organisiert sind oder nicht, die tariflichen Arbeitsbedingungen vorbehaltlos gewährt. Ist in solchen Konstellationen einzelvertraglich nichts anderes vereinbart, gilt der angewandte TV auch für die nichtorganisierten AN kraft betrieblicher Übung. Den tarifgebundenen AG trifft dann insg. für den Betrieb die Bekanntgabepflicht nach § 8. Darüber hinaus können sich die Pflichten aus § 2 Abs. 1 S. 2 Nr. 10 NachwG ergeben. Die vorbehaltlose Anwendung eines TV ohne entsprechende vertragliche Grundlage sollte deshalb vermieden werden. Nach neuerer Rspr. des BAG kann die Entstehung einer betrieblichen Übung auch durch die Vereinbarung einer so genannten doppelten Schriftformklausel verhindert werden.[24]

---

18 Vgl. BAG 11.11.1998 – 5 AZR 63/98 – NZA 1999, 605; s.a. Däubler/*Reinecke*, TVG, § 8 Rn 24.
19 Vgl. auch Rechtsprechungsübersicht zum NachwG RdA 2006, 171 ff.
20 BAG 23.1.2002 – 4 AZR 56/01 – NZA 2002, 800.
21 BAG 5.11.2003 – 5 AZR 469/02 – NZA 2004, 102; BAG 17.4.2002 – 5 AZR 89/01 – EzA § 2 NachwG Nr. 5; BAG 29.5.2002 – 5 AZR 105/01 – EzA § 2 NachwG Nr. 4; s.a. *Löwisch/Rieble*, § 8 Rn 14 f.
22 Vgl. BAG 17.4.2002 – 5 AZR 89/01 – NZA 2002, 1097; dazu auch kritisch *Schrader*, NZA 2003, 345, 348 f, der darin einen Widerspruch zur Rspr. des BAG zu § 8 sieht.
23 Vgl. Wiedemann/*Oetker*, § 3 Rn 296.
24 BAG 24.6.2003 – 9 AZR 302/02 – NZA 2003, 1145.

III. Art und Weise der Bekanntgabe

Die Art und Weise der Bekanntgabe nach § 8 steht dem AG frei. Es sollte allerdings darauf geachtet werden, dass die Möglichkeit der Kenntnisnahme an einem ungestörten Ort sicher möglich ist (siehe Rn 2). Dies beinhaltet auch, dass die TV nicht an versteckter Stelle bereit gehalten werden, bspw. in einem allgemeinen Ordner mit der Aufschrift Info.[25]

14

---

§ 9   Feststellung der Rechtswirksamkeit

Rechtskräftige Entscheidungen der Gerichte für Arbeitssachen, die in Rechtsstreitigkeiten zwischen Tarifvertragsparteien aus dem Tarifvertrag oder über das Bestehen oder Nichtbestehen des Tarifvertrages ergangen sind, sind in Rechtsstreitigkeiten zwischen tarifgebundenen Parteien sowie zwischen diesen und Dritten für die Gerichte und Schiedsgerichte bindend.

A. Allgemeines 1	VI. Beendigung der Bindungswirkung 11
B. Regelungsgehalt 3	**C. Verbindung zum Prozessrecht** 12
I. Prozess zwischen Tarifvertragsparteien 3	I. Verfahren nach § 63 ArbGG 12
II. Rechtsstreitigkeiten aus dem Tarifvertrag 4	II. Verfahren nach § 97 ArbGG 13
III. Rechtskräftige Entscheidungen 5	III. Musterprozessvereinbarungen 14
IV. Bindungswirkung 7	IV. Abweichender Individualprozess 15
V. Adressaten der Bindung 10	V. Feststellungsinteresse 17

A. Allgemeines

Die Vorschrift des § 9 erstreckt die Bindungswirkung rechtskräftiger arbeitsgerichtlicher Entscheidungen über den Inhalt und die Gültigkeit von TV auf andere Parteien. Die Entscheidungen entfalten darüber hinaus Bindungswirkung auch für andere Gerichte außerhalb der Arbeitsgerichtsbarkeit. Die Vorschrift verfolgt im Wesentlichen zwei Ziele:

- Die erweiterte Rechtskraftwirkung führt zu einer einheitlichen Anwendung der TV, also einer einheitlichen Rechtsanwendung. Dies führt zur Rechtssicherheit und Rechtsklarheit.
- Des Weiteren dient die Vorschrift der Prozessökonomie.[1]

1

Durch die Rechtskrafterstreckung auch auf andere Parteien und der Bindungswirkung für andere Gerichte wird eine Vielzahl von Einzelstreitigkeiten vermieden.[2]

Die Bedeutung der Vorschrift liegt in der Bindungswirkung für Rechtsstreitigkeiten zwischen Dritten. Nach allg. Prozessrecht entfalten Entscheidungen lediglich zwischen den Parteien des Rechtsstreits Rechtskraftwirkung. Aus den genannten Gründen besteht im Falle von tarifvertraglichen Streitigkeiten zwischen TV-Parteien jedoch ein prozessübergreifendes Interesse an einer umfassenden Rechtskraftwirkung auch auf andere Parteien und einer allg. Bindungswirkung für andere Gerichte.

2

B. Regelungsgehalt

I. Prozess zwischen Tarifvertragsparteien

Die Rechtsstreitigkeit über den Inhalt und die Gültigkeit des TV muss **zwischen TV-Parteien** bestehen. Nur sie sind damit klagebefugt und aktiv- bzw. passiv legitimiert. Kläger und Beklagte müssen den str. TV jeweils selbst als TV-Partei abgeschlossen haben.[3] Die Tariffähigkeit regelt § 2. TV-Parteien sind danach Gewerkschaften, einzelne AG sowie Vereinigungen von AG. Auch Spitzenorganisationen können TV-Partei sein, wenn die Voraussetzungen des § 2 Abs. 3 vorliegen. Handelt es sich also bspw. um einen Verbands-TV, kann eine Gewerkschaft nicht gegen einen einzelnen AG auf Feststellung des Geltungsbereichs klagen.[4] Streitigkeiten zwischen einer TV-Partei und einem Mitglied über Fragen der Mitgliedschaft zur TV-Partei, die rein vereinsrechtlich zu beurteilen sind, werden ebenfalls von § 9 nicht erfasst.[5] Handelt es sich um einen sog. mehrgliedrigen TV, sind also auf der einen und/oder auf der anderen Vertragseite mehrere Verbände beteiligt (bspw. der Bundesangestellten-TV (BAT), der zwischen dem Bund, der Tarifgemeinschaft der Länder und der Vereinigung der Kommunalen Arbeitgeberverbände einerseits und auf AN-Seite durch die frühere Tarifgemeinschaft DAG und der ÖTV andererseits ausgehandelt wurde), handelt

3

---

25 BAG 11.11.1998 – 5 AZR 63/98 – NZA 1999, 605.
1 BAG 8.11.1957 – 1 AZR 274/56 – AP § 256 ZPO Nr. 7; BAG 19.2.1965 – 1 AZR 237/64 – AP § 8 TVG Nr. 4; BAG 6.6.2007 – 4 AZR 411/06 – AP § 9 TVG Nr. 24.
2 Wiedemann/*Oetker*, § 9 Rn 6; Däubler/*Reinecke*, TVG, § 9 Rn 9.
3 HWK/*Henssler*, § 9 TVG Rn 11.
4 BAG 10.5.1989 – 4 AZR 80/89 – AP § 2 TVG Tarifzuständigkeit Nr. 6.
5 Löwisch/*Rieble*, § 9 Rn 13.

es sich rechtlich um mehrere selbstständige TV, die lediglich inhaltsgleich zusammengefasst sind. Die jeweiligen TV-Parteien bleiben dann jeweils nach § 9 antragsbefugt. Die nicht am Prozess beteiligten anderen TV-Parteien werden von dem Feststellungsurteil nicht erfasst.[6]

II. Rechtsstreitigkeiten aus dem Tarifvertrag

4   Rechtsstreitigkeiten müssen über den Inhalt des TV bestehen. Gegenstand des Streites können hierbei alle Normen eines TV i.S.v. § 1 sein. Der Streit kann sich also auf Inhalts-, Abschluss-, Beendigung- sowie Betriebsnormen erstrecken.[7] Der schuldrechtliche Teil eines TV wird hingegen nicht erfasst.[8] Einigkeit besteht schließlich darüber, dass § 9 analog auf die im Beschlussverfahren nach § 2a Abs. 1 Nr. 4 i.V.m. § 97 ArbGG ergehenden Entscheidungen zur Tarifzuständigkeit und Tariffähigkeit angewandt werden kann.[9] Sich widersprechende gerichtliche Entscheidungen können damit auf dem Gebiet des TV-Rechts und darüber hinaus auch im Arbeitskampfrecht vermieden werden.

III. Rechtskräftige Entscheidungen

5   Die erweiterte Bindung des § 9 greift bei rechtskräftigen Entscheidungen der Gerichte für Arbeitssachen. Maßgeblich ist allein die Rechtskraft des Urteils. In welcher Instanz die Rechtskraft eintritt, ist hingegen irrelevant. Auch eine erstinstanzliche rechtskräftige Entscheidung ist ausreichend, wodurch das BAG an die Entscheidung eines ArbG gebunden wird.

6   Trotz des weiten Wortlautes des § 9 muss die Vorschrift einschränkend gelesen werden. Bindungswirkung können nur solche Urteile entfalten, die sich inhaltlich mit dem tarifvertraglichen Problem befasst haben. Anerkenntnis-, Verzichts- und Versäumnisurteile scheiden daher aus. Andernfalls könnten die TV-Parteien einer unwirksamen Norm mithilfe des Gerichts zur Durchsetzungskraft verhelfen.[10] Auch Prozessvergleiche sowie Prozessurteile werden nicht erfasst.[11] Das BAG wendet § 9 auch auf die Sprüche von Schiedsgerichten an.[12] Es stützt sich auf § 108 Abs. 4 ArbGG, wonach Schiedsgerichtssprüche unter den Parteien dieselbe Wirkung wie ein rechtskräftiges Urteil des ArbG haben. Gegen diese Auff. spricht jedoch, dass § 9 die besondere Rechtskrafterstreckung ausschließlich den Gerichten für Arbeitssachen zuweist.[13]

IV. Bindungswirkung

7   Liegt eine rechtskräftige Entscheidung vor, ist diese in Rechtsstreitigkeiten zwischen tarifgebundenen Parteien sowie zwischen diesen und Dritten für die Gerichte und Schiedsgerichte bindend. Über die Rechtsnatur dieser Bindung besteht in Rspr. und tarifrechtlicher Lit. Streit. Die überwiegende Auff. versteht die Bindungswirkung des § 9 als Erweiterung der subjektiven Rechtskraft über die §§ 325 ff. ZPO hinaus.[14] Hinsichtlich der Gründe tritt damit keine Bindungswirkung ein; vielmehr erwächst allein der Urteilstenor in Rechtskraft.

8   Von der Bindungswirkung werden zunächst die tarifgebundenen Parteien erfasst. Wer tarifgebunden ist, richtet sich nach den allg. Vorschriften des TVG, §§ 3, 4 Abs. 2, 5 Abs. 4. Bei betrieblichen und betriebsverfassungsrechtlichen Normen reicht es aus, wenn der AG nach § 3 Abs. 2 tarifgebunden ist.[15] Arbeitsvertragliche Bezugnahmeklauseln führen hingegen nicht zu einer Tarifbindung.

9   Die Bindung tritt ferner bei Rechtsstreitigkeiten zwischen tarifgebundenen Parteien und Dritten ein. Unter Dritten versteht man zunächst die Rechtsnachfolger von tarifgebundenen Parteien und am Arbverh nicht Beteiligte mit tariflichen Rechten (z.B. Hinterbliebene mit Anspruch auf Beerdigungskostenzuschuss).[16] Ist der AG tarifgebunden und findet das einschlägige Tarifwerk auf die Außenseiter kraft einzelvertraglicher Bezugnahmeklauseln Anwen-

---

6 Wiedemann/*Oetker*, § 9 Rn 19; Däubler/*Reinecke*, TVG, § 9 Rn 12.
7 BAG 17.11.1998 – 9 AZR 431/97 – AP § 1 TVG Tarifverträge: Klempner Handwerk Nr. 2: Urlaubsentgelt; BAG 7.11.1995 – 3 AZR 676/94 – AP § 3 TVG Nr. 1; Däubler/*Reinecke*, TVG, § 9 Rn 19.
8 Str. BAG 8.2.1963 – 1 AZR 511/61 – AP § 256 ZPO Nr. 42; BAG 9.6.1982 – 4 AZR 274/81 – AP § 1 TVG Durchführungspflicht Nr. 1; Kempen/*Zachert*, § 9 Rn 11; Löwisch/*Rieble*, § 9 Rn 17; a.A. HWK/*Henssler*, § 9 TVG Rn 13; Wiedemann/*Oetker*, § 9 Rn 23.
9 HWK/*Henssler*, § 9 TVG Rn 13; Kempen/*Zachert*, § 9 Rn 21; Wiedemann/*Oetker*, § 9 Rn 30; a.A. Däubler/*Reinecke*, TVG, § 9 Rn 21.

10 H.M. Löwisch/*Rieble*, § 9 Rn 46 ff.; Wiedemann/*Oetker*, § 9 Rn 33; HWK/*Henssler*, § 9 TVG Rn 15.
11 Däubler/*Reinecke*, TVG, § 9 Rn 32.
12 BAG 20.5.1960 – 1 AZR 268/57 – AP § 101 ArbGG 1953 Nr. 1; BAG 9.9.1981 – 4 AZR 48/79 – AP § 1 TVG Tarifverträge: Bau Nr. 34.
13 Wie hier mit ausführlicher Begründung Wiedemann/*Oetker*, § 9 Rn 34 ff.; ferner Däubler/*Reinecke*, TVG, § 9 Rn 31; Löwisch/*Rieble*, § 9 Rn 37 ff.
14 HWK/*Henssler*, § 9 TVG Rn 18 m.w.N.
15 Wiedemann/*Oetker*, § 9 Rn 44.
16 So Däubler/*Reinecke*, TVG, § 9 Rn 37; Wiedemann/*Oetker*, § 9 Rn 46 und ferner nach § 328 BGB vergünstigte Personen.

dung, handelt es sich um eine Rechtsstreitigkeit zwischen einer tarifgebundenen Partei und einem Dritten.[17] Sind hingegen beide Arbeitsvertragsparteien nicht organisiert, kommt § 9 nicht zur Anwendung. Dies gilt auch dann, wenn arbeitsvertraglich auf das einschlägige Tarifwerk Bezug genommen wird. Auch eine entsprechende Anwendung scheidet in diesen Fällen aus.[18]

V. Adressaten der Bindung

Die rechtskräftigen Entscheidungen der Gerichte für Arbeitssachen binden die Gerichte und Schiedsgerichte. Gebunden werden damit die Gerichte aller Gerichtszweige, also nicht nur die Arbeitsgerichtsbarkeit, sondern auch die Sozial-, Verwaltungs-, Finanz- und die ordentliche Gerichtsbarkeit. Hingegen wirken die rechtskräftigen Entscheidungen nicht für und gegen jedermann (anders als bspw. § 47 Abs. 6 S. 2 VwGO). Auch eine Einbeziehung der Verfassungsorgane des Bundes und der Länder sowie der Behörden in die Bindung, wie sie § 31 Abs. 1 BVerfGG für die Entscheidungen des BVerfG vorsieht, besteht nicht. Schiedsgerichte sind hingegen in die Bindungswirkung ebenfalls einbezogen, sofern die Voraussetzungen des § 101 ArbGG vorliegen. Die rechtliche Bindung der Verwaltungsbehörden ist in der Lit. umstr.[19] Eine unmittelbare Bindung besteht nicht; sie ergibt sich allerdings mittelbar aus Art. 20 Abs. 3 GG.[20]

VI. Beendigung der Bindungswirkung

Die Bindungswirkung setzt den Bestand des TV voraus. Sie endet daher grds. mit Ablauf des TV und gilt auch während des Nachwirkungszeitraums.[21] Solange also die rechtskräftige Entscheidung für einen TV Bedeutung hat, kann eine Beendigung nicht eintreten.

C. Verbindung zum Prozessrecht

I. Verfahren nach § 63 ArbGG

Die Vorschrift des § 9 wird durch § 63 ArbGG ergänzt. Danach sind rechtskräftige Urteile, die in bürgerlichen Rechtsstreitigkeiten zwischen TV-Parteien aus dem TV oder über das Bestehen oder Nichtbestehen des TV ergangen sind, alsbald der zuständigen Obersten Landesbehörde und dem BMAS in vollständiger Form in Abschrift zu übersenden. Ist die zuständige Oberste Landesbehörde die Landesjustizverwaltung, so sind die Urteilsabschriften auch der Obersten Arbeitsbehörde des Landes zu übersenden. Die Vorschrift gilt nach §§ 64 Abs. 7, 72 Abs. 6 ArbGG in allen Instanzen. Voraussetzung ist jedoch stets, dass ein rechtskräftiges Urteil vorliegt. Die Vorschrift des § 7 erfasst nur TV. Mit der Übersendungspflicht aus § 63 ArbGG wird damit sichergestellt, dass ein vollständiges Tarifregister gewährleistet ist. Über die rechtskräftigen Entscheidungen unterrichtet der BMAS im Bundesarbeitsblatt.[22]

II. Verfahren nach § 97 ArbGG

Streitigkeiten über die Tariffähigkeit und/oder Tarifzuständigkeit einer Vereinigung richten sich nach dem speziellen Beschlussverfahren gem. § 2a Abs. 1 Nr. 4 i.V.m. § 97 ArbGG. Wie bereits oben erwähnt (siehe Rn 4), ist § 9 auf dieses Beschlussverfahren analog anzuwenden.[23]

III. Musterprozessvereinbarungen

Reinecke weist darauf hin, dass die Verbandsklage wegen der Prozessdauer vielfach als unbefriedigend angesehen wird.[24] In der Praxis wird daher der Streit über Inhalt und/oder Wirksamkeit einer Tarifnorm oft in einem Musterprozess ausgetragen. Dieser Musterprozess ist kein Verfahren nach § 9, sondern vielmehr ein Individualprozess, in dem dann die tarifrechtliche Frage unmittelbar oder aber inzident geklärt wird. Der AG verpflichtet sich, den Ausgang des Musterprozesses, sollte der AN obsiegen, auch auf alle anderen AN zu übertragen. Auf diese Weise werden parallel zu führende Massenverfahren vermieden. Alle Beteiligten und auch das Gericht sparen unnötigen zeitlichen Aufwand und wirtschaftliche Kosten. Für weitere Einzelheiten zu Musterprozessvereinbarungen s. die gute Darstellung von *Reinecke*.[25]

IV. Abweichender Individualprozess

Die Bindungswirkung des § 9 setzt die materielle Rechtskraft anderer Prozesse nicht außer Kraft. Mit anderen Worten: Rechtskräftig abgeschlossene Individualprozesse bleiben unberührt; dies gilt selbst dann, wenn sie der rechtskräftigen Entscheidung i.S.v. § 9 widersprechen.[26] Damit liegen auch keine Wiederaufnahmegründe nach §§ 580, 581 ZPO vor.

---

17 Däubler/*Reinecke*, TVG, § 9 Rn 38 f.; HWK/*Henssler*, § 9 TVG Rn 20; Wiedemann/*Oetker*, § 9 Rn 47; a.A. Löwisch/Rieble, § 9 Rn 64 ff.
18 Wiedemann/*Oetker*, § 9 Rn 50.
19 Nachweise bei HWK/*Henssler*, § 9 TVG Rn 21.
20 So zutreffend Däubler/*Reinecke*, TVG, § 9 Rn 44.
21 Wiedemann/*Oetker*, § 9 Rn 56.
22 Www.bundesarbeitsblatt.de.
23 Überwiegende Auff., Däubler/*Reinecke*, TVG, § 9 Rn 51; Wiedemann/*Oetker*, § 9 Rn 30; BAG 10.5.1989 – 1 ABR 16/75 – AP Art. 9 GG Nr. 24; BAG 10.5.1989 – 4 AZR 80/89 – AP § 2 TVG Tarifzuständigkeit Nr. 2.
24 Däubler/*Reinecke*, TVG, § 9 Rn 52.
25 Däubler/*Reinecke*, TVG, § 9 Rn 52 ff.
26 Däubler/*Reinecke*, TVG, § 9 Rn 47.

16 Abgeschlossene Verfahren dürfen aber nicht mehr vollstreckt werden. Die Vollstreckung aus einem rechtskräftig abgeschlossenen Urteil muss daher unterbleiben, soweit es auf der für ungültig erklärten Tarifnorm beruht.[27] In entsprechender Anwendung des § 79 Abs. 2 BVerfGG ist die Vollstreckung aus einer solchen Entscheidung unzulässig. Damit ist auch die Vollstreckungsgegenklage nach § 767 ZPO statthaft.[28]

V. Feststellungsinteresse

17 Die Vorschrift des § 9 stellt klar, dass abweichend von § 256 ZPO abstrakte Feststellungsklagen der TV-Parteien grds. zulässig sind.[29] Das notwendige Feststellungsinteresse folgt unmittelbar aus § 9 und der dort normierte Bindungswirkung. Es entfällt i.d.R. nach Beendigung des fraglichen TV. Ausnahmen sind allerdings insbesondere vor dem Hintergrund von Rechtsstreitigkeiten einzelner AN möglich, die im Hinblick auf das Ergebnis des Verbandsklageverfahrens ausgesetzt worden sind.[30] Das Feststellungsinteresse erfordert einen konkreten Streit über Inhalt und/oder Gültigkeit des TV. Die Verbandsklage nach § 9 soll nicht für Scheinprozesse genutzt werden, um bestimmte tarifvertragliche Normen für gültig und/oder unwirksam zu erklären. Die zuvor dargestellten Möglichkeiten, Musterprozesse zu führen oder aber die Gültigkeit tarifvertraglicher Normen in einem Individualprozess zu klären, beeinträchtigen jedoch das Feststellungsinteresse regelmäßig nicht.[31]

§ 10 Tarifvertrag und Tarifordnungen

(1) Mit dem Inkrafttreten eines Tarifvertrags treten Tarifordnungen und Anordnungen auf Grund der Verordnung über die Lohngestaltung vom 25. Juni 1938 (RGBl. I S. 691) und ihrer Durchführungsverordnung vom 23. April 1941 (RGBl. I S. 222), die für den Geltungsbereich des Tarifvertrags oder Teile desselben erlassen worden sind, außer Kraft, mit Ausnahme solcher Bestimmungen, die durch den Tarifvertrag nicht geregelt worden sind.
(2) Das Bundesministerium für Arbeit und Soziales kann Tarifordnungen und die in Absatz 1 bezeichneten Anordnungen aufheben; die Aufhebung bedarf der öffentlichen Bekanntmachung.

A. Allgemeines

1 Die Vorschrift des § 10 ist von geringer Bedeutung. Geregelt wird das Verhältnis der vor dem Inkrafttreten des TVG am 22. April 1949 geltenden Tarifordnungen und Lohngestaltungsordnungen zu dem auf der Grundlage des TVG abgeschlossenen neuen TV. Eine Regelung war notwendig, da das Kontrollratsgesetz Nr. 40 zwar das Gesetz zur Ordnung der nationalen Arbeit (AOG) mit Wirkung ab dem 1. Januar 1947 aufhob, die nach § 32 Abs. 2 AOG erlassenen Tarifordnungen jedoch weiter in Kraft blieben. Im Zuge einer Generalbereinigung im Jahre 1968 wurden die bestehenden Tarifordnungen und Lohngestaltungsordnungen nahezu sämtlich aufgehoben. Lediglich drei Tarifordnungen blieben wirksam: Die Tarifordnungen für die Deutschen Theater vom 27. Oktober 1937, die Tarifordnungen für die Deutschen Kulturorchester vom 30. März 1938 und die Tarifordnung zur Ergänzung der Tarifordnung für die Mitglieder von Kurkapellen vom 1. August 1939. Der Wortlaut dieser Tarifordnungen ist bei *Wiedemann/Oetker* abgedruckt.[1]

Diese nicht aufgehobenen Tarifordnungen gelten auch für die neuen Bundesländer; allerdings mit der Maßgabe, dass für die Zeit vor dem 1. Januar 1991 keine Anwartschaften begründet werden konnten.

B. Beraterhinweise

2 Die Vorschrift hat rein historische Bedeutung. Praktische Relevanz kommt ihr nicht mehr zu. Für die anwaltliche Praxis ist die Vorschrift damit bedeutungslos.

§ 11 Durchführungsbestimmungen

Das Bundesministerium für Arbeit und Soziales kann unter Mitwirkung der Spitzenorganisationen der Arbeitgeber und der Arbeitnehmer die zur Durchführung des Gesetzes erforderlichen Verordnungen erlassen, insbesondere über
1. die Errichtung und die Führung des Tarifregisters und des Tarifarchivs;

---

27 *Löwisch/Rieble*, § 9 Rn 78; *Däubler/Reinecke*, TVG, § 9 Rn 48; *Wiedemann/Oetker*, § 9 Rn 41.
28 HWK/*Henssler*, § 9 TVG Rn 23; *Däubler/Reinecke*, TVG, § 9 Rn 48; *Löwisch/Rieble*, § 9 Rn 78.
29 BAG 6.6.2007 – 4 AZR 411/06 – AP § 9 TVG Nr. 24.
30 BAG 6.6.2007 – 4 AZR 411/06 – AP § 9 TVG Nr. 24.
31 HWK/*Henssler*, § 9 TVG Rn 9.
1 *Wiedemann/Oetker*, § 10 Rn 15 ff.

2. das Verfahren bei der Allgemeinverbindlicherklärung von Tarifverträgen und der Aufhebung von Tarifordnungen und Anordnungen, die öffentlichen Bekanntmachungen bei der Antragsstellung, der Erklärung und Beendigung der Allgemeinverbindlichkeit und der Aufhebung von Tarifordnungen und Anordnungen sowie die hierdurch entstehenden Kosten;
3. den in § 5 genannten Ausschuß.

A. Allgemeines

Die Vorschrift des § 11 ermächtigt das BMAS zum Erlass der zur Durchführung des TVG erforderlichen Verordnungen. Die derzeit gültige Fassung datiert vom 23. Dezember 1988.[1] Die in den Nr. 1 bis 3 beispielhaft („insbesondere") aufgeführten Regelungsbereiche sind in dieser Durchführungsverordnung konkretisiert. Bedeutung erlangt sie bei dem Verfahren zur Allgemeinverbindlichkeitserklärung (siehe § 5 Rn 2 ff.) sowie auch bei der Errichtung und der Führung des Tarifregisters und des Tarifarchivs (siehe § 6 Rn 1 ff.). Es wird daher auf diese Kommentierung verwiesen.

Die Spitzenorganisationen der AG und der AN müssen beim Erlass der Durchführungsverordnung beteiligt werden, wobei der in § 11 verwandte Begriff der Mitwirkung nicht weiter definiert ist. Unabhängig von der str. Frage, welche Beteiligungsform tatsächlich gemeint ist,[2] ist die ordnungsgemäße Beteiligung der Spitzenorganisation jedenfalls keine Wirksamkeitsvoraussetzung.[3]

Der Bundesminister für Wirtschaft und Arbeit muss den in Art. 80 Abs. 1 GG festgeschriebenen Bestimmtheitsgrundsatz beachten. Durch diesen Grundsatz werden daher der Inhalt und der Gegenstand der Durchführungsbestimmungen begrenzt. Materielle Ergänzungen des TVG sind damit unzulässig. Mit der Durchführungsverordnung dürfen lediglich bereits bestehende materielle Regelungen konkretisiert werden.[4]

B. Beraterhinweise

Der Vorschrift des § 11 kommt keine Bedeutung für die Beratungspraxis zu.

§ 12 Spitzenorganisationen

¹Spitzenorganisationen im Sinne dieses Gesetzes sind – unbeschadet der Regelung in § 2 – diejenigen Zusammenschlüsse von Gewerkschaften oder von Arbeitgebervereinigungen, die für die Vertretung der Arbeitnehmer- oder der Arbeitgeberinteressen im Arbeitsleben des Bundesgebietes wesentliche Bedeutung haben. ²Ihnen stehen gleich Gewerkschaften und Arbeitgebervereinigungen, die keinem solchen Zusammenschluß angehören, wenn sie die Voraussetzungen des letzten Halbsatzes in Satz 1 erfüllen.

A. Allgemeines	1	II. Wesentliche Bedeutung	3
B. Regelungsgehalt	2	III. Gleichgestellte Vereinigungen	5
I. Zusammenschlüsse von Vereinigungen	2	C. Verbindung zu anderen Rechtsgebieten	6
		D. Beraterhinweise	8

A. Allgemeines

§ 12 enthält eine Legaldefinition der Spitzenorganisationen, denen in §§ 5 und 11 besondere Mitwirkungsrechte bei der Allgemeinverbindlichkeitserklärung von TV bzw. bei dem Erlass von Durchführungsbestimmungen zum TVG zuerkannt werden.

---

1 BGBl I S. 2307 und BGBl 1989 I S. 76.
2 Vgl. die Darstellung bei Däubler/*Reinecke*, TVG, § 11 Rn 3 m.w.N.
3 Überwiegende Meinung, HWK/*Henssler*, § 11 TVG Rn 2; Wiedemann/*Oetker*, § 11 Rn 4;a.A. Däubler/*Reinecke*, TVG, § 11 Rn 6.
4 Löwisch/Rieble, § 11 Rn 2; Kempen/Zachert, § 11 Rn 3; Wiedemann/*Oetker*, § 11 Rn 5.

B. Regelungsgehalt

I. Zusammenschlüsse von Vereinigungen

2 Spitzenorganisationen sind Zusammenschlüsse von Gewerkschaften oder von AG-Vereinigungen. Die Mitgliedsverbände oder die Spitzenorganisationen selbst müssen tariffähig sein. Wer das Arbeitsleben nicht durch den Abschluss von TV beeinflussen kann, ist auch nicht bedeutsam.[1]

II. Wesentliche Bedeutung

3 Die Spitzenorganisation muss weiter wesentliche Bedeutung im Arbeitsleben des Bundesgebietes haben. Hier zeigt sich der bedeutsame Unterschied zu § 2. Die Tariffähigkeit i.S.v. § 2 Abs. 2 erfordert keine wesentliche Bedeutung für das Bundesgebiet. Die Definition in § 12 ist **deutlich enger**. Das ist konsequent, denn der aus je drei Vertretern der jeweiligen Spitzenorganisationen besetzte Tarifausschuss kann nur von den wichtigsten Spitzenorganisationen des ganzen Bundesgebiets gebildet werden.[2] Nur wirklich bedeutsame Vereinigungen dürfen das Arbeitsleben der Bundesrepublik Deutschland mitgestalten.

4 Welche Anforderungen für die wesentliche Bedeutung erfüllt sein müssen, hängt vom Einzelfall ab. Kriterien sind die Mitgliederzahl, das wirtschaftliche Gewicht und das Ansehen in der Öffentlichkeit. Der Einfluss auf das Arbeitsleben wird auch durch die Anzahl der von den Mitgliedsverbänden getätigten Tarifabschlüsse ausgedrückt.[3] Daraus folgt umgekehrt, dass regionale Verbände diese Kriterien nicht erfüllen können. Die wesentliche Bedeutung muss sich auf das gesamte Bundesgebiet erstrecken.

III. Gleichgestellte Vereinigungen

5 Einzelne Gewerkschaften und AG-Vereinigungen werden nach S. 2 den Spitzenorganisationen gleichgestellt. Der Unterschied zu den Spitzenorganisationen liegt darin, dass diese einzelnen Gewerkschaften und AG-Verbände keine Zusammenschlüsse von Vereinigungen und damit keine Spitzenorganisationen sind. Gemeint sind die üblichen Gewerkschaften und AG-Verbände, die unmittelbar nur AN oder AG und Verbände zum Mitglied dann haben, aber ihrerseits keinen Spitzenorganisationen mitgliedschaftlich verbunden sind.[4] Die Gleichstellung mit den Spitzenorganisationen verlangt aber ebenfalls wesentliche Bedeutung für das Arbeitsleben im Bundesgebiet. Es müssen also auch für diese gleichgestellten Vereinigungen die oben dargestellten Voraussetzungen zur wesentlichen Bedeutung gegeben sein. Zudem müssen auch die gleichgestellten Vereinigungen tariffähig nach § 2 sein.[5] Soweit ersichtlich gibt es heute keine Organisation, die den Spitzenorganisationen gleichgestellt wird. Die Deutsche Angestelltengewerkschaft (DAG) war bis zu ihrer Verschmelzung mit den DGB-Gewerkschaften bislang einzige gleichgestellte Einzelgewerkschaft.[6] Der Vorschrift kommt damit keine aktuelle Bedeutung mehr zu.

C. Verbindung zu anderen Rechtsgebieten

6 Die Legaldefinition in § 12 konkretisiert den Begriff der Spitzenorganisationen, denen in §§ 5 und 11 besondere Mitwirkungsrechte eingeräumt werden. Mitwirkungsberechtigt nach diesen Vorschriften sind nur solche Organisationen, die eine wesentliche Bedeutung bei ihrer Interessenvertretung im Arbeitsleben des Bundesgebietes haben. Die Tariffähigkeit nach § 2 allein ist damit nicht ausreichend. Der Begriff der Spitzenorganisation hat dennoch auch über das TVG hinaus Bedeutung. Die Begriffsbestimmung gilt kraft ausdrücklicher Verweisung in § 11 ArbnErfG. Darüber hinaus wird in zahlreichen weiteren Vorschriften ohne ausdrückliche Bezugnahme auf § 12 der Begriff der Spitzenorganisation verwandt (bspw. 98 Abs. 2 AktG, §§ 5 Abs. 1, 33 Abs. 1 HAG, § 58 BRRG, § 94 BBG und §§ 4a Abs. 2 Buchst. a, 6 Abs. 1 bis 3 MontanMitbestG). In der Lit. besteht Einigkeit darüber, dass jeweils im Einzelfall eine eigenständige, Sinn und Zweck der jeweiligen Norm berücksichtigende Auslegung erforderlich ist.[7]

7 Praktische Bedeutung erlangt die Vorschrift ferner im Rahmen von § 37 Abs. 7 BetrVG. Danach sind bei der Prüfung der Geeignetheit einer Schulungs- und Bildungsveranstaltung die Spitzenorganisationen der Gewerkschaften und der AG-Verbände zu beteiligen. Das BAG hat bereits im Jahre 1973 klargestellt, dass die Regelung des § 12 zwar nicht unmittelbar verbindlich ist, aber dennoch eine dem § 12 entsprechende Auslegung des Begriffs der Spitzenorganisation zugrunde zu legen ist.[8] Eine allein an § 12 orientierte Auslegung bedeutet dann aber konsequent auch, dass die Tariffähigkeit der zu beteiligenden Spitzenorganisationen nicht erforderlich ist.[9]

---

1 Däubler/*Reinecke*, TVG, § 12 Rn 3; Löwisch/*Rieble*, § 12 Rn 3.
2 Wiedemann/*Oetker*, § 12 Rn 6.
3 Däubler/*Reinecke*, TVG, § 12 Rn 5; Löwisch/*Rieble*, § 12 Rn 5.
4 Wiedemann/*Oetker*, § 12 Rn 10.
5 Wiedemann/*Oetker*, § 12 Rn 10.
6 Däubler/*Reinecke*, TVG, § 12 Rn 1; Kempen/*Zachert*, § 12 Rn 2; HWK/*Henssler*, § 12 TVG Rn 6.
7 Wiedemann/*Oetker*, § 12 Rn 4; HWK/*Henssler*, § 12 TVG Rn 1; Löwisch/*Rieble*, § 12 Rn 8.
8 BAG 18.12.1973 – 1 ABR 35/73 – AP § 37 BetrVG 1972 Nr. 7.
9 So auch Wiedemann/*Oetker*, § 12 Rn 4; Löwisch/*Rieble*, § 12 Rn 8.

D. Beraterhinweise

Die Entscheidung über die Qualifikation als Spitzenorganisation obliegt dem BMAS. Unter den besonderen Voraussetzungen des § 5 Abs. 6 entscheidet die Oberste Arbeitsbehörde des jeweiligen Landes. Eine rechtliche Überprüfungsmöglichkeit besteht grds. nicht, denn ein spezielles arbeitsgerichtliche Beschlussverfahren, wie es für die Feststellung der Tariffähigkeit und der Tarifzuständigkeit vorhanden ist, ist für den Begriff der Spitzenorganisation nicht vorhanden. Das TVG und auch das ArbGG sehen daher kein besonderes Verfahren vor. Der besondere grundgesetzliche Schutz der Koalition aus Art. 9 Abs. 3 GG eröffnet aber die Möglichkeit, sachlich nicht gerechtfertigte Diskriminierungen überprüfen zu lassen. Dies gebietet auch die Rechtsschutzgarantie des Art. 19 Abs. 4 GG.[10] Wird deshalb die Anerkennung als Spitzenorganisation abgelehnt, besteht die Möglichkeit, diese Entscheidung durch eine Feststellungsklage vor den Verwaltungsgerichten überprüfen zu lassen.[11] Eine Leistungsklage unmittelbar auf Mitbesetzung des Tarifausschusses ist jedoch unzulässig.[12] Die Entscheidung über die Qualifikation als Spitzenorganisation ist von der zuständigen Behörde nach pflichtgemäßem Ermessen zu treffen. Es ist dabei ein erheblicher Beurteilungsspielraum anzuerkennen.[13] Eine Verletzung der Koalitionsfreiheit, die für eine mögliche Feststellungsklage notwendig ist, ist daher nur bei einer willkürlichen Differenzierung gegeben.[14]

§ 12a Arbeitnehmerähnliche Personen

(1) Die Vorschriften dieses Gesetzes gelten entsprechend
1. für Personen, die wirtschaftlich abhängig und vergleichbar einem Arbeitnehmer sozial schutzbedürftig sind (arbeitnehmerähnliche Personen), wenn sie auf Grund von Dienst- oder Werkverträgen für andere Personen tätig sind, die geschuldeten Leistungen persönlich und im wesentlichen ohne Mitarbeit von Arbeitnehmern erbringen und
   a) überwiegend für eine Person tätig sind oder
   b) ihnen von einer Person im Durchschnitt mehr als die Hälfte des Entgelts zusteht, das ihnen für ihre Erwerbstätigkeit insgesamt zusteht; ist dies nicht voraussehbar, so sind für die Berechnung, soweit im Tarifvertrag nichts anderes vereinbart ist, jeweils die letzten sechs Monate, bei kürzerer Dauer der Tätigkeit dieser Zeitraum, maßgebend,
2. für die in Nummer 1 genannten Personen, für die die arbeitnehmerähnlichen Personen tätig sind, sowie für die zwischen ihnen und den arbeitnehmerähnlichen Personen durch Dienst- oder Werkverträge begründeten Rechtsverhältnisse.

(2) Mehrere Personen, für die arbeitnehmerähnliche Personen tätig sind, gelten als eine Person, wenn diese mehreren Personen nach der Art eines Konzerns (§ 18 des Aktiengesetzes) zusammengefaßt sind oder zu einer zwischen ihnen bestehenden Organisationsgemeinschaft oder nicht nur vorübergehenden Arbeitsgemeinschaft gehören.

(3) Die Absätze 1 und 2 finden auf Personen, die künstlerische, schriftstellerische oder journalistische Leistungen erbringen, sowie auf Personen, die an der Erbringung, insbesondere der technischen Gestaltung solcher Leistungen unmittelbar mitwirken, auch dann Anwendung, wenn ihnen abweichend von Absatz 1 Nr. 1 Buchstabe b erster Halbsatz von einer Person im Durchschnitt mindestens ein Drittel des Entgelts zusteht, das ihnen für ihre Erwerbstätigkeit insgesamt zusteht.

(4) Die Vorschrift findet keine Anwendung auf Handelsvertreter im Sinne des § 84 des Handelsgesetzbuchs.

A. Allgemeines	1	IV. Handelsvertreter (Abs. 4)	7
B. Regelungsgehalt	3	V. Tarifvertragsparteien	8
I. Begriff der arbeitnehmerähnlichen Person (Abs. 1 Nr. 1)	3	VI. Inhalt von Tarifverträgen	9
II. Begriff des Auftraggebers	4	VII. Arbeitskampfrecht	11
1. Auftraggeber (Abs. 1 Nr. 2)	4	C. Verbindung zu anderen Rechtsgebieten und zum Prozessrecht	12
2. Mehrere Auftraggeber (Abs. 2)	5	D. Beraterhinweise	15
III. Freie Mitarbeiter der Medien (Abs. 3)	6		

---

10 *Löwisch/Rieble*, § 12 Rn 7.
11 Wiedemann/*Oetker*, § 12 Rn 12; *Löwisch/Rieble*, § 12 Rn 7.
12 Wiedemann/*Oetker*, § 12 Rn 12 Fußnote 31; a.A. Kempen/*Zachert*, § 12 Rn 4; eingeschränkt Däubler/*Reinecke*, TVG, § 12 Rn 9.
13 Däubler/*Reinecke*, TVG, § 12 Rn 10.
14 Däubler/*Reinecke*, TVG, § 12 Rn 10; *Löwisch/Rieble*, § 12 Rn 7; vgl. auch OVG Saarland 3.3.1997 – 8 R 30/94 – n.v.

A. Allgemeines

1 Auf arbeitnehmerähnliche Personen fanden die Regelungen des TVG zunächst keine Anwendung. Die Vorschrift des § 12a weitet daher den Anwendungsbereich der tarifvertraglichen Normen auf die Rechtsverhältnisse zwischen arbeitnehmerähnlichen Personen und ihren Auftraggebern aus. Sie wurde mit Wirkung zum 1. November 1974 in das TVG eingefügt.

Zielgruppe des § 12a sind vorrangig die freien Mitarbeiter der Medien, insb. der Rundfunkanstalten. Dementsprechend haben alle zur ARD gehörenden Rundfunkanstalten entsprechende TV abgeschlossen.[1]

2 Der Begriff der arbeitnehmerähnlichen Person wird auch in anderen arbeitsrechtlichen Vorschriften verwandt: § 5 Abs. 1 S. 2 ArbGG, § 2 S. 2 BUrlG und § 6 Abs. 1 S. 1 Nr. 3 AGG. In diesen Vorschriften wird allerdings nur an die wirtschaftliche Abhängigkeit angeknüpft, wohingegen Abs. 1 Nr. 1 zusätzlich die soziale Schutzbedürftigkeit nennt. Für Heimarbeiter gilt § 12a nicht.[2] Keine Anwendung findet § 12a schließlich nach Abs. 4 auf Handelsvertreter i.S.d. § 84 HGB. Nach zutreffender Auff. können aber auch für sozialschutzbedürftige Handelsvertreter TV vereinbart werden.[3]

B. Regelungsgehalt

I. Begriff der arbeitnehmerähnlichen Person (Abs. 1 Nr. 1)

3 Abs. 1 definiert den Begriff der arbeitnehmerähnlichen Person i.S.d. TVG. Maßgeblich für die Frage, ob es sich bei einem Beschäftigten um eine arbeitnehmerähnliche Person handelt, ist dabei vor allem die wirtschaftliche Abhängigkeit und die vergleichbare soziale Schutzbedürftigkeit. Diese unbestimmten Rechtsbegriffe können von den TV-Parteien ausgefüllt werden.[4] Für den Begriff der arbeitnehmerähnlichen Person wird i.Ü. auf die Kommentierung zu § 611 BGB verwiesen (siehe § 611 BGB Rn 82 ff.).

II. Begriff des Auftraggebers

4 **1. Auftraggeber (Abs. 1 Nr. 2).** Für die zwischen den arbeitnehmerähnlichen Personen und ihren Auftraggebern begründeten Rechtsverhältnisse findet § 12a ebenfalls Anwendung. Die Beschäftigung muss durch Dienst- oder Werkverträge erfolgen. Es muss sich allerdings nicht um die in den §§ 611 ff., 631 ff. BGB geregelten Vertragszüge handeln. Ausreichend ist vielmehr, wenn die Vertragsverhältnisse diesen Grundtypen entsprechen.[5] Auftraggeber nach Nr. 2 sind auch arbeitnehmerähnliche Personen, die für einen anderen AN tätig sind. Eine Normerweiterung ist damit aber nicht verbunden, denn arbeitnehmerähnliche Personen werden ohnehin bereits von Nr. 1 erfasst.[6]

5 **2. Mehrere Auftraggeber (Abs. 2).** Die wirtschaftliche Abhängigkeit einer arbeitnehmerähnlichen Person resultiert regelmäßig von der überwiegenden Tätigkeit für eine Person. Zur Vermeidung von möglichen Umgehungen stellt daher Abs. 2 dar, dass auch mehrere Personen als eine Person gelten, wenn sie nach der Art eines Konzerns zusammengefasst sind oder zu einer zwischen ihnen bestehenden Organisationsgemeinschaft oder nicht nur vorübergehenden ARGE gehören.[7] Der Konzernbegriff wird in § 18 AktG definiert. Bei der Organisationsgemeinschaft wird in Abs. 2 an § 92a Abs. 2 S. 1 HGB angeknüpft. Die zu dieser Vorschrift entwickelten Grundsätze können entsprechend angewandt werden.[8] Der Begriff der ARGE schließlich soll die Rundfunk- und Fernsehanstalten erfassen. Dies betrifft vorrangig die Arbeitsgemeinschaft der Rundfunkanstalten Deutschland (ARD). Erfasst werden aber auch die als ARGE bezeichneten Zusammenschlüsse im Baugewerbe.[9]

III. Freie Mitarbeiter der Medien (Abs. 3)

6 Personen, die künstlerische, schriftstellerische oder journalistische Leistungen erbringen, werden nach Abs. 3 privilegiert. Dies gilt auch für das entsprechende technische Personal, das an der Erbringung solcher Leistungen unmittelbar mitwirkt. Für diese Personen genügt es nach Abs. 3, wenn mind. ⅓ des Entgelts aus der gesamten Erwerbstätigkeit von einem Auftraggeber bezogen wird. Die in Abs. 1 Nr. 1b vorgesehene Hälfte des Entgelts von einer Person wird damit für die in Abs. 3 genannten Personen reduziert.[10]

IV. Handelsvertreter (Abs. 4)

7 Handelsvertreter i.S.v. § 84 HGB werden nach Abs. 4 ausdrücklich vom Anwendungsbereich des § 12a ausgenommen. Die Frage der Verfassungsmäßigkeit dieser Bereichsausnahmen wird unterschiedlich beantwortet. Einigkeit

---

1 Wiedemann/*Wank*, § 12a Rn 20.
2 HWK/*Henssler*, § 12a TVG Rn 4; Wiedemann/*Wank*, § 12a Rn 29.
3 H.M., s. Wiedemann/*Wank*, § 12a Rn 30 und 53 ff.; HWK/*Henssler*, § 12a TVG Rn 3; a.A. *Löwisch/Rieble*, § 12a Rn 3; siehe auch BVerfG 7.2.1990 – 1 BvR 26/84 – AP Art. 12 GG Nr. 65.
4 BAG 15.2.2005 – 9 AZR 51/04 m. Anm. *Deinert*, juris PR-ArbR 37/2005.
5 *Kempen/Zachert*, § 12a Rn 26.
6 So zutreffend HWK/*Henssler*, § 12a TVG Rn 12.
7 Vgl. BAG 19.10.2004 – 9 AZR 411/03 – NZA 2005, 529.
8 Wiedemann/*Wank*, § 12a Rn 67.
9 *Kempen/Zachert*, § 12a Rn 30.
10 Kritisch Wiedemann/*Wank*, § 12a Rn 74.

besteht grds. darüber, dass auch arbeitnehmerähnliche Personen den Schutz aus Art. 9 Abs. 3 GG genießen.[11] Hieraus wird ein Verfassungsverstoß jedenfalls in den Fällen abgeleitet, in denen Handelsvertreter im gleichen Maße schutzbedürftig sind wie arbeitnehmerähnliche Personen (str.).[12]

V. Tarifvertragsparteien

Für arbeitnehmerähnliche Personen gelten nach Abs. 1 die Vorschriften des TVG entsprechend. Die Rechtsbeziehungen zwischen arbeitnehmerähnlichen Personen und deren Auftraggebern können damit durch TV bestimmt und ausgestaltet werden. TV-Parteien sind – entsprechend § 2 Abs. 1 – einzelne Auftraggeber oder Verbände von Auftraggebern sowie Berufsverbände der arbeitnehmerähnlichen Personen. In Betracht kommen auch Gewerkschaften, denen arbeitnehmerähnliche Personen angehören.[13]

VI. Inhalt von Tarifverträgen

In der Lit. wird die Frage, welchen zulässigen Inhalt TV haben dürfen, unterschiedlich beantwortet. Grds. besteht Einigkeit darüber, dass Inhalts-, Abschluss- und Beendigungsnormen auch bei TV mit arbeitnehmerähnlichen Personen zulässig sind.[14] Die in Art. 5 Abs. 1 GG garantierte Medienfreiheit ist allerdings zu beachten.[15]

Die Anwendung betrieblicher und betriebsverfassungsrechtlicher Normen wird überwiegend befürwortet.[16] Arbeitnehmerähnliche Personen werden in die Betriebsverfassung nach § 5 BetrVG nicht einbezogen.

VII. Arbeitskampfrecht

Die entsprechende Anwendung des Tarifrechts bezieht sich auch auf das Arbeitskampfrecht.[17] Arbeitnehmerähnliche Personen können daher TV durch Streik erkämpfen und Auftraggeber dürfen aussperren.

C. Verbindung zu anderen Rechtsgebieten und zum Prozessrecht

Die Vorschrift des § 12a gilt nicht für den Bereich der Heimarbeit. Für Heimarbeiter trifft § 17 HAG eine eigenständige Regelung über die Tarifmacht. Arbeitnehmerähnliche Personen i.S.d. § 12a sind auch solche nach § 5 Abs. 1 S. 2 ArbGG, § 2 S. 2 BUrlG und § 6 Abs. 1 S. 1 Nr. 3 AGG.[18] Für die Sozialversicherung findet der arbeitsrechtliche Begriff der arbeitnehmerähnlichen Person keine Anwendung. Dort gilt vielmehr die Regelung des § 2 Nr. 9 SGB VI.[19]

Für Streitigkeiten über den Status arbeitnehmerähnlicher Personen ist der arbeitsgerichtliche Rechtsweg nach § 2 Abs. 1 Nr. 3, § 5 Abs. 1 S. 2 ArbGG eröffnet.[20] Für Handelsvertreter gilt die Sonderregelung in § 5 Abs. 3 ArbGG, deren Voraussetzungen beachtet werden müssen.

Der Status einer arbeitnehmerähnlichen Person kann im Wege der Feststellungsklage geklärt werden. Das erforderliche Feststellungsinteresse liegt vor, wenn durch das Feststellungsurteil konkrete Folgen für das Arbvverh geklärt werden können und die Feststellungsklage prozesswirtschaftlich sinnvoll ist.[21] Für eine vergangenheitsbezogene Statusklage ist allerdings die Erklärung eines Sozialversicherungsträgers, er werde das Ergebnis der arbeitsgerichtlichen Entscheidung bei der Überprüfung der sozialrechtlichen Versicherungspflicht übernehmen, nach Ansicht des BAG nicht ausreichend.[22]

D. Beraterhinweise

Statusklagen sind nicht nur vorteilhaft. Gerade im Medienbereich sind die an arbeitnehmerähnliche Personen gezahlten Honorare wesentlich höher als die Tarifentgelte für AN. Wird deshalb der AN-Status eingeklagt, können sich Rückzahlungspflichten ergeben.[23]

---

11 *Kempen/Zachert*, § 12a Rn 7; *Däubler/Reinecke*, TVG, § 12a Rn 16.
12 Die Verfassungswidrigkeit bejahen: *Kempen/Zachert*, § 12a Rn 29; HWK/*Henssler*, § 12a TVG Rn 15; *Wiedemann/Wank*, § 12a Rn 9, 30, 53 ff.; a.A. (verfassungskonform) *Däubler/Reinecke*, TVG, § 12a Rn 17; *Löwisch/Rieble*, § 12a Rn 3.
13 *Wiedemann/Wank*, § 12a Rn 79.
14 *Wiedemann/Wank*, § 12a Rn 81 ff.; HWK/*Henssler*, § 12a TVG Rn 18; ErfK/*Franzen*, § 12a TVG Rn 11; *Löwisch/Rieble*, § 12a Rn 18.
15 *Wiedemann/Wank*, § 12a Rn 84 ff.
16 ErfK/*Franzen*, § 12a TVG Rn 11; HWK/*Henssler*, § 12a TVG Rn 18; so auch *Wiedemann/Wank*, § 12a Rn 87 für die zulässige Vereinbarung von betrieblichen Normen hingegen *Löwisch/Rieble*, § 12a Rn 18.
17 *Wiedemann/Wank*, § 12a Rn 91.
18 Die Formulierungen sind freilich nicht identisch; dazu *Wiedemann/Wank*, § 12a Rn 4 ff.
19 HWK/*Henssler*, § 12a TVG Rn 4.
20 BAG 17.10.1990 – 5 AZR 639/89 – AP § 5 ArbGG 1979 Nr. 9.
21 BAG 12.10.1979 – 7 AZR 960/77 – AP § 620 BGB Befristeter Arbeitsvertrag Nr. 48.
22 BAG 21.6.2000 – 5 AZR 782/98 – AP § 256 ZPO 1977 Nr. 60 = DB 2001, 52.
23 Hierauf weist zutreffend *Däubler/Reinecke*, TVG, § 12a Rn 81 hin.

16 Ferner führt zwar die Feststellung der AN-Eigenschaft zur Anwendung des gesamten AN-Schutzrechts (Künd-Schutz etc.). Die damit ebenfalls verbundene Minderung des Entgelts muss aber in die Prozessberatung einfließen.[24]

§ 12b (gegenstandslos)

§ 13 Inkrafttreten

(1) Dieses Gesetz tritt mit seiner Verkündung in Kraft.
(2) Tarifverträge, die vor dem Inkrafttreten dieses Gesetzes abgeschlossen sind, unterliegen diesem Gesetz.

1 Die Vorschrift regelt das Inkrafttreten des TVG. Die ursprüngliche Fassung des TVG vom 9. April 1949 wurde am 22. April 1949 verkündet. Eine Neufassung ist am 1. September 1969 in Kraft getreten. Aktuelle praktische Bedeutung kommt der Vorschrift nicht zu. Für die historische Entwicklung s. die weiterführende Lit.[1]

---

[24] S. zur Rückabwicklung nach einem Statusurteil auch BAG 29.5.2002 – 5 AZR 680/00 – AP § 812 BGB Nr. 27; siehe auch zur Anwendung tariflicher Ausschlussfristen BAG 14.3.2001 – 4 AZR 152/00 – AP § 1 TVG Tarifverträge: Rundfunk Nr. 35; zur üblichen Vergütung BAG 21.11.2001 – 5 AZR 87/00 – AP § 612 BGB Nr. 63 zur Wirksamkeit der getroffenen Vergütungsabreden BAG 12.12.2001 – 5 AZR 257/00 – AP § 612 BGB Nr. 65.

[1] Gelungener Überblick bei Däubler/*Reinecke*, TVG, § 13 Rn 1 ff.; s. *Löwisch/Rieble*, § 13 Rn 1 ff. Zum Inkrafttreten des TVG im Beitrittsgebiet wird auf die Ausführungen in Wiedemann/*Oetker*, § 13 Rn 6 ff. verwiesen.

Gesetz über Teilzeitarbeit und befristete Arbeitsverträge
(Teilzeit- und Befristungsgesetz – TzBfG)
Vom 21.12.2000, BGBl I S. 1966, BGBl III 800-26

Zuletzt geändert durch Gesetz zur Verbesserung der Beschäftigungschancen älterer Menschen vom 19.4.2007, BGBl I S. 538

Erster Abschnitt: Allgemeine Vorschriften

§ 1 Zielsetzung

Ziel des Gesetzes ist, Teilzeitarbeit zu fördern, die Voraussetzungen für die Zulässigkeit befristeter Arbeitsverträge festzulegen und die Diskriminierung von teilzeitbeschäftigten und befristet beschäftigten Arbeitnehmern zu verhindern.

Literatur: *Bauer*, Befristete Verträge mit älteren Arbeitnehmern ab 1.5.2007 – oder der neue § 14 III TzBfG, NZA 2007, 544

A. Allgemeines	1	1. Persönlicher Geltungsbereich	6
B. Regelungsgehalt	2	2. Betrieblicher Geltungsbereich	10
I. Kein eigener Regelungsinhalt	2	3. Zeitlicher Geltungsbereich	11
1. Ziele betreffend Teilzeitarbeit	3	C. Verbindung zu anderen Rechtsgebieten und zum Prozessrecht	12
2. Ziele betreffend befristete Arbeitsverträge	4		
II. Geltungsbereich	5	D. Beraterhinweise	13

A. Allgemeines

Mit dem TzBfG wurden die RL 1997/81/EG vom 15.12.1997 über Teilzeitarbeit[1] und 1999/70/EG vom 28.6.1999 über befristete Arbeitsverhältnisse[2] umgesetzt und gleichzeitig das BeschFG abgelöst. Das Gesetz regelt zwei voneinander getrennte Lebenssachverhalte, nämlich einerseits die Teilzeitbeschäftigung und andererseits die befristete Beschäftigung. Ausdrücklich verfolgt der Gesetzgeber die Förderung von Teilzeit-Arbeitsverhältnissen als eine Maßnahme, um eine nachhaltige **Beschäftigungssicherung** zu erreichen.[3] In Bezug auf befristete Arbeitsverhältnisse enthält das Gesetz keine vergleichbare Zielsetzung, so dass unklar bleibt, ob der Abschluss befristeter Arbeitsverträge im Interesse der Arbeitsmarktlage erwünscht ist. Mit Blick auf den mit Wirkung ab 1.5.2007 neu gefassten § 14 Abs. 3,[4] der jetzt europarechtskonform ist[5] und Erleichterungen für befristete Arbeitsverträge mit älteren AN regelt, ist dies aber zumindest für den AN-Kreis anzunehmen. **1**

B. Regelungsgehalt

I. Kein eigener Regelungsinhalt

§ 1 hat keinen eigenen Regelungsinhalt. Die als § 1 formulierte Zielsetzung entstammt den genannten RL. Entsprechend der Gesetzesbegründung[6] verfolgt das TzBfG folgende Ziele: **2**

1. Ziele betreffend Teilzeitarbeit. Mit dem TzBfG sollen ausweislich der Gesetzesbegründung Teilzeitbeschäftigte vor Diskriminierung geschützt werden, die Teilzeitarbeit soll gefördert werden und der AG soll verpflichtet werden, freie Arbeitsplätze die er ausschreibt, auch als Teilzeitplätze auszuschreiben, wenn dringende betriebliche Gründe eine Teilzeitbeschäftigung auf dem Arbeitsplatz nicht ausschließen. D.h. es soll hinsichtlich Teilzeitarbeit mehr **Transparenz** geschaffen werden. Hierzu zählt auch die Pflicht des AG, AN die ihre Arbeitszeit ändern wollen, über freie Teilzeit- oder Vollzeitarbeitsplätze zu informieren. Die maßgeblichen Vorschriften für Teilzeitarbeit finden sich im TzBfG in § 2 (Begriffsbestimmungen), § 4 Abs. 1 (Diskriminierungsverbot) und §§ 6 bis 13. **3**

2. Ziele betreffend befristete Arbeitsverträge. Für den Bereich der befristeten Arbeitsverträge liegen dem TzBfG die Ziele zu Grunde, den Schutz befristet beschäftigter AN vor Diskriminierung sicherzustellen, die Voraus- **4**

---

1 ABl EG 1998 Nr. L 14, S. 9.
2 ABl EG 1999 Nr. L 175, S. 43.
3 BT-Drucks 14/4374, S. 11.
4 BGBl I S. 538.
5 *Bauer*, NZA 2007, 544.
6 BT-Drucks 14/4374, S. 11.

setzungen für die Zulässigkeit der Befristung von Arbeitsverträgen zu regeln, die Chancen befristet Beschäftigter auf eine Dauerbeschäftigung zu verbessern und die Rechtssicherheit hinsichtlich befristeter Arbeitsverhältnisse zu erhöhen. Besondere Vorschriften für die Befristung von Arbeitsverhältnissen finden sich in § 3 (Begriffsbestimmungen), § 4 Abs. 2 (Diskriminierungsverbot) und §§ 14 bis 21.

II. Geltungsbereich

5 Das Gesetz enthält keine Einschränkung des Geltungsbereichs. Es gilt für alle Arbeitsverhältnisse bei privaten und öffentlichen AG.[7]

6 **1. Persönlicher Geltungsbereich.** Das TzBfG erfasst alle AN, insb. auch die **leitenden Angestellten** (§ 5 Abs. 3 BetrVG, § 14 Abs. 2 KSchG). Ausdrücklich ist die Einbeziehung von AN in leitender Position in § 6 geregelt. **AN-ähnliche Personen** werden vom Geltungsbereich nicht erfasst.[8]

7 Auf **Berufsausbildungsverhältnisse** sind die Normen des TzBfG insoweit anzuwenden, wie ihre Regelungen mit der Natur des Berufsausbildungsverhältnisses vereinbar sind, vgl. § 10 Abs. 2 BBiG.[9] Abweichend von dem Anspruch auf Verringerung der Arbeitszeit nach § 8 hat der Ausbildende nach § 14 Abs. 1 Nr. 1 BBiG dafür Sorge zu tragen, dass das Ausbildungsziel in der vorgesehenen Ausbildungszeit erreicht wird. Der Anspruch auf Verringerung der Arbeitszeit gilt für den Auszubildenden demnach nicht.

8 § 21 BBiG als Sondervorschrift über die Beendigung eines Berufsausbildungsverhältnisses und § 22 BBiG als Sondervorschrift über dessen Künd verdrängen die Vorschriften des TzBfG.

9 **Berufsbildungsverhältnisse** i.S.d. § 1 Abs. 1 BBiG werden von den Vorschriften des TzBfG grds. erfasst, vgl. § 8 Abs. 7.

10 **2. Betrieblicher Geltungsbereich.** Vom TzBfG werden alle Betriebe privater und öffentlicher AG erfasst. Insb. gelten die Bestimmungen über befristete Arbeitsverträge (§§ 14 ff.) nicht nur in den Betrieben, für die das KSchG zur Anwendung kommt (§ 23 Abs. 1 S. 2 und 3 KSchG). Für den Anspruch auf Verringerung der Arbeitszeit sieht § 8 Abs. 7 einen **Schwellenwert** vor von mehr als 15 AN. Die in der Berufsausbildung beschäftigten Personen werden nicht mitgerechnet.

11 **3. Zeitlicher Geltungsbereich.** Das TzBfG gilt vom ersten Tag des Arbeitsverhältnisses an. Eine dem § 1 Abs. 1 KSchG nachgebildete **Wartefrist** kennt das TzBfG vom Grundsatz her nicht. Eine Ausnahme findet sich in § 8 Abs. 1. Danach muss das Arbeitsverhältnis länger als sechs Monate bestanden haben, um einen Anspruch auf Verringerung der Arbeitszeit verlangen zu können.

C. Verbindung zu anderen Rechtsgebieten und zum Prozessrecht

12 § 1 hat keinen eigenen Regelungsinhalt. Insb. können aus der Vorschrift keine Individualansprüche hergeleitet werden, die sich gerichtlich durchsetzen lassen. Auch die § 1 zugrunde liegende Zielsetzung ist einer prozessualen Verfolgung nicht zugänglich. Das TzBfG verdrängt andere Regelungen über die Befristung von Arbeitsverträgen oder über die Teilzeitarbeit nicht (§ 23). Der Anspruch auf Teilzeit nach dem AltersteilzeitG, nach dem BEEG oder nach dem SGB IX steht neben dem des TzBfG. Dies gilt in gleicher Weise für Befristungsregelungen, wie z.B. nach dem WissZeitVG (siehe im Einzelnen § 23 Rn 10 ff.).

D. Beraterhinweise

13 Der betriebliche Geltungsbereich des TzBfG auch für **Kleinbetriebe** ist ohne Belang, wenn vereinbart wurde, dass auch während der Befristung gekündigt werden kann. In Kleinbetrieben empfiehlt es sich jedoch wegen § 23 Abs. 1 S. 2 und S. 3 KSchG von einer Befristung von vornherein Abstand zu nehmen.[10] Insoweit gelten die strengen Vorschriften des KSchG zu Künd-Gründen und Sozialauswahl betreffend die Beendigung eines Arbeitsverhältnisses nicht. An die Beendigung des Arbeitsverhältnisses im Kleinbetrieb werden keine hohen Anforderungen gestellt, so dass es eines Rückgriffs auf die Befristungsregeln nicht bedarf.

---

7 BT-Drucks 14/4374, S. 15.
8 *Annuß/Thüsing*, § 1 Rn 2.
9 BGBl I S. 931: in Kraft getreten zum 1.4.2005 auf der Grundlage: BT-Drucks 15/3980 und BT-Drucks 15/4752.
10 HWK/*Schmalenberg*, § 1 TzBfG Rn 8.

§ 2   Begriff des teilzeitbeschäftigten Arbeitnehmers

(1) ¹Teilzeitbeschäftigt ist ein Arbeitnehmer, dessen regelmäßige Wochenarbeitszeit kürzer ist als die eines vergleichbaren vollzeitbeschäftigten Arbeitnehmers. ²Ist eine regelmäßige Wochenarbeitszeit nicht vereinbart, so ist ein Arbeitnehmer teilzeitbeschäftigt, wenn seine regelmäßige Arbeitszeit im Durchschnitt eines bis zu einem Jahr reichenden Beschäftigungszeitraums unter der eines vergleichbaren vollzeitbeschäftigten Arbeitnehmers liegt. ³Vergleichbar ist ein vollzeitbeschäftigter Arbeitnehmer des Betriebes mit derselben Art des Arbeitsverhältnisses und der gleichen oder einer ähnlichen Tätigkeit. ⁴Gibt es im Betrieb keinen vergleichbaren vollzeitbeschäftigten Arbeitnehmer, so ist der vergleichbare vollzeitbeschäftigte Arbeitnehmer auf Grund des anwendbaren Tarifvertrages zu bestimmen; in allen anderen Fällen ist darauf abzustellen, wer im jeweiligen Wirtschaftszweig üblicherweise als vergleichbarer vollzeitbeschäftigter Arbeitnehmer anzusehen ist.

(2) Teilzeitbeschäftigt ist auch ein Arbeitnehmer, der eine geringfügige Beschäftigung nach § 8 Abs. 1 Nr. 1 des Vierten Buches Sozialgesetzbuch ausübt.

A. Allgemeines

Übereinstimmend mit § 3 der Rahmenvereinbarung über Teilzeitarbeit vom 6.6.1997 und der RL 97/81/EG definiert Abs. 1 den Teilzeitbeschäftigen als AN, dessen regelmäßige Wochenarbeitszeit geringer ist als diejenige eines vergleichbaren vollzeitbeschäftigten AN. Eine Teilzeitbeschäftigung erfordert eine dauerhafte Verkürzung der Arbeitszeit. Dies wird für geringfügig Beschäftigte i.S.d. § 8 Abs. 1 Nr. 1 SGB IV ausdrücklich in Abs. 2 klargestellt. Eine Teilzeitbeschäftigung kann auch im Rahmen eines befristeten Arbverh vorliegen. Es kommt nicht darauf an, welche Position der AN im Betrieb bekleidet bzw. darauf, ob es sich um einen Arbeiter oder Angestellten handelt. Teilzeitbeschäftigung ist mit festgelegter, aber auch mit flexibler Gestaltung der Arbeitszeit hinsichtlich Dauer und Lage möglich. Zu denken ist hier an tarifvertragliche Bandbreitenregelungen, bei denen der AG lediglich innerhalb einer bestimmten Bandbreite die Arbeitszeitdauer verändern kann, Abrufarbeit, kapazitätsorientierte variable Arbeitszeit (KAPOVAZ, § 12) bei einem Jahresarbeitszeitvertrag sowie an Arbeitsplatzteilung.

B. Abgestuftes Bestimmungsverfahren

Das Gesetz enthält in Abs. 1 S. 2 bis 4 ein Stufenverfahren zur Bestimmung des **vergleichbaren vollzeitbeschäftigten AN**. Aufgrund des eindeutigen Gesetzeswortlautes erfolgt die Bestimmung zunächst auf der obersten Stufe. Nur wenn hiernach ein vergleichbarer vollzeitbeschäftigter AN nicht ermittelt werden kann, ist auf die nächste Stufe zurückzugreifen. Hieraus ergibt sich folgende Vorgehensweise: Zunächst sind alle vollzeitbeschäftigte AN des Betriebes mit derselben Art des Arbverh und der gleichen oder ähnlichen Tätigkeit zu ermitteln. Nicht vergleichbar sind tarifgebundene und nicht tarifgebundene Arbverh, da es sich um verschiedene „Arten" von Arbverh handelt.[1] Gleiches gilt bei durch Betriebsübergang übergegangenen Arbverh und bereits vorher begründeten Arbverh.[2] Vergleichbar sind des Weiteren nur AN eines Betriebes. Dann sind innerhalb des Betriebes weiter einschränkend Gruppen zu identifizieren, die aus vergleichbaren AN bestehen. Im Hinblick auf die Arbeitszeit ist von einer Teilzeitbeschäftigung auszugehen, wenn die Arbeitszeit des AN im Durchschnitt eines bis zu einem Jahr reichenden Beschäftigungszeitraumes geringer ist, als die eines vergleichbaren vollzeitbeschäftigten AN. Bei einem Beschäftigungszeitraum ist grds. von einem Jahr auszugehen, das sich nach den tatsächlichen Gegebenheiten, und nicht nach dem Kalenderjahr bestimmt.[3] Für den Fall, dass im Betrieb keine vergleichbaren vollzeitbeschäftigten AN existieren, ist auf der zweiten Stufe auf vergleichbare vollzeitbeschäftigte AN nach dem anwendbaren TV abzustellen. Voraussetzung ist demnach die unmittelbare Tarifbindung des AG.[4] Besteht im Betrieb kein solcher TV, ist auf der dritten Stufe darauf abzustellen, wer im jeweiligen Wirtschaftszweig üblicherweise als vergleichbarer vollzeitbeschäftigter AN anzusehen ist. Dies bestimmt sich nach dem TV, der in der Branche üblich ist.[5] Begrenzt wird die sich daraus ergebende Arbeitszeit für vollzeitbeschäftigte AN durch die Bestimmungen des ArbG.

---

1 BAG 14.3.2007 – 5 AZR 791/05 – NZA 2007, 981.
2 BAG 14.3.2007 – 5 AZR 420/06 – NZA 2007, 862.
3 Ebenso Annuß/Thüsing/*Annuß*, § 2 Rn 3.
4 Ebenso Annuß/Thüsing/*Annuß*, § 2 Rn 6; KDZ/*Zwanziger*, § 2 Rn 10; Meinel/*Heyn*/*Herms*, § 2 Rn 17; a.A. KR/*Bader*, § 3 TzBfG Rn 54.
5 BT-Drucks 14/4374, S. 15.

§ 3 | Begriff des befristet beschäftigten Arbeitnehmers

(1) ¹Befristet beschäftigt ist ein Arbeitnehmer mit einem auf bestimmte Zeit geschlossenen Arbeitsvertrag. ²Ein auf bestimmte Zeit geschlossener Arbeitsvertrag (befristeter Arbeitsvertrag) liegt vor, wenn seine Dauer kalendermäßig bestimmt ist (kalendermäßig befristeter Arbeitsvertrag) oder sich aus Art, Zweck oder Beschaffenheit der Arbeitsleistung ergibt (zweckbefristeter Arbeitsvertrag).

(2) ¹Vergleichbar ist ein unbefristet beschäftigter Arbeitnehmer des Betriebes mit der gleichen oder einer ähnlichen Tätigkeit. ²Gibt es im Betrieb keinen vergleichbaren unbefristet beschäftigten Arbeitnehmer, so ist der vergleichbare unbefristet beschäftigte Arbeitnehmer auf Grund des anwendbaren Tarifvertrages zu bestimmen; in allen anderen Fällen ist darauf abzustellen, wer im jeweiligen Wirtschaftszweig üblicherweise als vergleichbarer unbefristet beschäftigter Arbeitnehmer anzusehen ist.

Literatur: *Backhaus*, Das neue Befristungsrecht, Sonderbeil. NZA 24/2001, 8; *Bauer*, Befristete Arbeitsverträge unter neuen Vorzeichen, BB 2001, 2473 und 2526; *Hromadka*, Befristete und bedingte Arbeitsverhältnisse neu geregelt, BB 2001, 621 und 674; *Kleinsorge*, Teilzeitarbeit und befristete Arbeitsverträge – ein Überblick über die Neuregelung, MDR 2001, 181; *Kliemt*, Das neue Befristungsrecht, NZA 2001, 296; *Lunk/Leder*, Teilbefristungen – Neues Recht und alte Regeln?, NZA 2008, 504; *Osnabrügge*, Die sachgrundlose Befristung von Arbeitsverhältnissen nach § 14 II TzBfG, NZA 2003, 639; *Seibel*, Kontrolle der Rechtmäßigkeit von Befristungen einzelner Arbeitsbedingungen sowie ganzer Arbeitsverträge, JuS 2005, 209

A. Allgemeines 1	9. Tarifvertragliche Nichtverlängerungsmitteilung 19
I. Normzweck 1	III. Vergleichbarkeit mit unbefristet beschäftigten Arbeitnehmern 20
II. Geltungsbereich 3	1. Vergleichbarkeit im Betrieb 21
B. Regelungsgehalt 4	2. Vergleichbarkeit nach anwendbarem Tarifvertrag 22
I. Befristungsarten 4	3. Vergleichbarkeit nach Üblichkeit im Wirtschaftszweig 23
II. Auslegung 8	C. Verbindung zu anderen Rechtsgebieten 24
1. Mindest- und Höchstbefristung 9	I. BetrVG und LPVG 24
2. Nachträgliche Befristung 10	II. SGB IX 25
3. Befristung einzelner Vertragsbedingungen 13	D. Beraterhinweise 26
4. Doppelbefristung 14	
5. Probezeit 15	
6. Auflösend bedingter Vertrag 16	
7. Rahmenvereinbarung 17	
8. Befristete Arbeitserlaubnis 18	

A. Allgemeines

I. Normzweck

1 Abs. 1 definiert legal die beiden Formen der in § 14 geregelten Befristung, nämlich die **Zeit-** und die **Zweckbefristung**, wie sie Abs. 1 der Rahmenvereinbarung über befristete Arbeitsverträge enthält.¹ Der in der Rahmenvereinbarung ebenfalls genannte auflösend bedingte Arbeitsvertrag wird in § 21 geregelt. Danach sind die wesentlichen Vorschriften für den befristeten Arbeitsvertrag entsprechend anwendbar. Einer Legaldefinition des auflösend bedingten Arbeitsvertrages bedurfte es wegen § 158 Abs. 2 BGB nicht.

2 Abs. 2 legt gem. § 3 Abs. 2 der Rahmenvereinbarung fest, mit welchen unbefristet beschäftigten AN befristet Tätige **vergleichbar** sind. Entsprechend der Systematik des § 2 Abs. 1 S. 3 und 4 zum teilzeitbeschäftigten AN ist auch hier eine dreistufige Prüfungsreihenfolge vorgegeben. Die Regelungen sind im Hinblick auf das in § 4 Abs. 2 enthaltene Diskriminierungsverbot von Bedeutung.² Denn danach darf ein befristet beschäftigter AN wegen der Befristung seines Arbeitsvertrags nicht schlechter behandelt werden als ein vergleichbarer unbefristet beschäftigter AN.

II. Geltungsbereich

3 Das Befristungsrecht ist nur auf **Arbverh** anwendbar. In welchem Umfang die Arbeitsverpflichtung besteht, ist unerheblich. Daher gilt es auch für Teilzeit-Arbverh.³ Die Vorschriften sind dagegen nicht auf Verträge mit freien Mitarbeitern anwendbar.⁴ Für Berufsausbildungsverhältnisse gilt das BBiG.⁵

---

1 28.6.1999, ABl EG 10.7.1999, L 175/43.
2 HWK/*Schmalenberg*, § 3 TzBfG Rn 1.
3 BAG 16.10.1987 – 7 AZR 614/86 – AP § 620 BGB Hochschule Nr. 5.
4 BAG 9.5.1984 – 5 AZR 195/82 – AP § 611 BGB Abhängigkeit Nr. 45.
5 Arnold/Gräfl/*Gräfl*, § 3 Rn 3; ErfK/*Müller-Glöge*, § 3 TzBfG Rn 2.

B. Regelungsgehalt

I. Befristungsarten

Befristet beschäftigt ist ein AN, dessen Arbeitsvertrag auf bestimmte Zeit geschlossen ist. Ein auf bestimmte Zeit geschlossener Arbeitsvertrag liegt vor, wenn die Dauer kalendermäßig bestimmt ist (kalendermäßig befristeter Arbeitsvertrag) oder sich aus Art, Zweck oder Beschaffenheit der Arbeitsleistung ergibt (zweckbefristeter Arbeitsvertrag).

Bei einem **kalendermäßig befristeten Arbeitsvertrag** ist der letzte Tag des Arbverh vertraglich vereinbart (z.B. „endet automatisch am 30.6.2010", „bis zum 31.8.2010"). Es reicht, wenn das Laufzeitende des Arbeitsvertrags kalendarisch ermittelt werden kann (z.B. „für vier Wochen" oder „für zwei Jahre").[6] Grds. muss jedoch klar feststehen, zu welchem Datum das Arbverh enden soll. Eine Befristung „für ca. ½ Jahr" ist deshalb nicht ausreichend. Dagegen ist bei der Beschäftigung „für die Sommerferien" oder „während der Messe CeBIT" das kalendermäßige Ende der Befristung hinreichend bestimmbar.

Ein **zweckbefristeter Arbeitsvertrag** liegt vor, wenn sich die Vertragsdauer bzw. das Befristungsende gerade aus der Art, dem Zweck oder der Beschaffenheit der Arbeitsleistung ergibt. Dies ist immer dann der Fall, wenn der Eintritt eines das Arbverh beendenden Ereignisses gewiss ist, der Zeitpunkt des Eintritts dieses Ereignisses jedoch bei Vertragsschluss noch ungewiss (z.B. Vertretung von krankheitsbedingt oder wegen Elternzeit abwesenden Mitarbeitern,[7] Beschäftigung von Saisonarbeitern,[8] Abdeckung lediglich vorübergehenden Arbeitsbedarfs durch Aushilfen).[9]

Entscheidend ist, dass der auf eine Zweckbefristung gerichtete Wille der Parteien deutlich erkennbar ist und von beiden Parteien ausdrücklich zum **Vertragsinhalt** erhoben wird. Klar sein muss, welcher Zweck bei Erreichen zur Beendigung des Arbeitsvertrags führen soll.[10] Er wird vom Schriftformerfordernis nach § 14 Abs. 4 erfasst.[11] Die Einstellung „zur Aushilfe" reicht deshalb ebenso wenig wie die Beschäftigung „wegen vorübergehenden Bedarfs".[12] Wird der befristete Vertrag wegen einer „Projektarbeit" geschlossen, muss nicht nur festgestellt werden, um welches Projekt es sich genau handelt, sondern auch, wann dieses als abgeschlossen gelten bzw. mit der Erreichung welches Ziels das Arbverh enden soll[13] (z.B. „nach Abschluss der Pilotierung mit der Freigabeentscheidung der Geschäftsleitung für den allgemeinen Vertrieb" oder „mit der Erteilung der Zertifizierung nach ISO 9001"). Das Arbverh endet dann mit dem Erreichen des so bestimmten Zwecks, jedoch frühestens zwei Wochen nach Zugang der schriftlichen Unterrichtung des AN durch den AG über den Zeitpunkt der Zweckerreichung, § 15 Abs. 2.

II. Auslegung

Ob ein befristeter Vertrag vorliegt, ist durch **Auslegung** gem. §§ 133, 157 BGB zu ermitteln.[14] **Unklarheiten** gehen grds. zu Lasten des Vertragsverwenders, also des AG. Dies folgt bei formularmäßigen Arbeitsverträgen bereits aus § 305c Abs. 2 BGB. Gem. § 2 Abs. 1 Nr. 3 NachwG ist bei befristeten Arbverh die vorhersehbare Dauer des Arbverh schriftlich niederzulegen. Allerdings unterliegt die Befristung eines Arbeitsvertrags ohnehin gem. § 14 Abs. 4 zur Wirksamkeit der Schriftform.

1. Mindest- und Höchstbefristung. Ist eine **feste Vertragsdauer** vereinbart, ist diese im Zweifel Mindest- und Höchstdauer zugleich. Es liegt ein befristetes Arbverh vor. Die ordentliche Künd ist regelmäßig während der Vertragslaufzeit ausgeschlossen, kann jedoch vereinbart werden, § 15 Abs. 3. Wird eine **Mindestdauer** festgelegt, kann es sich aber auch um den befristeten Ausschluss der ordentlichen Künd in einem unbefristeten Arbverh handeln (z.B. „der Vertrag wird fest bis zum 30.6.2010 geschlossen" oder „das Arbeitsverhältnis kann nicht vor dem 31.7.2010 gekündigt werden"). In Abgrenzung zum befristeten Vertrag bewirkt der Fristablauf dann nicht die automatische Beendigung des Arbverh. Ebenso liegt es bei dem Vertrag, der sich automatisch um einen bestimmten Zeitraum verlängern soll, wenn er nicht zuvor gekündigt wird. Eine **Höchstbefristung** liegt vor, wenn das Arbverh spätestens zu einem bestimmten Datum oder bei Eintritt eines bestimmten Ereignisses enden soll. Die Vertragsauslegung ergibt hier, dass das Arbverh vor-

---

6 *Meinel/Heyn/Herms*, § 3 Rn 5; *Rolfs*, § 3 Rn 2; *Osnabrügge*, NZA 2003, 639; *Lembke*, DB 2003, 2702.
7 BAG 4.6.2003 – 7 AZR 523/02 – NZA-RR 2003, 621; BAG 21.2.2001 – 7 AZR 200/00 – AP § 620 BGB Befristeter Arbeitsvertrag Nr. 226; BAG 26.3.1986 – 7 AZR 599/84 – AP § 620 BGB Befristeter Arbeitsvertrag Nr. 103 = NZA 1987, 238; BAG 8.3.1962 – 2 AZR 497/61 – AP § 620 BGB Befristeter Arbeitsvertrag Nr. 22; *Meinel/Heyn/Herms*, § 3 Rn 9 f.
8 BAG 20.10.1967 – 3 AZR 467/66 – AP § 620 BGB Befristeter Arbeitsvertrag Nr. 30; BAG 29.1.1987 – 2 AZR 109/86 – AP § 620 BGB Saisonarbeit Nr. 1 = NZA 1987, 627.
9 BAG 28.9.1961 – 2 AZR 97/61 – AP § 620 BGB Befristeter Arbeitsvertrag Nr. 21; BAG 22.5.1986 – 2 AZR 392/85 – AP § 622 BGB Nr. 23.
10 BAG 26.6.1996 – 7 AZR 674/95 – AP § 620 BGB Bedingung Nr. 23; *Rolfs*, § 3 Rn 4; *Hromadka*, BB 2001, 674.
11 BAG 21.12.2005 – 7 AZR 541/05 – NZA 2006, 321.
12 BAG 12.6.1996 – 5 AZR 960/94 – AP § 611 BGB Werkstudent Nr. 4; APS/*Backhaus*, § 3 TzBfG Rn 18; Arnold/Gräfl/*Gräfl*, § 3 Rn 13.
13 BAG 21.12.2005 – 7 AZR 541/05 – NZA 2006, 321.
14 BAG 6.10.1960 – 2 AZR 153/59 – AP § 620 BGB Befristeter Arbeitsvertrag Nr. 15; ErfK/*Müller-Glöge*, § 3 TzBfG Rn 3; APS/*Backhaus*, § 3 TzBfG Rn 5.

her durch ein anderes Ereignis enden kann, ggf. auch ordentlich kündbar sein soll. Erfolgt die Höchstbefristung im Rahmen einer **Doppelbefristung**, besteht wegen § 15 Abs. 5 das Risiko eines unbefristeten Vertrags, vgl. Rn 14.

10 **2. Nachträgliche Befristung.** Die **nachträgliche Befristung** von zunächst unbefristet geschlossenen Arbeitsverträgen ist grds. zulässig und kann auch durch Änderungs-Künd herbeigeführt werden.[15] Sie bedarf jedoch eines sachlichen Grundes. Ein sachlicher Grund für die nachträgliche Befristung liegt nicht allein darin, dass der neue befristete Vertrag günstigere Bedingungen enthält und der AN zwischen dem neuen Vertrag und der Fortsetzung des unbefristeten Arbverh frei wählen konnte.[16] Davon unabhängig ist die Frage, ob der AN einen wichtigen Grund für die Lösung des unbefristeten Arbeitsvertrages zur Aufnahme eines befristeten Arbverh hatte und dieser Wechsel zu Nachteilen bei dem Bezug von Alg führt.[17]

11 Ist die Befristung durch Änderungs-Künd herbeigeführt worden, kann der AN die Unwirksamkeit der Befristung nach § 17 geltend machen, auch wenn er die Änderung der Arbeitsbedingungen vorbehaltlos angenommen hat.[18] Erhebt der AN Änderungsschutzklage nach § 2 KSchG, wird der Sachgrund für die Befristung mit überprüft.[19]

12 Problematisch ist die Abgrenzung zum **Aufhebungsvertrag**. Dem BAG zufolge ist zu prüfen, ob die Vereinbarung auf die alsbaldige Beendigung des Arbverh gerichtet ist oder auf dessen befristete Fortsetzung.[20] Im Einzelfall muss durch sorgfältige Auslegung anhand des Zwecks der Vereinbarung, der Regelungen und der Länge der Künd-Frist ermittelt werden, ob eine Befristung oder ein aufschiebend bedingter Aufhebungsvertrag vorliegt. Denn davon hängt es ab, ob zur Rechtfertigung ein Sachgrund erforderlich ist. Zudem ist die Abgrenzung in Bezug auf die jeweiligen Formerfordernisse von Bedeutung. Für den Aufhebungsvertrag gilt gem. § 623 BGB die Schriftform des § 126 BGB. Der befristete Vertrag unterliegt gem. § 14 Abs. 4 zwar auch der Schriftform; es genügt aber die elektronische Form nach § 126a BGB.

13 **3. Befristung einzelner Vertragsbedingungen.** Die Befristung von **einzelnen Arbeitsbedingungen** (z.B. befristete Erhöhung der Arbeitszeit) wird dem Wortlaut nach nicht geregelt. Ausdrücklich wird nur auf den „Arbeitsvertrag" abgestellt. Dennoch ist die Befristung von einzelnen Arbeitsbedingungen zulässig. Wegen der Gefahr der Umgehung zwingender Vorschriften des Inhaltsschutzes des Arbverh bedurfte es jedoch zur Rechtfertigung früher regelmäßig eines Sachgrunds.[21] Dies gilt nach dem Inkrafttreten des Schuldrechtsmodernisierungsgesetzes am 1.1.2002 nicht mehr für formularmäßige befristete Arbeitsverträge. Bei diesen unterliegt die Befristung einzelner Vertragsbedingungen der Inhalts- und Angemessenheitskontrolle gem. §§ 305 ff. BGB.[22] Die Befristung der Arbeitszeit ist z.B. nach § 307 Abs. 1 S. 1 BGB unwirksam, wenn durch sie die betroffenen AN entgegen den Geboten von Treu und Glauben benachteiligt werden. Vorzunehmen ist eine umfassende Abwägung der beiderseitigen Interessen. Man wird dabei ähnlich hohe Anforderungen wie bisher an den Sachgrund stellen müssen.[23] Entsprechend bedarf es etwa bei der Befristung einer Arbeitszeiterhöhung, die auf einen vorübergehenden Mehrbedarf gestützt ist, der Prognose, dass für die Beschäftigung im Umfang der erhöhten Arbeitszeit über den Ablauf der Befristung kein Bedarf

---

15 BAG 26.8.1998 – 7 AZR 349/97 – AP § 620 BGB Befristeter Arbeitsvertrag Nr. 203 = NZA 1999, 476; BAG 8.7.1998 – 7 AZR 245/97 – AP § 620 BGB Befristeter Arbeitsvertrag Nr. 201; BAG 30.1.1997 – 6 AZR 847/95 – AP § 4 TVG Rationalisierungsschutz Nr. 16 = NZA 1997, 1057; BAG 25.4.1996 – 2 AZR 609/95 – AP § 1 KSchG 1969 Betriebsbedingte Kündigung Nr. 78; BAG 24.1.1996 – 7 AZR 496/95 – AP § 620 BGB Befristeter Arbeitsvertrag Nr. 179 = NZA 1996, 1089; ErfK/*Müller-Glöge*, § 14 TzBfG Rn 14; Annuß/*Thüsing*/*Maschmann*, § 14 Rn 15.

16 BAG 26.8.1998 – 7 AZR 349/97 – AP § 620 BGB Befristeter Arbeitsvertrag Nr. 203.

17 BSG 12.7.2006 – B 11a AL 55/05 R – NZA 2006, 1362.

18 BAG 8.7.1998 – 7 AZR 245/97 – AP § 620 BGB Befristeter Arbeitsvertrag Nr. 201.

19 BAG 25.4.1996 – 2 AZR 609/95 – AP § 1 KSchG 1969 Betriebsbedingte Kündigung Nr. 78.

20 BAG 7.3.2002 – 2 AZR 93/01 – AP § 620 BGB Aufhebungsvertrag Nr. 22; BAG 12.1.2000 – 7 AZR 48/99 – AP § 620 BGB Aufhebungsvertrag Nr. 16 = NZA 2000, 718; BAG 13.11.1996 – 10 AZR 340/96 – AP § 620 BGB Aufhebungsvertrag Nr. 4; BAG 15.2.2007 – 6 AZR 286/06 – BeckRS 2007 44134; *Meinel/Heyn/Herms*, § 14 Rn 24; KR/*Lipke*, § 14 TzBfG Rn 10.

21 BAG 4.6.2003 – 7 AZR 406/02 – AP § 17 TzBfG Nr. 1; BAG 23.1.2002 – 7 AZR 563/00 – AP § 1 BeschFG 1996 Nr. 12 = NZA 2003, 104; BAG 15.4.1999 – 7 AZR 734/97 – AP § 2 BAT SR 2y Nr. 18; BAG 26.8.1998 – 7 AZR 349/97 – AP § 620 BGB Befristeter Arbeitsvertrag Nr. 203 = NZA 1999, 476; BAG 8.7.1998 – 7 AZR 245/97 – AP § 620 BGB Befristeter Arbeitsvertrag Nr. 201; BAG 30.1.1997 – 6 AZR 847/95 – AP § 4 TVG Rationalisierungsschutz Nr. 16 = NZA 1997, 1057; BAG 25.4.1996 – 2 AZR 609/95 – AP § 1 KSchG 1969 Betriebsbedingte Kündigung Nr. 78; BAG 24.1.1996 – 7 AZR 496/95 – AP § 620 BGB Befristeter Arbeitsvertrag Nr. 179 = NZA 1996, 1089; BAG 21.4.1993 – 7 AZR 297/92 – AP § 1 KSchG 1969 Nr. 34 = NZA 1994, 476; BAG 13.6.1986 – 7 AZR 650/84 – AP § 1 KSchG 1969 Nr. 19 = NZA 1987, 241.

22 BAG 18.1.2006 – 7 AZR 191/05 – AP § 305 BGB Nr. 8 = NZA 2007, 351 (Ls.); BAG 27.7.2005 – 7 AZR 486/04 – NZA 2006, 40; LAG Köln 27.11.2006 – 2 Sa 647/06 – BeckRS 2007 41714; LAG Düsseldorf 28.9.2006 – 11 Sa 828/06 – NZA-RR 2007, 238; LAG Brandenburg 27.7.2004 – 1 Sa 109/04 – NZA-RR 2005, 180; LAG Brandenburg 25.8.2004 – 7 Sa 91/04 – NZA-RR 2005, 182 (Ls.); ArbG Bochum 5.1.2006 – 3 Ca 2743/05 – n.v. (für § 72 Abs. 1 Nr. 4 LPVG NW); KR/*Lipke*, § 14 TzBfG Rn 12 ff.; *Preis/Bender*, NZA 2005, 337; *Lunk/Leder*, NZA 2008, 504.

23 Arnold/Gräfl/*Gräfl*, § 14 Rn 12; ähnl. *Meinel/Heyn/Herms*, § 14 Rn 29.

mehr besteht.[24] Allein aus der Ungewissheit des künftigen Arbeitskräftebedarfs etwa ergibt sich kein rechtlich anerkennenswertes Interesse des AG an der befristeten Erhöhung der regelmäßigen Arbeitszeit.[25] Bei der nachträglichen Befristung von einzelnen Arbeitsbedingungen ist der letzte Vertrag der gerichtlichen Kontrolle unterworfen.[26] Eine unwirksam befristete Arbeitsbedingung gilt als unbefristet vereinbart.[27]

4. Doppelbefristung. Zweck- und kalendermäßige Befristung können kombiniert werden (sog. **Doppelbefristung**).[28] Dann ist der Arbeitsvertrag z.B. „für die Dauer der krankheitsbedingten Abwesenheit des Mitarbeiters X, längstens jedoch für ein Jahr" geschlossen. Das Arbverh endet mit der zeitlich früheren Befristung, es sei denn, diese ist unwirksam oder der AN wird über den ersten Befristungstermin hinaus weiter beschäftigt.[29] Grds. sind beide Befristungsabreden getrennt auf ihre Wirksamkeit zu überprüfen.[30] Deshalb besteht bei der Doppelbefristung Gefahr durch § 15 Abs. 5: Wird das Arbverh nach dem Ablauf der Zeit, für die es zunächst eingegangen ist, oder nach Zweckerreichung mit Wissen des AG fortgesetzt, gilt es als auf unbestimmte Zeit verlängert, wenn der AG nicht unverzüglich widerspricht oder dem AN die Zweckerreichung nicht unverzüglich mitteilt. Das Arbverh endet dann nicht automatisch mit der zweiten Befristung.

5. Probezeit. Häufig wird bei Eingehung eines Arbverh eine sog. **Probezeit** vereinbart. Sie soll insb. Aufschluss geben, ob der AN für die Tätigkeit geeignet ist und ermöglicht darüber hinaus die Künd mit einer Frist von nur zwei Wochen gem. § 622 Abs. 3 BGB. Probezeitvereinbarungen werden im Zweifel an den Anfang eines unbefristeten Arbverh gesetzt. Sollte es sich ausnahmsweise um eine befristete Erprobung i.S.d. § 14 Abs. 1 Nr. 5 handeln, bei dessen Auslauf das Arbverh automatisch ohne Künd endet, war dies früher deutlich herauszustellen.[31] Das bedeutete, dass die Erprobung Inhalt des Arbeitsvertrags geworden sein musste und nicht nur Bewegmotiv des AG gewesen sein durfte.[32] Diese Rspr. hat das BAG aufgegeben.[33] Der Erprobungszweck unterliegt jetzt – wie jeder andere Sachgrund – nicht der Schriftform. Jedoch muss die Befristung hinreichend deutlich werden, vgl. auch § 14 Rn 53. Zur Anzeigepflicht des AG bei Einstellungen von schwerbehinderten Menschen zur Probe, vgl. Rn 25.

6. Auflösend bedingter Vertrag. Die Abgrenzung zwischen Befristung und **auflösender Bedingung** ist gelegentlich schwierig, jedoch wegen der gem. § 21 auf auflösend bedingte Arbeitsverträge entsprechend anwendbaren Regelungen des Befristungsrechts nicht immer von praktischer Bedeutung.[34] Eine Befristung liegt vor, wenn die Parteien von dem Eintritt eines bestimmten Ereignisses ausgehen, aber nicht wissen, wann es eintritt, eine Bedingung, je unsicherer für die Parteien der Eintritt eines solchen Ereignisses.[35] Bei der typischerweise in Arbeitsverträgen vereinbarten Beendigung des Arbverh mit der Vollendung des Lebensjahres, in dem Alterspension bezogen werden kann, handelt es sich dem BAG zufolge um (zulässige) Befristungen.[36] Die Beendigung des Arbeitsvertrags bei etwaigem Eintritt der Erwerbsminderung ist dagegen regelmäßig auflösende Bedingung.[37]

7. Rahmenvereinbarung. Die Beschränkungen des Befristungsrechts gelten nicht für eine **Rahmenvereinbarung**, die die Bedingungen von einzelnen, häufig kurzen befristeten Arbeitseinsätzen festlegt. Da die Rahmenvereinbarung keine Verpflichtung zur Arbeitsleistung begründet, ist sie selbst nicht Arbeitsvertrag. Vielmehr unterliegen der Befristungskontrolle lediglich die einzelnen auf der Grundlage der Rahmenvereinbarung geschlossenen Arbeitsverträge.[38]

8. Befristete Arbeitserlaubnis. Ausländer, die nicht Staatsangehörige eines Mitgliedstaats der EG sind, dürfen eine Beschäftigung nur ausüben, wenn der Aufenthaltstitel es erlaubt und nur beschäftigt werden, wenn sie über einen solchen Aufenthaltstitel verfügen, vgl. § 4 Abs. 3 AufenthG. Eine Aufenthaltserlaubnis zur Ausübung einer Beschäftigung kann unter den Voraussetzungen der §§ 18 ff. AufenthG erteilt werden. Das Arbverh darf auf die Dauer des **Aufenthaltstitels** befristet werden, wobei dies ausdrücklich zu vereinbaren ist und zum Zeitpunkt des Vertrags-

---

24 BAG 4.6.2003 – 7 AZR 159/02 – AP § 48 LPVG Hamburg Nr. 1 = NZA 2004, 498.
25 BAG 27.7.2005 – 7 AZR 486/04 – NZA 2006, 40.
26 BAG 21.3.1990 – 7 AZR 286/89 – AP § 620 BGB Befristeter Arbeitsvertrag Nr. 135 = NZA 1990, 744.
27 BAG 13.6.1986 – 7 AZR 650/84 – AP § 2 KSchG 1969 Nr. 19; Annuß/Thüsing/*Maschmann*, § 14 Rn 23.
28 BAG 21.4.1993 – 7 AZR 388/92 – AP § 620 BGB Befristeter Arbeitsvertrag Nr. 148; BAG 3.10.1984 – 7 AZR 192/83 – AP § 620 Befristeter Arbeitsvertrag Nr. 87 = NZA 1985, 561; BAG 27.6.2001 – 7 AZR 157/00 – NZA 2002, 351; KR/*Bader*, § 3 TzBfG Rn 47; Meinel/Heyn/Herms, § 14 Rn 22.
29 ErfK/*Müller-Glöge*, § 3 TzBfG Rn 13.
30 BAG 15.8.2001 – 7 AZR 263/00 – AP § 21 BErzGG Nr. 5 = NZA 2002, 85.
31 BAG 30.9.1981 – 7 AZR 789/78 – AP § 620 BGB Befristeter Arbeitsvertrag Nr. 61.
32 BAG 31.8.1994 – 7 AZR 983/93 – AP § 620 BGB Befristeter Arbeitsvertrag Nr. 163.
33 BAG 23.6.2004 – 7 AZR 636/03 – NZA 2004, 1333.
34 *Bauer*, BB 2001, 2526; ähnl. *Backhaus*, Sonderbeil. NZA 24/2001, 8.
35 *Kliemt*, NZA 2001, 296.
36 BAG 14.8.2002 – 7 AZR 469/01 – AP § 620 BGB Altersgrenze Nr. 20; BAG 19.11.2003 – 7 AZR 296/03 – NZA 2004, 1336.
37 BAG 11.3.1998 – 7 AZR 101/97 – AP § 59 BAT Nr. 8.
38 BAG 16.4.2003 – 7 AZR 187/02 – NZA 2004, 40; BAG 31.7.2002 – 7 AZR 181/01 – AP § 4 TzBfG Nr. 2; APS/*Backhaus*, § 3 Rn 8; Meinel/Heyn/Herms, § 14 Rn 42.

abschlusses hinreichend sichere Anhaltspunkte dafür vorliegen müssen, dass nach Ablauf der Befristung die Weiterbeschäftigung des AN wegen Fehlens eines gültigen Aufenthaltstitels nicht mehr möglich sein wird.[39]

19 **9. Tarifvertragliche Nichtverlängerungsmitteilung.** Aufgrund TV sind, insb. im künstlerischen Bereich, im Zusammenhang mit der Beendigung von befristeten Arbverh häufig sog. **Nichtverlängerungsmitteilungen** auszusprechen. Sie unterliegen zumeist der Einhaltung bestimmter Frist- und Formerfordernisse. Wird die Nichtverlängerungsmitteilung nicht oder nicht form- oder fristgemäß ausgesprochen, so führt dies regelmäßig zur (befristeten) Verlängerung des Arbverh.[40] Gleichwohl hat die Nichtverlängerungsmitteilung weder die Qualität einer Künd noch ist sie ihr gleichgestellt.[41] Das Arbverh endet grds. nicht durch die Nichtverlängerungsmitteilung, sondern wegen Erreichens des Befristungsdatums oder -zwecks. Eine gerichtliche Kontrolle der Gründe für die Nichtverlängerung findet nicht statt.[42]

III. Vergleichbarkeit mit unbefristet beschäftigten Arbeitnehmern

20 Ein befristet Beschäftigter ist mit einem unbefristet Tätigen **vergleichbar**, wenn beide im Betrieb die gleiche oder eine ähnliche Tätigkeit wahrnehmen; gibt es im Betrieb keinen vergleichbaren unbefristet Beschäftigten, ist die Vergleichbarkeit anhand des anwendbaren TV zu bestimmen. In allen anderen Fällen ist darauf abzustellen, wer im jeweiligen Wirtschaftszweig üblicherweise als vergleichbarer unbefristet beschäftigter AN anzusehen ist.[43] Dem Wortlaut der Vorschrift nach ist die Prüfungsreihenfolge damit zwingend vorgegeben.[44] Erst wenn keine Feststellung über die vorherige Stufe erfolgen konnte, ist in der nächsten Stufe weiter zu prüfen. Die Feststellungen sind indes regelmäßig mit Rechtsunsicherheit verbunden.

21 **1. Vergleichbarkeit im Betrieb.** Dies fängt bereits in der ersten Prüfungsstufe an, wonach ein befristet beschäftigter AN mit einem unbefristet Beschäftigten im selben Betrieb vergleichbar sein soll, wenn beide **die gleiche oder eine ähnliche Tätigkeit ausüben**. Unter kündigungsschutzrechtlichen Gesichtspunkten wäre vorrangig auf die arbeitsvertraglich geschuldete Arbeitsleistung und die Austauschbarkeit von AN abzustellen.[45] Gem. Abs. 2 der Rahmenvereinbarung über befristete Arbeitsverträge[46] sollen jedoch „auch die Qualifikationen/Fertigkeiten" bei der Feststellung, ob eine gleiche oder ähnliche Tätigkeit vorliegt, „angemessen zu berücksichtigen" sein. Man wird daher davon ausgehen müssen, dass die Vergleichbarkeit von befristet und unbefristet Beschäftigten vorliegt, wenn aufgrund der Qualifikationen und Fertigkeiten bei gleicher Tätigkeit keine Einarbeitungszeit erforderlich ist und bei ähnlicher Tätigkeit nur eine kurze.[47] Da auf die Tätigkeit abzustellen ist, kann Vergleichbarkeit auch vorliegen, wenn sich die Bezahlung bzw. die Vergütungsgruppen unterscheiden.[48] Der Vergleich erstreckt sich aber der Rahmenvereinbarung gem. nicht auf andere Betriebe desselben Unternehmens, obgleich etwa der arbeitsrechtliche Gleichbehandlungsgrundsatz unternehmensbezogen anzuwenden ist.[49]

22 **2. Vergleichbarkeit nach anwendbarem Tarifvertrag.** Gibt es im Betrieb keinen vergleichbaren unbefristet beschäftigten Mitarbeiter, ist dieser **aufgrund des anwendbaren TV** zu bestimmen.[50] Anwendbar ist der TV, an den der AG aufgrund Verbandszugehörigkeit oder Tarifbindung gebunden ist. Allerdings wird darunter auch der TV fallen, den der AG lediglich vertraglich in Bezug nimmt.[51] Sodann ist der vergleichbare AN wiederum aufgrund der Tätigkeitsmerkmale und der Austauschbarkeit zu bestimmen.

23 **3. Vergleichbarkeit nach Üblichkeit im Wirtschaftszweig.** In allen anderen Fällen ist darauf abzustellen, wer **im jeweiligen Wirtschaftszweig üblicherweise** als vergleichbarer unbefristet beschäftigter AN anzusehen ist.[52] Nach welchen Kriterien ein in dem jeweiligen Wirtschaftszweig üblicherweise vergleichbarer AN zu bestimmen ist, lässt das Gesetz offen. Abs. 2 der Rahmenvereinbarung zufolge soll der Vergleich „gemäß den einzelstaatlichen gesetzlichen oder tarifvertraglichen Bestimmungen oder Gepflogenheiten" vorgenommen werden. Entsprechend wird man zunächst den einschlägigen TV heranzuziehen haben, der lediglich mangels Tarifbindung oder Inbezug-

---

39 BAG 12.1.2000 – 7 AZR 863/98 – AP § 620 BGB Befristeter Arbeitsvertrag Nr. 217.
40 BAG 26.8.1998 – 7 AZR 263/97 – AP § 611 BGB Bühnenengagementsvertrag Nr. 53; BAG 18.4.1986 – 7 AZR 114/85 – AP § 611 BGB Bühnenengagementsvertrag Nr. 27.
41 BAG 23.10.1991 – 7 AZR 56/91 – AP § 611 BGB Bühnenengagementsvertrag Nr. 45; BAG 6.8.1997 – 7 AZR 156/96 – AP § 101 ArbGG 1979 Nr. 5; Annuß/Thüsing/*Maschmann*, § 14 Rn 51.
42 BAG 26.8.1998 – 7 AZR 263/97 – AP § 611 BGB Bühnenengagementsvertrag Nr. 53; BAG 18.4.1986 – 7 AZR 114/85 – AP § 611 BGB Bühnenengagementsvertrag Nr. 27; Annuß/Thüsing/*Maschmann*, § 14 Rn 51.

43 *Bauer*, BB 2001, 2473; *Kleinsorge*, MDR 2001, 181.
44 KR/*Bader*, § 3 Rn 51; Arnold/Gräfl/*Gräfl*, § 3 Rn 35.
45 Annuß/Thüsing/*Annuß*, § 3 Rn 13.
46 28.6.1999, ABl EG L 175/43 v. 10.7.1999.
47 Arnold/Gräfl/*Gräfl*, § 3 Rn 37; KR/*Bader*, § 3 TzBfG Rn 52; wohl auch ErfK/*Preis*, § 3 TzBfG Rn 17.
48 KR/*Bader*, § 3 TzBfG Rn 53.
49 BAG 17.11.1998 – 1 AZR 147/98 – AP § 242 BGB Gleichbehandlung Nr. 162.
50 HWK/*Schmalenberg*, § 3 TzBfG Rn 17.
51 KR/*Bader*, § 3 TzBfG Rn 54.
52 KR/*Bader*, § 3 TzBfG Rn 55.

nahme nicht angewendet wird, sodann den branchenüblichen.[53] Gibt es in der Branche keinen TV, ist auf deren Gepflogenheiten abzustellen.[54]

C. Verbindung zu anderen Rechtsgebieten

I. BetrVG und LPVG

Der BR ist vor jeder befristeten Einstellung gem. **§ 99 Abs. 1 BetrVG** anzuhören und grds. auch vor jeder Verlängerung der ursprünglichen Befristung,[55] vgl. § 14 Rn 161. Die Befugnisse der PR ergeben sich aus den **LPVG** sowie der dazu ergangenen Rspr. des BAG,[56] vgl. § 14 Rn 162 f.

II. SGB IX

Gem. § 90 Abs. 3 SGB IX muss der AG dem Integrationsamt die befristete Einstellung von **schwerbehinderten Menschen** auf Probe innerhalb von vier Tagen anzeigen.

D. Beraterhinweise

Bei Befristungen nach § 14 Abs. 2 reicht die Angabe eines bestimmten oder bestimmbaren Enddatums. Eine sachliche Überprüfung der dem Vertrag zugrunde liegenden Motive findet grds. nicht statt. Wird dagegen ein befristeter Arbeitsvertrag i.S.d. § 14 Abs. 1 geschlossen, müssen Zweck und Zweckerreichung im Vertrag klar definiert sein. Denn der Sachgrund unterliegt nicht nur der Schriftform nach § 14 Abs. 4, sondern auch der vollen Überprüfung des ArbG. Wegen der erhöhten Anforderungen und zur Vermeidung des entsprechenden Darlegungs- und Beweisaufwands ist, wenn ein Verstoß gegen das Anschlussverbot aus § 14 Abs. 2 S. 2 ausgeschlossen werden kann, die Befristung nach § 14 Abs. 2 ohne Sachgrund vorzuziehen, selbst wenn (auch) ein Sachgrund für die Befristung vorliegt.[57]

Ein zweckbefristeter Vertrag endet mit dem Erreichen des Zwecks, frühestens aber **zwei Wochen nach Zugang der schriftlichen Unterrichtung** des AN durch den AG über den Zeitpunkt der Zweckerreichung, § 15 Abs. 2. Auf die Erforderlichkeit des tatsächlichen Zugangs der entsprechenden Mitteilung muss der AG hingewiesen werden, und zwar ungeachtet dessen, ob der Arbeitsvertrag den Hinweis auf diese Ankündigungsfrist enthält oder nicht.

Soll der befristete Vertrag vor Erreichung des Befristungsendes **kündbar** sein, muss dies ausdrücklich vereinbart werden. Denn anderenfalls unterliegt das befristete Arbverh nur der ordentlichen Künd, wenn dies im anwendbaren TV vorgesehen ist, § 15 Abs. 3. Hinsichtlich der Rechtmäßigkeit der Künd gilt das KSchG.

Der RA muss bei der Verwendung von **Doppelbefristungen** darauf hinweisen, dass keine Fortsetzung des Arbverh über den ersten Befristungstermin hinaus erfolgen darf, wenn zu diesem Zeitpunkt nicht ausnahmsweise eine unbefristete Weiterbeschäftigung erwünscht ist.

§ 4 Verbot der Diskriminierung

(1) ¹Ein teilzeitbeschäftigter Arbeitnehmer darf wegen der Teilzeitarbeit nicht schlechter behandelt werden als ein vergleichbarer vollzeitbeschäftigter Arbeitnehmer, es sei denn, dass sachliche Gründe eine unterschiedliche Behandlung rechtfertigen. ²Einem teilzeitbeschäftigten Arbeitnehmer ist Arbeitsentgelt oder eine andere teilbare geldwerte Leistung mindestens in dem Umfang zu gewähren, der dem Anteil seiner Arbeitszeit an der Arbeitszeit eines vergleichbaren vollzeitbeschäftigten Arbeitnehmers entspricht.

(2) ¹Ein befristet beschäftigter Arbeitnehmer darf wegen der Befristung des Arbeitsvertrages nicht schlechter behandelt werden als ein vergleichbarer unbefristet beschäftigter Arbeitnehmer, es sei denn, dass sachliche Gründe eine unterschiedliche Behandlung rechtfertigen. ²Einem befristet beschäftigten Arbeitnehmer ist Arbeitsentgelt oder eine andere teilbare geldwerte Leistung, die für einen bestimmten Bemessungszeitraum gewährt wird, mindestens in dem Umfang zu gewähren, der dem Anteil seiner Beschäftigungsdauer am Bemessungszeitraum entspricht. ³Sind bestimmte Beschäftigungsbedingungen von der Dauer des Bestehens des

---

53 *Meinel/Heyn/Herms*, § 3 Rn 18.
54 *Arnold/Gräfl/Gräfl*, § 3 Rn 40.
55 BAG 7.8.1990 – 1 ABR 68/89 – AP § 99 BetrVG 1972 Nr. 82 = NZA 1991, 150.
56 BAG 20.2.2002 – 7 AZR 707/00 – AP § 72 LPVG NW Nr. 23 = NZA 2002, 811; BAG 24.10.2001 – 7 AZR 686/99 – AP § 1 BeschFG 1996 Nr. 11; BAG 21.2.2001 – 7 AZR 200/00 – AP § 620 BGB Befristeter Arbeitsvertrag Nr. 226; BAG 9.6.1999 – 7 AZR 170/98 – AP § 63 LPVG Brandenburg Nr. 2; BAG 8.7.1998 – 7 AZR 308/97 – AP § 72 LPVG NW Nr. 18; BAG 6.8.1997 – 7 AZR 156/96 – AP § 101 ArbGG 1979 Nr. 5; BAG 13.4.1994 – 7 AZR 651/93 – AP § 72 LPVG NW Nr. 9.
57 Zwar sollte die sachgrundlose Befristung aus § 14 Abs. 2 gem. Koalitionsvertrag vom 11.11.2005 gestrichen werden (Koalitionsvertrag 11.11.2005, Zeile 1449 ff., http://www.cdu.de/doc/pdf/05_11_11_Koalitionsvertrag.pdf). Dies ist indes bisher nicht geschehen.

Arbeitsverhältnisses in demselben Betrieb oder Unternehmen abhängig, so sind für befristet beschäftigte Arbeitnehmer dieselben Zeiten zu berücksichtigen wie für unbefristet beschäftigte Arbeitnehmer, es sei denn, dass eine unterschiedliche Berücksichtigung aus sachlichen Gründen gerechtfertigt ist.

Literatur: *Bauer*, Befristete Arbeitsverträge unter neuen Vorzeichen, BB 2001, 2473; *ders.*, Neue Spielregeln für Teilzeitarbeit und befristete Arbeitsverträge, NZA 2000, 1039; *Kliemt*, Der neue Teilzeitanspruch, die gesetzliche Neuregelung der Teilzeitarbeit ab dem 1.1.2001, NZA 2001, 63; *Preis/Gotthardt*, Neuregelungen der Teilzeitarbeit und befristeten Arbeitsverhältnisse, DB 2000, 2065

A. **Allgemeines** 1	1. Diskriminierungsverbot bzgl. allgemeiner Arbeitsbedingungen (S. 1) 26
I. Norm und Zweck 1	a) Vorliegen einer Ungleichbehandlung wegen befristeter Beschäftigung 26
II. Geltungsbereich 3	b) Vergleichbarkeit des befristet beschäftigten Arbeitnehmers mit anderen Arbeitnehmern 27
1. Persönlicher Geltungsbereich 3	c) Sachliche Rechtfertigung der unterschiedlichen Behandlung 28
2. Sachlicher Geltungsbereich 4	2. Diskriminierungsverbot bzgl. Entgelt (S. 2) .. 30
III. Begriff der Diskriminierung 5	3. Von der Dauer des Bestehens des Arbeitsverhältnisses abhängige Beschäftigungsbedingungen (S. 3) 33
1. Unmittelbare Diskriminierung 5	
2. Mittelbare Diskriminierung 6	C. **Verbindung zu anderen Rechtsgebieten und zum Prozessrecht** 34
B. **Regelungsgehalt** 9	I. Abweichende Vereinbarung 34
I. In Teilzeit Beschäftigte (Abs. 1) 9	II. Abgrenzung zu anderen Gleichbehandlungsgrundsätzen 35
1. Diskriminierungsverbot bzgl. allgemeiner Arbeitsbedingungen (S. 1) 9	III. Umfang des Diskriminierungsverbotes außerhalb des TzBfG 37
a) Vorliegen einer Ungleichbehandlung wegen Teilzeitarbeit 9	IV. Rechtsfolgen des Verstoßes gegen das Diskriminierungsverbot 38
aa) Objektive Voraussetzungen 9	V. Darlegungs- und Beweislast 43
bb) Subjektive Voraussetzungen 12	D. **Beraterhinweise** 45
b) Vergleichbarkeit des in Teilzeit beschäftigten Arbeitnehmer mit anderen Arbeitnehmern 13	
c) Sachliche Rechtfertigung der unterschiedlichen Behandlung 16	
2. Diskriminierungsverbot bzgl. Entgelt (S. 2) ... 21	
II. Befristet Beschäftigte (Abs. 2) 26	

A. Allgemeines

I. Norm und Zweck

1 Das Gesetz untersagt eine schlechtere Behandlung des teilzeitbeschäftigten AN und des befristet beschäftigten AN sofern nicht sachliche Gründe eine unterschiedliche Behandlung rechtfertigen. Nach dem Wortlaut ist nicht jede Ungleichbehandlung untersagt, sondern nur die schlechtere Behandlung. Abs. 1 dient der Umsetzung von § 4 Abs. 1 und 2 der RL 1997/81/EG (Teilzeit-RL) vom 15.12.1997.[1] Mit Abs. 2 wird § 4 der RL 1999/70/EG (Rahmenvereinbarung über befristete Arbeitsverträge) vom 28.6.1999[2] umgesetzt. Darüber hinaus dient § 4 einer Konkretisierung des in Art. 3 Abs. 1 GG enthaltenen Gleichbehandlungsgrundsatzes.

2 Die Formulierung, wonach in Teilzeit- oder befristet Beschäftigte „nicht schlechter" behandelt werden dürfen, ist keine Legitimation einer generellen Besserstellung gegenüber Vollzeit- bzw. unbefristet Beschäftigten. Zwar entspricht diese Formulierung dem Wortlaut der RL, aber die RL sehen selbst keine positiven Maßnahmen zugunsten der in Teilzeit- bzw. befristet Beschäftigten vor, so dass eine Besserstellung jedenfalls nicht durch die RL legitimiert ist. Der Gesetzgeber will jedoch eine Besserstellung, insb. der Teilzeitbeschäftigten, aus arbeitsmarktpolitischen Gründen nicht ausschließen.[3] § 4 verbietet nicht jede Schlechterstellung, sondern lässt eine Differenzierung dann zu, wenn sie aus sachlichem Grund geboten ist.

II. Geltungsbereich

3 **1. Persönlicher Geltungsbereich.** Abs. 1 erfasst alle teilzeitbeschäftigten AN (siehe zum Begriff § 2 Rn 1). Abs. 2 erfasst alle befristet beschäftigten AN (siehe zum Begriff § 3 Rn 4). Ist ein AN in Teilzeit und gleichzeitig befristet beschäftigt, wird er von den Bestimmungen in Abs. 1 und Abs. 2 erfasst. Vom Schutzzweck des § 4 Abs. 2 sind nicht solche AN erfasst, die im Anschluss an ein befristetes Arbverh ein unbefristetes Arbverh zu geänderten Arbeitsbedingungen eingehen.[4] Dieser Schutz ist dem Befristungskontrollrecht vorbehalten. Ein befristet be-

---

1 ABl EG 1998 Nr. L 14, S. 9.
2 ABl EG 1999 Nr. L 175, S. 43.
3 BT-Drucks 14/4374, S. 15.

4 BAG 15.7.2004 – 6 AZR 224/03 – BAGReport 2005, 287; BAG 11.12.2003 – 6 AZR 64/03 – AP § 4 TzBfG Nr. 7 = NZA 2004, 723.

schäftigter AN muss deshalb davon ausgehen, dass im Anschluss an eine als wirksam geltende Befristung die Begründung eines **Dauerarbeitsverhältnisses** auch zu geänderten Arbeitsbedingungen erfolgen kann.[5]

2. Sachlicher Geltungsbereich. Von § 4 werden alle einseitigen Maßnahmen des AG, alle vertraglichen Regelungen und das rechtserhebliche Handeln des AG erfasst.[6] Das Diskriminierungsverbot nach § 4 gilt auch für **tarifliche Regelungen**.[7] Zwar haben grds. TV die Vermutung für sich, dass sie den Interessen beider Seiten gerecht werden und keiner Seite ein unzumutbares Übergewicht vermitteln. Trotz der weitgehenden Gestaltungsfreiheit der TV-Parteien haben die Gerichte für Arbeitssachen aber TV jederzeit daraufhin zu überprüfen, ob sie gegen höherrangiges Recht verstoßen, auch wenn sie über einen langen Zeitraum unbeanstandet praktiziert wurden. Zum zwingenden Gesetzesrecht gehört § 4 (wie auch § 2 Abs. 1 BeschFG 1985 hierzu gehört hatte). Abweichungen vom Diskriminierungsverbot sind durch TV nicht möglich. Gleiches gilt für BV.

III. Begriff der Diskriminierung

1. Unmittelbare Diskriminierung. § 4 untersagt es, teilzeitbeschäftigte oder befristet beschäftigte AN wegen Teilzeit und/oder Befristung schlechter zu behandeln als einen vergleichbaren vollzeitbeschäftigten und/oder unbefristet beschäftigten AN. Vom Gesetz wird die unmittelbare Diskriminierung verboten. Eine unmittelbare Diskriminierung liegt vor, wenn aufgrund von Teilzeit oder befristeter Beschäftigung ein AN in einer vergleichbaren Situation eine weniger günstige Behandlung erfährt als ein AN, der in Vollzeit oder unbefristet beschäftigt ist. Diese Definition leitet sich unmittelbar aus Art. 2 der RL 2000/43/EG (Antirassismus-RL) vom 29.6.2000,[8] 2000/78/EG (Rahmen-RL) vom 27.11.2000,[9] 2002/73/EG (Gleichbehandlungs-RL) vom 23.9.2002[10] und 2004/113/EG (Gleichstellungs-RL) vom 13.12.2004[11] ab. Im AGG wird der Begriff „Diskriminierung" – anders als in den RL – bewusst vermieden, um deutlich zu machen, dass nicht jede unterschiedliche Behandlung, die mit der Hinzufügung eines Nachteils verbunden ist, diskriminierenden Charakter hat (vgl. § 3 AGG Rn 2).

2. Mittelbare Diskriminierung. Das europäische Recht kennt neben der unmittelbaren Diskriminierung auch die mittelbare Diskriminierung. Eine mittelbare Diskriminierung liegt vor, wenn dem Anschein nach neutrale Vorschriften, Kriterien und Verfahren Personen mit einem bestimmten Merkmal gegenüber anderen Personen ohne dieses Merkmal in besonderer Weise benachteiligen können, es sei denn, die betreffenden Vorschriften, Kriterien oder Verfahren sind durch ein rechtmäßiges Ziel sachlich gerechtfertigt und die Mittel sind zur Erreichung des Ziels angemessen und erforderlich.[12]

Die Definition der mittelbaren Diskriminierung folgt ebenso wie die der unmittelbaren Diskriminierung aus den RL 2000/43/EG, 2000/78/EG, 2002/73/EG sowie 2004/113/EG. Die jeweiligen Art. 2 Abs. 3 der RL und das AGG gehen sogar weiter als § 4 und grenzen zusätzlich zu unerwünschten Verhaltensweisen (2000/43/EG und 2000/78/EG) bzw. Belästigungen (2002/73/EG und 2004/113/EG sowie AGG) ab.

Die § 4 zugrunde liegenden RL[13] geht nicht von einer solchen differenzierten Definition der Diskriminierung aus. Dennoch wird von § 4 auch die mittelbare Diskriminierung erfasst. Bezogen auf den Grundsatz der Lohngleichheit von Männern und Frauen hat dies das BAG unter Hinweis auf Art. 3 Abs. 2 und 3 GG, Art. 141 EG ausdrücklich bestätigt.[14]

B. Regelungsgehalt

I. In Teilzeit Beschäftigte (Abs. 1)

1. Diskriminierungsverbot bzgl. allgemeiner Arbeitsbedingungen (S. 1). a) Vorliegen einer Ungleichbehandlung wegen Teilzeitarbeit. aa) Objektive Voraussetzungen. S. 1 verbietet jede schlechtere Behandlung von teilzeitbeschäftigten AN gegenüber vollzeitbeschäftigten AN. Eine **Ungleichbehandlung** wegen Teilzeitarbeit liegt immer dann vor, wenn die Dauer der Arbeitszeit das Kriterium darstellt, an das die Differenzierung hinsichtlich

---

5 BAG 11.12.2003 – 6 AZR 638/02 – AP § 4 TzBfG Nr. 7 = NZA 2004, 723; LAG Hamm 24.1.2008 – 15 Sa 1950/07 – juris.
6 BAG 15.11.1994 – 5 AZR 681/93 – AP § 2 BeschFG 1985 Nr. 39; BAG 15.11.1994 – 5 AZR 682/93 – AP § 242 BGB Gleichbehandlung Nr. 121; BAG 1.12.1994 – 6 AZR 501/04 – AP § 2 BeschFG 1985 Nr. 41.
7 BAG 24.6.2004 – 6 AZR 389/03 – AP § 34 BAT Nr. 10 = BAGReport 2004, 415; BAG 15.10.2003 – 4 AZR 606/02 – AP § 2 BeschFG 1985 Nr. 87 = NZA 2004, S. 551; BAG 24.9.2003 – 10 AZR 675/02 – AP § 4 TzBfG Nr. 4 = NZA 2004, S. 611.
8 ABl EG 2000 Nr. L 180, S. 22.
9 ABl EG 2000 Nr. L 303, S. 16.
10 ABl EG 2002 Nr. L 269, S. 15.
11 ABl EG 2004 Nr. L 373, S. 37.
12 Definition: Art. 2 Abs. 2b RL 2000/43/EG; Art. 2 Abs. 2b RL 2000/78/EG.
13 Teilzeit-Richtlinie 1997/81/EG v. 15.12.1997: vgl. ABl EG 1998 Nr. L 14, S. 9; Befristungs-Richtlinie 1999/70/EG v. 28.6.1999: vgl. ABl EG 1999 Nr. L 175, S. 43.
14 BAG 15.10.2003 – 4 AZR 606/02 – AP § 2 BeschFG 1985 Nr. 87 = NZA 2004, 551; a.A. *Annuß/Thüsing*, § 4 Rn 18.

der unterschiedlichen Arbeitsbedingungen anknüpft.[15] Dies ist z.B. der Fall, wenn für Teilzeit- und Vollzeitbeschäftigte **unterschiedliche tarifliche Kündigungsfristen** gelten sollen. Das **unterschiedliche Arbeitspensum** rechtfertigt keine unterschiedliche Behandlung.[16] Die tarifliche Unkündbarkeit für Teilzeitbeschäftigte kann auch nicht davon abhängig gemacht werden, dass ihre Arbeitszeit mindestens die Hälfte der regelmäßigen Arbeitszeit eines Vollzeitbeschäftigten beträgt.[17] Zeiten geringfügiger Beschäftigung sind bei der Ermittlung der Beschäftigungszeit vollständig zu berücksichtigen.[18]

10 Keine Ungleichbehandlung wegen Teilzeit liegt vor, wenn eine teilzeitbeschäftigte Pflegekraft zur gleichen Anzahl von **Wochenenddiensten** herangezogen wird wie eine vollzeitbeschäftigte Pflegekraft.[19] Werden Vollzeitbeschäftigte an bestimmten Tagen, wie Silvester, ab Mittag vom Dienst befreit, können Teilzeitbeschäftigte, deren Beschäftigung um diese Zeit sowieso endet, nicht proportional zeitanteilig einen Freizeitausgleich verlangen.[20]

11 Das Diskriminierungsverbot gilt auch für die Ausgestaltung der **betrieblichen Altersversorgung**. Allerdings können Teilzeitbeschäftigte keine gleich hohe betriebliche Altersversorgung fordern wie Vollzeitbeschäftigte. Sie müssen sich auf die betriebliche Gesamtversorgung die auf einer früheren Vollzeitbeschäftigung beruhende **Sozialversicherungsrente** anrechnen lassen.[21]

12 **bb) Subjektive Voraussetzungen.** Einer **Diskriminierungsabsicht** hinsichtlich der Erfüllung des Merkmals der Ungleichbehandlung bedarf es nicht. Schon zur willkürlichen Behandlung von Teilzeitkräften im Rahmen von Art. 3 Abs. 1 GG wurde festgestellt, dass allein entscheidend die objektive Sach- und Rechtslage ist. Ob dem AG darüber hinaus ein subjektiver Schuldvorwurf entgegengehalten werden kann, ist unbeachtlich.[22] Nichts anderes gilt für die Anwendbarkeit von Abs. 1. Deshalb kommt es auf ein Verschulden des AG nicht an, sondern nur auf das objektive Vorliegen einer Ungleichbehandlung und damit die objektiven diskriminierenden Auswirkungen einer Vereinbarung oder Maßnahme.

13 **b) Vergleichbarkeit des in Teilzeit beschäftigten Arbeitnehmer mit anderen Arbeitnehmern.** Der teilzeitbeschäftigte AN muss einem vergleichbaren vollzeitbeschäftigten AN gegenüber gestellt werden. Vergleichbar ist nur der vollzeitbeschäftigte AN, der eine gleiche oder ähnliche Tätigkeit zum teilzeitbeschäftigten AN ausübt (§ 2 Abs. 1 S. 3). **Gleichwertigkeit** bedeutet nicht Austauschbarkeit, vielmehr ist eine vergleichende Betrachtung anhand von Qualifikation, Belastung und Marktwert vorzunehmen. Probleme entstehen dann, wenn vergleichbare vollzeitbeschäftigte AN unterschiedlich behandelt werden. In der Lit. wird überwiegend die Auffassung vertreten, dass der Vergleich zu dem vollzeitbeschäftigten AN mit den ungünstigsten Arbeitsbedingungen hergestellt werden muss.[23]

14 Der Vergleich ist zunächst auf die vollzeitbeschäftigten AN **im selben Betrieb** zu beschränken. Eine Erstreckung auf andere Betriebe desselben Unternehmens kommt nicht in Betracht, obgleich der arbeitsrechtliche Gleichbehandlungsgrundsatz unternehmensbezogen anzuwenden ist.[24] Gibt es im Betrieb keinen vergleichbaren vollzeitbeschäftigten Mitarbeiter, ist der Vergleich aufgrund des anwendbaren TV vorzunehmen. Anwendbar ist der TV, an den der AG aufgrund Verbandszugehörigkeit oder Tarifbindung gebunden ist. Hierunter fällt auch der TV, den der AG vertraglich in Bezug nimmt.[25]

15 Kommt ein TV nicht zur Anwendung, ist darauf abzustellen, wer im jeweiligen Wirtschaftszweig üblicherweise als vergleichbarer vollzeitbeschäftigter AN anzusehen ist. Nach welchen Kriterien dies zu geschehen hat, lässt das Gesetz offen. Nach § 3 Nr. 2 RL 1997/81/EG erfolgt der Vergleich in diesem Fall gemäß den gesetzlichen oder tarifvertraglichen Bestimmungen oder den nationalen Gepflogenheiten. Demzufolge wird man den branchentypischen TV heranzuziehen haben, der lediglich mangels Tarifbindung nicht angewendet wird.[26] Ein Verstoß gegen die in Art. 9 Abs. 3 GG garantierte negative Koalitionsfreiheit ist hierin nicht zu sehen, weil das Recht einer Koalition fernzubleiben, nicht unverhältnismäßig eingeschränkt wird.[27]

16 **c) Sachliche Rechtfertigung der unterschiedlichen Behandlung.** Abs. 1 untersagt nicht generell die Benachteiligung von teilzeitbeschäftigten AN. Eine unterschiedliche Behandlung ist gerechtfertigt, wenn sachliche Gründe

---

15 BAG 12.6.1996 – 5 AZR 960/94 – AP § 611 BGB Werkstudent Nr. 4 = NZA 1997, 191; BAG 29.1.1992 – 5 AZR 518/90 – AP § 2 BeschFG 1985 Nr. 18.
16 BAG 13.3.1997 – 2 AZR 175/96 – AP § 2 BeschFG 1985 Nr. 54 = NZA 1997, 842.
17 BAG 18.9.1997 – 2 AZR 592/96 – AP § 53 BAT Nr. 5 = NZA 1998, 153.
18 BAG 25.4.2007 – 6 AZR 746/06 – AP § 4 TzBfG Nr. 14 = NZA 2007, 881.
19 BAG 1.12.1994 – 6 AZR 501/94 – AP § 2 BeschFG 1985 Nr. 41 = NZA 1995, 590.
20 BAG 26.5.1993 – 5 AZR 184/92 – AP Art. 119 EWG-Vertrag Nr. 42 = NZA 1994, 413.
21 BAG 14.10.1998 – 3 AZR 385/97 – AP § 1 BetrAVG Nr. 46 = NZA 1999, 874.
22 BAG 7.3.1995 – 3 AZR 282/94 – AP § 1 BetrAVG Gleichbehandlung Nr. 26 = NZA 1996, 48.
23 *Bauer*, NZA 2000, S. 1039; *Kliemt*, NZA 2001, S. 63; differenzierend: *Annuß/Thüsing*, § 4 Rn 26.
24 BAG 17.11.1998 – 1 AZR 147/98 – AP § 242 BGB Gleichbehandlung Nr. 162.
25 KR/*Bader*, Anhang II zu § 620 BGB, § 3 TzBfG Rn 54.
26 *Annuß/Thüsing*, § 3 Rn 15.
27 Vgl. BVerfG 29.12.2004 – 1 BvR 2283/03 – AP § 3 AEntG Nr. 2 = NZA 2005, 110 zu §§ 3 Abs. 1 Nr. 3, 9 Nr. 2, 10 Abs. 4 AÜG.

dies rechtfertigen. Das **unterschiedliche Arbeitspensum** kann für sich alleine eine unterschiedliche Behandlung nicht rechtfertigen.²⁸ Die Sachgründe müssen anderer Art sein, etwa auf Arbeitsleistung, Qualifikation, **Berufserfahrung** oder **unterschiedlichen Anforderungen am Arbeitsplatz** beruhen. Dabei hat sich die Prüfung der sachlichen Rechtfertigung der unterschiedlichen Behandlung an dem Zweck der Leistung zu orientieren.²⁹ Die Herausnahme von teilzeitbeschäftigten AN aus dem Geltungsbereich eines TV ist sachlich nicht gerechtfertigt.³⁰

Eine Ungleichbehandlung ist **sachlich gerechtfertigt**, wenn hierfür objektive Gründe gegeben sind, die einem wirklichen und legitimen Bedürfnis des Unternehmens dienen und für die Erreichung dieses Ziels geeignet und erforderlich sind.³¹ **Geeignet** ist eine Maßnahme, wenn mit ihr das angestrebte Ziel erreicht werden kann. Sie ist **erforderlich**, wenn sie das mildeste Mittel zur Zielerreichung darstellt, also kein anderes, gleichwirksames Mittel zur Verfügung steht, das gar nicht oder weniger nachteilig für die benachteiligte AN-Gruppe wäre.

Die Befreiung von der Sozialversicherung oder die **Steuerfreiheit** rechtfertigen keine Ungleichbehandlung. Keinen sachlichen Grund stellt auch der Umstand dar, dass die Teilzeitkraft ihre Tätigkeit nur als **Nebentätigkeit** erbringt.³² Auch wenn der AG dem AN das freiwillige Ausscheiden aus dem Arbverh gegen Abfindungszahlung anbietet, stellt es keine unzulässige Benachteiligung dar, wenn er Teilzeitbeschäftigten nur eine Abfindung nach dem Grundsatz pro-rata-temporis zusagt.³³ Bei der Höhe einer **Sozialplanabfindung** kann die Dauer einer Teilzeitbeschäftigung gegenüber einer Vollzeitbeschäftigung nur anteilig berücksichtigt werden. Dies wird u.a. damit begründet, dass eine Sozialplanabfindung primär Entgeltcharakter hat sowie eine Teilzeitbeschäftigung zu einer weniger starken Bindung an das Unternehmen führen kann als eine Vollzeitbeschäftigung und wegen der Möglichkeit einer anderweitigen Beschäftigung die Chancen auf dem Arbeitsmarkt weniger eingeengt sind.³⁴ Bezieht ein AN, der nebenberuflich tätig ist, eine Versorgungsleistung, begründet dies keine schlechtere Bezahlung oder den Ausschluss von einer **Zusatzversorgung**.³⁵ Betreffend die **betriebliche Altersversorgung** rechtfertigt auch der unterschiedliche Arbeitsumfang keinen vollständigen Ausschluss des Teilzeitbeschäftigten. Dies gilt auch dann, wenn ein weiteres Arbverh besteht.³⁶

Bei **unteilbaren Leistungen** (Betriebskindergarten, Kantine, Nutzung eines Betriebsparkplatzes, Nutzung einer Werkmietwohnung) kommt keine Gleichbehandlung entsprechend dem pro-rata-temporis-Grundsatz in Betracht.³⁷ Das absolute Diskriminierungsverbot gilt nicht. Der Wortlaut der Norm spricht zwar dafür, dass unteilbare (Sach-)Leistungen Teilzeitbeschäftigten ungekürzt zu gewähren sind.³⁸ Die Gesetzesbegründung lässt aber eine Differenzierung aus sachlichem Grund zu.³⁹ Auch die RL über Teilzeitarbeit 1997/81/EG verlangt die Berücksichtigung des pro-rata-temporis-Grundsatzes nur dort, wo es angemessen ist. Eine unterschiedliche Behandlung kann dann gerechtfertigt sein, wenn ein Teilzeitbeschäftigter bei voller Leistungsgewährung erheblich besser gestellt wäre als ein vollzeitbeschäftigter AN. Ihm kann die Leistung daher vorenthalten werden, wenn dadurch ein dem Gleichheitssatz angemesseneres Ergebnis erzielt werden würde.⁴⁰

Bei der Überlassung eines **Dienstwagens** steht das Kostenargument im Vordergrund. Die Gleichbehandlung von Voll- und Teilzeitkräften bei der Überlassung von Dienstfahrzeugen führt bei Teilzeitkräften dazu, dass bei ihnen typischerweise ein im Vergleich zur Bruttovergütung erhöhter Aufwand entsteht. Dieses Kostenargument ist ein sachlicher, die Differenzierung rechtfertigender Grund i.S.d. Abs. 1.⁴¹ Der AG ist berechtigt, sich den Widerruf der Überlassung des Dienstwagens für den Fall vorzubehalten, dass der AN Teilzeit in Anspruch nimmt. Die Arbeitszeitverkürzung, die einen solchen Widerruf rechtfertigt, muss aber erheblich im Verhältnis zur Vollzeit sein.

2. Diskriminierungsverbot bzgl. Entgelt (S. 2). Abs. 1 S. 2 konkretisiert das allgemeine Benachteiligungsverbot des Abs. 1 S. 1.⁴² Nach Abs. 1 S. 2 ist einem teilzeitbeschäftigten AN Arbeitsentgelt oder eine andere teilbare geldwerte Leistung mindestens in dem Umfang zu gewähren, der dem Anteil seiner Arbeitszeit an derjenigen eines vergleichbaren vollzeitbeschäftigten AN entspricht. Es gilt der **pro-rata-temporis-Grundsatz**. D.h., sieht die Arbeitsleistung in Abhängigkeit zur Arbeitszeit wie beim Arbeitsentgelt eine **Pflege-**⁴³ oder eine **Funktions-**

---

28 BAG 16.1.2003 – 6 AZR 222/01 – AP § 4 TzBfG Nr. 3 = NZA 2003, 971.
29 BAG 15.10.2003 – 4 AZR 606/02 – AP § 2 BeschFG 1985 Nr. 87 = NZA 2004, 1154; BAG 19.2.1998 – 6 AZR 460/96 – AP § 40 BAT Nr. 12.
30 BAG 15.10.2003 – 4 AZR 606/02 – AP § 2 BeschFG 1985 Nr. 87 = NZA 2004, 551.
31 EuGH 13.5.1986 – Rs. C-170/84 – AP Art. 119 EWG-Vertrag Nr. 10.
32 HWK/*Schmalenberg*, § 4 TzBfG Rn 17.
33 BAG 13.2.2007 – 9 AZR 729/05 – AP § 4 TzBfG Nr. 13 = NZA 2007, 860.
34 BAG 14.8.2001 – 1 AZR 760/00 – AP § 112 BetrVG 1972 Nr. 142 = NZA 2002, 451; BAG 28.10.1992 – 10 AZR 129/92 = AP § 112 BetrVG 1972 Nr. 66 = NZA 1993, 717.
35 BAG 9.10.1996 – 5 AZR 338/95 – AP § 2 BeschFG 1985 Nr. 50 = NZA 1997, 728.
36 EuGH 10.2.2000 – Rs. C-50/96 – AP § 1 BetrAVG Nr. 14 = NZA 2000, 313; BVerfG 27.11.1997 – 1 BvL 12/91 – AP § 3 RuhegeldG Hamburg Nr. 2 = NZA 1998, 247.
37 ErfK/*Preis*, § 4 TzBfG Rn 11 f.; *Annuß/Thüsing*, § 4 Rn 33.
38 *Preis/Gotthardt*, DB 2000, 2065.
39 BT-Drucks 14/4374, S. 15.
40 *Annuß/Thüsing*, § 4 Rn 33.
41 *Nägele*, S. 253.
42 BAG 16.6.2004 – 5 AZR 448/03 – AP § 1 TVG Tarifverträge: Großhandel Nr. 20 = NZA 2004, 1119; BAG 25.5.2005 – 5 AZR 566/04 – AP § 611 BGB Nr. 165 Lehrer, Dozenten = NZA 2005, 981.
43 BAG 10.2.1999 – 10 AZR 711/97 – AP § 34 BAT Nr. 5 = NZA 1999, 1001.

zulage[44] vor, darf das **unterschiedliche Arbeitspensum** eine entsprechende anteilige Anpassung oder Reduzierung der Vergütung zur Folge haben. Ebenso kann die **Anhebung von Pflichtstunden** für Vollzeitbeschäftigte zu einer entsprechenden Minderung des Gehaltsanspruchs von Teilzeitbeschäftigten führen.[45] Anteiligen Anspruch haben Teilzeitbeschäftigte auf die **Zahlung von Sonderzuwendungen** wie Weihnachts- und Urlaubsgeld oder sonstige Gratifikationen.[46] **Teilzeitbeschäftigte BR-Mitglieder** haben bei Teilnahme an einer für die Betriebsratsarbeit erforderlichen Schulung außerhalb ihrer Arbeitszeit einen Anspruch auf bezahlten Freizeitausgleich. Der Umfang des Freizeitausgleichs richtet sich nach der betriebsüblichen Dauer und Lage der Arbeitszeit eines vollzeitbeschäftigten AN an dem entsprechenden Schulungstag. Zur ausgleichspflichtigen Schulungszeit gehören auch die während der Schulung eingelegten Pausen.[47]

22 Bei Teilzeitbeschäftigten ist keine anteilige Entgeltkürzung vorzunehmen, wenn die Vergütung nicht abhängig von der Arbeitszeit ist, sondern etwa die **Betriebstreue** belohnt oder die **ungünstige Lage der Arbeitszeit** ausgeglichen werden sollen. Ihnen steht daher bspw. hinsichtlich **Urlaubsgeld**,[48] Spätarbeits- oder **Nachtarbeitszuschlägen**[49] der gleiche Anspruch zu wie Vollzeitbeschäftigten. Dies gilt nicht bzgl. einer zeitanteiligen Kürzung betreffend einen monatlichen Zuschlag zur Anerkennung der **Unternehmenszugehörigkeit**, der sich als Vergütungsbestandteil darstellt. Das BAG[50] ging davon aus, dass in diesem Fall der Entgeltcharakter der Leistung im Vordergrund steht und nicht die Unternehmenszugehörigkeit. Würde der Teilzeitbeschäftigte die vollen Zuschläge erhalten, liefe dies darauf hinaus, dass er bezogen auf die Gesamtvergütung, verglichen mit dem Vollzeitbeschäftigten, einen höheren Stundensatz erhielte, je weniger er arbeitet. Dies würde zu einer Benachteiligung des Vollzeitbeschäftigten führen.

23 Teilzeitbeschäftigte, deren Arbverh sich nach dem TVöD richtet und die ständig im Schichtbetrieb eingesetzt sind, haben Anspruch auf die volle **Zulagenpauschale** nach § 8 Abs. 6 S. 1 TVöD. Eine dem Umfang der Teilzeitbeschäftigung entsprechende Kürzung der Zulagenpauschale führt zu einer nach Abs. 1 verbotenen Ungleichbehandlung von teilzeitbeschäftigten gegenüber vollzeitbeschäftigten AN gerade wegen der Teilzeitbeschäftigung.[51]

Etwas anderes gilt hinsichtlich der **Schicht- und Wechselschichtzulage**. Da § 7 TVöD keine von § 24 Abs. 2 TVöD abweichende Regelung enthält, ist diese Zulage für Teilzeitbeschäftigte in dem Verhältnis ihrer individuellen Arbeitszeit zur Arbeitszeit eines Vollzeitbeschäftigten zu kürzen. Indem die TV-Parteien davon ausgegangen sind, dass die aus Schicht- und Wechselschichtarbeit ergebenden Erschwernisse einen Teilzeitbeschäftigten im Vergleich zu einem Vollzeitbeschäftigten geringer belasten, haben sie die Grenzen ihrer autonomen Regelungsmacht nicht überschritten.[52]

24 Hinsichtlich **Überstunden** sind einem Teilzeitbeschäftigten die über die vertraglich geschuldete Arbeitszeit hinaus geleisteten Stunden als solche zu vergüten. Ein teilzeitbeschäftigter Lehrer, der anlässlich einer ganztägigen Klassenfahrt Arbeit wie eine Vollzeitkraft leistet, hat einen Anspruch auf entsprechende Arbeitsbefreiung unter Fortzahlung der Vergütung oder auf zusätzliche anteilige Vergütung.[53] Einen **Mehrarbeitszuschlag** kann er aber erst ab dem Arbeitsumfang verlangen, ab dem auch ein Vollzeitbeschäftigter einen Zuschlag erhalten würde. Das bloße Überschreiten der individuellen Arbeitszeit gibt hierfür noch keinen Anspruch.[54] Leistet ein Teilzeitbeschäftigter auf Grund seiner Mehrarbeit dieselbe Arbeitszeit wie ein Vollzeitarbeitnehmer, muss seine **Gesamtvergütung** mit der des Vollzeitarbeitnehmers **übereinstimmen**. Für die über die vereinbarte regelmäßige Arbeitszeit hinaus geleisteten planmäßigen Mehrstunden hat er ggf. Anspruch auf ein anteiliges Urlaubsgeld, eine anteilige Zuwendung und auf anteilige vermögenswirksame Leistungen.[55]

25 Aus dem systematischen Zusammenhang von S. 1 und S. 2 und der Gesetzesbegründung[56] folgt, dass Abs. 1 ein einheitliches Verbot nur der sachlich nicht gerechtfertigten Benachteiligung wegen der Teilzeitarbeit enthält.[57] Insoweit finden die zu S. 1 zur sachlichen Rechtfertigung der Ungleichbehandlung gemachten Ausführungen auch im Rahmen von S. 2 Anwendung (siehe Rn 16 ff.).

---

44 BAG 17.4.1996 – 10 AZR 617/95 – AP § 22, 23 BAT Nr. 18 = NZA 1997, 324.
45 BAG 17.5.2000 – 5 AZR 783/98 – AP § 34 BAT Nr. 8 = NZA 2001, 799.
46 BAG 15.4.2003 – 9 AZR 548/01 – AP § 1 TVG Urlaubsgeld Nr. 1 = NZA 2004, 494; BAG 24.5.2000 – 10 AZR 629/99 – AP § 2 BeschFG 1985 Nr. 79 = NZA 2001, 216.
47 BAG 16.2.2005 – 7 AZR 330/04 – AP § 37 BetrVG 1972 Nr. 141 = NZA 2005, 550.
48 BAG 23.4.1996 – 9 AZR 696/94 – AP § 17 BErzGG Nr. 7 = NZA 1997, 160.
49 BAG 24.9.2003 – 10 AZR 675/02 – AP § 4 TzBfG Nr. 4 = NZA 2004, 611.
50 BAG 16.4.2003 – 4 AZR 156/02 – AP § 2 BeschFG 1985 Nr. 85 = NZA 2004, 991.
51 LAG Schleswig-Holstein 27.3.2007 – 5 Sa 557/06 – juris.
52 BAG 24.9.2008 – 10 AZR 634/07.
53 BAG 25.5.2005 – 5 AZR 566/04 – AP § 611 BGB Nr. 165 Lehrer, Dozenten = NZA 2005, 981.
54 BAG 5.11.2003 – 5 AZR 8/03 – AP § 4 TzBfG Nr. 6 = EzA § 4 TzBfG Nr. 6.
55 BAG 24.9.2008 – 6 AZR 657/07 – NZA-RR 2009, 221.
56 BT-Drucks 14/4374, S. 15.
57 BAG 16.6.2004 – 5 AZR 448/03 – AP § 1 TVG Tarifverträge: Großhandel Nr. 20 = NZA 2004, 1119; BAG 5.11.2003 – 5 AZR 8/03 – AP § 4 TzBfG Nr. 6.

II. Befristet Beschäftigte (Abs. 2)

1. Diskriminierungsverbot bzgl. allgemeiner Arbeitsbedingungen (S. 1). a) Vorliegen einer Ungleichbehandlung wegen befristeter Beschäftigung. Der AG darf einen befristet Beschäftigten wegen der befristeten Beschäftigung hinsichtlich der Beschäftigungskonditionen nicht benachteiligen. Dies gilt nach S. 1 vornehmlich betreffend die Dauer des Bestehens des Arbverh,[58] die Gewährung von **Urlaub** oder die **Sozialeinrichtungen** eines Unternehmens.

b) Vergleichbarkeit des befristet beschäftigten Arbeitnehmers mit anderen Arbeitnehmern. Die Frage der Benachteiligung ist betriebsbezogen zu beantworten. D.h., ein befristet Beschäftigter hat Anspruch auf dieselben Beschäftigungsbedingungen wie ein vergleichbarer unbefristet Beschäftigter desselben Betriebs.[59] Nicht gesetzlich geregelt ist die unterschiedliche Behandlung, wenn es im Betrieb **nur** (vergleichbare) **befristet beschäftigte** AN gibt. In diesem Fall kommt nicht § 4 in analoger Form zur Anwendung, sondern die Zulässigkeit der Ungleichbehandlung misst sich am allgemeinen Gleichbehandlungsgrundsatz.

c) Sachliche Rechtfertigung der unterschiedlichen Behandlung. Die sachlichen Gründe dürfen nicht unmittelbar durch den Umstand der Befristung selbst verursacht sein. Ein sachlicher Grund für eine Ungleichbehandlung kann sich aus dem Leistungszweck ergeben. Eine Ungleichbehandlung befristet Beschäftigter ist danach gerechtfertigt, wenn sie auf einer bestimmten **Betriebszugehörigkeit** (Betriebstreue) oder dem Bestehen eines ungekündigten Arbverh zu einem bestimmten Stichtag beruht. Der Wille des AG, AN an sich zu binden und die mit der längeren Eingliederung in den Betrieb typischerweise verbundene größere Produktivität für sich zu nutzen, ist ein legitimes Entscheidungsmerkmal, das durch **wirtschaftliche Erwägungen** gerechtfertigt ist.[60]

Im Allgemeinen geht das BAG bezogen auf das Diskriminierungsverbot von Abs. 2 davon aus, dass nicht die gerechteste oder zweckmäßigste Lösung für das Regelungsproblem gefunden werden muss. Es sei nicht Sache der ArbG zu überprüfen, ob die zweckmäßigste Regelung gefunden worden ist.[61]

2. Diskriminierungsverbot bzgl. Entgelt (S. 2). S. 2 konkretisiert das in S. 1 enthaltene Gleichbehandlungsgebot für das Arbeitsentgelt und andere teilbare geldwerte Leistungen.[62] Bezüglich des Arbeitsentgelts ist allerdings der **Grundsatz der Vertragsfreiheit** zu beachten. Es stellt keine Diskriminierung des befristet Beschäftigten dar, wenn als Maßstab für sein Arbeitsentgelt die niedrigste gewährte Vergütung vergleichbarer unbefristeter AN angesetzt wird.[63]

Dem befristet Beschäftigten stehen neben dem Arbeitsentgelt auch andere teilbare geldwerte Leistungen, die für einen bestimmten Bemessungszeitraum gewährt werden (etwa **Deputate, Personalrabatte**), mindestens entsprechend dem Anteil seiner Beschäftigungsdauer am Bemessungszeitraum zu (pro-rata-temporis). Gleiches gilt für **Jahressonderzahlungen**, wenn der befristet Beschäftigte die Voraussetzungen hierfür zumindest zeitanteilig erfüllt.[64] Der Ausschluss befristet Beschäftigter von der **Gewährung tariflicher Zulagen** verstößt für die Dauer der befristeten Beschäftigung gegen S. 2.[65]

Da S. 2 lediglich eine Konkretisierung zu S. 1 ist, liegt kein Verstoß gegen das Diskriminierungsverbot vor, wenn die Ungleichbehandlung aus sachlichen Gründen gerechtfertigt ist (siehe Kommentierung zu S. 1 Rn 16 ff.). Nach der Gesetzesbegründung zu S. 2 ist eine Ungleichbehandlung i.S.d. S. 2 bspw. gerechtfertigt, wenn bei nur kurzzeitigen Arbverh die anteilige Gewährung von bestimmten Zusatzleistungen nur zu sehr geringfügigen Beträgen führt, die in keinem angemessenen Verhältnis zum Zweck der Leistung stehen.[66] Dies gilt etwa betreffend die **betriebliche Altersversorgung**.

3. Von der Dauer des Bestehens des Arbeitsverhältnisses abhängige Beschäftigungsbedingungen (S. 3). S. 3 konkretisiert den Grundsatz der Nichtdiskriminierung in S. 1. Es wird klargestellt, dass bei Beschäftigungsbedingungen, deren Gewährung von einer bestimmten Dauer des Bestehens des Arbverh abhängt (z.B. der Anspruch auf vollen Jahresurlaub von einer sechsmonatigen Wartezeit, **tarifliche Entgelt-** oder **Urlaubsansprüche** von zurückzulegenden Beschäftigungszeiten), für befristet Beschäftigte dieselben Zeiten wie für unbefristet beschäftigte AN zu berücksichtigen sind.[67] D.h., befristet Beschäftigte dürfen etwa hinsichtlich des Anspruchs auf vollen Jahresurlaub nicht an eine längere Wartefrist gebunden werden als unbefristet Beschäftigte. Ein nur bis zum Beginn der Sommerferien befristet eingestellter Lehrer kann hingegen kein Arbeitsentgelt für die unterrichtsfreie Zeit beanspruchen.[68]

---

58 Vgl. EuGH 13.9.2007 – G 307/05 – NZA 2007, 1223.
59 HWK/*Schmalenberg*, § 4 TzBfG Rn 23.
60 *Annuß/Thüsing*, § 4 Rn 68.
61 BAG 24.6.2004 – 6 AZR 389/03 – AP § 34 BAT Nr. 10 = BAGReport 2004, 415; BAG 5.11.2003 – 5 AZR 8/03 – AP § 4 TzBfG Nr. 6.
62 BT-Drucks 14/4374, S. 16.
63 *Bauer*, BB 2001, 2473.
64 BAG 28.3.2007 – 10 AZR 261/06 – AP § 611 BGB Nr. 265 = NZA 2007, 687.
65 BAG 19.1.2005 – 6 AZR 80/03 – ArbRB 2005, 132.
66 BT-Drucks 14/4374, S. 16.
67 BT-Drucks 14/4374, S. 16.
68 BAG 19.12.2007 – 5 AZR 260/07 – AP § 4 TzBfG Nr. 16 = NZA-RR 2008, 275.

C. Verbindung zu anderen Rechtsgebieten und zum Prozessrecht

I. Abweichende Vereinbarung

34 Von dem zwingend geltenden Diskriminierungsverbot des § 4 kann weder individualrechtlich noch durch BV zu Lasten Teilzeit- oder befristet beschäftigter AN abgewichen werden. Gleiches gilt für TV, sofern nicht sachliche Gründe eine unterschiedliche Behandlung rechtfertigen.[69] Die Vorschrift ist eine **Verbotsnorm** i.S.d. § 134 BGB.

II. Abgrenzung zu anderen Gleichbehandlungsgrundsätzen

35 Das in § 4 normierte Diskriminierungsverbot ist insb. abzugrenzen vom allgemeinen arbeitsrechtlichen Gleichbehandlungsgrundsatz, von Art. 141 EG, von Art. 3 GG sowie von §§ 6 ff. AGG und von § 75 Abs. 1 BetrVG.[70]

36 Der allgemeine arbeitsrechtliche Gleichbehandlungsgrundsatz wird durch § 4 konkretisiert, da sich § 4 nicht auf ein bloßes Willkürverbot bezieht, sondern einen spezifischen Gruppenvergleich fordert. Der arbeitsrechtliche Gleichbehandlungsgrundsatz ist verletzt, wenn der AG gegen eine die sachfremde Ungleichbehandlung von AN ausdrücklich verbietende Norm, wie § 4, verstößt.[71] Gegenüber Art. 141 EG hat § 4 den weiteren Anwendungsbereich. § 4 ist nicht auf die Fälle der Geschlechtsdiskriminierung beschränkt. Er erstreckt sich über die Gleichheit des Arbeitsentgelts hinaus auch auf die Gleichheit der sonstigen Arbeitsbedingungen. Der in Art. 3 Abs. 1 GG normierte allgemeine Gleichheitsgrundsatz tritt hinter den spezielleren § 4 Abs. 1 zurück.[72] Etwas anderes gilt hinsichtlich Art. 3 Abs. 2 GG, soweit dieser mittelbare Diskriminierungen erfasst und die Ungleichbehandlung i.S.d. § 4 eine Diskriminierung wegen des Geschlechts betrifft. In diesem Fall überschneiden sich die Normen und stehen als Rechtsgrundlagen nebeneinander. Gegenüber § 75 Abs. 1 BetrVG ist § 4 lex specialis, soweit es um die Ungleichbehandlung von Teilzeit- oder befristet Beschäftigten geht. Die genannten Regelungen des AGG und § 4 stehen wiederum nebeneinander. Insbesondere im Bereich der mittelbaren Diskriminierung können Sachverhalte vorliegen, die sowohl § 4 als auch die Bestimmungen des AGG tangieren. Dabei ist darauf zu achten, dass unterschiedliche Rechtsfolgen ausgelöst werden. Die in §§ 13 ff. AGG normierten Rechte der Beschäftigten kommen nur zur Anwendung, wenn tatsächlich eine Benachteiligung i.S.d. AGG vorliegt.

III. Umfang des Diskriminierungsverbotes außerhalb des TzBfG

37 Das Diskriminierungsverbot des Abs. 2 greift nicht nur bei Befristungen nach § 14, sondern auch nach anderen Vorschriften, wie etwa denen des WissZeitVG oder der des § 21 BEEG. D.h., erfasst werden auch Befristungen, für die kein Rechtfertigungsgrund bestehen muss.

IV. Rechtsfolgen des Verstoßes gegen das Diskriminierungsverbot

38 Wird gegen das in Abs. 1 normierte Diskriminierungsverbot verstoßen, ist die entsprechende diskriminierende Vereinbarung nichtig nach § 134 BGB. Der teilzeitbeschäftigte AN erhält das (bei zeitabhängiger Leistung anteilig), was ein nicht benachteiligter Vollzeitbeschäftigter erhalten hätte.[73] Maßstab hierfür ist die Leistung, die konkret vergleichbare Vollzeitbeschäftigte erhalten. Es ist eine wertende Betrachtung anzustellen, um den **Vergleichslohn einer Vollzeitkraft** – vorrangig im selben Betrieb – zu ermitteln.[74] Wird ein Teilzeitbeschäftigter zu Unrecht von einer **betrieblichen Altersversorgung** ausgeschlossen, muss ihm der AG die vorenthaltene Leistung in Form einer gleichwertigen Leistung nachgewähren.[75] Der **Ausgleich steuerlicher Nachteile** ist vom Verschaffungsanspruch gegen den AG aber nicht erfasst.[76]

39 Betreffend Abs. 1 S. 2 tritt auf der Rechtsfolgenseite Nichtigkeit einer Vergütungsvereinbarung gem. § 134 BGB ein, wenn ein AN wegen der Teilzeitbeschäftigung niedriger vergütet wird als ein Vollzeitbeschäftigter. Der AN hat nach § 612 Abs. 2 BGB Anspruch auf Zahlung der üblichen Vergütung.[77] Diese kann sich aus einem auf das Arbvherh anwendbaren TV oder Entlohnungssystem ergeben.

40 Wird ein Verstoß gegen das Diskriminierungsverbot erst nachträglich erkannt, schließt dies die **rückwirkende Erfüllung** nicht aus. Der sich aus dem Rechtsstaatsprinzip (Art. 20 Abs. 3 GG) ergebende Vertrauensschutz führt nicht zum Wegfall oder zu einer Einschränkung der Verpflichtung zur Gleichstellung von Teilzeitkräften.[78] Eine allgemein anerkannte Grenze bilden aber die gesetzlichen **Verjährungsfristen**. **Tarifvertragliche Ausschlussfristen** müssen individualvertraglich vereinbart sein oder kraft Tarifgebundenheit gelten, wenn sie Anwendung finden sol-

---

69 BAG 5.11.2003 – 5 AZR 8/03 – AP § 4 TzBfG Nr. 6 = EzA § 4 TzBfG Nr. 6.
70 Vgl. ErfK/*Preis*, § 4 TzBfG Rn 13 ff.
71 BAG 11.4.2006 – 9 AZR 528/05 – NZA 2006, 1217.
72 BAG 24.6.2004 – 6 AZR 389/03 – AP § 34 BAT Nr. 10 = BAGReport 2004, 415; BAG 2.3.2004 – 1 AZR 271/03 – AP § 3 TVG Nr. 31 = NZA 2004, 852.
73 BAG 24.9.2003 – 10 AZR 675/02 – AP § 4 TzBfG Nr. 4 = NZA 2004, 611.
74 HWK/*Schmalenberg*, § 4 TzBfG Rn 18.
75 LAG Hamm 13.7.1999 – 6 Sa 2249/98 – NZA-RR 1999, 541.
76 BAG 14.12.1999 – 3 AZR 713/98 – AP § 1 BetrAVG Zusatzversorgungskassen Nr. 54 = NZA 2000, 1348.
77 BAG 24.9.2008 – 6 AZR 657/07 – NZA-RR 2009, 221; BAG 17.4.2002 – 5 AZR 413/00 – AP § 2 BeschFG 1985 Nr. 84 = NZA 2002, 1334.
78 BVerfG 19.5.1999 – 1 BvR 263/98 – NZA 1999, 815.

len. Die Rspr. zu ihrer Anwendbarkeit ist nicht einheitlich. Teilweise[79] wurden individualvertraglich vereinbarte Ausschlussfristen bei auf das Diskriminierungsverbot gestützten Klagen angewandt, teilweise[80] abgelehnt. Die Nichtanwendbarkeit tariflicher Ausschlussfristen auf in Teilzeit- oder befristet beschäftigte AN führt zu einer Besserstellung dieser Personengruppen. Eine solche soll durch das Diskriminierungsverbot nicht erreicht werden. § 4 soll die betreffenden Personengruppen nur vor einer Ungleichbehandlung schützen. Stützt ein in Teilzeit- oder befristet beschäftigter AN eine Klage auf § 4 und wird diese wegen Verjährung oder Eingreifen einer Ausschlussfrist abgewiesen, hat er auch keinen Schadensersatzanspruch gegen den AG, da nur so eine Besserstellung vermieden wird.

Ist eine Gleichbehandlung nicht mehr möglich – etwa bei der vorenthaltenen Nutzung einer betrieblichen Sozialeinrichtung[81] – oder ist dem Teilzeitbeschäftigten wegen Diskriminierung ein anderweitiger Schaden entstanden, kann er einen Schadensersatzanspruch gestützt auf §§ 280 oder 823 Abs. 2 BGB geltend machen. Mit der Rspr. ist davon auszugehen, dass Abs. 1 und 2 **Schutzgesetze** i.S.d. § 823 Abs. 2 BGB sind.[82] 41

Dem nach Abs. 2 benachteiligt befristeten Beschäftigten steht neben dem deliktischen Schadensersatzanspruch ein Anspruch auf Gewährung der Leistungen zu, die der konkret vergleichbare unbefristet beschäftigte AN im Betrieb beanspruchen kann. Im Einzelnen wird auf die vorstehende Kommentierung verwiesen. 42

V. Darlegungs- und Beweislast

Die Darlegungs- und Beweislast obliegt dem AN hinsichtlich Abs. 1 für das Vorliegen einer Benachteiligung als Teilzeitbeschäftigter. Der AG muss darlegen und beweisen, dass die Ungleichbehandlung durch einen sachlichen Grund gerechtfertigt ist.[83] Will sich der AN auf das Diskriminierungsverbot des Abs. 2 berufen, obliegt ihm die Darlegungs- und Beweislast dafür, dass er gegenüber vergleichbaren unbefristet Beschäftigten wegen der Befristung schlechter behandelt wird. Der AG muss die sachlichen Gründe zur Rechtfertigung der Ungleichbehandlung darlegen und erforderlichenfalls nachweisen. 43

Im Fall einer Benachteiligung entsprechend den Vorschriften des AGG gilt gegenüber dem TzBfG eine Beweiserleichterung. Das AGG geht ebenso wie die ihm zugrunde liegenden RL davon aus, dass es ausreicht, wenn eine Partei Tatsachen **glaubhaft macht**, die eine Benachteiligung vermuten lassen. Erst im Anschluss an die Glaubhaftmachung trägt die andere Partei die Beweislast dafür, dass sachliche Gründe die unterschiedliche Behandlung rechtfertigen oder die Ungleichbehandlung aus sonstigen Gründen von Gesetzes wegen zulässig ist. 44

D. Beraterhinweise

Anders als noch § 6 Abs. 2 BeschFG weist § 4 keine sog. **„Kirchenklausel"** mehr auf. Kirchliche AG können daher von den Diskriminierungsverboten der Abs. 1 und 2 nicht abweichen. Im Hinblick auf Abs. 1 ist zu differenzieren zwischen der Zulässigkeit einer auf andere Gründe als auf Teilzeitarbeit gestützten Ungleichbehandlung und der Möglichkeit der Rechtfertigung einer Ungleichbehandlung wegen Teilzeitarbeit. Hierfür bietet sich eine **zweistufige Prüfung** an.[84] Zunächst ist festzustellen, ob die Teilzeitarbeit ursächlich für die Ungleichbehandlung ist. Ist dies zu bejahen, ist im Rahmen von Abs. 1 die Rechtfertigung der Ungleichbehandlung zu prüfen. 45

§ 5 Benachteiligungsverbot

Der Arbeitgeber darf einen Arbeitnehmer nicht wegen der Inanspruchnahme von Rechten nach diesem Gesetz benachteiligen.

Literatur: *Gaul*, Die „Streikbruchprämie" als zulässiges Arbeitskampfmittel, NJW 1994, 1025; *Hanau/Vossen*, Die Kürzung von Jahressonderzahlungen aufgrund fehlender Arbeitsleistung, DB 1992, 213

A. Allgemeines 1	C. Verbindung zu anderen Rechtsgebieten und zum Prozessrecht 5
B. Regelungsgehalt 2	D. Beraterhinweise 8
I. Rechte nach dem TzBfG 2	
II. Benachteiligung 3	

---

79 BAG 9.10.1996 – 5 AZR 338/95 – AP § 2 BeschFG 1985 Nr. 50 = NZA 1997, 728; BAG 26.9.1990 – 5 AZR 218/90 – AP § 4 TVG Nr. 109 = NZA 1991, 246; BAG 8.4.1992 – 5 AZR 166/91 – juris.
80 BAG 12.6.1996 – 5 AZR 960/94 – AP § 611 BGB Nr. 4 = NZA 1997, 191.
81 *Annuß/Thüsing*, § 4 Rn 81.
82 BAG 24.10.2001 – 5 AZR 32/00 – AP § 823 BGB Schutzgesetz Nr. 27 = NZA 2002, 209; BAG 25.4.2001 – 5 AZR 368/99 – AP § 1 BetrAVG Zusatzversorgungskassen Nr. 54; a.A. ErfK/*Preis*, § 4 TzBfG Rn 6.
83 BAG 29.1.1992 – 5 AZR 518/90 – AP § 2 BeschFG 1985 Nr. 18 = NZA 1992, 1037.
84 Vgl. ErfK/*Preis*, § 4 TzBfG Rn 36.

A. Allgemeines

1 § 5 gehört zu den allgemeinen Vorschriften des TzBfG. Er enthält für den speziellen Bereich der Teilzeitarbeit ein Verbot, AN zu diskriminieren, die von den ihnen nach dem TzBfG zustehenden Rechten Gebrauch machen. Verboten ist jede schlechtere Behandlung bei Vereinbarungen oder Maßnahmen.[1] § 5 ist ein gesetzlich normierter Sonderfall des allgemeinen Diskriminierungsverbotes (§ 612a BGB), so dass auf die Kommentierung zu § 612a BGB verwiesen wird. Im TzBfG wird § 5 durch § 11 ergänzt, der ein eigenständiges Künd-Verbot für den Fall enthält, dass sich der AN weigert, von einem Teilzeit- in ein Vollzeit-Arbeitsverh zu wechseln oder umgekehrt.

B. Regelungsgehalt

I. Rechte nach dem TzBfG

2 Das Benachteiligungsverbot setzt voraus, dass der AN Rechte gemäß dem TzBfG in Anspruch nimmt. Geschützt sind die Wahrnehmung von Gestaltungsrechten und die Geltendmachung gesetzlicher Ansprüche.[2] Hierzu zählen die Wahrnehmung der Ansprüche auf Gleichbehandlung nach § 4, die Ansprüche auf Verkürzung oder Verlängerung der Arbeitszeit nach §§ 8 und 9, die Ansprüche auf Aus- und Weiterbildung nach § 10 oder das in § 12 Abs. 2 normierte Verweigerungsrecht betreffend Abrufarbeiten.

§ 5 findet nur Anwendung, wenn das Recht/der Anspruch tatsächlich besteht und in zulässiger Weise geltend gemacht wird. Der Wortlaut ist insoweit einschränkend auszulegen.

II. Benachteiligung

3 § 5 verbietet sämtliche Benachteiligungen des AN durch den AG. Die Rechtsausübung muss lediglich kausal für die Benachteiligung sein, d.h., zwischen Benachteiligung und Rechtsausübung muss ein unmittelbarer Zusammenhang bestehen.[3] Die Rspr.[4] verlangt zusätzlich als subjektives Element eine **Maßregelungsabsicht** des AG in dem Sinne, dass die Rechtsausübung des AN für das Verhalten des AG ein tragender Beweggrund, also wesentliches Motiv für die benachteiligende Maßnahme, sein muss. Ein **vertragliches Einverständnis** des AN schließt eine Benachteiligung nicht aus.

4 Im Dienstwagenrecht kann sich eine Benachteiligung i.S.d. § 5 ergeben, wenn der AN wegen der Inanspruchnahme von Teilzeit das **Dienstfahrzeug** aufgrund eines Widerrufsvorbehalts an den AG herausgeben muss.[5] Um diesen Nachteil zu kompensieren, ist der AG verpflichtet, dem AN den geldwerten Vorteil, der sich aus der Privatnutzung des Fahrzeugs ergibt, zu erstatten. Für den AN bleibt es zwar bei der Herausgabepflicht. Er erhält aber an Stelle des Fahrzeugs einen Barausgleich, so dass er wertmäßig nicht benachteiligt ist. Kein Benachteiligungsverbot nach § 5 liegt vor, wenn eine Ungleichbehandlung nach § 4 Abs. 1 und Abs. 2 erlaubt ist.[6]

C. Verbindung zu anderen Rechtsgebieten und zum Prozessrecht

5 § 5 ist gesetzliches Verbot i.S.d. § 134 BGB. Eine Vereinbarung, die gegen § 5 verstößt, ist nichtig. Entsteht dem AN wegen des Verstoßes gegen das Benachteiligungsverbot ein Schaden, kann er gegen den AG Schadensersatzansprüche gem. § 280 BGB geltend machen. Daneben ist § 5 **Schutzgesetz** i.S.d. § 823 Abs. 2 BGB, so dass auch ein deliktischer Schadensersatzanspruch in Betracht kommt. Ggf. kann eine einstweilige Verfügung in Betracht kommen. Schließlich kann sich ein Zurückbehaltungsrecht ergeben, das zu Annahmeverzugsansprüchen führt.

6 Die Verteilung der **Darlegungs- und Beweislast** entspricht der des § 612a BGB. Den AN trifft die Darlegungs- und Beweislast dafür, dass er wegen seiner Rechtsausübung von dem AG benachteiligt worden ist.[7] Der AG muss die Gründe vortragen, die eine **Maßregelungsabsicht** ausschließen.

7 Weitere arbeitsrechtliche Benachteiligungsverbote finden sich in § 84 Abs. 3 BetrVG und § 16 AGG. § 84 Abs. 3 BetrVG regelt den Fall, dass ein AN von seinem **Beschwerderecht** Gebrauch macht. Nach § 16 AGG darf der AG Beschäftigte nicht wegen der Inanspruchnahme von sich aus dem AGG ergebenden Rechten benachteiligen. Gleiches gilt, wenn die AN sich weigern, eine gegen das AGG verstoßende Anweisung auszuführen, oder wenn sie andere Personen hierbei unterstützen oder für sie aussagen.

---

1 BT-Drucks 14/4374, S. 16.
2 *Annuß/Thüsing*, § 5 Rn 3.
3 BAG 16.9.2004 – 2 AZR 511/03 – AP § 102 BetrVG 1972 Nr. 142 = BAGReport 2005, 41.
4 BAG 16.9.2004 – 2 AZR 511/03 – AP § 102 BetrVG 1972 Nr. 142 = BAGReport 2005, 41; BAG 22.5.2003 – 2 AZR 426/02 – AP § 1 KSchG 1969 Wartezeit Nr. 18; BAG 12.6.2002 – 10 AZR 340/01 – BAGE 101, 312.
5 *Nägele*, S. 253.
6 *Annuß/Thüsing*, § 5 Rn 5.
7 BAG 16.9.2004 – 2 AZR 511/03 – AP § 102 BetrVG 1972 Nr. 142 = BAGReport 2005, 41; BAG 22.5.2003 – 2 AZR 426/02 – AP § 1 KSchG 1969 Wartezeit Nr. 18; BAG 20.4.1989 – 2 AZR 498/88 – BAGE 55, 140.

D. Beraterhinweise

Im Hinblick auf das in § 612a BGB normierte allgemeine Maßregelungsverbot besteht in der Literatur Uneinigkeit, ob alle oder nur unverhältnismäßige und inadäquate Benachteiligungen erfasst werden.[8] Der Rspr. zu § 612a BGB ist eine solche Differenzierung nicht zu entnehmen, sie erfasst sämtliche Benachteiligungen durch den AG.[9] Da zu § 5 keine entsprechende Rspr. existiert, ist bei der Beratung betreffend den Gesetzesbestandteil „Benachteiligungen" Vorsicht geboten. Im Zweifel sollten an die Benachteiligung für Berater auf AG-Seite keine zu hohen Anforderungen gestellt werden. Mit der Rspr. zu § 612a BGB ist auch für § 5 davon auszugehen, dass sämtliche Benachteiligungen durch den AG von der Vorschrift erfasst sind.

Ist eine Vereinbarung wegen Verstoßes gegen § 5 nach § 134 BGB nichtig, ist dies von Amts wegen zu beachten. § 134 BGB ist eine **Einwendung**. Die tatsächlichen Voraussetzungen für die Annahme eines Gesetzesverstoßes müssen aber von der Partei dargelegt und bewiesen werden, die sich auf die Nichtigkeit der Vereinbarung beruft.

Zweiter Abschnitt: Teilzeitarbeit

§ 6 Förderung von Teilzeitarbeit

Der Arbeitgeber hat den Arbeitnehmern, auch in leitenden Positionen, Teilzeitarbeit nach Maßgabe dieses Gesetzes zu ermöglichen.

§ 6 überträgt die Zielsetzung des TzBfG, also die Förderung von Teilzeitarbeit, als Pflicht auf den AG. Dieser hat allen AN Teilzeitarbeit zu ermöglichen. Wie dies im Einzelnen zu erfolgen hat, regeln die §§ 7 bis 13 näher. Darüber hinaus kommt § 6 lediglich eine klarstellende Funktion im Hinblick auf die Anwendbarkeit der Teilzeitvorschriften auf leitende Angestellte zu, da das TzBfG ohnehin für alle AN gilt. Der Gesetzgeber verfolgt mit der Vorschrift das Ziel, Vorbehalte gegen Teilzeitarbeit von AN, insbes. Männern, in höher qualifizierten Tätigkeiten abzubauen und Teilzeitarbeit auf allen Unternehmensebenen zu ermöglichen.[1] Für den Teilzeitanspruch aus § 8 stellt § 6 im Rückschluss klar, dass allein die leitende Position des AN keinen betrieblichen Grund für die Ablehnung des Teilzeitwunsches darstellt.[2] Organmitglieder juristischer Personen fallen hingegen nur ausnahmsweise in den Anwendungsbereich der Teilzeitvorschriften, wenn sie nämlich, etwa als abhängige Geschäftsführer, als AN anzusehen sind.[3]

§ 7 Ausschreibung; Information über freie Arbeitsplätze

(1) Der Arbeitgeber hat einen Arbeitsplatz, den er öffentlich oder innerhalb des Betriebes ausschreibt, auch als Teilzeitarbeitsplatz auszuschreiben, wenn sich der Arbeitsplatz hierfür eignet.

(2) Der Arbeitgeber hat einen Arbeitnehmer, der ihm den Wunsch nach einer Veränderung von Dauer und Lage seiner vertraglich vereinbarten Arbeitszeit angezeigt hat, über entsprechende Arbeitsplätze zu informieren, die im Betrieb oder Unternehmen besetzt werden sollen.

(3) [1]Der Arbeitgeber hat die Arbeitnehmervertretung über Teilzeitarbeit im Betrieb und Unternehmen zu informieren, insbesondere über vorhandene oder geplante Teilzeitarbeitsplätze und über die Umwandlung von Teilzeitarbeitsplätzen in Vollzeitarbeitsplätze oder umgekehrt. [2]Der Arbeitnehmervertretung sind auf Verlangen die erforderlichen Unterlagen zur Verfügung zu stellen; § 92 des Betriebsverfassungsgesetzes bleibt unberührt.

Literatur: *Beckschulze*, Teilzeitarbeit Anspruch Durchsetzung, DB 2000, 2598; *Hanau*, Offene Fragen zum Teilzeitgesetz, NZA 2001, 1168; *Preis/Gotthardt*, Neuregelung der Teilzeitarbeit und befristeter Arbeitsverträge, DB 2000, 2065

A. Normzweck	1	I. Gegenüber dem Arbeitnehmer (Abs. 2)	3
B. Ausschreibungspflicht (Abs. 1)	2	II. Gegenüber der Arbeitnehmervertretung (Abs. 3)	5
C. Informationspflicht	3		

---

[8] *Hanau/Vossen*, DB 1992, 213; *Gaul*, NJW 1994, 1025.
[9] Vgl. BAG 2.4.1987 – 2 AZR 227/86 – AP § 612a BGB Nr. 1; LAG Hamm 18.12.1987 – 17 Sa 1295/87 – DB 1988, 917.

[1] BT-Drucks 14/4374, S. 16.
[2] ErfK/*Preis*, § 6 TzBfG Rn 1; KDZ/*Zwanziger*, § 6 TzBfG Rn 1.
[3] Annuß/Thüsing/*Mengel*, § 6 Rn 13.

A. Normzweck

1 Die Vorschrift beschreibt die dem AG gesetzlich auferlegten Aktivitäten, welche den AN in die Lage versetzen sollen, von angebotenen Teilzeit- und Vollzeitarbeitsplätzen Kenntnis zu erlangen. Hierdurch soll das Angebot von Teilzeitarbeitsplätzen erweitert und Teilzeitarbeit sowohl für den AN als auch für dessen Interessenvertretung transparenter ausgestaltet werden.[1]

B. Ausschreibungspflicht (Abs. 1)

2 Die Pflicht des AG, ausgeschriebene Arbeitsplätze auch als Teilzeitarbeitsplätze auszuschreiben, besteht nicht, wenn sich der Arbeitsplatz hierfür nicht eignet. Die Beurteilung der **Eignung als Teilzeitarbeitsplatz** unterliegt der unternehmerischen Entscheidungsfreiheit des AG und ist daher nur dahingehend überprüfbar, ob sie offenbar unsachlich, unvernünftig oder willkürlich getroffen wurde.[2] Jedenfalls ist die Eignung nicht erst dann zu verneinen, wenn „dringende betriebliche Gründe" einer Teilzeitarbeit auf dem Arbeitsplatz entgegenstehen würden. Denn der Gesetzgeber hat den ursprünglichen Wortlaut durch den Eignungsbegriff ersetzt. Vielmehr muss der AG die Arbeitsplätze nur im Rahmen seiner Möglichkeiten als Teilzeitplätze ausschreiben.[3] Die Eignung fehlt, wenn die mit dem ausgeschriebenen Arbeitsplatz verbundene Tätigkeit eine Vollzeitkraft erfordert und ihrem Inhalt nach nicht auf mehrere Personen aufgeteilt werden kann oder ein Umfang an Spezialkenntnissen notwendig ist, über den nur vollzeitbeschäftigte AN verfügen. Darüber hinaus bleibt es dem AG überlassen, ob er überhaupt einen Arbeitsplatz ausschreibt, es sei denn, dass der BR dies unter den Voraussetzungen des § 93 BetrVG verlangt. Im Öffentlichen Dienst geht das Gesetz ohnehin davon aus, dass die Bewerber durch Stellenausschreibung zu ermitteln sind und hiervon nur nach der Maßgabe des § 75 Abs. 3 Nr. 14 BPersVG abgewichen werden darf.[4] Schreibt der AG einen Arbeitsplatz trotz Eignung als Teilzeitarbeitsplatz nur als Vollzeitstelle aus, sieht das Gesetz hierfür – anders als in § 8 – **keine Sanktion** vor. Ein **Zustimmungsverweigerungsrecht** steht dem BR nach § 99 Abs. 2 Nr. 5 BetrVG einer Einstellung nicht zu, wenn der AG die Ausschreibungspflicht verletzt.[5] Dennoch werden durch die Ausschreibungspflicht die gesetzlichen Ziele mittelbar gefördert, da der AG zumindest prüfen muss, ob der Arbeitsplatz sich zur Ausschreibung als Teilzeitstelle eignet. Zudem determiniert eine Ausschreibung als Teilzeitarbeitsplatz faktisch den Teilzeitanspruch nach § 8. Der AG wird bei einem als Teilzeitstelle ausgeschriebenen Arbeitsplatz kaum darlegen können, betriebliche Gründe sprächen gegen eine Teilzeitbeschäftigung.[6]

C. Informationspflicht

I. Gegenüber dem Arbeitnehmer (Abs. 2)

3 Den AG trifft die Pflicht, jeden AN, der diesem gegenüber den Wunsch einer Veränderung von Dauer und Lage seiner vertraglich vereinbarten Arbeitszeit angezeigt hat, individuell über entsprechende Arbeitsplätze zu informieren. Eine allgemein zugängliche Information, z.B. am schwarzen Brett, wie dies § 3 Beschäftigungsförderungsgesetz vorgesehen hat, genügt nicht.[7] Darüber hinaus bezieht sich die Informationspflicht nunmehr sowohl auf den **Betrieb**, als auch auf das gesamte **Unternehmen**. Formvoraussetzungen bestehen weder für die Geltendmachung des AN noch für die Information durch den AG. Durch den Gesetzeswortlaut „entsprechende Arbeitsplätze" wird klargestellt, dass eine Informationspflicht nur bezüglich solcher Arbeitsplätze besteht, die für den AN aufgrund seiner Eignung und Wünsche in Frage kommen.[8] Sie bezieht sich nicht nur auf den Teilzeitwunsch eines AN, sondern auch auf die Verlängerung oder weitere Verkürzung von Teilzeitarbeit. Die Unterrichtung des AN über einen entsprechenden Arbeitsplatz bedeutet nicht, dass der AN diesen auch beanspruchen könnte; dies richtet sich weiterhin nach §§ 8, 9.[9]

4 Der Gesetzgeber hat auch für einen Verstoß gegen die Informationspflicht keine Sanktionsmöglichkeiten vorgesehen. Ein **Schadenersatzanspruch** besteht aber bereits unter den Voraussetzungen der §§ 280 Abs. 1, 241 Abs. 2 BGB als Verletzung der Nebenpflichten aus dem Arbvehr.[10] Dies setzt aber einen Schaden des AN voraus. Der AN muss daher darlegen und beweisen, dass im Falle einer Ausschreibung seine Bewerbung zum Erfolg geführt hätte.[11] Der ersatzfähige Schaden ist in der Differenz zwischen dem bisherigen Verdienst des AN und dem mit der neuen Stelle verbundenen Verdienst zu sehen.[12]

---

1 BT-Drucks 14/4374, S. 12, 16.
2 Annuß/Thüsing/*Mengel*, § 7 Rn 3; ErfK/*Preis*, § 7 TzBfG Rn 4; a.A. KDZ/*Zwanziger*, § 7 TzBfG Rn 4; *Meinel/Heyn/Herms*, § 7 Rn 10.
3 BT-Drucks 14/4626, S. 20.
4 MünchArbR/*Richardi*, § 45 Rn 2.
5 Annuß/Thüsing/*Mengel*, § 7 Rn 5; *Beckschulze*, DB 2000, 2598; MünchArbR/*Schüren*, Ergänzungsband, § 162 Rn 43; *Preis/Lindemann*, NZA Sonderheft 2001, 33; a.A. *Meinel/Heyn/Herms*, § 7 Rn 13.
6 Annuß/Thüsing/*Mengel*, § 7 Rn 4.

7 KDZ/*Zwanziger*, § 7 TzBfG Rn 9; *Meinel/Heyn/Herms*, § 7 Rn 24.
8 BT-Drucks 14/4625, S. 20.
9 ErfK/*Preis*, § 7 TzBfG Rn 7.
10 Im Ergebnis ebenso ErfK/*Preis*, § 7 TzBfG Rn 8; *Hanau*, NZA 2001, 1168; MünchArbR/*Schüren*, Ergänzungsband, § 162 Rn 46; a.A. Annuß/Thüsing/*Mengel*, § 7 Rn 17.
11 ErfK/*Preis*, § 7 TzBfG Rn 8; MünchArbR/*Schüren*, Ergänzungsband, § 162 Rn 46.
12 Ebenso für die Schadensermittlung nach § 9: LAG Berlin, 2.12.2003– 3 Sa 1041/03 – AuR 2004, 468.

II. Gegenüber der Arbeitnehmervertretung (Abs. 3)

Neben dem individuellen Anspruch des AN steht auch der AN-Vertretung, also BR oder PR, ein **Informations-** 5
anspruch über Teilzeitarbeitsplätze sowohl im Betrieb, als auch im Unternehmen zu. Inhaltlich zielt die Pflicht in Satz 1 insb. auf vorhandene oder geplante Teilzeitarbeitsplätze sowie auf die Umwandlung von Vollzeit- und Teilzeitarbeitsplätzen ab. Da sich die Informationspflicht auf Teilzeitarbeit beschränkt, hat der AG zumindest nach Abs. 3 nicht über neu geschaffene Vollzeitarbeitsstellen zu unterrichten, soweit es sich bei diesen nicht zuvor um Teilzeitarbeitsplätze gehandelt hat. Dieser Informationspflicht kann der AG zunächst formlos nachkommen, ist allerdings verpflichtet, die erforderlichen Unterlagen zur Verfügung zu stellen, wenn die AN-Vertretung dies verlangt. Darüber hinaus bestehen die Rechte des BR aus §§ 92 ff. BetrVG neben dem Informationsanspruch nach Abs. 3 S. 2.

§ 8 Verringerung der Arbeitszeit

(1) Ein Arbeitnehmer, dessen Arbeitsverhältnis länger als sechs Monate bestanden hat, kann verlangen, dass seine vertraglich vereinbarte Arbeitszeit verringert wird.

(2) [1]Der Arbeitnehmer muss die Verringerung seiner Arbeitszeit und den Umfang der Verringerung spätestens drei Monate vor deren Beginn geltend machen. [2]Er soll dabei die gewünschte Verteilung der Arbeitszeit angeben.

(3) [1]Der Arbeitgeber hat mit dem Arbeitnehmer die gewünschte Verringerung der Arbeitszeit mit dem Ziel zu erörtern, zu einer Vereinbarung zu gelangen. [2]Er hat mit dem Arbeitnehmer Einvernehmen über die von ihm festzulegende Verteilung der Arbeitszeit zu erzielen.

(4) [1]Der Arbeitgeber hat der Verringerung der Arbeitszeit zuzustimmen und ihre Verteilung entsprechend den Wünschen des Arbeitnehmers festzulegen, soweit betriebliche Gründe nicht entgegenstehen. [2]Ein betrieblicher Grund liegt insbesondere vor, wenn die Verringerung der Arbeitszeit die Organisation, den Arbeitsablauf oder die Sicherheit im Betrieb wesentlich beeinträchtigt oder unverhältnismäßige Kosten verursacht. [3]Die Ablehnungsgründe können durch Tarifvertrag festgelegt werden. [4]Im Geltungsbereich eines solchen Tarifvertrages können nicht tarifgebundene Arbeitgeber und Arbeitnehmer die Anwendung der tariflichen Regelungen über die Ablehnungsgründe vereinbaren.

(5) [1]Die Entscheidung über die Verringerung der Arbeitszeit und ihre Verteilung hat der Arbeitgeber dem Arbeitnehmer spätestens einen Monat vor dem gewünschten Beginn der Verringerung schriftlich mitzuteilen. [2]Haben sich Arbeitgeber und Arbeitnehmer nicht nach Absatz 3 Satz 1 über die Verringerung der Arbeitszeit geeinigt und hat der Arbeitgeber die Arbeitszeitverringerung nicht spätestens einen Monat vor deren gewünschtem Beginn schriftlich abgelehnt, verringert sich die Arbeitszeit in dem vom Arbeitnehmer gewünschten Umfang. [3]Haben Arbeitgeber und Arbeitnehmer über die Verteilung der Arbeitszeit kein Einvernehmen nach Absatz 3 Satz 2 erzielt und hat der Arbeitgeber nicht spätestens einen Monat vor dem gewünschten Beginn der Arbeitszeitverringerung die gewünschte Verteilung der Arbeitszeit schriftlich abgelehnt, gilt die Verteilung der Arbeitszeit entsprechend den Wünschen des Arbeitnehmers als festgelegt. [4]Der Arbeitgeber kann die nach Satz 3 oder Absatz 3 Satz 2 festgelegte Verteilung der Arbeitszeit wieder ändern, wenn das betriebliche Interesse daran das Interesse des Arbeitnehmers an der Beibehaltung erheblich überwiegt und der Arbeitgeber die Änderung spätestens einen Monat vorher angekündigt hat.

(6) Der Arbeitnehmer kann eine erneute Verringerung der Arbeitszeit frühestens nach Ablauf von zwei Jahren verlangen, nachdem der Arbeitgeber einer Verringerung zugestimmt oder sie berechtigt abgelehnt hat.

(7) Für den Anspruch auf Verringerung der Arbeitszeit gilt die Voraussetzung, dass der Arbeitgeber, unabhängig von der Anzahl der Personen in Berufsbildung, in der Regel mehr als 15 Arbeitnehmer beschäftigt.

Literatur: *Bauer*, Neue Spielregeln für Teilzeitarbeit und befristete Arbeitsverträge, NZA 2000, 1039; *Beckschulze*, Teilzeitarbeit Anspruch Durchsetzung, DB 2000, 2598; *Diller*, Der Teilzeitwunsch im Prozess, NZA 2001, 589; *Hanau*, Offene Fragen zum Teilzeitgesetz, NZA 2001, 1168; *Hromadka*, Das neue Teilzeit- und Befristungsgesetz, NJW 2001, 400; *Lindemann/Simon*, Neue Regelungen zur Teilzeitarbeit, BB 2001, 146; *Lorenz*, Fünf Jahre § 8 TzBfG – BAG-Rechtsprechungs-Update, NZA-RR 2006, 281; *Nägele*, Das Arbeitsgerichtliche Verfahren, 2004; *Preis/Gotthardt*, Neuregelung der Teilzeitarbeit und befristeter Arbeitsverträge, DB 2000, 2065; *Rolfs*, Das neue Recht der Teilzeitarbeit, RdA 2001, 129; *Rudolf, I./Rudolf, K.*, Zum Verhältnis der Teilzeitansprüche nach § 15 BEEG, § 8 TzBfG; *Schiefer*, Teilzeitarbeit, 2001

A. Allgemeines	1	aa)	Organisation im Betrieb (Abs. 4 S. 2 Alt. 1)	23
B. Regelungsgehalt	3	bb)	Arbeitsablauf und Sicherheit im Betrieb (Abs. 4 S. 2 Alt. 2 und 3)	26
I. Wartezeit (Abs. 1)	4			
II. Mindestbeschäftigte (Abs. 7)	5			
III. Antrag (Abs. 2)	6	cc)	Verursachung wesentlicher Kosten (Abs. 4 S. 2 Alt. 4)	27
1. Dreimonatsfrist	7			
a) Zweck	7	dd)	Sonstige betriebliche Gründe	28
b) Frist/Form	8	ee)	Beraterhinweise	29
c) Beraterhinweis	9	b)	Tarifvertragliche Gründe	30
2. Inhalt	10	VI. Mitbestimmungsfragen		31
a) Verringerung	11	VII. Nachträgliche Änderung der Verteilung der Arbeitszeit (Abs. 5 S. 4)		32
b) Arbeitszeitverteilung	12			
3. Sperrzeit (Abs. 6)	13	C. Rechtsfolgen		33
IV. Verfahren	14	D. Gerichtliche Durchsetzung		36
1. Erörterung (Abs. 3 S. 1)	15	I. Hauptsacheverfahren		36
2. Mitteilung der Entscheidung (Abs. 5 S. 1)	17	1. Klageart		37
3. Beraterhinweis	18	2. Frist/Form		38
V. Reaktionsmöglichkeiten des AG	19	3. Präklusion		39
1. Zustimmung	19	4. Darlegungs- und Beweislast		40
2. Keine/fehlerhafte Reaktion	20	5. Prüfungsumfang		41
3. Ablehnung	21	6. Beraterhinweise		42
a) Betrieblicher Grund	22	II. Einstweiliger Rechtsschutz		43

A. Allgemeines

1 Mit § 8 hat der Gesetzgeber einen allgemeinen Anspruch auf Teilzeitarbeit neu geschaffen, welcher der erheblichen beschäftigungspolitischen Bedeutung der Teilzeitarbeit Rechnung trägt. Die Gleichstellung von Frauen und Männern soll durch nicht diskriminierende Teilzeit durchgesetzt werden. Teilzeitarbeit soll auch deshalb stärker gefördert werden, um Arbeitsplätze zu sichern und neue Arbeitsplätze zu schaffen.[1] Darüber wurde die Richtlinie des Rates 97/81/EG über Teilzeitarbeit umgesetzt, die allerdings anders als § 8 keinen erzwingbaren Teilzeitanspruch für den AN enthält.[2] Zwischen dem Teilzeitanspruch nach § 8 und spezialgesetzlichen Teilzeitansprüchen (insbes. § 15 Abs. 6 u. 7 BEEG, § 3 Abs. 1 u. 4 PfegeZG) besteht grundsätzlich **Anspruchskonkurrenz**.[3] Die verschiedenen Ansprüche unterscheiden sich sowohl im Hinblick auf Voraussetzungen, zeitlichen Vorgaben als auch auf Rechtsfolgen (dauerhafte Verringerung der Arbeitszeit bzw. Verringerung für die Dauer der Eltern-/Pflegezeit). Wird während der Elternzeit ein Anspruch auf Verringerung der Arbeitszeit geltend gemacht, ist im Zweifel von einem Antrag nach § 15 Abs. 6 u. 7 BEEG auszugehen.[4] Soweit ausdrücklich die – dauerhafte – Verringerung der Arbeitszeit nach § 8 begehrt wird, ist hierin gleichzeitig ein Antrag auf vorzeitige Beendigung der Elternzeit nach § 16 Abs. 3 BEEG zu sehen.[5] Zwischen dem Teilzeitanspruch nach § 8 und einem tariflichen Anspruch auf **Altersteilzeitarbeit** besteht kein rechtlicher Zusammenhang.[6]

2 Der Anspruch ist zuungunsten des AN weder abdingbar, noch einschränkbar (§ 22 Abs. 1), und zwar auch nicht durch tarifvertragliche Regelung oder BV. Über § 6 findet die Regelung auch für AN in leitenden Positionen ausdrücklich Anwendung. Da der Arbeitszeitverringerungsanspruch ein Anspruch eigener Art mit eigenen Fristenregelungen ist, sind auf diesen Ausschlussfristen generell nicht anwendbar.[7]

B. Regelungsgehalt

3 § 8 enthält den Anspruch des AN auf Verringerung seiner Arbeitszeit und Verteilung der verbliebenen Arbeitszeit nach dessen Wünschen. Der Anspruch richtet sich auf Abgabe einer Willenserklärung durch den AG, in welcher er die Zustimmung zur Änderung des Arbeitsvertrages nach Maßgabe der Wünsche des AN erklärt. Denn zur Verringerung der Arbeitszeit bedarf es zuvor einer entsprechenden Vertragsänderung, sog. **Vertragslösung**.[8] Da ein Anspruch nur **auf eine unbefristete Reduzierung der Arbeitszeit** besteht, verbietet sich ein Antrag oder die Zustimmung zur Arbeitszeitverringerung für einen befristeten Zeitraum.[9] Der Anspruch ist an den bisherigen Arbeitsplatz

---

1 BT-Drucks 14/4374, S. 1; BT-Drucks 14/4625, S. 1.
2 *Hromadka*, NJW 2001, 400; *Schiefer*, DB 2000, 2118.
3 BAG 19.4.2005 – 9 AZR 233/04 – AP Nr. 44 zu § 15 BErzGG; ErfK/*Preis*, § 8 TzBfG, Rn 56 f.; HWK/*Schmalenberg*, § 8 TzBfG, Rn 2; MünchArbR/*Schüren*, Ergänzungsband § 162, Rn 92.
4 ErfK/*Preis*, § 8 TzBfG, Rn 57.
5 Annuß/Thüsing/*Lambrich*, § 23 TzBfG, § 15 Abs. 4–7 BErzGG Rn 37; MünchArb/*Heenen*, Ergänzungsband, § 229 Rn 10.
6 BAG 10.2.2004 – 9 AZR 89/03 – NJOZ 2004, 2670.
7 LAG Niedersachsen 18.11.2002 – 17 Sa 487/02 – DB 2003, 1064.
8 BAG 18.2.2003 – 9 AZR 164/02 – NZA 2003, 1392; BAG 19.8.2003 – 9 AZR 542/02 – AP § 8 TzBfG Nr. 4.
9 ErfK/*Preis*, § 8 TzBfG Rn 2; *Hanau*, NZA 2001, 1168.

des AN gebunden. Das bedeutet, dass ein AN weder die Änderung der Arbeitsbedingungen i.Ü. noch eine Versetzung auf einen anderen Arbeitsplatz verlangen kann.[10]

I. Wartezeit (Abs. 1)

Der Teilzeitanspruch steht nur denjenigen AN zu, deren Arbverh bereits länger als **sechs Monate** bestanden hat. Da auch in Abs. 7 auf den AG und nicht auf den Betrieb abgestellt wird, ist auf das Bestehen eines Arbverh seit über sechs Monaten mit dem AG abzustellen.[11] Obschon anders als bspw. in § 1 Abs. 1 KSchG kein **ununterbrochenes Arbverh** verlangt wird, wird man dies wohl auch im Rahmen des Abs. 1 verlangen müssen. Denn nach der Begründung des Gesetzesentwurfs hielt der Gesetzgeber einen Teilzeitanspruch aufgrund des damit verbundenen Organisationsaufwandes erst nach einem sechsmonatigen Bestehen des Arbverh für zumutbar.[12] Das Fehlen dieser Klarstellung ist als redaktionelles Versehen zu bewerten, da andernfalls der AG auch dann mit Organisationsaufwand belastet würde, wenn er den AN bereits vor längerer Zeit insg. länger als sechs Monate beschäftigt hatte.[13] Aus dem Wortlaut des Abs. 2, wonach der AN die Verringerung mindestens drei Monate vor deren Beginn geltend machen muss, ergibt sich, dass eine erstmalige Arbeitszeitverringerung insg. erst drei Monate nach Ablauf der ersten sechs Monate umgesetzt werden kann. Für die Berechnung des Zeitraums von sechs Monaten sind die allgemeinen Regelungen zur **Fristberechnung nach §§ 187 ff. BGB** anzuwenden. Für den Fristbeginn ist der Beginn des ersten Tages des Arbverh nach der vertraglichen Vereinbarung maßgebend, und nicht der Zeitpunkt der tatsächlichen Arbeitsaufnahme, § 187 Abs. 2 BGB. Ausbildungszeiten sind anders als vertraglich zugesicherte Vorbeschäftigungszeiten nicht auf die Wartefrist nach Abs. 1 anzurechnen, denn das Berufsausbildungsverhältnis stellt kein Arbverh dar.[14] Im Falle eines **Betriebsübergangs** sind Beschäftigungszeiten beim früheren Eigentümer nach der Wertung des § 613a Abs. 1 S. 1 BGB bei der Berechnung der Wartefrist mit einzubeziehen. Ebenso zählen Zeiten, während derer der AN erkrankt, in Mutterschutz oder in Elternzeit ist, mit.

II. Mindestbeschäftigte (Abs. 7)

Der Teilzeitanspruch besteht nur dann, wenn der AG **in der Regel mehr als 15 AN** beschäftigt. Dabei ist die Anzahl der Personen in Berufsbildung nicht mit einzubeziehen. Die sog. „Kleinarbeitgeberklausel" dient dem Schutz von Kleinunternehmen vor einer organisatorischen und finanziellen Überlastung, welche durch den Verwaltungsaufwand von Teilzeitanträgen entsteht. Anders als in § 23 Abs. 1 KSchG stellt der Gesetzgeber in Abs. 7 nicht auf den Betrieb, sondern auf den AG, also das Unternehmen, bei dem der AN beschäftigt ist, ab.[15] Mangels einer gesetzlichen Differenzierung nach dem Umfang der Beschäftigung, gilt im Rahmen des Abs. 7 das **Pro-Kopf-Prinzip**.[16] Aus dem Gesetzeswortlaut „in der Regel" geht hervor, dass nicht auf die aktuelle AN-Zahl zum Zeitpunkt der Antragstellung oder der Gewährung von Teilzeit abzustellen ist. Vielmehr kommt es auf die durchschnittliche, nachhaltige Zahl der Beschäftigten in dem Unternehmen an. Hierzu ist – wie in der Rspr. zu § 23 KSchG[17] – die bisherige personelle Situation unter Einbeziehung der Prognose der zukünftigen Entwicklung ausgehend von dem Zeitpunkt der Antragstellung[18] zu ermitteln. Sollte das Beschäftigungsverhältnis unterhalb der Grenze des Abs. 7 sinken, kann der AG auf die Korrekturmöglichkeit nach Abs. 5 S. 4 zurückgreifen.

III. Antrag (Abs. 2)

Wenn ein AN die Verringerung seiner Arbeitszeit beansprucht, muss er dies und den Umfang der Verringerung spätestens drei Monate vor deren geplanten Beginn geltend machen. Nach Abs. 2 S. 2 soll er dabei auch die gewünschte Verteilung der Arbeitszeit angeben. Auszugehen ist von der einzelvertraglich oder durch TV vereinbarten Arbeitszeit.[19] Auf die betriebsübliche Arbeitszeit oder die tatsächlich geleisteten Arbeitsstunden inklusive Überstunden kommt es nicht an. Bei der Geltendmachung handelt es sich um ein **Angebot zu einem Änderungsvertrag**.[20]

1. Dreimonatsfrist. a) Zweck. Das Angebot zur Vertragsänderung muss der Beschäftigte drei Monate vor dem Beginn der gewünschten Arbeitszeitverringerung geltend machen. Hierbei handelt es sich um eine Ankündigungs-

---

10 Annuß/Thüsing/*Mengel*, § 8 TzBfG Rn 3; *Beckschulze*, DB 2001, 2598; ErfK/*Preis*, § 8 TzBfG Rn 4; *Hanau*, NZA 2001, 1168; *Meinel/Heyn/Herms*, § 8 Rn 31; a.A. KDZ/*Zwanziger*, § 8 TzBfG Rn 14.
11 *Lindemann/Simon*, BB 2001, 146.
12 BT-Drucks 14/4374, S. 17.
13 Ebenso Annuß/Thüsing/*Mengel*, § 8 TzBfG Rn 27; ErfK/*Preis*, § 8 TzBfG Rn 8; *Preis/Gotthardt*, DB 2001, 145; *Rolfs*, RdA 2001, 129.
14 BT-Drucks 14/4374, S. 20; Annuß/Thüsing/*Mengel*, § 8 Rn 20; MünchArbR/*Natzel*, § 177 Rn 145 ff.
15 ArbG Mönchengladbach 30.5.2001 – 5 Ca 1157/01 – NZA 2001, 970; MünchArb/*Schüren*, Ergänzungsband, § 162 Rn 56 m.w.N.
16 ArbG Mönchengladbach 30.5.2001 – 5 Ca 1157/01 – NZA 2001, 970; Annuß/Thüsing/*Mengel*, § 8 Rn 7 m.w.N.
17 BAG 31.1.1991, AP § 23 KSchG Nr. 11.
18 Annuß/Thüsing/*Mengel*, § 8 Rn 10; ErfK/*Preis*, § 8 TzBfG, Rn 10; *Schiefer*, S. 33.
19 *Bauer*, NZA 2000, 1039; KDZ/*Zwanziger*, § 8 TzBfG Rn 9 ff.; *Meinel/Heyn/Herms*, § 8 Rn 26; *Preis/Gotthardt*, DB 2001, 145.
20 BAG 16.10.2007 – 9 AZR 239/07 – NZA 2008, 289; BAG 18.2.2003 – 9 AZR 164/02 – NZA 2003, 1392; BAG 18.5.2004 – 9 AZR 319/03 – BB 2004, 2824.

frist, die dem Schutz des AG dient.[21] Diese Regelung verbunden mit der Ablehnungsfrist nach Abs. 5 S. 2 u. 3 gibt dem AG mindestens **zwei Monate** Zeit, um feststellen zu können, ob das Teilzeitverlangen aus betrieblichen Gründen abgelehnt werden muss oder erfüllt werden kann (**Überlegungsfrist**). Für den Fall, dass keine betrieblichen Gründe entgegenstehen, gewährt der Gesetzgeber dem AG noch eine **einmonatige Vorbereitungsfrist**.[22]

8 **b) Frist/Form.** Die dreimonatige Frist bestimmt sich nach §§ **187 Abs. 1, 188 Abs. 2 BGB**.[23] Zwischen dem Zugang der Erklärung bei dem AG (§ 130 BGB) und dem Beginn der Arbeitszeitverkürzung müssen volle drei Monate liegen. Für den Beginn der Frist ist der Zugang des Antrags bei dem AG als Ereignis i.S.d. § 187 Abs. 1 BGB maßgebend. Die Frist beginnt somit am auf das Ereignis folgenden Tag um 0:00 Uhr und endet gem. § 188 Abs. 2 BGB mit dem Ablauf desjenigen Tages des letzten Monats, welcher durch seine Zahl dem Tag entspricht, in den das Ereignis gefallen ist.[24] Geht somit bspw. am 1.2.2008 der Antrag auf Teilzeit beim AG ein, so beginnt die Frist am 2.2.2008, 0:00 Uhr, und endet am 1.3.2008, 24:00 Uhr. Hält der AN die Dreimonatsfrist nicht ein, ist dies bedeutungslos, wenn der AG dennoch die Arbeitszeitverringerung mit dem AN **ohne Vorbehalt** erörtert. Denn darin ist ein **Verzicht** auf die ausschließlich zu seinem Schutz bestimmte gesetzliche Mindestfrist zu sehen.[25] Da § 22 Abs. 1 lediglich Abweichungen zulasten des AN ausschließt, ist ein solcher Verzicht auch unbedenklich. Geht der AG auf das Änderungsangebot zunächst nicht ein, ist ein **zu frühes Datum** des Beginns der Arbeitszeitverringerung dennoch für den Wunsch des AN unschädlich. Dies gilt zumindest dann, wenn seine Willenserklärung dahingehend ausgelegt werden kann, dass sich der Antrag auf den **nächst zulässigen Zeitpunkt** bezieht. Denn das Angebot auf Änderung des Arbeitsvertrages ist wie jede andere Willenserklärung der **Auslegung** nach § 133 BGB zugänglich.[26] Bei der Auslegung ist nicht nur auf den Wortlaut des Antrages, sondern vielmehr auf die Gesamtumstände abzustellen.[27] Regelmäßig ist in einem solchen Fall davon auszugehen, dass es dem AN vor allem um das „Ob" der Verringerung und erst in zweiter Linie um den Zeitpunkt der Verringerung geht, so dass das Verringerungsverlangen jedenfalls hilfsweise auf einen Zeitpunkt gerichtet ist, zu dem der AN den Beginn der Verringerung nach den gesetzlichen Regeln verlangen kann.[28] Anders als im Rahmen des Teilzeitanspruchs nach § 15 Abs. 6 und 7 BEEG bedarf es keiner Wiederholung des Antrags mit zutreffender Frist.[29] Allerdings gilt bei fristunterschreitenden Anträgen die Zustimmungsfiktion des Abs. 5 nicht.[30] Das Gesetz sieht keine **Formvoraussetzungen** für das Angebot zur Vertragsänderung vor. Aus Beweiszwecken bietet sich jedoch ein schriftlicher Antrag an.

9 **c) Beraterhinweis.** Um die mit der Auslegung des AN-Antrags verbundenen Risiken aufgrund von Unklarheiten bei der Fristberechnung zu verringern, kann der AG seine Verhandlungsobliegenheiten nach Abs. 3 zunächst dadurch erfüllen, dass er auf die nicht eingehaltene Frist hinweist. Es ist dann Aufgabe des AN im Rahmen der auch ihn treffenden Verhandlungsobliegenheiten darauf hinzuweisen, wie sein Verlangen auszulegen ist. Erst von diesem Zeitpunkt an ist der AG auch verpflichtet, mit dem AN die aus seiner Sicht bestehenden entgegenstehenden betrieblichen Gründe zu erörtern.[31]

10 **2. Inhalt.** Nach Abs. 2 muss der Antrag zumindest die gewünschte Arbeitszeitverringerung und ihren Umfang enthalten, um hinreichend bestimmt zu sein. Anstatt des gewünschten Beginns der Teilzeit kann auch ein Antrag auf Teilzeit zum nächst zulässigen Zeitpunkt gestellt werden, da der AG diesen anhand der gesetzlichen Vorgaben ermitteln kann. Darüber hinaus enthält Abs. 2 S. 2 eine Sollvorschrift bezüglich der gewünschten Verteilung der Arbeitszeit. Da das Änderungsangebot ein solches i.S.d. § 145 BGB ist,[32] muss es nach allgemeinem Vertragsrecht so formuliert sein, dass es mit einem einfachen Ja angenommen werden kann. Gleiches gilt aus dem Rückschluss des Abs. 5 S. 2 für den Verringerungsantrag.[33]

11 **a) Verringerung.** Dem Antrag muss zu entnehmen sein, dass der AN eine Verringerung der Arbeitszeit wünscht und in welchem Umfang dies erfolgen soll, Abs. 2 S. 1. Mindest- oder Höchstgrenzen für die gewünschte Verringerung sieht § 8 nicht vor. Der AN muss auch den **Umfang** der gewünschten Arbeitszeitreduzierung angeben. Dabei steht es ihm frei, entweder die Stundenzahl, die er weniger arbeiten will, anzugeben, oder die gewünschte neue Stundenzahl.[34] Dem Bestimmtheitsgebot ist jedoch auch dann genügt, wenn der AN dem AG den konkreten Umfang der Verringerung überlässt.[35] Ausschlaggebend ist, dass der AG nach verständiger Würdigung des Antrages ermitteln kann, von welcher neuen Arbeitszeit künftig auszugehen ist, so dass er hierauf basierend die Gegenleistung neu berechnen kann. Fehlen die erforderlichen Angaben, geht das Teilzeitverlangen ins Leere, da bei fehlender Angabe zum

---

21 BT-Drucks 14/4374, S. 17.
22 BAG 20.7.2004 – 9 AZR 626/03 – NZA 2004, 1090.
23 BAG 14.10.2003 – 9 AZR 636/02 – NZA 2004, 975.
24 BAG 14.10.2003 – 9 AZR 636/02 – NZA 2004, 975.
25 BAG 14.10.2003 – 9 AZR 636/02 – NZA 2004, 975.
26 BAG 18.2.2003 – 9 AZR 164/02 – NZA 2003, 1392.
27 BGH 19.12.2001 – XII ZR 281/99 – NJW 2002, 1260.
28 BAG 20.7.2004 – 9 AZR 626/03 – NZA 2004, 1090.
29 BAG 20.7.2004 – 9 AZR 626/03 – NZA 2004, 1090.
30 BAG 20.7.2004 – 9 AZR 626/03 – NZA 2004, 1090.
31 BAG 20.7.2004 – 9 AZR 626/03 – NZA 2004, 1090.
32 BAG 16.10.2007 – 9 AZR 239/07 – NZA 2008, 289; BAG 18.2.2003 – 9 AZR 164/02 – NZA 2003, 1392.
33 BAG 18.5.2004 – 9 AZR 319/03 – BB 2004, 2824.
34 Ebenso ErfK/*Preis*, § 8 TzBfG Rn 12.
35 BAG 16.10.2007 – 9 AZR 239/07 – NZA 2008, 289.

Umfang der Verringerung auch die Rechtsfolgen des Abs. 5 S. 2 nicht eintreten können.[36] Da es für den Anspruch nach § 8 **unerheblich** ist, aus welchen **Gründen** der AN seine Arbeitszeit verringern möchte,[37] muss der AN diese nicht angeben.

b) Arbeitszeitverteilung. § 8 beinhaltet des Weiteren den Anspruch auf Verteilung der verringerten Arbeitszeit. Ebenso wie der Verringerungsanspruch ist auch dieser auf Zustimmung des AG zu einer entsprechenden vertraglichen Vereinbarung gerichtet.[38] Allerdings handelt es sich bei der Geltendmachung der Arbeitszeitverteilung um einen **unselbstständigen Anspruch**, der nur im Zusammenhang mit der Arbeitszeitverringerung nach § 8 durchgesetzt werden kann. Eine Neuverteilung der Arbeitszeit ohne Arbeitszeitverringerung nach den Voraussetzungen des § 8 kommt nicht in Betracht. Da es sich bei Abs. 2 S. 2 um eine Sollbestimmung handelt, ist eine Neuverteilung durch den AN keine Wirksamkeitsvoraussetzung des Anspruchs nach § 8.[39] Dem AN steht es vielmehr frei, ob er nur eine Herabsetzung seiner Arbeitszeit verlangt oder zusätzlich eine bestimmte Verteilung der verringerten Arbeitszeit geltend macht.[40] Darüber hinaus besteht die Möglichkeit, dass der AN den Wunsch zur Verringerung der Arbeitszeit davon abhängig macht, dass der AG der gewünschten Arbeitszeitverteilung zustimmt.[41] Der AG muss die gewünschte Verteilung der Arbeitszeit in seinem Antrag auf Arbeitszeitverringerung nicht angeben.[42] Vielmehr soll es ausreichen, dass der AN die gewünschte Verteilung der verringerten Arbeitszeit in das Erörterungsverfahren über die Arbeitszeitverringerung mit einbringt.[43]

3. Sperrzeit (Abs. 6). Um die Planungssicherheit des AG für eine sinnvolle Personalplanung zu gewährleisten und diesen vor fortlaufenden Verhandlungen über Teilzeitansprüche zu schützen,[44] sieht der Gesetzgeber in Abs. 6 eine Sperrzeit von zwei Jahren für die erneute Geltendmachung des Teilzeitbegehrens vor. Da es sich bei dem Antrag auf Verteilung der Arbeitszeit lediglich um einen unselbstständigen Anspruch im Rahmen des Verringerungsanspruchs handelt, gilt für diesen Abs. 6 ebenfalls.[45] Gesetzlich vorgeschrieben ist die Sperrzeit in dem Fall, dass der AG einer Verringerung zustimmt oder sie berechtigt ablehnt. Da der Zweck der Sperrfrist allerdings auch dann erfüllt ist, wenn es zur Arbeitszeitverringerung wegen nicht fristgemäßer Ablehnung des Teilzeitwunsches kommt, oder sich die Arbeitsvertragsparteien über eine vorzeitige Teilzeit einigen, muss auch in diesen Fällen die Sperrfrist nach Abs. 6 ausgelöst werden. Insoweit handelt es sich um ein Redaktionsversehen.[46] Nach dem Gesetzeswortlaut wird die Sperrzeit nicht ausgelöst, wenn der AG die Arbeitszeitverringerung unberechtigt ablehnt. Gleiches gilt für den Fall eines unbestimmten und damit unwirksamen Verringerungsantrags.[47] Fristbeginn ist der Zeitpunkt der Zustimmung oder berechtigten Ablehnung, also eines Ereignisses i.S.v. § 187 Abs. 1 BGB. Abzustellen ist auf den Zeitpunkt des Zugangs der Erklärung des AG.[48] Die Frist endet nach § 188 Abs. 2 Hs. 1 BGB. Kommt es zur Arbeitszeitverringerung aufgrund gesetzlicher Fiktion nach Abs. 5 oder zu einvernehmlicher Vereinbarung, ist der jeweilige Zeitpunkt für den Beginn der Zweijahresfrist maßgeblich. Bei einer gerichtlichen Auseinandersetzung über die Berechtigung der Ablehnung beginnt die Sperrzeit mit Rechtskraft der gerichtlichen Entscheidung,[49] denn ein stattgebendes Urteil ersetzt die Zustimmungserklärung des AG gem. § 894 ZPO.[50] Anders ist dies, wenn das Gericht feststellt, dass der AG das Teilzeitbegehren zu recht abgelehnt hat. Aufgrund des eindeutigen Wortlautes des Abs. 6 ist dann auf den Zeitpunkt der berechtigten Ablehnung abzustellen.[51]

IV. Verfahren

Nach Zugang des Verringerungsantrags müssen die Arbeitsvertragsparteien diesen innerhalb eines Zeitraumes von zwei Monaten erörtern, um zu einer Vereinbarung zu gelangen (Abs. 3 S. 1). Ebenso haben sie Einvernehmen über die Verteilung der Arbeitszeit zu erzielen (Abs. 3 S. 2). Spätestens einen Monat vor dem gewünschten Beginn der Verringerung hat der AG dem AN seine Entscheidung mitzuteilen (Abs. 5 S. 1). Nach Abs. 4 S. 1 ist der AG verpflichtet, der Arbeitszeitverringerung und ihrer Verteilung nach den Wünschen des AN zuzustimmen, soweit betriebliche Gründe nicht entgegenstehen. Lehnt der AG das Gesuch des AN nicht spätestens einen Monat vor dem gewünschten Beginn schriftlich ab, verringert sich die Arbeitszeit nach Abs. 5 S. 2 in dem vom AN gewünschten Umfang. Gleiches gilt für den Verteilungswunsch der verringerten Arbeitszeit (Abs. 5 S. 3).

---

36 BAG 16.10.2007 – 9 AZR 239/07 – NZA 2008, 289.
37 BAG 9.12.2003 – 9 AZR 16/03 – NZA 2004, 921.
38 ArbG Mönchengladbach 30.5.2001 – 5 Ca 1157/01 – NZA 2001, 970; ArbG Bonn 20.6.2001 – 2 Ca 1414/01 EU – NZA 2001, 973; *Preis/Gotthardt*, DB 2001, 145.
39 BAG 18.5.2004 – 9 AZR 319/03 – BB 2004, 2824.
40 BAG 23.11.2004 – 9 AZR 644/03 – NZA 2005, 769.
41 BAG 23.11.2004 – 9 AZR 644/03 – NZA 2005, 769.
42 BAG 23.11.2004 – 9 AZR 644/03 – NZA 2005, 769.
43 BAG 23.11.2004 – 9 AZR 644/03 – NZA 2005, 769.
44 *Lindemann/Simon*, BB 2001, 146; *Preis/Gotthardt*, DB 2000, 2065.
45 ErfK/*Preis*, § 8 TzBfG Rn 49.
46 Annuß/Thüsing/*Mengel*, § 8 Rn 81; KDZ/*Zwanziger*, § 8 TzBfG Rn 49; MünchArb/*Schüren*, Ergänzungsband, § 162 Rn 88.
47 BAG 16.10.2007 – 9 AZR 239/07 – NZA 2008, 289.
48 Annuß/Thüsing/*Mengel*, § 8 Rn 85; Meinel/Heyn/Herms, § 8 Rn 109.
49 Annuß/Thüsing/*Mengel*, § 8 Rn 85; Meinel/Heyn/Herms, § 8 Rn 107.
50 BAG 19.8.2003 – 9 AZR 542/02 – AP § 8 TzBfG Nr. 4.
51 A.A. Annuß/Thüsing/*Mengel*, § 8 Rn 85.

15 **1. Erörterung (Abs. 3 S. 1).** Das Arbeitszeitverlangen des AN verpflichtet den AG nicht, sich mit dem AN zu einigen, aber einen ernsthaften Einigungsversuch zu unternehmen.[52] Es handelt sich insoweit um eine echte **Obliegenheit** des AG, die im Falle ihrer Verletzung Rechtsfolgen nach sich zieht.[53] Denn der AG ist **in einem späteren Prozess mit Einwendungen präkludiert**, die im Rahmen der Erörterung hätten vorgebracht werden können, der AG entgegen der Vorschrift aber nicht verhandelt hat.[54] Verstößt der AN gegen die gesetzliche Verhandlungsobliegenheit, führt dies allerdings nicht dazu, dass die Ablehnung der gewünschten Arbeitszeitverteilung unwirksam ist. Eine derartig schwerwiegende Rechtsfolge hätte der Gesetzgeber ausdrücklich anordnen müssen. Dies tut er in Abs. 5 S. 2 u. 3 allerdings nur für den Fall, dass der AG keinerlei Entscheidung fristgemäß bekannt gibt.[55] Ebenso wenig ist das Nichtverhandeln rechtsmissbräuchlich i.S.d. § 242 BGB, da die Obliegenheitsverletzung bereits die oben dargestellten Rechtsfolgen nach sich zieht.[56]

16 Nach dem Willen des Gesetzgebers hat der AG mit dem AN Einvernehmen über die vom AN festzulegende Verteilung der Arbeitszeit zu erzielen (Abs. 3 S. 2). Allerdings soll hierdurch lediglich die Herbeiführung einer einvernehmlichen Lösung zwischen den Arbeitsvertragsparteien zum Ausdruck gebracht werden, ohne dass eine Pflicht bestünde, dem Verteilungswunsch des AN stets zu entsprechen. Vielmehr verbleibt es bei dem grds. **Direktionsrecht** des AN nach § 106 GewO, so dass die Kompetenz zur Verteilung der Arbeitszeit grds. beim AG belassen bleibt.[57] Beschränkt wird das Direktionsrecht insoweit, als nach Abs. 4 S. 1 von dem Wunsch des AN nur dann abgewichen werden darf, wenn betriebliche Gründe diesem entgegenstehen.

17 **2. Mitteilung der Entscheidung (Abs. 5 S. 1).** Der AG ist verpflichtet, seine Entscheidung sowohl **über die Verringerung** der Arbeitszeit als auch **über ihre Verteilung** dem AN **spätestens einen Monat vor dem gewünschten Beginn** der Verringerung schriftlich mitzuteilen. Hieraus folgt zwar kein einklagbarer Anspruch des AN auf schriftliche Mitteilung, aber die Fiktionswirkung des Abs. 5 S. 2 u. 3. Da der Gesetzgeber anders als in § 15 Abs. 7 S. 2 BEEG **keinen Begründungszwang** festgelegt hat, kann sich die Entscheidung auch auf eine reine Verneinung des Antrags beschränken.[58] Aus einer fehlenden Begründung ergeben sich, anders als bei der Verletzung der Verhandlungsobliegenheit, keine Rechtsfolgen für ein mögliches Gerichtsverfahren.[59] Die Erklärung muss der AG selbst abgeben oder aber unter den Voraussetzungen des § 174 BGB durch einen bevollmächtigten Vertreter erklären lassen. Die Entscheidung muss der AG in **Schriftform** (§ 126 BGB) abgeben, da Textform i.S.d. § 126b BGB gesetzlich nicht vorgesehen ist. In Betracht kommt auch die elektronische Form, sofern die Vorraussetzungen des § 126a BGB erfüllt sind, § 126 Abs. 3 BGB.[60] Die **Monatsfrist** berechnet sich nach §§ 187 Abs. 1, 188 Abs. 2 Hs. 1 BGB. Bezugspunkt ist der gewünschte Beginn der Arbeitszeitverringerung. Hat jedoch der AN die Dreimonatsfrist zur Geltendmachung des Verringerungsanspruches nach Abs. 2 S. 1 nicht eingehalten, ist der Antrag nach der Rspr. des BAG auf den nächst zulässigen Zeitpunkt[61] auszulegen. Andernfalls würde die Entscheidungsfrist des AG unzulässig verkürzt.

18 **3. Beraterhinweis.** Bei Eingang des Teilzeitbegehrens sollten sämtliche Fristen notiert werden und ein Termin zur Erörterung rechtzeitig vor dem Ablauf der First zur Ablehnung mit dem AN vereinbart werden. Darüber hinaus sollte das Erörterungsgespräch wegen der Präklusionswirkung gut vorbereitet werden; denkbar ist, ein dreistufiges Prüfschema zugrunde zu legen (vgl. unten Rn 22), um eine Präklusion zu vermeiden. Das Ergebnis des Erörterungsgespräches sollte aus Beweisgründen dokumentiert werden.

V. Reaktionsmöglichkeiten des AG

19 **1. Zustimmung.** Stimmt der AG der Verringerung der Arbeitszeit zu, ist darin die Annahme des Angebots zur Vertragsänderung zu sehen. Rechtsfolge hiervon ist die **einvernehmliche Änderung des Arbeitsvertrages**. Es besteht auch die Möglichkeit, dem Verringerungsantrag grds. zuzustimmen, allerdings von dem Direktionsrecht Gebrauch zu machen und eine andere Arbeitszeitverteilung vorzunehmen.[62] Anders ist die Rechtslage zu bewerten, wenn der AN das Verlangen auf Verringerung der Arbeitszeit mit seinem konkreten Verteilungswunsch derartig verbindet,

---

52 BAG 18.2.2003 – 9 AZR 356/02 – AP § 8 TzBfG Nr. 1.
53 BAG 18.2.2003 – 9 AZR 356/02 – AP § 8 TzBfG Nr. 1; BAG 20.7.2004 – 9 AZR 626/03 – NZA 2004, 1090; a.A. Annuß/Thüsing/*Mengel*, § 8 Rn 93.
54 BAG 18.2.2003 – 9 AZR 356/02 – AP § 8 TzBfG Nr. 1; KDZ/*Zwanziger*, § 8 TzBfG Rn 39; *Meinel/Heyn/Herms*, § 8 Rn 46.
55 BAG 18.2.2003 – 9 AZR 356/02 – AP § 8 TzBfG Nr. 1; LAG Baden-Württemberg 4.11.2002 – 15 Sa 53/02 – LAG-Report 2003, 230.
56 BAG 18.2.2003 – 9 AZR 356/02 – AP § 8 TzBfG Nr. 1.
57 ErfK/*Preis*, § 8 TzBfG Rn 14; *Hromadka*, NJW 2001, 400.
58 BAG 18.2.2003 – 9 AZR 356/02 – AP § 8 TzBfG Nr. 1; ArbG Bonn 20.6.2001 – 2 Ca 1414/01 EU – NZA 2001, 973.
59 Ebenso: Annuß/Thüsing/*Mengel*, § 8 Rn 115; *Diller*, NZA 2001, 589; ErfK/*Preis*, § 8 TzBfG Rn 16; a.A. MünchArb/*Schüren*, Ergänzungsband, § 162 Rn 81.
60 *Meinel/Heyn/Herms*, § 8 Rn 88; differenzierend: Annuß/Thüsing/*Mengel*, § 8 Rn 114; a.A. ErfK/*Preis*, § 8 Rn 17, der die Textform für ausreichend hält.
61 BAG 20.7.2004 – 9 AZR 626/03 – NZA 2004, 1090.
62 Annuß/Thüsing/*Mengel*, § 8 TzBfG Rn 131; *Lindemann/Simon*, BB 2001, 146; KDZ/*Zwanziger*, § 8 TzBfG Rn 17; *Meinel/Heyn/Herms*, § 8 Rn 55.

dass sein Änderungsangebot von der Festsetzung der gewünschten Arbeitszeitverteilung abhängig ist. In einem solchen Fall kann der AG das Änderungsangebot nur einheitlich annehmen oder ablehnen, § 150 Abs. 2 BGB.[63]

2. Keine/fehlerhafte Reaktion. Unterlässt der AG die Mitteilung seiner Entscheidung über den Antrag des AN oder äußert er sich fehlerhaft, d.h. verfristet oder nicht schriftlich, ohne dies bis zum Ablauf der Frist nachzuholen, greift, anders als bei Teilzeitbegehren nach § 15 Abs. 6 u. 7 BEEG und § 3 Abs. 1 u. 4 PflegeZG, eine **Zustimmungsfiktion** nach Abs. 5 S. 2 u. 3.[64] Die Fiktionswirkung bezieht sich zum einen auf die Verringerung der Arbeitszeit in dem vom AN gewünschten Umfang (Abs. 5 S. 2) und zum anderen – wenn dies der AN geltend gemacht hat – auf die vom AN gewünschte Verteilung der Arbeitszeit (Abs. 5 S. 3). Fehlt ein Verteilungswunsch, beschränkt sich die Fiktion auf die Verringerung der Arbeitszeit nach Maßgabe des Abs. 5 S. 2. Der AG hat dann selbst nach den Grundsätzen billigen Ermessens die Verteilung der verringerten Arbeitszeit festzusetzen, § 106 GewO.[65] Das Direktionsrecht umfasst auch die Zuteilung von Samstagsarbeit an die Teilzeitkräfte, es sei denn, die Arbeit an bestimmten Arbeitstagen ist vertraglich ausgeschlossen.[66]

3. Ablehnung. Der AG kann die Verringerung der Arbeitszeit und ihre Verteilung ablehnen, wenn betriebliche Gründe entgegenstehen. Diese können sich gegen die Arbeitszeitverringerung oder aber gegen die gewünschte Verteilung richten. Darüber hinaus besteht auch die Möglichkeit, den Teilzeitantrag mit der Begründung abzulehnen, dass die sachlichen und personenbezogenen Voraussetzungen des § 8 nicht erfüllt sind. Bei Ablehnung des Teilzeitgesuchs bleibt es bei dem bisherigen Arbverh auf Basis des unveränderten Arbeitsvertrages, denn mit der Ablehnung des Angebots zur Änderung des Arbeitsvertrages erlischt der Antrag des AN gem. § 146 BGB. Gleichzeitig löst die Ablehnung den Lauf der zweijährigen Sperrfrist zur erneuten Geltendmachung eines Verringerungsantrages nach Abs. 6 aus.

a) Betrieblicher Grund. Bei dem Begriff „betrieblicher Grund" handelt es sich um einen unbestimmten Rechtsbegriff, den der Gesetzgeber durch die **Regelbeispiele** des Abs. 4 S. 2 näher bestimmt. Aus dem Gesetzeswortlaut „insbesondere" geht aber hervor, dass die gesetzliche Aufzählung **nicht abschließend** ist. Entgegen dem Referentenentwurf bedarf es keiner „dringenden" betrieblichen Gründe, sondern rational nachvollziehbarer Gründe, um unzumutbare Anforderungen an die Ablehnung durch den AG auszuschließen.[67] Diese müssen hinreichend gewichtig sein.[68] **Maßgeblicher Zeitpunkt** für diese Feststellung ist die **Ablehnung des Arbeitszeitwunsches** durch den AG.[69] Ob im jeweiligen Einzelfall ein hinreichend gewichtiger betrieblicher Grund zur Ablehnung berechtigt, ist anhand der von der Rspr. entwickelten **dreistufigen Prüfungsfolge**[70] zu ermitteln. Dieser gilt auch für die Verteilung der Arbeitszeit.[71] In der **ersten Stufe** ist festzustellen, ob überhaupt und wenn ja, welches betriebliche Organisationskonzept der vom AG als erforderlich angesehenen Arbeitszeitregelung zugrunde liegt. Unter dem Begriff des **Organisationskonzepts** ist dasjenige Konzept zu verstehen, mit dem die unternehmerische Aufgabenstellung im Betrieb verwirklicht werden soll. In einer **zweiten Stufe** ist zu prüfen, inwieweit die Arbeitszeitregelung dem Arbeitszeitverlangen des AN tatsächlich entgegensteht. Dies beinhaltet auch die Prüfung, ob durch eine dem AG zumutbare Änderung von betrieblichen Abläufen oder des Personaleinsatzes die betrieblich als erforderlich angesehenen Arbeitszeit unter Wahrung des Organisationskonzepts mit dem individuellen Arbeitszeitwunsch des AN zur Deckung gebracht werden kann. Ist dies nicht der Fall, erfolgt in der **dritten Stufe** eine Gewichtung der entgegenstehenden betrieblichen Gründe. Zu prüfen ist, ob durch die vom AN gewünschte Arbeitszeitabweichung und -verteilung, die in Abs. 4 S. 2 genannten Regelbeispiele oder ein ihm vergleichbarer grds. Belang oder das betriebliche Organisationskonzept und die ihm zugrunde liegenden unternehmerischen Aufgabenstellungen wesentlich beeinträchtigt werden.[72]

aa) Organisation im Betrieb (Abs. 4 S. 2 Alt. 1). Als wesentliche Beeinträchtigung der Organisation im Betrieb ist der Fall anerkannt, dass der Arbeitszeitwunsch einer Erzieherin dem heilpädagogischen Konzept, das im Interesse der behinderten Kinder eine kontinuierliche Betreuung vorsieht, entgegensteht.[73] Ebenso kommt eine Kollision bei sonstigen pädagogischen Konzepten in Betracht.[74] Als betrieblicher Grund ist ebenfalls denkbar, dass das Organisationskonzept, wonach möglichst jeder Kunde nur von einem Verkäufer bedient werden soll, dem Teilzeitbegehren entgegensteht.[75] Ein betrieblicher Grund, der zur Ablehnung des Teilzeitwunsches eines AN berechtigt, soll auch

---

63 BAG 18.2.2003 – 9 AZR 356/02 – AP § 8 TzBfG Nr. 1; BAG 18.2.2003 – 9 AZR 164/02 – NZA 2003, 1392.
64 BAG 19.8.2003 – 9 AZR 542/02 – AP § 8 TzBfG Nr. 4.
65 BAG 18.5.2004 – 9 AZR 319/03 – BB 2004, 2824.
66 ArbG Frankfurt 19.5.2000 – 1 Ca 2770/99 – DPA PM v. 19.5.2000.
67 BT-Drucks 14/4374, S. 17.
68 BAG 16.10.2007 – 9 AZR 239/07 – AP § 8 TzBfG Nr. 23; BAG 18.2.2003 – 9 AZR 164/02 – NZA 2003, 1392.
69 BAG 18.2.2003 – 9 AZR 356/02 – AP § 8 TzBfG Nr. 1.
70 BAG 16.10.2007 – 9 AZR 239/07 – NZA 2008, 289; BAG 15.8.2006 – 9 AZR 30/06 – NZA 2007, 259; BAG 18.2.2003 – 9 AZR 164/02 – NZA 2003, 1392.
71 BAG 18.2.2003 – 9 AZR 164/02 – NZA 2003, 1392; BAG 16.3.2004 – 9 AZR 323/03 – AP § 8 TzBfG Nr. 10 = NZA 2004, 1047.
72 BAG 16.10.2007 – 9 AZR 239/07 – AP § 8 TzBfG Nr. 23.
73 BAG 19.8.2003 – 9 AZR 542/02 – AP § 8 TzBfG Nr. 4.
74 BAG 18.3.2003 – 9 AZR 126/02.
75 BAG 16.10.2007 – 9 AZR 239/07 – NZA 2008, 289; BAG 30.9.2003 – 9 AZR 665/02 – AP § 8 TzBfG Nr. 5.

dann vorliegen, wenn die Betriebsorganisation mit den Interessenvertretern des AN abgestimmt ist und der Arbeitszeitwunsch mit dieser kollidiert.[76] Gleiches wurde angenommen bei dem Teilzeitwunsch eines AN einer Luftfahrtgesellschaft, dessen gewünschtes Arbeitszeitvolumen sich nicht mit den Umlaufketten (sechs Tage am Stück) in Übereinstimmung bringen ließ.[77]

24 Zumutbare Änderungen von betrieblichen Abläufen oder des Personaleinsatzes liegen nach Auffassung des BAG vor, wenn der AG die ausgefallene Arbeitszeit durch die Einstellung einer Teilzeitkraft ausgleichen kann.[78] Diese Verpflichtung darf der AG nicht dadurch umgehen, dass er zu hohe fachliche Anforderungen an die erforderliche Qualifikation der Ersatzkraft stellt.[79] Unzumutbar soll hingegen eine Verpflichtung des AG sein, zum Ausgleich der verringerten Arbeitszeit eine Vollzeitkraft bei gleichzeitigem Abbau von Überstunden anderer AN einzustellen.[80] Ebenso wenig kann der AN vom AG verlangen, den Arbeitszeitausfall durch dauernde Überstunden anderer AN auszugleichen.[81] Unzumutbar ist auch die Inanspruchnahme von Leiharbeit zum Ausgleich des Arbeitszeitausfalls, es sei denn, dass der AG ohnehin auf Leiharbeit als übliche Maßnahme zurückgreift.[82]

25 Im Rahmen der Überprüfung des Gewichts der dem Teilzeitwunsch entgegenstehenden betrieblichen Gründe auf einer dritten Stufe ist die Beeinträchtigung eines Organisationskonzepts nicht wesentlich, wenn dieses auch bei Einsatz aller AN in Vollzeit nicht erreicht werden kann.[83] Darüber hinaus kommt einer bereits vom AG verlangten Bereitschaft zur Ableistung von Teilzeitarbeit Indizwirkung dafür zu, dass Teilzeitarbeit die Organisation und den Arbeitsablauf im Betrieb nicht wesentlich beeinträchtigt.[84]

26 **bb) Arbeitsablauf und Sicherheit im Betrieb (Abs. 4 S. 2 Alt. 2 und 3).** Einen betrieblichen Grund zur Ablehnung des Teilzeitwunsches stellen auch die Beeinträchtigung des Arbeitsablaufs oder der Sicherheit im Betrieb dar. Als Beispiele wurden insoweit die Beeinträchtigung von Maschinenlaufzeiten, von komplexen Schichtsystemen, die Auslastung von Fabrikationsmaschinen oder terminsgebundene Montagen genannt.[85] Auch die Beeinträchtigung von Team- und Gruppenarbeit kommt in Betracht.[86] Dem Teilzeitwunsch eines AN steht es aber nicht entgegen, dass andere AN regelmäßig an bestimmten Wochentagen Urlaub in Anspruch nehmen. Denn soweit die Erfüllung von Urlaubswünschen im Einzelfall zu einer Unterbesetzung im Betrieb führen würde, kann der AG diesen Wünschen dringende betriebliche Belange i.S.v. § 7 Abs. 1 BUrlG entgegenhalten.[87] Beeinträchtigungen des Arbeitsablaufs lassen sich häufig von solchen der Betriebsorganisation nicht unterscheiden. Jedenfalls ist bei beiden Ablehnungsgründen die dreistufige Prüfung des Organisationskonzepts vorzunehmen.

Hingegen ist ein Sachverhalt, bei dem Teilzeitarbeit die Sicherheit im Betrieb beeinträchtigen würde, selten darzustellen.

27 **cc) Verursachung wesentlicher Kosten (Abs. 4 S. 2 Alt. 4).** Würde die Realisierung des Teilzeitarbeitswunsches unverhältnismäßige Kosten aufseiten des AG verursachen, ist darin ebenfalls ein betrieblicher Grund zur Ablehnung zu sehen. Unverhältnismäßige Kosten liegen nicht erst mit unzumutbaren Belastungen oder gar einer Gefährdung von Arbeitsplätzen vor.[88] Andererseits können die Kosten, die bei jeder Umgestaltung eines Vollzeit- in einen Teilzeitarbeitsplatz entstehen, nicht genügen, um einen Teilzeitanspruch abzulehnen.[89] Unverhältnismäßig ist ein Teilzeitwunsch jedenfalls, wenn die wirtschaftlichen Auswirkungen für den AG nicht mehr tragfähig sind.[90] Dies ist bspw. dann der Fall, wenn zusätzliche Arbeitskräfte eingesetzt werden müssten, deren Schulung und Einarbeitung zu einer unzumutbaren Relation zwischen Personalkosten und Wertschöpfung des AG führen würden. Welcher Einarbeitungsaufwand noch zumutbar ist, ist anhand der betrieblichen Umstände des Einzelfalles zu erörtern. Unter Hinweis auf das Kündigungsschutzrecht soll aber eine dreimonatige Einarbeitungsfrist einem AG noch zumutbar sein.[91] Des Weiteren ist von unverhältnismäßigen Kosten auszugehen, wenn für eine zusätzliche Arbeitskraft verhältnismäßig teure Betriebsmittel, wie bspw. ein weiterer Dienstwagen,[92] zur Verfügung gestellt werden müssten.

---

76 LAG Baden-Württemberg 4.11.2002 – 15 Sa 53/02 – LAG-R 2003, 230.
77 BAG 13.11.2007 – 9 AZR 35/07 – AP § 8 TzBfG Nr. 8; BAG 15.8.2006 – 9 AZR 30/06 – NZA 2007, 259.
78 BAG 14.10.2003 – 9 AZR 636/02 – NZA 2004, 975 = AP § 8 TzBfG Nr. 6.
79 BAG 14.10.2003 – 9 AZR 636/02 – NZA 2004, 975 = AP § 8 TzBfG Nr. 6.
80 BAG 9.12.2003 – 9 AZR 16/03 – NZA 2004, 921.
81 BAG 9.12.2003 – 9 AZR 16/03 – NZA 2004, 921.
82 BAG 9.12.2003 – 9 AZR 16/03 – NZA 2004, 921.
83 BAG 30.9.2003 – 9 AZR 665/02 – AP § 8 TzBfG Nr. 5.
84 LAG Berlin 20.2.2002 – 4 Sa 2243/01 – NZA 2002, 858.
85 ErfK/*Preis* § 8 Rn 29, 30.
86 Annuß/Thüsing/*Mengel*, § 8 Rn 148.
87 LAG Rheinland-Pfalz 11.2.2004 – 10 Sa 1307/03 – NZA-RR 2004, 341.
88 Annuß/Thüsing/*Mengel*, § 8 Rn 156.
89 ArbG Mönchengladbach 30.5.2001 – 5 Ca 1157/01 – NZA 2001, 970; ArbG Stuttgart 5.7.2001 – 21 Ca 2762/01 – NZA 2001, 968.
90 LAG Düsseldorf 19.4.2002 – 9 (12) Sa 11/02 – EzA-SD 2002 Nr. 6, 9–11.
91 LAG Niedersachsen 26.6.2003 – 4 Sa 1306/02 – NZA-RR 2004, 123.
92 LAG Niedersachsen 18.11.2002 – 17 Sa 487/02 -DB 2003, 1064.

dd) **Sonstige betriebliche Gründe.** Darüber hinaus können auch weitere Umstände betriebliche Gründe darstellen, welche zur Ablehnung eines Teilzeitwunsches berechtigen. Denkbar sind hierbei bspw.: Die Unteilbarkeit des betroffenen Arbeitsplatzes,[93] Fehlen zusätzlicher Arbeitskräfte auf dem betrieblichen Arbeitsmarkt[94] und künstlerische Belange nach Art. 5 Abs. 3 S. 1 GG. Demnach können auch subjektive künstlerische Gesichtspunkte dem Teilzeitwunsch entgegenstehen, wobei an die Darlegung der Beeinträchtigung der Kunstfreiheit durch die Teilzeit keine überzogenen Anforderungen gestellt werden dürfen.[95]

ee) **Beraterhinweise.** Die (erfolglosen) Bemühungen um eine Teilzeitersatzkraft sollten dokumentiert werden, etwa durch den Nachweis von Stellenanzeigen oder entsprechende Auskünfte der AA.

b) **Tarifvertragliche Gründe.** Die Ablehnungsgründe können durch TV festgelegt werden (Abs. 4 S. 3). Die Anwendung solcher tariflichen Regelungen kann zwischen nicht tarifgebundenen Arbeitsvertragsparteien im Geltungsbereich eines solchen TV vereinbart werden (Abs. 4 S. 4). Die durch TV festgelegten betrieblichen Gründe dürfen die gesetzlichen nur konkretisieren oder aber den Teilzeitanspruch zugunsten der AN erweitern. Denn nach § 22 Abs. 1 sind auch tarifvertragliche Regelungen unwirksam, die zu Ungunsten der AN vom Gesetz abweichen.[96] Eine tarifliche Regelung, welche den Teilzeitanspruch ganz ausschließt oder besondere Gründe für den Teilzeitanspruch verlangen, ist hingegen unzulässig.[97] Darüber hinaus kann sich aus einer tariflichen Norm ergeben, dass ein Teilzeitanspruch nicht besteht, weil die bisherige Arbeitszeit bereits unterhalb der tariflichen Normalarbeitszeit liegt.[98] Durch (freiwillige) BV können aufgrund des klaren Wortlauts des Abs. 4 und der Regelung des § 22 Abs. 1 hingegen richtigerweise keine Ablehnungsgründe konkretisiert werden.[99] Dies gilt selbst dann, wenn der Tarifvertrag eine Öffnungsklausel für derartige BV enthält; denn Abs. 4 verweist auf die Festlegung von Ablehnungsgründen „durch" TV, nicht aber „aufgrund" eines TV, wie dies etwa in § 7 ArbZG vorgesehen ist.

VI. Mitbestimmungsfragen

Aus § 22 Abs. 1 geht hervor, dass auch durch BV nicht zu Ungunsten des AN abgewichen werden darf. Dementsprechend kann nicht davon ausgegangen werden, dass betriebsverfassungsrechtliche Regelungen ohne Weiteres dem Teilzeitanspruch vorgehen.[100] Umgekehrt lässt § 8 aber auch das **Mitbestimmungsrecht** des BR nach **§ 87 Abs. 1 BetrVG** unberührt.[101] Ein Mitbestimmungsrecht nach § 87 Abs. 1 BetrVG besteht nur, soweit keine inhaltlich und abschließend regelnden gesetzlichen Regelungen existieren. Aus § 8 ergibt sich aber ein Regelungsspielraum für den AG, da es ihm im Rahmen der betrieblichen Gründe zur Ablehnung des Teilzeitverlangens obliegt, die betrieblichen Aufgabenstellungen festzulegen und die sich daraus ergebenden Konsequenzen hinsichtlich der Verteilung der Arbeitszeit zu ziehen. Das folglich bestehende Bestimmungsrecht des AG ermöglicht eine Mitbestimmung des BR.[102] Folge dessen ist, dass BV bspw. über die Lage der Arbeitszeit Regelungen enthalten können, hinter denen die Arbeitszeitwünsche der einzelnen AN zurückstehen müssen,[103] soweit sie Teilzeit nicht grds. ausschließen. Der AG kann somit die Verringerung ablehnen, wenn allein die Verteilung der Arbeitszeit mit einer bestehenden betrieblichen Vereinbarung nicht in Einklang gebracht werden kann.[104] Die bloße Änderung der Arbeitszeit aufgrund Teilzeitbeschäftigung ohne weitere Änderung des Arbeitsbereiches stellt **keine mitbestimmungspflichtige Einstellung oder Versetzung** i.S.d. § 99 Abs. 1 BetrVG dar.[105] Dies ist daraus zu folgern, dass Voraussetzung für eine Arbeitszeitverringerung ein bestehendes Arbverh auf einem bestimmten Arbeitsplatz ist. Nur auf diesen Arbeitsplatz bezieht sich der Teilzeitanspruch. Solange sich die Arbeitsvertragsparteien nicht darüber hinaus auf eine Änderung des Arbeitsinhalts einigen, besteht kein Mitbestimmungsrecht nach § 99 Abs. 1 BetrVG.

VII. Nachträgliche Änderung der Verteilung der Arbeitszeit (Abs. 5 S. 4)

Nach Abs. 5 S. 4 ist der AG dazu berechtigt, die Verteilung der Arbeitszeit wieder zu ändern, wenn das betriebliche Interesse daran das Interesse des AN an der Beibehaltung erheblich überwiegt und der AG die Änderung spätestens

---

93 ArbG Frankfurt/Oder 14.9.2000 – 2 Ca 560/00 – DB 2001, 983.
94 BAG 9.12.2003 – 9 AZR 16/03 – NZA 2004, 921; LAG Niedersachsen 26.6.2003 – 4 Sa 1306/02 – NZA-RR 2004, 123.
95 BAG 27.4.2004 – 9 AZR 522/03 – NZA 2004, 1225.
96 Annuß/Thüsing/*Mengel*, § 8 Rn 166; KDZ/*Zwanziger*, § 8 Rn TzBfG 32; Lindemann/Simon, BB 2001, 146; Meinel/Heyn/Herms, § 8 Rn 81.
97 BAG 18.3.2003 – 9 AZR 126/02 – AP § 8 TzBfG Nr. 3.
98 LAG Köln 4.12.2001 – 9 Sa 726/01 – AuR 2002, 189.
99 Annuß/Thüsing/*Mengel*, § 8 Rn 169; a.A. LAG Köln 10.11.2005 – 5 Sa 1125/05; offen gelassen von BAG 15.8.2006 – 9 AZR 30/06 – NZA 2007, 259 und BAG 24.6.2008 – 9 AZR 313/07 – NZA 2008, 1309.
100 BAG 18.2.2003 – 9 AZR 164/02 – NZA 2003, 1392.
101 BAG 24.6.2008 – 9 AZR 313/07 – juris; BT-Drucks 14/4625, S. 20.
102 BAG 18.2.2003 – 9 AZR 164/02 – NZA 2003, 1392.
103 Annuß/Thüsing/*Mengel*, § 8 Rn 167; ErfK/*Preis*, § 8 TzBfG Rn 41; KDZ/*Zwanziger*, § 8 TzBfG Rn 54; MünchArb/*Schüren*, Ergänzungsband, § 162 Rn 67; *Preis*/*Gotthardt*, DB 2001, 145; BAG 18.2.2003 – 9 AZR 164/02 – AP § 8 TzBfG Nr. 2 m. Anm. *Heyn*.
104 BAG 24.6.2008 – 9 AZR 313/07 – juris; BAG 18.2.2003 – 9 AZR 164/02 – AP § 8 TzBfG Nr. 2 m. Anm. *Heyn*.
105 LAG Hamm 10.10.2003 – 10 TaBV 104/03 – EzA-SD 2003, Nr. 24, 13; Annuß/Thüsing/*Mengel*, § 8 Rn 271; *Hanau*, NZA 2001, 1168; *Preis*/*Gotthardt*, DB 2001, 145.

einen Monat vorher angekündigt hat. Der Gesetzgeber gibt somit dem AG die Möglichkeit, nachträglich über die **Arbeitszeitlage** zu disponieren, nicht aber den Umfang der Arbeitszeit erneut zu ändern. Ein entsprechendes Änderungsrecht muss dem AG aber nicht nur in dem gesetzlich geregelten Fall der einvernehmlichen (Abs. 3 S. 2) oder Kraft gesetzlicher Fiktion eintretenden (Abs. 5 S. 3) Festlegung der Arbeitszeitlage zustehen, sondern auch in den Fällen, in denen das Einvernehmen des AG durch gesetzliches Urteil nach § 894 ZPO ersetzt wird.[106] Ein Änderungsrecht besteht jedoch nicht für Arbeitszeitverringerungen außerhalb des Anwendungsbereichs des § 8.[107] Voraussetzung des Änderungsrechtes ist, dass das betriebliche Interesse des AG an der Änderung der Arbeitszeitverteilung dem Interesse des AN an der Beibehaltung erheblich überwiegt. Dementsprechend muss der AG im Rahmen einer einzelfallbezogenen Interessenabwägung deutlich bedeutsamere Gründe zur Arbeitszeitverteilung vorbringen, als solche, welche zugunsten des AN-Interesses sprechen. Zu berücksichtigen sind aufseiten des AG dessen betriebliche Interessen. Wie allerdings die Entscheidung des BAG zu künstlerischen Belangen zeigt,[108] können hierzu auch betriebliche Belange gehören, die nicht allein zu betriebsorganisatorischen und betriebswirtschaftlichen Erwägungen zählen. Die **einmonatige Ankündigungsfrist** ergibt sich aus §§ 187 Abs. 1, 188 Abs. 2 S. 1, 1. Hs. BGB. Bislang nicht geklärt ist, ob die nicht fristgerechte Ankündigung die Änderung unwirksam werden lässt. In entsprechender Anwendung der Rspr. zum nicht fristgerechten Antrag auf Arbeitszeitverringerung und zur Herstellung der Waffengleichheit zwischen den Arbeitsvertragsparteien wird eine nicht fristgerechte Ankündigung in der Regel dahingehend auszulegen sein, dass der AG hilfsweise zum nächst zulässigen Zeitpunkt die Änderung durchführen will. Das Änderungsrecht stellt ein gesetzliches Teilkündigungsrecht[109] und somit eine Willenserklärung dar,[110] die der Auslegung nach § 133 BGB zugänglich ist.

C. Rechtsfolgen

33 § 8 enthält keine Aussage über die Folgen der Verringerung der Arbeitszeit für das Arbverh. Aus einem Rückschluss aus dem Diskriminierungsverbot des § 4 Abs. 1 sowie des Grundsatzes von „kein Lohn ohne Arbeit" ist zu folgern, dass der **Gegenleistungsanspruch** des AN aus § 611 BGB **proportional** zur Verringerung seiner geschuldeten Arbeitsleistung **verringert** werden muss. Dies gilt zumindest so lange, wie keine gesonderte einzel- oder kollektivvertragliche Regelung der Teilzeitansprüche besteht.[111]

34 Bislang nicht entschieden ist, ob dem AN bei einer unberechtigten Ablehnung ein **Schadenersatzanspruch** zusteht.[112] Das LAG Düsseldorf ist der Auffassung, dass § 8 auch materielle Interessen des AN an der Erhaltung der Erwerbsgrundlage schützt, so dass generell ein Schadenersatzanspruch nicht ausgeschlossen werden kann.[113] Jedenfalls wird regelmäßig bei einer unberechtigten Ablehnung kein Schaden entstehen, weil der AN weiterhin mit der höheren Stundenzahl und höheren Vergütung als bei einer Teilzeittätigkeit arbeiten wird und folglich keine Vermögenseinbuße erleidet. RA-kosten des AN sind wegen § 12a ArbGG, der auch den materiellrechtlichen Kostenerstattungsanspruch ausschließt, nicht ersatzfähig.

35 Ist von der Arbeitszeitverkürzung ein **BR-Mitglied** betroffen, hat er die ihm obliegenden BR-Tätigkeiten nunmehr im Rahmen der verringerten Arbeitszeit zu erfüllen. Reicht hierfür die verringerte Arbeitszeit nicht aus, kann er grds. keine gesonderte Vergütung dieser Tätigkeit verlangen. § 37 BetrVG gewährt keinen eigenständigen Vergütungsanspruch, sondern ist Ausprägung des Lohnausfallprinzips. Auch § 37 Abs. 3 BetrVG gewährt für außerhalb der Arbeitszeit durchgeführte Betriebsratstätigkeit nur „entsprechende" Arbeitszeitbefreiung unter Fortzahlung der Vergütung.

D. Gerichtliche Durchsetzung

I. Hauptsacheverfahren

36 Trotz fehlender gesetzlicher Normierung muss der Teilzeitanspruch bei fehlender Einigung der Teilzeitvertragsparteien gerichtlich eingeklagt werden.[114] Der AN kann seinen Teilzeitanspruch nicht dadurch durchsetzen, dass er ein Leistungsverweigerungsrecht oder Zurückbehaltungsrecht geltend machen könnte. Denn bis zur Rechtskraft der endgültigen Entscheidung schuldet der AN Leistungen nach dem alten Arbeitsvertrag.[115] Nichtleistung in dem vertraglich geschuldeten Arbeitsumfang müsste als Arbeitsverweigerung beurteilt werden, der der AG arbeitsrechtliche Maßnahmen bis hin zur außerordentlichen Künd entgegensetzen könnte.

---

106 Ebenso: ErfK/*Preis*, § 8 TzBfG Rn 45; *Meinel/Heyn/Herms*, § 8 Rn 99.
107 BAG 17.7.2007 – 9 AZR 819/06 – NZA 2008, 118.
108 BAG 27.4.2004 – 9 AZR 522/03 – NZA 2004, 1225.
109 *Preis/Gotthardt*, DB 2001, 145; ErfK/*Preis*, § 8 TzBfG Rn 44.
110 BAG 5.12.2002 – 2 AZR 478/01 – AP § 123 BGB Nr. 63.
111 Ebenso: Annuß/Thüsing/*Mengel*, § 8 Rn 199; MünchArb/*Schüren*, Ergänzungsband, § 162 Rn 72.
112 Ablehnend: *Hanau*, NZA 2001, 1172.
113 LAG Düsseldorf 2.7.2003 – 12 Sa 407/03 – NZA-RR 2004, 234.
114 Annuß/Thüsing/*Mengel*, § 8 Rn 223; *Lindemann/Simon*, BB 2001, 146; ErfK/*Preis*, § 8 TzBfG Rn 50.
115 BAG 19.8.2003 – 9 AZR 542/02 – AP § 8 TzBfG Nr. 4.

1. Klageart. Welcher statthaften Klageart sich der AN bedienen muss, um seinen Teilzeitanspruch durchzusetzen, hängt von seinem Begehren ab. Bei der **Klage auf Arbeitszeitverringerung** handelt es sich um eine **allgemeine Leistungsklage**, die auf Zustimmung zur Änderung des Arbeitsvertrages, also auf Abgabe einer Willenserklärung durch den AG, gerichtet ist. Gem. § 894 ZPO gilt die Willenserklärung mit Rechtskraft des Urteils als abgegeben.[116] Ebenso handelt es sich bei der **Klage auf Zustimmung zur gewünschten Verteilung** der Arbeitszeit um eine **Leistungsklage**. Die hierfür benötigte Willenserklärung wird ebenfalls gem. § 894 ZPO mit Rechtskraft des Urteils ersetzt.[117] Begehrt der Kläger sowohl die Verringerung seiner Arbeitszeit als auch deren Neuverteilung, handelt es sich im Hinblick auf § 308 ZPO um einen einheitlichen Antrag auf Zustimmung zur Änderung des Arbeitsvertrages.[118] Begehrt der AN hingegen Rechtsschutz gegen die nach Abs. 5 S. 4 einseitig vom AG wieder **geänderte Arbeitszeitverteilung**, richtet sich sein Begehren auf Feststellung, dass die Änderung der Arbeitszeitlage durch den AG unwirksam war. Statthafte Klageart ist demnach die Feststellungsklage nach § 256 ZPO.[119] Wird die Zustimmung zur geänderten Arbeitszeit gem. Abs. 5 S. 2 fingiert, kann der AN Klage auf Feststellung der geänderten Arbeitszeit erheben. Das Feststellungsinteresse ist zu bejahen, wenn der AG die Fiktionswirkung bestreitet.[120]

2. Frist/Form. Weder für eine Leistungsklage noch die Feststellungsklage bedarf es der Einhaltung einer Klagefrist. Allerdings können die Grundsätze der **Verwirkung** herangezogen werden. Darüber hinaus muss der Klageantrag gem. § 253 Abs. 2 S. 2 ZPO i.V.m. § 46 Abs. 2 ArbGG dem **Bestimmtheitserfordernis** entsprechen. Anzugeben sind deshalb die Dauer der verringerten Arbeitszeit sowie der Umfang der Verringerung.[121] Hingegen muss der Zeitpunkt der Arbeitszeitverringerung dem Klageantrag nicht genannt werden, da sich dieser anhand des Zeitpunkts der Rechtskraft des Urteils ohne Weiteres bestimmen lässt.[122] Unbestimmt ist ein Klageantrag auch dann nicht, wenn er keine Angaben zur Verteilung der Arbeitszeit enthält. Denn der AN überlässt damit die Verteilung der Arbeitszeit dem AG, der sie durch Ausübung seines Weisungsrechts festlegen soll.[123]

3. Präklusion. Bei den Tatsachen, auf die im Rahmen der Urteilsfindung abzustellen ist, kann nicht grds. auf den Zeitpunkt der letzten mündlichen Verhandlung in der Tatsacheninstanz abgestellt werden. Denn der AG kann einen Teilzeitwunsch des AN keine Einwendungen im Rahmen der gerichtlichen Auseinandersetzung entgegenhalten, die im Verhandlungsverfahren nach Abs. 3 hätten ausgeräumt werden können, wenn der AG entgegen der Vorschrift nicht verhandelt.[124]

4. Darlegungs- und Beweislast. Der AN muss die anspruchsbegründenden Tatsachen darlegen und beweisen. Dies bezieht sich insb. auf die Dauer des Arbeitsverh, die Unternehmensgröße sowie die Geltendmachung des Anspruchs. Im Gegenzug trifft den AG die Darlegungs- und Beweislast für die betrieblichen Gründe, die dem Teilzeitverlangen entgegenstehen.[125] Andererseits trägt wiederum der AN die Darlegungs- und Beweislast, wenn er den Eintritt der Verkürzung seiner Arbeitszeit behauptet, für die anspruchsbegründenden Tatschen (Eintritt der Fiktion der Zustimmung, Abschluss einer entsprechenden Vereinbarung).[126] Behauptet der AN im Prozess, der AG sei mit Ablehnungsgründen präkludiert, da er diese in den Verhandlungen hätte vorbringen können, so trägt der AN für diese für ihn günstige Einwendung die Darlegungs- und Beweislast.[127]

5. Prüfungsumfang. Das Gericht überprüft die Voraussetzungen des § 8. Insb. hat es im Rahmen des betrieblichen Grundes für eine Ablehnung zu prüfen, ob ein Organisationskonzept besteht, durchgeführt wird und ob sich daraus ergibt, dass das Arbeitszeitmodell des AN nicht durchführbar ist. Hingegen unterliegen die Entscheidungen des AG, welche Aufgaben er betrieblich verfolgt, und die sich daraus ergebenden Folgeentscheidungen nur der Willkürprüfung.[128] Des Weiteren prüft das Gericht, inwieweit die vorgetragenen betrieblichen Gründe dem Arbeitszeitverlangen des AN tatsächlich entgegenstehen und ob durch eine dem AG zumutbare Änderung von betrieblichen Abläufen und des Personaleinsatzes die betrieblich erforderliche Arbeitszeitregelung unter Wahrung des Organisationskonzepts mit dem individuellen Arbeitszeitwunsch des AN zur Deckung gebracht werden kann. Ist dies nicht der Fall, ist zuletzt das objektive Gewicht der vom AG vorgetragenen Beeinträchtigung zu prüfen.[129]

---

116 BAG 18.2.2003 – 9 AZR 356/02 – AP § 8 TzBfG Nr. 1.
117 ArbG Mönchengladbach 30.5.2001 – 5 Ca 1157/01 – NZA 2001, 970; ArbG Bonn 20.6.2001 – 2 Ca 1414/01 EU – NZA 2001, 973.
118 BAG 18.2.2003 – 9 AZR 356/02 – AP § 8 TzBfG Nr. 1; BAG 18.2.2003 – 9 AZR 164/02 – NZA 2003, 1392.
119 BAG 23.6.1992 – 1 AZR 57/92 – NZA 1993, 89.
120 Annuß/Thüsing/*Mengel*, § 8 Rn 239.
121 Annuß/Thüsing/*Mengel*, § 8 Rn 226; *Diller*, NZA 2001, 589; *Nägele*, S. 118.
122 LAG Baden-Württemberg 20.7.2000 – 3 Sa 60/99 – n.v.; ArbG Düsseldorf 31.7.2001 – 6 Ca 2817/01 – NZA-RR 2001, 571.
123 BAG 18.3.2003 – 9 AZR 126/02 – AP § 8 TzBfG Nr. 3.
124 BAG 18.2.2003 – 9 AZR 356/02 – AP § 8 TzBfG Nr. 1.
125 BAG 20.7.2004 – 9 AZR 626/03 – NZA 2004, 1090; BT-Drucks 14/4374, 17.
126 HWK/*Schmalenberg*, § 8 TzBfG, Rn 57.
127 Annuß/Thüsing/*Mengel*, § 8 TzBfG, Rn 231.
128 BAG 18.5.2004 – 9 AZR 319/03 – BB 2004, 2824.
129 BAG 18.5.2004 – 9 AZR 319/03 – BB 2004, 2824.

42 **6. Beraterhinweise.** Der Feststellungsantrag muss hinreichend bestimmt sein i.S.v. § 253 ZPO und muss sich auf die Feststellung des Bestehens der neuen Arbeitszeitdauer beziehen. Der Antrag könnte daher lauten: „Es wird festgestellt, dass die vertragliche Arbeitszeit des Klägers ab dem 1.10.2009 wöchentlich 30 Stunden beträgt."

II. Einstweiliger Rechtsschutz

43 Der AN kann sein Teilzeitverlangen auch im Wege des einstweiligen Rechtsschutzes durchsetzen, wenn er neben dem **Verfügungsanspruch** auch einen **Verfügungsgrund** benennen kann. Diese Möglichkeit besteht schon daher, weil der Anspruch auf § 894 ZPO nur hinsichtlich der Kostenfolge vorläufig vollstreckbar ist.[130] Da es sich bei der einstweiligen Verfügung jedoch um eine sogenannte **Leistungsverfügung** handelt, die zu einer Befriedigung des streitigen Anspruchs führt, sind an die Glaubhaftmachung von Verfügungsanspruch und Verfügungsgrund strenge Anforderungen zu stellen.[131] Demnach ist der Erlass einer einstweiligen Verfügung auf Ausnahmefälle zu beschränken, die dann vorliegen können, wenn die sofortige Umsetzung der beantragten Vertragsänderung zur Abwendung wesentlicher Nachteile des AN dringend geboten ist und betriebliche Ablehnungsgründe nach Abs. 4 nicht ersichtlich oder mit hoher Wahrscheinlichkeit auszuschließen sind.[132] Dies kann z.B. dann der Fall sein, wenn – außerhalb des Anwendungsbereichs des PflegezeitG – die Kinderbetreuung kurzfristig entfällt und keine andere Betreuungsperson zur Verfügung steht.[133]

§ 9 Verlängerung der Arbeitszeit

Der Arbeitgeber hat einen teilzeitbeschäftigten Arbeitnehmer, der ihm den Wunsch nach einer Verlängerung seiner vertraglich vereinbarten Arbeitszeit angezeigt hat, bei der Besetzung eines entsprechenden freien Arbeitsplatzes bei gleicher Eignung bevorzugt zu berücksichtigen, es sei denn, dass dringende betriebliche Gründe oder Arbeitszeitwünsche anderer teilzeitbeschäftigter Arbeitnehmer entgegenstehen.

Literatur: *Hanau*, Offene Fragen zum Teilzeitgesetz, NZA 2001, 1168; *Preis/Gotthardt*, Neuregelung der Teilzeitarbeit und befristeter Arbeitsverträge, DB 2000, 2065

A. Normzweck 1	V. Entgegenstehende Gründe 6
B. Regelungsinhalt 2	1. Dringende betriebliche Gründe 7
I. Geltungsbereich 2	2. Arbeitszeitwünsche anderer teilzeitbeschäftigter
II. Entsprechender freier Arbeitsplatz 3	Arbeitnehmer 8
III. Gleiche Eignung 4	C. Rechtsfolgen 9
IV. Verlängerungsanzeige 5	D. Gerichtliche Durchsetzbarkeit 10

A. Normzweck

1 Gem. § 9 ist ein AG verpflichtet, bei der Besetzung eines frei werdenden Arbeitsplatzes bei gleicher Eignung einen teilzeitbeschäftigten AN bevorzugt zu berücksichtigen, soweit dieser es wünscht. Auf diesem Wege soll der Wechsel zwischen Teil- und Vollarbeitszeit erleichtert und damit insgesamt die Attraktivität von Teilzeitarbeit gesteigert werden. AN, denen es erleichtert wird, später wieder in Vollzeit zu wechseln, sollen so einen größeren Anreiz haben, Teilzeitarbeit auszuführen.[1] Anders als § 8 lässt sich dem § 9 nicht in jedem Fall ein Anspruch auf Rückkehr zur Vollzeitarbeit entnehmen. Dennoch enthält die Regelung einen individuellen Rechtsanspruch auf Verlängerung der Arbeitszeit, wenn die Voraussetzungen des § 9 vorliegen und es neben dem AN keine weiteren, gleich gut qualifizierten AN gibt.[2] § 9 ist zwingendes Recht, so dass zu Lasten des AG hiervon weder durch TV noch durch BV abgewichen werden darf (§ 22 Abs. 1).

B. Regelungsinhalt

I. Geltungsbereich

2 Der Verlängerungsanspruch kennt weder einen Mindestbeschäftigungszeitraum des Teilzeitbeschäftigten AN noch ist die Kleinbetriebsklausel des § 8 Abs. 7 anwendbar. Den Anspruch können alle teilzeitbeschäftigten AN geltend

---

130 ErfK/*Preis*, § 8 TzBfG Rn 52.
131 LAG Rheinland-Pfalz 12.4.2002 – 3 Sa 161/02 – NZA 2002, 856.
132 LAG Köln 5.3.2002 – 10 Ta 50/02 – MDR 2002, 1257.
133 LAG Berlin 20.2.2002 – 4 Sa 2243/01 – NZA 2002, 858; LAG Rheinland-Pfalz 12.4.2002 – 3 Sa 161/02 – NZA 2002, 856; LAG Hamm 6.5.2002 – 8 Sa 641/02 – NZA-RR 2003, 178.
1 BT-Drucks 14/4374, S. 18.
2 BAG 8.5.2007 – 9 AZR 874/06 – NZA 2007, 1349; MüKoBGB/*Müller-Glöge*, § 9 TzBfG Rn 6 u. 13.

machen, gleich, ob sie von vorne herein nur einer Teilzeitbeschäftigung nachgegangen, zuvor von einer Voll- in eine Teilzeitbeschäftigung gewechselt sind oder lediglich befristet beschäftigt werden. Zur Ermittlung von Teilzeitbeschäftigten ist auf die vergleichbaren Vollzeitbeschäftigten i.S.d. § 2 abzustellen.[3] Hieraus folgt, dass ein in Vollzeit beschäftigter AN keine Verlängerung der Arbeitszeit verlangen kann, um auf diese Weise seine Überstunden in die regelmäßige Arbeitszeit einzubinden.

II. Entsprechender freier Arbeitsplatz

Der AG muss § 9 beachten, wenn er einen frei werdenden Arbeitsplatz neu besetzt oder aber einen neuen Arbeitsplatz schafft. Bei diesem Arbeitsplatz muss es sich nicht um eine Vollzeitstelle handeln.[4] Vielmehr kann sich ein Anspruch aus § 9 immer dann ergeben, wenn der AN bislang eine kürzere Arbeitszeit hat, als diejenige, die mit dem beanspruchten Arbeitsplatz einhergeht. Der AG kann aber nicht gezwungen werden, überhaupt einen neuen Arbeitsplatz einzurichten.[5] Denn die Entscheidung über die Einrichtung eines neuen Arbeitsplatzes oder dessen Wiederbesetzung unterliegt der freien Unternehmerentscheidung. Statt einen weiteren Arbeitsplatz einzurichten, kann der AG auf einen gestiegenen Arbeitskräftebedarf auch reagieren, indem er die Arbeitszeit von Teilzeit-AN aufstockt. Dabei unterliegt die Auswahl der an einer Aufstockung interessierten Teilzeit-AN der freien Entscheidung des AG. Er ist hierbei insb. nicht an billiges Ermessen gebunden.[6] Der freie Arbeitsplatz ist „entsprechend" dem bisherigen Arbeitsplatz des Teilzeit-AN, wenn der zu besetzende und vom AN gewünschte Arbeitsplatz dem vertraglich vereinbarten Tätigkeitsbereich des AN entspricht. Die Tätigkeit muss daher gleich oder zumindest ähnlich sein.[7] Auf den sonstigen – arbeitsplatzunabhängigen – Inhalt des Arbeitsvertrages kommt es nur an, wenn dieser auf andersartigen Arbeitsinhalten, Aufgaben oder Kompetenzen beruht.[8]

III. Gleiche Eignung

Der Anspruch setzt voraus, dass der Teilzeit-AN die für den freien Arbeitsplatz erforderliche Eignung und Qualifikation besitzt.[9] Der Eignung steht nicht im Wege, wenn die Übernahme der freien Stelle einer betriebsüblichen Einarbeitungsphase bedarf.[10] Welches Anforderungsprofil der jeweilige Arbeitsplatz hat, unterliegt dem Beurteilungsspielraum des AG.[11] Bewerben sich mehrere AN auf eine offene Stelle, steht dem AG bei der Auswahl ein Beurteilungsspielraum zu, der billigem Ermessen i.S.d. § 315 BGB entsprechen muss.[12]

IV. Verlängerungsanzeige

Das Berücksichtigungsgebot setzt voraus, dass der AN dem AG den Wunsch nach Verlängerung der Arbeitszeit anzeigt. An diese Anzeige sind keine Frist- oder Formvoraussetzungen geknüpft. Mangels einer § 8 Abs. 2 vergleichbaren Regelung muss der AN weder den Umfang der gewünschten Verlängerung noch die gewünschte Verteilung der Arbeitszeit mitteilen. Allerdings muss die Anfrage soweit bestimmt sein, dass der AG aus diesem Wunsch des AN, den freien Arbeitsplatz zu besetzen, erkennen kann. Bei der Anzeige handelt es sich um eine der Auslegung zugängliche Willenserklärung.[13] Hierdurch äußert der AN ein Angebot auf Änderung des Arbeitsvertrages.

V. Entgegenstehende Gründe

Der AG darf das Verlängerungsbegehren und das darin begründete Angebot auf Änderung des Arbeitsvertrages nur dann ablehnen, wenn diesem dringende betriebliche Gründe oder Arbeitszeitwünsche anderer teilzeitbeschäftigter AN entgegenstehen.

1. Dringende betriebliche Gründe. Der Gesetzeswortlaut – „dringende betriebliche Gründe" – verdeutlicht, dass an diese ein strengerer Maßstab anzulegen ist, als bei der Ablehnung des Verringerungswunsches nach § 8. Demnach ist grundsätzlich das Interesse des AN an einer Verlängerung der Arbeitszeit höher zu bewerten als das Interesse des AG, dem Wunsch eines Teilzeitbeschäftigten nicht zu entsprechen. Das BAG verlangt dementsprechend „zwingende" Gründe für die Ablehnung des Verlängerungswunsches des gleich geeigneten AN.[14] Der Anwendungsbereich ist daher sehr schmal. Denkbar ist eine Ablehnung dennoch, wenn der beanspruchende AN aufgrund seiner Qualifikationen auf seinem bisherigen Arbeitsplatz unersetzlich ist[15] oder ein Dritter Rechtsansprüche bezüglich des freien Arbeitsplatzes z.B. zur Durchsetzung eines Wiedereinstellungsanspruches geltend macht.[16]

---

3 *Preis/Gotthardt*, DB 2001, 145.
4 *Annuß/Thüsing/Jacobs*, § 9 Rn 12.
5 *Annuß/Thüsing/Jacobs*, § 9 Rn 14; *Hanau*, NZA 2001, 1168; KDZ/*Zwanziger*, § 9 TzBfG Rn 4; MüKo-BGB/*Müller-Glöge*, § 9 TzBfG Rn 6 u. 13.
6 BAG 13.2.2007 – 9 AZR 575/05 – NZA 2007, 807.
7 BAG 8.5.2007 – 9 AZR 874/06 – NZA 2007, 1349.
8 BAG 8.5.2007 – 9 AZR 874/06 – NZA 2007, 1349.
9 BAG 8.5.2007 – 9 AZR 874/06 – NZA 2007, 1349.
10 LAG Berlin, 2.12.2003– 3 Sa 1041/03 – AuR 2004, 468; *Annuß/Thüsing/Jacobs*, § 9 Rn 16.
11 ErfK/*Preis*, § 9 TzBfG Rn 6; MüKo-BGB/*Müller-Glöge*, § 9 TzBfG Rn 7.
12 LAG Berlin, 2.12.2003 – 3 Sa 1041/03 – AuR 2004, 468; *Hanau*, NZA 2001, 1068; KDZ/*Zwanziger*, § 9 Rn 7.
13 *Annuß/Thüsing/Jacobs*, § 9 Rn 8.
14 BAG 15.8.2006 – 9 AZR 8/06 – NZA 2007, 255.
15 BAG 15.8.2006 – 9 AZR 8/06 – NZA 2007, 255.
16 BAG 28.6.2000 – 7 AZR 904/98 – BB 2001, 573.

2. Arbeitszeitwünsche anderer teilzeitbeschäftigter Arbeitnehmer. Dem Verlangen des Antragstellers können auch die Arbeitszeitwünsche anderer teilzeitbeschäftigter AN entgegenstehen. Bewerben sich mehrere Teilzeitbeschäftigte mit der erforderlichen Eignung auf den freien Arbeitsplatz, kann der AG zwischen diesen frei wählen. Er ist insbesondere nicht verpflichtet, eine Auswahlentscheidung nach billigem Ermessen zu treffen.[17] Die Wertung des § 81 SGB IX ergibt allerdings, dass der Arbeitszeitwunsch schwerbehinderter Menschen besondere Berücksichtigung finden muss.[18] Unbeachtlich sind hingegen Arbeitszeitwünsche vollzeitbeschäftigter AN. Dies ergibt sich zum einen aus dem Gesetzeswortlaut, der von anderen „teilzeitbeschäftigten" AN spricht, und zum anderen aus dem Regelungszweck, da § 9 den Wechsel zwischen einer Vollzeit- und einer Teilzeitbeschäftigung erleichtern soll, jedoch nicht die Verlängerung oder den Wechsel einer Vollzeitbeschäftigung.

C. Rechtsfolgen

Stehen dem Antrag des AN durchschlagende Gründe entgegen, braucht der AG die Anzeige des AN nicht zu beachten, sondern kann den freien Arbeitsplatz mit einem anderen Bewerber besetzen. Sind die Voraussetzungen des § 9 hingegen erfüllt, steht dem AN ein individueller Rechtsanspruch gegen den AG auf Zustimmung zur Änderung des Arbeitsvertrages und Besetzung des Arbeitsplatzes mit dem anzeigenden AN zu. Berücksichtigt hingegen der AG das berechtigte Verlängerungsverlangen des AN trotz ordnungsgemäßer Anzeige nicht, steht dem AN ein **Schadenersatzanspruch** zu, wenn der AG die Stelle anderweitig besetzt. Dieser Anspruch ist gerichtet auf die Differenz der bisherigen Vergütung und derjenigen Vergütung, die der Teilzeit-AN auf dem streitigen Arbeitsplatz erhalten hätte.[19] Der Anspruch ergibt sich insoweit aus §§ 280 Abs. 1, 241 Abs. 2 BGB als Nebenpflichtverletzung. Ein **Mitbestimmungsrecht des BR** besteht nur dann, wenn mit der Arbeitszeitverlängerung veränderte Arbeitsaufgaben und ein anderer Arbeitsbereich einhergehen, so dass eine mitbestimmungspflichtige Versetzung i.S.d. §§ 99 Abs. 1, 95 Abs. 3 S. 1 BetrVG vorläge.[20] Wird die Arbeitszeit eines sachgrundlos befristet beschäftigten AN aufgestockt, um dem Anspruch nach § 9 zu entsprechen, handelt es sich nicht um einen unzulässigen Neuabschluss nach § 14 Abs. 2 S. 2.[21]

D. Gerichtliche Durchsetzbarkeit

Liegen die Voraussetzungen des § 9 vor und sind keine weiteren Bewerber, welche die Eignung für den Arbeitsplatz ebenfalls besitzen würden, vorhanden, steht dem AN ein Anspruch gegen den AG auf Zustimmung zur Änderung des Arbeitsvertrages zu.[22] Statthafte Klageart ist die allgemeine **Leistungsklage** gerichtet auf Abgabe einer Willenserklärung. Der geänderte Arbeitsvertrag mit dem Inhalt der verlängerten Arbeitszeit kommt mit Rechtskraft des Urteils gem. § 894 ZPO zustande. Soweit der AG neben dem Verfügungsanspruch auch einen Verfügungsgrund glaubhaft machen kann, kann der Anspruch nach § 9 auch im Wege des **einstweiligen Rechtsschutzes** gesichert werden, wenn andernfalls der Arbeitsplatz durch einen anderen AN besetzt würde. Der Anspruch auf **Ersatz entgangenen Verdienstes** im Falle der zu Unrecht nicht erfolgten Beachtung des Antrages des AN ist ebenfalls im Wege der **Leistungsklage** einzuklagen. Die **Darlegungs- und Beweislast** für die anspruchsbegründenden Voraussetzungen trägt grundsätzlich der AN. Allerdings ist diese insofern abgestuft, als der AG ungeachtet seines gegebenen Beurteilungsspielraums nachvollziehbar darzulegen hat, weshalb der Teilzeit-AN, der die gleiche Eignung i.S.d. § 9 behauptet, aus seiner Sicht im Verhältnis zum Konkurrenten nicht über die gleiche Eignung verfügt. Gelingt dies nicht, gilt die behauptete gleiche Eignung als zugestanden.[23] Der AG trägt hingegen die volle Darlegungs- und Beweislast für die entgegenstehenden dringenden betrieblichen Gründe.[24]

§ 10   Aus- und Weiterbildung

Der Arbeitgeber hat Sorge zu tragen, dass auch teilzeitbeschäftigte Arbeitnehmer an Aus- und Weiterbildungsmaßnahmen zur Förderung der beruflichen Entwicklung und Mobilität teilnehmen können, es sei denn, dass dringende betriebliche Gründe oder Aus- und Weiterbildungswünsche anderer teilzeit- oder vollzeitbeschäftigter Arbeitnehmer entgegenstehen.

---

17 BAG 13.2.2007 – 9 AZR 575/05 – NZA 2007, 807; HWK/*Schmalenberg*, § 9 TzBfG Rn 10; a.A. ErfK/*Preis*, § 9 TzBfG Rn 8; Annuß/Thüsing/*Jacobs*, § 9 Rn 30.
18 Annuß/Thüsing/*Jacobs*, § 9 Rn 30.
19 LAG Berlin 2.12.2003 – 3 Sa 1041/03 – AuR 2004, 468; Annuß/Thüsing/*Jacobs*, § 9 Rn 44.
20 BT-Drucks 14/4625, S. 20.
21 BAG 18.1.2008 – 7 AZR 603/06 – NZA 2008, 701.
22 MüKo-BGB/*Müller-Glöge*, § 9 TzBfG Rn 13; Annuß/Thüsing/*Jacobs*, § 9 Rn 37.
23 LAG Berlin 2.12.2003 – 3 Sa 1041/03 – AuR 2004, 468.
24 Annuß/Thüsing/*Jacobs*, § 9 Rn 43; MüKo-BGB/*Müller-Glöge*, § 9 TzBfG Rn 13; KDZ/*Zwanziger*, § 9 TzBfG Rn 18; ErfK/*Preis*, § 9 TzBfG Rn 14.

Literatur: *Preis/Gotthardt*, Neuregelung der Teilzeitarbeit und befristeten Arbeitsverhältnisse – Zum Gesetzentwurf der Bundesregierung, DB 2000, 2065

A. Normzweck/Rechtsnatur	1	II. Kollidierende Wünsche anderer Arbeitnehmer	3
B. Entgegenstehende Gründe	2	C. Gerichtliche Durchsetzung	4
I. Dringende betriebliche Gründe	2		

A. Normzweck/Rechtsnatur

Mit der Verpflichtung des AG, teilzeitbeschäftigten AN den Zugang zu Aus- und Weiterbildungsmaßnahmen zu ermöglichen, trug der Gesetzgeber dem Umstand Rechnung, dass bis dahin bei Aus- und Weiterbildungsmaßnahmen teilzeitbeschäftigte AN weniger berücksichtigt wurden als Vollzeitbeschäftigte. Zweck von § 10 ist es daher, die Gleichbehandlung von Voll- und Teilzeitbeschäftigten bei ihrem beruflichen Aufstieg zu gewährleisten und Maßnahmen zur Verbesserung der beruflichen Qualifikation und somit die berufliche Mobilität von Teilzeitkräften zu fördern. Die Regelung konkretisiert das Diskriminierungsverbot des § 4. Mit Aus- und Weiterbildungsmaßnahmen sind nicht nur solche gemeint, welche die aktuelle Tätigkeit der Teilzeitbeschäftigten betreffen, sondern auch Maßnahmen zur Verbesserung der beruflichen Qualifikation.[1] Sie beinhaltet allerdings keinen individuellen Anspruch des AN auf Aus- und Weiterbildung, sondern verpflichtet den AG lediglich dazu, auch teilzeitbeschäftigte AN an Aus- und Weiterbildungsmaßnahmen zu beteiligen, wenn solche angeboten werden.[2]

B. Entgegenstehende Gründe

I. Dringende betriebliche Gründe

Kein Verstoß gegen das Diskriminierungsverbot bei Aus- und Weiterbildung von teilzeitbeschäftigten AN liegt vor, wenn dieser dringende betriebliche Gründe entgegenstehen. Bezüglich der dringenden betrieblichen Gründe sind die gleichen Grundsätze wie im Rahmen des § 9 zu beachten. Insb. können die betrieblichen Gründe des § 8 Abs. 4 als Richtschnur herangezogen werden, allerdings unter der Maßgabe, dass auch im Rahmen des § 10 Gründe von erheblichem Gewicht erforderlich sind. Denkbar ist dies bspw., wenn der AG durch den großen Umfang an Aus- und Weiterbildungsmaßnahmen wirtschaftlich überfordert würde, bzw. die Kosten der Schulungsmaßnahmen und des Ausfalls der Arbeitskraft außer Verhältnis zum betrieblichen Nutzen stünden. Dem Schulungsbegehren kann auch entgegenstehen, dass der Arbeitskraftausfall zu dem vom AN gewünschten Zeitpunkt zu einer Beeinträchtigung der betrieblichen Organisation führen würde. Aus der Formulierung „dringende betriebliche Gründe" geht aber hervor, dass grundsätzlich die Interessen des teilzeitbeschäftigten AN an der Schulungsmaßnahme vorrangig zu beachten sind.[3]

II. Kollidierende Wünsche anderer Arbeitnehmer

Darüber hinaus können Aus- und Weiterbildungswünsche anderer teil- und vollzeitbeschäftigter AN dem Schulungswunsch des teilzeitbeschäftigten AN entgegenstehen. Nach der Gesetzesbegründung kann der AG bei gleichzeitigem Aus- und Weiterbildungswunsch anderer AN unter diesen nach billigem Ermessen i.S.d. § 315 BGB frei entscheiden.[4] Berufliche und soziale Gründe für die Bevorzugung eines AN können herangezogen werden, sind allerdings nicht einziges Beurteilungskriterium, da ein entsprechender Gesetzesvorschlag[5] letztendlich nicht umgesetzt wurde.

C. Gerichtliche Durchsetzung

Da es sich bei der Regelung um einen Spezialfall des Diskriminierungsverbotes handelt, kann sich aus diesem ein Anspruch des teilzeitbeschäftigten AN auf Zugang zu einer Aus- und Weiterbildungsmaßnahme ergeben.[6] Der AN kann in einem solchen Fall den Anspruch auf Aus- und Weiterbildung im Wege der **Leistungsklage** bzw. bei Eilbedürftigkeit durch eine **einstweilige Verfügung** durchsetzen. Er trägt die **Darlegungs- und Beweislast** für Aus- und Weiterbildungsmaßnahmen, der AG hingegen für das Vorliegen dringender betrieblicher Gründe bzw. der Aus- und Weiterbildungswünsche anderer teil- oder vollzeitbeschäftigter AN. Die Ermessensentscheidung des AG nach § 315 BGB ist voll überprüfbar.[7] In Betracht kommen darüber hinaus **Schadenersatzansprüche** aus §§ 280 Abs. 1, 241 Abs. 2 BGB, wenn der AG einen Schaden tatsächlich nachweisen kann. Ein solcher kommt bspw. in Betracht, wenn der AN bei Durchführung der Schulungsmaßnahme gefördert worden und mit dieser Maßnahme eine höhere Vergütung verbunden gewesen wäre. Darüber hinaus darf im Rahmen einer **Sozialauswahl** bei einer be-

---

1 BT-Drucks 14/4374, S. 18.
2 *Meinel/Heyn/Herms*, § 10 Rn 2; ErfK/*Preis*, § 10 TzBfG Rn 3.
3 *Preis/Gotthardt*, DB 2000, 2065.
4 BT-Drucks 14/4625, S. 20.
5 BT-Drucks 14/4374, S. 18.
6 Ebenso Annuß/Thüsing/*Jacobs*, § 10 Rn 14; ErfK/*Preis*, § 10 TzBfG Rn 5; *Meinel/Heyn/Herms*, § 10 Rn 17.
7 Annuß/Thüsing/*Jacobs*, § 10 Rn 12.

triebsbedingten Künd nicht auf die geringere Qualifikation des AN abgestellt werden, wenn dies Folge von zu Unrecht unterlassenen Aus- und Weiterbildungsmaßnahmen des AN ist.[8]

§ 11 Kündigungsverbot

[1]Die Kündigung eines Arbeitsverhältnisses wegen der Weigerung eines Arbeitnehmers, von einem Vollzeit- in ein Teilzeitarbeitsverhältnis oder umgekehrt zu wechseln, ist unwirksam. [2]Das Recht zur Kündigung des Arbeitsverhältnisses aus anderen Gründen bleibt unberührt.

A. Regelungsinhalt

1   Die Regelung verbietet es, einen AN nur deshalb zu kündigen, weil er sich weigert, von einem Vollzeit- in ein Teilzeitarbeitsverhältnis zu wechseln oder umgekehrt. Bei der Vorschrift handelt es sich um ein **spezielles Künd-Verbot**, das auf alle Arbverh anwendbar ist, also auch auf befristete und solche, auf die das KSchG keine Anwendung findet (§§ 1 Abs. 1, 23 Abs. 1 KSchG). S. 2 stellt klar, dass das Arbverh aber dennoch aus anderen Gründen beendet werden kann. Hierzu gehören wirtschaftliche, technische oder organisatorische Gründe, die eine Änderungs- oder Beendigungs-Künd rechtfertigen.[1] Bspw. kann eine Änderungs-Künd zur Umwandlung einer Vollzeitstelle in zwei Halbtagsstellen betriebsbedingt erfolgen (§§ 2, 1 Abs. 2 KSchG), soweit dem eine unternehmerische Organisationsentscheidung zugrunde liegt, die weder offenbar unvernünftig noch willkürlich ist.[2]

B. Auswirkung auf ein Kündigungsschutzverfahren

2   Möchte sich ein AN auf diese Regelung berufen, ist er an die dreiwöchige **Klagefrist** des § 4 KSchG gebunden. Keine Auswirkungen hat die Regelung auf die vom BAG entwickelten Grundsätze zur Vergleichbarkeit von Voll- und Teilzeitkräften im Rahmen der **Sozialauswahl** nach § 1 Abs. 3 KSchG. Geht es dem AG lediglich um die Reduzierung eines Arbeitszeitvolumens insgesamt, sind Teil- und Vollzeitkräfte vergleichbar. Werden hingegen bestimmte Tätigkeiten bestimmten Arbeitszeiten aufgrund eines nachvollziehbaren unternehmerischen Konzepts zur Arbeitszeitgestaltung zugeordnet, sind AN mit unterschiedlichen Arbeitszeiten nicht miteinander vergleichbar.[3] Diese Grundsätze gelten für das Verhältnis von Vollzeit- zu Teilzeitbeschäftigten, aber auch für Teilzeitbeschäftigte mit unterschiedlichen Arbeitszeiten untereinander.[4]

§ 12 Arbeit auf Abruf

(1) [1]Arbeitgeber und Arbeitnehmer können vereinbaren, dass der Arbeitnehmer seine Arbeitsleistung entsprechend dem Arbeitsanfall zu erbringen hat (Arbeit auf Abruf). [2]Die Vereinbarung muss eine bestimmte Dauer der wöchentlichen und täglichen Arbeitszeit festlegen. [3]Wenn die Dauer der wöchentlichen Arbeitszeit nicht festgelegt ist, gilt eine Arbeitszeit von zehn Stunden als vereinbart. [4]Wenn die Dauer der täglichen Arbeitszeit nicht festgelegt ist, hat der Arbeitgeber die Arbeitsleistung des Arbeitnehmers jeweils für mindestens drei aufeinander folgende Stunden in Anspruch zu nehmen.

(2) Der Arbeitnehmer ist nur zur Arbeitsleistung verpflichtet, wenn der Arbeitgeber ihm die Lage seiner Arbeitszeit jeweils mindestens vier Tage im Voraus mitteilt.

(3) [1]Durch Tarifvertrag kann von den Absätzen 1 und 2 auch zuungunsten des Arbeitnehmers abgewichen werden, wenn der Tarifvertrag Regelungen über die tägliche und wöchentliche Arbeitszeit und die Vorankündigungsfrist vorsieht. [2]Im Geltungsbereich eines solchen Tarifvertrages können nicht tarifgebundene Arbeitgeber und Arbeitnehmer die Anwendung der tariflichen Regelungen über die Arbeit auf Abruf vereinbaren.

---

8 KDZ/*Zwanziger*, § 10 TzBfG Rn 10.
1 BT-Drucks 14/4374, S. 18.
2 BAG 22.4.2004 – 2 AZR 385/03 – AP § 2 KSchG 1969 Nr. 74 = NZA 2004, 1158.
3 BAG 3.12.1998 – 2 AZR 341/98 – BAGE 90, 236; BAG 12.8.1999 – 2 AZR 12/99 – AP § 1 KSchG 1969 Soziale Auswahl Nr. 44.
4 BAG 15.7.2004 – 2 AZR 276/03 – AP § 1 KSchG 1969 Soziale Auswahl Nr. 68 = BB 2004, 2640.

A. Allgemeines	1	IV. Besonderheiten bei der Durchführung des Abrufarbeitsverhältnisses	19
I. Abrufarbeit	1	1. Entgelt, Überstunden, Beschäftigungspflicht	19
II. Geltungsbereich	2	2. Urlaub, Entgeltfortzahlung	22
B. Regelungsgehalt	3	V. Mitbestimmungsrechte des Betriebsrats hinsichtlich der Lage der Arbeitszeit	26
I. Die arbeitsvertragliche Vereinbarung (Abs. 1)	3	C. Verbindung zu anderen Rechtsgebieten und zum Prozessrecht	27
1. Vereinbarung von Abrufarbeit (Abs. 1 S. 1)	3	D. Beraterhinweise	28
2. Dauer der wöchentlichen Arbeitszeit (Abs. 1 S. 2 und 3)	4	E. Muster für Rahmenvereinbarungen	29
3. Tägliche Arbeitszeit	7		
II. Abruf der Arbeitsleistung (Abs. 2)	11		
III. Abweichung durch Tarifvertrag (Abs. 3)	18		

A. Allgemeines

I. Abrufarbeit

Die Vorschrift hat 2001 den zuvor geltenden § 4 BeschFG abgelöst. Die Änderungen im Wortlaut sind weitgehend redaktioneller Natur.[1] Abrufarbeit liegt vor, wenn die Dauer der Arbeitszeit bezogen auf einen bestimmten Zeitraum im Arbeitsvertrag festgelegt ist und die Lage der Arbeitszeit von der Konkretisierung des AG durch Abruf der Arbeitsleistung abhängig ist.[2] Arbeit auf Abruf ist jedoch nur nach den Maßgaben des § 12 zulässig. Die Vorschrift ist mit Ausnahme tarifvertraglicher Regelungen i.S.d. Abs. 3 nicht abdingbar.[3] Sie verstößt nicht gegen EU-Recht.[4]

II. Geltungsbereich

§ 12 gilt nur für Teilzeit-Arbverh.[5] Sollten im Falle von Vollzeitarbeit ähnlich gelagerte Konstellationen auftreten, gelten die Kontrollinstrumente des allgemeinen Rechts (§§ 134, 138, 242, 307 ff. BGB, § 106 GewO). § 12 ist eine spezialgesetzliche Angemessenheitskontrolle einseitiger Leistungsbestimmungsrechte in Teilzeit-Arbverh.[6] Nicht anwendbar ist § 12 auf Ausbildungsverhältnisse. Anwendbar ist die Vorschrift jedoch auf Arbverh zwischen Verleiher und Leih-AN.[7] Arbeit auf Abruf ist von verschiedenen anderen Tatbeständen, die den flexiblen Einsatz von AN zum Gegenstand haben, z.B. Gleitzeit, Bereitschaftsdienst, Anordnung von Überstunden,[8] Rahmenvereinbarungen,[9] abzugrenzen, auf die § 12 nicht anwendbar ist:[10]

B. Regelungsgehalt

I. Die arbeitsvertragliche Vereinbarung (Abs. 1)

1. Vereinbarung von Abrufarbeit (Abs. 1 S. 1). AG und AN müssen ausdrücklich vereinbaren, dass der AN seine Arbeitsleistung entsprechend dem Arbeitsanfall zu erbringen hat. Die Verpflichtung zur Arbeit auf Abruf muss sich aus den getroffenen Vereinbarungen hinreichend deutlich ergeben.[11] Sie kann auch durch schlüssiges Verhalten zustande kommen.[12] Ist die Arbeitspflicht im Arbeitsvertrag nicht hinreichend konkretisiert ist, kann der AG den AN nicht im Wege des Direktionsrechts nach Bedarf zur Arbeitsleistung auffordern. Abs. 1 S. 1 ist gesetzliche Vorschrift i.S.d. § 106 S. 1 GewO. Daher bedarf es zwingend einer Vereinbarung. Die Vereinbarung von Abrufarbeit unterfällt § 2 NachwG. Zwar dürfte die Vereinbarung von Abrufarbeit nicht unter § 2 Abs. 1 S. 2 Nr. 7 NachwG fallen, da unter „vereinbarte Arbeitszeit" nur die Dauer der regelmäßig zu leistenden Arbeitszeit zu verstehen ist.[13] Die Verpflichtung des AN, auf Abruf des AG die Arbeitsleistung entsprechend dem Arbeitsanfall zu erbringen, ist aber jedenfalls eine sonstige wesentliche Vertragsbedingung i.S.d. § 2 Abs. 1 S. 1 NachwG.[14] Darüber hinaus gibt es keine Formvorschriften. Die Vereinbarung über Abrufarbeit bedarf zu ihrer Wirksamkeit somit nicht der Schriftform.[15] Problematisch kann die Abgrenzung der Vereinbarung von Abrufarbeit zur möglichen Anordnung von Überstunden sein. Ist die Dauer der Arbeitszeit flexibilisiert (siehe Rn 4) ist wie folgt zu unterscheiden: Eine Regelung zur Anordnung

---

1 *Busch*, NZA 2001, 593.
2 ErfK/*Preis*, § 12 TzBfG Rn 1.
3 Annuß/Thüsing/*Jacobs*, § 12 Rn 1; *Meinel/Heyn/Herms*, § 12 Rn 6; vgl. auch *Hunold*, NZA 2003, 896, 898.
4 *Nicolai*, DB 2004, 2812; zu verfassungsrechtlichen Bedenken: ArbG Bielefeld 21.8.2008 – 3 Ca 1503/08.
5 Hess. LAG 17.1.1997 – 13 Sa 2250/95 – NZA-RR 1997, 487; *Meinel/Heyn/Herms*, § 12 Rn 7; a.A.: ArbG Bielefeld 21.8.2008 – 3 Ca 1503/08 – n.v.; Annuß/Thüsing/*Jacobs*, § 12 Rn 5; *Hanau*, RdA 1987, 2528; *Klevemann*, DB 1987, 2096, 2099; *Löwisch*, DB 1985, 1200, 1204; HzA/*Linck*, Gruppe 1/4 Rn 11.
6 ErfK/*Preis*, § 12 TzBfG Rn 7.
7 *Meinel/Heyn/Herms*, § 12 Rn 8, 10; a.A. Annuß/Thüsing/*Jacobs* § 12 Rn 6.
8 Zur Abgrenzung BAG 7.12.2005 – 5 AZR 535/04 – AP Nr. 4 zu § 12 TzBfG = NZA 2006, 623.
9 BAG 16.4.2003 – 7 AZR 187/02 – AP Nr. 1 zu § 4 BeschFG 1996 = NZA 2004, 40.
10 ErfK/*Preis*, § 12 TzBfG Rn 13; *Meinel/Heyn/Herms*, § 12 Rn 14; Annuß/Thüsing/*Jacobs*, § 12 Rn 10.
11 Vgl. LAG Niedersachsen 21.3.2007 – 17 Sa 1705/06 – juris.
12 Annuß/Thüsing/*Jacobs*, § 12 Rn 18; HzA/*Linck*, Gruppe 1/4 Rn 12; a.A. GK-TzA-*Buschmann*, § 12 TzBfG Rn 47.
13 Offen gelassen bei Annuß/Thüsing/*Jacobs*, § 12 Rn 18.
14 Siehe EuGH 8.2.2001 – C-350/99 – NZA 2001, 381.
15 Annuß/Thüsing/*Jacobs*, § 12 Rn 18; *Meinel/Heyn/Herms*, § 12 Rn 19; a.A. GK-TzA/*Buschmann*, § 12 TzBfG Rn 51.

von Überstunden liegt vor, wenn der AN aufgrund eines vorübergehenden Arbeitsbedarfs, der auf Unregelmäßigkeit oder Dringlichkeit beruht, arbeiten soll. Eine Vereinbarung von Abrufarbeit liegt dagegen vor, wenn eine selbstständige Verpflichtung begründet werden soll auf Anforderung des AG zu arbeiten, ohne dass in jedem Fall von Dringlichkeit oder Unregelmäßigkeit vorliegt.[16] Auch eine Kombination von Abrufarbeit und Möglichkeit der Anordnung von Überstunden ist möglich.[17]

2. Dauer der wöchentlichen Arbeitszeit (Abs. 1 S. 2 und 3). Die Vereinbarung muss eine bestimmte Dauer der wöchentlichen Arbeitszeit festlegen. Geschieht dies nicht, gilt nach Abs. 1 S. 3 eine Arbeitszeit von zehn Stunden in der Woche als vereinbart. Es handelt sich um eine zwingende gesetzliche Fiktion. Dies wirft zunächst die Frage auf, ob in jedem Fall eine auf die Kalenderwoche bezogene Arbeitszeit zu vereinbaren ist oder ob es möglich ist, dass die wöchentliche Arbeitszeit in einem bestimmten Referenzzeitraum in unterschiedlicher wöchentlicher Länge durchschnittlich erbracht wird. Die auf den Wortlaut abstellende Auffassung, die sich gegen Durchschnittsregelungen ausspricht,[18] überzeugt nicht. Hiergegen ist zunächst einzuwenden, dass nach der Begründung des Gesetzgebers die Regelung über Abrufarbeit in dem früheren § 4 BeschFG im Wesentlichen übernommen werden sollte.[19] Danach waren solche Regelungen zulässig. Systematisch wird darauf hingewiesen, dass die Definition des teilzeitbeschäftigten AN in § 2 Abs. 1 S. 2 auf den Durchschnitt des Jahres abstellt, soweit eine regelmäßige Wochenarbeitszeit nicht vereinbart ist.[20] Insb. ist aber auf Sinn und Zweck der Vorschrift abzustellen. Abs. 1 S. 2 und 3 sollen für den AN eine verlässliche Berechnungsgrundlage für ein regelmäßiges Einkommen und ggf. für den sozialversicherungsrechtlichen Schutz schaffen.[21] Daher ist z.B. die Vereinbarung einer Jahresarbeitszeit möglich, soweit gewährleistet ist, dass der AN für eine durchschnittliche wöchentliche Arbeitszeit eine bestimmte Vergütung regelmäßig erhält.[22] Erforderlich ist aber die Festlegung einer konkreten durchschnittlichen Mindeststundenzahl pro Woche. Nach bislang h.M. sollte jede abweichende Regelung, die die Bestimmung der durchschnittlichen wöchentlichen Arbeitszeit in das Belieben des AG stellt, gegen Abs. 1 S. 2 verstoßen und damit unzulässig sein.[23] Das BAG hat zutreffend ausgeführt, dass die Vorschrift bei diesem Verständnis praktisch keinen Anwendungsbereich hätte. Die Auslegung ist auch vom Wortlaut des Gesetzes und dem gesetzlichen Zusammenhang her nicht geboten. Vielmehr ist Abs. 1 S. 2 so zu verstehen, dass die Festlegung einer bestimmten Mindestdauer für die wöchentliche und tägliche Arbeitszeit erforderlich ist. Wird Arbeit auf Abruf in einem Formulararbeitsvertrag geregelt, darf nach § 307 BGB der abrufbare Teil der Arbeitsleistung nicht mehr als 25 %, eine mögliche Absenkung nicht mehr als 20 % betragen, wenn die Flexibilisierung in Form einer potenziellen Verringerung der wöchentlichen Arbeitszeit vereinbart wird.[24] Eine Kombination beider Varianten ist nicht möglich.[25] In diesem Rahmen sind aber auch Bandbreitenregelungen zulässig.[26]

Die Fiktion des § 12 Abs. 1 S. 3 bedeutet nicht, dass mindestens eine Arbeitszeit von wöchentlich zehn Stunden vereinbart werden muss. AG und AN können auch eine durchschnittliche wöchentliche Arbeitszeit von weniger als zehn Stunden vereinbaren. Nur wenn keine durchschnittliche wöchentliche Arbeitszeit geregelt ist, gilt im Zweifel eine Arbeitszeit von zehn Stunden pro Woche als vereinbart. Der AN ist dann entsprechend zu vergüten, selbst wenn der AG die Arbeitsleistung von zehn Stunden nicht abgerufen hat.

Die wöchentliche Festlegung muss nicht die Kalenderwoche betreffen. Die Festlegung kann auch nach Zeitwochen (z.B. Dienstag bis folgender Montag) erfolgen.[27] Fraglich ist, ob Abs. 1 S. 3 zwingend wirkt. Dafür spricht zunächst der Wortlaut „gilt ... als vereinbart". Die zwingende Wirkung besteht in jedem Falle dann, wenn die Parteien es gänzlich unterlassen haben, die wöchentliche Arbeitszeit zu regeln. Etwas anderes gilt aber dann, wenn die Parteien eine Regelung getroffen haben, die unwirksam ist. Für diese Fälle wird die Auffassung vertreten, die vertragliche Regelung sei auszulegen und unter Anwendung der Grundsätze der Teilnichtigkeit von Arbeitsverträgen anzupassen.[28] Dieser Auffassung ist entgegen zu halten, dass sie die von dem Gesetz beabsichtigte Klarheit für den AN nicht schafft. Zutreffend ist daher die Auffassung, nach der eine Anpassung im Hinblick auf die tatsächlich durchschnitt-

---

16 BAG 7.12.2005 – 9 AZR 535/04 – AP Nr. 4 zu § 12 TzBfG = NZA 2006, 623; vgl. auch *Feuerborn*, SAE 2007, 59, 61; Grobys/von Steinau-Steinrück, NJW Spezial 2006, 226, 227.
17 Bauer/Chwalisz, ZfA 2007, 339, 354.
18 GK-TzA/*Buschmann*, § 12 TzBfG Rn 26; *Däubler*, ZiP 2001, 217, 222; KDZ/*Zwanziger*, § 12 TzBfG Rn 17.
19 BT-Drucks 14/4625, 20; Annuß/Thüsing/*Jacobs*, § 12 Rn 22; HzA/Linck, Gruppe 1/4 Rn 14; ErfK/*Preis*, § 12 TzBfG Rn 21; *Busch*, NZA 2001, 593, 594; *Hanau* NZA 2001, 1168, 1175; *Meinel/Heyn/Herms*, § 12 Rn 23.
20 Annuß/Thüsing/*Jacobs*, § 12 Rn 22; *Hunold*, NZA 2003, 896, 899.
21 ErfK/*Preis*, § 12 TzBfG Rn 21; HzA/*Linck*, Gruppe 1/4 Rn 14.
22 Vgl. auch BAG 9.8.2000 – 4 AZR 452/99 – juris; LAG Hamm 19.7.2000 – 3 Sa 2201/99 – juris; ErfK/*Preis*,

§ 12 TzBfG Rn 22; *Meinel/Heyn/Herms*, § 12 Rn 27; HzA/ Linck, Gruppe 1/4 Rn 14; *Hunold*, NZA 2003, 896, 899.
23 LAG Düsseldorf 30.8.2002 – 9 Sa 709/02 – NZA-RR 2003, 407; vgl. auch LAG Köln 7.12.2001 – 11 (6) Sa 827/01 – NZA-RR 2002, 415.
24 BAG 7.12.2005 – 5 AZR 535/04 – AP Nr. 4 zu § 12 TzBfG = NZA 2006, 423; zustimmend Feuerborn SAE 2007, 59ff.; a.A. ArbG Bielefeld 21.8.2008 – 3 Ca 1503/08 – n.v.; Annuß/Thüsing/*Jacobs*, § 12 Rn 24; ErfK/*Preis*, § 12 Rn 23; KDZ/*Zwanziger*, § 12 Rn 14; *Meinel/Heyn/ Herms*, § 12 Rn 29.
25 Reiserer NZA 2007, 1249, 1253.
26 Bauer/Chwalisz ZfA 2007, 339, 353.
27 Annuß/Thüsing/*Jacobs*, § 12 Rn 24.
28 ErfK/*Preis*, § 12 TzBfG Rn 25; *Malzahn*, AuR 1985, 386, 388.

lich erbrachte Arbeitsleistung vorzunehmen ist.[29] Der Einwand, dass selbst bei Zugrundelegung eines Referenzzeitraumes von einem Jahr die Typisierung der Arbeitspflicht von Zufälligkeiten abhängig wäre, verkennt, dass ein solcher Referenzzeitraum den tatsächlichen Willen der Arbeitsvertragsparteien regelmäßig widerspiegelt. Auch das BAG hält es für hinreichend, den Willen der Parteien bzgl. der Dauer der Arbeitszeit[30] an der tatsächlichen Handhabung zu orientieren. Der Gegenauffassung ist zudem entgegen zu halten, dass es auch bei der Auslegung des Arbeitsvertrages der tatsächlichen Handhabung, insb. über einen längeren Zeitraum, in der Regel entscheidende Bedeutung zukommt. Die Referenzmethode scheint gerade aus dem Gesichtspunkt des AN-Schutzes angemessen.

3. Tägliche Arbeitszeit. Nach Abs. 1 S. 2 müssen AG und AN in der Vereinbarung eine tägliche Mindestarbeitszeit festlegen. Wird die Dauer der täglichen Arbeitszeit nicht festgelegt, hat der AG die Arbeitsleistung des AN nach Abs. 1 S. 4 jeweils für mindestens drei aufeinander folgende Stunden in Anspruch zu nehmen. Die drei aufeinander folgenden Stunden müssen an einem Kalendertag abgerufen werden.[31] Die Arbeitsvertragsparteien sind nicht verpflichtet, die tägliche Arbeitszeit von mindestens drei Stunden zu vereinbaren. Es kann eine kürzere oder längere Dauer vereinbart werden.[32]

Die Parteien können auch eine zeitlich nicht zusammenhängende tägliche Arbeitszeit vereinbaren (z.B. eine Stunde von 9.00 bis 10.00 Uhr, eine weitere von 11.00 bis 12.00 Uhr, eine Dreiviertelstunde von 14.00 bis 14.45 Uhr und eine Stunde von 17.00 bis 18.00 Uhr).[33] Die Arbeitszeitvereinbarung muss dann ausdrücklich und präzise getroffen werden. Ist das nicht der Fall, ist davon auszugehen, dass der AG Kraft seines Direktionsrechts die vertraglich vereinbarte tägliche Arbeitszeit nur zusammenhängend abrufen kann.[34]

Unzulässig sind Vertragsgestaltungen, die die Dauer der täglichen Arbeitszeit in das Belieben des AG stellen, z.B. Regelungen, die eine tägliche Arbeitszeit von „höchstens drei Stunden" vorsehen.[35] Etwas anderes gilt jedoch, wenn die Arbeitsvertragsparteien regeln, dass der AG den AN für „mindestens" drei aufeinander folgende Stunden in Anspruch nimmt und sich das Recht vorbehält, den AN auch für mehr Stunden an einem Tag zu beschäftigen. Auch insoweit dürfte in Formulararbeitsverträgen die Grenze des einseitig bestimmten täglichen Arbeitsvolumens bei 25 % liegen.[36] Es ist jedoch zu beachten, dass in dieser Konstellation aufgrund des Schutzzwecks der Norm nur eine Erhöhung über die Drei-Stunden-Grenze hinaus von 25 %, nicht aber die Vereinbarung einer möglichen Absenkung von 20 % zulässig ist.

Kommt Abs. 1 S. 4 zur Anwendung, soll der AN ein Wahlrecht haben. Der AN soll berechtigt sein, die Leistung zu verweigern, wenn der AG eine Arbeitsleistung von weniger als drei Stunden abruft.[37] Der Abruf soll nicht in einen gesetzeskonformen Abruf mit dreistündiger Beschäftigung umdeutbar sein.[38] Erklärt sich der AN mit der Erbringung der kürzeren Arbeitsleistung uneingeschränkt einverstanden, soll er nur Anspruch auf Vergütung der tatsächlich geleisteten Stunden haben.[39] Erklärt er sich nur unter Beachtung der Drei-Stunden-Dauer einverstanden, soll für die Vergütung die Drei-Stunden-Regelung maßgeblich sein, wenn der AG sich darauf einlässt.[40] Nicht überzeugend ist der Einräumung eines Zurückbehaltungsrechtes für den AN, wenn der AG ihn für weniger als drei Stunden abruft. Durch die Regelung in Abs. 1 S. 4 soll vermieden werden, dass der AN entgegen seiner Erwartung nur kurzzeitig zur Arbeitsleistung in Anspruch genommen wird und für ihn damit unverhältnismäßige Belastungen entstehen.[41] Zu unzumutbarer Belastung durch einen solchen Abruf kommt es jedoch nur, wenn der AN auch die Vergütung nur für die kürzere Zeit erhält. Dem AG muss es somit auch im Falle unterbliebener Regelung der täglichen Arbeitszeit überlassen bleiben, den AN für eine kürzere Dauer als drei Stunden abzurufen.

II. Abruf der Arbeitsleistung (Abs. 2)

Es ist die Besonderheit der Arbeit auf Abruf, dass der AG die Lage der Arbeitszeit kraft seines Direktionsrechts festlegen kann. § 12 modifiziert das nach § 106 GewO bestehende Direktionsrecht hinsichtlich der Lage der Arbeitszeit.

---

29 LAG Köln 7.12.2001 – 11 (6) Sa 827/01 – NZA-RR 2002, 415; LAG Bremen 20.5.1999 – 4 Sa 2/99 – NZA-RR 2000, 14; *Meinel/Heyn/Herms*, § 12 Rn 36; *Rudolf*, NZA 2002, 1012, 1014.
30 BAG 21.11.2001 – 5 AZR 296/00 – NZA 2002, 439 = AP § 4 EntgeltfortzahlungsG Nr. 56.
31 Annuß/Thüsing/*Jacobs*, § 12 Rn 25.
32 Annuß/Thüsing/*Jacobs*, § 12 Rn 25; *Meinel/Heyn/Herms*, § 12 Rn 31; ErfK/*Preis*, § 12 TzBfG Rn 27; a.A. KDZ/*Zwanziger*, § 12 Rn 16.
33 Annuß/Thüsing/*Jacobs*, § 12 Rn 26; *Meinel/Heyn/Herms*, § 12 Rn 32 f.; KDZ/*Zwanziger*, § 12 TzBfG Rn 9; ErfK/*Preis*, § 12 TzBfG Rn 27; a.A. GK-TzA/*Buschmann*, § 12 TzBfG Rn 77.
34 Annuß/Thüsing/*Jacobs*, § 12 Rn 26, KDZ/*Zwanziger*, § 12 TzBfG Rn 12.
35 ErfK/*Preis*, § 12 TzBfG Rn 27.
36 BAG 7.12.2005 – 5 AZR 532/04 – AP § 12 TzBfG Nr. 4 = NZA 2006, 423.
37 ErfK/*Preis*, § 12 TzBfG Rn 29; Annuß/Thüsing/*Jacobs*, § 12 Rn 29; *Meinel/Heyn/Herms*, § 12 Rn 38.
38 Annuß/Thüsing/*Jacobs*, § 12 Rn 29; a.A. *Wlotzke*, NZA 1984, 217, 219.
39 ErfK/*Preis*, § 12 TzBfG Rn 29.
40 ErfK/*Preis*, § 12 TzBfG Rn 29; a.A.: Annuß/Thüsing/*Jacobs*, § 12 Rn 29 wonach stets drei Arbeitsstunden zu vergüten sein sollen.
41 ErfK/*Preis*, § 12 TzBfG Rn 26.

Die Ausübung des Direktionsrechts i.S.d. § 12 ist eine einseitige, empfangsbedürftige Gestaltungserklärung.[42] Sie ist nicht an eine Form gebunden, kann ausdrücklich oder durch konkludentes Verhalten abgegeben werden.[43] Zu beachten ist jedoch, dass der AG in Streitfällen darlegen und beweisen muss, dass, wann und in welchem Umfang er den AN zur Arbeitsleistung abgerufen hat. Der Abruf kann unter einer Bedingung erklärt werden, wenn dadurch die Abruffrist (siehe Rn 12 ff.) nicht verletzt wird.[44] Durch den Abruf des AN wird die Arbeitspflicht des AN konkretisiert. Das heißt jedoch nicht, dass die Vorschriften über Willenserklärungen in der Form zur Anwendung kommen, dass der erfolgte Abruf nur im Wege der Anfechtung bzw. einvernehmlich nach Zugang geändert werden könnte.[45] Der AG kann die Konkretisierung der Arbeitspflicht durch erneute Ausübung des Direktionsrechts ändern. Etwas anderes gilt nur, wenn die geänderte Anweisung die Ankündigungsfrist des Abs. 2 verletzt.[46] Will der AG nach Beginn der Frist des Abs. 2 die Lage der Arbeitszeit ändern, so kann dies nur einvernehmlich mit dem AN erfolgen. Jedoch kann der AG dem AN gegenüber auf den Einsatz auch vollständig verzichten.

12 Der AG muss dem AN nach Abs. 2 die Lage seiner Arbeitszeit mindestens vier Tage im Voraus mitteilen. Die Berechnung der Frist erfolgt in umgekehrter Anwendung der §§ 187 Abs. 1, 188 Abs. 1 und 193 BGB. Maßgeblich ist der Zeitpunkt des Zugangs des Abrufs beim AN. Danach wird der Tag des Zugangs des Abrufs nach § 187 Abs. 1 BGB sowie der Tag der abgerufenen Arbeitsleistung nach § 188 Abs. 1 BGB bei der Fristberechnung nicht mitgezählt. Fällt die berechnete Frist auf einen Samstag, Sonntag oder Feiertag, tritt an dessen Stelle der vorhergehende Arbeitstag. Ob die Arbeitsleistung ihrerseits an einem solchen Tag zu erbringen ist, ist für die Fristberechnung unerheblich.[47] Es gelten somit folgende Mitteilungstage:[48]

13

Einsatztag	Tag, an dem Mitteilung spätestens zugehen muss
Montag	Mittwoch
Dienstag	Donnerstag
Mittwoch	Freitag
Donnerstag	Freitag
Freitag	Freitag
Samstag	Montag
Sonntag	Dienstag

14 Abs. 2 ist eine zwingende Vorschrift. Von ihr kann zu Lasten der AN nach § 22 Abs. 1 nur in einem TV abgewichen werden. Einzelvertragliche Vereinbarungen, die die Mindestankündigungsfrist zu Lasten des AN modifizieren, sind wegen Verstoßes in § 134 BGB unwirksam.[49]

15 Erfolgt der Abruf unter Verstoß gegen die Ankündigungsfrist des Abs. 2, steht dem AN ein Leistungsverweigerungsrecht zu.[50] Der AN muss die Ausübung des Leistungsverweigerungsrechts nicht begründen.[51] Hat der AN in der Vergangenheit regelmäßig die Arbeitsleistung erbracht, obwohl die Mindestankündigungsfrist nicht eingehalten worden ist (siehe Rn 12), so kann sich daraus jedoch die vertragliche Nebenpflicht ergeben, den AG von der Ausübung des Leistungsverweigerungsrechts vorab in Kenntnis zu setzen.[52] Gleiches gilt, wenn der AN erkennen kann, dass der AG die Versäumung der Ankündigungsfrist – z.B. wegen außergewöhnlich langem Postlauf – nicht erkennen konnte.[53]

16 Macht der AN sein Leistungsverweigerungsrecht geltend, so hat er keinen Anspruch auf Arbeitsentgelt für die nicht geleistete Arbeit.[54] Kann der AG die Arbeitszeit wegen Beendigung des Bezugszeitraums nicht mehr wirksam anderweitig anordnen, besteht jedoch ein Vergütungsanspruch aus § 615 BGB.[55] Der AN kann auf die Einhaltung der

---

42 Annuß/Thüsing/*Jacobs*, § 12 Rn 39; *Meinel/Heyn/Herms*, § 12 Rn 39.
43 Annuß/Thüsing/*Jacobs*, § 12 Rn 39; *Meinel/Heyn/Herms*, § 12 Rn 42.
44 Annuß/Thüsing/*Jacobs*, § 12 Rn 39.
45 So aber Annuß/Thüsing/*Jacobs*, § 12 Rn 40; *Meinel/Heyn/Herms*, § 12 Rn 39; GK-TzA/*Buschmann*, § 12 Rn 57.
46 So auch ErfK/*Preis*, § 12 TzBfG Rn 34.
47 Annuß/Thüsing/*Jacobs*, § 12 Rn 49; ErfK/*Preis*, § 12 TzBfG Rn 32.
48 Tabelle nach ErfK/*Preis*, § 12 TzBfG Rn 32.
49 ErfK/*Preis*, § 12 TzBfG Rn 30.
50 ErfK/*Preis*, § 12 TzBfG Rn 35; Annuß/Thüsing/*Jacobs*, § 12 Rn 52; *Meinel/Heyn/Herms*, § 12 Rn 43.
51 ErfK/*Preis*, § 12 TzBfG Rn 35; Annuß/Thüsing/*Jacobs*, § 12 TzBfG Rn 52; *Meinel/Heyn/Herms*, § 12 Rn 43.
52 ErfK/*Preis*, § 12 TzBfG Rn 35; Hanau, RdA 1987, 25, 28.
53 ErfK/*Preis*, § 12 TzBfG Rn 35.
54 ErfK/*Preis*, § 12 TzBfG Rn 37; Annuß/Thüsing/*Jacobs*, § 12 Rn 52.
55 ErfK/*Preis*, § 12 TzBfG Rn 37; Annuß/Thüsing/*Jacobs*, § 12 Rn 52; *Meinel/Heyn/Herms*, § 12 Rn 45.

Ankündigungsfrist und die Ausübung des Leistungsverweigerungsrechts verzichten und die abgerufene Leistung erbringen.[56] Dann ist die erbrachte Arbeitsleistung nach den getroffenen Vereinbarungen zu vergüten.

Im Rahmen des billigen Ermessens sind die Umstände des Einzelfalles vor dem Abruf zu beachten und die beiderseitigen Interessen angemessen zu berücksichtigen. Hierzu sollen auf AN-Seite insb. familiäre oder anderweitige berufliche Verpflichtungen oder Freizeitinteressen sowie die Abhängigkeit von öffentlichen Verkehrsmitteln oder die schlechte Erreichbarkeit des Arbeitsortes zählen.[57] Dem ist entgegen zu halten, dass die lange Ankündigungsfrist gerade gewährleisten soll, dass der AN seine persönlichen Interessen mit der Pflicht zur Arbeitsleistung in Einklang bringen kann. Persönliche Interessen können über den Weg des „billigen Ermessens" daher nur in besonderen Ausnahmefällen einem ansonsten rechtzeitigen Abruf durch den AG entgegenstehen. Es wird die Auffassung vertreten, dass die täglichen Arbeitszeiten möglichst zusammenhängend abgerufen werden müssen.[58] Dem kann nicht gefolgt werden. Eine Stückelung ist nur dann zulässig, wenn sie vertraglich vereinbart ist (siehe oben Rn 8). Ist sie aber vertraglich vereinbart, ist für eine Einschränkung aus Gründen des „billigen Ermessens" kein Raum. Zum Teil wird die Auffassung vertreten, das Direktionsrecht könne durch Konkretisierung aufgrund längerer Übung eingeschränkt sein.[59] Nach st. Rspr. genügt es für den Eintritt einer Konkretisierung von Arbeitsbedingungen aber nicht, wenn ein AN über mehrere Jahre hinweg in derselben Weise gearbeitet hat. Neben das Zeitmoment muss ein Umstandsmoment treten, das ein berichtigtes Vertrauen des AN darauf begründet, nur zu bestimmten Zeiten bzw. zu bestimmten Zeiten nicht eingesetzt zu werden.[60]

III. Abweichung durch Tarifvertrag (Abs. 3)

Abs. 3 sieht vor, dass von Abs. 1 und 2 in einem TV auch zu Ungunsten des AN abgewichen werden kann. Das gilt jedoch nur, wenn der TV selbst Regelungen über die tägliche und wöchentliche Arbeitszeit und die Ankündigungsfristen trifft. Unzulässig ist es, wenn der TV nur ein uneingeschränktes einseitiges Leistungsbestimmungsrecht des AG einräumt.[61] Ausreichend ist jedoch, dass der TV überhaupt Regelungen über die tägliche und wöchentliche Arbeitszeit und die Ankündigungsfrist enthält. So muss die tägliche und wöchentliche Arbeitszeit nicht stundenmäßig festgeschrieben werden. Zulässig sind z.B. Bandbreitenregelungen oder Durchschnittsregelungen.[62] Tarifvertragliche Regelungen gelten grds. nur für die tarifgebundenen AN. Nach Abs. 3 S. 2 können im Anwendungsbereich des TV entsprechende abweichende Vereinbarungen aber auch zwischen nicht tarifgebundenen AG und AN getroffen werden, soweit der TV persönlich, fachlich oder räumlich anwendbar ist.[63]

IV. Besonderheiten bei der Durchführung des Abrufarbeitsverhältnisses

1. Entgelt, Überstunden, Beschäftigungspflicht. Wie dargestellt hat der AG durch Ausübung des Direktionsrechts die Lage der Arbeitszeit im festgelegten Bezugszeitraum zu bestimmen und die Arbeitspflicht damit zu konkretisieren. Geschieht dies nicht, unterlässt der AG also die Konkretisierung der Leistungspflicht, so gerät er nach § 615 S. 1 BGB in Annahmeverzug. Der AN behält den Vergütungsanspruch ohne zur Nachleistung verpflichtet zu sein.[64] Da die Arbeit gemäß vertraglicher Vereinbarung vom AG abzurufen ist, muss der AN die Arbeitsleistung nicht anbieten. Annahmeverzug scheidet nur dann aus, wenn der AN auch im Falle der Ausübung des Direktionsrechts durch den AG zur Leistung der Arbeit außerstande gewesen wäre.[65] Möglich ist es, am Ende des vereinbarten Bezugszeitraums nicht geleistete Arbeitszeit auf einen folgenden Bezugszeitraum zu übertragen. Dies bedarf jedoch einer ausdrücklichen Vereinbarung zwischen AG und AN.[66] Problematisch erscheint es, die Übertragung schon vorab im Arbeitsvertrag zu regeln, da damit die Festlegung der wöchentlichen Arbeitszeit relativiert werden kann.[67] Es ist davon auszugehen, dass eine solche Regelung in einem Formulararbeitsvertrag nach § 307 BGB unwirksam ist.

Im Rahmen eines Abruf-Arbverhs kann vereinbart werden, dass der AN auf Anordnung des AG Überstunden zu leisten hat (siehe Rn 4). Bei der Formulierung der vertraglichen Abrede sind, soweit keine Regelung in einem TV in Bezug genommen wird, die Anforderungen der §§ 305 ff. BGB zu beachten.[68]

Auch im Abruf-Arbverh hat der AN einen Anspruch, vertragsgemäß beschäftigt zu werden (siehe Rn 3).

---

56 ErfK/*Preis*, § 12 TzBfG Rn 36; Annuß/Thüsing/*Jacobs*, § 12 Rn 51.
57 ErfK/*Preis*, § 12 TzBfG Rn 39; Annuß/Thüsing/*Jacobs*, § 12 Rn 41 m.w.N.
58 Annuß/Thüsing/*Jacobs*, § 12 Rn 41.
59 ErfK/*Preis*, § 12 TzBfG Rn 40.
60 BAG 10.7.2003 – 6 AZR 372/02 – AP § 9 TVAL II Nr. 6; BAG 24.1.2001 – 5 AZR 411/99 – FA 2001, 315 s.a. Rspr. zur Übersicht bei ErfK/*Preis*, § 12 TzBfG Rn 40.
61 Annuß/Thüsing/*Jacobs*, § 12 Rn 59; Meinel/Heyn/Herms, § 12 Rn 55; ErfK/*Preis*, § 12 TzBfG Rn 44; *Preis/Gotthardt*, DB 2000, 2065, 2069.
62 ErfK/*Preis*, § 12 TzBfG Rn 44; Annuß/Thüsing/*Jacobs*, § 12 Rn 60.
63 Annuß/Thüsing/*Jacobs*, § 12 Rn 62.
64 BAG 19.1.1999 – 9 AZR 697/97 – AP § 615 BGB Nr. 79 = NZA 1999, 925; Annuß/Thüsing/*Jacobs*, § 12 Rn 44; Meinel/Heyn/Herms, § 12 Rn 39.
65 S. dazu BAG 5.11.2003 – 5 AZR 562/02 – AP § 615 BGB Nr. 106.
66 Annuß/Thüsing/*Jacobs*, § 12 Rn 45.
67 A.A. Annuß/Thüsing/*Jacobs*, § 12 TzBfG Rn 45.
68 Vgl. *Worzalla*, NZA 2006, Beil. 3, 122, 128.

22 **2. Urlaub, Entgeltfortzahlung.** Der AN im Abruf-Arbverh hat Anspruch auf Urlaub. Es gelten die Grundsätze für die Gewährung von Urlaub bei teilzeitbeschäftigten AN.[69]

23 Der AN im Abruf-Arbverh hat Anspruch auf Feiertagsvergütung gem. § 2 Abs. 2 EntgeltfortzahlungsG. Es gelten die allgemeinen Grundsätze. Der AN hat die tatsächlichen Umstände vorzutragen, aus denen sich eine hohe Wahrscheinlichkeit dafür ergibt, dass die Arbeit allein wegen des Feiertags ausgefallen ist.[70] Dafür genügt es, dass der AN eine gewisse Regelmäßigkeit des Einsatzes darlegt, die zur Tätigkeit an dem Feiertag geführt hätte. Der AG hat dann die tatsächlichen Umstände dafür darzulegen, dass der Feiertag für den Arbeitsausfall nicht ursächlich war. Dem wird entgegen gehalten, der AG könne schon vorab den Arbeitsabruf so gestalten, dass die Arbeitspflicht nicht auf Feiertage fällt.[71] Vorgeschlagen wird die Vornahme einer Durchschnittsberechnung analog § 11 Abs. 2 EntgeltfortzahlungsG. Dem ist entgegen zu halten, dass eine Abweichung von den Grundsätzen des EntgeltfortzahlungsG nicht erforderlich ist. Kein AG wird sich die Mühe machen, die Abruftätigkeit von vorn herein so zu gestalten, dass sie nicht auf Feiertage fallen kann, sofern der Arbeitsanfall eine andere Handhabung erfordert.

24 Gleiches gilt für die Entgeltfortzahlung im Krankheitsfall. Ist der Abruf bereits erfolgt und erkrankt der AN, so hat der AG Entgeltfortzahlung zu leisten. Erkrankt der AN in der Bereithaltungsphase, hat der AN dies unverzüglich anzuzeigen[72] und ggf. nachzuweisen. Dies gilt auch, wenn ein Abruf nicht erfolgt ist, da der Nachweis der Arbeitsunfähigkeit den Planungsinteressen des AG dient. Ist der AN im gesamten Bezugszeitraum erkrankt, hat er für das vereinbarte Arbeitsvolumen einen Anspruch auf Entgeltfortzahlung.[73] Das gilt jedoch nur bis zum Ablauf der Sechs-Wochen-Frist des § 3 Abs. 1 EntgeltfortzahlungsG. Für die Feststellung, in welchem Umfange Arbeitsleistung in dieser Frist angefallen wäre, sofern sie noch nicht abgerufen war, sind die vom BAG zur Feiertragsentlohnung entwickelten Grundsätze heranzuziehen. Ggf. ist eine vergangenheitsbezogene Betrachtung durchzuführen.[74] Problematisch ist die Situation auch dann, wenn der AN arbeitsunfähig erkrankt, der Abruf noch nicht erfolgt ist, aber im Hinblick auf die Länge der Erkrankung und des Bezugzeitraums noch möglich bleibt. Auch in diesen Fällen kommen die vom BAG zur Feiertagsvergütung genannten Grundsätze zur Anwendung.[75]

25 Darüber hinaus ist es dem AG nicht verwehrt, die Arbeitszeit so abzurufen, dass mögliche sonstige Verhinderungsgründe – z.B. aus dem Anwendungsbereich des § 616 BGB – nicht in die Arbeitszeit fallen.[76] Zu Recht wird darauf hingewiesen, dass der teilzeitbeschäftigte AN grds. verpflichtet ist, Termine, die zu einer persönlichen Verhinderung i.S.d. § 616 BGB führen können, in die Freizeit zu legen.[77]

V. Mitbestimmungsrechte des Betriebsrats hinsichtlich der Lage der Arbeitszeit

26 Die Verpflichtung des AN, Arbeit auf Abruf zu leisten, kann nicht in einer BV begründet werden (siehe oben).[78] Hinsichtlich der vertraglich vereinbarten Arbeit auf Abruf hat der BR grds. das Mitbestimmungsrecht aus § 87 Abs. 1 Nr. 2 BetrVG. Nach der Rspr. des BAG umfasst das Mitbestimmungsrecht auch die Entscheidung, ob AN auf Abruf beschäftigt werden.[79] Mitzubestimmen hat der BR auch über die Festlegung der Mindestdauer der täglichen Arbeitszeit, die Höchstzahl von Arbeitstagen in der Woche, der Mindestzahl arbeitsfreier Samstage oder Feiertage oder der Dauer von Pausen.[80] Gleiches soll gelten für eine modifizierte Regelung der Ankündigungsfrist, sofern diese länger sein soll als in Abs. 2 geregelt, zu den Bezugszeiträumen, in denen die Arbeit abzurufen ist und ähnliche Fragen.[81] Das Mitbestimmungsrecht erfasst jedoch nicht die Ausübung des Direktionsrechts hinsichtlich des einzelnen Abrufs eines AN.[82] Folgt man der Rspr. des BAG, kann der BR somit ggf. verhindern, dass Arbeit auf Abruf im Unternehmen durchgeführt wird. Er kann über sein Initiativrecht, das im Rahmen des § 87 Abs. 1 Nr. 2 BetrVG besteht,[83] Regelungen über Arbeit auf Abruf de facto beseitigen. Über seinen Unterlassungsanspruch bei Verstößen gegen § 87 BetrVG[84] könnte der BR die Durchführung von Arbeit auf Abruf – entgegen bestehender vertraglicher Vereinbarung – unmöglich machen. AG und AN wären dann gezwungen, die Arbeitsverträge entsprechend anzupassen. Es spricht daher vieles dafür, das Mitbestimmungsrecht des BR auf die Ausgestaltung von Arbeit auf Abruf – z.B. Lage der

---

69 Vgl. *Leinemann/Linck*, DB 1999, 1498.
70 BAG 24.10.2001 – 5 AZR 245/00 – AP Nr. 8 zu § 2 EntgeltfortzahlungsG = DB 2002, 1110.
71 Annuß/Thüsing/*Jacobs*, § 12 Rn 33 m.w.N.
72 ErfK/*Preis*, § 12 TzBfG Rn 46.
73 Annuß/Thüsing/*Jacobs*, § 12 Rn 34; KDZ/*Zwanziger*, § 12 TzBfG Rn 34.
74 Kaiser u.a./*Kleinsorge*, § 4 Rn 71.
75 A.A. Annuß/Thüsing/*Jacobs*, § 12 Rn 35 Durchschnittsberechnung; offen gelassen in ErfK/*Preis*, § 12 TzBfG Rn 46.
76 Annuß/Thüsing/*Jacobs*, § 12 Rn 36; Meinel/Heyn/*Herms*, § 12 Rn 53.
77 Annuß/Thüsing/*Jacobs*, § 12 Rn 36.
78 Annuß/Thüsing/*Jacobs*, § 12 Rn 64 m.w.N.
79 BAG 28.9.1988 – 1 ABR 41/87 – NZA 1989, 184 = AP zu § 87 BetrVG 1972 Nr. 29; a.A.: Hess u.a./*Worzalla*, § 87 Rn 164; *Preis/Lindemann*, NZA Sonderheft 2001, 33, 42.
80 Vgl. BAG 13.10.1987 – 1 ABR 10/86 – NZA 1988, 251 = AP Nr. 24 zu § 87 BetrVG 1972.
81 Annuß/Thüsing/*Jacobs*, § 12 Rn 66.
82 BAG 28.9.1988 – 1 ABR 41/87 – NZA 1989, 184 = AP § 87 BetrVG 1972 Nr. 29; BAG 24.5.1989 – 2 AZR 537/88 – juris; ErfK/*Preis*, § 12 TzBfG Rn 42; Annuß/Thüsing/*Jacobs*, § 12 Rn 67; Meinel/Heyn/*Herms*, § 12 Rn 5.
83 Hess u.a./*Worzalla*, § 87 Rn 168a.
84 Vgl. dazu BAG v. 3.5.1994 – 1 ABR 24/98 – NJW 1995, 1044; BAG 13.3.2001 – 1 ABR 7/00 – ZTR 2002, 94.

Pausen – zu beschränken, die Entscheidung über Einführung oder Abschaffung jedoch mitbestimmungsfrei zu belassen.[85]

C. Verbindung zu anderen Rechtsgebieten und zum Prozessrecht

Zu beachten ist, dass auch für Abruf-Arbverh die übrigen Vorschriften des TzBfG für Teilzeitarbeit gelten. Das betrifft insb. das Diskriminierungsverbot des § 4 Abs. 1 und das Benachteiligungsverbot des § 5. AN in Abruf-Arbverh können nach § 7 Abs. 2 dem Wunsch nach einer Veränderung von Dauer und Lage ihrer vertraglichen Arbeitszeit anzeigen. Sie sind dann über entsprechende Arbeitsplätze zu informieren, die im Betrieb oder Unternehmen besetzt werden sollen (siehe auch § 7 Rn 3 ff.). und können ggf. den Anspruch aus § 9 geltend machen. Zu beachten ist auch das Künd-Verbot des § 11, das auch für Abruf-Arbverh gilt.

D. Beraterhinweise

Es empfiehlt sich in jedem Falle, vor Abfassung eines Abrufarbeitsvertrages einen oder mehrere Musterverträge zu Rate zu ziehen.[86] Zu prüfen ist, ob der vom AG verfolgte Zweck nicht besser durch einen Rahmenvertrag erreicht werden kann, durch den einzelne befristete Arbverh zustande kommen (siehe oben Rn 2). Voraussetzung dafür ist jedoch, dass für die Einzelbefristungen tragfähige sachliche Gründe bestehen, da anderenfalls im Falle der Klage eines kurzzeitig befristeten AN ein unbefristetes Arbverh entstehen kann. Die Regelung durch einen Rahmenvertrag hat den Vorteil, dass die in der Praxis häufig problematische lange Ankündigungsfrist nach § 12 Abs. 2 nicht zum Tragen kommt. Zudem können die Einsatzzeiten abweichend von § 12 Abs. 1 für den jeweiligen Fall flexibler geregelt werden.

E. Muster für Rahmenvereinbarungen

1. Rahmenvereinbarung für Arbeitsleistungen von Fall zu Fall

X-GmbH

(Adresse)

und

Frau Müller

(Adresse)

vereinbaren:

Die X-GmbH beabsichtigt, Frau Müller zu befristeten Arbeitsleistungen zu verpflichten. Hierzu wird folgende Rahmenvereinbarung geschlossen:

1. Die X-GmbH kann Frau Müller im Bedarfsfall die Ausübung folgender Tätigkeiten anbieten:

   ....

   ....

   ....

2. Eine Pflicht der X-GmbH zum Angebot der Tätigkeit besteht nicht.
3. Frau Müller ist nicht verpflichtet, die Arbeitsangebote im Einzelfall anzunehmen.
4. Sofern sie ein Arbeitsangebot annimmt, ist das Arbeitsverhältnis auf die Dauer des jeweiligen Arbeitseinsatzes befristet.
5. Es ist vor jedem Einsatz von beiden Seiten eine Vereinbarung über die Befristung des jeweiligen Einsatzes zu unterschreiben.
6. Durch den Einsatz von Frau Müller wird ein Dauer-Arbeitsverhältnis nicht begründet.
7. Kommt ein befristetes Arbeitsverhältnis zustande, gelten folgende Arbeitsbedingungen:

   a) Frau Müller erhält eine Vergütung von (...) EUR brutto pro Stunde.

   Sollte Frau Müller für ihre Tätigkeit einen Pkw einsetzen, werden ihr die Fahrtkosten nach den steuerlichen Bestimmungen erstattet. Frau Müller muss einen Nachweis über die gefahrenen Kilometer mit Abrechnung der geleisteten Stunden vorlegen.

   b) Die Abrechnung hat nach jedem Einsatz zu erfolgen.

---

85 Vgl. dazu *Preis/Lindemann*, NZA Sonderheft 2001, 33, 42; Hess u.a./*Worzalla*, § 87 Rn 164; GK-BetrVG/*Wiese* § 87 Rn 319.

86 S. dazu z.B. *Lingemann* in: Bauer u.a., Anwaltsformularbuch ArbR, M 6.5.

c) Frau Müller hat zu jedem Einsatz die Lohnsteuerkarte und den SV-Ausweis vor Arbeitsantritt im Personalbüro vorzulegen.

Ort/Datum ....

....
(Unterschrift X-GmbH)   (Unterschrift Frau Müller)

30 **2. Vereinbarung für eine Arbeitsleistung innerhalb der Rahmenvereinbarung vom ...**

X-GmbH
(Adresse)
und
Frau Müller
(Adresse)

vereinbaren unter Bezugnahme auf die Rahmenvereinbarung vom .... für Arbeitsleistung von Fall zu Fall

einen Arbeitseinsatz vom	TT.MM.JJJJ bis TT.MM.JJJJ.
Dieser Arbeitseinsatz umfasst	...... Arbeitsstunden.
Sachlicher Grund für den befristeten Einsatz ist:	....

Ort/Datum ....

....
(Unterschrift X-GmbH)   (Unterschrift Frau Müller)

31 In der Beratung ist der AG eindringlich darauf hinzuweisen, dass zur wöchentlichen Arbeitszeit (siehe Rn 4 ff.) und zur täglichen Arbeitszeit (siehe Rn 7 ff.) Regelungen zu treffen sind. Der AG ist zudem auf die Unabdingbarkeit der Mindestankündigungsfristen hinzuweisen. Dies wird in der Praxis häufig übersehen. Er ist sodann darauf hinzuweisen, dass die Verletzung der Mindestankündigungsfristen dazu führen kann, dass eingeplante Arbeitsleistungen nicht wirksam abgerufen werden können. Dies kann in der betrieblichen Praxis zu erheblichen Problemen führen.

§ 13 Arbeitsplatzteilung

(1) [1]Arbeitgeber und Arbeitnehmer können vereinbaren, dass mehrere Arbeitnehmer sich die Arbeitszeit an einem Arbeitsplatz teilen (Arbeitsplatzteilung). [2]Ist einer dieser Arbeitnehmer an der Arbeitsleistung verhindert, sind die anderen Arbeitnehmer zur Vertretung verpflichtet, wenn sie der Vertretung im Einzelfall zugestimmt haben. [3]Eine Pflicht zur Vertretung besteht auch, wenn der Arbeitsvertrag bei Vorliegen dringender betrieblicher Gründe eine Vertretung vorsieht und diese im Einzelfall zumutbar ist.
(2) [1]Scheidet ein Arbeitnehmer aus der Arbeitsplatzteilung aus, so ist die darauf gestützte Kündigung des Arbeitsverhältnisses eines anderen in die Arbeitsplatzteilung einbezogenen Arbeitnehmers durch den Arbeitgeber unwirksam. [2]Das Recht zur Änderungskündigung aus diesem Anlass und zur Kündigung des Arbeitsverhältnisses aus anderen Gründen bleibt unberührt.
(3) Die Absätze 1 und 2 sind entsprechend anzuwenden, wenn sich Gruppen von Arbeitnehmern auf bestimmten Arbeitsplätzen in festgelegten Zeitabschnitten abwechseln, ohne dass eine Arbeitsplatzteilung im Sinne des Absatzes 1 vorliegt.
(4) [1]Durch Tarifvertrag kann von den Absätzen 1 und 3 auch zuungunsten des Arbeitnehmers abgewichen werden, wenn der Tarifvertrag Regelungen über die Vertretung der Arbeitnehmer enthält. [2]Im Geltungsbereich eines solchen Tarifvertrages können nicht tarifgebundene Arbeitgeber und Arbeitnehmer die Anwendung der tariflichen Regelungen über die Arbeitsplatzteilung vereinbaren.

A. Allgemeines 1	b) Zustimmung (Abs. 1 S. 2) 11
B. Regelungsgehalt 3	c) Zumutbare Vertretung bei Vorliegen dringender betrieblicher Gründe (Abs. 1 S. 3) 12
I. Teilung der Arbeitszeit (Abs. 1 S. 1) 3	
1. Vertragliche Beziehungen 3	III. Kündigungsschutz (Abs. 2) 14
2. Verteilung der Arbeitszeit (Abs. 1 S. 1) 8	IV. Turnusarbeitsverhältnis (Abs. 3) 17
II. Vertretungspflicht (Abs. 1 S. 2, 3) 9	V. Tariföffnung (Abs. 4) 18
1. Vertretungstatbestände 9	C. Verbindung zu anderen Rechtsgebieten und zum Prozessrecht 20
2. Pflicht zur Vertretung 10	
a) Allgemeines 10	D. Beraterhinweise 21

A. Allgemeines

Die Vorschrift entspricht im Wesentlichen dem früheren § 5 BeschFG. Sie hat das Ziel, durch Förderung der Teilzeitarbeit zusätzliche Beschäftigungsmöglichkeiten zu schaffen und dadurch den Arbeitsmarkt zu entlasten. Die Chancen der Frauen auf dem Arbeitsmarkt sollen verbessert werden.[1] Job-Sharing spielt in der betrieblichen Praxis jedoch nur eine untergeordnete Rolle.[2]

1

Abzugrenzen ist das Job-Sharing

2

– vom Job-Paring. In diesen Fällen besteht eine vertragliche Vereinbarung zwischen den AN, nach der sie sich den Arbeitsplatz nicht nur zeitlich teilen, sondern gemeinsam für die Erbringung eines Arbeitsergebnisses einstehen.[3] Anders als beim Job-Sharing bieten sich die AN gemeinsam als Gruppe an und werden nicht vom AG zu einer Gruppe zusammengefasst (siehe Rn 5, 7 f.).

– von einer Eigenbetriebsgruppe. Von einer Eigenbetriebsgruppe ist auszugehen, wenn mehrere AN durch Eigeninitiative oder auf Anordnung des AG bestimmte Arbeiten gemeinsam ausführen. Der Unterschied zum Job-Sharing besteht darin, dass die Arbeit gleichzeitig erbracht wird, wogegen sich die Job-Sharer die Arbeitszeit teilen (siehe Rn 4).[4]

B. Regelungsgehalt

I. Teilung der Arbeitszeit (Abs. 1 S. 1)

1. Vertragliche Beziehungen. Der Begriff „Arbeitsplatzteilung" ist ungenau. Die AN teilen sich nicht den Arbeitsplatz, sondern – wie es S. 1 sagt – die Arbeitszeit an einem Arbeitsplatz.

3

Job-Sharing liegt vor, wenn zwei oder mehr AN sich die Arbeitszeit an einem Arbeitsplatz teilen. Üblicherweise teilen sich in der Praxis zwei AN die Arbeitszeit. Es können nach § 13 jedoch auch mehrere AN sein. Unerheblich ist, mit welcher Arbeitszeit der Arbeitsplatz eingerichtet ist. Der Arbeitsplatz selbst kann ein Vollzeit- oder auch Teilzeitarbeitsplatz sein.[5] Es kann sich auch um einen Arbeitsplatz handeln, auf dem insg. länger als auf einem üblichen Vollzeitarbeitsplatz gearbeitet wird.[6]

Jeder AN im Job-Sharing schließt einen eigenen Arbeitsvertrag mit dem AG (siehe unten Rn 7 f.).[7] Eine besondere Form ist gesetzlich nicht vorgesehen, kann sich jedoch aus tarifvertraglichen Vorschriften ergeben. Es handelt sich zwingend um Teilzeitarbeitsverträge.[8] Die Arbeitsverträge können unterschiedlichen Inhalts sein, vor allem unterschiedliche Tätigkeitsschwerpunkte vorsehen. Im Hinblick auf die gegenseitige Vertretungspflicht liegt jedoch im Regelfall weitgehende Deckungsgleichheit vor. Auch die zu leistenden Arbeitszeitvolumina können unterschiedlich sein (z.B. AN A 24 Stunden, AN B 13 Stunden).

4

Der AN verpflichtet sich im Arbeitsvertrag, den ihm zugewiesenen Arbeitsplatz alternierend in Abstimmung mit dem oder den anderen AN zu besetzen. Es ist darauf zu achten, dass die Regelungen klar getroffen werden. Unklarheiten gehen gem. § 305c Abs. 2 BGB zu Lasten des Verwenders, sprich AG. Das gilt insb. für die in § 2 NachwG genannten Regelungsgegenstände. Insb. Arbeitsplatz und Arbeitsinhalt sind genau festzulegen, da diese Regelungen maßgeblich für die Vertretungspflicht (siehe Rn 9 ff.) sind.[9] Genau zu bestimmen ist gem. § 2 Abs. 1 S. 2 Nr. 7 NachwG die vereinbarte Arbeitszeit. Dabei ist es nicht ausreichend, die Gesamtarbeitszeit der beteiligten Job-Sharer im Vertrag festzulegen.[10] Es muss das Arbeitszeitvolumen für einen bestimmten Referenzzeitraum, z.B. für die Woche oder den Monat, bestimmt werden.[11] Insb. bei flexibler Verteilungsmöglichkeit zwischen den AN (siehe Rn 9) sollte die Dauer des Erholungsurlaubs präzise berechnet werden.

5

---

1 BT-Drucks 10/2102, S. 14, 16.
2 S. zu empirischen Untersuchungen Annuß/Thüsing/Maschmann, § 13 Rn 5 m.w.N.
3 ErfK/*Preis*, § 13 TzBfG Rn 2; Annuß/Thüsing/*Maschmann*, § 13 Rn 4.
4 Annuß/Thüsing/*Maschmann*, § 13 Rn 4.
5 ErfK/*Preis*, § 13 TzBfG Rn 4.

6 A.A. Annuß/Thüsing/*Maschmann*, § 13 Rn 7.
7 ErfK/*Preis*, § 13 TzBfG Rn 6.
8 ErfK/*Preis*, § 13 TzBfG Rn 5; Meinel/Heyn/*Herms*, § 13 Rn 8.
9 Annuß/Thüsing/*Maschmann*, § 13 Rn 10.
10 Annuß/Thüsing/*Maschmann*, § 13 Rn 10.
11 Annuß/Thüsing/*Maschmann*, § 13 Rn 10.

6 Der AG kann nicht mehrere bestehende Teilzeit-Arbverh im Wege des Direktionsrechts gegen den Willen der betroffenen AN zu einem Job-Sharing-Arbverh verbinden.[12] Der Job-Sharing-Arbeitsplatz muss als solcher vom AG eingerichtet und entweder mit neuen AN besetzt werden oder es müssen bestehende Arbeitsverträge entsprechend geändert werden. Dabei ist i.d.R. das Mitbestimmungsrecht des BR nach § 99 BetrVG (Einstellung, Versetzung) zu beachten. Es besteht jedoch im Falle der Einrichtung eines Job-Sharing-Arbeitsplatzes i.d.R. kein Mitbestimmungsrecht aus § 87 Abs. 1 Nr. 2 oder 3 BetrVG, wenn die betriebsübliche Arbeitszeit nicht geändert wird.[13] Es bestehen auch keine Beteiligungsrechte des BR nach § 87 Abs. 1 Nr. 13 oder § 28a BetrVG.[14]

7 Die AN im Job-Sharing stehen in keinem vertraglichen Verhältnis zueinander (siehe auch Rn 5).[15] Sie sind insb. nicht hinsichtlich der zu erbringenden Leistung Gesamtschuldner im Sinne des § 421 BGB.[16] Jeder AN erwirbt einen originären Vergütungsanspruch gegen den AG. Auch das Leistungsstörungsrecht ist allein auf das konkrete einzelne Arbverh bezogen. Ausgleichsansprüche gegen andere AN in Job-Sharing-Arbverh scheiden in der Regel aus. Insb. entstehen unter den AN in Job-Sharing-Arbverh keine Verpflichtungen auf Nachleistungen von Arbeit bei zuvor nicht geregelten Vertretungsfällen.[17]

8 **2. Verteilung der Arbeitszeit (Abs. 1 S. 1).** Dauer und Lage der individuellen Arbeitszeit legen die Mitarbeiter im Job-Sharing untereinander selbstständig fest. Der AG begibt sich insofern seines Direktionsrechts, so dass für ein Mitbestimmungsrecht des BR nach § 87 Abs. 1 Nr. 2 und 3 BetrVG kein Raum ist.[18] Die AN haben den Arbeitszeitplan dem AG rechtzeitig bekannt zu geben. Zwar wird die Auffassung vertreten, dass zwischen den AN im Job-Sharing-Arbverh Einigungszwang besteht.[19] Die Einigung kann auf diesem Wege jedoch nicht erzwungen werden. Der AG wird aus seinen vertraglichen Nebenpflichten heraus gehalten sein, einen Einigungsversuch als Vermittler mit den AN zu unternehmen. Im Falle der Nichteinigung nach dem Vermittlungsversuch ist der AG befugt, die Lage der Arbeitszeit im konkreten Streitfall einseitig anzuweisen.[20] Bei der Ausübung des Direktionsrechts hat er § 106 GewO zu beachten. Ein Mitbestimmungsrecht des BR nach § 87 Abs. 1 Nr. 2 BetrVG besteht auch in diesen Fällen nicht.[21] Die Gegenauffassung verkennt, dass es sich nicht um eine kollektive Maßnahme handelt und die betriebsübliche Arbeitszeit nicht verändert wird. Etwas anderes gilt aber dann, wenn die vertraglichen Regelungen zwischen AG und AN vorsehen, dass der AG generell über die Lage der von den beteiligten AN zu erbringenden Arbeitszeiten ein Weisungs- oder auch nur Mitentscheidungsrecht hat, er also auch ohne dass Uneinigkeit zwischen den AN bestünde, eine bestimmte Verteilung der Arbeitszeit zwischen den AN anordnen könnte.[22] In diesen Fällen findet § 87 Abs. 1 Nr. 2 BetrVG Anwendung. Die AN sind in der Entscheidung über die Verteilung der Arbeitszeit frei. Der AG kann die „Taktung" vorgeben, innerhalb der die Verteilung der Arbeitszeit unter den AN erfolgt. Er kann z.B. bestimmen, dass die AN sich die Arbeitszeit an dem Arbeitsplatz an jedem Arbeitstag teilen, aber auch eine flexiblere Verteilungsmöglichkeit vorsehen, z.B. bezogen auf die Woche, den Monat oder das Jahr. Insoweit besteht dann ein Mitbestimmungsrecht des BR aus § 87 Abs. 1 Nr. 2 BetrVG.

II. Vertretungspflicht (Abs. 1 S. 2, 3)

9 **1. Vertretungstatbestände.** Voraussetzung für das Entstehen eines Vertretungsfalles ist, dass einer der AN im Job-Sharing-Arbverh an der Arbeitsleistung verhindert ist. Aus dem Wortlaut ergibt sich, dass hierunter nur Konstellationen fallen, in denen der AN aus in seiner Person liegenden Gründen die Arbeit nicht erbringen kann. Dies können z.B. sein: Krankheit, Urlaub, Fälle des § 616 BGB oder des § 45 SGB V. Nicht hierzu zählt die Arbeitsverweigerung durch einen der AN im Job-Sharing-Arbverh.[23] Kein Vertretungsfall im Sinne des Abs. 1 S. 2 ist die einvernehmliche Freistellung eines AN, da der „Ausfall" des AN und damit der Vertretungsfall durch Vereinbarung herbeigeführt wird. Diese Konstellation wird nach Sinn und Zweck der Regelung nicht erfasst. Dem oder den anderen AN im Job-Sharing-Arbverh ist es unbenommen, in solchen Fällen der Vertretung gem. Abs. 1, S. 2 zuzustimmen (siehe Rn 13). Es liegt jedoch kein Vertretungsfall im Sinne des Abs. 1 S. 2 und 3 vor.

10 **2. Pflicht zur Vertretung. a) Allgemeines.** Allein die Tatsache der Arbeitsplatzteilung verpflichtet den AN nicht, einen anderen AN aus dem Job-Sharing-Verhältnis zu vertreten, wenn dieser an seiner Arbeitsleistung verhindert ist. Eine generelle vertragliche Vereinbarung zur gegenseitigen Vertretungspflicht ist nach § 134 BGB nichtig.[24] Der AG kann ihn nicht im Wege des Direktionsrechts wirksam dazu anweisen. Er kann dann auch nicht ohne weiteres „Überstunden" anordnen. Nach Abs. 1 S. 2 sind die anderen AN des Job-Sharing-Verhältnisses nur dann zur Vertretung verpflichtet, wenn sie

---

12 ErfK/*Preis*, § 13 TzBfG Rn 6.
13 Annuß/Thüsing/*Maschmann*, § 13 Rn 7; Hess u.a./*Worzalla*, § 13 Rn 166 m.w.N.; a.A. Fitting u.a., § 87 Rn 110.
14 Annuß/Thüsing/*Maschmann*, § 13 Rn 28.
15 ErfK/*Preis*, § 13 TzBfG Rn 2.
16 ErfK/*Preis*, § 13 TzBfG Rn 7; Annuß/Thüsing/*Maschmann*, § 13 Rn 8.
17 ErfK/*Preis*, § 13 TzBfG Rn 7.
18 Annuß/Thüsing/*Maschmann*, § 13 Rn 22.
19 Annuß/Thüsing/*Maschmann*, § 13 Rn 12.
20 ErfK/*Preis*, § 13 TzBfG Rn 3.
21 A.A. Annuß/Thüsing/*Maschmann*, § 13 Rn 27.
22 Hess u.a./*Worzalla*, § 87 Rn 166 m.w.N.; GK-BetrVG/*Wiese*, § 87 Rn 316 f.
23 LAG München 15.9.1993 – 5 Sa 976/92 – LAGE § 5 BeschFG 1985 Nr. 1 = DB 1993, 2599; Annuß/Thüsing/*Maschmann*, § 13 Rn 15.
24 ErfK/*Preis*, § 13 TzBfG Rn 9.

- der Vertretung im Einzelfall zugestimmt haben oder
- der Arbeitsvertrag bei Vorliegen dringender betrieblicher Gründe eine Vertretung vorsieht und diese im Einzelfall zumutbar ist.

Die Vertretungsverpflichtung sollte daher in jedem Falle in den Arbeitsvertrag aufgenommen werden.

b) Zustimmung (Abs. 1 S. 2). Ist die Vertretungspflicht im Arbeitsvertrag nicht geregelt, so entsteht die Verpflichtung zur Vertretung erst durch Zustimmung des oder der anderen AN des Job-Sharing-Arbverh. Der AG muss somit dem oder den in Betracht kommenden AN im Verhinderungsfall die Vertretungstätigkeit anbieten. Vorab getroffene abstrakte Vereinbarungen sind nicht wirksam, da sie Abs. 1 S. 3 widersprächen.[25] Die Vertretungspflicht entsteht mit Annahme des Angebots durch den oder die AN. Dies kann auch konkludent durch Arbeitsaufnahme erfolgen.[26] Die AN sind nicht verpflichtet, das Angebot des AG anzunehmen. Sind mehr als zwei AN am Job-Sharing-Arbverh beteiligt und stimmen sie der Vertretung zu, haben sie die Verteilung der anfallenden Arbeitszeit untereinander zu regeln.[27]

c) Zumutbare Vertretung bei Vorliegen dringender betrieblicher Gründe (Abs. 1 S. 3). Die Vertretungsvereinbarung ist in den Arbeitsvertrag bzw. der Nachweis nach dem NachwG hinreichend klar gefasst aufzunehmen.[28] Der AG kann die Vertretungspflicht nicht im Wege der Änderungs-Künd durchsetzen.[29] Dringende betriebliche Gründe liegen vor, wenn bei Unterlassen der Erledigung der Arbeiten erhebliche Nachteile für den Betriebsablauf oder die Außenbeziehungen des Unternehmens entstehen und die Arbeiten nicht durch andere AN des Betriebs durchgeführt werden können.[30] Das ist z.B. dann der Fall, wenn einer der AN des Job-Sharing-Arbverh kurzfristig ausfällt, der AG nicht schnell genug eine Ersatzkraft bekommen kann und der Arbeitsplatz besetzt sein muss. Maßgebend sind die Umstände des Einzelfalls. Nicht angezeigt sind überzogene Anforderungen. Es muss sich nicht um einen Notfall i.S.d. § 14 ArbZG handeln.[31] Kommt es im Nachhinein zum Streit über das Vorliegen eines dringenden betrieblichen Grundes, z.B. weil der AN die Arbeitsleistung verweigert hat und der AG dies sanktionieren will, trägt der AG die Darlegungs- und Beweislast.[32]

Auch wenn ein dringender betrieblicher Grund vorliegt, muss die Vertretungstätigkeit dem oder den anderen AN des Job-Sharing-Arbverh im Einzelfall zumutbar sein. Es ist jedoch keine Zumutbarkeitsprüfung im eigentlichen Sinne durchzuführen. Es ist vielmehr eine Interessenabwägung nach Billigkeitsgesichtspunkten entsprechend § 106 GewO anzustellen ist, bei der die Interessen des AG an der Durchführung der Vertretungstätigkeit einerseits und die Interessen des betroffenen AN, diese nicht durchzuführen, im Einzelfall abzuwägen sind.[33] An der Zumutbarkeit fehlt es danach je eher, desto länger die Vertretungstätigkeit andauert. Der AG muss ggf. für eine Ersatzkraft sorgen. Zumutbarkeit kann auch dann verneint werden, wenn durch die Vertretungstätigkeit Interessen des AN in nicht unerheblichem Maße beeinträchtigt werden. Das können z.B. familiäre Pflichten oder Pflichten aus einem anderen Arbverh sein. Ist die Vertretungstätigkeit aus objektiven Gesichtspunkten nicht zumutbar, kommt nur die Vertretung nach Abs. 1 S. 2 in Betracht, wenn sich der AN bereit erklärt, die Vertretungstätigkeit auf Dauer oder für einen bestimmten Zeitraum durchzuführen. Für die Feststellung der Zumutbarkeit der Vertretungstätigkeit bei Vorliegen dringender betrieblicher Gründe ist eine abgestufte Darlegungs- und Beweislast zugrunde zu legen.

III. Kündigungsschutz (Abs. 2)

Auch bei AN im Job-Sharing-Arbverh sind die allgemeinen kündigungsschutzrechtlichen Bestimmungen (§ 1 KSchG, § 102 BetrVG, § 622 BGB, besonderer Kündigungsschutz) zu beachten.

Eine aus dem in Abs. 2 S. 1 genannten Grunde ausgesprochene Künd wäre nach § 134 BGB nichtig.[34] Der betroffene AN muss sich ggf. innerhalb der Drei-Wochen-Frist des § 4 KSchG darauf berufen. Die vertragliche Vereinbarung einer auflösenden Bedingung (siehe § 21) für den Fall, dass einer oder mehrere AN des Job-Sharing-Verhältnisses ausscheiden, ist ebenfalls nichtig, da sie eine Umgehung des Kündigungsschutzes aus Abs. 2 S. 1 darstellt.[35]

Die Künd des Job-Sharing-Arbverh aus anderen – auch betriebsbedingten Gründen – ist gem. Abs. 2 S. 2 nach allgemeinen Regeln zulässig. Der AG ist berechtigt, eine Änderungs-Künd auszusprechen, wenn das Job-Sharing-Arbverh nicht mehr durchführbar ist. Allein das Ausscheiden des anderen Job-Sharing Partners ist im Regelfall aber als Künd-Grund für die Änderungs-Künd für sich nicht ausreichend. Der AG ist zunächst gehalten einen neuen Job-

---

25 Annuß/Thüsing/*Maschmann*, § 13 Rn 16.
26 Annuß/Thüsing/*Maschmann*, § 13 Rn 16.
27 Vgl. *Heinze*, NZA 1997, 681, 686.
28 Annuß/Thüsing/*Maschmann*, § 13 Rn 17.
29 ArbG Berlin 28.10.1983 – 18 Ca 303/83 – AP § 5 BeschFG 1985 Nr. 1 = BB 1984, 404; ErfK/*Preis*, § 13 TzBfG Rn 9.
30 ErfK/*Preis*, § 13 TzBfG Rn 10; Annuß/Thüsing/*Maschmann*, § 13 Rn 19; *Löwisch*, BB 1985, 1200, 1204; *Lorenz*, NZA 1985, 473, 475.
31 Annuß/Thüsing/*Maschmann*, § 13 Rn 19.
32 ErfK/*Preis*, § 13 TzBfG Rn 10; *Schaub*, § 44 Rn 87.
33 ErfK/*Preis*, § 13 TzBfG Rn 10; Annuß/Thüsing/*Maschmann*, § 13 Rn 23; Meinel/Heyn/*Herms*, § 13 Rn 22.
34 ErfK/*Preis*, § 13 TzBfG Rn 11; Annuß/Thüsing/*Maschmann*, § 13 TzBfG 22.
35 ErfK/*Preis*, § 13 TzBfG Rn 11; Annuß/Thüsing/*Maschmann*, § 13 Rn 22.

Sharing-Partner auf dem jeweiligen Arbeitsmarkt zu finden. Erst wenn das nachweislich nicht gelingt, ist an eine (Änderungs-)Künd zu denken. Der AG muss dem Job-Sharer ggf. den vollen Arbeitsplatz oder eine andere Einsatzmöglichkeit anbieten.[36]

IV. Turnusarbeitsverhältnis (Abs. 3)

17 Nach Abs. 3 sind die Abs. 1 und 2 auch auf so genannte Turnus-Arbverh anzuwenden. Ein solches Arbverh liegt nach dem Wortlaut des Abs. 3 vor, wenn sich Gruppen von AN auf bestimmten Arbeitsplätzen in festgelegten Zeitabschnitten abwechseln, ohne dass der AG mit ihnen eine Arbeitsplatzteilung im Sinne des Abs. 1 vereinbart hat.[37] Entscheidend für das Vorliegen eines Turnus-Arbverh ist der Wechsel zu festgelegten Zeitabschnitten.[38] Entgegen dem Wortlaut ist es jedoch nicht erforderlich, dass sich Gruppen mehrerer AN abwechseln. Es kann sich auch um einzelne AN handeln.[39] Gruppen müssen auch nicht die gleiche Anzahl von AN enthalten.

V. Tariföffnung (Abs. 4)

18 § 13 ist tarifdispositiv. Durch TV kann von den Abs. 1 und 3 auch zu Ungunsten des AN abgewichen werden, wenn der TV Regelungen über die Vertretung enthält. In einem TV kann somit auch eine Verpflichtung zu Vertretungstätigkeiten unter bestimmten Voraussetzungen festgelegt werden, die nicht an die Zustimmung der AN oder das Vorliegen dringender betrieblicher Gründe anknüpfen. Der TV kann jedoch nicht das Künd-Verbot in Abs. 2 aufheben. Der TV muss Regelungen zur Vertretungspflicht der AN enthalten. Er darf die Bestimmung nicht in das Belieben des AG stellen.[40]

19 Zwischen nicht tarifgebundenen AG und AN können bestehende tarifliche Regelungen arbeitsvertraglich vereinbart werden (siehe dazu § 622 BGB Rn 17 ff.).

C. Verbindung zu anderen Rechtsgebieten und zum Prozessrecht

20 Zur Darlegungs- und Beweislast in Vertretungsfällen s. Rn 13. Will sich der AN nach einer Künd auf das Künd-Verbot des Abs. 2 S. 1 berufen, so muss er dies nach § 4 S. 1 KSchG innerhalb der Drei-Wochen-Frist tun.

D. Beraterhinweise

21 Der AG sollte in einem Job-Sharing-Arbeitsvertrag den Arbeitsplatz und das vom einzelnen Job-Sharing-AN zu erbringende Arbeitszeitvolumen präzise regeln. Gleiches gilt – insb. bei flexiblem Einsatz – für den Urlaubsanspruch. In jedem Fall sollte ausdrücklich die Vertretungsregelung im Sinne des Abs. 1 S. 3 aufgenommen werden. Andernfalls hängt die Vertretung von der Zustimmung des oder der anderen beteiligten Job-Sharing-AN ab. Keinesfalls sollte der AG eine über die Formulierung des Abs. 1 S. 3 hinausgehende Vertretungsregelung in die Arbeitsverträge aufnehmen, da diese unwirksam wäre, so dass die Vertretungstätigkeit wiederum von der Zustimmung des bzw. der anderen AN abhängig wäre. Der AG sollte darauf hingewiesen werden, dass bei Nichtvorliegen der Voraussetzungen des Abs. 1 S. 3 oder bei unzureichender Vertretungsregelung im Arbeitsvertrag er vom AN die Vertretungstätigkeit nicht wirksam verlangen kann. Lehnt der AN die Vertretungstätigkeit ab, kann der AG dies nicht sanktionieren. Es gilt das sehr weit reichende Benachteiligungsverbot des § 5. Erst recht wären Abmahnung oder gar Künd aus Gründen der Weigerung der Vertretungstätigkeit unzulässig. Daher sollte mit dem AG in jedem Falle über Alternativen gesprochen werden. In Betracht kommt z.B. der – ggf. verschachtelte – Einsatz von Teilzeitkräften, deren Arbeitszeiten im Arbeitsvertrag festgelegt ist und/oder der Einsatz von sog. Springern. Der AG sollte zudem auf das Künd-Verbot des Abs. 2 hingewiesen werden. Dieses kann letztendlich dazu führen, dass die Intention, die der AG mit dem Job-Sharing-Arbverh verfolgt, in der Praxis nicht umgesetzt werden kann und daraus folgend schwerwiegende organisatorische Probleme im Betrieb entstehen. Scheidet einer der Job-Sharer aus, ist die Stelle nur noch von dem anderen Job-Sharer in Teilzeit besetzt. Regelmäßig wird dieser die dem Arbeitsplatz zugeordneten Arbeiten nicht allein erledigen können. Der AG ist in diesen Fällen gehalten, zunächst einen neuen AN für das Job-Sharing zu finden. Gelingt ihm dies nicht, kann er dem bzw. den verbleibenden AN auf dem geteilten Arbeitsplatz ggf. eine Änderungs-Künd mit dem Ziel aussprechen, die Arbeitszeit so aufzustocken, dass die zu leistenden Arbeiten erbracht werden können. Hierzu hat der AG jedoch darzulegen und zu beweisen, dass er erfolgreich eine Ersatzkraft gesucht hat. Alternativ kann dem bzw. den verbleibenden Job-Sharern betriebsbedingt gekündigt werden. Der AG muss dann darlegen, dass der Arbeitsplatz weggefallen ist und eine Weiterbeschäftigungsmöglichkeit nicht besteht. Er muss dazu vortragen, wie die von den verbleibenden Job-Sharern zu erbringende Arbeitsleistung von den weiterhin beschäftigten AN mit erbracht wird. Ggf. ist zudem eine Sozialauswahl nach den allgemeinen Grundsätzen durchzuführen.

---

36 Löwisch/Schüren, BB 1984, 925, 929.
37 ErfK/Preis, § 13 TzBfG Rn 13.
38 LAG München 15.9.1993 – 5 Sa 976/92 – LAGE § 5 BeschFG 1985 Nr. 1 = DB 1993, 2579.
39 ErfK/Preis, § 13 TzBfG Rn 13; Annuß/Thüsing/Maschmann, § 13 Rn 25.
40 Annuß/Thüsing/Maschmann, § 13 Rn 26.

Bei der Beratung der AN ist darauf hinzuweisen, dass bei Vereinbarung einer Vertretungstätigkeit nach Abs. 1 S. 3 ggf. sehr kurzfristig nicht vorhergesehene Arbeitspflicht entstehen kann. Es empfiehlt sich in jedem Falle einen oder mehrere Musterverträge zu Rate zu ziehen, wenn der Rechtsanwalt beauftragt ist, einen Job-Sharing-Arbeitsvertrag zu entwerfen.[41]

Dritter Abschnitt: Befristete Arbeitsverträge

§ 14 Zulässigkeit der Befristung

(1) [1]Die Befristung eines Arbeitsvertrages ist zulässig, wenn sie durch einen sachlichen Grund gerechtfertigt ist. [2]Ein sachlicher Grund liegt insbesondere vor, wenn
1. der betriebliche Bedarf an der Arbeitsleistung nur vorübergehend besteht,
2. die Befristung im Anschluss an eine Ausbildung oder ein Studium erfolgt, um den Übergang des Arbeitnehmers in eine Anschlussbeschäftigung zu erleichtern,
3. der Arbeitnehmer zur Vertretung eines anderen Arbeitnehmers beschäftigt wird,
4. die Eigenart der Arbeitsleistung die Befristung rechtfertigt,
5. die Befristung zur Erprobung erfolgt,
6. in der Person des Arbeitnehmers liegende Gründe die Befristung rechtfertigen,
7. der Arbeitnehmer aus Haushaltsmitteln vergütet wird, die haushaltsrechtlich für eine befristete Beschäftigung bestimmt sind, und er entsprechend beschäftigt wird oder
8. die Befristung auf einem gerichtlichen Vergleich beruht.

(2) [1]Die kalendermäßige Befristung eines Arbeitsvertrages ohne Vorliegen eines sachlichen Grundes ist bis zur Dauer von zwei Jahren zulässig; bis zu dieser Gesamtdauer von zwei Jahren ist auch die höchstens dreimalige Verlängerung eines kalendermäßig befristeten Arbeitsvertrages zulässig. [2]Eine Befristung nach Satz 1 ist nicht zulässig, wenn mit demselben Arbeitgeber bereits zuvor ein befristetes oder unbefristetes Arbeitsverhältnis bestanden hat. [3]Durch Tarifvertrag kann die Anzahl der Verlängerungen oder die Höchstdauer der Befristung abweichend von Satz 1 festgelegt werden. [4]Im Geltungsbereich eines solchen Tarifvertrages können nicht tarifgebundene Arbeitgeber und Arbeitnehmer die Anwendung der tariflichen Regelungen vereinbaren.

(2a) [1]In den ersten vier Jahren nach der Gründung eines Unternehmens ist die kalendermäßige Befristung eines Arbeitsvertrages ohne Vorliegen eines sachlichen Grundes bis zur Dauer von vier Jahren zulässig; bis zu dieser Gesamtdauer von vier Jahren ist auch die mehrfache Verlängerung eines kalendermäßig befristeten Arbeitsvertrages zulässig. [2]Dies gilt nicht für Neugründungen im Zusammenhang mit der rechtlichen Umstrukturierung von Unternehmen und Konzernen. [3]Maßgebend für den Zeitpunkt der Gründung des Unternehmens ist die Aufnahme einer Erwerbstätigkeit, die nach § 138 der Abgabenordnung der Gemeinde oder dem Finanzamt mitzuteilen ist. [4]Auf die Befristung eines Arbeitsvertrages nach Satz 1 findet Absatz 2 Satz 2 bis 4 entsprechende Anwendung.

(3) [1]Die kalendermäßige Befristung eines Arbeitsvertrages ohne Vorliegen eines sachlichen Grundes ist bis zu einer Dauer von fünf Jahren zulässig, wenn der Arbeitnehmer bei Beginn des befristeten Arbeitsverhältnisses das 52. Lebensjahr vollendet hat und unmittelbar vor Beginn des befristeten Arbeitsverhältnisses mindestens vier Monate beschäftigungslos im Sinne des § 119 Abs. 1 Nr. 1 des Dritten Buches Sozialgesetzbuch gewesen ist, Transferkurzarbeitergeld bezogen oder an einer öffentlich geförderten Beschäftigungsmaßnahme nach dem Zweiten oder Dritten Buch Sozialgesetzbuch teilgenommen hat. [2]Bis zu der Gesamtdauer von fünf Jahren ist auch die mehrfache Verlängerung des Arbeitsvertrages zulässig.

(4) Die Befristung eines Arbeitsvertrages bedarf zu ihrer Wirksamkeit der Schriftform.

Literatur: *Backhaus*, Das neue Befristungsrecht, NZA Sonderbeil. 14/2001, 8; *Bader*, Das Gesetz zu Reformen am Arbeitsmarkt: Neues im Kündigungsschutzgesetz und im Befristungsrecht, NZA 2004, 65; *ders.*, Sachgrundlose Befristung mit älteren Arbeitnehmerinnen und Arbeitnehmern neu geregelt (§ 14 III TzBfG), NZA 2007, 713; *Bauer*, Auf „Junk" folgt „Mangold" – Europarecht verdrängt deutsches Arbeitsrecht, NJW 2006, 6; *ders.*, Befristete Verträge mit älteren Arbeitnehmern ab 1.5.2007 – oder der neue § 14 III TzBfG, NZA 2007, 544; *ders.*, Befristete Arbeitsverträge unter neuen Vorzeichen, BB 2001, 2473 und 2526; *ders.*, Das Orakel von Luxemburg: Altersgrenzen für Arbeitsverhältnisse zulässig – oder doch nicht?, NJW 2007, 3672; *ders.*, Ein Stück aus dem Tollhaus: Altersbefris-

---

41 S. dazu z.B. Musterarbeitsvertrag des Arbeitsrings der Arbeitgeberverbände der Deutschen Chemischen Industrie, RdA 1981, 44; Musterarbeitsvertrag der CDU/CSU-Bundestagsfraktion, RdA 1982, 177.

tung und der EuGH, NZA 2005, 800; *ders.*, Sachgrundlose Befristung und Verbot der Vorbeschäftigung bei „demselben Arbeitgeber", DB 2007, 1510; *Bayreuther*, Die Neufassung des § 14 Abs. 3 TzBfG – diesmal europarechtskonform?, BB 2007, 1113; *ders.*, Formlose Weiterbeschäftigung während des Kündigungsrechtsstreits – Grundstein für unbefristetes Arbeitsverhältnis?, DB 2003, 1736; *Bengelsdorf*, Die Anwendbarkeit der §§ 14 IV, 21 TzBfG auf die Weiterbeschäftigungsverhältnisse während eines Kündigungsschutzverfahrens, NZA 2005, 277; *Berger-Delhey*, Die Befristung von Arbeitsverträgen im Rahmen von Arbeitsbeschaffungsmaßnahmen, NZA 1990, 47; *Birk*, Die Befristung von Altersteilzeitverträgen auf einen vorgezogenen Renteneintritt, NZA 2007, 244; *Böhm*, Befristung von Leiharbeitsverhältnissen nach der AÜG-Reform – „Vorübergehender betrieblicher Bedarf" bei Dienstleistungs- und Subunternehmen, RdA 2005, 360; *Brose*, Sachgrundlose Befristung und betriebsbedingte Kündigung von Leiharbeitnehmern – ein unausgewogenes Rechtsprechungskonzept, DB 2008, 1378; *Bruns*, Befristung von Arbeitsverträgen mit Sporttrainern, NZA 2008, 1269; *Busch/Schönhöft*, Anwendbarkeit des TzBfG auf den Geschäftsführeranstellungsvertrag?, DB 2007, 2650; *Cesarano*, Die haushaltsrechtlich begründeten Befristungen im öffentlichen Dienst, PersR 1998, 141; *Dach*, Befristung von Arbeitsverträgen mit Fraktionsmitarbeitern, NZA 1999, 627; *Dieterich*, Die Befristung von Trainerverträgen im Spitzensport, NZA 2000, 857; *Dörner*, Die Haushaltsbefristung nach § 14 Abs. 1 Satz 2 Nr. 7 TzBfG, FS für Otto, 2008, 55; *Dörner*, Kontrolle beristeter Arbeitsverträge nach dem neuem Recht im TzBfG, NZA Beil. 16/2003, 33; *Düwell/Dahl*, Arbeitnehmerüberlassung und Befristung, NZA 2007, 889; *Fenn*, Einmal Bundestrainer – immer Bundestrainer, JZ 2000, 347; *Flesch/Stükkemann*, Zeitliche Begrenzung von Sporttrainerverträgen im Bundesligasport, FA 2002, 101; *Frik*, Die Befristung von Leiharbeitsverträgen nach dem Teilzeit- und Befristungsgesetz, NZA 2005, 386; *Gaull/Bonanni*, Aktuelle Entscheidungen zur sachlichen Befristung von Arbeitsverträgen, ArbRB 2002, 184; *Gaumann*, „Verspätete" Wahrung des Schriftformerfordernisses nach § 14 Abs. 4 TzBfG, FA 2002, 40; *Gitter/Boerner*, Altersgrenzen in Tarifverträgen, RdA 1990, 129; *Gravenhorst*, Wann ist ein gerichtlicher Vergleich ein Sachgrund i.S.v. § 14 I 2 Nr. 8 TzBfG, NZA 2008, 803; *Harzberg*, Die Zulässigkeit der Befristung von Sporttrainerverträgen, FA 2000, 110; *Heinze*, Zum Arbeitsrecht der Musiker, NJW 1985, 2112; *Hromadka*, Alter 65: Befristung oder Bedingung?, NJW 1994, 911; *ders.*, Befristete und unbefristete Arbeitsverhältnisse neu geregelt, BB 2001, 621 und 674; *Hunold*, Beschäftigung in zahlreichen kurzzeitig befristeten oder Dauerteilzeitarbeitsverhältnissen, NZA 1996, 113; *Kindler*, Einseitige Verlängerungsoptionen im Arbeitsvertrag des Berufsfußballers, NZA 2000, 744; *Koch*, Arbeitsverträge der Mitarbeiter von Fraktionen und Gruppen nach dem Ende der Wahlperiode aus parlamentarischer Sicht, NZA 1998, 1160; *Koenigs*, Unbegrenzte Prüfungsbefugnis des EuGH? – Zugleich Anmerkung zu EuGH vom 22.11.2005 (Verbot der Altersdiskriminierung), DB 2006, 49; *Kohte*, Beschäftigungssicherung durch befristete Übernahme von Auszubildenden – Bedeutung und Struktur tariflicher Weiterbeschäftigung, NZA 1997, 457; *Körner*, Europäisches Verbot der Altersdiskriminierung in Beschäftigung und Beruf, NZA 2005, 1395; *Lakies*, Befristete Arbeitsverträge, Ein Leitfaden für die Praxis, 2005; *ders.*, Die Bedeutung des Haushaltsrechts für die Beendigung von Arbeitsverhältnissen im örfentlichen Dienst, NZA 1997, 745; *ders.*, Drittfinanzierte Arbeitsverhältnisse in der Privatwirtschaft und deren Bedeutung, NZA 1995, 296; *Laux/Schlachter*, Teilzeit- und Befristungsgesetz, 2007; *Lembke*, Die Befristung von Arbeitsverträgen mit Leiharbeitnehmern nach „Hartz I", DB 2003, 2703; *ders.*, Neue Wege zur Verlängerung der Probezeit, DB 2002, 2648; *Leuchten*, Widerrufsvorbehalt und Befristung von Arbeitsbedingungen, insbesondere Provisionsordnungen, NZA 1994, 721; *Löwisch*, Die Ablösung der Befristungsbestimmungen des Hochschulrahmengesetzes durch das Wissenschaftszeitvertragsgesetz, NZA 2007, 479; *ders.*, Die gesetzliche Reparatur des Hochschulbefristungsrechts, NZA 2005, 321; *ders.*, Neuregelung des Kündigungs- und Befristungsrechts durch das Gesetz zu Reformen am Arbeitsmarkt, BB 2004, 154; *ders.*, Vereinbarkeit der Haushaltsmittelbefristung nach § 14 I Nr. 7 TzBfG mit europäischer Befristungsrichtlinie und grundgesetzlicher Bestandsschutzpflicht, NZA 2006, 457; *ders.*, Vermeidung von Kündigungen durch befristete Weiterbeschäftigung, BB 2005, 1625; *Löwisch/Neumann*, Befristung aufgrund gerichtlichen Vergleichs im Hochschulbereich, NJW 2002, 951; *Lunk/Leder*, Teilbefristungen – Neues Recht und alte Regeln?, NZA 2008, 504; *Meinel/Bauer*, Der Wiedereinstellungsanspruch, NZA 1999, 575; *Mennemeyer/Keysers*, Befristungen im öffentlichen Dienst – Die Klassiker, NZA 2008, 670; *Nadler/v. Medem*, Formnichtigkeit einer Befristungsabrede im Arbeitsvertrag – ein nicht zu korrigierender Fehler?, NZA 2005, 1214; *Natzel*, Das Eingliederungsverhältnis als Übergang von Ausbildung in Arbeit, NZA 1997, 806; *Nehls*, Die Fortsetzung des befristeten Dienst- oder Arbeitsverhältnisses nach § 625 BGB/§ 15 Abs. 5 TzBfG, DB 2001, 2718; *Oberthür*, Das Prognoseprinzip im Befristungsrecht, DB 2001, 2246; *Opolony*, Der Federstreich des Gesetzgebers – § 623 BGB und das Bühnenarbeitsrecht, NJW 2000, 2771; *ders.*, Die Befristung von Bühnenarbeitsverhältnissen, ZfA 2000, 179; *ders.*, Die Nichtverlängerungsmitteilung bei befristeten Bühnenarbeitsverhältnissen, NZA 2001, 1351; *Osnabrügge*, Die sachgrundlose Befristung von Arbeitsverhältnissen nach § 14 II TzBfG, NZA 2003, 639; *Plander*, Änderungskündigungen zwecks Umwandlung unbefristeter in befristete Arbeitsverhältnisse, NZA 1993, 1057; *Pöltl*, Befristete Arbeitsverträge nach dem Gesetz über Teilzeitarbeit und befristete Arbeitsverträge im Geltungsbereich des BAT, NZA 2001, 582; *Preis/Bender*, Die Befristung einzelner Arbeitsbedingungen – Kontrolle durch Gesetz oder Richterrecht, NZA 2005, 337; *Preis/Gotthardt*, Das Teilzeit- und Befristungsgesetz, DB 2001, 145; *dies.*, Neuregelung der Teilzeitarbeit und befristeten Arbeitsverhältnisse – Zum Regierungsentwurf der Bundesregierung –, DB 2000, 2065; *dies.*, Schriftformerfordernis für Kündigungen, Aufhebungsverträge und Befristungen nach § 623 BGB, NZA 2000, 348; *Preis/Hausch*, Die Neuordnung der befristeten Arbeitsverhältnisse im Hochschulbereich, NJW 2002, 927; *Preis/Kliemt/Ulrich*, Aushilfs- und Probearbeitsverhältnis, 2. Aufl. 2003; *Reipen*, Vermittlungsorientierte Arbeitnehmerüberlassung durch die Personal-Service-Agentur (PSA), BB 2003, 787; *Ricken*, Annahmeverzug und Prozessbeschäftigung während des Kündigungsrechtsstreits, NZA 2005, 323; *Rüthers*, Rundfunkfreiheit und Arbeitsrechtsschutz, RdA 1985, 129; *Sasse*, Befristete Beschäftigung in den Semesterferien, ArbRB 2003, 148; *Schlachter*, Befristete Einstellung nach Abschluss der Ausbildung – Sachgrund erforderlich? NZA 2003, 1180; *dies.*, Gemeinschaftsrechtliche Grenzen der Altersbefristung, RdA 2004, 352; *Schnittger/Sasse*, Haushaltsrecht und befristete Arbeitsverhältnisse, ArbRB 2002, 146; *Schreiner*, Die Befristung von Altersteilzeitverträgen auf einen vorgezogenen Renteneintritt, NZA 2007, 846; *Seibel*, Kontrolle der Rechtmäßigkeit von Befristungen einzelner Arbeitsbedingungen sowie ganzer Arbeitsverträge, JuS 2005, 209; *Temming*, Der Fall Palacios: Kehrtwende im Recht der Altersdiskriminierung?, NZA 2007, 1193; *Thüsing*, Europarechtlicher Gleichbehandlungsgrundsatz als Bindung des Arbeitgebers?, ZIP 2005, 2149; *Traber*, Projektbefristung und Prognoseentscheidung, FA 2005, 363; *Waas*, Europarechtliche Schranken für die Befristung von Arbeitsverträgen mit älteren Arbeitnehmern, EuZW 2005, 583; *Waltermann*, Verbot der Altersdiskriminierung – Richtlinie und Umsetzung, NZA 2005, 1265; *Wiedemann*, Sachgrundlos befristete Arbeitsverträge – Eine Rechtsfigur zum Abbau des Arbeitnehmerschutzes?, FS für Otto, 2008, 609; *Wiedemann*, Zur Typologie zulässiger Zeitverträge, FS für Lange, 1970, 395; *Zuck*, Können Chefarztverträge befristet werden?, NZA 1994, 961

A. Allgemeines	1
I. Normzweck	2
II. Historie	3
III. Geltungsbereich	4
B. Regelungsgehalt	5
I. Sachgrundbefristung (Abs. 1)	5
1. Allgemeines	5
a) Normzweck	12
b) Historie	13
c) Geltungsbereich	14
2. Regelungsgehalt	20
a) Vorübergehender Bedarf (Nr. 1)	20
b) Befristung im Anschluss an eine Ausbildung oder ein Studium (Nr. 2)	26
c) Vertretung (Nr. 3)	31
d) Eigenart der Arbeitsleistung (Nr. 4)	43
e) Erprobung (Nr. 5)	50
f) Gründe in der Person des Arbeitnehmers (Nr. 6)	55
g) Zweckbindung von Haushaltsmitteln (Nr. 7)	64
h) Gerichtlicher Vergleich (Nr. 8)	67
i) Andere Sachgründe	70
3. Verbindung zu anderen Rechtsgebieten und zum Prozessrecht	73
a) Darlegungs- und Beweislast	73
b) Kündigungsfristen	74
4. Beraterhinweise	75
II. Sachgrundlose Befristung (Abs. 2)	79
1. Allgemeines	79
a) Normzweck	80
b) Historie	81
c) Geltungsbereich	83
2. Regelungsgehalt	84
a) Sachgrundlose Befristung bis zu zwei Jahren bei höchstens dreimaliger Verlängerung	84
aa) Kalendermäßige Befristung bis zu zwei Jahren	85
bb) Verlängerung	88
b) Anschlussverbot	91
c) Abweichungen durch Tarifvertrag gemäß Abs. 2 S. 3 und S. 4	102
3. Verbindung zu anderen Rechtsgebieten und zum Prozessrecht	105
a) Darlegungs- und Beweislast	105
b) Berufsbildungsverhältnisse	106
c) Weiterbeschäftigung nach § 78a BetrVG	107
4. Beraterhinweise	108
III. Sachgrundlose Befristung für Existenzgründer (Abs. 2a)	109
1. Allgemeines	109
a) Normzweck	110
b) Historie	111
2. Regelungsgehalt	112
a) Unternehmensgründung	112
b) Ablauf der Vier-Jahres-Frist nach Unternehmensgründung	117
c) Kalendermäßige Befristung bis zu vier Jahren	118
d) Verlängerungen	119
e) Entsprechende Anwendung Abs. 2 S. 2 bis 4	120
aa) Anschlussverbot	120
bb) Abweichungen durch Tarifvertrag	121
3. Verbindung zum Prozessrecht	124
4. Beraterhinweise	125
IV. Sachgrundlose Befristung mit älteren Arbeitnehmern (Abs. 3)	126
1. Allgemeines	126
a) Normzweck	127
b) Historie	128
2. Regelungsgehalt	133
a) Altersgrenze	133
b) Vorhergehende viermonatige beschäftigungslose Zeit	134
c) Kalendermäßige Befristung bis zu fünf Jahren	140
d) Verlängerungen	141
3. Verbindung zum Prozessrecht	142
4. Beraterhinweise	143
V. Schriftform (Abs. 4)	144
1. Allgemeines	144
a) Normzweck	145
b) Historie	146
c) Geltungsbereich	147
2. Regelungsgehalt	153
3. Verbindung zu anderen Rechtsgebieten und zum Prozessrecht	157
a) Darlegungs- und Beweislast	157
b) NachwG	158
c) Berufsausbildungsverhältnis	159
4. Beraterhinweise	160
C. Verbindung zu anderen Rechtsgebieten	161
I. Betriebsverfassungsgesetz	161
II. Landespersonalvertretungsgesetze	162
D. Beraterhinweise	164
I. Benennung der Befristungsgrundlage	164
II. Hinweis nach § 2 Abs. 2 S. 2 Nr. 3 SGB III	165

A. Allgemeines

Im Gegensatz zum unbefristeten Arbverh endet der befristete Arbeitsvertrag **automatisch** nach Ablauf der Zeit, für die er eingegangen wurde, ohne dass es einer Künd bedarf. Dies gilt auch, wenn Unterrichtungspflichten nach § 15 Abs. 2 oder in Form einer sog. Nichtverlängerungsmitteilung (vgl. § 3 Rn 19) bestehen.

I. Normzweck

Die Vorschrift enthält eine **allg. Regelung** über die Zulässigkeit der Befristung von Arbeitsverträgen. Sie setzt § 5 der Rahmenvereinbarung über befristete Arbeitsverträge[1] zu RL 1999/70/EG[2] um. Danach haben die Mitgliedstaaten der EU Maßnahmen zur Verhinderung des Missbrauchs aufeinander folgender befristeter Verträge (sog. **Kettenarbeitsverträge**) zu ergreifen, sei es durch das Erfordernis sachlicher Gründe oder der Festlegung der Maximaldauer bzw. der Höchstzahl von zulässigen Verlängerungen.[3]

---

[1] 18.3.1999, ABl EG L 175/45 v. 10.7.1999.
[2] 28.6.1999, ABl EG L 175/43 v. 10.7.1999.
[3] Begründung Regierungsentwurf, BT-Drucks 14/4374, S. 18.

II. Historie

3 Gem. § 620 Abs. 1 BGB endet das Dienstverhältnis mit dem Ablauf der Zeit, für die es eingegangen ist. Nach der Rspr. bedurfte die Befristung des Arbverh aber eines sachlichen Grundes, wenn der Künd-Schutz umgangen werden konnte.[4] Eine Umgehung kam in Kleinbetrieben und in den ersten sechs Monaten des Arbverh nicht in Betracht, weil hier kein Künd-Schutz gegeben ist. Das BeschFG erlaubte sodann die sachgrundlose Befristung und stellte damit die „Regel" des § 620 Abs. 1 BGB wieder her. I.Ü. blieb es bei dem Sachgrunderfordernis, wenn die Voraussetzungen der sachgrundlosen Befristung nicht vorlagen und zwingende Bestimmungen des Künd-Schutzes umgangen werden konnten. Mit der Neuregelung des Befristungsrechts im TzBfG hat der Gesetzgeber die frühere **Ankoppelung der Befristungskontrolle an das KSchG abgelöst** und einen Paradigmenwechsel eingeleitet.[5] Nunmehr bedarf jede Befristung eines sachlichen Grundes, wenn nicht eine Ausnahme nach Abs. 2, Abs. 2a, Abs. 3 oder nach Spezialvorschriften vorliegt (**Regel-Ausnahme-Verhältnis**).[6] I.Ü. wurde das geltende Recht weitestgehend fortgeschrieben.[7]

III. Geltungsbereich

4 § 14 gilt für **alle befristeten Arbverh**, nicht für öffentlichrechtliche Dienstverhältnisse,[8] für sog. Ein-Euro-Jobber (vgl. § 16 Abs. 3 S. 2, 2. Hs. SGB II) oder für Geschäftsführer.[9] Soweit befristete Arbeitsverträge nach anderen gesetzlichen Vorschriften zulässig sind, werden sie durch § 14 nicht berührt, vgl. § 23.

B. Regelungsgehalt

I. Sachgrundbefristung (Abs. 1)

5 **1. Allgemeines.** Im Regelfall bedarf die Befristung eines **sachlichen Grundes** i.S.d. Abs. 1.[10] Der Begriff des Sachgrundes ist weder legal definiert noch bestimmt.[11] Der Katalog in Abs. 1 greift die vor der Geltung des TzBfG ergangene **Rspr. des BAG** zur „Orientierung"[12] auf, ohne abschließend zu sein („insbesondere")[13] und andere von der Rspr. bisher akzeptierte oder weitere Gründe auszuschließen.[14] Solche zusätzlichen Sachgründe können aber gem. § 22 nicht von den TV-Parteien festgelegt werden.[15] Trifft ein TV ausdrückliche Regelungen nur zur Befristung zur Probe oder zur Aushilfe, schließt dies aber andere gesetzliche Sachgründe nicht aus.[16]

6 Zwecks Verhinderung von unzulässigen Kettenarbeitsverträgen ist die Sachgrundbefristung der gerichtlichen Kontrolle unterworfen. Der AN kann weder vor noch bei Vereinbarung einer Befristung wirksam auf die spätere Erhebung einer Befristungskontrollklage verzichten.[17] Während der Künd-Schutz zum Zeitpunkt der Künd überprüft wird, bezieht sich die Befristungskontrolle auf den **Vertragsabschluss**.[18] Bei Vertragsschluss müssen greifbare Tatsachen die begründete Annahme des AG stützen, der Beschäftigungsbedarf werde zu einem späteren Zeitpunkt entfallen, und auch alle anderen Umstände müssen die Befristung zu diesem Zeitpunkt hinsichtlich des Sachgrundes tragen

---

4 BAG GS 12.10.1960 – 3 AZR 65/59 – AP § 620 BGB Befristeter Arbeitsvertrag Nr. 16 = NJW 1961, 798; BAG 3.5.1962 – 2 AZR 451/61 – AP § 620 BGB Befristeter Arbeitsvertrag Nr. 23 = NJW 1962, 1587.

5 BAG 6.11.2003 – 2 AZR 690/02 – AP § 14 TzBfG Nr. 7 = NZA 2005, 218; Annuß/Thüsing/*Maschmann*, § 14 Rn 2, 4; KR/*Lipke*, § 14 TzBfG Rn 21; *Meinel/Heyn/Herms*, § 14 Rn 3; *Backhaus*, Sonderbeil. NZA 24/2001, 8; *Hanau*, NZA 2000, 1045; *Kliemt*, NZA 2001, 296; *Hromadka*, BB 2001, 621; *Preis/Gotthardt*, DB 2000, 2065.

6 *Meinel/Heyn/Herms*, § 14 Rn 2; KR/*Lipke*, § 14 TzBfG Rn 21; *Rolfs*, § 14 Rn 1.

7 Annuß/Thüsing/*Maschmann*, § 14 Rn 2; *Hromadka*, BB 2001, 621.

8 BAG 13.7.2005 – 5 AZR 435/04 – BeckRS 2005 43005.

9 Offen gelassen von BGH 25.7.2002 – III ZR 207/01 – NZA 2002, 1040; *Busch/Schönhöft*, DB 2007, 2650.

10 *Meinel/Heyn/Herms*, § 14 Rn 5.

11 APS/*Backhaus*, § 14 TzBfG Rn 30; KR/*Lipke*, § 14 TzBfG Rn 24; Annuß/Thüsing/*Maschmann*, § 14 Rn 24; *Hromadka*, BB 2001, 621.

12 Begründung Regierungsentwurf, BT-Drucks 14/4374, S. 13.

13 BAG 13.10.2004 – 7 AZR 218/04 – NZA 2005, 401.

14 Begründung Regierungsentwurf, BT-Drucks 14/4374, S. 18; *Meinel/Heyn/Herms*, § 14 Rn 5; KR/*Lipke*, § 14 TzBfG Rn 24 (der aber insoweit im Umsetzungsdefizit hinsichtlich der RL annimmt, Rn 28).

15 KR/*Lipke*, § 14 TzBfG Rn 245 f.

16 BAG 31.8.1994 – 7 AZR 983/93 – AP § 620 BGB Befristeter Arbeitsvertrag Nr. 163; BAG 10.6.1988 – 2 AZR 7/88 – AP § 1 BeschFG 1985 Nr. 5; BAG 12.12.1985 – 2 AZR 9/85 – AP § 620 BGB Befristeter Arbeitsvertrag Nr. 96; APS/*Backhaus*, § 14 TzBfG Rn 407.

17 BAG 19.1.2005 – 7 AZR 115/04 – NZA 2005, 896.

18 Annuß/Thüsing/*Maschmann*, § 14 Rn 8; *Meinel/Heyn/Herms*, § 14 Rn 7; APS/*Backhaus*, § 14 TzBfG Rn 50; HWK/*Schmalenberg*, § 14 TzBfG Rn 7; KR/*Lipke*, § 14 TzBfG Rn 36; *Bauer*, BB 2001, 2526.

Prognose).[19] Der AG hat insoweit keine Einschätzungsprärogative oder einen gerichtlich anzuerkennenden Ermessensspielraum.[20]

Die **spätere tatsächliche Entwicklung** und der mögliche Wegfall des sachlichen Grundes ist aus Gründen der Rechtssicherheit aber nicht beachtlich.[21] Die Gerichte prüfen, ob sich anhand der Tatsachen bei Vertragsschluss die hinreichend sichere Prognose des späteren Wegfalls des Beschäftigungsbedarfs rechtfertigt.[22] Die spätere Entwicklung kann weder einen zunächst unwirksam befristeten Arbeitsvertrag nachträglich rechtfertigen[23] noch die Wiedereinstellung begründen.[24] Für den Wiedereinstellungsanspruch fehlt es dem befristet Eingestellten an dem sozialen Besitzstand eines unbefristet Beschäftigten.[25]

Grds. muss der Sachgrund die Befristung tragen, nicht deren **Dauer**.[26] Allerdings kann das Auseinanderfallen für die fehlerhafte Prognose des AG hinsichtlich des Wegfalls des Sachgrundes sprechen.[27] Deshalb hat sich die Dauer am Befristungsgrund zu orientieren.[28]

Bei **sog. Kettenarbeitsverträgen** steigern Vielzahl und Dauer die Anforderungen an den sachlichen Grund und führen zu einer verschärften gerichtlichen Kontrolle.[29] Denn zum einen kann sich durch die Hintereinanderschaltung von Verträgen die Prognose des AG zum Wegfall des Sachgrundes als fehlerhaft erweisen, zum anderen wächst der Bestandsschutz des AN.[30] Der AG hat deshalb mit zunehmender Dauer der Beschäftigung besonders sorgfältig zu prüfen, ob eine unbefristete Tätigkeit in Betracht kommt.[31]

---

19 BAG 2.7.2003 – 7 AZR 529/02 – AP § 620 BGB Befristeter Arbeitsvertrag Nr. 254 = NZA 2004, 1055; BAG 28.3.2001 – 7 AZR 701/99 – AP § 620 BGB Befristeter Arbeitsvertrag Nr. 227 = NZA 2002, 666; BAG 6.12.2000 – 7 AZR 262/99 – AP § 2 BAT SR 2y Nr. 22 = NZA 2001, 721; BAG 22.3.2000 – 7 AZR 758/98 – AP § 620 BGB Befristeter Arbeitsvertrag Nr. 221 = NZA 2000, 881; BAG 12.1.2000 – 7 AZR 863/98 – AP § 620 BGB Befristeter Arbeitsvertrag Nr. 217 = NZA 2000, 722; BAG 3.11.1999 – 7 AZR 846/98 – AP § 2 BAT SR 2y Nr. 19 = NZA 2000, 726; BAG 3.11.1999 – 7 AZR 880/98 – AP § 5 LPVG NW Nr. 1 = NZA-RR 2000, 223; BAG 7.7.1999 – 7 AZR 232/98 – AP § 620 BGB Befristeter Arbeitsvertrag Nr. 211 = NZA 1999, 1335; BAG 7.7.1999 – 7 AZR 609/97 – AP § 620 BGB Befristeter Arbeitsvertrag Nr. 215 = NZA 2000, 591; BAG 11.11.1998 – 7 AZR 328/97 – AP § 620 BGB Befristeter Arbeitsvertrag Nr. 204 = NZA 1999, 1211; BAG 24.9.1997 – 7 AZR 669/96 – AP § 620 BGB Befristeter Arbeitsvertrag Nr. 192 = NZA 1998, 419; BAG 22.11.1995 – 7 AZR 252/95 – AP § 620 BGB Befristeter Arbeitsvertrag Nr. 178 = NZA 1996, 878; BAG 11.12.1991 – 7 AZR 170/91 – AP § 620 BGB Befristeter Arbeitsvertrag Nr. 145 = NZA 1993, 361 (Ls.); BAG 11.12.1991 – 7 AZR 431/90 – AP § 620 BGB Befristeter Arbeitsvertrag Nr. 141 = NZA 1992, 883; BAG 28.9.1988 – 7 AZR 451/87 – AP § 620 BGB Befristeter Arbeitsvertrag Nr. 125; BAG 6.6.1984 – 7 AZR 458/82 – AP § 620 BGB Befristeter Arbeitsvertrag Nr. 83; ErfK/*Müller-Glöge*, § 14 TzBfG Rn 16 ff.; KR/*Lipke*, § 14 TzBfG Rn 46; *Oberthür*, DB 2001, 2246.

20 BAG 17.2.1983 – 2 AZR 481/81 – AP § 15 KSchG 1969 Nr. 14; BAG 14.1.1982 – 2 AZR 254/81 – AP § 620 BGB Befristeter Arbeitsvertrag Nr. 65; KR/*Lipke*, § 14 TzBfG Rn 47; APS/*Backhaus*, § 14 TzBfG Rn 56.

21 BAG GS 12.10.1960 – 3 AZR 65/59 – AP § 620 BGB Befristeter Arbeitsvertrag Nr. 16; BAG 17.2.1983 – 2 AZR 481/81 – AP § 15 KSchG 1969 Nr. 14; APS/*Backhaus*, § 14 TzBfG Rn 12; KR/*Lipke*, § 14 TzBfG Rn 36; Annuß/Thüsing/Maschmann, § 14 Rn 8; *Bauer*, BB 2001, 2526.

22 BAG 12.9.1996 – 7 AZR 790/95 – AP § 620 BGB Befristeter Arbeitsvertrag Nr. 182; BAG 28.3.2001 – 7 AZR 701/99 – AP § 620 BGB Befristeter Arbeitsvertrag Nr. 227.

23 KR/*Lipke*, § 14 TzBfG Rn 36; Annuß/Thüsing/Maschmann, § 14 Rn 11.

24 BAG 20.2.2002 – 7 AZR 600/00 – AP § 1 KSchG 1969 Wiedereinstellung Nr. 11 = NZA 2002, 896; LAG Düsseldorf 15.2.2000 – 3 Sa 1781/99 – NZA-RR 2000, 456; LAG Düsseldorf 19.8.1999 – 11 Sa 469/99 – DB 2000, 222; ErfK/*Müller-Glöge*, § 14 TzBfG Rn 18; KR/*Lipke*, § 14 TzBfG Rn 49; *Oberthür*, DB 2001, 2246.

25 BAG 2.7.2003 – 7 AZR 529/02 – AP § 620 BGB Befristeter Arbeitsvertrag Nr. 254; BAG 20.2.2002 – 7 AZR 600/00 – AP § 1 KSchG 1969 Wiedereinstellung Nr. 11 = NZA 2002, 896; Annuß/Thüsing/Maschmann, § 14 Rn 11; *Meinel/Heyn/Herms*, § 14 Rn 19; *Meinel/Bauer*, NZA 1999, 575.

26 BAG 26.8.1988 – 7 AZR 101/88 – AP § 620 BGB Befristeter Arbeitsvertrag Nr. 124 = NZA 1989, 965 (Ls.); BAG 22.11.1995 – 7 AZR 252/95 – AP § 620 BGB Befristeter Arbeitsvertrag Nr. 178; BAG 12.2.1997 – 7 AZR 317/96 – AP § 620 BGB Befristeter Arbeitsvertrag Nr. 187; BAG 6.12.2000 – 7 AZR 262/99 – AP § 2 BAT SR 2y Nr. 22; BAG 21.2.2001 – 7 AZR 200/00 – AP § 620 BGB Befristeter Arbeitsvertrag Nr. 226; *Meinel/Heyn/Herms*, § 14 Rn 8; KR/*Lipke*, § 14 TzBfG Rn 30; APS/*Backhaus*, § 14 TzBfG Rn 46; *Oberthür*, DB 2001, 2246.

27 BAG 26.8.1988 – 7 AZR 101/88 – AP § 620 BGB Befristeter Arbeitsvertrag Nr. 124; BAG 12.2.1997 – 7 AZR 317/96 – AP § 620 BGB Befristeter Arbeitsvertrag Nr. 187; BAG 6.12.2000 – 7 AZR 262/99 – AP § 2 BAT SR 2y Nr. 22; *Meinel/Heyn/Herms*, § 14 Rn 8; APS/*Backhaus*, § 14 TzBfG Rn 47.

28 BAG 31.8.1994 – 7 AZR 983/93 – AP § 620 BGB Befristeter Arbeitsvertrag Nr. 163; BAG 6.12.2000 – 7 AZR 262/99 – AP § 2 BAT SR 2y Nr. 22; BAG 21.2.2001 – 7 AZR 200/00 – AP § 620 BGB Befristeter Arbeitsvertrag Nr. 226; KR/*Lipke*, § 14 TzBfG Rn 31 u 48; *Oberthür*, DB 2001, 2246.

29 BAG 21.4.1993 – 7 AZR 376/92 – AP § 620 BGB Befristeter Arbeitsvertrag Nr. 149; BAG 22.11.1995 – 7 AZR 252/95 – AP § 620 BGB Befristeter Arbeitsvertrag Nr. 178; ErfK/*Müller-Glöge*, § 14 TzBfG Rn 9; KR/*Lipke*, § 14 TzBfG Rn 41.

30 APS/*Backhaus*, § 14 TzBfG Rn 58 f.

31 BAG 11.11.1998 – 7 AZR 328/97 – AP § 620 BGB Befristeter Arbeitsvertrag Nr. 204; BAG 11.12.1991 – 7 AZR 431/91 – AP § 620 BGB Befristeter Arbeitsvertrag Nr. 141; BAG 3.12.1986 – 7 AZR 354/85 – AP § 620 BGB Befristeter Arbeitsvertrag Nr. 110; KR/*Lipke*, § 14 TzBfG Rn 107.

10 Auch bei Kettenarbeitsverträgen findet jedoch eine gerichtliche Überprüfung nur hinsichtlich des **letzten Vertrages** statt, wenn die Parteien dem AN bei Abschluss eines neuen befristeten Arbeitsvertrages nicht das Recht vorbehalten haben, die Wirksamkeit der vorangegangenen Befristung prüfen zu lassen.[32] Ein einseitiger Vorbehalt durch den AN reicht nicht; der Vorbehalt muss vertraglich vereinbart werden.[33] Eine Folgebefristung ist aber nicht wegen Verstoßes gegen das Maßregelungsverbot aus § 612a BGB unwirksam, weil der AG die Vereinbarung eines Vorbehaltes abgelehnt hat.[34] Ein nach Erhebung der Klage gem. § 17 geschlossener Folgevertrag kann den entsprechenden konkludenten Vorbehalt enthalten.[35] Durch den vorbehaltlosen Abschluss eines weiteren befristeten Arbeitsvertrags stellen die Parteien ihr Vertragsverhältnis auf eine neue rechtliche Grundlage, die für ihre Rechtsbeziehung zukünftig allein maßgeblich sein soll.[36]

11 Etwas anderes gilt, wenn es sich bei dem letzten Vertrag um einen **unselbstständigen Annex** zum vorherigen handelt, mit dem das bisherige befristete Arbverh nur hinsichtlich seines Endzeitpunkts modifiziert werden soll.[37] Ein solcher unselbstständiger Annex darf lediglich eine verhältnismäßig geringfügige Korrektur[38] des im früheren Vertrag vereinbarten Endzeitpunkts betreffen, die sich am Sachgrund für die Befristung des früheren Vertrages orientiert und allein in der Anpassung der ursprünglich vereinbarten Vertragszeit an später eintretende, zum Zeitpunkt des vorangegangenen Vertragsabschlusses nicht vorhersehbare Umstände besteht. Es darf den Parteien also nur darum gegangen sein, die Laufzeit des alten Vertrags mit dem Sachgrund für die Befristung in Einklang zu bringen.[39] Zur Annahme eines entsprechenden Parteiwillens reicht es nicht aus, dass der letzte und der vorletzte Vertrag in den Vertragsbedingungen übereinstimmen und die zu erfüllende Arbeitsaufgabe die gleiche bleibt.[40]

Abs. 1 ist **europarechtskonform**. § 5.1 der Rahmenvereinbarung über befristete Arbeitsverträge[41] zu RL 1999/70/EG[42] erlaubt die Festlegung von sachlichen Gründen, ohne dass diese abschließend aufgezählt sein müssten.[43]

12 **a) Normzweck.** Das Sachgrunderfordernis dient der Vermeidung von Missbrauch durch aufeinander folgende befristete Arbeitsverträge (sog. Kettenarbeitsverträge), vgl. Rn 2.

13 **b) Historie.** § 620 BGB geht davon aus, dass Arbverh befristet abgeschlossen werden dürfen. Die Rspr. hat gleichwohl über viele Jahrzehnte Beschränkungen zum Schutze des AN, insb. vor Umgehung des Künd-Schutzes, entwickelt. Die von der Rspr. anerkannten Sachgründe lassen sich schwerlich kategorisieren. Versuche dazu gibt es.[44] Die Einteilung in Ungewissheits-, Ausnahme- und Verschleiss- bzw. personen- und unternehmensbezogene Befristungsgründe ist indes für den Praktiker wenig hilfreich. Denn der Gesetzgeber hat diese nicht aufgegriffen, sondern schlicht einen **beispielhaften Katalog** verwandt, der die Kenntnis der vom BAG zu den Sachgründen entwickelten Typologie erfordert.[45] Nicht eindeutig ist gleichwohl in vielen Fällen, unter welches gesetzliche Beispiel die bisherige Judikatur jetzt zu fassen ist.[46] Zudem ist die Rspr. des BAG insoweit nicht mehr anwendbar, als sie auf die Umgehung des Künd-Schutzes abgestellt hat.

14 **c) Geltungsbereich.** Das Sachgrunderfordernis gilt für **Kalender- und Zweckbefristungen** sowie gem. § 21 für **auflösend bedingte Verträge**.[47] Wegen der Abkoppelung des Befristungsrechts vom Künd-Schutz besteht es auch

---

32 BAG 29.10.1998 – 7 AZR 561/97 – AP § 620 BGB Befristeter Arbeitsvertrag Nr. 206; BAG 10.8.1999 – 7 AZR 695/93 – AP § 620 BGB Befristeter Arbeitsvertrag Nr. 162 = NZA 1995, 30; BAG 1.12.1999 – 7 AZR 236/98 – AP § 57b HRG Nr. 21 = NZA 2000, 374; BAG 5.6.2002 – 7 AZR 205/01 – AP § 620 BGB Befristeter Arbeitsvertrag Nr. 236; BAG 4.6.2003 – AP § 620 BGB Befristeter Arbeitsvertrag Nr. 252 = NZA-RR 2003, 621; BAG 25.8.2004 – 7 AZR 7/04 – NZA 2005, 357; BAG 25.8.2004 – 7 AZR 32/04 – NZA 2005, 472; BAG 13.10.2004 – 7 AZR 218/04 – NZA 2005, 401; BAG 18.6.2008 – 7 AZR 214/07 – DB 2008, 2835; ErfK/*Müller-Glöge*, § 14 TzBfG Rn 12; a.A. *Meinel*/*Heyn*/*Herms*, § 14 Rn 12; krit. *Kleveman*/*Ziemann*, DB 1989, 2608.
33 BAG 14.2.2007 – 7 AZR 95/06 – NZA 2007, 803; BAG 13.10.2004 – 7 AZR 218/04 – NZA 2005, 401; KR/*Lipke*, § 14 TzBfG Rn 41.
34 BAG 14.2.2007 – 7 AZR 95/06 – NZA 2007, 803.
35 BAG 10.3.2004 – 7 AZR 402/03 – AP § 14 TzBfG Nr. 11 = NZA 2004, 925; BAG 13.10.2004 – 7 AZR 218/04 – NZA 2005, 401.
36 BAG 25.8.2004 – 7 AZR 7/04 – NZA 2005, 357.
37 BAG 7.11.2007 – 7 AZR 484/06 – AP § 14 Nr. 42 = NZA 2008, 205; BAG 25.8.2004 – 7 AZR 7/04 – NZA 2005, 357; BAG 15.2.1995 – 7 AZR 680/94 – AP § 620 BGB Befristeter Arbeitsvertrag Nr. 166 = NZA 1995, 987; BAG 12.2.1986 – 7 AZR 482/84 – AP § 620 BGB Hochschule Nr. 1.
38 BAG 7.11.2007 – 7 AZR 484/06 – AP § 14 TzBfG Nr. 42 = NZA 2008, 467.
39 BAG 10.10.2007 – 7 AZR 795/06 – NZA 2008, 295; BAG 1.12.1999 – 7 AZR 236/98 – AP § 57b HRG Nr. 21 = NZA 2000, 374; BAG 15.2.1995 – 7 AZR 680/94 – AP § 620 BGB Befristeter Arbeitsvertrag Nr. 166 = NZA 1995, 987.
40 BAG 21.1.1987 – 7 AZR 265/85 – AP § 620 BGB Hochschule Nr. 4 = NZA 1988, 260.
41 18.3.1999, ABl EG L 175/45 v. 10.7.1999.
42 28.6.1999, ABl EG L 175/43 v. 10.7.1999.
43 APS/*Backhaus*, § 14 TzBfG Rn 80; Arnold/Gräfl/*Gräfl*, § 14 Rn 19; krit. KR/*Lipke*, § 14 TzBfG Rn 28.
44 *Wiedemann*, in: FS für Lange, S. 395; s.a. Annuß/Thüsing/*Maschmann*, § 14 Rn 27.
45 APS/*Backhaus*, § 14 TzBfG Rn 30.
46 APS/*Backhaus*, § 14 TzBfG Rn 79.
47 Annuß/Thüsing/*Maschmann*, § 14 Rn 5.

für AN ohne Künd-Schutz in **Kleinbetrieben**[48] und **Privathaushalten** sowie **während der Wartezeit bis zum Einsetzen des Künd-Schutzes**, wenn keine Ausnahme vorliegt.[49] Deshalb unterliegt aber eine gem. § 15 Abs. 3 vereinbarte Künd-Möglichkeit gleichwohl der Kleinbetriebsklausel aus § 23 KSchG und der Wartefrist aus § 1 Abs. 1 KSchG.[50]

Für Personen mit **besonderem Künd-Schutz** sind grds. keine erhöhten Anforderungen mehr an den Sachgrund zu stellen.[51] Allerdings sind Sonderregelungen, z.B. §§ 77 Abs. 4, 38 Abs. 1 LPVG Schleswig-Holstein für PR-Mitglieder, und bei Künd die üblichen Zustimmungserfordernisse zu beachten, etwa nach § 9 MuSchG, § 18 BEEG, §§ 85, 92 SGB IX, § 103 BetrVG. **15**

Während eine Umgehung des Künd-Schutzes bisher jedenfalls nicht möglich war, wenn mit **leitenden Ang** für den Fall des Ausscheidens eine Abfindung i.S.d. §§ 9, 10 KSchG vereinbart wurde,[52] bedarf es jetzt grds. eines Sachgrundes für die Befristung.[53]

Das Sachgrunderfordernis gilt auch im Verhältnis zwischen Verleiher und **Leih-AN**.[54] Deshalb kann eine Befristung etwa nicht auf den nur vorübergehenden Bedarf beim Entleiher gestützt werden. Beim Verleiher liegt vorübergehender Bedarf nach Nr. 1 aber nur ausnahmsweise vor, da er AN typischerweise vorübergehend einsetzt (vgl. Rn 25). Vertretungsbedarf gem. Nr. 3 muss beim Verleiher bestehen, um die Befristung zu rechtfertigen (vgl. Rn 33). Auch die Eigenart der Arbeitsleistung gem. Nr. 4 rechtfertigt die Befristung mit einem Leih-AN nicht generell (vgl. Rn 49). **16**

Auch ein unbefristeter Vertrag kann durch Änderungsvereinbarung oder durch Änderungs-Künd auf eine befristete Basis gestellt werden, wenn ein sachlicher Grund für die **nachträgliche Befristung** vorliegt (zu den Einzelheiten vgl. § 3 Rn 10). Die sachgrundlose Befristung nach Abs. 2 kommt hierfür wegen Verstoßes gegen das Anschlussverbot nicht in Betracht.[55] Zur Frage der Nachteile bei dem Bezug von Alg vgl. § 3 Rn 10. **17**

Die Befristung **einzelner Arbeitsvertragsbedingungen** in formularmäßigen Arbeitsverträgen unterliegt der Inhalts- und Angemessenheitskontrolle gem. § 305 ff. BGB[56] (vgl. auch § 3 Rn 13). **18**

Ein **Aufhebungsvertrag** bedarf keines Sachgrundes. Ist die Vereinbarung indes nicht auf die alsbaldige Beendigung des Arbverh gerichtet, sondern auf die befristete Fortsetzung, ist ein Sachgrund erforderlich (vgl. § 3 Rn 12). **19**

2. Regelungsgehalt. a) Vorübergehender Bedarf (Nr. 1). Ein **vorübergehender Mehrbedarf** an Arbeitskräften (auch durch bevorstehendes Absinken des Arbeitskräftebedarfs, z.B. aufgrund der Inbetriebnahme einer neuen technischen Anlage oder wegen Abwicklungsarbeiten bis zur Betriebsschließung oder Insolvenz)[57] kann die Befristung eines Arbverh rechtfertigen, wenn im Zeitpunkt des Vertragsabschlusses zu erwarten ist, dass für die Beschäftigung des befristet eingestellten AN nach Ablauf der Vertragszeit kein Bedarf mehr besteht.[58] Dafür hat der AG eine Prognose zu Grund, Umfang und Dauer des voraussichtlichen Mehrbedarfs zu erstellen und deren Grundlagen offen zu legen.[59] Die Prognose ist Teil des Sachgrundes.[60] Die bloße Unsicherheit über die betriebliche **20**

---

48 Widersprüchlich Begründung Regierungsentwurf, BT-Drucks 14/4374, S. 18.

49 BAG 6.11.2003 – 2 AZR 690/02 – AP § 14 TzBfG Nr. 7 = NZA 2005, 218; *Meinel/Heyn/Herms*, § 14 Rn 3; KR/*Lipke*, § 14 TzBfG Rn 2; Arnold/Gräfl/*Gräfl*, § 14 Rn 7; Annuß/Thüsing/*Maschmann*, § 14 Rn 5; *Bauer*, NZA 2000, 1039; *Däubler*, ZIP 2000, 1961; *Hanau*, NZA 2000, 1045.

50 BAG 6.11.2003 – 2 AZR 690/02 – AP § 14 TzBfG Nr. 7 = NZA 2005, 218; HWK/*Schmalenberg*, § 14 TzBfG Rn 4 u 6; *Meinel/Heyn/Herms*, § 14 Rn 3.

51 BAG 6.11.1996 – 7 AZR 909/95 – AP § 620 BGB Befristeter Arbeitsvertrag Nr. 188; vgl. auch BVerfG 24.9.1990 – 1 BvR 938/90 – AP § 620 BGB Befristeter Arbeitsvertrag Nr. 136a; Annuß/Thüsing/*Maschmann*, § 14 Rn 7; KR/*Lipke*, § 14 TzBfG Rn 4; HWK/*Schmalenberg*, § 14 TzBfG Rn 2.

52 BAG 26.4.1979 – 2 AZR 431/77 – AP § 620 BGB Befristeter Arbeitsvertrag Nr. 47.

53 *Meinel/Heyn/Herms*, § 14 Rn 21; Arnold/Gräfl/*Gräfl*, § 14 Rn 5; KR/*Lipke*, § 14 TzBfG Rn 8a; Annuß/Thüsing/*Maschmann*, § 14 Rn 6; APS/*Backhaus*, § 14 TzBfG Rn 19; *Hromadka*, BB 2001, 621; *Vogel*, NZA 2002, 313.

54 *Meinel/Heyn/Herms*, § 14 Rn 43; *Wank*, NZA 2003, 14; *Kokemoor*, NZA 2003, 238; *Reipen*, BB 2003, 787; *Schüren/Behrend*, NZA 2003, 521; *Frik*, NZA 2005, 386.

55 Annuß/Thüsing/*Maschmann*, § 14 Rn 15; KR/*Lipke*, § 14 TzBfG Rn 9.

56 BAG 27.7.2005 – 7 AZR 486/04 – NZA 2006, 40.

57 Begründung Regierungsentwurf, BT-Drucks 14/4374, S. 19; BAG 3.12.1997 – 7 AZR 651/96 – AP § 620 BGB Befristeter Arbeitsvertrag Nr. 196 = NZA 1998, 1000; ArbG Kiel 28.10.2004 – 1 Ca 1705c/04 – NZA-RR 2005, 129 (n.r.); BAG 30.10.2008 – 8 AZR 855/07 – BeckRS 2009 56493; KR/*Lipke*, § 14 TzBfG Rn 68a.

58 BAG 20.2.2008 – 7 AZR 950/06 – BeckRS 2008 53844 (vgl. dazu auch *Kaul*, BB 2008, 2131); BAG 4.12.2002 – 7 AZR 437/01 – AP § 2 BAT SR 2y Nr. 24 = NZA 2004, 64; BAG 15.8.2001 – 7 AZR 274/00 – NZA 2002, 464 (Ls.); BAG 14.1.1982 – 2 AZR 254/81 – AP BGB § 620 Befristeter Arbeitsvertrag Nr. 65 = NJW 1982, 1478; *Hromadka*, BB 2001, 621; *Plander/Witt*, DB 2002, 1002; Annuß/Thüsing/*Maschmann*, § 14 Rn 30; *Meinel/Heyn/Herms*, § 14 Rn 9.

59 BAG 12.9.1996 – 7 AZR 790/95 – AP § 620 BGB Befristeter Arbeitsvertrag Nr. 182; BAG 25.11.1992 – 7 AZR 191/92 – AP BGB § 620 Befristeter Arbeitsvertrag Nr. 150 = NZA 1993, 1081; KR/*Lipke*, § 14 TzBfG Rn 71.

60 BAG 25.8.2004 – 7 AZR 7/04 – NZA 2005, 357; BAG 4.12.2002 – 7 AZR 437/01 – AP § 2 BAT SRy Nr. 24 = NZA 2004, 64; BAG 5.6.2002 – 7 AZR 241/01 – AP § 1 BeschFG 1996 Nr. 13 = NZA 2003, 149.

Entwicklung bzw. den Bedarf an AN reicht nicht.[61] Denn das gewöhnliche unternehmerische Risiko darf nicht auf den AN abgewälzt werden.[62] Dies gilt auch im Fall der Betriebsveräußerung, wenn mit der Befristung das Künd-Verbot aus § 613a Abs. 4 BGB umgangen wird.[63] Auf die Weiterbeschäftigungsmöglichkeit in einem anderen Betrieb oder einer anderen Dienststelle nach Befristungsende kommt es dagegen nicht an, weil Nr. 1 auf den „betrieblichen" Bedarf abstellt.[64]

21 Beschäftigt der AG für die Erledigung einer Daueraufgabe befristet und unbefristet eingestellte AN, bedarf es zur Rechtfertigung der Befristung eines am Sachgrund orientierten Konzepts, wonach die Zuordnung der Vertragsverhältnisse vorgenommen wird. Der AN muss gerade zur **Deckung des Mehrbedarfs** befristet eingestellt sein, und die Anzahl der befristet eingestellten AN darf den Rahmen des vorübergehenden Mehrbedarfs nicht überschreiten.[65]

22 Vorübergehend erhöhter Arbeitsbedarf liegt vor, wenn zukünftig wieder mit einem **Absinken** zu rechnen ist,[66] z.B. im Weihnachtsgeschäft, im Schlussverkauf oder bei betrieblichen Umstellungen aufgrund neuer Anforderungen. Der AN muss aber nicht für die gesamte Dauer des Mehrbedarfs eingestellt werden.[67] Nur vorübergehender Bedarf besteht nicht, wenn der Arbeitsplatz **zukünftig mit einem Leih-AN besetzt** werden soll.[68] **Projektbedingter Mehrbedarf** erlaubt die Befristung für die Dauer des Projekts.[69] Hier muss sich die Prognose bei Abschluss des befristeten Vertrags nur auf die Beendigung des Projektes beziehen. Unerheblich ist, ob der AN nach Fristablauf auf einem freien Arbeitsplatz in einem anderen Projekt befristet oder unbefristet beschäftigt werden könnte.[70] Der Wegfall des Mehrbedarfs muss mit einiger Sicherheit zu erwarten sein.[71] Eine starre zeitliche Höchstgrenze gibt es nicht.[72]

23 Der vorübergehende betriebliche Mehrbedarf rechtfertigt die Befristung auch dann, wenn er, wie z.B. bei **Saison- und Kampagnebetrieben**, regelmäßig erneut auftritt.[73] Saison- und Kampagne-Arbverh kommen als Zweck- und Zeitbefristung in Betracht.[74] Bei Abschluss des Arbeitsvertrags muss jedoch feststehen, dass eine erneute Beschäftigung erst nach einer mindestens vierwöchigen Unterbrechung wieder erforderlich wird.[75]

Beispiele: Verkauf von Weihnachts-, Oster-, Faschings- oder Silvesterartikeln; Produktion von Eiscreme;[76] Forstarbeiten während der Vegetationsperiode.[77] Zu den saison- und kampagnebedingten Arbeiten gehören alle, typischerweise nur mit dem vorübergehenden Arbeits(mehr)bedarf auftretenden Tätigkeiten, sei es in der Produktion, im Lager oder in der Auslieferung.[78] Wird ein AN über viele Jahre hintereinander immer wieder befristet als Saisonarbeiter

---

61 BAG 11.12.1991 – 7 AZR 170/91 – AP § 620 BGB Befristeter Arbeitsvertrag Nr. 145; BAG 8.4.1992 – 7 AZR 135/91 – AP § 620 BGB Befristeter Arbeitsvertrag Nr. 146; BAG 25.11.1992 – 7 AZR 191/92 – AP BGB § 620 Befristeter Arbeitsvertrag Nr. 150 = NZA 1993, 1081; BAG 12.9.1996 – 7 AZR 31/96 – AP BGB § 620 Befristeter Arbeitsvertrag Nr. 182 = NZA 1997, 841; BAG 22.3.2000 – 7 AZR 758/98 – AP BGB § 620 Befristeter Arbeitsvertrag Nr. 221 = NZA 2000, 881; BAG 15.6.2002 – 7 AZR 241/01 – AP BeschFG 1996 § 1 Nr. 13 = NZA 2003, 149; BAG 4.12.2002 – 7 AZR 437/01 – AP § 2 BAT SR 2y Nr. 24 = NZA 2004, 64; ArbG Kiel 28.10.2004 – 1 Ca 1705c/04 – NZA-RR 2005, 129 (n.r.); KR/*Lipke*, § 14 TzBfG Rn 67; *Hromadka*, BB 2001, 621.
62 BAG 16.10.1987 – 7 AZR 614/86 – AP § 620 BGB Hochschule Nr. 5 = NZA 1988, 283; BAG 11.12.1991 – 7 AZR 170/91 – AP § 620 BGB Befristeter Arbeitsvertrag Nr. 145; BAG 8.4.1992 – 7 AZR 135/91 – AP § 620 BGB Befristeter Arbeitsvertrag Nr. 146 = NZA 1993, 694; BAG 25.11.1992 – 7 AZR 191/92 – AP § 620 BGB Befristeter Arbeitsvertrag Nr. 150.
63 BAG 2.12.1998 – 7 AZR 579/97 – AP § 620 BGB Befristeter Arbeitsvertrag Nr. 207 = NZA 1999, 926.
64 BAG 3.12.1997 – 7 AZR 651/96 – AP § 620 BGB Befristeter Arbeitsvertrag Nr. 196 = NZA 1998, 1000; LAG Schleswig-Holstein 19.12.2006 – 5 Sa 264/06 – NZA-RR 2007, 221; ErfK/*Müller-Glöge*, § 14 TzBfG Rn 23; a.A. *Plander/Witt*, DB 2002, 1002.
65 BAG 12.9.1996 – 7 AZR 64/96 – AP § 620 BGB Befristeter Arbeitsvertrag Nr. 183 = NZA 1997, 378.
66 BAG 14.1.1982 – 2 AZR 245/80 – AP § 620 BGB Befristeter Arbeitsvertrag Nr. 64; BAG 25.11.1992 – 7 AZR 191/92 – AP BGB § 620 Befristeter Arbeitsvertrag Nr. 150 = NZA 1993, 1081; BAG 12.9.1996 – 7 AZR 790/95 – AP § 620 BGB Befristeter Arbeitsvertrag Nr. 182; BAG 5.6.2002 – 7 AZR 241/01 – AP § 1 BeschFG 1996 Nr. 13 = NZA 2003, 149; BAG 4.12.2002 – 7 AZR 437/01 – AP BAT § 2 SR 2y Nr. 24 = NZA 2004, 64.
67 *Hromadka*, BB 2001, 621.
68 BAG 17.1.2007 – 7 AZR 20/06 – NZA 2007, 566.
69 BAG 28.5.1986 – 7 AZR 25/85 – AP § 620 BGB Befristeter Arbeitsvertrag Nr. 102 = NZA 1986, 822; BAG 28.5.1986 – 7 AZR 581/84 – AP § 620 BGB Befristeter Arbeitsvertrag Nr. 101 = NZA 1986, 820; BAG 26.8.1988 – 7 AZR 101/88 – AP § 620 BGB Befristeter Arbeitsvertrag Nr. 124 = NZA 1989, 965; BAG 24.10.2001 – 7 AZR 620/00 – AP § 57c HRG Nr. 9 = NZA 2003, 153; BAG 5.6.2002 – 7 AZR 241/01 – NZA 2003, 149; BAG 7.4.2004 – 7 AZR 441/03 – NZA 2004, 944 (Ls.) = AP § 17 TzBfG Nr. 4; BAG 16.11.2005 – 7 AZR 81/05 – NZA 2006, 784.
70 BAG 25.8.2004 – 7 AZR 7/04 – NZA 2005, 357; vgl. dazu *Traber*, FA 2005, 363.
71 BAG 14.1.1982 – 2 AZR 245/80 – AP BGB § 620 Befristeter Arbeitsvertrag Nr. 64.
72 *Plander/Witt*, DB 2002, 1002.
73 BAG 29.1.1987 – 2 AZR 109/86 – AP § 620 BGB Saisonarbeit Nr. 1 = NZA 1987, 627; LAG Köln 27.11.2006 – 2 Sa 511/06 – BeckRS 2007 41762; KR/*Lipke*, § 14 TzBfG Rn 76; ErfK/*Müller-Glöge*, § 14 TzBfG Rn 26; Annuß/Thüsing/*Maschmann*, § 14 Rn 35.
74 BAG 20.10.1967 – 3 AZR 467/66 – AP § 620 BGB Befristeter Arbeitsvertrag Nr. 30; BAG 29.1.1987 – 2 AZR 109/86 – AP § 620 BGB Saisonarbeit Nr. 1 = NZA 1987, 627.
75 BAG 11.2.2004 – 7 AZR 362/03 – AP § 620 BGB Befristeter Arbeitsvertrag Nr. 256 = NZA 2004, 978.
76 BAG 29.1.1987 – 2 AZR 109/86 – AP § 620 BGB Saisonarbeit Nr. 1 = NZA 1987, 627.
77 BAG 20.10.1967 – 3 AZR 467/66 – AP § 620 BGB Befristeter Arbeitsvertrag Nr. 30.
78 ErfK/*Müller-Glöge*, § 14 TzBfG Rn 26.

eingestellt, kann sich unter dem Gesichtspunkt des Vertrauensschutzes ein **Wiedereinstellungsanspruch** begründen. Dies ist etwa der Fall, wenn der AG gegenüber dem zehnmalig befristet beschäftigten AN mit der Zahlung eines Weihnachtsgeldes die Hoffnung verbindet, dass auch im kommenden Jahr eine gute und erfreuliche Zusammenarbeit möglich sein werde.[79]

I.Ü. ist die Befristung zur **Aushilfe** zulässig, wenn vorübergehender Mehrbedarf an Arbeit die Befristung rechtfertigt. Ein bestimmtes Personalkonzept ist nicht notwendig.[80] Besteht jedoch dauerhafter betrieblicher Mehrbedarf an Arbeitskräften, ist die Befristung nicht auf Nr. 1 zu stützen.[81] Werden mehrere Aushilfsverhältnisse hintereinander geschlossen, kann es sich in Wahrheit um ein (Teilzeit-)Dauer-Arbvhverh handeln.[82] Daueraushilfskräfte können unter den entsprechenden Voraussetzungen sachgrundlos beschäftigt werden oder sind unbefristet einzustellen. 24

Vorübergehender Bedarf in Bezug auf **Leih-AN** liegt nur ganz ausnahmsweise vor, nämlich wenn der Verleiher bei Vertragsschluss die Prognose stellt, nach Ablauf der Befristung komme keine Weiterbeschäftigung in Betracht.[83] Regelmäßig ist dies nicht der Fall, weil es gerade typisch für den Verleiher ist, ständig AN zu vermitteln, und das gewöhnliche unternehmerische Risiko von Folgeaufträgen nicht auf den AN abgewälzt werden darf.[84] 25

b) Befristung im Anschluss an eine Ausbildung oder ein Studium (Nr. 2). Nr. 2 rechtfertigt die Befristung im **Anschluss an eine Ausbildung oder ein Studium**, um den Übergang des AN in eine Anschlussbeschäftigung zu erleichtern. Ein Sachgrund für den Anschluss an ein Berufsausbildungsverhältnis war an sich überflüssig, da der Gesetzesbegründung zufolge das Berufsausbildungsverhältnis kein Arbvhverh darstellt,[85] so dass mangels Verstoßes gegen das Anschlussverbot eine sachgrundlose Befristung nach Abs. 2 möglich ist.[86] Allerdings hat das BAG die Gleichstellung des Berufsausbildungsverhältnisses mit dem Arbvhverh bisher nicht positiv festgestellt, so dass ein Verstoß gegen das Anschlussverbot aus Abs. 2 S. 2 nicht ausgeschlossen werden kann (vgl. Rn 98). Da viele TV die befristete **Übernahmeverpflichtung von Auszubildenden** vorsehen, indiziert Nr. 2 den notwendigen Sachgrund, ohne dass ein Anspruch auf einen darüber hinaus gehenden längeren Zeitraum oder für unbefristete Zeit gewährt würde.[87] 26

In Betracht kommen alle Bildungsmaßnahmen, die auf die systematische Vermittlung der zur Aufnahme der Erwerbstätigkeit erforderlichen Kenntnisse und nicht nur zur Tätigkeit an einem bestimmten Arbeitsplatz gerichtet sind.[88] Maßnahmen der (betrieblichen) **Fort- und Weiterbildung** sowie **Umschulungen** sind daher nicht erfasst[89] (aber vgl. Rn 70). Ein **Studium** kommt in Betracht.[90] Die **Promotion** dürfte ebenfalls unter Nr. 2 fallen,[91] wäre jedenfalls aber ein sonstiger Sachgrund. 27

Von Nr. 2 erfasst wird insb. auch der Fall der befristeten Beschäftigung eines **Werkstudenten** nach dem Studium.[92] Denn anderenfalls käme eine befristete Beschäftigung wegen des Anschlussverbots aus Abs. 2 S. 2 bei demselben AG nicht in Betracht. 28

„**Im Anschluss**" erfordert nicht unbedingt den nahtlosen Anschluss an die Ausbildung oder das Studium, aber einen engen zeitlichen Zusammenhang.[93] Der AN muss in zeitlicher Nähe zu seiner abgeschlossenen Ausbildung oder seinem Studium Gelegenheit erhalten, einschlägige Berufserfahrungen zu erwerben, zu bewahren oder zu vervollkommnen. Gefördert werden soll die Erstanstellung. Entsprechend ist die Befristung nach Nr. 2 nicht mehr möglich, wenn bereits ein Arbvhverh bestanden hat.[94] „Gelegenheitsjobs" schaden indes nicht.[95] Vertragsverlängerungen sind nicht erfasst.[96] 29

---

79 BAG 29.1.1987 – 2 AZR 109/86 – AP § 620 BGB Saisonarbeit Nr. 1 = NZA 1987, 627.
80 BAG 11.12.1991 – 7 AZR 128/91 – AP § 620 BGB Befristeter Arbeitsvertrag Nr. 144 = NZA 1993, 354.
81 BAG 27.3.1969 – 2 AZR 302/68 – AP § 620 BGB Befristeter Arbeitsvertrag Nr. 31; Annuß/Thüsing/*Maschmann*, § 14 Rn 2; KR/*Lipke*, § 14 TzBfG Rn 75.
82 BAG 19.1.1993 – 9 AZR 53/92 – AP § 1 BUrlG Nr. 20; KR/*Lipke*, § 14 TzBfG Rn 79.
83 *Böhm*, RdA 2005, 360.
84 *Frik*, NZA 2005, 386.
85 BT-Drucks 14/4374, S. 20.
86 ErfK/*Müller-Glöge*, § 14 TzBfG Rn 29.
87 Begründung Regierungsentwurf, BT-Drucks 14/4374, S. 19; BAG 14.10.1997 – 7 AZR 811/96 – AP § 1 TVG Tarifverträge: Metallindustrie Nr. 155; HWK/*Schmalenberg*, § 14 TzBfG Rn 20; Annuß/Thüsing/*Maschmann*, § 14 Rn 36.
88 Arnold/Gräfl/*Gräfl*, § 14 Rn 70.
89 Arnold/Gräfl/*Gräfl*, § 14 Rn 71; Annuß/Thüsing/*Maschmann*, § 14 Rn 37; APS/*Backhaus*, § 14 TzBfG Rn 85; a.A. Meinel/Heyn/Herms, § 14 Rn 45.
90 ErfK/*Müller-Glöge*, § 14 TzBfG Rn 31 (für nach Hochschulrecht anerkannte Einrichtungen); weiter Meinel/Heyn/Herms, § 14 Rn 45.
91 BAG 2.8.1978 – 4 AZR 58/77 – AP § 620 BGB Befristeter Arbeitsvertrag Nr. 46; a.A. *Preis/Hausch*, NJW 2002, 927; ErfK/*Müller-Glöge*, § 14 TzBfG Rn 31.
92 Begründung Regierungsentwurf, BT-Drucks 14/4374, S. 19.
93 HWK/*Schmalenberg*, § 14 TzBfG Rn 22; *Däubler*, ZIP 2001, 217 (drei Monate); Annuß/Thüsing/*Maschmann*, § 14 Rn 38 (drei bis vier Monate); *Hromadka*, BB 2001, 621; KR/*Lipke*, § 14 TzBfG Rn 93; *Kliemt*, NZA 2001, 296 (bis sechs Monate); a.A. Meinel/Heyn/Herms, § 14 Rn 46.
94 ErfK/*Müller-Glöge*, § 14 TzBfG Rn 32.
95 Annuß/Thüsing/*Maschmann*, § 14 Rn 38; a.A. Meinel/Heyn/Herms, § 14 Rn 47.
96 BAG 10.10.2007 – 7 AZR 795/06 – NZA 2008, 295.

30 Ziel ist die Erleichterung des Berufsstarts generell.[97] Es reicht die **Chance auf eine Anschlussbeschäftigung**, ggf. auch bei einem weiteren AG.[98]

Str. ist, wie lange die Befristung nach Nr. 2 dauern darf.[99] **Langzeitbefristungen** sind jedenfalls **unzulässig**.

31 **c) Vertretung (Nr. 3).** Die Einstellung eines AN zur **Vertretung** eines anderen ist nach st. Rspr. des BAG als sachlicher Befristungsgrund anerkannt.[100] Auch **kurzfristige Vertretungen** fallen wegen der Abkoppelung des Befristungsrechts vom Künd-Schutz unter Nr. 3.[101]

32 Ein Vertretungsfall liegt vor, wenn durch den **zeitweiligen Ausfall** eines AN (z.B. wegen Krankheit, Mutterschutz, Elternzeit, Beurlaubung, Wehr- oder Zivildienst, Abordnung ins Ausland, Freistellung von BR-/PR-Mitgliedern) der vorübergehende Bedarf für die Beschäftigung eines anderen AN entsteht.[102] Während bei Nr. 1 der betriebliche Bedarf an Arbeitsleistung erhöht ist, ist bei Nr. 3 bei gleich bleibendem Bedarf eine vorübergehende Lücke innerhalb des bestehenden Personals zu schließen.[103] Durch den befristet beschäftigten AN wird der vorübergehende Ausfall eines Mitarbeiters ausgeglichen.[104] Die bloße Unsicherheit über den zukünftigen Arbeitskräftebedarf reicht nicht.[105]

33 Ein „anderer AN" kann auch ein **Beamter** sein.[106] Dem Gesetzeszweck zufolge kommt weiterhin die Vertretung eines **freien Mitarbeiters** in Betracht.[107] Bei der AÜ kann nur ein **anderer Leih-AN** vertreten werden.[108] Auf den Vertretungsbedarf beim Entleiher kommt es nicht an.

34 Gem. § 231 Abs. 1 SGB III ist die Vertretung eines AN, der sich **beruflich weiterbildet**, durch einen zuvor arbeitslosen AN sachlich gerechtfertigt.

Vertragsbeispiel: „Der AN wird vom (…) bis (…) zur Vertretung von Herrn/Frau (…) eingestellt, der/die sich beruflich fortbildet."

35 Ein Vertretungsfall liegt auch bei **übergangsweiser Beschäftigung** vor, bis der Arbeitsplatz mit einem anderen AN oder Beamten besetzt werden kann[109] oder ein anderer AN oder Beamter über die erforderliche Qualifikation für diesen Arbeitsplatz verfügt.[110] Der Arbeitsplatz darf aber durch befristete Beschäftigung nicht lediglich „freigehalten" werden; der AG muss sich vielmehr **vertraglich bereits fest gebunden** haben.[111] Anders liegt es bei der vorübergehenden Beschäftigung eines AN bis zur **Übernahme eines Auszubildenden** in ein Arbverh.[112] Hier muss der AG dem Auszubildenden die Übernahme bei Abschluss des befristeten Vertrages nicht bereits zugesagt haben; das berechtigte Interesse des AG an der befristeten Tätigkeit besteht wegen des in die Ausbildung investierten Aufwands.[113]

---

97 Begründung Regierungsentwurf, BT-Drucks 14/4374, S. 19.
98 ErfK/*Müller-Glöge*, § 14 TzBfG Rn 33; Arnold/Gräfl/*Gräfl*, § 14 Rn 76.
99 Ein halbes bis ein Jahr: HWK/*Schmalenberg*, § 14 TzBfG Rn 21; *Däubler*, ZIP 2001, 217; bis zwei Jahre: Annuß/Thüsing/*Maschmann*, § 14 Rn 39; KR/*Lipke*, § 14 TzBfG Rn 94; a.A. ErfK/*Müller-Glöge*, § 14 TzBfG Rn 33 (Einzelfallbetrachtung, auch drei und mehr Jahre).
100 BAG 30.9.1981 – 7 AZR 602/79 – AP § 620 BGB Befristeter Arbeitsvertrag Nr. 63; BAG 6.6.1984 – 7 AZR 458/82 – AP § 620 BGB Befristeter Arbeitsvertrag Nr. 83; BAG 12.6.1987 – 7 AZR 8/86 – AP § 620 BGB Befristeter Arbeitsvertrag Nr. 113 = NZA 1988, 201; BAG 20.2.1991 – 7 AZR 81/90 – AP § 620 BGB Befristeter Arbeitsvertrag Nr. 137 = NZA 1992, 31; BAG 11.12.1991 – 7 AZR 431/90 – AP § 620 BGB Befristeter Arbeitsvertrag Nr. 141 = NZA 1992, 883; BAG 22.11.1995 – 7 AZR 252/95 – AP § 620 BGB Befristeter Arbeitsvertrag Nr. 178 = NZA 1996, 878; BAG 11.11.1998 – 7 AZR 328/97 – AP § 620 BGB Befristeter Arbeitsvertrag Nr. 204; BAG 21.2.2001 – 7 AZR 200/00 – AP § 620 BGB Befristeter Arbeitsvertrag Nr. 226 = NZA 2001, 1382; BAG 20.2.2002 – 7 AZR 600/00 – AP § 1 KSchG 1969 Wiedereinstellung Nr. 11.
101 KR/*Lipke*, § 14 TzBfG Rn 106.
102 Begründung Regierungsentwurf, BT-Drucks 14/4374, S. 19.
103 ErfK/*Müller-Glöge*, § 14 TzBfG Rn 34; KR/*Lipke*, § 14 TzBfG Rn 101.
104 BAG 21.3.1990 – 7 AZR 286/89 – AP § 620 BGB Befristeter Arbeitsvertrag Nr. 135 = NZA 1990, 744; BAG 11.11.1998 – 7 AZR 328/97 – AP § 620 BGB Befristeter Arbeitsvertrag Nr. 204 = NZA 1999, 1211; BAG 2.7.2003 – 7 AZR 529/02 – AP § 620 BGB Befristeter Arbeitsvertrag Nr. 254 = NZA 2004, 1055.
105 BAG 22.3.2000 – 7 AZR 758/98 – AP § 620 BGB Befristeter Arbeitsvertrag Nr. 221 = NZA 2000, 881.
106 Begründung Regierungsentwurf, BT-Drucks 14/4374, S. 19; BAG 21.2.2001 – 7 AZR 107/00 – AP § 620 BGB Befristeter Arbeitsvertrag Nr. 228 = NZA 2001, 1069; BAG 2.7.2003 – 7 AZR 529/02 – AP BGB § 620 Befristeter Arbeitsvertrag Nr. 254 = NZA 2004, 1055; ErfK/*Müller-Glöge*, § 14 TzBfG Rn 39; KR/*Lipke*, § 14 TzBfG Rn 100; Meinel/Heyn/Herms, § 14 Rn 50; Kliemt, NZA 2001, 296; Hunold, NZA 2002, 255.
107 ErfK/*Müller-Glöge*, § 14 TzBfG Rn 39.
108 KR/*Lipke*, § 14 TzBfG Rn 110b; Lembke, DB 2003, 2702; Schüren/Berendt, NZA 2003, 521; Frik, NZA 2005, 386.
109 BAG 6.11.1996 – 7 AZR 909/95 – AP § 620 BGB Befristeter Arbeitsvertrag Nr. 188 = NZA 1997, 1222.
110 BAG 5.6.2002 – 7 AZR 201/01 – AP § 620 BGB Befristeter Arbeitsvertrag Nr. 235.
111 BAG 8.9.1983 – 7 AZR 438/82 – AP § 620 BGB Befristeter Arbeitsvertrag Nr. 77; BAG 6.11.1996 – 7 AZR 909/95 – AP § 620 BGB Befristeter Arbeitsvertrag Nr. 188.
112 Begründung Regierungsentwurf, BT-Drucks 14/4374, S. 18; BAG 21.4.1993 – 7 AZR 388/92 – AP § 620 BGB Befristeter Arbeitsvertrag Nr. 148 = NZA 1994, 167; BAG 6.11.1996 – 7 AZR 909/95 – AP § 620 BGB Befristeter Arbeitsvertrag Nr. 188 = NZA 1997, 1222.
113 BAG 1.12.1999 – 7 AZR 449/98 – BB 2000, 1525; BAG 19.9.2001 – 7 AZR 333/00 – NZA 2002, 696 (Ls.); ErfK/*Müller-Glöge*, § 14 TzBfG Rn 41; a.A. KR/*Lipke*, § 14 TzBfG Rn 114 f.

Dem Sachgrund der Vertretung steht es nicht entgegen, wenn die **Befristungsdauer** hinter der Dauer des Vertretungsbedarfs zurück bleibt. Denn der AG ist frei in seiner Entscheidung, ob er Arbeitsausfall überhaupt überbrückt.[114] Deshalb darf der AG auch den Vertrag mit der Vertretung eines Elternzeitlers bis zu dessen Wiederaufnahme der Tätigkeit im Rahmen von Teilzeit nach § 15 Abs. 4 bis Abs. 7 BEEG befristen, also nur für den vollständigen Ausfall des Vertretenen eingehen.[115] Dies ist nicht erforderlich, kann aber empfehlenswert sein. Der AG kann dann neu entscheiden, ob wegen der Teilzeit weiterer Vertretungsbedarf gegeben ist und in welchem Umfang.

Vertragsbeispiel: „Der AN wird befristet zur Vertretung während der Elternzeit von Herrn/Frau (…) beschäftigt. Der Arbeitsvertrag endet, ohne dass es einer Kündigung bedarf, am (Datum Ende der beantragten Elternzeit), bei früherer Aufnahme der Tätigkeit durch Herrn/Frau (…), z.B. bei vorzeitiger Beendigung der Elternzeit oder bei Teilzeit während der Elternzeit, allerdings bereits an diesem Tag – in letzterem Fall jedoch frühestens zwei Wochen nach Zugang der schriftlichen Unterrichtung des AN über die Zweckerreichung für die Befristung."

§ 15 Abs. 2 zwingt bei früherer Zweckerreichung zur Mitteilung; gleichwohl eröffnet diese Vertragsgestaltung Flexibilität hinsichtlich der Bestimmung des weiteren Vertretungsbedarfs. Denn das Sonderkündigungsrecht aus § 21 Abs. 4 BEEG gilt nur für die Fälle, in denen die Elternzeit entweder ohne Zustimmung des AG endet oder der AG die vorzeitige Beendigung nicht ablehnen darf.[116] Bei Teilzeit während der Elternzeit oder Zustimmung des AG zur vorzeitigen Beendigung der Elternzeit greift es nicht ein. Der AG kann aber auch eine **Teilzeit des Elternzeitlers** ablehnen, wenn er für die Dauer der Elternzeit eine **Vollzeitvertretung** eingestellt hat, die nicht bereit ist, ihre Arbeitszeit zu verringern, und wenn auch keine anderen Beschäftigungsmöglichkeiten vorhanden sind, insb. weil keine anderen vergleichbaren Mitarbeiter zur Verringerung ihrer Arbeitszeit bereit sind.[117]

Der AG hat grds. eine **Prognose** dahingehend anzustellen, dass mit der Rückkehr des zu vertretenden AN und somit mit dem Wegfall des Vertretungsbedarfs zu rechnen ist.[118] Die Prognose ist Teil des Sachgrundes.[119] Auch bei längerfristiger Arbeitsunfähigkeit, bei Beurlaubungen oder Freistellungen nach dem BetrVG oder den LPVGen darf der AG regelmäßig von der Rückkehr des AN ausgehen.[120] Den AG trifft keine Erkundigungspflicht.[121] Nur wenn der AG erhebliche Zweifel an der Rückkehr des vertretenen AN haben muss, kann im Einzelfall die Prognose hinsichtlich des zukünftigen Wegfalls des Vertretungsbedarfs fehlerhaft sein.[122] Wie bei § 21 Abs. 2 BEEG darf die Prognose nicht nur die Vertretung selbst, sondern auch die notwendige Zeit der Einarbeitung des Vertreters umfassen.[123] § 23 steht dem nicht entgegen. Denn dadurch wird die Prognose zum Vertretungsbedarf und deren Dauer nicht fehlerhaft. **Wiederholte Vertretung** ist zulässig. Die Anforderungen an den Sachgrund steigen aber. Die Häufigkeit der Befristungen und die bisherige Gesamtdauer können Indiz für das Fehlen eines Sachgrundes sein.[124]

---

114 BAG 13.10.2004 – 7 AZR 654/03 – AP § 14 TzBfG Nr. 13 = NZA 2005, 469; BAG 22.11.1995 – 7 AZR 252/95 – NZA 1996, 878; *Meinel/Heyn/Herms*, § 14 Rn 51; KR/*Lipke*, § 14 TzBfG Rn 102a, 105.
115 BAG 6.12.2000 – 7 AZR 262/99 – § 2 BAT SR 2y Nr. 22; *Meinel/Heyn/Herms*, § 14 Rn 51.
116 ErfK/*Müller-Glöge*, § 21 BEEG Rn 9; a.A. offenbar *Preis/Kliemt/Ulrich*, Rn 456 und 592.
117 BAG 19.4.2005 – 9 AZR 233/04 – BB 2006, 553.
118 BAG 21.2.2001 – 7 AZR 200/00 – AP § 620 BGB Befristeter Arbeitsvertrag Nr. 226 = NZA 2001, 1328; BAG 5.6.2002 – 7 AZR 201/01 – AP § 620 BGB Befristeter Arbeitsvertrag Nr. 235; BAG 4.6.2003 – 7 AZR 406/02 – AP § 17 TzBfG Nr. 1; BAG 2.7.2003 – 7 AZR 529/02 – AP § 620 BGB Befristeter Arbeitsvertrag Nr. 254 = NZA 2004, 1055; BAG 13.10.2004 – 7 AZR 654/03 – AP § 14 TzBfG Nr. 13 = NZA 2005, 469.
119 KR/*Lipke*, § 14 TzBfG Rn 104.
120 BAG 4.6.2003 – 7 AZR 200/00 – AP § 620 BGB Befristeter Arbeitsvertrag Nr. 252 = NZA 2001, 1382; BAG 2.7.2003 – 7 AZR 529/02 – AP § 620 BGB Befristeter Arbeitsvertrag Nr. 254 = NZA 2001, 1055; BAG 20.2.2002 – 7 AZR 600/00 – AP § 1 KSchG 1969 Wiedereinstellung Nr. 11 = NZA 2002, 896; BAG 21.2.2001 – 7 AZR 200/00 – AP § 620 BGB Befristeter Arbeitsvertrag Nr. 226 = NZA 2001, 1382; BAG 22.11.1995 – 7 AZR 252/95 – AP § 620 BGB Befristeter Arbeitsvertrag Nr. 178; BAG 11.11.1998 – 7 AZR 328/97 – AP § 620 BGB Befristeter Arbeitsvertrag Nr. 204.
121 BAG 4.6.2003 – 7 AZR 523/02 – AP § 620 BGB Befristeter Arbeitsvertrag Nr. 252 = NZA-RR 2003, 621; BAG 11.11.1998 – AP § 620 BGB Befristeter Arbeitsvertrag Nr. 204; HWK/*Schmalenberg*, § 14 TzBfG Rn 27; Annuß/Thüsing/*Maschmann*, § 14 Rn 41; KR/*Lipke*, § 14 TzBfG Rn 104.
122 BAG 21.2.2001 – 7 AZR 200/00 – AP § 620 BGB Befristeter Arbeitsvertrag Nr. 226 = NZA 2001, 1382; BAG 23.1.2002 – 7 AZR 440/00 – AP § 620 BGB Befristeter Arbeitsvertrag Nr. 231 = NZA 2002, 665; BAG 2.7.2003 – 7 AZR 529/02 – AP § 620 BGB Befristeter Arbeitsvertrag Nr. 254 = NZA 2001, 1055; BAG 11.11.1998 – 7 AZR 328/97 – AP § 620 BGB Befristeter Arbeitsvertrag Nr. 204 = NZA 1999, 1211; BAG 3.11.1999 – 7 AZR 880/98 – AP § 5 LPVG NW Nr. 1 = NZA-RR 2000, 223.
123 HWK/*Schmalenberg*, § 14 TzBfG Rn 25; APS/*Backhaus*, § 14 TzBfG Rn 340; ErfK/*Müller-Glöge*, § 14 TzBfG Rn 36; *Preis/Gotthardt*, DB 2000, 2065; a.A. KR/*Lipke*, § 14 TzBfG Rn 105.
124 BAG 22.11.1995 – 7 AZR 252/95 – NZA 1996, 878; BAG 6.12.2000 – 7 AZR 262/99 – AP § 2 BAT SR 2y Nr. 22 = NZA 2001, 721.

39 Der AG muss zur Vermeidung von Vertretungsbedarf keine Personalreserve vorhalten.[125] Die **Dauervertretung**, wie sie z.B. bei **Springern** gegeben ist, rechtfertigt aber die Befristung nach Nr. 3 nicht.[126] Der Einsatz der zur Vertretung befristet beschäftigten AN muss immer der **Deckung des Ausfalls von Stammarbeitskräften** dienen und nachweisbar sein, selbst wenn ggf. ein neuer Arbeitsplatz eingerichtet wird.[127] Deshalb ist die befristete Einstellung eines Vollzeitbeschäftigten zur Vertretung eines AN in Teilzeit regelmäßig nicht gerechtfertigt.[128]

40 Der befristet Eingestellte muss allerdings nicht zwingend die Aufgaben des vertretenen AN wahrnehmen. Der AG darf die Aufgaben auch umverteilen, so dass es lediglich zu einer **mittelbaren Vertretung** kommt.[129] Zwischen der Einstellung der Ersatzkraft und dem zeitweiligen Ausfall der Stammarbeitskraft muss aber ein ursächlicher Zusammenhang bestehen. Dies ist nur der Fall, wenn der AG die von der Vertretungskraft ausgeübte Tätigkeit dem Vertretenen im Wege des Direktionsrechts zuweisen könnte.[130] Den ursächlichen Zusammenhang (Vertretungskette) hat der AG im Einzelnen darzulegen und ggf. zu beweisen.[131] Dies erfordert die Darlegung, wie die Arbeit umorganisiert worden ist, um den Vertreter zumindest mittelbar noch als Vertretung des zeitweise ausfallenden AN ansehen zu können.[132]

Vertragsbeispiel: „Der AN wird ab dem (…) befristet als mittelbare Vertretung während des Urlaubs von Herrn/Frau (…) beschäftigt, und zwar auf dem Arbeitsplatz von Herrn/Frau (…), der/die seiner-/ihrerseits die unmittelbare Vertretung von Herrn/Frau (Name der beurlaubten Person) übernimmt."

41 Auch die **Gesamtvertretung im Schulbereich** wird von Nr. 3 gedeckt und darf dem BAG zufolge sogar schultypübergreifend ermittelt werden.[133] Für den erforderlichen Kausalzusammenhang soll es hier ausnahmsweise genügen, wenn sich die Zahl der befristet Beschäftigten im Rahmen des ermittelten Gesamtvertretungsbedarfs hält.[134]

42 **Scheidet der vertretene AN vor Wiederaufnahme seiner Tätigkeit aus**, kann selbst durch ergänzende Vertragsauslegung regelmäßig nicht auf den hypothetischen Parteiwillen geschlossen werden, dass auch das Arbverh mit dem Vertreter enden soll.[135] Denn durch das endgültige Ausscheiden entfällt der Bedarf an der Arbeitsleistung der Ersatzkraft gerade nicht. Anders liegt es nur, wenn der AG bei Vertragsabschluss entweder bereits die (nachweisbare) Entscheidung getroffen hatte, den Arbeitsplatz dauerhaft mit einem qualifizierten AN zu besetzen, oder aber konkrete Anhaltspunkte für den Entfall der Arbeitsleistung der Vertretung bei Ausscheiden des Vertretenen vorlagen.[136] Andernfalls empfiehlt sich eine Kombination von Zeit- und Zweckbefristung.

---

125 BAG 8.9.1983 – 2 AZR 438/82 – AP § 620 BGB Befristeter Arbeitsvertrag Nr. 77; KR/*Lipke*, § 14 TzBfG Rn 108; *Hunold*, NZA 2002, 255; a.A. ArbG Hamburg 6.11.1989 – 21 Ca 243/89 – BB 1990, 633.

126 BAG 13.4.1983 – 7 AZR 51/81 – AP § 620 BGB Befristeter Arbeitsvertrag Nr. 76; BAG 6.6.1984 – 7 AZR 458/82 – AP § 620 BGB Befristeter Arbeitsvertrag Nr. 83; BAG 3.10.1984 – 7 AZR 192/83 – AP § 620 BGB Befristeter Arbeitsvertrag Nr. 87 = NZA 1985, 561; BAG 20.2.1991 – 7 AZR 81/90 – AP § 620 BGB Befristeter Arbeitsvertrag Nr. 137; Annuß/Thüsing/*Maschmann*, § 14 Rn 43; HWK/*Schmalenberg*, § 14 Rn 33; KR/*Lipke*, § 14 TzBfG Rn 107.

127 BAG 20.1.1999 – 7 AZR 640/97 – AP § 611 BGB Lehrer, Dozenten Nr. 138; BAG 21.3.1990 – 7 AZR 286/89 – AP § 620 BGB Befristeter Arbeitsvertrag Nr. 135 = NZA 1990, 744; KR/*Lipke*, § 14 TzBfG Rn 111; ErfK/*Müller-Glöge*, § 14 TzBfG Rn 37; *Hromadka*, BB 2001, 621.

128 BAG 4.6.2003 – 7 AZR 523/03 – AP – § 620 BGB Befristeter Arbeitsvertrag Nr. 252 = NZA-RR 2003, 621.

129 BAG 6.6.1984 – 7 AZR 458/82 – AP § 620 BGB Befristeter Arbeitsvertrag Nr. 83; BAG 8.5.1985 – 7 AZR 191/84 – AP § 620 BGB Befristeter Arbeitsvertrag Nr. 97 = NZA 1986, 569; BAG 21.3.1990 – 286/89 – AP § 620 BGB Befristeter Arbeitsvertrag Nr. 135; BAG 21.2.2001 – 7 AZR 107/00 – AP § 620 BGB Befristeter Arbeitsvertrag Nr. 228 = NZA 2001, 1069; BAG 17.4.2002 – 7 AZR 665/00 – AP § 2 SR 2y BAT Nr. 21; Annuß/Thüsing/*Maschmann*, § 14 Rn 44; zweifelnd *Preis/Gotthardt*, DB 2000, 2065.

130 BAG 15.2.2006 – 7 AZR 232/05 – NZA 2006, 781; BAG 10.3.2004 – 7 AZR 397/03 – AP § 620 BGB Befristeter Arbeitsvertrag Nr. 257 = NZA 2005, 320 (Ls.); LAG Hamm 24.2.3005 – 11 Sa 1447/04 – NZA-RR 2005, 572.

131 BAG 24.5.2006 – 7 AZR 640/05 – n.v.; BAG 15.2.2006 – 7 AZR 232/05 – NZA 2006, 781; BAG 10.3.2004 – 7 AZR 402/03 – AP § 14 TzBfG Nr. 11 = NZA 2004, 925; BAG 22.11.1995 – 7 AZR 252/95 – NZA 1996, 878; *Meinel/Heyn/Herms*, § 14 Rn 54.

132 BAG 25.8.2004 – 7 AZR 32/04 – NZA 2005, 472; BAG 17.4.2002 – 7 AZR 665/02 – AP § 2 BAT SR 2y Nr. 21.

133 BAG 20.1.1999 – 7 AZR 640/97 – AP § 611 BGB, Lehrer, Dozenten Nr. 138 = NZA 1999, 920; BAG 3.12.1986 – 7 AZR 354/85 – AP § 620 BGB Befristeter Arbeitsvertrag Nr. 110; BAG 13.4.1983 – 7 AZR 51/81 – AP § 620 BGB Befristeter Arbeitsvertrag Nr. 76; ErfK/*Müller-Glöge*, § 14 TzBfG Rn 38; KR/*Lipke*, § 14 TzBfG Rn 118; krit. *Preis/Gotthardt*, DB 2000, 2065; Annuß/Thüsing/*Maschmann*, § 14 Rn 45.

134 BAG 13.4.1983 – 7 AZR 51/81 – AP § 620 BGB Befristeter Arbeitsvertrag Nr. 76; BAG 3.12.1986 – 7 AZR 354/85 – AP § 620 BGB Befristeter Arbeitsvertrag Nr. 110; BAG 27.2.1987 – 7 AZR 376/85 – AP § 620 BGB Befristeter Arbeitsvertrag Nr. 112; BAG 20.1.1999 – 7 AZR 640/97 – AP § 611 Lehrer, Dozenten Nr. 138; KR/*Lipke*, § 14 TzBfG Rn 120 ff.; krit. Annuß/Thüsing/*Maschmann*, § 14 Rn 45.

135 BAG 26.6.1996 – 7 AZR 674/95 – AP § 620 BGB Bedingung Nr. 23 = NZA 1997, 200; BAG 24.9.1997 – 7 AZR 669/96 – AP § 620 BGB Befristeter Arbeitsvertrag Nr. 192 = NZA 1998, 419; BAG 5.6.2002 – 7 AZR 201/01 – AP § 620 BGB Befristeter Arbeitsvertrag Nr. 235; ErfK/*Müller-Glöge*, § 14 TzBfG Rn 43; a.A. *Maschmann*, BB 2002, 2180.

136 BAG 5.6.2002 – 7 AZR 201/01 – AP § 620 BGB Befristeter Arbeitsvertrag Nr. 235; BAG 8.7.1998 – 7 AZR 382/97 – NZA 1998, 1279; BAG 24.9.1997 – 7 AZR 669/96 – AP § 620 BGB Befristeter Arbeitsvertrag Nr. 192; KR/*Lipke*, § 14 TzBfG Rn 110.

Vertragsbeispiel: „Das Arbeitsverhältnis endet am (Datum), bei früherer Wiederaufnahme der Tätigkeit durch (Name der vertretenen Person) bereits an diesem Tag."[137]
Die Vereinbarung einer Höchstdauer – z.B. „für die Dauer der Krankheit, längstens jedoch für zwei Jahre" – ist dagegen wegen § 15 Abs. 5 nicht ohne Weiteres zu empfehlen (vgl. § 3 Rn 9).

d) Eigenart der Arbeitsleistung (Nr. 4). Der Befristungsgrund der Eigenart der Arbeitsleistung bezieht sich insb. auf das von der Rspr. aus der **Rundfunkfreiheit** (Art. 5 Abs. 1 GG) abgeleitete Recht der Rundfunkanstalten, programmgestaltende Mitarbeiter aus Gründen der Programmplanung lediglich für eine bestimmte Zeit zu beschäftigen.[138] In gleicher Weise wird mit der **Freiheit der Kunst** (Art. 5 Abs. 3 GG) das **Recht der Bühnen** begründet, entsprechend dem vom Intendanten verfolgten künstlerischen Konzept Arbeitsverträge mit bestimmten Bühnenmitgliedern befristet abzuschließen.[139]   **43**

Wegen des **sog. Innovationsbedürfnisses** dürfen Arbverh mit **Regisseuren, Moderatoren und Kommentatoren** von Rundfunk- und Fernsehanstalten befristet abgeschlossen werden.[140] So kann die **Einführung und Erprobung neuer Programme** die befristete Beschäftigung von programmgestaltenden Mitarbeitern sachlich rechtfertigen.[141] Einzelne gegen die Befristung sprechende Umstände haben gegenüber der Rundfunkfreiheit grds. zurück zu treten.[142] Das soziale Schutzbedürfnis der Mitarbeiter rechtfertigt auch bei langjähriger befristeter Beschäftigung keinen Vorrang vor der Rundfunkfreiheit.[143] Dies gilt aber nur bei entsprechender Intensität der Einflussnahme des betreffenden Mitarbeiters auf die Programmgestaltung[144] und deshalb nicht für **Sprecher, Aufnahmeleiter** oder **Übersetzer**.[145] Im Einzelfall ist die Abgrenzung hinsichtlich der **Kameraleute, Beleuchter, Lichtdesigner, Kostüm- und Maskenbildner** oder **Cutter** schwierig. Sie müssen jeweils im Einzelfall inhaltlichen Einfluss auf die Beiträge nehmen können.[146] Indiz für das mangelnde Bedürfnis des Austausches kann die bereits langfristig bestehende Beschäftigung eines AN auf dem betreffenden Arbeitsplatz sein,[147] oder wenn ein Sender seine Redakteure im Regelfall unbefristet beschäftigt.[148]   **44**

Das **Abwechslungsbedürfnis** besteht gleichfalls im **Theater- und Bühnenbereich**. Hier werden häufig befristete Arbeitsverträge mit Künstlern geschlossen[149] (zu den sog. Nichtverlängerungsmitteilungen vgl. § 3 Rn 19). Die Befristung nach Nr. 4 ist aber nur bei solchen Künstlern sachlich gerechtfertigt, die in herausgehobener Position eine individualisierbare Leistung erbringen, wie dies bei **Schauspielern, Solosängern und -tänzern, Kapellmeistern** sowie **Dramaturgen** der Fall ist.[150] Dann schadet auch die mehrfache Befristung nicht.[151] Angehörige von **Chor, Orchester und Tanzgruppen** sind regelmäßig ausgenommen. Denn hier liegt kein sachlich begründetes Abwechslungsbedürfnis des Publikums vor, weil es an der Individualisierbarkeit und der besonderen Gestaltung des Stückes fehlt.[152] **Chefmasken- oder Kostümbildnern** muss eine besondere Einflussmöglichkeit auf die Verwirklichung des   **45**

---

137 Annuß/Thüsing/*Maschmann*, § 14 Rn 42; HWK/*Schmalenberg*, § 14 TzBfG Rn 30; *Hromadka*, BB 2001, 621.
138 BVerfG 13.1.1982 – 1 BvR 848/77 – AP Art. 5 GG Rundfunkfreiheit Nr. 1; BVerfG 28.6.1983 – 1 BvR 525/82 – AP Art. 5 GG Rundfunkfreiheit Nr. 4; BAG 11.12.1991 – 7 AZR 128/91 – AP § 620 BGB Befristeter Arbeitsvertrag Nr. 144; BAG 20.7.1994 – 5 AZR 627/93 – AP § 611 BGB Abhängigkeit Nr. 73; BAG 24.4.1996 – 7 AZR 719/95 – AP § 620 BGB Befristeter Arbeitsvertrag Nr. 180 = NZA 1997, 196; BAG 22.4.1998 – 5 AZR 342/97 – AP § 611 BGB Rundfunk Nr. 26 = NZA 1998, 1336; BAG 26.7.2006 – 7 AZR 495/05 – NZA 2007, 147.
139 BAG 26.8.1998 – 7 AZR 263/97 – AP § 611 BGB Bühnenengagementsvertrag Nr. 53 = NZA 1999, 442.
140 BVerfG 13.1.1982 – 1 BvR 848/77 – AP Art. 5 Abs. 1 GG, Rundfunkfreiheit Nr. 1; BVerfG 28.6.1983 – 1 BVR 525/82 – AP Art. 5 Abs. 1 GG Rundfunkfreiheit Nr. 4; KR/*Lipke*, § 14 TzBfG Rn 143.
141 BAG 24.4.1996 – 7 AZR 719/95 – AP § 620 BGB Befristeter Arbeitsvertrag Nr. 180 = NZA 1997, 196; KR/*Lipke*, § 14 TzBfG Rn 143.
142 BAG 9.6.1993 – 5 AZR 123/92 – AP § 611 BGB Abhängigkeit Nr. 66 = NZA 1994, 169.
143 BAG 22.4.1998 – 5 AZR 342/97 – AP § 611 BGB Rundfunk Nr. 26 = NZA 1998, 1336; BAG 11.12.1991 – 7 AZR 128/91 – AP § 620 BGB Befristeter Arbeitsvertrag Nr. 144 = NZA 1993, 354; BAG 13.1.1983 – 5 AZR 156/82 – AP § 611 BGB Abhängigkeit Nr. 43.
144 BVerfG 18.2.2000 – 1 BvR 491, 562/93 u 1 BvR 624/98 – NZA 2000, 653; BAG 11.12.1991 – 7 AZR 128/91 – AP § 620 BGB Befristeter Arbeitsvertrag Nr. 144 = NZA 1993, 354.
145 BAG 16.2.1994 – 5 AZR 402/93 – AP § 611 BGB Rundfunk Nr. 15; BAG 11.3.1998 – 5 AZR 522/96 – AP § 611 BGB Rundfunk Nr. 23 = NZA 1998, 705; Annuß/Thüsing/*Maschmann*, § 14 Rn 49; krit. KR/*Lipke*, § 14 TzBfG Rn 145.
146 KR/*Lipke*, § 14 TzBfG Rn 145.
147 BAG 22.4.1998 – 5 AZR 342/97 – AP § 611 BGB Rundfunk Nr. 26 = NZA 1998, 1336; BAG 11.12.1991 – 7 AZR 128/91 – AP § 620 BGB Befristeter Arbeitsvertrag Nr. 144 = NZA 1993, 354; BAG 13.1.1983 – 5 AZR 156/82 – AP § 611 BGB Abhängigkeit Nr. 43; KR/*Lipke*, § 14 TzBfG Rn 145a.
148 LAG Köln 1.9.2000 – 4 Sa 401/00 – NZA-RR 2001, 234; KR/*Lipke*, § 14 TzBfG Rn 143.
149 *Opolony*, NZA 2001, 1351.
150 Begründung Regierungsentwurf, BT-Drucks 14/4374, S. 19; BAG 26.8.1998 – 7 AZR 263/97 – AP § 611 BGB Bühnenengagementsvertrag Nr. 53 = NZA 1999, 442; Annuß/Thüsing/*Maschmann* § 14 Rn 50; KR/*Lipke*, § 14 TzBfG Rn 131.
151 BOSchG 13.4.1981 – OSch 6/80 – AP § 611 BGB Bühnenengagementsvertrag Nr. 18; KR/*Lipke*, § 14 TzBfG Rn 131.
152 BAG 5.3.1970 – 7 AZR 175/69 – AP § 620 BGB Befristeter Arbeitsvertrag Nr. 34; KR/*Lipke*, § 14 TzBfG Rn 136; Annuß/Thüsing/*Maschmann*, § 14 Rn 50; *Heinze*, NJW 1985, 2112.

künstlerischen Konzepts zugemessen werden können.[153] **Verwaltungspersonal**, AN der **Betriebstechnik** oder Beschäftigte in der **Garderobe** fallen nicht unter Nr. 4.[154] Die Befristungsgründe für Bühnen-Ang sind auf **Film- und Fernsehdarsteller**, z.B. in Serien, übertragbar.[155]

Auch in der **Presse, Kunst, Wissenschaft, Forschung und Lehre** ist die Befristung von sog. **Tendenzträgern** nach Nr. 4 wegen Art. 5 GG zulässig.[156]

46 Die Befristung von Arbeitsverträgen mit **Sporttrainern** kann sachlich gerechtfertigt sein, wenn mit der Betreuung von Spitzen- oder besonders talentierten Nachwuchssportlern die Gefahr verbunden ist, dass die Fähigkeit des Trainers zur weiteren Motivation der anvertrauten Sportler nachlässt (**sog. Verschleißtatbestand**).[157] Eine solche, für den Trainerberuf spezifische Verschleißgefahr besteht aber nicht, wenn die Sportler ohnehin in verhältnismäßig kurzen Abständen wechseln.[158] Der allg. Verschleiß durch Ausübung desselben Berufs rechtfertigt die Befristung grds. nicht, selbst wenn zahlreiche Berufstätigkeiten einem zur bloßen Routine führenden Abnutzungsprozess unterliegen.[159] Auch auf die Üblichkeit von befristeten Verträgen, z.B. im Profisport, kommt es nicht an.[160]

47 Für die auflösende Bedingung der Beendigung des Vertrages mit einem **Lizenz-Fußballspieler** bei Nichterteilung einer neuen Lizenz für den Verein fehlt es am Sachgrund.[161] Die Befristung mit Verlängerungsoption soll dagegen Verträge mit **Profisportlern** rechtfertigen, wenn weder der Verein noch der Profisportler wegen sich schnell verändernder Umstände ein Interesse an einer längerfristigen Bindung haben.[162] Dies steht nicht im Einklang mit der Rspr. zur Befristung wegen der Eigenart der Arbeitsleistung. Allenfalls kann ein Fall von Nr. 6 vorliegen.

48 Beratende und politisch tätige Mitarbeiter von **Parlamentsfraktionen** können – anders als die AN im Büro- oder Verwaltungsbereich – wegen der grundgesetzlich geschützten Unabhängigkeit der freien Mandatsausübung befristet beschäftigt werden.[163]

49 Die Befristung mit **Fremdsprachenlektoren** und **deutschen Lehrern im Ausland** zur Gewährleistung des ständigen kulturellen Austausches mit bzw. der Vermeidung der Entfremdung von dem Heimatland ist dagegen regelmäßig nicht gerechtfertigt.[164]

Leiharbeit selbst rechtfertigt die Befristung wegen der Eigenart der Arbeitsleistung nach Nr. 4 ebenfalls nicht.[165]

50 **e) Erprobung (Nr. 5).** Die Beschäftigung des AN zur **Probe**, um vor einer längeren arbeitsvertraglichen Bindung seine fachliche und persönliche Eignung für die vorgesehene Tätigkeit festzustellen, ist als sachlicher Befristungsgrund anerkannt.[166] Die tariflich vorgesehene Probezeit in einem unbefristeten Arbverh steht einer Befristung nach Nr. 5 nicht entgegen.[167]

51 Der AG muss die Absicht haben (und dies anhand schlüssiger Konzeption nachweisen können), den Mitarbeiter bei Bewährung unbefristet zu beschäftigen.[168] Andererseits ist er auch bei Bewährung des AN grds. frei darin, einen unbefristeten Arbeitsvertrag zu schließen.[169] Bestärkt der AG den AN allerdings während der befristeten Erprobung dahingehend, dieser werde bei Eignung unbefristet weiterbeschäftigt, oder liegen sonstige Indizien für den Weiter-

---

153 KR/*Lipke*, § 14 TzBfG Rn 132; ArbG Hamburg 10.6.2003 – 25 BV 9/02 – n.v.
154 Annuß/Thüsing/*Maschmann*, § 14 Rn 50; KR/*Lipke*, § 14 TzBfG Rn 132.
155 BAG 2.7.2003 – 7 AZR 612/02 – AP § 620 BGB Bedingung Nr. 29; BAG 20.10.1999 – 7 AZR 658/98 – AP § 620 BGB Bedingung Nr. 25; Annuß/Thüsing/*Maschmann*, § 14 Rn 50; KR/*Lipke*, § 14 TzBfG Rn 138.
156 ErfK/*Müller-Glöge*, § 14 TzBfG Rn 46; KR/*Lipke*, § 14 TzBfG Rn 126a; HWK/*Schmalenberg*, § 14 Rn 36; Arnold/Gräfl/*Gräfl*, § 14 Rn 111.
157 BAG 29.10.1998 – 7 AZR 436/97 – AP § 611 BGB Berufssport Nr. 14 = NZA 1999, 990; BAG 15.4.1999 – 7 AZR 437/97 – AP § 13 AÜG Nr. 1 = NZA 2000, 102; KR/*Lipke*, § 14 TzBfG Rn 151; Annuß/Thüsing/*Maschmann*, § 14 Rn 53; *Dieterich*, NZA 2000, 857.
158 BAG 15.4.1999 – 7 AZR 437/97 – AP § 13 AÜG Nr. 1 = NZA 2000, 102; KR/*Lipke*, § 14 TzBfG Rn 151.
159 BAG 15.4.1999 – 7 AZR 437/97 – AP § 13 AÜG Nr. 1 = NZA 2000, 102.
160 BAG 29.10.1998 – 7 AZR 436/97 – AP § 611 BGB Berufssport Nr. 14; KR/*Lipke*, § 14 TzBfG Rn 155.
161 BAG 9.7.1981 – 2 AZR 788/78 – AP § 620 BGB Bedingung Nr. 4.
162 LAG Köln 13.8.1996 – 11 Ta 173/96 – NZA 1997, 317; KR/*Lipke*, § 14 TzBfG Rn 156; a.A. *Kindler*, NZA 2000, 744.
163 BAG 26.8.1998 – 7 AZR 450/97 – AP § 620 BGB Befristeter Arbeitsvertrag Nr. 202 = NZA 1999, 149.
164 EuGH 20.10.1993 – Rs C-272/92 – Spotti – AP Art. 48 EWG-Vertrag Nr. 17 = NZA 1994, 115; BAG 15.3.1995 – 7 AZR 737/94 – NZA 1995, 1169; KR/*Lipke*, § 14 TzBfG Rn 147; Annuß/Thüsing/*Maschmann*, § 14 Rn 54.
165 *Frik*, NZA 2005, 386.
166 BAG GS 12.10.1960 – 3 AZR 65/59 – AP § 620 BGB Befristeter Arbeitsvertrag Nr. 16; BAG 23.11.1963 – 2 AZR 140/63 – AP § 620 BGB Befristeter Arbeitsvertrag Nr. 26; BAG 15.3.1978 – 5 AZR 831/76 – AP § 620 BGB Befristeter Arbeitsvertrag Nr. 45; BAG 30.9.1981 – 7 AZR 789/78 – AP § 620 BGB Befristeter Arbeitsvertrag Nr. 61; BAG 31.8.1994 – 7 AZR 983/93 – AP § 620 BGB Befristeter Arbeitsvertrag Nr. 163 = 1995, 1212.
167 BAG 4.7.2001 – 2 AZR 88/00 – NZA 2002, 288 (Ls.); BAG 31.8.1994 – 7 AZR 983/93 – AP § 620 BGB Befristeter Arbeitsvertrag Nr. 163; BAG 12.2.1981 – 2 AZR 1108/78 – AP § 5 BAT Nr. 1; KR/*Lipke*, § 14 TzBfG Rn 162.
168 BAG 12.9.1996 – 7 AZR 64/96 – AP § 620 BGB Befristeter Arbeitsvertrag Nr. 183 = NZA 1997, 378; *Meinel/Heyn/Herms*, § 14 Rn 96.
169 BAG 16.3.1989 – 2 AZR 325/88 – AP § 1 BeschFG 1985 Nr. 8; *Meinel/Heyn/Herms*, § 14 Rn 101; KR/*Lipke*, § 14 TzBfG Rn 173.

beschäftigungswillen vor, kann er ggf. zur Weiterbeschäftigung verpflichtet sein[170] oder schadensersatzpflichtig werden.[171] Für das Vorliegen eines **Vertrauenstatbestandes** ist der AN darlegungs- und beweispflichtig.[172] Der Anspruch des AN aus einer Zusage des AG zum Abschluss eines unbefristeten Arbeitsvertrags führt jedoch nicht zur Unwirksamkeit der Befristung, die entgegen der Zusage des AG vereinbart wird.[173]

Regelmäßig unwirksam ist eine Befristung nach Nr. 5, wenn zuvor bereits eine sachgrundlose Befristung gem. Abs. 2 hinsichtlich der gleichen Aufgaben vorlag.[174] Die Erprobung muss tatsächlich noch oder aufgrund neuer Tätigkeit wieder **notwendig** sein.[175] Die Befristung zur Erprobung im Anschluss an ein vorangegangenes Ausbildungsverhältnis ist indes wohl zulässig.[176]

52

Soll eine Befristung zur Erprobung gem. Nr. 5 vorliegen, musste dies bisher ausdrücklich vereinbart werden.[177] Die Erprobung durfte nicht lediglich Motiv des AG gewesen sein.[178] Diese Rspr. hat das BAG aufgegeben.[179] Die Angabe des **Erprobungszwecks** ist – wie bei allen anderen Sachgründen auch – nicht mehr erforderlich. Will sich der AG aber ausdrücklich auf Nr. 5 beziehen, lautet die **Vertragsformulierung:** „Der Arbeitsvertrag wird befristet für die Dauer von (sechs) Monaten zur Probe abgeschlossen. Er endet automatisch mit Ablauf der Probezeit, ohne dass es einer Kündigung bedarf, wenn er nicht einvernehmlich fortgesetzt wird." Nach wie vor ist darauf zu achten, dass die Befristung deutlich wird, da sonst im Zweifel ein unbefristetes Arbverh mit vorgeschalteter Probezeit vorliegt, das nicht automatisch mit Ablauf der Probezeit endet[180] (vgl. auch § 3 Rn 15). Auch ist sicherzustellen, dass ein **Formulararbeitsvertrag** nicht die Befristungsdauer insg. hervorhebt (z.B. ein Jahr), ohne die gleichzeitige Befristung zur Erprobung bis zur Dauer von sechs Monaten gleichermaßen hervorzuheben; dann ist die Befristung zur Erprobung nach § 305c Abs. 1 BGB überraschend.[181]

53

Gem. Nr. 5 darf die zulässige **Dauer der befristeten Probezeit** nicht überschritten werden. Anderenfalls trägt der Sachgrund der Erprobung nicht. §§ 1 Abs. 1 KSchG, 622 Abs. 3 BGB entsprechend ist regelmäßig ein Zeitraum von sechs Monaten ausreichend.[182] Bisher galt, dass kürzere,[183] längere[184] oder sogar erneute[185] Erprobungen in Betracht kommen können und anwendbare TV die als ausreichend angesehene Probezeit bestimmen.[186] Im unbefristeten Arbverh soll neuerdings dem BAG zufolge die Angemessenheit der Probezeitdauer nicht von der Tätigkeit abhängen, sondern ein sechsmonatiger Zeitraum generell angemessen sein.[187] Dies dürfte auf die Befristung zur Erprobung zu übertragen sein, jedenfalls wenn es sich um eine Ersterprobung handelt. Nur in Ausnahmefällen kommt dagegen dem BAG nach die befristete Verlängerung einer Probezeit in Betracht[188] oder die Probezeitverlängerung durch befristeten Aufhebungsvertrag.[189] Das LAG Nürnberg indes ist der Auffassung, dass, soweit die Voraussetzungen von § 14 Abs. 2 vorliegen, eine Vertragsverlängerung auch an eine vorherige Sachgrundbefristung nach Nr. 5 anschließen darf.[190]

54

---

170 BAG 16.3.1989 – 2 AZR 325/88 – AP § 1 BeschFG 1985 Nr. 8 = NZA 1989, 719; EuGH 4.10.2001 – Rs C 438/99 – Melgar – NZA 2001, 1243;BAG 26.4.1995 – 7 AZR 936/94 – AP § 91 AFG Nr. 4 = NZA 1996, 87; BAG 26.8.1998 – 7 AZR 450/97 – AP § 620 BGB Befristeter Arbeitsvertrag Nr. 202; BAG 20.1.1999 – 7 AZR 715/97 – AP BeschFG 1985 § 1 Nr. 21 = NZA 1999, 671; Annuß/Thüsing/*Maschmann*, § 14 Rn 58; HWK/*Schmalenberg*, § 14 Rn 45.
171 BAG 26.8.1998 – 7 AZR 450/97 – AP § 620 BGB Befristeter Arbeitsvertrag Nr. 202; ErfK/*Müller-Glöge*, § 15 TzBfG Rn 9.
172 KR/*Lipke*, § 14 TzBfG Rn 179.
173 BAG 25.4.2001 – 7 AZR 113/00 – NZA 2002, 407 (Ls.); KR/*Lipke*, § 14 TzBfG Rn 176.
174 Annuß/Thüsing/*Maschmann*, § 14 Rn 55; KR/*Lipke*, § 14 TzBfG Rn 171; ErfK/*Müller-Glöge*, § 14 TzBfG Rn 50; *Preis/Gotthardt*, DB 2000, 2065.
175 BAG 28.2.1963 – 7 AZR 345/62 – AP § 620 BGB Befristeter Arbeitsvertrag Nr. 25; BAG 7.8.1980 – 2 AZR 563/78 – AP § 620 BGB Probearbeitsverhältnis Nr. 15; BAG 12.2.1981 – 2 AZR 1108/78 – AP § 5 BAT Nr. 1; KR/*Lipke*, § 14 TzBfG Rn 160.
176 ErfK/*Müller-Glöge*, § 14 TzBfG Rn 50; einschränkend KR/*Lipke*, § 14 TzBfG Rn 166; a.A. *Meinel/Heyn/Herms*, § 14 Rn 97.
177 BAG 30.9.1981 – 7 AZR 789/78 – AP § 620 BGB Befristeter Arbeitsvertrag Nr. 61.
178 BAG 31.8.1994 – 7 AZR 983/93 – AP § 620 BGB Befristeter Arbeitsvertrag Nr. 163; BAG 30.9.1981 – 7 AZR 789/78 – AP § 620 BGB Befristeter Arbeitsvertrag Nr. 61.
179 BAG 23.6.2004 – 7 AZR 636/03 – NZA 2004, 1333.
180 HWK/*Schmalenberg*, § 14 Rn 47.
181 BAG 16.4.2008 – 7 AZR 132/07 – NZA 2008, 876.
182 BAG 15.3.1978 – 5 AZR 831/76 – AP § 620 BGB Befristeter Arbeitsvertrag Nr. 45; Annuß/Thüsing/*Maschmann*, § 14 Rn 57; HWK/*Schmalenberg*, § 14 Rn 41; KR/*Lipke*, § 14 TzBfG Rn 164; *Meinel/Heyn/Herms*, § 14 Rn 99.
183 *Berger-Delhey*, BB 1989, 977; Annuß/Thüsing/*Maschmann*, § 14 Rn 57.
184 BAG 15.3.1978 – 5 AZR 831/76 – AP § 620 BGB Befristeter Arbeitsvertrag Nr. 45; BAG 31.8.1994 – 7 AZR 983/93 – AP § 620 BGB Befristeter Arbeitsvertrag Nr. 163; BAG 12.9.1996 – 7 AZR 31/96 – AP § 611 BGB Musiker Nr. 27; BAG 7.5.1980 – 7 AZR 593/78 – AP § 611 BGB Abhängigkeit Nr. 36.
185 HWK/*Schmalenberg*, § 14 Rn 42.
186 ErfK/*Müller-Glöge*, § 14 TzBfG Rn 49; KR/*Lipke*, § 14 TzBfG Rn 165; Annuß/Thüsing/*Maschmann*, § 14 Rn 57.
187 BAG 24.1.2008 – 6 AZR 519/07 – NZA 2008, 521.
188 BAG 12.9.1996 – 7 AZR 31/96 – AP § 611 BGB Musiker Nr. 27 = NZA 1997, 841; *Meinel/Heyn/Herms*, § 14 Rn 100.
189 BAG 7.3.2002 – 2 AZR 93/01 – AP § 620 BGB Aufhebungsvertrag Nr. 22.
190 LAG Nürnberg 19.3.2008 – 4 Sa 673/07 – DB 2009, 683.

55 f) Gründe in der Person des Arbeitnehmers (Nr. 6).
Nr. 6 erlaubt die Befristung wegen **in der Person des AN** liegender Gründe. Das Geschlecht kommt hierfür nicht in Betracht.[191] I.Ü. wird nach sozialen Gründen, Gründen, die dem AN objektiv oder nach seiner Lebensplanung lediglich die befristete Tätigkeit erlauben, sowie dem Wunsch des AN unterschieden, wobei sich die Gründe teilweise überschneiden.[192]

56
Die Beendigung des Arbverh aufgrund des Erreichens einer im Arbeitsvertrag, in einem TV oder in einer BV vereinbarten **Altersgrenze** ist sachlich gerechtfertigt, wenn im Anschluss gesetzliche Altersrente in Anspruch genommen werden kann oder eine vergleichbare wirtschaftliche Absicherung über ein berufsständisches Versorgungswerk vorliegt.[193] Das BAG hat dies jetzt für tarifliche Altersgrenzen auch unter Berücksichtigung des gemeinschaftsrechtlichen Verbots der Altersdiskriminierung festgestellt.[194] Denn nach wie vor wird dann von ausreichender Existenzsicherung ausgegangen.[195] Dies hat der Gesetzgeber mit § 41 S. 2 SGB VI klargestellt.[196] Die Regelung ist selbst aber nicht Sachgrund.[197] Die Altersgrenze muss ausdrücklich vereinbart sein.

Vertragsbeispiel: „Das Arbeitsverhältnis endet automatisch, ohne dass es einer Künd bedarf, mit Ablauf des Monats, in dem der AN das gesetzliche Rentenalter vollendet."

57
Sachgrund für die Altersgrenze ist zum einen die anerkannte Lebenserfahrung, dass die Beeinträchtigung der Leistungsfähigkeit mit zunehmendem Alter und insb. bei Erreichung des gesetzlichen Rentenalters größer wird.[198] Außerdem werden die Personalplanung des AG sowie die Nachwuchsförderung oder die Ausgewogenheit der Altersstruktur als sachliche Gründe angeführt.[199] Altersgrenzenregelungen dürfen den AN aber weder diskriminieren noch gleichheitswidrig benachteiligen.[200] Im Hinblick auf das Diskriminierungsverbot aus RL 2000/78/EG dürften sie keine unzulässige Ungleichbehandlung älterer mit jüngeren AN darstellen bzw. zum Erreichen von arbeitsmarkt- und beschäftigungspolitischen Zielen angemessen und erforderlich sein.[201] Unterschiedliche Altersgrenzen für Männer und Frauen sind unzulässig.[202]

58
Grds. dürfen auch Befristungen auf ein **früheres als das gesetzliche Rentenalter** geschlossen werden, wenn der AN bei Erreichen dieser Altersgrenze durch den Bezug von Altersruhegeld wirtschaftlich abgesichert ist.[203] Soll das Arbverh mit dem Bezug von Altersrente vor Erreichung des gesetzlichen Rentenalters enden, ist dies jedoch gem. § 41 S. 2 SGB VI nur zulässig, wenn die Vereinbarung in den letzten drei Jahren vor diesem Zeitpunkt abgeschlossen oder vom AN bestätigt wurde.[204] Maßgeblich für die Drei-Jahres-Frist ist nicht die Erreichung des gesetzlichen Rentenalters, sondern der mit dem AN vereinbarte Zeitpunkt des Ausscheidens.[205]

Vertragsbeispiel:[206] „Das Arbeitsverhältnis endet mit Ablauf des Monats, in dem der AN das gesetzliche Rentenalter erreicht, es sei denn, der AN kann schon vor Erreichung des gesetzlichen Rentenalters eine Altersrente beantragen, und die Beendigung des Arbeitsverhältnisses mit Bezug der vorzeitigen Altersrente wird innerhalb der letzten drei Jahre vor dem Bezugszeitpunkt von dem AN bestätigt."

59
I.Ü. liegt nach bisheriger Rspr. ein Sachgrund für Altersgrenzen vor, wenn die Tätigkeit des AN wegen der besonderen Schwierigkeit und Verantwortung die unverminderte körperliche und geistige Leistungsfähigkeit erfordert (**Tauglichkeitsgrenze** z.B. bei **Piloten, Chirurgen**). So hat die Rspr. etwa die tarifvertraglichen Altersgrenzen

---

191 Begründung Regierungsentwurf, BT-Drucks 14/4374, S. 19.
192 Annuß/Thüsing/*Maschmann*, § 14 Rn 59; *Hromadka*, BB 2001, 621.
193 BAG 21.4.1977 – 2 AZR 125/76 – AP § 60 BAT Nr. 1; BAG 20.11.1987 – 2 AZR 284/86 – AP § 620 BGB Altersgrenze Nr. 2 = NZA 1988, 617; BAG 28.6.1995 – 7 AZR 555/94 – AP § 59 BAT Nr. 6 = NZA 1996, 374; BAG 11.6.1997 – 7 AZR 186/96 – AP § 41 SGB VI Nr. 7 = NZA 1997, 1290; BAG 6.8.2003 – 7 AZR 9/03 – AP § 133 BGB Nr. 51 = NZA 2004, 96; LAG Hamburg 29.7.2004 – 1 Sa 12/04 – NZA-RR 2005, 206; BAG 27.7.2005 – 7 AZR 443/04 – NZA 2006, 37; BAG 15.3.2006 – 7 AZR 332/05 – AP § 21 TzBfG Nr. 2.
194 BAG 18.6.2008 – 7 AZR 116/07 – NZA 2008, 1302; vgl. auch EuGH 16.10.2007 – Rs. C-411/05 (Palacios)– NZA 2007, 1219 und dazu *Temming*, NZA 2008, 1193.
195 BAG 11.6.1997 – 7 AZR 186/96 – AP § 41 SGB VI Nr. 7 = NZA 1997, 1290.
196 ErfK/*Müller-Glöge*, § 14 TzBfG Rn 56.
197 BAG 19.11.2003 – 7 AZR 296/03 – AP § 17 TzBfG Nr. 3 = NZA 2004, 1336.
198 BVerfG 26.8.1993 – 2 BvR 1439/93 – DVBl. 1994, 43; BVerfG 25.7.1997 – 2 BvR 1088/97 – NVwZ 1997, 1207.
199 BAG 30.3.1999 – 1 BvR 1814/94 – NZA 1999, 816; ErfK/*Müller-Glöge*, § 14 TzBfG Rn 56; KR/*Lipke*, § 14 TzBfG Rn 214b.
200 BAG 19.11.2003 – 7 AZR 296/03 – AP TzBfG § 17 Nr. 3 = NZA 2004, 1336; *Bauer*, NJW 2001, 2672.
201 HWK/*Schmalenberg*, § 14 TzBfG Rn 72.
202 EuGH 17.5.1990 – Rs. C–262/88 – Barber – AP Art. 119 EWG-Vertrag Nr. 20 = NZA 1990, 775; EuGH 14.12.1993 – Rs. C-110/91 – Moroni – AP § 1 BetrAVG Nr. 16 = NZA 1994, 165; BVerfG 28.1.1987 – 1 BvR 455/82 – AP § 25 AVG Nr. 3.
203 BAG 19.11.2003 – 7 AZR 296/03 – AP TzBfG § 17 Nr. 3 = NZA 2004, 1336; BAG 14.8.2002 – 7 AZR 469/01 – AP § 620 BGB Altersgrenze Nr. 20 = NZA 2003, 1397.
204 HWK/*Schmalenberg*, § 14 TzBfG Rn 65.
205 BAG 17.4.2002 – 7 AZR 40/01 – AP § 41 SGB VI Nr. 14.
206 Nach HWK/*Schmalenberg*, § 14 TzBfG Rn 67.

für **Cockpitpersonal** im Grundsatz anerkannt.[207] Das BAG hat dem EuGH jetzt allerdings die Frage der Vereinbarkeit einer tariflichen Altersgrenze von 60 Jahren für Piloten[208] und von 55/60 Jahren für Flugbegleiter[209] mit dem Grundsatz des Verbots einer Altersdiskriminierung zur Vorabentscheidung vorgelegt.

Auch die Befristung eines **Altersteilzeit-Arbverh** auf den Zeitpunkt, zu dem der AN Anspruch auf Rente nach Altersteilzeit gem. § 8 Abs. 3 ATG hat oder Leistungen einer befreienden Lebensversicherung in Anspruch nehmen kann, ist nach Nr. 6 zulässig.[210]

Die Befristung eines Arbeitsvertrags auf das Ende der dem AN befristet erteilten **Aufenthaltserlaubnis** ist dagegen nur gerechtfertigt, wenn bei Vertragsabschluss die hinreichende Wahrscheinlichkeit bestand, dass es zu keiner Verlängerung der Aufenthaltserlaubnis kommen wird.[211]

Bei gesichertem **Rückkehrrecht** zum AG ist der befristete Einsatz bei einem anderen AG sachlich gerechtfertigt.[212]

Der AN kann aus **sozialen Gründen** vorübergehend beschäftigt werden, z.B. um die Zeit bis zum Beginn einer bereits feststehenden anderen Beschäftigung, des Wehrdienstes oder eines Studiums zu überbrücken.[213] Der soziale Überbrückungszweck ist auch anerkannt, wenn die Befristung – in Überschneidung mit Nr. 2 – dem AN nach dem Abschluss der Ausbildung bei der Überwindung von Übergangsschwierigkeiten helfen soll oder die befristete Weiterbeschäftigung nach Künd oder Auslaufen einer Befristung der Findung eines neuen Arbeitsplatzes dient.[214] Gerade die sozialen Belange des AN und nicht die Interessen des Betriebes oder der Dienststelle müssen aber für die Befristung ausschlaggebend gewesen sein. Soziale Beweggründe kommen als Sachgrund nur in Betracht, wenn es ohne den sozialen Überbrückungszweck überhaupt nicht zur Begründung eines befristeten Arbverh gekommen wäre.[215] Hierfür ist der AG darlegungs- und beweispflichtig.[216]

Die Befristung von Arbeitsverträgen mit **Studenten**, die ihre Erwerbstätigkeit neben dem Studium immer wieder den wechselnden Erfordernissen des Studiums anpassen müssen, ist sachlich gerechtfertigt.[217] Ist aber eine flexible Arbeitszeitgestaltung zur Vereinbarung von Studium und Beschäftigung bereits geschlossen oder möglich, scheidet Nr. 6 als Befristungsgrundlage aus.[218]

Auf **Wunsch des AN** ist eine Befristung sachlich gerechtfertigt, wenn gerade er ein Interesse an einer befristeten Beschäftigung hat.[219] Erforderlich ist, dass der AN aus Gründen in seiner Person selbst lediglich für einen begrenzten Zeitraum arbeiten will oder kann.[220] Die Gründe des AN müssen bei Abschluss des befristeten Arbeitsvertrages Ur-

---

207 BVerfG 25.11.2004 – 1 BvR 2459/04 – BB 2005, 1231; BAG 12.2.1992 – 7 AZR 100/91 – AP § 620 BGB Altersgrenze Nr. 5 = NZA 1993, 998; BAG 25.2.1998 – 7 AZR 641/96 – AP § 1 TVG Tarifverträge: Luftfahrt Nr. 11 = NZA 1998, 715; BAG 11.3.1998 – 7 AZR 700/96 – AP § 1 TVG Tarifverträge: Luftfahrt Nr. 12 = NZA 1998, 716; BAG 23.1.2002 – 7 AZR 586/00 – AP § 620 BGB Altersgrenze Nr. 16 = NZA 2002, 669; BAG 20.2.2002 – 7 AZR 748/00 – AP § 620 BGB Altersgrenze Nr. 18 = NZA 2002, 789; BAG 31.7.2002 – 7 AZR 140/01 – AP § 1 TVG Tarifverträge: Luftfahrt Nr. 14 = NZA 2002, 1155; BAG 27.11.2002 – 7 AZR 414/01 – AP § 620 BGB Altersgrenze Nr. 21 = NZA 2003, 812; BAG 27.11.2002 – 7 AZR 655/01 – AP § 620 BGB Altersgrenze Nr. 22 = NZA 2003, 1056; BAG 21.7.2004 – 7 AZR 589/03 – NZA 2004, 1352.
208 Pressemitteilung Nr. 61, 17.6.2009 (BAG 17.6.2009 – 7 AZR 112/08).
209 Pressemitteilung Nr. 78, 16.10.2008 (BAG 16.10.2008 – 7 AZR 253/07).
210 BAG 16.11.2005 – 7 AZR 86/05 – NZA 2006, 535; HWK/*Schmalenberg*, § 14 TzBfG Rn 73; vgl. auch *Birk*, NZA 2007, 244.
211 BAG 12.1.2000 – 7 AZR 863/98 – AP § 620 BGB Befristeter Arbeitsvertrag Nr. 217 = NZA 2000, 722; KR/*Lipke*, § 14 TzBfG Rn 211; ErfK/*Müller-Glöge*, § 14 TzBfG Rn 52.
212 BAG 28.8.1996 – 7 AZR 849/95 – AP § 620 BGB Befristeter Arbeitsvertrag Nr. 181; Arnold/Gräfl/*Gräfl*, § 14 Rn 174.
213 Begründung Regierungsentwurf, BT-Drucks 14/4374, S. 19; HWK/*Schmalenberg*, § 14 TzBfG Rn 49.
214 BAG GS 12.10.1960 – 3 AZR 65/59 – AP § 620 BGB Befristeter Arbeitsvertrag Nr. 16; BAG 7.3.1980 – 7 AZR 177/78 – AP § 620 BGB Befristeter Arbeitsvertrag Nr. 54; BAG 19.8.1981 – 7 AZR 252/79 – AP § 620 BGB Befristeter Arbeitsvertrag Nr. 60; BAG 12.12.1984 – 7 AZR 204/83 – AP § 620 BGB Befristeter Arbeitsvertrag Nr. 85; BAG 3.10.1984 – 7 AZR 132/83 – AP § 620 BGB Befristeter Arbeitsvertrag Nr. 88; BAG 26.4.1985 – 7 AZR 316/84 – AP § 620 BGB Befristeter Arbeitsvertrag Nr. 91; BAG 12.12.1985 – 2 AZR 9/85 – AP § 620 BGB Befristeter Arbeitsvertrag Nr. 96 = NZA 1986, 571; BAG 24.2.1988 – 7 AZR 454/87 – AP § 1 BeschFG 1985 Nr. 3; BAG 7.7.1999 – 7 AZR 232/98 – AP § 620 BGB Befristeter Arbeitsvertrag Nr. 211 = NZA 1999, 1335.
215 BAG 21.1.2009 – 7 AZR 630/07 – BeckRS 2009 60033; BAG 5.6.2002 – 7 AZR 241/01 – AP § 1 BeschFG 1996 Nr. 13 = NZA 2003, 149.
216 BAG 3.10.1984 – 7 AZR 132/83 – AP § 620 BGB Befristeter Arbeitsvertrag Nr. 88; BAG 5.6.2002 – 7 AZR 241/01 – AP § 1 BeschFG 1996 Nr. 13 = NZA 2003, 149.
217 BAG 4.4.1990 – 7 AZR 259/89 – AP § 620 BGB Befristeter Arbeitsvertrag Nr. 136 = NZA 1991, 18.
218 BAG 10.8.1994 – 7 AZR 695/93 – AP § 620 BGB Befristeter Arbeitsvertrag Nr. 162 = NZA 1995, 30; BAG 29.10.1998 – 7 AZR 561/97 – AP § 620 BGB Befristeter Arbeitsvertrag Nr. 206 = NZA 1999, 990.
219 BAG 6.11.1996 – 7 AZR 909/95 – AP § 620 BGB Befristeter Arbeitsvertrag Nr. 188 = NZA 1997, 1222; Meinel/*Heyn*/*Herms*, § 14 Rn 106.
220 BAG 26.4.1985 – 7 AZR 316/84 – AP § 620 BGB Befristeter Arbeitsvertrag Nr. 91; BAG 12.12.1985 – 2 AZR 9/85 – AP § 620 BGB Befristeter Arbeitsvertrag Nr. 96.

sache für die Befristung sein.[221] Hierfür ist der AG darlegungs- und beweispflichtig. Dass ein befristeter Vertrag vereinbart wurde, lässt noch nicht auf den Wunsch des AN schließen.[222] Teilweise wird empfohlen, das Verlangen des AN nach einer Befristung in den Vertrag aufzunehmen.[223] Dem kommt jedoch im Zweifel nur deklaratorische Wirkung zu: Hätte der AN bei Angebot des AG einen unbefristeten Arbeitsvertrag vorgezogen, ist die Befristung regelmäßig nicht auf Wunsch des AN erfolgt.[224] Denn grds. bietet die Künd in einem unbefristeten Arbverh dem AN ausreichend Schutz.[225] Deshalb reicht es auch nicht, dass bestimmte AN-Gruppen generell „lieber befristet" tätig sein wollen.[226]

64 **g) Zweckbindung von Haushaltsmitteln (Nr. 7).** Die Befristung aufgrund zeitlich begrenzt zur Verfügung stehender **Haushaltsmittel**, z.B. für bestimmte Forschungsprojekte, ist sachlich gerechtfertigt.[227] Sie war schon bisher als Unterfall des lediglich vorübergehenden Bedarfs anerkannt,[228] obgleich die Privilegierung des öffentlichen Dienstes kritisch gesehen wird.[229] Für die Haushalte der Kirchen gilt Nr. 7 nicht.[230]

65 Das Haushaltsrecht greift nicht unmittelbar in die Rechte aus dem Arbverh ein.[231] Die Haushaltsmittel müssen gerade **für die befristete Beschäftigung bestimmt** sein und **der AN zu Lasten dieser Mittel eingestellt und beschäftigt** werden.[232] Bei der Beschäftigung einer Aushilfskraft zur Deckung von Mehrbedarf müssen der vorübergehend abwesende Stelleninhaber und der befristet beschäftigte AN nicht derselben Dienststelle angehören; es reicht, wenn beide AN dem Geschäftsbereich der haushaltsmittelbewirtschaftenden Dienststelle zugeordnet sind und vergleichbare Tätigkeiten ausüben.[233] Die bloße Ungewissheit, ob Haushaltsmittel auch für das Folgejahr gewährt oder gekürzt werden oder eine Stelle entfällt, rechtfertigt die Befristung noch nicht.[234] Auch die Abhängigkeit von öffentlichen Mitteln und Zuschüssen rechtfertigt regelmäßig keine Befristung.[235] Vielmehr bedarf es der Prognose bei Vertragsschluss, dass mit hinreichender Wahrscheinlichkeit die entsprechenden Mittel in Zukunft nicht mehr zur Verfügung stehen.[236] Der undatierte haushaltsrechtliche kw-Vermerk („künftig wegfallend") reicht nicht, der datierte nur unter der Voraussetzung, dass mit dem Wegfall der Stelle tatsächlich aufgrund konkreter sachlicher Erwä-

---

221 BAG 13.5.1982 – 2 AZR 87/80 – AP § 620 BGB Befristeter Arbeitsvertrag Nr. 68; BAG 3.3.1999 – 7 AZR 672/97 AP § 57c HRG Nr. 5 = NZA 1999, 1049.
222 BAG 22.3.1973 – 2 AZR 274/72 – AP § 620 BGB Befristeter Arbeitsvertrag Nr. 38; KR/*Lipke*, § 14 TzBfG Rn 188; *Meinel/Heyn/Herms*, § 14 Rn 106.
223 HWK/*Schmalenberg*, § 14 TzBfG Rn 55.
224 BAG 6.11.1996 – 7 AZR 909/95 – AP § 620 BGB Befristeter Arbeitsvertrag Nr. 188 = NZA 1997, 1222, BAG 26.8.1998 – 7 AZR 349/97 – AP § 620 BGB Befristeter Arbeitsvertrag Nr. 203 = NZA 1999, 476; BAG 4.12.2002 – 7 AZR 492/01 – AP § 620 BGB Bedingung Nr. 28; BAG 4.6.2003 – 7 AZR 406/02 – AP § 17 TzBfG Nr. 1; BAG 19.1.2005 – 7 AZR 115/04 – NZA 2005, 896.
225 BAG 29.10.1998 – 7 AZR 561/97 – AP § 620 BGB Befristeter Arbeitsvertrag Nr. 206 = NZA 1999, 990; BAG 16.4.2003 – 7 AZR 187/02 – AP § 4 BeschFG 1996, Nr. 1 = NZA 2004, 40.
226 BAG 10.8.1994 – 7 AZR 695/93 – AP § 620 BGB Befristeter Arbeitsvertrag Nr. 162 = NZA 1995, 30; BAG 4.12.2002 – 7 AZR 492/01 – AP § 620 BGB Bedingung Nr. 28 = NZA 2003, 611.
227 Begründung Regierungsentwurf, BT-Drucks 14/4374, S. 19; BAG 24.10.2001 – 7 AZR 542/00 – AP § 620 BGB Befristeter Arbeitsvertrag Nr. 229 = NZA 2002, 443; BAG 17.4.2002 – 7 AZR 665/00 – AP § 2 BAT SR 2y Nr. 21; vgl. auch *Löwisch*, NZA 2006, 457.
228 BAG 14.2.2007 – 7 AZR 193/06 – NZA 2007, 871; BAG 24.10.2001 – 7 AZR 542/00 – AP § 620 BGB Befristeter Arbeitsvertrag Nr. 229 = NZA 2002, 443.
229 Annuß/Thüsing/*Maschmann*, § 14 Rn 65; *Hromadka*, BB 2001, 621; *Preis/Gotthardt*, DB 2000, 2065; HWK/*Schmalenberg*, § 14 TzBfG Rn 56; a.A. KR/*Lipke*, § 14 TzBfG Rn 227.
230 KR/*Lipke*, § 14 TzBfG Rn 229; ErfK/*Müller-Glöge*, § 14 TzBfG Rn 72.
231 BAG 27.1.1988 – 7 AZR 292/87 – AP § 620 BGB Befristeter Arbeitsvertrag Nr. 116 = NZA 1988, 471.
232 Begründung Regierungsentwurf, BT-Drucks 14/4374, S. 19; BAG 7.5.2008 – 7 AZR 198/07 – NZA 2008, 881; BAG 19.3.2008 – 7 AZR 1098/06 – n.v.; BAG 14.2.2007, NZA 2007, 871; BAG 18.10.2006 – 7 AZR 419/05 – BB 2007, 329; BAG 15.2.2006 – 7 AZR 241/05 – n.v.; BAG 22.3.2000 – 7 AZR 758/98 – AP § 620 BGB Befristeter Arbeitsvertrag Nr. 221 = NZA 2000/881; KR/*Lipke*, § 14 TzBfG Rn 224.
233 BAG 20.2.2008 – 7 AZR 972/06 – n.v.
234 BAG 5.5.1961 – 1 AZR 65/56 – AP § 620 BGB Befristeter Arbeitsvertrag Nr. 17; BAG 25.1.1980 – 7 AZR 69/78 – AP § 620 BGB Befristeter Arbeitsvertrag Nr. 52; BAG 14.1.1982 – 2 AZR 245/80 – AP § 620 BGB Befristeter Arbeitsvertrag Nr. 64; BAG 3.12.1982 – 7 AZR 622/80 – AP § 620 BGB Befristeter Arbeitsvertrag Nr. 72; BAG 27.1.1988 – 7 AZR 292/87 – AP § 620 BGB Befristeter Arbeitsvertrag Nr. 116 = NZA 1988, 471; BAG 21.1.1987 – 7 AZR 265/85 – NZA 1988, 280 – AP § 620 BGB Hochschule Nr. 4 = NZA 1988, 280; BAG 8.4.1992 – 7 AZR 135/91 – AP § 620 BGB Befristeter Arbeitsvertrag Nr. 146 = NZA 1993, 694; BAG 22.3.2000 – 7 AZR 758/98 – AP § 620 BGB Befristeter Arbeitsvertrag Nr. 221 = NZA 2000, 881; Annuß/Thüsing/*Maschmann*, § 14 Rn 65.
235 BAG 11.12.1991 – 7 AZR 170/91 – AP § 620 BGB Befristeter Arbeitsvertrag Nr. 145 = NZA 1993, 391; BAG 8.4.1992 – 7 AZR 135/91 – AP § 620 BGB Befristeter Arbeitsvertrag Nr. 146 = NZA 1993, 694; BAG 22.3.2000 – 7 AZR 758/98 – AP § 620 BGB Befristeter Arbeitsvertrag Nr. 221 = NZA 2000, 881.
236 BAG 24.1.1996 – 7 AZR 496/95 – AP § 620 BGB Befristeter Arbeitsvertrag Nr. 179 = NZA 1996, 1089; BAG 7.7.1999 – 7 AZR 609/97 – AP § 620 BGB Befristeter Arbeitsvertrag Nr. 215 = NZA 2000, 591; BAG 24.10.2001 – 7 AZR 542/00 – AP § 620 BGB Befristeter Arbeitsvertrag Nr. 229 = NZA 2002, 443; BAG 7.4.2004 – 7 AZR 441/03 – AP § 17 TzBfG Nr. 4 = NZA 2004, 944 (Ls.).

gungen des Haushaltsgesetzgebers in Bezug auf gerade diese Stelle zu rechnen ist.[237] Gleiches gilt für den Bereich der sog. **Drittmittelfinanzierung**,[238] wobei sich der private AG, der aus öffentlichen Haushalten Zuwendungen erhält, nicht auf Nr. 7 stützen kann.[239]

Die **Dauer** eines auf den Sachgrund der Haushalts- oder Drittmittelfinanzierung gestützten befristeten Arbeitsvertrages muss nicht mit der Laufzeit der zur Verfügung gestellten Mittel übereinstimmen.[240] Daueraufgaben von öffentlichen AG erlauben die Befristung aber nicht, wenn bei Vertragsabschluss der Wegfall der Tätigkeit nicht hinreichend wahrscheinlich ist.[241] Durch vorübergehende Beurlaubung von Personal freiwerdende Haushaltsmittel dürfen für die Befristung von Aushilfskräften verwandt werden.[242]

66

h) Gerichtlicher Vergleich (Nr. 8). Durch die Vereinbarung eines befristeten Arbeitsvertrages kann der Rechtsstreit über eine vorausgegangene Künd, die Wirksamkeit einer Befristung[243] oder eine sonstige Bestandsstreitigkeit beendet werden.[244] Die **Mitwirkung des Gerichts an dem Vergleich** bietet nach h.A. hinreichende Gewähr für die Wahrung der Schutzinteressen des AN.[245]

67

Entsprechend soll jeder **Prozessvergleich** i.S.v. § 794 Abs. 1 Nr. 1 ZPO, ggf. im Wege des schriftlichen Verfahrens nach § 278 Abs. 6 ZPO zustande kommend, einen Sachgrund darstellen.[246] Jedoch ist **Vorsicht geboten**: Die schlichte Protokollierung eines Vergleichs vor Gericht ist nicht ausreichend, sondern nur ein Vergleich unter über die Protokollierungsfunktion hinausgehender Beteiligung des Gerichts; dies setzt einen zum Zeitpunkt des Vergleichsschlusses offenen Streit über die Rechtslage voraus.[247] Danach wäre auch ein Beschluss, mit dem das bloße Zustandekommen des Vergleichs nach § 278 Abs. 6 ZPO festgestellt wird, nicht ausreichend. Ein **außergerichtlicher Vergleich** fällt nach einhelliger Auff. nicht unter diese Bestimmung.[248]

68

Die Befristung nach Nr. 8 kommt insb. in Betracht, wenn ein gekündigter AN während des laufenden Künd-Schutzprozesses vorläufig weiterbeschäftigt werden soll.[249] Die Vereinbarung kann dabei auch unter die auflösende Bedingung der rechtskräftigen Abweisung der Künd-Schutzklage gestellt werden.[250]

69

i) Andere Sachgründe. Die Befristung zur **Aus-, Fort- und Weiterbildung** als anderer Sachgrund ist grds. zulässig.[251] Die Erlangung von aktuellen Kenntnissen über politische, wirtschaftliche und kulturelle Verhältnisse für die Tätigkeit eines Redakteurs oder Reporters soll die Befristung rechtfertigen,[252] die Erlangung von aktuellen Sprachkenntnissen eines Lektors oder Übersetzers dagegen nicht.[253]

70

---

237 BAG 16.1.1987 – 7 AZR 487/85 – AP § 620 BGB Befristeter Arbeitsvertrag Nr. 111 = NZA 1988, 279; BAG 27.1.1988 – 7 AZR 292/87 – AP § 620 BGB Befristeter Arbeitsvertrag Nr. 116 = NZA 1988, 471; KR/*Lipke*, § 14 TzBfG Rn 220.
238 BAG 3.12.1982 – 7 AZR 622/80 – AP § 620 BGB Befristeter Arbeitsvertrag Nr. 72; BAG 21.1.1987 – 7 AZR 265/85 – AP § 620 BGB Hochschule Nr. 4.
239 KR/*Lipke*, § 14 TzBfG Rn 230.
240 BAG 24.1.1996 – 7 AZR 496/95 – AP § 620 BGB Befristeter Arbeitsvertrag Nr. 179 = NZA 1996, 1036; BAG 15.1.2003 – 7 AZR 616/01 – NZA 2003, 1167 (Ls.).
241 BAG 22.3.2000 – 7 AZR 758/90 – AP § 620 BGB Befristeter Arbeitsvertrag Nr. 221 = NZA 2000, 881; BAG 24.10.2001 – 7 AZR 542/00 – AP § 620 BGB Befristeter Arbeitsvertrag Nr. 229 = NZA 2002, 443.
242 BAG 27.2.1987 – 7 AZR 376/85 – AP § 620 BGB Befristeter Arbeitsvertrag Nr. 112; BAG 25.4.2001 – 7 AZR 113/00 – NZA 2002, 407 (Ls.); BAG 15.8.2001 – 7 AZR 263/00 – AP § 21 BErzGG Nr. 5 = NZA 2002, 85; BAG 14.1.2004 – 7 AZR 342/03 – AP § 14 TzBfG Nr. 8.
243 *Löwisch/Neumann*, NJW 2002, 951.
244 KR/*Lipke*, § 14 TzBfG Rn 235; Arnold/Gräfl/*Gräfl*, § 14 Rn 220.
245 Begründung Regierungsentwurf, BT-Drucks 14/4374, S. 19; BAG 9.2.1984 – 2 AZR 402/83 – AP § 620 BGB Bedingung Nr. 7 = NZA 1984, 266; BAG 2.12.1998 – 7 AZR 644/97 – AP § 57a HRG Nr. 4 = NZA 1999, 480; BAG 4.12.1991 – 7 AZR 344/90 – NZA 1992, 838; KR/*Lipke*, § 14 TzBfG Rn 237; *Hromadka*, BB 2001, 621.

246 ErfK/*Müller-Glöge*, § 14 TzBfG Rn 77; HWK/*Schmalenberg*, § 14 TzBfG Rn 59.
247 BAG 26.4.2006 – 7 AZR 366/05 – AP § 14 TzBfG Vergleich Nr. 1 = NZA 2006, 1431 (Ls); *Gravenhorst*, NZA 2008, 803; anders offenbar ErfK/*Müller-Glöge*, § 14 TzBfG Rn 77 unter Bezugnahme auf BAG 23.11.2006 – 6 AZR 394/06 – NZA 2007, 466.
248 APS/*Backhaus*, § 14 TzBfG Nr. 105; KR/*Lipke*, § 14 TzBfG Rn 241; *Meinel/Heyn/Herms*, § 14 Rn 119; HWK/*Schmalenberg*, § 14 TzBfG Rn 60; ErfK/*Müller-Glöge*, § 14 TzBfG Rn 77; Annuß/Thüsing/*Maschmann*, § 14 Rn 68; *Hromadka*, BB 2001, 621; anders noch BAG 4.3.1980 – 6 AZR 323/78 – AP § 620 BGB Befristeter Arbeitsvertrag Nr. 53; BAG 22.2.1984 – 7 AZR 435/82 – AP § 620 BGB Befristeter Arbeitsvertrag Nr. 80 = NZA 1984, 34; BAG 22.10.2003 – 7 AZR 113/03 – AP § 14 TzBfG Nr. 6 = NZA 2004, 1275.
249 BAG 22.10.2003 – 7 AZR 113/03 – AP § 14 TzBfG Nr. 6 = NZA 2004, 1275.
250 BAG 19.1.2005 – 7 AZR 113/04 – n.v.
251 BAG 29.9.1982 – 7 AZR 147/80 – AP § 620 BGB Befristeter Arbeitsvertrag Nr. 70; *Meinel/Heyn/Herms*, § 14 Rn 144.
252 BAG 25.1.1973 – 2 AZR 158/72 – AP § 620 BGB Befristeter Arbeitsvertrag Nr. 37; BAG 12.9.1996 – 7 AZR 64/96 – AP § 620 BGB Befristeter Arbeitsvertrag Nr. 183 = NZA 1997, 378.
253 BAG 20.9.1995 – 7 AZR 70/95 – AP § 57b HRG Nr. 4 = NZA 1996, 696.

71 Andere Sachgründe können auch **Arbeitsbeschaffungs- und Strukturanpassungsmaßnahmen** nach SGB III sein.[254] **Sozialhilfemaßnahmen** können eine Befristung sachlich rechtfertigen, wenn sich das Arbverh von denen unterscheidet, die der Sozialhilfeträger auf dem ersten Arbeitsmarkt begründet.[255] Im Einzelfall reicht es, wenn die Eingliederung in das Arbeitsleben gefördert wird.[256]

72 Zudem kommt die **Weiterbeschäftigungsverpflichtung** eines unbefristet tätigen AN, dessen Arbeitsplatz entfällt, als Sachgrund in Betracht[257] oder die Sicherung der personellen **Kontinuität der BR-Arbeit**.[258] Auch die **Beurlaubung eines Beamten** nach § 4 Abs. 3 PostPersRG rechtfertigt die Befristung nach Abs. 1.[259] Ebenso liegt ein Sachgrund für die Befristung vor, wenn ein anderer AN durch **Konkurrentenklage** Anspruch auf den Arbeitsplatz erhebt.[260]

73 3. Verbindung zu anderen Rechtsgebieten und zum Prozessrecht. a) Darlegungs- und Beweislast. Nach allg. Grundsätzen trägt derjenige die **Darlegungs- und Beweislast** für die Befristung, der sich auf sie beruft. Dies ist regelmäßig der AG.[261] Denn im Gegensatz zur früheren Rechtslage ist der unbefristete Vertrag die Regel und die Befristung die Ausnahme. Die Darlegungs- und Beweislast ist abgestuft.[262] Der AG hat (mit Ausnahme bei Nr. 8) die Grundlagen seiner Prognose für das Vorliegen eines Sachgrundes bei Vertragsschluss exakt und detailliert offenzulegen (z.B. den Umfang des Mehrbedarfs gegenüber dem gewöhnlichen Arbeitsvolumen – am besten zahlenmäßig)[263] (vgl. Rn 20). Bestätigt sich die Prognose, ist es Sache des AN, Tatsachen vorzutragen, dass diese jedenfalls bei Vertragsabschluss nicht gerechtfertigt war.[264] Bestätigt sich die Prognose nicht, muss der AG Tatsachen vorbringen, die ihm den hinreichend sicheren Schluss auf den Wegfall des Sachgrundes bei Befristungsende erlaubten.[265] Gibt es ausschließlich Streit über die Dauer eines befristeten Arbverh, hat derjenige die Befristungsdauer zu beweisen, der sich auf die frühere Vertragsbeendigung beruft.[266] Dies ist i.d.R. ebenfalls der AG.

74 b) **Kündigungsfristen.** Wird ein Künd-Recht vereinbart, gelten die allg. Grundsätze, wonach die gesetzlichen oder tarifvertraglichen Mindestfristen einzuhalten sind. Kürzere Künd-Fristen dürfen einzelvertraglich nicht vereinbart werden, es sei denn, es liegt ein Fall des § 622 Abs. 5 BGB vor. Insb. darf eine kürzere einzelvertragliche Künd-Frist gem. § 622 Abs. 5 Nr. 1 BGB mit einem AN vereinbart werden, der ausdrücklich zur **Aushilfe** eingestellt wird, solange das Arbverh nicht über die Zeit von drei Monaten hinaus fortgesetzt wird. Nach Ablauf von drei Monaten gelten die gesetzlichen Mindestfristen. Für eine Künd, die innerhalb des Drei-Monats-Zeitraums zugeht, darf eine kürzere Frist bis hin zur ordentlichen Künd ohne Einhaltung einer Frist vereinbart werden.[267]

Vertragsbeispiel: „Das Aushilfsarbeitsverhältnis kann während der ersten drei Monate von beiden Parteien (mit einer Frist von drei Tagen/ohne Einhaltung einer Frist) gekündigt werden; danach gelten für beide Parteien die gesetzlichen Kündigungsfristen."

75 4. **Beraterhinweise.** Bei der **Zweckbefristung** muss hinreichend bestimmbar sein, wann das Arbverh enden soll. Unzureichend ist etwa die Angabe „mit Abschluss des Projekts", selbst wenn dieses benannt wurde. Hier unterliegt der die Befristung beendende Zweck auch der Schriftform (vgl. Rn 152). Es empfiehlt sich der Bezug auf ein kon-

---

254 BAG 3.12.1982 – 7 AZR 622/80 – AP § 620 BGB Befristeter Arbeitsvertrag Nr. 72; BAG 12.6.1987 – 7 AZR 389/86 – AP § 620 BGB Befristeter Arbeitsvertrag Nr. 114; BAG 15.2.1995 – 7 AZR 680/94 – AP § 620 BGB Befristeter Arbeitsvertrag Nr. 166; BAG 26.4.1995 – 7 AZR 936/94 – AP § 91 AFG Nr. 4; BAG 2.12.1998 – 7 AZR 508/97 – AP § 625 BGB Nr. 8; BAG 19.1.2005 – 7 AZR 250/04 – AP § 267 SGB III Nr. 1 = NZA 2005, 873; Meinel/Heyn/Herms, § 14 Rn 141; KR/Lipke, § 14 TzBfG Rn 199 ff.

255 BAG 7.7.1999 – 7 AZR 661/97 – AP § 620 BGB Befristeter Arbeitsvertrag Nr. 216 = NZA 2000, 542.

256 BAG 22.3.2000 – 7 AZR 824/98 – AP § 620 BGB Befristeter Arbeitsvertrag Nr. 222 = NZA 2001, 605, wobei die Gewährung des Eingliederungszuschusses für ältere AN nach § 218 Abs. 1 Nr. 3 SGB III a.F. keinen Sachgrund darstellen sollte: BAG 4.6.2003 – 7 AZR 489/02 – NZA 2003, 1143.

257 BAG 13.10.2004 – 7 AZR 218/04 – NZA 2005, 401.

258 BAG 23.1.2002 – 7 AZR 611/00 – AP § 620 BGB Befristeter Arbeitsvertrag Nr. 230 = NZA 2002, 986.

259 BAG 25.5.2005 – 7 AZR 402/04 – NZA 2006, 858.

260 BAG 16.3.2005 – 7 AZR 289/04 – AP § 14 TzBfG Nr. 16 = NZA 2005, 923.

261 Arnold/Gräfl/*Gräfl*, § 14 Rn 47; Annuß/Thüsing/*Maschmann*, § 14 Rn 29; APS/*Backhaus*, § 14 TzBfG Rn 76.

262 BAG 12.9.1996 – 7 AZR 790/95 – AP § 620 BGB Befristeter Arbeitsvertrag Nr. 182 = NZA 1997, 313; KR/*Lipke*, § 14 TzBfG Rn 49.

263 BAG 12.9.1996 – 7 AZR 790/95 – AP § 620 BGB Befristeter Arbeitsvertrag Nr. 182 = NZA 1997, 313; BAG 12.12.1985 – 2 AZR 9/85 – AP § 620 BGB Befristeter Arbeitsvertrag Nr. 96; Annuß/Thüsing/*Maschmann*, § 14 Rn 33; KR/*Lipke*, § 14 TzBfG Rn 49.

264 BAG 25.8.2004 – 7 AZR 7/04 – NZA 2005, 357; BAG 3.11.1999 – 7 AZR 846/98 – AP § 2 BAT SR 2y Nr. 19 = NZA 2000, 726.

265 BAG 28.3.2001 – 7 AZR 701/99 – AP § 620 BGB Befristeter Arbeitsvertrag Nr. 227 = NZA 2002, 666; BAG 12.9.1996 – 7 AZR 790/95 – AP § 620 BGB Befristeter Arbeitsvertrag Nr. 182 = NZA 1997, 313.

266 BAG 12.10.1994 – 7 AZR 745/93 – AP § 620 BGB Befristeter Arbeitsvertrag Nr. 165.

267 BAG 22.5.1986 – 2 AZR 392/85 – AP § 622 BGB Nr. 23 = NZA 1987, 60; ErfK/*Müller-Glöge*, § 622 BGB Rn 17; *Preis/Kliemt/Ulrich*, Rn 609; *Hromadka*, BB 1993, 2372.

kretes Ereignis, das an einem bestimmten Datum eintreten wird (z.B. „Abnahme durch zuständige Behörde X"), möglicherweise auch eine sog. Doppelbefristung[268] (aber vgl. § 3 Rn 14).

Der AG ist bei der **Befristung zur Erprobung** auf die Unterscheidung zwischen der Dauer der Probezeit mit der Möglichkeit der kurzen Künd-Frist aus § 622 Abs. 3 BGB und dem Einsetzen des Künd-Schutzes nach dem KSchG hinzuweisen. Beides wird zu Unrecht in der Praxis vermengt.

Bestand zuvor kein Arbverh mit demselben AG, ist die **sachgrundlose Befristung** nach Abs. 2 **„zur Erprobung"** vorzuziehen, ohne dass hier allerdings der Grund anzugeben ist (vgl. Rn 108). Denn danach ist die Befristung nicht auf die „angemessene" Erprobungsdauer beschränkt, sondern kann unter den Voraussetzungen von Abs. 2 ohne sachliche Begründung verlängert werden. Dies gilt auch bei der AÜ, bei der der Verleiher den Leih-AN nur bei der Erstüberlassung befristet nach Nr. 5 erproben darf.[269]

Schriftliche Befristungsanfragen des AN oder sonstige Nachweise, die den **Wunsch des AN**, insb. aber den Grund hierfür (z.B. geplanter Auslandsaufenthalt), belegen und die Befristung nach Nr. 6 rechtfertigen können, sollten zur Personalakte genommen werden.

II. Sachgrundlose Befristung (Abs. 2)

1. Allgemeines. Abs. 2 ist **europarechtskonform**.[270] § 5.1 der Rahmenvereinbarung über befristete Arbeitsverträge[271] zu RL 1999/70/EG[272] erlaubt die zeitlich begrenzte Aufeinanderfolge von Arbeitsverträgen, die hier bis zur maximalen Dauer von zwei Jahren möglich ist.[273]

a) Normzweck. Die sachgrundlose Befristung soll es den AG erleichtern, auf eine unsichere und schwankende Auftragslage sowie wechselnde Marktbedingungen durch Neueinstellungen **flexibel zu reagieren** und ihre Wettbewerbsfähigkeit zu sichern; zugleich soll sie eine Alternative zu Überstunden und Outsourcing bieten, die AN und Auszubildenden den **Wechsel in die Dauerbeschäftigung** ermöglicht.[274]

b) Historie. Gem. § 1 BeschFG 1985[275] konnte erstmalig ein Arbverh bei der Neueinstellung oder zur vorübergehenden Weiterbeschäftigung in direktem Anschluss an die Berufsausbildung bis zur Dauer von 18 Monaten ohne Sachgrund befristet werden, in neu gegründeten Kleinunternehmen bis zu zwei Jahren. Die ursprünglich bis zum 1.1.1990 geltende Regelung wurde bis 31.12.1995[276] und nochmals bis 31.12.2000[277] verlängert. Gem. § 1 BeschFG 1996[278] wurde die zulässige Höchstdauer von sachgrundlosen Befristungen einheitlich für alle Unternehmen auf zwei Jahre festgelegt, wobei innerhalb dieses Zeitraums bis zu dreimal verlängert werden durfte.

Per 31.12.2000 trat sodann das BeschFG außer Kraft und das **TzBfG am 1.1.2001 in Kraft**. Die nahtlose Anknüpfung war für Fragen des Übergangs von Bedeutung, da das TzBfG selbst keine Übergangsregelungen enthält.[279] Während Abs. 2 S. 1 fast wörtlich § 1 Abs. 1 BeschFG 1996 entspricht, aber hinsichtlich seiner Geltungsdauer entgegen der Vorgängerregelung unbefristet ist, enthalten die folgenden Bestimmungen **Neuerungen**. Zum einen ist nach Abs. 2 S. 2 die sachgrundlose Befristung unzulässig, wenn mit demselben AG zuvor einmal ein befristetes oder unbefristetes Arbverh bestanden hat (sog. Anschlussverbot). Zum anderen ist gem. Abs. 2 S. 3 und 4 die Abweichung von der gesetzlichen Regelung durch TV nicht zu zugunsten, sondern auch zulasten des AN in Bezug auf die Anzahl der Verlängerungen und die Höchstdauer der Befristung möglich.

c) Geltungsbereich. Sachgrundlos befristete Arbeitsverträge können mit jedem AN geschlossen werden, soweit sich aus anderen Regelungen außerhalb des TzBfG (Individualvereinbarung, TV, Spezialgesetze) keine Beschränkungen ergeben. Die Voraussetzungen von Abs. 2 müssen wegen der Ablösung des Befristungsrechts vom Künd-Schutz auch in Kleinbetrieben und in den ersten sechs Monaten des Arbverh vorliegen,[280] wenn kein Sachgrund gegeben ist. Aus dem gleichen Grund sind Befristungen nach Abs. 2 **mit AN mit besonderem Künd-Schutz** (z.B. Schwangere, Personen in der Eltern- oder Pflegezeit, Schwerbehinderte, BR-/PR-Mitglieder und Wahlbewerber) zulässig.[281] Die

---

268 V. Steinau-Steinrück/Oelkers, NJW-Spezial 1/2005, 33.
269 KR/Lipke, § 14 TzBfG Rn 181a; Frik, NZA 2005, 386.
270 LAG Baden-Württemberg 14.9.2005 – 13 Sa 32/05 – n.v.; Arnold/Gräfl/Gräfl, § 14 Rn 280.
271 18.3.1999, ABl EG L 175/45 v. 10.7.1999.
272 28.6.1999, ABl EG L 175/43 v. 10.7.1999.
273 Die Regelung sollte gem. Koalitionsvertrag vom 11.11.2005 gestrichen und stattdessen die Wartezeit bis zum Einsetzen des Künd-Schutzes auf 24 Monate verlängert werden, vgl. Koalitionsvertrag 11.11.2005, Zeile 1449 ff., http://www.cdu.de/doc/pdf/05_11_11_Koalitionsvertrag.pdf. Die Änderung ist bislang nicht erfolgt.
274 Begründung Regierungsentwurf, BT-Drucks 14/4374, S. 14.
275 26.4.1985, BGBl I S. 710.
276 22.12.1989, BGBl I S. 2406.
277 26.7.1994, BGBl I S. 1786.
278 25.9.1996, BGBl I S. 1476.
279 BAG 15.1.2003 – 7 AZR 535/02 – AP § 14 TzBfG Nr. 1 = NZA 2003, 1092.
280 BAG 6.11.2003 – 2 AZR 690/02 – AP § 14 TzBfG Nr. 7.
281 BVerfG 24.9.1990 – 1 BvR 938/90 – AP § 620 Befristeter Arbeitsvertrag Nr. 136a; BAG 16.3.1989 – 2 AZR 325/88 – AP § 1 BeschFG 1985 Nr. 8 = NZA 1989, 719; BAG 6.11.1996 – 7 AZR 909/95 – AP § 620 BGB Befristeter Arbeitsvertrag Nr. 188 = NZA 1997, 1222; Annuß/Thüsing/Maschmann, § 14 Rn 69; Arnold/Gräfl/Gräfl, § 14 Rn 239; a.A. ArbG Cottbus 13.9.2000 – 6 Ca 2170/00 – NZA-RR 2000, 626.

Nichtverlängerung eines befristeten Vertrags wegen Schwangerschaft bzw. die Nichtübernahme einer Schwangeren in ein unbefristetes Arbverh kann aber eine **Diskriminierung** darstellen.[282] Aus dem **arbeitsrechtlichen Gleichbehandlungsgrundsatz** folgt jedoch regelmäßig kein Anspruch auf Verlängerung.[283] Abs. 2 gilt nur für die **kalendermäßige Befristung**.[284] Er findet keine Anwendung auf die Befristung von einzelnen Arbeitsbedingungen[285] und auf auflösend bedingte Arbeitsverträge, § 21.

84 **2. Regelungsgehalt. a) Sachgrundlose Befristung bis zu zwei Jahren bei höchstens dreimaliger Verlängerung.** Abs. 2 erlaubt die kalendermäßige Befristung eines Arbeitsvertrages ohne Vorliegen eines sachlichen Grundes bis zur Dauer von zwei Jahren und höchstens dreimaliger Verlängerung während dieses Zeitraumes. Von der Regelung kann zugunsten des AN durch Tarif- und Einzelvertrag abgewichen werden, zuungunsten des AN nur durch TV.[286]

85 **aa) Kalendermäßige Befristung bis zu zwei Jahren.** Kalendermäßig ist der Arbeitsvertrag befristet, wenn der letzte Tag vereinbart wurde oder aber bestimmbar ist (vgl. § 3 Rn 5).

Vertragsbeispiel: „Das Arbeitsverhältnis beginnt am (...) und endet automatisch, ohne dass es einer Künd bedarf, am (...)." Oder „Das Arbeitsverhältnis beginnt am (...) und endet mit Ablauf von (drei Monaten)."

86 Abs. 2 muss bei Vertragsschluss **nicht zitiert** werden.[287] Unschädlich ist es, wenn die Befristung auch durch einen Sachgrund gerechtfertigt wäre, solange die Parteien sich dennoch ausdrücklich oder konkludent auf Abs. 2 stützen. Gingen die Parteien vom Vorliegen von Sachgründen aus, die sich als unwirksam erweisen, ist die **nachträgliche Berufung** auf Abs. 2 dagegen nicht mehr zulässig.[288]

87 Die Zwei-Jahres-Frist beginnt nicht mit dem Datum des Vertragsabschlusses, sondern mit der vereinbarten **Arbeitsaufnahme**.[289] Die zulässige Höchstdauer berechnet sich nach §§ 187 Abs. 2, 188 Abs. 2 und 3 BGB.[290] Beginnt ein Arbverh am 1.4.2009, endet die Zwei-Jahres-Frist am 31.3.2011, beginnt es am 1.5.2010, ist der letzte Tag der 30.4.2012.

88 **bb) Verlängerung.** Unter **Verlängerung** wird lediglich der unmittelbare Anschluss eines weiteren befristeten Arbeitsvertrages an den vorherigen verstanden. Damit ist jegliche Unterbrechung, sei es auch nur für einen Tag, schädlich.[291] Es liegt dann ein unbefristeter Arbeitsvertrag vor, § 16 S. 1. Ein befristeter Arbeitsvertrag etwa, der am 31.12. eines Jahres endet und aufgrund neuer Vereinbarung am 2.1. des folgenden Jahres befristet fortgesetzt wird, ist unwirksam verlängert. Das Gleiche gilt bei vertraglich rückwirkendem Anschluss.[292] Die Verlängerung muss bereits vor Ablauf des zu verlängernden Vertrages vereinbart werden, weil nur ein noch bestehender Vertrag „verlängert" werden kann.[293] Die Verlängerung bedarf der Schriftform gem. Abs. 4.[294]

89 Der Begriff der Verlängerung soll nur die **Abänderung des Enddatums** während der Laufzeit des zu verlängernden Arbeitsvertrages erfassen.

Vertragsbeispiel: „Der befristete Vertrag vom (...) wird verlängert bis zum (...). Im Übrigen gelten die Bestimmungen des befristeten Vertrags vom (...) unverändert weiter."

---

282 EuGH 4.10.2001 – Rs. C-438/99 – Melgar – NZA 2001, 1243; EuGH 3.2.2000 – Rs C-207/98 – Mahlburg – NZA 2000, 255; ArbG Cottbus 13.9.2000 – 6 Ca 2170/00 – NZA-RR 2000, 626.
283 BAG 13.8.2008 – 7 AZR 513/07 – NZA 2009, 27.
284 BAG 8.12.1988 – 2 AZR 308/88 – AP § 1 BeschFG 1985 Nr. 6 = NZA 1989, 459; APS/*Backhaus*, § 14 TzBfG Rn 369; KR/*Lipke*, § 14 TzBfG Rn 280; Annuß/Thüsing/*Maschmann*, § 14 Rn 69; *Hromadka*, BB 2001, 621; *Klienebrink*, ArbRB 2002, 348; *Osnabrügge*, NZA 2003, 639.
285 BAG 23.1.2002 – 7 AZR 563/00 – AP § 1 BeschFG 1996 Nr. 12 = NZA 2003, 104; Annuß/Thüsing/*Maschmann*, § 14 Rn 69; *Meinel/Heyn/Herms*, § 14 Rn 150.
286 *Meinel/Heyn/Herms*, § 14 Rn 174.
287 Annuß/Thüsing/*Maschmann*, § 14 Rn 70.
288 BAG 5.6.2002 – 7 AZR 241/01 – AP § 1 BeschFG 1996 Nr. 13 = NZA 2003, 149; ArbG Essen 12.12.2002 – 1 Ca 4371/02 – n.v.; Annuß/Thüsing/*Maschmann*, § 14 Rn 70; KR/*Lipke*, § 14 TzBfG Rn 62; *Däubler*, ZIP 2001, 217.
289 APS/*Backhaus*, § 14 TzBfG Rn 370; KR/*Lipke*, § 14 TzBfG Rn 281; *Meinel/Heyn/Herms*, § 14 Rn 153; *Preis/Gotthardt*, DB 2000, 2072.
290 *Meinel/Heyn/Herms*, § 14 Rn 153.
291 BAG 26.7.2000 – 7 AZR 51/99 – AP § 1 BeschFG 1996 Nr. 4 = NZA 2001, 546; BAG 25.10.2000 – 7 AZR 483/99 – AP § 1 BeschFG 1996 Nr. 6 = NZA 2001, 659; BAG 19.2.2003 – 7 AZR 648/01 – NZA 2004, 231 (Ls.); Annuß/Thüsing/*Maschmann*, § 14 Rn 71; *Meinel/Heyn/Herms*, § 14 Rn 165; *Bauer*, BB 2001, 2473; *Rolfs*, NZA 1996, 1134; *Preis*, NJW 1996, 3369; v. *Hoyningen-Huene/Linck*, DB 1997, 41; *Hunold*, NZA 1997, 741; *Kania*, DStR 1997, 373; *Kliemt*, NZA 2000, 296; *Richardi/Annuß*, BB 2000, 2201; *Schwedes*, BB Beil. 17/1996, 2; v. *Steinau-Steinrück/Oelkers*, NJW-Spezial 1/2005, 33.
292 BAG 26.7.2000 – 7 AZR 51/99 – AP § 1 BeschFG 1996 Nr. 4 = NZA 2001, 546.
293 BAG 23.8.2006 – 7 AZR 12/06 – NZA 2007, 204; BAG 26.7.2000 – 7 AZR 51/99 – AP § 1 BeschFG 1996 Nr. 4 = NZA 2001, 546; BAG 25.10.2000 – 7 AZR 483/99 – AP § 1 BeschFG 1996 Nr. 6 = NZA 2001, 659; BAG 19.2.2003 – 7 AZR 648/01 – NZA 2004, 231 (Ls.); *Hunold*, NZA 1997, 741; *Worzalla*, FA 2001, 5; krit. *Sowka*, DB 2000, 1916; KR/*Lipke*, § 14 TzBfG Rn 286; Annuß/Thüsing/*Maschmann*, § 14 Rn 71; *Richardi/Annuß*, BB 2000, 2201; *Däubler*, ZIP 2001, 223.
294 Annuß/Thüsing/*Maschmann*, § 14 Rn 73.

Deshalb wird teilweise die bereits arbeitsvertraglich vorbehaltene Möglichkeit der Verlängerung nicht als bloße Verdrängung des bisherigen Endtermins angesehen.[295] Die **Änderung der übrigen Vertragsbedingungen** (etwa Übergang von Voll- zur Teilzeitbeschäftigung, statt „Sachbearbeiterin" nunmehr „Kundenbetreuerin") ist grundsätzlich nicht gedeckt, selbst wenn die geänderten Arbeitsbedingungen für den AN günstiger sind (z.B. Gehaltserhöhung).[296] Bisher sollte nur die Anpassung der Vergütung gem. einer kollektiven Lohnerhöhung, z.B. aufgrund TV oder aufgrund einer früheren Zusage des AG, der wirksamen Verlängerung nicht entgegenstehen.[297] Dies rief erhebliche Kritik hervor.[298]

Dem BAG zufolge ist jetzt ausdrücklich die Vereinbarung geänderter Vertragsbedingungen zulässig, wenn „die Neufassung des Vertrags Arbeitsbedingungen zum Inhalt hat, die von den Parteien vereinbart worden wären, wenn der AN in einem unbefristeten Arbverh stünde".[299] Dies folge aus dem Diskriminierungsverbot für befristet beschäftigte AN gem. § 4 Abs. 2 S. 1, das (nur) eine sachlich nicht gerechtfertigte Ungleichbehandlung des befristet beschäftigten AN untersagt. Deshalb ist jedenfalls die Arbeitszeiterhöhung anlässlich der Verlängerung nicht schädlich, wenn der AG damit dem Anspruch des AN aus § 9 Rechnung trägt.[300] Allerdings muss der AN dann vor der Verlängerung einen entsprechenden Antrag nach § 9 nachweisbar gestellt haben, dem der AG mit der Verlängerung nur Folge leistet. Dagegen liegt keine Verlängerung vor, wenn der Ausgangsvertrag ein ordentliches Künd-Recht vorsah, der nachfolgende jedoch nicht.[301] Die Anpassung der Vertragsbedingungen an die zum Zeitpunkt der Verlängerung geltende Rechtslage ist zulässig.[302]

Die Vertragsbedingungen müssen aber nicht während der Gesamtdauer der Vertragslaufzeit aufrechterhalten werden.[303] Die einvernehmliche **Vertragsänderung während einer laufenden Befristung** ohne Veränderung des Beendigungszeitpunktes unterliegt dem BAG zufolge nicht der Befristungskontrolle.[304] Darüber hinaus ist auch die Zuweisung einer geänderten Tätigkeit während der Vertragslaufzeit zulässig, wenn der AG sich diese im Ursprungsvertrag wirksam direktionsrechtlich vorbehalten hat.[305]

Ein sachgrundlos befristeter Arbeitsvertrag kann wirksam sachgrundlos verlängert werden, auch wenn für die Verlängerung **zugleich eine sachliche Rechtfertigung** vorliegt.[306] Allerdings müssen auch die übrigen Voraussetzungen von Abs. 2 erfüllt sein. Entsprechend war bisher von einem Verstoß gegen das Anschlussverbot aus S. 2 auszugehen, wenn ein Vorgängervertrag die Angabe eines Sachgrundes enthielt, die Verlängerung aber auf Abs. 2 gestützt wurde.[307] Dies galt selbst dann, wenn es sich um eine erstmalige Befristung handelte und der Zwei-Jahres-Zeitraum bei höchstens dreimaliger Verlängerung nicht überschritten wurde. Das LAG Nürnberg ist dagegen jetzt der Auffassung, dass, soweit die Voraussetzungen von § 14 Abs. 2 vorliegen, eine Vertragsverlängerung auch an eine vorherige Sachgrundbefristung anschließen darf.[308]

b) Anschlussverbot. S. 2 enthält das sog. Anschlussverbot. Die sachgrundlose Befristung ist nicht zulässig, wenn mit demselben AG bereits zuvor ein befristetes oder unbefristetes Arbverh bestanden hat. Gegenüber der Vorgängerregelung in § 1 Abs. 3 BeschFG 1996 bedeutet dies für die AG eine erhebliche Beschränkung. Denn danach durfte nur kein enger sachlicher Zusammenhang zu einem vorhergehenden Arbeitsvertrag bestehen. Dieser war insb. anzunehmen, wenn zwischen den Verträgen weniger als vier Monate lagen. Gesetzgeberisches Ziel der Neuregelung ist die Verhinderung von Kettenarbeitsverträgen.[309] Dieses Ziel wird erreicht. Die Konsequenz ist jedoch ein zeitlich unbe-

---

295 Hessisches LAG 10.8.2004 – 4 Sa 7/04 – NZA 15/2005, VII (Zusammenfassung).
296 BAG 23.8.2006 – 7 AZR 12/06 – NZA 2007, 204; BAG 18.1.2006 – 7 AZR 178/05 – NZA 2006, 605; BAG 26.7.2000 – 7 AZR 51/99 – AP § 1 BeschFG 1996 Nr. 4 = NZA 2001, 546; BAG 25.10.2000 – 7 AZR 483/99 – AP § 1 BeschFG 1996 Nr. 6 = NZA 2001, 659; BAG 19.2.2003 – 7 AZR 648/01 – NZA 2004, 231 (Ls.); KR/*Lipke*, § 14 TzBfG Rn 287; Annuß/Thüsing/*Maschmann*, § 14 Rn 72; *Bauer*, BB 2001, 2473; *Däubler*, ZIP 2001, 223; *Fiebig*, NZA 1999, 1086; *Hromadka*, BB 2001, 621; *Kliemt*, NZA 2001, 296, *Schwedes*, Beil. BB 17/1996, 2; *Wisskirchen*, DB 1998, 722.
297 BAG 23.8.2006 – 7 AZR 12/06 – NZA 2007, 204; BAG 24.1.2001 – 7 AZR 567/99 – n.v. – Zusammenfassung in FA 2001, 242.
298 APS/*Backhaus*, § 14 TzBfG Rn 374; Annuß/Thüsing/*Maschmann*, § 14 Rn 72; *Meinel/Heyn/Herms*, § 14 Rn 167; KR/*Lipke*, § 14 TzBfG Rn 290; *Sowka*, BB 1997, 678; *Bauer*, BB 2001, 2473.
299 BAG 16.1.2008 – 7 AZR 603/06 – NZA 2008, 701.
300 BAG 16.1.2008 – 7 AZR 603/06 – NZA 2008, 701.
301 BAG 20.2.2008 – 7 AZR 786/06 – NZA 2008, 883.
302 BAG 23.8.2006 – 7 AZR 12/06 – NZA 2007, 204.
303 BAG 18.1.2006 – 7 AZR 178/05 – NZA 2006, 605.
304 BAG 23.8.2006 – 7 AZR 12/06 – NZA 2007, 204; BAG 18.1.2006 – 7 AZR 178/05 – NZA 2006, 605; BAG 19.2.2003 – 7 AZR 648/01 – NZA 2004, 231 (Ls.); BAG 25.5.2005 – 7 AZR 286/04 – DB 2005, 2642 (Ls.); BAG 19.10.2005 – 7 AZR 31/05 – NZA 2006, 154; KR/*Lipke*, § 14 TzBfG Rn 293; *Kliemt*, NZA 2001, 296; a.A. LAG Hamm 17.2.2005 – 8 Sa 1931/04 – BeckRS 2005 41538.
305 BAG 19.2.2003 – 7 AZR 648/01 – NZA 2004, 231 (Ls.); Annuß/Thüsing/*Maschmann*, § 14 Rn 72.
306 APS/*Backhaus*, § 14 TzBfG Rn 378; *Sowka*, DB 2000, 2427; *Worzalla*, FA 2001, 5.
307 Kritisch *Meinel/Heyn/Herms*, § 14 Rn 169 ff.; s.a. *Däubler*, ZIP 2001, 217; a.A. *Sowka*, DB 2000, 2427.
308 LAG Nürnberg 19.3.2008 – 4 Sa 673/07 – DB 2009, 683.
309 Begründung Regierungsentwurf, BT-Drucks 14/4374, S. 14 und 19.

grenztes (**"lebenslängliches"**) **Anschlussverbot**.[310] Unbeachtlich ist, ob ein sachlicher Zusammenhang zur früheren Beschäftigung gegeben ist oder ein Sachgrund vorliegt, selbst wenn das neue Arbvh nur für die Dauer von maximal sechs Monaten befristet werden soll. Die teleologische Reduktion auf einen begrenzten Zeitraum[311] kommt angesichts des eindeutigen Wortlauts und der von Abs. 3 gerade abweichenden Formulierung nicht in Betracht.[312] Der Vorschlag der Reduzierung des Anschlussverbotes auf zwei Jahre[313] wurde von der Regierung Schröder nicht in die Beschlussempfehlung für das geltende TzBfG übernommen, sodann zwar vor der Einleitung der Neuwahlen 2005 in Aussicht gestellt, aber nicht mehr umgesetzt.[314] Bis zu einer Änderung des Abs. 2 bleibt es deshalb bei der misslichen Folge, dass ein AN, der etwa während seiner Studienzeit als Aushilfe befristet oder unbefristet tätig war, nicht mehr in seinem späteren Beruf vom selben AG sachgrundlos befristet eingestellt werden darf und auch die mehrfache sachgrundlose Befristung von Studenten während der Semesterferien[315] regelmäßig unwirksam ist. Zulässig bleibt die Sachgrundbefristung im Anschluss an die Zeitbefristung nach Abs. 2,[316] wobei aber der Sachgrund der Erprobung regelmäßig ausscheidet.

92 Unter **demselben AG** wird dieselbe natürliche oder juristische Person verstanden.[317] Ein Arbvh hat zuvor mit demselben AG auch bestanden, wenn nach § 16 ein **unbefristeter Arbeitsvertrag wegen Verstoßes gegen die Schriftform** gem. Abs. 4 vorliegt.[318]

In welchem Betrieb desselben AG der AN zuvor beschäftigt war, ist unerheblich.[319] Entsprechend darf ein AN nach Abs. 2 nicht mehr in einem anderen Betrieb desselben Unternehmens beschäftigt werden. Dagegen ist die Tätigkeit bei einem anderen an einem gemeinsamen Betrieb beteiligten AG grds. zulässig, weil es zu einem Wechsel des Vertrags-AG kommt, auch wenn die Weiterbeschäftigung im selben **gemeinsamen Betrieb** erfolgt.[320] Dies gilt aber nicht, wenn ein Fall des (im Wege der abgestuften Darlegungs- und Beweislast vorzutragenden) Rechtsmissbrauchs vorliegt, bei dem der AG-Wechsel der bloßen Umgehung des Anschlussverbots dient.[321]

93 Der Wechsel von einem **Konzernunternehmen** zum anderen ist grds. möglich. Denn da jedes Konzernunternehmen eine selbstständige juristische Person ist, besteht keine Identität des AG.[322] Anders liegt es, wenn mit demselben Konzernunternehmen zuvor ein auch nur ruhendes Arbvh bestanden hat bzw. ein Rückkehrrecht vereinbart wurde[323] oder zu Umgehungszwecken ein rechtsmissbräuchlicher AG-Wechsel im Konzern herbeigeführt wird.[324]

94 Trotz des Wechsels des AG kann bei der Übernahme eines Betriebs(teils) im Wege des **Betriebs(teil)übergangs** nach § 613a BGB das Anschlussverbot eingreifen. In Bezug auf den Erwerber ist dies jedoch nur der Fall, wenn das Arbvh vom Veräußerer zuvor auf den Erwerber übergegangen ist, also vor dem Betriebs(teil)übergang nicht beendet wurde.[325] Der Veräußerer bleibt auch nach dem Betriebs(teil)übergang „derselbe AG".[326] Er kann mit einem AN, dessen Arbvh nach § 613a BGB übergegangen ist, nach Abs. 2 keinen wirksam befristeten Arbeitsvertrag mehr schließen.

95 Bei einer **Verschmelzung von Rechtsträgern** unter Auflösung ohne Abwicklung im Wege der Aufnahme nach § 2 Nr. 1 UmwG erlischt der übertragende Rechtsträger mit der Eintragung der Verschmelzung, § 20 Abs. 2 Nr. 2

---

310 BAG 6.11.2003 – 2 AZR 690/02 – AP TzBfG § 14 Nr. 7; APS/*Backhaus*, § 14 TzBfG Rn 381; KR/*Lipke*, § 14 TzBfG Rn 296; Annuß/Thüsing/*Maschmann*, § 14 Rn 77; Meinel/Heyn/*Herms*, § 14 Rn 154; *Schiefer*, DB 2000, 2118; *Bauer*, NZA 2000, 1039; *Hromadka*, NJW 2001, 400; *Däubler*, ZIP 2001, 217; *Kliemt*, NZA 2001, 296; *Straub*, NZA 2001, 919; *Richardi/Annuß*, BB 2000, 2201; *Preis/Gotthardt*, DB 2000, 2065;
311 *Löwisch*, BB 2001, 254; *Straub*, NZA 2001, 919; *Bauer*, BB 2001, 2473; *Osnabrügge*, NZA 2003, 639; *Sasse*, ArbRB 2003, 148.
312 APS/*Backhaus*, § 14 TzBfG Rn 381; KR/*Lipke*, § 14 TzBfG Rn 298a; *Backhaus*, Sonderbeil. NZA 24/2001, 8; *Preis/Gotthardt*, DB 2000, 2065; *Richardi/Annuß*, BB 2000, 2201; *Schiefer*, DB 2000, 2118.
313 *Preis*, in: Beschlussempfehlung und Bericht des Ausschusses für Arbeit und Sozialordnung, BT-Drucks 14/4625, S. 18.
314 Pressemitteilung BMWA zum Kabinettsbeschluss v. 20.4.2005; BT-Drucks 15/5556 und 15/5714; *Preis*, NZA 2005, 714.
315 *Sasse*, ArbRB 2003, 149.
316 Begründung Regierungsentwurf, BT-Drucks 14/4374, S. 14.
317 BAG 8.12.1988 – 2 AZR 308/88 – AP § 1 BeschFG 1985 Nr. 6 = NZA 1989, 459; BAG 25.4.2001 – 7 AZR 376/00 – AP § 1 BeschFG 1996 Nr. 10 = NZA 2001, 1384; BAG 16.7.2008 – 7 AZR 278/07 – BB 2009, 616.
318 APS/*Backhaus*, § 14 TzBfG Rn 382.
319 BAG 16.7.2008 – 7 AZR 278/07 – BeckRS 2008 57696; BAG 25.4.2001 – 7 AZR 376/00 – AP § 1 BeschFG 1996 Nr. 10 = NZA 2001, 1384; APS/*Backhaus*, § 14 TzBfG Rn 395; ErfK/*Müller-Glöge*, § 14 TzBfG Rn 93; Meinel/Heyn/*Herms*, § 14 Rn 160.
320 BAG 25.4.2001 – 7 AZR 376/00 – AP § 1 BeschFG 1996 Nr. 10; Meinel/Heyn/*Herms*, § 14 Rn 160.
321 BAG 25.4.2001 – 7 AZR 376/00 – AP § 1 BeschFG 1996 Nr. 10 = NZA 2001, 1384; APS/*Backhaus*, § 14 TzBfG Rn 400; Annuß/Thüsing/*Maschmann*, § 14 Rn 86.
322 ErfK/*Müller-Glöge*, § 14 TzBfG Rn 93; KR/*Lipke*, § 14 TzBfG Rn 304; Meinel/Heyn/*Herms*, § 14 Rn 161; *Löwisch*, BB 1985, 1200; *Straub*, NZA 2001, 927; *Kleinebrink*, ArbRB 2002, 348.
323 Annuß/Thüsing/*Maschmann*, § 14 Rn 83; APS/*Backhaus*, § 14 TzBfG Rn 397; *Bauer*, BB 2001, 2473.
324 BAG 18.10.2006 – 7 AZR 145/06 – NZA 2007, 443.
325 BAG 10.11.2004 – 7 AZR 101/04 – AP § 14 TzBfG Nr. 14 = NZA 2005, 514; APS/*Backhaus*, § 14 TzBfG Rn 398; Annuß/Thüsing/*Maschmann*, § 14 Rn 84; Meinel/Heyn/*Herms*, § 14 Rn 163; KR/*Lipke*, § 14 TzBfG Rn 259; ErfK/*Müller-Glöge*, § 14 TzBfG Rn 93; *Löwisch*, BB 1985, 1200; *Oetker/Kiel*, DB 1989, 576; *Kleinebrink*, ArbRB 2002, 348.
326 APS/*Backhaus*, § 14 TzBfG Rn 398; ErfK/*Müller-Glöge*, § 14 TzBfG Rn 93.

S. 1 UmwG. Der erloschene übertragende Rechtsträger ist nicht „derselbe AG", d.h. der übernehmende Rechtsträger kann wirksam nach Abs. 2 befristen.[327]

Mit einem **Leih-AN** kann bei demselben AG ein befristetes Arbverh nach Abs. 2 angeschlossen werden. Denn als Entleiher ist das Unternehmen nicht AG.[328] Dies gilt jedenfalls, wenn der Vertrag zwischen Verleiher und Leih-AN nicht unwirksam war und deshalb gem. § 10 AÜG ein Arbverh mit dem Entleiher fingiert wurde. **96**

Mit demselben AG muss ein **Arbverh** bestanden haben. Deshalb kann ein befristeter Arbeitsvertrag nach Abs. 2 geschlossen werden, wenn der AN zuvor **Beamter, freier Mitarbeiter** oder **Organ der Gesellschaft** war bzw. die Tätigkeit auf der Basis eines **freien Dienstvertrags** oder **Werkvertrags** erbracht wurde.[329] Das Beurteilungsrisiko (z.B. hinsichtlich sog. Scheinselbstständigkeit) liegt beim AG. Es gelten die allg. Abgrenzungskriterien.[330] **97**

Im Anschluss an die **Berufsausbildung** soll die befristete Beschäftigung nach Abs. 2 der Gesetzesbegründung nach zulässig sein.[331] Das Berufsausbildungsverhältnis sei kein Arbverh i.S.v. S. 2. § 3 Abs. 2 BBiG stellt das Berufsausbildungs- dem Arbverh aber gleich. Das BAG hat deshalb für andere Vorschriften eine Einheit beider angenommen,[332] dies jedoch für Abs. 2 noch offen gelassen.[333] Die sachgrundlose Befristung soll Jugendlichen nach der Ausbildung den Eintritt in das Erwerbsleben erleichtern.[334] Sie kommt daher nur dann nicht in Betracht, wenn der Auszubildende zuvor bereits aufgrund tarifvertraglicher Vorschriften befristet gem. Abs. 1 S. 2 Nr. 2 in ein Arbverh zu übernehmen war.[335] **98**

Die sachgrundlose Befristung nach Abs. 2 ist weiter zulässig nach **sonstigen berufsbereitenden Vertragsverhältnissen**, soweit diese nicht als Arbverh zu qualifizieren sind.[336] Das BAG ließ es teilweise offen, ob **Umschulungsverträge** Arbverh darstellen.[337] Insoweit ist Vorsicht geboten. Ein vorhergehender **Eingliederungsvertrag** nach §§ 229 ff. SGB III a.F. soll aber lediglich ein sozialversicherungsrechtliches Beschäftigungs-, kein Arbverh begründen.[338] **99**

Des Risikos einer irgendwann einmal erfolgten Vorbeschäftigung versuchen sich AG durch entsprechende Frage im Bewerbergespräch oder in Personalfragebögen zu entledigen. Ein solches **Fragerecht** besteht.[339] Allerdings wird man dem AN nicht die Verantwortung dafür übertragen dürfen, dass er sämtliche Rechtsvorgänger oder frühere Firmierungen kennt.[340] Entsprechend ist es Sache des AG, seine Frage nach Vorbeschäftigungen hinsichtlich sämtlicher Rechtsvorgänger oder früherer Firmierungen zu konkretisieren. Zwecks Nachweises sollte dies schriftlich erfolgen. **100**

Vertragsbeispiel: „Der AN erklärt, dass er noch niemals für (Firmierung des einstellenden Unternehmens) oder ihrer Rechtsvorgänger (Auflistung sämtlicher Firmierungen) gearbeitet hat."

Bei korrekter Fragestellung und vorsätzlicher Falschbeantwortung steht dem AG das Anfechtungsrecht aus § 123 BGB zu.[341] Darüber hinaus kann der AG unter den Voraussetzungen der § 1 KSchG, § 626 BGB ggf. kündigen. Al- **101**

---

327 BAG 10.11.2004 – 7 AZR 101/04 – AP § 14 TzBfG Nr. 14 = NZA 2005, 514; BAG 22.6.2005 – 7 AZR 363/04 – BeckRS 30358404.
328 BAG 18.10.2006 – 7 AZR 145/06 – NZA 2007, 443; regelmäßig liegt dann auch die Verlängerungsfiktion aus § 15 Abs. 5 nicht vor: BAG 18.10.2006 – 7 AZR 751/05 – AP § 14 TzBfG Nr. 27; BAG 8.12.1988 – 2 AZR 308/88 – AP § 1 BeschFG 1985 Nr. 6 = NZA 1989, 459; KR/*Lipke*, § 14 TzBfG Rn 259; APS/*Backhaus*, § 14 TzBfG Rn 399; Annuß/Thüsing/*Maschmann*, § 14 Rn 85; ErfK/*Müller-Glöge*, § 14 TzBfG Rn 95; Meinel/Heyn/Herms, § 14 Rn 160; Kleinebrink, ArbRB 2002, 348.
329 ErfK/*Müller-Glöge*, § 14 TzBfG Rn 95; Annuß/Thüsing/Maschmann, § 14 Rn 80; Bauer, BB 2001, 2473.
330 Meinel/Heyn/Herms, § 14 Rn 158.
331 Begründung Regierungsentwurf, BT-Drucks 14/4374, S. 20; Meinel/Heyn/Herms, § 14 Rn 157; KR/*Lipke*, § 14 TzBfG Rn 299; APS/*Backhaus*, § 14 TzBfG Rn 385; ErfK/Müller-Glöge, § 14 TzBfG Rn 94; Bauer, BB 2001, 2473; Hromadka, NJW 2000, 404; Preis/Gotthardt, DB 2000, 2065; Schiefer, DB 2000, 2118; Sowka, DB 2000, 2428, Kleinsorge, MDR 2001, 181; Kliemt, NZA 2001, 296; a.A. Däubler, ZIP 2001, 223; Schlachter, NZA 2003, 1180.
332 BAG 29.11.1984 – 6 AZR 238/82 – AP § 7 BUrlG Abgeltung Nr. 22 = NZA 1985, 598; BAG 2.12.1999 – 2 AZR 139/99 – AP § 622 BGB Nr. 57 = NZA 2000, 720; BAG 18.11.1999 – 2 AZR 89/99 – AP § 1 KSchG 1969 Wartezeit Nr. 11 = NZA 2000, 529; BAG 17.5.2001 – 2 AZR 10/00 – AP § 1 KSchG 1969 Wartezeit Nr. 14.
333 BAG 20.8.2003 – 5 AZR 436/02 – AP § 3 EFZG Nr. 20 = NZA 2004, 205.
334 Begründung Regierungsentwurf, BT-Drucks 14/4374, S. 14.
335 BAG 14.10.1997 – 7 AZR 811/96 – AP § 1 TVG Tarifverträge: Metallindustrie Nr. 155 = NZA 1998, 778; APS/*Backhaus*, § 14 TzBfG Rn 387; Annuß/Thüsing/*Maschmann*, § 14 Rn 81.
336 BAG 22.6.1994 – 7 AZR 469/93 – AP § 1 BeschFG 1985 Nr. 15 = NZA 1995, 695; Annuß/Thüsing/*Maschmann*, § 14 Rn 82; Meinel/Heyn/Herms, § 14 Rn 159.
337 BAG 15.3.1991 – 2 AZR 516/90 – AP § 47 BBiG Nr. 2 = NZA 1992, 452; BAG 21.5.1997 – 5 AZB 30/96 – AP § 5 ArbGG 1979 Nr. 32 = NZA 1997, 1013; anders offenbar BAG 28.8.1996 – 7 AZR 884/95 – AP § 1 BeschFG 1985 Nr. 20 = NZA 1997, 154.
338 BAG 17.5.2001 – 2 AZR 10/00 – AP § 1 KSchG 1969 Wartezeit Nr. 14; Kleinebrink, ArbRB 2002, 348.
339 Begründung Regierungsentwurf, BT-Drucks 14/4374, S. 19; Meinel/Heyn/Herms, § 14 Rn 154; APS/*Backhaus*, § 14 TzBfG Rn 401; KR/*Lipke*, § 14 TzBfG Rn 307 f.; Däubler, ZIP 2000, 1966; Bauer, BB 2001, 2477; Hromadka, BB 2001, 627; Kleinsorge, MDR 2001, 181; Kliemt, NZA 2001, 296; Straub, NZA 2001, 926.
340 Wohl auch APS/*Backhaus*, § 14 TzBfG Rn 401; Hromadka, BB 2001, 627; Kliemt, NZA 2001, 296.
341 KR/*Lipke*, § 14 TzBfG Rn 308.

lerdings ist der arbeitgeberseitige Nachweis des Verschuldens des AN für eine solche verhaltensbedingte Künd erforderlich.[342]

102 **c) Abweichungen durch Tarifvertrag gemäß Abs. 2 S. 3 und S. 4.** Abs. 2 ist **tarifdispositiv**. Gem. S. 3 kann durch TV die Anzahl der Verlängerungen oder die Höchstdauer der Befristung abweichend von S. 1 festgelegt werden. Trotz des „oder" soll die Abweichung in beiden Fällen möglich sein.[343] Erlaubt ist auch eine **Abweichung zulasten des AN**, d.h. die Verlängerung der Höchstdauer und/oder die Erhöhung der Anzahl der zulässigen Verlängerungen. Die Regelung dient der Erleichterung von branchenspezifischen Lösungen.[344]

103 Str. ist, ob die **sachgrundlose Befristung durch TV ausgeschlossen** werden darf, so dass für die Befristung stets Sachgründe erforderlich sind. Damit würde Abs. 2 zugunsten des AN „auf Null" reduziert. Für die Vorgängerregelung im BeschFG wurde dies für zulässig gehalten.[345] Die überwiegende Auff. schließt sich dem für Abs. 2 an.[346] Denn § 22 erlaube günstigere tarifliche Regelungen. Gegen die Aushöhlung von Abs. 2 durch das tarifvertragliche Erfordernis eines Sachgrundes spricht jedoch der Wortlaut von S. 3. Anders als in der früheren Regelung ist die Tariföffnung auf die Höchstdauer der Befristung und die Anzahl der Verlängerungen beschränkt.[347] Die sachgrundlose Befristung muss deshalb grds. zulässig sein, wenn auch mit einer längeren Höchstdauer und/oder einer erhöhten Anzahl von Verlängerungen.

104 Im Geltungsbereich eines abweichende Regelungen enthaltenden TV können **nicht tarifgebundene Arbeitsvertragsparteien** gem. S. 4 die Anwendung der tariflichen Regelungen vereinbaren. Mit „Geltungsbereich" ist der fachlich und persönlich einschlägige TV gemeint.[348] Der Rechtssicherheit würde es dienen, arbeitsvertraglich auf den TV, der die abweichenden Regelungen enthält, insg. zu verweisen. Nach allg. Grundsätzen und bei Auslegung des Wortlauts von S. 4 ist aber auch lediglich die Vereinbarung des entsprechenden Regelungskomplexes zulässig.[349] Anderenfalls würde das Ziel des Gesetzgebers verfehlt, die Inbezugnahme von TV gerade zu branchenspezifischen Zwecken heranzuziehen.[350]

Die Übernahme von TV aufgrund **betrieblicher Übung** reicht wegen der fehlenden Schriftform gem. Abs. 4 nicht[351] (vgl. auch Rn 151).

105 **3. Verbindung zu anderen Rechtsgebieten und zum Prozessrecht. a) Darlegungs- und Beweislast.** Für das Vorliegen der Tatbestandsvoraussetzungen des Abs. 2 trägt der AG die Darlegungs- und Beweislast.[352] Dies gilt auch für die Tatsache, dass das Anschlussverbot aus S. 2 nicht verletzt ist.[353] Denn entgegen der früheren Rspr. zu § 1 Abs. 3 BeschFG 1996[354] stellt die sachgrundlose Befristung nicht mehr die Regel dar, sondern die Ausnahme zum unbefristeten Vertrag.

106 **b) Berufsbildungsverhältnisse.** Nach § 12 Abs. 1 S. 1 BBiG ist eine Vereinbarung, die den Auszubildenden für die Zeit nach Beendigung des Berufsausbildungsverhältnisses in der Ausübung seiner beruflichen Tätigkeit beschränkt, nichtig. Dies gilt gem. § 12 Abs. 1 S. 2 BBiG nicht, wenn sich der Auszubildende **während der letzten sechs Monate des Ausbildungsverhältnisses** zur Eingehung eines (befristeten) Arbverh nach Beendigung der Ausbildung verpflichtet (vgl. aber Rn 26 und Rn 98). Soll ein Auszubildender nach der Ausbildung bei demselben AG befristet weiterbeschäftigt werden, muss der befristete Vertrag am Tag nach der Beendigung des Ausbildungsverhältnisses angetreten werden. Anderenfalls entsteht gem. § 24 BBiG bei Weiterarbeit ein auf unbestimmte Zeit abgeschlossenes Arbverh.[355]

---

342 APS/*Backhaus*, § 14 TzBfG Rn 402; abw. *Straub*, NZA 2001, 919.
343 Begründung Regierungsentwurf, BT-Drucks 14/4374, S. 14 und 20; ErfK/*Müller-Glöge*, § 14 TzBfG Rn 101; KR/*Lipke*, § 14 TzBfG Rn 309; *Meinel/Heyn/Herms*, § 14 Rn 174.
344 Begründung Regierungsentwurf, BT-Drucks 14/4374, S. 14.
345 BAG 25.9.1987 – 7 AZR 315/86 – AP § 1 BeschFG 1985 Nr. 1 = NZA 1988, 358; BAG 24.2.1988 – 7 AZR 454/87 – AP § 1 BeschFG 1985 Nr. 3 = NZA 1988, 545; BAG 15.3.1989 – 7 AZR 449/88 – AP § 1 BeschFG Nr. 7 = NZA 1989, 690; BAG 21.2.2001 – 7 AZR 98/00 – AP § 1 BeschFG 1996 Nr. 9 = NZA 2001, 1141; *Wlotzke*, NZA 1984, 217; *Löwisch*, BB 1985, 1201; *Otto*, NJW 1985, 1807; *Friedhofen/Weber*, NZA 1985, 337; *Kothe*, BB 1986, 397; *Wisskirchen*, DB 1998, 727.
346 APS/*Backhaus*, § 14 TzBfG Rn 406; *Meinel/Heyn/Herms*, § 14 Rn 175; Arnold/Gräfl/*Gräfl*, § 14 Rn 276; KR/*Lipke*, § 14 TzBfG Rn 311; Annuß/Thüsing/*Maschmann*, § 14 Rn 74; *Backhaus*, Sonderbeil. NZA 24/2001, 8; *Däubler*, ZIP 2000, 1961.
347 *Pöltl*, NZA 2001, 582.
348 KR/*Lipke*, § 14 TzBfG Rn 312; APS/*Backhaus*, § 14 TzBfG Rn 409.
349 BAG 19.1.1999 – 1 AZR 606/98 – AP § 1 TVG Bezugnahme auf Tarifvertrag Nr. 9 = NZA 1999, 879; APS/*Backhaus*, § 14 TzBfG Rn 410; KR/*Lipke*, § 14 TzBfG Rn 313; Arnold/Gräfl/*Gräfl*, § 14 Rn 277; abweichend *Meinel/Heyn/Herms*, § 14 Rn 178.
350 KR/*Lipke*, § 14 TzBfG Rn 314.
351 A.A. APS/*Backhaus*, § 14 TzBfG Rn 411.
352 *Meinel/Heyn/Herms*, § 14 Rn 233; APS/*Backhaus*, § 14 TzBfG Rn 413 ff.; Annuß/Thüsing/*Maschmann*, § 14 Rn 29; *Rolfs*, § 14 Rn 124.
353 A.A. Arnold/Gräfl/*Gräfl*, § 14 Rn 279; ErfK/*Müller-Glöge*, § 17 TzBfG Rn 14.
354 BAG 28.6.2000 – 7 AZR 920/98 – AP § 1 BeschFG 1996 Nr. 2.
355 APS/*Backhaus*, § 14 TzBfG Rn 388.

c) Weiterbeschäftigung nach § 78a BetrVG. Nach § 78a BetrVG ist ein Auszubildender, der Mitglied eines Betriebsverfassungsorgans ist, auf Verlangen nach Beendigung des Berufsausbildungsverhältnisses in ein Arbverh auf unbestimmte Zeit zu übernehmen. Bei **Unzumutbarkeit der Weiterbeschäftigung auf unbefristete Zeit** führt dies nicht zu einem befristeten Arbverh.[356] Der AG ist aber frei darin, eine Befristung abzuschließen.[357] Der Abschluss eines befristeten Arbeitsvertrags zwischen Jugendvertreter und öffentlichem AG innerhalb der letzten drei Monate des Auszubildendenverhältnisses kann den Verzicht auf unbefristete Weiterbeschäftigung darstellen.[358]

4. Beraterhinweise. Auch wenn ein Sachgrund vorliegt, ist die sachgrundlose Befristung nach Abs. 2 vorzuziehen, wenn nicht gegen das Anschlussverbot verstoßen wird. Denn dieser erlaubt die nachfolgende Befristung mit Sachgrund, während die umgekehrte Reihenfolge nicht zulässig ist. Zu vermeiden ist die mündliche oder schriftliche Erwähnung eines zugleich vorliegenden Sachgrundes, wenn die Befristung nach Abs. 2 erfolgen soll.

III. Sachgrundlose Befristung für Existenzgründer (Abs. 2a)

1. Allgemeines. Abs. 2a erlaubt Existenzgründern in den ersten vier Jahren nach Unternehmensgründung den Abschluss befristeter Arbeitsverträge ohne das Vorliegen sachlicher Gründe bis zur Dauer von vier Jahren.[359] Er ist **europarechtskonform**.[360] § 5.1 der Rahmenvereinbarung über befristete Arbeitsverträge[361] zu RL 1999/70/EG[362] erlaubt die zeitlich begrenzte Aufeinanderfolge von Arbeitsverträgen, die hier bis zur maximalen Dauer von vier Jahren möglich ist.

a) Normzweck. Der Abschluss befristeter Arbeitsverträge soll Unternehmen **in der schwierigen Aufbauphase** besonders erleichtert werden.[363] Dem Gesetzgeber zufolge hat sich die sachgrundlose Befristung als flexible Form der Beschäftigung insb. bei unsicherer Auftragsgrundlage bewährt. Für Existenzgründer sei der wirtschaftliche Erfolg besonders ungewiss; sie könnten in der Aufbauphase kaum abschätzen, wie sich das Unternehmen entwickeln und wie hoch der Personalbedarf sein wird.[364] Mit dem Befristungsprivileg soll Existenzgründern die **Entscheidung zu Einstellungen** erheblich erleichtert werden.[365]

b) Historie. Abs. 2a wurde durch das Gesetz zu Reformen am Arbeitsmarkt[366] mit Wirkung zum 1.1.2004 als Teil der sog. Agenda 2010 eingeführt. Ziel des Gesetzes war u.a. der **Abbau von Beschäftigungshindernissen**.[367] Die Regelung ist angelehnt an § 112a Abs. 2 BetrVG,[368] der neu gegründete Unternehmen von der Sozialplanpflicht befreit. Sie hatte aber bereits einen Vorläufer in § 1 Abs. 2 Nr. 1 BeschFG 1985, wonach ein sachgrundlos befristeter Vertrag bis zu zwei Jahren durch AG abgeschlossen werden durfte, die höchstens seit sechs Monaten eine nach § 138 AO mitteilungspflichtige Tätigkeit aufgenommen hatten.[369]

2. Regelungsgehalt. a) Unternehmensgründung. Das Befristungsprivileg gilt nach S. 1 in den ersten **vier Jahren nach der Gründung** eines Unternehmens. Damit waren auch neu gegründete Unternehmen erfasst, die nach der Einführung der Regelung per 1.1.2004 noch keine vier Jahre am Markt waren.[370]

S. 3 stellt klar, dass es auf den Zeitpunkt der **tatsächlichen Aufnahme** der nach § 138 AO anzeigepflichtigen Tätigkeit ankommt, nicht indes auf die Anzeige bei der Gemeinde oder dem Finanzamt.[371] Der Tag wird allerdings häufig schwer bestimmbar sein[372] (vgl. Rn 125).

Im Wege der **rechtlichen Umstrukturierung** von Unternehmen und Konzernen erfolgte Neugründungen unterliegen gem. S. 2 nicht dem Befristungsprivileg. Beispiele lassen sich in der Gesetzesbegründung zu § 112a BetrVG finden, an den sich Abs. 2a anlehnt: Verschmelzung von Unternehmen auf ein neu gegründetes Unternehmen, Auflösung eines bestehenden Unternehmens und Übertragung seines Vermögens auf ein neu gegründetes Unternehmen,

---

356 APS/*Backhaus*, § 14 TzBfG Rn 389.
357 BAG 24.7.1991 – 7 ABR 68/90 – AP § 78a BetrVG 1972 Nr. 2 = NZA 1992, 174.
358 BVerwG 31.5.2005 – 6 PB 1/05 – NZA-RR 2005, 2005, 613.
359 Gem. Koalitionsvertrag vom 11.11.2005, Zeile 1456 ff., http://www.cdu.de/doc/pdf/05_11_11_Koalitionsvertrag.pdf, sollte diese Privilegierung erhalten bleiben, während die Streichung von Abs. 2 vorgesehen war, Zeile 1449 ff.; die Streichung von Abs. 2 wurde indes noch nicht vorgenommen.
360 Arnold/Gräfl/*Gräfl*, § 14 Rn 300; APS/*Backhaus*, § 14 TzBfG Rn 415d; KR/*Lipke*, § 14 TzBfG Rn 319.
361 18.3.1999, ABl EG L 175/45 v. 10.7.1999.
362 28.6.1999, ABl EG L 175/43 v. 10.7.1999.
363 Begründung Regierungsentwurf, BT-Drucks 15/1204, S. 14.
364 Begründung Regierungsentwurf, BT-Drucks 15/1204, S. 10.
365 Begründung Regierungsentwurf, BT-Drucks 15/1204, S. 10.
366 24.12.2003, BGBl I 2003 S. 3002.
367 Begründung Regierungsentwurf, BT-Drucks 15/1204, S. 1.
368 Begründung Regierungsentwurf, BT-Drucks 15/1204, S. 10.
369 *Otto*, NJW 1985, 1807.
370 KR/*Lipke*, § 14 TzBfG Rn 331.
371 Begründung Regierungsentwurf, BT-Drucks 15/1204, S. 14; ErfK/*Müller-Glöge*, § 14 TzBfG Rn 104; KR/*Lipke*, § 14 TzBfG Rn 323; APS/*Backhaus*, § 14 TzBfG Rn 415i; *Lipinski*, BB 2004, 1221.
372 APS/*Backhaus*, § 14 TzBfG Rn 415i.

Aufspaltung eines Unternehmens auf mehrere neu gegründete Unternehmen, Abspaltung von Unternehmensteilen auf neu gegründete Tochtergesellschaften.[373] Die Aufzählung ist nicht abschließend.[374]

115 Die **Rechtsform** des neu gegründeten Unternehmens ist unerheblich. Für **private Haushalte** gilt Abs. 2a aber nicht.[375]

116 Die Neueinrichtung lediglich eines Betriebs durch ein bereits länger gegründetes Unternehmen reicht ebenfalls nicht.[376] Str. ist, ob das Befristungsprivileg nach Abs. 2a bei der Übernahme eines bereits länger als vier Jahre bestehenden **Betriebs bzw. Betriebsteils** durch ein neu gegründetes Unternehmen, das selbst noch keine vier Jahre tätig ist, Anwendung findet. Dies wird teilweise bejaht.[377] Anderenteils wird eingewandt, dass es hier an der besonderen Schwierigkeit der Abschätzung des Personalbedarfs in der Aufbauphase fehlt.[378] Dies ist zwar richtig. Jedoch stellt Abs. 2a auf die Neugründung von Unternehmen ab und schreibt ihnen das Befristungsprivileg ungeachtet der Historie ihrer Betriebe zu.[379] Entsprechend kann die Rspr. des BAG zu § 112a BetrVG[380] auf Abs. 2a übertragen werden. Danach führt auch die Übernahme älterer Betriebe nicht zum Verlust des Befristungsprivilegs, solange das übernehmende Unternehmen noch keine vier Jahre alt ist.

117 b) **Ablauf der Vier-Jahres-Frist nach Unternehmensgründung.** Die Befristung nach Abs. 2a ist nur in den ersten **vier Jahren nach Unternehmensgründung** zulässig. Die Frist berechnet sich nach §§ 187 Abs. 1, 188 Abs. 2 BGB.[381] Das Privileg läuft also bei einer Tätigkeitsaufnahme am 2.1.2009 am 2.1.2013 ab. Das bedeutet, dass noch bis zum Ablauf des 1.1.2013 die Beschäftigung unter einem bis zu vier Jahre befristeten Arbeitsvertrag bis zum 31.12.2016 aufgenommen werden darf.[382] Entsprechend wirkt die Privilegierung maximal bis zum Ablauf von fast acht Jahren nach der Gründung des Unternehmens.[383] Der letztmögliche Vertrag muss allerdings kurz vor Ablauf der Vier-Jahres-Frist bereits über den vollen Zeitraum von vier Jahren abgeschlossen und angetreten werden.[384]

118 c) **Kalendermäßige Befristung bis zu vier Jahren.** Abs. 2a erlaubt nur die **kalendermäßige Befristung**.[385] Für den Beginn der Vier-Jahres-Frist kommt es nicht auf den Abschluss des Arbeitsvertrags an, sondern auf den Zeitpunkt der vereinbarten **Arbeitsaufnahme**.[386] Die Frist berechnet sich nach §§ 187 Abs. 2, 188 Abs. 2 und 3 BGB. Beginnt das Arbverh also am 1.1.2009, ist der letzte Tag der Vier-Jahres-Frist der 31.12.2012.

119 d) **Verlängerungen.** Innerhalb des Befristungszeitraums von vier Jahren kann der Vertrag **mehrfach verlängert** werden[387] (zum Begriff der Verlängerung vgl. Rn 88 ff). Entgegen Abs. 2 ist bei Abs. 2a die Anzahl der zulässigen Verlängerungen nicht begrenzt.[388]

120 e) **Entsprechende Anwendung Abs. 2 S. 2 bis 4. aa) Anschlussverbot.** Wegen der Verweisung auf Abs. 2 S. 2 ist eine sachgrundlose Befristung nach Abs. 2a nicht zulässig, wenn mit demselben AG bereits zuvor ein Arbverh bestanden hat.[389] Auch hier gilt bis zu einer Gesetzesänderung das „**lebenslängliche**" Anschlussverbot[390] (wegen der Einzelheiten vgl. Rn 91).

121 bb) **Abweichungen durch Tarifvertrag.** Wie Abs. 2 ist Abs. 2a **tarifdispositiv**. Durch TV kann von der vierjährigen Höchstbefristungsdauer abgewichen werden.[391] Der Verweis auf Abs. 2 S. 3, wonach durch TV auch von der Anzahl der Verlängerungen abgewichen werden darf, ist ohne Bedeutung. Denn nach Abs. 2a S. 1 sind Verlängerungen ohnehin in unbegrenzter Anzahl zulässig.[392]

---

373 Begründung Regierungsentwurf, BT-Drucks 10/2102, S. 28.
374 BAG 22.2.1995 – 10 ABR 21/94 – AP § 112a BetrVG 1972 Nr. 7 = NZA 1995, 699; BAG 22.7.1995 – 10 ABR 23/94 – AP § 112a BetrVG 1972 Nr. 8 = NZA 1995, 697.
375 ErfK/*Müller-Glöge*, § 14 TzBfG Rn 104.
376 APS/*Backhaus*, § 14 TzBfG Rn 415e; KR/*Lipke*, § 14 TzBfG Rn 322.
377 Für § 112a BetrVG: Richardi/*Richardi/Annuß*, § 112a Rn 15; *Loritz*, NZA 1993, 1105; *Bader*, NZA 2004, 65; *Löwisch*, BB 2004, 154; differenzierend KR/*Lipke*, § 14 TzBfG Rn 325 ff.
378 APS/*Backhaus*, § 14 TzBfG Rn 415h; *Preis*, DB 2004, 70.
379 Für § 112a Abs. 2 S. 1 BetrVG unter Bezugnahme auf RL 2001/23/EG auch LAG Sachsen 9.3.2005 – 2 TaBV 8/04 – BB 2005, 2532.
380 BAG 13.6.1989 – 1 ABR 14/88 – AP § 112a BetrVG 1972 Nr. 3 = NZA 1989 974; BAG 22.2.1995 – 10 ABR 21/94 – AP § 112a BetrVG 1972 Nr. 7; BAG 22.2.1995 – 10 ABR 23/94 – AP § 112a BetrVG Nr. 8; BAG 10.12.1996 – 1 ABR 32/96 – AP § 112 BetrVG 1972 Nr. 110 = NZA 1997, 898.
381 APS/*Backhaus*, § 14 TzBfG Rn 415i.
382 *Meinel/Heyn/Herms*, § 14 Rn 184; a.A. KR/*Lipke*, § 14 TzBfG Rn 330.
383 APS/*Backhaus*, § 14 TzBfG Rn 415k; ErfK/*Müller-Glöge*, § 14 TzBfG Rn 105; a.A. KR/*Lipke*, § 14 TzBfG Rn 330.
384 *Bauer/Preis/Schunder*, NZA 2004, 195; ErfK/*Müller-Glöge*, § 14 TzBfG Rn 105; v. Steinau-Steinrück/Oelkers, NJW-Spezial 1/2005, 33; a.A. *Bader*, NZA 2004, 65.
385 KR/*Lipke*, § 14 TzBfG Rn 318; APS/*Backhaus*, § 14 TzBfG Rn 415j.
386 Begründung Regierungsentwurf, BT-Drucks 15/1204, S. 14; *Meinel/Heyn/Herms*, § 14 Rn 185; KR/*Lipke*, § 14 TzBfG Rn 326a.
387 Begründung Regierungsentwurf, BT-Drucks 15/1204, S. 10.
388 *Biebl*, Rn 155; APS/*Backhaus*, § 14 TzBfG Rn 415l; *Meinel/Heyn/Herms*, § 14 Rn 186.
389 APS/*Backhaus*, § 14 TzBfG Rn 415m.
390 *Biebl*, Rn 157.
391 Begründung Regierungsentwurf, BT-Drucks 15/1204, S. 14.
392 APS/*Backhaus*, § 14 TzBfG Rn 415n.

Nur vereinzelt wird für Abs. 2a das **tarifvertragliche Erfordernis eines Sachgrundes** für jede Befristung und die damit einher gehende Reduzierung von Abs. 2a „auf Null" für unzulässig gehalten, weil der Zweck der Regelung leerliefe.[393] Dieser Auff. ist zuzustimmen, allerdings mit anderer Begründung. Denn gem. Abs. 2 S. 3 können lediglich abweichende Regelungen in Bezug auf die Höchstdauer der Befristung nach Abs. 2a getroffen werden. Die sachgrundlose Befristung muss also entgegen der überwiegenden Auff. möglich sein, wenngleich mit einer reduzierten Höchstdauer. Die tarifvertragliche Reduzierung der Höchstdauer von vier Jahren ist dem Gesetzeszweck zufolge so vorzunehmen, dass es im Regelfall noch bei der gewünschten Privilegierung von Existenzgründern im Verhältnis zu anderen Unternehmen bleibt. Deshalb muss die Befristung für neu gegründete Unternehmen tarifvertraglich länger zulässig sein als die erlaubte tarifvertragliche Höchstbefristung für andere AG, darf aber – je nach Ausnahmeregelung zu Abs. 2 – zwei Jahre grds. auch unterschreiten.[394]

Geht man davon aus, dass die Bezugnahme auf Abs. 2a in § 22 Abs. 1 nur versehentlich unterblieben ist,[395] darf die Höchstbefristung für Existenzgründer tarifvertraglich über vier Jahre hinaus verlängert werden. Da aber von anderen als in § 22 Abs. 1 genannten Regelungen nicht zuungunsten des AN durch TV abgewichen werden darf und Abs. 2a in § 22 Abs. 1 gerade nicht aufgeführt ist, ist richtiger Ansicht zufolge eine **Überschreitung des Vier-Jahres-Zeitraums** für eine sachgrundlose Befristung nach Abs. 2a durch TV nicht zulässig. Dies kann zu der – wohl nicht bedachten, allerdings praktisch auch kaum relevanten – Situation führen, dass im Ausnahmefall keine Privilegierung von Existenzgründern mehr gegeben ist, nämlich wenn die Befristung nach Abs. 2 bereits für alle anderen AG gem. TV für vier Jahre oder gar länger zulässig wäre. Dies entspräche nicht mehr dem Gesetzeszweck.

Nichttarifgebundene AN und AG können gem. Abs. 2 S. 4 im Geltungsbereich eines Abweichungen festlegenden TV die Anwendung solcher tariflichen Regelungen vereinbaren (vgl. Rn 104).

3. Verbindung zum Prozessrecht. Der AG trägt die **Darlegungs- und Beweislast** für die Voraussetzungen des Befristungsprivilegs nach Abs. 2a. Damit muss er nicht nur die Gründung des Unternehmens und den Zeitpunkt der Aufnahme der Erwerbstätigkeit beweisen, sondern auch den Beginn des nach Abs. 2a befristeten Arbverh innerhalb von vier Jahren nach der Tätigkeitsaufnahme, die Einhaltung der Vier-Jahres-Frist für die Befristung, die Wirksamkeit der Verlängerungen sowie den fehlenden Verstoß gegen das Anschlussverbot.[396]

4. Beraterhinweise. Da der Tag der faktischen Aufnahme der Erwerbstätigkeit häufig schwierig zu bestimmen sein wird, ist der Praxis die **genaue Dokumentation** anzuraten, ggf. vorsorglich die Einhaltung eines „Sicherheitsabstands" zum Ablauf der Vier-Jahres-Frist nach Unternehmensgründung.[397]

IV. Sachgrundlose Befristung mit älteren Arbeitnehmern (Abs. 3)
1. Allgemeines. Abs. 3 erlaubt die **sachgrundlose Befristung mit älteren AN**, die das 52. Lebensjahr vollendet haben, bis zu einer Höchstdauer von fünf Jahren bei mehrfacher Verlängerung, wenn der AN unmittelbar vor Beginn des befristeten Arbverh mind. vier Monate beschäftigungslos i.S.d. § 119 Abs. 1 Nr. 1 SGB III gewesen ist oder aber Transferkurzarbeitergeld bezogen oder an einer öffentlich geförderten Beschäftigungsmaßnahme nach SGB II oder SGB III teilgenommen hat. Entgegen der Vorgängerregelung dürfte Abs. 3 **europarechtskonform** sein.[398] Unklar bleibt, ob Abs. 3 verfassungskonform ist.[399]

a) Normzweck. Die Möglichkeit, mit AN ab dem 52. Lebensjahr befristete Arbeitsverträge unter erleichterten Voraussetzungen einzugehen, wie es bereits die Vorgängerregelung vorsah, soll wegen der nach wie vor **schwierigen Beschäftigungssituation älterer Arbeitsuchender** bestehen bleiben,[400] und zwar unbefristet.[401] Menschen im Alter zwischen 50 und 64 Jahren seien von der Arbeitslosigkeit wesentlich stärker betroffen als andere Altersgruppen; über die Hälfte von ihnen sei langzeitarbeitslos, und die durchschnittliche Dauer der Arbeitslosigkeit liege bei 16,5 Monaten.[402] Die befristete Beschäftigung könne auch für Ältere eine **Brücke zu einer dauerhaften Beschäftigung** darstellen.[403] Zusammen mit den Maßnahmen der aktiven Arbeitsförderung soll die Möglichkeit der sachgrundlosen Befristung den Unternehmen die Entscheidung zur Einstellung älterer AN erleichtern.[404]

b) Historie. § 1 Abs. 2 BeschFG 1996 hatte die Befristung mit älteren AN ab dem **60. Lebensjahr** von der Höchstdauer und der Begrenzung der Anzahl von Verlängerungen erstmalig zur Verringerung der besonders hohen Einstellungshindernisse ausgenommen, weil eine befristete Beschäftigung für einen älteren Arbeitsuchenden, zumal für

---

393 *Biebl*, Rn 160.
394 A.A. *Biebl*, Rn 160.
395 APS/*Backhaus*, § 14 TzBfG Rn 415n; Arnold/Gräfl/*Gräfl*, § 14 Rn 295.
396 APS/*Backhaus*, § 14 TzBfG Rn 415p.
397 APS/*Backhaus*, § 14 TzBfG Rn 415i; Arnold/Gräfl/*Gräfl*, § 14 Rn 291.
398 KR/*Lipke*, § 14 TzBfG Rn 349 u 363; krit. *Bayreuther*, BB 2007, 1113.
399 Vgl. dazu KR/*Lipke*, § 14 TzBfG Rn 349 u. 364 ff.
400 Begründung Gesetzesentwurf, BT-Drucks 16/3793, S. 14.
401 Begründung Gesetzesentwurf, BT-Drucks 16/3793, S. 22.
402 Begründung Gesetzesentwurf, BT-Drucks 16/3793, S. 14.
403 Begründung Gesetzesentwurf, BT-Drucks 16/3793, S. 15.
404 Begründung Regierungsentwurf, BT-Drucks 13/4612, S. 14 f.

einen Langzeitarbeitslosen, oft die einzige Möglichkeit sei, einen Arbeitsplatz zu finden.[405] Mit der Herabsetzung der Altersgrenze vom 60. auf das **58. Lebensjahr** sollten die Altersjahrgänge einbezogen werden, deren Anteil am Zugang in die Arbeitslosigkeit besonders groß ist.[406] Durch das Erste Gesetz für moderne Dienstleistungen am Arbeitsmarkt[407] wurde die Altersgrenze sodann bis zum 31.12.2006 auf das **52. Lebensjahr** erneut herunter gesetzt, um die Chancen der älteren AN auf Wiedereingliederung in den Arbeitsmarkt deutlich zu verbessern.[408] Die Laufzeit dieser Sonderregelung sollte gem. Kabinettsbeschluss vom 20.4.2005 um ein weiteres Jahr verlängert werden.[409] Der Koalitionsvertrag vom 11.11.2005 sah sodann neben der fälligen europarechtskonformen Ausgestaltung der Regelung eine Entfristung der erleichterten Befristung an dem 52. Lebensjahr vor.[410]

129 Die frühere Regelung war **europarechtswidrig** und dem EuGH zufolge von nationalen Gerichten **ungeanwendet** zu lassen.[411] Sie verstieß bereits gegen RL 1999/70/EG zu der Rahmenvereinbarung über befristete Arbeitsverträge. Denn danach haben die Mitgliedstaaten zur Vermeidung von Missbrauch durch Kettenarbeitsverträge eine oder mehrere der folgenden Maßnahmen zu ergreifen: Festlegung sachlicher Gründe, die die Verlängerung rechtfertigen, Bestimmung der maximal zulässigen Dauer aufeinander folgender befristeter Verträge oder Festlegung der zulässigen Zahl der Verlängerungen.[412] **Abs. 3 a.F. erfüllte keine dieser Voraussetzungen.**[413]

130 Die Regelung verstieß aber auch, jedenfalls soweit die Befristungsmöglichkeit bereits ab dem 52. Lebensjahr bestand, gegen die RL 2000/78/EG.[414] Danach ist eine **Diskriminierung wegen des Alters** verboten.[415] Zulässig sind zwar objektive und angemessene Differenzierungen, die im Rahmen des nationalen Rechts durch ein legitimes Ziel gerechtfertigt sind, z.B. arbeitsmarktbezogene Gesichtspunkte bzw. beschäftigungspolitische Ziele.[416] Hinsichtlich der Geeignetheit und Erforderlichkeit steht dem Gesetzgeber ein erheblicher Einschätzungs- und Gestaltungsspielraum zu.[417]

131 Der EuGH war aber der Auff., dass durch die Herabsenkung auf das 52. Lebensjahr eine große, ausschließlich nach dem Lebensalter definierte Gruppe von AN während eines erheblichen Teils ihres Berufslebens Gefahr liefe, von festen Beschäftigungsverhältnissen ausgeschlossen zu sein.[418] Rechtsvorschriften gingen „insofern, als sie das Alter des betroffenen AN als einziges Kriterium für die Befristung des Arbeitsvertrags festlegen, ohne dass nachgewiesen wäre, dass die Festlegung einer Altersgrenze als solche unabängig von anderen Erwägungen im Zusammenhang mit der Struktur des jeweiligen Arbeitsmarktes und der persönlichen Situation des Betroffenen zur Erreichung des Zieles der beruflichen Eingliederung arbeitsloser älterer AN objektiv erforderlich ist, über das hinaus, was zur Erreichung des verfolgten Zieles angemessen und erforderlich ist". Der EuGH hielt die Erforderlichkeit der Absenkung auf das 52. Lebensjahr für nicht nachgewiesen.[419] Unbeachtlich war, dass in dem der Entscheidung des EuGH zugrunde liegenden Fall die Frist zur Umsetzung der RL 2000/78/EG zum Zeitpunkt des Vertragsschlusses noch nicht abgelaufen war.[420] Denn während der Frist zur Umsetzung dürften Maßnahmen, die mit den Zielen der RL unvereinbar sind, nicht erlassen werden. Es obliege dem nationalen Gericht, die volle Wirksamkeit des allg. Verbots der Diskriminierung wegen des Alters zu gewährleisten, indem es entgegenstehende Bestimmungen des nationalen Rechts unangewendet lässt.[421] Das BAG ist dem gefolgt und hat Abs. 3 für unanwendbar erklärt; Vertrauensschutz bestehe nicht, da die Europarechtswidrigkeit der Regelung bereits seit längerem diskutiert und deshalb bekannt war.[422] Befristungen

---

405 Begründung Regierungsentwurf, BT-Drucks 13/4612, S. 17.
406 Begründung Regierungsentwurf, BT-Drucks 14/4374, S. 20.
407 23.12.2002, BGBl I 2002 S. 4607.
408 Begründung Regierungsentwurf, BT-Drucks 15/25, S. 40.
409 Pressemitteilung BMWA v. 20.4.2005.
410 Koalitionsvertrag 11.11.2005, Zeile 1177 ff., http://www.cdu.de/doc/pdf/05_11_11_Koalitionsvertrag.pdf.
411 EuGH 22.11.2005 – C-144/04 – Mangold – NZA 2005, 1345; APS/*Backhaus*, § 14 TzBfG Rn 418; *Meinel/Heyn/Herms*, § 14 Rn 189; *Däubler*, ZIP 2000, 1961; a.A. *Koberski*, NZA 2005, 79; *Preis/Gotthardt*, DB 2000, 2065; *Kliemt*, NZA 2000, 296; *Bauer*, NJW 2001, 2673; *Thüsing/Lambrich*, BB 2002, 829; *Kerwer*, NZA 2002, 1316; *Bauer*, NZA 2003, 30.
412 18.3.1999, ABl EG L 175/43 v. 10.7.1999.
413 *Backhaus*, Sonderbeil. NZA 24/2001, 8; KR/*Lipke*, § 14 TzBfG Rn 352; Arnold/Gräfl/*Gräfl*, § 14 Rn 302; *Schmalenberg*, ArbRB 2003, 27; a.A. *Bauer*, NZA 2003, 30; *Thüsing/Lambrich*, BB 2002, 829; *Wiedemann/Thüsing*, NZA 2002, 1234, *Gaul/Otto*, DB 2003, 94; auch Begründung Gesetzentwurf, BT-Drucks 4/3793, S. 18; offen gelassen von EuGH 22.11.2005 – C-144/04 – Mangold – NZA 2005, 1345.

414 EuGH 22.11.2005 – C-144/04 – Mangold – NZA 2005, 1345; KR/*Lipke*, § 14 TzBfG Rn 346; APS/*Backhaus*, § 14 TzBfG Rn 418; a.A. *Schmalenberg*, ArbRB 2003, 27.
415 27.11.2000, ABl EG L 303/16 v. 2.12.2000.
416 Art. 6 RL 2000/78/EG, 2.12.2000, ABl EG L 303/16 v. 2.12.2000; vgl. auch Begründung Regierungsentwurf, BT-Drucks 15/25, S. 40.
417 EuGH 22.11.2005 – C-144/04 – Mangold – NZA 2005, 1345.
418 EuGH 22.11.2005 – C-144/04 – Mangold – NZA 2005, 1345 (nach Vorlage durch ArbG München 29.10.2003 – 26 Ca 14314/03 – NZA-RR 2005, 43).
419 Krit. schon *Schlachter*, RdA 2004, 352; *Wiedemann/Thüsing*, NZA 2002, 1234.
420 EuGH 22.11.2005 – C-144/04 – Mangold – NZA 2005, 1345.
421 EuGH 22.11.2005 – C-144/04 – Mangold – NZA 2005, 1345; krit. unter Bezugnahme auf die Schlussanträge des Generalanwalts Tizziano *Waas*, EuZW 2005, 583; *Bauer*, NZA 2005, 800; *ders.*, NJW 2006, 6; *Koenigs*, DB 2006, 49.
422 BAG 26.4.2006 – 7 AZR 500/04 – NZA 2006, 1162; auch ArbG Berlin 30.3.2006 – 81 Ca 1543/06 – NZA-RR 2006, 408; ArbG Hannover 18.5.2006 – 10 Ca 617/04 – DB 2006, 1847.

nach Abs. 3 a.F. waren daher gem. § 16 S. 1 unwirksam, wenn der AG nicht das Vorliegen der Voraussetzungen der Befristung nach den Abs. 1, 2 oder 2 a nachweisen konnte.[423]

Durch das am 1.5.2007 in Kraft getretene **Gesetz zur Verbesserung der Beschäftigungschancen älterer Menschen**[424] im Rahmen der Initiative „50 Plus" hat die Bundesregierung die europarechtlichen Vorgaben unter Berücksichtigung des EuGH-Urteils vom 22.11.2005 umgesetzt, jedoch die Altersgrenze 52. Lebensjahr aufrechterhalten, und zwar unbefristet.

2. Regelungsgehalt. a) Altersgrenze. Gem. S. 1 ist für Befristungen mit älteren AN kein sachlicher Grund erforderlich. Das **52. Lebensjahr** muss bei Aufnahme des befristeten Arbverh vorliegen, nicht bereits zum Zeitpunkt des Vertragsschlusses.[425] Deshalb ist es denkbar, dass der AN bereits im bestehenden Arbverh mit dem AG wegen drohender Beschäftigungslosigkeit einen Arbeitsvertrag nach Abs. 3 schließt, und zwar auf die Zeit nach Erreichen der Altersgrenze und bei Vorliegen der weiteren Voraussetzungen.[426]

b) Vorhergehende viermonatige beschäftigungslose Zeit. Der AN muss vor Beginn der Befristung **mindestens vier Monate beschäftigungslos** gewesen sein. Damit will der Gesetzgeber dem EuGH gerecht werden, der an der Vorgängerregelung kritisiert hatte, es werde nicht berücksichtigt, ob und wie lange ein älterer AN vor Abschluss des Arbeitsvertrags arbeitslos war.[427] Die Frist berechnet sich nach §§ 187 Abs. 1, 188 Abs. 2 BGB.[428]

Die viermonatige Zeit der Beschäftigungslosigkeit muss grds. zusammenhängend sein und unmittelbar vor Beginn des befristeten Arbverh liegen.[429] Für die Berechnung der viermonatigen Beschäftigungslosigkeit sollen aber kurzzeitige **Unterbrechungen** unschädlich sein, z.B. wenn der AN vor Aufnahme der befristeten Beschäftigung kurzzeitig als Aushilfe oder Vertretung gearbeitet hat und die Dauer der kurzzeitigen Beschäftigung insg. vier Wochen nicht überschreitet.[430]

Nach Abs. 3 muss der AN **„beschäftigungslos"** sein, **nicht „arbeitslos"**. Dadurch soll einem größeren Personenkreis arbeitssuchender älterer Menschen eine Chance auf befristete Beschäftigung gegeben werden, weil Ältere nach längerer Beschäftigungslosigkeit auch dann auf dem Arbeitsmarkt große Probleme haben, wenn sie nicht arbeitslos gemeldet sind; deshalb werden auch Zeiten der Beschäftigungslosigkeit berücksichtigt, in denen der Ältere aus persönlichen Gründen daran gehindert war, einer Erwerbstätigkeit nachzugehen, etwa durch Pflege kranker Angehöriger, Teilnahme an Rehabilitationsmaßnahmen, vorübergehender Erwerbsunfähigkeit oder Verbüßung einer Freiheitsstrafe, oder in denen er dem Arbeitsmarkt nach Vollendung des 58. Lebensjahres nicht mehr uneingeschränkt zur Verfügung stehen musste.[431]

Beschäftigungslos sind Personen, die nach § 119 Abs. 1 Nr. 1 SGB III **nicht in einem Beschäftigungsverhältnis** stehen. Unklar ist, ob § 119 Abs. 3 SGB III Anwendung findet, d.h. eine Erwerbstätigkeit (Ausübung einer Beschäftigung, selbstständigen Tätigkeit oder Tätigkeit als mithelfender Familienangehöriger) im Umfang von weniger als 15 Stunden pro Woche der Befristung entgegen steht. Nach der Gesetzesbegründung ist das nicht der Fall.[432] In der Praxis wird dies aber wohl zu Recht wegen des klaren Wortlauts der Regelung, die eben nicht auf § 119 Abs. 3 SGB III verweist, abgelehnt. Vorsorglich muss man daher davon ausgehen, dass jede Art der Beschäftigung die Wirksamkeit der Befristung hindert.

Als beschäftigungslos i.S.d. Abs. 3 gilt auch, wer **Transferkurzarbeitergeld** nach § 216b Abs. 2 SGB III bezieht.[433] Zwar besteht der rechtliche Rahmen des versicherungspflichtigen Arbverh während des Transferkurzarbeitergeldbezuges weiter; dessen Inhalt hat sich aber grundlegend gewandelt.[434] Die Beschäftigungsmöglichkeiten für die Bezieher von Transferkurzarbeitergeld sind infolge einer Betriebsänderung nach § 111 BetrVG dauerhaft i.S.d. §§ 216a Abs. 1 S. 3, 216b Abs. 2 SGB III entfallen. Der AN nimmt nicht mehr am aktiven Arbeitsprozess teil.[435]

Den Zeiten der Beschäftigungslosigkeit stehen auch Zeiten gleich, in denen AN an einer **öffentlich geförderten Beschäftigungsmaßnahme nach SGB II oder III** teilgenommen haben (z.B. Eignungsfeststellung und Trainingsmaßnahmen zur Verbesserung der Eingliederungsaussichten oder der beruflichen Weiterbildung, §§ 48, 77 SGB III). Denn die Teilnehmer waren zuvor i.d.R. langzeitarbeitslos und konnten auch mit anderen arbeitsmarktpolitischen Instrumenten nicht in den ersten Arbeitsmarkt integriert werden; entsprechend stehen sie in einer gleich schwierigen Situation wie beschäftigungslose AN.[436] So soll sich die Altersbefristung also etwa an eine Sachgrundbefristung

---

423 KR/*Lipke*, § 14 TzBfG Rn 345.
424 19.4.2007, BGBl I S. 538; Gesetzesentwurf, BT-Drucks 16/3793.
425 KR/*Lipke*, § 14 TzBfG Rn 351.
426 *Bauer*, DB 02/2007, I; KR/*Lipke*, § 14 TzBfG Rn 351; *Schiefer*, DB 2007, 1081.
427 EuGH 22.11.2005 – C-144/04 – Mangold – NZA 2005, 1345; Begründung Gesetzesentwurf, BT-Drucks 16/3793, S. 17 f.; auch *Bauer*, DB 02/2007, I.
428 KR/*Lipke*, § 14 TzBfG Rn 352; *Schiefer*, DB 2007, 1081.
429 Begründung Gesetzesentwurf, BT-Drucks 16/3793, S. 17 und 23.
430 Begründung Gesetzesentwurf, BT-Drucks 16/3793, S. 17 und 23.
431 Begründung Gesetzesentwurf, BT-Drucks 16/3793, S. 16.
432 Begründung Gesetzesentwurf, BT-Drucks 16/3793, S. 22.
433 Begründung Gesetzesentwurf, BT-Drucks 16/3793, S. 22.
434 Begründung Gesetzesentwurf, BT-Drucks 16/3793, S. 22.
435 Begründung Gesetzesentwurf, BT-Drucks 16/3793, S. 23.
436 Begründung Gesetzesentwurf, BT-Drucks 16/3793, S. 23.

nach Abs. 1 anschließen können, wenn es sich bei dieser um eine Arbeitsbeschaffungsmaßnahme handelte, die als Beschäftigungslosigkeit zu bewerten ist.[437]

140 c) Kalendermäßige Befristung bis zu fünf Jahren. Um der RL 1999/70/EG zu der Rahmenvereinbarung über befristete Arbeitsverträge[438] zu genügen, hat der Gesetzgeber die Befristung bis zu **fünf Jahren** vorgesehen.[439] Abs. 3 erlaubt nur die **kalendermäßige Befristung**. Für den Beginn der Fünf-Jahres-Frist kommt es nicht auf den Abschluss des Arbeitsvertrags an, sondern auf den Zeitpunkt der vereinbarten **Arbeitsaufnahme**. Die Frist berechnet sich nach §§ 187 Abs. 2, 188 Abs. 2 und 3 BGB. Eine „Sperre" durch Vorbeschäftigung gibt es – anders als noch in den Vorgängerregelungen – nicht mehr.[440] Soweit die Voraussetzungen von Abs. 3 vorliegen, kann der AN von **demselben AG** erneut befristet beschäftigt werden.[441]

141 d) Verlängerungen. Innerhalb des Befristungszeitraums von fünf Jahren kann der Vertrag **mehrfach verlängert** werden. Entgegen Abs. 2 ist die Anzahl der zulässigen Verlängerungen wie bei Abs. 2a nicht begrenzt; es sind beliebig viele Verlängerungen möglich[442] (zum Begriff der Verlängerung vgl. Rn 88 ff).

142 3. Verbindung zum Prozessrecht. Die **Darlegungs- und Beweislast** für das Vorliegen der Voraussetzungen von Abs. 3 einschließlich des fehlenden Verstoßes gegen das Anschlussverbot trägt der AG.[443] Die Regel ist nach geltendem Recht der unbefristete Vertrag und Abs. 3 die für den AG günstige Ausnahme.

143 4. Beraterhinweise. Dem AG steht ein **Fragerecht** dahingehend zu, ob der AN vor Beginn des Arbverh vier Monate beschäftigungslos gewesen ist, Transferkurzarbeitergeld bezogen oder an einer öffentlich geförderten Beschäftigungsmaßnahme nach dem Zweiten oder Dritten Buch Sozialgesetzbuch teilgenommen hat; auf die Frage muss der der AN wahrheitsgemäß antworten, um sich nicht den Folgen der Anfechtung des Vertrags wegen Täuschung oder treuwidrigen Verhaltens nach §§ 123, 242 BGB auszusetzen.[444]

V. Schriftform (Abs. 4)

144 1. Allgemeines. Die Befristung eines Arbeitsvertrags bedarf zu ihrer Wirksamkeit gem. Abs. 4 der Schriftform (zu den Folgen von Verstößen vgl. § 16).

145 a) Normzweck. Die Schriftform der Befristung dient der **Klarstellung**, dem **Beweis** und der **Warnung**.[445] Insb. soll sich der AN darüber bewusst werden, dass sein Arbverh nicht den Bestandsschutz eines unbefristeten hat.[446]

146 b) Historie. Befristungsabreden unterliegen erst seit dem 1.5.2000 der Schriftform aus § 623 BGB.[447] Vorher konnten sie auch mündlich wirksam getroffen werden. Dem Referentenentwurf zum TzBfG zufolge sollte in der schriftlichen Vereinbarung der Befristung angegeben werden, ob die Befristung auf Abs. 1, 2 oder 3 beruht.[448] Der Regierungsentwurf sah dann die Schriftform für den gesamten befristeten Arbeitsvertrag vor.[449] Damit wäre der Vertrag schon unwirksam befristet gewesen, wenn irgendeine Abmachung (z.B. Weihnachtsgeld) nicht im Arbeitsvertrag niedergelegt wurde.[450] Im Zuge des Gesetzgebungsverfahrens wurde jedoch die **bestehende Regelung aus § 623 BGB übernommen** und dort der Zusatz zur Befristung gestrichen.[451] Deshalb bedarf jetzt nur die Befristungsabrede der Schriftform.[452]

---

437 *Schiefer*, DB 2007, 1081.
438 18.3.1999, ABl EG L 175/43v. 10.7.1999.
439 Begründung Gesetzesentwurf, BT-Drucks 16/3793, S. 18; auch KR/*Lipke*, § 14 TzBfG Rn 356 f.
440 KR/*Lipke*, § 14 TzBfG Rn 357.
441 Begründung Gesetzesentwurf, BT-Drucks 16/3793, S. 18 f. u 24; krit. KR/*Lipke*, § 14 TzBfG Rn 358 f.; *Bayreuther*, BB 2007, 1113; *Schiefer*, DB 2007, 1081.
442 Begründung Gesetzesentwurf, BT-Drucks 16/3793, S. 18; auch KR/*Lipke*, § 14 TzBfG Rn 360.
443 KR/*Lipke*, § 14 TzBfG Rn 350; BAG 28.6.2000 – 7 AZR 920/98 – AP § 1 BeschFG 1996 Nr. 2 = NZA 2000, 1110; BAG 6.12.1989 – 7 AZR 441/89 – NZA 1990, 741; a.A. Annuß/Thüsing/*Maschmann*, § 14 Rn 82; Arnold/Gräfl/*Gräfl*, § 14 Rn 346.
444 Begründung Gesetzesentwurf, BT-Drucks 16/3793, S. 24; auch KR/*Lipke*, § 14 TzBfG Rn 353.
445 Begründung Regierungsentwurf, BT-Drucks 14/4374, S. 20; BAG 23.6.2004 – 7 AZR 636/03 – NZA 2004, 1333; APS/*Backhaus*, § 14 TzBfG Rn 440.
446 Annuß/Thüsing/*Maschmann*, § 14 Rn 102; *Richardi/Annuß*, NJW 2000, 1231; *Preis/Gotthardt*, NZA 2000, 348.
447 Eingeführt durch ArbGBeschlG v. 30.3.2000, BGBl I S. 333.
448 Referentenentwurf, NZA 2000, 1045.
449 Regierungsentwurf, BT-Drucks 14/4374, S. 9.
450 APS/*Backhaus*, § 14 TzBfG Rn 437; Annuß/Thüsing/*Maschmann*, § 14 Rn 101; *Däubler*, ZIP 2000, 1961; *Preis/Gotthardt*, DB 2000, 2065; *Schiefer*, DB 2000, 2118.
451 Beschlussempfehlung des Ausschusses für Arbeit und Sozialordnung, BT-Drucks 14/4625, S. 11 und 13.
452 *Meinel/Heyn/Herms*, § 14 Rn 213; Annuß/Thüsing/*Maschmann*, § 14 Rn 101.

c) Geltungsbereich. Die Schriftform gilt für **jede Befristungsabrede** einschließlich **Verlängerungen**[453] und nachträglichen **Verkürzungen**,[454] soweit Spezialvorschriften nicht vorgehen.[455] Sie findet Anwendung auf die Zeit- und die Zweckbefristung sowie gem. § 21 auch auf auflösend bedingte Arbeitsverträge.[456] Außerdem gilt sie für Befristungen nach Sonderregelungen, z.B. § 21 BEEG, § 1 ÄArbVtrG bzw. § 2 WissZeitVG, § 8 Abs. 3 ATG.[457] Auf die **Befristung einzelner Arbeitsbedingungen** findet die Schriftform keine Anwendung.[458] **147**

Anders als bei der Abrufarbeit nach § 12 muss bei befristeten Einsätzen aufgrund von **Rahmenvereinbarungen** jede einzelne Befristung schriftlich erfolgen[459] (vgl. auch § 3 Rn 17).

Vereinbaren die Parteien nach Ausspruch einer Künd die **befristete Weiterbeschäftigung** des AN nach Ablauf der Künd-Frist bis zum rechtskräftigen Abschluss des **Künd-Schutzprozesses**, bedarf diese Befristung der Schriftform.[460] **148**

Abs. 4 gilt auch für befristete Verträge, die – z.B. im **Bühnenbereich** – zu ihrer Beendigung der Mitteilung einer Nichtverlängerungsvereinbarung bedürfen.[461] Denn die Nichtverlängerungsvereinbarung ändert nichts an der Tatsache, dass es sich um echte Befristungen handelt (vgl. § 3 Rn 19). Die Nichtverlängerungsmitteilung selbst bedarf nicht der Schriftform nach Abs. 4.[462] Schriftform ist aber zumeist tarifvertraglich vorgeschrieben. **149**

Verträge mit **Mindestlaufzeit** finden sich regelmäßig in unbefristeten Arbverh, so dass Abs. 4 nicht gilt[463] (vgl. § 3 Rn 9). Das Gleiche gilt für **Verlängerungsvereinbarungen**, wonach sich ein Arbeitsvertrag um einen bestimmten Zeitraum fortsetzt, wenn er nicht gekündigt ist.[464] **150**

Befristungen aufgrund **BV**[465] oder **allgemeinverbindlichen** bzw. wegen **beiderseitiger Tarifbindung anwendbaren TV**[466] unterliegen Abs. 4 wegen der unmittelbaren und zwingenden Wirkung nicht. Bei **einzelvertraglicher Bezugnahme von TV**, die Befristungen enthalten, reicht die Schriftform der Bezugnahmeklausel, so dass der Wortlaut der Befristungsregel nicht im schriftlichen Arbeitsvertrag enthalten sein muss und auch die körperliche Verbindung von Arbeitsvertrag mit Bezugnahmeklausel und TV-Regelung nicht erforderlich ist,[467] es sei denn, die Bestimmung ist nicht abschließend und eröffnet einen individualvertraglichen Regelungsspielraum.[468] Die gleichen Grundsätze gelten für **Altersgrenzen** in TV, während die einzelvertragliche Vereinbarung der Schriftform unterliegt.[469] Die **betriebliche Übung** der Übernahme tariflicher Regelungen genügt für Abs. 4 nicht.[470] **151**

Die Schriftform erstreckt sich allein auf die vereinbarte **Befristung**, nicht auf den Befristungsgrund und den übrigen Inhalt des Arbeitsvertrags.[471] Dies gilt nach ausdrücklicher Aufgabe der früheren Rspr. auch für das befristete Probe-Arbverh.[472] Der Befristungsgrund muss lediglich objektiv bei Vertragsschluss vorliegen, nicht mitgeteilt werden.[473] Er ist nur anzugeben, wenn Sondervorschriften wie § 2 WissZeitVG dies verlangen. Ein allg. **Zitiergebot** besteht nicht.[474] **152**

---

453 Meinel/Heyn/Herms, § 14 Rn 214; APS/Backhaus, § 14 TzBfG Rn 447; Preis/Gotthardt, NZA 2000, 348; Rolfs, NJW 2000, 1227; Bauer, BB 2001, 2526; Krabbenhöft, DB 2000, 1562.
454 Annuß/Thüsing/Maschmann, § 14 Rn 103; Meinel/Heyn/Herms, § 14 Rn 214.
455 Annuß/Thüsing/Maschmann, § 14 Rn 103; Richardi, NZA 2001, 57.
456 Annuß/Thüsing/Maschmann, § 14 Rn 103; Meinel/Heyn/Herms, § 14 Rn 217; Bauer, BB 2001, 2526; Kliemt, NZA 2001, 296; Preis/Gotthardt, DB 2000, 2065.
457 BAG 13.6.2007 – 7 AZR 700/06 – NZA 2008, 108; HWK/Schmalenberg, § 14 TzBfG Rn 132.
458 BAG 3.9.2003 – 7 AZR 106/03 – AP § 14 TzBfG Nr. 4 = NZA 2004, 255; HWK/Schmalenberg, § 14 TzBfG Rn 134; APS/Backhaus, § 14 TzBfG Rn 450; Meinel/Heyn/Herms, § 14 Rn 215; Däubler, ZIP 2001, 217; Kliemt, NZA 2001, 296; Preis/Gotthardt, NZA 2000, 348; Preis/Gotthardt, DB 2001, 145; Richardi, NZA 2001, 57; Trittin/Backmeister, DB 2000, 618.
459 APS/Backhaus, § 14 TzBfG Rn 449.
460 BAG 22.10.2003 – 7 AZR 113/03 – AP § 14 TzBfG Nr. 6; LAG Nürnberg 25.6.2004 – 9 Sa 151/04 – NZA-RR 2005, 18; HWK/Schmalenberg, § 14 TzBfG Rn 131; Meinel/Heyn/Herms, § 14 Rn 216; Ricken, NZA 2005, 323; a.A. Bengelsdorf, NZA 2005, 277.
461 APS/Backhaus, § 14 TzBfG Rn 446.
462 BSchG Hamburg 21.1.2002 – BSchG 21/01 – NZA-RR 2002, 462; BSchG Berlin 12.4.2002 – BSchG 13/01 – NZA-RR 2002, 574; KR/Lipke, § 14 TzBfG Rn 367b.
463 APS/Backhaus, § 14 TzBfG Rn 444; ErfK/Müller-Glöge, § 14 TzBfG Rn 116; Richardi/Annuß, NJW 2000, 1231.
464 APS/Backhaus, § 14 TzBfG Rn 445.
465 APS/Backhaus, § 14 TzBfG Rn 451.
466 APS/Backhaus, § 14 TzBfG Rn 452; Annuß/Thüsing/Maschmann, § 14 Rn 108.
467 BSchG Hamburg 21.1.2002 – BSchG 21/01 – NZA-RR 2002, 462; BSchG Berlin 12.4.2002 – BSchG 13/01 – NZA-RR 2002, 574; ErfK/Müller-Glöge, § 14 TzBfG Rn 117; a.A. APS/Backhaus, § 14 TzBfG Rn 458; Preis/Gotthardt, NZA 2000, 348.
468 Annuß/Thüsing/Maschmann, § 14 Rn 108.
469 ErfK/Müller-Glöge, § 14 TzBfG Rn 119; Annuß/Thüsing/Maschmann, § 14 Rn 106.
470 KR/Lipke, § 14 TzBfG Rn 315.
471 BAG 26.7.2006 – 7 AZR 515/05 – AP § 5 AVR Diakonisches Werk Nr. 1 = NZA 2007, 34; BAG, 13.10.2004 – 7 AZR 218/04 – NZA 2005, 401; BAG 23.6.2004 – 7 AZR 636/03 – NZA 2004, 1333; BAG 3.9.2003 – 7 AZR 106/03 – AP § 14 TzBfG Nr. 4 = NZA 2004, 255; BAG 15.8.2001 – 7 AZR 263/00 – AP § 21 BErzGG Nr. 5 = NZA 2002, 85; BAG 24.4.1996 – 7 AZR 719/95 – AP § 620 BGB Befristeter Arbeitsvertrag Nr. 180 = NZA 1997, 196; ErfK/Müller-Glöge, § 14 TzBfG Rn 115; KR/Lipke, § 14 TzBfG Rn 368.
472 BAG 23.6.2004 – 7 AZR 636/03 – NZA 2004, 1333.
473 BAG 15.8.2001 – 7 AZR 263/00 – AP § 21 BErzGG Nr. 5 = NZA 2002, 85; KR/Lipke, § 14 TzBfG Rn 368; Annuß/Thüsing/Maschmann, § 14 Rn 106.
474 LAG Baden-Württemberg 14.9.2005 – 13 Sa 32/05 – n.v.; Annuß/Thüsing/Maschmann, § 14 Rn 106; HWK/Schmalenberg, § 14 TzBfG Rn 137.

Deshalb können auch andere Sachgründe im Streitfall nachgeschoben werden, wenn ein Befristungsgrund schriftlich angegeben ist.[475] Anders liegt es nur bei Sonderregelungen wie SR 2y BAT oder § 2 Abs. 4 S. 1 WissZeitVG, die die konkrete Angabe der Befristungsgrundlage verlangen,[476] oder wenn die Parteien die Befristung ausschließlich auf eine bestimmte Rechtsgrundlage stützen wollten.[477] Schriftlich zu fassen sind aber grds. die Angaben, die zur Bestimmung der Beendigung erforderlich sind,[478] also entweder das **Enddatum** bzw. die **Befristungsdauer oder der Zweck**[479] bzw. das Ereignis, durch dessen Eintritt der Vertrag endet oder aufgelöst wird. Es muss zweifelsfrei feststellbar sein, bei Eintritt welchen Ereignisses das Arbverh enden soll.[480]

Auf **Altabreden**, die vor der Einführung der Schriftform in § 623 BGB per 1.5.2000 geschlossen wurden, findet Abs. 4 keine Anwendung.[481]

153 **2. Regelungsgehalt.** Mit dem Schriftformerfordernis wird auf **§ 126 BGB** Bezug genommen. Gem. § 126 Abs. 2 BGB muss die Unterzeichnung des Vertrages auf derselben Urkunde erfolgen oder, wenn mehrere gleich lautende Urkunden aufgenommen werden, jede Partei die für die andere Partei bestimmte Urkunde unterzeichnen. Nicht der Schriftform genügen daher **Telefaxe**,[482] **E-Mails**[483] und nur vom AG unterzeichnete **Bestätigungsschreiben**, in denen mündliche Vereinbarungen festgehalten werden.[484]

Die Schriftform muss **bei Vertragsantritt** vorliegen. Damit führt jede Unterzeichnung nach Arbeitsvertragsaufnahme zur Unwirksamkeit der Befristung. Es reicht aber, wenn der AG den Abschluss eines befristeten Arbeitsvertrags in einem Schreiben anbietet und der AN das darin liegende Angebot durch Unterzeichnung annimmt.[485] Allerdings macht der AG sein Angebot auf Abschluss eines befristeteten Arbverh von einer schriftlichen Annnahmeerklärung des AN abhängig, wenn er ihm ein bereits unterzeichnetes Vertragsformular mit der Bitte um Gegenzeichnung übersendet; der AN kann das Angebot dann nicht konkludent durch Arbeitsaufnahme mit der Folge eines unbefristeten Arbverh annehmen.[486] Eine Ersetzung der Schriftform kann durch **notarielle Beurkundung** nach § 126 Abs. 4 BGB erfolgen, die ihrerseits durch **gerichtlichen Vergleich** gem. § 127a BGB ersetzt werden kann.

154 Anders als bei § 623 BGB ist die **elektronische Form** nach § 126a BGB zulässig, gilt aber nicht für den Nachweis gem. § 2 Abs. 1 S. 2 Nr. 3 NachwG.[487] Für die elektronische Form muss der Aussteller der Erklärung seinen Namen hinzufügen sowie das elektronische Dokument mit einer qualifizierten elektronischen Signatur nach dem SignG versehen, und der AN muss genauso antworten; eine einfache E-Mail genügt der elektronischen Schriftform nicht.[488]

155 In der Praxis werden sehr häufig aus Praktikabilitätsgründen einerseits sowie der Unwissenheit über die Anforderungen an die Schriftform andererseits befristete Arbeitsverträge erst **nach Arbeitsaufnahme** unterzeichnet – entweder im Laufe des ersten Arbeitstages oder sogar erst einige Zeit danach. Gem. Abs. 4 sind derlei nach Arbeitsaufnahme unterzeichnete Arbeitsverträge nach § 16 **rechtsunwirksam befristet**.[489] In der schriftlichen Niederlegung eines bisher nur mündlich befristeten Vertrags liegt dem BAG zufolge weder die nachträgliche Befristung des bislang unbefristeten Arbeitsvertrags noch die Bestätigung der formnichtigen Befristung i.S.v. § 141 BGB. Nichts anderes gilt für die **Verlängerung** von befristet abgeschlossenen Verträgen. Auch hier muss die Schriftform vor Antritt des Verlängerungszeitraums vorliegen.[490]

---

475 LAG Schleswig-Holstein 14.6.2005 – 2 Sa 55/05 – n.v.; KR/*Lipke*, § 14 TzBfG Rn 58; a.A. *Preis/Gotthardt*, NZA 2000, 348.
476 BAG 16.7.2008 – 7 AZR 278/07 – BeckRS 2008 57696; BAG 28.3.2007 – 7 AZR 318/06 – NZA 2007, 937; BAG 28.3.2001 – 7 AZR 701/99 – AP § 620 BGB Befristeter Arbeitsvertrag Nr. 227; BAG 17.4.2002 – 7 AZR 665/00 – AP § 2 BAT SR 2y Nr. 21; BAG 31.7.2002 – 7 AZR 72/01 – AP § 620 BGB Befristeter Arbeitsvertrag Nr. 237.
477 BAG 5.6.2002 – 7 AZR 241/01 – AP § 1 BeschFG 1996 Nr. 13 = NZA 2003, 149; BAG 4.12.2002 – 7 AZR 545/01 – AP § 1 BeschFG 1996 Nr. 17 = NZA 2003, 916; zur Frage des Zitiergebots bei Verlängerungen: BAG 16.7.2008 – 7 AZR 278/07 – NZA 2008, 1347 (Anm. Studt, BB 2009, 616).
478 BAG 11.8.1988 – 2 AZR 95/88 – AP § 1 TVG Tarifverträge: Metallindustrie Nr. 70 = NZA 1989, 891; *Kliemt*, NZA 2001, 296; APS/*Backhaus*, § 14 TzBfG Rn 466 f.
479 BAG 21.12.2005 – 7 AZR 541/05 – NZA 2006, 321.
480 BAG 21.12.2005 – 7 AZR 541/05 – NZA 2006, 321.
481 LAG Hamburg 29.7.2004 – 1 Sa 12/04 – NZA-RR 2005, 206.
482 BGH 30.7.1997 – VIII ZR 244/96 – NJW 1997, 3169.
483 *Meinel/Heyn/Herms*, § 14 Rn 218.
484 *Kliemt*, NZA 2001, 296; Annuß/Thüsing/*Maschmann*, § 14 Rn 108.
485 BAG 26.7.2006 – 7 AZR 514/05 – NZA 2006, 1402.
486 BAG 16.4.2008 – 7 AZR 1048/06 – BB 2008, 1959.
487 HWK/*Schmalenberg*, § 14 TzBfG Rn 130; ErfK/*Müller-Glöge*, § 14 TzBfG Rn 121; APS/*Backhaus*, § 14 Rn 462.
488 *Meinel/Heyn/Herms*, § 14 Rn 222; Annuß/Thüsing/*Maschmann*, § 14 Rn 108.
489 BAG 1.12.2004 – 7 AZR 198/04 – NZA 2005, 575; a.A. LAG Sachsen-Anhalt 11.2.2004 – 4 Sa 469/03 – n.r., n.v.; *Nadler/v. Medem*, NZA 2005, 1214; kritisch auch *Bahnsen*, NZA 2005, 676.
490 BAG 16.3.2005 – 7 AZR 289/04 – AP § 14 TzBfG Nr. 16 = NZA 2005, 923; a.a. LAG Düsseldorf 6.12.2001 – 11 Sa 1204/01 – DB 2002, 900; offen gelassen von BAG 16.4.2003 – 7 AZR 119/02 – AP § 17 TzBfG Nr. 2 = NZA 2004, 283.

Der **Verstoß gegen die Schriftform** führt zur **Unwirksamkeit der Befristung**, nicht des Arbverh.[491] Gem. § 16 S. 1 gilt ein rechtsunwirksam befristeter Arbeitsvertrag als auf unbestimmte Zeit geschlossen. Ist die Befristung nur wegen des Mangels der Schriftform unwirksam, kann allerdings nach § 16 S. 2 auch schon vor dem vereinbarten Ende ordentlich gekündigt werden. Nur in absoluten **Ausnahmefällen** kann § 242 BGB der Formunwirksamkeit entgegenstehen.[492]

3. Verbindung zu anderen Rechtsgebieten und zum Prozessrecht. a) Darlegungs- und Beweislast. Der AG, der sich auf die Wirksamkeit der Befristung beruft, trägt die **Darlegungs- und Beweislast** für die Einhaltung der Schriftform.[493]

b) NachwG. Gem. § 2 Abs. 1 S. 1 und S. 2 Nr. 3 **NachwG** ist bei befristeten Arbverh die vorhersehbare Dauer des Arbverh spätestens einen Monat nach dem vereinbarten Beginn des Arbverh als wesentliche Vertragsbedingung schriftlich niederzulegen und die Niederlegung dem AN in unterzeichneter Form auszuhändigen. Die elektronische Form gem. § 126a BGB genügt hier nicht. Überwiegender Auff. zufolge reicht die Angabe des Zwecks bzw. des beendenden Ereignisses.[494] Das NachwG stellt daher gegenüber Abs. 4 keine strengeren Formerfordernisse auf. Entsprechend kann die Unwirksamkeit einer Befristung nicht auf das NachwG gestützt werden.

c) Berufsausbildungsverhältnis. Das **Berufsausbildungsverhältnis** ist gem. § 21 BBiG befristet. Abs. 4 findet wegen der spezielleren Regelung in § 11 Abs. 1 BBiG keine Anwendung.[495] Der Verstoß gegen die Schriftform führt nicht zur Formnichtigkeit, sondern stellt eine OWi gem. § 102 Abs. 1 Nr. 1 BBiG dar und kann Schadensersatzansprüche des Auszubildenden auslösen.[496]

4. Beraterhinweise. Wenn nicht ausnahmsweise ein besonderes Interesse an der Vertragsdauer besteht, sollte der AG ein **Künd-Recht** in den befristeten Vertrag aufnehmen.[497] Ist ein solches vereinbart, besteht bei Unwirksamkeit der Befristung nur wegen Mangels der Schriftform auch vor dem vereinbarten Ende ein ordentliches Künd-Recht, § 16 S. 2.

C. Verbindung zu anderen Rechtsgebieten

I. Betriebsverfassungsgesetz

Sowohl die Eingliederung eines AN aufgrund befristeten Arbeitsvertrags als auch dessen Verlängerungen sind jeweils **Einstellung** i.S.d. § 99 BetrVG, zu der der BR anzuhören und ggf. die Zustimmungsersetzung des ArbG einzuholen ist.[498] Keiner erneuten Beteiligung bedarf es, wenn der BR bereits bei der Ersteinstellung über die geplante unbefristete Weiterbeschäftigung bei Bewährung im befristeten Probe-Arbverh informiert wurde.[499] In Bezug auf die Wirksamkeit der Befristung bzw. sonstiger Vertragsinhalte hat der BR keinen Zustimmungsverweigerungsgrund.[500]

II. Landespersonalvertretungsgesetze

Die **LPVG** sind hinsichtlich der Mitbestimmung bei befristeten Arbeitsverträgen unterschiedlich ausgestaltet. Grds. führt die Verletzung des dem PR bei der Einstellung zustehenden Mitbestimmungsrechts nicht zur Unwirksamkeit des mit dem AN geschlossenen Arbeitsvertrags oder zur Unwirksamkeit der vereinbarten Befristung.[501]

---

491 BAG 22.10.2003 – 7 AZR 113/03 – AP § 14 TzBfG Nr. 6 = NZA 2004, 1275; Annuß/Thüsing/*Maschmann*, § 14 Rn 109.
492 BAG 26.9.1957 – 2 AZR 148/55 – AP § 74 HGB Nr. 2; BAG 15.11.1957 – 1 AZR 189/57 – AP § 125 BGB Nr. 2; BAG 27.3.1987 – 7 AZR 527/85 – AP § 242 BGB Betriebliche Übung Nr. 29 = NZA 1987, 778; BAG 22.8.1979 – 4 AZR 896/77 – AP § 4 BAT Nr. 6; BAG 9.12.1981 – 4 AZR 312/79 – AP § 4 BAT Nr. 8; BAG 9.7.1985 – 1 AZR 631/80 – AP § 75 BPersVG Nr. 16; LAG Köln 23.6.2005 – 5 Sa 506/05 – NZA-RR 2006, 19; APS/*Backhaus*, § 14 TzBfG Rn 483 ff.
493 APS/*Backhaus*, § 14 TzBfG Rn 489.
494 Begründung Regierungsentwurf, BT-Drucks 13/668, S. 10; *Stückemann*, DB 1995, 820; *Birk*, NZA 1996, 281, 286; *Preis*, NZA 1997, 10.
495 APS/*Backhaus*, § 14 TzBfG Rn 454, HWK/*Schmalenberg*, § 14 TzBfG Rn 132.
496 BAG 24.10.2002 – 6 AZR 743/00 – AP § 4 BBiG Nr. 2 = NZA 2004, 105.
497 V. Steinau-Steinrück/*Oelkers*, NJW-Spezial 1/2005, 33.
498 BAG 16.7.1985 – 1 ABR 35/83 – AP § 99 BetrVG 1972 Nr. 21 = NZA 1986, 163; BAG 28.10.1986 – 1 ABR 16/85 AP BetrVG 1972 § 99 Nr. 41 = NZA 1987, 530; BAG 7.8.1990 – 1 ABR 68/89 – AP § 99 BetrVG 1972 Nr. 82 = NZA 1991, 150; Annuß/Thüsing/*Maschmann*, § 14 Rn 73; *Meinel/Heyn/Herms*, § 14 Rn 234; HWK/*Schmalenberg*, § 14 TzBfG Rn 147; a.A. *Hunold*, NZA 1997, 741.
499 BAG 7.8.1990 – 1 ABR 68/89 – AP § 99 BetrVG 1972 Nr. 82 = NZA 1991, 150; Annuß/Thüsing/*Maschmann*, § 14 Rn 73; Jaeger/Röder/Heckelmann/*Lunk*, Kap. 24 Rn 23.
500 BAG 28.6.1994 – 1 ABR 59/93 – AP § 99 BetrVG 1972 Einstellung Nr. 4 = NZA 1995, 387; BAG 16.7.1985 – 1 ABR 35/83 – NZA 1986, 163; *Meinel/Heyn/Herms*, § 14 Rn 234; HWK/*Schmalenberg*, § 14 TzBfG Rn 147.
501 BAG 5.5.2004 – 7 AZR 629/03 – NZA 2004, 1346.

163 Soweit allerdings die Mitbestimmung hinsichtlich der **inhaltlichen Ausgestaltung** des Arbeitsvertrags oder Arbverh vorgesehen ist (z.B. in § 72 Abs. 1 Nr. 1 LPVG NW und § 63 Abs. 1 Nr. 4 LPVG Bdg.), führt deren Verletzung zur Unwirksamkeit der Befristung mit der Folge eines unbefristeten Arbverh,[502] soweit es sich nicht nur um die Befristung einzelner Arbeitsbedingungen handelt, für die seit dem 1.1.2002 die AGB-Grundsätze gelten[503] (vgl. § 3 Rn 13). Die erforderliche Zustimmung des PR kann dann nicht wirksam nachgeholt werden.[504] Ein Sachgrund ist mitzuteilen.[505] Die Zustimmung muss vor Abschluss der Befristungsvereinbarung vorliegen.[506] Dies gilt grds. auch für die Verlängerung.[507] Die Befristung ist zudem wegen Verstoßes gegen das Mitbestimmungsrecht unwirksam, wenn der Vertrag für eine andere Vertragsdauer geschlossen wird, als sie vom PR genehmigt war, oder wenn von dem angehörten Befristungsgrund abgewichen wird.[508] Die Mitteilung eines falschen Eintrittsdatums soll nicht in jedem Fall schaden.[509]

D. Beraterhinweise

I. Benennung der Befristungsgrundlage

164 Nur bei der reinen Zweckbefristung ist das Ereignis, das den Vertrag beenden oder auflösen soll, aufzuführen. I.Ü. sollte auf die **Nennung der Befristungsgrundlage** im Vertrag verzichtet werden, wenn dies nicht durch Spezialregelungen vorgesehen ist.[510] Der AG hält sich so offen, auf welche Befristungsgrundlage er sich später beruft. Er kann z.B. zur sachgrundlosen Befristung und hilfsweise zum Vorliegen eines Sachgrunds vortragen und ebenso eine Befristung, für die auch ein Sachgrund vorlag, unproblematisch nach Abs. 2 verlängern. Bei der Sachgrundbefristung besteht dem BAG zufolge die Möglichkeit, andere Sachgründe nachzuschieben. Die Benennung kann aber als Verzicht hierauf bzw. als Selbstbindung des AG ausgelegt werden (vgl. Rn 152).

II. Hinweis nach § 2 Abs. 2 S. 2 Nr. 3 SGB III

165 Der AG soll den AN gem. § 2 Abs. 2 S. 2 Nr. 3 SGB III vor der Beendigung des Arbverh darauf **hinweisen**, dass er sich frühzeitig über die Notwendigkeit eigener Aktivitäten bei der Suche nach einer anderen Beschäftigung zu informieren hat sowie nach § 37b SGB III verpflichtet ist, sich spätestens drei Monate vor dessen Beendigung **persönlich** bei der A.A. **arbeitsuchend zu melden**; liegen zwischen der Kenntnis des Beendigungszeitpunktes und der Beendigung des Arbeits- oder Ausbildungsverhältnisses weniger als drei Monate, so hat die Meldung innerhalb von drei Tagen nach Kenntnis des Beendigungszeitpunktes zu erfolgen.

166 Der Verstoß gegen diese Hinweisverpflichtung soll zwar weder eine Schadensersatzpflicht noch sozial- oder arbeitsrechtliche Sanktionen nach sich ziehen.[511] Durch den Hinweis kann aber vermieden werden, dass ein Ruhen des Alg-Anspruchs des AN wegen verspäteter Meldung eintritt sowie die Verkürzung der Anspruchsdauer für den Bezug von Alg und entsprechend auch der Streit über eine etwaige Schadensersatzpflicht.

167 Der Hinweis kann bereits in den befristeten Arbeitsvertrag aufgenommen werden, ggf. auch später in eine Benachrichtigung nach § 15 Abs. 2. **Beispiel:** „Wir weisen Sie darauf hin, dass Sie sich spätestens drei Monate nach Kenntnis des Beendigungsdatums persönlich bei der AA arbeitsuchend zu melden haben und, soweit zwischen der Kenntnis des Beendigungstermins und der Beendigung des Arbeitsverhältnisses weniger als drei Monate liegen, die Meldung innerhalb von drei Tagen ab der Kenntnis des Beendigungszeitpunktes zu erfolgen hat. Melden Sie sich nicht oder verspätet, so ruht bei Berechtigung zum Bezug von Arbeitslosengeld Ihr Anspruch auf Arbeitslosengeld, und es verkürzt sich die Anspruchsdauer. Sie sind zudem verpflichtet, eigene Aktivitäten bei der Suche nach einer neuen Beschäftigung zu entfalten."

---

502 BAG 13.4.1994 – 7 AZR 651/93 – AP § 72 LPVG NW Nr. 9 = NZA 1994, 1099; *v. Roetteken*, NZA-RR 2006, 225.
503 ArbG Bochum 5.1.2006 – 3 Ca 2743/05 – n.v.
504 BAG 20.2.2002 – 7 AZR 707/00 – AP § 72 LPVG NW Nr. 23 = NZA 2002, 811.
505 BAG 27.9.2000 – 7 AZR 412/99 – NZA 2001, 339; LAG Hamm 15.2.2005 – 12 (5) Sa 282/04 – NZA-RR 2005, 333.
506 LAG Köln 1.8.2000 – 13 (19) Sa 637/00 – FA 2001, 217.
507 LAG Rheinland-Pfalz 28.2.2001 – 9 Sa 1451/99 – NZA-RR 2002, 166.
508 BAG 8.7.1998 – 7 AZR 308/97 – AP § 72 LPVG NW Nr. 18 = NZA 1998, 1296; LAG Rheinland-Pfalz 28.2.2001 – 9 Sa 1451/99 – NZA-RR 2002, 166; LAG Berlin-Brandenburg 1.10.2008 – 15 Sa 1036/08 – NZA-RR 2009, 287.
509 LAG Düsseldorf 1.2.2002 – 10 Sa 1628/01 – NZA-RR 2003, 111; *Meinel/Heyn/Herms*, § 14 Rn 238.
510 *Rolfs*, § 14 Rn 129.
511 BAG 29.9.2005 – 8 AZR 571/04 – NZA 2005 1406; ArbG Verden 27.11.2003 – 3 Ca 1567/03 – NZA-RR 2004, 108; LAG Düsseldorf 29.9.2004 – 12 Sa 1323/04 – NZA-RR 2005, 104.

§ 15   Ende des befristeten Arbeitsvertrages

(1) Ein kalendermäßig befristeter Arbeitsvertrag endet mit Ablauf der vereinbarten Zeit.
(2) Ein zweckbefristeter Arbeitsvertrag endet mit Erreichen des Zwecks, frühestens jedoch zwei Wochen nach Zugang der schriftlichen Unterrichtung des Arbeitnehmers durch den Arbeitgeber über den Zeitpunkt der Zweckerreichung.
(3) Ein befristetes Arbeitsverhältnis unterliegt nur dann der ordentlichen Kündigung, wenn dies einzelvertraglich oder im anwendbaren Tarifvertrag vereinbart ist.
(4) ¹Ist das Arbeitsverhältnis für die Lebenszeit einer Person oder für längere Zeit als fünf Jahre eingegangen, so kann es von dem Arbeitnehmer nach Ablauf von fünf Jahren gekündigt werden. ²Die Kündigungsfrist beträgt sechs Monate.
(5) Wird das Arbeitsverhältnis nach Ablauf der Zeit, für die es eingegangen ist, oder nach Zweckerreichung mit Wissen des Arbeitgebers fortgesetzt, so gilt es als auf unbestimmte Zeit verlängert, wenn der Arbeitgeber nicht unverzüglich widerspricht oder dem Arbeitnehmer die Zweckerreichung nicht unverzüglich mitteilt.

A. Allgemeines ... 1	2. Voraussetzungen ... 17
B. Regelungsgehalt ... 2	a) Zeitablauf ... 17
I. Ende des Arbeitsvertrages bei kalendermäßiger Befristung (Abs. 1) ... 2	b) Fortsetzung des Arbeitsverhältnisses ... 18
	3. Wissen des Arbeitgebers ... 20
II. Ende des Arbeitsvertrages bei Zweckbefristung (Abs. 2) ... 4	4. Unverzüglicher Widerspruch/unverzügliche Mitteilung der Zweckerreichung bzw. des Bedingungseintritts ... 23
1. Zweckerreichung ... 4	a) Form ... 23
2. Unterrichtung über die Zweckerreichung ... 5	b) Frist ... 26
III. Kündigung des befristeten Arbeitsverhältnisses (Abs. 3) ... 10	c) Rechtsfolgen ... 29
IV. Kündbarkeit von Langzeitarbeitsverträgen (Abs. 4) ... 12	C. Verbindung zu anderen Rechtsgebieten und zum Prozessrecht ... 30
1. Anwendungsbereich ... 12	I. Andere Rechtsgebiete ... 30
2. Voraussetzungen ... 13	II. Prozessrecht ... 32
3. Rechtsfolge ... 15	D. Beraterhinweise ... 37
V. Fortsetzung des Arbeitsverhältnisses (Abs. 5) ... 16	
1. Anwendungsbereich ... 16	

A. Allgemeines

§ 15 enthält Regelungen für das befristete Arbverh. §§ 620, 624, 625 BGB gelten weitgehend nur noch für freie Dienstverträge (vgl. Rn 30). **1**

B. Regelungsgehalt

I. Ende des Arbeitsvertrages bei kalendermäßiger Befristung (Abs. 1)

Abs. 1 bestimmt, dass ein kalendermäßig befristeter Arbeitsvertrag (siehe § 3 Rn 5) durch Zeitablauf endet. Der Künd bedarf es nicht. Das gilt auch dann, wenn der befristete Arbeitsvertrag mit einem AN geschlossen wurde, dessen Arbverh besonderem Künd-Schutz unterliegt,[1] und zwar unabhängig davon, ob die Tatsachen, die den besonderen Künd-Schutz begründen, bereits bei Vereinbarung der Befristung bestanden haben oder erst im Laufe des Arbverh entstehen. Das Berufen auf die Wirksamkeit der Befristung kann ggf. rechtsmissbräuchlich i.S.d. § 242 BGB und damit unzulässig sein. Die Kenntnis des AG vom Bestehen besonderen Künd-Schutzes bei der Begründung des Arbverh hindert ihn grundsätzlich nicht daran, eine Befristung wirksam zu vereinbaren, sofern nicht der den besonderen Künd-Schutz auslösende Umstand der eigentliche Grund für die Befristung des Arbverh ist.[2] **2**

Einer schriftlichen Benachrichtigung des AG über die Beendigung des befristeten Arbeitsvertrages bedarf es nicht,[3] sofern nicht in Einzelfällen tarifvertraglich oder in einer Betriebsvereinbarung etwas anderes geregelt ist.[4] **3**

II. Ende des Arbeitsvertrages bei Zweckbefristung (Abs. 2)

1. Zweckerreichung. Ein zweckbefristeter Arbeitsvertrag liegt vor, wenn das Ende nicht kalendermäßig bestimmt ist (siehe § 3 Rn 6). Der Arbeitsvertrag endet mit dem Erreichen des vereinbarten Zwecks. Der AG ist für die Zweckerreichung darlegungs- und beweispflichtig. Sind die Voraussetzungen der Zweckerreichung nicht hinreichend deut- **4**

---

1 BT-Drucks 591/00, 34.
2 BAG 6.11.1996 – 7 AZR 909/95 – AP § 629 BGB Befristeter Arbeitsvertrag Nr. 188 = DB 1997, 1927; vgl. auch AG Rheinland-Pfalz 8.8.2008 – 9 Sa145/08 – n.v.
3 ErfK/*Müller-Glöge*, § 15 TzBfG Rn 1; a.A. wenn die Befristung ohne Sachgrund erfolgt ist *Schimana/Glasz*, AuR 2002, 365, 368.
4 S. Annuß/Thüsing/*Maschmann*, § 15 Rn 1.

lich, ist die Vereinbarung auszulegen.[5] Verbleibende Unklarheiten gehen zu Lasten des AG. Der AG kann eine Zweckbefristung durch eine zusätzlich vereinbarte Zeitbefristung („spätestens am …") absichern.[6] Der Zweck der Befristung unterfällt dem Schriftformerfordernis des § 14 Abs. 4 (siehe § 14 Rn 144 ff.). Die Angabe ist daher Wirksamkeitsvoraussetzung für die Befristung.[7]

5 **2. Unterrichtung über die Zweckerreichung.** Der AG muss den AN im Falle des zweckbefristeten Arbvverh nach Abs. 2 von der Erreichung des Zwecks schriftlich unterrichten. Das Arbvverh endet frühestens zwei Wochen nach Zugang (§ 130 BGB) der Unterrichtung beim AN. Die Unterrichtung muss die Tatsache des Zweckeintritts und den genauen Zeitpunkt der Zweckerreichung zum Gegenstand haben.[8] Die Unterrichtung ist keine Willenserklärung, sondern eine Wissenserklärung, da die Rechtsfolgen kraft Gesetzes eintreten.[9] Die Bezeichnung eines unzutreffenden Zeitpunkts der Zweckerreichung führt nicht dazu, dass damit automatisch ein unbefristetes Arbvverh entsteht.[10] Der AG kann daher bis zum Zeitpunkt des objektiven Zweckeintrittes die Unterrichtung mit Hinweis auf den richtigen Zeitpunkt wiederholen. Diese Möglichkeit endet jedoch mit Erreichen des objektiven Zweckes. Die Unterrichtung kann nach ihrem Wortsinn nur vor dem Zeitpunkt der objektiven Beendigung erfolgen. Ist das Arbvverh objektiv beendet und wird es fortgesetzt, steht dem AG nur noch das Widerspruchsrecht zu (siehe Rn 16 ff.).[11] Für die Unterrichtung ist Schriftform gem. § 126 BGB vorgesehen.[12] Elektronische Form nach § 126a BGB ist zulässig, da sie nicht gem. § 126 Abs. 3 BGB ausgeschlossen ist.[13] Nicht der Schriftform genügt die Übersendung eines Telefaxes[14] oder einer E-Mail ohne Signatur.[15] Ein Verstoß gegen die Formvorschrift führt grundsätzlich dazu, dass die Unterrichtung dem AN nicht wirksam zugegangen ist, so dass das zweckbefristete Arbvverh nicht endet.[16]

6 Arbeitet der AN mit Wissen des AG oder eines Vertreters über das formwidrig mitgeteilte Ende des Arbvverh fort, so kann nach Abs. 5 ein unbefristetes Arbvverh entstehen (siehe Rn 16 ff.). Arbeitet der AN nicht weiter und beruft sich allein auf die formwidrige Mitteilung, so besteht das Arbvverh rechtlich fort. Der AN kann Ansprüche aus Annahmeverzug geltend machen. Die Folge des Abs. 5 tritt jedoch nicht ein, da das Arbvverh nicht mit Wissen des AG tatsächlich fortgesetzt wird. Verletzt der AG die Form für die Unterrichtung des AN, so kann er eine formgerechte Mitteilung unverzüglich nachholen. Für die Feststellung, ob schuldhaftes Zögern i.S.d. § 121 BGB vorliegt, ist zu beachten, dass für die Annahme schuldhaften Verhaltens die AG die Zweckerreichung kennen muss. Kenntnis von Mitarbeitern wird ggf. entsprechend § 278 BGB zugerechnet.[17] Das Arbvverh endet 14 Tage nach wirksamem Zugang der Mitteilung. Das gilt auch dann, wenn die Zweckerreichung zu Beginn oder innerhalb der 14-Tage-Frist liegt.

7 Der AN kann sich im Falle zutreffender und formwirksamer Mitteilung der Zweckerreichung nicht von dem Arbeitsvertrag zu einem früheren Zeitpunkt lossagen.[18] Ist die Angabe der Zweckerreichung zwar formell ordnungsgemäß, jedoch objektiv unzutreffend, kommt es darauf an, ob der Zeitpunkt der tatsächlichen Zweckerreichung vor oder nach dem in der Mitteilung angegebenen Zeitpunkt liegt. Liegt er davor, endet das Arbvverh erst zu dem vom AG angegebenen Zeitpunkt. Liegt der Zeitpunkt der Zweckerreichung nach dem angegebenen Zeitpunkt, besteht das Arbvverh bis zum Zeitpunkt der Zweckerreichung fort.[19] Der AN kann sich auf die objektive Erreichung des Zwecks zur Beendigung des Arbvverh auch dann berufen, wenn er formwidrig oder inhaltlich unzutreffend unterrichtet worden ist.[20]

8 Die 14-Tage-Frist berechnet sich nach §§ 187 ff. BGB. § 193 BGB findet keine Anwendung.[21] Läuft die 14-Tage-Frist nach dem Zeitpunkt der Zweckerreichung ab und kann der AG den AN aus diesem Grunde nicht sinnvoll weiterbeschäftigen, kann er ihn unter Anrechnung der Urlaubsansprüche von der Arbeit freistellen, sofern eine Freistellungsmöglichkeit vertraglich vorgesehen ist.[22] Die Parteien können sich anderenfalls über die Freistellung – ggf. konkludent – einigen.

---

5 BAG 24.9.1997 – 7 AZR 669/96 – AP § 620 BGB Befristeter Arbeitsvertrag Nr. 192 = NZA 1998, 419; ArbG Berlin 27.11.2003 – 79 Ca 22206/03 – LAGE § 15 TzBfG Nr. 2.
6 BAG 15.8.2001 – 7 AZR 263/00 – AP § 21 BErzGG Nr. 5 = NZA 2002, 85.
7 BAG 21.12.2005 – 7 AZR 541/04 – AP Nr. 18 zu § 14 TzBfG = NJW 2006, 1084.
8 Sächsisches LAG 25.1.2008 – 3 Sa 458/07 – FA 2008, 151 (Leitsatz).
9 ArbG Berlin 27.11.2003 – 79 Ca 22206/03 – LAGE § 15 TzBfG Nr. 2; ErfK/*Müller-Glöge*, § 15 TzBfG Rn 2; Annuß/Thüsing/*Maschmann*, § 15 Rn 4.
10 KR-*Lipke* § 15 Rn 121; a.A. *Richardi/Annuß* BB 2001, 2201, 2205.
11 A.A. Sächsisches LAG 25.1.2008 – 3 Sa 458/07 – FA 2008, 151 (Leitsätze).
12 ErfK/*Müller-Glöge*, § 15 TzBfG Rn 2; Annuß/Thüsing/ *Maschmann*, § 15 Rn 4.
13 ErfK/*Müller-Glöge*, § 15 TzBfG Rn 2; a.A. Annuß/Thüsing/*Maschmann*, § 15 Rn 4.
14 Vgl. BAG 11.6.2002 – 1 ABR 43/01 – AP § 99 BetrVG Nr. 118 = NJW 2003, 843; Annuß/Thüsing/*Maschmann*, § 15 Rn 4.
15 Annuß/Thüsing/*Maschmann*, § 15 Rn 4; APS/*Backhaus*, § 15 TzBfG Rn 7.
16 Annuß/Thüsing/*Maschmann*, § 15 Rn 4; KR/*Lipke/Bader*, § 15 TzBfG Rn 12.
17 ErfK/*Müller-Glöge*, § 15 TzBfG Rn 6; *Backhaus*, NZA 2001, Beil. zu Heft 24, 8, 12.
18 KR/*Lipke/Bader*, § 15 TzBfG Rn 8; ErfK/*Müller-Glöge*, § 15 TzBfG Rn 7; a.A. Annuß/Thüsing/*Maschmann*, § 15 Rn 9.
19 ErfK/*Müller-Glöge*, § 15 TzBfG Rn 3.
20 Annuß/Thüsing/*Maschmann*, § 15 Rn 5; *Meinel/Heyn/ Herms*, § 15 Rn 23; a.A. KR/*Lipke/Bader*, § 15 TzBfG Rn 8; ErfK/*Müller-Glöge*, § 15 TzBfG Rn 3.
21 ErfK/*Müller-Glöge*, § 15 TzBfG Rn 4; a.A. Annuß/Thüsing/*Maschmann*, § 15 Rn 7.
22 ErfK/*Müller-Glöge*, § 15 TzBfG Rn 5.

Das Unterrichtungsschreiben muss den Zeitpunkt der Zweckerreichung präzise nennen (siehe Rn 5). Nicht hinreichend ist es, wenn der AG nur einen bestimmten Zeitraum angibt oder den Zeitpunkt der Zweckerreichung relativiert.[23] Unzutreffende Angaben genügen für den Beginn des Fristlaufes nicht.[24] Der AG muss jedoch nicht begründen, warum die Zweckerreichung eingetreten ist.[25]

III. Kündigung des befristeten Arbeitsverhältnisses (Abs. 3)

Ein befristetes Arbverh kann nur dann ordentlich gekündigt werden, wenn dies einzelvertraglich vereinbart ist oder ein anwendbarer TV dies vorsieht.[26] Das Erfordernis gilt nur für die ordentliche Künd.[27] Die Regelung in einem TV genügt nur dann, wenn er für AG und AN kraft Tarifgebundenheit zwingend anwendbar ist oder wenn die Anwendbarkeit durch arbeitsvertragliche Verweisung vereinbart ist.[28] Ist dies nicht der Fall, kann sich die Möglichkeit der ordentlichen Künd jedoch aus dem Arbeitsvertrag ergeben. Einer ausdrücklichen Vereinbarung bedarf es nicht. Es genügt, wenn sich die ordentliche Kündbarkeit aus den Umständen ergibt.[29] Die Vereinbarung bedarf nicht der Schriftform. So kann aus der Vereinbarung einer Probezeit geschlossen werden, dass das befristete Arbverh innerhalb der Probezeit ordentlich mit der gesetzlich oder tariflich maßgebenden Künd-Frist kündbar ist.[30] Für die Künd nach Ablauf der Probezeit genügt die Vereinbarung einer Künd-Frist für die ordentliche Künd nach der Probezeit.[31] Die Regelung der ordentlichen Kündbarkeit des befristeten Arbverh in einer Betriebsvereinbarung genügt nicht.[32] Die Möglichkeit der ordentlichen Künd ohne Vereinbarung des Künd-Rechts besteht nach § 16 S. 2 (siehe § 16 Rn 4) ausnahmsweise dann, wenn die Befristungsvereinbarung allein wegen Verstoßes gegen das Schriftformerfordernis des § 14 Abs. 4 unwirksam ist.

Die Grundsätze gelten auch bei Vereinbarung einer Altersgrenze. Die Vereinbarung einer Altersgrenze ist eine Befristung des Arbeitsvertrages.[33]

IV. Kündbarkeit von Langzeitarbeitsverträgen (Abs. 4)

1. Anwendungsbereich. Abs. 4 betrifft die in der Praxis seltene Vereinbarung eines Arbverh auf Lebenszeit oder für eine Zeit von länger als fünf Jahren. Für diese Fälle sieht Abs. 4 im Hinblick auf Art. 12 Abs. 1 GG ein besonderes Künd-Recht für den AN vor.[34] Abs. 4 ist einseitig zwingend. Die Vorschrift kann nicht durch TV oder Arbeitsvertrag zu Ungunsten des AN abgedungen werden.[35] Das Künd-Recht gilt nur für den AN.

2. Voraussetzungen. Die erste Alternative des Abs. 4 betrifft Arbeitsverträge, die auf Lebenszeit geschlossen sind. Ausreichend ist, wenn das Arbverh auf die Lebenszeit des AN oder des AG oder irgendeiner dritten Person geschlossen ist.[36] Die Vereinbarung muss eindeutig und zweifelsfrei sein.[37] Anderenfalls ist die Vereinbarung auszulegen.[38] Die zweite Alternative des Abs. 4 betrifft befristete Arbeitsverträge, durch die das Arbverh für eine längere Zeit als fünf Jahre eingegangen ist. Erfasst werden sowohl Zeitbefristungen als auch Zweckbefristungen oder die Vereinbarung einer auflösenden Bedingung, wenn Bedingung oder Zweckerreichung erst nach mehr als fünf Jahren eintreten (sollen).[39]

Die Fünf-Jahres-Frist berechnet sich nicht ab dem Zeitpunkt des Abschlusses des Arbeitsvertrages, sondern ab dessen Invollzugsetzung bzw. Aktualisierung.[40] Die Vorschrift findet daher keine Anwendung, wenn es sich um einen

---

23 Annuß/Thüsing/*Maschmann*, § 15 Rn 6; KR/*Lipke/Bader*, § 15 TzBfG Rn 13.
24 Annuß/Thüsing/*Maschmann*, § 15 Rn 6.
25 Annuß/Thüsing/*Maschmann*, § 15 Rn 6; KR/*Lipke/Bader*, § 15 TzBfG Rn 13; a.A.: Kittner/Däubler/*Zwanziger*, § 15 TzBfG Rn 6.
26 Zur Regelung in einem TV BAG 28.6.2007 – 6 AZR 750/06 – AP Nr. 27 zu § 307 BGB = NZA 2007, 1049.
27 Annuß/Thüsing/*Maschmann*, § 15 Rn 11; *Hromadka*, BB 2001, 676; *Kliemt*, NZA 2001, 269, 302.
28 BAG 18.9.2003 – 2 AZR 432/02 – NZA 2004, 222; LAG 12.1.2004 – 9 (2) Sa 653/02 – FA 2004, 156 (LS).
29 BAG 25.2.1998 – 2 AZR 279/97 – AP § 620 BGB Befristeter Arbeitsvertrag Nr. 195 = NZA 1998, 747; Annuß/Thüsing/*Maschmann*, § 15 Rn 10; ErfK/*Müller-Glöge*, § 15 TzBfG Rn 15.
30 BAG 4.7.2001 – 2 AZR 88/00 – EzA BGB § 620 Künd Nr. 4 = NZA 2002, 288 (LS); ErfK/*Müller-Glöge*, § 15 TzBfG Rn 15; KR/*Lipke/Bader*, § 15 TzBfG Rn 21.
31 Annuß/Thüsing/*Maschmann*, § 15 Rn 10; *Hormadka*, BB 2001, 676.
32 ErfK/*Müller-Glöge*, § 15 TzBfG Rn 13; Annuß/Thüsing/*Maschmann*, § 15 Rn 10.
33 BAG 27.7.2005 – 7 AZR 443/04 – AP § 620 BGB Altersgrenze Nr. 27 = DB 2006, 339.
34 BAG 24.10.1996 – 2 AZR 845/95 – AP § 256 ZPO 1977 Nr. 37 = NZA 1997, 597; ErfK/*Müller-Glöge*, § 15 TzBfG Rn 17.
35 BT-Drucks 14/4374, 20; BAG 25.3.2004 – 2 AZR 183/03 – AP Nr. 60 zu § 138 BGB = BB 2004, 2303; ErfK/*Müller-Glöge*, § 15 Rn 30; Annuß/Thüsing/*Maschmann*, § 15 Rn 12.
36 BT-Drucks 14/4374, 20; Annuß/Thüsing/*Maschmann*, § 15 Rn 13; ErfK/*Müller-Glöge*, § 15 TzBfG Rn 21; a.A. MüKo-BGB/*Schwerdtner*, § 26 BGB Rn 7, der auf die Lebenszeit des Verpflichteten abstellt.
37 ErfK/*Müller-Glöge*, § 15 TzBfG Rn 21; Annuß/Thüsing/*Maschmann*, § 15 Rn 13.
38 S. Bsp. aus der Rspr. bei Annuß/Thüsing/*Maschmann*, § 15 Rn 13.
39 ErfK/*Müller-Glöge*, § 15 TzBfG Rn 24; Annuß/Thüsing/*Maschmann*, § 15 Rn 14.
40 ErfK/*Müller-Glöge*, § 15 TzBfG Rn 27; Annuß/Thüsing/*Maschmann*, § 15 Rn 14.

Arbeitsvertrag auf die Dauer von fünf Jahren handelt. Keine Anwendung findet Abs. 4 auch dann, wenn ein Vertrag auf die Dauer von fünf Jahren abgeschlossen worden ist und sich dieser Vertrag um weitere fünf Jahre verlängert, wenn er nicht zuvor vom AN mit einer bestimmten Frist gekündigt worden ist.[41] Gleiches gilt, wenn ein für fünf Jahre vereinbartes Arbverh nach Ablauf der fünf Jahre vertraglich verlängert wird. Abs. 4 ist auch dann nicht anwendbar, wenn die Verlängerung bereits kurz vor Ablauf der Fünf-Jahres-Frist des vorangehenden Vertrages vereinbart wird.[42] Etwas anderes kann nur dann gelten, wenn die Verlängerung in deutlichem zeitlichem Abstand zur Beendigung des Vorvertrages erfolgt.[43] Als äußerste Grenze wird hierbei eine Frist von einem Jahr angesehen.[44]

15 **3. Rechtsfolge.** Liegen die Voraussetzungen des Abs. 4 vor, so führt dies nicht zur Unzulässigkeit des Vertragsschlusses, sondern gibt den AN ein außerordentliches Künd-Recht mit der Künd-Frist des Abs. 4 S. 2. Das Künd-Recht besteht erst nach Ablauf der Fünf-Jahres-Frist. Der Arbeitsvertrag kann nicht schon zum Zeitpunkt des Ablaufes des fünften Jahres gekündigt werden.[45] Die Künd-Frist des Abs. 4 geht als speziellere Regelung den Fristen in § 622 BGB oder tarifvertraglichen Fristen vor. Die Künd ist nicht an einen Endtermin gebunden, sie kann zu jedem Tag ausgesprochen werden.[46] Eine vor Ablauf der Fünf-Jahres-Frist ausgesprochene Künd ist in eine ordentliche Künd des Arbverh unter Beachtung der geltenden Künd-Fristen umzudeuten, wenn die Künd des Arbverh vor Ablauf der Fünf-Jahres-Frist nach Abs. 3 zulässig ist (siehe Rn 10). Dem AN steht es frei, von dem Künd-Fristrecht Gebrauch zu machen. Ausschlussfristen finden keine Anwendung.[47] Das Künd-Recht unterliegt grundsätzlich nicht der Verwirkung.[48]

V. Fortsetzung des Arbeitsverhältnisses (Abs. 5)

16 **1. Anwendungsbereich.** Abs. 5 enthält eine gesetzliche Fiktion, nach der ein mit Wissen des AG nach Ablauf der Befristung fortgesetztes Arbverh als unbefristet verlängert gilt. Das Arbverh wird zu den bisherigen Bedingungen fortgesetzt.[49] Für die Weiterbeschäftigung in einem Arbverh nach Beendigung der Ausbildung findet § 24 BBiG Anwendung.[50] Wird das Ausbildungsverhältnis selbst fortgesetzt, kommt eine Verlängerung ggf. über die Rechtsgedanken der §§ 17 BBiG, 15 Abs. 5 TzBfG in Betracht.[51] Die Fiktion beruht auf der Erwägung, die Fortsetzung der Arbeitsleistung durch den AN mit Wissen des AG sei im Regelfall der Ausdruck eines stillschweigenden Willens der Parteien zur Verlängerung des Arbverh.[52] Dem AG soll es verwehrt sein, trotz Zeitablaufs, objektiver Zweckerreichung oder Eintritt der Bedingung das Ende des Arbverh beliebig hinauszuschieben.[53] Ist ein unbefristetes Arbverh durch Künd, Anfechtung oder Aufhebungsvertrag beendet worden, so findet Abs. 5 im Falle der Weiterarbeit des AN keine Anwendung. Für diese Fälle bleibt aber ggf. § 625 BGB anwendbar.[54] Abs. 5 ist anders als § 625 BGB nicht im Voraus abdingbar.[55] Zulässig ist jedoch eine Abbedingung des Abs. 5 bei Vertragsende.[56] Keine Anwendung findet Abs. 5 als gesetzliche Fiktion dann, wenn eine ausdrückliche oder konkludente Vereinbarung der Parteien über die Fortsetzung des Arbverh – ggf. zu anderen Bedingungen – vorliegt.[57]

17 **2. Voraussetzungen. a) Zeitablauf.** Voraussetzung für die Anwendung des Abs. 5 ist, dass der befristete Arbeitsvertrag sein Ende gefunden hat (siehe Rn 4 ff.).

18 **b) Fortsetzung des Arbeitsverhältnisses.** Das Arbverh wird fortgesetzt, wenn der AN seine arbeitsvertraglichen Verpflichtungen nach objektiver Beendigung des Arbverh bzw. Ablaufs der 14-Tage-Frist des Abs. 2 tatsächlich weiter erbringt.[58] Dabei ist wie folgt zu differenzieren: Hat der AG rechtzeitig unter Einhaltung der Zwei-Wo-

---

41 BAG 14.12.1991 – 2 AZR 363/91 – AP § 624 BGB Nr. 2 = NZA 1992, 543; ErfK/*Müller-Glöge*, § 15 TzBfG Rn 25.
42 ErfK/*Müller-Glöge*, § 15 TzBfG Rn 26; KR/*Fischermeier*, § 624 BGB Rn 24; a.A. MüKo-BGB/*Schwerdtner*, § 26 Rn 13.
43 ErfK/*Müller-Glöge*, § 15 TzBfG Rn 26; KR/*Fischermeier*, § 624 BGB Rn 24.
44 BAG 14.12.1991 – 2 AZR 363/91 – AP Nr. 2 zu § 624 BGB = NZA 1992, 543; ErfK/*Müller-Glöge*, § 15 TzBfG Rn 26; Annuß/Thüsing/*Maschmann*, § 15 Rn 14.
45 ErfK/*Müller-Glöge*, § 15 TzBfG Rn 27.
46 BAG 24.10.1996 – 2 AZR 845/95 – AP § 256 ZPO 1977 Nr. 37 = NZA 1997, 597; ErfK/*Müller-Glöge*, § 15 TzBfG Rn 29.
47 ErfK/*-Glöge*, § 15 TzBfG Rn 28.
48 ErfK/*Müller-Glöge*, § 15 TzBfG Rn 28.
49 Annuß/Thüsing/*Maschmann*, § 15 Rn 15.
50 vgl. zur Beendigung des Ausbildungsverhältnisses auch BAG 14.1.2009 – 3 AZR 427/07 – n.v.
51 BAG 13.3.2007 – 9 AZR 494/06 – AP Nr. 13 zu § 14 BBiG = ZTR 2007, 579.
52 BAG 11.7.2007 – 7 AZR 501/06 – AP Nr. 12 zu § 57a HRG.
53 BT-Drucks 14/4374, 21; Annuß/Thüsing/*Maschmann*, § 15 Rn 15.
54 BT-Drucks 14/4374, 21; BAG 3.9.2003 – 7 AZR 106/03 – AP § 14 TzBfG Nr. 4 = NJW 2004, 1126; ErfK/*Müller-Glöge*, § 15 TzBfG Rn 33; Annuß/Thüsing/*Maschmann*, § 15 Rn 16; KR/*Fischermeier*, § 625 BGB Rn 11, *Kliemt*, NZA 2001, 296, 302.
55 ErfK/*Müller-Glöge*, § 15 TzBfG Rn 33; Annuß/Thüsing/ *Maschmann*, § 15 Rn 16; KR/*Fischermeier*, § 625 BGB Rn 11a; KR/*Lipke/Bader* § 15 TzBfG Rn 27.
56 Annuß/Thüsing/*Maschmann*, § 15 Rn 16; KR/*Fischermeier*, § 625 BGB Rn 11a.
57 Annuß/Thüsing/*Maschmann*, § 15 Rn 15.
58 BAG 24.10.2001 – 7 AZR 620/00 – AP HRG § 57c Nr. 9 = NZA 2003, 153; BAG 2.12.1998 – 7 AZR 508/97 – AP BGB § 625 Nr. 8 = NZA 1999, 482; ErfK/*Müller-Glöge*, § 15 TzBfG Rn 35.

chen-Frist form- und fristgerecht auf den objektiven Zeitpunkt der Beendigung des Arbverh hingewiesen, so ist maßgeblicher Zeitpunkt für die Weiterarbeit der Tag nach Eintritt des Zwecks. Hat der AG verspätet auf den objektiven Zeitpunkt des Zweckeintritts hingewiesen, so dass die 14-Tages-Frist erst mit Eintritt des Zweckes endet, ist der Tag nach Ablauf der Frist maßgeblich. Hat der AG auf einen Beendigungszeitpunkt hingewiesen, der nicht dem Zeitpunkt der objektiven Zweckerreichung entspricht, und liegt dieser nach dem Zeitpunkt der objektiven Zweckerreichung, so ist der Tag nach dem genannten Zeitpunkt maßgeblich.[59] Liegt der genannte Zeitpunkt vor dem der objektiven Zweckerreichung, muss ebenfalls der Tag nach dem genannten Zeitpunkt maßgeblich sein. Der AG geht in diesem Fall von der Beendigung des Arbverh zu dem genannten Zeitpunkt aus. Lässt er das Arbverh danach weiter bestehen, kommt nach dem genannten Schutzzweck des Abs. 5 ein unbefristetes Arbverh zustande. Ist der Zweck objektiv eingetreten, ohne dass der AG darauf hingewiesen hat, ist der Tag nach der objektiven Zweckerreichung maßgeblich.

Der AN muss seine Arbeitsleistung bewusst und in der Bereitschaft fortsetzen, die Pflichten aus dem Arbverh weiter zu erfüllen.[60] Eine Fortsetzung des Arbverh liegt nicht vor, wenn lediglich der AG Leistungen an den AN erbringt, z.B. Entgeltfortzahlung im Krankheitsfall,[61] Urlaub gewährt oder Freizeitausgleich bewilligt, selbst wenn der AN danach die Tätigkeit wieder aufnimmt.[62] Der AN muss das Arbverh in unmittelbarem Anschluss an die objektive Beendigung fortführen. Geschieht dies erst nach einer Unterbrechung, findet Abs. 5 keine Anwendung.[63] Der AN muss sich der Fortsetzung des Arbverh über das Vertragsende hinaus bewusst sein.[64] Nicht ausreichend ist es, wenn es sich der AN nur „als möglich" vorstellt, dass der befristete Arbeitsvertrag bereits beendet ist.[65] Da es auf das Bewusstsein des AN von der Beendigung des Arbverh ankommt, ist in Abs. 5 kein Widerspruchsrecht für den AN vorgesehen.[66]

Eine Fortsetzung des Arbverh liegt auch dann vor, wenn der AN nach objektiver Beendigung des Vertrages mit einer anderweitigen Tätigkeit oder auf einem anderen Arbeitsplatz weiter beschäftigt wird, sofern der AG den AN nach den arbeitsvertraglichen Vereinbarungen auf den anderen Arbeitsplatz versetzen konnte. Anderenfalls ist für die Fiktion des Abs. 5 kein Raum. Die Parteien werden sich dann jedoch regelmäßig konkludent auf den Abschluss eines neuen Arbeitsvertrages geeinigt haben. Sieht dieser keine schriftliche Befristungsvereinbarung gem. § 14 Abs. 4 vor, ist ein neuer, unbefristeter Arbeitsvertrag mit diesem Inhalt zustande gekommen.[67] Weitere Voraussetzung für die Anwendung des Abs. 5 ist, dass der AN geschäftsfähig i.S.d. § 104 ff. BGB ist.[68] Die Fortsetzung des Arbverh ist keine Willenserklärung und kann vom AN daher nicht angefochten werden.[69]

3. Wissen des Arbeitgebers. Der AG muss von der Fortsetzung des Arbverh nach seiner Beendigung positive Kenntnis haben.[70] Der AG selbst muss geschäftsfähig sein.[71] Hatte der AG keine Kenntnis von der Fortsetzung des Arbverh, genügt ggf. die Kenntnis eines Vertreters des AG, der befugt gewesen wäre, eine entsprechende Verlängerungsvereinbarung mit dem AN abzuschließen.[72] Zu berücksichtigen sind die Grundsätze der Duldungs- und Anscheinsvollmacht.[73] Die Folgen des Abs. 5 treten aber nicht ein, wenn lediglich Kollegen des AN oder zur Vertretung nicht befugten Vorgesetzten[74] oder Mitgliedern des BR[75] die Fortführung des Arbverh bekannt gewesen ist.[76] Im Falle der Insolvenz kommt es auf das Wissen desjenigen an, der Arbverh zu Lasten der Masse begründen kann.[77]

---

59 Siehe dazu auch Rn 5ff.
60 BAG 11.7.2007 – 7 AZR 501/06 – AP Nr. 12 zu § 57a HRG; ABG Düsseldorf 15.12.2008 – 2CU 4104/08 – n.v.
61 LAG Hamm 5.9.1990 – 15 Sa 1038/90 – LAGE § 625 BGB Nr. 1 = DB 1990, 2372(LS).
62 BAG 20.2.2002 – 7 AZR 748/00 – AP zu § 620 BGB Altersgrenze Nr. 18 = NZA 2002, 789; BAG 2.12.1998 – 7 AZR 508/97 – AP Nr. 8 zu § 625 BGB = NZA 1999, 482; ErfK/*Müller-Glöge*, § 15 TzBfG Rn 35; a.A. Annuß/Thüsing/*Maschmann*, § 15 Rn 18.
63 BAG 19.9.2001 – 7 AZR 574/00 – EzA § 1 BEschFG 1985 Klagefrist Nr. 7 § ARSt 2002, 637, 5 Monate; BAG 2.12.1998 – 7 AZR 508/97 – AP § 625 BGB Nr. 8 = NZA 1999, 482, 10 Tage; LAG Rheinland-Pfalz 29.1.2008 – 3 Sa 510/07 – juris.
64 BAG 11.7.2007 – 7 AZR 501/06 – AP Nr. 12 zu § 57a HRG; ErfK/*Müller-Glöge*, § 15 TzBfG Rn 35; KR/*Fischermeier*, § 625 BGB Rn 23; a.A. Annuß/Thüsing/*Maschmann*, § 15 Rn 18.
65 KR/*Fischermeier*, § 625 BGB Rn 23 m.w.N.
66 Annuß/Thüsing/*Maschmann*, § 15 Rn 18; a.A. KR/*Fischermeier*, § 625 BGB Rn 25.
67 So wohl auch KR/*Fischermeier*, § 625 BGB Rn 25.
68 ErfK/*Müller-Glöge*, § 15 TzBfG Rn 35; KR/*Fischermeier*, § 625 BGB Rn 23.
69 ErfK/*Müller-Glöge*, § 15 TzBfG Rn 35; a.A. MüKo-BGB/*Schwerdtner*, § 625 Rn 11.
70 BAG 11.7.2001 – 7 AZR 501/06 – AP Nr. 12 zu § 57a HRG.
71 ErfK/*Müller-Glöge*, § 15 TzBfG Rn 37.
72 BAG 11.7.2007 – 7 AZR 501/06 – AP Nr. 12 zu § 57a HRG; BAG 20.2.2002 – 7 AZR 662/00 – EzA § 625 BGB Nr. 5 = NZA 2002, 1000 (LS); ABG Düsseldorf 15.12.2008 – 2CU 4104/08 – n.v.; ErfK/*Müller-Glöge*, § 15 TzBfG Rn 37; Annuß/Thüsing/*Maschmann*, § 15 Rn 19.
73 BAG 31.3.1993 – 7 AZR 352/92 – n.v.; BAG 18.8.1991 – 7 AZR 364/90 – n.v.; Annuß/Thüsing/*Maschmann*, § 15 Rn 19.
74 BAG 20.2.2002 – 7 AZR 662/00 EzA § 625 BGB Nr. 5 = NZA 2002, 1000 (LS); BAG 21.2.2001 – 7 AZR 98/00 – AP § 1 BeschFG 1996 Nr. 9 = NZA 2001, 1141; BAG 24.10.2001 – 7 AZR 620/00 – AP § 57c HRG Nr. 9 = NZA 2003, 153; ErfK/*Müller-Glöge*, § 15 TzBfG Rn 37.
75 LAG Köln 27.6.2001 – 3 Sa 220/01 – DB 2001, 2256.
76 Weitergehend Annuß/Thüsing/*Maschmann*, § 15 Rn 19.
77 Vgl. BAG 10.4.2008 – 6 AZR 368/07 – DB 2008, 1866.

21 Die Kenntnis des AG oder eines Vertreters muss sich auf die tatsächliche Fortführung der Arbeitsleistung beziehen. Das bedeutet nicht, dass der AG oder sein Vertreter mit der Fortsetzung des Arbverh einverstanden gewesen sein müssen.[78] Nicht ausreichend ist, dass dem AG oder seinem Vertreter Umstände bekannt gewesen sind, aus denen ggf. auf die Fortsetzung des Arbverh hätte geschlossen werden können.[79] Ist dem AG oder seinem Vertreter die Fortsetzung der Arbeitsleistung nicht erkennbar – z.B. bei AN im Außendienst – liegen die Voraussetzungen des Abs. 5 nicht vor.[80]

22 Umstritten ist, ob der AG oder sein Vertreter auch positive Kenntnis von der Beendigung des befristeten oder auflösend bedingten Arbverh haben müssen. Angesprochen sind dabei insbesondere die Fälle der Zweckbefristung oder der auflösenden Bedingung, bei denen die objektive Zweckerreichung bzw. der objektive Bedingungseintritt von dem AG oder seinem Vertreter nicht erkannt worden ist. Nach h.M. kommt es auf die Kenntnis von der Beendigung des Arbverh nicht an.[81] Dem AG steht das in Abs. 5 geregelte Widerspruchsrecht zu (siehe Rn 18). Jedoch wird man das Erfordernis des unverzüglichen Widerspruchs wie unten dargestellt (siehe Rn 27) verstehen müssen. Anderenfalls trüge insbesondere bei zweckbefristeten Arbeitsverträgen und der Vereinbarung einer auflösenden Bedingung der AG das alleinige Risiko, den Eintritt des Zwecks bzw. den Eintritt der auflösenden Bedingung festzustellen. Der Eintritt des Zwecks bzw. der auflösenden Bedingung kann sich nach den subjektiven Vorstellungen des AG oder seines Vertreters durchaus abweichend von der Beurteilung durch einen objektiven Beobachter darstellen, ohne dass ihm daraus ein Vorwurf gemacht werden könnte. Es ist nicht davon auszugehen, dass der Gesetzgeber dem AG ein so weit gehendes Risiko zuweisen wollte. Es wäre mit Sinn und Zweck des Abs. 5 auch nicht vereinbar.

23 **4. Unverzüglicher Widerspruch/unverzügliche Mitteilung der Zweckerreichung bzw. des Bedingungseintritts. a) Form.** Setzt der AN das Arbverh mit Wissen des AG bzw. seines Vertreters nach dessen Beendigung fort, so hat der AG im Falle der Zeitbefristung der Fortsetzung des Arbverh unverzüglich zu widersprechen, im Falle der objektiven Zweckerreichung bzw. des Eintritts einer auflösenden Bedingung dies dem AN unverzüglich mitzuteilen.

24 Der Widerspruch ist eine einseitige empfangsbedürftige Willenserklärung.[82] Ein Schriftformerfordernis besteht nicht.[83] Der Widerspruch kann konkludent erfolgen.[84] Das kann z.B. durch das Angebot eines neuen befristeten Vertrages geschehen.[85] Auf die Ausübung des Widerspruches findet § 174 BGB keine Anwendung.[86]

25 Etwas anderes gilt für die Mitteilung der Zweckerreichung bzw. des Eintritts der auflösenden Bedingung. Für sie gilt das Schriftformerfordernis.[87] Umstritten ist das Verständnis der Mitteilung der Zweckerreichung nach Abs. 5 zu Abs. 2. Es wird die Auffassung vertreten, die Weiterarbeit nach Ende des Arbverh könne als Voraussetzung des Abs. 5 gar nicht erfüllt sein, wenn die Zweckerreichungsmitteilung nach Abs. 2 nicht erfolgt sei. Damit wird begründet, dass die Mitteilung nach Abs. 5 und die Unterrichtung nach Abs. 2 zwei voneinander zu unterscheidende Erklärungen des AG seien. Daher bestehe mangels Anordnung für die Mitteilung nach Abs. 5 kein Schriftformerfordernis. Es ist jedoch zu beachten, dass im Falle der erfolgten Unterrichtung nach Abs. 2 eine nochmalige Mitteilung der Zweckerreichung nach Abs. 5 sinnlos ist. Mit der Mitteilung steht aus Sicht des AG der Beendigungszeitpunkt fest. Im Falle der Weiterarbeit des AN reicht es aus, wie bei der Zeitbefristung dem AG das Widerspruchsrecht einzuräumen. In diesem Falle müsste der AG der Weiterarbeit nach dem Ablauf der Zweiwochenfrist unverzüglich widersprechen. Die nochmalige Mitteilung der Zweckerreichung ist in einen solchen Widerspruch umzudeuten. In diesem Falle endet das Arbverh mit Zugang der Mitteilung. Nahe liegt es, dass der Gesetzgeber diesen Widerspruch nicht gesehen hat. Abs. 5 ist daher so zu verstehen, dass der AG, der den AN nicht nach Abs. 2 über die Zweckerreichung unterrichtet hat, diese Unterrichtung unverzüglich nach Eintritt der Zweckerreichung bzw. der auflösenden Bedingung nachzuholen hat, um das Entstehen eines unbefristeten Arbverh zu verhindern. Die Mitteilung nach Abs. 5 ist somit die verspätete Unterrichtung nach Abs. 2. Im Falle nachgeholter Zweckerreichungsunterrichtung beginnt mit

---

78 BAG 30.11.1984 – 7 AZR 539/83 – AP MTV Ausbildung § 22 Nr. 1 = DB 1985, 2304; ErfK/*Müller-Glöge*, § 15 TzBfG Rn 36.
79 BAG 18.9.1991 – 7 AZR 364/90 – n.v.; Annuß/Thüsing/*Maschmann*, § 15 Rn 19.
80 LAG Hessen 15.10.1971 – 5 Sa 173/71 – ARST 73, 37; Annuß/Thüsing/*Maschmann*, § 15 Rn 20.
81 Sächsisches LAG 25.1.2008 – 3 Sa 458/07 – FA 2008, 151 (Leitsatz); Annuß/Thüsing/*Maschmann*, § 15 Rn 20; KR/*Fischermeier*, § 625 BGB Rn 30; *Kramer*, NZA 1991, 1116; a.A. ErfK/*Müller-Glöge*, § 625 Rn 21.
82 BAG 11.7.2007 – 7 AZR 501/06 – AP Nr. 12 zu § 57a HRG; Sächsisches LAG 4.11.2003 – 2 Sa 199/03 – n.v.; LAG Düsseldorf 26.9.2002 – 5 Sa 748/99 – DB 2003, 668; Annuß/Thüsing/*Maschmann*, § 15 Rn 21.
83 BAG 11.7.2007 – 7 AZR 501/06 – AP Nr. 12 zu § 57a HRG; ErfK/*Müller-Glöge*, § 15 TzBfG Rn 39; Annuß/Thüsing/*Maschmann*, § 15 Rn 21.
84 BAG 5.5.2004 – 7 AZR 629/03 – AP Nr. 27 zu § 1 BeschFG = NZA 2004, 1346; BAG 20.2.2002 – 7 AZR 662/00 – EzA § 625 BGB Nr. 5 = NZA 2002, 1000 (LS); Annuß/Thüsing/*Maschmann*, § 15 Rn 21.
85 Dazu BAG 26.7.2000 – 7 AZR 256/99 – AP § 1 BeschFG 1996 Nr. 3 = NZA 2001, 261; LAG Düsseldorf 26.9.2002 – 5 Sa 748/99 – DB 2003, 668.
86 ErfK/*Müller-Glöge*, § 15 TzBfG Rn 42; KR/*Fischermeier*, § 625 BGB Rn 32.
87 Annuß/Thüsing/*Maschmann*, § 15 Rn 22; *Kliemt*, NZA 2001, 269, 302; a.A. ErfK/*Müller-Glöge*, § 15 TzBfG Rn 39.

dieser die 14-Tages-Frist des Abs. 2 zu laufen. Für diesen Fall ist das Schriftformerfordernis daher für die Zweckbefristung aus Abs. 2 und für die auflösende Bedingung nach § 21 i.V.m. § 15 Abs. 2 gegeben.[88]

b) Frist. Der AG muss der Fortsetzung des Arbverh im Falle der Zeitbefristung i.S.d. § 121 BGB bzw. die Zweckerreichung bzw. den Eintritt der auflösenden Bedingung dem AN unverzüglich i.S.d. § 121 BGB mitteilen und unverzüglich widersprechen. Der Widerspruch kann schon vor Ablauf des befristeten Arbverh erklärt werden.[89] Geschieht dies und arbeitet der AN dennoch mit Wissen des AG oder eines Vertreters nach Beendigung des befristeten Arbeitsvertrages weiter, soll aber dennoch ein unbefristetes Arbverh nach Abs. 5 entstehen.[90] 26

Die Frist für die unverzügliche Erklärung des Widerspruches beginnt mit Kenntnis des AG oder seines Vertreters von der Fortsetzung des Arbverh.[91] Maßgeblich dafür, ob der AG i.S.d. § 121 BGB unverzüglich widersprochen hat, sind die Umstände des Einzelfalls.[92] Kein schuldhaftes Zögern liegt vor, wenn der AG versucht, sich mit dem AN über Dauer und Inhalt der Weiterbeschäftigung zu einigen, den Einwand des Betriebsrats überprüft, es liege bereits ein unbefristetes Arbverh vor,[93] sonstige Sachverhaltsaufklärung betreibt oder Rechtsrat einholt.[94] Ohne Vorliegen solcher Gründe ist der Widerspruch in jedem Falle verspätet, wenn der AG länger als eine Woche wartet.[95] Für die Feststellung der Unverzüglichkeit der Mitteilung bei Zweckerreichung oder Bedingungseintritt ist nicht auf den objektiven Eintritt des Zweckes bzw. der auflösenden Bedingung abzustellen.[96] Das folgt aus Sinn und Zweck des Abs. 5, die Fiktion auszulösen, wenn von einer stillschweigenden Fortsetzung des Arbverh ausgegangen werden kann.[97] Kennt der AG den Eintritt des Zwecks oder der Bedingung, so sind an die Unverzüglichkeit der Mitteilung jedoch strenge Anforderungen zu stellen.[98] 27

Ist neben einer Zweckbefristung oder der Vereinbarung einer auflösenden Bedingung eine zeitliche Befristung vereinbart (sog. Doppelbefristung; s. Rn 4), und liegt der Zeitpunkt der zeitlichen Befristung nach Eintritt des Zwecks oder Eintritt der auflösenden Bedingung, so endet das Arbverh auch bei Vorliegen der Voraussetzungen des Abs. 5 hinsichtlich der Zweckbefristung bzw. auflösende Bedingung mit Eintritt der zeitlichen Befristung.[99] 28

c) Rechtsfolgen. Liegen die Voraussetzungen des Abs. 5 vor, so besteht das Arbverh kraft Gesetzes mit den bisher geltenden Rechten und Pflichten fort. Widerspricht der AG der Fortsetzung des Arbverh rechtzeitig, so besteht für die Dauer der fortgesetzten Arbeitsleistung kein Arbverh, auch kein faktisches. Die erbrachten Leistungen sind nach Bereicherungsrecht rückabzuwickeln.[100] Wird die Zweckerreichung oder der Eintritt der auflösenden Bedingung (verspätet) mitgeteilt (siehe Rn 5), so besteht das Arbverh bis zum Ablauf der vierzehntägigen Frist des Abs. 2 fort.[101] Der AG kann bei Vorliegen der Voraussetzungen des Abs. 5 dem Begehren des AN auf unbefristete Fortsetzung des Arbverh bei Vorliegen der Voraussetzungen mit dem Einwand des Rechtsmissbrauchs, insbesondere der Verwirkung[102] begegnen. 29

C. Verbindung zu anderen Rechtsgebieten und zum Prozessrecht

I. Andere Rechtsgebiete

Abzugrenzen ist der Anwendungsbereich des § 15 von den fortbestehenden Regelungen im BGB. §§ 620, 624 BGB und im Wesentlichen § 625 BGB gelten nur noch für freie Dienstverhältnisse. Zu beachten ist jedoch, dass § 625 BGB dann auf Arbverh weiter Anwendung findet, wenn das Arbverh nicht durch eine Zeitbefristung, eine Zweckbefristung oder eine auflösende Bedingung endet. Der Rechtsgedanke des Abs. 4 soll bei der Kontrolle vertraglicher Vereinbarungen zu berücksichtigen sein, die zu einer langen Bindung des AN führen.[103] Das soll sowohl im Rahmen der 30

---

88 A.A.:*Kleinebrink* ArbRB 2008, 95, 97.
89 BAG 11.7.2008 – 7 AZR 501/06 – AP Nr. 12 zu § 57a HRG; BAG 5.5.2004 – 7 AZR 629/03 – AP Nr. 27 zu § 1 BeschFG 1996 NZA 2004, S. 1346; LAG Baden-Württemberg 24.10.2007 – 10 Sa 18/07 – juris.; ErfK/*Müller-Glöge*, § 15 TzBfG Rn 43.
90 ErfK/*Müller-Glöge*, § 15 TzBfG Rn 43.
91 BAG 13.8.1987 – 2 AZR 122/87 – n.v.; Annuß/Thüsing/Maschmann, § 15 Rn 21.
92 ErfK/*Müller-Glöge*, § 15 TzBfG Rn 46; Annuß/Thüsing/Maschmann, § 15 Rn 21.
93 BAG 13.8.1987 – 2 AZR 122/87 – n.v.; ErfK/*Müller-Glöge*, § 15 TzBfG Rn 46.
94 BAG 11.7.2007 – 7 AZR 501/06 – AP Nr. 12 zu § 57a HRG.
95 Vgl. auch LAG Düsseldorf. 26.9.2002– 5 Sa 748/99 – DB 2003, 668; Annuß/Thüsing/*Maschmann*, § 15 Rn 21.
96 Vgl. auch Sächsisches LAG 25.1.2008 – 3 Sa 458/07 – FA 2008, 151 (Leitsätze).
97 Vgl. BAG 3.9.2003 – 7 AZR 106/03 – AP § 14 TzBfG Nr. 4 = NJW 2004, 1126; a.A. wohl LAG Düsseldorf 26.9.2002 – 5 Sa 748/99 – DB 2003, 668.
98 Annuß/Thüsing/*Maschmann*, § 15 Rn 22 Laufzeit eines Briefes.
99 BAG 15.8.2001 – 7 AZR 263/00 – AP § 21 BErzGG Nr. 5 = NZA 2002, 85; ArbG Berlin 27.11.2003 – 79 Ca 22206/03 – LAGE § 15 TzBfG Nr. 2; KR/*Bader*, § 3 TzBfG Rn 48; *Sofka*, DB 2000, 1158, 1161; a.a. ErfK/*Müller-Glöge*, § 15 TzBfG Rn 41; *Backhaus*, NZA 2001, Beil. zu Heft 24, 814.
100 ErfK/*Müller-Glöge*, § 15 TzBfG Rn 49.
101 Annuß/Thüsing/*Maschmann*, § 15 Rn 22; i.E. wohl auch Sächsisches LAG vom 25.1.2008 – 3 Sa 458/07 – FA 2008, 151 (Leitsätze).
102 LAG Köln 27.6.2001 – 3 Sa 220/01 – DB 2001, 2256; ErfK/*Müller-Glöge*, § 15 TzBfG Rn 48.
103 ErfK/*Müller-Glöge*, § 15 TzBfG Rn 19.

Generalklauseln (§§ 138, 242 BGB), als auch der in das BGB implementierten Vorschriften über allgemeine Geschäftsbedingungen (§§ 305 ff. BGB) der Fall sein. Dies soll wiederum nicht für den Fall des § 309 Nr. 9a BGB gelten.[104] Für Berufsausbildungsverhältnisse gilt § 24 BBiG.

31 Setzt der AN das Arbverh i.S.d. Abs. 5 fort, und erklärt der AN rechtzeitig den Widerspruch (siehe Rn 23), so besteht für die Zeit der Weiterarbeit nach Beendigung des Arbverh bis zum Widerspruch kein Arbverh (vgl. Rn 29). Demnach dürfte auch ein sozialversicherungsrechtliches Beschäftigungsverhältnis nicht bestehen.

II. Prozessrecht

32 Der AG hat den Ablauf der Zeitbefristung bzw. den Eintritt des Zweckes bzw. der auflösenden Bedingung darzulegen und ggf. zu beweisen. Liegen die Voraussetzungen für die Anwendung der §§ 305 ff. BGB vor, gehen nach § 305c Abs. 2 BGB Unklarheiten zu Lasten des AG.

33 Der AN kann den Eintritt des Zweckes oder der auflösenden Bedingung – ggf. mit Nichtwissen[105] – bestreiten. Der AG ist darlegungs- und beweispflichtig für den Zugang der Unterrichtung der Zweckerreichung oder den Eintritt der auflösenden Bedingung.

34 Der AG muss die – ggf. sich aus den Umständen ergebende – Vereinbarung über die Möglichkeit der ordentlichen Künd des befristeten Arbeitsvertrages gem. Abs. 3 darlegen und beweisen.[106] Die Unwirksamkeit der Kündigung gem. § 15 Abs. 3 muss in der Frist des § 4 S. 1 KSchG geltend gemacht werden.[107]

35 Der AN, der sich auf das Sonderkünd-Recht des Abs. 4 beruft, muss darlegen und beweisen, dass das Arbverh auf Lebenszeit oder für die Dauer von mehr als fünf Jahren abgeschlossen worden ist. Er muss ggf. Tatsachen darlegen und beweisen, die auf eine Umgehung des Abs. 4 schließen lassen.

36 Der AN, der das Bestehen eines unbefristeten Arbverh behauptet, muss darlegen und beweisen, dass er die arbeitsvertraglich geschuldeten Pflichten über das Ende des befristeten Arbeitsvertrages hinaus tatsächlich erbracht hat. Er muss zudem darlegen und beweisen, dass der AG oder ein Vertreter davon positive Kenntnis hatte.[108] Der AG muss seinerseits beweisen, dass er der Fortsetzung des Arbverh unverzüglich widersprochen bzw. die Zweckerreichung oder den Eintritt der auflösenden Bedingung unverzüglich mitgeteilt hat.[109]

D. Beraterhinweise

37 Im Falle der Zweckbefristung oder der Vereinbarung einer auflösenden Bedingung kann es empfehlenswert sein, eine Doppelbefristung zu vereinbaren (siehe Rn 4). Die Formulierung kann lauten:

„Das Arbverh endet, wenn (...), frühestens jedoch nach Ablauf von 14 Tagen nach dem dies dem AN vom AG schriftlich mitgeteilt ist. Das Arbverh endet in jedem Falle spätestens am (...)."

38 Die Möglichkeit der ordentlichen Künd sollte im befristeten Arbeitsvertrag zur Vermeidung von Rechtsunsicherheiten stets ausdrücklich vereinbart werden. Die Formulierung kann lauten:

„Das Arbverh ist auch während des Laufs der Befristung ordentlich kündbar. Es gelten die Künd-Fristen gemäß (...).“

39 Die Zweckerreichungsmitteilung gem. Abs. 2 kann wie folgt lauten:

„Ihr Arbverh ist befristet bis zur Rückkehr des bislang erkrankten Mitarbeiters A. Herr A hat uns mitgeteilt, dass er die Arbeit am (...) wieder antreten wird. Ihr Arbverh endet unter Berücksichtigung der 14-tägigen Ankündigungsfrist des § 15 Abs. 2 TzBfG daher am (...).“

40 Der Widerspruch gegen die Fortsetzung des Arbverh gem. § 15 Abs. 5 kann wie folgt lauten:

„Ihr befristetes Arbverh endete am (...). Wir haben soeben erfahren, dass Sie trotz Beendigung des Arbverh weiter ihrer Arbeit nachgehen. Wir widersprechen der Fortsetzung des Arbverh hiermit ausdrücklich."

---

104 ErfK/*Müller-Glöge*, § 15 TzBfG Rn 19.
105 Vgl. BAG 12.2.2004 – 2 AZR 163/03 – DB 2004, 1508 = FA 2004, 277.
106 A.A. wohl ErfK/*Müller-Glöge*, § 15 TzBfG Rn 32.
107 LAG Rheinland-Pfalz 22.1.2009 – 11 Sa 616/08 – ZTR 2009, 175.
108 BAG 21.2.2001 – 7 AZR 98/00 – AP Nr. 9 zu § 1 BeschFG 1996 = NZA 2001, 1141.
109 ErfK/*Müller-Glöge*, § 15 TzBfG Rn 50; KR/*Fischermeier*, § 625 BGB Rn 42.

§ 16 Folgen unwirksamer Befristung

¹Ist die Befristung rechtsunwirksam, so gilt der befristete Arbeitsvertrag als auf unbestimmte Zeit geschlossen; er kann vom Arbeitgeber frühestens zum vereinbarten Ende ordentlich gekündigt werden, sofern nicht nach § 15 Abs. 3 die ordentliche Kündigung zu einem früheren Zeitpunkt möglich ist. ²Ist die Befristung nur wegen des Mangels der Schriftform unwirksam, kann der Arbeitsvertrag auch vor dem vereinbarten Ende ordentlich gekündigt werden.

A. Allgemeines	1	II. Kündbarkeit des als unbefristet fortbestehenden Arbeitsvertrages	3
B. Regelungsgehalt	2	C. Verbindung zu anderen Rechtsgebieten und zum Prozessrecht	6
I. Folgen der Rechtsunwirksamkeit der Befristungsabrede	2	D. Beraterhinweise	9

A. Allgemeines

§ 16 stellt eine Ausnahmeregelung zu § 139 BGB dar. Ist die Befristungsabrede unwirksam, so hat dies nicht die Unwirksamkeit des Arbeitsvertrages zur Folge, sondern nur die Unwirksamkeit der Befristungsabrede.[1] Darüber hinaus enthält § 16 Regelungen zur ordentlichen Künd des befristeten Arbverh. In S. 1 Hs. 2 ist klargestellt, dass der AG das Arbverh ordentlich frühestens zum vereinbarten Ende kündigen kann, wenn er sich die Möglichkeit der ordentlichen Künd nicht nach § 15 Abs. 3 (siehe § 15 Rn 10) vorbehalten hat. Eine Ausnahme davon sieht wiederum S. 2 vor.   **1**

B. Regelungsgehalt

I. Folgen der Rechtsunwirksamkeit der Befristungsabrede

Die Unwirksamkeit der Befristung muss sich aus § 14 ergeben. Voraussetzung ist des Weiteren, dass die Rechtsunwirksamkeit nicht nachträglich geheilt ist. Heilung tritt nach § 17 S. 2 i.V.m. § 7 KSchG ein, wenn der AN nicht rechtzeitig Entfristungsklage erhoben hat (siehe § 17 Rn 7 ff.). Ist die Befristungsabrede unwirksam, so besteht das befristete Arbverh als unbefristetes fort.   **2**

II. Kündbarkeit des als unbefristet fortbestehenden Arbeitsvertrages

§ 16 S. 1 Hs. 2 enthält eine Spezialvorschrift für die Künd des als unbefristet gesetzlich fingierten Arbeitsvertrages, die den AN davor schützen soll, hinsichtlich des Bestandes seines Arbverh wegen der Unwirksamkeit der Befristungsabrede schlechter zu stehen als wäre diese wirksam. Es sind zwei Fälle zu unterscheiden. Könnte das Arbverh unter Einhaltung der maßgeblichen Künd-Frist zu einem Zeitpunkt gekündigt werden, der vor dem Ende der unwirksam vereinbarten Befristung liegt, so ist die Künd nur zum Zeitpunkt des Endes der vereinbarten Befristung zulässig.[2] Kann das Arbverh unter Einhaltung der maßgeblichen Künd-Frist erst zu einem Zeitpunkt gekündigt werden, der nach dem unwirksam vereinbarten Ende des Arbeitsvertrages liegt, so ist die Künd-Frist einzuhalten und das Arbverh erst zu diesem Zeitpunkt kündbar.   **3**

Von diesen Grundsätzen bestehen zwei Ausnahmen. Haben die Parteien nach § 15 Abs. 3 vereinbart, dass das Arbverh auch während der Befristung ordentlich kündbar ist (siehe § 15 Rn 10), so kann der AG das Arbverh unter Einhaltung der maßgeblichen Künd-Frist kündigen. Beruht die Unwirksamkeit der Befristungsabrede allein in einem Verstoß gegen die Formvorschrift des § 14 Abs. 4 (siehe § 14 Rn 144 ff.), kann der AG das Arbverh ebenfalls unter Einhaltung der maßgeblichen Künd-Frist kündigen. Die Auffassung, dass das Arbverh wegen S. 1 Hs. 2 erst nach dem Zeitpunkt zu dem es bei rechtswirksamer Befristung geendet hätte, gekündigt werden kann,[3] findet im Gesetz keine Stütze.[4] Die Künd ist in den genannten Fällen nur unter Beachtung der allgemeinen Voraussetzungen (z.B. § 1 KSchG, § 102 BetrVG) zulässig. Durch § 16 nicht eingeschränkt wird das Recht des AG zur außerordentlichen Künd nach § 626 BGB.   **4**

Der AN kann das Arbverh im Falle der Rechtsunwirksamkeit der Befristungsabrede jederzeit ordentlich kündigen.[5] S. 1 Hs. 2 sieht die Künd-Möglichkeit frühestens zum vereinbarten Ende des unwirksam befristeten Arbverh ausdrücklich nur für den AG vor.   **5**

---

1 Annuß/Thüsing/*Maschmann*, § 16 Rn 1; *Kliemt*, NZA 2001, 269, 302, ErfK/*Müller-Glöge*, so z.B. bei Verstoß gegen Mitbestimmungsrechte nach dem Personalvertretungsrecht einiger Länder, vgl. dazu Annuß/Thüsing/*Maschmann*, § 16 Rn 2.

2 Vgl. Kleinebrink ArbRB 2008 95, 97.
3 KDZ/*Däubler*, § 16 TzBfG Rn 4.
4 Annuß/Thüsing/*Maschmann*, § 16 Rn 4.
5 ErfK/*Müller-Glöge*, § 16 TzBfG Rn 4; Annuß/Thüsing/*Maschmann*, § 16 Rn 4; *Preis/Gotthardt*, DB 2001, 151.

C. Verbindung zu anderen Rechtsgebieten und zum Prozessrecht

6 Der AG, der Kenntnis davon erlangt, dass die Befristung unwirksam ist, muss dem zuständigen Sozialversicherungsträger das Bestehen des unbefristeten Arbverh melden.

7 Der AN kann sich auf das Bestreiten der Wirksamkeit der Befristung beschränken, da der AG nicht verpflichtet ist, im Arbeitsvertrag die Gründe für die Befristung anzugeben. Der AG muss ggf. darlegen und beweisen, dass die Möglichkeit der ordentlichen Künd gem. § 15 Abs. 3 gegeben war oder die Voraussetzungen des S. 2 vorliegen.

8 Ist eine Zweckbefristung oder auflösende Bedingung vereinbart und will der AG das Arbverh mangels Vereinbarung der ordentlichen Künd-Möglichkeit nach § 15 Abs. 3 zum Zeitpunkt im Sinne des Abs. 1 Hs. 2 kündigen, so ist er darlegungs- und beweispflichtig dafür, dass zu dem Zeitpunkt, in dem die Künd ausgesprochen wird, Zweckerreichung oder die auflösende Bedingung eintritt. Stellt sich im Künd-Rechtsstreit heraus, dass die Zweckerreichung bzw. der Einsatz der auflösenden Bedingung erst zu einem späteren Zeitpunkt eingetreten ist, so ist die Künd damit nicht unwirksam, sondern entsprechend Künd mit zu kurzer Künd-Frist auf den Zeitpunkt bezogen wirksam, zu dem die Zweckerreichung oder der Eintritt der auflösenden Bedingung tatsächlich eintritt. Liegt der Zeitpunkt der Zweckerreichung oder des Eintritts der auflösenden Bedingung vor dem in der Künd genannten Zeitpunkt, so bleibt jedoch der in der Künd genannte Zeitpunkt maßgeblich.

D. Beraterhinweise

9 Kann der AG das Arbverh nur zu dem vereinbarten Beendigungstermin kündigen, kann die Formulierung lauten: „Hiermit kündigen wir das bestehende Arbverh unter Einhaltung der Kündigungsfrist und unter Beachtung des § 16 S. 1 Hs. 2 TzBfG zum (…)".

10 Nicht als Kündigungserklärung anzusehen ist die Mitteilung des AG, dass das Arbverh zu einem bestimmten Zeitpunkt endet.[6] Darin ist auch keine vorsorgliche Künd zu sehen.[7]

§ 17 Anrufung des Arbeitsgerichts

¹Will der Arbeitnehmer geltend machen, dass die Befristung eines Arbeitsvertrages rechtsunwirksam ist, so muss er innerhalb von drei Wochen nach dem vereinbarten Ende des befristeten Arbeitsvertrages Klage beim Arbeitsgericht auf Feststellung erheben, dass das Arbeitsverhältnis auf Grund der Befristung nicht beendet ist. ²Die §§ 5 bis 7 des Kündigungsschutzgesetzes gelten entsprechend. ³Wird das Arbeitsverhältnis nach dem vereinbarten Ende fortgesetzt, so beginnt die Frist nach Satz 1 mit dem Zugang der schriftlichen Erklärung des Arbeitgebers, dass das Arbeitsverhältnis auf Grund der Befristung beendet sei.

A. Allgemeines 1	V. Nachträgliche Klagezulassung 12
B. Regelungsgehalt 2	VI. Weiterbeschäftigungsanspruch 13
I. Anwendungsbereich 2	C. Verbindung zu anderen Rechtsgebieten und
II. Mehrfachbefristungen 5	zum Prozessrecht 14
III. Die Klagefrist 7	D. Beraterhinweise 17
IV. Folgen der Fristversäumung 11	

A. Allgemeines

1 § 17 enthält eine materielle Ausschlussfrist.[1] Das ArbG hat die Einhaltung der Klagefrist von Amts wegen zu prüfen.[2] Die Entfristungsklage hat einen punktuellen Streitgegenstand. Erfasst wird nicht die Beendigung des Arbverh allgemein, sondern nur die Beendigung des Arbverh aufgrund der angegriffenen Befristung (siehe auch § 17 Rn 15).[3]

---

6 Annuß/Thüsing/*Maschmann*, § 16 Rn 5; KDZ/*Däubler*, § 16 TzBfG Rn 6.

7 BAG 24.10.1979 – 5 AZR 851/78 – AP Nr. 49 zu § 620 BGB Befristeter Arbeitsvertrag; KDZ/*Däubler*, § 16 TzBfG Rn 6; Annuß/Thüsing/*Maschmann*, § 16 Rn 5.

1 ErfK/*Müller-Glöge*, § 17 TzBfG Rn 13; Annuß/Thüsing/ *Maschmann*, § 17 Rn 1; *Rolfs*, NZA 1996, 1134, 1139; *Wisskirchen*, DB 1998, 724; *Vossen*, NZA 2000, 704, 707.

2 Vgl. BAG 28.4.1983 – 2 AZR 438/71 – AP Nr. 4 zu § 5 KSchG – DB 1984, 1628; Annuß/Thüsing/*Maschmann*, § 17 Rn 1.

3 BAG 24.10.2001 – 7 ZR 542/00 – AP BGB § 620 Befristeter Arbeitsvertrag Nr. 229 = NZA 2002, 443; Annuß/ Thüsing/*Maschmann*, § 17 Rn 1; *Vossen*, NZA 2000, 704, 706; *Wisskirchen*, DB 1998, 726; *von Hoyningen-Huene/Linck*, DB 1997, 4146.

B. Regelungsgehalt
I. Anwendungsbereich

§ 17 findet keine Anwendung, wenn in Streit steht, ob überhaupt eine Befristung vereinbart worden ist.[4] Nach der Rspr. des BAG findet § 17 auch keine Anwendung auf die Befristung einzelner Arbeitsbedingungen.[5] Dem wird zutreffend mit der Begründung widersprochen, es stelle einen Wertungswiderspruch dar, wenn der AN den Verlust des gesamten Arbeitsvertrages binnen drei Wochen nach dem vereinbarten Ende des Arbverh angreifen muss, den Verlust einzelner Bedingungen aber zeitlich unbegrenzt angreifen darf. Es wird zudem darauf hingewiesen, dass S. 2 auf § 7 KSchG verweist, der ausdrücklich auch die unter Vorbehalt angenommene Änderung von Arbeitsbedingungen erfasst. Letztlich ist zu bemerken, dass das BAG die Zulässigkeit kurzer arbeitsvertraglicher Verfallklauseln stets damit begründete, dass im Arbverh eine zügige Klärung von Streitigkeiten notwendig sei.[6]

Die Klagefrist gilt unabhängig von der Dauer des befristeten Arbverh und der Größe des Betriebes.[7] Sie gilt sowohl für die Zeit- als auch für die Zweckbefristung und nach § 21 für auflösend bedingte Arbeitsverträge. § 17 gilt für alle befristeten Arbeitsverträge. Erfasst werden nicht nur Arbeitsverträge, die nach § 14 befristet sind (zu den weiteren Befristungsmöglichkeiten siehe § 23 Rn 3 ff.).[8] Auch ein aufgrund gerichtlichen Vergleichs befristeter Arbeitsvertrag kann Gegenstand einer Befristungskontrollklage sein.[9] Der AN kann auf die Erhebung der Klage im Vorhinein nicht wirksam verzichten.[10] Als zwingendes AN-schutzrecht verstößt die fristgerechte Erhebung der Klage auch in diesem Falle nicht gegen § 242 BGB.[11] Ein Klageverzicht nach Ablauf der Befristung ist möglich, unterliegt aber ggf. der Überprüfung nach §§ 305 ff. BGB.[12]

Ist das Vertragsverhältnis als befristetes freies Dienstverhältnis geführt worden und begehrt der Dienstnehmer die Feststellung, dass ein unbefristetes Arbverh vorgelegen hat, so muss er die Frist des § 17 einhalten.[13]

II. Mehrfachbefristungen

Ist ein Arbverh mehrfach, aneinander anschließend, befristet worden, so ist § 17 bei Beendigung eines jeden der befristeten Arbverh zu beachten.[14] Hat der AN die vorausgegangenen Befristungen nicht innerhalb der Frist des § 17 angegriffen, tritt die Fiktion der Vorschrift ein. Es kommt dann nur auf die Rechtswirksamkeit der letzten, vor der Klageerhebung vereinbarten Befristungsabrede an.[15] Das gilt auch dann, wenn die Parteien irrtümlich davon ausgegangen sind, ein zuvor geschlossener Arbeitsvertrag sei wirksam befristet gewesen.[16]

§ 17 findet keine Anwendung, wenn AG und AN sich die Überprüfung der Wirksamkeit des vorangegangenen befristeten Arbeitsvertrages vorbehalten, der neu abgeschlossene befristete Arbeitsvertrag daher nur dann als wirksam befristet gelten soll, wenn AG und AN nicht schon aufgrund des zuvor geschlossenen Vertrages in einem unbefristeten Arbverh stehen.[17] Nicht ausreichend ist es, wenn nur eine Partei den Vorbehalt erklärt.[18] Der AG ist zur Vereinbarung eines Vorbehalts auch nicht verpflichtet. Die Weigerung stellt keine Maßregelung i.S.d. § 612a BGB dar.[19] Der AN muss in jedem Falle innerhalb der Frist des § 17 die Feststellung der Unwirksamkeit der Befristung des vorangegangenen Arbeitsvertrages beim ArbG geltend machen.[20] Ein konkludent vereinbarter Vorbehalt soll dann vor-

---

4 BAG 20.2.2002 – 7 AZR 622/00 – EzA § 17 TzBfG Nr. 1; LAG Berlin 30.3.2007 – 9 Sa 4/07 – NZA-RR 2008, 66; ErfK/*Müller-Glöge*, § 17 TzBfG Rn 6; KR/*Lipke/Bader*, § 17 TzBfG Rn 5; *Backhaus*, NZA 2001, Beil. zu Heft 24, 8, 13; *Kleinebrink*, ArbRB 2008, 95, 97.
5 BAG 14.1.2004 – 7 AZR 213/03 – AP § 14 TzBfG Nr. 10 = NZA 2004, 719; BAG 4.6.2003 – 7 AZR 406/02 – AP § 17 TzBfG Nr. 1 = BB 2003, 1683; BAG 23.1.2002 – 7 AZR 563/00 – AP BeschFG 1996 § 1 Nr. 12 = NJW 2002, 3421; ErfK/*Müller-Glöge*, § 17 TzBfG Rn 6; KR/*Lipke/Bader*, § 17 TzBfG Rn 10; vgl. auch *Löwisch*, Anm. zu BAG AP Nr. 12 zu § 1 BeschFG 1996; *C. S. Hergenröder*, SAE 2002, 273.
6 BAG 13.12.2000 – 10 AZR 168/00 – AP § 241 BGB Nr. 2 = NZA 2001, 723.
7 ErfK/*Müller-Glöge*, § 17 TzBfG Rn 3.
8 BT-Drucks 14/4374, 21; BAG 20.1.1999 – 7 AZR 715/97 – AP § 1 BeschFG 1985 = DB 1999, 967 Nr. 21; ErfK/*Müller-Glöge*, § 17 TzBfG Rn 5; Annuß/Thüsing/*Maschmann*, § 17 Rn 2; *Kleinebrink*, ArbRB 2008, 95, 97.
9 BAG 13.6.2007 – 7 AZR 287/06 – AP Nr. 7 zu § 17 TzBfG = ZTR 2007, 694.
10 BAG 13.6.2007 – 7 AZR 287/06 – AP Nr. 7 zu § 12 TzBfG = ZTR 2007, 694; BAG 19.1.2005 – 7 AZR 115/04 – AP Nr. 260 zu § 620 BGB Befristeter Arbeitsvertrag.
11 Vgl. auch LAG Hamm 11.10.2007 – 11 Sa 817/07 – juris.
12 Vgl. zum Klageverzicht nach Kündigung vgl. BAG 16.9.2007 – 2 AZR 722/06 – DB 2008, 411.
13 BAG 9.11.2006 – 5 AZR 706/05 – DB 2007, 577; LAG München 25.11.2008 – 8 Sa 243/06 – n.v.; ErfK/*Müller-Glöge*, § 17 TzBfG Rn 4.
14 BAG 14.2.2007 – 7 AZR 95/06 – BB 2007, 1118; a.A. Annuß/Thüsing/*Maschmann*, § 17 Rn 11.
15 BAG 14.2.2007 – 7 AZR 95/06 – BB 2007, 1118.
16 BAG 4.4.1990 – 7 AZR 259/89 – AP BGB § 620 Befristeter Arbeitsvertrag Nr. 136 = NZA 1991, 18.
17 BAG 18.6.2008 – 7 AZR 214/07 – NZA 2009, 35; BAG 14.2.2007 – 7 AZR 95/06 – BB 2007, 1118; BAG 10.3.2004 – 7 AZR 402/03 – AP § 14 TzBfG Nr. 11 = NZA 2004, 925; LAG Hamm 18.7.2007 – 5 Sa 1905/06 – AuR 2008, 159 (Leitsätze).
18 BAG 14.2.2007 – 7 AZR 95/06 – BB 2007, 1118; LAG Niedersachen 12.1.2004 – 5 Sa 1130/03 – LAGE § 14 TzBfG Nr. 13; ErfK/*Müller-Glöge*, § 17 TzBfG Rn 7; a.A. LAG Hamm 3.11.2003 – 11 Sa 2022/02 – FA 2004, 125.
19 BAG 14.2.2007 – 7 AZR 95/06 – BB 2007, 1118.
20 ErfK/*Müller-Glöge*, § 17 TzBfG Rn 7; Annuß/Thüsing/*Maschmann*, § 17 Rn 1.

liegen, wenn der ArbG dem AN den Abschluss des neuen befristeten Arbverh zu einem Zeitpunkt vorschlägt, zu dem ihm die Entfristungsklage hinsichtlich der Verbefristung bereits zugegangen war.[21] Schließen die Arbeitsvertragsparteien im Anschluss an einen befristeten Arbeitsvertrag einen neuen befristeten Arbeitsvertrag vorbehaltlos ab, so bringen sie damit zum Ausdruck, dass allein der neue Vertrag fortan für ihre Rechtsbeziehung maßgeblich sein soll.[22] Die Grundsätze sind unabhängig davon anzuwenden, ob die Folgebefristung unmittelbar an den vorausgehend befristeten Arbeitsvertrag oder erst nach zeitlicher Unterbrechung anschließt.[23] Etwas anderes gilt dann, wenn die Arbeitsvertragsparteien das Arbverh mit der weiteren Befristung nicht auf eine neue Grundlage stellen wollten.[24] Davon kann ausnahmsweise z.B. dann ausgegangen werden, wenn die letzte Befristungsvereinbarung nur einen unselbstständigen Annex des zuvor geschlossenen befristeten Vertrages darstellt und ohne diesen nicht denkbar wäre.[25] Das gilt jedoch nur für eine zeitlich unerhebliche Verlängerung der Befristungsdauer in besonderen Fallkonstellationen.[26] Die Verlängerung des befristeten Arbeitsvertrages um zehn Monate ist in jedem Fall eine eigenständige Befristung.[27] Wird der Vertrag inhaltlich geändert, die Dauer der Befristung jedoch beibehalten, unterliegt der Änderungsvertrag der Befristungskontrolle.[28]

III. Die Klagefrist

7 Die Klagefrist beginnt mit dem Ende des befristeten Arbeitsvertrages. Das schließt nicht aus, dass der AN die Unwirksamkeit der Befristung schon vor Ablauf des vereinbarten Endes geltend macht.[29] Auszugehen ist von dem Tag, an dem der Vertrag vereinbarungsgemäß enden sollte.[30] Die Frist berechnet sich nach §§ 187 ff. BGB. Ist das Vertragsende nicht hinreichend bestimmbar, ist vom spätesten Zeitpunkt auszugehen, der sich bei Auslegung der Befristungsabrede ergibt.[31]

8 Die Feststellung des Beginns der Klagefrist bei zweckbefristeten Arbeitsverträgen oder der Vereinbarung einer auflösenden Bedingung ist nicht immer eindeutig zu bestimmen. Im Falle einer Zweckbefristung oder der Vereinbarung einer auflösenden Bedingung beginnt die Klagefrist mit der objektiven Zweckerreichung bzw. des objektiven Eintritts der auflösenden Bedingung, frühestens jedoch mit Zugang der Unterrichtung über die Zweckerreichung bzw. des Eintritts der auflösenden Bedingung gem. § 15 Abs. 2 (vgl. § 15 Rn 4).[32] Nach anderen Auffassungen soll ausschließlich auf den Zeitpunkt der Zweckerreichung bzw. des Bedingungseintritt[33] auf das Ende der Zwei-Wochen-Frist des § 15 Abs. 2 abzustellen sein.[34] Die erstgenannte Gegenauffassung orientiert sich am Wortlaut des S. 1. Der AN hat im Regelfall aber keine präzise Kenntnis darüber, ob der Zweck erreicht bzw. die Bedingung eingetreten ist. Daher trifft den AG die Unterrichtungspflicht nach § 15 Abs. 2. Unproblematisch ist die Situation, in der der AG den AN vor der Zweckerreichung oder dem Bedingungseintritt unterrichtet, selbst wenn die 14-Tage-Frist des § 15 Abs. 2 erst nach Zweckerreichung bzw. Bedingungseintritt abläuft. In diesem Fall kann der AN die Klagefrist des S. 1 ab objektivem Bedingungseintritt einhalten. Das ist jedoch nicht möglich, wenn der AG den AN erst nach Bedingungseintritt (siehe § 15 Rn 5 ff.) unterrichtet. Stellte man auf den objektiven Zeitpunkt der Zweckerreichung des Bedingungseintritts ab, verkürzte sich aus Sicht des AN die Frist zwischen Kenntniserlangung von der Zweckerreichung bzw. der Bedingungseintritt und dem Ende der Klagefrist. Dies widerspräche dem Schutzgedanken des S. 1. Daher beginnt in diesen Fällen die Klagefrist am Tag nach Zugang der Unterrichtung durch den AG. S. 1 ist insofern teleologisch zu reduzieren. Gibt der AG einen Zeitpunkt der Zweckerreichung oder des Eintritts der auflösenden Bedingung an, der nicht dem objektiven Zeitpunkt entspricht, so gilt folgendes: Liegt der vom AG mitgeteilte Zeitpunkt der Zweckerreichung bzw. des Eintritts der auflösenden Bedingung vor dem objektiven Zeitpunkt, so beginnt die Klagefrist erst mit dem objektiven Zeitpunkt. Liegt der vom AG mitgeteilte Zeitpunkt der Zweckerreichung des Eintritts

---

21 BAG 18.6.2008 – 7 AZR 214/07 – NZA 2009, 35.
22 BAG 18.6.2008 – 7 AZR 214/07 – NZA 2009, 35; BAG 10.3.2004 – 7AZR 402/03 – AP § 14 TzBfG Nr. 11 = NZA 2004, 925; ErfK/*Müller-Glöge*, § 17 TzBfG Rn 7; zum Inhalt einer Vorbehaltserklärung *Trenkle*, NZA 2000, 1089, 1092.
23 Annuß/Thüsing/*Maschmann*, § 17 Rn 4.
24 BAG 15.8.2001 – 7 AZR 144/00 – EzA § 620 BGB Nr. 182 = NZA 2002, 696 (LS); ErfK/*Müller-Glöge*, § 17 TzBfG Rn 10.
25 BAG 15.8.2001 – 7 AZR 144/00 – EzA § 620 BGB Nr. 182 = NzA 2002, 696 (LS); BAG 15.2.1995 – 7 AZR 680/94 – AP BGB § 620 Befristeter Arbeitsvertrag Nr. 166 = NZA 1995, 987; Hess. LAG 21.8.2003 – 9 Sa 233/03 – n.v.; ErfK/*Müller-Glöge*, § 17 TzBfG Rn 10; Annuß/Thüsing/ *Maschmann*, § 17 Rn 4; a.A. KR/*Lipke/Bader* § 17 TzBfG Rn 57.
26 S. ErfK/*Müller-Glöge*, § 17 TzBfG Rn 10.
27 BAG 1.12.1999 – 7 AZR 236/98 – AP HRG § 57b Nr. 21 = NZA 2000, 374; ErfK/*Müller-Glöge*, § 17 TzBfG Rn 10.
28 BAG 21.3.1990 – 7 AZR 286/89 – AP § 620 BGB Befristeter Arbeitsvertrag Nr. 135 = NZA 1990, 744; ErfK/*Müller-Glöge*, § 17 TzBfG Rn 11.
29 BAG 15.8.2001 – 7 AZR 274/00 – EzA § 620 BGB Nr. 184 = FA 2002, 153 (LS); LAG Berlin-Brandenburg 16.4.2008 – 2 B Sa 2356/07 – LAGE § 1 BeschFG 1985/1996 Nr. 29 = NZA-RR 2000, 291; ErfK/*Müller-Glöge*, § 17 TzBfG Rn 4; Annuß/Thüsing/*Maschmann*, § 17 Rn 3; *Bauer*, BB 2001, 2526, 2528; *Vossen*, NZA 2000, 704, 707.
30 Annuß/Thüsing/*Maschmann*, § 17 Rn 5.
31 Annuß/Thüsing/*Maschmann*, § 17 Rn 5; KR/*Lipke/Bader*, § 17 TzBfG Rn 16.
32 ErfK/*Müller-Glöge*, § 17 TzBfG Rn 9; Annuß/Thüsing/ *Maschmann*, § 17 Rn 5; *Vossen*, NZA 2000, 704, 708.
33 KR/*Lipke/Bader*, § 17 TzBfG Rn 22.
34 LAG Berlin 13.6.2003 – 17 Sa 546/03 – LAGE § 17 TzBfG Nr. 4; KDZ/*Däubler*, § 17 TzBfG Rn 5.

der auflösenden Bedingung nach dem objektiven Zeitpunkt, so gilt für den Fristbeginn der vom AG genannte Zeitpunkt. Der Schutzzweck des S. 1 fordert jedoch keine teleologische Reduktion, die soweit geht, dass die Drei-Wochen-Klagefrist erst mit Ablauf der 14-Tage-Frist des § 15 Abs. 2 beginnt. Dem steht der klare Wortlaut des § 17 S. 1 entgegen, der auf das vereinbarte Ende abstellt.

Gem. S. 3 beginnt die Klagefrist bei Zweckbefristung und Vereinbarung einer auflösenden Bedingung in Fällen, in denen der AN über das objektive Ende des Arbverh hinaus weiter gearbeitet hat, erst mit Zugang der schriftlichen Erklärung des AG, das Arbverh sei aufgrund der Befristung beendet (siehe § 17 Rn 15). Sie erfasst vom Wortlaut her alle Fälle, in denen der AN das Arbverh über das vereinbarte Ende hinaus fortsetzt. Sie differenziert nicht danach, ob der AG oder sein Vertreter von der Weiterarbeit Kenntnis hatte (siehe § 15 Rn 22). Es wird die Auffassung vertreten, dass S. 3 nur auf Fallkonstellationen Anwendung findet, in denen der AG oder sein Vertreter von der Weiterarbeit keine Kenntnis hatte. In diesem Fall soll die Klagefrist des § 17 erst mit schriftlicher Mitteilung des AG gem. § 15 Abs. 5 beginnen. Liegen die Voraussetzungen des § 15 Abs. 5 dagegen vor, bedürfe es keiner Entfristungsklage mehr, da kraft Gesetzes ein unbefristetes Arbverh bestehe.[35] Dem kann nicht gefolgt werden. Ist das Arbverh kalendermäßig befristet, ist dem AN die Beendigung zu diesem Zeitpunkt bekannt. Er muss die Wirksamkeit der Befristung innerhalb der dreiwöchigen Klagefrist geltend machen. Anderenfalls könnte er die Frist für die Klageerhebung durch einfache Weiterarbeit gegen die vertraglichen Vereinbarungen hinausschieben. Im Falle der Zweckbefristung oder der Vereinbarung einer auflösenden Bedingung beginnt die Klagefrist grds. erst, wenn dem AN die Zweckerreichung bzw. der Eintritt der auflösenden Bedingung schriftlich mitgeteilt worden ist. Auch insofern bedarf der AN keines weitergehenden Schutzes durch erneute schriftliche Erklärung des AG. S. 3 kann somit nur Fälle ansprechen, in denen das Arbverh mit Wissen des AG i.S.d. § 15 Abs. 5 fortgeführt worden ist und der AG dem AN dennoch mitteilt, das Arbverh sei aufgrund der Befristung beendet oder Fälle, in denen Streit besteht, ob der Widerspruch des AG bzw. die Mitteilung der Zweckerreichung bzw. des Eintritts der auflösenden Bedingung unverzüglich i.S.d. § 15 Abs. 5 erfolgt ist.[36] Zu Recht wird darauf hingewiesen, dass die Erklärung des AG nach § 15 Abs. 5 wie die Künd auf die Beendigung des Arbverh abzielt.[37] Ebenso wie bei Streit um die Wirksamkeit einer Künd oder Wirksamkeit der Befristungsabrede soll im Falle der Weiterarbeit des AN gem. § 15 Abs. 5 und darauf folgendem Widerspruch bzw. Mitteilung der Zweckerreichung oder des Bedingungseintritts rasche Rechtsklarheit herbeigeführt werden. Arbeitet der AN nach Beendigung des befristeten Arbeitsvertrages weiter und will der AG dies durch Widerspruch oder Mitteilung der Zweckerreichung bzw. des Bedingungseintritts nach § 15 Abs. 5 beenden, so gilt für den AN daher die Klagefrist des § 17. Er muss innerhalb von drei Wochen nach Zugang der Beendigungsmitteilung durch den AG gerichtlich geltend machen, dass nach § 15 Abs. 5 ein unbefristetes Arbverh entstanden ist. Dem scheint auf den ersten Blick entgegen zu stehen, dass der Widerspruch des AG gem. § 15 Abs. 5 nicht schriftlich zu erfolgen hat (siehe § 15 Rn 24). Der nicht schriftliche Widerspruch des AG führt materiell rechtlich zur Beendigung des Arbverh zum vereinbarten Zeitpunkt, sofern er i.S.d. § 15 Abs. 5 unverzüglich erklärt ist (siehe § 15 Rn 26). Nicht in Gang gesetzt wird jedoch in diesem Falle die Klagefrist des S. 3. Der AN kann im Falle nicht schriftlichen Widerspruchs Klage auf Feststellung des Bestehens eines unbefristeten Arbverh erheben, sofern noch nicht Verwirkung eingetreten ist. Die nach objektiver Beendigung des befristeten Arbverh unverzüglich abzugebende Mitteilung über die Zweckerreichung bzw. den Eintritt der auflösenden Bedingung hat schriftlich zu erfolgen (vgl. § 15 Rn 25). Wird die Schriftform nicht eingehalten, beginnt die Klagefrist nicht zu laufen.[38] Hinsichtlich des Schriftformerfordernisses gelten die Grundsätze des § 15 Abs. 2 (siehe § 15 Rn 5).

Die Frist ist gewahrt durch Einreichung einer Klageschrift. Es gelten die gleichen Grundsätze wie zu § 4 KSchG (siehe § 4 KSchG Rn 9 ff.). In Abs. 1 beginnt die Frist an dem Tag, der auf den Tag folgt, mit dem das befristete Arbverh beendet sein soll.[39] Das gilt auch dann, wenn der letzte Tag des befristeten Arbverh ein Samstag, Sonntag oder Feiertag ist.[40] Die Frist endet drei Wochen später, es sei denn, der letzte Tag fällt auf einen Samstag, Sonntag oder am Sitz des zuständigen ArbG staatlich anerkannten Feiertag.[41] Dann endet die Klagefrist gem. § 222 S. 2 ZPO mit Ablauf des folgenden Werktags. Wie im Falle des § 4 KSchG reicht es aus, wenn die Klage am letzten Tag der Frist beim ArbG eingeht und gem. § 270 Abs. 3 ZPO demnächst zugestellt wird.

IV. Folgen der Fristversäumung

Hinsichtlich der Folgen der nicht rechtzeitigen Klageerhebung verweist § 17 auf § 7 KSchG. Die Zeit- oder Zweckbefristung bzw. die Vereinbarung der auflösenden Bedingung gilt im Fall der Versäumung der Klagefrist als von An-

---

35 ErfK/*Müller-Glöge*, § 17 TzBfG Rn 12; KDZ/*Däubler*, § 17 TzBfG Rn 6; wohl auch LAG Düsseldorf 26.9.2002 – 5 Sa 748/02 – LAGE § 15 TzBfG Nr. 1 = NZA-RR 2003, 175.
36 Annuß/Thüsing/*Maschmann*, § 17 Rn 6.
37 Annuß/Thüsing/*Maschmann*, § 17 Rn 7.
38 Annuß/Thüsing/*Maschmann*, § 17 Rn 7; KR/*Lipke/Bader*, § 17 TzBfG Rn 29.
39 ErfK/*Müller-Glöge*, § 17 TzBfG Rn 8; Annuß/Thüsing/*Maschmann*, § 17 Rn 8; *Vossen*, NZA 2000, 704, 707; a.A. KR/*Lipke/Bader*, § 17 TzBfG Rn 15.
40 Annuß/Thüsing/*Maschmann*, § 17 Rn 8.
41 BAG 16.1.1989 – 5 AZR 579/88 – AP § 222 ZPO Nr. 3 = NJW 1989, 1181; ErfK/*Müller-Glöge*, § 17 TzBfG Rn 8; Annuß/Thüsing/*Maschmann*, § 17 Rn 8.

fang an rechtswirksam. Anders als § 4 KSchG sieht § 17 keine Einschränkungen hinsichtlich der Gründe für die Unwirksamkeit der Befristung vor. § 17 erfasst insb. auch den Verstoß gegen das Schriftformerfordernis des § 14 Abs. 4.[42] Gleiches gilt auch für Unwirksamkeitsgründe, die sich nicht aus dem TzBfG ergeben, z.B. die Verletzung tarifvertraglicher Vorschriften oder eine ggf. erforderliche Zustimmung des BR.[43]

V. Nachträgliche Klagezulassung

12 Gem. S. 2 finden neben § 7 KSchG auch §§ 5 und 6 KSchG Anwendung (siehe § 5 KSchG Rn 1 ff.; § 6 KSchG Rn 1 ff.). So kann ein AN bis zum Schluss der mündlichen Verhandlung erster Instanz die Rechtsunwirksamkeit einer Befristung geltend machen, wenn er innerhalb von drei Wochen nach Ablauf der Befristung auf anderem Wege geltend gemacht hat, dass eine unwirksame Befristung vorliegt.[44] Besondere Bedeutung bei der Entfristungsklage kommt der Vorhersehbarkeit des Endes des befristeten Arbeitsvertrages bei der Zweckbefristung oder bei der Vereinbarung einer auflösenden Bedingung zu. Wie weit die dem AN zuzumutende Sorgfalt geht, entscheidet sich nach den Umständen des Einzelfalles. Regelmäßig ist der AN durch die Mitteilungspflicht des AG (siehe § 15 Rn 5) hinreichend geschützt.

VI. Weiterbeschäftigungsanspruch

13 § 102 Abs. 5 BetrVG ist im Zusammenhang mit der Beendigung eines befristeten Arbeitsvertrages nicht entsprechend anwendbar. Das BAG hat die Grundsätze zum allgemeinen Weiterbeschäftigungsanspruch jedoch auf Rechtsstreitigkeiten über die Wirksamkeit einer Befristung oder auflösenden Bedingung übertragen.[45] Danach kann der AN Weiterbeschäftigung über den Zeitpunkt des Vertragsendes hinaus bis zum Abschluss des Rechtsstreites verlangen, wenn die Befristung oder auflösende Bedingung offensichtlich unwirksam ist und überwiegende, schützenswerte Interessen des AG der Weiterbeschäftigung nicht entgegenstehen. Der offensichtlichen Unwirksamkeit der Befristung oder auflösenden Bedingung ist das Obsiegen des AN in erster Instanz gleichzustellen. Die Befristung oder Vereinbarung einer auflösenden Bedingung ist offensichtlich unwirksam, wenn sich die Unwirksamkeit jedem Kundigen schon aus dem eigenen Vortrag des AG ohne Beweiserhebung und ohne dass ein Beurteilungsspielraum gegeben wäre, geradezu aufdrängt, die Unwirksamkeit somit ohne jeden vernünftigen Zweifel in rechtlicher und tatsächlicher Hinsicht offen zu Tage tritt.[46] Ist das nicht der Fall, überwiegt grds. das Interesse des AG daran, den AN nicht weiter zu beschäftigen. Der Antrag auf Weiterbeschäftigung kann zusammen mit dem Antrag nach § 17 gestellt werden.

C. Verbindung zu anderen Rechtsgebieten und zum Prozessrecht

14 § 17 gilt nur für die Entfristungsklage im Falle von Arbverh. Die Vorschrift ist nicht auf die Befristung sonstiger Vertragsverhältnisse, z.B. Dienstverhältnisse, anwendbar. Besondere Bedeutung kommt dem für die Frage zu, ob Organe von juristischen Personen die Unwirksamkeit der Befristung ihrer Verträge innerhalb der dreiwöchigen Klagefrist geltend machen müssen. Die Rspr. geht bislang davon aus, dass GmbH-Geschäftsführer regelmäßig keine AN sind.[47]

15 Die Entfristungsklage nach § 17 geht der allgemeinen Feststellungsklage nach § 256 ZPO vor und verdrängt diese.[48] Der Antrag „(...) sondern, dass das Arbverh darüber hinaus fortbesteht" ist grds. nicht erforderlich, wenn nicht ein weiterer Beendigungstatbestand vorliegt oder einzutreten droht.[49] Zu beachten ist, dass eine Leistungsklage oder eine allgemeine Feststellungsklage die Frist des § 17 nicht wahrt.[50] Das gilt auch dann, wenn für die Begründung des in dieser Form geltend gemachten Anspruchs inzident auf die Unwirksamkeit der Befristungsabrede abgestellt wird.[51] Eine innerhalb der Drei-Wochen-Frist anhängig gemachte Klage kann bis zum Schluss der mündlichen Verhandlung erster Instanz zu einer Entfristungsklage erweitert werden.[52] In diesem Falle ist die Klagefrist des § 17 gewahrt. § 9 KSchG ist im Zusammenhang mit der Entfristungsklage nicht analog anwendbar.[53]

---

42 ErfK/*Müller-Glöge*, § 17 TzBfG Rn 13; KR/*Lipke/Bader*, § 17 TzBfG Rn 5; a.A. v. *Koppenfels*, AuR 2001, 201, 205.
43 BAG 20.2.2002 – 7 AZR 662/00 – EzA § 625 BGB Nr. 5 = ZTR 2002, 439; ErfK/*Müller-Glöge*, § 17 TzBfG Rn 13.
44 ArbG Stendal 10.1.2008 – 1 Ca 944/07 – juris.
45 BAG 13.6.1985 – 2 AZR 410/94 – AP § 611 BGB Beschäftigungspflicht Nr. 19 = NZA 1986, 562; BAG 26.6.1996 – 7 AZR 674/95 – AP § 620 BGB Bedingung Nr. 23 = NZA 1997, 200.
46 BAG GS 27.2.1985 – GS 1/84 – AP § 611 BGB Beschäftigungspflicht Nr. 14 = NZA 1985, 702.
47 Vgl. BGH 10.1.2000 – II ZR 251/98 – AP § 611 BGB Organvertreter Nr. 115 = NZA 2000, 376; BAG 13.2.2003 – 8 AZR 654/01 – AP § 611 BGB Organvertreter Nr. 24 = NZA 2003, 552.
48 Annuß/Thüsing/*Maschmann*, § 17 Rn 11; *Bauer*, BB 2001, 2526, 2528; *Vossen*, NZA 2000, 704, 706; vgl. aber auch LAG Rheinland-Pfalz 8.4.2008 – 3 Sa 758/07 – juris.
49 Annuß/Thüsing/*Maschmann*, § 17 Rn 11; *Bauer*, BB 2001, 2526, 2528.
50 BAG 16.4.2003 – 7 AZR 119/02 – AKP § 17 TzBfG Nr. 2 = NZA 2004, 283; ErfK/*Müller-Glöge*, § 17 TzBfG Rn 18; Annuß/Thüsing/*Maschmann*, § 17 Rn 11.
51 BAG 25.3.1976 – 2 AZR 127/75 – AP § 626 BGB Ausschlussfrist Nr. 10 = DB 1976, 1066.
52 BAG 30.11.1961 – 2 AZR 295/61 – AP § 5 KSchG 1951 Nr. 3 = NJW 1962, 1587; Annuß/Thüsing/*Maschmann*, § 17 Rn 11.
53 Annuß/Thüsing/*Maschmann*, § 17 Rn 12; KDZ/*Däubler*, § 17 TzBfG Rn 8; *Wisskirchen*, DB 1998, 726.

Auch im Falle des § 15 Abs. 5 muss Klage mit dem gesetzlich vorgesehenen Antrag erhoben werden. Dieser lautet: „Es wird festgestellt, dass das Arbverh nicht durch die vereinbarte Befristung zum (…) geendet hat."[54] Das muss sich zumindest aus Klageantrag, Klagebegründung oder sonstigen Umständen ergeben.[55] Streiten die Parteien nicht über die Unwirksamkeit einer Befristung, insbesondere den Eintritt des Zwecks oder der auflösenden Bedingung, so ist die allgemeine Feststellungsklage zu erheben. § 17 S. 1 findet keine Anwendung.[56]

Die Berufung auf das Ende des Arbverh durch Fristablauf ist eine rechtsvernichtende Einwendung. Darlegungs- und beweispflichtig ist derjenige, der die Einwendung erhebt. Dies ist regelmäßig der AG.[57] Sind zwischen den Parteien die Tatsachen streitig, die das Vorliegen eines sachlichen Grundes begründen, genügt es, wenn der AG das Vorliegen des sachlichen Grundes vorträgt. Der AN hat die Darlegungs- und Beweislast dahingehend, dass die vom AG vorgetragenen Umstände nicht vorliegen.[58] Etwas anderes gilt für die Darlegungslast des AG, wenn die Befristungsabrede – z.B. im Falle des vorübergehenden Mehrbedarfs an Arbeitskraft – von einer Prognose abhängig ist. Deren tatsächliche Grundlagen sind vom AG darzulegen.[59] Wer sich auf den Eintritt einer auflösenden Bedingung berufen will, soll die tatsächlichen Grundlagen des Bedingungseintritts darzulegen und ggf. zu beweisen haben.[60] Zutreffend dürfte sein, dass ebenso wie im Falle der Zweckerreichung es zunächst ausreicht, dass der AG die Erreichung des Zweckes bzw. den Bedingungseintritt vorträgt. Der AN kann dies – ggf. mit Nichtwissen – bestreiten. Ist das Bestreiten mit Nichtwissen zulässig, so hat der AG die Umstände, die die Zweckerreichung bzw. den Bedingungseintritt begründen, darzulegen und ggf. zu beweisen. 16

D. Beraterhinweise

Der AN-Vertreter muss dringend darauf achten, den richtigen Antrag zu stellen (siehe Rn 1). Ggf. sollte geprüft werden, ob mit dem Entfristungsantrag der Antrag auf Weiterbeschäftigung gestellt werden soll. Der Weiterbeschäftigungsantrag kann nicht isoliert ohne Entfristungsklage gestellt werden.[61] Der Weiterbeschäftigungsantrag kann bedingt für den Fall gestellt werden, dass der Feststellungsantrag erfolgreich ist. Sofern sich aus dem Antrag nichts Gegenteiliges ergibt, ist davon auszugehen, dass ein solcher uneigentlicher Eventualantrag gestellt werden sollte.[62] Der Weiterbeschäftigungsantrag kann für die Zeit bis zur rechtskräftigen Entscheidung gestellt werden aber auch darüber hinaus, wenn der AG erklärt, dass er einer rechtskräftigen Feststellung nach der ein unbefristetes Arbverh vorliegt, nicht nachkommen will. § 259 ZPO findet Anwendung.[63] 17

§ 18 Information über unbefristete Arbeitsplätze

¹Der Arbeitgeber hat die befristet beschäftigten Arbeitnehmer über entsprechende unbefristete Arbeitsplätze zu informieren, die besetzt werden sollen. ²Die Information kann durch allgemeine Bekanntgabe an geeigneter, den Arbeitnehmern zugänglicher Stelle im Betrieb und Unternehmen erfolgen.

A. Allgemeines 1	4. Inhalt der Information 6
B. Regelungsgehalt 2	5. Form der Information 7
I. Anwendungsbereich 2	II. Rechtsfolgen bei Verstoß 9
1. Räumlicher Anwendungsbereich 2	C. Verbindungen zu anderen Rechtsgebieten und
2. Persönlicher Anwendungsbereich 3	zum Prozessrecht 10
3. Zeitpunkt der Information 5	D. Beraterhinweise 11

---

54 BAG 16.4.2003 – 7 AZR 119/02 – AP § 17 TzBfG Nr. 2 = NZA 2004,283; BAG 24.10.2001 – 7 AZR 542/00 – AP BGB § 620 Befristeter Arbeitsvertrag Nr. 229; ErfK/*Müller-Glöge*, § 17 TzBfG Rn 18.
55 ErfK/*Müller-Glöge*, § 17 TzBfG Rn 18; Annuß/Thüsing/ *Maschmann*, § 17 Rn 11.
56 BAG 21.1.2009 – 7 AZR 843/07 – n.v.
57 BAG 12.10.1994 – 7 AZR 745/93 – AP § 620 BGB Befristeter Arbeitsvertrag Nr. 165 = NJW 1995, 2941; ErfK/ *Müller-Glöge*, § 17 TzBfG Rn 16; KassArbR/*Schütz*, 4.4 Rn 154.
58 ErfK/*Müller-Glöge*, § 17 TzBfG Rn 17.
59 BAG 12.9.1996 – 7 AZR 790/95 – AP § 620 BGB Befristeter Arbeitsvertrag Nr. 182 = NZA 1997, 371; BAG 23.2.2000 – 7 AZR 555/98 – n.v.
60 Hessisches LAG 9.7.1999 – 2 Sa 2093/98 – LAGE § 1 BeschFG 1985/1996 Klagefrist Nr. 8 = NZA-RR 2000, 380.
61 Annuß/Thüsing/*Maschmann*, § 17 Rn 15; KR/*Lipke/Bader*, § 17 TzBfG Rn 40.
62 BAG 24.10.2001 – 7 AZR 686/00 – AP § 1 BeschFG Nr. 11 = NZA 2002, 1335; ErfK/*Müller-Glöge*, § 17 TzBfG Rn 20.
63 BAG 10.8.1994 – 7 AZR 695/93 – AP § 620 BGB Befristeter Arbeitsvertrag Nr. 162 = NJW 1995, 981; Annuß/ Thüsing/*Maschmann*, § 17 Rn 15.

A. Allgemeines

1 § 18 setzt § 6 Nr. 1 der EU-Rahmenvereinbarung über befristete Arbeitsverträge um. Einen Anspruch auf Übernahme in ein unbefristetes Arbverh begründet die Vorschrift nicht.

B. Regelungsgehalt
I. Anwendungsbereich

2 **1. Räumlicher Anwendungsbereich.** Die Vorschrift ist unternehmens- und nicht betriebsbezogen. Der AG hat daher auch über zu besetzende Stellen in anderen Betrieben des Unternehmens zu informieren.[1]

3 **2. Persönlicher Anwendungsbereich.** Der AG hat nur befristet beschäftigte AN zu unterrichten. Die Informationspflicht kommt nur in Betracht, wenn befristet beschäftigte AN den Wunsch nach unbefristeter Beschäftigung geäußert haben. Anderenfalls wäre die Verpflichtung des AG reiner Formalismus.[2]

4 Der AG hat nur über „entsprechende unbefristete Arbeitsplätze" zu informieren. Daraus folgt, dass die Informationspflicht nur dann besteht, wenn AN befristet beschäftigt werden, die für die Besetzung der freien Stelle aus objektiver Sicht persönlich und fachlich in Betracht kommen.[3] Der befristet beschäftigte AN muss die auf dem zu besetzenden unbefristeten Arbeitsplatz zu erledigenden Aufgaben nach der gewöhnlichen Einarbeitungszeit ausführen können.[4] Könnte der AN die Stelle nur nach Durchführung von Weiterbildungsmaßnahmen besetzen, ist er nach § 18 nicht zu informieren.[5]

5 **3. Zeitpunkt der Information.** Die Information hat rechtzeitig zu erfolgen. Befristet beschäftigte AN müssen die Gelegenheit haben, sich auf die ausgeschriebene Stelle zu bewerben.[6]

6 **4. Inhalt der Information.** Der AG hat über freie und frei werdende Arbeitsplätze zu informieren. Erforderlich ist allein, dass die Stelle alsbald besetzt werden soll. Es muss sich um einen unbefristeten Arbeitsplatz handeln. Soll eine – wenn auch längerfristig – befristete Stelle besetzt werden, besteht die Informationspflicht nach § 18 nicht. Zu informieren ist aber auch über unbefristete Teilzeitstellen. Die Information muss die genaue Bezeichnung der Stelle – so wie sie intern und/oder extern ausgeschrieben wird – enthalten.

7 **5. Form der Information.** Formvorschriften enthält § 18 nicht. Die Vorschrift geht von einer individuellen Information der angesprochenen AN aus.[7] Anstelle der individuellen Information kann eine allgemein gehaltene Information nach S. 2 treten. Beide Wege können nebeneinander gewählt werden.[8] Die Bekanntgabe hat an geeigneter, den AN zugänglicher Stelle im Betrieb und Unternehmen zu erfolgen. Besteht ein Unternehmen aus mehreren Betrieben, so hat der AG in allen Betrieben zu informieren, in denen entsprechende befristete Arbeitsplätze (siehe Rn 2) bestehen.[9]

8 Ausreichend ist eine Mitteilung am schwarzen Brett, wenn mit der rechtzeitigen (siehe Rn 5) Kenntnisnahme durch alle zu informierenden AN gerechnet werden kann. Sie reicht z.B. aber nicht aus, wenn AN im Außendienst oder auf Telearbeitsplätzen tätig sind. Die Bekanntgabe kann auch im Inter- oder Intranet,[10] durch E-Mail oder in einer Mitarbeiterzeitung[11] erfolgen, sofern die Medien allen in Betracht kommenden befristet beschäftigten AN rechtzeitig zugänglich sind. Nicht ausreichend ist die Auslegung im Personalbüro, wenn nicht alle in Betracht kommenden AN regelmäßig und rechtzeitig diesen Ort aufsuchen.[12]

II. Rechtsfolgen bei Verstoß

9 Sanktionen für die Verletzung der Pflicht sieht § 18 nicht vor. Die Vorschrift begründet jedoch eine arbeitsvertragliche Nebenpflicht. Die Verletzung kann daher einen Schadensersatzanspruch aus § 280 BGB auslösen.[13] Ein Schaden kann darin bestehen, dass die zu informierende befristet beschäftigte AN sich nicht rechtzeitig beworben und daher den unbefristeten Arbeitsplatz nicht erhalten hat. Ein Schadensersatzanspruch setzt voraus, dass der AN darlegen und beweisen kann, dass er den unbefristeten Arbeitsplatz erhalten hätte, wenn der AG seine Pflicht aus § 18 nicht verletzt hätte.[14] Zutreffend wird darauf hingewiesen, dass dies in der Praxis kaum möglich sein dürf-

---

1 ErfK/*Müller-Glöge*, § 18 TzBfG Rn 2; Annuß/*Thüsing*/ *Annuß*, § 18 Rn 4.
2 A.A.: ErfK/*Müller-Glöge*, § 18 TzBfG Rn 8; KR/*Bader*, § 18 TzBfG Rn 2; Annuß/Thüsing/*Annuß*, § 18 Rn 4.
3 ErfK/*Müller-Glöge*, § 18 TzBfG Rn 6.
4 Annuß/Thüsing/*Annuß*, § 18 Rn 3.
5 Annuß/Thüsing/*Annuß*, § 18 Rn 3.
6 ErfK/*Müller-Glöge*, § 18 TzBfG Rn 7; KR/*Bader*, § 18 TzBfG Rn 5; Annuß/Thüsing/*Annuß*, § 18 Rn 5.
7 ErfK/*Müller-Glöge*, § 18 TzBfG Rn 3.
8 ErfK/*Müller-Glöge*, § 18 TzBfG Rn 3.
9 ErfK/*Müller-Glöge*, § 18 TzBfG Rn 2.
10 ErfK/*Müller-Glöge*, § 18 TzBfG Rn 5; Annuß/Thüsing/ *Annuß*, § 18 Rn 5; *Kliemt*, NZA 2001, 296, 304.
11 ErfK/*Müller-Glöge*, § 18 TzBfG Rn 5.
12 ErfK/*Müller-Glöge*, § 18 TzBfG Rn 4.
13 ErfK/*Müller-Glöge*, § 18 TzBfG Rn 10; Annuß/Thüsing/ *Annuß*, § 18 Rn 6.
14 Annuß/Thüsing/*Annuß*, § 18 Rn 6; KR/*Bader*, § 18 TzBfG Rn 11.

te.[15] Es bestehen insoweit Parallelen zur Beanspruchung von mehr als drei Bruttomonatsverdiensten Entschädigung gem. § 15 Abs. 2 AGG (siehe §§ 15, 16 AGG Rn 8 f.). § 18 ist kein Schutzgesetz i.S.d. § 823 Abs. 2 BGB.[16] und begründet keinen Anspruch auf bevorzugte Begründung unbefristeter Arbverh mit befristet beschäftigten AN.[17]

C. Verbindungen zu anderen Rechtsgebieten und zum Prozessrecht

Die Pflicht zur Mitteilung nach § 18 besteht neben der ggf. bestehenden Pflicht des AG Arbeitsplätze nach § 93 BetrVG auszuschreiben. Hat der AG nach § 93 BetrVG eine unbefristet zu besetzende Stelle so ausgeschrieben, dass alle in Betracht kommenden befristet beschäftigten AN (siehe Rn 3) rechtzeitig (siehe Rn 5) davon Kenntnis nehmen können, so hat er damit auch gleichzeitig seine Pflicht aus § 18 erfüllt. **10**

D. Beraterhinweise

Mitteilung nach § 18 kann wie folgt erfolgen: **11**

Mitteilung nach § 18 TzBfG

Wir weisen die befristet beschäftigten AN darauf hin, dass ab dem (…) im Betrieb (…) folgende unbefristete Stelle zu besetzen ist:

....
....

Befristet beschäftigte AN können sich im Falle persönlicher und fachlicher Eignung auf diese Stelle bis zum (…) in der Personalabteilung (…) bewerben.
Datum/Unterschrift"

§ 19   Aus- und Weiterbildung

Der Arbeitgeber hat Sorge zu tragen, dass auch befristet beschäftigte Arbeitnehmer an angemessenen Aus- und Weiterbildungsmaßnahmen zur Förderung der beruflichen Entwicklung und Mobilität teilnehmen können, es sei denn, dass dringende betriebliche Gründe oder Aus- und Weiterbildungswünsche anderer Arbeitnehmer entgegenstehen.

A. Allgemeines 1	III. Rechtsfolgen 9
B. Regelungsgehalt 2	C. Verbindung zu anderen Rechtsgebieten und
I. Weiterbildungsmaßnahmen 2	zum Prozessrecht 10
II. Anspruch auf Teilnahme 3	D. Beraterhinweise 11

A. Allgemeines

§ 19 dient der Umsetzung von § 6 Nr. 2 der Rahmenvereinbarung über befristete Arbeitsverträge. Die Vorschrift konkretisiert § 4 Abs. 2.[1] **1**

B. Regelungsgehalt

I. Weiterbildungsmaßnahmen

Voraussetzung ist, dass der AG Maßnahmen anbietet, die der Förderung der beruflichen Entwicklung und Mobilität **2** der AN dienen.[2] Die aus § 19 folgende Aus- und Weiterbildungsverpflichtung des AG bezieht sich nicht nur auf die aktuelle Tätigkeit des befristet beschäftigten AN, sondern ggf. auch auf die Verbesserung der beruflichen Qualifikation als Voraussetzung für die Übernahme einer höher qualifizierten Tätigkeit. Maßnahmen, die nur der Verbes-

---

15 Annuß/Thüsing/*Annuß*, § 18 Rn 6; KDZ/*Däubler*, § 18 TzBfG Rn 3.
16 ErfK/*Müller-Glöge*, § 18 TzBfG Rn 10; Annuß/Thüsing/*Annuß*, § 18 Rn 6; *Kliemt*, NZA 2001, 296, 304.
17 Zu tariflichen Vorschriften vgl. BAG 14.11.2001 – 7 AZR 568/00 – AP MTA SR 2a Nr. 1 § 2 = NZA 2002, 392; ErfK/*Müller-Glöge*, § 18 TzBfG Rn 9.

1 ErfK/*Müller-Glöge*, § 19 TzBfG Rn 1; Annuß/Thüsing/*Annuß*, § 19 Rn 2; KR/*Bader*, § 19 TzBfG Rn 2.
2 ErfK/*Müller-Glöge*, § 19 TzBfG Rn 2; Annuß/Thüsing/*Annuß*, § 19 Rn 3.

serung der Allgemeinbildung dienen, werden nicht erfasst.[3] Das Gesetz unterscheidet jedoch nicht zwischen internen und externen Weiterbildungsmaßnahmen.[4]

II. Anspruch auf Teilnahme

3 Ausreichend für die Anwendung des § 19 ist, dass der AG entsprechende Maßnahmen überhaupt anbietet.[5]

4 Aus der Formulierung „hat Sorge zu tragen" folgt, dass der AG den befristet beschäftigten AN die gleiche Teilhabe wie unbefristet beschäftigten AN an den Aus- und Weiterbildungsmaßnahmen einzuräumen hat, wenn nicht die im zweiten Halbsatz genannten Gründe für eine Versagung vorliegen.[6] Zudem sind ggf. weitere Aspekte zu berücksichtigen, z.B. sonstige sachliche Gründe im Sinne des arbeitsrechtlichen Gleichbehandlungsgrundsatzes, die den Ausschluss des befristet beschäftigten AN rechtfertigen.[7]

5 **Angemessen** für den befristet beschäftigten AN ist eine Aus- und Weiterbildungsmaßnahme nur dann, wenn zwischen dem Aufwand des AG und dem für den befristet beschäftigten AN zu erwartenden Vorteil Verhältnismäßigkeit besteht.[8] Diese kann nicht schon damit verneint werden, dass die Bildungsmaßnahme für den AN eine über seine Beschäftigungszeit hinausgehende Erhöhung der Qualifikation zur Folge hätte, wie sich aus dem Ziel der Regelung (siehe Rn 2) ergibt.[9] Andererseits kann der AN nicht die Teilnahme an jeder Art von Weiterbildungsmaßnahme verlangen. Die Weiterbildungsmaßnahme muss zu der vom AN zu erbringenden Tätigkeit zumindest in einem inneren Zusammenhang stehen und bei Fortbestehen des Arbverh bei dem AG zu einer erhöhten von dem AG nutzbaren Leistungsfähigkeit des AN führen können. Es ist – soweit möglich – die Handhabung gegenüber vergleichbaren unbefristet beschäftigten AN als Kontrollüberlegung heranzuziehen. Können diese an der Maßnahme teilnehmen, ohne dass der AG Rückzahlungsvereinbarungen hinsichtlich der Ausbildungskosten vereinbart, kann dies dafür sprechen, dass auch die Beteiligung befristet beschäftigter AN für den AG keine unverhältnismäßige Belastung darstellt.[10]

6 **Dringende betriebliche Gründe**, die der Teilnahme an der Aus- und Weiterbildungsmaßnahme entgegenstehen könnten, sind arbeitsablaufbezogen festzustellen. Die Anwesenheit des befristet beschäftigten AN im Betrieb zur Zeit, in der die Weiterbildungsmaßnahme stattfindet, muss unbedingt erforderlich sein und gegenüber dem Teilnahmeinteresse deutlich überwiegen.[11]

7 Der Teilnahmeanspruch des befristet beschäftigten AN besteht auch bei Nichtvorliegen der vorgenannten Gründe dann nicht, wenn **Aus- und Weiterbildungswünsche anderer befristet oder nicht befristet beschäftigter AN** entgegenstehen. Voraussetzung ist jedoch, dass tatsächlich Aus- und Weiterbildungswünsche anderer AN vorliegen. Ist das der Fall, kann der AG seine Auswahlentscheidung im Rahmen billigen Ermessens treffen.[12] Die Gleichbehandlungspflicht des AG besteht nur im Rahmen des von ihm zuvor definierten Aufwandes.[13]

8 Darüber hinaus können andere, bei Anwendung des allgemeinen arbeitsrechtlichen Gleichbehandlungsgrundsatzes relevante Gründe, eine unterschiedliche Behandlung rechtfertigen.

III. Rechtsfolgen

9 Der befristet beschäftigte AN kann die Teilnahme an der Aus- und Weiterbildungsveranstaltung ggf. gerichtlich durchsetzen. Dies kann auch im Wege der einstweiligen Verfügung erfolgen.[14] Kann der Anspruch auf Teilnahme nicht durchgesetzt werden, kann der AN ggf. Anspruch auf Schadensersatz gemäß § 280 BGB haben. Der Schadensersatzanspruch aus § 280 BGB kann z.B. die Gewährung einer vergleichbaren Weiterbildungsmaßnahme zum Gegenstand haben.[15] § 19 ist kein Schutzgesetz im Sinne des § 823 Abs. 2 BGB.[16]

C. Verbindung zu anderen Rechtsgebieten und zum Prozessrecht

10 Zu beachten sind bei der Auswahl der AN für eine Aus- und Weiterbildungsmaßnahme ggf. Mitbestimmungsrechte des BR, insbesondere § 97 Abs. 2 und § 98 Abs. 3 BetrVG.[17]

---

3 ErfK/*Müller-Glöge*, § 19 TzBfG Rn 2.
4 ErfK/*Müller-Glöge*, § 19 TzBfG Rn 3.
5 ErfK/*Müller-Glöge*, § 19 TzBfG Rn 3; Annuß/Thüsing/*Annuß*, § 19 Rn 2; KDZ/*Däubler*, § 19 TzBfG Rn 2.
6 Annuß/Thüsing/*Annuß*, § 19 Rn 3; KR/*Bader*, § 19 TzBfG Rn 8.
7 Vgl. *Kliemt*, NZA 2001, 296, 304.
8 ErfK/*Müller-Glöge*, § 19 TzBfG Rn 4; Annuß/Thüsing/*Annuß*, § 19 Rn 4.
9 Annuß/Thüsing/*Annuß*, § 19 Rn 4; KDZ/*Däubler*, § 19 TzBfG Rn 2; a.A. MünchArbR/*Wank*, Ergänzungsband, § 116 Rn 305.
10 So zutreffend Annuß/Thüsing/*Annuß*, § 19 Rn 4.

11 Annuß/Thüsing/*Annuß*, § 19 Rn 5; KR/*Bader*, § 19 TzBfG Rn 11; ErfK/*Müller-Glöge*, § 19 TzBfG Rn 5, die auf die Erläuterungen zu § 7 Abs. 1 S. 1 BUrlG verweisen.
12 BT-Drucks 14/4625, 24; ErfK/*Müller-Glöge*, § 19 TzBfG Rn 6; Annuß/Thüsing/*Annuß*, § 19 Rn 9; KR/*Bader*, § 19 TzBfG Rn 12; KDZ/*Däubler*, § 19 TzBfG Rn 3; *Hromadka*, BB 2001, 674, 675.
13 Annuß/Thüsing/*Annuß*, § 19 Rn 6.
14 Annuß/Thüsing/*Annuß*, § 19 Rn 7; KR/*Bader*, § 19 TzBfG Rn 14.
15 Annuß/Thüsing/*Annuß*, § 19 Rn 7.
16 ErfK/*Müller-Glöge*, § 19 TzBfG Rn 8.
17 Annuß/Thüsing/*Annuß*, § 19 Rn 8.

D. Beraterhinweise

Will der AN der Aus- und Weiterbildungsmaßnahme teilnehmen, so sollte der Prozessvertreter zunächst versuchen, die Teilnahme im Wege der einstweiligen Verfügung durchzusetzen. Ergeht die einsteilige Verfügung nicht oder kann aus Gründen des Zeitablaufes die einstweilige Verfügung nicht mehr rechtzeitig erwirkt werden, kann ggf. Klage auf Teilnahme an einer vergleichbaren Weiterbildungsmaßnahme erhoben werden. 11

In Betrieben mit BR kann es für den AG sinnvoll sein, mit dem BR eine Betriebsvereinbarung abzuschließen, in der die Teilnehmer an der Weiterbildungsmaßnahme festgelegt werden. Einer solchen Betriebsvereinbarung kommt eine gewisse Richtigkeitsgewähr zu. Darüber hinaus sollte der AG befristet beschäftigten AN bei Vorliegen des § 19 die Möglichkeit der Teilnahme an einer Aus- und Weiterbildungsmaßnahme eröffnen. Die AN sind nicht verpflichtet, auf ein solches Angebot einzugehen. Dennoch kann der Nachweis, dass der AG entsprechende Angebote gemacht hat, in einem Streitfall Indiz dafür sein, dass der AG befristet beschäftigte AN nicht unzulässig von der Teilnahme einer Aus- und Weiterbildungsveranstaltung ausschließt. 12

§ 20 Information der Arbeitnehmervertretung

Der Arbeitgeber hat die Arbeitnehmervertretung über die Anzahl der befristet beschäftigten Arbeitnehmer und ihren Anteil an der Gesamtbelegschaft des Betriebes und des Unternehmens zu informieren.

A. Allgemeines 1	IV. Zeitpunkt und Taktung der Information 5
B. Regelungsgehalt 2	C. Verbindungen zu anderen Rechtsgebieten und
I. Arbeitnehmervertretung 2	zum Prozessrecht 6
II. Inhalt der Mitteilung 3	D. Beraterhinweise 8
III. Form 4	

A. Allgemeines

Die Vorschrift setzt § 10 Nr. 3 der Rahmenvereinbarung über befristete Arbverh um. 1

B. Regelungsgehalt

I. Arbeitnehmervertretung

Angesprochen sind nicht nur der BR und Personalrat in dem jeweiligen Betrieb oder der Verwaltung, sondern alle AN-Vertretungen, die unmittelbar gegenüber dem AG Belegschaftsinteressen vertreten, somit ggf. auch Sparten-BR und GBR, Personal-, Gesamtpersonal- und Hauptpersonalrat, die Sprecherausschüsse, kirchliche Mitarbeitervertretungen und AN-Vertretungen im Bereich der alliierten Streitkräfte.[1] Nicht zu informieren sind die Schwerbehinderten- und Jugend- und Auszubildendenvertretungen. Gleiches gilt für die zusätzlichen betriebsverfassungsrechtlichen Vertretungen nach § 3 Abs. 1 Nr. 4, 5 BetrVG.[2] Die Unterrichtungspflicht ist auf das Unternehmen beschränkt. Daher sind der KBR[3] und der EBR nicht zu informieren.[4] 2

II. Inhalt der Mitteilung

Den AN-Vertretungen ist nur die jeweilige Zahl der befristet Beschäftigten mitzuteilen. Der Anteil an der Gesamtbelegschaft kann in Bruchteilen oder Prozentzahlen mitgeteilt werden.[5] Die Namen der AN oder Art und Grund für die Befristung und ihre Dauer müssen nicht angegeben werden.[6] Dem BR gegenüber sind nur die Angaben über die Zahl und das Verhältnis bezogen auf den jeweiligen Betrieb, nicht jedoch auf das Unternehmen zu machen.[7] Der GBR ist nur über die Anzahl der befristet beschäftigten AN im Unternehmen und ihren Anteil an der Gesamtbelegschaft des Unternehmens zu informieren.[8] Etwas anderes gilt nur dann, wenn trotz Vorhandenseins mehrerer Betriebe eine AN-Vertretung auf Unternehmensebene nicht besteht. Dann sind die AN-Vertretungen in den Betrieben auch über die Verhältnisse auf Unternehmensebene zu informieren.[9] Besteht ein BR für einen gemeinsamen Betrieb mehrerer Unternehmen, ist er von beiden AG über die Zahl der jeweils befristet Beschäftigten zu informieren. 3

---

1 ErfK/*Müller-Glöge*, § 20 TzBfG Rn 1; Annuß/Thüsing/*Annuß*, § 20 Rn 2.
2 Annuß/Thüsing/*Annuß*, § 20 Rn 2; a.A. ErfK/*Müller-Glöge*, § 20 TzBfG Rn 1; KR/*Bader*, § 20 Rn 4.
3 Annuß/Thüsing/*Annuß*, § 20 Rn 2; KR/*Bader*, § 20 TzBfG Rn 2.
4 Annuß/Thüsing/*Annuß*, § 20 Rn 2; KR/*Bader*, § 20 Rn 7.
5 KR/*Bader*, § 20 TzBfG Rn 5.
6 Annuß/Thüsing/*Annuß*, § 20 Rn 3.
7 KR/*Bader*, § 20 TzBfG Rn 4.
8 A.A. KR/*Bader*, § 20 TzBfG Rn 4.
9 Annuß/Thüsing/*Annuß*, § 20 Rn 3.

III. Form

4 § 20 sieht keine Form für die Unterrichtung vor. Sie kann daher auch mündlich erfolgen. In der Praxis wird es jedoch üblich sein, dass die Zahlen in schriftlicher Form (auch Fax, E-Mail) übermittelt werden.[10] Die AN-Vertretungen können die Vorlage von Unterlagen nach § 20 nicht verlangen (aber siehe Rn 6).[11]

IV. Zeitpunkt und Taktung der Information

5 Der AG hat die Information von sich aus zu geben. Zu welchem Zeitpunkt und in welcher zeitlichen Folge die Information zu erfolgen hat, sagt § 20 nicht. Es wird die Auffassung vertreten, dass die Information einmal im Jahr ausreichend ist,[12] ein- bis zweimal jährlich zu erfolgen hat,[13] vierteljährlich erfolgen muss[14] oder gar unverzüglich nach jeder Veränderung zu erfolgen hat.[15] Dem Gesetz sind solche Vorgaben nicht zu entnehmen. Sie sind auch nicht aus anderen Vorschriften herleitbar. Zutreffend dürfte es sein, dass der AG der AN-Vertretung einmal eine grundlegende Information i.S.d. § 20 zu geben hat. Weitere Informationspflichten entstehen dann, wenn sich nicht nur unerhebliche Änderungen hinsichtlich der Zahl der befristet beschäftigten AN ergeben und/oder ihr Anteil an der Gesamtbelegschaft des Betriebs oder Unternehmens durch eine Änderung der Gesamtbelegschaft sich erheblich verändert. Der AG hat darüber hinaus die Information nach § 20 zu erteilen, wenn der BR sie fordert.[16]

C. Verbindungen zu anderen Rechtsgebieten und zum Prozessrecht

6 Dem BR bzw. GBR steht neben dem Recht des § 20 der Unterrichtungsanspruch aus § 80 Abs. 2 S. 1 BetrVG zur Seite. Dieser betrifft auch die Unterrichtung über die Zahl der befristet beschäftigten AN und ihr Verhältnis zur Gesamtbelegschaft. Der BR respektive GBR kann nach § 80 Abs. 2 S. 2 BetrVG die Zurverfügungstellung erforderlichen Unterlagen fordern.[17] Für den BR oder GBR (anders für die anderen AN-Vertretungen, siehe Rn 2) geht dieser Anspruch deutlich weiter, als der aus § 20.

7 Der Anspruch aus § 20 kann von den AN-Vertretungen im Beschlussverfahren gerichtlich geltend gemacht werden. § 2 ArbGG ist entsprechend anzuwenden. Die Nichtaufnahme des § 20 stellt eine planwidrige Regelungslücke darstellt.

D. Beraterhinweise

8 AG und AN sollten die Informationspflicht aus § 20 zur Vermeidung von Rechtsstreitigkeiten formalisieren. Insb. die zeitliche Folge, in der die Informationen zu erteilen sind, sollte festgelegt werden. Dabei sollte sich die Frequenz an der Größe des Betriebs bzw. Unternehmens und der Fluktuation der AN orientieren. In jedem Fall sollte eine solche Vereinbarung vorsehen, dass eine erneute Information zu erteilen ist, wenn von der Norm abweichende personelle Maßnahmen ergriffen werden, z.B. Stellenabbau oder erhöhter Stellenaufbau.

Die Information an die AN-Vertretung kann lauten:

„In dem Betrieb (…) werden zum Stichtag (…) (…) AN befristet beschäftigt. Dies macht einen Anteil von (…) % an der Gesamtbelegschaft von (…) AN aus.

Datum/Unterschrift"

§ 21 Auflösend bedingte Arbeitsverträge

Wird der Arbeitsvertrag unter einer auflösenden Bedingung geschlossen, gelten § 4 Abs. 2, § 5, § 14 Abs. 1 und 4, § 15 Abs. 2, 3 und 5 sowie die §§ 16 bis 20 entsprechend.

A. Allgemeines 1	III. Sonstige anzuwendende Vorschriften 5
B. Regelungsgehalt 2	C. Verbindung zu anderen Rechtsgebieten und
I. Die auflösende Bedingung 2	zum Prozessrecht 6
II. Zulässigkeit der Vereinbarung einer auflösenden Bedingung 3	D. Beraterhinweise 7

---

10 Annuß/Thüsing/*Annuß*, § 20 Rn 3.
11 ErfK/*Müller-Glöge*, § 20 TzBfG Rn 2; Annuß/Thüsing/*Annuß*, § 20 Rn 3; KR/*Bader*, § 20 TzBfG Rn 5.
12 ErfK/*Müller-Glöge*, § 20 TzBfG Rn 2.
13 KR/*Bader*, § 20 TzBfG Rn 6.
14 KDZ/*Däubler*, § 20 TzBfG Rn 2.
15 Annuß/Thüsing/*Annuß*, § 20 Rn 4.
16 KR/*Bader*, § 20 TzBfG Rn 6.
17 Vgl. BAG 10.10.2006 – 1 ABR 68/05 – AP § 80 BetrVG 1972 Nr. 68 = NZA 2007, 99.

A. Allgemeines

§ 21 setzt § 3 Nr. 1 der Rahmenvereinbarung über befristete Arbeitsverträge um.[1] Die Vorschrift stellt die Vereinbarung einer auflösenden Bedingung durch die Bezugnahme auf die entsprechenden Vorschriften im Wesentlichen der Zweckbefristung gleich.

B. Regelungsgehalt

I. Die auflösende Bedingung

Unter einer auflösenden Bedingung versteht man die Abhängigkeit des Bestands des Arbverh von einem zukünftigen, ungewissen Ereignis, wenn der Zeitpunkt des möglichen Eintritts nicht feststeht.[2] Der Unterschied zur Zweckbefristung besteht in der Ungewissheit des Ereigniseintritts. Steht der Eintritt des Ereignisses fest, so liegt eine Zweckbefristung vor, selbst wenn der Zeitpunkt des Eintritts ungewiss ist. Hinsichtlich der Ungewissheit kommt es nicht auf die objektiven Umstände an. Entscheidend ist der Parteiwille. Maßgeblich ist, ob die Arbeitsvertragsparteien den Eintritt des Ereignisses bei Vertragsschluss für ungewiss halten.[3] Lässt sich ein einheitlicher Parteiwille nicht feststellen, so ist im Zweifel die Prognose des AG zugrunde zu legen.[4] Gehen die Parteien bei der Vereinbarung einer Zweckbefristung davon aus, dass das Arbverh sicher zu einem bestimmten, ungewissen Zeitpunkt endet, so sehen sie bei Vereinbarung einer auflösenden Bedingung die Vertragsdurchführung auf unbestimmte Zeit als möglich an.[5]

II. Zulässigkeit der Vereinbarung einer auflösenden Bedingung

Eine auflösende Vereinbarung ist aufgrund des Verweises auf § 14 S. 1 nur zulässig, wenn ein sachlicher Grund vorliegt. Es sind keine engeren Grenzen zu ziehen als bei Feststellung, ob ein sachlicher Grund für eine Zweckbefristung vorliegt.[6] Insb. kann nicht argumentiert werden, das Unternehmerrisiko würde im Falle der Vereinbarung einer auflösenden Bedingung auf den AN verlagert. Gegenstand der gerichtlichen Kontrolle ist nicht die Rechtswirksamkeit einer Gestaltungserklärung des AG. Die Gerichte für Arbeitssachen prüfen vielmehr, ob die Parteien eine rechtlich statthafte Vertragsgestaltung zur Beendigung eines Arbverh ohne Künd objektiv funktionswidrig zu Lasten des AN verwendet haben.[7] Ebenso wie bei der Zweckbefristung ist die Ungewissheit über die künftige wirtschaftliche Lage des Unternehmens kein sachlicher Grund für die Vereinbarung einer auflösenden Bedingung.[8] Anerkannt bzw. in Betracht gezogen wird die Möglichkeit der Vereinbarung einer auflösenden Bedingung für folgende Fälle:

– Unmöglichkeit der Fortsetzung von Arbeiten wegen außerordentlichen Witterungsbedingungen;[9]
– Beendigung der Anstellung eines Schauspielers, wenn die Rolle aus der Fernsehserie gestrichen wird;[10]
– Vertretung von AN, deren Rückkehr ungewiss ist;[11]
– Beendigung eines mit dem Arbverh sachlich verbundenen (Ehegatten-) Arbverh;[12]
– Vereinbarung einer auflösenden Bedingung auf Wunsch des AN,[13] wobei das Einverständnis des AN nicht ausreicht (siehe § 14 Rn 63);
– Nichterteilung, Entzug oder Nichtverlängerung der Arbeits- bzw. Aufenthaltserlaubnis;[14]

---

1 Annuß/Thüsing/*Annuß*, § 21 Rn 5.
2 Vgl. z.B. BAG 8.8.2007 – 7 AZR 605/06 – AP Nr. 4 zu § 21 TzBfG = DB 2008, 133; ErfK/*Müller-Glöge*, § 21 TzBfG Rn 3; Annuß/Thüsing/*Annuß*, § 21 Rn 1.
3 ErfK/*Müller-Glöge*, § 21 TzBfG Rn 3; Annuß/Thüsing/*Annuß*, § 21 Rn 1; KR/*Bader*, § 21 TzBfG Rn 1; Hromadka, DB 2001, 621.
4 Annuß/Thüsing/*Annuß*, § 21 Rn 1 Fn 4 m. Hinw. auf BAG 22.11.1995 – 7 AZR 252/95 – AP § 620 BGB Befristeter Arbeitsvertrag Nr. 178 = NZA 1996, 878; BAG 24.9.1997 – 7 AZR 669/96 – AP § 620 BGB Befristeter Arbeitsvertrag Nr. 192 = NZA 1998, 419.
5 Annuß/Thüsing/*Annuß*, § 21 Rn 1.
6 BAG 4.12.2002 – 7 AZR 492/01 – AP § 620 BGB Bedingung Nr. 28 = NZA 2003, 611; ErfK/*Müller-Glöge*, § 21 Rn 4; KR/*Bader* § 21 TzBfG Rn 17; Annuß/Thüsing/*Annuß*, § 21 Rn 19; vgl. aber auch BAG 9.7.1981 – 2 AZR 788/78 – AP § 620 BGB Bedingung Nr. 4 = NJW 1982, 788; KR/*Bader*, § 21 TzBfG Rn 22; KDZ/*Däubler*, § 21 TzBfG Rn 18.
7 BAG 19.3.2008 – 7 AZR 1033/06 – DB 2008, 1976 (LS); BAG 25.8.1999 – 7 AZR 75/98 – AP Nr. 24 zu § 620 BGB Bedingung = NZA 2000, 656.
8 Annuß/Thüsing/*Annuß*, § 21 Rn 19.
9 BAG 28.8.1987 – 7 AZR 249/86. – ZTR 1988, 101.
10 BAG 2.7.2003 – 7 AZR 612/02 – AP § 620 BGB Bedingung Nr. 29 = NZA 2004, 311; ErfK/*Müller-Glöge*, § 21 TzBfG Rn 6; LAG Köln 22.6.1998 – 3 Sa 184/98 – NZA-RR 1999, 512; a.A. ArbG Potsdam 26.7.2001 – 4 Ca 813/01 – NZA-RR 2002, 125; KR/*Bader*, § 21 TzBfG Rn 27.
11 BAG 26.6.1996 – 7 AZR 674/95 – AP § 620 BGB Bedingung Nr. 23 = NZA 1997, 200; Annuß/Thüsing/*Annuß*, § 21 Rn 19; KR/*Bader*, § 21 TzBfG Rn 25.
12 BAG 17.5.1962 – 2 AZR 354/60 – AP BGB § 620 Bedingung Nr. 2 = DB 1962, 969; ErfK/*Müller-Glöge*, § 21 TzBfG Rn 7.
13 BAG 4.12.2002 – 7 AZR 492/01 – AP § 620 BGB Bedingung Nr. 28 = NZA 2003, 611; Annuß/Thüsing/*Annuß*, § 21 Rn 20; KR/*Bader*, § 21 TzBfG Rn 29; KDZ/*Däubler*, § 21 TzBfG Rn 13.
14 Annuß/Thüsing/*Annuß*, § 21 Rn 20; s.a. BAG 23.1.2002 – 7 AZR 611/00 – AP § 620 BGB Befristeter Arbeitsvertrag Nr. 230 = NJW 2002, 2265.

- negativ verlaufende Einstellungsuntersuchung;[15]
- Rückfall eines alkoholkranken AN;[16]
- Erprobungszwecke, sofern die Feststellung nicht dem AG allein überlassen ist;[17]
- Eintritt der Berufs- oder Erwerbsunfähigkeit[18] oder (noch nicht endgültig geklärt) Erwerbsminderung, das gilt jedoch nur, wenn der AN rentenrechtlich abgesichert ist[19] und der Zeitpunkt der Beendigung aufgrund der Vereinbarung hinreichend bestimmt ist.[20] Ausreichend kann auch die Bewilligung einer Berufs- oder Erwerbsunfähigkeitsrente auf Zeit sein,[21] zu beachten ist der Teilzeitanspruch schwerbehinderter Menschen nach § 92 SGB IX;[22]
- Feststellung der Fluguntauglichkeit bei Bordpersonal;[23] das soll jedoch nur dann gelten, wenn es an zumutbaren Beschäftigungsmöglichkeiten auf einem anderen freien Arbeitsplatz mangelt;[24]
- Entzug der Bewachungserlaubnis bei einem Wachmann;[25]
- Nichtantritt der Arbeit nach Beendigung des Urlaubs;[26]
- Verweigerung der Zustimmung zur Einstellung durch die zuständige AN-Vertretung;[27]
- Streichung von Drittmitteln bei drittmittelfinanziertem Arbverh[28] oder von für den Arbeitsplatz vorgesehenen Haushaltsmitteln;[29]
- in einem gerichtlichen Vergleich vereinbarte auflösende Bedingung;[30]
- Entzug der Einsatzerlaubnis der ausländischen Auftraggeber.[31]

4 Unzulässig ist die Vereinbarung einer auflösenden Bedingung für ein Ausbildungsverhältnis, die auf unzureichende schulische Leistungen[32] oder allein auf aus der Sphäre des AG stammenden Organisationsänderungen abstellt.[33] Keine auflösende Bedingung sondern Zweckbefristung ist die Weiterarbeit des AN bis zur Beendigung eines Künd-Schutzrechtsstreits.[34] Keine auflösende Bedingung stellt auch die Vereinbarung einer Altersgrenze dar. Sie ist zeitliche Höchstbefristung des Arbverh.[35] Zu beachten ist, dass Tarifverträge für die Vereinbarung auflösender Bedingungen besondere Vorschriften enthalten können.[36]

---

15 Vgl. LAG Niedersachsen 26.2.1980 – 1 Sa 12/79 – DB 1980, 1799; LAG Berlin 16.7.1990 – 9 Sa 43/90 – LAGE § 620 BGB Bedingung Nr. 2 = DB 1990, 2223; Hessisches LAG 8.12.1994 – 12 Sa 1103/94 – LAGE § 620 BGB Bedingung Nr. 4 = DB 1995, 1617 (LS); Annuß/Thüsing/*Annuß*, § 21 Rn 20, der zu Recht auf die ausreichende Präzisierung der Vereinbarung abstellt.

16 Annuß/Thüsing/*Annuß*, § 21 Rn 20; *Wisskirchen/Worzalla*, DB 1994, 577; a.A. LAG München 20.10.1987 – 4 Sa 783/87 – DB 1988, 506; APS/*Backhaus*, § 620 BGB Rn 292.

17 BAG 7.5.1980 – 5 AZR 593/78 – AP § 611 BGB Abhängigkeit Nr. 36 = ARSt 1981, 3 (Orchestermitglieder); Annuß/Thüsing/*Annuß*, § 21 Rn 21.

18 BAG 3.9.2003 – 7 AZR 661/02 – AP § 59 BAT-O Nr. 1 = NZA 2004, 328; BAG 23.2.2000 – 7 AZR 126/99 – AP § 14 VG Nr. 13 = NZA 2000, 778; ErfK/*Müller-Glöge*, § 21 TzBfG Rn 6; vgl. aber auch BAG 9.8.2000 – 7 AZR 749/98 – ZTR 2001, 270; BAG 14.10.2003 – 9 AZR 100/03 – AP § 61 SGB IX Nr. 3 = NZA 2004, 614.

19 BAG 19.11.2003 – 7 AZR 296/03 – AP § 17 TzBfG Nr. 3 = DB 2004, 1045; BAG 26.9.2001 – 4 AZR 497/00 – EzA § 4 Einzelhandel Nr. 51 = NZA 2002, 584 (LS); vgl. auch BAG 21.1.2009 – 7 AZR 843/07 – n.v.; Annuß/Thüsing/*Annuß*, § 21 Rn 22

20 BAG 27.10.1988 – 2 AZR 109/88 – AP § 620 BGB Bedingung Nr. 16 = NZA 2002, 584 (LS); BAG 11.3.1998 – 7 AZR 101/97 – AP § 59 BAT Nr. 8 = NZA 1998, 1180; Annuß/Thüsing/*Annuß*, § 21 Rn 22.

21 BAG 23.2.2000 – 7 AZR 126/99 – AP § 1 TVG Tarifverträge: Musiker Nr. 13 = NZA 2000, 776; Annuß/Thüsing/*Annuß*, § 21 Rn 22; a.A. LAG Schleswig-Holstein 12.6.1996 – 2 Sa 134/96 – LAGE § 620 BGB Bedingung Nr. 6; KDZ/*Däubler*, § 21 TzBfG Rn 32.

22 BAG 14.10.2003 – 9 AZR 100/03 – AP § 81 SGB IX Nr. 3 = NZA 2004, 614; ErfK/*Müller-Glöge*, § 21 TzBfG Rn 6.

23 BAG 16.10.2008 – 7 AZR 185/07 – n.v.; ErfK/*Müller-Glöge*, § 21 TzBfG Rn 6.

24 BAG 25.8.1999 – 7 AZR 75/98 – AP § 620 BGB Bedingung Nr. 24 = NZA 2000, 656; BAG 6.12.2000 – 7 AZR 302/99 – AP § 1 TVG Tarifverträge Deutsche Post Nr. 3 = NZA 2001, 792; zu Recht kritisch Annuß/Thüsing/*Annuß*, § 21 Rn 24.

25 BAG 25.8.1999 – 7 AZR 75/98 – AP § 620 BGB Bedingung Nr. 24 = NZA 2000, 656; ErfK/*Müller-Glöge*, § 21 TzBfG Rn 6.

26 ErfK/*Müller-Glöge*, § 21 TzBfG Rn 6; Annuß/Thüsing/*Annuß*, § 21 Rn 21; a.A. noch zur alten Rechtslage BAG 19.12.1974 – 2 AZR 565/73 – AP § 620 BGB Bedingung Nr. 3 = NJW 1975, 1531.

27 BAG 17.2.1983 – 2 AZR 208/81 – AP § 620 BGB Befristeter Arbeitsvertrag Nr. 74 = BB 1984, 59; Annuß/Thüsing/*Annuß*, § 21 Rn 25; KDZ/*Däubler*, § 21 TzBfG Rn 15.

28 Vgl. BAG 7.4.2004 – 7 AZR 441/03 – AP § 17 TzBfG Nr. 4 = NZA 2004, 944 (LS); BAG 4.1.2001 – 7 AZR 208/99 – EzA § 620 BGB Nr. 173 = ZTR 2001, 375; Annuß/Thüsing/*Annuß*, § 21 Rn 25; a.A. *Salje/Bultmann*, DB 1993, 1469, 1471.

29 Annuß/Thüsing/*Annuß*, § 21 Rn 25; a.A. *Meinel/Heyn/Herms*, § 21 Rn 15.

30 BAG 9.2.1984 – 2 AZR 402/83 – AP § 620 BGB Bedingung Nr. 7 = NZA 1984, 266; Annuß/Thüsing/*Annuß*, § 21 Rn 25.

31 BAG 19.3.2008 – 7 AZR 1033/06 – juris; LAG Rheinland-Pfalz 27.6.2008 – 6 Sa 81/08 – juris.

32 BAG 5.12.1985 – 2 AZR 61/85 – AP § 620 BGB Bedingung Nr. 10 = NZA 1987, 20; Annuß/Thüsing/*Annuß*, § 21 Rn 21.

33 BAG 17.5.1962 – 2 AZR 354/60 – AP § 620 BGB Bedingung Nr. 2 = DB 1962, 969; Annuß/Thüsing/*Annuß*, § 21 Rn 19.

34 BAG 22.10.2003 – 7 AZR 113/03 – AP § 14 TzBfG Nr. 6 = FA 2004, 27; ErfK/*Müller-Glöge*, § 21 TzBfG Rn 3.

35 BAG 19.11.2003 – 7 AZR 296/03 – AP § 17 TzBfG Nr. 3 = DB 2004, 1045; ErfK/*Müller-Glöge*, § 21 TzBfG Rn 3; Annuß/Thüsing/*Annuß*, § 21 Rn 22; *Richardi*, NZA 2001, 57, 61f.

36 Vgl. zum BAT ErfK/*Müller-Glöge*, § 21 TzBfG Rn 8.

III. Sonstige anzuwendende Vorschriften

Kraft ausdrücklicher Verweisung in § 21 gelten folgende Vorschriften entsprechend, wobei auf die Erläuterungen dort verwiesen werden kann:
- Das Diskriminierungsverbot gemäß § 4 Abs. 2 (siehe § 4 Rn 25 ff.),
- Schriftformerfordernis nach § 14 Abs. 4 (siehe § 14 Rn 144 ff.),
- Unterrichtung des AN über den Eintritt der auflösenden Bedingung und 14-Tage-Frist (siehe § 15 Rn 5 ff.),[37]
- Folgen unwirksamer Befristung (siehe § 16 Rn 1 ff.),
- Klagefrist (siehe § 17 Rn 1 ff.),
- Information über unbefristete Arbeitsplätze (siehe § 18 Rn 1 ff.),
- Teilnahme an Aus- und Weiterbildungsmaßnahmen (siehe § 19 Rn 1 ff.),
- Information der AN-Vertretung (siehe § 20 Rn 1 ff.).

C. Verbindung zu anderen Rechtsgebieten und zum Prozessrecht

Es gelten die zum befristeten Arbeitsvertrag, insbesondere zur Zweckbefristung, genannten Grundsätze, so dass auf diese Erläuterungen verwiesen werden kann (siehe § 15 Rn 4 ff.). Streiten sich Parteien beispielsweise nicht über die Wirksamkeit der auflösenden Bedingung, sondern allein über ihren Eintritt, so ist dies Gegenstand einer allgemeinen Feststellungsklage. § 17 S. 1 findet keine Anwendung.[38]

D. Beraterhinweise

Besonderes Augenmerk sollte darauf gelegt werden, im Falle der Vereinbarung einer auflösenden Bedingung die Möglichkeit der ordentlichen Künd gemäß § 15 Abs. 3 unzweifelhaft zu regeln. Geschieht dies nicht, kann der AN nur nach § 15 Abs. 4 (siehe § 15 Rn 12 ff.), der AG gar nicht ordentlich kündigen, wenn die Bedingung letztendlich nicht eintritt.[39]

Vierter Abschnitt: Gemeinsame Vorschriften

§ 22 Abweichende Vereinbarungen

(1) Außer in den Fällen des § 12 Abs. 3, § 13 Abs. 4 und § 14 Abs. 2 Satz 3 und 4 kann von den Vorschriften dieses Gesetzes nicht zuungunsten des Arbeitnehmers abgewichen werden.
(2) Enthält ein Tarifvertrag für den öffentlichen Dienst Bestimmungen im Sinne des § 8 Abs. 4 Satz 3 und 4, § 12 Abs. 3, § 13 Abs. 4, § 14 Abs. 2 Satz 3 und 4 oder § 15 Abs. 3, so gelten diese Bestimmungen auch zwischen nicht tarifgebundenen Arbeitgebern und Arbeitnehmern außerhalb des öffentlichen Dienstes, wenn die Anwendung der für den öffentlichen Dienst geltenden tarifvertraglichen Bestimmungen zwischen ihnen vereinbart ist und die Arbeitgeber die Kosten des Betriebes überwiegend mit Zuwendungen im Sinne des Haushaltsrechts decken.

A. Allgemeines ... 1	1. Vereinbarung der Anwendbarkeit des Tarifvertrags für den öffentlichen Dienst ... 7
B. Regelungsgehalt ... 2	2. Deckung der Betriebskosten durch Zuwendungen i.S.d. Haushaltsrechts ... 8
I. Abweichungsmöglichkeiten vom TzBfG (Abs. 1) ... 2	
1. Grundsatz ... 2	
2. Ausnahmen ... 5	C. Verbindung zu anderen Rechtsgebieten und zum Prozessrecht ... 9
II. Erweiterung durch Tarifvertrag für den öffentlichen Dienst (Abs. 2) ... 6	D. Beraterhinweise ... 10

A. Allgemeines

Die Vorschrift bestimmt in Abs. 1, dass von den Regelungen des TzBfG grundsätzlich nicht zu Ungunsten des AN abgewichen werden darf. Lediglich drei Ausnahmefälle werden aufgezeigt. Abs. 1 wurde durch das TzBfG neu eingeführt. Eine entsprechende Vorgängervorschrift gab es im BeschFG nicht. Abs. 2 erweitert in Anlehnung an § 6 Abs. 2 S. 2 BeschFG[1] die Möglichkeit, von den Vorschriften des TzBfG zu Ungunsten des AN durch die Inbezugnahme abweichender tariflicher Vorschriften Abstand zu nehmen.

---

37 Vgl. Annuß/Thüsing/*Annuß*, § 21 Rn 10.
38 BAG 21.1.2009 – 7 AZR 843/07 – n.v.
39 ErfK/*Müller-Glöge*, § 21 TzBfG Rn 9; Annuß/Thüsing/*Annuß*, § 21 Rn 11.
1 BT-Drucks 14/4374, S. 22.

B. Regelungsgehalt

I. Abweichungsmöglichkeiten vom TzBfG (Abs. 1)

2 **1. Grundsatz.** Das TzBfG ist grundsätzlich zwingendes Recht. Abweichende Vereinbarungen sind außer in den in Abs. 1 genannten Ausnahmen mittels TV[2] nur zugunsten des AN möglich.

3 Durch BV oder **Individualarbeitsvertrag** kann von den Vorschriften des TzBfG zu Ungunsten der AN in keiner Weise abgewichen werden,[3] obwohl die Gesetzesbegründung[4] insoweit missverständlich ist.

4 Den AN gegenüber dem TzBfG **begünstigende Vereinbarungen** sind grundsätzlich zulässig. § 22 enthält keine diesbezüglichen Einschränkungen. Dies gilt unabhängig davon, ob sie in einem Individualarbeitsvertrag, in einer BV oder in einem TV getroffen werden. Eine Ausnahme von dem einseitig zwingenden Gesetzesrecht[5] besteht lediglich bezüglich der in § 17 normierten Klagefrist. Diese Ordnungsvorschrift kann wegen ihrer prozessualen Funktion weder zugunsten noch zu Lasten des AN abgeändert werden.[6] Im Hinblick auf Vollzeit- bzw. unbefristet Beschäftigte ist der allgemeine Gleichbehandlungs-Grundsatz zu beachten. Eine gewollte Bevorzugung von Teilzeit- oder befristet Beschäftigten ist der Gesetzesbegründung des TzBfG und der dem TzBfG zugrunde liegenden RL nicht zu entnehmen.

5 **2. Ausnahmen.** Nach Abs. 1 ist eine tarifvertraglich geregelte Abweichung von dem zwingenden Recht des TzBfG nur wirksam betreffend die Arbeit auf Abruf (§ 12 Abs. 3), die Arbeitsplatzteilung (§ 13 Abs. 4) und die Festlegung der Anzahl der zulässigen Verlängerungen oder die Höchstdauer der Befristungen (§ 14 Abs. 2 S. 3 und 4). Wegen der möglichen tariflichen Regelungen und ihrer Inbezugnahme s. die Kommentierung zu §§ 12 bis 14.

II. Erweiterung durch Tarifvertrag für den öffentlichen Dienst (Abs. 2)

6 Nach Abs. 2 können auch nicht tarifgebundene AN und AG von den nach Abs. 1 möglichen tariflichen Abweichungen Gebrauch machen, wenn zwischen ihnen die Anwendung des für den öffentlichen Dienst geltenden TV vereinbart ist und der AG die Kosten des Betriebs überwiegend mit Zuwendungen i.S.d. Haushaltsrechts deckt.

7 **1. Vereinbarung der Anwendbarkeit des Tarifvertrags für den öffentlichen Dienst.** Die Anforderungen an die „Vereinbarung" sind höher als bei Abs. 1. Die bloße Vereinbarung der Geltung der abweichenden Norm ist nicht ausreichend. Es muss eine einzelvertragliche Inbezugnahme des gesamten für den öffentlichen Dienst geltenden TV stattfinden.[7]

8 **2. Deckung der Betriebskosten durch Zuwendungen i.S.d. Haushaltsrechts.** Zuwendungen i.S.d. Haushaltsrechts sind nach § 14 HGrG Ausgaben und Verpflichtungsermächtigungen für Leistungen an Stellen außerhalb der Verwaltung des Bundes oder des Landes zur Erfüllung bestimmter Zwecke. Der AG muss die Kosten des Betriebs (nicht des Unternehmens) mit mehr als 50 % solcher Zuwendungen decken.[8] Die Zuwendungen können von mehreren Kostenträgern geleistet werden. Nach der Begründung des Gesetzesentwurfs betrifft Abs. 2 vor allem die in Form einer GmbH organisierten, nicht tarifgebundenen, Forschungseinrichtungen wie die **Fraunhofer-Gesellschaft** und die **Max-Planck-Gesellschaft**.[9]

C. Verbindung zu anderen Rechtsgebieten und zum Prozessrecht

9 Würde im Rahmen von Abs. 2 zwischen AN und AG nur eine partielle Vereinbarung einzelner verschlechternder tarifvertraglicher Regelungen erfolgen, würde dies einer AGB-Kontrolle nach §§ 305 ff. BGB nicht standhalten. Das in § 22 normierte Verbot abweichender Vereinbarungen gilt nur für Arbverh. Nicht erfasst werden etwa die Verträge mit Organen von juristischen Personen, die keine AN sind oder freie Mitarbeiter.

D. Beraterhinweise

10 Die Vereinbarung einer unzulässigen Befristung führt nach § 16 zu einem unbefristeten Arbeitsvertrag. Um dieses Ergebnis zu vermeiden, sind in der Praxis die Ausnahmetatbestände des § 22 genau zu prüfen. Liegt kein Ausnahmetatbestand vor, sollte für den jeweiligen Einzelfall festgestellt werden, ob die Regelungen in Arbeitsverträgen mit Teilzeitbeschäftigen und befristet Beschäftigten von den Vorschriften des TzBfG zu Ungunsten des AN abweichen. Trotz der weitgehenden Gestaltungsfreiheit der TV-Parteien ist darauf zu achten, dass die Gerichte für Arbeitssachen

---

2 BAG 24.9.2003 – 10 AZR 675/02 – AP § 4 TzBfG Nr. 4 = NZA 2004, 611.
3 HWK/*Schmalenberg*, § 22 TzBfG Rn 1; *Annuß/Thüsing*, § 22 Rn 13.
4 BT-Drucks 14/4374, S. 22; BR-Drucks 591/00, S. 38.
5 Vgl. BAG 31.8.1994 – 7 AZR 983/93 – AP § 620 BGB Befristeter Arbeitsvertrag Nr. 163.
6 A.A. HaKo-KSchR/*Mestwerdt*, § 22 TzBfG Rn 3.
7 *Annuß/Thüsing*, § 22 Rn 17.
8 ErfK/*Müller-Glöge*, § 22 TzBfG Rn 2; *Annuß/Thüsing*, § 22 Rn 18.
9 BT-Drucks 14/4374, S. 22; BR-Drucks 591/00, S. 38.

TV jederzeit hinsichtlich der tariflichen Befristungsregelungen daraufhin überprüfen können, ob sie gegen höherrangiges Recht verstoßen, auch wenn sie über einen langen Zeitraum unbeanstandet praktiziert wurden.[10] Folge eines Verstoßes gegen höherrangiges Recht ist die teilweise Unwirksamkeit der entsprechenden Bestimmung des TV.

§ 23 Besondere gesetzliche Regelungen

Besondere Regelungen über Teilzeitarbeit und über die Befristung von Arbeitsverträgen nach anderen gesetzlichen Vorschriften bleiben unberührt.

Literatur: *Haratsch/Holljesiefken,* Studentische Hilfskraft auf Lebenszeit?, NZA 2008, 207; *Kortstock,* Reform des Hochschulbefristungsrechts – Entwurf eines Wissenschaftszeitvertragsgesetzes, ZTR 2007, 2; *Löwisch,* Die Ablösung der Befristungsbestimmungen des Hochschulrahmengesetzes durch das Wissenschaftszeitvertragsgesetz, NZA 2007, 479; *ders.,* Die gesetzliche Reparatur des Hochschulbefristungsrechts, NZA 2005, 321; *Rolfs,* Das neue Recht der Teilzeitarbeit, RdA 2001, 129

A. Allgemeines 1	gg) Anforderungen an den Arbeitsvertrag 24
B. Regelungsgehalt 2	hh) Kündigungsmöglichkeit 25
I. Allgemeines 2	ii) Übergangsregelung 26
II. Spezialregelungen zur Teilzeitarbeit 3	jj) Sonderfall: Juniorprofessur 29
1. Altersteilzeitgesetz 4	c) Verbindung zu anderen Rechtsgebieten
2. Elternzeit nach § 15 Abs. 4 bis 7 BEEG 5	und zum Prozessrecht 32
3. § 81 Abs. 5 SGB IX 6	d) Beraterhinweise 33
4. §§ 8, 10, 12 Frauenfördergesetz 7	3. ÄArbVtrG 34
III. Spezialregelungen zu befristeten Arbeitsverträgen 8	a) Allgemeines 34
1. § 21 BEEG 9	b) Regelungsgehalt 35
2. Wissenschaftszeitvertragsgesetz 10	4. §§ 3 Abs. 1 Nr. 3, 9 Nr. 2 AÜG (a.F.) 39
a) Allgemeines 10	5. Weitere Spezialregelungen 40
b) Regelungsgehalt 11	a) § 1 Abs. 4 Hs. 1 ArbPlSchG 41
aa) Allgemeines 11	b) § 1 Abs. 3 Hs. 1 EignÜG 42
bb) Geltungsbereich 12	c) § 21 BBiG 43
cc) Befristungsdauer 15	d) § 8 Abs. 3 AltersteilzeitG 44
dd) Anrechnung von Arbeitsverhältnissen 19	C. Verbindung zu anderen Rechtsgebieten und
ee) Befristungsverlängerungen 20	zum Prozessrecht 45
ff) Tarifvertragliche Abweichungsmöglichkeiten 22	D. Beraterhinweise 46

A. Allgemeines

Die Vorschrift stellt das Verhältnis des TzBfG zu spezialgesetzlichen Regelungen betreffend die Teilzeitarbeit und Befristungen klar.[1] Sie soll gewährleisten, dass die Spezialvorschriften nicht durch die allgemeinen Regelungen des TzBfG geändert werden. **1**

B. Regelungsgehalt

I. Allgemeines

Nach § 23 gehen Spezialgesetze den Regelungen des TzBfG in sachlicher Hinsicht vor, wenn in ihnen bestimmte Gegenstände speziell geregelt sind. Fehlt eine spezialgesetzliche Regelung, ist durch Auslegung zu ermitteln, ob und inwieweit auf das TzBfG zurückgegriffen werden soll. Ein Rückgriff scheidet nur dann aus, wenn sich der Gesetzesbegründung des Spezialgesetzes entnehmen lässt, dass ein bestimmter Gegenstand ungeregelt bleiben soll.[2] **2**

II. Spezialregelungen zur Teilzeitarbeit

§ 23 bestimmt, dass das TzBfG besondere gesetzliche Vorschriften über Teilzeitarbeit unberührt lässt. D.h., die Spezialregelungen bestehen unverändert fort oder können neu erlassen werden. Als „besondere Regelung" kommt nur ein **formelles Gesetz** i.S.d. Art. 2 EGBGB in Betracht. In der Gesetzesbegründung[3] werden als gegenüber dem TzBfG vorrangige Spezialgesetze genannt: **3**

---

10 BAG 24.9.2003 – 10 AZR 675/02 – AP § 4 TzBfG Nr. 4 = NZA 2004, 611.
1 BT-Drucks 14/4374, S. 22.
2 *Annuß/Thüsing,* § 23 Rn 1.
3 BT-Drucks 14/4374, S. 22.

1. Altersteilzeitgesetz. Das AltersteilzeitG gewährt keinen Rechtsanspruch auf Altersteilzeit. Eine Kollision mit dem in § 8 normierten gesetzlichen Teilzeitanspruch kommt daher nicht in Betracht (vgl. im Übrigen die Erläuterungen zum AltersteilzeitG).

2. Elternzeit nach § 15 Abs. 4 bis 7 BEEG. Der Teilzeitanspruch betreffend die Elternzeit gem. § 15 Abs. 6 und 7 BEEG ist lex specialis gegenüber § 8.[4] An einen Teilzeitanspruch in der Elternzeit werden strengere Anforderungen gestellt. § 15 Abs. 6 und 7 BEEG gibt u.a. einen zeitlichen Rahmen vor (Umfang der Teilzeit zwischen 15 und 30 Stunden), daneben kann der AG dem Teilzeitverlangen **dringende betriebliche Gründe** entgegenhalten (siehe im Übrigen die Kommentierung zu § 15 BEEG). Der Anwendungsbereich für § 8 ist erst nach Ablauf der Elternzeit eröffnet.

3. § 81 Abs. 5 SGB IX. Der Anspruch schwerbehinderter Menschen auf Teilzeitarbeit fand sich seit 1.10.2000 in § 14 Abs. 4 SchwbG[5] und wurde mit Inkrafttreten des SGB IX am 1.7.2001[6] in § 81 Abs. 5 SGB IX übernommen. Er bestand somit schon vor Schaffung von § 8. § 8 und § 81 Abs. 5 SGB IX stehen nebeneinander und können alternativ geltend gemacht werden.[7] § 81 Abs. 5 SGB IX ist zwar in seinem personellen und sachlichen Anwendungsbereich an die besondere Situation schwerbehinderter Menschen gebunden. Würde den Schwerbehinderten aber der Rückgriff auf die allgemeine Vorschrift des § 8 verwehrt werden, läge hierin ein Verstoß gegen Art. 3 Abs. 3 S. 2 GG, d.h. eine ungerechtfertigte Benachteiligung wegen der Behinderung (siehe im Übrigen die Erläuterungen zu § 81 SGB IX). Ein (Schwer-)Behinderter kann sich neben diesen Vorschriften ggf. auch auf das in § 7 AGG normierte Benachteiligungsverbot berufen (vgl. § 7 AGG Rn 1 ff.).

4. §§ 8, 10, 12 Frauenfördergesetz. Die Frauenfördergesetze des Bundes vom 24.6.1994[8] und der Länder sehen für den öffentlichen Dienst ergänzende Regelungen zur Teilzeitarbeit vor. Die landesgesetzlichen Spezialregelungen[9] gelten für in der Landesverwaltung beschäftigte AN. Bundes- oder landesgesetzlich geregelte Ansprüche auf Verringerung der Arbeitszeit können neben dem allgemeinen Anspruch aus § 8 geltend gemacht werden.[10]

III. Spezialregelungen zu befristeten Arbeitsverträgen

Gemäß § 23 bleiben besondere Regelungen über die Befristung von Arbeitsverträgen unberührt. Unter Sonderregelungen für befristete Arbeitsverh fallen solche, die Befristungen kraft Gesetzes vorsehen, die besondere Sachgrunderfordernisse für die Befristung normieren, die von § 14 abweichende Grundsätze für die Befristung ohne Sachgrund aufstellen oder solche, die die Dauer und Künd befristeter Arbeitsverträge regeln. Die Gesetzesbegründung[11] nennt folgende Spezialregelungen:

1. § 21 BEEG. § 21 BEEG[12] normiert, dass ein Sachgrund für den Abschluss eines befristeten Arbeitsvertrages vorliegt, wenn Ersatzkräfte während der Zeit einer **Arbeitsfreistellung** aufgrund der Geburt oder der Betreuung eines Kindes beschäftigt werden. § 21 BEEG hat im Wesentlichen klarstellenden Charakter.[13] Er ist neben § 14 anwendbar und bietet dem AG eine Alternative (siehe im Übrigen die Kommentierung zu § 21 BEEG).

2. Wissenschaftszeitvertragsgesetz. a) Allgemeines. Zu den besonderen gesetzlichen Regelungen i.S.d. § 23 gehören die Vorschriften des WissZeitVG, welches am 18.4.2007 in Kraft trat. Hierdurch wurden die §§ 57a ff. HRG, die die Gesetzesbegründung zu § 23 noch in Bezug nimmt, abgelöst. Der Gesetzgeber hat sich dabei nicht auf die bloße Übernahme der in §§ 57a ff. HRG enthaltenen Regelungen beschränkt, sondern weitreichende Änderungen vorgenommen. Es wurden der persönliche Anwendungsbereich der Befristung nach der Zeitdauer aus-

---

4 Die Gesetzesbegründung nimmt noch § 15 Abs. 4 bis 7 BErzGG als dem TzBfG vorrangiges Spezialgesetz in Bezug. § 15 Abs. 4 bis 7 BEEG entspricht im Wesentlichen der Vorgängervorschrift des § 15 Abs. 4 bis 7 BErzGG.
5 BGBl I S. 1394.
6 BGBl I S. 1046.
7 *Annuß/Thüsing*, § 23 Rn 31; *Rolfs*, RdA 2001, 129.
8 BGBl I S. 1406 (Gesetz zur Förderung von Frauen und der Vereinbarkeit von Familie und Beruf in der Bundesverwaltung und den Gerichten des Bundes = FFG).
9 § 17 Abs. 2 FFG Baden-Württemberg v. 21.7.1997, GBl 1997 S. 297; § 11 Abs. 2 Bayerisches LGG v. 24.5.1996, GVBl 1996 S. 186; § 10 LGG Berlin v. 31.12.1990 i.d.F. v. 8.10.2001, GVBl 2001 S. 530; § 18 Abs. 2 LGG Brandenburg v. 4.7.1994, GVBl I S. 254; § 8 Abs. 3 LGG Bremen v. 20.11.1990 i.d.F. v. 3.2.1998, GBl 1998 S. 25; § 12 Abs. 3, 4 Gleichstellungsgesetz Hamburg v. 19.3.1991, GVBl 1991 S. 75; § 12 Hessisches Gleichberechtigungsgesetz v. 21.12.1993, GVBl I S. 729; § 7 Gleichstellungsgesetz Mecklenburg-Vorpommern v. 18.2.1994 i.d.F. v. 27.7.1998, GVOBl M-V S. 697; § 15 Niedersächsisches Gleichberechtigungsgesetz v. 15.6.1994 i.d.F. v. 11.12.1997, GVBl 1997 S. 503; § 13 ff. Gleichstellungsgesetz Nordrhein-Westfalen v. 9.11.1999, GVBl 1999 S. 590; § 11 LGG Rheinland-Pfalz v. 11.7.1995, GVBl 1995 S. 209; § 17 Abs. 1 FFG Saarland v. 24.4.1996, ABl 1996 S. 161; § 11 Abs. 2 Sächsisches Frauenfördergesetz v. 31.3.1994, Sächs.GVBl 1994 S. 684; § 8 Abs. 2 Frauenfördergesetz Sachsen-Anhalt v. 7.2.1993 i.d.F. v. 30.3.1999, GVBl 1999 S. 120; §§ 12, 14 Gleichstellungsgesetz Schleswig-Holstein v. 13.12.1994 i.d.F. v. 24.10.1996, GVOBl 1996 S. 652.
10 *Annuß/Thüsing*, § 23 Rn 34; *Rolfs*, RdA 2001, 129.
11 BT-Drucks 14/4374, S. 22.
12 Die Gesetzesbegründung nimmt noch den § 21 BEEG inhaltsgleichen § 21 BErzGG in Bezug.
13 HaKo-KSchR/*Mestwerdt*, § 23 TzBfG Rn 13.

geweitet, der Tatbestand der Drittmittelfinanzierung eingeführt und auch auf das nicht wissenschaftliche Personal beschränkt oder die mit einer Kinderbetreuung einhergehenden Belastungen besser berücksichtigt.[14]

b) Regelungsgehalt. aa) Allgemeines. Die Vorschriften des WissZeitVG sind nach § 1 WissZeitVG Spezialregelungen, die im Hochschulbereich bei Vorliegen der gesetzlichen Voraussetzungen Befristungen **ohne sachlichen Grund** zulassen. Die allgemeinen Vorschriften des TzBfG gelten daneben, wenn sie den Vorschriften des WissZeitVG nicht widersprechen. Werden mit den unter den Geltungsbereich des WissZeitVG fallenden Personen allgemeine Befristungen vereinbart, werden diese nach § 2 Abs. 3 WissZeitVG auf die **Höchstbefristungsdauer** des § 2 Abs. 1 WissZeitVG voll angerechnet. Sind die Befristungshöchstgrenzen ausgeschöpft, kann nach § 1 Abs. 2 WissZeitVG nur noch nach dem TzBfG befristet werden.

bb) Geltungsbereich. Die erleichterten Befristungsmöglichkeiten nach dem WissZeitVG gelten nach § 1 Abs. 1 WissZeitVG in Abweichung zu § 57a Abs. 1 S. 1 HRG für das (gesamte) wissenschaftliche und künstlerische Hochschulpersonal mit Ausnahme der Hochschullehrerinnen und Hochschullehrer. Die Änderung hat erhebliche Auswirkungen. Zum einen können die Länder zukünftig neue Typen des wissenschaftlichen und künstlerischen Personals schaffen, für die dann ohne Weiteres die Bestimmungen des WissZeitVG gelten. Zum anderen erfasst die unter keinen zeitlichen Vorbehalt gestellte Ausweitung des persönlichen Geltungsbereiches seit dem 18.4.2007 alles wissenschaftliche und künstlerische Personal. Hierzu zählen auch die Lehrkräfte für besondere Aufgaben wie **Lektoren**.[15]

Daneben sind die Vorschriften der §§ 1 bis 3 und 6 WissZeitVG gem. §§ 4 bzw. 5 WissZeitVG entsprechend auf das wissenschaftliche und künstlerische Personal an nach Landesrecht staatlich anerkannten Hochschulen, an staatlichen Forschungseinrichtungen, an überwiegend staatlich, an institutionell überwiegend staatlich oder auf der Grundlage von Art. 91b GG finanzierten Forschungseinrichtungen anwendbar. Für das insoweit nicht wissenschaftliche und nicht künstlerische Personal gilt § 2 Abs. 2 S. 2 (Drittmittelbefristung) und Abs. 4 S. 1 und 2 WissZeitVG entsprechend. Forschungseinrichtungen i.d.S. sind etwa die **Fraunhofer-Gesellschaft** oder die Institute der sog. **„Blauen Liste"**, d.h. die als Gemeinschaftsaufgabe des Bundes und der Länder geförderten 82 Einrichtungen der Forschung, die sich überwiegend als Wissenschaftsgemeinschaft Gottfried Wilhelm Leibniz organisiert haben. Im Hinblick auf die Befristungshöchstgrenze werden Beschäftigungszeiten im Bereich der Hochschule und im Bereich außeruniversitärer Forschungseinrichtungen **zusammengerechnet**.

Für befristete Arbeitsverträge, die ein Mitglied einer Hochschule, das Aufgaben seiner Hochschule selbstständig wahrnimmt, zur Unterstützung bei der Erfüllung dieser Aufgaben mit einem überwiegend aus Mitteln Dritter vergüteten Personal i.S.v. § 1 Abs. 1 S. 1 WissZeitVG abschließt (sog. **Privatdienstverträge**), gelten die Befristungsregeln der §§ 1, 2 und 6 WissZeitVG nach § 3 WissZeitVG entsprechend. Für nicht wissenschaftliches und nicht künstlerisches Personal findet auch insoweit § 2 Abs. 2 S. 2 und Abs. 4 S. 1 und 2 WissZeitVG analoge Anwendung.

cc) Befristungsdauer. Verträge mit Personal ohne Promotion können nach § 2 Abs. 1 S. 1 WissZeitVG bis max. sechs Jahre befristet werden. Dies gilt auch dann, wenn **keine Promotion angestrebt** wird. An die Voraussetzungen einer Promotionsbefristung sind nur geringe Anforderungen zu stellen.[16]

Nach abgeschlossener Promotion ist gemäß § 2 Abs. 1 S. 2 WissZeitVG eine Befristung bis zu einer Dauer von sechs Jahren, im Bereich der Medizin bis zu einer Dauer von neun Jahren zulässig. Diese Dauer verlängert sich in dem Umfang, in dem Zeiten einer befristeten Beschäftigung nach S. 1 und Promotionszeiten ohne Beschäftigung nach S. 1 zusammen weniger als sechs Jahre betragen haben. Die bisher in §§ 57b Abs. 1 S. 3 und 57e HRG enthaltenen Sondervorschriften für wissenschaftliche und künstlerische Hilfskräfte, die eine kürzere Befristungsdauer vorsahen, wurden durch das WissZeitVG aufgehoben. Dieses Personal unterliegt jetzt auch der allgemeinen für die Zeitbefristung des wissenschaftlichen und künstlerischen Personals geltenden Vorschrift des § 2 Abs. 1 WissZeitVG.[17] In der Praxis bedeutet dies, dass auch mit **Hilfskräften** vor der Promotion Zeitverträge mit einer Gesamtdauer von bis zu sechs Jahren abgeschlossen werden können. Nach der Promotion ist eine weitere Befristung bis zu einer Dauer von sechs Jahren möglich (§ 2 Abs. 1 S. 2 WissZeitVG). Dabei sind Zeiten eines befristeten Arbverh, die vor dem Abschluss des Studiums liegen, auf die Dauer von befristeten Arbverh nach Abschluss des Studiums nach wie vor nicht anzurechen (§ 2 Abs. 3 S. 3 WissZeitVG). Es ist demnach denkbar, dass eine Hilfskraft zunächst als studentische Hilfskraft sechs Jahre tätig ist, nach Beendigung des Studiums vor der Promotion weitere sechs Jahre und anschließend noch einmal sechs Jahre.[18] Zu beachten sind in diesem Zusammenhang allerdings etwaige Sondervorschriften in den Landeshochschulgesetzen, wie in § 57 BadWürttHG oder § 121 BerlHochschulG. Diese können zwar die Bestimmungen des WissZeitVG nicht aufheben, die Hochschulen müssen sich hieran aber im Verhältnis zum Land halten.

---

14 Vgl. *Löwisch*, NZA 2007, 479.
15 *Löwisch*, NZA 2007, 479.
16 LAG Köln 9.12.2003 – 13 Sa 700/03 – EzBAT SR 2y BAT Hochschulen/Forschungseinrichtungen Nr. 56 = AuR 2004, 355.
17 Dazu: *Haratsch/Holljesiefken*, NZA 2008, 207.
18 *Löwisch*, NZA 2007, 479.

17 § 2 Abs. 2 S. 3 WissZeitVG bestimmt, dass sich die nach § 2 Abs. 1 S. 1 und 2 WissZeitVG insgesamt zulässige Befristungsdauer bei Betreuung eines oder mehrerer Kinder unter 18 Jahren um zwei Jahre je Kind verlängert. Nach dem Zweck der Vorschrift muss die **Kinderbetreuung** hierfür während einer der zwei Sechsjahresphasen des § 2 Abs. 1 S. 1 und 2 WissZeitVG erfolgen. Eine Entsprechung von Betreuungszeitraum und Verlängerungszeitraum ist vom Gesetz nicht vorgesehen. Es genügt, wenn der/die Mitarbeiter/in während eines nicht unerheblichen Zeitraumes innerhalb einer der zwei Sechsjahresphasen die Kinderbetreuung durchführt. Anders als § 15 Abs. 1 BEEG verlangt § 2 Abs. 1 S. 3 WissZeitVG nicht, dass es sich um ein Kind handeln muss, für das dem Mitarbeiter die Personensorge oder ein vergleichbares Sorgerecht zusteht. Ausreichend ist daher, wenn das Kind in häuslicher Gemeinschaft betreut wird.[19] Im Gegensatz zu § 2 Abs. 5 WissZeitVG verlängert sich das Arbverh bei Vorliegen der Voraussetzungen des § 2 Abs. 1 S. 3 WissZeitVG nicht automatisch. § 2 Abs. 1 S. 3 WissZeitVG erklärt die Verlängerung der Befristungsdauer nur für „zulässig". D.h., es liegt im Ermessen der Hochschule, ob sie wegen eines Betreuungstatbestandes zur Verlängerung über die zwei Sechsjahresphasen hinaus bereit ist oder nicht.[20] Bei der Ermessensausübung sind die Normen des AGG zu beachten. Eine Ablehnung des Verlängerungsbegehrens darf nicht mit der Begründung erfolgen, dass auch der Partner das Kind betreuen könnte.[21]

18 Mit § 2 Abs. 2 WissZeitVG wurde der Befristungsgrund der **Drittmittelfinanzierung** neu eingeführt. Tragender Grund hierfür ist die zeitlich begrenzte Zurverfügungstellung von Mitteln für bestimmte Forschungsvorhaben. Werden die Drittmittel nicht diesem Zweck entsprechend verwendet, entfällt die Rechtfertigung für die Befristung. Erforderlich ist eine überwiegende Beschäftigung entsprechend der Zweckbestimmung der Drittmittel. Anders als § 14 Abs. 1 S. 2 Nr. 7, für den das BAG die Haushaltsmittelbefristung dahingehend versteht, dass die Mittel mit einer Zwecksetzung für die Erledigung von nur vorübergehenden Aufgaben ausgebracht werden,[22] ist im Rahmen des § 2 Abs. 2 S. 1 WissZeitVG nur erforderlich, dass die Drittmittel für eine bestimmte Aufgabe bewilligt sind und dass diese Bewilligung lediglich für eine bestimmte Zeitdauer erfolgt ist.[23] Es ist ausdrückliche Absicht des Gesetzgebers, mit der neuen Regelung auch Fälle zu erfassen, in denen die Dauer der drittmittelfinanzierten Aufgabe und die Dauer der Bewilligung nicht übereinstimmen, weil die Bewilligung nur abschnittsweise erfolgt.[24]

19 dd) **Anrechnung von Arbeitsverhältnissen.** Nach § 2 Abs. 3 S. 1 WissZeitVG sind auf die in Abs. 1 geregelte Befristungsdauer alle befristeten Arbeitsverh anzurechnen, die mit mehr als einem Viertel der regelmäßigen Arbeitszeit mit einer deutschen Hochschule oder Forschungseinrichtung i.S.d. § 5 WissZeitVG abgeschlossen wurden. Gleiches gilt für entsprechende Beamtenverhältnisse auf Zeit oder Privatdienstverträge i.S.d. § 3 WissZeitVG. Voraussetzung sind aber Beschäftigungszeiten als wissenschaftliches oder künstlerisches Personal mit mehr als einem Viertel der regelmäßigen Arbeitszeit. § 2 Abs. 3 S. 2 WissZeitVG bestimmt, dass auf die Befristungshöchstdauer auch solche befristeten Arbeitsverh angerechnet werden, die nach anderen Rechtsvorschriften begründet wurden. Nicht zu berücksichtigen sind gem. § 2 Abs. 3 S. 3 WissZeitVG Zeiten eines befristeten Arbverh, die vor dem Abschluss des Studiums liegen.

20 ee) **Befristungsverlängerungen.** Die Verlängerung der Befristungsdauer ist mit der bereits geltenden Rechtslage über § 14 zu lösen. Ebenso wie bei § 14 Abs. 2 ist auch bei einer Befristungsverlängerung i.S.d. WissZeitVG eine **nahtlose Weiterbeschäftigung** erforderlich.

21 § 2 Abs. 5 WissZeitVG enthält eine abschließende Auflistung der Zeiten, die auf die in Abs. 1 genannte Befristungsdauer nicht angerechnet werden dürfen. D.h., die in Abs. 1 normierte Befristungsdauer verlängert sich um die in Abs. 5 genannten Zeiträume.

22 ff) **Tarifvertragliche Abweichungsmöglichkeiten.** § 1 Abs. 1 S. 2 WissZeitVG enthält ebenso wie zuvor § 57a Abs. 1 S. 2 HRG ein Verbot abweichender Vorschriften und damit eine Tarifsperre. Diese ist verfassungsrechtlich unbedenklich.[25] § 1 Abs. 1 S. 3 und 4 WissZeitVG sehen vor, dass durch Tarifvertrag für bestimmte Fachrichtungen und Forschungsbereiche von den in § 2 Abs. 1 WissZeitVG vorgesehenen Fristen abgewichen und die Anzahl der zulässigen Verlängerungen befristeter Arbeitsverträge festgelegt werden kann. Mit dieser Regelung überschreitet der Bundesgesetzgeber seine Kompetenz.[26] Fachrichtungen und Forschungsbereiche zu bestimmen, in denen ein anderes Bedürfnis für Befristungsregelungen besteht, als sie in § 2 Abs. 1 WissZeitVG vorgesehen sind, ist eine rein hochschulrechtliche Frage, so dass Art. 74 Abs. 1 Nr. 12 GG nicht tangiert ist. Die Kompetenz, über den Gebrauch der grundsätzlich gegebenen Befristungsmöglichkeiten differenziert nach Fachrichtungen und Forschungsbereichen zu entscheiden, liegt allein bei den für das Hochschulrecht nunmehr zuständigen Ländern.[27] Praktische Bedeutung

---

19 Vgl. Begr. des RegE: BR-Drucks 673/06; *Löwisch*, NZA 2007, 479.
20 *Kortstock*, ZTR 2007, 2; *Löwisch*, NZA 2007, 479.
21 *Löwisch*, NZA 2007, 479.
22 BAG 18.10.2006 – 7 AZR 419/05 – AP § 14 TzBfG Haushalt Nr. 1 = NZA 2007, 332.
23 *Löwisch*, NZA 2007, 479.
24 Begr. des GE der BReg.: BR-Drucks 673/06.
25 BVerfG 24.4.1996 – 1 BvR 712/86 – AP § 57c HRG Nr. 2 = NZA 1996, 1157.
26 *Löwisch*, NZA 2007, 479.
27 *Löwisch*, NZA 2005, 321; *ders.*, NZA 2007, 479.

hat diese Problematik derzeit noch nicht, da die Tarifvertragsparteien bislang von entsprechenden Regeln abgesehen haben.

Außertarifvertraglich kann durch Vereinbarungen von §§ 2 bis 4 WissZeitVG grds. nicht abgewichen werden. Ausnahmsweise kommt eine Abweichung in Betracht, wenn von vornherein eine Befristungsregelung nach dem TzBfG erfolgt.

gg) Anforderungen an den Arbeitsvertrag. Im Arbeitsvertrag ist anzugeben, ob die Befristung auf den Vorschriften des WissZeitVG beruht (§ 2 Abs. 4 S. 1 WissZeitVG). Es gilt ein über § 14 Abs. 4 hinausgehendes Zitiergebot.[28] Daneben muss die Dauer der Befristung bei Arbeitsverträgen nach § 2 Abs. 1 WissZeitVG kalendermäßig bestimmt oder bestimmbar sein (§ 2 Abs. 4 S. 3 WissZeitVG). **Zweckbefristungen** und **auflösende Bedingungen** sind in nach dem WissZeitVG befristeten Arbeitsverträgen ausgeschlossen.

hh) Kündigungsmöglichkeit. Ebenso wie nach § 15 Abs. 3 ist eine Künd nach § 1 Abs. 1 S. 5 WissZeitVG nur dann möglich, wenn dies im befristeten Arbeitsvertrag vereinbart ist.

ii) Übergangsregelung. § 6 Abs. 1 WissZeitVG enthält eine Übergangsregelung, wonach für die bis zum Tag vor Inkrafttreten des WissZeitVG, also bis zum 17.4.2007, abgeschlossenen Arbeitsverträge die bisherigen Rechtsvorschriften fortgelten. Hierunter fällt auch die Verlängerung eines bis zu diesem Zeitpunkt abgeschlossenen Vertrages.[29] §§ 57a ff. HRG in der seit 31.12.2004 geltenden Fassung sind also auf solche Verträge anwendbar, die seit dem 23.2.2002 abgeschlossen wurden (§ 57f Abs. 1 S. 1 HRG). Dies gilt auch für die in der Zeit zwischen dem 23.2.2002 und dem 27.7.2004 abgeschlossenen befristeten Arbeitsverträge mit wissenschaftlichem und künstlerischem Personal an Hochschulen. Ein Verstoß gegen das sich aus dem Rechtsstaatsprinzip ergebende Gebot des Vertrauensschutzes liegt insoweit nicht vor.[30] Auf zuvor abgeschlossene Verträge und Verträge, die zwischen dem 27.7.2004 und 31.12.2004 geschlossen wurden, bleibt das bis 23.2.2002 geltende Recht anwendbar. Eine Übergangsregelung i.e.S. existiert nicht. Das bis zum 23.2.2002 geltende Recht sah befristete Arbeitsverträge mit wissenschaftlichen und künstlerischen Assistenten, Oberassistenten, Oberingenieuren oder Hochschuldozenten vor. Diese Kategorien wurden im Zuge der Schaffung der Juniorprofessur gestrichen.

Nach der Übergangsvorschrift des § 6 Abs. 2 WissZeitVG ist der Abschluss befristeter Arbeitsverträge nach § 2 Abs. 1 S. 1 und 2 WissZeitVG mit Personen, die bereits vor dem 23.2.2002 in einem befristeten Arbverh zu einer Hochschule, einem Hochschulmitglied oder einer Forschungseinrichtung standen, auch nach Ablauf der in § 2 Abs. 1 S. 1 und 2 WissZeitVG an sich geregelten jeweils zulässigen Befristungsdauer von zwei mal sechs Jahren mit einer Laufzeit bis zum 29.2.2008 zulässig. Gleiches gilt für Personen, die vor dem 23.2.2002 in einem Dienstverhältnis als wissenschaftlicher oder künstlerischer Assistent standen.

Im Übrigen ist von dem Tag des Inkrafttretens an, d.h. seit dem 18.4.2007, der Abschluss (neuer) befristeter Arbeitsverträge, die auf die besonderen Befristungsregelungen im Hochschulbereich gestützt werden sollen, nur noch nach den Vorschriften des WissZeitVG möglich.

jj) Sonderfall: Juniorprofessur. § 1 Abs. 1 S. 1 WissZeitVG nimmt Hochschullehrer von seinem Anwendungsbereich ausdrücklich aus. Zu diesen gehören nach § 42 S. 1 HRG in Verbindung mit den entsprechenden landesrechtlichen Vorschriften auch die Juniorprofessoren. Soweit Juniorprofessoren im **Angestelltenverhältnis** beschäftigt werden, gilt für sie nach wie vor § 48 Abs. 3 HRG.

§ 48 Abs. 3 HRG a.F., wonach für Juniorprofessoren auch ein Angestelltenverhältnis begründet werden konnte, wurde vom BVerfG[31] für nichtig erklärt. § 48 Abs. 3 S. 2 HRG erklärte § 48 Abs. 1 HRG für entsprechend anwendbar, so dass bundesrechtlich ein besonderer funktionsbezogener Befristungsgrund festgelegt war.[32] Eine entsprechende Vorschrift existiert seit dem Gesetz zur Änderung dienst- und arbeitsrechtlicher Vorschriften im Hochschulbereich vom 27.12.2004[33] nicht mehr. Für Juniorprofessoren ergibt sich seither über § 50 Abs. 4 HRG – wie für sonstige Hochschullehrer auch –, dass befristete Angestelltenverhältnisse begründet werden können.

Für **beamtete Juniorprofessoren** ergibt sich aus § 48 Abs. 1 HRG n.F., dass eine Erstbefristung des Dienstverhältnisses für die Dauer von drei Jahren zulässig ist. Mit Zustimmung des Juniorprofessors soll sich diese im dritten Jahr im Fall der Bewährung um weitere drei Jahre verlängern. Wird eine Bewährung verneint, kommt nach § 48 Abs. 1 letzter Hs. HRG lediglich eine Verlängerung um ein Jahr in Betracht. Ob die Norm des § 48 Abs. 1 HRG auch auf angestellte Juniorprofessoren anwendbar ist, ist noch nicht entschieden, scheint aber zu bejahen.

---

28 HaKo-KSchR/*Mestwerdt*, § 23 TzBfG Rn 7.
29 *Löwisch*, NZA 2007, 479.
30 BAG 6.12.2006 – 7 AZR 805/05 – juris; BAG 6.12.2006 – 7 AZR 327/05 – juris; BAG 21.6.2006 – 7 AZR 234/05 – AP § 57a HRG Nr. 5 = NZA 2007, 209.
31 BVerfG 27.7.2004 – 2 BvF 2/02 – NJW 2004, 2803.
32 *Löwisch*, NZA 2005, 321.
33 BGBl I S. 3835.

32 **c) Verbindung zu anderen Rechtsgebieten und zum Prozessrecht.** Außerhalb der Universitäten ist im Hinblick auf **Ärzte** die Befristungsmöglichkeit im Gesetz über befristete Arbeitsverträge mit Ärzten in der Weiterbildung (ÄArbVtrG) geregelt (siehe unten Rn 34).

33 **d) Beraterhinweise.** Will eine Hochschule oder eine außeruniversitäre Forschungseinrichtung einen wissenschaftlichen Mitarbeiter befristet einstellen, ist ihr dringend anzuraten, sich ausdrücklich bestätigen zu lassen, dass der einzustellende Mitarbeiter weder zuvor noch während der Einstellung über einen Vertrag nach den Bestimmungen des WissZeitVG verfügt (hat).

34 **3. ÄArbVtrG. a) Allgemeines.** Das Gesetz über befristete Arbeitsverträge mit Ärzten in der Weiterbildung (ÄArbVtrG) vom 15.5.1986[34] regelt in § 1 die Grundlagen für die Befristung von Arbeitsverträgen mit Ärzten. Diese Befristungsregeln wurden mit dem 5. Gesetz zur Änderung des Hochschulrahmengesetzes (HRG) vom 16.2.2002[35] grundlegend geändert. Im Urteil des BVerfG vom 27.7.2004[36] wurde das 5. Gesetz zur Änderung des Hochschulrahmengesetzes für verfassungswidrig erklärt. Das ÄArbVtrG wurde daher durch Art. 3 Gesetz zur Änderung dienst- und arbeitsrechtlicher Vorschriften im Hochschulbereich vom 27.12.2004[37] teilweise (vgl. § 1 Abs. 6 ÄArbVtrG) neu gefasst. Die Neufassung gilt seit dem 31.12.2004. Die Ablösung der §§ 57a ff. HRG durch das WissZeitVG hat auf das ÄArbVtrG inhaltlich keine Auswirkungen.

35 **b) Regelungsgehalt.** Nach § 1 Abs. 1 ÄArbVtrG liegt ein die Befristung eines Arbeitsvertrages mit einem Arzt rechtfertigender sachlicher Grund vor, wenn die Beschäftigung des Arztes seiner zeitlich und inhaltlich strukturierten Weiterbildung zum Facharzt oder dem Erwerb einer Anerkennung für einen Schwerpunkt oder dem Erwerb einer Zusatzbezeichnung, eines Fachkundenachweises oder einer Bescheinigung für eine fakultative Weiterbildung dient. Nicht erforderlich ist, dass der Arzt befristet ausschließlich zu seiner Weiterbildung beschäftigt wird. Dieser Zweck muss lediglich gefördert werden.[38]

36 Die **Höchstdauer** für eine diesbezügliche Befristung bestimmt sich nach § 1 Abs. 3 ÄArbVtrG. Der Zeitraum von acht Jahren darf nicht überschritten werden. Innerhalb der Höchstbefristungsdauer kann ein weiterer befristeter Arbeitsvertrag nach § 1 Abs. 3 S. 1 ÄArbVtrG mit demselben Weiterbildungsziel und demselben weiterbildenden Arzt abgeschlossen werden.[39] Die **Befristungsdauer** muss nach Abs. 2 kalendermäßig bestimmt oder bestimmbar sein. Eine auf die Facharztanerkennung bezogene **Zweckbefristung** kommt nicht in Betracht.[40] Nach § 1 Abs. 3 S. 5 ÄArbVtrG darf die Befristung den Zeitraum nicht unterschreiten, für den der weiterbildende Arzt die **Weiterbildungsbefugnis** besitzt. Etwas anderes gilt nach S. 6 nur dann, wenn der für die Befristung maßgebliche Weiterbildungsgrund vorher erreicht ist.

37 § 1 Abs. 4 ÄArbVtrG bestimmt ebenso wie § 2 Abs. 5 WissZeitVG **Befristungsverlängerungen**, d.h. Zeiten, die auf die Dauer des befristeten Arbeitsvertrages nicht angerechnet werden.

38 Gem. § 1 Abs. 5 ÄArbVtrG finden § 1 ÄArbVtrG entgegenstehende Bestimmungen keine Anwendung. Dies gilt auch für entgegenstehende tarifvertragliche Regelungen. Das ÄArbVtrG ist lex specialis gegenüber § 14 Abs. 2 und 2a, da die Mindestbefristungsdauer der Weiterbildungsbefugnis des Arztes sonst nicht eingehalten werden könnte. Fällt ein befristeter Arbeitsvertrag unter den Anwendungsbereich des WissZeitVG, ist die Anwendung der Bestimmungen des § 1 Abs. 1 bis 5 nach § 1 Abs. 6 ÄArbVtrG ausgeschlossen.

39 **4. §§ 3 Abs. 1 Nr. 3, 9 Nr. 2 AÜG (a.F.).** Die besonderen Befristungsverbote im AÜG wurden zum 1.1.2003[41] aufgehoben. Seither gelten für die Befristung von Leih-Arbeitsverh die allgemeinen Vorschriften des § 14 (siehe im Einzelnen die Kommentierung zu 14). Der Sachgrundkatalog von § 14 Abs. 1 ist allerdings auf die Verhältnisse in der Leiharbeitsbranche nicht zugeschnitten. Ein besonderer Sachgrund der „Leiharbeit" existiert nicht.[42]

40 **5. Weitere Spezialregelungen.** Weitere Spezialregelungen finden sich – ohne dass sie in der Gesetzesbegründung genannt werden – in § 1 Abs. 4 Hs. 1 ArbPlSchG, § 1 Abs. 3 Hs. 1 EignÜG, § 21 BBiG oder § 8 Abs. 3 Altersteilzeitg. § 4 Abs. 3 PostPersRG (a.F.) stellt hingegen keinen nach § 23 zulässigen gesetzlichen Befristungsgrund dar.[43]

41 **a) § 1 Abs. 4 Hs. 1 ArbPlSchG.** Nach § 1 Abs. 4 Hs. 1 ArbPlSchG kann ein befristetes Arbverh durch die Einberufung zum Grundwehrdienst oder zu einer Wehrübung nicht verlängert werden (im Einzelnen vgl. § 1 ArbPlSchG Rn 1 ff.).

---

34 BGBl I S. 742.
35 BGBl I S. 693.
36 BVerfG 27.7.2004 – 2 BvF 2/02 – NJW 2004, 2803.
37 BGBl I S. 3835.
38 BAG 24.4.1996 – 7 AZR 428/95 – DB 1996, 2338.
39 BAG 13.6.2007 – 7 AZR 700/06 – AP § 14 TzBfG Nr. 39 = NZA 2008, 108.
40 BAG 14.8.2002 – 7 AZR 266/01 – DB 2002, 2549.
41 BGBl I 2002 S. 4607.
42 HaKo-KSchR/*Mestwerdt*, § 23 TzBfG Rn 18.
43 BAG 25.5.2005 – 7 AZR 402/04 – AP § 14 TzBfG Nr. 17 = NZA 2006, 858; LAG Rheinland-Pfalz 21.7.2005 – 4 Sa 19/05 – juris.

b) § 1 Abs. 3 Hs. 1 EignÜG. Dem Regelungsgehalt des § 1 Abs. 4 Hs. 1 ArbPlSchG entsprechend sieht § 1 Abs. 3 Hs. 1 EignÜG vor, dass ein befristetes Arbverh durch die Einberufung zu einer Eignungsübung nicht verlängert wird.

c) § 21 BBiG. § 21 BBiG[44] stellt fest, dass das Berufsausbildungsverhältnis ein befristeter Vertrag kraft Gesetzes ist und bei Vorliegen der genannten Beendigungstatbestände automatisch endet. § 21 BBiG ist eine das TzBfG verdrängende Sondervorschrift. Die Vorschriften des TzBfG sind neben den Vorschriften des BBiG nur anwendbar, wenn sie mit der Natur des Berufsausbildungsverhältnisses vereinbar sind (siehe im Einzelnen die Kommentierung zu § 1 Rn 7 und § 21 BBiG).

d) § 8 Abs. 3 AlterszeitG. § 8 Abs. 3 AlterszeitG bestimmt, dass eine Vereinbarung über Altersteilzeit auf den Tag befristet werden kann, an dem der AN einen Anspruch auf eine Rente nach Altersteilzeitarbeit hat (im Einzelnen vgl. § 8 AlterszeitG Rn 1 ff.).

C. Verbindung zu anderen Rechtsgebieten und zum Prozessrecht

Über das Arbeitsrecht hinaus finden sich auch im **Sozialrecht** Regelungen zur Befristung. In §§ 229 ff. SGB III ist betreffend Arbeitslose geregelt, dass die Vorbereitung und Gestaltung ihrer beruflichen Weiterbildung durch Dritte durch die A.A. gefördert werden kann. Dies gilt insbesondere für die Eingliederung förderungsbedürftiger Arbeitsloser. § 231 Abs. 1 SGB III bestimmt, dass die Befristung des Arbeitsvertrages mit dem Vertreter gerechtfertigt ist, wenn ein zuvor arbeitsloser AN zur Vertretung eines AN, der sich beruflich weiterbildet, eingestellt wird. Der Eingliederungsvertrag stellt keinen Arbeitsvertrag i.S.d. § 1 Abs. 1 KSchG dar.[45] Er kann deshalb einer sachgrundlosen Befristung nach § 14 Abs. 2 und 2a vorausgehen.

Über § 41 S. 2 SGB VI erlangt die Befristung im **Rentenversicherungsrecht** Bedeutung. § 41 S. 2 SGB VI normiert, dass eine Vereinbarung, die die Beendigung eines Arbeitsverh (durch Befristung) zu einem Zeitpunkt vorsieht, zu dem der AN vor Erreichen der Regelaltersgrenze eine Rente wegen Alters beantragen kann, grds. auf das Erreichen der Regelaltersgrenze abgeschlossen gilt (im Einzelnen vgl. § 41 SGB VI Rn 1 ff.). Regelungen zur zwangsweisen Versetzung in den Ruhestand mittels einer entsprechenden Befristungsregelung hat der zuständige Generalanwalt am EuGH in einer aus Spanien vorgelegten Rechtssache für den Fall als zulässig erachtet, dass der AN die Altersgrenze für den Eintritt in den Ruhestand erreicht hat und die gesetzlichen Voraussetzungen für den Bezug einer beitragsbezogenen Rente erfüllt.[46] Eine solche Regelung ist auch mit § 10 S. 3 Nr. 5 AGG vereinbar.

D. Beraterhinweise

Ein AN, der sich in Altersteilzeit befindet, ist teilzeitbeschäftigt i.S.d. § 2 Abs. 1 S. 1, d.h. auch für ihn findet das **Diskriminierungsverbot** des § 4 Anwendung. Im Rahmen der Vereinbarung von Altersteilzeit ist daher erhöhte Sorgfalt geboten. Bei der Anwendung des TzBfG sind sowohl hinsichtlich Teilzeitarbeit als auch hinsichtlich Befristung eine Reihe von Sondervorschriften zu beachten. Diese stehen in unterschiedlichen Verhältnissen zu den Vorschriften des TzBfG. Um unerwünschte Rechtsfolgen zu vermeiden, sind die speziellen Voraussetzungen der Sondervorschriften und ihr Anwendungsbereich genauestens zu überprüfen bzw. zu beachten. Dies gilt vornehmlich für die unterschiedlichen Fristen.

---

44 BGBl I S. 931: in Kraft getreten zum 1.4.2005 auf der Grundlage: BT-Drucks 15/3980 und BT-Drucks 15/4752.

45 BAG 17.5.2001 – 2 AZR 10/00 – AP § 1 KSchG 1969 Wartezeit Nr. 14 = DB 2001, 2354 mit Verweis auf BT-Drucks 13/4941, S. 194.

46 EuGH 15.2.2007 – C-411/05 – http://curia.europa.eu.

Umwandlungsgesetz (UmwG)

Vom 28.10.1994, BGBl I S. 3210, I 428 (1995), BGBl III 4120-9-2

Zuletzt geändert durch Gesetz zur Erleichterung elektronischer Anmeldungen zum Vereinsregister und anderer vereinsrechtlicher Änderungen vom 24.9.2009, BGBl I S. 3145, 3147

– Auszug –

§ 322 Gemeinsamer Betrieb

Führen an einer Spaltung oder an einer Teilübertragung nach dem Dritten oder Vierten Buch beteiligte Rechtsträger nach dem Wirksamwerden der Spaltung oder der Teilübertragung einen Betrieb gemeinsam, gilt dieser als Betrieb im Sinne des Kündigungsschutzrechts.

Literatur: *Altenburg/Leister*, Der Widerspruch des Arbeitnehmers beim umwandlungsbedingten Betriebsübergang und seine Folgen, NZA 2005, 15; *Annuß*, Der Betriebsübergang in der neuesten Rechtsprechung des Bundesarbeitsgerichts, BB 1998, 1582; *Bachner*, Fortgeltung von Gesamt- und Einzelbetriebsvereinbarung nach Betriebsübergang, NJW 2003, 2861; *ders.*, Das Schicksal von Betriebsvereinbarung und Tarifvertrag nach Betriebsübergang und übertragender Umwandlung, AiB 2003, 408; *ders.*, Individualarbeits- und kollektivrechtliche Auswirkungen des neuen Umwandlungsgesetzes, NJW 1995, 2881; *Bartodziej*, Neukodifikation des deutschen Umwandlungsrechts: Das Umwandlungsbereinigungsgesetz, BuW 1994, 788; *ders.*, Reform des Umwandlungsrechts und Mitbestimmung, ZIP 1994, 580; *Bauer/Göpfert/v. Steinau-Steinrück*, Aktienoptionen bei Betriebsübergang, ZIP 2001, 1129; *Bauer/Haußmann*, Tarifwechsel durch Branchenwechsel, DB 2003, 610; *Bauer/Lingemann*, Das neue Umwandlungsrecht und seine arbeitsrechtlichen Auswirkungen, NZA 1994, 1057; *Bauer/v. Steinau-Steinrück*, Neuregelung des Betriebsübergangs: Erhebliche Risiken und viel mehr Bürokratie!, ZIP 2002, 457; *Boecken*, Betriebsübergang und Umwandlung – Kreiskrankenhaus, Anm. zu BAG 25.5.2000 – 8 AZR 416/99 –, RdA 2001, 236, 240; *ders.*, Firmentarifvertrag bei Unternehmensverschmelzung, Anm. zu BAG 24.6.1998 – 4 AZR 208/97 –, SAE 2000, 159, 162; *ders.*, Unternehmensumwandlungen und Arbeitsrecht, 1996; *ders.*, Der Übergang von Beschäftigungsverhältnissen bei Spaltung nach dem neuen Umwandlungsrecht, ZIP 1994, 1087; *Boemke*, Kündigungsschutz nach einem Betriebsübergang, Anm. zu BAG 15.2.2007 – 8 AZR 397/06, jurisPR-ArbR 39/2007 Anm. 2; *Boewer*, Der Wiedereinstellungsanspruch – Teil 1, NZA 1999, 1121; *ders.*, Der Wiedereinstellungsanspruch – Teil 2, NZA 1999, 1177; *Boewer/Gaul/Otto*, Zweites Gesetz zur Vereinfachung der Wahl der Arbeitnehmervertreter in den Aufsichtsrat und seine Auswirkungen auf die GmbH, GmbHR 2004, 1065; *Bonanni*, Betriebsübergang und Widerspruchsrecht der Arbeitnehmer – Änderung durch die Hintertür des Seemannsgesetzes –, ArbRB 2002, 19; *ders.*, Kündigungsschutz nach einem Betriebsübergang, Anm. zu BAG 15.2.2007 – 8 AZR 397/06, RdA 2008, 114; *Breymaier*, Die Fortgeltung von Betriebsvereinbarungen bei Unternehmensumwandlung, Diss. 2003; *Brinkmann*, Die Spaltung von Rechtsträgern nach dem neuen Umwandlungsrecht – Eine Analyse ihrer individualarbeitsrechtlichen Folgen, Diss. 1999; *Buchner*, Die Ausgliederung von betrieblichen Funktionen (Betriebsteilen) unter arbeitsrechtlichen Aspekten (I), GmbHR 1997, 377; *ders.*, Die Ausgliederung von betrieblichen Funktionen (Betriebsteilen) unter arbeitsrechtlichen Aspekten (II), GmbHR 1997, 434; *Büdenbender*, Mitbestimmungsrechtlicher Besitzstand im Gesellschaftsrecht, ZIP 2000, 385; *Däubler*, Umstrukturierung von Unternehmen – eine Einführung, AiB 2003, 385; *ders.*, Das Arbeitsrecht im neuen Umwandlungsgesetz, RdA 1995, 136; *ders.*, Der Gemeinschaftsbetrieb im Arbeitsrecht, in: FS für Zeuner, 1984, S. 19; *Deinert*, Arbeitsrechtliche Rahmenbedingungen und Folgen nationaler und transnationaler Umstrukturierungen von Betrieben und Unternehmen in Deutschland, RdA 2001, 368; *Dreher*, Die zeitlichen Grenzen des arbeitnehmerseitigen Widerspruchs bei Betriebsübergang – Zugleich eine Analyse der Rechtsprechung des BAG –, BB 2000, 2358; *Drinhausen*, Regierungsentwurf eines zweiten Gesetzes zur Änderung des Umwandlungsgesetzes – ein Gewinn für die Praxis, BB 2006, 2313; *Drinhausen/Keinath*, Referentenentwurf eines zweiten Gesetzes zur Änderung des Umwandlungsgesetzes – Erleichterung grenzüberschreitender Verschmelzungen für deutsche Kapitalgesellschaften?, BB 2006, 725; *Düwell*, Umwandlung von Unternehmen und arbeitsrechtliche Folgen – Das Arbeitsrecht im Gesetz zur Bereinigung des Umwandlungsrechts, NZA 1996, 393; *Fandel/Hausch*, Das Widerspruchsrecht gemäß § 613a Abs. 6 BGB bei Umwandlungen nach dem UmwG unter Wegfall übertragender Rechtsträger, BB 2008, 2402; *Fink*, Der Arbeitgeberwechsel als Möglichkeit zur Tarifflucht, Diss. 1999; *Fischer*, Individualrechtliche Bezugnahme auf Tarifverträge – Ein Muster ohne Wert bei Betriebsübergang?, FA 2001, 2; *Franzen*, Der Betriebsinhaberwechsel nach § 613a BGB im internationalen Arbeitsrecht, Diss. 1994; *Fromen*, Der gemeinsame Betrieb mehrerer Unternehmen – Der Versuch einer kritischen Analyse –, in: FS für Gaul, 1992, S. 151; *Gaidies*, Die Auswirkungen der Neuordnung des Umwandlungsrechts auf das Arbeitsrecht, BetrR 1995, 29; *Gaul*, Das Arbeitsrecht der Betriebs- und Unternehmensspaltung – Gestaltung von Betriebsübergang, Outsourcing, Umwandlung, 2002; *ders.*, Bezugnahmeklauseln – zwischen Inhaltskontrolle und Nachweisgesetz, ZfA 2003, 75; *ders.*, Das Schicksal von Tarifverträgen und Betriebsvereinbarungen bei der Umwandlung von Unternehmen, NZA 1995, 717; *ders.*, Beteiligungsrechte von Wirtschaftsausschuß und Betriebsrat bei Umwandlung und Betriebsübergang, DB 1995, 2265; *Gaul/Otto*, Unterrichtungsanspruch und Widerspruchsrecht bei Betriebsübergang und Umwandlung – Ergänzung von § 613a BGB, DB 2002, 634; *Gentges*, Die Zuordnung von Arbeitsverhältnissen beim Betriebsübergang, RdA 1996, 265; *Graef*, Das Widerspruchsrecht nach § 613a VI BGB beim umwandlungsbedingten Erlöschen des übertragenden Rechtsträgers, NZA 2006, 1078; *Grobys*, Die Neuregelung des Betriebsübergangs in § 613a BGB, BB 2002, 726; *Gussen*, Nochmals: Individualrechtliche Bezugnahme auf Tarifverträge – Rechtsprechungsklarstellung oder nur neue Praxisprobleme?, FA 2001, 201; *Gussen/Dauck*, Die Weitergeltung von Betriebsvereinbarungen und Tarifverträgen bei Betriebsübergang und Umwandlung, 2. Aufl. 1997; *Hager*, Der Kündigungsschutz des Arbeitnehmers im Umwandlungsrecht, in: Gedächtnisschrift für Heinze, 2005, S. 311; *Hartmann*, Die privatautonome Zuordnung von Arbeitsverhältnissen nach Umwandlungsrecht, ZfA 1997, 21; *Heinze*, Arbeitsrechtliche Fragen bei der Übertragung und Umwandlung von Unternehmen, ZfA 1997, 1; *Hennrichs*, Zum Formwechsel und zur Spaltung nach dem neuen Umwandlungsgesetz, ZIP 1995, 794; *Henssler*, Unternehmensumstrukturierung und Tarifrecht, in: FS für Schaub, 1998, S. 311; *ders.*, Umstrukturierung von mitbestimmten Unternehmen, ZfA 2000, 241; *Herbst*, Arbeitsrecht im neuen Umwandlungsgesetz, AiB 1995, 5; *Hergenröder*, Tarifeinheit oder Tarifmehrheit durch Betriebsübergang nach § 613a BGB?, in: FS 50 Jahre BAG, 2004, S. 713; *Hjort*, Wahlrecht der Arbeitnehmer zu mehreren Aufsichtsräten in Gemeinschaftsbetrieben?, NZA 2001, 696; *Hohenstatt*, Der Interessenausgleich in einem veränderten rechtlichen Umfeld, NZA 1998, 846; *Hohenstatt/Müller-Bonanni*, Auswirkungen eines Betriebsinhaberwechsels auf Gesamtbetriebsrat und Gesamtbetriebsvereinbarungen – Zugleich Besprechung der Entscheidungen des BAG vom 5.6.2002 und 18.9.2002, NZA 2003, 766; *Hohenstatt/Schramm*, Arbeitsrechtliche Angaben im Umwandlungsvertrag – eine Bestandsaufnahme, in FS Arbeitsgemeinschaft Arbeitsrecht im Deutschen Anwaltverein, 2006, S. 629; *Huke/Prinz*, Das Drittelbeteiligungsgesetz löst das Betriebsverfassungsgesetz 1952 ab, BB 2004, 2633; *dies.*, Die Wahl der Arbeitnehmervertreter in den Aufsichtsrat nach dem Drittelbeteiligungsgesetz, FA 2004, 323; *Hunold*, Ausgewählte Rechtsprechung zum Betriebsübergang – Teil 1, NZA-RR 2003, 505; *ders.*, Ausgewählte Rechtsprechung zum Betriebsübergang – Teil 2, NZA-RR 2003, 561; *Ihring/Schlitt*, Vereinbarungen über eine freiwillige Einführung oder Erweiterung der Mitbestimmung, NZG 1999, 333; *Jaeger*, Die Unterrichtungspflicht nach § 613a Abs. 5 BGB in der Praxis der Betriebsübernahme, ZIP 2004, 433; *Joost*, Arbeitsrechtliche Angaben im Umwandlungsvertrag, ZIP 1995, 976; *Jung*, Umwandlungen unter Mitbestimmungsverlust, Diss. 2000; *Kallmeyer*, Das neue Umwandlungsgesetz – Verschmelzung, Spaltung und Formwechsel von Handelsgesellschaften, ZIP 1994, 1746; *Kreßel*, Arbeitsrechtliche Aspekte des neuen Umwandlungsbereinigungsgesetzes, BB 1995, 925; *Küttner*, Bildung und Auflösung von Gemeinschaftsbetrieben, in: FS für Hanau, 1999, S. 465; *Laber*, § 613a BGB – Was gibt's Neues?, ArbRB 2004, 55; *Laber/Roos*, § 613a Abs. 5 und 6 BGB – ein unlösbares Problem?, Teil 1: Die Unterrichtungspflicht, ArbRB 2002, 268; *dies.*, § 613a Abs. 5 und 6 BGB – ein unlösbares Problem?, Teil 2: Das Widerspruchsrecht, ArbRB 2002, 303; *Langohr-Plato*, Unternehmensspaltung nach dem UmwG – Konsequenzen für betriebliche Versorgungsverpflichtungen, NZA 2005, 966; *Lembke*, Die Ausgestaltung von Aktienoptionsplänen in arbeitsrechtlicher Hinsicht, BB 2001, 1469; *Lieb*, Betriebs-(Teil-)Übergang bei zentraler Unternehmensorganisation, ZfA 1994, 229; *Louis/Nowak*, Unternehmensumwandlung: Schicksal von Versorgungsverbindlichkeiten gegenüber Betriebsrentnern – Zugleich Besprechung der Entscheidungen des BAG vom 22.2.2005 – 3 AZR 499/03(A) und des Amtsgerichts Hamburg vom 1.7.2005, DB 2005, 2354; *Matthes*, Betriebsübergang und Betriebsteilübergang als Betriebsänderung, in: FS für Wiese, 1998, S. 293 = NZA 2000, 1073; *Melms*, Tarifwechsel und ver.di, NZA 2002, 296; *Melot de Beauregard*, Das Zweite Gesetz zur Vereinfachung der Wahl der Arbeitnehmervertreter in den Aufsichtsrat, DB 2004, 1430; *Mengel*, Umwandlungen im Arbeitsrecht – Eine Untersuchung der arbeitsrechtlichen Vorschriften des Gesetzes zur Bereinigung des Umwandlungsrechts vom 28. Oktober 1994, Diss. 1997; *Mertens*, Zur Universalsukzession in einem neuen Umwandlungsrecht, AG 1994, 66; *Meyer*, Bezugnahme-Klauseln und neues Tarifwechsel-Konzept des BAG, NZA 2003, 1126; *ders.*, Betriebsübergang – Die Novelle im Praktikerblick, AuA 2002, 159; *ders.*, Modifikation von Tarifrecht durch Betriebsvereinbarungen beim Betriebsübergang, NZA 2001, 751; *Moll*, Kollektivvertragliche Arbeitsbedingungen nach einem Betriebsübergang, RdA 1996, 275; *Müller*, Umwandlung des Unternehmensträgers und Betriebsvereinbarung, RdA 1996, 287; *Müller-Ehlen*, Der Übergang von Arbeitsverhältnissen im Umwandlungsrecht, Diss. 1999; *Müller/Thüsing*, Die Zuordnung von Arbeitsverhältnissen beim Betriebsübergang, ZIP 1997, 1869; *Müntefering*, Zivilrechtliche Schranken der partiellen Universalsukzession, Diss. 2003; *Nacke*, Die kündigungsrechtliche Stellung der Arbeitnehmer bei Umwandlungen nach dem Umwandlungsgesetz – Eine Untersuchung zu den kündigungsrechtlichen Besonderheiten des Umwandlungsgesetzes, insbesondere zur Norm des § 323 Abs. 1 UmwG, Diss. 1999; *Neye*, Der Regierungsentwurf zur Reform des Umwandlungsrechts, ZIP 1994, 165; *ders.*, Die Reform des Umwandlungsrechts, DB 1994, 2069; *ders.*, Das neue Umwandlungsrecht vor der Verabschiedung im Bundestag, ZIP 1994, 917; *Plander*, Die Personalgestellung vom Erwerber beim Betriebsübergang als Reaktion auf den Widerspruch von Arbeitnehmern – Am Beispiel kommunaler Privatisierungen, NZA 2002, 69; *Prange*, Tarifverträge im Lichte des § 613a BGB, NZA 2002, 817; *Ramrath*, Individualrechtliche Bezugnahme auf Tarifverträge – Erwiderung zum Aufsatz von Fischer, FA 2001, 2 und 104; *Reichel*, Tarifflucht durch Outsourcing?, AuA 2002, 550; *Reidel*, Kündigungsgarantie vs. Verschlechterungsverbot – Zum Verhältnis von § 113 InsO und §§ 322, 323 Abs. 1 UmwG –, in: FS Arbeitsgemeinschaft Arbeitsrecht im Deutschen Anwaltverein, 2006, S. 1325; *Rieble*, Kollektivwiderspruch nach § 613a VI BGB, NZA 2005, 1; *ders.*, Kompensation der Betriebsspaltung durch den Gemeinschaftsbetrieb mehrerer Unternehmen (§ 322 UmwG), in: FS für Wiese, 1998, S. 453; *ders.*, Schutz vor paritätischer Unternehmensmitbestimmung, BB 2006, 2018; *Rohde*, Teile und herrsche – Umstrukturierung als alltägliches Übel, AiB 2005, 22; *Schalle*, Der Bestandsschutz der Arbeitsverhältnisse bei Unternehmensumwandlungen – Eine Untersuchung arbeitsrechtlicher Konsequenzen der Unternehmensorganisationsänderung nach dem UmwG, Diss. 1999; *Schaub*, Tarifverträge und Betriebsvereinbarungen beim Betriebsübergang und Umwandlung von Unternehmen, in: FS für Wiese, 1998, S. 535; *Schiefer*, Fortgeltung kollektivrechtlicher Regelungen im Falle des Betriebsübergangs gem. § 613a BGB, in: FS 50 Jahre BAG, 2004, S. 859; *ders.*, Fortgeltung individualrechtlich in Bezug genommener Tarifverträge bei Betriebsübergang, FA 2002, 258; *ders.*, Rechtsfolgen des Betriebsübergangs nach § 613a BGB, NJW 1998, 1817; *Schliemann*, Tarifgeltung und arbeitsvertragliche Bezugnahme auf Tarifverträge in der neueren Rechtsprechung des BAG, ZTR 2004, 502; *Schmidt*, Die Anwendbarkeit des Kündigungsschutzgesetzes auf Kleinstbetriebe vor dem Hintergrund der zunehmenden internationalen Unternehmensverflechtungen, NZA 1998, 169; *Schröer*, Arbeitsüberhaftung bei der Spaltung von Rechtsträgern, Diss. 2000; *Schulte*, Zweites Gesetz zur Vereinfachung der Wahl der Arbeitnehmervertreter in den Aufsichtsrat – schon verfassungswidrig?, ArbRB 2005, 20; *Schwedhelm/Streck/Mack*, Die Spaltung der GmbH nach neuem Umwandlungsrecht (I), GmbHR 1995, 7; *Seibt*, Drittelbeteiligungsgesetz und Fortsetzung der Reform des Unternehmensmitbestimmungsrechts – Analyse des Zweiten Gesetzes zur Vereinfachung der Wahl der Arbeitnehmervertreter in den Aufsichtsrat –, NZA 2004, 767; *ders.*, Gesamtrechtsnachfolge bei gestaltetem Ausscheiden von Gesellschaftern aus Personengesellschaften: Grundfragen des Gesellschafter-, Gläubiger- und Arbeitnehmerschutzes, in FS: für Röhricht, 2005, S. 603; *Seitz/Werner*, Arbeitsvertragliche Bezugnahmeklauseln bei Unternehmensumstrukturierungen, NZA 2000, 1257; *Silberberger*, Arten von Umstrukturierungen nach dem UmwG, AiB 2003, 389; *Stein*, Verweisungen auf Tarifverträge – Ein kritischer Blick auf die BAG-Rechtsprechung, AuR 2003, 361; *Simon/Zerres*, Unternehmensspaltung und Arbeitsrecht, in: Bewegtes Arbeitsrecht, FS für Leinemann, 2006, S. 255; *dies.*, Aktuelle arbeitsrechtliche Besonderheiten bei der Spaltung von Unternehmen, FA 2005, 231; *Stück*, Checkliste – Rechtsfolgen des Betriebsübergangs (§ 613a

BGB), MDR 2003, 1100; *ders.*, Checkliste – Voraussetzungen des Betriebsübergangs (§ 613a BGB), MDR 2003, 977; *Tappert*, Auswirkungen eines Betriebsübergangs auf Aktienoptionsrechte von Arbeitnehmern, NZA 2002, 1188; *Thannheiser*, Folgen von Umstrukturierungen für die Beschäftigten, AiB 2003, 404; *ders.*, Fusion von Unternehmen – Welche arbeitsrechtlichen Regeln gelten?, AuA 2001, 100; *Thüsing*, Mitbestimmung und Tarifrecht im kirchlichen Konzern, ZTR 2002, 56; *Trenkle*, Unbundling bei Strom- und Gasunternehmen – Was kommt dabei auf Betriebsräte und Arbeitnehmer zu?, AiB 2005, 13; *Trittin*, Fusion und Kündigungsschutz, AiB 2001, 147; *ders.*, Unternehmensverschmelzung am Umwandlungsgesetz und § 613a BGB vorbei? – Auch bei der Anwachsung gelten arbeitsrechtliche Schutzvorschriften, AiB 2001, 6; *ders.*, Das Umwandlungsgesetz, Eine Kommentierung der §§ 321–325 UmwG, AiB 1996, 349; *ders.*, Unternehmensspaltung und die sozialen Folgen für Arbeitnehmer, AiB 1995, 315; *Trümner*, „Kündigungsrechtliche Stellung" in § 323 Abs. 1 Umwandlungsgesetz, AiB 1995, 309; *Wahlig*, Arbeitsvertrag – Bezugnahmeklauseln auf Tarifverträge, AuA 2001, 346; *Wank*, Der Betriebsübergang in der Rechtsprechung von EuGH und BAG – Eine methodische Untersuchung, in: FS 50 Jahre BAG, 2004, S. 245; *ders.*, Die Geltung von Kollektivvereinbarungen nach einem Betriebsübergang, NZA 1987, 505; *Wellenhofer-Klein*, Tarifwechsel durch Unternehmensumstrukturierung, ZfA 1999, 239; *Welslau*, Kollektivrechtliche Probleme bei Betriebsübergängen und Umwandlungen, FA 2002, 303; *Wiese*, Mehrere Unternehmen als gemeinsamer Betrieb im Sinne des Betriebsverfassungsrechts, in: FS für Gaul, 1992, S. 553; *Willemsen*, Arbeitsrecht im Umwandlungsgesetz – Zehn Fragen aus Sicht der Praxis, NZA 1996, 791; *ders.*, Aktuelle Tendenzen zur Abgrenzung des Betriebsübergangs – Die Zeit nach „Christel Schmidt" –, DB 1995, 924; *ders.*, Arbeitsrechtliche Aspekte der Reform des Umwandlungsrechts, RdA 1993, 133; *ders.*, Der Grundtatbestand des Betriebsübergangs nach § 613a BGB, RdA 1991, 204; *Willemsen/Annuß*, Neue Betriebsübergangsrichtlinie – Anpassungsbedarf im deutschen Recht?, NJW 1999, 2073; *Willemsen/Hohenstatt*, Zur umstrittenen Bindungs- und Normwirkung des Interessenausgleichs, NZA 1997, 345; *Willemsen/Lembke*, Die Neuregelung von Unterrichtung und Widerspruchsrecht der Arbeitnehmer beim Betriebsübergang, NZA 2002, 1159; *Wlotzke*, Arbeitsrechtliche Aspekte des neuen Umwandlungsrechts, DB 1995, 40; *Wolff*, Wahl der Arbeitnehmervertreter in den Aufsichtsrat – Weitere Vereinfachungen des Wahlverfahrens –, DB 2002, 790; *Wollschläger/Pollert*, Rechtsfragen des Betriebsübergangs nach § 613a BGB unter Berücksichtigung betriebsverfassungsrechtlicher Fragen und des Rechtes der Europäischen Union, ZfA 1996, 547; *Worzalla*, Neue Spielregeln bei Betriebsübergang – Die Änderungen des § 613a BGB, NZA 2002, 353; *Zwanziger*, Der Interessenausgleich – betriebliches Regelungsinstrument oder Muster ohne kollektiven Wert?, BB 1998, 477; *Zerres*, Arbeitsrechtliche Aspekte bei der Verschmelzung von Unternehmen, ZIP 2001, 359

A. Allgemeines 1	1. Allgemeines 9
I. Normzweck 1	2. Schwellenwert (§ 23 Abs. 1 S. 2 KSchG) 10
II. Entstehungsgeschichte 2	3. Sozialauswahl (§ 1 Abs. 3, Abs. 4 KSchG) 11
B. Regelungsgehalt 3	4. Prüfung der Weiterbeschäftigungsmöglichkeiten (§ 1 Abs. 2 S. 1, S. 2 Nr. 1 lit. b), Nr. 2 lit. b), S. 3 KSchG) 12
I. Anwendungsbereich 3	
1. Persönlicher Anwendungsbereich 3	
2. Sachlicher Anwendungsbereich 4	5. Kündigung eines Betriebsratsmitglieds bei Betriebs(teil-)stillegung (§ 15 KSchG) 13
3. Unabdingbarkeit 5	
II. Tatbestandsvoraussetzungen 6	6. Anzeigepflicht bei Massenentlassungen (§ 17 Abs. 1 KSchG) 14
1. Gemeinschaftsbetrieb 6	
a) Begriff 6	**C. Verbindung zu anderen Rechtsgebieten und zum Prozessrecht** 15
b) Voraussetzungen 7	
2. Gestaltungsfreiheit des Arbeitgebers (Auflösung des gemeinsamen Betriebs) 8	I. Arbeitsgerichtliches Beschlussverfahren 15
	II. Darlegungs- und Beweislast 16
III. Rechtsfolge 9	**D. Beraterhinweise** 17

A. Allgemeines

I. Normzweck

1 Die **Fiktion** (Rn 9) des § 322 dient der **Klarstellung**.[1] Nach allg.M. können mehrere selbstständige Unternehmen bei Vorliegen der erforderlichen Voraussetzungen einen **gemeinsamen Betrieb**[2] bilden.[3] Dieser Grundsatz gilt sowohl für das **Betriebsverfassungsrecht** (§ 322 Abs. 1 a.F., § 1 Abs. 1 S. 2, Abs. 2 BetrVG)[4] als auch gem. § 322 für das

---

1 BT-Drucks 12/6699, S. 60 f., 174; BR-Drucks 75/94, S. 60 f., 174 f.; HWK/*Willemsen*, § 322 UmwG Rn 2; Semler/Stengel/*Simon*, § 322 Rn 1; *Willemsen u.a.*, H Rn 147; Sagasser/Bula/Brünger/Sagasser/*Schmidt*, F Rn 41; *Bachner*, NJW 1995, 2881, 2884; *Düwell*, NZA 1996, 393, 397; *Kreßel*, BB 1995, 925, 928; *Neye*, ZIP 1994, 165, 169; *Wlotzke*, DB 1995, 40, 44.

2 Auch Gemeinschaftsbetrieb, gemeinschaftlicher/einheitlicher Betrieb, Standortbetrieb genannt.

3 *Däubler*, in: FS für Zeuner, 1984, S. 19 ff.; *Küttner*, in: FS für Hanau, 1999, S. 465 ff.; *Rieble*, in: FS für Wiese, 1998, S. 453 ff.; *Wiese*, in: FS Gaul, 1992, S. 553 ff.

4 BAG 11.2.2004 – 7 ABR 27/03 – NZA 2004, 618 ff.; BAG 22.10.2003 – 7 ABR 18/03 – ArbRB 2004, 141, 142 m.

Anm. *Sasse*; BAG 21.2.2001 – 7 ABR 9/00 – EzA § 1 BetrVG 1972 Nr. 1 = NZA 2002, 56; BAG 24.1.1996 – 7 ABR 10/95 – NZA 1996, 1110, 1111 ff.; BAG 29.5.1991 – 7 ABR 54/90 – NZA 1992, 74, 75 f.; BAG 14.9.1988 – 7 ABR 10/87 – NZA 1989, 190 ff.; BAG 29.1.1987 – 6 ABR 23/85 – NZA 1987, 707 f.; BAG 25.9.1986 – 6 ABR 68/84 – NZA 1987, 708, 709 ff.; BAG 7.8.1986 – 6 ABR 57/85 – NZA 1987, 131 ff.; BAG 23.9.1982 – 6 ABR 42/81 – DB 1983, 1498 ff.; BAG 25.11.1980 – 6 ABR 108/78 – DB 1981, 1047 f.; BAG 17.1.1978 – 1 ABR 71/76 – DB 1978, 1133 f.; BAG 5.12.1975 – 1 ABR 8/74 – DB 1976, 588; BAG 21.10.1969 – 1 ABR 8/69 – DB 1970, 449 f.

Künd-Schutzrecht, was insb. bei den **§§ 1, 15, 17, 23 KSchG** (Rn 10 ff.) Bedeutung gewinnt. Durch § 322 hat der Gesetzgeber das „**Praxisphänomen**"[5] des Gemeinschaftsbetriebes erstmals positivrechtlich anerkannt.[6]

II. Entstehungsgeschichte

Der frühere Abs. 1[7] von § 322 i.d.F. des **UmwG v. 28.10.1994** m.W.v. 1.1.1995,[8] der eine widerlegbare gesetzliche Vermutung für das Vorliegen eines Gemeinschaftsbetriebes i.S.d. BetrVG beinhaltete,[9] wurde m.W.v. 28.7.2001 durch das **BetrVerf-ReformG vom 23.7.2001**[10] aufgehoben und in § 1 Abs. 2 Nr. 2 BetrVG „implantiert";[11] der frühere Abs. 2 ist jetzt alleiniger Text des § 322.[12]

B. Regelungsgehalt

I. Anwendungsbereich

1. Persönlicher Anwendungsbereich. § 322 erfasst – anders als **§ 323 Abs. 1** (siehe § 323 Rn 4) – **alle im gemeinsamen Betrieb beschäftigten AN** und nicht nur diejenigen, die bereits vor der Umwandlung mit dem übertragenden Rechtsträger in einem Arbverh standen.[13]

2. Sachlicher Anwendungsbereich. § 322 gilt ausweislich seines klaren Wortlauts nur für die Umwandlungsvorgänge der **Spaltung** (§§ 123 ff.) und **Teilübertragung** (§§ 174 ff.).[14] Die Vorschrift ist weder analog anzuwenden, z.B. auf Betriebs(teil-)übertragungen im Wege der Einzelrechtsnachfolge, noch enthält sie einen allgemeinen Rechtsgedanken.[15] § 322 ist in seinem Anwendungsbereich lex specialis gegenüber **§ 323 Abs. 1** (siehe § 323 Rn 10).[16]

3. Unabdingbarkeit. Die Rechtsfolge der in § 322 niedergelegten Bestandsschutzregelung ist nach Maßgabe von § 1 Abs. 3 S. 1, 2 zu Lasten[17] des AN unabdingbar.[18]

II. Tatbestandsvoraussetzungen

1. Gemeinschaftsbetrieb. a) Begriff. Die Voraussetzungen für die Annahme eines gemeinsamen Betriebs im kündigungsrechtlichen Sinne entsprechen denen für das Vorliegen eines gemeinsamen Betriebs i.S.v. **§ 1 Abs. 1 S. 2 BetrVG** (siehe § 1 BetrVG Rn 17 ff.), abgesehen davon, dass die Vermutungsregel des **§ 1 Abs. 2 Nr. 2 BetrVG** hier nach h.M. nicht gilt (siehe Rn 16).

b) Voraussetzungen. Zwei oder mehrere Unternehmen können einen gemeinsamen Betrieb bilden. Voraussetzung hierfür ist nach der Rspr. ein **einheitlicher Leitungsapparat**,[19] der in der Lage ist, die Gesamtheit der für die Erreichung der **arbeitstechnischen Zwecke**[20] eingesetzten personellen, technischen und immateriellen Mittel zu lenken.[21] Ein einheitlicher Betrieb ist nicht nur dann anzunehmen, wenn die beteiligten Unternehmer ausdrücklich eine **rechtliche**[22] **Vereinbarung**[23] über die einheitliche Leitung des gemeinsamen Betriebs geschlossen haben, sondern auch dann, wenn sich eine solche Vereinbarung konkludent aus den näheren Umständen des Einzelfalls ergibt.[24]

2. Gestaltungsfreiheit des Arbeitgebers (Auflösung des gemeinsamen Betriebs). Es stellt nach h.M. eine uneingeschränkt dem AG obliegende **unternehmerisch-strategische Entscheidung** dar, ob der bisher einheitliche

---

5 *Däubler*, in: FS für Zeuner, 1984, S. 19; *Trittin*, AiB 1996, 349, 351 f.
6 *Küttner*, in: FS für Hanau, 1999, S. 465; *Nacke*, S. 83 f.; *Bauer/Lingemann*, NZA 1994, 1057, 1060; *Däubler*, RdA 1995, 136, 143.
7 *Kallmeyer/Willemsen*, § 322 Rn 1 ff.; *Boecken*, Rn 383 ff.; *Rieble*, in: FS für Wiese, 1998, S. 453, 476 ff.; *Heinze*, ZfA 1997, 1, 10 ff.
8 BGBl I 1994 S. 3210, 3256, 3266; s. *Düwell*, NZA 1996, 393 ff.
9 BAG 18.10.2000 – 2 AZR 494/99 – NZA 2001, 321, 323.
10 Gesetz zur Reform des BetrVG (BGBl I 2001 S. 1852, 1863, 1868).
11 HWK/*Willemsen*, § 322 UmwG Rn 1; H/S/*Boecken*, § 9 Rn 89 ff.
12 Semler/Stengel/*Simon*, § 322 Rn 2 f.; Sagasser/Bula/Brünger/Sagasser/Schmidt, F Rn 41, 63 f.; Beseler/Düwell/Göttling, 321 ff.
13 Semler/Stengel/*Simon*, § 322 Rn 12; *Boecken*, Rn 300.
14 BT-Drucks 12/6699, S. 174.
15 *Gaul*, Das Arbeitsrecht der Betriebs- und Unternehmensspaltung, § 20 Rn 68 ff.; *Schalle*, 320 ff.; *Seibt*, in: FS für Röhricht, 2005, S. 603, 630; a.A. *Mengel*, S. 450; *Trittin*, AiB 2001, 6, 7 f., zur Anwachsung.
16 KR/*Friedrich*, §§ 322, 323, 324 UmwG Rn 48; *Boecken*, Rn 300; *Mengel*, S. 275.
17 HWK/*Willemsen*, § 322 UmwG Rn 3.
18 Semler/Stengel/*Simon*, § 322 Rn 12; Kallmeyer/*Willemsen*, § 322 Rn 20; H/S/*Boecken*, § 9 Rn 76; *Boecken*, Rn 304 f.
19 Semler/Stengel/*Simon*, § 322 Rn 4 ff.; *Brinkmann*, S. 275 ff.; *Wiese*, in: FS für Gaul, 1992, S. 553, 564 ff.
20 *Wiese*, in: FS für Gaul, 1992, S. 553, 562.
21 BAG 11.12.2007 – 1 AZR 824/06 – NZA-RR 2008, 298, 299; BAG 22.6.2005 – 7 ABR 57/04 – NZA 2005, 1248, 1249.
22 Weiter gehend *Fromen*, in: FS für Gaul, 1992, S. 151, 156 f., 167 ff. m.w.N.
23 *Wiese*, in: FS für Gaul, 1992, S. 553, 568 ff.
24 St. Rspr.: BAG 22.6.2005 – 7 ABR 57/04 – NZA 2005, 1248, 1249; BAG 24.1.1996 – 7 ABR 10/95 – NZA 1996, 1110, 1111 f.; BAG 14.9.1988 – 7 ABR 10/87 – NZA 1989, 190, 191 f.; BAG 7.8.1986 – 6 ABR 57/85 – NZA 1987, 131 ff.

Betrieb nach der Spaltung als Gemeinschaftsbetrieb geführt werden soll;[25] § 322 bewirkt keinen dahingehenden rechtlichen Zwang,[26] auch nicht i.V.m. § 323 Abs. 1.[27]

III. Rechtsfolge

9 **1. Allgemeines.** Die **unbefristet**[28] geltende **Fiktion** des § 322 bewirkt, dass der gemeinsam geführte Betrieb als Betrieb i.S.d. „**Künd-Schutzrechts**" gilt.[29]

10 **2. Schwellenwert (§ 23 Abs. 1 S. 2 KSchG).** Bei der Ermittlung der gem. **§ 23 Abs. 1 S. 2 KSchG**[30] maßgeblichen AN-Anzahl für das Eingreifen des KSchG erfolgt eine **Zusammenrechnung aller AN des Gemeinschaftsbetriebs**,[31] unabhängig davon, welchem der beteiligten Rechtsträger sie zugeordnet sind.[32]

11 **3. Sozialauswahl (§ 1 Abs. 3, Abs. 4 KSchG).** Führen die beteiligten Rechtsträger einen Betrieb gemeinsam, so sind bei der Sozialauswahl nach § 1 Abs. 3, Abs. 4 KSchG sämtliche AN des gemeinsamen Betriebes, unabhängig davon, mit welchem der beteiligten Rechtsträger die Arbverh bestehen, zu berücksichtigen;[33] u.U. sind auch **Austausch-Künd** bei einem anderen Trägerunternehmen vorzunehmen.[34]

12 **4. Prüfung der Weiterbeschäftigungsmöglichkeiten (§ 1 Abs. 2 S. 1, S. 2 Nr. 1 lit. b), Nr. 2 lit. b), S. 3 KSchG).** Angesichts der individualarbeitsrechtlichen Möglichkeit der Zuordnung eines Arbverh zu einem der am Umwandlungsvorgang beteiligten Rechtsträger kann sich ein betriebsbedingt gekündigter AN nach h.M. nur dann auf Weiterbeschäftigungsmöglichkeiten in einem anderen Betrieb des Unternehmens i.S.v. § 1 Abs. 2 S. 2 Nr. 1 lit. b) Alt. 2 KSchG berufen, wenn freie Arbeitsplätze in dem **Unternehmen** vorhanden sind, mit welchem der AN ein **Arbverh** hat.[35] Demnach haben weitere Betriebe eines anderen Rechtsträgers, welche weder dem gemeinsam geführten Betrieb, noch dem Unternehmen des AG-Rechtsträgers zuzuordnen sind, für die Prüfung von Weiterbeschäftigungsmöglichkeiten außer Betracht zu bleiben.[36]

13 **5. Kündigung eines Betriebsratsmitglieds bei Betriebs(teil-)stilllegung (§ 15 KSchG).** Die Grundsätze über das Vorliegen eines gemeinsamen Betriebs gelten auch im Rahmen von **§ 15 Abs. 4, 5 KSchG**.[37] Wird ein BR-Mitglied in einer Betriebsabteilung beschäftigt, die stillgelegt wird, so ist der AG verpflichtet, die Übernahme des BR-Mitglieds in eine andere Betriebsabteilung notfalls durch **Freikündigen** eines geeigneten Arbeitsplatzes sicherzustellen (§ 15 Abs. 5 KSchG). Ob dabei die Interessen des durch die erforderliche Freikündigung betroffenen AN gegen die Interessen des BR-Mitglieds und die Interessen der Belegschaft an der Kontinuität der Besetzung des BR abzuwägen sind, hat das BAG offen gelassen.[38]

---

25 Semler/Stengel/*Simon*, § 322 Rn 11; *Küttner*, in: FS für Hanau, 1999, S. 465, 483 ff.
26 HWK/*Willemsen*, § 322 UmwG Rn 9.
27 A.A. *Kallmeyer*, ZIP 1994, 1746, 1757.
28 Semler/Stengel/*Simon*, § 322 Rn 12, *Boecken*, Rn 300; *Herbst*, AiB 1995, 5, 12.
29 *Gaul*, Das Arbeitsrecht der Betriebs- und Unternehmensspaltung, § 20 Rn 61 ff.; *Schalle*, S. 292 f.; *Trittin*, AiB 1996, 349, 354.
30 *Schmidt*, NZA 1998, 169 ff.
31 BAG 13.6.2002 – 2 AZR 327/01 – NZA 2002, 1147, 1148 ff.; BAG 29.4.1999 – 2 AZR 352/98 – NZA 1999, 932, 933 f.; BAG 12.11.1998 – 2 AZR 459/97 – NZA 1999, 590, 591 ff.; BAG 18.1.1990 – 2 AZR 355/89 – NZA 1990, 977 ff.; BAG 13.6.1985 – 2 AZR 452/84 – NZA 1986, 600, 601; BAG 23.3.1984 – 7 AZR 515/82 – NZA 1984, 88 f.; BAG 4.7.1957 – 2 AZR 86/55 – AP § 21 KSchG Nr. 1 m. Anm. *Herschel*.
32 HWK/*Willemsen*, § 322 UmwG Rn 6; Semler/Stengel/*Simon*, § 322 Rn 13; *Boecken*, Rn 292 f.; *Mengel*, S. 275 f.; *Bauer/Lingemann*, NZA 1994, 1057, 1060; *Wlotzke*, DB 1995, 40, 44.
33 BT-Drucks 12/6699, S. 174; BR-Drucks 75/94, S. 174; BAG 13.9.1995 – 2 AZR 954/94 – NZA 1996, 307, 308 f.; BAG 5.5.1994 – 2 AZR 917/93 – NZA 1994, 1023 ff.; BAG 13.6.1985 – 2 AZR 452/84 – NZA 1986, 600, 602; *Boecken*, Rn 297; HK-UmwG/*Tempelmann*, § 322 Rn 43.
34 Semler/Stengel/*Simon*, § 322 Rn 15; Kallmeyer/*Willemsen*, § 322 Rn 22; HWK/*Willemsen*, § 322 UmwG Rn 5; *Nacke*, S. 93 f.
35 BT-Drucks 12/6699, S. 174; BR-Drucks 75/94, S. 174; BAG 13.6.1985 – 2 AZR 452/84 – NZA 1986, 600, 602; Semler/Stengel/*Simon*, § 322 Rn 14; Kallmeyer/*Willemsen*, § 322 Rn 20; HWK/*Willemsen*, § 322 UmwG Rn 3 f.; *Willemsen u.a.*, H Rn 149; KR/*Friedrich*, §§ 322, 323, 324 UmwG Rn 50 f.; Beseler/Düwell/Göttling, S. 323; H/S/*Boecken*, § 9 Rn 75; *Boecken*, Rn 294 ff.; *Gaul*, Das Arbeitsrecht der Betriebs- und Unternehmensspaltung, § 20 Rn 57; *Nacke*, S. 94 f.; *Bauer/Lingemann*, NZA 1994, 1057, 1060; *Däubler*, RdA 1995, 136, 143; *Düwell*, NZA 1996, 393, 397; *Kallmeyer*, ZIP 1994, 1746, 1757; *Trittin*, AiB 1996, 349, 355; a.A. *Müller-Ehlen*, S. 151; *Bachner*, NJW 1995, 2881, 2884; *Wlotzke*, DB 1995, 40, 44.
36 *Boecken*, Rn 296; vgl. HK-UmwG/*Tempelmann*, § 322 Rn 44.
37 BAG 5.3.1987 – 2 AZR 623/85 – NZA 1988, 32 ff.; H/S/*Boecken*, § 9 Rn 75; *Boecken*, Rn 298; *Mengel*, S. 276; *Müller-Ehlen*, S. 152; *Nacke*, S. 97.
38 BAG 18.10.2000 – 2 AZR 494/99 – NZA 2001, 321, 322 ff.

6. Anzeigepflicht bei Massenentlassungen (§ 17 Abs. 1 KSchG). Sowohl hinsichtlich der Anzahl der zu entlassenden AN, als auch bzgl. der Gesamtanzahl der im Betrieb beschäftigten AN, ist auf den Gemeinschaftsbetrieb abzustellen.[39]

C. Verbindung zu anderen Rechtsgebieten und zum Prozessrecht

I. Arbeitsgerichtliches Beschlussverfahren

AG, BR und **Wahlvorstand**, wohl auch im Betrieb vertretene **Gewerkschaften**[40] können **analog § 18 Abs. 2 BetrVG** im Beschlussverfahren (§§ 1, 2a Abs. 1 Nr. 1, Abs. 2, 80 ff. ArbGG) – ggf. im Rahmen eines Wahlanfechtungsverfahrens (§ 19 BetrVG)[41] – feststellen lassen, ob durch die räumliche Zusammenlegung zweier bisher selbstständiger Betriebe ein gemeinsamer Betrieb entstanden ist.[42] Die Bindungswirkung[43] nach Eintritt der **Rechtskraft** der Entscheidung wirkt auch im Verhältnis zwischen AG und AN.[44]

II. Darlegungs- und Beweislast

Die Darlegungs- und Beweislast für das Vorliegen eines von mehreren Unternehmen geführten gemeinsamen Betriebes trägt der daraus Rechte herleitende **AN**.[45] Hat der AN schlüssig derartige Umstände[46] vorgetragen, so hat der AG hierauf gem. **§ 138 Abs. 2 ZPO** im Einzelnen zu erklären, welche rechtserheblichen Umstände (z.B. vertragliche Vereinbarungen) gegen die Annahme eines einheitlichen Betriebes sprechen.[47] Die Vermutung des **§ 1 Abs. 2 Nr. 2 BetrVG** (§ 322 Abs. 1 a.F.) gilt hier nach ganz h.M. nicht,[48] auch nicht analog.[49]

D. Beraterhinweise

Im **Umwandlungsvertrag** ist anzugeben, ob eine gemeinsame Führung des Betriebes erfolgt.[50] Zwar sind die am gemeinsamen Betrieb beteiligten Rechtsträger nicht „Gesamt-AG", doch ist es angesichts der „quasi gesamtschuldnerischen Haftung im kündigungsschutzrechtlichen Außenverhältnis" ratsam, im Umwandlungsvertrag[51] **interne Ausgleichsregelungen**, insb. für die im Rahmen der §§ 9, 10 KSchG oder arbeitsgerichtlicher Vergleiche zu zahlenden **Abfindungen**, zu treffen.[52]

§ 323 Kündigungsrechtliche Stellung

(1) Die kündigungsrechtliche Stellung eines Arbeitnehmers, der vor dem Wirksamwerden einer Spaltung oder Teilübertragung nach dem Dritten oder Vierten Buch zu dem übertragenden Rechtsträger in einem Arbeitsverhältnis steht, verschlechtert sich auf Grund der Spaltung oder Teilübertragung für die Dauer von zwei Jahren ab dem Zeitpunkt ihres Wirksamwerdens nicht.

(2) Kommt bei einer Verschmelzung, Spaltung oder Vermögensübertragung ein Interessenausgleich zustande, in dem diejenigen Arbeitnehmer namentlich bezeichnet werden, die nach der Umwandlung einem bestimmten Betrieb oder Betriebsteil zugeordnet werden, so kann die Zuordnung der Arbeitnehmer durch das Arbeitsgericht nur auf grobe Fehlerhaftigkeit überprüft werden.

---

39 Semler/Stengel/*Simon*, § 322 Rn 16; KR/*Friedrich*, §§ 322, 323, 324 UmwG Rn 53; H/S/*Boecken*, § 9 Rn 75; *Boecken*, Rn 299; *Mengel*, S. 276; *Nacke*, S. 97 f.
40 BAG 9.4.1991 – 1 AZR 488/90 – NZA 1991, 812, 813 f.; *Küttner*, in: FS für Hanau, 1999, S. 465, 485; Richardi/*Thüsing*, § 18 Rn 25; a.A. BAG 25.9.1986 – 6 ABR 68/84 – NZA 1987, 708, 710.
41 BAG 17.1.1978 – 1 ABR 71/76 – DB 1978, 1133 ff.; BAG 24.1.1964 – 1 ABR 14/63 – DB 1964, 589 f.; BAG 1.2.1963 – 1 ABR 1/62 – DB 1963, 662 ff.
42 BAG 11.2.2004 – 7 ABR 27/03 – NZA 2004, 618; BAG 7.8.1986 – 6 ABR 57/85 – NZA 1987, 131; *Küttner*, in: FS für Hanau, 1999, S. 465, 485 f.
43 Richardi/*Thüsing*, § 18 Rn 29 ff.
44 BAG 9.4.1991 – 1 AZR 488/90 – NZA 1991, 812, 813 ff.
45 BAG 18.1.1990 – 2 AZR 355/89 – NZA 1990, 977, 978 f.; BAG 13.6.1985 – 2 AZR 452/84 – NZA 1986, 600, 603; BAG 23.3.1984 – 7 AZR 515/82 – NZA 1984, 88 f.; BAG 4.7.1957 – 2 AZR 86/55 – AP § 21 KSchG Nr. 1 m. Anm. *Herschel*.
46 Zu relevanten Indizien s. Semler/Stengel/*Simon*, § 322 Rn 5 f.; *Gaul*, Das Arbeitsrecht der Betriebs- und Unternehmensspaltung, § 20 Rn 59; *Küttner*, in: FS für Hanau, 1999, S. 465, 486.
47 BAG 18.1.1990 – 2 AZR 355/89 – NZA 1990, 977, 978.
48 Semler/Stengel/*Simon*, § 322 Rn 7; HWK/*Willemsen*, § 322 UmwG Rn 7; Kallmeyer/*Willemsen*, § 322 Rn 24 f.; H/S/*Boecken*, § 9 Rn 74; *Boecken*, Rn 285 f., 290; *Gaul*, Das Arbeitsrecht der Betriebs- und Unternehmensspaltung, § 20 Rn 61 ff., 66; *Müller-Ehlen*, S. 152 f.; *Nacke*, S. 85 ff.; *Bauer/Lingemann*, NZA 1994, 1057, 1060; *Heinze*, ZfA 1997, 1, 12; *Kallmeyer*, ZIP 1994, 1746, 1757; *Kreßel*, BB 1995, 925, 927 f.; *Wlotzke*, DB 1995, 40, 44; a.A. *Brinkmann*, S. 283 ff.; *Schalle*, S. 293 ff.; *Trittin*, AiB 1996, 349, 354.
49 Semler/Stengel/*Simon*, § 322 Rn 7 ff.
50 *Joost*, ZIP 1995, 976, 981.
51 *Joost*, ZIP 1995, 976, 985.
52 HWK/*Willemsen*, § 322 UmwG Rn 4; Kallmeyer/*Willemsen*, § 322 Rn 21; Semler/Stengel/*Simon*, § 322 Rn 18; HK-UmwG/*Tempelmann*, § 322 Rn 46.

A. Allgemeines	1
I. Normzweck	1
1. Kündigungsrechtliches Verschlechterungsverbot (Abs. 1)	1
2. Einschränkung des Rechtsschutzes infolge „umwandlungsrechtlichen" Interessenausgleichs (Abs. 2)	2
II. Entstehungsgeschichte	3
B. Regelungsgehalt	4
I. Anwendungsbereich	4
1. Persönlicher Anwendungsbereich	4
2. Sachlicher Anwendungsbereich	5
3. Unabdingbarkeit	6
II. Tatbestandsvoraussetzungen	7
1. Kündigungsrechtliches Verschlechterungsverbot (Abs. 1)	7
2. Zuordnung von Arbeitsverhältnissen im Interessenausgleich mit Namensliste (Abs. 2)	8
III. Rechtsfolgen	9
1. Kündigungsrechtliches Verschlechterungsverbot (Abs. 1)	9
a) Sachliche Reichweite	9
aa) „Kündigungsrechtliche" Stellung i.S.v. Abs. 1	9
bb) Vorschriften des KSchG	10
cc) Untergesetzliche Künd-Regelungen	11
dd) Betriebsverfassungsrechtliche Beteiligungsrechte	12
b) Reichweite in zeitlicher Hinsicht	13
2. Einschränkung des Rechtsschutzes (Abs. 2)	14
a) Grobe Fehlerhaftigkeit	14
b) Wirkungsweise des (umwandlungsrechtlichen) Interessenausgleichs	15
c) Verhältnis zum Mitbestimmungsrecht des Betriebsrats nach § 99 BetrVG	16
C. Verbindung zu anderen Rechtsgebieten und zum Prozessrecht	17
D. Beraterhinweise	18

A. Allgemeines

I. Normzweck

1. Kündigungsrechtliches Verschlechterungsverbot (Abs. 1). Nach der Gesetzesbegründung soll sich für die Dauer von **zwei Jahren** (siehe Rn 13) nach dem **Wirksamwerden** (siehe Rn 13) der **Spaltung oder Teilübertragung** (siehe Rn 5) eines Rechtsträgers gem. Abs. 1 die **„kündigungsrechtliche Stellung"** (siehe Rn 9 ff.)[1] eines AN des übertragenden Rechtsträgers „insb." dann nicht verschlechtern, wenn bei dem neuen („übernehmenden"), ihn beschäftigenden Rechtsträger die für die Anwendbarkeit kündigungsrechtlicher Regelungen notwendige Beschäftigtenzahl nach § 23 Abs. 1 S. 2 KSchG (siehe Rn 10) nicht erreicht wird.[2] Die sachliche Reichweite dieses kündigungsrechtlichen Verschlechterungsverbots[3] ist umstr. (siehe Rn 9 ff.).

2. Einschränkung des Rechtsschutzes infolge „umwandlungsrechtlichen" Interessenausgleichs (Abs. 2). Die konstruktiv mit **§ 125 Abs. 1 S. 1 Nr. 2 InsO**[4] (sowie § 1 Abs. 5 KSchG[5] und § 18a Abs. 5 BetrVG)[6] vergleichbare Vorschrift des Abs. 2 beinhaltet eine Beschränkung des Rechtsschutzes im Zusammenhang mit dem umwandlungsbedingten Übergang von Arbverh.[7] Bezweckt wird die **Erleichterung der Zuordnung** von AN[8] bzw. **Planungssicherheit** und **Rechtsklarheit** über die Zuordnung von AN im **„umwandlungsrechtlichen"**[9] **Interessenausgleich** (§ 112 BetrVG)[10] in **Zweifelsfällen** (siehe Rn 4, 14) und die **Verringerung arbeitsrechtlicher Streitigkeiten**.[11]

II. Entstehungsgeschichte

§ 323 blieb seit der Schaffung des **UmwG v. 28.10.1994** m.W.v. 1.1.1995[12] unverändert.[13] Im Laufe des Gesetzgebungsverfahrens waren insb. die Länge der Zwei-Jahres-Frist des Abs. 1[14] sowie die Verkürzung des Individualrechtsschutzes gem. Abs. 2[15] umstr.[16]

---

1 Kritisch Kallmeyer/*Willemsen*, § 323 Rn 1 ff.; HWK/*Willemsen*, § 323 UmwG Rn 1 ff.: „rätselhafteste Bestimmung des gesamten UmwG"; *Willemsen*, NZA 1996, 791, 799: „kaum noch zu überbietendes Musterbeispiel verunglückter Normsetzung"; Sagasser/Bula/Brünger/*Sagasser/Schmidt*, F Rn 40; *Trümner*, AiB 1995, 309.
2 BR-Drucks 75/94, S. 61, 175; BT-Drucks 12/6699, S. 61, 175.
3 BT-Drucks 12/7850, S. 145; BAG 18.10.2000 – 2 AZR 494/99 – NZA 2001, 321, 324.
4 BT-Drucks 12/7850, S. 117, 145.
5 *Hohenstatt*, NZA 1998, 846, 851 f.; *Zwanziger*, BB 1998, 477.
6 *Däubler*, RdA 1995, 136, 140 f.; *Trittin*, AiB 1996, 349, 357.
7 H/S/*Boecken*, § 9 Rn 22 ff.; *Düwell*, NZA 1996, 393, 398; *Willemsen*, NZA 1996, 791, 799: „arbeitsrechtliche Delikatesse"; *Herbst*, AiB 1995, 5, 12: „Rechtsvermutung".
8 HWK/*Willemsen*, § 323 UmwG Rn 20, § 324 UmwG Rn 28 ff.; *Hartmann*, ZfA 1997, 21, 30 ff.
9 GK-BetrVG/*Fabricius/Oetker*, §§ 112, 112a Rn 8; *Hohenstatt*, NZA 1998, 846, 853 f.
10 *Brinkmann*, S. 136 ff.; *Schalle*, S. 84 f., 96 ff.; *Trittin*, AiB 2001, 147, 149; *Zwanziger*, BB 1998, 477 ff.
11 H/S/*Boecken*, § 9 Rn 22; *Beseler/Düwell/Göttling*, 300; *Neye*, ZIP 1994, 917, 919.
12 Art. 1 Gesetz zur Bereinigung des Umwandlungsrechts – UmwBerG (BGBl I 1994 S. 3210, 3256, 3266), Berichtigung vom 22.3.1995 (BGBl I 1995 S. 428); s. *Düwell*, NZA 1996, 393 ff.
13 Zum Gesetzgebungsverfahren *Trümner*, AiB 1995, 309 f.; *Neye*, ZIP 1994, 165, 169.
14 BT-Drucks 12/7850, S. 117, 145; BR-Drucks 75/94, S. 61, 175; BR-Drucks 599/94, S. 59; BR-Drucks 599/1/94, S. 2; Anlage zur BR-Drucks 843/94, S. 2.
15 BT-Drucks 12/7850, S. 117, 145; BR-Drucks 599/94, S. 59; BR-Drucks 599/1/94, S. 2.
16 *Hohenstatt*, NZA 1998, 846, 852; *Neye*, DB 1994, 2069 ff.; *Neye*, ZIP 1994, 917, 919; *Trittin*, AiB 1996, 349, 356 f.; *Wlotzke*, DB 1995, 40, 44 f.

B. Regelungsgehalt

I. Anwendungsbereich

1. Persönlicher Anwendungsbereich. Abs. 1 erfasst nur AN, die vor dem Wirksamwerden der Spaltung oder Vermögensteilübertragung zu dem übertragenden Rechtsträger in einem Arbverh stehen, nicht dagegen AN des übernehmenden Rechtsträgers oder neu eingestellte AN.[17] Abs. 1 erfasst unstr. nicht solche AN, die dem Betriebsübergang widersprochen (§ 324 i.V.m. § 613a Abs. 6 BGB) haben und somit beim Veräußerer verbleiben.[18] **Abs. 2** kommt nur für solche AN in Betracht, deren Arbverh im Rahmen einer Umwandlung überhaupt **grds. zuordnungsfähig** sind. Dies ist allein bei umwandlungsrechtlich übergehenden Arbverh der Fall, nicht aber bei solchen, deren Übergang arbeitsrechtlich nach § 613a Abs. 1 S. 1 BGB erfolgt.[19]

2. Sachlicher Anwendungsbereich. Abs. 1 erfasst nur die Umwandlungsvorgänge der Spaltung (§§ 123 ff.) und Teilübertragung (§§ 174 Abs. 2, 177, 179, 184, 189),[20] nicht dagegen die Verschmelzung (§§ 2 ff.).[21] Die Regelung des Abs. 1 ist nicht analog auf Umstrukturierungen außerhalb des UmwG, wie bspw. Betriebsteilübergänge im Wege der Singularsukzession, anzuwenden.[22] **Abs. 2** gilt zunächst nur für solche übertragenden Umwandlungsvorgänge, bei denen es überhaupt zu einem Interessenausgleich kommen kann. Sonach sind nur diejenigen Umwandlungen erfasst, die mit einer **Betriebsänderung i.S.d. § 111 BetrVG** einhergehen.[23] Die Umwandlungsarten der Verschmelzung, Spaltung oder Vermögensübertragung beinhalten zumindest dann eine Betriebsänderung, wenn sie den Zusammenschluss mit anderen Betrieben oder die Spaltung von Betrieben zur Folge haben (§ 111 S. 3 Nr. 3 BetrVG). Eine (analoge) Anwendung auf einen Formwechsel oder Betriebsübergang außerhalb des UmwG kommt nicht in Betracht.[24] Kommt bei einer Betriebsänderung i.S.v. § 111 BetrVG zwischen Insolvenzverwalter und BR ein Interessenausgleich zustande, dann bewirkt dieser bei namentlicher Benennung der zu kündigenden AN **analog Abs. 2** u.a. eine Beschränkung der Überprüfbarkeit der Zuordnung der AN zu einem bestimmten Betrieb oder Betriebsteil auf grobe Fehlerhaftigkeit bei Unternehmensumstrukturierung.[25]

3. Unabdingbarkeit. Die in **Abs. 1** niedergelegte Bestandsschutzregelung ist gem. **§ 1 Abs. 3 S. 1, 2** zu Lasten des AN unabdingbar.[26] Vertragliche Vereinbarungen für die Zeit nach der Umwandlung, z.B. der Abschluss eines Aufhebungsvertrages und die Verkürzung der Künd-Frist sind durch Abs. 1 nicht ausgeschlossen;[27] im Anwendungsbereich von § 613a BGB ist insoweit nach der Rspr. grds. das Erfordernis eines „sachlichen Grundes" zu beachten.[28]

II. Tatbestandsvoraussetzungen

1. Kündigungsrechtliches Verschlechterungsverbot (Abs. 1). Abs. 1 beinhaltet ein **Kausalitätserfordernis** dahingehend, dass sich die kündigungsrechtliche Stellung des AN „aufgrund der Spaltung oder Teilübertragung" verschlechtert;[29] Veränderungen aus anderen Gründen sind nicht erfasst.[30] Der Spaltung zeitlich nachfolgende Entwicklungen werden von Abs. 1 ebenfalls nicht erfasst und können sich somit nachteilig für den Arbeitnehmer auswirken, etwa im Fall einer Künd wegen einer späteren insolvenzbedingten Betriebsstilllegung.[31]

---

17 Semler/Stengel/*Simon*, § 323 Rn 4; H/S/*Boecken*, § 9 Rn 70; *Boecken*, Rn 273, 279 f.; *Brinkmann*, S. 292; *Mengel*, S. 264; *Müller-Ehlen*, S. 155.

18 *Plander*, NZA 2002, 69, 73.

19 *Boecken*, Rn 125; zutreffend auch BeckOK BGB/*Gussen*, § 613a Rn 269, danach ist § 613a BGB im Verhältnis zu § 323 Abs. 2 UmwG vorrangig; ebenso ErfK/*Preis*, § 613a BGB Rn 184, wonach allein in Zweifelsfällen der Zuordnung die Regelung des Interessenausgleichs maßgeblich sein soll; *Beseler/Düwell/Göttling*, 338.

20 BT-Drucks 12/6699, S. 174; Semler/Stengel/*Simon*, § 323 Rn 3; *Bauer/Lingemann*, NZA 1994, 1057, 1061; *Rohde*, AiB 2005, 22, 23; zum Zusammenhang mit § 322 s. *Trümner*, AiB 1995, 309, 311 f.

21 *Zerres*, ZIP 2001, 359, 363.

22 BAG 15.2.2007 – 8 AZR 397/06 – NZA 2007, 739, 743 m. Anm. *Boemke* = jurisPR-ArbR 39/2007 Anm. 2 m. Anm. *Müller-Bonanni* = RdA 2008, 114, 115: Es fehlt bereits an der für eine Analogie erforderlichen planwidrigen Regelungslücke; Kallmeyer/*Willemsen*, § 323 Rn 19; HWK/*Willemsen*, § 323 UmwG Rn 19; Semler/Stengel/*Simon*, § 323 Rn 3; *Willemsen*, NZA 1996, 791, 800; a.A. *Mengel*, S. 451 f.; *Schalle*, S. 324 f.; *Trittin*, AiB 2001, 6, 7 f., zur Anwachsung.

23 *Boecken*, Rn 124; *Willemsen u.a.*, G Rn 162; HK-UmwG/*Tempelmann*, § 323 Rn 43; HWK/*Willemsen*, § 324 UmwG Rn 28; Lutter/*Joost*, § 323 Rn 33 m.w.N.; Richardi/*Annuß*, § 112 Rn 15; a.A. *Beseler/Düwell/Göttling*, 338; Semler/Stengel/*Simon*, § 323 Rn 20.

24 Semler/Stengel/*Simon*, § 323 Rn 19; a.A. *Beseler/Düwell/Göttling*,. Erg. Bd. 2009, 102

25 LAG Hamm 6.7.2000 – 4 Sa 233/00 – EWiR 2001, 125 f. m. Anm. *Grimm* = ZInsO 2001, 336.

26 Semler/Stengel/*Simon*, § 323 Rn 18; Kallmeyer/*Willemsen*, § 323 Rn 17 f.; *Boecken*, Rn 304 ff.

27 *Bauer/Lingemann*, NZA 1994, 1057, 1061; *Trittin*, AiB 1996, 349, 355 f.

28 BAG 10.12.1998 – 8 AZR 324/97 – NZA 1999, 422, 424 f.; BAG 29.10.1985 – 3 AZR 485/83 – DB 1986, 1779 f.; BAG 17.1.1980 – 3 AZR 160/79 – DB 1980, 308, 311; BAG 26.1.1977 – 5 AZR 302/75 – DB 1977, 1192, 1193; BAG 18.8.1976 – 5 AZR 95/75 – DB 1977, 310, 311.

29 BAG 22.9.2005 – 6 AZR 526/04 – NZA 2006, 658, 659; Semler/Stengel/*Simon*, § 323 Rn 8; HWK/*Willemsen*, § 323 UmwG Rn 3; KR/*Friedrich*, §§ 322, 323, 324 UmwG Rn 47; *Boecken*, Rn 281 ff.; *Trümner*, AiB 1995, 309, 312.

30 H/S/*Boecken*, § 9 Rn 71; *Bauer/Lingemann*, NZA 1994, 1057, 1061.

31 H/S/*Boecken*, § 9 Rn 71; BAG 22.9.2005 – 6 AZR 526/04 – NZA 2006, 658, 659.

2. Zuordnung von Arbeitsverhältnissen im Interessenausgleich mit Namensliste (Abs. 2). Verschmelzung, Spaltung oder Vermögensübertragung stellen gem. **§ 111 S. 3 Nr. 3 BetrVG**[32] eine **Betriebsänderung** dar.[33] Gem. Abs. 2 ist das Zustandekommen eines **Interessenausgleichs (§ 112 BetrVG)**[34] erforderlich, „in dem diejenigen AN namentlich bezeichnet werden, die nach der Umwandlung einem bestimmten Betrieb oder Betriebsteil zugeordnet werden" (sog. **Namensliste**,[35] **Zuordnungsliste**),[36] und zwar **„bei"** (i.S.v. wegen) einem der in Abs. 2 genannten Umwandlungsvorgänge.[37] Der Abschluss eines Interessenausgleichs ist **freiwillig** und nicht – wie der Sozialplan (§ 112 Abs. 4 BetrVG) – erzwingbar.[38]

III. Rechtsfolgen

1. Kündigungsrechtliches Verschlechterungsverbot (Abs. 1). a) Sachliche Reichweite. aa) „Kündigungsrechtliche" Stellung i.S.v. Abs. 1. Über den Umfang der Aufrechterhaltung der **„kündigungsrechtlichen"** Stellung des AN gem. Abs. 1 herrscht Unklarheit. Umstr. ist, ob durch Abs. 1 nur der **(kündigungsschutz-)**[39]**rechtliche** (oder gar nur der **kündigungsschutzgesetzliche**) – enge Auslegung – oder auch der **faktische Status quo** – weite Auslegung – aufrechterhalten wird.[40]

bb) Vorschriften des KSchG. Der Gesetzgeber bezog Abs. 1 – insoweit heute unstr. – „insb." auf den Schwellenwert der Kleinbetriebsklausel[41] gem. **§ 23 Abs. 1 (S. 2) KSchG**.[42] Abs. 1 soll nach der z.T. auch in der (untergerichtlichen) Rspr. vertretenen weitestgehenden Ansicht jede denkbare umwandlungsbedingte Verschlechterung des Künd-Schutzes des AN durch Veränderung der objektiven, rechtlichen oder tatsächlichen Umstände erfassen, z.B. hinsichtlich der Prüfung der Sozialauswahl nach **§ 1 Abs. 3 KSchG** und der Weiterbeschäftigungsmöglichkeiten gem. **§ 1 Abs. 2 S. 1, S. 2 Nr. 1 lit. b), Nr. 2 lit. b), S. 3 KSchG**.[43] Diese weite Anwendung des § 323 Abs. 1 ist in der Lit. umstritten.[44] Die Frage, ob zu der kündigungsrechtlichen Stellung i.S.v. Abs. 1 auch die kündigungsrechtliche Rechtsposition der „Sozialauswahl im Zeitpunkt der Spaltung" gehört, hat das BAG verneint,[45] so dass bei betriebsbedingter Künd innerhalb von zwei Jahren die Sozialauswahl nur auf den Betrieb des derzeitigen AG und nicht auf das vor der Spaltung bestehende (Gesamt-)Unternehmen zu erstrecken ist. Unter den Begriff der kündigungsrechtlichen Stellung fällt jedoch die Vorschrift des **§ 15 KSchG** über den Sonder-Künd-Schutz für betriebsverfassungsrechtliche Mandatsträger (insb. BR-Mitglieder).[46] Die Vorschriften über die Anzeigepflicht bei Massenentlassungen

---

32 I.d.F. des UmwBerG vom 28.10.1994 m.W.v. 1.1.1995 (BGBl I 1994 S. 3210, 3264 f., 3266).
33 GK-BetrVG/*Fabricius/Oetker*, § 111 Rn 99 ff.; *Richardi/Annuß*, § 111 Rn 96 ff.; H/S/*Boecken*, § 9 Rn 23; *Trittin*, AiB 1996, 349, 358.
34 Semler/Stengel/*Simon*, § 323 Rn 20 f., auch zu Richtigkeitsgewähr und Friedensfunktion des Sozialplans.
35 Semler/Stengel/*Simon*, § 323 Rn 22 f.; *Brinkmann*, S. 137 f.; *Hohenstatt*, NZA 1998, 846, 853 f.; *Thannheiser*, AiB 2003, 404, 405; *Thannheiser*, AuA 2001, 100, 103; *Trittin*, AiB 1996, 349, 358; kritisch *Gentges*, RdA 1996, 265, 274 f.
36 *Trenkle*, AiB 2005, 13, 14.
37 Semler/Stengel/*Simon*, § 323 Rn 21 m.w.N.
38 GK-BetrVG/*Fabricius/Oetker*, §§ 112, 112a Rn 27 ff.; *Richardi/Annuß*, § 112 Rn 23.
39 In § 322 wird der Begriff „Kündigungsschutzrecht" verwendet.
40 Kallmeyer/*Willemsen*, § 323 Rn 1 ff.; *Boecken*, Rn 274 ff.; *Beseler/Düwell/Göttling*, 318 f.; *Brinkmann*, S. 293 ff.; *Müller-Ehlen*, S. 155 ff.; *Nacke*, S. 99 ff.; *Schalle*, S. 255 ff. *Hager*, in: Gedächtnisschrift für Heinze, 2005, S. 311 ff.
41 BAG 24.2.2005 – 2 AZR 373/03 – NZA 2005, 764 ff.; BAG 16.1.2003 – 2 AZR 609/01 – AP § 1 KSchG 1969 Gemeinschaftsbetrieb Nr. 1; BAG 13.6.2002 – 2 AZR 327/01 – NZA 2002, 1147, 1148 f.; BAG 15.3.2001 – 2 AZR 151/00 – NZA 2001, 831 ff.; BAG 29.4.1999 – 2 AZR 352/98 – NZA 1999, 932 ff.
42 BR-Drucks 75/94, S. 61, 175; BT-Drucks 12/6699, S. 61, 175.
43 ArbG München 11.11.2003 – 18b Ca 2561/02 I – AuR 2004, 195 (nachgehend LAG München – 3 Sa 73/04 – n.v.).
44 Dafür etwa *Bachner*, NJW 1995, 2881, 2884; *Däubler*, RdA 1995, 136, 143; *Düwell*, NZA 1996, 393, 397; *Herbst*, AiB 1995, 5, 12 f.; *Kallmeyer*, ZIP 1994, 1746, 1757; *Trittin*, AiB 1996, 349, 357; *Trümner*, AiB 1995, 309, 313 f.; *Wlotzke*, DB 1995, 40, 44; zu eng, weil nur auf § 23 KSchG beziehend, *Kreßel*, BB 1995, 925, 928; für eine restriktivere Handhabung etwa HWK/*Willemsen*, § 323 UmwG Rn 1 ff.; Semler/Stengel/*Simon*, § 323 Rn 6 f.; *Willemsen u.a.*, H Rn 154; *Rieble*, in: FS für Wiese, 1998, S. 453, 474 f.; *Bauer/Lingemann*, NZA 1994, 1057, 1060 f.; *Buchner*, GmbHR 1997, 434, 441; *Heinze*, ZfA 1997, 1, 13 f.; *Willemsen*, NZA 1996, 791, 799 f.; *Simon/Zerres*, in: FS für Leinemann, 2006, S. 255, 261.
45 BAG 22.9.2005 – 6 AZR 526/04 – NZA 2006, 658, 660; a.A. *Boecken*, Rn 275.
46 Offen gelassen von BAG 18.10.2000 – 2 AZR 494/99 – NZA 2001, 321, 324; im Einzelnen umstr., s. Kallmeyer/*Willemsen*, § 323 Rn 13; HWK/*Willemsen*, § 323 UmwG Rn 13; Semler/Stengel/*Simon*, § 323 Rn 12 f.; *Willemsen u.a.*, H Rn 153; zu weitgehend KR/*Friedrich*, §§ 322, 323, 324 UmwG Rn 43.

gem. §§ 17 ff. KSchG werden nicht erfasst⁴⁷ Die Fiktion eines gemeinsamen Betriebs im Sinne des Künd-Schutzrechts enthält bereits § 322 (siehe § 322 Rn 1, 9 ff.).

cc) Untergesetzliche Künd-Regelungen. Richtigerweise zu bejahen ist die sehr umstr. Frage, ob die „kündigungsrechtliche Stellung" i.S.v. Abs. 1 auch untergesetzliche, also Künd-Regelungen in **TV**,⁴⁸ **BV**,⁴⁹ bzw. im **Arbeitsvertrag** (z.B. Ausschluss der ordentlichen Kündigung, Festlegung von gesetzlich abw Künd-Fristen oder Künd-Terminen) umfasst,⁵⁰ während die a.A. insb. auf den entgegenstehenden Willen des historischen Gesetzgebers sowie auf § 613a Abs. 1 S. 2 bis 4 BGB i.V.m. § 324 (siehe § 324 Rn 11 ff.) als lex specialis zu Abs. 1 verweist.⁵¹   **11**

dd) Betriebsverfassungsrechtliche Beteiligungsrechte. Nach zutreffender h.M. sind vor der Spaltung oder Teilübertragung bestehende Beteiligungsrechte des BR bei einer (Änderungs-)Künd (§§ 102, 103 BetrVG), und bei der Erstellung von Künd-Auswahlrichtlinien (§§ 95, 99 BetrVG) wie auch im Zusammenhang mit einem Interessenausgleich oder einem Sozialplan im Zuge einer Betriebsänderung oder Massenentlassung (§§ 111, 112, 112a BetrVG) nicht Bestandteil der kündigungsrechtlichen Stellung des AN i.S.v. Abs. 1.⁵²   **12**

b) Reichweite in zeitlicher Hinsicht. Die kündigungsrechtliche Stellung des AN verschlechtert sich nicht für die Dauer von **zwei Jahren** (§§ 187 Abs. 1, 188 Abs. 2 BGB) ab dem **Wirksamwerden** der Spaltung⁵³ (§§ 20 Abs. 1, 125 S. 1, 131 Abs. 1) oder Teilübertragung (§§ 20 Abs. 1 Nr. 1, 176 Abs. 1, 3, 177 Abs. 2 S. 1, 197 Abs. 2, 184 Abs. 2, 189 Abs. 2) durch Eintragung in das HReg, wobei der Zeitpunkt des Zugangs (§ 130 BGB) der Künd-Erklärung maßgebend ist.⁵⁴   **13**

2. Einschränkung des Rechtsschutzes (Abs. 2). a) Grobe Fehlerhaftigkeit. Die Zuordnung der AN kann durch das ArbG gem. Abs. 2 – wie bei **§ 125 Abs. 1 S. 1 Nr. 2, S. 2 InsO** unter dem Vorbehalt einer nachträglichen wesentlichen Änderung der Sachlage⁵⁵ – nur auf **„grobe Fehlerhaftigkeit"**⁵⁶ in dem Sinne überprüft werden, ob die Zuordnung völlig sachfremd bzw. schwerwiegend und offensichtlich unrichtig, sich unter keinem Gesichtspunkt sachlich rechtfertigen lässt und damit willkürlich ist.⁵⁷ Als geeignete Maßstäbe für diese Bewertung sind bspw. die Qualifikation des AN oder der vertraglich konkretisierte bisherige Tätigkeitsbereich heranzuziehen.⁵⁸ In allen **Zweifelsfällen** kommt trotz Fehlerhaftigkeit der Zuordnung eine grobe Fehlerhaftigkeit grds. nicht in Betracht.⁵⁹   **14**

b) Wirkungsweise des (umwandlungsrechtlichen) Interessenausgleichs. Dem Interessenausgleich (§ 112 BetrVG)⁶⁰ im Allgemeinen, wie auch dem „umwandlungsrechtlichen" Interessenausgleich (Abs. 2) im Speziellen,   **15**

---

47 Kallmeyer/*Willemsen*, § 323 Rn 12; HWK/*Willemsen*, § 323 UmwG Rn 12; Semler/Stengel/*Simon*, § 323 Rn 14; H/S/*Boecken*, § 9 Rn 69; *Brinkmann*, S. 307 f.; *Rieble*, in: FS für Wiese, 1998, S. 453, 474; *Bauer/Lingemann*, NZA 1994, 1057, 1061; *Deinert*, RdA 2001, 368, 373; *Schalle*, 276 ff; insoweit wird die in *Boecken*, Rn 275 vertretene gegenteilige Ansicht aufgegeben; a.A. KR/*Friedrich*, §§ 322, 323, 324 UmwG Rn 45; *Willemsen u.a.*, H Rn 152; *Mengel*, S. 266; *Trittin*, AiB 1996, 349, 356.
48 Zu tarifvertraglichen Künd-Verboten s. *Henssler*, in: FS für Schaub, 1998, S. 311, 324, 335.
49 Für die befristete Beschäftigungsgarantie in einer BV s. BAG 22.9.2005 – 6 AZR 526/04 – NZA 2006, 658 ff.
50 ArbG München 11.11.2003 – 18b Ca 2561/02 I – AuR 2004, 195 (nachgehend LAG München – 3 Sa 73/04 – n.v.); KR/*Friedrich*, §§ 322, 323, 324 UmwG Rn 35, 43; *Beseler/Düwell/Göttling*, 318 f.; H/S/*Boecken*, § 9 Rn 69; *Boecken*, Rn 276 ff., 283, 303; ErfK/*Preis*, § 613a BGB Rn 193; MüKo-BGB/*Müller-Glöge*, § 613a Rn 227; *Gussen/Dauck*, Rn 325 f.; *Breymaier*, S. 106 ff.; *Mengel*, S. 267, 272 f.; *Henssler*, in: FS für Schaub, 1998, S. 311, 324; *Bachner*, NJW 1995, 2881, 2884; *Buchner*, GmbHR 1997, 434, 441; *Düwell*, NZA 1996, 393, 397; *Gaidies*, BetrR 1995, 29, 32; *Thannheiser*, AuA 2001, 100, 102 f.; *Trittin*, AiB 1996, 349, 357; *Trümner*, AuA 2001, 44; *Wlotzke*, DB 1995, 40, 44.
51 Kallmeyer/*Willemsen*, § 323 Rn 16; HWK/*Willemsen*, § 323 UmwG Rn 16; Semler/Stengel/*Simon*, § 323 Rn 9, 16; *Willemsen u.a.*, H Rn 156 f.; *Müller-Ehlen*, S. 160 ff.; *Bauer/Lingemann*, NZA 1994, 1057, 1061; *Heinze*, ZfA 1997, 1, 13 f.; *Kreßel*, BB 1995, 925, 928.

52 Kallmeyer/*Willemsen*, § 323 Rn 15; HWK/*Willemsen*, § 323 UmwG Rn 14 ff.; Semler/Stengel/*Simon*, § 323 Rn 15; KR/*Friedrich*, §§ 322, 323, 324 UmwG Rn 44; HK-UmwG/*Tempelmann*, § 323 Rn 18; *Boecken*, Rn 277 f.; *Brinkmann*, S. 309 ff.; *Gussen/Dauck*, Rn 327; *Bauer/Lingemann*, NZA 1994, 1057, 1061; *Deinert*, RdA 2001, 368, 373; *Heinze*, ZfA 1997, 1, 13; a.A. *Schalle*, S. 263 ff.; *Herbst*, AiB 1995, 5, 9, 12; *Trittin*, AiB 1996, 349, 356 f.; *Trümner*, AiB 1995, 309, 312 ff.
53 Zum Erfordernis der Angabe der Rechtsfolgen des § 323 Abs. 1 im Spaltungsvertrag s. *Joost*, ZIP 1995, 976, 981.
54 Semler/Stengel/*Simon*, § 323 Rn 17; HK-UmwG/*Tempelmann*Tempelmann, § 323 Rn 23; *Brinkmann*, S. 324 f.
55 *Brinkmann*, S. 149 f.
56 Kritisch *Trenkle*, AiB 2005, 13, 14.
57 Semler/Stengel/*Simon*, § 323 Rn 24 ff., 27 ff., 32 ff.; HWK/*Willemsen*, § 324 UmwG Rn 30 f.; Sagasser/Bula/Brünger/Sagasser/Schmidt, F Rn 14; HK-UmwG/*Tempelmann*, § 323 Rn 57; H/S/*Boecken*, § 9 Rn 25; *Boecken*, Rn 131; *Brinkmann*, S. 138 ff.; *Gaul*, Das Arbeitsrecht der Betriebs- und Unternehmensspaltung, § 12 Rn 125; *Mengel*, S. 154 f.: 274 f.; *Schalle*, 80 f., 169 ff.; *Bauer/Lingemann*, NZA 1994, 1057, 1061; *Däubler*, RdA 1995, 136, 140 f.; *Hartmann*, ZfA 1997, 21, 40 f.
58 H/S/*Boecken*, § 9 Rn 25.
59 Semler/Stengel/*Simon*, § 323 Rn 28 m.w.N.; HK-UmwG/ *Tempelmann*, § 323 Rn 58; kritisch *Trenkle*, AiB 2005, 13, 14.
60 GK-BetrVG/*Fabricius/Oetker*, §§ 112, 112a Rn 48 ff., 53 ff., 87, auch zur Rechtsnatur.

kommt **keine normative Wirkung** zu.[61] Im Verhältnis des AG zum BR handelt es sich nach der Rspr. um eine **Naturalobligation**.[62]

16 **c) Verhältnis zum Mitbestimmungsrecht des Betriebsrats nach § 99 BetrVG.** Das Mitbestimmungsrecht des BR gem. § 99 BetrVG ist nach h.M. durch die Mitwirkung im Rahmen der einvernehmlichen Zuordnung auch in den Fällen gleichsam „verbraucht" bzw. „konsumiert", in denen zugleich eine **Versetzung** i.S.v. § 99 BetrVG vorliegt.[63]

C. Verbindung zu anderen Rechtsgebieten und zum Prozessrecht

17 Nach allgemeinen Grundsätzen trägt der AN die **Darlegungs- und Beweislast** für die **grobe Fehlerhaftigkeit** (siehe Rn 14) der Zuordnung.[64]

D. Beraterhinweise

18 Es kann zur Sicherstellung der AN-Rechte sinnvoll sein, **Abs. 1** seinem Inhalt nach in eine anlässlich des Umwandlungsvorgangs zu erstellende BV (sowie Interessenausgleich, Sozialplan) aufzunehmen.[65] Obwohl **Abs. 2** keine Frist für die Geltendmachung der **groben Fehlerhaftigkeit** (siehe Rn 14) der Zuordnung vorsieht, wird im Interesse der Rechtssicherheit weitgehend die Heranziehung der **Monatsfrist des § 613a Abs. 6 S. 1 BGB** befürwortet. Es empfiehlt sich dennoch, in dem bekannt zu gebenden Interessenausgleich, eine angemessene **Ausschlussfrist** zu vereinbaren.[66] Angesichts des grds. Vorrangs der Zuordnung in einem **Interessenausgleich** gegenüber dem Umwandlungsvertrag sollte der Interessenausgleich möglichst vor – bzw. zeitgleich mit[67] – dem Beschluss der Anteilsinhaber über die Umwandlung (Verschmelzungs-, Spaltungsvertrag)[68] abgeschlossen werden.[69]

19 Abs. 1 steht einer Künd durch den Insolvenzverwalter wegen Betriebsstilllegung in der **Insolvenz** eines abgespaltenen Unternehmens nicht entgegen. Zwischen **§ 113 InsO** und § 323 besteht kein Konkurrenzverhältnis. Beide Normen haben jeweils eigene Regelungsbereiche, die sich nicht überschneiden.[70]

§ 324 Rechte und Pflichten bei Betriebsübergang

§ 613a Abs. 1, 4 bis 6 des Bürgerlichen Gesetzbuchs bleibt durch die Wirkungen der Eintragung einer Verschmelzung, Spaltung oder Vermögensübertragung unberührt.

A. Allgemeines	1
I. Normzweck	1
II. Entstehungsgeschichte	2
B. Regelungsgehalt	3
I. Anwendungsbereich	3
II. Tatbestandsvoraussetzungen	4
1. Eintragung	4
2. Voraussetzungen des § 613a BGB	5
III. Rechtsfolge	6
1. Allgemeines	6
2. Übergang der Arbeitsverhältnisse kraft Gesetzes (§ 613a Abs. 1 BGB)	7
a) Zuordnung der Arbeitsverhältnisse (§ 613a Abs. 1 S. 1 BGB)	7
aa) Grundsatz: „Gleichlauf von Arbeitsplatz und Arbeitsverhältnis"	7
bb) Zuordnung in unklaren Fällen	8
cc) Zuordnung im Interessenausgleich (§ 112 BetrVG)	9
b) Übergehende Rechte und Pflichten (§ 613a Abs. 1 S. 1 BGB)	10
c) Weitergeltung von Tarifvertrag und Betriebsvereinbarung (§ 613a Abs. 1 S. 2 bis 4 BGB)	11
aa) Rechtscharakter: Auffangregelungen	11
bb) Tarifvertrag (§ 613a Abs. 1 S. 2 BGB)	12
cc) Betriebsvereinbarung (§ 613a Abs. 1 S. 2 BGB)	13
dd) Ablösung (§ 613a Abs. 1 S. 3 BGB)	14
ee) Vorzeitige Änderung (§ 613a Abs. 1 S. 4 BGB)	15
3. Kündigungsverbot (§ 613a Abs. 4 BGB)	16
4. Wiedereinstellungsanspruch des Arbeitnehmers	17

---

61 HWK/*Willemsen*, § 324 UmwG Rn 31; HK-UmwG/*Tempelmann*, § 323 Rn 46 ff. m.w.N.; *Hartmann*, ZfA 1997, 21, 31 ff., *Hohenstatt*, NZA 1998, 846, 853; *Willemsen/Hohenstatt*, NZA 1997, 345, 347 ff.
62 BAG 28.8.1991 – 7 ABR 72/90 – NZA 1992, 41, 42; a.A. *Däubler*, RdA 1995, 136, 141.
63 HWK/*Willemsen*, § 324 UmwG Rn 33; Semler/Stengel/*Simon*, § 323 Rn 37; *Brinkmann*, S. 148 f.; *Däubler*, RdA 1995, 136, 141; *Hartmann*, ZfA 1997, 21, 32; *Trittin*, AiB 1996, 349, 358; *Trümner*, AiB 1995, 309, 313; a.A. *Herbst*, AiB 1995, 5, 12.
64 H.M., Semler/Stengel/*Simon*, § 323 Rn 30; H/S/*Boecken*, § 9 Rn 26; *Boecken*, Rn 132; *Gaul*, Das Arbeitsrecht der Betriebs- und Unternehmensspaltung, § 12 Rn 126; *Mengel*, S. 155, 275; *Bauer/Lingemann*, NZA 1994, 1057, 1061; *Wlotzke*, DB 1995, 40, 45; a.A. *Hartmann*, ZfA 1997, 21, 41.
65 *Trittin*, AiB 1995, 315, 321.
66 Semler/Stengel/*Simon*, § 323 Rn 31 m.w.N.
67 HWK/*Willemsen*, § 324 UmwG Rn 32.
68 *Joost*, ZIP 1995, 976, 985 f.; *Hohenstatt/Schramm*, in: FS Arbeitsgemeinschaft ArbR in DAV, 2006, S. 629 ff.
69 Semler/Stengel/*Simon*, § 323 Rn 40 m.w.N.
70 BAG 22.9.2005 – 6 AZR 526/04 – NZA 2006, 658, 659 f.; anders *Reidel*, in: FS Arbeitsgemeinschaft ArbR im DAV, 2006, S. 1325 ff.

5. Unterrichtungspflicht des Arbeitgebers (§ 613a Abs. 5 BGB)	18	I. Allgemeiner Gleichheits-, Gleichbehandlungsgrundsatz	21
6. Widerspruchsrecht des Arbeitnehmers (§ 613a Abs. 6 BGB)	19	II. Arbeitsverhältnis mit „demselben Arbeitgeber" bei sachgrundloser Befristung (§ 14 Abs. 2 S. 2 TzBfG)	22
7. Haftung für Arbeitnehmeransprüche	20	III. Darlegungs- und Beweislast	23
C. Verbindung zu anderen Rechtsgebieten und zum Prozessrecht	21	D. Beraterhinweise	24

A. Allgemeines

I. Normzweck

Die **Rechtsgrundverweisung**[1] des § 324 beantwortet die Frage, ob § 613a BGB, der einen **Betriebsübergang** „durch Rechtsgeschäft" fordert, auch im Fall der (partiellen) Universalsukzession[2] (Gesamtrechtsnachfolge) gilt,[3] für **Verschmelzung, Spaltung** und **Vermögensübertragung** positiv.[4] Die Vorschrift des § 324 stellt zunächst klar, dass bei einem Betriebsübergang im Wege der Umwandlung auch die Arbverh übergehen – und zwar grds. im Wege eines arbeitsrechtlichen Übergangs gem § 613a Abs. 1 S. 1 BGB und nicht umwandlungsrechtlich im Wege der (partiellen) Gesamtrechtsnachfolge.[5] Hingegen sollen nach Auffassung des BAG von der mit einer übertragenden Umwandlung verbundenen Universalsukzession auch die bestehenden Arbverh erfasst werden.[6] Zugleich sichert § 324, dass die Regelungen des **§ 613a Abs. 1 und 4 bis 6 BGB** über die Künd, das Widerspruchsrecht und das TV-Recht auch beim Übergang eines Arbverh im Falle einer Umwandlung Geltung beanspruchen.[7] Die Umwandlung ist nicht der gegenüber dem Betriebsübergang speziellere Tatbestand. Vielmehr ist § 613a Abs. 1 S. 1 BGB im Rahmen seines Anwendungsbereichs lex specialis gegenüber den Tatbeständen der gesellschaftsrechtlichen Universalsukzession.[8] Die Voraussetzungen des § 613a BGB sind auch im Zusammenhang mit einer Umwandlung selbstständig zu prüfen,[9] was durch § 324 bestätigt wird.[10]

II. Entstehungsgeschichte

§ 324 wurde auf Anregung von Gewerkschaftsseite und erst spät im Laufe des Gesetzgebungsverfahrens[11] in das **UmwG v. 28.10.1994** m.W.v. 1.1.1995[12] aufgenommen.[13] Der Verweis in § 324 auf § 613a BGB wurde m.W.v. 1.4.2002 durch das **Gesetz zur Änderung des SeemG und anderer Gesetze v. 23.3.2002**[14] auf dessen neu geschaffenen Abs. 5 (Unterrichtungspflicht des AG) und Abs. 6 (Widerspruchsrecht des AN)[15] erstreckt.[16]

---

1 H.M., BAG 6.10.2005 – 2 AZR 316/04 – NZA 2006, 990, 993 f.; BAG 25.5.2000 – 8 AZR 416/99 – RdA 2001, 236, 240 ff. m. Anm. *Boecken*; HWK/*Willemsen*, § 324 UmwG Rn 1, 3, 7 f.; Semler/Stengel/*Simon*, § 324 Rn 3; HK-UmwG/*Tempelmann*, § 324 Rn 8; *Willemsen u.a.*, B Rn 91; H/S/*Boecken*, § 9 Rn 10; ErfK/*Preis*, § 613a BGB Rn 181; MüKo-BGB/*Müller-Glöge*, § 613a Rn 218; *Müntefering*, S. 160 ff.; *Prange*, NZA 2002, 817, 818; *Zerres*, ZIP 2001, 359, 360; a.A. Rechtsfolgenverweisung: *Gaul*, Das Arbeitsrecht der Betriebs- und Unternehmensspaltung, § 7 Rn 83; *Kreßel*, BB 1995, 925, 928.
2 S. zum Begriff *Mertens*, AG 1994, 66 ff.
3 Bejahend BAG 4.12.1974 – 5 AZR 75/74 – DB 1975, 695 f.; *Boecken*, ZIP 1994, 1087, 1089 f.; *Mertens*, AG 1994, 66, 73; *Willemsen*, RdA 1993, 133, 134 f.; a.A. BAG 25.6.1985 – 3 AZR 254/83 – NZA 1986, 93, 94; BAG 14.10.1982 – 2 AZR 811/79 – DB 1984, 1306 f.; BAG 25.2.1981 – 5 AZR 991/78 – DB 1981, 1140 f.
4 S. dazu *Boecken*, ZIP 1994, 1087 ff.; *Boecken*, Rn 63 ff; HWK/*Willemsen*, § 324 UmwG Rn 1; Sagasser/Bula/Brünger/*Sagasser/Schmidt*, F Rn 3 ff.; Beseler/*Düwell/Göttling*, 290 f.; *Wellenhofer-Klein*, ZfA 1999, 239, 252 ff.; *Wollenschläger/Pollert*, ZfA 1996, 547, 556 ff.
5 H/S/*Boecken*, § 9 Rn 8 ff.; *Boecken*, Rn 63 ff; *Ahrens/Düwell/Wichert*, § 8 Rn 209; *Willemsen u.a.*, B Rn 90 f.
6 S. BAG 21.2.2008 – 8 AZR 157/07 – NZA 2008, 815, 816; BAG 31.8.2005 – 5 AZR 517/04 – NZA 2006, 265, 266; BAG 6.8.2002 – 1 AZR 247/01 – NZA 2003, 449, 450 m.w.N.; BAG 25.5.2000 – 8 AZR 416/99 – RdA 2001, 236, 239 m. Anm. *Boecken*.
7 BVerwG 13.7.1999 – 1 C 13/98 – NZA 1999, 1217, 1219.
8 S. hierzu H/S/*Boecken*, § 9 Rn 10.
9 BAG 6.10.2005 – 2 AZR 316/04 – NZA 2006, 990, 993; BAG 25.5.2000 – 8 AZR 416/99 – RdA 2001, 236, 239 m. Anm. *Boecken*; H/S/*Boecken*, § 9 Rn 10; Semler/Stengel/*Simon*, § 324 Rn 3.
10 BAG 25.5.2000 – 8 AZR 416/99 – RdA 2001, 236, 240 ff. m. Anm. *Boecken*; BAG 25.5.2000 – 8 AZR 406/99 – juris.
11 BR-Drucks 599/94, S. 59.
12 BGBl I 1994 S. 3210, 3256, 3266.
13 HWK/*Willemsen*, § 324 UmwG Rn 1; *Düwell*, NZA 1996, 393 ff.; *Neye*, ZIP 1994, 917, 919.
14 BGBl I 2002 S. 1163, 1167 f.
15 Zuvor bei Abspaltung und Ausgliederung das Widerspruchsrecht verneinend *Hennrichs*, ZIP 1995, 794, 799 ff. m.w.N.
16 *Bauer/v. Steinau-Steinrück*, ZIP 2002, 457 ff.; *Bonanni*, ArbRB 2002, 19; *Gaul/Otto*, DB 2002, 634 ff.; *Grobys*, BB 2002, 726; *Willemsen/Lembke*, NZA 2002, 1159 ff.

B. Regelungsgehalt

I. Anwendungsbereich

§ 324 gilt für die mit einem Rechtsträgerwechsel verbundenen Umwandlungsvorgänge der **Verschmelzung** (§§ 2 ff.), **Spaltung** (§§ 123 ff.) und **Vermögensübertragung** (§§ 174 ff.),[17] nicht dagegen bei Formwechsel (§§ 190 ff.)[18] und Anwachsung.[19]

II. Tatbestandsvoraussetzungen

1. Eintragung. § 324 setzt die Eintragung einer Verschmelzung (§ 20), Spaltung (§ 131) oder Vermögensübertragung (§ 176 Abs. 3) in das HReg voraus.

2. Voraussetzungen des § 613a BGB. Auf Tatbestandsseite stellen sich angesichts der Einordnung von § 324 als **Rechtsgrundverweisung** (siehe Rn 1) grds. dieselben Fragen, die bei der Ermittlung des Vorliegens eines **Betriebsübergangs** i.S.v. § 613a Abs. 1 S. 1 BGB maßgebend sind (siehe § 613a BGB Rn 23 ff.).[20] Als **„Rechtsgeschäft"** i.S.v. § 613a Abs. 1 S. 1 BGB sind i.d.R. der Verschmelzungsvertrag (§§ 4 ff.), der Spaltungs-[21] und Übernahmevertrag (§ 126) bzw. Spaltungsplan (§ 136) sowie der Übertragungsvertrag (§§ 5 ff., 176) anzusehen.[22]

III. Rechtsfolge

1. Allgemeines. Die Vorschriften des **§ 613a Abs. 1, 4 bis 6 BGB** bleiben gem. § 324 **„unberührt"**.[23] Somit können die dort genannten Rechtsfolgen auch bei Umwandlungsvorgängen im Wege der (partiellen) Gesamtrechtsnachfolge eintreten (siehe § 613a BGB Rn 21, 24, 171, 180).

2. Übergang der Arbeitsverhältnisse kraft Gesetzes (§ 613a Abs. 1 BGB). a) Zuordnung der Arbeitsverhältnisse (§ 613a Abs. 1 S. 1 BGB). aa) Grundsatz: „Gleichlauf von Arbeitsplatz und Arbeitsverhältnis" Während die Zuordnung von Betrieben/Betriebsteilen privatautonom und konstitutiv im Rahmen des **Spaltungs- und Übernahmevertrags (§ 126 Abs. 1 Nr. 9)** erfolgt,[24] sind Arbverh bei Vorliegen der Voraussetzungen eines **Betriebsübergangs** gem. (§ 324 i.V.m.) § 613a Abs. 1 S. 1 BGB grds. – ggf. trotz anderer Angabe im insoweit jedenfalls lediglich deklaratorischen Umwandlungsvertrag/Spaltungsplan – dem Betrieb(-steil) zuzuordnen, zu dem sie funktional/objektiv gehören.[25] Den Parteien steht wegen des zwingenden Charakters (siehe § 613a BGB Rn 5) des § 613a BGB grds. keine Regelungskompetenz dahingehend zu, im Umwandlungsvertrag/Spaltungsplan Arbverh abweichend von § 613a BGB zuzuordnen.[26] Anderes gilt dann, wenn der AN zu einer von § 613a Abs. 1 S. 1 BGB abweichenden Zuordnung seine **Zustimmung (§ 182 BGB)** erteilt.[27] Das Zustimmungserfordernis besteht auch bei einem umwandlungsrechtlichen Übergang der Arbverh.[28] Die Aufhebung des § 132[29] hat nichts daran geändert, dass im Falle des umwandlungsrechtlichen Übergangs von Arbverh als allgemeine Übertragbarkeitsregelung die Be-

---

17 *Däubler*, AiB 2003, 385, 386 ff.
18 BAG 25.5.2000 – 8 AZR 416/99 – RdA 2001, 236, 240 ff. m. Anm. *Boecken*; Semler/Stengel/*Simon*, § 324 Rn 4; HWK/*Willemsen*, § 324 UmwG Rn 2, 15; *Schalle*, S. 320; *Prange*, NZA 2002, 817, 818; *Rohde*, AiB 2005, 22, 23; *Willemsen*, RdA 1993, 133, 138 f.
19 *Bauer/Lingemann*, NZA 1994, 1057, 1058 f., 1062; kritisch *Däubler*, AiB 2003, 385, 388; *Seibt*, in: FS für Röhricht, 2005, S. 626 f.; a.A offenbar *Trittin*, AiB 2001, 6, 7 f.
20 Semler/Stengel/*Simon*, § 324 Rn 5 ff.; HWK/*Willemsen*, § 324 UmwG Rn 5 ff.
21 *Trittin*, AiB 1996, 349, 359 f.; *Simon/Zerres*, in: FS für Leinemann, 2006, S. 255 ff.
22 Semler/Stengel/*Simon*, § 324 Rn 11 ff.; HWK/*Willemsen*, § 324 UmwG Rn 8 ff., auch zum Übergangszeitpunkt, zu möglichen Schwierigkeiten in der Zwischenphase zwischen Betriebs(teil-)übergang und Wirksamwerden der Verschmelzung (§ 20) bzw. Spaltung (§ 131) sowie zum „Betriebsführungsvertrag".
23 H/S/*Boecken*, § 9 Rn 10; *Boecken*, Rn 63 ff.; ErfK/*Preis*, § 613a BGB Rn 181; *Fink*, S. 37 ff.; *Schalle*, S. 56 ff.; *Däubler*, RdA 1995, 136, 139 f.; *Deinert*, RdA 2001, 368, 373 f.; *Gaidies*, BetrR 1995, 29, 32 f.; *Heinze*, ZfA 1997, 1, 14 ff.; *Herbst*, AiB 1995, 5, 10 f.; *Trittin*, AiB 1996, 349, 359; *Wlotzke*, DB 1995, 40, 42 f.; *Zerres*, ZIP 2001, 359, 360.

24 HWK/*Willemsen*, § 324 UmwG Rn 23.
25 BT-Drucks 12/6699, S. 118; BR-Drucks 75/94, S. 118; *Boecken*, Rn 67 ff.; ErfK/*Preis*, § 613a BGB Rn 182; *Buchner*, GmbHR 1997, 377, 379 f.; *Däubler*, RdA 1995, 136, 141 f.; *Kallmeyer*, ZIP 1994, 1746, 1757; *Kreßel*, BB 1995, 925, 928; *Willemsen*, RdA 1993, 133, 134 ff.; *Willemsen*, NZA 1996, 791, 798 f.
26 Lutter/*Joost*, § 323 Rn 30 m.w.N; ErfK/*Preis*, § 613a BGB Rn 182; Semler/Stengel/*Simon*, § 324 Rn 14; HWK/*Willemsen*, § 324 UmwG Rn 24; *Boecken*, Rn 67 f.; *Boecken*, ZIP 1994, 1087, 1091; *Däubler*, RdA 1995, 136, 142.
27 Semler/Stengel/*Simon*, § 324 Rn 14; *Boecken*, ZIP 1994, 1087, 1091; *Hartmann*, ZfA 1997, 21, 24 ff.; *Simon/Zerres*, in: FS für Leinemann, 2006, S. 255, 259 f.
28 S. schon *Boecken*, Rn 106 ff. u. Rn 110 ff.; das gilt auch nach der Aufhebung von § 132, s. H/S/*Boecken*, § 9 Rn 19 ff.; a.A. *Arens/Düwell/Wichert*, § 8 Rn 209, die nach Aufhebung des § 132 aus verfassungsrechtlichen Gründen ein Widerspruchsrecht analog § 613a Abs. 5, 6 BGB einräumen wollen.
29 § 132 wurde durch Art. 1 des Zweiten Gesetzes zur Änderung des UmwG vom 19.4.2007 m.W.z. 25.4.2007 aufgehoben, BGBl I 2007, 542; s. zur Bedeutung von § 132 a.F. ausf. *Müntefering*, S. 54 ff.

stimmung des § 613 S. 2 BGB zu beachten ist.[30] Die Zustimmung des AN ist anders als bei dem rechtsgestaltenden Widerspruchsrecht (siehe Rn 19) Wirksamkeitsvoraussetzung für den Übergang des Arbverh.[31]

bb) Zuordnung in unklaren Fällen. Schwierigkeiten bei der Zuordnung der Arbverh im Rahmen von (§ 324 i.V.m.) § 613a Abs. 1 S. 1 BGB bestehen immer dann, wenn eine klare Zuordnung zu einem bestimmten Betrieb(-steil) nicht ohne weiteres möglich ist,[32] z.B. bei sog. Springern, Mitarbeitern auf Querschnitts-Arbeitsplätzen und in „Overhead-Bereichen" ([Personal-]Verwaltung, Buchhaltung, EDV, Instandhaltungs-, Planungs-, Stabsfunktionen, Werkskantine, Pförtner).[33] Soweit in diesen Fällen eine Zuordnung zu einem bestimmten Betrieb nicht möglich ist, geht das Arbverh umwandlungsrechtlich über, und es bedarf für den Übergang der Zustimmung des AN.[34]   8

cc) Zuordnung im Interessenausgleich (§ 112 BetrVG). Die Zuordnung in einem Interessenausgleich mit Namensliste kann gem. § 323 Abs. 2 vom ArbG nur auf **„grobe Fehlerhaftigkeit"** überprüft werden (siehe § 323 Rn 14).   9

b) Übergehende Rechte und Pflichten (§ 613a Abs. 1 S. 1 BGB). Nach (§ 324 i.V.m.) § 613a Abs. 1 S. 1 BGB gehen **alle im Zeitpunkt des Übergangs bestehenden Rechte und Pflichten** aus dem Arbverh (siehe § 613a BGB Rn 100 ff.) über.[35] Hierzu gehören z.B. auch Gratifikationen und andere Sonderleistungen,[36] ein anteiliger **Urlaubs(abgeltungs-)anspruch**[37] und ggf. **Aktienoptionsrechte**.[38] Die Verweisung in § 324 auf § 613a BGB steht einer Zuordnung der Rechtsverhältnisse ehemaliger AN („Betriebsrentner", Pensionäre, Versorgungsanwärter) nach allg.M. mangels Anwendbarkeit des § 613a BGB nicht im Wege, so dass **Versorgungsverbindlichkeiten (§ 1 BetrAVG)** von Mitarbeitern, die vor der Spaltung aus dem Unternehmen ausgeschieden sind, sowohl dem übertragenden, als auch dem neu gegründeten Subjekt zugeordnet werden können.[39] § 4 BetrAVG steht dem nicht im Wege, weil diese Vorschrift nur auf rechtsgeschäftliche Schuldübernahmen, nicht auf partielle Gesamtrechtsnachfolgen anwendbar ist.[40] Eine Zustimmung des Versorgungsanwärters oder des Pensionssicherungsvereins zum umwandlungsgesetzlichen Übergang der Versorgungsverbindlichkeiten ist nicht erforderlich.[41]   10

c) Weitergeltung von Tarifvertrag und Betriebsvereinbarung (§ 613a Abs. 1 S. 2 bis 4 BGB). aa) Rechtscharakter: Auffangregelungen. Nach näherer Maßgabe der **Auffangregelungen** in § 613a Abs. 1 S. 2 bis 4 BGB[42] gelten **TV** (siehe Rn 12) und **BV** (siehe Rn 13) für **ein Jahr** grds. unveränderbar i.S. einer **Besitzstandswahrung auf individualarbeitsvertraglicher Ebene**[43] fort, wenn nicht bereits eine **kollektivrechtliche Fortgeltung** stattfindet (siehe § 613a BGB Rn 106 ff.).[44]   11

---

30 Ausf. hierzu H/S/*Boecken*, § 9 Rn 19 ff.; a.A. *Arens/Düwell/Wichert*, § 8 Rn 209.
31 *Boecken*, Rn 105.
32 Kallmeyer/*Willemsen*, § 324 Rn 36 ff.; *Gentges*, RdA 1996, 265 ff.; *Lieb*, ZfA 1994, 229, 233 ff.
33 Vgl. HWK/*Willemsen*, § 324 UmwG Rn 26; *Düwell*, NZA 1996, 393, 396; *Gaidies*, BetrR 1995, 29, 33; *Hartmann*, ZfA 1997, 21, 25; *Müller/Thüsing*, ZIP 1997, 1869 ff.; *Willemsen*, RdA 1993, 133, 137.
34 So *Boecken*, ZIP 1994, 1087, 1091 ff.; a.A., ausgehend von einem Übergang nach § 613a Abs. 1 S. 1 BGB Semler/Stengel/*Simon*, § 323 Rn 38; HWK/*Willemsen*, § 324 UmwG Rn 26, die von einem Widerspruchsrecht ausgehen.
35 HWK/*Willemsen*, § 324 UmwG Rn 13 ff.; *Beseler/Düwell/Göttling*, S. 62 ff.
36 ErfK/*Preis*, § 613a BGB Rn 73; H/S/*Boecken*, § 9 Rn 29; BeckOK/*Gussen*, § 613a BGB Rn 93.
37 BGH 25.3.1999 – III ZR 27/98 – NZA 1999, 817 f.; BGH 4.7.1985 – IX ZR 172/84 – AP § 613a BGB Nr. 50 = NZA 1985, 737.
38 BAG 12.2.2003 – 10 AZR 299/02 – NZA 2003, 487, 488 f.; *Beseler/Düwell/Göttling*, S. 64 f.; *Bauer/Göpfert/v. Steinau-Steinrück*, ZIP 2001, 1129 ff.; *Lembke*, BB 2001, 1469 ff.; *Tappert*, NZA 2002, 1188 ff.
39 BAG 22.2.2005 – 3 AZR 499/03 (A) – DB 2005, 954 ff.; H/S/*Boecken*, § 9 Rn 29; Kallmeyer/*Willemsen*, § 324 Rn 46; HWK/*Willemsen*, § 324 UmwG Rn 34.
40 BAG 22.2.2005 – 3 AZR 499/03 (A) – DB 2005, 954, 955 f.; *Boecken*, Rn 134 ff., 137 f.; *Willemsen*, NZA 1996, 791, 801; *Simon/Zerres*, in: FS für Leinemann, 2006, S. 255, 263 ff.; *Simon/Zerres*, FA 2005, 231 ff.; *Langohr/Plato*, NZA 2005, 966 ff.; *Louis/Nowak*, DB 2005, 2354 ff.; a.A. AG Hamburg 1.7.2005 – HRA 100711 – DB 2005, 1562 ff.; LG Hamburg 8.12.2005 – 417 T 16/05 – DB 2006, 941 f.
41 BAG 11.3.2008 – 3 AZR 358/06 – DB 2008, 2370, 2371 m. Anm. *Langohr/Plato*; BAG 22.2.2005 – 3 AZR 499/03 (A) – AP § 168 UmwG Nr. 1; ausf. hierzu *Willemsen u.a.*, J Rn 554 ff; HWK/*Willemsen*, § 324 UmwG Rn 35 m.w.N.
42 BAG 4.7.2007 – 4 AZR 491/06 – DB 2008, 533, 534; BAG 29.8.2001 – 4 AZR 332/00 – DB 2002, 431, 432; BAG 24.6.1998 – 4 AZR 208/97 – SAE 2000, 159, 162 ff. m. Anm. *Boecken*; BAG 27.7.1994 – 7 ABR 37/93 – NZA 1995, 222, 225; BAG 5.2.1991 – 1 ABR 32/90 – NZA 1991, 639, 641; HWK/*Willemsen*, § 324 UmwG Rn 20; *Willemsen u.a.*, B Rn 104; *Simon/Zerres*, in: FS für Leinemann, 2006, S. 255, 265; *Hergenröder*, in: FS für BAG, 2004, S. 713, 717 f.; *Schiefer*, in: FS für BAG, 2004, S. 859, 861; *Bachner*, NJW 1995, 2881 f.; *Kreßel*, BB 1995, 925, 928 f.; *Moll*, RdA 1996, 275; *Trittin*, AiB 1996, 349, 361; *Willemsen*, NZA 1996, 791, 802.
43 BAG 1.8.2001 – 4 AZR 82/00 – NZA 2002, 41, 43; BAG 13.9.1994 – 3 AZR 148/94 – NZA 1995, 740, 741 f.
44 BAG 24.6.1998 – 4 AZR 208/97 – SAE 2000, 159, 162 ff. m. Anm. *Boecken* m.w.N.

12 bb) Tarifvertrag (§ 613a Abs. 1 S. 2 BGB). Da die Mitgliedschaft des früheren AG im AG-Verband (Tarifgebundenheit gem. §§ 3 Abs. 1, 4 Abs. 1 TVG)[45] im Hinblick auf §§ 38 S. 1, 40 BGB grds. nicht auf den nicht tarifgebundenen neuen AG im Wege der Gesamtrechtsnachfolge übergeht,[46] sind i.d.R. **Verbands- oder Flächen-TV**[47] von der Transformation in die individualarbeitsvertragliche Ebene gem. § 613a Abs. 1 S. 2 BGB betroffen.[48] Hingegen geht die Stellung als Vertragspartner eines **Firmen-TV (Haus-TV)**[49] im Wege der (partiellen) Universalsukzession (§§ 20 Abs. 1 S. 1 Nr. 1, 131 Abs. 1 Nr. 1) auf den übernehmenden Rechtsträger über,[50] mit der Folge, dass dieser fortan Vertragspartei des Firmen-TV wird.[51] § 613a Abs. 1 S. 2 BGB steht dem wegen seines Charakters als Auffangregelung (s. Rn 11) ebenso wenig entgegen wie die in Art. 9 Abs. 3 S. 1 GG niedergelegte negative Koalitionsfreiheit.[52] Im Falle der Verschmelzung tritt stets der übernehmende Rechtsträger in die Vertragsposition ein,[53] bei der Aufspaltung derjenige, dem sie im Spaltungs- und Übernahmevertrag bzw. Spaltungsplan zugewiesen wird (§ 126 Abs. 1 Nr. 9).[54] Bei der Abspaltung und Ausgliederung kommt es zu einem Eintritt des übernehmenden Rechtsträgers nur dann, wenn die Stellung als Vertragspartei im Spaltungsrechtsgeschäft zugeordnet worden ist.[55] Bei keiner der vorgenannten Spaltungsvarianten kann es jedoch zu einer **Vervielfachung** der Firmen-TV kommen.[56] Da der Firmen-TV nicht für die AN des aufnehmenden Rechtsträgers gilt, kann dies **„Tarifpluralität"** zur Folge haben.[57] An einer **tarifvertraglichen Weiterentwicklung** nimmt der AN nicht mehr teil, denn eine dynamische Verweisung lässt sich weder Gesetzeswortlaut noch -zweck entnehmen.[58]

13 cc) Betriebsvereinbarung (§ 613a Abs. 1 S. 2 BGB). Maßgebliche Voraussetzung für die **normative Weitergeltung** von **(Gesamt-/Konzern-)BV** – ggf. als **Einzel-BV** –, ist die Wahrung der **Betriebsidentität** (siehe § 613a BGB Rn 111).[59] Dieses Kriterium ist auch entscheidend für die Frage nach dem Fortbestand des **(Gesamt-)BR**.[60] Wird eine BV gem. § 613a Abs. 1 S. 2 BGB auf die **individualarbeitsvertragliche Ebene** transformiert, so ist sie vor der Ablösung durch eine spätere BV nicht in weiterem Umfang geschützt, als wenn sie kollektivrechtlich wei-

---

45 Zur „Tarifflucht" s. *Fink*, S. 59 ff.; *Henssler*, in: FS für Schaub, 1998, S. 311 ff.; *Bauer/Haußmann*, DB 2003, 610 ff.; *Düwell*, NZA 1996, 393, 399; *Reichel*, AuA 2002, 550 ff.; *Trittin*, AiB 1995, 315, 317; *Wellenhofer-Klein*, ZfA 1999, 239, 254 ff.; zum Tarifwechsel im Zusammenhang mit ver.di. s. BAG 11.5.2005 – AZR 315/04 – NZA 2005, 1362 ff.; *Schiefer*, in: FS für BAG, 2004, S. 859, 867 f.; *Melms*, NZA 2002, 296 ff.; *Welslau*, FA 2002, 303 ff.; zu „Außenseitern" s. *Henssler*, in: FS für Schaub, 1998, S. 311, 322 f.; *Moll*, RdA 1996, 275, 285 f.; *Schiefer*, FA 2002, 258.

46 BAG 13.7.1994 – 4 AZR 555/93 – NZA 1995, 479, 480 ff.; BAG 5.10.1993 – 3 AZR 586/92 – NZA 1994, 848, 849 ff.; LAG Stuttgart 24.10.2000 – 10 TaBV 2/99 – LAGE Art. 9 GG Nr. 14 = BB 2001, 257; H/S/*Boecken*, § 324 Rn 38; *Boecken*, Rn 184 f.; ErfK/*Preis*, § 613a BGB Rn 185; *Mengel*, S. 182; *Simon/Zerres*, in: FS für Leinemann, 2006, S. 255, 266; *Henssler*, in: FS für Schaub, 1998, S. 311, 314 ff.; *Bachner*, AiB 2003, 408, 411; *Buchner*, GmbHR 1997, 434, 441 f.; *Düwell*, NZA 1996, 393, 395; *Joost*, ZIP 1995, 976, 979 f.; *Trittin*, AiB 1996, 349, 361; *Zerres*, ZIP 2001, 359, 363 ff.

47 *Beseler/Düwell/Göttling*, S. 306 f.; *Gaul*, NZA 1995, 717, 719 ff.; *Wank*, NZA 1987, 505 ff.

48 Zu Ausweichmöglichkeiten, insb. Überleitungs-TV sowie Haus-TV (in Form eines Anschluss-TV) mit dem Inhalt des Flächen-TV s. *Trenkle*, AiB 2005, 13, 14.

49 *Bachner*, NJW 1995, 2881, 2882.

50 BAG 4.7.2007 – 4 AZR 491/06 – DB 2008, 533, 534; BAG 29.8.2001 – 4 AZR 332/00 – DB 2002, 431, 432; BAG 24.6.1998 – 4 AZR 208/97 – SAE 2000, 159, 161. m. Anm. *Boecken*; Lutter/*Joost*, § 324 Rn 33 m.w.N.; *Boecken*, Rn 203; *Gaul*, NZA 1995, 717, 723; *Däubler*, RdA 1995, 136, 140.

51 BAG 4.7.2007 – 4 AZR 491/06 – DB 2008, 533, 534; HK-UmwG/*Tempelmann*, § 324 Rn 31; s. ausf. zur Fortgeltung von TV H/S/*Boecken*, § 9 Rn 38 ff.

52 Zutreffend BAG 4.7.2007 – 4 AZR 491/06 – DB 2008, 533, 534; Lutter/*Joost*, § 324 Rn 33; siehe näher zur Begründung *Boecken*, Rn 204; a.A. *Kreßel*, BB 1995, 925, 930; *Gussen/Dauck*, Rn 371.

53 S. hierzu BAG 4.7.2007 – 4 AZR 491/06 – DB 2008, 533, 534; BAG 24.6.1998 – 4 AZR 208/97 – BB 1999, 211 = SAE 2000, 159 m. Anm. *Boecken*; ausf. *Boecken*, Rn 205.

54 *Boecken*, Rn 206; von der Möglichkeit einer gewillkürten Rechtsnachfolge bezüglich der Stellung als Firmentarifvertragspartei gehen auch *Beseler/Düwell/Göttling*, 348 aus.

55 S. nur *Willemsen u.a.*, E Rn 111 m.w.N.

56 Ausf. hierzu *Boecken*, Rn 207; *Boecken*, SAE 2000, 159, 162 ff., 165 Anm. zu BAG 24.6.1998 – 4 AZR 208/97; *Beseler/Düwell/Göttling*, S. 348; HWK/*Willemsen*, § 324 UmwG Rn 20; a.A. *Däubler*, RdA 1995, 136, 142; *Gaul*, NZA 1995, 717, 723.

57 HWK/*Willemsen*, § 324 UmwG Rn 20; HK-UmwG/*Tempelmann*, § 324 Rn 33; *Boecken*, Rn 205; *Beseler/Düwell/Göttling*, S. 307; *Däubler*, RdA 1995, 136, 140; *Wellenhofer-Klein*, ZfA 1999, 239, 256 ff.

58 LAG Düsseldorf 28.1.2000 – 9 (14) Sa 1719/99 – EzA-SD 2000, Nr. 5, 11 f.

59 BAG 18.9.2002 – 1 ABR 54/01 – NZA 2003, 670, 672 ff.; BAG 15.1.2002 – 1 AZR 58/01 – NZA 2002, 1034, 1035; BAG 14.8.2001 – 1 AZR 619/00 – NZA 2002, 276, 278 f.; BAG 27.7.1994 – 7 ABR 37/93 – NZA 1995, 222, 223 ff.; BAG 5.2.1991 – 1 ABR 32/90 – NZA 1991, 639, 641; *Gaul*, Das Arbeitsrecht der Betriebs- und Unternehmensspaltung, § 25 Rn 3 ff.; ErfK/*Preis*, § 613a BGB Rn 187; *Beseler/Düwell/Göttling*, 71 f.; *Gussen/Dauck*, Rn 44 ff.; *Simon/Zerres*, in: FS für Leinemann, 2006, S. 255, 269; *Henssler*, in: FS für Schaub, 1998, S. 311, 326 ff.; *Schaub*, in: FS für Wiese, 1998, S. 535, 539 ff.; *Bachner*, AiB 2003, 408 ff.; *Bachner*, NJW 2003, 2861 ff.; *Gaul*, NZA 1995, 717, 723 f.; *Hartmann*, AuA 2001, 100, 104; *Hohenstatt/Müller-Bonanni*, NZA 2003, 766, 768 ff.; *Laber*, ArbRB 2004, 55, 56; *Müller*, RdA 1996, 287, 289 ff.

60 BAG 5.6.2002 – 7 ABR 17/01 – NZA 2003, 336 f.; BAG 11.10.1995 – 7 ABR 17/95 – NZA 1996, 495; BAG 5.2.1991 – 1 ABR 32/90 – NZA 1991, 639, 640 ff.; BAG 28.9.1988 – 1 ABR 37/87 – NZA 1989, 188, 189.

ter gelten würde; im Verhältnis zu der neuen BV gilt damit nicht das Günstigkeits-, sondern das **Ablösungsprinzip**.[61] I. Ü. erfasst § 613a Abs. 1 S. 2 BGB auch **Sprecherausschuss-RL** (§ 28 Abs. 2 S. 1 SprAuG),[62] nicht aber formlose sog. **„Regelungsabreden"** (Betriebsabsprachen,[63] -abreden)[64] zwischen AG und BR.[65]

dd) Ablösung (§ 613a Abs. 1 S. 3 BGB). § 613a Abs. 1 S. 2 gilt gem. § 613a Abs. 1 S. 3 nicht, wenn die Rechte und Pflichten bei dem neuen Inhaber durch eine andere kollektivvertragliche Regelung – TV oder BV – geregelt werden. Eine vor dem Betriebsübergang für einen anderen Betrieb geschlossene BV ist nur dann eine **„andere" Regelung** i.S.v. § 613a Abs. 1 S. 3 BGB,[66] wenn durch sie der Sache nach dieselben Gegenstände „geregelt werden"[67] und die BV betriebsverfassungsrechtlich (§ 77 BetrVG) im übernommenen Betrieb gilt (siehe § 613a BGB Rn 111).[68] Im Hinblick auf die Ablösung durch „Rechtsnormen eines anderen TV" setzt § 613a Abs. 1 S. 3 BGB[69] die **kongruente (beiderseitige) Tarifgebundenheit** sowohl des Erwerbers als auch des AN voraus.[70] Die Ablösung gem. § 613a Abs. 1 S. 3 BGB findet auch dann statt, wenn nach dem Betriebsübergang erstmals die beiderseitige Tarifgebundenheit an die „neuen" TV eintritt; eine Zeitgrenze hierfür sieht das Gesetz nicht vor.[71]

14

ee) Vorzeitige Änderung (§ 613a Abs. 1 S. 4 BGB). Eine **arbeitsvertragliche Bezugnahmeklausel**,[72] mit der die Anwendbarkeit oder „Geltung" eines bestimmten, dort benannten (Mantel-)TV vereinbart worden ist, kann über ihren Wortlaut hinaus nur dann als Bezugnahme auf den jeweils für den Betrieb fachlich/betrieblich geltenden TV (**Tarifwechsel- oder Transformationsklausel, sog. große dynamische Verweisungsklausel**)[73] ausgelegt werden, wenn sich dies aus besonderen Umständen ergibt.[74] Der bloße Umstand, dass es sich um eine **Gleichstellungsabrede(-klausel)**[75] handelt, genügt hierfür nicht.[76] Eine solche Bezugnahmeklausel ist keine Vereinbarung eines anderen TV in seinem Geltungsbereich nach § 613a Abs. 1 S. 4 BGB (siehe § 613a BGB Rn 117).[77] Ist im Arbeitsvertrag mit dem tarifgebundenen AG vereinbart, für das Arbverh „gelten die Bedingungen des jeweils gültigen TV", so stellt dies i.d.R. eine „Tarifwechselklausel" dar.[78]

15

3. Kündigungsverbot (§ 613a Abs. 4 BGB). Stellt einer der in § 324 genannten Umwandlungsvorgänge einen Betriebsübergang i.S.v. § 613a Abs. 1 S. 1 BGB dar, so greift auch das – eine Konkretisierung des allgemeinen Umgehungsverbots für die Fälle der **AG-Künd**[79] enthaltende[80] – **Künd-Verbot** (i.S.v. § 13 Abs. 3 KSchG, § 134 BGB)[81] nach **§ 613a Abs. 4 BGB** ein (siehe § 613a BGB Rn 145 ff.). Danach ist die Künd des Arbverh eines AN durch den bisherigen AG oder durch den neuen Inhaber **„wegen**[82] **des Übergangs eines Betriebs(-teils)"** unwirksam (§ 613a

16

---

61 BAG 14.8.2001 – 1 AZR 619/00 – NZA 2002, 276, 278 ff. m.w.N.
62 *Gaul*, NZA 1995, 717, 724 f. m.w.N.
63 *Richardi/Richardi*, § 77 Rn 224 ff.
64 GK-BetrVG/*Kreutz*, § 77 Rn 8 ff.
65 *Beseler/Düwell/Göttling*, S. 82; *Gaul*, NZA 1995, 717, 725.
66 *Henssler*, in: FS für Schaub, 1998, S. 311, 321 f.; zur „Über-Kreuz-Ablösung" s. *Schiefer*, in: FS für BAG, 2004, S. 859, 869 f.; *Meyer*, NZA 2001, 751 ff.
67 *Wellenhofer-Klein*, ZfA 1999, 239, 256 ff.
68 BAG 1.8.2001 – 4 AZR 82/00 – NZA 2002, 41, 43 f; Mü-Ko-BGB/*Müller-Glöge*, § 613a Rn 158.
69 *Henssler*, in: FS für Schaub, 1998, S. 311, 318 ff.
70 St. Rspr. BAG 1.8.2001 – 4 AZR 82/00 – NZA 2002, 41, 44; BAG 21.2.2001 – 4 AZR 18/00 – NZA 2001, 1318, 1319 ff.; BAG 30.8.2000 – 4 AZR 581/99 – NZA 2001, 510, 512 f.; BAG 19.11.1996 – 9 AZR 640/95 – NZA 1997, 890, 891 f.; BAG 16.5.1995 – 3 AZR 535/94 – NZA 1995, 1166, 1167 f.; BAG 20.4.1994 – 4 AZR 342/93 – NZA 1994, 1140, 1142 f.; BAG 19.3.1986 – 4 AZR 640/84 – NZA 1986, 687 f.
71 BAG 11.5.2005 – 4 AZR 315/04 – NZA 2005, 1362, 1364 f.
72 Semler/Stengel/*Simon*, § 324 Rn 26 ff.; *Beseler/Düwell/ Göttling*, S. 103 ff.; *Hergenröder*, in: FS für BAG, 2004, S. 713, 720 ff.; *Schiefer*, in: FS für BAG, 2004, S. 859, 870 ff.; *Bauer/Haußmann*, DB 2003, 610, 611 ff.; *Fischer*, FA 2001, 2 ff.; *Gaul*, ZIP 2003, 75 ff.; *Gussen*, FA 2001, 201 ff.; *Hunold*, NZA-RR 2003, 561, 565 f.; *Prange*, NZA 2002, 817, 821 f.; *Ramrath*, FA 2001, 104 f.; *Schliemann*, ZTR 2004, 502 ff.; *Schiefer*, FA 2002, 258 ff.; *Seitz/Werner*, NZA 2000, 1257 ff.; *Stein*, AuR 2003, 361 ff.; *Wahlig*,

AuA 2001, 346 ff.; ausführlich zur Arbeitsvertragsgestaltung im Hinblick auf Bezugnahmeklauseln *Hümmerich*, Gestaltung von Arbeitsverträgen, 2006, Rn 1037 ff.
73 Zur dynamischen Verweisung in Firmen-TV auf Flächen-TV s. BAG 29.8.2001 – 4 AZR 332/00 – NZA 2002, 513, 514 ff.; zur arbeitsvertraglichen „dynamischen Blankettverweisung" s. BAG 20.6.2001 – 4 AZR 295/00 – NZA 2002, 517 ff.; zur Bezugnahme auf branchenfremde Tarifwerke s. BAG 25.10.2000 – 4 AZR 506/99 – NZA 2002, 100, 102 ff.; zur dynamischen Tarifanwendung kraft (Unternehmenskauf-)Vertrags-Klausel zugunsten der AN s. BAG 20.4.2005 – 4 AZR 292/04 – NZA 2006, 281 ff.
74 BAG 25.9.2002 – 4 AZR 294/01 – NZA 2003, 807, 808 f.
75 BAG 14.12.2005 – 4 AZR 536/04 – NZA 2006, 607 ff.; EuGH 9.3.2006 – Rs. C-499/04 – Werhof – EuGH Slg. I-2006, 2397 = NZA 2006, 376 ff.; BAG 27.11.2002 – 4 AZR 540/01 – NZA 2003, 1278, 1279 f.; BAG 21.8.2002 – 4 AZR 263/01 – SAE 2003, 211, 214 f. m. Anm. *Boecken*; BAG 26.9.2001 – 4 AZR 544/00 – NZA 2002, 634, 635 f.
76 BAG 30.8.2000 – 4 AZR 581/99 – NZA 2001, 510, 511 f.
77 BAG 21.2.2001 – 4 AZR 18/00 – NZA 2001, 1318, 1324; BAG 30.8.2000 – 4 AZR 581/99 – NZA 2001, 510, 512; BAG 25.10.2000 – 4 AZR 506/99 – NZA 2002, 100, 103; s. *Meyer*, NZA 2003, 1126 ff.
78 BAG 16.10.2002 – 4 AZR 467/01 – NZA 2003, 390, 391 ff.
79 *Trittin*, AiB 2001, 147, 148 f.
80 BAG 19.6.1991 – 2 AZR 127/91 – NZA 1991, 891, 893.
81 BAG 18.7.1996 – 8 AZR 127/94 – NZA 1997, 148, 149; BAG 31.1.1985 – 2 AZR 530/83 – NZA 1985, 593, 594 ff.
82 KR/*Friedrich*, §§ 322, 323, 324 UmwG Rn 29, 34: „Beweggrund, überwiegendes Motiv".

Abs. 4 S. 1 BGB).[83] Das Recht zur Künd des Arbverh aus „**anderen Gründen**", z.B. wegen insolvenzbedingter Betriebsstilllegung, Auftragsrückgangs, Rationalisierungsvorhaben aufgrund eines Erwerberkonzepts,[84] Verkleinerung des Betriebs, Betriebsverlagerung, Entstehung von Synergieeffekten oder wegen anderer betriebsorganisatorischer Maßnahmen,[85] nicht jedoch wegen des Widerspruchs des AN gem. § 613a Abs. 6 BGB (§ 612a BGB),[86] bleibt – ggfs. nach Durchführung einer Sozialauswahl (§ 1 Abs. 3, 4 KSchG)[87] – unberührt (§ 613a Abs. 4 S. 2 BGB).[88]

17 **4. Wiedereinstellungsanspruch des Arbeitnehmers.** Einem wirksam gekündigten AN kann unter weiteren Voraussetzungen ein **Wiedereinstellungsanspruch**[89] gegen den AG zustehen, wenn der Künd-Grund nach Ausspruch der **ordentlichen betriebsbedingten Künd**, aber noch vor ihrem Wirksamwerden, d.h. innerhalb der Künd-Frist, wegfällt (siehe § 613a BGB Rn 155 f.).[90] Im Fall des bei Ausspruch der Künd nicht absehbaren **Betriebsübergangs** kann dem AN ein **Fortsetzungsverlangen** gegen den Erwerber zustehen.[91] Ein AN, der im Zusammenhang mit einem Betriebsübergang aufgrund eines **wirksamen Aufhebungsvertrags** aus dem Arbverh ausgeschieden ist, hat keinen Fortsetzungsanspruch gegen den Betriebsübernehmer.[92] Findet der Betriebsübergang erst **nach Ablauf der Künd-Frist** anlässlich einer insolvenzbedingten Künd statt, besteht nach neuerer Rspr. kein Wiedereinstellungsanspruch des AN gegenüber dem Erwerber.[93]

18 **5. Unterrichtungspflicht des Arbeitgebers (§ 613a Abs. 5 BGB).** Die in § 613a Abs. 5 BGB normierte Regelung zur ordnungsgemäßen Information des AN durch den bisherigen AG bzw. den neuen Inhaber (§ 421 BGB)[94] in Textform (§ 126b BGB)[95] ist nach heute ganz h.M. eine **echte Rechtspflicht** und nicht lediglich eine bloße **Obliegenheit**[96] (siehe § 613a BGB Rn 189).[97] Die Verletzung der Unterrichtungspflicht (ausführlich hierzu siehe § 613a Rn 173 ff.) begründet auch unter Berücksichtigung von Treu und Glauben (§ 242 BGB) kein Künd-Verbot.[98] Abgesehen von den nach h.M. grds. in Betracht kommenden Schadensersatzansprüchen[99] des AN beginnt jedenfalls die Monats-Frist für die Ausübung des Widerspruchsrechts nicht zu laufen.[100]

---

83 BAG 19.5.1988 – 2 AZR 596/87 – NZA 1989, 461, 462 ff.; BAG 5.12.1985 – 2 AZR 3/85 – NZA 1986, 522, 523.
84 *Laber*, ArbRB 2004, 55, 57.
85 HWK/*Willemsen*, § 324 UmwG Rn 17; *Willemsen u.a.*, B Rn 108 ff.; *Hunold*, NZA-RR 2003, 561 f.; *Schiefer*, NJW 1998, 1817, 1824; *Trittin*, AiB 1996, 349, 362.
86 *Trittin*, AiB 1995, 315, 321.
87 Auf eine fehlerhafte Sozialauswahl nach § 1 Abs. 3 S. 1 KschG kann sich auch der AN berufen, der dem Übergang seines AV nach § 613a Abs. 6 BGB widersprochen hat. Die Gründe für den Widerspruch dürfen nach der Rspr. des BAG nicht im Rahmen der Sozialauswahl berücksichtigt werden, BAG 31.5.2007 – 2 AZR 276/06 – NZA 2008, 33, 38 m.w.N.
88 BAG 20.3.2003 – 8 AZR 97/02 – NZA 2003, 1027, 1028 f.; BAG 18.7.1996 – 8 AZR 127/94 – NZA 1997, 148, 149; BAG 20.4.1989 – 2 AZR 431/88 – NZA 1990, 32, 33; BAG 28.4.1988 – 2 AZR 623/87 – NZA 1989, 265, 267 f.; BAG 27.9.1984 – 2 AZR 309/83 – NZA 1985, 493, 494 f.
89 Semler/Stengel/*Simon*, § 324 Rn 33 ff.; *Boewer*, NZA 1999, 1121 ff.; *Boewer*, NZA 1999, 1177 ff.
90 BAG 28.6.2000 – 7 AZR 904/98 – NZA 2000, 1097, 1199 ff.; BAG 4.12.1997 – 2 AZR 140/97 – NZA 1998, 701, 702 ff.; BAG 6.8.1997 – 7 AZR 557/96 – NZA 1998, 254, 255.
91 BAG 12.11.1998 – 8 AZR 265/97 – NZA 1999, 311, 313 f.; BAG 13.11.1997 – 8 AZR 295/95 – NZA 1998, 251, 252 f.; BAG 27.2.1997 – 2 AZR 160/96 – NZA 1997, 757, 758 ff.
92 BAG 10.12.1998 – 8 AZR 324/97 – NZA 1999, 422, 425.
93 BAG 28.10.2004 – 8 AZR 199/04 – NZA 2005, 405 ff.; BAG 13.5.2004 – 8 AZR 198/03 – DB 2004, 2107 ff.
94 *Jaeger*, ZIP 2004, 433, 434; *Laber/Roos*, ArbRB 2002, 268.
95 *Grobys*, BB 2002, 726, 727; *Jaeger*, ZIP 2004, 433, 436 f.; *Laber/Roos*, ArbRB 2002, 268, 270; *Meyer*, AuA 2002, 159, 162.
96 So aber früher BAG 22.4.1993 – 2 AZR 50/92 – NZA 1994, 360, 361.
97 BAG 31.1.2008 – 8 AZR 1116/06 – NZA 2008, 642, 644; BAG 13.7.2006 – 8 AZR 382/05 – DB 2006, 2750, 2752; BAG 24.5.2006 – 8 AZR 398/04 – BB 2006, 105, 107; Semler/Stengel/*Simon*, § 324 Rn 48; Lutter/*Joost*, § 324 Rn 52; *Altenburg/Leister*, NZA 2005, 15, 20; *Bonanni*, ArbRB 2002, 19 f.; *Gaul/Otto*, DB 2002, 634 f., 638 ff.; *Jaeger*, ZIP 2004, 433, 444; *Willemsen/Lembke*, NZA 2002, 1159, 1161, 1164; *Worzalla*, NZA 2002, 353 f.; a.A. *Grobys*, BB 2002, 726, 727.
98 BAG 24.5.2005 – 8 AZR 398/04 – NZA 2005, 1302, 1303 ff.; a.A. die Vorinstanz LAG Berlin 29.4.2004 – 18 Sa 2424/03 – NZA-RR 2005, 125, 126 f.
99 S. statt vieler BAG 31.1.2008 – 8 AZR 1116/06 – NZA 2008, 642, 644; ErfK/*Preis*, § 613a BGB Rn 94; MüKo-BGB/*Müller-Glöge*, § 613a Rn 114 m.w.N.; a.A. etwa *Grobys*, BB 2002, 726, 727.
100 BAG 24.5.2006 – 8 AZR 398/04 – BB 2006, 105, 107; *Bonanni*, ArbRB 2002, 19, 21 f.; *Gaul/Otto*, DB 2002, 634, 639 f.; *Jaeger*, ZIP 2004, 433, 444; *Laber/Roos*, ArbRB 2002, 303, 304 f.; *Laber/Roos*, ArbRB 2002, 268, 270; *Willemsen/Lembke*, NZA 2002, 1159, 1164; *Worzalla*, NZA 2002, 353, 357.

6. Widerspruchsrecht des Arbeitnehmers (§ 613a Abs. 6 BGB). Das unter Billigung des EuGH[101] vom BAG **19**
insb. im Hinblick auf Art. 1, 2, 12 GG in st. Rspr. entwickelte und nunmehr in § 613a Abs. 6 BGB[102] kodifizierte
fristgebundene[103] **Widerspruchsrecht**[104] des AN gegen den Übergang seines Arbverh auf den Erwerber findet
gem. § 324 auch im Rahmen der dort genannten Umwandlungsvorgänge[105] Anwendung (siehe § 613a BGB
Rn 209 ff., 224 f.).[106] Der Widerspruch ist als einseitige empfangsbedürftige Willenserklärung nach Zugang
(§ 130 BGB) nicht einseitig widerrufbar.[107] Die Ausübung des Widerspruchsrechts bewirkt, dass das Arbverh nicht
auf den übernehmenden Rechtsträger übergeht (siehe § 613 Rn 220), sondern bei dem übertragenden Rechtsträger
bleibt, sofern dieser nach der Umwandlung fortbesteht.[108] Führt die Umwandlung – wie bei Verschmelzung, Aufspaltung, vollständiger Vermögensübertragung[109] – zum **Erlöschen des übertragenden Rechtsträgers**, so besteht
nach Auffassung des BAG **kein Widerspruchsrecht** gem. § 613a Abs. 6 BGB.[110] Zur Begründung verweist das
BAG auf den Sinn und Zweck des Widerspruchsrechts sowie auf die Bestandsschutzfunktion des § 613a BGB.[111]
Derjenige AN, der sein Arbverh nicht mit dem übernehmenden Rechtsträger fortsetzen will, könne **kündigen**, wobei
eine Umdeutung (§ 140 BGB) des wirkungslos gebliebenen Widerspruchs in eine Künd nicht in Betracht komme,
weil die Künd als Ersatzgeschäft wegen ihrer Beendigungswirkung über die Wirkung des Widerspruchs hinausgehe,
was nach § 140 BGB ausgeschlossen ist.[112]

7. Haftung für Arbeitnehmeransprüche. Nach Maßgabe des § 613a Abs. 1 BGB haftet der übernehmende **20**
Rechtsträger für alle AN-Ansprüche, die zum Zeitpunkt des Betriebsübergangs bestehen bzw. künftig entstehen.
Der übertragende Rechtsträger haftet nicht, wenn er durch Umwandlung erlischt, § 613a Abs. 3 BGB.[113] In den Fällen einer den übertragenden Rechtsträger bestehen lassenden Abspaltung oder Ausgliederung (§ 123 Abs. 2, 3) ist
auch dieser als spaltungsbeteiligter Rechtsträger in den **gesamtschuldnerischen Haftungsverbund** gem. § 133
Abs. 1 S. 1 für solche Verbindlichkeiten des übertragenden Rechtsträgers, welche vor dem Wirksamwerden der Spaltung begründet worden sind, einbezogen.[114] Die damit im Anwendungsbereich des § 613a Abs. 1 S. 1 BGB aufgeworfene Frage nach der Auflösung des Konkurrenzverhältnisses zwischen § 133 und § 613a Abs. 2 BGB ist dahin
zu beantworten, dass bei einem arbeitsrechtlichen Übergang der Arbverh von einem Vorrang des unmittelbar an-

---

101 EuGH 16.12.1992 – verb. Rs C-132/91, 138/91, 139/91 – Grigorios Katsikas/Angelos Konstantinidis; Uwe Skreb u. Günther Schroll/PCO Stauereibetrieb Paetz & Co. Nachfolger GmbH – EuGH Slg. I-1992, 6577 = NZA 1993, 169 ff.
102 Zum „Kollektiv-Widerspruch" s. BAG 30.9.2004 – 8 AZR 462/03 – NZA 2005, 43, 45 ff.; *Bonanni*, ArbRB 2002, 19, 21; *Rieble*, NZA 2005, 1 ff.; *Silberberger*, AiB 2003, 389, 392.
103 *Bonanni*, ArbRB 2002, 19, 21; *Dreher*, BB 2000, 2358 ff.; *Grobys*, BB 2002, 726, 730; *Laber/Roos*, ArbRB 2002, 303, 304; *Meyer*, AuA 2002, 159, 163; *Worzalla*, NZA 2002, 353, 357.
104 BAG 22.4.1993 – 2 AZR 313/92 – NZA 1994, 357 ff.; BAG 7.4.1993 – 2 AZR 449/91 (B) – NZA 1993, 795, 796 f.; BAG 21.5.1992 – 2 AZR 449/91 – DB 1992, 2034 ff.; BAG 20.4.1989 – 2 AZR 431/88 – NZA 1990, 32, 33; BAG 30.10.1986 – 2 AZR 101/85 – NZA 1987, 524, 525 f.; BAG 15.12.1984 – 5 AZR 123/82 – NZA 1984, 32 f.; BAG 6.2.1980 – 5 AZR 275/78 – DB 1980, 1495 f.; BAG 17.11.1977 – 5 AZR 618/76 – DB 1978, 1083 f.; BAG 21.7.1977 – 3 AZR 703/75 – DB 1977, 2146; BAG 2.10.1974 – 5 AZR 504/73 – DB 1975, 601 f.
105 S. ArbG Münster 14.4.2000 – 3 Ga 13/00 – NZA-RR 2000, 467 f., zur Verschmelzung.
106 *Altenburg/Leister*, NZA 2005, 15 ff.; *Bauer/v. Steinau-Steinrück*, ZIP 2002, 457, 459, 465; *Gaul/Otto*, DB 2002, 634, 635 ff.; *Hartmann*, ZfA 1997, 21, 29 f.; *Schiefer*, NJW 1998, 1817, 1825 f.; *Willemsen/Lembke*, NZA 2002, 1159 f.; *Zerres*, ZIP 2001, 359, 361; zur Problematik und zu Möglichkeiten der „Personalgestellung" s. *Plander*, NZA 2002, 69 ff.
107 BAG 30.10.2003 – 8 AZR 491/02 – NZA 2004, 481, 483; *Laber*, ArbRB 2004, 55, 57 f.
108 S. BAG 25.5.2000 – 8 AZR 416/99 – RdA 2001, 236, 239. m. Anm. *Boecken*; Lutter/Joost, § 324 Rn 73.
109 HWK/*Willemsen*, § 324 UmwG Rn 16.
110 BAG 21.2.2008 – 8 AZR 157/07 – NZA 2008, 815, 816; so auch HWK/*Willemsen/Müller-Bonanni*, § 613a Rn 338; HK-UmwG/*Tempelmann*, § 324 Rn 86; *Graef*, NZA 2006, 1078, 1080; *Kreßel*, BB 1995, 925, 930; a.A. *Boecken*, ZIP 1994, 1087, 1092; *Boecken*, Rn 81; Staudinger/*Annuß*, § 613a BGB Rn 187; *Fandel/Hausch*, BB 2008, 2402, 2403; Lutter/Joost, § 324 Rn 67 m.w.N.; Semler/Stengel/*Simon*, § 324 Rn 46; Beseler/Düwell/Göttling, S. 329 f., s. auch Erg. Bd. 2009, 103 ff; unklar BT-Drucks 14/7760, S. 20: „Keinen Ansatz für ein Widerspruchsrecht…".
111 BAG 21.2.2008 – 8 AZR 157/07 – NZA 2008, 815, 817; zu Recht dagegen Lutter/Joost, § 324 Rn 67; *Fandel/Hausch*, BB 2008, 2402, 2403.
112 So BAG 21.2.2008 – 8 AZR 157/07 – NZA 2008, 815, 818 f.; bezogen auf die Anerkennung eines Widerspruchsrechts bei Erlöschen des übertragenden Rechtsträgers ist das allerdings unzutreffend, weil in diesem Fall dem Widerspruch eine das Arbverh beendende Wirkung zukommt; zu den Anforderungen einer Umdeutung siehe *Boecken*, BGB-AT, Rn 475 ff.
113 Dies betrifft die Umwandlungsarten der Verschmelzung, § 20 Abs. 1 Nr. 2, der Aufspaltung, § 131 Abs. 1 Nr. 2 und der Vermögensvollübertragung, § 174 Abs. 1.
114 H/S/*Boecken*, § 9 Rn 51; *Boecken*, Rn 226.

wendbaren § 613a Abs. 2 BGB vor § 133 auszugehen ist.[115] Bei umwandlungsrechtlicher Übertragung der Arbverh ist § 613a Abs. 2 BGB analog unter Verdrängung des § 133 anzuwenden.[116]

C. Verbindung zu anderen Rechtsgebieten und zum Prozessrecht

I. Allgemeiner Gleichheits-, Gleichbehandlungsgrundsatz

21 Ein Unternehmer verletzt nicht den **Gleichbehandlungsgrundsatz**, wenn er nach der Verschmelzung bei der Führung des neu entstandenen einheitlichen Betriebes die Differenzierung der Arbeitsbedingungen nach dem jeweils erreichten Besitzstand der aus den ursprünglichen Einzelbetrieben übernommenen Belegschaftsgruppen beibehält und vergleichbare AN deshalb bspw. unterschiedlich hoch vergütet. Insoweit handelt es sich um einen **sachlichen Differenzierungsgrund** für die Ungleichbehandlung, der seinen Ursprung in der dem AG gem. § 613a BGB, § 324 gesetzlich vorgeschriebenen **Besitzstandswahrung** hat.[117] Die TV-Parteien verstoßen nicht gegen den allgemeinen **Gleichheitssatz (Art. 3 Abs. 1 GG)**, wenn sie übernommene Beschäftigte im Sinne einer Besitzstandswahrung entsprechend ihrer bisherigen Vergütung eingruppieren und nicht der Stammbelegschaft gleichstellen.[118]

II. Arbeitsverhältnis mit „demselben Arbeitgeber" bei sachgrundloser Befristung (§ 14 Abs. 2 S. 2 TzBfG)

22 War das Arbverh des AN mit dem übertragenden Rechtsträger bereits vor einem im Zuge der Verschmelzung vollzogenen Betriebsübergang nach § 324, § 613a Abs. 1 BGB beendet, sind Betriebsveräußerer und -erwerber nicht derselbe AG i.S.v. **§ 14 Abs. 2 S. 2 TzBfG**.[119]

III. Darlegungs- und Beweislast

23 Der AN trägt die Darlegungs- und Beweislast dafür, dass die Künd „wegen des Betriebs(teil-)übergangs" i.S.v. § 613a Abs. 4 S. 1 BGB (siehe Rn 16) erfolgte.[120]

D. Beraterhinweise

24 Liegt kein **Interessenausgleich** (siehe Rn 9) vor, so unterliegt die Zuordnung von Arbverh im Spaltungs- und Übernahmevertrag[121] – sinnvollerweise mittels anliegender **Personallisten**[122] – der vollen gerichtlichen Kontrolle.[123] Es kann ratsam sein, bereits im Vorfeld der Spaltung – ggf. durch **„korrigierende Versetzungen"** – eine sachgerechte Zuordnung der Arbverh anzustreben.[124] Die Folgen der Umwandlung für die AN und ihre Vertretungen sowie die insoweit vorgesehenen Maßnahmen sind im **Umwandlungsvertrag** (§§ 126 Abs. 1 Nr. 11, 135 Abs. 1 S. 1, 136) anzugeben.[125] Zur Absicherung der – in den Grenzen des § 4 BetrAVG – frei zuordnungsfähigen **Versorgungsverpflichtungen** (siehe Rn 10) ist u.U. die Aufnahme **schuldrechtlicher Verpflichtungsklauseln** zwischen den beteiligten Rechtsträgern in den Umwandlungsvertrag[126] empfehlenswert.[127] Im Hinblick auf die angekündigte Änderung der Rspr. zur Auslegung von Verweisungsklauseln ab 1.1.2002 nicht mehr als Gleichstellungsabrede (siehe Rn 15)[128] empfiehlt es sich für die AG, die **Verweisungsklauseln** neu zu fassen.[129]

§ 325 Mitbestimmungsbeibehaltung

(1) ¹Entfallen durch Abspaltung oder Ausgliederung im Sinne des § 123 Abs. 2 und 3 bei einem übertragenden Rechtsträger die gesetzlichen Voraussetzungen für die Beteiligung der Arbeitnehmer im Aufsichtsrat, so finden die vor der Spaltung geltenden Vorschriften noch für einen Zeitraum von fünf Jahren nach dem Wirksamwerden der Abspaltung oder Ausgliederung Anwendung. ²Dies gilt nicht, wenn die betreffenden Vorschriften eine

---

115 Ausführlich zur Begründung *Boecken*, Rn 228 ff.; ebenso *Däubler*, RdA 1995, 136, 142; *Schröer*, S. 77 ff.; a.A. Lutter/*Joost*, § 324 Rn 81; ErfK/*Preis*, § 613a BGB Rn 190; Semler/Stengel/*Simon*, § 324 Rn 38; *Willemsen u.a.*, G Rn 217 ff.
116 S. näher *Boecken*, Rn 233; a.A. *Schröer*, S. 94 ff.; zum Verhältnis zwischen § 134 und § 613a Abs. 2 BGB s. *Boecken*, Rn 254; zum Haftungsschutz durch Sicherheitsleistung s. *Boecken*, Rn 255.
117 BAG 31.8.2005 – 5 AZR 517/04 – NZA 2006, 265 f.
118 BAG 29.8.2001 – 4 AZR 352/00 – NZA 2002, 863, 865 f.
119 BAG 22.6.2005 – 7 AZR 363/04 – EzBAT SR 2y BAT Teilzeit- und Befristungsgesetz Nr. 17; BAG 10.11.2004 – 7 AZR 101/04 – NZA 2005, 514, 515 f.
120 BAG 5.12.1985 – 2 AZR 3/85 – NZA 1986, 522, 523.
121 *Kallmeyer*, ZIP 1994, 1746, 1757.
122 HWK/*Willemsen*, § 324 UmwG Rn 26.
123 Semler/Stengel/*Simon*, § 323 Rn 38.
124 HWK/*Willemsen*, § 324 UmwG Rn 26.
125 MüKo-BGB/*Müller-Glöge*, § 613a Rn 220; *Joost*, ZIP 1995, 976, 979 ff.; *Schwedhelm/Streck/Mack*, GmbHR 1995, 7, 9.
126 *Joost*, ZIP 1995, 976, 985; *Hohenstatt/Schramm*, in: FS Arbeitsgemeinschaft ArbR in DAV, 2006, S. 629 ff.
127 Kallmeyer/*Willemsen*, § 324 Rn 46; HWK/*Willemsen*, § 324 UmwG Rn 35.
128 BAG 14.12.2005 – 4 AZR 536/04 – NZA 2006, 607 ff.
129 *Simon/Zerres*, in: FS für Leinemann, 2006, S. 255, 268.

Mindestzahl von Arbeitnehmern voraussetzen und die danach berechnete Zahl der Arbeitnehmer des übertragenden Rechtsträgers auf weniger als in der Regel ein Viertel dieser Mindestzahl sinkt.

(2) ¹Hat die Spaltung oder Teilübertragung eines Rechtsträgers die Spaltung eines Betriebs zur Folge und entfallen für die aus der Spaltung hervorgegangenen Betriebe Rechte oder Beteiligungsrechte des Betriebsrats, so kann durch Betriebsvereinbarung oder Tarifvertrag die Fortgeltung dieser Rechte und Beteiligungsrechte vereinbart werden. ²Die §§ 9 und 27 des Betriebsverfassungsgesetzes bleiben unberührt.

A. Allgemeines 1	b) „Beteiligung der Arbeitnehmer im Aufsichtsrat" (Abs. 1 S. 1) 14
I. Normzweck 1	c) Maßgeblicher Zeitpunkt 15
1. Mitbestimmungsbeibehaltung (Abs. 1) 1	d) Dauer (Abs. 1 S. 1) 16
2. Öffnungsklausel (Abs. 2) 2	aa) Fünf-Jahres-Frist 16
II. Entstehungsgeschichte 3	bb) Rechtslage nach Ablauf der Fünf-Jahres-Frist 17
B. Regelungsgehalt 4	e) Einschränkung/Ausnahmeregelung (Abs. 1 S. 2) 18
I. Anwendungsbereich 4	2. Öffnungsklausel (Abs. 2) 19
1. Mitbestimmungsbeibehaltung (Abs. 1) 4	a) Fortgeltungsvereinbarungen (Abs. 2 S. 1) 19
2. Öffnungsklausel (Abs. 2) 5	aa) Betriebsvereinbarung und Tarifvertrag 19
II. Tatbestandsvoraussetzungen 6	bb) Abschlussberechtigter 20
1. Mitbestimmungsbeibehaltung (Abs. 1) 6	cc) Zeitlicher Zusammenhang 21
a) Gesetzliche Voraussetzungen für die Beteiligung der AN im AR 6	dd) Dauer 22
aa) Unternehmens-Mitbestimmungssysteme 6	ee) Sonderfall: Teilübertragung (§ 174 Abs. 2) von öffentlich-rechtlichem auf privaten Rechtsträger oder umgekehrt (§ 175) 23
bb) Maßgebliche Zahlengrenzen 7	
b) Mitbestimmungsverlust 8	b) Anwendbarkeit der §§ 9, 27 BetrVG (Abs. 2 S. 2) 24
c) Kausalität 9	C. Verbindung zu anderen Rechtsgebieten und zum Prozessrecht 25
2. Öffnungsklausel (Abs. 2) 10	I. Verhältnis des Abs. 1 S. 1 zu anderen Mitbestimmungsbeibehaltungsvorschriften 25
a) Spaltung eines Betriebes 10	
b) Entfallen von Rechten oder Beteiligungsrechten des Betriebsrats 11	II. Prozessuales 26
c) Kausalität 12	III. Sonstiges 27
III. Rechtsfolgen 13	D. Beraterhinweise 28
1. Befristete Weitergeltung des einschlägigen Unternehmensmitbestimmungssystems eines übertragenden Rechtsträgers (Abs. 1) 13	
a) Adressat: Übertragender Rechtsträger (Abs. 1 S. 1) 13	

A. Allgemeines

I. Normzweck

1. Mitbestimmungsbeibehaltung (Abs. 1). Durch die konzeptionell an **§ 1 Abs. 3 MontanMitbestG** angelehnte[1] Regelung des **Abs. 1 S. 1**[2] soll – sachlich (siehe Rn 6, 14) und zeitlich (siehe Rn 16 f.) beschränkt – die umwandlungsbedingte Verschlechterung eines bestehenden **Mitbestimmungsstatus** (siehe Rn 8) beim **übertragenden Rechtsträger** (siehe Rn 8, 13) und damit die **„Flucht aus der Unternehmens-Mitbestimmung"**[3] (siehe Rn 28) verhindert werden.[4] Durch die – mit **§ 2 Abs. 2 MitbestBeiG**[5] vergleichbare[6] – Beschränkung auf eine AN-Anzahl von mind. **einem Viertel** (siehe Rn 18) der für das Mitbestimmungssystem maßgeblichen Mindestzahl gem. **Abs. 1 S. 2** soll die Bildung von großen **AR**[7] bei Kleinunternehmen vermieden werden.[8]

2. Öffnungsklausel (Abs. 2). Abs. 2 enthält eine sachlich beschränkte (siehe Rn 10 ff.) „kleine"[9] **Öffnungsklausel**,[10] welche die Möglichkeit der Vereinbarung einer **zeitlich unbegrenzten** (siehe Rn 22) Beibehaltung („Perpetuierung")[11] umwandlungsbedingt entfallender **betriebsverfassungsrechtlicher Mitbestimmungsrechte** durch **TV** oder **BV** vorsieht.[12] Dies entspricht der h.M. zur Möglichkeit der **Erweiterung der notwendigen Mitbestimmungs-**

---

1 HWK/*Willemsen*, § 325 UmwG Rn 1; ErfK/*Oetker*, Einl. MitbestG Rn 8.
2 Zur Verfassungsmäßigkeit s. *Büdenbender*, ZIP 2000, 385, 398.
3 *Heinze*, ZfA 1997, 1, 16; *Henssler*, ZfA 2000, 241, 242 ff.; *Wlotzke*, DB 1995, 40, 47; *Rieble*, BB 2006, 2018 ff.
4 BR-Drucks 599/1/94, S. 3; BR-Drucks 75/1/94, S. 1 ff.
5 G zur Beibehaltung der Mitbestimmung beim Austausch von Anteilen und der Einbringung von Unternehmensteilen, die Gesellschaften verschiedener Mitgliedstaaten der EU betreffen (Mitbestimmungs-BeibehaltungsG) vom 23.8.1994 m.W.v. 3.9.1994 (BGBl I 1994 S. 2228).
6 *Boecken*, Rn 433.
7 S. *Wolff*, DB 2002, 790 ff., zum Wahlverfahren; *Hjort*, NZA 2001, 696 ff., insb. zum Wahlrecht.
8 *Neye*, DB 1994, 2069; *Trittin*, AiB 1996, 349, 363.
9 *Bartodziej*, BuW 1994, 788, 791.
10 *Boecken*, Rn 404; *Schaub*, in: FS für Wiese, 1998, S. 535, 544 f.; *Büdenbender*, ZIP 2000, 385, 391.
11 *Buchner*, GmbHR 1997, 377, 382.
12 HWK/*Willemsen*, § 325 UmwG Rn 11 f. m.w.N.

rechte des BR über den Umfang des § 87 Abs. 1 BetrVG hinaus durch TV oder BV.[13] Die Fortgeltung von Mitbestimmungsstrukturen auf der Basis von (Kollektiv-)Vereinbarungen soll die nötige **Flexibilität** gewährleisten, um geänderten Gegebenheiten Rechnung tragen zu können.[14]

II. Entstehungsgeschichte

3 Die Kompromisslösung des § 325 wurde erst durch den Vermittlungsausschuss[15] in das **UmwG v. 28.10.1994** m.W.v. 1.1.1995[16] aufgenommen[17] und blieb seitdem unverändert.

B. Regelungsgehalt

I. Anwendungsbereich

4 **1. Mitbestimmungsbeibehaltung (Abs. 1).** Die zwingende[18] und abschließende[19] Vorschrift des Abs. 1 ist sachlich ausdrücklich beschränkt auf die Fälle der **Abspaltung (§ 123 Abs. 2)** und **Ausgliederung (§ 123 Abs. 3)**. Eine (analoge) Anwendung auf die nicht erwähnten Umwandlungsvorgänge der Verschmelzung, Vermögensübertragung, Formwechsel und Aufspaltung (§ 123 Abs. 1) kommt angesichts des klaren Gesetzeswortlauts nach h.M. ebenso wenig in Betracht[20] wie die Anwendung im Bereich der Einzelrechtsnachfolge.[21] Auf infolge Spaltung entstehende Unternehmen mit **Tendenzbindung**[22] (§ 1 Abs. 4 MitbestG, § 1 Abs. 2 DrittelbG) findet Abs. 1 im Hinblick auf Art. 4 und 5 GG keine Anwendung.[23] Soweit bereits die mitbestimmungsrechtlichen **Konzernklauseln (§ 5 MitbestG, § 1 Abs. 4 MontanMitbestG, § 2 Abs. 2 DrittelbG)** eine Aufrechterhaltung des Mitbestimmungsstatus bewirken,[24] ist Abs. 1 nicht anzuwenden.[25]

5 **2. Öffnungsklausel (Abs. 2).** Abs. 2 S. 1 erfasst nur die Umwandlungsformen der **Spaltung (§§ 123 ff.)** und **Teilübertragung (§§ 174 Abs. 2, 177, 179, 184, 189)**,[26] nicht dagegen Verschmelzung, Formwechsel, Vermögensübertragung[27] oder Umwandlungen im Wege der Einzelrechtsnachfolge.[28]

II. Tatbestandsvoraussetzungen

6 **1. Mitbestimmungsbeibehaltung (Abs. 1). a) Gesetzliche Voraussetzungen für die Beteiligung der AN im AR. aa) Unternehmens-Mitbestimmungssysteme.** Abs. 1 erfasst die Mitbestimmungssysteme[29] des **DrittelbG**[30]

---

13 BAG 10.2.1988 – 1 ABR 70/86 – NZA 1988, 699 ff.; BAG 18.8.1987 – 1 ABR 30/86 – NZA 1987, 779, 783 f.; GK-BetrVG/*Wiese*, § 87 Rn 7 ff.; a.A. Richardi/*Richardi*, Einl. Rn 136 ff., § 87 Rn 11 f.
14 BR-Drucks 599/1/94, S. 3 f.
15 BR-Drucks 599/1/94, S. 3 ff.; Anlage zur BR-Drucks 843/94, S. 3; BR-Drucks 75/1/94, S. 1 ff.
16 Art. 1 Gesetz zur Bereinigung des Umwandlungsrechts – UmwBerG (BGBl I 1994 S. 3210, 3257, 3266), Berichtigung vom 22.3.1995 (BGBl I 1995 S. 428); s. *Düwell*, NZA 1996, 393 ff.
17 Kallmeyer/*Willemsen*, § 325 Rn 1 f., 10 f.; *Boecken*, Rn 425; *Bartodziej*, BuW 1994, 788 ff.; *Bauer/Lingemann*, NZA 1994, 1057, 1063; *Boecken*, ZIP 1994, 1087 f.; *Heinze*, ZfA 1997, 1, 17; *Neye*, DB 1994, 2069 ff.; *Trittin*, AiB 1996, 349, 362 ff.; *Willemsen*, NZA 1996, 791 f.; *Wlotzke*, DB 1995, 40, 47; zur vorherigen „mitbestimmungsneutralen" Konzeption des RegEntw s. HWK/*Willemsen*, § 325 UmwG Rn 1 f.; *Bartodziej*, ZIP 1994, 580 ff.
18 *Mengel*, S. 424; *Büdenbender*, ZIP 2000, 385, 391.
19 H/S-*Boecken*, § 9 Rn 110.
20 HWK/*Willemsen*, § 325 UmwG Rn 2; *Willemsen u.a.*, F Rn 68a, 88, 92, 99, 119; H/S/*Boecken*, § 9 Rn 105; *Jung*, S. 254 f.; *Mengel*, S. 454 f.; *Seibt*, in: FS für Röhricht, 2005, S. 603, 630; *Däubler*, RdA 1995, 136, 145 f.; *Heinze*, ZfA 1997, 1, 16; *Henssler*, ZfA 2000, 241, 252 f.; *Herbst*, AiB 1995, 5, 8; *Ihring/Schlitt*, NZG 1999, 333; *Joost*, ZIP 1995, 976, 983; *Kreßel*, BB 1995, 925, 926; *Trenkle*, AiB 2005, 13, 16; *Trittin*, AiB 1996, 349, 363; *Trittin*, AiB 1995, 315, 320; *Willemsen*, NZA 1996, 791, 803; *Wlotzke*, DB 1995, 40, 47; kritisch *Gaidies*, BetrR 1995, 29, 33; a.A. für die Anwachsung *Trittin*, AiB 2001, 6, 7 f.
21 Semler/Stengel/*Simon*, § 325 Rn 3; *Boecken*, Rn 427, 312; *Gaul*, Das Arbeitsrecht der Betriebs- und Unternehmensspaltung, § 34 Rn 27; *Mengel*, S. 454; *Buchner*, GmbHR 1997, 377, 382 f.; *Däubler*, RdA 1995, 136, 146.
22 *Thüsing*, ZTR 2002, 56 ff.
23 Semler/Stengel/*Simon*, § 325 Rn 13; Kallmeyer/*Willemsen*, § 325 Rn 7; HWK/*Willemsen*, § 325 UmwG Rn 7; *Gaul*, Das Arbeitsrecht der Betriebs- und Unternehmensspaltung, § 34 Rn 14; ErfK/*Oetker*, Einl. MitbestG Rn 13; *Henssler*, ZfA 2000, 241, 253; *Willemsen*, NZA 1996, 791, 803; a.A. *Mengel*, S. 420.
24 *Gaidies*, BetrR 1995, 29, 33; *Henssler*, ZfA 2000, 241, 247; *Trittin*, AiB 1996, 349, 362; *Wlotzke*, DB 1995, 40, 47.
25 Semler/Stengel/*Simon*, § 325 Rn 2, 5; Kallmeyer/*Willemsen*, § 325 Rn 6; HWK/*Willemsen*, § 325 UmwG Rn 6.
26 HWK/*Willemsen*, § 325 UmwG Rn 11.
27 *Trittin*, AiB 1996, 349, 364.
28 Semler/Stengel/*Simon*, § 325 Rn 27; H/S/*Boecken*, § 9 Rn 96; *Boecken*, Rn 406.
29 *Büdenbender*, ZIP 2000, 385, 387 ff.
30 G über die Drittelbeteiligung der AN im AR (DrittelbeteiligungsG) vom 18.5.2004 m.W.v. 1.7.2004 (BGBl I S. 974, 979); s. *Boewer/Gaul/Otto*, GmbHR 2004, 1065 ff.; *Huke/Prinz*, BB 2004, 2633 ff.; *Huke/Prinz*, FA 2004, 323 ff.; *Melot de Beaugegard*, DB 2004, 1430 f.; *Pulte*, BB 2005, 549, 553; *Schulte*, ArbRB 2005, 20 ff.; *Seibt*, NZA 2004, 767 ff.

(vormals §§ 76, 77, 77a, 81, 85, 87, 87a[31] **BetrVG 1952**),[32] **MitbestG**,[33] **MontanMitbestG**[34] und des **Mitbest-ErgG**.[35]

bb) Maßgebliche Zahlengrenzen. Die häufigste und wichtigste Ursache für das umwandlungsbedingte Entfallen eines bestehenden Mitbestimmungsstatus ist das Absinken der AN-Anzahl unter die für das Eingreifen des jeweiligen Mitbestimmungssystems maßgebliche **Zahlengrenze**[36] (Schwellenwerte),[37] z.B. unter i.d.R. mehr als **2.000 AN** (§ 1 Abs. 1 Nr. 2 MitbestG), **1.000 AN** (§ 1 Abs. 2 MontanMitbestG) oder **500 AN** (§ 1 Abs. 1 DrittelbG).

b) Mitbestimmungsverlust. Abspaltung und Ausgliederung können sich auf die Unternehmensmitbestimmung sowohl beim übertragenden als auch beim übernehmenden Rechtsträger entweder mitbestimmungsneutral auswirken oder zu Mitbestimmungszuwachs oder -verlust führen.[38] Abs. 1 S. 1 findet nach h.M. nicht erst dann Anwendung, wenn bei dem übertragenden Rechtsträger keines der erfassten Mitbestimmungssysteme nach der Spaltung mehr anwendbar wäre, sondern bereits dann, wenn die Voraussetzungen des vor der Spaltung **einschlägigen Mitbestimmungssystems** wegfallen.[39] Somit verhindert Abs. 1 bereits den **Übergang von einer stärkeren zu einer schwächeren Mitbestimmungsform**.[40]

c) Kausalität. Abs. 1 S. 1 erfordert einen Kausalzusammenhang zwischen dem Umwandlungsvorgang und dem Entfallen der Mitbestimmungsvoraussetzungen.[41] Andere Gründe (z.B. Personalabbau, Entlassungen, Betriebsstilllegung) genügen – anders als bei **Abs. 1 S. 2**[42] – nicht.[43]

2. Öffnungsklausel (Abs. 2). a) Spaltung eines Betriebes. Gem. Abs. 2 muss im Wege der Spaltung oder Teilübertragung eine Spaltung eines **Betriebes i.S.d. BetrVG** erfolgen,[44] was eine Aufteilung auf verschiedene Rechtsträger sowie eine **Organisationsänderung** (§ 111 S. 3 Nr. 4 BetrVG) erfordert.[45] Eine Betriebsspaltung ist jedenfalls dann nicht gegeben, wenn ein gemeinsamer Betrieb (§ 1 Abs. 2 BetrVG) entsteht.[46]

b) Entfallen von Rechten oder Beteiligungsrechten des Betriebsrats. Hierunter fallen nicht nur die gesetzlichen (Mitwirkungs-)Rechte des BR in den Bereichen der **§ 38 Abs. 1 BetrVG** (Freistellungen), **§ 95 Abs. 2 BetrVG** (Auswahlrichtlinien), **§§ 99 f. BetrVG** (personelle Einzelmaßnahmen), **§ 106 Abs. 1 BetrVG** (Wirtschaftsausschuss),[47] **§§ 111 ff. BetrVG** (Betriebsänderungen),[48] sondern grds. auch kollektivrechtlich durch **TV** oder **BV** sowie **Regelungsabreden (Betriebsabsprachen)** eingeräumte bzw. erweiterte (Beteiligungs-) Rechte.[49] Soweit es sich jedoch bei dem übertragenden Rechtsträger um eine AG handelt, ist der jenseits der Vereinfachung oder Anpassung gesetzlicher Rechte des BR verbleibende Spielraum im Hinblick auf den Grundsatz der **Satzungsstrenge (§§ 23 Abs. 5 i.V.m. 96 Abs. 1 AktG)** erheblich geringer als bspw. bei einer KGaA oder GmbH (§ 45 GmbHG).[50] Nach umstr. Ansicht nicht von Abs. 2 erfasst sind die im Zusammenhang mit der Beteiligung an einem Gesamt-BR

---

31 S. § 129 BetrVG a.F. (BGBl I 1972 S. 13, 43), aufgehoben durch 2. Gesetz zur Vereinfachung der Wahl der AN-Vertreter in den AR (WahlVereinfG 2) vom 18.5.2004 m.W.v. 1.7.2004 (BGBl I S. 974, 978, 979).
32 V. 11.10.1952 (BGBl I 1952 S. 681), aufgehoben durch WahlVereinfG 2 vom 18.5.2004 m.W.v. 1.7.2004 (BGBl I S. 974, 979).
33 V. 4.5.1976 (BGBl I 1976 S. 1153).
34 V. 21.5.1951 (BGBl I 1951 S. 347).
35 V. 7.8.1956 (BGBl I 1956 S. 707).
36 Kallmeyer/*Willemsen*, § 325 Rn 6; HWK/*Willemsen*, § 325 UmwG Rn 6; *Gaul*, Das Arbeitsrecht der Betriebs- und Unternehmensspaltung, § 34 Rn 7; *Joost*, ZIP 1995, 976, 983; *Kreßel*, BB 1995, 925, 926; *Willemsen*, NZA 1996, 791, 803; *Wlotzke*, DB 1995, 40, 47; *Rieble*, BB 2006, 2018 f.
37 *Hjort*, NZA 2001, 696, 697.
38 S. die ausführliche Übersicht bei *Willemsen u.a.*, F Rn 95.
39 Semler/Stengel/*Simon*, § 325 Rn 6; Kallmeyer/*Willemsen*, § 325 Rn 5; HWK/*Willemsen*, § 325 UmwG Rn 5; a.A. *Gaul*, Das Arbeitsrecht der Betriebs- und Unternehmensspaltung, § 34 Rn 12.
40 H/S/*Boecken*, § 9 Rn 107; *Boecken*, Rn 430; ErfK/*Oetker*, Einl. MitbestG Rn 12; *Büdenbender*, ZIP 2000, 385, 391; a.A. *Henssler*, ZfA 2000, 241, 252 f.
41 *Willemsen u.a.*, F Rn 112.
42 *Boecken*, Rn 432; *Gaul*, Das Arbeitsrecht der Betriebs- und Unternehmensspaltung, § 34 Rn 17.
43 Semler/Stengel/*Simon*, § 325 Rn 11; H/S/*Boecken*, § 9 Rn 108; ErfK/*Oetker*, Einl. MitbestG Rn 16.
44 HWK/*Willemsen*, § 325 UmwG Rn 13; *Schaub*, in: FS für Wiese, 1998, S. 535, 544; *Trittin*, AiB 1996, 349, 364.
45 Semler/Stengel/*Simon*, § 325 Rn 28; H/S/*Boecken*, § 9 Rn 96; *Boecken*, Rn 407.
46 Semler/Stengel/*Simon*, § 325 Rn 28; H/S/*Boecken*, § 9 Rn 102; *Boecken*, Rn 402, 421; *Bachner*, NJW 1995, 2881, 2886; *Joost*, ZIP 1995, 976, 982.
47 Insoweit a.A. *Gaul*, Das Arbeitsrecht der Betriebs- und Unternehmensspaltung, § 28 Rn 306.
48 *Schaub*, in: FS für Wiese, 1998, S. 535, 544; *Düwell*, NZA 1996, 393, 398; *Gaidies*, BetrR 1995, 29, 32; *Gaul*, DB 1995, 2265, 2270; *Heinze*, ZfA 1997, 1, 18 f.; *Trenkle*, AiB 2005, 13, 15.
49 Semler/Stengel/*Simon*, § 325 Rn 32; HWK/*Willemsen*, § 325 UmwG Rn 13; H/S/*Boecken*, § 9 Rn 97 ff.; *Boecken*, Rn 410, 413; *Breymaier*, 62 f.; *Mengel*, 356; *Bachner*, NJW 1995, 2881, 2886; *Däubler*, RdA 1995, 126, 145; *Trittin*, AiB 1996, 349, 365; *Wlotzke*, DB 1995, 40, 46.
50 *Henssler*, ZfA 2000, 241, 262 ff.; *Trenkle*, AiB 2005, 13, 16.

(§§ 47 ff. BetrVG) bestehenden Befugnisse des BR, z.B. zur Entsendung von zwei Mitgliedern gem. § 47 Abs. 2 S. 1 Hs. 1 BetrVG.[51] Die §§ 9, 27 BetrVG bleiben gem. Abs. 2 S. 2 „unberührt" (siehe Rn 24).

12 **c) Kausalität.** Abs. 2 betrifft nur die Fälle, in denen die AN-Anzahl wegen der umwandlungsbedingten Betriebsspaltung unter die für das betreffende (Beteiligungs-)Recht maßgebliche Mindest-Grenze sinkt,[52] nicht dagegen andere Gründe,[53] z.B. betriebsbedingte Künd.[54]

III. Rechtsfolgen

13 **1. Befristete Weitergeltung des einschlägigen Unternehmensmitbestimmungssystems eines übertragenden Rechtsträgers (Abs. 1). a) Adressat: Übertragender Rechtsträger (Abs. 1 S. 1).** Abs. 1 S. 1 ordnet die Weitergeltung des einschlägigen Unternehmensmitbestimmungssystems allein eines **übertragenden Rechtsträgers** an, so dass sich bei den übernehmenden bzw. neu entstehenden Rechtsträgern das Eingreifen eines Mitbestimmungssystems danach richtet, ob sie die jeweils maßgeblichen Voraussetzungen erfüllen.[55]

14 **b) „Beteiligung der Arbeitnehmer im Aufsichtsrat" (Abs. 1 S. 1).** Abs. 1 S. 1 ordnet die Aufrechterhaltung der Vorschriften über die „Beteiligung der AN im AR" bei umwandlungsbedingtem Entfallen ihrer Voraussetzungen an. Während nach vorzugswürdiger Ansicht der Wortlaut der Ausnahme-Vorschrift für eine **restriktive Auslegung** lediglich im Sinne einer Beibehaltung des vor der Spaltung einschlägigen Mitbestimmungssystems spricht,[56] bezieht eine weitergehende Ansicht spezielle Mitbestimmungsvorschriften in den Schutzbereich des Abs. 1 S. 1 ein, z.B. die Vorschriften über den **Arbeitsdirektor** (§ 33 MitbestG, § 13 MontanMitbestG, § 13 MitbestErgG).[57]

15 **c) Maßgeblicher Zeitpunkt.** Nach h.M. ist für das Eingreifen von Abs. 1 S. 1 angesichts des mit der Regelung verfolgten **Schutzzwecks** (siehe Rn 1) auf die AN-Anzahl im Zeitpunkt des **Wirksamwerdens der Spaltung** durch Eintragung in das HReg (§ 131) abzustellen.[58] Mangels **Kausalität** (siehe Rn 9) ist die Aufrechterhaltung des Mitbestimmungssystems über Abs. 1 S. 1 dann nicht möglich, wenn erst ein nach diesem Zeitpunkt erfolgter **Personalabbau** allein beim übertragenden Rechtsträger zur erstmaligen Unterschreitung der für das Eingreifen des bisherigen Mitbestimmungssystems maßgeblichen AN-Anzahl führt.[59] Das bisherige Mitbestimmungssystem ist jedoch dann beizubehalten, wenn nach dem maßgeblichen Zeitpunkt Entlassungen in mehreren der an der Spaltung beteiligten Unternehmen erst kumulativ dazu führen, dass die **Gesamtzahl der AN** aller beteiligten Unternehmen die jeweils relevante Zahlengrenze nicht mehr erreicht.[60]

16 **d) Dauer (Abs. 1 S. 1). aa) Fünf-Jahres-Frist.** Die zeitliche Reichweite des Abs. 1 beträgt **fünf Jahre** (§§ 187 Abs. 1, 188 Abs. 2 BGB) ab dem Wirksamwerden der Abspaltung oder Ausgliederung durch **Eintragung** in das HReg (§ 131).[61] Die Möglichkeit einer darüber hinausgehenden tariflichen Regelung besteht nicht.[62] Die Voraussetzungen des vor der Spaltung einschlägigen Mitbestimmungssystems können bereits vor Ablauf der fünfjährigen Übergangszeit endgültig entfallen, wenn nach dem relevanten **Zeitpunkt** (siehe Rn 15) die maßgebliche AN-Anzahl beim übertragenden Rechtsträger unterschritten wird.[63] Die fünfjährige Mitbestimmungsbeibehaltungsfrist nach Abs. 1 S. 1 korrespondiert mit der fünfjährigen Dauer der gesamtschuldnerischen Haftung der an der Spaltung beteiligten Rechtsträger nach § 133 Abs. 1 S. 1, Abs. 3 bis 5.[64]

17 **bb) Rechtslage nach Ablauf der Fünf-Jahres-Frist.** Nach Ablauf der Fünf-Jahres-Frist ist das sog. **Statusverfahren gem. §§ 97 ff. AktG** durchzuführen,[65] sofern nicht die – umwandlungsbedingt unter die für das Eingreifen eines Mitbestimmungssystems jeweils maßgebliche **Mindestgrenze** (siehe Rn 18) gesunkene – AN-Anzahl zwischenzeitlich – ggf. im Wege der **Konzernzurechnung** (siehe Rn 4) – wieder darüber gestiegen ist und die Voraus-

---

51 Kallmeyer/*Willemsen*, § 325 Rn 12; HWK/*Willemsen*, § 325 UmwG Rn 13; *Boecken*, Rn 408; a.A. *Däubler*, RdA 1995, 126, 145; *Trittin*, AiB 1996, 349, 365; *Trittin*, AiB 1995, 315, 319.
52 *Boecken*, Rn 408; *Trittin*, AiB 1996, 349, 364.
53 *Wlotzke*, DB 1995, 40, 47.
54 *Heinze*, ZfA 1997, 1, 18 f.
55 Kallmeyer/*Willemsen*, § 325 Rn 3; HWK/*Willemsen*, § 325 UmwG Rn 3; H/S/*Boecken*, § 9 Rn 106; *Boecken*, Rn 428; *Mengel*, 426 f.; *Heinze*, ZfA 1997, 1, 16; *Joost*, ZIP 1995, 976, 983; *Kreßel*, BB 1995, 925, 926; *Trenkle*, AiB 2005, 13, 16; *Trittin*, AiB 1996, 349, 363; *Wlotzke*, DB 1995, 40, 47; kritisch *Gaidies*, BetrR 1995, 29, 33; *Kallmeyer*, ZIP 1994, 1746, 1757 f.
56 Kallmeyer/*Willemsen*, § 325 Rn 9a; HWK/*Willemsen*, § 325 UmwG Rn 10; *Gaul*, § 34 Rn 19; *Mengel*, S. 419 ff.
57 Semler/Stengel/*Simon*, § 325 Rn 19; ErfK/*Oetker*, Einl. MitbestG Rn 18.
58 *Henssler*, ZfA 2000, 241, 255; *Trittin*, AiB 1996, 349, 363.
59 HWK/*Willemsen*, § 325 UmwG Rn 8 m.w.N.
60 Kallmeyer/*Willemsen*, § 325 Rn 8; HWK/*Willemsen*, § 325 UmwG Rn 8.
61 Semler/Stengel/*Simon*, § 325 Rn 20 ff.; *Boecken*, Rn 436; Sagasser/Bula/Brünger/*Sagasser/Schmidt*, F Rn 66; *Gaul*, Das Arbeitsrecht der Betriebs- und Unternehmensspaltung, § 34 Rn 20.
62 *Trittin*, AiB 1996, 349, 363.
63 HWK/*Willemsen*, § 325 UmwG Rn 10; *Wlotzke*, DB 1995, 40, 47.
64 *Kallmeyer*, ZIP 1994, 1746, 1757.
65 *Willemsen u.a.*, F Rn 140 ff.; Semler/Stengel/*Simon*, § 325 Rn 10, 18 ff.; *Gaul*, Das Arbeitsrecht der Betriebs- und Unternehmensspaltung, § 34 Rn 34 ff.; *Mengel*, S. 425.

setzungen des vor der Spaltung bestehenden und über Abs. 1 S. 1 aufrecht erhaltenen („konservierten") Mitbestimmungssystems somit wieder erfüllt sind.[66]

e) **Einschränkung/Ausnahmeregelung (Abs. 1 S. 2).** Der Grundsatz der Aufrechterhaltung des mitbestimmungsrechtlichen Status nach Abs. 1 S. 1 gilt gem. Abs. 1 S. 2 dann nicht, wenn es sich um Mitbestimmungsvorschriften handelt, die eine **Mindestzahl von AN** voraussetzen und die danach berechnete Zahl der AN des übertragenden Rechtsträgers auf weniger als **i.d.R.** – d.h., nicht nur vorübergehend[67] – **ein Viertel** („25 %-Quorum")[68] dieser Mindestzahl sinkt.[69] Im Fall des § 1 Abs. 1 Nr. 2 MitbestG beträgt die Untergrenze demnach **500 AN**, bei § 1 Abs. 2 MontanMitbestG liegt die Grenze bei **250 AN** und im Fall des § 1 Abs. 1 DrittelbG sind mindestens **125 AN** erforderlich. 18

2. Öffnungsklausel (Abs. 2). a) Fortgeltungsvereinbarungen (Abs. 2 S. 1). aa) Betriebsvereinbarung und Tarifvertrag. Gem. Abs. 2 S. 1 kann durch – **freiwillige** (§ 88 BetrVG), nicht durch Anrufung der Einigungsstelle (§ 76 BetrVG) erzwingbare[70] – **BV** und/[71] oder **TV** – insb. **Haus-** oder **Firmen-TV**[72] – die Fortgeltung der infolge der Spaltung entfallenden **Rechte** oder **Beteiligungsrechte** der BR der aus der Spaltung hervorgegangenen Betriebe vereinbart werden. Einen ähnlichen Gedanken enthalten bereits § 38 Abs. 1 S. 5 BetrVG[73] und § 88 BetrVG.[74] Die Möglichkeit des Abschlusses einer Beibehaltungsvereinbarung gem. Abs. 2 S. 1 hat besondere Bedeutung für das Fortbestehen des **Wirtschaftsausschusses**.[75] Im Hinblick darauf, dass es sich bei der Fortgeltung von Rechten bzw. Beteiligungsrechten des BR gem. Abs. 2 S. 1 um einen tariflich regelbaren Gegenstand handelt, ist ein auf den Abschluss einer entsprechenden Fortgeltungsvereinbarung gerichteter **Arbeitskampf** zulässig („Erstreikbarkeit").[76] Nach h.M. ist die Tarifbindung allein des AG gem. **§ 3 Abs. 2 TVG** ausreichend,[77] da der TV betriebsverfassungsrechtliche Fragen (§ 1 Abs. 1 TVG) regelt.[78] Sonstige (zwingende) gesellschaftsrechtliche (z.B. Zuständigkeits-)Vorschriften sind grds. zu beachten.[79] 19

bb) Abschlussberechtigter. Unklar ist, wer nach Abs. 2 S. 1 zum Abschluss der Kollektivregelungen mit Wirkung für die aus der Umwandlung hervorgehenden **Betriebe des aufnehmenden bzw. neuen Rechtsträgers** befugt ist. Nach h.M. sind dies im Fall von **BV** die BR (ggf. mit Übergangsmandat nach § 21a BetrVG) der aus der Umwandlung hervorgehenden Betriebe.[80] Für den **(Rest-)Betrieb des übertragenden Rechtsträgers** bleibt dessen BR zuständig.[81] Im übertragenden Unternehmen bestehende (Firmen-)**TV** bleiben auch nach der Umwandlung grds. wirksam. Tarifvertragliche Fortgeltungsvereinbarungen mit Wirkung für die aus der Umwandlung hervorgehenden Betriebe können bereits vor der Spaltung durch die zuständige Gewerkschaft getroffen werden.[82] 20

cc) Zeitlicher Zusammenhang. Die Vereinbarung der **„Fortgeltung"** der (Beteiligungs-)Rechte des BR ist in nahem zeitlichem Zusammenhang mit der Umwandlung zu treffen; ein Zeitraum von **einem Jahr** genügt diesem Erfordernis jedenfalls nicht mehr.[83] 21

dd) Dauer. Die nach Abs. 2 S. 1 geschlossene Vereinbarung kann sowohl die befristete wie auch die **zeitlich unbegrenzte Fortgeltung** der (Beteiligungs-)Rechte vorsehen.[84] Es besteht grds. die Möglichkeit der fristgemäßen **Künd** der Vereinbarung gem. § 77 Abs. 5 BetrVG (analog).[85] 22

---

66 HWK/*Willemsen*, § 325 UmwG Rn 10.
67 Semler/Stengel/*Simon*, § 325 Rn 9; *Boecken*, Rn 435.
68 Kallmeyer/*Willemsen*, § 325 Rn 6; HWK/*Willemsen*, § 325 UmwG Rn 6; *Trittin*, AiB 1996, 349, 363.
69 Semler/Stengel/*Simon*, § 325 Rn 8 ff.; Sagasser/Bula/Brünger/*Sagasser/Schmidt*, F Rn 66; H/S/*Boecken*, § 9 Rn 109; Beseler/Düwell/*Göttling*, S. 330; Büdenbender, ZIP 2000, 385, 391; *Gaidies*, BetrR 1995, 29, 33; *Henssler*, ZfA 2000, 241, 248; *Herbst*, AiB 1995, 5, 8.
70 Semler/Stengel/*Simon*, § 325 Rn 36; Kallmeyer/Willemsen, § 325 Rn 13; HWK/*Willemsen*, § 325 UmwG Rn 15; H/S/*Boecken*, § 9 Rn 100; *Boecken*, Rn 415; *Mengel*, S. 358; *Schaub*, in: FS für Wiese, 1998, S. 535, 545; *Herbst*, AiB 1995, 5, 9.
71 §§ 87 Abs. 1 Einleitungss., 77 Abs. 3 BetrVG, § 4 Abs. 3 TVG.
72 Semler/Stengel/*Simon*, § 325 Rn 34; HWK/*Willemsen*, § 325 UmwG Rn 15; H/S/*Boecken*, § 9 Rn 100; *Boecken*, Rn 414; *Trittin*, AiB 1996, 349, 364; *Wlotzke*, DB 1995, 40, 46.
73 *Boecken*, Rn 404; *Neye*, DB 1994, 2069.
74 *Bachner*, NJW 1995, 2881, 2886.
75 Beseler/Düwell/*Göttling*, S. 340 m.w.N.
76 *Boecken*, Rn 416 m.w.N.
77 BAG 20.3.1991 – 4 AZR 455/90 – NZA 1991, 736, 737 ff.; BAG 5.9.1990 – 4 AZR 59/90 – NZA 1991, 202, 204.
78 Semler/Stengel/*Simon*, § 325 Rn 34; Lutter/*Joost*, § 325 Rn 49; HK-UmwG/*Tempelmann*, § 325 Rn 23; *Boecken*, Rn 416; *Schaub*, in: FS für Wiese, 1998, S. 535, 545;
79 *Trenkle*, AiB 2005, 13, 16.
80 Semler/Stengel/*Simon*, § 325 Rn 36; H/S/*Boecken*, § 9 Rn 101 f.; *Boecken*, Rn 418; Kallmeyer/Willemsen, § 325 Rn 15; HWK/*Willemsen*, § 325 UmwG Rn 16; a.A. Lutter/*Joost*, § 325 Rn 45.
81 Semler/Stengel/*Simon*, § 325 Rn 36.
82 HWK/*Willemsen*, § 325 UmwG Rn 16; H/S/*Boecken*, § 9 Rn 101; *Boecken*, Rn 419; *Gaul*, Das Arbeitsrecht der Betriebs- und Unternehmensspaltung § 28 Rn 303.
83 Semler/Stengel/*Simon*, § 325 Rn 41 m.w.N.
84 *Schaub*, in: FS für Wiese, 1998, S. 535, 545; *Herbst*, AiB 1995, 5, 9; *Kallmeyer*, ZIP 1994, 1746, 1758; *Wlotzke*, DB 1995, 40, 46.
85 Semler/Stengel/*Simon*, § 325 Rn 42; *Trittin*, AiB 1996, 349, 365.

23 **ee) Sonderfall: Teilübertragung (§ 174 Abs. 2) von öffentlich-rechtlichem auf privaten Rechtsträger oder umgekehrt (§ 175).** Zwar erwähnt Abs. 2 den PR und Dienstvereinbarungen nicht.[86] Doch ist es entgegen der wohl h.M. – die auf die grds. Unterschiede zwischen **BetrVG** und den **PersVG** verweist[87] – sachgerecht, dass die Fortgeltung jedenfalls solcher (Beteiligungs-) Rechte von **BR** und **PR** vereinbart werden kann, die in dem jeweils anderen Mitbestimmungssystem (PersVG/BetrVG) ihrer Art nach grds. denkbar sind, nicht z.B. ein Wirtschaftsausschuss (§ 106 BetrVG) im Bereich der PersVG, wohl aber die Beteiligung des neu gebildeten BR im Bereich personeller Einzelmaßnahmen (§ 75 BPersVG, § 99 BetrVG).[88]

24 **b) Anwendbarkeit der §§ 9, 27 BetrVG (Abs. 2 S. 2).** Die Vorschriften über die **Zahl der Mitglieder des BR (§ 9 BetrVG)** sowie des **Betriebsausschusses (§ 27 BetrVG)** bleiben gem. Abs. 2 S. 2 „**unberührt**",[89] d.h., sie finden weiterhin uneingeschränkt Anwendung. Die nach §§ 9, 27 BetrVG maßgeblichen AN-Zahlen müssen unabhängig von Vereinbarungen in BV oder TV jeweils in den nach der Umwandlung verbleibenden Betrieben vorliegen.[90] Dies hat erst recht für die Mindestzahl von (i.d.R. mindestens fünf ständigen wahlberechtigten, davon drei wählbaren) AN für die **Errichtung von BR (§ 1 Abs. 1 BetrVG)** zu gelten.[91]

C. Verbindung zu anderen Rechtsgebieten und zum Prozessrecht

I. Verhältnis des Abs. 1 S. 1 zu anderen Mitbestimmungsbeibehaltungsvorschriften

25 Die umstr. Frage nach dem Verhältnis von Abs. 1 S. 1 zu **§ 1 Abs. 3 MontanMitbestG** bzw. **§ 16 Abs. 2 MitbestErgG**[92] – die im Fall des dauerhaften Absinkens der AN-Anzahl unter die für § 1 Abs. 2 MontanMitbestG maßgebliche Zahlengrenze von i.d.R. mehr als 1.000 AN ein Entfallen des Mitbestimmungssystems erst nach Ablauf von **sechs Geschäftsjahren** anordnen[93] – wird von einer Ansicht dahingehend beantwortet, dass § 1 Abs. 3 MontanMitbestG der speziellere Tatbestand sei,[94] während mit der vorzugswürdigen a.A. ein Vorrang der gegenüber allgemeinen Mitbestimmungsgesetzen **spezielleren Regelung des Abs. 1 S. 1** anzunehmen ist.[95] Eine Überschneidung der Anwendungsbereiche von Abs. 1 und § 1 MitbestBeiG, der nur für grenzüberschreitende Betriebsübergänge innerhalb der EU gilt, kommt nicht in Betracht.[96]

II. Prozessuales

26 Streitigkeiten über betriebsverfassungsrechtliche Fragen sind vor den ArbG im **Beschlussverfahren** (§ 2a Abs. 1 Nr. 1, 3, Abs. 2 ArbGG) auszutragen, bei Streitigkeiten über Rechte aus tarifvertraglichen Fortgeltungsvereinbarungen findet das **Urteilsverfahren** (§ 2 Abs. 1 Nr. 1, Abs. 5 ArbGG) statt.[97]

III. Sonstiges

27 Der Wegfall der Mitbestimmung durch Entsendung eines AN-Vertreters in den AR dadurch, dass bei der Umwandlung einer AG in eine GmbH letztere keinen AR benötigt, macht die Ausübung des **Umwandlungsrechtes** nicht rechtsmissbräuchlich (§ 242 BGB).[98]

D. Beraterhinweise

28 Im **Umwandlungsvertrag** (§§ 126 Abs. 1 Nr. 11, 135 Abs. 1 S. 1, 136) ist ggf. anzugeben, inwieweit BR-Ämter erlöschen oder neue BR zu wählen sind und ob Maßnahmen nach Abs. 2 S. 1 erfolgten oder vorgesehen sind.[99] Es empfiehlt sich die Aufnahme einer **salvatorischen Klausel**[100] in die gem. Abs. 2 getroffenen Mitbestimmungsvereinbarungen, so dass im Falle der Unwirksamkeit einer Regelung nicht u.U. Gesamtnichtigkeit (§ 139 BGB) eintritt.[101]

---

[86] Düwell, NZA 1996, 393, 399.
[87] Semler/Stengel/Simon, § 325 Rn 43 m.w.N.
[88] Kallmeyer/Willemsen, § 325 Rn 16; HWK/Willemsen, § 325 UmwG Rn 17.
[89] Trittin, AiB 1996, 349, 359.
[90] HWK/Willemsen, § 325 UmwG Rn 14.
[91] Semler/Stengel/Simon, § 325 Rn 30; Boecken, Rn 412; Sagasser/Bula/Brünger/Sagasser/Schmidt, F Rn 65; Schaub, in: FS für Wiese, 1998, S. 535, 545; Gaidies, BetrR 1995, 29, 32; Heinze, ZfA 1997, 1, 19; Trittin, AiB 1995, 315, 318; Wlotzke, DB 1995, 40, 46.
[92] Zur Verfassungsmäßigkeit s. BVerfG 2.3.1999 – 1 BvL 2/91 – NZA 1999, 435, 436 ff.
[93] Henssler, ZfA 2000, 241, 253 f.
[94] Semler/Stengel/Simon, § 325 Rn 14; Kallmeyer/Willemsen, § 325 Rn 9; HWK/Willemsen, § 325 UmwG Rn 9; Gaul, Das Arbeitsrecht der Betriebs- und Unternehmensspaltung, § 34 Rn 23 ff.; ErfK/Oetker, Einl. MitbestG Rn 13.
[95] S. H/S/Boecken, § 9 Rn 110; Boecken, Rn 437; Heinze, ZfA 1997, 1, 17 f.; wohl auch Büdenbender, ZIP 2000, 385, 398.
[96] Semler/Stengel/Simon, § 325 Rn 16; Gaul, Das Arbeitsrecht der Betriebs- und Unternehmensspaltung, § 34 Rn 29 ff.
[97] Semler/Stengel/Simon, § 325 Rn 44.
[98] OLG Naumburg 6.2.1997 – 7 U 236/96 – NZA-RR 1997, 177, 179; Gaul, Das Arbeitsrecht der Betriebs- und Unternehmensspaltung, § 34 Rn 9.
[99] Joost, ZIP 1995, 976, 982; Schwedhelm/Streck/Mack, GmbHR 1995, 7, 9.
[100] Ihring/Schlitt, NZG 1999, 333, 337.
[101] Trenkle, AiB 2005, 13, 16.

Zur Umsetzung der am 15.12.2005 in Kraft getretenen **Fusions-RL 2005/56/EG**[102] hat der deutsche Gesetzgeber das Gesetz zur Umsetzung der Regelungen über die Mitbestimmung der AN bei einer Verschmelzung von Kapitalgesellschaften aus verschiedenen Mitgliedstaaten vom 21.12.2006[103] erlassen.[104]

In der Praxis wird gelegentlich der Wunsch nach einer Vermeidung bzw. Flucht aus der paritätischen Unternehmensmitbestimmung geäußert, so dass eine Reihe von möglichen Strategien diskutiert wird.[105]

---

[102] RL 2005/56/EG des Europäischen Parlaments und des Rates vom 26.10.2005 über die Verschmelzung von Kapitalgesellschaften aus verschiedenen Mitgliedstaaten, ABl 2005 L 310, 1.
[103] BGBl I 2006, S. 3332.
[104] S. hierzu die Kommentierung zum MgVG.
[105] Näher dazu *Rieble*, BB 2006, 2018 ff., unter bes. Berücks. der Möglichkeiten der Societas Europaea (SE); *Henssler*, ZfA 2000, 241, 242 ff.

Gesetz über Urheberrecht und verwandte Schutzrechte (Urheberrechtsgesetz)

Vom 9.9.1965, BGBl I S. 1273, BGBl III 440-1

Zuletzt geändert durch Gesetz zur Reform des Verfahrens in Familiensachen und in den Angelegenheiten der freiwilligen Gerichtsbarkeit (FGG-Reformgesetz – FGG-RG) vom 17.12.2008, BGBl I S. 2586

– Auszug –

Vorbemerkung

1 Die Aufgabe des Urheberrechts besteht darin, den Schöpfer eines Werks der Literatur, Wissenschaft oder Kunst gegen eine unbefugte wirtschaftliche Auswertung seiner schöpferischen Leistung und gegen Verletzungen seiner ideellen Interessen am Werk zu schützen.[1] Das Urheberrecht umfasst hierzu eine Summe einzelner Befugnisse, die teils dem Schutz der Vermögensinteressen des Urhebers dienen (**Verwertungsrechte**) und teils dem Schutz der geistigen und persönlichen Beziehungen des Urhebers zu seinem Werk (**Urheberpersönlichkeitsrecht**).[2] Nicht das Werk, auf das sich der Schutz bezieht, sondern die Person des Urhebers steht im Vordergrund.[3]

2 Das gesetzliche Urhebervertragsrecht dient mit seinen teils zwingenden Vorschriften dem Ziel, dem i.d.R. wirtschaftlich und sozial schwächeren Urheber gegenüber dem wirtschaftlich mächtigeren Verwerter im zur Verwertung des Werks erforderlichen Rechtsverkehr gewisse Mindestrechte zu sichern. Das Leitbild des Gesetzgebers ist dabei der selbstständige Urheber. Das Problem **mangelnder Vertragsparität** besteht bekanntlich aber auch und gerade im Arbverh. Es dürfte bei AN-Urhebern sogar akuter sein, weil urheberrechtlich geschützte Werke inzwischen überwiegend im Arbverh geschaffen werden.[4] Erstaunlicherweise zieht der Gesetzgeber daraus aber die Konsequenz, die Rechte des AN-Urhebers in § 43 gegenüber denen des selbstständigen Urhebers **einzuschränken** und in § 69b bei Computerprogrammen ganz zu **beschneiden**. Das Urheberrecht ist dadurch schleichend zum Verwerterrecht verkommen. Die auf selbstständige Urheber zugeschnittenen Regeln werden praktisch nur selten wirksam, weil selbstständige Urheber wirtschaftlich keine große Rolle spielen. Und auf AN-Urheber sollen die „zwingenden" Vorschriften nur eingeschränkte (§ 43) oder gar keine (§ 69b) Anwendung finden. Die geringe Bedeutung des AN-Urheberrechts wird empirisch vor allem durch die **geringe Zahl** dazu bekannt gewordener Gerichtsentscheidungen belegt.

3 In der nachfolgenden Kommentierung werden mit den §§ 31, 32, 32a, 40, 43 und 69b die Vorschriften des AN-Urhebervertragsrechts behandelt, die zumindest geeignet sind, einer wirtschaftlichen Bedeutung zugeführt zu werden. Es wird aufgezeigt, dass auch dem AN-Urheber gewisse Mindestrechte zustehen, die allerdings mutig ausgeübt und durchgesetzt werden müssen. Für die Lektüre ist, soweit es um Nutzungsrechte geht, als Reihenfolge § 43, § 40, § 31 und § 69b anzuraten, und soweit Vergütungsansprüche in Rede stehen § 43, § 32 und § 32a.

4 Die hier nicht weiter erörterte Grundvoraussetzung einer jeden Anwendung des Urheberrechtsgesetzes ist ein geschütztes **Werk** der Literatur, Wissenschaft oder Kunst i.S.d. §§ 1, 2. Als „**persönliche geistige Schöpfungen**" gem. § 2 Abs. 2 sind Erzeugnisse anzusehen, die durch ihren Inhalt, durch ihre Form oder durch die Verbindung von Inhalt und Form etwas Neues und Eigentümliches darstellen.[5]

§ 31 Einräumung von Nutzungsrechten

(1) [1]Der Urheber kann einem anderen das Recht einräumen, das Werk auf einzelne oder alle Nutzungsarten zu nutzen (Nutzungsrecht). [2]Das Nutzungsrecht kann als einfaches oder ausschließliches Recht sowie räumlich, zeitlich oder inhaltlich beschränkt eingeräumt werden.

(2) Das einfache Nutzungsrecht berechtigt den Inhaber, das Werk auf die erlaubte Art zu nutzen, ohne dass eine Nutzung durch andere ausgeschlossen ist.

(3) [1]Das ausschließliche Nutzungsrecht berechtigt den Inhaber, das Werk unter Ausschluss aller anderen Personen auf die ihm erlaubte Art zu nutzen und Nutzungsrechte einzuräumen. [2]Es kann bestimmt werden, dass die Nutzung durch den Urheber vorbehalten bleibt. [3]§ 35 bleibt unberührt.

(4) (aufgehoben)

(5) [1]Sind bei der Einräumung eines Nutzungsrechts die Nutzungsarten nicht ausdrücklich einzeln bezeichnet, so bestimmt sich nach dem von beiden Partnern zugrunde gelegten Vertragszweck, auf welche Nutzungsarten es sich erstreckt. [2]Entsprechendes gilt für die Frage, ob ein Nutzungsrecht eingeräumt wird, ob es sich um ein

---

[1] BT-Drucks 4/270.
[2] BT-Drucks 4/270.
[3] BT-Drucks 4/270, zu § 1.
[4] *Fuchs*, AN-Urhebervertragsrecht, S. 13 f.
[5] BT-Drucks 4/270, zu § 2.

einfaches oder ausschließliches Nutzungsrecht handelt, wie weit Nutzungsrecht und Verbotsrecht reichen und welchen Einschränkungen das Nutzungsrecht unterliegt.

Literatur: *Berger/Wündisch*, Urhebervertragsrecht. Handbuch, 2008; *Dreier/Schulze*, Urheberrechtsgesetz. Urheberrechtswahrnehmungsgesetz. Kunsturhebergesetz., Kommentar, 2. Aufl. 2006; *Dreyer/Kotthoff/Meckel*, Heidelberger Kommentar zum Urheberrecht, 2004; *Fuchs*, Arbeitnehmer-Urhebervertragsrecht, 2005; *ders.*, Gesetz über Urheberrecht und verwandte Schutzrechte (Urheberrechtsgesetz) vom 9. September 1965. Historisch-synoptische Edition. 1965–2008, 5. Aufl. 2008, http://lexetius.com/UrhG; *Henkel*, Beteiligung eines Arbeitnehmers an der wirtschaftlichen Verwertung der von ihm entwickelten Software, BB 1987, 833; *Hoeren/Sieber*, Handbuch Multimedia-Recht. Rechtsfragen des elektronischen Geschäftsverkehrs, Stand März 2008; *Pahlow*, Das einfache Nutzungsrecht als schuldrechtliche Lizenz. Zur Auslegung des § 31 Abs. 2 UrhG, ZUM 2005, 865; *Rehbinder*, Der Urheber als Arbeitnehmer, WiB 1994, 461; *Sack*, Computerprogramme und Arbeitnehmer-Urheberrecht – unter Berücksichtigung der Computerprogramm-Richtlinie der EG vom 14.5.1991, BB 1991, 2165; *Schricker*, Urheberrecht. Kommentar, 3. Aufl. 2006; *Schwab*, Das Urheberrecht des Arbeitnehmers, AR-Blattei SD 1630; *ders.*, Der Arbeitnehmerurheber in der Rechtsprechung des Bundesarbeitsgerichts, in: Oetker/Preis/Riebele, 50 Jahre Bundesarbeitsgericht, 2004, 213; *Srocke*, Das Abstraktionsprinzip im Urheberrecht, GRUR 2008, 867; *Ullmann*, Das urheberrechtlich geschützt Arbeitsergebnis – Verwertungsrecht und Vergütungspflicht, GRUR 1987, 6; *Vinck*, Der Urheber im Arbeits- und arbeitnehmerähnlichen Verhältnis, RdA 1997, 162; *Wandtke/Bullinger*, Praxiskommentar zum Urheberrecht, 3. Aufl. 2009; *Westen*, Zur urheberrechtlichen Stellung des Wissenschaftlers im Arbeits- oder Dienstverhältnis nach deutschem Recht, JR 1967, 401; *Zirkel*, Der angestellte Urheber und § 31 Abs. 4 UrhG, ZUM 2004, 626

A. Allgemeines 1	2. Kritik 10
B. Regelungsgehalt 2	C. Verbindung zu anderen Rechtsgebieten und zum
I. Nutzungsrecht (Abs. 1 bis 3) 2	Prozessrecht 16
II. Vertragszweckregel (Abs. 5) 7	D. Beraterhinweise 19
1. Entwicklung im Arbeitnehmer-Urhebervertragsrecht 8	

A. Allgemeines

Die Vorschrift trat am 1.1.1966 in Kraft.[1] Abs. 1 bis 3, 5 wurden mit Wirkung zum 1.7.2002 geändert.[2] Abs. 4 fiel mit Wirkung zum 1.1.2008 weg.[3] **1**

B. Regelungsgehalt

I. Nutzungsrecht (Abs. 1 bis 3)

Abs. 1 S. 1 definiert das **Nutzungsrecht** als das Recht, das Werk auf einzelne oder alle Nutzungsarten zu nutzen. **2**

Nutzungsart ist jede nach der Verkehrsauffassung konkrete technisch und wirtschaftlich eigenständige Verwendungsform des Werks.[4] Technische Neuerungen, die eine neue Verwendungsform kennzeichnen, ohne wirtschaftlich eigenständige Vermarktungsmöglichkeiten zu erschließen, reichen nicht aus, um eine neue Nutzungsart anzunehmen.[5] Eine wirtschaftlich eigenständige Verwendungsform ist vor allem dann anzunehmen, wenn mit Hilfe einer neuen Technik ein neuer Absatzmarkt erschlossen wird, die traditionellen Verwendungsformen also nicht oder nur am Rande eingeschränkt werden. Dagegen ist eine wirtschaftlich eigenständige Verwendungsform tendenziell eher zu verneinen, wenn durch die neue Verwendungsform eine gebräuchliche Verwendungsform substituiert wird.[6] Auch bloße schuldrechtliche Vereinbarungen, die über die Ausübung des Nutzungsrechts getroffen werden, vermögen den dinglichen Gegenstand des eingeräumten Rechts nicht festzulegen.[7] In zeitlicher Hinsicht ist maßgebend, dass die Nutzungsart nicht nur mit ihren technischen Möglichkeiten, sondern auch als wirtschaftlich bedeutsam und verwertbar bekannt ist.[8] Auf einen tatsächlich wirtschaftlich bedeutsamen Umfang der Auswertung kommt es nicht an.[9] **3**

---

1 § 143 Abs. 2 des Gesetzes über Urheberrecht und verwandte Schutzrechte (Urheberrechtsgesetz) vom 9.9.1965 (BGBl I S. 1273); *Fuchs*, UrhG-HsE, § 31.
2 Art. 1 Nr. 3 Buchst. a, Buchst. b, 3 des Gesetzes zur Stärkung der vertraglichen Stellung von Urhebern und ausübenden Künstlern vom 22.3.2002 (BGBl I S. 1155); *Fuchs*, UrhG-HsE, § 31.
3 Art. 1 Nr. 3, 4 des Zweiten Gesetzes zur Regelung des Urheberrechts in der Informationsgesellschaft vom 26.10.2007 (BGBl I S. 2513); *Fuchs*, UrhG-HsE, § 31.
4 BGH 5.6.1985 – I ZR 53/83 – NJW 1986, 1244; BGH 8.11.1989 – I ZR 14/88 – GRUR 1990, 669; BGH 12.12.1991 – I ZR 165/89 – NJW 1992, 1320; BGH 4.7.1996 – I ZR 101/94 – NJW 1997, 320; BGH 19.5.2005 – I ZR 285/02 – NJW 2005, 3354.
5 BGH 4.7.1996 – I ZR 101/94 – NJW 1997, 320; BGH 19.5.2005 – I ZR 285/02 – NJW 2005, 3354.
6 BGH 19.5.2005 – I ZR 285/02 – NJW 2005, 3354.
7 BGH 12.12.1991 – I ZR 165/89 – NJW 1992, 1320.
8 BGH 11.10.1990 – I ZR 59/89 – GRUR 1991, 133; BGH 26.1.1995 – I ZR 63/93 – NJW 1995, 1496; BGH 16.1.1997 – I ZR 38/96 – NJW 1997, 1368.
9 BGH 26.1.1995 – I ZR 63/93 – NJW 1995, 1496; BGH 16.1.1997 – I ZR 38/96 – NJW 1997, 1368.

4 Das Nutzungsrecht ist mit dem in § 15 definierten und in den §§ 16 bis 24 ausgestalteten **Verwertungsrecht** als einer dem Urheber erwachsenen Befugnis nicht identisch. Das vertraglich eingeräumte Nutzungsrecht kann hinter der gesetzlichen Verwertungsbefugnis zurückbleiben.[10]

5 Sowohl das einfache als auch das ausschließliche Nutzungsrecht berechtigt den Inhaber, das Werk auf die ihm erlaubte Art zu nutzen. Das **einfache** Nutzungsrecht schließt die Nutzung durch andere nicht aus. Das **ausschließliche** Nutzungsrecht gewährt demgegenüber Exklusivität. Von dem ausschließlichen Nutzungsrecht können außerdem ausdrücklich in dessen Rahmen (Abs. 3 S. 3, § 35) Nutzungsrechte abgeleitet werden. Vertraglich vereinbarte **Mischformen** im Sinn eines beschränkten ausschließlichen Nutzungsrechts oder eines erweiterten einfachen Nutzungsrechts sind möglich. Bei ausschließlichen Nutzungsrechten ergibt sich das aus dem Umfang im Sinn des Abs. 1 S. 2 und aus dem zeitlichen Prioritätsprinzip des § 33. Wenn der Urheber dem Verwerter ein im Umfang beschränktes ausschließliches Nutzungsrecht eingeräumt hat, ist er also nicht gehindert, die ihm verbleibenden Rechte einem Dritten einzuräumen.[11] Da bereits eingeräumte Nutzungsrechte weiterwirken, kann der Urheber allerdings nur noch über die bei ihm verbliebenen verfügen.[12] Beides gilt auch im Verhältnis zwischen Verwerter und Dritten.[13] Ausgehend davon ist es auch nicht ausgeschlossen, Nutzungsrechte zu konstruieren, die im Sinn eines einfachen Nutzungsrechts nicht exklusiv sind, von denen aber rahmenwahrende Nutzungsrechte abgeleitet werden können.[14] Dem sachenrechtlichen Formenzwang vergleichbare Beschränkungen kennt das Urhebervertragsrecht nicht. Es findet seine Grenze allenfalls im hier nicht berührten Verkehrsschutzinteresse der Allgemeinheit.[15]

6 Im Urhebervertragsrecht gilt außerdem nicht das Abstraktions-, sondern das **Kausalitätsprinzip**. Das wird mangels Vorschriften, die das Abstraktionsprinzip statuieren, aus § 40 Abs. 3 und § 9 Abs. 1 VerlG, wonach die Wirksamkeit der Verfügung bei künftigen Werken und beim Verlagsrecht jeweils vom Bestand der Verpflichtung abhängig ist, sowie aus der Zweckbindung nach Abs. 5 gefolgert. Ein Nutzungsrecht **fällt** deshalb an den Schuldner des Verpflichtungsvertrags **zurück**, wenn dessen Wirkungen enden.[16] Ausnahmen davon können sich durch ausdrückliche Vereinbarung und nach Maßgabe des Vertragszwecks ergeben, der in Vertragsketten auch nicht einheitlich sein muss.[17]

II. Vertragszweckregel (Abs. 5)

7 Die Vorschriften des Abs. 5 bezwecken, den Urheber vor unangemessenen wirtschaftlichen Folgen einer pauschalen Nutzungsrechtseinräumung zu bewahren.[18] Der Urheber soll möglichst weitgehend an den wirtschaftlichen Früchten der Verwertung seines Werks **beteiligt** werden. Fehlt es an der einzelnen Bezeichnung, werden nur die Nutzungsrechte eingeräumt, die nach dem Vertragszweck **unbedingt erforderlich** sind. Nutzungsrechte haben die Tendenz, soweit wie möglich beim Urheber zu verbleiben.[19] Einer nach dem Vertragswortlaut „uneingeschränkten Übertragung" eines gesetzlich vorgesehenen „Verwertungsrechts" kann deshalb regelmäßig nichts Abschließendes über den Umfang der Nutzungsrechtseinräumung entnommen werden.[20] Nutzungsrechte, welche die Erreichung des Vertragszwecks erst ermöglichen, werden regelmäßig bereits **stillschweigend** eingeräumt. Ein Urheber, der diese Rechte nicht einräumen will, muss sie sich ausdrücklich vorbehalten. Nur die über den Vertragszweck hinausgehenden Nutzungsrechte bedürfen einer selbstständigen Einräumung.[21] Bei der Auslegung des Vertrags, wie es Treu und Glauben mit Rücksicht auf die Verkehrssitte erfordern, kann nach § 157 BGB die **Branchenübung** zu berücksichtigen sein, wenn sie Rückschlüsse auf einen objektivierten rechtsgeschäftlichen Willen der Vertragsparteien hinsichtlich der eingeräumten Nutzungsrechte erlaubt.[22] Bei der Prüfung einer Branchenübung, die durch Sachverständigengutachten bewiesen werden kann, kommt es allerdings nicht nur auf die Praxis der Verwerter, sondern vor allem

---

10 BGH 12.12.1991 – I ZR 165/89 – NJW 1992, 1320; BGH 16.1.1997 – I ZR 38/96 – NJW 1997, 1368.
11 BGH 12.12.1991 – I ZR 165/89 – NJW 1992, 1320.
12 BGH 25.6.1985 – KZR 31/84 – NJW 1986, 58.
13 BGH 25.6.1985 – KZR 31/84 – NJW 1986, 58; BGH 12.12.1991 – I ZR 165/89 – NJW 1992, 1320.
14 *Fuchs*, AN-Urhebervertragsrecht, S. 147; a.A. wohl OLG Jena 8.5.2002 – 2 U 764/01 – GRUR-RR 2002, 379.
15 A.A. wohl *Pahlow*, ZUM 2005, 865.
16 Einzelfallbezogen BGH 25.2.1966 – Ib ZR 30/64 – GRUR 1966, 567; BGH 26.3.1976 – I ZR 157/74 – GRUR 1976, 706; BGH 21.1.1982 – I ZR 182/79 – GRUR 1982, 308. Grds. OLG Hamburg 23.10.1997 – 3 U 171/94 – NJW-RR 1999, 343; OLG Karlsruhe 25.10.2006 – 6 U 174/05 – ZUM-RD 2007, 76; LG Hamburg 3.7.1998 – 308 O 111/98; LG Hamburg – 18.12.1998 – 308 O 296/97; LG Hamburg 15.1.1999 – 308 O 229/98 – ZUM 1999, 858; LG Köln 16.11.2005 – 28 O 295/05 – NJW-RR 2006, 1709; *Fuchs*, AN-Urhebervertragsrecht, S. 126 ff.; a.A. *Srocke*, GRUR 2008, 867. Zur Rechtslage vor dem Inkrafttreten des § 40 Abs. 3 BGH 15.4.1958 – I ZR 31/57 – NJW 1958, 1583.
17 LG Köln 16.11.2005 – 28 O 295/05 – NJW-RR 2006, 1709.
18 BT-Drucks 4/3401, zu § 31.
19 BGH 26.4.1974 – I ZR 137/72 – GRUR 1974, 768; BGH 22.9.1983 – I ZR 40/81 – NJW 1984, 1112; BGH 27.9.1995 – I ZR 215/93 – NJW 1995, 3252; BGH 5.7.2001 – I ZR 311/98 – NJW 2002, 896; BGH 22.4.2004 – I ZR 174/01 – NJW 2005, 151; OLG München 12.2.1998 – 29 U 3550/97 – ZUM-RD 1998, 101.
20 BGH 26.4.1974 – I ZR 137/72 – GRUR 1974, 768; BGH 27.9.1995 – I ZR 215/93 – NJW 1995, 3252; OLG München 12.2.1998 – 29 U 3550/97 – ZUM-RD 1998, 101.
21 BGH 15.3.1984 – I ZR 218/81 – GRUR 1984, 528; BGH 5.7.2001 – I ZR 311/98 – NJW 2002, 896; OLG Stuttgart 25.4.2001 – 4 U 122/98 – juris.
22 BGH 20.3.1986 – I ZR 179/83 – GRUR 1986, 885; BGH 22.4.2004 – I ZR 174/01 – NJW 2005, 151.

auch auf das **Bewusstsein der Urheber** an, einräumbare Nutzungsrechte zu haben. Ohne dieses Bewusstsein kann nicht davon ausgegangen werden, dass sie Nutzungsrechte einräumen wollen.[23]

1. Entwicklung im Arbeitnehmer-Urhebervertragsrecht. Im AN-Urhebervertragsrecht wurde die Vertragszweckregel des Abs. 5 weitgehend **ausgehöhlt**. Der AN-Urheber ist nach dem in der Praxis vorherrschen Begründungsmuster verpflichtet, die Nutzungsrechte an einem Werk, das er für bestimmte Zwecke des AG geschaffen hat, diesem einzuräumen, wenn erst dies die vertraglich vorausgesetzte Werknutzung ermöglicht.[24] Wenn eine solche Verpflichtung besteht, dann ist davon auszugehen, dass der AN-Urheber dem AG zumindest **stillschweigend** auch die zweckspr. erforderlichen Nutzungsrechte einräumt.[25] Der AG ist im Rahmen des von ihm verfolgten Vertragszwecks regelmäßig auf eine derartige Nutzungsrechtseinräumung angewiesen.[26] Er hat deshalb auch ein berechtigtes Interesse daran, die vom AN-Urheber im Rahmen des Arbverh geschaffenen Werke in rechtlich gesicherter Weise verwerten zu dürfen.[27] Die Vorschrift des § 43 enthält gegenüber Abs. 5 jedoch keine materielle Sonderregelung für die Einräumung von Nutzungsrechten im Arbverh.[28] Nach a.A. ergibt sich aus § 43 Hs. 3, dass die Interessen des AG bei der Ermittlung des Vertragszwecks in besonderer Weise zu berücksichtigen sind.[29] Auf den Willen des AN-Urhebers soll es dabei nicht ankommen. Es ist vielmehr darauf abzustellen, wie der AG das Handeln des AN-Urhebers im Arbverh objektiv verstehen darf.[30] Die Rechtseinräumung reicht zwar nur so weit, wie sich ein zweifelsfreier, gemeinsam verfolgter Vertragszweck ermitteln lässt.[31] In der Regel wird dann aber unter Verweis auf einen am **Betriebszweck** orientierten Vertragszweck ein ausschließliches, räumlich, zeitlich und inhaltlich im Wesentlichen unbeschränktes Nutzungsrecht für alle bekannten Nutzungsarten als eingeräumt angesehen.[32] Die Nutzungsrechte werden dabei erst **bei der Ablieferung des Werks** eingeräumt.[33] Ausgehend davon ist es dem AN-Urheber nach Treu und Glauben zuzumuten, sich die zweckentspr. erforderlichen Nutzungsrechte ausdrücklich vorzubehalten, wenn er ihre Einräumung ausschließen will.[34] Eine Betonung der Urheberschaft genügt dafür nicht.[35]

Diese Entwicklung hängt eng mit der Rechtsprechung zur Nutzungsrechtseinräumung an im Arbverh geschaffenen Computerprogrammen und den damit verbundenen besonderen wirtschaftlichen Interessen zusammen. Nutzungsrechte an Computerprogrammen wurden danach bereits vor dem Inkrafttreten der §§ 69b, 137d Abs. 1 S. 1 am 24.6.1993 als im **weitestgehend zulässigen Umfang** eingeräumt angesehen. Es sollte sich um ein umfassendes, räumlich und zeitlich nicht beschränktes Nutzungsrecht handeln, das auch die Befugnis zur Übertragung und zur Bearbeitung umfasste.[36] Für eine Nutzungsrechtseinräumung bei Computerprogrammen sprach insbesondere die tatsächliche Überlassung des Werks an den AG und Verwendung in dessen Betrieb als Beitrag zur Erfüllung des Betriebszwecks.[37] Die Frage, ob das Nutzungsrecht mit der Beendigung des Arbverh an den AN-Urheber heimfällt, hing bei Computerprogrammen davon ab, ob der AG ein darüber hinaus reichendes schutzwürdiges Interesse hat.[38] Für eine zeitlich unbegrenzte, ohne Rücksicht auf die Dauer des Arbverh erfolgte Nutzungsrechtseinräumung bei

---

23 BGH 22.4.2004 – I ZR 174/01 – NJW 2005, 151; OLG Stuttgart 25.4.2001 – 4 U 122/98 – juris.
24 BGH 22.2.1974 – I ZR 128/72 – NJW 1974, 904; BAG 13.9.1983 – 3 AZR 371/81 – GRUR 1984, 429; BGH 27.9.1990 – I ZR 244/88 – NJW 1991, 1480; KG Berlin 29.11.1974 – 5 U 1736/74 – GRUR 1976, 264; OLG Hamburg 22.1.1976 – 3 U 77/75 – GRUR 1977, 556; OLG Karlsruhe 27.1.1988 – 6 U 101/86 – GRUR 1988, 536; OLG Celle 1.4.1993 – 13 U 39/90 – CR 1994, 681; LG Köln 1.9.1999 – 28 O 161/99 – NJW-RR 2000, 1294; LG Köln 20.12.2006 – 28 O 468/06 – MMR 2007, 465; LG Düsseldorf 19.3.2008 – 12 O 416/06 – ZUM-RD 2008, 556.
25 BGH 22.2.1974 – I ZR 128/72 – NJW 1974, 904; BAG 13.9.1983 – 3 AZR 371/81 – GRUR 1984, 429; BAG 12.3.1997 – 5 AZR 669/95 – NZA 1997, 765; KG Berlin 29.11.1974 – 5 U 1736/74 – GRUR 1976, 264; OLG Hamburg 22.1.1976 – 3 U 77/75 – GRUR 1977, 556; LAG Kiel 24.6.1981 – 2 Sa 605/81 – BB 1983, 994; OLG Koblenz 13.8.1981 – 6 U 294/80 – BB 1983, 992; OLG Karlsruhe 27.5.1987 – 6 U 9/87 – GRUR 1987, 845; OLG Celle 1.4.1993 – 13 U 39/90 – CR 1994, 681; OLG Jena 8.5.2002 – 2 U 764/01 – GRUR-RR 2002, 379; LG Düsseldorf 19.3.2008 – 12 O 416/06 – ZUM-RD 2008, 556.
26 OLG Hamburg 22.1.1976 – 3 U 77/75 – GRUR 1977, 556.
27 BAG 13.9.1983 – 3 AZR 371/81 – GRUR 1984, 429; BAG 12.3.1997 – 5 AZR 669/95 – NZA 1997, 765.
28 BGH 22.2.1974 – I ZR 128/72 – NJW 1974, 904; BAG 13.9.1983 – 3 AZR 371/81 – GRUR 1984, 429; OLG Hamburg 22.1.1976 – 3 U 77/75 – GRUR 1977, 556.
29 OLG Koblenz 13.8.1981 – 6 U 294/80 – BB 1983, 992.
30 OLG Koblenz 13.8.1981 – 6 U 294/80 – BB 1983, 992.
31 OLG Jena 8.5.2002 – 2 U 764/01 – GRUR-RR 2002, 379.
32 Z.B. OLG Jena 8.5.2002 – 2 U 764/01 – GRUR-RR 2002, 379; LG Düsseldorf 19.3.2008 – 12 O 416/06 – ZUM-RD 2008, 556; Berger/*Wündisch*, Urhebervertragsrecht, § 15 Rn 28; *Rehbinder*, WiB 1994, S. 461; *Vinck*, RdA 1997, 162; *Zirkel*, ZUM 2004, 626; für Beamte BT-Drucks 4/270, zu § 5; BVerfG 29.7.1998 – 1 BvR 1143/90 – NJW 1999, 414.
33 BGH 22.2.1974 – I ZR 128/72 – NJW 1974, 904; OLG Celle 1.4.1993 – 13 U 39/90 – CR 1994, 681.
34 BGH 22.2.1974 – I ZR 128/72 – NJW 1974, 904; BAG 13.9.1983 – 3 AZR 371/81 – GRUR 1984, 429; OLG Hamburg 22.1.1976 – 3 U 77/75 – GRUR 1977, 556.
35 BAG 13.9.1983 – 3 AZR 371/81 – GRUR 1984, 429.
36 BAG 13.9.1983 – 3 AZR 371/81 – GRUR 1984, 429 (hinsichtlich der Ausschließlichkeit offen gelassen); OLG Koblenz 13.8.1981 – 6 U 294/80 – BB 1983, 992; OLG Karlsruhe 27.5.1987 – 6 U 9/87 – GRUR 1987, 845; OLG Celle 1.4.1993 – 13 U 39/90 – CR 1994, 681; *Sack*, BB 1991, 2165.
37 BAG 13.9.1983 – 3 AZR 371/81 – GRUR 1984, 429.
38 LAG Kiel 24.6.1981 – 2 Sa 605/81 – BB 1983, 994.

Computerprogrammen sprach die einverständliche oder für den AN-Urheber erkennbare organisatorische Einrichtung des Betriebs auf die Werknutzung.[39] Auch das Bearbeitungsrecht nach § 23 S. 1 war dem AG eingeräumt, weil Computerprogramme der ständigen Überarbeitung und Anpassung bedürfen. Dies musste unabhängig vom Willen des AN-Urhebers möglich sein, weil dieser sonst eine über seine tarif- und einzelvertraglich gesicherte Stellung hinausgehende Sperrfunktion erhielte.[40]

10 **2. Kritik.** Die dieser Rechtsprechung zugrunde liegenden Interessenwertungen treffen, wie der Gesetzgeber mit den §§ 69b, 137d Abs. 1 S. 1 rückwirkend zeigte,[41] bei Computerprogrammen sicherlich zu. Der Umstand, dass diese Wertungen speziell geregelt wurden, zeigt aber, dass sie **nicht verallgemeinerungsfähig** sind. Dies entspricht der Auffassung des Gesetzgebers. In den Materialien zu dem Gesetz vom 9.6.1993[42] heißt es deshalb ausdrücklich, dass Ausstrahlungen von Sonderregelungen für Computerprogramme auf das „klassische" Urheberrecht und dessen Systematik möglichst vermieden werden sollen.[43] Den §§ 31 Abs. 5, 43 liege gegenüber § 69b eine **andere Grundkonzeption** zugrunde. Wolle der AG ein Werk verwerten, so müsse er sich hierfür die erforderlichen Nutzungsrechte vertraglich einräumen lassen. Es bestehe **keine gesetzliche Vermutung**, dass diese Rechte durch das Arbverh vollständig eingeräumt seien.[44] Diese Einschätzung erhielt der Gesetzgeber auch in den Materialien zu dem Gesetz vom 22.3.2002[45] aufrecht. Danach wurde der Vorschlag einer Verallgemeinerung des in § 69b niedergelegten Regelungssystems nicht umgesetzt, weil dies die rechtliche Stellung der AN-Urheber schwächen würde. Eine unmittelbare Zuordnung der Nutzungsrechte solle deshalb gesetzlich nicht dort vorgesehen werden, wo dies aus wirtschaftlichen Gründen unerlässlich erscheine.[46] Da die für Computerprogramme inzwischen in § 69b speziell geregelten Wertungen aber nicht erst durch die RL 91/250/EWG[47] aufkamen, sondern bereits im Rahmen der §§ 31 Abs. 5, 43 entwickelt worden waren, wird die vom Gesetzgeber ausdrücklich verneinte allgemeine gesetzliche Vermutung einer vollständigen Nutzungsrechtseinräumung im Arbverh verbreitet angenommen.[48] Diese Betrachtungsweise, die den Vertragszweck **ohne Analyse** des jeweiligen Arbverh im Einzelfall schlicht mit den typischen Interessen des AG gleichsetzt, setzt sich über den „von beiden Partnern zugrunde gelegten Vertragszweck" hinweg.[49] Sie dient nicht einmal der Rechtssicherheit, weil die **Rechtsunsicherheit** immer dann, wenn es um eine stillschweigende Rechtseinräumung geht, besonders groß ist.[50]

11 Für Art und Umfang der Nutzungsrechtseinräumung im Arbverh ist deshalb dringend eine **Rückbesinnung auf den konkreten Vertragszweck im Einzelfall** erforderlich. Im Allgemeinen lassen sich nur folgende Maßstäbe aufstellen, in deren Mittelpunkt das **Schriftformerfordernis** nach § 40 Abs. 1 S. 1 (siehe § 40 Rn 6) steht. Wenn es gewahrt wurde, kommt es nur auf die ausdrücklichen Vereinbarungen an, die ggf. durch die Vertragszweckregel ergänzt werden.[51]

12 Wenn dagegen das Schriftformerfordernis nach § 40 Abs. 1 S. 1 verletzt ist, ist der Teil des Arbeitsvertrags, der die Einräumung von Nutzungsrechten betrifft und nicht zwingend zur Werkverwertung erforderlich ist, nach den §§ 125 S. 1, 139 BGB **nichtig** (siehe § 40 Rn 10). Wirksam bleibt nur der Teil, der eine Werkverwertung überhaupt ermöglicht. Besondere Vorteile, die aus dem Urheberrecht folgen und im Wettbewerb etwa zu einer Monopolstellung des AG führen, sind nach Abs. 5 nicht zu berücksichtigen. Die Verkürzung des urhebervertraglichen Teils des Arbeitsvertrags wirkt sich nämlich auch auf den **Vertragszweck** aus. Dieser beschränkt sich nunmehr allein darauf, dass das Werk **überhaupt** verwertet werden kann.[52]

13 Das Nutzungsrecht umfasst nach Abs. 1 S. 1 zunächst das Recht, das Werk auf einzelne oder alle Nutzungsarten zu nutzen. Die Nutzungsart hat mit der vom AG gewünschten Monopolstellung nichts zu tun. Es liegt vielmehr auch im Interesse des AN-Urhebers, dass das Werk auf entspr. Nutzungsarten verwertet wird, weil er im Rahmen des Nutzungsentgelts daran teilhaben kann. Eine Regelung über die Nutzungsart bleibt also auch bei Verletzung des Schriftformerfordernisses nach § 40 Abs. 1 S. 1 wirksam. Fehlt es ohnehin an einer Regelung zur Nutzungsart, so gelangt Abs. 5 zur Anwendung. Für die Ermittlung des Vertragszwecks kann durchaus auch der im Zeitpunkt des Abschlus-

---

39 BAG 13.9.1983 – 3 AZR 371/81 – GRUR 1984, 429; BAG 21.8.1996 – 5 AZR 1011/94 – NZA 1996, 1342.
40 OLG Koblenz 13.8.1981 – 6 U 294/80 – BB 1983, 992.
41 BGH 14.7.1993 – I ZR 47/91 – NJW 1993, 3136; OLG München 25.11.1999 – 29 U 2437/97 – NZA-RR 2000, 258.
42 Zweites Gesetz zur Änderung des Urheberrechtsgesetzes vom 9.6.1993 (BGBl I S. 910).
43 BT-Drucks 12/4022, S. 8.
44 BT-Drucks 12/4022, S. 10; a.A. *Rehbinder*, Urheberrecht, Rn 641.
45 Gesetz zur Stärkung der vertraglichen Stellung von Urhebern und ausübenden Künstlern vom 22.3.2002 (BGBl I S. 1155).
46 BT-Drucks 14/7564, S. 12.
47 RL 91/250/EWG des Rates vom 14.5.1991 über den Rechtsschutz von Computerprogrammen (ABlEG Nr. L 122 S. 42).
48 Siehe nur Dreier/*Dreier*, § 43 UrhG Rn 19 f.; Hoeren/*Götz von Olenhusen/Ernst*, 7.3 Rn 100 ff.; *Henkel*, BB 1987, 833; Dreyer/*Kotthoff*, § 43 UrhG Rn 13 ff.; *Rehbinder*, Urheberrecht, Rn 641 ff.; Schricker/*Rojahn*, § 43 UrhG Rn 38, 45 f., 51 ff.
49 *Schwab*, 50 Jahre Bundesarbeitsgericht, 213.
50 *Ullmann*, GRUR 1987, 6.
51 *Fuchs*, AN-Urhebervertragsrecht, S. 149 f.
52 *Fuchs*, AN-Urhebervertragsrecht, S. 145 f.

ses des Arbeitsvertrags geltende Betriebszweck herangezogen werden. Der AN-Urheber lässt sich nämlich durch den Abschluss des Arbeitsvertrags auf diesen Betriebszweck vertraglich ein.[53]

Nach Abs. 1 S. 2 kann ein Nutzungsrecht des Weiteren als einfaches oder ausschließliches Recht eingeräumt werden. Hier geht es um eine Monopolstellung des AG. Die Verletzung des Schriftformerfordernisses nach § 40 Abs. 1 S. 1 führt also dazu, dass der AG nur Anspruch auf ein **einfaches Nutzungsrecht** hat. Davon geht auch der Gesetzgeber aus (siehe Rn 10). Eine werkgerechte Verwertung wird häufig das Recht erfordern, Lizenzen erteilen zu dürfen. Dies ist auch bei entspr. konstruierten einfachen Nutzungsrechten möglich (siehe Rn 5). Gegen dieses Ergebnis spricht nicht, dass es letztlich auch dem AN-Urheber zugute kommen würde, wenn der AG über ein ausschließliches Nutzungsrecht verfügte, weil er im Rahmen des Nutzungsentgelts an den aus der Monopolstellung des AG folgenden, ggf. höheren Erträgen teilhaben würde. Es steht dem AN-Urheber nämlich frei, weitere einfache Nutzungsrechte einzuräumen oder nicht. Räumt er keine Nutzungsrechte ein, nimmt er an der kraft seines Willens bewirkten Monopolstellung des AG teil. Räumt er welche ein, profitiert er zusätzlich daran. Daran ist der AN-Urheber auch nicht durch das arbeitsvertragliche **Wettbewerbsverbot** analog § 60 Abs. 1 HGB (siehe im Allgemeinen § 60 HGB Rn 1 ff.) gehindert.[54] Der Zweck von § 40 Abs. 1 S. 1 und der §§ 125 S. 1, 139 BGB wird nur erreicht, wenn der AN-Urheber die ihm verbleibenden Nutzungsrechte auch einsetzen kann. Das Schwergewicht des Verstoßes gegen das Schriftformerfordernis nach § 40 Abs. 1 S. 1 liegt aufgrund seiner überlegenen Verhandlungsmacht beim AG. Sein Verhalten, einen Arbeitsvertrag ohne schriftliche Regelung der Verpflichtung zur Einräumung von Nutzungsrechten abzuschließen, hat einen damit korrespondierenden Erklärungswert. Es ist objektiv so auszulegen, dass damit zugleich ein vertragliches Wettbewerbsverbot **nicht gelten** soll.[55]

Im Hinblick auf den Umfang sind nach Abs. 1 S. 2 außerdem noch räumliche und zeitliche Beschränkungen möglich. Für eine räumliche Beschränkung spricht im Interesse des AN-Urhebers ebenfalls nichts, weil daraus wiederum keine Monopolstellung des AG erwachsen kann.[56] Gleiches gilt an sich auch für die Möglichkeit der zeitlichen Beschränkung. Hier ist aber zu berücksichtigen, dass im Urhebervertragsrecht nicht das Abstraktions-, sondern das Kausalitätsprinzip gilt (siehe Rn 6). Die Zurückführung der Verpflichtung zur Einräumung auf den minimalen Umfang, der für eine Werkverwertung zwingend erforderlich ist, als Rechtsfolge der Verletzung des Schriftformerfordernisses nach § 40 Abs. 1 S. 1 bedeutet hier, dass die kausale Beziehung zwischen Verpflichtungs- und Verfügungsgeschäft nicht gelöst wurde. Eingeräumte Nutzungsrechte **fallen** daher **mit Beendigung** des Arbverh an den AN-Urheber **zurück**.[57]

C. Verbindung zu anderen Rechtsgebieten und zum Prozessrecht

Das Urheberrechtsgesetz enthält eine Reihe von besonderen **Auslegungsregeln** für Art und Umfang der Nutzungsrechtseinräumung, z.B. für Beiträge zu periodisch erscheinenden Sammlungen nach § 38 Abs. 1, für Beiträge zu nicht periodisch erscheinenden Sammlungen nach § 38 Abs. 2, für Beiträge in Zeitungen nach § 38 Abs. 3, für in Arbverh geschaffene Computerprogramme nach § 69b und für die Mitwirkung bei der Herstellung eines Films nach § 89 Abs. 1 S. 1.

Abs. 5 kann bei der zwecküberschreitenden umfassenden Nutzungsrechtseinräumung als Maßstab der **Inhaltskontrolle** nach § 307 Abs. 1 S. 1, Abs. 2 Nr. 1, Abs. 3 S. 1 BGB herangezogen werden (siehe § 43 Rn 13).[58]

Für Rechtsstreitigkeiten, die zumindest auch Nutzungsrechte betreffen, ist nach § 104 S. 1 der **ordentliche Rechtsweg** gegeben.

D. Beraterhinweise

Die Verpflichtung zur Einräumung von Nutzungsrechten kann sich neben dem Arbeitsvertrag auch aus einem TV ergeben. Ausführliche **Urheberklauseln** finden sich z.B. in Nr. 370 des Einheitlichen MTV des Radios Bremen, Nr. 370 des MTV des Norddeutschen Rundfunks, § 15 des MTV des Saarländischen Rundfunks, Nr. 370 des MTV für den Südwestrundfunk, § 34 des MTV des Westdeutschen Rundfunks Köln, § 18 des MTV für Redakteurinnen und Redakteure an Tageszeitungen, § 12 des MTV für Journalistinnen und Journalisten an Zeitschriften und § 12 des MTV für Redakteurinnen und Redakteure an Zeitschriften. Eine pauschale Variante stellt dagegen § 26 des Einheitlichen MTV für die Arbeitnehmerinnen und Arbeitnehmer in den technischen Betrieben für Film und Fernsehen (VTFF) dar.

---

53 *Fuchs*, AN-Urhebervertragsrecht, S. 146.
54 *Fuchs*, AN-Urhebervertragsrecht, S. 146 ff.; a.A. Dreier/*Dreier*, § 43 UrhG Rn 27; *Rehbinder*, Urheberrecht, Rn 644; Schricker/*Rojahn*, § 43 UrhG Rn 59.
55 *Fuchs*, AN-Urhebervertragsrecht, S. 146 ff.
56 *Fuchs*, AN-Urhebervertragsrecht, S. 149.
57 *Fuchs*, AN-Urhebervertragsrecht, S. 149; *Schwab*, AR-Blattei SD 1630 Rn 86 f.; Wandtke/*Wandtke*, § 43 UrhG Rn 76 ff.
58 Tendenziell a.A., i.E offen gelassen LG Berlin 5.6.2007 – 16 O 106/07 – ZUM-RD 2008, 18.

§ 32 Angemessene Vergütung

(1) ¹Der Urheber hat für die Einräumung von Nutzungsrechten und die Erlaubnis zur Werknutzung Anspruch auf die vertraglich vereinbarte Vergütung. ²Ist die Höhe der Vergütung nicht bestimmt, gilt die angemessene Vergütung als vereinbart. ³Soweit die vereinbarte Vergütung nicht angemessen ist, kann der Urheber von seinem Vertragspartner die Einwilligung in die Änderung des Vertrages verlangen, durch die dem Urheber die angemessene Vergütung gewährt wird.

(2) ¹Eine nach einer gemeinsamen Vergütungsregel (§ 36) ermittelte Vergütung ist angemessen. ²Im Übrigen ist die Vergütung angemessen, wenn sie im Zeitpunkt des Vertragsschlusses dem entspricht, was im Geschäftsverkehr nach Art und Umfang der eingeräumten Nutzungsmöglichkeit, insbesondere nach Dauer und Zeitpunkt der Nutzung, unter Berücksichtigung aller Umstände üblicher- und redlicherweise zu leisten ist.

(3) ¹Auf eine Vereinbarung, die zum Nachteil des Urhebers von den Absätzen 1 und 2 abweicht, kann der Vertragspartner sich nicht berufen. ²Die in Satz 1 bezeichneten Vorschriften finden auch Anwendung, wenn sie durch anderweitige Gestaltungen umgangen werden. ³Der Urheber kann aber unentgeltlich ein einfaches Nutzungsrecht für jedermann einräumen.

(4) Der Urheber hat keinen Anspruch nach Absatz 1 Satz 3, soweit die Vergütung für die Nutzung seiner Werke tarifvertraglich bestimmt ist.

Literatur: *Bayreuther*, Zum Verhältnis zwischen Arbeits-, Urheber- und Arbeitnehmererfindungsrecht – Unter besonderer Berücksichtigung der Sondervergütungsansprüche des angestellten Softwareerstellers, GRUR 2003, 570; *von Becker/Wegner*, Offene Probleme der angemessenen Vergütung, ZUM 2005, 695; *von Becker*, Die angemessene Übersetzervergütung – Eine Quadratur des Kreises? Eine Zwischenbilanz aus Anlass der ersten OLG-Urteile, ZUM 2007, 249; *Berger*, Das Neue Urhebervertragsrecht, 2003; *ders.*, Zum Anspruch auf angemessene Vergütung (§ 32 UrhG) und weitere Beteiligung (§ 32a UrhG) bei Arbeitnehmer-Urhebern, ZUM 2003, 173; *Berger/Wündisch*, Urhebervertragsrecht. Handbuch, 2008; *Czychowski*, Die angemessene Vergütung im Spannungsfeld zwischen Urhebervertrags- und Arbeitnehmererfindungsrecht – ein Beitrag zur Praxis des neuen Urhebervertragsrechts im Bereich der angestellten Computerprogrammierer, in Loewenheim, Urheberrecht im Informationszeitalter: Festschrift für Wilhelm Nordemann zum 70. Geburtstag am 8. Januar 2004, 2004, 157; *Dreier/Schulze*, Urheberrechtsgesetz. Urheberrechtswahrnehmungsgesetz. Kunsturhebergesetz. Kommentar, 2. Aufl. 2006; *Dreyer/Kotthoff/Meckel*, Heidelberger Kommentar zum Urheberrecht, 2004; *Fuchs*, Arbeitnehmer-Urhebervertragsrecht, 2005; *ders.*, Die angemessene Vergütung des Urhebers, KUR 2005, 114; *ders.*, Gesetz über Urheberrecht und verwandte Schutzrechte (Urheberrechtsgesetz) vom 9. September 1965. Historisch-synoptische Edition. 1965–2008, 5. Aufl. 2008, http://lexetius.com/UrhG; *Grobys/Foerstl*, Die Auswirkungen der Urheberrechtsreform auf Arbeitsverträge, NZA 2002, 1015; *Hesse*, Tarifvertragliche Urheberrechtsregelung für Redakteure an Tageszeitungen, AfP 1986, 201; *Hilty/Peukert*, Das neue deutsche Urhebervertragsrecht im internationalen Kontext, GRURInt 2002, 643; *Lejeune*, Neues Arbeitnehmerurheberrecht. Die wesentlichen Auswirkungen des Gesetzes zur Stärkung der vertraglichen Stellung von Urhebern und ausübenden Künstlern (Urhebervertragsrechtsgesetz) auf das Arbeitnehmerurheberrecht, ITRB 2002, 145; *Nicolini/Ahlberg*, Urheberrechtsgesetz, 2. Aufl. 2000; *Ory*, Das neue Urhebervertragsrecht, AfP 2002, 93; *Pütz*, Zum Anwendungsbereich des § 32b UrhG: Internationales Urhebervertragsrecht und angestellte Urheber, IPRax 2005, 13; *Rehbinder*, Urheberrecht. Ein Studienbuch, 15. Aufl. 2008; *Sack*, Arbeitnehmer-Urheberrechte an Computerprogrammen im neuen Urheberrechtsnovelle, UFITA 1993, 15; *Sahmer*, Der Arbeitnehmer im Spiegel des Urheberrechts und der verwandten Schutzrechte, UFITA 1956, 34; *Schricker*, Anmerkung zu BGH 21.6.2001 – I ZR 245/98 – JZ 2002, 149; *ders.*, Zum Begriff der angemessenen Vergütung im Urheberrecht – 10 % vom Umsatz als Maßstab?, GRUR 2002, 737; *ders.*, Urheberrecht. Kommentar, 3. Aufl. 2006; *Schulze*, Vergütungssystem und Schrankenregelungen – Neue Herausforderungen an den Gesetzgeber, GRUR 2005, 828; *Schwab*, Das Urheberrecht des Arbeitnehmers, AR-Blattei SD 1630; *ders.*, Warum kein Arbeitnehmerurheberrecht? – Zur Unzulänglichkeit des § 43 UrhG, AuR 1993, 129; *ders.*, Anmerkung zu BAG 12.3.1997 – 5 AZR 669/95 – AR-Blattei ES 1630 Nr. 3; *ders.*, Das Arbeitnehmer-Urheberrecht, AiB 1997, 699; *ders.*, Das Namensnennungsrecht des angestellten Werkschöpfers, NZA 1999, 1254; *ders.*, Der Arbeitnehmerurheber in der Rechtsprechung des Bundesarbeitsgerichts, in: Oetker/Preis/Riebele, 50 Jahre Bundesarbeitsgericht, 2004, 213; *Ullmann*, Zur Vergütung eines im Arbeitsverhältnis erstellten Computer-Programms. Arbeitnehmerurheberrecht und § 36 UrhG, CR 1986, 564; *von Vogel*, Der Arbeitnehmer als Urheber, NJW-Spezial 2007, 177; *Wandtke*, Zum Vergütungsanspruch des Urhebers im Arbeitsverhältnis, GRUR 1992, 139; *ders.*, Reform des Arbeitnehmerurheberrechts?, GRUR 1999, 390; *Wandtke/Bullinger*, Praxiskommentar zum Urheberrecht, 3. Aufl. 2009; *Wimmers/Rode*, Der angestellte Softwareprogrammierer und die neuen urheberrechtlichen Vergütungsansprüche. Argumente für die Fortgeltung der bisher geltenden Grundsätze auch nach dem neuen Urhebervertragsrecht, CR 2003, 399; *Zirkel*, Das neue Urhebervertragsrecht und der angestellte Urheber, WRP 2003, 59; *ders.*, Der angestellte Urheber und § 31 Abs. 4 UrhG, ZUM 2004, 626

A. Allgemeines 1	3. Üblich- und Redlichkeit (Abs. 2 S. 2) 18
B. Regelungsgehalt 2	4. Rechtsfolge 26
I. Vertraglich vereinbarte Vergütung (Abs. 1 S. 1) .. 2	III. Schutz des Urhebers (Abs. 3 S. 1, S. 2) 31
II. Angemessene Vergütung (Abs. 1 S. 2, S. 3, Abs. 4) 11	C. Verbindung zu anderen Rechtsgebieten und zum
1. Tarifvertrag (Abs. 4) 13	Prozessrecht 32
2. Gemeinsame Vergütungsregel (Abs. 2 S. 1) .. 17	D. Beraterhinweise 38

A. Allgemeines

Die Vorschrift trat am 1.7.2002 in Kraft.[1] Sie soll die Rechtsstellung der Urheber stärken und auf diese Weise das strukturelle Ungleichgewicht zwischen Urhebern und Verwertern beseitigen.[2] **1**

B. Regelungsgehalt
I. Vertraglich vereinbarte Vergütung (Abs. 1 S. 1)

Der AN-Urheber hat Anspruch auf das vertraglich vereinbarte Arbeitsentgelt. **2**

Die ältere **Abgeltungslehre** sieht das Arbeitsentgelt als Gegenleistung für die Einräumung von Nutzungsrechten an. Ein Anspruch auf eine zusätzliche Vergütung bestehe aufgrund dieser dem schuldrechtlichen Austauschgedanken genügenden Abgeltung nicht.[3] Dies gelte insbesondere für AN-Urheber, die Computerprogramme schaffen.[4] Andernfalls würde der AN-Urheber für ein- und dasselbe doppelt vergütet.[5] **3**

Nach der neueren **Trennungslehre** ist dagegen wegen des durch Art. 14 Abs. 1 S. 1 GG geschützten allgemeinen urheberrechtlichen Beteiligungsgrundsatzes (siehe § 43 Rn 3) strikt zwischen dem tätigkeitsbezogenen Anspruch auf Arbeitsentgelt und dem nutzungsbezogenen Anspruch auf Nutzungsentgelt zu trennen.[6] **4**

Der urheberrechtliche Anspruch auf Nutzungsentgelt darf dabei nicht mit dem arbeitsrechtlichen Anspruch auf **Sondervergütung** (siehe § 612 BGB Rn 18)[7] nach den §§ 611 Abs. 1, 612 BGB oder den §§ 242, 313 BGB für faktisch geleistete höherwertige, auch schöpferische, Dienste verwechselt[8] werden. Hier geht es nämlich um die Gegenleistung für die in der Hauptsache geschuldete Einräumung von Nutzungsrechten.[9] **5**

Der Schwachpunkt der Trennungslehre für das bis zum Inkrafttreten des Gesetzes vom 22.3.2002[10] geltende Recht war, dass sie zur Herleitung eines Anspruchs auf Nutzungsentgelt für im Arbvrh vertraglich oder gesetzlich eingeräumte Nutzungsrechte zumeist nur auf den Beteiligungsgrundsatz verwies.[11] Damit war zwar nachgewiesen, dass es eines solchen Anspruchs bedürfe. Eine überzeugende Begründung für durchsetzbare vertragliche oder gesetzliche Zahlungs- bzw. Vertragsänderungsansprüche lag darin aber nicht.[12] **6**

Diese Begründungslücke hätte durchaus geschlossen werden können. Dafür standen nicht nur die zu speziellen Ansprüche auf angemessene Vergütung nach den §§ 9, 10, 12 AErfG für Diensterfindungen und nach § 20 Abs. 1 AErfG für technische Verbesserungsvorschläge, auf angemessene Vergütung nach § 20b Abs. 2 S. 1 für die Kabelweitersendung und nach § 27 Abs. 1 S. 1, Abs. 2 S. 1 für das Vermieten und Verleihen sowie auf Vertragsänderung nach § 36 Abs. 1 a.F. für unerwartete grobe Missverhältnisse und nach § 242 BGB für schlechthin unerträgliche Missverhältnisse zur Verfügung. In Betracht gekommen wären nämlich auch der allgemeinere Anspruch auf angemessene Vergütung nach § 22 VerlG, bei dem m.E. eher als bei den §§ 9, 10, 12, 20 Abs. 1 AErfG[13] eine Analogie denkbar gewesen wäre,[14] und im Licht des Beteiligungsgrundsatzes sogar der Anspruch **7**

---

1 Art. 1 Nr. 4, 3 des Gesetzes zur Stärkung der vertraglichen Stellung von Urhebern und ausübenden Künstlern vom 22.3.2002 (BGBl I S. 1155); *Fuchs*, UrhG-HsE, § 32.
2 BT-Drucks 14/6433, S. 8 f.
3 BAG 12.3.1997 – 5 AZR 669/95 – NZA 1997, 765; BGH 24.10.2000 – X ZR 72/98 – GRUR 2001, 155; BGH 23.10.2001 – X ZR 72/98 – GRUR 2002, 149; OLG Hamburg 22.1.1976 – 3 U 77/75 – GRUR 1977, 556; KG Berlin 6.9.1994 – 5 U 2189/93 – NJW-RR 1996, 1066; OLG Jena 8.5.2002 – 2 U 764/01 – GRUR-RR 2002, 379; LG Düsseldorf 12.1.2007 – 12 O 345/02 – ZUM 2007, 559; *Berger*, ZUM 2003, 173; Nicolini/*Spautz*, § 43 UrhG Rn 11; Schricker/*Rojahn*, § 43 UrhG Rn 64.
4 BGH 24.10.2000 – X ZR 72/98 – GRUR 2001, 155; BGH 23.10.2001 – X ZR 72/98 – GRUR 2002, 149; OLG Düsseldorf 27.5.2004 – I-2 U 67/95 – ZUM 2004, 756; LG Düsseldorf 12.1.2007 – 12 O 345/02 – ZUM 2007, 559.
5 LG Düsseldorf 12.1.2007 – 12 O 345/02 – ZUM 2007, 559.
6 *Fuchs*, AN-Urhebervertragsrecht, S. 173 ff.; *Sahmer*, UFITA 1956, 34; *Schwab*, AuR 1993, 129; *ders.*, AR-Blattei ES 1630 Nr. 3; *ders.*, AiB 1997, 699; *ders.*, NZA 1999, 1254; *ders.*, AR-Blattei SD 1630 Rn 97 ff.; *ders.*, 50 Jahre Bundesarbeitsgericht, 213; *Wandtke*, GRUR 1992, 139; *ders.*, GRUR 1999, 390; Wandtke/*Wandtke*, § 43 UrhG

Rn 136 ff.; tendenziell *Westen*, JR 1967, 401; andeutungsweise LAG Köln 27.10.2000 – 4 Sa 897/00 – NZA-RR 2001, 266.
7 BGH 11.11.1977 – I ZR 56/75 – GRUR 1978, 244; BAG 12.3.1997 – 5 AZR 669/95 – NZA 1997, 765; *Fuchs*, AN-Urhebervertragsrecht, S. 212 ff.
8 So aber *Sack*, UFITA 1993, 15.
9 BAG 13.9.1983 – 3 AZR 371/81 – GRUR 1984, 429; a.A. *Bayreuther*, GRUR 2003, 570.
10 Gesetz zur Stärkung der vertraglichen Stellung von Urhebern und ausübenden Künstlern vom 22.3.2002 (BGBl I S. 1155).
11 *Fuchs*, AN-Urhebervertragsrecht, S. 173 ff.; *Wandtke*, GRUR 1992, 139; *ders.*, GRUR 1999, 390; ff.siehe aber *Schwab*, AR-Blattei ES 1630 Nr. 3; *ders.*, AiB 1997, 699.
12 Auf dieser Grundlage dennoch Nutzungsentgelt für außerobligatorische Werke OLG München 25.11.1999 – 29 U 2437/97 – NZA-RR 2000, 258.
13 Dazu einerseits *Schwab*, AR-Blattei ES 1630 Nr. 3; *ders.*, AiB 1997, 699; und andererseits Schricker/*Rojahn*, § 43 UrhG Rn 64; *Ullmann*, CR 1986, 564.
14 Offen gelassen BGH 11.11.1977 – I ZR 56/75 – GRUR 1978, 244; zur Analogiefähigkeit derartiger Vorschriften BGH 25.2.1999 – I ZR 118/96 – NJW 1999, 1953; vgl. auch *Schricker*, JZ 2002, 149; *ders.*, GRUR 2002, 737.

auf übliche Vergütung nach den §§ 631 Abs. 1, 632 Abs. 1, Abs. 2 BGB.[15] Die Abgeltungslehre konnte mit Rücksicht auf diese Begründungslücke leicht darauf verweisen, dass die Arbeitsvertragsparteien nur das Arbeitsentgelt, nicht aber ein Nutzungsentgelt vereinbarten.

8 Die Trennungslehre überzeugte jedoch offenbar zumindest de lege ferenda, denn der Gesetzgeber **entschied** die Kontroverse durch das Gesetz vom 22.3.2002[16] zu ihren Gunsten. Hierdurch wurden die Ansprüche auf angemessene Vergütung nach Abs. 1 S. 2, auf Vertragsänderung zur angemessenen Vergütung nach Abs. 1 S. 3 und auf weitere angemessene Beteiligung nach § 32a Abs. 1 geschaffen, die ihren Zweck ausweislich der §§ 11 S. 2, 32 Abs. 4, 32a Abs. 4, 32b Nr. 2 ausdrücklich auch im Arbverh erfüllen sollen.[17] Durch das Gesetz vom 26.10.2007[18] wurde außerdem der Anspruch auf eine gesonderte angemessene Vergütung nach § 32c Abs. 1 S. 1 geschaffen, der gem. §§ 32c Abs. 1 S. 2, 32 Abs. 4 ebenfalls ausdrücklich auch für das Arbverh vorgesehen ist.

9 I.Ü. entspricht die **Trennung** zwischen Arbeits- und Nutzungsentgelt dem, was außerhalb des AN-Urhebervertragsrechts **üblich** ist.[19] Bei selbstständigen Designern[20] und Übersetzern[21] wird ausdrücklich zwischen Werkleistung und Einräumung von Nutzungsrechten und dementspr. zwischen Werklohn und Nutzungsentgelt unterschieden.[22] Es wird von der „Zweistufigkeit des Designvertrags"[23] sowie dem Seitenhonorar als „Grundhonorar" einerseits und der Umsatzbeteiligung andererseits[24] gesprochen. Dabei wird der Werklohn nach Maßgabe des Beteiligungsprinzips auf das Nutzungsentgelt angerechnet. Die Höhe der Anrechnung kann wegen der unterschiedlichen Gegebenheiten im Einzelfall nicht allgemeingültig festgelegt werden.[25]

10 In dieser „Anrechnung" ist auch im Arbverh die nach allgemeinen Grundsätzen nahe liegende Lösung für die von der Abgeltungslehre befürchtete „doppelte Vergütung" zu sehen. Zwischen Arbeits- und Nutzungsentgelt besteht nämlich selbstverständlich **Anspruchskonkurrenz**.[26] Der AN-Urheber kann daher nur einmal Zahlung verlangen. Allerdings steht ihm dabei die Möglichkeit offen, die durch die unterschiedlichen Ansprüche gewährten Vorteile miteinander zu kombinieren. Das betrifft in erster Linie die ggf. unterschiedliche Höhe dieser Ansprüche. Der AN-Urheber kann also die einfache Maximalhöhe geltend machen. Schwierig ist nur der Vergleich der Höhe dieser Ansprüche. Während das gleich bleibende Arbeitsentgelt in regelmäßigen Abständen fällig wird, fällt das an den Verwertungsmöglichkeiten orientierte Nutzungsentgelt grds. nur einmal an. Denkbar ist, das Arbeitsentgelt wegen seiner Abgeltung der Arbeitsleistung nur insoweit anzurechnen, als es sich zeitlich auf die Schaffung des Werks als Arbeitsleistung bezieht.[27]

---

15 Nach dem Arbverh noch verwertetes Werk LAG Kiel 24.6.1981 – 2 Sa 605/81 – BB 1983, 994; vor dem Arbverh geschaffenes Werk BGH 10.5.1984 – I ZR 85/82 – NJW 1986, 1045; vgl. *Fuchs*, Arbeitnehmer-Urhebervertragsrecht, 17.

16 Gesetz zur Stärkung der vertraglichen Stellung von Urhebern und ausübenden Künstlern vom 22.3.2002 (BGBl I S. 1155).

17 ArbG Dresden 27.10.2004 – 3 Ca 2400/04 – ZUM 2005, 418; insoweit auch *Bayreuther*, GRUR 2003, 570; Dreier/*Dreier*, § 43 UrhG Rn 30; *Fuchs*, AN-Urhebervertragsrecht, S. 178 ff.; *Grobys/Foerstl*, NZA 2002, 1015; Wandtke/*Grützmacher*, § 69b UrhG Rn 23; *Hilty/Peukert*, GRURInt 2002, 643; *Lejeune*, ITRB 2002, 145; Dreier/*Schulze*, § 32 UrhG Rn 13; *Schwab*, AR-Blattei SD 1630 Rn 109; *von Vogel*, NJW-Spezial 2007, 177; Wandtke/*Wandtke/Grunert*, § 32 UrhG Rn 4; Wandtke/*Wandtke*, § 43 UrhG 3, 137, 145. Einschränkend Dreyer/*Kotthoff*, § 32 UrhG Rn 6, § 43 UrhG Rn 22 f.; *Pütz*, IPRax 2005, 13; *Rehbinder*, Urheberrecht, Rn 658; Schricker/*Rojahn*, § 43 UrhG Rn 64; Schricker/*Schricker*, § 32 UrhG Rn 4, § 32a UrhG Rn 11; *Zirkel*, WRP 2003, 59; *ders.*, ZUM 2004, 626. A.A. Berger/*Berger*, Urhebervertragsrecht, § 2 Rn 40–44; Berger/*Wündisch*, Urhebervertragsrecht, § 15 Rn 33; *Berger*, Das Neue Urhebervertragsrecht, Rn 40 ff., 155, 158; *ders.*, ZUM 2003, 173; *Ory*, AfP 2002, 93; *Wimmers/Rode*, CR 2003, 399.

18 Zweites Gesetz zur Regelung des Urheberrechts in der Informationsgesellschaft vom 26.10.2007 (BGBl I S. 2513).

19 Näher *Fuchs*, AN-Urhebervertragsrecht, S. 176 ff.

20 OLG Düsseldorf 28.9.1990 – 12 U 209/89 – GRUR 1991, 334.

21 OLG München, 22.5.2003–29 U 4573/02, ZUM 2003, 684; OLG München 28.8.2003 – 29 U 5597/02 – ZUM 2003, 970; OLG München 14.12.2006 – 29 U 1728/06 – ZUM 2007, 142; LG München I 10.11.2005 – 7 O 24552/04 – ZUM 2006, 73; LG München I 30.11.2005 – 21 O 24780/04 – ZUM 2006, 159; LG München I 15.12.2005 – 7 O 25199/04 – ZUM 2006, 154; LG Berlin 27.4.2006 – 16 O 806/04 – ZUM 2006, 942; LG Berlin 27.7.2006 – 16 O 812/04 – ZUM-RD 2007, 194; LG München I 27.9.2006 – 21 O 25003/05 – ZUM 2007, 228.

22 Siehe auch OLG Hamburg 28.4.2005 – 5 U 82/04 – ZUM-RD 2006, 16.

23 OLG Düsseldorf 28.9.1990 – 12 U 209/89 – GRUR 1991, 334.

24 OLG München, 22.5.2003–29 U 4573/02, ZUM 2003, 684; OLG München 28.8.2003 – 29 U 5597/02 – ZUM 2003, 970; OLG München 14.12.2006 – 29 U 1728/06 – ZUM 2007, 142; OLG München 27.11.2008 – 29 U 5319/07 – ZUM 2009, 300; OLG München 27.11.2008 – 29 U 5320/07 – ZUM-RD 2009, 268; KG Berlin 6.3.2009 – 5 U 113/05 – ZUM 2009, 407; LG Berlin 27.7.2006 – 16 O 812/04 – ZUM-RD 2007, 194; LG München I 12.7.2007 – 7 O 25258/05 – ZUM-RD 2007, 550; LG Hamburg 18.4.2008 – 308 O 450/07 – ZUM 2008, 608; LG Hamburg 18.4.2008 – 308 O 451/07 – ZUM 2008, 603.

25 OLG München, 22.5.2003–29 U 4573/02, ZUM 2003, 684; OLG München 28.8.2003 – 29 U 5597/02 – ZUM 2003, 970; OLG München 14.12.2006 – 29 U 1728/06 – ZUM 2007, 142; KG Berlin 6.3.2009 – 5 U 113/05 – ZUM 2009, 407; LG Berlin 27.4.2006 – 16 O 806/04 – ZUM 2006, 942; LG Berlin 27.7.2006 – 16 O 812/04 – ZUM-RD 2007, 194; LG München I 12.7.2007 – 7 O 25258/05 – ZUM-RD 2007, 550.

26 *Fuchs*, AN-Urhebervertragsrecht, S. 181 ff.; unberücksichtigt bei *Czychowski*, FS für Nordemann, 157.

27 *Fuchs*, AN-Urhebervertragsrecht, S. 181 ff.

II. Angemessene Vergütung (Abs. 1 S. 2, S. 3, Abs. 4)

Abs. 1 S. 2, S. 3 ist nach den §§ 32 Abs. 4, 43 im Arbverh nicht nur grds. anwendbar (siehe Rn 8, § 43 Rn 13), sondern **findet ausnahmslos uneingeschränkt Anwendung.** Das ergibt sich daraus, dass solche Rechtsfolgen, die feststellend oder modifizierend auf den Vertrag Bezug nehmen, von einer Modifikation durch Vertrag logisch zwingend ausgeschlossen sind. Nach Abs. 1 S. 2 gilt die angemessene Vergütung als vereinbart. Dabei handelt es sich um eine gesetzliche Fiktion, an der durch Vertrag nicht zu rütteln ist. Nach Abs. 1 S. 3 kann die Änderung des Vertrags verlangt werden. Eine vertragliche Abrede, aus der sich etwas anderes ergibt, kann also immer überwunden werden.[28]

Abs. 1 S. 2 findet nicht nur bei fehlender Vereinbarung der Vergütungshöhe, sondern nach seinem Zweck und dem in § 11 S. 2 zum Ausdruck kommenden Leitbild auch bei gänzlich fehlender Vergütungsvereinbarung Anwendung.[29] In Abs. 1 S. 1 ist ausdrücklich von der Vergütung „für die Einräumung von Nutzungsrechten und die Erlaubnis zur Werknutzung", in Abs. 2 S. 2 im Zusammenhang mit der Vergütung von „der eingeräumten Nutzungsmöglichkeit" und in Abs. 4 von der „Vergütung für die Nutzung" die Rede. Unter den **Vergütungsbegriff** des § 32 fällt daher **ausschließlich** das **Nutzungsentgelt.** Das ist im Arbverh von besonderer Bedeutung, da die Arbeitsvertragsparteien häufig nur das Arbeitsentgelt, aber kein Nutzungsentgelt vereinbaren werden. In diesem Fall greift also Abs. 1 S. 2 ein. Abs. 1 S. 3 ist dagegen erst dann anzuwenden, wenn ein unangemessenes Nutzungsentgelt vereinbart wurde.[30]

1. Tarifvertrag (Abs. 4). Wenn die Arbeitsvertragsparteien tarifgebunden sind, das **Nutzungsentgelt tarifvertraglich bestimmt** ist und die tarifvertraglichen Vergütungssätze konkret zur Anwendung kommen, wird nach Abs. 4 **unwiderleglich** vermutet, dass dieses Nutzungsentgelt angemessen ist, weil die kollektiv ausgehandelten, im Einzelfall geltenden Rahmenbedingungen i.d.R. einen hinreichenden Schutz bieten.[31] Der Anspruch auf angemessene Vergütung nach Abs. 1 S. 2 findet in diesem Fall bereits tatbestandlich keine Anwendung und der Anspruch auf Vertragsänderung zur angemessenen Vergütung nach Abs. 1 S. 3 ist ausdrücklich ausgeschlossen.

Abs. 4 greift allerdings nur dann ein, soweit die „Vergütung für die Nutzung" der Werke des AN-Urhebers tarifvertraglich bestimmt ist. Es genügt also nicht, dass der TV das Arbeitsentgelt regelt. Vielmehr muss eine ausdrücklich davon unterschiedene **Regelung zum Nutzungsentgelt** getroffen sein. Da sich der AG nach Abs. 3 S. 1 auf eine Vereinbarung, die zum Nachteil des AN-Urhebers von Abs. 1, Abs. 2 abweicht, nicht berufen kann, geht auch eine Abgeltung des Nutzungsentgelts durch das Arbeitsentgelt **ins Leere.**[32]

Wirkungslos sind deshalb
- Nr. 375.1 des Einheitlichen MTV Radio Bremen,
- Nr. 375 des MTV des Norddeutschen Rundfunks,
- Nr. 375.1 S. 1 des MTV für den Südwestrundfunk,
- § 34.5 S. 1 des MTV des Westdeutschen Rundfunks Köln,
- § 18 Nr. 6 Abs. 1 S. 1 des MTV für Redakteurinnen und Redakteure an Tageszeitungen,
- § 12 Nr. 7 Abs. 1 des MTV für Journalistinnen und Journalisten an Zeitschriften,
- § 12 Nr. 7 Abs. 1 des MTV für Redakteurinnen und Redakteure an Zeitschriften und
- § 26 Abs. 2 S. 2 des Einheitlichen MTV für die Arbeitnehmerinnen und Arbeitnehmer in den technischen Betrieben für Film und Fernsehen (VTFF).

Die weitergehende Nutzung nach
- § 18 Nr. 6 Abs. 2 des MTV für Redakteurinnen und Redakteure an Tageszeitungen,
- § 12 Nr. 7 Abs. 2 des MTV für Journalistinnen und Journalisten an Zeitschriften und
- § 12 Nr. 7 Abs. 2 des MTV für Redakteurinnen und Redakteure an Zeitschriften,

bei der ein Anspruch auf eine zusätzliche angemessene Vergütung besteht, bezieht sich ausdrücklich nur auf außerhalb der vertraglichen Arbeitspflicht geschaffene Werke.[33] § 15 Abs. 8, Abs. 10, 11, 12 des MTV des Saarländischen Rundfunks könnte dagegen im Sinn des Abs. 4 eingreifen.

Sind die Arbeitsvertragsparteien nicht tarifgebunden, kann das tarifvertraglich bestimmte Nutzungsentgelt nur als Maßstab der Üblich- und Redlichkeit nach Abs. 2 S. 2 herangezogen werden. Ein **Verweis** im Individualarbeitsvertrag auf einen – an sich unanwendbaren – TV **genügt** für die Vorrangwirkung des Abs. 4 **nicht.**[34]

2. Gemeinsame Vergütungsregel (Abs. 2 S. 1). Ein nach einer **gemeinsamen Vergütungsregel** im Sinn des § 36 ermitteltes Nutzungsentgelt ist nach Abs. 2 S. 1 definitionsgem. angemessen. Die Vorschrift greift nur dann ein, wenn die Arbeitsvertragsparteien eine gemeinsame Vergütungsregel zur **Grundlage der vertraglich verein-**

---

28 *Fuchs*, AN-Urhebervertragsrecht, S. 184 f.
29 LG Stuttgart 28.10.2008 – 17 O 710/06 – ZUM 2009, 77; *Fuchs*, AN-Urhebervertragsrecht, S. 186; Wandtke/Wandtke/Grunert, § 32 UrhG Rn 10.
30 *Fuchs*, AN-Urhebervertragsrecht, S. 195.
31 BT-Drucks 12/6433, S. 11; LG Stuttgart 28.10.2008 – 17 O 710/06 – ZUM 2009, 77.
32 *Fuchs*, AN-Urhebervertragsrecht, S. 195 f.; *Grobys/Foerstl*, NZA 2002, 1015; *von Vogel*, NJW-Spezial 2007, 177; *Zirkel*, WRP 2003, 59; a.A. Schricker/Rojahn, § 43 UrhG Rn 64.
33 Siehe dazu *Hesse*, AfP 1986, 201.
34 Schricker/*Schricker*, § 32 UrhG Rn 23.

barten Vergütung gemacht haben. Eine einmal aufgestellte Vergütungsregel ist für einen typisierbaren Bereich also nicht schlechthin maßgeblich.[35] Seit dem Inkrafttreten der §§ 32, 36 am 1.7.2002 kam lediglich ein solches Regelwerk zustande, nämlich die hier nicht näher interessierenden Gemeinsamen Vergütungsregeln für Autoren belletristischer Werke in deutscher Sprache.

18 3. **Üblich- und Redlichkeit (Abs. 2 S. 2).** Die Vergütung ist nach Abs. 2 S. 2 angemessen, wenn sie der **redlichen Branchenübung** entspricht. Es ist also vom **Üblichen** auszugehen. Der Begriff der Redlichkeit dient der **wertenden Korrektur.** Soweit eine Branchenübung nicht vorhanden oder unredlich ist, ist die angemessene Vergütung im Streitfall nach **freiem Ermessen** durch das Gericht festzusetzen.[36]

19 Ausgangspunkt hierfür ist das nach Art. 14 Abs. 1 S. 1 GG verfassungsrechtlich geschützte und in § 11 S. 2 geregelte **Beteiligungsprinzip**, wonach der AN-Urheber dergestalt an der wirtschaftlichen Verwertung seines geistigen Eigentums zu beteiligen ist, dass die für die Rechtseinräumung geschuldete Vergütung Art und Umfang der Nutzung widerspiegelt.[37]

20 Im Rahmen des § 32 kann dabei allerdings nur eine **generalisierende Betrachtungsweise** erfolgen. Nach Abs. 2 S. 2 sind zwar alle Umstände zu berücksichtigen. Die Gesetzesmaterialien[38] dazu sind aber wenig stringent. Einerseits soll der wertende Begriff der Redlichkeit durch die Interessen beider Parteien mit Rücksicht auf die Besonderheiten des Einzelfalls ausgefüllt werden. Andererseits soll in einer objektiven Betrachtungsweise ex ante auf die redliche Branchenübung abgestellt werden. Die systematische Auslegung spricht für Letzteres. Nach Abs. 2 S. 2 ist anders als bei § 32a zwingend auf die **Verhältnisse bei Vertragsschluss** abzustellen. Zu diesem Zeitpunkt können die spezifischen Besonderheiten des jeweiligen Einzelfalls aber noch nicht abschließend beurteilt werden. Auch die kollektiven Regelwerke des TV nach Abs. 4 und der gemeinsamen Vergütungsregel nach Abs. 2 S. 1 können Besonderheiten des Einzelfalls zwangsläufig nicht Rechnung tragen. Gleichwohl kommt ihnen vorrangig eine unwiderlegliche Vermutung für die Angemessenheit der Vergütung zu. Mit Rücksicht darauf ist es geboten, auch die Angemessenheit einer vereinbarten Vergütung generalisierend zu beurteilen.[39]

21 Zum Begriff der Üblichkeit kann auf die §§ 157, 612 Abs. 2, 632 Abs. 2 BGB verwiesen werden (siehe § 612 BGB Rn 29 ff.).

22 Eine Branchenübung ist wegen des Beteiligungsprinzips nur dann redlich, wenn die Interessen von AN-Urheber und AG **gleichberechtigt** berücksichtigt werden.[40]

23 Eine Preis und Stückzahl berücksichtigende **Umsatzbeteiligung** ist beim Absetzen von Vervielfältigungsstücken nach dem Beteiligungsprinzip grds. geboten, weil das Werk durch jedes einzelne Stück genutzt wird.[41] Eine **Pauschalvergütung** ist dagegen nur **ausnahmsweise** angemessen, wenn sie auch bei fortlaufender Werksnutzung deren Art und Umfang berücksichtigt. Die Höhe der Pauschale darf bei der Interessenabwägung nicht dazu führen, dass allein der AN-Urheber mit dem Verwertungsrisiko belastet wird, indem er nur für die anfängliche Nutzung vergütet wird, während eine wirtschaftlich günstige Entwicklung der Verwertung allein dem AG zugute kommt. In der Rück-

---

35 Fuchs, KUR 2005, 114.
36 BT-Drucks 14/8058, S. 18; LG Stuttgart 28.10.2008 – 17 O 710/06 – ZUM 2009, 77.
37 BT-Drucks 12/6433, S. 14 f.; OLG München 8.2.2007 – 6 U 5649/05 – ZUM-RD 2007, 166; OLG München 8.2.2007 – 6 U 5747/05 – ZUM-RD 2007, 182; OLG München 8.2.2007 – 6 U 5748/05 – ZUM 2007, 308; OLG München 8.2.2007 – 6 U 5785/05 – ZUM 2007, 317; LG München I 10.11.2005 – 7 O 24552/04 – ZUM 2006, 73; LG München I 30.11.2005 – 21 O 25459/04 – ZUM 2006, 164; LG München I 15.12.2005 – 7 O 25199/04 – ZUM 2006, 154; LG Berlin 27.4.2006 – 16 O 806/04 – ZUM 2006, 942; LG Stuttgart 28.10.2008 – 17 O 710/06 – ZUM 2009, 77.
38 BT-Drucks 14/8058, S. 18.
39 OLG München 8.2.2007 – 6 U 5649/05 – ZUM-RD 2007, 166; OLG München 8.2.2007 – 6 U 5747/05 – ZUM-RD 2007, 182; OLG München 8.2.2007 – 6 U 5748/05 – ZUM 2007, 308; OLG München 8.2.2007 – 6 U 5785/05 – ZUM 2007, 317; LG Hamburg 18.4.2008 – 308 O 450/07 – ZUM 2008, 608; LG Hamburg 18.4.2008 – 308 O 452/07 – ZUM 2008, 603; dazu von Becker, ZUM 2007, 249.
40 BT-Drucks 14/8058, S. 18; LG Berlin 27.9.2005 – 16 O 795/04 – ZUM 2005, 904; LG München I 10.11.2005 – 7 O 24552/04 – ZUM 2006, 73; LG München I 30.11.2005 – 21 O 24780/04 – ZUM 2006, 159; LG München I 30.11.2005 – 21 O 25459/04 – ZUM 2006, 164; LG München I 15.12.2005 – 7 O 25199/04 – ZUM 2006, 154; LG Hamburg 10.2.2006 – 308 O 793/04 – ZUM 2006, 683; LG München I 27.9.2006 – 21 O 25003/05 – ZUM 2007, 228.
41 OLG München 14.12.2006 – 29 U 1728/06 – ZUM 2007, 142; OLG München 8.2.2007 – 6 U 5649/05 – ZUM-RD 2007, 166; OLG München 8.2.2007 – 6 U 5747/05 – ZUM-RD 2007, 182; OLG München 8.2.2007 – 6 U 5748/05 – ZUM 2007, 308; OLG München 8.2.2007 – 6 U 5785/05 – ZUM 2007, 317; OLG München 27.11.2008 – 29 U 5319/07 – ZUM 2009, 300; OLG München 27.11.2008 – 29 U 5320/07 – ZUM-RD 2009, 268; KG Berlin 6.3.2009 – 5 U 113/05 – ZUM 2009, 407; LG München I 12.7.2007 – 7 O 25258/05 – ZUM-RD 2007, 550; LG Hamburg 18.4.2008 – 308 O 450/07 – ZUM 2008, 608; LG Hamburg 18.4.2008 – 308 O 452/07 – ZUM 2008, 603.

schau wirtschaftlich ungünstige Erträge und Vorteile können eine anfängliche Unangemessenheit nicht heilen.[42] Angemessene Pauschalen werden regelmäßig nur in besonderen Fällen gewährleistet sein, bspw. bei kurzfristiger Nutzung eines Werks, Schaffung eines Beitrags von untergeordneter Bedeutung für das Gesamtwerk und Vielzahl von AN-Urhebern mit unvertretbarem Aufwand einer Umsatzbeteiligung.[43] Ein einmaliges Pauschalhonorar ohne Umsatzbeteiligung für die Einräumung sämtlicher Nutzungsrechte für die Dauer der Schutzfrist entspricht bspw. bei selbstständigen Übersetzern belletristischer Werke, die mangels Bezugs zu tagesaktuellen Ergebnissen typischerweise auf längerfristigen Absatz angelegt sind, nicht dem Beteiligungsprinzip des § 11 S. 2 und ist deshalb unredlich.[44]

Die Vergütungshöhe muss, um dem Erfordernis der Redlichkeit zu genügen, am **voraussichtlichen Gesamtbetrag** der nach Art und Umfang der Rechtseinräumung ermöglichten Nutzung orientiert sein.[45] Als Nutzung ist nicht der Gewinn, sondern der Nettoverkaufspreis zugrunde zu legen, weil der Begriff nicht an den tatsächlichen Erfolg, sondern an die Möglichkeiten des AG anknüpft, zumal der Gewinn für den AN-Urheber nicht überprüfbar ist.[46]

Das sozialrechtliche Prinzip der Alimentierung nach Bedürftigkeit kommt bei der Beurteilung der Angemessenheit der vereinbarten Vergütung nicht zum Tragen, weil der Vorschrift nur das bürgerlich-rechtliche Prinzip der Äquivalenz von Leistung und Gegenleistung zugrunde liegt.[47] Der zeitliche Aufwand, den ein AN-Urheber benötigt, um das Werk zu schaffen, ist für die Bemessung der angemessenen Vergütung somit nicht maßgeblich. Deren Gegenstand ist nicht die Erstellung des Werks, sondern die Einräumung von Nutzungsrechten daran.[48]

4. Rechtsfolge. Mit dem Begriff der Angemessenheit wird ein **Rahmen** bezeichnet, in dem sich eine vertragliche Vereinbarung bewegen kann.[49] „Die" angemessene Vergütung, von der Abs. 1 S. 2, S. 3 missverständlich spricht, gibt es also nicht. Es besteht vielmehr eine Bandbreite verschiedener Vergütungsgestaltungen, die als angemessen angesehen werden können.[50]

Der Anspruch auf angemessene Vergütung nach Abs. 1 S. 2, der im Arbverh den Regelfall darstellen wird, richtet sich **unmittelbar auf Zahlung**.

Bei dem Anspruch auf Vertragsänderung zur angemessenen Vergütung nach Abs. 1 S. 3 steht dagegen die **Modifikation des Arbeitsvertrags** im Vordergrund. Der Anspruch ist im Arbverh insbesondere darauf gerichtet, die angemessene Vergütung über die gesamte Laufzeit des Arbeitsvertrags sicherzustellen, vor allem, wenn Vertragsschluss und Nutzungshandlung einige Zeit auseinander liegen.[51] Denkbar ist z.B. eine jährliche Pflicht zur Abrechnung des Nutzungsentgelts zu einem Stichtag und Zahlung binnen drei Monaten ab dem Stichtag.[52]

---

42 OLG München 14.12.2006 – 29 U 1728/06 – ZUM 2007, 142; OLG München 8.2.2007 – 6 U 5649/05 – ZUM-RD 2007, 166; OLG München 8.2.2007 – 6 U 5747/05 – ZUM-RD 2007, 182; OLG München 8.2.2007 – 6 U 5748/05 – ZUM 2007, 308; OLG München 8.2.2007 – 6 U 5785/05 – ZUM 2007, 317; OLG München 27.11.2008 – 29 U 5319/07 – ZUM 2009, 300; OLG München 27.11.2008 – 29 U 5320/07 – ZUM-RD 2009, 268; KG Berlin 6.3.2009 – 5 U 113/05 – ZUM 2009, 407; LG München I 12.7.2007 – 7 O 25258/05 – ZUM-RD 2007, 550; LG Hamburg 18.4.2008 – 308 O 450/07 – ZUM 2008, 608; LG Hamburg 18.4.2008 – 308 O 452/07 – ZUM 2008, 603.

43 OLG München 8.2.2007 – 6 U 5649/05 – ZUM-RD 2007, 166; OLG München 8.2.2007 – 6 U 5747/05 – ZUM-RD 2007, 182; OLG München 8.2.2007 – 6 U 5748/05 – ZUM 2007, 308; OLG München 8.2.2007 – 6 U 5785/05 – ZUM 2007, 317.

44 OLG München 8.2.2007 – 6 U 5649/05 – ZUM-RD 2007, 166; OLG München 8.2.2007 – 6 U 5747/05 – ZUM-RD 2007, 182; OLG München 8.2.2007 – 6 U 5748/05 – ZUM 2007, 308; OLG München 8.2.2007 – 6 U 5785/05 – ZUM 2007, 317; LG München I 10.11.2005 – 7 O 24552/04 – ZUM 2006, 73; LG München I 30.11.2005 – 21 O 24780/04 – ZUM 2006, 159; LG München I 30.11.2005 – 21 O 25459/04 – ZUM 2006, 164; LG München I 15.12.2005 – 7 O 25199/04 – ZUM 2006, 154; LG Berlin 27.4.2006 – 16 O 806/04 – ZUM 2006, 942; LG München I 27.9.2006 – 21 O 25003/05 – ZUM 2007, 228.

45 BT-Drucks 14/8058, S. 18; OLG München 14.12.2006 – 29 U 1728/06 – ZUM 2007, 142; OLG München 8.2.2007 – 6 U 5649/05 – ZUM-RD 2007, 166; OLG München 8.2.2007 – 6 U 5747/05 – ZUM-RD 2007, 182; OLG München 8.2.2007 – 6 U 5748/05 – ZUM 2007, 308; OLG München 8.2.2007 – 6 U 5785/05 – ZUM 2007, 317; OLG München 27.11.2008 – 29 U 5319/07 – ZUM 2009, 300; OLG München 27.11.2008 – 29 U 5320/07 – ZUM-RD 2009, 268.

46 OLG München 8.2.2007 – 6 U 5649/05 – ZUM-RD 2007, 166; OLG München 8.2.2007 – 6 U 5747/05 – ZUM-RD 2007, 182; OLG München 8.2.2007 – 6 U 5748/05 – ZUM 2007, 308; OLG München 8.2.2007 – 6 U 5785/05 – ZUM 2007, 317; KG Berlin 6.3.2009 – 5 U 113/05 – ZUM 2009, 407; LG Berlin 27.4.2006 – 16 O 806/04 – ZUM 2006, 942.

47 OLG München 8.2.2007 – 6 U 5649/05 – ZUM-RD 2007, 166; OLG München 8.2.2007 – 6 U 5747/05 – ZUM-RD 2007, 182; OLG München 8.2.2007 – 6 U 5748/05 – ZUM 2007, 308; OLG München 8.2.2007 – 6 U 5785/05 – ZUM 2007, 317; KG Berlin 6.3.2009 – 5 U 113/05 – ZUM 2009, 407; LG Berlin 27.9.2005 – 16 O 795/04 – ZUM 2005, 904.

48 OLG München 14.12.2006 – 29 U 1728/06 – ZUM 2007, 142.

49 BT-Drucks 12/6433, S. 14.

50 OLG München 14.12.2006 – 29 U 1728/06 – ZUM 2007, 142; OLG München 27.11.2008 – 29 U 5319/07 – ZUM 2009, 300; OLG München 27.11.2008 – 29 U 5320/07 – ZUM-RD 2009, 268; LG Berlin 27.7.2006 – 16 O 812/04 – ZUM-RD 2007, 194.

51 BT-Drucks 14/8058, S. 18.

52 LG München I 15.12.2005 – 7 O 25199/04 – ZUM 2006, 154.

29 Die Vertragsänderung braucht sich **nicht am gerade noch Angemessenen** zu orientieren. Dies würde dem AG das Risiko der „Gesamtunwirksamkeit", das mit der Vorgabe einer unangemessenen Vergütungsvereinbarung verbunden ist, im Sinn einer „geltungserhaltenden Reduktion" abnehmen.[53] Der AG würde dann noch schlechter stehen, als wenn er sich redlicherweise bereits bei Vertragsschluss um eine angemessene Vereinbarung bemüht hätte. § 36 a.F. zielte demgegenüber noch darauf ab, dem AN-Urheber eine noch angemessene Beteiligung zuzusprechen (siehe § 32a Rn 10). Angesichts der weiter reichenden Funktion des § 32 kann daran nicht festgehalten werden. Diese besteht darin, das erforderliche Gleichgewicht der Kräfte zwischen den Parteien herbeizuführen. Es sollen **nicht nur wenige Fälle augenscheinlicher Ungerechtigkeit** erfasst werden, sondern die alltägliche Praxis der Unangemessenheit i.Ü.[54]

30 Abs. 1 S. 3 ermöglicht jedoch nicht, den Arbeitsvertrag in allen seinen Aspekten zu optimieren, sondern erlaubt nur die Einfügung oder Anpassung der Vereinbarung hinsichtlich der Höhe des Nutzungsentgelts.[55]

III. Schutz des Urhebers (Abs. 3 S. 1, S. 2)

31 Die Vorschriften nach Abs. 3 S. 1, S. 2 stehen nach § 43 zwar unter dem Vorbehalt, dass sich aus dem Inhalt des Arbverh nichts anderes ergibt. Das ist allerdings nicht so zu verstehen, dass der bezweckte Umgehungsschutz damit komplett aufgehoben ist. Zunächst greifen die beiden Vorschriften vollumfänglich in dem Fall ein, dass nichts anderes vereinbart ist. Des Weiteren steht Abs. 3 S. 1, S. 2 mit Abs. 1, Abs. 2 im engen Zusammenhang. Es wird lediglich bekräftigt, dass die letzteren Vorschriften Anwendung finden. Das Andere, das vereinbart werden kann, würde sich also direkt auf die Rechtsfolgen des Abs. 1 beziehen, die selbst jedoch nicht anders ausgestaltet werden können. Es ist daher zwecklos, eine andere Rechtsfolge des Inhalts zu vereinbaren, dass Umgehungen möglich sind. Diese würde wegen der eigenständigen Wirkung des Abs. 1, Abs. 2 ins Leere zielen.[56]

C. Verbindung zu anderen Rechtsgebieten und zum Prozessrecht

32 Im **Beamtenverhältnis** finden die Ansprüche auf angemessene Vergütung nach Abs. 1 S. 2 und auf Vertragsänderung zur angemessenen Vergütung nach Abs. 1 S. 3 trotz des Verweises nach § 43 naturgem. keine Anwendung, weil die Beamten mit der Besoldung eine **gesetzlich geregelte** Alimentation erhalten.[57]

33 Die Ansprüche nach Abs. 1 S. 2, S. 3 sind gegenüber der Nichtigkeit wegen Sittenwidrigkeit nach § 138 BGB lex specialis.[58]

34 Die Ansprüche nach Abs. 1 S. 2, S. 3 unterliegen nach § 102 S. 1 der **regelmäßigen Verjährung** nach den §§ 195, 199, 214 BGB. Sie entstehen nur einmal. Versäumt es der AN-Urheber, sie innerhalb der Verjährungsfrist geltend zu machen, dann bleibt es auch mit Rücksicht auf den Charakter des Arbverh als Dauerschuldverhältnis für alle zukünftigen Nutzungen bei der vollendeten Verjährung.[59] Die Erhebung der Einrede der Verjährung ist nicht rechtsmissbräuchlich, weil dem AG insoweit keine Fürsorgepflicht obliegt.[60] Die Ansprüche beziehen sich, wie Abs. 1 S. 1, Abs. 2 S. 2 und Abs. 4 zeigen (siehe Rn 12), allerdings auf die Einräumung von Nutzungsrechten. Ihre Fälligkeit und damit ihre **Entstehung** im Sinn des § 199 Abs. 1 Nr. 1 BGB hängt also vom **Zeitpunkt der Nutzungsrechtseinräumung** als Verfügungsgeschäft ab.[61] Selbst in einem schriftlichen Arbeitsvertrag, wonach sich der AN-Urheber im Sinn des § 40 Abs. 1 S. 1 zur Einräumung von Nutzungsrechten an künftigen Werken verpflichtet, ist ohne Weiteres noch **keine Vorausverfügung** über diese Nutzungsrechte zu sehen.[62] Wenn eine solche Vorausverfügung nicht ausdrücklich geregelt ist, erfolgt die Nutzungsrechtseinräumung regelmäßig erst stillschweigend bei der **Ablieferung des Werks** (siehe § 31 Rn 8). In diesem Fall entstehen die Ansprüche damit nur hinsichtlich des jeweiligen Werks einmal, bei mehreren Werken dagegen – mit jeweils unterschiedlichem Bezugspunkt – mehrmals. Die Ansprüche unterliegen nicht nur der gesetzlichen Verjährung, sondern können auch durch tarif- und arbeitsvertraglichen Verfallfristen erfasst werden.[63]

---

53 Vgl. BGH 26.4.2005 – XI ZR 289/04 – NJW-RR 2005, 1408.
54 BT-Drucks 14/6433, S. 8; OLG München 14.12.2006 – 29 U 1728/06 – ZUM 2007, 142.
55 OLG München 14.12.2006 – 29 U 1728/06 – ZUM 2007, 142.
56 *Fuchs*, AN-Urhebervertragsrecht, S. 87 f.
57 BMJ, Formulierungshilfe vom 19.11.2001, S. 18; Berger/Berger, Urhebervertragsrecht, § 2 Rn 47; Schricker/*Rojahn*, § 43 UrhG Rn 64; a.A. Wandtke/*Wandtke*, § 43 UrhG Rn 144.
58 LG München I 15.12.2005 – 7 O 25199/04 – ZUM 2006, 154.
59 *von Becker/Wegner*, ZUM 2005, 695.
60 OLG Düsseldorf 27.5.2004 – I-2 U 67/95 – ZUM 2004, 756.
61 Ähnlich im Werkvertragsrecht BGH 19.6.1986 – VII ZR 221/85 – NJW-RR 1986, 1279; BGH 11.11.1999 – VII ZR 73/99 – NJW-RR 2000, 386; BGH 27.11.2003 – VII ZR 288/02 – NJW-RR 2004, 445; eingehend dazu LG Karlsruhe 17.11.2005 – 5 O 10/02 – BauR 2006, 1014. A.A. Wandtke/*Wandtke/Grunert*, § 32 UrhG Rn 21.
62 Wandtke/*Wandtke*, § 40 UrhG Rn 2.
63 Offen gelassen BAG 8.8.2000 – 9 AZR 428/99; LAG Hamm 31.5.1999 – 19 Sa 1243/98.

Auf Arbeitsverträge, die seit dem 1.6.2001 und bis zum 30.6.2002 geschlossen worden sind, findet nach § 132 Abs. 3 S. 3 auch § 32 in der seit dem 1.7.2002 geltenden Fassung Anwendung, sofern von dem eingeräumten Recht oder der Erlaubnis nach dem 30.6.2002 Gebrauch gemacht wird.

Für Rechtsstreitigkeiten über Ansprüche nach Abs. 1 S. 2, S. 3 ist nach § 104 S. 2, § 2 Abs. 2 Buchst. b ArbGG der Rechtsweg zu den **Arbeitsgerichten** eröffnet (siehe § 2 ArbGG Rn 32), wenn sich ihr Gegenstand „ausschließlich [...] auf Leistung einer vereinbarten Vergütung" bezieht. Die Vergütung muss als Nutzungsentgelt jedenfalls dem Grunde nach ausdrücklich vereinbart sein.[64] Der enge Wortlaut des Begriffs der vereinbarten Vergütung ist dabei teleologisch erweiternd auszulegen. Ansonsten wären für den Anspruch auf angemessene Vergütung nach Abs. 1 S. 2, die der Höhe nach als vereinbart gilt, die Arbeitsgerichte zuständig und für den Anspruch auf Vertragsänderung zur angemessenen Vergütung nach Abs. 1 S. 3 die ordentlichen Gerichte. Diese müssten dann den Arbeitsvertrag (!) abändern. Falls auch über die Einräumung von Nutzungsrechten oder über deren Entgeltlichkeit gestritten wird, sind nach § 104 S. 1 die **ordentlichen Gerichte** zuständig.

Die Bilanz des § 32 in der Praxis ist ernüchternd. Die erwartete Klagewelle ist ausgeblieben. Das mag daran liegen, dass die Durchsetzung der Ansprüche auf angemessene Vergütung nach Abs. 1 S. 2 und auf Vertragsänderung zur angemessenen Vergütung nach Abs. 1 S. 3 **risikoreich** ist, weil die Darlegungs- und Beweislast und damit das Kostenrisiko auch über § 12a Abs. 1 S. 1 ArbGG hinaus allein beim AN-Urheber liegt.[65] Im laufenden Arbverh liegt eine Rechtsdurchsetzung daher eher fern. Weshalb die Gewerkschaften das neue Normalstatut nicht in MTV durchsetzen, ist freilich unbegreiflich.

D. Beraterhinweise

Wenn die Branchenübung mangels Redlichkeit nicht angemessen ist, kann die Angemessenheit nicht anhand empirischer Werte bestimmt werden. Ein Sachverständigengutachten ist dann als Beweismittel ungeeignet. Darzulegen und zu beweisen sind vielmehr die **Anknüpfungstatsachen**, darunter die bekannten Vergleichszahlen, Art und Umfang der eingeräumten Nutzungsmöglichkeit, insbesondere nach Dauer und Zeitpunkt der Nutzung, und alle sonstigen einschlägigen Umstände unter Berücksichtigung der gesamten Beziehungen der Parteien.[66]

Weder der Antrag auf Zahlung der angemessenen Vergütung noch der Antrag auf Einwilligung in die Vertragsänderung, durch die dem AN-Urheber die angemessene Vergütung gewährt wird, muss beziffert werden. Die Ansprüche nach Abs. 1 S. 2, S. 3 unterliegen nach § 287 Abs. 2 ZPO dem **freien Ermessen** des Gerichts.[67] Der AN-Urheber muss aber die Berechnungs- bzw. Schätzungsgrundlage in Form der Anknüpfungstatsachen umfassend darlegen und die Größenordnung seiner Vorstellungen angeben, z.B. als Streitwertangabe oder Mindestbetrag.[68]

In der Praxis wird z.B. folgende **Formulierung** eingesetzt: „Der Beklagte wird verurteilt, dahingehend in die Änderung des § [...] des Arbeitsvertrags vom [...] einzuwilligen, dass dem Kläger eine nach dem Ermessen des Gerichts festzusetzende, angemessene Vergütung für die Einräumung der Nutzungsrechte an dem Werk [...] gewährt wird, die über die bisherige Vergütung hinausgeht, wobei das Gericht gebeten wird, die Änderung entsprechend zu formulieren."

Mit dem Antrag auf Einwilligung in die Vertragsänderung kann auch ein Zahlungsantrag verbunden werden, mit dem die sich aus der Vertragsänderung ergebende Nachforderung geltend gemacht wird.[69] Allerdings wird über diese Anträge nach § 301 Abs. 1 S. 1 ZPO jeweils durch **Teilurteil** zu entscheiden sein, weil der Zahlungsanspruch nach § 894 Abs. 1 S. 1 ZPO erst mit der Rechtskraft des Urteils über den Anspruch auf Einwilligung in die Vertragsänderung entsteht.[70]

---

64 LAG Hamm 30.6.2008 – 2 Ta 871/07 – ZUM-RD 2008, 578.
65 OLG München 27.11.2008 – 29 U 5319/07 – ZUM 2009, 300; *Schulze*, GRUR 2005, 828.
66 OLG München 22.5.2003 – 29 U 4573/02 – ZUM 2003, 684; OLG München 28.8.2003 – 29 U 5597/02 – ZUM 2003, 970.
67 BT-Drucks 14/8058, S. 43; BGH 27.6.1991 – I ZR 22/90 – NJW 1991, 3150; OLG München 7.6.2001 – 29 U 2196/00 – ZUM 2001, 994; OLG München 22.5.2003 – 29 U 4573/02 – ZUM 2003, 684; OLG München 28.8.2003 – 29 U 5597/02 – ZUM 2003, 970; OLG München 14.12.2006 – 29 U 1728/06 – ZUM 2007, 142; LG Berlin 27.9.2005 – 16 O 795/04 – ZUM 2005, 904; LG München I 30.11.2005 – 21 O 25459/04 – ZUM 2006, 164; LG München I 15.12.2005 – 7 O 25199/04 – ZUM 2006, 154; LG Hamburg 10.2.2006 – 308 O 793/04 – ZUM 2006, 683; LG Berlin 27.4.2006 – 16 O 806/04 – ZUM 2006, 942; LG München I 12.7.2007 – 7 O 25258/05 – ZUM-RD 2007, 550; LG Stuttgart 2.11.2007 – 17 O 734/05 – ZUM 2008, 163; LG Hamburg 18.4.2008 – 308 O 452/07 – ZUM 2008, 603.
68 BMJ, Formulierungshilfe vom 19.11.2001, S. 16; LG Stuttgart 2.11.2007 – 17 O 734/05 – ZUM 2008, 163.
69 BT-Drucks 14/8058, S. 18; BGH 27.6.1991 – I ZR 22/90 – NJW 1991, 3150; OLG München 14.12.2006 – 29 U 1728/06 – ZUM 2007, 142; Wandtke/*Wandtke/Grunert*, § 32 UrhG Rn 18.
70 BGH 4.5.2005 – VIII ZR 94/04 – NJW 2005, 2310; OLG München 14.12.2006 – 29 U 1728/06 – ZUM 2007, 142; LG München I 10.11.2005 – 7 O 24552/04 – ZUM 2006, 73; LG München I 30.11.2005 – 21 O 25459/04 – ZUM 2006, 164; LG München I 30.11.2005 – 21 O 24780/04 – ZUM 2006, 159; LG Berlin 27.4.2006 – 16 O 806/04 – ZUM 2006, 942; LG München I 27.9.2006 – 21 O 25003/05 – ZUM 2007, 228.

42 Verzug mit der Erfüllung der sich aus der Vertragsänderung ergebenden Zahlungspflicht scheidet wegen § 894 Abs. 1 S. 1 ZPO aus.[71] Allerdings kann der AN-Urheber den AG mit der Erfüllung der Pflicht, in die Vertragsänderung einzuwilligen, in Verzug setzen und einen etwaigen **Verzögerungsschaden**, auch einen Zinsschaden, nach den §§ 280 Abs. 1, Abs. 2, 286 BGB ersetzt verlangen. Die §§ 291, 288 BGB finden keine Anwendung, weil es sich bei dem Anspruch auf Einwilligung in die Vertragsänderung nicht um eine Geldschuld handelt. Der Verzögerungsschaden muss deshalb **konkret dargelegt** werden.[72]

43 Als Nebenpflicht aus dem Arbeitsvertrag kann sich auch ein Auskunftsanspruch ergeben.[73] Diesem kommt bei den Ansprüchen nach Abs. 1 S. 2, S. 3 jedoch kaum praktische Bedeutung zu, da letztere sich nicht an der tatsächlichen Verwertung, sondern an den Verwertungsmöglichkeiten orientieren.[74]

---

§ 32a Weitere Beteiligung des Urhebers

(1) ¹Hat der Urheber einem anderen ein Nutzungsrecht zu Bedingungen eingeräumt, die dazu führen, dass die vereinbarte Gegenleistung unter Berücksichtigung der gesamten Beziehungen des Urhebers zu dem anderen in einem auffälligen Missverhältnis zu den Erträgen und Vorteilen aus der Nutzung des Werkes steht, so ist der andere auf Verlangen des Urhebers verpflichtet, in eine Änderung des Vertrages einzuwilligen, durch die dem Urheber eine den Umständen nach weitere angemessene Beteiligung gewährt wird. ²Ob die Vertragspartner die Höhe der erzielten Erträge oder Vorteile vorhergesehen haben oder hätten vorhersehen können, ist unerheblich.

(2) ¹Hat der andere das Nutzungsrecht übertragen oder weitere Nutzungsrechte eingeräumt und ergibt sich das auffällige Missverhältnis aus den Erträgnissen oder Vorteilen eines Dritten, so haftet dieser dem Urheber unmittelbar nach Maßgabe des Absatzes 1 unter Berücksichtigung der vertraglichen Beziehungen in der Lizenzkette. ²Die Haftung des anderen entfällt.

(3) ¹Auf die Ansprüche nach den Absätzen 1 und 2 kann im Voraus nicht verzichtet werden. ²Die Anwartschaft hierauf unterliegt nicht der Zwangsvollstreckung; eine Verfügung über die Anwartschaft ist unwirksam. ³Der Urheber kann aber unentgeltlich ein einfaches Nutzungsrecht für jedermann einräumen.

(4) Der Urheber hat keinen Anspruch nach Absatz 1, soweit die Vergütung nach einer gemeinsamen Vergütungsregel (§ 36) oder tarifvertraglich bestimmt worden ist und ausdrücklich eine weitere angemessene Beteiligung für den Fall des Absatzes 1 vorsieht.

Literatur: *von Becker/Wegner*, Offene Probleme der angemessenen Vergütung, ZUM 2005, 695; *Fuchs*, Arbeitnehmer-Urhebervertragsrecht, 2005; *ders.*, Die weitere Beteiligung der Urhebers, KUR 2005, 129; *ders.*, Gesetz über Urheberrecht und verwandte Schutzrechte (Urheberrechtsgesetz) vom 9. September 1965. Historisch-synoptische Edition. 1965–2008, 5. Aufl. 2008, http://lexetius.com/UrhG; *Reber*, Die Redlichkeit der Vergütung (§ 32 UrhG) im Film- und Fernsehbereich, GRUR 2003, 393; *Schricker*, Gerhard, Urheberrecht. Kommentar, 3. Aufl. 2006; *Wandtke/Bullinger*, Praxiskommentar zum Urheberrecht, 3. Aufl. 2009; *Zentek*, Anmerkung zu OLG Naumburg 7.4.2005 – 10 U 7/04 – ZUM 2006, 117

A. Allgemeines 1	II. Anspruch auf weitere Beteiligung im Durchgriff (Abs. 2) 11
B. Regelungsgehalt 2	III. Schutz des Urhebers (Abs. 3 S. 1) 12
I. Anspruch auf weitere Beteiligung (Abs. 1, Abs. 4) .. 2	C. Verbindung zu anderen Rechtsgebieten und zum Prozessrecht 13
1. Tarifvertrag und gemeinsame Vergütungsregel (Abs. 4) 4	D. Beraterhinweise 16
2. Tatbestand 5	
3. Rechtsfolge 9	

A. Allgemeines

1 Die Vorschrift trat am 1.7.2002 in Kraft.[1] Abs. 3. S. 3 wurde mit Wirkung zum 1.1.2008 ergänzt.[2] § 32a dient dem Zweck, ein auffälliges Missverhältnis zwischen den Erträgen und Vorteilen der tatsächlichen Nutzung des Werks und

---

71 BGH 4.5.2005 – VIII ZR 94/04 – NJW 2005, 2310; LG München I 15.12.2005 – 7 O 25199/04 – ZUM 2006, 154.
72 BGH 4.5.2005 – VIII ZR 94/04 – NJW 2005, 2310.
73 BT-Drucks 14/8058, S. 18; KG Berlin 6.3.2009 – 5 U 113/05 – ZUM 2009, 407; LG Hamburg 18.4.2008 – 308 O 452/07 – ZUM 2008, 603.
74 A.A. Wandtke/*Wandtke*/Grunert, § 32 UrhG Rn 20.

1 Art. 1 Nr. 4, 3 des Gesetzes zur Stärkung der vertraglichen Stellung von Urhebern und ausübenden Künstlern vom 22.3.2002 (BGBl I S. 1155); *Fuchs*, UrhG-HsE, § 32a.
2 Art. 1 Nr. 5, 4 des Zweiten Gesetzes zur Regelung des Urheberrechts in der Informationsgesellschaft vom 26.10.2007 (BGBl I S. 2513); *Fuchs*, UrhG-HsE, § 32a.

der Vergütung ex post zu korrigieren. Dieses **Korrekturinstrument** ist erforderlich, weil § 32 nicht an die tatsächliche Nutzung des Werks, sondern an dessen Nutzungsmöglichkeiten ex ante anknüpft.[3]

B. Regelungsgehalt

I. Anspruch auf weitere Beteiligung (Abs. 1, Abs. 4)

§ 32a behält die Grundstrukturen des § 36 a.F. bei, die Voraussetzungen wurden lediglich abgeschwächt.[4] Während nach § 36 Abs. 1 a.F. noch ein „grobes Missverhältnis" erforderlich war, genügt jetzt nach § 32 Abs. 1 S. 1 ein „auffälliges Missverhältnis". Aus den „Erträgnissen" nach § 36 Abs. 1 a.F. wurden „Erträge und Vorteile" nach Abs. 1 S. 1. § 36 Abs. 1 a.F. setzte angeblich als ungeschriebenes Tatbestandsmerkmal voraus, dass die Höhe der erzielten Erträgnisse nicht vorhersehbar war. Abs. 1 S. 1. stellt klar, dass es „unerheblich" ist, „ob die Vertragspartner die Höhe der erzielten Erträge oder Vorteile vorhergesehen haben oder hätten vorhersehen können". Schließlich unterscheiden sich die Vorschriften bei den Rechtsfolgen. § 36 Abs. 1 a.F. gewährte eine „angemessene Beteiligung an den Erträgnissen". Abs. 1 S. 1 spricht dagegen von einer „weiteren angemessenen Beteiligung".[5]

Die Anwendung von § 36 a.F. und damit von § 32a ist im Rahmen arbeitsvertraglicher Pflichten zur Einräumung von Nutzungsrechten anerkannt.[6] Abs. 1 wird im Arbverh auch durch § 43 Hs. 3 **nicht eingeschränkt** (siehe § 32 Rn 11).

1. Tarifvertrag und gemeinsame Vergütungsregel (Abs. 4). Abs. 4 ist vergleichbar mit § 32 Abs. 2 S. 1, Abs. 4 (siehe § 32 Rn 13, § 32 Rn 17).

2. Tatbestand. Die weitere angemessene Beteiligung ist nach den Grundsätzen des § 32 Abs. 2 S. 2 zu ermitteln mit dem Unterschied, dass es nicht auf die Nutzungsmöglichkeiten im Zeitpunkt des Vertragsschlusses, sondern auf die **tatsächliche Nutzung** im Zeitpunkt der Entscheidung über den Anspruch ankommt.[7] Bei der Ermittlung der weiteren angemessenen Beteiligung ist demnach zwar von der üblichen Vergütung auszugehen.[8] Eine übliche Vergütung muss aber nicht notwendig angemessen sein.[9] Vielmehr kommt es auch hier auf die Vergütung an, die üblicher- und redlicherweise zu leisten ist.[10]

Den typischen Fall einer unangemessenen Beteiligung des AN-Urhebers stellt die Abfindung mit einem Einmalbetrag dar.[11]

Ertrag im Sinn des Abs. 1 S. 1 ist nicht der Gewinn, sondern der **Bruttoerlös**, also etwa der um die Umsatzsteuer bereinigte Ladenverkaufspreis.[12] Aufwendungen des AG sind nur bei der Prüfung, ob zwischen vereinbarter Gegenleistung und Erträgen und Vorteilen ein auffälliges Missverhältnis vorliegt, anzusetzen.[13] Das auffällige Missverhältnis kann sich nach dem Wortlaut des § 32a neben unmittelbaren Erträgen aus Umsatzgeschäften auch in Ansehung von nur mittelbar darauf abzielenden **Vorteilen**, z.B. Werbung, ergeben.[14] Allerdings muss ein solcher mittelbarer Vorteil den wirtschaftlichen Erfolg der Verwertung messbar beeinflussen. Eine lediglich rahmenbegleitende Wirkung kommt als Vorteil nicht in Betracht.[15]

§ 36 a.F. war angeblich ein besonderer Anwendungsfall der Lehre vom Wegfall der Geschäftsgrundlage.[16] Die Vorschrift setzte allerdings kein schlechthin unerträgliches,[17] sondern ein grobes Missverhältnis zwischen vereinbarter Gegenleistung und Erträgnissen aus der Nutzung des Werks voraus.[18] Ein i.d.S. grobes Missverhältnis ist nur dann anzunehmen, wenn die vereinbarte Gegenleistung deutlich unter der Grenze der angemessenen Beteiligung an den

---

3 BT-Drucks 14/8058, S. 19.
4 BT-Drucks 14/8058, S. 19; OLG München 22.5.2003 – 29 U 4573/02 – ZUM 2003, 684; OLG Naumburg 7.4.2005 – 10 U 7/04 – NJW-RR 2006, 488.
5 *Fuchs*, UrhG-HsE §§ 32a, 36.
6 BMJ, Formulierungshilfe vom 19.11.2001, S. 18; BGH 23.10.2001 – X ZR 72/98 – GRUR 2002, 149; OLG Düsseldorf 27.5.2004 – I-2 U 67/95 – ZUM 2004, 756.
7 LG Berlin 27.7.2006 – 16 O 812/04 – ZUM-RD 2007, 194; LG Hamburg 18.4.2008 – 308 O 450/07 – ZUM 2008, 608.
8 BGH 21.6.2001 – I ZR 245/98 – GRUR 2002, 153; OLG Hamm 7.8.2007 – 4 U 14/07 – GRUR-RR 2008, 154.
9 BGH 13.12.2001 – I ZR 44/99 – GRUR 2002, 602; OLG München 22.5.2003 – 29 U 4573/02 – ZUM 2003, 684.
10 So bereits zu § 36 a.F. BGH 27.6.1991 – I ZR 22/90 – NJW 1991, 3150; OLG München 22.5.2003 – 29 U 4573/02 – ZUM 2003, 684; LG Hamburg 18.4.2008 – 308 O 450/07 – ZUM 2008, 608.
11 OLG München 23.2.2006 – 6 U 1610/05 – OLGR München 2006, 398.
12 BGH 27.6.1991 – I ZR 22/90 – NJW 1991, 3150; BGH 21.6.2001 – I ZR 245/98 – GRUR 2002, 153; LG Berlin 25.10.2005 – 16 O 804/04 – ZUM 2005, 901; LG Berlin 27.7.2006 – 16 O 812/04 – ZUM-RD 2007, 194; ausführlich *Reber*, GRUR 2003, 393.
13 BGH 27.6.1991 – I ZR 22/90 – NJW 1991, 3150; BGH 21.6.2001 – I ZR 245/98 – GRUR 2002, 153.
14 BT-Drucks 14/8058, S. 19.
15 OLG Naumburg 7.4.2005 – 10 U 7/04 – NJW-RR 2006, 488.
16 BGH 22.1.1998 – I ZR 189/95 – NJW 1998, 3716; BGH 21.6.2001 – I ZR 245/98 – GRUR 2002, 153; OLG Hamm 7.8.2007 – 4 U 14/07 – GRUR-RR 2008, 154; LG Berlin 18.9.2007 – 15 O 63/07 – ZUM-RD 2008, 72.
17 BGH 31.5.1990 – I ZR 233/88 – NJW 1991, 1478.
18 BGH 22.1.1998 – I ZR 189/95 – NJW 1998, 3716.

Erträgnissen liegt.[19] Hiervon ist in Anlehnung an die Rechtsprechung zu § 138 BGB[20] auszugehen, wenn die vereinbarte Gegenleistung weniger als 50 % der Untergrenze der angemessenen Beteiligung beträgt.[21] Während 66 % der Untergrenze der angemessenen Beteiligung somit kein grobes Missverhältnis darstellen,[22] ist bei 18,95 % und 35,26 % sogar von einem krassen Missverhältnis zu sprechen.[23] Ein nur **auffälliges Missverhältnis** im Sinn des § 32a kann wiederum angelehnt an die Rechtsprechung zu § 138 BGB[24] angenommen werden, wenn sich die vereinbarte Gegenleistung nach Maßgabe der Umstände der Grenze von 50 % der angemessenen Beteiligung nur annähert.[25]

8 Bei der Prüfung des Missverhältnisses sind die **gesamten Beziehungen** zwischen AN-Urheber und AG zu berücksichtigen, also auch Vor- und Nachteile weiterer Nutzungsverhältnisse zwischen diesen Parteien.[26] Verluste, die der AG mit Werken dritter AN-Urheber macht, können dagegen nicht berücksichtigt werden.[27]

Als bei der Abwägung, ob ein auffälliges Missverhältnis vorliegt, berücksichtigungsfähige Umstände kommen in Betracht ein hohes unternehmerisches Risiko, die Bedeutung einer vom AG stammenden Grundidee für den wirtschaftlichen Erfolg und wesentliche Gestaltungsbeiträge des AG.[28]

§ 32a kommt grds. auch bei eher untergeordneten Beiträgen des AN-Urhebers in Betracht. Bei gänzlich untergeordneten Leistungen, die üblicherweise ohne Rücksicht auf den Umfang der Nutzung durch ein Pauschalhonorar entgolten werden, erlaubt das Merkmal des auffälligen Missverhältnisses eine ausreichende Einschränkung des Anwendungsbereichs.[29]

9 **3. Rechtsfolge.** Auch der Anspruch auf weitere Beteiligung nach Abs. 1 S. 1 ist auf **Vertragsänderung** gerichtet (siehe § 32 Rn 28). In den Arbeitsvertrag wird deshalb eine auf die gesamte Dauer des Arbverh berechnete prozentuale Beteiligung einzufügen sein. Nach Maßgabe des Einzelfalls sind aber auch Pauschalierungen denkbar.[30]

10 § 36 a.F. zielte nicht nur darauf ab, das grobe Missverhältnis zwischen vereinbarter Gegenleistung und Erträgnissen an der Nutzung des Werkes zu beseitigen, sondern es sollte auch rückwirkend eine „**noch**" angemessene Beteiligung herbeigeführt werden.[31] Bei § 32a kann schon deshalb nicht in diesen Kategorien gedacht werden, weil nach § 32 Abs. 1 S. 1 eine „weitere" angemessene Beteiligung geschuldet ist. Der Anspruch knüpft also fiktiv an § 32 Abs. 1 S. 2, S. 3 an und geht davon aus, dass der AN-Urheber bereits einmal eine angemessene Vergütung erhalten hat. Diese fiktive angemessene Vergütung ist bei § 32a als **Sockelbetrag** zu berücksichtigen. Falls die Ansprüche nach § 32 Abs. 1 S. 2, S. 3 verjährt sind (siehe § 32 Rn 34), bestünde andernfalls eine Umgehungsmöglichkeit. Aufsetzend auf diesen Sockelbetrag ist dann wie bei § 32 Abs. 1 S. 2, S. 3 die „**volle**" angemessene Beteiligung zu gewähren (siehe § 32 Rn 29).[32]

II. Anspruch auf weitere Beteiligung im Durchgriff (Abs. 2)

11 Abs. 2 bestimmt, dass der AN-Urheber bei einer Übertragung des Nutzungsrechts oder Einräumung weiterer Nutzungsrechte durch den AG an einen Dritten diesen nach Maßgabe des § 32a Abs. 1 im Durchgriff in Anspruch nehmen kann.[33]

---

19 BGH 21.6.2001 – I ZR 245/98 – GRUR 2002, 153; OLG München 22.5.2003 – 29 U 4573/02 – ZUM 2003, 684.
20 Zuletzt BGH 17.6.2005 – V ZR 220/04 – NJW-RR 2005, 1418; BGH 23.6.2006 – V ZR 147/05 – NJW 2006, 3054; BGH 29.6.2007 – V ZR 1/06 – NJW 2007, 2841.
21 LG Berlin 18.9.2007 – 15 O 63/07 – ZUM-RD 2008, 72.
22 LG Berlin 27.7.2006 – 16 O 812/04 – ZUM-RD 2007, 194.
23 BGH 27.6.1991 – I ZR 22/90 – NJW 1991, 3150.
24 BGH 17.6.2005 – V ZR 220/04 – NJW-RR 2005, 1418; BGH 23.6.2006 – V ZR 147/05 – NJW 2006, 3054; BGH 29.6.2007 – V ZR 1/06 – NJW 2007, 2841.
25 BT-Drucks 14/8058, S. 19; OLG München 23.2.2006 – 6 U 1610/05 – OLGR München 2006, 398; LG Berlin 25.10.2005 – 16 O 804/04 – ZUM 2005, 901; LG Berlin 27.7.2006 – 16 O 812/04 – ZUM-RD 2007, 194; LG Hamburg 18.4.2008 – 308 O 450/07 – ZUM 2008, 608; Schricker/*Schricker*, § 32a UrhG Rn 19 f.; Wandtke/*Wandtke/Grunert*, § 32a UrhG Rn 18 ff.; a.A. *Fuchs*, AN-Urhebervertragsrecht, S. 202 ff.
26 BT-Drucks 4/270, zu § 36; BGH 27.6.1991 – I ZR 22/90 – NJW 1991, 3150; BGH 21.6.2001 – I ZR 245/98 – GRUR 2002, 153; OLG München 23.2.2006 – 6 U 1610/05 – OLGR München 2006, 398.
27 OLG München 28.8.2003 – 29 U 5597/02 – ZUM 2003, 970; LG Berlin 27.7.2006 – 16 O 812/04 – ZUM-RD 2007, 194; LG Hamburg 18.4.2008 – 308 O 450/07 – ZUM 2008, 608.
28 BGH 27.6.1991 – I ZR 22/90 – NJW 1991, 3150.
29 BGH 20.3.1986 – I ZR 179/83 – GRUR 1986, 885; BGH 22.1.1998 – I ZR 189/95 – NJW 1998, 3716; BGH 21.6.2001 – I ZR 245/98 – GRUR 2002, 153; BGH 13.12.2001 – I ZR 44/99 – GRUR 2002, 602; OLG Naumburg 7.4.2005 – 10 U 7/04 – NJW-RR 2006, 488.
30 BT-Drucks 14/8058, S. 19 f.
31 BGH 27.6.1991 – I ZR 22/90 – NJW 1991, 3150; BGH 21.6.2001 – I ZR 245/98 – GRUR 2002, 153; OLG München 22.5.2003 – 29 U 4573/02 – ZUM 2003, 684; OLG München 28.8.2003 – 29 U 5597/02 – ZUM 2003, 970.
32 Schricker/*Schricker*, § 32a UrhG Rn 27 f.; Wandtke/*Wandtke/Grunert*, § 32a UrhG Rn 25; *Zentek*, ZUM 2006, 117; a.A. noch *Fuchs*, AN-Urhebervertragsrecht, S. 206; vgl. LG Hamburg 18.4.2008 – 308 O 450/07 – ZUM 2008, 608.
33 BT-Drucks 14/8058, S. 19; näher dazu *Fuchs*, KUR 2005, 129.

III. Schutz des Urhebers (Abs. 3 S. 1)

Das Vorausverzichtsverbot des Abs. 3 S. 1 steht nach § 43 zwar unter dem Vorbehalt, dass sich aus dem Inhalt des Arbverh nichts anderes ergibt. Die Parteien können aber zumindest den Anspruch auf weitere Beteiligung nach Abs. 1 auf diese Weise nicht durchbrechen, weil sich das Vorausverzichtsverbot gerade auf dessen vertragsmodifizierende Rechtsfolge bezieht (siehe § 32 Rn 31).[34] Hinsichtlich des Anspruchs auf weitere Beteiligung im Durchgriff nach Abs. 2 ist eine Durchbrechung möglich, weil dieser Anspruch außerhalb des Arbverh unmittelbar auf Zahlung gerichtet ist. Etwas anderes im Sinn des § 43 kann sich nach § 40 Abs. 1 S. 1 insoweit aber nur aus einem schriftlichen Arbeitsvertrag mit Wirkung zugunsten des Dritten ergeben (siehe § 40 Rn 6). Ein stillschweigender oder mündlicher Vorausverzicht ist nach § 134 BGB also zwingend nichtig.[35]

C. Verbindung zu anderen Rechtsgebieten und zum Prozessrecht

Die Ansprüche nach Abs. 1, Abs. 2 unterliegen nach § 102 S. 1 der **regelmäßigen Verjährung** nach den §§ 195, 199, 214 BGB. Anders als bei den Ansprüchen nach § 32 Abs. 1 S. 2, S. 3 (siehe § 32 Rn 34) kann die **Anspruchsentstehung** mit der Nutzung **laufend neu** einsetzen. Der AN-Urheber kann die Ansprüche also immer für die zurückliegende Zeit geltend machen.[36]

Der am 1.7.2002 in Kraft getretene § 32a findet nach § 132 Abs. 3 S. 2 auf Sachverhalte Anwendung, die nach dem 28.3.2002 entstanden sind. Das bedeutet jedoch nicht, dass der gesamte anspruchsbegründende Sachverhalt erst nach dem Stichtag entstanden sein muss. Es kann nämlich keinen Unterschied machen, ob die Nutzungsrechte vor oder nach dem Stichtag eingeräumt sind. Ausschlaggebend ist deshalb nur, dass die zum auffälligen Missverhältnis führende Nutzungshandlung nach dem Stichtag erfolgt. Auch die Rechtsfolgen des § 32a reichen nur bis zum Stichtag zurück.[37]

Auch bei diesem Anspruch kann nach § 104 S. 2, § 2 Abs. 2 Buchst. b ArbGG der Rechtsweg zu den **Arbeitsgerichten** eröffnet sein (siehe § 32 Rn 36).

D. Beraterhinweise

Zur Vorbereitung des Anspruchs auf Vertragsänderung nach § 32a kann dem AN-Urheber gegen den AG nach § 242 BGB ein **Anspruch auf Auskunft und Rechnungslegung** über die Erträge und Vorteile aus der Nutzung des Werks zustehen.[38] Ein solcher Anspruch besteht in jedem Rechtsverhältnis, und zwar immer dann, wenn der Berechtigte entschuldbarerweise über Bestehen und Umfang seines Rechts im Ungewissen, der Verpflichtete hingegen in der Lage ist, unschwer, d.h. ohne unbillig belastet zu sein, solche Auskünfte zu erteilen.[39] Ein Auskunftsanspruch setzt zwar voraus, dass der Anspruch auf Vertragsänderung dem Grunde nach besteht.[40] Wenn die Umstände, über die Auskunft erteilt werden soll, erst das schlüssige Darlegen des Anspruchsgrunds ermöglichen, gilt diese Voraussetzung jedoch nicht uneingeschränkt.[41] Hierzu können bei § 32a auch die Erträge und Vorteile aus der Nutzung des Werks gehören.[42] Der AN-Urheber kann den AG aber nicht beliebig auf Auskunft in Anspruch nehmen, weil der Auskunftsanspruch nicht der Ausforschung dient. Die beteiligten Interessen müssen vielmehr sorgfältig abgewogen werden. Während bei der Auskunft über die Anspruchshöhe regelmäßig die Interessen des AN-Urhebers überwiegen, ist der AG bei der Auskunft über den Anspruchsgrund grds. schutzwürdig. Der AN-Urheber muss deshalb im Rahmen des Möglichen **nachprüfbare tatsächliche Umstände vortragen** und auf dieser Grundlage nicht nur greifbare Anhaltspunkte für seinen Anspruch, sondern auch die Gründe plausibel darlegen, weshalb ihm eine weitere Substan-

---

34 A.A. noch *Fuchs*, AN-Urhebervertragsrecht, S. 90.
35 *Fuchs*, AN-Urhebervertragsrecht, S. 90.
36 *von Becker/Wegner*, ZUM 2005, 695.
37 OLG Hamm 7.8.2007 – 4 U 14/07 – GRUR-RR 2008, 154; OLG München 20.12.2007 – 29 U 5512/06 – GRUR-RR 2008, 37; LG Berlin 27.7.2006 – 16 O 812/04 – ZUM-RD 2007, 194; LG Hamburg 18.4.2008 – 308 O 450/07, ZUM 2008, 608.
38 BGH 23.10.2001 – X ZR 72/98 – GRUR 2002, 149; BGH 13.12.2001 – I ZR 44/99 – GRUR 2002, 602; OLG Hamm 19.9.1989 – 4 U 235/88 – NJW-RR 1990, 1148; OLG Nürnberg 12.5.1998 – 3 U 3225/97 – ZUM-RD 1999, 126; OLG Köln 9.1.2004 – 6 U 93/03 – GRUR-RR 2004, 161; OLG München 23.2.2006 – 6 U 1610/05 – OLGR München 2006, 398; OLG München 20.12.2007 – 29 U 5512/06 – GRUR-RR 2008, 37; LG München I 13.9.2006 – 21 O 553/03 – GRUR-RR 2007, 187; LG Berlin 18.9.2007 – 15 O 63/07 – ZUM-RD 2008, 72; LG Hamburg 18.4.2008 – 308 O 450/07 – ZUM 2008, 608.
39 BGH 13.12.2001 – I ZR 44/99 – GRUR 2002, 602; OLG München 20.12.2007 – 29 U 5512/06 – GRUR-RR 2008, 37.
40 BGH 23.10.2001 – X ZR 72/98 – GRUR 2002, 149; BGH 13.12.2001 – I ZR 44/99 – GRUR 2002, 602; OLG Hamm 19.9.1989 – 4 U 235/88 – NJW-RR 1990, 1148; OLG Nürnberg 12.5.1998 – 3 U 3225/97 – ZUM-RD 1999, 126; OLG Köln 9.1.2004 – 6 U 93/03 – GRUR-RR 2004, 161; LG Berlin 18.9.2007 – 15 O 63/07 – ZUM-RD 2008, 72.
41 BGH 23.10.2001 – X ZR 72/98 – GRUR 2002, 149; BGH 13.12.2001 – I ZR 44/99 – GRUR 2002, 602; OLG Hamm 19.9.1989 – 4 U 235/88 – NJW-RR 1990, 1148; OLG Köln 9.1.2004 – 6 U 93/03 – GRUR-RR 2004, 161; LG Berlin 18.9.2007 – 15 O 63/07 – ZUM-RD 2008, 72.
42 OLG Hamm 19.9.1989 – 4 U 235/88 – NJW-RR 1990, 1148; OLG Nürnberg 12.5.1998 – 3 U 3225/97 – ZUM-RD 1999, 126; LG München I 13.9.2006 – 21 O 553/03 – GRUR-RR 2007, 187.

ziierung nicht möglich ist. Im Rahmen der Interessenabwägung ist weiter zu prüfen, ob die Auskunft aus der Sicht des AN-Urhebers erforderlich und in dem verlangten Umfang für den AG zumutbar ist.[43] Greifbare Anhaltspunkte für die Annahme eines auffälligen Missverhältnisses bestehen etwa dann, wenn sich ein Werk bei der Vereinbarung einer Pauschale dem Anschein nach im In- und Ausland außergewöhnlich gut verkauft hat (bei Büchern bspw. mehrere Auflagen, Paperback- und Hardcoverausgabe), wenn aufgrund positiver Bewertungen eine hohe Nachfrage anzunehmen ist und wenn es vom AG selbst als Bestseller bezeichnet wird.[44]

§ 40 Verträge über künftige Werke

(1) [1]Ein Vertrag, durch den sich der Urheber zur Einräumung von Nutzungsrechten an künftigen Werken verpflichtet, die überhaupt nicht näher oder nur der Gattung nach bestimmt sind, bedarf der schriftlichen Form. [2]Er kann von beiden Vertragsteilen nach Ablauf von fünf Jahren seit dem Abschluß des Vertrags gekündigt werden. [3]Die Kündigungsfrist beträgt sechs Monate, wenn keine kürzere Frist vereinbart ist.

(2) [1]Auf das Kündigungsrecht kann im voraus nicht verzichtet werden. [2]Andere vertragliche oder gesetzliche Kündigungsrechte bleiben unberührt.

(3) Wenn in Erfüllung des Vertrags Nutzungsrechte an künftigen Werken eingeräumt worden sind, wird mit Beendigung des Vertrags die Verfügung hinsichtlich der Werke unwirksam, die zu diesem Zeitpunkt noch nicht abgeliefert sind.

Literatur: *Balle,* Der urheberrechtliche Schutz von Arbeitsergebnissen, NZA 1997, 868; *Berger/Wündisch,* Urhebervertragsrecht. Handbuch, 2008; *Bollack,* Die Rechtsstellung des Urhebers im Dienst- oder Arbeitsverhältnis, GRUR 1976, 74; *Dreier/Schulze,* Urheberrechtsgesetz. Urheberrechtswahrnehmungsgesetz. Kunsturhebergesetz. Kommentar, 2. Aufl. 2006; *Fuchs,* Arbeitnehmer-Urhebervertragsrecht, 2005; *ders.,* Gesetz über Urheberrecht und verwandte Schutzrechte (Urheberrechtsgesetz) vom 9. September 1965. Historisch-synoptische Edition. 1965–2008, 5. Aufl. 2008, http://lexetius.com/UrhG; *Heermann,* Der Schutzumfang von Sprachwerken der Wissenschaft und die urheberrechtliche Stellung von Hochschulangehörigen, GRUR 1999, 468; *Hesse,* Der Arbeitnehmerurheber. Dargestellt am Beispiel der tarifvertraglichen Regelungen für Redakteure an Tageszeitungen und Zeitschriften, AfP 1987, 562; *Hoeren/Sieber,* Handbuch Multimedia-Recht. Rechtsfragen des elektronischen Geschäftsverkehrs, Stand März 2008; *Hubmann,* Die Urheberrechtsklauseln in den Manteltarifverträgen für Redakteure an Zeitschriften und an Tageszeitungen, RdA 1987, 89; *Kolle,* Der angestellte Programmierer. Zur rechtlichen Zuordnung von in Arbeitsverhältnissen geschaffenen, insbesondere urheberrechtlich geschützten Softwareprodukten, GRUR 1985, 1016; *Möhring,* Die Schutzfähigkeit von Programmen für Datenverarbeitungsmaschinen, GRUR 1967, 269; *Nicolini/Ahlberg,* Urheberrechtsgesetz, 2. Aufl. 2000; *Rehbinder,* Das Arbeitnehmerverhältnis im Spannungsfeld des Urheberrechts, RdA 1968, 309; *ders.,* Der Urheber als Arbeitnehmer, WiB 1994, S. 461; *ders.,* Urheberrecht. Ein Studienbuch, 15. Aufl. 2008; *Riesenhuber,* Die doppelte Vorausverfügung der Arbeitnehmer-Urhebers zugunsten von Verwertungsgesellschaft und Arbeitgeber, NZA 2004, 1363; *Schricker,* Urheberrecht. Kommentar, 3. Aufl. 2006; *Schwab,* Der Arbeitnehmerurheber in der Rechtsprechung des Bundesarbeitsgerichts, in: Oetker/Preis/Riebele, 50 Jahre Bundesarbeitsgericht, 2004, 213; *Schweyer,* Anmerkung zu OLG Celle 1.4.1993 – 13 U 39/90 – CR 1994, 684; *Wandtke,* Reform des Arbeitnehmerurheberrechts?, GRUR 1999, 390; *Wandtke/Bullinger,* Praxiskommentar zum Urheberrecht, 3. Aufl. 2009; *Zirkel,* Das neue Urhebervertragsrecht und der angestellte Urheber, WRP 2003, 59; *Zöllner,* Die Reichweite des Urheberrechts im Arbeitsverhältnis untypischer Urheber, ZfA 1985, 451

A. Allgemeines

1 Die Vorschrift trat am 1.1.1966 in Kraft.[1]

In der Verpflichtung zur Einräumung von Nutzungsrechten an künftigen Werken, die überhaupt nicht näher oder nur der Gattung nach bestimmt sind, liegt eine ungewöhnlich starke, in ihren wirtschaftlichen Folgen **kaum abzusehende Bin-**

---

43 BGH 23.10.2001 – X ZR 72/98 – GRUR 2002, 149; BGH 13.12.2001 – I ZR 44/99 – GRUR 2002, 602; OLG Hamm 19.9.1989 – 4 U 235/88 – NJW-RR 1990, 1148; OLG Nürnberg 12.5.1998 – 3 U 3225/97 – ZUM-RD 1999, 126; KG Berlin 27.4.1999 – 5 U 9767/97 – ZUM-RD 1999, 484; OLG Köln 9.1.2004 – 6 U 93/03 – GRUR-RR 2004, 161; OLG München 20.12.2007 – 29 U 5512/06 – GRUR-RR 2008, 37; LG Berlin 18.9.2007 – 15 O 63/07 – ZUM-RD 2008, 72.

44 OLG Köln 9.1.2004 – 6 U 93/03 – GRUR-RR 2004, 161; LG Berlin 18.9.2007 – 15 O 63/07 – ZUM-RD 2008, 72.

1 § 143 Abs. 2 des Gesetzes über Urheberrecht und verwandte Schutzrechte (Urheberrechtsgesetz) vom 9.9.1965 (BGBl I S. 1273); *Fuchs,* UrhG-HsE, § 40.

dung, die nicht unüberlegt eingegangen werden darf. Für solche Verträge ist dementspr. in Abs. 1 S. 1 die Schriftform vorgesehen, um den Urheber auf die Bedeutung des Vertrags hinzuweisen und den Beweis zu erleichtern.[2]

Das Schriftformerfordernis des Abs. 1 S. 1 soll nach einer verbreiteten Ansicht[3] im Arbverh keine Anwendung finden. Vor langfristigen Bindungen müsse nur der selbstständige Urheber gewarnt werden, weil er vom wirtschaftlichen Erfolg seines Werks abhängig sei. Dieser könne nicht geplant werden. Stelle sich der Erfolg ein, sei es für den selbstständigen Urheber wichtig, diesen möglichst umfassend ausnutzen zu können. Bei langfristigen Bindungen drohe ihm der Verlust dieser Möglichkeit. Demgegenüber sei der AN-Urheber nicht i.d.S. schutzbedürftig. Langfristige Bindungen seien im Arbverh regelmäßig gewollt. Das Verwertungsrisiko liege allein beim AG. Existenzgrundlage des AN-Urhebers sei das Arbeitsentgelt, das er unabhängig vom Vermarktungserfolg erhalte. Er bedürfe deshalb keiner Warnung.

Nach der sich zunehmend verbreitenden Gegenansicht[4] bezieht sich § 40 Abs. 1 S. 1 gerade auch auf Arbeitsverträge. Es ist nicht ersichtlich, weshalb gerade ein AN-Urheber, der sich regelmäßig über einen längeren Zeitraum binden will, die Folgen einer solchen Bindung überschauen können soll. Das Argument, Nutzungsrechte brauchten den AN-Urheber nicht zu interessieren, weil seine Existenz bereits durch das Arbeitsentgelt abgesichert sei, spricht ihm das **potenzielle Verfügungs- und Verwertungsrecht** (siehe § 43 Rn 3) von vornherein ab. Es wäre nur dann stichhaltig, wenn der AN-Urheber durch das Arbeitsentgelt am konkreten Verwertungserfolg teil hätte. Das Arbeitsentgelt wird aber vor dem Werkschaffen vereinbart. Im Voraus kann der Verwertungserfolg unbestimmter oder nur der Gattung nach bestimmter Werke aber kaum berücksichtigt werden.[5]

Der Zweck des Abs. 1 S. 1 besteht auch gar nicht allein in der **Warnung vor unbedachter rechtlicher Bindung**. Ein Verwertungserfolg ist nicht allein von der Qualität des Werks abhängig. Regelmäßig wird er sich erst einstellen, wenn auch in die Verwertung investiert wurde. Hierzu wird ein Verwerter aber erst bereit sein, wenn er sich an diesem Erfolg teilhaben kann. Es wird die Verwertung deshalb geradezu von einer langfristigen Bindung abhängig machen. Die Funktion des Schriftformerfordernisses nach Abs. 1 S. 1 bezieht sich ausgehend davon auch auf **die beweisbare Feststellung und Kenntlichmachung des Vertragsinhalts**. Der selbstständige Urheber soll sich darüber im Klaren sein, welcher Nutzungsrechte er sich langfristig begibt. In den §§ 15 ff. ist eine Reihe von Verwertungsrechten geregelt, die auf zahlreiche Nutzungsarten genutzt werden können. Die Aufgabe einer vertraglichen Regelung über die Einräumung von Nutzungsrechten besteht deshalb darin, aus diesem Fundus möglichst zweckentspr. auszuwählen. Das kann in stillschweigender Form kaum bewerkstelligt werden. All das gilt erst recht im längerfristigen Arbverh. Auch für den AN-Urheber ist es wichtig zu wissen, worauf er sich beim Arbeitsvertragsschluss einlässt. Deshalb muss ihm im Zeitpunkt des Vertragsschlusses ausdrücklich verdeutlicht werden, welche urheberrechtlichen Rechte und Pflichten er hat.[6]

Im Arbverh besteht vor allem für den Fall seiner **Beendigung** ein Bedürfnis, die Einräumung von Nutzungsrechten transparent zu regeln. Der AG wird nämlich nicht selten ein Interesse daran haben, vom AN-Urheber geschaffene Werke auch nach Beendigung des Arbverh zu nutzen. Zu diesem Zweck benötigt er Nutzungsrechte mit entspr. zeitlichem Umfang. Weil das Argument der wirtschaftlichen Absicherung des AN-Urhebers durch das Arbeitsentgelt für die über das Arbverh hinausreichende Zeit keine Geltung beanspruchen kann, ist – der Logik dieses Arguments folgend – auch die Annahme, es seien stillschweigend entspr. Nutzungsrechte eingeräumt, nicht begründbar. Wenn der AG mehr beansprucht, als ihm nach einem stillschweigend geschlossenen Arbeitsvertrag zustehen kann, müssen ausdrückliche Regelungen getroffen werden. Auch dies wird von Abs. 1 S. 1 bezweckt.[7]

Dieses Regelungsbedürfnis der Arbeitsvertragsparteien wird durch die in Tarifverträgen enthaltenen detaillierten Urheberklauseln empirisch belegt (siehe § 31 Rn 19).[8]

B. Regelungsgehalt

Abs. 1 S. 1 wird nicht durch § 43 Hs. 3 eingeschränkt, sondern findet **ausnahmslos uneingeschränkt** Anwendung. Der **Arbeitsvertrag** eines AN-Urhebers, dessen arbeitsvertragliche Aufgabe darin besteht, urheberrechtlich geschützte Werke zu schaffen, kann als **Musterbeispiel** für einen Vertrag im Sinn des Abs. 1 S. 1 angesehen werden.

---

2 BT-Drucks 4/270, zu § 40.
3 LG Köln 20.12.2006 – 28 O 468/06 – MMR 2007, 465; *Balle*, NZA 1997, 868; *Berger/Wündisch*, Urhebervertragsrecht, § 15 Rn 20; *Bollack*, GRUR 1976, 74; *Dreier/Dreier*, § 43 UrhG Rn 19; *Hoeren/Götz von Olenhusen/Ernst*, 7.3 Rn 103; *Heermann*, GRUR 1999, 468; *Hubmann*, RdA 1987, 89; *Kolle*, GRUR 1985, 1016; *Nicolini/Spautz*, § 43 UrhG Rn 8; *Rehbinder*, RdA 1968, 309; *ders.*, WiB 1994, 461; *ders.*, Urheberrecht, Rn 637; *Riesenhuber*, NZA 2004, 1363; *Schricker/Rojahn*, § 43 UrhG Rn 43 f.; *Schricker/Schricker*, § 32 UrhG Rn 3. Dreier/*Schulze*, § 40 UrhG Rn 5; *Schweyer*, CR 1994, 684; mit recht gewundener Begründung *Zöllner*, ZfA 1985, 451.
4 OLG Celle 1.4.1993 – 13 U 39/90 – CR 1994, 681; *Fuchs*, AN-Urhebervertragsrecht, S. 67 ff.; *Möhring*, GRUR 1967, 269; *Schwab*, 50 Jahre Bundesarbeitsgericht, 213; *Wandtke*, GRUR 1999, 390; Wandtke/*Wandtke*, § 40 UrhG Rn 4, § 43 UrhG Rn 48; *Zirkel*, WRP 2003, 59.
5 *Fuchs*, AN-Urhebervertragsrecht, S. 71.
6 *Fuchs*, AN-Urhebervertragsrecht, S. 67 f.
7 *Fuchs*, AN-Urhebervertragsrecht, S. 69.
8 *Fuchs*, AN-Urhebervertragsrecht, S. 70.

7 Solange dieser Vertrag noch nicht geschlossen ist, kann sich aus dem Inhalt des Arbverh nichts anderes ergeben, weil es noch nicht besteht. § 43 Hs. 3 zielt hier also ins Leere.[9]

7 Die Pflicht eines AN-Urhebers, urheberrechtsfähige Werke zu schaffen, kann nur aus einem Arbeits- bzw. einem Tarifvertrag folgen, andernfalls wäre er kein AN-Urheber. Das Weisungsrecht des AG reicht nur soweit, bereits bestehende Pflichten zu konkretisieren, also z.B. das Werk zu bestimmen. Eine Pflicht, unbestimmte Werke zu schaffen, kann durch das Weisungsrecht aber nicht aufgestellt werden. Die Frage, wann Nutzungsrechte übergehen, spielt in diesem Zusammenhang keine Rolle. Es geht dabei nur um das Verfügungsgeschäft. Die Pflicht muss schon bestanden haben und kann nur durch ein Verpflichtungsgeschäft begründet werden. Denkbar wäre nur die Situation, dass nach Abschluss eines Arbeitsvertrags zwischen AN-Urheber und AG vereinbart wird, dass ein bestimmtes Werk zu schaffen ist. Eine solche Verpflichtung würde aber den Arbeitsvertrag modifizieren, also wiederum diesen betreffen. Werden solche Verpflichtungen mehrfach hintereinander getroffen, kann daraus geschlossen werden, dass zumindest für die Zukunft vereinbart ist, unbestimmte Werke seien zu schaffen. Im Einzelfall eines bestimmten Werks greift Abs. 1 S. 1 also möglicherweise nicht, in einer Mehrzahl von Fällen ist der Schutzbereich der Vorschrift aber auch bei solchen Konstellationen wieder erreicht.[10]

8 Im Arbverh erschöpft sich das Schriftformerfordernis des Abs. 1 S. 1 nicht darin, dass der Arbeitsvertrag schriftlich mit einer Regelung der Arbeitspflicht abzuschließen ist. Die Vorschrift setzt vielmehr voraus, dass die Verpflichtung zur Einräumung von Nutzungsrechten schriftlich und damit im Sinn des § 31 Abs. 5 S. 1 **ausdrücklich** geregelt wird. Sie geht nämlich von der Situation des selbstständigen Urhebers aus, bei dem nichts anderes als die Verpflichtung zur Einräumung von Nutzungsrechten zu regeln ist.[11]

9 Soweit sich die Verpflichtung zur Einräumung von Nutzungsrechten an künftigen Werken im Sinn des Abs. 1 S. 1 aus einem TV ergibt, ist das Schriftformerfordernis bei Beachtung des § 1 Abs. 2 TVG gewahrt.[12]

10 Die Rechtsfolge einer Verletzung des Schriftformerfordernisses nach Abs. 1 S. 1 besteht auf den ersten Blick in der Nichtigkeit des Arbeitsvertrags nach den §§ 125 S. 1, 139 BGB. Mit dieser Rechtsfolge wäre der Schutzzweck der Vorschrift im Arbverh allerdings konterkariert. Da es sich bei dem Arbeitsvertrag eines AN-Urhebers aber um einen **typengemischten Vertrag mit arbeits- und urhebervertraglichen Elementen** handelt, ist eine interessengerechte Lösung durchaus möglich. Die Rechtsentwicklung zu § 139 BGB hat im praktischen Ergebnis zu einer Umkehrung des Regel-Ausnahme-Verhältnisses geführt. Die Feststellung, dass das Rechtsgeschäft auch ohne den nichtigen Teil vorgenommen sein würde, orientiert sich am hypothetischen Parteiwillen. Außerdem tritt die Auslegungsregel des § 139 BGB in teleologischer Reduktion dann zurück, wenn dies durch den Schutzzweck der zur Nichtigkeit führenden Norm geboten ist. Das gilt insbesondere für den Arbeitsvertrag. Ist nur ein Teil des Arbeitsvertrags formnichtig, ist deshalb regelmäßig vom **Fortbestand** des Arbeitsvertrags i.Ü. auszugehen. Daraus folgt zunächst, dass der **arbeitsvertragliche Teil** des Vertrags bestehen bleibt. Allerdings verlöre ein Arbeitsvertrag, der den AN-Urheber zur Schaffung von urheberrechtlich geschützten Werken verpflichtet, seinen ganzen Sinn, wenn das Werk vom AG anschließend nicht verwertet werden dürfte. Bestünde die Rechtsfolge des Formverstoßes strikt in der Nichtigkeit des urhebervertraglichen Teils, wäre davon auszugehen, dass der AG auch an der Aufrechterhaltung des arbeitsvertraglichen Teils kein Interesse hat. Damit wäre am Ende doch eine Gesamtnichtigkeit erreicht, die wiederum dem Interesse des AN-Urhebers nicht entspricht. Deshalb ist auch der **urhebervertragliche Teil** aufrecht zu erhalten, ausgehend von der Teilbarkeit des Vertrags, deren Bruchlinien durch § 31 Abs. 5 vorgegeben werden, allerdings nur **in dem minimalen Umfang**, der für eine Werkverwertung zwingend erforderlich ist (siehe § 31 Rn 11).[13]

C. Verbindung zu anderen Rechtsgebieten und zum Prozessrecht

11 § 138 BGB wird zwar nicht durch Abs. 1 S. 1,[14] inzwischen aber durch die §§ 32, 32a verdrängt. Ein Arbeitsvertrag über künftige Werke ist deshalb keinesfalls wegen Verstoßes gegen die guten Sitten nichtig, wenn dem AN-Urheber, was ohnehin kaum vorstellbar ist, wie bei einem sog. Optionsvertrag eine einseitige Bindung auferlegt wird und im Arbeitsvertrag hierfür keine angemessene Gegenleistung vorgesehen ist.

Für Abs. 1 S. 1 betreffende Rechtsstreitigkeiten ist nach § 104 S. 1 der Rechtsweg zu den **ordentlichen Gerichten** eröffnet.

D. Beraterhinweise

12 Dem Schriftformerfordernis des Abs. 1 S. 1 kommt im Arbverh, ganz anders, als es derzeit wahrgenommen wird, eine **Schlüsselstellung** zu. Von der Beachtung der Schriftform hängt die Frage ab, welche Nutzungsrechte der AG der Art und dem Umfang nach beanspruchen kann. Der AG ist auf diese Weise gezwungen, die Nutzungsrechtseinräu-

---

9 *Fuchs*, AN-Urhebervertragsrecht, S. 71 f.
10 *Fuchs*, AN-Urhebervertragsrecht, S. 72.
11 *Fuchs*, AN-Urhebervertragsrecht, S. 73 f.
12 *Hesse*, AfP 1987, 562; *Hubmann*, RdA 1987, 89.
13 *Fuchs*, AN-Urhebervertragsrecht, S. 74 ff.
14 BT-Drucks 4/270, zu § 40; BGH 14.12.1956 – I ZR 105/55 – BGHZ 22, 347.

mung bereits beim Abschluss des Arbeitsvertrags offen zur Sprache zu bringen, wenn kein entspr. TV vorliegt und er über das zwingende Minimum hinausreichende Nutzungsrechte will.[15]

§ 43 Urheber in Arbeits- oder Dienstverhältnissen

Die Vorschriften dieses Unterabschnitts sind auch anzuwenden, wenn der Urheber das Werk in Erfüllung seiner Verpflichtungen aus einem Arbeits- oder Dienstverhältnis geschaffen hat, soweit sich aus dem Inhalt oder dem Wesen des Arbeits- oder Dienstverhältnisses nichts anderes ergibt.

Literatur: *Berger*, Zum Anspruch auf angemessene Vergütung (§ 32 UrhG) und weitere Beteiligung (§ 32a UrhG) bei Arbeitnehmer-Urhebern, ZUM 2003, 173; *Berger/Wündisch*, Urhebervertragsrecht. Handbuch, 2008; *Buchner*, Die Vergütung für Sonderleistungen des Arbeitnehmers – ein Problem der Äquivalenz der im Arbeitsverhältnis zu erbringenden Leistungen, GRUR 1985, 1; *Dietz*, Die Pläne der Bundesregierung zu einer gesetzlichen Regelung des Urhebervertragsrechts. Ein Beitrag aus der Sicht der Entwurfsverfasser, ZUM 2001, 276; *Dreier/Schulze*, Urheberrechtsgesetz. Urheberrechtswahrnehmungsgesetz. Kunsturhebergesetz. Kommentar, 2. Aufl. 2006; *Fuchs*, Arbeitnehmer-Urhebervertragsrecht, 2005; *ders.*, Der Arbeitnehmerurheber im System des § 43 UrhG, GRUR 2006, 561; *ders.*, Gesetz über Urheberrecht und verwandte Schutzrechte (Urheberrechtsgesetz) vom 9. September 1965. Historisch-synoptische Edition. 1965–2008, 5. Aufl. 2008, http://lexetius.com/UrhG; *Grobys/Foerstl*, Die Auswirkungen der Urheberrechtsreform auf Arbeitsverträge, NZA 2002, 1015; *Henkel*, Beteiligung eines Arbeitnehmers an der wirtschaftlichen Verwertung der von ihm entwickelten Software, BB 1987, 833; *Hesse*, Tarifvertragliche Urheberrechtsregelung für Redakteure an Tageszeitungen, AfP 1986, 201; *Hoeren/Sieber*, Handbuch Multimedia-Recht. Rechtsfragen des elektronischen Geschäftsverkehrs, Stand März 2008; *Holländer*, Das Urheberpersönlichkeitsrecht des angestellten Programmierers, CR 1992, 279; *Hubmann*, Anmerkung zu BAG, Urteil vom 13.9.1983–3 AZR 371/81, AP § 43 UrhG Nr. 2; *Kunze*, Arbeitnehmererfinder- und Arbeitnehmerurheberrecht als Arbeitsrecht, RdA 1975, 42; *Nicolini/Ahlberg*, Urheberrechtsgesetz, 2. Aufl. 2000; *Quaedvlieg*, Denker im Dienstverhältnis. Kernfragen des Arbeitnehmer-Immaterialgüterrechts. Eine Analyse nach niederländischem Recht, GRURInt 2002, 901; *Rehbinder*, Das Arbeitsverhältnis im Spannungsfeld des Urheberrechts, RdA 1968, 309; *ders.*, Der Urheber als Arbeitnehmer, WiB 1994, S. 461; *Sack*, Arbeitnehmer-Urheberrechte an Computerprogrammen nach der Urheberrechtsnovelle, UFITA 1993, 15; *Schricker*, Urheberrecht. Kommentar, 3. Aufl. 2006; *Schwab*, Das Urheberrecht des Arbeitnehmers, AR-Blattei SD 1630; *ders.*, Warum kein Arbeitnehmerurheberrecht? – Zur Unzulänglichkeit des § 43 UrhG, AuR 1993, 129; *ders.*, Das Arbeitnehmer-Urheberrecht, AiB 1997, 699; *ders.*, Das Namensnennungsrecht des angestellten Werkschöpfers, NZA 1999, 1254; *Seewald/Freudling*, Der Beamte als Urheber, NJW 1986, 2688; *Spautz*, Urhebervertragsrecht der Künstler und Arbeitnehmer, RdA 1981, 219; *Ulrici*, Vermögensrechtliche Grundfragen des Arbeitnehmerurheberrechts, 2008; *Ulrici*, Das Recht am Arbeitsergebnis, RdA 2009, 92; *Vinck*, Der Urheber im Arbeits- und arbeitnehmerähnlichen Verhältnis, RdA 1997, 162; *von Olenhusen*, *Götz*, Der Gesetzentwurf für ein Urhebervertragsrecht. Ein Diskussionsbeitrag, ZUM 2000, 736; *Wandtke*, Zum Vergütungsanspruch des Urhebers im Arbeitsverhältnis, GRUR 1992, 139; *Wandtke/Bullinger*, Praxiskommentar zum Urheberrecht, 3. Aufl. 2009; *Zöllner*, Die Reichweite des Urheberrechts im Arbeitsverhältnis untypischer Urheber, ZfA 1985, 451

A. Allgemeines 1	II. „Soweit sich aus dem Inhalt oder dem Wesen des Arbeitsverhältnisses nichts anderes ergibt" 6
B. Regelungsgehalt 4	III. „Die Vorschriften dieses Unterabschnitts sind auch anzuwenden" 12
I. „Wenn der Urheber das Werk in Erfüllung seiner Verpflichtungen aus einem Arbeitsverhältnis geschaffen hat" 4	C. Verbindung zu anderen Rechtsgebieten und zum Prozessrecht 13

A. Allgemeines

Die Vorschrift trat am 1.1.1966 in Kraft.[1]

Das Urheberrecht an einem im Arbverh geschaffenen Werk entsteht nach den §§ 7, 11 S. 1, welche Ausdruck der monistischen Theorie einer **untrennbaren wechselseitigen Beziehung von Persönlichkeits- und Verwertungsrechten** des Urhebers sind,[2] nicht in der Person des AG, sondern in der des AN-Urhebers. Es ist nach § 29 Abs. 1 **nicht übertragbar**. Das Urheberrecht wird vom Gesetzgeber aus gesellschafts- und wirtschaftspolitischen Gründen gewährt. Es stellt deshalb auch **keine Frucht der Arbeit** dar.[3] Der AG kann das Werk, an dem er nur das sachenrecht-

---

15 *Fuchs*, AN-Urhebervertragsrecht, S. 78.

1 § 143 Abs. 2 des Gesetzes über Urheberrecht und verwandte Schutzrechte (Urheberrechtsgesetz) vom 9.9.1965 (BGBl I S. 1273); *Fuchs*, UrhG-HsE, § 43; zur Entstehungsgeschichte *Fuchs*, AN-Urhebervertragsrecht, S. 22 ff.

2 BT-Drucks 4/270, zu § 11; BGH 26.10.1951 – I ZR 93/51 – GRUR 1952, 257; krit. *Rehbinder*, RdA 1968, 309; dazu *Vinck*, RdA 1997, 162.

3 *Fuchs*, AN-Urhebervertragsrecht, S. 36; *ders.*, GRUR 2006, 561; *Quaedvlieg*, GRURInt 2002, 901; a.A. *Ulrici*, RdA 2009, 92.

liche Eigentum erwirbt,[4] deshalb nur dann verwerten, wenn ihm der AN-Urheber die erforderlichen **Nutzungsrechte vertraglich einräumt**.[5] Das Urheberrecht kann durch die Begründung von Nutzungsrechten also nur belastet werden.[6]

2 § 43 dient dem Zweck, diese im Ausgangspunkt **ungewöhnlich starke Stellung** des AN-Urhebers **einzuschränken**.[7] Der wirtschaftlich gesicherte AN-Urheber, der kein Risiko für sein Schaffen trage, bedürfe der vertraglichen Schutzbestimmungen i.d.R. nicht. § 43 ermögliche, einen unbeschränkten Erwerb der Nutzungsrechte durch den AG als stillschweigend vereinbart aus dem Arbverh abzuleiten. Die Sachlage könne allerdings je nach Art des Arbverh verschieden sein. Es komme deshalb stets auf die besonderen Umstände des Einzelfalls an.[8] Das Urheberpersönlichkeitsrecht des AN-Urhebers, wozu insbesondere die Rechte auf Anerkennung der Urheberschaft nach § 13 S. 1 und auf Namensnennung nach § 13 S. 2 zählen, bleibt nach den §§ 39, 43 („die Vorschriften dieses Unterabschnitts" betreffen nur die §§ 31 bis 44) zumindest davon weitgehend unberührt (vgl. § 75 BetrVG Rn 7 ff.).[9] D.h. allerdings nur, dass die hier möglichen Einschränkungen alle Urheber gleichermaßen betreffen.[10]

3 Bei dem danach jeweils anzustrebenden Interessenausgleich[11] ist zu berücksichtigen, dass das vom Urheber geschaffene Werk und die darin verkörperte geistige Leistung in vermögensrechtlicher Hinsicht **Eigentum** im Sinn des Art. 14 Abs. 1 S. 1 GG sind. Aus seiner verfassungsrechtlichen Gewährleistung erwächst dem Urheber die Befugnis, dieses „geistige Eigentum" wirtschaftlich zu nutzen. Verfassungsrechtlich geschützt sind nicht nur die im Urheberrechtsgesetz einzeln normierten Vermögensrechte, sondern das **potenzielle Verfügungs- und Verwertungsrecht**. Der Gesetzgeber ist im Rahmen des Regelungsauftrags nach Art. 14 Abs. 1 S. 2 GG grds. verpflichtet, das vermögenswerte Ergebnis der schöpferischen Leistung **dem Urheber zuzuordnen** und ihm die Freiheit einzuräumen, in eigener Verantwortung darüber verfügen zu können. Hierbei ist zu berücksichtigen, dass es um das Ergebnis der geistigen und persönlichen Leistung des Urhebers geht, nicht aber etwa um einen unverdienten Vermögenszuwachs. Im Einzelnen obliegt ihm jedoch die Aufgabe, bei der inhaltlichen Ausprägung des Urheberrechts sachgerechte Maßstäbe festzulegen, die eine der Natur und sozialen Bedeutung des Rechts entspr. Nutzung und angemessene Verwertung sicherstellen.[12] Art. 14 Abs. 1 S. 1 GG enthält keinen Anhaltspunkt dafür, dass im Schutzbereich zwischen selbstständigen Urhebern und AN-Urhebern zu differenzieren ist. Das Bundesverfassungsgericht hat es in seiner Kirchenmusik-Entscheidung dementspr. bei der Feststellung bewenden lassen, dass die beschwerdeführenden Urheber in ihrer Eigenschaft als Komponisten zwar nicht in einem hauptamtlichen Beschäftigungsverhältnis zu einer der Kirchen stünden, dafür zum größten Teil aber in anderer Funktion in einem Dienstverhältnis der Kirchen oder eines öffentlichrechtlichen Dienstherrn.[13] Dieser Umstand wird in der Rezeption der vorgenannten Grundsätze gern übersehen. Sie beziehen sich gerade auch auf das Arbverh.[14]

B. Regelungsgehalt

I. „Wenn der Urheber das Werk in Erfüllung seiner Verpflichtungen aus einem Arbeitsverhältnis geschaffen hat"

4 Der Begriff des AN wird von § 43 als aus dem Arbeitsrecht (siehe § 5 ArbGG Rn 1 ff.; § 611 BGB Rn 50 ff.) gegeben vorausgesetzt.[15] Auf **arbeitnehmerähnliche Personen** findet die Vorschrift des § 43 **keine Anwendung**, weil sie das Normalstatut einschränkt und damit keinen sozialen Schutz gewährt. Mit dem Begriff „Dienstverhältnis" ist nicht das auf einem Dienstvertrag nach § 611 BGB basierende, sondern das hier nicht weiter behandelte Beamtenverhältnis gemeint.[16]

5 Ein **Pflichtwerk** des AN-Urhebers liegt vor, wenn er es weisungsgebunden im Interesse und zum Nutzen des AG geschaffen hat.[17] Auf den Ort, die Zeit und die Mittel der Werkschöpfung kommt es nicht an.[18] Der AG wird dadurch,

---

4 *Schwab*, NZA 1999, 1254; *ders.*, AR-Blattei SD 1630 Rn 17, 32 ff.
5 BT-Drucks 4/270, zu § 43; BT-Drucks 12/4022, S. 10.
6 *Rehbinder*, WiB 1994, 461.
7 *Fuchs*, AN-Urhebervertragsrecht, S. 34 f., 38, 44, 47; vgl. *Zöllner*, ZfA 1985, 451.
8 BT-Drucks 4/270, zu § 43.
9 Dazu *Schwab*, AiB 1997, 699; *ders.*, AR-Blattei SD 1630 Rn 54 ff.; a.A. *Rehbinder*, RdA 1968, 309; *ders.*, WiB 1994, S. 461; *Sack*, UFITA 1993, 15; Schricker/*Rojahn*, § 43 UrhG Rn 36, 73 ff.
10 *Hesse*, AfP 1986, 201; *Holländer*, CR 1992, 279; *Schwab*, NZA 1999, 1254; vgl. auch *Rehbinder*, WiB 1994, S. 461; *Vinck*, RdA 1997, 162.
11 *Schwab*, AR-Blattei SD 1630 Rn 4.
12 BT-Drucks 14/6433, S. 10; BVerfG 7.7.1971 – 1 BvR 765/66 – NJW 1971, 2163; BVerfG 15.10.1978 – 1 BvR 352/71 – NJW 1979, 2029; BVerfG 29.7.1998 – 1 BvR 1143/90 – NJW 1999, 414.
13 BVerfG 15.10.1978 – 1 BvR 352/71 – NJW 1979, 2029.
14 *Fuchs*, AN-Urhebervertragsrecht, S. 35; *ders.*, GRUR 2006, 561; vgl. *Götz von Olenhusen*, ZUM 2000, 736; *Hubmann*, AP § 43 UrhG Nr. 2; *Seewald/Freudling*, NJW 1986, 2688; *Wandtke*, GRUR 1992, 139.
15 *Fuchs*, AN-Urhebervertragsrecht, S. 39; *Schwab*, AR-Blattei SD 1630 Rn 29.
16 *Fuchs*, AN-Urhebervertragsrecht, S. 40 ff.; Hoeren/*Götz von Olenhusen/Ernst*, 7.3 Rn 16; *Schwab*, AR-Blattei SD 1630 Rn 30; Wandtke/*Wandtke*, § 43 UrhG Rn 14.
17 BGH 27.9.1990 – I ZR 244/88 – NJW 1991, 1480; KG Berlin 6.9.1994 – 5 U 2189/93 – NJW-RR 1996, 1066.
18 Vgl. OLG Nürnberg 18.2.1997 – 3 U 3053/96 – ZUM 1999, 656.

dass er den AN-Urheber zu dem Werk anregt, ihn berät und die Werkschöpfung begleitend überwacht, nicht zum Miturheber.[19] Auf außervertragliche bzw. außerdienstliche Werke findet § 43 keine Anwendung.[20]

II. „Soweit sich aus dem Inhalt oder dem Wesen des Arbeitsverhältnisses nichts anderes ergibt"

In Rechtsprechung und Schrifttum ist heute allgemein anerkannt, dass den AN-Urheber aufgrund des Arbeitsvertrags auch ohne ausdrückliche Vereinbarung eine Reihe von Nebenpflichten, insbesondere Obhuts-, Rücksichts- und Informationspflichten treffen, die unter dem Begriff der Treuepflicht zusammengefasst werden (siehe § 611 BGB Rn 526 ff.). Rechtsgrundlage und Grenzen dieser Treuepflicht sind jedoch umstritten. Während früher die Auffassung vorherrschte, die Treuepflicht ergebe sich aus dem Wesen des Arbverh als eines personenrechtlichen Gemeinschaftsverhältnisses, werden heute die unter dem Begriff „Treuepflicht" zusammengefassten Nebenpflichten zunehmend aus allgemeinen schuldrechtlichen Grundsätzen, insbesondere dem alle Schuldverhältnisse beherrschenden Grundsatz von Treu und Glauben nach § 242 BGB, abgeleitet (vgl. § 611 BGB Rn 481 f.).[21]

Diese Erkenntnis hat sich im AN-Urhebervertragsrecht noch nicht recht durchgesetzt.

Vor dem Inkrafttreten des Urheberrechtsgesetzes am 1.1.1966 wurde im AN-Urhebervertragsrecht aus dem Wesen des Arbverh eine Treuepflicht des AN-Urhebers abgeleitet. Dieser sollte kraft seiner Treuepflicht gehalten sein können, auch andere als die vertraglich vereinbarten Leistungen im Rahmen des Arbeitsvertrags als Sonderleistungen zu übernehmen, wenn besondere Umstände des Betriebs es erfordern. Im Weg der ergänzenden Vertragsauslegung habe sich dann nach Maßgabe der betrieblichen Übung und der in Rede stehenden schutzwürdigen Interessen beider Parteien die Pflicht ergeben können, die Nutzung eines als Sonderleistung geschaffenen Werks durch den AG zu dulden. Wolle der AN-Urheber eine solche Nutzung nicht hinnehmen, müsse er dies durch einen ausdrücklichen Vorbehalt im Arbeitsvertrag klarstellen.[22]

Auch nach dem Inkrafttreten des Gesetzes bekannte sich der Bundesgerichtshof[23] im AN-Urhebervertragsrecht noch zur Lehre vom **personenrechtlichen Gemeinschaftsverhältnis**, indem er ausgehend vom Begriff des Wesens des Arbverh formulierte, dass dieses eine enge vertragliche Bindung des AN-Urhebers an den AG und seine mehr oder minder starke Einordnung in eine bestimmte Arbeits- und Betriebsgemeinschaft voraussetze. Das für die stillschweigende Einräumung von Nutzungsrechten entwickelte **Begründungsmuster** (siehe § 31 Rn 8) knüpfte an das i.d.S. verstandene Abhängigkeitsverhältnis an.[24] Der Anknüpfungspunkt für dieses Begründungsmuster **ging** dadurch **verloren**, dass auch im Arbverh der **schuldrechtliche Austauschgedanke** betont[25] und auf diese Weise der Begriff des **Wesens** hinsichtlich Rechtsgrund und -folgen mit dem des **Inhalts** des Arbverh **vereint** wurde.[26] Die **Rechte und Pflichten** des AN-Urhebers können sich also nur noch aus dem Inhalt des Arbverh ergeben. Der Begriff des Wesens des Arbverh hat demgegenüber keinen eigenen Bedeutungsgehalt mehr. Das vorgenannte Begründungsmuster selbst wurde jedoch bis heute aufrecht erhalten. Normativ ableitbar, etwa aus § 31 Abs. 5, ist es nicht mehr.[27]

Es ist deshalb mit dem vorgenannten Sinn unterlegt festzustellen, dass § 43 **keine materielle Sonderregelung für die Einräumung von Nutzungsrechten** an im Arbverh geschaffenen Werken enthält.[28] Es besteht auch **keine gesetzliche Vermutung**, dass diese Rechte durch das Arbverh vollständig eingeräumt sind.[29] Die klar davon abweichende Spezialregelung des § 69b wurde ausdrücklich aufgrund dieses Verständnisses von § 43 geschaffen.[30] Die als § 43 Abs. 2 S. 1 UrhG-E[31] vorgesehene Umsetzung der diesen Stand ignorierenden herrschenden konservativen Lehre in der Literatur,[32] wonach „[der Arbeitgeber] im Zweifel [...] ausschließliche Nutzungsrechte [erwirbt], soweit sie für die Zwecke seines Betriebs benötigt werden", unterblieb ausdrücklich mit dem Hinw., dass eine Verallgemeinerung des in § 69b niedergelegten Regelungssystems die rechtliche Stellung der AN-Urheber schwächen würde (siehe § 31 Rn 10).[33]

---

19 LG Stuttgart 29.1.2004 – 17 O 679/03 – GRUR 2004, 325.
20 BT-Drucks 12/4022, S. 11.
21 BGH 23.2.1989 – IX ZR 236/86 – NJW-RR 1989, 614.
22 BGH 26.10.1951 – I ZR 93/51 – GRUR 1952, 257; BGH 31.5.1960 – I ZR 64/58 – NJW 1960, 2043; vgl. BT-Drucks 4/270, zu § 43.
23 BGH 22.2.1974 – I ZR 128/72 – NJW 1974, 904.
24 BGH 22.2.1974 – I ZR 128/72 – NJW 1974, 904; ausdrücklich auch *Rehbinder*, RdA 1968, 309.
25 *Buchner*, GRUR 1985, 1.
26 Ausführlich *Fuchs*, AN-Urhebervertragsrecht, S. 52 ff.; *ders.*, GRUR 2006, 561; a.A. *Berger*, ZUM 2003, 173; Dreier/*Dreier*, § 43 UrhG Rn 16; Hoeren/*Götz von Olenhusen*/*Ernst*, 7.3 Rn 100; *Spautz*, RdA 1981, 219; Nicolini/*Spautz*, § 43 UrhG Rn 8; Schricker/*Rojahn*, § 43 UrhG Rn 33.

27 *Fuchs*, AN-Urhebervertragsrecht, S. 53; vgl. auch *Schwab*, AuR 1993, 129.
28 Den Worten nach auch BGH 22.2.1974 – I ZR 128/72 – NJW 1974, 904; BAG 13.9.1983 – 3 AZR 371/81 – GRUR 1984, 429; OLG Hamburg 22.1.1976 – 3 U 77/75 – GRUR 1977, 556.
29 BT-Drucks 12/4022, S. 10.
30 BT-Drucks 12/4022, S. 8, 10.
31 Art. 1 Nr. 8 des Entw. eines Gesetzes zur Stärkung der vertraglichen Stellung von Urhebern und ausübenden Künstlern vom 26.6.2001, BT-Drucks 14/6433, S. 5, der auf den sog. Professorenentwurf von *Dietz, Loewenheim, Nordemann, Schricker* und *Vogel* vom 22.5.2000, GRUR 2000, 765, zurückgeht. Kritisch dazu auch *Götz von Olenhusen*, ZUM 2000, 736.
32 Siehe nur *Dietz*, ZUM 2001, 276; *Henkel*, BB 1987, 833.
33 BT-Drucks 14/7564, S. 12.

§ 43 hält damit nur offen, dass sich aus dem Arbverh etwas anderes ergeben kann, als in den §§ 31 ff. geregelt ist. Für diesen Fall wird den **Rechtsbeziehungen** aus dem Arbverh der **Vorrang** eingeräumt.[34]

11 Nicht der Verweis auf die § 31 ff. steht unter dem Vorbehalt des Hs. 3, sondern die **Anwendung** dieser Vorschriften. Es geht also nicht um die Geltung der § 31 ff. im Arbverh („ob"), sondern um deren Anwendung („wie").[35] Aus dem Inhalt des Arbverh, in erster Linie dem Arbeits- bzw. dem Tarifvertrag, kann sich **nur** mit Bezug auf den Regelungsgehalt, also die **Rechtsfolgen** dieser Vorschriften **etwas anderes** im Sinn des Hs. 3 ergeben.[36] Der Interessenkonflikt zwischen AN-Urheber und AG wird durch § 43 folglich nicht gelöst,[37] sondern muss durch den Arbeits- bzw. den Tarifvertrag jeweils erst noch einer Lösung zugeführt werden.[38] Es ist deshalb jeweils **im Einzelfall** zu prüfen, ob die Parteien Rechtsfolgen vereinbart haben, die von den Rechtsfolgen der §§ 31 ff. abweichen.[39]

III. „Die Vorschriften dieses Unterabschnitts sind auch anzuwenden"

12 § 43 ist eine die **Nichtabdingbarkeit** zwingender Vorschriften der §§ 31 ff. **durchbrechende Spezialnorm**.[40] Dispositive Normen sind gedanklich immer mit dem Vorbehalt „soweit nicht ein anderes vereinbart ist" zu versehen. Die §§ 31 ff., 43 enthalten einen solchen Vorbehalt nicht nur gedanklich, sondern nach Hs. 3 ausdrücklich. Aus dem spezielleren Schutzzweck der verwiesenen Vorschriften, z.B. bei den §§ 32, 32a, 40 Abs. 1 S. 1, können sich aber Ausnahmen ergeben.[41] § 43 ermöglicht allerdings nur, die Rechtsfolgen der §§ 31 ff. bestandswahrend zu ändern.[42] Bei einem bloßen Aufheben dieser Vorschriften würde der nach § 43 vorgesehene Rechtsfolgenvergleich ins Leere führen, so dass sich „nichts anderes" ergibt.

C. Verbindung zu anderen Rechtsgebieten und zum Prozessrecht

13 Diese vertraglichen Abweichungen unterliegen außerdem u.a. dem **Transparenzgebot** nach § 307 Abs. 1, Abs. 3 S. 2 BGB und bei der zwecküberschreitenden umfassenden Nutzungsrechtseinräumung auch der **Inhaltskontrolle** nach § 307 Abs. 1 S. 1, Abs. 2 Nr. 1, Abs. 3 S. 1 BGB am Maßstab der Vertragszweckregel nach § 31 Abs. 5[43] (siehe im Allgemeinen § 307 BGB Rn 1 ff.). Sie sind damit nicht beliebig.[44]

Die Darlegungs- und Beweislast dafür, dass die Rechtsfolge einer der Vorschriften, auf die § 43 verweist, durch den Inhalt des Arbverh, z.B. Arbeits- und Tarifvertrag, eingeschränkt ist, trägt der AG, weil Hs. 3 negativ formuliert ist.[45]

§ 79 Abs. 2 S. 2 verweist für ausübende Künstler u.a. auf § 43.

14 § 104 S. 1, S. 2, § 2 Abs. 2 Buchst. b ArbGG eröffnet für AN-Urheber einen gespaltenen Rechtsweg, der grds. zu den **ordentlichen Gerichten** und nur dann, wenn ausschließlich Ansprüche auf Leistung einer vereinbarten Vergütung streitgegenständlich sind, zu den **Arbeitsgerichten** führt (siehe § 2 ArbGG Rn 32). Die Zulässigkeit des Rechtswegs nach § 48 Abs. 1 ArbGG, § 17a Abs. 2 GVG ist nach den §§ 73 Abs. 2, 65 ArbGG, § 17a Abs. 5 GVG in den Rechtsmittelinstanzen allerdings nicht mehr zu prüfen.[46] Eine Ausnahme besteht nur dann, wenn nach § 17a Abs. 3 S. 2 GVG eine Vorabentscheidung geboten war.[47]

| § 69b | Urheber in Arbeits- und Dienstverhältnissen |

(1) Wird ein Computerprogramm von einem Arbeitnehmer in Wahrnehmung seiner Aufgaben oder nach den Anweisungen seines Arbeitgebers geschaffen, so ist ausschließlich der Arbeitgeber zur Ausübung aller vermögensrechtlichen Befugnisse an dem Computerprogramm berechtigt, sofern nichts anderes vereinbart ist.
(2) Absatz 1 ist auf Dienstverhältnisse entsprechend anzuwenden.

---

34 BAG 13.9.1983 – 3 AZR 371/81 – GRUR 1984, 429; OLG München 8.12.1988 – 29 U 3058/86 – ZUM 1989, 146.
35 *Fuchs*, AN-Urhebervertragsrecht, S. 46, 48 f.; *ders.*, GRUR 2006, 561; a.A. *Berger*, ZUM 2003, 173; Dreier/*Dreier*, § 43 UrhG Rn 7; Hoeren/*Götz von Olenhusen/Ernst*, 7.3 Rn 7, 89; *Grobys/Foerstl*, NZA 2002, 1015; Nicolini/*Spautz*, § 43 UrhG Rn 1, 13; Schricker/*Rojahn*, § 43 UrhG Rn 33, 36.
36 *Fuchs*, AN-Urhebervertragsrecht, S. 46 f.; *ders.*, GRUR 2006, 561.
37 So bereits *Kunze*, RdA 1975, 42.
38 *Schwab*, AuR 1993, 129.
39 *ders.*, AN-Urhebervertragsrecht, S. 46 f.; *ders.*, GRUR 2006, 561.
40 *Fuchs*, AN-Urhebervertragsrecht, S. 49 f., 95 ff.; 105 ff.; *ders.*, GRUR 2006, 561; Hoeren/*Götz von Olenhusen/Ernst*, 7.3 Rn 89 ff.; Schricker/*Rojahn*, § 43 UrhG Rn 36; vgl. BT-Drucks 4/270, zu § 43; offen gelassen BGH 11.10.1990 – I ZR 59/89 – GRUR 1991, 133.
41 Vgl. BGH 11.10.1990 – I ZR 59/89 – GRUR 1991, 133.
42 *Fuchs*, AN-Urhebervertragsrecht, S. 49 f., 95 ff.; 105 ff.; *ders.*, GRUR 2006, 561.
43 OLG Zweibrücken 7.12.2000 – 4 U 12/00 – ZUM 2001, 346; LG Berlin 5.6.2007 – 16 O 106/07 – ZUM-RD 2008, 18; Berger/*Wündisch*, Urhebervertragsrecht, § 15 Rn 26.
44 *Fuchs*, AN-Urhebervertragsrecht, S. 49 f., 95 ff.; 105 ff.; *ders.*, GRUR 2006, 561.
45 Berger/*Wündisch*, Urhebervertragsrecht, § 15 Rn 27; Dreier/*Dreier*, § 43 UrhG Rn 15; *Fuchs*, AN-Urhebervertragsrecht, S. 44.
46 BAG 12.3.1997 – 5 AZR 669/95 – NZA 1997, 765; BAG 21.8.1996 – 5 AZR 1011/94 – NZA 1996, 1342.
47 BAG 21.8.1996 – 5 AZR 1011/94 – NZA 1996, 1342.

Literatur: *Czychowski,* Die angemessene Vergütung im Spannungsfeld zwischen Urhebervertrags- und Arbeitnehmererfindungsrecht – ein Beitrag zur Praxis des neuen Urhebervertragsrechts im Bereich der angestellten Computerprogrammierer, in Loewenheim, Urheberrecht im Informationszeitalter: Festschrift für Wilhelm Nordemann zum 70. Geburtstag am 8. Januar 2004, 2004, 157; *Dreyer/Kotthoff/Meckel,* Heidelberger Kommentar zum Urheberrecht, 2004; *Fuchs,* Arbeitnehmer-Urhebervertragsrecht, 2005; *ders.,* Gesetz über Urheberrecht und verwandte Schutzrechte (Urheberrechtsgesetz) vom 9. September 1965. Historisch-synoptische Edition. 1965–2008, 5. Aufl. 2008, http://lexetius.com/UrhG; *Grobys/Foerstl,* Die Auswirkungen der Urheberrechtsreform auf Arbeitsverträge, NZA 2002, 1015; *Schricker,* Urheberrecht. Kommentar, 3. Aufl. 2006; *Wandtke/Bullinger,* Praxiskommentar zum Urheberrecht, 3. Aufl. 2009; *Wimmers/Rode,* Der angestellte Softwareprogrammierer und die neuen urheberrechtlichen Vergütungsansprüche. Argumente für die Fortgeltung der bisher geltenden Grundsätze auch nach dem neuen Urhebervertragsrecht, CR 2003, 399

A. Allgemeines	1	II. Rechtsfolge	6
B. Regelungsgehalt	3	C. Verbindung zu anderen Rechtsgebieten und zum Prozessrecht	9
I. Tatbestand	3		

A. Allgemeines

Die Vorschrift trat am 24.6.1993 in Kraft.[1] Sie beruht auf Art. 2 Abs. 3 RL 91/250/EWG:[2] „Wird ein Computerprogramm von einem Arbeitnehmer in Wahrnehmung seiner Aufgaben oder nach den Anweisungen seines Arbeitgebers geschaffen, so ist ausschließlich der Arbeitgeber zur Ausübung aller wirtschaftlichen Rechte an dem so geschaffenen Programm berechtigt, sofern keine andere vertragliche Vereinbarung getroffen wird."

Abs. 1 dient dem von Art. 2 Abs. 3 RL 91/250/EWG vorgegebenen Zweck, die vermögensrechtlichen Befugnisse an im Arbverh geschaffenen Computerprogrammen **vollständig** dem AG zuzuordnen. Die Vertragszweckregel des § 31 Abs. 5 ist im Anwendungsbereich des § 69b also nicht zu berücksichtigen.[3]

B. Regelungsgehalt

I. Tatbestand

Der Begriff des **Computerprogramms** bezeichnet eine Folge von Befehlen, die nach Aufnahme in einen maschinenlesbaren Träger fähig sind zu bewirken, dass eine Maschine mit informationsverarbeitenden Fähigkeiten eine bestimmte Funktion oder Aufgabe oder ein bestimmtes Ergebnis anzeigt, ausführt oder erzielt.[4] Er umfasst nach Grund 7 RL 91/250/EWG, § 69a Abs. 1 Befehlsfolgen in jeder Form, nach Art. 1 Abs. 2 S. 1 RL 91/250/EWG auch solche, die in der Hardware integriert sind. Sofern die Art der vorbereitenden Arbeit die spätere Entstehung eines Computerprogramms zulässt, umfasst er nach Art. 1 Abs. 1 S. 2 RL 91/250/EWG, § 69a Abs. 1 auch das Entwurfsmaterial zur Entwicklung eines Computerprogramms. Der Rechtsschutz gilt nach Grund 13 und Art. 1 Abs. 2 S. 1 RL 91/250/EWG, § 69a Abs. 2 S. 1 aber nur für die Ausdrucksform eines Computerprogramms. Ideen und Grundsätze, die irgendeinem Element des Computerprogramms einschl. seiner Schnittstellen zugrunde liegen, sind nach Grund 14 und Art. 1 Abs. 2 S. 2 RL 91/250/EWG, § 69a Abs. 2 S. 2 urheberrechtlich nicht geschützt. Dazu gehören auch die Logik und die Algorithmen des Computerprogramms.[5]

Die Frage, wer im Rahmen des Abs. 1 als AN anzusehen ist, richtet sich nach den bisherigen, im Arbeitsrecht und zu § 43 entwickelten Rechtsgrundsätzen (siehe § 5 ArbGG Rn 1 ff.; § 611 BGB Rn 50 ff.).[6]

Für den Begriff der **Wahrnehmung der Aufgaben** des AN-Urhebers kommt es nicht auf die Ausgestaltung des Arbeitsvertrags im Einzelnen, insbesondere auf eine ausdrückliche Verpflichtung zum Schaffen von Computerprogrammen, an.[7] Die Aufgaben können sich in allgemeiner Form aus dem Arbeitsvertrag, einem TV, dem Berufsbild, der betrieblichen Funktion oder der betrieblichen Übung ergeben.[8] Wenn die Erfüllung der Aufgabe geschuldet ist, kann ein entspr. befähigter und ausgestatteter AN-Urheber veranlasst sein, dazu ein Computerprogramm zu entwickeln.[9] Ent-

---

1 Art. 1 Nr. 3, 2 des Zweiten Gesetzes zur Änderung des Urheberrechtsgesetzes vom 9.6.1993 (BGBl I S. 910). Dieses Gesetz dient der Umsetzung der RL 91/250/EWG des Rates vom 14.5.1991 über den Rechtsschutz von Computerprogrammen (AblEG Nr. L 122 S. 42); *Fuchs,* UrhG-HsE, § 69b.
2 RL 91/250/EWG des Rates vom 14.5.1991 über den Rechtsschutz von Computerprogrammen (AblEG Nr. L 122 S. 42).
3 BT-Drucks 12/4022, S. 8.
4 OLG Karlsruhe 9.2.1983 – 6 U 150/81 – GRUR 1983, 300; Denkschrift über den Rechtsschutz der Datenverarbeitungssoftware, GRUR 1979, 300.
5 OLG Karlsruhe 9.2.1983 – 6 U 150/81 – GRUR 1983, 300.
6 BT-Drucks 12/4022, S. 11.
7 KG Berlin 28.1.1997 – 5 W 6232/96 – NZA 1997, 718; OLG Köln 25.2.2005 – 6 U 132/04 – MMR 2005, 616.
8 OLG Düsseldorf 27.5.2004 – I-2 U 67/95 – ZUM 2004, 756.
9 KG Berlin 28.1.1997 – 5 W 6232/96 – NZA 1997, 718; OLG Köln 25.2.2005 – 6 U 132/04 – MMR 2005, 616.

scheidend ist nur der innere Zusammenhang zwischen der arbeitsvertraglichen Pflichtenerfüllung und der Entwicklung des Computerprogramms[10]

5 Mit dem Begriff der Anweisungen des AG werden sowohl die Aufgabenübertragung als auch die Art und Weise der Aufgabenerfüllung umfasst. Dabei soll es für die Anwendbarkeit des § 69b unerheblich sein, ob die Anweisung im Rahmen des Weisungsbefugnis des AG erfolgt.[11]

Zeit und Ort der Erfüllung der Aufgabe bzw. der Anweisung spielen keine Rolle.[12] Auf außervertragliche bzw. außerdienstliche Computerprogramme findet § 69b keine Anwendung.[13]

II. Rechtsfolge

6 Die Rechtsfolge des § 69b besteht in einem **umfassenden Übergang aller vermögensrechtlichen Befugnisse** des AN-Urhebers an dem Computerprogramm auf den AG im Sinn einer ausschließlichen gesetzlichen Lizenz. Die Vertragszweckregel des § 31 Abs. 5 findet keine Anwendung.[14] Durch die Einfügung des zusätzlichen Begriffs „wirtschaftlich" in Art. 2 Abs. 3 RL 91/250/EWG sollte deutlich gemacht werden, dass Urheberpersönlichkeitsrechte nicht in den Anwendungsbereich dieser Vorschriften fallen.[15]

7 Eine zusätzliche Vergütung ist nach § 69b nicht geschuldet, weil diese Vorschrift den gesetzlichen Rechtsübergang ebenso wie Art. 2 Abs. 3 RL 91/250/EWG nicht an eine Gegenleistung knüpft.[16] § 69b steht einem Nutzungsentgelt neben dem Arbeitsentgelt aber auch nicht entgegen.[17] Die §§ 32, 32a dürften dabei allerdings nicht anwendbar sein, weil diese Vorschriften nicht die gesetzliche, sondern die vertragliche Einräumung von Nutzungsrechten voraussetzen und ins Gleichgewicht bringen wollen.[18]

8 § 69b ist, wie die Wendung „sofern nichts anderes vereinbart ist" zeigt, abdingbar. Ein bloßer Vorbehalt der Nutzungsrechte an einem Computerprogramm oder ein Vorvertrag, wonach diese Rechte einer Regelung zugeführt werden sollen, genügt für eine andere Vereinbarung im Sinn des § 69b aber nicht.[19]

C. Verbindung zu anderen Rechtsgebieten und zum Prozessrecht

9 Für Rechtsstreitigkeiten, die Rechte nach § 69b betreffen, ist nach § 104 S. 1 der Rechtsweg zu den **ordentlichen Gerichten** eröffnet.

---

10 OLG München 25.11.1999 – 29 U 2437/97 – NZA-RR 2000, 258; OLG Düsseldorf 27.5.2004 – I-2 U 67/95 – ZUM 2004, 756.
11 OLG Düsseldorf 27.5.2004 – I-2 U 67/95 – ZUM 2004, 756.
12 OLG Düsseldorf 27.5.2004 – I-2 U 67/95 – ZUM 2004, 756; OLG Köln 25.2.2005 – 6 U 132/04 – MMR 2005, 616.
13 BT-Drucks 12/4022, S. 11.
14 BGH 24.10.2000 – X ZR 72/98 – GRUR 2001, 155; BGH 23.10.2001 – X ZR 72/98 – GRUR 2002, 149.
15 BT-Drucks 12/4022, S. 10.
16 BGH 24.10.2000 – X ZR 72/98 – GRUR 2001, 155; BGH 23.10.2001 – X ZR 72/98 – GRUR 2002, 149; OLG Düsseldorf 27.5.2004 – I-2 U 67/95 – ZUM 2004, 756.
17 *Fuchs*, AN-Urhebervertragsrecht, S. 180 f.; Wandtke/ *Wandtke*, § 43 UrhG Rn 137.
18 *Czychowski*, FS für Nordemann, 157; Wandtke/*Grützmacher*, § 69b UrhG Rn 24; *Wimmers/Rode*, CR 2003, 399. Bei § 36 a.F. im Ansatz a.A. BGH 23.10.2001 – X ZR 72/98 – GRUR 2002, 149; OLG Düsseldorf 27.5.2004 – I-2 U 67/95 – ZUM 2004, 756. Ausgehend davon bei den §§ 32, 32a a.A. *Grobys/Foerstl*, NZA 2002, 1015; Dreyer/*Kotthoff*, § 69b UrhG Rn 12; Schricker/*Loewenheim*, § 69b UrhG Rn 16; Wandtke/*Wandtke/Grunert*, § 32 UrhG Rn 13. Ebenfalls a.A. noch *Fuchs*, AN-Urhebervertragsrecht, S. 180 f.
19 LG Düsseldorf 12.1.2007 – 12 O 345/02 – ZUM 2007, 559.

Zivilprozessordnung

Vom 30.1.1877, RGBl I S. 83, BGBl III 310-4

Zuletzt geändert durch Gesetz zur Erleichterung elektronischer Anmeldungen zum Vereinsregister und anderer vereinsrechtlicher Änderungen vom 24.9.2009, BGBl I S. 3145, 3147

– Auszug –

§ 850 Pfändungsschutz für Arbeitseinkommen

(1) Arbeitseinkommen, das in Geld zahlbar ist, kann nur nach Maßgabe der §§ 850a bis 850i gepfändet werden.

(2) Arbeitseinkommen im Sinne dieser Vorschrift sind die Dienst- und Versorgungsbezüge der Beamten, Arbeits- und Dienstlöhne, Ruhegelder und ähnliche nach dem einstweiligen oder dauernden Ausscheiden aus dem Dienst- oder Arbeitsverhältnis gewährte fortlaufende Einkünfte, ferner Hinterbliebenenbezüge sowie sonstige Vergütungen für Dienstleistungen aller Art, die die Erwerbstätigkeit des Schuldners vollständig oder zu einem wesentlichen Teil in Anspruch nehmen.

(3) Arbeitseinkommen sind auch die folgenden Bezüge, soweit sie in Geld zahlbar sind:
a) Bezüge, die ein Arbeitnehmer zum Ausgleich für Wettbewerbsbeschränkungen für die Zeit nach Beendigung seines Dienstverhältnisses beanspruchen kann;
b) Renten, die auf Grund von Versicherungsverträgen gewährt werden, wenn diese Verträge zur Versorgung des Versicherungsnehmers oder seiner unterhaltsberechtigten Angehörigen eingegangen sind.

(4) Die Pfändung des in Geld zahlbaren Arbeitseinkommens erfasst alle Vergütungen, die dem Schuldner aus der Arbeits- oder Dienstleistung zustehen, ohne Rücksicht auf ihre Benennung oder Berechnungsart.

§ 850a Unpfändbare Bezüge

Unpfändbar sind
1. zur Hälfte die für die Leistung von Mehrarbeitsstunden gezahlten Teile des Arbeitseinkommens;
2. die für die Dauer eines Urlaubs über das Arbeitseinkommen hinaus gewährten Bezüge, Zuwendungen aus Anlass eines besonderen Betriebsereignisses und Treugelder, soweit sie den Rahmen des Üblichen nicht übersteigen;
3. Aufwandsentschädigungen, Auslösungsgelder und sonstige soziale Zulagen für auswärtige Beschäftigungen, das Entgelt für selbstgestelltes Arbeitsmaterial, Gefahrenzulagen sowie Schmutz- und Erschwerniszulagen, soweit diese Bezüge den Rahmen des Üblichen nicht übersteigen;
4. Weihnachtsvergütungen bis zum Betrag der Hälfte des monatlichen Arbeitseinkommens, höchstens aber bis zum Betrag von 500 Euro;
5. Heirats- und Geburtsbeihilfen, sofern die Vollstreckung wegen anderer als der aus Anlass der Heirat oder der Geburt entstandenen Ansprüche betrieben wird;
6. Erziehungsgelder, Studienbeihilfen und ähnliche Bezüge;
7. Sterbe- und Gnadenbezüge aus Arbeits- oder Dienstverhältnissen;
8. Blindenzulagen.

§ 850b Bedingt pfändbare Bezüge

(1) Unpfändbar sind ferner
1. Renten, die wegen einer Verletzung des Körpers oder der Gesundheit zu entrichten sind;
2. Unterhaltsrenten, die auf gesetzlicher Vorschrift beruhen, sowie die wegen Entziehung einer solchen Forderung zu entrichtenden Renten;
3. fortlaufende Einkünfte, die ein Schuldner aus Stiftungen oder sonst auf Grund der Fürsorge und Freigebigkeit eines Dritten oder auf Grund eines Altenteils oder Auszugsvertrags bezieht;
4. Bezüge aus Witwen-, Waisen-, Hilfs- und Krankenkassen, die ausschließlich oder zu einem wesentlichen Teil zu Unterstützungszwecken gewährt werden, ferner Ansprüche aus Lebensversicherungen, die nur auf

den Todesfall des Versicherungsnehmers abgeschlossen sind, wenn die Versicherungssumme 3 579 Euro nicht übersteigt.

(2) Diese Bezüge können nach den für Arbeitseinkommen geltenden Vorschriften gepfändet werden, wenn die Vollstreckung in das sonstige bewegliche Vermögen des Schuldners zu einer vollständigen Befriedigung des Gläubigers nicht geführt hat oder voraussichtlich nicht führen wird und wenn nach den Umständen des Falles, insbesondere nach der Art des beizutreibenden Anspruchs und der Höhe der Bezüge, die Pfändung der Billigkeit entspricht.

(3) Das Vollstreckungsgericht soll vor seiner Entscheidung die Beteiligten hören.

§ 850c Pfändungsgrenzen für Arbeitseinkommen

(1) [1]Arbeitseinkommen ist unpfändbar, wenn es, je nach dem Zeitraum, für den es gezahlt wird, nicht mehr als

930,00 Euro[1)] monatlich,

217,50 Euro[2)] wöchentlich oder

43,50 Euro[3)] täglich

beträgt. [2] Gewährt der Schuldner auf Grund einer gesetzlichen Verpflichtung seinem Ehegatten, einem früheren Ehegatten, seinem Lebenspartner, einem früheren Lebenspartner oder einem Verwandten oder nach §§ 1615l, 1615n des Bürgerlichen Gesetzbuchs einem Elternteil Unterhalt, so erhöht sich der Betrag, bis zu dessen Höhe Arbeitseinkommen unpfändbar ist, auf bis zu

2060,00 Euro[4)] monatlich,

478,50 Euro[5)] wöchentlich oder

96,50 Euro[6)] täglich,

und zwar um

350 Euro[7)] monatlich,

81 Euro[8)] wöchentlich oder

17 Euro[9)] täglich

für die erste Person, der Unterhalt gewährt wird, und um je

195 Euro[10)] monatlich,

45 Euro[11)] wöchentlich oder

9 Euro[12)] täglich

für die zweite bis fünfte Person.

(2) [1]Übersteigt das Arbeitseinkommen den Betrag, bis zu dessen Höhe es je nach der Zahl der Personen, denen der Schuldner Unterhalt gewährt, nach Absatz 1 unpfändbar ist, so ist es hinsichtlich des überschießenden Betrages zu einem Teil unpfändbar, und zwar in Höhe von drei Zehnteln, wenn der Schuldner keiner der in Absatz 1 genannten Personen Unterhalt gewährt, zwei weiteren Zehnteln für die erste Person, der Unterhalt gewährt wird, und je einem weiteren Zehntel für die zweite bis fünfte Person. [2]Der Teil des Arbeitseinkommens, der 2 851 Euro[13)] monatlich (658 Euro[14)] wöchentlich, 131,58 Euro[15)] täglich) übersteigt, bleibt bei der Berechnung des unpfändbaren Betrages unberücksichtigt.

(2a) [1]Die unpfändbaren Beträge nach Absatz 1 und Absatz 2 Satz 2 ändern sich jeweils zum 1. Juli eines jeden zweiten Jahres, erstmalig zum 1. Juli 2003, entsprechend der im Vergleich zum jeweiligen Vorjahreszeitraum sich ergebenden prozentualen Entwicklung des Grundfreibetrages nach § 32a Abs. 1 Nr. 1 des Einkommensteuergesetzes; der Berechnung ist die am 1. Januar des jeweiligen Jahres geltende Fassung des § 32a Abs. 1 Nr. 1 des Einkommensteuergesetzes zugrunde zu legen. [2]Das Bundesministerium der Justiz gibt die maßgebenden Beträge rechtzeitig im Bundesgesetzblatt bekannt.

(3) [1]Bei der Berechnung des nach Absatz 2 pfändbaren Teils des Arbeitseinkommens ist das Arbeitseinkommen, gegebenenfalls nach Abzug des nach Absatz 2 Satz 2 pfändbaren Betrages, wie aus der Tabelle ersichtlich, die diesem Gesetz als Anlage beigefügt ist, nach unten abzurunden, und zwar bei Auszahlung für Monate auf einen durch 10 Euro, bei Auszahlung für Wochen auf einen durch 2,50 Euro oder bei Auszahlung für Tage auf einen durch 50 Cent teilbaren Betrag. [2]Im Pfändungsbeschluss genügt die Bezugnahme auf die Tabelle.

(4) Hat eine Person, welcher der Schuldner auf Grund gesetzlicher Verpflichtung Unterhalt gewährt, eigene Einkünfte, so kann das Vollstreckungsgericht auf Antrag des Gläubigers nach billigem Ermessen bestimmen, dass diese Person bei der Berechnung des unpfändbaren Teils des Arbeitseinkommens ganz oder teilweise unberücksichtigt bleibt; soll die Person nur teilweise berücksichtigt werden, so ist Absatz 3 Satz 2 nicht anzuwenden.

Die unpfändbaren Beträge nach Absatz 1 und Absatz 2 Satz 2 sind durch Bekanntmachung zu § 850c der Zivilprozessordnung (Pfändungsfreigrenzenbekanntmachung 2005) vom 25. Februar 2005 (BGBl. I S. 493) geändert worden:
[1] 985,15 Euro; [2] 226,72 Euro; [3] 45,34 Euro; [4] 2 182,15 Euro; [5] 502,20 Euro; [6] 100,44 Euro; [7] 370,76 Euro; [8] 85,32 Euro; [9] 17,06 Euro; [10] 206,56 Euro; [11] 47,54 Euro; [12] 9,51 Euro; [13] 3 020,06 Euro; [14] 695,03 Euro; [15] 139,01 Euro.
Auf Grund des § 850c Abs. 2a Satz 2 der Zivilprozessordnung, der durch Artikel 1 Nr. 4 Buchstabe c des Gesetzes vom 13. Dezember 2001 (BGBl. I S. 3638) eingefügt worden ist, wird bekannt gemacht:
Die unpfändbaren Beträge nach § 850c Abs. 1 und 2 Satz 2 der Zivilprozessordnung bleiben für den Zeitraum vom 1. Juli 2009 bis zum 30. Juni 2011 unverändert (BGBl. I 2009 S. 1141).

§ 850d Pfändbarkeit bei Unterhaltsansprüchen

(1) [1]Wegen der Unterhaltsansprüche, die kraft Gesetzes einem Verwandten, dem Ehegatten, einem früheren Ehegatten, dem Lebenspartner, einem früheren Lebenspartner oder nach §§ 1615l, 1615n des Bürgerlichen Gesetzbuchs einem Elternteil zustehen, sind das Arbeitseinkommen und die in § 850a Nr. 1, 2 und 4 genannten Bezüge ohne die in § 850c bezeichneten Beschränkungen pfändbar. [2]DemSchuldner ist jedoch so viel zu belassen, als er für seinen notwendigen Unterhalt und zur Erfüllung seiner laufenden gesetzlichen Unterhaltspflichten gegenüber dem dem Gläubiger vorgehenden Berechtigten oder zur gleichmäßigen Befriedigung der dem Gläubiger gleichstehenden Berechtigten bedarf; von den in § 850a Nr. 1, 2 und 4 genannten Bezügen hat ihm mindestens die Hälfte des nach § 850a unpfändbaren Betrages zu verbleiben. [3]Der dem Schuldner hiernach verbleibende Teil seines Arbeitseinkommens darf den Betrag nicht übersteigen, der ihm nach den Vorschriften des § 850c gegenüber nicht bevorrechtigten Gläubigern zu verbleiben hätte. [4]Für die Pfändung wegen der Rückstände, die länger als ein Jahr vor dem Antrag auf Erlass des Pfändungsbeschlusses fällig geworden sind, gelten die Vorschriften dieses Absatzes insoweit nicht, als nach Lage der Verhältnisse nicht anzunehmen ist, dass der Schuldner sich seiner Zahlungspflicht absichtlich entzogen hat.
(2) Mehrere nach Absatz 1 Berechtigte sind mit ihren Ansprüchen in der Reihenfolge nach § 1609 des Bürgerlichen Gesetzbuchs und § 16 des Lebenspartnerschaftsgesetzes zu berücksichtigen, wobei mehrere gleich nahe Berechtigte untereinander den gleichen Rang haben.
(3) Bei der Vollstreckung wegen der in Absatz 1 bezeichneten Ansprüche sowie wegen der aus Anlass einer Verletzung des Körpers oder der Gesundheit zu zahlenden Renten kann zugleich mit der Pfändung wegen fälliger Ansprüche auch künftig fällig werdendes Arbeitseinkommen wegen der dann jeweils fällig werdenden Ansprüche gepfändet und überwiesen werden.

§ 850e Berechnung des pfändbaren Arbeitseinkommens

Für die Berechnung des pfändbaren Arbeitseinkommens gilt Folgendes:
1. Nicht mitzurechnen sind die nach § 850a der Pfändung entzogenen Bezüge, ferner Beträge, die unmittelbar auf Grund steuerrechtlicher oder sozialrechtlicher Vorschriften zur Erfüllung gesetzlicher Verpflichtungen des Schuldners abzuführen sind. Diesen Beträgen stehen gleich die auf den Auszahlungszeitraum entfallenden Beträge, die der Schuldner
    a) nach den Vorschriften der Sozialversicherungsgesetze zur Weiterversicherung entrichtet oder
    b) an eine Ersatzkasse oder an ein Unternehmen der privaten Krankenversicherung leistet, soweit sie den Rahmen des Üblichen nicht übersteigen.
2. Mehrere Arbeitseinkommen sind auf Antrag vom Vollstreckungsgericht bei der Pfändung zusammenzurechnen. Der unpfändbare Grundbetrag ist in erster Linie dem Arbeitseinkommen zu entnehmen, das die wesentliche Grundlage der Lebenshaltung des Schuldners bildet.
3. Mit Arbeitseinkommen sind auf Antrag auch Ansprüche auf laufende Geldleistungen nach dem Sozialgesetzbuch zusammenzurechnen, soweit diese der Pfändung unterworfen sind. Der unpfändbare Grundbetrag ist, soweit die Pfändung nicht wegen gesetzlicher Unterhaltsansprüche erfolgt, in erster Linie den laufenden Geldleistungen nach dem Sozialgesetzbuch zu entnehmen. Ansprüche auf Geldleistungen für Kinder dürfen mit Arbeitseinkommen nur zusammengerechnet werden, soweit sie nach § 76 Abs. 1 Einkommensteuergesetzes oder nach § 54 Abs. 5 des Ersten Buches Sozialgesetzbuch gepfändet werden können.
4. Erhält der Schuldner neben seinem in Geld zahlbaren Einkommen auch Naturalleistungen, so sind Geld- und Naturalleistungen zusammenzurechnen. In diesem Fall ist der in Geld zahlbare Betrag insoweit

pfändbar, als der nach § 850c unpfändbare Teil des Gesamteinkommens durch den Wert der dem Schuldner verbleibenden Naturalleistungen gedeckt ist.
5. Trifft eine Pfändung, eine Abtretung oder eine sonstige Verfügung wegen eines der in § 850d bezeichneten Ansprüche mit einer Pfändung wegen eines sonstigen Anspruchs zusammen, so sind auf die Unterhaltsansprüche zunächst die gemäß § 850d der Pfändung in erweitertem Umfang unterliegenden Teile des Arbeitseinkommens zu verrechnen. Die Verrechnung nimmt auf Antrag eines Beteiligten das Vollstreckungsgericht vor. Der Drittschuldner kann, solange ihm eine Entscheidung des Vollstreckungsgerichts nicht zugestellt ist, nach dem Inhalt der ihm bekannten Pfändungsbeschlüsse, Abtretungen und sonstigen Verfügungen mit befreiender Wirkung leisten.

§ 850f Änderung des unpfändbaren Betrages

(1) Das Vollstreckungsgericht kann dem Schuldner auf Antrag von dem nach den Bestimmungen der §§ 850c, 850d und 850i pfändbaren Teil seines Arbeitseinkommens einen Teil belassen, wenn
a) der Schuldner nachweist, dass bei Anwendung der Pfändungsfreigrenzen entsprechend der Anlage zu diesem Gesetz (zu § 850c) der notwendige Lebensunterhalt im Sinne des Dritten und Elften Kapitels des Zwölften Buches Sozialgesetzbuch oder nach Kapitel 3 Abschnitt 2 des Zweiten Buches Sozialgesetzbuch für sich und für die Personen, denen er Unterhalt zu gewähren hat, nicht gedeckt ist,
b) besondere Bedürfnisse des Schuldners aus persönlichen oder beruflichen Gründen oder
c) der besondere Umfang der gesetzlichen Unterhaltspflichten des Schuldners, insbesondere die Zahl der Unterhaltsberechtigten, dies erfordern
und überwiegende Belange des Gläubigers nicht entgegenstehen.

(2) Wird die Zwangsvollstreckung wegen einer Forderung aus einer vorsätzlich begangenen unerlaubten Handlung betrieben, so kann das Vollstreckungsgericht auf Antrag des Gläubigers den pfändbaren Teil des Arbeitseinkommens ohne Rücksicht auf die in § 850c vorgesehenen Beschränkungen bestimmen; dem Schuldner ist jedoch so viel zu belassen, wie er für seinen notwendigen Unterhalt und zur Erfüllung seiner laufenden gesetzlichen Unterhaltspflichten bedarf.

(3) [1]Wird die Zwangsvollstreckung wegen anderer als der in Absatz 2 und in § 850d bezeichneten Forderungen betrieben, so kann das Vollstreckungsgericht in den Fällen, in denen sich das Arbeitseinkommen des Schuldners auf mehr als monatlich 2 815 Euro[1)] (wöchentlich 641 Euro[2)], täglich 123,50 Euro[3)]) beläuft, über die Beträge hinaus, die nach § 850c pfändbar wären, auf Antrag des Gläubigers die Pfändbarkeit unter Berücksichtigung der Belange des Gläubigers und des Schuldners nach freiem Ermessen festsetzen. [2]Dem Schuldner ist jedoch mindestens so viel zu belassen, wie sein unpfändbares Arbeitseinkommen von monatlich 2 815 Euro[1)] (wöchentlich 641 Euro[2)], täglich 123,50 Euro[3)]) aus § 850c ergeben würde. [3]Die Beträge nach den Sätzen 1 und 2 werden entsprechend der in § 850c Abs. 2a getroffenen Regelung jeweils zum 1. Juli eines jeden zweiten Jahres, erstmalig zum 1. Juli 2003, geändert. [4]Das Bundesministerium der Justiz gibt die maßgebenden Beträge rechtzeitig im Bundesgesetzblatt bekannt.

(0) Entscheidung des Bundesverfassungsgerichts:Die Beträge haben sich infolge der Bekanntmachung zu § 850c der Zivilprozessordnung (Pfändungsfreigrenzenbekanntmachung 2005) vom 25. Februar 2005 (Bundesgesetzbl. S. 493) geändert:[1)] 2985 Euro; [2)] 678,70 Euro; [3)] 131,25 Euro. Gemäß Bekanntmachung vom 22. Januar 2007 (BGBl. I, S. 64) bleiben diese Beträge für den Zeitraum vom 1. Juli 2007 bis zu, 30. Juni 2009 unverändert.

§ 850g Änderung der Unpfändbarkeitsvoraussetzungen

[1]Ändern sich die Voraussetzungen für die Bemessung des unpfändbaren Teils des Arbeitseinkommens, so hat das Vollstreckungsgericht auf Antrag des Schuldners oder des Gläubigers den Pfändungsbeschluss entsprechend zu ändern. [2]Antragsberechtigt ist auch ein Dritter, dem der Schuldner kraft Gesetzes Unterhalt zu gewähren hat. [3]Der Drittschuldner kann nach dem Inhalt des früheren Pfändungsbeschlusses mit befreiender Wirkung leisten, bis ihm der Änderungsbeschluss zugestellt wird.

§ 850h Verschleiertes Arbeitseinkommen

(1) ¹Hat sich der Empfänger der vom Schuldner geleisteten Arbeiten oder Dienste verpflichtet, Leistungen an einen Dritten zu bewirken, die nach Lage der Verhältnisse ganz oder teilweise eine Vergütung für die Leistung des Schuldners darstellen, so kann der Anspruch des Drittberechtigten insoweit auf Grund des Schuldtitels gegen den Schuldner gepfändet werden, wie wenn der Anspruch dem Schuldner zustände. ²Die Pfändung des Vergütungsanspruchs des Schuldners umfasst ohne weiteres den Anspruch des Drittberechtigten. ³Der Pfändungsbeschluss ist dem Drittberechtigten ebenso wie dem Schuldner zuzustellen.
(2) ¹Leistet der Schuldner einem Dritten in einem ständigen Verhältnis Arbeiten oder Dienste, die nach Art und Umfang üblicherweise vergütet werden, unentgeltlich oder gegen eine unverhältnismäßig geringe Vergütung, so gilt im Verhältnis des Gläubigers zu dem Empfänger der Arbeits- und Dienstleistungen eine angemessene Vergütung als geschuldet. ²Bei der Prüfung, ob diese Voraussetzungen vorliegen, sowie bei der Bemessung der Vergütung ist auf alle Umstände des Einzelfalles, insbesondere die Art der Arbeits- und Dienstleistung, die verwandtschaftlichen oder sonstigen Beziehungen zwischen dem Dienstberechtigten und dem Dienstverpflichteten und die wirtschaftliche Leistungsfähigkeit des Dienstberechtigten Rücksicht zu nehmen.

§ 850i Pfändungsschutz bei sonstigen Vergütungen (gültig bis 30.6.2010)

(1) ¹Ist eine nicht wiederkehrend zahlbare Vergütung für persönlich geleistete Arbeiten oder Dienste gepfändet, so hat das Gericht dem Schuldner auf Antrag so viel zu belassen, als er während eines angemessenen Zeitraums für seinen notwendigen Unterhalt und den seines Ehegatten, eines früheren Ehegatten, seines Lebenspartners, eines früheren Lebenspartners, seiner unterhaltsberechtigten Verwandten oder eines Elternteils nach §§ 1615l, 1615n des Bürgerlichen Gesetzbuchs bedarf. ²Bei der Entscheidung sind die wirtschaftlichen Verhältnisse des Schuldners, insbesondere seine sonstigen Verdienstmöglichkeiten, frei zu würdigen. ³Dem Schuldner ist nicht mehr zu belassen, als ihm nach freier Schätzung des Gerichts verbleiben würde, wenn sein Arbeitseinkommen aus laufendem Arbeits- oder Dienstlohn bestände. ⁴Der Antrag des Schuldners ist insoweit abzulehnen, als überwiegende Belange des Gläubigers entgegenstehen.
(2) Die Vorschriften des Absatzes 1 gelten entsprechend für Vergütungen, die für die Gewährung von Wohngelegenheit oder eine sonstige Sachbenutzung geschuldet werden, wenn die Vergütung zu einem nicht unwesentlichen Teil als Entgelt für neben der Sachbenutzung gewährte Dienstleistungen anzusehen ist.
(3) Die Vorschriften des § 27 des Heimarbeitsgesetzes vom 14. März 1951 (BGBl. I S. 191) bleiben unberührt.
(4) Die Bestimmungen der Versicherungs-, Versorgungs- und sonstigen gesetzlichen Vorschriften über die Pfändung von Ansprüchen bestimmter Art bleiben unberührt.

§ 850i Pfändungsschutz für sonstige Einkünfte (gültig ab 1.7.2010)

(1) ¹Werden nicht wiederkehrend zahlbare Vergütungen für persönlich geleistete Arbeiten oder Dienste oder sonstige Einkünfte, die kein Arbeitseinkommen sind, gepfändet, so hat das Gericht dem Schuldner auf Antrag während eines angemessenen Zeitraums so viel zu belassen, als ihm nach freier Schätzung des Gerichts verbleiben würde, wenn sein Einkommen aus laufendem Arbeits- oder Dienstlohn bestünde. ²Bei der Entscheidung sind die wirtschaftlichen Verhältnisse des Schuldners, insbesondere seine sonstigen Verdienstmöglichkeiten, frei zu würdigen. ³Der Antrag des Schuldners ist insoweit abzulehnen, als überwiegende Belange des Gläubigers entgegenstehen.
(2) Die Vorschriften des § 27 des Heimarbeitsgesetzes vom 14. März 1951 (BGBl. I S. 191) bleiben unberührt.
(3) Die Bestimmungen der Versicherungs-, Versorgungs- und sonstigen gesetzlichen Vorschriften über die Pfändung von Ansprüchen bestimmter Art bleiben unberührt.

§ 850k Pfändungsschutz für Kontoguthaben aus Arbeitseinkommen (gültig bis 30.6.2010)

(1) Werden wiederkehrende Einkünfte der in den §§ 850 bis 850b oder § 851c bezeichneten Art auf das Konto des Schuldners bei einem Geldinstitut überwiesen, so ist eine Pfändung des Guthabens auf Antrag des Schuldners vom Vollstreckungsgericht insoweit aufzuheben, als das Guthaben dem der Pfändung nicht unterworfenen Teil der Einkünfte für die Zeit von der Pfändung bis zu dem nächsten Zahlungstermin entspricht.

(2) ¹Das Vollstreckungsgericht hebt die Pfändung des Guthabens für den Teil vorab auf, dessen der Schuldner bis zum nächsten Zahlungstermin dringend bedarf, um seinen notwendigen Unterhalt zu bestreiten und seine laufenden gesetzlichen Unterhaltspflichten gegenüber den dem Gläubiger vorgehenden Berechtigten zu erfüllen oder die dem Gläubiger gleichstehenden Unterhaltsberechtigten gleichmäßig zu befriedigen. ²Der vorab freigegebene Teil des Guthabens darf den Betrag nicht übersteigen, der dem Schuldner voraussichtlich nach Absatz 1 zu belassen ist. ³Der Schuldner hat glaubhaft zu machen, dass wiederkehrende Einkünfte der in den §§ 850 bis 850b oder § 851c bezeichneten Art auf das Konto überwiesen worden sind und dass die Voraussetzungen des Satzes 1 vorliegen. ⁴Die Anhörung des Gläubigers unterbleibt, wenn der damit verbundene Aufschub dem Schuldner nicht zuzumuten ist.

(3) Im Übrigen ist das Vollstreckungsgericht befugt, die in § 732 Abs. 2 bezeichneten Anordnungen zu erlassen.

§ 850k Pfändungsschutzkonto (gültig ab 1.7.2010)

(1) ¹Wird das Guthaben auf dem Pfändungsschutzkonto des Schuldners bei einem Kreditinstitut gepfändet, kann der Schuldner jeweils bis zum Ende des Kalendermonats über Guthaben in Höhe des monatlichen Freibetrages nach § 850c Abs. 1 Satz 1 in Verbindung mit § 850c Abs. 2a verfügen; insoweit wird es nicht von der Pfändung erfasst. ²Soweit der Schuldner in dem jeweiligen Kalendermonat nicht über Guthaben in Höhe des nach Satz 1 pfändungsfreien Betrages verfügt hat, wird dieses Guthaben in dem folgenden Kalendermonat zusätzlich zu dem nach Satz 1 geschützten Guthaben nicht von der Pfändung erfasst. ³Die Sätze 1 und 2 gelten entsprechend, wenn das Guthaben auf einem Girokonto des Schuldners gepfändet ist, das vor Ablauf von vier Wochen seit der Zustellung des Überweisungsbeschlusses an den Drittschuldner in ein Pfändungsschutzkonto umgewandelt wird.

(2) Die Pfändung des Guthabens gilt im Übrigen als mit der Maßgabe ausgesprochen, dass in Erhöhung des Freibetrages nach Absatz 1 folgende Beträge nicht von der Pfändung erfasst sind:
1. die pfändungsfreien Beträge nach § 850c Abs. 1 Satz 2 in Verbindung mit § 850c Abs. 2a Satz 1, wenn
   a) der Schuldner einer oder mehreren Personen aufgrund gesetzlicher Verpflichtung Unterhalt gewährt oder
   b) der Schuldner Geldleistungen nach dem Zweiten oder Zwölften Buch Sozialgesetzbuch für mit ihm in einer Gemeinschaft im Sinne des § 7 Abs. 3 des Zweiten Buches Sozialgesetzbuch oder der §§ 19, 20, 36 Satz 1 oder 43 des Zwölften Buches Sozialgesetzbuch lebende Personen, denen er nicht aufgrund gesetzlicher Vorschriften zum Unterhalt verpflichtet ist, entgegennimmt;
2. einmalige Geldleistungen im Sinne des § 54 Abs. 2 des Ersten Buches Sozialgesetzbuch und Geldleistungen zum Ausgleich des durch einen Körper- oder Gesundheitsschaden bedingten Mehraufwandes im Sinne des § 54 Abs. 3 Nr. 3 des Ersten Buches Sozialgesetzbuch;
3. das Kindergeld oder andere Geldleistungen für Kinder, es sei denn, dass wegen einer Unterhaltsforderung eines Kindes, für das die Leistungen gewährt oder bei dem es berücksichtigt wird, gepfändet wird.

Für die Beträge nach Satz 1 gilt Absatz 1 Satz 2 entsprechend.

(3) An die Stelle der nach Absatz 1 und Absatz 2 Satz 1 Nr. 1 pfändungsfreien Beträge tritt der vom Vollstreckungsgericht im Pfändungsbeschluss belassene Betrag, wenn das Guthaben wegen der in § 850d bezeichneten Forderungen gepfändet wird.

(4) ¹Das Vollstreckungsgericht kann auf Antrag einen von den Absätzen 1, 2 Satz 1 Nr. 1 und Absatz 3 abweichenden pfändungsfreien Betrag festsetzen. ²Die §§ 850a, 850b, 850c, 850d Abs. 1 und 2, die §§ 850e, 850f, 850g und 850i sowie die §§ 851c und 851d dieses Gesetzes sowie § 54 Abs. 2, Abs. 3 Nr. 1, 2 und 3, Abs. 4 und 5 des Ersten Buches Sozialgesetzbuch, § 17 Abs. 1 Satz 2 des Zwölften Buches Sozialgesetzbuch und § 76 des Einkommensteuergesetzes sind entsprechend anzuwenden. ³Im Übrigen ist das Vollstreckungsgericht befugt, die in § 732 Abs. 2 bezeichneten Anordnungen zu erlassen.

(5) ¹Das Kreditinstitut ist dem Schuldner zur Leistung aus dem nach Absatz 1 und 3 nicht von der Pfändung erfassten Guthaben im Rahmen des vertraglich Vereinbarten verpflichtet. ²Dies gilt für die nach Absatz 2 nicht von der Pfändung erfassten Beträge nur insoweit, als der Schuldner durch eine Bescheinigung des Arbeitgebers, der Familienkasse, des Sozialleistungsträgers oder einer geeigneten Person oder Stelle im Sinne des § 305 Abs. 1 Nr. 1 der Insolvenzordnung nachweist, dass das Guthaben nicht von der Pfändung erfasst ist. ³Die Leistung des Kreditinstituts an den Schuldner hat befreiende Wirkung, wenn ihm die Unrichtigkeit einer Bescheinigung nach Satz 2 weder bekannt noch infolge grober Fahrlässigkeit unbekannt ist. ⁴Kann der Schuldner den Nachweis nach Satz 2 nicht führen, so hat das Vollstreckungsgericht auf Antrag die Beträge nach Absatz 2 zu bestimmen. ⁵Die Sätze 1 bis 4 gelten auch für eine Hinterlegung.

(6) ¹Wird einem Pfändungsschutzkonto eine Geldleistung nach dem Sozialgesetzbuch oder Kindergeld gutgeschrieben, darf das Kreditinstitut die Forderung, die durch die Gutschrift entsteht, für die Dauer von 14 Tagen seit der Gutschrift nur mit solchen Forderungen verrechnen und hiergegen nur mit solchen Forderungen aufrechnen, die ihm als Entgelt für die Kontoführung oder aufgrund von Kontoverfügungen des Berechtigten innerhalb dieses Zeitraums zustehen. ²Bis zur Höhe des danach verbleibenden Betrages der Gutschrift ist das Kreditinstitut innerhalb von 14 Tagen seit der Gutschrift nicht berechtigt, die Ausführung von Zahlungsvorgängen wegen fehlender Deckung abzulehnen, wenn der Berechtigte nachweist oder dem Kreditinstitut sonst bekannt ist, dass es sich um die Gutschrift einer Geldleistung nach dem Sozialgesetzbuch oder von Kindergeld handelt. ³Das Entgelt des Kreditinstituts für die Kontoführung kann auch mit Beträgen nach den Absätzen 1 bis 4 verrechnet werden.

(7) ¹In einem der Führung eines Girokontos zugrunde liegenden Vertrag können der Kunde, der eine natürliche Person ist, oder dessen gesetzlicher Vertreter und das Kreditinstitut vereinbaren, dass das Girokonto als Pfändungsschutzkonto geführt wird. ²Der Kunde kann jederzeit verlangen, dass das Kreditinstitut sein Girokonto als Pfändungsschutzkonto führt. ³Ist das Guthaben des Girokontos bereits gepfändet worden, so kann der Schuldner die Führung als Pfändungsschutzkonto zum Beginn des vierten auf seine Erklärung folgenden Geschäftstages verlangen.

(8) ¹Jede Person darf nur ein Pfändungsschutzkonto führen. ²Bei der Abrede hat der Kunde gegenüber dem Kreditinstitut zu versichern, dass er ein weiteres Pfändungsschutzkonto nicht führt. ³Die SCHUFA Holding AG darf zum Zweck der Überprüfung der Versicherung nach Satz 2 Kreditinstituten auf Anfrage Auskunft über ein bestehendes Pfändungsschutzkonto des Kunden erteilen. ⁴Die Kreditinstitute sind zur Erreichung dieses Zwecks berechtigt, der SCHUFA Holding AG die Führung eines Pfändungsschutzkontos mitzuteilen.

(9) ¹Führt ein Schuldner entgegen Absatz 8 Satz 1 mehrere Girokonten als Pfändungsschutzkonten, ordnet das Vollstreckungsgericht auf Antrag eines Gläubigers an, dass nur das von dem Gläubiger in dem Antrag bezeichnete Girokonto dem Schuldner als Pfändungsschutzkonto verbleibt. ²Der Gläubiger hat die Voraussetzungen nach Satz 1 durch Vorlage entsprechender Erklärungen der Drittschuldner glaubhaft zu machen. ³Eine Anhörung des Schuldners unterbleibt. ⁴Die Entscheidung ist allen Drittschuldnern zuzustellen. ⁵Mit der Zustellung der Entscheidung an diejenigen Kreditinstitute, deren Girokonten nicht zum Pfändungsschutzkonto bestimmt sind, entfallen die Wirkungen nach den Absätzen 1 bis 6.

Literatur: *Becker*, Pfändungsschutz bei Arbeitseinkommen und anderen Forderungen – Wegweisende Beschlüsse des BGH, JuS 2004, 780; *Kaufmann*, Der praktische Fall – Zivilrecht Schadensersatz im Rahmen des § 249 BGB, JuS 2003, 1197; *Nägele*, Das arbeitsgerichtliche Urteilsverfahren, 2004

A. Allgemeines 1	bb) Vorratspfändung und Vorauspfändung 13
B. Regelungsgehalt 2	e) § 850e 15
I. Normzweck 2	f) § 850f 17
II. Sachlicher Anwendungsbereich 4	g) § 850g 19
1. Arbeitseinkommen 4	h) § 850h 20
2. Gleichgesetztes Einkommen 6	aa) Schiebung von Arbeitseinkommen .. 20
3. Künftiges/ausgekehrtes Arbeitseinkommen ... 7	bb) Verschleierung von Arbeitseinkommen 21
III. Systematik der Vorschriften zum Pfändungsschutz 8	cc) Gerichtliche Durchsetzung 22
1. Grundkonzeption 8	i) § 850i 23
2. Pfändungsschutzvorschriften im Einzelnen ... 9	j) § 850k 25
a) § 850a 9	3. Sonderfall: Pfändung und Abtretung 26
b) § 850b 10	IV. Rechtsfolgen 27
c) § 850c 11	1. Vollstreckungsrechtliche Auswirkungen 27
d) § 850d 12	2. Arbeitsrechtliche Folgen 28
aa) Privilegierung von Unterhaltsberechtigten ... 12	

A. Allgemeines

§§ 850 ff. enthalten Pfändungsschutzbestimmungen für Arbeitseinkommen. Grds. gelten für die Zwangsvollstreckung in Arbeitseinkommen die allgemeinen Pfändungsvorschriften zur Zwangsvollstreckung in Forderungen nach den §§ 828 ff. Sie ermöglichen den unmittelbaren Zugriff des Gläubigers auf das Arbeitseinkommen des AN, der i.S.d. ZPO Schuldner ist. Der AG, gegen den dem Schuldner ein Anspruch auf Vergütungsleistung zusteht, wird in der Terminologie der ZPO als Drittschuldner bezeichnet.

B. Regelungsgehalt

I. Normzweck

2 Sinn und Zweck der Pfändungsschutzvorschriften der §§ 850 ff. ist es, dem Schuldner einen Teil seiner Vergütung zur Führung eines eigenverantwortlichen, menschenwürdigen Lebens zu sichern, in dem dieses nicht oder nur eingeschränkt der Pfändung unterworfen ist.[1] Dies ergibt sich aus Art. 1 und 2 GG sowie aus dem Sozialstaatsprinzip.[2] Der Pfändungsschutz steht im öffentlichen Interesse, da der Schuldner i.d.R. durch Einsatz seiner eigenen Arbeitskraft seinen und den Lebensunterhalt seiner Familie beschaffen muss. Hierzu muss dem Schuldner zumindest der Teil des Arbeitseinkommens belassen bleiben, den dieser zum Lebensunterhalt benötigt. Würde man auch eine Pfändung in das Existenzminimum gestatten, müsste dann sein Lebensunterhalt von der Sozialkasse und letztlich von der Allgemeinheit aus Steuermitteln erbracht werden.

3 Die Vorschriften des Pfändungsschutzes sind nicht abdingbar. Hieraus folgt, dass Arbeitseinkommen, welches dem Pfändungsschutz unterfällt, eine unpfändbare Forderung darstellt, die weder abgetreten noch verpfändet werden kann, §§ 400, 1274 Abs. 2 BGB.

II. Sachlicher Anwendungsbereich

4 **1. Arbeitseinkommen.** Die Pfändungsschutzvorschriften bestehen für Arbeitseinkommen. Der Begriff des Arbeitseinkommens ist weit auszulegen und umfasst gem. § 850 Abs. 2 jegliche Vergütungsform in Geld, die dem Schuldner aus Arbeits- oder Dienstleistung zusteht. Hierzu zählen auch die Dienst- und Versorgungsbezüge von Beamten, Ruhegelder und sonstige nach dem Ausscheiden aus dem Dienst oder Arbverh gewährte fortlaufende Einkünfte und Hinterbliebenenbezüge. Es kommt nicht darauf an, ob der Arbeits- bzw. Dienstvertrag rechtswirksam geschlossen wurde, so dass auch Einkünfte aus den sog. faktischen Arbverh Arbeitseinkünfte i.S.d. § 850 Abs. 2 sind.[3] Folgende in Geld zahlbare Forderungen unterfallen dem Begriff des Arbeitseinkommens: Abfindungen[4] aus Aufhebungsverträgen, nach §§ 9, 10 KSchG,[5] Sozialplanansprüche nach § 112 BetrVG und Nachteilsausgleichsansprüche gem. § 113 BetrVG,[6] Altersteilzeitentgelt und Aufstockungsbeträge der BA (§ 54 Abs. 4 SGB I),[7] Aufwandsentschädigungen, soweit diese den Rahmen des Üblichen übersteigen, also oberhalb der Steuerpauschalen oder Tarifgrenzen gezahlt werden,[8] Dienst- und Versorgungsbezüge von Beamten (§ 850 Abs. 2),[9] Gewinnbeteiligungen, Gratifikationen, Tantiemen, Weihnachtsgeld,[10] Hinterbliebenenbezüge wie Witwen- und Weisengeld, Karenzentschädigungen zum Ausgleich für Wettbewerbsbeschränkungen (§ 850 Abs. 3a), Entgeltfortzahlung und Krankengeld (§ 3 EFZG, § 12 Abs. 1 S. 2 BBiG, §§ 48, 78 Abs. 2 SeemG, § 54 SGB I), private Krankengeldleistungen, wenn diese 3.579,00 EUR nicht übersteigen (§ 850b Abs. 1 Nr. 4), Lizenzgebühren, soweit diese Entgelt für selbstständige oder unselbstständige Dienstleistungen darstellen, für die nicht nur eine einmalige Vergütung zu zahlen ist,[11] Mutterschutzentgelt und Zuschuss zum Mutterschaftsgeld,[12] Ruhegehalt (§ 850 Abs. 2), Schadensersatz für entgangenes oder vorenthaltenes Arbeitsentgelt,[13] Streik- und Aussperrungsunterstützung[14] sowie Urlaubsentgelt und Urlaubsabgeltung.[15]

5 Der Pfändung unterfallen hingegen Bezüge, die in § 850a auflistet sind, aber auch vermögenswirksame Leistungen nach § 10 des 5. VermBG gem. § 851 Abs. 1 nicht. Pfändbar ist der Rückzahlungsanspruch des Sparvertrages, dessen Laufzeit aber nicht vom Gläubiger beeinflusst werden kann.[16] Lediglich beschränkt pfändbar sind Leistungen des § 850b, wohl auch Alg, Kurzarbeiterggeld und Winterausfallgeld nach §§ 116 ff. SGB III (§ 54 SGB I). Gefangenengelder sind grds. nicht pfändbar. Das den Gefangenen hiervon verbleibende Eigengeld unterfällt mangels Vergleichbarkeit der Lebensumstände des Strafgefangenen mit einem in Freiheit lebenden AN nicht §§ 850 ff.[17] Auf sonstige **Vergütungen für Dienstleistungen** aller Art sind §§ 850 ff. anzuwenden, wenn die Dienste die Erwerbstätigkeit des Schuldners vollständig oder zu einem wesentlichen Teil in Anspruch nehmen, ohne dass eine persönliche oder wirtschaftliche Abhängigkeit des Schuldners vorliegen muss. Hierunter sind bspw. die Vergütungsansprüche des Geschäftsführers einer GmbH oder des Vorstandes einer AG[18] oder die fortlaufende Vergütung aus Werk- und Ge-

---

1 BT-Drucks 8/693, S. 45.
2 MüKo-ZPO/*Smid*, § 850 Rn 1.
3 Musielak/*Becker*, § 850 Rn 2.
4 *Nägele*, S. 247.
5 LAG Niedersachsen 14.11.2003 – 16 Sa 1213/03 – NZA-RR 2004, 490.
6 BAG 13.11.1991 – 4 AZR 20/91 – NZA 1992, 384; BAG 20.8.1996 – 9 AZR 964/94 – NZA 1997, 563.
7 Musielak/*Becker*, § 850 Rn 9.
8 BAG 30.6.1971 – 3 AZR 8/71 – AP § 850a ZPO Nr. 4.
9 Ausführlich hierzu Musielak/*Becker*, § 850 Rn 3.
10 MünchArb/*Hanau*, Bd. 1, § 74 Rn 130; Schaub/*Koch*, Arbeitsrechts-Handbuch, § 92 Rn 15.
11 BGH 12.12.2003 – IXa ZB 165/03 – NJW-RR 2004, 644.
12 MünchArb/*Hanau*, Bd. 1, § 74 Rn 138, 151.
13 Musielak/*Becker*, § 850 Rn 5.
14 MünchArb/*Hanau*, Bd. 1, § 74 Rn 144; Musielak/*Becker*, § 850 Rn 5.
15 BAG 22.6.1956 – 1 AZR 116/54 – AP § 611 BGB Urlaubsrecht Nr. 11.
16 Schaub/*Koch*, Arbeitsrechts-Handbuch, § 92 Rn 42.
17 BFH 16.12.2003 – VII R 24/02 – DStRE 2004, 421.
18 Zöller/*Stöber*, § 850 Rn 9.

schäftsbesorgungsverträgen zu zählen. Nebentätigkeiten werden durch § 850 allerdings nicht geschützt, es sei denn, dass es sich um Gelegenheitsarbeiten für wechselnde AG handelt (§ 850e Nr. 2).[19]

2. Gleichgesetztes Einkommen. Mehrere Einzelgesetze verweisen auch für sonstiges, in Geld zahlbares Einkommen auf die Vorschriften der §§ 850 ff. Dies gilt z.B. für die Vergütung, die den in Heimarbeit Beschäftigten oder den Gleichgestellten gewährt wird, § 27 HAG. Dem Pfändungsschutz unterfallen demnach Einkommen der Heimarbeiter und Hausgewerbebetreibenden aus Dienstverträgen, Werk- oder Werklieferungsverträgen.[20] Alters- und Erwerbunfähigkeitsrenten sind als laufende Geldleistungen wie Arbeitseinkommen, also ebenfalls nach §§ 850 ff. pfändbar (§ 54 Abs. 4 SGB I). Für einmalige soziale Geldleistungen sieht § 54 Abs. 2 Einschränkungen der Pfändung vor. Darüber hinaus erklärt es Elterngeld bis zur Höhe der anrechnungsfreien Beträge nach § 10 BEEG, Mutterschaftsgeld nach § 13 MuSchG bis zur Höhe des Elterngeldes nach § 2 Abs. 1 BEEG sowie Geldleistungen, die dafür bestimmt sind, den durch einen Körper- oder Gesundheitsschaden bedingten Mehraufwand auszugleichen, für unpfändbar (§ 54 Abs. 3 SGB I). § 55 SGB I sieht Sondervorschriften für die Kontopfändung und Pfändung von Bargeld aus Sozialleistungen vor. Darüber hinaus verweisen einige Verwaltungsverfahrensgesetze der Länder auf die Vorschriften der §§ 850 ff.[21]

3. Künftiges/ausgekehrtes Arbeitseinkommen. Pfändungsschutz besteht nur so lange, wie das Arbeitseinkommen noch nicht von dem Schuldner vereinnahmt ist. Vereinnahmt ist das ausgezahlte Geld, wenn der Schuldner hierüber frei verfügen kann, also i.d.R. mit Gutschrift auf dessen Bankkonto.[22] Mit Vereinnahmung des Geldes geht die Pfändung ins Leere. Für eine Gehaltpfändung beim neuen AG bedarf es grds. einer erneuten Pfändung.[23] Hiervon gilt die Ausnahme des § 833 Abs. 2, wonach es keiner erneuten Pfändung bedarf, wenn Schuldner und Drittschuldner innerhalb von neun Monaten nach Beendigung des Arbverh ein neues Arbverh begründen. Ebenso bedarf es keiner neuen Pfändung bei einem Betriebsübergang.[24] Künftige Ansprüche können nach § 829 ab dem Zeitpunkt gepfändet werden, in dem die rechtliche Grundlage dieser Ansprüche entstanden ist, i.d.R. also mit Vertragsschluss.[25]

III. Systematik der Vorschriften zum Pfändungsschutz

1. Grundkonzeption. Zu unterscheiden sind die Pfändungsschutzvorschriften danach, ob die Forderungen sich auf wiederkehrende oder einmalige Bezüge, die aufgrund des Arbeits- oder Dienstverhältnisses geschuldet sind, beziehen. Voraussetzung ist allerdings stets, dass der Drittschuldner die Vergütung schuldet und diese nicht nur freiwillig zugewandt wird, wie dies bspw. bei Trinkgeldern der Fall ist.[26] Wiederkehrende Bezüge werden nach den Vorschriften der §§ 850a bis h geschützt. Hingegen besteht für einmalige, in Geld zahlbare Bezüge Pfändungsschutz nur auf Antrag nach § 850i Abs. 1.

2. Pfändungsschutzvorschriften im Einzelnen. a) § 850a. § 850a benennt diejenigen Bezüge, die zwar Arbeitseinkommen i.S.d. § 850 darstellen, allerdings unpfändbar sind, so dass sie bei der Berechnung des zu pfändenden Arbeitseinkommens außer Betracht bleiben, § 850i Nr. 1. Ausnahmen von diesem Grundsatz ergeben sich aus § 850d Abs. 1 für die Vollstreckung eines Unterhaltsanspruchs. In dem Fall sind die Hälfte der Mehrarbeitsvergütung (Nr. 1), Urlaubsgeld, Betriebs- und Treuegelder (Nr. 2), auch wenn sie den Rahmen des Üblichen nicht übersteigen, sowie Weihnachtsvergütung (Nr. 4) nur teilweise unpfändbar. Darüber hinaus sind auch Aufwandsentschädigungen, Gefahren-, Schmutz- und Erschwerniszulagen u.ä., soweit sie den Rahmen des Üblichen nicht übersteigen, Heirats- und Geburtsbeihilfen, Erziehungsgelder, Studienbeihilfen und ähnliche Bezüge, Sterbe- und Gnadenbezüge aus Arbeits- und Dienstverhältnissen sowie Blindenzulagen unpfändbar. Zudem sind in Sondergesetzen weitere Bezüge für unpfändbar erklärt worden, wie bspw. die AN-Sparzulage nach § 13 des 5. VermBG.

b) § 850b. Lediglich bedingt pfändbar sind Renten und ähnliche Bezüge, die wie Arbeitseinkommen dem Lebensunterhalt des Schuldners und seiner Hinterbliebenen dienen. Sie sind grds. unpfändbar, es sei denn, dass diese durch konstitutiv wirkenden Beschluss des Vollstreckungsgerichts nach § 850b Abs. 2 für pfändbar erklärt werden. Zuvor ist grds. ein vorhergehendes Anhörungsverfahren mit den Beteiligten durchzuführen, § 850b Abs. 3. Hierbei obliegt dem Gläubiger die Darlegungs- und Beweislast dafür, dass die Vollstreckung in das sonstige bewegliche Vermögen des Schuldners zu keiner vollständigen Befriedigung des Gläubigers geführt hat oder voraussichtlich nicht führen wird, und dass die Pfändung der Billigkeit entspricht.[27]

c) § 850c. Der Gesetzgeber hat in § 850c zur Aufrechterhaltung eines funktionsfähigen Vollstreckungsverfahrens **pauschale Pfändungsgrenzen** für Arbeitseinkommen festgelegt.[28] Hierdurch wird dem Schuldner unter Berücksichtigung seiner Unterhaltsverpflichtungen ein Pauschalbetrag belassen, den der Staat anderen Bedürftigen zur De-

---

19 Musielak/*Becker*, § 850 Rn 11.
20 MünchArb/*Hanau*, Bd. 1, § 74 Rn 131.
21 So z.B. § 48 VwVG NW.
22 Musielak/*Becker*, § 850 Rn 2.
23 BAG 24.3.1993 – 4 AZR 258/92 – DB 1993, 1625.
24 Hessisches LAG 22.7.1999 – 5 Sa 13/99 – AuR 2000, 38.
25 Musielak/*Becker*, § 850 Rn 15.
26 OLG Stuttgart 3.7.2001 – 8 W 569/00 – MDR 2002, 294.
27 Ebenso Zöller/*Stöber*, § 850b Rn 20.
28 BT-Drucks 8/693, S. 45.

ckung des Existenzminimums aus öffentlichen Mitteln gewähren würde. Es werden für den Durchschnittsbedarf abgestimmte Pauschalbeträge festgelegt, die im Falle von Unterhaltsverpflichtungen des Schuldners zu erfüllen sind. Allerdings sind unterhaltsberechtigte Personen, die über eigene Einkünfte verfügen, auf Antrag des Gläubigers durch das Vollstreckungsgericht bei der Berechnung des unpfändbaren Arbeitseinkommens ganz oder teilweise nicht zu berücksichtigen (§ 850c Abs. 4). Eine Herabsetzung der pauschalen Pfändungsgrenzen ist nur nach den gesetzlichen Vorschriften, insb. § 850d, zulässig. Die pauschalen Pfändungsgrenzen sind in gleicher Weise auf Arbeitseinkommen wie auf Alters- und Erwerbsunfähigkeitsrenten anzuwenden. Eine Absenkung der Pfändungsbeträge für den Fall der Alters- oder Erwerbsunfähigkeitsrente hat der BGH abgelehnt.[29] Eine Herabsetzung der Pfändungsfreigrenzen allein aus dem Grund, dass der Schuldner Alters- oder Erwerbsunfähigkeitsrenten bezieht und bei diesen daher keine berufsbedingten Aufwendungen mehr entstehen, kommt nicht in Betracht. Der Gesetzgeber hat unter Arbeitseinkommen auch Alters- und Erwerbsunfähigkeitsrenten definiert (§ 850 Abs. 2). Damit hat er Arbeitsentgelt und Ruhegeld unabhängig davon, ob der Schuldner noch oder nicht mehr erwerbstätig ist, und ob berufsbedingte Zusatzaufwendungen entstehen können oder nicht, gleichgestellt.

12 **d) § 850d. aa) Privilegierung von Unterhaltsberechtigten.** In § 850d sieht für besonders schutzwürdige Gläubiger rechtliche Möglichkeiten zur Erweiterung der Pfändbarkeit von Arbeitseinkommen und damit eine weitergehende Zugriffsmöglichkeit des Gläubigers vor. Bei dem Gläubiger muss es sich um einen Unterhaltsberechtigten des Schuldners handeln, der wegen seiner Bedürftigkeit vom Schuldner in besonderem Maße abhängig ist.[30] Bevorrechtigte Unterhaltsansprüche sind fällige und rückständige Unterhaltsansprüche, welche dem Unterhaltsberechtigten kraft Gesetzes zustehen. Für rückständige Unterhaltsansprüche ist aber die Besonderheit der Regelung in Abs. 1 S. 4 zu beachten. Die Rangfolge der Unterhaltsberechtigten ist gesetzlich in Abs. 2 festgelegt. Folge der Regelung ist, dass der Gläubiger auch in diejenigen Forderungen pfänden darf, die nach § 850a Nr. 1, 2 und 4 grds. von der Pfändung ausgenommen sind, dies allerdings nur bis zur Hälfte des nach § 850a unpfändbaren Betrages. Auch die Pfändungsgrenzen des § 850c gelten allenfalls als Obergrenze für den nicht pfändbaren Betrag (Abs. 1 S. 3).

13 **bb) Vorratspfändung und Vorauspfändung.** Darüber hinaus regelt Abs. 3 für die besonders schutzbedürftigen Gläubiger von Unterhaltsansprüchen und Rentenansprüchen wegen Körper- und Gesundheitsverletzung die sog. Vorratspfändung. Grds. darf mit der Zwangsvollstreckung wegen einer Forderung nur dann begonnen werden, wenn diese fällig ist. Bei einer Forderung i.S.d. Abs. 3 kann aber mit der Pfändung wegen fälliger Ansprüche rangwahrend zugleich das künftig fällig werdende Arbeitseinkommen gepfändet und überwiesen werden. Darin ist allerdings eine Sonderregelung zu sehen, die eng auszulegen und nicht analogiefähig ist.[31]

14 Darüber hinaus besteht die Möglichkeit zu einer Vorauspfändung wegen **sonstiger, wiederkehrender Ansprüche**. Zu denken ist hier an Unterhalts- und Rentenansprüche, Miet- und Pachtforderungen. Voraussetzung ist wie bei der Vorauspfändung, dass die Forderung, wegen der vollstreckt werden soll, z.T. bereits fällig ist. Nachteil einer Vorauspfändung ist allerdings, dass diese anders als die Vorratspfändung nach § 850d Abs. 3 hinsichtlich des erst in Zukunft fällig werdenden Forderungsteils nicht rangwahrend wirkt, so dass hierdurch die Forderung nicht gegenüber konkurrierenden Gläubigern gesichert werden kann.[32]

15 **e) § 850e.** Die Berechnungsmodalitäten des Pfändungsschutzes ergeben sich aus § 850e Nr. 1 regelt den Grundsatz, dass das pfändbare Arbeitseinkommen stets nach dem Nettoarbeitseinkommen zu berechnen ist. Demnach sind zunächst die in § 850 aufgezählten, nicht pfändbaren Bezüge sowie die steuer- und sozialrechtlichen Abgaben entsprechend den gesetzlichen Verpflichtungen des Schuldners abzuführen. Besondere Bedeutung hat auch Nr. 2, wonach mehrere Arbeitseinkommen auf Antrag des Gläubigers durch das Vollstreckungsgericht zusammenzurechnen sind. Entsprechendes gilt nach Nr. 2a für laufende Geldleistungen nach dem Sozialgesetzbuch. Eine Zusammenrechnung findet darüber hinaus auch bei Geld- und Naturalleistungen statt. In dem Fall kann nach §§ 828 ff. nur die Geldforderung gepfändet werden. Die Pfändung darf aber über § 850c hinaus auch das Arbeitseinkommen erfassen, das durch den Wert der dem Schuldner verbleibenden Naturalleistungen gedeckt ist. Hintergrund der Vorschriften zur Zusammenrechnung ist, dass der pfändungsfreie Betrag dem Schuldner nicht mehrfach zugute kommen soll, da das Existenzminimum des Schuldners nach der Zweckrichtung der Pfändungsschutzvorschriften nur einmal gesichert werden muss. Das Konkurrenzverhältnis von bevorrechtigten und gewöhnlichen Gläubigern regelt Nr. 4.

16 **Beraterhinweis:** Zur Sicherung des Drittschuldners in dem Fall, dass mehrere Pfändungen und Pfändungsgläubiger an ihn herantreten und der damit einhergehenden Gefahr, dass er nicht an den vorrangigen Gläubiger auszahlt und deshalb die Leistung zweimal erbringen muss, besteht nach § 853 für den Drittschuldner die Möglichkeit, den pfändbaren Teil der Forderung schuldbefreiend zu hinterlegen.

---

29 BGH 12.12.2003 – IXa ZB 207/03 – NJW-RR 2004, 1439.
30 Zöller/*Stöber*, § 850d Rn 1.
31 *Becker*, JuS 2004, 780.

32 BGH 31.10.2003 – IX ZB 200/03 – NJW 2004, 369; *Becker*, JuS 2004, 780.

f) § 850f. Eine weitere Abweichung von der pauschalen Berechnung des Arbeitseinkommens, das dem Pfändungsschutz unterliegt, sieht § 850f vor. Zweck dieser Vorschrift ist es, den individuellen Bedarf des pfändungsgeschützten Arbeitseinkommens zu sichern sowie individuelle Einzelregelungen für den Fall zuzulassen, dass die pauschalen Pfändungsgrenzen nicht zu befriedigenden Ergebnissen führen. Abs. 1 bestimmt **Abweichungen zugunsten des Schuldners**, wenn dieser nachweisen kann, dass bei Anwendung der pauschalen Pfändungsgrenzen des § 850c der notwendige Lebensunterhalt, wie er sich aus dem SGB XII und dem SGB II ergibt, nicht gedeckt wäre, besondere Bedürfnisse des Schuldners aus persönlichen oder beruflichen Gründen bestehen oder die gesetzlichen Unterhaltspflichten des Schuldners dies erfordern. Allerdings bedarf es immer einer Interessenabwägung mit den Belangen des Gläubigers. Abs. 2 und 3 erlauben hingegen eine individuelle **Anpassung zugunsten der** nachweislich besonders schutzbedürftigen **Gläubiger**. Hierzu bedarf es aber eines auf Antrag des Gläubigers zu erlassenden Beschlusses des Vollstreckungsgerichts. Die Zwangsvollstreckung muss sich auf eine Forderung aus einer vorsätzlich begangenen unerlaubten Handlung beziehen. Darüber hinaus bestehen erweiterte Pfändungsmöglichkeiten bei höherem Einkommen nach Abs. 3. Diese Vorschrift bezieht sich auf Pfändungen wegen Forderungen, die weder nach § 850d noch nach Abs. 2 privilegiert sind, wenn die in Abs. 3 festgelegten Einkommensgrenzen überstiegen werden. Hierzu kommt auch eine Zusammenrechnung nach § 850e Nr. 2 in Betracht.

Beraterhinweis: Beantragt ein Gläubiger, dass das Vollstreckungsgericht den pfändbaren Teil des Arbeitseinkommens nach Abs. 2 ohne Rücksicht auf die in § 850c vorgesehenen Beschränkungen bestimmt, muss der Gläubiger den Nachweis erbringen, dass es sich um eine Forderung aus einer vorsätzlich begangenen unerlaubten Handlung handelt. Als Nachweis hierfür genügt der Vollstreckungstitel, da das Vollstreckungsgericht an diesen gebunden ist. Ergibt sich somit der Schuldgrund aus dem Urteilstenor, ist dem Schuldner die Möglichkeit versperrt, die Feststellung mit Erfolg zu bestreiten.[33] Demnach sollte der Prozessbevollmächtigte des Gläubigers stets darauf hinwirken, dass der Schuldgrund in den Urteilstenor aufgenommen wird.[34]

g) § 850g. Wenn sich die Voraussetzungen für die Bemessung des unpfändbaren Teils des Arbeitseinkommens ändern, kann das Vollstreckungsgericht auf Antrag den Pfändungsbeschluss entsprechend anpassen. Antragsberechtigt ist neben Schuldner und Gläubiger auch jeder Dritte, demgegenüber der Schuldner unterhaltsverpflichtet ist. Um Rechtsunsicherheiten bis zum Erlass des Änderungsbeschlusses zu vermeiden, bestimmt S. 2, dass der Drittschuldner so lange entsprechend dem Inhalt des früheren Pfändungsbeschlusses mit befreiender Wirkung leisten kann, wie ihm der Änderungsbeschluss nicht zugestellt ist. Als Änderung der Voraussetzung für die Bemessung des unpfändbaren Teils des Arbeitseinkommens kommen neben einer Änderung der Höhe des Arbeitseinkommens insb. eine Änderung in der Person oder der Anzahl der Unterhaltsberechtigten, der Wegfall der Unterhaltsbedürftigkeit durch Erlangung eigenen Einkommens, ein erhöhter Unterhaltsbedarf bzw. individueller Sozialhilfebedarf (§ 850f) sowie sonstige besondere Bedürfnisse oder Unterhaltspflichten in Betracht. Grds. hat das Gericht vor seiner Entscheidung den Antragsgegner anzuhören.[35]

h) § 850h. aa) Schiebung von Arbeitseinkommen. Um die unlautere Entziehung von Schuldnereinkommen durch eine Verschleierung von Arbeitseinkommen zu vermeiden, sieht § 850h Abs. 1 vor, dass auch diejenigen Leistungen als Arbeitseinkommen des Schuldners im Rahmen des Pfändungsverfahrens anzusehen sind, welche der Empfänger von Leistungen des Schuldners an einen Dritten bewirkt, sog. Schiebung von Arbeitseinkommen.[36] In einem solchen Fall umfasst die Pfändung des Arbeitseinkommens des Schuldners auch den Anspruch des Drittberechtigten, also desjenigen, der Vergütungsleistungen für Leistungen des Schuldners erhält. In formeller Hinsicht ist dann allerdings darauf zu achten, dass der Pfändungsbeschluss nicht nur dem Schuldner, sondern auch den Drittberechtigten zuzustellen ist. Keine Voraussetzung des § 850h Abs. 1 ist eine Benachteiligungsabsicht des Schuldners.

bb) Verschleierung von Arbeitseinkommen. Abs. 2 macht auch verschleierte Ansprüche des Schuldners zum Zugriffsobjekt des Gläubigers im Rahmen des Pfändungsverfahrens. Demnach soll auch verschleiertes Entgelt aus Arbeits- und Dienstverhältnissen der Pfändung unterworfen sein, wenn der Schuldner für seine Leistung keine Vergütung von dem Drittschuldner erhält, die Umstände aber eine Nichtbefriedigung des Gläubigers als grob unbillig und andererseits die Zahlung eines Entgelts für die Arbeitsleistung als gerechtfertigt erscheinen lassen.[37] Die gleiche Rechtsfolge tritt ein, wenn der Schuldner zwar eine Vergütung für seine Leistungen erhält, diese aber unangemessen niedrig vereinbart ist. Die Fiktion einer angemessenen Vergütung gilt jedoch nur zugunsten des Gläubigers. Der Schuldner kann gegen den Drittschuldner keinen Anspruch auf angemessene Vergütung nach Abs. 2 herleiten.[38] Eine Benachteiligungsabsicht ist auch in diesem Fall nicht erforderlich. Häufig tritt der Fall ein, dass ein Schuldner für seinen Ehegatten oder ein sonstiges Familienmitglied regelmäßig Leistungen erbringt, dafür aber keine oder nur eine sehr geringe Vergütung erhält. Maßgebend ist, ob aus

---

33 BGH 26.9.2002 – IX ZB 180/02 – NJW 2003, 515.
34 *Kaufmann*, JuS 2003, 1197; *Becker*, JuS 2004, 780.
35 Zöller/*Stöber*, § 850g Rn 5.
36 *Becker*, JuS 2004, 780; Zöller/*Stöber*, § 850h Rn 2.
37 BAG 4.5.1977 – 5 AZR 151/76 – NJW 1978, 343.
38 BAG 12.3.2008 – 10 AZR 148/07 – BB 2008, 1628.

der Sicht eines objektiven Dritten bei Absehen von den familiären Beziehungen eine üblicherweise zu vergütende Tätigkeit gegeben ist.[39] Zwar sind nach dem Wortlaut des Abs. 2 S. 2 für die Bemessung der Vergütung auch Umstände des Einzelfalls, insb. die Art der Leistung, die verwandtschaftlichen und sonstigen Beziehungen zwischen den Dienstberechtigten und den Verpflichteten und die wirtschaftliche Leistungsfähigkeit des Dienstberechtigten in Betracht zu ziehen. Dennoch wird in dem beschriebenen Fall eine familiäre Bindung lediglich für die Höhe einer angemessenen Vergütung von Bedeutung sein.[40] Verschleiertes Entgelt liegt dann nicht vor, wenn die Arbeitsleistung des Schuldners nicht fremd-, sondern eigennützig ist, indem es etwa dem eigenen Gesellschaftsanteil zugute kommt.[41] Zu beachten ist, dass die fiktiven, verschleierten Vergütungsansprüche für die bereits vergangene Zeit nicht gepfändet werden können.[42] Denn die Fiktion einer auf das Verhältnis zwischen dem Drittschuldner und dem Gläubiger beschränkten angemessenen Vergütung wirkt erst ab Zustellung des Pfändungsbeschlusses an den Drittschuldner.[43] Dies dient der Gleichstellung mit den bei der Pfändung regulären Arbeitseinkommens, da hierbei regelmäßig keine Rückstände bestehen werden. Der Gläubiger soll aber durch die Regelung des § 850h Abs. 2 auch nicht besser gestellt werden als in Fällen der Pfändung von regulären Arbeitseinkommen.[44]

22 **cc) Gerichtliche Durchsetzung.** Wenn sich der Drittschuldner weigert, die gepfändeten Teile der angemessenen Vergütung nach Abs. 1 und 2 an den Gläubiger zu leisten, muss dieser Zahlungsklage erheben. Zuständig ist hierfür i.d.R. das ArbG, zumindest dann, wenn der Schuldner von seiner sozialen Stellung und der wirtschaftlichen Abhängigkeit von dem Drittschuldner einer arbeitnehmerähnlichen Person gleichzusetzen ist.[45]

23 **i) § 850i.** Pfändungsschutz für nicht wiederkehrende, also **einmalig zahlbare Vergütung** für persönlich geleistete Arbeiten und Dienste, regelt § 850i. Auf Antrag spricht das Gericht dem Schuldner einen solchen Teil dieser Vergütung zu, den dieser für seine eigene Lebensführung sowie dafür benötigt, um seinen Unterhaltspflichten nachzukommen. Dem Gericht kommt in einem solchen Fall ein weiter Beurteilungsspielraum zu, wie hoch dieser Vergütungsanteil zu sein hat und für welchen angemessenen Zeitraum die Vergütung zu berechnen ist. Darüber hinaus hat das Gericht die Belange des Gläubigers zu berücksichtigen und kann den Antrag des Schuldners, soweit die Belange des Gläubigers überwiegen, ablehnen. Unter einmaliger Arbeits- und Dienstvergütung werden **nur persönlich geleistete Dienste** verstanden. Bei der Tätigkeit muss auch die Arbeitskraft des Schuldners zu einem wesentlichen Teil in Anspruch genommen sein. Die Vorschrift erlangt insb. für Schuldner, die einen freien Beruf ausüben, besondere Bedeutung, denn unter § 850i fallen auch die Ansprüche aus Werklohn für persönlich erbrachte Dienste, wie diese üblicherweise im Rahmen von freien Berufen in Rechnung gestellt wird. Ein weiterer wichtiger Anwendungsfall im Rahmen eines Arbverh sind **Abfindungszahlungen**, unabhängig davon, ob diese aus einem Aufhebungsvertrag, nach §§ 9, 10 KSchG oder bei Ausscheiden aus dem Arbverh geleistet werden.[46] Ohne Bedeutung ist es auch, ob durch die Abfindungszahlung der Verlust des Arbeitsplatzes ausgeglichen werden soll oder darin auch verschleierte Entgeltansprüche zu sehen sind.[47]

24 Der bedingte Pfändungsschutz nach Abs. 1 wird nur auf Antrag gewährt. Antragsberechtigt sind sowohl der Schuldner als auch seine unterhaltsberechtigten Angehörigen.[48] Der notwendige Unterhalt bestimmt sich nach dem angemessenen Unterhalt, der sich nach der Lebensstellung des Schuldners bzw. der Unterhaltsberechtigten richtet, und dem notdürftigen Unterhalt.[49] Unter einem überschaubaren Zeitraum ist der Zeitraum zu verstehen, den der Schuldner benötigt, um danach seinen weiteren Lebensbedarf ohne Rückgriff auf den vom Pfändungsschutz erfassten Geldbetrag bestreiten zu können. Bei der Entscheidung über die wirtschaftlichen Verhältnisse des Schuldners und seiner sonstigen Verdienstmöglichkeiten ist das Gericht frei (Abs. 1 S. 2).

25 **j) § 850k.** Die Bestimmung regelt den Pfändungsschutz bei Kontoguthaben. Sinn und Zweck der Regelung ist es, den Pfändungsschutz für den Schuldner auch bei bargeldloser Zahlung seiner Arbeitsvergütung zu gewährleisten. Dieser Schutz ist erforderlich, weil der Vergütungsanspruch des Schuldners gegen seinen AG mit Gutschrift des Betrages auf dem Bankkonto erlischt.[50] Notwendig ist ein Antrag des Schuldners beim Vollstreckungsgericht (Abs. 1). § 850k hat demnach eine große Bedeutung, da heutzutage fast jede Vergütung für Arbeits- und Dienstleistungen bargeldlos auf das Konto des Schuldners überwiesen wird. Mit der Gutschrift der Vergütung würde der Pfändungsschutz erlöschen. Die aus fortlaufenden Einkünften stammenden Mittel sollen dem Schuldner aber zur Deckung seines Lebensbedarfs auch weiterhin bis zum nächsten Auszahlungstermin in dem Umfang erhalten bleiben, den dieser benö-

---

39 Zöller/*Stöber*, § 850h Rn 4.
40 BAG 4.5.1977 – 5 AZR 151/76 – NJW 1978, 343.
41 Stein-Jonas/*Brehm*, § 850h Rn 19.
42 LAG Hamm 18.9.1989 – 16 Sa 713/89 – MDR 1990, 747; LAG Schleswig 27.8.1971 – 2 Sa 78/07 – AP § 850h ZPO Nr. 13.
43 LAG Hamm 18.9.1989 – 16 Sa 713/89 – MDR 1990, 747.
44 LAG Hamm 18.9.1989 – 16 Sa 713/89 – MDR 1990, 747.
45 LAG Baden-Württemberg 14.11.1996 – 17 Ta 12/96 – JurBüro 1997, 327; BGH 23.2.1977 – VIII ZR 222/75 – NJW 1977, 853.
46 LAG Niedersachsen 14.11.2003 – 16 Sa 1213/03 – NZA-RR 2004, 490.
47 BAG 20.8.1996 – 9 AZR 964/94 – NJW 1997, 1868; BAG 13.11.1991 – 4 AZR 20/91 – MDR 1992, 590.
48 *Nägele*, S. 247.
49 Zöller/*Stöber*, § 850d Rn 7.
50 *Becker*, JuS 2004, 780.

tigt, um seinen notwendigen Unterhalt zu bestreiten und seine laufenden gesetzlichen Unterhaltspflichten zu befriedigen. Zu beachten ist, dass § 850k den Pfändungsschutz nur für wiederkehrende Bezüge gewährleistet. Demnach kann kein Pfändungsschutz für einmalige Zuwendungen i.S.d. § 850i beantragt werden.

3. Sonderfall: Pfändung und Abtretung. Das Verhältnis zwischen Pfändung und Abtretung der zu pfändenden Forderung bestimmt sich nach dem **Prioritätsprinzip**. Demnach ist eine abgetretene Forderung der Pfändung entzogen, wenn der Abtretungsvertrag vereinbart wurde, bevor der Pfändungs- und Beweisbeschluss zugestellt ist.[51] Dies gilt aber nur dann, wenn die Abtretung der Forderung wirksam erfolgt ist. Die Abtretung kann nach den Vorschriften des Anfechtungsgesetzes unter dessen Voraussetzungen angefochten werden. Soweit eine Forderung bereits der Pfändung unterworfen ist, kann sie nicht mehr abgetreten werden (§ 400 BGB). Ob bei der Abtretung mehrerer Arbeitseinkommen eine Zusammenrechnung analog § 850e Nr. 2, 2a möglich ist, ist streitig. Jedenfalls entscheidet über eine Zusammenrechnung nicht das Vollstreckungs-, sondern das Prozessgericht.[52]

IV. Rechtsfolgen

1. Vollstreckungsrechtliche Auswirkungen. Erfolgt eine Pfändung unter Verstoß gegen §§ 850 ff., entsteht kein Pfändungspfandrecht. Strittig ist, ob die Pfändung dann nichtig oder nur anfechtbar ist.[53] Jedenfalls besteht kein Rechtsgrund für die Einziehung der Forderung zugunsten des Gläubigers. In einem solchen Fall steht dem Drittschuldner, also in der Regel dem AG, ein bereicherungsrechtlicher Rückforderungsanspruch gem. § 812 Abs. 1 S. 1 Alt. 1 BGB zu.[54]

2. Arbeitsrechtliche Folgen. Bei der **Begründung eines Arbverh** darf der AG nur dann nach zu erwartender Pfändung und Abtretung von Arbeitseinkommen fragen, wenn der Bewerber eine besondere Vertrauensposition auf seinem neuen Arbeitsplatz einnehmen soll. I.Ü. besteht grds. kein Fragerecht des AG. Etwas Anderes kann aber dann gelten, wenn besondere betriebliche Umstände, z.B. aufwändige Bearbeitung von Vergütungspfändungen in einem Kleinbetrieb, hinzutreten.[55]

Einen **Künd-Grund** stellt die Pfändung von Arbeitseinkommen nur dann dar, wenn hierdurch übermäßige Störungen in einer derartigen Häufigkeit auftreten, dass sie nach objektiver Beurteilung den üblichen Arbeitsaufwand der Lohnbuchhaltung oder der betrieblichen Organisation übersteigen.[56] Regelmäßig wird dann allerdings eine vorhergehende Abmahnung unerlässlich sein, damit der AN den Versuch unternehmen kann, die Störung abzustellen.[57] Pfändungen von Arbeitseinkommen, auch in größerem Umfang, stellen aber grds. keinen wesentlichen Grund zu einer außerordentlichen Künd i.S.d. § 626 Abs. 1 BGB dar.[58] Steht dem AN bei fristloser Künd ein Schadensersatzanspruch nach § 628 zu, unterliegt dieser dem Pfändungsschutz für nicht wiederkehrende Vergütungen nach § 850i.[59]

Beraterhinweis: Strittig ist, ob der AG bei der Vereinbarung des Arbeitsvertrages sog. Kostenpauschalen für Pfändungsbearbeitung auch nach der Schuldrechtsreform noch in Arbeitsverträgen formularmäßig aufnehmen kann.[60] Der Aufwendungsersatzanspruch des AG unterfällt § 309 Nr. 5a und b BGB. Hieraus ergib sich, dass man jedenfalls auf Prozentpauschalen verzichten und bei Festbetragspauschalen den Zusatz aufnehmen sollte, dass dem Mitarbeiter gestattet wird, nachzuweisen, dass ein Schaden oder ein Aufwand für den AG überhaupt nicht entstanden oder wesentlich niedriger als der Pauschalbetrag ist.[61] Durch Betriebsvereinbarung kann ein Erstattungsanspruch nicht begründet werden.[62]

---

51 BAG 17.2.1993 – 4 AZR 161/92 – NZA 1993, 813.
52 BGH 31.10.2003 – IXa ZB 194/03 – MDR 2004, 323.
53 Vgl. hierzu Musielak/*Becker*, § 850 Rn 18.
54 BGH 26.5.1987 – IX ZR 201/86 – NJW 1988, 495; OLG Hamm 29.10.1997 – 13 U 60/97 – WM 1998, 789.
55 BAG 4.11.1981 – 7 AZR 264/79 – AP § 1 KSchG 1969 Verhaltensbedingte Kündigung Nr. 4.
56 BAG 4.11.1981 – 7 AZR 264/79 – AP § 1 KSchG 1969 Verhaltensbedingte Kündigung Nr. 4.
57 ErfK/*Müller-Glöge*, § 626 BGB Rn 153; v. Hoyningen-Huene/Linck, § 1 KSchG Rn 345.
58 BAG 4.11.1981 – 7 AZR 264/79 – AP § 1 KSchG 1969 Verhaltensbedingte Kündigung Nr. 4.
59 ErfK/*Müller-Glöge*, § 628 BGB Rn 44.
60 Vgl. hierzu *Hümmerich*, Arbeitsrecht, § 1 Rn 95.
61 *Hümmerich*, Arbeitsrecht, § 1 Rn 95.
62 BAG 18.7.2006 – 1 AZR 578/05 – AP § 850 ZPO Nr. 15.

Stichwortverzeichnis

Die fett gedruckten Zahlen bezeichnen die Ordnungsziffern, die mager gedruckten Zahlen bezeichnen die Paragraphen bzw. Artikel, die kursiv gedruckten Zahlen bezeichnen die Randnummern.

13. Gehalt *siehe* Jahressonderleistung
400-Euro-Job
– Sozialversicherungspflicht **390** 8a *1 ff.*, *4*
Abberufung des Gmbh-Geschäftsführers *siehe* GmbH-Geschäftsführer, Abberufung
Abbruch von Vertragsverhandlung *siehe* Vertragsverhandlung, Abbruch
Abfallentsorgung
– Arbeitszeit **80** 10 *37, 39*
Abfallwirtschaft/Straßenreinigung/Winterdienst
– Begriff **10** 4 *12*
Abfindung 320 10 *6, ff., 40 f.*
– *siehe auch* Abfindung, BetrAVG
– *siehe auch* Auflösungsantrag
– *siehe auch* Kündigungsabfindung
– *siehe auch* Streitwert
– Abtretbarkeit **320** 10 *31 ff.*
– Abwicklungsvertrag **160** 611 *995*
– Änderungskündigung **320** 2 *152*
– Annahmeverzug **320** 10 *36*
– Arbeitslosengeld **380** 143 *2 ff.*; *143a 40*; *144 14*
– Aufhebungsvertrag **160** 611 *1059 ff.*
– Auflösungsantrag, §§ 9, 10 KSchG **320** 9 *46, 51*; 10 *1 ff.*, *siehe auch dort*
– Aufrechnung **320** 10 *33*
– Ausschlussfrist **320** 10 *29*
– außerordentliche Kündigung, Auflösungsantrag **320** 13 *14*
– Bedingung **320** 1a *17*
– Begünstigungsverbot **160** 611 *1073*
– betriebliche Altersversorgung, Abgrenzung **140** 2 *10*
– betriebsbedingte Kündigung **320** 1a *1 ff.*, *siehe auch dort*
– Betriebsübergang **160** 611 *1075*
– Bürgschaft **160** 611 *1074*
– Fälligkeit **160** 611 *1064, 1131 ff.*, *1148*; **320** 10 *27*
– Funktion **160** 611 *1059 ff.*
– Heimkehrklausel **160** 611 *1008*
– Höchstgrenzen **320** 10 *4*
– Höhe **160** 611 *1061 ff.*, *1073*
– Insolvenz **300** 108 *32 ff.*; **320** 10 *34*, *siehe auch dort*
– Insolvenz, Masseschuld **160** 611 *1075*
– Karenzentschädigung **320** 10 *37*
– Klageverzicht **160** 611 *1071*
– Kündigungserschwerung **160** 622 *34*
– Kündigungsschutzklage **320** 9 *62*
– mangelnde Sozialversicherungspflicht **320** 10 *38 ff.*

– Pfändbarkeit **320** 10 *31 f.*
– Pfändungsschutz **500** 850k *4, 23*
– Rücknahme Kündigungsschutzklage **320** 1a *25*
– Schadensersatz, § 628 BGB **160** 614 *15*
– Sozialplanabfindung **160** 611 *1059 f., 1071 ff., 1139*
– Sozialplanabfindung und Auflösungsantrag *siehe* Auflösungsantrag, Abfindung
– Sozialversicherungsrecht **160** 611 *1066 ff.*
– Sprecherausschuss-Richtlinie **460** 28 *1*
– Steuerrecht **160** 611 *1059, 1063, 1066 ff., 1182*; 628 *56*
– Streitwertberechnung **50** 12 *39*
– Vereinbarung **320** 9 *60 ff.*
– Vererbbarkeit **320** 10 *30*
– Vererbbarkeit, Aufhebungsvertrag **160** 611 *489, 1059, 1131 ff.*; 613 *5*
– Verjährung **160** 611 *1065*; **320** 10 *28*
– Verrechnung von Nachteilsausgleich **160** 611 *1074*
– Versteuerung bei Auflösungsantrag **320** 10 *44*
– Versteuerung bei betriebsbedingter Kündigung **320** 1a *36 f.*
– Verzicht **160** 611 *1071*
– vorläufige Vollstreckung **50** 62 *5, siehe auch dort*
– Zwangsvollstreckung **160** 611 *1149*
Abfindung, BetrAVG
– Abfindungsvergleich **140** 3 *5*
– Abfindungszeitpunkt **140** 3 *14, 23*
– Anwartschaft **140** 8 *1, 8 ff.*
– Aufhebungsvertrag **160** 611 *1022*
– Berechnung des Abfindungsbetrags **140** 3 *23*
– betriebliche Altersversorgung **140** 3 *1 ff.*; 8 *1, 8 ff.*
– gesetzliche Rentenversicherung **140** 3 *20 f.*
– Insolvenz **140** 3 *3, 22*
– Kleinanwartschaft **140** 2 *76*; 3 *3, 12 ff.*
– Kleinrente **140** 3 *3, 12, 17 f.*
– laufende Leistung **140** 8 *1, 8 ff.*
– Pensionssicherungsverein **140** 8 *1, 8 ff.*
– Tarifvertrag **140** 3 *3*; 17 *17 f., 24*
– Teilanwartschaft **140** 3 *3, 22*
– Verrechnung **140** 3 *8*; **160** 611 *1028, 1067*
– Verzicht/Erlassvertrag **140** 3 *2, 7 f., 10*
– Vorrang der Übertragung **140** 3 *19*
– Zahlung der Abfindung **140** 3 *25*
– Zahlung der Abfindung, Einmalbetrag **140** 3 *24 ff.*
Abfindungsanspruch
– *siehe* Abfindung
– *siehe* Kündigungsabfindung
– Voraussetzungen **320** 1a *16 ff.*

Abfindungsanspruch, Sozialplan
- Verjährung **160** 195 *7*

Abfindungshöhe
- Arbeitslosengeld, Sperrzeit **380** 144 *43*

Abgeltung
- Urlaubsanspruch **180** 7 *133 ff.*
- Urlaubsentgeltanspruch **180** 12 *13a*

Abgeltunsanspruch
- Krankheit **180** 1 *20*
- Surrogationstheorie **180** 1 *20*
- Teilurlaub **180** 1 *20*
- Urlaub **180** 1 *20*

Abgeordnetendiät *siehe* Abgeordnetenentschädigung

Abgeordnetenentschädigung
- betriebliche Altersversorgung, Anrechnung **140** 5 *22*

Abgeordnetenpension
siehe Abgeordnetenentschädigung

Abkürzungsantrag
- Einlassungsfrist **50** 47 *7*

Ablaufhemmung
- Verjährung **160** Vor 194-218 *7*; 199 *12, 27*; 201 *2*; 203 *9*; 204 *33*; 210 *1 ff.*; 213 *2*

Ablehnung von Gerichtspersonen
siehe Gerichtsperson, Ablehnung

ABM-Kraft
- Arbeitsschutz **70** 2 *1*

Abmahnung *siehe auch* Gehaltsabrechnung
- Abmahnungsakzeptanzklausel, AGB **160** 308 *40*
- abmahnungsberechtigter Personenkreis **320** 1 *318*
- Alkoholverbot **160** 611 *562*
- Änderungskündigung **320** 2 *69*
- Anhörung **320** 1 *309*
- Arbeitslosengeld **380** 144 *17*
- Auskunftspflichtverletzung, weitere Arbeitsverhältnisse **80** 2 *54*
- außerordentliche betriebsbedingte Kündigung **160** 626 *75*
- außerordentliche krankheitsbedingte Kündigung **160** 626 *75*
- außerordentliche Kündigung **160** 611 *552*; 626 *8 f., 19, 21 f., 38, 44 f., 67 ff.*
- Beschwerderecht **320** 1 *325*
- Bestimmtheit **320** 1 *318*
- Bewährungszeitraum **320** 1 *324*
- Beweisfunktion **320** 1 *316*
- Beweislast **50** 58 *27 ff.*, *siehe auch dort*
- Beweislast bei Entfernung **320** 1 *325*
- Dokumentationsfunktion **160** 626 *77*
- Entbehrlichkeit **160** 626 *84a*; **320** 1 *311*
- Entfernung aus Personalakte **320** 1 *325*
- Erforderlichkeit **320** 1 *309 f.*
- Erklärung **320** 1 *318*
- Ermahnung, Abgrenzung **160** 626 *77, 79*
- Form **320** 1 *318*
- Frist zum Ausspruch **320** 1 *318*
- Funktion **320** 1 *312 ff.*

- Gegendarstellung **320** 1 *325*
- GmbH-Geschäftsführer **280** 38 *24*
- Höchstarbeitszeit, Überschreitung **80** 3 *33*
- Kenntnisnahme **320** 1 *318*
- Klage auf Entfernung aus Personalakte **320** 1 *325*
- Kleinbetrieb **320** 1 *311*
- Kündigungsvorstufe **320** 1 *321 ff.*
- mehrere Pflichtverletzungen **320** 1 *319*
- Nebentätigkeit **160** 611 *545, 549*
- personenbedingte Kündigung **160** 611 *565*; 626 *38*
- Präventivfunktion **320** 1 *317*
- Prozessvergleich **320** 1 *325*
- Rauchverbot **160** 611 *565*
- rechtsgeschäftsähnliche Handlung **160** 115 *3*
- Rügefunktion **320** 1 *315*
- Schlechtleistung **160** 345 *20*
- Schmiergeld **160** 611 *552*
- sexuelle Belästigung **160** 611 *570*
- Störung im Vertrauensbereich **320** 1 *310*
- Streitwertfestsetzung **50** 12 *48*
- Vergleichbarkeit der Pflichtverstöße **320** 1 *321*
- verhaltensbedingte Kündigung **160** 611 *549, 552, 562, 565, 570*; 626 *70 ff.*; **320** 1 *309 ff.*
- Verhältnismäßigkeit **320** 1 *318*
- Verletzung von Arbeitsschutz- und Unfallverhütungsvorschriften **70** 15 *11*
- Verschulden **320** 1 *318*
- Verschwiegenheitspflicht **160** 611 *533*
- Verwirkung **320** 1 *309*
- Verzeihung **160** 626 *9*
- Voraussetzungen **320** 1 *318 ff.*
- Warnfunktion **320** 1 *313 f., 320 f.*
- Warnfunktion/Androhungsfunktion **160** 626 *8, 77 ff.*
- Wartezeit, KSchG **320** 1 *311*
- Wirkungsdauer **320** 1 *323*
- Zahlungsverzug **160** 614 *15*
- Zugang **320** 1 *318*
- Zugangsfiktion, AGB **160** 308 *41 ff.*; 309 *51*; 623 *57*
- Zwangsvollstreckung **50** 62 *35*

Abordnung
- Arbeitsgemeinschaft, Arbeitnehmerüberlassung **100** 1 *3, 28 ff.*; 1b *3*

Abrechnung
- Streitwertfestsetzung **50** 12 *49*

Abrufarbeit *siehe* Arbeit auf Abruf

Abrufklausel
- AGB **160** 305c *9*; 308 *12*

Absatzmarkt
- Urheberrechte **495** 31 *3*

Absatzrisiko *siehe* Wirtschaftsrisiko

Abschlag, versicherungsmathematischer
siehe Versicherungsmathematischer Abschlag

Abschlagszahlung
- Arbeitgeberdarlehen, Abgrenzung **160** 611 *665*; 614 *24*

– Aufrechnung, Abgrenzung **160** 614 *23*
– Ausschlussfrist **160** 614 *28*
– Begriff, Vergütung **160** 614 *17, 23, 25 f., 28*
– Garantievergütung **160** 614 *25*
– Leistungslohn/Akkordlohn **160** 614 *23, 25*
– Lohnpfändung **160** 614 *26*
– Neubeginn der Verjährung **160** 212 *2*
– Rückzahlung **160** 614 *25, 28*
– Verjährung **160** 614 *28*
Abschlussarbeit
– Begriff, Arbeitszeit **80** 2 *11*; 14 *24 f.*
Abschlussgebot
– Vertragsfreiheit **160** 611 *348*
Abschlussprovision 290 65 *11*
Abschlussprüfer
– Leistungsbestimmungsrecht, Tantieme **160** 319 *6*
Abschlussverbot
– Arbeitsvertrag **160** 611 *395*
– Jugendarbeitsschutz **160** 611 *395*
– Vertragsfreiheit **160** 611 *347*
Abschlussvertreter
– Haftung, AGB **160** 309 *49*
Absicherung
– Datenschutz **120** 44 *1 f.*
Absichtserklärung
– Vorvertrag **160** 611 *332*
Absoluter Verfahrensfehler
siehe Verfahrensfehler, absoluter
Absoluter Verzögerungsbegriff 50 56 *58*
Abspaltung
– Mitbestimmungsbeibehaltung des Betriebsrats **490** 325 *4 ff.*
Abstammung
– Diskriminierungsverbot **260** 3 *34 f.*
Abstandssumme *siehe* Vertragsstrafe
Abstandszahlung *siehe* Vertragsstrafe
Abstraktes Schuldanerkenntnis
siehe Schuldanerkenntnis
Abstraktionsprinzip
– Geschäftsverteilung **50** 6a *4*
Abteilungsleiter
– Beteiligung des Personalrats bei Kündigung **170**, *14*
– Vertreter des Dienststellenleiters **170**, *14*
Abteilungsversammlung 150 42 *8*,
siehe auch Betriebsversammlung
– Teilnehmer **150** 46 *2*
– Thema **150** 45 *1*
Abtretung
– Abfindung **320** 10 *33*
– Entgeltsicherung, Abtretungsverbot **160** 611 *772 ff.*
– Insolvenzgeld **380** 189a *1 ff.*
– Karenzentschädigung **290** 74b *7*
– Lohnpfändung, Kollision **160** 611 *795 ff.*
– Pfändungsgrenzen **160** 611 *778 ff., 798*; 614 *26*
– Verjährungsbeginn, Subjektivierung **160** 199 *16*

– Vorausabtretung **160** 611 *780, 796*
– Zuständigkeit **50** 3 *3*
Abtretung von Entgeltansprüchen
– Insolvenz **300** 114 *9 ff., 56, siehe auch dort*
Abwasserentsorgung
– Arbeitszeit **80** 10 *39*
Abwehraussperrung 260 9 *116 ff.*
Abwerbungsverbot 290 75f *4*
– *siehe auch* Nichteinstellungsabrede
– *siehe auch* Nichteinstellungsvereinbarung
Abwicklungsvertrag 320 1 *38*,
siehe auch Aufhebungsvertrag
– Abfindung, Preisnebenabrede **160** 307 *18*; 611 *995*
– AGB **160** 305 *5, 9*; 305c *12*; 307 *18*; 309 *54*; 310 *29 f.*
– Anfechtung **160** 611 *999*
– Arbeitslosengeld **380** 143a *14*; 144 *13 f.*
– Arbeitslosengeld, Sperrzeit **160** 611 *1029, 1143 ff., 1174*
– Aufhebungsvertrag, Unterschied **160** 611 *995 ff., 1004 ff.*
– Aufklärungspflicht **160** 611 *1033 ff.*
– Ausgleichsquittung **160** 305c *12,42*; 611 *1093 ff., 1141, 1166*
– Beendigungsbegründungsklausel **160** 611 *1173 ff.*
– Beratungsfehler/Haftung **160** 611 *1147, 1170 ff.*
– Berücksichtigung von Sperrzeiten **160** 623 *51*
– Beteiligung des Personalrats **160** 611 *1054*
– Beteiligung des Sprecherausschusses **160** 611 *1054*
– betriebsbedingte Kündigung **160** 611 *987, 995 ff.*
– Betriebsgeheimnisklausel **160** 611 *1082*
– betriebskollektives Recht **160** 611 *1054*
– Betriebsratsmitglied **160** 611 *1054*
– Deckungsschutz **160** 611 *1154 f.*
– Dienstwagen **160** 611 *987*
– Direktversicherung **160** 611 *995*
– E-Mail **160** 611 *1005*; 623 *51*
– echter Abwicklungsvertrag **160** 611 *988*
– Einigungsmangel **160** 611 *1003*
– Einstellungszusage **160** 611 *1175*
– Form **160** 611 *1004 ff.*; 623 *18*
– Freistellung **160** 611 *1105 ff., 1153, 1156*
– Haustürgeschäft **160** 312 *11, 17 ff., 28, 31 ff.*
– Inhaltskontrolle **160** 611 *1057 f.*
– Insolvenzschutzklausel, Pensionssicherung **160** 611 *1114 ff.*
– Kündigung, Kombinationsmodell **160** 611 *984, 987 f.*
– Minderjähriger **160** 611 *1003*
– Mitbestimmung des Betriebsrats **160** 611 *1054*
– nach Kündigung, Betriebsratanhörung **160** 611 *988*
– ordnungsgemäße Abwicklung **160** 611 *1140 f.*
– personenbedingte Kündigung **160** 611 *987, 995 ff.*
– Präambel **160** 611 *1173 f.*

- Rücktrittsrecht **160** 611 *1050 f.*
- Schriftform **160** 623 *18*
- Schriftformklausel **160** 611 *1001, 1005 f.*
- Schuldanerkenntnis **160** 309 *54*; 611 *1121 ff.*
- Steuerrecht **160** 611 *1142, 1147 f.*
- Tantiemeregelung **160** 611 *1130*
- Telefax **160** 611 *1005*; 623 *51*
- Textbausteine/Mustertexte **160** 611 *1158, 1183*
- unechter Abwicklungsvertrag **160** 611 *988*
- Vertragsklauseln/Regelungsinhalt **160** 611 *1059 ff.*
- Vertragsschluss **160** 611 *1001 ff.*
- Widerrufsbelehrung **160** 312 *28, 31 ff.*
- Wiedereinstellungszusage **160** 611 *1119, 1175*; 622 *49*
- Zeugnisklausel **160** 611 *995, 1151, 1167 ff.*
- Zwangsvollstreckung **160** 611 *1149*
- Zwischenzeugnis **160** 611 *1168*

Ackerbau
- Arbeitszeit **80** 10 *42*

Adresshandel
- Datenschutz **120** 29 *1 f.*

AG *siehe* Aktiengesellschaft

AG-Vorstand *siehe auch* Aktiengesellschaft
- kein Arbeitnehmer **160** 14 *9*
- Kündigungsschutz **320** 14 *8*

AGB
- *siehe* AGB-Kontrolle
- *siehe* Allgemeine Geschäftsbedingungen

AGB-Kontrolle
- Bezugnahme auf Tarifvertrag **470** 3 *110 f.*
- Kostenpauschale bei Pfändung **500** 850k *30*
- Rechtswahl **220** 30, 8 Rom I *41*

Agentur für Arbeit
- *siehe auch* Bundesagentur für Arbeit
- *siehe auch* Frühzeitige Arbeitssuche
- Antrag auf Verleihererlaubnis **100** 2 *37*
- Bewerbungskosten/Vorstellungskosten **160** 611 *218, 758*
- frühzeitige Arbeitssuche **160** 615 *62*; 616 *15, 21*; 620 *12*; 629 *22, siehe auch dort*
- Job Center **160** 629 *18*
- Meldepflicht, Arbeitsplatzverlust **160** 620 *12*
- Qualifizierungsmaßnahme **160** 629 *18, 23*

AIDS
- Einstellungsuntersuchung **160** 611 *321*
- Fragerecht **160** 611 *276*
- personenbedingte Kündigung **320** 1 *229, siehe auch dort*

Akkord
- Abschlagszahlung **160** 614 *25*
- Akkordänderung, Tarifvertrag **160** 319 *12*
- Akkordansatz, Tarifvertrag **160** 319 *12, 23*
- Akkordlohn **160** 611 *12, 492, 603, 629 ff.*
- Annahmeverzug **160** 615 *64*
- betriebliche Übung **160** 611 *631*
- Betriebsvereinbarung, Vorgabezeit **160** 611 *630*
- Beweislast **50** 58 *35, 55, siehe auch dort*
- Darlegungs- und Beweislast **160** 611 *630*
- Einzelakkord **160** 611 *632*
- Erkrankung **160** 611 *634*
- Gedingevereinbarung, Bergbau **160** 611 *632*
- Geldakkord **160** 611 *630*
- Gruppenakkord **160** 611 *491, 632, 634*
- Mitbestimmung des Betriebsrats **160** 611 *632*
- Schlechtleistung **160** 611 *632*
- Verdienstsicherungsklausel **160** 611 *631*
- Vorschuss **160** 614 *25*
- Zeitakkord **160** 611 *630*

Akkordarbeit
- Entgeltfortzahlung **210** 4 *56 ff.*
- Entgeltgleichheit **230** 141 *23*
- Jugendarbeitsschutz **310** 27 *12 f.*
- Mutterschutz **350** 4 *37*

Akkordlohn
- Lohnfortzahlung an Feiertag **210** 2 *58 f.*

Akkordsatz 150 87 *183 ff.*

Akte, elektronische 50 Vor 46c bis e *6 ff.*; 46e *1 ff.*
- Formerfordernis **50** 46c *1 ff.*

Akteneinsicht
- ehrenamtlicher Richter **50** 31 *14*

Aktiengesellschaft *siehe auch* Vorstand
- Aufsichtsrat **30** 84 *2 ff.*; 87 *7 ff., 21, 26 ff.*; 88 *1 ff., 10 ff.*; 93 *1 ff., 47*
- Aufsichtsrats-Ausschuss **30** 84 *3, 12, 14, 25, 36, 42, 48*
- Beherrschung **30** 84 *38*; 88 *6*
- Due Diligence-Prüfung **30** 93 *30*
- Eintrittsrecht, wettbewerbsverbotswidriges Konkurrenzgeschäft **30** 88 *14 f.*
- Insolvenz **30** 87 *39*; 93 *43, 52, 55*
- Mitbestimmung, MitbestG **30** 84 *5, 30, 53*
- Präsidialausschuss **30** 84 *3*
- Vertretungsorgan, MitbestG **330** 30 *3*; 31 *2 ff.*
- Vorstand **30** 84 *1 ff.*; 87 *1 ff.*; 88 *1 ff.*; 93 *1 ff., siehe auch dort*

Aktienoption
- Aktienoptionsplan **30** 93 *9*; **160** 611 *723, 728, 730, 1128*
- Aufhebungsvertrag **160** 611 *1126 ff.*
- Betriebsübergang **160** 611 *730, 1127*; 613a *100*
- Rechtswahl/Arbeitsvertragsstatut, IPR **160** 611 *1128 f.*
- Tantieme **160** 611 *723, 727 ff., 800 f.*
- Vorstandsvergütung **30** 93 *9*; **160** 611 *728*
- Zielvereinbarung **160** 611 *800*

Aktienoptionsplan *siehe* Aktienoption

Aliud
- Leistungsstörung, Schlechtleistung **160** 611 *841, 847*

Alkohol *siehe auch* Alkoholismus
- Abmahnung **160** 611 *562*
- Alkoholverbot, Nebenpflicht **160** 611 *562*
- Annahmeverzug **160** 615 *4, 20*

Alkohol – Allgemeine Geschäftsbedingungen

- außerdienstliches Verhalten **160** 611 *562*
- außerordentliche verhaltensbedingte Kündigung **160** 626 *31, 41, 43, 82*
- Einstellungsuntersuchung **160** 611 *320*
- Fragerecht **160** 611 *274*
- Geschäftsunfähigkeit **160** 115 *7 f., 31*
- Kündigung **160** 611 *562*
- Mitbestimmung des Betriebsrats bei Alkoholverbot **160** 611 *562*
- Schadensersatz **160** 611 *562*

Alkohol-/Drogenmissbrauch
- Personenbedingte Kündigung **320** 1 *231*

Alkoholabhängigkeit *siehe* Alkoholismus

Alkoholismus
- Änderungskündigung **320** 2 *70 f.*
- Aufhebungsvertrag **160** 611 *1007, 1045*
- außerordentliche personenbedingte Kündigung **160** 626 *31, 39, 41, 43*
- personenbedingte Kündigung **160** 611 *562*; 626 *31, 39, 41, 43*; **320** 1 *230 ff.*
- Rückfall als auflösende Bedingung **480** 21 *3*
- Urlaub **180** 9 *19*
- verhaltensbedingte Kündigung **320** 1 *335*

Alkoholkrankheit *siehe* Alkoholismus

Alkoholverbot 150 87 *38*, *siehe auch* Ordnungsverhalten

All-Klausel
- Geschäftsgeheimnis **160** 611 *599*
- Verschwiegenheitspflicht **160** 611 *599*

Alleinentscheidung des vorsitzenden Richters *siehe* Vorsitzender Richter, Alleinentscheidung

Alleingeschäftsführer *siehe* Gesellschafter-Geschäftsführer

Alleingesellschafter
- betriebliche Altersversorgung **140** 17 *7*

Allgemeine Arbeitsbedingungen 470 1 *11*
- Begriff **150** 87 *4*

Allgemeine Aufgaben des Betriebsrats *siehe* Betriebsrat, allgemeine Aufgaben

Allgemeine Geschäftsbedingungen
- *siehe auch* Inhaltskontrolle
- *siehe auch* Überraschungsverbot
- *siehe auch* Unklarheitenregel
- *siehe auch* Vorrang der Individualabrede
- Abrufklausel **160** 305c *9*; 308 *12*
- Abwicklungsvertrag **160** 305 *5, 9, 10*; 305c *12*; 307 *18*; 309 *54*; 310 *29 f.*
- Altvertrag **160** Vor 305-310 *6*; 306 *15, 17*; 307 *6*; 308 *10, 32*; 309 *31*; 310 *18*; 315 *52, 58*; 611 *471, 682, 684*
- Änderungsangebot des Arbeitnehmers **160** 305 *18*
- Änderungsvorbehalt/Widerrufsvorbehalt **160** 305 *5*; 305c *29*; 306 *8, 15*; 308 *4 ff., 49*; 309 *46 ff.*; 315 *48 ff.*; 611 *681 ff., 802 ff.*
- Annahmeverzug **160** 615 *7*
- Anscheinsbeweis **160** 305 *35*; 309 *50*; 310 *12*
- Anwendungsbereich/Einbeziehungsvorschriften **160** Vor 305-310 *15*; 305 *1, 18 ff., 26 ff.*; 305c *1*; 306 *1,4*; 310 *1 ff.*
- arbeitnehmerähnliche Person **160** 305 *31*
- arbeitsrechtliche Anwendungsregel **160** 310 *19 ff.*
- Arbeitsvertrag/Änderungsvertrag **160** 305 *5, 9, 14*; 310 *28 ff.*
- Aufhebungsvertrag **160** 305 *5, 9 ff., 10*; 305c *33, 42*; 307 *18*; 309 *54, 70*; 310 *17, 31*
- auflösende Bedingung **160** Vor 305-310 *11*
- Ausgleichsquittung **160** Vor 305-310 *11*; 305 *6*; 305c *3, 12 f., 34*; 307 *109*
- Aushandeln, Begriff **160** 305 *3, 22 ff., 36 f.*; 310 *10*
- Aushandeln, wirtschaftliche Überlegenheit **160** 305 *25*
- Ausschlussfrist/Ausschlussklausel **160** 202 *5*; Vor 305-310 *11*; 305c *3, 6 f., 11, 13, 22, 29*; 306 *16*; 307 *42*; 309 *61 ff.*; 310 *18, 42*; 315 *73*; 611 *417, 720, 768*; 615 *85*
- Befristung von Einzelarbeitsbedingungen **160** Vor 305-310 *12*; 620 *4*
- Begleitumstand bei Verbrauchervertrag **160** 305b *4*; 310 *13*
- Begriff **160** 305 *3 ff.*
- Bereichsausnahmen **160** Vor 305-310 *3 ff., 13*; 305c *2 ff.*; 306 *13 f.*; 306a *6*; 307 *13, 20, 42*; 309 *17*; 310 *16 ff.*; 315 *5, 49*; 345 *13*
- Besonderheiten im Arbeitsrecht **160** Vor 305-310 *3, 14*; 305 *34*; 305b *3*; 305c *30*; 306 *10*; 306a *2*; 307 *37*; 310 *30 ff., 41*; 315 *55*; 345 *10, 13*; 611 *179*; 619a *1*; 628 *51*
- betriebliche Übung **160** 305 *26*
- betriebliche Übung, Klauselkontrolle **160** 611 *675*
- Beweislastregelung/Beweislastveränderung **160** 309 *50 ff.*
- Bezugnahme auf Kollektivnormen **160** 310 *24 ff., 44*
- Bezugnahmeklausel **160** 305 *8*; 305c *27 ff., 35, 41*; 307 *115 ff.*; 308 *13 f.*; 310 *24 ff., 44*
- Billigkeits- und Ausübungskontrolle **160** Vor 305-310 *13*
- blue pencil test **160** 306 *7*
- Checkliste/Prüfliste, Inhaltskontrolle von Arbeitsvertragsklausel **160** Vor 305-310 *15*; 310 *45*
- Darlegungs- und Beweislast **160** 305 *32 ff.*; 305b *15 f.*; 305c *21,24*; 307 *72*; 308 *45*; 309 *50 ff.*; 310 *11 f.*
- Datenschutz **120** 4a *12*
- Einbeziehungskontrolle/Einbeziehungsnorm **160** Vor 305-310 *15*; 305 *1, 18 ff., 26 ff.*; 305c *1*; 306 *1, 4*; 310 *1 ff.*
- Einbeziehungsvorschriften bei Verbrauchervertrag **160** 305 *1, 32 f.*; 310 *4 ff.*
- Einmalvertrag/Einmalbedingung **160** 305 *15, 33*; 310 *9 ff.*
- einseitige Erklärung/einseitiges Rechtsgeschäft **160** Vor 305-310 *12*; 305 *6 f.*

Allgemeine Geschäftsbedingungen – Allgemeine Gleichbehandlung

- Einwilligungserklärung **160** 305 *6*
- Empfangsbekenntnis **160** 309 *54 ff.*
- Empfangsbestätigung **160** 305 *6*; 309 *54 ff.*
- Entbindungserklärung, ärztliche Schweigepflicht **160** 305 *6*
- Entgeltverzicht **160** 611 *782*
- Entwicklungsklausel in Chefarztvertrag **160** 307 *45*; 308 *8, 19*; 315 *49*
- Formularvertrag **160** 305 *26*; 305b *15*
- Freiwilligkeitsvorbehalt **160** 305 *5*; 306 *8*; 307 *121*; 315 *9, 45 ff.*; 611 *681 ff., 802 f.*
- fristlose Kündigung bei Vertrauensstellung **160** 627 *4 f., 28*
- geltungserhaltende Reduktion **160** 306 *7, 9 ff., 19*
- Günstigkeitsprinzip **160** 310 *41 ff.*
- Jeweiligkeitsklausel **160** 305 *21*
- kollektivrechtliche Bereichsausnahme **160** Vor 305-310 *3 ff.*; 307 *12 f., 20*; 310 *16, 19 ff., 41 ff.*
- körperliche Behinderung **160** 305 *30*
- Kündigungstermine im Arbeitsvertrag **160** 622 *29*
- modifizierte Anwendungsregel für Arbeitsvertrag **160** 310 *28 ff.*
- Nichteinbeziehung/Unwirksamkeit, Rechtsfolgen **160** 306 *1 ff.*; 315 *58*
- objektive Auslegung **160** 305c *25 ff.*
- Pauschalierung von Schadensersatz **160** 308 *46*; 309 *4, 11 ff.*; 345 *7*
- Quittung/Empfangsquittung **160** 305 *6*; 309 *50*
- Rabatt, Transparenzgebot **160** 307 *16*; 611 *650*
- rechtsgeschäftsähnliche Erklärung **160** 305 *6*
- Rechtswahl bei Auslandsbezug **220** 30, 8 Rom I *35, 40 ff.*
- Rückzahlungsklausel **160** Vor 305-310 *11*; 305c *3, 37*; 611 *694 ff., 750*; 622 *33 f.*
- salvatorische Klausel, geltungserhaltende Reduktion **160** 306 *11*
- Schuldanerkenntnis **160** 307 *53*; 309 *54*
- Spielervertrag, DFB **160** 305 *10*
- Stelle, Begriff **160** 305 *3, 17 ff.*; 310 *7 f.*
- Stellenbeschreibung **160** 308 *17*
- stillschweigende Verlängerung **160** 625 *5*
- Tarifautonomie, Bereichsausnahme **160** 307 *13*; 310 *19 ff., 42*
- Teilvergütung bei fristloser Kündigung **160** 628 *5, 26, 32*
- Überstundenvergütung **160** 307 *128*; 308 *29*; 611 *521*
- Umgehungsverbot **160** 306a *1 ff.*
- unbeachtlicher Umstand **160** 305 *26*
- unzumutbare Härte, Gesamtunwirksamkeit **160** 306 *18*
- Verbandsklage **160** 305c *30*; 310 *15*
- Verbot der geltungserhaltenden Reduktion **160** 305c *30*; 307 *75*; 309 *17, 29*; 310 *17 f.*; 315 *58*; 345 *17*; 611 *751*
- Verbot der Gesetzesumgehung **160** Vor 305-310 *11 f.*
- Vergütungsrückzahlung **160** 307 *52*; 611 *764*
- Verhandeln/Aushandeln, Abgrenzung **160** 305 *22 ff.*
- Verjährungsabrede **160** 202 *5*
- Vermutung der Vollständigkeit und Richtigkeit einer Vertragsurkunde **160** 305b *15*; 623 *45*
- Versetzungsklausel/Versetzungsvorbehalt **160** 305b *2, 7*; 307 *1, 129*; 308 *8, 18, 35 f.*; 309 *46 f.*; 611 *500*
- Vertragsbedingung, Begriff **160** 305 *3 ff.*
- Vertragsstrafenklausel **160** Vor 305-310 *11*; 305c *3, 21, 40*; 306 *11*; 307 *100 f.*; 309 *17 ff.*; 345 *1, 7, 13, 17 f., 23*; 611 *1082*
- Verzichtserklärung, Ausgleichsquittung **160** Vor 305-310 *11*; 305c *3, 34*
- Vielzahl, Begriff **160** 305 *3, 15 f.*
- Vollmachtserteilung **160** 305 *6*
- Vorformuliertheit, Begriff **160** 305 *3, 9 ff.*; 310 *9 f.*
- vorübergehende Verhinderung **160** 616 *5*
- Wettbewerbsverbot **160** Vor 305-310 *10*; 305c *21, 23, 41 f.*; 306 *10*; 307 *100 f., 133*; 309 20, 22, 28, 54, 56
- Zölibatsklausel **160** Vor 305-310 *11*
- Zulage **160** 611 *720*
- Zuschlag **160** 611 *720*

Allgemeine Gleichbehandlung

- Antidiskriminierungsstelle des Bundes **20** 30 *2 ff.*
- Antidiskriminierungsverband **20** 23 *13 ff., 24*
- Beförderungsanspruch **20** 16 *19*
- benachteiligender Dritter **20** 12 *7, 14*
- Beschwerderecht **20** 14 *3 ff.*
- Beschwerdestelle **20** 14 *3, 17*
- Betriebsratsrecht **20** 18 *3 ff.*
- Beweislast **20** 16 *23*; 23 *3 ff.*
- Einstellungsanspruch **20** 16 *19*
- Entschädigung **20** 16 *9 ff.*
- Erledigungsklauseln **20** 33 *11*
- Frist, Schadensersatz **20** 16 *14 ff.*
- Gewerkschaftsrecht **20** 18 *3 ff.*
- immaterieller Schaden **20** 16 *9 ff.*
- Leistungsverweigerungsrecht, sexuelle Belästigung **20** 14 *9 ff.*
- Maßregelungsverbot **20** 16 *20 f.*
- Mitbestimmungsrecht des Betriebsrats bei Beschwerdestelle **20** 14 *20*
- Mitgliedschaft und Mitwirkung in Vereinigung **20** 18 *6 ff.*
- Schadensersatzanspruch des Arbeitnehmers **20** 16 *3 ff.*
- Schadensersatzanspruch des Arbeitnehmers, Prozessuales **20** 16 *27 ff.*
- Schadensersatzanspruch des Arbeitnehmers, Verstoß gegen kollektivrechtliche Vereinbarung **20** 16 *11 ff.*
- Schulung **20** 12 *12*
- Schutzmaßnahme **20** 12 *4 ff.*
- Stellenausschreibung **20** 12 *2 f., 11*

- Tarifvertrag **470** 1 *114*
- tarifvertragliche Frist, Schadensersatz **20** 33 *4*
- Übergangsbestimmung **20** 33 *6 ff.*
- Unabdingbarkeit **20** 33 *2 ff.*
- Viktimisierungsverbot **20** 16 *22*
- weitere Anspruchsgrundlagen **20** 16 *18*
- zwingendes Recht **20** 33 *2 ff.*

Allgemeine Versicherungsbedingungen
- Auslandsbezug **220** 30, 8 Rom I *106 ff.*

Allgemeine Versicherungsbedingungen für die Insolvenzsicherung der betrieblichen Altersversorgung 140 7 *4, 23*; 10a *1 f.*

Allgemeiner arbeitsrechtlicher Gleichbehandlungsgrundsatz siehe Gleichbehandlungsgrundsatz

Allgemeiner Gleichbehandlungsgrundsatz 260 3 *28 ff.*
- *siehe auch* Gleichbehandlungsgrundsatz
- *siehe auch* Gleichberechtigung, Frauen und Männer
- Grundrechte, Verhältnis **260** 3 *26*

Allgemeiner Gleichheitssatz
- *siehe* Allgemeiner Gleichbehandlungsgrundsatz
- *siehe* Gleichbehandlungsgrundsatz

Allgemeiner Weiterbeschäftigungsanspruch
siehe Weiterbeschäftigung

Allgemeines Lebensrisiko
- Arbeitnehmerhaftung, Abgrenzung **160** 611 *894, 957, 960*
- Schutzpflicht, Abgrenzung **160** 618 *24 ff.*

Allgemeines Persönlichkeitsrecht
siehe Persönlichkeitsrecht

Allgemeinverbindlicherklärung
siehe Allgemeinverbindlichkeit

Allgemeinverbindlichkeit 470 3 *7*
- Arbeitnehmerüberlassung **100** 3 *54*
- Arbeitnehmerüberlassung Baugewerbe **100** 1b *6 ff.*

Allgemeinverbindlichkeit, Tarifvertrag 470 3 *7*; 5 *1 ff.*
- Änderung des Tarifvertrags **470** 5 *26*
- Antrag **470** 5 *11*
- formelle Voraussetzungen **470** 5 *11 ff.*
- Fundstelle **470** 5 *33 f.*
- materielle Voraussetzungen **470** 5 *16 ff.*
- Nachwirkung **470** 5 *27*
- Rückwirkung **470** 5 *24*
- Tarifbindung **470** 5 *20*
- Umfang **470** 5 *22*
- zeitlicher Wirkungsbereich **470** 5 *23*
- Zuständigkeit **470** 5 *12*
- Zweck **470** 5 *3 ff.*

Alliierte hohe Kommission 340 1 *17*

Alliierte Streitkräfte
- Sonderkündigungsschutz der Betriebsvertretung **320** 15 *27*

Altenheim/Altersheim
- Arbeitszeit **80** 5 *10*; 7 *36*; 10 *12*; 18 *8*

Altenpfleger
- Sittenwidrigkeit **160** 611 *413*

Alter
- Altersdiskriminierung **160** 626 *46*
- Alterskündigungsschutz **160** 626 *121, 133*
- Arbeitsschutz **70** 7 *3*
- Interessenabwägung, außerordentliche Kündigung **160** 626 *89, 139*
- personenbedingte Kündigung **320** 1 *236*

Alterdiskriminierung
- Kündigungsfrist, EG-Recht **160** 622 *46*

Älterer Beschäftigter *siehe* Beschäftigter, älterer

Altersgrenze
- Altersteilzeit, 55 Jahre, 60 Jahre **40** 2 *4, 16 ff.*
- Befristungsgrund **480** 14 *56 ff.*
- Berufsfreiheit **260** 12 *29, 51*
- betriebliche Altersversorgung **140** 2 *10 ff.*; 6 *1 ff., 56 ff.*
- ehrenamtlicher Richter **50** 21 *21, siehe auch dort*
- ehrenamtlicher Richter am Bundesarbeitsgericht **50** 43 *6, siehe auch dort*
- ehrenamtlicher Richter am Landesarbeitsgericht **50** 37 *6, siehe auch dort*
- Jugendarbeitsschutz **310** 3 *14*
- Überraschungsverbot **160** 305c *10*
- Versorgungszusage **160** 305c *10*

Altersgrenzregelung
- europäisches Gemeinschaftsrecht **410** 41 *24*
- tariflich **410** 41 *6*
- Vereinbarung über Altersgrenzen **410** 41 *13 ff.*

Altersleistung, vorzeitige
siehe Vorzeitige Altersleistung

Altersrente
- Befristungsgrund **480** 14 *56*
- Hinzuverdienstgrenzen **410** 96a *5*

Altersrente für Frauen
- Altersteilzeit **40** 2 *14*
- vorzeitige Altersleistung, betriebliche Altersversorgung **140** 6 *13*; 30a *2 f.*

Altersrente für langjährig unter Tage beschäftigte Bergleute
- vorzeitige Altersleistung, betriebliche Altersversorgung **140** 6 *11*

Altersrente für langjährig Versicherte
- vorzeitige Altersleistung, betriebliche Altersversorgung **140** 6 *9*

Altersrente für schwerbehinderte Menschen
- Altersteilzeit **40** 2 *14*
- vorzeitige Altersleistung, betriebliche Altersversorgung **140** 6 *10*

Altersrente nach Altersteilzeitarbeit
- Altersteilzeit **40** 1 *4*; 2 *16 ff., 44*; 5 *5 f.*; 8 *9*
- vorzeitige Altersleistung, betriebliche Altersversorgung **140** 6 *12*

Altersrente wegen Arbeitslosigkeit
- Altersteilzeit **40** 15b *1*

- vorzeitige Altersleistung, betriebliche Altersversorgung **140** 6 *12*
- **Altersrente, betriebliche, vorzeitige** *siehe* Betriebliche Altersrente, vorzeitige
- **Altersrente, vorzeitige** *siehe* Vorzeitige Altersrente
- **Altersteilzeit 480** 23 *4*
  - *siehe auch* Altersrente nach Altersteilzeitarbeit
  - *siehe auch* Altersteilzeitarbeitnehmer
  - *siehe auch* Altersteilzeitarbeitsverhältnis
  - *siehe auch* Aufstockungsbetrag
  - *siehe auch* Blockmodell
- 100 %-Leistung **40** 3 *30*
- AGB-Klausel, überraschende **40** 8 *9*
- Altersgrenze, 55 Jahre, 60 Jahre **40** 2 *4, 16ff.*
- Altersgrenze, Überraschungsverbot **160** 305c *10*
- Altersrente für Frauen **40** 2 *14*
- Altersrente für schwerbehinderte Menschen **40** 2 *10, 14*; 8 *9*; 15b *1*; 15e *1*
- Altersrente nach Altersteilzeitarbeit **40** 1 *4*; 2 *16ff., 44*; 5 *5f.*; 8 *9*
- Altersrente wegen Arbeitslosigkeit **40** 15b *1*
- Altersteilzeitarbeitnehmer **40** 2 *3ff.*
- Altersteilzeitarbeitsentgelt **40** 3 *4ff.*; 6 *3ff.*
- Altersteilzeitarbeitsvereinbarung/Altersteilzeitvertrag/Altersteilzeitarbeitsvertrag **40** 2 *2, 9ff., 14ff., 46ff.*; 3 *3, 29, 31*; 8 *1ff.*; 8a *1ff.*; 11 *2*; 15c *1*; 15d *1*; 16 *1*
- Altersteilzeitbruttoentgelt **40** 3 *5, 10f., 15, 31*; 4 *7f.*
- Altersteilzeittarifvertrag **40** 2 *10f., 25ff.*; 3 *1, 4, 14, 29*; 4 *6*; 6 *8*; 8 *15*; 8a *1, 12*; 12 *6*
- Altersteilzeitverhältnis/Altersteilzeitarbeitsverhältnis **40** 2 *5, 9ff., 15, 32, 34*; 3 *3*; 4 *2*; 6 *3, 6*; 8 *8ff.*; 8a *1f., 9f.*; 10 *4*; 12 *8*; 15d *1*; 15g *1*; 16 *2*
- Altfall **40** 1 *7*; 3 *5, 15, 31*; 4 *5, 7f.*; 6 *2, 6ff., 10*; 10 *9*; 12 *4, 6, 8*; 15 *1*; 15d *1*; 15g *1*
- Anspruchsvoraussetzungen **40** 3 *1ff.*; 12 *3*
- Antragserfordernis, Anerkennungsantrag, Erstattungsantrag **40** 11 *1*; 12 *1ff.*
- Arbeitslosengeldanspruch bei vorzeitiger Beendigung der Altersteilzeit **40** 10 *2*
- Arbeitszeitguthaben, Blockmodell **40** 1 *6*; 3 *23*; 8a *1, 11*
- Aufstockungsbetrag, Steuerfreiheit **240** 3 *1ff.*
- Aufstockungsleistung der Bundesagentur für Arbeit **40** 10 *3ff.*
- Aufstockungsleistung/Aufstockungsbetrag des Arbeitgebers **40** 1 *3*; 2 *1, 4, 22, 24, 27, 39f., 42, 44, 48*; 3 *1ff.*; 4 *1, 6f.*; 5 *5f.*; 6 *1ff.*; 8 *4, 7f., 15f.*; 8a *9, 11ff., 20*; 10 *1, 3ff.*; 11 *2*; 12 *1, 3ff., 8*; 15 *1*; 16 *2*
- Ausgebildeter **40** 3 *22, 25*
- Ausgleichsanspruch des Arbeitnehmers **40** 8 *14f.*
- Ausgleichskasse **40** 3 *29*
- Auskunfts-, Duldungs-, Mitteilungs-, Mitwirkungspflicht **40** 11 *1*; 13 *1*
- Auszubildender **40** 2 *11*; 3 *19, 26f., 33*; 7 *1f.*
- Basismonat **40** 12 *3, 8*

- befristeter Vertrag **40** 2 *12*; 8 *3, 9*
- befristetes Arbeitsverhältnis **480** 23 *40*
- Befristung **480** 14 *59*
- Befristung der Förderungsfähigkeit **40** 1 *2*; 16 *1f.*
- begünstigter Personenkreis **40** 2 *1ff.*; 12 *2*; 15c *1*
- Beitragsbemessungsgrenze **40** 1 *6*; 3 *5, 7f., 14, 31*; 4 *8*; 6 *6, 8*; 10 *8*
- Berechnung der Arbeitszeit **40** 2 *19*; 6 *1, 9f.*
- Berechnung der Unternehmensgröße/Berechnungsvorschriften **40** 3 *19, 26, 29*; 7 *1f.*
- Berechnung des Aufstockungsbetrages/Vergleichsberechnung **40** 8a *3, 5ff., 10*
- Berechnung des ausstehenden Rentenversicherungsbeitrags **40** 10 *1ff.*
- Berechnungsgrundlage/Berechnungsbasis/Bezugsgröße, Regelarbeitsentgelt **40** 1 *6*; 3 *5ff., 31*; 6 *1ff.*; 15 *2*
- Betretens- und Prüfungsbefugnis der Kontrollbehörden **40** 13 *1*
- Betriebsübergang **40** 8 *10a*; **160** 613a *14*
- Betriebsverfassungsrecht **40** 8 *11*
- Bezieher von Arbeitslosengeld II **40** 3 *24*
- bisheriges Arbeitsentgelt, Bemessungsgrundlage bei Altfällen **40** 1 *1*; 3 *9ff., 15*; 4 *8*; 6 *2, 7f.*; 10 *9*; 15 *2*
- Blockmodell **40** 1 *6*; 2 *13, 19, 21ff., 25ff., 32, 35f., 46*; 3 *23, 26, 28, 33*; 4 *1ff.*; 5 *3, 6*; 8 *4, 10, 12*; 8a *2, 23*; 10 *1ff.*; 12 *2f., 5f.*; 16 *1*
- Bundesagentur für Arbeit, Zuständigkeit, Rechtsverhältnis zum Arbeitgeber **40** 1 *2*; 2 *1, 4f., 24, 27, 46, 48f.*; 3 *1ff.*; 4 *1ff.*; 5 *3, 7*; 6 *8*; 8 *1*; 8a *1*; 10 *2ff.*; 11 *1f.*; 12 *1ff.*; 16 *1*
- Dienstwagen, Freistellungsphase **160** 611 *658*
- Einmalzahlung **40** 3 *4, 7, 14, 31*; 6 *5f.*
- Erfüllungsort **160** 611 *497*
- Erlöschen des Anspruchs **40** 3 *34*; 5 *2, 4*; 15b *1*; 15e *1*
- Erstattung/Erstattungsleistung **40** 1 *2f., 6*; 2 *1, 4, 11, 27*; 3 *1ff.*; 4 *1ff.*; 5 *1ff.*; 6 *1*; 8 *7f., 15*; 10 *3ff.*; 11 *1ff.*; 12 *1ff.*; 15b *1*; 15e *1*; 15g *1*; 16 *1f.*
- Erstattungsanspruch/Förderanspruch des Arbeitgebers **40** 2 *32*; 3 *16, 28f., 34*; 4 *1*; 5 *1ff.*; 8 *8*; 11 *1f.*; 12 *3, 5*; 15b *1*; 15e *1*
- Erstattungsbescheid **40** 5 *7*; 12 *7*
- Flexibilisierung der Arbeitszeit **40** 1 *32*
- Förderdauer **40** 4 *3f.*; 12 *3f.*; 15d *1*
- geringfügige Beschäftigung **40** 2 *6, 19, 42f.*; 5 *4ff.*; 8 *8*; 11 *1*; 15f *1*
- Gesamtsozialversicherungsbeitrag **40** 8 *15*; 8a *8ff.*
- gesetzlicher Befristungsgrund **40** 8 *9*
- Halbierung der Arbeitszeit **40** 1 *1*; 2 *2*; 3 *9, 17, 27*; 6 *1, 7*; 10 *2, 6*; 16 *1*
- Inhaltsirrtum **160** 611 *443*
- Insolvenz **300** 108 *31, siehe auch dort*
- Insolvenzsicherung/Insolvenzsicherungspflicht **40** 1 *6*; 2 *26*; 8a *1ff.*

- Kleinunternehmen/Kleinbetrieb **40** 3 *19 ff.*, *26 f.*, *33*; 7 *1*
- konkrete Betrachtungsweise **40** 6 *8*
- Koppelungsverbot **40** 8 *7 f.*
- Krankenkasse **40** 2 *45 f.*
- Krankenversicherungsbeitrag **40** 2 *45 f.*
- Kündigung bei Insolvenz **300** 113 *66*
- Kündigungsschutz **40** 8 *2 ff.*
- Langzeiterkrankung **40** 2 *38*, *41*; 10 *3 ff.*
- Leistung, Abgrenzung zur betrieblichen Altersversorgung **140** 1 *30*
- Leistung/Erstattungsleistung/Förderleistung der Bundesagentur für Arbeit **40** 1 *6*; 2 *1*, *4*, *11*, *27*; 3 *1 f.*, *14*, *16*, *22*, *24*, *26*, *28 ff.*; 4 *1 ff.*; 5 *2 ff.*; 6 *1*; 8 *7 f.*; 8a *1*; 10 *3*; 11 *1*; 12 *1*, *3 ff.*; 16 *1 f.*
- Leistungsentgelt **40** 15 *2*
- Leistungsprämie **160** 611 *703*
- Mehrarbeit **40** 2 *19*, *31 f.*; 3 *8*; 5 *6*
- Mehrarbeit, Geringfügigkeitsgrenze **240** 3 *4*
- Mindestnettobetrag **40** 3 *9 ff.*; 4 *7*; 6 *7*; 15 *1 f.*
- Mitwirkungspflicht des Arbeitnehmers **40** 11 *1 ff.*; 13 *1*
- Nacharbeit **40** 2 *39 ff.*
- Nachweispflicht im Rahmen der Insolvenzsicherungspflicht **40** 8a *15 ff.*
- nahtlose Rentenzugangsmöglichkeit nach Altersteilzeit **40** 1 *4*; 2 *1 f.*, *14 ff.*
- Nebentätigkeit/Nebenbeschäftigung **40** 2 *31*; 5 *4 ff.*, *7*
- Pensionsfonds **40** 3 *8*
- Pensionskasse **40** 3 *8*
- Pensionskasse, Steuer **240** 3 *28 ff.*
- Progressionsvorbehalt, § 32b EStG **40** 3 *35 f.*
- Regelaltersrente **40** 2 *14*
- Rentenabschlag **40** 1 *4*; 2 *14 ff.*, *48*; 5 *2*; 8 *9*; 15b *1*
- Rentenauskunft **40** 2 *49*
- Rentenbeitrag, Versteuerung **240** 3 *1 ff.*; 34 *17*
- Rentenversicherung, zusätzlicher Beitrag **40** 2 *24*, *39 f.*, *44*; 3 *13 ff.*, *32*; 5 *5*
- Ruhen des Anspruchs **40** 2 *31 f.*; 3 *34*; 5 *4 f.*
- Schadensersatz **40** 2 *43*, *47*; 3 *36*; 8 *8*; 11 *2*
- Schwerbehinderung/schwerbehinderte Menschen **40** 2 *9 f.*, *14*; 7 *2*; 8 *9*; 15b *1*; 15e *1*
- Sicherheitsleistung **40** 8a *20 f.*
- Sonderzahlung, Steuer **240** 3 *28 ff.*
- soziale Auswahl, Überforderungsklausel **160** 315 *34*, *36*
- soziale Sicherung des Arbeitnehmers **40** 10 *1 ff.*
- Sozialversicherungsbeitragsfreiheit **40** 1 *3*; 3 *8*; 8 *16*; 16 *2*
- Steuerfreiheit **40** 1 *3*; 3 *8*; 8 *16*; 16 *2*
- Steuerfreiheit von zusätzlichem Rentenbeitrag **240** 3 *6*; 34 *17*
- Störfall **40** 8 *12 ff.*; 8a *10*, *12*; 10 *7 ff.*
- TzBfG, Verhältnis **480** 23 *4*
- Überforderungsschutz, 5 %-Klausel **40** 3 *29*; 7 *1 f.*; **160** 315 *34*, *36*

- Übergangsregelung/Übergangsvorschriften **40** 1 *6 f.*; 2 *42*; 5 *2*; 8a *1*; 15b *1*; 15c *1*; 15d *1*; 15e *1*; 15f *1*; 15g *1*
- Urlaub/Urlaubsrecht **40** 2 *7*; 6 *5*, *9*; 8 *10*
- Urlaubsabgeltung **180** 7 *140*
- Verfahren/Erstattungsverfahren/Auszahlungsverfahren **40** 2 *46*; 4 *4*; 10 *4*; 12 *1 ff.*
- Versicherungspflicht nach dem SGB III **40** 2 *2 f.*, *5 ff.*, *19*, *33 ff.*; 3 *27*; 15f *1*
- Verteilzeitraum **40** 2 *23 ff.*
- Vorabentscheidung **40** 12 *2*
- Vorbeschäftigungszeit **40** 2 *5 ff.*
- Vorenthalten und Veruntreuen von Arbeitsentgelt, § 266a StGB **40** 8a *19*
- vorzeitige Beendigung der Altersteilzeit im Blockmodell, Störfall **40** 8 *12 ff.*; 8a *10*, *12*; 10 *7 ff.*
- Wertguthaben, Blockmodell **40** 2 *13*, *33*, *37 f.*, *40 f.*, *46*; 8a *1 ff.*; 10 *7*
- Wiederbesetzer **40** 3 *21 ff.*, *30*, *33*; 4 *1*; 5 *3*
- Wiederbesetzung **40** 1 *2*; 2 *27*; 3 *2*, *16 ff.*, *33 f.*; 4 *1*, *3 f.*; 5 *3*; 7 *1*; 8 *7*, *11*, *15*; 10 *3*; 12 *2*, *5*; 16 *1*

Altersteilzeitarbeit *siehe* Altersteilzeit
Altersteilzeitarbeitnehmer
- Gleichbehandlungsgrundsatz **160** 611 *672*
- Maßregelungsverbot **160** 612a *20*

Altersteilzeitarbeitsentgelt
- Altersteilzeit **40** 3 *4 ff.*; 6 *3 ff.*

Altersteilzeitarbeitsverhältnis
- Begriff **160** 611 *29*
- Betriebsübergang **160** 613a *15 f.*, *98*

Altersteilzeitentgelt
- Pfändungsschutz **500** 850k *4*

Altersteilzeitvertrag
- Arbeitslosengeld, Sperrzeit **380** 144 *22*
- Befristung **410** 41 *16*

Altersversorgung
- *siehe* Betriebliche Altersversorgung
- *siehe* Lohngrundsätze
- Tarifautonomie **260** 9 *87*

Altersversorgung, betriebliche *siehe* Betriebliche Altersversorgung

Ambulanter Pflegedienst
- Arbeitszeit **80** 5 *10*; 14 *28*

Amtliche Auskunft *siehe* Auskunft, amtliche
Amtsentbindung
- ehrenamtlicher Richter **50** 21 *18 ff.*, *siehe auch dort*

Amtsenthebung
- ehrenamtlicher Richter **50** 27 *5 ff.*, *siehe auch dort*

Amtsermittlungsgrundsatz, eingeschränkter
- Beschlussverfahren **50** 83 *5*

Amtsgericht
- Rechtshilfe **50** 13 *5*

Amtshilfe
- Finanzamt, Insolvenzsicherung **140** 11 *16*
- Pensionssicherungsverein **140** 11 *2*, *16 f.*

Amtspflicht *siehe auch* Betriebsausschuss
- Ausschuss der ehrenamtlichen Richter **50** 29 *17*

Amtspflichtverletzung
- Betriebsratsmitglied **320** 15 *80 f.*
- ehrenamtlicher Richter **50** 27 *3 ff.*, *siehe auch dort*
- Verletzung der Schweigepflicht **50** 31 *17*

Amtszeit
- Ausschuss der ehrenamtlichen Richter **50** 29 *16*

Anbietungspflicht
- Annahme unter Vorbehalt **55** 19 *12*
- Erfindung, freie **55** 19 *7 ff.*
- Rechtsfolgen **55** 19 *9 ff.*
- Umfang **55** 19 *10 f.*
- Vertragsanpassung **55** 19 *13*
- Voraussetzungen **55** 19 *7 f.*

Änderung der Arbeitsbedingungen *siehe* Arbeitsbedingungen, Änderung

Änderungsangebot, Änderungskündigung 320 2 *10, 113 ff.*, *siehe auch* Änderungskündigung
- Änderungskündigung *siehe dort*
- außerordentliche Änderungskündigung **320** 2 *7*
- Direktionsrecht **320** 2 *114 f.*
- inhaltliche Gestaltung **320** 2 *14 ff., 21*
- Nachschieben von Gründen **320** 2 *24 ff.*
- Schriftform **320** 2 *6*

Änderungskündigung
- Abfindung **320** 2 *152*
- Ablehnung des Änderungsangebots **320** 2 *30 ff., 137*
- Abmahnung **320** 2 *69*
- absolute Sozialwidrigkeit **320** 2 *95*
- Alkoholmissbrauch **320** 2 *70 f.*
- Änderungsangebot **320** 2 *4 f., 10, 119 ff.*, *siehe auch dort*
- Änderungsschutzklage **320** 2 *49*
- Annahme des Änderungsangebots **320** 2 *33 ff.*
- Annahme unter Vorbehalt **160** 626 *84*
- Annahmeerklärung **320** 2 *34 ff.*
- Annahmeverzug **160** 615 *41*
- Anpassung von Nebenabrede **320** 2 *96*
- Arbeitszeit **250** 106 *21, 23*
- Arbeitszeitänderung **320** 2 *80 ff.*
- Auflösungsantrag **320** 9 *19*, *siehe auch dort*
- Ausschlussfrist, § 626 Abs. 2 BGB **160** 626 *99*
- außerhalb des KSchG **320** 2 *110 ff.*
- außerordentliche Änderungskündigung **320** 2 *7, 36*
- außerordentliche Änderungskündigung mit notwendiger Auslauffrist **160** 626 *132, 137*
- außerordentliche betriebsbedingte Änderungskündigung **160** 622 *62*; 626 *25 ff.*
- außerordentliche betriebsbedingte Druckkündigung **160** 626 *56*
- außerordentliche Kündigung **160** 626 *48 ff.*
- Austauschkündigung **320** 2 *83*
- bedingte **320** 2 *8*
- Beendigung des Arbeitsverhältnisses **320** 2 *4 f., 11*
- Beendigungskündigung, Abgrenzung **160** 626 *49 ff., 132*
- Befristung einzelner Vertragsbedingung **320** 2 *18*
- Begriff **320** 1 *33*; 2 *4 ff.*
- Beteiligung des Personalrats **170**, *2, 10, 32, 36, 42, 81, 85*
- Beteiligung des Sprecherausschusses **460** 31 *3*
- betriebliche Übung **160** 611 *182, 675*
- betriebsbedingter Grund **320** 2 *74 ff.*
- Betriebsratsbeteiligung **320** 2 *119 ff.*, *siehe auch dort*
- Betriebsübergang **160** 613a *104, 108*
- bevorstehende Insolvenz **160** 626 *132*
- Darlegungs- und Beweislast **320** 2 *141*
- Direktionsrecht **160** 611 *597*
- Direktionsrecht, Verhältnis **250** 106 *6*; **320** 2 *59 ff.*
- Eingruppierungskorrektur **320** 2 *97 f.*
- Entgeltänderung **320** 2 *86 ff.*
- Entgeltreduzierung **160** 626 *52 f.*
- Freier Mitarbeiter **320** 2 *4, 58*
- Freistellung zur Stellensuche **160** 629 *12*
- Freizeitausgleich **160** 611 *738*
- Frist zur Annahme **320** 2 *39 ff.*
- Frist, Vorbehaltserklärung **320** 2 *50 ff.*
- Geschäftsgrundlage, Abgrenzung **160** 313 *13*; 611 *848*
- Gleichbehandlungsgrundsatz **320** 2 *65, 94, 105*
- Insolvenz **300** 113 *31, 97 f.*, *siehe auch dort*
- Insolvenzvermeidung **160** 626 *92*
- Kündigung vor Dienstantritt **160** 622 *53*
- Kündigungsbeschränkung und -verbot **320** 2 *109*
- Kündigungserklärung **320** 2 *9*
- Kündigungsfrist **160** 622 *8*
- Kündigungsverbot bei Betriebsübergang **160** 613a *151*
- Leistungsbestimmungsrecht **160** 315 *19, 27 f., 33, 48, 51*
- Leistungsminderung **320** 2 *65 f.*
- Lohnkostensenkung **320** 2 *88 ff.*
- Massenänderungskündigung **160** 626 *127, 134*
- Massenkündigung **320** 2 *101*
- Maßregelungsverbot **160** 612a *8,12*
- mehrere Beschäftigungsmöglichkeiten **320** 2 *102*
- Meldepflicht bei Agentur für Arbeit **320** 2 *149 ff.*
- Meldung zur Arbeitssuche **380** 38 *7*
- Mischtatbestände **320** 2 *73*
- Mitbestimmung bei sozialen Angelegenheiten **320** 2 *131 f.*
- Mitbestimmung bei Versetzung **320** 2 *124 ff.*
- Mutterschutz **320** 2 *109*
- nachgeschobenes Änderungsangebot **320** 2 *24 ff.*
- nachträgliche Befristung **320** 2 *16 f.*
- Nichtigkeit **320** 2 *5*
- personenbedingte Kündigung **320** 2 *63 ff.*, *siehe auch dort*
- prozessuale Besonderheit **320** 2 *136 ff.*
- Reaktionsmöglichkeit **320** 2 *29 ff.*

Änderungskündigung – Anfechtung

- Rücknahme **320** 2 *145*
- Schriftform **160** 623 *7, 31*; **320** 1 *68*; 2 *6, 46*
- Sondervergütung **160** 611 *678*
- Sozialauswahl **320** 1 *474*; 2 *131 f.*
- Sozialwidrigkeit **320** 2 *55 ff.*
- Streitwert im Prozess **320** 4 *52 f.*
- Streitwertberechnung **50** 12 *44*
- taktische Erwägungen **320** 2 *133 ff.*
- Tarifautomatik **160** 626 *52*
- Tarifvertrag **470** 1 *55*
- Tätigkeitsänderung **320** 2 *79 ff.*
- Teilkündigung **320** 2 *117*
- Überstundenvergütung **160** 611 *738*
- Umdeutung **320** 2 *62*
- Unkündbarkeit **160** 622 *62*
- Unwirksamkeit **320** 8 *1 ff.*
- verhaltensbedingte Änderungskündigung **320** 2 *69 ff.*
- Verhältnismäßigkeit **320** 2 *57 ff*
- Vorbehalt **320** 2 *29, 34, 43 ff., 138 ff.*
- Vorbehaltsannahme **320** 2 *46 ff., 138 ff.*
- Vorratskündigung **320** 2 *17*
- vorsorgliche Änderungskündigung **320** 2 *12, 64*
- Wertfestsetzung im Prozess **320** 2 *148*
- Widerrufsvorbehalt **320** 2 *59 ff., 116*
- Willenserklärung **320** 2 *108*
- zeitliche Abfolge **320** 2 *20 ff.*
- Zumutbarkeit des Änderungsangebots **320** 2 *102 ff.*
- zusammengesetztes Rechtsgeschäft **320** 2 *4*
- Zusammenhang, Kündigung und Änderungsangebot **320** 2 *19*
- Zustimmungsersetzung des Betriebsrats **320** 2 *128 ff.*

Änderungskündigung, außerordentliche
siehe Außerordentliche Änderungskündigung

Änderungsschutz
- Urteilsverfahren **50** 46 *53 ff.*

Änderungsschutzklage 320 2 *49*
- Klageantrag **320** 4 *50*
- nachträgliche Klageänderung **320** 6 *9*

Änderungsvorbehalt
- *siehe auch* Versetzungsvorbehalt
- *siehe auch* Widerrufsvorbehalt
- Abrufklausel **160** 308 *12*
- Anrechnungsvorbehalt, Zulage **160** 308 *13 f.*
- Arbeitsort **160** 308 *8*
- Bezugnahmeklausel **160** 308 *16*
- billiges Ermessen **160** 308 *8*
- Darlehen **160** 308 *5*
- direktionsrechtsweiternde Klausel **160** 308 *8, 18*
- Gehaltserhöhungsklausel **160** 308 *22*
- Gehaltskürzungsklausel **160** 308 *23*
- Haftungsausschluss **160** 308 *5*
- Irrtumsklausel **160** 308 *5*
- Jahressonderleistung **160** 308 *24 f., 49*

- Klauselverbot mit Wertungsmöglichkeit **160** 308 *4 ff., 49*
- kommissarische Tätigkeitsübertragung **160** 308 *26*
- Leistungskürzungsklausel **160** 308 *28*
- Reisekosten-Richtlinie **160** 308 *16*
- Rückzahlungsvorbehalt **160** 308 *28*
- Stellenbeschreibung **160** 308 *17*
- triftiger Grund, Interessenabwägung **160** 308 *6 ff.*
- Überstundenanordnungsbefugnisklausel **160** 308 *29 f.*
- verdeckter Änderungsvorbehalt **160** 308 *5*
- Vollmachtsklausel **160** 308 *5*

Anderweitiger Erwerb
siehe auch Zwischenverdienst
- Karenzentschädigung **290** 74c *2 ff.*

Anderweitiger Verdienst *siehe* Zwischenverdienst

Anerkenntnis *siehe auch* Schuldanerkenntnis
- Alleinentscheidung des Vorsitzenden **50** 55 *10*
- Güteverhandlung **50** 54 *34 f.*
- Neubeginn der Verjährung **160** 212 *1 ff.*
- Stundungsersuchen **160** 212 *3*
- Verjährung für titelersetzendes privates Anerkenntnis **160** 197 *17*

Anerkenntnisurteil
- Gebühr **50** 12 *9*

Anerkennungstarifvertrag 470 1 *39*,
siehe auch Tarifvertrag

Anfechtung 320 1 *37, 69*
- *siehe auch* Arglistige Täuschung
- *siehe auch* Eigenschaftsirrtum
- *siehe auch* Erklärungsirrtum
- *siehe auch* Falschübermittlung
- *siehe auch* Inhaltsirrtum
- *siehe auch* Motivirrtum
- *siehe auch* Widerrechtliche Drohung
- Abwicklungsvertrag **160** 611 *999*
- Anfechtungsfrist **160** 611 *424, 452, 462 ff., 1020*
- Anfechtungsverzicht **160** 611 *999, 1020*
- Arbeitnehmerwahl, Aufsichtsrat **330** 22 *1 ff.*
- Arbeitsvertrag **160** 611 *6, 423 ff.; 620 9;* **260** 2 *46 ff.*
- Arbeitsvertrag, Schwangerschaft **350** 5 *19;* 9 *41*
- Aufhebungsvertrag **160** 611 *468, 999, 1011 ff.*
- Ausbildungsvertrag **110** 12 *10*
- Ausschlussfrist, § 626 Abs. 2 BGB **160** 611 *424, 452, 462*
- außerordentliche Kündigung, Abgrenzung **160** 626 *4*
- Beendigung des Arbeitsverhältnisses **320** 1 *37, 69*
- Bestätigung **160** 611 *425*
- Darlegungs- und Beweislast **160** 611 *301, 465 f.*
- Delegiertenwahl für, Aufsichtsrat **330** 21 *1 ff.*
- Eigenkündigung **160** 115 *8;* 611 *999, 1020*
- Eigenschaftsirrtum **160** 611 *423, 445 ff., 451 ff.*
- Entgeltverzicht **160** 611 *782*
- Erfüllungsinteresse **160** 611 *442*

- Erklärungsirrtum **160** 611 *423, 444, 451 ff.*
- fehlerhaftes Arbeitsverhältnis **160** 611 *42 ff., 440*
- Fragerecht **160** 611 *446, 457*
- Geschäftsgrundlage, Abgrenzung **160** 313 *9*
- Inhaltsirrtum **160** 611 *423, 443, 451 ff.*
- Insolvenzverwalter, Anspruchsübergang auf Bundesagentur für Arbeit **380** 187 *8*
- Kausalität **160** 611 *451, 458*
- Klagefrist für Kündigungsschutzklage **160** 611 *432*
- Kündigung, Verhältnis **160** 611 *424 ff.*
- Kündigungsverbot **160** 611 *429*
- Mitbestimmung des Betriebsrats **160** 611 *430, 467*
- Motivirrtum, Abgrenzung **160** 611 *443, 445*
- Nachschieben von Anfechtungsgründen **160** 611 *453*
- Rechtsfolgen **160** 611 *436 ff.*
- Schriftform **160** 611 *431, 461*; 623 *9*
- Umdeutung der Kündigung **160** 611 *426 f.*
- Vertrauensschaden **160** 611 *441*
- Verwirkung **160** 611 *424, 432 ff., 463 f.*
- Widerspruch **160** 625 *9*

Anfechtung des Arbeitsvertrages
- Offenbarungspflicht des Arbeitnehmers **260** 3 *44*
- Verschweigen der Behinderung **260** 3 *44*

Anfechtungsklage 450 86a *2, 5*; 86b *2 ff., 10*
- *siehe auch* Kombinierte Anfechtungs- und Bescheidungsklage
- *siehe auch* Kombinierte Anfechtungs- und Leistungsklage
- *siehe auch* Kombinierte Anfechtungs- und Verpflichtungsklage
- Arbeitszeit, Sonn- und Feiertagsbeschäftigung **80** 13 *61, 64 f.*; 15 *25 f.*; 17 *30*
- Erlaubnis zur Arbeitnehmerüberlassung **100** 2 *29, 32 ff., 36*; 4 *17, 19*; 5 *20, 22*; 6 *4 f.*; 7 *23*
- Vorstand, Hauptversammlungsbeschluss **30** 93 *45*

Anforderung amtlicher Auskünfte
- streitige Verhandlung **50** 56 *28 f., siehe auch dort*

Anforderung von Urkunden
- streitige Verhandlung **50** 56 *16 ff.*

Angelegenheiten, personelle
siehe Personelle Angelegenheiten

Angelegenheiten, soziale
siehe Soziale Angelegenheiten

Angelegenheiten, wirtschaftliche
siehe Wirtschaftliche Angelegenheiten

Angemessenheit
- Arbeitsentgelt **160** 307 *21*
- Ausbildungsvergütung/Auszubildendenvergütung **160** 307 *21*

Angestellter
- *siehe auch* Arbeitnehmerbegriff
- *siehe auch* Außertariflicher Angestellter
- *siehe auch* Leitender Angestellter
- Arbeitnehmerbegriff **160** 611 *51, 62*
- Arbeitnehmerüberlassung **100** 1b *5*

- Bestellung zum Geschäftsführer **160** 611 *98 ff.*
- Beteiligung des Personalrats bei fristloser Entlassung **170**, *84*
- Beteiligung des Personalrats bei Kündigung **170**, *9*
- betriebliche Altersversorgung **140** 1 *25*; 17 *2*
- Betriebsübergang **160** 613a *14, 94*
- Dienstordnungsangestellter **160** 626 *4*
- Gleichbehandlungsgrundsatz, Arbeiter **160** 611 *672*
- Gruppe, Personalrat **170**, *23, 45*
- Kündigungsfrist **160** 622 *1 ff.*
- Leistungsbeurteilung **160** 319 *15*
- Maßregelungsverbot **160** 612a *5*
- Unkündbarkeit **160** 622 *62*; **170**, *95*
- vorübergehende Verhinderung **160** 616 *1 f.*

Angestellter des öffentlichen Dienstes *siehe* Arbeitnehmer des öffentlichen Dienstes

Angestellter, außertariflicher *siehe* Außertariflicher Angestellter

Angestellter, kaufmännischer *siehe* Kaufmännischer Angestellter

Angestellter, leitender *siehe* Leitender Angestellter

Angriffsaussperrung 260 9 *120 f.*

Angriffs- und Verteidigungsmittel
- Berufung **50** 67 *1 ff., siehe auch dort*
- einstweiliges Verfügungsverfahren **50** 62 *60*
- Güteverhandlung **50** 54 *26*
- verspätete Mitteilung **50** 56 *81*
- verspäteter Vortrag **50** 56 *51 ff.*
- verspätetes Vorbringen **50** 56 *43*

Anhörung
- Beschlussverfahren **50** 83 *6 ff.*
- ehrenamtlicher Richter am Bundesarbeitsgericht **50** 44 *1 ff.*
- Zwangsvollstreckung im Beschlussverfahren **50** 85 *24 ff.*

Anhörung der Parteien
- mündliche Verhandlung **50** 57 *5*

Anhörung des Betriebsrats
siehe Betriebsrat, Anhörung

Anhörungsrüge *siehe* Gehörsrüge

Anhörungsrügengesetz 50 72a *6*

Anlagesicherheit
- Wertguthaben **390** 7d *17*

Anlernling
- Berufsbildung **110** 3 *18*

Annahmeverzug
- *siehe auch* Akkordarbeit
- *siehe auch* Arbeitskampfrisiko
- *siehe auch* Betriebsrisiko
- *siehe auch* Wegerisiko
- *siehe auch* Zwischenverdienst
- Abdingbarkeit **160** 615 *7 ff., 86*
- Abfindung **320** 10 *36*
- Ablehnungserklärung **160** 615 *31, 41*
- AGB **160** 615 *7*

Annahmeverzug

- Akkordlohn **160** 615 *64*
- Alkoholisierung **160** 615 *4, 20*
- Änderungskündigung **160** 615 *41*
- Angebot/Arbeitsangebot **160** 615 *23 ff., 86*
- Annahmeunmöglichkeit **160** 615 *5*
- Annahmeverzugslohn-Zahlungsklage **160** 615 *87 ff.*; **626** *146*
- Anrechnung **160** 615 *2, 8, 13, 38, 52 ff., 86*
- Arbeitnehmer **160** 615 *6*
- arbeitnehmerähnliche Person **160** 615 *6*
- Arbeitnehmerüberlassung **100** 11 *12, 19 f., 39*; **160** 615 *6 f.*
- Arbeitserlaubnis **160** 615 *20 f.*
- Arbeitslosengeld **160** 615 *10 f., 57*
- Arbeitsplatzwechsel-Empfehlung **160** 615 *20*
- Arbeitsschutz **70** 9 *14*
- Arbeitsunfähigkeit **160** 615 *4, 20*
- Arbeitszeitkonto **160** 615 *49*
- Arzt **160** 615 *6*; **621** *13*
- Aufhebungsvertrag **160** 611 *998, 1056, 1079*; 615 *8, 19, 45*
- Auflösungsurteil **160** 615 *45*
- Aufwendungsersatz **160** 615 *48, 53, 56, 69*
- Ausbildungsverhältnis **160** 615 *6*
- Ausgleichsquittung **160** 615 *7 f.*
- Aushilfsarbeitsverhältnis **160** 615 *6*
- Auslandsaufenthalt **160** 615 *19, 44, 61*
- Ausschlussfrist **160** 615 *57, 85*
- Aussperrung **160** 615 *16, 41*
- Beendigung **160** 615 *42 ff.*
- Befristung **160** 615 *6, 36, 38*
- Beschäftigungsverbot **160** 611 *817*; 615 *21, 41, 58*
- Betriebsferien **160** 615 *7, 41*
- Betriebsübergang **160** 615 *30, 45, 51, 63*
- Beweislast **50** 58 *31 ff.*
- Bruttolohn **160** 615 *48, 87*
- Darlegungs- und Beweislast **160** 615 *86*
- Dienstwagen **160** 611 *656, 1085*; 615 *49*
- Eigenkündigung **160** 127 *70*
- einstweiliger Rechtsschutz **160** 615 *9, 62*
- entbehrliches Angebot **160** 615 *34 ff.*
- Entgeltfortzahlung **160** 615 *41*
- Erfüllungsort **160** 615 *22, 28*
- ersparte Verpflegungskosten, Heimvertrag **160** 615 *6*
- Fahrtkosten **160** 615 *37, 48, 53, 56, 69*
- Fälligkeit **160** 615 *83*
- fehlerhaftes Arbeitsverhältnis **160** 615 *6, 14, 38*
- Fixschuldcharakter der Arbeitsleistung **160** 611 *189, 815 ff., 855*; 615 *5*
- Freistellung **160** 611 *1079, 1106 ff.*; 615 *8, 16, 19, 36, 41, 91*
- Freizeitausgleich **160** 611 *738*; 615 *16*
- frühzeitige Arbeitssuche **160** 615 *62*
- Führerscheinentzug, Abgrenzung **160** 611 *817*; 615 *21*
- Geschäftsführer **160** 611 *1107*

- Gewissensentscheidung **160** 615 *20*
- Gratifikation **160** 615 *48*
- Haftstrafe **160** 615 *44*
- Haftungserleichterung **160** 615 *69*
- Handelsvertreter **160** 615 *6*
- Heimarbeiter **160** 615 *6*
- Klage auf künftige Leistung **160** 615 *89*
- Klage wegen Besorgnis nicht rechtzeitiger Leistung **160** 615 *89*
- Krankengeld **160** 615 *57*
- Kündigung **160** 615 *31, 35, 38, 45*
- Kündigung von Betriebsratsmitglied **320** 15 *101*
- Kündigungsfrist **160** 615 *8, 35 f., 45*; **621** 8
- Kündigungsschutzklage **160** 615 *15, 19 f., 31, 33, 45, 83 ff., 88*; **626** *146*
- Kurzarbeit **160** 611 *523*; 615 *17, 31, 36, 41, 61*
- Kurzarbeitergeld **160** 615 *17*
- leidensgerechte Arbeit **160** 615 *20*
- Leistungsbereitschaft/-wille/-fähigkeit/-vermögen **160** 611 *1056*; 615 *18 ff., 86*
- Leistungslohn **160** 615 *49*
- Leistungsstörung **160** 611 *855*; 615 *1 ff.*
- Leistungsverweigerungsrecht **160** 615 *19, 32, 37, 45, 61, 86*; 618 *31*
- Lohn bei Betriebsübergang **160** 615 *36*
- Lohnausfallprinzip **160** 615 *48 f.*
- Mehraufwendungen **160** 615 *69*
- Meldung bei der Agentur für Arbeit **160** 615 *62*
- missio canonica **160** 615 *21*
- Mitbestimmung des Betriebsrats bei personellen Einzelmaßnahmen **160** 615 *61*
- Mitwirkungshandlung **160** 615 *13, 30 ff., 43, 45, 86*
- Nichtannahme **160** 615 *4, 37 ff., 86*
- öffentlich-rechtliche Leistung **160** 615 *10 f., 57*
- Persönlichkeitsrecht, Unzumutbarkeit **160** 615 *40*
- Provision **160** 615 *48*
- Prozessbeschäftigung **160** 611 *1056*; 615 *38, 61*
- Rechtsanwalt **160** 615 *6*
- Rechtsfolgen **160** 611 *855*; 615 *1, 13, 46 ff.*
- Rente wegen Erwerbsminderung **160** 615 *19 f., 57*
- Rücknahme der Kündigung **160** 615 *15*
- Rückzahlung **160** 615 *68*
- Sachbezüge **160** 611 *648*; 615 *49*
- Smogalarm, Abgrenzung **160** 611 *817, 830*; 615 *22, 79*; **616** 8
- Streik **160** 615 *16, 28*
- Streikarbeit **160** 615 *64*
- Studium **160** 615 *44, 64*
- Suspendierung **160** 611 *1079, 1106 ff.*; 615 *8, 16, 19, 36, 41, 91*
- Tantieme **160** 611 *723*; 615 *48*
- tatsächliches Angebot **160** 615 *24 ff.*
- Umsetzung, Betriebsratsanhörung **80** 6 *42*
- Umwandlung, UmwG **160** 615 *51*
- Unmöglichkeit, Verhältnis/Abgrenzung **160** 611 *815 ff.*; 615 *5, 15, 20, 22, 30, 44, 74, 77 ff.*

- Verjährung, Hemmung **160** 204 *9*; 615 *84*
- Versetzung **160** 611 *503*
- Vertragsfreiheit **160** 615 *7*
- Verzicht **160** 615 *10, 57*
- Voraussetzungen **160** 611 *855*; 615 *12 ff.*
- Vorstand **160** 611 *1107*
- Wegegeld **160** 615 *48*
- Wegerisiko, Abgrenzung **160** 611 *817, 825*; 615 *3, 22, 28, 72, 78 f.*; 616 *8*
- Weihnachtsgeld **160** 615 *49*
- Weiterbeschäftigungsverhältnis **160** 611 *1056*; 615 *15, 19, 38, 61*
- Wettbewerbsverbot **160** 615 *64*
- Widerspruch bei Betriebsübergang **160** 615 *63*
- Wirtschaftsrisiko **160** 307 *39*; 315 *30*; 611 *16, 416, 612*; 615 *3, 17, 72 ff., 82*
- wörtliches Angebot **160** 615 *30 ff.*
- Zeitlohn **160** 615 *49, 64*
- Zulage **160** 615 *48*
- Zuschlag **160** 615 *48, 70*

Annahmeverzug des Arbeitgebers
siehe Arbeitgeber, Annahmeverzug

Annahmeverzug, Kündigungsschutzprozess
- anderweitiger Verdienst **320** 11 *8 f.*
- Anrechnung öffentlich-rechtlicher Leistung **320** 11 *13*
- Anrechnung von Zwischenverdienst **320** 11 *1 ff.*
- Anrechnungsfolgen bei Zwischenverdienst **320** 11 *6 ff.*
- Auflösungsantrag **320** 9 *73*; 10 *36*
- Auskunftsanspruch auf Zwischenverdienst **320** 11 *17*
- böswilliges Unterlassen anderweitigen Verdienstes **320** 11 *10 ff.*
- Darlegungs- und Beweislast für Zwischenverdienst **320** 11 *16*
- mehrere Anrechnungstatbestände **320** 11 *14*
- Voraussetzungen **320** 11 *5, 15*
- Zumutbarkeit **320** 11 *11 f.*
- Zwischenverdienstanrechnung **320** 11 *1 ff.*

Anordnung, einstweilige
siehe Einstweilige Anordnung

Anrechnung der Tariflohnerhöhung
siehe Tariflohnerhöhung, Anrechnung

Anrechnung, Wehrdienst
- öffentlicher Dienst **60** 11a *1 ff.*

Anrechnungsvorbehalt
- AGB **160** 306 *8*
- Inhaltskontrolle, AGB **160** 307 *108*

Anrechnungszeiten
- Rentenversicherungspflicht **410** 3 *1*

Anschauung, politische *siehe* Politische Anschauung

Anscheinsbeweis
- Arbeitnehmerhaftung **160** 619a *6*
- arglistige Täuschung, Kausalität **160** 611 *466*
- Betriebsvereinbarung, Vorgabezeit **160** 611 *630*
- Beweislastveränderung, AGB **160** 309 *50*

- Leistungsunfähigkeit **160** 615 *86*
- Maßregelungsverbot **160** 612a *19*
- Schadensersatz, Verletzung von Arbeitsschutzvorschriften **160** 618 *36*
- Vergütungsrückzahlung, Entreicherung **160** 611 *763*; 628 *25*
- Vorformulierung, AGB **160** 310 *12*
- Vorliegen eines Betriebsübergangs **160** 613a *165*
- Vorliegen von AGB **160** 305 *35*

Anschlussberufung 50 64 *39 ff.*

Anschlussbeschäftigung
- Fragerecht, Aufhebungsvertrag **160** 611 *1011, 1081*
- Offenbarungspflicht **160** 611 *1011*

Anschlussbeschwerde 50 78 *19*
- Beschwerde im Beschlussverfahren **50** 89 *13 ff.*

Anschlussrechtsbeschwerde 50 78 *34*
- im Beschlussverfahren **50** 94 *10*

Anschlussrevision 50 74 *104 ff.*
- Gegenanschließung **50** 74 *112*, *siehe auch dort*
- Revisionsanschlussschrift **50** 74 *113*

Anschlusstarifvertrag 470 1 *30*; 2 *41*

Anschlussverbot
- Befristung **480** 14 *91 ff.*

Anspruch auf Pflegezeit
- akute Pflegesituation **365** 2 *3 ff.*
- Anwendbarkeit TzBfG **365** 6 *7*
- Anzeigepflicht **365** 2 *7*; 4 *9 f.*
- Ausnahmen vom Kündigungsverbot **365** 5 *6*
- Auszubildende **365** 2 *14*
- befristete Verträge **365** 6 *2 f.*
- Beginn/Ende besonderer Kündigungsschutz **365** 5 *4 f.*
- Darlegungs- und Beweislast **365** 2 *15*; 4 *6*; 5 *8*
- Dauer der Pflegezeit **365** 4 *14*
- entgegenstehende betriebliche Gründe **365** 4 *13*
- Erforderlichkeit **365** 2 *6*
- Freistellung **365** 4 *7 f.*
- Kündigungsverbot **365** 5 *2 ff.*
- kurzzeitige Pflege **365** 2 *2*
- mehrmalige Inanspruchnahme **365** 2 *5*
- Nachweispflicht **365** 2 *8 ff.*
- Rechtsweg **365** 5 *9*
- Schriftform **365** 4 *9 ff.*; 6 *7*
- Schwellenwert **365** 4 *5*
- sozialer Schutz **365** 4 *18 ff.*
- Umfang **365** 4 *9*
- Verlängerung **365** 4 *15*
- Verteilung der Arbeitszeit **365** 4 *9 f.*
- vorzeitige Beendigung **365** 4 *16*
- Zeitpunkt **365** 4 *12*

Anspruchsübergang *siehe* Forderungsübergang
Anspruchsverjährung *siehe* Verjährung
Anstalten des öffentlichen Rechts
- Arbeitsschutz **90** 16 *3*

Anstellungsvertrag
siehe auch GmbH-Geschäftsführer
– Aufsichtsrat der GmbH, Abschlusszuständigkeit **330** 31 *15*
– Vertretungsorgan der AG **330** 31 *14*
Anstellungsvertrag des GmbH-Geschäftsführers
siehe GmbH-Geschäftsführer, Anstellungsvertrag
Anteilsfaktor
– Diensterfindung **55** 9 *25*
Antidiskriminierungsstelle des Bundes
– Aufgabengebiet **20** 30 *2 ff.*
– Befugnisse **20** 30 *16 f.*
– Beirat **20** 30 *19 ff.*
– Berichtspflicht **20** 30 *14*
– weitere Aufgaben **20** 30 *13*
– Zusammenarbeit **20** 30 *15*
Antidiskriminierungsverband 20 23 *13 ff.*, *24*
Antrag
– Beschlussverfahren **50** 81 *1 ff.*
– Bestimmtheit **50** 46 *33*
– Güteverhandlung **50** 54 *25*
– Nichtzulassungsbeschwerde **50** 72a *95 ff.*
– Versäumnisurteil **50** 59 *15 ff.*
– Zulassung der Sprungrevision **50** 76 *4 f.*
Antragsänderung
– Beschlussverfahren **50** 81 *28 f.*
– Beschwerde im Beschlussverfahren **50** 87 *20 f.*
– Rechtsbeschwerdeverfahren **50** 92 *14*, siehe auch dort
Antragsbefugnis
– Beschlussverfahren **50** 81 *11 ff.*
Antragshäufung
– Beschlussverfahren **50** 81 *7*, siehe auch dort
Antragsrücknahme
– Beschlussverfahren **50** 81 *27*
– Beschwerde im Beschlussverfahren **50** 87 *20 f.*
– Rechtsbeschwerdeverfahren **50** 92 *13*
Antragsteller
– Beschlussverfahren **50** 81 *8 ff.*
Anwaltshaftung
– Übersehen der Haftungsprivilegierung bei gesetzlicher Unfallversicherung **420** 105 *29*; 106 *1*
Anwaltsvergleich
– Kostenprivilegierung **50** 12 *4*
Anwaltszwang
– Rechtsbeschwerde im Beschlussverfahren **50** 94 *2*
Anwartschaft, unverfallbare *siehe* Unverfallbare Anwartschaft
Anwendungsvorrang
– des Gemeinschaftsrechts **230** Vor *5*
Anwesenheitsprämie
– Entgeltfortzahlung **160** 611 *707*; 612a *14*; 616 *25*
– Kürzung bei Entgeltfortzahlung **210** 4a *9 f.*
– streikbedingte Ausfallzeit **160** 612a *15*
Anzeige
– Arbeitnehmerüberlassung in Kleinbetrieb **100** 1a *5, 7*; 9 *6*; 16 *10*

Anzeigepflicht
– Arbeitgebereigentum, Schaden **160** 611 *556*
– Arbeitnehmerüberlassung **100** 7 *1 ff.*; 16 *12*
– Ausbildender/Umschulender **110** 16 *9*; 63 *19*
– Berichtigungserklärung, Steuerrecht **160** 611 *120*
– Nebentätigkeit **160** 611 *541, 548*
– Steuerrecht **160** 611 *120*
Anzeigepflicht des Arbeitgebers *siehe* Arbeitgeber, Anzeigepflicht
Anzeigepflicht des Arbeitnehmers *siehe* Arbeitnehmer, Anzeigepflicht
Apothekenurteil 260 12 *38*
Approbation
– Beschäftigungsverbot **160** 615 *21*
– gesetzliches Verbot **160** 611 *392, 440*
Äquivalenzstörung
– Geschäftsgrundlage **160** 313 *6, 16*
Arbeit auf Abruf *siehe auch* Teilzeitarbeit
– Abruf **480** 12 *11 ff.*
– Dauer der wöchentlichen Arbeitszeit **480** 12 *4*
– Direktionsrecht, Verhältnis **480** 12 *11*
– Entgeltfortzahlung **480** 12 *23 f.*
– Entgeltfortzahlung bei Krankheit **210** 3 *40*
– Erholungszweck **180** 1 *27*
– Feiertagsvergütung **210** 2 *44 f.*; **480** 12 *23*
– Flexibilisierung der Arbeitszeit **80** 1 *32*; 2 *3, 18, 51, 62*
– Mitbestimmung **480** 12 *26*
– Muster für Vereinbarung **480** 12 *29 f.*
– tägliche Arbeitszeit **480** 12 *7 ff.*, *31*
– Tarifvertrag **480** 12 *18*
– Teilzeitarbeitsverhältnis **480** 12 *2*
– Überraschungsverbot **160** 305c *9*
– Überstunden **480** 12 *3, 20*
– Umfang **480** 12 *4 ff.*
– Urlaub **180** 11 *38*
– Urlaubsberechnung **180** 3 *35*
– Urlaubsentgelt **180** 11 *38*
– Vereinbarung **480** 12 *3*
– Vereinbarungsmuster **480** 12 *29 f.*
– wöchentliche Arbeitszeit **480** 12 *4 ff.*, *31*
– zweiseitige Konkretisierungsbefugnis, Überraschungsverbot **160** 305c *9*
Arbeit, Nichtantritt *siehe* Vertragsaufsage
Arbeiter
– Arbeitnehmerbegriff **160** 611 *51, 62*, siehe auch dort
– Arbeitnehmerüberlassung **100** 1b *1, 5*
– Berufsgruppenverzeichnis BRTV-Bau **100** 1b *5*
– Beteiligung des Personalrats bei fristloser Entlassung **170**, *84*
– Beteiligung des Personalrats bei Kündigung **170**, *9*
– betriebliche Altersversorgung **140** 1 *25*; 17 *2*
– Betriebsübergang **160** 613a *94*
– Gleichbehandlungsgrundsatz, Angestellter **160** 611 *672*

4979

- Gruppe, Personalrat **170**, *23, 45*
- Kündigungsfrist **160** 622 *1 ff.*
- Maßregelungsverbot **160** 612a *5*
- Unkündbarkeit **160** 622 *62*; **170**, *95*
- vorübergehende Verhinderung **160** 616 *1 f.*
- Werftarbeiter **80** 21 *1*

Arbeiter des öffentlichen Dienstes *siehe* Arbeitnehmer des öffentlichen Dienstes

Arbeitgeber
- *siehe auch* Arbeitgeberbegriff
- *siehe auch* Urheberschutz
- Arbeitsschutzüberwachung durch Behörde **90** 12 *2*
- Aufklärungspflicht **160** 611 *200, 224, 234 ff.*
- Aufrechnung **160** 611 *972*
- Beratungspflicht **150** 96 *10*; 97 *2*; 106 *6*
- Berichtspflicht **150** 43 *4, 7 ff.*
- Besprechung mit Betriebsrat **150** 74 *2*
- Bildung des Arbeitsschutzausschusses **90** 11 *1*
- Dienstherr/öffentlicher Arbeitgeber **170**, *1 ff.*
- Dienststellenleiter, Arbeitgeberfunktion **170**, *1, 13, 15*
- Eigenarbeit, Arbeitszeit **80** 9 *8*
- einfaches Nutzungsrecht **495** 31 *14 f.*
- Eltern des Minderjährigen **160** 115 *20*
- Fürsorgepflicht gegenüber Handlungsgehilfen **290** 62 *1 ff.*
- Gewerkschaft **160** 611 *133*
- Kostentragungspflicht *siehe* Kosten
- Kündigungsfrist **160** 620 *1, 10*; 621 *3*; 622 *1 ff.*
- Leistungsbestimmungsrecht **160** 611 *10*
- Maßregelungsverbot **160** 612a *4*
- Minderjähriger **160** 115 *5*
- Pflichtverletzung *siehe dort*
- Recht und Billigkeit **160** 315 *63*
- selbstständiger Arbeitsschutzexperte **90** 10 *10*
- Tariffähigkeit **470** 2 *60 ff.*
- Teilnahme an Betriebsratssitzung **150** 34 *6 f.*
- Teilnahme an Betriebsversammlung **150** 45 *1*
- Teilnahmerecht an Betriebsräteversammlung **150** 53 *2*
- Teilnahmerecht an Betriebsversammlung **150** 42 *2*; 43 *4*
- Unterrichtung des Betriebsrats **150** 80 *19 ff.*; 90 *2 ff.*; 111 *22 ff.*
- Unterrichtung des Wirtschaftsausschusses **150** 106 *6 ff.*; 108 *9*; 109 *2*
- Unterrichtung über Betriebsratssitzung **150** 30 *4*
- Unterrichtungspflicht **150** 81 *3 ff., 9 ff.*; 110 *2 ff.*
- Unterstützung der Arbeitsschutzexperten **90** 10 *7*
- Verstoß gegen Zusammenarbeitspflicht **90** 10 *6*
- Vertragswahl mit Betriebsarzt/Sicherheitskraft **90** 9 *6*
- Wirtschaftsrisiko **160** 307 *39*; 315 *30*; 611 *16, 416, 612*; 615 *3, 17, 72 ff.*, *82*

Arbeitgeber, Annahmeverzug
- Direktionsrecht **250** 106 *98*
- Feiertagsvergütung **210** 2 *19*
- Lohnfortzahlung im Krankheitsfall **210** 3 *39*
- NachwG **360** Vor 1 *20*; 2 *22*

Arbeitgeber, Anzeigepflicht
- schwerbehinderte Menschen **430** 77 *17*; 90 *8*

Arbeitgeber, Arbeitsschutz
- Adressat des Bußgeldbescheides **90** 20 *2*
- Ordnungswidrigkeit **90** 20 *2*
- schriftlicher Vertrag mit überbetrieblichem Dienst **90** 19 *7*
- überbetrieblicher Dienst **90** 19 *3*

Arbeitgeber, Auskunftsanspruch
- Insolvenzverwalter gegen Pensionssicherungsverein **140** 11 *13*
- Nebentätigkeit **160** 611 *548, 559*
- weitere Arbeitsverhältnisse, Abmahnung **80** 2 *54*
- Wettbewerbsverbot **160** 611 *559*
- Zwischenverdienst bei Annahmeverzug **320** 11 *17*

Arbeitgeber, Auskunftspflicht
- Mutterschutz **350** 19 *1 ff.*
- Verwaltungsverfahren **440** 98 *1 ff.*

Arbeitgeber, Fragerecht
- Persönlichkeitsrecht **260** 2 *44, 46 ff.*
- Pfändung **500** 850k *28*

Arbeitgeber, Haftungsbeschränkung
- gesetzliche Unfallversicherung **420** 104 *14 ff.*

Arbeitgeber, Informationspflicht
- Insolvenzgeld **380** 183 *19*
- Jugendarbeitsschutz **310** 50 *1 ff.*

Arbeitgeber, mittelbarer
siehe Mittelbares Arbeitsverhältnis

Arbeitgeber, öffentlicher
siehe Öffentlicher Arbeitgeber

Arbeitgeber, Straftat
- Jugendarbeitsschutz **310** 60 *3 ff.*

Arbeitgeber, unmittelbarer
siehe Mittelbares Arbeitsverhältnis

Arbeitgeberbegriff
- aufgespaltene Arbeitgeberfunktion **160** 611 *136*
- Definition **160** 611 *126 f.*
- GbR/Gesellschafter **160** 611 *128*
- GmbH/GmbH & Co. KG/Geschäftsführer **160** 611 *130*
- KG/Gesellschafter **160** 611 *129*
- Konzern, Abgrenzung **160** 611 *137*
- Mehrheit von Arbeitgebern **160** 611 *134 f.*
- nicht rechtsfähiger Verein **160** 611 *133*
- OHG/Gesellschafter **160** 611 *129*
- Unternehmer, Abgrenzung **160** 611 *127*
- Vor-GmbH **160** 611 *131 f.*

Arbeitgeberberatung
- Änderungskündigung **320** 2 *131 ff.*

Arbeitgeberdarlehen
- Abschlagszahlung, Abgrenzung **160** 611 *665*; 614 *24*
- Betriebsübergang **160** 611 *747*; 613a *102*
- Erledigungsklausel **160** 305c *32*; 611 *1093*

- Schriftformklausel 160 611 *747*
- Unklarheitenregel 160 305c *31 f.*
- Verbraucherdarlehen 160 611 *625, 665, 746*
- Vergütung, Abgrenzung 160 611 *625, 665, 746 f.*
- Vorschuss, Abgrenzung 160 611 *665;* 614 *24*
- Zahlung ohne Entgeltcharakter 160 611 *746 f.*

Arbeitgebereigentum
- Anzeigepflicht, Schaden 160 611 *556*
- Arbeitsergebnis 160 611 *554*
- Bedienungsgeld 160 611 *741*
- Dienstwagen 160 611 *554, 662, 919 f.*
- Gesellenstück, Abgrenzung 160 611 *554*
- Herausgabe 160 611 *557 f., 586, 596;* 613 *5*
- Kündigung wegen Eigentumsdelikts 160 611 *556*
- Nebenpflicht, Schutz 160 611 *554 ff.*
- Rückgabe 160 611 *557 f.*

Arbeitgebergruppe
- einheitliches Arbeitsverhältnis 160 611 *134*

Arbeitgeberhaftung
- Abgeltung/Abdingbarkeit 160 611 *963 f., 968, 980 ff.;* 619 *6*
- arbeitsbedingter Eigenschaden 160 309 *32, 39 ff.*
- Auskunftspflicht 160 611 *941, 1046*
- betriebliche Altersversorgung 140 1 *67*
- betriebliche Veranlassung 160 611 *962*
- Betriebsparkplatz 160 611 *941, 960;* 618 *26*
- Betriebsübergang 160 613a *1, 8, 92, 136 ff., 141, 193 f., 229*
- Bußgeld, Erstattung 160 611 *961*
- Darlegungs- und Beweislast 160 611 *940, 942 ff., 970 f.;* 619a *1, 5*
- deliktische Haftung 160 611 *875, 945 ff.*
- Diebstahl 160 611 *960, 966, 980*
- Erfüllungsgehilfe 160 611 *572, 943, 947;* 618 *32*
- Falschauskunft (betriebliche Altersversorgung) 160 611 *941, 1046*
- Gefährdungshaftung 160 309 *39;* 611 *881, 955*
- Haftungsausschluss, AGB 160 309 *4, 32 ff., 42;* 611 *980 ff.*
- Haftungsschaden des Arbeitnehmers 160 611 *956, 961, 966*
- Kilometerpauschale 160 611 *963*
- Körperschaden/Personenschaden 160 309 *34 f.;* 611 *480, 663, 875, 935 ff.*
- Krankheit am Arbeitsplatz, Informationspflicht 160 611 *941*
- Mindestarbeitsbedingungen 10 14 *1 ff.*
- Mitverschulden 160 611 *659, 809, 954, 961, 965 f., 971;* 618 *35*
- Obhutspflicht 160 611 *941*
- Personenschaden/Körperschaden 160 309 *34 f.;* 611 *663, 875, 935*
- Rücksichtnahmepflicht 160 611 *941*
- Sachschaden/Vermögensschaden 160 309 *36 ff.;* 611 *875, 954 ff.;* 618 *13;* 619 *6*
- Schlechtleistung 160 611 *937 f.*
- Schutzpflichtverletzung 160 611 *940 f.*
- sozialversicherungsrechtliche Pflicht 160 611 *941*
- Strafverfolgung/Strafverteidigung, Kosten 160 611 *960 f., 967*
- Unfall/Verkehrsunfall 160 611 *957, 960 ff.*
- unzulässige Daten 120 7 *1 ff.;* 8 *1 ff.*
- Vermögensschaden 160 309 *36 ff.;* 611 *875, 954 ff.*
- Verrichtungsgehilfe 160 611 *572, 943, 947, 952*
- vertragliche Haftung 160 611 *875, 936 ff.*
- Zeugnis 250 109 *49*

Arbeitgeberpflicht
- Aufzeichnung/Aufbewahrung/Bereithaltung 10 19 *1 ff.*
- Bestellung von Betriebsarzt 90 1 *4*
- Meldepflicht, Arbeitnehmerentsendung 10 18 *6 f.*
- Sicherheitskräfte 90 5 *6*

Arbeitgeberverband
- Arbeitszeit 80 7 *61*
- Grundrechtsbindung 260 Vor 1 *25*
- Koalitionsfreiheit 260 9 *47*
- Tariffähigkeit 470 2 *4 ff., 65 ff.*
- Tarifzuständigkeit 470 2 *94*

Arbeitgebervereinigung
- Anhörungsrecht 50 14 *4*
- Begriff 150 2 *21*
- Beschlussverfahren 50 2a *14*
- ehrenamtlicher Richter 50 22 *4, siehe auch dort*
- Prozessvertretung 50 11 *18*
- Teilnahme an Betriebsratssitzung 150 34 *6 f.*
- Teilnahme an Betriebsversammlung 150 42 *2;* 45 *1*
- Teilnahmerecht an Betriebsräteversammlung 150 53 *2*

Arbeitgeberzuschuss
- Rentenversicherung, Versteuerung 240 3 *30*

Arbeitnehmer 50 5 *1 ff.*
- *siehe auch* Arbeitnehmer des öffentlichen Dienstes
- *siehe auch* Arbeitnehmerbegriff
- *siehe auch* Nachtarbeitnehmer
- Altersteilzeitarbeitnehmer 40 2 *3 ff.*
- Anhörungsrecht 150 82 *3 f.*
- Annahmeverzug 160 615 *6*
- Arbeitnehmerhaftung 160 611 *890;* 619a *3*
- Arbeitsergebnis, Erfindung 55 1 *1*
- Arbeitsplatzschutz, Wehrdienst 60 1 *2 f.;* 2 *2;* 4 *2;* 7 *1*
- Arbeitsschutz 160 618 *2*
- Arbeitszeugnis 160 630 *1 ff.*
- Artist 160 611 *104*
- Arzthelferin 160 611 *104*
- Ausgleicher Pferdesport, Abgrenzung 160 611 *104*
- Aushilfe 150 1 *44*
- Außendienstmitarbeiter 150 1 *37;* 5 *9*
- Außenrequisiteur 160 611 *104*
- äußeres Erscheinungsbild 260 2 *59 f.*
- außerordentliche Kündigung 160 626 *1 ff.*

Arbeitnehmer

- Auszubildende **150** 5 *10 ff.*, *siehe auch dort*
- Auszubildender, Abgrenzung **110** 3 *11*; 12 *22*
- Autor für Rundfunk- und Fernsehanstalten **160** 611 *104*
- Bauleiter **160** 611 *104*
- befristet beschäftigter Arbeitnehmer **150** 1 *42*
- Begriff **150** 1 *36 ff.*; 5 *3 ff.*, *32 ff.*; 9 *11*; 104 *4*
- Berufssoldat **60** 1 *4*
- Besatzungsmitglieder, Kauffahrteischifffahrt **80** 1 *31*; 18 *11*
- Besatzungsmitglieder, Luftfahrt **80** 20 *2*
- Beschäftigungsanspruch **160** 611 *15, 849 ff., 1153*; 615 *71*; 628 *54*
- Beschwerderecht *siehe dort*
- Besitzdiener, Arbeitgebereigentum/Dienstwagen **160** 611 *554, 662, 919 f.*
- besonderer Vertreter des Vereins **160** 611 *104*
- Bestellung zum Geschäftsführer **160** 611 *98 ff.*
- betriebliche Altersversorgung, persönlicher Geltungsbereich **140** 1 *25*; 1a *2*; 2 *4*; 6 *3*; 7 *7*; 16 *10*; 17 *2*
- Betriebsübergang **160** 613a *14 f., 94 f.*
- Bildberichterstatter, Abgrenzung **160** 611 *104*
- Bodenpersonal, Luftfahrt **80** 20 *2*
- Buffetleistung **160** 611 *485*
- Bühnen- und Szenenbildner **160** 611 *104*
- Chefarzt **160** 611 *104*
- Co-Pilot **160** 611 *104*
- Croupier **160** 611 *104*
- Datenschutz **150** 83 *1 ff.*
- Definition **50** 2 *8*
- Delkredereprovision **290** 86b *1*
- Differenzierungsverbot, Gewerkschaftszugehörigkeit **160** 622 *62*
- Doktorand **160** 611 *104*
- Dozent in beruflicher Bildung **160** 611 *104*
- Drehbuchautor **160** 611 *104*
- DRK-(Gast-)Schwester **160** 611 *104*
- Einsichtsrecht in Personalakte **460** 26 *2*
- Entfernungsanspruch des Betriebsrats **150** 104 *13 ff., 19 ff.*
- Entgeltumwandlung, Anspruchsberechtigter **140** 1a *2*; 17 *11*
- Entwicklungshelfer **160** 611 *104*
- Erfinder **160** 611 *104*
- Erfolgsbeteiligung **160** 611 *16*
- Erfüllungsgehilfe **160** 611 *156, 572, 943*
- Erörterungsrecht **150** 81 *10*; 82 *6 ff.*
- Fahrlehrer, Fahrschule **160** 611 *104*
- Fahrpersonal in der Binnenschifffahrt **80** 21 *1*
- Familienangehöriger **150** 5 *28, 43 f.*
- Familienhelferin **160** 611 *104*
- Fernsehredakteur **160** 611 *104*
- Fernsehreporter, Abgrenzung **160** 611 *104*
- Filmautor **160** 611 *104*
- Filmkritiker, Abgrenzung **160** 611 *104*
- Fleischbeschautierarzt **160** 611 *104*

- Fotoreporter **160** 611 *104*
- Frachtführer, Abgrenzung **160** 611 *104*
- Franchisenehmer, Abgrenzung **160** 611 *104, 161*
- Freistellung zur Stellensuche **160** 629 *5*
- Freizügigkeit, EU **230** 39 *1 ff.*
- Geringverdiener **150** 5 *15*
- Geschäftsführer, Abgrenzung **160** 14 *9*
- Geschäftsunfähigkeit **160** 115 *4*
- gesetzlicher Vertreter eines ausländischen Kreditinstituts, Abgrenzung **160** 611 *104*
- GmbH-Gesellschafter, Abgrenzung **160** 611 *104*
- Handelsagent, Abgrenzung **160** 611 *104*
- Handelsschullehrer, Abgrenzung **160** 611 *104*
- Handelsvertreter, Abgrenzung **60** 8 *1*
- Handicapper Pferdesport, Abgrenzung **160** 611 *104*
- Hausgewerbetreibender, Abgrenzung Leiharbeitnehmer **100** 1 *16*
- Heimarbeiter, Abgrenzung Leiharbeitnehmer **100** 1 *16*
- Höchstarbeitszeit, Werktag/Woche **80** 1 *20, 32, 50 f.*; 2 *31, 49, 59*; 3 *1 ff.*; 5 *21*; 6 *9 f.*, *52*; 7 *13 ff.*, *26 f., 44, 79 ff.*; 11 *1, 8*; 12 *1*; 14 *36*; 15 *19*; 16 *6 f.*; **160** 611 *505*
- Hörfunkkorrespondent **160** 611 *104*
- Hostess, Abgrenzung **160** 611 *104*
- Journalist **160** 611 *104*
- Jugendbetreuer in Jugendfreizeitstätte, Abgrenzung **160** 611 *104*
- Kameraassistent **160** 611 *104*
- Kantinenwirt, Abgrenzung **160** 611 *104*
- Kommissionär, Abgrenzung **160** 611 *104*
- Krankenfürsorge **160** 617 *3*
- kreativer Arbeitnehmer, Forschung und Lehre **80** 14 *21, 23*
- Kundenberater **160** 611 *104*
- Kündigungsfrist **160** 620 *1, 1*; 621 *3*; 622 *1 ff.*
- Kündigungsschutz *siehe dort*
- Kündigungsschutzklage bei Insolvenz
- Künstler, Abgrenzung **160** 611 *104*
- Kurierdienstfahrer, Abgrenzung **160** 611 *104*
- Lehrer an Volkshochschule, Abgrenzung **160** 611 *104, 485*
- Lehrtätigkeit, Abgrenzung **160** 611 *104*
- Leiharbeitnehmer **100** 1 *8 ff.*; **150** 1 *43*, *siehe auch dort*
- Leistungsbestimmungsrecht **160** 315 *1, 32, 74*
- leitender Angestellter *siehe dort*
- Lektor, Abgrenzung **160** 611 *104*
- Liquidator in Treuhandgesellschaft, Abgrenzung **160** 611 *104*
- Lizenzfußballspieler **160** 611 *104*
- Maßregelungsverbot **160** 612a *5*
- Minderjähriger, Betrieb der Eltern **160** 115 *20*
- Mitteilungsanspruch Untersuchungsergebnis **90** 8 *12*
- Motorradrennfahrerin, Abgrenzung **160** 611 *104*

- Musikbearbeiter **160** 611 *104*
- Musiklehrer **160** 611 *104*
- Nachrichtensprecher **160** 611 *104*
- Offenbarungspflicht **260** 2 *45*
- Orchesteraushilfe, Abgrenzung **160** 611 *104*
- Orchestermusiker **160** 611 *104*
- Personalakte **150** 83 *8 ff.*, siehe auch dort
- PGH-Mitglied DDR, Abgrenzung **160** 611 *104*
- Plakatkleber, Abgrenzung **160** 611 *104*
- Pressefotograf, Abgrenzung **160** 611 *104*
- Provision **290** 65 *1 ff.*
- Psychologe, Abgrenzung **160** 611 *104*
- Rechtsanwalt, Abgrenzung **160** 611 *104*
- Redakteur, Abgrenzung **160** 611 *104*
- regelmäßig beschäftigter Arbeitnehmer **150** 1 *45*; 9 *10 f.*; 38 *3*
- Regisseur **160** 611 *104*
- Rehabilitand, Abgrenzung **160** 611 *104*
- Reporter Nebenberuf, Abgrenzung **160** 611 *104*
- Rundfunkgebührenbeauftragter, Abgrenzung **160** 611 *104*
- Rundfunkkorrespondent **160** 611 *104*
- Rundfunkmitarbeiter, Abgrenzung **160** 611 *104*
- Saisonarbeitnehmer **150** 1 *44*; 9 *11*
- Schank- und Pausenbewirtung, Abgrenzung **160** 611 *104*
- Scheinselbständiger, Abgrenzung Leiharbeitnehmer **100** 1 *16*
- Schichtarbeitnehmer **80** 6 *2 ff., 52*
- Schutzmaßnahme **160** 618 *1 ff., 9*; 619 *3*
- Scientology-Vereinsmitglied, Abgrenzung **160** 611 *104*
- Sekretärin **160** 611 *104*
- sozialversicherungspflichtige Beschäftigung, Begriff **390** 7a *2 ff.*
- ständiger Arbeitnehmer **150** 1 *42 ff.*
- Stellungnahmerecht **150** 82 *5*
- Stripteasetänzerin **160** 611 *104*
- Tankwart **160** 611 *104*
- Taxifahrer zur Aushilfe, Abgrenzung **160** 611 *104*
- Telearbeit **150** 5 *31*
- Theaterintendant Nebenberuf, Abgrenzung **160** 611 *104*
- Transportfahrer **160** 611 *485*
- Übersetzer, Rundfunk/Fernsehen **160** 611 *104*
- Überwachung **260** 2 *61, 69 ff.*
- Unterrichtung von Arbeitsbedingungen **160** 305 *29*
- Unterrichtungsrecht **150** 81 *3 ff.*
- Verbraucher **160** 14 *9*; 305 *1, 32 f.*; 310 *4 ff.*; 312 *15*; 611 *1177*
- Verbraucher, AGB Kontrolle **160** 305 *2*
- Vereinsmitglied, Abgrenzung **160** 611 *104*
- Vergütungsanspruch, Dienstfindung **55** 1 *1*
- Verkaufsstellenleiter, Abgrenzung **160** 611 *104*
- Verlustbeteiligung **160** 611 *16, 416, 612*
- Verrichtungsgehilfe **160** 611 *156*
- Versicherungsvertreter, Abgrenzung **160** 611 *104*
- Vertragsamateur DFB **160** 611 *104*
- Vertretungsstruktur **150** 3 *4 ff.*
- Vorleistungspflicht **160** 309 *5*; 611 *680 f.*; 614 *1, 3, 17*; 615 *1*; 626 *45*
- Vorschlagsrecht **150** 86a *2 ff.*
- Vorstand, Abgrenzung **30** 84 *31 ff.*; 93 *64*; **160** 14 *9*
- vorübergehende Verhinderung **160** 616 *1 ff.*; 629 *3, 21 f.*
- Weisungsrecht, Anwendungsbereich **160** 315 *18*
- Weiterbeschäftigungsanspruch **160** 615 *15, 19*
- Werftarbeiter/Arbeitnehmer an Werften **80** 21 *1*
- Zeitungsausträger, Abgrenzung **160** 611 *104*

Arbeitnehmer des öffentlichen Dienstes
- siehe auch Leitender Arbeitnehmer im öffentlichen Dienst
- siehe auch Unkündbarkeit
- Arbeitnehmerbegriff, Abgrenzung **160** 611 *103*
- Arbeitsplatzschutz, Wehrdienst **60** 1 *8*; 6 *5*; 11a *2*
- Arbeitszeugnis **160** 630 *4*
- außerordentliche Kündigung **160** 626 *1, 66*
- BAT **160** 611 *103*; 630 *4*
- Beteiligung des Personalrats bei fristloser Entlassung **170**, 84
- BMT-G **160** 611 *103*
- MTArb **160** 611 *103*
- Personalrat **170**, *1 ff.*

Arbeitnehmer im Haushalt
- keine Anwendung des ASiG **90** 17 *1*

Arbeitnehmer, Anzeigepflicht
- vorzeitige Altersleistung, Betriebliche Altersversorgung **140** 6 *71 ff.*

Arbeitnehmer, Auskunftsanspruch
siehe auch Unterrichtung, Betriebsübergang
- Auskunftspflicht des neuen Arbeitgebers, betriebliche Altersversorgung **140** 4a *8 f.*
- betriebliche Altersversorgung, unverfallbare Anwartschaft **140** 4a *1 ff.*
- Dienstwagen, Nutzwert **160** 611 *664*
- Leiharbeitnehmer gegen Entleiher **100** 10 *65*; 13 *1 ff.*
- Schadensersatz **140** 4a *12*
- Tantieme, Berechnungsgrundlage **160** 611 *726*
- Übertragungswert der unverfallbaren Anwartschaft **140** 4a *7*
- Zielvereinbarung **160** 611 *716*

Arbeitnehmer, Auskunftspflicht
- Sozialversicherungspflicht **390** 28p *1 f.*

Arbeitnehmer, ausländischer
- Kündigungsschutz **320** 1 *102*
- verspätete Kündigungsschutzklage **320** 5 *27*

Arbeitnehmer, Begriff
- Anfrageverfahren, Rentenversicherung **240** 19 *46*
- Einkommensteuer **240** 19 *7 ff., 22 ff.*
- Freizügigkeitsrichtlinie **230** 39 *11 ff.*
- NachwG **360** 1 *3 ff.*

Arbeitnehmer, Ehre 260 2 *61 ff.*
Arbeitnehmer, Entschädigung
– Verstoß gegen AGG 20 16 *9 ff.*
Arbeitnehmer, Freistellung
– Beendigung des Arbeitsverhältnisses 320 1 *39*
– Sperrzeit 380 144 *85*
Arbeitnehmer, Gleichstellungsanspruch
– Darlegungs-/Beweislast 100 10 *66*
Arbeitnehmer, Leistungsverweigerungsrecht
– (sexuelle) Belästigung 20 14 *9 ff.*
Arbeitnehmer, leitender im öffentlichen Dienst
siehe Leitender Arbeitnehmer im öffentlichen Dienst
Arbeitnehmer, Schadensersatzanspruch
– Verstoß gegen AGG 20 16 *3 ff.*
Arbeitnehmer, Treuepflicht
– Lohnstundung 160 614 *14*
– Mehrarbeit in Notfällen 80 14 *42*
– Verstoß gegen ArbZG, Hinweis, Abhilfeverlangen, Anzeige 80 1 *26*
Arbeitnehmer, unkündbarer
– Beweislast 50 58 *83*
Arbeitnehmerurheber
– Abgeltungslehre 495 32 *3*
– Abgrenzung Selbstständige 495 32 *9*
– angemessene Vergütung 495 32 *11 ff.*
– Arbeitsvertragsinhalt 495 43 *6 ff.*
– Beendigung des Arbeitsverhältnisses 495 31 *15*
– Darlegungs- und Beweislast 495 32 *37*
– Einmalzahlung 495 32 *10*
– gemeinsame Vergütungsregel 495 32 *17*
– Pflichtwerk 495 43 *5*
– Rechtsweg 495 43 *14*
– Sondervergütung 495 32 *5*
– Tarifvertrag 495 32 *13 ff.*
– Trennungslehre 495 32 *4 ff.*
– Urheberbewusstsein 495 31 *7*
– Urheberklauseln 495 31 *19*
– Vergütung 495 32 *2 ff.*
– Vertragsauslegung, Zivilrecht 495 31 *7, 10 ff.*
– Wettbewerbsverbot 495 31 *14*
Arbeitnehmer-Urhebervertragsrecht
– Ablieferung des Werkes 495 31 *8*
– Abrechnungszeitraum 495 32 *28*
– Einzelfallbetrachtung 495 31 *11*
– Inhaltskontrolle 495 31 *17*
– Nutzungsrechtseinräumung 495 31 *11*
– Rechtsweg 495 31 *18*
– Schriftform 495 31 *11, 14 ff.*
– Verjährung 495 32 *34*
– Vertragsauslegung, Zivilrecht 495 31 *10*
Arbeitnehmerähnliche Person
– Abgrenzung, Selbständige 180 2 *6 ff.*
– AGB 160 305 *31*
– Ankündigungsfrist 160 620 *6*
– Annahmeverzug 160 615 *6*
– Anwendbarkeit des TVG 470 12a *1 ff.*
– Arbeitnehmer, Abgrenzung 160 315 *18*; 611 *82 ff.*

– Arbeitnehmerhaftung 160 611 *891*; 619a *3*
– Arbeitsschutz 70 2 *3 f.*
– Arbeitszeit 80 2 *29, 34*
– Arbeitszeugnis 160 630 *3*
– Auslauffrist 160 620 *6*
– Befristung 160 620 *1, 6*
– Begriff 180 2 *6*; 470 12a *3 ff.*
– Betriebsübergang 160 613a *16*
– Direktionsrecht 160 315 *18*
– Dozent an Fachhochschule 180 2 *11*
– Einfirmen-Handelsvertreter 160 611 *86*
– Einzelfälle 180 2 *10*
– Ersatzurlaub 180 2 *17*
– Franchisenehmer 160 611 *83*
– Freistellung zur Stellensuche 160 629 *5*
– Handelsvertreter 180 2 *10*
– Heimarbeiter 160 611 *85*
– Journalisten 180 2 *10*
– Kündigungsfrist 160 621 *3*
– Kündigungsschutz 320 1 *152*
– Leistungsbestimmungsrecht 160 315 *18*
– Liquidator in Treuhandgesellschaft 160 611 *104*
– Maßregelungsverbot 160 612a *5*
– Motorradrennfahrer 160 611 *83, 104*
– Nachtwache in Privatklinik 180 2 *12*
– NachwG 360 1 *9*
– Rundfunk-/Fernsehmitarbeiter 180 2 *10*
– Rundfunkgebührenbeauftragter 160 611 *83*
– Schutzbedürfnis 180 2 *9*
– Telefonmarketing Tätige 180 2 *13*
– Urlaubsabgeltung 180 2 *18*
– Urlaubsanspruch 180 2 *6*
– Urlaubsbestimmungsrecht 180 2 *16*
– Urlaubsentgelt 180 2 *15 f.*
– Vergütung 160 612 *5*
– Verwirkung des Urlaubsanspruchs 180 2 *19*
– vorübergehende Verhinderung 160 616 *1*
– wirtschaftliche Abhängigkeit 160 611 *83 f.*; 180 2 *8*
– Zuständigkeit des Arbeitsgerichts 50 5 *4 f.*
Arbeitnehmerbegriff
– abhängige Arbeit 160 611 *58, 64 ff., 79, 81*
– Angestellter 160 611 *51, 62*
– Arbeiter 160 611 *51, 62*
– Arbeitnehmer des öffentlichen Dienstes, Abgrenzung 160 611 *103*
– arbeitnehmerähnliche Person, Abgrenzung 160 315 *18*; 611 *82 ff.*
– Arbeitnehmerschutzrecht 160 611 *50*
– Auszubildender 160 611 *51*
– Beschäftigter, Abgrenzung 160 611 *52, 55 f.*
– Bezeichnung des Rechtsverhältnisses 160 611 *78, 1158*
– Definition/Begriffsmerkmale 160 611 *50 ff., 79 ff.*
– Entgeltfortzahlung 160 611 *78*
– Entgeltzahlungsmodalitäten 160 611 *78*
– fachliche Weisungsgebundenheit 160 611 *67 f.*

- Fallgruppen **160** 611 *104*
- freier Mitarbeiter/Selbständiger, Abgrenzung **160** 611 *50 ff.*
- Grenzfall-Rechtsprechung **160** 611 *56*
- Handelsvertreter, Abgrenzung **160** 611 *90 ff.*
- Hilfskriterien **160** 611 *78*
- leitender Angestellter, Abgrenzung **160** 611 *87 ff.*
- Lohnsteuer **160** 611 *78*
- organisatorische Weisungsgebundenheit **160** 611 *72 ff.*
- Organmitglied, Abgrenzung **160** 611 *96 ff.*
- örtliche Weisungsgebundenheit **160** 611 *66*
- persönliche Abhängigkeit **160** 611 *58, 64 ff., 79, 81*
- persönliche Abhängigkeit, Arbeitszeit **80** 2 *33*
- privatrechtlicher Vertrag **160** 611 *58 ff.*
- Rechtsweg, Arbeitsgerichte **160** 611 *50*
- Rundfunk-, Fernsehmitarbeiter, Abgrenzung **160** 611 *69*
- Scheinselbstständiger **100** 1 *16*; 611 *1158 ff.*; **160** 306a *8*
- Sozialversicherungsbeiträge **160** 611 *78, 1163 ff.*
- Statusklage **160** 611 *105 ff.*
- Steuerrecht, Lohnsteuer **160** 611 *52 ff.*
- Unternehmerrisiko/Unternehmerische Betätigungsfreiheit **160** 611 *75 f., 79 ff., 90, 160*
- Urlaub/Urlaubsentgelt **160** 611 *78*
- Weisungsgebundenheit/Weisungsunterworfenheit **160** 611 *58, 64 ff.*
- Weisungsrecht, Arbeitnehmerüberlassung **100** 1 *9, 12, 15 f., 18, 21 f., 23, 26, 48*; **10** *18, 28 f.*; **14** *3, 7, 22*
- wirtschaftliche Abhängigkeit **160** 611 *77*
- zeitliche Weisungsgebundenheit **160** 611 *69 ff.*

Arbeitnehmerbeteiligung
- *siehe auch* Unternehmensmitbestimmung, DrittelbG
- *siehe auch* Unternehmensmitbestimmung, MitbestG
- *siehe auch* Unternehmensmitbestimmung, MontanmitbestG
- Europäische Aktiengesellschaft, EG-Richtlinie **230** Richtlinien *177 ff.*
- Europäische Betriebsräte-Richtlinie **230** Richtlinien *152 ff.*
- Europäische Genossenschaft **369** 39 *1 ff.*
- Europäische Genossenschaft, EG-Richtlinie **230** Richtlinien *188 ff.*
- Europäische Gesellschaft *siehe dort*
- Europäischer Betriebsrat **230** Richtlinien *152 ff.*, *siehe auch dort*
- SCE-Beteiligungsgesetz **368** 4 *1*

Arbeitnehmerdarlehen
- Vergütung, Abgrenzung **160** 611 *626*

Arbeitnehmerentsendegesetz 470 1 22
- allgemeine Arbeitsbedingungen **10** 2 *1*
- Aufsichtsbehörde **10** 2 *13*
- Ausländerbeschäftigung **10** 1 *9*

- Ausschluss von der Vergabe öffentlicher Aufträge **10** 21 *1 ff.*
- Behördenzusammenarbeit **10** 20 *1 ff.*
- bundesweiter Tarifvertrag **10** 3 *9*
- Bußgeldvorschriften **10** 23 *1 ff.*, *siehe* Bußgeld, AEntG
- deutsche Umsetzung Entsenderichtlinie **230** Richtlinien *48*
- Einschränkungen ausländischen Rechts **10** 2 *12*
- Entsenderichtline **10** 1 *3*
- Entstehungsgeschichte **10** 1 *3*
- Ermächtigung zu Mindestarbeitsbedingungs-VO **327** 10 *67 f.*
- Europa-/Völkerrechtskonformität **10** 3 *3 ff.*
- Fiktion eines Geschäftsraums **10** 22 *4*
- Gesetzeszielbestimmung **10** 1 *1, 4*
- Gewerbezentralregister **10** 20 *4*
- Günstigkeitsvergleich **10** 3 *3*
- Konkurrierende Gesetzgebung **10** 1 *2*
- Kontroll-/Sanktionssystem **10** 2 *13*
- Normzweck **10** 1 *1*
- Ordnungswidrigkeit **10** 23 *5 ff.*
- persönlicher Anwendungsbereich **10** 3 *6 ff.*
- Rechtmäßigkeit **10** 3 *3 ff.*
- Rechtsverordnungsvoraussetzungen **10** 7 *8 ff.*
- Regelungsgehalt **10** 1 *4 f.*
- regionale Tarifverträge **10** 3 *10*
- Scheinselbständige **10** 3 *8*
- Sozialrecht **10** 1 *6*
- tarifvertragliche Arbeitsbedingungen **10** 3 *11*; 5 *1*
- Unterrichtung der Finanzämter **10** 20 *2*
- Unterrichtung der zuständigen Behörden **10** 20 *2 ff.*
- verfassungskonform **10** 3 *5*
- Verhältnismäßigkeit **10** 3 *3*
- Verstöße **10** 23 *7 ff.*
- Zuständigkeit **50** 2 *21*, *siehe auch dort*
- Zustellungssonderregelung **10** 22 *1 ff.*

Arbeitnehmerentsendung
- Abfallwirtschaft/Straßenreinigung/Winterdienst **10** 4 *12*
- Arbeitsgerichte **10** 2 *14*
- Arbeitsgerichtsbarkeit **10** 15 *2 ff.*
- Aufzeichnung/Aufbewahrung/Bereithaltung **10** 19 *4 ff.*
- Aus-/Weiterbildung **10** 4 *13*
- Baugewerbe **10** 4 *4 ff.*
- Bergbau **10** 4 *10*
- Branchenkatalog **10** 4 *2 ff.*
- Briefdienstleistungen **10** 4 *8*
- Forstwirtschaft **10** 4 *16*
- Gebäudereinigung **10** 4 *7*
- Gemeinschaftsrecht **230** Richtlinien *42 ff.*
- Klage auf Gewährung der Arbeitsbedingungen **10** 8 *11*
- Klagemöglichkeiten **10** 15 *1 ff.*
- Meldepflicht **10** 18 *1 ff.*, *siehe dort*

- Mindestlohnfleckenteppich **10** 1 *10*
- Pflegebranche **10** 4 *14*
- Sicherheitsdienstleistungen **10** 4 *9*
- Übersicht Tarifverträge **10** 3 *12 ff.*
- Wäscherei **10** 4 *11*
- Zeitarbeitsbranche **10** 4 *15*

Arbeitnehmerentsendung, Tarifvertrag
- Abfallwirtschaft **10** 3 *22*
- Baugewerbe **10** 3 *12*
- Bergbau **10** 3 *20*
- Briefdienstleistungen **10** 3 *18*
- Dachdecker **10** 3 *14*
- Elekrohandwerk **10** 3 *13*
- Gebäudereinigung **10** 3 *17*
- Maler **10** 3 *15*
- Sicherheitsdienstleistungen **10** 3 *19*
- Wäschereidienstleistungen **10** 3 *21*
- Weiterbildung **10** 3 *23*

Arbeitnehmererfindung
- *siehe auch* Diensterfindung
- *siehe auch* Freie Erfindung
- Allgemein **55** 1 *1 ff.*
- Ausgleichsquittung **160** 611 *1099*
- Betriebs-/Geschäftsgeheimnis **460** 29 *3*
- Einordnungszweifel **55** 4 *11 ff.*
- Leiharbeitnehmer **100** 11 *28 ff.*
- Rechtswahl **220** 30, 8 Rom I *48*
- Zuständigkeit **50** 2 *32 f.*

Arbeitnehmererfindungsgesetz
- persönlicher Anwendungsbereich **55** 1 *5 f.*
- Pflichten aus dem Arbeitsverhältnis **55** 26 *1 ff.*

Arbeitnehmerfreizügigkeit
- EG-Primärrecht, Rechtsquelle **160** 611 *168*

Arbeitnehmerhaftung *siehe auch* Mankohaftung
- Abwägungskriterien **160** 611 *884, 900 ff., 907 f.*
- allgemeines Lebensrisiko, Abgrenzung **160** 611 *894, 957, 960*
- Anscheinsbeweis **160** 619a *6*
- Anspruchsgrundlagen **160** 611 *876 ff.*
- Arbeitnehmer **160** 611 *890;* 619a *1 ff.*
- arbeitnehmerähnliche Person **160** 611 *891;* 619a *3*
- Ausbildungsverhältnis **110** 12 *7, 2;* 16 *6, 8, 13*
- Außenhaftung **160** 611 *875, 924 ff.*
- Auszubildender **160** 611 *890;* 619a *3*
- betrieblich veranlasste Tätigkeit **160** 611 *875, 892 ff.*
- Betriebszugehörigkeitsdauer **160** 611 *884, 900, 902*
- Beweislast **50** 58 *48*
- Darlegungs- und Beweislast **160** 309 *50 ff.;* 345 *21;* 611 *39, 486, 493, 832 f., 835, 842, 847, 877, 896, 912, 942, 969 f., 980;* 619a *1 ff.*
- Dienstwagen **160** 611 *978*
- Eigengeschäft **160** 611 *895*
- Eingliederungsverhältnis **160** 619a *3*
- Erfüllungsgehilfe **160** 611 *926*
- freier Mitarbeiter **160** 619a *3*
- Freistellungsanspruch **160** 197 *7;* 611 *925 ff., 932*
- Führerschein **160** 611 *902, 906*
- Gabelstapler **160** 611 *895, 906, 975*
- gefahrgeneigte Tätigkeit **160** 611 *883 f., 890, 900, 902;* 619a *3*
- grobe Fahrlässigkeit **160** 611 *883 ff., 897, 905 ff.;* 619a *6*
- gröbste Fahrlässigkeit **160** 611 *885, 897*
- Gruppenarbeit **160** 611 *39 f., 842*
- Haftung gegenüber Arbeitskollegen **160** 611 *875, 931 ff.*
- Haftungserweiterungsklausel, AGB **160** 307 *48;* 309 *37*
- Haftungsmilderung **160** 611 *875, 881 ff.*
- Kaskoversicherung/Versicherbarkeit/Versicherungsobliegenheit **160** 611 *884, 886, 889, 900, 903 f., 963 f., 968, 983*
- Lebensalter **160** 611 *884, 900, 902*
- leichte Fahrlässigkeit **160** 611 *883, 898*
- Leiharbeitnehmer **160** 611 *890;* 619a *3*
- leitender Angestellter **160** 611 *890;* 619a *3*
- mittlere/normale Fahrlässigkeit **160** 611 *883, 899 ff.*
- Mitverschulden **160** 611 *809, 881 ff., 903, 913, 926, 932, 944;* 619a *6*
- Richterrecht **160** 307 *48;* 611 *183*
- Risikoprämie/Risikozuschlag **160** 611 *884, 900, 913, 955, 978*
- Schadensersatzklage **160** 611 *974 f.*
- Schmerzensgeld **160** 611 *932 ff., 944, 948 f., 976 f.*
- Schwarzfahrt **160** 611 *895*
- Spaßfahrt **160** 611 *895*
- Unabdingbarkeit **160** 345 *20;* 611 *978;* 619a *4*
- Verletzung arbeitsschutzbezogener Mitwirkungspflicht **70** 15 *10*
- Verschuldensform, Quotelung **160** 611 *883 ff., 896 ff.*
- Vorsatz **160** 611 *897, 909;* 619a *6*

Arbeitnehmerkündigung *siehe* Eigenkündigung

Arbeitnehmerschutz
- Mindestentgeltsätze **10** 9 *1 ff.*
- Unabdingbarkeit bei Diensterfindung **55** 23 *2 f.*
- Unbilligkeit bei Diensterfindung **55** 23 *4 f.*

Arbeitnehmerschutzrecht
- Rechtswahl **220** 30, 8 Rom I *41*

Arbeitnehmerstreitigkeit
- Zuständigkeit **50** 2 *43 f.*

Arbeitnehmerüberlassung
- *siehe auch* Arbeitnehmerüberlassungsvertrag
- *siehe auch* Leiharbeitnehmer
- *siehe auch* Verleiher
- allgemeinverbindlicher Tarifvertrag **100** 3 *54*
- Anfechtungsklage, Erlaubnis **100** 2 *29, 32 ff., 36;* 4 *17, 19;* 5 *20, 22;* 6 *4 f.;* 7 *23*
- Annahmeverzug **100** 11 *12, 19 f., 39;* **160** 615 *6 f.*
- Anzeige der Überlassung **100** 1a *5, 7;* 9 *6;* 16 *10*
- Anzeigepflicht **100** 7 *1 ff.;* 16 *12*

Arbeitnehmerüberlassung

- Anzeigepflicht für Kleinbetrieb **100** 1a *5, 7;* 9 *6;* 16 *10*
- Arbeitgeberrisiko **100** 1 *36*
- Arbeitserlaubnis/Arbeitsberechtigung/Arbeitsgenehmigung **100** 6 *9, 25;* 11 *37;* 15 *1 ff.;* 15a *1 ff.;* 17 *25;* 18 *12*
- Arbeitsgemeinschaft, Abordnung **100** 1 *3, 28 ff.;* 1b *3*
- Arbeitskampf **100** 11 *21 ff.;* **160** 615 *25*
- Arbeitsplatzsicherung/Arbeitsplatzerhaltung **100** 1 *37 f.*
- Arbeitsschutz **70** 12 *5 ff.;* **100** 1 *12;* 3 *18;* 11 *25 ff.;* 12 *15;* 14 *5, 12;* 18 *7*
- Arbeitsvermittlung, Abgrenzung **100** 1 *4, 27, 36;* 3 *16*
- Auskunftsklage **100** 13 *5*
- Auskunftspflicht des Verleihers **100** 7 *1 f., 7 ff.*
- Auskunftsverweigerungsrecht, § 7 Abs. 5 AÜG **100** 7 *22;* 16 *13*
- Ausländerbeschäftigung **100** 3 *17;* 15 *1;* 15a *1*
- Auslandsbezug **100** 1 *7, 37, 45;* 1b *2;* 3 *3, 57, 56 ff.;* 10 *6;* 11 *3, 6 f.;* 12 *26;* 15 *1 ff.*
- Ausnahme vom Geltungsbereich **100** 1 *37 ff.*
- Ausschreibung von Arbeitsplatz **100** 14 *31*
- Baugewerbe, Einschränkung, Verbot **100** 1 *37;* 1a *6;* 1b *1 ff.;* 16 *8*
- Befristungsrecht **100** 3 *19, 24, 70 ff.;* 10 *30 ff., 43 ff.;* 19 *2*
- Begriff **160** 611 *155*
- Beschäftigungsrisiko **100** 1 *10;* 11 *12, 18*
- Bescheidungsklage, Erlaubnis **100** 2 *29*
- Betretungs- und Prüfungsrecht/Nachschaurecht der Bundesagentur für Arbeit **100** 7 *1, 11 ff., 23;* 16 *15*
- Betriebsorganisation **100** 1 *22, 29, 48;* 3 *22 f.*
- Betriebsrat **100** 9 *44;* 14 *1 ff.*
- Betriebsübergang **160** 613a *96*
- Bundesverband Zeitarbeit Personal-Dienstleistungen e.V., BZA **100** 9 *317*
- Darlegungs- und Beweislast, Arbeitsvermittlung **100** 1 *36*
- Dreiecksbeziehung **100** 1 *8 f.;* 9 *2*
- drittbezogener Personaleinsatz, Abgrenzung **100** 1 *1, 18 ff.*
- Durchführung des AÜG **100** 17 *1 ff.*
- Durchsuchungsrecht der Bundesagentur für Arbeit **100** 7 *1, 15, 17 ff., 23*
- Eingliederung in Arbeitsorganisation/Betriebsorganisation **100** 1 *18 ff., 26, 48;* 10 *5, 8;* 14 *18, 22*
- Eingruppierung, kein Mitbestimmungsrecht **100** 14 *19*
- Einkommensteuerhaftung **240** 42 *26 ff.*
- Entfristungsklage **100** 10 *42*
- Entlassung, Vermeidung **100** 1 *38, 40 f.;* 1a *3*
- Equal pay-Grundsatz/Equal Treatment-Grundsatz **100** 1 *15, 36;* 12 *6;* 13 *1, 4*

- Erlaubnispflicht **100** 1 *1, 3, 7, 15 ff., 29, 37, 46;* 1a *6 f.;* 3 *24;* 10 *61*
- europäischer Wirtschaftsraum **100** 1 *34;* 1b *9;* 3 *56, 64 f.;* 15 *3*
- Feststellungsklage, Bestehensstreit **100** 10 *41*
- Fortsetzungsfeststellungsklage, Durchsuchung **100** 7 *23*
- Gattungsschuld **100** 12 *9*
- Geheimhaltungspflicht **100** 8 *4 ff.*
- Gewerbsmäßigkeit **100** 1 *27;* 1b *3;* 11 *1;* 12 *2;* 13 *3;* 14 *2;* 16 *6, 8, 9*
- Gleichbehandlungsgrundsatz/Gleichbehandlungsgebot **100** 3 *32;* 9 *14;* 10 *14;* 12 *6 f., 14;* 13 *1;* 14 *6*
- Gleichstellungsanspruch **100** 10 *61 ff., 65*
- grenzüberschreitender Sachverhalt **100** 1 *7;* 3 *56 ff.;* 8 *2*
- illegale Arbeitnehmerüberlassung **100** 1 *1, 9, 46, 49;* 1a *7;* 1b *1;* 6 *2;* 7 *2;* 9 *10 f.;* 10 *1 f., 10, 60 f.;* 14 *2;* 15 *1, 6 f., 14 f.;* 15a *1, 8, 11 f.;* 16 *7, 18;* 18 *14, 16*
- Insolvenz **100** 2 *23;* 3 *20;* 5 *10;* 12 *14*
- kein Sachgrund **480** 23 *39*
- kombinierte Anfechtungs- und Bescheidungsklage, Erlaubnis **100** 2 *29*
- kombinierte Anfechtungs- und Leistungsklage, Entschädigung **100** 4 *19;* 5 *22*
- kombinierte Anfechtungs- und Verpflichtungsklage, Erlaubnis **100** 2 *29, 32, 36*
- konzerninterne Arbeitnehmerüberlassung **100** 1 *15, 37, 42 ff.;* 14 *2 f.*
- Kündigungsrecht/Kündigungsschutzrecht **100** 3 *19, 73 f.;* 10 *37 ff.*
- Kurzarbeit **100** 1 *38, 40 f.;* 1a *3;* 11 *39*
- Leih-Arbeitsvertragsgestaltung **100** 10 *68 f.*
- Leiharbeitsverhältnis **100** 1 *10 f., 15 ff.;* 9 *36 f.;* 11 *1, 4, 39*
- Leiharbeitsvertrag **100** 1 *8, 10 f.;* 9 *12 f.*
- Leistungsbestimmungsrecht **160** 319 *10*
- Leistungsklage, Entschädigung **100** 4 *19;* 5 *22;* 11 *32*
- Leistungsverweigerungsrecht/Zurückbehaltungsrecht **100** 11 *21 ff., 33, 36;* 12 *5, 8, 14;* 13 *6*
- Lohnsteuer **100** 3 *15;* 10 *56, 59*
- Maßregelungsverbot **160** 612a *4*
- Mischbetrieb, Überwiegensprinzip **100** 1 *27, 33, 39;* 1b *4, 9;* 3 *51;* 7 *7, 9*
- Mitbestimmungsrecht **100** 9 *44;* 14 *1 ff.*
- mittelbares Arbeitsverhältnis, Abgrenzung **160** 611 *30*
- Mitwirkungsrecht des Betriebsrats **100** 14 *1 ff.*
- Nachbarschaftshilfe **100** 1 *38;* 1a *1*
- Neueinstellung/Neueinstellung Arbeitsloser **100** 3 *33, 40 ff., 41;* 9 *23 f., 42 f., 45;* 14 *29*
- Ordnungswidrigkeit **100** 1 *17, 46;* 1a *7;* 1b *10;* 3 *20;* 7 *6, 10, 15, 22;* 8 *7;* 11 *3, 35, 38;* 12 *5;* 15 *1 ff.;* 15a *4;* 16 *1 ff.;* 18 *2, 12, 17 f., 22 f.*

- Personalrat **100** 14 *24 ff.*
- präventives Verbot mit Erlaubnisvorbehalt **100** 1 *1*; 2 *3*
- Probezeit **100** 11 *18*
- Recht der Personalvertretung **100** 14 *24 ff.*
- Schlechterstellungsverbot **100** 3 *24 ff., 46*; 9 *14 ff., 36 ff.*; 10 *62 ff.*; 13 *4*; 15a *3*
- Sozialversicherungsrecht **100** 1 *10, 35, 46*; 3 *2, 14, 40*; 10 *1, 56, 58, 60*; 12 *14*; 13 *24, 28*; 15a *1*; 18 *3, 14, 24*
- Stammarbeitnehmer/-belegschaft/-personal **100** 1 *48*; 3 *24, 29 ff., 50*; 9 *15, 18 ff., 25*; 10 *7, 28 f., 64*; 14 *6, 9, 17, 22*
- statistische Meldung **100** 8 *1 ff.*; 16 *16*
- Straftat **100** 3 *20*; 4 *2*; 5 *10*; 8 *5*; 10 *60*; 12 *17 f.*; 15 *1 ff.*; 15a *1 ff.*; 16 *5, 25*; 18 *2*
- Strohmannkonstruktionen **100** 1 *36, 44*
- Struktur **100** 1 *8 ff.*
- Synchronisationsverbot **100** 1 *2, 36*; 3 *24, 70*; 19 *2*
- Tod, Verleiher, Leiharbeitnehmer **100** 2 *23, 25*; 9 *7*; 12 *9*
- Überlassungshöchstdauer **100** 1 *2, 6*; 1a *1, 4*; 3 *24*; 19 *2*
- Überlassungsvergütung **100** 9 *11*; 10 *19 ff.*; 11 *23*; 12 *3, 13*; 14 *28*
- Untersagung/Untersagungsverfügung **100** 6 *1 ff.*; 7 *2*
- unwesentliche Arbeitsbedingungen **100** 3 *27*
- Vergleichbarkeit der Arbeitsbedingungen **100** 10 *66*
- Verleihererlaubnis **100** 1 *49*; 2 *1 ff.*; 3 *1 ff.*; 4 *1 ff.*; 5 *1 ff.*; 7 *7*; 8 *3, 7*; 9 *3 f.*; 14 *20*; 15 *6, 15, 16*; 16 *1*
- verleihfreie Zeit **100** 3 *35*; 9 *13, 22, 25, 38 ff., 44*; 10 *51*; 11 *12, 19*
- Verpflichtungsklage, Erlaubnis **100** 2 *29, 32, 36*; 4 *19*
- Vertragspartnerwechsel, AGB **160** 309 *45*
- Verwaltungskosten **100** 17 *1, 4*
- Verwaltungszwang **100** 2 *15*; 5 *9*; 6 *1 ff.*; 7 *3, 17*; 16 *1, 12 f.*
- Vorenthalten und Veruntreuen von Arbeitsentgelt, § 266a StGB **100** 10 *60*; 15 *14*; 15a *11*
- Weisungsrecht **100** 1 *9, 12, 15 f., 18, 21 f., 23, 28, 48, 22*; 10 *18, 28 f.*; 14 *3, 7, 22*
- Weisungsrecht, Abgrenzungsmerkmale **100** 1 *22*
- wesentliche Arbeitsbedingungen **100** 3 *27*
- Wirtschaftsausschuss **100** 14 *22, 32*
- Zusammenarbeit der Behörden **100** 18 *1 ff.*
- Zusammenhangsklage, Auskunftsanspruch **100** 13 *5*
- Zuständigkeit der Bundesagentur für Arbeit **100** 1 *1*; 1a *4 f.*; 2 *8 ff., 37*; 3 *67*; 6 *1 ff.*; 7 *1 ff.*; 8 *1 ff.*; 16 *1, 4, 19 ff.*; 18 *1 ff.*

Arbeitnehmerüberlassung, echte
siehe echte Arbeitnehmerüberlassung
Arbeitnehmerüberlassung, unechte
siehe Unechte Arbeitnehmerüberlassung

Arbeitnehmerüberlassungserlaubnis
- Kostenpflichtigkeit **100** 2a *1*

Arbeitnehmerüberlassungsvertrag
- AGB **100** 12 *2*
- Befristung von Arbeitsbedingungen **100** 9 *39 f.*
- Dienstverschaffungsvertrag, Abgrenzung **100** 1 *16, 18, 25*; **160** 611 *153, 155*
- echter Vertrag zugunsten Dritter **100** 1 *13*
- Entleiher **100** 1 *8, 14*
- fehlerhaftes Arbeitsverhältnis **100** 1 *46*; 9 *13*; 12 *3*
- Gebrauchsüberlassungsvertrag mit Personalgestellung, Abgrenzung **100** 1 *18, 26*; 1b *3*
- Geschäftsbesorgungsvertrag, Abgrenzung **100** 1 *18, 25, 49*; 9 *5*
- Hauptpflicht **100** 12 *9 ff.*
- Inhalt **100** 12 *5 ff.*
- Nebenpflicht/Nebenabrede **100** 12 *2, 14 ff.*
- Schriftform **100** 9 *8*; 11 *3, 9*; 12 *2 ff.*; **160** 127 *10*
- stillschweigende Verlängerung **160** 625 *3*
- Unwirksamkeit **100** 1a *7*; 1b *10*; 9 *1 ff.*
- Verleiher **100** 1 *8, 14*
- Werkvertrag, Abgrenzung **100** 1 *18 ff., 48, 50*

Arbeitnehmervertreter
- Wählbarkeit des Aufsichtsrats **330** 7 *12 ff.*
- Zuständigkeit des Aufsichtsrats **50** 2 *22*, siehe auch dort

Arbeitnehmervertretungen
- Informationspflicht, befristet Beschäftigte **480** 20 *1 ff.*

Arbeits- und Wirtschaftsverfassung 260 12 *2*
Arbeitsbedingungen
- Befristung, Inhaltskontrolle **160** 307 *78*
- Beteiligung des Sprecherausschusses **460** 30 *1 f.*
- Diskriminierungsverbot wegen Freizügigkeitsrecht **230** 39 *17 ff.*
- Erholungsurlaub **10** 5 *4*
- Günstigkeitsvergleich **10** 5 *5*
- Nachweisgesetz **160** 305 *29*
- Schriftform **160** 305 *29*
- tarifvertragliche **10** 5 *1*
- Urlaubsentgelt **10** 5 *4*

Arbeitsbedingungen, allgemeine
siehe Allgemeine Arbeitsbedingungen
Arbeitsbedingungen, Änderung
- Änderungskündigung siehe dort
- Direktionsrecht **320** 2 *114*, siehe auch dort
- einvernehmliche Änderung **320** 2 *116*
- Geschäftsgrundlage **320** 2 *118*
- Teilkündigung **320** 2 *117*
- Widerrufsvorbehalt siehe dort

Arbeitsbedingungen, Befristung 480 3 *13*; 14 *18 f.*
- Änderungskündigung **320** 2 *18*

Arbeitsbedingungen, tarifliche 10 8 *1 ff.*
- anderweitige Tarifbindung **10** 8 *8*
- Arbeitsortprinzip **10** 8 *6*
- Ausschlussfristen **10** 5 *10*
- Mindestarbeitsbedingungen **10** 8 *7*

- Mindestlohn/-urlaub **10** 5 *9*; 8 *3 ff.*
- sonstige Arbeitsbedingungen **10** 8 *5*
- Sozialkassenbeiträge **10** 8 *4*
- Tariflohnunterschreitung **10** 8 *10*
- Verleiher **10** 8 *9*

Arbeitsbefreiung
- Wehrdienst **60** 4 *2*; 14 *2*

Arbeitsbehörde
- Anzeige der Nichterfüllung des Urlaubsentgeltanspruchs **180** 12 *27*

Arbeitsbereitschaft
- Ausgleich für Nachtarbeit **80** 6 *47*
- Beanspruchungstheorie **80** 2 *13*
- Begriff/Abgrenzung **80** 2 *1, 12 ff., 17, 19, 23, 42*; 3 *4*; 4 *3*; 5 *4*; 7 *13 ff., 33*; 25 *6*; **160** 611 *63, 511 f.*
- Beschäftigungsverbot an Sonn- und Feiertag **80** 9 *4*; 11 *4*
- Dienstleistungstheorie **80** 2 *13*
- Ersatzruhetag **80** 11 *10 f.*
- Güterfernverkehr **160** 611 *516*
- Kraftfahrer **160** 611 *516*
- Nachtportier **160** 611 *516*
- Nachtportier, Hotel **80** 2 *14*; 5 *11*; 7 *14*
- Pförtner **80** 2 *14*; 5 *11*
- Rettungssanitäter **160** 611 *512, 516*
- Rettungssanitäter, Rettungswache **80** 2 *14 f.*; 5 *11*
- Vergütung **80** 2 *45*; **160** 611 *516*
- Verlängerung der Arbeitszeit/Kürzung der Ruhezeit **80** 7 *13 ff., 27, 43*; 15 *11*
- Wartezeit **80** 2 *10, 15*
- Werkfeuerwehr **160** 611 *516*

Arbeitsbeschaffungsmaßnahme
- Arbeitnehmerbegriff **150** 5 *8*
- Einstellungsbegriff **150** 99 *29*

Arbeitsbescheinigung
- Arbeitszeugnis, Abgrenzung **160** 630 *4*

Arbeitsbezüge
- *siehe* Arbeitsentgelt
- *siehe* Vergütung

Arbeitsdauer
- Direktionsrecht **250** 106 *21, 56 f.*

Arbeitsdirektor
- Aufsichtsrat **340** 13 *1 ff.*
- Bestellung **340** 14 *4 f.*
- Vertretungsorganmitglied **330** 33 *1 ff.*

Arbeitseinkommen
- Pfändbarkeit **500** 850k *4 ff.*

Arbeitseinkommen, pfändbares
- Berechnung **500** 850k *15 f.*
- Beweislast **50** 58 *44 f.*

Arbeitseinkommen, verschleiertes 500 850k *21*

Arbeitsentgelt 250 107 *1 ff.*
- *siehe auch* Entgeltsicherung
- *siehe auch* Entgeltverzicht
- *siehe auch* Vergütung
- *siehe auch* Zuschläge

- Abgrenzung Vergütungsanspruch Diensterfindung **55** 9 *2*
- Altersteilzeitarbeitsentgelt **40** 3 *4 ff.*; 6 *3 ff.*
- Änderungskündigung **320** 2 *86 ff.*
- Angemessenheitskontrolle **160** 307 *20 ff.*
- Arbeitgeberdarlehen, Abgrenzung **160** 611 *625, 665, 746 f.*
- Arbeitsvertrag, Klauselbeispiele **250** 107 *46 ff.*
- Aufwendungen, Abgrenzung **160** 611 *754 ff.*
- Ausbildungskosten, Abgrenzung **160** 611 *748 ff.*
- Ausbildungsvergütung/Auszubildendenvergütung **110** 19 *1, 11 ff.*; **160** 307 *21, 24*
- Auslandsbezug **250** 107 *8 f.*
- Auslöse/Auslösung, Abgrenzung **160** 611 *754 ff.*
- Begriff **160** 611 *601 ff.*
- Berechnung/Zahlung, EUR **160** 611 *626, 628, 635, 637, 647 f., 666, 740, 742, 777, 873, 972*; 612 *34*
- Berechnungsart **250** 107 *6*
- betriebliche Altersversorgung, Entgeltcharakter **140** 1 *31, 164, 208 f., 220*; **160** 611 *602 f.*
- Bonus **160** 307 *18*
- Deputate **250** 107 *21*
- Dienstwagen, Privatnutzung **160** 307 *119*; 312 *16*; 611 *647, 652 ff., 799, 848, 1083 ff.*
- Entgeltminderung, Schlechtleistung **160** 611 *14, 480, 490, 877*
- Entgeltsicherung **100** 10 *26 f.*
- Erläuterungsrecht des Arbeitnehmers **160** 611 *628*
- essentialia negotii **160** 305 *14*; 315 *7, 19*; 611 *333*
- Gehaltsabrechnung **160** 127 *35*; 611 *628, 635, 644*; 612 *34*
- Gehaltsanpassungsklausel für Inflation **160** 305c *14*; 611 *616*
- Gehaltserhöhungsklausel **160** 308 *22*
- Gehaltskürzungsklausel **160** 308 *23*
- Gewinnbeteiligung, Abgrenzung zur betrieblichen Altersversorgung **140** 1 *33 f.*
- Gratifikation, Abgrenzung zur betrieblichen Altersversorgung **140** 1 *34*
- Günstigkeitsvergleich **100** 10 *27*
- Kreditierungsverbot **160** 611 *626, 777, 873, 972*; 612 *34*; **250** 107 *23 ff.*
- Lohnabrechnung **250** 108 *1 ff.*
- Mitbestimmung des Betriebsrats **160** 614 *3, 18*
- Nachweis, NachwG **160** 611 *603, 605*; 612 *41*
- NachwG **360** 2 *33 ff., 53*
- Pfändungsfreigrenze bei Sachbezügen **250** 107 *39 f.*
- Sachbezüge **250** 107 *12 ff.*
- Schulungskosten, Abgrenzung **160** 611 *748 ff.*
- Sonderzuwendung im öffentlichen Dienst, Urlaubsgeld **60** 1 *8*
- Sozialversicherungspflicht **390** 17 *2 ff.*
- Streitwertberechnung **50** 12 *38*
- Tantieme **160** 611 *603, 722*
- Tariflohn, Angemessenheitsmaßstab **160** 307 *23*

- Trinkgeld **250** 107 *41 ff.*
- Truckverbot **160** 611 *647 f.*; 612 *34*
- Überlassungsvergütung **100** 9 *11*; 10 *19 ff.*; 11 *23*; 12 *3, 13*; 14 *28*
- Überraschungsverbot, Gehaltsanpassungsklausel **160** 305c *14*
- Umzugskosten, Abgrenzung **160** 611 *759 ff.*
- Verjährung **160** 611 *585, 786*; 612 *38*; 615 *84*; 616 *29*
- vermögenswirksame Leistungen **160** 309 *40*; 611 *848*; 612 *31*
- Verzug, Entgeltforderung **160** 288 *4*; 611 *809, 840, 856, 859*
- Waren als Entgelt **250** 107 *28 ff.*
- Weihnachtsgeld **160** 611 *602, 668, 678*; 612 *30*
- Zurückbehaltungsrecht **160** 611 *377*

Arbeitsentgelt, Begriff
- Entgeltgleichheit, EG-Recht **230** 141 *11 ff.*

Arbeitsentgelt, Vorenthalten und Veruntreuen, § 266a StGB
- Altersteilzeit **40** 8a *19*
- Arbeitnehmerüberlassung **100** 10 *60*; 15 *14*; 15a *11*

Arbeitsentgeltguthaben
- Wertguthaben **390** 7d *4*

Arbeitsergebnis
- Arbeitgebereigentum **160** 611 *554*
- Arbeitszeit **80** 10 *61, 65 ff.*; 14 *8, 17 f., 20*
- Ausschuss/Ausschussquote **80** 10 *66*
- Gesellenstück **160** 611 *554*
- Vergütung **160** 611 *12, 491 ff., 628 ff., 700, 708*

Arbeitserlaubnis
- Annahmeverzug **160** 615 *20 f.*
- befristetes Arbeitsverhältnis **480** 3 *18*
- Europäische Union **230** 39 *3*
- personenbedingte Kündigung **320** 1 *237*, *siehe auch dort*

Arbeitsförderung
- Beitragserstattung **390** 28 *21*
- geringfügige Beschäftigung **390** 8a *28 f.*

Arbeitsfreistellungsanlässe
- Kollision mit Urlaub **180** 1 *44*

Arbeitsgelegenheit
- aktive Wahlberechtigung **150** 7 *10*
- Arbeitnehmerbegriff **150** 5 *42*
- Arbeitsvertrag, Abgrenzung **160** 611 *163*
- Einstellungsbegriff **150** 99 *29*

Arbeitsgemeinschaft 150 3 *8, 37 ff.*

Arbeitsgenehmigung
- Beschäftigungsverbot **160** 611 *393*; 615 *21*

Arbeitsgericht 50 1 *2*
- Besetzung **50** 6 *1 f.*, *siehe auch dort*
- Bildung von Kammern *siehe* Kammerbildung
- ehrenamtlicher Richter **50** 6 *1 f.*
- Ernennung des Vorsitzenden **50** *18*
- Geschäftsverteilung **50** 6a *3 f.*
- Grundsatz der paritätischen Besetzung **50** 16 *5*

- Hilfskammer **50** 6a *3*
- Kammer **50** 16 *5*
- Präsidium **50** 6a *1 f.*
- Rechtshilfe **50** 13 *2 ff.*
- ständige Vertretung **50** 19
- vorsitzender Richter **50** 16 *4*
- Zusammensetzung **50** 16 *1 ff.*

Arbeitsgericht, Zuständigkeit
- *siehe auch* Leiharbeitnehmer
- *siehe auch* Nachvertragliches Wettbewerbsverbot
- Abtretung **50** 3 *3*
- Anspruchsgrundlagenkonkurrenz **50** 2 *17 ff.*
- Arbeitnehmer **50** 5 *1 ff.*
- arbeitnehmerähnliche Person **50** 5 *4 f.*
- Arbeitnehmerentsendegesetz **50** 2 *21*
- Arbeitnehmererfindung **50** 2 *32 f.*
- Arbeitnehmerstreitigkeit **50** 2 *43 f.*
- Arbeitnehmervertreter im Aufsichtsrat **50** 2 *22*
- Arbeitskampf **50** 2 *27*
- Arbeitspapiere **50** 2 *25 f.*, *siehe auch dort*
- Aufrechnung **50** 2 *23 f.*, *siehe auch dort*
- Ausnahmen **50** 1 *3*
- Auszubildender **50** 2 *6 ff.*, *siehe auch dort*
- Beamter **50** 2 *10 f.*
- Behindertenwerkstatt **50** 2 *28*
- Beschlussverfahren **50** 2a *1 ff.*; 80 *12*, *siehe auch dort*
- Brüssel-I-Verordnung, EuGVVO **50** 1 *10*
- Bundesarbeitsgericht **50** 1 *2*; 8 *4*, *siehe auch dort*
- Darlehen anlässlich des Arbeitsverhältnisses **50** 2 *29*
- Drittschuldnerklage **50** 3 *4 f.*
- Durchgriffshaftung **50** 3 *6 f.*, *siehe auch dort*
- Einrichtung der Tarifparteien **50** 2 *31*
- Erstattungsanspruch der Bundesagentur für Arbeit **50** 3 *8*, *siehe auch dort*
- Erziehungsgeld **50** 2 *40*
- Exterritoriale **50** 1 *4*
- freier Mitarbeiter **50** 2 *34*
- gemischter Vertrag **50** 2 *35*
- Handelsvertreter **50** 2 *12 ff.*
- Hauptantrag und Hilfsantrag **50** 2 *36*, *siehe auch dort*
- Hinterbliebener **50** 3 *9*, *siehe auch dort*
- Insolvenz **50** 2 *37*, *siehe auch dort*
- internationale Zuständigkeit **50** 1 *4, 7 ff.*
- Kirche und Religionsgemeinschaft **50** 1 *6*
- Kranken- und Pflegeversicherung **50** 2 *38 f.*, *siehe auch dort*
- Kurzarbeitergeld **50** 2 *38*
- Landesarbeitsgericht **50** 1 *2*; 8 *3*, *siehe auch dort*
- Leiharbeitsverhältnis **50** 2 *39*, *siehe auch dort*
- Luganer Übereinkommen **50** 1 *11*
- Mahnverfahren **50** 46a *3*
- Mutterschaftsgeld **50** 2 *40*, *siehe auch dort*
- NATO-Truppenstatut **50** 1 *5*
- örtliche Zuständigkeit *siehe dort*

- Pachtvertrag **50** 2 *41, siehe auch dort*
- Pensionssicherungsverein **50** 2 *42, siehe auch dort*
- Rückgriffsanspruch eines Sozialversicherungsträgers **50** 3 *10, siehe auch dort*
- rügelose Einlassung **50** 1 *8*
- Schadensersatz und Entschädigung **50** 2 *45*
- Sozial- Kranken- und Pflegeversicherung **50** 2 *46*
- Sozialeinrichtung des privaten Rechts **50** 2 *31, siehe auch dort*
- Sozialversicherung **50** 2 *51, siehe auch dort*
- Sportler **50** 2 *50, siehe auch dort*
- Streit über Nachwirkungen des Arbeitsverhältnisses **50** 2 *14*
- tarifrechtliche Streitigkeit **50** 2 *4 ff., siehe auch dort*
- unerlaubte Handlung **50** 2 *52, siehe auch dort*
- Urheberstreitigkeit **50** 2 *32 f., siehe auch dort*
- Urkundsprozess **50** 2 *53, siehe auch dort*
- Urteilsverfahren **50** 2 *1 ff., siehe auch dort*
- Vereinbarung internationaler Zuständigkeit **50** 1 *8*
- Werkmietwohnungen- und Dienstwohnungen **50** 2 *54 f.*
- Wettbewerbsverbot **50** 2 *56, siehe auch dort*
- Widerklage **50** 2 *57, siehe auch dort*
- Winterausfallgeld **50** 2 *38, siehe auch dort*
- Zusammenhangsklage **50** 2 *58 ff., siehe auch dort*
- Zusatzversorgungseinrichtung **50** 2 *61, siehe auch dort*
- Zwangsvollstreckung **50** 3 *11, siehe auch dort*

Arbeitsgerichtsbarkeit
- Arbeitnehmerentsendung **10** 2 *14*; **15** *2 ff.*
- Aufbau **50** 1 *2*
- Ausbildungsverhältnis **110** 3 *28, 3*
- Ausschluss **50** 4 *1*
- internationale Zuständigkeit **50** 1 *4*
- Organisation **50** 14 *1 ff.*

Arbeitsgerichtsverfahren
- *siehe auch* Beschlussverfahren
- *siehe auch* Urteilsverfahren
- anzuwendende Vorschriften **50** 46 *9*
- früher erster Termin **50** 46 *10*
- Revision **50** 72 *66 ff.*
- schriftliches Vorverfahren **50** 46 *10*
- Terminsverlegung **50** 46 *21*
- Urkunden- und Wechselprozess **50** 46 *20*
- Verfahren nach billigem Ermessen, § 495a ZPO **50** 46 *15*
- Verfahrensgrundsätze **50** 46 *3 ff.*
- Wahl der Verfahrensart **50** 46 *2*
- Zustellung **50** 46 *13*

Arbeitsgestaltung, menschengerechte 150 90 *17*; 91 *3*
- Abhilfemaßnahmen **150** 91 *5 ff.*

Arbeitsgruppe *siehe auch* Gruppenarbeit
- Begriff **150** 28a *4*
- Errichtung **150** 28a *3, 5*
- Gruppenvereinbarung **150** 28a *10 f*
- Kompetenzübertragung **150** 28a *5 ff.*
- Kosten **150** 28a *9*

Arbeitskampf
- *siehe auch* Arbeitskampfrisiko
- *siehe auch* Aussperrung
- *siehe auch* Streik
- Arbeitnehmerüberlassung **160** 615 *25*
- Arbeitskampffreiheit **260** 9 *104 f.*
- Arbeitskampfmaßnahme **260** 9 *104*
- Arbeitskampfrisiko **260** 9 *134 ff.*
- Arbeitszeit **80** 13 *28*
- Arbeitszeitveränderung **150** 87 *71 ff.*
- außerordentliche Kündigung **160** 626 *97*
- Aussperrung *siehe dort*
- Auszubildender **110** 3 *11*; 12 *8*
- Begriff **260** 9 *105*
- Betriebsrisiko **260** 9 *134 ff.*
- Betriebsversammlung **150** 44 *3, siehe auch dort*
- Entgeltfortzahlung **210** 2 *20 ff.*; 3 *42*
- Feiertagsbezahlung **210** 2 *20 ff.*
- Fernwirkung **260** 9 *134, 136, 138*
- Friedenspflicht **150** 74 *3*; **260** 9 *129 f.*; **470** 1 *13, 20, 71 f.*
- Gleitzeit **160** 615 *82*
- Grenze **260** 9 *122 ff.*
- Kampfparität **160** 615 *82*
- Kündigungsschutz **320** 25 *1 ff.*
- Lohnrisiko **160** 307 *36*
- Neutralitätsgebot des Betriebsrats **160** 615 *82*
- Notdienstvereinbarung **160** 310 *19*
- personelle Einzelmaßnahme **150** 99 *17 ff., siehe auch dort*
- Rechtsfolgen **260** 9 *106*
- Richterrecht **160** 611 *7, 183, 197*
- Streik *siehe dort*
- Tarifbezogenheit **260** 9 *123 ff.*
- Urlaubsberechnung **180** 3 *30a*
- Verbot für Sprecherausschuss **460** 2 *8*
- verhaltensbedingte Kündigung **320** 1 *336*
- Verhältnismäßigkeit **260** 9 *131 f.*
- vorübergehende Verhinderung **160** 616 *23*
- Wirtschaftsrisiko **260** 9 *134*

Arbeitskampfrecht
- internationaler Kollisionsfall **220** 30, 8 Rom I *102 f.*
- Koalitionsfreiheit **260** 9 *102 ff.*

Arbeitskampfrisiko
- Begriff/Abgrenzung **160** 611 *7, 83*; 615 *3, 72 f., 75, 82*
- Darlegungs- und Beweislast **160** 615 *86*
- Kurzarbeitergeld **160** 615 *82*

Arbeitskampfstreitigkeit
- Beweislast **50** 58 *34*
- Zuständigkeit **50** 2 *6, 27*

Arbeitskleidung 250 106 *33*
- Einheitlichkeit **260** 2 *60*
- Minderjähriger **160** 115 *21*

Arbeitskraft
- Begriff, Arbeitszeit **80** 23 5

Arbeitsleistung *siehe auch* Schlechtleistung
- Akkordlohn **160** 611 *12, 492*
- Arbeitsbereitschaft **160** 611 *63, 512*
- Arbeitsort **160** 611 *494 ff.*
- Arbeitszeit **160** 611 *504 ff.*
- Ausschluss der Vollstreckbarkeit **160** 309 *21 ff.*; 310 *34*; 345 *1, 8, 13, 18*; 611 *488, 588 ff.*; 622 *56*; 628 *51*
- Beweislast **50** 58 *41*, *siehe auch dort*
- Bringschuld **160** 611 *494*
- Durchsetzbarkeit, Ausschluss **160** 309 *21 ff.*; 310 *38*; 345 *1, 8, 13, 18*; 611 *488, 588 ff.*; 622 *56*; 628 *51*
- Entgeltminderung, Schlechtleistung **160** 611 *14, 480, 490, 877*
- Entschädigung **160** 611 *590, 593, 874*
- Erfüllungsklage **160** 611 *592 ff.*
- Erfüllungsort, Betriebssitz **160** 611 *494 ff.*; 615 *22, 28*
- Ersatzkraft, Schadensersatz **160** 309 *14*; 345 *18*; 611 *588 ff., 836 f.*; 628 *44, 54*
- Fixschuld/Nachholbarkeit **160** 309 *5*; 611 *189, 814 ff., 835, 839 f., 844, 846 f., 855*; 615 *5*
- Hauptpflicht **160** 611 *12 f., 483 ff.*
- Höchstpersönlichkeit **160** 611 *17, 485 ff.*; 613 *1, 8 ff.*; 615 *18, 21, 24, 26*
- Nebenarbeiten **160** 611 *484*
- Qualität **160** 611 *12 f., 490 ff.*
- Schadensersatz **160** 611 *591*
- Schlechtleistung **160** 611 *12 f., 40, 320, 480, 490 ff., 632, 808 f., 841 ff., 877*
- Streikarbeit **160** 612a *13*; 615 *64*
- Unmöglichkeit **160** 611 *808 f., 812 ff.*; 616 *6*
- Unübertragbarkeit **160** 611 *18 f., 488 f.*; 613 *1, 8 ff.*; 613a *10*
- Unzumutbarkeit **160** 611 *809, 819 ff.*; 616 *6, 9, 16*
- Verwertungsrisiko/Verwendungsrisiko **160** 611 *14*; 615 *3, 72 ff.*
- Vorleistungspflicht des Arbeitnehmers **160** 309 *5*; 611 *680 f.*; 614 *1, 3, 17*; 615 *1*; 626 *45*
- Weisungsrecht **160** 611 *67 f.*
- Zielvereinbarung **160** 611 *492*
- Zurückbehaltungsrecht **160** 611 *377*; 615 *37, 45, 61*; 618 *31*
- Zwangsvollstreckung **50** 62 *36*

Arbeitslohn
- Besteuerungszeitpunkt **240** 19 *28 ff.*
- Einkommensteuer **240** 19 *2 ff., 26 ff.*
- Geschäftsführer **240** 19 *40*
- Optionsrechte **240** 19 *30 ff.*
- Vorstandsmitglied **240** 19 *40*

Arbeitslosengeld
- *siehe auch* Arbeitslosengeld, Sperrzeit
- *siehe auch* Frühzeitige Arbeitssuche
- Abfindung durch Arbeitgeber **380** 143 *2 ff.*; 143a *40*; 144 *14*
- Abmahnung **380** 144 *17*
- Abwicklungsvertrag **160** 611 *1029, 1143 ff.*; **380** 143a *14*; 144 *13 f.*
- Altersteilzeit **40** 10 *2*
- Annahmeverzug, Anrechnung **160** 615 *10 f., 57*
- Anrechnung der Aufstockungsleistung des Arbeitgebers **380** 143a *12*
- Anrechnung der Entlassungsentschädigung **380** 143a *2 ff.*
- arbeitsvertragswidriges Verhalten **380** 144 *16 ff.*
- Aufhebungsvertrag **160** 611 *1029, 1038, 1143 ff.*; **380** 143 *15 f., 64*; 144 *10 ff.*
- außerordentliche Kündigung **380** 143a *50 f.*; 144 *16 ff., 37*
- Befristung des Arbeitsverhältnisses **380** 143a *49*; 144 *9, 45*
- Entlassungsentschädigung, Berechnung bei Ruhen **380** 143a *39 ff.*
- Erstattung, Aufhebungsvertrag/Abwicklungsvertrag **160** 611 *1143 ff.*
- Erstattungsanspruch der Bundesagentur für Arbeit gegen Arbeitgeber **380** 143 *29 f.*
- Erstattungsanspruch der Bundesagentur für Arbeit gegen Arbeitnehmer **380** 143 *31 f.*
- flexible Arbeitszeit **380** 143 *12*
- Forderungsübergang **160** 199 *16*; 615 *10 f., 57*
- frühzeitige Arbeitssuche **160** 611 *1026, 1038*; 615 *62*; 623 *54*
- Gleichwohlgewährung **160** 628 *57*
- Gleichwohlgewährung bei Ruhenstatbestand **380** 143 *23 ff.*; 143a *54 ff.*
- Krankengeld **400** 49 *8*
- Leistung des Arbeitgebers wegen Beendigung **380** 143a *6 ff.*
- Meldepflicht *siehe* Arbeitssuche
- Pfändung **480** 850k *5*
- Rentenversicherungspflicht **410** 3 *8*
- Ruhen der Entlassungsentschädigung **160** 622 *67*; 628 *57*
- Ruhen des Anspruchs bei Arbeitsentgelt **380** 143 *5 ff., 20 ff.*
- Ruhen des Anspruchs bei Entlassungsentschädigung **380** 143a *2 ff., 36 ff.*
- Ruhen des Anspruchs bei Sperrzeit **380** 144 *2 ff.*
- Ruhen des Anspruchs bei Urlaubsabgeltung **380** 143 *17 ff., 20 ff.*
- Ruhen, Aufhebungsvertrag/Abwicklungsvertrag **160** 611 *1143 ff.*
- Sperrwirkung, Abfindung **320** 9 *65*
- Sperrzeit *siehe* Arbeitslosengeld, Sperrzeit
- Sperrzeit, Aufhebungsvertrag/Abwicklungsvertrag **160** 611 *1029, 1035, 1038, 1143 ff., 1174*
- verhaltensbedingte Kündigung **380** 144 *16 ff.*
- Verstoß gegen Meldepflicht zur Arbeitssuche **380** 38 *11 ff.*; 144 *50 ff.*, *siehe auch* Arbeitssuche

– Verzicht auf Entgelt 380 143 *13 f.*
– vorzeitige Beendigung des Arbeitsverhältnisses 380 143a *22 ff.*
– weitere Sozialversicherung 380 143 *33 ff.*
– wichtiger Grund für versicherungswidriges Verhalten 380 144 *32 ff., 37 ff.*

Arbeitslosengeld II
– Altersteilzeit 40 3 *24, 30*
– Rentenversicherungspflicht 410 3 *2, 4, 13 ff.*

Arbeitslosengeld, Sperrzeit 380 38 *1*; 144 *2 ff.*, *siehe auch* Sperrzeit
– Abfindungshöhe 380 144 *43*
– Altersteilzeitvertrag 380 144 *22*
– Arbeitsaufgabe 380 144 *5 ff.*
– Beginn 380 144 *57 ff.*
– Beweislast 380 144 *74*
– Dauer 380 144 *62 ff., 73*
– Freistellung des Arbeitnehmers 380 144 *85*
– frühzeitige Arbeitssuche 160 615 *62*; 616 *15, 21*; 629 *22*
– Kausalität 380 144 *19 ff.*
– leitender Angestellter 380 144 *42*
– Prozessrecht 380 144 *80 ff.*
– Rechtsfolgen 380 144 *54 ff.*
– Verletzung der Meldepflicht 160 620 *12*
– Verschulden 380 144 *27 ff.*

Arbeitslosenversicherung
– Versicherungspflicht bei Krankengeldbezug 400 44 *17*

Arbeitslosigkeit 380 143 *36*
– ehrenamtlicher Richter 50 23 *3 f.*, *siehe auch dort*
– Zwangsvollstreckung 50 62 *9*, *siehe auch dort*

Arbeitsmedizinische Untersuchung
– Arbeitszeitregelung 80 7 *44*
– ärztliche Schweigepflicht 80 6 *18, 27*
– Betriebsarzt 80 6 *17*
– Entgeltfortzahlung, Arbeitszeit 80 6 *57*
– Kosten 80 6 *17*
– Mitbestimmung des Betriebsrats 80 6 *54*
– Nachtarbeitnehmer 80 6 *14 ff., 25 ff.*
– überbetrieblicher arbeitsmedizinischer Dienst 80 6 *17*

Arbeitsort *siehe auch* Erfüllungsort
– Änderungsvorbehalt 160 308 *8*
– Arbeitsleistung 160 611 *494 ff.*
– Direktionsrecht 250 106 *16 ff., 52 ff., 74, 84*
– Erfüllungsort, Betriebssitz 160 611 *494 ff.*; 615 *22, 28*
– Konkretisierung 160 611 *494*; 250 106 *54*
– Telearbeit 160 611 *66*
– Unterrichtung, Betriebsübergang 160 613a *195*
– Versetzungsvorbehalt 160 611 *500*; 250 106 *48 ff.*
– Weisungsrecht 160 611 *66*
– Wohnsitzklausel 160 611 *495, 499*

Arbeitspapiere
– Arrest 50 62 *68*

– Aufhebungsvertrag, Erledigungsklausel 160 611 *1095*
– Herausgabe 160 611 *1095*
– Lohnsteuerabrechnung 160 611 *643*
– Schadensersatzanspruch 50 2 *26*
– Streitwertfestsetzung 50 12 *50*
– Zuständigkeit 50 2 *25 f.*, *siehe auch dort*
– Zwangsvollstreckung 50 62 *37*

Arbeitspapiere, Herausgabe
– Arrest 50 62 *68*

Arbeitspflicht
– Außerdienstliches Verhalten 160 611 *583*

Arbeitsplatz
– *siehe auch* Arbeitsplatzschutz
– *siehe auch* Arbeitsstätte
– *siehe auch* Hygiene am Arbeitsplatz
– Begriff 160 312 *20 f.*
– Haustürgeschäft 160 312 *9, 19 ff., 28*
– Leistungsverweigerungsrecht bei Asbest 160 618 *31*
– Rauchverbot 160 618 *15*
– Recht am Arbeitsplatz 160 611 *950*
– Sandgrube 160 618 *18*

Arbeitsplatz, Verlassen
– Eigenkündigung 160 623 *8*

Arbeitsplatzausschreibung
– Erfordernis 150 93 *2 ff.*
– Fehlen 150 99 *106*

Arbeitsplatzbeschreibung 250 106 *9*

Arbeitsplatzschutz *siehe auch* Wehrdienst
– Anrechnung von Wehrdienstzeit 60 1 *5*; 6 *6 ff.*; 7 *2*; 12 *2 ff.*; 13 *1*
– Arbeitnehmer 60 1 *2 f.*; 2 *2*; 4 *2*; 7 *1*; 15 *1*
– Arbeitnehmer des öffentlichen Dienstes, Wehrdienst 60 1 *8*; 6 *5*; 11a *2*
– Auftraggeber, Heimarbeit 60 7 *2*
– Ausländer, Wehrdienst 60 1 *2*; 4 *2*
– Auszubildender, Wehrdienst 60 2 *6*; 6 *7 f.*; 11a *2*; 13 *1*; 15 *1*
– Bausparkassenvertreter, Wehrdienst 60 8 *2*
– Beamter 60 1 *2*; 9 *1 f.*; 10 *1*; 11a *2*
– Benachteiligungsverbot 60 6 *1 ff.*
– Berufssoldat 60 1 *4*; 16a *2*
– bevorzugte Einstellung in den öffentlichen Dienst nach Grundwehrdienst 60 11a *1 f.*
– Darlegungs- und Beweislast, Kündigungsschutz 60 2 *3*
– Einberufung zum Wehrdienst 60 1 *1, 3, 9*; 2 *2 ff.*; 4 *5, 8 f.*; 9 *2*; 14a *2*
– Einberufungsbescheid 60 1 *4, 9*; 2 *3, 5*; 4 *5*
– Entgeltfortzahlung 60 1 *8*; 3 *7*; 14 *1 ff.*
– Entwicklungshelfer 60 1 *13*
– Erholungsurlaub 60 1 *8*; 4 *1 ff.*; 7 *2*
– Ersatzkraft 60 1 *11*
– Fortsetzung des Arbeitsverhältnisses 60 6 *1 ff.*
– Grenzschutzdienstpflichtiger 60 1 *13*
– Handelsvertreter 60 1 *2*; 8 *1 ff.*

Arbeitsplatzschutz – Arbeitsschutz

- Hausgewerbetreibender **60** 7 *2*
- Heimarbeiter **60** 1 *2*; 7 *1 ff.*
- Katastrophenschutz **60** 1 *14*
- Klagefrist Kündigungsschutzklage **60** 2 *5*
- Kündigungsverbot, Wehrdienst **60** 2 *1 ff.*; 8 *4*
- persönlicher Anwendungsbereich **60** 1 *2 f.*; 2 *2*; 4 *2*; 7 *1*; 15 *1*
- Richter **60** 1 *2*; 9 *1 f.*; 10 *1*; 11a *2*
- Sachbezüge **60** 3 *1, 5*; 7 *2*
- Soldat auf Zeit **60** 16a *1 f.*
- Staatenloser, Wehrdienst **60** 1 *2*
- Unterhaltssicherung **60** 1 *1, 8*
- Versicherungsvertreter, Wehrdienst **60** 8 *2*
- Wehrverwaltung/Wehrbereichsverwaltung, Zuständigkeit **60** 1 *11*
- Zivildienstleistender **60** 1 *13*; 4 *9*
- Zivilschutz **60** 1 *14*
- zusätzliche Alters- und Hinterbliebenenversorgung **60** 14a *1 ff.*
- Zwischenmeister **60** 7 *2*

Arbeitsplatzteilung *siehe auch* Teilzeitarbeit
- Arbeitszeitteilung **480** 13 *3 ff.*
- Flexibilisierung der Arbeitszeit **80** 1 *32*
- Höchstpersönlichkeit der Arbeitspflicht **160** 613 *13*

Arbeitsplatzwahl
- Grundfreiheit **260** 12 *5, 19, 31*

Arbeitsrecht
- Rangprinzip der Rechtsquellen **250** 105 *10*

Arbeitsrecht, britisches *siehe* Britisches Arbeitsrecht

Arbeitsrecht, französches
siehe Französisches Arbeitsrecht

Arbeitsrecht, kollektives
siehe Kollektives Arbeitsrecht

Arbeitsrecht, niederländisches
siehe Niederländisches Arbeitsrecht

Arbeitsrecht, spanisches
siehe Spanisches Arbeitsrecht

Arbeitsrecht, tschechisches
siehe Tschechisches Arbeitsrecht

Arbeitsrecht, türkisches
siehe Türkisches Arbeitsrecht

Arbeitsrecht, ungarisches
siehe Ungarisches Arbeitsrecht

Arbeitsrechtlicher Gleichbehandlungsgrundsatz
siehe Gleichbehandlungsgrundsatz

Arbeitsrechtsregelung, kirchliche 470 1 *6*
- Sonderkündigungsschutz schwerbehinderter Menschen **430** 86 *4*

Arbeitsschutz
- *siehe auch* Fachkraft für Arbeitssicherheit
- *siehe auch* Gesundheitsschutz
- *siehe auch* Jugendarbeitschutz
- *siehe auch* Schutzmaßnahme
- *siehe auch* Unfallverhütung
- 200-Meilenzone **70** 1 *2*
- ABM-Kraft **70** 2 *1*
- Alarmanlage **70** 10 *4*
- Alarmplan **70** 10 *11*
- Alarmübung **70** 9 *6*
- allgemeine Verwaltungsvorschriften **70** 24 *1*
- älterer Beschäftigter **70** 4 *9*
- Angebotsuntersuchung **70** 11 *5*
- Annahmeverzug **70** 9 *14*
- Anscheinsbeweis **160** 618 *36*
- Anspruch auf Einrichtung eines normgemäßen Arbeitsplatzes, §§ 618 f. BGB **70** 1 *4*; 8 *10*; 9 *12*
- Anweisung an den Beschäftigten **70** 4 *10*
- Anwendungsbereich **70** 1 *2*; 2 *1*
- Arbeitgeberverstoß **90** 2 *18*; 12 *1*
- Arbeitnehmer **70** 2 *4*; **160** 618 *2*
- arbeitnehmerähnliche Person **70** 2 *3 f.*
- Arbeitnehmerüberlassung **70** 7 *2*; 12 *5 ff.*; **100** 1 *12*; 3 *18*; 11 *25 ff.*; 12 *15*; 14 *5, 12*; 18 *7*
- arbeitsbedingte Erkrankung **90** 1 *6*
- arbeitsbedingte Gesundheitsgefahr **70** 3 *6*
- Arbeitsmedizin **70** 4 *5 f.*
- arbeitsmedizinische Vorsorgeuntersuchung **70** 4 *8*; 7 *6*; 11 *1 ff.*
- Arbeitsschutzbehörde **70** 6 *2, 5, 10*; 10 *11*; 15 *1*; 16 *4*; 17 *9, 13 ff.*
- arbeitsschutzbezogene Mitwirkungspflicht des Beschäftigten **70** 15 *1 ff.*
- Arbeitsschutzmanagementsystem, AMS **70** 3 *4, 9*
- Arbeitstauglichkeitsuntersuchung **70** 11 *2 ff.*
- Arbeitsunfall **70** 3 *6*; 6 *1, 7, 10*; 10 *3, 11*; 15 *10*; 16 *7*
- Arbeitsverbot **70** 22 *2*
- arbeitswissenschaftliche Erkenntnis **70** 4 *5 f.*
- Arbeitszeitgrenzen **160** 618 *30*
- Aufsichtsbehörde **160** 618 *30*
- Ausbildungsverhältnis **110** 3 *12*; 12 *22 f.*; 23 *30*
- Auskunftsverweigerungsrecht, § 383 Abs. 1 Nr. 1-3 ZPO **70** 22 *4*
- Ausnahmebewilligung, Zustimmung des Betriebsrats **90** 18 *5*
- außer- und innerbetriebliches Beschwerderecht des Beschäftigten **70** 17 *1, 3 ff.*
- Auszubildender **70** 2 *3*
- Basisdatenerhebungsbogen **70** 6 *10*
- Beamter **70** 2 *3*; 17 *10*; 20 *1 ff.*
- Beauftragter für biologische Sicherheit **70** 13 *3*
- Befreiung von der Dokumentationspflicht **70** 6 *4 f.*
- Befugnis der zuständigen Behörde, Aufsichts- und Besichtigungsrecht **70** 22 *1 ff.*
- Begriff **90** 1 *6*
- behinderte Menschen **70** 4 *9*
- behördliche Überwachung des Arbeitgebers **90** 12 *2*
- Bekämpfung der Gefahren an der Quelle **70** 4 *4, 8*
- Benachteiligungsverbot **70** 9 *5, 8*; 17 *9*
- Bergbau **70** 1 *2*; 2 *1*
- Bergbaubetriebe **90** 17 *3*
- Berufsgenossenschaft, Unfallverhütungsvorschriften **70** 1 *3*; **90** 4 *14*; 9 *18*

Arbeitsschutz

- Berufskrankheit **70** 3 *6*; 6 *7*; 16 *7*
- Beschäftigter **70** 2 *1 ff.*
- Beschäftigter in einer Werkstatt für Behinderte **70** 2 *1, 3*
- besondere Unterweisungspflichten **70** 9 *11*
- besondere Vorkehrung bei unmittelbaren erheblichen Gefahren **70** 9 *3 ff.*
- besonderes Gefährdungspotential **70** 9 *17*
- besonders gefährlicher Arbeitsbereich **70** 9 *2*
- besonders schutzbedürftige Beschäftigtengruppe, Berücksichtigung spezieller Gefahr **70** 4 *9*
- Bestellung von Fachkräften **90** 5 *1 ff.*
- betriebliche Daten **70** 23 *1*
- Betriebsanweisung **70** 4 *10*
- Betriebsarzt **70** 13 *3*; 16 *4 f., 7*; **90** 9 *1 ff.*
- Betriebssanitäter **70** 10 *3, 7*
- Betriebsvereinbarung **160** 618 *40*
- Betriebsverfassungsrecht **70** 3 *8*; 4 *13*; 5 *3*; 6 *9*; 7 *5*; 8 *11*; 10 *10*; 11 *7*; 12 *10*; 17 *2, 12*
- Bildschirmarbeit **160** 618 *21, 43*
- Brandbekämpfung **70** 10 *1 ff.*
- Brandmelder **70** 10 *4*
- Brandschutzplan **70** 10 *11*
- Bundesanstalt für Arbeitsschutz und Arbeitsmedizin **70** 3 *9*; **160** 618 *45*
- Bußgeld **160** 618 *31*
- Darlegungs- und Beweislast **70** 9 *17*; 17 *9*
- Dokumentation im Ermessen des Arbeitgebers **70** 6 *3*
- Dokumentationspflicht des Arbeitgebers **70** 5 *1, 3*; 6 *1 ff.*; 9 *12*; 12 *8, 11*
- Druckluft **70** 4 *9*
- durch Dritte **70** 13 *3*
- Durchführung von Arbeitsschutzmaßnahme **70** 3 *1 f.*
- ehrenamtliche Tätigkeit **70** 2 *1*
- Ein-Euro-Job **70** 2 *1*
- einheitliche Kennzeichnung besonderer Gefahrenstoffe **70** 9 *17*
- Einigungsstelle **90** 9 *8, 17, 19*
- Eisenbahn-Unfallkasse **70** 21 *3*
- Entfernungsrecht des Beschäftigten **70** 9 *6 ff., 11 f., 17*
- Erfassung von schwerem Unfall **70** 6 *6 f.*
- Erfüllungsgehilfe **160** 618 *32*
- Erstattungsanspruch des Beschäftigten **70** 3 *7*
- Erste Hilfe **70** 3 *6*; 10 *1 ff.*; 16 *7*
- Ersthelfer **70** 10 *3, 6 f.*; 16 *4, 7*
- Erstunterweisung **70** 12 *1, 4*
- EU-Recht **160** 618 *43 f.*
- Evakuierung **70** 10 *1 ff.*
- Fachkraft für Arbeitssicherheit, Arbeitsschutzfachleute **70** 13 *3*; 16 *4 f., 7*; **90** 9 *1 ff.*
- Flucht- und Rettungsplan **70** 9 *6*; 10 *5, 11*
- fortgeschrittenes Alter **70** 7 *3*
- Fragerecht nach persönlicher Befähigung **70** 7 *3*
- Franchisenehmer **70** 2 *4*

- freier Mitarbeiter **70** 2 *4*
- Fremdbeschäftigung **70** 8 *12*
- fristlose Kündigung **70** 1 *4*
- ganzheitliche Planung von Arbeitsschutzmaßnahmen **70** 4 *7 ff.*
- Gefährdungsbeurteilung **70** 3 *2 f.*; 4 *3*; 5 *1 ff.*; 6 *1 ff.*; 8 *3*; 10 *7, 11*; 11 *2*; **90** 9 *4*; **160** 618 *38a*
- Gefahrenabwehr in Eilfall **70** 9 *4*
- Gefahrensymbol **70** 9 *17*
- Gefahrgutbeauftragter **70** 13 *3*
- Geheimhaltungspflicht **70** 23 *1*
- gemeinnützige Organisation **70** 2 *1*
- Gemeinschaftsrecht **230** Richtlinien *50 ff.*
- geschlechtsspezifische Regelung, Beschränkung der Zulässigkeit **70** 4 *11*
- Gesundheitsdienst **70** 11 *5*
- Gesundheitsgefährdung **90** 1 *6*
- Gleichbehandlung von Mann und Frau **70** 4 *11*
- Grundpflicht/Pflicht des Arbeitgebers **70** 3 *1 ff.*; 4 *1 f.*
- Grundsätze **70** 4 *1 ff.*; 12 *1*
- Handlungsanleitungen **70** 9 *16*
- Hauptverband der gewerblichen Berufsgenossenschaften **70** 4 *14*
- Hausangestellter **70** 2 *1*
- Heimarbeiter **70** 2 *1*
- hohes Gefährdungspotenzial **70** 5 *4*
- Hygiene am Arbeitsplatz **70** 4 *5 f.*
- in der öffentlichen Verwaltung **90** 16 *1*
- Initiativrecht des Betriebsrats **90** 9 *9, 19*
- Inkrafttreten des Schutzgesetzes **90** 20 *1*
- innerbetriebliche Organisation **90** 1 *1*
- Jahresbericht **70** 23 *1*
- Jugendlicher **70** 4 *9*
- Kirchenbeamter **70** 2 *1, 3*
- Kleinarbeitgeber/Kleinbetrieb **70** 6 *4 f.*; 10 *7*
- Kosten der Pflichtuntersuchung **70** 11 *3*
- Kosten/Kostenbeteiligung **70** 3 *1, 5*
- Landwirtschaft **70** 2 *1*
- Laserschutzbeauftragter **70** 13 *3*
- Lehrling **70** 2 *3*
- Leiharbeitnehmer **70** 8 *1, 4, 8 f.*; 12 *5 ff.*
- Leistungsverweigerungsrecht/Arbeitsverweigerungsrecht **70** 9 *7, 11 ff.*
- leitende Fachkraft für Arbeitssicherheit **90** 9 *7*
- leitender Betriebsarzt **90** 9 *7*
- Maßnahme des Arbeitsschutzes **70** 3 *1 ff.*
- Missachtung von Anweisung **160** 618 *38*
- Mitbestimmung des Personalrates **70** 20 *3*
- Mitteilungs- und Auskunftspflicht des Arbeitgebers **70** 23 *1*
- Nachrangigkeit einer individuellen Schutzmaßnahme **70** 4 *8*
- öffentlich-rechtliche Grundpflicht **70** 3 *2*
- öffentlicher Dienst **70** 2 *1*; 14 *1*; 17 *10*; 20 *1 ff.*
- Ordnungswidrigkeit **70** 13 *2*; 22 *4*; 25 *1 ff.*; 26 *1*

4995

- Organisation von Arbeitsschutzmaßnahme/Arbeitsschutzorganisation **70** 3 *1, 4, 6*; 4 *2*
- Personalrat **90** 9 *16*
- personelle Einzelmaßnahme **90** 9 *10 f.*
- Pflicht zu Schutzmaßnahmen, § 618 Abs. 1 BGB **70** 5 *3*
- Pflicht zu sicherheitsgerechtem Verhalten, Eigenschutz/Eigenvorsorge, Fremdvorsorge **70** 15 *2 f.*
- Pflicht zur bestimmungsgemäßen Verwendung von Arbeitsmitteln und Schutzausrüstung **70** 15 *4*
- Pflichtinhalt der Dokumentation **70** 6 *2*
- Pflichtuntersuchung **70** 11 *5 f.*
- Praktikant **70** 2 *3*
- Prävention/Gefahrenprävention **70** 4 *4*; 5 *1*; 22 *2*
- Prinzip der Risikovermeidung **70** 4 *3*
- Putativgefahr **70** 9 *7*
- qalifizierte Gefahren **70** 9 *1*
- Rahmenrichtlinie **90** 1 *2*
- Rechte des Beschäftigten **70** 17 *1 ff.*
- Rechtsverordnung/Arbeitsschutzverordnung **70** 19 *1*
- Referendar **70** 2 *3*
- reine Büroarbeitsplatzbetriebe **90** 17 *4*
- Restrisiko **70** 4 *3*
- Richter, Berufsrichter/ehrenamtlicher Richter **70** 2 *3*
- sach- und personenbezogene Notfallmaßnahme/Notstandsmaßnahme **70** 10 *1 ff.*
- Sammelplatz **70** 9 *6*
- Schadensersatz, 628 BGB **70** 1 *4*
- Schmerzensgeld, Pflichtverletzung **160** 618 *34*
- Schutzausrüstung/Schutzausrüstungsgegenstand **70** 3 *5, 7, 10 f.*; 4 *8*; 15 *4, 9*; 16 *8*; 17 *4*
- Schwerbehindertenbeauftragter **70** 13 *3*
- Seeschifffahrt **70** 1 *2*; 2 *1*; **90** 17 *2*
- Sehhilfe **70** 3 *5*
- Sicherheits- und Gesundheitskoordinator **70** 13 *2*
- Sicherheitsbeauftragter **70** 13 *3*; 16 *5*
- Sicherheitsschuhe **70** 3 *7, 10*
- Soldat **70** 2 *3*; 17 *10*
- Stand der Technik **70** 4 *5 f.*
- Störfallbeauftragter **70** 13 *3*
- Straftat/Strafrecht/Strafvorschriften **70** 6 *10*; 8 *12*; 11 *4*; 13 *2*; 17 *5, 14*; 22 *4*; 26 *1 ff.*
- Strahlenschutzbeauftragter **70** 13 *3*
- Trainee **70** 2 *3*
- typische Unterweisungen **70** 12 *1*
- überbetrieblicher Dienst **90** 19 *1 ff.*
- Überprüfungs- und Anpassungspflicht **70** 3 *3, 6*; 6 *2*
- Unfälle **90** 1 *6*
- Unfallkasse Post und Telekommunikation **70** 21 *3*
- Unfallkassen **90** 2 *11*
- Unfallverhütung **90** 1 *7*; 2 *7 ff.*
- Unfallverhütungsbericht Arbeit der Bundesregierung **70** 4 *14*
- Unfallverhütungsrecht/Unfallverhütungsvorschriften **70** 1 *2 f.*; 3 *6*; 4 *12, 14*; 6 *8*; 8 *6*; 9 *10 f.*; 10 *6, 8*; 11 *5*; 12 *3, 8*; 15 *5*; 16 *6*; 17 *11*; 21 *3*
- Unfallverhütungsvorschriften **70** 7 *6*; **90** 2 *6 ff.*
- Unfallversicherungsrecht **70** 15 *5*
- Unfallversicherungsträger **70** 1 *2*; 4 *6*; 6 *2, 7, 10*; 10 *6, 11*; 15 *10*; 17 *8*; 21 *1 ff.*
- Unterlassen von Schutzmaßnahmen **70** 26 *4*
- Unterlassungsanspruch, § 1004 BGB **70** 1 *4*
- Unterrichtungs- und Abstimmungspflicht **70** 8 *2 f., 12*
- Unterweisungspflicht **70** 4 *10*; 8 *8*; 9 *2*; 12 *1 ff.*; 15 *3*
- verantwortliche Person **70** 6 *2, 10*; 13 *1 ff.*; 16 *3*; 17 *7*; 25 *2*
- Verantwortung des Arbeitgebers **90** 1 *5*
- Verbandskasten **70** 10 *4*
- Vergewisserungspflicht **70** 8 *4 f., 12*
- Verhältnismäßigkeit **70** 3 *3*; 9 *13*
- Verrichtungsgehilfe **160** 618 *32*
- Volontär **70** 2 *3*
- Vorschlagsrecht des Beschäftigten **70** 17 *1 f., 10, 12*
- Warn- und Unterrichtungspflicht **70** 9 *4*
- werdende oder stillende Mutter/schwangere Frau **70** 4 *9, 11*
- Werkunternehmer **70** 2 *1*
- Wiederholungsunterweisung **70** 12 *4*
- Zentralstelle für Arbeitsschutz im Bundesministerium des Innern **70** 20 *4*; 22 *3*
- Zielsetzung, Dualismus **70** 1 *1 f.*; 21 *1*
- Zurückbehaltungsrecht **70** 1 *4*; 9 *12 ff., 17*
- Zusammenarbeit von Betriebsarzt und Fachkraft für Arbeitssicherheit mit dem Betriebsrat **90** 9 *1 ff.*
- zuständige Behörde **70** 21 *1 ff.*
- Zutritts- und Aufenthaltsverbot **70** 9 *2, 10*

Arbeitsschutz, behördliche Anordnung
- Einbeziehung des Unfallversicherungsträgers **90** 12 *4*
- Ermittlungsbefugnisse **90** 12 *6*
- Fristsetzung **90** 12 *4*
- Geldbuße **90** 12 *8*
- pflichtgemäßes Ermessen **90** 12 *3*
- rechtliche Grundlage **90** 12 *3*
- Rechtsmittel **90** 12 *9*
- Unterrichtung des Betriebsrats **90** 12 *5*
- Verfahren **90** 12 *4*
- zwangsweise Durchsetzung **90** 12 *7*

Arbeitsschutz, öffentliche Verwaltung
- Beteiligung des Personalrates **90** 16 *5*
- Regelungsform **90** 16 *4*
- Zweck **90** 16 *2*

Arbeitsschutz, Überwachungsbehörde
- Auskunfspflicht des Arbeitgebers **90** 13 *2*
- Auskunftsverlangen **90** 13 *1*
- Besichtigungen mit Betriebsrat **90** 13 *4*
- Besichtigungsrecht **90** 13 *3*

- Zutrittsrecht **90** 13 *3*

Arbeitsschutzausschuss
- Aufgaben **90** 11 *5*
- betrieblicher **90** 11 *2*
- Betriebsgröße **90** 11 *2*
- Betriebsrat **90** 11 *5*
- Mitbestimmung **90** 11 *5*
- Mitglieder **90** 11 *4*
- Seeschifffahrt **90** 11 *3*
- Unfallverhütung **90** 11 *5*
- Zusammentreten **90** 11 *6*

Arbeitsschutzexperte, sebstständig
- Vertragsklausel zu Zusammenarbeit **90** 10 *10*

Arbeitsschutzfachleute
siehe Fachkraft für Arbeitssicherheit

Arbeitsschutzmanagementsystem 70 3 *4, 9*

Arbeitsschutzmaßnahmen
- Konkretisierungsmöglichkeit durch Rechtsverordnung **90** 14, 15 *1*
- Konkretisierungsmöglichkeit durch Verwaltungsvorschriften **90** 14, 15 *1*

Arbeitsschutzrahmenrichtlinie
- Gemeinschaftsrecht **230** Richtlinien *50 ff.*
- Umsetzung in deutsches Recht **230** Richtlinien *61*

Arbeitsschutzrecht, zwingendes
- Kollision mit Privatrecht **220** 30, 8 Rom I *11 ff.*
- Unabdingbarkeit bei Auslandsbezug **220** 34, 9 Rom I *1 ff.*

Arbeitsschutzverstoß
- Eingriff der Behörde **90** 12 *1 ff.*
- Einspruch gegen Bußgeldbescheid **90** 20 *3*
- Geldbuße **90** 20 *1 ff.*
- Ordnungswidrigkeit **90** 20 *1 ff.*

Arbeitssicherheit *siehe* Arbeitsschutz
- Fachkräfte **90** 6 *1 ff.*

Arbeitssicherheitsgesetz
- keine Anwendbarkeit des ASiG **90** 17 *1 ff.*

Arbeitsstätte
- Aufenthaltsraum **160** 618 *18*
- Baustelle **160** 618 *18*
- Betretungsrecht der Aufsichtsbehörde, Arbeitszeit **80** 17 *18*
- Betriebsparkplatz **160** 618 *18, 26*
- Eisenbahnwaggon **160** 618 *19*
- Fahrstuhl **160** 618 *18*
- Flugzeug **160** 618 *19, 27*
- Flur **160** 618 *18*
- Kantine **160** 618 *18*
- Nebenraum **160** 618 *18*
- öffentlicher Weg, Abgrenzung **160** 618 *18*
- Pausenraum **160** 618 *18*
- Räume **160** 618 *18*
- Sandgrube **160** 618 *18*
- Schiff **160** 618 *19*
- Toilette **160** 618 *18*
- Treppenhaus **160** 618 *18*
- Verkehrsmittel **160** 618 *19*
- Waschraum **160** 618 *18*

Arbeitsstatut, ausländisches 220 6, 21 Rom I *5 ff.*

Arbeitsstatut, Rechtswahl 220 30, 8 Rom I *1 ff.*
- AGB-Recht **220** 30, 8 Rom I *1 ff.*
- Arbeitnehmerschutzrecht **220** 30, 8 Rom I *41*
- Einschränkung **220** 30, 8 Rom I *41*
- Einwirkung auf objektives Recht **220** 30, 8 Rom I *113*
- Günstigkeitsvergleich *siehe* Günstigkeitsvergleich, Rechtswahl
- Rechtswahlklausel **220** 30, 8 Rom I *112*
- Teilrechtswahl **220** 30, 8 Rom I *40*
- zulässige Rechtswahl **220** 30, 8 Rom I *35 ff., 40*

Arbeitssuche
- Freistellungsanspruch **380** 38 *14 f.*
- Meldepflicht **380** 38 *1 ff.*
- Verstoß **380** 38 *11 ff.*; 144 *50 ff.*

Arbeitssuche, frühzeitige
siehe Frühzeitige Arbeitssuche

Arbeitstechnischer Zweck 150 1 *10 ff.*

Arbeitsunfähigkeit
- *siehe auch* Arbeitsunfähigkeitsbescheinigung
- *siehe auch* Dienstunfähigkeit
- *siehe auch* Entgeltfortzahlung
- Alkoholisierung **160** 615 *20*
- Annahmeverzug **160** 615 *20, 40*
- Anscheinsbeweis **160** 615 *86*
- Anzeige der Arbeitsfähigkeit **160** 615 *20, 30, 35*
- Anzeigepflicht **210** 5 *1 ff.*
- Arbeitsfähigkeitsbescheinigung **160** 615 *20*
- Beweislast **50** 58 *37 f.*
- Entgeltfortzahlung *siehe dort*
- Entgeltfortzahlung bei Kündigung **210** 8 *1 ff.*
- Feiertagsbezahlung **210** 4 *61*
- Freistellungsanspruch **180** 1 *28*
- Gesundschreibung **160** 615 *20*
- krankheitsbedingte Kündigung *siehe dort*
- Lohnausfallprinzip **160** 611 *721*
- Nachweisklausel, Überraschungsverbot **160** 305c *18*
- Nachweispflicht **210** 5 *15 ff.*
- Nebentätigkeit **160** 611 *545, 549*
- Sondervergütung, Kürzung **160** 611 *691, 699*
- Tantieme **160** 611 *725*
- teilweise Arbeitsunfähigkeit **160** 615 *20*
- Urlaub **180** 9 *3 ff., 14*
- Zusatzurlaubkürzungsklausel, AGB **160** 308 *36*

Arbeitsunfähigkeitsbescheinigung 210 5 *15 ff.*,
siehe auch Entgeltfortzahlung
- Ausland **210** 5 *41 ff., 79 ff.*
- Beweiswert **210** 5 *63 ff.*
- Erschütterung des Beweiswertes **210** 5 *68 ff.*
- Inhalt **210** 5 *34 ff.*
- Kurzerkrankung **210** 5 *93 ff.*
- Nachweisklausel, Überraschungsverbot **160** 305c *18*
- unvollständig, kein Verschulden **210** 7 *4 f.*

- Urlaub **180** 9 *20 ff.*
Arbeitsunfall
- Arbeitsschutz **70** 3 *6*; 6 *1, 7, 10*; 10 *3, 11*; 15 *10*; 16 *7*
- gesetzliche Unfallversicherung **420** 104 *17, 32*
- Haftung im Arbeitsverhältnis **160** 611 *875, 931 ff.*; 618 *18, 34 f., 40, 42, 45*
- Mitbestimmung des Betriebsrats **160** 618 *40*
- Schutzmaßnahme **160** 618 *34 f., 42, 45*

Arbeitsverdienst
- *siehe* Arbeitsentgelt
- *siehe* Vergütung

Arbeitsvergütung
- *siehe* Arbeitsentgelt
- *siehe* Vergütung

Arbeitsverhältnis
- *siehe auch* Arbeitsverhältnis, Haftung
- *siehe auch* Arbeitsvertrag
- *siehe auch* Fehlerhaftes Arbeitsverhältnis
- *siehe auch* Leistungsstörung
- Altersteilzeitarbeitsverhältnis **160** 611 *29*
- Arbeitsvertrag, Abgrenzung **160** 611 *1 ff.*
- Arbeitsvertrag, Rechtsquelle **160** 611 *164, 178 ff.*
- Arbeitsvölkerrecht, Rechtsquelle **160** 611 *166*
- Arbeitszeit, Zusammenrechnung mehrerer Arbeitsverhältnisse **80** 2 *29 f., 53 f., 57 f.*; 16 *12*
- Arten **160** 611 *20 ff.*
- Aushilfsarbeitsverhältnis **160** 611 *26*
- außerordentliche Kündigung **160** 626 *1 ff.*
- Beendigung **160** 611 *983 ff.*
- Begriff **160** 611 *1 ff.*
- Begründung **160** 611 *199 ff.*
- betriebliche Übung, Rechtsquelle **160** 611 *164, 180, 182*
- Betriebsvereinbarung, Rechtsquelle **160** 611 *164 f., 177*
- Beweislast **50** 58 *58 ff., siehe auch dort*
- Dauerschuldverhältnis **160** 288 *7*; Vor 305-310 *6*; 305 *30*; 308 *9*; 310 *17 f.*; 313 *7, 11*; 315 *10*; 611 *9, 376, 435, 463, 471, 474, 815 f., 824, 985*; 615 *30*; 620 *1*; 622 *57*; 623 *7*; 626 *1 f., 60, 72, 92, 122*; 628 *33*
- Dienstvereinbarung, Rechtsquelle **160** 611 *177*
- EG-Recht, Rechtsquelle **160** 611 *164, 167 ff.*
- einheitliches Arbeitsverhältnis, Mehrheit von Arbeitgebern **160** 611 *134*
- Erfüllungsort **50** 2 *86 f., siehe auch dort*
- Erfüllungsort, Betriebssitz **160** 611 *494 ff., 596, 636, 1083*; 615 *22, 28*
- Fiktion eines gesetzlichen Arbeitsverhältnisses **100** 10 *2 ff.*
- Fortsetzung nach Befristung **160** 625 *1 ff.*
- Fürsorgepflicht **160** 619 *3*
- Gesamthafen-Arbeitsverhältnis **160** 611 *136*
- Gesamtzusage, Rechtsquelle **160** 611 *180 f.*
- Gesetzesrecht, Rechtsquelle **160** 611 *164, 172*
- grenzüberschreitendes **10** 2 *2*
- Gruppenarbeitsverhältnis **160** 611 *38 ff.*
- häusliche Gemeinschaft **160** 611 *481*
- Inhalt **160** 611 *470 ff.*
- Kündigungsfrist **160** 620 *1, 1*; 621 *3*; 622 *1 ff.*
- Leiharbeitsverhältnis **100** 1 *15 ff.*; **160** 611 *28*
- Leistungsort **160** 611 *494 ff.*
- Minderjähriger, Eingehung, Erfüllung, Aufhebung **160** 115 *10, 15 ff., 21, 30*; 611 *1003*
- Minijob/geringfügig Beschäftigte **160** 611 *27*
- mittelbares Arbeitsverhältnis **160** 611 *30, 136, 361, 487, 993*; 613 *4*
- Normenhierarchie **160** 611 *184 ff.*
- Parteien **160** 611 *50 ff.*
- personenrechtliches Gemeinschaftsverhältnis **160** 611 *438, 473, 481*
- Praktikant **160** 611 *35 ff.*
- Probearbeitsverhältnis **160** 611 *24 f.*
- Rechtsquelle **160** 611 *164 ff.*
- Rechtsverordnung, Rechtsquelle **160** 611 *173*
- Richterrecht, Rechtsquelle **160** 611 *183*
- Ruhen des Arbeitsverhältnisses, Arbeitsplatzschutz **60** 1 *3 ff.*
- Ruhen, Inhaltskontrolle, AGB **160** 307 *87*
- Satzung, Rechtsquelle **160** 611 *174*
- sinnentleertes/sinnloses Arbeitsverhältnis **160** 611 *266, 408*; 626 *7 f., 26, 93, 104, 122, 124, 133*
- sozialversicherungspflichtige Beschäftigung **390** 7a *5 f.*
- Sperrzeit bei Beendigung **160** 623 *50*
- Tarifvertrag, Rechtsquelle **160** 611 *164 f., 175 f., 178*
- Teilzeitarbeitsverhältnis **160** 611 *22, 525*
- Verfassungsrecht, Rechtsquelle **160** 611 *164, 170 f.*
- Verjährung **160** 611 *585*
- Vertrauensstellung, Abgrenzung **160** 627 *2, 6, 26*
- Vollzeitarbeitsverhältnis **160** 611 *21*
- Volontär **160** 611 *34*
- Zuordnung, Teilbetriebsübergang **160** 613a *61, 63, 99, 187*; 615 *51*

Arbeitsverhältnis, Auslandsbezug 220
 6, 21 Rom I *1 ff.*; 30, 8 Rom I *1 ff., siehe auch* Rechtswahl, fehlende
- Arbeitgeberhaftung für Falschauskünfte **220** 30, 8 Rom I *115*
- ausländische Eingriffsnormen **220** 34, 9 Rom I *1 ff.*
- Betriebsverfassungsrecht, ausländisches **220** 30, 8 Rom I *89 ff.*
- Betriebsverfassungsrecht, BetrVG **220** 30, 8 Rom I *79 ff., siehe auch* Betriebsverfassungsrecht
- gerichtliche Zuständigkeit **220** 30, 8 Rom I *117*
- Gerichtsstandsvereinbarung **220** 30, 8 Rom I *77 f., 113*
- Ordre Public **220** 6, 21 Rom I *1 ff.*
- Prozessführung **220** 30, 8 Rom I *117 ff.*

- Rechtsschutzversicherung **220** 30, 8 Rom I *104 ff.*
- Sozialversicherung **220** 30, 8 Rom I *116*
- zwingendes deutsches Recht **220** 34, 9 Rom I *1 ff.*

Arbeitsverhältnis, Beendigung
- Abwicklungsvertrag **320** 1 *38*
- Änderungskündigung *siehe dort*
- Anfechtung **320** 1 *28, 60*
- Arbeitgeberfreiheit **260** 12 *60 f.*
- Aufhebungsvertrag **320** 1 *38*
- außerordentliche Kündigung *siehe dort*
- Befristung **320** 1 *40*
- Freistellung **320** 1 *39*
- Haustürgeschäft **320** 1 *38*
- Klageverzicht bei Drohung **320** 1 *30*
- Kündigung *siehe dort*
- lösende Aussperrung **260** 9 *114*
- Nichtfortsetzungserklärung **320** 1 *32*
- Nichtigkeit **320** 1 *28*
- ordentliche Kündigung *siehe dort*
- Rücktritt **320** 1 *42*
- Teilkündigung **320** 1 *36*
- Wegfall der Geschäftsgrundlage **320** 1 *43*

Arbeitsverhältnis, befristetes
siehe Befristetes Arbeitsverhältnis

Arbeitsverhältnis, Bestand *siehe* Urteilsverfahren

Arbeitsverhältnis, einheitliches
siehe Einheitliches Arbeitsverhältnis

Arbeitsverhältnis, faktisches
siehe Faktisches Arbeitsverhältnis

Arbeitsverhältnis, fehlerhaftes
siehe Fehlerhaftes Arbeitsverhältnis

Arbeitsverhältnis, Haftung
- *siehe auch* Arbeitgeberhaftung
- *siehe auch* Arbeitnehmerhaftung
- *siehe auch* Haftungsausschluss
- *siehe auch* Innerbetrieblicher Schadensausgleich
- Arbeitsunfall **160** 611 *875, 931 ff.*; 618 *18, 34 f., 40, 42, 45*
- Arbeitsvertrag **160** 611 *470*
- Gefährdungshaftung **160** 309 *39*; 611 *880 f., 955*
- gesetzliche Unfallversicherung, Berufsgenossenschaft **160** 309 *32, 35*; 611 *663, 875, 928, 931 f., 935 f., 980*; 618 *34, 42*
- Grundsatz **160** 611 *875 ff.*; 619a *1 ff.*
- Inhaltskontrolle **160** 611 *470*
- Privatfahrt **160** 611 *895, 978, 983*
- Verjährung **160** 611 *953, 973*
- Wegeunfall **160** 611 *935*

Arbeitsverhältnis, mittelbares
siehe Mittelbares Arbeitsverhältnis

Arbeitsverhältnis, Nachwirkung
- Zuständigkeit **50** 2 *14*, *siehe auch dort*

Arbeitsverhältnis, Ruhen
- Betriebszugehörigkeit **60** 1 *5*
- Grundwehrdienst **60** 1 *1 ff.*
- Nebenpflicht **60** 1 *5*
- Verschwiegenheitspflicht **60** 1 *5*
- Wehrdienst **60** 1 *1 ff.*
- Wehrübung **60** 1 *1 ff.*; 10 *1*
- Wettbewerbsverbot **60** 1 *5*

Arbeitsverhältnis, ruhendes
siehe Arbeitsverhältnis, Ruhen

Arbeitsverhinderung
- Entgeltfortzahlung **365** 2 *11*
- kurzzeitige **365** 1 *2*
- Leistungsverweigerungsrecht **365** 2 *10*
- öffentlicher Dienst **365** 2 *11*
- Pflegebedarf **365** 2 *2*
- Pflegezeit **365** 1 *2*

Arbeitsvermittlung
- *siehe auch* Agentur für Arbeit
- *siehe auch* Bundesagentur für Arbeit
- Arbeitnehmerüberlassung, Abgrenzung **100** 1 *4, 27, 36*; 3 *16*
- Begriff **160** 611 *154*
- Dienstverschaffungsvertrag **160** 611 *153 f.*
- mittelbares Arbeitsverhältnis, Abgrenzung **160** 611 *30*

Arbeitsversuch
- Krankheit **160** 611 *822*; 615 *18*

Arbeitsvertrag
- *siehe auch* Arbeitnehmerbegriff
- *siehe auch* Arbeitsleistung
- *siehe auch* Arbeitsverhältnis
- *siehe auch* Nebenpflicht
- *siehe auch* Vergütung
- *siehe auch* Vertragsanbahnung
- Abgrenzung zu anderen Vertragstypen **160** 611 *138 ff.*
- Abschluss **160** 611 *199 ff.*
- Abschlussverbot **160** 611 *395*; 250 *105 11 ff.*
- AGB **160** 305 *5, 9, 14*; 310 *28 ff.*
- AGB-Kontrolle *siehe dort*
- Altersteilzeitarbeitsvereinbarung/Altersteilzeitvertrag/Altersteilzeitarbeitsvertrag **40** 2 *2, 9 ff., 14 ff., 46 ff.*; 3 *3, 29, 31*; 8 *1 ff.*; 8a *1 ff.*; 11 *2*; 15c *1*; 15d *1*; 16 *1*
- Anfechtung **160** 611 *6, 423 ff.*; 620 *9*
- Arbeitsgelegenheit, Abgrenzung **160** 611 *163*
- Arbeitsverhältnis, Abgrenzung **160** 611 *1 ff.*
- auflösende Bedingung **160** 620 *8*
- aufschiebende Bedingung **160** 611 *333*
- Auftrag, Abgrenzung **160** 611 *138, 147*
- außerordentliche Kündigung **160** 626 *1 ff.*
- Austauschvertrag **160** 611 *5, 11, 375, 481*
- Beamter, Abgrenzung **160** 611 *41, 60*
- Beendigung *siehe* Arbeitsverhältnis, Beendigung
- Befristung **160** 611 *23*; 620 *1 ff.*
- Beschäftigungsverbot **160** 611 *395 ff.*; 250 *105 11 ff.*
- Bindung bei Dauerschuldverhältnis, AGB **160** 309 *43*; 625 *5*
- Dauerschuldverhältnis **160** 288 *7*; Vor 305-310 *6*; 305 *30*; 308 *9*; 310 *17 f.*; 315 *10*; 611 *9, 376, 435,*

Arbeitsvertrag

- 463, 471, 474, 815 f., 824, 985; 615 *30*; 620 *1*; 622 *57*; 623 *7*; 626 *1 f.*, *60*, *72*, *92*, *122*; 628 *33*
- Diakonie, Abgrenzung **160** 611 *41*
- Dienstverschaffungsvertrag, Abgrenzung **160** 611 *138*, *152 ff.*
- Direktionsrecht **250** 106 *1 ff.*, *siehe auch dort*
- Eingliederungstheorie **160** 611 *4*, *59*
- Einigungsmangel **160** 611 *353 f.*; 612 *1*
- Entwicklungshelfer, Abgrenzung **160** 611 *41*
- ergänzende Vertragsauslegung **160** 305c *1*, *3*; 306 *12 ff.*; 307 *6*; 313 *8*; 315 *58*; 611 *337*, *471*, *477*, *650*, *682*, *684*, *717*, *753*, *761*; 612 *32*; Vor 305-310 *9*; 615 *8*; 622 *35*, *55*
- Ersatztätigkeit **250** 106 *14*
- essentialia negotii **160** 305 *14*; 611 *333*
- evangelische Kirche, Abgrenzung **160** 611 *41*
- Familienangehöriger, Abgrenzung **160** 611 *41*, *61*
- Familienmitarbeit, Abgrenzung **160** 611 *41*, *61*
- Form **250** 105 *17*
- Formvorgabe **160** 611 *368 ff.*
- Franchisevertrag, Abgrenzung **160** 611 *138*, *159 ff.*
- freier Dienstvertrag, Abgrenzung **160** 611 *138*, *141 ff.*
- Fürsorgezögling **160** 611 *60*
- gegenseitiger Vertrag **160** 611 *1*, *11 ff.*
- geltungserhaltende Reduktion **160** 306 *19*
- gemischter Vertrag **50** 2 *35*
- Geschäftsbesorgungsvertrag, Abgrenzung **160** 611 *138*, *148*
- Geschäftsfähigkeit **160** 611 *358*
- Geschäftsführer **160** 611 *97*
- geschlossene Anstalt, Abgrenzung **160** 611 *41*, *6*
- gesellschaftsrechtliche Pflicht, Abgrenzung **160** 611 *138*, *149 ff.*
- gesetzliches Verbot **160** 611 *383 ff.*
- Gestellungsvertrag, Abgrenzung **160** 611 *41*
- Haustürgeschäft **160** 312 *9 ff.*, *19 ff.*, *31*
- Hochschullehrer, Abgrenzung **160** 611 *41*
- Höchstpersönlichkeit der Arbeitspflicht **160** 611 *17*, *485 ff.*; 613 *1 ff.*; 615 *18*, *21*, *24*, *26*
- Inhaltskontrolle **160** 315 *5*; 611 *179*, *470 ff.*, *siehe dort*
- katholische Kirche, Abgrenzung **160** 611 *41*
- kirchenrechtliche Arbeitsvertragsrichtlinien **160** 319 *7 ff.*
- Konkretisierung **250** 106 *42 ff.*
- Konkretisierung des Weisungsrechts **160** 611 *478*, *494*, *598*
- Konzessionsträgervertrag **160** 611 *391*
- Krankenhaus-Gestellungsvertrag, Abgrenzung **160** 611 *41*
- Kündigungsausschluss **160** 622 *64*
- Kündigungsfrist **160** 620 *1*, *1*; 621 *3*; 622 *1 ff.*
- Lebenszeitarbeitsvertrag **160** 611 *408*, *751*; 622 *57*; 624 *1 ff.*
- Leiharbeitsvertrag **100** 1 *8*, *10 f.*; 9 *12 f.*

- Lohnwucher **160** 307 *9*; 611 *404 ff.*, *612 ff.*; 612 *4*, *10 ff.*, *27*
- Mängel **160** 611 *378 ff.*
- Minderjähriger **160** 115 *21*; 611 *1003*
- mittelbare Stellvertretung **160** 611 *361*
- NachwG **250** 105 *27 ff.*, *siehe auch dort*
- Nebenarbeiten **250** 106 *10*
- Normenhierarchie/Rechtsquellenpyramide **160** Vor 305-310 *10*; 611 *164 ff.*, *184 ff.*
- Pflicht des Arbeitnehmers **160** 611 *11 ff.*, *483 ff.*
- Privatautonomie **160** 305 *4*; 306 *15*; 315 *58*; 611 *234*, *383*, *400*, *470*, *473*, *540*, *703*, *809*, *1017*; 620 *1*; 622 *50*
- Rechtsanwalt **160** 611 *143*
- Rechtsnatur **160** 611 *375 ff.*
- Rechtsquelle **160** 611 *164 ff.*, *178 ff.*
- Religionsgemeinschaft, Abgrenzung **160** 611 *41*
- Richter, Abgrenzung **160** 611 *41*
- Rot-Kreuz-Schwester, Abgrenzung **160** 611 *41*
- Scheinarbeitsvertrag **160** 611 *378 ff.*
- Schriftformklausel **250** 105 *7*
- Schwarzgeldvereinbarung **160** 611 *389 f.*, *857*
- Sicherungsverwahrung, Abgrenzung **160** 611 *6*, *41*
- Sittenwidrigkeit **160** 611 *400 ff.*, *407 ff.*, *470*, *475*
- Soldat, Abgrenzung **160** 611 *41*, *60*
- Stellvertretung **160** 611 *359 ff.*
- stillschweigende Verlängerung **160** 625 *1 ff.*
- Strafgefangener, Abgrenzung **160** 611 *41*, *60*
- Strohmann **160** 611 *362*
- strukturelles Ungleichgewicht/strukturelle Unterlegenheit **160** 611 *470*, *750*; 624 *6*
- Synallagma **160** 308 *30*; 611 *11*, *189*, *375*, *377*, *602*, *680*, *684*, *759*, *1094*
- Tätigkeitsklausel, Überraschungsverbot **160** 305c *19*
- unternehmensbezogenes Geschäft **160** 611 *360*, *373*
- Unübertragbarkeit des Anspruchs auf die Arbeitsleistung **160** 611 *18 f.*, *488 f.*; 613 *1*, *8 ff.*; 613a *10*
- Verbrauchervertrag **160** 305 *32 f.*; 307 *4*; 310 *4 ff.*
- vereinsrechtliche Pflicht, Abgrenzung **160** 611 *138*, *149 ff.*
- Vergütungspflicht des Arbeitgebers **160** 611 *601 ff.*
- verschleierter Arbeitsvertrag **160** 612 *37*
- Verschwiegenheitspflicht, Betriebs-/Geschäftsgeheimnis **460** 29 *6*
- Vertragsfreiheit **160** 611 *346 ff.*
- Vertragsgestaltung **250** 105 *4 ff.*
- Vertragsschluss **160** 611 *345 ff.*
- Vertretungsmacht **160** 611 *363 ff.*
- Vorvertrag **160** 611 *332 f.*
- Werkvertrag, Abgrenzung **160** 611 *145 f.*
- Wiedereingliederungsverhältnis, Abgrenzung **160** 611 *162*

- Willenserklärung **160** 611 *4, 352 ff.*
- Zivildienstleistender, Abgrenzung **160** 611 *41, 60*
- Zustandekommen **160** 611 *4 f.*
- zwingende Vorschriften **250** 105 *11 ff.*

Arbeitsvertrag, Inhaltskontrolle 260 12 *4,*
siehe auch AGB-Kontrolle
- Berufsfreiheit **260** 12 *54 ff.*

Arbeitsvertragliche Nebenpflicht *siehe* Nebenpflicht

Arbeitsvertragliche Pflicht, Suspendierung
- Streik **260** 9 *106*

Arbeitsvertragsbruch *siehe* Vertragsbruch

Arbeitsverweigerung 320 1 *338*

Arbeitswoche
- Urlaubsberechnung **180** 3 *17*

Arbeitszeit 250 106 *20 ff.*
- *siehe auch* Arbeitsbereitschaft
- *siehe auch* Bereitschaftsdienst
- *siehe auch* Dienstreise
- *siehe auch* Feiertag
- *siehe auch* Flexibilisierung der Arbeitszeit
- *siehe auch* Rufbereitschaft
- *siehe auch* Ruhepause
- *siehe auch* Ruhezeit
- Abfallentsorgung **80** 10 *37, 39*
- Abrufklausel, AGB **160** 305c *9*; 308 *12*
- Abwasserentsorgung **80** 10 *39*
- Ackerbau **80** 10 *42*
- AGB, unangemessene Benachteiligung **160** 307 *73*
- Aktenstudium/Aktenlesen **80** 2 *22, 46*
- Altenheim/Altersheim **80** 5 *10*; 7 *36*; 10 *12*; 18 *8*
- ambulanter Pflegedienst **80** 5 *10*; 14 *28*
- Änderungskündigung **320** 2 *80 ff.*
- Anfechtungsklage, Sonn- und Feiertagsbeschäftigung **80** 13 *61, 64 f.*; 15 *25 f.*; 17 *30*
- Anspruch auf Erfüllung der Verpflichtungen des ArbZG, § 618 BGB **80** 1 *25*
- Anzeigenblätter **80** 10 *26*
- Arbeit, Begriffsbestimmung **80** 2 *8 ff.*
- Arbeitgeber, Normadressat des ArbZG **80** 1 *6*; 17 *7, 13*
- Arbeitgeberverband **80** 7 *61*
- Arbeitnehmer in häuslicher Gemeinschaft **80** 18 *7 f.*
- Arbeitnehmer, Begriffsbestimmung **80** 2 *1, 32 ff.*
- arbeitnehmerähnliche Person **80** 2 *29, 34*
- Arbeitsergebnis, Misslingen/Gefährdung **80** 10 *61, 65 ff.*; 14 *8, 17 f., 20*
- Arbeitskampf **80** 13 *28*
- Arbeitsleistung **160** 611 *504 ff.*
- Arbeitsplatzsicherung/Arbeitsplatzsicherheit/Beschäftigungssicherung **80** 7 *40*; 13 *10, 26, 35, 37, 48, 51*
- Arbeitsstätte, Betretungsrecht der Aufsichtsbehörde **80** 17 *18*
- arbeitsvertragliche Nebenleistungen **80** 2 *7, 19 ff.*; 4 *3*
- Arbeitszeiterfassung **80** 16 *6 ff.*, *18*
- Arbeitszeitnachweis **80** 16 *6 ff.*; 17 *15*
- Arrest **50** 62 *75*
- Arztpraxis **80** 5 *10*
- Aufbewahrungspflicht des Arbeitgebers **80** 16 *6, 13 f.*
- Aufsichtsbehörde des Bundes **80** 17 *11*
- Aufsuchen des Betriebsrats **80** 2 *27*
- Aufzeichnungspflicht des Arbeitgebers **80** 16 *6 ff.*; 17 *8 f.*
- Ausbildungstätigkeit **80** 10 *47*
- Ausgleich, Verlängerung der Höchstarbeitszeit **80** 3 *13 ff.*; 5 *16 ff.*, *22 f., 26*; 6 *9 f., 43 ff., 54*; 7 *17 ff., 25, 32*; 15 *9*
- Ausgleichszeitraum/Ausgleichsfrist **80** 1 *13*; 2 *30*; 3 *3, 15 ff.*; 5 *18*; 6 *9 f., 12*; 7 *18 f., 25, 28, 35, 37, 39*; 11 *8*; 12 *6 ff.*; 14 *36*; 15 *19*; 16 *8*
- Aushangpflicht/Auslage **80** 16 *3 ff.*
- Auskunftei **80** 10 *45*
- Auskunftspflicht des Arbeitgebers **80** 2 *31*; 16 *16*; 17 *12 ff.*
- Auskunftsrecht der Aufsichtsbehörde **80** 17 *12 ff., 26, 30*
- Auskunftsverweigerungsrecht, § 17 Abs. 6 ArbZG **80** 17 *17, 23 ff.*
- Auslandsbezug **80** 1 *7*; 5 *26*; 13 *25, 41 f., 51*; 14 *20*
- Auslieferung/Austragen/Ausfahren **80** 10 *27, 36, 80*
- Ausnahmebewilligung der Aufsichtsbehörde **80** 3 *26*; 5 *25*; 6 *52*; 7 *61 f., 80*; 9 *17*; 10 *85*; 12 *16*; 13 *1, 19 ff.*; 15 *1 ff.*
- Ausschuss/Ausschussquote **80** 10 *66*
- außergewöhnlicher Fall **80** 3 *26*; 4 *11*; 5 *25*; 6 *52*; 9 *17*; 10 *85*; 11 *3, 17*; 12 *18*; 14 *1 ff.*
- Ausstellung **80** 10 *28, 30*
- Auszubildender **80** 1 *31*; 2 *32, 36*; 18 *10*
- Autowaschen, Sonntagsruhe **80** 9 *27*
- Bäckerei **80** 1 *2*; 2 *37*; 6 *60*; 7 *29*; 10 *78 ff.*
- Bank **80** 10 *8*; 13 *13*
- bargeldloser Zahlungsverkehr **80** 10 *56, 83*
- BAT **160** 315 *25*
- Baustelle **80** 14 *19*; 15 *6*
- Beamter **80** 1 *31*; 10 *10*; 15 *18*; 19 *1 ff.*
- Bedürfnisgewerbe/Bedarfsgewerbe **80** 13 *8, 12 ff.*
- Begriffsbestimmung/Abgrenzung **80** 2 *1 ff.*; 3 *4*; **160** 611 *507 ff.*
- Behandlung, Pflege, Betreuung, stationär/ambulant **80** 14 *27 f.*
- Behindertenheim/Behindertenpflegeheim **80** 7 *36*; 10 *12*
- belastende Nebenbestimmung, Ausnahmebewilligung **80** 13 *20, 54, 64*; 15 *23, 25*
- Benachteiligungsverbot/Maßregelungsverbot **80** 7 *73 ff.*
- Bereitschaftsdienst **250** 106 *27*
- Bergbau **80** 2 *31*; 8 *5*; 17 *2*
- Berichtspflicht, Nebenbestimmung **80** 13 *54*

Arbeitszeit

- berufliche Fortbildung, Sonntagsruhe 80 9 *27*
- Berufsfeuerwehr 80 10 *9*
- Berufsschulunterricht 80 6 *60*
- Beschäftigungssicherung 80 13 *10, 37, 48, 51*
- Beschäftigungsverbot 80 2 *53*
- Bescheidungsklage, Sonn- und Feiertagsbeschäftigung 80 13 *63*; 15 *25*
- Beschluss des Länderausschusses 80 3 *10a*
- Beseitigungsklage, Wettbewerbsverstoß 80 1 *30*
- Besichtigungsrecht der Aufsichtsbehörde 80 17 *19 ff., 26, 30*
- Bestattungsgewerbe 80 13 *13*
- Beteiligung des Betriebsrats 80 17 *27 f.*
- Beteiligung des Sprecherausschusses 460 30 *2*
- Betretungsrecht der Aufsichtsbehörde 80 17 *18, 21, 26, 30*
- Betreuungsheim 80 18 *8*
- betriebliche Übung 80 7 *58*
- betriebsbedingte Kündigung, Auflage 80 13 *54*
- Betriebseinrichtung, Reinigung, Instandhaltung 80 10 *49 f.*
- Betriebsfeier, Abgrenzung 80 9 *5*
- Betriebsferien 80 12 *11*; 250 106 *28*
- Betriebsgelände, Betreten, Verlassen 80 2 *6*; 4 *9*
- Betriebsleiter, Auskunftsrecht der Aufsichtsbehörde 80 17 *13*
- Betriebsrat, Überwachung 80 1 *18*; 3 *32*; 16 *16*
- Betriebsratstätigkeit 80 2 *27*
- Betriebsstätte, Betretungsrecht der Aufsichtsbehörden 80 17 *18*
- Betriebsteil 80 16 *5*
- Betriebsunterbrechung/Arbeitsunterbrechung 80 10 *73, 75 f.*; 14 *9*
- Betriebsurlaub 80 13 *38*
- Betriebsvereinbarung, Öffnungsklausel 80 7 *1 ff., 8*; 12 *1 ff.*
- Betriebszeiten 80 13 *38 ff., 46 f., 51*; 17 *18 f.*
- Bewachung/Bewachungsgewerbe 80 10 *44 ff.*
- Beweislast 50 58 *40, siehe auch dort*
- Bezugszeitraum 80 7 *79 ff.*; 11 *1, 5*; 15 *9*
- Bibliothek 80 10 *23*
- Binnenfischerei 80 10 *42*
- Binnenschifffahrt (TV) 80 21 *1 f.*
- Binnenwirtschaft 80 5 *14*
- bloße Anwesenheitszeit, Abgrenzung 80 16 *8*
- Blumengeschäft 80 13 *13*
- Brokerfirma 80 13 *25*
- Buchhaltungsarbeit 80 14 *34*
- Buchverlag 80 13 *23*
- Bundesanstalt für Arbeitsschutz und Arbeitsmedizin, BAuA 80 6 *6*
- Busfahrer 80 2 *21*
- Bußgeld/Geldbuße 80 1 *17*; 3 *27*; 4 *12*; 6 *53*; 7 *84*; 8 *7*; 9 *18*; 10 *86*; 11 *18*; 13 *56 f.*; 14 *37 f.*; 15 *20*; 16 *15*; 17 *26*; 22 *1 f., 13 ff.*
- Caterer Dienst 80 10 *14*
- Chauffeur 80 2 *21*

- Chefarzt 80 18 *5*
- Darlegungs- und Beweislast, Anspruch des Arbeitnehmers 80 1 *27*
- Datennetz 80 10 *56 ff.*
- Dauer der geschuldeten Arbeitszeit 250 106 *21 ff.*
- Definition 80 2 *32*
- Derivatehandel 80 10 *83 f.*
- Detektei 80 10 *45*
- Devisenhandel 80 10 *83 f.*
- Dienstreise 80 2 *1, 7, 19 ff., 46, 55 f.*; 9 *6*; 160 611 *508 f.*
- Dienststellenleiter 80 18 *6*
- Dienstvereinbarung, Öffnungsklausel 80 7 *1 ff., 8*; 12 *1 ff.*
- Direktionsrecht 250 106 *20 ff.*
- durchschnittliche Wochenarbeitszeit 80 3 *3a*
- EDV-Anlage 80 10 *58*; 14 *5, 25*
- Eigenarbeit des Arbeitgebers 80 9 *8*
- Eil- und Großbetragszahlungsverkehr 80 10 *83 f.*
- Einigungsstelle 80 7 *55*
- Einsichtsrecht der Aufsichtsbehörde 80 17 *12 ff., 26, 30*
- Einwilligung des Arbeitnehmers, Arbeitszeitverlängerung 80 7 *45, 66 ff.*; 22 *9*
- Einzelhandel 80 13 *23*
- Eisdiele 80 10 *14*
- Eisenbahn 80 5 *12*; 10 *34*
- Eisenindustrie 80 13 *5*
- Elektroinstallation 80 10 *8*
- elektronische Aufbewahrung 80 16 *14*
- elektronische Aufzeichnung 80 16 *10*
- Energieversorgung/Stromversorgung 80 10 *37 f., 59*; 13 *9*; 15 *13*
- Erholungsort, Verkaufsstellen 80 9 *24*
- Erkundigungspflicht des Arbeitgebers, mehrere Arbeitsverhältnisse 80 2 *54*
- Ersatzruhetag 80 11 *9 ff., 19 ff.*; 12 *6 ff.*; 13 *59*
- Essen auf Rädern 80 5 *11*
- essentialia negotii 160 315 *7*; 611 *353, 504, 523*
- Europäische Stiftung zur Verbesserung der Lebens- und Arbeitsbedingungen 80 6 *6*
- Europarecht, Verhältnis zum ArbZG/Umsetzung 80 1 *3 ff., 12, 24, 31*; 2 *2, 7, 24, 38 ff., 50*; 3 *3, 17, 23, 34*; 4 *1, 16*; 5 *2 f., 24 f., 26*; 6 *1, 4, 17*; 7 *2, 19, 22, 30, 47 f., 76 ff., 82*; 9 *3 f.*; 10 *4*; 11 *1*; 12 *1, 3*; 14 *3*; 15 *1*; 16 *2*; 18 *2*; 24 *1*; 25 *3 ff.*
- europarechtskonforme, richtlinienkonforme Auslegung des ArbZG 2 *32* 80 1 *4 f., 8 ff.*; 2 *7 f.*; 6 *20*; 7 *82*; 13 *6*; 17 *18*; 25 *5*; 160 611 *513*
- Fachmesse 80 13 *25*
- Fahrpersonal im Straßenverkehr 80 21a *1 ff.*
- Fahrradverleih 80 10 *34*
- Fahrzeit des Leiharbeitnehmers 160 611 *508*
- faktisches/fehlerhaftes Arbeitsverhältnis 80 2 *35*
- Fehlzeit, Abgrenzung 80 2 *26*

Arbeitszeit

- Feiertag/Feiertagsruhe **80** 1 *1, 14 f.*; 3 *5, 7, 12, 21 ff.*; 5 *5*; 8 *3*; 9 *1 ff.*; 10 *1 ff.*; 11 *1 ff.*; 12 *7, 12*; 13 *1 ff.*; 14 *35*; 15 *7*; 16 *7*; 17 *18*
- Fernsehen/Fernsehunternehmen **80** 5 *13*; 10 *25*
- Feststellung der Zulässigkeit einer Sonn- und Feiertagsbeschäftigung durch die Aufsichtsbehörde **80** 10 *3, 91*; 13 *15 ff., 60 ff.*
- Feststellungsklage, Inhalt des Tarifvertrags **80** 7 *85*
- Feuerwehr **80** 10 *8 f.*
- Filmtheater/Filmvorführung/Videofilm **80** 9 *27*; 10 *16 ff.*; 12 *4*
- Fischräucherei, Kampagnebetrieb **80** 15 *8*
- Fitnessstudio **80** 10 *23*
- Flexibilisierung der Arbeitszeit **80** 1 *13, 16*; 3 *20, 23*; 8 *3*; 12 *1*
- Flohmarkt **80** 10 *18*
- Flugblatt **80** 10 *26*
- Form **160** 611 *517 ff.*
- Forschung und Lehre/kontinuierliche Forschungsarbeit **80** 10 *61, 69 ff.*; 14 *21 ff.*
- Forstwirtschaft **80** 5 *14*
- Frauenhaus **80** 10 *12*
- freier Mitarbeiter **80** 2 *24, 29*
- freiwillige Feuerwehr **80** 10 *9*
- Freizeitausgleich/Zeitausgleich **80** 6 *45 ff.*; 7 *17, 32, 41 ff., 63, 66 ff., 76*; 15 *9*
- Freizeitpark **80** 10 *23*
- Fremdenverkehr **80** 10 *23*; 15 *8*
- Garage **80** 13 *13*
- Gartenbau **80** 10 *42*
- Gartenpflege **80** 5 *14*
- Gast- und Schankwirtschaft **80** 6 *61*
- Gästeinformation **80** 10 *23*
- Gaststätte/Einrichtung zur Bewirtung und Beherbergung **80** 5 *9, 11*; 6 *60, 61*; 7 *24*; 9 *22*; 10 *14*
- gefährliche Arbeit **80** 8 *1 ff.*
- Gefährliche Arbeiten-Rechtsverordnungen, Druckluft-VO, Gefahrenstoff-VO, Klima-Berg-VO **80** 8 *4 f.*
- Geldausgabeautomat **80** 10 *58*
- Geldausgleich/Ausgleich in Geld **80** 6 *45 ff.*; 7 *32*
- Geldwirtschaft/Geldgeschäfte/Geldhandel **80** 10 *81 ff.*; 13 *23*
- gemeinnützige Veranstaltung **80** 10 *20*
- Gemeinschaftsrecht **230** Richtlinien *65 ff.*
- Gemeinwohl/Allgemeinwohl **80** 7 *40*; 13 *10*
- Geschäftsessen **80** 2 *7, 19, 23, 48*
- Gesundheitsschutz **80** 1 *11 f., 16*; 3 *23*; 4 *1, 7*; 5 *4*; 7 *21, 25, 34*
- Gewerkschaft **80** 7 *61*
- Großhandel **80** 13 *23*
- Großmarkt **80** 10 *30*
- Handelsgewerbe, Ausnahmebewilligung **80** 13 *22 f.*
- Handelsvertreter **80** 2 *34*; **160** 611 *95*
- Hausmeister/Schulhausmeister **80** 14 *9*

- Hausmesse **80** 10 *29*
- Haustarifvertrag **80** 7 *5*
- Heimarbeiter **80** 2 *34*
- Hilfsarbeit/Hilfstätigkeit **80** 10 *18, 59, 71*
- Hilfsbetrieb **80** 5 *12*; 7 *22*
- höhere Gewalt, Notfall **80** 13 *4*
- Hörfunk **80** 5 *13*
- Hotel **80** 2 *14*; 5 *11*; 7 *14*
- Hotelvermittlung **80** 10 *23*
- Hygiene am Arbeitsplatz/Arbeitshygiene **80** 1 *12*; 2 *11*
- Imker/Imkerei **80** 5 *14*; 10 *42*
- Industrie- und Handelskammer **80** 7 *61*
- Informationspflicht des Arbeitgebers **80** 16 *1 ff.*
- Inhaltskontrolle, AGB **160** 307 *113*
- Instandhaltung/Instandhaltungsarbeiten **80** 10 *40, 48 ff.*; 14 *24*
- Inventur, Ausnahmebewilligung **80** 13 *32*
- Jaeger-Urteil, EuGH **80** 1 *5*
- Jugendheim **80** 5 *10*; 7 *36*; 10 *12*
- Jugendherberge **80** 10 *14*
- Jugendlicher **80** 1 *31*; 3 *37*; 4 *16*; 5 *29*; 6 *60 f.*; 9 *22*; 10 *89*; 11 *22*; 12 *21*; 13 *67*; 18 *10*; **310** 4 *2 ff.*
- Kabarett **80** 10 *17*
- Kabelfunk **80** 5 *13*
- Kalendermonat, Definition **80** 3 *15*
- Kampagnebetriebe **80** 15 *8 f.*
- Kantine **80** 5 *11*; 10 *11, 14*; 16 *5*
- Karteikarte, Aufzeichnungspflicht **80** 16 *10*
- Kartensystem, bargeldloser Zahlungsverkehr **80** 10 *56*
- Kauffahrteischifffahrt **80** 1 *31*; 18 *11*
- Kinderheim **80** 5 *10*; 18 *8*
- Kirche **80** 7 *59 f.*; 10 *19 f.*; 12 *15*; 15 *10*; 18 *9*; 25 *7*
- kirchlicher Kindergarten **80** 18 *9*
- kirchliches Krankenhaus **80** 18 *9*
- Klärwerk **80** 10 *39*
- Kommissionierung, Presseerzeugnisse, verderbliche Ware **80** 10 *27, 35 f.*
- Konditorei **80** 1 *2*; 2 *37*; 6 *60*; 10 *78 ff.*
- Konkurrenzfähigkeit/Wettbewerbsfähigkeit **80** 1 *13*; 10 *1, 82*; 13 *35 ff.*
- kontinuierlicher Schichtbetrieb **80** 12 *11 f.*; 15 *3 ff.*
- Kontrolle/Kontrollaufgabe/Kontrollgang **80** 10 *47, 59, 68*
- Konzern/Konzernunternehmen **80** 6 *23*; 13 *29, 42*
- Koordinierungstätigkeit **80** 10 *47, 59, 68*
- Kraftfahrer und Beifahrer/Fahrpersonal **80** 1 *31*; 3 *34*; 4 *16*; 5 *24 f.*; 9 *15 f.*
- Krankenhaus/Einrichtung zur Behandlung, Pflege, Betreuung **80** 1 *5*; 5 *9 f., 19*; 7 *36*; 9 *22*; 10 *12 f.*; 14 *28*; 18 *5, 9*
- Krankentransport **80** 14 *28*
- kreativer Arbeitnehmer, Forschung und Lehre **80** 14 *21, 23*
- Kreditwirtschaft/Kreditorganisationen/Kredithandel **80** 10 *8, 81*; 13 *23*

Arbeitszeit

- Kriterienkatalog für Entscheidungen nach § 13 Abs. 5 ArbZG **80** 13 *50*
- Kurheim **80** 5 *10*
- Kurklinik **80** 10 *12*
- Kurort, Verkaufsstellen **80** 9 *24*
- Kurzarbeit **250** 106 *23*
- Küstenwache **80** 12 *10*
- Lage der Arbeitszeit **250** 106 *25*
- Länderausschuss für Arbeitsschutz und Sicherheitstechnik, LASI **80** 13 *13*
- Landwirtschaft **80** 5 *9, 14*; 6 *60, 61*; 7 *35*; 9 *22*; 10 *41 f.*
- Leiharbeitnehmer **80** 2 *35*
- Leistungsbestimmungsrecht **160** 315 *1, 23 ff., 30, 32, 37 f., 50*
- Leistungsverweigerungsrecht **80** 2 *53*; 6 *58*
- leitender Angestellter **80** 2 *6, 35*; 3 *2*; 9 *8*; 14 *1 f.*; 18 *3 f.*; 22 *5*; **460** 1 *4*
- leitender Arbeitnehmer im öffentlichen Dienst **80** 18 *6*
- Leiter der Personalstelle **80** 18 *6*
- Leitstelle für den Feuerschutz **80** 5 *11*
- Lenkzeit, Abgrenzung **160** 611 *508*
- liturgischer Bereich, Kirche/Religionsgemeinschaft **80** 18 *9*
- Lohnliste, Aufzeichnungspflicht **80** 16 *10*
- Love Parade **80** 10 *31*
- Luftfahrt/Luftverkehr **80** 1 *31*; 10 *34*; 20 *1 f.*
- Markt/Marktveranstaltungen **80** 10 *28, 30*
- marktbeherrschende Stellung, Konkurrenzfähigkeit **80** 13 *42*
- Marktprivilegien **80** 10 *28*
- mehrere Arbeitsverhältnisse, Zusammenrechnung **80** 2 *29 f., 53 f., 57 f.*; 16 *12*; **160** 611 *546, 548 f.*
- Messe **80** 10 *28 ff.*; 14 *9*
- Mitbestimmung des Betriebsrats **80** 1 *18 ff.*; 2 *43, 50*; 3 *28 ff.*; 4 *13*; 5 *27*; 6 *20, 54*; 10 *87*; 11 *19*; 12 *20*; 13 *59*; 14 *39 f.*; 15 *21*; **160** 613a *130*; **250** 106 *24, 29*
- mobiler Arbeitnehmer **80** 2 *2*
- Modenschau **80** 10 *18*
- Montagestelle **80** 15 *6*
- Müllabfuhr **80** 10 *39*
- Müllverbrennungsanlage **80** 10 *39*
- Museum **80** 10 *23*
- Nachrichtenagentur **80** 10 *25*
- Nachtarbeit **80** 2 *1 f., 39 ff.*; 6 *1 ff.*; 11 *7*; **160** 611 *522*
- Nachtarbeitnehmer **80** 2 *1 f., 40 ff.*; 6 *1 ff.*; 7 *26 ff.*
- Nachtportier, Hotel **80** 2 *14*; 5 *11*; 7 *14*
- Nachtwächter **80** 10 *46*
- Nachtzeit **80** 2 *1 f., 37 ff.*; 6 *21, 43 f., 47*; 7 *29 f.*
- Nachweispflicht des Arbeitgebers **80** 16 *1 ff.*
- NachwG **360** 2 *36, 53*
- Naturwissenschaft, Forschung **80** 10 *71*; 13 *33 f.*
- Nebenbetrieb **80** 5 *12*; 7 *22*; 16 *5*
- Nebentätigkeit **80** 10 *71*

- Netzwerkserver **80** 10 *58*
- Nichtanwendung des ArbZG **80** 18 *1 ff.*
- Nichtigkeitsklage, EG gegen Arbeitszeit-Richtlinie **80** 1 *3*
- Normadressat des ArbZG **80** 1 *6*; 17 *7, 13*
- Notar **80** 7 *61*
- Notdienst **80** 7 *24*; 10 *8*
- Notfall **80** 4 *9*; 5 *29*; 12 *18*; 13 *28*; 14 *1 ff.*; 22 *9*
- Obdachlosenheim **80** 10 *12*; 18 *8*
- objektive Betriebsruhe **80** 9 *13*
- Objektschutz **80** 10 *45 ff.*
- Offenbarungspflicht des Arbeitnehmers, mehrere Arbeitsverhältnisse **80** 2 *54, 58*
- öffentlich-rechtlicher Charakter des ArbZG **80** 1 *1, 6, 22*; 2 *3*; 6 *7*; 10 *87*
- öffentliche Sicherheit und Ordnung **80** 10 *10*; 15 *11*; 17 *7, 13*
- öffentlicher Dienst **80** 7 *38 ff.*; 10 *10*; 15 *1, 10 f.*; 17 *11*; 18 *6*; 19 *1 ff.*; 25 *5*
- öffentlicher Gottesdienst **80** 13 *11, 21*; 18 *9*
- öffentliches Interesse, Ausnahmebewilligung **80** 10 *37, 44*; 15 *13 f.*
- Oktoberfest **80** 10 *31*
- Omnibusunternehmen **80** 5 *12*
- Oper **80** 10 *17*
- Operette **80** 10 *17*
- Opt out **80** 7 *47 f.*
- Ordermesse **80** 10 *29*
- Ordnungswidrigkeit **80** 1 *17*; 3 *27*; 4 *12*; 5 *26*; 6 *53*; 7 *84*; 8 *7*; 9 *18*; 10 *3, 86, 90*; 11 *18*; 13 *15, 56 f.*; 14 *37 f.*; 15 *20*; 16 *13, 15*; 17 *4, 26*; 22 *1 ff.*; 23 *1*
- Organmitglied **80** 2 *34*
- Papierindustrie **80** 13 *5*
- Parkhaus **80** 13 *13*
- Parkpflege **80** 5 *14*
- Partyservice **80** 5 *11*
- Personalabbau **80** 15 *5*
- Personalrat **80** 1 *18 ff.*; 2 *43*; 4 *13*; 6 *40 ff.*; 7 *8, 52 ff.*; 10 *87*; 11 *19*; 12 *20*; 13 *59*; 14 *39 f.*; 15 *21*; 17 *27*; 19 *6*
- Personalvereinbarung, Öffnungsklausel **80** 7 *1 ff., 8*; 12 *1 ff.*
- Personenschutz **80** 10 *45, 47*
- persönlicher Anwendungsbereich des ArbZG **80** 1 *7*; 2 *32 ff.*; 18 *1 ff.*; 19 *1*
- Pfeiffer-Urteil, EuGH **80** 1 *5*; 2 *16*; 7 *83*
- Pflegeheim **80** 18 *8*
- Pförtner **80** 2 *14*; 5 *11*; 10 *46*
- Pizzaservice **80** 5 *11*; 10 *14*
- Praktikant **80** 2 *36*
- Presseverlag **80** 13 *23*
- Prioritätsprinzip **80** 2 *53*
- private Dinge **80** 2 *7, 24 ff.*; 4 *6*
- private Religionsgemeinschaften **80** 18 *9*
- Produktionseinrichtung, Zerstörung/Beschädigung **80** 10 *72 ff.*
- Rasthaus **80** 10 *14*

- Rationalisierungsmaßnahme, Auflage **80** 13 *54*
- Rauchpausen **80** 2 *48*
- räumlicher Geltungsbereich des ArbZG, Territorialitätsprinzip **80** 1 *7*; 9 *6*
- Rechnersystem **80** 10 *56 ff.*
- Rechtsanwalt **80** 7 *61*
- Rechtsverordnung **80** 3 *26*; 4 *11*; 5 *25*; 6 *52*; 7 *63 ff.*; 8 *1 ff.*; 9 *17*; 10 *85*; 12 *17*; 13 *1 ff.*; 15 *16 ff.*; 16 *3*; 17 *4, 7, 12*; 24 *1*
- Regelungsabrede **80** 7 *53*; 14 *40*
- Rehabilitationseinrichtung **80** 10 *12*
- Reinigung/Reinigungsarbeiten **80** 10 *48 f., 51 f.*; 13 *39*; 14 *24 f., 29*
- Reisezeit **80** 2 *20 ff., 46, 55 f.*
- Religionsgemeinschaft/Religionsgesellschaft **80** 7 *59*; 10 *19 f.*; 12 *15*; 15 *10*; 18 *9*; 25 *7*
- Restaurant **80** 5 *11*
- Rettungsdienst **80** 10 *8*
- Richter **80** 10 *10*
- Rübenzuckerfabrik, Kampagnebetrieb **80** 15 *8*
- Rückwärtsverlegung **80** 3 *8 f.*
- Rufbereitschaft, Blackberry, Mobiltelefon **80** 2 *18*
- Ruhepause/Pause **80** 1 *19*; 2 *5, 7*; 3 *6, 12*; 4 *1 ff.*; 7 *20 f., 44*; 11 *7*; 16 *6*
- Ruhezeit/Mindestruhezeit, Abgrenzung **80** 2 *18, 21, 50*; 3 *6 f., 11, 34*; 4 *16*; 5 *1 ff.*; 6 *6*; 7 *16, 23 ff., 33 f., 44, 46, 63, 83*; 8 *1*; 9 *3, 13, 16*; 11 *1, 7, 13 ff.*; 12 *1*; 13 *59*; 15 *10 ff.*; 20 *1*; 21 *1*
- Rundfunk **80** 5 *9, 13*; 10 *24 f.*; 12 *4*
- sachlicher Geltungsbereich des ArbZG **80** 1 *7*; 5 *9 ff.*; 18 *1 f., 11*; 19 *1*
- Saisonbetrieb **80** 12 *8*; 15 *8 f.*
- Sanatorium **80** 10 *12*
- Satellitenfernsehen **80** 10 *25*
- Satellitenfunk **80** 5 *13*
- Sauna **80** 10 *23*
- Schadensersatz **80** 1 *23 ff., 30*; 4 *15*; 5 *28*; 6 *55*; 9 *21*; 11 *21*; 16 *17*
- Schankwirtschaft **80** 6 *61*
- Schaustellerbetrieb **80** 6 *60*
- Schaustellung **80** 10 *16*; 12 *4*
- Schichtarbeit **250** 106 *26*
- Schichtverschiebung, Sonn- und Feiertagsbeschäftigung **80** 9 *10 ff., 19*; 13 *39*
- Schifffahrt **80** 1 *31*; 12 *10*; 18 *11*; 21 *1*
- Schließgesellschaft **80** 10 *45*
- Schlüsseldienst **80** 10 *8*
- Schmerzensgeld **80** 1 *23*
- Schulung/Schulungsveranstaltung **80** 2 *7*; 9 *4*
- Schutz der Sonn- und Feiertage **80** 1 *14 ff.*; 8 *3*; 9 *1, 13*; 10 *77*; 13 *26*
- Schutz vor Überbeanspruchung **80** 1 *11*; 4 *1, 7*
- schwerbehinderte Menschen **80** 1 *31*; 2 *49*; 3 *35*
- Seefischerei **80** 12 *10*
- Seenotrettung **80** 12 *10*
- Seeschifffahrt **80** 12 *10*
- Selbstständiger **80** 2 *34*; 9 *8*
- Servicetätigkeit **80** 10 *18*
- Sicherheit **80** 1 *11 f., 16*; 4 *1*
- SIMAP-Urteil, EuGH **80** 1 *5*; 25 *4*
- Soldat **80** 10 *10*; 15 *15*
- Sondervorschriften zum ArbZG **80** 1 *31*; 3 *34 ff.*; 4 *16*; 5 *24 f.*; 6 *60 ff.*; 7 *86*; 9 *15 f., 22 ff.*; 10 *89*; 11 *22*; 12 *21*; 13 *67*; 14 *43*; 15 *18*; 18 *1 ff.*; 19 *1 ff.*; 20 *1 f.*; 21 *1*
- Sonn- und Feiertagsbeschäftigung/Sonn- und Feiertagsarbeit, Ausgleich **80** 1 *1*; 9 *24*; 10 *1 ff.*; 11 *1 ff.*; 12 *4 f.*; 13 *2, 6*; **160** 611 *522*
- Sonntag/Sonntagsruhe **80** 1 *1, 14, 29*; 3 *5, 7, 12, 21*; 5 *5*; 8 *3*; 9 *1 ff.*; 10 *1 ff.*; 11 *1 ff.*; 12 *4 ff., 12*; 13 *1 ff.*; 14 *35*; 15 *3, 7*; 16 *7*; 17 *18*
- Sonntagsfahrverbot **80** 9 *15*
- Sonntagszeitung **80** 10 *25*
- sonstige Befugnisse der Aufsichtsbehörde **80** 6 *7*; 15 *15*; 16 *1, 14*; 17 *1, 4 ff.*; 22 *11, 16 ff.*
- SOS-Kinderdorf **80** 18 *7*
- Sozialdienst **80** 10 *20*
- Speisewagen der Bahn **80** 5 *11*
- Sperrannahmedienst **80** 10 *8*
- Spezialmarkt **80** 10 *30*
- Sport **80** 5 *15*; 10 *19, 21 f., 25*
- Sportpresse **80** 10 *25*
- Stadtführung **80** 10 *23*
- Stahlindustrie **80** 13 *5*
- Stationierungsstreitkräfte **80** 15 *18*
- Statistik **80** 3 *3a*
- Stempeluhrbogen, Aufzeichnungspflicht **80** 16 *10*
- Steuerberater **80** 7 *61*
- Strafrecht/Straftat/Strafvorschriften **80** 1 *17*; 3 *27*; 4 *12*; 6 *18, 53*; 7 *84*; 8 *7*; 9 *18*; 10 *3, 86, 90*; 11 *18*; 13 *15*; 14 *37 f.*; 15 *20*; 16 *15*; 17 *26*; 23 *1 ff.*
- Straßenbahn **80** 5 *12*; 10 *34*
- Streik, Notfall **80** 14 *4*
- Stundenzettel, Aufzeichnungspflicht **80** 16 *10*
- Tagesaktualität **80** 10 *24 ff.*
- Tagesklinik **80** 5 *10*
- Tagespresse **80** 10 *25*
- Tankstelle/Tankstellenpersonal **80** 7 *14*; 10 *78*
- Tarifvertrag **80** 7 *1 ff.*; 12 *1 ff.*
- Taxifahrer/Taxibetrieb **80** 2 *21*; 5 *12*; 7 *14*; 10 *34*
- Teilnahme an kulturellen Veranstaltungen mit Kunden **80** 2 *19, 23, 48*
- Teilnichtigkeit **160** 611 *397*
- Telefonüberwachung **80** 10 *47*
- Territorialitätsprinzip **80** 1 *7*; 9 *6*
- Theater/Theaterbetrieb/Orchester **80** 6 *61*; 10 *16 f.*; 12 *4*
- Tierarztpraxis **80** 10 *42*
- Tierhaltung **80** 5 *9, 15*; 7 *35*; 10 *41 ff.*; 12 *4*; 14 *29*
- Tierheim **80** 10 *42*
- Tierkörperbeseitigungsanlage **80** 10 *39*
- Tourismus **80** 10 *23*
- Transeuropean Automatic Realtime Gross Settlement Express Transfer **80** 10 *83*

Arbeitszeit

- Transferzeiten **80** 20 *3*
- Transport, Presseerzeugnisse, verderbliche Ware **80** 10 *27, 35 f.*
- Trinkhalle **80** 10 *14*
- Übergangsregelung, Betriebsvereinbarung **80** 25 *7*
- Übergangsregelung, kirchlicher Bereich **80** 25 *7*
- Übergangsregelung, Tarifverträge **80** 25 *1 ff.*
- Überstunden **250** 106 *22*
- Uhrzeit **80** 2 *2*; 3 *7*
- Umkleidezeit, Abgrenzung **80** 2 *11, 47*
- Umrüstungsarbeit **80** 10 *40*; 13 *38*
- Unabdingbarkeit des ArbZG, Grundsatz **80** 1 *6; 6 3, 6; 12 7; 22 9*
- unaufschiebbare Abschlussarbeit **80** 2 *11*; 13 *39*; 14 *24 ff.*
- unaufschiebbare Vorarbeit **80** 2 *11*; 14 *24 ff.*
- Unaufschiebbarkeit/unaufschiebbare Arbeit **80** 10 *11, 13, 25, 40, 43, 52, 55, 60, 64, 68*; 14 *13, 22, 24, 28 f.*
- Unfallverhütung **80** 1 *11*; 4 *1*
- Untätigkeitsklage, Sonn- und Feiertagsbeschäftigung **80** 10 *91*; 13 *60, 63 f.*; 15 *25*
- Unterlassungsklage, Wettbewerbsverstoß **80** 1 *30*
- Unternehmensberater **80** 7 *61*
- Unternehmensverband **80** 7 *61*
- Unterstützungsarbeiten **80** 10 *59*
- Varieté **80** 10 *17*
- verderblicher Rohstoff **80** 10 *61 ff.*; 14 *8*
- verderbliches Naturerzeugnis **80** 10 *62 f.*
- Verkaufspersonal/Arbeitnehmer im Verkauf **80** 1 *31*; 9 *24*; 18 *11*
- Verkehrsbetrieb **80** 5 *9, 12*; 7 *20 ff.*; 10 *33 f.*; 13 *23*
- Verlängerung der werktäglichen Höchstarbeitszeit **80** 3 *1, 13 ff.*; 7 *13 ff., 26 f.*; 15 *4 f., 7, 9*
- Verlängerung ohne Zeitausgleich **80** 7 *41 ff., 63, 66 ff., 76*
- Verpflichtungsklage, Sonn- und Feiertagsbeschäftigung **80** 10 *91*; 13 *60, 63 f.*; 15 *25*
- Verschiebung der Sonn- und Feiertagsruhe in mehrschichtigen Betrieben **80** 9 *10 ff., 19*; 13 *39*
- Versicherung **80** 13 *13*
- Verteidigung **80** 10 *10*; 15 *1, 13, 16 ff.*
- vertrauensvolle Zusammenarbeit der Betriebsparteien **80** 1 *18*; 17 *28*
- Vertreter des Dienststellenleiters **80** 18 *6*
- Vertretung eines Kollegen in Rufbereitschaft **160** 611 *514*
- Verwaltungstätigkeit **80** 10 *43, 47*
- Verwaltungsverfahren/Verwaltungsrechtsschutz **80** 13 *49 ff., 60 f.*; 15 *22 ff.*; 17 *29 f.*
- Videothek, Sonntagsruhe **80** 9 *27*
- Volksfest **80** 10 *28, 31*
- Vollarbeit **80** 2 *9 ff., 12, 14 f., 19, 21, 23, 45*
- Volontär **80** 2 *36*
- Vorbereitungsarbeit **80** 2 *11*; 9 *16*; 10 *48, 53 f., 79*

- Vorverlegung der Sonn- und Feiertagsruhe **80** 9 *15 f.*
- Vorwärtsverlegung **80** 3 *8 ff.*
- Wachgesellschaft **80** 10 *45*
- Wartezeit **80** 2 *7, 10, 15*
- Wartung/Wartungsdienst **80** 10 *38, 40, 50, 68*; 14 *25*
- Waschanlage/Waschsalon, Sonntagsruhe **80** 9 *27*
- Waschzeit, Abgrenzung **80** 2 *11, 47*; **160** 611 *510, 743*
- Wasserversorgung **80** 10 *37 f., 59*; 13 *9*
- Wegezeit/Wegzeit, Ruhezeit **80** 2 *5, 20, 22*; 5 *5*; 9 *5*; **160** 611 *508, 742*
- Weinbau **80** 5 *14*; 10 *42*
- Weisungsrecht **160** 611 *69 ff.*
- Weltanschauungsgemeinschaft **80** 7 *59*
- werdende/stillende Mutter **80** 1 *31*; 3 *36*; 4 *16*; 5 *29*; 6 *61*; 9 *23*; 10 *89*; 11 *22*; 12 *21*; 13 *67*
- Werksfeuerwehr **80** 10 *9*
- Werksschutz **80** 10 *46*
- Werktag/individueller Werktag, Begriff **80** 3 *5 ff.*
- werktägliche Arbeitszeit/werktägliche Höchstarbeitszeit **80** 2 *31, 49, 59*; 3 *1 ff.*; 5 *21*; 6 *9 f., 52*; 7 *13 ff., 26 f., 44*; 16 *6 f.*; **160** 611 *505*
- Wertpapierhandel **80** 10 *83 f.*
- Werttransport **80** 10 *45*
- Wesentlichkeitstheorie, Tariföffnungsklausel **80** 12 *2*
- wettbewerbsrechtlicher Anspruch **80** 1 *13, 28 ff.*; 13 *62, 66*; 15 *27*
- Wirtschaftsprüfer **80** 7 *61*
- Wochenmarkt **80** 10 *30*
- wöchentliche Arbeitszeit/wöchentliche Höchstarbeitszeit **80** 1 *20, 32, 50 f.*; 2 *31*; 3 *3, 28 f.*; 7 *17, 79 ff.*; 11 *1, 8*; 12 *1*; 14 *36*; 15 *19*
- Wohltätigkeitsveranstaltung **80** 10 *20*
- Wurfsendung **80** 10 *26*
- Zeitmonat **80** 3 *15*
- Zeitungs- und Zeitschriftenvertrieb **80** 5 *12*; 10 *25 f.*; 13 *23*
- Zimmervermittlung **80** 10 *23*
- Zirkus **80** 10 *17, 23*
- zivile Arbeitskräfte bei den Stationierungsstreitkräften **80** 15 *18*
- Zoologischer Garten/Zoo **80** 10 *23, 42*
- Zulieferbetrieb/Zulieferdienst **80** 10 *38*
- Zurückbehaltungsrecht **80** 1 *25, 27*; 6 *55, 58*; 16 *17*
- Zusammenrechnung von Arbeitszeiten bei mehreren Arbeitgebern **80** 2 *28 ff., 53 f.*
- zuständige Behörde, Gewerbeaufsichtsamt, Amt für Arbeitsschutz, Bergamt **80** 17 *1 ff.*
- Zuständigkeit der Aufsichtsbehörde **80** 22 *16*; 23 *13*
- Zweck des ArbZG **80** 1 *1 ff., 8 ff.*; 2 *8, 13*; 3 *20, 23*; 4 *1, 7*; 5 *4*; 7 *21, 25, 34*; 9 *1, 13*; 10 *77*; 13 *15, 26, 35, 66*; 15 *27*; 16 *1*; 25 *3*

Arbeitszeit, Flexibilisierung *siehe auch* Schichtarbeit
- Altersteilzeit **80** 1 *32*
- Arbeit auf Abruf **80** 1 *32*; 2 *3, 18, 51, 62*
- Arbeitszeitkonto **80** 1 *32*; **160** 611 *524*
- Funktionszeit, variable Arbeitszeit **80** 1 *32*
- Gleitzeit **80** 1 *32*; **160** 611 *524*
- Jahresarbeitszeitkonto **80** 1 *32*; **160** 611 *524*
- Job Sharing **80** 1 *32*
- Kernarbeitszeit, Gleitzeit **80** 1 *32*
- Mitbestimmung des Betriebsrats **80** 1 *19*; **160** 611 *524*
- Sabbatical **80** 1 *32*
- Teilzeitmodelle **80** 1 *32*
- Transparenzgebot **80** 2 *62*
- Überstunden **80** 1 *32*; 2 *3, 49 ff., 59 ff.*; 3 *28*; 4 *15*; 14 *41 f.*; **160** 611 *517 ff.*
- Umrechnungsformel **180** 3 *21*
- Urlaubsberechnung **180** 3 *20 ff.*
- variable Arbeitszeit **80** 1 *32*
- Verlängerung der Lebensarbeitszeit **410** 41 *2 ff.*
- Vertrauensarbeitszeit **80** 1 *32*; 3 *32*; 16 *11, 16*

Arbeitszeit, flexible
- *siehe* Arbeitszeit, Flexibilisierung
- *siehe* Flexible Arbeitszeit
- vorübergehende Verhinderung **160** 616 *6*

Arbeitszeit, variable
- Flexibilisierung der Arbeitszeit **80** 1 *32*

Arbeitszeitaufzeichnungen
- Arbeitnehmerentsendung **10** 19 *4, 8*

Arbeitszeitbegriff
- Straßentransport **80** 21a *5 f.*

Arbeitszeitgesetz
- Umsetzung Arbeitszeitrichtlinie **230** Richtlinien *72*

Arbeitszeitkonto
- AGB, Klauselverbot mit Wertungsmöglichkeit **160** 308 *2*
- Annahmeverzug **160** 615 *49*
- Flexibilisierung der Arbeitszeit **80** 1 *32*; **160** 611 *524*
- Teilzeitbeschäftigte **180** 3 *34*
- Überstunden, Verjährungsbeginn/Fälligkeit **160** 199 *12*
- Vorschuss **160** 614 *18, 20 f.*

Arbeitszeitmanipulation
- Verhaltensbedingte Kündigung **320** 1 *348*

Arbeitszeitmodell *siehe* Flexible Arbeitszeit

Arbeitszeitrichtlinie
- Arbeitspausen **180** 1 *16*
- BECTU **180** 1 *18*
- BUrlG **180** 1 *16*
- Gemeinschaftsrecht **230** Richtlinien *65 ff.*
- jährliche Unterberechung der Arbeit **180** 1 *16*
- Mindestbeschäftigungszeit **180** 1 *18*
- Mindesturlaub **180** 1 *16*
- Nichtanrechnung von Krankheitszeiten **180** 1 *18*
- Robinson-Steele, EuGH **180** 1 *18*
- Schultz-Hoff, EuGH **180** 1 *18*
- Urlaubsentgelt **180** 1 *18*

Arbeitszeitverlängerung 480 9 *1 ff.*
- Soziale Auswahl **160** 315 *37*

Arbeitszeitverringerung *siehe auch* Teilzeitarbeit
- Ablehnung **480** 8 *21 ff.*
- Anspruch **160** 611 *525*; 625 *10*
- Antrag **480** 8 *6 ff.*
- Arrest **50** 62 *75*
- betrieblicher Grund **480** 8 *22*
- Betriebsratsmitglied **480** 8 *35*
- Darlegungs- und Beweislast **480** 8 *40*
- Drei-Monats-Frist **480** 8 *7 f.*
- einstweiliger Rechtsschutz **480** 8 *43*
- Elternzeit **130** 15 *12 ff., 43 ff.*
- Erörterungsgespräch **480** 8 *18*
- Erörterungspflicht **480** 8 *15 f.*
- gerichtliche Durchsetzung **480** 8 *36 ff.*
- gesetzlicher Anspruch **480** 8 *1 ff.*
- Inhalt des Antrags **480** 8 *10 ff.*
- Klageart **480** 8 *37*
- Kosten **480** 8 *27*
- Mindestbeschäftigte **480** 8 *5*
- Mitbestimmung **480** 8 *31*
- Mitteilung der Entscheidung durch Arbeitgeber **480** 8 *16*
- nachträgliche Änderung der Arbeitszeitverteilung **480** 8 *32*
- Organisation im Betrieb **480** 8 *23 ff.*
- Reaktionsmöglichkeiten des Arbeitgebers **480** 8 *19 ff.*
- Rechtsfolge **480** 8 *33 ff.*
- Sperrzeit **480** 8 *12*
- Tarifvertrag, Ablehnungsgrund **480** 8 *30*
- Umfang **480** 8 *10*
- Unabdingbarkeit **480** 8 *2*
- Verfahren **480** 8 *14 ff.*
- Verteilung der Arbeitszeit **480** 8 *11, 32*
- Vertragslösung **480** 8 *3*
- Wartezeit **480** 8 *4*
- Zustimmung **480** 8 *17*
- Zustimmungsfiktion **480** 8 *19*

Arbeitszeitverstoß
- in der Vertrauensarbeitszeit **80** 22 *2*

Arbeitszeitvertrag
- Inhaltskontrolle, AGB **160** 307 *112*

Arbeitszeugnis *siehe* Zeugnis
- Insolvenz **300** 108 *44*

Arbeitszwang 260 12 *46 f.*

Architekt
- Dienste höherer Art **160** 627 *8*
- Kündigungsfrist **160** 621 *3*
- Vergütung, Fälligkeit **160** 614 *13*

Arge
- Gesetzliche Unfallversicherung **420** 104 *9, 10a*

Arglistige Täuschung
- Anscheinsbeweis **160** 611 *466*

- Arbeitsvertrag, Anfechtung 160 611 *423, 454 ff.*
- Aufhebungsvertrag 160 611 *1011 ff.*
- Aufklärungspflicht 160 611 *456*
- Darlegungs- und Beweislast 160 611 *466*
- Fragerecht 160 611 *456 f.*
- handgeschriebener Lebenslauf 160 611 *313*
- Persönlichkeitsrecht 260 2 *47 ff.*
- Widerspruch für Betriebsübergang 160 613a *206, 209*

Arrest 50 62 *67 ff.*
- Einlassungsfrist 50 47 *3*
- Rechtsweg 50 48 *7, siehe auch dort*
- Streitwertfestsetzung 50 12 *51, siehe auch dort*
- Verjährungshemmung 160 204 *18*
- verspätetes Vorbringen 50 56 *73*
- Zwangsvollstreckung im Beschlussverfahren 50 85 *30*

Artist
- Arbeitnehmer 160 611 *104*

Arzt *siehe auch* Ärztliche Schweigepflicht
- Annahmeverzug 160 615 *6*; 621 *13*
- Aufhebungsvertrag 160 611 *1152*
- befristetes Arbeitsverhältnis 480 23 *30 ff.*
- Befristung 160 620 *3*
- Berufstätigensprechstunde 160 616 *9*
- Dienste höherer Art 160 627 *8, 20*
- Dienstvertrag 160 611 *142*
- freie Arztwahl 160 616 *9*; 617 *14*
- Kündigungsfrist 160 621 *3, 13*
- Nebentätigkeit 160 611 *543*
- Schadensersatz 160 621 *13*
- Vergütung, Fälligkeit 160 614 *13*
- Verweilgebühr 160 621 *13*

Arzt im Praktikum
- Arbeitszeit 80 18 *5*

Arzthelferin
- Arbeitnehmer 160 611 *104*
- Dienste höherer Art 160 627 *8*

Ärztliche Schweigepflicht
- arbeitsmedizinische Untersuchung 80 6 *18, 27*
- arbeitsmedizinische Vorsorgeuntersuchung 70 11 *4*
- Einstellungsuntersuchung 160 611 *317*
- Entbindungserklärung 160 305 *6*; 615 *86*

Ärztliche Untersuchung 260 2 *64 ff.*
- Jugendlicher 310 46 *1 ff.*

Ärztliches Zeugnis
- Mutterschutz 350 3 *8 ff.*; 4 *1 ff.*; 5 *33 ff.*

Arztpraxis
- Arbeitszeit 80 5 *10*

Asbest
- Leistungsverweigerungsrecht 160 618 *31*
- Schutzmaßnahme 160 618 *9, 14, 25, 31*

Assessment-Center 260 2 *67*
- Auswahlentscheidung 160 611 *305 ff.*
- Mitbestimmungsrecht des Betriebsrats 160 611 *309*

Asset Deal
- Betriebsübergang 160 613a *78*

Assistenzarzt
- Arbeitszeit 80 18 *5*

AT-Angestellter *siehe* Außertariflicher Angestellter

Auf-/Abrundung
- Teilurlaub 180 3 *16*

Aufenthalt
- örtliche Zuständigkeit 50 2 *100*

Aufenthaltserlaubnis
- auflösende Bedingung 480 21 *3*
- Befristungsgrund 480 14 *60*

Auffanggrundrecht 260 2 *42*

Aufforderung zur Stellungnahme
- Bestandsschutzstreitigkeit 50 61a *7 ff.*

Aufführung
- Jugendarbeitsschutz 310 7 *13*

Aufhebungsvereinbarung
- Entgeltfortzahlung im Krankheitsfall 210 8 *9 ff.*

Aufhebungsvertrag
- *siehe auch* Abwicklungsvertrag
- *siehe auch* Ausgleichsquittung
- Abfindung 160 611 *1059 ff.*
- Abfindung, BetrAVG 160 611 *1022*
- Abfindung, Preisnebenabrede 160 307 *18*
- Abwicklungsvertrag, Unterschiede 160 611 *995 ff., 1004 ff.*
- AGB 160 305 *5, 9 ff.*; 305c *33, 42*; 307 *18*; 309 *52, 70*; 310 *17, 29 ff.*
- Alkoholismus 160 611 *1007, 1045*
- Anfechtung 160 115 *8*; 312 *29*; 611 *468, 999, 1011 ff.*
- Annahmeverzug 160 611 *998, 1056, 1079*; 615 *8, 19, 45*
- Arbeitnehmereigenschaft 160 611 *1157 ff.*
- Arbeitslosengeld 380 143 *15 f., 64*; 144 *10 ff.*
- arglistige Täuschung 160 611 *1011 ff.*
- Arzt 160 611 *1152*
- Aufhebungsklausel 160 611 *1076 ff.*
- Aufklärungspflicht 160 611 *1021, 1033 ff.*
- aufschiebende Bedingung 160 611 *1053, 1136, 1178*; 623 *17*
- Ausbildungsverhältnis 110 23 *13, 22*
- Ausgleichsquittung 160 305c *12, 42*; 611 *1093 ff., 1141, 1166*
- Auslauffrist 160 611 *1053, 1108*
- Ausschluss der elektronischen Form 160 127 *33*; 623 *35*
- außerordentliche Kündigung, Abgrenzung 160 611 *1052*; 626 *4*
- BAT, Auflösungsvertrag 160 611 *1004*; 623 *18*
- Bedenkzeit/Überlegungsfrist 160 611 *1002, 1016 f., 1022, 1050*
- bedingter Aufhebungsvertrag 160 611 *1007 ff., 1053*
- Beendigungsbegründungsklausel 160 611 *1173 ff.*
- Befristung 160 611 *1009 f., 1150*; 620 *4*

Aufhebungsvertrag

- Befristung, Abgrenzung **480** 3 *12*
- Beratungsfehler/Haftung **160** 611 *1147, 1170 ff.*
- Bestätigungsklausel **160** 611 *1180*
- Bestellung zum Geschäftsführer **160** 611 *98 ff.*
- Beteiligung des Personalrats **160** 611 *1054*; **170**, *77*
- betriebliche Altersversorgung, Aufklärungspflicht **160** 611 *1039 ff.*
- betriebsbedingte Kündigung **160** 611 *1173 ff.*
- Betriebsgeheimnisklausel **160** 611 *1080 ff.*
- betriebskollektives Recht **160** 611 *1054*
- Betriebsratsmitglied **160** 611 *1054, 1073*
- Betriebsübergang **160** 611 *1027*; 613a *151, 156*
- Beweislast **50** 58 *30*
- Boni-Anteile, ordnungsgemäße Abwicklung **160** 611 *1141*
- Darlegungs- und Beweislast **160** 626 *154*
- Deckungsschutz **160** 611 *1154 f.*
- Dienstwagenklausel **160** 611 *1083 ff., 1176 f.*
- dreiseitiges Rechtsgeschäft **160** 611 *1078*
- Einigungsmangel **160** 611 *1003*
- Einstellungszusage **160** 611 *1175*
- Erledigungsklausel, Wettbewerbsverbot **160** 305c *42*; 611 *1096 ff.*
- essentialia negotii **160** 305 *14*
- freier Mitarbeiter **160** 611 *1158 ff.*
- Freistellung zur Stellensuche **160** 629 *13*
- Freistellungsklausel **160** 611 *1105 ff., 1153, 1156*
- Gemeinschaftsbetrieb **160** 611 *1078*
- Geschäftsführer **160** 611 *1006, 1030, 1178 ff.*; 623 *15*
- Geschäftsführer-Dienstvertrag **160** 611 *99*
- Geschäftsgrundlage **160** 313 *19*
- Geschäftsunfähigkeit **160** 115 *8*
- gesetzliches Verbot **160** 611 *1027 f.*
- Haustürgeschäft **160** 14 *9*; 312 *3, 6 ff., 11 ff., 19 f., 26 ff.*; 611 *1050*; **320** 1 *38*
- Haustürgeschäftsurteil, BAG **160** 305 *14*; 312 *9, 12, 15, 18, 31*; 611 *1050*
- Heimkehrklausel **160** 611 *1008*
- Herausgabe von Gegenständen/Unterlagen **160** 305 *14*
- Hinweis-Verzichtsvereinbarung **160** 611 *1049*
- Inhaltskontrolle **160** 611 *1057 f.*
- Insolvenzschutzklausel, Pensionssicherung **160** 611 *1114 ff.*
- Klageverzicht **160** 611 *1071, 1100 f.*
- Klageverzichtserklärung bei Übergabe Kündigung **160** 623 *14*
- Klageverzichtsvertrag **160** 611 *1004*
- konkludenter Aufhebungsvertrag **160** 623 *20*
- Kündigung nach Aufhebungsvertrag **160** 611 *1052 f.*
- Kündigungsgrund **160** 611 *1173 ff.*
- Kündigungsschutz **320** 1 *38*
- Massenaufhebungsverträge **160** 611 *1055*
- Minderjähriger **160** 115 *21*; 611 *1003*

- Mitbestimmung des Betriebsrats **160** 611 *1054*; **170**, *77*
- Nebenabrede, Formnichtigkeit **160** 623 *38, 53*
- Nichtigkeit **160** 611 *1011 ff.*
- ordnungsgemäße Abwicklung **160** 611 *1140 f.*
- Personalabbau **160** 611 *1071, 1174*
- Präambel **160** 611 *1173 f.*
- Privatautonomie **160** 611 *1017*
- Probezeitverlängerungsklausel **160** 611 *1118 f., 1150*; 622 *49*
- Protokollierung von Gesprächsinhalten **160** 611 *1181*
- Prozessvergleich **160** 611 *1008, 1024*
- Rechtsanwalt **160** 611 *1152*
- Rechtsmissbrauch **160** 611 *1103, 1110*
- Rückdatierung **160** 611 *1025 f., 1077*
- Rückzahlungsklausel **160** 611 *1120*
- Schadensersatz, § 628 BGB **160** 628 *29, 38*
- Schriftform **160** 127 *10, 27*; 611 *1001, 1004 ff.*; 623 *1 ff.*
- Schuldanerkenntnis **160** 309 *54*; 611 *1102 f., 1121 ff.*
- schwebende Unwirksamkeit **160** 611 *1030*
- Sittenwidrigkeit **160** 611 *1022 ff.*
- Softwareentwickler **160** 611 *1152*
- Sozialplan, Aufklärungspflicht **160** 611 *1013, 1037*
- Sperrzeit für Arbeitslosengeld **160** 611 *1029, 1035, 1038, 1076, 1143 ff.*
- Sprecherausschuss, Beteiligung **160** 611 *1054*
- Steuerrecht **160** 611 *1142, 1147 f., 1159*
- Stock Options **160** 611 *1126 ff.*
- strukturelles Ungleichgewicht/strukturelle Unterlegenheit **160** 611 *1032*
- Synallagma **160** 611 *1094*
- Tantiemen **160** 611 *1130, 1141*
- Teilvergütung bei fristloser Kündigung **160** 628 *12*
- Telefax **160** 611 *1004 ff.*; 623 *37*
- Textbausteine/Mustertexte **160** 611 *1158, 1183*
- Übereilungsschutz **160** 623 *14*
- Unklarheitenregel **160** 305c *34*
- unzulässige Rechtsausübung **160** 611 *1016*
- Urkundeneinheit **160** 623 *52*
- Verbot der Kundenumwerbung **160** 611 *1081*
- Verbraucherschutz **160** 14 *9*
- Verdachtskündigung **160** 611 *1014 f., 1018, 1052*
- Vererbbarkeit, Abfindung **160** 611 *489, 1059, 1131 ff.*; 613 *5*
- verhaltensbedingte Kündigung **160** 611 *1052*
- Vermutung aufklärungsgerechten Verhaltens **160** 611 *1046*
- Verschwiegenheitsklausel **160** 611 *1080*
- Versorgungsanwartschaft **160** 611 *1021, 1036, 1039 ff.*
- Vertragsfreiheit **160** 611 *1017*

- Vertragsklauseln/Regelungsinhalt **160** 611 *1059 ff.*
- Vertragsschluss **160** 611 *1001 ff.*
- Verweigerung einer ordentlichen Kündigung **160** 611 *1076*
- Vorstand **30** 84 *44, 49*; 93 *49*; **160** 611 *1006, 1178 ff.*
- widerrechtliche Drohung **160** 611 *999, 1014 f.*
- Widerrufsbelehrung **160** 312 *28, 31 ff.*
- Widerrufsrecht **160** 611 *1050 f.*
- Wiedereinstellungsanspruch **160** 611 *1099, 1101, 1175*
- Wiedereinstellungszusage **160** 611 *1119, 1175*; **622** *49*
- Zeugnisklausel **160** 611 *1151, 1167 ff.*
- zweiseitiges Rechtsgeschäft **160** 611 *984, 986*
- Zwischenverdienst **160** 611 *1106 ff.*
- Zwischenzeugnis **160** 611 *1168*

Aufklärungsauflage
- verspätetes Vorbringen **50** 56 *42*

Aufklärungspflicht
- Ablehnung wegen Befangenheit **50** 49 *20*
- Abwicklungsvertrag **160** 611 *1033 ff.*
- arglistige Täuschung **160** 611 *456*
- Aufhebungsvertrag **160** 611 *1021, 1033 ff.*
- Beendigungsinitiative **160** 611 *1033 ff.*
- besonderer Kündigungsschutz **160** 611 *1044*
- betriebliche Altersversorgung **140** 1 *29*
- Darlegungs- und Beweislast **160** 611 *1039*
- Entgeltumwandlung **140** 1a *11 f.*
- frühzeitige Arbeitssuche **160** 611 *1026, 1038*; **615** *62*; **623** *54*
- Privatautonomie **160** 611 *234*

Aufklärungspflicht und Hinweispflicht, richterliche
- mündliche Verhandlung **50** 57 *6 f.*

Auflagenverfügung 50 56 *45 f.*

Auflösende Bedingung
- Alkoholkranker, Rückfall **480** 21 *3*
- Arbeitsvertrag **480** 3 *16*; 21 *1 ff.*
- Arbeitsvertrag, AGB **160** Vor 305-310 *11*; **620** *8*
- Ausbildungsverhältnis **480** 21 *4*
- Befristung **160** 620 *4, 9*
- Drittmittel **480** 21 *3*
- Erwerbsunfähigkeit **480** 21 *3*
- Fehlzeit/Krankheit **160** 611 *1007*
- Freistellung zur Stellensuche **160** 629 *13*
- gesundheitliche Eignungsklausel, Überraschungsverbot **160** 305c *15*
- sachlicher Grund **480** 21 *3*
- Schriftform **160** 623 *22*
- stillschweigende Verlängerung **160** 625 *4*
- Wetter **480** 21 *3*
- zulässige Bedingung **480** 21 *3*

Auflösungsantrag
- Abfindung **320** 9 *46, 51*; 10 *1 ff.*; 13 *14*, siehe auch dort

- Abfindung im Einzelfall **320** 10 *19 ff., 48*
- Abfindungsbemessung **320** 10 *6 ff.*
- Abfindungshöhe **320** 10 *1 ff.*
- Abweisung **320** 9 *44 f.*
- allgemeiner Antrag **320** 9 *10 ff.*
- Änderungskündigung **320** 9 *19*
- Annahmeverzug **320** 9 *73*; 10 *36*
- Antrag des Arbeitgebers **320** 9 *32 ff.*
- Antrag des Arbeitnehmers **320** 9 *26 ff., 70*; 10 *46 f.*
- Auflösungsgründe für Arbeitgeber **320** 9 *32 ff.*
- Auflösungsgründe für Arbeitnehmer **320** 9 *26 ff.*
- außerordentliche Kündigung **320** 9 *20, 25*
- beiderseitiger **320** 9 *43*
- Berufung **320** 9 *56 ff.*
- bestehendes Arbeitsverhältnis **320** 9 *23 f.*
- Beteiligung des Betriebsrats **320** 9 *42*
- Betriebsratsmitglied **320** 9 *21*; 15 *8*
- Betriebsübergang **50** 46 *115*; **320** 9 *24*
- Darlegungs- und Beweislast **320** 9 *66 ff.*
- Gestaltungsurteil **320** 9 *46 f.*
- gleichzeitiger Weiterbeschäftigungsantrag **320** 9 *72*
- Kosten **320** 9 *52 ff.*
- leitender Angestellter **320** 9 *22*
- Nachteilsausgleich, Konkurrenz bei Abfindung **320** 9 *63 f.*
- neues Arbeitsverhältnis **320** 9 *31*
- Schwerbehinderter **320** 9 *18*
- Sozialplanabfindung, Konkurrenz **320** 9 *63 f.*
- Sozialwidrigkeit der Kündigung **320** 9 *16 ff.*
- Sperrwirkung für Arbeitslosengeld **320** 9 *65*
- Sperrzeit **320** 9 *65*
- Stattgabe **320** 9 *46 ff.*
- Streitwert **320** 9 *55*
- Streitwertberechnung **50** 12 *39*
- Streitwertfestsetzung **50** 12 *52*
- Unzumutbarkeit für Arbeitnehmer **320** 9 *26 ff.*
- Verhalten Dritter **320** 9 *31, 40*
- Voraussetzungen **320** 9 *5 ff.*
- Zeitpunkt der Auflösung **320** 9 *48 ff.*
- Zeitpunkt des Antrags **320** 9 *14 f.*

Auflösungsschaden 290 60 *7, 24*

Auflösungsurteil
- Annahmeverzug **160** 615 *45*
- Ausbildungsverhältnis **160** 611 *992*
- Beendigung des Arbeitsverhältnisses **160** 611 *984, 992*
- Betriebsübergang **160** 613a *168 ff.*
- Schadensersatz, § 628 BGB **160** 628 *39*

Auflösungsvertrag siehe Aufhebungsvertrag
- Klageverzichtsvertrag **160** 611 *1100*
- übereinstimmende Willenserklärungen **160** 623 *30*

Aufrechnung
- Abfindung **320** 10 *33*
- Abschlagszahlung, Abgrenzung **160** 614 *23*
- Anrechnung, Abgrenzung **160** 615 *52*; 617 *19*

- Aufrechnungsverbot, AGB **160** 309 *8 ff.*
- betriebliche Altersversorgung **140** 1 *195 f.*
- Beweislast **50** 58 *43*
- Entgeltsicherung, Aufrechnungsverbot **160** 611 *772, 778 ff., 873, 972*; 614 *26*; 628 *53*
- innerbetrieblicher Schadensausgleich **160** 611 *773, 972*
- Nachnahmeklausel, AGB **160** 309 *7*
- Pfändungsgrenzen **160** 611 *774, 873, 972*; 614 *26*; 628 *53*
- Rechtsmissbrauch **160** 611 *776*
- Schadensersatzanspruch **160** 611 *873*; 628 *53*
- Streitwertfestsetzung **50** 12 *53*
- Tarifvertrag **470** 1 *105*
- verjährte Forderung **160** 215 *1 ff.*
- Verjährungshemmung **160** 204 *13 f.*
- Vertragsstrafe **160** 345 *22*
- Voraussetzungen **160** 611 *773*
- Vorschuss, Abgrenzung **160** 614 *21 f.*
- Zuständigkeit **50** 2 *23 f.*

Aufrechnung gegen Entgeltforderung
- Insolvenz **300** 114 *39 ff.*, *siehe auch dort*

Aufruf
- Versäumnisurteil **50** 59 *6*

Aufschiebende Bedingung
- Arbeitsvertrag/Vorvertrag **160** 611 *333*
- Aufhebungsvertrag **160** 611 *1053, 1136, 1178*; 623 *17*
- Vertragsstrafe **160** 305c *21*; 345 *2*
- Wettbewerbsverbot **160** 305c *23*

Aufschiebende Wirkung 450 86a *2 ff.*; 86b *3, 8 f.*, *siehe auch* Verwaltungsakt
- Beschwerde **50** 78 *25*
- Feststellung **450** 86b *9*

Aufsichtsbehörde
- Datenschutz **120** 4g *7*; 38 *1 ff.*
- Konsequenzen bei festgestellten Mängeln **120** 38 *6 ff.*
- Kontrollen **120** 38 *4 f.*

Aufsichtsrat
- *siehe auch* Aufsichtsrat, DrittelbG
- *siehe auch* Aufsichtsrat, MitbestG
- *siehe auch* Aufsichtsrat, MontanmitbestErgG
- *siehe auch* Aufsichtsrat, MontanmitbestG
- *siehe auch* Unternehmensmitbestimmung, Wahlordnung zum DrittelbG
- Bestellung des Vorstands **30** 84 *2 ff.*
- Einwilligung in Wettbewerbshandlungen des Vorstands **30** 88 *1, 10 ff.*
- Herabsetzung/Anpassung der Versorgungsbezüge **30** 87 *32 ff.*
- Herabsetzung/Anpassung der Vorstandsbezüge **30** 87 *26 ff.*
- leitender Angestellter **160** 611 *88*
- Prüfung der Angemessenheit der Gesamtbezüge des Vorstands **30** 87 *8 ff.*
- Vorstandshaftung, kein Haftungsausschluss **30** 93 *47*

Aufsichtsrat, DrittelbG
- Abberufung der Mitglieder **190** 12 *1, 5*
- Anfechtung der Wahl **190** 12 *3 f., 7 f.*
- Benachteiligungsschutz **190** 12 *2*
- Bundesanzeigerbekanntmachung **190** 8 *1 ff.*
- Ersatzmitglied **190** 8 *1 ff.*
- Größe **190** 4 *2, 6*
- herrschendes Unternehmen, Zurechnung **190** 2 *5*
- konzernweite Wahl **190** 2 *1 ff.*
- Kosten der Wahl **190** 12 *3*
- Mehrheitswahl **190** 5 *1*
- Seeschifffahrt **190** 3 *3*
- Unterordnungskonzern **190** 2 *1 ff., 7*
- Veröffentlichung der Mitglieder **190** 8 *1 ff.*
- Wählbarkeit der Arbeitnehmervertreter **190** 4 *3*
- Wahlberechtigung des Leiharbeitnehmers **190** 5 *3*
- Wahlgrundsätze **190** 5 *1 ff.*
- Wahlordnung *siehe* Unternehmensmitbestimmung, Wahlordnung zum DrittelbG
- Wahlschutz **190** 12 *3*
- Wahlvorschlag **190** 6 *1 ff.*
- Wahlvorschlagsquorum **190** 6 *5*
- Zahlenverhältnis, Frauen und Männer **190** 4 *4*
- Zusammensetzung **190** 4 *1 ff.*

Aufsichtsrat, MitbestG
- *siehe auch* Aufsichtsratsmitglied, MitbestG
- *siehe auch* Unternehmensmitbestimmung, MitbestG
- Abstimmungen **330** 29 *1 ff.*
- Amtszeit des ersten Aufsichtsrats **330** 6 *28*
- Änderung der Zusammensetzung **330** 6 *7 ff.*
- Anfechtung der Wahl **330** 22 *1 ff.*
- Anstellungsvertrag, Zuständigkeit **330** 31 *14 f.*
- Anteilseigner **330** 2 *1 ff.*; 8 *1 ff.*
- Arbeitnehmervertreter, Wahl und Wählbarkeit **330** 7 *12 ff., 18*; 15 *2 ff.*
- Aufsichtsratsmitglied **330** 6 *10 ff.*, *siehe auch dort*
- Aufsichtsratsvorsitzender **330** 27 *1 ff.*
- Ausschuss **330** 25 *7 f.*
- Bekanntmachung der Mitglieder **330** 19 *1 ff.*
- Beschlussfähigkeit **330** 28 *1 ff.*
- Beschlussfassung **330** 25 *9*; 28 *1 ff.*
- Bildung **330** 6 *3 ff.*
- Errichtungspflicht **330** 6 *2*
- Ersatzmitglied **330** 17 *1 ff.*
- Geschäftsführung **330** 25 *15 ff.*
- Gesellschaftsrecht, Verhältnis **330** 25 *2 ff., 10*
- Gewerkschaftsvertreter **330** 7 *16 f.*; 16 *1 ff.*
- Gründungsphase der Gesellschaft **330** 6 *4 ff.*
- innere Ordnung **330** 25 *6 ff.*
- Jahresabschlussprüfung **330** 25 *14*
- leitender Angestellter **330** 15 *2, 6*
- Mehrheitswahl **330** 15 *7*
- Personalkompetenz **330** 25 *11*
- satzungsmäßige Änderung der Mitgliederzahl **330** 7 *5 ff.*

- Sitzverteilung der Arbeitnehmer **330** 15 *2*
- Spiegelbildtheorie **330** 27 *6*
- Statusverfahren **330** 7 *18*
- Stimmenmehrheit **330** 29 *2*
- Stimmenthaltung **330** 28 *2 f.*
- Streit über Größe und Zusammensetzung **330** 7 *18*
- unmittelbare Wahl der Arbeitnehmervertreter **330** 18 *1 ff.*
- Vermittlungsausschuss **330** 27 *10*
- Vertretungsorgan, Bestellung/ Abberufung **330** 31 *1 ff.*
- Vorsitzender **330** 29 *1 ff.*
- Wahlkosten **330** 20 *1 f.*
- Wahlschutz **330** 20 *1 ff.*
- Wahlvorschlag **330** 15 *4 ff.*; 16 *4*
- Zusammensetzung **330** 7 *1 ff.*
- Zweitstimmrecht **330** 29 *3 ff.*

Aufsichtsrat, MontanMitbestErgG *siehe auch* Unternehmensmitbestimmung, MontanMitbestErgG
- Abberufung der Arbeitnehmervertreter **341** 10n *1 ff.*
- Amtszeit der Delegierten **341** 10h *13 ff.*
- Anfechtung der Wahl **341** 10l *1*
- Bekanntmachung des Wahlergebnisses **341** 10h *19*
- Bestellung der Mitglieder **341** 5 *4 ff.*
- Delegiertenwahl **341** 10h *8 ff.*
- Entscheidung über Beteiligungsrechte **341** 15 *2*
- Ersatzmitglieder **341** 10h *18*
- gesetzliches Vertretungsorgan **341** 15 *2*
- Größe **341** 5 *2*
- Kosten der Wahl **341** 10i *1*
- neutrales Mitglied **341** 5 *6*
- Nichtigkeit der Wahl **341** 10l *2*
- Unmittelbarkeit der Wahl **341** 10h *20*
- Wählbarkeit der Arbeitnehmervertreter **341** 10h *3*
- Wahlschutz **341** 10i *1 f.*
- Wahlverfahren **341** 10h *5 ff.*
- Zusammensetzung **341** 5 *3*
- Zusammensetzung der Arbeitnehmervertretung **341** 10h *2*

Aufsichtsrat, MontanMitbestG *siehe auch* Unternehmensmitbestimmung, MontanMitbestG
- Abberufung eines Mitglieds **340** 11 *1 ff.*
- AktienG, Verhältnis **340** 2 *2*
- Anteilseignerwahl **340** 8 *2*
- Arbeitnehmerwahl **340** 8 *3 ff.*
- Arbeitsdirektor **340** 13 *1 ff.*
- Benachteiligungsverbot der Mitglieder **340** 4 *11*
- Beschlussfähigkeit **340** 10 *1 f.*
- Bildung des Aufsichtsrats **340** 9 *1 ff.*
- Einspruch gegen Wahlvorschläge **340** 8 *7 f.*
- gerichtliche Bestellung von Arbeitnehmervertretern **340** 8 *26*
- Gesellschafterversammlung **340** 8 *2*
- Gewerkschaftsvertreter, Wahl **340** 8 *10 ff.*
- GmbH **340** 3 *1 f.*
- GmbHG, Verhältnis **340** 2 *2*
- Größe **340** 4 *2*
- Hauptversammlung **340** 8 *2*
- Vermittlungsausschuss **340** 8 *19 ff.*, *24*
- Vorstand einer AG **340** 12 *1 ff.*
- Wahl des neutralen Mitglieds **340** 8 *17 ff.*
- Wählbarkeit der Mitglieder **340** 4 *4 f.*
- Wahlorgan **340** 8 *2*, *9*, *14*, *17*
- Zusammensetzung **340** 1 *4*; 4 *3*

Aufsichtsratsmitglied
- Kündigungsschutz **320** 14 *9*

Aufsichtsratsmitglied, MitbestG
- Abberufung **330** 6 *10 ff.*; 23 *1 ff.*
- Anfechtung der Wahl **330** 22 *1 ff.*
- Behinderungsverbot **330** 26 *2*
- Bekanntmachung **330** 19 *1 ff.*
- Benachteiligungsverbot **330** 26 *8*
- Bestellung **330** 6 *10 ff.*
- Freistellung **330** 26 *3*
- Handlungsbevollmächtigter einer AG **330** 6 *16*
- Kündigungsschutz **330** 26 *5 ff.*
- Prokurist einer AG, Unvereinbarkeit **330** 6 *13 ff.*
- Rechtsstellung **330** 25 *18 f.*
- Schulungsveranstaltung **330** 26 *4*
- Wahl der Anteilseigner **330** 8 *2 ff.*
- Wählbarkeit der Arbeitnehmer- und Gewerkschaftsvertreter **330** 7 *12 ff.*; 24 *1 ff.*

Aufstockungsbetrag
- Progressionsvorbehalt **240** 3 *2*
- Sozialversicherung, beitragsbefreit **240** 3 *10*

Auftrag
- Arbeitsvertrag, Abgrenzung **160** 611 *138*, *147*
- Fürsorgepflicht **160** 619 *3*
- Schutzmaßnahme **160** 618 *11*; 619 *3*
- Vorstellungskosten **160** 611 *204 ff.*

Auftraggeber
- Arbeitsplatzschutz, Wehrdienst **60** 7 *2*

Auftragsdatenverarbeitung 120 4 *12*; 6 *5*; 11 *1 ff.*

Auftragsmangel
- betriebsbedingte Kündigung **320** 1 *366*, *369*, *424*, *426 f.*, *siehe auch dort*

Aufwandsentschädigung
- ehrenamtlicher Richter **50** 31 *31*
- Pfändungsschutz **500** 850k *4*

Aufwendungen *siehe auch* Aufwendungsersatz
- berufliche Fortbildung **110** 63 *12 ff.*
- Entschädigung **50** 12a *3*
- Teilvergütung bei fristloser Kündigung **160** 628 *7*
- Wehrdienst, Mehraufwendungen **60** 1 *11*
- Zahlung ohne Entgeltcharakter **160** 611 *754 ff.*

Aufwendungsersatz *siehe auch* Aufwendungen
- Abbruch von Vertragsverhandlungen **160** 611 *240*
- Annahmeverzug **160** 615 *48*, *53*, *56*, *69*
- Auslöse/Auslösung **160** 611 *754*
- Krankenfürsorge **160** 617 *21*
- ordentliche Kündigungsfrist **160** 611 *838*
- Stellensuche **160** 629 *22*

- Vergütung, Abgrenzung **160** 611 *623, 754 ff.*
- Vorstellungskosten **160** 611 *204 ff., 758;* 629 22

Aufwendungserstattungsanspruch
- Rechtswahl **220** 30, 8 Rom I *49*

Aufzeichnungspflicht
- Arbeitszeit, Straßentransport **80** 21a *12 f.*

Aus- und Weiterbildung
- Teilzeitarbeitnehmer **480** 10 *1 ff.*

Aus-/Weiterbildung
- Begriff **10** 4 *13*

Ausbilder 110 12 *10, 12;* 16 *9, 18;* 23 *11, 25*
- Abgeltungspflicht **110** 19 *13*
- Anzeigepflicht **110** 16 *9;* 63 *19*
- Arbeitsergebnis **110** 16 *13*
- Ausbildungspflicht **110** 16 *7 ff., 23;* 23 *29*
- Eignung/Berechtigung **110** 12 *10;* 16 *9;* 23 *30*
- Freistellungspflicht **110** 16 *4, 17, 21 f.*
- Fürsorgepflicht, Sorgepflicht **110** 16 *15;* 23 *27, 29*
- Weisungsrecht **110** 3 *26, 28;* 16 *5*
- Zeugnispflicht **110** 16 *18 ff.*

Ausbildung
- *siehe auch* Ausbildungsverhältnis
- *siehe auch* Ausbildungsvertrag
- *siehe auch* Ausbildungsvorbereitung
- *siehe auch* Auszubildender
- *siehe auch* Berufsbildung
- Abschlussprüfung **110** 12 *13;* 16 *4, 8, 11, 14;* 23 *15, 17 ff., 42, 44*
- Ausbildender **110** 12 *2 ff.;* 16 *2 ff.*
- Ausbildung im Ausland **110** 3 *22*
- Ausbildung im Handwerk **110** 3 *25, 29*
- Ausbildung in einem öffentlich-rechtlichen Dienstverhältnis **110** 3 *24*
- Ausbildungsberuf, Anerkennung **110** 3 *4, 8, 10, 16, 18, 20;* 12 *12;* 23 *8, 31*
- Ausbildungsordnung **110** 3 *10, 22;* 12 *12;* 16 *4, 7, 14;* 23 *15*
- Ausbildungsrahmenplan **110** 12 *12*
- Ausbildungstätigkeit, Arbeitszeit **80** 10 *47*
- Ausbildungszeit, Ausbildungsdauer **110** 16 *2, 14, 21 f.;* 20 *5;* 23 *12 f., 16 ff., 26 f.*
- befristetes Arbeitsverhältnis **480** 14 *98;* 23 *39*
- berufliche Fachbildung **110** 3 *7*
- berufliche Grundbildung **110** 3 *7 f., 16*
- berufliche Handlungsfähigkeit **110** 3 *1, 4 ff., 13;* 12 *6;* 16 *1 f., 7, 16;* 63 *2*
- berufliche Weiterbildung **110** 3 *8, 18, 27;* 19 *16;* 63 *1 ff.*
- Berufsfachschulzeit **110** 23 *11*
- Beschäftigung zur Ausbildung **110** 3 *26*
- Betriebsrat, Beteiligung, Mitbestimmung **110** 12 *5;* 16 *9;* 23 *22 f.*
- duales System **110** 3 *9;* 16 *12*
- Erstausbildung **110** 3 *7 f., 15 f.*
- erste Berufserfahrung **110** 3 *7*
- Fahrtkosten **110** 16 *12, 17*
- geordneter Ausbildungsgang **110** 3 *10*
- Hochschule, berufsqualifizierende Studiengänge, Abgrenzung **110** 3 *24*
- kostenlose Ausbildungsmittel **110** 16 *11 ff.*
- Kündigung bei Insolvenz **300** 113 *59 f.*
- Mutterschutz/Schwangerschaft **110** 12 *22;* 23 *14, 23;* **350** 3 *35*
- Nachweispflicht **360** Vor 1 *64*
- Ordnungswidrigkeit **110** 12 *13;* 16 *16*
- regelmäßige tägliche Ausbildungszeit **110** 12 *12;* 16 *2, 21 f.;* 19 *8 ff.*
- Sachbezüge **110** 19 *6, 13*
- Schwerbehindertenschutz **430** 69 *12*
- Stufenausbildung **110** 23 *12*
- unentschuldigtes Fernbleiben **110** 19 *12*
- Verbundausbildung **110** 16 *10*
- Vorausbildungszeit **110** 23 *11*
- Vorbildung **110** 12 *12;* 19 *5*
- Vordienstzeit **110** 23 *11*
- Wehrdienst/Wehrübung **110** 23 *6*
- Wiederholungsprüfung **110** 23 *20 f.*
- Zusammenhangstätigkeiten **110** 16 *16*
- Zweitausbildung **110** 3 *8, 16*

Ausbildungsbeihilfe
- Rentenversicherungspflicht **410** 3 *10*

Ausbildungsberuf
- Anerkennung **110** 3 *4, 8, 10, 16, 18, 20;* 12 *12;* 23 *8, 31*

Ausbildungsfreiheit 260 12 *32*

Ausbildungskosten *siehe auch* Rückzahlungsklausel
- AGB, unangemessene Benachteiligung **160** 307 *75;* 611 *751 f.*
- berufliche Fortbildung **110** 63 *12 ff.*
- Inhaltskontrolle **160** 611 *470, 748 ff.*
- Teilvergütung bei fristloser Kündigung **160** 628 *24*
- Zahlung ohne Entgeltcharakter **160** 611 *748 ff.*

Ausbildungskostenrückerstattung 260 12 *55*
- Berufsfreiheit **260** 12 *31, 55*

Ausbildungsstreitigkeit 50 111 *3 ff.*
- Klage beim Arbeitsgericht **50** 111 *10 ff.*

Ausbildungsvergütung
- Verzicht **160** 611 *622*

Ausbildungsverhältnis
siehe auch Ausbildungsvertrag
- Abschlussprüfung **110** 23 *12*
- Annahmeverzug **160** 615 *6*
- Arbeitsgerichtsbarkeit **110** 3 *28, 30*
- Arbeitsschutz **110** 3 *12;* 12 *22 f.;* 23 *30*
- Arbeitsverhältnis, Abgrenzung **110** 3 *5, 11;* 12 *22;* 16 *1*
- Aufhebungsvertrag/Aufhebungsvereinbarung **110** 23 *13, 22*
- Auflösungsurteil **160** 611 *992*
- Ausbildungsvergütung/Auszubildendenvergütung **110** 3 *11;* 12 *18;* 19 *1, 11 ff.;* 23 *16*
- Ausbildungsvertrag **110** 12 *1 ff.*
- Ausschlussfrist **110** 12 *12;* 23 *27, 40*

- außerordentliche Kündigung **160** 623 *46*; 626 *1, 145*; 627 *24*
- bedingter Aufhebungsvertrag **160** 611 *1007*
- Befristungsrecht **110** 3 *11*; 12 *1*; 23 *45*
- Beginn **110** 3 *12*; 23 *1 ff.*
- Begründung **110** 12 *1 ff.*
- Betriebsrat, Mitbestimmung **110** 23 *16*
- Betriebsübergang **110** 12 *7*; **160** 613a *14, 94*
- einstweiliger Rechtsschutz **110** 3 *30*
- Ende/Beendigung **110** 3 *12*; 23 *12 ff.*
- Entschädigungszahlung **110** 12 *16 ff.*
- fehlerhaftes Ausbildungsverhältnis **160** 115 *4*
- Freistellung zur Stellensuche **160** 629 *10*
- Haftung **110** 12 *7, 20*; 16 *6, 13*
- Inhalt, Pflicht **110** 3 *12*; 16 *1 ff.*
- Klagefrist für Kündigungsschutzklage **160** 626 *145*
- Krankenfürsorge **160** 617 *3*
- Kündigung **110** 12 *10*; 16 *6*; 23 *3, 22 ff., 41*
- Kündigungsschutz **110** 23 *23, 41*
- Kurzarbeit **110** 3 *11*; 12 *9*
- Mehrarbeit **110** 3 *11*; 19 *8*
- Minderjähriger, Zustimmung der Eltern **160** 115 *18*; 611 *1003*
- Mutterschutz **350** 3 *35*
- Probezeit **110** 3 *19*; 12 *12*; 23 *2 ff.*; **160** 611 *24*; 621 *5*
- Prozessfähigkeit **50** 10 *5, 11, 17*
- Rechtswahl **220** 30, 8 Rom I *70*
- Sachbezüge **160** 611 *647*
- Schadensersatz **110** 12 *12, 20*
- Schadensersatz bei vorzeitiger Beendigung **110** 3 *19*; 12 *10, 21*; 23 *22, 36 ff.*; **160** 628 *3*
- Schlichtungsausschuss **110** 3 *29 ff.*; 23 *40 f.*
- Sozialversicherungsrecht **110** 3 *12, 22, 27*; 12 *22*; 19 *14*; 63 *25*
- Steuerrecht **110** 3 *22*; 19 *14*
- Streitwertfestsetzung **50** 12 *56*
- Übernahme in Arbeitsverhältnis, betriebliche Altersversorgung **140** 1b *46*
- Unabdingbarkeitsgrundsatz **110** 3 *12*; 12 *22*; 23 *1, 8, 11, 28*
- Unterbrechung **110** 23 *5 ff., 26*
- Urlaub **110** 12 *12*
- Vergütung **160** 612 *6*; 614 *8*
- Verzeichnis der Ausbildungsverhältnisse **110** 12 *13*
- Weiterbeschäftigung **110** 23 *42 ff.*
- Zuschläge **110** 3 *11*; 19 *8*

Ausbildungsvertrag

siehe auch Ausbildungsverhältnis
- Abschluss **110** 12 *1 ff.*
- Anfechtung **110** 12 *10*
- Arbeitsvertrag, Abgrenzung **110** 3 *11*
- Auszubildender **110** 12 *2*
- deklaratorische Schriftform **160** 127 *11*
- Formfreiheit **110** 12 *1, 3*; **160** 623 *46*
- Inhalt/Inhaltskontrolle **110** 12 *1 ff., 14 ff.*
- Kündigung, Schriftform **160** 127 *10*; 623 *5, 46*
- Lernpflicht des Auszubildenden **110** 16 *2 ff.*
- Nichtigkeit von Vereinbarungen **110** 12 *14 ff.*
- Pflicht **110** 16 *1 ff.*
- stillschweigende Verlängerung **160** 625 *4*
- Vertragsniederschrift **110** 3 *19*; 12 *11*; 16 *7*
- Vertragsstrafe, Nichtigkeit **110** 12 *14, 19*; **160** 345 *8*; 628 *52*

Ausbildungsvorbereitung
- Qualifizierungsbaustein **110** 3 *6*
- Qualifizierungsverhältnis sui generis **110** 3 *5*

Ausforschung
- streitige Verhandlung **50** 56 *19*

Ausgebildeter
- Altersteilzeit, Wiederbesetzer **40** 3 *22, 25*

Ausgeschlossener Richter *siehe* Richter, ausgeschlossener oder befangener

Ausgleicher Pferdesport
- Arbeitnehmer, Abgrenzung **160** 611 *104*

Ausgleichsabgabe
- Schwerbehindertenschutz **430** 77 *15 ff.*

Ausgleichskasse
- Altersteilzeit **40** 3 *29*

Ausgleichsklausel
- Streitwertfestsetzung **50** 12 *63*
- Überraschungsverbot **160** 305c *12*
- Urlaubsabgeltung **180** 11 *87*; 13 *6*

Ausgleichsquittung
- 13. Monatsgehalt **160** 611 *1095*
- Abwicklungsvertrag **160** 305c *12, 42*; 611 *1093 ff., 1141, 1166*
- AGB **160** 305 *6*; 305c *3, 12 f., 34*; 307 *109*; Vor 305-310 *11*
- Annahmeverzugslohnanspruch **160** 615 *7 f.*
- Arbeitnehmererfindervergütung **160** 611 *1099*
- Arbeitszeugnis **160** 611 *1169*
- Aufhebungsvertrag **160** 305c *12, 42*; 611 *1093 ff., 1141, 1166*
- ausländischer Arbeitnehmer **160** 611 *1104*
- betriebliche Altersversorgung **160** 611 *1095*
- Betriebsvereinbarung **160** 611 *1099*
- Entgeltverzicht **160** 611 *781 f.*
- Geschäftsführer **160** 611 *1179 f.*
- Klageverzicht **160** 611 *1100 f.*; **320** 4 *27 ff.*
- Minderjähriger **160** 115 *21*
- Rechtsmissbrauch **160** 611 *1103, 1110*
- Schriftform **160** 623 *19*
- Schuldanerkenntnis **160** 309 *54*; 611 *781, 1094, 1102*
- Sozialverwaltungsverfahren **440** 115 *8*
- tarifvertragliches Recht **160** 611 *1099*
- Transparenzgebot **160** 305c *12*; 307 *109*
- Überraschungsverbot **160** 305c *12*
- Unklarheitenregel **160** 305c *34*
- Urlaubsanspruch **160** 611 *1095, 1099*

- Verzichtserklärung, AGB **160** Vor 305-310 *11*; 305c *3, 34*
- vorformuliert, Klauselkontrolle **160** 623 *19*
- Vorstand **160** 611 *1179 f.*
- Vorstellungskosten **160** 611 *216*
- Wettbewerbsverbot **160** 305c *42*; 611 *1096 ff.*
- Wiedereinstellungsanspruch **160** 611 *1099, 1101*
- Zeugnis **160** 611 *1095*

Ausgliederung
- Mitbestimmungsbeibehaltung, Betriebsrat **490** 325 *4 ff.*, *siehe auch dort*

Aushandeln, AGB
- Dispositionsfreiheit **160** 305 *13*

Aushangpflicht
- Arbeitszeit **80** 16 *3 ff.*
- geeignete Stelle **80** 16 *5*
- Intranet **80** 16 *5*
- Maßregelungsverbot **160** 612a *21*

Aushilfe
- Befristungsgrund **480** 14 *24*

Aushilfsarbeitsverhältnis
- Annahmeverzug **160** 615 *6*
- Arbeitszeit, Zusammenrechnung **80** 2 *29*
- Befristung **160** 611 *26*; 622 *22*
- Begriff **160** 611 *26*; 622 *22*
- Darlegungs- und Beweislast **160** 622 *68*
- dauerndes Dienstverhältnis **160** 627 *15*; 629 *8*
- Kündigungsfrist **160** 611 *26*; 622 *21 f.*
- Schutzmaßnahme **160** 618 *9*
- Teilzeitarbeitsverhältnis **160** 611 *26*
- Werkstudent **160** 611 *26*

Aushilfsfahrer
- Konkretisierung **160** 611 *478*

Aushilfskraft
- NachwG **360** 1 *6*

Aushöhlungsverbot
siehe Unangemessene Benachteiligung

Auskunft *siehe* Auskunftsanspruch
- Drittschuldnerklage **50** 46 *129 ff.*, *siehe auch dort*
- Streitwertfestsetzung **50** 12 *54*
- Zwangsvollstreckung **50** 62 *10, 38*, *siehe auch dort*

Auskunft an Dritte
- Zeugnis **250** 109 *54*

Auskunft des Betriebsrats
siehe Betriebsrat, Auskunft

Auskunft, amtliche
- streitige Verhandlung **50** 56 *28 f.*

Auskunftei
- Arbeitszeit **80** 10 *45*

Auskunftsanspruch
- *siehe auch* Arbeitgeber, Auskunftsanspruch
- *siehe auch* Arbeitnehmer, Auskunftanspruchuch Auskunftsverweigerungsrecht
- *siehe auch* Auskunftspflicht
- *siehe auch* Auskunftsverweigerungsrecht
- Stufenklage **160** 611 *716*

- Treu und Glauben **100** 13 *3*
- Verjährung **160** 195 *13*
- Verleiher gegen Entleiher **100** 12 *1, 6 ff., 16*

Auskunftsanspruch des Arbeitgebers
siehe Arbeitgeber, Auskunftsanspruch

Auskunftsanspruch des Arbeitnehmers
siehe Arbeitnehmer, Auskunftsanspruch

Auskunftserteilung
- Datenschutz **120** 34 *2 ff.*
- Zwangsvollstreckung **50** 62 *38*

Auskunftsklage
- Arbeitnehmerüberlassung **100** 13 *5*
- Urteilsverfahren **50** 46 *58 ff.*

Auskunftsperson
- Begriff **150** 80 *33*

Auskunftspflicht *siehe auch* Unterrichtungspflicht
- Arbeitsschutz **70** 23 *1*
- Arbeitszeit **80** 2 *31*; 16 *16*; 17 *12 ff.*
- betriebliche Altersversorgung **140** 1 *214*; 4a *8 f.*; 11 *1 f., 6 ff., 11*; 12 *1, 4*; 18a *6*; **160** 611 *941, 1046*
- Datenschutz **120** 33 *8 ff.*
- Nebenpflicht **160** 611 *559*
- Nebentätigkeit **160** 611 *600*
- Sozialversicherungsrecht **100** 3 *14*
- Stufenklage **160** 615 *68*
- Verleiher **100** 7 *1 f., 7 ff.*
- Widerklage **160** 615 *65*
- Zwischenverdienst **160** 615 *65 ff.*

Auskunftspflicht des Arbeitgebers
siehe Arbeitgeber, Auskunftspflicht

Auskunftspflicht des Arbeitnehmers
siehe Arbeitnehmer, Auskunftspflicht

Auskunftsrecht
- Datenschutz **120** 34 *1 ff.*
- Wettbewerbsverbot **290** 74 *64*; 74c *19 ff., 24*

Auskunftsverweigerungsrecht
- gegenüber Prüfbehörden **10** 17 *7*
- § 17 Abs. 6 ArbZG **80** 17 *17, 23 ff.*
- § 383 Abs. 1 Nr. 1-3 ZPO **70** 22 *4*
- § 7 Abs. 5 AÜG **100** 7 *22*; 16 *13*

Auslage *siehe* Aushangpflicht
Auslagen 50 12 *2, 22, 22*,
siehe auch Streitwertfestsetzung

Auslagenersatz
- Karenzentschädigung **290** 74b *14*

Ausland 150 1 *47 ff.*; 99 *21 ff.*
- Jugendarbeitsschutz **310** 3 *17*
- Rechtshilfe **50** 13 *6*
- Zustellung **50** 50 *19 ff.*

Ausland, Entsendung 220 30, 8 Rom I *27 f.*
- Betriebsverfassungsgesetz **220** 30, 8 Rom I *80, 85 ff.*
- Unfallversicherung **420** 104 *12*

Ausland, Versetzung
- Betriebsverfassungsrecht **220** 30, 8 Rom I *83, 88*

Ausländer
- Arbeitsplatzschutz, Wehrdienst **60** 1 *2*; 4 *2*

- Datenschutz **120** 3 *4*
Ausländerbeschäftigung
- Arbeitnehmerüberlassung **100** 3 *17*; 15 *1*; 15a *1*
Ausländische juristische Person
siehe Person, ausländische juristische
Ausländische Sozialleistung
siehe Sozialleistung, ausländische
Ausländischer Arbeitnehmer
siehe Arbeitnehmer, ausländischer
Ausländischer Ordre Public
siehe Ordre Public, ausländischer
Ausländischer Tarifvertrag
siehe Tarifvertrag, ausländischer
Ausländisches Arbeitsstatut
siehe Arbeitsstatut, ausländisches
Ausländisches Betriebsverfassungsrecht
siehe Betriebsverfassungsrecht, ausländisches
Ausländisches Recht
- Anwendbarkeit **220** 6, 21 Rom I *1 ff.*
- Revisionsgrund **50** 73 *27 f.*
Auslandsanmeldung
- Diensterfindung **55** 16 *1*, *7 ff.*
Auslandsbezug des Arbeitsverhältnisses
siehe Arbeitsverhältnis, Auslandsbezug
Auslandsbezug, Mitbestimmung 220 30, 8 Rom I *79 ff.*, *90 ff.*
Auslandseinsatz
- NachwG **360** 2 *3 f.*, *45 ff.*
Auslandstätigkeit
- Feiertagsbezahlung **210** 2 *16*, *84*
Auslandsübermittlung
- Datenschutz **120** 4c *1 ff.*
Auslauffrist
- arbeitnehmerähnliche Person **160** 620 *6*
- Aufhebungsvertrag **160** 611 *1053*, *1108*
- Auflösungsantrag **160** 626 *137*
- außerordentliche Änderungskündigung **160** 626 *132*, *137*
- außerordentliche betriebsbedingte Kündigung **160** 626 *27*, *129*, *137*
- außerordentliche Kündigung **160** 626 *128 ff.*
- außerordentliche personenbedingte Kündigung **160** 626 *130*, *137*
- außerordentliche verhaltensbedingte Kündigung **160** 626 *131*
- Befristung **160** 626 *136*
- Betriebsratsmitglied **320** 15 *84 ff.*
- Freistellung zur Stellensuche **160** 629 *11*
- fristlose Kündigung bei Vertrauensstellung **160** 627 *17*, *20*
- notwendige Auslauffrist **160** 622 *8*, *62*; 626 *1*, *13 f.*, *27*, *40*, *76*, *84*, *125*, *128 ff.*, *143 f.*
- Orlando-Kündigung **160** 622 *62*
- Schadensersatz, § 628 BGB **160** 628 *12*, *38*
- soziale Auslauffrist **160** 622 *8*, *62*; 626 *11*; 627 *17*
- Stellensuche **160** 629 *11*

- Teilvergütung bei fristloser Kündigung **160** 628 *12*
- Vertrauensstellung **160** 627 *17*, *20*
Auslegung
- Andeutungstheorie **160** 623 *15*
- falsa demonstratio non nocet **160** 313 *9*
- Geschäftsgrundlage, Abgrenzung **160** 313 *8*
- Grundrechtswirkung **260** Vor 1 *23*; 2 *3*
- Kündigungserklärung **160** 621 *8*; 622 *69*; 623 *1*, *10*, *29*; 626 *14*, *143 f.*
- Tarifauslegung **160** 622 *11*, *160*
Auslegung, richtlinienkonforme
siehe Richtlinienkonforme Auslegung
Auslieferung
- Arbeitszeit **80** 10 *27*, *36*, *80*
Auslösung
- Zahlung ohne Entgeltcharakter **160** 611 *754 ff.*
Ausnahmegenehmigung, Arbeitsschutz
- Betriebsarzt, fehlende Fachkunde **90** 18 *2*
- Sicherheitsfachkraft, fehlende Fachkunde **90** 18 *2*
Ausplünderungshaftung
- GmbH-Geschäftsführer **280** 43 *33*
Ausschluss
- Prozessbevollmächtigter **50** 51 *22 ff.*
Ausschluss der Öffentlichkeit
siehe Öffentlichkeit, Ausschluss
Ausschluss vom Wettbewerb siehe Vergabesperre
Ausschluss von Gerichtsperson
siehe Gerichtsperson, Ausschluss
Ausschlussfrist
- siehe auch Ausschlussfrist, § 626 Abs. 2 BGB
- siehe auch Ausschlussklausel
- Abfindungsanspruch **320** 10 *29*
- Abschlagszahlung **160** 614 *28*
- AGB **160** 202 *5*; 305c *6 f.*, *11*, *13*, *22*, *29*; 306 *16*; 307 *42*; 309 *61 ff.*; 310 *20*, *42*; 315 *73*; 611 *417*, *720*, *768*; 615 *85*
- Annahmeverzugslohn **160** 615 *57*, *85*
- Ausbildungsverhältnis **110** 12 *12*; 23 *27*, *40*
- BAT **160** 611 *872*
- Beginn **110** 23 *40*
- betriebliche Altersversorgung **140** 1 *195*, *197*
- Darlegungs- und Beweislast **160** 615 *86*
- Diskriminierungsverbot **480** 4 *40*
- einseitige Ausschlussfrist **160** 307 *42*, *77*; 309 *63 f.*
- Entgeltfortzahlung **210** 3 *127*; 12 *20*
- Feiertagsvergütung **210** 2 *81*
- Kündigungsschutzklage, Schadensersatzanspruch **160** 611 *872*
- Nachweis, NachwG **160** 611 *767*, *863*
- Provision **290** 87c *11*
- Schadensersatzanspruch **160** 611 *856*, *862 f.*, *866 ff.*
- Tarifvertrag **470** 4 *28 ff.*; 8 *8 f.*
- Teilbarkeit, Arbeitsvertrag **160** 306 *8*
- Überraschungsverbot **160** 305c *11*, *13*; 309 *62*; 615 *85*

- Unklarheitenregel 160 305c *29*; 309 *62*
- unzulässige Rechtsausübung 160 611 *769 ff.*
- Vergütungsanspruch 160 305c *6*; 611 *619, 720, 747, 766 ff.*; 614 *28*; 615 *57, 85*; 616 *29*
- Vermutung aufklärungsgemäßen Verhaltens 160 611 *863*
- versteckte Ausschlussfrist, Transparenzgebot 160 307 *110*; 309 *62*
- Vertragsfreiheit 160 615 *85*
- Vorschuss 160 614 *28*
- Vorstellungskosten 160 611 *216*
- vorübergehende Verhinderung 160 616 *29*
- Wahrung durch Klageerhebung 320 4 *49*
- zweistufige Ausschlussfrist 160 305c *11*; 306 *16*; 307 *42 f.*; 309 *64 ff.*; 611 *417*; 615 *85*; Vor 194-218 *13 ff.*

Ausschlussfrist, § 626 Abs. 2 BGB
- Anfechtungsfrist 160 611 *424, 452, 462*
- Anhörungsrecht des Personalrats 170, *94*
- außerordentliche Änderungskündigung 160 626 *99*
- Beteiligung des Personalrats bei fristloser Entlassung 160 626 *114 f.*
- Beweislast 50 58 *84*
- Darlegungs- und Beweislast 160 626 *154*
- Dauertatbestand 160 626 *104 ff.*, *137*
- Eigenkündigung 160 626 *99*
- Feiertag 160 626 *112*
- Fristablauf 160 626 *112 f.*
- Fristbeginn 160 626 *101 ff.*
- Handelsvertreter 160 626 *99*
- Hemmung 160 626 *102, 113, 154*
- Kenntnis des Kündigungsberechtigten 160 626 *98, 109 ff.*
- Mitbestimmung des Betriebsrats 160 626 *114, 116*
- Mitwirkungsrecht des Personalrats 170, *98*
- Rechtsmissbrauch 160 626 *119*
- Unabdingbarkeit 160 626 *100*
- Unkündbarkeit 160 626 *99*
- Verdachtskündigung 160 626 *103*
- Verwirkung 160 626 *98, 104, 106*
- Wiedereinsetzung in den vorigen Stand 160 626 *113*

Ausschlussklausel *siehe auch* Ausschlussfrist
- AGB 160 Vor 305-310 *11*; 305c *3, 11*; 306 *16*; 307 *42 f.*; 309 *64 ff.*
- Arbeitsvertrag, Inhaltskontrolle 160 611 *470*
- betriebliche Altersversorgung 140 1 *195, 197*
- Drittschuldnerklage 50 46 *137*
- Inhaltskontrolle 160 611 *470*
- Sittenwidrigkeit 160 611 *417*
- Überstundenvergütung 80 2 *60*
- unangemessene Benachteiligung 160 307 *42*
- Vertragsstrafe, Abgrenzung 160 345 *6*
- Zeugnis 250 109 *58*

- zweistufige Ausschlussklausel 160 Vor 194-218 *13 ff.*; 305c *11*; 306 *16*; 307 *42 f.*; 309 *64 ff.*; 611 *417*; 615 *85*

Ausschreibung *siehe auch* Stellenausschreibung
- Arbeitnehmerüberlassung 100 14 *31*
- Betriebsrat 160 611 *203*
- Erhöhung der Arbeitszeit, Mitbestimmung des Betriebsrats 80 3 *29*
- Sprecherausschuss-Richtlinie 460 28 *1*
- Vertragsanbahnung 160 611 *201 ff.*

Ausschuss
- *siehe auch* Gemeinsamer Ausschuss
- *siehe auch* Gesamtbetriebsausschuss
- *siehe auch* Konzernbetriebsausschuss
- ehrenamtlicher Richter 50 29 *1 ff.*, *siehe auch* Richterausschuss

Ausschuss, gemeinsamer
siehe Gemeinsamer Ausschuss

Außendienstmitarbeiter
- Erfüllungsort 50 2 *84*

Außenprüfungen
- Kontrollauftrag 10 17 *2*

Außenrequisiteur
- Arbeitnehmer 160 611 *104*

Außerdienstliches Verhalten
siehe Verhalten, außerdienstliches

Äußeres Erscheinungsbild des Arbeitnehmers
siehe Arbeitnehmer, äußeres Erscheinungsbild

Außergerichtlicher Vergleich
- *siehe auch* Gerichtlicher Vergleich
- *siehe auch* Vergleich, Beschlussverfahren
- betriebliche Altersversorgung, Insolvenzsicherung 140 1 *122*; 3 *5*; 7 *21 ff., 36, 59*; 8 *2*; 9 *17*; 11 *14*
- Verjährung 160 195 *10*

Außerordentliche Änderungskündigung 320 2 *7*,
siehe auch Änderungskündigung
- Annahmeerklärung 320 2 *36*

Außerordentliche Beschwerde 50 78 *36 f.*
- Gehörsrüge 50 78a *26*

Außerordentliche Kündigung
- *siehe auch* Auslauffrist
- *siehe auch* Ausschlussfrist, § 626 Abs. 2 BGB
- *siehe auch* Schadensersatz, § 628 BGB
- *siehe auch* Wichtiger Grund
- Abfindung bei Auflösung 320 13 *14*
- abgestufte Darlegungs- und Beweislast 160 626 *101, 120, 154 ff.*; 627 *27*; 628 *25, 55*
- Abgrenzung personen-/verhaltensbedingt 160 626 *43a*
- Abmahnung, entbehrlich 160 626 *84a*
- Abmahnungserfordernis 160 626 *21 f., 38, 44, 67 ff.*
- Abwicklungsverhältnis 160 628 *1*
- Alkoholismus 160 626 *31, 39, 41, 43, 82*
- Altersdiskriminierung 160 626 *46*
- Änderungskündigung 160 626 *48 ff.*; 320 2 *7, 36*
- Anfechtung, Abgrenzung 160 626 *4*

Außerordentliche Kündigung

- Anstellungsdienstvertrag **160** 611 *101*
- Arbeitnehmer **160** 626 *1 ff.*
- Arbeitnehmer des öffentlichen Dienstes **160** 626 *1, 66*
- Arbeitnehmerkündigung **160** 626 *44 ff.*
- Arbeitskampf **160** 626 *97*
- Arbeitslosengeld **380** 143a *50 f.*; 144 *16 ff., 37*
- Arbeitsvertrag/Arbeitsverhältnis **160** 626 *1 ff.*
- Aufhebungsvertrag, Abgrenzung **160** 611 *1052*; 626 *4*
- Auflösungsantrag **160** 626 *137*; **320** 9 *20, 25*; 13 *10 ff.*
- Ausbildungsverhältnis **160** 623 *46*; 626 *1, 145*; 627 *24*
- Auslauffrist **170**, *81 f., 95, 100*
- außerordentliche betriebsbedingte Änderungskündigung **160** 622 *62*; 626 *25 ff.*
- BAT, betriebsbedingte Kündigung **160** 626 *7, 142*
- Befristung **160** 620 *9*; 626 *136*
- Begriff **320** 1 *35*; 13 *2 ff.*
- Beschlussverfahren **160** 626 *157*
- Beteiligung des Personalrats bei fristloser Entlassung **160** 626 *114 f., 137*
- Beteiligung des Sprecherausschusses **460** 31 *3*
- betriebsbedingte Kündigung **160** 626 *23, 25 ff., 142*
- betriebsbedingte Unkündbarkeit **160** 626 *142*
- Betriebsfrieden/Ordnung im Betrieb **160** 626 *22, 94*
- Betriebsratsanhörung **160** 626 *96a*
- Betriebsratsmitglied *siehe* Betriebsratsmitglied, außerordentliche Kündigung
- Betriebsrisiko **160** 615 *80*
- Chefarzt, Kunstfehler **160** 626 *39*
- dauerndes Dienstverhältnis **160** 627 *14 f.*
- Detektiv **160** 626 *96, 155*
- Diebstahl **160** 626 *59, 94*
- Dienstvertrag **160** 626 *1 ff.*
- Druckkündigung **160** 626 *41, 43, 54 ff.*
- Ehrlichkeitskontrolle **160** 626 *96*
- eigenmächtiger Urlaubsantritt/Urlaubsüberziehungen **160** 626 *104, 150, 154*
- Elternzeit **130** 18 *32, 42*
- Entgeltfortzahlung im Krankheitsfall **210** 8 *25 ff.*
- Entgeltreduzierung **160** 626 *52 f.*
- Fahrerlaubnis **160** 626 *39*
- fehlerhaftes Arbeitsverhältnis **160** 611 *45*; 626 *4*
- Fernunterrichtsvertrag **160** 627 *24*
- Feststellungsklage **160** 626 *145 f.*
- Flugzeugführer **160** 626 *41 f.*
- Freistellung zur Stellensuche **160** 629 *11*
- Freistellung/Suspendierung **160** 626 *85*
- Führerschein **160** 626 *28, 82, 130*
- Generalklausel, wichtiger Grund **160** 626 *18*
- Gewissenskonflikt **160** 626 *47*
- Gleichbehandlungsgrundsatz **160** 626 *97*
- GmbH-Geschäftsführer **280** 38 *11, 24 ff.*
- Handelsvertreter **160** 621 *5*; 626 *1*
- Hausmeister **160** 626 *39*
- Heimarbeiter **160** 626 *1*
- hilfsweise mit Auslauffrist **160** 626 *144a*
- hilfsweise ordentliche Kündigung **160** 626 *96a, 144a*
- Interessenabwägung **160** 626 *86 ff., 96a*
- keine Freistellung zur Stellensuche **160** 629 *23a*
- Kindergärtnerin **160** 626 *39*
- Klagefrist **320** 13 *9*
- Klagefrist Kündigungsschutzklage **160** 626 *145*
- Klageverzicht **160** 626 *9*
- konkreter Sachvortrag **160** 626 *96a*
- Krankenfürsorge **160** 617 *18, 21*
- Krankenpfleger **160** 626 *41*
- Kündigung vor Dienstantritt **160** 621 *53*; 626 *10*
- Kündigungsschutzklage **50** 46 *98 ff.*
- Leistungsbereich **160** 626 *22, 73 f.*
- leitender Angestellter **160** 626 *41*; **320** 14 *46*
- Massenänderungskündigung **160** 626 *127, 134*
- Maßregelungsverbot **160** 626 *6*
- materielle Rechtskraft **160** 626 *158 f.*
- minderjähriger Auszubildender, Zugang **160** 115 *2*
- Ministerium für Staatssicherheit **160** 626 *66*
- Mischtatbestände **160** 626 *43 f.*
- Mitbestimmung des Betriebsrats bei Kündigung **160** 626 *114, 116, 137, 148, 152 f., 157*
- Nebenpflicht **160** 628 *1*
- Nebentätigkeit **160** 611 *545, 549*
- neues Arbeitsverhältnis **320** 13 *15*
- notwendige Auslauffrist **160** 626 *128 ff.*
- öffentlicher Dienst **160** 626 *1, 66*
- personenbedingte Kündigung **160** 626 *23, 30 ff.*
- Präklusion **160** 626 *158 f.*
- Rechtsanwaltsvergütung **160** 628 *3, 16, 19*
- Reisekostenabrechnung **160** 626 *96, 155*
- revisionsrechtliche Prüfung **160** 626 *155*
- Schmiergeld **160** 611 *552*; 626 *41*
- Schriftform **160** 623 *7*; 626 *10*
- Schutzmaßnahme **160** 618 *37 f.*
- schwerbehinderte Menschen **430** 91 *2 ff.*
- Seeschifffahrt **160** 626 *1*
- Selbstbeurlaubung **180** 7 *67*
- sexuelle Belästigung **160** 626 *45*
- Sonderkündigungsschutz **160** 626 *117 f.*
- Sonntagsarbeit **80** 9 *21*
- Sozialauswahl **160** 626 *137 ff.*
- Spesenbetrug **160** 626 *41, 59, 94, 96, 148, 155*
- Stempeluhrmissbrauch **160** 626 *59, 94*
- Steuerhinterziehung **160** 626 *41*
- Strafhaft/Strafantritt **160** 626 *24, 36, 39*
- Straftat **160** 626 *41, 85, 94*
- Streik **260** 9 *106*
- Streikbeteiligung **160** 626 *6*
- Streikexzess **160** 626 *6*
- Streiterei **160** 626 *41, 82*

- Tarifautomatik **160** 626 *52*
- Tarifvertrag **470** 1 *50 ff.*
- Totschlag **160** 626 *41*
- Ultima-ratio-Grundsatz **160** 313 *20*; 626 *21, 41, 48 ff., 67 ff.*
- Umdeutung in ordentliche Kündigung **160** 621 *8*; 623 *10 ff., 55*; 626 *40, 144*; **170**, *97, 100*
- Unabdingbarkeit **160** 622 *25, 57*; 626 *1 f., 5 ff., 122 ff.*
- Unkündbarkeit **160** 626 *126, 128 ff.*; **170**, *80 f., 95, 100*
- Verdachtskündigung **160** 626 *59 ff.*
- verhaltensbedingte Kündigung **160** 626 *23, 40 ff.*
- Verhältnismäßigkeitsgrundsatz **160** 313 *20*; 626 *21, 41, 48 ff., 67 ff.*
- Verletzung von Arbeitsschutzvorschriften **70** 1 *4*
- Verschwiegenheitspflicht **160** 628 *1*
- Verstoß gegen ArbZG **80** 1 *25*; 4 *14*; 5 *28*; 9 *21*
- Vertragsbruch **160** 622 *56*
- Vertragstreue, Vertrauensgrundlage **160** 626 *92*
- Vertrauensbereich **160** 626 *22, 73 f.*
- Vertrauensstellung **160** 626 *1*; 627 *1 ff.*
- Verzeihung **160** 626 *9*
- Verzicht **160** 626 *9*
- Vorgehensweise **160** 626 *144a*
- vorgetäuschte Arbeitsunfähigkeit **210** 5 *92*
- vorläufige Weiterbeschäftigung, Ausschluss **170**, *93*
- Vorstand **30** 84 *50 f., 56*
- Weiterbeschäftigung auf freiem Arbeitsplatz **160** 626 *81 ff.*
- Wettbewerbsverbot **160** 611 *538*
- Wiederholungsgefahr **160** 626 *19, 42, 69, 91*
- Zahlungsverzug/Lohnrückstand **160** 626 *44 f., 108*
- zeitnahe Anhörung des Arbeitnehmers **160** 626 *97*

Außerordentliche Kündigung von Betriebsratsmitglied *siehe* Betriebsratsmitglied, außerordentliche Kündigung

Außertariflicher Angestellter
- Arbeitnehmerschutzgesetz **160** 611 *89*
- Arbeitszeit **80** 2 *35*; 18 *3*
- leitender Angestellter, Abgrenzung **160** 611 *89*

Aussetzung
- Alleinentscheidung des Vorsitzenden **50** 55 *19 ff.*
- Beschleunigungsgrundsatz **50** 9 *4*
- wegen Beschlussverfahren über Tariffähigkeit und Tarifzuständigkeit **50** 97 *9*
- Wiedereinsetzung **50** 74 *38*

Aussperrung 260 9 *112 ff., 129 f.*, *siehe auch* Arbeitskampf
- Abwehraussperrung **260** 9 *116 ff.*
- Angriffsaussperrung **260** 9 *120 f.*
- Annahmeverzug **160** 615 *16, 41*
- Fernwirkung **160** 615 *82*
- Friedenspflicht **470** 1 *13, 20, 71 f.*
- lösende Aussperrung **260** 9 *114*

- Suspendierung der arbeitsvertraglichen Pflichten **260** 9 *106, 115*
- Verhältnismäßigkeit **260** 9 *117 ff, 131 ff..*

Aussperrung, lösende *siehe* Lösende Aussperrung

Ausstellung
- Arbeitszeit **80** 10 *28, 30*

Austauschkündigung 320 2 *83*
- Betriebsbedingte Kündigung **320** 1 *428, 447*

Auswahl, soziale *siehe* Soziale Auswahl

Auswahlrichtlinie
- Begriff **150** 95 *3 ff.*
- Betriebsvereinbarung bei betriebsbedingter Kündigung **150** 95 *11*
- Beweislast **50** 58 *70*
- Einigungsstelle **150** 95 *9 ff., siehe auch dort*
- Initiativrecht des Betriebsrats **150** 95 *14 f.*
- Mitbestimmung des Betriebsrats **150** 95 *6 ff.*
- Verstoß **150** 95 *10*; 99 *98*
- Widerspruch des Personalrats gegen Kündigung **170**, *73*

Auswahltestverfahren
- Assessment-Center **160** 611 *306 ff.*
- Darlegungs- und Beweislast, Schadensersatz **160** 611 *327 f.*
- Fragerecht **160** 611 *306 ff.*
- handgeschriebener Lebenslauf **160** 611 *311 ff.*
- psychologischer Eignungstest **160** 611 *305, 31*
- Rechtsschutz **160** 611 *323 ff.*
- Schmerzensgeld **160** 611 *324*
- Stressinterview **160** 611 *310*
- Vertragsanbahnung **160** 611 *305 ff.*
- Wiederholung **160** 611 *307*

Auswärtiger Gerichtstag *siehe* Gerichtstag, auswärtiger

Ausweichklausel 220 30, 8 Rom I *31 ff.*

Auszahlungsplan
- betriebliche Altersversorgung **140** 1 *59, 202, 205*; 1a *17*; 16 *3, 64*

Auszubildende
- Arbeitsbefreiungsanspruch wegen Pflege **365** 2 *14*
- Entgeltfortzahlung **210** 1 *8*
- Sonderkündigungsschutz schwerbehinderter Menschen **430** 86 *4*
- Urlaubsanspruch **180** 2 *4*

Auszubildender *siehe auch* Ausbildung
- Altersteilzeit, Wiederbesetzer **40** 3 *19, 26 f., 33*; 7 *1*
- Anspruch auf Ausbildung **110** 16 *7 ff., 23*; 23 *29*
- Arbeitnehmer, Abgrenzung **110** 3 *11*; 12 *22*; **160** 611 *51*
- Arbeitnehmereigenschaft **150** 5 *10 ff.*
- Arbeitnehmerhaftung **160** 611 *890*; 619a *3*
- Arbeitskampf **110** 3 *11*; 12 *8*
- Arbeitsplatzschutz **60** 2 *6*; 6 *7 f.*; 11a *2*; 13 *1*; 15 *1*
- Arbeitsschutz **70** 2 *7*
- Arbeitszeit **80** 1 *31*; 2 *32, 36*; 18 *10*
- ärztliche Untersuchung **110** 12 *5*

- Ausbildungsnachweis 110 16 *14*
- Ausbildungsvergütung/Auszubildendenvergütung 110 3 *11*; 12 *18*; 19 *1, 11 ff.*; 23 *16*
- Begriff 150 78a *2*
- besonderer Kündigungsschutz 160 622 *39, 61*
- betriebliche Altersversorgung 140 1 *25*; 1a *2*; 16 *10*; 17 *2*
- Betriebs-/Geschäftsgeheimnis 110 16 *5*; 160 611 *529*
- Entgeltumwandlung, Anspruchsberechtigter 140 1a *2*
- Freistellung, Berufsschulunterricht 110 16 *4, 17, 21 f.*
- Gesellenstück 160 611 *554*
- gesetzlicher Vertreter 110 12 *3, 11*; 16 *8*; 23 *22*
- Krankheit, Entgeltfortzahlungsrecht 110 19 *11*; 23 *5, 20, 26*
- Kündigungsfrist 160 621 *5*; 622 *39*
- Kündigungsschutz 320 1 *103*
- Leiharbeitnehmer, Abgrenzung 100 1 *17*
- Lernpflicht 110 16 *2 ff.*
- Maßregelungsverbot 160 612a *5*
- Minderjährigkeit 110 12 *3*; 17 *21*; 23 *22, 34*
- Probezeitkündigung 160 621 *5*; 622 *51*
- Sozialversicherung 110 3 *12*
- Streikrecht 110 12 *8*
- Verlängerungsverlangen 110 23 *20, 26*
- vorübergehende Verhinderung 160 616 *1, 4*
- Wehrdienst 60 2 *6*; 6 7 *f.*; 11a *2*; 13 *1*; 15 *1*
- Weiterbeschäftigung von Mandatsträger 150 78a *4 ff.*
- Weiterbeschäftigung/Übernahme nach Wehrdienst 60 2 *6*
- Zeugnis 110 16 *18 ff.*; 160 630 *4*
- Zuständigkeit des Arbeitsgerichts 50 5 *6 ff.*

Aut-aut-Fall
- Rechtsweg, Statusklage 160 611 *111 f.*

Automatisierte Datenverarbeitung
siehe Datenverarbeitung, automatisierte

Autor für Rundfunk- und Fernsehanstalten
- Arbeitnehmer 160 611 *104*

Bäckerei
- Arbeitszeit 80 1 *2*; 2 *37*; 6 *60*; 7 *29*; 10 *78 ff.*

Bäderbetrieb
- Betriebsübergang 160 613a *39*

BAG *siehe* Bundesarbeitsgericht

Bahn 150 1 *51, 54*

Bahnhof
- Haustürgeschäft 160 312 *10, 25 f.*

Bank
- Arbeitszeit 80 10 *8*; 13 *13*

Barber, EuGH
- betriebliche Altersversorgung 140 1 *85 f., 88*; 2 *12 f.*; 6 *57 ff.*; 30a *1 ff.*

Bargeldloser Zahlungsverkehr
- Arbeitszeit 80 10 *56, 83*

Barzahlung
- Vergütung 160 611 *637*

BAT *siehe* Bundesangestelltentarifvertrag

BAT-Bezugnahme 470 3 *96 ff.*

Bauabzugsbesteuerungsverfahren
- Unternehmerhaftung 10 14 *16*

Bauarbeiter
- Schutzmaßnahme 160 618 *9*

Baubetreuer
- Dienste höherer Art 160 627 *8*

Baubranche
- Darlegungs-/Beweislast 10 6 *8*
- Mischbetriebe 10 6 *5*
- Montageleistungen 10 6 *6*
- Überwiegenheitsprinzip 10 6 *5*

Bauforderungen
- Sicherung der Arbeitnehmerrechte 10 14 *14*

Baugewerbe
- Arbeitnehmerentsendung 10 4 *4 ff.*
- Arbeitnehmerüberlassung, Einschränkungen, Verbot 100 1 *37*; 1a *6*; 1b *1 ff.*; 16 *8*
- Bauhaupt- und -nebengewerbe 100 1 *33*
- Begriff 10 4 *4*
- Bürgenfrühwarnsystem 10 14 *19*
- Mischbetrieb, Überwiegensprinzip 100 1b *4, 9*
- tarifliche Öffnungsklausel 180 13 *37 ff.*
- Urlaubskassen 10 5 *6*

Bauhaupt- und -nebengewerbe
- Arbeitnehmerüberlassung 100 1 *33*; 1b *4*

Bauleistungen
- Begriff 10 6 *3*

Bauleiter
- Arbeitnehmer 160 611 *104*

Bausparkassenvertreter
- Arbeitsplatzschutz, Wehrdienst 60 8 *2*

Baustelle
- Arbeitsstätte 160 618 *18*
- Arbeitszeit 80 14 *19*; 15 *6*

Beamtenpension *siehe* Beamtenversorgung

Beamtenrechtliche Fürsorgepflicht *siehe auch* Fürsorgepflicht
- Arbeitsschutz für Beamte 70 20 *3*

Beamtenverhältnis
- Urheberschutz 495 32 *32 f.*

Beamtenversorgung
- andere, betriebsfremde Versorgungsbezüge, betriebliche Altersversorgung 140 2 *68*; 5 *14, 22*

Beamter 150 5 *6*, *13*
- Arbeitsplatzschutz 60 1 *2*; 9 *1 f.*; 10 *1*; 11a *2*
- Arbeitsschutz 70 2 *3*; 17 *10*; 20 *1 f.*
- Arbeitsvertrag, Abgrenzung 160 611 *41, 60*
- Arbeitszeit 80 1 *31*; 10 *10*; 15 *18*; 19 *1 ff.*
- Arbeitszeugnis, Dienstzeugnis 160 630 *4*
- Beurlaubung, Einberufung zum Wehrdienst 60 9 *2*
- ehrenamtlicher Richter 50 22 *4*, *siehe auch dort*
- Entlassungsverbot, Wehrdienst 60 9 *2*
- Kündigung, Personalrat 170 *9*

- Kündigungsschutz **320** 1 *153*
- Nebentätigkeit **160** 611 *541, 548*
- parteipolitische Betätigung **160** 611 *575*
- Schutzmaßnahme **160** 618 *7*
- Wehrdienst **60** 1 *2*; 9 *1 f.*; 10 *1*; 11a *2*
- Zuständigkeit des Arbeitsgerichts **50** 5 *10 f.*

Beauftragter für die biologische Sicherheit
- Arbeitsschutz **70** 13 *3*

BECTU, EuGH
- Arbeitszeitrichtlinie **180** 1 *18*
- Grundsatz des Sozialrechts der Gemeinschaft **180** 1 *21*

Bedienungsgeld *siehe auch* Trinkgeld
- Arbeitgebereigentum **160** 611 *741*
- Serviersystem **160** 611 *741*
- Trinkgeld, Abgrenzung **160** 611 *666, 740 ff.*
- Tronc-System **160** 611 *741*

Bedingte Pfändbarkeit 500 850k *10*

Bedingung
- *siehe auch* Auflösende Bedingung
- *siehe auch* Aufschiebende Bedingung
- bedingter Aufhebungsvertrag **160** 611 *1007 ff., 1053*
- Verjährung **160** 199 *7*

Bedingung, auflösende *siehe* Auflösende Bedingung

Bedingung, aufschiebende *siehe* Aufschiebende Bedingung

Beendigung des Arbeitsverhältnisses *siehe* Arbeitsverhältnis, Beendigung

Beendigung, Arbeitsverhältnis
- Meldefrist, Arbeitsagentur **160** 620 *12*

Beendigungsklausel
- schwerbehinderte Menschen **430** 92 *1 ff.*

Beendigungskündigung
- Änderungskündigung, Abgrenzung **160** 626 *49 ff., 132*
- Beteiligung des Personalrats **170**, *2, 10, 32, 36, 42, 81, 85*
- Kündigungsfrist **160** 622 *8*

Beendigungstatbestände
- Kündigungsschutzklage **50** 46 *93 ff.*, *siehe auch* dort

Befangener Richter *siehe* Richter, ausgeschlossener oder befangener

Befangenheit
- ehrenamtlicher Richter **50** 31 *18 ff.*

Befangenheitsablehnung
- Nichtigkeitsklage **50** 79 *7 f.*

Befreiung von der Arbeitspflicht *siehe* Arbeitsbefreiung

Befriedigungsverfügung 50 62 *51*

Befristete Arbeitserlaubnis *siehe* Arbeitserlaubnis, befristete

Befristete außerordentliche Kündigung *siehe* Auslauffrist

Befristete Beschwerde
- Rechtsanwaltsvergütung **50** 12 *35*

Befristete Erinnerung
- Entscheidung des Urkundsbeamten **50** 7 *5*

Befristete Verträge
- Anspruch auf Pflegezeit **365** 6 *2 f.*
- Sonderkündigungsrecht **365** 6 *5*

Befristetes Arbeitsverhältnis 320 1 *40*
- *siehe auch* Befristung
- *siehe auch* Befristungsgrund
- ältere Arbeitnehmer **480** 14 *126 ff.*
- Altersteilzeit **480** 23 *40*
- Änderungskündigung **320** 2 *16 f., 34, 46*
- Anschlussverbot **480** 14 *91 ff., 120*
- Arbeitnehmervertretung, Information **480** 20 *1 ff.*
- Arbeitslosengeld **380** 143a *49*; 144 *9, 45*
- Arbeitslosengeld, Meldung bei Agentur für Arbeit **480** 14 *165 ff.*
- Arzt **480** 23 *30 ff.*
- auflösende Bedingung **480** 3 *16*; 21 *1 ff.*
- Ausbildung **480** 14 *98*; 23 *39*
- Auslegung **480** 3 *8 ff.*
- Bedingungseintritt strittig **480** 17 *15*
- befristete Arbeitserlaubnis **480** 3 *18*
- Befristungsart **480** 3 *4 ff.*
- Begriff **480** 3 *1 ff.*
- Benachteiligungsverbot **480** 5 *1 ff.*
- besonderer Kündigungsschutz **480** 14 *15 ff., 83*
- bestimmte Zeit **480** 3 *4*
- Betriebsratsanhörung/-zustimmung **480** 14 *161*
- Betriebsübergang **480** 14 *94*
- Darlegungs- und Beweislast **480** 15 *32 ff.*
- Darlegungs- und Beweislast für Diskriminierung **480** 4 *43 f.*
- derselbe Arbeitgeber **480** 14 *92 ff.*
- Diskriminierung wegen Nichtverlängerung **480** 14 *83 ff.*
- Diskriminierungsverbot **480** 4 *1 ff.*
- Doppelbefristung **480** 3 *14, 29*; 15 *37*
- Drei-Wochen-Frist für Klageerhebung **480** 17 *1 ff.*
- dreimalige Verlängerung **480** 14 *88 ff.*
- EG-Richtlinie **230** Richtlinien *28 ff.*
- Eingliederungsvertrag **480** 14 *99*
- einzelne Arbeitsbedingung **480** 3 *13*; 14 *18 f.*
- Elternzeit **130** 18 *37*; 21 *1 ff.*
- Ende **480** 15 *2 ff.*
- Entfristungsklage **480** 17 *14 ff.*
- Existenzgründer **480** 14 *109 ff.*
- Fiktion der Verlängerung **480** 15 *16 ff.*
- Folgen unwirksamer Befristung **480** 16 *1 ff.*
- Fragerecht nach Vorbeschäftigung **480** 14 *100 f.*
- gerichtliche Kontrolle **480** 14 *6, 9*
- Gleichbehandlung **480** 4 *24 ff.*
- Gleichbehandlungsgrundsatz **480** 14 *83*
- Grundwehrdienst **480** 23 *37*
- Hochschulrahmengesetz **480** 23 *10 ff.*
- Informationspflicht, unbefristeter Arbeitsplatz **480** 18 *1 ff.*
- kalendermäßige Befristung **480** 3 *5*; 14 *83, 85 ff.*

Befristetes Arbeitsverhältnis – Befristung

- kein Sachgrund Leiharbeit **480** 23 *39*
- Kettenarbeitsvertrag **480** 14 *9ff., 91*
- Klagefrist **480** 17 *7ff.*
- Klageverzicht nach Befristungsablauf **480** 17 *3*
- Kleinbetrieb **480** 14 *14*
- Kündbarkeit **480** 3 *28*; 15 *10ff.*
- Kündigung in Insolvenz **300** 113 *76*
- Kündigungsfrist **480** 14 *74*
- Langzeitarbeitsvertrag, Kündbarkeit **480** 15 *12ff.*
- Lehrer **480** 4 *33*
- Leiharbeitnehmer **480** 14 *96*
- Maßregelungsverbot **480** 5 *3*
- materielle Ausschlussfrist **480** 17 *1ff.*
- Mehrfachbefristungen **480** 17 *5f.*
- Meldung als arbeitssuchend **480** 14 *165ff.*
- Mindest- und Höchstbefristung **480** 3 *9*
- Mitbestimmung **480** 14 *161ff.*
- mittelbare Benachteiligung **480** 4 *6ff.*
- Musterhinweis **480** 18 *11*
- Mutterschutz **350** 5 *66*; 9 *42*
- nachträgliche Befristung **320** 2 *16f.*; **480** 3 *10ff.*
- nachträgliche Klagezulassung **480** 17 *13*
- NachwG **360** 2 *29*
- NachwG, Anforderungen **480** 14 *158*
- öffentlicher Dienst **480** 22 *6ff.*
- Personalrabatt **480** 4 *31*
- Privathaushalt **480** 14 *14*
- Probezeit **480** 3 *15*; 14 *50ff.*
- Rahmenvereinbarung **480** 3 *17*
- Rechtswahl **220** 30, 8 Rom I *58*
- Sachgrundbefristung **480** 14 *5ff.*
- sachgrundlose Befristung **480** 14 *79ff.*
- Schriftform **480** 14 *144ff.*
- schwerbehinderte Menschen **480** 3 *25*
- Sonderzahlung **480** 4 *31*
- Spezialregelung außerhalb des TzBfG **480** 23 *8ff., 36ff.*
- tarifliche Zulage **480** 4 *31*
- tarifvertragliche Nichtverlängerungsmitteilung **480** 3 *19*
- tarifvertragliche Regelung **480** 3 *19, 22*; 14 *102ff., 121ff.*
- Teilurlaubsanspruch **180** 7 *16*
- Umschulungsvertrag, Anschlussbefristung **480** 14 *99*
- unmittelbare Benachteiligung **480** 4 *5*
- Unternehmensgründung **480** 14 *112ff.*
- Unwirksamkeit der Kündigung **480** 15 *34*
- unzulässige Entgeltdiskriminierung **480** 4 *30ff.*
- unzulässige Schlechterbehandlung **480** 4 *1ff.*
- Vergleichbarkeit, unbefristeter Arbeitnehmer **480** 3 *20*; 4 *27*
- Verlängerung **480** 14 *88ff.*
- Verlängerungsfiktion **480** 15 *16ff.*
- Verschmelzung von Rechtsträger **480** 14 *95*
- Verschmelzung, nicht derselbe Arbeitgeber **490** 324 *22*
- Vertragsänderung **480** 14 *89*
- Wartezeit nach KSchG **480** 14 *14*
- Wechsel im Konzern **480** 14 *93*
- Wegfall des sachlichen Grundes **480** 14 *7*
- Weiterbildungsmaßnahme, Gleichbehandlung **480** 19 *3ff.*
- Widerspruchsfrist **480** 15 *26ff.*
- wissenschaftliches Personal, §§ 57a ff. HRG **480** 23 *10ff.*
- zulässige Ungleichbehandlung **480** 4 *28f., 32*
- Zweckbefristung **480** 3 *6f.*, *siehe auch* Befristungsgrund
- Zweckerreichung **480** 15 *4ff., 39*
- Zweckerreichung strittig **480** 17 *15*
- zwingendes Recht **480** 22 *2ff.*

Befristetes Rechtsmittel
- Rechtsmittelbelehrung **50** 9 *15*

Befristung
- *siehe auch* Bedingung
- *siehe auch* Doppelbefristung
- *siehe auch* Sachgrund
- *siehe auch* Zweckbefristung
- Altersteilzeitverträge **410** 41 *16*
- Änderungsvertrag **160** 620 *4*
- Annahmeverzug **160** 615 *6, 36, 38*
- arbeitnehmerähnliche Person **160** 620 *1, 6*
- Arbeitsplatzschutz, Wehrdienst **60** 1 *3, 10*
- Arbeitsvertrag **160** 611 *23*; 620 *1ff.*
- Arzt in der Weiterbildung **160** 620 *3*
- Aufhebungsvertrag **160** 620 *4*
- auflösende Bedingung **160** 620 *4, 9*
- Aushilfsarbeitsverhältnis **160** 611 *26*; 622 *22*
- außerordentliche Kündigung **160** 620 *9*; 626 *136*
- außerordentliche Kündigung mit notwendiger Auslauffrist **160** 626 *136*
- BAT, SR 2y **160** 620 *3*
- Begriff **160** 611 *23*; 620 *4*
- Beweislast **50** 58 *46*, *siehe auch dort*
- Darlegungs- und Beweislast **160** 620 *11*
- dauerndes Dienstverhältnis **160** 617 *6*
- Doppelbefristung **160** 620 *4, 13*
- Einzelarbeitsbedingung **100** 9 *39f.*; 620 *4*; **160** Vor 305-310 *12*
- elektronische Form **160** 127 *34*
- Elternzeit **160** 620 *3*
- freier Mitarbeiter **160** 620 *1ff.*
- Freistellung zur Stellensuche **160** 629 *13*
- Geschäftsführer **160** 620 *5*
- Grundwehrdienst **160** 620 *3*
- Heimarbeiter **160** 620 *1, 7*
- Hochschule **160** 620 *3*
- kalendermäßige Befristung **160** 620 *4, 9, 13*
- Lebensstellung **160** 622 *64*; 624 *4*
- ordentliche Kündigung **160** 620 *9*; 622 *6, 22, 48, 64*
- Privatautonomie **160** 620 *1*
- Probearbeitsverhältnis **160** 611 *25*

- Provision **290** 65 *5*; 87 *15*
- Ruhen des Arbeitsverhältnisses, Arbeitsplatzschutz **60** 1 *3, 10*
- Schriftform **160** 127 *10, 34*; 611 *48*; 620 *5*; 623 *1, 49*; 625 *5*
- Schutzmaßnahme **160** 618 *9*
- Schwangerschaftsfrage **160** 611 *265 ff.*
- Sperrzeit, wichtiger Grund **160** 611 *1145*
- stillschweigende Verlängerung **160** 625 *4 ff.*
- Streitwertfestsetzung **50** 12 *55*
- Unklarheitenregel **160** 305c *36*
- Vertragsfreiheit **160** 620 *4*
- Vertragsverlängerungsklausel **160** 620 *4*; 624 *8*; 627 *4*
- Vorstand **160** 620 *5*
- Wehrübung **160** 620 *3*
- Weiterbeschäftigung **160** 611 *48*
- Zweckbefristung **160** 620 *4, 9, 13*

Befristung einzelner Arbeitsbedingungen *siehe* Arbeitsbedingungen, Befristung

Befristung, kalendermäßige *siehe* Kalendermäßige Befristung

Befristung, nachträgliche *siehe* Nachträgliche Befristung

Befristungsabrede
- Vertragsbeginn/Arbeitsaufnahme **160** 623 *49*

Befristungsgrund *siehe auch* Sachgrund
- Altersgrenze **480** 14 *56 ff.*
- Altersrente **480** 14 *56*
- Altersteilzeit **480** 14 *59*
- Anschlussbefristung nach Studium/Ausbildung **480** 14 *26 ff.*
- Arbeitsbeschaffungsmaßnahme **480** 14 *71*
- Ausbildung, Anschlussbefristung **480** 14 *26 ff., 52*
- Aushilfe **480** 14 *24*
- befristete Aufenthaltserlaubnis **480** 14 *60*
- Chirurg **480** 14 *59*
- Darlegungs- und Beweislast **480** 14 *743*
- Dauervertretung **480** 14 *39*
- Eigenart der Arbeitsleistung **480** 14 *43 ff.*
- Elternzeitvertretung **130** 21 *8 ff.*
- Erprobung **480** 14 *50 ff.*
- Erstanstellung **480** 14 *29*
- Fernsehen **480** 14 *44*
- Formulararbeitsvertrag **480** 14 *53*
- Fußballprofi **480** 14 *47*
- gerichtlicher Vergleich **480** 14 *67 ff.*
- Haushaltsmittel **480** 14 *64 ff.*
- Innovationsbedürfnis **480** 14 *44*
- Kampagnebetrieb **480** 14 *23*
- Kettenarbeitsvertrag **480** 14 *9 ff.*
- Kunstfreiheit **480** 14 *43 ff.*
- Leiharbeitnehmer **480** 14 *25, 49*
- mittelbare Vertretung **480** 14 *40*
- nachträglicher Wegfall **480** 14 *7*
- Parlamentsfraktion **480** 14 *48*
- Person des Arbeitnehmers **480** 14 *55 ff.*
- Pilot **480** 14 *59*
- Programmgestaltung im Rundfunk **480** 14 *44*
- projektbedingter vorübergehender Mehrbedarf **480** 14 *22*
- Promotion **480** 14 *27*
- Prozessvergleich **480** 14 *68*
- Rückkehr des Vertretenen **480** 14 *38*
- Rundfunkfreiheit **480** 14 *43 ff.*
- Saisonbetrieb **480** 14 *22*
- Schuldienst **480** 14 *41*
- sozialer Überbrückungszweck **480** 14 *61*
- Sportler, Profi **480** 14 *47*
- Sporttrainer **480** 14 *46*
- Springer **480** 14 *39*
- Strukturanpassungsmaßnahme **480** 14
- Studium **480** 14 *62*
- Studium, Anschlussbefristung **480** 14 *26 ff.*
- Tendenzträger **480** 14 *43 ff., 45*
- Theater **480** 14 *45*
- Vertretung **480** 14 *31 ff.*
- vorübergehender Mehrbedarf **480** 14 *20 ff.*
- Werkstudent **480** 14 *28*
- Wunsch des Arbeitnehmers **480** 14 *63*
- Zeitpunkt des Vorliegens **480** 14 *6 ff.*
- Zweckbindung von Haushaltsmittel **480** 14 *64 ff.*

Befristungskontrolle
- Kündigungsschutzklage **50** 46 *122 f.*

Befristungsschutzklage *siehe* Entfristungsklage

Befristungsvereinbarung
- Anfechtung, widerrechtliche Drohung **160** 611 *466*

Begrenzte Einzelmächtigung *siehe* Einzelmächtigung, begrenzte

Begünstigungsverbot *siehe auch* Verbot
- Abfindungshöhe **160** 611 *1073*

Beherrschungsvertrag
- Berechnungsdurchgriff, betriebliche Altersversorgung **140** 16 *35, 37 ff.*

Behinderte Menschen *siehe auch* Schwerbehinderte Menschen
- Anrechung gleichgestellter behinderter Menschen **430** 77 *10*
- Arbeitsschutz **70** 4 *9*
- Erhalt des Arbeitsplatzes **430** 69 *10*
- Erwerb des Arbeitsplatzes **430** 69 *10*
- Gleichstellung mit Schwerbehinderten **430** 69 *9 ff.*
- Grad der Behinderung **430** 69 *9*
- Klageantrag nach Widerspruch **430** 69 *17*

Behindertenheim
- Arbeitszeit **80** 7 *36*; 10 *12*

Behindertenwerkstatt
- Zuständigkeit **50** 2 *28*, *siehe auch dort*

Behinderung **260** 3 *39*

Behinderungsverbot *siehe* Verbot
- Amtstätigkeit **150** 78 *3, siehe auch* Verbot

Behörde
- vorübergehende Verhinderung **160** 611 *830*; 616 *14*

Behörde, Arbeitsschutz
- Besichtigungsrecht **90** 13 *3*
- Überwachung **90** 13 *1*
- Zuständigkeit **90** 13 *6*
- Zutrittsrecht **90** 13 *3*

Behördenzusammenarbeit
- Behörden aus EWR-Staaten **10** 20 *1*
- in-/ausländische **10** 20 *1 ff.*

Behördenzuständigkeit
- Kontroll-/Sanktionssystem **10** 16 *1 ff.*

Beifahrer
- Arbeitszeit **80** 5 *24 f.*; 9 *15 f.*

Beiordnung 50 11a *5 ff.*
- Antragstellung **50** 11a *25 ff.*
- Befreiung von der Kostentragungspflicht **50** 11a *32*
- Beschluss **50** 11a *28 f.*
- Einkommensbegriff **50** 11a *13 ff.*
- Erklärung über die persönlichen und wirtschaftlichen Verhältnisse **50** 11a *27*
- Hilfsantrag **50** 11a *26*
- Mutwilligkeit **50** 11a *22*
- sofortige Beschwerde **50** 11a *30 f.*
- Stellungnahme der Gegenseite **50** 11a *28, siehe auch* Kostentragungspflicht
- Vermögensbegriff **50** 11a *18 ff.*
- Voraussetzungen **50** 11a *6 ff.*

Beisitzer
- Einigungsstelle **50** 98 *9*

Beistand
- Prozessvertretung **50** 11 *21 f., siehe auch dort*

Beitragsbemessungsgrenze
- Altersteilzeit **40** 1 *6*; 3 *5, 7 f., 14, 31*; 4 *8*; 6 *6, 8*; 10 *8*
- betriebliche Altersversorgung **140** 1 *202, 204 f., 207 f.*; 1a *5, 13, 22*; 1b *62*; 2 *59*; 4 *19, 21*; 7 *1*; 31 *1*

Beitragsbemessungsgrundlage
- Insolvenzsicherung, betriebliche Altersversorgung **140** 10 *1, 7 ff.*; 10a *2*; 11 *9 f.*; 12 *3*; 15 *2*

Beitragsorientierte Leistungszusage
- betriebliche Altersversorgung **140** 1 *3, 67, 126, 152 ff., 168*; 1a *9*; 2 *1, 3, 62, 64, 74*; 6 *42 f.*; 7 *48*; 30e *3*; 30g *1*

Beitragszusage mit Mindestleistung
- betriebliche Altersversorgung **140** 1 *3, 61, 67, 126, 153, 157 ff., 168 f.*; 1a *9*; 2 *1, 3, 62, 64, 75*; 6 *42a*; 7 *17, 49*; 16 *57, 63*

Beiziehung von Akten
- streitige Verhandlung **50** 56 *23*

Bekanntmachung, öffentliche *siehe* Öffentliche Bekanntmachung

Belästigung
- Arbeitnehmerschutz **260** 2 *61*
- Beweislast **20** 23 *23*

Belästigung, sexuelle *siehe* Sexuelle Belästigung

Belehrung
- Folgen bei Fristversäumung **50** 56 *47 ff.*

Beleidigung
- personenbedingte Kündigung **320** 1 *340, siehe auch dort*

Benachrichtigung der Parteien
- streitige Verhandlung **50** 56 *37*

Benachteiligung *siehe* Allgemeine Gleichbehandlung

Benachteiligung, mittelbare *siehe* Mittelbare Benachteiligung

Benachteiligung, unangemessene *siehe* Unangemessene Benachteiligung

Benachteiligungsverbot 150 75 *6*; 78 *4 f.*
- *siehe auch* Verbot
- *siehe auch* Verbot
- Arbeitsplatzschutz, Wehrdienst **60** 6 *1 ff.*
- Aufsichtsratsmitglied **330** 26 *8*
- befristetes Arbeitsverhältnis **480** 5 *1 ff.*
- ehrenamtlicher Richter **50** 26 *3 ff., siehe auch dort*
- Heimarbeiter, Arbeitsplatzschutz **60** 7 *3*
- schwerbehinderte Menschen **430** 82 *11*
- Sprecherausschuss **460** 2 *4 f., 7*
- Teilzeitarbeit **480** 5 *1 ff.*
- Teilzeitarbeitnehmer **160** 611 *399*; 612a *20*

Beraterhinweise
- Sonderkündigungsschutz **320** 15 *103 ff.*

Beratung 50 9 *12*
- Urteilsverkündung **50** 60 *6*

Beratungsgeheimnis 50 75 *54*
- *siehe auch dort*
- *siehe auch* Revision

Beratungshilfe 50 11a *2*

Berechnungsdurchgriff
- Anpassung laufender Leistung im Konzern **140** 16 *35, 37 ff.*

Bereicherung, ungerechtfertigte *siehe* Ungerechtfertigte Bereicherung

Bereicherungswegfall
- Beweislast **50** 58 *89 ff.*

Bereitschaftsdienst 250 106 *27*
- Ausgleich für Nachtarbeit **80** 6 *47*
- BAT, Vergütung **160** 612 *27*
- Begriff/Abgrenzung **80** 1 *3, 5*; 2 *1, 7, 16 ff., 23 f., 42*; 3 *4*; 4 *3*; 5 *4, 19*; 7 *2, 13, 33*; 25 *3, 5 f.*; **160** 611 *511 ff.*
- Beschäftigungsverbot an Sonn- und Feiertagen **80** 9 *4*; 10 *68*; 11 *4*
- Chefarzt **160** 612 *16*
- Ersatzruhetag **80** 11 *10 f.*
- Mitbestimmung des Betriebsrats **80** 1 *19*
- Oberarzt **160** 612 *16*
- Teilvergütung bei fristloser Kündigung **160** 628 *9*
- Vergütung **80** 2 *45*; **160** 611 *513 f.*
- Verlängerung der Arbeitszeit/Kürzung der Ruhezeiten **80** 5 *19*; 7 *13, 27, 43*; 15 *11*

Bergbau
- Akkordlohn 160 611 *632*
- Arbeitsschutz 70 2 *1*
- Arbeitszeit 80 2 *31*; 8 *5*; 17 *2*
- Begriff 10 4 *10*
- Bergamt 80 17 *2*
- Gedingevereinbarung 160 611 *632*
- Jugendarbeitsschutz 310 4 *3*
- Kohlen, Deputat 160 611 *648*
- Unternehmensmitbestimmung 340 1 *1 ff.*

Bergbaubetriebe
- spezielle Arbeitsschutzregelungen 90 17 *3*

Bergmannsversorgungsschein 430 77 *12*
- besonderer Kündigungsschutz 160 622 *61*
- Klagefrist im Kündigungsschutzprozess 320 4 *40*
- unverfallbare Anwartschaft 140 2 *27*

Berichtigungsanspruch
- NachwG 360 Vor 1 *21*

Berichtspflicht
- Bundesregierung bei Wertguthaben 390 7g *1*

Berufliche Fortbildung
- AFBG 110 63 *25*
- Anpassungsfortbildung 110 3 *13*; 63 *2*
- Arbeitszeit, Sonntagsruhe 80 9 *27*
- Aufstiegsfortbildung 110 3 *13*; 63 *2, 25*
- Ausbildungskosten/Aufwendungen 110 63 *12 ff.*
- Förderungsregelungen der §§ 77 ff. SGB III 110 3 *27*; 63 *13, 22 ff.*
- Fortbildungsvertrag 110 3 *14*; 63 *5, 7 ff.*
- freie Förderung nach § 10 SGB III 110 63 *20*
- Rückzahlungsklausel 110 63 *12, 14 ff., 26*
- Trainingsmaßnahmen nach § 48 SGB III 110 63 *21*
- Wehrdienst/Wehrübung 110 63 *11*

Berufliche Weiterbildung
- Ausbildung 110 3 *8, 18, 27*; 19 *16*; 63 *1 ff.*
- Bildungsgutschein 110 63 *23*
- Unterrichtung, Betriebsübergang 160 613a *197*

Beruflicher Werdegang
- Fragerecht 160 611 *283 ff.*

Berufsausbildung *siehe* Ausbildung
Berufsausbildungskosten *siehe* Ausbildungskosten
Berufsausbildungsstreitigkeit *siehe* Ausbildungsstreitigkeit
Berufsausbildungsverhältnis *siehe* Ausbildungsverhältnis

Berufsausübung
- Grundfreiheit 260 12 *5*

Berufsbildung
- *siehe auch* Ausbildung
- *siehe auch* Berufliche Fortbildung
- *siehe auch* Berufliche Weiterbildung
- *siehe auch* Betriebliche Bildungsmaßnahme, BetrVG
- Abberufung von Ausbildungspersonal 150 98 *8 ff.*
- Anlernling 110 3 *18*
- Ausbildung 110 3 *2, 7 ff.*

- Ausbildungsstätte/Ausbildungsmaßnahme außerhalb der Ausbildungsstätte 110 3 *21*; 12 *10, 12, 17*; 16 *4 ff., 10 f.*
- Ausbildungsvorbereitung 110 3 *2, 4 ff.*
- außerbetriebliche Berufsbildung 110 3 *21*
- Bedarfsermittlungspflicht des Arbeitgebers 150 96 *9*
- Begriff 150 96 *5 ff.*
- Beratungs-/Vorschlagsrecht des Betriebsrats 150 96 *10*; 97 *2 f.*
- berufliche Fortbildung 110 3 *2, 8, 13 f., 27*; 19 *16*; 63 *1 ff.*
- berufliche Umschulung 110 3 *2, 8, 15 ff.*; 63 *1, 17 ff.*
- Berufsbildungsvertrag 110 63 *18*
- Beschäftigung zur Ausbildung 110 3 *26*
- besondere Berücksichtigungspflicht 150 96 *11 f.*
- betriebliche Berufsbildung 110 3 *3, 21*
- betriebliche Bildungsmaßnahme nach §§ 96 ff. BetrVG, Abgrenzung 110 3 *3*
- Bundesausschuss für Berufsbildung 110 12 *23*
- dualer Studiengang 110 3 *18*
- Einigungsstelle 150 97 *16*; 98 *7, 18, siehe auch dort*
- Einrichtung 150 97 *4*
- Elternzeit 130 15 *37*; 20 *1 ff.*
- Erwachsenenbildung 110 63 *17*
- Hauptausschuss des Bundesinstituts für Berufsbildung 110 63 *4*
- Kauffahrteischifffahrt 110 3 *24*
- Lernort der Berufsbildung 110 3 *21 f.*
- Lernortkooperation 110 3 *21*
- Maßnahme 150 97 *5 ff.*
- Mitbestimmung des Betriebsrats 150 97 *9 ff.*; 98 *2 ff., 15 ff.*
- Praktikant 110 3 *18*; 23 *11*
- schulische Berufsbildung 110 3 *9, 21*; 12 *17, 16 12, 22*; 19 *5*
- Teilnehmerauswahl 150 98 *15 ff.*
- weitere Formen beruflicher Bildung 110 3 *2, 8, 18 ff., 24*; 19 *16*
- Ziel/Ausbildungsziel/Ausbildungszweck 110 3 *1 ff., 22*; 12 *6, 12*; 16 *1 f., 4, 7 f., 15 f., 19*; 19 *1*; 63 *8, 17*

Berufsbildungsverhältnis
- Beschäftigung, Sozialversicherung 390 7a *29*

Berufsfeuerwehr
- Arbeitszeit 80 10 *9*

Berufsfreiheit, Arbeitgeber 260 12 *59 ff.*
- Arbeitsschutz 260 12 *63*
- Beendigung von Arbeitsverhältnis 260 12 *60 f.*
- Mitbestimmung 260 12 *62*

Berufsfreiheit, Arbeitnehmer 260 Vor 1 *8 f.*; 12 *1 ff.*
- Altersgrenze 260 12 *29, 51*
- Arbeitsplatzschutz 260 12 *51 ff.*
- Arbeitsplatzwahl 260 12 *5, 19, 31*
- Arbeitszwang 260 12 *46 f.*

- Ausbildungskosten, Rückerstattung **260** 12 *31, 55*
- Ausbildungsstätte **260** 12 *20*
- ausländische juristische Person **260** 12 *15*
- Ausübung **260** 12 *5*
- Ausübungsfreiheit **260** 12 *21*
- berufsregelnde Tendenz **260** 12 *25 f., 33*
- Berufswahl **260** 12 *5*
- Drei-Stufen-Theorie **260** 12 *27 ff., 38 ff.*
- Eingriff **260** 12 *25 ff.*
- einheitliches Grundrecht **260** 12 *5*
- erlaubte Tätigkeit **260** 12 *18*
- Gesetzesvorbehalt **260** 12 *34 ff.*
- Gratifikation, Rückzahlung **260** 12 *56*
- Grundrechtskonkurrenz **260** 12 *44 f.*
- Grundrechtsträger **260** 12 *12 ff.*
- Inhaltskontrolle von Arbeitsverträgen **260** 12 *54 ff.*
- juristische Person **260** 12 *14 ff.*
- Kleinbetrieb **260** 12 *53*
- Kündigungsschutz **260** 12 *50, 52 f.*
- mittelbare Drittwirkung **260** 12 *3*
- Nebentätigkeit **260** 12 *58*
- negative Berufsfreiheit **260** 12 *22*
- numerus clausus **260** 12 *30*
- objektive Zulassungsvoraussetzungen **260** 12 *30*
- Prüfung, Bewertung **260** 12 *10*
- Rechtfertigung von Eingriffen **260** 12 *34 ff.*
- Sozialstaatsprinzip **260** 12 *8, 11*
- subjektive Zulassungsvoraussetzungen **260** 12 *29*
- Teilhabe- und Leistungsrecht **260** 12 *7 f.*
- Verhältnismäßigkeit von Eingriffen **260** 12 *37 ff.*
- Vorstrafe **260** 12 *29*
- Wettbewerbsfreiheit **260** 12 *24*
- Wettbewerbsverbot **260** 12 *57*
- Zwangsarbeit **260** 12 *46, 48*

Berufsfreiheit, negative *siehe* Negative Berufsfreiheit

Berufsgeheimnis
- Grundrechtsschutz **260** 12 *16*

Berufsgenossenschaft
- Arbeitsschutz **70** 1 *3;* 4 *14;* 6 *10;* 17 *15;* 23 *1;* 25 *3;* 90 9 *18*
- Unfallverhütung **90** 2 *7*
- Unfallverhütungsvorschriften **70** 1 *3;* 4 *14;* 6 *10;* 17 *15;* 23 *1;* 25 *3;* **160** 611 *174, 192, 315;* 618 *21 f., 32, 42, 45*

Berufsgenossenschaft, landwirtschaftliche
- Unfallverhütung **90** 2 *11*

Berufshaftpflichtversicherung
- Direktversicherung, betriebliche Altersversorgung **140** 1 *44*

Berufskrankheit 90 1 *6;* **150** 87 *109*
- Arbeitsschutz **70** 3 *6;* 6 *7;* 16 *7*
- gesetzliche Unfallversicherung **420** 104 *17*
- Mitbestimmung des Betriebsrats **160** 618 *40*
- Schutzmaßnahme **160** 618 *34, 42, 45*

Berufsrichter
- Arbeitsschutz **70** 2 *3*

Berufsschulunterricht 310 10 *2 ff.*

Berufssoldat
- Arbeitnehmer **60** 1 *4*
- Arbeitsplatzschutz, Wehrdienst **60** 1 *4;* 16a *2*

Berufsspezifischer Tarifvertrag 470 1 *31 f., siehe auch* Tarifvertrag

Berufssportunfall
- Gesetzliche Unfallversicherung **420** 106 *25*

Berufsständische Versorgungseinrichtungen
- Meldepflicht des Arbeitgebers **390** 28a *9a*
- Sozialversicherungspflicht **390** 28a *9a*

Berufsständisches Versorgungswerk
- andere, betriebsfremde Versorgungsbezüge, betriebliche Altersversorgung **140** 2 *68;* 5 *14*
- Rückerstattungsanspruch, Arbeitsplatzschutz **60** 14b *1*

Berufsunfähigkeit
- auflösende Bedingung **480** 21 *3*

Berufsunfähigkeitsversicherung
- Direktversicherung, betriebliche Altersversorgung **140** 1 *44*

Berufswahl
- Grundfreiheit **260** 12 *5*

Berufswechsel
- Fachkammerberufung **50** 30 *5*

Berufszugehörigkeit
- Anrechnung von Wehrdienstzeit **60** 1 *5;* 6 *6 ff.;* 7 *2;* 12 *2 ff.*

Berufung 50 64 *1 ff.*
- *siehe auch* Berufung
- *siehe auch* Streitige Verhandlung
- Angriffsmittel- und Verteidigungsmittel **50** 67 *1 ff.*
- Auflösungsantrag **320** 9 *56 ff., siehe auch dort*
- Begründung **50** 66 *12 ff.*
- Beschränkung **50** 65 *1 ff.*
- Beschwer **50** 64 *7 ff.*
- Bestandsstreitigkeit **50** 64 *22, siehe auch dort*
- Einlegung **50** 66 *2 ff.*
- Erfolgsaussicht **50** 64 *69*
- Flucht in die Berufung **50** 56 *87*
- Frist **50** 66 *6 ff.*
- Frist zur Begründung **50** 66 *12 ff.*
- Kosten **50** 64 *67*
- Kostenschlussurteil **50** 46 *18*
- nachträgliche Zulassung der Klage nach § 5 KSchG, Behandlung des Antrags **320** 5 *57 ff.*
- Präklusion **50** 67 *7 ff.*
- Prozessförderungspflicht **50** 67 *15 ff.*
- Prozesskostenhilfe **50** 64 *68*
- Rechtsmittelwahlrecht **50** 76 *28 ff.*
- Rücknahme **50** 64 *48 ff.*
- Statthaftigkeit **50** 64 *18 ff.*
- Terminsbestimmung **50** 66 *25*
- Unstatthaftigkeit **50** 64 *51;* 66 *26 ff., siehe auch dort*
- Urteil **50** 69 *1 ff.*

- Verfahrensgang **50** 64 *54 ff.*
- Verzicht **50** 64 *46 ff.*
- Zulassung **50** 64 *23 ff.*
- Zurückverweisung **50** 68 *1 ff.*
- zweites Versäumnisurteil **50** 64 *35 ff.*

Berufungsbeantwortung 50 66 *22 ff.*
Berufungsbegründung 50 66 *12 ff.*
Berufungsbeschränkung 50 65 *1 ff.*
- Ausnahme vom Prüfungsverbot **50** 65 *7 ff.*
- Verstoß des Berufungsgerichts **50** 65 *10*

Berufungseinlegung 50 66 *2 ff.*
Berufungsfrist 50 66 *6 ff.*
Berufungsschrift 50 66 *4 f.*
Berufungsurteil 50 69 *1 ff.*
- *siehe auch* Urteil
- *siehe auch* Urteilsverkündung
- Absetzungsfrist **50** 69 *6 f.*
- Inhalt **50** 69 *4 f.*
- sofortige Beschwerde **50** 72b *12 ff.*
- Unterschriftserfordernis **50** 69 *8 ff.*
- Verkündung **50** 69 *2 f.*
- verspätete Absetzung **50** 72b *1 ff.*

Berufungsverfahren 50 64 *1 ff.*, *siehe auch* Kosten
- Alleinentscheidung des Vorsitzenden **50** 55 *2*
- Gebührenermäßigung **50** 12 *12*, *siehe auch dort*

Beschäftigtendatenschutz
- Anwendungsfälle **120** 32 *7 ff.*
- Anwendungsvoraussetzung **120** 32 *3 f.*
- Betriebsrat **120** 32 *16*
- Betroffenenrechte **120** 32 *13*
- diestlicher E-Mail-Verkehr **120** 32 *9*
- Erlaubnisregelung **120** 32 *5 f.*

Beschäftigter
- Arbeitnehmerbegriff, Abgrenzung **160** 611 *52, 55 f.*
- Arbeitsschutz **70** 2 *1 ff.*
- Freistellung **160** 611 *1113, 1156*
- Sozialversicherungspflicht **160** 611 *52, 55 f., 1113*

Beschäftigter in einer Werkstatt für Behinderte
- Arbeitsschutz **70** 2 *1, 3*

Beschäftigter, älterer
- Arbeitsschutz **70** 4 *9*

Beschäftigung
- Zwangsvollstreckung **50** 62 *12*, *siehe auch* Zwangsvollstreckung, Einstellung

Beschäftigung, Sozialversicherung *siehe auch* Sozialversicherungspflicht
- Begriff **390** 7a *2 ff.*

Beschäftigungs- und Qualifizierungsgesellschaft
- Betriebsübergang **160** 611 *1027*
- Vivento, Deutsche Telekom AG **160** 315 *33*

Beschäftigungsanspruch
- Arbeitnehmer **160** 611 *15, 849 ff., 1153*; 615 *71*; 628 *54*
- Arrest **50** 62 *71*
- Bühnenkünstler **160** 611 *851*
- Kündigungsschutzprozess **320** 4 *49a*

Beschäftigungsantrag
- Kündigungsschutzklage **50** 46 *124 f.*

Beschäftigungsförderung/-sicherung
- Ablehnungsrecht des Arbeitgebers **150** 92a *10, 13*
- Begriff **150** 92a *3*
- Beratungspflicht des Arbeitgebers **150** 92a *8 ff.*
- Standortvereinbarung **150** 92a *11, 15*
- Vorschlagsrecht des Betriebsrats **150** 92a *2 ff.*

Beschäftigungsort
- Arbeitsortprinzip **10** 8 *6*

Beschäftigungspflicht
- Persönlichkeitsrecht **260** 2 *52 f.*

Beschäftigungssicherung
- Arbeitszeit, Ausnahmebewilligung **80** 13 *10, 37, 48, 51*
- Betriebsvereinbarung **160** 626 *121, 141*

Beschäftigungstherapie 310 7 *3*

Beschäftigungsverbot
- *siehe* Jugendarbeitsschutz
- *siehe* Mutterschutz
- Annahmeverzug **160** 611 *817*; 615 *21, 41, 58*
- Approbation **160** 615 *21*
- Arbeitsgenehmigung **160** 611 *393*; 615 *21*
- Arbeitsvertrag **160** 611 *395 ff.*
- ausländischer Arbeitnehmer ohne Arbeitsberechtigung **100** 15a *8*
- Gesundheitszeugnis **160** 611 *394*; 615 *21*
- Infektionsschutz **160** 611 *315*; 615 *21*; 616 *16*
- Jugendarbeitsschutz **310** 7 *1 f.*; 27 *4 ff.*
- Mutterschutz/Schwangerschaft **80** 5 *29*; **160** 611 *396, 702*
- Sonn- und Feiertagsarbeit **80** 9 *4 ff.*; 10 *1 ff.*; 11 *1*; 13 *1 ff.*; 14 *35*
- Unmöglichkeit/Annahmeverzug **160** 611 *817*; 615 *21*
- Urlaub, Verhältnis **180** 9 *16 f.*
- Verletzung des Mitbestimmungsrechts **160** 615 *21*
- Verstoß gegen ArbZG **80** 2 *53*
- vorübergehende Verhinderung **160** 616 *16*

Beschäftigungszeit
- Eingruppierungsfeststellungsklage **50** 46 *157*

Bescheidungsklage *siehe auch* Kombinierte Anfechtungs- und Bescheidungsklage
- Arbeitszeit, Sonn- und Feiertagsbeschäftigung **80** 13 *63*; 15 *25*
- Erlaubnis zur Arbeitnehmerüberlassung **100** 2 *29*

Beschleunigungsgebot
- Schiedsgutachten **160** 319 *19*

Beschleunigungsgrundsatz 50 9 *2 ff.*; 46 *4*; 57 *1, 10*
- Berufungsverfahren **50** 64 *62*, *siehe auch dort*
- Bestandsschutzstreitigkeit **50** 61a *2 ff.*; 64 *62*, *siehe auch dort*

Beschluss
- Aufhebung **150** 33 *13 f.*
- Aussetzung **150** 35 *2 ff.*, *siehe auch* Vetorecht
- Beschlussfähigkeit **150** 33 *4 f.*
- Beschlussfassung **150** 33 *6 ff.*

Beschluss – Beschlussverfahren

- erneute Beschlussfassung **150** 35 *10 f.*
- Konzernbetriebsrat **150** 59 *4, siehe auch dort*
- Mängel **150** 33 *15 f., 18 f.*
- Mehrheit **150** 33 *8 ff., 19*
- Stimmberechtigung **150** 33 *6 f.*
- Zustellung **50** 50 *3, siehe auch dort*

Beschlussverfahren 50 83 *1 ff.*
- *siehe auch* Arbeitsgerichtsverfahren
- *siehe auch* Sprungrechtsbeschwerde
- *siehe auch* Urteilsverfahren
- Abgrenzung zum Urteilsverfahren **50** 80 *1 ff.*
- Ablauf des Beschwerdeverfahrens **50** 87 *6 ff.*
- Alleinentscheidung des Vorsitzenden **50** 55 *2;* 80 *11, siehe auch dort*
- Alleinentscheidung des Vorsitzenden in der Zwangsvollstreckung **50** 85 *23*
- Anhörung **50** 83 *6 ff.*
- Anhörung in der Zwangsvollstreckung **50** 85 *24 ff.*
- Anschlussbeschwerde **50** 89 *13 ff.*
- Antragsänderung **50** 81 *28 f.*
- Antragsänderung im Beschwerdeverfahren **50** 87 *20 f.*
- Antragsarten **50** 81 *3 ff., siehe auch dort*
- Antragsbefugnis **50** 81 *11 ff.*
- Antragsrücknahme **50** 81 *27*
- Antragsteller **50** 81 *8 ff., siehe auch dort*
- Antragstellung **50** 81 *1 ff., siehe auch dort*
- anwendbare Verfahrensvorschriften **50** 80 *5 ff., siehe auch dort*
- Arbeitgeberverband **50** 2a *14*
- Arrest in der Zwangsvollstreckung **50** 85 *30, siehe auch dort*
- außergerichtlicher Vergleich **50** 83a *2*
- Beschlussfassung **50** 84 *1 ff.*
- Beschränkung im Beschwerdeverfahren **50** 88 *1 ff.*
- Beschwer **50** 89 *6 ff.*
- Beschwerde gegen nicht verfahrensbeendende Entscheidung **50** 83 *28*
- Beschwerdebefugnis **50** 89 *3 ff.*
- Beschwerdefrist **50** 89 *8 ff.*
- Beschwerdeinhalt **50** 89 *8 ff.*
- Beschwerdeverfahren **50** 90 *1 ff., siehe auch dort*
- Beschwerdeverzicht **50** 89 *18 f.*
- Beteiligteneigenschaft **50** 83 *16 ff.*
- Beteiligtenfähigkeit **50** 10 *8 ff., siehe auch dort*
- Beteiligter **50** 83 *13 ff., siehe auch dort*
- Beteiligter der Zwangsvollstreckung **50** 85 *8 ff.*
- Betriebsübergang **160** 613a *121*
- Betriebsvereinbarung **50** 2a *10, siehe auch dort*
- Betriebsverfassungsrecht **50** 83a *3, siehe auch dort*
- betriebsverfassungsrechtliche Vorfrage **50** 2a *3*
- betriebsverfassungsrechtliches Organ **50** 83 *15, siehe auch dort*
- Beweisaufnahme **50** 83 *7, siehe auch dort*
- Beweislast **50** 83 *8*
- Darlegungslast **50** 83 *8*
- ehrenamtlicher Richter **50** 84 *3, siehe auch dort*
- Einigungsstelle **50** 2a *11;* 83 *26, siehe auch dort*
- Einlegung der Beschwerde **50** 89 *1 ff.*
- einstweilige Verfügung in der Zwangsvollstreckung **50** 85 *17 ff.*
- Entscheidung im Beschwerdeverfahren **50** 91 *1 ff.*
- Entscheidung im Rechtsbeschwerdeverfahren **50** 96 *1 ff.*
- Entscheidung über Besetzung der Einigungsstelle **50** 98 *1 ff.*
- Entscheidung über Tariffähigkeit **50** 97 *1 ff.*
- Entscheidung über Tarifzuständigkeit **50** 97 *1 ff.*
- Erledigung **50** 83a *5 ff., siehe auch dort*
- Errichtung von Betriebsverfassungsorgan **50** 2a *12, siehe auch dort*
- erster Rechtszug **50** 8 *2*
- Europäische Gesellschaft **50** 2a *13, siehe auch dort*
- Form der Beschlussfassung **50** 84 *4, siehe auch dort*
- Form der Beschwerde **50** 89 *8 ff.*
- Gewerkschaft **50** 2a *14;* 83 *27, siehe auch dort*
- Gütetermin **50** 80 *10 f., siehe auch dort*
- Individualrechtsverhältnis **50** 2a *5 f., siehe auch dort*
- Jugendvertretung- und Auszubildendenvertretung **50** 2a *15, siehe auch dort*
- Kosten der Betriebsratstätigkeit **50** 2a *16, siehe auch dort*
- Kosten der Zwangsvollstreckung **50** 85 *14*
- Mitarbeitervertretung **50** 2a *17, siehe auch dort*
- Mitbestimmungsgesetz **50** 2a *18, siehe auch dort*
- Mitglied von Betriebsverfassungsorgan **50** 2a *7 f., siehe auch dort*
- NATO-Truppenstatut **50** 2a *19, siehe auch dort*
- neues Vorbringen im Beschwerdeverfahren **50** 87 *22 ff.*
- örtliche Zuständigkeit **50** 82 *1 ff., siehe auch dort*
- Personalvertretung **50** 2a *20, siehe auch dort*
- persönliches Erscheinen **50** 80 *9*
- präjudizielle Wirkung des Beschlusses **50** 84 *9 ff., siehe auch dort*
- Prozessführungsbefugnis **50** 81 *11 ff., siehe auch dort*
- Prozessverfahren **50** 80 *7*
- Prozessvertretung **50** 11 *37 ff., siehe auch dort*
- Rechtsbeschwerde **50** 78 *30, siehe auch dort*
- Rechtsbeschwerde in der Zwangsvollstreckung **50** 85 *27*
- Rechtsbeschwerdeeinlegung **50** 94 *1 ff.*
- Rechtsbeschwerdegrund **50** 93 *1 ff.*
- Rechtsbeschwerdeverfahren **50** 96 *1 ff.*
- Rechtskraft des Beschlusses **50** 84 *6 ff., siehe auch dort*
- Rechtsmittelbelehrung **50** 84 *4, siehe auch dort*
- Rechtsschutzinteresse **50** 81 *30 ff., siehe auch dort*

Beschlussverfahren – Beschwerderecht

- Rechtsweg **50** 48 4; 80 *12, siehe auch dort*
- Rücknahme der Beschwerde **50** 89 *18 f.*
- Schadensersatz in der Zwangsvollstreckung **50** 85 *29*
- schriftliches Verfahren **50** 83 *6, siehe auch dort*
- Schwerbehindertenvertretung **50** 2a *21 f., siehe auch dort*
- sofortige Beschwerde in der Zwangsvollstreckung **50** 85 *25*
- sofortige Beschwerde wegen verspäteter Absetzung der Beschwerdeentscheidung **50** 92b *1 ff.*
- sofortige Beschwerde wegen verspäteter Absetzung der Beschwerdeentscheidung im Beschlussverfahren **50** 92b *7 ff.*
- Sprecherausschuss **50** 2a *23 f.*; **460** 2 *9*; 8 *11*; 25 *3*; 27 *1*; 28 *3*; 29 *9*; 31 *4*; 32 *3, siehe auch dort*
- Sprungrechtsbeschwerde **50** 96a *1 ff.*
- Statthaftigkeit der Beschwerde **50** 87 *3 ff.*; 89 *2 ff.*
- Straf- und Bußgeldverfahren **50** 2a *25, siehe auch dort*
- Tariffähigkeit **470** 2 *103 f.*
- Tariffrage **50** 2a *26*
- Tarifzuständigkeit **470** 2 *103 f.*
- Untersuchungsgrundsatz **50** 80 *2*; 83 *2 ff., siehe auch dort*
- Vergleich **50** 83a *2 ff., siehe auch dort*
- verspätetes Vorbringen **50** 83 *9 ff., siehe auch dort*
- Verzögerung des Verfahrens **50** 83 *12, siehe auch dort*
- Vollstreckbarkeit des Beschlusses **50** 84 *5, siehe auch dort*
- Vollstreckungstitel **50** 85 *2*
- Vollziehung in der Zwangsvollstreckung **50** 85 *28*
- Vorabentscheidungsverfahren **50** 81 *31, siehe auch dort*
- vorläufige Vollstreckbarkeit **50** 85 *7 ff.*
- Werkstattrat der behinderten Menschen **50** 2a *27, siehe auch dort*
- Zurückverweisung im Rechtsbeschwerdeverfahren **50** 96 *11 ff.*
- Zuständigkeit **50** 2a *1 ff.*; 80 *12*
- Zustellung in der Zwangsvollstreckung **50** 85 *28*
- Zwangsvollstreckung **50** 85 *1 ff.*
- Zwangsvollstreckung in vermögensrechtlicher Streitigkeit **50** 85 *4 ff.*
- Zwangsvollstreckungsverfahren **50** 85 *14 ff.*
- zweiter Rechtszug **50** 87 *1 ff., siehe auch dort*

Beschlussverfahren des ersten Rechtszugs **50** 80 *1 ff., siehe auch dort*

Beschränkungsverbot
- ehrenamtlicher Richter **50** 26 *3 ff., siehe auch dort*

Beschwerde
- *siehe auch* Außerordentliche Beschwerde
- *siehe auch* Beschlussverfahren, Beschwerde
- *siehe auch* Gegenvorstellung
- *siehe auch* Rechtsbeschwerde
- *siehe auch* Rechtsbeschwerdeverfahren
- *siehe auch* Revisionsbeschwerde
- *siehe auch* Sprungrechtsbeschwerde
- *siehe auch* Untätigkeitsbeschwerde
- Abgrenzung der Rechtsmittel **50** 78 *36 ff.*
- Abhilfeentscheidung des Arbeitsgerichts **50** 78 *26 ff.*
- Anschlussbeschwerde **50** 78 *19*
- Anschlussbeschwerde im Beschlussverfahren **50** 89 *13 ff.*
- aufschiebende Wirkung **50** 78 *25*
- Ausschluss **50** 78 *10*
- Beschränkung im Beschlussverfahren **50** 88 *1 ff.*
- Beschwer im Beschlussverfahren **50** 89 *6 ff.*
- Beschwerdebefugnis im Beschlussverfahren **50** 89 *3 ff.*
- Einlegung **50** 78 *20 ff., siehe auch dort*
- Einlegung im Beschlussverfahren **50** 89 *1 ff., siehe auch dort*
- Einstellungsbeschluss **50** 78 *8, siehe auch dort*
- Form im Beschlussverfahren **50** 89 *8 ff.*
- Frist **50** 78 *16 ff.*
- Frist im Beschlussverfahren **50** 89 *8 ff.*
- gegen Entscheidung im Beschlussverfahren **50** 91 *1 ff., siehe auch dort*
- gegen nicht verfahrensbeendende Entscheidung im Beschlussverfahren **50** 83 *28*
- Inhalt im Beschlussverfahren **50** 89 *8 ff.*
- Nichtabhilfeentscheidung **50** 78 *27*
- Präklusion **50** 78 *22 ff.*
- prozessleitende Verfügung **50** 78 *8*
- Rücknahme im Beschlussverfahren **50** 89 *18 f.*
- Statthaftigkeit im Beschlussverfahren **50** 87 *3 ff.*; 89 *2 ff.*
- Verfahrensablauf im Beschlussverfahren **50** 87 *6 ff.*
- Verfahrensgesuch **50** 78 *7*
- Verfahrensvoraussetzungen **50** 78 *12 ff.*
- Verzicht im Beschlussverfahren **50** 89 *18 f.*
- Vorlagepflicht **50** 78 *27*
- Vorrangigkeit der Erinnerung **50** 78 *11*

Beschwerde, außerordentliche *siehe* Außerordentliche Beschwerde
Beschwerde, befristete *siehe* Befristete Beschwerde
Beschwerde, sofortige *siehe* Sofortige Beschwerde
Beschwerdebegründung
- Nichtzulassungsbeschwerde **50** 72a *61 ff.*

Beschwerderecht
- Abmahnung **320** 1 *325*
- Benachteiligungsverbot **150** 84 *8*; 85 *10*
- Bescheidung **150** 84 *7*
- Beschwerdebegriff **150** 84 *3 f.*
- Beschwerdestelle **150** 86 *4*
- Einigungsstelle **150** 85 *7 ff.*
- Prüfung durch den Betriebsrat **150** 85 *5 f.*
- Verfahren **150** 84 *5 f.*; 85 *3 ff.*
- Verfahrensregelung **150** 86 *2 f.*
- zuständige Stelle **150** 84 *5*

Beschwerderecht bei Benachteiligung **20** 14 *3 ff.*
Beschwerdeverfahren 50 78 *1 ff.*
– Beschlussverfahren **50** 90 *1 ff.*
Beschwerdewert 50 78 *12 ff.*
Beseitigungsanspruch, unlautere Handlung
– Verjährung **160** 195 *14*
Beseitigungsklage
– Arbeitszeit, Wettbewerbsverstoß **80** 1 *30*
Besetzung des Gerichts *siehe* Gericht, Besetzung
Besetzung, paritätische *siehe* Paritätische Besetzung
Besondere Vertriebsform *siehe* Haustürgeschäft
Besonderer Kündigungsschutz
– Aufklärungspflicht **160** 611 *1044*
– Auszubildender **160** 622 *39, 61*
– befristetes Arbeitsverhältnis **480** 14 *15 ff., 83*
– Bergmannversorgungsschein **160** 622 *61*
– Betriebsratsmitglied **160** 611 *1044*; 613a *128*; 622 *37, 61*; 626 *1, 98, 116, 121, 127, 134*
– Bordvertretung **160** 622 *61*
– Eignungsübung **160** 622 *61*
– Elternzeit **130** 18 *4 ff.*; **160** 611 *1044*; 622 *38, 61*; 626 *118, 145*, *siehe auch dort*
– Jugend- und Auszubildendenvertretung **160** 622 *61*
– Katastrophenschutz **160** 622 *61*
– Klagegrund im Kündigungsschutzprozess **320** 6 *8*
– Mutterschutz/Schwangerschaft **160** 611 *1044*; 622 *61*; 626 *1, 118, 145*
– Personalvertretung **160** 622 *61*
– Praktikant **160** 611 *35*
– Rechtswahl **220** 30, 8 Rom I *67*
– schwerbehinderte Menschen **160** 611 *1044*; 622 *61*; 626 *1, 98, 117, 137, 145*
– Seebetriebsrat **160** 622 *61*
– Sprecherausschussmitglied **460** 2 *4*
– Wahlbewerber **160** 622 *61*
– Wahlvorstand **160** 622 *61*
– Wehrdienstleistender **160** 622 *61*
– Zivildienstleistender **160** 622 *61*
Besonderer Vertreter des Vereins
– Arbeitnehmer **160** 611 *104*
Besonderer Weiterbeschäftigungsanspruch *siehe* Weiterbeschäftigung
Besonderes Benachteiligungsverbot *siehe* Benachteiligungsverbot, besonderes
Besonderes Verhandlungsgremium
– Beschlussfassung **325** 21 *11 ff.*
– Informationspflichten **325** 6 *8 ff.,14 ff.*
– Konstituierende Sitzung **325** 21 *2 ff.*
– Mitglieder **325** 9 *2 ff.*
– Unterrichtungspflicht **325** 6 *3 ff.*
– Verhandlungsabläufe **325** 21 *6 ff.*
– Verschmelzung, grenzüberschreitende **325** 3 *1 ff.*; 6 *1 ff.*, *siehe auch* Mitbestimmung kraft Vereinbarung
– Wahlgremium **325** 12 *2 ff.*
– Zusammensetzung **325** 9 *1 ff.*

Besorgnis der Befangenheit
– Ablehnung **50** 49 *15 ff.*
– ehrenamtlicher Richter **50** 31 *18 ff.*
Bestand des Arbeitsverhältnisses *siehe* Urteilsverfahren
Bestandsschutz
– Betriebsübergang **50** 46 *103 ff.*, *siehe auch dort*
– Kündigungsschutz **320** 1 *10*
– Kündigungsschutzklage **50** 46 *101 f.*
– Urteilsverfahren **50** 46 *83 ff.*
Bestandsschutzstreitigkeit 50 12 *36*
– Berufung **50** 64 *22*
– Beschleunigungsgrundsatz **50** 64 *62*
– Beschleunigungspflicht **50** 61a *2 ff.*
– Prozessförderungspflicht **50** 61a *1 ff.*
– vorrangige Erledigung **50** 46 *7*
Bestätigung
– Anfechtung **160** 611 *425*
Bestätigungsschreiben *siehe* Kaufmännisches Bestätigungsschreiben
Bestattungsgewerbe
– Arbeitszeit **80** 13 *13*
Bestechlichkeit
– Schmiergeld **160** 611 *551*
Besteuerung
– Krankengeld **400** 44 *17*
Bestimmtheitsgrundsatz
– Geschäftsverteilung **50** 6a *4*
Bestimmungsrecht *siehe* Leistungsbestimmungsrecht
Betätigung, parteipolitische *siehe* Parteipolitische Betätigung
Beteiligteneigenschaft
– Beschlussverfahren **50** 83 *16 ff.*, *siehe auch dort*
Beteiligtenfähigkeit
– Beschlussverfahren **50** 10 *8 ff.*
– Rechtsfolgen bei Fehlen **50** 10 *18*
Beteiligter
– Beschlussverfahren **50** 83 *13 ff.*
– Zwangsvollstreckung im Beschlussverfahren **50** 85 *8 ff.*
Beteiligung bei fristloser Entlassung *siehe* Personalrat, Beteiligung bei fristloser Entlassung
Beteiligung bei Kündigung *siehe* Personalrat, Beteiligung bei Kündigung
Beteiligung des Betriebsrats *siehe* Betriebsrat, Beteiligung
Beteiligung des Sprecherausschusses *siehe* Sprecherausschuss, Beteiligung
Betreuungsheim
– Arbeitszeit **80** 18 *8*
Betreuungsperson
– vorübergehende Verhinderung bei deren Erkrankung **160** 616 *11*
Betrieb
– *siehe auch* Betriebsänderung
– *siehe auch* Betriebsstilllegung
– *siehe auch* Betriebsteil

Betrieb – Betriebliche Altersversorgung

- *siehe auch* Betriebsübergang
- Begriff **10** 6 *4*; **150** 1 *4 ff., 62 f.*
- Begriff, Betriebsübergang **160** 613a *23, 26 ff.*
- Begriff, Sprecherausschuss **460** 1 *3*
- Betriebsausstrahlung, Sprecherausschuss **460** 1 *5*
- betriebsmittelarmer Betrieb **160** 613a *28, 31, 34, 36, 43, 52, 56, 62, 75 f., 90*
- betriebsmittelgeprägter Betrieb **160** 613a *43, 76*
- Betriebsstätte **150** 1 *5, 33 ff.*
- Betriebsverlegung **160** 613a *18, 56, 132 f.*
- Einschränkung **150** 111 *12*
- gemeinsamer Betrieb **150** 1 *17 ff., 28*
- generelles Rauchverbot **160** 618 *15*
- Kleinstbetrieb **150** 1 *8, 16, 33*; 3 *59*; 4 *24*
- Spaltung **150** 21a *5 ff., 23 f.*; 21b *5*; 106 *20*
- Stilllegung **150** 21b *4, 9*; 106 *18*; 111 *11*
- Teile **150** 3 *24*; 4 *3 ff., siehe auch* Betriebsteil
- Tendenzbetrieb *siehe dort*
- Zusammenfassung **150** 21a *16 ff.*; 21b *6, 9*

Betriebe, Verschmelzung
- befristetes Arbeitsverhältnis, nicht derselbe Arbeitgeber **490** 324 *22*
- Betriebsübergang, Verhältnis **490** 324 *1 ff.*
- Gleichbehandlungsgrundsatz **490** 324 *21*
- Zuordnung der Arbeitsverhältnisse bei Betriebsübergang **490** 324 *7 ff., 24*
- Zuordnung des Arbeitnehmers durch Interessenausgleich **490** 323 *2, 8, 14 ff.*; 324 *9, siehe auch* Interessenausgleich

Betriebliche Altersrente, vorzeitige 410 96a *18*

Betriebliche Altersversorgung
- *siehe auch* Abfindung, BetrAVG
- *siehe auch* Direktversicherung
- *siehe auch* Entgeltumwandlung
- *siehe auch* Insolvenzsicherung
- *siehe auch* Laufende Leistungen
- *siehe auch* Lohngrundsätze
- *siehe auch* Pensionsfonds
- *siehe auch* Pensionskasse
- *siehe auch* Pensionssicherungsverein auf Gegenseitigkeit
- *siehe auch* Unterstützungskasse
- *siehe auch* Unverfallbarkeit
- *siehe auch* Versorgungsordnung
- *siehe auch* Versorgungszusage
- *siehe auch* Vorzeitige Altersleistung
- *siehe auch* Wartezeit, BetrAVG
- *siehe auch* Zusatzversorgung
- 3-Stufen-Modell/3-Stufen-Schema **140** 1 *124 ff., 131 ff., 136, 144, 146, 148, 192*
- abändernde Betriebsvereinbarung **140** 1 *135 ff.*
- Abfindung, BetrAVG **140** 3 *1 ff.*; 8 *1, 8 ff.*
- Abfindungsverbot **140** 3 *2 ff., 27 ff.*; 30g *2*
- abgestufte Darlegungs- und Beweislast **140** 1 *218*
- ablösender Tarifvertrag **140** 1 *147 f.*
- abstrakte, konkrete Billigkeitskontrolle **140** 1 *124 ff., 134*
- Abtretung **140** 1b *52, 66*; 2 *46 f., 51*; 7 *12, 15, 62*; 10 *2, 7*
- Abweichung zugunsten der Arbeitnehmer **140** 17 *26*
- Abweichung zuungunsten der Arbeitnehmer **140** 17 *25*
- Alleingesellschafter **140** 17 *7*
- allgemeine Leistungsbedingung **140** 1 *28*
- Altersdifferenz, Hinterbliebenenversorgung **140** 1 *12*
- Altersgrenze **140** 2 *10 ff.*; 6 *1 ff., 56 ff.*
- Altersleistung/betriebliche Altersleistung **140** 2 *18*; 5 *5, 19*; 6 *5, 14, 19, 25, 55 f., 62, 72 f.*; 29 *1*; 30a *1 ff.*
- Altersteilzeitleistung, Abgrenzung **140** 1 *30*
- Altersversorgung, Versorgungsfall **140** 1 *9*
- Altrente **140** 16 *19*
- Altzusage **140** 1b *8, 60, 63*; 3 *27*; 16 *52*; 30g *1*
- Amtshilfe, Pensionssicherungsverein **140** 11 *2, 16 f.*
- andere Arbeitgeberleistung, Abgrenzung **140** 1 *30 ff.*
- Änderungsstichtag **140** 1 *125 ff., 132*
- anderweitige Versorgungsbezüge, Anrechenbarkeit **140** 5 *19*
- Angestellter **140** 1 *25*; 17 *2*
- Anpassungsentscheidungspflicht **140** 16 *1 ff.*; 30c *1 ff.*
- Anpassungsprüfungspflicht **140** 16 *1 ff.*; 30c *1 ff.*
- Anpassungsstichtag **140** 16 *30 ff., 61*; 30c *6*
- Anrechnung von Leistungen der gesetzlichen Rentenversicherung **140** 2 *69 ff.*; 5 *20*
- Anrechnung/Anrechnungsverbot **140** 28 *1*
- Anrechnung/Anrechnungsverbote **140** 5 *3 f., 17 ff., 22*
- Anrechnungsklausel **140** 5 *1, 5, 20*
- Anspruch auf Entgeltumwandlung **140** 1a *1 ff.*; 17 *11*
- Anwendbarkeit des AGG **140** 1 *96*
- Anzeigepflicht des Arbeitnehmers, vorzeitige Altersleistung **140** 6 *71 ff.*
- Arbeiter **140** 1 *25*; 17 *2*
- Arbeiter und Angestellter, Gleichbehandlung **140** 1 *90*
- Arbeitgeber, Zusagender **140** 1 *22 ff.*
- Arbeitnehmer, persönlicher Geltungsbereich **140** 1 *25*; 1a *2*; 2 *4*; 6 *3*; 7 *7*; 16 *10*; 17 *2*
- Arbeitnehmer-Schutzprinzip **140** 5 *22*
- Arbeitsentgelt/Entgeltcharakter **140** 1 *31, 164, 208 f., 220*; 1b *12*; **160** 611 *602 f.*
- Aufhebungsvertrag, Aufklärungspflicht **160** 611 *1039 ff.*
- Aufklärungspflicht **140** 1 *29*
- auflösend bedingtes Bezugsrecht **140** 1 *49*; 1b *53*
- Aufrechnung **140** 1 *195 f.*; 3 *6*
- Aufsicht/Versicherungsaufsicht **140** 2 *55*

- aus Anlass des Arbeitsverhältnisses, Versorgungszusage **140** 1 *26 f.*
- Ausgleichsanspruch des Handelsvertreters, Abgrenzung **140** 1 *32*
- Ausgleichsquittung **160** 611 *1095*
- Auskunftsanspruch des Arbeitnehmers **140** 4a *1 ff.*
- Auskunftspflicht **140** 1 *214*; 4a *8 f.*; 11 *1 f., 6 ff., 11*; 12 *1, 4*; 18a *6*; **160** 611 *941, 1046*
- Auslandsbezug/Auslandsberührung **140** 1 *5 f.*; 1b *43*; 3 *20*; 5 *20*
- Ausschluss der Rückwirkung **140** 26 *1*
- Ausschlussklausel **140** 1 *195, 197*
- Außendienstmitarbeiter und Innendienstmitarbeiter, Gleichbehandlung **140** 1 *90*
- außergerichtlicher Vergleich, Sicherungsfall **140** 1 *122*; 3 *5*; 7 *21 ff., 27, 36, 59*; 8 *2*; 9 *17*; 11 *14*
- Auszahlungsplan **140** 1 *59, 202, 205*; 1a *17*; 16 *3, 64*
- Auszehrung/Auszehrungsverbot **140** 1 *1*; 5 *2, 4 ff.*; 28 *1*
- Auszubildende **140** 1 *25*; 1a *2*; 16 *10*; 17 *2*
- Barber, EuGH **140** 1 *85 f., 88*; 2 *12 f.*; 6 *57 ff.*; 30a *1 ff.*
- Begriff **140** 1 *7 ff.*
- Beitragsbemessungsgrenze **140** 1 *202, 204 f., 207 f.*; 1a *5, 13, 22*; 1b *62*; 2 *59*; 4 *19, 21*; 7 *1, 7*; 31 *1*
- beitragsorientierte Leistungszusage **140** 1 *3, 67, 126, 152 ff., 168*; 1a *9*; 2 *1, 3, 62, 64, 74*; 6 *42 f.*; 7 *48*; 30e *3*; 30g *1*
- Beitragszusage mit Mindestleistung **140** 1 *3, 61, 67, 126, 153, 157 ff., 168 f.*; 1a *9*; 2 *1, 3, 62, 64, 75*; 6 *42a*; 7 *17, 49*; 16 *57, 63*
- Beleihung **140** 1b *52, 66*; 2 *46 f., 51*; 7 *12, 15, 62*; 10 *2, 7*
- Benachteiligung bei Teilzeit **480** 4 *11*
- Bergmannsversorgungsschein, unverfallbare Anwartschaft **140** 2 *27*
- Beschaffungsrisiko des Arbeitgebers **140** 7 *27*
- besonders langjährig Versicherte **140** 2 *31*
- bestätigende Neuzusage **140** 1 *4*
- Bestimmtheit der Leistung **140** 1 *17*
- betriebliche Übung, Rechtsgrundlage der Leistungszusage **140** 1 *17, 68, 71 ff., 106, 138, 142, 218*; 1b *19 f., 23*; 2 *66*; 6 *70*; 16 *7*; 18a *2*
- betriebsfremde Versorgungsbezüge **140** 2 *68*
- Betriebsrentner **140** 1 *34, 36, 94, 105, 117, 145, 188, 194*; 3 *2*; 7 *25*; 16 *27, 36, 40 ff.*
- Betriebstreue, Gleichbehandlung **140** 1 *91*
- Betriebsübergang in der Insolvenz **140** 1 *193*; 7 *42 ff.*; **160** 613a *143, 231*
- Betriebsvereinbarung, Rechtsgrundlage der Leistungszusage **140** 1 *105 f.*; 1b *19 f., 30, 32*; 2 *66*
- Betriebsvereinbarungsoffenheit **140** 1 *141*
- Beweislast/Beweisschwierigkeit **140** 1 *103 f., 181, 218*; 6 *74*; 7 *68*; 9 *3*; 16 *48*
- Bilka, EuGH **140** 1 *80 f., 86*
- billiges Ermessen **140** 1 *17, 66*; 3 *12*; 7 *23, 65, 71*; 9 *2*; 10a *2*; 16 *4, 7, 21, 43, 65*; **160** 315 *60a*
- biometrisches Risiko/biometrischer Risikoausgleich **140** 1 *14, 157*; 2 *3, 75*; 6 *42a*; 9 *9*
- Blankettzusage **140** 1 *17*
- Bochumer Verband **140** 1 *42*
- Bußgeldverfahren/Bußgeldbescheid **140** 12 *8*
- Deckungsrückstellung **140** 2 *62*; 4 *29*; 7 *17*; 10 *13*; 16 *56*
- Deckungsverhältnis, Arbeitgeber – Versicherer **140** 1 *42, 47, 56, 62*
- Defrenne II, EuGH **140** 1 *84, 86*; 30a *1*
- Direktzusage, Entgeltumwandlung **140** 1 *154, 169, 200 f., 208, 219*; 1a *8, 13*; 1b *67*; 4 *25*; 9 *5*; 16 *49*; 17 *33*
- Diskriminierung wegen der sexuellen Identität **140** 1 *100 ff.*
- Diskriminierung wegen des Geschlechts **140** 1 *78 ff.*
- Dotierungsrahmen/ausreichende Dotierung des Versorgungsträgers **140** 1 *56, 66 f., 121, 133, 142 f., 178 f.*; 6 *54*; 10 *4*
- Durchführungsweg **140** 1 *3, 42 ff., 67, 154, 160, 169, 171, 173, 178, 185, 199 ff., 206 ff., 219*; 1a *8 f., 12 f., 16*; 1b *9, 21, 34, 62 f.*; 2 *2, 75*; 4 *4, 8, 14, 22, 31*; 4a *9*; 5 *18*; 7 *13, 37, 62*; 10 *1 f., 4, 7 ff.*; 11 *3*; 16 *49, 62*
- Dynamik **140** 2 *35, 59 f.*
- Eichel-Rente **140** 1 *175*
- Eigenbeitragszusage **140** 1 *3, 69, 153, 173 f.*; 1a *4*; 1b *58, 61 f.*; 30e *1 ff.*
- Eigenvorsorge **140** 1 *174*; 1a *1*; 4a *4 f., 12*; 5 *1, 14, 17*
- eingeschränkt unwiderrufliches Bezugsrecht **140** 1 *54*, insolvenzbedingte Beendigung des Arbverh
- Einigungsstelle **140** 1 *180*
- einschränkende Bedingung Hinterbliebenenversorgung **140** 1 *12 f.*
- Einzelabrede/Einzelzusage, Rechtsgrundlage der Leistungszusage **140** 1 *69 f.*; 1b *19*; 2 *66*
- Elternzeit **130** 15 *36*
- Empfänger der Zusage **140** 1 *25*
- endgehaltsbezogene Versorgungsregelung, Gleichbehandlung **140** 1 *94, 125*
- Erbe, Hinterbliebener **140** 1 *14, 40*
- erdiente Dynamik, Besitzstand, 2. Stufe **140** 1 *123 f., 127, 129 f., 132, 136, 144*
- ergebnisbezogene Betrachtungsweise, Änderung der Versorgungszusage **140** 1 *130*
- erworbener Besitzstand/Versorgungsbesitzstand **140** 1 *66, 106, 118, 123 ff., 129 f., 136, 144, 146, 192 f.*; 1b *31, 37*; 2 *8*; 7 *40*; 18 *2*
- Essener Verband **140** 1 *42*
- existenzgefährdende Schädigung **140** 1 *150 f.*
- Festbetrag/Festbetragssystem **140** 1 *19*; 2 *8, 34*
- Festschreiben der Bemessungsgrundlage **140** 2 *67*

Betriebliche Altersversorgung

- Festschreiben der Versorgungsregelung **140** 2 *66*
- Feststellungsklage **140** 1 *215 f.*; 4a *11*
- Firmenfortführung **140** 7 *45*; 9 *6*
- Firmenpensionskasse **140** 1 *55*
- Firmenunterstützungskasse **140** 1 *64*
- Freitodklausel **140** 1 *13*
- Fürsorgepflicht **140** 1b *1*; 4a *4*
- gehaltsabhängiges System, dynamisches System **140** 1 *20*; 2 *67*; 16 *7*
- Geldbuße **140** 12 *1 f., 6 ff.*
- Geldzahlung, Leistungsart **140** 1 *16*; 16 *12*
- Gesamtversorgung/Gesamtversorgungssystem **140** 1 *21, 29, 81*; 2 *8 f., 68*; 5 *1, 13, 15, 20*; 6 *38 f.*; 16 *25, 44*; 18 *2, 7, 11*
- Gesamtversorgungsbedarf **140** 6 *38*
- Gesamtzusage, Rechtsgrundlage der Leistungszusage **140** 1 *70, 106, 138, 141 f.*; 1b *19 f.*
- Geschäftsführer **140** 1 *212*; 17 *4, 6 ff., 33*
- Geschäftsgrundlage **140** 1 *140*; **160** 313 *15 ff.*
- Geschäftsplan **140** 2 *55, 72*; 10 *7*; 11 *9*
- Geschäftsunterlage, Pensionskasse, Pensionsfonds **140** 2 *55, 7*
- Gesellschafter-Geschäftsführer **140** 17 *8 f., 33*
- Gesetz, Rechtsgrundlage der Leistungszusage **140** 1 *109*; 1b *19*
- gesetzliche Rentenversicherung, Anrechnung von Leistungen **140** 2 *69 ff.*; 5 *20*
- gesetzliche Unverfallbarkeit von Anwartschaft auf Leistungen der betrieblichen Altersversorgung **140** 1b *13 ff.*; 7 *39 ff.*
- gespaltenes Bezugsrecht **140** 1 *53*
- Getrenntlebenklausel **140** 1 *12*
- Gewinnbeteiligung, Abgrenzung **140** 1 *33 f.*; 16 *11*
- Gleichbehandlungsgrundsatz, Rechtsgrundlage der Leistungszusage **140** 1 *68, 74 ff., 89 ff., 103 f., 133, 138, 142, 193, 218*; 1b *19 f.*; 2 *37, 65 f.*; 5 *5, 22*; 6 *25, 57, 70*; 16 *43 f.*; 17 *32*; 18a *2*
- Gleichstellungsabrede **140** 1 *108*
- GmbH & Co. KG **140** 17 *9*
- Gratifikation, Abgrenzung **140** 1 *34*
- Gruppenpensionsfonds **140** 1 *219*
- Gruppenpensionskasse **140** 1 *55, 177, 219*; 4 *24*
- Gruppenunterstützungskasse **140** 1 *64, 177, 184, 219*; 7 *16*; 9 *15 f.*
- Gruppenversicherung **140** 4 *30*
- Haftung des Arbeitgebers, Falschauskunft **140** 1 *67*; **160** 611 *941, 1046*
- Halbanrechnungsverfahren **140** 18 *1*
- Härtefall, konkrete Billigkeitskontrolle **140** 1 *134*
- Hauptemährerklausel **140** 1 *12*
- Hausgewerbetreibende **140** 17 *4*
- Heimarbeiter **140** 17 *4*
- Hinterbliebenenversorgung, Versorgungsfall **140** 1 *11 ff.*; 2 *17*
- Höchstaltersgrenze **140** 1 *28*
- Höchstbegrenzungsklausel **140** 5 *1*

- Höchsteintrittsalter, Gleichbehandlung **140** 1 *92*
- Höhe der unverfallbaren Anwartschaft **140** 2 *1 ff.*; 30g *1*
- individuelle Berechnung **140** 2 *69*
- individuelles Günstigkeitsprinzip/Günstigkeitsvergleich **140** 1 *106, 136 f., 165*; 2 *2*; 17 *1, 25, 30*
- Informationspflicht **140** 1 *29*
- Inkrafttreten BetrAVG **140** 1 *2, 131, 152*; 1a *13*; 1b *2*; 2 *5*; 6 *45*; 9 *6*; 17 *27*; 26 *1*; 27 *1*; 28 *1*; 29 *1*; 32 *1*
- Inkrafttreten BetrAVG Beitrittsgebiet **140** 1 *4*; 1b *2, 5*; 14 *3*
- Insolvenz des Arbeitgebers **140** 1 *51 f., 54*; 2 *45*; 7 *16, 44*
- Insolvenz, Betriebsübergang **140** 1 *193*; **160** 613a *143*
- Insolvenzplan, sofortige Beschwerde **140** 7 *57 f.*; 9 *19 f.*; 10 *2*
- Insolvenzstichtag **140** 7 *47*
- Invaliditätsversorgung, Versorgungsfall **140** 1 *10*; 2 *14 ff.*
- Jeweiligkeitsklausel **140** 1 *70*; 5 *18*
- Kapitalgesellschaft **140** 17 *7 f.*
- Kapitalzusage/Zusage von Kapitalleistung **140** 2 *8, 36*; 3 *16*; 16 *54*
- Kaufpreisrente **140** 1 *27, 37*
- Kausalität zwischen Versorgungsfall und Leistungsanspruch **140** 1 *15*
- Kohledeputat/Kohlebezugsrecht, Leistungsart **140** 1 *16*; 16 *12*
- kollektives Günstigkeitsprinzip/kollektiver Günstigkeitsvergleich **140** 1 *142 f.*
- Kollision von Versorgungszusagen, Betriebsübergang **140** 1 *191 f.*
- Konditionenkartell **140** 1 *42*
- Kontrahierungszwang, Entgeltumwandlung **140** 1a *1*
- Konzern **140** 1 *6, 24, 55, 64, 133, 177, 182, 211, 219*; 1b *27*; 16 *5, 35 ff.*
- Konzernpensionskasse **140** 1 *55*
- Konzernunterstützungskasse **140** 1 *64*
- Krankenversicherung, Abgrenzung **140** 1 *41*
- Kündigungsabfindung/Abfindung, Abgrenzung **140** 1 *35*; 2 *10*
- künftige Steigerungsrate, Besitzstand, 3. Stufe **140** 1 *127 f., 136, 144*
- Lebensversicherung, Abgrenzung **140** 1 *41*
- Lebensversicherungsunternehmen/Direktversicherung, Versorgungsträger **140** 1 *42, 44 ff.*
- Leistung der betrieblichen Altersversorgung **140** 1 *4, 24, 59, 62, 69, 78, 82, 157, 164, 172 f., 188 ff.*; 1b *1, 3, 13 ff., 38*; 2 *4, 8, 65*; 5 *13, 18 f., 22*; 6 *1, 14, 25*; 7 *8, 21, 46, 56 f.*; 9 *17*; 16 *1, 5, 11, 19, 62, 65*; 17 *1*; 30a *1 ff.*; 30h *1*
- Leistung der Vermögensbildung, Abgrenzung **140** 1 *40*
- Leistungsart **140** 1 *16*

5033

- Leistungsklage **140** 4a *11*; 10 *5*; 11 *8, 12f., 15, 17*; 16 *47*
- Leistungsplan **140** 1 *66, 70, 140, 179, 182, 185*; 1a *9, 13*; 4 *15, 18*; 17 *23*
- Leistungsverhältnis, Versicherer – Arbeitnehmer/Hinterbliebene **140** 1 *42, 48ff., 66*
- leitender Mitarbeiter, Gleichbehandlung **140** 1 *91*
- Liquidationsvergleich, Insolvenzsicherung **140** 7 *21ff.*; 9 *17*
- Luxemburg, Großherzogtum **140** 7 *6*; 14 *1, 4*
- Mangold, EuGH **140** 1 *99*
- Mehrheitsgesellschafter **140** 17 *7f.*
- Minderheitsgesellschafter **140** 17 *8, 33*
- Minderjähriger **160** 115 *21*
- Mindestalter, Hinterbliebenenversorgung **140** 1 *12*
- Mindestdauer der Ehe, Hinterbliebenenversorgung **140** 1 *12*
- Mitbestimmung des Betriebsrats **140** 1 *56, 105, 146, 176ff.*; 1a *8f.*; 6 *53*; 16 *9*
- Mitbestimmung des Betriebsrats, Kürzung der vorzeitigen Altersleistung **140** 6 *53f.*
- Mitteilungspflicht des Pensionssicherungsvereins **140** 9 *1ff.*
- mittelbare Diskriminierung, Teilzeitarbeitnehmer **140** 1 *80ff., 94*; 2 *4, 67*
- Moroni, EuGH **140** 1 *85*
- Nach-Barber-Zeit **140** 2 *12f.*; 6 *66f.*
- nachgelagerte Besteuerung **140** 1 *43, 200*
- nachträglich erworbene Versorgungsanwartschaft **140** 2 *73*
- Nachversicherung **140** 5 *22*; 8 *5*; 30d *2*
- Nachweis, NachwG **160** 611 *603*
- Näherungsverfahren **140** 2 *9, 69f.*; 18 *8*
- Nebenpflicht des Arbeitgebers **140** 1 *29*
- Nebenstrafrecht **140** 12 *1*
- Neuzusage **140** 1b *8, 47, 60*; 16 *49, 52*; 30b *1*
- Nicht-Arbeitnehmer, persönlicher Geltungsbereich **140** 1 *25, 212*; 1a *2*; 1b *28*; 6 *3*; 7 *7*; 16 *5*; 17 *3ff., 10f., 16*
- Notfallleistung, Abgrenzung **140** 1 *36*
- Nullleistung **140** 1 *17*; 5 *15*
- Nutzungsrecht, Leistungsart **140** 1 *16*
- öffentlicher Dienst **140** 1 *2, 93, 108, 119, 213*; 16 *15*; 17 *12ff., 19*; 18 *1ff.*; 26 *1*; 30d *1ff.*
- Ordnungswidrigkeit **140** 10a *2*; 11 *7, 11ff.*; 12 *1ff.*
- organschaftliche Lösung, Durchführung der Mitbestimmung **140** 1 *183f.*
- Personengesellschaft **140** 17 *6*
- persönlicher Geltungsbereich **140** 17 *1ff.*
- Pfändungsschutz für Arbeitseinkommen **140** 1 *196*
- planwidrige/planmäßige Überversorgung **140** 1 *116ff.*; 2 *66*; 6 *38*
- private Lebensversicherung des Arbeitnehmers **140** 5 *19, 21*; 6 *7*

- Prüfungsstichtag/Pflichtprüfungsstichtag **140** 16 *18f., 60f.*
- Punktemodell, öffentlicher Dienst **140** 18 *2, 8*
- Quotenvergleich, Insolvenzsicherung **140** 7 *21ff.*; 9 *17*; 10 *2*
- Quotierungsverfahren **140** 6 *36, 40, 44a*
- Quotierungsverfahren, pro-rata-temporis-Verfahren **140** 2 *2f., 33, 37ff., 54ff., 63ff., 65, 75*; 30e *4*
- Rechnungszinsfuß **140** 4 *31*; 10 *8, 13*
- Rechtsgrundlage der Leistungszusage **140** 1 *68ff.*
- Rechtswahl **220** 30, 8 Rom I *61*
- Rechtsweg **140** 1 *210ff.*; 7 *7*; 10 *5, 11*; 18 *10*
- Regelungsabrede **140** 1 *180*
- Rentenleistung, Abgrenzung **140** 1 *37*
- Rentenstammrecht/Versorgungsstammrecht **140** 1 *198*; 7 *11*; 17 *18*; 18a *1ff.*; **160** 194 *3*
- Rentnerfirma **140** 4 *30*
- Riester-Rente/Riester-Förderung **140** 1 *97, 175, 200f., 204*; 1a *17, 22*; 17 *11*
- Rückdeckungsversicherung, Abgrenzung **140** 1 *41*; 4 *30*; 7 *14, 60*; 17 *33*; **160** 611 *1115f.*
- Rückwirkung **140** 26 *1*
- Ruhegeld/Ruhegehalt **140** 1 *73*; 7 *9, 32*; 30d *4*
- Sachleistung, Leistungsart **140** 1 *16*; 16 *12*
- sachlich-proportionale Gründe, verschlechternde Änderung der Versorgungszusage, 3. Stufe **140** 1 *124, 128, 133, 144*
- Säumniszuschlag **140** 10a *1f., 4*; 11 *11*; 12 *7*
- Schadensersatz, § 628 BGB **160** 611 *1048*
- Sicherungsfall **140** 7 *18ff.*
- Sonderform **140** 1 *152ff.*
- Sonderregelung für den öffentlichen Dienst **140** 18 *1ff.*
- sonstiger Besitzstand, 3-Stufen-Modell **140** 1 *129*
- sonstiger Versorgungsbezug, Anrechenbarkeit **140** 5 *21*
- sozialabgabenrechtlicher Aspekt **140** 1 *206ff., 220*
- Sparprinzip **140** 1 *156*
- Spätehenklausel **140** 1 *12, 98, 129*
- Sprecherausschuss, Beteiligung **460** 19 *3*; 24 *1*; 28 *1*
- Sprecherausschuss-Richtlinie/-Vereinbarung, Rechtsgrundlage der Leistungszusage **140** 1 *107*; 1b *19*; 2 *66*
- Sterbegeld, Abgrenzung **140** 1 *38*
- steuerrechtlicher Aspekt **140** 1 *43, 69, 97, 174, 199ff.*; 1a *9, 15ff., 22*; 1b *68*; 4 *8*; 6 *75*; 10 *7f.*; 16 *49, 64*; 17 *11*
- Stichtag Entgeltumwandlungszusage 31.12.2000 **140** 1b *60*
- Stichtagsregelung, Gleichbehandlung **140** 1 *92*
- Streitwert **140** 1 *217*
- Stundungsvergleich, Insolvenzsicherung **140** 7 *21ff.*; 9 *17*; 10 *2*
- tarifdispositive Norm **140** 17 *17ff.*
- tariffeste Norm **140** 17 *18ff.*

- Tariföffnungsklausel/Tarifdispositivität/Tarifvorbehalt **140** 1a *23*; 6 *52*; 17 *1, 17ff., 28ff.*; 18 *8*; 30h *1*
- Tarifvertrag, Rechtsgrundlage der Leistungszusage **140** 1 *108*; 1b *19f., 32*; 2 *66*
- Träger der Insolvenzsicherung **140** 9 *1 ff.*; 14 *1 ff.*
- Trägerunternehmen **140** 1 *57, 63f., 190*; 7 *60*; 8 *7*; 9 *10ff., 18*
- Treuebruch **140** 1 *149ff.*
- triftiger Grund, verschlechternde Änderung der Versorgungszusage, 2. Stufe **140** 1 *124, 127, 132, 144*
- Überbrückungsbeihilfe, Abgrenzung **140** 1 *39*; 7 *32*; 16 *11*
- Übergangsgeld, Abgrenzung **140** 1 *38f.*; 2 *10*; 7 *28ff.*; 16 *11*
- Übergangsvorschriften **140** 1b *44ff.*; 18a *8*; 26 *1*; 27 *1*; 28 *1*; 29 *1*; 30 *1*; 30a *1ff.*; 30b *1*; 30c *1ff.*; 30d *1ff.*; 30e *1ff.*; 30f *1f.*; 30g *1f.*; 30h *1*; 31 *1*
- Überleitungsvorschriften **140** 18a *8*
- Überschussanteil/Überschussverwendung/Überschussbeteiligung **140** 1 *46, 169*; 1b *64*; 2 *40, 49ff., 57f.*; 4 *20, 29f.*; 5 *9*; 8 *3*; 16 *56f., 62*; 27 *1*; 30e *3*
- Übertragung unverfallbare Anwartschaft und laufender Leistung **140** 4 *1 ff.*; 30b *1*
- Umfassungszusage **140** 1 *153, 173f., 201, 209*; 1a *4*; 30e *1 ff.*
- umstrukturierende Betriebsvereinbarung **140** 1 *142*
- Umwandlung, UmwG **140** 1 *187, 194*; 1b *37*; 2 *6, 26*; 16 *6*
- Unabdingbarkeit **140** 17 *16ff.*
- unbedingte Forderung, gesetzlicher Forderungsübergang **140** 9 *9*
- unechte Rückwirkung **140** 26 *1*
- Unfallversicherung, Abgrenzung **140** 1 *41*
- Unisex-Tarif **140** 1 *96ff.*
- Unternehmerrente **140** 1 *25*; 17 *3*
- unterschiedliche Rentenzugangsalter **140** 1 *79, 82*; 6 *56f.*; 30a *1*
- unterschiedlicher Versorgungsbedarf, Gleichbehandlung **140** 1 *92*
- unwiderrufliches Bezugsrecht **140** 1 *52*; 1b *67*; 2 *44ff.*; 7 *15*; 10 *2, 4, 13*; 11 *4*
- unzulässige Rechtsausübung **140** 1 *131, 149ff.*; 10a *8*
- Verbot der Altersdiskriminierung **140** 1 *97, 99*, Zeitpunkt
- Verfügungsbeschränkung des Arbeitnehmers/Verfügungsverbot **140** 2 *51 ff., 55*; 8 *11*
- Vergütung **160** 611 *602f.*
- Verhältnismäßigkeit **140** 1 *111, 124, 129, 136, 144, 146, 148, 192*
- Verjährung **140** 1 *198*; 6 *23*; 10 *6*; 10a *1, 6ff.*; 11 *10*; 12 *7*; 17 *18f.*; 18a *1ff.*
- Verjährung nach BGB **160** 194 *3*
- Verjährung von Erstattungsanspuch, Insolvenzsicherung **140** 10 *6*; 10a *1, 6ff.*
- Verjährungsbeginn, Eintritt des Versorgungsfalles **160** 199 *13*
- Verletzung des Gleichbehandlungsgrundsatzes **140** 1 *103f.*, Beweislast
- Vermögensübergang auf den Pensionssicherungsverein **140** 9 *1, 10ff., 18*
- Vermutung aufklärungsgerechten Verhaltens **160** 611 *1046*
- Verpfändung **140** 1b *52, 66*; 2 *46f., 51*; 7 *12, 15, 62*; 10 *2, 7*; 17 *33*
- Verschleierung einer Pflichtverletzung, unzulässige Rechtsausübung **140** 1 *151*
- Verschwiegenheitspflicht von Mitarbeitern des Pensionssicherungsvereins **140** 15 *1 ff.*
- Versicherungsaufsicht/Aufsichtsbehörde/Bundes-Aufsichtsbehörde/Bundesanstalt für Finanzdienstleistungsaufsicht **140** 1 *1, 47, 55, 60, 63, 99, 160, 168f.*; 2 *55*; 7 *2*; 8 *1*; 9 *18*; 12 *8*; 14 *2, 5*
- Versicherungsausweis **140** 8 *6*
- Versicherungsleistung, Abgrenzung **140** 1 *41*
- Versicherungsmathematik **140** 1 *156, 167ff., 219*; 2 *22f., 39, 67*; 3 *16*; 4 *31*; 6 *34, 41, 43, 44a, 50ff., 59, 67f., 76*; 10 *9*; 11 *9, 12*
- versicherungsrechtliche Lösung, versicherungsvertragliche Lösung, versicherungsförmige Lösung **140** 2 *3, 37, 42ff., 54, 56ff., 62f., 65, 74f.*; 4 *26*; 7 *47*; 27 *1*
- Versorgungsanspruch, Besitzstand, 1. Stufe **140** 1 *125f., 144*
- Versorgungsanstalt des Bundes und der Länder **140** 1 *213*; 18 *5, 1*
- Versorgungsanwartschaft bei Betriebsübergang im Insolvenzverfahren **140** 7 *42ff.*
- Versorgungsanwartschaft, Besitzstand, 1. Stufe **140** 1 *125f., 144*
- Versorgungsberechtigter mit gesellschaftsrechtlicher Beteiligung **140** 17 *5ff.*
- Versorgungsberechtigter ohne gesellschaftsrechtliche Beteiligung **140** 17 *4*
- Versorgungsfall **140** 1 *9ff.*
- Versorgungsleistung **140** 1 *16ff.*
- Versorgungsrichtlinie **140** 11 *12*
- Versorgungssystem **140** 1 *18ff.*
- Versorgungträger **140** 1 *42*
- Versorgungsverhältnis, Arbeitgeber – Arbeitnehmer **140** 1 *42, 45f., 50, 66*; 1b *67*; 2 *55*; 3 *3, 25*; 4 *2*; 4a *10*; 6 *23, 55*; 7 *15*; 16 *9*
- Versorgungsverschaffungsanspruch **140** 1 *45, 67, 173, 190*
- Versorgungszusage, Änderung, Verbesserung, leistungsneutrale Änderung, Verschlechterung **140** 1 *112ff.*
- Versorgungszusage, Rechtskontrolle **140** 1 *111*

- Versorgungszweck 140 1 *8, 14, 28, 35, 37, 41;* 2 *51 f.;* 4 *3;* 5 *19;* 16 *12*
- Vertrag zugunsten Dritter, Deckungsverhältnis 140 1 *47*
- vertragliche Einheitsregelung, Rechtsgrundlage der Leistungszusage 140 1 *70, 106, 138, 142;* 1b *19 f.*
- Vertrauensschutz/Vertrauensschutzprinzip 140 1 *84, 99, 111, 124, 129, 136, 144, 146, 148, 192;* 3 *2;* 5 *22;* 9 *2;* 30c *2;* 30f *1;* 30g *2*
- Verwirkung 140 1 *195, 198*
- Verzinsung der Beitragserstattung 140 10a *5*
- Verzugszinsen 140 10a *1, 3 ff.;* 12 *7*
- Vollleistung/Voll-Leistung 140 6 *62 ff., 36, 46, 62;* 18 *7*
- Vor-Barber-Zeit 140 2 *12 f.;* 6 *66 f.*
- Vorsorgeplan 2001 140 18 *2, 8*
- Vorstand 30 84 *40;* 87 *5;* 140 1 *212*
- Waisenrente 140 1 *11*
- widerrufliches Bezugsrecht 140 1 *47, 50 f., 57, 220;* 1b *51;* 7 *15;* 10 *7;* 11 *4*
- Widerrufsvorbehalt 140 1 *116, 123 ff.;* 160 315 *47*
- Wiederverheiratungsklausel 140 1 *12*
- Willkürverbot 140 1 *76, 133;* 5 *22*
- Witwenversorgung/Witwerversorgung 140 1 *11, 79, 82, 87, 129*
- Zertifizierung nach dem Altersvorsorgeverträge-Zertifizierungsgesetz, AltZertG 140 1 *59, 97, 174, 202;* 1a *17;* 5 *17;* 16 *64*
- zugesagte Versorgungsleistung 140 1 *170;* 2 *8, 37 f.*
- Zusagender, Arbeitgeber 140 1 *22 ff.*
- Zusatzrente bei Unverfallbarkeit 140 18 *6 ff.*
- Zwangsvollstreckung, Insolvenzsicherung 140 8 *4;* 10 *1, 11;* 10a *2, 4*
- Zweckbindung von Refinanzierungsmitteln, Gleichbehandlung 140 1 *93*
- zweistufige Lösung, Durchführung der Mitbestimmung 140 1 *183*
- Zweitarbeitsverhältnis, Gleichbehandlung 140 1 *90*
- zwingende Gründe, Verschlechternde Änderung der Versorgungszusage, 1. Stufe 140 1 *124 ff., 131, 144*
- Zwischenmeister 140 17 *4*

Betriebliche Bildungsmaßnahme, BetrVG
- Berufsbildung, Abgrenzung 110 3 *3*
- Gleichbehandlungsgebot, Nacht- und Schichtarbeitnehmer 80 6 *51 f.*

Betriebliche Norm
- Tarifvertrag 470 1 *89 ff.*

Betriebliche Richtlinie *siehe* Richtlinie, betriebliche
Betriebliche Tätigkeit *siehe* Tätigkeit, betriebliche
Betriebliche Übung 470 1 *12*
- AGB 160 305 *26*
- Akkordlohn 160 611 *631*
- Änderungskündigung 160 611 *182, 675*
- Änderungsvertrag 160 611 *182*
- Arbeitszeit 80 7 *58*
- Begriff/Begründung 160 611 *674, 677*
- betriebliche Altersversorgung 140 1 *17, 68, 71 ff., 106, 138, 142, 218;* 1b *19 f.;* *23;* 2 *66;* 6 *70;* 16 *7;* 18a *2*
- Betriebsübergang 160 613a *102*
- Bezugnahme auf Tarifvertrag 160 622 *17*
- Dienstwagen 160 611 *653*
- Direktionsrecht, Verhältnis 250 106 *63 ff.*
- entgegengesetzte betriebliche Übung 160 611 *182*
- gegenläufige betriebliche Übung/Rückübung 160 611 *675, 678*
- Geschäftsgrundlage 160 611 *676*
- Gratifikation 160 611 *674*
- Klauselkontrolle 160 611 *675*
- negative betriebliche Übung 160 611 *182*
- Rechtsquelle 160 611 *164, 180, 182*
- Schriftformklausel 160 127 *45, 63 ff.;* 305b *8, 14 f.;* 611 *653*
- Sondervergütung 160 611 *670, 674 ff., 679*
- Urlaubsgeld 180 11 *57*
- Vergütung 160 612 *33;* 614 *2*
- vorübergehende Verhinderung 160 616 *5*
- Wegfall der Geschäftsgrundlage 160 611 *676*
- wirtschaftliche Notlage des Arbeitgebers 160 611 *676*
- Zugang 160 611 *182, 356, 675, 677;* 612 *33*

Betriebliche Weiterbildung
- Gleichbehandlung, Nachtarbeitnehmer 80 6 *50 f.*

Betriebliches Eingliederungselement
- Krankheitsbedingte Kündigung 320 1 *260, 284*

Betriebliches Interesse
- Beweislast 50 58 *71, siehe auch* Betriebliches Interesse

Betriebliches Vorschlagswesen
- *siehe auch* Arbeitnehmererfindung
- *siehe auch* Verbesserungsvorschlag
- Mitbestimmungsrecht des Betriebsrats 160 319 *14*

Betriebs-/Geschäftsgeheimnis
- Anpassung laufender Leistung 140 16 *48*
- Arbeitnehmererfindung 460 29 *3*
- Arbeitsschutzbeauftragter 70 23 *1*
- Auszubildender 110 16 *5;* 160 611 *1080 ff.*
- Betriebsgeheimnisklausel, Aufhebungsvertrag 160 611 *1080 ff.*
- Betriebsrat 160 611 *529*
- formelles Geheimnis, Begriff 460 29 *4*
- Jahresabschluss 460 29 *3*
- Know-how 460 29 *3*
- Lohn- und Gehaltsdaten 460 29 *3*
- materielles Geheimnis, Begriff 460 29 *3*
- Patent 460 29 *3*
- Pensionssicherungsverein 140 15 *1 ff.*
- Sprecherausschussmitglied, Geheimhaltungspflicht 460 29 *1 ff.*
- Suspendierung 160 611 *1105*

Betriebs-/Geschäftsgeheimnis – Betriebsbedingte Kündigung

- unbefugte Offenbarung/Verwertung fremder Geheimnisse **140** 15 *5*
- Unternehmenspolitik **460** 29 *3*
- Verschwiegenheitspflicht **160** 611 *527 ff., 1080 ff.*
- Vertragsstrafe **160** 611 *1082*

Betriebsabteilung
- Begriff **10** 6 *4*

Betriebsänderung
- Arbeitsplatzsicherung **150** 92a *2*
- Begriff **150** 111 *11 ff.*
- Betriebsübergang **160** 613a *132 f., 189*
- Betriebsverlegung **160** 613a *132 f.*
- erheblicher Belegschaftsteil **150** 111 *9*
- Insolvenz **300** 121 *1 ff.*; 122 *1 ff., siehe auch dort*
- Interessenausgleich *siehe dort*
- menschengerechte Arbeitsgestaltung **150** 90 *20*, siehe auch Arbeitsgestaltung, menschengerechte
- Personalabbau **160** 613a *133*
- Schwellenwert **150** 111 *4 ff.*
- Sozialplan **150** 111 *3, siehe auch dort*
- Sprecherausschussrichtlinie/-vereinbarung **460** 32 *2*
- Tendenzbetrieb **150** 118 *60 ff., siehe auch dort*
- Unterrichtungs- und Beratungsrecht des Betriebsrats **150** 111 *22 ff.*

Betriebsanweisung
- Arbeitsschutz **70** 4 *10*

Betriebsarzt
- Abberufung **90** 9 *1 f., 6 ff., 14 ff., 21 f.*
- Arbeitsschutz **70** 13 *3*; 16 *4 f., 7*
- Arbeitsschutz durch überbetrieblichen Dienst **90** 19 *2*
- Aufgabe/Aufgabenänderung **90** 9 *3, 6 ff., 22*
- Aufgaben **90** 3 *3 ff.*
- Aufgabenübertragung **90** 2 *4*
- Ausnahme von erforderlicher Fachkunde **90** 18 *1*
- befristete Beschäftigung **90** 2 *15*
- Beratung des Betriebsrats **90** 9 *4 f.*
- Bestellung **90** 2 *1 ff.*; 9 *1, 6 ff., 16 f.*
- Bestellung durch Arbeitgeber **90** 1 *1*
- Darlegungs- und Beweislast **90** 8 *11*
- Einbindung in Betrieb **90** 8 *8*
- erforderliche Mittel **90** 2 *14*
- Erforderlichkeit **90** 2 *5*
- fachliche Anforderungen **90** 4 *1 ff.*
- fachliche Unabhängigkeit **90** 8 *3 ff.*
- Fortbildung **90** 2 *16 f.. 22 f.*; 4 *4*
- Haftung **90** 3 *15*
- Informationen **90** 2 *14*
- Informationspflicht des Arbeitnehmers **90** 3 *10*
- Kündigung **90** 9 *10, 14 f., 21*
- Leiharbeitnehmer **90** 2 *15*
- Mustervertrag **90** 2 *25*
- Pflichtverstoß **90** 8 *10*
- Qualitätsprüfung **90** 4 *6*
- rechtliche Stellung **90** 9 *13 ff.*
- Schweigepflicht **90** 3 *14*
- Unterrichtung des Betriebsrats **90** 9 *4 f., 11*
- Vertrag **90** 2 *19*
- Vorschlagsrecht **90** 8 *9*
- Weisungsrecht/Weisungsfreiheit **90** 9 *22*
- Zusammenarbeit mit anderen Beschäftigten **90** 10 *5*
- Zusammenarbeit mit Betriebsrat **90** 9 *1 ff.*
- Zusammenarbeit mit Sicherheitsfachkräfte **90** 10 *1 ff.*

Betriebsausgabe
- Umsatzsteuer **160** 611 *1161*

Betriebsausschuss
- Amtsdauer **150** 27 *7 ff.*
- Aufgabenübertragung des Betriebsrats **150** 27 *15 ff.*
- Aussetzung des Beschlusses **150** 35 *12*
- Fachausschuss *siehe dort*
- Gesamtbetriebsausschuss **150** 51 *6*
- Geschäftsordnung **150** 36 *8*
- Größe **150** 27 *4*
- laufende Geschäfte **150** 27 *13 f.*
- Rechtsstellung **150** 27 *11 f.*
- Teilnahme der Gewerkschaft **150** 31 *6*
- Wahl **150** 27 *2 f., 5 ff.*

Betriebsbedingte Kündigung siehe auch Sozialauswahl
- Abbau von Überstunden **320** 1 *367*
- Abfindung, Verhältnis zu Sozialplan **320** 1a *34*
- Abfindung, Versteuerung **320** 1a *36 f.*
- Abfindungsanspruch **160** 307 *18*; 611 *984, 989 ff., 1061, 1064, 1071, 1133, 1144*; 623 *13*; 626 *9*; **320** 1a *1 ff., 12 ff.*
- Abmahnung **160** 626 *75*
- Absatzrückgang **320** 1 *366*
- Abwicklungsvertrag **160** 611 *987, 995 ff.*
- Änderung der Betriebsorganisation **320** 1 *372*
- Änderungskündigung **320** 2 *74 ff., siehe auch dort*
- Anforderungsprofil an Arbeitsplatz **320** 1 *423, 447*
- Arbeitsplatzschutz, Wehrdienst **60** 2 *3*
- Arbeitszeit, Auflage **80** 13 *54*
- Aufhebungsvertrag **160** 611 *1173 ff.*
- Auftragsmangel **320** 1 *366, 369, 424, 426 f.*
- außerbetrieblicher Grund **320** 1 *369 f.*
- außerordentliche Änderungskündigung **160** 622 *62*; 626 *25 ff.*
- außerordentliche Druckkündigung **160** 626 *56*
- außerordentliche Kündigung **160** 626 *23, 25 ff., 142*
- außerordentliche Kündigung mit notwendiger Auslauffrist **160** 626 *129, 137*
- außerordentliche Unkündbarkeit **160** 626 *142*
- Austauschkündigung **320** 1 *428, 447*
- Begriff **320** 1 *363 f.*
- Betriebsratsbeteiligung **320** 1 *410 ff.*
- Betriebsratsmitglied **320** 15 *83, 87 f.*
- Betriebsrisiko **160** 626 *25, 93*

- Betriebsstilllegung **160** 626 *24 f., 27, 51, 93, 107, 129;* **320** 1 *372, 428*
- Betriebsteilstilllegung **320** 1 *372, 428*
- Betriebsübergang **160** 613a *15, 90, 108, 149 ff., 198, 209, 223;* 626 *25 ff.;* **320** 1 *433 ff.*
- Betriebszusammenschluss **320** 1 *372*
- Beurteilungszeitpunkt **320** 1 *418 ff.*
- Beweislast **50** 58 *63 ff.;* **320** 1 *413 ff., siehe auch dort*
- Darlegungslast, innerbetrieblicher Grund **320** 1 *373*
- dringendes betriebliches Erfordernis **320** 1 *375 ff., 416*
- Drittmittel **320** 1 *436 ff.*
- Druckkündigung **160** 626 *43, 54, 56;* **320** 1 *439 ff.*
- Elternzeit **130** 18 *27 ff.*
- Energie- und Rohstoffmangel **320** 1 *442*
- Flexibilisierung der Jahresarbeitszeit **320** 1 *470*
- Fortbildungsmaßnahme **320** 1 *403 ff.*
- freier Arbeitsplatz, Weiterbeschäftigung **320** 1 *396*
- freier Mitarbeiter statt Festangestelltem **320** 1 *372, 447 ff.*
- Fremdvergabe von Arbeiten **320** 1 *372, 447 ff.*
- geänderte Arbeitsbedingungen, Weiterbeschäftigung **320** 1 *408 f.*
- Gemeinschaftsbetrieb, Weiterbeschäftigung **320** 1 *387*
- gerichtliche Prüfung der Unternehmerentscheidung **320** 1 *374 ff.*
- Gewinnsteigerung **320** 1 *456 ff.*
- Hierarchiestufe, Abbau **320** 1 *421*
- Höhe des Abfindungsanspruchs **320** 1a *30 ff.*
- innerbetrieblicher Grund **320** 1 *371 ff.*
- insolvenzbedingte Kündigung **160** 626 *25*
- Interessenabwägung **320** 1 *416 f.*
- Kausalität des betrieblichen Grundes **320** 1 *369*
- Kleinbetrieb **320** 1 *475*
- konkrete Insolvenzgefahr **160** 626 *27*
- konzernweite Weiterbeschäftigung **320** 1 *390 f.*
- Kostenreduzierung **320** 1 *448*
- Kurzarbeit, Einführung **320** 1 *367*
- Leiharbeitsverhältnis, Abbau **320** 1 *367*
- Leistungsverdichtung **320** 1 *372, 459 ff.*
- Maßregelungsverbot **160** 612a *12*
- Missbrauchskontrolle der Unternehmerentscheidung **320** 1 *375*
- notwendige Auslauffrist **160** 626 *27*
- öffentlicher Dienst **320** 1 *392 ff., 443 ff.*
- Outsourcing **160** 626 *27;* **320** 1 *373, 447 ff.*
- Produktionsverlagerung **320** 1 *372*
- Prognose, Arbeitsplatzwegfall **320** 1 *373, 377, 418 ff.*
- Rationalisierung **320** 1 *372, 453 ff.*
- Rechtsnatur des Abfindungsanspruchs **320** 1a *5 ff.*
- Rentabilität **320** 1 *456 ff.*
- Saisonarbeitsplätze **320** 1 *384*
- Selbstbindung an betrieblichen Grund **320** 1 *370*
- Sondervergütung **160** 611 *692 f.*
- Sozialauswahl *siehe dort*
- Stellenstreichung, Betriebsratsbeteiligung **320** 1 *460*
- Teil-Betriebsstilllegung **320** 1 *429 ff.*
- Teilbetriebsübergang, Weiterbeschäftigung **320** 1 *388*
- Überhang an Arbeitskräften **320** 1 *369, 374*
- Umsatzrückgang **320** 1 *366, 369, 424 f., 427*
- Unkündbarkeit **320** 1 *400, 450*
- Unternehmergrundrecht **320** 1 *377*
- unternehmerische Entscheidung **320** 1 *371 ff., 374 ff.*
- Verhältnismäßigkeit **320** 1 *367*
- Vollzeit- oder Teilzeitarbeitsplatz **320** 1 *466 ff.*
- Voraussetzungen des Abfindungsanspruches **320** 1a *16 ff.*
- Wegfall bestimmter Arbeitsplätze **320** 1 *369*
- Weihnachtsgeld **160** 611 *692 f.*
- Weiterbeschäftigungsmöglichkeit **320** 1 *384 ff.*
- Widerspruch, Betriebsübergang **160** 626 *27*
- Wiedereinstellungsanspruch **320** 1 *420*
- Wiedereinstellungsanspruch, soziale Auswahl **160** 315 *34 f.*
- Witterungsgründe **320** 1 *470 ff.*
- Zielvereinbarung **160** 611 *492*
- zumutbare Umschulungsmaßnahme **320** 1 *403 ff.*

Betriebsbeeinträchtigung, unzumutbare
- Beweislast **50** 58 *74*

Betriebsbus *siehe* Werkbus

Betriebsbuße
- Betriebsbußenordnung **160** 315 *61;* **345** *1, 5*
- Betriebsstrafgewalt **160** 345 *5*
- Betriebsvereinbarung **160** 315 *61*
- Leistungsbestimmungsrecht **160** 315 *61*
- Tarifvertrag **160** 315 *61*
- Vertragsstrafe, Abgrenzung **160** 345 *5*

Betriebseinrichtung *siehe auch* Produktionseinrichtung
- Begriff/Abgrenzung **80** 10 *49*
- Fahrzeug **80** 10 *49*
- Fertigprodukte, Abgrenzung **80** 10 *49*
- Gerät **80** 10 *49*
- Instandhaltungsarbeiten, Arbeitszeit **80** 10 *50*
- Maschine **80** 10 *49*
- Reinigungsarbeit, Arbeitszeit **80** 10 *49*
- Rohstoffe, Abgrenzung **80** 10 *49*
- Versorgungsleitung **80** 10 *49*
- vollkontinuierlicher Schichtbetrieb **80** 10 *52*
- Zwischenprodukt, Abgrenzung **80** 10 *49*

Betriebseinstellung
- Sonderkündigungsschutz schwerbehinderter Menschen **430** 89 *5 f.*

Betriebserwerber *siehe* Betriebsübergang

Betriebsfeier
- Arbeitszeit, Abgrenzung **80** 9 *5*

Betriebsfeier – Betriebsrat

– Haftungsausschluss **160** 611 *980 f.*
Betriebsferien 250 106 *28, siehe auch* Urlaub
– Annahmeverzug **160** 615 *7, 41*
– Arbeitszeit **80** 12 *11*
– Sonderurlaub **160** 615 *7*
Betriebsfrieden
– außerdienstliches Verhalten **160** 611 *583*
– außerordentliche Kündigung **160** 626 *22, 94*
– Durchsetzung **150** 104 *23 f.*
– ernstliche Störung **150** 104 *10*
– Flugblatt **160** 611 *574*
– geschäftsschädigende Äußerung **160** 611 *574*
– gesetzwidriges Verhalten **150** 104 *5*
– Meinungsäußerung **160** 611 *573 ff.*
– Mobbing **160** 611 *571*
– parteipolitische Betätigung **160** 611 *575*
– personenbedingte Kündigung **320** 1 *341, siehe auch dort*
– Sprecherausschuss **460** 2 *8*
Betriebsgeheimnis *siehe auch* Betriebs-/Geschäftsgeheimnis
– Ausschluss der Öffentlichkeit **50** 52 *14, siehe auch* Öffentlichkeit, Ausschluss
– Begriff **150** 79 *2 f.*; **160** 611 *528, siehe auch* Geschäftsgeheimnis
Betriebsgeheimnisse
– Geheimhaltungspflicht **55** 17 *1 ff.*
Betriebsgruppe *siehe* Gruppenarbeit
Betriebsinhaber *siehe* Betriebsübergang
Betriebsinhaberwechsel *siehe* Betriebsübergang
Betriebsleiter 320 14 *28*
– Arbeitszeit, Auskunftsrecht der Aufsichtsbehörde **80** 17 *13*
– ehrenamtlicher Richter **50** 22 *4*
Betriebsnachfolge *siehe* Betriebsübergang
Betriebsnorm 150 77 *16 ff.*
– Arbeitszeitregelung **80** 7 *3, 5*
Betriebsordnung 250 106 *30 ff.*
– Beteiligung des Sprecherausschusses **460** 30 *2*
Betriebsorganisation
– Arbeitnehmerüberlassung **100** 1 *22, 25, 28, 47;* 3 *22 f.;* 14 *22*
Betriebsparkplatz
– Arbeitsstätte **160** 618 *18, 26*
– Haftung des Arbeitgebers **160** 611 *941, 960;* 618 *26*
– Schutzmaßnahme **160** 618 *18, 26*
Betriebspraktikum 310 7 *3*
Betriebsrat
– *siehe auch* Begünstigungsverbot
– *siehe auch* Betriebsrat, Allgemeine Aufgaben
– *siehe auch* Betriebsrat, Anhörung
– *siehe auch* Betriebsrat, Auskunft
– *siehe auch* Betriebsrat, Beteiligung
– *siehe auch* Betriebsrat, Initiativrecht
– *siehe auch* Betriebsrat, Mitbestimmung

– *siehe auch* Betriebsrat, Mitbestimmung bei betrieblichen Bildungsmaßnahmen
– *siehe auch* Betriebsrat, Mitbestimmung bei Kündigung
– *siehe auch* Betriebsrat, Mitbestimmung bei personellen Einzelmaßnahmen
– *siehe auch* Betriebsrat, Sprechstunde
– *siehe auch* Betriebsratsbüro
– *siehe auch* Betriebsratsmitglied
– *siehe auch* Betriebsratstätigkeit
– *siehe auch* Betriebsratsvorsitzender
– *siehe auch* Betriebsratswahl
– *siehe auch* Einigungsstelle
– *siehe auch* Regelungsabrede
– *siehe auch* Restmandat
– *siehe auch* Übergangsmandat
– *siehe auch* Vertrauensvolle Zusammenarbeit
– *siehe auch* Wirtschaftsausschuss
– Amtsbeginn **150** 20 *4, 6*
– Amtsende **150** 1 *46;* 13 *3, 8;* 21 *5, 8, 9 ff.;* 22 *1 ff.;* 24 *3*
– Amtspflichtverletzung *siehe* Pflichtverletzung
– Amtszeit **150** 21 *4 ff.;* 29 *4 f.*
– Anhörung bei außerordentlicher Kündigung **160** 626 *96a*
– Anschlusspflicht an arbeitsmedizinischen oder sicherheitstechnischen Dienst **90** 9 *23*
– Aufgabe **150** 80 *2 ff.*
– Aufgabenübertragung an Ausschuss **150** 27 *15 ff., 20*
– Aufgabenübertragung an Gesamtbetriebsrat **150** 50 *10 f.*
– Auflösung **150** 23 *5, 9 ff., 22 ff.;* 24 *19*
– Ausschreibungsverlangen **150** 93 *5 ff.*
– behördliche Anordnung zum Arbeitsschutz **90** 12 *5*
– Beratungsrecht **150** 90 *12 ff.;* 97 *2 ff.*
– Beschluss *siehe dort*
– Beschlussverfahren **50** 81 *15 ff., siehe auch dort*
– Besprechung mit Arbeitgeber **150** 74 *2*
– Beteiligtenfähigkeit **150** 1 *61, 70*
– Betriebs-/Geschäftsgeheimnis **160** 611 *529*
– Betriebsänderung bei Insolvenz **300** 122 *3 ff.*
– Betriebsarzt **90** 2 *24*
– Betriebsarzt, Zusammenarbeit **90** 9 *1 ff.*
– Betriebsratsfähigkeit **150** 1 *32 ff., 46*
– Betriebsübergang, Kontinuität **160** 613a *8, 121 ff., 141, 228*
– Ehrenamt **150** 37 *3 ff.*
– Entlassungsverlangen, Druckkündigung **160** 626 *54, 57*
– ermäßigte Mitgliederzahl **150** 11 *1 ff.*
– Errichtung *siehe* Wahl
– Europäische Gesellschaft **370** 30 *1 ff.;* 33 *1 ff.*
– Fachkraft für Arbeitssicherheit, Zusammenarbeit **90** 9 *1 ff.*
– Filialbetriebsrat **150** 3 *5, 24 ff.*

5039

- Fortbestand 150 1 *46*; 21 *21*
- Freistellung *siehe dort*
- gemeinsame Sitzung mit Sprecherausschuss 460 2 *3*
- Gesamtbetriebsrat *siehe dort*
- Geschäftsordnung 150 36 *2 ff.*
- Haftung 150 39 *6*
- Informationspflicht des Sprecherausschusses 460 2 *3*
- Initiativrecht 150 80 *4 ff.*; 87 *8 ff., 57, 118, 181, 195, 201, 208*; 91 *7*; 92a *2*; 95 *14 f.*; 97 *9*
- Insolvenz 300 108 *13*
- Konzernbetriebsrat *siehe dort*
- Kosten *siehe dort*
- laufende Geschäfte 150 27 *13 f.*; 36 *4*
- Legitimation in der Rechtsbeschwerde im Beschlussverfahren 50 94 *9, siehe auch dort*
- Massenentlassung 300 125 *25 ff.*
- Maßregelungsverbot 160 612a *20*
- Mitbestimmung *siehe dort*
- Mitbestimmungssicherung 150 99 *120 ff.*
- Mitglied *siehe* Betriebsratsmitglied
- Mitgliederzahl 150 9 *1 ff., 13, siehe auch* Arbeitnehmer, regelmäßig beschäftigte
- Mitteilung des Sicherungsvorschlags 90 8 *13*
- Neutralitätsgebot 160 611 *575*; 615 *82*
- Pflichtverletzung 150 23 *6 ff., siehe auch dort*
- Recht und Billigkeit 160 315 *63*; 611 *171*
- Rechtsfähigkeit 150 1 *59, 64 ff.*
- Restmandat *siehe dort*
- Rücktritt 150 22 *1*
- Schutzauftrag 150 80 *7 ff.*
- Sitzung *siehe dort*
- Spartenbetriebsrat 150 3 *6, 26 ff.*
- Sprechstunde 150 39 *2 ff.*
- Theorie der notwendigen Mitbestimmung 140 1 *181*
- Theorie der Wirksamkeitsvoraussetzungen 90 9 *8, 10 f.*; 140 1 *181*; 160 315 *11*
- Übergangsmandat *siehe dort*
- Überwachungsaufgabe 150 80 *2 f.*
- Umlageverbot 150 41 *2*
- und behördliche Besichtigung bei Arbeitsschutz 90 13 *4*
- unternehmenseinheitlicher Betriebsrat 150 3 *18 ff., 54 f.*
- Unterrichtung, Betriebsübergang 160 613a *201*
- Unterrichtungsanspruch 150 80 *19 ff.*; 90 *2 ff.*
- Vermögensfähigkeit 150 1 *59, 64 ff.*
- Vorschlagsrecht 150 92a *2 ff.*; 96 *10*
- Vorsitzender *siehe dort*
- vorzeitiges Amtsende 150 21 *14 ff.*
- Wahl *siehe dort*
- Weiterführung der Geschäfte 150 22 *1 f., 7 f.*; 23 *24*
- Zusammensetzung 150 15 *2 ff.*
- Zustimmungsverweigerungsrecht 150 99 *84 ff.*

Betriebsrat, allgemeine Aufgaben
- Arbeitszeit 80 1 *18, 21*; 3 *32*; 6 *40 ff.*; 16 *16*
- Freistellung zur Stellensuche 160 629 *24*
- Höchstarbeitszeit, Überwachung 80 3 *32*
- Überlassung der Arbeitszeit-Aufzeichnung 80 16 *16*
- Vertrauensarbeitszeit, Überlassung von Aufzeichnungen 80 16 *16*

Betriebsrat, Anhörung
- Abwicklungsvertrag nach Kündigung 160 611 *988*
- Information/Abstimmung, Notfälle/Ausnahmefälle 80 14 *40*
- Notfälle/Ausnahmefälle 80 14 *40*
- Umsetzung, Nachtarbeitnehmer 80 6 *40 ff.*

Betriebsrat, Auskunft
- tägliche Arbeitszeit 80 16 *16*; 17 *27 f.*
- Zielvereinbarung 160 611 *716*

Betriebsrat, Beteiligung 320 17 *22 ff., 34, siehe auch* Betriebsrat, Mitbestimmung
- Abfindung 320 9 *42*
- Abspaltung 490 325 *4 ff.*
- AGG 20 18 *3 ff.*
- Änderungskündigung 320 2 *119 ff.*
- Änderungskündigung in sozialen Angelegenheiten 320 2 *131 f.*
- Arbeitnehmerüberlassung 100 14 *1 ff.*
- Ausbildung 110 12 *5*; 23 *16, 22 f.*
- Ausgliederung 490 325 *4 ff.*
- befristetes Arbeitsverhältnis 480 14 *161*
- Betriebsarzt, Bestellung/Abberufung/Aufgabenänderung 90 9 *6 ff.*
- betriebsbedingte Kündigung 320 1 *410 ff.*
- Betriebsratsmitglied, Kündigung 320 15 *53, 69*
- Datenschutz 120 4a *11*; 4g *11 ff.*
- DrittelbG 190 1 *2*
- Fachkraft für Arbeitssicherheit, Bestellung/Abberufung/Aufgabenänderung 90 9 *6 ff.*
- Hinzuziehung bei Besichtigung durch die Aufsichtsbehörde, Arbeitszeit 80 17 *27*
- Kündigung, Einspruch 320 3 *3 ff.*
- Kurzarbeit in Sperrfrist 320 19 *7*
- Mitteilung von Auflagen und Anordnungen der Aufsichtsbehörde, Arbeitszeit 80 17 *27*
- schwerbehinderte Menschen, Sonderkündigungsschutz 430 87 *3, 5*
- Übersendung behördliches Besichtigungsprotokoll, Arbeitszeit 80 17 *27*
- Umwandlung *siehe* Umwandlung, Mitbestimmungsbeibehaltung
- Unterstützung der Aufsichtsbehörde durch Anregung, Beratung, Auskunft, Information, Arbeitszeit 80 17 *28*
- Urlaubsentgelt 180 11 *78*
- Versetzung durch Änderungskündigung 320 2 *124 ff.*
- Zeugnis 250 109 *64*

Betriebsrat, europäischer *siehe* Europäischer Betriebsrat

Betriebsrat, Initiativrecht
- Arbeitsschutz **70** 5 *3*; **90** 9 *9, 19*
- Schutzmaßnahme **160** 618 *40*

Betriebsrat, Mitbestimmung
- *siehe auch* Betriebsrat, Mitbestimmung bei Kündigung
- *siehe auch* Betriebsrat, Mitbestimmung bei personellen Einzelmaßnahmen
- Akkordlohn **160** 611 *632*
- Alkoholverbot **160** 611 *562*
- Anrechnung übertariflicher Zulage **160** 611 *720*
- arbeitgeberfinanzierte Versorgungszusage **140** 1 *177 ff.*
- Arbeitnehmerüberlassung **100** 14 *1 ff.*
- Arbeitsentgelt **160** 614 *3, 18*
- arbeitsmedizinische Untersuchung **80** 6 *54*
- Arbeitsschutz/Arbeitssicherheit **70** 3 *8*; 4 *13*; 5 *3*; 6 *9*; 7 *5*; 8 *11*; 9 *15*; 10 *10*; 11 *7*; 12 *10*; 13 *3*; **90** 9 *7 f., 10, 18 f.*
- Arbeitsunfall **160** 618 *40*
- Arbeitszeit **80** 1 *18 ff.*; 2 *5, 43*; 3 *28 ff.*; 4 *13*; 5 *27*; 6 *54*; 10 *87*; 11 *19*; 12 *20*; 13 *59*; 14 *39 f.*; 15 *21*; **160** 613a *130*
- Assessment-Center, Einstellungs-Richtlinien **160** 611 *309*
- Ausbildung **110** 16 *9*
- Ausbildungsdauer **110** 23 *16*
- Ausgleich für Nachtarbeit **80** 6 *54*
- Ausgleichszeitraum **80** 3 *28*
- Ausnahmebewilligung zu Arbeitsschutzexperte **90** 18 *5*
- Bereitschaftsdienst **80** 1 *19*
- Berufskrankheit **160** 618 *40*
- betriebliche Altersversorgung **140** 1 *56, 70, 105, 124, 140 f., 145 f., 176 ff.*; 1a *8 f.*; 6 *53*; 16 *9*
- betriebliches Vorschlagswesen **160** 319 *14*
- Bildungsurlaub **160** 629 *25*
- Dienstwagen **160** 611 *662*
- Dotationsrahmen **160** 315 *60*
- Entgeltumwandlung **140** 1 *185 f.*; 1a *8 f.*
- Erholungsurlaub **160** 629 *25*
- Flexibilisierung der Arbeitszeit **80** 1 *19*; **160** 611 *524*
- Freistellung zur Stellensuche **160** 629 *24 f.*
- Freistellungszeitraum zur Stellensuche **160** 629 *25*
- generelles Rauchverbot **160** 618 *15*
- Gesundheitsschutz **160** 618 *40*
- graphologisches Gutachten, Lebenslauf **160** 611 *314*
- Gruppenarbeit **160** 611 *38*
- Kontrolle **160** 611 *576*
- Kurzarbeit **160** 307 *50*; 315 *26*; 611 *523*; 615 *17*
- Kürzung der vorzeitigen Altersleistung, betriebliche Altersversorgung **140** 6 *53 f.*
- Lage von Ersatzruhetag **80** 11 *19*; 13 *59*
- Leistungsbestimmungsrecht **160** 315 *11*
- Leistungsplangestaltung, betriebliche Altersversorgung **140** 1 *70, 124, 140, 179, 182, 185*
- Lohngestaltung, Verteilungsschlüssel **160** 315 *60*
- Nachtarbeit **80** 6 *54*
- Pause/Ruhepause **80** 1 *19*; 4 *13*
- Provision **290** 65 *10*
- Rauchverbot **160** 611 *565*
- Rufbereitschaft **80** 1 *19*
- Ruhezeit, Festlegung/Abweichung **80** 11 *19*; 13 *59*
- Schichtarbeit **80** 6 *54*; **160** 615 *41*
- Schichtplangestaltung **80** 11 *19*; 13 *59*
- Schichtverschiebung, Sonn- und Feiertagsbeschäftigung **80** 9 *19*
- Schutzmaßnahme **160** 618 *40*
- Sonn- und Feiertagsarbeit **80** 9 *19*; 10 *87*; 11 *19*; 12 *20*; 13 *59*
- überbetrieblicher Dienst **90** 19 *5*
- Überstunden **80** 2 *50*; 3 *28*
- Überweisung, Kosten **160** 611 *636*
- Urlaub **160** 629 *24 f.*; **180** 1 *14*
- Verschiebung der Sonn- und Feiertagsruhe in mehrschichtigen Betrieben **80** 9 *19*
- Zeitausgleich **80** 6 *54*
- Zulage **160** 611 *720*
- Zuschlag **160** 611 *720*

Betriebsrat, Mitbestimmung bei betrieblichen Bildungsmaßnahmen
- Gleichbehandlungsgebot, Nacht- und Schichtarbeitnehmer **80** 6 *54*

Betriebsrat, Mitbestimmung bei Kündigung
- Abwicklungsvertrag **160** 611 *1054*
- Anfechtung **160** 611 *430, 467*
- Arbeitsschutz **90** 9 *10 f., 16*
- Aufhebungsvertrag **160** 611 *1054*; **170** 77
- Ausschlussfrist, § 626 Abs. 2 BGB **160** 626 *114, 116*
- außerordentliche Kündigung **160** 626 *114, 116, 137, 148, 152 f., 157*
- Betriebsübergang **160** 613a *131*
- Einigungsstelle **160** 626 *114*
- Einigungsversuch **160** 626 *114*
- Erörterung **160** 626 *114*
- Kündigung vor Dienstantritt **160** 622 *54*
- Nachschieben von Kündigungsgründen **160** 626 *148, 152 f.*
- Tatkündigung **160** 626 *63*
- Unkündbarkeit **160** 626 *137*
- Verdachtskündigung **160** 626 *63 f.*
- Zustimmungsersetzung **160** 626 *116, 157*

Betriebsrat, Mitbestimmung bei personellen Einzelmaßnahmen
- Annahmeverzug **160** 615 *61*
- Arbeitnehmerüberlassung **100** 9 *44*; 10 *5*; 14 *7, 17 ff., 30*

- Arbeitsschutz 70 7 *5*; 10 *10*; 90 9 *10 f. 16*
- Arbeitszeit 80 3 *29 f.*; 6 *20, 54*
- Assessment-Center 160 611 *309*
- Beschäftigungsverbot 160 615 *21*
- Betriebsübergang 160 613a *131*
- Einstellungsfragebogen/Personalfragebogen 160 611 *314*
- Erhöhung der Arbeitszeit 80 3 *29 f.*
- Fortsetzung nach Befristung 160 625 *10*
- Freistellung, Versetzung 160 611 *1112*
- graphologisches Gutachten, Lebenslauf 160 611 *314*
- Informationspflicht des Arbeitgebers über Zustimmungsverweigerung 160 611 *243*
- Leistungsbestimmungsrecht 160 315 *11*
- stillschweigende Verlängerung 160 625 *10*
- Versetzung 80 6 *54*; 160 611 *54, 503*

Betriebsrat, Rechte
- NachwG 360 Vor 1 *61 f.*

Betriebsrat, Sprechstunde
- Arbeitszeit, Abgrenzung 80 2 *27*

Betriebsräterichtlinie, europäische *siehe* Europäische Betriebsräterichtlinie

Betriebsräteversammlung
- Berichtspflicht des Unternehmers 150 53 *4*
- Kosten 150 53 *6*, *siehe auch dort*
- Teilnehmer 150 53 *2*
- Teilversammlung 150 53 *3*

Betriebsratsanhörung
- Beweislast 50 58 *61*

Betriebsratsbeteiligung
- Massenentlassung 320 17 *22 ff.*

Betriebsratsbüro
- Aushangpflicht, geeignete Stelle 80 16 *5*

Betriebsratsfähige Organisationseinheit
- Feststellung 150 18 *43 ff.*

Betriebsratsmitglied
- *siehe auch* Betriebsratsmitglied, außerordentliche Kündigung
- *siehe auch* Betriebsratsmitglied, Kündigung
- *siehe auch* Betriebsratsvorsitzender
- Abfindung 320 9 *21*
- Abmahnung 150 22 *13*
- Amtsausübung bei Kündigung 320 15 *100*
- Amtsniederlegung 150 24 *5 ff.*
- Anzahl *siehe* Betriebsrat, Mitgliederzahl
- Arbeitsbefreiung 150 37 *6 ff.*
- Aufhebungsvertrag 160 611 *1054, 1073*
- Auflösungsantrag 320 9 *21*, *siehe auch dort*
- Ausschluss 150 23 *5, 14 ff.*; 24 *19*
- Beendigung des Arbeitsverhältnisses 150 24 *8 ff.*
- besonderer Kündigungsschutz 160 611 *1044*; 613a *128*; 622 *37, 61*; 626 *1, 98, 116, 121, 127, 134*
- Betriebsübergang 160 613a *121 ff.*
- Bildungsveranstaltung *siehe dort*
- Entgeltschutz 150 37 *30 ff.*
- Freistellung *siehe dort*

- Freistellung und Amtsausübung 320 15 *99*
- Freizeitausgleichsanspruch 150 37 *17 ff.*, *24 ff.*
- Gewerkschaftstätigkeit 150 74 *7*
- Haftung 150 1 *60, 68*; 39 *6*; 74 *8*; 79 *10*
- Hinzuziehung 150 82 *9 ff.*; 84 *6*
- Information/Abstimmung, Notfall/Ausnahmefall 80 14 *40*
- Kündigung Betriebs(teil-)stilllegung 490 322 *13*
- Kündigungsschutz 150 23 *21, 24*; 24 *12 ff.*, *24*; 103 *2*
- Nachrücken von Ersatzmitglied 150 23 *21*, siehe auch Ersatzmitglied
- Schulungsanspruch 150 37 *39 ff.*
- Schutz 150 1 *61, 70*
- Stellvertretung 150 25 *7 ff.*
- Tätigkeitsschutz 150 37 *35 ff.*
- Verbot der Entgeltminderung 150 37 *14*
- Vergütungsanspruch 150 37 *17 ff.*, *26 ff.*
- Verlust der Wählbarkeit 150 24 *16 ff.*; 25 *4*, siehe auch Wahl, Wählbarkeit
- Versetzungsschutz 150 23 *21, 24*
- vorübergehende Verhinderung, Schulung 160 616 *23*
- Widerspruch, Betriebsübergang 160 613a *128*
- Zugangsrecht 150 24 *25 ff.*

Betriebsratsmitglied, außerordentliche Kündigung 320 15 *5, 73 ff.*, *siehe auch* Betriebsratsmitglied, Kündigung
- Amtspflichtverletzung 320 15 *80 f.*
- betriebsbedingte Gründe 320 15 *83, 87 f.*
- Klagefrist 320 15 *92 ff.*
- Kündigungsfrist 320 15 *89 ff.*
- notwendige Auslauffrist 320 15 *84 ff.*
- notwendige Zustimmung, Klagefrist 320 15 *94 f.*
- personenbedingter Grund 320 15 *82, 86*
- Prüfungsmaßstab 320 15 *75 ff.*
- verhaltensbedingter Grund 320 15 *78 f.*, *81, 85*
- wichtiger Grund 320 15 *74 ff.*
- Zustimmung des Betriebsrats 320 15 *96 f.*

Betriebsratsmitglied, Kündigung *siehe auch* Betriebsratsmitglied, außerordentliche Kündigung
- Annahmeverzug 320 15 *101*
- Auflösung bei neuem Arbeitsverhältnis 320 16 *1 ff.*
- Auflösungsantrag 320 15 *8*
- Ausschluss ordentlicher Kündigung 320 15 *42 ff.*
- außerordentliche Kündigung *siehe* Betriebsratsmitglied, außerordentliche Kündigung
- besonderer Kündigungsschutz 320 15 *1 ff.*
- Beteiligung des Betriebsrats 320 15 *53, 69, 96 f.*
- Betriebsabteilung, Stilllegung 320 15 *59 ff.*
- Betriebsstilllegung 320 15 *4, 44 ff.*
- Betriebsübergang 320 15 *48*
- betroffene Kündigungsart 320 15 *13*
- Darlegungs- und Beweislast 320 15 *98*
- Entlassung vor Betriebsstilllegung 320 15 *56 f.*
- Ersatzmitglied 320 15 *30, 36 f.*, *40*

- Freikündigung **320** 15 *64 ff.*
- gemeinsamer Betrieb **320** 15 *50*
- Insolvenzverfahren **320** 15 *9*
- Klagefrist **320** 15 *10, 58, 92 ff.*
- Kleinbetriebsklausel **320** 15 *19*
- Massenänderungskündigung **320** 15 *14 ff., 72*
- Nachwirkung **320** 15 *38 ff., 96*
- Stilllegung einer Betriebsabteilung **320** 15 *59 ff.*
- Tendenzbetrieb **320** 15 *20*
- zeitlicher Umfang **320** 15 *35*
- Zustimmung des Betriebsrats **320** 15 *96 f.*

Betriebsratssitzung
- Teilnahme der Jugend- und Auszubildendenvertretung **150** 67 *2 f.*

Betriebsratstätigkeit
- Arbeitszeit, Abgrenzung **80** 2 *27*

Betriebsratstätigkeit, Einstellung
- Übertragung unverfallbarer Anwartschaft und laufender Leistung **140** 4 *29 f.*

Betriebsratstätigkeit, Kosten
- Beschlussverfahren **50** 2a *16*

Betriebsratsvorsitzender
- Information/Abstimmung, Notfall/Ausnahmefall **80** 14 *40*

Betriebsratswahl
- *siehe auch* Wahlbewerber
- *siehe auch* Wahlvostand
- *siehe auch* Zuordnungsverfahren, BetrVG
- Altersteilzeitarbeitnehmer, Belegschaftsstärke **40** 8 *11*
- Betriebsübergang, Neuwahl **160** 613a *122 ff.*
- Leiharbeitnehmer **100** 14 *4, 8 ff.*
- Sonderkündigungsschutz **320** 15 *24 f., 32 ff.*
- Wahlberechtigung bei Ruhen des Arbeitsverhältnisses, Wehrdienst **60** 1 *6*
- Zeitpunkt **150** 13 *1 ff.*, *siehe auch* Wahl

Betriebsrente *siehe* Betriebliche Altersversorgung

Betriebsrenten
- Anpassung, billiges Ermessen **160** 315 *60a*
- Fälligkeit **160** 614 *2*

Betriebsrentenrichtlinie 230 141 *70 ff.*

Betriebsrentner
- betriebliche Altersversorgung **140** 1 *34, 36, 94, 105, 117, 145, 188, 194*; 3 *2*; 7 *25*; 16 *27, 36, 40 ff.*

Betriebsrisiko
- *siehe auch* Arbeitskampfrisiko
- *siehe auch* Wegerisiko
- Abdingbarkeit **160** 307 *31, 35*; 615 *7 ff.*
- Annahmeunmöglichkeit **160** 615 *5*
- Annahmeverzug **160** 307 *31*; 313 *14*; 611 *7, 16, 183, 189, 830, 881, 904*; 615 *3 ff., 9, 22, 72 ff.*; 626 *25, 93*
- Arbeitskampf **260** 9 *134 ff.*
- Arbeitskampfrisiko, Abgrenzung **160** 611 *7, 83*; 615 *3, 72 f., 75, 82*
- außerordentliche betriebsbedingte Kündigung **160** 626 *25, 93*

- außerordentliche Kündigung **160** 615 *80*
- betriebstechnischer Grund **160** 615 *3, 5, 74, 77*
- Betriebsverbot **160** 615 *22, 79*
- Brand **160** 611 *7*; 615 *3, 77 f.*; 616 *8*
- Elektrizität/Stromausfall **160** 307 *31*; 611 *7, 83*; 615 *3, 77*
- Entgeltrisiko/Vergütungsrisiko **160** 307 *36*; 313 *20*; 611 *604*; 615 *7, 75*
- Erdbeben **160** 615 *3, 78*
- Erfüllungsgehilfe **160** 615 *78*
- Existenzgefährdung/Opfergrenze **160** 615 *76*
- Frost/Eis/Schnee **160** 615 *3, 78*; 616 *8*
- Gasversorgung **160** 611 *7*; 615 *77*
- Geschäftsgrundlage, Abgrenzung **160** 313 *14*
- höhere Gewalt **160** 615 *3, 74, 78*
- Kohlenmangel **160** 615 *77*
- Kündigung **160** 615 *80*
- Landestrauer **160** 615 *79*; 616 *8*
- Maschinenschaden **160** 611 *7, 83*; 615 *3, 77 f.*
- Naturereignis **160** 615 *3, 5, 74, 78*; 616 *8*
- Ölheizung **160** 615 *77 f.*
- Regenfälle **160** 615 *78*
- Richterrecht **160** 611 *183*
- Rohstoffmangel **160** 611 *7, 83*; 615 *3, 77*
- Saison-Kurzarbeitergeld **160** 615 *78*
- Smogalarm, Abgrenzung **160** 611 *830*; 615 *22, 79*; 616 *8*
- Sphärentheorie **160** 615 *75*
- Überschwemmung/Hochwasser **160** 615 *3, 78*; 616 *8*
- Wirtschaftsrisiko, Abgrenzung **160** 615 *73*

Betriebssanitäter
- Arbeitsschutz **70** 10 *3, 7*

Betriebsspaltung
- Betriebsübergang **490** 324 *1 ff.*
- Gemeinschaftsbetrieb *siehe dort*
- Interessenausgleich *siehe dort*
- KSchG, anwendbare Vorschriften **490** 323 *10*
- kündigungsrechtliche Stellung des Arbeitnehmers **490** 323 *1 ff.*
- Kündigungsschutz **490** 322 *1 ff.*
- kündigungsschutzrechtliches Verschlechterungsverbot **490** 323 *1, 7, 9 f.*
- Mitbestimmungsbeibehaltung *siehe* Umwandlung, Mitbestimmungsbeibehaltung
- Zuordnung des Arbeitnehmers durch Interessenausgleich **490** 323 *2, 8, 14 ff.*; 324 *9*, *siehe auch* Interessenausgleich
- Zuordnung des Arbeitsverhältnisses bei Betriebsübergang **490** 324 *7 ff., 24*

Betriebsstätte
- Betretungsrecht der Aufsichtsbehörden, Arbeitszeit **80** 17 *18*

Betriebsstätte, gemeinsame *siehe* Gemeinsame Betriebsstätte

Betriebsstilllegung
- Abfindungsverbot, BetrAVG **140** 3 *9, 22, 27 ff.*

- außerordentliche betriebsbedingte Kündigung **160** 626 *24 f., 27, 51, 93, 107, 129*
- betriebsbedingte Kündigung **320** 1 *372, 428, siehe auch dort*
- Betriebsratsmitglied, Kündigung **320** 15 *44 ff.*
- Betriebsübergang, Abgrenzung **160** 613a *90 f.*

Betriebsteil *siehe auch* Betriebsübergang
- Arbeitszeit **80** 16 *5*
- Aushangpflicht/Auslage **80** 16 *5*
- Begriff **150** 4 *3 ff.;* **160** 613a *60 ff.*
- einzelne Baustellen **10** 6 *4*
- Kündigungsschutz **320** 23 *13*
- Zuordnung von Arbeitsverhältnis **160** 613a *61, 63, 99, 187;* **615** *51*

Betriebsteilstilllegung
- betriebsbedingte Kündigung **320** 1 *372, 428, siehe auch dort*

Betriebsteilübergang
- *siehe* Betriebsteil
- *siehe* Betriebsübergang

Betriebstreue
- Kündigungsfrist **160** 622 *14*
- Prämie **160** 611 *703*
- Sondervergütung **160** 611 *687, 692, 698 f., 703;* 628 *9*
- vorzeitige Altersleistung, betriebliche Altersversorgung **140** 6 *46, 57, 59, 62, 65, 68*

Betriebsübergang
- *siehe auch* Betriebsteil
- *siehe auch* Insolvenz
- *siehe auch* Unterrichtung, Betriebsübergang
- *siehe auch* Widerspruch, Betriebsübergang
- Abfindungsverbot, BetrAVG **140** 3 *10, 27 ff.*
- Ablöseprinzip **160** 613a *120*
- Aktienoption **160** 611 *730, 1127;* 613a *100*
- Altersteilzeit **40** 8 *10a*
- Altersteilzeitarbeitsverhältnis **160** 613a *15 f., 98*
- Amtszeit des Betriebsrats **150** 21 *17*
- Änderungskündigung **160** 613a *104, 108*
- Angestellter **160** 613a *14, 94*
- Annahmeverzug **160** 615 *30, 45, 51, 63*
- Anpassung laufender Leistung **140** 16 *6*
- Anscheinsbeweis **160** 613a *165*
- Anschlussbefristung **480** 14 *94*
- Anwendungsbereich **160** 613a *14 ff.*
- Arbeiter **160** 613a *94*
- Arbeitgeberdarlehen **160** 611 *747;* 613a *102*
- Arbeitnehmer **160** 613a *14 f., 94 f.*
- arbeitnehmerähnliche Person **160** 613a *16*
- Arbeitnehmerüberlassung **160** 613a *96*
- Asset Deal **160** 613a *78*
- Aufhebungsvertrag **160** 611 *1027;* 613a *151, 156*
- Auflösungsantrag **50** 46 *115;* **320** 9 *24, siehe auch dort*
- Auflösungsurteil **160** 613a *168 ff.*
- Auftragsneuvergabe/Funktionsnachfolge **160** 613a *23, 42, 44, 72 ff.*

- Ausbildungsverhältnis **110** 12 *7;* **160** 613a *14, 94*
- Autohändler **160** 613a *53*
- Autohersteller **160** 613a *31*
- Bäderbetrieb **160** 613a *40*
- befristetes Arbeitsverhältnis **480** 14 *94*
- Begriff **160** 613a *7, 23 ff.*
- Belegschaft/Hauptbelegschaft/Personal **160** 613a *28 ff., 36, 41, 47, 52, 54, 56, 68, 72 ff., 90, 221, 227*
- Bereederungsvertrag **160** 613a *48, 67*
- Beschäftigungs- und Qualifizierungsgesellschaft **160** 611 *1027*
- Beschlussverfahren **160** 613a *121*
- Bestandsschutz **50** 46 *103 ff.*
- betriebliche Altersversorgung **140** 1 *187 ff.;* 1b *37*
- betriebliche Übung **160** 613a *102*
- Betriebsänderung **160** 613a *132 f., 189*
- betriebsbedingte Kündigung **160** 613a *15, 90, 108, 149 ff., 198, 209, 222;* 626 *25 ff.;* **320** 1 *433 ff., siehe auch dort*
- Betriebsbegriff **160** 613a *23, 26 ff.*
- betriebsmittelarmer Betrieb **160** 613a *28, 31, 34, 36, 43, 52, 56, 62, 75 f., 90*
- betriebsmittelgeprägter Betrieb **160** 613a *43, 76*
- Betriebsratsmitglied **160** 613a *121 ff.*
- Betriebsstilllegung, Abgrenzung **160** 613a *90 f.*
- Betriebsübergangs-Richtlinie **160** 613a *3, 25, 74, 145, 176 f., 185, 187 f., 190, 232*
- Betriebsvereinbarung **160** 613a *8, 106 ff., 129;* **490** 324 *11, 13 ff.*
- betriebsverfassungsrechtliche Unterrichtungspflicht **160** 613a *134 f., 189, 201*
- Betriebsverlegung **160** 613a *18, 56, 133*
- Betriebszugehörigkeitsdauer **160** 613a *102 f., 195*
- Betriebszweck/Gesamtzweck/Teilzweck **160** 613a *55, 60, 90, 110, 133*
- Bewachungsgewerbe **160** 613a *28, 44, 73*
- Beweislast **50** 58 *47, siehe auch dort*
- Bezugnahme auf Tarifvertrag **160** 613a *106, 116 ff.;* **470** 3 *112 ff.*
- Catering **160** 613a *44, 73*
- Computerprogramme **160** 613a *27, 50 f., 64*
- Damenoberbekleidungsgeschäft **160** 613a *57*
- Darlegungs- und Beweislast **160** 613a *165;* **490** 324 *23*
- Dienstleistungsgewerbe **160** 613a *43 f., 50, 65*
- Einzelhandelsbetrieb **160** 613a *41, 50, 58, 66*
- Einzelrechtsnachfolge **160** 613a *24*
- Elternzeit **130** 15 *31;* **160** 613a *15*
- Erwerberkonzept **160** 613a *150*
- europarechtskonforme Auslegung **160** 613a *25*
- Fahrzeug **160** 613a *27, 64*
- Feststellungsklage **50** 46 *114, siehe auch dort*
- Firmenfortführung **160** 613a *139*
- Formwechsel, Verhältnis **490** 324 *3*
- Fortbestand des Betriebsrats **150** 21a *4, 22;* 24 *10*
- Freiberufler **160** 613a *19*

- freier Mitarbeiter **160** 613a *14, 94*
- Freistellung **160** 613a *15f., 98, 226*
- Freistellungsphase, Blockmodell **160** 613a *14*
- Führungskräfte **160** 613a *30, 34, 54, 68*
- Funktionsnachfolge **160** 613a *84*
- Gaststätte **160** 613a *55, 68*
- Gebäude **160** 613a *27, 41, 44, 64*
- Gebrauchsmuster **160** 613a *51*
- Gefahrstofflager **160** 613a *31*
- Gemeinschaftsrecht **230** Richtlinien *104 ff.*
- gerichtliche Kontrolle der Zuordnung **490** 324 *24*
- Gerichtsstandsbestimmung **50** 2 *103*, siehe auch dort
- Gesamtbetrachtung/Gesamtbewertung/Gesamtabwägung **160** 613a *33, 43, 58 f., 68*
- Gesamtbetriebsrat **150** 47 *6, 8 ff.*, siehe auch dort
- Gesamtbetriebsvereinbarung **150** 50 *13 f.*; **160** 613a *111*
- Gesamtrechtsnachfolge **160** 613a *21, 24, 85, 110, 171, 180*
- Gesamtschuldner **160** 613a *137, 184*; 615 *51*
- Gesamtwürdigung der wirtschaftlichen Einheit **160** 613a *26*
- Geschäftsführer **160** 613a *14, 94*
- Geschäftspapiere **160** 613a *65*
- Gesellschaftsvertrag **160** 613a *86*
- Gleichbehandlungsgrundsatz **160** 613a *104, 108*
- Gleichstellungsabrede **160** 613a *117*
- Good-Will **160** 613a *27, 50*
- Gratifikation **160** 613a *102*
- grenzüberschreitender Betriebsübergang **160** 613a *18*
- Güney-Görres, EuGH **160** 613a *1, 25, 45, 87, 225*
- Günstigkeitsprinzip **160** 613a *120*
- Haftung **160** 613a *1, 8, 92, 136 ff., 141, 193 f., 229*
- Haftung für Arbeitgeberanspruch **490** 324 *20*
- Halb-/Fertigfabrikate **160** 613a *27, 64*
- Handelsvertreter **160** 613a *94*
- Handlungsvollmacht **160** 613a *105*
- Haustarifvertrag **160** 613a *110*
- Heimarbeitsverhältnis **160** 613a *94*
- Insolvenz **160** 613a *80, 90, 140 ff., 227 ff.*
- insolvenzbedingte Kündigung **160** 613a *228 ff.*
- Insolvenzverwalter **160** 613a *90, 141, 144, 228*
- Insourcing **160** 613a *75*
- Interessenausgleich, Zuordnung **490** 324 *9*
- Kantine **160** 613a *31, 74*
- Kaufhaus **160** 613a *34, 72*
- Kaufvertrag **160** 613a *86, 192*
- Klagegegner im Kündigungsschutzprozess **320** 4 *15*
- Klageantrag **50** 46 *118 ff.*
- Klagefrist Kündigungsschutzklage **160** 613a *144, 154*
- Know-how **160** 613a *27, 50 f., 64*
- Kollision von Versorgungszusagen **140** 1 *191 f.*

- Kontinuität des Betriebsrats **160** 613a *8, 121 ff., 141, 228*
- Konzession **160** 613a *65*
- Krankenhaus **160** 613a *31, 74*
- Kundendienst **160** 613a *34, 72*
- Kündigung von Betriebsratsmitglied **320** 15 *48*
- Kündigungsschutzklage **160** 613a *144, 158 ff., 172*
- Kündigungsverbot **160** 611 *1027*; 613a *8, 92, 145 ff., 156, 193*; 622 *59*; **490** 324 *16*
- Kundschaft **160** 613a *41, 50, 53, 55, 57 f., 65 f.*
- Lastwagen **160** 613a *48*
- leitender Angestellter **160** 613a *14*
- Lizenz **160** 613a *27, 50 f., 64*
- Lohnannahmeverzug **160** 615 *36*
- Maschinen **160** 613a *27, 44, 64*
- Mietvertrag **160** 613a *86, 192*
- Mitbestimmung des Betriebsrats **160** 613a *131*
- Mitbestimmung des Betriebsrats bei personellen Einzelmaßnahmen **160** 613a *131*
- Nachteilsausgleich **160** 613a *133*
- NachwG **360** Vor 1 *68*
- Neuwahl des Betriebsrats **160** 613a *122 ff.*
- Nießbrauch **160** 613a *86*
- Notar **160** 613a *40*
- öffentlicher Dienst/öffentliche Verwaltung **160** 613a *19 f., 37 ff., 46, 69, 78, 89*
- Outsourcing **160** 613a *75, 134, 174*; 626 *27*
- Pachtvertrag/Verpachtung, Rückfall **160** 613a *70, 79, 84, 86, 192*
- Passivlegitimation für Kündigungsschutzklage **160** 613a *158 ff.*
- Patente **160** 613a *27, 50 f., 64*
- Pensionssicherungsverein auf Gegenseitigkeit **160** 613a *143, 231*
- Personalabbau **160** 613a *133, 195*
- Personaleinkauf **160** 611 *651*
- personelle Angelegenheiten **160** 613a *131*
- Produktionsanlage **160** 613a *27, 64*
- Prokura **160** 613a *105*
- Prüfkriterien, Sieben-Punkte-Katalog **160** 613a *41 ff.*
- Rabatt **160** 611 *651*
- Rechtsfolgen **160** 613a *92 ff.*
- Rechtsgeschäft **160** 613a *7 f., 19 f., 23, 63, 82 ff., 179, 228*
- Rechtshängigkeit **50** 46 *103 ff.*
- Rechtskrafterstreckung **50** 46 *113*
- Rechtswahl **220** 30, 8 Rom I *62*
- Rechtswahl, ordre public **160** 613a *18*
- Reinigungsgewerbe **160** 613a *28 f., 73*
- Restmandat **160** 613a *123, 126*
- Restmandat des Betriebsrats **150** 21b *7*
- Rohstoffe **160** 613a *27, 64*
- rückständiges Weihnachts/Urlaubsgeld **160** 613a *101*
- Schenkung **160** 613a *86*

- Schießplatz **160** 613a *40*
- Schule **160** 613a *40*
- Schwerbehinderung **160** 613a *100*
- Seeschiff **160** 613a *48, 67*
- Share Deal **160** 613a *78, 122*
- Sicherungsübereignung **160** 613a *71, 84*
- Sondervergütung **160** 611 *670*; 613a *102*
- Sozialauswahl **160** 613a *152 f., 222*; **320** 1 *489 f.*
- soziale Angelegenheiten **160** 613a *130*
- Sozialplanabfindung **160** 611 *1075*
- Spaltung **160** 613a *21, 126, 132 f., 178, 180, 225 f.*; **490** 324 *1 ff.*
- Spaltungs- und Übernahmevertrag, Zuordnung **490** 324 *8*
- Sprecherausschuss **160** 613a *135*; **460** 8 *7*
- Sprecherausschuss-Richtlinie/-Vereinbarung **460** 28 *4*
- Streitgenossenschaft **50** 46 *110 f.*; **160** 613a *160 f.*
- Streitverkündung **50** 46 *121*
- Tarifgebundenheit **470** 3 *60 ff., 112 ff.*
- Tarifvertrag **160** 613a *8, 106 ff.*
- Teilzeitarbeitnehmer **160** 613a *94*
- Tendenzbetrieb **160** 613a *19*
- Testamentsvollstreckung **160** 613a *20, 80*
- Transportgeräte **160** 613a *27, 64*
- Übergang der Rechte und Pflichten bei Umwandlung **490** 324 *10 ff.*
- Übergangsmandat **160** 613a *111, 123 ff.*
- Übergangsmandat des Betriebsrats **150** 21a *22 ff.*; 24 *11*
- Überkreuzablösung, Tarifvertrag/Betriebsvereinbarung **160** 613a *111, 119*
- Umgehungsgeschäft **160** 613a *84*
- Umwandlung, UmwG **160** 613a *1, 21, 138, 157, 178, 180, 192, 212, 225 f.*
- Unabdingbarkeit **160** 613a *5, 101*
- Unterrichtungspflicht des Arbeitgebers **490** 324 *18*
- Urlaub **180** 6 *36 ff.*
- Urlaubsabgeltung **180** 7 *135*
- Veränderungssperre **160** 613a *108 ff., 194*
- Vergütung **160** 613a *100 ff., 136 f.*
- Vergütungsregelung im TV **160** 613a *107*
- Vermächtnis **160** 613a *86*
- Vermögensübertragung **160** 613a *21, 178, 180, 225 f.*; **490** 324 *1 ff.*
- Verschmelzung **160** 613a *21, 178, 180, 226 f.*; **490** 324 *1 ff.*
- Versorgungsanwartschaft **160** 613a *98, 102 f., 143, 195, 231*
- Versorgungsanwartschaft im Insolvenzverfahren **140** 1 *193*; 7 *42 ff.*; **160** 613a *143, 231*
- Versorgungsordnung **140** 1 *189, 191*
- Vertragsfreiheit **160** 611 *347*; 613a *10, 13, 83, 101*
- Vertragspartnerwechsel, AGB **160** 309 *44*
- Vollmacht **160** 613a *105*
- Voraussetzungen **160** 613a *23 ff.*

- Warensortiment **160** 613a *50, 58, 66, 68*
- Wartezeit, KSchG **160** 622 *43*
- Weihnachtsgeld **160** 613a *137*
- Weiterbeschäftigungsanspruch nach Wehrdienst **60** 1 *7*
- Weitergeltung des Tarifvertrags **490** 324 *11 f., 14 f.*
- Werkzeuge **160** 613a *27, 44, 64*
- Wettbewerbsverbot **160** 613a *105*; **290** 60 *20*
- Widerspruchsrecht des Arbeitgebers **490** 324 *19*
- Wiedereinstellungsanspruch **490** 324 *17*
- Wiedereinstellungsanspruch, soziale Auswahl **160** 315 *34*; 613a *142, 155 ff., 229*
- Wirtschaftsausschuss **150** 106 *8a, 22 f.*; **160** 613a *135, 189, 201*
- Zuordnung der Arbeitnehmer kraft Gesetzes **490** 324 *7 f.*
- Zuschuss zum Mutterschaftsgeld **350** 14 *16*
- Zwangsversteigerung **160** 613a *20, 80*
- Zwangsverwaltung **160** 613a *80*

Betriebsübergangsrichtlinie, EG
230 Richtlinien *104 ff.*
- Umsetzung in deutsches Recht **230** Richtlinien *120 f.*

Betriebsunfall siehe Unfallverhütung

Betriebsurlaub
- Arbeitszeit **80** 13 *38*

Betriebsveranstaltung
- Pauschalierung der Lohnsteuer **240** 40 *16*

Betriebsveräußerer siehe Betriebsübergang

Betriebsverbot
- Betriebsrisiko **160** 615 *22, 79*

Betriebsvereinbarung
- siehe auch Gesamtbetriebsvereinbarung
- siehe auch Regelungsabrede
- abändernde Betriebsvereinbarung, betriebliche Altersversorgung **140** 1 *135 ff.*
- Ablöseprinzip, Betriebsübergang **160** 613a *120*
- Abschluss **150** 77 *4 ff*
- Abschlussmangel **150** 77 *8 ff.*
- Abweichung vom Jugendarbeitsschutz **310** 21b *8 ff.*
- Anhörung des Sprecherausschusses **150** 77 *7*, siehe auch dort
- Anwendbarkeit auf Arbeitsvertrag **250** 105 *22 ff.*
- Arbeitsschutz **160** 618 *40*
- Arbeitszeitregelung, Öffnungsklausel **80** 7 *1 ff., 8*; 12 *1 ff.*
- Ausgleichsquittung **160** 611 *1099*
- Ausschlussfrist **150** 77 *52*
- Auswahlrichtlinie **150** 95 *9, 11*
- Beendigung **150** 77 *53 ff.*
- Begriff **150** 77 *3*
- Bereichsausnahme, AGB **160** Vor 305-310 *3 ff.*; 307 *12 f., 20*; 310 *16, 21 ff.*
- Beschäftigungssicherung **160** 626 *121, 141*
- Beschlussverfahren **50** 2a *10*, siehe auch dort

- betriebliche Altersversorgung **140** 1 *105 f.*; 1b *19 f., 32*; 2 *66*
- Betriebsbuße **160** 315 *61*
- Betriebsübergang **160** 613a *8, 106 ff., 129*
- Betriebsübergang, Weitergeltung **490** 324 *11, 13 ff.*
- Bezugnahme auf Tarifvertrag **160** 622 *17*; **470** 3 *122*
- Blankettverweisung auf Tarifvertrag, Arbeitszeit **80** 7 *54*
- Durchführung **150** 77 *2*
- Gefährdungsbeurteilung **70** 5 *4*
- Geldakkord, Vorgabezeit **160** 611 *630*
- Geltungsbereich **150** 77 *11 ff.*
- Gesamtbetriebsvereinbarung **150** 50 *12 ff., 17*
- Gesamtvereinbarung **460** 2 *3*
- Geschäftsgrundlage **160** 313 *22 ff.*
- Grundrechtsbindung **160** 611 *171*; **260** Vor 1 *32*
- Günstigkeitsprinzip **150** 77 *23, 35, 46 ff.*
- Inhalt **150** 77 *15 ff.*
- Insolvenz **300** 120 *1 ff., siehe auch dort*
- Konzernbetriebsvereinbarung **150** 59 *9*
- Kündigung **150** 50 *14*; 77 *55 ff., 67, 72*; 88 *14 f.*
- Kündigungsausschluss **160** 622 *63*
- Maßregelungsverbot **160** 612a *4, 6*
- Nachweis, NachwG **160** 622 *66*
- NachwG **360** 2 *39 ff.*
- Nachwirkung **150** 77 *65 ff.*
- normative Wirkung **150** 77 *45 ff.*
- Notfall/Ausnahmefall, Arbeitszeit **80** 14 *40*
- Rationalisierungsschutzabkommen **160** 622 *63*
- Rechtsquelle **160** 611 *164 f., 177*
- Revisionsgrund **50** 73 *16*
- Schriftform **160** 127 *10, 17*
- Sondervergütung **160** 611 *669 f.*
- Tariföffnungsklausel **150** 77 *41*
- Tarifvertrag, Verhältnis **470** 1 *10*; 3 *38*
- Tarifvorrang **150** 3 *47 ff.*; 77 *23 ff., 44, 72*; 92a *15*
- Turboprämie **160** 612a *18*
- Überkreuzablösung, Betriebsübergang **160** 613a *111, 119*
- unklare Betriebsvereinbarungsöffnungsklausel, Transparenzgebot **160** 307 *114*
- Unkündbarkeit **160** 622 *63*; 626 *121 ff.*
- Urlaubsgeld **180** 11 *56*
- Verbesserungsvorschlag **160** 319 *14*
- Vergütung, Tarifvorbehalt **160** 611 *607*
- Verjährung **150** 77 *52*
- Verzicht **160** 611 *1099*; 615 *10*
- Verzicht/Verwirkung **150** 77 *50 f.*
- Widerrufsvorbehalt **160** 310 *21*
- Zeitkollisionsregel, Ordnungsprinzip **140** 1 *136*

Betriebsverfassungsnorm 150 77 *19*

Betriebsverfassungsrecht
- Aufgaben des Betriebsarztes **90** 3 *18*
- Beschlussverfahren **50** 83a *3, siehe auch dort*
- Durchführung Arbeitsschutzmaßnahmen **90** 12 *10*
- Durchführung Unfallverhütungsmaßnahmen **90** 12 *10*
- Entsendung in das Ausland **220** 30, 8 Rom I *80, 85 ff.*
- Folgen der Ausstrahlungswirkung **220** 30, 8 Rom I *86*
- räumlicher Geltungsbereich **220** 30, 8 Rom I *80 ff.*
- Schutzfunktion, Leih-Arbeitnehmer **100** 14 *3*
- Sicherheitsfachkräfte **90** 6 *10*; 7 *5*
- Zuordnung des Arbeitnehmers zum Inlandsbetrieb **220** 30, 8 Rom I *80 ff.*

Betriebsverfassungsrecht, ausländisches
- Einstrahlung nach Deutschland **220** 30, 8 Rom I *89 ff.*
- Mitbestimmung im Aufsichtsrat **220** 30, 8 Rom I *90 f.*

Betriebsverfassungsrechtliche Vorfrage *siehe* Vorfrage, betriebsverfassungsrechtliche

Betriebsverfassungsrechtliches Organ *siehe* Organ, betriebsverfassungsrechtliches

Betriebsverlagerung in das Ausland 230 Richtlinien *124*

Betriebsverlegung
- Arbeitsort **250** 106 *17*

Betriebsversammlung
- Ablauf **150** 42 *4 ff.*
- Abteilungsversammlung **150** 42 *8*
- Antrags-/Stimmberechtigung **150** 46 *2*
- Arbeitskampf **150** 44 *3*
- Arbeitszeit **150** 44 *3 ff., 7*
- außerordentliche Versammlung **150** 43 *3*
- Berichtpflicht des Arbeitgebers **150** 43 *7 ff.*
- Bestellung des Wahlvorstands **150** 17 *2 ff., siehe auch* Wahlvorstand
- Einberufung **150** 43 *5*
- Kosten **150** 45 *2, siehe auch dort*
- Recht zur Stellungnahme **150** 43 *9*
- regelmäßige Betriebsversammlung **150** 43 *2*
- Tätigkeitsbericht des Betriebsrats **150** 43 *6*
- Teilnehmer **150** 42 *2 ff., 6*; 43 *4*; 46 *2*
- Teilversammlung **150** 42 *7*
- Themen **150** 45 *1*
- Vergütung **150** 44 *6 f.*

Betriebsvertragspartei
- Grundrechtsbindung **260** Vor 1 *30 ff.*

Betriebszugehörigkeit 150 1 *39 f.*; 5 *6*
- Anrechnung von Wehrdienstzeit **60** 1 *5*; 6 *6 ff.*; 7 *2*; 12 *2 ff.*
- Betriebsübergang **160** 613a *102 f., 195*
- Direktversicherung, betriebliche Altersversorgung **140** 2 *37, 49, 76*; 6 *63 ff.*
- Elternzeit **160** 611 *1072 f.*
- Gratifikation, Anrechnung von Wehrdienstzeit **60** 6 *6*
- Haftung des Arbeitnehmers **160** 611 *884, 900, 902*
- Interessenabwägung, außerordentliche Kündigung **160** 626 *89, 139*

Betriebszugehörigkeit – Beweislast

- Jubiläumszuwendung, Anrechnung von Wehrdienstzeit **60** *6 6*
- Kündigungsfrist **160** 622 *1, 14, 43 ff., 62*
- Rechtsmissbrauch **160** 622 *44*
- Ruhen des Arbeitsverhältnisses **60** 1 *5*
- Sozialauswahl **160** 315 *34 f.*
- soziale Auswahl, Wiedereinstellungsanspruch **160** 315 *34 f.*
- Sozialplanabfindung **160** 611 *1072*
- unmittelbare Versorgungszusage **140** 2 *2, 7, 9, 13 f., 16, 19 ff., 24 ff., 30 f., 33 f., 76;* 6 *51, 46;* 7 *46*
- Unterbrechung **160** 622 *43 ff.*
- unverfallbare Anwartschaft **140** 1b *21;* 2 *2, 7 ff., 13 ff., 24 ff., 32 ff., 37, 49, 57, 67, 76;* 6 *46, 49, 63, 66, 40, 76;* 7 *40, 46 ff.;* **160** 305c *39*
- Versorgungszusage **140** 1 *189;* 1b *21 ff., 37, 45 f., 54, 69;* 2 *24 ff.;* 30f *1 f.;* **160** 305c *39*

Beurkundung 50 7 *2 ff.*
- Zustellung **50** 50 *36*

Beurlaubung
- ehrenamtlicher Richter **50** 21 *19, siehe auch dort*

Beurteilungsgrundsätze
- Begriff **150** 94 *8 ff.*
- Beteiligung des Sprecherausschusses **460** 30 *3*
- Mitbestimmung des Betriebsrats **150** 94 *14, 16*

Beurteilungsspielraum
- streitige Verhandlung **50** 56 *3, siehe auch dort*

Bevollmächtigter
- Prozessvertretung **50** 11 *21 f.*

Bevorzugte Einstellung
- nach Wehrdienst **60** 11a *1 ff.*

Bewachungsgewerbe
- Arbeitszeit **80** 10 *44 ff.*
- Betriebsübergang **160** 613a *28, 44, 73*

Bewährungsaufstieg
- Eingruppierungsfeststellungsklage **50** 46 *148*

Beweis des ersten Anscheins *siehe* Anscheinsbeweis

Beweis, Recht auf 50 58 *4*

Beweisantrag
- Gehörsrüge bei Nichtberücksichtigung **50** 78a *12*

Beweisaufnahme 50 58 *23 f.*
- Ablehnung des Beweisantritts **50** 58 *23*
- Berufungsverfahren **50** 64 *60*
- Beschlussverfahren **50** 83 *7, siehe auch dort*
- durch ersuchten Richter **50** 55 *39*
- gesetzliche Grundlage **50** 58 *2 ff.*

Beweisbeschluss 50 58 *23*
- Alleinentscheidung des Vorsitzenden **50** 55 *39 ff.*

Beweiserhebung 50 58 *23 ff.*
- streitige Verhandlung **50** 56 *6*

Beweisfrage, schriftliche Beantwortung
- Alleinentscheidung des Vorsitzenden **50** 55 *40*

Beweisführung
- einstweiliges Verfügungsverfahren **50** 62 *56*

Beweislast 50 58 *6 ff.*
- Abmahnung **50** 58 *27 ff., siehe auch dort*
- Akkord **50** 58 *35*

- Akkordgruppe **50** 58 *55, siehe auch dort*
- Anhörung des Betriebsrats **50** 58 *61, siehe auch dort*
- Anhörung des Personalrats **50** 58 *61, siehe auch dort*
- Annahmeverzug **50** 58 *31 ff., siehe auch dort*
- Anrechnung der Tariflohnerhöhung **50** 58 *36, siehe auch dort*
- Arbeitnehmerhaftung **50** 58 *48, siehe auch* Tätigkeit, betriebliche
- Arbeitskampf **50** 58 *34, siehe auch dort*
- Arbeitsleistung **50** 58 *41*
- Arbeitsunfähigkeit **50** 58 *37 f., siehe auch dort*
- Arbeitsvergütung **50** 58 *35, siehe auch dort*
- Arbeitsverhältnis **50** 58 *58 ff.*
- Arbeitszeit **50** 58 *40, siehe auch dort*
- Aufhebungsvertrag **50** 58 *30, siehe auch dort*
- Aufrechnung **50** 58 *43, siehe auch dort*
- Ausschlussfrist, § 626 Abs. 2 BGB **50** 58 *84, siehe auch dort*
- Auswahlrichtlinie **50** 58 *70, siehe auch dort*
- Befristung **50** 58 *46, siehe auch dort*
- Bereicherungswegfall **50** 58 *89 ff.*
- Beschlussverfahren **50** 83 *8, siehe auch dort*
- betriebliche Tätigkeit **50** 58 *48*
- betriebliches Interesse **50** 58 *71*
- betriebsbedingte Kündigung **50** 58 *63 ff., siehe auch dort*
- Betriebsübergang **50** 58 *47, siehe auch dort*
- Druckkündigung **50** 58 *79, siehe auch dort*
- Eignung **50** 58 *72*
- entgangener Gewinn **50** 58 *56, siehe auch dort*
- Entgeltfortzahlung **50** 58 *37 f., siehe auch dort*
- Erfüllung **50** 58 *42*
- Gesundheitsprognose **50** 58 *73*
- häufige Kurzerkrankung **50** 58 *73*
- Krankheit **50** 58 *73, siehe auch dort*
- Kundendienstwagen **50** 58 *48, siehe auch dort*
- Kündigung **50** 58 *57 ff., siehe auch dort*
- Kündigung im Kleinbetrieb **50** 58 *80*
- Lohnvorschuss **50** 58 *42, siehe auch dort*
- Mankohaftung **50** 58 *51 ff., siehe auch dort*
- Mutterschutz **50** 58 *85, siehe auch dort*
- personenbedingte Kündigung **50** 58 *72 ff., siehe auch dort*
- Persönlichkeitsrecht **50** 58 *85a, siehe auch dort*
- pfändbares Arbeitseinkommen **50** 58 *44 f., siehe auch dort*
- Probezeitkündigung **50** 58 *80, siehe auch dort*
- Prozessfähigkeit **50** 58 *87, siehe auch dort*
- Rückabwicklung **50** 58 *90, siehe auch dort*
- Rückzahlungsklausel **50** 58 *88, siehe auch dort*
- Sozialauswahl **50** 58 *68 ff., siehe auch dort*
- Tariflohnerhöhung **50** 58 *36*
- Überstunden **50** 58 *39, siehe auch dort*
- Überstundenvergütung **50** 58 *40, siehe auch dort*
- ungerechtfertigte Bereicherung **50** 58 *43, 89 ff.*

- unkündbarer Arbeitnehmer **50** 58 *83, siehe auch dort*
- Unmöglichkeit **50** 58 *54, siehe auch dort*
- unzumutbare Betriebsbeeinträchtigung **50** 58 *74*
- Urlaubsabgeltung **50** 58 *92, siehe auch dort*
- Urlaubsgewährung **50** 58 *93, siehe auch dort*
- verhaltensbedingte Kündigung **50** 58 *77 f., siehe auch dort*
- wichtiger Grund **50** 58 *82, siehe auch dort*
- Wiedereinstellung **50** 58 *76, siehe auch dort*
- Zeugnis **50** 58 *94, siehe auch dort*
- Zugang **50** 58 *57, siehe auch dort*

Beweislasterleichterung
- allgemeine Gleichbehandlung **20** 23 *22 ff.*

Beweislastregel
- Verletzung als Revisionsgrund **50** 73 *13*

Beweisschwierigkeit
- NachwG **360** Vor 1 *2*

Beweissicherungsverfahren *siehe* Selbständiges Beweisverfahren

Beweisthema 50 58 *23*
Beweisverbot 50 58 *12*

Beweisvereitelung
- NachwG **360** Vor 1 *53*

Beweisverfahren, selbständiges *siehe* Selbständiges Beweisverfahren

Beweisverwertungsverbot
- Datenschutz **120** 4 *15*

Beweiswürdigung 50 58 *23, 26, siehe auch dort*

Bewerbung
- Diskriminierung **20** 16 *19*
- Gespräch **260** 2 *45 ff.*
- Personalfragebogen **260** 2 *76*
- schwerbehinderte Menschen **430** 82 *4 f.*

Bewerbungsgespräch 260 2 *45 ff.*
Bewerbungskosten *siehe* Vorstellungskosten

Bewerbungsunterlagen
- Arbeitszeugnis **160** 630 *1*
- Vertragsanbahnung **160** 611 *230, 244*

Bewertungsrichtlinien
- Sozialauswahl **320** 2 *99*

Bezirkspersonalrat
- Zuständigkeit, Beteiligung bei Kündigung **170**, *28*

Bezirksprovision 290 65 *8*

Bezirksvertreter
- Provision **290** 87 *11*

Bezüge, variable 290 74b *10*

Bezugnahme auf Tarifvertrag *siehe* Tarifvertrag, Bezugnahme auf

Bezugnahme, statische
- Tarifvertrag **470** 3 *88*

BGB-Gesellschaft
- Arbeitgeber **140** 1 *23*; **160** 611 *128*
- Gruppenarbeit, Gesellschafter **160** 611 *40*

Bibliothek
- Arbeitszeit **80** 10 *23*

Bilanz
- Tantieme **160** 611 *724 ff., 1130*; 614 *7*

Bild-/Tonmaterial
- Datenerhebung **120** 3 *8*

Bildberichterstatter
- Arbeitnehmer, Abgrenzung **160** 611 *104*

Bildschirmarbeitsplatz
- Arbeitsschutz **70** 3 *5*
- Kosten/Kostenbeteiligung **70** 3 *5*

Bildungsgutschein
- berufliche Weiterbildung **110** 63 *23*

Bildungsmaßnahme, betriebliche *siehe* Betriebliche Bildungsmaßnahme, BetrVG

Bildungsurlaub 50 46 *170*
- Freistellung **180** 1 *40*
- Mitbestimmung des Betriebsrats **160** 629 *25*
- Verhältnis BUrlG **180** 1 *39*

Bildungsveranstaltung
- Bildungsurlaub **150** 37 *44 ff., 53*
- Einigungsstellenverfahren **150** 37 *50*
- Entgeltfortzahlung/Freizeitausgleich **150** 37 *51 ff.*
- Erforderlichkeit **150** 37 *40 ff.*; 89 *19*
- Ersatzmitglied **150** 37 *42, 53*
- Freistellung **150** 38 *16*
- Teilnehmer **150** 37 *48*
- Unterrichtungspflicht **150** 37 *49*
- Zeitpunkt **150** 37 *47*

Bilka, EuGH
- betriebliche Altersversorgung **140** 1 *80 f., 86*

Billiges Ermessen *siehe auch* Billigkeitskontrolle
- Änderungsvorbehalt **160** 308 *8*
- Anpassung laufender Leistung **140** 16 *43 ff.*
- Begriff **160** 315 *6, 12*
- betriebliche Altersversorgung **140** 1 *17, 66; 3 12; 7 23, 65, 71; 9 2; 10a 2; 16 4, 7, 21, 43, 65*
- Darlegungs- und Beweislast **160** 315 *67 f.*; 319 *25*; 611 *502*
- Direktionsrecht **160** 315 *17 f., 63*; 611 *502*
- Freistellung zur Stellensuche **160** 629 *19 f., 26*
- Generalklausel **160** 611 *470 f.*
- gerichtliche Kontrolle **160** 315 *6, 12 ff.*; 319 *1*
- Gleichbehandlungsgrundsatz **160** 315 *12*
- Grundrechte **160** 315 *12*
- Leistungsverweigerungsrecht **160** 315 *15*
- Rauchverbot **160** 618 *15*
- Versetzungsvorbehalt **160** 308 *8, 18*

Billigkeit
- *siehe* Billiges Ermessen
- *siehe* Billigkeitskontrolle

Billigkeitskontrolle *siehe auch* Billiges Ermessen
- AGB **160** Vor 305-310 *13*
- Darlegungs- und Beweislast **160** 611 *714*
- Darlegungs-/ Beweislast **55** 23 *6*
- Jeweiligkeitsklausel, betriebliche Altersversorgung **140** 1 *70*; 5 *18*
- Leistungsbestimmungsrecht **160** Vor 305-310 *13*; 315 *5, 18 ff.*; 611 *475, 713 ff., 724*

- Versorgungsordnung **140** 6 *26*
- Versorgungszusage **140** 1 *111*
- Zielvereinbarung **160** 611 *711, 713 ff.*

Bindungswirkung
- falsche Urlaubsberechnung **180** 3 *36 f.*

Binnenfischerei
- Arbeitszeit **80** 10 *42*

Binnenschifffahrt
- Jugendarbeitsschutz **310** 21b *1 ff.*
- Lohn, Fälligkeit **160** 614 *10*
- Tarifvertrag **80** 21 *1a*

Binnenwirtschaft
- Arbeitszeit **80** 5 *14*

Blackberry
- Arbeitszeit, Rufbereitschaft **80** 2 *18*

Blindbewerbung
- Vertragsanbahnung **160** 611 *230*

Blockmodell *siehe auch* Altersteilzeit
- Arbeitsphase **40** 1 *6; 2 13, 19 ff., 32 f., 34, 38 ff., 47; 3 23, 26, 33; 4 2; 6 8; 8 5, 10, 13; 10 2 f.; 12 3, 5 f., 8; 16 1*
- Arbeitszeitguthaben **40** 1 *6; 3 23; 8a 1, 11*
- betriebliche Altersversorgung, Abgrenzung **140** 1 *30*
- Freistellungsphase **40** 1 *6; 2 21 ff., 32 f., 37 ff., 45; 3 23, 30; 4 1 ff.; 5 6; 6 8; 8 4 ff., 10 f., 13; 10 3, 7, 9; 12 2 ff.*
- Wertguthaben **40** 2 *13, 33, 37 f., 40 f., 46;* **8a** *1 ff.;* 10 *7*

Blue pencil test
- AGB **160** 306 *7 f., 19*

Blumengeschäft
- Arbeitszeit **80** 13 *13*

Bonus
- Abwicklungsvertrag **160** 611 *1141*
- Arbeitsentgelt **160** 307 *18*
- Aufhebungsvertrag **160** 611 *1141*
- Bonus-Meilen-Klausel **160** 307 *44*
- Inhaltskontrolle, AGB **160** 307 *89*
- Preisnebenabrede, Zusatzboni **160** 307 *16, 18*
- Zielvereinbarungsbonus/Jahresbonus **160** 315 *39 f.*

Bonuszahlungen
- Inhaltskontrolle, AGB **160** 307 *118*

Bordvertretung 150 115
- besonderer Kündigungsschutz **160** 622 *61*
- Sonderkündigungsschutz **320** 15 *22*

Branchenkatalog
- Arbeitnehmerentsendung **10** 4 *2 ff.*
- Ergänzung **10** 6 *1*

Brandenburger-Tor-Modell
- Spartentarifvertrag **470** 1 *33*

Brandschutzplan
- Arbeitsschutz **70** 10 *11*

Brauereigewerbe
- Bier, Deputat **160** 611 *648*

Brett, schwarzes *siehe* Schwarzes Brett

Briefdienstleistungen
- Begriff **10** 4 *8*

Britisches Arbeitsrecht
- Arbeitgeberleistung **220**, *69*
- Arbeitsvertragsart **220**, *57 ff.*
- Arbeitszeit **220**, *64 ff.*
- Beendigung des Arbeitsverhältnisses **220**, *77 ff.*
- befristetes Arbeitsverhältnis **220**, *59*
- Beschwerdeverfahren des Arbeitnehmers **220**, *76*
- betriebsbedingte Kündigung **220**, *82*
- Betriebsrat **220**, *88 ff.*
- Disziplinarverfahren gegen Arbeitnehmer **220**, *73 ff.*
- Entgeltfortzahlung im Krankheitsfall **220**, *69*
- europäischer Betriebsrat **220**, *88*
- fehlerhafte Kündigung **220**, *81*
- Form des Arbeitsvertrags **220**, *57*
- Gewerkschaft **220**, *86 f.*
- Gewohnheitsrecht **220**, *71 f.*
- kollektives Arbeitsrecht **220**, *86 ff.*
- Kündigungsfrist **220**, *62 f.*
- Massenentlassung **220**, *84*
- Mindestlohn **220**, *67 f.*
- Mutterschutz **220**, *69*
- Rechtsweg **220**, *56*
- Teilzeitarbeit **220**, *60*
- ungerechtfertigte Kündigung **220**, *78 ff.*
- Urlaub **220**, *69*
- Verzicht **220**, *85*

Brokerfirma
- Arbeitszeit **80** 13 *25*

Brüssel-I-Verordnung, EuGVVO 50 1 *10*

Brutto-Klage und Netto-Klage
- Urteilsverfahren **50** 46 *64 ff.*

Bruttoerlös *siehe auch* Vergütung
- weitere Beteiligung **495** 32a *2 ff.*

Bruttolohn
- Annahmeverzug **160** 615 *48, 87*
- Bruttolohnklage **160** 611 *638, 641, 646, 788 ff.*
- einstweiliger Rechtsschutz **160** 611 *793*
- Leistungsklage **160** 611 *788 ff.*
- Vergütung **160** 611 *638 ff.*
- Zwangsvollstreckung **50** 62 *29;* **160** 611 *788 ff.*
- Zwischenverdienst **160** 615 *56*

Buchauszug
- Provision **290** 87c *7*

Buchhaltung
- Arbeitszeit **80** 14 *34*
- erkannte Abweichungen, große Fahrlässigkeit **160** 199 *25*

Buchverlag
- Arbeitszeit **80** 13 *23*

Bühnen- und Szenenbildner
- Arbeitnehmer **160** 611 *104*

Bühnenkünstler
- Beschäftigungsanspruch **160** 611 *851*

Bundesagentur für Arbeit *siehe auch* Agentur für Arbeit
- Vermittlungsmonopol, Abschaffung **100** 1 *36*; 3 *16*

Bundesangestelltentarifvertrag
- Anzeigepflicht für Nebentätigkeit **160** 611 *541, 548*
- Arbeitnehmer des öffentlichen Dienstes **160** 611 *103*; 630 *4*
- Arbeitszeit **160** 315 *25*
- Arbeitszeugnis **160** 630 *4*
- Aufhebungsvertrag/Auflösungsvertrag **160** 611 *1004*; 623 *18*
- Ausschlussfrist **160** 611 *872*
- außerordentliche betriebsbedingte Kündigung, Ausschluss **160** 626 *7, 142*
- Befristung, SR 2y **160** 620 *3*
- Bereitschaftsdienst, Vergütung **160** 612 *27*
- Bundesangestelltentarifvertrag – kirchliche Fassung **160** 319 *7 ff.*
- Bundesangestelltentarifvertrag-Ost **160** 315 *26*
- Einstellungsuntersuchung **160** 611 *316*
- freiheitliche demokratische Grundordnung **160** 611 *575, 584*
- gesundheitliche Eignung **160** 305c *15*; 611 *316*
- Kündigungsfrist **160** 622 *6, 32*
- Ortszuschlag **160** 612 *30*
- Probezeit **160** 622 *48*
- Schmiergeldverbot **160** 611 *550*
- Schriftformgebot für Nebenabreden **160** 127 *14, 59*; 611 *369*
- Umzugskosten **160** 611 *759 ff.*
- Unkündbarkeit **160** 622 *62*; 626 *121 ff.*
- Versetzungsrecht **160** 611 *501*
- Vorschuss, Krankenbezüge **160** 614 *21*

Bundesanstalt für Arbeitsschutz
- Homepage, AMS **70** 3 *9*
- Ratgeber **70** 5 *4*

Bundesanstalt für Arbeitsschutz und Arbeitsmedizin
- Arbeitsschutz **160** 618 *45*
- Arbeitszeit **80** 6 *6*

Bundesanstalt für Finanzdienstleistungsaufsicht
- betriebliche Altersversorgung, Aufsichtsbehörde **140** 1 *55, 60*; 2 *72*; 7 *17, 71*; 9 *7, 18*; 12 *8*; 14 *2*; 15 *5*

Bundesarbeitsgericht
- Anhörung der ehrenamtlichen Richter **50** 44 *1 ff.*
- Bindung an die Revisionszulassung **50** 72 *58*
- Bindungswirkung der Revisionsbeschwerdeentscheidung **50** 77 *7 ff.*
- Bindungswirkung der Sprungrevisionsentscheidung **50** 76 *22 ff.*
- BND-Sachen **50** 73 *65 ff.*
- ehrenamtlicher Richter **50** 43 *1 ff.*, *siehe auch dort*
- Entscheidung in falscher Besetzung **50** 39 *2*
- Entscheidung über Nichtzulassungsbeschwerde **50** 72a *68 ff.*
- Geschäftsordnung **50** 44 *5*, *siehe auch dort*
- Geschäftsverteilung **50** 44 *3 f.*
- Nichtzulassungsbeschwerde im Rechtsbeschwerdeverfahren **50** 92a *7*
- Prozessvertretung **50** 11 *32*
- Rechtsbeschwerde **50** 78 *30 ff.*
- Rechtsbeschwerdeverfahren **50** 92 *10*
- Revisionseinlegung **50** 74 *3*
- Revisionsgericht **50** 73 *1 f.*, *siehe auch* Revisionsgrund
- Sprungrechtsbeschwerde im Beschlussverfahren **50** 96a *15*, *siehe auch dort*
- Voraussetzungen der ehrenamtlichen Richter **50** 43 *5 ff.*
- Zusammensetzung **50** 41 *1*
- Zuständigkeit **50** 8 *4*, *siehe auch dort*

Bundesbildungsgesetz
- Verhältnis BUrlG **180** 2 *1 ff.*

Bundesdatenschutzgesetz *siehe auch* Datenschutz
- Normadressat **120** 1 *3*
- Schutzgesetz **120** 1 *2*
- Subsidiarität **120** 1 *4*

Bundesdatenschutzgesetz, Änderungen
- Umsetzung der Datenschutzrichtlinie **230** Richtlinien *103*

Bundeselterngeld und Elternzeitgesetz
- Elternurlaubsrichtlinie **230** Richtlinien *17 ff.*

Bundesfinanzdirektion West
- Arbeitsbedingungen **10** 16 *2*
- Bußgeld, AEntG **10** 23 *12*
- Meldestelle **10** 18 *5*
- Überwachung der Meldepflichten **10** 18 *1*
- Unterrichtung der Finanzämter **10** 20 *2*

Bundesgrenzschutz
- Arbeitsplatzschutz **60** 1 *13*
- Minderjähriger **160** 115 *15*

Bundesmanteltarifvertrag für die Arbeiter gemeindlicher Verwaltungen und Betriebe
- Arbeitnehmer des öffentlichen Dienstes **160** 611 *103*

Bundesministerium
- Pflegekommission **10** 12 *2 ff.*
- Tarifregister **10** 3 *24*

Bundesnachrichtendienst
- schwerbehinderter Mitarbeiter **50** 8 *2*, *siehe auch dort*

Bundesnachrichtendienst-Sachen
- Bundesarbeitsgericht als Eingangsinstanz **50** 73 *65 ff.*

Bundespersonalvertretungsangelegenheit
- Rechtsbeschwerdeverfahren **50** 92 *17*

Bundesunmittelbare Körperschaft 260 Vor 1 *5*

Bundesurlaubsgesetz 180 1 *3 ff.*
- Umsetzung der Arbeitszeitrichtlinie **180** 1 *16*

Bundesverband der Deutschen Industrie
- Pensionssicherungsverein auf Gegenseitigkeit **140** 14 *2*

Bundesvereinigung der Deutschen Arbeitgeberverbände e.V.
– Pensionssicherungsverein auf Gegenseitigkeit **140** 14 *2*

Bundeswehr *siehe* Wehrdienst

Bündnis für Arbeit 150 92a *11, 15*; **470** 4 *14*

Bürge
– Verjährung, Bürge **160** 195 *9*

Bürgenhaftung
– Unternehmerhaftung **10** 14 *9*

Bürgerinitiative
– Vereinigungsfreiheit **260** 9 *11*

Bürgschaft
– Abfindung **160** 611 *1074*
– Haustürgeschäft **160** 312 *3*
– Sittenwidrigkeit **160** 611 *416*
– Verbrauchervertrag **160** 312 *3*
– Verjährung der Bürgschaftsschuld **160** 199 *11*

Büroarbeitsplatzbetriebe
– Anwendung der Arbeitsschutzregelungen **90** 17 *4*

Busfahrer
– Arbeitszeit **80** 2 *21*

Business Judgement Rule 280 43 *6*
– Vorstand **30** 93 *1, 10, 17 ff.*

Bußgeld 150 121 *1 ff.*
– Kontroll-/Sanktionsmechanismen im AEntG **327** 18 *2*
– Nachweispflicht **360** Vor 1 *67*
– Verstoß gegen Jugendarbeitsschutz **310** 60 *2, 4 ff.*

Bußgeld, AEntG
– Anordnung von Nebenfolgen **10** 23 *24 ff.*
– Ausschluss Vergabe öffentlicher Aufträge **10** 23 *27*
– Bußgeldbescheid **10** 23 *14*
– Bußgeldrahmen **10** 23 *16*
– Einspruch gegen Bußgeldbescheid **10** 23 *30*
– Marktvorteil **10** 23 *20*
– Rechtsmittel **10** 23 *29 f.*
– Schadensersatzansprüche des Arbeitnehmers **10** 23 *33*
– sonstige Ordnungswidrigkeiten **10** 23 *31*
– sonstige Straf-/Sanktionstatbestände **10** 23 *32*
– Tateinheit/-mehrheit **10** 23 *22*
– Verfahren **10** 23 *13*
– Verhängung/Zumessung **10** 23 *16*
– Verjährung **10** 23 *28*
– Verstöße des Arbeitgebers **10** 23 *7 ff.*
– Verstöße des Generalunternehmers **10** 23 *11*
– Vollstreckung **10** 23 *31*
– wirtschaftlicher Vorteil **10** 23 *17*
– Zahlungserleichterungen **10** 23 *23*
– Zumessung Generalunternehmer **10** 23 *21*
– Zuständigkeiten **10** 23 *12*

Bußgeldbescheid
– Bußgeld, AEntG **10** 23 *14*

Bußgeldbewehrung
– Mindestarbeitsentgelte **327** 18 *6 ff.*

Bußgeldrahmen
– Bußgeld, AEntG **10** 23 *16*

c.i.c. *siehe* Culpa in contrahendo

Cannabis
– Kündigung **160** 611 *563*
– Nebenpflicht **160** 611 *563*

Carried Interest
– Tantieme **160** 611 *723*

Caterer Dienst
– Arbeitszeit **80** 10 *14*

Catering
– Betriebsübergang **160** 613a *44, 73*

Cessio legis *siehe* Forderungsübergang

Change of Control-Klausel
– Vorstandsvergütung **30** 87 *5*

Charta der Grundrechte der EU
– bezahlter Jahresurlaub **180** 1 *21*

Chauffeur
– Arbeitszeit **80** 2 *21*

Chefarzt
– Abgrenzung **80** 18 *5*
– Arbeitnehmer **160** 611 *104*
– Arbeitszeit **80** 18 *5*
– außerordentliche personenbedingte Kündigung **160** 626 *39*
– Bereitschaftsdienst **160** 612 *16*
– Kunstfehler mit Todesfolge **160** 626 *39*
– Rufbereitschaft **160** 612 *16*

Chemische Industrie
– Leistungsbestimmungsrecht **160** 315 *28a*
– Versetzung ohne Verdienstabzug **160** 315 *28a*

Chipkarte 120 3 *20*

Chirurg
– befristetes Arbeitsverhältnis **480** 14 *59*

Co-Pilot
– Arbeitnehmer **160** 611 *104*

Computerfax
– elektronisches Dokument **50** 46c *6*
– Kündigungsschutzprozess **320** 4 *23*
– Textform **160** 127 *35*
– Unterschriftserfordernis **50** 46 *35 ff.*

Computerprogramme
– Arbeitsvertrag **495** 69b *4*
– ausschließliche gesetzliche Lizenz **495** 69b *6*
– Begriff **495** 69b *3*
– Herausgabe bei Beendigung des Arbeitsverhältnisses **160** 611 *557*
– Urheberrechte **495** 31 *9*
– Urheberschutz **495** 69b *3 ff.*

Corporate Identity 260 2 *60*

Croupier
– Arbeitnehmer **160** 611 *104*

Culpa in contrahendo
– *siehe auch* Vertragsanbahnung
– *siehe auch* Vertragsverhandlung, Abbruch

- Darlegungs- und Beweislast **160** 611 *255 f., 301, 327, 343*
- Fallgruppen **160** 611 *199, 221 ff.*
- Richterrecht **160** 611 *199, 223*
- Schadensersatz **160** 611 *225 ff., 246 ff.*
- Vertrauensschaden **160** 611 *226, 247 ff.*

D&O Versicherung 280 43 *36*
- Selbstbehalt **30** 93 *41a*
- Vorstandsvergütung **30** 87 *5*

Dachdecker
- Schutzmaßnahme **160** 618 *18*

Damenoberbekleidungsgeschäft
- Betriebsübergang **160** 613a *57*

Darlegungs- und Beweislast
- Arbeitnehmer-Urheber **495** 32 *37*
- Mobbing **160** 611 *571*

Darlegungs-/Beweislast
- Diensterfindung **55** 4 *15 f.*

Darlegungslast 50 58 *6 ff., siehe auch dort*
- Beschlussverfahren **50** 83 *8, siehe auch dort*

Darlegungsregeln
- Verletzung als Revisionsgrund **50** 73 *13*

Darlehen
- *siehe auch* Arbeitgeberdarlehen
- *siehe auch* Arbeitnehmerdarlehen
- Änderungsvorbehalt **160** 308 *5*

Darlehen anlässlich des Arbeitsverhältnisses
- Zuständigkeit **50** 2 *29, siehe auch dort*

Daten
- Anonymisierung **120** 3 *16 f.*

Daten, personenbezogene *siehe* Personenbezogene Daten

Datenerhebung
- Einwilligung des Betroffenen **120** 4a *2 ff.*
- Einwilligung in AGBs **120** 4a *12*
- Krankenkasse **120** 4a *2*
- Schufa-Auskunft **120** 4a *2*
- Verweigerung der Einwilligung **120** 4a *5*
- Widerruf der Einwilligung **120** 4a *9 f.*

Datengeheimnis 120 5 *1 ff.*

Datennetz
- Arbeitszeit **80** 10 *56 ff.*

Datenschutz 150 83 *1 ff., 6 ff., 33 ff.; 87 105*
- Absicherung **120** 44 *1 f.*
- allgemeiner Korrekturanspruch **120** 35 *20 f.*
- Anonymisierung von Daten, Begriff **120** 3 *16 f.*
- Arbeitgeber **120** 1 *3*; 3 *4, siehe auch* Arbeitgeber, Informationspflicht
- Arbeitnehmerrecht **120** 6 *1 ff.*; 33 *1 ff.*; 34 *1 ff.*
- Aufsichtsbehörde **120** 4g *7*; 38 *1 ff.*
- Auftragsdatenverarbeitung **120** 4 *12*; 6 *5*; 11 *1 ff.*
- Auskunftsanspruch **120** 34 *1 ff.*
- Auskunftsrecht **150** 83 *33*
- Ausländer **120** 3 *4*
- automatisierte Datenverarbeitung **120** 3 *6 ff.*
- automatisierte Einzelentscheidung **120** 6a *1 ff.*
- automatisiertes Abrufverfahren **120** 10 *1 ff.*
- BDSG, Schutzgesetz **120** 1 *2*
- Benachrichtigungsausnahmen **120** 33 *4 ff.*
- Benachrichtigungsinhalt **120** 33 *3*
- Benachrichtigungspflicht **120** 33 *2*
- Berichtigung von Daten **120** 35 *2 f.*
- Beschäftigte, Begriff **120** 3 *21*
- Beschäftigtendatenschutz **120** 32 *1 ff., siehe auch dort*
- Betriebsrat **120** 4a *11*; 4g *11 ff.*
- Beweisverwertungsverbot **120** 4 *15*
- Bild-/Tonmaterial **120** 3 *8*
- Chipkarte **120** 3 *20*; 3a *4*
- Darlegungs-/Beweislast **120** 7 *3*
- Datenerhebung, Begriff **120** 3 *9*
- Datenerhebung, Zulässigkeit **120** 4 *1 ff.*; 28 *1 ff.*
- Datengeheimnis **120** 5 *1 ff.*
- Datennutzung, Begriff **120** 3 *15*
- Datenschutzaudit **120** 9a *1 ff.*
- Datenschutzbeauftragter **120** 4f *1 ff.*; 4g *1 ff.*
- Datenschutzniveau im Ausland **120** 4c *2 f.*
- Datensparsamkeit **120** 3a *2 ff.*
- Datenverarbeitung, Begriff **120** 3 *10 ff.*
- Datenvermeidung **120** 3a *2 ff.*
- Einwilligung des Betroffenen **120** 4 *5, 14*; 4a *1 ff., 12*
- Empfänger der Daten **120** 3 *5*
- EU-Ausland **120** 1 *5 f.*
- Fingerabdruck **120** 3a *4*
- Gefährdungshaftung **120** 8 *1*
- Gegendarstellungsrecht **120** 35 *18 f.*
- Gemeinschaftsrecht **230** Richtlinien *96 ff.*
- Haftung gegenüber dem Betroffenen **120** 7 *1 ff.*; 8 *1 ff.*
- Heilung einer automatisierten Einzelentscheidung **120** 6a *7*
- informationelle Selbstbestimmung **260** 2 *24*
- Informationspflicht des Arbeitgebers **120** 4 *10 ff., 15*; 4g *19 ff.*; 6a *8*; 33 *1 ff.*
- Kontroll-/Sicherungsmaßnahmen **120** Anl. zu § 9 Satz 1 *5 ff.*
- Kontrolle durch Betriebsrat **120** 4g *11 ff.*
- Korrekturrecht **150** 83 *34*
- Legaldefinition **120** 1 *1*
- Löschung von Daten **120** 35 *4 ff.*
- Löschungspflicht **120** 6b *10*
- Medienprivileg **120** 41 *1 ff.*
- Meldepflicht für automatisierte Datenverarbeitung **120** 4d *1 ff.*; 4e *1 f.*
- Mitbestimmung des Betriebsrats **120** 4a *11*
- mitbestimmungspflichtig, Whistleblowing **120** 4 *13*
- mobile Medien **120** 6c *1 ff.*
- NachwG **360** Vor 1 *69*
- öffentliche/nichtöffentliche Stellen **120** 2 *1 ff.*
- öffentlicher Raum, Beobachtung **120** 6b *1 ff.*
- Outsourcing **120** 11 *4*

- Pannen **120** 42a *1 ff.*, *siehe auch* Datenschutzpannen
- personenbezogene Daten **120** 3 *2*
- Pseudonymisieren von Daten, Begriff **120** 3 *18*
- Recht auf informationelle Selbstbestimmung **120** 1 *1*
- Schadensersatz **120** 7 *1 ff.*
- Schadensersatz immaterieller Schäden **120** 7 *6*
- Schadensersatz, immaterieller Schäden **120** 8 *2*
- Scoring **120** 28b *1 ff.*
- Sozialdaten, AÜG **100** 8 *6*; 18 *10*
- Sperrung von Daten **120** 35 *8 ff.*
- technische und organisatorische Maßnahme **120** Anl. zu § 9 Satz 1 *1 ff.*
- Übermittlung von personenbezogenen Daten in das Ausland **120** 4c *1 ff.*; 11 *8*
- unzulässige Daten, Haftung **120** 7 *1 ff.*; 8 *1 ff.*
- Verbunddatei **120** 6 *5*
- Verfahren zur Datenerhebung **120** 4 *6 ff.*
- Verfahrensverzeichnis **120** 4g *4 ff.*
- Verhaltensregelungen **120** 38a *1 ff.*
- Videoüberwachung **120** 3 *8*; 4d *2*
- Videoüberwachung, öffentlicher Raum **120** 6b *1*
- Werbung, Adresshandel **120** 29 *1 f.*
- Widerspruch gegen Datenverarbeitung **120** 4a *9 f.*; 35 *16 f.*
- Zulässigkeit der Datennutzung **120** 28 *1 ff.*
- Zulässigkeit der Datenverarbeitung **120** 28 *1 ff.*
- Zulässigkeit der Erhebung, Verarbeitung, Nutzung von Daten **120** 28 *1 ff.*
- Zweck der Datenerhebung **120** 4 *11*; 28 *2 ff.*; 31 *1 ff.*
- Zweckbindung/Maßregelungsverbot **120** 6 *6 f.*

Datenschutzaudit 120 9a *1 ff.*
Datenschutzbeauftragter 120 4f *1 ff.*; 4g *1 ff.*, *siehe auch* Datenschutz
- Bestellung des DSB **120** 4f *4*
- Datenschutzpanne **120** 42a *8*
- der Anwalt als externer **120** 4f *17*
- Fachkunde/Zuverlässigkeit **120** 4f *5 f.*
- in Anwaltskanzlei **120** 4f *16*
- Verschwiegenheitspflicht **120** 4f *12*
- Widerruf der Bestellung **120** 4f *11*

Datenschutzniveau im Ausland 120 4c *2 f.*
Datenschutzpanne
- Benachrichtigungsinhalt **120** 42a *4 f.*
- Informationspflicht **120** 42a *2 f.*
- Selbstanzeigepflicht **120** 42a *1*
- strafrechtliches Verwertungsverbot **120** 42a *6*

Datenschutzrichtlinie, EG 230 Richtlinien *96 ff.*
Datenübermittlung
- an Auskunfteien **120** 28a *1*

Datenverarbeitung
- Betriebs-/Dienstvereinbarung **120** 4a *3*
- Einwilligung, AGB **160** 307 *79*
- Meldepflicht **120** 4d *1 ff.*
- nicht-öffentlicher Stellen **120** 27 *1 ff.*
- öffentlich-rechtliche Wettbewerbsunternehmen **120** 27 *1 ff.*
- öffentliche Stellen **120** 12 *1 ff.*

Datenverarbeitung, automatisierte 120 3 *6 ff.*
Datenvermeidung
- Internet **120** 3a *2*
- Systemdatenschutz **120** 3a *1 ff.*

Datum
- Kündigungsschreiben **160** 623 *29*

Dauerhafte Arbeitsunfähigkeit
- Arbeitsschutz **70** 9 *1*

Dauernde Leistungsunfähigkeit
- krankheitsbedingte Kündigung **320** 1 *286 ff.*

Dauerndes Dienstverhältnis
- Arbeitszeugnis **160** 630 *3*
- Aushilfsarbeitsverhältnis **160** 627 *15*; 629 *8*
- außerordentliche Kündigung **160** 627 *14 f.*
- Befristung **160** 617 *6*
- Begriff **160** 617 *6*; 627 *15*; 629 *6 ff.*; 630 *3*
- Darlegungs- und Beweislast **160** 617 *20*; 627 *27*
- Krankenfürsorge **160** 617 *6*
- Probearbeitsverhältnis **160** 629 *7, 9*
- Stellensuche, Freistellungsanspruch **160** 629 *1, 6 ff.*
- Teilzeitarbeitsverhältnis **160** 629 *8*
- Vertrauensstellung **160** 627 *14 f.*

Dauervertrag
- Provision **290** 87b *6 ff.*, *10*

Deckungsschutz *siehe* Deckungszusage
Deckungsverhältnis
- betriebliche Altersversorgung **140** 1 *42, 47, 56, 62*

Deckungszusage
- Abwicklungsvertrag **160** 611 *1154 f.*
- Aufhebungsvertrag **160** 611 *1154 f.*
- Kündigung **160** 611 *1154 f.*
- Überraschungsverbot **160** 305c *46*
- Unklarheitenregel **160** 305c *46*

Defrenne II, EuGH
- betriebliche Altersversorgung **140** 1 *84, 86*; 30a *1*

Deklaratorisches Schuldanerkenntnis *siehe* Schuldanerkenntnis
Deliktische Haftung
- NachwG **360** Vor 1 *28*

Delkredereprovision
- Arbeitnehmer **290** 86b *1*

Denkgesetze
- Verletzung als Revisionsgrund **50** 73 *12*

Deputat
- Arbeitsentgelt **250** 107 *21*
- Kündigungsfrist **160** 621 *13*
- Sachbezüge **160** 611 *648*; 621 *13*

Derivatehandel
- Arbeitszeit **80** 10 *83 f.*

Designer
- vertragliche Vergütung **495** 32 *9 f.*

Detektiv
- Arbeitszeit, Detektei **80** 10 *45*

- außerordentliche Kündigung **160** 626 *96, 155*
- Detektivkosten **160** 611 *842*

Deutsche Bahn
- Vorstellungskosten **160** 611 *209 ff., 758*

Deutsche Corporate Government Kodex 280 43 *6*

Deutsche Rentenversicherung
- Ausschluss der Rückübertragung **390** 7f *13*
- Inanspruchnahme des Wertguthabens **390** 7f *17 ff.*
- Knappschaft-Bahn-See **240** 40a *18*
- Verwaltung des Wertguthabens **390** 7f *24 ff.*
- Wertguthabenübertragung **390** 7f *12 ff.*

Deutscher Corporate Governance Kodex
- Vorstand **30** 88 *1, 5*; 93 *1*

Deutscher Fußballbund *siehe auch* Fußballspieler
- Leistungsbestimmungsrecht, Dritter **160** 319 *5*
- Vertragsamateur, Arbeitnehmer **160** 611 *104*
- Vertragsstrafe **160** 319 *5*

Devisenhandel
- Arbeitszeit **80** 10 *83 f.*

Devolutiveffekt 50 9 *15*

DGB-Gewerkschaft
- Tarifzuständigkeit **470** 2 *88 ff.*

DGB-Rechtsschutz-GmbH
- ehrenamtlicher Richter **50** 23 *6*
- Prozessvertretung **50** 11 *21, 38, siehe auch dort*

Diakonie
- Arbeitsvertrag, Abgrenzung **160** 611 *41*

Diebstahl
- außerordentliche Kündigung **160** 626 *59, 94*
- Dienstreise, Reisegepäck **160** 611 *960, 966*
- Verdachtskündigung **160** 611 *1014*; 626 *59*

Dienst, arbeitsmedizinischer *siehe* Arbeitmedizinischer Dienst

Dienst, öffentlicher *siehe* Öffentlicher Dienst

Dienst, überbetrieblicher arbeitsmedizinischer bzw. sicherheitstechnischer *siehe* Überbetrieblicher arbeitsmedizinischer bzw. sicherheitstechnischer Dienst

Dienst-Pkw *siehe* Dienstwagen

Dienstaufsicht 50 15

Dienstbefreiung
- Wehrdienst **60** 9 *2*

Dienste höherer Art
- Architekt **160** 627 *8*
- Arzt **160** 627 *8, 20*
- Arzthelferin **160** 627 *8*
- Begriff **160** 627 *7 ff.*
- Bereitstellung von Fachkräften zur sicherheitstechnischen und arbeitsmedizinischen Betreuung **160** 627 *8*
- Betreiber von Wirtschaftsdatenbanken **160** 627 *8*
- Ehepartner- und Bekanntschaftsvermittler **160** 627 *8*
- finanzwirtschaftlicher Baubetreuer **160** 627 *8*
- Girovertrag **160** 627 *8*
- Haarbehandlung **160** 627 *8*
- Hausverwalter **160** 627 *8*
- Heilpraktiker-Ausbildung **160** 627 *9*
- Heilungsmeditations-Kurse **160** 627 *9*
- Inkassobeauftragter **160** 627 *8*
- Kommissionär **160** 627 *8*
- Krankengymnast **160** 627 *8*
- Manager von Musikern **160** 627 *8*
- Personalberater **160** 627 *8*
- Projektsteuerer **160** 627 *8*
- Rechtsanwalt **160** 627 *8, 15, 20*
- Schiedsrichter **160** 627 *8*
- Seminare **160** 627 *9*
- Steuerberater **160** 627 *8*
- Unternehmensberater **160** 627 *8*
- Unterrichtsverträge **160** 627 *9*
- Werbeberater **160** 627 *8*
- Wirtschaftsberater **160** 627 *8*
- Wirtschaftsprüfer **160** 627 *8*
- Zahnarzt **160** 627 *8*

Diensterfindung
- *siehe auch* Billigkeitskontrolle
- *siehe auch* Erfindung, freie
- *siehe auch* Insolvenzverfahren
- *siehe auch* Klage auf angemessene Vergütung
- *siehe auch* Meldepflicht
- *siehe auch* Schiedsstelle
- *siehe auch* Schutzrechtserwerb
- Abgrenzung Erfindung, freie **55** 3 *4*
- Angemessenheit der Vergütung **55** 9 *12 ff.*
- Anteilsfaktor **55** 9 *25*
- Arbeitgeberpflichten **55** 17 *7 f.*
- Arbeitnehmerschutz **55** 20 *1*
- aufgegebene **55** 4 *10*
- Auftragserfindung **55** 4 *5*
- Auskunftsanspruch **55** 9 *29*
- Auslandsanmeldung **55** 16 *1*
- Ausschlussfrist **55** 23 *5*
- außerbetriebliche Verwendung **55** 9 *22*
- Begriff **55** 3 *4*
- Bemessung bei Miterfindern **55** 9 *26*
- beschränkte Inanspruchnahme **55** 10 *1 ff.*
- betriebliche Nutzung **55** 9 *15 ff.*
- Differenzierung **55** 4 *1*
- Doppelverwertungsverbot **55** 9 *18*
- Erfahrungserfindung **55** 4 *7 f.*
- Erfindung, freie **55** 4 *9 f.*
- Erfindungswert **55** 9 *14*
- Erfindungswert, Miterfinder **55** 9 *26*
- Erfindungswert, Sonderfälle **55** 9 *23 f.*
- Fertigstellung **55** 4 *3*
- Festsetzungsverfahren, Vergütung **55** 12 *4 ff.*
- Freigabeerklärung **55** 8 *2*
- Frist, Inanspruchnahmefiktion **55** 7 *8*
- Gebrauchsmuster **55** 3 *7*
- Geheimhaltungspflicht **55** 8 *4*
- gerichtliches Verfahren **55** 39 *1 ff.*
- Gestaltungsspielraum **55** 1 *9*
- Inanspruchnahmeerklärung **55** 7 *4 ff.*

- Inanspruchnahmefiktion **55** 7 *7*
- Inland **55** 16 *1*, *siehe* Inlandsanmeldung
- Insolvenz **55** 27 *1 ff.*
- Leiharbeitnehmer **100** 11 *28 f.*
- Meldepflicht **55** 4 *17*; 5 *1 ff.*
- Meldung beim Arbeitgeber **55** 4 *12*
- Muster, Erfindungsanmeldung **55** 5 *20*
- Nullfall **55** 9 *27*
- Patentamt **55** 3 *9*
- patentfähig **55** 3 *6*
- Schiedsverfahren **55** 36 *1 ff.*
- Schutz vor Zwischenverfügungen **55** 7 *11*
- schutzfähige Neuerungen **55** 3 *3 f.*, *8*
- Schutzfähigkeit **55** 3 *9 ff.*; 17 *4*
- technische Neuerung **55** 3 *11 f.*
- Treuepflicht **55** 8 *4*
- Vergütungsanspruch **55** 9 *1 ff.*
- Vergütungsanspruch, Beweislast **55** 9 *28*
- Vergütungsrichtlinien **55** 9 *30*
- Verjährung, Vergütungsanspruch **55** 9 *8*
- Vorarbeiten **55** 4 *3*
- vorläufige Vergütung **55** 9 *4*
- zeitliche Reichweite **55** 4 *3*

Diensterfindung, beschränkte Inanspruchnahme
- Schutzfähigkeit **55** 10 *3*
- Vergütung **55** 10 *1 ff.*
- Vergütungshöhe **55** 10 *5*

Dienstfahrzeug *siehe* Dienstwagen

Dienstkleidung *siehe auch* Schutzkleidung
- Weisungsrecht **160** 611 *74*

Dienstleistung, zweckverfehlte *siehe* Zweckverfehlte Dienstleistung

Dienstleistungen
- Jugendarbeitsschutz **310** 7 *6*

Dienstleistungen, hauswirtschaftliche
- Pflegebranche **10** 10 *4*

Dienstleistungsfreiheit
- Arbeitnehmerüberlassung **100** 1b *9*
- Entsenderichtlinie **10** 3 *3*

Dienstleistungsgewerbe
- Betriebsübergang **160** 613a *43 f.*, *50*, *65*

Dienstliche Regelbeurteilung
- Arbeitszeugnis, Abgrenzung **160** 630 *4*

Dienstordnung 470 1 *9*

Dienstordnungs-Angestellte
- Verweis auf Vorschriften für Landesbeamte **160** 194 *9*

Dienstplan
- Rundfunk/Fernsehen **160** 611 *69*

Dienstreise
- Arbeitszeit **80** 2 *1*, *7*, *19 ff.*, *46*, *55 f.*; 9 *6*; **160** 611 *508 f.*
- Ausland **80** 9 *6*
- Diebstahl, Reisegepäck **160** 611 *960*, *966*
- Dienstwagen **160** 611 *960*
- Erfüllungsort **160** 611 *497*
- Reisezeit **80** 2 *20 ff.*, *46*, *55 f.*

- Vergütung/Vergütungserwartung **80** 2 *46*, *55 f.*; **160** 611 *508 f.*
- vergütungsrechtliche Einordnung **80** 2 *55*

Dienststelle *siehe auch* Dienststellenleiter
- Einzeldienststelle **170**, *27*
- nachgeordnete Dienststelle **170**, *6 f.*, *13*, *67 f.*
- übergeordnete Dienststelle **170**, *5 ff.*, *30 f.*, *66 ff.*, *90 f.*
- Unterrichtungspflicht des Personalrats bei Kündigung **170**, *4*, *33 ff.*
- unterste Dienststelle **170**, *31*

Dienststellenleiter *siehe auch* Vertreter des Dienststellenleiters
- Arbeitgeberfunktion **170**, *1*, *13*, *15*
- Arbeitszeit **80** 18 *6*
- subjektive Determinierung der Kündigungsgründe **170**, *51 ff.*
- Unterrichtung des Personalrats bei Kündigung **170**, *4*, *33 ff.*

Dienstunfähigkeit
- bahndienstärztliche Feststellung **160** 319 *16*
- krankheitsbedingte Kündigung **160** 319 *16*

Dienstvereinbarung *siehe auch* Betriebsvereinbarung
- Arbeitszeit, Öffnungsklausel **80** 7 *1 ff.*, *8*; 12 *1 ff.*
- Bereichsausnahme, AGB **160** Vor 305-310 *3 ff.*; 307 *12 f.*, *20*; 310 *16*, *21 ff.*
- Nachweis, NachwG **160** 622 *66*
- NachwG **360** 2 *39 ff.*
- Notdienstvereinbarung, Arbeitskampf **160** 310 *19*
- Rechtsquelle **160** 611 *177*

Dienstverhältnis
- Einkommensteuer **240** 19 *7 ff.*

Dienstverschaffungsvertrag
- Arbeitnehmerüberlassungsvertrag, Abgrenzung **100** 1 *16*, *18*, *24*; **160** 611 *153*, *155*
- Arbeitsvermittlung, Abgrenzung **160** 611 *153 f.*
- Arbeitsvertrag, Abgrenzung **160** 611 *138*, *152 ff.*
- Dienstvertrag, Abgrenzung **160** 611 *158*
- Eigengruppe **160** 611 *157*
- Gruppenarbeit, Eigengruppe **160** 611 *40*
- Maschine mit Bedienungs-/Wartungspersonal **160** 611 *157*
- Musikkapelle **160** 611 *157*
- Schwesterngestellungsvertrag **160** 611 *157*

Dienstvertrag
- Arbeitsvertrag, Abgrenzung **160** 611 *138*, *141 ff.*
- Arzt **160** 611 *142*
- außerordentliche Kündigung, Anstellungsdienstvertrag **160** 611 *101*; 626 *1 ff.*
- Dienstverschaffungsvertrag, Abgrenzung **160** 611 *158*
- Fortsetzung nach Befristung **160** 625 *1 ff.*
- Freiberufler **160** 611 *142*
- fristlose Kündigung bei Vertrauensstellung **160** 626 *1*; 627 *1 ff.*
- Gesellschaftsvertrag, Abgrenzung **160** 611 *138*, *149 ff.*

- Gruppenarbeit, Eigengruppe **160** 611 *40*
- Künstler **160** 611 *142*
- Organmitglied **160** 611 *142*
- Rechtsanwalt **160** 611 *142 f.*
- Sachverständiger **160** 611 *142*
- Steuerberater **160** 611 *142*
- stillschweigende Verlängerung **160** 625 *1 ff.*
- Wirtschaftsprüfer **160** 611 *142*

Dienstvertrag-GF
- Zweifel, AGB **160** 305c *33*

Dienstwagen
- Abwicklungsvertrag **160** 611 *987*
- Annahmeverzug **160** 611 *656, 1085*; 615 *49*
- Arbeitnehmerhaftung **160** 611 *978*
- Arbeitsentgelt/Sachbezüge/Naturalleistung, Privatnutzung **160** 307 *119*; 312 *16*; 611 *647, 652 ff., 799, 848, 1083 ff.*
- Arbeitsvertrag, Inhaltskontrolle **160** 611 *470*
- Aufhebungsvertrag **160** 611 *1083 ff.*
- Austauschbarkeit **160** 611 *799*
- Benachteiligung wegen Teilzeit **480** 4 *20*
- Besitzdiener **160** 611 *662, 919 f.*
- betriebliche Übung **160** 611 *653*
- Betriebsrente **160** 611 *654*
- dienstliche Nutzung **160** 611 *1087*
- Dienstreise **160** 611 *960*
- Dienstwagenklausel, Aufhebungsvertrag **160** 611 *1083 ff., 1176 f.*
- Einkommensteuer **240** 8 *8 ff., 24 f.*
- Entgeltfortzahlung **210** 4 *38*
- Erfüllungsort, Rückgabe **160** 611 *1083*
- Freistellung **160** 611 *658*
- Haftung **160** 611 *663, 799*
- innerbetrieblicher Sachadensausgleich **160** 611 *663, 799*
- Kostenbeteiligung **160** 611 *661*
- Leasingvertrag/Leasingfahrzeug **160** 611 *1090 f.*
- Lohnsteuer **160** 307 *119*; 611 *664, 799, 1086, 1092*; 615 *49*
- Mitbestimmung des Betriebsrats **160** 611 *662*
- NachwG **360** 2 *33*
- Nutzungsausfallentschädigung **160** 611 *660*
- Nutzungsrichtlinie des Arbeitgebers **160** 611 *658*
- Nutzwert, Auskunft **160** 611 *664*
- Pfändungsschutz **160** 611 *655*
- Privatnutzung **160** 611 *652 ff., 799, 1083 ff.*; 615 *49*
- Rückgabe bei Vertragsbeendigung **160** 611 *799, 1083*
- Sachbezüge **160** 611 *647, 652 ff.*
- Sachmängel-Gewährleistungsrecht **160** 611 *1177*
- Schadensersatz **160** 611 *659*
- Transparenzgebot **160** 307 *119*; 611 *657*
- Übereignung an Arbeitnehmer **160** 611 *987, 1176 f.*; 623 *38*
- Verbrauchsgüterkauf **160** 611 *1177*
- Vergütung **160** 611 *647, 652 ff.*
- Verjährung von Schadensersatzanspruch **160** 611 *586*
- Vorstand **30** 84 *40*; 87 *5*; 93 *7*
- Widerruf der Dienstwagennutzung **160** 611 *657 f., 799*

Dienstwagennutzung
- Inhaltskontrolle, AGB **160** 307 *119*

Dienstweg, Beamtenrecht
- arbeitsschutzbezogenes Vorschlags- und Beschwerderecht **70** 17 *10*; 20 *4*

Dienstwohnung
- Allgemeine Geschäftsbedingungen **160** 611 *667*
- Zuständigkeit **50** 2 *54 f., siehe auch dort*

Dienstzeugnis *siehe* Zeugnis

Differenzierungsklausel
- Tarifvertrag **470** 1 *108a*

Direktionsrecht *siehe auch* Weisungsrecht
- Änderung der Arbeitsbedingungen **320** 2 *59 ff., 114 f.*
- Änderungskündigung, Abgrenzung **250** 106 *6*
- Annahmeverzug des Arbeitgebers **250** 106 *98*
- Arbeit auf Abruf, Verhältnis **480** 12 *11*
- Arbeitsdauer **250** 106 *21, 56 f.*
- Arbeitsinhalt **250** 106 *8 ff., 47 ff.*
- Arbeitsort **250** 106 *16 f., 52 ff., 74, 84*
- Arbeitszeit **250** 106 *20 ff., 55, siehe auch dort*
- äußeres Erscheinungsbild des Arbeitnehmers **250** 106 *35*
- Behinderung, Rücksichtnahme **250** 106 *94 f.*
- betriebliche Übung **250** 106 *63 ff.*
- Betriebsordnung **250** 106 *30 ff.*
- Beweislast **250** 106 *101 f.*
- billiges Ermessen **250** 106 *87 ff.*
- einstweiliger Rechtsschutz **250** 106 *105*
- gleichwertige Tätigkeit **250** 106 *12*
- Grenze **250** 106 *40 ff., 78 ff.*
- Insolvenzverwalter **300** 108 *6*
- Konkretisierung **250** 106 *42 ff., 51, 54, 59*
- leidensgerechte Arbeit **160** 615 *20, 32, 40*
- Mitbestimmungsrecht des Betriebsrats **250** 106 *79 ff.*
- NachwG **360** Vor 1 *60*
- Rechtswahl **220** 30, 8 Rom I *50*
- Sozialauswahl **250** 106 *99*
- sozialversicherungsrechtliche Beschäftigung **390** 7a 2 *ff.*
- Tarifvertrag **250** 106 *71*
- Überprüfung **250** 106 *97*
- Verhalten im Betrieb **250** 106 *30 ff.*
- Verhältnis **250** 106 *1 ff.*
- Versetzungsklausel, Transparenzgebot **160** 307 *129*

Direktionsrecht des Arbeitgebers
- Sicherheitsfachkräfte **90** 8 *1*

Direktversicherung *siehe auch* Direktversicherungszusage
- Abwicklungsvertrag **160** 611 *995*

- Beitragsrückstand **140** 2 *44, 48*
- Berufsunfähigkeitsversicherung **140** 1 *44*
- betriebliche Altersversorgung **140** 1 *44, 202 ff.*; 1b *49 ff.*; 2 *37 ff.*; 27 *1*
- Deckungsrückstellung **140** 10 *7*; 16 *56*
- dritte soziale Auflage **140** 2 *50, 56*
- erste soziale Auflage **140** 2 *44 ff., 54, 56 ff.*
- Insolvenzsicherung **140** 7 *15*
- pauschale Beitragsbesteuerung **240** 40b *2 ff.*
- Rückkaufswert **140** 1 *51*; 2 *52*
- Schadensersatz **140** 1 *51*; 10 *4*
- selbständige Berufshaftpflichtversicherung **140** 1 *44*
- steuerrechtlicher Aspekt **140** 1 *199 f., 202 f.*
- tatsächliche/mögliche Betriebszugehörigkeit **140** 2 *37, 49, 76*; 6 *63 ff.*
- Unfallzusatzversicherung **140** 1 *44*
- Versicherungsleistung **140** 2 *37 ff., 47, 49 f.*; 7 *15, 47*
- Versorgungszusage **140** 1 *44*; 1b *49 ff.*; 2 *37 ff.*; 7 *15*
- zweite soziale Auflage **140** 2 *49, 54, 56, 61*

Direktversicherungszusage
- betriebliche Altersversorgung, Entgeltumwandlung **140** 1 *46, 56, 61, 168, 200, 202 f.*; 1a *13*; 1b *21, 54 f., 63 ff.*; 2 *2 f., 54, 65*; 4 *26*; 4a *6 f.*; 7 *48*; 9 *5*; 10 *2, 4*; 11 *9*; 16 *8, 62*
- Quotierungsverfahren, arbeitsrechtliche Lösung/arbeitsvertragliche Lösung **140** 2 *2, 37 ff.*; 3 *13*
- Überschussanteil **140** 1 *46*; 1b *64*; 2 *40, 49 ff.*; 4 *20, 29 f.*; 5 *9*; 16 *56 f.*; 27 *1*
- versicherungsrechtliche Lösung **140** 2 *3, 37, 42 ff., 65*

Direktzusage
- betriebliche Altersversorgung, Entgeltumwandlung **140** 1 *154, 169, 200 f., 208, 219*; 1a *8, 13*; 1b *67*; 4 *25*; 9 *5*; 16 *49*; 17 *33*
- Pensionsrückstellung, § 6a EStG **140** 16 *49*
- steuerrechtliche Aspekte **140** 1 *199 ff.*

Diskriminierung
- geschlechtsbedingte Diskriminierung **50** 61b *1 ff.*

Diskriminierung, mittelbare *siehe* Mittelbare Diskriminierung

Diskriminierung, unmittelbare *siehe* Unmittelbare Diskriminierung

Diskriminierungsschutz
- allgemeine Gleichbehandlung *siehe dort*

Diskriminierungsverbot 150 75 *5 f.*; 99 *92*; **260** 3 *32 ff.*, *siehe auch* Maßregelungsverbot
- Abstammung **260** 3 *34 f.*
- Allgemeines Gleichbehandlungsgesetz **260** 2 *44, 46 ff.*
- Alters **230** 141 *77*
- Arbeitsbedingungen **230** 141 *58 ff.*
- Ausschlussfrist **480** 4 *40*
- befristeter Arbeitnehmer **480** 4 *1 ff.*
- Behinderung **230** 141 *77*; **260** 3 *38 ff.*
- Beschäftigung und Beruf **230** 141 *77*
- betriebliche Altersversorgung **140** 1 *78 ff., 94*; 2 *4, 67*
- Beweislast **230** 141 *40 ff.*
- Entgelt **230** 141 *1 ff.*
- ethnische Herkunft **230** 141 *76*
- EU-Bürger, Freizügigkeit **230** 139 *1 ff.*
- Freizügigkeit **230** 39 *17 ff.*
- Geschlecht **260** 3 *34 f.*
- Glauben **260** 3 *34 f.*
- Heimat **260** 3 *34 f.*
- Herkunft **260** 3 *34 f.*
- indirekte Diskriminierung **260** 3 *34 f.*
- Kirchenklausel **480** 4 *45*
- politische Anschauung **260** 3 *34 f.*
- Rasse **230** 141 *76*; **260** 3 *34 f.*
- Religion **260** 3 *34 f.*
- Religion/Weltanschauung **230** 141 *77*
- Schwangerschaft **350** 5 *14 ff.*
- sexuelle Ausrichtung **230** 141 *77*
- Sprache **260** 3 *34 f.*
- Tarifvertrag **470** 1 *113*
- Teilzeitarbeitnehmer **140** 1 *80 ff., 94*; 2 *4, 67*; **160** 611 *22, 525, 609, 1072*
- Versorgung mit Gütern und Dienstleistungen **230** 141 *78 f.*
- Vertragsfreiheit **160** 611 *347*
- Wochenenddienst **480** 4 *10*

Dissens *siehe* Einigungsmangel

Divergenz
- Revisionszulassung **50** 72 *25*; 72a *3 ff.*

Divergenzbeschwerde 50 72a *37 ff.*

Divergenzfähige Entscheidung *siehe* Entscheidung, divergenzfähige

Doktorand
- Arbeitnehmer **160** 611 *104*

Dokument, elektronisches 50 46c *1 ff.*
- Definition **50** 46c *5 ff.*
- gerichtliches elektronisches Dokument **50** 46d *1 ff.*
- PDF-Datei **50** 46c *6*
- Zustellung **50** 50 *29 ff., 33, 35*

Dokumentationspflicht
- NachwG **360** 2 *16*

Dolmetscher *siehe auch* Streitwertfestsetzung
- Kosten **50** 12 *22*

Doppelansprüche
- Betriebsübergang **180** 6 *36 ff.*
- Folgearbeitgeber **180** 6 *4*

Doppelbefristung 480 3 *14, 29*
- Begriff **160** 620 *4, 13*
- Vertragsfreiheit **160** 620 *13*

Doppelbelastungsverbot
- Darlegungs-/Beweislast **10** 5 *11*
- Sozialkassenverfahren **10** 5 *7*

Doppelirrtum
- Geschäftsgrundlage **160** 313 *1*; 611 *115, 809*

Doppelwoche
– Doppelwoche **180** 3 *18 f.*
Dozent in beruflicher Bildung
– Arbeitnehmer **160** 611 *104*
Drehbuchautor
– Arbeitnehmer **160** 611 *104*
Drei-Stufen-Theorie
– Berufsfreiheit **260** 12 *27 ff., 38 ff.*
Drei-Wochen-Frist 320 4 *1 ff., 31 ff.*; 13 *9, 18*
– befristetes Arbeitsverhältnis **480** 17 *1 ff.*
– schwerbehinderte Menschen **430** 86 *20 ff.*
Dringende betriebliche Erfordernisse *siehe* Erfordernisse, dringende betriebliche
Dritter Weg 470 1 *6*
– kirchliche Tarifregelungen **10** 10 *2, 5*
Drittmittel
– auflösende Bedingung **480** 21 *3*
– betriebsbedingte Kündigung **320** 1 *436 ff.*
– Geschäftsgrundlage **160** 313 *13*
– Weihnachtsgeld **160** 611 *672*
Drittschadensliquidation
– Verjährungsbeginn, Subjektivierung **160** 199 *15*
Drittschuldnerklage
– Anwaltskosten **50** 46 *141*
– Auskunft **50** 46 *129 ff.*
– Einziehungsklage **50** 46 *134 ff., siehe auch dort*
– Schadensersatz **50** 46 *136, 141 f.*
– Streitwertfestsetzung **50** 12 *57*
– Verfallklausel **50** 46 *137*
– Zuständigkeit **50** 3 *4 f.*
DRK-(Gast-)Schwester
– Arbeitnehmer **160** 611 *104*
Drogen
– außerdienstliches Verhalten **160** 611 *563*
– Drogenscreening **160** 611 *566*
– Drogentest **160** 611 *566*
– Drogenverbot, Nebenpflicht **160** 611 *561 ff.*
– Einstellungsuntersuchung **160** 611 *320*
– Fragerecht **160** 611 *274*
– Geschäftsunfähigkeit **160** 115 *7 f., 31*
Drogenabhängiger
– Schutzmaßnahme am Arbeitsplatz **160** 618 *24*
Drogenscreening 260 2 *25*
Drogensucht
– personenbedingte Kündigung **320** 1 *230 ff., siehe auch dort*
Drohung, widerrechtliche *siehe* Widerrechtliche Drohung
Druckkündigung
– außerordentliche betriebsbedingte Änderungskündigung **160** 626 *56*
– außerordentliche betriebsbedingte Kündigung **160** 626 *43, 54, 56*
– außerordentliche Kündigung **160** 626 *41, 43, 54 ff.*
– außerordentliche personenbedingte Kündigung **160** 626 *43, 54 f.*

– außerordentliche verhaltensbedingte Kündigung **160** 626 *41, 43, 54 f.*
– betriebsbedingt **320** 1 *431*
– Beweislast **50** 58 *79*
– Entlassungsverlangen des Betriebsrats **160** 626 *54, 57*
– Kindergartenleiterin **160** 626 *55*
– personenbedingt **320** 1 *241 f.*
– Schadensersatz **160** 626 *58*
– verhaltensbedingt **320** 1 *344*
– Versetzung **160** 626 *56*
Dualer Studiengang
– Pflichtpraktika **110** 23 *46*
Due Diligence-Prüfung
– Aktiengesellschaft **30** 93 *30*
Duldungs-/Mitwirkungspflichten *siehe auch* Prüfbehörden
– gegenüber Prüfbehörden **10** 17 *7*
– Ordnungswidrigkeit **10** 17 *10*
Duldungstitel- und Unterlassungstitel
– Zwangsvollstreckung **50** 62 *32*
Durcharbeiten
– Pausenzeiten **80** 4 *8*
Durchgriff
– weitere Beteiligung *siehe dort*
Durchgriffshaftung
– Zuständigkeit **50** 3 *6 f.*
Dynamische Verweisung
– NachwG **360** 2 *39*
– Tarifvertrag **470** 3 *89 ff.*

E-Mail *siehe auch* E-Mail-Kontrolle
– Abwicklungsvertrag **160** 611 *1005*; 623 *51*
– Haustürgeschäft **160** 312 *14*
– Schriftform **160** 127 *47*
– Textform **160** 127 *35*
– Überwachung durch Arbeitgeber **260** 2 *70a*
– Unterrichtung, Betriebsübergang **160** 613a *182 f.*
E-Mail-Kontrolle
– Duldungspflicht **160** 611 *579*
– Persönlichkeitsrecht **160** 611 *579*
Echte Arbeitnehmerüberlassung
– Begriff **160** 611 *155*; 613a *96*
EDV-Anlage
– Arbeitszeit **80** 10 *58*; 14 *5, 25*
EG-Bürger
– Vereinigungsfreiheit **260** 9 *7*
EG-Recht *siehe auch* Gemeinschaftsrecht
– begrenzte Einzelermächtigung **160** 611 *167*
– Primärrecht **160** 611 *167 f.*
– Rechtsquelle **160** 611 *164, 167 ff.*
– Sekundärrecht **160** 611 *167 f.*
Ehe
– personenbedingte Kündigung **320** 1 *243 ff., siehe auch dort*
Ehepartnervermittler
– Dienste höherer Art **160** 627 *8*

Ehre des Arbeitnehmers *siehe* Arbeitnehmer, Ehre
Ehrenamt *siehe auch* Ehrenamtlicher Richter
- Nebentätigkeit **160** 611 *540*
- Organmitglieder **160** 616 *13*
- Sprecherausschussmitglied **460** 2 6
- vorübergehende Verhinderung **160** 616 *13*

Ehrenamtlicher Richter 50 6 *1 f.*; 16 *2 ff., siehe auch* Schöffe
- Ablehnung **50** 31 *18 ff.*
- Ablehnung der Berufung **50** 24 *4 ff.*
- Akteneinsicht **50** 31 *14*
- Amtsentbindung **50** 8 *2*; 21 *18 ff., siehe auch dort*
- Amtsenthebung **50** 27 *5 ff., siehe auch dort*
- Amtsniederlegung **50** 24 *6 ff., siehe auch dort*
- Amtspflichtverletzung **50** 27 *5 ff.*
- Arbeitgeber gleichgestellte Person **50** 22 *4, siehe auch dort*
- Arbeitgeberkreis **50** 22 *1 ff., siehe auch dort*
- Arbeitnehmer gleichgestellte Personen **50** 23 *5 ff.*
- Arbeitnehmerkreise **50** 23 *1 ff., siehe auch dort*
- arbeitnehmerloser Arbeitgeber **50** 22 *3, siehe auch dort*
- Arbeitsloser **50** 23 *3 f.*
- Arbeitsschutz **70** 2 *3*
- Aufwandsentschädigung **50** 31 *31*
- Ausscheiden **50** 24 *2*
- Ausschluss **50** 31 *18 ff., siehe auch dort*
- Ausschuss **50** 29 *1 ff., siehe auch dort*
- Auswahlverfahren **50** 20 *14 f.*
- Befugnisse **50** 53 *18 f.*
- Berufung **50** 20 *1 ff.*
- Beschlussverfahren **50** 84 *3*
- Beurlaubung **50** 31 *11 f.*
- Bundesarbeitsgericht **50** 43 *1 ff.*
- Entschädigung **50** 31 *24 ff., 35 ff., 43 ff., siehe auch dort*
- Entschädigungsverfahren **50** 31 *43 ff.*
- Entscheidung über Besetzung der Einigungsstelle **50** 98 *5*
- Fahrtkostenersatz **50** 31 *29 f., siehe auch dort*
- Form der Berufung **50** 20 *16 f.*
- Gehörsrüge **50** 78a *24, siehe auch dort*
- Geschäftsverteilung **50** 6a *6*
- Gesetz zur Prüfung von Berufungen ehrenamtlicher Richter **50** 21 *24 ff.*
- Hilfsliste **50** 31 *65*; 39 *2, siehe auch dort*
- Landesarbeitsgericht **50** 37 *1 ff.*; 38 *1 ff., siehe auch dort*
- Ordnungsgeld **50** 28 *1 ff., siehe auch dort*
- Schutz **50** 26 *1 ff., siehe auch dort*
- Sitzungsliste **50** 31 *3 ff., siehe auch dort*
- Sitzungsverhinderung **50** 31 *11, siehe auch dort*
- Sitzungsvorbereitung **50** 31 *13 f., siehe auch dort*
- Tagegeld **50** 31 *32 f., siehe auch dort*
- Verdienstausfall **50** 31 *39 ff., siehe auch dort*
- Vereidigung **50** 20 *18 f., siehe auch dort*
- versicherungsrechtliche Frage **50** 31 *57 ff.*
- Vertagung **50** 6a *6, siehe auch dort*
- Voraussetzungen **50** 21 *1 ff., siehe auch dort*
- Vorschlagsliste **50** 20 *7 ff., siehe auch dort*
- vorübergehende Verhinderung **160** 616 *13*
- Wiedereröffnung der Verhandlung **50** 53 *12 ff.*

Ehrenwort, Erfüllung auf *siehe* Erfüllung auf Ehrenwort

Ehrlichkeitskontrolle
- außerordentliche Kündigung **160** 626 *96*
- Duldungspflicht **160** 611 *581*; 626 *96*

Eichel-Rente
- betriebliche Altersversorgung **140** 1 *175*

Eidesstattliche Versicherung
- Auskunftsanspruch des Arbeitnehmers, Betriebliche Altersversorgung **140** 4a *10*
- Fragerecht **160** 611 *289 ff.*
- Provision **290** 87c *13*
- vorläufige Vollstreckbarkeit **50** 62 *8*

Eigenbeitragszusage
- Entgeltumwandlung **140** 1 *3, 69, 153, 173 f.*; 1a *4*; 1b *58, 61 f.*; 30e *1 ff.*

Eigengruppe *siehe* Gruppenarbeit

Eigenkündigung
- Abmahnungserfordernis **160** 614 *15*; 626 *44 f.*
- Altersdiskriminierung **160** 626 *46*
- Anfechtung **160** 115 *8*; 611 *999, 102*
- Ausschlussfrist, § 626 Abs. 2 BGB **160** 626 *99*
- außerordentliche Kündigung **160** 626 *44 ff.*
- außerordentliche verhaltensbedingte Kündigung **160** 626 *45*
- Beschäftigungspflicht, Verletzung **160** 626 *45*
- Darlegungs- und Beweislast **160** 626 *154*
- Fristenparität **160** 622 *4, 25, 31 ff., 53, 57*
- Geschäftsunfähigkeit **160** 115 *8*
- Gewissenskonflikt **160** 626 *47*
- Klagefrist **160** 626 *145*
- Kündigungsverbot bei Betriebsübergang **160** 613a *151*
- Minderjähriger **160** 115 *21*; 626 *111*
- Schadensersatz, § 628 BGB **160** 628 *28 ff.*
- Schriftform **160** 623 *7*
- Sperrzeit, wichtiger Grund **160** 611 *1143 ff.*
- Straftat **160** 626 *45*
- Teilvergütung bei fristloser Kündigung **160** 628 *13 ff.*
- unzeitige Kündigung **160** 627 *19 ff.*
- Verdachtskündigung **160** 626 *45*
- Verlassen des Arbeitsplatzes **160** 623 *8*
- Verletzung von Arbeitsschutzvorschriften **160** 626 *45*
- Vertrauensstellung **160** 627 *17*
- Zahlungsverzug/Lohnrückstand **160** 614 *15*; 626 *44 f., 108*

Eigenschaft, verkehrswesentliche *siehe* Eigenschaftsirrtum

Eigenschaftsirrtum
- Arbeitsvertrag, Anfechtung **160** 611 *423, 445 ff., 451 ff.*
- Fragerecht **160** 611 *446*
- Geschlecht **160** 611 *448*
- Gesundheitszustand **160** 611 *448*
- Krankheit **160** 611 *448*
- Leistungsfähigkeit **160** 611 *448*
- Ministerium für Staatssicherheit **160** 611 *447*
- Offenbarungspflicht **160** 611 *446*
- Schwangerschaft **160** 611 *449*
- Schwerbehinderteneigenschaft **160** 611 *450*
- transsexuelle Person **160** 611 *277*
- Vertrauenswürdigkeit **160** 611 *447*
- wirtschaftliche Verhältnisse **160** 611 *447*
- Zuverlässigkeit **160** 611 *447*

Eigentumsgarantie 260 Vor 1 *8, 10*

Eignung
- Beweislast **50** 58 *72*

Eignungsübung
- besonderer Kündigungsschutz **160** 622 *61*

Eignungsübungsgesetz
- Urlaubsregelungen **180** 1 *10*

Eil- und Großbetragszahlungsverkehr
- Arbeitszeit **80** 10 *83 f.*

Eilanordnung
- streitige Verhandlung **50** 56 *4*

Ein-Euro-Job 150 5 *14, siehe auch* Arbeitsgelegenheit
- Arbeitsgelegenheit **50** 2 *30, siehe auch dort*
- Urlaubsentgelt **180** 11 *81*

Ein-Euro-Jobber
- Kündigungsschutz **320** 1 *153a*

Ein-Euro-Jobs
- Befristung des Anspruchs **180** 1 *12*

Einfache Beschwerde
- Streitwertfestsetzung **50** 12 *28 ff.*

Einfaches Zeugnis *siehe* Zeugnis, einfaches

Einfühlungsverhältnis
- Probezeit-Arbeitsverhältnis, Abgrenzung **160** 611 *415*
- Sittenwidrigkeit **160** 611 *415*

Eingeschränkter Amtsermittlungsgrundsatz *siehe* Amtsermittlungsgrundsatz, eingeschränkter

Eingliederungsverhältnis
- Arbeitnehmerhaftung **160** 619a *3*
- Wartezeit, KSchG **160** 622 *43*

Eingliederungsvertrag 150 5 *14*; **480** 14 *99*

Eingruppierung
- Änderungskündigung **320** 2 *97 f.*
- außertariflich Angestellter **150** 99 *43*
- Begriff **150** 99 *41 ff.*
- essentialia negotii **160** 305 *14*
- fehlende Zustimmung des Betriebsrats **150** 99 *84 ff., 119*
- Leiharbeitnehmer **150** 99 *47*
- Leistungsbestimmungsrecht **160** 315 *29*
- sozialversicherungsfreie Beschäftigung **150** 99 *45*
- Streitwertberechnung **50** 12 *47*
- Umgruppierung *siehe dort*
- Unterrichtung des Betriebsrats **150** 99 *74*
- Urteilsverfahren **50** 46 *143 ff.*

Eingruppierungsfeststellungsklage 50 46 *143 ff., siehe auch* Eingruppierungsfeststellungsklage
- Beschäftigungszeit **50** 46 *157*
- Feststellungswiderklage **50** 46 *150, siehe auch dort*
- Zinsantrag **50** 46 *152*
- Zulage **50** 46 *155*

Einheitliche Arbeitskleidung *siehe* Arbeitskleidung, einheitliche

Einheitliches Arbeitsverhältnis
- Gesamtschuldner **160** 611 *134*
- Konzernleihe, Abgrenzung **160** 611 *135*
- Kündigungsschutz **320** 1 *106*
- Mehrheit von Arbeitgebern **160** 611 *134*

Einheitsgesellschaft
- Unternehmensmitbestimmung **340** 1 *28*

Einheitsregelung, vertragliche *siehe* Vertragliche Einheitsregelung

Einholung amtlicher Auskunft
- Alleinentscheidung des Vorsitzenden **50** 55 *41*

Einigungsmangel
- Abwicklungsvertrag **160** 611 *1003*
- Arbeitsvertrag **160** 611 *353 f.*; 612 *1*
- Aufhebungsvertrag **160** 611 *1003*
- essentialia negotii **160** 315 *7*; 611 *353*; 612 *1*
- Gewinnbeteiligung **160** 315 *42*
- konstitutives Schriftformerfordernis **160** 611 *354*
- Leistungsbestimmungsrecht **160** 315 *7*

Einigungsstelle
- *siehe auch* Einigungsstelle, BPersVG
- *siehe auch* Einigungsstellenmitglied
- Arbeitnehmerbeschwerde **150** 85 *7 ff.*
- Arbeitsschutz **90** 9 *8, 17, 19*
- Arbeitszeit **80** 7 *55*
- Auswahlrichtlinie **150** 95 *9 ff., siehe auch dort*
- Beisitzer **50** 98 *9*
- Berufsbildung **150** 97 *16, siehe auch dort*
- Beschlussfähigkeit **150** 76 *33*
- Beschlussverfahren **50** 2a *11*; 83 *26*
- Bestellung durch das Arbeitsgericht **150** 76 *19 ff.*
- betriebliche Altersversorgung **140** 1 *180*
- Betriebsratssprechstunde **150** 39 *3*
- Betriebsvereinbarung **150** 76 *29, 36, 55, siehe auch dort*
- Bildungsveranstaltung **150** 37 *50*
- billiges Ermessen **160** 315 *63*
- Entscheidung **150** 76 *29 ff, 34 ff.*
- Entscheidung über Besetzung im Beschlussverfahren **50** 98 *1 ff.*
- Ermessen **150** 76 *46, 50 ff.*
- Errichtung **150** 76 *3 ff.*
- erzwingbare Mitbestimmung **150** 76 *37 ff.*; 87 *7*; 91 *9, siehe auch dort*

- Freistellung von Betriebsratsmitglied **150** 38 *11*
- Freistellung zur Stellensuche **160** 629 *25, 28*
- freiwillige Mitbestimmung **150** 88 *12*, *siehe auch dort*
- freiwilliges Verfahren **150** 76 *40 ff.*
- gerichtliche Überprüfbarkeit **150** 76 *44 ff.*
- Geschäftsgrundlage **160** 313 *22 f.*
- Insolvenz **150** 76 *38*, *siehe auch dort*
- Kosten **150** 40 *11*; 76a *2 ff.*, *siehe auch dort*
- Mitbestimmung des Betriebsrats bei Kündigung **160** 626 *114*
- Sozialplan **300** 123 *9 f.*
- ständige Einigungsstelle **150** 76 *5 ff.*
- Verfahren **150** 76 *25 ff.*
- Vergütung **150** 76a *6, 8, 9 ff.*
- Vorsitzender **50** 98 *8*
- Zusammensetzung **150** 76 *9 ff.*
- Zuständigkeit **150** 76 *28, 45*

Einigungsstelle, BPersVG
- Berlin, Letztentscheidungsrecht **170**, *115*
- Brandenburg, Letztentscheidungsrecht **170**, *115*
- Bremen, Letztentscheidungsrecht **170**, *115*
- Empfehlungsrecht **170**, *113 f.*
- Hamburg, Letztentscheidungsrecht **170**, *115*
- Hessen, Empfehlungsrecht **170**, *115*
- Letztentscheidungsrecht **170**, *112 ff.*
- Mecklenburg-Vorpommern, Letztentscheidungsrecht **170**, *115*
- Niedersachsen, Empfehlungsrecht **170**, *115*
- Nordrhein-Westfalen, Letztentscheidungsrecht **170**, *115*
- Saarland, Letztentscheidungsrecht **170**, *115*
- Sachsen-Anhalt, Empfehlungsrecht **170**, *115*
- Schleswig-Holstein, Empfehlungsrecht **170**, *115*

Einigungsstellenmitglied
- Vergütungsanspruch nach billigem Ermessen **160** 315 *63*

Einigungsstellenspruch
- Rechtsbeschwerde im Beschlussverfahren **50** 93 *12 ff.*

Einigungsstellenverfahren
- Ausschluss von Personen **50** 49 *6*

Einkaufsmöglichkeiten
- Sonn-/Feiertagen **80** 9 *25a*

Einkommensteuer *siehe auch* Lohnsteuer
- Arbeitnehmer, Begriff **240** 19 *22 ff.*
- Arbeitslohn **240** 19 *26 ff.*
- Handelsvertreter **160** 611 *91*
- Lohnzufluss, Zeitpunkt **240** 19 *28 ff.*
- Nebentätigkeit **240** 19 *19 f.*
- Versorgungsbezüge **240** 19 *34 ff.*

Einkommensteuerfreiheit
- Abfindungszahlungen, u.ä. **240** 3 *44 ff.*
- Altersteilzeit, Leistungsphase **240** 3 *28 ff.*
- Altersteilzeit, Zuschüsse **240** 3 *1 ff.*, *siehe auch dort*
- Altersvorsorgebeiträge **240** 3 *36 ff.*

- Arbeitgeberwechsel, Betriebsrentenkapital **240** 3 *15 ff.*
- erstes Dienstverhältnis **240** 3 *36 ff.*
- freiwillige Rentenversicherung, Arbeitgeberzuschuss **240** 3 *30*
- Insolvenzsicherungsleistung **240** 3 *54 ff.*
- Überleitung der betrieblichen Altersversorgung auf Pensionsfond **240** 3 *58 ff.*
- unverfallbare Versorgungsanwartschaft, Übernahme bei Arbeitgeberwechsel **240** 3 *17 ff.*
- unverfallbare Versorgungsanwartschaft, Übertragung auf neuen Arbeitgeber **240** 3 *20 ff.*
- Zukunftssicherungsleistung des Arbeitgebers **240** 3 *33 ff.*

Einkommensteuerpflicht *siehe auch* Einkommensteuerfreiheit
- Abfindung **240** 34 *33 ff.*
- Aktienoptionsrecht **240** 8 *26 f.*; 34 *25*
- Altersteilzeit, zusätzlicher Rentenbeitrag **240** 3 *1 ff.*; 34 *17*
- Arbeitgeber, Begriff **240** 38-39c, 41-42b *2 ff.*
- Arbeitnehmerbegriff, Rechtsfolgen der Falschbeurteilung **240** 19 *39 ff.*
- Arbeitnehmerentsendung **240** 38-39c, 41-42b *3*
- Arbeitnehmerüberlassung, Haftung **240** 42d *25 ff.*
- Auflösung des Dienstverhältnisses, Entschädigung **240** 24 *5 ff.*
- Aufzeichnungspflicht des Arbeitgebers **240** 38-39c, 41-42b *34 ff.*, *44*
- Aushilfskräfte **240** 42d *41*
- Auskunftsanspruch gegen Finanzamt **240** 42e *1 ff.*
- Auslagenersatz **240** 8 *5*
- ausländischer Verleiher **240** 38-39c, 41-42b *3*
- Außenprüfung **240** 42f *1 ff.*
- außerordentliche Einkünfte, Begriff **240** 34 *9 ff.*
- Bemessungsgrundlage **240** 38-39c, 41-42b *11*
- Betriebsveranstaltung **240** 40 *16 f.*
- Dienstverhältnis **240** 19 *7 ff.*
- Dienstwagen **240** 8 *8 ff.*, *24 f.*; 34 *30*
- Direktversicherung, pauschale Beitragsbesteuerung **240** 40a *2 ff.*
- doppelte Haushaltsführung **240** 8 *14*
- Einbehaltungspflicht **240** 38-39c, 41-42b *7 ff.*
- Einkünfte aus nichtselbständiger Arbeit **240** 19 *2 ff.*
- Einkünfte aus Vermietung/Verpachtung **240** 34 *34 f.*
- Einnahme, Begriff **240** 8 *2 ff.*
- Einzelbewertung **240** 8 *7*
- Entfernungspauschale **240** 8 *12*
- Entschädigung bei Auflösung des Dienstverhältnisses **240** 24 *3 ff.*
- Erhebung der Lohnsteuer **240** 38-39c, 41-42b *2 ff.*
- Erholungsbeihilfen **240** 40 *17*
- ersetzte Werbungskosten **240** 8 *4 f.*
- Fahrtenbuch **240** 8 *13, 25*

- Freibetrag in Lohnsteuerkarte **240** 38-39c, 41-42b *19 ff.*
- Fünftelungsprinzip **240** 34 *1 ff., 33 ff.*
- geringfügige Beschäftigung **240** 40a *7 ff.*
- gesamtschuldnerische Haftung von Arbeitgeber und Arbeitnehmer **240** 42d *10 ff.*
- Haftung bei Bagatellbetrag **240** 42d *24*
- Haftung bei Mitverschulden des FA **240** 42d *11*
- Haftung des Arbeitgebers **240** 42d *2 ff., 19 ff.*; 42e *1*
- Haftungsausschluss **240** 42d *9*
- Haftungsbescheid **240** 42d *19 ff.*
- Incentive-Reise **240** 8 *3*
- kurzfristige Beschäftigung, Pauschalbesteuerung **240** 40a *5 f., 20*
- Lohnnachzahlung für mehrere Jahre **240** 34 *25*
- Lohnsteuer-Außenprüfung **240** 42f *1 ff.*
- Lohnsteuerjahresausgleich **240** 38-39c, 41-42b *38*
- Lohnsteuerkarte **240** 38-39c, 41-42b *14 ff., 34 f.*
- Lohnsteuerklasse **240** 38-39c, 41-42b *13, 41 ff.*
- Nebentätigkeit **240** 8 *15 ff.*
- Nutzungsvorteil **240** 8 *4*
- Pauschalierung in Land- und Forstwirtschaft **240** 40a *15*
- Pauschalierung mit festen Steuersätzen **240** 40 *11 ff.*
- Pauschalsteuersatz bei Nacherhebung **240** 40 *4 ff.*
- Pauschalsteuersatz bei sonstigen Bezügen **240** 40 *2 f., 5 ff.*
- Pauschalierung bei Sachzuwendung **240** 37b *2 ff.*
- Pensionsanwartschaft und -anspruch, Abfindung **240** 34 *25, 27*
- Pensionskasse, pauschale Beitragsbesteuerung **240** 40b *2 ff.*
- Personalessen **240** 8 *19*
- Personalrabatt, Freigrenze **240** 8 *18 ff.*
- Pkw-Werksangehörigenverkauf **240** 8 *20*
- Sachbezüge, Freigrenze **240** 8 *16 f., 26*
- Schadensersatzverzicht des Arbeitgebers **240** 8 *4*
- Schwarzlohnzahlung **240** 42d *41*
- Selbständigkeit, Abgrenzung **240** 8 *14*
- Sicherungsanordnung **240** 42d *32*
- Streikgeld **240** 8 *23*
- Tarifglättung, außerordentliche Einkünfte **240** 34 *2 ff.*
- Veranlagungsverfahren **240** 38-39c, 41-42b *36*
- Vergütung mehrjähriger Tätigkeit **240** 34 *23 ff.*
- vertragliche Entlassungsentschädigung **240** 24 *4*
- VIP-Logen **240** 37b *10*
- Warengutschein **240** 8 *17*

Einkünfte, außerordentliche
- Einkommensteuer **240** 34 *9 ff.*
- Progressionsvorbehalt **240** 34 *6*

Einlassung
- Frist **50** 47 *2 ff.*

Einlassung, rügelose *siehe* Rügelose Einlassung

Einlassungsfrist 50 47 *2 ff.*
- Abkürzungsantrag **50** 47 *7*
- Beschleunigungsgrundsatz **50** 9 *3, siehe auch dort*
- Versäumnisurteil **50** 59 *5*

Einmalvertrag
- AGB **160** 305 *15, 33*; 310 *9 ff.*
- Darlegungs- und Beweislast **160** 310 *11 f.*

Einmalzahlung
- Arbeitnehmer-Urheber **495** 32 *10*

Einrede des nichterfüllten Vertrags
- *siehe* Leistungsverweigerungsrecht
- *siehe* Zurückbehaltungsrecht

Einreichung
- elektronisches Dokument **50** 46c *14*

Einrichtung der Tarifparteien *siehe* Tarifparteien, Einrichtung

Einrichtung, karitative 150 1 *53*; 5 *38 f.*; 118 *67*

Einschreiben
- Kündigung, Zugangserfordernis **160** 309 *57, 69*; 623 *6, 9, 58*

Einseitige Freistellung *siehe* Freistellung

Einseitiges Leistungsbestimmungsrecht *siehe* Leistungsbestimmungsrecht

Einspruch
- Versäumnisurteil **50** 59 *36 ff.*
- Vollstreckungsbescheid **50** 46a *33*
- Zurücknahme **50** 59 *58*
- zweites Versäumnisurteil **50** 59 *52 f.*

Einspruch gegen Kündigung *siehe* Kündigung, Einspruch

Einspruch gegen Versäumnisurteil *siehe* Versäumnisurteil, Einspruch

Einspruchsfrist
- Versäumnisurteil **50** 46 *6*

Einspruchstermin 50 59 *51 ff., siehe auch dort*

Einstellung
- Arbeitszeitaufstockung **150** 99 *34*
- Aufhebungsanspruch des Betriebsrats **150** 101 *3, 5 ff., 21, 35*
- Auswahlrichtlinie **150** 95 *3*
- Beamter **150** 99 *39*
- befristetes Arbeitsverhältnis **150** 99 *30*
- Begriff **150** 99 *27 ff.*
- fehlende Zustimmung des Betriebsrats **150** 99 *84 ff., 115 f.*; 101 *6*
- Leiharbeitnehmer **150** 99 *39, siehe auch dort*
- leitender Angestellter **150** 105 *3 f., siehe auch dort*
- mittelbares Arbeitsverhältnis **150** 99 *29*
- Nichtarbeitnehmer **150** 99 *28*
- Tendenzbetrieb **150** 118 *50*
- Unterrichtung des Betriebsrats **150** 99 *70 ff.*
- Versetzung **150** 99 *36*
- vorläufige Durchführung **150** 100 *1, 8, 58 f.*
- Weiterbeschäftigung **150** 99 *32 f.*
- Wiedereinstellung **150** 99 *31*

Einstellung der Betriebstätigkeit *siehe* Betriebsratstätigkeit, Einstellung

Einstellung der Zwangsvollstreckung *siehe* Zwangsvollstreckung, Einstellung
Einstellungsanspruch *siehe auch* Wiedereinstellungsanspruch
– öffentlicher Dienst **160** 611 *349*
– Stellenausschreibung **160** 611 *201*
– Vertragsfreiheit **160** 611 *349*
Einstellungsbeschluss *siehe auch* Anschlussbeschwerde
– Beschwerde **50** 78 *8*
Einstellungstest 260 2 *64 ff.*
Einstellungsuntersuchung 90 3 *8*
– AIDS **160** 611 *321*
– Alkohol **160** 611 *320*
– ärztliche Schweigepflicht **160** 611 *317*
– BAT **160** 611 *316*
– Darlegungs- und Beweislast, Schadensersatz **160** 611 *327 f.*
– Drogen **160** 611 *320*
– HIV **160** 611 *321*
– Jugendlicher **160** 611 *315*
– Lebensmittelbereich **160** 611 *315*
– Rechtsschutz **160** 611 *323 ff.*
– Schmerzensgeld **160** 611 *324*
– Tarifvertrag **160** 611 *316*
– Vertragsanbahnung **160** 611 *315 ff.*
– Vertrauensarzt **160** 305c *15*; 611 *316*
Einstellungszusage *siehe auch* Wiedereinstellungsanspruch
– Abbruch von Vertragsverhandlungen **160** 611 *241*
– Abwicklungsvertrag **160** 611 *1175*
– Aufhebungsvertrag **160** 611 *1175*
– bedingte Einstellungszusage **160** 611 *1175*
– einfache Einstellungszusage **160** 611 *1175*
– Vorvertrag **160** 611 *331*
Einstweilige Anordnung 450 86b *10 ff.*, *siehe auch* Einstweiliger Rechtsschutz
Einstweilige Verfügung 50 62 *46 ff.*
– Einlassungsfrist **50** 47 *3*
– Rechtsmittel **50** 62 *61 f.*
– Rechtsweg **50** 48 *7*
– Schadensersatz **50** 62 *66*
– Streitwertfestsetzung **50** 12 *51*
– verspätetes Vorbringen **50** 56 *73*
– Vollziehung **50** 62 *63 ff.*
– Zustellung im Parteibetrieb **50** 62 *64*
– Zwangsvollstreckung im Beschlussverfahren **50** 85 *17 ff.*
Einstweiliger Rechtsschutz *siehe auch* Arrest
– Abberufung von GmbH-Geschäftsführer **280** 38 *35 f.*
– Annahmeverzugslohn **160** 615 *62, 9*
– Antrag an Gericht **450** 86b *9*
– Arbeitszeitverringerung **480** 8 *43*
– Ausbildungsverhältnis **110** 3 *30*
– außergerichtlich, Verwaltungsakt **450** 86a *1 ff.*

– Durchsetzbarkeit der Arbeitsleistung **160** 611 *589 f.*, *593*
– einstweilige Anordnung **450** 86b *10 ff.*
– Elternzeit **130** 15 *45*
– Entbindung von vorläufiger Weiterbeschäftigung **170**, *75*
– Freistellung zur Stellensuche **160** 629 *27 f.*
– Gehörsrüge **50** 78a *3*, *siehe auch dort*
– gerichtlich, Verwaltungsakt **450** 86b *1 ff.*
– gerichtliche Zuständigkeit **450** 86b *7*
– Güteverhandlung **50** 54 *13*
– Herausgabeanspruch **160** 611 *596*
– Krankenfürsorge **160** 617 *21*
– Rechtsbeschwerde **50** 78 *31*
– Regelungsanordnung **450** 86b *12*
– Sicherungsanordnung **450** 86b *11*
– Sprecherausschuss **460** 30 *5*; 32 *3*
– Vergütung, Bruttolohn **160** 611 *793*
– Verjährung **160** 204 *18*; 212 *5*
– Vorwegnahme der Hauptsache **450** 86b *13*
– Wettbewerbsverbot **160** 611 *595*
einstweiliger Ruhestand
– Kündigungsumgehung **160** 626 *147*
Einvernehmensanwalt 50 11 *11*
Einvernehmliche Freistellung *siehe* Freistellung
Einwand des Rechtsmissbrauchs *siehe* Rechtsmissbrauch, Einwand
Einzelermächtigung, begrenzte
– EG-Recht **160** 611 *167*
Einzelhandel
– Arbeitszeit **80** 13 *23*
– Betriebsübergang **160** 613a *41, 50, 58, 66*
– Urlaubsanspruch **180** 1 *24*
Einzelmaßnahme, personelle *siehe* Personelle Einzelmaßnahme
Einzelrechtsnachfolge
– Betriebsübergang **160** 613a *24*
Einziehungsklage
– Drittschuldnerklage **50** 46 *134 ff.*, *siehe auch dort*
Eisdiele
– Arbeitszeit **80** 10 *14*
Eisen- und Stahlindustrie
– Unternehmensmitbestimmung **340** 1 *16 ff.*
Eisenbahn
– Arbeitszeit **80** 5 *12*; 10 *34*
– Eisenbahnwaggon, Arbeitsstätte **160** 618 *19*
Eisenindustrie
– Arbeitszeit **80** 13 *5*
Elektive Konkurrenz *siehe* Konkurrenz, elektive
Elektroinstallation
– Arbeitszeit **80** 10 *8*
Elektronische Akte *siehe* Akte, elektronische
Elektronische Form *siehe* Form, elektronische
Elektronische Signatur *siehe* Signatur, elektronische
Elektronische Übermittlung *siehe* Übermittlung, elektronische

Elektronischer Fingerabdruck *siehe* Fingerabdruck, elektronischer
Elektronisches Dokument *siehe* Dokument, elektronisches
Elternzeit *siehe auch* Erziehungsurlaub
– Adoptivpflege 130 16 *14*
– andere Erwerbstätigkeit 130 15 *25 ff., 43 f.*
– Ankündigungsfrist 130 16 *7*
– Anspruch 130 15 *3 ff.*
– Anspruchsberechtigter 130 15 *5 ff.*
– anteilige Inanspruchnahme 130 15 *10*
– Antrag 130 15 *48*; 16 *3 ff.*
– Arbeitslosengeld 130 15 *41*
– Arbeitszeitverringerung 130 15 *12 ff., 43 ff.*
– außerordentliche Kündigung 130 18 *32, 42*
– Auswirkung auf Arbeitsverhältnis 130 15 *28 ff.*
– befristete Verträge 365 6 *3*
– befristetes Arbeitsverhältnis 130 18 *37*; 21 *1 ff.*
– Befristung 160 620 *3*
– Befristungsdauer 130 21 *17 ff.*
– Befristungsgrund 130 21 *8 ff.*
– Berufsbildung 130 15 *37*; 20 *1 ff.*
– besonderer Kündigungsschutz 160 611 *1044*; 622 *38, 61*; 626 *118, 145*
– betriebliche Altersversorgung 130 15 *36*
– Betriebsübergang 130 15 *31*; 160 613a *15*
– Betriebszugehörigkeitsdauer 160 611 *1072 f.*
– Beziehung zum Kind 130 15 *8*
– Dauer 130 15 *9 f.*
– einstweiliger Rechtsschutz 130 15 *45*
– Enkelkind 130 15 *8*
– Geburt eines weiteren Kindes 130 16 *15*
– Insolvenz, Kündigung 130 18 *40*
– Klage auf Arbeitszeitverringerung 130 15 *43 f.*
– Klagefrist, Kündigung 130 18 *38, 41*
– Krankengeld 400 49 *6*
– Kündigung bei Insolvenz 300 113 *65*
– Kündigung, Behördenzuständigkeit 130 18 *34*
– Kündigungsfrist 160 622 *38*
– Kündigungsfrist, Elternzeitende 130 19 *1 ff.*
– Kündigungsverbot 130 18 *4 ff., 14 ff.*
– Kürzung der Sondervergütung 160 611 *698, 702*
– Lage 130 15 *9 f.*
– nachträgliche Veränderung 130 16 *13 ff.*
– Pflegekind 130 15 *8*; 16 *14*
– Rentenversicherung 130 15 *42*
– Sachbezüge 130 15 *33*
– Schadensersatzpflicht des Arbeitgebers 130 15 *48*
– Schriftform 130 16 *4*
– Sonderkündigungsrecht, Ende der Elternzeit 130 19 *1 ff.*
– Sonderkündigungsrecht, Vertretung während Elternzeit 130 21 *25 ff.*
– Sonderurlaub, Verhältnis 130 15 *7*
– Sonderzahlung 130 15 *32*
– Sozialplan 130 15 *39*
– Sozialversicherung 130 15 *40 f.*
– tarifvertraglicher Rückkehranspruch 130 15 *38*
– Teilzeitarbeit 480 23 *5*
– Tod des Kindes 130 18 *13*
– TzBfG, Verhältnis 480 23 *5*
– Überschneiden von zwei Elternzeiten 130 15 *25*
– Urlaubsabgeltung 130 17 *20 f.*
– Urlaubsgeld 130 15 *32*
– Urlaubskürzung 130 17 *4 ff.*
– Urlaubsübertragung 130 17 *14 ff.*
– Verlagerung auf späteren Zeitpunkt 130 15 *11*
– Verlängerung 130 15 *23*; 16 *16, 20*
– vermögenswirksame Leistungen 130 15 *34*
– vorzeitige Beendigung 130 15 *24*; 21 *28*
– Wertguthabenvereinbarung 390 7c *10*
– zulässige Kündigung 130 18 *27 ff.*
Elternurlaubsrichtlinie, EG 230 Richtlinien *11 ff.*, *siehe auch* Gemeinschaftsrecht
Empfangsbekenntnis 50 50 *28 ff.*
– AGB 160 309 *54 ff.*
– qualifizierte elektronische Signatur 160 309 *55*
– Wettbewerbsverbot 160 309 *56*
Empfangsbestätigung
– AGB 160 305 *6*; 309 *54 ff.*
– Kündigungserklärung 160 623 *32*
Empfangsquittung *siehe* Quittung
EMRK *siehe* Europäische Menschenrechtskonvention
Endurteil
– Zwangsvollstreckung 50 62 *2*
Endzeugnis *siehe* Zeugnis
Energieversorgung
– Arbeitszeit 80 10 *37 f., 59*; 13 *9*; 15 *13*
Entfernungspauschale 240 8 *12*
Entfristungsklage 480 17 *14 ff.*
– Arbeitnehmerüberlassung 100 10 *42*
Entgangener Gewinn
– Beweislast 50 58 *56*
Entgelt *siehe* Arbeitsentgelt
Entgeltabtretung
– Inhaltskontrolle, AGB 160 307 *80*
Entgeltänderung
– Änderungskündigung 320 2 *86 ff.*
Entgeltanspruch, Verpfändung
– Insolvenz 300 114 *14 f., 56, siehe auch dort*
Entgeltausfallprinzip *siehe* Lohnausfallprinzip
Entgeltersatz
– Krankengeld 400 44 *1, 4, 15*; 45 *1*
Entgeltersatzleistung
– Rentenversicherungspflicht 410 3 *2 ff.*
– Sozialversicherungspflicht 390 7a *30*
Entgeltersatzprinzip
– Krankengeld 400 44 *4*
Entgeltfortzahlung *siehe auch* Anspruch auf Pflegezeit
– AIDS 210 3 *60*
– Akkordarbeit 210 4 *56 ff.*
– Angestellter 160 616 *1 f.*
– Annahmeverzug 160 615 *41*

Entgeltfortzahlung

- Annahmeverzug des Arbeitgebers **210** 3 *39*
- Anspruchsvoraussetzungen **210** 3 *5 ff.*
- Anspruchszeitraum **210** 3 *73 ff.*
- Anwesenheitsprämie **160** 611 *707*; 612a *14*; 616 *25*
- Anzeigepflicht **210** 5 *1 ff.*
- Anzeigepflicht, medizinische Vorsorge **210** 9 *24*
- Arbeit auf Abruf **210** 3 *40*; **480** 12 *23 f.*
- Arbeit trotz Arbeitsunfähigkeit **210** 3 *131 f.*
- Arbeiter **160** 616 *1 f.*
- Arbeitgeberwechsel **210** 3 *80*
- Arbeitnehmer **160** 616 *1 ff.*; 629 *3, 21 f.*
- Arbeitskampf **210** 2 *20 ff.*; 3 *42*
- arbeitsmedizinische Untersuchung, Arbeitszeit **80** 6 *57*
- Arbeitsunfähigkeit im Ausland **210** 5 *41 ff., 79 ff.*
- Arbeitsunfähigkeit infolge Krankheit **210** 3 *15 ff., 20 ff.*
- Arbeitsunfähigkeit, Fallbeispiele **210** 3 *26 ff.*
- Arbeitsunfähigkeitsbescheinigung **210** 5 *15 ff.*
- Arbeitsunfähigkeitsbescheinigung fehlt **210** 5 *93 f.*
- Arbeitsverhinderung **365** 2 *11*
- arbeitsvertragliche Vereinbarung **210** 12 *23 f.*
- Arbeitszeitkonto **210** 4 *13 f.*
- Arztbesuch **210** 3 *27*
- Aufwendungsersatz, Abgrenzung **210** 4 *30 ff.*
- außerordentliche Kündigung **210** 8 *25 ff.*
- Auszubildender **110** 19 *11*; 23 *5, 20, 26*; **160** 616 *1, 4*
- Berechnung der Kürzung **210** 4a *24 ff.*
- betriebsbedingte Kündigung **210** 8 *19*
- Beweislast **50** 58 *37 f.*
- Beweislast bei Leistungsverweigerungsrecht **210** 7 *20 ff.*
- Beweiswert der Arbeitsunfähigkeitsbescheinigung im Prozess **210** 5 *63 ff., 95 ff.*
- Darlegungs- und Beweislast **210** 2 *78 ff.*; 3 *116 ff.*
- Dauer des Anspruchs **210** 3 *81*
- Eintages-Arbeitsverhältnis **210** 2 *7 f.*
- Elternzeit **210** 3 *44*
- Entbindung von ärztlicher Schweigepflicht **210** 5 *95 ff.*
- Entgeltfortzahlungsverzichtsklausel, Transparenzgebot **160** 307 *120*
- Entgeltverzicht **160** 611 *92, 781, 787*
- Erwerbsminderung **210** 3 *44a*
- faktisches Arbeitsverhältnis **210** 3 *7*
- fehlende Arbeitserlaubnis **210** 3 *41*
- fehlendes Verschulden **210** 3 *54 ff.*
- fehlerhaftes Arbeitsverhältnis **160** 611 *42*
- Feiertag **210** 3 *45*, *siehe auch* Feiertag, Lohnfortzahlung
- Forderungsübergang **160** 199 *16*; 616 *28*
- Forderungsübergang auf den Arbeitgeber bei Dritthaftung **210** 6 *1 ff.*
- Fortdauer der Arbeitsunfähigkeit **210** 5 *31 ff.*

- Fortsetzungserkrankung **210** 3 *85 ff., 124 ff.*
- Freistellung **210** 3 *47*
- Fristberechnung **210** 3 *74 ff.*
- Fußballspieler **160** 616 *25*
- gesetzliche Feiertage, Übersicht **210** 2 *85*
- Heimarbeit **210** 10 *1 ff.*; 11 *1 ff.*
- Höchstfrist **160** 617 *17*
- Höhe **210** 4 *1 ff.*
- Insolvenz **210** 3 *111*
- Job-Sharing **210** 4 *19 ff.*
- Kausalität der Arbeitsunfähigkeit **210** 3 *36 ff.*
- Krankengeld **400** 44 *15*
- Krankheit, Begriff **160** 617 *9*; **210** 3 *16 ff.*
- krankheitsbedingte Kündigung **160** 626 *35*; **320** 1 *269*
- Kündigung wegen Arbeitsunfähigkeit **210** 8 *1 ff.*
- Kurzarbeit **210** 2 *29, 62 ff.*; 3 *48*; 4 *62 ff.*
- Kürzung freiwilliger Leistungen **210** 4a *12 ff.*
- Kürzung von Sondervergütung **210** 4a *1 ff.*
- Kürzungsvoraussetzungen **210** 4a *4 ff.*
- Ladung, Wehrdienst **60** 14 *5*
- Leistungsverweigerungsrecht des Arbeitgebers **210** 7 *1 ff.*
- Lohnausfallprinzip **160** 611 *721*
- Lohnausfallprinzip, Wehrdienst **60** 14 *3*
- medizinische Vorsorge **180** 10 *8*; **210** 9 *5 f., 9 ff.*
- mehrfache Arbeitsunfähigkeit **210** 3 *84 ff.*
- Minijob/Geringfügig Beschäftigte **160** 611 *27*
- Mitwirkungspflicht des Arbeitnehmers bei Dritthaftung **210** 6 *29 ff.*; 7 *13 ff.*
- Mutterschaftsgeld *siehe dort*
- Mutterschutz **210** 3 *49*
- Nachweispflicht **210** 5 *15 ff.*
- Nachweispflicht der Betriebsratsbeteiligung **210** 5 *30*
- Nachweispflicht, medizinische Vorsorge **210** 9 *25 ff.*
- Nebentätigkeit **160** 611 *545*
- Organspende **210** 3 *31*
- Pfändung des Anspruchs **210** 3 *111*
- Pfändungsschutz **500** 850k *4*
- Prämie **210** 4 *61*
- Provision **210** 4 *61*
- Rechtsmissbrauch **210** 3 *71 f.*
- Rechtswahl **220** 30, 8 Rom I *51*
- regelmäßige Arbeitszeit **210** 4 *5, 7 ff.*
- Rehabilitation **210** 9 *7 ff.*
- Rehabilitationsmaßnahme **180** 10 *8*
- ruhendes Arbeitsverhältnis **210** 3 *79 f.*
- Schichtarbeit **210** 4 *23 ff.*
- Schlägerei **210** 3 *66*
- Schulungsveranstaltung **210** 3 *50*
- Schwangerschaftsabbruch **210** 3 *112, 114 f.*
- Sonderzuwendung **210** 4 *49*
- Sportprämie **210** 4 *44 ff.*
- Sportunfall **210** 3 *68*

- Sprechstunde des Betriebsrats **150** 39 *8 f.*, *siehe auch* Betriebsrat
- Sterilisation **210** 3 *112 f.*
- Suchterkrankung **210** 3 *69*
- tarifliche Ausschlussfrist **210** 12 *20*
- Tarifvertrag, abweichende Regelung **210** 4 *65 ff.*
- Trinkgeld **160** 611 *742*
- Überstunden **210** 2 *53 ff.*; 4 *5 ff.*, *52*
- Unabdingbarkeit **160** 628 *4*; **210** 12 *1 ff.*
- Urlaub **210** 2 *33 ff.*; 3 *51*
- Urlaubsentgelt **180** 9 *29a*
- Verdienstausfall, Schadensersatz gegen Dritten **210** 6 *8 ff.*
- Vergütungsanspruch **210** 3 *111*
- verhaltensbedingte Kündigung **210** 8 *21*
- Verjährung **160** 616 *29*; **210** 3 *127*
- Verkehrsunfall **210** 3 *70*
- Verletzung der Anzeige- und Nachweispflicht **210** 5 *55 ff.*; 7 *1 ff.*; 9 *28 f.*
- Verschulden des Arbeitgebers **210** 3 *56 ff.*
- Verschulden für Heilungsverzögerung **210** 3 *59*
- Verschulden gegen sich selbst **160** 616 *22*, *30*; 617 *10*; **210** 3 *55*
- Vertragsstrafe bei Verletzung der Anzeige- oder Nachweispflicht **210** 12 *21*
- Verzicht **210** 12 *6 ff.*
- vorgetäuschte Arbeitsunfähigkeit **210** 5 *92*
- vorübergehende Verhinderung **160** 616 *1 ff.*; 629 *3*, *21 f.*
- Wartezeit **210** 3 *9 ff.*
- Wehrdienst, Arbeitsplatzschutz **60** 1 *8*; 3 *7*; 14 *1 ff.*
- Weiterbeschäftigung im Kündigungsschutzprozess **210** 3 *8*
- Weiterbeschäftigung zu geänderten Bedingungen **210** 3 *133*
- wiederholte Erkrankung **210** 3 *84 ff.*
- Zivilrecht, § 616 BGB **365** 2 *11 ff.*
- zu berücksichtigender Bestandteil des Arbeitsentgelts **210** 4 *27 ff.*
- zulässige Abweichung **210** 12 *5*
- Zuschläge für Heimarbeit **210** 10 *1 ff.*
- Zwischenmeister **210** 10 *14 f.*

Entgeltfortzahlungsgesetz *siehe auch* Entgeltfortzahlung
- Auszubildende **210** 1 *8*
- persönlicher Anwendungsbereich **210** 1 *4 ff.*
- räumlicher Anwendungsbereich **210** 1 *11*
- sachlicher Anwendungsbereich **210** 1 *1*

Entgeltgleichheit von Männern und Frauen 230 Vor 3, *siehe auch* Gemeinschaftsrecht

Entgeltgleichheit von Männern und Frauen, EG-Richtlinie 230 Vor *3*
- Akkordarbeit **230** 141 *23*
- Altersversorgungssystem **230** 141 *13 ff.*
- Anwendungsbereich **230** 141 *7 ff.*
- Beweislast **230** 141 *40 ff.*
- Entgelt, Begriff **230** 141 *11 ff.*
- Gleichbehandlungsrichtlinie, Abgrenzung **230** 141 *21 f.*
- Gleichwertigkeit der Arbeit **230** 141 *25 ff.*
- mittelbares Diskriminierungsverbot **230** 141 *33 ff.*
- Schwangerschaft **230** 141 *30*
- Umsetzung in deutsches Recht **230** 141 *80*
- unmittelbares Diskriminierungsverbot **230** 141 *30 ff.*
- unterschiedliches Rentenalter **230** 141 *30*
- Verstoß gegen Diskriminierungsverbot **230** 141 *44 ff.*

Entgeltgleichheitsgrundsatz
- betriebliche Altersversorgung **140** 1 *48*, *57*, *62*, *74 ff.*; 2 *12*; 6 *57 ff.*; *30a 1*
- Diskriminierungsverbot **160** 612 *41 ff.*
- EG-Primärrecht, Rechtsquelle **160** 611 *168*

Entgeltguthaben
- Wertguthaben **390** 116 *3*

Entgeltkürzung *siehe* Entgeltreduzierung

Entgeltrahmenabkommen
- Metallindustrie **160** 611 *62*

Entgeltsicherung
- Abtretungsverbot **160** 611 *772*, *778 ff.*
- Arbeitsentgelt **160** 611 *772 ff.*
- Aufrechnungsverbot **160** 611 *772 ff.*, *873*, *972*; 614 *26*; 628 *53*
- Insolvenzschutz **160** 611 *772*
- Pfändungsschutz **160** 611 *772*, *794 ff.*
- Zurückbehaltungsrecht **160** 611 *772*

Entgeltumwandlung
- Abweichung/Ausschluss durch Tarifvertrag **140** 1a *14*, *23*; 17 *17 ff.*
- Anpassung laufender Leistung **140** 1a *21*; 16 *62 f.*; 30c *7*
- Anspruch auf Entgeltumwandlung **140** 1a *1 ff.*; 17 *11*
- Anspruchsberechtigung, Pflichtversicherung in der gesetzlichen Rentenversicherung **140** 1a *2*; 17 *11*
- Anwartschaft auf Versorgungsleistung **140** 1 *166*; 30g *1*
- Arbeitgeber, Anspruchsverpflichteter **140** 1a *3*
- Arbeitnehmer, Anspruchsberechtigter **140** 1a *2*; 17 *11*
- Auffüllungsanspruch **140** 1a *13*
- Aufklärungspflicht des Arbeitgebers **140** 1a *11 f.*
- Ausschluss des Anspruchs auf Entgeltumwandlung **140** 1a *13 f.*; 17 *22*
- Auszubildender, Anspruchsberechtigter **140** 1a *2*
- Beitragsseite/Entgeltseite, Entgeltumwandlungsvereinbarung **140** 1 *171*; 1a *5 ff.*; 11 *1*
- Bezugnahme auf Versorgungs-Tarifvertrag **140** 1a *23*
- Durchführungsweg **140** 1a *8 f.*, *12 f.*, *16*
- Entgeltumwandlungsvereinbarung, Gehaltsumwandlungsvereinbarung **140** 1 *126*, *152*, *156*,

159, *161*, *164 ff.*, *170 ff.*, *208*; 1a *1*, *4 ff.*, *11*, *13*; 1b *58*, *60*, *62*; 17 *30*; 30h *1*
- Entgeltumwandlungszusage 140 1a *21*; 1b *57 ff.*; 6 *42*; 7 *52*, *7*; 16 *62 f.*; 30c *7*
- Fortführung bei ruhendem Arbeitsverhältnis 140 1a *21*
- Fortsetzung mit eigenen Beiträgen 140 1b *65*
- geringfügig Beschäftigter, Anspruchsberechtigter 140 1a *2*
- Grundzulage, § 84 EStG 140 1a *19*
- Informationspflicht des Arbeitgebers 140 1 *29*; 1a *11 f.*
- Insolvenzschutz 140 1a *21*; 1b *62*
- Kinderzulage, § 85 EStG 140 1a *19*; 5 *22*
- Kontrahierungszwang 140 1a *1*
- künftige Entgeltanteile 140 1 *162 ff.*
- Leistungsplan 140 1a *9*, *13*
- Leistungsseite, Entgeltumwandlungsvereinbarung 140 1 *171 f.*; 1a *7 ff.*, *17*; 11 *1*
- Mindesteigenbeitrag, § 86 EStG 140 1a *19*
- Mitbestimmung des Betriebsrats 140 1 *185 f.*; 1a *8 f.*
- Nicht-Arbeitnehmer, Anspruchsberechtigter 140 1a *2*; 17 *11*
- persönlicher Geltungsbereich 140 17 *11*
- Schattengehalt 140 1 *171*
- Schuldänderungsvertrag 140 1 *171*
- sofortige gesetzliche Unverfallbarkeit 140 1a *21*; 1b *58*, *62*
- Sonderausgabenabzug, § 10a EStG 140 1a *17 f.*, *20*
- sozialabgabenrechtliche Aspekte 140 1 *208*, *220*
- Sozialversicherungspflicht 390 17 *12 ff.*, *17*
- steuerliche Förderung 140 1a *15 ff.*; 17 *11*
- Steuerrecht 140 1a *15 ff.*; 17 *11*
- Tarifvorbehalt 140 17 *28 ff.*; 30h *1*
- Teilzeitarbeitnehmer, Anspruchsberechtigter 140 1a *2*
- Totalausschluss 140 17 *22*
- Übergangsregelung 140 30c *7*; 30h *1*
- überproportionale Umwandlung 140 1 *170*
- Überschussanteile 140 1 *46*, *169*; 1b *64*; 4 *20*; 16 *57*, *62*; 30e *3*
- Umwandlungshöchstbetrag 140 1a *5*
- unterproportionale Umwandlung 140 1 *170*
- unverfallbare Anwartschaft/Unverfallbarkeit 140 1a *21*; 1b *57 ff.*
- Verpflichteter des Anspruchs auf Entgeltumwandlung 140 1a *3*
- Weihnachtsgeld 140 1a *6*
- Wertgleichheit/Wertgleichheitsgebot 140 1 *156*, *160*, *167 ff.*, *186*; 1a *7*, *9*; 4 *20*; 17 *23*, *30*
- Zulage, §§ 83 ff. EStG 140 1 *174*, *2*; 1a *17 ff.*; 17 *11*

Entgeltverzicht
- Anfechtung 160 611 *782*
- Ausgleichsquittung 160 611 *781 f.*
- Entgeltfortzahlung 160 307 *120*; 611 *781*, *787*
- Klauselkontrolle 160 611 *782*
- Pfändungsfreigrenze 160 611 *781*
- Schuldanerkenntnis 160 611 *781*
- Tariflohn 160 611 *606*, *781*, *787*, *1099*; 615 *10*
- Urlaubsentgelt 160 611 *781*, *1095*, *1099*

Entgeltzahlungspflicht, § 616 Abs. 1 BGB
- ehrenamtlicher Richter 50 31 *28*, *siehe auch dort*

Entlassung *siehe auch* Kündigung
- Beteiligung des Personalrats 170, *80 ff.*
- Kündigung, Abgrenzung 160 626 *4*

Entlassungsanzeige
- Massenaufhebungsvertag 160 611 *1055*

Entlassungsentschädigung
- Ruhen des Arbeitslosengeldes 160 622 *67*; 628 *57*

Entlassungssperre
- Massenentlassungsanzeige 320 18 *1 ff.*

Entlastung
- GmbH-Geschäftsführer 280 43 *20*, *22*

Entleiher
- Arbeitnehmerüberlassungsvertrag 100 1 *8*, *14*
- Einstellungsverbot 100 9 *27 ff.*; 19 *2*
- Forderungsrecht gegenüber Leiharbeitnehmer 100 1 *13*
- innerbetrieblicher Schadensausgleich 160 611 *890*; 619a *3*
- Maßregelungsverbot 160 612a *4*
- Meldepflicht 10 18 *8*
- Rügeobliegenheit 100 12 *27*
- Schadensersatzanspruch gegen Verleiher 100 1 *9*, *14*; 12 *5*, *10*
- Schutzmaßnahme 160 618 *12*
- Unterrichtungspflicht 100 1 *14*; 11 *26 f.*; 14 *23*

Entlohnungsgrundsätze *siehe auch* Lohngrundsätze
- Beteiligung des Sprecherausschusses 460 25 *2*; 30 *2*

Entschädigung
- *siehe auch* Arbeitsentgelt
- *siehe auch* Entlassungsentschädigung
- *siehe auch* Karenzentschädigung
- *siehe auch* Vergütung
- Arbeitsleistung 160 611 *590*, *593*, *874*
- Ausbildungsverhältnis 110 12 *16 ff.*
- ehrenamtlicher Richter 50 31 *24 ff.*, *43 ff.*, *43 ff.*, *siehe auch dort*
- Einkommensteuer 240 34 *10 ff.*
- NachwG 360 Vor 1 *17*, *38 ff.*
- Schadensersatz, Abgrenzung 160 628 *54*
- Verleihererlaubnis 100 4 *1*, *16*, *19*; 5 *18 f.*, *22*
- Zwangsvollstreckung 50 61 *27 ff.*

Entschädigung des Arbeitnehmers *siehe* Arbeitnehmer, Entschädigung

Entschädigung nach § 611a Abs. 2 BGB 50 61b *1 ff.*, *siehe auch dort*
- örtliche Zuständigkeit 50 61b *9 ff.*

Entschädigungsfestsetzung 50 61 *21 ff.*

Entschädigungsgrundsatz, § 15 JVEG 50 31 *26 ff.*

Entschädigungsverfahren
– Festsetzungsbeschluss **50** 31 *49 f.*
Entscheidung
– Rechtsbeschwerde im Beschlussverfahren **50** 96 *6 f.*
Entscheidung nach Lage der Akten
– Versäumnisurteil **50** 59 *30*
Entscheidung ohne Gründe
– Revisionsgründe **50** 73 *44 ff.*
Entscheidung, divergenzfähige 50 72a *38 ff.*
Entscheidung, revisible 50 72 *6 ff.*
Entscheidung, unternehmerische
– Vorstand **30** 93 *10, 17 ff.*
Entscheidungsfindung
– ehrenamtlicher Richter **50** 31 *15 ff.*, *siehe auch dort*
Entscheidungsgründe 50 61 *5*, *siehe auch* Revision
Entscheidungsquote, leistungsabhängige
– Frauenförderung **260** 3 *60*
Entsende-Richtlinie 220 30, 8 Rom I *7 f.*
Entsenderichtline
– Arbeitnehmerentsendegesetz **10** 1 *3*
Entsendezulagen
– Mindestentgeltsätze **10** 5 *2*
Entsendung in das Ausland *siehe* Ausland, Entsendung
Entsendung von Arbeitnehmer *siehe* Arbeitnehmerentsendung
Entsendungen
– kurzzeitige **10** 6 *2*
Entwicklungshelfer
– Arbeitnehmer **160** 611 *104*
– Arbeitsplatzschutz **60** 1 *13*
– Arbeitsvertrag, Abgrenzung **160** 611 *41*
– Arbeitszeugnis **160** 630 *4*
Entwicklungsklausel
– Chefarztvertrag, AGB **160** 307 *45*; 308 *8, 19*; 315 *49*
Entziehungskur
– Entgeltfortzahlung **210** 9 *8 ff.*
Entzug der Fahrerlaubnis *siehe* Fahrerlaubnis, Entzug
Erben
– Urlaubsabgeltung **180** 7 *141*
Erfinder
– Arbeitnehmer **160** 611 *104*
Erfinderpersönlichkeitsrecht 55 7 *12*
Erfindung
– frei gewordene **55** 4 *10*
– Wirkungen bei Beendigung des Arbeitsverhältnisses **55** 26 *1 ff.*
Erfindung, freie
– *siehe auch* Anbietungspflicht
– *siehe auch* Mitteilungspflicht
– *siehe* Freie Erfindung
– Abgrenzung **55** 3 *4*
– Abgrenzung Diensterfindung **55** 4 *9 f.*

– Anbietungspflicht **55** 19 *7 ff.*, *siehe auch dort*
– Angebot an Arbeitgeber **55** 19 *1*
– Anwendungsbereich **55** 19 *2*
– Diensterfindung **55** 4 *9 f.*
– Mitteilungsmuster **55** 19 *16*
– Mitteilungspflicht **55** 19 *2 ff.*, *siehe auch dort*
– Verwertung **55** 19 *14 ff.*
– Widerspruchsobliegenheit **55** 19 *5 f.*
Erfindung, freigewordene
– Sonderstellung **55** 26 *1 ff.*
Erfindung, schutzfähige
– Diensterfindung **55** 3 *4*
Erfindungsanmeldung
– Muster **55** 5 *20*
Erfindungsgeheimnis
– Ausschluss der Öffentlichkeit **50** 52 *15*
Erfolgsaussicht
– Prozesskostenhilfe **50** 11a *36*
Erforderlichkeitsklausel, GG 260 Vor 1 *3*
Erfordernisse, dringende betriebliche
– Umsetzung, Ablehnungsgrund **80** 6 *37 ff.*, *59*
Erfüllung
– Beweislast **50** 58 *42*, *siehe auch dort*
Erfüllung auf Ehrenwort
– Wettbewerbsverbot **290** 74a *17*
Erfüllungsanspruch
– NachwG **360** Vor 1 *16 f.*; 2 *23*
Erfüllungsfrist 50 61 *24*
Erfüllungsgehilfe *siehe auch* Verrichtungsgehilfe
– Arbeitnehmer **160** 611 *156, 572, 943*
– Arbeitnehmerhaftung **160** 611 *926*
– Arbeitsschutz **160** 618 *32*
– Betriebsrisiko **160** 615 *78*
– Haftung des Arbeitgebers **160** 611 *572, 943, 947*; 618 *32*
– Leiharbeitnehmer **100** 1 *19, 21, 23, 26*; 12 *10*
– Mobbing **160** 611 *572, 943*
– Vertragsanbahnung **160** 611 *227, 245*
Erfüllungsinteresse
– Abbruch von Vertragsverhandlung **160** 611 *247 ff.*
– Anfechtung **160** 611 *442*
– fristlose Kündigung bei Vertrauensstellung **160** 627 *21*
– Schadensersatz, § 628 BGB **160** 628 *41*
Erfüllungsklage
– Arbeitsleistung **160** 611 *592 ff.*
Erfüllungsort
– Annahmeverzug **160** 615 *22, 28*
– Arbeitsverhältnis **50** 2 *86 f.*
– Arbeitsverhältnis, Betriebssitz **160** 611 *494 ff.*, *596, 636, 1083*; 615 *22, 28*
– Außendienstmitarbeiter **50** 2 *84*, *siehe auch dort*
– örtliche Zuständigkeit **50** 2 *84 ff.*
– Rechtswahl, IPR **160** 611 *498*
Ergänzungsberufung 50 20 *5*, *siehe auch dort*
Ergebnis der Arbeit *siehe* Arbeitsergebnis

Ergebnisabführungsvertrag
- Berechnungsdurchgriff, betriebliche Altersversorgung **140** 16 *35, 37 ff.*

Erhebungsverbot 50 58 *12*

Erholungsort
- Arbeitszeit, Verkaufsstelle **80** 9 *24*

Erholungsurlaub
- Abgeltung, Wehrdienst **60** 4 *7*
- Arbeitsplatzschutz, Wehrdienst **60** 1 *8*; 4 *1 ff.*; 7 *2*
- Freistellung zur Stellensuche **160** 629 *17*
- Kürzungsbefugnis, Wehrdienst **60** 1 *8*; 4 *1 ff.*; 7 *2*
- Mitbestimmung des Betriebsrats **160** 629 *25*
- Nebentätigkeit **160** 611 *547*
- Ruhezeit **80** 5 *5*
- Selbstbeurlaubung, Wehrdienst **60** 4 *5*
- Übertragung, Wehrdienst **60** 4 *6*
- vorübergehende Verhinderung **160** 616 *23*
- Zwölftelungsprinzip, Wehrdienst **60** 4 *8*

Erholungszweck
- Arbeit auf Abruf **180** 1 *27*
- Urlaub **180** 1 *27*

Erinnerung
- Vorrang vor Beschwerde **50** 78 *11*

Erinnerung, befristete *siehe* Befristete Erinnerung

Erinnerung, sofortige *siehe* Sofortige Erinnerung

Erklärung über persönliche und wirtschaftliche Verhältnisse 50 11a *27*

Erklärungsirrtum
- Arbeitsvertrag, Anfechtung **160** 611 *423, 444, 451 ff.*
- Verzichtserklärung **160** 611 *444*

Erkrankung
- arbeitsbedingte **90** 1 *6*
- Urlaub **180** 9 *13*

Erlassvertrag *siehe* Verzicht

Erlaubnisvorbehalt *siehe auch* Genehmigungsvorbehalt
- Arbeitnehmerüberlassung, präventives Verbot **100** 1 *1*; 2 *3*
- Kündigung schwerbehinderter Menschen **430** 86 *1 ff.*
- Nebentätigkeit **160** 309 *18*; 611 *542, 549, 600, 865*

Erledigung
- Beschlussverfahren **50** 83a *5 ff.*
- Gebühren **50** 12 *6, 1*
- Güteverhandlung **50** 54 *36 f.*

Erledigung der Hauptsache *siehe* Hauptsache, Erledigung

Erledigung im ersten Termin 50 57 *9 ff.*

Erledigung, gütliche *siehe* Gütliche Erledigung

Erledigungsklauseln *siehe* Ausgleichsquittung
- allgemeine Gleichbehandlung **20** 33 *11*

Ermahnung
- Abmahnung, Abgrenzung **160** 626 *77, 79*

Ermessen, billiges *siehe* Billiges Ermessen

Ermessensentscheidung
- Revisionsgründe **50** 73 *22 f.*

- Verwaltung **260** 3 *6*

Ermessensspielraum
- streitige Verhandlung **50** 56 *3*

Ermittlungsverfahren
- Offenbarungspflicht **160** 611 *278 ff.*
- Unschuldsvermutung **160** 611 *282*

Ernte
- Jugendarbeitsschutz **310** 7 *6*; 8 *5*

Erörterung
- Güteverhandlung **50** 54 *21 ff.*

Erörterungsgespräch
- Arbeitszeitverringerung **480** 8 *18*

Erprobung
- befristetes Arbeitsverhältnis **480** 14 *50 ff.*

Errichtung von Betriebsverfassungsorgan
- Beschlussverfahren **50** 2a *12*

Ersatzdienst *siehe* Zivildienst

Ersatzkraft
- Arbeitsleistung, Schadensersatz **160** 309 *14*; 345 *18*; 611 *588 ff.*, *836 f.*; 628 *44, 54*
- Wehrdienst **60** 1 *11*

Ersatzmitglied
- Amtsübernahme **150** 25 *6*
- Betriebsrat **150** 25 *1*, *siehe auch dort*
- Bildungsurlaub **150** 37 *53*
- Entgeltschutz **150** 37 *30*
- Erlöschen der Mitgliedschaft **150** 25 *5*
- Gesamtbetriebsrat **150** 47 *14*, *siehe auch dort*
- Geschlechterquote **150** 25 *14 ff.*
- Jugend- und Auszubildendenvertretung **150** 25 *2*, *siehe auch dort*
- Konzernbetriebsrat **150** 54 *10*; 56 *2*; 57 *2*, *siehe auch dort*
- Nachrücken **150** 25 *4 ff.*
- Rechtsschutz **150** 25 *22 ff.*
- Rechtsstellung **150** 25 *18 ff.*
- Schulungsanspruch **150** 37 *42*

Ersatzmitglied, Betriebsrat 320 15 *30, 36 f.*, *40*

Ersatzurlaub 180 7 *126 ff.*
- Arbeitnehmerähnliche Person **180** 2 *17*
- Ausschlussfrist **180** 7 *130*
- Schadensersatz **180** 7 *127 f.*
- Verjährung **180** 7 *131*
- vertraglicher Ersatz **180** 7 *132*

Ersatzurlaubsanspruch
- Verjährung **160** 195 *7*

Ersatzzustellung 50 50 *11*

Erscheinen, persönliches *siehe* Persönliches Erscheinen

Erscheinungsbild, Arbeitnehmer 260 2 *59 f.*

Erscheinungsbild, äußeres, Arbeitnehmer *siehe* Arbeitnehmer, äußeres Erscheinungsbild

Erstattungsanspruch, öffentlich-rechtlicher *siehe* Öffentlich-rechtlicher Erstattungsanspruch

Erstattungsanspuch der Bundesagentur für Arbeit
- Zuständigkeit **50** 3 *8*

Erste Hilfe
- Arbeitsschutz **70** 3 6

Erster Rechtszug
- Beschlussverfahren **50** 80 *1ff.*
- Zuständigkeit **50** 8 2

Ersthelfer
- Anzahl **70** 10 7
- Arbeitsschutz **70** 10 *3, 6f.*; 16 *4, 7*

Erstkommunion
- vorübergehende Verhinderung **160** 616 *10*

Erteilungsverfahren
- Schutzfähigkeit einer Erfindung **55** 3 *9f.*

Erwerber *siehe* Betriebsübergang

Erwerbs- und Wirtschaftsgenossenschaft 330 30 *6*

Erwerbsminderung
- Entgeltfortzahlung im Krankheitsfall **210** 3 *44a*

Erwerbsminderung, Rente
- Annahmeverzug **160** 615 *19f., 57*
- Invaliditätsversorgung, betriebliche Altersversorgung **140** 1 *10*; 5 *12*

Erwerbsminderungsrente *siehe* Erwerbsminderung, Rente

Erwerbsunfähigkeit
- auflösende Bedingung **480** 21 *3*
- krankheitsbedingte Kündigung **320** 1 *288*

Erziehungsgeld
- Pfändung **500** 850k *6*
- Zuständigkeit **50** 2 *40*, *siehe auch dort*

Erziehungsurlaub *siehe auch* Elternzeit
- Sondervergütung, Kürzung **160** 611 *702*

Erzwingbare Mitbestimmung *siehe auch* Einigungsstelle
- Akkord **150** 87 *183ff.*
- Annexzuständigkeit **150** 87 *4, 41, 79*
- Arbeitsentgelt **150** 87 *70, 76ff.*
- Arbeitszeit **150** 87 *51ff., 58ff.*
- Auswahlrichtlinie **150** 95 *2*
- Begriff **150** 76 *37*; 91 *1*
- Berufsbildungsmaßnahme **150** 97 *9ff.*; 98 *2ff., siehe auch dort*
- betriebliches Vorschlagswesen **150** 87 *197ff.*
- Beurteilungsgrundsätze *siehe dort*
- Eilfälle **150** 87 *5ff.*
- Einigungsstellenverfahren **150** 87 *210ff.*; 91 *9*; 94 *14*
- Entlohnungsgrundsätze **150** 87 *151ff., siehe auch* Lohngrundsätze
- Gesetzesvorrang **150** 87 *14ff.*
- Gesundheitsschutz **150** 87 *107ff.*
- Gruppenarbeit **150** 87 *202ff.*
- Inhalte **150** 87 *31ff.*
- Initiativrecht des Betriebsrats **150** 87 *8ff., 57, 118, 181, 195, 201, 208*; 91 *7*; 95 *14f.*; 97 *9*
- leistungsbezogenes Entgelt **150** 87 *184ff.*
- menschengerechte Arbeitsgestaltung **150** 91 *3ff., siehe auch* Arbeitsgestaltung, menschengerechte
- Ordnungsverhalten *siehe dort*
- Personalfragebogen *siehe dort*
- Sozialeinrichtung **150** 87 *119ff., siehe auch dort*
- Tarifvorrang **150** 87 *20ff.*
- technische Kontrolleinrichtung **150** 87 *93ff., 217, siehe auch dort*
- Unfallverhütung **150** 87 *107ff., 113, siehe auch dort*
- Urlaub **150** 87 *83ff., siehe auch dort*
- Verletzung **150** 87 *212*
- Voraussetzungen **150** 87 *2ff.*
- Vorrangtheorie **150** 87 *26ff.*
- Wohnraum **150** 87 *139ff.*

Erzwingungsverfahren *siehe* Zwangsverfahren

Essen auf Rädern
- Arbeitszeit **80** 5 *11*

Essentialia negotii
- Arbeitsvertrag **160** 305 *14*; 611 *333*
- Arbeitszeit **160** 315 *7*; 611 *353, 504, 523*
- Aufhebungsvertrag **160** 305 *14*
- Dissens **160** 315 *7*; 611 *353*
- Eintrittsdatum/Vertragsbeginn **160** 305 *14*
- Vergütung/Gehalt/Eingruppierung **160** 305 *14*; 315 *7, 19*; 611 *333*

Et-et-Fall
- Rechtsweg, Statusklage **160** 611 *111f.*

EU-Ausland
- Datenverarbeitung **120** 1 *5f.*

EU-Bürger
- Familienangehöriger **230** 39 *34ff.*
- Freizügigkeit *siehe dort*

EuGVÜ 50 1 *9*

Europäische Aktiengesellschaft
- Arbeitnehmerbeteiligung **230** Richtlinien *177ff.*

Europäische Betriebsräte Gesetz
- deutsche Umsetzung der Europäischen Betriebsräte-Richtlinie **230** Richtlinien *159*

Europäische Betriebsräte-Richtlinie 230 Richtlinien *152ff.*
- Umsetzung in deutsches Recht **230** Richtlinien *159*

Europäische Genossenschaft
- *siehe auch* SCE-Beteiligungsgesetz
- *siehe auch* SEAG
- *siehe auch* SEBG
- Antragsbehörde **368** 36 *3*
- Aufbau **368** 31 *1*
- Aufsichtsorgan **368** 31 *3*
- Ausschlagung durch einzelne Mitglieder **368** 9 *3*
- Auszahlungsanspruch, Geschäftsguthaben **368** 9 *3*
- Besonderheit **368** 4 *4*
- Generalversammlung **368** 31 *3, 5*
- Genossenschaftsregister **368** 4 *3*
- Jahresabschluss **368** 36 *1, 2*
- Lagebericht **368** 36 *1, 2*
- monistische Unternehmensverfassung **368** 31 *4*
- Prüfungsverband **368** 4 *3*; 9 *2*; 31 *5*
- Reform **368** 4 *1*

- Satzungs- und Verwaltungssitz **368** 11 *2*
- Sektoren-/ Sektionsversammlungen **368** 31 *5*
- Sitz / Sitzverlegung **368** 11 *1*
- Statut **368** 4 *1*
- Stimmenverhältnis **368** 31 *5*
- Strafvorschriften **368** 36 *4*
- Unternehmensverfassung **368** 31 *2*
- Unterschiede in den Mitgliedsstaaten **368** 4 *2*
- Vereinfachung nationalen Rechts **368** 4 *1*
- Verschmelzung **368** 9 *1*
- Verschmelzungsplan **368** 9 *2*
- Verwaltungsrat / Mitgliederanzahl **368** 31 *4*
- Verweis auf Aktiengesetz **368** 4 *2*

Europäische Genossenschaft, Beteiligung
- allgemeiner Verweis auf SEBG und SEAG **369** 3 *1*
- besonderes Verhandlungsgremium **369** 39 *4*
- Errichtungs- und Tätigkeitsschutz **369** 46 *2*
- Geheimhaltung / Vertraulichkeit **369** 46 *2*
- Geltungsbereich des SCEBG **369** 3 *2*
- Gestaltungsprinzip **369** 39 *2*
- kraft Gesetzes **369** 39 *8 ff.*
- Missbrauchsverbot **369** 46 *2*
- natürliche Personen **369** 41 *1 ff.*
- Schutz der AN-Vertreter **369** 46 *2*
- Schwellenwert **369** 41 *2*
- Sitz / Sitzverlegung **369** 41 *3*
- Straf- und Bußgeldvorschriften **369** 49 *1 f.*
- Umwandlung **369** 39 *4*
- Vereinbarung über AN-Beteiligung **369** 39 *7*
- Verhandlungsverfahren **369** 39 *6*
- Verschmelzung **369** 39 *4*
- Vorher-Nachher-Prinzip **369** 39 *3*
- Wahlgremium **369** 39 *5*
- Zusammenarbeit, vertrauensvolle **369** 46 *1 f.*

Europäische Genossenschaft
- Arbeitnehmerbeteiligung, EG-Richtlinie 230 Richtlinien *188 ff.*
- Betriebsrat **369** 39 *9 ff.*

Europäische Gerichtsstands- und Vollstreckungsverordnung 220 30, 8 Rom I *74 f.* 113

Europäische Gesellschaft 370 19 *2 ff.*
- Arbeitnehmerbeteiligung **371** 1 ff.
- Aufsichtsorgan **370** 15 *17 ff.*
- Austrittsrecht **370** 11 *3, 9*
- Barabfindung **370** 8 *4*; 11 *3*
- Beschlussverfahren 50 2a *13, siehe auch dort*
- Betriebsrat **370** 30 *1 ff.*; 33 *1 ff.*
- BVG **371** 7 *2 ff.*
- BVG, Verhandlung über Arbeitnehmerbeteiligung **371** 20 *1 ff.*
- BVG, Wahl **371** 10 *1 ff.*
- Gerichtszuständigkeit **370** 4 *5*
- geschäftsführender Direktor **370** 49 *10 f.*
- gesetzliche Mitbestimmung **371** 38 *1 ff.*
- Holding **370** 11 *1 ff.*
- Leitungsorgan **370** 19 *1 ff.*; 49 *2 ff.*
- Mindestgrundkapital **370** 4 *3*
- Mitbestimmung **371** 3 *6 f.*
- nationales Recht **371** 47 *1 ff.*
- Sitz **370** 4 *3*
- Tendenzunternehmen **371** 39 *1 f.*
- Umtauschverhältnis **370** 8 *3*
- Vereinbarung der Arbeitnehmerbeteiligung **371** 21 *1 ff.*; 26 *1 ff.*
- Vereinbarung der Mitbestimmung **371** 7 *1 ff.*
- Verlegung **370** 12 ff.
- Verschmelzung **370** 8 *1 ff.*
- Verwaltungsrat **370** 49 *2 ff.*

Europäische Menschenrechtskonvention
- Arbeitsvölkerrecht, Rechtsquelle 160 611 *166, 282*

Europäische Sozialcharta
- Arbeitsvölkerrecht, Rechtsquelle 160 611 *166*; 626 *31*

Europäische Stiftung zur Verbesserung der Lebens- und Arbeitsbedingungen
- Arbeitszeit 80 6 *6*

Europäische Verordnungen
- Arbeitsschutz 70 19 *1*

Europäischer Betriebsrat 200 1 ff.
- Amtszeit kraft Gesetzes **200** 37 *1*
- Anhörung **200** 1 *7*
- Anhörung, erweitert **200** 1 *7*
- Auskunftsberechtigter **200** 5 *2*
- Auskunftspflicht des Arbeitgebers **200** 5 *1 ff.*
- Beschluss **200** 30 *7*
- Definition grenzübergreifende Unterrichtung/Anhörung **200** 35 *2*
- Errichtung beim herrschenden Unternehmen **200** 7 *3 f.*
- Errichtung kraft Gesetzes **200** 1 *3*; 24 *2 ff.*
- Errichtung kraft Vereinbarung **200** 1 *3*; 16 *5 f.*; 20 *6*
- Europäische Betriebsräte-Richtlinie 230 Richtlinien *152 ff.*
- Geheimhaltungspflicht **200** 40 *2*
- Geltungsbereich des EBRG **200** 2 *1 ff.*
- gemeinschaftsweite Tätigkeit **200** 4 *2*
- grenzübergreifende Angelegenheit **200** 31
- Konstituierung **200** 30 *2 ff.*
- Kosten **200** 30 *8 f.*
- Mitarbeiter-Schwellenwert **200** 4 *3 ff.*
- Mitgliederschutz **200** 40 *3*
- örtliche Mindestreichweite **200** 1 *5*
- Sachverständiger **200** 30 *8*
- Sitzung **200** 30 *5 f.*
- Tendenzunternehmen **200** 34
- Unternehmen(-sgruppe), Begriff **200** 2 *3 ff.*
- Vereinbarung über Unterrichtung und Anhörung der Arbeitnehmer **200** 20 *2 ff.*
- Vereinbarungen vor 22.9.1996 **200** 41 *1 f.*
- Verhandlungen über Vereinbarung oder Anhörungs- und Unterrichtungsverfahrens **200** 16 *1 ff.*
- vertrauensvolle Zusammenarbeit **200** 40 *1*

- Zuständigkeit/Mitwirkungsrecht kraft Gesetzes 200 35 *2 ff.*
Europäischer Gerichtshof
- Wahrung des Gemeinschaftsrechts 230 Vor *4*
Europäischer Mahnbescheid
- Verjährungshemmung 160 204 *3, 10*
Europäischer Vollstreckungstitel 50 13a *1*
Europäischer Zahlungsbefehl
- Verjährungshemmung 160 204 *3, 10*
Europäisches Mahnverfahren 50 46b *1 ff.*
Europäisches Verfahrensrecht 220 30, 8 Rom I 72 *ff.*
Europarecht 230 Vor 1, *siehe auch* Gemeinschaftsrecht
- Rechtsvereinheitlichung 220 30, 8 Rom I *7 ff.*
- Sozialauswahl 320 1 *509a*
- Tarifvertrag 470 1 *113*
Evangelische Kirche
- Arbeitsvertrag, Abgrenzung 160 611 *41*
Existenzgründer 480 14 *109 ff.*
Exterritorialer
- Zuständigkeit 50 1 *4, siehe auch* dort

Fachausschuss
- Amtsdauer 150 28 *6*
- Aussetzung des Beschlusses 150 35 *12*
- gemeinsamer Ausschuss *siehe dort*
- Geschäftsordnung 150 36 *8*
- Größe 150 28 *4 f.*
- selbstständige Aufgabenerledigung 150 28 *3*
- Teilnahme der Gewerkschaft 150 31 *6*
- vorbereitender Ausschuss 150 28 *2*
Fachausschüsse
- Mindestarbeitsentgelte 327 10 *32 ff.*
- Prüfung und Vorschlag des BMAS 327 10 *46*
Fachkammer 50 17 *2*; 30 *1 ff.*
- fehlerhafte Besetzung 50 30 *6, siehe auch* Paritätische Besetzung
- Grundsatz der paritätischen Besetzung 50 30 *6*, *siehe auch dort*
- leitender Angestellter 50 30 *6*
Fachkammer für technische Angestellte 50 30 *4*
Fachkraft für Arbeitssicherheit
- Arbeitsschutz 70 13 *3*; 16 *4 f., 7*
- Dienste höherer Art 160 627 *8*
Fachmesse
- Arbeitszeit 80 13 *25*
Fahrerlaubnis *siehe auch* Führerschein
- außerordentliche personenbedingte Kündigung 160 626 *39*
Fahrerlaubnis, Entzug
- personenbedingte Kündigung 320 1 *239, siehe auch dort*
Fahrlässigkeit
- Arbeitnehmerhaftung, Haftungsmilderung 160 611 *883 ff., 896 ff.*; 619a *6*
- Ordnungswidrigkeitenrecht/Strafrecht 80 22 *10*

Fahrlehrer
- Arbeitnehmer, Fahrschule 160 611 *104*
Fahrpersonal
- Arbeitszeit 80 1 *31*; 3 *34*; 4 *16*; 7 *22*; 21a *1 ff.*
Fahrradverleih
- Arbeitszeit 80 10 *34*
Fahrschule
- Fahrlehrer, Arbeitnehmer 160 611 *104*
Fahrtenbuch 240 8 *13*
Fahrtgeldzuschuss
- NachwG 360 2 *33*
Fahrtkosten
- Annahmeverzug 160 615 *37, 48, 53, 56, 69*
- Ausbildung 110 16 *12, 17*
- Vorschuss 160 615 *37*
Fahrtkostenersatz
- ehrenamtlicher Richter 50 31 *29 f.*
Faktisches Arbeitsverhältnis *siehe auch* Fehlerhaftes Arbeitsverhältnis
- Entgeltfortzahlung im Krankheitsfall 210 3 *7*
- Feiertagsvergütung 210 2 *9*
- Kündigungsschutz 320 1 *108*
- Wettbewerbsverbot 290 74 *30*
- Zuständigkeit 50 2 *9, siehe auch dort*
Fälligkeit
- Abfindung 320 10 *27*
- Betriebsrenten 160 614 *2*
- Karenzentschädigung 290 74b *2 ff.*
- Provision 290 87a *13*
Fälligkeit, Vergütung
- Samstag, Sonn- oder Feiertag 160 614 *18*
Falsa demonstratio non nocet
- Auslegung 160 313 *9*
Falschübermittlung
- Anfechtung des Arbeitsvertrages 160 611 *423*
Familienangehörige *siehe* Familienmitarbeit
- Drittthaftung bei Entgeltfortzahlung 210 6 *10 f.*
- Sozialversicherungspflicht 390 7a *8 f., 30*
Familienhelferin
- Arbeitnehmer 160 611 *104*
Familienlastenausgleich 400 45 *1*
Familienmitarbeit
- Arbeitsvertrag, Abgrenzung 160 611 *41, 61*; 612 *14*
Familienstand
- Fragerecht 160 611 *293*
Fax
- *siehe* Computerfax
- *siehe* Telefax
Fehlbestand *siehe* Mankohaftung
Fehlende Rechtswahl *siehe* Rechtswahl, fehlende
Fehlerhafte Vertretung *siehe* Vertretung, fehlerhafte
Fehlerhaftes Arbeitsverhältnis
- Anfechtung 160 611 *42 ff., 440*
- Annahmeverzug 160 615 *6, 14, 38*
- Arbeitnehmerüberlassungsvertrag 100 1 *46*; 9 *13*; 12 *3*

- Arbeitsplatzschutz, Wehrdienst **60** 1 *3*
- Arbeitszeit **80** 2 *35*
- außerordentliche Kündigung **160** 611 *45*; **626** *4*
- Begriff **160** 611 *42 ff.*
- Entgeltfortzahlung **160** 611 *42*
- fehlerhafter Anstellungsvertrag **30** 84 *39 f.*
- fehlerhaftes Ausbildungsverhältnis **160** 115 *4*
- Formmangel **160** 611 *43*
- Geschäftsunfähigkeit **160** 115 *4*; 611 *43*
- gesetzliches Verbot **160** 611 *43, 46*
- Krankenfürsorge **160** 617 *3*
- Ruhen des Arbeitsverhältnisses, Arbeitsplatzschutz **60** 1 *3 ff.*
- Schriftform **160** 623 *8*
- Sittenwidrigkeit **160** 611 *46, 419*
- Urlaub **160** 611 *42*
- Vergütungsanspruch **160** 115 *4*
- vorübergehende Verhinderung **160** 616 *1*
- Weiterbeschäftigung **160** 611 *47 ff.*

Feiertag *siehe auch* Feiertagsvergütung
- Arbeit auf Abruf **480** 12 *23*
- Ausschlussfrist, § 626 Abs. 2 BGB **160** 626 *112*
- Feiertage der Europäischen Union **80** 10 *83*
- Feiertagszuschlag **160** 611 *721*; 615 *70*
- hoher Feiertag **80** 13 *53*
- kirchlicher Feiertag **80** 1 *15*; 3 *5*
- Kündigungsfrist **160** 621 *8, 10, 12*; 622 *40*
- regionaler Feiertag **80** 3 *22*
- staatlich anerkannter Feiertag/gesetzlicher Feiertag **80** 1 *14 f.*; 3 *5, 21*; 9 *4 ff.*, *29*; 11 *6*; 13 *53*
- Teilvergütung bei fristloser Kündigung **160** 628 *9*
- Übersicht **210** 2 *85*
- zusätzliche Feiertage in den einzelnen Bundesländern **80** 9 *6, 29 f.*

Feiertag, Lohnfortzahlung
- Akkordlohn **210** 2 *58 f.*
- Anspruchsausschluss **210** 2 *67 ff.*
- Arbeitskampf **210** 2 *20 ff.*
- Arbeitsunfähigkeit **210** 4 *61*
- Auslandstätigkeit **210** 2 *16, 84*
- Berechnung **210** 2 *41 f.*
- Beweislast **210** 2 *78 ff.*
- Entgeltfortzahlung **210** 2 *1 ff.*
- faktisches Arbeitsverhältnis **210** 2 *9*
- Kurzarbeit **210** 2 *29, 62 ff.*
- Provision **210** 2 *60 f.*
- Schichtarbeit **210** 2 *30, 50 f.*
- Urlaub **210** 2 *33 ff.*
- witterungsbedingter Arbeitsausfall **210** 2 *37 ff.*
- Zuschlag, NachwG **360** 2 *33*

Feiertagsarbeit
- Jugendarbeitsschutz **310** 7 *3*; 14 *15*
- Sozialversicherungspflicht **390** 17 *16*

Feiertagsvergütung
- Arbeitsunfähigkeit von Heimarbeitern **210** 11 *1 ff.*

Fernschreiben *siehe auch* Telegramm
- Schriftform **160** 127 *39, 47*

Fernsehen
- Arbeitnehmer/freier Mitarbeiter **160** 611 *69*
- Arbeitszeit **80** 5 *13*; 10 *25*
- Autor, Arbeitnehmer **160** 611 *104*
- Dienstplan **160** 611 *69*
- Kameraassistent, Arbeitnehmer **160** 611 *104*
- Übersetzer, Arbeitnehmer **160** 611 *104*

Fernsehredakteur, -reporter
- Arbeitnehmer **160** 611 *104*

Fernunterrichtsvertrag
- außerordentliche Kündigung **160** 627 *24*
- Kündigungsfrist **160** 621 *5*

Fernwirkung
- Arbeitskampf **260** 9 *134, 136, 138*

Festbetragssystem
- betriebliche Altersversorgung **140** 1 *19*; 2 *8, 34*

Festofferte
- Vorvertrag **160** 611 *330*

Festsetzungsverbot 50 12a *7*

Festsetzungsverfahren, Dienstfindung
- Arbeitnehmer-Widerspruch **55** 12 *6*
- einseitige Festsetzung **55** 12 *4 f.*
- Miterfinderbesonderheiten **55** 12 *7 f.*
- Vergütungsanpassung **55** 12 *9 ff.*

Feststellungsantrag
- Beschlussverfahren **50** 81 *3 ff.*
- Kündigungsschutzklage **50** 46 *90 ff.*

Feststellungsinteresse
- betriebliche Altersversorgung **140** 1 *215*
- kombinierter Kündigungsschutzantrag **50** 46 *93*

Feststellungsklage 320 4 *8, 24 f., 46 f.*
- *siehe auch* Feststellungsinteresse
- *siehe auch* Fortsetzungsfeststellungsklage
- Arbeitszeit, Inhalt des Tarifvertrags **80** 7 *85*
- Bestehensstreit bei Arbeitnehmerüberlassung **100** 10 *41*
- betriebliche Altersversorgung **140** 1 *215 f.*; 4a *11*
- Betriebsübergang **50** 46 *114*
- Inhalt des Tarifvertrags, Höchstarbeitszeit **80** 7 *85*
- Kündigungsschutzklage **160** 626 *145 f.*
- Leistungsbestimmungsrecht **160** 315 *69 f.*; 319 *22*
- Statusklage **160** 611 *105 ff.*
- Streitwertfestsetzung **50** 12 *58*
- Unterbrechung der Verjährung, noch nicht bezifferbare Anspruchshöhe **30** 93 *56*
- Urlaubsanspruch **50** 46 *169 ff.*
- Verjährungshemmung **160** 204 *4, 6*
- Widerruf der Bestellung des Vorstands **30** 84 *28*

Feststellungsverfahren, Dienstfindung
- einvernehmliche Lösung **55** 12 *3*

Feststellungswiderklage
- Eingruppierungsfeststellungsklage **50** 46 *150*

Feuerwehr
- Arbeitszeit **80** 10 *8 f.*
- vorübergehende Verhinderung **160** 616 *13*

Feuerwehr, freiwillige *siehe* Freiwillige Feuerwehr
Filmautor
- Arbeitnehmer **160** 611 *104*
Filmkritiker
- Arbeitnehmer, Abgrenzung **160** 611 *104*
Finanzamt
- Amtshilfe, Pensionssicherungsverein **140** 11 *16*
- Bundesfinanzdirektion West **10** 20 *2*
Finanzkrise
- Vorstandsvergütung **30** 87 *1*
Fingerabdruck
- Datenschutz **120** 3a *4*
Fingerabdruck, elektronischer 260 2 *25*
Firma *siehe auch* Firmenfortführung
- Handelsvertreter **160** 611 *90*
- Unterschrift von Kaufmann **160** 127 *22*
Firmenfahrzeug *siehe* Dienstwagen
Firmenfortführung
- betriebliche Altersversorgung, Insolvenzschutz **140** 7 *45*
- Betriebsübergang **160** 613a *139*
Firmenparkplatz *siehe* Betriebsparkplatz
Firmentarifvertrag
- *siehe auch* Haustarifvertrag
- *siehe auch* Tarifvertrag
- anderweitige Tarifbindung **10** 8 *8*
- Arbeitsbedingungen, tarifliche **10** 8 *8*
- Begriff **470** 1 *28 f.*
- Betriebsübergang **470** 3 *64 f., 116 ff.*
- Tariffähigkeit **470** 2 *40*
- Tarifgebundenheit **470** 3 *9, 39 f.*
- Umwandlung einer Gesellschaft **470** 3 *74 ff.*
Firmenübernahme *siehe* Firmenfortführung
Firmenübertragung *siehe* Firmenfortführung
Firmenverbandstarifvertrag 470 1 *27, siehe auch* Tarifvertrag
Firmenwagen *siehe* Dienstwagen
Fischräucherei
- Arbeitszeit, Kampagnebetrieb **80** 15 *8*
Fiskus
- Prozessfähigkeit **50** 11 *6*
Fiskus und Behörde
- örtliche Zuständigkeit **50** 2 *89*
Fitnessstudio
- Arbeitszeit **80** 10 *23*
Flächentarifvertrag *siehe* Verbandstarifvertrag
Fleischbeschautierarzt
- Arbeitnehmer **160** 611 *104*
Fleischerhandwerk, MTV
- Mindesturlaub **180** 3 *42*
Flexibilisierung der Arbeitszeit *siehe* Arbeitszeit, Flexibilisierung
Flexibilisierung der Jahresarbeitszeit
- Betriebsbedingte Kündigung **320** 1 *470*
Flexible Arbeitszeit
- Arbeitslosengeld **380** 143 *12*
- Entgeltfortzahlung **210** 4 *13 f.*

Flexibles Arbeitszeitmodell
- Krankengeld **400** 49 *13*
Flohmarkt
- Arbeitszeit **80** 10 *18*
Flucht in die Berufung 50 56 *87;* 67 *11, siehe auch dort*
Flucht in die Säumnis 50 56 *83 ff.;* 59 *57*
Flucht- und Rettungsplan
- Arbeitsschutz **70** 10 *11*
Flugbegleiter
- Erfüllungsort **160** 611 *498*
- Rauchverbot **160** 618 *15, 27*
Flugblatt
- Betriebsfrieden **160** 611 *574*
Fluggesellschaft *siehe* Luftfahrt
Flughafen
- Haustürgeschäft **160** 312 *10, 25 f.*
Flugkosten
- Vorstellungskosten **160** 611 *209 ff., 758*
Fluglotse
- Streik **160** 611 *819*
Flugpersonal
- Erfüllungsort **160** 611 *497*
Flugzeugführer
- außerordentliche verhaltensbedingte Kündigung **160** 626 *41 f.*
Föderalismusreform 260 Vor 1 *2 ff.*
Forderung
- Zwangsvollstreckung **50** 62 *31*
Forderungsübergang
- Arbeitslosengeld **160** 199 *16;* 615 *10 f., 57*
- Entgeltfortzahlung **160** 199 *16;* 616 *28*
- Krankengeld **160** 616 *26*
- Verjährungsbeginn, Subjektivierung **160** 199 *16*
Form
- *siehe auch* Form, elektronische
- *siehe auch* Schriftform
- *siehe auch* Textform
- Abschlussklarheit **160** 127 *4*
- Abwicklungsvertrag **160** 611 *1004 ff.;* 623 *18*
- AGB, Anzeige und Erklärung **160** 309 *56 ff.*
- Arbeitsvertrag **160** 611 *368 ff.*
- Beschlussverfahren **50** 84 *4, siehe auch dort*
- Beweisfunktion/Beweiszweck **160** 127 *3 f., 13, 22, 45, 50;* 611 *354, 1003, 1006;* 623 *2, 43*
- Darlegungs- und Beweislast **160** 127 *40, 66*
- Dienstsiegel der Kirche **160** 127 *5;* 309 *70*
- Dokumentations- und Informationsfunktion **160** 127 *4, 13, 15, 35;* 613a *182;* 626 *77*
- Echtheitsfunktion **160** 127 *4, 30*
- fehlerhaftes Arbeitsverhältnis **160** 611 *43*
- Formvorschriften/Formzwang **160** 127 *1 ff.*
- Identifikationsfunktion **160** 127 *3, 4*
- Inhaltsklarheit **160** 127 *4*
- Klarstellungsfunktion **160** 127 *4, 22;* 623 *43*
- Rechtsmissbrauch **160** 127 *70*
- Rechtssicherheit **160** 127 *48, 71*

- Treu und Glauben **160** 127 *8, 68 ff.*; 623 *42 f.*
- Übereilungsschutz **160** 127 *4*; 623 *2, 43*
- Unterrichtung bei Betriebsübergang **160** 613a *182*
- Verifikationsfunktion **160** 127 *4, 30*
- Vertragsfreiheit **160** 127 *3, 42, 57, 61, 64*
- Vertragsstrafe **160** 345 *12*
- Warnfunktion **160** 127 *4, 13, 30*; 613a *182*; 623 *2, 43, 57*
- Zwecke/Funktion **160** 127 *4*

Form, Arbeitsvertrag
- *siehe* Nachweis, NachwG
- *siehe* Schriftform

Form, elektronische *siehe auch* Signatur
- Arbeitnehmerüberlassungsvertrag **100** 11 *3*; 12 *2*
- Aufhebungsvertrag, Ausschluss **160** 127 *33*; 623 *35*
- Ausschluss der Kündigung **160** 127 *33 f.*; 309 *70*; 623 *26*
- Ausschluss der Zeugniserteilung **160** 127 *33*
- Befristungsabrede **160** 127 *34*
- besondere Zugangserfordernisse, AGB **160** 309 *70*
- Einheit der Urkunde **160** 127 *31*
- Funktion **160** 127 *4, 30*
- gewillkürte elektronische Form **160** 127 *45, 49*
- Nachweis der wesentlichen Arbeitsbedingungen, Ausschluss **160** 127 *33*
- qualifizierte elektronische Signatur **160** 127 *30 ff.*
- rechtsgeschäftlicher Formzwang **160** 127 *45, 49*
- Schriftform, Sonderfall **160** 127 *2, 4, 29 ff.*
- Tarifvertrag **470** 1 *37*

Formulararbeitsvertrag 150 94 *7*
- Befristungsdauer/-verlängerung **480** 14 *53*
- überraschende Befristung **480** 14 *53*

Formulararbeitsverträge
- beamtenrechtliche Regelungen **360** 2 *42*

Formularvertrag
- AGB **160** 305 *26*; 305b *15*; 305c *36*; 625 *5*

FormVAnpG 50 Vor 46c bis e *5, siehe auch* Dokument, elektronisches

Formwechsel
- Unternehmensmitbestimmung **330** Vor 1 *25 f.*

Forschung und Lehre
- Arbeitszeit, Ausnahmen **80** 10 *61, 69 ff.*; 14 *21 ff.*
- kreative Arbeitnehmer **80** 14 *21, 23*

Forstarbeiter
- Schutzkleidung **160** 618 *21*

Forstwirtschaft
- Arbeitnehmerentsendung **10** 4 *16*
- Arbeitszeit **80** 5 *14*

Fortbildung
- Betriebsarzt **90** 2 *16 f.*, *22 f.*

Fortbildungskosten *siehe* Rückzahlungsklausel
- Betriebsarzt ohne erforderliche Fachkunde **90** 18 *2*
- Sicherheitsfachkraft ohne erforderliche Fachkunde **90** 18 *2*

Fortbildungskostenrückerstattung 260 12 *55*
Fortsetzungserkrankung 210 3 *85 ff., 124 ff.*
- Karenzzeit **160** 617 *9*

Fortsetzungsfeststellungsklage
- Arbeitnehmerüberlassung, Durchsuchung **100** 7 *23*

Forum shopping 220 6, 21 Rom I *1*

Fotoreporter
- Arbeitnehmer **160** 611 *104*

Frachtführer
- Arbeitnehmer, Abgrenzung **160** 611 *104*

Fragerecht
- AIDS **160** 611 *276*
- Alkoholabhängigkeit **160** 611 *274*
- Anfallsleiden/Epilepsie **160** 611 *275*
- Anfechtung wegen Falschbeantwortung **160** 611 *299 f., 446, 457*
- Anschlussbeschäftigung, Aufhebungsvertrag **160** 611 *1011, 1081*
- arglistige Täuschung **160** 611 *456 f.*
- Auswahltestverfahren **160** 611 *306 ff.*
- beruflicher Werdegang **160** 611 *283 ff.*
- Drogenabhängigkeit **160** 611 *274*
- eidesstattliche Versicherung **160** 611 *289 ff.*
- Eigenschaftsirrtum **160** 611 *446*
- Einstellungsfragebogen/Personalfragebogen **160** 611 *302, 314*
- Familienstand **160** 611 *293*
- Gehaltsabtretung **160** 611 *289*
- Gehaltspfändung **160** 611 *289*
- Gesundheitszustand **160** 309 *57*; 611 *271 ff.*
- Gewerkschaftszugehörigkeit **160** 611 *260, 298*
- Heiratspläne **160** 611 *292*
- HIV **160** 611 *276*
- Insolvenzverfahren **160** 611 *289 ff.*
- Kinderanzahl/Kinderpläne **160** 611 *292 f.*
- körperliche Behinderung **160** 611 *268 f.*
- Krankheit **160** 611 *271 ff.*
- Kur **160** 611 *271, 276*
- Ministerium für Staatssicherheit **160** 611 *286 ff.*
- NPD **160** 611 *296*
- Operation **160** 611 *271*
- Parteizugehörigkeit **160** 611 *296*
- persönliche Lebensumstände **160** 611 *292 f.*
- Rechtsmissbrauch, Schwangerschaftsfrage **160** 611 *267*
- Religionszugehörigkeit **160** 611 *296 f.*
- Schadensersatz bei Falschbeantwortung **160** 611 *300*
- Schwangerschaftsfrage **160** 611 *396, 834*
- Schwerbehinderung/Schwerbehinderteneigenschaft **160** 611 *260, 262, 268 ff.*
- Scientology **160** 611 *297*
- transsexuelle Person **160** 611 *277*
- Vertragsanbahnung **160** 611 *224, 257 ff.*
- Vertragsfreiheit **160** 611 *257*
- Vorstrafen **160** 611 *278 ff.*

- Wehrdienst **160** 611 *294 f.*
- wirtschaftliche Verhältnisse **160** 611 *289 ff.*, *304*
- Wohnsitzverlegung **160** 611 *292*
- Zivildienst **160** 611 *294 f.*

Fragerecht des Arbeitgebers *siehe* Arbeitgeber, Fragerecht

Franchisenehmer *siehe auch* Franchisevertrag
- Arbeitnehmer, Abgrenzung **160** 611 *104*, *161*
- arbeitnehmerähnliche Person **160** 611 *83*
- Arbeitsschutz **70** 2 *4*
- Kündigungsschutz **320** 1 *131*
- Unternehmerrisiko **160** 611 *160*

Franchisevertrag *siehe auch* Franchisenehmer
- Arbeitsvertrag, Abgrenzung **160** 611 *138*, *159 ff.*
- Franchisegebühr **160** 611 *159*
- Kündigungsfrist **160** 621 *5*

Frankreich *siehe* Französisches Arbeitsrecht

Französisches Arbeitsrecht
- Änderung der Arbeitsbedingungen **220**, *19 f.*
- Arbeitnehmervertreter **220**, *33 ff.*
- Arbeitsinspektor **220**, *32*
- Arbeitsvertragsart **220**, *4 ff.*
- Arbeitszeit **220**, *10 ff.*
- Aufhebung des Arbeitsvertrages **220**, *30 f.*
- Beendigung des Arbeitsverhältnisses **220**, *18 ff.*
- befristetes Arbeitsverhältnis **220**, *5 ff.*
- Belegschaftsvertreter **220**, *38*
- betriebsbedingte Kündigung **220**, *23 f.*
- Betriebsrat **220**, *39 ff.*
- Betriebsvereinbarung **220**, *46 ff.*
- Entlassungsentschädigung **220**, *8*
- Form der Kollektivvereinbarung **220**, *50*
- gerichtliche Geltendmachung **220**, *51 ff.*
- Gesundheits- und Sicherheitskomitee **220**, *37*
- Gewerkschaft **220**, *34 f.*
- Gleichbehandlung **220**, *15 ff.*
- kollektives Arbeitsrecht **220**, *32 ff.*
- Kontrolle des Betriebs **220**, *32*
- Massenentlassung **220**, *25 ff.*
- Mindestlohn **220**, *9*
- personenbedingte Kündigung **220**, *22*
- Rechtsweg **220**, *51 ff.*
- Standortverlegung **220**, *20*
- Tarifvertrag **220**, *45*
- Überstunden **220**, *12 f.*
- Urlaub **220**, *14*

Frauenfördergesetz 480 23 *7*
Frauenförderung 260 3 *56 ff.*
Frauenhaus
- Arbeitszeit **80** 10 *12*

Frauenquote 260 3 *57 ff.*
Freiberufler
- Betriebsübergang **160** 613a *19*
- Dienstvertrag **160** 611 *142*

Freie Erfindung
- Geschäftsführer, Vergütungserwartung **160** 612 *18*

- Leiharbeitnehmer **100** 11 *28*, *30*

Freie Marktwirtschaft 260 Vor 1 *8*

Freier Dienstvertrag
- *siehe* Dienstvertrag
- *siehe* Freier Mitarbeiter

Freier Mitarbeiter
- *siehe auch* Arbeitnehmer
- *siehe auch* Arbeitnehmerbegriff
- *siehe auch* Scheinselbständiger
- Änderungskündigung **320** 2 *4*, *58*
- Arbeitnehmerbegriff, Abgrenzung **160** 611 *50 ff.*
- Arbeitnehmerhaftung **160** 619a *3*
- Arbeitsschutz **70** 2 *4*
- Arbeitszeit **80** 2 *29*, *240*
- Arbeitszeugnis **160** 630 *3*
- Aufhebungsvertrag **160** 611 *1158 ff.*
- Befristung **160** 620 *1 ff.*
- Betriebsübergang **160** 613a *14*, *94*
- Freistellung zur Stellensuche **160** 629 *5*
- Kündigungsfrist **160** 621 *1 ff.*; 622 *6*
- Leiharbeitnehmer, Abgrenzung **100** 1 *16*
- Schutzmaßnahme **160** 618 *4*, *9*, *45*
- Sozialversicherungsbeitrag, Nachentrichtung **160** 611 *1163 ff.*
- Sozialversicherungspflicht **390** 7a *21*
- Umsatzsteuer **160** 611 *1161 f.*
- vorübergehende Verhinderung **160** 616 *1*, *9*
- Zuständigkeit **50** 2 *10*, *33*, *siehe auch dort*

Freigabeerklärung
- Diensterfindung **55** 8 *2*, *3*

Freiheitliche demokratische Grundordnung
- BAT **160** 611 *575*, *584*

Freischicht
- Entgeltfortzahlung **210** 4 *15 ff.*

Freistellung
- *siehe auch* Freistellungsanspruch
- *siehe auch* Suspendierung
- Abwicklungsvertrag **160** 611 *1105 ff.*, *1153*, *1156*
- Annahmeverzug, Anrechnung **160** 611 *1079*, *1106 ff.*; 615 *8*, *16*, *19*, *36*, *41*, *91*
- Anzahl **150** 38 *2*, *5 ff.*
- arbeitsvertragliche Pflichten **150** 38 *13 ff.*
- Aufhebungsvertrag **160** 611 *1105 ff.*, *1153*, *1156*
- Aufsichtsratsmitglied **330** 26 *3*
- außerordentliche Kündigung **160** 626 *85*
- Auszubildender, Berufsschulunterricht **110** 16 *4*, *17*, *21 f.*
- berufliche Entwicklung **150** 38 *19*
- Berufsbildungsmaßnahme **150** 38 *18*
- Beschäftigungsverhältnis **160** 611 *1113*, *1156*
- Betriebsübergang **160** 613a *15 f.*, *98*, *227*
- Dauer **150** 38 *12*
- Dienstwagen **160** 611 *658*
- ehrenamtlicher Richter **50** 26 *7*, *siehe auch dort*
- Einigungsstellenverfahren **150** 38 *11*
- Entgeltschutz **150** 37 *30 ff.*; 38 *17*
- Freistellungsvereinbarung **160** 611 *1153*, *1156*

5077

- frühzeitige Arbeitssuche **160** 616 *15, 21*; 629 *18*
- Insolvenz **300** 108 *8, siehe auch dort*
- Kindeserkrankung **400** 45 *16 f.*
- Leistungsbestimmungsrecht **160** 315 *31*
- Lohnausfallprinzip **150** 38 *14 ff.*
- Mitbestimmung des Betriebsrats bei personellen Einzelmaßnahmen **160** 611 *1112*
- Mutterschutz-Untersuchungen **160** 616 *4*
- schwerbehinderte Menschen, Mehrarbeit **80** 2 *49*; 3 *35*
- Sozialversicherung **180** 7 *171*
- Sperrzeitbeginn **160** 611 *1113*
- Sprecherausschussmitglied, Kosten **460** 2 *6*; 14 *1 f.*
- Streitwertfestsetzung **50** 12 *59*
- Tätigkeitsschutz **150** 37 *35 ff.*; 38 *17*
- Überstunden **160** 611 *1111*
- Urlaubsanspruch **160** 611 *1109 f.*; 615 *16*
- Wahl des Freizustellenden **150** 38 *8 ff.*
- Zwischenverdienst **160** 611 *1106 ff.*; 615 *8, 16*

Freistellung des Arbeitnehmers *siehe* Arbeitnehmer, Freistellung

Freistellung von Beschäftigung
- Sozialversicherungspflicht **390** 7a *6, 23 ff.*

Freistellung von der Arbeit
- Kindeserkrankung **400** 45 *16 f.*

Freistellungsanspruch
- Änderungskündigung **160** 629 *12*
- Arbeitnehmer **160** 629 *5*
- arbeitnehmerähnliche Person **160** 629 *5*
- Arbeitnehmerhaftung **160** 197 *7*; 611 *925 ff., 932*
- Arbeitssuche **380** 38 *14 f.*
- Aufhebungsvertrag **160** 629 *13*
- auflösende Bedingung **160** 629 *13*
- Ausbildung **310** 10 *2, 6*; 18 *15*
- Ausbildungsverhältnis **160** 629 *10*
- Auslauffrist **160** 629 *11*
- außerordentliche Kündigung **160** 629 *11*
- Befristung **160** 629 *13*
- Betriebsrat, Überwachung **160** 629 *24*
- billiges Ermessen **160** 629 *19 f., 26*
- Darlegungs- und Beweislast **160** 629 *26*
- dauerndes Dienstverhältnis, Stellensuche **160** 629 *1, 6 ff.*
- Einigungsstelle **160** 629 *25, 28*
- einstweiliger Rechtsschutz **160** 629 *27 f.*
- Erholungsurlaub **160** 629 *17*
- Erholungszweck **180** 1 *27*
- Fälligkeit **180** 1 *31*
- freier Mitarbeiter **160** 629 *5*
- Freizeitverlangen **160** 629 *16 f.*
- Insolvenz **300** 113 *107 f.*
- jedes Kalenderjahr **180** 1 *26*
- Jugendarbeitsschutz **310** 10 *2, 11*; 18 *15*
- krankheitsbedingte Arbeitsunfähigkeit **180** 1 *28*
- Mindesturlaub **180** 1 *30*
- Mitbestimmung des Betriebsrats **160** 629 *24 f.*
- Mutterschutz **350** 2 *11*; 16 *4 ff.*
- ordentliche Kündigung **160** 629 *11*
- Organmitglieder **160** 629 *5*
- Personalrat **160** 629 *24*
- Qualifizierungsmaßnahme **160** 629 *18, 23*
- sonstige Freistellungsansprüche **180** 1 *43*
- Stellensuche **160** 616 *15*; 629 *1 ff.*
- Tarifvertrag **160** 629 *19*
- Teilzeitarbeit **180** 1 *33*
- Unabdingbarkeit, Stellensuche **160** 629 *19*
- Urlaub **180** 1 *25*
- Urlaubsentgelt **180** 1 *29*
- Vergütungsanspruch **160** 616 *15*; 629 *3, 21*
- Verjährung **160** 197 *7*
- Zurückbehaltungsrecht **160** 629 *28*

Freistellungsfinanzierung
- Wertguthabenvereinbarung **390** 7b *5 f.*

Freistellungsklausel
- unangemessene Benachteiligung **160** 307 *46*

Freiwillig Versicherter
- Krankengeld **400** 44 *11 f.*

Freiwillige Arbeitgeber-Leistung
- Beteiligung des Sprecherausschusses **460** 24 *1*

Freiwillige Feuerwehr
- Arbeitszeit **80** 10 *9*

Freiwillige Leistung
- Kürzung bei Entgeltfortzahlung **210** 4a *12 ff.*

Freiwillige Mitbestimmung
- Begriff **150** 88 *1 f.*
- Einigungsstelle **150** 88 *12, siehe auch dort*
- Inhalte **150** 88 *2 ff.*

Freiwilliges Jahr 310 3 *13*

Freiwilligkeitsvorbehalt
- AGB **160** 305 *5*; 307 *121*; 315 *9, 45 ff.*; 611 *681 ff., 802 f.*
- Jahressonderleistung **160** 315 *47*
- Leistungsbestimmungsrecht **160** 315 *45 ff.*
- Prämie **160** 611 *703*
- Sondervergütung **160** 611 *668, 670, 678 ff., 703, 802 f.*
- Transparenzgebot **160** 611 *681 ff.*
- Umdeutung, Widerrufsvorbehalt **160** 315 *47*
- Unklarheitenregel **160** 305c *29*; 315 *46 f.*
- Urlaubsgeld **180** 11 *86*

Freizeit
- Jugendarbeitsschutz **310** 14 *8*

Freizeitausgleich
- Änderungskündigung **160** 611 *738*
- Annahmeverzug **160** 611 *738*; 615 *16*
- Arbeitszeit, Verlängerung **80** 7 *17, 32, 76*; 15 *9*
- Mitbestimmung des Betriebsrats **80** 6 *54*
- Nachtarbeitnehmer **80** 6 *45 ff.*
- Überstundenvergütung **160** 611 *738*

Freizeitpark
- Arbeitszeit **80** 10 *23*

Freizügigkeit 230 Vor *3, siehe auch* Gemeinschaftsrecht

Freizügigkeit, EG-Richtlinie 230 Vor *3*; 39 *1 ff., siehe auch* Gemeinschaftsrecht
- Arbeitnehmerbegriff 230 39 *11 ff.*
- Arbeitsbedingungen 230 39 *20 ff.*
- Arbeitsberechtigung-EU 230 39 *3*
- Arbeitserlaubnis-EU 230 39 *3*
- Arbeitslosigkeit 230 39 *31*
- Aufenthalt 230 39 *28 f.*
- Beendigung der Beschäftigung, Verbleib 230 39 *32 f.*
- Beschränkungsverbot 230 39 *24 f*
- Diskriminierungsverbot 230 39 *17 ff.*
- EG-Richtlinie 230 39 *5*
- Einreise 230 39 *27*
- Einschränkung 230 39 *3*
- Familienangehöriger 230 39 *34 ff.*
- Freizügigkeits-Verordnung 230 39 *5*
- grenzüberschreitender Bezug, Arbeitsverhältnis 230 39 *8*
- räumlicher Anwendungsbereich 230 39 *7*
- Stellensuche 230 39 *30*
- Unionsbürgerrichtlinie 230 39 *5*
- Verstoß gegen Diskriminierungsverbot 230 39 *40*

Fremdenverkehr
- Arbeitszeit 80 10 *23*; 15 *8*

Fremdfirmenbeschäftigter
- Gemeinschaftsrecht 230 Richtlinien *58, 64*

Fremdgeschäftsführer
- Abberufung 280 38 *35*
- Sozialversicherungspflicht 390 7a *11 ff.*

Friedenspflicht 470 1 *13, 20, 71 f.*
- Arbeitskampf 260 9 *129 f.*

Friedenswahl 330 10 *9*

Fristlose Kündigung *siehe* Außerordentliche Kündigung

Fristsetzung
- Formvorschriften, AGB 160 309 *58*

Fristsetzungsverfügung 50 56 *45 f.*

Frühzeitige Arbeitssuche
- Annahmeverzug 160 611 *62*
- Aufklärungspflicht 160 611 *1026, 1038*; 615 *62*; 623 *54*
- Freistellung 160 611 *15, 21*; 629 *18*
- Kürzung des Arbeitslosengeldes 160 611 *1026, 1038*; 615 *62*; 623 *54*
- vorübergehende Verhinderung 160 611 *15, 21*; 629 *18*

Führerschein *siehe auch* Fahrerlaubnis
- Arbeitnehmerhaftung 160 611 *902, 906*
- außerordentliche Kündigung 160 626 *28, 82, 130*
- Unmöglichkeit/Annahmeverzug 160 611 *817*; 615 *21*

Führungszeugnis
- Vorstrafe 160 611 *281*

Funktionsträger
- Begriff 150 103 *2 ff.*
- Versetzung 150 103 *33 ff.*

- Zustimmung zur Kündigung 150 103 *9 ff.*
- Zustimmungsersetzungsverfahren 150 103 *16 ff., 37 f.*

Fürsorgepflicht
- *siehe auch* Aufklärungspflicht
- *siehe auch* Krankenfürsorge
- Arbeitsverhältnis 160 619 *3*
- Auftrag 160 619 *3*
- Ausbildender 110 16 *15*; 23 *27, 29*
- betriebliche Altersversorgung 140 1b *1*; 4a *4*
- Darlegungs- und Beweislast 160 619 *10*
- Handelsvertreter 160 619 *3*
- Handlungsgehilfe 160 619 *4*
- Heimarbeiter 160 619 *4*
- Jugendlicher 160 619 *4*
- leidensgerechte Arbeit 160 615 *20, 32, 40*
- Personalakte 260 2 *78*
- Persönlichkeitsrecht 160 611 *572, 941, 943*
- Prinzipal 290 62 *1 ff.*
- Seeleute 160 619 *4*
- Stellensuche 160 629 *1, 6*
- Umsetzung 80 6 *19*
- Unabdingbarkeit 160 619 *1 ff.*
- Vertragsfreiheit 160 619 *2*
- Vertragsstrafe 160 619 *5*
- Verzicht 160 619 *5*
- Vorschuss 160 614 *20*
- Werkvertrag 160 619 *3*

Fürsorgepflicht, richterliche
- Verspätung 50 56 *64 f.*

Fürsorgezögling
- Arbeitsvertrag, Abgrenzung 160 611 *60*

Fußballprofi
- befristetes Arbeitsverhältnis 480 14 *47*

Fußballspieler
- einseitige Verlängerungsoption 160 622 *34*
- Entgeltfortzahlung 160 616 *25*
- Jahresprämie 160 616 *25*
- Lizenzfußballspieler, Arbeitnehmer 160 611 *104*
- Punkteprämie 160 616 *25*
- Vertragsamateur DFB, Arbeitnehmer 160 611 *104*
- vorübergehende Verhinderung 160 616 *25*

Gabelstapler
- Arbeitnehmerhaftung 160 611 *895, 906, 975*

Gage
- *siehe* Arbeitsentgelt
- *siehe* Vergütung

Garage
- Arbeitszeit 80 13 *13*

Gartenbau
- Arbeitszeit 80 10 *42*

Gartenpflege
- Arbeitszeit 80 5 *14*

Gast- und Schankwirtschaft
- Arbeitszeit 80 6 *61*

Gastronomie
- Urlaubsanspruch 180 1 *24*

Gaststätte
- Arbeitszeit 80 5 *9, 11*; 6 *60, 61*; 7 *24*; 9 *22*; 10 *14*
- Betriebsübergang 160 613a *55, 68*

Gaststätten
- Rauchverbot 260 12 *28*

Gaststätten-/Hotelgewerbe, MTV
- Urlaubsberechnung, tarifvertragliche 180 3 *44 f.*

GbR *siehe auch* BGB-Gesellschaft
- Berufsfreiheit 260 12 *14*
- Parteifähigkeit 50 10 *3*; 46 *43*

GbR-Gesellschafter
- Haftungsprivilegierung für Arbeitnehmerschaden 420 106 *16*

Gebäudereinigung
- Arbeitnehmerentsendung 10 4 *7*
- Begriff 10 4 *7*

Gebot der Rechtsmittelklarheit
- Ablehnung von Gerichtspersonen 50 49 *45*

Gebrauchsmuster 55 3 *7*
- Löschungsverfahren 55 3 *9*
- Schutzfähigkeit 55 3 *9*

Gebrauchsüberlassungsvertrag mit Personalgestellung
- Arbeitnehmerüberlassungsvertrag, Abgrenzung 100 1 *18, 26*; 1b *3*

Gebühr
- Revisionsverfahren 50 12 *13*

Gebührenermäßigung
- Berufungsverfahren 50 12 *12, siehe auch dort*

Gebührenfreiheit 50 12 *4*

Gefährdungsbeurteilung
- Arbeitsschutz 160 618 *38a*

Gefahrenschutz
- Jugendarbeitsschutz 310 27 *4 ff.*

Gefahrgutbeauftragter
- Arbeitsschutz 70 13 *3*

Gegenanschließung
- Anschlussrevision 50 74 *112*

Gegendarstellung, Recht auf 260 2 *27, 30*
- Datenschutz 120 35 *18 f.*

Gegenrüge 50 74 *63*

Gegenstandswert 50 12 *23*

Gegenvorstellung 50 78 *36 f.*

Gehalt
- *siehe* Arbeitsentgelt
- *siehe* Vergütung

Gehaltsabhängiges System
siehe System, gehaltsabhängiges

Gehaltsabrechnung
- *siehe auch* Abrechnung
- *siehe auch* Lohngestaltung
- Arbeitsentgelt 160 127 *35*; 611 *628, 635, 644*; 612 *34*
- Textform 160 127 *35*; 611 *628, 635*; 612 *34*

Gehaltsabtretung
- Fragerecht 160 611 *289*

Gehaltsgestaltung
- Begriff 460 30 *2*
- Beteiligung des Sprecherausschusses 460 25 *2*; 30 *2*
- Dotierungsrahmen 460 30 *2*
- Gehaltshöhe 460 25 *2*; 30 *2*
- Sprecherausschuss-Richtlinie 460 28 *1*

Gehaltspfändung *siehe* Lohnpfändung
- Fragerecht 160 611 *289*

Gehaltsumwandlung *siehe* Entgeltumwandlung

Geheimhaltungspflicht
- Arbeitnehmerüberlassung 100 8 *4 ff.*
- Arbeitsschutz 70 23 *1*
- Dauer 150 79 *5*
- Europäischer Betriebsrat 200 40 *2*
- Geheimnisbegriff 150 79 *2 f.*
- Sachverständiger 150 80 *39, siehe auch dort*
- Sprecherausschuss 460 29 *1 ff.*
- Umfang 150 79 *7*
- Verletzung 150 79 *10*; 120 *3 ff.*
- verpflichteter Personenkreis 150 79 *8*
- Wirtschaftsausschuss 150 106 *9*; 107 *7*

Geheimnis
- *siehe* Betriebs-/Geschäftsgeheimnis
- *siehe* Betriebsgeheimnis
- *siehe* Geschäftsgeheimnis

Gehör, rechtliches *siehe* Rechtliches Gehör

Gehörsrüge 50 78a *1 ff., siehe auch* Gehörsrüge
- Abhilfeverfahren 50 78a *19*
- außerordentliche Beschwerde 50 78a *26*
- ehrenamtlicher Richter 50 78a *24, siehe auch dort*
- einstweiliger Rechtsschutz 50 78a *3*
- Nichtzulassungsbeschwerde 50 78a *6, siehe auch dort*
- Rechtsbeschwerde 50 78a *6*
- Rügeberechtigung 50 78a *8*
- Rügegrund 50 78a *9 ff.*
- Statthaftigkeit 50 78a *3 f.*
- Subsidiarität 50 78a *5 ff.*
- Urteilsberichtigung 50 78a *6, siehe auch dort*
- Urteilsverfahren 50 78a *3, siehe auch dort*
- Verfahren 50 78a *15 ff.*
- Willkürfall 50 78a *26, siehe auch dort*
- Zwangsvollstreckung 50 78a *25, siehe auch dort*

Geldausgabeautomat
- Arbeitszeit 80 10 *58*

Geldforderung
- Zwangsvollstreckung 50 62 *28 f., siehe auch dort*

Geldhandel
- Arbeitszeit 80 10 *83 f.*; 13 *23*

Geldwirtschaft
- Arbeitszeit 80 10 *81 ff.*; 13 *23*

Gemeinsame Betriebsstätte
- Unfallversicherung 420 106 *13 ff., 22*

Gemeinsamer Ausschuss
– Aufgabenübertragung **150** 28 *8 f.*
– Errichtung **150** 28 *7*
Gemeinsamer Betrieb *siehe* Gemeinschaftsbetrieb
Gemeinschaft, häusliche
– Arbeitsverhältnis, personenrechtliches Gemeinschaftsverhältnis **160** 611 *481*
– Arbeitszeit **80** 18 *7 f.*
– Darlegungs- und Beweislast **160** 617 *20*
– erweiterte Schutzpflicht **160** 618 *13, 23*
– Jugendarbeitsschutz **310** 31 *5*
– Krankenfürsorge **160** 617 *1, 8, 16, 20*
– Verjährung von Schadensersatzanspruch **160** 208 *1*
– Wohnheim **160** 617 *8*; 618 *23*
Gemeinschaftsbetrieb
– Aufhebungsvertrag **160** 611 *1078*
– Auflösung **490** 322 *8*
– Begriff, Kündigungsschutz **490** 322 *1, 6 ff.*
– betriebsbedingte Kündigung **320** 1 *387*
– Darlegungs- und Beweislast **490** 322 *16*
– Feststellung im Beschlussverfahren **490** 322 *15*
– KSchG, Anwendbarkeit **320** 23 *15 ff.*
– Kündigungsschutz **490** 322 *1 ff.*, *siehe auch dort*
– Kündigungsschutz von Betriebsratsmitglied **320** 15 *50*
– Massenentlassungsanzeige **490** 322 *14*
– Schwellenwert, KSchG **490** 322 *10*
– Sozialauswahl **490** 322 *11*
– Umwandlungsvertrag **490** 322 *17*
– Unternehmensmitbestimmung **330** 1 *12 ff.*
– Weiterbeschäftigungsmöglichkeit **490** 322 *12*
Gemeinschaftsrecht
– Altersgrenzregelung **410** 41 *24*
– Anwendungsvorrang **230** Vor *5*
– Arbeitnehmerbeteiligung, Europäische Aktiengesellschaft **230** Richtlinien *177 ff.*
– Arbeitnehmerbeteiligung, Europäische Genossenschaft **230** Richtlinien *188 ff.*
– Arbeitnehmerentsendung **230** Richtlinien *42 ff.*
– Arbeitsschutz **70** 19 *1*; **230** Richtlinien *50 ff.*
– Arbeitszeitrichtlinie **230** Richtlinien *65 ff.*
– Auslandstätigkeit **230** Richtlinien *5*
– Auslegung **230** Vor *3*
– befristetes Arbeitsverhältnis **230** Richtlinien *28 ff.*
– Belästigung am Arbeitsplatz **230** Richtlinien *38*
– Betriebsrentenrichtlinie **230** 141 *70 ff.*
– Betriebsübergangsrichtlinie **230** Richtlinien *104 ff.*
– Datenschutzrichtlinie **230** Richtlinien *96 ff.*
– deutsche Umsetzung Elternurlaubsrichtlinie **230** Richtlinien *17 ff.*
– deutsche Umsetzung Nachweisrichtlinie **230** Richtlinien *7 ff.*
– deutsche Umsetzung Teilzeitarbeitsrichtlinie **230** Richtlinien *27*
– Elternurlaubsrichtlinie **230** Richtlinien *11 ff.*

– Entgeltgleichheit von Männer und Frauen *siehe dort*
– Entsenderichtlinie **230** Richtlinien *42 ff.*
– Europäische Betriebsräte-Richtlinie **230** Richtlinien *152 ff.*
– Freizügigkeitsrichtlinie *siehe dort*
– Fremdfirmenbeschäftigter **230** Richtlinien *58, 64*
– Gewalt am Arbeitsplatz **230** Richtlinien *38*
– Gleichbehandlungsrichtlinie *siehe dort*
– Jugendarbeitschutzrichtlinie **230** Richtlinien *87 ff.*
– Massenentlassungsrichtlinie **230** Richtlinien *125 ff.*
– Maßnahme zur Chancengleichheit **230** 141 *47 ff.*
– Mutterschutzrichtlinie **230** Richtlinien *74 ff.*
– Nachweisrichtlinie **230** Richtlinien *1 ff.*
– Primärrecht **230** Vor *2*
– Richtlinie **230** Vor *3*; Teil *1 ff.*
– Sekundärrecht **230** Vor *2*
– Teilzeitarbeitsrichtlinie **230** Richtlinien *20 ff.*
– Telearbeit **230** Richtlinien *37*
– Unionsbürgerrichtlinie **230** 39 *5*
– Unterrichtung und Anhörung von Arbeitnehmern **230** Richtlinien *160 ff.*
– Vergünstigungen des unterrepräsentierten Geschlechts **230** 141 *50 ff.*
– Verordnung **230** Vor *3*
– Vorabentscheidungsverfahren **230** Vor *4*
Genehmigungsvorbehalt
– Nebentätigkeit **160** 309 *18*; 611 *542, 549, 600, 865*
Generalbereinigung 280 43 *21 f.*
Generalklausel
– billiges Ermessen **160** 611 *470 f.*
– Grundrechte **160** 611 *170*
– Rücksichtnahmepflicht **160** 611 *569*
– Sittenwidrigkeit **160** 306 *12*; 611 *400, 470 f., 1009*; 624 *6*
– strukturelles Ungleichgewicht/strukturelle Unterlegenheit **160** 611 *470, 750, 1032*; 624 *6*
– Treu und Glauben **160** 305c *1*; 306 *12*; 315 *19*; 611 *470 f., 1009*; 624 *6*
– unangemessene Benachteiligung **160** 307 *1 ff., 27, 64 ff.*; 308 *1*; 309 *19*; 622 *25*; 624 *6*
– wichtiger Grund **160** 626 *18*
Generalstreik 260 9 *108*
Generalversammlung
– Europäische Genossenschaft **368** 31 *3*
Genomanalyse 260 2 *66*
– Krankheit **160** 611 *322*
– Vertragsanbahnung **160** 611 *322*
Genossenschaft
– Unternehmensmitbestimmung **330** 6 *18 ff.*
Genossenschaft, europäische
siehe Europäische Genossenschaft
Genossenschaftsvorstand
– Kündigungsschutz **320** 14 *8*

Gericht
- vorübergehende Verhinderung **160** 611 *830*; 616 *13 f.*

Gericht, Besetzung
- Revisionsgrund **50** 73 *33*
- Rüge **50** 16 *7*
- unzuständiger Spruchkörper **50** 17 *4*

Gerichtliche Zuständigkeit
- Auslandsbezug **220** 30, 8 Rom I *117*

Gerichtlicher Vergleich
siehe auch Außergerichtlicher Vergleich
- Doppelnatur **160** 623 *24*
- Schriftform **160** 127 *37 f.*; 623 *24 f., 28, 51*
- Verjährung **160** 195 *10*

Gerichtliches elektronisches Dokument
siehe Dokument, gerichtliches elektronisches

Gerichtsbezirke 50 14 *2*

Gerichtsgebührenstreitwert 50 12 *23*,
siehe auch Streitwertfestsetzung

Gerichtskostenfreiheit 50 12 *21*

Gerichtskostenvorschuss
- nachträgliche Klagezulassung **320** 5 *32*

Gerichtsperson
- Ausschluss **50** 49 *1 ff.*

Gerichtsperson, Ablehnung 50 49 *9 ff.*
- Ablehnungsgesuch **50** 49 *28 ff.*
- Berufungsverfahren **50** 64 *57*
- ehrenamtlicher Richter **50** 31 *18 ff.*
- Form **50** 49 *38*
- Rechtsmittel **50** 49 *43 ff.*

Gerichtssprache 50 9 *11*

Gerichtsstands- und Vollstreckungsverordnung, europäische *siehe* Europäische Gerichtsstands- und Vollstreckungsverordnung

Gerichtsstandsbestimmung 50 2 *102 ff.*

Gerichtsstandsvereinbarung
- Auslandsbezug des Arbeitsverhältnisses **220** 30, 8 Rom I *77 f., 113*

Gerichtstag, auswärtiger 50 14 *3*

Gerichtsvollzieher 50 9 *6*; 62 *27 ff.*
- Kündigungszugang **320** 1 *86*

Geringfügig Beschäftigter
siehe auch Geringfügige Beschäftigung
- Altersteilzeit **40** 2 *6, 19, 42 f.*; 5 *4 ff.*; 8 *8*; 11 *1*; 15f *1*
- Arbeitsverhältnis, Begriff **160** 611 *27*
- Einkommensteuerpflicht **240** 40 *7 ff.*
- Entgeltfortzahlung **160** 611 *27*
- Entgeltumwandlung, Anspruchsberechtigter **140** 1a *2*
- Kündigungsfrist **160** 622 *5*
- NachwG **360** 2 *44*
- Teilzeitarbeitnehmer **160** 611 *27*
- Urlaub **160** 611 *27*

Geringfügige Beschäftigung
- Addition der Arbeitsentgelte **390** 8a *13*
- Arbeitsförderung **390** 8a *28 f.*
- Aufklärungspflicht bei mehreren Beschäftigungen **390** 8a *32*
- Begriff **390** 8a *1 ff.*
- Entgeltgeringfügigkeit **390** 8a *3 ff.*
- Geringfügigkeitsrichtlinie **390** 8a *31*
- Jahreswechsel **390** 8a *16*
- Krankenversicherung **390** 8a *18 ff.*
- mehrere Beschäftigungen **390** 8a *12 ff., 19 f., 25 ff., 30*
- Meldepflicht des Arbeitgebers **390** 28a *9*; 28p *2 f.*
- neben Hauptbeschäftigung **390** 8a *14*
- Pflegeversicherung **390** 8a *22*
- Rentenversicherung **390** 8a *23 ff.*
- Selbständigkeit **390** 8a *17*
- Sozialversicherung **390** 7a *24*
- Sozialversicherungspflicht **390** 8a *1 ff.*
- Zeitgeringfügigkeit **390** 8a *8 ff.*

Geringfügigkeitsrichtlinie 390 8a *31*

Gesamtbetriebsausschuss 150 51 *6*

Gesamtbetriebsrat
- Abberufung von Mitglied **150** 49 *7*
- Amtszeit **150** 47 *7 ff.*
- Arbeitsschutz, Zuständigkeit **90** 9 *14, 16*
- Ausschluss von Mitglied **150** 48 *2 ff.*
- Beschlussaussetzung **150** 51 *4*
- Bestellung des Wahlvorstands **150** 17 *1*; 17a *4, 6*, *siehe auch* Wahlvorstand
- Betriebsräteversammlung *siehe dort*
- Betriebsübergang **150** 47 *6, 8 ff.*, *siehe auch dort*
- Entsendebeschluss **150** 47 *3, 14*
- Erlöschen der Mitgliedschaft **150** 49 *3 ff.*
- Errichtung **150** 47 *2*; 51 *2*
- Errichtung des Konzernbetriebsrats **150** 54 *2 ff.*
- Gemeinschaftsbetrieb **150** 47 *2, 11*
- Größe **150** 47 *4 ff.*
- laufende Geschäfte **150** 51 *3, 6*
- örtliche Zuständigkeit **50** 82 *3*, *siehe auch dort*
- Rücktritt **150** 49 *2*
- Sitzung **150** 30 *6*; 51 *4*, *siehe auch dort*
- Sonderkündigungsschutz **320** 15 *22*
- Spartengesamtbetriebsrat **150** 3 *31*
- Stimmgewichtung **150** 47 *11 f.*
- Teilnahmerecht der Gesamt-Jugend und Auszubildendenvertretung **150** 73 *1 ff.*
- Umlageverbot **150** 41 *1 f.*
- Vorsitzender **150** 51 *3*
- zusammengefasste Betriebe **150** 3 *25*
- Zusammensetzung **150** 47 *3 ff.*
- Zuständigkeit **150** 50 *3 ff.*; 111 *8*

Gesamtbetriebsvereinbarung
- Betriebsübergang **160** 613a *111*

Gesamtgruppe *siehe* Gruppenarbeit

Gesamthafen-Arbeitsverhältnis
- aufgespaltene Arbeitgeber-Funktion **160** 611 *136*

Gesamtjugend- und Auszubildendenvertretung
- Ausschuss **150** 73 *3*
- Errichtung **150** 72 *2*

- Sitzung **150** 73 *1 ff.*
- Stimmgewichtung **150** 72 *4*
- Teilnahmerecht an Betriebsrätesitzung **150** 53 *2*
- Teilnahmerecht an Gesamtbetriebsratssitzung **150** 51 *4*; 73 *3*
- Vetorecht **150** 51 *4*

Gesamtpersonalrat
- Arbeitsschutz, Zuständigkeit **90** 9 *16*
- Zuständigkeit, Beteiligung bei Kündigung **170**, 27, 29

Gesamtprokura 290 48 *12*

Gesamtrechtsnachfolge
siehe auch Umwandlung, UmwG
- Betriebsübergang **160** 613a *21, 24, 85, 110, 171, 180*
- Tod des Arbeitnehmers **160** 611 *347, 489, 993*
- Widerspruch, Betriebsübergang **160** 613a *213*

Gesamtschuldner
- Betriebsübergang **160** 613a *137, 184*; 615 *51*
- einheitliches Arbeitsverhältnis **160** 611 *134*
- gestörte Gesamtschuld, innerbetrieblicher Schadensausgleich **160** 611 *928 ff., 933 ff.*
- Gruppenarbeit **160** 611 *39 f., 842*; 628 *37*
- Lohnsteuer **160** 611 *120, 639*
- Unterrichtung, Betriebsübergang **160** 613a *184*
- Verjährung, Ausgleichsanspruch **160** 195 *9*; 199 *20*; 209 *2*
- Verleiherhaftung **100** 10 *53 ff.*

Gesamtschwerbehindertenvertretung
- Teilnahmerecht an Betriebsrätesitzung **150** 53 *2*
- Teilnahmerecht an Gesamtbetriebsratssitzung **150** 51 *4*; 52 *1 ff.*
- Vetorecht **150** 51 *4*; 52 *2*

Gesamtsozialversicherungsbeitrag
- Altersteilzeit **40** 8 *15*; 8a *8 ff.*
- Arbeitnehmerüberlassung **100** 1 *46*; 10 *56, 58, 60*; 12 *14*; 18 *14*
- Begriff **390** 28h *2*
- Einzugsstelle **390** 28h *12 ff.*
- Lohnabzug, Arbeitnehmer-Anteil **160** 611 *123 ff.*
- Verjährung **160** 611 *122*
- Wertguthaben **390** 116 *2*

Gesamtsprecherausschuss
- Auflösung **460** 29 *2*
- Behinderungs-, Benachteiligungs- und Begünstigungsverbot **460** 2 *5*
- Beschlussfassung/Stimmengewicht **460** 19 *5*
- Errichtung **460** 19 *1*
- Geheimhaltungspflicht **460** 29 *2*
- Geschäftsführung **460** 19 *5*
- Gleichbehandlungsgrundsatz **460** 19 *3*
- Mitgliedschaft, Erlöschen **460** 19 *5*
- Unternehmen, Begriff **460** 19 *1*
- Zuständigkeit/Aufgabe **460** 19 *1, 3 f.*; 20 *1 f.*; 24 *1*

Gesamtvereinbarung
- Betriebsvereinbarung **460** 2 *3*

- Sprecherausschuss-Richtlinie/-Vereinbarung **460** 2 *3*
- Zusammenarbeit Betriebsrat und Sprecherausschuss **460** 2 *3*

Gesamtversorgungssystem
- betriebliche Altersversorgung **140** 1 *21, 29, 81*; 2 *8 f., 68*; 5 *1, 13, 15, 20*; 6 *38 f.*; 16 *25, 44*; 18 *2, 7, 11*

Gesamtzusage
- betriebliche Altersversorgung **140** 1 *70, 106, 138, 141 f.*; 1b *19 f.*
- Rechtsquelle **160** 611 *180 f.*
- schwarzes Brett **160** 611 *670*
- Urlaubsgeld **180** 11 *57*
- Vergütung **160** 611 *607*
- Zugang **160** 611 *181*

Geschäft, höchstpersönliches
siehe Höchstpersönliches Geschäft

Geschäft, unternehmensbezogenes
siehe Unternehmensbezogenes Geschäft

Geschäftsabschluss
- Provision **290** 87 *7 f.*

Geschäftsbedingungen, Allgemeine
siehe Allgemeine Geschäftsbedingungen

Geschäftsbesorgungsvertrag
- Arbeitnehmerüberlassungsvertrag, Abgrenzung **100** 1 *18, 26, 49*; 9 *5*
- Arbeitsvertrag, Abgrenzung **160** 611 *138, 148*
- Einheitstheorie/Trennungstheorie **160** 611 *148*

Geschäftsessen
- Schmiergeld, Abgrenzung **160** 611 *551*

Geschäftsfähigkeit 50 11 *5*
- *siehe auch* Minderjähriger
- *siehe auch* Prozessfähigkeit
- Alkohol/Alkoholismus **160** 115 *7 f., 31*
- Arbeitsvertrag **160** 611 *358*
- beschränkte Geschäftsfähigkeit Minderjähriger **160** 115 *1 ff., 9 ff.*
- Darlegungs- und Beweislast **160** 115 *26 ff., 31*; 210 *5*; 611 *372*
- Entzugserscheinung **160** 115 *8*
- Erschöpfungsdepression/nervöser Erschöpfungszustand **160** 115 *8*
- fehlerhaftes Arbeitsverhältnis **160** 115 *4*; 611 *43*
- Fieberzustand **160** 115 *8*
- Geschäftsunfähigkeit **160** 115 *1, 7 f.*
- Handlungsfähigkeit, öffentliches Recht **160** 115 *23*
- partielle Geschäfts(un)fähigkeit **160** 115 *1, 7*; 210 *2*
- Rauschgiftsucht/Rauschmittel **160** 115 *7 f., 31*
- rechtsgeschäftsähnliche Handlung **160** 115 *3*
- Stress/Motivationsdruck/Drucksituation **160** 115 *8, 31*
- Teilgeschäftsfähigkeit, Arbeitsverhältnis **160** 115 *21*

Geschäftsfähigkeit – Geschäftsverteilung

- Vormundschaftsgericht **160** 115 *12, 14, 16, 29*; 611 *358*
- Willenserklärung **160** 115 *1 ff.*

Geschäftsführer
siehe auch Gesellschafter-Geschäftsführer
- Abberufung/Widerruf der Bestellung **160** 611 *96*
- Annahmeverzug **160** 611 *1107*
- Anstellungsvertrag/Dienstvertrag **160** 611 *97*
- Arbeitgeber, GmbH & Co. KG **160** 611 *130*
- Arbeitnehmer, Abgrenzung **160** 14 *9*; 611 *96 ff.*
- Arbeitsvertrag **160** 611 *97*
- Arbeitszeit **80** 2 *29, 34*
- Arbeitszeugnis **160** 630 *3*
- Aufhebungsvertrag **160** 611 *1006, 1030, 1178 ff.*; 623 *15 f.*
- Ausgleichsquittung **160** 611 *1179 f.*
- Befristung **160** 620 *5*
- Bestellung **160** 611 *96*
- betriebliche Altersversorgung **140** 1 *212*; 17 *4, 6 ff., 33*
- Betriebsübergang **160** 613a *14, 94*
- ehrenamtlicher Richter **50** 22 *4*, *siehe auch dort*
- Entlastungsbeschluss, Aufhebungsvertrag **160** 611 *1180*
- Erfindung, Vergütungserwartung **160** 612 *18*
- Fremdgeschäftsführer **30** 84 *31, 38*
- Insolvenzschutzklausel, Pensionssicherung **160** 611 *1114 ff.*
- Koppelungsklausel **160** 305c *16*; 622 *7*
- Kündigung vor Dienstantritt **160** 622 *54*
- Kündigungsfrist **160** 621 *3*; 622 *7, 43*
- Kündigungsschutz **320** 1 *156*
- leitender Angestellter **160** 611 *96, 98 f.*
- Mutationstheorie, Abberufung **160** 611 *102*
- Schutzmaßnahme **160** 618 *4, 9*
- Tantiemeregelung, Aufhebungsvertrag/Abwicklungsvertrag **160** 611 *1130*
- Trennungstheorie, Organstellung – Anstellungsdienstvertrag **160** 611 *101 f.*; 622 *7*
- vorübergehende Verhinderung **160** 616 *1, 9*
- Zwischenverdienst **160** 611 *1107*

Geschäftsführer, Komplementär-GmbH
- Kündigungsschutz **320** 14 *8*

Geschäftsführung
- Aufsichtsrat **330** 25 *15 ff.*

Geschäftsgeheimnis
siehe auch Betriebs-/Geschäftsgeheimnis
- All-Klausel **160** 611 *599*
- Ausschluss der Öffentlichkeit **50** 52 *14*, *siehe auch* Öffentlichkeit, Ausschluss
- Begriff **150** 79 *2 f.*; **160** 611 *528*
- formelles Geheimnis **150** 79 *3*

Geschäftsgrundlage
- Abgrenzung **160** 313 *8 ff.*
- Änderung der Arbeitsbedingungen **320** 2 *118*
- Änderungskündigung, Abgrenzung **160** 313 *13*; 611 *848*

- Anfechtung, Abgrenzung **160** 313 *9*
- Äquivalenzstörung **160** 313 *6, 16*
- Arbeitsverhältnis **320** 1 *43*
- Aufhebungsvertrag **160** 313 *19*
- Auslegung, Abgrenzung **160** 313 *8*
- beiderseitiger Eigenschaftsirrtum, Abgrenzung **160** 313 *9*
- betriebliche Altersversorgung **160** 313 *15 ff.*
- betriebliche Übung **160** 611 *676*
- Betriebsrisiko, Abgrenzung **160** 313 *14*
- Betriebsvereinbarung **160** 313 *22 ff.*
- Doppelirrtum/beiderseitiger Motivirrtum **160** 313 *1*; 611 *115, 809*
- Drittmittel-Finanzierung **160** 313 *13*
- Einigungsstelle **160** 313 *22 f.*
- Einrede **160** 313 *1, 25*
- Entgeltrisiko **160** 313 *20*
- Fallgruppen im Arbeitsrecht **160** 313 *13 ff.*
- Individualarbeitsrecht **160** 313 *13 ff.*; 611 *809 ff.*
- Katastrophe **160** 313 *13*
- Krieg **160** 313 *13*
- Kündigung, Abgrenzung **160** 313 *11, 13 f.*; 626 *3, 20*
- Kündigungsrecht **160** 313 *1, 7, 20 f.*; 611 *809 ff.*
- Naturereignis **160** 313 *13*
- objektive Geschäftsgrundlage **160** 313 *1 f.*; 611 *809*
- pacta sunt servanda **160** 313 *1, 6*
- Risikoverteilung/Risikoübernahme/Risikobereich **160** 313 *1 f., 5, 10 f., 14, 24*; 611 *809*
- Ruhegeldvereinbarung **160** 313 *16*
- Sozialplan **160** 313 *23*
- subjektive Geschäftsgrundlage **160** 313 *1 ff.*; 611 *809*
- Tarifvertrag **160** 313 *18, 20 f.*
- Unmöglichkeit, Abgrenzung **160** 313 *1, 1*; 611 *809, 848*
- Verbandstarifvertrag **160** 313 *20*
- Versetzung **160** 313 *14*
- Versorgungsordnung **160** 313 *23*
- Vertragsanpassung **160** 313 *1, 7, 14, 21, 25*; 611 *115, 340*
- Vorvertrag **160** 611 *340*
- Zweckerreichung **160** 313 *10*
- Zweckfortfall **160** 313 *10*
- Zweckstörung, Abgrenzung **160** 313 *10*
- Zweckvereitelung **160** 313 *6*
- Zweckverfehlungskondiktion **160** 313 *12*

Geschäftsraumfiktion
- Arbeitnehmerentsendegesetz **10** 22 *4*

Geschäftsstelle 50 7 *1 ff.*

Geschäftsunfähigkeit *siehe* Geschäftsfähigkeit

Geschäftsverteilung 50 6a *3 ff.*
- Abstraktionsprinzip **50** 6a *4*
- Bundesarbeitsgericht **50** 44 *3 f.*
- Fehler **50** 6a *7*
- Offenlegungspflicht **50** 6a *5*

Geschäftsverteilungsplan
– Fachkammernprinzip **50** 17 *3*
Geschenkindustrie
– Arbeitszeit in Saisonbetrieb **80** 15 *8*
Geschlecht
– Diskriminierungsverbot **260** 3 *34 f., 45 ff.*, *siehe auch* Gleichberechtigung, Frauen und Männer
– Eigenschaftsirrtum **160** 611 *448*
Geschlechterquote
– *siehe* Ersatzmitglied, Geschlechterquote
– *siehe* Jugend- und Auszubildendenvertretung, Mindestgeschlechterquote
– *siehe* Wahl, Mindestgeschlechterquote
Geschlechtsumwandlung 260 2 *19*
Geschlechtsverkehr
– Sittenwidrigkeit **160** 611 *407*
Geschlossene Anstalt
– Arbeitsvertrag, Abgrenzung **160** 611 *41, 6*
Geschuldete Tätigkeit *siehe* Tätigkeit, geschuldete
Gesellenstück
– Arbeitsergebnis, Auszubildender **160** 611 *554*
Gesellschaft bürgerlichen Rechts
siehe BGB-Gesellschaft
Gesellschaft, europäische
siehe Europäische Gesellschaft
Gesellschafter
– *siehe auch* Alleingesellschafter
– *siehe auch* Gesellschafter einer Kommanditgesellschaft
– *siehe auch* Gesellschafter einer Offenen Handelsgesellschaft
– *siehe auch* Gesellschafter-Geschäftsführer
– *siehe auch* Gesellschaftsvertrag
– *siehe auch* GmbH-Gesellschafter
– *siehe auch* Mehrheitsgesellschafter
– *siehe auch* Minderheitsgesellschafter
– gesellschaftsrechtliche Pflicht, Abgrenzung Arbeitsvertrag **160** 611 *138, 149 ff.*
– Kündigungsschutz **320** 1 *154*
Gesellschafter einer Kommanditgesellschaft
– Arbeitgeber **160** 611 *129*
– Wettbewerbsverbot **30** 88 *22*
Gesellschafter einer Offenen Handelsgesellschaft
– Arbeitgeber **160** 611 *129*
– Wettbewerbsverbot **30** 88 *15, 22*
Gesellschafter einer Personengesellschaft
– Gewinnanteil **240** 19 *41*
Gesellschafter, persönlich haftender
– Sozialversicherungspflicht **390** 7a *18*
Gesellschafter-Geschäftsführer
– betriebliche Altersversorgung **140** 17 *8 f., 33*
– Kündigungsfrist **160** 621 *3*; 622 *7*
– Sozialversicherungspflicht **390** 7a *13 ff., 32*
– Vergütungserwartung **160** 612 *15*
Gesellschafterliste
– Notarverschulden **280** 43 *32a*

Gesellschafterversammlung
– Aufsichtsratswahl **340** 8 *2*
Gesellschaftsvertrag
– Arbeitsvertrag, Abgrenzung **160** 611 *138, 149 ff.*
– Betriebsübergang **160** 613a *86*
– Dienstvertrag, Abgrenzung **160** 611 *138, 149 ff.*
Gesetzesverletzung
– Revisionsgründe **50** 73 *6 ff.*
Gesetzgebung
– Gleichheitssatz **260** 3 *11*
Gesetzgebung, konkurrierende 260 Vor 1 *1 ff.*
Gesetzgebungskompetenz 260 Vor 1 *1 ff.*
Gesetzliche Krankenversicherung
siehe auch Krankengeld
– Arzneimittel **160** 617 *13*
– ärztliche Behandlung **160** 617 *14*
– betriebliche Altersversorgung, Anrechnung von Leistungen **140** 5 *19*
– freie Arztwahl **160** 616 *9*; 617 *14*
– freiwillige Versicherung **160** 617 *11*
– Heilmittel **160** 617 *13*
– Hilfsmittel **160** 617 *13*
– Sachleistung **160** 617 *13*
– Verbandmittel **160** 617 *13*
– Versicherungspflicht/Pflichtmitgliedschaft **160** 617 *1 f., 11*
– vorübergehende Verhinderung, Anrechnung **160** 616 *26*
Gesetzliche Rentenversicherung
– Alterssicherung der Landwirte, Abgrenzung **140** 5 *20*
– andere, betriebsfremde Versorgungsbezüge, betriebliche Altersversorgung **140** 2 *68*; 5 *14*
– Arbeitslosigkeit **380** 143 *33 ff., 37*; 143a *60*
– Begriff, betriebliche Altersversorgung **140** 6 *6 f.*
– betriebliche Altersversorgung, Anrechnung von Leistung **140** 2 *69 ff.*; 5 *20*
– Erstattung der Beiträge zwecks Abfindung, BetrAVG **140** 3 *3, 20*
– Hinzuverdienstgrenze **140** 6 *15, 69, 71*
– Krankengeldbezug **400** 44 *17*
– Nachversicherung **140** 5 *22*
– persönlicher Entgeltpunkt **140** 2 *69 ff.*
– rechtskräftiger Rentenbescheid, Nachweis **140** 1 *10*; 6 *16, 21, 74*
– Rente wegen Erwerbsminderung **140** 1 *10*; 5 *12*
– Rentenauskunft **140** 2 *71*
– Renteninformation **140** 2 *71*
– Sperrzeit bei Arbeitslosengeld **380** 144 *78*
– Teilrente, betriebliche Altersversorgung **140** 6 *14*
– verminderte Erwerbsfähigkeit **410** 96a *4, 6, 8, 14*
– Vollrente, betriebliche Altersversorgung **140** 6 *14*
– vorzeitige Altersrente *siehe dort*
– Wartezeit **140** 5 *20*; 6 *9 ff., 17*
Gesetzliche Unfallversicherung
– *siehe auch* Arbeitsunfall
– *siehe auch* Berufsgenossenschaft

Gesetzliche Unfallversicherung – Gesundheit

- *siehe auch* Sozialversicherungspflicht
- *siehe auch* Unfallversicherungsträger
- *siehe auch* Wegeunfall
- Ablösung der Unternehmerhaftpflicht **420** 104 *1a*
- Angehöriger **420** 104 *13*
- Anrechnung von Leistung **420** 104 *27*
- Anspruchsberechtigter **420** 104 *6 ff.*
- Arbeitsgemeinschaft **420** 104 *9, 10a*
- Arbeitsunfall **420** 104 *17, 32*
- Aussetzung eines Schadensersatzprozesses **420** 108 *14 ff.*
- Berufskrankheit **420** 104 *17*
- Berufssportunfall **420** 106 *25*
- Besucher **420** 106 *19*
- Betriebsbegriff **420** 105 *4 ff.*
- Entsendung in das Ausland **420** 104 *12*
- Erstattungsanspruch des Sozialversicherungsträgers **420** 110 *1 ff.*
- Feststellungsverfahren, Haftungsprivilegierung **420** 109 *1 ff.*
- Forderungsübergang **420** 104 *25*
- gemeinsame Betriebsstätte **420** 106 *13 ff.*
- gerichtliche Bindung an Entscheidung über Ersatzanspruch **420** 108 *1 ff.*; 112 *1*
- grobe Fahrlässigkeit **420** 110 *8 ff.*
- Haftung im Arbeitsverhältnis **160** 309 *32, 35*; 611 *663, 875, 928, 931 f., 935 ff., 980*; 618 *34, 42*
- Haftungsausschluss **420** 104 *1*; 105 *1a*
- Haftungsbeschränkung **420** 104 *14 ff.*
- Haftungsprivilegierung nach BGB **420** 106 *21*
- Kollegenhaftung **420** 105 *3 ff.*
- Leibesfrucht **420** 104 *26*
- Leiharbeitsverhältnis **420** 104 *8, 10a*
- Lernende **420** 106 *2*
- Mitverschulden **420** 110 *19 f.*
- nachbarschaftliche Hilfeleistungen **420** 104 *10*
- nicht versicherter Unternehmer **420** 105 *14 ff.*
- Nothilfe **420** 105 *8*
- Personenschaden **420** 104 *14 f.*
- Pflegebedürftiger **420** 106 *11*
- Sachschaden **420** 104 *16*
- Schaden durch Versicherungsfall **420** 104 *14 ff.*
- Schadensersatzprozess **420** 108 *1 ff.*
- Schadensspitzen **420** 104 *1*; 105 *1*
- Schmerzensgeld **420** 104 *15*
- Schockschäden **420** 105 *3*
- Schulunfall **420** 106 *2 ff., 20 f., 23*
- Schwarzarbeit, Erstattungsanspruch des Sozialversicherungsträgers **420** 110 *22 ff.*
- Seefahrtunternehmen **420** 107 *1 ff.*
- Sozialverwaltungsverfahren **420** 105 *27*
- Sportunfall **420** 106 *25*
- Student **420** 106 *2*
- unanfechtbare Entscheidung, gerichtliche Bindung **420** 108 *2 ff.*; 112 *1*
- unentgeltliche Pflegeperson **420** 106 *10*
- Unfallverhütungsvorschriften **160** 611 *174, 192, 315*; 618 *21 f., 32, 42*
- Unfallversicherungsträger **420** 105 *27*
- Unternehmen zu Hilfe bei Unglücksfällen **420** 106 *12*
- Unternehmenshaftung für Vertreter **420** 111 *1 ff.*
- Unternehmer, Begriff **420** 104 *3 ff.*
- Verhältnis § 110 zu § 116 SGBX **420** 110 *42*
- Verjährung **420** 113 *2 ff.*
- Verletztenrente, Anrechnung auf Leistung der betrieblichen Altersversorgung **140** 5 *19, 22*
- versicherungsfreie Personen **420** 105 *12*
- Vorsatz **420** 104 *18 f.*; 105 *11*; 110 *6 ff.*
- vorübergehende Verhinderung, Anrechnung **160** 616 *26*
- Wegeunfall **420** 104 *2, 20 ff.*; 105 *11*
- Wie-Beschäftigter **420** 104 *10*
- Zivilschutzunternehmen **420** 106 *12*

Gesetzlicher Mindesturlaub *siehe* Mindesturlaub
Gesetzlicher Richter **50** 6a *3*
- ehrenamtlicher Richter am Landesarbeitsgericht **50** 39 *1*
- Sitzungsliste **50** 31 *4*

Gesetzlicher Vertreter
- Ausländisches Kreditinstitut, Abgrenzung Arbeitnehmer **160** 611 *104*
- Eltern, Minderjähriger **160** 115 *2, 12*; 611 *363*
- Gesamtvertretung **160** 115 *2, 12*; 626 *109*

Gesetzliches Verbot
- Approbation **160** 611 *392, 440*
- Arbeitsvertrag **160** 611 *383 ff.*
- Aufhebungsvertrag **160** 611 *1027 f.*
- fehlerhaftes Arbeitsverhältnis **160** 611 *43, 46*
- Konzessionsträgervertrag **160** 611 *391*
- Kündigung **160** 622 *58 f.*
- Maßregelungsverbot **160** 611 *384*; 612a *10*
- Privatautonomie **160** 611 *383*
- Schwarzgeldvereinbarung **160** 611 *389 f., 857*
- Teilnichtigkeit **160** 611 *386, 397, 399, 420*
- Umgehungsgeschäft **160** 611 *385*

Gestaltungsantrag
- Beschlussverfahren **50** 81 *3, 6, siehe auch dort*

Gestaltungsklage
- Leistungsbestimmungsrecht **160** 315 *71*
- Vorstand, Widerruf der Bestellung **30** 84 *28*

Gestaltungsklage, verdeckte
- Leistungsbestimmungsrecht **160** 315 *71*

Gestaltungsurteil
- Auflösungsantrag **320** 9 *46 f.*

Gestellungsvertrag
- Arbeitsvertrag, Abgrenzung **160** 611 *41*

Gesundheit
- *siehe auch* Gesundheitskontrolle
- *siehe auch* Gesundheitsschutz
- *siehe auch* Gesundheitszeugnis
- Eigenschaftsirrtum **160** 611 *448*
- Fragerecht **160** 309 *57*; 611 *271 ff.*

- gesundheitliche Eignungsklausel, Überraschungsverbot **160** 305c *15*
- Mobbing **160** 611 *571*
- Offenbarungspflicht **160** 611 *272*
- Vertrauensarzt, Einstellungsuntersuchung **160** 305c *15*; 611 *316*

Gesundheitsfonds
- Sozialversicherungspflicht **390** 28a *6*

Gesundheitsgefährdung
- arbeitsbedingte **90** 1 *6*

Gesundheitskontrolle
- Duldungspflicht **160** 611 *576*

Gesundheitsprävention
- Urlaubszweck **180** 3 *4*

Gesundheitsprognose
- Beweislast **50** 58 *73, siehe auch dort*
- häufige Kurzerkrankung **320** 1 *262 ff.*
- Langzeiterkrankung **320** 1 *279 ff.*

Gesundheitsschutz 150 87 *110*
- Arbeitsschutz, Gesundheitsgefahr **70** 3 *6*; **90** 9 *3, 5*
- Arbeitszeit **80** 1 *11 f., 16*; 3 *23*; 4 *1, 7*; 5 *4*; 7 *21, 25, 34*
- freiwillige Mitbestimmung **150** 88 *3 ff.*
- Gesundheit, Begriff **80** 23 *5*
- Mitbestimmung des Betriebsrats **160** 618 *40*
- Schutzmaßnahme **160** 611 *565*; 618 *1 ff., 14 ff., 27, 40, 42*
- Urlaub **180** 1 *20*
- Urlaubszweck **180** 3 *4*

Gesundheitsuntersuchung
- Auskunftsanspruch des Arbeitnehmers **90** 3 *10*
- Einstellung **90** 3 *8*
- Vorsorge **90** 3 *6*
- Wunschuntersuchung **90** 3 *7*

Gesundheitszeugnis
- Beschäftigungsverbot **160** 611 *394*; 615 *21*

Gewalt, höhere *siehe* Höhere Gewalt

Gewerbegehilfe 290 83 *1 ff.*

Gewerbeordnung
- Anwendungsbereich **250** 6 *1*

Gewerbesteuer
- Handelsvertreter **160** 611 *91*
- Pensionssicherungsverein auf Gegenseitigkeit **140** 14 *2*

Gewerbezentralregister
- Behördenzusammenarbeit **10** 20 *1*
- Eintrag des Entleihers **100** 12 *23*
- Unterrichtung **10** 20 *4*
- Wiederherstellung der Zuverlässigkeit **10** 21 *8*

Gewerbliche Tätigkeit *siehe* Tätigkeit, gewerbliche

Gewerbsmäßige Arbeitnehmerüberlassung
siehe Arbeitnehmerüberlassung

Gewerkschaft
- Anhörungsrecht **50** 14 *4*
- Arbeitgeber **160** 611 *133*
- Arbeitszeit **80** 7 *61*

- Auflösung/Ausschluss des Betriebsrats **150** 23 *18, 25, 36*
- Ausschluss eines Gesamtbetriebsratsmitglieds **150** 48 *4*
- Aussetzung von Beschlüssen **150** 35 *9*
- Begriff **150** 2 *15 ff.*
- beratende Teilnahme **150** 31 *6*
- Beschlussverfahren **50** 2a *14*; 81 *16, 24*; 83 *27, siehe auch dort*
- Betätigungsrecht **150** 2 *38 ff.*
- Betriebsverfassung **470** 2 *101 f.*
- Differenzierungsverbot **160** 622 *62*
- Fragerecht **160** 611 *260, 298*
- Grundrechtsbindung **260** Vor 1 *25 ff.*
- Koalitionsfreiheit **260** 9 *47*
- Minderjähriger, Beitritt **160** 115 *21*
- nicht rechtsfähiger Verein **160** 611 *133*
- Parteifähigkeit **50** 10 *5 ff.*
- Sonn- und Feiertagsarbeit, kein Klagerecht **80** 9 *19*
- Tariffähigkeit **470** 2 *4 ff., 11 ff.*
- Teilnahme an Betriebsräteversammlung **150** 53 *2*
- Teilnahme an Betriebsversammlung **150** 42 *2, 10 f.*; 46 *2*
- Teilnahmerecht an Konzernbetriebsratssitzung **150** 59 *7*
- Teilnahmerecht an Sitzung **150** 30 *5*
- Unabhängigkeit des Sprecherausschusses **460** 8 *10*
- Unterlassungsanspruch **150** 2 *51 ff.*; 23 *54 f.*
- Vertrauensleute **150** 2 *48 ff.*; 3 *41*
- vorübergehende Verhinderung **160** 616 *13*
- Zugangsrecht **150** 2 *3, 25 ff., 56*; 46 *2*

Gewerkschaftsmitglied
- Ablehnung wegen Befangenheit **50** 49 *22*
- Prozessvertretung **50** 11 *20*

Gewerkschaftssekretär
- Nebentätigkeit **160** 611 *543*
- Prozessvertretung **50** 11 *34*

Gewerkschaftszugehörigkeit
- Vorstellungsgespräch **260** 2 *51*

Gewinn, entgangener *siehe* Entgangener Gewinn

Gewinnanteil
- Gesellschafter von Personengesellschaften, Selbständigkeit **240** 19 *41*

Gewinnbeteiligung
- *siehe auch* Aktienoption
- *siehe auch* Carried Interest
- betriebliche Altersversorgung, Abgrenzung **140** 1 *33 f.*; 16 *11*
- Einigungsmangel **160** 315 *42*
- Fälligkeit **160** 614 *5, 7*
- Kündigungsfrist **160** 621 *13*
- Leistungsbestimmungsrecht **160** 315 *42*
- Pfändungsschutz **500** 850k *4*
- Tantieme **160** 611 *722*; 614 *5, 7*
- Teilvergütung bei fristloser Kündigung **160** 628 *9*

Gewissensfreiheit
- Annahmeverzug 160 615 *20*
- Leistungsverweigerungsrecht 160 611 *809, 821*; 615 *20*; 616 *17*; 626 *47*
- vorübergehende Verhinderung 160 616 *17*

Gewissenskonflikt
- Änderungskündigung 320 2 *67*
- personenbedingte Kündigung 320 1 *252 f.*, *siehe auch dort*

GF-Dienstvertrag
- Beendigung des bestehenden Arbeitsverhältnisses 160 611 *99*

Girovertrag
- Dienste höherer Art 160 627 *8*

Glauben
- Diskriminierungsverbot 260 3 *34 f.*

Glaubenshindernis
- Änderungskündigung 320 2 *67*

Glaubhaftmachung
- einstweiliges Verfügungsverfahren 50 62 *56*

Gleichbehandlung
siehe auch Gleichbehandlungsgrundsatz
- Maßregelungsverbot 160 612a *19 f.*
- Nachtarbeitnehmer, betriebliche Weiterbildung/Aufstieg 80 6 *50 f.*
- Unisex-Tarife 140 1 *96 ff.*

Gleichbehandlung, allgemeine
siehe Allgemeine Gleichbehandlung

Gleichbehandlungsgebot
- Entgeltgleichheit 230 141 *29*

Gleichbehandlungsgesetz
- Umsetzung europäischer Richtlinien 260 3 *4*

Gleichbehandlungsgrundsatz 150 75 *5 f.*, *siehe auch* Gleichheitssätze, GG
- Altersteilzeitarbeitnehmer 160 611 *672*
- Änderungskündigung 320 2 *65, 94*
- Arbeiter/Angestellter 160 611 *672*
- Arbeitnehmerüberlassung 100 3 *32*; 9 *14*; 10 *14*; 12 *6 f., 14*; 13 *1*; 14 *6*
- Ausschlussfristen im Leih-Arbeitsvertrag 100 10 *69*
- außerordentliche Kündigung 160 626 *97*
- Befristung 480 4 *1 ff.*
- Begriff 160 611 *671*
- betriebliche Altersversorgung 140 1 *68, 74 ff., 89 ff., 103 f., 133, 138, 142, 193, 218*; 1b *19 f.*; 2 *37, 65 f.*; 5 *5, 22*; 6 *25, 57, 70*; 16 *43 f.*; 17 *32*; 18a *2*
- Betriebsübergang 160 613a *104, 108*
- betriebsverfassungsrechtlicher Gleichbehandlungsgrundsatz 160 315 *63*; 611 *951, 1073*
- Gesamtsprecherausschuss 460 19 *3*
- Gewerkschaftszugehörigkeit 140 1 *75*
- Leistungsbestimmungsrecht, billiges Ermessen 160 315 *12*
- Prämie 160 611 *703*
- Rechtswahl 220 30, 8 Rom I *52*
- Sondervergütung 160 611 *669 ff.*
- Streikbruchprämie 160 612a *13*
- Tarifvertrag 470 1 *113*
- Teilzeitarbeit 480 4 *1 ff.*
- TzBfG, Abgrenzung 480 4 *35 ff.*
- Überstunden 160 615 *39*
- unmittelbare Diskriminierung 140 1 *79*, Unisex-Tarife
- Verschmelzung 490 324 *21*
- Versorgungsordnung 140 1 *74 ff.*; 6 *25*
- Versorgungszusage 140 1 *74 ff.*
- Verstoß gegen Darlegungs- und Beweislast 140 1 *103 f.*
- Vertragsanbahnung 160 611 *260, 262, 277*
- Vertragsfreiheit 160 611 *671*
- vorzeitige Altersleistung 140 6 *25, 70*

Gleichbehandlungsgrundsatz, allgemeiner
siehe Allgemeiner Gleichbehandlungsgrundsatz

Gleichbehandlungsprinzip
siehe Gleichbehandlungsgrundsatz

Gleichbehandlungsrichtlinien, EG
- Abgrenzung Entgeltgleichheit 230 141 *21 f.*
- ADG, Umsetzung 230 141 *74*
- Arbeitsbedingungen 230 141 *54 ff.*
- Diskriminierungsverbote 230 141 *60*
- ethnische Herkunft 230 141 *76*
- Inhalt 230 141 *60 ff.*
- Rasse 230 141 *76*
- Schwangerschaft 230 141 *63 ff.*
- unterschiedliche Altersgrenzen 230 141 *68, 73 ff.*
- Verstoß gegen Diskriminierungsverbot 230 141 *69*
- Wehrpflicht 230 141 *66 f.*

Gleichberechtigung, Frauen und Männer 260 3 *45 ff.*
- Frauenförderung 260 3 *56 ff.*
- Frauenquote 260 3 *57 ff.*
- Härtefallregelung 260 3 *60*
- leistungsabhängige Entscheidungsquote 260 3 *60*
- Lohngleichheit 260 3 *54 f.*
- mittelbare Diskriminierung 260 3 *48*
- Teilzeitbeschäftigung 260 3 *52*

Gleichgeschlechtliche Lebenspartnerschaften 230 141 *32*, *siehe* Lebenspartnerschaften

Gleichheitssätze, GG 260 Vor 1 *5, 12*, *siehe auch* Gleichbehandlungsgrundsatz
- allgemeiner Gleichbehandlungsgrundsatz, Verhältnis 260 3 *26*
- Gesetzgebung 260 3 *11*
- Gleichheit im Unrecht 260 3 *25*
- Grundrechtsbindung 260 3 *5 ff.*
- Grundrechtsträger 260 3 *12 f.*
- Grundsatz 260 3 *14 ff.*
- Judikative 260 3 *8 ff.*
- juristische Person 260 3 *13*
- Kleinbetriebe 260 3 *28*
- Parteien, Wahlrecht 260 3 *27*

- Rechtfertigung der Ungleichbehandlung 260 3 *18 ff.*
- Rechtsfolgen bei Verstoß 260 3 *24*
- Selbstbindung der Verwaltung 260 3 *6 f.*
- Ungleichbehandlung 260 3 *15 ff.*
- Verhältnis zu anderen Gleichheitssätzen 260 3 *27*
- Versorgungszusage 260 3 *28*
- Willkürverbot 260 3 *19 ff.*

Gleichstellung behinderter und schwerbehinderter Menschen 430 69 *9 ff.*

Gleichstellungsabrede 470 3 *99 ff., 113 ff., 118 f.*
- betriebliche Altersversorgung 140 1 *108*
- Betriebsübergang 160 613a *117*
- dynamische Bezugnahmeklausel 160 305c *35*; 613a *117*; 622 *20*
- Schriftformklausel 160 127 *16*
- Unklarheitenregel 160 305c *29, 35*; 310 *26*

Gleichwertige Tätigkeit
siehe Tätigkeit, gleichwertige

Gleitzeit
- Arbeitskampf 160 615 *82*
- Flexibilisierung der Arbeitszeit 80 1 *32*; 160 611 *524*
- Leistungsbestimmungsrecht des Arbeitnehmers 160 315 *1*
- vorübergehende Verhinderung 160 616 *19*

Globalantrag
- Beschlussverfahren 50 81 *35, siehe auch dort*
- Rechtsbeschwerdeverfahren 50 92 *24*

GmbH
- *siehe auch* Geschäftsführer
- *siehe auch* GmbH & Co. KG
- *siehe auch* GmbH-Gesellschafter
- *siehe auch* Vor-GmbH
- Arbeitgeber, GmbH & Co. KG 160 611 *130*
- Fremdgeschäftsführer/Drittanstellung 30 84 *31, 38*
- Geschäftsführer 30 84 *31, 34, 38, 40, 50, 52*
- Vertretungsorgan, MitbestG 330 30 *5*; 31 *2 ff.*

GmbH & Co. KG
- Arbeitgeber 160 611 *130*
- betriebliche Altersversorgung 140 17 *9*

GmbH-Geschäftsführer
- Abberufung 280 38 *1 ff., siehe auch* GmbH-Geschäftsführer, Abberufung
- Anstellungsvertrag *siehe* GmbH-Geschäftsführer, Anstellungsvertrag
- Arbeitslohn 240 19 *40*
- Beförderung zum Geschäftsführer 280 38 *39*
- Haftung 280 43 *1 ff., siehe auch* GmbH-Geschäftsführer, Haftung
- Kündigungsfrist 160 624 *3*
- Kündigungsschutz 320 14 *8*
- NachwG 360 1 *5*
- schwerbehinderte Menschen 430 77 *12*
- Sozialversicherungspflicht 390 7a *10 ff.*
- ursprünglicher Arbeitsvertrag 320 14 *18 ff.*

- Vergütungspfändung 500 850k *5*
- Widerruf *siehe* GmbH-Geschäftsführer, Abberufung

GmbH-Geschäftsführer, Abberufung
- Annexkompetenz 280 38 *6*
- Auswirkung auf Anstellungsvertrag 280 38 *11 ff., 20 ff., siehe auch* GmbH-Geschäftsführer, Anstellungsvertrag
- Beschluss 280 38 *5 ff.*
- Beschränkung der freien Abrufbarkeit 280 38 *14 ff.*
- Darlegungs- und Beweislast im Prozess 280 38 *37*
- einstweiliger Rechtsschutz 280 38 *35 f.*
- Fremdgeschäftsführer 280 38 *35*
- Nachschieben von Gründen 280 38 *33*
- Notgeschäftsführer 280 38 *40*
- Rechtsschutz gegen Abberufung und Kündigung 280 38 *31 ff.*
- Verwirkung 280 38 *18*
- wichtiger Grund 280 38 *15 ff.*
- Zuständigkeit 280 38 *6*

GmbH-Geschäftsführer, Anstellungsvertrag
- Abmahnung 280 38 *24*
- Annahmeverzug nach Abberufung 280 38 *12*
- Ausschlussfrist bei außerordentlicher Kündigung 280 38 *29*
- außerordentliche Kündigung 280 38 *11, 24 ff.*
- Kopplungsabrede 280 38 *11, 38*
- Kündigung 280 38 *20 ff.*
- Kündigungsbeschluss 280 38 *20*
- Kündigungsfrist 280 38 *22*
- Kündigungsschutz 280 38 *23*
- Rechtsschutz gegen Kündigung 280 38 *34*
- Trennungsprinzip 280 38 *1, 11*
- Weiterbeschäftigung nach Abberufung 280 38 *13*

GmbH-Geschäftsführer, Haftung
- Änderung der Haftungsgrundsätze 280 43 *24*
- Ausplünderungshaftung 280 43 *33*
- business judgement rule 280 43 *6*
- D&O Versicherung 280 43 *36*
- Darlegungs- und Beweislast 280 43 *35*
- Deutscher Corporate Government Kodex 280 43 *6*
- Entlastung 280 43 *20, 22*
- Erwerb eigener Anteile 280 43 *25 ff.*
- falsche Angabe bei Gesellschaftserrichtung 280 43 *31*
- Generalbereinigung 280 43 *21 f.*
- Haftung nach § 31 VI GmbHG 280 43 *32*
- Haftung nach § 64 II GmbHG 280 43 *33*
- Haftungsbeschränkung 280 43 *18*
- Informationspflicht 280 43 *5*
- Klage gegen Geschäftsführer 280 43 *34*
- Risikogeschäft 280 43 *11*
- Schadensersatzpflicht 280 43 *7 ff.*
- Sorgfaltspflicht 280 43 *3 ff.*
- Unternehmensrisiko 280 43 *10*
- Verjährung 280 43 *29 ff.*

- Verschulden **280** 43 *32a*
- Verzicht der Gesellschaft/Vergleich **280** 43 *19, 28*
- Vollwertigkeitsprüfung **280** 43 *31*
- Weisung der Gesellschafter **280** 43 *9, 13*
- Wettbewerbsverbot **280** 43 *10*
- Zahlung aus Stammkapital **280** 43 *24, 26 ff.*

GmbH-Gesellschafter
- Arbeitnehmer, Abgrenzung **160** 611 *104*

Gnadengeld
- Überbrückungsbeihilfe, betriebliche Altersversorgung **140** 7 *32*

Good-Will
- Betriebsübergang **160** 613a *27, 50*

Gottesdienst
- Arbeitszeit **80** 13 *11, 21*; 18 *9*

Graphologisches Gutachten
siehe Gutachten, graphologisches

Gratifikation
- *siehe auch* Jahressonderleistung
- *siehe auch* Jubiläumszuwendung
- *siehe auch* Urlaubsgeld
- *siehe auch* Weihnachtsgeld
- Annahmeverzug **160** 615 *48*
- Bestandteil bei Entgeltfortzahlung **210** 4 *49*
- betriebliche Altersversorgung, Abgrenzung **140** 1 *34*
- betriebliche Übung **160** 611 *674*
- Betriebsübergang **160** 613a *102*
- Betriebszugehörigkeitsdauer, Anrechnung von Wehrdienstzeit **60** 6 *6*
- Freiwilligkeitsvorbehalt, Transparenzgebot **160** 307 *121*; 315 *45 ff., 56*
- Kündigungserschwerung **160** 622 *33*
- Mutterschutz **350** 3 *29*; 10 *21*
- Nachweis, NachwG **160** 611 *603, 605*; 612 *41*
- NachwG **360** 2 *33*
- Rechtsmissbrauch, Rückforderung **160** 611 *693*
- Rückzahlung **260** 12 *56*
- Schadensersatz, § 628 BGB **160** 628 *47*
- Sozialversicherungspflicht **390** 17 *8*
- Sprecherausschuss-Richtlinie **460** 28 *1*
- Stichtagsklausel **260** 12 *56*
- Tantieme, Abgrenzung **160** 611 *723*
- Teilvergütung bei fristloser Kündigung **160** 628 *9, 24, 27*
- Teilzeitkraft **480** 4 *21*
- Vergütung **160** 611 *668 ff.*
- Weihnachtsgeldrückzahlungsklausel, Transparenzgebot **160** 307 *132*; 315 *56*
- Widerrufsvorbehalt **160** 315 *45, 47 ff.*

Grenzschutz *siehe* Bundesgrenzschutz
Großbritannien *siehe* Britisches Arbeitsrecht
Großeltern
- Elternzeit **130** 15 *8*

Großhandel
- Arbeitszeit **80** 13 *23*

Großmarkt
- Arbeitszeit **80** 10 *30*

Grund, wichtiger *siehe* Wichtiger Grund

Grund-/Behandlungspflege
- Begriff **10** 10 *4*

Grundrecht *siehe auch* Grundrechtsbindung
- allgemeines Persönlichkeitsrecht *siehe dort*
- Berufsfreiheit *siehe dort*
- Eigentumsgarantie *siehe dort*
- Gleichheitssätze *siehe dort*
- informationelle Selbstbestimmung **260** 2 *23 ff.*
- Koalitionsfreiheit *siehe dort*
- Kündigungsschutz **320** 1 *10 ff.*
- Vereinigungsfreiheit *siehe dort*

Grundrecht, Bindung *siehe* Grundrechtsbindung
Grundrecht, mittelbare Drittwirkung 260 Vor 1 *7, 15 f., 21 ff.*; 2 *40 f.*
- Datenschutz **120** 6c *1 ff.*

Grundrechte
- Urheberschutz **495** 43 *3*

Grundrechtsbindung
- Auslegung einfacher Gesetze **260** Vor 1 *23*; 2 *3, 40*
- Betriebsvereinbarung **260** Vor 1 *32*
- Betriebsvertragspartei **260** Vor 1 *30 ff.*
- Bundesverfassungsgericht **260** Vor 1 *21 ff.*
- Entwicklung **260** Vor 1 *14 ff.*
- Lüth-Entscheidung **260** Vor 1 *21*
- mittelbare Drittwirkung **260** Vor 1 *7, 15 f., 21 ff.*; 2 *40 f.*
- Tarifvertragspartei **260** Vor 1 *25 ff.*
- unmittelbare Wirkung **260** Vor 1 *7, 14 f.*

Grundsatz der Öffentlichkeit 50 52 *1 ff.*
Grundsatz der Selbstentscheidung 50 68 *3*
Grundsatz der subjektiven Determinierung *siehe* Kündigungsgründe, subjektive Determinierung
Grundsatz der vertrauensvollen Zusammenarbeit *siehe* Vertrauensvolle Zusammenarbeit
Grundsatzbeschwerde 50 72a *47 ff.*
Grundurteil 50 61 *31 ff.*
- Rechtsmittelbelehrung **50** 9 *20*

Grundwehrdienst
- befristetes Arbeitsverhältnis **480** 23 *37*
- Befristung **160** 620 *3*
- bevorzugte Einstellung in den öffentlichen Dienst **60** 11a *1 f.*
- Ruhen des Arbeitsverhältnisses **60** 1 *1 ff.*

Gruppe
- *siehe auch* Gruppenarbeit
- *siehe auch* Gruppenvorstandsmitglied
- Angestellter, Personalrat **170**, 23, 45
- Arbeiter, Personalrat **170**, 23, 45
- Personalrat, Beteiligung bei Kündigung **170**, 21, 23 ff., 43, 45 ff.

Gruppenarbeit 150 87 *203*, *siehe auch* Arbeitsgruppe
- Arbeitsverhältnis, Begriff **160** 611 *38 ff.*
- Betriebsgruppe **160** 611 *38 ff.*; 628 *37*
- BGB-Gesellschaft **160** 611 *40*

- Dienstverschaffungsvertrag, Eigengruppe 160 611 *40, 157*
- Dienstvertrag **160** 611 *40*
- Eigengruppe **160** 611 *38 ff., 157*; 628 *37*
- Gesamtgruppe **160** 611 *40*
- Gesamtschuldner **160** 611 *39 f., 842*; 628 *37*
- Gruppenakkord **160** 611 *491, 632, 634*
- Haftung **160** 611 *39 f., 842*; 628 *37*
- Heimleiterehepaar **160** 611 *38*
- Kündigung **160** 611 *40*
- Maurerkolonne **160** 611 *38*
- Mitbestimmung des Betriebsrat **160** 611 *38*
- Musikkapelle, Eigengruppe **160** 611 *157*
- nicht rechtsfähiger Verein **160** 611 *40*
- Schlechtleistung **160** 611 *40*
- Werkvertrag **160** 611 *40*

Gruppenvereinbarung
siehe Arbeitsgruppe, Gruppenvereinbarung

Gruppenvorstandsmitglied
- Beteiligung des Personalrats bei Kündigung **170**, *24 f.*

Güney-Görres, EuGH
- Betriebsübergang **160** 613a *1, 25, 45, 87, 225*

Günstigkeitsprinzip 470 *1 11*; 4 *15 ff., 41*,
siehe auch Günstigkeitsvergleich
- abstrakter Gesamtvergleich **160** 622 *28*
- Betriebsvereinbarung **150** 77 *23, 35, 46 ff.*, *siehe auch dort*
- Kündigungsfrist **160** 622 *28*
- Vorrang der Individualabrede **160** 305b *13 f.*

Günstigkeitsvergleich *siehe auch* Günstigkeitsprinzip
- abstrakter Gesamtvergleich **160** 622 *27*
- Arbeitnehmerentsendegesetz **10** *3 3*
- Arbeitsbedingungen **10** *5 5*
- Einzelvergleich **140** *17 25*
- Ensemble-Vergleich **160** 622 *27*
- Kündigungsfrist **160** 622 *27 f.*
- Sachgruppenvergleich **100** *3 34*; **140** *17 30*
- Urlaubsregelungen, tarifliche **180** 13 *16*

Günstigkeitsvergleich, Rechtswahl 220 30, 8 Rom I *1, 3, 38 ff.*
- AGB-Kontrolle **220** 30, 8 Rom I *41*
- Arbeitnehmererfindung **220** 30, 8 Rom I *48*
- Aufwendungserstattungsanspruch **220** 30, 8 Rom I *49*
- Ausbildungsverhältnis **220** 30, 8 Rom I *70*
- befristetes Arbeitsverhältnis **220** 30, 8 Rom I *58*
- Begründung des Arbeitsverhältnisses **220** 30, 8 Rom I *35 ff.*
- betriebliche Altersversorgung **220** 30, 8 Rom I *61*
- Betriebsübergang **220** 30, 8 Rom I *62*
- Direktionsrecht **220** 30, 8 Rom I *50*
- Einbeziehungskontrolle **220** 30, 8 Rom I *41*
- Entgeltfortzahlung **220** 30, 8 Rom I *51*
- Gleichbehandlungsgrundsatz **220** 30, 8 Rom I *52*
- Inhalt des Arbeitsverhältnisses **220** 30, 8 Rom I *45 ff.*
- Insolvenzgeld **220** 30, 8 Rom I *53*
- Kündigungsschutz **220** 30, 8 Rom I *63 ff.*
- Lohnzahlungspflicht **220** 30, 8 Rom I *54*
- NachwG **220** 30, 8 Rom I *42*
- Reisekostenrückforderung **220** 30, 8 Rom I *55*
- Rückrufrecht **220** 30, 8 Rom I *56*
- Rückumzugskosten **220** 30, 8 Rom I *57*
- ruhendes Arbeitsverhältnis **220** 30, 8 Rom I *68*
- Teilzeitarbeit **220** 30, 8 Rom I *58*
- Urlaubsrecht **220** 30, 8 Rom I *59*
- Wettbewerbsverbot **220** 30, 8 Rom I *69*

Gutachten, graphologisches 260 2 *68*
- Herausgabe/Vernichtung **160** 611 *312, 325*
- Lebenslauf **160** 611 *311 ff.*
- Mitbestimmungsrecht des Betriebsrats **160** 611 *314*
- Rechtsschutz **160** 611 *323*

Gutachten, medizinisch-psychologisches 260 2 *17*

Gute Sitten *siehe* Sittenwidrigkeit

Güterfernverkehr
- Arbeitszeit, Arbeitsbereitschaft **160** 611 *516*

Gütetermin
- Beschlussverfahren **50** 80 *10 f.*
- Bestandsschutzstreitigkeit **50** 61a *5*

Güteverfahren 50 54 *1 ff.*

Güteverhandlung 50 46 *11*; 54 *1 ff.*,
siehe auch Gerichtlicher Vergleich
- Anerkenntnis **50** 54 *34 f.*
- Angriffsmittel- und Verteidigungsmittel **50** 54 *26*
- Antragstellung **50** 54 *25*
- einstweiliger Rechtsschutz **50** 54 *13*
- ergebnislose Verhandlung **50** 54 *46*
- Erledigung **50** 54 *36 f.*
- Erörterung **50** 54 *21 ff.*
- Klagerücknahme **50** 54 *32 f.*, *siehe auch dort*
- Prozessvergleich **50** 54 *28 ff.*, *siehe auch dort*
- Sachverhaltsaufklärung **50** 54 *24*, *siehe auch dort*
- Säumnis **50** 54 *39 ff.*, *siehe auch dort*
- Teilerledigung **50** 54 *36*, *siehe auch dort*
- Veränderung des Streitgegenstands **50** 54 *9*, *siehe auch dort*
- Vertagung **50** 54 *15 ff.*, *siehe auch dort*
- Verzicht **50** 54 *34 f.*, *siehe auch dort*
- Vorbereitung **50** 54 *19 f.*, *siehe auch dort*

Güteverhandlung, weitere 50 54 *14 ff.*

Gütliche Erledigung 50 57 *21*

GVG-E *siehe* Untätigkeitsbeschwerde

Haft
- personenbedingte Kündigung **320** 1 *254 f.*, *siehe auch dort*

Haftstrafe
- Offenbarungspflicht **160** 611 *278 ff.*

Haftung des Arbeitgebers *siehe* Arbeitgeberhaftung

Haftung des GmbH-Geschäftsführers
siehe GmbH-Geschäftsführer, Haftung

Haftung im Arbeitsverhältnis
siehe Arbeitsverhältnis, Haftung
Haftung, deliktische *siehe* Deliktische Haftung
Haftungsausschluss
- Änderungsvorbehalt **160** 308 *5*
- Betriebsfeier **160** 611 *980 f.*
- Haftung des Arbeitgebers **160** 309 *4, 32 ff., 42*; 611 *980 ff.*; 619 *6*
- Vorstandshaftung **30** 93 *1, 44 ff.*

Haftungsbeschränkung
- GmbH-Geschäftsführer **280** 43 *18*

Haftungsbeschränkung des Arbeitgebers
siehe Arbeitgeber, Haftungsbeschränkung

Haftungsgegenstand
- Unternehmerhaftung **10** 14 *8*

Haftungsmilderung *siehe* Arbeitnehmerhaftung

Haftungsprivilegierung
- Besucher **420** 106 *19*
- gesetzliche Unfallversicherung *siehe dort*
- gesetzliche Unfallversicherung, Anwaltshaftung **420** 105 *29*; 106 *1*
- gesetzliche Unfallversicherung, juristische Person **420** 106 *16*

Haftungsrisiko
- Reduzierung **10** 14 *18*

Handelsagent
- Arbeitnehmer, Abgrenzung **160** 611 *104*

Handelsfirma *siehe* Firma

Handelsgewerbe
- Arbeitszeit, Ausnahmebewilligung **80** 13 *22 f.*
- Wettbewerbsverbot **290** 60 *13*

Handelskammer
- Alleinentscheidung des Vorsitzenden **50** 55 *14*
- Zwangsmitgliedschaft **260** 9 *20*

Handelsregister
- Handelsvertreter **160** 611 *91*
- Umwandlung, UmwG **160** 613a *191*

Handelsschullehrer
- Arbeitnehmer, Abgrenzung **160** 611 *104*

Handelsvertreter 290 84 ff. *1 ff.*
- Annahmeverzug **160** 615 *6*
- Arbeitnehmerbegriff, Abgrenzung **160** 611 *90 ff.*
- Arbeitsbedingungen **290** 92a *1 ff.*
- Arbeitsplatzschutz, Wehrdienst **60** 1 *2*; 8 *1 ff.*
- Arbeitszeit **80** 2 *34*; **160** 611 *95*
- Arbeitszeugnis **160** 630 *3*
- Ausgleichsanspruch **160** 307 *16, 18*
- Ausgleichsanspruch, Abgrenzung zur betrieblichen Altersversorgung **140** 1 *32*
- Ausschlussfrist, § 626 Abs. 2 BGB **160** 626 *99*
- außerordentliche Kündigung **160** 621 *5*; 626 *1*; 628 *3, 30*
- Bausparkassenvertreter **60** 8 *2*
- Begriff **60** 8 *2*
- Betriebsübergang **160** 613a *94*
- Direktionsrecht **160** 315 *18*

- Einfirmen-Handelsvertreter, arbeitnehmerähnliche Person **160** 611 *86*
- Einfirmenvertreter **290** 92a *2*
- Einkommensteuer **160** 611 *91*
- Firma **160** 611 *90*
- Fürsorgepflicht **160** 619 *3*
- Gerichtszuständigkeit **290** 92a *8*
- Geschäftsräume **160** 611 *90*
- Gewerbe **160** 611 *91*
- Gewerbesteuer **160** 611 *91*
- Handelsregistereintragung **160** 611 *91*
- Kündigungsfrist **160** 621 *5*; 622 *39*; 624 *1, 3, 5, 9*
- Kündigungsschutz **320** 1 *135*
- Kündigungsverbot, Wehrdienst **60** 8 *4*
- Leistungsbestimmungsrecht **160** 315 *18*
- Mehrfirmenvertreter **290** 92a *3*
- Minderjähriger **160** 115 *17*
- Provision **160** 611 *745*; 612 *8*; 614 *6*; 615 *54*
- Schadensersatz, außerordentliche Kündigung **160** 628 *3, 30*
- Schutzmaßnahme **160** 618 *9*; 619 *3*
- stillschweigende Verlängerung **160** 625 *4*
- TVG, Anwendbarkeit **470** 12a *7*
- Umsatzsteuer **160** 611 *91*
- Unternehmerrisiko **160** 611 *90*
- Untervertreter **60** 8 *3*
- Verordnungsermächtigung **290** 92a *6 f.*
- Versicherungsvertreter **60** 8 *2*
- vertragliche Leistung **290** 92a *4*
- Weisungsfreiheit **160** 611 *90, 93 ff.*
- Zuständigkeit des Arbeitsgerichts **50** 5 *12 ff.*
- Zwischenverdienst **160** 615 *54*

Handelszweig
- Wettbewerbsverbot **290** 60 *17*

Handicapper Pferdesport
- Arbeitnehmer, Abgrenzung **160** 611 *104*

Handlung
- Zwangsvollstreckung **50** 62 *32 f.*

Handlung, rechtsgeschäftsähnliche
- Ablehnungserklärung **160** 615 *31*
- Abmahnung **160** 115 *3*
- AGB **160** 305 *6*
- Begriff **160** 115 *3*; 127 *15*
- Fristsetzung **160** 115 *3*
- Geltendmachung einer Forderung **160** 115 *3*; 127 *15*
- Geschäftsfähigkeit **160** 115 *3*
- Mahnung **160** 115 *3*
- Schriftform **160** 127 *15*
- Urlaubsverlangen **160** 115 *3*
- Wörtliches Angebot **160** 615 *30*
- Zugang **160** 615 *30*
- Zustimmungsverweigerung, § 99 Abs. 3 BetrVG **160** 125–127 *15*

Handlung, strafbare
- Begünstigung von Betriebsratsmitgliedern **150** 37 *5*

- Behinderung der Amtstätigkeit **150** 119 *4 ff.*
- Benachteiligung/Begünstigung von Amtsträgern **150** 119 *7*
- Geheimnisverletzung **150** 120 *3 ff.*
- Wahlbehinderung/-beeinflussung **150** 20 *7 ff.*, 22; 119 *2*

Handlung, unerlaubte
- örtliche Zuständigkeit **50** 2 *97*
- Zuständigkeit **50** 2 *52*

Handlungsbevollmächtigter
- Kündigungsschutz **320** 14 *14*
- Stellvertretung **160** 611 *985*

Handlungsgehilfe 290 59 *1 ff.*
- Bezirks-/Inkassoprovision **290** 65 *8*
- Dienstleistungspflicht **290** 59 *4*
- Fürsorgepflicht **160** 619 *4*
- Fürsorgepflicht des Prinzipals **290** 62 *1 ff.*
- Gehalt, Fälligkeit **160** 614 *5*
- Gehaltszahlung **290** 64 *1 ff.*
- Kaufmann als Arbeitgeber **290** 59 *2*
- kaufmännischer Angestellter **290** 59 *3*
- Kündigungsfrist **160** 622 *5*
- Mangel der Vertretungsmacht **290** 75h *1*
- Nichteinstellungsvereinbarung **290** 75f *1 ff.*
- Provision **160** 628 *9*
- Provisionsvereinbarung **290** 65 *3 ff.*, *siehe auch* Provision
- Teilvergütung bei fristloser Kündigung **160** 628 *9*
- Vergütung **160** 612 *7*; 614 *8*; **290** 59 *5 f.*
- Verjährung des Wettbewerbsverbots **30** 88 *22*; **160** 195 *14*
- Vermittlungsgehilfe **290** 75g *1*
- Vorschuss **160** 614 *20*
- Wettbewerbsverbot *siehe dort*

Handlungsvollmacht 290 54 *1 ff.*
- Betriebsübergang **160** 613a *105*

Handwerksinnung
- Tariffähigkeit **470** 2 *13*

Handwerkskammer
- Zwangsmitgliedschaft **260** 9 *20*

Häufige Kurzerkrankung
siehe Kurzerkrankung, häufige

Haupt- und Hilfsantrag
- Ansprüche aus verschiedenen Rechtsordnungen **220** 30, 8 Rom I *119*

Hauptausschuss
- Mindestarbeitsentgelte **327** 10 *21 ff.*
- Zustimmung BMAS **327** 10 *29*

Hauptbetrieb
- Arbeitszeit **80** 16 *5*
- Aushangpflicht/Auslage **80** 16 *5*

Hauptpersonalrat
- Zuständigkeit, Beteiligung bei Kündigung **170**, 28, 69

Hauptsache, Erledigung
- Rechtsmittelinstanz **50** 74 *93 ff.*
- Revisionsinstanz **50** 75 *30 ff.*

Hauptunternehmer *siehe* Generalunternehmer

Hauptversammlung
- Aufsichtsratswahl **340** 8 *2*
- Vorstandshaftung, Haftungsausschluss **30** 93 *1*, *44 f.*

Hauptverwaltung
- Europäische Genossenschaft **368** 11 *2*

Hausangestellte
- Arbeitsschutz **70** 2 *1*
- Kündigungsfrist **160** 622 *6*; 624 *1, 3, 5, 9*

Hausgehilfe *siehe* Hausangestellte

Hausgewerbetreibende
- Entgeltfortzahlung **210** 10 *6 ff.*, *20 ff.*
- Feiertagsvergütung bei Krankheit **210** 11 *13*

Hausgewerbetreibender *siehe auch* Arbeitnehmer
- Arbeitsplatzschutz, Wehrdienst **60** 7 *2*
- betriebliche Altersversorgung **140** 17 *4*
- Leiharbeitnehmer, Abgrenzung **100** 1 *16*
- Urlaub **180** 12 *6*, *10 ff.*

Haushaltshilfe *siehe* Hausangestellte
Haushaltsscheckverfahren 390 14–17 *21*; 28a *7*; 28h *15*

Häusliche Gemeinschaft
siehe Gemeinschaft, häusliche

Hausmeister
- Arbeitszeit **80** 14 *9*
- außerordentliche personenbedingte Kündigung **160** 626 *39*
- Hausmeisterehepaar **160** 613 *7*
- Tempelschein **160** 626 *39*

Hauspersonalrat
- Zuständigkeit, Beteiligung bei Kündigung **170**, 27 *ff.*

Haustarifvertrag
- Arbeitszeitregelung **80** 7 *5, 50*
- Betriebsübergang **160** 613a *110*
- TV ratio, neu **160** 315 *33*; 622 *62*

Haustürgeschäft
- Abwicklungsvertrag **160** 312 *11, 17 ff., 28, 31 ff.*
- Arbeitsplatz **160** 312 *9, 19 ff., 28*
- Arbeitsvertrag **160** 312 *9 ff., 19 ff., 31*
- Aufhebungsvertrag **160** 312 *3, 6 ff., 11 ff., 19 f., 26 ff.*; 611 *1050*; **320** 1 *38*
- Bahnhof **160** 312 *10, 25 f.*
- Begriff **160** 312 *6 ff., 11 ff.*
- Bürgschaftsvertrag **160** 312 *3*
- Darlegungs- und Beweislast **160** 312 *30*
- E-Mail **160** 312 *14*
- Entgeltlichkeit der Leistung **160** 312 *3, 8 f., 16 ff.*
- europarechtskonforme Auslegung **160** 312 *2 f., 8*
- Flughafen **160** 312 *10, 25 f.*
- Klageverzicht **160** 312 *3*
- Mietvertrag **160** 312 *3*
- öffentlich zugängliche Verkehrsflächen **160** 312 *10, 19, 25 f.*
- Privatwohnung **160** 312 *9, 19, 22 ff.*
- Schuldversprechen **160** 312 *3*

- situative Sondersituation 160 312 *19 ff., 31, 33*
- Widerrufsbelehrung 160 312 *5, 27, 31 ff.*
- Widerrufsrecht 160 312 *1, 4 f., 28 ff.*

Haustürgeschäftsurteil
- Aufhebungsvertrag 160 305 *14;* 312 *9, 12, 15, 18, 31;* 611 *1050*

Haustürwiderrufsregelung
- Arbeitsplatzgeschäft 160 14 *9*

Hausverbot
- Vergütungsanspruch 160 611 *827;* 615 *33*

Hausverwalter
- Dienste höherer Art 160 627 *8*

Headhunter
- Schadensersatz, § 628 BGB 160 628 *44*

Heilanstalt
- Schutzmaßnahme 160 618 *8*

Heilpraktiker
- Dienste höherer Art 160 627 *9*

Heilungsmeditation
- Dienste höherer Art 160 627 *9*

Heimarbeit 150 1 *36;* 5 *16 ff.*
- Arbeitsunfähigkeit, wirtschaftliche Sicherung 210 10 *1 ff.*
- Entgeltfortzahlung 210 1 *10*
- Entgeltfortzahlung und Heimarbeitsgesetz 210 10 *18*
- Feiertagsvergütung 210 11 *1 ff.*
- Gleichgestellter 180 12 *7 ff.*
- Jugendarbeitsschutz 310 3 *5*
- Kündigung 320 1 *125*
- Kündigungsschutz 320 1 *125*
- Mutterschutz 350 1 *5;* 7 *18 ff.;* 8 *24 f.;* 24 *1 ff.*
- Pfändungsschutz 470 850k *6*
- Pflegezeitgesetz 365 8 *3 f.*
- schwerbehinderte Menschen 430 77 *7*
- Urlaub 180 12 *4, 10 ff.*
- Urlaubsentgelt ansparen 180 12 *27*

Heimarbeiter *siehe auch* Arbeitnehmer
- Annahmeverzug 160 615 *6*
- arbeitnehmerähnliche Person 160 611 *85*
- Arbeitsplatzschutz, Wehrdienst 60 1 *2;* 7 *1 ff.*
- Arbeitsschutz 70 2 *1*
- Arbeitszeit 80 2 *34*
- Arbeitszeugnis 160 630 *3*
- außerordentliche Kündigung 160 626 *1*
- Befristung 160 620 *1, 7*
- Benachteiligungsverbot, Arbeitsplatzschutz 60 7 *3*
- betriebliche Altersversorgung 140 17 *4*
- Betriebsübergang 160 613a *94*
- Fürsorgepflicht 160 619 *4*
- Kündigungsfrist 160 621 *5;* 622 *5, 39*
- Leiharbeitnehmer, Abgrenzung 100 1 *16*
- Schutzmaßnahme 160 618 *14, 41;* 619 *4*
- Urlaubssonderregelungen 180 1 *4*
- vorübergehende Verhinderung 160 616 *4*
- Zuständigkeit des Arbeitsgerichts 50 5 *15*

Heimarbeitnehmer *siehe* Heimarbeiter
Heimarbeitsausschuss 470 1 *8*

Heimat
- Diskriminierungsverbot 260 3 *34 f.*

Heimkehrklausel
- Aufhebungsvertrag/Abfindung 160 611 *1008*

Heimleiter
- Gruppenarbeit, Heimleiterehepaar 160 611 *38*

Heimvertrag
- ersparte Verpflegungskosten 160 615 *6*

Heirat
- Fragerecht 160 611 *292*

Hemmung
- Ausschlussfrist, § 626 Abs. 2 BGB 160 626 *102, 113, 154*
- Verjährung 160 Vor 194-218 *5, 7, 18;* 199 *27;* 201 *2;* 202 *4, 11, 14;* 203 *1 ff.;* 204 *1 ff.;* 205 *1 f.;* 206 *1 ff.;* 208 *1 f.;* 209 *1 ff.;* 213 *2;* 611 *869;* 615 *84*

Herausgabe
- Arbeitgebereigentum 160 611 *557 f., 586, 596;* 613 *5*
- Arbeitspapiere 160 611 *1095*
- Bringschuld 160 611 *558*
- Computerprogramm 160 611 *557*
- einstweiliger Rechtsschutz 160 611 *596*
- Gerichtsstand des Erfüllungsorts 160 611 *596*
- graphologisches Gutachten, Lebenslauf 160 611 *312, 325*
- Gutachten, Auswahltestverfahren 160 611 *312, 325*
- Herausgabeklage 160 611 *586, 596*
- Leistungsort 160 611 *558*
- Mankohaftung, Unmöglichkeit 160 611 *911, 916 f.*
- Rückabwicklung eines nichtigen Arbeitsvertrags 160 611 *387*
- stellvertretendes commodum/Ersatzverdienst/Surrogat 160 611 *826, 831;* 616 *27*
- Verjährung 160 197 *3 f.;* 611 *586, 596*
- Zwangsvollstreckung 160 611 *586, 596*

Herausgabe der Arbeitspapiere
siehe Arbeitspapiere, Herausgabe
Herausgabe von Sachen *siehe* Sachen, Herausgabe
Herausgabeanspruch *siehe* Herausgabe
Herausgabeklage *siehe* Herausgabe

Herauskündigung
- Tagesarbeitsplatz 80 6 *23*

Herkunft
- Diskriminierungsverbot 260 3 *34 f.*

Herkunft, ethnische *siehe* Ethnische Herkunft
Herstellungsanspruch, sozialrechtlicher 440 48 *9*

Heuer
- *siehe* Arbeitsentgelt
- *siehe* Vergütung

Hilfe zum Lebensunterhalt
- Rentenversicherungspflicht 410 3 *3*

Hilfsantrag
- Beschlussverfahren **50** 81 *7, siehe auch dort*
- Zuständigkeit **50** 2 *36*

Hilfsbetrieb
- Arbeitszeit **80** 5 *12*; 7 *22*

Hilfskammer
- Sitzungsliste **50** 31 *7*

Hilfsliste
- ehrenamtlicher Richter **50** 31 *65*
- ehrenamtlicher Richter am Landesarbeitsgericht **50** 39 *2*

Hinausverschmelzung 325 3 *4*
- Fortbestehen von Arbeitnehmer-Vertretungsstrukturen **325** 30 *2 ff.*

Hineinverschmelzung 325 3 *4*

Hinterbliebene
- Steuerfreiheit von Anwartschaften **240** 3 *50*

Hinterbliebenenbezüge
- Pfändungsschutz **500** 850k *4*

Hinterbliebenenversorgung
- betriebliche Altersversorgung, Versorgungsfall **140** 1 *11 ff.*; 2 *17*
- in besonderen Fällen **60** 14b *1*
- Wehrdienst **60** 14a *1 ff.*

Hinterbliebener
- Zuständigkeit **50** 3 *9*

Hinweis, richterlicher
- streitige Verhandlung **50** 56 *10 ff.*

Hinweispflicht
- Gehörsrüge bei Verletzung **50** 78a *9*

Hinweispflicht, richterliche
- Einrede der Verjährung **160** 214 *4*

Hinzuverdienstgrenze
- Höhe **410** 96a *9 f.*
- Regelaltersrente **410** 96a *3*
- Rente wegen verminderter Erwerbstätigkeit **410** 96a *4, 6, 14*
- vorzeitige Altersrente **410** 96a *1 f., 4, 8 f.*
- zu berücksichtigendes Einkommen **410** 96a *11 ff.*

HIV
- Einstellungsuntersuchung **160** 611 *321*
- Fragerecht **160** 611 *276*

HIV-Infektion
- personenbedingte Kündigung **320** 1 *226 ff., siehe auch dort*

Hochschule
- Ausbildung, Abgrenzung **110** 3 *24*
- befristetes Arbeitsverhältnis **480** 23 *10 ff.*
- Befristung **160** 620 *3*
- Befristungsdauer/-verlängerung **480** 23 *15 ff.*
- erfasster Personenkreis **480** 23 *12 ff.*
- Juniorprofessur **480** 23 *26 f.*
- tarifvertragliche Abweichung **480** 23 *20 f.*

Hochschullehrer
- Arbeitsvertrag, Abgrenzung **160** 611 *41*

Hochschulzulassung 260 12 *8*

Höchstpersönliches Geschäft
- Wettbewerbsverbot **290** 61 *8*

Hochzeit
- vorübergehende Verhinderung **160** 616 *10, 17*

Höhere Gewalt
- Arbeitszeit, Notfall **80** 13 *4*
- Ausschlussfrist, § 626 Abs. 2 BGB **160** 626 *113*
- Begriff **160** 206 *2 f.*
- Betriebsrisiko **160** 615 *3, 74, 78*
- Verjährungshemmung **160** 206 *1 ff.*

Höhergruppierung
- Eingruppierungsfeststellungsklage **50** 46 *149*

Home-Office 220 30, 8 Rom I *25*

Honorar
- *siehe* Arbeitsentgelt
- *siehe* Vergütung

Honorarkürzungsbescheidung
- Vertragsärzte **450** 86a *15 f.*

Hörfunk
- Arbeitszeit **80** 5 *13*

Hörfunkkorrespondent
- Arbeitnehmer **160** 611 *104*

Hostess
- Arbeitnehmer, Abgrenzung **160** 611 *104*

Hotel
- Arbeitszeit **80** 2 *14*; 5 *11*; 7 *14*

Hungerlohn *siehe* Lohnwucher

Hygiene am Arbeitsplatz
- Arbeitsschutz **70** 4 *5 f.*
- Arbeitszeit **80** 1 *12*; 2 *11*

Hypothetischer Verzögerungsbegriff 50 56 *58*

IAO Übereinkommen 180 7 *4*
- Begrenzung durch Verfall **180** 7 *92*

Identität, sexuelle *siehe* Sexuelle Identität

Imker
- Arbeitszeit **80** 5 *14*; 10 *42*

Immissionsschutzbeauftragte
- Zusammenarbeit mit Betriebsarzt/Sicherheitsfachkraft **90** 10 *9*

In-Sich-Entsendung 220 30, 8 Rom I *28, 85*

Inanspruchnahme, Arbeitnehmererfindung
- Abgrenzung Erfinderpersönlichkeitsrecht **55** 7 *12*
- Freigabeerklärung **55** 8 *3*
- Schutz vor Zwischenverfügungen **55** 7 *11*
- Wirkungen **55** 7 *10*

Inaugenscheinnahme
- streitige Verhandlung **50** 56 *18, siehe auch dort*

Inbezugnahme von Tarifvertrag
siehe Tarifvertrag, Bezugnahme

Incentive-Reise
- Einkommensteuer **240** 8 *3*

Individualabrede, Vorrang
- Begriff **160** 305b *4 ff.*
- Bestätigungsklausel **160** 305b *9 ff.*
- Billigkeitskontrolle **160** 305 *25*

- gestufte Darlegungs- und Beweislast 160 305b *15 f.*
- Günstigkeitsprinzip 160 305b *13 f.*
- Kaufmännisches Bestätigungsschreiben 160 305b *6*
- Rechtmäßigkeitskontrolle 160 305 *25*
- Schriftformklausel, Verhältnis 160 127 *44*; 305b *6, 8 ff.*
- Versetzungsvorbehalt 160 305b *7*

Individualarbeitsrecht
- Begriff/Inhalt 160 611 *187 ff.*

Individualrechtsverhältnis
- Beschlussverfahren 50 2a *5 f.*

Individuelle Koalitionsfreiheit 260 9 *49 ff.*

Industrie- und Handelskammer
- Arbeitszeit 80 7 *61*
- Insolvenzsicherung 140 17 *13*

Industrieverbandsprinzip 260 9 *47*

Infektionsschutz
- Beschäftigungsverbot 160 611 *315*; 615 *21*; 616 *16*

Inflationsrate
- Vergütung, Gehaltsanpassungsklausel 160 611 *616*

Informationelle Selbstbestimmung 260 2 *23 ff.*

Informationspflicht des Arbeitgebers *siehe* Arbeitgeber, Informationspflicht

Inhaber
- Urheberrechte 495 31 *5*

Inhalt des Arbeitsverhältnisses
- Rechtsweg 495 43 *14*

Inhalt des Tarifvertrags *siehe* Tarifvertrag, Inhalt

Inhaltsirrtum
- Altersteilzeitvereinbarung 160 611 *443*
- Arbeitsvertrag, Anfechtung 160 611 *423, 443, 451 ff.*

Inhaltskontrolle
- *siehe auch* AGB-Kontrolle
- *siehe auch* Klauselverbot mit Wertungsmöglichkeit
- *siehe auch* Klauselverbot ohne Wertungsmöglichkeit
- *siehe auch* Unangemessene Benachteiligung
- Abwicklungsvertrag 160 611 *1057 f.*
- AGB, Generalklausel 160 307 *1 ff.*
- Angemessenheitsmaßstab für Tariflohn 160 307 *20 ff.*
- Arbeitsvertrag 160 315 *5*; 611 *179, 470 ff.*
- Aufhebungsvertrag 160 611 *1057 f.*
- Ausbildungskosten 160 611 *470, 748 ff.*
- Ausbildungsvertrag 110 12 *1 ff., 14 ff.*
- Ausschluss der deklaratorischen Klausel 160 307 *7 f., 10, 28*
- Ausschluss der Hauptleistung 160 611 *470*
- Ausschluss von Kollektivvertrag 160 307 *12 f., 20*; 310 *19 ff.*; 315 *20*
- Ausschluss von Rechtsvorschriften 160 307 *11 ff.*
- Ausschlussklausel 160 611 *470*
- Befristung von Arbeitsbedingungen 160 307 *78*
- Beurteilungszeitpunkt 160 307 *5 f.*
- Gehalt 160 307 *14*
- Generalklausel, unangemessene Benachteiligung 160 307 *1 ff., 27, 64 ff.*; 308 *1*; 309 *19*; 622 *25*; 624 *6*
- Haftung im Arbeitsverhältnis 160 611 *470*
- kirchenrechtliche Arbeitsvertragsregelung 160 319 *9*
- Leistungsbeschreibung 160 307 *14*
- Nebentätigkeitsverobt 160 307 *125*
- nichtkontrollfähige Klauseln 160 307 *7 ff., 28*
- Preisnebenabrede 160 307 *16 ff.*
- Privatautonomie 160 611 *470, 473*
- Rückzahlung von Aus/Fortbildungskosten 160 307 *127*
- Ruhensvereinbarung 160 307 *126*
- Verbrauchervertrag 160 305b *4*; 310 *13*
- Vertragsstrafe 160 611 *470*
- Vertragsstrafe, Wettbewerbsverbot 290 75c *2, 13*
- Wettbewerbsverbot 290 74a *2 ff.*

Inhaltskontrolle von Arbeitsvertrag *siehe* Arbeitsvertrag, Inhaltskontrolle

Initiativrecht *siehe* Erzwingbare Mitbestimmung

Inkassobeauftragter
- Dienste höherer Art 160 627 *8*

Inkassoprovision 290 65 *8*

Inländerdiskriminierung 230 39 *9*

Inlandsanmeldung
- Patent 55 16 *2*
- unverzüglich 55 16 *2*

Inlandsprinzip *siehe* Territorialprinzip

Innerbetrieblicher Schadensausgleich
- Aufrechnung 160 611 *773, 972*
- Dienstwagen 160 611 *663, 799*
- Entleiher 160 611 *890*; 619a *3*
- gestörte Gesamtschuld 160 611 *928 ff., 933 ff.*
- Grundsätze 160 611 *875 ff.*
- Insolvenz des Arbeitgebers 160 611 *927 ff.*
- Unabdingbarkeit 160 345 *20*; 611 *978*
- Unfallversicherung 420 105 *23*

Insolvenz
- *siehe auch* Entgeltsicherung
- *siehe auch* Insolvenzgeld
- *siehe auch* Insolvenzschutz
- *siehe auch* Insolvenzverfahren
- *siehe auch* Insolvenzverwalter
- *siehe auch* Kündigung, insolvenzbedingte
- Abfindung 300 108 *32 ff.*; 320 10 *34*
- Ablauf des Insolvenzverfahrens 300 113 *4 ff.*
- Abschlagszahlung auf Sozialplan 300 123 *42 f.*
- Abtretung von Entgeltanspruch 300 114 *9 ff., 56, 65*
- Altersteilzeit 300 108 *31*
- Altersteilzeit, Kündigung 300 113 *66*
- Amtszeit des Betriebsrats 150 21 *18*
- Änderungskündigung 300 113 *31, 97 f.*
- arbeitsrechtliche Auswirkung 300 113 *4 ff.*

Insolvenz

- Arbeitsverhältnis, Fortbestand **300** 108 *4 ff.*
- Arbeitszeugnis **300** 108 *44*
- Arzt **300** 114 *55*
- Aufrechnung gegen Entgeltforderung **300** 114 *39 ff., 65*
- Aufstellung des Sozialplans **300** 123 *5 ff.*
- Aufstellungszeitpunkt des Sozialplans **300** 123 *5 ff.*
- außerordentliche Kündigung **300** 113 *95 f.*
- Beschlussverfahren, Feststellung der sozialen Rechtfertigung **300** 126 *1 ff.*
- Beschlussverfahren, Kosten **300** 126 *19*
- betriebliche Altersversorgung **140** 1 *51 f., 54, 193*; 2 *45*; 7 *16, 42 ff.*; 9 *12*
- Betriebsänderung, Interessenausgleich **300** 122 *1 ff.*; 125 *3*
- Betriebsänderung, Vermittlungsverfahren **300** 121 *1 ff.*; 125 *2 ff.*
- Betriebsrat, keine Einigung über Interessenausgleich **300** 126 *5*
- Betriebsratsanhörung bei Kündigung **300** 113 *50 f.*; 125 *26, 29 f.*
- Betriebsratsbeteiligung **300** 108 *13*; 125 *25 f.*
- Betriebsratsmitglied **300** 113 *58*
- Betriebsübergang **140** 1 *193*; **160** 613a *80, 90, 140 ff., 228 ff.*; **300** 128 *7 f.*
- Betriebsvereinbarung, Kündigung **300** 120 *1 ff.*
- Beweislast im Kündigungsschutzprozess bei Interessenausgleich **300** 125 *27 f.*
- Bindungswirkung der Feststellung der sozialen Rechtfertigung **300** 127 *1 ff.*
- Diensterfindung **55** 27 *1 ff.*
- Durchsetzung eines Entgeltanspruchs **300** 108 *59 ff.*
- Durchsetzung von Masseansprüchen **300** 108 *62 ff.*
- Eigenverwaltung **300** 108 *19*
- Einigungsstelle **150** 76 *38*
- Elternteilzeit, Kündigung **300** 113 *65*
- Elternzeit **130** 18 *40*
- Entgeltanspruch **300** 108 *20 ff.*
- Entgeltfortzahlung **210** 3 *111*
- fehlender Betriebsrat **300** 126 *4*
- Feststellung der sozialen Rechtfertigung, Beschlussverfahren **300** 126 *11 ff.*
- Freistellung von Beschäftigung **300** 108 *8*
- Freistellungsanspruch **300** 113 *107 f.*
- Gehaltsberechnung für Sozialplan **300** 123 *18 ff.*
- gerichtliche Zustimmung zu Betriebsänderung **300** 122 *2 ff.*
- Haftung des Betriebserwerbers **160** 613a *141, 229 ff.*
- Inhalt des Sozialplans **300** 123 *10 ff.*
- innerbetrieblicher Schadensausgleich **160** 611 *927 ff.*
- Insolvenzeröffnungsverfahren **300** 113 *6 ff.*
- Insolvenzschutzrichtlinie **230** Richtlinien *141 ff.*
- Interessenausgleich **150** 112 *14*; **300** 125 *1 ff.*
- Klagegegner im Kündigungsschutzprozess **320** 4 *16*
- KSchG, Anwendbarkeit **300** 113 *38 f.*
- Kündigung **300** 113 *1 ff.*
- Kündigung bei Ausbildung **300** 113 *59 f.*
- Kündigung durch Arbeitnehmer **300** 113 *99 f.*
- Kündigung eines befristeten Arbeitsvertraga **300** 113 *76*
- Kündigung eines Dienstverhältnisses **300** 113 *19 ff.*
- Kündigung eines Wehrdienstleistenden **300** 113 *67*
- Kündigung vor Dienstantritt **300** 113 *29 f.*
- Kündigung wegen Betriebsveräußerung **300** 120 *1 ff.*; 128 *1 ff.*
- Kündigungsbefugnis **300** 113 *34 ff.*
- Kündigungserklärung **320** 1 *50, 57*
- Kündigungserklärung, Voraussetzungen **300** 113 *50 ff.*
- Kündigungsfrist **300** 113 *69 ff.*
- Kündigungsgrund **300** 113 *40 ff.*
- Kündigungsschutzklage **300** 113 *81 ff.*
- Kündigungsschutzklage, Bindungswirkung der Feststellung der sozialen Rechtfertigung **300** 127 *1 ff.*
- Massenentlassung **300** 113 *53*; 125 *25*
- Masseverbindlichkeit **300** 108 *22 ff.*; 123 *41*
- Mutterschutz, Kündigung **300** 113 *65*
- nachvertragliches Wettbewerbsverbot **300** 108 *43*
- Namensliste, Interessenausgleich **300** 125 *8 ff.*
- neues Arbeitsverhältnis **300** 108 *14*
- örtliche Zuständigkeit **50** 2 *90*
- Provision **300** 108 *28*
- Prozessführung **300** 108 *49 ff.*
- Rechtsweg bei Rückzahlungsansprüchen **300** 108 *39*
- Restschuldbefreiung **300** 114 *1 ff.*
- rückständiges Arbeitsentgelt vor Insolvenz **300** 108 *20 f.*
- Schadensersatz bei vorzeitiger Kündigung **300** 113 *85 ff.*
- Schriftform der Kündigung **300** 113 *52*
- schwerbehinderte Menschen, Kündigung **300** 113 *61 ff.*
- Sicherungsleistung, Versteuerung **240** 3 *54 ff.*
- Sonderkündigungsschutz **300** 113 *54 ff.*
- Sonderkündigungsschutz schwerbehinderter Menschen **430** 89 *10*
- Sonderzahlung **300** 108 *27*
- Sozialauswahl **300** 113 *45 f.*
- Sozialauswahl, Darlegungs- und Beweislast **300** 125 *28*
- Sozialauswahl, grobe Fehlerhaftigkeit **300** 125 *16 ff.*
- Sozialauswahl, Überprüfung **300** 125 *15 ff.*

- Sozialauswahlt und Personalstruktur **300** 125 *18 ff.*
- soziale Rechtfertigung, Feststellung im Beschlussverfahren **300** 126 *1 ff.*
- Sozialplan **300** 123 *1 ff.*
- Sozialplan vor Verfahrenseröffnung, Widerruf **300** 124 *1 ff.*
- Sozialplanabfindung **160** 611 *1075*
- Sozialplananspruch einzelner Arbeitnehmer **300** 123 *26 f.*
- Sozialplanvolumen, absolute Höchstgrenze **300** 123 *14 ff.*
- Sozialplanvolumen, relative Höchstgrenze **300** 123 *36 ff.*
- Streitwertfestsetzung **50** 12 *60*
- Tarifbindung **300** 108 *10 ff.*
- Überschreiten des Sozialplangrenzen **300** 123 *29 ff.*
- Unkündbarkeitsklausel **300** 113 *74 f.*
- Urlaub, Leistung **300** 108 *29 f.*
- Urlaubsanspruch **300** 108 *46*
- Verfahrensende **300** 113 *17*
- Verfahrenseröffnung **300** 113 *11 ff.*
- Verfügung im Wege der Zwangsvollstreckung **300** 114 *58 ff., 64*
- Verpfändung von Entgeltanspruch **300** 114 *14 f., 56, 63 ff.*
- Versorgungsanwartschaft **140** 7 *42 ff.*
- Wegfall der Beschäftigungsmöglichkeit **300** 113 *47*
- Wiedereinstellungsanspruch **300** 113 *48 f.*; 125 *24*
- wiederholte Kündigung **300** 113 *77 ff.*
- zeitliche Begrenzung von Abtretung/Pfändung **300** 113 *3 ff.*
- Zeugnis **250** 109 *7, 49*
- Zeugnisanspruch **300** 113 *101 ff.*
- Zurückbehaltungsrecht des Arbeitnehmers **300** 108 *40 ff.*
- Zuständigkeit **50** 2 *37*
- Zwangsvollstreckungsverbot **300** 123 *44*

Insolvenzbedingte Kündigung
- außerordentliche betriebsbedingte Kündigung **160** 626 *25*
- Betriebsübergang **160** 613a *228 ff.*
- Darlegungs- und Beweislast **160** 613a *232*
- Kündigungsfrist **160** 613a *144, 232*; 621 *5, 36*; 626 *25*; 628 *31*
- Schadensersatz, § 628 BGB **160** 628 *31*
- Schriftform **160** 623 *50*

Insolvenzereignis 380 183 *3 ff.*
Insolvenzeröffnungsverfahren 300 113 *6 ff.*
Insolvenzforderung
- Verjährungshemmung **160** 204 *18a*

Insolvenzgeld
- Abweisung der Insolvenzeröffnung **380** 183 *8*
- Anspruchsberechtigung **380** 183 *2*
- Arbeitsentgelt **380** 183 *13 ff.*
- Ausschluss **380** 184 *3 ff.*
- Beendigung der Betriebstätigkeit **380** 183 *9 f.*
- Datenübermittlung an ausländische Leistungsträger **380** 189a *1, 3*
- Datenübermittlung an Finanzverwaltung **380** 189a *2, 4 f.*
- Dauer **380** 183 *11 f.*
- Eröffnung des Insolvenzverfahrens **380** 183 *6 f.*
- Erstattungsanspruch gegen Arbeitnehmer **380** 184 *9 ff.*; 185 *9 f.*
- Insolvenzereignis **380** 183 *3 ff.*
- Leistungsumfang **380** 183 *13 ff.*; 185 *3 ff.*
- Mitteilungspflicht des Arbeitgebers **380** 183 *19*
- Pfändung **380** 189 *3 ff.*
- Rechtswahl **220** 30, 8 Rom I *53*
- Schadensersatz, § 628 BGB **160** 628 *50*
- Übergang auf Erben **380** 183 *18*
- Übergang von Entgeltanspruch **380** 187 *2 ff.*
- Übertragung von Entgeltanspruch **380** 188 *1 ff.*
- Urlaubsentgelt **180** 11 *82*
- Verfügung **380** 189a *1 ff.*
- Vorleistungsgefahr **160** 614 *17*
- Vorschussgewährung **380** 186 *2 ff.*

Insolvenzplan
- betriebliche Altersversorgung **140** 7 *57 f.*; 9 *19 f.*; 10 *2*

Insolvenzschutz *siehe auch* Insolvenzsicherung
- Entgeltsicherung **160** 611 *772*
- Gemeinschaftsrecht **230** Richtlinien *141 ff.*
- Insolvenzgeld *siehe dort*
- Veränderungssperre **390** 7e *60 ff., 74*

Insolvenzschutzrichtlinie, EG 230 Richtlinien *141 ff.*
- Umsetzung in deutsches Recht **230** Richtlinien *150 f.*

Insolvenzsicherung *siehe auch* Pensionssicherungsverein auf Gegenseitigkeit
- Allgemeine Versicherungsbedingungen für die Insolvenzsicherung der betrieblichen Altersversorgung, AIB **140** 7 *4, 23*; 10a *1 f.*
- allgemeiner Missbrauchstatbestand **140** 7 *62 ff.*
- Altersteilzeit **40** 1 *6*; 2 *26*; 8a *1 ff.*
- Anschlusszwang **140** 10 *1*
- Anspruchszeitraum **140** 7 *34 ff.*
- Aufhebungsvertrag, Insolvenzschutzklausel **160** 611 *1114 ff.*
- Ausfallhaftung **140** 7 *3, 56*; 17 *14*
- außergerichtlicher Vergleich, Sicherungsfall **140** 1 *122*; 3 *5*; 7 *21 ff., 27, 36, 59*; 8 *2*; 9 *17*; 11 *14*
- Beitragsbemessung **140** 10 *7 ff.*
- Beitragsbemessungsgrundlage **140** 10 *1, 7 ff.*; 10a *2*; 11 *9 f.*; 12 *3*; 15 *2*
- Beitragssatz **140** 10 *7*
- Berechnung/Höhe der Versorgungsanwartschaft **140** 7 *46 ff.*
- Besserungsklausel **140** 7 *58 f.*
- Betriebsübergang, Versorgungsanwartschaft im Insolvenzverfahren **140** 7 *42 ff.*

Insolvenzsicherung – Interessenausgleich

- Bundesanstalt für Finanzdienstleistungsaufsicht **140** 1 *55, 6*; 2 *72*; 7 *17, 71*; 9 *7, 18*; 12 *8*; 14 *2*; 15 *5*
- Bundesaufsichtsamt für das Versicherungswesen **140** 14 *2*
- Deutsche Ausgleichsbank **140** 14 *5*
- Direktversicherung **140** 7 *15*
- Gesamtbeitragsaufkommen **140** 10 *7 ff.*
- Geschäftsführer, Aufhebungsvertrag **160** 611 *1114 ff.*
- gesetzliche Pflichtversicherung **140** 10 *2 f.*
- gesicherte Versorgungsleistung **140** 7 *12 ff.*
- Hinterbliebener **140** 7 *9 ff.*
- Höchstgrenze **140** 7 *50 ff.*
- Industrie- und Handelskammer **140** 17 *13*
- Insolvenzplan, sofortige Beschwerde **140** 7 *57 f.*; 9 *19 f.*; 10 *2*
- Insolvenzrisiko **140** 7 *15*; 10 *4, 10*; 11 *3 f.*; 14 *4*
- Insolvenzverfahren, Eröffnung, Sicherungsfall **140** 7 *11, 18 f., 35, 42 ff., 57*; 9 *1, 5, 7, 9, 17, 19 f.*; 10 *2 f.*; 11 *12*; 12 *4*; 17 *12*
- Insolvenzverfahren, Nichteröffnung/Masselosigkeit, Sicherungsfall **140** 7 *20, 24 ff., 35*; 10 *2*; 11 *2, 14*; 12 *3*
- Katastrophenklausel **140** 7 *71 ff.*
- Katastrophenklausel/Kriegs- und Katastrophenzustand **140** 7 *3, 71*
- Kreditanstalt für Wiederaufbau **140** 14 *5*
- Minderung der Leistung **140** 7 *56 ff.*
- Missbrauchsschutz/Versicherungsmissbrauch **140** 1b *62*; 4 *19*; 7 *3, 47, 61 ff.*
- öffentlich-rechtliche Beitragspflicht, gesetzliche Pflichtversicherung **140** 10 *1 ff.*; 10a *1 ff.*; 14 *3*
- öffentlich-rechtliche Rundfunkanstalt **140** 10 *3*; 17 *13*
- Pensionsfonds **140** 7 *17*; 8 *7*; 9 *18*
- Rechtsanwaltskammer **140** 17 *13*
- Rechtsmissbrauch **160** 611 *1115*
- Reservefonds, § 37 VAG **140** 10 *6*
- Sicherungsfälle **140** 7 *18 ff.*
- Träger der Insolvenzsicherung **140** 9 *1 ff.*; 14 *1 ff.*
- Übergangsgeld, Abgrenzung zur Betrieblichen Altersversorgung **140** 7 *28 ff.*
- Umfang des Versicherungsschutzes **140** 7 *1 ff.*
- unmittelbare Versorgungszusage **140** 7 *13 f.*
- Unterstützungskasse **140** 7 *16*; 9 *10 ff.*
- Verjährung von Beitragsanspruch des Pensionssicherungsvereins **140** 10 *6*; 10a *1, 6 ff.*
- Verlustrücklage, § 37 VAG **140** 10 *8, 11*
- Vermögensübergang auf den Pensionssicherungsverein **140** 9 *1, 10 ff., 18*
- versicherungsmathematisches Kurztestat/Kurznachweis **140** 10 *14*; 11 *9*
- Versorgungsanspruch **140** 1 *122*; 7 *3 f., 8 ff., 37, 41, 46, 65*; 9 *4*; 16 *7*
- Versorgungsanwartschaft **140** 1 *122, 220*; 1a *21*; 1b *26, 62*; 7 *3, 37 ff., 65*; 9 *4*
- Versorgungsanwartschaft bei Betriebsübergang im Insolvenzverfahren **140** 7 *42 ff.*
- Versorgungsempfänger **140** 7 *9 ff.*
- vollständige Beendigung der Betriebstätigkeit bei offensichtlicher Masselosigkeit, Sicherungsfall **140** 7 *24 ff.*; 11 *14*
- Vorstand, Aufhebungsvertrag **160** 611 *1114 ff.*
- Wiederauflebensklausel, § 255 InsO **140** 9 *19*
- wirtschaftliche Notlage des Arbeitgebers **140** 1 *122, 131*; 7 *27*; 31 *1*
- Zwangsvollstreckung **140** 8 *4*; 10 *1, 11*; 10a *2, 4*

Insolvenzsicherungsleistung **240** 3 *54 ff.*

Insolvenzverfahren
- angemessene Vergütung für Dienstefindung **55** 27 *3*
- Fragerecht **160** 611 *289 ff.*
- Kündigungsfrist **160** 622 *36*
- Masseverbindlichkeiten/Masseschuld **160** 611 *1075*; 613a *141*; 615 *51*; 628 *50*
- Sicherungsfall, Insolvenzsicherung **140** 7 *11, 18 ff., 35, 42 ff., 57*; 9 *1, 5, 7, 9, 17, 19 f.*; 10 *2 f.*; 11 *2, 12, 14*; 12 *3 f.*
- Veräußerung einer Dienstefindung **55** 27 *4*

Insolvenzverwalter
- Anfechtung, Übergang von Entgeltanspruch an die BfA **380** 187 *8*
- Arbeitgeberfunktion **300** 108 *4 ff.*
- Betriebsübergang **160** 613a *90, 141, 144, 228*
- Direktionsrecht **300** 108 *6*
- Haftung, Verjährung **160** 195 *14*
- Haftungsprozess gegen Insolvenzverwalter **300** 108 *55 ff.*
- Klagegegner **300** 108 *50 ff.*
- Kündigungsbefugnis **300** 113 *34 ff.*
- Kündigungserklärung **320** 1 *50, 57*
- Kündigungserklärung, Voraussetzungen **300** 113 *50 ff.*
- Nachkündigung **160** 622 *36*
- Prozessvertretung **50** 11 *18*
- Rückforderung nach Anfechtung **300** 108 *37 f.*
- Schadensersatzklage gegen Verwalter **300** 108 *58*
- vorläufiger Insolvenzverwalter **300** 108 *15 ff.*
- Wiederholungskündigung **160** 622 *36*
- Zeugnis **250** 109 *7*

Insolvenzverwalter, vorläufiger
siehe Vorläufiger Insolvenzverwalter

Insourcing
- Betriebsübergang **160** 613a *75 f.*

Integrationsamt
- außerordentliche Kündigung Schwerbehinderter **430** 91 *6, 9*
- Präventionsmaßnahme **430** 84 *2 ff., 5*
- Restitutionsklage **50** 79 *12*
- Zustimmung zur Kündigung **430** 86 *1 ff.*; 87 *1 ff.*

Interesse, betriebliches siehe Betriebliches Interesse

Interessenausgleich siehe auch Namensliste
- Abfindung **150** 113 *5 f.*

- Begriff **150** 112 *1, 3 ff.*
- Bindungswirkung **150** 112 *18 f.*
- Einigungsstelle **150** 76 *43*; 112 *21, siehe auch dort*
- Insolvenz **150** 112 *14, siehe auch dort*
- Nachteilsausgleichsanspruch **150** 113 *2 ff.*
- Namensliste **150** 112 *3, 8 ff., 16*
- Namensliste bei Umwandlung **490** 323 *2, 8*
- rechtliche Überprüfung, Zuordnung der Arbeitnehmer **490** 323 *14 ff.*; 324 *9*
- Regelungsgegenstand **150** 112 *4 ff.*
- Sprecherausschuss-Richtlinie/-Vereinbarung **460** 32 *2*
- Unterrichtung, Betriebsübergang **160** 613a *197*
- Vermittlung der Bundesagentur für Arbeit **150** 112 *20*
- Vorrats-/Rahmeninteressenausgleich **150** 112 *5*
- Zuordnung des Arbeitnehmers bei Umwandlung **490** 323 *2, 8, 14 ff.*; 324 *9*
- Zuständigkeit des Gesamtbetriebsrat **150** 50 *8*
- Zuständigkeit des Konzernbetriebsrat **150** 58 *6*

Interessenkollision
- Ablehnung wegen Befangenheit **50** 49 *16*

Internationale Kollisionsfall
siehe Kollisionsfall, internationaler

Internationaler Pakt über bürgerliche und politische Rechte
- Arbeitsvölkerrecht, Rechtsquelle **160** 611 *166*

Internationales Arbeitsrecht
- *siehe auch* Britisches Arbeitsrecht
- *siehe auch* Französisches Arbeitsrecht
- *siehe auch* Niederländisches Arbeitsrecht
- *siehe auch* Polnisches Arbeitsrecht
- *siehe auch* Spanisches Arbeitsrecht
- *siehe auch* Tschechisches Arbeitsrecht
- *siehe auch* Ungarisches Arbeitsrecht

Internationales Privatrecht
- Arbeitsvölkerrecht **160** 611 *166*
- Erfüllungsort **160** 611 *498*
- europäisches Arbeitsrecht **160** 611 *167 ff.*
- Stock Options **160** 611 *1128 f.*

Internationales Verfahren
siehe Verfahren, internationales

Internet
- Kontrolle/Überwachung **160** 611 *579*
- Kündigung bei Privatnutzung **320** 1 *344*

Internet, private Nutzung
- Kündigung **320** 1 *344*
- Lohnsteuerpauschale **240** 40 *19, 27*

Intimsphäre 260 2 *38*

Invaliditätsversorgung
- betriebliche Altersversorgung, Versorgungsfall **140** 1 *10*; 2 *14 ff.*

Inventur
- Arbeitszeit, Ausnahmebewilligung **80** 13 *32*

Invitatio ad offerendum
- Stellenausschreibung **160** 611 *352*

IQ-Test 260 2 *67*

Irrtum über verkehrswesentliche Eigenschaft *siehe* Eigenschaftsirrtum

Jaeger, EuGH
- Arbeitszeit **80** 1 *5*

Jahr, freiwilliges *siehe* Freiwilliges Jahr

Jahresabschluss
- Aufsichtsrat **330** 25 *14*
- Betriebs-/Geschäftsgeheimnis **460** 29 *3*
- Europäische Genossenschaft **368** 36 *1, 2*

Jahresabschlussvergütung
siehe Jahressonderleistung

Jahresarbeitszeitkontingent
- Flexibilisierung der Arbeitszeit **80** 1 *32*; **160** 611 *524*

Jahresleistung *siehe* Jahressonderleistung

Jahressonderleistung
- Änderungsvorbehalt **160** 308 *24 f., 49*
- Ausgleichsquittung **160** 611 *1095*
- Freiwilligkeitsvorbehalt **160** 315 *47*
- Transparenzgebot **160** 307 *122*; 315 *56*
- Vergütung **160** 611 *668 ff.*
- Zwölftelung **160** 614 *19*

Jahreswagen
- Sachbezüge **160** 611 *647*

Jährlichkeitsprinzip 50 6a *3 f.*

Jeweiligkeitsklausel
- AGB **260** 305 *21*
- betriebliche Altersversorgung **140** 1 *70*; 5 *18*

Job
- Arbeitszeitverteilung **480** 13 *8*
- Kündigungsschutz **480** 13 *14 ff.*
- Kündigungsverbot **480** 13 *15*
- Musterarbeitsvertrag **480** 13 *22*
- Tariföffnung **480** 13 *18 f.*
- Vereinbarung **480** 13 *3 ff., 21*
- Vertretungspflicht **480** 13 *9 ff.*

Job Sharing *siehe* Arbeitsplatzteilung

Journalist
- Arbeitnehmer **160** 611 *104*
- Nebentätigkeit, Information des AG **160** 611 *543*

Jubiläumszuwendung
- Betriebszugehörigkeitsdauer, Anrechnung von Wehrdienstzeit **60** 6 *6*
- Vergütung **160** 611 *668 ff.*

Jugend- und Auszubildendenversammlung 150 71 *1 ff.*

Jugend- und Auszubildendenvertretung
- Altersgrenze **150** 64 *4*
- Amtsende **150** 62 *1*
- Amtszeit **150** 64 *3 f.*
- Amtszeit des Betriebsrats **150** 21 *2*
- Antragsrecht **150** 67 *5*
- Aufgabe **150** 60 *3*; 70 *2 ff.*
- besonderer Kündigungsschutz **160** 622 *61*
- Errichtung **150** 60 *2*

- Gesamtjugend- und Auszubildendenvertretung *siehe dort*
- Größe **150** 62 *2*
- Informationspflicht des Betriebsrates **150** 67 *6*
- Konzernjugend- und Auszubildendenvertretung *siehe dort*
- Kündigungsschutz **150** 103 *2*
- Mindestgeschlechterquote **150** 62 *3, siehe auch dort*
- Pflichtverletzung *siehe dort*
- Rechtsstellung **150** 60 *4*
- Sitzung **150** 30 *6*; 65 *4, siehe auch dort*
- Sonderkündigungsschutz **320** 15 *22*
- Sprechstunde **150** 69 *1 f.*
- Stimmrecht bei Betriebsratsbeschluss **150** 33 *6*; 67 *4*
- Teilnahme an Besprechung zwischen Betriebsrat und Arbeitgeber **150** 68 *1 f.*; 70 *4*; 74 *2*
- Teilnahme an Betriebsratssitzung **150** 67 *2 f.*
- Teilnahme an Sprechstunde des Betriebsrats **150** 39 *7 ff.*
- Übergangsmandat **150** 21a *2*
- Versammlung **150** 71 *2 f.*
- Vetorecht **150** 35 *1, 4*; 66 *1 f.*
- Wahl **150** 61 *1 ff.*; 80 *16*
- Wahlanfechtung **150** 63 *5*
- Wahlvorschriften **150** 63 *2 ff.*
- Wahlzeitpunkt **150** 64 *1 ff.*
- Weiterführung der Geschäfte **150** 22 *4*

Jugendarbeitsschutz
- Abweichung im Tarifvertrag **310** 21b *8 ff.*
- Abweichung in Notfällen **310** 21b *5 ff.*
- Akkordarbeit **310** 27 *12 f.*
- Alkohol- und Tabakabgabeverbot **310** 31 *6*
- Altersgrenze **310** 3 *14*
- Arbeitgeber **310** 3 *16*
- Arbeitsplatzgestaltung **310** 31 *2*
- Arbeitsvertrag, Arbeitszeitregel **310** 14 *18*
- Arbeitsvertrag, Ruhezeitregel **310** 14 *18*
- Art des Beschäftigungsverhältnisses **310** 3 *3 ff.*
- ärztliche Untersuchung **310** 46 *1 ff.*
- Aufsicht zur Einhaltung des Jugendarbeitsschutzes **310** 54 *2 ff.*
- Aufsichtsbehörde **310** 54 *2*
- Ausbilder, Beschäftigungsverbot **310** 27 *16 ff.*
- Ausland **310** 3 *17*
- Ausnahmebewilligung **310** 54 *5*
- außerbetriebliche Ausbildung **310** 10 *6 ff.*
- behördliche Ausnahme **310** 7 *12 ff.*
- behördliche Ausnahmegenehmigung **310** 27 *21 ff.*
- Bekanntmachung von Jugendschutzvorschriften **310** 50 *2 ff.*
- beratender Ausschuss **310** 57 *1 ff.*
- Bergbau **310** 4 *3*
- Berufsausbildung **310** 3 *4*; 7 *16*
- Berufsschulunterricht **310** 10 *2 ff.*
- Beschäftigte über 13 Jahre **310** 7 *4 ff.*
- Beschäftigung in Schulferien **310** 7 *10*
- Beschäftigungsbeschränkung **310** 7 *8*; 18 *5 ff.*
- Beschäftigungstherapie **310** 7 *3*
- Beschäftigungsverbot **310** 7 *1 f.*; 27 *4 ff.*
- Betriebspraktikum **310** 7 *3*
- Beurteilung der Arbeitsplatzbedingungen **310** 31 *3*
- Binnenschifffahrt, Arbeitszeit **310** 21b *1 ff.*
- Bußgeld des Arbeitgebers **310** 60 *2, 4 ff.*
- Dienstleistungen **310** 7 *6*
- Ernte, Arbeitszeit **310** 7 *6*; 8 *5*
- Feiertag **310** 7 *3*; 14 *15*
- Feiertagsarbeit **310** 18 *13 ff.*
- Freiheitsentziehung des Jugendlichen **310** 62 *3*
- Freistellungsanspruch **310** 10 *2, 11*; 18 *15*
- freiwilliges Jahr **310** 3 *13*
- Gefahrenschutz **310** 27 *4 ff.*
- Gefahrenunterweisung **310** 31 *4*
- Gemeinschaftsrecht **230** Richtlinien *87 ff.*
- geringfügige Hilfeleistungen **310** 3 *9 f.*
- Gesundheitsschutz **310** 27 *4 ff.*
- häusliche Gemeinschaft **310** 31 *5*
- Heimarbeit **310** 3 *5*
- Informationspflicht des Arbeitgebers **310** 50 *1 ff.*
- Kauffahrteischiff **310** 62 *2*
- Kirche **310** 3 *13*
- Kosten von Schutzmaßnahmen **310** 31 *9*
- Kulturaufführung **310** 7 *13*
- Lohnsteuerkarte **310** 54 *3*
- Mehrarbeit **310** 8 *6*
- mehrere Arbeitgeber **310** 4 *5, 8*
- Nachtarbeitsverbot **310** 14 *9 ff.*
- Nachtruhe **310** 14 *9 ff.*
- personenbezogenes Beschäftigungsverbot **310** 27 *16 ff.*
- Prüfung **310** 10 *6 ff.*
- Ruhepause **310** 14 *2 ff.*
- Ruhepausen **310** 4 *2*
- Samstagsarbeit **310** 18 *6, 9*
- Schadensersatz **310** 7 *21*
- Schichtarbeit **310** 4 *3*; 14 *7*
- selbstständige Tätigkeit **310** 3 *13*
- Sonntagsarbeit **310** 18 *7 ff.*
- Straftat des Arbeitgebers **310** 60 *3 ff.*
- tägliche Arbeitszeit **310** 4 *2 f.*; 8 *2 ff.*
- tägliche Freizeit **310** 14 *8*
- Unfallgefahr **310** 7 *7*
- Unter-Tage-Arbeit **310** 27 *14 f.*
- Urlaub **310** 19 *1 ff.*
- Verbot von Kinderarbeit **310** 7 *1 f.*
- Verstoß **310** 3 *17*
- Verstoß gegen Arbeitszeitregeln **310** 18 *16 ff.*
- wöchentliche Arbeitszeit **310** 4 *4*; 8 *2 ff.*; 18 *2, 10 ff.*
- zeitliches Beschäftigungsverbot **310** 10 *3*
- Züchtigungsverbot **310** 31 *6*

Jugendarbeitsschutzgesetz
- Umsetzung Jugendarbeitsschutzrichtlinie 230 Richtlinien 94 f.

Jugendarbeitsschutzrichtlinie, EG 230 Richtlinien 87 ff.

Jugendbetreuer
- Jugendfreizeitstätte, Abgrenzung Arbeitnehmer 160 611 *104*

Jugendheim
- Arbeitszeit 80 5 *10*; 7 *36*; 10 *12*

Jugendherberge
- Arbeitszeit 80 10 *14*

Jugendlicher *siehe auch* Jugendarbeitsschutz
- Arbeitsschutz 70 4 *9*
- Arbeitszeit 80 1 *31*; 3 *37*; 4 *16*; 5 *29*; 6 *60 f.*; 9 *22*; 10 *89*; 11 *22*; 12 *21*; 13 *67*; 18 *10*
- Einstellungsuntersuchung 160 611 *315*
- Fürsorgepflicht 160 619 *4*
- Krankenfürsorge 160 617 *3, 5*; 619 *4*
- Mehrarbeit 80 3 *37*
- Schwerbehindertenschutz 430 69 *12*

Jugendurlaub
- Urlaub 180 1 *7*

Jugendvertretung
- besonderer Kündigungsschutz 160 622 *61*

Jugendvertretung- und Auszubildendenvertretung
- Beschlussverfahren 50 2a *15*

Juniorprofessur 480 23 *26 f.*

Junk-Entscheidung 320 17 *16 ff.*

Juristische Person
- allgemeines Persönlichkeitsrecht 260 2 *10 ff.*
- Anwendbarkeit des Gleichheitssatzes 260 3 *13*
- Arbeitgeber 160 611 *127*
- fristlose Kündigung bei Vertrauensstellung 160 627 *12*
- Gesamtvertretung 160 626 *109*
- Notvorstand 160 210 *2*
- Vereinigungsfreiheit 260 9 *8*
- Verjährungsbeginn, Subjektivierung 160 199 *15*

Juristische Person, ausländische
- Koalitionsfreiheit 260 9 *39 ff.*

Juristische Person, Sitz
- örtliche Zuständigkeit 50 2 *96*

Juristische Person, Vertretungsorgan 150 5 *33 ff.*
- Kündigungsschutz 320 14 *3 ff., 7 ff.*

Justizbeitreibungsordnung 50 12 *20*

Justizkommunikationsgesetz
- Änderung 50 Vor 46c bis e *6 ff.*

Justizverwaltungskosten 50 12 *20*

Kabarett
- Arbeitszeit 80 10 *17*

Kabelfunk
- Arbeitszeit 80 5 *13*

Kalenderjahr
- Bemessungsgrundlage Urlaub 180 7 *85 ff.*

Kalenderjährlich
- Urlaub 180 1 *34*
- Urlaubsanspruch 180 1 *26*

Kalendermäßige Befristung 480 3 *5*; 14 *85 ff.*

Kameraassistent
- Arbeitnehmer 160 611 *104*

Kammerbildung 50 17 *1 ff.*

Kammertermin
- Bestandsschutzstreitigkeit 50 61a *6*

Kampagnebetrieb 320 22 *1 ff., 5 ff.*; 23 *28*
- Arbeitszeit 80 15 *8 f.*
- befristetes Arbeitsverhältnis 480 14 *23*
- Befristungsgrund 480 14 *23*
- Fischräucherei, Arbeitszeit 80 15 *8*
- Rübenzuckerfabrik, Arbeitszeit 80 15 *8*
- Wiedereinstellungsanspruch 320 22 *9*

Kantine
- Arbeitszeit 80 5 *11*; 10 *11, 14*; 16 *5*
- Aushangpflicht, geeignete Stelle 80 16 *5*
- Betriebsübergang 160 613a *31, 74*

Kantinenwirt
- Arbeitnehmer, Abgrenzung 160 611 *104*

Kapitalanlage
- Wertguthaben 390 7d *15*

Kapitalgesellschaft
- betriebliche Altersversorgung 140 17 *7 f.*
- Vereinigungsfreiheit 260 9 *13*

Karenzentschädigung
siehe auch Nachvertragliches Wettbewerbsverbot
- anderweitiger Erwerb 290 74c *2 ff.*
- Anrechnung anderweitigen Erwerbs 290 74c *10 ff.*
- Aufhebung 290 74b *8*
- Ausgestaltung 290 74 *74*
- Auskunftspflicht des Arbeitnehmers 290 74c *19 ff., 27*
- Auslagenersatz 290 74b *14*
- Befreiung von Entschädigungspflicht 290 74c *24*
- Berechnung 290 74 *56 f.*; 74b *9 ff.*
- Beweislast 290 74c *25 f.*
- Bezugszeitraum 290 74 *56*; 74b *12 f.*
- Durchsetzung 290 74c *23*
- Fälligkeit 290 74b *2 ff.*
- Geld- und Sachleistung 290 74 *55*
- Höhe 290 74 *54*
- Inhaltskontrolle 290 74 *21*
- Leiharbeitnehmer 100 9 *33*
- Nachweispflicht des Arbeitnehmers 290 74c *22*
- Nichtigkeit des Wettbewerbsverbots 290 74 *61*
- Pfändung/Abtretung 290 74b *7*
- Pfändungsschutz 500 850k *4*
- Schriftform 290 74 *59 f.*
- Sozialversicherungspflicht 290 74b *16*
- Transparenz 290 74 *72 f.*; 74b *17*
- Unklarheitenregel 160 305c *01*
- unterlassener anderweitiger Erwerb 290 74c *7 ff.*
- Unverbindlichkeit des Wettbewerbsverbots 290 74 *61 f.*

- variable Bezüge **290** 74b *10*
- Verjährung **290** 74b *8*
- Verrechnung **290** 74 *58*
- Versteuerung **290** 74b *15*
- Wahlrecht **290** 74 *61 f.*
- Wegfall/Befreiung **290** 74 *68*; 74c *24*
- Wettbewerbsverbot **160** 611 *539*
- Wohnsitzwechsel **290** 74c *14 ff.*

Karitative Einrichtung
siehe Einrichtung, karitative

Kartell
- Koalitionsfreiheit **260** 9 *48*

Kaskoversicherung
- Arbeitnehmerhaftung **160** 611 *889, 903 f.*

Kassationsbeschwerde 50 92b *1, 8*

Kassenkontrolle
- Duldungspflicht **160** 611 *581*

Katastrophenschutz
- Arbeitsplatzschutz **60** 1 *14*
- besonderer Kündigungsschutz **160** 622 *61*
- vorübergehende Verhinderung **160** 616 *13*

Katholische Kirche
- Arbeitsvertrag, Abgrenzung **160** 611 *41*
- Probezeitkündigung, Wiederverheiratung **160** 622 *50*

Kauffahrteischiff 310 62 *2*

Kaufhaus
- Betriebsübergang **160** 613a *34, 72*

Kaufmann
- Unternehmerbegriff, Abgrenzung **160** 14 *8*

Kaufmännischer Angestellter 290 59 *3*

Kaufmännisches Bestätigungsschreiben
- Schweigen als Willenserklärung **160** 611 *990 f.*
- Vorrang der Individualabrede **160** 305b *6*

Kaufpreisrente
- betriebliche Altersversorgung **140** 1 *27, 37*

Kaufvertrag
- Betriebsübergang **160** 613a *86, 192*
- Schutzmaßnahme **160** 618 *11*; 619 *3*

Kausalitätsprinzip
- Urheberrechte **495** 31 *6*

Kaution, Verfall siehe Vertragsstrafe

Kettenarbeitsvertrag 480 14 *9 ff., 91*

Kettenhaftung
- Unternehmerhaftung **10** 14 *7*

KG siehe Kommanditgesellschaft

KGaA
- Vertretungsorgan, MitbestG **330** 30 *4*

Kind
- Fragerecht **160** 611 *292 f.*
- Freistellung bei Erkrankung **400** 45 *16 f.*

Kinderarbeit siehe auch Jugendarbeitsschutz
- Beschäftigungsverbot **310** 3 *3*
- nicht erwerbsfähig **310** 3 *1*

Kindergarten, kirchlicher
- Arbeitszeit **80** 18 *9*

Kindergartenleiterin
- Druckkündigung **160** 626 *55*

Kindergärtnerin
- außerordentliche personenbedingte Kündigung **160** 626 *39*

Kindergeld
- Kinderzulage, betriebliche Altersversorgung **140** 1a *19*; 5 *22*

Kinderheim
- Arbeitszeit **80** 5 *10*; 18 *8*

Kinderpflegekrankengeld 400 45 *14 ff.*

Kirche
- *siehe auch* Evangelische Kirche
- *siehe auch* Katholische Kirche
- Arbeitszeit **80** 7 *59 f.*; 10 *19 f.*; 12 *15*; 15 *10*; 18 *9*; 25 *7*
- außerliturgischer Bereich, Arbeitszeit **80** 18 *9*
- Autonomie **160** 309 *70*
- Bundesangestelltentarifvertrag – kirchliche Fassung **160** 319 *7 ff.*
- Dienstsiegel **160** 309 *70*
- erzieherischer Bereich, Arbeitszeit **80** 7 *60*; 18 *9*; 25 *7*
- karitativ-diakonischer Bereich, Arbeitszeit **80** 7 *60*; 18 *9*; 25 *7*
- kirchenaufsichtsrechtliche Genehmigung **160** 625 *10*
- kirchenrechtliche Arbeitsvertragsrichtlinien **160** 319 *7 ff.*
- Kollektivverträge, AGB **160** 310 *22*
- liturgischer Bereich, Arbeitszeit **80** 7 *59*; 18 *9*; 25 *7*
- Tempelschein, außerordentliche personenbedingte Kündigung **160** 626 *39*

Kirche und Religionsgemeinschaft
- Zuständigkeit des Arbeitsgerichts **50** 1 *6*

Kirchenbeamter
- Arbeitsschutz **70** 2 *1, 3*

Kirchenklausel
- Diskriminierungsverbot **480** 4 *45*

Kirchenrecht siehe auch kirchliches Recht
- Jugendarbeitsschutz **310** 3 *13*
- personenbedingte Kündigung **320** 1 *256 ff.*, siehe auch dort

Kirchliche Arbeitsrechtsregelung siehe Arbeitsrechtsregelung, kirchliche

Kirchliche Zusatzversorgungskasse des Verbandes der Diözesen Deutschlands
- betriebliche Altersversorgung, Zusatzversorgung **140** 18 *5*

Kirchlicher Kindergarten
siehe Kindergarten, kirchlicher

Kirchliches Arbeitsverhältnis siehe Arbeitsvertrag

Kirchliches Krankenhaus
siehe Krankenhaus, kirchliches

Kirchliches Recht
- Revisionsgründe **50** 73 *18*

Klage auf angemessene Vergütung
- Klageantrag **55** 39 *4 f.*
- Rechtsweg **55** 39 *6 f.*
- Schutzfähigkeit **55** 39 7
- Stufenklage **55** 39 8

Klage auf künftige Leistung 50 46 *51 ff.*
- Annahmeverzugslohn **160** 615 *89*
- Urteilsverfahren **50** 46 *76 ff.*
- Vergütung **160** 611 *791*
- Verjährungshemmung **160** 204 *5*

Klage auf Nachweiserteilung 360 Vor 1 *30 ff.*

Klage nach § 5 KSchG, nachträgliche Zulassung
- arglistiges Abhalten **320** 5 *22 f.*
- Auskunft einer geeigneten Stelle **320** 5 *24 ff.*
- ausländischer Arbeitnehmer **320** 5 27
- Berufungsverfahren **320** 5 *58 ff.*
- Bindungswirkung **320** 5 *53 ff.*
- dreistufige Prüfung **320** 5 48
- Entscheidung **320** 5 *47 ff.*
- Form **320** 5 *4 f.*
- fremdes Verschulden **320** 5 *14 ff.*
- Frist **320** 5 *6 ff.*
- Fristversäumnis, unabwendbare **320** 5 *12 ff.*
- gerichtliche Zuständigkeit **320** 5 45
- Gerichtskostenvorschuss **320** 5 32
- Glaubhaftmachung **320** 5 *64 f.*
- Hilfsantrag **320** 5 46
- Kosten **320** 5 66
- Krankheit **320** 5 *29 ff.*
- Mittellosigkeit **320** 5 32
- Postlaufzeit **320** 5 33
- Prozessförderung **320** 5 *1*
- Prozesskostenhilfe **320** 5 36
- Rechtsbeschwerde **320** 5 *57 ff.*
- Rechtsirrtum und -unkenntnis **320** 5 37
- Rechtsmittel gegen Entscheidung **320** 5 *50 ff.*
- Rechtsschutzversicherung **320** 5 38
- Säumnis **320** 5 52
- Schwangerschaft **320** 5 *9 ff.*
- sofortige Beschwerde **320** 5 *57 ff.*
- Streitwert **320** 5 67
- unabwendbares Hindernis **320** 5 *12 ff.*
- unrichtige Beurteilung der Erfolgsaussichten **320** 5 *28*
- Urlaubsabwesenheit **320** 5 *40 f.*
- Vergleichsverhandlung **320** 5 *42*
- Verschulden des Prozessbevollmächtigten **320** 5 *14 ff., 34 f.*
- Wiedereinsetzung **320** 5 *6, 43 f.*

Klage wegen Besorgnis nicht rechtzeitiger Leistung
- Annahmeverzugslohn **160** 615 *89*

Klageänderung
- Revision **50** 73 55

Klageantrag
- Betriebsübergang **50** 46 *118 ff.*
- Kündigungsschutzprozess **320** 4 *9 f., 50*
- Teilzeit **50** 46 *161 ff.*

- Urlaubsgewährung **50** 46 *165 ff.*
- Wiedereinstellung **50** 46 *172 f.*, *siehe auch dort*
- Zeugnis **50** 46 *175 ff.*; **250** 109 66

Klageerhebung
- Urteilsverfahren **50** 46 *22 ff.*

Klageerweiterung
- Kündigungsschutzprozess **320** 4 *39*

Klagefrist
- Elternzeit **130** 18 *38*
- Kündigung **320** 1 *208*

Klagegegenstand 50 46 *30 ff.*

Klagehäufung, objektive
siehe Objektive Klagehäufung

Klagehäufung, subjektive
siehe Subjektive Klagehäufung

Klagerücknahme
- Alleinentscheidung des Vorsitzenden **50** 55 *4 f.*
- Gebühr **50** 12 8
- Güteverhandlung **50** 54 *32 f.*, *siehe auch dort*
- Kündigungsschutzprozess **320** 4 *43a*

Klageschrift 50 46 27

Klageverzicht
- AGB, unangemessene Benachteiligung **160** 307 *85, 109*
- Aufhebungsvertrag **160** 611 *1004, 1071, 1100 f.*
- Ausgleichsquittung, Unklarheitenregel **160** 305c *34*; 611 *1100 f.*
- außerordentliche Kündigung **160** 626 *9*
- Haustürgeschäft **160** 312 *3*
- Kündigungsschutzprozess **320** 4 *26 ff.*
- Sozialplanabfindung **160** 611 *1071*
- Turboprämie **160** 612a *16 ff.*

Klärungsfähigkeit
- Nichtzulassungsbeschwerde **50** 72a 55
- Revision **50** 72 16, *siehe auch dort*

Klärwerk
- Arbeitszeit **80** 10 *39*

Klausel, salvatorische *siehe* Salvatorische Klausel
Klausel, überraschende *siehe* Überraschungsverbot
Klauselverbot mit Wertungsmöglichkeit
siehe auch Klauselverbot ohne Wertungsmöglichkeit
- Abmahnungsakzeptanzklausel **160** 308 *40*
- Abrufklausel **160** 308 *13*
- Änderungsvorbehalt **160** 308 *4 ff., 49*
- Anrechnungsvorbehalt **160** 308 *13 f.*
- Arbeitszeitkonto, Wertguthaben **160** 308 *2*
- Begriff/Bedeutung **160** 308 *1*
- Bezugnahmeklausel **160** 308 *16*
- direktionsrechtsweiternde Klausel **160** 308 *8, 18*
- Erklärungsfiktion, Arbeitsvertragsänderung **160** 308 *39*
- fingierte Erklärung **160** 308 *37 ff.*
- Gehaltserhöhungsklausel **160** 308 *22*
- Gehaltskürzungsklausel **160** 308 *23*
- Jahressonderleistung **160** 308 *24 f.*
- kommissarische Tätigkeitsübertragung **160** 308 *26*

Klauselverbot mit Wertungsmöglichkeit – Kollision von Privat- und Arbeitsschutzrecht

- Leistungskürzungsklausel **160** 308 *28*
- Pauschalierung von Schadens- und Wertersatz **160** 308 *46*
- Rücktrittsvorbehalt **160** 308 *3*
- Rückzahlungsvorbehalt **160** 308 *28*
- Stellenbeschreibung **160** 308 *17*
- Überstundenanordnungsbefugnisklausel **160** 308 *29f.*; 611 *519*
- Versetzungsklausel/Versetzungsvorbehalt **160** 308 *35*
- Widerrufsvorbehalt **160** 308 *4ff., 31ff., 49*; 315 *52ff.*
- Zugangsfiktion **160** 308 *41ff.*
- Zusatzurlaubskürzungsklausel **160** 308 *36*

Klauselverbot ohne Wertungsmöglichkeit *siehe auch* Klauselverbot mit Wertungsmöglichkeit
- Arbeitnehmerüberlassung **160** 309 *45*
- Aufrechnungsverbot **160** 309 *8ff.*
- Ausschluss des Gegenbeweises bei Schadenspauschalierung **160** 309 *15f.*; 611 *980*; 629 *5*
- Ausschlussfrist **160** 309 *62ff.*
- Begriff/Funktion **160** 309 *1*
- Beweislastregelung/Beweislastveränderung **160** 309 *50ff.*
- Bindung bei Dauerschuldverhältnis **160** 309 *43*; 625 *5*
- Empfangsbekenntnis **160** 309 *54ff.*
- Formerfordernis **160** 309 *56ff.*
- Haftung des Abschlussvertreters **160** 309 *49*
- Haftungsausschluss **160** 309 *4, 32ff., 42*; 611 *980ff.*
- Konzernversetzungsklausel **160** 309 *46f.*
- Nachnahmeklausel **160** 309 *7*
- Pauschalierung von Schadensersatzanspruch **160** 345 *7*
- Pauschalierung von Schadensersatzanspuch **160** 309 *4, 11ff.*
- Tatsachenfiktion/Tatsachenbestätigung **160** 308 *37ff.*; 309 *50ff.*
- Vertragsbruchklausel **160** 309 *16*
- Vertragspartnerwechsel **160** 309 *44ff.*
- Vertragsstrafenklausel **160** 309 *17ff.*
- Vollständigkeitsklausel **160** 309 *53*
- Zugangserfordernis **160** 309 *70*
- Zurückbehaltungsrecht, Ausschluss/Einschränkung **160** 309 *5ff.*

Kleinbetrieb
- Abmahnung **320** 1 *311*
- Altersteilzeit **40** 3 *19f., 26f., 33*; 7 *1*
- Arbeitnehmerüberlassung **100** 1a *1f., 5, 7*; 9 *6*; 11 *18*; 16 *10*
- Arbeitsschutz **70** 6 *4f.*; 10 *7*
- befristetes Arbeitsverhältnis **480** 14 *14*
- betriebsbedingte Kündigung **320** 1 *475*, *siehe auch dort*
- Klagefrist für Kündigungsschutzklage **160** 626 *145*

- Kündigungsfrist **160** 622 *5f., 21, 23*
- Kündigungsschutz **260** 12 *53*; **320** 1 *171, 475*
- Sonderkündigungsschutz schwerbehinderter Menschen **430** 86 *4*
- Sozialauswahl **320** 1 *475*
- verhaltensbedingte Kündigung **320** 1 *310*

Kleinbetriebsklausel 320 23 *3, 21ff.*
- Betriebsbegriff **320** 23 *8ff.*

Kleiner Senat 50 53 *2*

Kleinstbetriebe
- Unfallverhütung **90** 2 *8*

Kleinunternehmen 150 109a *1*

Know-how
- Betriebs-/Geschäftsgeheimnis **460** 29 *3*
- Betriebsübergang **160** 613a *27, 50f., 64*

Koalition *siehe auch* Arbeitgebervereinigung, Gewerkschaft
- Begriff **260** 9 *43ff.*

Koalitionsfreiheit 260 Vor 1 *11, 15*; 9 *3f., 38ff.*
- Arbeitgeberverband **260** 9 *47*
- Arbeitskampf *siehe dort*
- Arbeitskampffreiheit **260** 9 *104f.*
- Ausgestaltung **260** 9 *58ff.*
- ausländische juristische Person **260** 9 *39ff.*
- Berufsverband **260** 9 *47*
- Eingriff **260** 9 *61ff.*
- Gewerkschaft **260** 9 *47*
- Grundrechtsträger **260** 9 *39ff.*
- individuelle Koalitionsfreiheit **260** 9 *49ff.*
- Koalition, Begriff **260** 9 *43ff.*
- kollektive Koalitionsfreiheit **260** 9 *52ff.*
- Mitgliederwerbung **260** 9 *50*
- Rechtfertigung des Eingriffs **260** 9 *66ff.*
- Schranke **260** 9 *68ff.*
- Spitzenorganisation **260** 9 *47*
- Streik **260** 9 *107ff.*
- Tarifautonomie **260** 9 *83ff.*
- Tariftreueverpflichtung **260** 9 *51*
- unmittelbare Drittwirkung **260** 9 *74ff.*
- Versammlungsfreiheit, Verhältnis **260** 9 *79*

Koalitionsfreiheit, individuelle
siehe Individuelle Koaltionsfreiheit

Koalitionsvereinbarung 470 1 *3, 5*
- Tarifvertrag *siehe dort*

Kohlebezugsrecht *siehe* Kohledeputat

Kohledeputat
- betriebliche Altersversorgung, Leistungsart **140** 1 *16*; 16 *12*

Kokursausfallgeld *siehe* Insolvenzgeld

Kollegialgericht 50 53 *1*

Kollektives Arbeitsrecht
- Auslandsbezug des Arbeitsverhältnisses **220** 30, 8 Rom I *79ff.*
- Begriff/Inhalt **160** 611 *187, 194ff.*

Kollision von Privat- und Arbeitsschutzrecht
siehe Privat- und Arbeitsschutzrecht, Kollision

Kollisionsfall, internationaler
- *siehe auch* Günstigkeitsvergleich, Rechtswahl
- *siehe auch* Rechtswahl des Arbeitsstatuts
- ArbGG, Zuständigkeitsregelung **220** 30, 8 Rom I *76*
- Tarifrecht **220** 30, 8 Rom I *92 ff.*

Kombinationsgrundsatz 50 2 *35*

Kombinierte Anfechtungs- und Bescheidungsklage
- Erlaubnis zur Arbeitnehmerüberlassung **100** 2 *29*

Kombinierte Anfechtungs- und Leistungsklage
- Entschädigung bei Arbeitnehmerüberlassung **100** 4 *19*; 5 *22*

Kombinierte Anfechtungs- und Verpflichtungsklage
- Erlaubnis zur Arbeitnehmerüberlassung **100** 2 *29, 32, 36*

Kommanditgesellschaft
- Arbeitgeber **140** 1 *23*; **160** 611 *29*
- Berufsfreiheit **260** 12 *14*
- Parteifähigkeit **50** 10 *3*
- unternehmerische Mitbestimmung **330** 4 *1 ff.*

Kommissionär
- Arbeitnehmer, Abgrenzung **160** 611 *104*
- Dienste höherer Art **160** 627 *8*

Kommissionslösung
- Pflegebranche **10** 10 *2, 6*

Konditorei
- Arbeitszeit **80** 1 *2*; 2 *37*; 6 *60*; 10 *78 ff.*

Konfirmation
- vorübergehende Verhinderung **160** 616 *10*

Konkludente Vertragsänderung
siehe Vertragsänderung, konkludente

Konkretisierung 250 106 *42 ff., 51, 54, 59*
- Arbeitsort **160** 611 *494*; **250** 106 *54*
- Arbeitsvertrag, Weisungsrecht **160** 611 *478, 494, 598*
- Aushilfsfahrer **160** 611 *478*
- Direktionsrecht **250** 106 *42 ff., 42 ff., 51, 54, 59*

Konkurrentenklage
- öffentlicher Dienst **160** 611 *349*

Konkurrenz, elektive
- Verjährung **160** 213 *4*

Konkurrenzunternehmen 290 74 *14*

Konkurrierende Gesetzgebung
siehe Gesetzgebung, konkurrierende

Konkurs *siehe* Insolvenz

Konkursverfahren *siehe* Insolvenzverfahren

Konkursverwalter *siehe* Insolvenzverwalter

Konstitutives Schuldanerkenntnis
siehe Schuldanerkenntnis

Kontinuierlicher Schichtbetrieb
- Arbeitszeit **80** 12 *11 f.*; 15 *3 ff.*

Kontradiktorisches unechtes Versäumnisurteil 50 59 *23*

Kontrahierungszwang
- Entgeltumwandlung **140** 1a *1*
- Prozessrechts-Arbeitsverhältnis **160** 615 *38*

- Vertragsfreiheit **160** 611 *348*
- Vorvertrag **160** 611 *329*

Kontroll-/Sanktionssystem *siehe auch* Prüfbehörden
- Außenprüfungen **10** 17 *2*
- Befugnisse der Behörden **10** 17 *4 ff.*
- Behördenzuständigkeit **10** 16 *2 ff.*
- FKS **10** 16 *2*
- Kontrollauftrag **10** 16 *3*
- Mindestlohn **10** 17 *3*
- Schwerpunktprüfungen **10** 17 *2*
- Umfang des Prüfungsauftrags **10** 16 *3*
- Zollverwaltung **10** 17 *1 ff.*

Kontroll-/Sicherungsmaßnahmen
- Datenschutz **120** Anl. zu § 9 Satz 1 *5 ff.*

Kontrolleinrichtung, technische
siehe Technische Kontrolleinrichtung

Konzentrationsgrundsatz
siehe Beschleunigungsgrundsatz

Konzern
- *siehe auch* Konzernleihe
- *siehe auch* Konzernsprecherausschuss
- *siehe auch* Versetzungsvorbehalt
- Anpassung laufender Leistung der betrieblichen Altersversorgung **140** 16 *35 ff.*
- Arbeitgeber, Abgrenzung **140** 1 *24*; **160** 611 *37*
- Arbeitszeit **80** 6 *23*; 13 *29, 42*
- Begriff **150** 54 *3 ff.*
- betriebliche Altersversorgung **140** 1 *6, 24, 55, 64, 133, 177, 182, 211, 219*; 1b *27*; 16 *5, 35 ff.*
- Konzernsprecherausschuss **460** 24 *1*
- Vereinigungsfreiheit **260** 9 *14*

Konzernbetriebsausschuss
- Beschlussfassung **150** 59 *8*
- Errichtung **150** 59 *6, 8*

Konzernbetriebsrat
- Amtszeit **150** 54 *10*
- Ausschluss von Mitglied **150** 56 *1 f.*
- Beendigung **150** 57 *2*
- Beschlussfassung **150** 59 *4*
- Bestellung des Wahlvorstands **150** 17 *1*; 17a *4, 6*, *siehe auch* Wahlvorstand
- Betriebsvereinbarung **150** 58 *9*
- Ende der Mitgliedschaft **150** 56 *2*; 57 *1*
- Errichtung **150** 1 *50*; 54 *6 f.*
- Ersatzmitglied *siehe dort*
- Gemeinschaftsunternehmen **150** 54 *8*
- Größe **150** 55 *2 f.*
- laufende Geschäfte **150** 59 *6, 8*
- örtliche Zuständigkeit **50** 82 *3*
- Sitzung **150** 30 *6*; 59 *7*, *siehe auch dort*
- Sonderkündigungsschutz **320** 15 *22*
- Stimmgewichtung **150** 55 *4*
- Teilnahme an Betriebsräteversammlung **150** 53 *2*
- Umlageverbot **150** 41 *1 f.*
- Vorsitzender **150** 59 *5*
- Zusammensetzung **150** 55 *2*
- Zuständigkeit **150** 58 *2 ff.*

Konzerninterne Arbeitnehmerüberlassung
siehe Konzernleihe
Konzerninterne Entsendung *siehe* Konzernleihe
Konzernjugend- und Auszubildendenvertretung
- Errichtung **150** 73b *2*
- Sitzung **150** 73b *4*
- Stimmgewichtung **150** 73b *3*

Konzernleihe
- Arbeitnehmerüberlassung **100** 1 *15, 37, 42 ff.*; 14 *2 f.*; **160** 613 *11*
- einheitliches Arbeitsverhältnis, Abgrenzung **160** 611 *135*

Konzernobergesellschaften
- Montanquote **341** 16 *4*
- Neugründung **341** 16 *4*
- Unternehmensmitbestimmung, MontanMitbestErgG **341** 15 *2*

Konzernschwerbehindertenvertretung
- Teilnahmerecht an Konzernbetriebsratssitzung **150** 59a *1*
- Vetorecht **150** 59a *1*

Konzernsprecherausschuss
- Auflösung **460** 24 *1*; 29 *2*
- Behinderungs-, Benachteiligungs- und Begünstigungsverbot **460** 2 *5*
- Beschlussfassung **460** 24 *1*
- Errichtung **460** 24 *1*
- Geheimhaltungspflicht **460** 29 *2*
- Geschäftsführung **460** 24 *1*
- Konzern, Begriff **460** 24 *1*
- Mitgliedschaft **460** 24 *1*
- Stimmengewicht **460** 24 *1*
- Zuständigkeit **460** 24 *1*

Konzernversetzungsklausel
siehe Versetzungsvorbehalt

Konzernwechsel
- befristetes Arbeitsverhältnis **480** 14 *93*

Konzessionsträgervertrag
- Arbeitsvertrag **160** 611 *391*

Koppelungsklausel
- Begriff/Inhalt **160** 305c *16*; 307 *49*; 622 *7*
- Fremdgeschäftsführer **160** 305c *16*; 307 *49*
- Gesellschafter-Geschäftsführer **160** 305c *16*; 307 *49*
- Überraschungsverbot **160** 305c *16*
- unangemessene Benachteiligung **160** 307 *49*

Kopplungsabrede
- GmbH-Geschäftsführer **280** 38 *11, 38*

Körperschaft, bundesunmittelbare
siehe Bundesunmittelbare Körperschaft

Körperschaften des öffentlichen Rechts
- Arbeitsschutz **90** 16 *3*

Körperschaftsteuer
- Pensionssicherungsverein auf Gegenseitigkeit **140** 14 *2*

Korrigierende Rückgruppierung
siehe Rückgruppierung, korrigierende

Kosten *siehe auch* Streitwert
- Anerkenntnisurteil **50** 12 *9*
- Arbeitsgruppe **150** 28a *9*
- Arbeitsschutz **70** 3 *5*
- Auflösungsantrag **320** 9 *52 ff.*, *siehe auch dort*
- Ausschuss **150** 40 *2*
- Befreiung durch Beiordnung **50** 11a *32*
- Berufung **50** 64 *67*, *siehe auch dort*
- Betriebsrat **150** 1 *66 f.*; 23 *63*; 40 *2 ff., 7 ff., siehe auch dort*
- Betriebsräteversammlung **150** 53 *6*
- Betriebsratswahl *siehe* Wahl, Kosten
- Betriebsversammlung **150** 45 *2*, *siehe auch dort*
- Einigungsstelle **150** 40 *11*; 76a *2 ff.*, *siehe auch dort*
- Einziehung **50** 12 *20*
- Erforderlichkeit **150** 40 *3 ff.*
- Erhebung **50** 12 *14 ff.*
- Erledigungserklärung **50** 12 *6, 10, siehe auch dort*
- Fälligkeit **50** 12 *15 ff.*
- Festsetzungsverbot **50** 12a *7*
- Freistellungsanspruch **150** 40 *6 f., 37*
- Geltendmachung **150** 40 *36 ff.*
- Gesamtbetriebsrat **150** 51 *5*, *siehe auch dort*
- kostenfreies Verfahren **50** 12 *21*
- Mahnverfahren **50** 12 *7*; 46a *35*, *siehe auch dort*
- Nichtzulassungsbeschwerde **50** 72a *86 ff.*, *siehe auch dort*
- Nichtzulassungsbeschwerde im Rechtsbeschwerdeverfahren **50** 92a *10*
- Prozesskosten **150** 40 *15*
- Rechtsmittelverfahren **50** 12 *11 ff.*
- Rechtswegentscheidung **50** 2 *75*
- Sachaufwand *siehe dort*
- Sachverständiger/Rechtsanwalt **150** 40 *8 ff., 11, 15*
- Schulungskosten **150** 40 *14*
- Übersicht **50** 12 *1 ff.*
- Versäumnisverfahren **50** 59 *56*
- Verzichtsurteil **50** 12 *9*
- Wirtschaftsausschuss **150** 40 *2*
- Zustimmungsersetzungsverfahren **150** 103 *29 f.*
- Zwangsvollstreckung **50** 62 *43*, *siehe auch dort*
- Zwangsvollstreckung im Beschlussverfahren **50** 85 *14*
- Zweitschuldnerhaftung **50** 12 *19*

Kosten der Betriebsratstätigkeit
siehe Betriebsratstätigkeit, Kosten

Kostenerstattung 50 12a *1 ff.*
- Aufwendung **50** 12a *3*
- Hinweispflicht **50** 12a *9*
- Rechtsanwaltsvergütung **50** 12a *7*
- Verweisung **50** 12a *10*
- Zeitversäumnis **50** 12a *3*

Kostenfestsetzungsbeschluss
- Titelverjährung **160** 197 *8*

Kostenfreiheit 50 12 *4, 21*

Kostenprivilegierung 50 12 *4*
Kostenschlussurteil 50 46 *17 f.*
– Zuständigkeit **50** 53 *8*
Kostenschuldner 50 12 *19*
Kostenteilung
– Urteilsverfahren **50** 12a *12*
Kostentragungspflicht 50 12a *1 ff.*
Kostenverzeichnis 50 12 *3, siehe auch* Kostenfreiheit
Kostenvorschuss 50 9 *7;* 12 *14*
Kraftfahrer
– Arbeitszeit **80** 1 *31;* 3 *34;* 5 *24 f.;* 9 *15 f.*
– Arbeitszeit, Arbeitsbereitschaft **160** 611 *516*
– Arbeitszeit, Inhaltskontrolle **160** 307 *74*
– Tachoscheibe, Herausgabepflicht des AG **160** 611 *806*
– Überstunden **160** 611 *807*
Krankenfürsorge
siehe auch Gesetzliche Krankenversicherung
– Anrechnungsbefugnis **160** 617 *19*
– Anspruchsdauer **160** 617 *16 ff.*
– Arbeitnehmer **160** 617 *3*
– Arbeitsunfähigkeit **160** 617 *9*
– Arzneimittel **160** 617 *13*
– ärztliche Behandlung **160** 617 *14*
– Aufwendungsersatz **160** 617 *21*
– Ausbildungsverhältnis **160** 617 *3*
– außerordentliche Kündigung **160** 617 *18, 21*
– dauerndes Dienstverhältnis **160** 617 *6*
– einstweilige Leistungs-Verfügung **160** 617 *21*
– Erkrankung/Krankheit, Begriff **160** 617 *9*
– Ersetzungsbefugnis **160** 617 *15, 20*
– fehlerhaftes Arbeitsverhältnis **160** 617 *3*
– freie Arztwahl **160** 617 *14*
– häusliche Gemeinschaft **160** 617 *1, 8, 16, 20*
– Heilmittel **160** 617 *13*
– Hilfsmittel **160** 617 *13*
– Höchstfrist **160** 617 *17*
– Jugendlicher **160** 617 *3, 5;* 619 *4*
– Kosten **160** 617 *19*
– Krankenanstalt **160** 617 *15, 20*
– Leistungsklage **160** 617 *21*
– private Krankenversicherung **160** 617 *11*
– Sachleistung **160** 617 *13*
– Schadensersatz **160** 617 *21*
– Seeleute **160** 617 *5;* 619 *4*
– Subsidiarität **160** 617 *1, 11, 20*
– Unabdingbarkeit **160** 617 *1, 4;* 619 *1 ff.*
– Verbandmittel **160** 617 *13*
– Verschulden gegen sich selbst **160** 617 *10*
– Zurückbehaltungsrecht **160** 617 *12*
Krankengeld 400 44 *1 ff.*
– Alg II-Bezieher **400** 44 *11*
– allein erziehende Versicherte bei Kindeserkrankung **400** 45 *12*
– Annahmeverzug, Anrechnung **160** 615 *57*
– Anspruchsausschluss **400** 44 *12*

– Anspruchshöchstdauer bei Kindeserkrankung **400** 45 *10*
– Arbeitsfreistellung bei Kindeserkrankung **400** 45 *16 f.*
– Arbeitslosengeld **400** 49 *8*
– Arbeitslosigkeit **380** 143 *36*
– Arbeitsunfähigkeit **400** 44 *7 ff.*
– Arbeitsunfähigkeitsanzeige bei Krankenkasse **400** 49 *11 ff.*
– ausländische Sozialleistung **400** 49 *10*
– Besteuerung **400** 44 *17*
– Elternzeit **400** 49 *6*
– Entgeltersatz **400** 44 *1, 4, 15, 4;* 45 *1*
– Erstattungsanspruch gegen Krankenkasse **400** 49 *15*
– Familienlastenausgleich **400** 45 *1*
– Familienmitversicherte **400** 44 *12*
– flexibles Arbeitszeitmodell **400** 49 *13*
– Forderungsübergang **160** 616 *26*
– freiwillig Versicherter **400** 44 *11 f.*
– gesetzliche Unfallversicherung, Abgrenzung **400** 44 *3;* 49 *9*
– Heimarbeit **400** 45 *8*
– keine anderweitige Betreuungsmöglichkeit **400** 45 *9*
– Kinderpflegekrankengeld **160** 616 *12, 21*
– Krankheit **400** 44 *8*
– Kurzarbeitergeld **400** 49 *7*
– Leistungsausschluss **400** 44 *11 f.*
– Leistungsdauer **400** 44 *13*
– Leistungsdauer bei Kindeserkrankung **400** 45 *10 ff.*
– Leistungshöhe **400** 44 *14*
– Leistungshöhe bei Kindeserkrankung **400** 45 *13*
– Meldeversäumnis **400** 49 *11 ff.*
– missglückter Arbeitsversuch **400** 44 *6*
– Mitglieder ohne Einkommen aus Beschäftigungsverhältnis **400** 44 *12*
– Mutterschaftsgeld **400** 49 *8*
– Rentenversicherungspflicht **410** 3 *8*
– Ruhen bei anderen Sozialleistungen **400** 49 *7 ff.*
– Ruhen des Anspruchs **400** 49 *3 ff.*
– schwerstkrankes Kind **400** 45 *16 f.*
– Sozialversicherungspflicht **400** 44 *17*
– stationäre Behandlung **400** 44 *10*
– Übergangsgeld **400** 49 *7*
– Unterhaltsgeld **400** 49 *7*
– Verletztengeld **400** 49 *9*
– Versicherungsverhältnis **400** 44 *5 f.*
– Versorgungskrankengeld **400** 49 *7*
– Verwaltungsakt **400** 44 *18*
– Voraussetzungen für Kinderpflegekrankengeld **400** 45 *14 ff.*
– vorsätzliche Erkrankung **400** 44 *3*
– Winterausfallgeld **400** 49 *7*
– Zahlungssperre **400** 49 *2 ff.*

Krankengeldanspruch
– begünstigter Personenkreis **400** 45 *2 ff.*
Krankengeldleistung
– Pfändungsschutz **500** 850k *4*
Krankengelt
– Heimarbeit **210** 10 *2 ff.*
Krankengymnast
– Dienste höherer Art **160** 627 *8*
Krankenhaus
– Arbeitszeit **80** 1 *5*; 5 *9 f., 19*; 7 *36*; 9 *22*; 10 *12 f.*; 14 *28*; 18 *5, 9*
– Betriebsübergang **160** 613a *31, 74*
– Gestellungsvertrag, Abgrenzung zum Arbeitsvertrag **160** 611 *41*
– Pflegebetriebe **10** 10 *11*
– Urlaubsanspruch **180** 1 *24*
Krankenhaus, kirchliches
– Arbeitszeit **80** 18 *9*
Krankenkasse
– Altersteilzeit **40** 2 *45 f.*
Krankenpfleger
– außerordentliche verhaltensbedingte Kündigung **160** 626 *41*
Krankenschwester
– Urlaubsberechnung **180** 3 *32*
Krankentransport
– Arbeitszeit **80** 14 *28*
Krankenversicherung
– *siehe auch* Gesetzliche Krankenversicherung
– *siehe auch* Krankengeld
– *siehe auch* Sozialversicherungspflicht
– Arbeitslosigkeit **380** 143 *33 ff.*
– betriebliche Altersversorgung, Abgrenzung **140** 1 *41*
– freiwillige Versicherung **400** 44 *11 f.*
– geringfügige Beschäftigung **390** 8a *18 ff.*
– Mitgliedschaft **400** 44 *5 f.*
– Sperrzeit bei Arbeitslosengeld **380** 144 *76*
Krankenversicherung, gesetzliche
siehe Gesetzliche Krankenversicherung
Krankenversicherung- und Pflegeversicherung
– Zuständigkeit **50** 2 *38 f.*
Krankenversicherungsträger
– Erstattungsanspruch gegen Träger **400** 44 *17*
Krankheit
– *siehe auch* Arbeitsunfähigkeit
– *siehe auch* Berufskrankheit
– *siehe auch* Entgeltfortzahlung
– *siehe auch* Fortsetzungserkrankung
– *siehe auch* Langzeiterkrankung
– Abgeltungsanspruch **180** 1 *20*
– Akkordlohn **160** 611 *634*
– Arbeitsversuch **160** 611 *822*; 615 *18*
– auflösende Bedingung, Fehlzeit **160** 611 *1007*
– Beweislast **50** 58 *73, siehe auch dort*
– Darlegungs- und Beweislast **160** 617 *20*
– Eigenschaftsirrtum **160** 611 *448*

– Entgeltfortzahlung **210** 3 *1 ff.*
– Fragerecht **160** 611 *271 ff.*
– Genomanalyse **160** 611 *322*
– Krankengeld **400** 44 *8*
– Krankheit, Begriff **160** 617 *9*
– krankheitsbedingte Kündigung **320** 1 *259 ff.*
– Kürzung der Sondervergütung **160** 611 *668, 697 ff.*
– leidensgerechte Arbeit **160** 611 *814*; 615 *20*; 626 *130*
– Lohnausfallprinzip **160** 611 *721*; 616 *25*
– Mutterschutz **350** 3 *31*
– Nebentätigkeit **160** 611 *545, 549*
– Ruhezeit **80** 5 *5*
– Sprecherausschuss-Richtlinie **460** 28 *1*
– verspätete Kündigungsschutzklage **320** 5 *29 ff.*
– Vorstand **30** 84 *23, 40*
– vorübergehende Verhinderung **160** 611 *830*; 616 *9, 11 f., 21*
– wichtiger Grund, Sperrzeit **160** 611 *1144*
Krankheit, lang anhaltende
– krankheitsbedingte Kündigung **320** 1 *278 ff.*
Krankheiten/Behinderungen
– Arbeitnehmerentsendung **10** 10 *14*
Krankheitsbedingte Kündigung
siehe auch Kündigung
– Alter **320** 1 *273*
– betriebliches Eingliederungselement **320** 1 *260, 284*
– betriebliches Interesse, Beeinträchtigung **320** 1 *267 ff., 281 ff.*
– Betriebsablaufstörung **320** 1 *278*
– dauernde Leistungsunfähigkeit **320** 1 *286 ff.*
– Entgeltfortzahlungskosten **320** 1 *269, 276*
– Erkundigung nach Krankheit **320** 1 *265*
– Erwerbsunfähigkeit **320** 1 *288*
– Gesundheitsprognose bei Langzeiterkrankung **320** 1 *260 ff., 279 ff.*
– häufige Kurzerkrankung **320** 1 *261 ff.*
– Interessenabwägung **320** 1 *270, 285*
– lang anhaltende Krankheit **320** 1 *278 ff.*
– Leistungsmängel **320** 1 *293*
– Leistungsminderung **320** 1 *291*
– negative Zukunftsprognose **320** 1 *279*
– Personalreserve **320** 1 *277*
– Prognosezeitpunkt **320** 1 *262, 266*
– Prüfungsraster **320** 1 *260*
– Schwerbehinderung **320** 1 *274*
– Überbrückungsmaßnahme **320** 1 *268, 275*
– Unterhaltspflicht **320** 1 *274*
Krankheitsurlaub
– Stringer u.a., EuGH **180** 9 *10*
Krankmeldung
– Betriebsarzt **90** 3 *9, 11*
Kreditanstalt für Wiederaufbau
– betriebliche Altersversorgung **140** 14 *5*

Kreditgefährdung
- vorläufige Vollstreckbarkeit **50** 62 *8*

Kredithandel
- Arbeitszeit **80** 13 *23*

Kreditierungsverbot 250 107 *23 ff.*

Kreditwirtschaft
- Arbeitszeit **80** 10 *8, 81*; 13 *23*

Kreditzinsen
- Kausalität zur Nichtzahlung **160** 288 *6*

Kriegsdienstverweigerer *siehe* Zivildienst

Kummulierungseffekte
- Dienstreisen **80** 2 *56*

Kundenberater
- Arbeitnehmer **160** 611 *104*

Kundendienst
- Betriebsübergang **160** 613a *34, 72*

Kundendienstwagen
- Beweislast **50** 58 *48, 57 ff.*, *siehe auch dort*

Kündigung
- *siehe auch* Änderungskündigung
- *siehe auch* Außerordentliche Kündigung
- *siehe auch* Beendigungskündigung
- *siehe auch* Betriebsbedingte Kündigung
- *siehe auch* Betriebsrat, Anhörung
- *siehe auch* Betriebsrat, Mitbestimmung bei Kündigung
- *siehe auch* Eigenkündigung
- *siehe auch* Herauskündigung
- *siehe auch* Kündigung vor Dienstantritt
- *siehe auch* Kündigungsabfindung
- *siehe auch* Kündigungserschwerung
- *siehe auch* Kündigungsfrist
- *siehe auch* Kündigungsgrund
- *siehe auch* Kündigungsschutz
- *siehe auch* Ordentliche Kündigung
- *siehe auch* Personalrat, Beteiligung bei fristloser Entlassung
- *siehe auch* Personalrat, Beteiligung bei Kündigung
- *siehe auch* Personenbedingte Kündigung
- *siehe auch* Probezeitkündigung
- *siehe auch* Sonderkündigungsrecht
- *siehe auch* Tatkündigung
- *siehe auch* Teilkündigung
- *siehe auch* Verdachtskündigung
- *siehe auch* Verhaltensbedingte Kündigung
- Abmahnung *siehe dort*
- Abwicklungsvertrag, Kombinationsmodell **160** 611 *984, 987 f.*
- Alkoholverbot **160** 611 *562*
- Änderungskündigung *siehe dort*
- Anfechtung, Umdeutung **160** 611 *426 f.*
- Anfechtung, Verhältnis **160** 611 *424 ff.*
- Anhörung des Betriebsrats **150** 102 *16 ff.*
- Anhörungsfehler **150** 102 *46 ff.*
- Anlasskündigung **160** 612a *12*
- Annahmeverzug **160** 615 *31, 35, 38, 45*
- Annahmeverzug im Prozess *siehe* Annahmeverzug, Kündigungsschutzprozess
- Arbeitsschutz/Arbeitssicherheit **70** 7 *3*
- Auslegung **160** 621 *8*; 622 *69*; 623 *1, 10, 29*; 626 *14, 143 f.*
- Ausschluss der elektronischen Form **160** 127 *33 f.*; 309 *70*; 623 *26*
- außerordentliche Kündigung *siehe dort*
- Auswahlrichtlinie **150** 95 *3 f., 6, 8, 11 f.*
- Begriff **150** 102 *2 ff.*; 103 *15*
- Begründung **320** 1 *78*
- Begründungserfordernis **160** 115 *2*; 620 *10*; 623 *34, 47*; 626 *16*
- Beteiligung des Sprecherausschusses **460** 19 *3*; 28 *1*; 31 *1 ff.*
- Betriebsarzt **90** 9 *10, 14 f.*, *21*
- betriebsbedingte Kündigung *siehe dort*
- Betriebsrisiko **160** 615 *80*
- Cannabis **160** 611 *563*
- Darlegungs- und Beweislast **160** 615 *86*; 619a *5*
- Datum **160** 623 *29*
- Deckungsschutz **160** 611 *1154 f.*
- Dienstentlassung, Abgrenzung **160** 626 *4*
- Dienstverhältnis in Insolvenz **300** 113 *19 ff.*
- Druckkündigung **150** 104 *18*
- durch Prokurist **290** 48 *16*
- ehrenamtlicher Richter **50** 26 *7*, *siehe auch dort*
- Eigenkündigung **320** 1 *34*
- Eigentumsdelikt **160** 611 *556*
- Einschreiben **160** 309 *57, 69*; 623 *6, 9, 58*
- einseitiges Rechtsgeschäft **160** 611 *984 f.*
- Elternzeit **130** 18 *27 ff.*, *siehe auch dort*
- Empfangsbestätigung **160** 623 *32*
- Entbindung von der Weiterbeschäftigungspflicht **150** 102 *89 ff.*
- Entgeltfortzahlung bei Arbeitsunfähigkeit **210** 8 *1 ff.*
- Entlassungsverlangen des Betriebsrats **150** 104 *13 ff.*
- erweiterte Mitbestimmung **150** 102 *95 ff.*
- Erwerberkonzept **160** 613a *150*
- Fachkraft für Arbeitssicherheit **90** 9 *10, 14 f.*, *21*
- Freikündigen **160** 626 *129*
- Funktionsträger **150** 103 *2 ff.*
- Geschäftsführer **320** 1 *156*
- Geschäftsgrundlage, Abgrenzung **160** 313 *11, 13 f.*; 626 *3, 20*
- Gesellschafter **320** 1 *154*
- gesetzliches Schuldverhältnis, Kombinationsmodell **160** 611 *984, 989 ff.*; 623 *13*
- gesetzliches Verbot **160** 622 *58 f.*
- Gruppenarbeit **160** 611 *40*
- Inhalt der Unterrichtung **150** 102 *23 ff.*
- Integrationsamt **160** 622 *61*; 626 *89, 117, 137, 157*
- Klage *siehe* Kündigungsschutzprozess
- Klagefrist **320** 4 *1, 31 ff.*; 13 *9, 18 ff.*
- Kleinbetrieb *siehe dort*, *siehe auch* Kleinbetriebsklausel
- krankheitsbedingte Kündigung *siehe dort*

- Kündigung nach Aufhebungsvertrag 160 611 *1052 f.*
- Kündigungsausschluss 160 621 *4*; 622 *57 ff.*
- Kündigungserklärung *siehe dort*
- Kündigungsschutz *siehe dort*
- Kündigungsschutzprozess *siehe dort*
- Kündigungstermin 160 621 *4, 8 ff.*; 622 *1 ff.*
- Landessprache 160 623 *33*
- Leistungsverweigerungsrecht 160 614 *16*
- leitender Angesteller, Sprecherausschuss 460 31 *1 ff.*
- leitender Angestellter 150 102 *14, 98*; 105 *4, 10*; 320 14 *1 ff., siehe auch dort*
- Massenentlassung 150 102 *12, 99*
- Massenentlassungsanzeige *siehe dort*
- Maßregelungskündigung, Maßregelungsverbot 160 612a *6, 9 f., 12*; 622 *59*; 626 *6*
- Mobbing 160 611 *572*
- Nachkündigung 160 622 *36*
- Nichtfortsetzungserklärung 160 623 *8*
- ordentliche Kündigung *siehe dort*
- Orlando-Kündigung 160 622 *62*
- personenbedingte Kündigung *siehe dort*
- Pflichtpraktika 110 23 *46*
- Prognose 160 315 *35*; 611 *350*; 626 *19, 24, 74, 82, 92, 151*
- Rechtsmissbrauch 160 611 *693*; 622 *50*; 626 *119*
- Rechtsunwirksamkeit aus anderen Gründen, Klagefrist 320 13 *19 ff.*
- Rücknahme 160 615 *15*; 320 1 *94 ff.*
- Schlechtleistung 160 345 *20*
- Schriftform 160 127 *10*; 623 *1 ff.*; 320 1 *56, 63 ff.*
- Schriftsatz-Kündigung 160 127 *25*; 623 *56 f.*
- Schuldnerverzug 160 614 *14*
- sexuelle Belästigung 160 611 *570*; 626 *45*
- sinnentleertes/sinnloses Arbeitsverhältnis 160 611 *266, 408*; 626 *7 f., 26, 93, 104, 122, 124, 133*
- sittenwidrige Kündigung *siehe dort*
- Sittenwidrigkeit 160 611 *418*; 622 *58*
- Sozialauswahl *siehe dort*
- Sprachrisiko 160 623 *33*
- Sprecherausschussmitglied 460 2 *4*
- Stellungnahme des Betriebsrats 150 102 *36 ff.*
- Stellvertretung 160 611 *985*
- Strafanzeige gegen Arbeitgeber 160 611 *534 ff.*
- Teilkündigung 320 1 *36*
- Telefax 160 309 *59*
- Treu und Glauben 160 622 *58*
- Trotzkündigung 160 626 *159*
- unbefristeten gesetzlich fingierten Arbeitsvertrages 480 16 *3 ff.*
- Unterrichtung, Betriebsübergang 160 613a *208*
- Unwirksamkeit der Vorratskündigung 170, *86 f.*
- unzeitige Kündigung 160 622 *50*; 627 *5, 18 ff., 27*
- Urlaub 180 7 *174 f.*
- verfristete Kündigung 160 621 *8*; 622 *69*
- verhaltensbedingte Kündigung *siehe dort*
- Verschwiegenheitspflicht 160 611 *533*
- verspätete Geltendmachung der Rechtsunwirksamkeit 320 7 *1 ff.*
- Verstoß gegen Anzeigenpflicht bei Arbeitsunfähigkeit 210 5 *58 ff.*
- Vertragsstrafe 160 345 *18*
- Vertrauensschaden 160 627 *21*
- Vertrauensstellung 160 620 *9 f.*; 626 *1*; 627 *1 ff.*; 628 *6, 20, 34*
- Verwirkung des Kündigungsrechts 160 624 *9*; 626 *9, 104, 106, 145*
- vorfristige Kündigung 160 621 *8*; 622 *52*
- vorläufiges Arbeitsverhältnis 150 102 *11*
- Vorvertrag 160 611 *340*
- Weiterbeschäftigungsanspruch 150 102 *72 ff.*; 160 615 *15, 19*; 616 *3*
- Whistleblowing 160 611 *534 ff.*
- widerrechtliche Drohung 160 312 *29*; 611 *999, 1014 f.*
- Widerspruch des Betriebsrats 150 102 *55 ff.*
- Wiederholungskündigung 160 622 *36*; 626 *159*
- Willens- und Vertretungsmängel, Klagefrist 320 13 *20*
- Wirksamkeitsfiktion 320 7 *1 ff.*
- Zahnarzt 160 628 *17*
- Zugang 160 127 *25 f.*; 621 *6, 8*; 622 *1, 22 f., 40, 42, 55, 62, 67, 69*; 623 *9 f., 32, 58*; 626 *10, 19, 112, 145, 151*; 627 *17*; 628 *22*; 320 4 *32 ff.*
- Zugangsfiktion, AGB 160 308 *41 ff.*; 309 *51*; 623 *57*
- Zugangsnachweis 160 623 *58*
- Zurückbehaltungsrecht 160 614 *16*

Kündigung im Kleinbetrieb
- Beweislast 50 58 *80, siehe auch dort*

Kündigung in der Insolvenz
siehe Insolvenzbedingte Kündigung

Kündigung in der Probezeit
siehe Probezeitkündigung

Kündigung vor Dienstantritt
- Änderungskündigung 160 622 *53*
- außerordentliche Kündigung 160 621 *53*; 626 *10*
- Geschäftsführer 160 622 *54*
- Kündigungsfrist 160 622 *55*
- Mitbestimmung des Betriebsrats 160 622 *53*
- Schadensersatz, § 628 BGB 160 628 *2, 29*
- Unkündbarkeit 160 622 *54*
- Vertragsstrafe 160 345 *11*; 622 *54 f.*; 628 *5*
- Vertrauensstellung 160 627 *25*
- Zulässigkeit/Ausschluss 160 621 *6*; 622 *34, 53 ff.*; 626 *10*; 627 *25*; 628 *2, 29*

Kündigung, außerordentliche
siehe Außerordentliche Kündigung

Kündigung, betriebsbedingte
siehe Betriebsbedingte Kündigung

Kündigung, Einspruch 320 3 *1 ff.*
- Klagefrist 320 3 *6*

- Verfahren **320** 3 *3 ff.*
Kündigung, insolvenzbedingte
siehe Insolvenzbedingte Kündigung
Kündigung, krankheitsbedingte
siehe Krankheitsbedingte Kündigung
Kündigung, ordentliche
siehe Ordentliche Kündigung
Kündigung, personenbedingte
siehe Personenbedingte Kündigung
Kündigung, sittenwidrige
siehe Sittenwidrige Kündigung
Kündigung, verhaltensbedingt
- Anzeige- und Nachweispflicht bei Pflege **365** 2 *16*
Kündigung, verhaltensbedingte
siehe Verhaltensbedingte Kündigung
Kündigung, vorfristige *siehe* Vorfristige Kündigung
Kündigungsabfindung *siehe auch* Abfindung
- betriebliche Altersversorgung, Abgrenzung **140** 1 *35*; 2 *10*
- betriebsbedingte Kündigung **160** 307 *18*; 611 *984, 989 ff., 1061, 1064, 1071, 1133, 1144*; 623 *13*; 626 *9*
- Fälligkeit **160** 611 *1064, 1133, 1148*
- gesetzliches Schuldverhältnis **160** 611 *989 ff.*; 623 *13*
- Höhe **160** 611 *1061 ff.*
- Schadensersatz, § 628 BGB **160** 628 *48*
- Turboprämie **160** 612a *16 f.*
- Vererbarkeit **160** 611 *991, 1133*
- Verrechnung mit Abfindung, BetrAVG **140** 3 *8*; **160** 611 *1028, 1967*
Kündigungsandrohung
- ehrenamtlicher Richter **50** 26 *7, siehe auch dort*
Kündigungsbeschränkung
- Änderungskündigung **320** 2 *109*
Kündigungsdrohung
- Rechtsplichtverstoß durch Arbeitgeber **160** 611 *1154*
Kündigungserklärung
- Abwesenheit des Empfängers **320** 1 *89*
- Änderungskündigung **320** 2 *9*
- Aushändigung an Vertreter **320** 1 *88*
- Auslegungsregel **320** 1 *72*
- Bedingungsfeindlichkeit **320** 1 *74 ff.*
- Bestimmtheit **320** 1 *72 f.*
- Einschreiben mit Rückschein **320** 1 *84*
- Einwurf-Einschreiben **320** 1 *85*
- Gerichtsvollzieher **320** 1 *86*
- gesetzliche Vertretung **320** 1 *50, 57 ff.*
- Insolvenzverwalter **320** 1 *50, 57*
- Minderjähriger **320** 1 *59 ff.*
- öffentliche Zustellung **320** 1 *87*
- Personalleiter **320** 1 *46*
- Postzustellung **320** 1 *83*
- Prokura **320** 1 *46, 49*
- Referatsleiter **320** 1 *46*
- Schriftform **320** 1 *56, 63 ff.*

- strengere Form als Schriftform **320** 1 *71*
- Übergabe-Einschreiben **320** 1 *83*
- Unterschrift **320** 1 *56*
- unverzügliche Zurückweisung **320** 1 *47*
- Vereinsvertreter **320** 1 *46*
- Vertretung **320** 1 *44 ff., siehe auch* Kündigungserklärung, gesetzliche Vertretung
- Vollmacht **320** 1 *45 ff.*
- Vollmacht bei Kündigungsempfang **320** 1 *51 ff.*
- Vollmachtsurkunde **320** 1 *49*
- Zugang **320** 1 *79 ff.*
- Zugang, Darlegungs-/Beweislast **320** 1 *79, 92*
- Zugangsvereitelung **320** 1 *91*
- Zugangsverhinderung/ -verzögerung **320** 1 *90*
Kündigungserschwerung
- Abfindung **160** 622 *34*
- allgemeiner Grundsatz **160** 345 *11*; 622 *31 ff.*; 623 *9*; 626 *7*; 628 *32*
- außerordentliche Kündigung **160** 626 *7*
- einseitige Verlängerungsoption **160** 622 *34*
- Entgeltüberzahlung **160** 614 *25*
- Form der Kündigung **160** 623 *9*
- Fristenparität **160** 622 *4, 25, 31 ff., 53, 57*
- Gratifikation **160** 622 *33*
- Kaution **160** 622 *34*
- Leiharbeitnehmer **100** 9 *34*
- Prämie **160** 622 *33 f.*
- Provision **160** 622 *34 f.*
- Schadensersatz, § 628 BGB **160** 628 *5*
- Umsatzbeteiligung **160** 622 *34*
- Vertragsstrafe **160** 345 *11*; 622 *34*; 626 *7*
Kündigungsfrist
- *siehe auch* Auslauffrist
- *siehe auch* Ausschlussfrist, § 626 Abs. 2 BGB
- *siehe auch* Vorfristige Kündigung
- Abdingbarkeit **160** 621 *4*; 622 *4, 10 ff.*
- Alterdiskriminierung, EG-Recht **160** 622 *46*
- älterer Arbeitnehmer **160** 622 *15*
- Änderungskündigung **160** 622 *8*
- Angestellter **160** 622 *1 ff.*
- Annahmeverzug **160** 615 *8, 35 f., 45*; 621 *8*
- Arbeiter **160** 622 *1 ff.*
- Arbeitgeber **160** 620 *1, 10*; 621 *3*; 622 *1 ff.*
- Arbeitnehmer **160** 620 *1, 10*; 621 *3*; 622 *1 ff.*
- arbeitnehmerähnliche Person **160** 621 *3*; 622 *6*
- Arbeitsvertrag/Arbeitsverhältnis **160** 620 *1, 10*; 621 *3*; 622 *1 ff.*
- Architekt **160** 621 *3*
- Arzt, Behandlungsvertrag **160** 621 *3, 13*
- Aushilfsarbeitsverhältnis **160** 611 *26*; 622 *21 f.*
- Auszubildender **160** 621 *5*; 622 *5, 39*
- BAT **160** 622 *6, 32*
- Beendigungskündigung **160** 622 *8*
- befristetes Arbeitsverhältnis **480** 14 *74*
- Berechnung **160** 621 *8*; 622 *2, 4*
- Betriebsratsmitglied **320** 15 *89 ff.*
- Betriebstreue **160** 622 *14*

Kündigungsfrist – Kündigungsschutz

- Betriebszugehörigkeitsdauer **160** 622 *1, 14, 43 ff.,* 62
- Bezugnahme auf Tarifvertrag **160** 622 *9, 17 ff.*
- Darlegungs- und Beweislast **160** 622 *68*
- Deputat **160** 621 *13*
- Direktunterrichtungsvertrag **160** 621 *4 f.*
- Elternzeit **160** 622 *38*
- entfristete ordentliche Kündigung **160** 621 *4;* 622 *12, 22*
- Feiertag **160** 621 *8, 10, 12;* 622 *40*
- Fernunterrichtsvertrag **160** 621 *5*
- fiktive Kündigungsfrist **160** 611 *252;* 614 *15;* 622 *62;* 626 *24, 125 f.;* 628 *43*
- Franchisevertrag **160** 621 *5*
- freier Mitarbeiter **160** 621 *1 ff.;* 622 *6*
- Fremdgeschäftsführer **160** 622 *7*
- Fristbeginn **160** 621 *8;* 622 *40*
- Fristende **160** 621 *8;* 622 *2, 4*
- Fristenparität **160** 622 *4, 25, 31 ff., 53, 57*
- Geschäftsführer **160** 621 *3;* 622 *7, 43*
- Gewinnbeteiligung **160** 621 *13*
- GmbH-Geschäftsführer **160** 624 *3*
- Grundkündigungsfrist **160** 611 *26;* 622 *1 ff., 21 ff., 41*
- Günstigkeitsprinzip **160** 622 *28*
- Günstigkeitsvergleich **160** 622 *27 f.*
- Handelsvertreter **160** 621 *5;* 622 *39;* 624 *1, 3, 5, 9*
- Handlungsgehilfe **160** 622 *5*
- Hausangestellte/Hausgehilfe **160** 622 *6;* 624 *1, 3, 5, 9*
- Heimarbeiter **160** 621 *5;* 622 *39*
- Inhaltskontrolle, AGB **160** 307 *86*
- Insolvenz **300** 113 *69 ff., siehe auch dort*
- insolvenzbedingte Kündigung **160** 613a *144, 232;* 621 *5, 36;* 626 *25;* 628 *31*
- Insolvenzverfahren **160** 622 *36*
- Jahreslohn **160** 621 *7, 12*
- Klagefrist Kündigungsschutzklage **160** 622 *69, 71*
- Kleinbetriebsklausel **160** 622 *5 f., 21, 23*
- Kündigung vor Dienstantritt **160** 622 *55*
- Lebensstellung/Dauerstellung **160** 624 *1, 5, 9*
- Leiharbeitnehmer **160** 622 *6*
- Minijob/geringfügig Beschäftigte **160** 622 *5*
- Monatslohn **160** 621 *7, 11*
- Nachweis, NachwG **160** 622 *66*
- NachwG **360** 2 *38, 53*
- Pflegesatz **160** 621 *13*
- Probezeit **160** 621 *5;* 622 *3, 48 ff.*
- Provision **160** 621 *13*
- Rechtsanwalt **160** 621 *3, 9*
- Sachbefristung **480** 14 *74*
- Sachbezüge **160** 621 *7, 13*
- Schifffahrt **160** 621 *5;* 622 *5, 39*
- schwerbehinderte Menschen **160** 622 *37;* 430 *86 4 f.*
- Sprecherausschuss-Richtlinie **460** 28 *1*
- Steuerberater/Steuerbevollmächtigter **160** 621 *3*

- Stückvergütung/Stücklohn **160** 621 *13*
- Tageslohn **160** 621 *9*
- Tariföffnungsklausel **160** 622 *4, 11 ff.*
- Teilzeitarbeit **480** 4 *9*
- Teilzeitarbeitnehmer **160** 622 *5 f., 23*
- Unklarheitenregel **160** 622 *25*
- Verdachtskündigung **160** 622 *8*
- verfristete Kündigung **160** 621 *8;* 622 *69*
- Vertragsfreiheit **160** 622 *25*
- Vertragshändler-Rahmenvertrag **160** 621 *5*
- Vertrauensstellung **160** 627 *3, 17*
- vorformulierte Klauseln im Arbeitsvertrag **160** 622 *29*
- vorfristige Kündigung **160** 621 *8;* 622 *52*
- Vorstand **160** 621 *3;* 622 *7*
- Wirtschaftsprüfer **160** 621 *3, 71*
- Wochenlohn **160** 621 *10*
- Zeitlohn **160** 621 *1, 7 ff.*

Kündigungsgrund
- Altersrente **410** 41 *8 ff.*
- Aufhebungsvertrag **160** 611 *1173 ff.*
- Beweisverwertungsverbot **160** 626 *155*
- Darlegungs- und Beweislast **160** 613a *165*
- entfristete ordentliche Kündigung **160** 622 *12*
- minderjähriger Auszubildender, Zugang **160** 115 *2;* 623 *34;* 626 *16*
- Mitteilung an Personalrat **170**, *33 ff.*
- Mutterschutz **160** 623 *34, 47;* 626 *16*
- Nachschieben von Kündigungsgründen **160** 611 *453;* 626 *63 f., 147 ff.*
- ordentliche Kündigung **320** 1 *187 ff.*
- Schadensersatz **160** 626 *17*
- Sprecherausschuss, Unterrichtung/Anhörung **460** 31 *3*
- subjektive Determinierung **170**, *51 ff.*
- Verletzung der Verschwiegenheitspflicht, Betriebs-/Geschäftsgeheimnis **460** 29 *8*
- Vertrauensstellung **160** 627 *18*
- Verwirkung, Nachschieben **160** 626 *148 f.*
- Verzeihung **160** 626 *9*

Kündigungsgründe, subjektive Determinierung
- öffentlicher Arbeitgeber **170**, *51 ff.*

Kündigungsschutz
- *siehe auch* Besonderer Kündigungsschutz
- *siehe auch* Kündigungsschutzklage
- *siehe auch* Kündigungsverbot
- allgemeine Voraussetzungen **320** 1 *99 ff.*
- Altersteilzeit **40** 8 *2 ff.*
- Anspruch auf Pflegezeit **365** 5 *2 ff.*
- Arbeitnehmer **320** 1 *100 ff.*
- arbeitnehmerähnliche Person **320** 1 *152*
- Arbeitnehmerüberlassung **100** 3 *19, 73 f.;* 10 *37 ff.*
- Arbeitsgruppenmitglieder **150** 28a *9*
- Arbeitskampf **320** 25 *1 ff.*
- Aufhebungsvertrag **320** 1 *38*
- Aufsichtsratsmitglied **330** 26 *5 ff.*
- Ausbildungsverhältnis **110** 23 *23, 41*

Kündigungsschutz – Kündigungsschutzklage

- ausgeschlossener Personenkreis **320** 14 *3 ff.*
- Aushilfsarbeitnehmer **320** 23 *28*
- ausländischer Arbeitnehmer **320** 1 *102*
- Auszubildender **320** 1 *103*
- Beamter **320** 1 *153*
- Berechnung Betriebsgröße **320** 23 *27 ff.*
- Berufsfreiheit **260** 12 *50, 52 f.*
- besondere Berufsgruppe **320** 1 *127 ff.*
- Bestandsschutz **320** 1 *10*
- betrieblicher Geltungsbereich **320** 1 *169 ff.*; 23 *1 ff., siehe auch* Kleinbetriebsklausel
- betrieblicher Geltungsbereich, Darlegungs- und Beweislast **320** 23 *41 ff.*
- Betriebsbegriff **320** 23 *8 ff.*
- Betriebsratsmitglied *siehe dort*
- Betriebsteil **320** 23 *13*
- Ein-Euro-Jobber **320** 1 *153a*
- einheitliches Arbeitsverhältnis **320** 1 *106*
- Entwicklung **320** 1 *5 ff.*
- Ersatzmitglied **150** 25 *18 ff.*; 103 *4*
- faktisches Arbeitsverhältnis **320** 1 *108*
- Familienangehöriger **320** 23 *25*
- Filiale **320** 23 *14*
- Franchisenehmer **320** 1 *131*
- freie Berufe **320** 1 *141*
- Funktionsträger **150** 103 *2 ff., 30 f.*
- Gaststättenbetreiber **320** 1 *132*
- Gemeinschaftsbetrieb **320** 23 *15 ff., 45*; **490** 322 *1 ff., siehe auch dort*
- Geschäftsführer **320** 1 *156*
- geschützter Personenkreis **320** 1 *91 ff.*
- Gesellschafter **320** 1 *154*
- Grundrecht **320** 1 *10 ff.*
- Grundstücksmakler **320** 1 *133*
- Handelsvertreter **320** 1 *135*
- Heimarbeit **320** 1 *125*
- Insolvenz, Anwendbarkeit **300** 113 *38 f.*
- Interessenausgleich, Altersgruppen **320** 1 *20*
- Job-Sharing **480** 13 *14 ff.*
- Jugend- und Auszubildendenvertretung **150** 103 *2*
- Kampagnebetrieb **320** 22 *1 ff., 5 ff.*; 23 *28*
- Kleinbetrieb **320** 1 *171, 475*; 23 *3, 21 ff.*
- Lehrpersonal **320** 1 *139*
- Leiharbeitsverhältnis **320** 1 *116 ff.*
- leitender Angestellter **320** 1 *156*; 14 *1 ff., 23 ff., siehe auch dort*
- Luftverkehr **320** 24 *1 ff.*
- Massenentlassungsanzeige *siehe dort*
- mittelbares Arbeitsverhältnis **160** 611 *32*
- Mutterschutz *siehe* Mutterschutz, Kündigungsverbot
- NachwG **360** Vor 1 *60*
- Normzweck **320** 1 *14*
- Organvertreter **320** 14 *3 ff., 15 ff.*
- Probearbeitsverhältnis **320** 1 *122*
- Prokurist **320** 1 *143*
- Prüfungsreihenfolge für Anwendbarkeit **320** 23 *46*
- Rechtswahl **220** 30, 8 Rom I *63 ff.*
- Saisonbetrieb **320** 22 *1 ff.*; 23 *28*
- Schwellenwert **320** 1 *169*; 23 *7, 21 ff.*; **490** 323 *10*
- Schwerbehindertenvertretung **150** 103 *5*
- See- und Binnenschifffahrt **320** 24 *1 ff.*
- Spaltung eines Betriebs **490** 322 *1 ff.*; 323 *1 ff.*
- Spaltung und Betriebs(teil-)übergang, anwendbare Vorschriften **490** 323 *10*, *siehe auch* Gemeinschaftsbetrieb
- Teilübertragung eines Betriebs **490** 322 *1 ff.*
- Teilzeitmitarbeiter **320** 1 *123*
- Tendenzbetrieb **320** 1 *114 f.*
- Übergangsmandat **150** 103 *6*
- unmittelbare Organvertretung **320** 14 *15 ff.*
- Urteilsverfahren **50** 46 *86 ff.*, *siehe auch* Kündigungsschutzklage
- Vereinsmitglied **320** 1 *148 f.*
- verfassungsrechtliche Verankerung **320** 1 *99*
- Vertretungsorgan einer juristischen Person **320** 14 *7 ff.*
- Verwaltung **320** 23 *19*
- Verzicht **320** 1 *18 ff.*
- Wahlbewerber **150** 103 *2*
- Wahlversammlung **150** 14a *4*
- Wahlvorstand *siehe dort*
- Wartezeit **320** 1 *157 ff.*
- Wartezeit, See- und Luftverkehr **320** 24 *9*
- Wehrdienst, Arbeitsplatzschutz **60** 2 *1 ff.*
- Werkswohnung, Wehrdienst **60** 3 *2 f.*
- Wirtschaftsausschuss **150** 107 *10, siehe auch dort*
- zwingendes Recht **320** 1 *15 ff.*

Kündigungsschutz, besonderer *siehe* Besonderer Kündigungsschutz

Kündigungsschutzgesetz
- Änderungskündigung außerhalb des KSchG **320** 2 *110 ff.*
- fehlender Schutzgesetzcharakter **320** 1 *22*

Kündigungsschutzklage *siehe auch* Klageverzicht
- Abfindungsanspruch **320** 9 *62*
- allgemeiner Feststellungsantrag **50** 46 *90 ff., siehe auch* Feststellungsantrag
- Annahmeverzug **160** 615 *15, 19 f., 31, 33, 45, 83 ff., 88*; 626 *146*
- Annahmeverzugslohn-Zahlungsklage **160** 615 *83 ff., 88*; 626 *146*
- Ausschlussfrist für Schadensersatzanspruch **160** 611 *872*
- außerordentliche Kündigung **50** 46 *98 ff.*
- Befristungskontrolle **50** 46 *122 f., siehe auch dort*
- Beschäftigungsantrag **50** 46 *124 f.*
- Bestandsschutz außerhalb des KSchG **50** 46 *101 f., siehe auch dort*
- Betriebsübergang **160** 613a *158 ff., 172*
- fehlerhafte Anhörung des Sprecherausschusses **460** 31 *4 f.*
- Feststellungsklage **160** 626 *145 f.*
- Frist **50** 46 *89*

Kündigungsschutzklage – Künftige Werke

- Gegenstand **50** 46 *87*
- Insolvenz **300** 113 *81 ff.*, *siehe auch dort*
- Klageantrag **50** 46 *86*
- kombinierter Klageantrag **50** 46 *95*, *siehe auch dort*
- Nichtfortsetzungserklärung **160** 611 *994*
- Rücknahme, Abfindung **320** 1a *25*
- Schadensersatz, § 628 BGB **160** 628 *53*
- Urlaubsanspruch **180** 7 *174 f.*
- verstreichenlassen der Klagefrist **320** 1a *8*
- Verzicht ohne Gegenleistung, AGB **160** 611 *1100*
- vorläufige Weiterbeschäftigung **170** *74 f.*
- Weiterbeschäftigungsantrag **50** 46 *126 f.*
- Widerspruch des Personalrats **170** 74, 78, *104 f.*

Kündigungsschutzklage, Verzicht
- bei Übergabe des Kündigungsschreibens **160** 623 *14*

Kündigungsschutzprozess
- allgemeine Feststellungsklage **320** 4 *46 ff.*
- anderer Klagegrund **320** 6 *7*
- Änderungskündigung *siehe dort*
- Annahmeverzug *siehe* Annahmeverzug, Kündigungsschutzprozess
- Arbeitsunfähigkeitsbescheinigung, Beweiswert **210** 5 *65*
- Auflösung wegen neuen Arbeitsverhältnisses **320** 12 *1 ff.*
- Auflösungsantrag *siehe dort*
- Ausschlussfrist **320** 4 *49*
- Aussetzung **50** 55 *25 ff.*
- Bergmannsversorgungsschein **320** 4 *40*
- Berufsausbildungsverhältnis **320** 4 *8*
- Beschäftigung währenddessen **320** 4 *49a*
- Bestreiten der Bevollmächtigung **320** 1 *48*
- Computerfax **320** 4 *23*
- Drei-Wochen-Frist **320** 4 *1 ff., 31 ff.*
- dringender betrieblicher Grund **320** 1 *71*
- erneute Kündigung **320** 1 *53*
- fehlende Schriftform der Kündigung **320** 1 *70*
- Feststellungsinteresse **320** 4 *24 f.*
- Feststellungsklage **320** 4 *8*
- Form der Klage **320** 4 *21 ff.*
- gerichtliche Zuständigkeit **320** 4 *18 ff.*
- Hinweis auf verlängerte Anrufung **320** 6 *16 ff.*
- Kirchenrecht **320** 4 *40*
- Klageabweisung **320** 4 *45*
- Klageantrag **320** 4 *9 f., 50*
- Klageart **320** 4 *8*
- Klageerweiterung **320** 4 *39*
- Klagefrist **320** 4 *1 ff., 31 ff.*; 13 *9 ff.*
- Klagefrist bei behördlicher Zustimmung **320** 4 *40 ff.*
- Klagefrist, See- und Luftverkehr **320** 24 *10 ff.*
- Klagerücknahme **320** 4 *43a*
- Klageschrift, Inhalt **320** 4 *11 ff.*
- Klageverzicht **320** 4 *26 ff.*
- Luftverkehr, Klagefrist **320** 4 *43*
- nachträglich geltend gemachter Unwirksamkeitsgrund **320** 6 *1 ff.*
- nachträgliche Änderung oder Erweiterung des Streitgegenstands **320** 6 *1 ff., 7*
- nachträgliche Zulassung *siehe* Klage nach § 5 KSchG, nachträgliche Zulassung
- neue Kündigung **320** 6 *21*
- neues Arbeitsverhältnis **320** 12 *1 ff.*
- Partei **320** 4 *12 ff.*
- Prozessvollmacht **320** 1 *53 f.*
- Prüfung der unternehmerischen Entscheidung **320** 1 *375 ff.*
- punktueller Streitgegenstand **320** 4 *44*
- rechtsgeschäftlicher Mangel **320** 4 *7*
- Rubrumsberichtigung **320** 4 *17*
- Rücknahme der Kündigung **320** 1 *97*
- rügeloses Verhandeln zur Klagefrist **320** 4 *39*
- Schifffahrt **320** 4 *43*
- Streitwert **320** 4 *51 f.*
- ungenaue Parteibezeichnung **320** 4 *17*
- ursprüngliche Änderungsschutzklage **320** 6 *9*, *siehe auch* Änderungsschutzklage
- ursprüngliche Leistungsklage **320** 6 *10 f.*
- Verjährung **320** 4 *48*
- verlängerte Anrufungsfrist **320** 6 *1 ff.*
- Wahlrecht, unwirksame Kündigung und neues Arbeitsverhältnis **320** 12 *1 ff.*
- Wehrdienstleistender, Klagefrist **320** 4 *42*
- Wettbewerbsverbot **290** 60 *6*
- Widerklage **320** 4 *39*
- Wirksamkeitsfiktion **320** 7 *1 ff.*
- Zugang der Kündigung **320** 4 *32 ff.*
- Zulassung verspäteter Klage *siehe* Klage nach § 5 KSchG, nachträgliche Zulassung
- Zwischenverdienst, Anrechnung **320** 11 *1 ff.*

Kündigungsverbot
- Änderungskündigung **320** 2 *109*
- Anfechtungsrecht **160** 611 *429*
- Arbeitsplatzschutz **60** 2 *1 ff.*; 8 *4*
- Arbeitszeitänderung bei Teilzeitarbeit **480** 11 *1 f.*
- Betriebsratsmitglied **320** 15 *4, 42 f.*
- Betriebsübergang **160** 611 *1027*; 613a *8, 92, 145 ff., 156, 193*; 622 *59*; **490** 324 *16*
- Elternzeit **130** 18 *4 ff.*
- Handelsvertreter **60** 8 *4*
- Job-Sharing **480** 13 *15*
- Klagefrist **320** 13 *22*
- Teilzeitarbeitnehmer **160** 612a *12*
- Verbotsgesetz § 5 PflegeZG **365** 5 *7*
- Wehrdienst **60** 2 *1 ff.*; 8 *4*

Kündigungsvollmacht
- Prokurist **320** 1 *46, 49*

Künftige Werke
- Arbeitsvertrag **495** 40 *6 ff.*
- Beendigung des Arbeitsverhältnisses **495** 40 *5*
- potenzielles Verfügungs- und Verwertungsrecht **495** 40 *3*

- rechtliche Bindung **495** 40 *4*
- Rechtsweg **495** 40 *11*
- Schriftformerfordernis **495** 40 *1 f.*
- Tarifvertrag **495** 40 *9, 12*
- Weisungsrecht **495** 40 *7*

Künftiges Arbeitseinkommen
siehe Arbeitseinkommen, künftiges

Kunstfreiheit
- befristetes Arbeitsverhältnis **480** 14 *43 ff.*

Künstler
- Arbeitnehmer, Abgrenzung **160** 611 *104*
- Dienstvertrag **160** 611 *142*
- Probezeit **160** 622 *49*

Kurheim
- Arbeitszeit **80** 5 *10*

Kurierdienstfahrer
- Arbeitnehmer, Abgrenzung **160** 611 *104*

Kurklinik
- Arbeitszeit **80** 10 *12*

Kurort
- Arbeitszeit, Verkaufsstellen **80** 9 *24*

Kurzarbeit 150 87 *68 ff.*; **250** 106 *23*,
siehe auch Kurzarbeitergeld
- Annahmeverzug **160** 611 *523*; 615 *17, 31, 36, 41, 61*
- Arbeitnehmerüberlassung **100** 1 *38, 40 f.*; 1a *3*; 11 *39*
- Ausbildungsverhältnis **110** 3 *11*; 12 *9*
- betriebsbedingte Kündigung **320** 1 *367, siehe auch dort*
- Betriebsvereinbarung/Mitbestimmung des Betriebsrats **160** 307 *50*; 315 *26*; 611 *523*; 615 *17*
- Direktionsrecht **160** 315 *26*; 611 *523*; 615 *17*
- Entgeltfortzahlung **210** 2 *29, 62 ff.*; 3 *48*; 4 *62 ff.*
- Ermächtigungsgrundlage **160** 315 *26*; 611 *523*; 615 *17*
- Kurzarbeitergeld **160** 307 *50*; 611 *523, 941*; 615 *17*
- Kurzarbeitsklausel, AGB **160** 307 *50*
- Massenentlassung **160** 615 *17*
- Tarifvertrag **160** 307 *50*; 315 *26*; 615 *17*
- Urlaub **180** 11 *26, 44*
- Urlaubsberechnung **180** 3 *30a*

Kurzarbeit in Sperrfrist
- Beteiligung des Betriebsrats **320** 19 *7*
- Entscheidung der Agentur für Arbeit **320** 20 *3 ff.*
- Kurzarbeitergeld **320** 19 *8*
- Voraussetzungen **320** 19 *3 ff.*
- Zulässigkeit **320** 19 *1 ff.*
- zuständige Behörde **320** 19 *9*

Kurzarbeitergeld *siehe auch* Saison-Kurzarbeitergeld
- Annahmeverzug **160** 615 *17*
- Arbeitskampfrisiko **160** 615 *82*
- Krankengeld **400** 49 *7*
- Pfändung **500** 850k *5*
- Zuständigkeit **50** 2 *38*

Kurzerkrankung, häufige
- Beweislast **50** 58 *73, siehe auch dort*
- krankheitsbedingte Kündigung **320** 1 *261 ff.*

Küstenwache
- Arbeitszeit **80** 12 *10*

Ladenöffnungszeiten
- Einzelhandel **180** 1 *24*
- Ländergesetze **80** 9 *24 f.*
- Rechtsprechung **80** 9 *25a*

Ladenschlussgesetz
- nach Bundesländern **80** 9 *24*

Ladungsfrist 50 47 *9 f.*
- Versäumnisurteil **50** 59 *5*

Lagebericht
- Europäische Genossenschaft **368** 36 *1, 2*

Lagerbetrieb
- Arbeitszeit **80** 13 *23*

Länderausschuss für Arbeitsschutz und Sicherheitstechnik
- Arbeitszeit **80** 13 *13*
- Handlungsanleitungen **70** 9 *16*

Länderbericht Frankreich
siehe Französisches Arbeitsrecht

Länderbericht Großbritannien
siehe Britisches Arbeitsrecht

Länderbericht Niederlande
siehe Niederländisches Arbeitsrecht

Länderbericht Polen *siehe* Polnisches Arbeitsrecht

Länderbericht Spanien
siehe Spanisches Arbeitsrecht

Länderbericht Tschechische Republik
siehe Tschechisches Arbeitsrecht

Länderbericht Ungarn
siehe Ungarisches Arbeitsrecht

Länderkompetenz
- Gesetzgebung **260** Vor 1 *2 ff.*

Landesarbeitsgericht
- Ausschuss der ehrenamtlichen Richter **50** 38 *1 ff.*
- Berufungsbeschränkung **50** 65 *2 ff.*
- Beschwerdeentscheidung **50** 78 *28 f., siehe auch* Beschwerde
- ehrenamtlicher Richter **50** 37 *1 ff., siehe auch dort*
- Nichtzulassung der Revision **50** 72a *1 ff.*
- Prozessvertretung **50** 11 *33 ff.*
- Rechtsbeschwerde gegen Entscheidung **50** 78 *30 ff.*
- Revisionszulassung **50** 72 *11 ff., 37 ff.*
- Zuständigkeit **50** 8 *3*

Landesdatenschutzbeauftragter 120 38 *2 f.*

Landespersonalvertretungsangelegenheit
- Rechtsbeschwerdeverfahren **50** 92 *18*

Landwirtschaft
- Arbeitsschutz **70** 2 *1*
- Arbeitszeit **80** 5 *9, 14*; 6 *60, 61*; 7 *35*; 9 *22*; 10 *41 f.*
- Obst/Gemüse, Deputat **160** 611 *648*

Lang anhaltende Krankheit
siehe Krankheit, lang anhaltende
Langzeitarbeitsvertrag
– Kündbarkeit **480** 15 *12 ff.*
Langzeiterkrankung *siehe auch* Krankheit
– Altersteilzeit **40** 2 *38, 41*; 10 *3 ff.*
Laserschutzbeauftragter
– Arbeitsschutz **70** 13 *3*
Laufende Leistung
siehe auch Laufende Leistung, Anpassung
– Auszehrungsverbot **140** 5 *2, 4 ff.*; 28 *1*
– Barwert, Übertragungswert **140** 4 *31*
– Einstellung der Betriebstätigkeit **140** 4 *29 f.*
– Kapitalwert, Übertragungswert **140** 4 *32*
– Liquidation **140** 4 *29 f.*
– Nichtübertragbarkeit **140** 4 *9 f.*
– Rechtsfolgen der Übertragung **140** 4 *33*
– Übertragung/Übernahme **140** 4 *1 ff., 11 ff.*
– Übertragungsanspruch/einseitiges Übertragungsrecht des Arbeitnehmers **140** 4 *21 ff., 26 ff.*
– Übertragungswert **140** 4 *31 f.*; 30b *1*
Laufende Leistung, Anpassung
– Abkoppelungstheorie **140** 16 *44*
– Abwicklungsgesellschaft **140** 16 *6, 33*
– angemessene Eigenkapitalverzinsung **140** 16 *31 ff.*
– Anpassung an die wirtschaftliche Entwicklung **140** 1 *132*; 5 *1 f., 8 f., 12*; 16 *31*
– Anpassung im Konzern **140** 16 *35 ff.*
– Anpassungsbedarf **140** 16 *21 ff., 58, 60*; 30c *6*
– Anpassungsberechtigter **140** 16 *10*
– Anpassungsentscheidung **140** 16 *43 ff.*
– Anpassungsgarantie **140** 4 *34*; 5 *8*; 16 *49 ff., 65*
– Anpassungsklausel **140** 16 *7*; 30c *2*
– Anpassungsmaßstab **140** 16 *3 f., 21, 26*
– Anpassungsschuldner **140** 16 *5 ff.*
– Anpassungsverfahren **140** 16 *21 ff.*
– Ausnahme von der Anpassungsprüfungs- und -entscheidungspflicht **140** 16 *49 ff.*; 30c *1*
– Auszahlungsplan **140** 16 *3, 64*
– Beitragszusage mit Mindestleistung **140** 16 *57*
– Berechnungsdurchgriff, konzernrechtliche Verflechtung **140** 16 *35, 37 ff.*
– Betriebs-/Geschäftsgeheimnis **140** 16 *48*
– billiges Ermessen **140** 16 *43 ff.*; **160** 315 *63*
– Darlegungs- und Beweislast **140** 16 *48*
– doppelter Berechnungsdurchgriff **140** 16 *40*
– Eigenkapitalauszehrung **140** 16 *34*
– Entgeltumwandlungszusage **140** 1a *21*; 16 *62 f.*; 30c *7*
– Erbe, Anpassungsschuldner **140** 16 *5, 32*
– Gegenstand der Anpassungsverpflichtung **140** 16 *11 ff.*
– Gewinnbeteiligung **140** 16 *11*
– Gleichbehandlungsgrundsatz **140** 16 *43 ff.*
– Hälftelungsanpassung **140** 16 *19*

– Mindestanpassung, 1 % **140** 16 *55, 62*; 30c *2 ff.*; 30e *4*
– nachholende Anpassung **140** 16 *3, 58 ff.*; 30c *5 f.*
– nachträgliche Anpassung **140** 16 *61*
– nettolohnbezogene Obergrenze/Reallohnentwicklung **140** 16 *26 ff., 43, 16*
– Nominalwertprinzip **140** 16 *1*
– Rentnergesellschaft **140** 16 *6, 33*
– Sterbegeld **140** 16 *11*
– Stillhaltegrenze **140** 16 *10*
– Teuerungsausgleich/Geldentwertung/Inflation/Kaufkraftverlust **140** 4 *34*; 16 *1, 4, 7, 10, 13, 17, 19, 22 ff., 27, 29 ff., 41, 43, 50, 60, 65*; 30c *7*
– Überbrückungsleistung **140** 16 *11*
– Übergangsgeld **140** 16 *11*
– Überschussverwendung **140** 16 *56 f., 62*; 30e *3*
– unterbliebene Anpassung **140** 16 *58 ff.*; 30c *5 f.*
– Verbraucherpreisindex/Preisindex/Warenkorb 2000 **140** 16 *23 f., 26 f.*; 30c *7*
– Verjährung **140** 18a *6*
– Vertrauenstatbestand, Konzern **140** 16 *35 f.*
– Vorruhestandsgeld **140** 16 *11*
– wirtschaftliche Lage des Arbeitgebers **140** 16 *29 ff., 35 ff., 43, 50, 58, 63*
– Zeitrahmen **140** 16 *16 ff.*
Leasing
– Dienstwagen **160** 611 *1090 f.*
Lebensalter
– Arbeitnehmerhaftung **160** 611 *884, 900, 902*
– Sozialauswahl **160** 315 *34 f.*; **320** 1 *524 ff.*; 2 *100*
– Sozialauswahl, Wiedereinstellungsanspruch **160** 315 *34 f.*
Lebensarbeitszeitverkürzung
– übergesetzlicher Tarifurlaub **180** 3 *6*
Lebenslauf
– Auswahltestverfahren **160** 611 *311 ff.*
– graphologisches Gutachten **160** 611 *311 ff.*
Lebenspartner
– Dritthaftung bei Entgeltfortzahlung **210** 6 *12 f.*
Lebenspartnerschaft
– Entgeltgleichheit **230** 141 *32*
– vorübergehende Verhinderung **160** 616 *10 f.*
Lebensstellung
– Befristung **160** 622 *64*; 624 *4*
– Kündigungsfrist **160** 624 *1, 5, 9*
– Sonderkündigungsrecht **160** 622 *64*; 624 *1 ff.*
– Unkündbarkeit **160** 622 *64*; 624 *7*
Lebensversicherung
– betriebliche Altersversorgung, Abgrenzung **140** 1 *41*
Lebenszeitarbeitsvertrag
– Arbeitsvertrag **160** 611 *408, 751*; 622 *57*; 624 *1 ff.*
– Sittenwidrigkeit **160** 611 *408*; 624 *6*
Lehrauftragsverhältnis
– stillschweigende Verlängerung **160** 625 *3*
Lehrer
– Arbeitnehmer, Abgrenzung **160** 611 *104, 485*

Lehrling *siehe* Auszubildender
Leibesvisitation 260 2 *61*
– Duldungspflicht **160** 611 *580*
Leiharbeit *siehe auch* Arbeitnehmerüberlassung
– befristetes Arbeitsverhältnis **480** 14 *96*
– betriebsbedingte Kündigung **320** 1 *367*
– Kündigungsschutz **320** 1 *116 ff.*
– Sonderkündigungsschutz schwerbehinderter Menschen **430** 86 *4*
Leiharbeitnehmer
– sieh auch Leiharbeitsvertrag
– *siehe auch* Arbeitnehmerüberlassung
– *siehe auch* Leiharbeitsverhältnis
– Abschlussverbot **100** 9 *32 ff.*
– aktive Wahlberechtigung **150** 7 *1, 11 ff.*
– Anschlussbefristung **480** 14 *96*
– Arbeitnehmereigenschaft **150** 1 *43*; 5 *21 ff.*; 38 *3*
– Arbeitnehmererfindung **100** 11 *28 ff.*
– Arbeitnehmerhaftung **160** 611 *890*; 619a *3*
– Arbeitsschutz **70** 12 *5 ff.*
– Arbeitsschutz/Arbeitssicherheit **70** 7 *2, 4*; 8 *1, 4, 8 f.*
– Arbeitszeit **80** 2 *35*
– Arbeitszeugnis **100** 12 *16*
– Aufsichtsratswahlteilnahme **190** 5 *3*
– Auskunftsanspruch gegen Entleiher **100** 10 *65*; 13 *1 ff.*
– Auslandsbezug **220** 30, 8 Rom I *24*
– Befristungsgrund **480** 14 *25*
– Betriebsarzt **90** 2 *15*
– betriebsverfassungsrechtliche Rechte im Entleiherbetrieb **100** 14 *1, 8 ff.*
– betriebsverfassungsrechtliche Zuordnung **100** 14 *1, 3 ff.*
– Darlegungs- und Beweislast für Schadensersatzanspruch **100** 10 *52*; 11 *34*
– Eingliederung in den Betrieb **150** 99 *13*
– Eingruppierung **150** 99 *47*
– Einstellung **150** 99 *39, siehe auch dort*
– Erfüllungsgehilfe **100** 1 *19, 21, 23, 26*; 12 *10*
– Fahrzeit als Arbeitszeit **160** 611 *508*
– Gemeinschaftsrecht **230** Richtlinien *39 ff., 59*
– Kündigungserschwerung **100** 9 *34*
– Kündigungsfrist **160** 622 *6*
– Leiharbeitsverhältnis **100** 1 *10 f., 15 ff.*; 9 *36 f.*; 11 *1, 4, 39, siehe auch dort*
– Leiharbeitsvertrag **100** 1 *8, 10, siehe auch dort*
– Merkblatt **100** 11 *13 ff.*; 16 *17*
– Nachweispflicht **360** Vor 1 *65*
– Personalakte/Personalunterlagen **100** 14 *5, 13*
– Schadensersatzanspruch gegen Entleiher **100** 1 *9, 13*
– Schadensersatzanspruch gegen Verleiher, Vertrauensschaden **100** 10 *46 ff., 66*; 11 *34*
– Schlechtleistung **100** 12 *10, 27*
– Schutzmaßnahme **160** 618 *9, 12*
– Tod **100** 12 *9*

– Umgruppierung **150** 99 *49*
– Verrichtungsgehilfe **100** 12 *11*
– Vertragsbruch **100** 12 *17*
– Vertragsstrafe **100** 9 *31, 34*; 11 *4, 37*
– Vorleistungspflicht **100** 12 *13*
– Wählbarkeit **150** 8 *8*
– Wählerliste **150** 18 *6, 8*
– Wettbewerbsverbot **100** 9 *33*
Leiharbeitsverhältnis *siehe auch* Leiharbeitsvertrag
– Arbeitnehmerüberlassung **100** 1 *10 f., 15 ff.*; 9 *36 f.*; 11 *1, 4, 39*
– aufgespaltene Arbeitgeber-Funktion **160** 611 *136*
– Begriff **160** 611 *28*
– mittelbares Arbeitsverhältnis, Abgrenzung **160** 611 *30*
– Unfallversicherung **420** 104 *8, 10a*
– Zuständigkeit **50** 2 *39*
Leiharbeitsvertrag
– Anfechtung **100** 10 *9*
– Befristung **100** 3 *68 ff.*
– Inhalt, Dreiecksbeziehung **100** 1 *8*
– Kündigung **100** 1 *11*
– Unwirksamkeit **100** 1a *7*; 1b *10*; 9 *3 ff., 12 f.*; 10 *3, 47 ff., 54*
– Verwirkung **100** 10 *10*
Leistung, wiederkehrende *siehe auch* Streitwert
– Streitwertberechnung **50** 12 *35 ff. 45 ff.*
Leistungs- und Teilhaberecht Behinderter 260 3 *43*
Leistungsabhängige Entscheidungsquote
siehe Entscheidungsquote, leistungsabhängige
Leistungsanreize
– Vorstandsvergütung **30** 87 *16 ff.*
Leistungsantrag
– Beschlussverfahren **50** 81 *3, siehe auch dort*
Leistungsbestimmungsrecht
– *siehe auch* Billiges Ermessen
– *siehe auch* Weisungsrecht
– abgestufte Darlegungs- und Beweislast **160** 315 *39, 66 ff.*; 319 *25 f.*; 611 *717 f.*
– Abschlussprüfer, Dritter **160** 319 *6*
– AGB, unangemessene Benachteiligung **160** 315 *9*
– Akkordansatz/Akkordänderung **160** 319 *12, 23*
– Änderungskündigung **160** 315 *19, 27 f., 33, 48, 51*
– Angemessenheitskontrolle **160** 315 *5*
– Arbeitnehmer **160** 315 *1, 32, 74*
– arbeitnehmerähnliche Person **160** 315 *18*
– Arbeitnehmerüberlassung **160** 319 *10*
– Arbeitszeit **160** 315 *23 ff., 30, 32, 37 f., 50*
– Aufstiegsprämie **160** 319 *18*
– Ausübungskontrolle **160** Vor 305-310 *13*; 310 *21*; 315 *5, 52*
– Bedeutung **160** 315 *1 ff.*
– Behörde, Dritter **160** 319 *4*
– Bestimmungsfrist **160** 315 *73 f.*; 319 *23, 28*
– Betriebsbuße **160** 315 *61*
– Billigkeitskontrolle **160** Vor 305-310 *13*; 315 *5, 18 ff.*; 611 *475, 713 ff., 724*

- chemische Industrie, MTV **160** 315 *28a*
- DFB-Sportgericht, Dritter **160** 319 *5*
- Direktionsrecht **160** 315 *1 ff., 17 f., 63*
- doppelte Rechtskontrolle **160** 315 *5*
- Dritter als Leistungsbestimmer **160** 319 *1 ff.*
- einfache Unbilligkeit **160** 319 *20*
- einfaches Ermessen **160** 315 *8*
- Eingruppierung/Umgruppierung **160** 315 *29*
- Einigungsmangel **160** 315 *7*
- freies Belieben **160** 315 *8 f.;* 319 *24, 26*
- freies Ermessen **160** 315 *8*
- Freistellung **160** 315 *31*
- Freiwilligkeitsvorbehalt **160** 315 *45 ff.*
- Gericht, Dritter **160** 319 *4*
- Gewinnbeteiligung **160** 315 *42*
- Gleitzeit **160** 315 *1*
- grobe Unbilligkeit/offenbare Unbilligkeit **160** 319 *7 ff., 17 ff., 22, 25*
- halbseitige Unwirksamkeit **160** 315 *6, 13*
- Handelsvertreter **160** 315 *18*
- kirchenrechtliche Kommission, Dritter **160** 319 *7 ff.*
- Klageart **160** 315 *69 ff.*
- Klagefrist **160** 315 *73*
- Kurzarbeit **160** 315 *26*
- Leistungsbestimmungsvornahmeklage **160** 315 *14, 70, 72*
- mehrere Dritte **160** 319 *11*
- offenbare Unrichtigkeit **160** 319 *6, 14, 16, 19, 22, 25, 27*
- paritätische besetzte Kommissionen **160** 319 *2, 7 ff., 27 f.*
- Provision **160** 315 *10*
- richterliche Ersatzleistungsbestimmung/gerichtliche Bestimmung **160** 315 *6, 13 ff., 39 f., 44;* 319 *17 ff., 22 ff.*
- Schiedsgutachtenverträge **160** 319 *3, 13 ff., 19, 25*
- soziale Auswahl **160** 315 *34 ff.*
- Spielerrat, Dritter **160** 319 *5, 18*
- Suspendierung **160** 315 *31*
- Tarifvertrag **160** 315 *19 ff.*
- Überstunden, Abgeltung/Ausgleich **160** 315 *1*
- Umsetzung **160** 315 *28*
- Urlaubsgewährung **160** 315 *64*
- Vergütung **160** 612 *32*
- Verhältnismäßigkeit **160** 315 *12*
- Verjährung, Beginn **160** 199 *9*
- Versetzung **160** 315 *29, 33*
- Verzögerung **160** 315 *6, 15, 39 f.;* 319 *23, 26, 28*
- Widerrufsvorbehalt **160** 315 *45, 47 ff.*
- Willenserklärung, Ausübung **160** 315 *10 f.*
- Willkürkontrolle **160** 315 *8, 12*
- Zielvorgabe **160** 315 *39 ff.*
- Zustimmungsfiktion **160** 315 *73*

Leistungsbeurteilung
siehe auch Dienstliche Regelbeurteilung
- Angestellter **160** 319 *15*

Leistungsentgelt *siehe* Lohngrundsätze
- Altersteilzeit **40** 15 *2*

Leistungsklage *siehe auch* Kombinierte Anfechtungs- und Leistungsklage
- Annahmeverzugslohn **160** 615 *87 ff.;* 626 *146*
- betriebliche Altersversorgung **140** 4a *11;* 10 *5;* 11 *8, 12 f., 15, 17;* 16 *47*
- Bruttolohn **160** 611 *788 ff.*
- Entschädigung bei Arbeitnehmerüberlassung **100** 4 *19;* 5 *22;* 11 *32*
- Krankenfürsorge **160** 617 *21*
- Leistungsbestimmungsvornahmeklage **160** 315 *14, 70, 72*
- Streitwertfestsetzung **50** 12 *61*
- Unterbrechung der Verjährung **30** 93 *56*
- Urlaubsgewährung **50** 46 *165 ff.*
- Verjährungshemmung **160** 204 *4*
- Vorstand, Herabsetzung der Gesamtbezüge **30** 87 *26 f., 32 ff.*

Leistungskontrolle
siehe Technische Kontrolleinrichtung

Leistungsmangel
- krankheitsbedingte Kündigung **320** 1 *293*

Leistungsminderung
- Änderungskündigung **320** 2 *65 f.*
- krankheitsbedingte Kündigung **320** 1 *391*
- personenbedingte Kündigung *siehe dort*

Leistungsort
- Arbeitsverhältnis **160** 611 *494 ff.*

Leistungsstörung
- *siehe auch* Annahmeverzug
- *siehe auch* Schadensersatz
- *siehe auch* Schlechtleistung
- *siehe auch* Verzug
- Arbeitsverhältnis **160** 611 *799 ff.*
- Leistungsverzug des Arbeitnehmers **160** 611 *808 f., 839 f.*
- Nichtleistung des Arbeitgebers **160** 611 *808 f., 848 ff.*
- Nichtleistung des Arbeitnehmers **160** 611 *808 ff.*
- Pflichtverletzung **160** 611 *808 f.*
- Schuldnerverzug **160** 611 *808 f., 856 ff.*
- Unmöglichkeit **160** 611 *808 f., 812 ff.*
- Verzug des Arbeitgebers **160** 611 *808 f., 855 ff.*

Leistungsträger
- Sozialauswahl **160** 612a *12*

Leistungsunfähigkeit, dauernde *siehe* Dauernde Leistungsunfähigkeit

Leistungsverdichtung
- betriebsbedingte Kündigung **320** 1 *372, 459 ff.*

Leistungsverfügung 50 62 *51*

Leistungsverhältnis
- betriebliche Altersversorgung **140** 1 *42, 48 ff., 66*

Leistungsverweigerungsrecht
siehe auch Zurückbehaltungsrecht
- Annahmeverzug **160** 615 *19, 32, 37, 45, 61, 86;* 618 *31*

- Asbestbelastung am Arbeitsplatz **160** 618 *31*
- Darlegungs- und Beweislast **160** 615 *86*
- Einrede des nichterfüllten Vertrags **160** 199 *4*; 215 *3*; 309 *5*; 611 *189, 377*; 614 *1, 16 f.*; 615 *65*
- Gewissenskonflikt **160** 611 *809, 821*; 615 *20*; 616 *17*; 626 *47*
- Hemmung der Verjährung **160** Vor 194-218 *10*; 205 *1 f.*; 214 *2 ff.*
- Kündigung **160** 614 *16*
- kurzzeitige Pflege **365** 2 *10*
- Leistungsbestimmungsrecht, billiges Ermessen **160** 315 *15*
- Lohnrückstand **160** 611 *377*; 615 *37, 45, 61*
- Religionsfreiheit **160** 611 *821*; 616 *17*
- Schutzmaßnahme **160** 618 *31*
- Unsicherheitseinrede **160** 614 *17*
- Verletzung von Arbeitsschutzvorschriften **70** 9 *7, 11 ff.*; **160** 611 *191*; 615 *32*
- Verstoß gegen ArbZG **80** 2 *53*; 6 *58*
- vorzeitige Altersleistung **140** 6 *16, 21*
- Zahlungsverzug **160** 614 *16 f.*

Leistungsverweigerungsrecht des Arbeitnehmers *siehe* Arbeitnehmer, Leistungsverweigerungsrecht

Leistungszusage, beitragsorientierte *siehe* Beitragsorientierte Leistungszusage

Leitende Fachkraft für Arbeitssicherheit *siehe* Fachkraft für Arbeitssicherheit

Leitender Angestellter *siehe auch* Sprecherausschuss
- Abfindung bei Auflösungsantrag **320** 14 *39*
- Abfindungshöhe **160** 611 *1061*
- Änderungskündigung **320** 14 *38*
- Arbeitnehmerbegriff, Abgrenzung **160** 611 *87 ff.*
- Arbeitnehmerhaftung **160** 611 *890*; 619a *3*
- Arbeitslosengeld, Sperrzeit **380** 144 *42*
- Arbeitszeit **80** 2 *6, 35*; 3 *2*; 9 *8*; 14 *1 f.*; 18 *3 f.*; 22 *5*; **460** 1 *4*
- AT-Angestellter, Abgrenzung **160** 611 *89*
- Auflösungsantrag **320** 9 *22*, *siehe auch dort*
- Auflösungsantrag des Arbeitsgebers **320** 14 *36 ff.*
- Aufsichtsrat **160** 611 *88*
- Aufsichtsratswahl **330** 15 *2, 6*
- Auslegungshilfe **150** 5 *68 ff.*
- Ausschreibung von Arbeitsplatz **150** 93 *9*
- außerordentliche Kündigung **320** 14 *46*
- außerordentliche verhaltensbedingte Kündigung **160** 626 *41*
- Begriff **150** 5 *45 ff.*; 105 *2*; **320** 14 *25 ff.*
- Begriff, Sprecherausschuss **460** 1 *2*
- Betriebsleiter **320** 14 *28*
- Betriebsübergang **160** 613a *14*
- Darlegungs- und Beweislast bei Auflösungsantrag **320** 14 *45*
- Einsichtsrecht in Personalakte **460** 26 *2*
- Einstellungsberechtigung **320** 14 *30 ff., 44*
- Entlassungsberechtigung **320** 14 *30 ff., 44*
- Fachkammer **50** 30 *6*
- Geprägetheorie **150** 5 *62*

- Geschäftsführer **160** 611 *96, 98 f.*; **320** 14 *27*
- Grundsätze für die Behandlung **460** 27 *1 f.*
- Klagefrist Kündigungsschutzklage **460** 31 *4*
- Kündigung **150** 102 *14, 98*; 105 *4, 10*; **320** 14 *1 ff.*
- Kündigung, Sprecherausschuss **460** 31 *1 ff.*
- Kündigungsschutz **320** 1 *156*; 14 *1 ff.*
- Maßregelungsverbot **160** 612a *5*
- Mitbestimmung **160** 611 *88*
- modifizierter Kündigungsschutz **320** 14 *24, 33 ff.*
- personelle Veränderung **150** 105 *3 f.*
- Prokura **290** 48 *14*
- Prüfungspflicht **160** 611 *87*
- Rechenschaftspflicht **160** 611 *87*
- Sonderkündigungsschutz schwerbehinderter Menschen **430** 86 *4*
- Sprecherausschuss **160** 611 *88*, *siehe auch dort*
- Statusverfahren **150** 18a *1, 11*
- Überwachungspflicht **160** 611 *87*
- Ungleichbehandlung/Benachteiligung **460** 27 *1*
- Unterrichtungsanspruch des Betriebsrats **150** 99 *13*; 105 *5 ff.*
- Unterstützung durch Sprecherausschuss **460** 26 *1 f.*
- Versammlung, Arbeitsbefreiung/Kosten **460** 15 *1*
- Vorstand **160** 611 *96, 98 f.*
- wichtiger Grund, Sperrzeit **160** 611 *1144*
- Zuordnungsverfahren **150** 18a *3 ff.*
- Zuordnungsverfahren, BetrVG **460** 1 *2, 9*; 8 *2*; 29 *2*

Leitender Arbeitnehmer im öffentlichen Dienst
- Arbeitszeit **80** 18 *6*
- Kündigung, Personalrat **170**, 9
- Leiter der Personalstelle, Arbeitszeit **80** 18 *6*

Leitender Betriebsarzt *siehe* Betriebsarzt

Leiter der Abteilung für Personal- und Verwaltungsangelegenheiten
- Beteiligung des Personalrats bei Kündigung **170**, *13, 15*
- Vertreter des Dienststellenleiters **170**, *13, 15*

Leiter der Personalstelle
- Arbeitszeit **80** 18 *6*
- leitender Arbeitnehmer im öffentlichen Dienst, Arbeitszeit **80** 18 *6*

Leiter einer Dienststelle *siehe* Dienststellenleiter

Leiter Human Resources
- Stellvertretung **160** 611 *985*

Leitstelle für den Feuerschutz
- Arbeitszeit **80** 5 *11*

Lektor
- Arbeitnehmer, Abgrenzung **160** 611 *104*

Lernschwestern/Lernpfleger
- Urlaubsanspruch **180** 2 *5*

Lex loci laboris 220 30, 8 Rom I *3*

Liquidation
- Abfindungsverbot, BetrAVG **140** 3 *9, 22, 27 ff.*
- Übertragung unverfallbarer Anwartschaft und laufender Leistung **140** 4 *29 f.*

Liquidationsvergleich
– betriebliche Altersversorgung, Insolvenzsicherung **140** 7 *21 ff.*; 9 *17*
Liquidator
– Treuhandgesellschaft, Abgrenzung Arbeitnehmer **160** 611 *104*
Lizenzfußballspieler
– Arbeitnehmer **160** 611 *104*
Lizenzgebühr
– Pfändungsschutz **500** 850k *4*
Lohn
– *siehe* Arbeitsentgelt
– *siehe* Vergütung
Lohnabrechnung 250 108 *1 ff.*
– Zwangsvollstreckung **50** 62 *39, siehe auch dort*
Lohnabtretungsverbot
– Tarifvertrag **470** 1 *105*
Lohnabzug
– ehrenamtlicher Richter **50** 26 *7, siehe auch dort*
Lohnausfallprinzip 150 37 *14*; 38 *14*
– Annahmeverzug **160** 615 *48 f.*
– Arbeitsunfähigkeit **160** 611 *721*
– Urlaub **160** 611 *721*; **180** 11 *7, 9 ff.*
– vorübergehende Verhinderung **160** 611 *721*; 616 *25*
Lohngestaltung *siehe auch* Gehaltsgestaltung
– Begriff **460** 30 *2*
Lohngleichheit 260 3 *54 f.*
Lohngleichheitsgrundsatz
siehe Entgeltgleichheitsgrundsatz
Lohngrundsätze
– außertariflich Angestellter **150** 87 *178 ff.*
– Begriff **150** 87 *159 ff.*
– betriebliche Altersversorgung **150** 87 *156 ff., 169 ff.*
– Entlohnungsmethode **150** 87 *161*
– Leistungsentgelt **150** 87 *183 ff., 191 ff.*
– Lohnbegriff **150** 87 *152 ff.*
– Zulagenanrechnung **150** 87 *172 ff.*
Lohnkostensenkung
– Änderungskündigung **320** 2 *88 ff.*
Lohnpfändung
– *siehe auch* Pfändungs- und Überweisungsbeschluss
– *siehe auch* Pfändungsschutz
– Abschlagszahlung **160** 614 *26*
– Abtretung/Vorausabtretung, Kollision **160** 611 *795 ff.*
– Kostenpauschale für Pfändungsbearbeitung, AGB **160** 309 *15*
– verhaltensbedingte Kündigung **320** 1 *347*
– Vorschuss **160** 614 *26*
Lohnrisiko
– Arbeitskampf **160** 307 *36*
Lohnsteuer *siehe auch* Einkommensteuerpflicht
– Arbeitnehmerbegriff **160** 611 *52 ff.*
– Dienstwagen **160** 307 *119*; 611 *664, 799, 1086, 1092*; 615 *49*

– Gesamtschuldner **160** 611 *120, 639*
– Lohnsteuerabrechnung **160** 611 *643*
– Lohnsteueranrufungsauskunft **160** 611 *1170 ff.*
– Nettolohnabrede **160** 611 *645*
– Sachbezüge **160** 611 *1176*
Lohnsteuer, pauschale 50 46 *71*
Lohnsteuer-Außenprüfung 240 42f *1 ff.*
Lohnsteuer-Jahresausgleich
– durch Arbeitgeber **240** 38-39c, 41-42b *33*
Lohnsteuerabzug
– Durchführung **240** 38-39c, 41-42b *24 ff., 32*
– keine Lohnsteuerkarte **240** 38-39c, 41-42b *32*
– verpflichtete Personen **240** 38-39c, 41-42b *3 ff.*
Lohnsteuerkarte 240 38-39c, 41-42b *14 ff., 34 f.*
– Freibetrag **240** 38-39c, 41-42b *17 ff.*
Lohnsteuerklasse
– Einkommensteuer **240** 38-39c, 41-42b *13, 41 ff.*
Lohnverschleierung 50 46 *139*
Lohnvorschuss
– Beweislast **50** 58 *42, siehe auch dort*
Lohnwucher
– Arbeitsvertrag/Vergütungsabrede **160** 307 *9*; 611 *404 ff., 612 ff.*; 612 *4, 10 ff., 27*
– Darlegungs- und Beweislast **160** 611 *421, 618*
– Praktikum **160** 611 *617*
– Rechtsanwalt **160** 307 *22*; 611 *614*; 612 *11*
– Tarifvertrag/Tariflohn **160** 307 *23*; 611 *405, 411 ff., 475, 613, 712*; 612 *10, 30*
Lösende Aussperrung 260 9 *114*
Lossagungserklärung
siehe Nichtfortsetzungserklärung
Lotse
– Schutzmaßnahme **160** 618 *9, 19, 36*
Love Parade
– Arbeitszeit **80** 10 *31*
Luftfahrt 150 1 *55*; 3 *63*; 117 *1*
– Arbeitszeit **80** 1 *31*; 10 *34*; 20 *1 f.*
– Besatzungsmitglied, Arbeitszeit **80** 20 *2*
– Bodenpersonal, Arbeitszeit **80** 20 *2*
– Flugpersonal, Arbeitszeit **80** 20 *2*
– Flugzeug, Arbeitsstätte **160** 618 *19, 27*
– Klagefrist, Kündigungsschutz **320** 4 *43*
– Kündigungsschutz **320** 24 *1 ff.*
– Luftfahrzeugführer, Arbeitszeit **80** 20 *2*
– Rauchverbot **160** 618 *15, 27*
Luftverkehr *siehe* Luftfahrt
Lugano-Übereinkommen 220 30, 8 Rom I *75*
Lüth-Entscheidung 260 Vor 1 *21*

Mahnbescheid 50 46a *23 ff.*
– Güteverhandlung **50** 54 *7, siehe auch dort*
– Verjährungshemmung **160** 204 *10 ff.*
– Widerspruch **50** 46a *26 ff.*
– Zustellung **50** 46a *25*
Mahnung
– Formvorschriften, AGB **160** 309 *58*
– Kosten **160** 611 *862*

- rechtsgeschäftsähnliche Handlung **160** 115 *3*
- Verzug **160** 288 *2*; 611 *635, 809, 839 f., 856, 859, 862 f.*; 614 *14, 18*; 615 *71*
- Zugangsfiktion, AGB **160** 308 *41 ff.*; 309 *51*; 623 *57*

Mahnverfahren *siehe auch* Mahnbescheid
- automatisiertes Mahnverfahren **50** 46a *34*
- Europäisches Mahnverfahren **50** 46b *1 ff.*
- Gebühren **50** 12 *7*
- Kosten **50** 46a *35, siehe auch dort*
- Prozesskostenhilfe **50** 46a *36*
- Rechtsweg **50** 48 *5*
- Verfahrensvoraussetzungen **50** 46a *2 ff.*
- Verjährungshemmung **160** 204 *27*

Manager
- Dienste höherer Art **160** 627 *8*

Mandantenschutzklausel 290 74 *22*
- Wettbewerbsverbot **160** 611 *532*

Mangold, EuGH
- betriebliche Altersversorgung **140** 1 *99*
- Charta der Grundrechte der EU **180** 1 *21*

Mankohaftung
- Anspruchsgrundlage **160** 611 *911 ff.*
- Beweislast **50** 58 *51 ff., siehe auch dort*
- Darlegungs- und Beweislast **160** 611 *912, 921 f.*; 619a *1 ff.*
- Grundsätze **160** 611 *16, 910 ff.*
- Mankoabrede/Mankoklausel, AGB **160** 307 *51*; 309 *38*; 611 *16, 911 f., 921 ff., 979*; 619a *4*
- Mankogeld/Mankovergütung **160** 307 *51*; 309 *38*; 611 *16, 416, 913, 921 f., 964*; 619a *4*
- Mankospanne **160** 611 *923*
- Mitverschulden **160** 611 *913*
- Schutzpflichtverletzung **160** 611 *911 ff.*
- Sittenwidrigkeit einer Mankoabrede **160** 611 *416*
- Unabdingbarkeit **160** 611 *921 ff., 968, 979*; 619a *4*
- Unmöglichkeit der Herausgabe **160** 611 *911, 916 f.*
- Vertragsfreiheit, Mankoabrede **160** 619a *4*
- Verwahrungsvertrag **160** 611 *911, 915 ff.*

Manteltarifvertrag 470 1 *34, siehe auch* Tarifvertrag

Manteltarifvertrag für die Arbeiterinnen und Arbeiter des Bundes
- Arbeitnehmer des öffentlichen Dienstes **160** 611 *103*

Markt
- Arbeitszeit **80** 10 *28, 30*

Marktbeherrschende Stellung
- Arbeitszeit, Konkurrenzfähigkeit **80** 13 *42*

Marktwirtschaft 260 12 *2*

Marktwirtschaft, freie *siehe* Freie Marktwirtschaft

Masseansprüche
- Durchsetzung in der Insolvenz **300** 108 *62 ff.*

Massenänderungskündigung 320 2 *101*
- Betriebsratsmitglied **320** 15 *14 ff.*

Massenentlassung *siehe auch* Entlassungsanzeige
- Anzeige *siehe* Massenentlassungsanzeige

- Betriebsratsanhörung **300** 125 *25 ff.*
- Gemeinschaftsrecht **230** Richtlinien *125 ff.*
- Insolvenz **300** 113 *53, siehe auch dort*
- Kurzarbeit **160** 615 *17, siehe* Kurzarbeit in Sperrfrist
- Massenänderungskündigung **160** 626 *127, 134*
- Massenaufhebungsvertrag **160** 611 *1055*
- Sozialauswahl **320** 1 *554*

Massenentlassungsanzeige 320 17 *1 ff.*, *siehe auch* Massenentlassung
- Anzeige, Form und Inhalt **320** 17 *29 ff.*
- Anzeigemangel **320** 17 *35 f.*
- Beteiligung des Betriebsrats **320** 17 *22 ff.*
- Darlegungs- und Beweislast **320** 18 *10*
- Entlassung, Anzahl **320** 17 *5 ff.*
- Entlassung, Begriff **320** 17 *12 ff.*
- Entlassungssperre **320** 18 *1 ff.*
- erfasster Arbeitnehmer **320** 17 *10 f.*
- Ermittlung der Beschäftigtenzahl **320** 17 *4 ff.*
- Gemeinschaftsbetrieb **490** 322 *14*
- Junk-Entscheidung **320** 17 *16 ff.*
- Kampagnebetrieb **320** 22 *1 ff., 4 ff.*
- Kurzarbeit in Sperrfrist *siehe dort*
- Saisonbetrieb **320** 19 *1 ff.*
- Stellungnahme des Betriebsrats **320** 17 *34*
- Unterlassen **320** 17 *35*
- Wirksamkeitsvoraussetzungen für Kündigung **320** 17 *2, 4*
- Zeitpunkt **320** 17 *29, 39*

Massenentlassungsrichtlinie, EG 230 Richtlinien *125 ff.*
- Umsetzung in deutsches Recht **230** Richtlinien *135 ff.*

Maßregelungsverbot
- AGG **20** 16 *20 f.*
- Altersteilzeitarbeitnehmer **160** 612a *20*
- Änderungskündigung **160** 612a *8, 12*
- Angestellter **160** 612a *5*
- Anlasskündigung **160** 612a *12*
- Anscheinsbeweis **160** 612a *19*
- Anwesenheitsprämie **160** 612a *14 f.*
- Arbeiter **160** 612a *5*
- Arbeitgeber **160** 612a *4*
- Arbeitnehmer **160** 612a *5*
- arbeitnehmerähnliche Person **160** 612a *5*
- Arbeitszeitverlängerung **80** 7 *73 ff.*
- Aushangpflicht **160** 612a *21*
- Auszubildender **160** 612a *5*
- berechtigte Anzeige des Arbeitnehmers, Verstoß gegen ArbZG **80** 1 *26*
- betriebsbedingte Kündigung **160** 612a *12*
- Betriebsrat **160** 612a *20*
- Betriebsvereinbarung **160** 612a *4, 6*
- Darlegungs- und Beweislast **160** 612a *19*
- Datenschutzrecht **120** 6 *6 f.*
- Entleiher **160** 612a *4*
- Gemeinschaftsrecht **160** 612a *2 f., 8*

- Gleichbehandlung **160** 612a *19 f.*
- Kausalität **160** 612a *9, 19*
- Klagefrist für Kündigungsschutzklage **160** 612a *10*
- Kündigung **160** 612a *6, 9 f., 12*; 622 *59*; 626 *6*
- leitender Angestellter **160** 612a *5*
- Maßregelungskündigung **160** 612a *12*
- Mobbing **160** 612a *6*
- Praktikant **160** 612a *5*
- Schadensersatz **160** 612a *11*
- Sondervergütung **160** 611 *670, 679*
- Stellenbewerber **160** 612a *4*
- Streikbruchprämie **160** 612a *13*
- Tarifautonomie **160** 612a *13, 20*
- Tarifvertrag **160** 612a *6, 13*; 626 *6*
- Tarifvertragsparteien **160** 612a *4*
- Teilzeitarbeitnehmer **160** 612a *5, 12*
- Turboprämie **160** 612a *16 ff.*
- Überstunden **160** 612a *11*; 615 *39*
- Umschüler **160** 612a *5*
- Umsetzung **160** 611 *502*
- Unabdingbarkeit **160** 612a *1*
- Unterlassungsanspruch **160** 612a *11*
- Unterrichtungspflicht **160** 612a *12*
- Verbotsgesetz **160** 611 *384*; 612a *10*
- Versetzung **160** 612a *6*
- Volontär **160** 612a *5*
- Weiterbeschäftigung **160** 612a *12*

Maurer
- Gruppenarbeit, Maurerkolonne **160** 611 *38*
- Sicherheitsschuhe **160** 618 *21*

Medientransfer
- elektronische Akte **50** 46e *4*

Medizinisch-psychologisches Gutachten
siehe Gutachten, medizinisch-psychologisches

Mehrarbeit *siehe auch* Überstunden
- Altersteilzeit **40** 2 *19, 31 f.*; 3 *8*; 5 *6*
- Anordnung durch den Arbeitgeber **80** 14 *1, 37, 40 ff.*
- Ausbildungsverhältnis **110** 3 *11*; 19 *8*
- außergewöhnlicher Fall **80** 14 *1, 3, 7 ff., 11, 40*
- Buchhaltungsarbeit **80** 14 *34*
- Freistellung schwerbehinderter Menschen **80** 2 *49*; 3 *35*
- Jugendlicher **80** 3 *37*
- Mutterschutz **350** 8 *5 ff.*
- Notfall **80** 14 *1, 3 ff., 11, 40, 42*
- Preisnebenabrede **160** 307 *19*
- schwerbehinderte Menschen **430** 125 *2 ff.*
- vorübergehende Mehrarbeit **80** 14 *11 f., 14 ff., 33*
- werdende/stillende Mutter **80** 3 *36*

Mehrarbeitszuschlag *siehe* Überstundenvergütung
Mehrdeutige Klausel *siehe* Unklarheitenregel
Mehrfachbefristungen
- Anrufung des Arbeitsgerichts **480** 17 *5 f.*

Mehrfachkündigung
- Streitwertberechnung **50** 12 *40*

Mehrheitsgesellschafter
- betriebliche Altersversorgung **140** 17 *7 f.*

Mehrkosten
- Kostenerstattung **50** 12a *10*

Mehrurlaub
- Ausschlussmuster **180** 7 *180*
- übergesetzlicher **180** 7 *143 ff.*

Mehrurlaub, tariflich
- Urlaubsdauer **180** 1 *36*

Mehrvergleich
- Rechtsanwaltsvergütung **50** 12 *32*

Meistbegünstigung 50 92b *8*

Meldepflicht
- Entleiher **10** 18 *8*
- Fristen/Verfahren **390** 28a *10 f.*
- geringfügig Beschäftigte **390** 28p *2 f.*
- geringfügige Beschäftigung **390** 28a *9*
- Informationstechnische Servicestelle der gesetzlichen Krankenkassen **390** 28a *13*
- Mitgliedschaft im berufsständischen Versorgungswerk **390** 28a *9a*
- Nichterfüllung **390** 28p *7*
- Sozialversicherungspflicht **390** 28a *1 ff.*
- Sozialversicherungsrecht **100** 3 *14*; **160** 611 *389*

Meldepflicht, Agentur für Arbeit
- Änderungskündigung **320** 2 *149 ff.*

Meldepflicht, Arbeitnehmerentsendung
- Arbeitgeberpflichten **10** 18 *6 f.*
- Auslandssitz **10** 18 *4*
- Dienstleistungsfreiheit **10** 18 *3*
- Meldestelle **10** 18 *5*
- objektbezogene Einsatzplanung **10** 18 *10*
- Ordnungswidrigkeit **10** 18 *12*
- Stammdaten **10** 18 *15*
- Versicherungen **10** 18 *11*
- wesentliche Angaben **10** 18 *7*
- zuständiges Finanzamt **10** 18 *13*

Meldepflicht, Arbeitnehmererfindung
- Ausschlußfrist **55** 5 *13*
- Beanstandungsrecht des Arbeitgebers **55** 5 *12 ff.*
- Form bei Diensterfindung **55** 5 *6 ff.*
- Informationspflicht **55** 5 *13*
- Inhalt bei Diensterfindung **55** 5 *9 ff.*
- mehrer Erfinder **55** 5 *7*
- Meldeform **55** 5 *6 ff.*
- Meldezeitpunkt **55** 5 *4*
- Miterfindung **55** 5 *7*
- Prüfungsvoraussetzungen **55** 5 *1*
- Strafbarkeit **55** 5 *18*
- Unterstützungspflicht **55** 5 *14*
- Zeitpunkt bei Diensterfindung **55** 5 *4*

Menschen, behinderte *siehe* Behinderte Menschen
Menschen, schwerbehinderte
siehe Schwerbehinderte Menschen
Menschengerechte Arbeitsgestaltung
siehe Arbeitsgestaltung, menschengerechte

Messe
- Arbeitszeit **80** 10 *28 ff.*; 14 *9*

MfS *siehe* Ministerium für Staatssicherheit

Mietvertrag
- Betriebsübergang **160** 613a *86, 192*
- Haustürgeschäft **160** 312 *3*

Minderheitsgesellschafter
- betriebliche Altersversorgung **140** 17 *8, 33*

Minderjähriger
- Abwicklungsvertrag **160** 611 *1003*
- Arbeitgeber **160** 115 *5*
- Arbeitskleidung **160** 115 *21*
- Arbeitsmaterial **160** 115 *21*
- Arbeitsverhältnis, Eingehung, Abwicklung, Beendigung **160** 115 *10, 15 ff., 21, 30*; 611 *1003*
- Arbeitsvertrag/Änderungsvertrag **160** 115 *21*; 611 *1003*
- Aufhebungsvertrag **160** 115 *21*; 611 *1003*
- Ausbildungsverhältnis **160** 115 *18*; 611 *1003*
- Ausgleichsquittung **160** 115 *21*
- beschränkte Geschäftsfähigkeit **160** 115 *1 ff., 9 ff.*; 611 *371*
- betriebliche Altersversorgung **160** 115 *21*
- Bundesgrenzschutz **160** 115 *15*
- Deliktsfähigkeit **420** 106 *20*
- Eigenkündigung **160** 115 *21*; 626 *111*
- Einwilligung der Eltern **160** 115 *1, 11 f., 27*
- Eltern als Arbeitgeber **160** 115 *20*
- Erwerbsgeschäft **160** 115 *10, 14, 29, 14*; 611 *358*
- fehlerhaftes Arbeitsverhältnis/fehlerhaftes Ausbildungsverhältnis **160** 115 *4*
- Gehaltskonto **160** 115 *22*
- Genehmigung der Eltern **160** 115 *11, 27 f.*
- Gesamtvertretung der Eltern **160** 115 *2, 12*
- Gewerkschaftsbeitritt **160** 115 *21*
- Haftungsprivilegierung nach BGB **420** 106 *21*
- Handelsvertreter **160** 115 *17*
- Kündigungserklärung/-zugang **320** 1 *68 ff.*
- lediglich rechtlicher Vorteil **160** 115 *1, 10*
- Nebenabrede **160** 115 *21*
- Praktikum, Zustimmung der Eltern **160** 115 *18*
- Prozessfähigkeit **50** 10 *17*; **160** 115 *22, 29*; 210 *2*; 611 *371*
- Schulunfall **420** 106 *2 ff., 20 f., 23*
- schwebende Unwirksamkeit **160** 115 *11*
- Teilgeschäftsfähigkeit, Arbeitsverhältnis **160** 115 *21*
- Vergütungsanspruch **160** 115 *4*
- Vertragsstrafe **160** 115 *21*
- Vertreter **160** 115 *13*
- Volonatariat, Zustimmung der Eltern **160** 115 *18*
- Vormundschaftsgericht **160** 115 *12, 14, 16, 29*; 611 *358*
- Wettbewerbsverbot **160** 115 *21*
- Wohnung am Dienstort **160** 115 *21*
- Zeitsoldat **160** 115 *15*
- Zugang der Kündigung **160** 115 *2*

Minderleistung **320** 1 *352*

Mindestarbeitbedingungsgesetz
- Arbeitnehmerentsendegesetz **327** 18 *3*

Mindestarbeitsbedingung
- Gesetz **327** 10 *1 ff.*
- Mindestarbeitsentgelte **327** 10 *2, 15*

Mindestarbeitsbedingungen *siehe auch* Mindestarbeitsbedingungen, tarifliche
- Arbeitnehmerentsendegesetz **10** 1 *1*
- Arbeitnehmerentsendung **470** 1 *22*
- tarifliche **10** 2 *11*
- Tarifvertrag **470** 1 *22 f.*

Mindestarbeitsbedingungen, tarifliche
- Adressatenkreis **10** 3 *1*
- Kontroll-/Sanktionssystem **10** 16 *1 ff.*
- Mindestlohn **10** 3 *1*
- Urlaub **10** 3 *1*; 7 *9*
- verfassungskonform **10** 7 *5 ff.*
- Verhältnis Recht des Entsendestaats **10** 3 *1*
- Verordnungsermächtigung **10** 7 *9*

Mindestarbeitsbedingungsgesetz
- Anwendungsbereich **327** 10 *11 ff.*

Mindestarbeitsentgelte
- Arbeitgeberpflicht **327** 10 *50 ff.*
- Bußgeld **327** 18 *6 ff.*
- Fachausschüsse **327** 10 *32 ff.*
- Hauptausschuss **327** 10 *21 ff.*
- Kontrolle/Durchsetzung **327** 18 *2 ff.*
- Verfahren zur Festsetzung **327** 10 *19 ff.*
- Verzicht/Verwirkung/Ausschlussfristen **327** 10 *61 ff.*

Mindestbeschäftigungszeit
- Arbeitszeitrichtlinie **180** 1 *18*

Mindestentgelt-TV
- Ausschlussfristen **10** 9 *5*

Mindestentgeltsätze
- differenzierte **10** 5 *3*
- Entsendezulagen **10** 5 *2*
- Mindestarbeitsbedingungen, tarifliche **10** 7 *9*
- Regelungsgehalt **10** 2 *4*
- Sachleistungen **10** 5 *2*
- Sicherung der Arbeitnehmerrechte **10** 9 *1 ff.*
- tarifvertragliche **10** 9 *1*
- Überstunden **10** 5 *3*
- Zulagen/Zuschläge **10** 5 *2*

Mindestgehalt
- NachwG **360** 2 *24 f.*

Mindestgeschlechterquote
- *siehe* Ersatzmitglied, Geschlechterquote
- *siehe* Jugend- und Auszubildendenvertretung, Mindestgeschlechterquote
- *siehe* Wahl, Mindestgeschlechterquote
- Berechnung der Mindestsitze **150** 15 *5 ff.*

Mindestjahresurlaub
- Bundesurlaubsgesetz **10** 2 *5*

Mindestlohn
- Auszubildende **10** 2 *4*

- Bereichsausdehnung/MiArbG **10** 1 *10*
- Haftung **10** 14 *1 ff.*
- Zeitarbeit **10** 2 *4*

Mindestlohn-TV
- Anwendbarkeit **10** 6 *10*
- Überwiegenheitsprinzip **10** 6 *10*

Mindestlohnanspruch
- Verjährung **10** 9 *7*
- Verwirkung **10** 9 *1, 4*

Mindestlohnfleckenteppich
- Arbeitnehmerentsendung **10** 1 *10*

Mindestlohnverzicht
- gerichtlicher Vergleich **10** 9 *3*

Mindestruhezeiten
- Spezialgesetze **10** 2 *6*

Mindesturlaub
- Freistellungsanspruch **180** 1 *30*
- Umrechnungsformel **180** 1 *5*

Mindesturlaubsanspruch
- Fleischerhandwerk, MTV **180** 3 *42*
- Musterklausel für vorrangige Erfüllung **180** 7 *182*
- nicht dispositiv **180** 3 *41*

Minijob *siehe* Geringfügig Beschäftigter

Ministerium für Staatssicherheit
- außerordentliche Kündigung **160** 626 *66*
- Eigenschaftsirrtum **160** 611 *447*
- Fragerecht **160** 611 *286 ff.*
- öffentlicher Dienst, Fragerecht **160** 611 *286 ff.*
- Persönlichkeitsrecht des Arbeitnehmers **160** 611 *286*

Mischbetrieb
- Baugewerbe **100** 1b *4, 9*

Missio canonica
- Annahmeverzug **160** 615 *21*

Mitarbeiter, freier *siehe* Freier Mitarbeiter

Mitarbeiter, schwerbehinderter
- Bundesnachrichtendienst **50** 8 *2*

Mitarbeiterversammlung *siehe* Betriebsversammlung/Abteilungsversammlung

Mitarbeitervertretung
- Beschlussverfahren **50** 2a *17*

Mitbestimmung
- Aktiengesellschaft, MitbestG **30** 84 *5, 30, 53*
- Arbeit auf Abruf **480** 12 *26*
- Arbeitsschutzausschuss **90** 11 *5*
- Aufgaben des Betriebsarztes **90** 3 *18*
- Aufsichtsrat **330** Vor 1 *12, siehe auch dort*
- Betriebsarzt **90** 2 *24*
- Eingriff in die Arbeitgeberfreiheit **260** 12 *62*
- erzwingbare *siehe* Erzwingbare Mitbestimmung
- Europäische Gesellschaft *siehe dort*
- freiwillige *siehe* Freiwillige Mitbestimmung
- gesetzlicher Anwendungsbereich **330** Vor 1 *10*
- Kündigung *siehe dort*
- Montanmitbestimmungsgesetz **330** Vor 1 *11*
- Sicherheitsfachkräfte **90** 6 *10*

Mitbestimmung bei Auslandsbezug
siehe Auslandsbezug, Mitbestimmung

Mitbestimmung des Betriebsrats
siehe Betriebsrat, Mitbestimmung

Mitbestimmung kraft Gesetzes
- Abberufung/Anfechtung der Wahl **325** 28 *13 f.*
- Mitbestimmung, grenzüberschreitende Verschmelzung **325** 28 *1 ff.*
- Rechtsstellung **325** 28 *10 ff.*
- Sitzverteilung der Arbeitnehmervertreter **325** 28 *7 ff.*
- Umfang Mitbestimmung, grenzüberschreitende Verschmelzung **325** 28 *6*

Mitbestimmung kraft Vereinbarung
- Mitbestimmung, grenzüberschreitende Verschmelzung **325** 22 *1 ff.*
- Vereinbarungsinhalt, grenzüberschreitende Verschmelzung **325** 22 *2 ff.*

Mitbestimmung, erzwingbare
siehe Erzwingbare Mitbestimmung

Mitbestimmung, freiwillige
siehe Freiwillige Mitbestimmung

Mitbestimmung, grenzüberschreitende Verschmelzung
- Anwendungsbereich **325** 3 *1 ff.*
- Ausnahme Tendenzunternehmen **325** 28 *1*
- Sitzstaatprinzip **325** 3 *1*
- Vorher-Nachher-Prinzip **325** 3 *1*
- Vorrang der Verhandlungslösung **325** 3 *1*

Mitbestimmung, Personalrat
- Arbeitsschutz **70** 20 *3*

Mitbestimmung, unternehmerische 330 Vor 1 *1 ff.*, *siehe auch* Aufsichtsrat, MitbestG

Mitbestimmungsbeibehaltung bei Umwandlung
siehe Umwandlung, Mitbestimmungsbeibehaltung

Mitbestimmungsbeibehaltungsgesetz 330 Vor 1 *28*

Mitbestimmungsgesetz
- Beschlussverfahren **50** 2a *18*

Miterfinder
- Aufgabe von Schutzrechten **55** 16 *12*
- Diensterfindung **55** 4 *14*
- Schiedsverfahren **55** 36 *3*
- Vergütungsbesonderheiten **55** 12 *7 f.*

Miterfindung
- Meldepflicht **55** 5 *7*

Mitglieder
- Europäische Genossenschaft **368** 4 *4; 9 3*

Mitglieder von Betriebsverfassungsorganen
- Beschlussverfahren **50** 2a *7 f., siehe auch dort*

Mitgliederwerbung
- Koalitionsfreiheit **260** 9 *50*

Mithören eines Telefonats *siehe* Telefonat, Mithören

Mitteilung
- Erfindung, freie **55** 19 *16*

Mitteilungspflicht
- Abgrenzung freie/gebundene Erfindung **55** 19 *2*
- Ausnahmen **55** 19 *4*

- Ausschlussfrist **55** 19 *6*
- betriebliche Altersversorgung **140** 9 *1 ff.*
- Inhalt **55** 19 *2 f.*
- Widerspruchsobliegenheit **55** 19 *5 f.*

Mittelbare Benachteiligung
- befristetes Arbeitsverhältnis **480** 4 *6 ff.*
- Teilzeitarbeit **480** 4 *6 ff.*

Mittelbare Diskriminierung
- Entgeltgleichheit, EG-Recht **230** 141 *33 ff.*

Mittelbare Drittwirkung von Grundrecht
siehe Grundrecht, mittelbare Drittwirkung

Mittelbare Stellvertretung
- Arbeitsvertrag **160** 611 *361*
- Strohmann **160** 611 *362*

Mittelbares Arbeitsverhältnis
- Arbeitnehmerüberlassung, Abgrenzung **160** 611 *30*
- Arbeitsvermittlung, Abgrenzung **160** 611 *30*
- aufgespaltene Arbeitgeber-Funktion **160** 611 *136*
- Begriff **160** 611 *30 ff., 136, 361, 487, 993*; 613 *4*
- Durchgriffshaftung **160** 611 *33*
- Kündigungsschutz **160** 611 *32*
- Leiharbeitsverhältnis, Abgrenzung **160** 611 *30*
- Rechtsmissbrauch **160** 611 *361*

Mitverschulden
- Arbeitnehmerhaftung **160** 611 *809, 881 ff., 903, 913, 926, 932, 944*; 619a *6*
- Darlegungs- und Beweislast **160** 611 *971*; 619a *6*
- Haftung des Arbeitgebers **160** 611 *659, 809, 954, 961, 965 f., 971*; 618 *35*
- Mankohaftung **160** 611 *913*
- Schadensersatz, § 628 BGB **160** 626 *87*; 628 *15, 36, 49*
- Schutzmaßnahme **160** 618 *35*
- Teilvergütung bei fristloser Kündigung **160** 628 *15*

Mobbing 260 2 *63*; **320** 1 *349*
- Begriff **160** 611 *571*
- Betriebsfrieden **160** 611 *571*
- Darlegungs- und Beweislast **160** 611 *571*
- Erfüllungsgehilfe **160** 611 *572, 943*
- Gesundheit **160** 611 *571*
- Kündigung **160** 611 *572*
- Maßregelungsverbot **160** 612a *6*
- Nebenpflicht/Verhaltenspflicht, Unterlassung **160** 611 *560, 571 f., 943*
- Persönlichkeitsrecht **160** 611 *943, 946 ff., 976 f.*
- Schadensersatz **160** 309 *35*; 611 *560, 572, 943 ff., 976 f.*
- Schmerzensgeld **160** 611 *976*
- Verrichtungsgehilfe **160** 611 *572, 943*
- Zurückbehaltungsrecht **160** 611 *572*

Modenschau
- Arbeitszeit **80** 10 *18*

Montagearbeiter
- Auslandsbezug **220** 30, 8 Rom I *26*

Montagestelle
- Arbeitszeit **80** 15 *6*

Montan-Mitbestimmung *siehe* Unternehmensmitbestimmung, MontanMitbG

Montanquote
- MontanmitbestErgG **341** 16 *4*

Moroni, EuGH
- betriebliche Altersversorgung **140** 1 *85*

Motivirrtum
- Anfechtung, Abgrenzung **160** 611 *443, 445*
- Geschäftsgrundlage **160** 313 *1*; 611 *809*
- Sperrzeit **160** 611 *1013*

Motorradrennfahrer
- Arbeitnehmer/arbeitnehmerähnliche Person, Abgrenzung **160** 611 *83, 104*

Müllabfuhr
- Arbeitszeit **80** 10 *39*

Müllverbrennungsanlage
- Arbeitszeit **80** 10 *39*

Mündliche Verhandlung 50 46 *16,*
siehe Verfahren, obligatorisches
- Ablauf **50** 57 *2 ff.*
- Ablehnung von Gerichtsperson **50** 49 *33 ff.*, *siehe auch dort*
- Alleinentscheidung des Vorsitzenden **50** 55 *12*
- Beweisanordnung **50** 58 *23*, *siehe auch dort*
- Erledigung im ersten Termin **50** 57 *9 ff.*
- Güteverhandlung **50** 54 *4*, *siehe auch dort*
- gütliche Erledigung **50** 57 *21*
- Partei **50** 51 *1 ff.*
- richterliche Aufklärungs- und Hinweispflicht **50** 57 *6*
- Schluss **50** 60 *4*
- Vertagung **50** 57 *16 ff.*
- vorsitzender Richter **50** 53 *5 f*
- Wiedereröffnung **50** 60 *5*

Mündliche Verhandlung, Vorbereitung 50 57 *10 ff.*

Museum
- Arbeitszeit **80** 10 *23*

Musikbearbeiter
- Arbeitnehmer **160** 611 *104*

Musiklehrer
- Arbeitnehmer **160** 611 *104*

Mutter
siehe auch Mutterschutz
siehe auch Schwangerschaft
- Arbeitsschutz **70** 4 *9, 11*
- Arbeitszeit **80** 1 *31*; 3 *36*; 4 *16*; 5 *29*; 6 *61*; 9 *23*; 10 *89*; 11 *22*; 12 *21*; 13 *67*

Mutterschaftsgeld 350 9 *69*; 11 *5*; 13 *1 ff.*,
siehe auch Mutterschutz
- Antragsverfahren **350** 13 *31 ff.*
- Berechnung **350** 13 *11 ff.*
- Bezugsdauer **350** 13 *25 ff.*
- Krankengeld **400** 49 *8*
- Krankenversicherung, Nichtmitglied **350** 13 *1, 9 ff., 48*

Mutterschaftsgeld – Mutterschutz

- Pfändung **500** 850k *6*
- Rechtsweg **350** 13 *47*
- Sozialversicherung **350** 13 *41 ff.*
- Voraussetzungen **350** 13 *4 ff.*
- Voraussetzungen des Zuschusses **350** 14 *6 ff.*
- Zuschuss bei Betriebsübergang **350** 14 *16*
- Zuschussausschluss **350** 14 *28 ff.*
- Zuschussberechnung **350** 14 *19 ff.*
- Zuschussverpflichteter **350** 14 *13 ff.*
- Zuständigkeit **50** 2 *40*; **350** 13 *31*

Mutterschaftsurlaub
- betriebliche Kollektivvereinbarung **180** 9 *10*

Mutterschutz 210 3 *49*; **350** 1 *1 ff.*
- *siehe auch* Mutterschutz, Kündigungsverbot
- *siehe auch* Mutterschutzgesetz
- *siehe auch* Mutterschutzlohn
- *siehe auch* Schwangerschaft
- Akkordarbeit **350** 4 *37*
- Änderungskündigung **320** 2 *109*
- Arbeitsentgeltschutz **350** 3 *28*; 7 *15 ff., siehe auch* Mutterschutzlohn
- ärztliches Zeugnis **350** 3 *8 ff.*; 4 *1 ff.*; 5 *33 ff.*
- Ausbildungsverhältnis **350** 3 *35*
- Auskunftpflicht des Arbeitgebers an Behörde **350** 19 *1 ff.*
- Außenmitarbeiterin **350** 1 *5*
- Befugnis der Aufsichtsbehörde **350** 2 *10 f.*; 3 *36*; 4 *40, 53*; 7 *21 f.*; 8 *25 f.*
- Benachrichtigung der Aufsichtsbehörde **350** 5 *44*
- Berechnung des Mutterschaftsgelds **350** 13 *11 ff.*
- Beschäftigungsverbot **160** 611 *396, 702*; 615 *21, 58*; 616 *16*; **350** 3 *1 ff.*; 4 *1 ff., 49*; 6 *5 ff., 20 ff.*
- Beschäftigungsverbot nach Entbindung **350** 6 *5 ff.*
- besonderer Kündigungsschutz **160** 611 *1044*; 622 *61*; 626 *1, 118, 145*
- Betriebsrat, Unterrichtung und Befugnisse **350** 4 *54*
- Beweislast **50** 58 *85*
- Darlegungs-/Beweislast **350** 9 *73*
- Diskriminierungsverbot **350** 5 *14 ff.*
- Einbeziehung, Sozialauswahl **320** 1 *511*
- Ersatztätigkeit **250** 106 *14*
- Fließarbeit **350** 4 *39*
- Freistellung **160** 616 *4*
- Freistellungsanspruch bei Verstoß gegen Schutzmaßnahme **350** 2 *11*
- Freistellungsanspruch für Untersuchung **350** 16 *4 ff.*
- Gemeinschaftsrecht **230** Richtlinien *74 ff.*
- generelles Beschäftigungsverbot **350** 3 *18 ff.*
- gesetzliche Mitteilungspflicht der Schwangeren **350** 5 *2 ff.*
- gesundheitsgefährdende Einwirkung **350** 4 *7 ff.*
- Gratifikation **350** 3 *29*; 10 *21*
- Hebamme, Zeugnis **350** 5 *37*
- Heimarbeit **350** 1 *5*; 7 *18 ff.*; 8 *24 f.*

- individuelles Beschäftigungsverbot **350** 3 *4 ff.*; 24 *1 ff.*
- Krankenkasse, Nichtmitglied **350** 9 *40, 69*; 13 *1, 9 ff.*
- Krankheit, Zusammentreffen **350** 3 *31*
- Kündigungsanforderung, Ausnahmefall **350** 9 *67 ff.*
- Kündigungsgrund **160** 623 *34, 47*; 626 *16*
- Kündigungsgrund, Ausnahmefall **350** 9 *60 ff.*
- Kündigungsschutzprozess, Ausnahmefall **350** 9 *74 ff.*
- Kündigungsschutzrecht **350** 9 *71 f.*
- Kündigungsverbot **230** Richtlinien *77*, *siehe auch* Mutterschutz, Kündigungsverbot
- Mehrarbeit **350** 8 *5 ff.*
- minderjährige Schwangere **350** 3 *21*; 7 *6*
- Mutterschaftsgeld *siehe dort*
- Mutterschaftsgeld, Zuschuss *siehe* Mutterschaftsgeld
- Mutterschutzarbeitsplatzverordnung **350** 4 *42 ff.*
- Mutterschutzlohn *siehe dort*
- Mutterschutzurlaub **230** Richtlinien *78 f.*
- Nachtarbeitsverbot **230** Richtlinien *77*; **350** 8 *12*
- Nachuntersuchungsverlangen **350** 3 *13, 18*
- Organvertreter **350** 9 *1 ff.*
- Personenkreis, Schutz durch MuSchG **350** 1 *2 ff.*
- Reichsversicherungsverordnung **350** 13 *1, 4 ff.*
- Röntgenverordnung **350** 4 *50 ff.*
- Schutzfrist **350** 6 *10 ff.*
- Schutzmaßnahme, Arbeitsplatz und Beschäftigung **350** 2 *3 ff.*
- Sonderkündigungsrecht der werdenden Mutter **350** 10 *4 ff., 13 ff.*
- Sonntagsarbeit **350** 8 *16 ff.*
- sonstige Sachleistung **350** 15 *4 ff.*
- Sozialauswahl **320** 1 *511*
- Sozialversicherung **350** 3 *32*
- spezifisches Beschäftigungsverbot **350** 4 *1 ff.*; 6 *26 ff.*
- Stillzeit **350** 7 *1 ff.*
- Strahlenschutzverordnung **350** 4 *50 ff.*
- Umsetzungsrecht des Arbeitgebers **350** 3 *26*
- Urlaub **350** 3 *30*; 17 *1 ff.*
- Verstoß **350** 3 *38*; 21 *1 ff.*
- vertragliche Mitteilungspflicht der Schwangeren **350** 5 *21 ff.*
- Voraussetzungen des Mutterschaftsgelds **350** 13 *4 ff.*
- vorübergehende Verhinderung **160** 611 *830*; 616 *4, 10, 16*
- Wiedereinstellungsanspruch nach Sonderkündigung **350** 10 *9 ff.*
- Zeugniskosten **350** 5 *43*
- Zweigleisigkeit des Rechtswegs **350** 9 *82*
- Zwischenverdienst **160** 615 *58*

Mutterschutz, Kündigungsverbot
siehe auch Mutterschutz
- Ausnahme 350 9 *54 ff.*
- Dauer 350 9 *46 f.*
- Eigenkündigung 350 9 *36 ff.*
- Entbindung 350 9 *8 ff.*
- geschützter Personenkreis 350 9 *3 ff.*
- Heimarbeiterin 350 9 *70*
- Kenntnis des Arbeitgebers 350 9 *15 ff.*
- Kündigungsschutzrecht 350 9 *71 f.*
- nachträgliche Mitteilung 350 9 *20 ff.*
- Rechtsfolgen 350 9 *31 ff.*
- Schwangerschaft 350 9 *6 ff.*
- Verstoß 350 9 *48 ff.*
- Voraussetzungen 350 9 *6 ff.*
- Widerspruch gegen Zulässigkeitserklärung 350 9 *64*
- Zulässigkeitserklärung einer Kündigung 350 9 *54 ff.*

Mutterschutzarbeitsplatzverordnung 350 4 *42 ff.*

Mutterschutzentgelt
- Pfändungsschutz 500 850k *4*

Mutterschutzgesetz 350 1 *1 ff.*,
siehe auch Mutterschutz
- Auslage des Gesetzes 350 18 *1 ff.*
- Umsetzung der Mutterschutzrichtlinie 230 Richtlinien *83 ff.*
- Urlaub 180 1 *9*
- Verstoß 350 21 *1 ff.*

Mutterschutzlohn 350 3 *28*; 11 *3 ff.*
- Ablehnung einer Ersatztätigkeit 350 11 *11*
- Anspruchsvoraussetzungen 350 11 *5 ff.*
- Berechnung 350 11 *18 ff.*
- Berechnungszeitraum 350 11 *23*
- Darlegungs-/Beweislast 350 11 *34 ff.*
- Dauer des Anspruchs 350 11 *28*
- Durchschnittsverdienst 350 11 *19 ff.*
- Kausalität des Beschäftigungsverbots 350 11 *9 ff.*
- Lohnausgleichsverfahren 350 11 *31*
- Sozialversicherung 350 11 *32*
- Versteuerung 350 11 *32*

Mutterschutzrichtlinie, EG 230 Richtlinien *74 ff.*

Mutwilligkeit
- Rechtsverfolgung 50 11a *24, 37*

Nachbindung
- Tarifvertrag 470 3 *42 ff.*

Nachbindungswirkung
- Beendigung bei Tarifverträgen 160 624 *3*

Nachforderungsbescheid
- Sozialversicherungsbeitrag 450 86b *14 f.*

Nachgewährung
- Urlaub 180 9 *26a*
- Urlaub, bei medizinischen Vorsorgemaßnahmen/Rehabilitation 180 9 *2*

Nachrichtenagentur
- Arbeitszeit 80 10 *25*

Nachrichtensprecher
- Arbeitnehmer 160 611 *104*

Nachschieben
- Änderungsangebot, Änderungskündigung 320 2 *24 ff.*
- Kündigungsgrund 320 1 *190 ff.*

Nachschieben von Gründen
- GmbH-Geschäftsführer, Abberufung 280 38 *33*

Nachtarbeit
- Direktionsrecht *siehe dort*
- Gleichheitssatz 260 3 *28*
- Mutterschutz, Verbot 350 8 *12*
- Sozialversicherungspflicht 390 17 *16*

Nachtarbeitnehmer
- arbeitsmedizinische Untersuchung 80 6 *14 ff., 25 ff.*
- Arbeitszeit 80 2 *1, 40 ff.*; 6 2, *5, 9 ff., 19, 24, 33 ff., 43, 45, 50 f., 56*; 7 *26 ff.*
- Ausgleich für die in Nachtzeit geleisteten Arbeitsstunden 80 6 *43 ff.*; 7 *28*
- Begriff 80 2 *40 ff.*
- Darlegungs- und Beweislast, Nachtarbeitszuschlag 80 6 *59*
- Gleichbehandlungsgebot, betriebliche Weiterbildung/Aufstieg 80 6 *50 f.*
- Höchstarbeitszeit 80 6 *9 ff.*
- Nachtarbeitszuschlag/Nachtzuschlag 80 6 *45 ff., 59*
- Rufbereitschaft 80 2 *42*
- Tagesarbeitsplatz 80 6 *19 ff., 39, 59*
- Umsetzung, Tagesarbeitsplatz 80 6 *19 ff.*
- Verlängerung der Arbeitszeit 80 7 *26 f.*

Nachtarbeitsverbot
- Jugendarbeitsschutz 310 14 *9 ff.*

Nachtarbeitszuschlag
- Rettungsdienst 80 6 *49a*
- Teilzeitkraft 480 4 *22*

Nachteilsausgleich
- Abfindung, Verhältnis 320 9 *63 f.*
- Betriebsübergang 160 613a *133*
- Nachteilsausgleichsverzicht, Überraschungsverbot 160 305c *17*
- Sozialplanabfindung, Verrechnung 160 611 *1074*
- Vererbbarkeit 160 611 *1139*

Nachtportier
- Arbeitszeit, Arbeitsbereitschaft 80 2 *14*; 5 *11*; 7 *14*; 160 611 *516*

Nachträgliche Befristung 480 3 *10 ff.*
- Änderungskündigung 320 2 *16 f.*

Nachträgliche Zulassung der Klage nach § 5 KSchG *siehe* Klage nach § 5 KSchG, nachträgliche Zulassung

Nachtschicht
- Dauernachtschicht/dauerhafte Nachtschicht 80 6 *6, 47*
- Flexibilisierung der Arbeitszeit, Schichtarbeit 80 6 *6, 13, 47*

Nachtwächter
- Arbeitszeit **80** 10 *46*

Nachvertragliches Wettbewerbsverbot 250 110 *1*
- Abdingbarkeit **290** 75 *24*
- Abweichung von §§ 74 ff. HGB **290** 75d *1 ff.*
- Anrechnung anderweitigen Erwerbs **290** 74c *2 ff.*
- Art der Betätigung **290** 74 *10 f.*
- Aufhebung des Arbeitsverhältnisses **290** 75 *23*
- Ausgestaltung **290** 74 *9*
- Auskunftspflicht des Arbeitnehmers **290** 74 *64*; 74c *19 ff.*
- bedingtes Verbot **290** 74 *19*
- berechtigtes geschäftliches Interesse **290** 74a *4*
- Beschränkung **290** 74 *10 ff.*
- Beteiligung Dritter **290** 74a *18*
- Beweislast **290** 74 *71*
- einseitige Bestimmung **290** 74 *15 f.*
- Erfüllung auf Ehrenwort **290** 74a *17*
- Ermessensspielraum **290** 74 *15 f.*
- faktisches Arbeitsverhältnis **290** 74 *30*
- Feststellungsklage **290** 74a *23*
- Fortkommenserschwerung **290** 74a *10 ff.*
- gewerbliche Tätigkeit, Begriff **290** 74 *7 f., 20*
- Herausgabepflicht der Wettbewerbsvereinbarung **290** 74 *49 ff.*
- Inhalt der Betätigung **290** 74 *12 f.*
- Inhaltskontrolle **290** 74a *2 ff.*
- Inhaltskontrolle bei AGB **290** 74a *21*
- Insolvenz **300** 108 *43, siehe auch dort*
- Karenzentschädigung **290** 74 *21, 53 ff., 74, siehe auch dort*
- Konkretisierung **290** 74 *16*
- Konkurrenzunternehmen **290** 74 *14*
- Kündigung des Arbeitnehmers aus wichtigem Grund **290** 75 *2 ff.*
- Kündigung durch Arbeitgeber **290** 75 *9 ff.*
- Lossagung **290** 75 *2 ff.*
- Lossagungserklärung **290** 75 *27*
- Mandantenschutzklausel **290** 74 *22*
- Minderjährige **290** 74a *16*
- Nichtigkeit **290** 74 *37, 61*
- Organmitglieder **290** 74 *33 f.*
- örtliche Beschränkung **290** 74 *18*; 74a *8*
- Partei **290** 74 *31 ff.*
- Pflichten im Arbeitsverhältnis **290** 74 *21*
- Rechtsmangel **290** 74 *36 ff.*
- Rechtsnachfolge **290** 74 *35*
- Rechtswahl **220** 30, 8 Rom I *69*
- Rücktritt **290** 74 *69*
- Schadensersatz **290** 74 *70*
- Schriftform **290** 74 *41 ff.*
- Transparenz **290** 74 *16, 72 f.*
- Treuepflicht **290** 74 *6, 21*
- Unterlassungsklage **290** 74 *65 f.*
- Unverbindlichkeit **290** 74 *38 ff., 61 f.*; 74a *2 ff.*
- Vereinbarung **290** 74 *4 ff.*
- Vereinbarung zu Lasten des AN **290** 75d *2 ff.*
- Vertragsstrafe *siehe* Vertragsstrafe, Wettbewerbsverbot
- Verzicht des Arbeitgebers **290** 75a *2 ff.*
- Vollzug des Arbeitsverhältnisses **290** 74 *29 f.*
- Wegfall der Karenzzahlung **290** 74 *68*
- Wettbewerber **290** 74 *14*
- wirtschaftliche Bedeutung der Betätigung **290** 74 *23*
- zeitliche Beschränkung **290** 74 *17*; 74a *9, 13 f.*
- Zeitpunkt der Vereinbarung **290** 74 *24 ff.*

Nachweis *siehe auch* Nachweis, NachwG
- Altersteilzeit, Insolvenzsicherungspflicht **40** 8a *15 ff.*
- Arbeitsunfähigkeit, AGB **160** 305c *18*
- Arbeitszeit **80** 16 *1 ff.*

Nachweis, NachwG
- Altvertrag **360** 4 *1 ff.*
- Änderung der Angabe **360** 3 *2 ff.*
- Anschrift **360** 2 *27*
- Anwendungsbereich **360** Vor 1 *6*; 1 *3 ff.*
- Arbeitnehmer, Begriff **360** 1 *3 ff.*
- arbeitnehmerähnliche Person **360** 1 *9*
- Arbeitsentgelt **160** 611 *603, 605*; 612 *41*; **360** 2 *33 ff., 53*
- Arbeitsentgelt, öffentlicher Dienst **360** 2 *32a*
- Arbeitsort **360** 2 *30 f.*
- Arbeitszeit **360** 2 *36, 53*
- Ausbildung **360** Vor 1 *64*; 1 *8*
- Aushändigung **360** 2 *19 ff.*
- Aushilfskraft **360** 1 *6*
- Ausländer **360** 2 *18*
- Auslandseinsatz **360** 2 *3 f., 45 ff.*
- Ausschluss der elektronischen Form **160** 127 *33*
- beamtenrechtliche Regelungen **360** 2 *42*
- Beanstandungsrecht des Betriebsrats **360** Vor 1 *61*
- Befristungsanforderung **480** 14 *158*
- Befristungsdauer **360** 2 *29*
- Beginn des Arbeitsverhältnisses **360** 2 *28*
- Berichtigungsanspruch/-klage **360** Vor 1 *21, 30 ff.*; 3 *6*
- betriebliche Altersversorgung **160** 611 *603*
- Betriebs- und Dienstvereinbarung **360** 2 *39 ff.*
- Betriebsübergang **360** Vor 1 *68*; 3 *8*
- Betriebsvereinbarung **160** 622 *66*; **360** 2 *39 ff.*; 3 *8*
- Beweislastumkehr **160** 612 *41*
- Beweisschwierigkeit **360** Vor 1 *2*
- Beweisvereitelung **360** Vor 1 *53*
- Bezugnahme auf Kollektivvertrag **360** 2 *39 ff.*
- Bußgeld **360** Vor 1 *67*
- Darlegungs- und Beweislast **360** Vor 1 *35, 45 ff.*; 3 *15*
- Datenschutz **360** Vor 1 *69*
- Dienstvereinbarung **160** 622 *66*
- Direktionsrecht **360** Vor 1 *60*
- Dokumentationspflicht des Arbeitgebers **360** 2 *16*
- doppelte Schriftformklauseln **360** 2 *16, 61*
- dynamische Verweisung **360** 2 *39*

- elektronische Form **360** 2 *17*
- Entschädigung(-santrag) **360** Vor 1 *17, 38 ff.*
- Erfüllungsanspruch **360** Vor 1 *16 f.*; 2 *23*
- Fälligkeit des Arbeitsentgelts **160** 611 *605*
- Form **160** 127 *11, 33*; 611 *368*
- Form/Frist **360** 2 *14 ff.*
- Formvorschriften **360** Vor 1 *2 f.*
- gerichtliche Durchsetzung **360** Vor 1 *29 ff.*
- geringfügig Beschäftigter **360** 2 *44*
- GmbH-Geschäftsführer **360** 1 *5*
- Hinzuziehung eines Rechtsanwalts **360** Vor 1 *61*
- Inhalt **360** Vor 1 *12 ff.*
- Klage **360** Vor 1 *30 ff.*; 3 *14*
- kollektivrechtliche Niederlegung **360** 2 *5, 52 ff.*; 3 *8*
- konkludente Vertragsänderung **360** 3 *5*
- Konkretisierung **360** 2 *1 f.*
- korrigierende Rückgruppierung **360** Vor 1 *56*
- Kündigungsfrist **160** 622 *66*; **360** 2 *38, 53*
- Kündigungsschutz **360** Vor 1 *60*
- Leiharbeitnehmer **360** Vor 1 *65*; 1 *8*
- Mindestgehalt **360** 2 *24 f.*
- Nebenpflicht **360** Vor 1 *8*
- objektive Klagehäufung **360** Vor 1 *37*
- Organmitglied **360** 1 *5*
- Prämie **160** 611 *603, 605*; 612 *41*
- Quittierung des Nachweises **360** Vor 1 *10*
- Rechtsfolgen **360** Vor 1 *7 ff., 18 f.*
- Schadensersatz **360** Vor 1 *11, 24 ff.*
- Schriftform **360** 2 *15 ff.*; 3 *9*
- schriftlicher Arbeitsvertrag **360** 2 *6, 59 ff.*
- Seeleute **360** Vor 1 *66*; 1 *8*
- Sonderzahlung **160** 611 *603, 605*; 612 *41*
- Stellenausschreibung, öffentlicher Dienst **360** 2 *32a*
- Streitwert **360** Vor 1 *42 ff.*
- Tantieme **160** 611 *603*
- Tarifvertrag **160** 611 *767, 863*; 613a *118*; 622 *66*
- tarifvertragliche Ausschlussfrist **360** 2 *42*
- tarifvertragliche Niederlegung **360** 2 *52 ff.*; 3 *8*
- Tätigkeitsbeschreibung **360** 2 *32*
- Überwachungsfunktion des Betriebsrats **360** Vor 1 *61 f.*
- Unabdingbarkeit **360** 1 *11*; 5 *1 f.*
- Urlaub **360** 2 *37, 53*
- Verjährung **360** Vor 1 *58*
- Verleiher **100** 9 *44*; 10 *7*; 11 *1 ff.*
- Verletzung der Bekanntgabepflicht eines Tarifvertrags **470** 8 *10*
- Verschulden des Prozessbevollmächtigten **360** Vor 1 *27*
- Vertragspartei **360** 2 *26 f.*
- Verzug **360** Vor 1 *20*; 2 *22*
- wesentliche Vertragsbedingung **360** 2 *11 f.*
- Zielvereinbarung **160** 611 *710*
- Zulage **160** 611 *605*; 612 *41*
- Zurückbehaltungsrecht **360** Vor 1 *11, 22 f.*

- Zuschlag **160** 611 *603, 605*; 612 *41*
- Zwangsvollstreckung **360** Vor 1 *17, 41*

Nachweis-Richtlinie 360 Vor 1 *4, 16*
Nachweisrichtlinie, EG 230 Richtlinien *1 ff.*,
siehe auch Gemeinschaftsrecht
Nachwirkung
- Tarifvertrag **470** 4 *37 ff.*; 8 *6*

Nachwirkung des Arbeitsverhältnisses
siehe Arbeitsverhältnis, Nachwirkung
Namensliste
- Insolvenz **300** 125 *8 ff.*, *siehe auch dort*
- Sozialauswahl **320** 1 *573 ff.*
- wichtiger Grund, Sperrzeit **160** 611 *1144*

Namensschild 150 87 *38*,
siehe auch Ordnungsverhalten
NATO-Truppenstatut
- Beschlussverfahren **50** 2a *19*
- Zuständigkeit **50** 1 *5*

Naturalleistung *siehe* Sachbezüge
Naturallohn *siehe* Sachbezüge
Naturalvergütung *siehe* Sachbezüge
Nebenabrede *siehe auch* Preisnebenabrede
- Änderungskündigung zur Anpassung **320** 2 *96*
- Formnichtigkeit bei Aufhebungsvertrag **160** 623 *38, 53*
- Minderjähriger **160** 115 *21*
- Schriftform **160** 127 *14, 56, 60*; 305b *10*; 309 *53*; 611 *369, 1005*; 623 *38, 53*
- Vertragsstrafe **160** 115 *21*
- Vollständigkeitsklausel **160** 309 *53*

Nebenarbeiten
- Arbeitsleistung **160** 611 *484*
- Pflege der Arbeitsgeräte **160** 611 *484*
- Reinigungsarbeit **160** 611 *484*
- Transportleistung **160** 611 *484*

Nebenbetrieb
- Arbeitszeit **80** 5 *12*; 7 *22*; 16 *5*
- Aushangpflicht/Auslage **80** 16 *5*

Nebenpflicht *siehe auch* Fürsorgepflicht
- Alkohol, Unterlassung **160** 611 *562*
- Anzeigepflicht des Arbeitnehmers, betriebliche Altersversorgung **140** 6 *71 ff.*
- Arbeitgebereigentum, Schutz **160** 611 *554 ff.*
- Arbeitsschutz- und Unfallverhütungsvorschriften, Einhaltung **70** 15 *11*
- arbeitsschutzbezogene Mitwirkungspflicht des Beschäftigten **70** 15 *8 ff.*; 16 *9*
- Arbeitszeugnis **160** 630 *1*
- Auskunftspflicht **160** 611 *559*
- außerdienstliches Verhalten **160** 611 *582 ff.*
- betriebliche Altersversorgung **140** 1 *29*
- Cannabis **160** 611 *563*
- Drogenverbot **160** 611 *561 ff.*
- Duldungspflicht einer Kontrolle **160** 611 *576 ff.*
- fristlose Kündigung **160** 628 *1*
- historische Entwicklung **160** 611 *481 f.*
- Meinungsäußerung **160** 611 *573 ff.*

- Mobbing **160** 611 *560, 571 f., 943*
- NachwG **360** Vor 1 *8*
- Nebentätigkeit **160** 611 *540 ff.*
- Notarbeites **160** 611 *526, 556*
- Rauchverbot **160** 611 *564 f.*
- Ruhen des Arbeitsverhältnisses **70** 1 *5*
- Schmiergeldverbot **160** 611 *550 ff.*
- Teilnahme an arbeitsmedizinischer Pflichtuntersuchung **70** 11 *6*
- Unterlassung der sexuellen Belästigung **160** 611 *567 ff.*
- Unterlassung parteipolitischer Betätigung **160** 611 *575*
- Unterlassung störenden Verhaltens **160** 611 *560*
- Unterlassung von Mobbing, Verhaltenspflicht **160** 611 *560, 571 f.*
- Verschwiegenheitspflicht **160** 611 *527 ff.*
- Vertragsanbahnung **160** 611 *527*
- Vertragsfreiheit **160** 611 *482*
- Vertragsstrafe **160** 345 *10, 2*
- Wettbewerbsverbot **160** 611 *537 ff.*
- Whistleblowing **160** 611 *534 ff.*
- Wiedereinstellungsanspruch **160** 611 *350*

Nebentätigkeit
- Abmahnung **160** 611 *545, 549*
- absolutes Nebentätigkeitsverbot, unangemessene Benachteiligung **160** 307 *40*; 611 *600*
- Altersteilzeit **40** 2 *31*; 5 *4 ff., 7*
- Anzeigepflicht, BAT **160** 611 *541, 548*
- Arbeitsunfähigkeit **160** 611 *545, 549*
- Arzt **160** 611 *543*
- Auskunftsanspruch des Arbeitgebers **160** 611 *548, 559*
- Auskunftspflicht **160** 611 *600*
- Beamter **160** 611 *541, 548*
- Berufsfreiheit **260** 12 *58*
- ehrenamtliche Tätigkeit **160** 611 *540*
- Einkommensteuer **240** 19 *19 f.*
- Entgeltfortzahlung **160** 611 *545*
- Erholungsurlaub **160** 611 *547*
- Genehmigung **160** 309 *18*; 611 *542, 549, 865*
- Gewerkschaftssekretär **160** 611 *543*
- Höchstarbeitszeit **160** 611 *546, 548 f.*
- Inhaltskontrolle, AGB **160** 307 *125*
- Journalist, Information des AG **160** 611 *543*
- Krankheit **160** 611 *545, 549*
- Kündigung **160** 611 *545, 549*
- Nebenpflicht **160** 611 *540 ff.*
- öffentlicher Dienst **160** 611 *541, 543, 548 f.*
- Privatautonomie **160** 611 *540*
- Rechtsanwalt **160** 611 *543*
- Rundfunksprecher **160** 611 *543*
- Schwarzarbeit **160** 611 *544*
- Sonderurlaub **160** 611 *547*
- Tarifvertrag, Anzeigepflicht/Genehmigungsvorbehalt **160** 611 *541 f., 548 f.*
- Vertragsfreiheit **160** 611 *600*

- Vertragsstrafe **160** 309 *18*; 345 *20*; 611 *600*
- Verzugsschaden **160** 611 *865*
- Wettbewerbsverbot **160** 611 *549*
- Widerrufsvorbehalt **160** 611 *600*

Negative Berufsfreiheit 260 12 *22*
Negative Tatsache 50 58 *7*
Negatives Interesse *siehe* Vertrauensschaden
Negatives Schuldanerkenntnis
siehe Schuldanerkenntnis

Nettolohn
- Darlegungs- und Beweislast **160** 611 *644*
- Vergütung **160** 611 *611, 644 ff.*

Nettolohnklage
- Urteilsverfahren **50** 46 *67 ff.*

Nettolohnvereinbarung 50 46 *69*,
siehe Lohnsteuer, pauschale

Netzwerkserver
- Arbeitszeit **80** 10 *58*

Neubeginn
- Verjährung **160** Vor 194-218 *7*; 197 *5*; 199 *27*; 201 *2*; 202 *4, 11*; 212 *1 ff.*; 213 *2*

Neues Vorbringen
- Beschwerde im Beschlussverfahren **50** 87 *22 ff.*

Neufestlegung
- Urlaub bei Krankheit **180** 9 *26a*

Nicht rechtsfähiger Verein
- Arbeitgeber **160** 611 *133*
- Gewerkschaft **160** 611 *133*
- Gruppenarbeit, Mitglieder **160** 611 *40*

Nicht-Arbeitnehmer
- betriebliche Altersversorgung, persönlicher Geltungsbereich **140** 1 *25, 212*; 1a *2*; 1b *28*; 6 *3*; 7 *7*; 16 *5*; 17 *3 ff., 10 f., 16*
- Entgeltumwandlung, Anspruchsberechtigter **140** 1a *2*; 17 *11*

Nichtabhilfeentscheidung
- Beschwerde **50** 78 *27*

Nichtantritt der Arbeit *siehe* Vertragsaufsage
Nichteinstellungsabrede 290 75f *1 ff.*
Nichteinstellungsvereinbarung 290 75f *1 ff.*
Nichterfüllter Vertrag, Einrede
- *siehe* Leistungsverweigerungsrecht
- *siehe* Zurückbehaltungsrecht

Nichterscheinen
- Versäumnisurteil **50** 59 *7*

Nichtfortsetzungserklärung
- Arbeitsverhältnis **320** 1 *41*
- Beendigung des Arbeitsverhältnisses **160** 611 *994*
- Kündigung **160** 623 *8*
- Kündigungsschutzklage **160** 611 *994*
- Schriftform **160** 623 *8*
- Sonderkündigungsrecht **160** 611 *994*; 623 *8*

Nichtigkeit
- Änderungskündigung **320** 2 *5*
- Arbeitsverhältnis **320** 1 *37*
- Delegiertenwahl, Aufsichtsrat **330** 21 *9*
- Verwaltungsakt **440** 40 *2 ff.*

Nichtigkeit – Objektive Klagehäufung

– Wettbewerbsverbot **290** 74 *37, 61*
Nichtigkeitsklage 50 79 *5 ff.*
– fehlerhafte Besetzung der Kammer **50** 16 *7*
Nichtigkeitsklage, AktG
– Vorstand, Hauptversammlungsbeschluss **30** 93 *45*
Nichtigkeitsklage, EG
– Arbeitszeit-Richtlinie **80** 1 *3*
Nichtverlängerungsmitteilung
– Schriftform **160** 623 *23*
Nichtzulassungsbeschwerde 50 72 *55*; 72a *1 ff.*
– Anhörungsrüge als Rechtsbehelf **50** 72a *75 ff.*
– Anspruchsmehrheit **50** 72a *33 ff.*
– Antragsfassung **50** 72a *95 ff.*
– Ausschluss im Beschlussverfahren **50** 92b *9*
– Begründung **50** 72a *30 ff.*
– Beschwerdebegründung **50** 72a *61 ff.*
– Divergenzbeschwerde **50** 72a *37 ff.*
– Entscheidung des Bundesarbeitsgericht **50** 72a *68 ff.*
– Form **50** 72a *17 ff.*
– Frist **50** 72a *17 ff.*
– Gehörsrüge **50** 78a *6, siehe auch dort*
– Grundsatzbeschwerde **50** 72a *47 ff., siehe auch dort*
– Kosten **50** 72a *86 ff.*
– Prozesskostenhilfe **50** 72a *82 ff.*
– Rechtsbeschwerdeverfahren **50** 92a *1 ff., siehe auch dort*
– Rechtsmittelbelehrung **50** 9 *19, siehe auch dort*
– Rechtswegerschöpfung **50** 72a *15 f., siehe auch dort*
– Verfahren **50** 72a *7 ff.*
– Wiedereinsetzung **50** 72a *82 ff., siehe auch dort*
– Wirkung der Einlegung **50** 72a *23 ff., siehe auch dort*
– Wirkung der Entscheidung **50** 72a *76 ff., siehe auch dort*
Niederlande *siehe* Niederländisches Arbeitsrecht
Niederländisches Arbeitsrecht
– Abfindungszahlung **220**, *116*
– Arbeitnehmerbeteiligung **220**, *112 ff., 117*
– Arbeitsvertrag **220**, *93 ff.*
– Arbeitszeit **220**, *97*
– Aufhebungsvereinbarung **220**, *111*
– außerordentliche Kündigung **220**, *103 f.*
– Beendigung des Arbeitsverhältnisses **220**, *100 ff.*
– Betriebsrat **220**, *118*
– gerichtliche Auflösung des Arbeitsverhältnisses **220**, *107 f.*
– Gewerkschaft **220**, *122*
– Kollektivvereinbarung **220**, *118 ff.*
– Kündigungsfrist **220**, *104 ff.*
– Kündigungsgrund **220**, *103*
– Massenentlassung **220**, *115*
– Mindestlohn **220**, *96*
– Mindesturlaubsgeld **220**, *96*
– offensichtlich unwirksame Kündigung **220**, *114*

– ordentliche Kündigung **220**, *101 ff.*
– Personalversammlung **220**, *120*
– Probezeit **220**, *107*
– Sonderkündigungsschutz **220**, *110*
– Tarifvertrag **220**, *118 ff.*
– Tarifverträge **220**, *123 ff.*
– Urlaub **220**, *98*
– Vergütung im Krankheitsfall **220**, *99*
Niederlassung
– örtliche Zuständigkeit **50** 2 *91*
Niederlegung 50 50 *13 f.*
Nießbrauch
– Betriebsübergang **160** 613a *86*
Norm, betriebliche *siehe* Betriebliche Norm
Notar
– Arbeitszeit **80** 7 *61*
– Betriebsübergang **160** 613a *40*
– Gesellschafterliste **280** 43 *32a*
Notarbeit
– Nebenpflicht **160** 611 *526, 556*
Notdienst
– Arbeitszeit **80** 7 *24*; 10 *8*
Notfall
– Abweichung vom Jugendarbeitsschutz **310** 21b *5 ff.*
– Begriff, Arbeitszeit **80** 13 *28*; 14 *4 ff.*
– Überstunden **160** 611 *518*
Notfallleistung
– betriebliche Altersversorgung, Abgrenzung **140** 1 *36*
Notfrist
– Einspruch gegen Versäumnisurteil **50** 59 *38 f.*
Notgeschäftsführer
– Abberufung **280** 38 *40*
Nothilfe
– gesetzliche Unfallversicherung **420** 105 *8*
Notlage des Betriebserwerbers
– Unterrichtung der AN **160** 613a *197*
Notwendige Auslauffrist *siehe* Auslauffrist
Novation
– Verjährung **160** 195 *8*
Numerus clausus 260 12 *30*
Nutzungsrechte *siehe auch* Urheberschutz
– Betriebszweck **495** 31 *8*
– Computerprogramme **495** Vor 2; 31 *9*; 69b *6 ff.*
– Inhaltskontrolle, Urheberrecht **495** 43 *13*
– Werksablieferung **495** 31 *8*

Obdachlosenheim
– Arbeitszeit **80** 10 *12*; 18 *8*
Oberarzt
– Arbeitszeit **80** 18 *5*
– Bereitschaftsdienst **160** 612 *16*
Oberbundesanwalt
– Rechtsbeschwerdeverfahren **50** 92 *20*
Objektive Klagehäufung 50 46 *40*
– NachwG **360** Vor 1 *37*

- Streitwertberechnung **50** 12 *42 f.*
Objektschutz
- Arbeitszeit **80** 10 *45 ff.*
Obligatorisches Verfahren
- Güteverhandlung **50** 54 *6, siehe auch dort*
Offenbarungspflicht
- Anschlussbeschäftigung **160** 611 *1011*
- Eigenschaftsirrtum **160** 611 *446*
- Ermittlungsverfahren **160** 611 *278*
- Gesundheitszustand **160** 611 *272*
- Haftstrafe **160** 611 *278*
- Schwangerschaft **160** 611 *264*
- Schwerbehinderung/Schwerbehinderten-eigenschaft **160** 611 *268*
- transsexuelle Person **160** 611 *277*
- Vertragsanbahnung **160** 611 *224, 263 f., 268, 272, 277 f., 285, 1011*
- Wettbewerbsverbot **160** 611 *285*
Offene Handelsgesellschaft
- Arbeitgeber **140** 1 *23*; **160** 611 *129*
- Berufsfreiheit **260** 12 *14*
- Parteifähigkeit **50** 10 *3*
Öffentlich zugängliche Verkehrsfläche
- Haustürgeschäft **160** 312 *10, 19, 25 f.*
Öffentlich-rechtlicher Erstattungsanspruch
440 50 *1 ff., siehe auch* Sozialverwaltungsverfahren
Öffentliche Bekanntmachung
- Mahnverfahren **50** 46a *8*
Öffentliche Ordnung
- Ausschluss der Öffentlichkeit **50** 52 *9 f.*
Öffentliche Verwaltung
- Arbeitsschutz **90** 16 *2*
Öffentliche Zustellung *siehe* Zustellung, öffentliche
Öffentlicher Arbeitgeber
- Prüfpflicht für Beschäftigung schwerbehinderter Menschen **430** 77 *3*
Öffentlicher Dienst 150 1 *51 f.*; 130 *1 ff., siehe auch* Arbeitnehmer des öffentlichen Dienstes
- Allgemeinwohl, Arbeitszeit **80** 7 *40*
- Arbeitsplatzsicherheit, Arbeitszeit **80** 7 *40*
- Arbeitsschutz **70** 2 *1*; 14 *1*; 17 *10*; 20 *1 ff.*
- Arbeitsverhinderung **365** 2 *11*
- Arbeitszeit **80** 7 *38 ff.*; 10 *10*; 15 *1, 10 f.*; 17 *11*; 18 *6*; 19 *1 ff.*; 25 *5*
- außerdienstliches Verhalten **160** 611 *584*
- außerordentliche betriebsbedingte Unkündbarkeit **160** 626 *142*
- außerordentliche Kündigung **160** 626 *1, 66*
- Befristungsrecht **480** 22 *6 ff.*
- betriebliche Altersversorgung **140** 1 *2, 93, 108, 119, 213*; 16 *15*; 17 *12 ff., 19*; 18 *1 ff.*; 26 *1*; 30d *1 ff.*
- betriebsbedingte Kündigung **320** 1 *392 ff., 443 ff.*
- Betriebsübergang **160** 613a *19 f., 37 ff., 46, 69, 78, 89*
- bevorzugte Einstellung nach Wehrdienst **60** 11a *1 ff.*
- dreistufiger Verwaltungsaufbau **170**, *27, 69*

- Einstellungsanspruch **160** 611 *349*
- Gesetzgebungskompetenz **260** Vor 1 *5*
- Grundrechtsbindung, Arbeitszeit **80** 7 *40*
- Kirche, Abgrenzung **80** 15 *10*
- Konkurrentenklage **160** 611 *349*
- Ministerium für Staatssicherheit **160** 611 *286 ff., 447*
- Nebentätigkeit **160** 611 *541, 543, 548 f.*
- öffentlich-rechtliche Religionsgemeinschaft, Abgrenzung **80** 15 *10*
- parteipolitische Betätigung **160** 611 *575*
- Personalrat **170**, *1 ff.*
- Persönlichkeitsrecht des Arbeitnehmers **260** 2 *58*
- privatrechtliche Organisationsform **80** 15 *10*; 17 *11*; 19 *3*
- Probezeitkündigung **160** 622 *50*
- Schutzmaßnahme **160** 618 *7*
- schwerbehinderte Menschen **430** 82 *3*
- Sprecherausschuss **460** 1 *8*
- Versetzungsrecht **160** 611 *501*
- Zusatzversorgung **140** 1 *102, 118*; 17 *27*; 18 *1 ff.*; 18a *3*; 30d *2, 4*
- zweistufiger Verwaltungsaufbau **170**, *68*
Öffentlicher Raum
- Beobachtung und Datenschutz **120** 6b *1 ff.*
Öffentlichkeit 50 52 *1 ff.*
Öffentlichkeit, Ausschluss 50 52 *7 ff.*
- Antragsbefugnis **50** 52 *19, siehe auch dort*
- Rechtsmittel **50** 52 *25*
Öffentlichkeitsgrundsatz
- Verletzung als Revisionsgrund **50** 73 *43*
Offizialmaxime
- Rechtsbeschwerde im Beschlussverfahren **50** 93 *18*
Öffnungsklausel
- Tarifvertrag **470** 4 *12 ff.*
OHG *siehe* Offene Handelsgesellschaft
Oktoberfest
- Arbeitszeit **80** 10 *31*
Omnibusunternehmen
- Arbeitszeit **80** 5 *12*
Oper
- Arbeitszeit **80** 10 *17*
Operette
- Arbeitszeit **80** 10 *17*
Optionsrechte
- Arbeitslohn **240** 19 *30 ff.*
Optionsvertrag
- Vorvertrag **160** 611 *330*
Orchesteraushilfe
- Arbeitnehmer, Abgrenzung **160** 611 *104*
Orchestermusiker
- Arbeitnehmer **160** 611 *104*
- Probezeit **160** 622 *49*
Ordentliche Kündigung
- *siehe auch* Änderungskündigung
- *siehe auch* Betriebsbedingte Kündigung

- *siehe auch* Kündigungsfrist
- *siehe auch* Personenbedingte Kündigung
- *siehe auch* Unkündbarkeit
- *siehe auch* Verhaltensbedingte Kündigung
- außerordentliche Kündigung, Verhältnis **320** 1 *196*
- Befristung **160** 620 *9*; 622 *6, 22, 48, 64*
- Begriff **320** 1 *23 f.*
- Beteiligung des Personalrats **170**, *1 ff.*
- Beteiligung des Sprecherausschusses **460** 31 *3*
- Betriebsratsmitglied **320** 15 *1 ff., 42 f.*
- Beurteilungsmaßstab **320** 1 *177*
- Beurteilungszeitpunkt **320** 1 *178*
- Beweislast bei Wiedereinstellungsanspruch **320** 1 *206*
- entfristete ordentliche Kündigung **160** 621 *4*; 622 *12, 22*
- Freistellung zur Stellensuche **160** 629 *11*
- fristgebundene Klageerhebung **320** 1 *208*
- Interessenabwägung **320** 1 *175, 185*
- Kündigungsgrund **320** 1 *187 ff.*
- Kündigungstatsache, unvollständige Mitteilung an Personalrat **170**, *49 ff.*
- Minus/Aliud zu außerordentlicher Kündigung **160** 623 *12*
- Nachschieben von Kündigungsgrund **320** 1 *190 ff.*
- Prognoseprinzip **320** 1 *175, 179*
- Schriftform **160** 623 *7*
- soziale Rechtfertigung **320** 1 *175 ff.*
- Ultima-Ratio-Prinzip **320** 1 *175, 181 ff.*
- Umdeutung einer außerordentlichen Kündigung **170**, *97, 100*
- Umdeutung in außerordentliche Kündigung **160** 622 *69*; 623 *12*; 626 *144*
- Unkündbarkeit **160** 626 *127*
- Verwirkung **320** 1 *195*
- Verzicht **320** 1 *194*
- Wiedereinstellungsanspruch **320** 1 *180, 197 ff.*

Ordentliche Unkündbarkeit *siehe* Unkündbarkeit
Ordnung und Verhalten im Betrieb 250 106 *30 ff.*
Ordnung, öffentliche *siehe* Öffentliche Ordnung
Ordnungsgeld
- persönliches Erscheinen **50** 51 *19 ff.*, *siehe auch dort*

Ordnungsgeldverfahren
- ehrenamtlicher Richter **50** 28 *6 ff.*

Ordnungsmittel 50 9 *9*
Ordnungsprinzip *siehe* Zeitkollisionsregel
Ordnungsverhalten
- Begriff **150** 87 *31 ff.*
- Betriebsbuße **150** 87 *40 ff.*

Ordnungswidrigkeit 150 121 *1 ff.*
Ordre Public, ausländischer
- Kollision **220** 6, 21 Rom I *14 f.*

Ordre-Public-Vorbehalt 220 6, 21 Rom I *1 ff.*
- Verhältnis 30 und 34 EGBGB **220** 6, 21 Rom I *7*

Organ, betriebsverfassungsrechtliches
- Beschlussverfahren **50** 83 *15*, *siehe auch dort*

Organ, vertretungsberechtigtes
- ehrenamtlicher Richter **50** 22 *4*, *siehe auch dort*

Organmitglied *siehe* Vertretungsorgan juristischer Personen
- Arbeitnehmerbegriff, Abgrenzung **160** 611 *96 ff.*
- Arbeitszeit **80** 2 *34*
- Dienstvertrag **160** 611 *142*
- ehrenamtliche Tätigkeit **160** 616 *13*
- ehrenamtlicher Richter **50** 22 *4*, *siehe auch dort*
- Freistellung zur Stellensuche **160** 629 *5*
- NachwG **360** 1 *5*
- Wettbewerbsverbot **290** 74 *33 f.*
- Zuständigkeit des Arbeitsgerichts **50** 5 *16 f.*

Organvertreter *siehe auch* Vorstand
- Geschäftsführer **30** 84 *31, 34, 38, 40, 50, 52*
- Kündigungsschutz **320** 14 *3 ff.*
- Mutterschutz **350** 9 *1 ff.*
- schwerbehinderte Menschen *siehe* schwerbehinderte Menschen, Sonderkündigungsschutz
- Vorstand **30** 84 *1 ff.*

Orientierung, sexuelle *siehe* Sexuelle Orientierung
Örtliche Zuständigkeit 50 2 *76 ff.*
- Alleinentscheidung des Vorsitzenden **50** 55 *18*
- Beschlussverfahren **50** 82 *1 ff.*, *siehe auch dort*
- Entschädigung nach § 611a Abs. 2 BGB **50** 2 *83*; 61b *9 ff.*
- Erfüllungsort **50** 2 *84 ff.*
- Fiskus und Behörde **50** 2 *89*, *siehe auch dort*
- Gesamtbetriebsrat **50** 82 *3*
- Güteverhandlung **50** 54 *8*
- Insolvenz **50** 2 *90*, *siehe auch dort*
- Konzernbetriebsrat **50** 82 *3*
- Mahnverfahren **50** 46a *3*
- Niederlassung **50** 2 *91*
- Prorogation **50** 2 *92 ff.*, *siehe auch dort*
- rügelose Einlassung **50** 2 *95*, *siehe auch dort*
- Sitz der juristischen Person **50** 2 *96*
- unerlaubte Handlung **50** 2 *97*
- Unternehmenssitz **50** 82 *3*, *siehe auch dort*
- Verweisung **50** 2 *101 ff.*
- Wahlrecht **50** 2 *98*, *siehe auch dort*
- Widerklage **50** 2 *99*, *siehe auch dort*
- Wohnsitz oder Aufenthalt **50** 2 *100*, *siehe auch dort*

Örtlicher Personalrat
- Zuständigkeit, Beteiligung bei Kündigung **170**, *27*

Ortskraft 220 30, 8 Rom I *27*
Ortszuschlag
- BAT **160** 612 *30*

Outsourcing 320 1 *373, 447 ff.*
- außerordentliche betriebsbedingte Kündigung **160** 626 *27*
- Betriebsübergang **160** 613a *75 f.*
- Datenschutz **120** 11 *4*

Pachtvertrag
- Betriebsübergang, Rückfall **160** 613a *70, 79, 84, 86, 192*
- Zuständigkeit **50** 2 *41*

Pacta sunt servanda *siehe* Vertragstreue
Pactum de non petendo *siehe* Stillhalteabkommen
Papierindustrie
- Arbeitszeit **80** 13 *5*

Paritätische Besetzung 50 16 *5*; 30 *6, siehe auch dort*
Parkhaus
- Arbeitszeit **80** 13 *13*

Parkpflege
- Arbeitszeit **80** 5 *14*

Partei
- Fragerecht **160** 611 *296*
- persönliches Erscheinen **50** 51 *1 ff.*

Parteibetrieb 50 9 *6*
Parteibezeichnung 50 46 *28 f.*
- falsche/ungenaue, Kündigungsschutzprozess **320** 4 *17*

Parteifähigkeit 50 10 *2 ff.*; 46 *45 ff.*
- Rechtsfolgen bei Fehlen **50** 10 *18*

Parteipolitische Betätigung 150 74 *5*
- Beamter **160** 611 *575*
- Betriebsfrieden **160** 611 *575*
- Neutralitätsgebot des Betriebsrats **160** 611 *575*
- öffentlicher Dienst **160** 611 *575*
- Sprecherausschuss, Verbot **460** 2 *8*
- Unterlassung **160** 611 *575*

Parteivernehmung
- Alleinentscheidung des Vorsitzenden **50** 55 *42*
- persönliches Erscheinen **50** 51 *12*

Parteiwechsel
- Güteverhandlung **50** 54 *9 f.*

Parteizustellung 50 50 *34*
Partieller Vertretungszwang
- Nichtzulassungsbeschwerde im Rechtsbeschwerdeverfahren **50** 92a *7*

Partnergesellschaft
- Berufsfreiheit **260** 12 *14*

Partyservice
- Arbeitszeit **80** 5 *11*

Passivrauchen *siehe* Rauchverbot
Patent
- Arbeitnehmererfindung **55** 3 *5*
- Betriebs-/Geschäftsgeheimnis **460** 29 *3*
- Betriebsübergang **160** 613a *27, 50 f., 64*

Patentamt
- Erteilungsverfahren **55** 3 *9*

Patentfähig
- Erfindung **55** 3 *6*

Patentverfahren
- Änderungen **55** 7 *2*

Patientenkartei 260 2 *17, 25*
Pauschale Lohnsteuer 50 46 *71*
Pauschalierter Schadensersatz
siehe Schadenspauschalierung

Pauschalierung der Lohnsteuer 240 40 *1 ff.*
- geringfügige Beschäftigung **240** 40a *1 ff.*
- Teilzeitbeschäftigte **240** 40a *1 ff.*
- Verpflegungsmehraufwand **240** 40 *18, 27*

Pause *siehe* Ruhepause
Pausenzeiten
- Arbeitgeberermessen **80** 4 *8*
- Durcharbeiten **80** 4 *8*

Pensionsanwartschaft
- Abfindungsversteuerung **240** 34 *25, 27*

Pensionsfond
- Überleitung der betrieblichen Altersversorgung **240** 3 *58 ff.*

Pensionsfonds
- *siehe auch* Pensionsfondszusage
- *siehe auch* Pensionsrückstellung, § 6a EStG
- Altersteilzeit **40** 3 *8*
- Auszahlungsplan mit anschließender Restverrentung **140** 1 *59, 205*; 16 *64*
- Deckungsrückstellung **140** 2 *62*; 7 *17*
- Insolvenzsicherung **140** 7 *17*; 8 *7*; 9 *18*
- Kapitaldeckung/Kapitaldeckungsverfahren **140** 1 *3, 59, 205*; 1a *17*
- lebenslange Altersrente **140** 1 *59*
- Leistungsanspruch des Arbeitnehmers **140** 1 *59*
- Leistungshöhe/Beitragshöhe **140** 1 *59*
- Pensionsplan **140** 1 *62*; 2 *62, 72*
- rechtsfähige Versorgungseinrichtung **140** 1 *59*; 1b *9*
- Rechtsform, VVaG, AG **140** 1 *60*
- steuerrechtliche Aspekte **140** 1 *199, 205*
- Vermögensübergang auf den Pensionssicherungsverein **140** 9 *1, 18*
- Versorgungsträger **140** 1 *42, 58 ff., 182, 205*; 1b *55*; 2 *62, 72*; 7 *17*; 8 *7*; 9 *18*

Pensionsfondszusage
- betriebliche Altersversorgung, Entgeltumwandlung **140** 1 *61, 168*; 1b *21, 55, 63 ff.*; 2 *62, 65, 72, 74*; 4 *26*; 4a *6 f.*; 7 *12, 17, 49*; 10 *2*; 16 *62*
- Quotierungsverfahren **140** 2 *2, 62, 65*
- Überschussanteil **140** 1b *64*

Pensionskasse
- *siehe auch* Pensionskassenzusage
- *siehe auch* Pensionsrückstellung, § 6a EStG
- Altersteilzeit **40** 3 *8*
- Deckungsrückstellung **140** 4 *29*; 16 *56*
- Dynamik **140** 2 *59 f.*
- pauschale Beitragsbesteuerung **240** 40b *2 ff.*
- rechtsfähige Versorgungseinrichtung **140** 1 *55*; 1b *9*
- Rechtsform **140** 1 *55*
- steuerrechtliche Aspekte **140** 1 *199 f., 205*
- Versorgungsträger **140** 1 *55 ff., 182, 205*; 1b *55*; 2 *54 ff., 72*; 27 *1*

Pensionskassenzusage
- betriebliche Altersversorgung, Entgeltumwandlung **140** 1 *56, 61, 168, 174, 200*; 1b *21, 55, 63 ff.*;

2 2 f.; 54, 65, 72; 4 26; 4a 6; 9 10; 10 2; 11 4; 16 8, 62; 30e 4
- Quotierungsverfahren **140** 2 2, *54 ff.*
- Überschussanteil **140** 1b *64*; 2 *57 f.*; 4 *20, 29 f.*; 16 *56 f.*; 27 *1*
- versicherungsrechtliche Lösung **140** 2 *3, 54, 56 ff.*, 65

Pensionsrückstellung, § 6a EStG
- Berechnung durch Näherungsverfahren **140** 2 *69 f.*
- Direktzusage **140** 16 *49*
- unmittelbare Versorgungszusage **140** 1 *43*; 7 *13*
- Unverfallbarkeit **140** 1b *68*
- vorzeitige Altersleistung **140** 6 *75*

Pensionssicherungsverein *siehe* Pensionssicherungsverein auf Gegenseitigkeit
- Zuständigkeit **50** 2 *42*

Pensionssicherungsverein auf Gegenseitigkeit
siehe auch Insolvenzsicherung
- Abfindung, BetrAVG **140** 8 *1, 8 ff.*
- Allianz-Lebensversicherung-AG, Geschäftsführung des Konsortiums **140** 8 *3*
- Amtshilfe **140** 11 *2, 16 f.*
- Anwartschaftsausweis **140** 9 *2*
- Aufbewahrungspflicht des Arbeitgebers **140** 11 *9 ff.*; 12 *1, 5*
- Auskunftsbescheid **140** 10 *5*
- Auskunftspflicht des Arbeitgebers **140** 1 *214*; 4a *8 f.*; 11 *1 f., 6 ff., 11*; 12 *1, 4*
- Auskunftsrecht des Insolvenzverwalters **140** 11 *13*
- Beitragsbescheid **140** 10 *1, 5, 11*; 10a *2, 7*
- Beitragsgrundlagenbescheid **140** 10 *5*
- Beitragssatz **140** 10 *7*
- Beleihung/beliehenes Privatrechtssubjekt **140** 1 *216*; 10 *1*; 14 *2*
- Betriebs-/Geschäftsgeheimnis **140** 15 *1 ff.*
- Betriebsübergang **160** 613a *143, 231*
- Bundesanstalt für Finanzdienstleistungsaufsicht **140** 7 *71*; 8 *1, 7, 18*; 12 *8*; 14 *2*; 15 *5*
- Bundesverband der Deutschen Industrie **140** 14 *2*
- Bundesvereinigung der Deutschen Arbeitgeberverbände e.V., BDA **140** 14 *2*
- Darlegungs- und Beweislast **140** 7 *68*; 9 *3*
- Erstattungsbescheid **140** 10a *5*
- gesetzlicher Forderungsübergang **140** 9 *1, 5 ff.*
- Gewerbesteuer/Körperschaftsteuer, Befreiung **140** 14 *2*
- Insolvenzschutzklausel, Aufhebungsvertrag **160** 611 *1114 ff.*
- Konsortium von Lebensversicherern **140** 8 *3 ff.*
- Leistungsbescheid **140** 7 *33, 54*; 9 *2*
- Leistungserbringung, Möglichkeit **140** 8 *3 ff.*
- Leistungsverweigerungsrecht, Melde-, Auskunfts-, Mitteilungspflicht **140** 11 *1*
- Meldebescheid **140** 10 *5*
- Meldepflicht des Arbeitgebers **140** 10 *5*; 11 *1 ff.*; 15 *2*

- Mitteilungspflicht **140** 9 *1 ff.*
- Mitteilungspflicht des Arbeitgebers **140** 11 *1 ff., 9, 12 ff.*; 12 *1, 3*
- öffentlich-rechtlicher Erstattungsanspruch des Arbeitgebers **140** 10 *5 f.*; 10a *1, 5 ff.*; 11 *10*
- Pensionskasse, Rechtsform **140** 1 *55*
- Rechtsmissbrauch **160** 611 *1115*
- Rechtsweg **140** 1 *210 ff., 214*; 7 *7*; 10 *5, 11*
- Säumniszuschlagsbescheid **140** 10a *2*
- Schadensersatz **140** 9 *2*; 11 *7, 11, 17*; 15 *4*
- Träger der Insolvenzsicherung **140** 9 *1 ff.*; 14 *1 ff.*
- Überschussanteil **140** 8 *3*
- Übertragung der Leistungspflicht **140** 8 *1 ff.*
- unbefugte Offenbarung/Verwertung fremder Geheimnisse **140** 15 *1 ff., 5*
- Verband der Lebensversicherungsunternehmen e.V. **140** 14 *2*
- Verjährung von Beitragsanspruch **140** 10 *6*; 10a *1, 6 ff.*
- Verschwiegenheitspflicht **140** 15 *1 ff.*
- Verzugszinsenbescheid **140** 10a *3 f.*
- Vorlagebescheid **140** 10 *5*
- Vorlagepflicht des Arbeitgebers **140** 11 *6 ff., 9, 11*; 12 *1*
- Vorschussbescheid **140** 10 *5*; 10a *3, 5*
- Zwangsvollstreckung **140** 8 *4*; 10 *1, 11*; 10a *2, 4*

Person, arbeitnehmerähnliche
siehe Arbeitnehmerähnliche Person
Person, juristische *siehe* juristische Person
Person, transsexuelle *siehe* Transsexuelle Person

Personal, wissenschaftliches
- befristetes Arbeitsverhältnis **480** 23 *10 ff.*

Personalabbau
- Arbeitszeit **80** 15 *5*
- Aufhebungsvertrag **160** 611 *1071, 1174*
- Betriebsänderung **160** 613a *133*
- Betriebsübergang **160** 613a *133, 195*

Personalakte 260 2 *78 f.*
- Aktenführung **150** 83 *3 ff., 12*
- Begriff **150** 83 *8 ff.*
- Datenkorrektur **120** 35 *18 f.*
- Datenschutz **150** 83 *6 f.*
- Einsichtsrecht **150** 83 *15 ff.*
- Einsichtsrecht des Arbeitnehmers **460** 26 *2*
- Einsichtsrecht des leitenden Angestellten **460** 26 *2*
- Gegendarstellungsrecht **150** 83 *27 ff.*
- Leiharbeitnehmer **100** 14 *5, 13*
- streitige Verhandlung **50** 56 *22*

Personalberater
- Dienste höherer Art **160** 627 *8*
- Vertragsanbahnung **160** 305 *19*; 611 *204, 228*

Personaleinkauf
- Betriebsübergang **160** 611 *651*
- Rabatt **160** 611 *651*

Personalfragebogen 260 2 *76 f.*
- Begriff **150** 94 *3 ff.*
- Einigungsstellenentscheidung **150** 94 *13 f.*

- Mitbestimmung des Betriebsrats **150** 94 *12*

Personalleiter
- ehrenamtlicher Richter **50** 22 *4*
- Stellvertretung **160** 611 *985*; 626 *110*

Personalplanung
- Arbeitsplatzausschreibung *siehe dort*
- Begriff **150** 92 *2 ff.*
- Berufsbildung **150** 96 *5 ff.*
- Föderungspflicht **150** 96 *7 f.*
- Tendenzbetrieb **150** 92 *8*
- Unterrichtung des Betriebsrats **150** 92 *7 ff.*

Personalrabatt
- befristetes Arbeitsverhältnis **480** 4 *31*

Personalrat
- *siehe auch* Gesamtpersonalrat
- *siehe auch* Bezirkspersonalrat
- *siehe auch* Dienststell
- *siehe auch* Einigungsstelle, BPersVG
- *siehe auch* Gruppe
- *siehe auch* Hauspersonalrat
- *siehe auch* Örtlicher Personalrat
- *siehe auch* Personalrat, Beteiligung bei fristloser Entlassung
- *siehe auch* Personalrat, Beteiligung bei Kündigung
- *siehe auch* Personalratsmitglied
- *siehe auch* Personalratsvorsitzender
- *siehe auch* Stufenvertretung
- Arbeitnehmerüberlassung **100** 14 *24 ff.*
- Arbeitsschutz/Arbeitssicherheit **90** 9 *16*
- Arbeitszeit **80** 1 *18 ff.*; 2 *43*; 4 *13*; 6 *40 ff.*; 7 *8, 52 ff.*; 10 *87*; 11 *19*; 12 *20*; 13 *59*; 14 *39 f.*; 15 *21*; 17 *27*; 19 *6*
- Beteiligung nach den Landespersonalvertretungsgesetzen **170**, *106 ff.*
- Beteiligung, Arbeitsschutz im öffentlichen Dienst **90** 16 *5*
- Einigungsstelle **170**, *8, 113 ff.*
- Empfehlungsrecht der Einigungsstelle **170**, *113 f.*
- Freistellung zur Stellensuche **160** 629 *24*
- Letztentscheidungsrecht der Einigungsstelle **170**, *112 ff.*
- Mitbestimmungsrecht **170**, *8, 18, 48, 76, 115*
- Umsetzung **80** 6 *40 ff.*
- Vergütung **160** 614 *3*

Personalrat, Beteiligung bei fristloser Entlassung
siehe auch Personalrat, Beteiligung bei Kündigung
- Anhörungsverfahren, Durchführung **170**, *90 ff.*
- Ausschlussfrist, § 626 Abs. 2 BGB **160** 626 *114 f.*; **170**, *94*
- außerordentliche Kündigung **160** 626 *114 ff., 137*
- Äußerungsfrist/Stellungnahmefrist **170**, *5 f., 88, 92 ff., 102*
- Baden-Württemberg, Anhörungsrecht **170**, *115*
- Bayern, Anhörungsrecht **170**, *115*
- Berlin, Mitbestimmungsrecht **170**, *115*
- BetrVG, Verbindung **170**, *101 ff.*
- Brandenburg, Mitwirkungsrecht **170**, *115*

- Bremen, Mitbestimmungsrecht **170**, *115*
- fehlerhafte Anhörung **170**, *88 f.*
- geschützter Personenkreis **170**, *84*
- Hamburg, Anhörungsrecht **170**, *115*
- Hessen, Anhörungsrecht **170**, *115*
- Klagefrist Kündigungsschutzklage **170**, *104 f.*
- Mecklenburg-Vorpommern, Mitbestimmungsrecht **170**, *115*
- Nichtbeteiligung des Personalrats **170**, *85*
- Niedersachsen, Herstellung des Benehmens **170**, *115*
- Nordrhein-Westfalen, Anhörungsrecht **170**, *115*
- Rheinland-Pfalz, Anhörungsrecht **170**, *115*
- Saarland, Anhörungsrecht **170**, *115*
- Sachsen, Anhörungsrecht **170**, *115*
- Sachsen-Anhalt, Anhörungsrecht **170**, *115*
- Schleswig-Holstein, Mitbestimmungsrecht **170**, *115*
- Stellungnahme **170**, *94, 102*
- Thüringen, Anhörungsrecht **170**, *115*
- Umdeutung in ordentliche Kündigung **170**, *97, 100*
- Unkündbarkeit **170**, *80 f., 95 ff.*
- Unwirksamkeit der Kündigung, Verfahrensfehler **170**, *85 ff.*
- vertrauensvolle Zusammenarbeit, Erörterung **170**, *90*
- Vorratsanhörung/Vorratskündigung **170**, *86 f.*
- Zweck des Anhörungsrechts **170**, *80 ff.*

Personalrat, Beteiligung bei Kündigung *siehe auch* Personalrat, Beteiligung bei fristloser Entlassung
- abschließende Stellungnahme **170**, *26, 37, 42 ff., 57*
- Abteilungsleiter **170**, *14*
- Abwicklungsvertrag **160** 611 *1054*
- Änderungskündigung **170**, *2, 10, 32, 36, 42, 81, 85*
- Antrag auf Entscheidung an übergeordneten Dienststellenleiter **170**, *67 ff.*
- Aufhebungsvertrag **160** 611 *1054*; **170**, *77*
- Äußerungsfrist/Stellungnahmefrist **170**, *4, 17 ff., 26, 34, 42, 44 ff., 58 ff., 70 f., 74*
- Baden-Württemberg, Mitwirkungsrecht **170**, *115*
- Bayern, Mitwirkungsrecht **170**, *115*
- Beendigungskündigung **170**, *2, 10, 32, 36, 42, 81, 85*
- Berlin, Mitbestimmungsrecht **170**, *115*
- Beschluss/Beschlussfassung **170**, *21, 43 ff., 56, 59, 63*
- BetrVG, Vergleich **170**, *76 f.*
- Bezirkspersonalrat **170**, *28*
- Brandenburg, Mitbestimmungsrecht **170**, *115*
- Bremen, Mitbestimmungsrecht **170**, *115*
- Dienstweg **170**, *67, 69*
- Erörterung **170**, *3 f., 34, 59 ff., 99*
- Fehler im Bereich des Personalrats **170**, *56 f.*
- Gesamtpersonalrat **170**, *27, 29*
- geschützter Personenkreis, Arbeitnehmer **170**, *9*

- Hamburg, Mitbestimmungsrecht **170**, *115*
- Hauspersonalrat **170**, *27 ff.*
- Hessen, Mitbestimmungsrecht **170**, *115*
- Klagefrist Kündigungsschutzklage **170**, *74, 78*
- Konsequenz der Mitwirkung/Reaktionsmöglichkeit **170**, *58 ff.*
- Kündigung ohne vorherige Beteiligung **170**, *40 f.*
- Kündigung trotz Einwendungen **170**, *66 f.*
- Kündigung vor Ablauf der Äußerungsfrist **170**, *42 ff.*
- Kündigungsgründe, unzureichende Mitteilung **170**, *33 ff.*
- Kündigungstatsachen, unvollständige Mitteilung **170**, *49 ff.*
- Landespersonalvertretungsgesetze, Synopse **170**, *115*
- leitender Arbeitnehmer im öffentlichen Dienst **170**, *9*
- Leiter der Abteilung für Personal- und Verwaltungsangelegenheiten **170**, *13, 15*
- Mecklenburg-Vorpommern, Mitbestimmungsrecht **170**, *115*
- Mitbestimmungsverfahren **170**, *18 f., 33*
- Mitwirkungsrecht **170**, *2 ff.*
- Mitwirkungsverfahren/Beteiligungsverfahren, Durchführung **170**, *3, 10 ff.*
- Nichtinformation/bewusst irreführende Mitteilung der Kündigungsgründe **170**, *54 f.*
- Niedersachsen, Mitbestimmungsrecht **170**, *115*
- Nordrhein-Westfalen, Mitbestimmungsrecht **170**, *115*
- örtlicher Personalrat **170**, *27*
- Probezeitkündigung **170**, *2*
- Rheinland-Pfalz, Mitwirkungsrecht **170**, *115*
- Rüge innerhalb der Äußerungsfrist **170**, *17 ff.*
- Saarland, Mitbestimmungsrecht **170**, *115*
- Sachsen, Mitwirkungsrecht **170**, *115*
- Sachsen-Anhalt, Mitbestimmungsrecht **170**, *115*
- Schleswig-Holstein, Mitbestimmungsrecht **170**, *115*
- Stufenvertretung **170**, *5 f., 29 f., 66 ff.*
- subjektive Determinierung der Kündigungsgründe **170**, *51 ff.*
- Thüringen, Mitwirkungsrecht **170**, *115*
- Umfang der Unterrichtungspflicht **170**, *35 ff.*
- Umlaufverfahren **170**, *57*
- Unwirksamkeit der Kündigung wegen Verfahrensfehlers **170**, *10 ff.*
- unzuständiger Personalrat **170**, *27 ff.*
- unzuständiger Vertreter der Dienststelle **170**, *12 ff.*
- unzuständiges Personalratsmitglied, Erklärungsbote/Übermittlungsrisiko/Hinweispflicht **170**, *20 ff., 24 f.*
- Verstoß gegen Auswahlrichtlinie **170**, *73*
- Vertreter des Dienststellenleiters **170**, *13 ff., 25*
- vorläufige Weiterbeschäftigung **170**, *74 f.*
- Weiterbeschäftigungsanspruch **170**, *70 ff.*

Personalrat, Mitbestimmung bei Kündigung
- Unkündbarkeit **160** 626 *137*

Personalrat, Vorstand
siehe auch Personalratsvorsitzender
- Beteiligung des Personalrats bei Kündigung **170**, *20 ff., 43, 45*

Personalratsanhörung
- Beweislast **50** 58 *61*, *siehe auch dort*

Personalratsmitglied
- *siehe auch* Personalratsvorsitzender
- *siehe auch* Vorstand des Personalrats
- Beteiligung des Personalrats bei Kündigung **170**, *20, 23 ff., 88*

Personalratsvorsitzender
- Beteiligung des Personalrats bei Kündigung **170**, *20 ff., 43, 45 ff., 57*

Personalreserve
- krankheitsbedingte Kündigung **320** 1 *277*

Personalsachbearbeiter
- Stellvertretung **160** 611 *985*

Personalvereinbarung *siehe* Dienstvereinbarung

Personalvertretung
- besonderer Kündigungsschutz **160** 622 *61*
- Sonderkündigungsschutz der Mitglieder **320** 15 *23*

Personalvertretungsrecht 150 1 *52*

Personalvertretungssache
- Beschlussverfahren **50** 2a *20*
- Nichtzulassungsbeschwerde im Rechtsbeschwerdeverfahren **50** 92a *11*
- Rechtsbeschwerdeverfahren **50** 92 *16 ff.*

Personelle Angelegenheiten
- Tendenzbetrieb **150** 118 *39 ff.*
- Zuständigkeit des Gesamtbetriebsrats **150** 50 *6*
- Zuständigkeit des Konzernbetriebsrats **150** 58 *4*

Personelle Einzelmaßnahme *siehe auch* Betriebsrat, Mitbestimmung bei personellen Einzelmaßnahmen
- Arbeitskampf **150** 99 *17 ff.*
- Aufhebung **150** 101 *5 ff., 10 ff.*
- Beendigung vorläufiger Maßnahme **150** 100 *55 ff.*
- doppelte Betriebsbezogenheit **150** 99 *15 f.*
- Eingruppierung/Umgruppierung *siehe dort*
- Einigungsstelle **150** 99 *124*, *siehe auch dort*
- Einstellung *siehe dort*
- erfasste Person **150** 99 *12 ff.*
- Konsensprinzip **150** 99 *1*
- Mitbestimmungsvoraussetzungen **150** 99 *6 ff.*
- Tendenzbetrieb **150** 99 *24 f.*; 100 *3*
- Unterrichtungspflicht des Arbeitgebers **150** 99 *64 ff.*; 100 *17 ff., 21 ff.*
- Versetzung *siehe dort*
- vorläufige Durchführung **150** 100 *5 ff.*
- Zustimmung des Betriebsrats **150** 99 *79 ff.*; 100 *27 ff.*
- Zustimmungsersetzungsverfahren **150** 99 *108 ff.*; 100 *33, 35, 37 ff.*

- Zustimmungsverweigerung des Betriebsrats **150** 99 *84 ff.*; 100 *13 ff, 33 ff.*
- Zwangsgeldverfahren **150** 101 *26 ff.*

Personenbedingte Kündigung
siehe auch Krankheitsbedingte Kündigung
- Abgrenzung verhaltensbedingt **160** 626 *41*
- Abgrenzung zu anderen Kündigungen **320** 1 *211 ff.*
- Abmahnung **160** 611 *565*; 626 *38*
- Abwicklungsvertrag **160** 611 *987, 995 ff.*
- AIDS **320** 1 *229*
- Alkohol-/Drogenmissbrauch **320** 1 *231*
- Alkoholismus **160** 611 *562*; 626 *31, 39, 43*; **320** 1 *230 ff.*
- Alter **320** 1 *236*
- Änderungskündigung **320** 2 *63 ff.*, *siehe auch dort*
- außerordentliche Kündigung **160** 626 *23, 30 ff.*
- außerordentliche personenbedingte Kündigung mit notwendiger Auslauffrist **160** 626 *130, 137*
- Beleidigung **320** 1 *340*
- betriebliche Interessen, erhebliche Beeinträchtigung, 2. Stufe **320** 1 *218*
- Betriebsfrieden **320** 1 *341*
- Betriebsratsmitglied **320** 15 *82, 86*
- Beweislast **50** 58 *72 ff.*; **320** 1 *223 f.*, *siehe auch dort*
- Chefarzt, Kunstfehler **160** 626 *39*
- dreistufiger Prüfungsmaßstab **320** 1 *216 ff.*
- Drogensucht **320** 1 *230 ff.*
- Druckkündigung **160** 626 *43, 54 f.*; **320** 1 *241 f.*
- Ehe **320** 1 *243 ff.*
- Eignungsmangel, 1. Stufe **320** 1 *217, 248 ff.*
- Fahrerlaubnisentziehung **160** 626 *39*; **320** 1 *239*
- fehlende Berufsausübungserlaubnis **320** 1 *237 ff.*
- Gewissenskonflikt **320** 1 *242 f.*
- Haft **320** 1 *254 f.*
- Hausmeister **160** 626 *39*
- HIV-Infektion **320** 1 *226 ff.*
- Interessenabwägung, 3. Stufe **320** 1 *215, 219 ff.*
- Kindergärtnerin **160** 626 *39*
- krankhafte Streitsucht **160** 626 *39*
- krankheitsbedingte Kündigung **160** 626 *32 ff., 75, 130, 148*; **170**, *95*
- Kränklichkeit **160** 626 *34*
- Kündigungsgrund **320** 1 *225 ff.*
- Kündigungsgrund durch AG-Verhalten **160** 626 *36*
- Kunstfehler mit Todesfolge **160** 626 *39*
- leidensgerechte Arbeit **160** 626 *130*
- Minderleistung/Schlechtleistung **160** 626 *39*
- Rauchverbot **160** 611 *565*
- schwere Verfehlung **160** 626 *31*
- Sicherheitsbedenken **320** 1 *294*
- strafhaft/Strafantritt **160** 626 *24, 36, 39*
- Straftat **320** 1 *295*
- Tempelschein **160** 626 *39*
- Tendenzbetrieb **320** 1 *248 ff.*

- Umzug **160** 626 *36*
- Unkündbarkeit **170**, *95*
- Unmöglichkeit eines Ersatzruhetags bei Sonntagsbeschäftigung **80** 11 *20*
- Verdachtskündigung **160** 626 *59*
- versagte Arbeitserlaubnis **320** 1 *237*
- Verschulden **320** 1 *215*
- Wehrdienst **320** 1 *296 ff.*

Personenbezogene Daten 260 2 *75 ff.*
- Datenschutz **120** 3 *2*

Personengesamtheit, Vertreter
- Kündigungsschutz **320** 14 *12 ff.*

Personengesellschaft
- Arbeitgeber **160** 611 *127*
- betriebliche Altersversorgung **140** 17 *6*
- Vereinigungsfreiheit **260** 9 *1 f., 5 ff.*

Personenmehrheit
- Beschlussverfahren **50** 81 *8 ff.*, *siehe auch dort*

Personenschaden
- Haftungsbeschränkung des Arbeitgebers **420** 104 *14 f.*

Personenschutz
- Arbeitszeit **80** 10 *45, 47*

Persönlich haftender Gesellschafter *siehe* Gesellschafter, persönlich haftender

Persönliche Verhinderung *siehe* Vorübergehende Verhinderung

Persönliches Erscheinen 50 51 *1 ff.*
- Berufungsverfahren **50** 64 *59*, *siehe auch dort*
- Beschlussverfahren **50** 80 *9*

Persönlichkeitsentfaltung, selbst bestimmte 260 2 *19 ff.*

Persönlichkeitsrecht
- Mobbing **160** 611 *943, 946 ff.*

Persönlichkeitsrecht 150 *75 7 ff.*; *83 1 ff.*; *87 92 f., 105*; *94 1 f.*; **260** 2 *1 ff.*
- Arbeitszeugnis **260** 2 *80 ff.*
- ärztliche Untersuchung **260** 2 *64 ff.*
- Auffanggrundrecht **260** 2 *42*
- außerdienstliches Verhalten **260** 2 *56 ff.*
- äußeres Erscheinungsbild **260** 2 *59 f.*
- Auswahltestverfahren **160** 611 *305 ff., 324 ff.*
- Belästigung, auch sexuelle **260** 2 *61*
- Beschäftigungsanspruch **160** 611 *15*
- Beschäftigungspflicht **260** 2 *52 f.*
- Beweislast **50** 58 *85a*, *siehe auch dort*
- Beweisverwertungsverbot **160** 626 *155*
- Corporate Identity **260** 2 *60*
- Detektiv **160** 626 *96, 155*
- Drogentest **160** 611 *576*
- Duldungspflicht einer Kontrolle **160** 611 *576 ff.*
- E-Mail-Kontrolle **160** 611 *579*
- Ehre des Arbeitnehmers **260** 2 *61 ff.*
- Ehrlichkeitskontrolle **160** 611 *581*; 626 *96*
- Eingriff **260** 2 *31 ff.*
- Einstellungstest **260** 2 *64 ff.*
- Fragerecht des Arbeitgebers **260** 2 *46 ff.*

- Fürsorgepflicht **160** 611 *572, 941, 943*
- Geschlechtsumwandlung **260** 2 *19*
- Gesundheitskontrolle **160** 611 *576*
- Gesundheitsuntersuchung **160** 611 *305, 315 ff., 324 ff.*
- Gewerkschaftszugehörigkeit **260** 2 *51*
- Grundrechtsträger **260** 2 *7 ff.*
- Haartracht **260** 2 *59*
- Herleitung **260** 2 *4 ff.*
- informationelle Selbstbestimmung **260** 2 *23 ff.*
- Informationsrecht des Arbeitgebers, Einstellungssituation **160** 611 *257 ff.*
- Inhaltskontrolle privater E-Mails **260** 2 *70a*
- Intimsphäre **260** 2 *38*
- juristische Person **260** 2 *10 ff.*
- medizinisch-psychologisches Gutachten **260** 2 *17*
- Ministerium für Staatssicherheit **160** 611 *286*
- Mithören eines Telefonats **260** 2 *71 ff.*
- mittelbare Drittwirkung **260** 2 *40 f.*
- Mobbing **160** 611 *943, 946 ff., 976 f.*; **260** 2 *63*
- öffentlicher Dienst **260** 2 *58*
- Patientenkartei **260** 2 *17, 25*
- Pauschalierung von Schadensersatzanspruch, AGB **160** 309 *11*
- Personalakte **260** 2 *78 f.*
- Personalfragebogen **260** 2 *76 f.*
- personenbezogene Daten **260** 2 *75 ff.*
- Postmortalität **260** 2 *9*
- Privatsphäre **260** 2 *15 ff., 39, 56 ff.*
- Rauchverbot **160** 611 *565*
- Recht am eigenen Bild **260** 2 *27 f.*
- Recht am eigenen Wort **260** 2 *27, 29*
- Recht auf Gegendarstellung **260** 2 *27, 30*
- Rechtfertigung von Eingriffen **260** 2 *34 ff.*
- Schadensersatz **160** 194 *4*; 199 *29*; 309 *11*; 611 *324, 941 ff., 976 f.*
- Schikaneverbot **260** 2 *63*
- Schmerzensgeld/Entschädigung **160** 611 *948 f.*
- Schwangerschaft **260** 2 *48*
- schwerbehinderte Menschen **260** 2 *50*
- selbstbestimmte Persönlichkeitsentfaltung **260** 2 *19 ff.*
- Selbstdarstellung **260** 2 *26 ff.*
- Sexualsphäre **260** 2 *18*
- sexuelle Identität **260** 2 *49, 57*
- sexuelle Orientierung **260** 2 *49*
- Telefonkontrolle **160** 611 *578*
- Tendenzbetrieb **260** 2 *58*
- Torkontrolle **160** 611 *580*
- Überwachung **260** 2 *61, 69 ff.*
- Überwachung von Internet **260** 2 *70a*
- Unzumutbarkeit bei Annahmeverzug **160** 615 *40*
- Verdachtskündigung **260** 2 *62*
- Verhältnismäßigkeit **260** 2 *37*
- Verjährung, Schadensersatzanspruch **160** 194 *4*; 199 *29*
- Videoanlage **160** 611 *577*; 626 *155*
- Videoüberwachung **260** 2 *69 ff.*
- Weiterbeschäftigungsanspruch **260** 2 *54 f.*
- Widerspruchsrecht, Betriebsübergang **160** 613a *210*
- Zuverlässigkeitstest **160** 611 *581*

Persönlichkeitsschutz, postmortaler 260 2 *9*

Pfändbares Arbeitseinkommen
siehe Arbeitseinkommen, pfändbares

Pfändbarkeit
- Abfindung **320** 10 *31 f.*; **500** 850k *4, 23*

Pfändung
- *siehe auch* Lohnpfändung
- *siehe auch* Pfändungs- und Überweisungsbeschluss
- *siehe auch* Pfändungsschutz
- Abtretung, Verhältnis **500** 850k *26*
- Altersteilzeitentgelt **500** 850k *4*
- Änderung der Unpfändbarkeit **500** 850k *19*
- Arbeitseinkommen, Begriff **500** 850k *4 ff.*
- Arbeitslosengeld **480** 850k *5*
- Aufwandsentschädigung **500** 850k *4*
- bedingte Pfändbarkeit **500** 850k *10*
- Entgeltfortzahlung **210** 3 *111*; **500** 850k *4*
- Erwerbsunfähigkeitsrente **500** 850k *6*
- Erziehungsgeld **500** 850k *6*
- Fiktion angemessener Vergütung **500** 850k *21*
- Fragerecht des Arbeitgebers **500** 850k *28*
- gerichtliche Änderung **500** 850k *17 f.*
- Geschäftsführereinkommen **500** 850k *5*
- Gewinnbeteiligung **500** 850k *4*
- Heimarbeit **470** 850k *6*
- Hinterbliebenenbezüge **500** 850k *4*
- Insolvenzgeld **380** 189 *3 ff.*
- Karenzentschädigung **290** 74b *7*; **500** 850k *4*
- Kontoguthaben aus Arbeitseinkommen **500** 850k *25*
- Kostenpauschale **500** 850k *30*
- Krankengeldleistung **500** 850k *4*
- Kündigungsgrund **500** 850k *29*
- künftiges Arbeitseinkommen **500** 850k *7*
- Kurzarbeitergeld **500** 850k *5*
- Lizenzgebühr **500** 850k *4*
- Mutterschaftsgeld **500** 850k *6*
- Mutterschutzentgelt **500** 850k *4*
- pfändbares Arbeitseinkommen, Berechnung **500** 850k *15 f.*
- Pfändungsgrenzen **500** 850k *11*
- Prioritätsprinzip **500** 850k *26*
- Privilegierung des Unterhaltsberechtigten **500** 850k *12*
- Ruhegehalt **500** 850k *4*
- Schadensersatzanspruch **160** 611 *873*
- Schiebung von Arbeitseinkommen **500** 850k *20*
- sonstige Vergütung **500** 850k *23 f.*
- Sozialplananspruch **500** 850k *4*
- Streikgeld **500** 850k *4*
- Tantieme **500** 850k *4*
- Unabdingbarkeit **500** 850k *3*

- unpfändbare Bezüge **500** 850k *9*
- Urlaubsabgeltung **500** 850k *4*
- Urlaubsentgelt **500** 850k *4*
- Vergütungsanspruch **160** 611 *794 ff.*; 614 *26*; 628 *50*
- verschleiertes Arbeitseinkommen **500** 850k *21*
- Verstoß gegen Pfändungsschutz **500** 850k *27*
- Vorauspfändung **500** 850k *13 f.*
- Vorratspfändung **500** 850k *13 f.*
- Vorstandseinkommen **500** 850k *5*
- Weihnachtsgeld **500** 850k *4*
- Winterausfallgeld **500** 850k *5*
- Zahlungsklage **500** 850k *22*

Pfändungs- und Überweisungsbeschluss
- Neubeginn der Verjährung **160** 212 *5*
- Vergütungsanspruch **160** 611 *796 f.*; 614 *26*; 628 *50*

Pfändungsfreibetrag *siehe* Pfändungsschutz
Pfändungsfreigrenze 250 107 *39 f.*
Pfändungsgrenzen 500 850k *11*, *siehe auch* Pfändungsschutz
Pfändungsschutz
- Abtretung **160** 611 *778 ff., 798*; 613 *12*; 614 *26*; 617 *12*
- Annahmeverzug, Anrechnung **160** 615 *52*
- Arbeitsleistung **160** 613 *12*
- Aufrechnung **160** 611 *774, 873, 972*; 614 *26*; 628 *53*
- Aufrechnung gegen Versorgungsanspruch **140** 1 *196*
- Dienstwagen **160** 611 *655*
- einstweilige Leistungs-Verfügung **160** 615 *90*
- Entgeltsicherung **160** 611 *772, 794 ff.*
- Entgeltverzicht **160** 611 *781*
- mehrere Einkommen, Zusammenrechnung **160** 611 *798*
- Pfändungsgrenzen für Arbeitseinkommen, betriebliche Altersversorgung **140** 1 *196*
- Sachbezüge **160** 611 *647*
- Schadensersatz, § 628 BGB **160** 628 *50*
- Unterhaltsanspruch/Existenzminimum, betriebliche Altersversorgung **140** 1 *196*
- Vorschuss **160** 614 *21 f., 26*
- Vorstellungskosten, Aufwandsentschädigung **160** 611 *217*

Pfeiffer, EuGH
- Arbeitszeit **80** 1 *5*; 2 *16*; 7 *83*

Pflege, naher Angehöriger
- vorübergehende Verhinderung **160** 616 *11*

Pflegeanstalt
- Schutzmaßnahme **160** 618 *8*

Pflegebedürftigkeit
- Begriff **10** 10 *13 ff.*

Pflegebedürftigkeit eines nahen Angehörigen 365 8 *7 f.*, *siehe auch* Anspruch auf Pflegezeit

Pflegebetriebe
- ausgenommene Einrichtungen **10** 10 *10*
- Begriff **10** 10 *7 ff.*
- Krankenhäuser **10** 10 *11*
- Vorsorge/Rehabilitation/Teilhabe behinderter Menschen **10** 10 *12*

Pflegebranche
- Arbeitnehmerensendung **10** 10 *1 ff.*
- Arbeitnehmerentsendung **10** 4 *14*
- Begriffe **10** 10 *3 ff.*
- Dritter Weg **10** 10 *2*
- Kommissionslösung **10** 10 *2, 6*
- Sondervorschriften **10** 7 *1*

Pflegegeld
- Zwischenverdienst **160** 615 *55*

Pflegeheim
- Arbeitszeit **80** 18 *8*

Pflegekommission
- Auflösung **10** 12 *17*
- Beschlussfassung **10** 12 *9 ff.*
- BMAS **10** 12 *2 ff.*
- Empfehlung **10** 12 *15 f.*
- Zusammensetzung **10** 12 *4 ff.*

Pflegestufen
- Arbeitnehmerentsendung **10** 10 *15*

Pflegeversicherung
- *siehe auch* Soziale Pflegeversicherung
- *siehe auch* Sozialversicherungspflicht
- geringfügige Beschäftigung **390** 8a *18 ff.*
- Sperrzeit bei Arbeitslosengeld **380** 144 *77*

Pflegezeit
- Wertguthabenvereinbarung **390** 7c *8 f.*

Pflegezeitgesetz *siehe auch* Anspruch auf Pflegezeit
- Anspruch auf Pflegezeit **365** 6 *8*
- Anwendbarkeit **365** 8 *2 ff.*
- Arbeit-/Auftraggeber **365** 8 *5*
- Befristungsarten **365** 6 *2*
- Begriffe **365** 8 *1*
- Berechnung der Betriebsgröße **365** 6 *6*
- Dauer **365** 6 *4*
- Elternzeit **365** 6 *3*
- Ersatzkraft **365** 6 *2*
- Heimarbeit **365** 8 *3 f.*
- Pflegebedürftigkeit **365** 8 *7 f.*
- sachlicher Anwendungsbereich **365** 8 *6*
- Schwellenwert **365** 8 *11*
- Sonderkündigungsrecht **365** 6 *5*
- Teilzeit- und Befristungsgesetz **365** 6 *7*
- Unabdingbarkeit **365** 8 *9*

Pflicht zu Schutzmaßnahme *siehe* Schutzmaßnahme
Pflicht zur Krankenfürsorge *siehe* Krankenfürsorge
Pflichtarbeitsplätze
- Schwerbehindertenschutz **430** 77 *4 f.*

Pflichtpraktika
- dualer Studiengang **110** 23 *46*

Pflichtverletzung
- Antragsrecht der Gewerkschaft **150** 2 *24, 51*; 23 *26, 36*

- Arbeitgeber **150** 23 *26 ff.*; 74 *8*; 80 *42*; 92a *12*; 95 *13*; 97 *8*; 98 *7*
- Berufsbildung **150** 96 *13*, *siehe auch dort*
- Betriebsrat **150** 1 *68*; 23 *6 ff.*; 30 *8*; 37 *5*; 74 *8*; 85 *12*; 89 *16*, *siehe auch dort*
- Betriebsversammlung **150** 43 *2*, *siehe auch dort*
- Errichtung des Gesamtbetriebsrats **150** 47 *2*
- Geheimhaltungspflicht **150** 79 *10*
- Geltendmachung **150** 23 *37 ff.*, *62*
- Gesamtbetriebsratsmitglied **150** 48 *2 f.*; 49 *5 f.*
- Handlungs-/Duldungs-/Unterlassungsanspruch **150** 23 *30 ff.*
- Jugend- und Auszubildendenvertretung **150** 65 *2*, *siehe auch dort*
- Konzernbetriebsratsmitglied **150** 56 *1*
- Ordnungsgeld **150** 23 *41 ff.*
- Verschulden **150** 22 *11*
- Verstoß gegen Verbot **150** 78 *6*
- vorbeugender Unterlassungsanspruch **150** 101 *39 f.*
- Zwangsgeld **150** 23 *44 ff.*

Pförtner
- Arbeitszeit, Arbeitsbereitschaft **80** 2 *14*; 5 *11*; 10 *46*

PGH-Mitglied, DDR
- Arbeitnehmer, Abgrenzung **160** 611 *104*

Pizzaservice
- Arbeitszeit **80** 5 *11*; 10 *14*

Plakatkleber
- Arbeitnehmer, Abgrenzung **160** 611 *104*

Politische Anschauung
- Diskriminierungsverbot **260** 3 *34 f.*

Politischer Streik *siehe* Streik, politischer

Polizei
- vorübergehende Verhinderung **160** 616 *14*

Positives Interesse *siehe* Erfüllungsinteresse

Post
- Geltung des BetrVG **150** 1 *51*, *54*

Post-Mindestlohn
- Sonderfall **10** 7 *7*

Postmortaler Persönlichkeitsschutz *siehe* Persönlichkeitsschutz, postmortaler

Postulationsfähigkeit 50 46 *50*

Präjudizielle Wirkung *siehe* Wirkung, präjuizielle

Präklusion 50 56 *82*
- Berufung **50** 67 *7 ff.*
- Beschwerde **50** 78 *22 ff.*
- verspätetes Vorbringen **50** 56 *71 f.*

Präklusionsfrist *siehe* Ausschlussfrist

Präklusionsvorschriften
- Gehörsrüge bei Falschanwendung **50** 78a *14*
- verspätetes Vorbringen **50** 56 *39 ff.*

Praktikant
- Arbeitsschutz **70** 2 *3*
- Arbeitsverhältnis, Begriff **160** 611 *35 ff.*
- Arbeitszeit **80** 2 *36*
- Arbeitszeugnis **160** 630 *4*

- Berufsbildung **110** 3 *18*; 23 *11*
- Kündigungsschutz **160** 611 *35*
- Maßregelungsverbot **160** 612a *5*
- Minderjähriger, Zustimmung der Eltern **160** 115 *18*
- Schriftform der Kündigung **160** 623 *5*, *46*
- Urlaub **160** 611 *35*; **180** 2 *4*
- Vergütung **160** 611 *35 f.*
- Zuständigkeit des Arbeitsgerichts **50** 5 *18*

Praktikum
- angemessener Lohn **160** 611 *613*
- Lohnwucher **160** 611 *617*
- Wartezeit, KSchG **160** 622 *43*

Prämie
- *siehe auch* Anwesenheitsprämie
- *siehe auch* Streikbruchprämie
- *siehe auch* Turboprämie
- Altersteilzeit **160** 611 *703*
- Anerkennungsprämie, Vorstand **30** 87 *5*
- Begriff **160** 611 *703*
- Betriebstreue **160** 611 *703*
- Entgeltfortzahlung **210** 4 *61*
- Freiwilligkeitsvorbehalt **160** 611 *703*
- Gleichbehandlungsgrundsatz **160** 611 *703*
- Jahresprämie **160** 616 *25*
- Kündigungserschwerung **160** 622 *33 f.*
- Kürzung/Ausschluss **160** 611 *703*
- Leistungsprämie **160** 611 *704*
- Nachweis, NachwG **160** 611 *603*, *605*; 612 *41*; **360** 2 *33*
- Privatautonomie **160** 611 *703*
- Punkteprämie **160** 616 *25*
- Transparenzgebot **160** 611 *707*
- Treueprämie **160** 611 *703*; 614 *19*; 628 *27*
- Urlaubsentgelt **180** 11 *46 ff.*
- Vergütung **160** 611 *703 ff.*
- Widerrufsvorbehalt **160** 611 *703*

Präsidium 50 6a *2*

Preisnebenabrede
- Abfindung, Aufhebungsvertrag/Abwicklungsvertrag **160** 307 *18*
- Ausgleichsanspruch des Handelsvertreters **160** 307 *16*, *18*
- Fälligkeitsklausel **160** 307 *16*, *18*
- Inhaltskontrolle, AGB **160** 307 *16 ff.*
- Mehrarbeitsregelung **160** 307 *19*
- Nutzungszinsen, Unternehmenskaufvertrag **160** 307 *16*
- Rabattklausel **160** 307 *16*
- Rückzahlungsklausel, Ausbildungskosten/Fortbildungskosten **160** 307 *17*
- Schätzungsklausel **160** 307 *16*
- Tilgungsverrechnungsklausel **160** 307 *16*
- Überstundenklausel, Anordnung, Pauschalabgeltung **160** 307 *19*
- Verzinsungsklausel **160** 307 *16*
- Verzugszinsen **160** 307 *16*, *18*

- Vorleistungsklausel **160** 307 *16*
- Wertstellungsklausel **160** 307 *16*
- Zusatzboni-Klausel **160** 307 *16, 18*

Presse
- Arbeitszeit **80** 10 *24 ff.*; 13 *23*

Presseverlag
- Arbeitszeit **80** 13 *23*

Pressefotograf
- Arbeitnehmer, Abgrenzung **160** 611 *104*

Primärrecht
- EG-Recht, Rechtsquelle **160** 611 *167 f.*

Prinzipal
- *siehe* Handlungsgehilfe
- *siehe* Wettbewerbsverbot während Anstellung

Prioritätsprinzip
- Pfändung **500** 850k *26*

Privat- und Arbeitsschutzrecht
- Kollision **220** 30, 8 Rom I *11 ff.*

Privatautonomie 260 12 *4*
- AGB **160** 305 *4*; 306 *15*; 315 *58*
- Arbeitsvertrag **160** 305 *4*; 306 *15*; 315 *58*; 611 *234, 383, 400, 470, 473, 540, 703, 809, 1017*; 620 *1*; 622 *50*
- Aufhebungsvertrag **160** 611 *1017*
- Aufklärungspflicht **160** 611 *234*
- Befristung **160** 620 *1*
- gesetzliches Verbot **160** 611 *383*
- Inhaltskontrolle **160** 611 *470, 473*
- Kündigung **160** 622 *50*
- Nebentätigkeit **160** 611 *540*
- Prämie **160** 611 *703*
- Sittenwidrigkeit **160** 611 *400*
- Vertragsanbahnung **160** 611 *234*
- Vertragsbeendigungsfreiheit **160** 620 *1*

Privates Recht, Sozialeinrichtung
- Zuständigkeit **50** 2 *31*

Privathaushalt
- befristetes Arbeitsverhältnis **480** 14 *14*

Privatrecht, internationales
siehe Internationales Privatrecht

Privatschulvertrag
- fristlose Kündigung bei Vertrauensstellung **160** 627 *13*

Privatsphäre
- Ausschluss der Öffentlichkeit **50** 52 *17 f.*

Privatsphäre, Schutz
- Ausschluss der Öffentlichkeit **50** 52 *17 f.*

Privatwohnung
- Haustürgeschäft **160** 312 *9, 19, 22 ff.*

Privilegierung der Haftung des Arbeitnehmers
siehe Arbeitnehmerhaftung

Probearbeitsverhältnis
- Arbeitsplatzschutz, Wehrdienst **60** 2 *2*; 6 *8*
- Befristung **160** 611 *25*
- Begriff **160** 611 *24 f.*
- dauerndes Dienstverhältnis **160** 629 *7, 9*
- Kündigungsschutz **320** 1 *122*

- stillschweigende Verlängerung **160** 625 *3*

Probezeit
- *siehe auch* Probearbeitsverhältnis
- *siehe auch* Probezeitkündigung
- Arbeitnehmerüberlassung **100** 11 *18*
- Arbeitsplatzschutz, Wehrdienst **60** 2 *2*; 6 *8*
- Ausbildungsverhältnis **110** 3 *19*; 12 *12*; 23 *2 ff.*; **160** 611 *24*; 621 *5*; 622 *49, 51*
- BAT **160** 622 *48*
- Befristung **480** 3 *15*; 14 *50 ff.*
- entfristete ordentliche Kündigung **160** 622 *12*
- Kündigungsfrist **160** 621 *5*; 622 *3, 48 ff.*
- Künstler **160** 622 *49*
- Medienbereich **160** 622 *49*
- Orchestermusiker **160** 622 *49*
- Probezeitverlängerungsklausel, Aufhebungsvertrag **160** 611 *1118 f., 1150*; 622 *49*
- Rechtsmissbrauch, Kündigung **160** 622 *50*
- Unklarheitenregel, AGB **160** 305c *36*
- Vertragsfreiheit **160** 622 *49*
- Wartezeit, KSchG **160** 622 *3, 48 f.*
- Wiedereinstellungszusage **160** 611 *1119, 1175*; 622 *49*

Probezeitkündigung
- Auszubildender **160** 621 *5*
- Beteiligung des Personalrats bei Kündigung **170**, 2, *10*
- Beweislast **50** 58 *80*
- öffentlicher Dienst **160** 622 *50*
- Privatautonomie **160** 622 *50*
- Rechtsmissbrauch **160** 622 *50*
- Schriftform **160** 623 *4*
- Schwangerschaft **160** 622 *50*
- Sittenwidrigkeit **160** 622 *50*
- Treu und Glauben **160** 622 *50*

Produktionseinrichtung
siehe auch Betriebseinrichtung
- Arbeitszeit **80** 10 *72 ff.*
- Begriff **80** 10 *73*
- Fertigungsstraße **80** 10 *73*
- Geräte **80** 10 *73*
- Maschine **80** 10 *73*
- Produktionsanlage **80** 10 *73*
- Produktionsmittel **80** 10 *73*

Prognoseprinzip 320 1 *175, 179*

Prognoserisiko *siehe auch* berufliche Fortbildung
- ergänzende Vertragsauslegung **110** 63 *15*

Progression *siehe* Steuerprogression

Projektsteuerer
- Dienste höherer Art **160** 627 *8*

Prokura 290 48 *1 ff.*, *siehe auch* Prokurist
- Beschränkung **290** 48 *6*
- Betriebsübergang **160** 613a *105*
- Gesamtprokura **290** 48 *12, 17*
- Innen- und Außenverhältnis **290** 48 *1*
- Kündigungsvollmacht **320** 1 *46, 49*
- Umfang **290** 48 *5 ff., 13*

- Voraussetzungen **290** 48 *3 ff.*
- Widerruf **290** 48 *11*
Prokurist 290 48 *1 ff., siehe auch* Prokura
- Kündigungsbefugnis **290** 48 *16*
- Kündigungsschutz **320** 1 *143*; 14 *14*
- leitender Angestellter **290** 48 *14*
- Prozessführung **290** 48 *13*
- Sprecherausschuss, Wählbarkeit **460** 8 *3*
- Stellvertretung **160** 611 *985*; 626 *109*
Prokurist, AG
- Aufsichtsratsmitglied, Unvereinbarkeit **330** 6 *13 ff.*
Promotion
- befristetes Arbeitsverhältnis **480** 14 *27*
Prorogation
- örtliche Zuständigkeit **50** 2 *92 ff.*
Prostitution
- Sittenwidrigkeit **160** 611 *407*
Provision
- Abrechnung **290** 87c *3 ff.*
- Abrechnungszeitraum **290** 87c *6*
- Abschlussprovision **290** 65 *11*
- abstraktes Schuldanerkenntnis **290** 87c *5*
- Annahmeverzug **160** 615 *48*
- Ausführung des Geschäfts **290** 87a *2 ff.*
- Auskunftspflicht des Arbeitgebers **290** 87c *8*
- Ausschlussfrist **290** 87c *11*
- Befristung **290** 65 *5*; 87 *15*
- Berechnung der Höhe **290** 87b *3 ff., 10*
- bestehendes Arbeitsverhältnis **290** 87 *3 ff.*
- Beweislast **290** 65 *9*; 87 *14*; 87a *15*
- Bezirksvertreter **290** 87 *11*
- Bindung an Fortbestand des Arbeitsverhältnisses **290** 87 *13*
- Buchauszug **290** 87c *7*
- Dauervertrag **290** 87b *6 ff., 10*
- eidesstattliche Versicherung **290** 87c *13*
- Einsicht in Geschäftsbücher **290** 87c *9*
- Erfolgsherbeiführung **290** 87 *2, 7 f.*
- Fälligkeit **160** 614 *5 f.*; **290** 87a *13*
- feste Bezüge, Abgrenzung **160** 627 *16*
- Form der Abrechnung **290** 87c *5*
- Geschäftsabschluss **290** 87 *7 f.*
- Handelsvertreter **160** 611 *745*; 612 *8*; 614 *6*; 615 *54*
- Handlungsgehilfe **160** 628 *9*
- Insolvenz **300** 108 *28, siehe auch dort*
- Kausalität **290** 87 *9 f.*
- Kündigungserschwerung **160** 622 *34 f.*
- Kündigungsfrist **160** 621 *13*
- Leistungsbestimmungsrecht **160** 315 *10*
- Mitbestimmung des Betriebsrats **290** 65 *10*
- nach Vertragsende **290** 87 *5 f., 13*
- Nachlass bei Barzahlung **290** 87b *4*
- NachwG **360** 2 *33*
- Nebenkosten **290** 87b *5*
- Nebenpflichten des Arbeitgebers **290** 87c *1 ff.*

- Nichtausführung des Geschäfts **290** 87a *6 ff.*
- Rückzahlung des Vorschusses **160** 611 *745*
- Schadensersatz, § 628 BGB **160** 628 *47*
- Sittenwidrigkeit **160** 611 *416*
- Stufenklage **290** 65 *13*; 87c *12*
- Sukzessivliefervertrag **290** 87 *7*
- Tantieme, Abgrenzung **160** 611 *723*
- Teilvergütung bei fristloser Kündigung **160** 628 *9*
- Überhangprovision **290** 87 *4*
- üblicher Satz **290** 87b *2*
- Urlaubsentgelt **180** 11 *49*
- Vereinbarung **290** 65 *3 ff.*; 87 *1*
- Vergütung **160** 611 *416, 700, 745*; 612 *4, 26*; 614 *5 f.*; 615 *48*; 621 *13*; 627 *16*
- Verzug **290** 87a *14*
- Vorschuss **290** 87a *5*
- Widerrufsvorbehalt **290** 87 *12*
- Zahlung ohne Arbeit **290** 65 *6*
- Zwischenverdienst **160** 615 *54*
Provisionsabrechnung
- Zwangsvollstreckung **50** 62 *39*
Prozessagent 50 11 *21*
Prozessbeschäftigung *siehe* Weiterbeschäftigung
Prozessbevollmächtigter
- Ausschluss **50** 51 *22 ff.*
- Verschulden **360** Vor 1 *27*
- Zustellung **50** 50 *23 ff., 27, 26*
Prozessfähigkeit 50 10 *15 ff.*; 46 *43*
- Ausländer **50** 11 *5, siehe auch dort*
- Beweislast **50** 58 *87*
- Geschäftsfähigkeit **160** 115 *6, 24 f.*; 210 *2*; 611 *371*
- Minderjähriger **160** 115 *22, 29*; 210 *2*; 611 *371*
- Prozessvoraussetzungen/Prüfung von Amts wegen **160** 115 *24*
- Rechtsfolgen bei Fehlen **50** 10 *18*
Prozessförderungspflicht 50 56 *76*; 57 *10, 13 ff., siehe auch dort*
- Berufung **50** 67 *15 ff., siehe auch dort*
- Bestandsschutzstreitigkeit **50** 61a *1 ff., siehe auch dort*
- streitige Verhandlung **50** 56 *11*
Prozessführung
- Auslandsbezug **220** 30, 8 Rom I *117*
- Prokurist **290** 48 *13*
Prozessführungsbefugnis 50 46 *49*
- Beschlussverfahren **50** 81 *11 ff., siehe auch dort*
Prozesshandlung *siehe auch* Revision
- Revisionsgründe **50** 73 *25*
Prozesskostenhilfe 50 11a *33 ff., siehe auch* Mahnbescheid
- Änderung der Bewilligung **50** 11a *44 ff.*
- Antrag **50** 11a *38 ff.*
- Aufhebung der Bewilligung **50** 11a *47 ff.*
- Befreiung von Kosten und Gebühren **50** 11a *42*
- Beiordnung **50** 11a *5, siehe auch dort*
- Berufung **50** 64 *68*
- Beschwerdefrist **50** 78 *18*

- Beschwerdewert **50** 78 *15*
- Erfolgsaussicht **50** 11a *36*
- Formulare **50** 11a *48 f.*
- grenzüberschreitende Prozesskostenhilfe **50** 11a *41*
- Hilfsantrag **50** 11a *26*
- Mahnverfahren **50** 46a *36*
- nachträgliche Zulassung der Klage nach § 5 KSchG **320** 5 *36*
- Nichtzulassungsbeschwerde **50** 72a *82 ff.*, *siehe auch dort*
- Rechtsweg **50** 48 *6*
- Revision **50** 74 *20*, *siehe auch dort*
- Verjährungshemmung **160** 204 *3, 15, 19 ff., 27*

Prozessleitende Verfügung
- Beschwerde **50** 78 *8*

Prozesstaktik 50 57 *15*

Prozessvergleich
- Güteverhandlung **50** 54 *28 ff.*
- Kostenprivilegierung **50** 12 *4*
- Wiederaufnahme bei Nichtigkeit **50** 79 *4*

Prozessverschleppung
- Ablehnung wegen Befangenheit **50** 49 *25*

Prozessvertretung 50 11 *1 ff.*
- außerhalb der mündlichen Verhandlung **50** 11 *22*
- Beistand **50** 11 *21 f., 43*
- Berufsrichter **50** 11 *23*
- Beschlussverfahren **50** 11 *37 ff.*
- Bevollmächtigter **50** 11 *21 f.*
- Bundesarbeitsgericht **50** 11 *32, 35 f.*
- ehrenamtliche Richter **50** 11 *24*
- juristische Person **50** 11 *21*
- Landesarbeitsgericht **50** 11 *33 ff.*
- Nichtigkeitsklage bei fehlerhafter Vertretung **50** 79 *9*
- Rechtsanwalt **50** 11 *8 ff.*
- Rechtsschutzversicherung **50** 11 *45*
- Spitzenorganisation **50** 11 *15*

Prozessverwirkung
- Verwirkung des Klagerechts **160** 611 *432*; 623 *41*; 625 *12*

Prozessvollmacht 50 11 *28 ff.*

Prozessvoraussetzung
- Versäumnisurteil **50** 59 *11 ff.*, *siehe auch dort*

Prüfbehörden
- allgemein **10** 17 *4*
- Betretensrechte **10** 17 *5*
- Dolmetscher **10** 17 *14*
- Finanzrechtsweg **10** 17 *11*
- Prüfung von Geschäftsunterlagen **10** 17 *6*
- Prüfung von Personen **10** 17 *5*
- Vorankündigung der Prüfung **10** 17 *7*
- Zusammenarbeit **10** 17 *9*

Prüfungen, Bewertung 260 12 *10*

Prüfungs-/Ermittlungsdatenbank
- zentral **10** 17 *8*

Prüfungsverbot
- Berufsbeschränkung **50** 65 *7 ff.*
- Verstoß des Berufungsgerichts **50** 65 *10*, *siehe auch* Berufungsbeschränkung

PSVaG *siehe* Pensionssicherungsverein auf Gegenseitigkeit

Psychologe
- Arbeitnehmer, Abgrenzung **160** 611 *104*

Punitive Damages 220 6, 21 Rom I *9*

Punkteschema 150 95 *8, 12*
- Sozialauswahl **320** 1 *565 f.*

Punktueller Streitgegenstand
- Kündigungsschutzprozess **320** 4 *44*

Qualifiziertes Zeugnis 250 109 *11, 30 ff.*, *siehe auch* Zeugnis

Qualitative Schlechtleistung
- Leistungsstörung **160** 611 *632, 841, 843 ff.*

Quantitative Mehrarbeit *siehe* Überstunden

Quantitative Schlechtleistung
- Leistungsstörung **160** 611 *841, 846*

Quittung *siehe auch* Ausgleichsquittung
- AGB **160** 305 *6*; 309 *50*
- Vergütung **160** 611 *637, 792*

Quotenregelung für Frauen
siehe Frauen, Quotenregelung

Quotenvergleich
- betriebliche Altersversorgung, Insolvenzsicherung **140** 7 *21 ff.*; 9 *17*; 10 *2*

Rabatt
- AGB, Transparenzgebot **160** 307 *16*; 611 *650*
- Betriebsübergang **160** 611 *651*
- Flugrabatt **160** 611 *647*
- Personaleinkauf **160** 611 *651*
- Preisnebenabrede **160** 307 *16*
- Transparenzgebot **160** 611 *650*
- Vergütung **160** 611 *647, 650 f.*
- Werksangehörigenrabatt **160** 611 *650*

Rahmen- und Sozialkassen-Tarifvertrag
- Baugewerbe **100** 1b *6, 8 f.*

Rahmengesetzgebung 260 Vor 1 *5*

Rasse
- Diskriminierungsverbot **260** 3 *34 f.*

Rassismus 150 80 *6, 15*; 88 *10 f.*; 104 *8*

Rasthaus
- Arbeitszeit **80** 10 *14*

Rationalisierung
- betriebsbedingte Kündigung **320** 1 *372, 453 ff.*

Rationalisierungmaßnahme
- Arbeitszeit, Auflage **80** 13 *54*
- Betriebsvereinbarung **160** 622 *63*
- Tarifvertrag **160** 315 *28, 33*; 622 *62*

Ratsherr
- vorübergehende Verhinderung **160** 616 *13*

Rauchfreier Arbeitsplatz *siehe* Rauchverbot

Rauchpausen
- Arbeitszeit **80** 2 *48*
Rauchverbot 150 87 *38*; **250** 106 *32*,
siehe auch Ordnungsverhalten
- Abmahnung **160** 611 *565*
- Arbeitsplatz/Arbeitsstätte **160** 618 *15*
- Aufzug **160** 618 *15*
- billiges Ermessen **160** 618 *15*
- Bürogebäude **160** 618 *15*
- Deutsche Bahn **160** 618 *15*
- Direktionsrecht **160** 611 *564*
- Flugzeug **160** 618 *15, 27*
- Flur **160** 618 *15*
- Gaststätte **160** 618 *15*
- Kündigung **160** 611 *565*
- Luftfahrt **160** 618 *15, 27*
- Mitbestimmung des Betriebsrats **160** 611 *565*
- Nebenpflicht **160** 611 *564 f.*
- Pausenraum **160** 618 *15*
- Persönlichkeitsrecht **160** 611 *565*
- Raucherabteil/Raucherecke/Raucherraum **160** 618 *15*
- Rauchverbot im Betrieb **160** 618 *15*
- Raumbelüftung **160** 618 *15*
- Schutzmaßnahme **160** 618 *15*
- Sozialräume **160** 618 *15*
- Toilette **160** 618 *15*
- Treppenhaus **160** 618 *15*
- Umkleide **160** 618 *15*
- Verkehrswege **160** 618 *15*
- Zurückbehaltungsrecht **160** 611 *564*
Raum, öffentlicher *siehe* Öffentlicher Raum
Rauschgift *siehe* Drogen
Rechnersystem
- Arbeitszeit **80** 10 *56 ff.*
Rechnungslegung
- Verjährung **160** 195 *13*
- Zwangsvollstreckung **50** 62 *10, siehe auch dort*
Recht am eigenen Bild 260 2 *27 f.*
Recht am eigenen Wort 260 2 *27, 29*
Recht auf Beweis *siehe* Beweis, Recht auf
Recht auf Gegendarstellung
siehe Gegendarstellung, Recht auf
Recht des Arbeitsortes 220 30, 8 Rom I *3, 31*
Recht, ausländisches *siehe* Ausländisches Recht
Recht, kirchliches *siehe* Kirchliches Recht
Recht, revisibles *siehe* Revisibles Recht
Recht, zwingendes *siehe* Zwingendes Recht
Rechte des Betriebsrats *siehe* Betriebsrat, Rechte
Rechtfertigung, soziale *siehe* Soziale Rechtfertigung
Rechtliches Gehör
- Abhilfe bei Verletzung **50** 78a *1 ff.*
- ausländische Partei **50** 9 *11*
- Einstellung der Zwangsvollstreckung **50** 62 *19*
- Rechtsanwaltsvergütung **50** 12 *34*
- Rüge der entscheidungserheblichen Verletzung **50** 73 *3*

- streitige Verhandlung **50** 56 *38*
- Streitwertfestsetzung **50** 12 *25*
- Verletzung als Revisionsgrund **50** 73 *50 f.*
- Vorwurf der Verspätung **50** 56 *66*
Rechtliches Gehör, Verletzung
- Alleinentscheidung des vorsitzenden Richters **50** 55 *33*
Rechtsanwalt
- Annahmeverzug **160** 615 *6*
- Arbeitnehmer, Abgrenzung **160** 611 *104*
- Arbeitsvertrag **160** 611 *143*
- Arbeitszeit **80** 7 *61*
- Aufhebungsvertrag **160** 611 *1152*
- aus EU-Staaten vor dem Bundesarbeitsgericht **50** 11 *32*
- Beratungsfehler/Haftung, Aufhebungsvertrag/Abwicklungsvertrag **160** 611 *1147, 1170 ff.*
- Dienste höherer Art **160** 627 *8, 15, 20*
- Dienstvertrag **160** 611 *142 f.*
- Erfolgshonorar **160** 612 *35*
- Fehlverhalten **50** 9 *10*
- Gebühren bei vorzeitiger Erledigung **160** 628 *3, 16, 19*
- Kündigungsfrist **160** 621 *3, 9*
- Lohnwucher **160** 307 *22*; 611 *614*; 612 *11*
- Nebentätigkeit **160** 611 *543*
- Pauschalhonorar **160** 628 *3, 8*
- Protokollierung von Gesprächsinhalt **160** 611 *1181*
- Prozessvertretung **50** 11 *8 ff.*
- quota litis-Vereinbarung **160** 612 *35*
- Schriftsatzkündigung **160** 127 *25*; 623 *56 f.*
- steuerliche Abzugsfähigkeit der Vergütung **160** 611 *1182*
- Stundenlohn **160** 621 *9*
- Vergütung **160** 307 *22, 24*; 612 *35*; 614 *13, 27*
- Vorschuss **160** 628 *16*
- Zustellung **50** 50 *32 f.*
Rechtsanwaltshonorar
- Sozialverwaltungsverfahren **440** 63 *7*
Rechtsanwaltskammer
- Insolvenzsicherung **140** 17 *13*
- Zwangsmitgliedschaft **260** 9 *20*
Rechtsanwaltsvergütung
- befristete Beschwerde **50** 12 *35*
- Drittschuldnerklage **50** 46 *141*
- Festsetzungsverfahren nach § 33 RVG **50** 12 *33*
- Gebührenstreitwert **50** 12 *31 ff.*
- Gegenstandswert **50** 12 *23*
- Kostenerstattung **50** 12a *7*
- Mehrvergleich **50** 12 *32*
- rechtliches Gehör **50** 12 *34*
- Termingebühr bei außergerichtlicher Streitbeilegung **50** 46 *14*
Rechtsbehelf
- Anhörungsrüge **50** 72a *75, siehe auch* Nichtzulassungsbeschwerde

- Nichtzulassungsbeschwerde **50** 72a *10*
- Rechtmittelbelehrung **50** 9 *17*
- Zwangsvollstreckung **50** 62 *44*

Rechtsbehelfsbelehrung
- Versäumnisurteil **50** 59 *34 f.*, *siehe auch dort*

Rechtsbeistand
- Prozessvertretung **50** 11 *21*

Rechtsbeschwerde 50 78 *30 ff.*
- Beschlussverfahren **50** 78 *30*, *siehe auch dort*
- Einlegung im Beschlussverfahren **50** 94 *1 ff.*
- einstweiliger Rechtsschutz **50** 78 *31*
- Gehörsrüge **50** 78a *6*, *siehe auch dort*
- nachträgliche Klagezulassung **320** 5 *63*
- Verfahren **50** 78 *34 f.*
- Zwangsvollstreckung im Beschlussverfahren **50** 85 *27*

Rechtsbeschwerdeverfahren 50 92 *1 ff.*; 96 *1 ff.*
- *siehe auch* Beschlussverfahren, Rechtsbeschwerde
- *siehe auch* Revision
- Abgrenzung der Nichtzulassungsbeschwerde **50** 92a *11 ff.*
- Abgrenzung zu anderen Rechtsbeschwerden **50** 92 *3 ff.*
- Anschlussrechtsbeschwerde **50** 94 *10*
- Entscheidung **50** 96 *1 ff.*
- Nichtzulassungsbeschwerde **50** 92a *1 ff.*
- Rechtsbeschwerdeantrag **50** 92 *22*
- Revisionsrecht **50** 92 *10 ff.*
- Statthaftigkeit **50** 92 *5 ff.*

Rechtsgeschäftsähnliche Handlung
siehe Handlung, rechtsgeschäftsähnliche

Rechtshängigkeit
- Betriebsübergang **50** 46 *103 ff.*

Rechtshilfe 50 13 *1 ff.*
- Amtsgericht **50** 13 *5*
- Ausland **50** 13 *6*
- personenbezogene Daten **50** 13 *7*

Rechtshilfeersuchen
- ehrenamtlicher Richter **50** 53 *16*

Rechtsirrtum
- Verschulden **160** 611 *860*; 615 *70*; 628 *34*

Rechtskraft
- Beschlussverfahren **50** 84 *6 ff.*
- Rechtsnachfolger **160** 613a *158*

Rechtskrafterstreckung
- Betriebsübergang **50** 46 *113*

Rechtsmissbrauch, Einwand 360 Vor 1 *27*

Rechtsmittel
- einstweiliges Verfügungsverfahren **50** 62 *61 f.*
- Entscheidung über Besetzung der Einigungsstelle **50** 98 *10*
- sofortige Beschwerde wegen verspäteter Absetzung des Berufungsurteils **50** 72b *1 ff.*
- Übersicht **50** 9 *16*

Rechtsmittel, befristetes
siehe Befristetes Rechtsmittel

Rechtsmittel, unbefristetes
siehe Unbefristetes Rechtsmittel

Rechtsmittelbelehrung 50 9 *15 ff.*
- Beschlussverfahren **50** 84 *4*
- Einspruch gegen Versäumnisurteil **50** 9 *18*
- Folgen fehlender oder unrichtiger Belehrung **50** 9 *24 ff.*, *siehe auch dort*
- Form **50** 9 *21 ff.*
- Fristenaddition **50** 9 *27*
- Grundurteil **50** 9 *20*
- Nichtzulassungsbeschwerde **50** 9 *19*, *siehe auch dort*
- Rechtsbehelf **50** 9 *17 f.*
- Streitwertfestsetzung **50** 12 *26*, *siehe auch dort*
- unbefristetes Rechtsmittel **50** 9 *18*
- Widerspruch gegen Mahnbescheid **50** 9 *18*
- Zustellung **50** 9 *27*, *siehe auch dort*
- zweites Versäumnisurteil **50** 9 *23*, *siehe auch dort*
- Zwischenurteil **50** 9 *20*, *siehe auch dort*

Rechtsmittelerledigung 50 74 *95*

Rechtsmittelinstanz
- Erledigung **50** 74 *93 ff.*
- Kosten **50** 12 *11 ff.*
- Verzicht **50** 74 *97 ff.*

Rechtsmittelverzicht
- abgekürztes Urteil **50** 61 *6*

Rechtsmittelwahlrecht
- Berufung **50** 76 *28 ff.*
- Sprungrevision **50** 76 *28 ff.*

Rechtsnachfolge
- Wettbewerbsverbot **290** 74 *35*

Rechtsnachfolger *siehe auch* Betriebsübergang
- Rechtskraft **160** 613a *158*
- Vertreter ohne Vertretungsmacht **160** 611 *374*

Rechtspflege, Stillstand
- Verjährungshemmung **160** 206 *1*

Rechtspfleger 50 7 *4*; 9 *13 f.*,
siehe auch Mahnverfahren
- Mahnverfahren **50** 46a *17, 20*

Rechtspflegererinnerung 50 9 *14*

Rechtsquellenlehre 250 105 *10*

Rechtsschutz, einstweiliger
siehe Einstweiliger Rechtsschutz

Rechtsschutzbedürfnis 50 46 *44*

Rechtsschutzinteresse
- Beschlussverfahren **50** 81 *30 ff.*, *siehe auch dort*

Rechtsschutzversicherung 50 11 *40*,
siehe auch Deckungszusage
- internationales Arbeitsrecht **220** 30, 8 Rom I *104 ff.*
- Kündigung schwerbehinderter Menschen **430** 88 *8*
- nachträgliche Klagezulassung **320** 5 *38*
- Zustimmungsverfahren bei Schwerbehindertenkündigung **430** 88 *8*

Rechtsträger, Verschmelzung
- Anschlussbefristung **480** 14 *95*

5147

Rechtsvereinheitlichung, EU-Recht 220 30, 8 Rom I *7 ff.*
Rechtsvermutung 50 58 *9 f.*
Rechtsverordnung
– Gleichheitssatz **260** 3 *6*
– Rechtsquelle **160** 611 *173*
Rechtswahl 50 1 *8*
– Erfüllungsort **160** 611 *498*
– grenzüberschreitender Betriebsübergang **160** 613a *18*
– konkludente Rechtswahl, Schwerpunkt der Arbeitsleistung **160** 611 *498*
– Schutzmaßnahme **160** 618 *6*
– Stock Options **160** 611 *1128 f.*
Rechtswahl des Arbeitsstatuts
siehe Arbeitsstatut, Rechtswahl
Rechtswahl, fehlende
– Arbeitsvertrag i.S.d. Art. 30 EGBGB **220** 30, 8 Rom I *19*
– Ausweichklausel **220** 30, 8 Rom I *31 ff.*
– Darlegungs- und Beweislast für anwendbares Recht **220** 30, 8 Rom I *118*
– einstellende Niederlassung **220** 30, 8 Rom I *29 ff.*
– Flugpersonal **220** 30, 8 Rom I *23*
– gewöhnlicher Arbeitsort **220** 30, 8 Rom I *22*
– Handelsreisende **220** 30, 8 Rom I *25*
– Home-Office **220** 30, 8 Rom I *25*
– hypothetischer Parteiwille **220** 30, 8 Rom I *35*
– Leiharbeitnehmer **220** 30, 8 Rom I *24*
– Montagearbeiter **220** 30, 8 Rom I *26*
– Ortskraft **220** 30, 8 Rom I *27*
– Statutenwechsel **220** 30, 8 Rom I *33 f.*
Rechtswahl, stillschweigende 220 30, 8 Rom I *120*
Rechtsweg
– Arrest **50** 48 *7*
– Beschlussverfahren **50** 48 *4*; **80** *12*
– einstweilige Verfügung **50** 48 *7*
– Mahnverfahren **50** 48 *5*
– Prozesskostenhilfeverfahren **50** 48 *6*
– Urteilsverfahren **50** 48 *3*
Rechtswegentscheidung 50 2 *62 ff.*,
siehe auch Zuständigkeit
– Anfechtbarkeit **50** 2 *68 ff.*
– Bindungswirkung **50** 2 *71 ff.*
– Vorabentscheidung **50** 2 *64 f.*
Rechtswegerschöpfung
– Nichtzulassungsbeschwerde **50** 72a *15 f.*
Rechtswegzuständigkeit
– Mahnverfahren **50** 46a *22*, siehe auch dort
Rechtszug, erster siehe Erster Rechtszug
Rechtszug, zweiter siehe Zweiter Rechtszug
Redakteur
– Arbeitnehmer, Abgrenzung **160** 611 *104*
Regelaltersrente
– Altersteilzeit **40** 2 *14*
Regelbeurteilung, dienstliche
siehe Dienstliche Regelbeurteilung

Regelungsabrede 150 77 *21, 28 f., 35 ff.*
– Arbeitszeit **80** 7 *53*; 14 *40*
– Bereichsausnahme, AGB **160** 310 *22*
– betriebliche Altersversorgung **140** 1 *180*
– Betriebsabsprache **160** 310 *22*
– Einigung, betriebliche **160** 310 *22*
– Notfall/Ausnahmefall, Arbeitszeit **80** 14 *40*
Regelungsanordnung 450 86b *12*
– Eilbedürftigkeit **450** 86b *12*
Regelungssperre
siehe Betriebsvereinbarung, Tarifvorrang
Regisseur
– Arbeitnehmer **160** 611 *104*
Regress
– Sozialversicherungsträger **420** 105 *29*
Rehabilitand
– Arbeitnehmer, Abgrenzung **160** 611 *104*
Rehabilitation, medizinische
– Bewilligung und Durchführung **210** 9 *9 ff.*
– Entgeltfortzahlung **210** 9 *4 ff.*
Rehabilitationseinrichtung
– Arbeitszeit **80** 10 *12*
Rehabilitationsmaßnahme
– Urlaub **180** 10 *4 ff.*
Reinigungsgewerbe
– Betriebsübergang **160** 613a *28 f., 73*
Reisekosten
– Reisekosten-Richtlinie, AGB **160** 308 *16*
– Reisekostenabrechnung **160** 626 *96, 155*
– Sprecherausschuss-Richtlinie **460** 28 *1*
– Teilvergütung bei fristloser Kündigung **160** 628 *7*
Reisekostenrückforderung
– Rechtswahl **220** 30, 8 Rom I *55*
Religion
– siehe auch Kirche
– siehe auch Religionsfreiheit
– siehe auch Religionsgemeinschaft
– Diskriminierungsverbot **260** 3 *34 f.*
– Fragerecht **160** 611 *296 f.*
Religionsfreiheit
– Leistungsverweigerungsrecht **160** 611 *821*; 616 *17*
– vorübergehende Verhinderung **160** 616 *17*
Religionsgemeinschaft 150 1 *53*
– Arbeitsvertrag, Abgrenzung **160** 611 *41*
– Arbeitszeit **80** 7 *59*; 10 *19 f.*; 12 *15*; 15 *10*; 18 *9*; 25 *7*
– Begriff **150** 118 *66*
– Personalplanung **150** 92 *8*
– Sprecherausschuss **460** 1 *8*
– Unternehmensmitbestimmung **330** 1 *20 ff.*
– Wirtschaftsausschuss **150** 106 *2*
Rente wegen Erwerbsminderung
siehe Erwerbsminderung, Rente
Rente wegen verminderter Erwerbsfähigkeit
siehe Verminderte Erwerbesfähigkeit, Rente

Renten
- Gleichbehandlung **260** 3 *28*

Rentenbescheid
- Verwaltungsakt mit Dauerwirkung **440** 48 *2*

Rentenversicherung
- geringfügige Beschäftigung **390** 8a *23 ff.*

Rentenversicherung, gesetzliche
siehe Gesetzliche Rentenversicherung

Rentenversicherungspflicht
siehe auch Sozialversicherungspflicht
- Alleinunternehmerstellung **410** 2 *5 ff., 14*
- Anrechnungszeiten **410** 3 *1*
- arbeitnehmerähnliche Selbständige **410** 2 *1 ff.*
- Arbeitslosengeld II-Bezug **410** 3 *2, 4, 13 ff.*
- Arbeitslosengeldbezug **410** 3 *8*
- Elternzeit **130** 15 *42*
- Hilfe zum Lebensunterhalt, Bezug **410** 3 *3*
- Krankengeldbezug **410** 3 *8*
- kurzfristige Entgeltersatzleistung während Bezug **410** 3 *2 ff.*
- Übergangsgeldbezug **410** 3 *8*
- Verletztengeldbezug **410** 3 *8*
- Vorversicherung bei Entgeltersatzleistung **410** 3 *11*

Rentenversicherungsträger
- Überprüfung Wertguthabenvereinbarung **390** 7e *36 ff.*

Reporter
- Nebenberuf, Abgrenzung Arbeitnehmer **160** 611 *104*

Repräsentativität
- Tarifkonkurrenz **10** 7 *10*

Restaurant
- Arbeitszeit **80** 5 *11*

Restitutionsklage 50 79 *10 ff.*

Restmandat
- Betriebsübergang **160** 613a *123, 126*
- Dauer **150** 21b *13*
- Entstehung **150** 21a *12*; 21b *3 ff.*
- Größe **150** 21b *12*
- Inhalt **150** 21b *10 f.*
- Kosten **150** 21b *14, siehe auch dort*

Rettungsdienst
- Arbeitszeit **80** 10 *8*
- Nachtarbeitszuschlag **80** 6 *49a*

Rettungssanitäter
- Arbeitszeit, Arbeitsbereitschaft **80** 2 *14 f.*; 5 *11*; **160** 611 *512, 516*
- Sicherheitsschuhe **160** 618 *21*

Revisibilität
- Rechtsbeschwerde im Beschlussverfahren **50** 93 *15 f.*

Revisible Entscheidung *siehe* Entscheidung, revisible

Revisibles Recht
- Revisionsgründe **50** 73 *10, siehe auch dort*

Revision 50 72 *1 ff., siehe auch* Revision
- Abgrenzung zur sofortigen Beschwerde **50** 72b *12 ff.*
- Anschlussrevision **50** 74 *104 ff.*
- Antrag auf Feststellung der einseitigen Erledigung eines Rechtsmittels **50** 74 *133*
- Antrag auf Tatbestandsberichtigung **50** 74 *127 f.*
- Antragsformulierungen **50** 74 *129 ff.*
- Anwendbarkeit von ZPO-Vorschriften **50** 72 *59*
- Arbeitsgerichtsverfahren **50** 72 *66 ff.*
- Begründung **50** 74 *40 ff.*
- Beschwer **50** 74 *60 ff.*
- Beschwerde *siehe* Revisionsbeschwerde
- Einlegung **50** 74 *1 ff.*
- Einschränkung der Zulässigkeitsprüfung **50** 73 *61 ff., siehe auch dort*
- Erledigung der Hauptsache **50** 74 *93 ff.*
- Frist **50** 74 *25 ff.*
- Gegenrüge **50** 74 *63*
- Grund **50** 73 *1 ff.*
- Klageänderung **50** 73 *55, siehe auch dort*
- Kontrolle von Frist und Ordnungsgemäßheit **50** 74 *121*
- materiell-rechtliche Rüge **50** 74 *52 ff.*
- Prozesskostenhilfe **50** 74 *20*
- Revisionsschrift **50** 74 *5 ff.*
- Rücknahme **50** 74 *84 ff.*
- Sprungrevision **50** 76 *1 ff.*
- Statthaftigkeit **50** 75 *3*
- Tatsache **50** 73 *52*
- Terminbestimmung **50** 74 *66*
- Verfahrensfehler **50** 72 *27 ff.*
- Verfahrensrüge **50** 74 *54 ff.*
- Verwerfung der unzulässigen Revision **50** 74 *68 ff.*
- Verwerfungsbeschluss **50** 74 *77 ff., siehe auch* Klagerücknahme
- Zulassung **50** 72 *11 ff.*

Revisionsbegründung 50 74 *40 ff.*
Revisionsbegründungsfrist 50 74 *41 ff.*
Revisionsbeschwerde 50 77 *1 ff.*
- Bindungswirkung für das Bundesarbeitsgericht **50** 77 *7 ff.*
- Einlegung **50** 77 *10 ff.*
- Entscheidung **50** 77 *13 ff.*
- Statthaftigkeit **50** 77 *2 ff.*

Revisionsfrist *siehe* Revision
Revisionsgericht *siehe* Revision
Revisionsgrund *siehe auch* Kirchenrecht
- absoluter Verfahrensfehler **50** 73 *32, siehe auch dort*
- ausländisches Recht **50** 73 *27 f.*
- Besetzung des Gerichts **50** 73 *33*
- Betriebsvereinbarung **50** 73 *16*
- Beweislastregel **50** 73 *13*
- Darlegungsregel **50** 73 *13, siehe auch dort*
- Denkgesetz **50** 73 *12*
- Entscheidung ohne Gründe **50** 73 *44 ff.*

- Erfahrungssatz **50** 73 *12*
- Ermessensentscheidung **50** 73 *22 f., siehe auch dort*
- fehlerhafte Besetzung der Kammer **50** 16 *7*
- fehlerhafte Vertretung **50** 73 *42, siehe auch dort*
- Gesetzesverletzung **50** 73 *6 ff., siehe auch dort*
- kirchliches Recht **50** 73 *18, siehe auch dort*
- Mitwirkung ausgeschlossener oder befangener Richter **50** 73 *41*
- Prozesshandlung **50** 73 *25*
- revisibles Recht **50** 73 *10*
- Sachrüge **50** 73 *9, siehe auch dort*
- Satzung **50** 73 *17, siehe auch dort*
- Tarifvertrag **50** 73 *14 f., siehe auch dort*
- Verfahrensmangel **50** 73 *30 f., siehe auch dort*
- Verletzung des Öffentlichkeitsgrundsatzes **50** 73 *43*
- Verletzung des rechtlichen Gehörs **50** 73 *50 f.*
- Verletzung materiellen Rechts **50** 73 *9 ff.*
- Verletzung von Verfahrensrecht **50** 73 *29 ff.*
- Vertrag **50** 73 *19 ff.*
- Willenserklärung **50** 73 *19 ff.*
- ZPO-Vorschriften **50** 73 *5*
- Zuständigkeitsfehler **50** 73 *39, siehe auch dort*

Revisionsinstanz
- abgekürztes Urteil **50** 61 *7*
- Einstellung der Zwangsvollstreckung **50** 74 *119*
- Wiedereinsetzung wegen Mittellosigkeit **50** 74 *120*

Revisionsrecht
- Rechtsbeschwerdeverfahren **50** 92 *10 ff.*

Revisionsschrift 50 74 *5 ff.*
- Pflichtangaben **50** 74 *13 ff.*

Revisionsurteil 50 75 *1 ff.*
- Bindung des Berufungsgerichts **50** 75 *15 ff.*
- Endentscheidungsreife **50** 75 *6 ff.*
- Entscheidung bei Säumnis **50** 75 *22 ff.*
- Entscheidung nach Aktenlage **50** 75 *29*
- Erledigung der Hauptsache **50** 75 *30 ff.*
- Inhalt **50** 75 *39 ff.*
- Regelungsgehalt **50** 75 *3 ff.*
- schriftliches Verfahren **50** 75 *36*
- Verkündung **50** 75 *43 ff.*
- Zustellung **50** 75 *52*

Revisionsverfahren 50 72 *1 ff.*
- Alleinentscheidung des Vorsitzenden **50** 55 *2*
- Gebühr **50** 12 *13*
- Wiedereinsetzung **50** 74 *37*

Revisionszulassung
- Landesarbeitsgericht **50** 72 *11 ff., 37 ff.*

Rheinische Zusatzversorgungskasse für Gemeinden und Gemeindeverbände
- betriebliche Altersversorgung, Zusatzversorgung **140** 18 *5*

Richter *siehe auch* Ehrenamtlicher Richter
- Arbeitsplatzschutz **60** 1 *2*; 9 *1 f.*; 10 *1*; 11a *2*
- Arbeitsschutz **70** 2 *3*
- Arbeitsvertrag, Abgrenzung **160** 611 *41*
- Arbeitszeit **80** 10 *10*
- Beurlaubung, Einberufung zum Wehrdienst **60** 9 *2*
- Entlassungsverbot, Wehrdienst **60** 9 *2*
- Wehrdienst **60** 1 *2*; 9 *1 f.*; 10 *1*; 11a *2*

Richter, ausgeschlossener oder befangener
- Mitwirkung, Revisionsgründe **50** 73 *41*

Richter, ehrenamtlicher *siehe* Ehrenamtlicher Richter

Richter, gesetzlicher *siehe* Gesetzlicher Richter

Richter, vorsitzender *siehe* Vorsitzender Richter

Richterausschuss *siehe auch* Fachausschuss
- Amtspflicht **50** 29 *17, siehe auch* Richterausschuss
- Amtszeit **50** 29 *16*
- Aufgabe **50** 29 *13 ff.*
- ehrenamtlicher Richter **50** 29 *1 ff.*
- ehrenamtlicher Richter am Landesarbeitsgericht **50** 38 *1 ff.*
- Ersatzmitglied **50** 29 *11*
- Tagung **50** 29 *9 ff.*

Richterliche Aufklärungs- und Hinweispflicht *siehe* Aufklärungspflicht und Hinweispflicht, richterliche

Richterliche Fürsorgepflicht *siehe* Fürsorgepflicht, richterliche

Richterliche Hinweispflicht *siehe* Hinweispflicht, richterliche

Richterlicher Hinweis *siehe* Hinweis, richterlicher

Richtigkeitsgewähr
- Tarifvertrag **160** 315 *20*; 628 *24*

Richtlinie, betriebliche 470 1 *7*

Richtlinien zum Arbeitnehmerschutz 220 30, 8 Rom I *10*

Richtlinienkonforme Auslegung 230 Vor *3, siehe auch* Gemeinschaftsrecht

Riester-Rente
- betriebliche Altersversorgung **140** 1 *97, 175, 200 f., 204*; 1a *17, 22*; 17 *11*

Risiko des Arbeitswegs *siehe* Wegerisiko

Risikogeschäft 280 43 *11*

Robinson-Steele, EuGH
- Arbeitszeitrichtlinie **180** 1 *18*

Roll-/Feiertage
- Urlaubsberechnung **180** 3 *25 ff.*

Rot-Kreuz-Schwester
- Arbeitsvertrag, Abgrenzung **160** 611 *41*

Rübenzuckerfabrik
- Arbeitszeit, Kampagnebetrieb **80** 15 *8*

Rubrumsberichtigung 50 46 *29*

Rückabwicklung
- Beweislast **50** 58 *90, siehe auch dort*

Rückdeckungsversicherung
- betriebliche Altersversorgung, Abgrenzung **140** 1 *41*; 4 *30*; 7 *14, 60*; 17 *33*; **160** 611 *1115 ff.*

Rückgabe *siehe* Herausgabe

Rückgriffsanspruch eines Sozialversicherungsträgers siehe Sozialversicherungsträger, Rückgriffsanspruch
Rückgruppierung
– Urteilsverfahren **50** 46 *143 ff.*, siehe auch Eingruppierungsfeststellungsklage
Rückgruppierung, korrigierende
– NachwG **360** Vor 1 *56*
Rückgruppierungsklage 50 46 *158*
Rücknahme
– Änderungskündigung **320** 2 *145*
– Berufung **50** 64 *48 ff.*
– Beschwerde im Beschlussverfahren **50** 89 *18 f.*
– Kündigung **320** 1 *94 ff.*
– Revision **50** 74 *84 ff.*, siehe auch dort
Rückruf
– aus dem Urlaub, Kostenübernahme **180** 7 *173*
Rücksichtnahmegebot
– Betriebsratssprechstunde **150** 39 *3, 9*
– Sitzung **150** 30 *3, 8*
Rücksichtnahmepflicht
– Anzeige des Arbeitgebers bei Arbeitsschutzbehörde **70** 17 *13*
– Generalklausel **160** 611 *569*
– Haftung des Arbeitgebers **160** 611 *941*
Rückstellung
– Deckungsrückstellung, betriebliche Altersversorgung **140** 2 *62*; 4 *29*; 7 *17*; 10 *7*; 16 *56*
– Pensionsrückstellung **140** 7 *13*
– Pensionsrückstellung, § 6a EStG **140** 1 *43*; 1b *68*; 2 *69 f.*; 6 *75*; 16 *49*
Rücktritt
– Arbeitsverhältnis **320** 1 *42*
– Wettbewerbsverbot **290** 74 *69*
Rücktrittsrecht
– Abwicklungsvertrag **160** 611 *1050 f.*
– fristlose Kündigung bei Vertrauensstellung, Abgrenzung **160** 627 *25*
Rücktrittsvorbehalt
– AGB, Klauselverbot mit Wertungsmöglichkeit **160** 308 *3*
Rückübertragung
– Wertguthaben **390** 7f *13*
Rückzahlungsklausel
– AGB **160** 305c *3, 37*; 306 *10*; 611 *694 ff., 700, 704, 750*; 622 *33 f.*; Vor 305-310 *11*
– Änderungsvorbehalt **160** 308 *28*
– Arbeitsvertrag, Inhaltskontrolle **160** 611 *470*
– Aufhebungsvertrag **160** 611 *1120*
– berufliche Fortbildung **110** 63 *12, 14 ff., 26*
– Beweislast **50** 58 *88*
– Bindungsdauer/Bindungsfrist **110** 63 *14 ff., 26*; **160** 611 *694 ff.*; 622 *33*
– Pauschalierung, AGB **160** 308 *46*
– Preisnebenabrede **160** 307 *17*
– Sondervergütung **160** 611 *668, 694 ff.*; 622 *33*

– Teilvergütung bei fristloser Kündigung **160** 628 *24*
– Überraschungsverbot **160** 305c *3*
– Umzugskosten **160** 611 *761*; 622 *33*
– unangemessene Benachteiligung **160** 307 *75*
– Urlaubsgeld **160** 622 *33*
– Weihnachtsgeld, Transparenzgebot **160** 307 *132*; 315 *56*
Rückzahlungsvorbehalt siehe Rückzahlungsklausel
Rückzahlunsanspruch
– Urlaubskassen **10** 5 *8*
Rufbereitschaft
– Begriff/Abgrenzung **80** 2 *1, 7, 18 f.*; 3 *4*; 4 *3*; 5 *4*; 7 *33*; 16 *8*; **160** 611 *511 ff.*
– Beschäftigungsverbot an Sonn- und Feiertagen **80** 9 *4*; 11 *4*
– Chefarzt **160** 612 *16*
– Ersatzruhetag **80** 11 *10 f.*
– Höchstwegezeit **160** 611 *743*
– Mitbestimmung des Betriebsrats **80** 1 *19*
– Ruhezeit **80** 2 *18a*; **160** 611 *515*
– Vergütung **80** 2 *45*; **160** 611 *515 f.*
– Verlängerung der Arbeitszeit/Kürzung der Ruhezeiten **80** 5 *19 ff.*; 7 *33 f.*; 15 *11*
– Vertretung eines Kollegen **160** 611 *514*
Rüge
– entscheidungserhebliche Verletzung rechtlichen Gehörs **50** 73 *3*
– fehlerhafte Besetzung der Kammer **50** 16 *7*
– Verletzung des rechtlichen Gehörs **50** 55 *33*
Rügelose Einlassung
– Ablehnung wegen Befangenheit **50** 49 *23*
– örtliche Zuständigkeit **50** 2 *95*, siehe auch dort
– Zuständigkeit **50** 1 *8*, siehe auch dort
Ruhegehalt
– Pfändungsschutz **500** 850k *4*
Ruhegeld
– betriebliche Altersversorgung **140** 1 *73*; 7 *9, 32*; 30d *4*
– Geschäftsgrundlage **160** 313 *16*
Ruhen des Arbeitsverhältnisses siehe Arbeitsverhältnis, Ruhen
Ruhendes Arbeitsverhältnis
– Betriebsratsmitglied **150** 24 *15*
– Entgeltfortzahlung **210** 12 *5*
– Entgeltfortzahlung im Krankheitsfall **210** 3 *79 f.*
– Rechtswahl **220** 30, 8 Rom I *68*
– schwerbehinderte Menschen **430** 77 *9*
Ruhensvereinbarung
– Inhaltskontrolle, AGB **160** 307 *126*
Ruhepause siehe auch Ruhezeit
– Begriff **80** 4 *2 ff.*
– Dauer/Mindestdauer **80** 4 *1, 4 ff.*
– Erholungszweck **80** 4 *2 f.*; 7 *21*
– Gestaltung **80** 4 *9 f.*
– Jugendarbeitsschutz **310** 14 *2 ff.*

- Kurzpause, Abgrenzung **80** 4 *6, 13, 16*; 7 *20 f.*; 16 *6*
- Lage **80** 4 *7 f.*
- Lenkzeitpause/Lenkzeit/Lenkpause **80** 3 *34*; 4 *16*; 7 *22*
- Mitbestimmung des Betriebsrats **80** 1 *19*; 4 *13*
- Pausenraum **80** 4 *10*
- Zigarettenpause/Rauchpause **80** 4 *6*; 16 *6*

Ruhestand
- Wettbewerbsverbot **290** 60 *7*

Ruhezeit *siehe auch* Ruhepause
- Begriff **80** 5 *2 ff.*
- Binnenschiffsuntersuchungsverordnung **80** 21 *1*
- Dauer/Mindestdauer/Mindestruhezeit **80** 5 *2, 6 ff., 17, 24, 26*; 7 *83*; 9 *3, 16*; 11 *1, 16*
- Erholungszweck **80** 5 *1*; 7 *25, 34*
- Grenzen der Freizeitgestaltung **80** 5 *4a, 28a*
- Kürzung/Verkürzung **80** 5 *9 ff., 19 ff.*
- Lage **80** 5 *6 ff.*
- Mitbestimmung des Betriebsrats **80** 11 *19*; 13 *59*
- Rufbereitschaft **80** 2 *18a*
- Transferzeiten **80** 20 *3*
- wichtiger Grund, Sperrzeit **160** 611 *1144*

Rundfunk
- Arbeitnehmer/freier Mitarbeiter **160** 611 *69*
- Arbeitszeit **80** 5 *9, 13*; 10 *24 f.*; 12 *4*
- Autor, Arbeitnehmer **160** 611 *104*
- Dienstplan **160** 611 *69*
- Hörfunkkorrespondent, Arbeitnehmer **160** 611 *104*
- Rundfunkgebührenbeauftragter, arbeitnehmerähnliche Person **160** 611 *83, 104*
- Rundfunkkorrespondent, Arbeitnehmer **160** 611 *104*
- Rundfunkmitarbeiter **160** 611 *104*
- Rundfunkreporter, Arbeitnehmer **160** 611 *104*
- Rundfunksprecher, Arbeitnehmer **160** 611 *104*
- Übersetzer, Arbeitnehmer **160** 611 *104*

Rundfunkanstalt
- Insolvenzsicherung **140** 10 *3*; 17 *13*
- Urheberklauseln **495** 31 *19*

Rundfunkfreiheit
- befristetes Arbeitsverhältnis **480** 14 *43 ff.*

Rundfunkgebührenbeauftragter
- arbeitnehmerähnliche Person **160** 611 *83, 104*

Rundfunkkorrespondent
- Arbeitnehmer **160** 611 *104*

Rundfunkmitarbeiter
- Arbeitnehmer, Abgrenzung **160** 611 *104*

Rundfunksprecher
- Arbeitnehmer **160** 611 *104*
- Nebentätigkeit **160** 611 *543*

Saarländisches Gesetz
- Urlaubsregelungen **180** 1 *15*

Sabbatical
- Flexibilisierung der Arbeitszeit **80** 1 *32*

Sabbatjahr
- übergesetzlicher Tarifurlaub **180** 3 *6*

Sachaufwand
- Büropersonal **150** 40 *32*
- Erforderlichkeit **150** 40 *17*
- Fachliteratur **150** 40 *22*; 89 *19*
- Kommunikationsmittel **150** 40 *27 ff.*
- Naturalleistungspflicht **150** 40 *16*
- Räume **150** 40 *19 f.*
- Telefon **150** 40 *24 ff.*

Sachbezüge 250 107 *12 ff.*
- Altersteilzeitarbeitsentgelt-Bestandteil **40** 3 *3*
- Annahmeverzug **160** 611 *648*; 615 *49*
- Arbeitsplatzschutz **60** 3 *1, 6*; 7 *2*
- Aubildungsverhältnis **160** 611 *647*
- Begriff/Beispiel **60** 3 *6*; **160** 611 *647 f.*
- betriebliche Altersversorgung, Leistungsart **140** 1 *16*; 16 *12*
- Deputat **160** 611 *648*; 621 *13*
- Dienstwagen **160** 611 *647, 652 ff.*
- Dienstwagen, Privatnutzung **160** 307 *119*; 312 *16*; 611 *647, 652 ff., 799, 848, 1083 ff.*
- Einkommensteuer **240** 8 *16 f., 26*
- Elternzeit **130** 15 *33*
- Flugrabatt **160** 611 *647*
- Haustrunk **160** 611 *647*
- Jahreswagen **160** 611 *647*
- Kündigungsfrist **160** 621 *7, 13*
- Lohnsteuer **160** 611 *1176*
- NachwG **360** 2 *33*
- Pfändungsschutz **160** 611 *647*
- Schadensersatz, § 628 BGB **160** 628 *47*
- Sozialversicherungspflicht **390** 17 *11*
- Teilvergütung bei fristloser Kündigung **160** 628 *7*
- Truckverbot **160** 611 *647 f.*; 612 *34*
- Urlaubsentgelt **180** 11 *50*
- Vergütung **160** 611 *647 ff.*
- Wehrdienst **60** 3 *1, 6*; 7 *2*
- Wohnung **160** 611 *647, 667*

Sachdienlichkeit
- streitige Verhandlung **50** 56 *7*

Sachen, Herausgabe
- Zwangsvollstreckung **50** 62 *30*

Sachentscheidung nach Erledigung
- Rechtsbeschwerde im Beschlussverfahren **50** 93 *17*

Sachgrund *siehe auch* Zweckbefristung
- Aufhebungsvertrag **160** 611 *1009 f., 1150*
- Erprobung **160** 611 *1118 f.*; 622 *48*
- gesetzlicher Befristungsgrund, AltersteilzeitG **40** 8 *9*
- Richterrecht **160** 306 *14*; 620 *8*
- Schwangerschaftsfrage **160** 611 *265 ff.*
- Unklarheitenregel **160** 305c *36*

Sachgrundbefristung 480 14 *5 ff.*, *siehe auch* Befristetes Arbeitsverhältnis

Sachgrundlose Befristung

- *siehe* Befristung
- *siehe* Sachgrund

Sachleistung *siehe* Sachbezüge
- Mindestentgeltsätze **10** 5 *2*

Sachrüge
- Rechtsbeschwerde im Beschlussverfahren **50** 93 *6*
- Revisionsgrund **50** 73 *9, siehe auch dort*

Sachurteilsvoraussetzung 50 46 *41 ff.*

Sachverhaltsaufklärung
- Güteverhandlung **50** 54 *24, siehe auch dort*

Sachverständigengutachten
- Alleinentscheidung des Vorsitzenden **50** 55 *43*
- streitige Verhandlung **50** 56 *18*

Sachverständiger
- Begriff **150** 80 *35*
- Dienstvertrag **160** 611 *142*
- Erforderlichkeit **150** 80 *36*; 90 *22*
- Geheimhaltungspflicht **150** 80 *39*
- streitige Verhandlung **50** 56 *31 ff.*
- vorübergehende Verhinderung **160** 616 *14*
- Wirtschaftsausschuss **150** 109 *8*

Sachzuwendung
- Einkommensteuerpauschalierung **240** 37b *2 ff.*

Saison-Kurzarbeitergeld
- Betriebsrisiko **160** 615 *78*

Saisonbetrieb 320 22 *1 ff.*; 23 *28*
- Arbeitszeit **80** 12 *8*; 15 *8 f.*
- befristetes Arbeitsverhältnis **480** 14 *22*
- Befristungsgrund **480** 14 *22*
- Fremdenverkehr, Arbeitszeit **80** 15 *8*
- Geschenkindustrie, Arbeitszeit **80** 15 *8*
- Massenentlassungsanzeige **320** 19 *1 ff.*
- Textilindustrie, Arbeitszeit **80** 15 *8*
- Wiedereinstellungsanspruch **320** 22 *9*

Salvatorische Klausel
- Allgemeine Geschäftsbedingungen **160** 306 *11*
- Ersetzungsklausel **160** 306 *11*
- Reduktionsklausel **160** 306 *11*

Sanatorium
- Arbeitszeit **80** 10 *12*

Satellitenfernsehen
- Arbeitszeit **80** 10 *25*

Satellitenfunk
- Arbeitszeit **80** 5 *13*

Satzung
- Rechtsquelle **160** 611 *174*
- Revisionsgrund **50** 73 *17, siehe auch dort*
- Sittenwidrigkeit **160** 611 *405*
- Unfallverhütungsvorschriften **160** 611 *174, 192, 315*; 618 *21 f., 32, 42*

Säumnis
- Alleinentscheidung des Vorsitzenden **50** 55 *11 f.*
- Flucht in die Säumnis **50** 56 *83 ff.*
- Folgen **50** 59 *1 ff.*
- Güteverhandlung **50** 54 *39 ff., siehe auch dort*
- Revisionsinstanz **50** 75 *22 ff.*

Säumnisverfahren
- Berufungsverfahren **50** 64 *61*

Sauna
- Arbeitszeit **80** 10 *23*

SCE-Beteiligungsgesetz
- deutsche Umsetzung, Europäische Genossenschaft **230** Richtlinien *196*

Schaden
- Verjährung bei Schadenseinheit **160** 199 *5*

Schadenersatz
- tarifvertragliche Auskunftsverpflichtung **10** 5 *12*

Schadensausgleich, innerbetrieblicher
siehe Innerbetrieblicher Schadensausgleich

Schadensersatz
- Abgrenzung Verstragsstrafe **160** 309 *11*
- Alkoholverbot **160** 611 *562*
- Altersteilzeit **40** 2 *43, 46*; 3 *36*; 8 *8*; 11 *2*
- Anrechnung bei anderer Tätigkeit **110** 23 *39*
- Arbeitnehmerpflichtverletzung **55** 5 *16*
- Arbeitnehmerüberlassung **100** 1 *9, 13 f.*; 10 *46 ff., 66*; 11 *34*; 12 *5, 8, 10*
- Arbeitsleistung **160** 611 *591*
- Arbeitsschutzvorschriften **160** 618 *36*
- Arbeitszeit **80** 1 *23 ff., 30*; 4 *15*; 5 *28*; 6 *55*; 9 *21*; 11 *21*; 16 *17*
- Arbeitszeugnis, Verzug **160** 611 *865*; 629 *4*
- Arzt **160** 621 *13*
- Aufrechnung **160** 611 *873*; 628 *53*
- Ausbildung **110** 3 *19*; 12 *10, 12, 20 f.*; 23 *22, 36 ff.*
- Ausbildungsverhältnis, vorzeitige Beendigung **160** 628 *3*
- Auskunftsanspruch des Arbeitnehmers, betriebliche Altersversorgung **140** 4a *12*
- Ausschlussfrist **160** 611 *856, 862 f., 866 ff.*
- Bruttolohnmethode **160** 611 *254, 327*
- Bußgeld, AEntG **10** 23 *33*
- culpa in contrahendo **160** 611 *225 ff., 246 ff.*
- Darlegungs- und Beweislast **160** 618 *36*; 619a *1 ff.*; 627 *27*
- Dienstwagen **160** 611 *586, 659*
- Direktversicherung **140** 1 *51*; 10 *4*
- Drittschuldnerklage **50** 46 *136, 141 f., siehe auch* Eingruppierungsfeststellungsklage
- Druckkündigung **160** 626 *58*
- einstweiliges Verfügungsverfahren **50** 62 *66*
- entgangene Freizeit **160** 611 *514*
- entgangener Gewinn **160** 611 *809, 836, 914, 967*; 628 *40, 46*
- entgangener Verdienst **160** 611 *254, 846, 865*; 615 *71*; 628 *39, 50, 56*
- Ersatzkraft **160** 309 *14*; 345 *18*; 611 *588 ff., 836 f.*; 628 *44, 54*
- Haftungsschaden des Arbeitnehmers **160** 611 *956, 961, 966*
- Kostenpauschale für Pfändungsbearbeitung, AGB **160** 309 *15*
- Krankenfürsorge **160** 617 *21*

- Maßregelungsverbot **160** 612a *12*
- Mitteilung des Kündigungsgrundes **160** 626 *17*
- Mobbing **160** 309 *35*; 611 *560, 572, 943 ff.*
- modifizierte Nettolohnmethode **160** 611 *254, 327*
- NachwG **360** Vor 1 *11, 24 ff.*
- Nichtantritt der Arbeit **160** 622 *56*
- Organhaftung, Vorstand **30** 93 *2, 27, 32 ff.*
- pauschalierter Schadensersatz, AGB **160** 308 *46*; 309 *11 ff.*; 345 *7*
- Pensionssicherungsverein auf Gegenseitigkeit **140** 9 *2*; 11 *7, 11, 17*; 15 *4*
- Persönlichkeitsrechtsverletzung **160** 309 *11*
- Pfändung **160** 611 *873*
- Schlechtleistung **160** 611 *493, 808 f., 841 ff., 877, 918, 937 f.*
- Schutzmaßnahme **160** 618 *1, 32 ff.*
- sexuelle Belästigung **160** 611 *570*
- Sicherung der Bauforderungen **10** 14 *14*
- Steuerschaden/Progressionsschaden **160** 288 *2*; 611 *642, 862*; 614 *14*; 615 *70*
- Tantieme **160** 628 *47*
- Umfang des Verzugs **160** 611 *862 ff.*
- Umzugskostenerstattung, AGB **160** 308 *46*
- Unmöglichkeit **160** 611 *808 f., 831 ff.*
- Unterrichtung, Betriebsübergang **160** 613a *185, 189, 203, 208 f.*
- unzeitige Kündigung **160** 627 *19 ff.*
- Urlaub **160** 611 *852, 865*
- Verdienstausfallschaden **160** 611 *254, 327*
- Vergütung, Abgrenzung **160** 611 *624, 757*
- Verjährung **160** 199 *6, 18, 28 ff.*; 204 *32*; 611 *586 f., 866 ff., 973*
- Verletzung der Verschwiegenheitspflicht, Betriebs-/Geschäftsgeheimnis **460** 29 *8 f.*
- versagte Urlaubsbescheinigung **180** 6 *33*
- Verschwiegenheitspflicht **160** 611 *533*
- Versorgungszusage **140** 1 *150, 196*
- Verzicht **160** 619 *8*
- vorläufige Vollstreckbarkeit **50** 62 *23*
- Vorstandsdienstvertrag, Kündigung nach Insolvenzeröffnung **30** 87 *39*
- Vorteilsausgleichung **160** 611 *254, 837*; 615 *2*; 628 *5, 41*
- vorzeitige Altersleistung **140** 6 *72*
- vorzeitige Vertragsaufsage **160** 622 *56*
- Wertguthaben **390** 7e *50 ff., 72 f.*
- Wettbewerbsverbot **30** 88 *2, 13 f.*; **160** 611 *538*
- Zwangsvollstreckung im Beschlussverfahren **50** 85 *29*

Schadensersatz, § 628 BGB
- Abdingbarkeit **160** 628 *4 f., 32*
- Abfindung **160** 614 *15*
- AGB **160** 628 *5, 32*
- Arbeitslosengeld **160** 628 *57*
- Aufhebungsvertrag **160** 628 *29, 38*
- Auflösungsurteil **160** 628 *39*
- Auflösungsverschulden **160** 611 *252*; 628 *34 ff.*
- Auslauffrist **160** 628 *12, 38*
- außerordentliche Kündigung mit Auslauffrist **160** 628 *38*
- beschränkt auf Befristungszeitraum **160** 628 *48*
- betriebliche Altersversorung **160** 611 *1048*
- Darlegungs- und Beweislast **160** 628 *55*
- Differenzmethode **160** 628 *41*
- Doppelkausalität **160** 628 *40*
- Eigenkündigung **160** 628 *28 ff.*
- Endlosschaden **160** 628 *48*
- entgangener Verdienst/Gewinn **160** 628 *39 f., 46, 50, 56*
- Entschädigung, Abgrenzung **160** 628 *54*
- Erfüllungsinteresse **160** 628 *41*
- Ersatzkraft **160** 628 *44, 54*
- fiktive Kündigungsfrist **160** 611 *252*; 614 *15*; 628 *43*
- Gratifikation **160** 628 *47*
- Handelsvertreter **160** 628 *3*
- Headhunter **160** 628 *44*
- Höhe **160** 628 *41 ff.*
- Inseratskosten **160** 628 *44*
- Insolvenz **160** 628 *31, 50*
- Insolvenzgeld **160** 628 *50*
- keine Freistellung zur Stellensuche **160** 629 *23a*
- Krankenfürsorge **160** 617 *21*
- Kündigung vor Dienstantritt **160** 628 *2, 29*
- Kündigungserschwerung **160** 628 *5*
- Kündigungsschutzklage **160** 628 *53*
- Mitverschulden **160** 626 *87*; 628 *15, 36, 49*
- Naturalrestitution **160** 628 *41, 45, 50, 57*
- pauschalierter Schadensersatz, AGB **160** 308 *46*; 628 *32*
- Pfändungsschutz **160** 628 *50*
- Provision **160** 628 *47*
- Sachbezüge **160** 628 *47*
- Schutzmaßnahme **160** 618 *37*
- Seeleute **160** 628 *3, 30*
- Sozialversicherungsrecht **160** 628 *47, 57*
- Steuerrecht **160** 628 *47*
- Suspendierung **160** 628 *35*
- Tantieme **160** 628 *47*
- Teilvergütung bei fristloser Kündigung **160** 628 *1 ff.*
- Unterrichtsvertrag **160** 628 *3*
- Verfrühungsschaden **160** 611 *252*; 622 *56*; 628 *40 ff.*
- Verjährung **160** 628 *50*
- Verletzung von Arbeitsschutzvorschriften **70** 1 *4*
- Vertragsbruch/Vertragstreue **160** 622 *56*; 628 *28 ff., 40, 42*
- Vertragsstrafe, Abgrenzung **160** 628 *51 ff.*
- Vorstellungskosten **160** 628 *40*
- Vorteilsausgleichung **160** 628 *5, 41*
- Wettbewerbsverbot **160** 628 *45*
- Zahlungsverzug **160** 614 *15*

Schadensersatzanspruch
- Anzeige- und Nachweispflicht bei Pflege 365 2 *16*
- Arbeitspapiere 50 2 *26*

Schadensersatzklage
- gegen Insolvenzverwalter 300 108 *58*

Schadenspauschalierung
- Schadensersatz, § 628 BGB 160 308 *46*; 628 *32*
- Vertragsbruchklausel 160 309 *14*; 622 *56*
- Vertragsstrafe, Abgrenzung 160 345 *7*; 628 *32*

Schank- und Pausenbewirtung
- Arbeitnehmer, Abgrenzung 160 611 *104*

Schankwirtschaft
- Arbeitszeit 80 6 *61*

Schaustellerbetrieb
- Arbeitszeit 80 6 *60*

Schaustellung
- Arbeitszeit 80 10 *16*; 12 *4*

Scheck
- Vergütung 160 611 *637*

Scheinarbeitsvertrag
- Arbeitsvertrag/Scheingeschäft 160 611 *378 ff.*
- Darlegungs- und Beweislast 160 611 *382*

Scheinselbstständiger *siehe auch* Arbeitnehmerbegriff
- Arbeitnehmerentsendegesetz 10 3 *8*
- Aufhebungsvertrag 160 611 *1158 ff.*
- Leiharbeitnehmer, Abgrenzung 100 1 *16*
- Sozialversicherungspflicht 390 7a *22*

Schenkung
- Betriebsübergang 160 613a *86*

Schichtarbeit 250 106 *26, siehe auch* Nachtschicht
- Arbeitsunfähigkeit an arbeitsfreiem Tag 180 9 *33 ff.*
- Arbeitszeit 250 106 *24, 29*
- Feiertagsvergütung 210 2 *30, 46, 50 f.*
- Frühschicht 80 7 *24*; 11 *16*
- Jugendlicher 310 4 *3*; 14 *7*
- kontinuierlicher Schichtbetrieb 80 12 *11 f.*; 15 *3*
- Mitbestimmung des Betriebsrats 80 11 *19*; 13 *59*; 160 615 *41*
- Nachtschicht 80 6 *6, 13, 47*
- Schichtarbeitnehmer 80 2 *2*; 6 *2 ff., 52*
- Schichtbetrieb/Mehrschichtbetrieb 80 6 *60*; 7 *20, 22*; 9 *10 ff.*; 11 *16*; 15 *6*
- Schichtplan/Schichtplangestaltung 80 6 *51*; 7 *74*; 11 *11, 19*; 13 *59*
- Spätschicht 80 7 *24*; 11 *16*
- Tagesschicht 80 6 *54*
- Wechselschicht 80 2 *40*; 6 *2, 5, 15, 47*
- Wehrdienst/Wehrübung 60 14 *4*

Schichtarbeitnehmer
- Flexibilisierung der Arbeitszeit 80 2 *2*; 6 *2 ff., 52*

Schichtbetrieb
- vollkontinuierlicher 80 10 *52*

Schichtbetrieb, kontinuierlicher *siehe* Kontinuierlicher Schichtbetrieb

Schichtdienste
- Urlaubsberechnung 180 3 *26 ff.*

Schiedsgutachten
- Leistungsbestimmung durch Dritte 160 319 *3, 13 ff., 19, 25*
- materielle Schiedsgutachtenvereinbarung 160 319 *13 ff.*
- offenbare Unrichtigkeit 160 319 *14, 16, 19, 22, 25, 27*
- Schiedsgerichtsvereinbarung, Abgrenzung 160 319 *13*

Schiedsrichter
- Dienste höherer Art 160 627 *8*

Schiedsspruch
- Verjährung 160 197 *6*

Schiedsstelle
- Ablehnung 55 36 *9*
- amtliche Beisitzer 55 36 *7*
- Antragsverfahren 55 36 *12 f.*
- besondere Prozessvoraussetzung 55 39 *2*
- Dienstfindung 55 17 *4*
- Einigung 55 36 *14 ff.*
- Errichtung 55 36 *4 ff.*
- Erweiterung 55 36 *8*
- Miterfinder 55 36 *3*
- Mitglieder 55 36 *9*
- Rechtsbehelf 55 36 *20 ff.*
- Verfahren 55 36 *10 ff.*
- Verfahrenskosten 55 36 *18 f.*
- Zusammensetzung 55 36 *4 ff.*
- Zuständigkeit 55 36 *2 f.*

Schiedsverfahren
- Verjährungshemmung 160 204 *22*

Schiedsvergleich
- Verjährung 160 197 *6*

Schießplatz
- Betriebsübergang 160 613a *40*

Schifffahrt
- Arbeitsschutz, 200-Meilenzone 70 1 *2*
- Arbeitszeit 80 1 *31*; 12 *10*; 18 *11*; 21 *1*
- Besatzungsmitglied von Kauffahrteischiff, Arbeitszeit 80 1 *31*; 18 *11*
- Binnenschifffahrt, Arbeitszeit 80 21 *1*
- Fahrpersonal in der Binnenschifffahrt, Arbeitszeit 80 21 *1*
- Fürsorgepflicht 160 619 *4*
- Kauffahrteischifffahrt, Arbeitszeit 80 1 *31*; 18 *11*
- Kauffahrteischifffahrt, Berufsbildung 110 3 *24*
- Kündigungsfrist 160 621 *5*; 622 *5, 39*
- Kündigungsschutzprozess 320 4 *43*
- Küstenwache, Arbeitszeit 80 12 *10*
- Schiff, Arbeitsstätte 160 618 *19*
- Schutzmaßnahme 160 618 *19*; 619 *4*
- Seefischerei, Arbeitszeit 80 12 *10*
- Seenotrettung, Arbeitszeit 80 12 *10*
- Seeschifffahrt, Arbeitsschutz 70 1 *2*; 2 *1*
- Seeschifffahrt, Arbeitszeit 80 12 *10*

- Werftarbeiter/Arbeitnehmer an Werften, Arbeitszeit **80** 21 *1*

Schikaneverbot 260 2 *63*

Schlechtleistung
- *siehe auch* Qualitative Schlechtleistung
- *siehe auch* Quantitative Schlechtleistung
- Abmahnung **160** 345 *20*
- Akkord **160** 611 *632*
- Arbeitsleistung **160** 611 *12 f., 40, 320, 480, 490 ff., 632, 808 f., 841 ff., 877*
- Darlegungs- und Beweislast **160** 611 *842, 845 ff.*
- Entgeltminderung **160** 611 *14, 480, 490, 877*
- Gruppenarbeit **160** 611 *40*
- Haftung des Arbeitgebers **160** 611 *937 f.*
- Kündigung **160** 345 *20*
- Leiharbeitnehmer **100** 12 *10, 27*
- Schadensersatz **160** 611 *493, 808 f., 841 ff., 877, 918, 937 f.*
- Versetzung **160** 345 *20*
- Vertragsstrafe **160** 345 *20*

Schlechtleistung, quantitative
siehe Quantitative Schlechtleistung

Schlechtwettergeld *siehe* Saison-Kurzarbeitergeld

Schlichtung
- Richterrecht **160** 611 *197*

Schlichtungsausschuss 50 111 *3, siehe auch* Pfändung

Schlichtungsstelle *siehe* Einigungsstelle

Schließgesellschaft
- Arbeitszeit **80** 10 *45*

Schlüsseldienst
- Arbeitszeit **80** 10 *8*

Schlüssigkeit
- einstweiliges Verfügungsverfahren **50** 62 *55*

Schlusszeugnis *siehe* Zeugnis

Schmerzensgeld
- Arbeitnehmerhaftung **160** 611 *932 ff., 944, 948 f., 976 f.*
- Arbeitsschutz, Pflichtverletzung **160** 618 *34*
- Auswahltestverfahren **160** 611 *324*
- Einstellungsuntersuchung **160** 611 *324*
- Mobbing **160** 611 *976*
- Persönlichkeitsrechtsverletzung **160** 611 *948 f.*
- Schmerzensgeldklage **160** 611 *949, 976 f.*

Schmiergeld 320 1 *353*
- Abmahnung **160** 611 *552*
- außerordentliche verhaltensbedingte Kündigung **160** 611 *552*; 626 *41*
- BAT, Schmiergeldverbot **160** 611 *550*
- Bestechung/Bestechlichkeit **160** 611 *551*
- Einkommensteuer **240** 19 *27*
- Geschäftsessen, Abgrenzung **160** 611 *551*
- Nebenpflicht, Verbot der Annahme **160** 611 *550 ff.*
- Sittenwidrigkeit **160** 611 *550*
- Trinkgeld, Abgrenzung **160** 611 *551, 742*
- Unterlassungsklage **160** 611 *552, 594 f.*
- Vorteilsannahme **160** 611 *551*

- Werbegeschenk, Abgrenzung **160** 611 *551*

Schockschäden
- gesetzliche Unfallversicherung **420** 105 *3*

Schöffe *siehe auch* Ehrenamtlicher Richter
- vorübergehende Verhinderung **160** 616 *13*

Schonzeit 180 10 *17 f.*

Schriftform
- *siehe auch* Unterschrift
- *siehe auch* Urheberschutz
- Abwicklungsvertrag **160** 623 *18*
- Änderungsangebot **320** 2 *6*
- Änderungskündigung **160** 623 *7, 31*; **320** 1 *68*; 2 *6, 46*
- Anfechtung **160** 611 *431, 461*; 623 *9*
- Anlage/Anhang **160** 127 *20*; 611 *1004*; 623 *37 f., 52*
- Arbeitnehmer-Urheber **495** 31 *11 ff.*
- Arbeitnehmerüberlassungsvertrag **100** 12 *2 ff.*; **160** 127 *10*
- Arbeitsbedingungen **160** 305 *29*
- Aufhebungsvertrag/Auflösungsvertrag **160** 127 *10, 27*; 611 *1001, 1004 ff.*; 623 *1 ff.*
- auflösende Bedingung **160** 623 *22*
- Ausbildungsvertrag, Kündigung **160** 127 *10 f.*; 623 *5, 46*
- Ausgleichsquittung **160** 623 *19*
- außerordentliche Kündigung **160** 623 *7*; 626 *10*
- BAT, Nebenabrede **160** 127 *14, 59*; 611 *369*
- befristetes Arbeitsverhältnis **480** 14 *144 ff.*
- Befristungsabrede **160** 127 *10, 34*; 611 *48*; 620 *5*; 623 *1, 49*; 625 *5*
- Bestätigungsklausel **160** 305b *10*
- betriebliche Übung **160** 127 *63 ff.*; 611 *653*
- Betriebsvereinbarung **160** 127 *10, 17*
- Darlegungs- und Beweislast **160** 127 *40, 66*; 623 *45*; 626 *154*
- deklaratorisches Schriftformerfordernis **160** 127 *3, 14, 50 ff.*; 611 *354, 368 ff.*
- doppelte/qualifizierte Schriftformklausel, Doppelklausel **160** 127 *3, 42 ff., 57 f., 62 ff*; 305b *8 ff., 14 f.*; 611 *653, 1005*
- E-Mail **160** 127 *47*
- Eigenkündigung **160** 623 *7*
- einfache Schriftformklausel **160** 127 *3, 42 ff., 61*; 611 *1001*
- Einheitlichkeit der Urkunde **100** 12 *2*; 14 *20*; **160** 611 *1004*; 623 *52*
- Einigungsmangel **160** 611 *354*
- Elternzeit **130** 16 *4*
- fehlerhaftes Arbeitsverhältnis **160** 623 *8*
- Fernschreiben **160** 127 *39, 47*
- fristlose Kündigung bei Vertrauensstellung **160** 627 *17*
- Geltendmachung einer Forderung zur Wahrung tariflicher Ausschlussfristen **160** 127 *15*
- gerichtlicher Vergleich **160** 127 *37 f.*; 623 *24 f., 28, 51*

- Gleichstellungsabrede **160** 127 *16*
- Heilung **160** 623 *40*
- Heuerverhältnis, Kündigung **160** 623 *48*
- insolvenzbedingte Kündigung **160** 623 *50*
- Karenzentschädigung **290** 74 *59 f.*
- Klagefrist Kündigungsschutzklage **160** 623 *41*
- konstitutives Schriftformerfordernis **160** 127 *3, 50 ff.;* 305b *10;* 611 *354, 368 ff., 1005 f.;* 623 *2, 6, 9, 11*
- Kündigung **160** 127 *10;* 623 *1 ff.*
- Kündigung eines Praktikanten **160** 623 *5, 46*
- Kündigungserklärung **320** 1 *56, 63 ff.*
- NachwG **360** 2 *15 ff.;* 3 *9*
- Nebenabrede **160** 127 *14, 56, 60;* 305b *10;* 309 *53;* 611 *369, 1005;* 623 *38, 53*
- Nichtfortsetzungserklärung **160** 623 *8*
- Nichtverlängerungsmitteilung **160** 623 *23*
- notarielle Beurkundung **160** 127 *2, 18, 22, 36 f.;* 309 *59;* 623 *26, 28, 36*
- ordentliche Kündigung **160** 623 *7*
- P.S. **160** 623 *54*
- Probezeitkündigung **160** 623 *4*
- rechtsgeschäftlicher Formzwang **160** 127 *45, 47*
- rechtsgeschäftsähnliche Handlung **160** 127 *15*
- Schriftsatz-Kündigung **160** 127 *25;* 623 *56 f.*
- Tantieme, Verzicht **160** 623 *38*
- Tarifvertrag **160** 127 *10 ff.;* **470** 1 *36 ff.*
- Teilkündigung **160** 623 *7 f.*
- Telefax **160** 127 *3, 13, 15, 25, 35, 39, 47;* 309 *59;* 611 *1004 ff.;* 613a *182;* 623 *27, 37*
- Telegramm **160** 127 *3, 25, 39, 47;* 623 *27*
- Umschulungsvertrag **160** 623 *21*
- Unterschrift **160** 127 *4, 18 ff., 39, 47;* 611 *1003 ff.;* 613a *215;* 623 *26 f., 35 f., 51 ff.*
- Vertragsfreiheit **160** 127 *3, 42, 57, 61, 64*
- Vertragsstrafe, Wettbewerbsverbot **290** 75c *2*
- Volontär, Kündigung **160** 623 *5, 46*
- Vorvertrag **160** 611 *339*
- Wettbewerbsverbot **160** 127 *10;* 345 *12;* **290** 74 *41 ff.*
- Widerruf **160** 623 *22*
- Widerspruch **160** 623 *22;* 625 *9*
- Widerspruch bei Betriebsübergang **160** 613a *214 ff.*

Schriftformerfordernis
- elektronisches Dokument **50** Vor 46c bis e *21 ff.;* 46c *2*

Schriftformklausel
- Arbeitsvertrag **250** 105 *7*
- Bestandteil eines TV **160** 127 *65*
- betriebliche Übung **160** 305b *8, 14 f.*
- Unwirksamkeit **160** 305b *12*
- Vorrang der Individualabrede **160** 305b *9 f.*

Schriftformklausel, doppelte
- Aufhebung der Schriftform bestimmenden Form **160** 127 *62*
- enge Grenzen **160** 127 *45*

- Schutz vor betrieblicher Übung **160** 127 *63*

Schriftliches Verfahren *siehe* Verfahren, schriftliches

Schriftsatz
- nachgelassener Schriftsatz **50** 60 *5*
- nachgereichter Schriftsatz **50** 56 *55*

Schriftsatz, vorbereitender 50 56 *80*

Schuldanerkenntnis
- AGB **160** 307 *53;* 309 *54*
- Aufhebungsvertrag/Abwicklungsvertrag **160** 309 *54;* 611 *1094, 1102 f., 1121 ff.*
- Entgeltverzicht **160** 611 *781*
- Haustürgeschäft **160** 312 *3*
- Provision **290** 87c *5*
- Sittenwidrigkeit **160** 611 *1125*
- Verjährung **160** 195 *8;* 212 *2;* 214 *5*

Schuldienst
- Befristung **480** 14 *41*

Schuldnerschutz 50 62 *8, siehe auch dort*

Schuldnerverzug
- Abmahnung **160** 614 *15*
- außerordentliche Kündigung **160** 614 *15;* 626 *44 f.*
- Kündigung **160** 614 *14*
- Schadensersatz **160** 615 *71*
- Verdienstausfall **160** 611 *865*
- Vergütung **160** 614 *14, 18*

Schuldversprechen *siehe* Schuldanerkenntnis

Schule
- Betriebsübergang **160** 613a *40*

Schultz-Hoff, EuGH
- Arbeitszeitrichtlinie **180** 1 *18*
- Befristung des Urlaubsanspruchs **180** 1 *18 f.*
- finanzielle Abfindung **180** 11 *77*
- Urlaubsentschädigung **180** 1 *19*
- Urlaubsübertragungsfrist **180** 9 *27*

Schulunfall
- gesetzliche Unfallversicherung **420** 106 *2 ff., 20 f., 23*

Schulung *siehe auch* Bildungsveranstaltung
- Arbeitszeit **80** 2 *7;* 9 *4*
- Sprecherausschussmitglied, Freistellung/Kosten **460** 14 *2*

Schulungskosten
- Zahlung ohne Entgeltcharakter **160** 611 *748 ff.*

Schulungsveranstaltung
- Aufsichtsratsmitglied **330** 26 *4*

Schutz der Privatsphäre *siehe* Privatsphäre, Schutz

Schutzfähigkeit
- Abgrenzung Betriebsgeheimnis **55** 17 *2 ff.*
- Diensterfindung **55** 17 *3 ff.*
- Löschungsverfahren **55** 3 *9*
- Patentamt **55** 3 *9 f.*
- Rechtswirkung **55** 3 *9 f.*
- Schiedsstelle **55** 17 *4*
- Vergütungsanspruch **55** 17 *5*

Schutzgesetz
- Arbeitsschutzgesetz **160** 611 *191, 951*
- ArbZG **80** 1 *23*

- Beschäftigungsverbot, JArbSchG **160** 611 *951*
- Beschäftigungsverbot, MuSchG **160** 611 *951*
- § 11 BetrAVG **140** 11 *1, 7, 11 f., 15, 17*
- § 12 Abs. 2 S. 1 AÜG **100** 12 *20*
- § 13 AÜG **100** 13 *6*
- § 130 OWiG **160** 618 *32*
- § 15 S. 1 BetrAVG **140** 15 *4*
- § 2 Abs. 3 S. 2 SprAuG **460** 2 *7*
- § 240 StGB **160** 611 *300*
- § 263 StGB **30** 93 *62*; **160** 611 *1160*
- § 266 StGB **30** 93 *59*
- § 266a StGB **30** 93 *62*; **160** 611 *951*
- § 29 SprAuG **460** 29 *8*
- § 299 StGB **160** 611 *552*
- § 331 StGB **160** 611 *552*
- § 399 AktG **30** 93 *59*
- § 400 AktG **30** 93 *59*
- § 611a BGB **160** 611 *951*
- § 612a BGB **160** 612a *11*
- § 75 BetrVG **160** 611 *951*
- § 9 Abs. 1 ArbZG **80** 9 *21*
- § 92 Abs. 2 AktG **30** 93 *62*
- § 17 ff. UWG **160** 611 *529*
- §§ 174-184c StGB **160** 208 *1 f.*
- §§ 185 ff. StGB **160** 611 *931, 951*
- §§ 3-6, 9-11 ArbZG **160** 611 *951*

Schutzkleidung
- Bildschirmarbeitsbrille **160** 618 *21*
- Forstarbeiter **160** 618 *21*
- Kosten/Kostenbeteiligung **160** 618 *21*; 619 *7*
- Maurer **160** 618 *21*
- Rettungssanitäter **160** 618 *21*
- Schutzbrille **160** 618 *21*
- Sicherheitsschuhe **70** 3 *7, 1*; **160** 618 *21*

Schutzmaßnahme
- *siehe auch* Arbeitsschutz
- *siehe auch* Gesetzliche Unfallversicherung
- *siehe auch* Rauchverbot
- *siehe auch* Schutzkleidung
- allgemeines Lebensrisiko, Abgrenzung **160** 618 *24 ff.*
- Anscheinsbeweis **160** 618 *36*
- Arbeitnehmer **160** 618 *1 ff., 9*; 619 *3*
- arbeitsplatzimmanente Belastung **160** 618 *14*
- Arbeitsplatzwechsel-Empfehlung **160** 618 *31*
- Arbeitsschutzvorschriften **160** 618 *1 f., 41*
- Arbeitsunfall **160** 618 *34 f., 42, 45*
- Asbest **160** 618 *9, 14, 25, 31*
- Aufsichtsbehörde **160** 618 *30*
- Auftrag **160** 618 *11*; 619 *3*
- Aushilfsarbeitsverhältnis **160** 618 *9*
- ausländisches Unternehmen **160** 618 *6*
- außerordentliche Kündigung **160** 618 *37 f.*
- Bauarbeiter **160** 618 *9*
- Beamter **160** 618 *7*
- Befristung **160** 618 *9*
- Berufskrankheit **160** 618 *34, 42, 45*
- besondere Schutzmaßnahme, schwerbehinderte Menschen **160** 618 *28*
- besondere Schutzvorschriften **160** 618 *28*
- besonderes Gewaltverhältnis **160** 618 *8*
- Betriebsrat, Initiativrecht **160** 618 *40*
- Bildschirmarbeitsbrille **160** 618 *21*
- Bußgeld **160** 618 *31*
- Dachdecker **160** 618 *18*
- Darlegungs- und Beweislast **160** 618 *31, 36*; 619 *10*
- drogenabhängige Mitarbeiter **160** 618 *24*
- Ehefrau **160** 618 *9*
- Entleiher **160** 618 *12*
- Forstarbeiter **160** 618 *21*
- freier Mitarbeiter **160** 618 *4, 9, 45*
- Gerätschaft **160** 618 *17, 20 ff.*
- Geräusch-Emmission **160** 618 *26*
- Geschäftsführer **160** 618 *4, 9*
- Gesundheitsschutz **160** 611 *565*; 618 *1 ff., 14 ff., 27, 40, 42*
- Handelsvertreter **160** 618 *9*; 619 *3*
- Heilanstalt **160** 618 *8*
- Heimarbeiter **160** 618 *14, 41*; 619 *4*
- Hepatitis-C-Gefährdung **160** 618 *24*
- Kaufvertrag **160** 618 *11*
- Kosten/Kostenbeteiligung **160** 618 *21*; 619 *7*
- Leiharbeitnehmer **160** 618 *9, 12*
- Leistungsverweigerungsrecht **160** 618 *31*
- Lotse **160** 618 *9, 19, 36*
- Maurer **160** 618 *21*
- Mitbestimmung des Betriebsrats **160** 618 *40*
- Mitverschulden **160** 618 *35*
- öffentlicher Dienst **160** 618 *7*
- Pflegeanstalt **160** 618 *8*
- rauchfreier Arbeitsplatz/Passivrauchen **160** 618 *15*
- Räume **160** 618 *17 ff.*
- Rechtswahl **160** 618 *6*
- regelmäßige Reinigung **160** 618 *14*
- Rettungssanitäter **160** 618 *21*
- Schadensersatz **160** 618 *1, 32 ff.*
- Schadensersatz, § 628 BGB **160** 618 *37*
- Schifffahrt **160** 618 *19*; 619 *4*
- Schutzkleidung **160** 618 *20 f.*
- Schutzvorrichtung **160** 618 *20*
- Strafgefangener **160** 618 *8*
- Subunternehmer **160** 618 *10*; 619 *3*
- technische Arbeitsmittel **160** 618 *20*
- Teilzeitarbeitnehmer **160** 618 *9*
- Territorialitätsprinzip **160** 618 *6*
- Unfallverhütungsvorschriften **160** 618 *21 f., 45*
- Verleiher **160** 618 *12*
- Vorrichtung **160** 618 *17, 20 ff.*
- Wegeunfall **160** 618 *34*
- Werkvertrag **160** 618 *10, 45*; 619 *3*

Schutzpflicht
- allgemeines Lebensrisiko, Abgrenzung 160 618 *24 ff.*
- Haftung des Arbeitgebers 160 611 *940 f.*
- häusliche Gemeinschaft 160 618 *13, 23*
- Mankohaftung 160 611 *911 ff.*
- Verkehrssicherungspflicht 160 611 *224, 231*; 618 *1, 26*
- Vertragsanbahnung 160 611 *199 f., 224, 244, 808 f., 940*

Schutzrechtserwerb
- Auslandsanmeldung 55 16 *16*
- Diensterfindung 55 16 *9 ff.*; 17 *5*
- Formulare 55 16 *15*
- Schadensersatz 55 16 *11*

Schutzrechtsfähigkeit
- Diensterfindung 55 10 *3 ff.*
- Schutzrechtserteilung 55 10 *2*
- Zeitraum 55 10 *4*

Schutzvorschriften
- Verschmelzung, grenzüberschreitende 325 33 *2 ff.*

Schwangerschaft
- *siehe auch* Kündigungsverbot
- *siehe auch* Mutterschutz
- Anfechtung des Arbeitsvertrags 350 5 *19*; 9 *41*
- Arbeitsschutz 70 4 *9, 11*
- ärztliche Untersuchung, Forderung des Arbeitgebers 350 5 *31*
- befristetes Arbeitsverhältnis 350 5 *66*; 9 *42*
- Befristung, Schwangerschaftsfrage 160 611 *265 ff.*
- Beschäftigungsverbot 160 611 *396, 702*; 615 *21, 58*; 616 *16*; 350 3 *4 ff.*
- besonderer Kündigungsschutz 160 611 *1044*; 622 *61*; 626 *1, 118, 145*
- Betriebsrat, Unterrichtung und Befugnisse 350 5 *49 ff., 63 ff.*
- Diskriminierung 480 14 *83*
- Diskriminierungsverbot 350 5 *14 ff.*
- Eigenschaftsirrtum 160 611 *449*
- Fragerecht 160 611 *396, 834*; 260 2 *48*
- Gleichbehandlung 230 141 *63 ff.*
- irrtümliche Annahme 350 5 *26*
- Kürzung der Sondervergütung 160 611 *698, 701 f.*
- nachträgliche Zulassung der Klage nach § 5 KSchG 320 5 *9 ff.*
- Offenbarungspflicht 160 611 *264*; 350 5 *14 ff.*
- Probezeitkündigung 160 622 *50*
- unbefugte Bekanntgabe an Dritte 350 5 *45 ff., 60 ff.*
- Vertragsanbahnung 160 611 *264 ff.*
- vorübergehende Verhinderung 160 611 *830*; 616 *4, 10, 16*
- vorzeitige Beendigung 350 5 *26*
- Zwischenverdienst 160 615 *58*

Schwangerschaftsabbruch
- Entgeltfortzahlung 210 3 *112, 114 f.*

- Urlaub 180 9 *15*

Schwarzarbeit *siehe auch* Schwarzgeldabrede
- Begriff 420 110 *25*
- Begriff/Folgen 160 611 *389 f., 544, 611, 857*
- gesetzliche Unfallversicherung 420 110 *22 ff.*
- Nebentätigkeit 160 611 *544*

Schwarzes Brett
- Aushangpflicht, geeignete Stelle 80 16 *5*
- Gesamtzusage 160 611 *670*
- Schwarze-Brett-Fiktion, Zugangsfiktion 160 308 *45*
- Unterrichtung, Betriebsübergang 160 613a *183*

Schwarzfahrt
- Arbeitnehmerhaftung 160 611 *895*

Schwarzgeldabrede
- Arbeitsvertrag 160 611 *389 f., 857*
- Nettolohnabrede 160 611 *389 f., 611, 644*
- Nichtigkeitsfolge 160 306 *3*; 611 *389 f., 611, 644, 857*

Schwarzlohnzahlung
- Einkommensteuer 240 42d *41*

Schweigepflicht
- *siehe* Ärztliche Schweigepflicht
- *siehe* Geheimhaltungspflicht
- *siehe* Verschwiegenheitspflicht

Schweigepflicht, ärztliche *siehe* Ärztliche Schweigepflicht

Schweigepflichtverletzung
- Amtspflichtverletzung 50 31 *17, siehe auch dort*

Schwellenwert
- abgesenkter 320 23 *36*
- Betriebsänderung 150 111 *4 ff.*
- Betriebsratsgröße 150 9 *1, 5 ff.*
- Europäischer Betriebsrat 200 4 *3 ff.*
- Freistellung 150 38 *2 ff.*
- KSchG 320 23 *21 ff.*
- Kündigungsschutz 320 1 *169*; 23 *7*
- Mitbestimmung bei personellen Einzelmaßnahmen 150 99 *6 ff.*
- Sozialplan 150 112a *2, siehe auch dort*
- Wertguthabenübertragbarkeit auf Deutsche Rentenversicherung 390 7f *14*
- Wirtschaftsausschuss 150 106 *4 f.*

Schwellenwertregelung
- Anspruch auf Pflegezeit 365 4 *5*
- Pflegezeitgesetz 365 8 *11*

Schwerbehinderte Menschen
- *siehe auch* Schwerbehinderte Menschen, Beschäftigungspflicht
- *siehe auch* Schwerbehinderte Menschen, Sonderkündigungsschutz
- *siehe auch* Schwerbehinderung
- AGB 160 305 *30*
- Altersteilzeit 40 2 *9 f., 14*; 7 *2*; 8 *9*; 15b *1*; 15e *1*
- Anspruch auf behindertengerechte Beschäftigung 430 82 *14 ff.*
- Anzeigepflicht des Arbeitgebers 430 77 *17*

- Arbeitszeit **80** 1 *31*; 2 *49*; 3 *35*
- Aus- und Fortbildung **430** 82 *17*
- Auskünfte Dritter **430** 69 *7*
- Befristungsanzeige **480** 3 *25*
- Begriff **430** 69 *2 ff.*
- behindertengerechte Arbeitsstätte **430** 82 *13, 18*
- behindertengerechte Beschäftigung **430** 82 *14 ff.*
- Behinderung **430** 69 *2*
- Benachteiligungsverbot **260** 3 *38 ff.*; **430** 82 *11*
- besondere Schutzmaßnahmen **160** 618 *28*
- besonderer Kündigungsschutz **160** 611 *1044*; 622 *61*; 626 *1, 98, 117, 137, 145*
- Beteiligung des Betriebsrats bei Integration **430** 82 *4 f.*
- Beteiligung des Betriebsrats bei Präventionsmaßnahme **430** 84 *2 ff.*
- betriebliches Eingliederungsmanagement **430** 84 *1 ff.*
- Betriebsübergang **160** 613a *100*
- Beweislastverteilung nach AGG **430** 82 *9*
- Chancengleichheit **430** 82 *1*
- Darlegungs- und Beweislast, behindertengerechte Beschäftigung **430** 82 *20*
- Eigenschaftsirrtum **160** 611 *450*
- Eingliederung **430** 82 *4*
- Entgeltfortzahlung **210** 3 *133 ff.*
- Entzug der Schwerbehinderteneigenschaft **430** 69 *13*
- Feststellungsverfahren **430** 69 *5 ff.*
- Folgen fehlender Präventionsmaßnahme **430** 84 *12 f.*
- Fragerecht **260** 2 *50*
- Freistellung von Mehrarbeit **80** 2 *49*; 3 *35*
- Gleichstellung behinderter Menschen *siehe* Behinderte Menschen
- Grad der Behinderung **430** 69 *3*
- Inlandsbezug **430** 69 *4*
- Integrationsamt **160** 622 *61*; 626 *89, 117, 137, 157*
- Integrationsamt, Beteiligung bei Präventionsmaßnahme **430** 84 *2 ff.*
- Jugendliche und junge Erwachsene **430** 69 *12*
- krankheitsbedingte Kündigung **320** 1 *274*
- Kündigungsfrist **160** 622 *37*
- Kündigungsschutz **430** 84 *12*
- Leistungs- und Teilhaberecht **260** 3 *43*
- Maßnahme des Arbeitgebers, Zumutbarkeit, Verhältnismäßigkeit **430** 82 *19*
- Mehrarbeit **430** 125 *2 ff.*
- Mitwirkungspflicht des Arbeitnehmers zur Feststellung **430** 69 *7*
- Nachweis **430** 69 *5*
- Präventionsmaßnahme, Arbeitsplatzgefährdung **430** 84 *2 ff.*
- Präventionsmaßnahme, Darlegungs- und Beweislast **430** 84 *13*
- Präventionsmaßnahme, Gesundheitsprobleme **430** 84 *6 ff.*
- Präventionsmaßnahme, Kündigungsschutz **430** 84 *3*
- Prüfpflicht für freie Arbeitsplätze
- Schadensersatzanspruch gegen Arbeitgeber **430** 82 *21*
- Schwerbehindertenausweis **430** 69 *8*
- Schwerbehindertenvertretung *siehe dort*
- Sonderkündigungsschutz in Insolvenz **300** 113 *61 ff.*
- Sonn-, Feiertags- und Nachtarbeit **430** 125 *3*
- Teilzeitanspruch **430** 82 *24 ff.*
- Teilzeitarbeit **480** 23 *6*
- Unterrichtung der Interessenvertretung über Bewerbung **430** 82 *4 f.*
- Unterrichtung der Interessenvertretung über Einstellungsvereinbarung **430** 82 *7*
- Versorgungsamt **430** 69 *5*
- Wegfall der Schwerbehinderteneigenschaft **430** 69 *13*
- Widerspruch gegen Feststellungsbescheid **430** 69 *14 ff.*
- Wiedereingliederung **430** 82 *16*
- Zusatzurlaub **180** 6 *35*; **430** 125 *5 ff.*
- Zustimmung des Betriebsrats zur Versetzung **430** 82 *22*
- Zustimmungsverweigerung des Betriebsrats bei Einstellung **430** 82 *8*

Schwerbehinderte Menschen, Beschäftigungspflicht 430 77 *1 ff.*
- *siehe auch* Schwerbehinderte Menschen
- *siehe auch* Schwerbehinderte Menschen, Sonderkündigungsschutz
- Altersteilzeit, Anrechnung **430** 77 *11*
- Anrechnungsbestimmung **430** 77 *10 ff.*
- Anzeigepflicht des Arbeitgebers **430** 77 *17*
- Arbeitsplatz, Begriff **430** 77 *4 ff.*
- Ausbildungsverhältnis, Anrechnung **430** 77 *7, 14*
- Ausgleichsabgabe **430** 77 *15 ff.*
- ausländische juristische oder natürliche Personen **430** 77 *2*
- Bergmannversorgungsschein **430** 77 *12*
- beschäftigungspflichtiger Arbeitgeber **430** 77 *2*
- Erhebung der Ausgleichsabgabe **430** 77 *16 ff.*
- GmbH-Geschäftsführer **430** 77 *12*
- Heimarbeitnehmer **430** 77 *7*
- Integrationsamt, Ausgleichsabgabe **430** 77 *16*
- kurzfristiges Arbeitsverhältnis, Anrechnung **430** 77 *11*
- Mehrfachanrechnung **430** 77 *14*
- Mindestbeschäftigungsquote **430** 77 *4 f.*
- nicht zu berücksichtigende Arbeitsplätze **430** 77 *8 f.*
- öffentlicher Arbeitgeber **430** 82 *3*
- Pflichtarbeitsplätze **430** 77 *4 f.*
- Prüfungspflicht für freie Arbeitsplätze **430** 82 *2 f., 8*
- ruhendes Arbeitsverhältnis **430** 77 *9*

- schwerbehinderter Arbeitgeber, Anrechnung 430 77 *12*
- Teilzeitbeschäftigung, Anrechnung 430 77 *11*
- Umfang 430 77 *3 ff.*
- Verleiher als Arbeitgeber 430 77 *2*
- Werkstatt für behinderte Menschen, Anrechnung 430 77 *11*

Schwerbehinderte Menschen, Sonderkündigungsschutz
- Anhörung des Betroffenen 430 87 *3*
- Anzeigepflicht während Probe- und Wartezeit 430 90 *8*
- Arbeitgeberkenntnis 430 86 *11 ff.*
- Arbeitnehmer 430 86 *4*
- Arbeitsgericht, Zuständigkeit 430 86 *18*
- Ausnahme 430 90 *2 ff.*
- außerordentliche Kündigung 430 91 *2 ff.*
- Betriebseinschränkung 430 89 *7 f.*
- Betriebseinstellung 430 89 *5 f.*
- Darlegungs- und Beweislast 430 86 *14 f.*
- Drei-Wochen-Frist 430 86 *20 ff.*
- Entscheidungsverfahren des Integrationsamts 430 88 *1 ff.*
- Erlaubnisvorbehalt für Arbeitgeberkündigung 430 86 *1 ff.*
- Ermessen des Integrationsamts 430 89 *2 ff.*
- erweiterter Beendigungsschutz 430 92 *1 ff.*
- fehlende Feststellung wegen fehlender Mitwirkung 430 86 *6*
- Fehlender Nachweis der Schwerbehinderung 430 90 *7*
- Feststellungsbescheid 430 86 *6*
- Feststellungsverfahren, Missbrauch 430 86 *7*
- förmliche Zustellung der Entscheidung 430 88 *3*
- Gleichgestellte, Feststellung 430 86 *10*
- gütliche Einigung 430 87 *4*
- Inlandsbezug 430 86 *2*
- Insolvenz 430 89 *10*
- Integrationsamt 430 87 *4*
- kirchliches Arbeitsverhältnis 430 86 *4*
- Kleinbetrieb 430 86 *4*
- Kündigungserklärungsfrist 430 88 *4 f.*
- Leiharbeit 430 86 *4*
- leitender Angestellter 430 86 *4*
- Mindestkündigungsfrist 430 86 *4 f.*, *19*
- Mitwirkung des Betriebsrats 430 87 *3, 5*
- Mitwirkungspflicht des Arbeitnehmers 430 86 *6, 8*
- nicht nachgewiesene Schwerbehinderung 430 86 *4 f.*
- offenkundige Schwerbehinderung 430 86 *5*
- Prüfung der Schwerbehinderteneigenschaft 430 86 *5*
- Rechtsschutzversicherung, Zustimmungsverfahren 430 88 *8*
- rückwirkende Feststellung 430 86 *8*
- Sicherung eines anderen Arbeitsplatzes 430 89 *10*
- Stellungnahme der Schwerbehindertenvertretung 430 87 *3, 5*
- Streik, Aussperrung 430 91 *10*
- Verletzung der Mitwirkungspflichten 430 86 *9*
- Verletzung des Kündigungsverbots 430 86 *16*
- vertragliche Beendigungsklausel 430 92 *1 ff.*
- vorherige Zustimmung 430 86 *1 ff.*
- Wartezeit 430 86 *3*; 90 *2*
- Widerspruch gegen Zustimmung 430 86 *17*; 88 *7*
- witterungsbedingte Entlassung 430 90 *6*
- Zustimmungsantrag 430 87 *1 ff.*
- Zustimmungsfiktion 430 88 *6*

Schwerbehindertenausweis 430 69 *8*

Schwerbehindertenbeauftragter
- Arbeitsschutz 70 13 *3*

Schwerbehindertenvertretung
- Begriff 150 32 *2*
- Beschlussverfahren 50 2a *21 f.*; 81 *25*, siehe auch dort
- besondere Erörterungspflicht 430 82 *6*
- Bewerbung, Anhörung 430 82 *4*
- Gesamtschwerbehindertenvertretung *siehe dort*
- Konzernschwerbehindertenvertretung *siehe dort*
- Kündigung, Stellungnahme 430 87 *3, 5*
- Präventionsmaßnahme, Beteiligung 430 84 *2 ff.*
- Teilnahme an Vorstellungsgespräch 430 82 *4*
- Teilnahmerecht an Sitzung 150 32 *1, 3*; 108 *4*
- Unterrichtung über Bewerbung 430 82 *4 f.*
- Vetorecht 150 35 *1, 4*
- Weiterführung der Geschäfte 150 22 *5*

Schwerbehinderter
- Auflösungsantrag 320 9 *18*

Schwerbehinderter Mitarbeiter
siehe Mitarbeiter, schwerbehinderter

Schwerbehinderung
siehe auch Schwerbehinderte Menschen
- Eigenschaftsirrtum 160 611 *450*
- Fragerecht 160 611 *260, 262, 268 ff.*
- Interessenabwägung, außerordentliche Kündigung 160 626 *89, 139*
- Offenbarungspflicht 160 611 *268*
- Sozialauswahl 160 315 *34 f.*; 320 1 *534 f.*
- Sozialauswahl, Wiedereinstellungsanspruch 160 315 *34 f.*

Schwerpunktprüfungen
- Kontrollauftrag 10 17 *2*

Schwerpunktstreik 260 9 *108*

Scientology
- Fragerecht 160 611 *297*
- Vereinsmitglied, Abgrenzung Arbeitnehmer 160 611 *104*

Scoring
- Datenschutz 120 28b *1 ff.*

SE-Beteiligungsgesetz
- deutsche Umsetzung der Arbeitnehmerbeteiligung in der Europäischen Aktiengesellschaft 230 Richtlinien *186 f.*

- örtliche Zuständigkeit **50** 82 *5*
See- und Binnenschifffahrt
- Kündigungsschutz **320** 24 *1 ff.*
Seebetrieb
- Begriff **150** 116 *1*
- DrittelbG **191** 45 *2 ff.*; 49 *1 f.*
- Wahl nach DrittelbG **191** 45 *2 ff.*; 49 *1 f.*
Seebetriebsrat 150 116
- besonderer Kündigungsschutz **160** 622 *61*
- Sonderkündigungsschutz **320** 15 *22*
Seefischerei
- Arbeitszeit **80** 12 *10*
Seemannsamt 50 111 *2*
Seenotrettung
- Arbeitszeit **80** 12 *10*
Seeschifffahrt 150 1 *56*; 22 *3*; 114
- Amtszeit des Betriebsrats **150** 21 *2*
- Arbeitsschutzausschuss **90** 11 *3*
- Arbeitszeugnis, Seefahrtbuch **160** 630 *4*
- außerordentliche Kündigung, Schadensersatz **160** 626 *1*; 628 *3, 30*
- Betriebsübergang **160** 613a *48, 67*
- Heuer **160** 611 *601*; 614 *9*
- Krankenfürsorge **160** 617 *5*; 619 *4*
- Kündigung, Schriftform **160** 623 *48*
- spezielle Arbeitsschutzregelungen **90** 17 *2*
Sehbehinderte
- AGB **160** 305 *30*
Sekretärin
- Arbeitnehmer **160** 611 *104*
Sekundärrecht
- EG-Recht, Rechtsquelle **160** 611 *167 f.*
Selbst bestimmte Persönlichkeitsentfaltung
siehe Persönlichkeitsentfaltung, selbst bestimmte
Selbstablehnung
- ehrenamtlicher Richter **50** 31 *19, siehe auch dort*
Selbstablehnungsanzeige 50 49 *30 f.*
Selbständige Tätigkeit 390 7a *4*
Selbständiger
- *siehe auch* Freier Mitarbeiter
- *siehe auch* Scheinselbständiger
- Alleinunternehmerstellung **410** 2 *5 ff.*
- Arbeitszeugnis **160** 630 *3*
- Konkurrenzregelung **410** 2 *8*
- Leiharbeitnehmer, Abgrenzung **100** 1 *16*
- Rentenversicherungspflicht bei Arbeitnehmerähnlichkeit **410** 2 *1 ff.*
Selbständiges Beweisverfahren
- Verjährung **160** 197 *10*; 204 *15, 17, 27*
Selbständiges Strafversprechen
- Rückzahlung von Gratifikation **160** 345 *3*
- Vertragsstrafe, Abgrenzung **160** 345 *3 f.*
Selbstbehalt
- D&O-Versicherung **30** 93 *41a*
Selbstbestimmung, informationelle
siehe Informationelle Selbstbestimmung

Selbstbeurlaubung 180 7 *67*
- Arbeitsplatzschutz, Wehrdienst **60** 4 *5*
Selbstbindung der Verwaltung
siehe Verwaltung, Selbstbindung
Selbstdarstellung
- Grundrecht **260** 2 *26 ff.*
Selbstständige
- Krankengeld **400** 44 *12*
Seminar
- Dienste höherer Art **160** 627 *9*
- fristlose Kündigung bei Vertrauensstellung **160** 627 *13*
Senat, kleiner *siehe* Kleiner Senat
Sexualsphäre, private
- allgemeines Persönlichkeitsrecht **260** 2 *18*
Sexuelle Belästigung 320 1 *354*
- Abmahnung **160** 611 *570*
- Arbeitsplatz **160** 611 *567 ff.*
- Begriff **160** 611 *567, 569*
- Kündigung **160** 611 *570*; 626 *45*
- Nebenpflicht, Unterlassung **160** 611 *567 ff.*
- Schadensersatz **160** 611 *570*
- sexuelle Diskriminierung **160** 611 *569*
- Umsetzung/Versetzung **160** 611 *570*
Sexuelle Identität 20 1 *16 f.*
Sexuelle Orientierung 260 2 *49*
Sexuelle Selbstbestimmung
- Hemmung der Verjährung von Anspruch bei Verletzung **160** 208 *1 f.*
Share Deal
- Betriebsübergang **160** 613a *78, 122*
Sic-non-Fall
- Rechtsweg, Statusklage **160** 611 *110 f.*
Sicherheitsbeauftragter
- Arbeitsschutz **70** 13 *3*; 16 *5*
Sicherheitsdienstleistungen
- Begriff **10** 4 *9*
Sicherheitsfachkräfte
- Abberufung **90** 7 *4*; 9 *1 f., 6 ff., 14 ff., 21 f.*
- Anforderungen **90** 7 *2 ff.*
- Arbeitsschutz durch überbetrieblichen Dienst **90** 19 *2*
- Aufgaben **90** 5 *3*; 6 *3 ff.*
- Aufgaben/Aufgabenänderung **90** 9 *3, 6 ff., 22*
- Ausnahme von erforderlicher Fachkunde **90** 18 *1*
- Beratung des Betriebsrats **90** 9 *4 f.*
- Bestellung **90** 5 *3*; 9 *1, 6 ff., 16 f.*
- Betriebsverfassungsrecht **90** 6 *10*
- Darlegungs- und Beweislast **90** 8 *11*
- Direktionsrecht des Arbeitgebers **90** 8 *1*
- Einbindung in Betrieb **90** 8 *8*
- Einigungsstelle **90** 6 *10*
- Fachkenntnisse **90** 7 *3*
- Fachkundenachweis **90** 7 *7*
- fachliche Unabhängigkeit **90** 8 *3 ff.*
- Fortbildung **90** 5 *5*; 7 *2, 5*
- Haftung **90** 6 *8*

- Kündigung **90** 9 *10, 14 f., 21*
- leitender Angestellter **90** 9 *7*
- Mitbestimmung **90** 6 *10*
- Pflichtverstoß **90** 8 *10*
- rechtliche Stellung **90** 9 *13 ff.*
- Unterrichtung des Betriebsrats **90** 9 *4 f., 11*
- Verantwortung des Arbeitgebers **90** 5 *4*
- Vertragsgestaltung **90** 5 *7*
- Vorschlagsrecht **90** 8 *9*
- Weisungsbefugnis **90** 6 *7*
- Weisungsrecht/Weisungsfreiheit **90** 9 *22*
- Zusammenarbeit mit anderen Beschäftigten **90** 10 *5*
- Zusammenarbeit mit Betriebsarzt **90** 10 *1 ff.*
- Zusammenarbeit mit Betriebsrat **90** 9 *1 ff.*

Sicherheitsleistung
- Einstellung der Zwangsvollstreckung **50** 62 *20*
- Verjährung **160** 214 *5*
- Zwangsvollstreckung **50** 62 *6*

Sicherungsanordnung 450 86b *11*
- Voraussetzungen glaubhaft machen **450** 86b *11*

Sicherungsübereignung
- Betriebsübergang **160** 613a *71, 84*

Sicherungsverfügung 50 62 *49*

Sicherungsverwahrung
- Arbeitsvertrag, Abgrenzung **160** 611 *6, 41*

Signatur
- elektronische Form **160** 127 *30 ff.*
- Empfangsbekenntnis **160** 309 *55*
- Signaturschlüssel **160** 127 *30*

Signatur, elektronische 50 Vor 46c bis e *8 ff.*
- Definition **50** 46c *9*

SIMAP, EuGH
- Arbeitszeit **80** 1 *5;* 25 *4*

Singularsukzession *siehe* Einzelrechtsnachfolge

Sittenwidrige Kündigung
- Auflösungsantrag **320** 13 *32 f., siehe auch dort*
- Klagefrist **320** 13 *18*
- Nichtigkeit **320** 13 *16*
- Sozialwidrigkeit, Abgrenzung **320** 13 *17*

Sittenwidrigkeit
- *siehe auch* Lohnwucher
- *siehe auch* Maßregelungsverbot
- Altenpfleger **160** 611 *413*
- Anstandsformel **160** 611 *400 f., 405*
- Arbeitsvertrag **160** 611 *400 ff., 407 ff., 470, 475*
- Aufhebungsvertrag **160** 611 *1022 ff.*
- Ausschlussklausel **160** 611 *417*
- Bürgschaft **160** 611 *416*
- Darlegungs- und Beweislast **160** 611 *421, 618*
- Einfühlungsverhältnis **160** 611 *415*
- fehlerhaftes Arbeitsverhältnis **160** 611 *46, 419*
- Generalklausel **160** 306 *12;* 611 *400, 470 f., 1009;* 624 *6*
- Gesamtbetrachtung **160** 611 *402*
- Geschlechtsverkehr **160** 611 *407*
- Inhaltssittenwidrigkeit **160** 611 *401*
- Kündigung **160** 611 *418;* 622 *58*
- Lebenszeitarbeitsvertrag **160** 611 *408;* 624 *6*
- Mankoabrede **160** 611 *416*
- Privatautonomie **160** 611 *400*
- Probezeitkündigung **160** 622 *50*
- Prostitution **160** 611 *407*
- Provision **160** 611 *416*
- Rückdatierung **160** 611 *1025 f., 1077*
- Satzung **160** 611 *405*
- Schmiergeld **160** 611 *550*
- Schuldanerkenntnis **160** 611 *1125*
- Telefonsex **160** 611 *407*
- Transferentschädigung **160** 611 *416*
- Vergütungsabrede **160** 611 *402, 405, 409 ff.*
- Verlustbeteiligung **160** 611 *16, 416, 612*
- Zielvereinbarung **160** 611 *711 f.*

Sittlichkeit
- Ausschluss der Öffentlichkeit **50** 52 *11*

Sitzung
- Anschlusssitzung **150** 29 *8*
- Anwesenheitsliste **150** 34 *6*
- Definition **50** 31 *9*
- Einberufung **150** 29 *2 f., 9 f.*
- Einsichtsrecht **150** 34 *10 f.*
- Gesamtbetriebsrat **150** 51 *4, siehe auch dort*
- Jugend- und Auszubildendenvertretung **150** 65 *4, siehe auch dort*
- konstituierende Sitzung **150** 29 *2 ff.*
- Konzernbetriebsrat **150** 59 *7, siehe auch dort*
- Konzernjugend- und Auszubildendenvertretung **150** 73b *4, siehe auch dort*
- Ladung **150** 29 *11*
- Mitteilungspflichten **150** 31 *4 f.*
- Niederschrift **150** 34 *2 ff.*
- Tagesordnung **150** 29 *8, 14, 16*
- Teilnahme der Gewerkschaft **150** 31 *2 ff.*
- Teilnahme der Schwerbehindertenvertretung **150** 32 *3*
- Teilnehmer **150** 29 *13;* 30 *5*
- Vorschlagsrecht der Arbeitnehmer **150** 86a *3*
- weitere Sitzung **150** 29 *9 ff.*
- Wirtschaftsausschuss *siehe dort*
- Zeitpunkt **150** 29 *12;* 30 *2 ff.*

Sitzungsliste
- ehrenamtlicher Richter **50** 31 *3 ff.*

Sitzungspolizei 50 9 *8*

Sitzungsvorbereitung
siehe auch Besorgnis der Befangenheit
- ehrenamtlicher Richter **50** 31 *13 f., siehe auch dort*

Sitzverlegung
- Europäische Genossenschaft, Beteiligung **369** 41 *3*

Smogalarm
- Betriebsrisiko/Wegerisiko, Abgrenzung **160** 611 *830;* 615 *22, 79;* 616 *8*
- Unmöglichkeit/Annahmeverzug **160** 611 *817, 830;* 615 *22, 79;* 616 *8*

Sofortige Beschwerde 50 9 *14*
- Abgrenzung zur Revision **50** 72b *12 ff.*
- Begründung **50** 72b *8*
- Beiordnung **50** 11a *30 f.*
- Beschlussverfahren **50** 92b *1 ff.*
- Einlegung **50** 72b *5 ff.*
- Entscheidung **50** 72b *9 ff.*
- kassatorische Wirkung **50** 72b *4*
- nachträgliche Zulassung nach § 5 KschG, Entscheidung **320** 5 *57 ff.*
- verspätete Absetzung des Berufungsurteils **50** 72b *1 ff., siehe auch dort*
- Zwangsvollstreckung im Beschlussverfahren **50** 85 *25*

Sofortige Erinnerung
- Zurückweisungsbeschluss im Mahnverfahren **50** 46a *20*

Sofortige Vollziehung
- außergerichtliche Anordnung **450** 86a *7, 12 ff.*
- außergerichtliche Aussetzung **450** 86a *8 ff.*
- außergerichtliche Zuständigkeit **450** 86a *12*
- ernste Zweifel an Rechtmäßigkeit **450** 86b *3*
- gerichtliche Anordnung **450** 86b *2*
- gerichtliche Wiederherstellung **450** 86b *4*
- Interessenabwägung **450** 86b *3, 8 f.*

Softwareentwickler
- Aufhebungsvertrag **160** 611 *1152*

Soldat
- *siehe auch* Berufssoldat
- *siehe auch* Soldat auf Zeit
- Arbeitsschutz **70** 2 *3;* 17 *10*
- Arbeitsvertrag, Abgrenzung **160** 611 *41, 60*
- Arbeitszeit **80** 10 *10;* 15 *18*
- Arbeitszeugnis, Dienstzeugnis **160** 630 *4*
- Urlaub **60** 4 *9*
- vorübergehende Verhinderung **160** 616 *4, 13*

Soldat auf Zeit
- Arbeitsplatzschutz, Wehrdienst **60** 16a *1 f.*
- Minderjähriger **160** 115 *15*

Solidaritätsstreik 260 9 *109*

Sonderkündigungrecht
- außerordentliche Kündigung **160** 626 *117 f.*
- Befristung wegen Elternzeit **130** 21 *25 ff.*
- Lebensstellung/Dauerstellung **160** 622 *64;* 624 *1 ff.*
- Mutterschutz **350** 10 *4 ff., 13 ff.*
- Nichtfortsetzungserklärung **160** 611 *994;* 623 *8*
- Pflegezeitgesetz **365** 6 *5*
- Wertguthabenvereinbarung **390** 7e *28 ff.*

Sonderkündigungsschutz
- *siehe auch* Besonderer Kündigungsschutz
- *siehe auch* Erziehungsurlaub
- *siehe auch* Mutterschutz
- *siehe auch* schwerbehinderte Menschen
- *siehe auch* Sonderkündigungsrecht
- Beteiligter der Betriebsratswahl **320** 15 *24 f., 32 ff.*
- Betriebsratsmitglied **320** 15 *1 ff.*
- Bordvertretung **320** 15 *22*
- Gesamtbetriebsrat **320** 15 *22*
- Insolvenz **300** 113 *54 ff., siehe auch dort*
- Jugend- und Auszubildendenvertretung **320** 15 *22*
- Konzernbetriebsrat **320** 15 *22*
- Personalvertretung **320** 15 *23*
- Seebetriebsrat **320** 15 *22*
- taktische Hinweise **320** 15 *103 ff.*

Sonderleistung *siehe* Sondervergütung
Sonderleistungstheorie
- Verbesserungsvorschläge, technische **55** 20 *7 ff.*

Sondernahrung
- ersparte Verpflegungskosten **160** 615 *6*

Sonderurlaub 180 9 *31*
- durch Tarifvertrag **180** 1 *42*
- Elternzeit, Verhältnis **130** 15 *7*
- Muster für Vereinbarung **180** 7 *179*
- ohne Entgeltfortzahlung **180** 1 *41*

Sondervergütung
- *siehe auch* Gratifikation
- *siehe auch* Jahressonderleistung
- *siehe auch* Jubiläumszuwendung
- *siehe auch* Rückzahlungsklausel
- *siehe auch* Urlaubsgeld
- *siehe auch* Weihnachtsgeld
- Änderungskündigung **160** 611 *678*
- Anspruchsgrundlage **160** 611 *668 ff.*
- Arbeitnehmer-Urheber **495** 32 *5*
- Begriff **160** 611 *668*
- betriebliche Übung **160** 611 *670, 674 ff., 679*
- betriebsbedingte Kündigung **160** 611 *692 f.*
- Betriebstreue **160** 611 *687, 692, 698 f., 703;* 628 *9*
- Betriebsübergang **160** 611 *670;* 613a *102*
- Betriebsvereinbarung **160** 611 *669 f.*
- Bindungswirkung **160** 611 *668, 685 ff.*
- Elternzeit **160** 611 *698, 702*
- Erziehungsurlaub **160** 611 *702*
- Freiwilligkeitsvorbehalt **160** 611 *668, 670, 678 ff., 703, 802 f.*
- Gleichbehandlungsgrundsatz **160** 611 *669 ff.*
- Kürzung bei Arbeitsunfähigkeit **160** 611 *691, 699*
- Kürzung bei Entgeltfortzahlung **210** 4a *1 ff.*
- Maßregelungsverbot **160** 611 *670, 679*
- Mischcharakter **160** 611 *688, 698 f.*
- Rückzahlungsklausel **160** 611 *668, 694 ff.;* 622 *33*
- Schwangerschaft **160** 611 *698, 701 f.*
- Transparenzgebot **160** 611 *802 ff.*
- Widerrufsvorbehalt **160** 611 *668, 678, 681 ff., 703, 713, 802 ff.*

Sonderzahlung *siehe auch* Sondervergütung
- befristetes Arbeitsverhältnis **480** 4 *31*
- Elternzeit **130** 15 *32*
- Insolvenz **300** 108 *27*
- NachwG **360** 2 *33*
- Sozialversicherungspflicht **390** 17 *8*

Sonderzuwendung *siehe auch* Sondervergütung
- Teilzeitkraft **480** 4 *21*

Sondierungsgespräch
– Vertragsanbahnung **160** 611 *229 f.*
Sonn-/Feiertagsarbeit
– Gewerkschaft **80** 9 *19*
Sonntagsarbeit
– Jugendlicher **310** 18 *7 ff.*
– Mutterschutz **350** 8 *16 ff.*
– Sozialversicherungspflicht **390** 17 *16*
Sorgfaltspflicht
– GmbH-Geschäftsführer **280** 43 *3 ff.*
SOS-Kinderdorf
– Arbeitszeit **80** 18 *7*
Sozial- Kranken- und Pflegeversicherung
– Zuständigkeit **50** 2 *46 f.*
Sozialabgabe
– arbeitgeberfinanzierte Versorgungszusage **140** 1 *199, 206 f.*, *220*
– betriebliche Altersversorgung **140** 1 *206 ff.*, *220*
– Entgeltumwandlungsvereinbarung **140** 1 *208, 220*
– Umfassungszusage **140** 1 *209*
Sozialauswahl
– Änderungskündigung **320** 1 *474*; 2 *99 ff.*, siehe auch dort
– Auskunftsanspruch des Arbeitnehmers **320** 1 *556 ff.*
– außerordentliche Kündigung mit notwendiger Auslauffrist **160** 626 *137 ff.*
– Auswahlkriterium **320** 1 *481*
– auswahlrelevanter Personenkreis **320** 1 *485 ff.*
– Auswahlrichtlinie **150** 95 *8, 11 f.*; **320** 1 *560 ff.*, *569 ff.*
– befristet Beschäftigter **320** 1 *511*
– Begriff **320** 1 *478 ff.*
– berechtigtes betriebliches Interesse, Herausnahme aus Auswahl **320** 1 *539 ff.*
– Betriebsbegriff **320** 1 *485*
– Betriebsbezogenheit **320** 1 *485 ff.*
– betriebsteilübergreifende Sozialauswahl **150** 3 *60*
– Betriebsübergang **160** 613a *152 f., 222*; **320** 1 *489*
– Betriebszugehörigkeitsdauer **160** 315 *34 f.*
– Beurteilungsspielraum des Arbeitgebers **320** 1 *514 ff.*
– Beweislast **50** 58 *68 ff.*; **320** 1 *559*
– Bewertungsrichtlinien **320** 2 *99*
– Dauer der Betriebszugehörigkeit **320** 1 *520 ff.*
– Direktionsrecht **250** 106 *99*
– Ermittlung der Auswahlkriterien **320** 1 *536 ff.*
– europarechtliche Vorgaben **320** 1 *509a*
– fehlende Konzernbezogenheit **320** 1 *485 f.*
– fehlerhafte Sozialauswahl, Folge **320** 1 *479 f.*
– Freistellungsphase bei Blockalterteilzeit **320** 1 *512*
– Gemeinschaftsbetrieb **320** 1 *487*; **490** 322 *11*
– Gewichtung der Kriterien **320** 1 *513 ff.*
– Herausnahme von Leistungsträger **320** 1 *543 ff.*
– horizontale Vergleichbarkeit **320** 1 *494*
– Insolvenz **300** 113 *45 f.*, siehe auch dort

– Interessenausgleich **320** 1 *573 ff.*
– Interessenausgleich, Insolvenz **300** 125 *15 ff.*
– Kenntnisse und Fähigkeiten **320** 1 *505*
– krankheitsbedingte Fehlzeit **320** 1 *498*
– Lebensalter **160** 315 *34 f.*; **320** 1 *524 ff.*; 2 *100*
– Leistungsträger **150** 102 *31*; **160** 612a *12*
– Massenentlassung **320** 1 *554*
– Mutterschutz **320** 1 *511*
– Namensliste **320** 1 *565 ff.*
– Neueinstellung nach Ablauf der Kündigungsfrist **320** 1 *477*
– neues Anforderungsprofil eines Arbeitsplatzes **320** 1 *499*
– nicht einzubeziehender Personenkreis **320** 1 *507 ff.*
– örtliche Versetzbarkeit **320** 1 *502*
– pauschaler Ausschluss **320** 1 *476*
– Personalstruktur, Sicherung der Ausgewogenheit **320** 1 *478, 549 ff.*
– prozessuale Bedeutung **320** 1 *479*
– Prüfungsmaßstab **320** 1 *483*
– Punkteschema **320** 1 *565 f.*
– revisionsrechtliche Überprüfung **320** 1 *483*
– Schwerbehinderung **160** 315 *34 f.*; **320** 1 *534 f.*
– Spaltung eines Betriebs **320** 1 *488*
– tarifliche Eingruppierung **320** 1 *497*
– Teilbetriebsstilllegung **320** 1 *491*
– Teilbetriebsübergang **320** 1 *491 f.*
– Teilübertragung eines Betriebs **320** 1 *488*
– Teilzeit- und Vollzeitkräfte, Vergleichbarkeit **320** 1 *503*
– Unkündbarkeit **320** 1 *509*
– Unterhaltspflicht **160** 315 *34 f.*; **320** 1 *528 ff.*; 2 *100*
– Unternehmensbezogenheit, Einzelfall **320** 1 *485, 502*
– Vergleichbarkeit **160** 611 *597*
– Vergleichbarkeit der Arbeitnehmer **320** 1 *494 ff.*
– Vertragsänderung **320** 1 *500*
– Weiterbeschäftigungsanspruch **320** 1 *505*
– Widerspruch gegen Teilbetriebsübergang **320** 1 *492*
– Widerspruch, Betriebsübergang **160** 613a *153, 222*
– Wiedereinstellungsanspruch **320** 1 *581 ff.*
Sozialdienst
– Arbeitszeit **80** 10 *20*
Soziale Angelegenheiten
– Mitbestimmung *siehe* Erzwingbare Mitbestimmung
– Mitbestimmung bei Änderungskündigung **320** 2 *131 ff.*
– Tendenzbetrieb **150** 118 *31 ff.*
– Zuständigkeit des Gesamtbetriebsrats **150** 50 *7*
– Zuständigkeit des Konzernbetriebsrats **150** 58 *5*
Soziale Auslauffrist *siehe* Auslauffrist

Soziale Auswahl
- *siehe auch* Sozialauswahl
- *siehe auch* Wiedereinstellungsanspruch
- Altersteilzeitvertrag, Überforderungsklausel 160 315 *34, 36*
- Betriebszugehörigkeitsdauer 160 315 *34 f.*
- billiges Ermessen 160 315 *34*
- freies Ermessen 160 315 *34*
- Lebensalter 160 315 *34 f.*
- Leistungsbestimmungsrecht 160 315 *34 ff.*
- Schwerbehinderung 160 315 *34 f.*
- Unterhaltspflicht 160 315 *34 f.*
- Verlängerung der Arbeitszeit 160 315 *37*
- Vertragsfreiheit 160 315 *36*

Soziale Pflegeversicherung *siehe auch* Pflegegeld
- betriebliche Altersversorgung, Anrechnung von Leistung 140 5 *19*

Soziale Rechtfertigung
- Kündigung 320 1 *275 ff.*

Sozialeinrichtung
- Ausgestaltung 150 87 *130*
- Begriff 150 87 *120 ff.*
- Beteiligung des Sprecherausschusses 460 24 *1*
- Errichtung 150 88 *7*
- Form 150 87 *128 f.*
- freiwillige Mitbestimmung 150 88 *7 f.*
- Verwaltung 150 87 *131*
- Werkmietwohnung 150 87 *139*
- zwingende Mitbestimmung 150 87 *127 ff.*

Sozialeinrichtung des privaten Rechts *siehe* Privates Recht, Sozialeinrichtung

Sozialgerichtsbarkeit
- einstweiliger Rechtsschutz 450 86a *1 ff.*
- Verwaltungsakt *siehe dort*

Sozialkassenverfahren
- Auskunfts-/Melde-/Beitragspflichten 10 5 *5*
- Doppelbelastungsverbot 10 5 *7, 11*
- inländisches 10 5 *5*

Sozialleistung, ausländische
- Krankengeld 400 49 *10*

Sozialleistungen, Rückerstattungsansprüche
- vierjährige Verjährung, SGB 160 194 *7*

Sozialpartnervereinbarung 470 2 *81*

Sozialplan *siehe* Insolvenz
- Abfindungshöhe 160 611 *1073*
- Anrechnung beim Nachteilsausgleich 150 113 *6*
- Aufhebungsvertrag, Aufklärungspflicht 160 611 *1013, 1037*
- Begriff 150 112 *22 ff.*
- Betriebszugehörigkeitsdauer 160 611 *1072*
- Einigungsstellenverfahren 150 112 *45 ff.*
- Elternzeit 130 15 *39*
- Erzwingbarkeit 150 112a *2 ff.*
- Form 150 112 *32 ff.*
- Geschäftsgrundlage 160 313 *23*
- Grundrechtsbindung 260 Vor 1 *31*
- Günstigkeitsprinzip 150 112 *37, 40, 59*
- Inhalt 150 112 *23 ff.*
- Insolvenz 150 112 *56*
- Regelungssperre 150 77 *40*; 112 *39*
- Schwellenwert 150 112a *2*
- Sozialplanabfindung 160 611 *1059 f., 1071 ff., 1139*
- Sprecherausschuss-Richtlinie/-Vereinbarung 460 32 *2*
- Tendenzbetrieb 150 113 *12*
- Transfersozialplan 150 112 *52 ff.*
- Turboprämie 160 612a *18*
- Unterrichtung, Betriebsübergang 160 613a *197*
- Wirkung 150 112 *34 ff.*

Sozialplanabfindung 320 9 *63 f.*
- Vererbbarkeit 160 611 *1139*

Sozialplananspruch
- Pfändungsschutz 500 850k *4*

Sozialrechtlicher Herstellungsanspruch *siehe* Herstellungsanspruch, sozialrechtlicher

Sozialstaatsprinzip 260 12 *8, 11*
- Beschäftigungssicherung 80 13 *37*

Sozialvereinbarung 470 1 *5*

Sozialversicherung
- *siehe auch* Arbeitslosengeld
- *siehe auch* Gesetzliche Krankenversicherung
- *siehe auch* Gesetzliche Rentenversicherung
- *siehe auch* Gesetzliche Unfallversicherung
- *siehe auch* Sozialversicherungsbeitrag
- *siehe auch* Sozialversicherungspflicht
- *siehe auch* Sozialversicherungsrecht
- Auslandsbezug 220 30, 8 Rom I *116*
- Auszubildender 110 3 *12*
- Fälligkeit bei Störfall 390 23b *11*
- Zuständigkeit 50 2 *51*

Sozialversicherungsbeitrag *siehe auch* Gesamtsozialversicherungsbeitrag
- Bruttolohn 160 611 *638 ff.*
- freier Mitarbeiter, Nachentrichtung 160 611 *1163 ff.*
- Nachforderung 450 86b *14 f.*
- Nettolohn 160 611 *390, 644 ff.*
- Unternehmerhaftung 10 14 *15*

Sozialversicherungspflicht
- Anfrageverfahren 390 7a *32 ff.*
- Arbeitsentgelt 390 17 *2 ff., 26 ff.*
- Arbeitsverhältnis 390 7a *5 f.*
- Aufzeichnungspflicht 390 28h *5 ff.*
- Auskunftspflicht des Arbeitnehmers 390 28p *1 f.*
- Beitragsabzug durch Arbeitgeber 390 28h *9*
- Beitragsentrichtung 390 28h *12 ff.*
- Beitragserstattung 390 7a *37;* 28 *1 ff.*
- Beitragserstattung, Auf- und Verrechnung 390 28 *15 ff.*
- Beitragsnachweis 390 28h *8*
- Beitragsschuldner 390 28h *3 f.*
- berufsständische Versorgungseinrichtungen 390 28a *9a*

- Beschäftigung **390** 7a *2 ff.*
- Bescheidprüfung außerhalb des Rechtsbehelfsverfahrens **390** 7a *38*
- Bescheidprüfung im Rechtsbehelfsverfahren **390** 7a *37*
- betriebliches Berufsbildungsverhältnis **390** 7a *29*
- Direktversicherungsprämien **390** 17 *17*
- Einkünfte i.S.d. EStG, Abgrenzung **390** 17 *23 ff.*
- einmalige Einnahme **390** 17 *8*
- einvernehmliche Freistellung **390** 7a *6*
- Einzugsstelle **390** 7a *34, 37;* 28a *8;* 28h *12 ff.;* 28p *8*
- Entgeltumwandlung **390** 17 *12 ff., 17*
- Erstattungsanspruch **390** 28 *6 f.*
- freier Mitarbeiter **390** 7a *21*
- Freistellungsphase **390** 7a *23 ff.*
- Geltendmachung des Erstattungsanspruchs **390** 28 *8 f.*
- geringfügig Beschäftigte **390** 7a *24*
- geringfügiges Beschäftigungsverhältnis *siehe dort*
- Gesamteinkommen **390** 17 *24, 29*
- Gesamtsozialversicherungsbeitrag **390** 28h *2*
- Gesundheitsfonds **390** 28a *6*
- GmbH-Geschäftsführer **390** 7a *10 ff., 32*
- Haushaltsscheckverfahren **390** 17 *21;* 28a *7;* 28h *15*
- Informationstechnische Servicestelle der gesetzlichen Krankenkassen **390** 28a *13*
- Jahresmeldung **390** 28a *5*
- Karenzentschädigung **290** 74b *16*
- Krankengeld **400** 44 *17*
- Meldefristen/-verfahren **390** 28a *10 f.*
- Meldepflicht des Arbeitgebers **390** 28a *1 ff.*
- Meldepflicht/Ordnungswidrigkeit **390** 28p *7*
- mitarbeitender Familienangehöriger **390** 7a *8 f., 30*
- Mutterschutz **350** 11 *32*
- Nettoentgeltvereinbarung **390** 17 *19 f.*
- persönlich haftender Gesellschafter **390** 7a *18*
- Prüfung durch Sozialversicherungsträger **390** 28p *4 ff.*
- Rechtsbehelfsverfahren **390** 7a *37 f.*
- Sachbezüge **390** 17 *11*
- Scheinselbständiger **390** 7a *22*
- selbständige Tätigkeit, Abgrenzung **390** 7a *4;* 17 *23*
- Sonderregelungen Bergbau/Seefahrt/Bauwirtschaft **390** 28h *4*
- Statusfeststellung durch Einzugsstelle **390** 7a *32*
- Statusfeststellungsverfahren **390** 7a *32 ff.;* 28h *10*
- steuerfreie Aufwandsentschädigung **390** 17 *15*
- Unterbrechung der Beschäftigung ohne Entgeltersatz **390** 7a *30*
- Verjährung der Beitragserstattung **390** 28 *12 ff.*
- Verletzung der Auskunftspflicht **390** 28p *2*
- Vezinsung der Beitragserstattung **390** 28 *10 f.*
- Vorstands- und Vereinsmitglied **390** 7a *19 f.*
- Weisungsrecht **390** 7a *2 ff.*
- Wertguthaben **390** 23b *1 ff.*
- Widerspruch **390** 7a *34, 37;* 17 *30*

Sozialversicherungsrecht
- Abfindung **160** 611 *1066 ff.*
- Anzeigepflicht **100** 3 *14*
- Auskunftspflicht **100** 3 *14*
- Beitragspflicht **100** 3 *14;* 18 *14*
- Beschäftigter **160** 611 *52, 55 f., 1113*
- Bescheinigungspflicht **100** 3 *14*
- betriebliche Altersversorgung **140** 1 *206 ff.*
- Haftung des Arbeitgebers **160** 611 *941*
- Meldepflicht **100** 3 *14*
- Schadensersatz, § 628 BGB **160** 628 *47, 57*
- Statusklage, Konsequenz **160** 611 *122 ff.*
- Vorabanfrage, Arbeitnehmer-Eigenschaft **160** 611 *123*

Sozialversicherungsträger
- Prozessfähigkeit **50** 11 *6*

Sozialversicherungsträger, Rückgriffsanspruch
- Zuständigkeit **50** 3 *10, siehe auch dort*

Sozialversicherungsträgerregress
- Schädigung durch Arbeitnehmer **420** 105 *29*

Sozialverwaltungsverfahren
- Antragsteller hilflos **440** 63 *5*
- Ausgleichsquittung im Arbeitsvertrag **440** 115 *8*
- Auskunftspflicht des Arbeitgebers **440** 98 *1 ff.*
- Forderungsübergang auf Leistungsträger, Entgelt **440** 115 *1 ff.*
- Forderungsübergang auf Leistungsträger, Schadensersatz **440** 116 *1 ff.*
- Gebühren/Auslagen, RVG **440** 63 *7*
- Gesetzliche Unfallversicherung **420** 105 *27*
- kongruente Deckung **440** 116 *3*
- Kostenerstattung im Vorverfahren **440** 63 *2 ff.*
- Mitverschulden **440** 98 *4*
- öffentlich-rechtlicher Erstattungsanspruch **440** 50 *1 ff.*
- sozialrechtlicher Herstellungsanspruch **440** 48 *9*
- Überprüfungsantrag **440** 48 *11*
- Verfügungsbefugnis **440** 116 *8*
- Verjährungshemmung **440** 52 *1 f.*
- Verwaltungsakt *siehe dort*
- Verwirkung **440** 52 *3, 5*

Spaltung
- Betriebsübergang **160** 613a *21, 126, 132 f., 178, 180, 225 f.*
- Wirtschaftsausschuss **150** 106 *20*
- Zuordnung der Versorgungsverbindlichkeit **140** 1 *194*

Spaltung, Betrieb *siehe* Betriebsspaltung
Spanien *siehe* Spanisches Arbeitsrecht
Spanisches Arbeitsrecht
- Arbeitnehmerkündigung **220**, *156*
- Arbeitnehmervertretung **220**, *165*
- Arbeitsvertragsart **220**, *135 f.*

- Arbeitszeit **220**, *143*
- befristetes Arbeitsverhältnis **220**, *135 f.*
- Diskriminierungsverbot **220**, *133*
- disziplinarisch begründete Kündigung **220**, *151*
- Entlohnung **220**, *142*
- Förderung von Arbeitnehmergruppen **220**, *139*
- Führungskraft **220**, *184 f.*
- Grundsätze des Arbeitnehmerschutzes **220**, *129*
- Günstigkeitsvergleich **220**, *131 f.*
- Kündigungsart **220**, *147 ff.*
- Kündigungsstreit **220**, *157 ff.*
- Massenentlassung **220**, *152 ff.*
- objektiv begründete Kündigung **220**, *149 f.*
- Probezeit **220**, *141*
- Rechtsweg **220**, *157, 167*
- Sonderurlaub **220**, *145*
- Tarifvertrag **220**, *166*
- Teilzeitarbeit **220**, *138*
- Überstunden **220**, *143*
- Urlaub **220**, *144*

Spartentarifvertrag 470 1 *33, siehe auch* Tarifvertrag
- Brandenburger-Tor-Modell **470** 1 *33*
- Deutsche Bahn **470** 1 *33a*

Spedition
- Arbeitszeit **80** 13 *23*

Speisewagen der Bahn
- Arbeitszeit **80** 5 *11*

Sperrannahmedienst
- Arbeitszeit **80** 10 *8*

Sperrfrist, Kurzarbeit *siehe* Kurzarbeit in Sperrfrist

Sperrzeit 380 144 *76 f.*
- *siehe auch* Arbeitslosengeld, Sperrzeit
- *siehe auch* Frühzeitige Arbeitssuche
- *siehe auch* Wichtiger Grund, Sperrzeit
- Abwicklungsvertrag **160** 611 *1143 ff., 1174*
- Aufhebungsvertrag **160** 611 *1029, 1035, 1038, 1076, 1143 ff.*
- Beendigung des Arbeitsverhältnisses **160** 623 *50*
- Freistellung **160** 611 *1113*
- Meldepflichtverletzung **160** 620 *12*
- Motivirrtum/Rechtsfolgenirrtum **160** 611 *1013*
- Rückdatierung, Aufhebungsvertrag **160** 611 *1025 f., 1077*
- verhaltensbedingte Kündigung **160** 611 *997*

Spezialitätsprinzip
- Normenhierarchie **160** 611 *185*

Spezialmarkt
- Arbeitszeit **80** 10 *30*

Spiegelbildtheorie 330 27 *6*

Spielbankenmonopol 260 12 *30*

Spielervertrag, DFB
- AGB **160** 305 *10*

Spitzenorganisation 50 10 *7;* **470** 2 *4, 54 ff., 71;* 12 *1 ff.*
- Koalitionsfreiheit **260** 9 *47*
- Prozessvertretung **50** 11 *15*

Sport
- Arbeitszeit **80** 5 *15;* 10 *19, 21 f., 25*

Sportgericht
- DFB **160** 319 *5*

Sportler, Profis
- befristetes Arbeitsverhältnis **480** 14 *47*
- Zuständigkeit **50** 2 *50*

Sportprämie 210 4 *44 ff.*
- Urlaubsentgelt **180** 11 *48*

Sportunfall 210 3 *68*
- Gesetzliche Unfallversicherung **420** 106 *25*

Sportwettenmonopol 260 12 *30*

Sprache
- Diskriminierungsverbot **260** 3 *34 f.*

Sprecherausschuss 150 5 *45, 74 ff.*
- *siehe auch* Gesamtsprecherausschuss
- *siehe auch* Konzernsprecherausschuss
- *siehe auch* Leitender Angestellter
- *siehe auch* Sprecherausschuss, Beteiligung
- *siehe auch* Sprecherausschuss-Richtlinie
- *siehe auch* Sprecherausschussmitglied
- *siehe auch* Unternehmenssprecherausschuss
- Anhörung bei Betriebsvereinbarung **150** 77 *7, siehe auch dort*
- Arbeitskampfverbot **460** 2 *8*
- Aufgabe/Zuständigkeit **460** 25 *1 ff.;* 31 *1*
- Auflösung **460** 2 *8 f.;* 10 *1;* 24 *1;* 29 *2*
- Auslandsbezug, Betriebsausstrahlung/Territorialprinzip **460** 1 *5 f.*
- außerordentliche Wahl **460** 8 *6*
- Behinderungs-, Benachteiligungs- und Begünstigungsverbot **460** 2 *4 ff.*
- Beschluss/Beschlussfassung/Beschlussfähigkeit **460** 10 *1;* 19 *5;* 20 *2;* 24 *1*
- Beschlussverfahren **50** 2a *23 f.;* 81 *15;* **460** 2 *9;* 8 *11;* 25 *3;* 27 *1;* 28 *3;* 29 *9;* 31 *4;* 32 *3, siehe auch dort*
- Betrieb, Begriff **460** 1 *3*
- betriebliche Friedenspflicht **460** 2 *8*
- Betriebsübergang **160** 613a *135;* **460** 8 *7*
- Einlick in Bruttogehaltsliste **460** 25 *2*
- einstweiliger Rechtsschutz **460** 30 *5;* 32 *3*
- Errichtung **460** 1 *1 ff.*
- freiwillige Betriebsvereinbarung **150** 88 *1*
- gemeinsame Sitzung mit Betriebsrat **460** 2 *3*
- Geschäftsführung/Vorsitzender **460** 1 *9;* 8 *8;* 14 *1;* 19 *5;* 24 *1*
- Gewerkschaft, Unabhängigkeit **460** 8 *10*
- Grundabstimmung/Grundsatzbeschluss **460** 1 *2;* 8 *9*
- Informationspflicht des Betriebsrats **460** 2 *3*
- jährliche ordentliche/außerordentliche Versammlung **460** 15 *1*
- leitender Angestellter, Begriff **460** 1 *2*
- öffentlicher Dienst **460** 1 *8*
- Ordnungswidrigkeit **460** 30 *5*
- Prokurist, Wählbarkeit **460** 8 *3*
- Religionsgemeinschaft **460** 1 *8*
- Sitzungsprotokoll **460** 29 *5*

- Straftat **460** 2 *2, 7;* 26 *2;* 29 *7 f.*
- Tendenzbetrieb **460** 1 *8*
- Überwachungspflicht **460** 27 *2*
- Unterstützung einzelner leitender Angestellter **460** 26 *1 f.*
- Urteilsverfahren **460** 29 *9*
- Verbot parteipolitischer Betätigung **460** 2 *8*
- vertrauensvolle Zusammenarbeit mit Arbeitgeber **460** 2 *1 ff.;* 15 *1*
- Wahl/Wahlverfahren **460** 1 *9;* 8 *1 ff.*
- Wahlanfechtung **460** 8 *5, 10 f.*
- Wahlberechtigung **460** 1 *2;* 8 *2, 9*
- Wahlkosten **460** 8 *10*
- Wahlordnung **460** 8 *1 f., 5, 8 f.;* 20 *2*
- Wahlschutz **460** 8 *10*
- Wahlvorstand **460** 8 *2, 8 f.*
- Zusammensetzung/Mitgliederzahl **460** 1 *9;* 8 *1, 4;* 10 *1*

Sprecherausschuss, Beteiligung
- Abwicklungsvertrag **160** 611 *1054*
- Anhörungsrecht **460** 1 *1, 10;* 2 *2;* 25 *1;* 31 *3, 5*
- Anhörungsverfahren bei Kündigung **460** 31 *3*
- Arbeitsbedingungen **460** 30 *1 f.*
- Arbeitszeit, Dauer/Lage **460** 30 *2*
- Aufhebungsvertrag **160** 611 *1054*
- Beratungsrecht **460** 1 *1;* 25 *1;* 30 *1, 4;* 32 *3*
- betriebliche Altersversorgung **460** 19 *3;* 24 *1;* 28 *1*
- Betriebsänderung **460** 32 *2*
- Betriebsordnung **460** 30 *2*
- Beurteilungsgrundsätze **460** 30 *3*
- Eilfälle **460** 31 *3*
- Einstellung/Einstellungsgespräch **460** 19 *3;* 28 *1*
- freiwillige Arbeitgeber-Leistung **460** 24 *1*
- Gehaltsgestaltung/Entlohnungsgrundsatz **460** 25 *2;* 30 *2*
- Informationsrecht/Mitteilungsrecht/Unterrichtungsrecht **460** 1 *1, 8, 10;* 2 *2 f.;* 25 *1 ff.;* 30 *1, 4;* 31 *2 ff.;* 32 *1 ff.*
- Kollektivbezug **460** 25 *2;* 28 *1, 4;* 30 *1;* 31 *1*
- Kündigung **460** 19 *3;* 28 *1*
- Kündigung leitender Angestellter **460** 31 *1 ff.*
- personelle Maßnahme **460** 31 *1 ff.*
- personelle Veränderung **460** 31 *2*
- soziale Angelegenheit **460** 30 *1*
- Sozialeinrichtung **460** 24 *1*
- Unternehmensorganisation **460** 19 *3*
- Urlaubsregelung **460** 30 *2*
- Verletzung des Beteiligungsrechts **460** 30 *5;* 31 *1*
- Vorlage von Unterlage **460** 25 *1 f.;* 32 *1*
- Weiterbeschäftigungsanspruch **460** 31 *3*
- wirtschaftliche Angelegenheit **460** 1 *8;* 32 *1*
- Zielvereinbarung **460** 19 *3;* 28 *1*

Sprecherausschuss-Richtlinie
- Abfindungsregelung **460** 28 *1*
- Auslegung **460** 28 *2*
- Ausschreibung **460** 28 *1*
- betriebliche Altersversorgung **140** 1 *107;* 1b *19;* 2 *66;* **460** 28 *1*
- Betriebsänderung **460** 32 *2*
- Betriebsübergang **460** 28 *4*
- Einstellungsgespräch **460** 28 *1*
- Formerfordernisse bei Kündigung **460** 28 *1*
- Gehaltsgestaltung **460** 28 *1*
- Gesamtvereinbarung **460** 2 *3*
- Gratifikation **460** 28 *1*
- Inhalt **460** 28 *2*
- Interessenausgleich **460** 32 *2*
- Krankheit **460** 28 *1*
- Kündigung **460** 28 *4*
- Kündigungsfrist **460** 28 *1*
- Nachwirkung **460** 28 *4*
- Nichtigkeit **460** 27 *1*
- Regelungsgegenstand, Inhalt, Abschluss und Beendigung von Arbeitsverhältnis **460** 28 *1*
- Reisekosten **460** 28 *1*
- Schriftform **460** 28 *2*
- Sozialplan **460** 32 *2*
- Urlaub **460** 28 *1;* 30 *2*
- Verschwiegenheitspflicht **460** 28 *1*
- Wettbewerbsverbot **460** 28 *1*
- Wirkung **460** 28 *2 f.*
- Zielvereinbarung **460** 28 *1*

Sprecherausschussmitglied
- Amtszeit **460** 1 *4, 9;* 8 *4, 7 f.*
- Aufwandsentschädigung **460** 2 *6*
- Ausschluss **460** 2 *8 f.;* 10 *1;* 19 *5;* 24 *1;* 29 *8*
- Behinderungs-, Benachteiligungs- und Begünstigungsverbot **460** 2 *4 ff.*
- besonderer Kündigungsschutz **460** 2 *4*
- Ehrenamt **460** 2 *6*
- Erlöschen der Mitgliedschaft **460** 10 *1;* 19 *5;* 24 *1*
- Ersatzmitglied **460** 2 *5;* 8 *8;* 10 *1;* 29 *1*
- Freistellung zu Schulungs- und Bildungsveranstaltung **460** 14 *2*
- Freistellung/Arbeitsversäumnis, Kosten **460** 2 *6;* 14 *1 f.*
- Geheimhaltungspflicht, Betriebs-/Geschäftsgeheimnis **460** 29 *1 ff.*
- Kündigung **460** 2 *4*
- Verschwiegenheitspflicht **460** 26 *1 f.;* 29 *6*
- Wählbarkeit **460** 8 *3*

Sprechstunde des Betriebsrats *siehe* Betriebsrat, Sprechstunde

Springer 480 14 *39*
- befristetes Arbeitsverhältnis **480** 14 *39*

Spruchrichterprivileg
- Amtspflichtverletzung ehrenamtlicher Richter **50** 28 *2*

Sprungrechtsbeschwerde 50 96a *1 ff.*
- Zulassung im Beschlussverfahren **50** 96a *4 ff.*

Sprungrevision 50 1 *3;* 76 *1 ff.*
- Bindungswirkung für das Bundesarbeitsgericht **50** 76 *22 ff.*

- Durchführung **50** 76 *33 ff.*
- Entscheidung über die Zulassung **50** 76 *21 ff.*
- Frist **50** 76 *32*
- materielle Zulassungsvoraussetzungen **50** 76 *16 ff.*
- Muster **50** 76 *40*
- nachträgliche Zulassung **50** 76 *10 ff.*
- negative Zulassungsentscheidung **50** 76 *26 f.*
- positive Zulassungsentscheidung **50** 76 *28 f.*
- Rechtsmittelwahlrecht **50** 76 *28 ff.*
- Verfahrensrüge **50** 76 *37*
- Zulassung **50** 76 *4 ff.*
- Zurückverweisung **50** 76 *38*

Staatenloser
- Arbeitsplatzschutz, Wehrdienst **60** 1 *2*

Staatshaftung
- Amtspflichtverletzung ehrenamtlicher Richter **50** 28 *2*

Staatshaftungsanspruch
- gemeinschaftsrechtlicher, Verjährung **160** 195 *7*

Staatssicherheit/Stasi
siehe Ministerium für Staatssicherheit

Stahlindustrie
- Arbeitszeit **80** 13 *5*

Stammkapital 280 43 *24, 26 ff.*
- bilanzielle Betrachtungsweise **280** 43 *24*

Ständige Verwaltungspraxis
siehe Verwaltungspraxis, ständige

Stasi-Mitarbeiter
- ehrenamtlicher Richter **50** 21 *27*

Stasitätigkeit 320 1 *355*

Stationierungsstreitkräfte *siehe auch* Zivile Arbeitskräfte bei den Stationierungsstreitkräften
- Arbeitszeit **80** 15 *18*

Statische Bezugnahme *siehe* Bezugnahme, statische

Statusfeststellungsverfahren 390 7a *32 ff.*
- Anfrageverfahren **390** 7a *32*

Statusklage
- Arbeitnehmerbegriff **160** 611 *105 ff.*
- arbeitsrechtliche Konsequenz **160** 611 *113 ff.*
- Aufhebungsvertrag **160** 611 *1157 ff.*
- Aut-aut-Fall **160** 611 *111 f.*
- Et-et-Fall **160** 611 *111 f.*
- Feststellungsklage **160** 611 *105 ff.*
- Klagefrist **160** 611 *109*
- Sic-non-Fall **160** 611 *110 f.*
- sozialversicherungsrechtliche Konsequenz **160** 611 *122 ff.*
- steuerrechtliche Konsequenz **160** 611 *120 f.*
- Verwirkung **160** 611 *786*
- Zuständigkeit **50** 2 *11 ff.*

Statutenwechsel 220 30, 8 Rom I *33 f.*

Stellenabbau
- Aufklärungspflicht, AG **160** 611 *235*

Stellenausschreibung
- Benachteiligungsverbot **20** 12 *2 f., 11*
- Einstellungsanspruch **160** 611 *201*

- geschlechtsneutrale Ausschreibung **160** 611 *201*
- geschlechtsspezifische Ausschreibung **160** 611 *201*
- Inseratskosten, Schadensersatz **160** 611 *300*; **628** *44*
- Invitatio ad offerendum **160** 611 *352*
- Teilzeitarbeitsplatz **160** 611 *202*
- Vertragsanbahnung **160** 611 *201 ff., 230*

Stellenbeschreibung
- AGB **160** 308 *17*

Stellenbewerber
- Maßregelungsverbot **160** 612a *5*

Stellensuche
- Änderungskündigung **160** 629 *12*
- Arbeitnehmer **160** 629 *5*
- arbeitnehmerähnliche Person **160** 629 *5*
- Arbeitszeugnis **160** 629 *4*
- Aufhebungsvertrag **160** 629 *13*
- auflösende Bedingung **160** 629 *13*
- Aufwendungsersatz **160** 629 *22*
- Ausbildungsverhältnis **160** 629 *10*
- Auslauffrist **160** 629 *11*
- außerordentliche Kündigung **160** 629 *11*
- Befristung **160** 629 *13*
- billiges Ermessen **160** 629 *19 f., 26*
- Darlegungs- und Beweislast **160** 629 *26*
- dauerndes Dienstverhältnis, Freistellungsanspruch **160** 629 *1, 6 ff.*
- Einigungsstelle **160** 629 *25, 28*
- einstweiliger Rechtsschutz **160** 629 *27 f.*
- Erholungsurlaub **160** 629 *17*
- freier Mitarbeiter **160** 629 *5*
- Freistellungsanspruch **160** 616 *15*; 629 *1 ff.*
- Freizeitverlangen **160** 629 *16 f.*
- Fürsorgepflicht **160** 629 *1, 6*
- Mitbestimmung des Betriebsrats **160** 629 *24 f.*
- ordentliche Kündigung **160** 629 *11*
- Organmitglieder **160** 629 *5*
- Personalrat **160** 629 *24*
- Qualifizierungsmaßnahme **160** 629 *18, 23*
- Tarifvertrag **160** 629 *19*
- Überwachung durch Betriebsrat **160** 629 *24*
- Unabdingbarkeit, Freistellungsanspruch **160** 629 *19*
- Verdienstausfall **160** 616 *15*; 629 *3, 21 f.*
- Vergütungsanspruch **160** 616 *15*; 629 *3, 21*
- vorübergehende Verhinderung **160** 616 *15, 21*; 629 *3, 18, 22*
- Zurückbehaltungsrecht **160** 629 *28*

Stellenvorbehalt
- Frist **60** 11a *2*
- Wehrdienst **60** 11a *2*

Stellung, marktbeherrschende
siehe Marktbeherrschende Stellung

Stellvertretung
- *siehe auch* Gesetzlicher Vertreter
- *siehe auch* Vertretungsmacht

- Arbeitsvertrag **160** 611 *359 ff.*
- Darlegungs- und Beweislast **160** 611 *373*
- Eigenhaftung des Vertreters **160** 611 *228*
- Gesamtvertretung **160** 115 *2, 12*; 626 *109*
- Handlungsbevollmächtigter **160** 611 *985*
- Kündigung **160** 611 *985*
- Leiter Human Resources **160** 611 *985*
- Minderjähriger, Eltern **160** 115 *2, 12*
- mittelbare Stellvertretung **160** 611 *361*
- Personalleiter **160** 611 *985*; 626 *110*
- Personalsachbearbeiter **160** 611 *985*
- Prokurist **160** 611 *985*; 626 *109*
- Vertrauensschaden **160** 611 *366*
- Wissensvertreter **160** 199 *15*

Stellvertretung, mittelbare
siehe Mittelbare Stellvertretung

Sterbegeld
- betriebliche Altersversorgung, Abgrenzung **140** 1 *38*; 16 *11*
- Überbrückungsbeihilfe, betriebliche Altersversorgung **140** 7 *32*; 16 *11*

Sterilisation 210 3 *112 f.*

Steuerberater
- Arbeitszeit **80** 7 *61*
- Dienste höherer Art **160** 627 *8*
- Dienstvertrag **160** 611 *142*
- Fälligkeit der Vergütung **160** 614 *13*
- Kündigungsfrist **160** 621 *3*

Steuerbevollmächtigter 50 11 *21*
- Kündigungsfrist **160** 621 *3*

Steuerdaten
- Persönlichkeitsrecht **260** 2 *25*

Steuerermäßigung
- Tarifglättung, außerordentliche Einkünfte **240** 34 *2 ff.*

Steuergeheimnis
- Ausschluss der Öffentlichkeit **50** 52 *16*

Steuerprogression
- Progressionsschaden **160** 288 *2*; 611 *642, 862*; 614 *14*; 615 *70*
- Progressionsvorbehalt, § 32b EStG **40** 3 *35 f.*

Steuerrecht
- *siehe auch* Gewerbesteuer
- *siehe auch* Körperschaftssteuer
- *siehe auch* Lohnsteuer
- *siehe auch* Rückstellungen
- *siehe auch* Steuerprogression
- *siehe auch* Umsatzsteuer
- Abfindung **160** 611 *1059, 1063, 1066 ff., 1182*; 628 *56*
- Abwicklungsvertrag **160** 611 *1142, 1147 f.*
- Arbeitgeberdarlehen **160** 611 *665*
- Arbeitnehmerbegriff **160** 611 *52 ff.*
- Aufhebungsvertrag **160** 611 *1142, 1147 f., 1159*
- Ausbildungsverhältnis **110** 3 *22*; 19 *14*
- Auslandsbezug **220** 30, 8 Rom I *116*
- Berichtigungserklärung **160** 611 *120*

- betriebliche Altersversorgung **140** 1 *43, 69, 97, 174, 199 ff.*; 1a 9, *15 ff.*, 22; 1b 68; 4 8; 6 75; 10 7 f.; 16 49, 64; 17 *11*
- Direktversicherung **140** 1 *199 f., 202 f.*
- Direktzusage **140** 1 *199 ff.*
- Entgeltumwandlung **140** 1a *15 ff.*; 17 *11*
- nachgelagerte Besteuerung, betriebliche Altersversorgung **140** 1 *43, 200*
- Pensionsfonds **140** 1 *199, 205*
- Pensionskasse **140** 1 *199 f., 205*
- Riester-Rente/Riester-Förderung, betriebliche Altersversorgung **140** 1 *97, 175, 200 f., 204*; 1a *17 ff., 22*; 17 *11*
- Schadensersatz, § 628 BGB **160** 628 *56*
- Statusklage, Konsequenz **160** 611 *120 f.*
- Steuergeheimnis **160** 615 *66*
- Steuerschaden **160** 288 *2*; 611 *642, 862*; 614 *14*; 615 *70*
- Trinkgeld **160** 611 *666*
- Unterstützungskassenzusage **140** 1 *199 ff.*
- Vorsorgeuntersuchung **90** 3 *19*
- Vorstand **30** 93 *14*
- Zuflussprinzip **160** 615 *70*

Stichtagsklausel
- Gratifikation **260** 12 *56*

Stichtagsregelung
- Inhaltskontrolle, AGB **160** 307 *88*

Stiftung 260 9 *13*

Stiftungen des öffentlichen Rechts
- Arbeitsschutz **90** 16 *3*

Stiftungsvorstand
- Kündigungsschutz **320** 14 *8*

Stillhalteabkommen
- Verjährungshemmung **160** 205 *2*

Stilllegung *siehe* Betrieb

Stillschweigende Rechtswahl *siehe* Rechtswahl, stillschweigende

Stillstand der Rechtspflege *siehe* Rechtspflege, Stillstand

Stillstand des Verfahrens *siehe* Verfahren, Stillstand

Stock Options *siehe* Aktienoption

Störfall
- Fälligkeit der Sozialversicherungsbeiträge **390** 23b *11*
- Wertguthaben **390** 23b *3 ff.*
- Zeitpunkt **390** 23b *10*

Störfallbeauftragte
- Arbeitsschutz **70** 13 *3*
- Zusammenarbeit mit Betriebsarzt/Sicherheitsfachkraft **90** 10 *9*

Störung der Geschäftsgrundlage
siehe Geschäftsgrundlage

Strafanzeige
- Ablehnung wegen Befangenheit **50** 49 *19*
- Kündigung **160** 611 *534 ff.*
- widerrechtliche Drohung **160** 611 *1014, 1018, 1122*

Strafbare Handlung *siehe* Handlung, strafbare
Strafgefangener
- Arbeitsvertrag, Abgrenzung **160** 611 *41, 60*
- Schutzmaßnahme **160** 618 *8*
Strafschadenersatz 220 *6*, 21 Rom I *9*
Straftat
- Kündigung **320** 1 *356*
- personenbedingte Kündigung **320** 1 *295*
Straftat des Arbeitgebers *siehe* Arbeitgeber, Straftat
Strafverfahren- und Bußgeldverfahren
- Beschlussverfahren **50** 2a *25*
Strafversprechen, selbständiges
siehe Selbständiges Strafversprechen
Strafvorschriften
- Europäische Genossenschaft, Beteiligung **368** 36 *4*; **369** 49 *1 f.*
Strahlenschutzbeauftragter
- Arbeitsschutz **70** 13 *3*
Straßenbahn
- Arbeitszeit **80** 5 *12*; 10 *34*
Straßentransport
- Arbeitszeit, Abweichen durch TV **80** 21a *10 f.*
- Arbeitszeit, Aufzeichnungspflicht **80** 21a *12 f.*
- Höchstarbeitszeit, Werktag/Woche **80** 21a *7 f.*
- Ruhezeiten **80** 21a *9*
Streik 260 9 *107 ff., 129 f.*; **500** 850k *4*
- *siehe auch* Arbeitskampf
- *siehe auch* Streikbruchprämie
- Annahmeverzug **160** 615 *16, 28*
- Anwesenheitsprämie **160** 612a *15*
- Arbeitszeit, Notfall **80** 14 *4*
- außerordentliche Kündigung **160** 626 *6*; **260** 9 *106*
- Auszubildender **110** 12 *8*
- Fernwirkung **160** 615 *82*
- Fluglotse **160** 611 *819*
- Friedenspflicht **470** 1 *13, 20, 71 f.*
- Generalstreik **260** 9 *108*
- Kurzstreik **160** 615 *82*
- leitender Angestellter **260** 9 *110*
- nichtorganisierter Arbeitnehmer **260** 9 *111*
- politischer Streik **260** 9 *109, 126*
- Schwerpunktstreik **260** 9 *108*
- Solidaritätsstreik **260** 9 *109*
- Streikarbeit **160** 612a *13*; 615 *64*
- Streikart **260** 9 *108 f.*
- Streikaufruf **260** 9 *110*
- Streikexzess **160** 626 *6*
- Streikgeld **240** 8 *23*
- Streikposten **160** 615 *28*
- Suspendierung der arbeitsvertraglichen Pflicht **260** 9 *106*
- Sympathiestreik **260** 9 *109, 127*
- Teilnahmeberechtigter **260** 9 *110*
- Teilstreik **160** 615 *82*
- Warnstreik **260** 9 *108*
- Wellenstreik **160** 615 *82*
- wilder **260** 9 *109, 128*

Streikbruchprämie
- Gleichbehandlungsgrundsatz **160** 612a *13*
- Maßregelungsverbot **160** 612a *13*
- Streikarbeit **160** 612a *13*
- Tarifautonomie **160** 612a *13*
Streikgeld
- Einkommensteuer **240** 8 *23*
- Pfändungsschutz **500** 850k *4*
Streitbehandlungsgegenstand 50 54 *3*
Streitgegenstand, punktueller
siehe Punktueller Streitgegenstand
Streitgehilfe
- Ablehnung **50** 49 *11*
Streitgenossenschaft 50 46 *39*
- Betriebsübergang **50** 46 *110 f.*
Streitige Verhandlung
- Anforderung amtlicher Auskunft **50** 56 *28 f., siehe auch dort*
- Anforderung von Urkunde **50** 56 *16 ff.*
- Augenscheinseinnahme **50** 56 *18*
- Ausforschung **50** 56 *19*
- Beiziehung von Akte **50** 56 *23*
- Benachrichtigung der Partei **50** 56 *37, siehe auch dort*
- Beurteilungsspielraum **50** 56 *3*
- Beweiserhebung **50** 56 *6, siehe auch dort*
- Eilanordnung **50** 56 *4, siehe auch dort*
- Ermessensspielraum **50** 56 *3, siehe auch dort*
- Personalakten **50** 56 *22, siehe auch dort*
- Prozessförderungspflicht **50** 56 *11, siehe auch dort*
- richterlicher Hinweis **50** 56 *10 ff., siehe auch dort*
- Sachdienlichkeit **50** 56 *7*
- Sachverständigengutachten **50** 56 *18, siehe auch dort*
- Sachverständiger **50** 56 *31 ff.*
- Urkundensammlung **50** 56 *21, siehe auch dort*
- Vorbereitung **50** 56 *2 ff., siehe auch dort*
- Vorbereitungsmaßnahme **50** 56 *9*
- Zeuge **50** 56 *31 ff., siehe auch dort*
Streitige Verhandlung, Vorbereitung 50 56 *1 ff.*
Streitigkeit, tarifrechtliche
siehe Tarifrechtliche Streitigkeit
Streitigkeit, vermögensrechtliche
siehe Vermögensrechtliche Streitigkeit
Streitverkündung
- Betriebsübergang **50** 46 *121*
- Verjährungshemmung **160** 204 *15 f.*
Streitwert
- Annahmeverzugslohn **160** 615 *88*
- Auflösungsantrag **320** 9 *55*
- Berechnung **50** 61 *10 ff.*
- betriebliche Altersversorgung **140** 1 *217*
- Gerichtsgebühr **50** 61 *9*
- Kündigungsschutzprozess **320** 4 *51 ff.*
- NachwG **360** Vor 1 *42 ff.*
- Rechtsanwaltsgebühr **50** 61 *9*

- Zeugnis **250** 109 *68*
- Zuständigkeit **50** 8 *2*

Streitwertaddition 50 12 *40 ff.*

Streitwertberechnung
- Abfindung **50** 12 *39*
- Änderungskündigung **50** 12 *43*
- Arbeitsentgelt **50** 12 *38*
- Auflösungsantrag **50** 12 *39*
- Bestandsstreitigkeit **50** 12 *35 ff.*
- Eingruppierung **50** 12 *47*, *siehe auch dort*
- Mehrfachkündigung **50** 12 *40*
- objektive Klagehäufung **50** 12 *42 f.*
- Vergütungsanspruch **50** 12 *43*

Streitwertbeschwerde
- Nichtzulassungsbeschwerde im Rechtsbeschwerdeverfahren **50** 92a *12*

Streitwertfestsetzung 50 12 *23 ff.*; 61 *8 ff.*, *siehe auch* Ausgleichsquittung
- Abmahnung **50** 12 *48*, *siehe auch dort*
- Abrechnung **50** 12 *49*
- Arbeitspapiere **50** 12 *50*, *siehe auch dort*
- Arrest/einstweilige Verfügung **50** 12 *51*, *siehe auch dort*
- Auflösungsantrag **50** 12 *52*, *siehe auch dort*
- Aufrechnung **50** 12 *53*, *siehe auch dort*
- Ausbildungsverhältnis **50** 12 *56*, *siehe auch dort*
- Ausgleichsklausel **50** 12 *63*
- Auskunft **50** 12 *54*, *siehe auch dort*
- Befristung **50** 12 *55*, *siehe auch dort*
- Begründung **50** 12 *25*, *siehe auch dort*
- Beschluss **50** 12 *25 f.*, *siehe auch dort*
- Drittschuldnerklage **50** 12 *57*, *siehe auch dort*
- einfache Beschwerde **50** 12 *28 ff.*
- Feststellungsklage **50** 12 *58*, *siehe auch dort*
- Freistellung **50** 12 *59*, *siehe auch dort*
- Gerichtsgebührenstreitwert **50** 12 *24*, *siehe auch dort*
- Insolvenz **50** 12 *60*, *siehe auch dort*
- Leistungsklage **50** 12 *61*
- rechtliches Gehör **50** 12 *25*
- Teilzeit **50** 12 *62*, *siehe auch dort*
- Vergleich **50** 12 *63*, *siehe auch dort*
- Wettbewerbsverbot **50** 12 *64*, *siehe auch dort*
- Zeugnis **50** 12 *65*, *siehe auch dort*

Stress
- Geschäftsfähigkeit **160** 115 *8*

Stressinterview 260 2 *67*

Stringer u.a., EuGH
- Krankheitsurlaub **180** 9 *10*

Stripteasetänzerin
- Arbeitnehmer **160** 611 *104*

Strohmann
- Arbeitnehmerüberlassung **100** 1 *15, 36, 44*; 3 *12*; 6 *3*
- Arbeitsvertrag **160** 611 *362*
- mittelbare Stellvertretung **160** 611 *362*

Studium
- Annahmeverzug **160** 615 *44, 64*
- Anschlussbefristung **480** 14 *26 ff., 62*

Stufenklage
- Auskunftsanspruch **160** 611 *716*
- Auskunftspflicht **160** 615 *68*
- Provision **290** 65 *13*; 87c *12*
- Unterlassungsklage **160** 611 *594*
- Verjährungshemmung **160** 204 *5*
- Versäumnisurteil **50** 59 *29*

Stufenvertretung
- Zuständigkeit, Beteiligung bei Kündigung **170**, 5 f., 29 f., 66 ff.

Stundung
- Anerkenntnis **160** 212 *3*
- Treuepflicht des Arbeitnehmers **160** 614 *14*
- Vergütung **160** 612 *24*; 614 *1, 5, 14, 17*
- Verjährung **160** 205 *2*; 212 *3*

Stundungsvergleich
- betriebliche Altersversorgung, Insolvenzsicherung **140** 7 *21 ff.*; 9 *17*; 10 *2*

Subjektive Determinierung der Kündigungsgründe *siehe* Kündigungsgründe, subjektive Determinierung

Subjektive Klagehäufung 50 46 *39*

Subunternehmerhaftung
- Mindestarbeitsbedingungen **10** 14 *4*

Suchterkrankung 210 3 *69*

Sukzessivliefervertrag
- Provision **290** 87 *7*

Surrogationstheorie
- Abgeltungsanspruch **180** 1 *20*
- Aufgabe **180** 7 *2, 134*

Suspendierung *siehe auch* Freistellung
- Annahmeverzug, Anrechnung **160** 611 *1079, 1106 ff.*; 615 *8, 16, 19, 36, 41, 91*
- außerordentliche Kündigung **160** 626 *85*; 628 *14*
- Bestellung zum Geschäftsführer **160** 611 *98 ff.*
- Beteiligung des Personalrats bei Kündigung **170**, *41*
- Betriebsgeheimnisverrat **160** 611 *1105*
- Leistungsbestimmungsrecht **160** 315 *31*
- Schadensersatz, § 628 BGB **160** 628 *35*
- Straftat **160** 611 *1105*
- Teilsuspendierung **160** 628 *14, 35*
- Teilvergütung bei fristloser Kündigung **160** 628 *14*
- Vorstand **30** 84 *29*

Suspendierung der arbeitsvertraglichen Pflichten *siehe* Arbeitsvertragliche Pflicht, Suspendierung

Suspensiveffekt 50 9 *15*

Sympathiestreik 260 9 *109, 127*

Synallagma
- Arbeitsvertrag **160** 307 *50*; 308 *30*; 611 *11, 189, 375, 377, 602, 680, 684, 759, 1094*
- Aufhebungsvertrag **160** 611 *1094*

Syndikus-Anwalt *siehe auch* Kosten
- Prozessvertretung **50** 11 *9, 31*

System, gehaltsabhängiges
– betriebliche Altersversorgung **140** 1 *20*; 2 *67*; 16 *7*

Tachoscheibe
– Herausgabepflicht des Arbeitgebers **160** 611 *806*

Tagegeld
– ehrenamtlicher Richter **50** 31 *32 f.*

Tagesklinik
– Arbeitszeit **80** 5 *10*

Tankstelle
– Arbeitszeit **80** 7 *14*; 10 *78*

Tankwart
– Arbeitnehmer **160** 611 *104*

Tantieme *siehe auch* Aktienoption
– Abwicklungsvertrag **160** 611 *1130, 1141*
– Annahmeverzug **160** 611 *722*; 615 *48*
– Anspruchsentstehung/Fälligkeit **160** 611 *725, 1130*; 614 *7*
– Arbeitsentgelt **160** 611 *603, 722*
– Arbeitsunfähigkeit **160** 611 *725*
– Aufhebungsvertrag **160** 611 *1130, 1141*
– Auskunftsanspruch des Arbeitnehmers **160** 611 *726*
– Begriff/Abgrenzung **160** 611 *722 f.*
– Bilanz **160** 611 *724 ff., 1130*; 614 *7*
– Carried Interest **160** 611 *723*
– Fälligkeit **160** 611 *725, 1130*; 614 *5, 7*
– feste Bezüge, Abgrenzung **160** 627 *16*
– Geschäftsführer, Aufhebungsvertrag/Abwicklungsvertrag **160** 611 *1130*
– Gewinnbeteiligung **160** 611 *722*; 614 *5, 7*
– Gratifikation, Abgrenzung **160** 611 *723*
– Höhe **160** 611 *724*
– Leistungsbestimmungsrecht, Abschlussprüfer **160** 319 *6*
– Nachweis, NachwG **160** 611 *603*; 360 2 *33*
– Pfändungsschutz **500** 850k *4*
– Provision, Abgrenzung **160** 611 *723*
– Schadensersatz, § 628 BGB **160** 628 *47*
– Transparenzgebot **160** 611 *724*
– Vergütung **160** 611 *722 ff.*; 614 *5, 7*; 615 *48*; 627 *16*
– Verzicht, Schriftform **160** 623 *38*
– Vorstand, Aufhebungsvertrag/Abwicklungsvertrag **160** 611 *1130*
– Zielvereinbarung, Abgrenzung **160** 611 *723*

Tarifautonomie 260 9 *83 ff.*; **470** 1 *3*
– Altersversorgung **260** 9 *87*
– Arbeits- und Wirtschaftsbedingungen **260** 9 *87*
– Ausgestaltung **260** 9 *96 ff.*
– Begriff **260** 9 *84 f.*
– Bereichsausnahme, AGB **160** 307 *13*; 310 *19 ff., 42*
– Grenze **260** 9 *92 ff.*
– Maßregelungsverbot **160** 612a *13, 20*
– Streikbruchprämie **160** 612a *13*
– Umfang **260** 9 *86 ff.*

Tarifbindung
– Arbeitnehmerentsendung **10** 1 *7*
– Insolvenz **300** 108 *10 ff., siehe auch dort*

Tarifdispositivität
– *siehe auch* Tariföffnungsklausel
– *siehe auch* Tarifvorbehalt
– Arbeitnehmerschutzrecht **160** 611 *172*
– betriebliche Altersversorgung **140** 1a *23*; 6 *52*; 17 *18 ff.*; 18 *8*

Tariffähigkeit 260 9 *82*; **470** 2 *2 ff.*
– Anschlusstarifvertrag **470** 2 *41*
– Arbeitgeberverband **470** 2 *4 ff., 65 ff.*
– Beginn **470** 2 *75 f.*
– Doppelmitgliedschaft in Gewerkschaft **470** 2 *51*
– einzelner Arbeitgeber **470** 2 *60 ff.*
– Ende **470** 2 *75, 77*
– Entscheidung im Beschlussverfahren **50** 97 *1 ff.*
– fehlende Tariffähigkeit, Konsequenz **470** 2 *78 ff.*
– Feststellung im Beschlussverfahren **470** 2 *103 f.*
– Firmentarifvertrag **470** 2 *40*
– Gewerkschaft **470** 2 *4 ff., 11 ff.*
– Haftung der Spitzenorganisation **470** 2 *82 f.*
– Handwerksinnung **470** 2 *13, 72 ff.*
– Innungsverband **470** 2 *13, 72 ff.*
– Koalitionsfähigkeit, Abgrenzung **470** 2 *7 ff.*
– partielle Tariffähigkeit/-unfähigkeit **470** 2 *53*
– Sozialpartnervereinbarung **470** 2 *81*
– Spitzenorganisation **470** 2 *4, 54 ff., 71*; 12 *1 ff.*
– Tarifgemeinschaft Christliche Gewerkschaften Zeitarbeit und PSA **100** 3 *46*

Tarifflucht 470 3 *2, 42*

Tariffrage
– Beschlussverfahren **50** 2a *26*

Tarifgebundenheit 470 1 *120*; 3 *3 ff.*
– Allgemeinverbindlichkeit *siehe dort*
– Außenseiter **470** 3 *7*
– Austritt aus Tarifvertragspartei **470** 3 *20 ff.*
– betriebliche und betriebsverfassungsrechtliche Normen **470** 3 *41*
– Betriebsübergang **470** 3 *60 ff., 112 ff.*
– Betriebsvereinbarung **470** 3 *122*
– Bezugnahme und Betriebsübergang **470** 3 *112 ff.*
– Bezugnahme und Umwandlung **470** 3 *119 ff.*
– Differenzierungsklausel **470** 3 *80*
– dynamische Verweisung **470** 3 *89 ff.*
– Eintritt in Tarifvertragspartei **470** 3 *11 ff.*
– einzelvertragliche Bezugnahme **470** 3 *7, 81 ff.*
– Firmentarifvertrag **470** 3 *39 f., 74 ff.*
– Gastmitgliedschaft **470** 3 *30*
– Geltungsbereich **470** 4 *5 ff.*
– Gleichstellungsabrede **470** 3 *99 ff., 113 ff., 118*
– Günstigkeitsprinzip **470** 4 *15 ff., 41*
– Mitgliedschaft bei Tarifvertragspartei **470** 3 *9 f.*
– Nachbindung **470** 3 *42 ff.*
– Nachwirkung **470** 4 *37 ff.*; 8 *6*
– normativer Teil **470** 3 *4*
– Öffnungsklausel **470** 4 *12 ff.*

Tarifgebundenheit – Tarifvertrag

- OT-Mitgliedschaft **470** 3 *31 ff.*
- persönlicher Geltungsbereich, Abgrenzung **470** 3 *8*
- schuldrechtlicher Teil **470** 3 *5*
- statische Bezugnahme **470** 3 *88*
- Tarifflucht **470** 3 *2, 42*
- Tarifvertragspartei **470** 3 *3*
- Umwandlung einer Gesellschaft **470** 3 *66 ff., 119 ff.*
- Verbandstarifvertrag bei Umwandlung **470** 3 *67 ff.*
- verlängerte Tarifbindung **470** 3 *42 ff.*
- Wirkung **470** 3 *6*

Tarifkonkurrenz 470 2 *99 f.*; 4 *19 f.*
- Repräsentativität **10** 7 *10*

Tariflohn
- Hungerlohn/Lohnwucher 2/3 **160** 307 *23*; 611 *405, 411 ff., 475, 613, 712*; 612 *10, 30*

Tariflohnerhöhung
- Beweislast **50** 58 *36*

Tariflohnerhöhung, Anrechnung
- Beweislast **50** 58 *36, siehe auch dort*

Tariflohnunterschreitung
- Verstoß gegen das Verbot unlauteren Wettbewerbs **10** 8 *10*

Tariföffnungsklausel
- *siehe auch* Tarifdisposivität
- *siehe auch* Tarifvorbehalt
- Arbeitszeitregelung **80** 7 *1 ff.*, 8; 12 *1 ff.*
- betriebliche Altersversorgung **140** 17 *1 ff.*
- Kündigungsfrist **160** 622 *4, 11 ff.*
- schwebende Unwirksamkeit **160** 611 *184*

Tarifpartei
- Auskunft **50** 56 *36*

Tarifparteien, Einrichtung
- Zuständigkeit **50** 2 *31*

Tarifpluralität 470 2 *99 f.*; 4 *21*

Tarifrecht
- Ermittlung **50** 56 *36, siehe auch dort*
- internationaler Kollisionsfall **220** 30, 8 Rom I *92 ff.*

Tarifrechtliche Streitigkeit
- Zuständigkeit **50** 2 *4 ff., siehe auch dort*

Tarifregelungen
- Kirche **10** 10 *2*

Tarifregister 470 1 *120*; 2 *49*; 6 *1 ff.*; 11 *1 ff.*
- BMAS **10** 3 *24*

Tarifsperre
- *siehe* Betriebsvereinbarung, Tarifvorrang
- *siehe* Erzwingbare Mitbestimmung, Tarifvorrang
- *siehe* Tarifvertrag, Vorrang

Tariftreueregelungen
- Vergabepraxis **10** 21 *11*

Tarifvertag, Baugewerbe
- Bauleistungen **10** 6 *3*

Tarifvertrag
- *siehe auch* Allgemeinverbindlichkeit

- *siehe auch* Günstigkeitsprinzip
- *siehe auch* Haustarifvertrag
- *siehe auch* Tarifdispositivität
- *siehe auch* Tariffähigkeit
- *siehe auch* Tariflohn
- *siehe auch* Tariföffnungsklausel
- *siehe auch* Tarifvertrag, Bezugnahme auf
- *siehe auch* Tarifvertrag, Inhalt
- *siehe auch* Tarifvorbehalt
- *siehe auch* Urheberschutz
- *siehe auch* Verbandstarifvertrag
- Abgrenzung zu anderen Regelungsarten **470** 1 *5 ff.*
- Ablauf **470** 4 *38*
- ablösender Tarifvertrag, betriebliche Altersversorgung **140** 1 *147 f.*
- Ablöseprinzip, Betriebsübergang **160** 613a *120*
- Abschluss **470** 1 *35 ff.*
- Abweichung vom Jugendarbeitsschutz **310** 21b *8 ff.*
- AGB-Kontrolle bei Bezugnahme **470** 3 *110 f.*
- AGG **470** 1 *114*
- Akkordansatz/Akkordänderung **160** 319 *12, 23*
- Allgemeinverbindlichkeit *siehe dort*
- Alterskündigungsschutz **160** 626 *121, 133*
- Altersteilzeittarifvertrag **40** 2 *10 f., 25 ff.*; 3 *1, 4, 14, 29*; 4 *6*; 6 *8*; 8 *15*; 8a *1, 12*; 12 *6*
- Änderungskündigung **470** 1 *55*
- Anerkennungstarifvertrag **470** 1 *39*
- Anlage, Schriftform **160** 127 *20*
- Anschlusstarifvertrag **470** 1 *30*; 2 *41*
- Anwendbarkeit auf Arbeitsvertrag **250** 105 *18 ff.*
- Arbeitnehmer-Urheber **495** 32 *13 ff.*
- arbeitnehmerähnliche Person **470** 12a *1 ff.*
- Arbeitnehmerentsendung **470** 1 *22*
- arbeitsvertragliche Bezugnahme **470** 1 *117*; 3 *7, 81 ff., siehe auch* Tarifgebundenheit
- Arbeitszeitregelung **80** 7 *1 ff.*; 12 *1 ff.*
- Arbeitszeugnis **160** 630 *4*
- Aufhebungsvertrag **470** 1 *45*
- Ausgleichsquittung **160** 611 *1099*
- Auslaufen **470** 1 *43 ff.*
- Auslegung im Betrieb **470** 8 *2 ff.*
- außerordentliche Kündigung **470** 1 *50 ff.*
- Bedingung **470** 1 *46*
- Beendigung **470** 1 *43 ff.*
- Beendigung der Nachbindungswirkung **160** 624 *3*
- Befristung **470** 1 *44*
- Begriff **470** 1 *2 f.*
- Bereichsausnahme, AGB **160** 307 *12 f., 20*; Vor 305-310 *3 ff.*; 310 *16, 19 ff. 41 ff.*
- berufsspezifischer Tarifvertrag **470** 1 *31 f.*
- betriebliche Altersversorgung, Rechtsgrundlage der Leistungszusage **140** 1 *108*; 1b *19 f., 32*; 2 *66*
- betriebliche Altersversorgung, Tariföffnungsklausel/Tarifdispositivität/Tarifvorbehalt **140** 1a *23*; 6 *52*; 17 *1, 17 ff., 28 ff.*; 18 *8*; 30h *1*
- Betriebsbuße **160** 315 *61*

5175

Tarifvertrag

- Betriebsübergang **160** 613a *8, 106 ff.*
- Betriebsübergang, Weitergeltung **490** 324 *11 f., 14 f.*
- Betriebsvereinbarung, Verhältnis **470** 1 *10*; 3 *38, 122*
- Bezugnahme und Betriebsübergang **470** 3 *112 ff.*
- Bündnis für Arbeit **470** 4 *14*
- Diskriminierungsverbot **470** 1 *113*
- Durchführungspflicht **470** 1 *64 ff.*
- Einstellungsuntersuchung **160** 611 *316*
- Eintragungspflicht in Tarifregister **470** 6 *1 ff.*
- Einwirkungspflicht **470** 1 *64 ff.*
- elektronische Form **470** 1 *37*
- Ende **470** 1 *43 ff., 56 ff.*
- Entgeltverzicht **160** 611 *606, 781, 787, 1099*; 615 *10*
- ergänzende Vertragsauslegung **160** 622 *16*
- Europarecht **470** 1 *113*
- Feststellung der Rechtwirksamkeit **470** 9 *1 ff.*
- Firmentarifvertrag **470** 1 *28 f., siehe auch dort*
- Firmenverbandstarifvertrag **470** 1 *27, siehe auch dort*
- Freistellung zur Stellensuche **160** 629 *19*
- Friedenspflicht **470** 1 *13, 20, 62, 71 ff., siehe auch* Tarifvertrag, Inhalt
- Funktion **470** 1 *15 ff.*
- Geltungsbereich **470** 4 *5 ff.*
- gemeinsame Einrichtungen **470** 4 *10 f.*; 5 *9*
- gerichtliche Kontrolle **470** 1 *109 ff.*
- Geschäftsgrundlage **160** 313 *18, 20 f.*
- Gleichbehandlungsgrundsatz **470** 1 *113*
- Gleichheitssatz **160** 622 *13 f., 16, 20, 62*
- Grenzen der Gestaltungsmacht **470** 1 *105 ff.*
- Grundrechtsbindung **160** 611 *170*; 622 *13*
- Grundrechtsgebundenheit **470** 1 *111 ff.*
- Günstigkeitsprinzip **260** 9 *91*; **470** 1 *11*; 4 *15 ff., 41*
- Handelsvertreter, Anwendbarkeit des TVG **470** 12a *7*
- inhaltliche Auslegung **470** 1 *101 ff.*
- Inhaltskontrolle **470** 1 *116*
- Inkrafttreten **470** 1 *40 ff.*
- Insolvenz **300** 108 *10 ff.*
- kirchenrechtliche Arbeitsvertragsregelungen, Abgrenzung **160** 319 *7 ff.*; **470** 1 *6*
- Klage auf Einwirkung **470** 1 *65*
- Kündigung **470** 1 *47 ff.*
- Kündigungsausschluss **160** 622 *62*
- Kündigungsfrist **160** 622 *4, 11 ff.*
- Kurzarbeit **160** 307 *50*; 315 *26*; 615 *17*
- Leistungsbestimmungsrecht **160** 315 *19 ff.*
- Manteltarifvertrag **470** 1 *34*
- Maßregelungsverbot **160** 612a *6, 13*; 626 *6*
- materielle Richtigkeitsgewähr **160** 315 *20*; 628 *24*
- mehrgliedriger Tarifvertrag **470** 1 *30*
- Mindestarbeitsbedingungen **470** 1 *22 f.*
- Mischbetrieb, Geltungsbereich **470** 4 *9*
- Mitgliedschaft bei Tarifvertragsparteien **470** 3 *9 f.*
- Nachgeltung *siehe* Tarifgebundenheit
- Nachweis, NachwG **160** 611 *767, 863*; 613a *118*; 622 *66*
- NachwG **360** 2 *52 ff.*
- NachwG, Verletzung der Bekanntgabepflicht **470** 8 *10*
- Nachwirkung **470** 4 *37 ff.*; 8 *6*
- Nebentätigkeit, Anzeigepflicht/Genehmigungsvorbehalt **160** 611 *541 f., 549*
- normative Wirkung **260** 9 *89 f.*; **470** 4 *2 ff.*
- normativer Teil **470** 1 *77 ff.*
- Öffnungsklausel **470** 4 *12 ff.*
- OT-Mitgliedschaft **470** 2 *70*
- persönlicher Geltungsbereich **470** 3 *8*
- Rationalisierungsschutzabkommen **160** 315 *28, 33*; 622 *62*
- Rechtsnatur **470** 1 *13 f.*
- Rechtsquelle **160** 611 *164 f., 175 f., 178*
- Revisionsgründe **50** 73 *14 f.*
- Rückwirkung **160** 622 *12*
- Schriftform **160** 127 *10 ff., 59, 65*; 611 *1006*; **470** 1 *36 ff.*
- Schriftformklausel **160** 127 *65*
- schuldrechtlicher Teil **470** 1 *13, 62 ff.*
- Spartentarifvertrag **470** 1 *33, siehe auch dort*
- Spitzenorganisation **470** 2 *4, 54 ff., 71*; 12 *1 ff.*
- Tarifauslegung **160** 622 *11, 16*
- Tarifautomatik **160** 626 *52*
- Tarifautonomie **260** 9 *83 f.*; **470** 1 *3, 56*
- Tariffähigkeit *siehe dort*
- Tarifgebundenheit **470** 2 *70, siehe dort*
- Tarifkollision **470** 4 *19 ff.*
- Tarifkonkurrenz **470** 2 *99 f.*; 4 *19 f.*
- Tarifpluralität **470** 2 *99 f.*; 4 *21*
- Tarifregister **470** 1 *120*; 2 *49*; 6 *1 ff.*; 11 *1 ff.*
- Tariftreueregelungen **470** 1 *22*
- Tarifvertragspartei **470** 1 *25 ff., siehe auch* Tariffähigkeit, *siehe auch* Tarifgebundenheit
- Tarifvertragspartei, Beginn und Ende Mitgliedschaft **470** 3 *11 ff.*
- Überkreuzablösung, Betriebsübergang **160** 613a *111, 119*
- Übersendungs- und Mitteilungspflicht an BMWA **470** 7 *1 ff.*
- Umwandlung **470** 3 *66 ff., 119 ff.*
- Unkündbarkeit **160** 626 *121 ff.*
- unmittelbare Wirkung **470** 4 *2*
- Verbandstarifvertrag **470** 1 *2 f., siehe auch dort*
- Verdienstsicherungsklausel, Akkordlohn **160** 611 *631*
- Vergütung **160** 611 *605 ff.*
- Vergütungsgruppe **160** 611 *607*
- Vergütungsregelungen bei Betriebsübergang **160** 613a *107*
- Vermutung aufklärungsgemäßen Verhaltens **160** 611 *863*
- Versorgungsordnung **140** 1 *70*; 1a *23*

- Verwirkung tarifvertraglicher Rechte **470** 4 *27*
- Verwirkung von Rechten **160** 611 *787*; 622 *20*
- Verzicht **160** 611 *1099*; 615 *10*; 622 *12*
- Verzicht auf tarifliches Recht **470** 4 *25 f.*
- Vorrang **150** 2 *12 f.*; 3 *47 ff.*, *siehe auch* Betriebsvereinbarung, Tarifvorrang
- Vorschussklausel **160** 614 *21*
- Wesentlichkeitstheorie, Öffnungsklausel **80** 12 *2*
- Widerrufsrecht, Aufhebungsvertrag **160** 611 *1050 f.*
- Willkürverbot **160** 315 *21*
- Zeitkollisionsregel, Ordnungsprinzip **140** 1 *147, 191*
- Zulagen **160** 611 *720 f.*
- Zweckmäßigkeitskontrolle **470** 1 *115*

Tarifvertrag, Abfallwirtschaft
- Arbeitnehmerentsendung **10** 3 *22*

Tarifvertrag, ausländischer **220** 30, 8 Rom I *99 ff.*

Tarifvertrag, Baugewerbe
- Arbeitnehmerentsendung **10** 3 *12 ff.*

Tarifvertrag, Bergbau
- Arbeitnehmerentsendung **10** 3 *20*

Tarifvertrag, Bezugnahme auf *siehe auch* Gleichstellungsabrede
- AGB, Bezugnahmeklausel **160** 305 *8*; 305c *27 ff., 35, 41*; 307 *115 ff.*; 308 *16 f.*; 310 *24 ff., 44*; 622 *17*
- betriebliche Altersversorgung **140** 17 *24*
- betriebliche Übung **160** 622 *17*
- Betriebsübergang **160** 613a *106, 116 ff.*
- Betriebsvereinbarung **160** 622 *17*
- Blankettverweisung, Arbeitszeit **80** 7 *54*
- dynamische Bezugnahmeklausel **160** 613a *117*; 622 *9, 17*
- dynamische Verweisung im Leiharbeitsvertrag **100** 9 *37, 44*
- Entgeltumwandlung **140** 1a *23*
- Form **160** 622 *17*
- fremder Tarifvertrag **160** 305c *22*; 310 *26*; 622 *18*
- Globalverweisung, AGB **160** 310 *24 ff., 44*
- Kündigungsfrist **160** 622 *9, 17 ff.*
- NachwG **360** 2 *39 ff.*
- statische Bezugnahmeklausel **160** 613a *117*
- Tarifwechselklausel **160** 613a *117*
- Teilverweisung, AGB **160** 310 *26*
- Transparenzgebot **160** 307 *132*; 310 *26*
- Überraschungsverbot **160** 305c *22*; 310 *26*; 622 *17*
- Unklarheitenregel **160** 305c *27, 29, 35*; 622 *17*
- Urlaubsregelungn **160** 305c *35*
- Verweisungsklausel, Überraschungsverbot **160** 305c *22*
- Weihnachtsgeldrückzahlungsklausel, Transparenzgebot **160** 307 *132*

Tarifvertrag, Briefdienstleistungen
- Arbeitnehmerentsendung **10** 3 *18*

Tarifvertrag, Dachdecker
- Arbeitnehmerentsendung **10** 3 *14*

Tarifvertrag, Elekrohandwerk
- Arbeitnehmerentsendung **10** 3 *13*

Tarifvertrag, Gebäudereinigung
- Arbeitnehmerentsendung **10** 3 *17*

Tarifvertrag, Inhalt 470 1 *62 ff.*
- Abschlussnorm **470** 1 *82 ff.*
- Arbeit auf Abruf **480** 12 *18*
- arbeitnehmerähnliche Person **470** 1 *79*
- Arbeitsverhältnis betreffende Norm **470** 1 *79 ff.*
- Aufrechnung **470** 1 *105*
- Ausschlussfrist **180** 13 *33 ff.*; **470** 4 *28 ff.*; 8 *8 f.*
- Beendigungsnorm **470** 1 *87 f.*
- Befristung **480** 14 *102 ff.*
- betriebliche Norm **470** 1 *89 ff.*
- betriebsverfassungsrechtliche Norm **470** 1 *93 f.*
- Differenzierungsklausel **470** 1 *108a*
- Direktionsrecht **250** 106 *71*
- Doppelcharakter von Norm **470** 1 *96 ff.*
- Durchführungspflicht **470** 1 *62, 64 ff.*
- Effektivklausel **470** 1 *106 f.*
- Elternzeit **130** 15 *38*
- Entgeltfortzahlung **210** 4 *65 f.*
- Friedenspflicht **470** 1 *13, 20, 62, 71 ff.*
- gemeinsame Einrichtung **470** 1 *95*
- Inhaltskontrolle bei Bezugnahme **180** 13 *29 ff.*
- Inhaltsnorm **470** 1 *86*
- Job-Sharing **480** 13 *18 f.*
- Lohnabtretungsverbot **470** 1 *105*
- Lohnverwendungsgebot **470** 1 *105*
- Lohnverzicht **470** 1 *105*
- Nachwirkungszeitraum **180** 13 *32*
- Nebentätigkeit **470** 1 *105*
- Nichtverlängerungsmitteilung **480** 3 *19*
- normativer Teil **470** 1 *77 ff.*
- Ordnung und Verhalten der Arbeitnehmer **250** 106 *77*
- Rückzahlung der Urlaubsvergütung **180** 9 *8*
- schuldrechtlicher Teil **470** 1 *62 ff.*
- Urlaub **180** 8 *8*; 9 *32*; 13 *2, 10 ff., 24 ff.*
- Urlaubsanspruch, Wartezeit **180** 4 *13*
- Urlaubsentgelt **180** 11 *29 ff., 63*
- Urlaubsgeld **180** 11 *55*
- Versetzungsvorbehalt **250** 106 *73*
- Wettbewerbsverbot **470** 1 *105*

Tarifvertrag, Maler
- Arbeitnehmerentsendung **10** 3 *15*

Tarifvertrag, Sicherheitsdienstleistungen
- Arbeitnehmerentsendung **10** 3 *19*

Tarifvertrag, Wäschereidienstleistungen
- Arbeitnehmerentsendung **10** 3 *21*

Tarifvertrag, Weiterbildung
- Arbeitnehmerentsendung **10** 3 *23*

Tarifvertragsparteien 470 1 *25 ff.*
- Gestaltungsrechte **150** 3 *13 ff.*
- Grundrechtsbindung **260** Vor 1 *25 ff.*
- Maßregelungsverbot **160** 612a *4*

Tarifvertragsrecht
- Insolvenz **300** 108 *10 ff.*, *siehe auch dort*
Tarifvertragssache 50 63 *1 ff.*, *siehe auch dort*
Tarifvorbehalt
- *siehe auch* Tarifdispositivität
- *siehe auch* Tariföffnungsklausel
- Entgeltumwandlung **140** 17 *28 ff.*; 30h *1*
Tarifwilligkeit
- Gewerkschaft **470** 2 *24 f.*
Tarifzuständigkeit
- Arbeitgeberverband **470** 2 *94*
- Arbeitnehmervereinigung **470** 2 *85 ff.*
- Berufsverbandsprinzip **470** 2 *85 f.*
- DGB-Gewerkschaft **470** 2 *88 ff.*
- DGB-Schiedsverfahren **470** 2 *90 ff.*
- Doppelzuständigkeit außerhalb des DGB **470** 2 *87*
- einzelner Arbeitgeber **470** 2 *95*
- Entscheidung im Beschlussverfahren **50** 97 *1 ff.*
- Feststellung im Beschlussverfahren **470** 2 *103 f.*
- Folgen fehlender Tarifzuständigkeit **470** 2 *97 f.*
- Industrieverbandsprinzip **470** 2 *85 f.*
- OT-Mitgliedschaft **470** 3 *33*
- Satzung **470** 2 *85, 93, 96*
Taschenkontrolle
- Duldungspflicht **160** 611 *576*
Tatbestand 50 61 *4*
Tätigkeit
- Änderungskündigung **320** 2 *79 ff.*
Tätigkeit, betriebliche
- Beweislast **50** 58 *48*
Tätigkeit, geschuldete
- Änderungskündigung **320** 2 *79 ff.*
Tätigkeit, gewerbliche
- Wettbewerbsverbot **290** 74 *7 f.*, *20*
Tätigkeit, gleichwertige 250 106 *12*
Tätigkeit, selbständige *siehe* Selbständige Tätigkeit
Tätigkeitsbeschreibung 250 106 *9*
- NachwG **360** 2 *32*
Tatkündigung
- Mitbestimmung des Betriebsrats bei Kündigung **160** 626 *63*
- Verdachtskündigung, Abgrenzung **160** 626 *63*
Tatsache
- Revision **50** 73 *52*
Tatsache, negative *siehe* Negative Tatsache
Tatsachenvergleich
- betriebliche Altersversorgung **140** 17 *25*
Tatsachenvermutung 50 58 *9 f.*
Täuschung, arglistige *siehe* Arglistige Täuschung
Taxifahrer
- Arbeitszeit **80** 2 *21*; 5 *12*; 7 *14*; 10 *34*
- Aushilfe, Abgrenzung Arbeitnehmer **160** 611 *104*
Taxizulassung 260 12 *30*
Technische Kontrolleinrichtung
- Begriff **150** 87 *93 ff.*
- Betriebsdaten **150** 87 *96*
- Statusdaten **150** 87 *97*

- Telefondatenerfassung **150** 87 *106*
- Verhaltens-/Leistungskontrolle **150** 87 *95 ff.*
- Zugangskontrollsystem **150** 87 *102, 106*
Technischer Überwachungsverein
- vorübergehende Verhinderung **160** 616 *14*
Technischer Verbesserungsvorschlag
- Leiharbeitnehmer **100** 11 *28, 30*
Teil-Betriebsstilllegung
- Betriebsbedingte Kündigung **320** 1 *429 ff.*
- Sozialauswahl **320** 1 *491*
Teilbetriebsübergang *siehe auch* Betriebsübergang
- betriebsbedingte Kündigung **320** 1 *388*
- Sozialauswahl **320** 1 *491 f.*
Teilerledigung
- Güteverhandlung **50** 54 *36*
Teilklage
- Verjährungshemmung **160** 204 *9*
Teilkündigung
- Änderung der Arbeitsbedingungen **320** 2 *117*
- Änderungskündigung **320** 2 *117*
- Arbeitsverhältnis **320** 1 *36*
- Schriftform **160** 623 *7 f.*
Teilrechtswahl 220 30, 8 Rom I *40*
Teilübertragung, Betrieb
- Gemeinschaftsbetrieb *siehe dort*
- KSchG, anwendbare Vorschriften **490** 323 *10*
- kündigungsrechtliche Stellung des Arbeitnehmers **490** 323 *1 ff.*
- Kündigungsschutz **490** 322 *1 ff.*
- kündigungsschutzrechtliches Verschlechterungsverbot **490** 323 *1, 7, 9 f.*
- Mitbestimmungsbeibehaltung bei Übertragung von öffentlich-rechtlichem auf privaten Rechtsträger **490** 325 *23*
Teilurlaub
- Abgeltungsanspruch **180** 1 *20*
- Auf-/Abrundung der Urlaubsberechnung **180** 3 *16*
- Festlegungsmuster **180** 7 *178*
Teilurlaubsanspruch
- Abgeltung **180** 5 *30*
- Arbeitgeberwechsel **180** 5 *18 ff.*
- Ausscheiden vor erfüllter Wartezeit **180** 5 *18 ff.*
- befristetes Arbeitsverhältnis **180** 7 *16*
- Bruchteilsgewährung **180** 5 *11*
- Jahresende vor erfüllter Wartezeit **180** 5 *14 ff.*
- Kürzung des Vollurlaubsanspruchs **180** 5 *24 ff.*
- Kürzungsregel **180** 5 *33 ff.*
- Rückforderungsverbot **180** 5 *31 ff.*
- Rundungsregel **180** 5 *8 f.*, *12*
- Übertragung des Urlaubs **180** 5 *13*
- Unabdingbarkeit **180** 5 *28 f.*
- Zwölftelungsprinzip **180** 5 *1 ff.*
Teilzeit
- Klageantrag **50** 46 *161 ff.*, *siehe auch* Urlaubsanspruch, *siehe auch* Urlaubsgewährung
- Streitwertfestsetzung **50** 12 *62*, *siehe auch dort*
- Vertragslösung **50** 46 *160*

Teilzeit- und Befristungsgesetz
- abweichende Vereinbarung 480 22 *2 ff.*
- Diskriminierungsverbot 480 4 *1 ff.*
- Geltungsbereich 480 1 *5 ff.*
- Teilzeitarbeitsrichtlinie 230 Richtlinien 27
- Zielsetzung 480 1 *1 ff.*

Teilzeitarbeit
- *siehe auch* Arbeitszeitverlängerung
- *siehe auch* Arbeitszeitverringerung
- *siehe auch* Teilzeit- und Befristungsgesetz
- *siehe auch* Teilzeitarbeitnehmer
- Abrufarbeit *siehe* Arbeit auf Abruf
- Altersteilzeit 40 1 *1 ff.*
- Altersteilzeit, Spezialregelung 480 23 *4*
- Arbeitsplatzteilung *siehe* Job-Sharing
- Arbeitszeitverlängerung 480 9 *1 ff.*
- Arbeitszeitverringerung *siehe dort*
- Aus- und Weiterbildung 480 10 *1 ff.*
- Aushilfsarbeitsverhältnis 160 611 *26*
- Ausschreibungspflicht 480 7 *2*
- Begriff 160 611 *22, 525*; 480 2 *1 f.*
- Benachteiligungsverbot 480 5 *1 ff.*
- betriebliche Altersversorgung, Benachteiligungsverbot 480 4 *11*
- Betriebsratsmitglied 480 4 *21*
- Darlegungs- und Beweislast, Diskriminierung 480 4 *43 f.*
- Dienstwagen 480 4 *20*; 5 *4*
- Diskriminierungsverbot 480 4 *1 ff.*
- Elternzeit, Spezialregelung 480 23 *5*
- Feiertagsvergütung 210 2 *52*
- Förderung 480 6 *1*
- Frauenfördergesetz 480 23 *7*
- Gratifikation 480 4 *21*
- Informationspflicht 480 7 *3 ff.*
- Kündigungsfrist, Benachteiligung 480 4 *9*
- Kündigungsschutz 320 1 *123*
- Kündigungsverbot 480 11 *1 f.*
- Maßregelungsverbot 480 5 *3*
- mittelbare Benachteiligung 480 4 *6 ff.*
- Nachtarbeitszuschlag 480 4 *22*
- Rechtswahl 220 30, 8 Rom I *58*
- sachliche Rechtfertigung der Ungleichbehandlung 480 4 *16 ff.*
- schwerbehinderte Menschen 480 23 *6*
- schwerbehinderte Menschen, Anspruch 430 82 *24 ff.*
- Sonderzuwendung 480 4 *21*
- Spezialregelung außerhalb des TzBfG 480 23 *3 ff.*
- Stellenausschreibung 160 611 *202*
- Turnusarbeitsverhältnis 480 13 *17*
- Überstunden 480 4 *24*
- unmittelbare Benachteiligung 480 4 *5*
- unzulässige Schlechterbehandlung 480 4 *2*
- Urlaub 180 1 *33*
- Urlaubsgeld 480 4 *22*
- Urlaubsvergütung 180 1 *45*
- verbotene Entgeltdiskriminierung 480 4 *21 ff.*
- Vergleichbarkeit mit Vollzeitarbeitnehmer 480 4 *13 ff.*
- Weiterbildung 480 10 *1 ff.*
- Wochenenddienst, Benachteiligung 480 4 *10*
- Zulagenpauschale, öffentlicher Dienst 480 4 *23*

Teilzeitarbeitnehmer *siehe auch* Arbeitszeitverringerung
- Benachteiligungsverbot 160 611 *399*; 612a *20*
- Betriebsübergang 160 613a *94*
- dauerndes Dienstverhältnis 160 629 *8*
- Diskriminierungsverbot 140 1 *80 ff., 94*; 2 *4, 67*; 160 611 *22, 525, 609, 1072*
- Entgeltumwandlung, Anspruchsberechtigter 140 1a *2*
- Kündigungsfrist 160 622 *5 f., 23*
- Kündigungsverbot 160 612a *12*
- Maßregelungsverbot 160 612a *5, 12*
- Mehrarbeit 160 611 *518*
- Minijob/geringfügig Beschäftigter 160 611 *27*
- Schutzmaßnahme 160 618 *9*
- Zwischenverdienst 160 615 *54 f.*

Teilzeitarbeitsrichtlinie, EG 230 Richtlinien *20 ff.*, *siehe auch* Gemeinschaftsrecht

Teilzeitbeschäftigter *siehe* Teilzeitarbeitnehmer
- Aufstockung in Rentenversicherung 390 7a *24*

Teilzeitmodel
- Flexibilisierung der Arbeitszeit 80 1 *32*

Telearbeit
- Arbeitsort 160 611 *66*
- Gemeinschaftsrecht 230 Richtlinien *37*
- Urlaub 180 12 *5, 10 ff.*

Telefax
- Abwicklungsvertrag 160 611 *1005*; 623 *51*
- Aufhebungsvertrag 160 611 *1004 ff.*; 623 *37*
- elektronisches Dokument 50 46c *6*
- Kündigung, Zugangsvoraussetzungen 160 309 *59*
- Schriftform 160 127 *3, 13, 15, 25, 35, 39, 47*; 309 *59*; 611 *1004 ff.*; 613a *182*; 623 *27, 37*
- Textform 160 127 *35*; 611 *1006*
- Unterrichtung bei Betriebsübergang 160 613a *182*
- Unterschriftserfordernis 50 46 *35 ff.*
- Widerspruch gegen Mahnbescheid 50 46a *28*, *siehe auch dort*

Telefon *siehe* Sachaufwand

Telefon, Privatnutzung
- Kündigung 320 1 *344*

Telefonat, Mithören 260 2 *71 ff.*

Telefonieren mit den Parteien 50 57 *23*

Telefonkontrolle
- Duldungspflicht 160 611 *578*

Telefonsex
- Sittenwidrigkeit 160 611 *407*

Telefonüberwachung 260 2 *71 ff.*

Telegramm
- Schriftform 160 127 *3, 25, 39, 47*; 623 *27*

Tendenzbetrieb 150 1 57
- Arbeitsplatzausschreibung 150 93 9, 13
- Aufhebung von personellen Einzelmaßnahmen 150 101 8
- Begriff 150 118 5 ff.
- Betriebsänderung 150 118 60 ff.
- Betriebsübergang 160 613a 19
- Einschränkung von Beteiligungsrechten 150 118 24 ff.
- geschützte Bestimmung 150 118 13 ff.
- Kündigungsschutz 320 1 114 f.
- Kündigungsschutz von Betriebsratsmitglied 320 15 20
- Mitbestimmung des Betriebsrats 150 118 30 ff.
- Nachteilsausgleichsanspruch 150 113 12
- Personalplanung 150 92 8, siehe auch dort
- personelle Einzelmaßnahmen 150 99 24 f.
- personenbedingte Kündigung 320 1 248 ff.
- Persönlichkeitsrecht 260 2 58
- Sozialplan 150 113 12; 118 64, 79, siehe auch dort
- Sprecherausschuss 460 1 8
- Tendenzträger 150 118 25 ff., 50
- verhaltensbedingte Kündigung 320 1 339, 358
- Verzicht auf Tendenzschutz 150 118 71
- Wirtschaftsausschuss 150 106 2

Tendenzkonzern
- Unternehmensmitbestimmung 330 5 14

Tendenzschutz
- DrittelbG 190 1 7
- Europäische Genossenschaft 369 39 13

Tendenzträger
- Befristung 480 14 43 ff., 45

Tendenzunternehmen
- Ausnahme Mitbestimmung, grenzüberschreitende Verschmelzung 325 28 1
- Europäische Genossenschaft 369 39 1 ff.
- Europäischer Betriebrat 200 34
- Unternehmensmitbestimmung 330 1 20 ff.

Tenorierung
- Betriebsübergang 50 46 108

Terminsbestimmung
- Berufung 50 66 25

Terminsverlegung 50 46 21

Territorialitätsprinzip
- Schutzmaßnahme 160 618 6

Territorialprinzip 150 1 47 ff.; 99 21 ff.; 325 3 12

Testamentsvollstreckung
- Betriebsübergang 160 613a 20, 80

Textbausteine
- vorformuliert, AGB 160 305 10

Textform
- CD-ROM 160 127 35
- Computerfax 160 127 35
- Darlegungs- und Beweislast 160 127 40
- Datenträger 160 127 35
- Diskette 160 127 35
- Dokumentations- und Informationszweck 160 127 4, 13, 15, 35; 613a 182
- E-Mail 160 127 35
- Gehaltsabrechnung 160 127 35; 611 628, 635; 612 34
- gewillkürte Textform 160 127 45
- rechtsgeschäftlicher Formzwang 160 127 45
- Telefax 160 127 35
- Unterrichtung, Betriebsübergang 160 127 35; 613a 182
- Zustimmungsverweigerung, § 99 Abs. 3 BetrVG 160 127 15, 35

Textilindustrie
- Arbeitszeit, Saisonbetrieb 80 15 8

Theater
- Arbeitszeit 80 6 61; 10 16 f.; 12 4

Theaterintendant
- Nebenberuf, Abgrenzung Arbeitnehmer 160 611 104

Tierarzt
- Fleischbeschautierarzt, Arbeitnehmer 160 611 104
- Vergütung, Fälligkeit 160 614 13

Tierarztpraxis
- Arbeitszeit 80 10 42

Tierhaltung
- Arbeitszeit 80 5 9, 15; 7 35; 10 41 ff.; 12 4; 14 29

Tierheim
- Arbeitszeit 80 10 42

Tierkörperbeseitigungsanlage
- Arbeitszeit 80 10 39

Tod
- Arbeitgeber 160 611 489; 613 10; 626 25
- Arbeitnehmer 160 611 489, 984, 993, 1131 ff.; 613 5
- Freitodklausel, betriebliche Altersversorgung 140 1 13
- Gesamtrechtsnachfolge 160 611 347, 489, 993
- Urlaubsabgeltungsanspruch 160 611 489; 613 5
- Urlaubsanspruch 160 613 5
- Vererbbarkeit, Aufhebungsvertrag 160 611 489, 1059, 1131 ff.; 613 5
- Verleiher, Leiharbeitnehmer 100 2 23, 25; 9 7; 12 9
- vorübergehende Verhinderung, Todesfall/Begräbnis 160 611 830; 616 10

Tonaufnahmen- und Filmaufnahmen
- Grundsatz der Öffentlichkeit 50 52 5 f.

Torkontrolle 150 87 38, siehe auch Ordnungsverhalten
- Duldungspflicht 160 611 580

Tourismus
- Arbeitszeit 80 10 23

Trainee
- Arbeitsschutz 70 2 3

Transeuropean Automatic Realtime Gross Settlement Express Transfer
– Arbeitszeit 80 10 *83*
Transferentschädigung
– Sittenwidrigkeit 160 611 *416*
Transparenz
– Karenzentschädigung 290 74 *72 f.*; 74b *17*
– Wettbewerbsverbot 290 74 *16, 72 f.*
Transparenzgebot
– achtungswürdiges Verhalten 160 307 *123*
– Änderungsvorbehalt/Widerrufsvorbehalt 160 308 *11*; 315 *56*
– Anwesenheitsprämie 160 611 *707*
– Arbeitszeitverlängerung ohne Zeitausgleich, Einwilligung des Arbeitnehmers 80 7 *68 f.*
– Ausgleichsquittung 160 305c *12*; 307 *109*
– Ausschlussfrist 160 307 *110*; 309 *62*
– Begriff/Inhalt 160 307 *102 ff.*
– Bezugnahmeklausel 160 307 *115 ff.*; 310 *26*; 180 13 *29*
– Dienstreisezeit 80 2 *56*
– Dienstwagen 160 611 *657*
– Entgeltfortzahlungsverzichtsklausel 160 307 *120*
– Flexibilisierung der Arbeitszeit, Arbeit auf Abruf 80 2 *62*
– Freiwilligkeitsvorbehalt 160 307 *121*; 315 *56*; 611 *681 ff.*
– Jahressonderzahlung 160 307 *122*; 315 *56*
– Klageverzicht 160 305c *12*; 307 *109*
– Konzernversetzungsklausel 160 307 *124*
– pauschale Abgeltung von Überstunden 80 2 *59 ff.*; 160 307 *128*
– Rabatt 160 611 *650*
– Sondervergütung 160 611 *802 ff.*
– Tantieme 160 611 *724*
– Überstundenvergütung 80 2 *59 ff.*; 160 307 *124*
– übliche Regelung 160 310 *26*
– unklare Betriebsvereinbarungsöffnungsklausel 160 307 *114*
– Unklarheitenregel, Verhältnis 160 305c *1, 4, 28*
– Verbrauchervertrag 160 307 *102*
– Versetzungsklausel 160 307 *129*
– Vertragsbruchklausel 160 307 *130*
– Vertragsstrafe 160 307 *130*
– Vertriebsmitarbeiterklausel 160 307 *131*
– Wettbewerbsverbot 160 307 *133*
– Widerrufsvorbehalt 160 611 *657, 683, 802 ff.*
– Zielvereinbarung 160 307 *134*; 611 *710*
Transport
– Arbeitszeit, Presseerzeugnisse, verderbliche Ware 80 10 *27, 35 f.*
Transportfahrer
– Arbeitnehmer 160 611 *485*
Transsexuelle Person
– Fragerecht 160 611 *277*
– Offenbarungspflicht 160 611 *277*

Trennungsprinzip
– GmbH-Geschäftsführer 280 38 *1, 11*
Treu und Glauben
– Arbeitsangebot, Annahmeverzug 160 615 *29, 40*
– Auskunftsanspruch 100 13 *3*
– Bedingungseintritt, Zielvereinbarung 160 611 *711, 715*
– Formnichtigkeit 100 12 *3*; 623 *42 f.*; 160 127 *8, 68 ff.*
– Generalklausel 160 305c *1*; 306 *12*; 315 *19*; 611 *470 f., 1009*; 624 *6*
– Kündigung 160 622 *58*
– Probezeitkündigung 160 622 *50*
– Rechtsmissbrauch 160 127 *70*; 204 *5*; 214 *2*; 611 *267, 361, 536, 693, 776, 784, 1110, 1115*; 616 *19*; 622 *44, 50*; 626 *119*
– Verwirkung 160 Vor 194-218 *16*; 611 *424, 434, 464, 784 ff., 1020*; 613a *224*
– vorfristige Kündigung 160 622 *52*
– Zurückbehaltungsrecht 160 614 *16*
Treuepflicht
– Wettbewerbsverbot 290 74 *6, 21*
Treuepflicht des Arbeitnehmers siehe Arbeitnehmer, Treuepflicht
Treueurlaub
– betrieblicher Treueurlaub 180 1 *38*
Treuhandgesellschaft
– Liquidator, Abgrenzung Arbeitnehmer 160 611 *104*
Trinkgeld siehe auch Bedienungsgeld
– Arbeitsentgeld 250 107 *41 ff.*
– Bedienungsgeld, Abgrenzung 160 611 *666, 740 ff.*
– Begriff, Vergütung 160 611 *666, 740 ff.*; 612 *34*
– Entgeltfortzahlung 160 611 *742*
– Schmiergeld, Abgrenzung 160 611 *551, 742*
– Steuerrecht 160 611 *666*
– Urlaubsentgelt 160 611 *742*
Trinkhalle
– Arbeitszeit 80 10 *14*
Truckverbot
– Arbeitsentgelt, Sachbezüge 160 611 *647 f.*; 612 *34*
Tschechische Republik siehe Tschechisches Arbeitsrecht
Tschechisches Arbeitsrecht
– Abfindung 220, *196*
– Anhörung der Gewerkschaft, Kündigung 220, *192*
– Arbeitsvertrag 220, *171 ff.*
– Arbeitsvertragsart 220, *174 f.*
– Arbeitszeit 220, *178*
– Aufhebungsvereinbarung 220, *185*
– außerordentliche Kündigung 220, *190 f.*
– Beendigung des Arbeitsverhältnisses 220, *184 ff.*
– Begründung des Arbeitsverhältnisses 220, *170 ff.*
– Betriebsrat 220, *205*
– Diskriminierungsverbot 220, *183*
– Ernennung in Position 220, *173, 193*
– Erziehungsurlaub 220, *182*

- Gewerkschaft **220**, *198, 202 ff.*
- kollektives Arbeitsrecht **220**, *198 ff.*
- Kollektivvereinbarung **220**, *199 f.*
- Kündigungsfrist **220**, *188*
- Kündigungsgrund **220**, *186 f.*
- leitende Position **220**, *173*
- Massenentlassung **220**, *194 f.*
- Mindestlohn **220**, *180*
- Mutterschutz **220**, *182*
- ordentliche Kündigung **220**, *186 f.*
- Probezeit **220**, *176*
- Rechtsweg **220**, *207 f.*
- Sonderkündigungsschutz **220**, *189*
- Streikrecht **220**, *201*
- Überstunden **220**, *179*
- Unternehmensmitbestimmung **220**, *206*
- unwirksame Kündigung **220**, *197*
- Urlaub **220**, *181*
- Vergütung **220**, *180*
- Wettbewerbsklausel **220**, *177*

Turboprämie
- Abfindungsplan **160** 612a *17*
- Betriebsvereinbarung **160** 612a *18*
- Klageverzicht **160** 612a *16 ff.*
- Maßregelungsverbot **160** 612a *16 ff.*
- Sozialplan **160** 612a *18*

Türkisches Arbeitsrecht
- Abfindung **220**, *238*
- Arbeitgeberverband **220**, *242*
- Arbeitnehmerüberlassung **220**, *219*
- Arbeitskampf **220**, *249*
- Arbeitsvertrag **220**, *212 ff.*
- Arbeitsvertragsart **220**, *214 ff.*
- Arbeitszeit **220**, *222*
- außerordentliche Kündigung **220**, *228 ff.*
- Beendigung des Arbeitsverhältnisses **220**, *226 ff.*
- Betriebsübergang **220**, *220*
- Entgelt **220**, *221*
- Gewerkschaft **220**, *242 ff.*
- Gruppenarbeitsverträge **220**, *217*
- kollektives Arbeitsrecht **220**, *241 ff.*
- Kündigungsfrist **220**, *233 f.*
- Kündigungsgründe **220**, *235*
- Massenentlassung **220**, *239 f.*
- Mindestlohn **220**, *221*
- Muttschaftsurlaub **220**, *225*
- ordentliche Kündigung **220**, *226, 232 ff.*
- Probezeit **220**, *218*
- Rechtsweg **220**, *236*
- Tarifvertragsrecht **220**, *245 f.*
- Teilzeitarbeit **220**, *135*
- Überstunden **220**, *223*
- unwirksame Kündigung **220**, *236 f.*
- Urlaub **220**, *224*

Turnusarbeitsverhältnis 480 13 *17*

TV ratio, neu
- Haustarifvertrag Rationalisierungsschutz und Beschäftigungssicherung **160** 315 *33*; 622 *62*

Überbetrieblicher arbeitsmedizinischer bzw. sicherheitstechnischer Dienst
- arbeitsmedizinische Untersuchung **80** 6 *17*

Überbetrieblicher Dienst
- Durchführung von Arbeitsschutzmaßnahmen **90** 19 *2 ff.*
- Fortbildung von Arbeitsschutzexperten **90** 19 *2*
- Haftung **90** 19 *6*

Überbrückungsbeihilfe
- betriebliche Altersversorgung, Abgrenzung **140** 1 *39*; 7 *32*; 16 *11*
- Gnadengeld **140** 7 *32*
- Sterbegeld **140** 7 *32*; 16 *11*

Überbrückungsgeld
- Rentenversicherungspflicht **410** 3 *10*

Überbrückungsleistung *siehe* Überbrückungsbeihilfe

Übergangsgeld
- betriebliche Altersversorgung, Abgrenzung **140** 1 *38 f.*; 2 *10*; 7 *28 ff.*; 16 *11*
- Rentenversicherungspflicht **410** 3 *8*

Übergangsmandat
- Betriebsübergang **160** 613a *111, 123 ff.*
- Ende **150** 21a *12, 32 ff.*
- Entstehung **150** 21a *4 ff., 13 ff.*
- Größe **150** 21a *30 ff.*
- Inhalt **150** 21a *27 ff.*
- Kosten **150** 21a *35, siehe auch dort*
- unternehmensübergreifendes Übergangsmandat **150** 21a *22 ff.*
- Vollmandat **160** 613a *125*
- Zuordnung **150** 21a *18 ff.*

Übergesetzlicher Tarifurlaub
- Sabbatjahr **180** 3 *6*

Überhangprovision 290 87 *4*

Überlassung *siehe* Arbeitnehmerüberlassung

Überlassungsvertrag *siehe* Arbeitnehmerüberlassungsvertrag

Übermittlung, elektronische 50 46c *7, siehe auch dort*

Übernachtungskosten
- Vorstellungskosten **160** 611 *213, 758*

Überraschende Klausel *siehe* Überraschungsverbot

Überraschungsentscheidung 50 56 *10, siehe auch dort*

Überraschungsklausel *siehe* Überraschungsverbot

Überraschungsverbot
- Abrufklausel **160** 305c *9*
- Altersgrenze **160** 305c *10*
- Arbeitsunfähigkeit, Nachweisklausel **160** 305c *18*
- Ausgleichsquittung, Verzichtserklärung **160** 305c *3, 12*
- Ausschlussfrist **160** 305c *11, 13*; 309 *62*; 615 *85*

- Ausschlussklausel bei Sonderzuwendung 160 305c *3*
- Begriff/Gegenstand/Zweck 160 305c *1ff., 5ff.*
- Bezugnahmeklausel 160 310 *26*; 622 *17*
- Darlegungs- und Beweislast 160 305c *21, 24*
- Deckungszusage 160 305c *46*
- Gehaltsanpassungsklausel 160 305c *14*
- gesundheitliche Eignungsklausel 160 305c *15*
- Koppelungsklausel 160 305c *16*
- Nachteilsausgleichsverzicht 160 305c *17*
- Nachweisklausel über Arbeitsunfähigkeit 160 305c *18*
- objektive Ungewöhnlichkeit 160 305c *6f.*
- Rückzahlungsklausel bei Ausbildungsbeihilfe 160 305c *3*
- subjektives Überraschungsmoment 160 305c *8*
- Tätigkeitsklausel 160 305c *19*
- unangemessene Klausel 160 305c *7*
- ungewöhnliche Klausel 160 305c *7*
- Versetzungsvorbehaltsklausel 160 305c *20*
- Vertragsstrafenklausel 160 305c *3, 21*; 309 *20*
- Verweisungsklausel 160 305c *22*
- Verzichtserklärung, Ausgleichsquittung 160 305c *3*
- Wettbewerbsverbot 160 305c *23*

Überschussanteile
- betriebliche Altersversorgung 140 1 *46, 169*; 1b *64*; 2 *40, 49 ff., 57 f.*; 4 *20, 29 f.*; 5 *9*; 8 *3*; 16 *56 f., 62*; 27 *1*; 30e *3*

Übersetzer
- Arbeitnehmer, Rundfunk/Fernsehen 160 611 *104*
- vertragliche Vergütung 495 32 *9 f.*

Überstunden 150 87 *63 ff.*
- *siehe auch* Mehrarbeit
- *siehe auch* Überstundenvergütung
- Anordnung/Ermächtigungsgrundlage 80 2 *49 f.*; 3 *28*; 160 611 *518 f., 523, 732 ff.*
- Arbeit auf Abruf 480 12 *3, 20*
- Auskunft im Urteilsverfahren 50 46 *62 f.*
- Begriff 160 611 *732*
- Berufskraftfahrer 160 611 *807*
- Beweislast 50 58 *39, siehe auch dort*
- Direktionsrecht 250 106 *22, 56*
- Entgeltfortzahlung 210 4 *5 ff.*
- Flexibilisierung der Arbeitszeit 80 1 *32*; 160 611 *517 ff., 732*
- Freistellung 160 611 *1111*
- Gleichbehandlungsgrundsatz 160 615 *39*
- Jugendarbeitsschutz 310 7 *6*
- Leistungsbestimmungsrecht des Arbeitnehmers, Abgeltung/Ausgleich 160 315 *1*
- Maßregelungsverbot 160 612a *11*; 615 *39*
- Mindestentgeltsätze 10 5 *3*
- Mitbestimmung des Betriebsrats 80 2 *50*; 3 *28*
- Notfall 160 611 *518*
- Preisnebenabrede 160 307 *19*
- Teilzeitkraft 480 4 *24*

- Überstundenanordnungsbefugnisklausel 160 308 *29 f.*
- Überstundensätze 160 611 *736*
- Überstundenzuschlag 160 611 *720, 736*
- Verjährungsbeginn/Fälligkeit 160 199 *12*
- Zwischenverdienst 160 615 *54*

Überstundenabbau
- betriebsbedingte Kündigung 320 1 *367*

Überstundenabgeltung
- Inhaltskontrolle, AGB 160 307 *90*

Überstundenvergütung
- Abgeltung durch das Gehalt 160 611 *521, 732, 737*
- abgestufte Darlegungs- und Beweislast 80 2 *52*; 160 611 *520, 734 f., 807*
- AGB, Transparenzgebot 80 2 *59 ff.*
- Änderungskündigung 160 611 *738*
- Arbeitszeit 80 2 *49 f.*; 4 *15*
- Ausschlussklausel 80 2 *60*
- Begriff 160 611 *731 ff.*
- Beweislast 50 58 *40, siehe auch dort*
- Fälligkeit 160 611 *635*
- Form 160 611 *736 ff.*
- Freizeitausgleich 160 611 *520, 732, 738, 853*
- pauschale Abgeltung 80 2 *50, 59 ff.*
- Transparenzgebot 160 611 *521, 737*

Überstundenzuschlag
- NachwG 360 2 *33*

Übertragung
- auf neuen Arbeitgeber 390 7f *8 ff.*
- Ausschluss der Rückübertragung 390 7f *13*
- Deutsche Rentenversicherung 390 7f *12 ff.*
- Schwellenwert 390 7f *14*
- Wertguthaben 390 7f *4 ff.*
- Zustimmung des neuen Arbeitgebers 390 7f *9 ff.*

Übertragungsvermerk
- elektronische Akte 50 46e *5*

Überwachungsmaßnahme 250 106 *36*

Überwachungsrecht 150 75 *3*

Überwachungsverein, technischer *siehe* Technischer Überwachungsverein

Überweisung
- Kosten 160 611 *636*
- Mitbestimmung des Betriebsrats 160 611 *636*
- Schickschuld 160 611 *636*
- Vergütung 160 611 *636*

Überwiegenheitsprinzip
- Baubranche 10 6 *5*
- Mindestlohn-TV 10 6 *10*
- Pflegebranche 10 6 *7*; 10 *9*
- sonstige Branchen 10 6 *7*

Überzahlung
- AGB 160 307 *52*; 611 *764*
- Anscheinsbeweis 160 611 *763*; 628 *25*
- Fälligkeit, Rückzahlungsanspruch 160 611 *766, 769*

- Vergütungsrückzahlung, Bereicherungsrecht **160** 307 *52*; 611 *619, 762 ff., 769, 776*; 614 *25*; 615 *68*; 617 *19*; 628 *25*

Übliche Vergütung
- Leitbildfunktion **160** 307 *25*

Übung, betriebliche *siehe* Betriebliche Übung

Ultima-Ratio-Prinzip
- Kündigung **320** 1 *175, 181 ff., 327*

Umdeutung
- Änderungskündigung **320** 2 *62*

Umfassungszusage
- Entgeltumwandlung, betriebliche Altersversorgung **140** 1 *153, 173 f., 201, 209*; 1a *4*; 30e *1 ff.*
- sozialabgabenrechtlicher Aspekt **140** 1 *209*

Umgehung, Kündigung
- Versetzung in den Ruhestand **160** 626 *147*

Umgehungsschutz
- Urheberschutz **495** 32 *31*

Umgehungsverbot
- AGB **160** 306a *1 ff.*

Umgruppierung
- Auswahlrichtlinie **150** 95 *3, 6*
- Begriff **150** 99 *48 f.*
- Betriebsratsbeteiligung **320** 2 *124 ff.*
- fehlende Zustimmung des Betriebsrats **150** 99 *84 ff., 119*
- Leiharbeitnehmer **150** 99 *49*
- Unterrichtung des Betriebsrats **150** 99 *75*

Umlageverbot 150 41 *1 ff.*
- Beitragsverbot **150** 41 *2*
- erlaubte Leistungen **150** 41 *4*

Umsatzbeteiligung
- Kündigungserschwerung **160** 622 *34*

Umsatzsteuer
- Betriebsausgabe **160** 611 *1161*
- freier Mitarbeiter **160** 611 *1161 f.*
- Handelsvertreter **160** 611 *91*

Umschüler
- Zuständigkeit des Arbeitsgerichts **50** 5 *19*

Umschulungsvertrag
- Anschlussbefristung **480** 14 *99*
- Schriftform **160** 623 *21*

Umsetzung *siehe auch* Versetzung
- Anhörung des Betriebsrats/Personalrats **80** 6 *40 ff.*
- Begriff, Tagesarbeitsplatz **80** 6 *20*
- Darlegungs- und Beweislast **80** 6 *59*
- dringendes betriebliches Erfordernis, Ablehnungsgrund **80** 6 *37 ff., 59*
- Fürsorgepflicht **80** 6 *19*
- Gesundheitsgefährdung **80** 6 *25 ff.*
- Kinderbetreuung **80** 6 *29 ff.*
- Leistungsbestimmungsrecht **160** 315 *28*
- Maßregelungsverbot **160** 611 *502*
- Nachtarbeitnehmer, Tagesarbeitsplatz **80** 6 *19 ff., 51, 58 f.*
- sexuelle Belästigung **160** 611 *570*
- Umsetzungsanspruch, Nachtarbeitnehmer **80** 6 *19 ff.*
- Umsetzungsgründe, Nachtarbeitnehmer **80** 6 *24 ff., 59*
- Versorgung schwerpflegebedürftiger Angehöriger **80** 6 *32 ff.*
- Verstoß gegen AGG **20** 12 *6*

Umwandlung
- Bezugnahme auf Tarifvertrag **470** 3 *119 ff.*
- Europäische Genonssenschaft, Beteiligung **369** 39 *4*
- Gemeinschaftsbetrieb *siehe dort*
- Interessenausgleich, Zuordnung der Arbeitnehmer **490** 322 *2, 8, 14 ff.*
- Mitbestimmungsbeibehaltung *siehe dort*
- Spaltung **490** 322 *1 ff.*; 323 *1 ff., siehe auch dort*
- Tarifgebundenheit **470** 3 *66 ff.*
- Vermögensübertragung *siehe dort*
- Verschmelzung *siehe dort*

Umwandlung, Mitbestimmungsbeibehaltung
- Abspaltung **490** 325 *4 ff.*
- Ausgliederung **490** 325 *4 ff.*
- Beteiligung des Aufsichtsrats **490** 325 *14 ff.*
- Dauer **490** 325 *16 ff.*
- Kausalität der Umwandlung **490** 325 *9*
- Mitgliedszahl in Betriebsrat und Betriebsausschuss **490** 325 *24*
- Öffnungsklausel **490** 325 *10 ff., 19 ff.*
- salvatorische Klausel im Umwandlungsvertrag **490** 325 *28*
- Schwellenwert **490** 325 *7*
- Verhältnis zu anderen Mitbestimmungsvorschriften **490** 325 *25*
- Verlust der Mitbestimmung **490** 325 *8*
- Weitergeltung des Mitbestimmungssystems **490** 325 *13, 14 ff.*

Umwandlung, UmwG
- *siehe auch* Spaltung
- *siehe auch* Vermögensübertragung
- *siehe auch* Verschmelzung
- Annahmeverzug **160** 615 *51*
- betriebliche Altersversorgung **140** 1 *187, 194*; 1b *37*; 2 *6, 26*; 16 *6*
- Betriebsübergang **160** 613a *1, 21, 138, 157, 178, 180, 192, 213, 225 f.*
- Handelsregistereintragung **160** 613a *191*
- Spaltungsplan, betriebliche Altersversorgung **140** 1 *194*
- Spaltungsvertrag, betriebliche Altersversorgung **140** 1 *194*
- Übernahmevertrag, betriebliche Altersversorgung **140** 1 *194*
- Unterrichtung, Betriebsübergang **160** 613a *178, 180, 192*

Umweltschutz
- Begriff **150** 89 *4*
- freiwillige Mitbestimmung **150** 88 *6*

– Überwachung durch den Betriebsrat **150** 80 *18*;
    89 *5 ff., 18*
– Wirtschaftsausschuss **150** 106 *17*
Umzugskosten
– BAT **160** 611 *759 ff.*
– Rückzahlungsklausel **160** 611 *761*; 622 *33*
– Versetzung **160** 611 *760*
– Zahlung ohne Entgeltcharakter **160** 611 *759 ff.*
Unangemessene Benachteiligung *siehe auch* Transparenzgebot
– Abrufbarkeit **160** 307 *39*
– absolutes Nebentätigkeitsverbot **160** 307 *40*;
    611 *600*
– Abtretungsverbot **160** 307 *38*
– Arbeitszeitregelung **160** 307 *73*
– Ausbildungskosten **160** 307 *75*; 611 *751 f.*
– Aushöhlungsverbot **160** 307 *1 ff., 34 ff.*
– Ausschlussklausel **160** 307 *42 f.*
– Begriff **160** 307 *66 ff.*
– Betriebsrisiko/Beschäftigungsrisiko/Wirtschaftsrisiko **160** 307 *31, 35*; 615 *7*
– Bonus-Meilen-Klausel **160** 307 *44*
– Darlegungs- und Beweislast **160** 307 *72*
– einseitige Ausschlussfrist **160** 307 *42, 77*; 309 *63 f.*
– Einwilligung in Datenverarbeitung **160** 307 *79*
– Freistellungsklausel **160** 307 *46*
– Gehaltsanpassungsklausel **160** 305c *14*
– Gehaltsfälligkeitsklausel **160** 307 *47*
– Generalklausel **160** 307 *1 ff., 64 ff.*
– Haftungserweiterungsklausel **160** 307 *48*
– Klageverzicht **160** 307 *85, 109*
– Kurzarbeitsklausel **160** 307 *50*
– Leistungsbestimmungsrecht **160** 315 *9*
– Mankoklausel **160** 307 *51*
– Rückzahlung von überzahltem Arbeitsentgelt **160** 307 *52*
– Umsatzzielvereinbarung **160** 307 *79*
– Vertragszweckgefährdung **160** 307 *1 ff., 34 ff.*
– wesentlicher Grundgedanke **160** 127 *44*; 307 *1 ff., 27 ff., 59*; 309 *1*
– Zugangsklausel **160** 307 *59*
Unbedenklichkeitsbescheinigung
– Unternehmerhaftung **10** 14 *18*
– Vergabe öffentlicher Aufträge **10** 21 *9*
Unbefristetes Rechtsmittel
– Rechtsmittelbelehrung **50** 9 *18*
Unbestimmter Rechtsbegriff
– Rechtsbeschwerde im Beschlussverfahren **50** 93 *11*
Unechte Arbeitnehmerüberlassung
– Begriff **160** 611 *155*; 613a *96*
Unechtes Versäumnisurteil 50 59 *28*
Unerlaubte Handlung *siehe* Handlung, unerlaubte
Unfall
– Arbeitsschutz **90** 1 *6*
Unfallkassen 90 2 *11*

Unfallverhütung
– Anschlusszwang **90** 2 *13*
– Arbeitgeberverantwortung **90** 2 *13*
– Arbeitnehmer **150** 81 *6*
– Arbeitsschutz **70** 1 *2 f.*; 3 *6*; 4 *12, 14*; 6 *8*; 8 *6*;
    9 *10 f.*; 10 *6, 8*; 11 *5*; 12 *3, 8*; 15 *5*; 16 *6*; 17 *11*; 21 *3*;
    90 9 *4*; **150** 89 *3, 6 f., 8 ff.*
– Arbeitsschutzausschuss **90** 11 *5*
– Arbeitszeit **80** 1 *11*; 4 *1*
– befristet Beschäftigte **90** 2 *15*
– besondere Unterweisungspflichten **70** 9 *11*
– Betreuungsmodelle **90** 2 *7 ff.*
– Betriebsrat **150** 80 *2 f., 18*; 89 *5 ff., 18*, *siehe auch dort*
– freiwillige Mitbestimmung **150** 88 *3 ff.*
– Leiharbeitnehmer **90** 2 *15*
– Unfalluntersuchung **150** 89 *11 ff.*
– Vorschriften **90** 2 *6 ff.*
– zwingende Mitbestimmung **150** 87 *107 ff.*, *113*
Unfallversicherung *siehe auch* Gesetzliche Unfallversicherung
– betriebliche Altersversorgung, Abgrenzung **140** 1 *41*
– Direktversicherung, betriebliche Altersversorgung **140** 1 *44*
Unfallversicherung, gesetzliche *siehe* Gesetzliche Unfallversicherung
Unfallversicherungsträger
– Ahndung von Arbeitsschutzverstößen **90** 20 *4*
– Anschlusszwang bei Einrichtung überbetrieblicher Dienste **90** 19 *2*
– Arbeitsschutz **70** 1 *2*; 4 *6*; 6 *2, 7, 10*; 10 *6, 11*; 15 *10*;
    17 *8*; 21 *1 ff.*
– behördliche Anordnung zum Arbeitsschutz **90** 12 *4*
– Einrichtung überbetrieblicher Dienst **90** 19 *2*
– Überwachung der Arbeitsschutzmaßnahmen **90** 12 *11*
– Unterstützung der Behörde **90** 12 *10*
– Unterstützung des Betriebsrats **90** 12 *10*
– Verwaltungsverfahren **420** 105 *27*
Unfallzusatzversicherung
– Direktversicherung, betriebliche Altersversorgung **140** 1 *44*
Ungarisches Arbeitsrecht
– Abfindung **220**, *279*
– Arbeitsvertrag, Pflichtinhalt **220**, *253 ff.*
– Arbeitszeit **220**, *261 ff.*
– Aufsichtsbehörde **220**, *293*
– außerordentliche Kündigung **220**, *275*
– Beendigungsart **220**, *273 ff.*
– befristetes Arbeitsverhältnis **220**, *259 f.*
– Betriebsrat **220**, *290 ff.*
– Entgeltfortzahlung im Krankheitsfall **220**, *267*
– Freistellung **220**, *268*
– kollektives Arbeitsrecht **220**, *285 ff.*
– Kündigungsfrist **220**, *277*

5185

- Kündigungsverbot **220**, *278*
- leitender Angestellter **220**, *283 f.*
- Massenentlassung **220**, *280 f.*
- ordentliche Kündigung **220**, *276 ff.*
- Rechtsquelle **220**, *251 f.*
- Tarifvertrag **220**, *286 ff.*
- Überstunden **220**, *264 ff.*
- unwirksame Kündigung **220**, *282*
- Urlaub **220**, *267*
- Vertraulichkeitsklausel **220**, *270*
- Wettbewerbsklausel **220**, *271 f.*, *284*

Ungarn *siehe* Ungarisches Arbeitsrecht

Ungerechtfertigte Bereicherung
- Beweislast **50** *58 43, 89 ff.*, *siehe auch dort*

Ungleichbehandlung 260 *3 15 ff.*
- *siehe auch* Benachteiligungsverbot
- *siehe auch* Gleichbehandlungsgrundsatz
- *siehe auch* Mittelbare Benachteiligung
- *siehe auch* Unmittelbare Benachteiligung

Unionsbürger-Richtlinie 230 *39 5*

Unisex-Tarife
- betriebliche Altersversorgung **140** *1 96 ff.*

Universalsukzession *siehe* Gesamtrechtsnachfolge

Unklarheitenregel
- Arbeitgeberdarlehen **160** *305c 31 f.*
- Aufhebungsvertrag **160** *305c 34*
- Ausgleichsquittung **160** *305c 34*
- Ausschlussfrist **160** *305c 29; 309 62*
- Befristung **160** *305c 36*
- Begriff/Gegenstand/Zweck **160** *305c 1 ff., 25 ff.*
- Bezugnahmeklausel **160** *305c 27, 29, 35; 622 17*
- Deckungszusage **160** *305c 46*
- dynamische Bezugnahmeklausel **160** *305c 35*
- Freiwilligkeitsvorbehalt **160** *305c 29; 315 46 f.*
- Gleichstellungsabrede **160** *305c 29, 35; 310 26*
- Karenzentschädigung **160** *305c 41*
- Kündigungsfrist **160** *622 25*
- Sachgrund **160** *305c 36*
- Transparenzgebot, Verhältnis **160** *305c 1, 4, 28*
- Versorgungsordnung **160** *305c 39*
- Versorgungszusage **160** *305c 38 f.*
- Wettbewerbsverbot **160** *305c 41 f.*
- Widerruf der Dienstwagennutzung **160** *611 657 f., 799*
- Widerrufsvorbehalt **160** *305c 29; 315 58*
- Zielvereinbarung **160** *305c 43*

Unkündbarer Arbeitnehmer *siehe* Arbeitnehmer, unkündbarer

Unkündbarkeit 320 *1 509*
- *siehe auch* Auslauffrist
- *siehe auch* Außerordentliche Kündigung
- Änderungskündigung **160** *622 62*
- Angestellter **160** *622 62*; **170**, *95*
- Arbeiter **160** *622 62*; **170**, *95*
- Ausschlussfrist, § 626 Abs. 2 BGB **160** *626 99*
- außerordentliche Änderungskündigung mit notwendiger Auslauffrist **160** *626 132, 137*
- außerordentliche betriebsbedingte Kündigung mit notwendiger Auslauffrist **160** *626 129, 137*
- außerordentliche betriebsbedingte Unkündbarkeit **160** *626 142*
- außerordentliche Kündigung **170**, *80 f., 95 ff.*
- außerordentliche personenbedingte Kündigung mit notwendiger Auslauffrist **160** *626 130, 137*
- außerordentliche verhaltensbedingte Kündigung mit notwendiger Auslauffrist **160** *626 131*
- Begriff **160** *626 121 ff.*
- Beteiligung des Personalrats bei fristloser Entlassung **170**, *95 ff.*
- betriebsbedingte Kündigung **170**, *95*
- Betriebsvereinbarung **160** *622 63*; *626 121 ff.*
- Darlegungs- und Beweislast **160** *624 10*
- fiktive Kündigungsfrist **160** *622 62*; *626 24, 125 f.*
- fristlose Kündigung **160** *626 126*
- Insolvenz **300** *113 74 f.*, *siehe auch dort*
- krankheitsbedingte Kündigung **160** *626 30*; **170**, *95*
- Kündigung vor Dienstantritt **160** *622 54*
- Lebensstellung/Dauerstellung **160** *622 64*; *624 7*
- Massenänderungskündigung **160** *626 127, 134*
- Mitbestimmung des Betriebsrats **160** *626 137*
- Mitbestimmung des Personalrats bei Kündigung **160** *626 137*
- ordentliche Kündigung **160** *626 127*
- Orlando-Kündigung **160** *622 62*
- personenbedingte Kündigung **170**, *95*
- Rationalisierungsschutzabkommen **160** *622 62 f.*
- Sozialauswahl **160** *626 137 ff.*
- Tarifvertrag, BAT **160** *622 62*; *626 121 ff.*
- Vertragsfreiheit **160** *622 57*
- wichtiger Grund **160** *626 129 ff.*
- zweistufige Prüfung **160** *626 24, 125*

Unmittelbare Benachteiligung
- Teilzeitarbeitnehmer **480** *4 5*

Unmittelbare Diskriminierung
- Entgeltgleichheit, EG-Recht **230** *141 30 ff.*

Unmittelbare Versorgungszusage
- Anspruchshöhe **140** *2 7 ff.*
- Anspruchsvoraussetzungen **140** *2 6*
- betriebliche Altersversorgung **140** *1 43, 99, 155, 201*; *1b 13 ff.*; *2 1 f., 6 ff., 37, 41, 63, 65, 74 f.*; *4 16, 31*; *7 9, 12 ff., 37, 48 f.*; *10 2, 4, 7, 10*; *11 9*; *16 8, 62*
- Insolvenzsicherung **140** *7 13 f.*
- Pensionsrückstellung **140** *7 13*
- Pensionsrückstellung, § 6a EStG **140** *1 43*
- Quotierungsverfahren **140** *2 2, 6 ff.*
- tatsächliche/mögliche Betriebszugehörigkeit **140** *2 2, 7, 9, 13 f., 16, 19 ff., 24 ff., 30 f., 33 f., 76*; *6 46, 51, 63*; *7 46*
- unverfallbare Anwartschaft/Unverfallbarkeit **140** *1b 13 ff.*; *2 6 ff.*

Unmittelbarer Arbeitgeber *siehe* Mittelbares Arbeitsverhältnis

Unmöglichkeit
- Beweislast **50** 58 *54*

Unpünktlichkeit 320 1 *359*

Unschuldsvermutung
- Ermittlungsverfahren **160** 611 *282*
- Verdachtskündigung **160** 626 *60*

Unsicherheitseinrede
- *siehe* Leistungsverweigerungsrecht
- *siehe* Zurückbehaltungsrecht

Unstatthafte Berufung *siehe* Berufung, unstatthafte

Untätigkeitsbeschwerde 50 78 *9*

Untätigkeitsklage
- Arbeitszeit, Sonn- und Feiertagsbeschäftigung **80** 10 *91*; 13 *60, 63 f.*; 15 *25*

Unterbrechung
- Wiedereinsetzung **50** 74 *38*

Unterhaltsberechtigter
- Pfändungsprivileg **500** 850k *12*

Unterhaltspflicht
- Interessenabwägung, außerordentliche Kündigung **160** 626 *90, 139*
- krankheitsbedingte Kündigung **320** 1 *274*
- Sozialauswahl **160** 315 *34 f.*; **320** 1 *529 ff.*; 2 *100*
- soziale Auswahl, Wiedereinstellungsanspruch **160** 315 *34 f.*

Unterlassungsanspruch
- allgemeiner Unterlassungsanspruch des Betriebsrats **150** 23 *47 ff.*; 90 *18 f.*; 94 *15 f.*; 95 *13*; 98 *7*
- Arbeitsschutzvorschriften, Verletzung **70** 1 *4*
- einstweiliger Rechtsschutz **150** 23 *52, 60*
- Gewerkschaft **150** 23 *54 f.*
- Maßregelungsverbot **160** 612a *11*
- Verjährungsbeginn **160** 199 *33*; 201 *4*
- Verstoß gegen ArbZG **80** 1 *25, 30*
- Vollstreckung **150** 23 *53, 61*
- vorbeugender Unterlassungsanspruch des Betriebsrats **150** 101 *39 f.*
- Zwangsvollstreckung **50** 62 *11*, *siehe auch dort*

Unterlassungsgebot 50 62 *64*

Unterlassungsklage
- Arbeitszeit, Wettbewerbsverstoß **80** 1 *30*
- isolierte Unterlassungsklage **160** 611 *549, 594*
- Konkurrenztätigkeit **160** 611 *549, 594 f., 600*
- schädigende Äußerung **160** 611 *549, 594*
- Schmiergeld **160** 611 *552, 594 f.*
- Stufenklage **160** 611 *594*
- Wettbewerbsverbot **160** 611 *549, 594 f., 600*; **290** 74 *65 f.*

Unternehmen
- Begriff **150** 1 *10*
- Spaltung **150** 1 *18, 25 f.*; 21a *5 ff.*

Unternehmensberater
- Arbeitszeit **80** 7 *61*
- Dienste höherer Art **160** 627 *8*

Unternehmensbezogenes Geschäft
- Arbeitsvertrag **160** 611 *360, 373*

Unternehmensgründung
- Befristungsprivileg **480** 14 *112 ff.*

Unternehmensgruppe
- Begriff nach EBRG **200** 2 *3 ff.*

Unternehmensmitbestimmung, DrittelbG
- *siehe auch* Aufsichtsrat, DrittelbG
- *siehe auch* Unternehmensmitbestimmung, Wahlordnung zum DrittelbG
- Arbeitnehmerbegriff **190** 3 *1 ff.*
- leitender Angestellter **190** 3 *5*
- Mitbestimmungserhaltung, Abspaltung, Ausgliederung **190** 2 *8 f.*
- Regelungsgehalt **190** 1 *2 ff.*
- Tendenzschutz **190** 1 *7*

Unternehmensmitbestimmung, MitbestG 330 Vor 1 *1 ff.*
- *siehe auch* Aufsichtsrat, MitbestG
- *siehe auch* Aufsichtsratsmitglied, MitbestG
- Aktiengesellschaft **330** 30 *3*
- Amtszeit der Delegierten **330** 13 *2 ff.*; 14 *2 ff.*
- Anfechtung der Delegiertenwahl **330** 21 *1 ff.*
- Anteilseigner **330** 2 *1 ff.*; 8 *1 ff.*
- Anwendungsbereich **330** Vor 1 *10*; 1 *2*
- Arbeitnehmerbegriff **330** 3 *2*
- Arbeitnehmerzahl **330** 1 *9 ff.*; 7 *4*
- Arbeitsdirektor **330** 33 *1 ff.*
- Auslandsbezug **330** 1 *3 ff.*
- Beteiligungsrecht, Unterordnungskonzern **330** 32 *1 ff.*
- Betriebsbegriff **330** 3 *3*
- Delegiertenwahl, Arbeitnehmer **330** 9 *2 ff.*; 10 *2 ff.*
- Delegiertenzahl, Arbeitnehmerwahl **330** 11 *1 ff.*
- erfasste Rechtsform **330** 1 *2*
- Ersatzdelegierte **330** 14 *5 f.*
- Erwerbs- und Wirtschaftsgenossenschaft **330** 30 *6*
- Formwechsel **330** Vor 1 *25 f.*
- Gemeinschaftsbetrieb **330** 1 *12 ff.*
- Gemeinschaftsunternehmen **330** 5 *20*
- Genossenschaft **330** 6 *18 ff.*
- Gesellschaftsrecht, Verhältnis **330** 25 *2 ff.*
- Gestaltungsmöglichkeiten **330** 1 *23*
- GmbH **330** 30 *5*
- herrschendes Unternehmen **330** 5 *3 ff., 26*
- KG **330** 4 *1 ff.*; 32 *5*
- KGaA **330** 30 *4*; 32 *4*; 33 *1*
- Konzern, herrschendes Unternehmen **330** 5 *1 ff.*
- Nichtigkeit der Delegiertenwahl **330** 21 *9*
- Schwellenwert **330** 1 *11a*
- Tendenzkonzern **330** 5 *14*
- Tendenzunternehmen **330** 1 *20 ff.*
- Unternehmensumwandlung **330** Vor 1 *13 ff.*
- Unterordnungskonzern, herrschendes Unternehmen **330** 5 *3 ff.*; 32 *1 ff.*

Unternehmensmitbestimmung, MontanMitbestErgG
- abhängiges Unternehmen, Unternehmenszweck **341** 4 *5 ff.*

- Begriffe Arbeitnehmer und Betrieb **341** 5 *8*
- herrschende Gesellschaft **341** 4 *1*
- herrschendes Unternehmen **341** 4 *1, 3f.*
- Konzernunternehmen **341** 4 *6*
- MontanMitbestG, Anwendbarkeit **341** 4 *2*
- Unternehmenszweck **341** 4 *3ff.*; 16 *2*
- Unterordnungskonzern **341** 4 *1ff.*

Unternehmensmitbestimmung, MontanMitbestG
341 4 *1f., siehe auch* Aufsichtsrat, MontanMitbestG
- Anwendungsbereich **340** 1 *4, 10ff.*; 16 *1ff.*
- Arbeitnehmerzahl **340** 1 *23ff.*
- Bergbau **340** 1 *12ff.*
- Einheitsgesellschaft **340** 1 *28*
- Eisen- und Stahlindustrie **340** 1 *16ff.*
- GmbH **340** 3 *1f.*
- grenzüberschreitende Verschmelzung, MgVG **340** 1 *1*
- Konzernwahl **340** 1 *31f.*
- neutrales Mitglied **340** 1 *8*
- Rechtsform **340** 1 *22*
- Unternehmenszweck **340** 1 *11ff.*
- Unterordnungskonzern **341** 4 *1ff.*
- Verfassungsmäßigkeit **340** 1 *7f.*
- Verhältnis der Mitbestimmungsgesetze **340** 1 *1*; 2 *3*
- Verzicht **340** 1 *2*
- Walzwerkklausel **340** 1 *19ff.*
- Zweck **340** 1 *6*

Unternehmensmitbestimmung, Wahlordnung zum DrittelbG
- Abberufungsverfahren **191** 37 *2ff.*
- Briefwahl **191** 17 *1ff.*
- Information des Betriebsrats **191** 1 *2*
- Seebetrieb **191** 45 *2ff.*; 49 *1f.*
- Stimmabgabe **191** 15 *2*; 17 *1ff.*
- Stimmauszählung **191** 22 *2ff.*; 31 *6*
- Stimmzettel **191** 15 *2, 5*
- Unternehmenswahlvorstand **191** 2 *2*; 27 *2ff.*
- Voraussetzungen strittig **191** 1 *1*
- Wahl(vorgang) **191** 15 *3*
- Wahlausschreibung **191** 5 *1f.*; 31 *2ff.*
- Wählerliste **191** 4 *2*
- Wählerliste, Einspruch **191** 6 *1f.*
- Wahlvorschlag **191** 7 *1ff.*; 9 *1ff.*
- Wahlvorschlag, Bekanntmachung **191** 12 *1ff.*
- Wahlvorschlag, Ersatzmitglied **191** 8 *2*
- Wahlvorschlag, ungültige **191** 10 *1f.*
- Wahlvorstand **191** 2 *2*; 3 *2*
- zeitlicher Wahlablauf, Übersicht **191** 1 *4*

Unternehmensrisiko
- GmbH-Geschäftsführer **280** 43 *10*

Unternehmenssitz
- örtliche Zuständigkeit **50** 82 *3, siehe auch* dort

Unternehmenssprecherausschuss
- Auflösung **460** 29 *2*
- Behinderungs-, Benachteiligungs- und Begünstigungsverbot **460** 2 *5*
- Errichtung **460** 1 *3, 7*; 20 *1ff.*
- Geheimhaltungspflicht **460** 29 *2*
- Mitgliederzahl **460** 20 *3*
- Unternehmen, Begriff **460** 19 *1*; 20 *1*
- Wahl **460** 19 *1*; 20 *2*
- Zuständigkeit/Aufgabe **460** 20 *1*; 24 *1*

Unternehmensumwandlung
- Unternehmensmitbestimmung **330** Vor 1 *13ff.*

Unternehmensverband
- Arbeitszeit **80** 7 *61*

Unternehmer
- Arbeitgeberbegriff, Abgrenzung **160** 611 *127*
- funktionaler Unternehmerbegriff **160** 14 *1, 4ff.*
- Kaufmannseigenschaft, Abgrenzung **160** 14 *8*

Unternehmer, Begriff
- gesetzliche Unfallversicherung **420** 104 *3ff.*

Unternehmerhaftung
- Bauabzugsbesteuerungsverfahren **10** 14 *16*
- Bürgenfrühwarnsystem **10** 14 *19*
- Darlegungs-/Beweislast **10** 14 *12*
- Forderungsübergang **10** 14 *11*
- Haftungsbegünstigte **10** 14 *5*
- Haftungsgegenstand **10** 14 *8*
- Kettenhaftung **10** 14 *7*
- Mindestarbeitsbedingungen **10** 14 *4ff.*
- Ordnungswidrigkeit **10** 14 *13*
- selbstschuldnerische Bürgenhaftung **10** 14 *9*
- Sozialversicherungsbeiträge **10** 14 *15*
- Tatbestand **10** 14 *6*
- Unbedenklichkeitsbescheinigung **10** 14 *18*
- Verjährung/Verfall der Hauptforderung **10** 14 *10*

Unternehmerische Entscheidung *siehe* Entscheidung, unternehmerische

Unternehmerische Mitbestimmung *siehe* Mitbestimmung, unternehmerische

Unternehmerrisiko
- Arbeitnehmerbegriff **160** 611 *75f., 79ff., 90, 160*
- Franchisenehmer **160** 611 *160*

Unterordnungskonzern, Unternehmensmitbestimmung
- DrittelbG **190** 2 *1ff.*
- MitbestG **330** 5 *3ff.*; 32 *1ff.*
- MontanMitbestG **341** 4 *1ff.*
- wesentliche Beteiligungsrechte **341** 15 *1ff.*

Unterrichtsvertrag
- Dienste höherer Art **160** 627 *9*
- Schadensersatz, § 628 BGB **160** 628 *3*

Unterrichtung und Anhörung von Arbeitnehmern, EG-Richtlinie 230 Richtlinien *160ff.*
- Umsetzung in deutsches Recht **230** Richtlinien *173ff.*

Unterrichtung, Betriebsübergang
- Adressat **160** 613a *187f.*
- Arbeitsort **160** 613a *195*
- berufliche Weiterbildung **160** 613a *197*
- Betriebsrat **160** 613a *201*
- E-Mail **160** 613a *182f.*

- erneute Unterrichtung **160** 613a *207*
- Europarecht **160** 613a *3 f., 9, 176 ff.*
- Form **160** 613a *182*
- Fotokopie **160** 613a *182*
- Geheimhaltungsinteresse **160** 613a *199*
- Gesamtschuldner **160** 613a *184*
- Inhalt **160** 613a *190 ff.*
- Interessenausgleich **160** 613a *197*
- Kündigung **160** 613a *209*
- Rechtsnatur **160** 613a *189*
- Schadensersatz **160** 613a *185, 189, 203, 208 f.*
- Sozialplan **160** 613a *197*
- Telefax **160** 613a *182*
- Textform **160** 127 *35*; 613a *182*
- Umwandlung, UmwG **160** 613a *178, 180, 192*
- Unterrichtungspflichtiger **160** 613a *184 ff.*
- Widerspruchsfrist **160** 613a *174, 186, 205 f.*
- wirtschaftliche Notlage des Erwerbers **160** 613a *197*
- Zeitpunkt **160** 613a *202 f.*
- Zugang **160** 613a *183, 205, 214*
- Zugang zum schwarzen Brett **160** 613a *183*

Unterrichtungspflicht
- Arbeitgeber **150** 81 *3 ff., 9 ff., siehe auch dort*
- Auskunftsperson **150** 80 *32 ff.*; 90 *22*
- Grenzen **150** 80 *24*
- Inhalt **150** 80 *19 ff., 25 ff.*; 90 *3 ff.*; 92 *7 ff.*
- Umfang **150** 81 *3 ff.*
- Unterlagen **150** 80 *26 ff.*; 90 *10*; 92 *11 ff.*
- Verstoß **150** 90 *18 ff.*
- Zeitpunkt **150** 90 *8 ff.*; 92 *9*

Unterschlagung
- Verdachtskündigung **160** 611 *1052*; 626 *59*

Unterschrift
- Beglaubigungsvermerk **160** 127 *25*; 623 *56 f.*
- bestimmender Schriftsatz **160** 127 *39*
- Blankounterschrift **160** 127 *21, 28*
- Computerfax **160** 127 *39*
- Eigenhändigkeit **160** 127 *23*; 623 *26 f.*
- Familienname **160** 127 *22*
- Fernschreiben **160** 127 *39*
- Firma, Kaufmann **160** 127 *22*
- Funktion **160** 623 *36*
- Initiale, Abgrenzung **160** 127 *22*; 623 *36*
- Klageschrift **50** 46 *34 ff.*
- Lesbarkeit **160** 623 *36*
- Paraphe, Abgrenzung **160** 127 *20*; 623 *36, 53*
- Prokurist, ppa **160** 127 *24*
- Pseudonym **160** 127 *22*; 623 *27*
- Schriftform **160** 127 *4, 18 ff., 39, 47*; 611 *1003 ff.*; 613a *215*; 623 *26 f., 35 f., 51 ff.*
- Stellvertreter **160** 127 *24*; 623 *37*
- Telefax **160** 127 *39*; 623 *27, 37*
- Telegramm **160** 127 *39*; 623 *27*
- Titel **160** 623 *36*
- Überschrift, Abgrenzung **160** 127 *21*; 623 *26*

Unterstützungskasse *siehe auch* Unterstützungskassenzusage
- Insolvenzsicherung **140** 7 *16*; 9 *10 ff.*
- Rechtsform **140** 1 *63*
- Vermögensübergang auf den Pensionssicherungsverein **140** 9 *1, 10 ff.*
- Versorgungsträger **140** 1 *42, 63 ff., 182*; 1b *56*; 2 *63 f.*; 7 *16*; 9 *10 ff.*

Unterstützungskassenzusage
- betriebliche Altersversorgung, Entgeltumwandlung **140** 1 *99, 123, 131, 160, 169, 200 f.*; 1a *8, 13*; 1b *56*; 2 *2, 65, 74 f.*; 4 *16, 25, 31*; 7 *12, 48*; 10 *2, 4*; 11 *9*; 16 *62*
- Quotierungsverfahren **140** 2 *2, 63*
- steuerrechtliche Aspekte **140** 1 *199 ff.*

Untersuchung, arbeitsmedizinische *siehe* Arbeitsmedizinische Untersuchung

Untersuchung, ärztliche *siehe* Ärztliche Untersuchung

Untersuchungsgrundsatz
- Beschlussverfahren **50** 83 *2 ff., siehe auch dort*

Untersuchungshaft
- vorübergehende Verhinderung **160** 616 *14, 22*

Untervollmacht 50 11 *9, 31*

Unterweisung
- Dokumentation **70** 12 *11*

Unverbindlichkeit
- Wettbewerbsverbot **290** 74 *38 ff., 61 f.*; 74a *2 ff.*; 75d *5*

Unverfallbare Anwartschaft
- Aufhebungsvertrag **160** 611 *1021, 1036, 1039 ff.*
- Auskunftsanspruch des Arbeitnehmers **140** 4a *1 ff.*
- Auszehrung/Auszehrungsverbot **140** 5 *15*
- Barwert, Übertragungswert **140** 4 *31*
- Beschäftigungsquotient **140** 18 *7 f.*
- Betriebsübergang **160** 613a *98, 102 f., 143, 195, 231*
- Betriebszugehörigkeit **140** 1b *21, 46*; 2 *2, 7 ff., 13 ff., 24 ff., 32 ff., 37, 49, 57, 67, 76*; 6 *46, 49, 63, 66, 40, 76*; 7 *40, 46 ff.*
- Einstellung der Betriebstätigkeit **140** 4 *29 f.*
- Festschreibeeffekt **140** 2 *1*
- Höhe **140** 2 *1 ff.*; 30g *1*
- Insolvenzschutz **140** 1a *21*; 1b *62*
- Insolvenzsicherung **140** 1 *122, 220*; 1a *21*; 1b *26, 62*; 7 *3, 37 ff., 65*; 9 *4*
- Kapitalwert, Übertragungswert **140** 4 *32*
- Liquidation **140** 4 *29 f.*
- Nichtübertragbarkeit **140** 4 *9 f.*
- Portabilität **140** 3 *3*; 4 *21*; 4a *2*
- Quotierungsverfahren **140** 6 *36, 40, 44a*
- Quotierungsverfahren, pro-rata-temporis-Verfahren **140** 2 *2 f., 33, 37 ff., 54 ff., 63 ff., 65, 75*; 30e *4*
- Rechtsfolgen der Übertragung **140** 4 *33*
- Übertragung/Übernahme **140** 4 *1 ff., 11 ff.*
- Übertragungsanspruch/einseitiges Übertragungsrecht des Arbeitnehmers **140** 4 *21 ff., 26 ff.*

- Übertragungswert **140** 4 *31 f.*; 4a 7; 30b *1*
- unmittelbare Versorgungszusage **140** 1b *13 ff.*; 2 *6 ff.*
- versicherungsrechtliche Lösung, versicherungsvertragliche Lösung, versicherungsförmige Lösung **140** 2 *3, 37, 42 ff., 54, 56 ff., 62 f., 65, 74 f.*; 4 *26*; 7 *47*; 27 *1*
- Vertragsfreiheit **160** Vor 305-310 *5*

Unverfallbarkeit *siehe auch* Unverfallbare Anwartschaft
- Abfindung, BetrAVG **140** 3 *1 ff.*
- Beendigung des Arbeitsverhältnisses vor Eintritt des Versorgungsfalls **140** 1b *16*
- Betriebszugehörigkeit **160** 305c *39*
- Entgeltumwandlung **140** 1a *21*; 1b *57 ff.*
- Insolvenzschutz **140** 1a *21*; 1b *62*
- Leistung der betrieblichen Altersversorgung **140** 1b *14*
- Mindestaltersgrenze **140** 1b *7, 17, 44 ff.*; 30f *1 f.*
- Pensionsrückstellung, § 6a EStG **140** 1b *68*
- sofortige gesetzliche Unverfallbarkeit **140** 1a *21*; 1b *58, 62*
- Unverfallbarkeitsfrist/gesetzliche Unverfallbarkeitsfrist **140** 1 *6, 20, 28, 73, 113, 177, 189*; 1b *6 ff., 15 f., 18, 21 f., 26 ff., 31 f., 36, 37, 42, 53 f., 56 f., 60*; 2 *27*; 6 *2, 17*; 7 *40*; 17 *10*; 30f *1 f.*
- Unverfallbarkeitsquotient **140** 2 *13, 22, 32*
- Verfallklausel **140** 1 *1*; 1b *12*
- Versorgungszusage, Bestand **140** 1b *18 ff.*
- vertragliche Unverfallbarkeit **140** 1b *15 f., 26, 31 f., 60*; 2 *76*; 3 *3*; 4 *9*; 4a *5*; 7 *39*
- Vollendung des 30. Lebensjahres **140** 1b *7, 17, 44 ff.*; 30f *1 f.*
- Wartezeit, Abgrenzung zu Unverfallbarkeitsfrist **140** 1b *42*
- Zusage/Bestand der Versorgungszusage **140** 1b *18 ff.*
- Zusatzrente/Zusatzversorgung im öffentlichen Dienst **140** 18 *6 ff.*

Unwiderrufliche Freistellung *siehe* Freistellung
Unzumutbare Betriebsbeeinträchtigung *siehe* Betriebsbeeinträchtigung, unzumutbare
Urheberklauseln
- Rundfunkanstalten **495** 31 *19*

Urheberschutz
- Abrechnungszeitraum **495** 32 *28*
- angemessene Vergütung **495** 32 *18 ff.*
- Arbeitnehmer-Urheberschutz **495** 31 *1, 8 f., siehe auch dort*
- Auslegungsregeln **495** 31 *16*
- Branchenübung **495** 31 *7*
- Computerprogramme **495** 31 *9 ff.*; 69b *1 ff.*
- Designer **495** 32 *9 f.*
- Grundrechte **495** 43 *3*
- Kausalitätsprinzip **495** 31 *6*
- Korrekturinstrument **495** 32a *1*
- künftige Werke **495** 40 *1 ff., siehe auch dort*
- neuer Absatzmarkt **495** 31 *3*
- Nutzungsart **495** 31 *3*
- Nutzungsrecht **495** 31 *2, 5 f.*
- Tarifvertrag **495** 32 *13 ff.*
- Übersetzer **495** 32 *9 f.*
- Umgehungsschutz **495** 32 *31*
- Vergütungshöhe **495** 32 *24*
- Verwertungsrecht **495** 31 *4*
- Vorausverzichtsverbot **495** 32a *12*
- weitere Beteiligung *siehe dort*
- Werksablieferung **495** 31 *8*

Urheberstreitigkeit
- Zuständigkeit **50** 2 *32 f.*

Urhebervergütung *siehe auch* angemessene Vergütung
- auffälliges Missverhältnis **495** 32a *2 f.*
- Ertrag **495** 32a *6*
- Tarifvertrag **495** 32a *4*
- weitere Beteiligung **495** 32a *2 ff.*

Urkundensammlung
- streitige Verhandlung **50** 56 *21, siehe auch dort*

Urkundsbeamter
- Aufgaben **50** 7 *2 ff.*
- Mahnverfahren **50** 46a *12*

Urkundsprozess *siehe auch* Wettbewerbsverbot während Anstellung
- Zuständigkeit **50** 2 *53*

Urlaub 180 1 *25 ff., 39 f., 41 f.*; 3 *1 ff.*
- *siehe auch* Arbeitszeitkonto
- *siehe auch* Arbeitszeitrichtlinie
- *siehe auch* Bildungsurlaub
- *siehe auch* Bundesurlaubsgesetz
- *siehe auch* Freistellungsanspruch
- *siehe auch* Sonderurlaub
- *siehe auch* Urlaubsberechnung
- *siehe auch* Urlaubsdauer
- *siehe auch* Urlaubsdauerberechnung
- *siehe auch* Urlaubsregelungen
- *siehe auch* Zusatzurlaub
- Abgeltung **180** 1 *5*
- abweichende Regelung für Wartezeit **180** 4 *12 ff.*
- anderweitige Erwerbstätigkeit **180** 1 *5*; 8 *1 ff.*
- Anrechnung, Mehrurlaub **180** 6 *15 ff.*
- Anrecnung bei Arbeitsunfähigkeit **180** 9 *30 ff.*
- Anspruchsberechtigter *siehe* Urlaubsgewährung
- Arbeit auf Abruf **480** 12 *22*
- Arbeitgeberwechsel **180** 6 *1 ff., 13 ff.*
- arbeitsfreie Tage, Betriebsvereinbarung **180** 9 *33 ff.*
- Arbeitsfreistellungsanlässe **180** 1 *44*
- Arbeitsunfähigkeit **180** 7 *14*; 9 *3 ff., 13*
- Arbeitsunfähigkeitsbescheinigung **180** 9 *20 ff.*
- Arbeitsunterbrechungsfunktion **180** 1 *20*
- Arrest **50** 62 *74*
- Aufhebung des Arbeitsvertrages **180** 13 *5 ff.*
- Ausbildungsverhältnis **110** 12 *12*
- Ausgleichsquittung **160** 611 *1095, 1099*

Urlaub – Urlaubsabgeltung

- außerdienstliches Verhalten **160** 611 *582*
- automatische Anrechnung **180** 6 *6 ff.*
- Befristung des Anspruchs **180** 1 *5*
- Beginn **180** 1 *5*
- begrenzte Übertragbarkeit **180** 1 *5*
- Begriff **150** 87 *84 ff.*; **180** 1 *1 ff.*
- Beratungsfehler **180** 7 *169 ff.*
- Beschäftigungsverbot, Verhältnis **180** 9 *16 f.*
- Beteiligung des Sprecherausschusses **460** 28 *1*; 30 *2*
- betrieblicher Treueurlaub **180** 1 *38*
- Betriebsferien **150** 87 *87*
- Betriebsübergang **180** 6 *36 ff.*
- bezahlte Freistellung **180** 1 *5*
- Bezugnahme auf Tarifvertrag **180** 13 *25 ff.*
- billiges Ermessen, Urlaubsgewährung **160** 315 *64*
- Doppelanspruch, Ausschluss **180** 6 *2 ff.*
- eigenmächtiger Urlaubsantritt **160** 611 *1002*; 626 *104, 154*
- Elternzeit **130** 17 *1 ff.*
- Ende **180** 1 *5*
- entgegenstehende dringende betriebliche Belange **180** 7 *23*
- Entgeltfortzahlung im Krankheitsfall **210** 3 *51*
- ergänzende Regelungen **180** 1 *8*
- Erkrankung, Begriff **180** 9 *13*
- Ersatzanspruch **160** 611 *852, 865*
- Ersatzurlaub **180** 2 *17*
- fehlerhaftes Arbeitsverhältnis **160** 611 *42*
- Fehlzeitenanrechnung **180** 3 *49*
- finanzielle Vergütung **180** 1 *19*
- Freistellung **160** 611 *1109 f.*; 615 *16*
- Freistellungsanspruch **180** 1 *25*
- Fürsorgepflicht des Arbeitgebers **180** 1 *2*
- Geldfaktor **180** 1 *5*
- Hausgewerbetreibender **180** 12 *6, 10 ff.*
- Heimarbeit **180** 12 *4, 10 ff.*
- Heimarbeiter **180** 1 *5*
- IAO-Übereinkommen **180** 7 *4*
- Insolvenz **300** 108 *29 f., 45, siehe auch dort*
- internationale Mindeststandards **180** 1 *22*
- Jugendarbeitsschutz **310** 19 *1 ff.*
- Kalenderjahresbezug **180** 1 *34*
- krankheitsbedingte Arbeitsunfähigkeit **180** 1 *5*
- Kündigung **180** 7 *174 f.*
- Kündigungsfrist, nachträgliche Verlegung **180** 7 *27*
- landesgestzliche Regelung **180** 1 *15*
- Leistungsbestimmungsrecht **160** 315 *64*
- Leistungsverweigerungsrecht **160** 315 *64*
- Lohnausfallprinzip **160** 611 *721*
- medizinisch indizierte Rehabilitation **180** 1 *5*
- medizinische Vorsorge **180** 10 *4 ff.*
- Mindesturlaub **180** 1 *5*
- Minijob/geringfügig Beschäftigter **160** 611 *27*
- Mitbestimmung des Betriebsrats **160** 629 *24 f.*
- modifiziertes Günstigkeitsprinzip **180** 13 *13 ff.*
- Mutterschaftsurlaub kollidiert mit betrieblicher Kollektivvereinbarung **180** 9 *10*
- Mutterschutz **350** 3 *30*; 17 *1 ff.*
- Mutterschutzgesetz **180** 1 *9*
- Nachgewährung **180** 9 *2, 15, 26a*
- NachwG **360** 2 *37, 53*
- Naturalrestitution **160** 611 *852, 865*
- Neufestlegung, bei Krankheit **180** 9 *26a*
- Öffnungsklausel **180** 13 *31 ff.*
- Praktikant **160** 611 *35*
- Qualifizierungsmaßnahme **160** 629 *23*
- Rechtsmissbrauch, Urlaubsabgeltung **160** 611 *1110*
- Rehabilitation **180** 10 *4 ff.*
- Rückruf aus dem **180** 7 *173*
- Rückrufvereinbarung **180** 13 *8*
- Schadensersatz **180** 9 *9*
- Schonzeit **180** 10 *17 f.*
- schwerbehinderte Menschen, Zusatzurlaub **430** 125 *5 ff.*
- Soldat **60** 4 *9*
- Sonderurlaub **180** 9 *31*
- Sonderurlaubsanrechnung **180** 3 *49*
- sonstige Freistellungsansprüche **180** 1 *43*
- tarifliche Ausschlussfrist **180** 13 *30*
- Tarifvertrag **180** 8 *8*; 9 *32*; 13 *2, 10 ff., 24 ff.*
- Tarifvorrang **180** 13 *2, 10 ff.*
- Teilurlaub **180** 1 *32*
- Telearbeit **180** 12 *5*
- übergesetzlicher Tarifurlaub **180** 3 *6*
- Unabdingbarkeit **160** 628 *4*; **180** 5 *28 f.*; 13 *1 ff.*
- Urlaub **160** 611 *1095, 1099*
- Urlaubsanspruch **180** 1 *5*
- Urlaubsbescheinigung **180** 6 *32 ff.*
- Urlaubsgrundsatz **150** 87 *87 ff.*
- Urlaubsjahr **180** 7 *89*
- Urlaubskassenverfahren Bauwirtschaft **180** 1 *5*
- Urlaubsplan **150** 87 *89 f.*
- Urlaubsüberziehung **160** 626 *150, 154*
- Verdienstanrechnung während Freistellung **180** 7 *62*
- Vererbbarkeit, Urlaubsanspruch/Urlaubsabgeltungsanspruch **160** 611 *489*; 613 *5*
- Verzicht **160** 611 *1095, 1099*
- Verzicht bei Arbeitsunfähigkeit **180** 9 *36 f.*
- Verzicht bei Aufhebung **180** 13 *5 ff.*
- Vorstand **30** 84 *40, 53*; 93 *5*
- Wartezeit **180** 4 *2 ff.*
- Zeitfaktor **180** 1 *5*
- Zivildienstleistender **60** 4 *9*
- Zusatzurlaubskürzungsklausel, AGB **160** 308 *36*
- Zweckfortfall **180** 9 *5 ff.*
- Zweckwidrigkeit anderer Erwerbstätigkeit **180** 8 *3*
- Zwölftelungsprinzip **180** 5 *1, 5*

Urlaubsabgeltung
- Arbeitnehmerähnliche Person **180** 2 *18*
- Arbeitsunfähigkeit, Tarifvertrag **180** 13 *13 f.*

- Ausgleichsklausel 180 11 87
- Berechnung 180 11 52 f.
- Besonderheiten, Baugewerbe 180 13 41
- Betriebsübergang 180 7 135
- Beweislast 50 58 92, siehe auch dort
- Blockmodell Altersteilzeit 180 7 140
- Elternzeit 130 17 20 f.
- Erben 180 7 141
- Pfändungsschutz 500 850k 4
- Teilurlaub 180 5 30
- Unabdingbarkeit 180 7 136
- Vererbbarkeit 180 11 77
- Verjährung 180 7 142

Urlaubsanspruch 180 2 6 ff., siehe auch Arbeitnehmerähnliche Person
- Abgeltung 180 7 133 ff.
- Annahmeverweigerungsrecht 180 7 77
- Arbeitnehmer 180 1 4; 2 3
- arbeitnehmerähnliche Person 180 1 4; 2 6
- Auszubildende 180 2 4
- Berechtigte 180 1 4
- Betriebsübergang, Anspruchsdoppelung 180 6 37a
- Betriebsverfassungsrecht 180 7 145 f.
- Durchsetzung 180 7 147 ff.
- Einheitstheorie 180 1 23
- einstweiliger Rechtsschutz 180 7 164 ff.
- Einzelhandel 180 1 24
- Entstehung 180 1 5
- Erfüllungshandlung 180 7 76
- Erlöschen 180 7 76 f.
- Feststellungsklage 50 46 169 ff.; 180 7 158 ff.
- Freistellung der arbeitnehmerähnlichen Person 180 2 14
- Freistellungstheorie 180 1 23
- Gastronomie 180 1 24
- Geldentschädigung 180 1 19
- Heimarbeiter 180 1 4
- Klage auf Urlaubsgewährung ohne bestimmten Zeitraum 180 7 162 f.
- Krankenhaus 180 1 24
- krankheitsbedingte Arbeitsunfähigkeit 180 1 18
- Leistungsklage 180 7 152 ff.
- Lernschwestern/Lernpfleger 180 2 5
- Praktikanten 180 2 4
- Selbständige 180 2 6
- Steuerrecht 180 7 144
- Tagweise Befreiung von der Arbeitspflicht 180 1 24
- übergesetzlicher 180 1 35
- Übertragung 180 3 31 f.
- Unabdingbarkeit 180 1 5; 3 5
- Verfall 180 1 22
- Verfall des Abgeltungsanspruchs 160 611 852
- Verfallbarkeit des befristeten Anspruchs 180 7 93 ff.
- verfallen lassen 180 3 47
- Verzicht 180 3 47
- Volontäre 180 2 4
- Zeitablauf 180 3 47
- zusammenhängender Urlaub 180 1 5

Urlaubsberechnung 180 3 41 ff., siehe auch Mindesturlaubsanspruch
- Änderung der Arbeitszeitverteilung im kommenden Jahr 180 3 31 f.
- Änderung der Arbeitszeitverteilung im laufenden Jahr 180 3 30
- Arbeit auf Abruf 180 3 35
- Arbeitskampf 180 3 30a
- arbeitstäglicher Arbeitsverpflichtung 180 3 13 ff.
- Arbeitszeitflexibilisierung 180 3 20 ff.
- Auf-/Abrundung 180 3 16
- Bindung bei fehlerhafter Berechnung 180 3 36 f.
- Kurzarbeit 180 3 30a
- nicht gleichbleibende Arbeitswoche 180 3 17
- Nominalwert 180 3 7
- Roll-/Feiertage 180 3 25 ff.
- Schichtdienste 180 3 26 ff.
- Sonnabende/Sonntage/Feiertage 180 3 8
- Teilzeitbeschäftigte 180 3 34
- Urlaubsberechnung 180 3 18 ff.
- werktägliche Arbeitsverpflichtung 180 3 9 ff.
- Zusatzurlaub 180 3 38 ff.

Urlaubsberechnung, tarifvertragliche
- Gaststätten-/Hotelgewerbe, MTV 180 3 44 f.
- Verfall der Abgeltung 180 3 46
- Verrechnung von Arbeitsunfähigkeit 180 3 43
- Verwirkung des Urlaubsanspruchs 180 3 44 f.

Urlaubsbescheinigung 180 6 32 ff.

Urlaubsbestimmungsrecht
- Arbeitnehmerähnliche Person 180 2 16

Urlaubsdauer
- Anrechnung 180 6 1 ff.
- Berechnungsbeispiele 180 3 10 ff.
- Berechnung der Höchstgrenze 180 3 33
- Darlegungs-/Beweislast 180 3 48
- Floristik, TV 180 3 33
- Grundurlaub 180 3 1 ff.
- Heimarbeitsänderungsgesetz 180 3 2
- Kürzung 180 3 47; 6 31
- Mehrurlaub, tariflich 180 1 36
- Streitigkeiten 180 3 48
- tarifvertragliche Regelungen 180 3 41 ff.
- Teilurlaubsanspruch siehe dort
- Urlaubszweck 180 3 4
- Verhältnis zum Jugendurlaub 180 3 3
- Zusatzurlaub für schwerbehinderte Menschen 180 6 35

Urlaubsentgelt
- Abrufarbeit 180 11 38
- ansparen 180 12 27
- Arbeit auf Abruf 180 11 38
- arbeitnehmerähnliche Person 180 2 15
- Arbeitsbedingungen 10 5 4

- Arbeitsentgelt **180** 1 *29*
- Arbeitszeitrichtlinie **180** 1 *18*
- Aufrechnung **180** 11 *74*
- Aufwendungsersatz **180** 11 *43*
- Ausschlussfrist **180** 11 *69 f.*
- bei widersprechender Erwerbstätigkeit **180** 8 *5 ff.*
- Berechnung **180** 11 *7 ff.*
- Berechnung, Tarifvertrag **180** 11 *35*
- Betriebsratsbeteiligung **180** 11 *78*
- Durchschnittsverdienst **180** 11 *23 ff.*
- Ein-Euro-Job **180** 11 *81*
- Einmalzahlung, Berücksichtigung **180** 11 *40*
- Entgeltfortzahlung **180** 11 *4 ff., 30*
- Entgeltfortzahlung im Krankheitsfall **180** 9 *29a*
- Entgeltverzicht **160** 611 *781, 1095, 1099*
- Erlass **180** 11 *66 f.*
- Fälligkeit **160** 614 *12*
- Freistellungsanspruch **180** 1 *29*
- Geldfaktor **180** 11 *18 ff.*
- Grundlage **180** 11 *4 ff.*
- Insolvenzgeld **180** 11 *82*
- Kurzarbeit **180** 11 *26, 44*
- Lohnausfallprinzip **180** 11 *7, 9 ff.*
- Mitbestimmung **180** 11 *78*
- Pfändungsschutz **180** 11 *73*; **500** 850k *4*
- Prämie **180** 11 *46 ff.*
- Problemfall **180** 11 *38 ff.*
- Provision **180** 11 *49*
- Referenzzeitraum **180** 11 *18*
- Rückforderung **180** 11 *72*
- Sachbezüge **180** 11 *50*
- Schätzung **180** 11 *27*
- Tarifsperre **180** 11 *79 f.*
- tarifvertragliche Abweichung **180** 11 *29 ff.*
- tarifvertraglicher Referenzzeitraum **180** 11 *33*
- Trinkgeld **160** 611 *742*
- Überstunden **180** 11 *17*
- Überstundenvergütung, Tarifvertrag **180** 11 *37*
- Urlaubsgeld **180** 11 *45*
- variierende Arbeitszeit **180** 11 *14 f., 22*
- Verdienständerung **180** 11 *24 f.*
- Vererbbarkeit **180** 11 *76*
- Verjährung **180** 11 *71*
- Verzicht **180** 11 *68*
- Vorschussweise **180** 1 *18*
- Wegfall des Lebensstandardprinzips **180** 11 *8*
- Zeitfaktor **180** 11 *9 ff.*

Urlaubsentgeltanspruch
- nach Beendigung des Rechtsverhältnisses **180** 12 *13a*

Urlaubsentschädigung
- für nicht genommenen Urlaub **180** 1 *19*

Urlaubsgeld
- Akzessorität **180** 11 *58*
- Ausschlussfrist **180** 11 *69*
- betriebliche Altersversorgung, Abgrenzung **140** 1 *34*
- Elternzeit **130** 15 *32*
- Erlass, tarifvertraglicher Anspruch **180** 11 *67*
- Fälligkeit **180** 11 *61 ff.*
- Freiwilligkeitsvorbehalt **180** 11 *86*
- Pauschalierung der Lohnsteuer **240** 40a *27*
- Pfändungsschutz **180** 11 *75*
- Rechtsgrundlage **180** 11 *55 ff.*
- rückständiges bei Betriebsübergang **160** 613a *101*
- Rückzahlungsklausel **160** 622 *33*
- Sonderzahlung **180** 11 *54*
- Teilvergütung bei fristloser Kündigung **160** 628 *9*
- Teilzeitkraft **480** 4 *22*
- Vererbbarkeit **180** 11 *76*
- Vergütung **160** 611 *668 ff.*
- Verjährung **180** 11 *71*
- Verzug **180** 11 *65*
- Zusatzurlaub **180** 11 *59 f.*

Urlaubsgewährung
- Anfechtung der Freistellung **180** 7 *48*
- Arbeitsunfähigkeit **180** 7 *81*
- aufgedrängte Gewährung **180** 7 *66*
- Bedingungsfeindlichkeit **180** 7 *43*
- Befristung und Verfall **180** 7 *85 ff.*
- Beurteilungsspielraum **180** 7 *29*
- Beweislast **50** 58 *93, siehe auch dort*
- entgegenstehende dringende betriebliche Belange **180** 7 *23*
- Fehlerquellen **180** 7 *169 ff.*
- Ferienzeit **180** 7 *31*
- Folgejahr **180** 7 *89*
- Klageantrag **50** 46 *165 ff.*
- Kondiktion **180** 7 *49*
- Krankheitsurlaub **180** 9 *10*
- Kurzarbeit **180** 7 *80*
- Leistungsklage **50** 46 *165 ff., siehe auch dort*
- mitbestimmter Urlaubsplan **180** 7 *39*
- Mutterschutz **180** 7 *82 ff.*
- nachträgliche Änderung der Festlegung **180** 7 *74 f.*
- nicht im Vorgriff **180** 7 *87*
- Nichtanrechnung von Krankheitszeiten **180** 9 *10*
- Streit über Beendigung, vorsorgliche Gewährung **180** 7 *64*
- unzulässige Selbstbeurlaubung **180** 7 *67*
- Verlegung in die Kündigungsfrist **180** 7 *27*
- Zwangsvollstreckung **50** 62 *40*

Urlaubsjahr 180 7 *89*

Urlaubskassen
- Baugewerbe **10** 5 *6*
- Europaabteilungen **10** 5 *13*
- Rückzahlungsanspruch **10** 5 *8*

Urlaubskassenverfahren
- ausländische Arbeitgeber **10** 3 *4*
- Bauwirtschaft **180** 13 *38*
- Mindestarbeitsbedingungen, tarifliche **10** 7 *9*

Urlaubsplanung
- Bedeutung **180** 7 *115*

Urlaubsrecht
- Rechtswahl **220** 30, 8 Rom I *59*

Urlaubsregelungen
- Arbeitsplatzschutzgesetz **180** 1 *8*
- außerhalb des BUrlG **180** 1 *7*
- BEEG **180** 1 *8*
- Eignungsübungsgesetz **180** 1 *10*
- Ein-Euro-Jobs **180** 1 *12*
- freiwilliges soziales/ökologisches Jahr **180** 1 *11*
- Jugendurlaub **180** 1 *7*
- Mutterschutzgesetz **180** 1 *9*
- Seemannsgesetz **180** 1 *12*
- SGB IX **180** 1 *13*
- Zivildienstgesetz **180** 1 *10*

Urlaubsschein
- Formulierungshilfe **180** 7 *176 f.*

Urlaubsübertragung 180 7 *98 ff.*
- Ausschlussfrist für Anspruch **180** 7 *125*
- Besonderheiten **180** 7 *100*
- bis Ende des Folgejahres **180** 9 *27*
- Darlegungs-/Beweislast **180** 7 *124*
- krankheitsbedingte Arbeitsunfähigkeit **180** 7 *111*
- öffentlicher Dienst **180** 7 *121*
- Schriftform für tarifliche Übertragung **180** 7 *120*
- tarifvertraglich bei Krankheit **180** 7 *119*
- Teilurlaubsanspruch **180** 5 *13*
- vereinbarte Übertragung **180** 7 *117*
- Verfallklausel **180** 7 *181*
- Verlängerung **180** 7 *172*
- Vollurlaub **180** 7 *99 ff.*
- wegen dringender betrieblicher Gründe **180** 7 *105*

Urlaubsübertragungsfrist
- Schultz-Hoff, EuGH **180** 9 *27*

Urlaubsverlangen
- rechtsgeschäftsähnliche Handlung **160** 115 *3*

Urlaubszuwendung *siehe* Urlaubsgeld

Urlaubszweck
- Urlaubsdauer **180** 3 *4*

Urteil
- Abfassung **50** 60 *14 ff.*
- berufungsfähiges Urteil **50** 64 *12 ff.*
- Entschädigungsfestsetzung **50** 61 *21 ff., siehe auch dort*
- Inhalt **50** 61 *1 ff.*
- nicht revisibles Urteil **50** 72 *9 f.*
- Tarifvertragssache **50** 63 *1 ff., siehe auch* Bestandsschutzstreitigkeit
- Verurteilung zur Vornahme einer Handlung **50** 61 *16 ff.*
- Zeugnis **250** 109 *67*
- Zustellung **50** 50 *3*

Urteilsberichtigung 50 72 *56*
- Gehörsrüge **50** 78a *6*

Urteilsformel 50 61 *3*

Urteilsstreitwert 50 12 *23*

Urteilsverfahren
- *siehe auch* Arbeitsgerichtsverfahren
- *siehe auch* Beschlussverfahren
- Abgrenzung zum Beschlussverfahren **50** 80 *1 ff.*
- Alleinentscheidung des Vorsitzenden **50** 55 *2*
- Änderungsschutz **50** 46 *53 ff., siehe auch dort*
- Arbeitskampfstreitigkeit **50** 2 *6*
- Arbeitsvergütung **50** 46 *58 ff.*
- Auskunft über geleistete Überstunden **50** 46 *62 f., siehe auch dort*
- Auskunftsklage **50** 46 *58 ff., siehe auch dort*
- Bestandsschutz **50** 46 *83 ff., siehe auch dort*
- Brutto-Klage / Netto-Klage **50** 46 *64 ff., siehe auch dort*
- bürgerliche Rechtsstreitigkeit **50** 2 *3*
- Drittschuldnerklage **50** 46 *128 ff.*
- Eingruppierung **50** 46 *143 ff., siehe auch dort*
- erster Rechtszug **50** 8 *2*
- freier Mitarbeiter **50** 2 *10*
- Gebühr **50** 12 *5 ff.*
- Gehörsrüge **50** 78a *3*
- individualrechtliche Streitigkeit **50** 2 *7 f.*
- Klage auf künftige Leistung **50** 46 *76 ff.*
- Klageerhebung **50** 46 *22 ff.*
- Kostenerstattung **50** 12a *8, 11 ff.*
- Kostenteilung **50** 12a *12*
- Kündigungsschutz **50** 46 *86 ff., siehe auch dort*
- Nettolohnklage **50** 46 *67 ff.*
- Parteifähigkeit **50** 10 *5 ff.*
- Rechtsweg **50** 48 *3*
- Sprecherausschuss **460** 29 *9*
- Streit über Bestand des Arbeitsverhältnisses **50** 2 *10 ff., siehe auch dort*
- tarifrechtliche Streitigkeit **50** 2 *4 f.*
- Teilzeit **50** 46 *159 ff.*
- Urlaub **50** 46 *164 ff.*
- Vergütungsklage und- Feststellungsklage **50** 46 *73 ff., siehe auch dort*
- Wiederaufnahme **50** 79 *1*
- Wiedereinstellung **50** 46 *172 ff.*
- Zeugnis **50** 46 *174 ff.*
- Zinsen auf Bruttovergütung / Nettovergütung **50** 46 *78 ff., siehe auch dort*
- Zuständigkeit **50** 2 *1 ff.*

Urteilsverkündung 50 60 *1 ff.*
- *siehe auch* Berufungsurteil
- *siehe auch* Revisionsurteil
- Abfassung **50** 60 *14 ff.*
- Form **50** 60 *11 ff.*
- Revisionsurteil **50** 75 *43 ff.*
- sofortige Urteilsverkündung **50** 60 *7*
- Verkündungstermin **50** 60 *8 ff.*

Variable Arbeitszeit *siehe* Arbeitszeit, variable
Variable Bezüge *siehe* Bezüge, variable
Varieté
- Arbeitszeit **80** 10 *17*

ver.di
- DAG, DPG, HBV, IG Medien, ÖTV **160** 613a *115*

– Tarifvertrag **160** 315 *33*; 613a *115*
Veränderungssperre
– Wertguthabenvereinbarung **390** 7e *60 ff.*, *74*
Verband *siehe* Arbeitgebervereinigung, Gewerkschaft
Verband der Lebensversicherungsunternehmen e.V.
– Pensionssicherungsverein auf Gegenseitigkeit **140** 14 *2*
Verbandsklage
– Arbeitsvertragsklauseln, AGB **160** 305c *30*; 310 *15*
Verbandstarifvertrag 470 1 *25 f.*, *siehe auch* Tarifvertrag
– Betriebsübergang **470** 3 *61 ff.*, *112 ff.*
– Geschäftsgrundlage **160** 313 *20*
– Umwandlung einer Gesellschaft **470** 3 *67 ff.*
Verbandsvertreter
– Landesarbeitsgericht **50** 11 *28 ff.*, *siehe auch dort*
– Prozessvertretung **50** 11 *18 ff.*, *siehe auch dort*
Verbescheidungsklage *siehe* Bescheidungsklage
Verbesserungsvorschlag
– Prämie **160** 319 *14*
Verbesserungsvorschläge, technische
siehe Technischer Verbesserungsvorschlag
– Allgemein **55** 20 *1 ff.*
– einfache **55** 20 *7*
– kein Mitbestimmungsrecht **55** 20 *13*
– qualifizierte **55** 20 *3 ff.*
– schutzunfähige Neuerungen **55** 3 *9 f.*
– Sonderleistungstheorie **55** 20 *7 ff.*
– Vergütungsbemessung **55** 20 *10 f.*
– Vergütungspflicht **55** 20 *3*, *9*
Verbot
– Begünstigung/Benachteiligung wegen des Amtes **150** 78 *4 f.*; 107 *10*
– Behinderung der Amtstätigkeit **150** 78 *3*
– Benachteiligung wegen Beschwerde **150** 84 *8*; 85 *10*
– Geheimhaltungspflicht *siehe dort*
Verbot, gesetzliches *siehe* Gesetzliches Verbot
Verbotsgesetz *siehe* Gesetzliches Verbot
Verbraucher
– Absoluter Verbraucherbegriff **160** 310 *5*; 312 *15*
– Arbeitnehmer **160** 14 *9*; 305 *1*, *32 f.*; 310 *4 ff.*; 312 *15*; 611 *1177*
– funktionaler Verbraucherbegriff **160** 14 *1*, *4 ff.*
– relativer Verbraucherbegriff **160** 310 *5*
– richtlinienkonforme Auslegung **160** 615 *70*
– Verbraucherschutz **160** 312 *2 ff.*
Verbraucherdarlehen
– Arbeitgeberdarlehen **160** 611 *625*, *665*, *746*
– Zinsen **160** 288 *1*; 611 *625*, *665*, *746*
Verbraucherschutz
– Haustürwiderrufsregelung **160** 14 *9*
Verbraucherverband 260 9 *48*

Verbrauchervertrag
– Arbeitsvertrag **160** 14 *9*; 305 *32 f.*; 307 *4*; 310 *4 ff.*
– Begleitumstände, konkret-individuelle Inhaltskontrolle **160** 305b *4*; 310 *13*
– Bürgschaftsvertrag **160** 312 *3*
– Transparenzgebot **160** 307 *102*
Verbrauchsgüterkauf
– Dienstwagen **160** 611 *1177*
Verbunddatei
– Datenschutz **120** 6 *5*
Verdachtskündigung 320 1 *361*
– Anhörung des Arbeitnehmers **160** 626 *15*, *62 f.*, *103*
– Aufhebungsvertrag **160** 611 *1014 f.*, *1018*, *1052*
– Ausschlussfrist, § 626 Abs. 2 BGB **160** 626 *103*
– außerordentliche Kündigung **160** 626 *59 ff.*
– außerodentliche verhaltensbedingte Kündigung **160** 626 *45*, *59*
– außerordentliche personenbedingte Kündigung **160** 626 *59*
– Diebstahl **160** 611 *1014*; 626 *59*
– Eigenkündigung **160** 626 *45*
– Kündigungsfrist **160** 622 *8*
– Mitbestimmung des Betriebsrats bei Kündigung **160** 626 *63 f.*
– Persönlichkeitsrecht **260** 2 *62*
– Spesenbetrug **160** 626 *59*
– Stempeluhrmissbrauch **160** 626 *59*
– Straftatverdacht **160** 611 *1014*, *1018*, *1052*; 626 *59 ff.*
– Tatkündigung, Abgrenzung **160** 626 *63*
– Unschuldsvermutung **160** 626 *60*
– Unterschlagung **160** 611 *1052*; 626 *59*
– Wiedereinstellungsanspruch **160** 626 *65*
Verdeckte Gestaltungsklage *siehe* Gestaltungsklage, verdeckte
Verdienstausfall
– Bruttolohnmethode **160** 611 *254*, *327*
– ehrenamtlicher Richter **50** 31 *39 ff.*, *siehe auch dort*
– modifizierte Nettolohnmethode **160** 611 *254*, *327*
– Schuldnerverzug **160** 611 *865*
– Stellensuche **160** 616 *15*; 629 *3*, *21 f.*
– Verjährung, Ersatzanspruch **160** 197 *15*
– Vorstellungskosten **160** 611 *214*; 629 *22*
Verdienstsicherungsklausel
– Akkordlohn, Tarifvertrag **160** 611 *631*
Vereidigung
– ehrenamtlicher Richter **50** 20 *18 f.*
Verein
– *siehe auch* Nichtrechtsfähiger Verein
– *siehe auch* Vereinsvorstand
– Berufsfreiheit **260** 12 *14*
– Scientology **160** 611 *104*
– Vereinigungsfreiheit **260** 9 *13*
– Vereinsmitglied, Abgrenzung Arbeitnehmer **160** 611 *104*

- vereinsrechtliche Pflicht, Abgrenzung Arbeitsvertrag **160** 611 *138, 149 ff.*

Verein, nicht rechtsfähiger *siehe* Nicht rechtsfähiger Verein

Vereinfachtes Wahlverfahren
- Bestellung des Wahlvorstands **150** 17a *3 ff.*
- einstufiges Verfahren **150** 14a *25 ff.*
- freiwilliges Verfahren **150** 14a *31*
- Kleinbetrieb **150** 14 *1 f., 32*
- Mindestgeschlechterquote **150** 14a *15, 21, siehe auch dort*
- zweistufiges Verfahren **150** 14a *3 ff.*

Vereinigung, Begriff 260 9 *10 ff.*

Vereinigungsfreiheit
- Bürgerinitiative **260** 9 *11*
- EG-Bürger **260** 9 *7*
- Eingriff **260** 9 *23*
- geschütztes Verhalten **260** 9 *16 ff.*
- Gründergesellschaft **260** 9 *11*
- Grundrechtsbindung **260** 9 *36 f.*
- Grundrechtsträger **260** 9 *6 ff.*
- juristische Person **260** 9 *8*
- Kapitalgesellschaft **260** 9 *13*
- Konzern **260** 9 *14*
- negative **260** 9 *20*
- private Machtposition **260** 9 *36 f.*
- Rechtfertigung **260** 9 *24 ff.*
- rechtliche Ausgestaltung **260** 9 *21*
- Religions- und Weltanschauungsfreiheit, Verhältnis **260** 9 *34*
- Schranke **260** 9 *32*
- Strafrecht **260** 9 *28*
- Verein **260** 9 *13*
- Vereinigung, Begriff **260** 9 *2, 10 ff.*
- Vereinigungsverbot **260** 9 *25 ff.*
- Versammlungsfreiheit, Verhältnis **260** 9 *33*
- Zuständigkeit **50** 2 *6, siehe auch dort*
- Zwangsvereinigung/ körperschaft **260** 9 *15, 20*

Vereinsvertreter
- Kündigungserklärung **320** 1 *46*

Vereinsvorstand
- Kündigungsschutz **320** 14 *8*

Vererbbarkeit
- Urlaubsabgeltung **180** 11 *77*
- Urlaubsentgelt **180** 11 *76*

Verfahren
- Zwangsvollstreckung im Beschlussverfahren **50** 85 *14 ff.*

Verfahren, internationales 50 13a *1*

Verfahren, obligatorisches
- Güteverhandlung **50** 54 *6, siehe auch dort*

Verfahren, schriftliches
- Berufungsverfahren **50** 64 *58*
- Beschlussverfahren **50** 83 *6*
- Revisionsinstanz **50** 75 *36, siehe auch dort*

Verfahren, Stillstand
- Ende der Verjährungshemmung **160** 204 *28 ff.*

Verfahrensbeschwerde 50 72a *6*
- Nichtzulassungsbeschwerde **50** 72a *56 ff., siehe auch dort*

Verfahrensfehler *siehe auch* Besorgnis der Befangenheit
- Nichtigkeitsklage **50** 79 *5 ff.*
- Revision **50** 72 *27 ff.*

Verfahrensfehler, absoluter
- Revisionsgründe **50** 73 *32, siehe auch dort*

Verfahrensgang
- Beschleunigungsgrundsatz **50** 9 *2 ff.*

Verfahrensgesuch
- Beschwerde **50** 78 *7*

Verfahrensgrundsatz
- Arbeitsgerichtsverfahren **50** 46 *3 ff.*

Verfahrenshilfe
- Verjährungshemmung **160** 204 *1*

Verfahrensmangel
- Revisionsgrund **50** 73 *30 f., siehe auch dort*
- Versäumnisurteil **50** 59 *11 ff.*
- Zurückverweisungsverbot **50** 68 *3 ff.*

Verfahrensrecht, EU 220 30, 8 Rom I 72 *ff.*

Verfahrensrecht, europäisches *siehe* Europäisches Verfahrensrecht

Verfahrensrüge
- Rechtsbeschwerde im Beschlussverfahren **50** 93 *6a ff.*
- Sprungrevision **50** 76 *37*

Verfall einer Kaution *siehe* Vertragsstrafe

Verfallfrist *siehe* Ausschlussfrist

Verfallklausel *siehe* Ausschlussklausel

Verfassungsbeschwerde 50 1 *12*; 72a *93 ff., siehe auch dort*
- fehlerhafte Besetzung der Kammer **50** 16 *7*
- fehlerhafter Geschäftsverteilungsplan **50** 6a *7*

Verfügung, einstweilige *siehe* Einstweilige Verfügung

Verfügung, prozessleitende *siehe* Prozessleitende Verfügung

Verfügungsanspruch 50 62 *47*

Verfügungsgrund 50 62 *48 ff., siehe auch dort*

Vergabe öffentlicher Aufträge
- Auskünfte **10** 21 *9*
- Ausschluss nach AEntG **10** 21 *1 ff.*
- Befristung **10** 21 *7*
- Prämienqualifikationsverzeichnisse **10** 21 *9*
- schwerwiegende Verfehlung **10** 21 *5*
- Tariftreueregelungen **10** 21 *11*
- Vergabe-Nachprüfungsverfahren **10** 21 *10*
- Wiederherstellung der Zuverlässigkeit **10** 21 *8*

Vergabe-Nachprüfungsverfahren
- Vergabe öffentlicher Aufträge **10** 21 *10*

Vergabesperre
- Verstoß gegen AÜG **100** 12 *23*; 15 *14*; 15a *12*; 16 *24*

Vergleich
- *siehe auch* Außergerichtlicher Vergleich

Vergleich – Vergütung

- *siehe auch* Gerichtlicher Vergleich
- Aufhebungsvertrag **160** 611 *1008, 1024*
- Beschlussverfahren **50** 83a *2 ff.*
- Doppelfunktion/Doppelnatur **160** 127 *38*
- Kostenprivilegierung **50** 12 *4*
- Mindestlohnverzicht **10** 9 *3*
- Schriftform **160** 127 *37 f.*; 623 *24, 28, 51*
- Streitwertfestsetzung **50** 12 *63*
- Tatsachenvergleich **140** 17 *25*
- Zwischenverdienst **160** 611 *1108*

Vergleich, außergerichtlicher
- *siehe* Außergerichtlicher Vergleich
- *siehe* Vergleich, Beschlussverfahren

Vergleich, gerichtlicher *siehe* Gerichtlicher Vergleich

Vergleichbarkeit
- Arbeitsbedingungen Leiharbeitnehmer **100** 10 *66*

Vergleichsvorschlag
- schriftlicher Vorschlag **50** 57 *22*

Vergütung
- *siehe auch* Arbeitsentgelt
- *siehe auch* Bruttolohn
- *siehe auch* Entgeltgleichheitsgrundsatz
- *siehe auch* Lohnwucher
- *siehe auch* Nettolohn
- *siehe auch* Sachbezüge
- *siehe auch* Überstundenvergütung
- *siehe auch* Übliche Vergütung
- *siehe auch* Urheberschutz
- *siehe auch* Vergütungserwartung
- *siehe auch* Vergütungsgruppe
- *siehe auch* Vorschuss
- Abrechnungszeitraum **495** 32 *28*
- Abschlagszahlung **160** 614 *17, 23, 25 f., 28*
- Akkordlohn **160** 611 *12, 492, 603, 629 ff.*
- Anknüpfungstatsachen **495** 32 *38 ff.*
- Arbeitgeberdarlehen, Abgrenzung **160** 611 *625, 665, 746 f.*
- arbeitnehmerähnliche Person **160** 612 *5*
- Arbeitnehmerdarlehen, Abgrenzung **160** 611 *626*
- Arbeitnehmererfindervergütung **160** 611 *1099*
- Arbeitsbereitschaft **160** 611 *516*
- Arbeitsergebnis **160** 611 *12, 491 ff., 628 ff., 700, 708*
- Arbeitszeitkonto, Wertguthaben **160** 614 *18, 20 f.*
- Architekt **160** 614 *13*
- Arzt **160** 614 *13*
- Aufwendungsersatz, Abgrenzung **160** 611 *623, 754 ff.*
- Ausbildungsvergütung/Auszubildendenvergütung **110** 19 *1, 11 ff.*; **160** 611 *622*
- Ausbildungsverhältnis **160** 612 *6*; 614 *8*
- Ausschlussfrist **160** 305c *6*; 611 *619, 720, 747, 766 ff.*; 614 *28*; 615 *57, 85*; 616 *29*
- außerordentliche Kündigung, Zahlungsverzug **160** 614 *15*; 626 *44 f.*
- Barzahlung **160** 611 *637*
- Begriff **160** 611 *601 ff.*; 612 *26*
- Benachteiligungsverbot **160** 612 *42 ff.*
- Berechnung der Vergütungshöhe **160** 611 *603, 605 ff., 619 f., 628 ff.*
- Bereitschaftsdienst **160** 611 *513 f.*; 612 *16*
- Beteiligung des Personalrats **160** 614 *3*
- betriebliche Altersversorgung **160** 611 *602 f.*
- betriebliche Übung **160** 612 *33*; 614 *2*
- Betriebsübergang **160** 613a *100 ff., 136 f.*
- Betriebsvereinbarung, Tarifvorbehalt **160** 611 *607*
- Beweislast **50** 58 *35*
- Bruttolohn **160** 611 *638 ff.*
- Darlegungs- und Beweislast **160** 611 *717 f.*; 612 *39 f.*; 614 *29*; 628 *25*
- Diensterfindung, Klage **55** 39 *2 ff.*
- Dienstwagen **160** 611 *652 ff.*
- einstweiliger Rechtsschutz **160** 611 *793*
- Erfolgsabhängigkeit/Leistungsbezogenheit **160** 611 *12, 16, 492, 685 ff., 699 ff., 706, 725, 727, 859*; 614 *23, 25*; 615 *49*; 621 *13*
- Erfolgsbeteiligung **160** 611 *16*
- Erfüllungsort **160** 611 *636*
- Ermessen des Gerichts **495** 32 *39 ff.*
- fällig am Samstag, Sonn- oder Feiertag **160** 614 *18*
- Fälligkeit **160** 611 *605, 635, 858*; 614 *1 ff.*
- feste Bezüge **160** 627 *16*
- Fiktion **160** 612 *1, 13 ff., 24*
- Form **160** 611 *668 ff.*
- freie Erfindung **55** 19 *15*
- Freistellung zur Stellensuche **160** 616 *15*; 629 *3, 21*
- Garantievergütung **160** 614 *25*
- Gesamtzusage **160** 611 *607*
- Handlungsgehilfe **160** 612 *7*; 614 *8*; **290** 59 *5 f.*
- Hausverbot **160** 611 *827*; 615 *33*
- Heuer, Seeschifffahrt **160** 611 *601*; 614 *9*
- Höhe **160** 612 *2, 25 ff.*
- Holschuld **160** 611 *636*
- Inflationsrate, Gehaltsanpassungsklausel **160** 611 *616*
- Klage auf künftige Leistung **160** 611 *791*
- Kürzung, Krankheit **160** 611 *668, 697 ff.*
- Leistungsbestimmungsrecht **160** 612 *32*
- Leistungsklage **160** 611 *788 ff.*
- Lohn, Binnenschifffahrt **160** 614 *10*
- Naturalleistungen/Sachbezüge **160** 611 *647 ff.*
- Nettolohn **160** 611 *611, 644 ff.*
- Pfändung **160** 611 *794 ff.*
- Praktikant **160** 611 *35 f.*
- Prämie **160** 611 *703 ff.*
- Provision **160** 611 *416, 700, 745*; 612 *4, 26*; 614 *5 f.*; 615 *48*; 621 *13*; 627 *16*
- Quittung **160** 611 *637, 792*
- Rabatt **160** 611 *647, 650 f.*
- Rahmen, Urheberschutz **495** 32 *26 ff.*
- Rechtsanwalt **160** 307 *22*; 612 *36*; 614 *13, 27*

- Rechtsmissbrauch **160** 616 *19*
- Rechtsweg **495** 32 *36 f.*
- Redlichkeit, Urheberschutz **495** 32 *18 ff.*
- Rufbereitschaft **160** 611 *515 f.*; 612 *16*
- Schadensersatz, Abgrenzung **160** 611 *624, 757*
- Scheck **160** 611 *637*
- Schickschuld **160** 611 *636*
- Schuldnerverzug **160** 614 *14, 18*
- Sittenwidrigkeit **160** 611 *402, 405, 409 ff.*
- Sittenwidrigkeit der Verlustbeteiligung **160** 611 *416*
- Sondervergütung **160** 611 *668 ff.*
- sonstige Geldleistung, Abgrenzung **160** 611 *621 ff., 746 ff.*
- Steuerberater **160** 614 *13*
- Stückvergütung/Stücklohn **160** 621 *13*
- Stundung **160** 612 *24*; 614 *1, 5, 14, 17*
- Tantieme **160** 611 *722 ff.*; 614 *5, 7*; 615 *48*; 627 *16*
- Tarifvertrag **160** 611 *605 ff.*
- taxmäßige Vergütung **100** 10 *25*; **160** 612 *28*
- technische Verbesserungsvorschläge **55** 20 *1 f.*
- Teilvergütung bei fristloser Kündigung **160** 628 *1 ff.*
- Tierarzt **160** 614 *13*
- Trinkgeld **160** 611 *666, 740 ff.*; 612 *34*
- Überlassungsvergütung **100** 9 *11*; 10 *19 ff.*; 11 *23*; 12 *3, 13*; 14 *28*
- Überweisung **160** 611 *636*
- Überzahlung/Rückzahlung **160** 307 *52*; 611 *619, 762 ff., 769, 776*; 614 *25*; 615 *68*; 617 *19*; 628 *25*
- übliche Vergütung **100** 10 *25*; **160** 612 *29 ff.*
- Üblichkeit, Urheberschutz **495** 32 *18 ff.*
- Umsatzbeteiligung **160** 614 *5*; 622 *34*
- Unmöglichkeit **160** 611 *808 f., 824 ff.*
- Unwirksamkeit der Vergütungsabrede **160** 611 *609 ff.*; 612 *1 ff.*
- Urheberschutz, Arbeitnehmer **495** 32 *2 ff.*
- Urteilsverfahren **50** 46 *58 ff.*
- variable Bestandteile **30** 87 *16 ff., 25*
- Vergütungsgruppe, Tarifvertrag **160** 611 *607*
- Vergütungshöhe, Urheberschutz **495** 32 *24 f.*
- Verjährung **160** 611 *585, 783*
- verschleiertes Arbeitseinkommen **160** 612 *37*
- Vertragsfreiheit **160** 611 *409*
- Vertragsverlängerung **30** 87 *25*
- Verweilgebühr **160** 621 *13*
- Verwirkung **160** 611 *784 ff.*
- Volontär **160** 611 *34*
- Vorleistungspflicht des Arbeitnehmers **160** 309 *5*; 611 *680 f.*; 614 *1, 3, 17*; 615 *1*; 626 *45*
- Vorstand, angemessen **30** 87 *8 ff.*
- Vorstand, Leistungsanreize **30** 87 *16 ff.*
- Vorstand, übliche **30** 87 *12 ff.*
- Wechsel **160** 611 *637*
- Wegegeld **160** 611 *743*; 615 *48*
- Weihnachtsgeld **160** 611 *602, 668, 678*; 612 *30*
- weitere Beteiligung **495** 32a *2 ff.*
- Werkswohnung **160** 611 *647, 667*
- Wirtschaftsprüfer **160** 614 *13*
- Zahlung ohne Entgeltcharakter, Abgrenzung **160** 611 *746 ff.*
- Zahlungsmodalität **160** 611 *635 ff.*
- Zahnarzt **160** 614 *13*
- Zeitabschnitt **160** 307 *47*; 611 *628, 858*; 614 *2, 14, 18*; 615 *56, 67*; 621 *1, 7 ff.*
- Zeitlohn **160** 611 *628, 633, 708*; 615 *49, 64*; 621 *1*
- Zielvereinbarung **160** 611 *492, 704, 708 ff., 854, 864*
- Zulage **160** 611 *720 f.*

Vergütung, Diensterfindung
- Anpassungsanspruch **55** 12 *9 ff.*
- Geldleistungsanspruch **55** 9 *11*
- Pauschlavergütung **55** 12 *12 ff.*
- Rückforderung **55** 12 *11*
- Schutzrechtserteilungsrisiko **55** 12 *14*

Vergütung, übliche *siehe* Übliche Vergütung

Vergütungsanspruch
- Arrest **50** 62 *70, siehe auch dort*
- Diensterfindung **55** 9 *1 ff.*
- Diensterfindung, beschränkte Inanspruchnahme **55** 10 *1 ff.*
- Streitwertberechnung **50** 12 *43, siehe auch dort*

Vergütungserwartung
- Dienstreise **80** 2 *46*; **160** 611 *508 f.*
- Eheversprechen **160** 611 *608*; 612 *19, 23*
- fehlgeschlagene Vergütungserwartung **160** 611 *608*; 612 *4, 19 ff.*
- Gefälligkeitsverhältnis **160** 612 *1, 15*
- Gesellschafter-Geschäftsführer **160** 612 *15*
- letztwillige Verfügung **160** 611 *608*; 612 *19, 22, 24*
- Sonderleistung **160** 612 *1, 4, 18*
- Umkleidezeit **160** 611 *510*; 612 *15*
- Waschzeit **160** 611 *510*; 612 *15*

Vergütungsfestsetzung
- Art und Höhe **55** 12 *2 ff.*
- Billigkeitskontrolle bei Diensterfindung **55** 23 *4*

Vergütungsgruppe
- allgemeiner Vergütungsgruppenplan **160** 319 *8*
- Tarifvertrag **160** 611 *607*

Vergütungsklage und -Feststellungsklage
- Urteilsverfahren **50** 46 *73 ff.*

Verhalten, außerdienstliches
- Alkohol **160** 611 *562*
- Arbeitspflicht **160** 611 *583*
- Betriebsfrieden **160** 611 *583*
- Drogen **160** 611 *563*
- Nebenpflicht **160** 611 *582 ff.*
- öffentlicher Dienst **160** 611 *584*
- Persönlichkeitsrecht **260** 2 *56 ff.*
- Straftaten **160** 611 *584*
- Urlaub, Genesung **160** 611 *582*
- verhaltensbedingte Kündigung **320** 1 *339*

Verhaltensbedingte Kündigung
- Abgrenzung personenbedingt **160** 626 *41*
- Abmahnung **160** 611 *549, 552, 562, 565, 570*; 626 *70 ff.*, *siehe dort*
- Abwerbung **320** 1 *333*
- Alkohol **160** 626 *31, 41, 43, 82*
- Alkoholabhängigkeit **320** 1 *334*
- Alkoholmissbrauch **320** 1 *334*
- Änderungskündigung **320** 2 *69 ff.*, *siehe auch dort*
- Androhung einer Krankheit **160** 626 *41*
- Anzeige des Arbeitgebers bei der Arbeitsschutzbehörde **70** 17 *13*
- Anzeige gegen Arbeitgeber **320** 1 *335*
- Arbeitskampf **320** 1 *336*
- Arbeitslosengeld **380** 144 *16 ff.*
- Arbeitsverweigerung **320** 1 *338*
- Arbeitszeitmanipulation **320** 1 *348*
- Aufhebungsvertrag **160** 611 *1052*
- Außerachtlassen von Sicherheitsvorschriften **320** 1 *354a*
- außerdienstliches Verhalten **260** 2 *56 ff.*; **320** 1 *339*
- außerordentliche Kündigung **160** 626 *23, 40 ff.*
- außerordentliche Kündigung, Abgrenzung **320** 1 *341*
- außerordentliche verhaltensbedingte Kündigung mit notwendiger Auslauffrist **160** 626 *131*
- Begriff **320** 1 *300 ff.*
- Beschädigung von Kollegeneigentum **160** 626 *41*
- Betriebsratsmitglied **320** 15 *78 f., 81, 85*
- Beweislast **50** 58 *77 f.*, *siehe auch dort*
- Beweislast für Gründe **320** 1 *329 ff.*
- Darlegungs- und Beweislast **160** 626 *120*; 628 *25*
- Druckkündigung **160** 626 *41, 43, 54 f.*; **320** 1 *343*
- eigenmächtiger Urlaubsantritt **320** 1 *360*
- Exhibitionismus im Dienst **160** 626 *41*
- exibitionistische Handlungen **320** 1 *354*
- Flugzeugführer **160** 626 *41 f.*
- Interessenabwägung **320** 1 *328*
- Kleinbetrieb **320** 1 *311*
- Konkurrenztätigkeit **320** 1 *345*
- Krankenpfleger **160** 626 *41*
- Leistungsbereich **160** 626 *22, 73 f.*
- leitender Angestellter **160** 626 *41*
- Lohnpfändung **320** 1 *347*
- mildere Mittel **320** 1 *327*
- Minderleistung **320** 1 *352*
- Missbrauch von Kontrolleinrichtungen **320** 1 *348*
- Mobbing **320** 1 *349*
- Nebentätigkeit **160** 611 *549*; **320** 1 *350*
- negative Zukunftsprognose **320** 1 *326*
- Pfändung von Arbeitseinkommen **500** 850k *29*
- politische Betätigung **320** 1 *339, 351*
- private Nutzung von Internet **320** 1 *344*
- privater Lebenswandel **320** 1 *339*
- Prüfungsraster **320** 1 *303 ff.*
- Rauchverbot **160** 611 *565*
- Schlechtleistung **320** 1 *352*
- Schmiergeld **160** 611 *552*; 626 *41*; **320** 1 *353*
- sexuelle Belästigung **320** 1 *354*
- Sperrzeit **160** 611 *997*
- Spesenbetrug **160** 626 *41, 59, 94, 96, 148, 155*
- Stasitätigkeit **320** 1 *355*
- Steuerhinterziehung **160** 626 *41*
- Straftat **160** 626 *41, 85, 94*; **320** 1 *356*
- Streiterei **160** 626 *41, 82*
- Tätlichkeit **320** 1 *357*
- Telefon, Privatnutzung **320** 1 *344*
- Tendenzbetrieb **320** 1 *339, 358*
- Totschlag **160** 626 *41*
- Überschreitung der Höchstarbeitszeit **80** 3 *33*
- Ultima-Ratio-Prinzip **320** 1 *327*
- unerlaubte Nebentätigkeit **160** 626 *41*
- Unpünktlichkeit **320** 1 *359*
- unzulässige Konkurrenztätigkeit **160** 626 *41*
- Verdachtskündigung **160** 626 *45, 59*; **320** 1 *361*
- Verhalten bei Krankheit **320** 1 *346*
- verhaltensbedingter Grund **320** 1 *332 ff.*
- Verletzung von Arbeitsschutz- und Unfallverhütungsvorschriften **70** 15 *11*
- Verschulden **320** 1 *307 ff.*
- Verstoß gegen AGG **20** 12 *6*
- versuchter Prozessbetrug **160** 626 *41*
- Vertragspflichtverletzung **320** 1 *304 ff.*
- Vertrauensbereich **160** 626 *22, 73 f.*
- Vertrauensbereich, Störung **320** 1 *310*
- Vorstrafe **320** 1 *362*
- Wartezeit **320** 1 *311*
- Weiterbeschäftigung auf anderem Arbeitsplatz **320** 1 *327*

Verhaltenskontrolle *siehe* Technische Kontrolleinrichtung
Verhältnismäßigkeit
- Arbeitsschutz **70** 3 *3*; 9 *13*

Verhältnismäßigkeitsgrundsatz 260 2 *37*
- Arbeitskampf **260** 9 *131 f.*

Verhandeln
- Versäumnisurteil **50** 59 *9 f.*

Verhandlung
- Öffentlichkeit **50** 52 *4*

Verhandlung, mündliche *siehe* Mündliche Verhandlung
Verhandlung, streitige *siehe* Streitige Verhandlung
Verhandlung, Wiedereröffnung 50 53 *9 ff.*
Verhandlungsleitung 50 9 *8*
Verhandlungslösung
- Mitbestimmung, grenzüberschreitende Verschmelzung **325** 3 *1*
- Verschmelzung, grenzüberschreitende **325** 3 *13*

Verhandlungsverfahren
- Europäische Genossenschaft, Beteiligung **369** 39 *6*
- Verschmelzung, grenzüberschreitende **325** 21 *2 ff.*

Verhinderung, vorübergehende *siehe* Vorübergehende Verhinderung

Verjährung

- Abfindung **160** 611 *1065*
- Abfindungsanspruch **320** 10 *28*
- Ablaufhemmung **160** 199 *12, 27;* 201 *2;* 203 *9;* 204 *33;* 210 *1ff.;* Vor 194-218 *7;* 213 *2*
- Abschlagszahlung **160** 212 *2;* 614 *28*
- absolutes Recht **160** 194 *4*
- AGB-Verjährungsabrede, Klauselkontrolle **160** 202 *5*
- Anerkenntnis, Neubeginn **160** 212 *1ff.*
- Annahmeverzugslohnanspruch **160** 615 *84*
- Anpassungsrate, betriebliche Altersversorgung **140** 18a *6*
- Anspruch auf Erteilung einer Versorgungszusage **140** 18a *2f.*
- Anspruch auf regelmäßig wiederkehrende Leistung der betrieblichen Altersversorgung **140** 1 *198;* 6 *23;* 17 *19;* 18a *1, 6f.*
- Anspruch aus dem Arbeitsverhältnis **160** 611 *585*
- Anspruch wegen Verletzung der sexuellen Selbstbestimmung, Hemmung **160** 208 *1f.*
- Anspruchskonkurrenz **160** 195 *6*
- anwaltliche Pflichtverletzung **160** Vor 194-218 *19*
- Arrest, Hemmung **160** 204 *18*
- Aufrechnung **160** 204 *13f.;* 215 *1ff.*
- Auskunft **160** 195 *13;* 204 *5, 29*
- Ausschluss der Rückforderung **160** 214 *5*
- Ausschlussfrist **160** 611 *947*
- Ausschlussfrist, Abgrenzung **160** Vor 194-218 *13ff.*
- außergerichtlicher Vergleich **160** 195 *10*
- Bedingung/Termin **160** 199 *7*
- Beginn **160** 199 *1ff.;* 200 *1;* 201 *1ff.*
- Begriff **160** Vor 194-218 *10*
- Beitragsanspruch des Pensionssicherungsvereins **140** 10 *6;* 10a *1, 6ff.*
- Beitragserstattungsanspruch, Insolvenzsicherung **140** 10 *6;* 10a *1, 6ff.*
- Bereicherungsanspruch **160** 195 *7*
- Bürgschaftsschuld **160** 199 *11*
- Bußgeld, AEntG 10 *23 28*
- Darlegungs- und Beweislast **160** 199 *34;* 203 *10;* Vor 194-218 *18;* 210 *5*
- Dienstwagen, Schadensersatzanspruch **160** 611 *586*
- dreißigjährige Verjährungsfrist **160** 197 *1ff.*
- Einrede **160** 194 *4*
- einstweiliger Rechtsschutz **160** 204 *18;* 212 *5*
- elektive Konkurrenz **160** 213 *4*
- Erfüllungsanspruch **160** 199 *28*
- Erhebung der Kündigungsschutzklage **320** 4 *48*
- Ersatzanspruch **160** 203 *5;* 213 *5*
- Erstattung von Sozialversicherungsbeitrag **390** 28 *12ff.*
- Erstattungsanspruch für Zwangsvollstreckungskosten **160** 197 *13*
- Erstattungsanspuch des Arbeitgebers wegen Auskunftspflichtverletzung, betriebliche Altersversorgung **140** 18a *6*
- Freistellungsanspruch **160** 197 *7*
- Gegenstand, Anspruch **160** 194 *1ff.*
- gerichtlicher Vergleich **160** 195 *10*
- Gesamtschuldner, Ausgleichsanspruch **160** 195 *9;* 199 *20;* 209 *2*
- Gesamtsozialversicherungsbeitrag **160** 611 *122*
- Geschäftsführung ohne Auftrag **160** 195 *7*
- gesetzliche Unfallversicherung **420** 113 *2ff.*
- Gestaltungsrecht **160** 194 *4;* 199 *7*
- Haftung des Insolvenzverwalters **160** 195 *14*
- Haftung GmbH-Geschäftsführer **280** 43 *29ff.*
- Haftung im Arbeitsverhältnis **160** 611 *953, 973*
- Handelsgeschäft, Nachhaftung des Erwerbers **160** 195 *14*
- Hauptanspruch **160** 195 *11, 13;* 204 *5, 29;* 217 *1f.;* 288 *7*
- häusliche Gemeinschaft, Schadensersatzanspruch **160** 208 *1*
- Hemmung **160** 199 *27;* 201 *2;* 202 *4, 11, 14;* 203 *1ff.;* 204 *1ff.;* 205 *1f.;* 206 *1ff.;* 208 *1f.;* 209 *1ff.;* 213 *2;* 611 *869;* 615 *84;* Vor 194-218 *5, 7, 18*
- Hemmung bei höherer Gewalt **160** 206 *1ff.;* 626 *113*
- Hemmung bei Leistungsverweigerungsrecht **160** 205 *1f.;* 214 *2ff.;* Vor 194-218 *10*
- Hemmung bei Mahnbescheid/Mahnverfahren **160** 204 *10ff., 27*
- Hemmung bei Rechtsverfolgung **160** 204 *1ff.*
- Hemmung bei Stillhalteabkommen **160** 205 *2*
- Hemmung durch Klageerhebung **160** 204 *2, 4ff.*
- Hemmung durch Verhandlung **160** 203 *1ff.;* 611 *869;* Vor 194-218 *5*
- Hemmung gurch Streitverkündung **160** 204 *15f.*
- Herausgabeanspruch **160** 197 *3f.;* 611 *586, 596*
- Hilfsanspruch **160** 195 *13*
- Höchstfrist **160** 199 *27ff.*
- Insolvenzforderung, Hemmung **160** 204 *18a*
- Kosten **160** 197 *7, 13;* 217 *2*
- Kostenerstattungsanspruch **160** 197 *7;* 217 *2*
- Kostenfestsetzungsbeschluss **160** 197 *8*
- Kündigungsschutzprozess **320** 4 *48*
- Leistungsbestimmungsrecht **160** 199 *9*
- Musterprozessabrede **160** 202 *11, 14;* 204 *30*
- Nachfrist/Ende der Hemmung **160** 204 *24ff.*
- Nachhaftung des ausgeschiedenen Gesellschafters **160** 195 *14*
- NachwG **360** Vor 1 *58*
- Nebenanspruch/Nebenleistung **160** 195 *11;* 199 *8;* 203 *5;* 213 *5;* 217 *1f.;* 288 *7*
- Neubeginn **160** 197 *5;* 199 *27;* 201 *2;* 202 *4, 11;* 212 *1ff.;* 213 *2;* Vor 194-218 *7*
- Novation **160** 195 *8*
- öffentlich-rechtlicher Anspruch **160** 194 *6*

- Pfändungs- und Überweisungsbeschluss, Neubeginn **160** 212 *5*
- Prozesskostenhilfe, Hemmung **160** 204 *3, 15, 19 ff., 27*
- Prozessökonomie **160** Vor 194-218 *11*
- Rechnungslegung **160** 195 *13*
- Rechnungsstellung, Fälligkeit **160** 199 *10*
- Rechtsfrieden **160** Vor 194-218 *11*
- rechtskräftig festgestellter Anspruch/Titelverjährung **160** 197 *5 ff.*; 201 *1 ff.*
- Rechtsmissbrauch **160** 204 *5*; 214 *2*
- Rechtssicherheit **160** Vor 194-218 *11*
- Rechtsverhältnis **160** 194 *3*
- regelmäßig wiederkehrende Leistung **160** 197 *14 ff.*; 199 *8*
- regelmäßige Verjährungsfrist **160** 195 *1 ff.*; 197 *14*; 199 *1 ff.*; 288 *7*; 309 *67 f.*; Vor 194-218 *4 f.*; 611 *216*, *585, 596, 786, 866 ff., 973*; 612 *38*; 614 *28*; 615 *84*; 616 *29*; 628 *50*
- Rentenstammrecht/Versorgungsstammrecht, betriebliche Altersversorgung **140** 1 *198*; 17 *18*; 18a *1 ff.*; **160** 194 *3*
- richterliche Hinweispflicht **160** 214 *4*
- Schadenseinheit **160** 199 *5*
- Schadensersatz, § 628 BGB **160** 628 *50*
- Schadensersatzanspruch **160** 199 *6, 18, 28 ff.*; 204 *32*; 611 *586 f.*, *866 ff.*, *973*
- Schadensersatzanspruch gegen Vorstand **30** 93 *56*
- Schädigung höchstpersönlicher Rechtsgüter **160** 199 *29 ff.*
- Schiedsverfahren/Schiedsspruch/Schiedsvergleich **160** 197 *6*; 204 *22*
- Schuldanerkenntnis **160** 195 *8*; 212 *2*; 214 *5*
- Schuldnerschutz **160** Vor 194-218 *11*
- selbständiges Beweisverfahren **160** 197 *10*; 204 *15, 17, 27*
- Sonderregelung **160** 194 *5*; 195 *14*
- Sozialleistung **160** 194 *7*; 195 *3, 14*
- Stammrecht **160** 194 *3, 8*; 195 *15*; 199 *8*; 212 *2*
- Stundung **160** 205 *2*; 212 *3*
- Subjektivierung, Kenntnis/Kennenmüssen **160** Vor 194-218 *5 f., 18*; 199 *1 f., 14 ff.*
- Übergangsrecht **160** Vor 194-218 *6 ff.*
- Überstunden **160** 199 *12*
- Ultimoverjährung, Jahresschluss **160** 199 *26*
- Unterbrechung durch Feststellungsklage, noch nicht bezifferbare Anspruchshöhe **30** 93 *56*
- Unterbrechung durch Leistungsklage **30** 93 *56*
- Unterlassungsanspruch **160** 199 *8, 33*; 201 *4*
- Unternehmerhaftung **10** 14 *10*
- Urheberschutz **495** 32a *13 ff.*
- Urhebervergütung **495** 32 *34*
- Urlaubsabgeltung **180** 7 *142*
- Verdienstausfallschaden **160** 197 *15*
- Vergütungsanspruch **160** 611 *585, 783*
- Verjährungserleichterung/Verkürzung der Verjährungsfrist **160** Vor 194-218 *5*; 202 *1 ff., 7 ff.*
- Verjährungserschwerung/Verlängerung der Verjährungsfrist **160** Vor 194-218 *5*; 194 *8*; 195 *15*; 202 *1 ff., 11 f.*
- Vertragsstrafenanspruch **160** 199 *28*
- Verwirkung, Abgrenzung **160** Vor 194-218 *16*
- Verzicht auf Verjährungseinrede **160** 202 *6*; 214 *2*
- Vollstreckungsbescheid **160** 197 *8*
- Vorsatzhaftung **160** 202 *2, 8, 10, 15*; 309 *69*; 611 *870*
- Vorschuss **160** 614 *28*
- Vorstellungskosten **160** 611 *216*
- vorübergehende Verhinderung **160** 616 *29*
- Wertersatzanspruch **160** 199 *28*
- Wettbewerbsverbot **30** 88 *2, 16*; **160** 195 *14*
- Wirkung **160** Vor 194-218 *10*; 214 *1 ff.*
- Wirkung der Hemmung **160** 209 *1 ff.*
- Zeugnisanspruch **250** 109 *56*
- Zinsanspruch **160** 195 *11*; 197 *14, 16*; 217 *2*; 288 *7*
- Zurückbehaltungsrecht **160** 215 *1 ff.*
- Zweck **160** Vor 194-218 *11 f.*

Verjährung, regelmäßige
- keine speziellen Vorschriften **160** 194 *9*

Verjährungshemmung
- Verwaltungsakt **440** 52 *1 f.*, *siehe auch dort*

Verkaufsstellenleiter
- Arbeitnehmer, Abgrenzung **160** 611 *104*

Verkaufstrainer
- fristlose Kündigung bei Vertrauensstellung **160** 627 *13*

Verkehrsbetrieb
- Arbeitszeit **80** 5 *9, 12*; 7 *20 ff.*; 10 *33 f.*; 13 *23*

Verkehrsfläche, öffentlich zugängliche *siehe* Öffentlich zugängliche Verkehrsfläche

Verkehrswesentliche Eigenschaft *siehe* Eigenschaftsirrtum

Verkündung
- Berufungsurteil **50** 69 *2 f.*
- Rechtsbeschwerde im Beschlussverfahren **50** 96 *8*

Verkündungstermin 50 60 *8 ff.*
- Ladungsfrist **50** 47 *9*, *siehe auch* Einlassungsfrist
- Vertagung **50** 57 *20*

Verlängerung
- Urlaubsübertragung **180** 7 *172*

Verlängerung der Arbeitszeit *siehe* Arbeitszeitverlängerung

Verleiher
- *siehe auch* Arbeitnehmerüberlassung
- *siehe auch* Verleihererlaubnis
- Arbeitnehmerüberlassungsvertrag **100** 1 *8, 14*
- Arbeitsbedingungen, tarifliche **10** 8 *9*
- Arbeitszeitkonto **100** 11 *19*
- Aushändigungspflicht, Merkblatt für Leiharbeitnehmer **100** 11 *13 ff.*; 16 *17*
- Auskunftsanspruch gegen Entleiher **100** 12 *1, 6 ff., 16*
- Berufsverbot **100** 2 *23*
- BGB-Gesellschaft/GbR **100** 2 *11*; 7 *5*; 11 *10*

- Darlegungs- und Beweislast **100** 10 *52*; 12 *11*
- Informations- und Hinweispflicht **100** 11 *16 f.*; 12 *1 ff.*
- Leiharbeitsverhältnis **100** 1 *10 f.*, *15 ff.*; 9 *36 f.*; 11 *1*, *4*, *39*
- Leiharbeitsvertrag **100** 1 *8*, *10*
- Lohnrisiko **100** 11 *23*
- Nachweis der wesentlichen Vertragsbedingungen **100** 9 *44*; 10 *7*; 11 *1 ff.*
- Personalbeschaffungsrisiko **100** 12 *10*
- Personalführungsgesellschaft **100** 1 *15*, *45*
- Schadensersatzanspruch gegen Entleiher **100** 12 *8*
- Schutzmaßnahme **160** 618 *12*
- Schwerbehindertenschutz **430** 77 *2*
- Tod **100** 12 *9*
- Unterrichtungspflicht **100** 1 *14*; 12 *18 ff.*
- Unzuverlässigkeit **100** 3 *2*, *4 ff.*; 7 *6*, *10*; 8 *7*
- Verleiherhaftung, Gesamtschuldnerschaft **100** 10 *53 ff.*

Verleihererlaubnis
- Antrag **100** 2 *4 ff.*, *37*; 3 *1*
- arbeits- und zivilrechtliche Folgen des Fehlens **100** 9 *3 ff.*; 15 *15*
- ausländischer Antragsteller **100** 3 *58*
- Beteiligungsrecht des Betriebsrats **100** 14 *20*
- Darlegungs- und Beweislast **100** 3 *68*; 4 *18*; 5 *21*
- Entschädigung, Vermögensausgleich **100** 4 *1*, *7*, *13 ff.*, *19*; 5 *14*, *18 f.*, *22*; 16 *22*
- Erklärung zum Erlaubnisbesitz **100** 12 *5*
- Erteilung/Erlass **100** 2 *1 ff.*; 2a *1*; 3 *1 ff.*
- Kosten **100** 2a *1*
- Meldefrist **100** 8 *3*
- Nachwirkung **100** 2 *23 f.*; 4 *12*; 5 *17*; 9 *7*; 10 *12*; 15 *2*
- Nebenbestimmung, Bedingung, Auflage, Widerrufsvorbehalt, Befristung **100** 2 *1*, *3*, *12 ff.*, *20*, *22*, *35 f.*; 3 *3*
- Ordnungswidrigkeit **100** 16 *1*
- Rechtsschutz **100** 2 *28 ff.*; 3 *68 f.*; 4 *17 ff.*
- Rücknahme **100** 2 *2*, *23*; 4 *1 ff.*; 5 *10*, *13 f.*, *18 f.*; 9 *7*; 11 *17*
- Verfahren **100** 2 *1 ff.*
- Verlängerung, Nichtverlängerung **100** 2 *21 ff.*, *32*, *37*; 2a *1*; 3 *59 f.*, *68*; 9 *7*; 11 *17*; 12 *4*, *25*
- Versagung **100** 3 *1 ff.*
- Versagungsgrund **100** 2 *3*, *12 f.*; 3 *3 ff.*; 4 *2*, *6*; 5 *10*, *21*; 9 *14*
- Vertrauensschutz **100** 4 *1*, *7*, *9*, *13 ff.*; 5 *1*, *14*, *16*, *18*
- vorsorgliche Beantragung **100** 1 *49*
- Widerruf **100** 1b *10*; 2 *2*, *12 f.*, *15*, *18 f.*, *23*; 4 *8*; 5 *1 ff.*; 7 *6*, *10*; 8 *7*; 9 *7*; 11 *17*, *35*; 12 *4*; 16 *1*; 18 *17*
- Widerrufsvorbehalt **100** 2 *12 f.*, *18 f.*; 5 *5 f.*, *21*

Verletztengeld
- Krankengeld **400** 49 *9*
- Rentenversicherungspflicht **410** 3 *8*

Verletzung des rechtlichen Gehörs *siehe* Rechtliches Gehör, Verletzung

Verlustbeteiligung
- Sittenwidrigkeit **160** 611 *416*

Vermächtnis
- Betriebsübergang **160** 613a *86*

Verminderte Erwerbsfähigkeit
- Rente **410** 96a *4*, *6*, *8*, *14*

Vermittlungsausschuss
- Aufsichtsrat **330** 27 *10*

Vermittlungsgehilfe 290 75g *1*

Vermögensbildung 150 88 *9*, *siehe auch* Vermögenswirksame Leistungen

Vermögensrechtliche Streitigkeit
- Zwangsvollstreckung im Beschlussverfahren **50** 85 *4 ff.*

Vermögensübernahme
- Versorgungsverbindlichkeit, Zuordnung **140** 1 *194*

Vermögensübertragung
- Betriebsübergang **160** 613a *21*, *178*, *180*, *225 f.*; **490** 324 *1 ff.*
- Zuordnung der Arbeitsverhältnisse bei Betriebsübergang **490** 324 *7 ff.*, *24*
- Zuordnung des Arbeitnehmers durch Interessenausgleich **490** 323 *2*, *8*, *14 ff.*; 324 *9*, *siehe auch* Interessenausgleich

Vermögenswirksame Leistungen
- Altersteilzeitarbeitsentgelt **40** 3 *6*
- Arbeitsentgelt **160** 309 *40*; 611 *848*; 612 *30*
- betriebliche Altersversorgung, Abgrenzung **140** 1 *40*

Verordnungserlass
siehe auch Arbeitnehmerentsendegesetz
- Inkrafttreten/Außerkrafttreten **10** 7 *21*
- nach Arbeitnehmerentsendegesetz **10** 7 *8 ff.*
- Pflegebranche **10** 10 *2*; 11 *1 ff.*
- Rechtsfolgen **10** 7 *19 ff.*

Verpfändung von Entgeltanspruch
siehe Entgeltanspruch, Verpfändung

Verpflegung
- Vorstellungskosten **160** 611 *212*, *758*

Verpflegungsmehraufwand
- Pauschalierung der Lohnsteuer **240** 40 *18*, *27*

Verpflichtungsklage *siehe auch* Kombinierte Anfechtungs- und Verpflichtungsklage
- Arbeitnehmerüberlassung, Erlaubnis **100** 2 *29*, *32*, *36*; 4 *19*
- Arbeitszeit, Sonn- und Feiertagsbeschäftigung **80** 10 *91*; 13 *60*, *63 f.*; 15 *25*

Verrechnung
- Abfindungsverbot, BetrAVG **140** 3 *8*, *27 ff.*; **160** 611 *1028*, *1067*

Verrichtungsgehilfe *siehe auch* Erfüllungsgehilfe
- Arbeitnehmer **160** 611 *156*
- Arbeitsschutz **160** 618 *32*
- dezentralisierter Entlastungsbeweis **160** 618 *32*

- Haftung des Arbeitgebers **160** 611 *572, 943, 947, 952*
- Leiharbeitnehmer **100** 12 *11*
- Mobbing **160** 611 *572, 943*

Verringerung der Arbeitszeit
- *siehe* Arbeitszeitverringerung
- *siehe auch* Anspruch auf Pflegezeit
- Zustimmung des Arbeitgebers **365** 4 *17*

Versäumnisurteil 50 59 *1 ff.*
- Alleinentscheidung durch Vorsitzenden **50** 59 *21*
- Aufruf **50** 59 *6*
- Einspruch **50** 59 *36 ff.*
- Einspruchsfrist **50** 46 *6*
- kontradiktorisches unechtes Versäumnisurteil **50** 59 *23*
- Kosten **50** 59 *56*
- Rechtsbehelfsbelehrung **50** 59 *34 f.*, *siehe auch* dort
- unechtes Versäumnisurteil **50** 59 *28*, *siehe auch* dort
- Voraussetzungen **50** 59 *2 ff.*

Versäumnisurteil, Einspruch
- Beschleunigungsgrundsatz **50** 9 *3*

Versäumnisurteil, kontradiktorisches unechtes
siehe Kontradiktorisches unechtes Versäumnisurteil

Versäumnisurteil, unechtes
siehe Unechtes Versäumnisurteil

Versäumnisurteil, zweites
siehe Zweites Versäumnisurteil

Verschleiertes Arbeitseinkommen
siehe Arbeitseinkommen, verschleiertes

Verschmelzung 230 Richtlinien *121*
- Betriebsübergang **160** 613a *21, 178, 180, 225 f.*
- Europäische Genossenschaft, Beteiligung **369** 39 *4*
- Europäische Gesellschaft **370** 8 *1 ff.*
- Versorgungsverbindlichkeit, Zuordnung **140** 1 *194*

Verschmelzung von Betrieben
siehe Betriebe, Verschmelzung

Verschmelzung von Rechtsträgern
siehe Rechtsträger, Verschmelzung

Verschmelzung, grenzüberschreitende 325 22 *2 ff.*; 28 *1 ff.*
- *siehe auch* Mitbestimmung kraft Gesetzes
- *siehe auch* Mitbestimmung kraft Vereinbarung
- Anwendung des Rechts des Sitzstaates **325** 5 *1 ff.*
- Begriffsbestimmungen **325** 3 *4 ff.*
- Besonderes Verhandlungsgremium **325** 6 *1 ff.*
- beteiligte Gesellschaften **325** 3 *6 ff.*
- Geheimhaltungspflicht **325** 33 *2 ff.*
- Schutz der Arbeitnehmervertreter **325** 33 *6*
- Straf-/Bußgeldvorschriften **325** 35 *2 ff.*
- Territorialprinzip **325** 3 *12*
- Verhältnis zu nationalen Vorschriften **325** 30 *2 ff.*
- Verhandlungslösung **325** 3 *13*
- Verschmelzungsbericht **325** 6 *10 ff.*

- Verschmelzungsplan **325** 6 *9*
- Vertraulichkeit **325** 33 *2 ff.*

Verschulden
- *siehe auch* Fahrlässigkeit
- *siehe auch* Mitverschulden
- *siehe auch* Vorsatz
- Darlegungs- und Beweislast **160** 611 *860*; 616 *30*; 617 *20*; 619a *6*
- Ordnungswidrigkeitenrecht **80** 22 *10 f.*
- Rechtsirrtum **160** 611 *860*; 615 *70*; 628 *34*
- Schadensersatz, § 628 BGB **160** 611 *252*; 628 *34 ff.*
- Teilvergütung bei fristloser Kündigung **160** 628 *14 ff.*
- wichtiger Grund **160** 626 *33*

Verschwiegenheitspflicht
- Abmahnung **160** 611 *533*
- All-Klausel **160** 611 *599*
- Betriebs-/Geschäftsgeheimnis **160** 611 *527 ff.*, *1080 ff.*; 460 29 *6, 35*
- fristlose Kündigung **160** 628 *1*
- Kündigung **160** 611 *533*
- Kündigungsgrund, Verletzung **460** 29 *8*
- Nebenpflicht **160** 611 *527 ff.*
- Pensionssicherungsverein **140** 15 *1 ff.*
- Ruhen des Arbeitsverhältnisses **60** 1 *5*
- Schadensersatz **160** 611 *533*
- Sprecherausschuss-Richtlinie **460** 28 *1*
- Sprecherausschussmitglied **460** 26 *1 f.*, *35*; 29 *6*
- Unterlassung **160** 611 *531, 533*
- Verletzung der Verschwiegenheitspflicht, Betriebs-/Geschäftsgeheimnis **460** 29 *8 f.*
- Verschwiegenheitsklausel **160** 611 *599, 1080*
- Vertragsstrafe **160** 309 *17, 27*; 345 *20*; 611 *1082*
- Vorstand **30** 93 *2 f., 27 ff.*
- Wettbewerbsverbot, Abgrenzung **160** 611 *532, 599*

Versetzung
- *siehe auch* Umsetzung
- *siehe auch* Versetzungsvorbehalt
- Annahmeverzug **160** 611 *503*
- Arbeitsort **150** 95 *6*
- Arbeitsplatzwechselempfehlung **160** 615 *20*; 618 *31*
- Arbeitsumstände **150** 99 *52 ff.*
- Aufhebungsanspruch des Betriebsrats **150** 101 *3, 5 ff., 21, 35*
- außerordentliche betriebsbedingte Druckkündigung **160** 626 *56*
- Auswahlrichtlinie **150** 95 *3 ff.*
- BAT **160** 611 *501*
- Beamter **150** 99 *63*
- Begriff **150** 95 *16*; 99 *50 ff.*
- Betriebsratsbeteiligung **320** 2 *124 ff.*
- ehrenamtlicher Richter **50** 26 *7*
- Entfernungsverlangen des Betriebsrats **150** 104 *16 ff., 19 ff.*

- fehlende Zustimmung des Betriebsrats **150** 99 *84 ff., 117 f.*; 101 *6*
- Funktionsträger **150** 103 *33 ff.*, siehe auch dort
- Geschäftsgrundlage **160** 313 *14*
- Leistungsbestimmungsrecht **160** 315 *29, 33*
- Maßregelungsverbot **160** 612a *6*
- Mitbestimmung des Betriebsrats **160** 611 *503*
- öffentlicher Dienst **160** 611 *501*
- Personalrat, Rüge von Verfahrensfehlern **170**, *17*
- Schlechtleistung **160** 345 *20*
- schwerbehinderte Menschen **430** 82 *22*
- sexuelle Belästigung **160** 611 *570*
- Tendenzbetrieb **150** 118 *50*
- Umgruppierung **150** 99 *52*
- Umzugskosten **160** 611 *760*
- Unterrichtung des Betriebsrats **150** 99 *76*
- Verstoß gegen AGG **20** 12 *6*
- Vorbehalt in Tarifvertrag **250** 106 *73*
- Vorbehalt, Betrieb, Konzern **250** 106 *49 ff.*
- vorläufige Durchführung **150** 100 *1, 11, 60*

Versetzung in das Ausland
siehe Ausland, Versetzung

Versetzungsvorbehalt
- Arbeitsort **160** 611 *500*
- billiges Ermessen **160** 308 *8*
- Inhaltskontrolle, AGB **160** 307 *92 ff.*
- Klauselverbot mit Wertungsmöglichkeit **160** 308 *35*
- Konzernversetzungsklausel, AGB **160** 307 *124*; 309 *46 f.*
- Tarifvertrag **250** 106 *73*
- Transparenzgebot **160** 307 *129*
- Überraschungsverbot **160** 305c *20*
- Vorrang der Individualabrede **160** 305b *7*

Versicherung
- Arbeitszeit **80** 13 *13*

Versicherung, eidesstattliche
siehe Eidesstattliche Versicherung

Versicherungsbedingungen, allgemeine
siehe Allgemeine Versicherungsbedingungen

Versicherungsmathematischer Abschlag
- vorzeitige Altersleistung, betriebliche Altersversorgung **140** 2 *22, 67*; 6 *34, 41, 43, 44a, 50 ff., 59, 67 f., 76*

Versicherungsvertreter
- Arbeitnehmer, Abgrenzung **160** 611 *104*
- Arbeitsplatzschutz, Wehrdienst **60** 8 *2*

Versorgungsamt 430 69 *5*

Versorgungsanstalt des Bundes und der Länder
- betriebliche Altersversorgung **140** 1 *213*; 18 *5, 10*
- Rechtsweg, Ordentliche Gerichte **140** 1 *213*; 18 *10*

Versorgungsanwartschaft
- Übernahme **240** 3 *17 ff.*
- Übertragung **240** 3 *20 ff.*
- Versteuerung **240** 3 *17 ff.*

Versorgungsbezüge
- Einkommensteuer **240** 19 *34 ff.*

- Verschlechterung **30** 87 *32 ff.*

Versorgungskrankengeld
- Krankengeld **400** 49 *7*
- Rentenversicherungspflicht **410** 3 *8*

Versorgungsordnung
- abändernde Betriebsvereinbarung **140** 1 *135 ff.*
- Abschlagsklausel **140** 6 *26*
- Aufhebungsvertrag, Aufklärungspflicht **160** 611 *1039 ff.*
- Auslegung/Ergänzung **140** 1 *10*; 6 *45 ff., 53, 74*
- Betriebsübergang **140** 1 *189, 191*
- Billigkeitskontrolle **140** 6 *26*
- Fälligkeit der Leistung **140** 7 *33*
- Geschäftsgrundlage **160** 313 *23*
- Gleichbehandlungsgrundsatz **140** 1 *74 ff.*; 6 *25*
- Höchstaltersgrenze **140** 1 *28*
- Jeweiligkeitsklausel **140** 1 *70*; 5 *18*
- Kürzungsmethode **140** 6 *33 ff.*
- Mitbestimmung des Betriebsrats **140** 1 *105 f.*; 1a *9*; 6 *53 f.*
- Richtlinien eines Versorgungsträgers **140** 1 *70*
- Tarifvertrag **140** 1 *70*; 1a *23*
- Unklarheitenregel **160** 305c *39*
- untechnischer versicherungsmathematischer Abschlag **140** 6 *51*
- unterschiedliches Rentenzugangsalter **140** 1 *79, 82*; 6 *56 ff.*; 30a *1*
- Verjährungsbeginn **160** 199 *13*
- Wartezeit **140** 1 *28*

Versorgungsverhältnis
- betriebliche Altersversorgung **140** 1 *42, 45 f., 50, 66*; 1b *67*; 2 *55*; 3 *3, 25*; 4 *2*; 4a *10*; 6 *24, 55*; 7 *15*; 16 *9*

Versorgungswerk
- *siehe* Berufsständische Versorgungseinrichtungen
- *siehe* Berufsständisches Versorgungswerk

Versorgungszusage
- *siehe auch* Unmittelbare Versorgungszusage
- *siehe auch* Unverfallbarkeit
- 3-Stufen-Modell/3-Stufen-Schema **140** 1 *124 ff., 131 ff., 136, 144, 146, 148, 192*
- abändernde Betriebsvereinbarung **140** 1 *135 ff.*
- Abänderung der Darlegungs- und Beweislast **140** 1 *181, 218*
- Ablauf der Wartezeit **140** 1 *28*; 1b *23, 32, 40 ff.*; 2 *15, 31*; 6 *17*
- ablösender Tarifvertrag **140** 1 *147 f.*
- abstrakte, konkrete Billigkeitskontrolle **140** 1 *124 ff., 134*
- Altersgrenze, Überraschungsverbot **160** 305c *10*
- Änderung **140** 1 *112 ff.*; 1b *33 ff.*
- Änderung durch Übernahme durch eine andere Person **140** 1b *37*
- Äquivalenzstörung **140** 1 *120 f.*
- Auslandsbezug **140** 1b *43*
- betriebliche Übung **140** 1 *71 ff.*
- Betriebsvereinbarung **140** 1 *105 f., 141*

- Betriebszugehörigkeit **140** 1 *189*; 1b *21 ff., 37, 45 f., 54, 69*; 2 *24 ff.*; 30f *1 f.*; **160** 305c *39*
- Direktversicherung **140** 1 *44*; 1b *49 ff.*; 2 *37 ff.*; 7 *15*
- Dynamik **140** 2 *35, 59 f.*
- Einheit der Versorgungszusage **140** 1 *113*; 1b *35 f., 58*; 16 *53*; 30c *3*
- Einzelabrede **140** 1 *69*
- erdiente Dynamik, Besitzstand, 2. Stufe **140** 1 *123 f., 127, 129 f., 132, 136, 144*
- ergänzende Auslegung **140** 1 *10, 28, 106, 110, 117, 123, 134, 141, 197*; 1b *15, 41*; 2 *8, 28, 37, 76*; 3 *11*; 6 *17, 39, 45, 53, 74*
- ergebnisbezogene Betrachtungsweise **140** 1 *130*
- erstmalige Erteilung durch den Betriebserwerber **140** 1 *189*; 1b *46*
- Erteilung **140** 1b *19 ff.*
- erworbener Besitzstand/Versorgungsbesitzstand **140** 1 *66, 106, 118, 123 ff., 129 f., 136, 144, 146, 192 f.*; 1b *31, 37*; 2 *8*; 7 *40*; 18 *2*
- Festbetrag **140** 2 *8, 34*
- Gesamtzusage **140** 1 *70*
- Geschäftsgrundlage **140** 1 *106, 116 ff., 131, 138, 140, 142, 145, 179*; 7 *27*
- Gesetz **140** 1 *109*
- Gleichbehandlung **260** 3 *28*
- Gleichbehandlungsgrundsatz **140** 1 *74 ff.*
- Härtefall, konkrete Billigkeitskontrolle **140** 1 *134*
- Kapitalzusage/Zusage von Kapitalleistung **140** 2 *8, 36*; 3 *16*; 16 *54*
- kollektives Günstigkeitsprinzip/kollektiver Günstigkeitsvergleich **140** 1 *142 f.*
- Kollision von Versorgungszusagen, Betriebsübergang **140** 1 *191 f.*
- Kündigung der Betriebsvereinbarung **140** 1b *29*
- künftige Steigerungsrate, Besitzstand, 3. Stufe **140** 1 *127 f., 136, 144*
- leistungsaufschiebende Wartezeit **140** 1 *28*; 1b *41*; 6 *17*
- leistungsausschließende Wartezeit **140** 1 *28*; 1b *41 f.*; 6 *17*
- leistungsneutrale Änderung **140** 1 *114*
- Limitierungsklausel, Gesamtversorgungsobergrenze **140** 2 *9*; 5 *15, 19*; 6 *38 f.*
- Nachdienstzeit, Anrechnung **140** 2 *27*; 7 *47*; **160** 611 *1115*
- planwidrige/planmäßige Überversorgung **140** 1 *116 ff.*; 2 *66*; 6 *38*
- Rechtskontrolle **140** 1 *111*
- Rechtsweg **140** 1 *210 ff.*
- sachlich-proportionaler Grund, verschlechternde Änderung, 3. Stufe **140** 1 *124, 128, 133, 144*
- Schadensersatz **140** 1 *150, 196*
- sozialabgabenrechtlicher Aspekt bei arbeitgeberfinanzierter Versorgungszusage **140** 1 *199, 206 f., 220*
- Sprecherausschuss-Richtlinie/-Vereinbarung **140** 1 *107*
- Tarifvertrag **140** 1 *108*
- Treuebruch **140** 1 *149 ff.*
- triftiger Grund, verschlechternde Änderung, 2. Stufe **140** 1 *124, 127, 132, 144*
- Übernahme durch den Betriebserwerber **140** 1 *190*; 1b *37*
- Übernahme durch eine andere Person **140** 1b *37 f.*
- Unklarheitenregel **140** 1 *110*; **160** 305c *38 f.*
- unmittelbare Versorgungszusage **140** 1 *43, 99, 155, 201*; 1b *13 ff.*; 2 *1 f., 6 ff., 37, 41, 63, 65, 74 f.*; 4 *16, 31*; 7 *9, 12 ff., 37, 48 f.*; 10 *2, 4, 7, 10*; 11 *9*; 16 *8, 62*
- Unterbrechung der Zusagedauer **140** 1b *25 ff., 44 f.*; 30f *1 f.*
- Unverfallbarkeit von Versorgungszusagen i.S.v. § 30f **140** 1b *44*
- unzulässige Rechtsausübung **140** 1 *131, 149 ff.*; 10a *8*
- Verbesserung **140** 1 *113*
- Verjährung **140** 18a *2 f.*
- verschlechternde Änderung **140** 1 *115 ff.*
- Versorgungsanspruch, Besitzstand, 1. Stufe **140** 1 *125 f., 144*
- Versorgungsanwartschaft, Besitzstand, 1. Stufe **140** 1 *125 f., 144*
- Versorgungszusage **140** 1 *73*
- vertragliche Einheitsregelung **140** 1 *70*
- Vordienstzeit, Anrechnung **140** 1b *26, 31, 46, 69, 31*; 2 *27 f.*; 7 *40*
- Vorruhestand **140** 1b *38 f.*
- Vorschaltzeit **140** 1 *73*; 1b *22 ff., 54, 56, 69*
- Wechsel innerhalb der EU **140** 1b *43*
- Widerrufsvorbehalt **140** 1 *116, 123 ff.*
- wirtschaftliche Notlage des Arbeitgebers **140** 1 *122, 131*; 7 *27*; 31 *1*
- zugesagte Versorgungsleistung **140** 1 *170*; 2 *8, 37 f.*
- Zweckverfehlung, Überversorgung **140** 1 *117 ff.*
- zwingender Grund, verschlechternde Änderung, 1. Stufe **140** 1 *124 ff., 131, 144*

Versorgungszusage, unmittelbare
siehe Unmittelbare Versorgungszusage

Verspäteter Vortrag *siehe* Vortrag, verspäteter

Verspätetes Vorbringen
siehe Vortrag, verzögerungsrelevanter
- Angriffs- und Verteidigungsmittel **50** 56 *43*
- Arrest und einstweilige Verfügung **50** 56 *73*
- Beschlussverfahren **50** 83 *9 ff., siehe auch dort*
- Bestandsschutzstreitigkeit **50** 61a *15*
- Fristsetzung **50** 56 *43 ff.*
- richterliche Fürsorgepflicht **50** 56 *64 f.*
- streitige Verhandlung **50** 56 *38 f.*
- Zurückweisung **50** 56 *38 f.*

Verspätung
- Verschulden der Partei **50** 56 *68*

Versteuerung
- Karenzentschädigung **290** 74b *15*

Vertagung 50 57 *16ff.*
- ehrenamtlicher Richter **50** 6a *6*
- Güteverhandlung **50** 54 *15ff.*
- Versäumnisurteil **50** 59 *19ff.*

Verteidigung
- Arbeitszeit **80** 10 *10*; 15 *1, 13, 16ff.*
- Spannungsfall, Arbeitszeit **80** 15 *17*
- Verteidigungsfall, Arbeitszeit **80** 15 *17*

Vertrag
- Revisionsgrund **50** 73 *19ff.*, *siehe auch dort*

Vertrag zu Gunsten Dritter
- Arbeitnehmerüberlassungsvertrag **100** 1 *13*

Verträge am Arbeitsplatz
- Inhaltskontrolle, AGB **160** 14 *9*

Vertragliche Einheitsregelung
- betriebliche Altersversorgung **140** 1 *70, 106, 138, 142*; 1b *19f.*

Vertragliches Wettbewerbsverbot
siehe Wettbewerbsverbot

Vertragsamateur DFB
- Arbeitnehmer **160** 611 *104*

Vertragsanbahnung
- *siehe auch* Fragerecht
- *siehe auch* Offenbarungspflicht
- Abbruch der Vertragsverhandlung **160** 611 *240ff.*
- Aufklärungspflicht **160** 611 *200, 224, 234ff.*
- Ausschreibung/Stellenausschreibung **160** 611 *201ff., 230*
- Auswahlentscheidung **160** 611 *305ff.*
- Bewerbungsunterlagen **160** 611 *230, 244*
- Blindbewerbung **160** 611 *230*
- Diskriminierungstatbestände des § 1 AGG **160** 611 *260*
- Drogenscreening **160** 611 *566*
- Eigenhaftung des Vertreters **160** 611 *228*
- Einstellungsuntersuchung **160** 611 *305, 315ff.*
- Erfüllungsgehilfe **160** 611 *227, 245*
- Erstattungsanspruch für Vorstellungskosten **160** 611 *204ff., 240, 758*
- Falschbeantwortung **160** 611 *262, 299f.*
- Genomanalyse **160** 611 *322*
- geschlechtsbezogene Benachteiligung **160** 611 *260, 262, 277*
- Haftung des Verhandlungsgehilfen **160** 611 *228*
- Hinweispflicht **160** 611 *234ff.*
- Informationsrecht **160** 611 *224, 257ff.*
- Nebenpflicht **160** 611 *527*
- Offenbarungspflicht **160** 611 *224, 263f., 268, 272, 277f., 285, 1011*
- öffentlicher Arbeitgeber **160** 611 *259*
- Personalberater **160** 305 *19*; 611 *204, 228*
- Privatautonomie **160** 611 *234*
- Rechtsfolgen **160** 611 *199ff.*
- Rücksichtnahmepflicht **160** 611 *224*
- Schutzpflicht **160** 611 *199f., 224, 244, 808f., 940*
- Schwangerschaft **160** 611 *264ff.*
- Sondierungsgespräch **160** 611 *229f.*
- Vermutung aufklärungsgerechten Verhaltens **160** 611 *256*
- Vorvertrag **160** 611 *329ff.*
- vorvertragliches Schuldverhältnis **160** 611 *221ff.*
- wahrheitsgemäße Information **160** 611 *239, 262*
- Zustimmungsverweigerung des Betriebsrats **160** 611 *243*

Vertragsänderung, konkludente
- NachwG **360** 3 *5*

Vertragsauflösung
- *siehe* Aufhebungsvertrag
- *siehe* Vertragsaufsage

Vertragsaufsage
- Vertragsbruch/Schadensersatz **160** 622 *56*; 628 *28ff., 51ff.*
- Vertragsstrafe **160** 309 *21ff.*; 345 *18*

Vertragsbeginn
- essentialia negotii **160** 305 *14*

Vertragsbruch
- *siehe auch* Vertragsbruchklausel
- *siehe auch* Vertragsstrafe
- Darlegungs- und Beweislast **160** 345 *1, 14*
- fristlose Kündigung **160** 622 *56*; 628 *28ff.*
- Leiharbeitnehmer **100** 12 *17*
- Nichtantritt der Arbeit/vorzeitige Vertragsaufsage/Vertragsauflösung **160** 622 *56*; 628 *51*
- Vertragsstrafe **160** 305c *21, 40*; 307 *130*; 309 *14, 16*; 345 *1ff.*; 611 *591, 874*; 628 *51ff.*

Vertragsbruchklausel
- AGB **160** 305c *21, 40*; 307 *130*; 309 *14, 16*; 345 *13, 18*; 611 *591, 874*; 622 *56*
- Schadenspauschalierung **160** 309 *14*; 622 *56*
- Transparenzgebot **160** 307 *130*

Vertragsfortsetzungsanspruch
siehe Wiedereinstellungsanspruch

Vertragsfreiheit 260 3 *31*; 12 *4*
- Abbruch von Vertragsverhandlung **160** 611 *240*
- Abschlussgebot **160** 611 *348*
- Abschlussverbot **160** 611 *347*
- Annahmeverzug, Abdingbarkeit **160** 615 *7ff.*
- Arbeitsvertrag **160** 611 *346ff.*
- Aufhebungsvertrag **160** 611 *1017*
- Ausschlussfrist **160** 615 *85*
- Befristung **160** 620 *4*
- Beschäftigungspflicht **160** 611 *347*
- Diskriminierungsverbot **160** 611 *347*
- Doppelbefristung **160** 620 *13*
- Einschränkung **160** 611 *347ff.*; **250** 105 *9ff.*
- Einstellungsanspruch **160** 611 *349*
- Form/Schriftform **160** 127 *3, 42, 57, 61, 64*
- Fürsorgepflicht **160** 619 *2*
- gesetzliche Fiktion **160** 611 *347*
- Gleichbehandlungsgrundsatz **160** 611 *671*
- Informationsrecht **160** 611 *257*
- Kontrahierungszwang **160** 611 *348*

Vertragsfreiheit – Vertrauensarbeitszeit

- Kündigungsausschluss/Unkündbarkeit **160** 622 *57*
- Kündigungsfrist **160** 622 *25*
- Mankoabrede **160** 619a *4*
- Nebenpflicht **160** 611 *482*
- Nebentätigkeitsverbot **160** 611 *600*
- Probezeit **160** 622 *49*
- soziale Auswahl **160** 315 *36*
- Übernahmepflicht **160** 611 *347*
- Vergütungsabrede **160** 611 *409*
- Versorgungsanwartschaft **160** Vor 305-310 *5*
- Widerspruchsrecht bei Betriebsübergang **160** 611 *347*; 613a *10, 13, 83, 101*
- Wiedereinstellungsanspruch **160** 611 *350*

Vertragshändler
- Kündigungsfrist, Rahmenvertrag **160** 621 *5*

Vertragslösung
- Teilzeit **50** 46 *160*

Vertragspartei
- NachwG **360** 2 *26f.*

Vertragsstrafe siehe auch Vertragsbruch
- Abstandssumme **160** 309 *18*
- AGB **160** 305c *3, 21, 40*; 306 *11*; 307 *100f.*; 309 *17ff.*; Vor 305-310 *11*; 345 *1, 7, 13, 17f., 23*; 611 *1082*
- Akzessorietät **160** 345 *2f.*
- Arbeitsvertrag, Inhaltskontrolle **160** 611 *470*
- Aufrechnung **160** 345 *22*
- aufschiebende Bedingung **160** 305c *21*; 345 *2*
- Ausbildungsvertrag **110** 12 *14, 19*; **160** 345 *8*; 628 *52*
- Ausschlussklausel, Abgrenzung **160** 345 *6*
- Begriff/Funktion **160** 345 *1f.*
- Bestimmtheitsgrundsatz **160** 345 *10, 20*
- Betriebsbuße, Abgrenzung **160** 345 *5*
- Betriebsgeheimnisklausel, Aufhebungsvertrag **160** 611 *1082*
- Darlegungs- und Beweislast **160** 305c *21*; 309 *20*; 345 *14, 21f.*
- Deutscher Fußballbund **160** 319 *5*
- Druckmittel **160** 309 *14*; 345 *1, 3, 7f.*
- Form **160** 345 *12*
- Fürsorgepflicht **160** 619 *5*
- geltungserhaltende Reduktion **160** 306 *11*; 309 *17, 29*; 345 *17*
- Generalklausel **160** 307 *100f.*; 309 *19*
- Herabsetzung, Billigkeitskontrolle **160** 306 *11*; 309 *17, 29*; 345 *1, 4f., 16f.*
- Höhe **160** 309 *26ff.*; 345 *10, 16ff.*
- Inhaltskontrolle **160** 611 *470*
- Kündigung vor Dienstantritt **160** 345 *11*; 622 *54f.*; 628 *5*
- Kündigungserschwerung **160** 345 *11*; 622 *34*; 626 *7*
- Leiharbeitnehmer **100** 9 *31, 34*; 11 *4, 37*
- Lösung des Arbeitsverhältnisses/vorzeitiges Ausscheiden **160** 309 *27*; 345 *18*
- Minderjähriger **160** 115 *21*
- Nebenpflichtverletzung **160** 345 *10, 20*
- Nebentätigkeitsverbot **160** 309 *18*; 345 *20*; 611 *600*
- Nichtantritt der Arbeit **160** 309 *21ff.*; 345 *18*
- Rechtsfolgen **160** 345 *15*
- Schadensersatz, Abgrenzung **160** 628 *51ff.*
- Schadenspauschalierung, Abgrenzung **160** 345 *7*; 628 *32*
- Schlechtleistung **160** 345 *20*
- selbständiges Strafversprechen, Abgrenzung **160** 345 *2ff.*
- Transparenzgebot **160** 307 *130*
- Überraschungsverbot **160** 305c *3, 21*; 309 *20*
- Unklarheitenregel **160** 305c *39*; 309 *19*
- Veranlassung der Kündigung **160** 345 *18*
- Verfall einer Kaution **160** 309 *18*; 622 *34*
- Verjährungsbeginn **160** 199 *28*
- Verletzung der Anzeige- und Nachweispflicht bei Arbeitsunfähigkeit **210** 12 *21*
- Verschwiegenheitspflicht **160** 309 *17, 27*; 345 *20*; 611 *1082*
- Vertragsbruch **160** 305c *21, 40*; 307 *130*; 309 *14, 16*; 345 *1ff.*; 611 *591, 874*; 628 *51ff.*
- Verwirkung, Verzug **160** 345 *14ff., 21*
- Verwirkungsklausel, Abgrenzung **160** 345 *6*
- Wettbewerbsverbot, AGB **160** 309 *17ff., 27*; 345 *12, 14, 19*

Vertragsstrafe, Wettbewerbsverbot
- Beweislast **290** 75c *12*
- Dauertatbestand **290** 75c *8*
- Formularvertrag, AGB **290** 75c *8, 10*
- Herabsetzung **290** 75c *10ff.*
- Inhaltskontrolle **290** 75c *2, 13*
- Schriftform **290** 75c *2*
- wahlweise Erfüllung **290** 75c *6ff.*

Vertragstreue
- außerordentliche Kündigung **160** 626 *92*
- Geschäftsgrundlage **160** 313 *1, 6*

Vertragsübernahme
- Schriftformerfordernis bei Arbeitsverhältnissen **160** 623 *21*

Vertragsverhandlung, Abbruch
- Abschlussbereitschaft **160** 611 *242*
- Aufwendungsersatzanspruch **160** 611 *240*
- Einstellungszusage **160** 611 *241*
- Erfüllungsinteresse **160** 611 *247ff.*
- Vertragsfreiheit **160** 611 *240*
- Vertrauensschaden **160** 611 *247ff.*

Vertragszweck siehe auch Urheberschutz
- Arbeitnehmer-Urheber **495** 31 *11*

Vertragszweckgefährdung
siehe Unangemessene Benachteiligung

Vertrauensarbeitszeit
- Flexibilisierung der Arbeitszeit **80** 1 *32*; 3 *32*; 16 *11, 16*

Vertrauensarzt
- Einstellungsuntersuchung **160** 305c *15*; **611** *316*

Vertrauensschaden
- Abbruch von Vertragsverhandlung **160** **611** *247 ff.*
- Anfechtung **160** **611** *441*
- culpa in contrahendo **160** **611** *226, 247 ff.*
- fristlose Kündigung bei Vertrauensstellung **160** 627 *21*
- Kündigung **160** 627 *21*
- Stellvertretung **160** 611 *366*

Vertrauensstellung *siehe auch* Dienste höherer Art
- Abdingbarkeit **160** 627 *3 ff., 28*
- AGB **160** 627 *4 f., 28*
- Arbeitsverhältnis, Abgrenzung **160** 627 *2, 6, 26*
- Auslauffrist **160** 627 *17, 20*
- außerordentliche Kündigung **160** 626 *1*; 627 *1 ff.*
- besonderes Vertrauen **160** 627 *10 ff.*
- Darlegungs- und Beweislast **160** 627 *27*
- dauerndes Dienstverhältnis **160** 627 *14 f.*
- Eigenkündigung **160** 627 *17*
- Erfüllungsinteresse **160** 627 *21*
- feste Bezüge **160** 627 *2, 14, 16*
- juristische Person **160** 627 *12*
- Kündigung **160** 620 *9 f.*; 626 *1*; 627 *1 ff.*; 628 *6, 20, 34*
- Kündigung vor Dienstantritt **160** 627 *25*
- Kündigungsfrist **160** 627 *3, 17*
- Kündigungsgrund **160** 627 *18*
- Privatschulvertrag **160** 627 *13*
- Rechtsweg **160** 627 *26*
- Rücktritt **160** 627 *25*
- Schadensersatz, Unzeitkündigung **160** 627 *19 ff., 25*
- Schriftform der Kündigung **160** 627 *17*
- Seminar **160** 627 *13*
- soziale Auslauffrist **160** 627 *17, 20*
- Verkaufstrainer **160** 627 *13*
- Vertrauensschaden **160** 627 *21*
- Werbeberater **160** 627 *13*
- wichtiger Grund **160** 627 *1, 22 f.*

Vertrauensvolle Zusammenarbeit
- Arbeitsbefreiung von Betriebsratsmitglied **150** 37 *11 f.*
- Aufsichtsbehörde, Arbeitszeit **80** 1 *18*; 17 *28*
- Ausschluss eines Gesamtbetriebsratsmitglieds **150** 48 *5*
- Begriff **150** 2 *9 f.*
- Betriebsänderung **150** 111 *29*
- Betriebsparteien **150** 74 *1 ff.*
- Betriebspartner **150** 2 *1, 5 ff.*
- Betriebsversammlung **150** 43 *8*, *siehe auch dort*
- Europäischer Betriebrat **200** 40 *1*
- Geheimhaltungspflicht **150** 79 *1*
- Personalrat, Erörterung der außerordentlichen Kündigung **170**, *90*
- Sprecherausschuss und Arbeitgeber **460** 2 *1 ff.*; 15 *1*
- Unterrichtungspflicht **150** 80 *19 ff.*
- Verband **150** 2 *23*
- Verhandlungspflicht, Sprecherausschuss **460** 2 *1 f.*

Vertreter des Dienststellenleiters
- Abteilungsleiter **170**, *14*
- Arbeitszeit **80** 18 *6*
- Beteiligung des Personalrats bei Kündigung **170**, *13 ff., 25*
- Leiter der Abteilung für Personal- und Verwaltungsangelegenheiten **170**, *13, 15*

Vertreter, gesetzlicher *siehe* Gesetzlicher Vertreter

Vertretung, fehlerhafte
- Revisionsgrund **50** 73 *42*

Vertretungsberechtigtes Organ
siehe Organ, vertretungsberechtigtes

Vertretungskosten
- Entschädigung **50** 12a *4 ff.*

Vertretungsmacht
- *siehe auch* Gesetzlicher Vertreter
- *siehe auch* Vollmacht
- Arbeitsvertrag **160** 611 *359, 363 ff.*
- Darlegungs- und Beweislast **160** 611 *373*
- Vertreter ohne Vertretungsmacht **160** 115 *13*; 611 *362, 365 f., 373 f.*

Vertretungsorgan
- Arbeitsdirektor **330** 33 *1 ff.*
- Bestellung/Abberufung durch Aufsichtsrat **330** 31 *1 ff.*

Vertretungsorgan einer juristischen Person
siehe Juristische Person, Vertretungsorgan

Vertretungsstruktur 150 3 *32 ff., 40 ff.*

Vertretungszwang
- Beschwerde **50** 78 *21*
- Landesarbeitsgericht **50** 11 *28, siehe auch dort*

Vertriebsform, besondere *siehe* Haustürgeschäft

Vertriebsmitarbeiter
- Vertriebsmitarbeiterklausel, Transparenzgebot **160** 307 *131*

Verursacherprinzip
- Kostenpflichtigkeit einer AÜ-Erlaubnis **100** 2a *1*

Verwahrungsvertrag
- Mankohaftung **160** 611 *911, 915 ff.*

Verwaltung, Selbstbindung 260 3 *6 f.*

Verwaltungsakt 440 39 *1 ff.*
- *siehe auch* Sozialverwaltungsverfahren
- Anfechtungsklage **450** 86a *2, 5*; 86b *1 ff., 10*
- aufschiebende Wirkung **450** 86a *2 ff.*; 86b *3, 8 f., siehe auch dort*
- Aussetzung des Vollzugs **450** 86a *8 ff.*
- Bestandskraft **440** 39 *3 ff.*
- einstweiliger Rechtsschutz **450** 86a *1 ff., siehe auch dort*
- Formfehler **440** 41 *1*; 42 *1*
- mit Dauerwirkung, Rentenbescheid **440** 48 *2*
- Nichtigkeit **440** 40 *2 ff.*
- Rücknahme **440** 48 *3 ff.*

- sofortige Vollziehung **450** 86a *7*; 86b *2, 4*, *siehe auch dort*
- Verfahrensfehler **440** 41 *1*; 42 *1*
- Verjährungshemmung **440** 52 *1 f.*
- Widerruf **440** 48 *6 f.*
- Widerspruch **450** 86a *2*

Verwaltungspraxis, ständige 260 3 *6 f.*
Verwaltungsrat
- Europäische Gesellschaft **370** 49 *2 ff.*

Verwaltungsverfahren
siehe Sozialverwaltungsverfahren

Verweisung
- Kostenerstattung **50** 12a *10*, *siehe auch dort*

Verweisung, dynamische
siehe Dynamische Verweisung

Verweisungsbeschluss
- rechtswidriger Beschluss **50** 78 *39*

Verwendungsrisiko *siehe* Wirtschaftsrisiko
Verwertungsverbot 50 58 *13 ff.*

Verwirkung
- Abberufung des GmbH-Geschäftsführers **280** 38 *18*
- Anfechtungsrecht **160** 611 *424, 432 ff., 463 f.*
- Arbeitszeugnis **160** 611 *1169*
- betriebliche Altersversorgung **140** 1 *195, 198*
- Fälligkeit des Anspruchs **160** 611 *785*
- Klagerecht, Prozessverwirkung **160** 611 *432*; 625 *12*
- Kündigung **320** 1 *195*
- Kündigungsrecht **160** 624 *9*; 626 *9, 104, 106, 145*
- Nachschieben von Kündigungsgründen **160** 626 *148 f.*
- Rechtsmissbrauch **160** 611 *784*
- Statusklage **160** 611 *786*
- tarifvertragliches Recht **160** 611 *787*; 622 *20*
- Umstandsmoment **140** 1 *198*; **160** 622 *62*
- Urlaubsanspruch, arbeitnehmerähnliche Person **180** 2 *19*
- Vergütungsanspruch **160** 611 *784 ff.*
- Verjährung, Abgrenzung **160** Vor 194-218 *16*
- Vertragsstrafe **160** 345 *6*
- Verwaltungsverfahren **440** 52 *3, 5*
- Voraussetzungen **160** 611 *784 ff.*
- Widerspruch bei Betriebsübergang **160** 613a *224*; 615 *30*
- Zeitmoment **140** 1 *198*; **160** Vor 194-198 *16*
- Zeugnisanspruch **160** 611 *1169*

Verzicht
- *siehe auch* Entgeltverzicht
- *siehe auch* Klageverzicht
- Abfindungsverbot, BetrAVG **140** 3 *2, 7 f., 10, 27 ff.*
- AGB, Ausgleichsquittung **160** Vor 305-310 *11*; 305c *3, 34*
- Alleinentscheidung des Vorsitzenden **50** 55 *8 ff.*, *siehe auch dort*
- Annahmeverzugslohnanspruch **160** 615 *10, 57*

- Arbeitszeugnis **160** 611 *1169*; 630 *5*
- außerordentliche Kündigung **160** 626 *9*
- Berufung **50** 64 *46 ff.*
- Beschwerde im Beschlussverfahren **50** 89 *18 f.*
- Betriebsvereinbarung **160** 611 *1099*; 615 *10*
- Entgeltfortzahlung **210** 12 *6 ff.*
- Erklärungsirrtum **160** 611 *444*
- Fürsorgepflicht **160** 619 *5*
- Güteverhandlung **50** 54 *34 f.*, *siehe auch dort*
- Hinweisverzicht bei Aufhebungsvertrag **160** 611 *1049*
- Kündigung **320** 1 *185*
- Kündigungsschutz **320** 1 *18 ff.*
- Nachteilsausgleichsverzicht **160** 305c *17*
- Rechtsmittelinstanz **50** 74 *97 ff.*
- Schadensersatzanspruch **160** 619 *8*
- Sonderkündigungsrecht **160** 624 *9*
- Sozialplanabfindung **160** 611 *1071*
- tarifvertragliches Recht **160** 611 *1099*; 615 *10*; 622 *12*
- Urlaubsanspruch **160** 611 *1095, 1099*
- Wettbewerbsverbot **290** 75a *2 ff.*
- Widerspruch bei Betriebsübergang **160** 613a *223*

Verzichtsurteil
- Gebühr **50** 12 *9*

Verzögerung 50 56 *54 ff., 58 ff.*
- absoluter Verzögerungsbegriff **50** 56 *58*
- Beschlussverfahren **50** 83 *12*

Verzögerungsbegriff, absoluter
siehe Absoluter Verzögerungsbegriff
Verzögerungsbegriff, hypothetischer
siehe Hypothetischer Verzögerungsbegriff
Verzögerungsrelevanter Vortrag 50 56 *54*

Verzug
- *siehe auch* Annahmeverzug
- *siehe auch* Verzugszinsen
- Arbeitszeugnis **160** 611 *865*; 629 *4*
- Darlegungs- und Beweislast **160** 611 *840*; 619a *3, 5*
- Entgeltforderung **160** 288 *4*; 611 *809, 840, 856, 859*
- Krankenfürsorge **160** 617 *21*
- Mahnung/Entbehrlichkeit **160** 288 *2*; 611 *635, 809, 839 f., 856, 859, 862 f.*; 614 *14, 18*; 615 *71*
- Nebentätigkeitsgenehmigung **160** 611 *865*
- Provision **290** 87a *14*
- Schadensersatz, Umfang **160** 611 *862 ff.*
- Unmöglichkeit, Abgrenzung **160** 611 *815 ff.*; 615 *5*

Verzugszinsen
- betriebliche Altersversorgung **140** 10a *1, 3 ff.*; 12 *7*
- Bruttovergütung **160** 288 *2*; 615 *70*
- Preisnebenabrede **160** 307 *16, 18*
- Schuldnerverzug **160** 611 *861*; 614 *14*
- Verjährung **160** 217 *2*; 288 *7*
- Zinshöhe für Verbraucher **160** 288 *1, 4 f.*

Vetorecht
- Gesamtjugend- und Auszubildendenvertretung 150 51 *4, siehe auch dort*
- Gesamtschwerbehindertenvertretung 150 51 *4;* 52 *2, siehe auch dort*
- Jugend- und Auszubildendenvertretung 150 35 *1, 4;* 66 *1 f., siehe auch dort*
- Konzernschwerbehindertenvertretung 150 59a *1, siehe auch dort*
- Schwerbehindertenvertretung 150 35 *1, 4, siehe auch dort*

Videoanlage
- Duldungspflicht 160 611 *577*

Videothek
- Arbeitszeit, Sonntagsruhe 80 9 *27*

Videoüberwachung 260 2 *25, 69 ff.*
- Beweisverwertungsverbot 320 1 *356*

Viktimisierungsverbot
- AGG 20 16 *22*

VIP-Logen
- Einkommensteuerpauschalierung 240 37b *10*

Vivento
- Deutsche Telekom AG, Vermittlungs- und Qualifizierungseinheit 160 315 *33*

Volksfest
- Arbeitszeit 80 10 *28, 31*

Volkshochschule
- Lehrer, Abgrenzung Arbeitnehmer 160 611 *104, 485*

Vollmacht
- Abschlussvollmacht 160 611 *227*
- AGB 160 305 *6*
- Anscheinsvollmacht 160 115 *12*; 611 *364 f.*; 625 *8*
- Betriebsübergang 160 613a *105*
- Duldungsvollmacht 160 115 *12*; 611 *364 f.*; 625 *8*
- Mahnverfahren 50 46a *11*
- Originalvollmacht 160 611 *985*

Vollstreckbarkeit
- Beschlussverfahren 50 84 *5*

Vollstreckbarkeit, vorläufige
siehe Vorläufige Vollstreckbarkeit

Vollstreckung
- europäische Vollstreckungstitel 50 13a *1*

Vollstreckungsbeamter 50 9 *6*

Vollstreckungsbescheid 50 46a *31 f.*
- Titelverjährung 160 197 *8*

Vollstreckungsgegenklage 50 62 *29*

Vollstreckungshandlung
- Neubeginn der Verjährung 160 212 *4 f.*

Vollstreckungsklausel
- Klage 50 62 *25*

Vollstreckungsorgan 50 62 *27 ff.*

Vollwertigkeitsprüfung
- GmbH-Geschäftsführer, Haftung 280 43 *31*

Vollzeitarbeitsverhältnis
- Begriff 160 611 *21*

Vollziehung
- einstweiliges Verfügungsverfahren 50 62 *63 f.*
- Zwangsvollstreckung im Beschlussverfahren 50 85 *28*

Vollziehung, sofortige *siehe* Sofortige Vollziehung

Volontär
- Arbeitsschutz 70 2 *3*
- Arbeitsverhältnis, Begriff 160 611 *34, 37*
- Arbeitszeit 80 2 *36*
- Kündigung, Schriftform 160 623 *5, 46*
- Maßregelungsverbot 160 612a *5*
- Minderjähriger, Zustimmung der Eltern 160 115 *18*
- Urlaubsanspruch 180 2 *4*
- Vergütung 160 611 *34*
- Wettbewerbsverbot 290 82a *1*

Vor-GmbH
- Arbeitgeber 160 611 *131 f.*

Vorabanfrage
- Arbeitnehmereigenschaft 160 611 *123*

Vorabentscheidungsverfahren 50 1 *13*; 55 *19*; 230 Vor *4, siehe auch* Gemeinschaftsrecht
- Beschlussverfahren 50 81 *31, siehe auch dort*

Vorarbeiten
- Begriff, Arbeitszeit 80 2 *11*; 14 *24 f.*

Vorauspfändung 500 850k *13 f.*

Vorausverzichtsverbot
- Urheberschutz 495 32a *12*

Vorauszahlung *siehe* Vorschuss

Vorbehalt, Änderungskündigung 320 2 *29, 34, 43 ff., 138 ff.*

Vorbereitender Schriftsatz
siehe Schriftsatz, vorbereitender

Vorbereitung der mündlichen Verhandlung
siehe Mündliche Verhandlung, Vorbereitung

Vorbereitung der streitigen Verhandlung
siehe Streitige Verhandlung, Vorbereitung

Vorbereitungsmaßnahme
- streitige Verhandlung 50 56 *9*

Vorbringen, neues *siehe* Neues Vorbringen

Vorbringen, verspätetes
siehe Verspätetes Vorbringen

Vorfrage, betriebsverfassungsrechtliche
- Beschlussverfahren 50 2a *3, siehe auch dort*

Vorfristige Kündigung
- Weihnachtsgeld 160 622 *52*

Vorher-Nachher-Prinzip
- Mitbestimmung, grenzüberschreitende Verschmelzung 325 3 *1*

Voriger Stand, Wiedereinsetzung
- Ausschlussfrist, § 626 Abs. 2 BGB 160 626 *113*

Vorlagepflicht
siehe auch Rechtsbeschwerdeverfahren
- Beschwerde 50 78 *27, siehe auch dort*

Vorläufige Vollstreckbarkeit 50 62 *2 ff.*
- Ausschluss 50 62 *7 ff., 13 ff.*
- Schadensersatz 50 62 *23, siehe auch dort*

- Zwangsvollstreckung im Beschlussverfahren
  50 85 *7 ff.*
Vorläufige Weiterbeschäftigung
siehe Weiterbeschäftigung
Vorläufiger Insolvenzverwalter 300 108 *15 ff.*
Vorleistungspflicht
- Leiharbeitnehmer **100** 12 *13*
Vorrang der Individualabrede
siehe Individualabrede, Vorrang
Vorratskündigung
- Änderungskündigung **320** 2 *17*
Vorratspfändung 500 850k *13 f.*
Vorruhestand
- Wartezeit, BetrAVG **140** 1b *38*; 6 *2 f., 17*; 7 *39*
Vorsatz
- Arbeitnehmerhaftung **160** 611 *897, 909*; 619a *6*
- Ordnungswidrigkeitenrecht/Strafrecht **80** 22 *10*
Vorschlagswesen 150 87 *197 ff.*,
siehe auch Betriebliches Vorschlagswesen
Vorschuss
- Akkordlohn **160** 614 *25*
- Arbeitgeberdarlehen, Abgrenzung **160** 611 *665*; 614 *24*
- Arbeitszeitkonto, Wertguthaben **160** 614 *18, 20 f.*
- Aufrechnung, Abgrenzung **160** 614 *21 f.*
- Auslage **160** 615 *37*
- Ausschlussfrist **160** 614 *28*
- BAT, Krankenbezüge **160** 614 *21*
- Begriff, Vergütung **160** 611 *627, 635, 665, 704, 744, 824*; 614 *17, 20 f.*
- Darlegungs- und Beweislast **160** 611 *744*; 614 *29*; 628 *25*
- Fahrtkosten **160** 615 *37*
- Fürsorgepflicht **160** 614 *20*
- Garantievergütung **160** 614 *25*
- Handlungsgehilfe **160** 614 *20*
- Lohnpfändung **160** 614 *26*
- Pfändungsschutz **160** 614 *21 f., 26*
- Provision **290** 87a *5*
- Rechtsanwalt **160** 628 *16*
- Rückzahlung **160** 614 *25 f., 28*; 628 *20 ff.*
- Tarifvertrag **160** 614 *21*
- Verjährung **160** 614 *28*
Vorsitzender des Betriebsrats
- Amtsdauer **150** 26 *6 f.*
- Aufgaben **150** 26 *11 ff.*
- Stellvertreter **150** 26 *14 f.*
- Wahl **150** 26 *2 ff., 8 f.*
Vorsitzender Richter 50 16 *4*,
siehe auch Paritätische Besetzung
- Alleinentscheidung **50** 55 *1 ff.*
- Alleinentscheidung auf Antrag beider Parteien **50** 55 *34 ff.*
- Befugnis **50** 53 *3 ff.*
- Beschlussverfahren **50** 80 *11, siehe auch dort*
- Güteverhandlung **50** 54 *5*
- Handelskammer **50** 55 *14*

Vorsitzender Richter, Alleinentscheidung 50 46 *5*,
siehe auch dort
- Anerkenntnis **50** 55 *10*
- Versäumnisurteil **50** 59 *21*
- Zwangsvollstreckung im Beschlussverfahren **50** 85 *23*
Vorstand
- *siehe auch* Organvertreter
- *siehe auch* Vereinsvorstand
- Abberufung/Widerruf der Bestellung **30** 84 *1, 13 ff.*; **160** 611 *96*
- Änderung des Arbeitsvertrages **30** 87 *35 ff.*
- Anerkennungsprämie **30** 87 *5*
- Anfechtungsklage, Hauptversammlungsbeschluss **30** 93 *45*
- angemessene Vergütung **30** 87 *8 ff.*
- Annahmeverzug **160** 611 *1107*
- Anstellungsvertrag/Dienstvertrag **30** 84 *31 ff., 43 ff., 57*; **160** 611 *97*
- Arbeitgeber-Funktion **30** 84 *31*
- Arbeitnehmer, Abgrenzung **30** 84 *31 ff.*; 93 *64*; **160** 611 *96 ff.*
- Arbeitnehmer-Schutzvorschriften, Unanwendbarkeit **30** 84 *31 ff.*
- Arbeitszeit **80** 2 *34*
- Arbeitszeugnis **30** 84 *33*
- Aufhebungsvertrag **30** 84 *44, 49*; 93 *49*; **160** 611 *1006, 1178 ff.*
- Ausgleichsquittung **160** 611 *1179 f.*
- außerordentliche Kündigung **30** 84 *46 ff.*
- Befristung **160** 620 *5*
- Bestätigungsklausel, Aufhebungsvertrag **160** 611 *1180*
- Bestellung **30** 84 *1 ff.*; **160** 611 *96*
- betriebliche Altersversorgung **30** 84 *40*; 87 *5*; **140** 1 *212*
- Bezüge/Vorstandsvergütung **30** 87 *1 ff.*
- Business Judgement Rule **30** 93 *1, 10, 17 ff.*
- D&O-Versicherung **30** 84 *40*; 87 *5*
- Darlegungs- und Beweislast **30** 88 *13 f.*; 93 *18 f., 34 ff., 39, 53*
- Deutscher Corporate Governance Kodex/Corporate Governance **30** 88 *1, 5*; 93 *1*
- Diensterfindung **30** 84 *40*
- Dienstwagen **30** 84 *40*; 87 *5*; 93 *7*
- Doppelschaden, Reflexschaden/mittelbarer Schaden **30** 93 *59*
- Drittanstellung **30** 84 *38*
- fehlerhafter Anstellungsvertrag **30** 84 *39 f.*
- Feststellungsklage, Widerruf der Bestellung **30** 84 *28*
- Gesamtbezüge **30** 87 *8 ff.*
- Geschäftschance, corporate opportunity **30** 88 *8*; 93 *6*
- Gestaltungsklage, Widerruf der Bestellung **30** 84 *28*

- Haftung gegenüber Aktionären und Dritten 30 93 *1, 57 ff.*
- Haftungsausschluss 30 93 *44 ff.*
- Insolvenzschutzklausel, Pensionssicherung 160 611 *1114 ff.*
- Krankheit 30 84 *23*
- Kündigung des Anstellungsvertrags 30 84 *33, 44 ff.*
- Kündigung/Leistungsklage 30 87 *35 ff.*
- Kündigungsfrist 160 621 *3*; 622 *7*
- Leistungsklage, Herabsetzung der Gesamtbezüge 30 87 *26 ff., 32 ff.*
- leitender Angestellter 160 611 *96, 98 f.*
- Loyalitätspflicht 30 93 *5*
- Mutationstheorie, Abberufung 160 611 *102*
- Nichtigkeitsklage, Hauptversammlungsbeschluss 30 93 *45*
- Organfunktion 30 84 *1*; 93 *11 ff.*
- Pflicht/Pflichtverletzung 30 93 *1, 3 ff.*
- Rücksichtnahme, Offenheit, Kontrollierbarkeit 30 93 *9*
- Schadensersatz 30 84 *50*; 87 *24*; 88 *2, 13 f.*; 93 *2, 27, 32 ff.*
- Schadensersatz bei Insolvenz 30 87 *39*
- Sorgfaltspflicht/Pflicht zur sorgfältigen Wahrnehmung der Organfunktion 30 93 *10 ff.*
- Sozialversicherungsrecht 30 84 *41*; 93 *14, 62*
- Steuerrecht 30 93 *14*
- Straftat 30 84 *22, 51*; 93 *27, 30, 59, 62*
- Suspendierung 30 84 *29*
- Tantiemeregelung, Aufhebungs-/Abwicklungsvertrag 160 611 *1130*
- Tod 30 87 *5*
- Trennungstheorie, Organstellung, Anstellungsdienstvertrag 30 84 *13, 43*; 160 611 *101 f.*
- Treuepflicht 30 84 *40*; 88 *1, 4 f., 22*; 93 *2 ff.*
- übliche Vergütung 30 87 *12 ff.*
- unternehmerische Entscheidung 30 93 *10, 17 ff.*
- Urlaub 30 84 *40, 53*; 93 *5*
- Verantwortlichkeit, Vorstandshaftung 30 93 *1 ff.*
- Vergütungsbegrenzung bei außerordentlicher Entwicklung 30 87 *22 ff.*
- Vergütungspfändung 500 850k *5*
- Verkehrspflicht/Verkehrssicherungspflicht 30 93 *61*
- Verschulden/Verschuldenszurechnung 30 93 *34*
- Verschwiegenheitspflicht 30 93 *2 f., 27 ff.*
- Vertrauensentzug 30 84 *21, 24, 50*
- Vorstandsvergütung 30 87 *1 ff.*
- vorübergehende Verhinderung 160 616 *1, 9*
- Vorzugspreise beim Warenbezug 30 87 *5*
- Wettbewerbsverbot 30 88 *1 ff.*
- Wirtschaftlichkeit und Sparsamkeit 30 93 *8*
- Zeugnisverweigerungsrecht 30 93 *31*
- Zwischenverdienst 160 611 *1107*

Vorstand des Personalrats
siehe Personalrat, Vorstand

Vorstand einer AG *siehe* AG, Vorstand
Vorstands- und Vereinsmitglied
- Lohn 240 19 *40*
- Sozialversicherungspflicht 390 7a *19 f.*

Vorstellungsgespräch
- Fragerecht des Arbeitgebers 260 2 *46 ff.*
- sexuelle Orientierung 260 2 *49*
- Vorstrafe 260 2 *51*

Vorstellungskosten
- Agentur für Arbeit, Zuschuss 160 611 *218, 758*
- Aufwendungsersatz/Erstattungsanspruch 160 611 *204 ff., 758*; 629 *22*
- Ausgleichsquittung 160 611 *216*
- Ausschlussfrist 160 611 *216*
- Darlegungs- und Beweislast 160 611 *219*
- Deutsche Bahn 160 611 *209 ff.*
- Flugkosten 160 611 *209 ff.*
- Schadensersatz, § 628 BGB 160 628 *40*
- Übernachtungskosten 160 611 *213*
- Umfang/Höhe 160 611 *209 ff., 758*
- Unpfändbarkeit 160 611 *217*
- Verdienstausfall 160 611 *214*; 629 *22*
- Verjährung 160 611 *216*
- Verpflegungskosten 160 611 *212*
- Vertragsanbahnung 160 611 *204 ff., 758*

Vorsteuerabzug *siehe* Umsatzsteuer
Vorstrafe
- Berufsfreiheit 260 12 *29*
- Fragerecht 160 611 *278 ff.*
- Führungszeugnis 160 611 *281*
- Kündigung 320 1 *362*
- Vorstellungsgespräch 260 2 *51*

Vorteilsangleichung/Vorteilsanrechnung/Vorteilsausgleich *siehe* Vorteilsausgleichung
Vorteilsannahme
- Schmiergeld 160 611 *551*

Vorteilsausgleichung
- Schadensersatz 160 611 *254, 837*; 615 *2*; 628 *5, 41*

Vortrag, verspäteter 50 56 *51 ff.*
- Versäumnisurteil 50 59 *15 ff.*
- Zurückweisungspflicht 50 56 *51*

Vortrag, verzögerungsrelevanter 50 56 *54*
Vorübergehende Verhinderung
siehe auch Entgeltfortzahlung
- Abdingbarkeit 160 616 *5*; 619 *6*
- AGB 160 616 *5*
- Anrechnung von Versicherungsleistung 160 616 *1, 26*
- Anwesenheitsprämie 160 616 *25*
- Arbeitnehmer 160 616 *1*
- arbeitnehmerähnliche Person 160 616 *1*
- Arbeitskampf 160 616 *23*
- Ausschlussfrist 160 616 *29*
- Behörde 160 611 *830*; 616 *14*
- Benachrichtigungsobliegenheit/Verhinderungsanzeige 160 616 *24*
- Berufstätigensprechstunde 160 616 *9*

- Beschäftigungsverbot 160 616 *16*
- betriebliche Übung 160 616 *5*
- Betriebsratsmitglied, Schulung 160 616 *23*
- Darlegungs- und Beweislast 160 616 *30*
- Dauer, Verhältnismäßig nicht erhebliche Zeit 160 616 *20 f.*
- Eheschließung/Hochzeit/Goldene Hochzeit 160 616 *10, 17*
- ehrenamtliche Pflicht 160 616 *13*
- Einbruch 160 616 *18*
- Entgeltfortzahlung 160 616 *1 ff.*; 629 *3, 21 f.*
- Erholungsurlaub 160 616 *23*
- Erkrankung 160 611 *830*; 616 *9, 11 f., 21*
- Erkrankung der Betreuungsperson 160 616 *11*
- Ersatzverdienst 160 616 *27*
- Erstkommunion 160 616 *10*
- familiäres Ereignis 160 616 *10*
- fehlerhaftes Arbeitsverhältnis 160 616 *1*
- Feuerwehr 160 616 *13*
- flexible Arbeitszeitmodelle 160 616 *6*
- Forderungsübergang 160 616 *26, 28*
- freier Mitarbeiter 160 616 *1, 9*
- frühzeitige Arbeitssuche 160 611 *15, 21*; 629 *18*
- Fußballspieler 160 616 *25*
- Gebetspause 160 616 *17*
- Geburt/Niederkunft 160 611 *830*; 616 *10, 16*
- Gericht 160 611 *830*; 616 *13 f.*
- Geschäftsführer 160 616 *1, 9*
- gesetzliche Krankenversicherung 160 616 *26*
- gesetzliche Unfallversicherung 160 616 *26*
- Gewerkschaftsamt 160 616 *13*
- Gewissenskonflikt 160 616 *17*
- Gleitzeit 160 616 *19*
- Hausarbeit 160 616 *18*
- Heimarbeiter 160 616 *4*
- Hochwasser/Überschwemmung 160 616 *8, 18*
- Katastrophenschutz 160 616 *13*
- Konfirmation 160 616 *10*
- Lebenspartnerschaft 160 616 *10 f.*
- Lohnausfallprinzip 160 611 *721*; 616 *25*
- Meldung bei der Agentur für Arbeit 160 616 *15, 21*; 629 *18, 22*
- Monokausalität 160 616 *7, 23*
- Mutterschutz 160 616 *4*
- Polizei 160 616 *14*
- Ratsherrentätigkeit 160 616 *13*
- Regress 160 616 *28*
- religiöse Pflicht 160 616 *17*
- Sachverständiger 160 616 *14*
- Schöffe 160 616 *13*
- Schonungszeit 160 616 *18*
- Soldat 160 616 *4, 13*
- staatsbürgerliche Pflicht 160 616 *13*
- Stellensuche 160 616 *15, 21*; 629 *3, 18, 22*
- Todesfall/Begräbnis 160 611 *830*; 616 *10*
- TÜV 160 616 *14*
- Umzug 160 616 *18*

- Unmöglichkeit 160 616 *6*
- Untersuchungshaft 160 616 *14, 22*
- Unzumutbarkeit 160 616 *6, 9, 16*
- Verjährung 160 616 *29*
- Verkehrsunfall 160 616 *18, 22*
- Verschulden gegen sich selbst 160 616 *22, 30*
- Vorstand 160 616 *1, 9*
- Weiterbeschäftigungsverhältnis 160 616 *1*
- Wohnungsbrand 160 616 *18*
- Zeuge 160 616 *14*
- Zurückbehaltungsrecht, Abtretungsanspruch 160 616 *28*

Vorvertrag
- Absichtserklärung 160 611 *332*
- Arbeitsvertrag 160 611 *332 f.*
- aufschiebende Bedingung 160 611 *333*
- Auslegung 160 611 *334 ff.*
- Begriff/Inhalt/Abgrenzung 160 611 *329 ff.*
- Darlegungs- und Beweislast 160 611 *343*
- Einstellungszusage 160 611 *331*
- Festofferte 160 611 *330*
- Geschäftsgrundlage 160 611 *340*
- Klageantrag 160 611 *343 f.*
- Kontrahierungszwang 160 611 *329*
- Kündigung 160 611 *340*
- Optionsvertrag 160 611 *330*
- Schriftform 160 611 *339*

Vorzeitige Altersleistung
- Abschlagsklausel 140 1 *121*; 6 *26*
- Altersrente für Frauen 140 6 *13*; 30a *2 f.*
- Altersrente für langjährig unter Tage beschäftigte Bergleute 140 6 *11*
- Altersrente für langjährig Versicherte 140 6 *9*
- Altersrente für schwerbehinderte Menschen 140 6 *10*
- Altersrente wegen Arbeitslosigkeit oder nach Altersteilzeitarbeit 140 6 *12*
- Anzeigepflicht des Arbeitnehmers 140 6 *71 ff.*
- Berechnungsfaktor 140 6 *38 f.*
- betriebliche Altersversorgung 140 2 *21 ff.*; 6 *1 ff.*; 29 *1*; 30a *1 ff.*
- Betriebstreue 140 6 *46, 57, 59, 62, 65, 68*
- Darlegungs- und Beweislast 140 6 *74*
- externe Versorgungsträger 140 6 *55*
- Gleichbehandlungsgrundsatz 140 6 *25, 70*
- Hinzuverdienstgrenze 140 6 *15, 69, 71*
- Höhe 140 6 *25, 76*
- Kürzung, Gründe, Methoden 140 6 *33 ff., 76*
- Mitbestimmung des Betriebsrats bei der Kürzungsregelung 140 6 *53 f.*
- Quotierungsverfahren 140 6 *36 ff.*
- Schadensersatz 140 6 *72*
- Teilrente 140 6 *14*
- Verlangen des Arbeitnehmers 140 6 *1 ff., 20 ff.*
- versicherungsmathematischer Abschlag 140 2 *22, 67*; 6 *34, 41, 43, 44a, 50 ff., 59, 67 f., 76*
- Vollrente 140 6 *14*

– Wegfall **140** 6 *69 f.*
Vorzeitige Altersrente 410 96a *1, 5, 7, 9, 11*
– betriebliche Altersrente **410** 96a *18*
– Entgeltspitzenverzicht **410** 96a *17*
– Hinzuverdienstgrenzen **410** 96a *2 ff.*
Vorzeitige betriebliche Altersrente
siehe Betriebliche Altersrente, vorzeitige

Wachgesellschaft
– Arbeitszeit **80** 10 *45*
Waffengleichheit 50 58 *5*
Wahl
– aktive Wahlberechtigung **150** 7 *2 ff.*
– Anfechtbarkeit **150** 9 *14*; 11 *5*; 14 *22, 47, 57, 59, 66 f.*; 14a *32*; 15 *17*; 16 *18*; 18 *10 f., 17, 19, 21 f., 39, 43 f.*; 19 *3 ff.*; 20 *15, 22*
– Anfechtung *siehe* Wahlanfechtung
– Annahme **150** 18 *28 ff., 35*
– außerordentliche Wahl **150** 13 *5 ff.*
– Beeinflussungsverbot **150** 20 *12 ff.*
– Begriff **150** 20 *5 f.*
– Behinderungsverbot **150** 20 *4 ff.*
– Bekanntgabe des Ergebnisses **150** 18 *39 ff.*
– Betriebsratsvorsitzender
 siehe Vorsitzender, Wahl
– Briefwahl **150** 14 *4 ff.*
– Durchführung **150** 18 *1*
– Grundsatz **150** 14 *2 ff.*
– Jugend- und Auszubildendenvertretung *siehe dort*
– Kandidatur *siehe* Wahlvorschlag
– Kleinstbetrieb **150** 14 *2, 14 ff.*
– Kosten **150** 20 *16 ff.*
– leitender Angestellter **150** 18a *3 ff.*
– Mehrheitswahl **150** 14 *23 ff., 32 ff.*; 18 *32 ff.*
– Mindestgeschlechterquote **150** 14 *33 ff., 54*; 14a *15, 21*; 15 *3 ff.*; 19 *19, siehe auch dort*
– Nichtigkeit **150** 14 *66*; 14a *32*; 19 *22 ff., 34 ff.*; 20 *15, 22*
– Stimmabgabe **150** 14 *12, 17 ff., 30*
– Stimmauszählung **150** 18 *21 ff.*
– turnusmäßige Wahl **150** 13 *2 ff.*
– Ungültigkeit **150** 19 *19 ff.*
– vereinfachtes Wahlverfahren *siehe dort*
– Verhältniswahl **150** 14 *20 ff., 37 ff.*; 18 *21 ff.*
– Wahlausschreiben **150** 18 *17 ff.*
– Wählbarkeit **150** 8 *1 ff.*
– Wahlbewerber **150** 14 *41 ff.*,
 siehe auch Wahlvorschlag
– Wahlordnung **150** 126 *1 f.*
– Wahlwerbung **150** 20 *6*
– Zuordnungsbeschluss **150** 4 *17 ff., 26*
Wahlakten
– Aufbewahrung **150** 18 *41 ff.*
Wahlanfechtung
– Beeinflussung des Wahlergebnisses **150** 19 *10 ff.*,
 siehe auch Wahl, Anfechtbarkeit
– Begründung **150** 19 *31*

– Berechtigung **150** 19 *14 ff., 25*
– einstweiliger Rechtsschutz **150** 19 *26 ff., 36*
– Frist **150** 19 *30*
– Grund **150** 19 *3 ff.*
– Rechtsfolgen **150** 19 *18 ff.*
– Verfahren **150** 19 *32 ff.*
– Verstoß gegen Verfahren **150** 19 *8 f.*
– Verstoß gegen Wählbarkeit **150** 19 *6 f., 19*
– Verstoß gegen Wahlrecht **150** 19 *4 f.*
Wahlbewerber
– besonderer Kündigungsschutz **160** 622 *61*
Wahlbewerber, Betriebsratswahl
– Sonderkündigungsschutz **320** 15 *23, 33 f., 41*
Wählerliste
– Aufstellung **150** 18 *6 ff.*
– Einspruch **150** 18 *6, 12 ff.*
– Leiharbeitnehmer **150** 18 *6, 8*
Wahlgremium
– Einberufung **325** 12 *6 ff.*
– Europäische Genossenschaft, Beteiligung **369** 39 *5*
– Verschmelzung, grenzüberschreitende **325** 12 *2 ff.*
– Wahl des Besonderen Verhandlungsgremiums **325** 12 *6 ff.*
Wahlleitung
– Wahlvorstand **150** 18 *2 ff.*, *siehe auch dort*
Wahlordnung zum DrittelbG *siehe* Unternehmensmitbestimmung, Wahlordnung zum DrittelbG
Wahlrecht
– Karenzentschädigung **290** 74 *61 f.*
– örtliche Zuständigkeit **50** 2 *98*
Wahlverfahren, vereinfachtes
siehe Vereinfachtes Wahlverfahren
Wahlvorschlag
– Arbeitnehmer **150** 14 *46 ff.*
– Gewerkschaft **150** 14 *50 ff.*
– Liste **150** 14 *41 ff., 54 ff.*
– Mehrfachkandidatur **150** 14 *59*
– Mindestgeschlechterquote **150** 15 *11 ff.*,
 siehe auch dort
– Ungültigkeit **150** 14 *57, 60 ff.*
Wahlvorstand
– Aufgabe *siehe* Wahl, Durchführung
– Aufgaben **150** 15 *14*
– besonderer Kündigungsschutz **160** 622 *61*
– Bestellung **150** 14a *7, 25 f.*; 16 *3 ff.*; 17 *1 ff.*
– Bestellung durch Arbeitsgericht **150** 23 *25*
– Bestellung im vereinfachten Wahlverfahren
 siehe Vereinfachtes Wahlverfahren, Bestellung des Wahlvorstands
– Ersatzmitglied **150** 15 *11*, *siehe auch dort*
– Größe **150** 16 *7 ff.*
– Kündigungsschutz **150** 16 *1, 13*; 18 *2*; 103 *2*
– Verzicht **150** 15 *15 ff.*
Wahlvorstand, Betriebsratswahl
siehe auch Unternehmensmitbestimmung
– Sonderkündigungsschutz **320** 15 *23, 33 f., 41*

Waisenrente
- betriebliche Altersversorgung, Hinterbliebenenversorgung **140** 1 *11*

Warenbezugsgutschein *siehe* Rabatt

Warengutschein
- Einkommensteuer **240** 8 *17*

Warnstreik 260 9 *108*

Wartezeit
- gesetzliche Rentenversicherung **140** 5 *20*; 6 *9 ff.*, *17*
- Kündigungsschutz **320** 1 *158 ff.*
- Sonderkündigungsschutz schwerbehinderter Menschen **430** 86 *3*; 90 *2*
- Urlaub **180** 4 *2 ff.*
- Urlaubsanspruch **180** 1 *5*

Wartezeit, BetrAVG
- Unverfallbarkeitsfrist **140** 1b *42*
- Versorgungsordnung **140** 1 *28*
- Versorgungszusage **140** 1 *28*; 1b *23, 32, 40 ff.*; 2 *15, 31*; 6 *17*
- Vorruhestand **140** 1b *38*; 6 *2 f.*, *17*; 7 *39*

Wartezeit, BUrlG
- Anrechnung von Wehrdienstzeit **60** 12 *2*
- Unterbrechung **160** 622 *44*

Wartezeit, EFZG
- Unterbrechung **160** 622 *44*

Wartezeit, KSchG
- Anrechnung von Wehrdienstzeit **60** 6 *6*; 12 *2*
- Betriebsübergang **160** 622 *43*
- Eingliederungsverhältnis **160** 622 *43*
- Praktikum **160** 622 *43*
- Probezeit **160** 622 *3, 48 f.*
- Unterbrechung **160** 622 *43 ff.*

Wartungsdienst
- Arbeitszeit **80** 10 *38*

Wäscherei
- Begriff **10** 4 *11*

Wasserversorgung
- Arbeitszeit **80** 10 *37 f., 59*; 13 *9*

Wechsel
- Vergütung **160** 611 *637*

Wegegeld
- Annahmeverzug **160** 615 *48*
- Vergütung **160** 611 *743*; 615 *48*

Wegerisiko
- Ausfall ÖPNV **160** 616 *8*
- Demonstration **160** 616 *8*
- Fahrverbot **160** 615 *79*; 616 *8*
- Smogalarm, Abgrenzung **160** 611 *830*; 615 *22, 79*; 616 *8*
- Stau **160** 616 *8*
- Unmöglichkeit/Annahmeverzug **160** 611 *817, 825*; 615 *3, 22, 28, 72, 78 f.*; 616 *8*
- Werkbus/Betriebsbus **160** 611 *825*; 615 *22*

Wegeunfall
- gesetzliche Unfallversicherung **420** 104 *20 ff.*
- Haftung im Arbeitsverhältnis **160** 611 *935*

- Schutzmaßnahme **160** 618 *34*

Wegfall der Geschäftsgrundlage
siehe Geschäftsgrundlage
- Vergütunsanspassungsanspruch, Diensterfindung **55** 12 *9 ff.*

Wehrdienst
- *siehe auch* Arbeitsplatzschutz
- *siehe auch* Grundwehrdienst
- *siehe auch* Soldat
- *siehe auch* Wehrübung
- *siehe auch* Zivildienst
- Anrechnung im öffentlichen Dienst **60** 11a *1 ff.*
- Anrechnung von Wehrdienstzeit **60** 1 *5*; 6 *6 ff.*; 7 *2*; 12 *2 ff.*; 13 *1*
- Arbeitnehmer, Arbeitsplatzschutz **60** 1 *2 f.*; 2 *2*; 4 *2*; 7 *1*; 15 *1*
- Arbeitsbefreiung/Dienstbefreiung **60** 4 *2*; 9 *2*; 14 *2*
- Ausbildung/berufliche Fortbildung **110** 23 *6*; 63 *11*
- Ausländer, Arbeitsplatzschutz **60** 1 *2*; 4 *2*
- Beamter **60** 1 *2*; 9 *1 f.*; 10 *1*; 11a *2*
- Befristungsrecht **60** 1 *3, 10*
- Begriff, Grundwehrdienst/Wehrübung **60** 1 *1*; 2 *3*
- Benachteiligungsverbot **60** 6 *1 ff.*; 11a *1*
- Berufssoldat, Arbeitsplatzschutz **60** 1 *4*; 16a *2*
- besonderer Kündigungsschutz **160** 622 *61*
- bevorzugte Einstellung nach Ableistung **60** 11a *1 ff.*
- Eignungsuntersuchung/Eignungsfeststellung **60** 14 *1*
- Einberufungsbescheid **60** 1 *4, 9*; 2 *2, 5*; 4 *5*
- Entgeltfortzahlung **60** 1 *8*; 3 *7*; 14 *1 ff.*
- Entlassung aus dem Wehrdienst **60** 1 *11*; 2 *2 ff.*; 9 *2*; 12 *2 f.*
- Erfassungsbehörde **60** 14 *2*
- Erholungsurlaub **60** 1 *8*; 4 *1 ff.*; 7 *2*
- Ersatzkraft **60** 1 *11*
- Fortsetzung des Arbeitsverhältnisses **60** 6 *1 ff.*
- Fragerecht **160** 611 *294 f.*
- Handelsvertreter **60** 1 *2*; 8 *1 ff.*
- Hausgewerbetreibende **60** 7 *2*
- Heimarbeiter **60** 1 *2*; 7 *1 ff.*
- Hinterbliebenenversorgung **60** 14a *1 ff.*
- Kündigungsschutz, Arbeitsplatz/Werkswohnung **60** 2 *1 ff.*; 3 *3*
- Kündigungsschutzprozess **320** 4 *42*
- Kündigungsverbot, Arbeitsplatzschutz **60** 2 *1 ff.*; 8 *4*
- Mehraufwendung des Arbeitgebers **60** 1 *11*
- Mitteilungs- und Vorlagepflicht des Arbeitnehmers, Einberufungsbescheid **60** 1 *9*
- Musterung, Arbeitsplatzschutz **60** 2 *3*; 14 *1*
- Nachdienen **60** 1 *4*
- personenbedingte Kündigung **320** 1 *296 ff.*
- Rechtsfolgen der Einberufung **60** 1 *1, 3, 9*; 2 *2 ff.*; 4 *5, 8*; 8 *3 f.*; 9 *2*; 14a *2*
- Richter **60** 1 *2*; 9 *1 f.*; 10 *1*; 11a *2*

- Ruhen des Arbeitsverhältnisses 60 1 *1 ff.*
- Sachbezüge 60 3 *1, 6;* 7 *2*
- Schichtarbeit 60 14 *4*
- Soldat auf Zeit, Arbeitsplatzschutz 60 16a *1 f.*
- Staatenloser, Arbeitsplatzschutz 60 1 *2*
- Wahlberechtigung zum Betriebsrat 60 1 *6*
- Wehrbehörde 60 14 *2*
- Wehrdienstbeschädigung 60 12 *4*
- Wehrerfassung, Arbeitsplatzschutz 60 2 *3;* 14 *1*
- Wehrverwaltung/ Wehrbereichsverwaltung, Zuständigkeit 60 1 *11*
- Weiterbeschäftigungsanspruch 60 1 *7*
- Werkswohnung, Kündigungsschutz 60 1 *5;* 3 *1 ff.*
- zusätzliche Alters- und Hinterbliebenenversorgung 60 14a *1 ff.*

Wehrersatzdienst *siehe* Zivildienst

Wehrpflicht *siehe auch* Wehrdienst
- Gleichbehandlung 230 141 *66 f.*

Wehrpflichtiger *siehe* Soldat

Wehrübung
- Befristung 160 620 *3*
- freiwillige Wehrübung 60 10 *1*
- Kündigungsverbot, Arbeitsplatzschutz 60 2 *2;* 10 *1*
- Ruhen des Arbeitsverhältnisses 60 1 *1 ff.;* 10 *1*

Weihnachtsgeld *siehe auch* Gratifikation
- Annahmeverzug 160 615 *49*
- betriebliche Altersversorgung, Abgrenzung 140 1 *34, 72;* 2 *60*
- betriebsbedingte Kündigung 160 611 *692 f.*
- Betriebsübergang 160 613a *137*
- Drittmittel-Finanzierung 160 611 *672*
- Entgeltumwandlung 140 1a *6*
- Kürzung bei Entgeltfortzahlung 210 4a *16 ff.*
- Pauschalierung der Lohnsteuer 240 40a *27*
- Pfändungsschutz 500 850k *4*
- Rentnerweihnachtsgeld 140 1 *34, 73*
- rückständiges bei Betriebsübergang 160 613a *101*
- Rückzahlungsklausel, Transparenzgebot 160 307 *132;* 315 *56*
- Teilvergütung bei fristloser Kündigung 160 628 *24*
- Vergütung 160 611 *602 f., 668 ff.*
- vorfristige Kündigung 160 622 *52*

Weihnachtsgratifikation *siehe* Weihnachtsgeld

Weinbau
- Arbeitszeit 80 5 *14;* 10 *42*

Weisungsrecht
- *siehe auch* Direktionsrecht
- *siehe auch* Konkretisierung
- Änderungskündigung 160 611 *597*
- Arbeitnehmer, Anwendungsbereich 160 315 *18*
- arbeitnehmerähnliche Person 160 315 *18*
- Arbeitnehmerüberlassung 100 1 *9, 12, 15 f., 18, 21 f., 23, 26, 48;* 10 *18, 28 f.;* 14 *3, 7, 22*
- Arbeitnehmerüberlassung, Abgrenzung 100 1 *22*
- Arbeitsleistung 160 611 *67 f.*
- Arbeitsort 160 611 *66*
- Arbeitszeit 160 611 *69 ff.*
- Ausbildender 110 3 *26, 28;* 16 *5*
- Bagatellweisung 160 315 *9*
- Betriebsarzt 80 9 *14, 27*
- billiges Ermessen 160 315 *17 f., 63*
- Dienstkleidung 160 611 *74*
- Fachkraft für Arbeitssicherheit 90 9 *22*
- Handelsvertreter 160 315 *18;* 611 *90, 93 ff.*
- Hau Ruck-Weisung 160 315 *9*
- Höchstarbeitszeit, Überschreitung 80 3 *33*
- Inhalt der Arbeitsleistung 160 315 *9, 17, 63*
- Kurzarbeit 160 315 *26;* 611 *523;* 615 *17*
- leidensgerechte Arbeit 160 611 *814;* 615 *20;* 626 *130*
- Leistungsbestimmungsrecht 160 315 *1 ff., 17 f., 63*
- Ort der Arbeitsleistung 160 315 *9, 17, 63, 63*
- Rauchverbot 160 611 *564*
- Richterrecht 160 315 *3*
- Schichtverschiebung/Vorverlegung, Sonn- und Feiertagsbeschäftigung 80 9 *14, 16*
- sozialversicherungsrechtliche Beschäftigung 390 7a *2 ff.*
- Versetzung, Freimachen eines Tagesarbeitsplatzes 80 6 *23*
- Versetzungsvorbehalt 160 308 *8, 18;* 611 *500*
- Zeit der Arbeitsleistung 160 315 *9, 17*

Weiterbeschäftigung
- Annahmeverzug 160 611 *1056;* 615 *15, 19, 38, 61*
- außerordentliche Kündigung 160 626 *81 ff.*
- Befristung 160 611 *48*
- Darlegungs- und Beweislast, Rückabwicklung 160 611 *49*
- einstweiliger Rechtsschutz, Entbindung 170, *75*
- Einwendung/Widerspruch des Personalrats gegen Kündigung 170, *70 ff.*
- faktischer Kontrahierungszwang 160 615 *38*
- fehlerhaftes Arbeitsverhältnis 160 611 *47 ff.*
- Kündigung 160 615 *15, 19;* 616 *3*
- Kündigungsschutzklage 170, *74 f.*
- Maßregelungsverbot 160 612a *12*
- Rückabwicklung, Bereicherungsrecht 160 611 *49*
- Sprecherausschuss 460 31 *3*
- Unternehmen 160 626 *81*
- vorübergehende Verhinderung 160 616 *1*
- Widerspruch des Personalrats gegen Kündigung 170, *74 f.*
- Zwangsvollstreckung 50 62 *12, 41*

Weiterbeschäftigungsanspruch
- Arrest 50 62 *72 f.*
- Befristungsstreit 480 17 *14*
- Persönlichkeitsrecht 260 2 *54 f.*

Weiterbeschäftigungsantrag
- gleichzeitiger Auflösungsantrag 320 9 *72*
- Kündigungsschutzklage 50 46 *126 f.,* *siehe auch dort*
- Streitwertberechnung 50 12 *42*

– uneigentlicher Hilfsantrag **50** 12 *42*
Weiterbildung
– Gleichbehandlung befristet Beschäftigter **480** 19 *3 ff.*
Weiterbildung, betriebliche
siehe Betriebliche Weiterbildung
Weitere Beteiligung
– angemessene Beteiligung **495** 32a *2*
– Anspruch **495** 32a *2 ff.*
– auffälliges Missverhältnis **495** 32a *2*
– Beweislast **495** 32a *16*
– Durchgriffshaftung **495** 32a *11*
– Ertrag **495** 32a *6*
– Missverhältnis **495** 32a *7 f.*
– Nutzungsrechte **495** 32a *3*
– Rechtsweg **495** 32a *15*
– Tarifvertrag **495** 32a *4*
– Urheberschutz **495** 32a *12*
– Vergütungsregel **495** 32a *4*
– Verjährung **495** 32a *13 f.*
– Vertragsänderung **495** 32a *9 f.*
Weitere Güteverhandlung
siehe Güteverhandlung, weitere
Weltanschauungsgemeinschaft
– Arbeitszeit **80** 7 *59*
Werbeberater
– Dienste höherer Art **160** 627 *8*
– fristlose Kündigung bei Vertrauensstellung **160** 627 *13*
Werbegeschenk
– Schmiergeld, Abgrenzung **160** 611 *551*
Werkbus
– Wegerisiko **160** 611 *825*; 615 *22*
Werkdienstwohnung *siehe* Werkswohnung
Werkmietwohnung 150 87 *139 ff.*,
siehe Werkswohnung
– Zuständigkeit **50** 2 *54 f.*
Werksarzt
– Arbeitszeit **80** 18 *5*
Werksfeuerwehr
– Arbeitszeit **80** 10 *9*
– Arbeitszeit, Arbeitsbereitschaft **160** 611 *516*
Werksschutz
– Arbeitszeit **80** 10 *46*
Werkstattrat
– Beschlussverfahren **50** 2a *27*; 81 *26*, *siehe auch dort*
Werkstudent
– Anschlussbefristung **480** 14 *28*
– Aushilfsarbeitsverhältnis **160** 611 *26*
– ehrenamtlicher Richter **50** 23 *4*, *siehe auch dort*
Werkswohnung
– Arbeitsentgelt **250** 107 *14*
– Begriff **60** 3 *2*; **160** 611 *667*
– Kündigungsschutz, Wehrdienst **60** 1 *5*; 3 *1 ff.*
– Vergütung **160** 611 *647, 667*
Werktarifvertrag *siehe* Haustarifvertrag

Werkunternehmer
– Arbeitsschutz **70** 2 *1*
Werkunternehmeranspruch
– Verjährungshemmung **160** 204 *1*
Werkvertrag
– Arbeitnehmerüberlassungsvertrag, Abgrenzung **100** 1 *18 ff., 47, 49*
– Arbeitsvertrag, Abgrenzung **160** 611 *145 f.*
– Architekt **160** 627 *8*
– Fürsorgepflicht **160** 619 *3*
– Gruppenarbeit, Eigengruppe **160** 611 *40*
– Schutzmaßnahme **160** 618 *10, 45*
Wertguthaben
– *siehe auch* Störfall
– *siehe auch* Übertragung
– allgemeine Übertragungsvoraussetzungen **390** 7f *4 ff.*
– Anlagesicherheit **390** 7d *17*
– Arbeitsentgeltguthaben **390** 7d *4*
– Arten des Insolvenzschutzes **390** 7e *12 ff.*
– ausgeschlossene Insolvenzsicherungsmittel **390** 7e *21*
– Ausschluss der Rückübertragung **390** 7f *13*
– Beendigung der Beschäftigung **390** 7f *5*
– Beendigung des Beschäftigungsverhältnisses **390** 23b *6 ff.*
– Begriffsbestimmung **390** 7a *25*
– Berichtpflicht der Bundesregierung **390** 7g *1*
– betriebliche Altersversorgung **390** 23b *9*
– Entgeltguthaben **390** 116 *3*
– Fälligkeit der Sozialversicherungsbeiträge **390** 23b *2 ff.*
– Führung **390** 7d *4 ff.*
– Gesamtsozialversicherungsbeitrag **390** 116 *2*
– Inanspruchnahme bei Übertragung auf Deutsche Rentenversicherung **390** 7f *17 ff.*
– Insolvenz **390** 7d *1*
– Insolvenzschutz **390** 7e *1 ff.*
– Kapitalanlage **390** 7d *15*
– Kündigung, Darlegungs-/Beweislast **390** 7e *70*
– Organhaftung **390** 7e *57 ff.*
– Schadensersatz **390** 7d *25*
– Schriftform der Übertragung **390** 7f *7*
– Sinn der zeitlichen Begrenzung **390** 116 *4*
– Sozialversicherung **390** 7a *25*
– Störfall **390** 23b *3 ff., 10*
– Übergangsregelungen **390** 116 *1 ff., 5*
– Übertragung **390** 7f *1 ff.*
– Unanwendbarkeit der Insolvenzschutzvorschriften **390** 7e *67 ff.*
– Unterrichtung über Insolvenzschutz **390** 7e *22 ff.*
– Unterrichtungspflicht des Arbeitgebers **390** 7d *9 ff.*
– Veränderungssperre **390** 7e *60 ff., 74*
– verschuldensunabhängige Schadensersatzhaftung **390** 7e *50 ff., 72 f.*
– Verwaltung **390** 7d *14 ff.*

Wertguthaben – Wettbewerbsverbot während Anstellung

- Verwaltung durch Deutsche Rentenversicherung 390 7f *24 ff.*
- Vorkehrungen zum Insolvenzschutz 390 7e *6 ff.*
- Werterhaltungsgarantie 390 7d *21*
- Wertzuwächse 390 7d *23 f.*
- Zeitguthaben 390 116 *2*

Wertguthabenübertragung
- Rechtsweg 390 7f *27 f.*

Wertguthabenvereinbarung
- Auflösung des Wertguthabens 390 7e *45 ff.*
- Begriffsbestimmung 390 7b *1 ff.*
- Beschäftigungsfiktion 390 7b *11*
- Elternzeit 390 7c *10*
- gesetzlich geregelte Verwendungen 390 7c *4 ff.*
- individual/kollektivrechtliche Vereinbarungen 390 7b *4, 12*
- Inhalt 390 7b *5 f.*
- Kündigung des Beschäftigten 390 7e *28 ff.*
- langfristige Flexibilisierung der Arbeitszeit 390 7b *7*
- Mindesthöhe des Arbeitsentgelts 390 7b *10*
- Nichtigkeit 390 7e *44 f.*
- Pflegezeit 390 7c *8 f.*
- Prüfung durch Rentenversicherungsträger 390 7e *36 ff.*
- Schriftform 390 7b *3 f.*
- sozialversicherungspriviligiert 390 7d *3*
- steuerliche Behandlung 390 7b *11*
- Unwirksamkeit 390 7e *36 ff.*
- vertraglich festgelegte Verwendungen 390 7c *12 ff.*
- Verwendungsmöglichkeiten 390 7c *2 ff.*
- Vor-/Nachleistung von Arbeit 390 7b *9*
- Voraussetzungen 390 7b *2 ff.*

Wertpapierhandel
- Arbeitszeit 80 10 *83 f.*

Werttransport
- Arbeitszeit 80 10 *45*

Wettbewerber 290 74 *14*

Wettbewerbsausschluss
- Vergabe öffentlicher Aufträge 10 21 *6*

Wettbewerbsfreiheit 260 12 *24*

Wettbewerbsverbot *siehe auch* Karenzentschädigung
- AGB 160 Vor 305-310 *9*; 305c *21, 23, 41 f.*; 306 *10*; 307 *100 f., 133*; 309 *20, 22, 28, 54, 56*
- allgemeine Konkurrenzschutzklausel 30 88 *18*
- Annahmeverzug 160 615 *64*
- Arbeitnehmer-Urheber 495 31 *14*
- Aufhebungsvertrag, Erledigungsklausel 160 305c *42*; 611 *1096 ff.*
- aufschiebende Bedingung 160 305c *23*
- Ausgleichsquittung 160 305c *42*; 611 *1096 ff.*
- Auskunftsanspruch des Arbeitgebers 160 611 *559*
- außerordentliche Kündigung 160 611 *538*
- Berufsfreiheit 260 12 *57*
- Betriebsübergang 160 613a *105*
- Darlegungs- und Beweislast 160 345 *19*
- Detektivkosten 160 611 *842*
- einstweiliger Rechtsschutz 160 611 *595*
- Eintrittsrecht der Aktiengesellschaft 30 88 *14 f.*
- Empfangsbekenntnis 160 309 *56*
- Gesellschafter einer KG/OHG 30 88 *15, 22*
- Handlungsgehilfe 30 88 *22*; 160 611 *537*
- Karenzentschädigung 30 88 *19 ff.*; 100 9 *33*; 160 345 *19*
- Kundenschutzklausel 30 88 *18, 2*; 160 611 *1081*
- Leiharbeitnehmer 100 9 *33*
- Mandantenschutzklausel 160 611 *532*
- Minderjähriger 160 115 *21*
- nach Vertragsende 250 110 *1*
- Nebenpflicht 160 611 *537 ff.*
- Nebentätigkeit 160 611 *549*
- Offenbarungspflicht 160 611 *285*
- Ruhen des Arbeitsverhältnisses 60 1 *5*
- Ruhestand 290 60 *7*
- Schadensersatz 30 88 *2, 13 f.*; 160 611 *538*
- Schadensersatz, § 628 BGB 160 628 *45*
- Schriftform 160 127 *10*; 345 *12*
- Sprecherausschuss-Richtlinie 460 28 *1*
- Streitwertfestsetzung 50 12 *64*
- Tarifvertrag 470 1 *105*
- Transparenzgebot 160 307 *133*
- Überraschungsverbot 160 305c *23*
- Unklarheitenregel 160 305c *41 f.*
- Unterlassungsklage 160 611 *549, 594 f., 600*
- Verjährung 30 88 *2, 16*; 160 611 *532, 599*
- Verschwiegenheitspflicht, Abgrenzung 160 611 *532, 599*
- Vertragsstrafe, AGB 160 309 *17 ff., 27*; 345 *12, 14, 19*
- Vorstand 30 88 *1 ff.*
- Zuständigkeit 50 2 *56, siehe auch dort*

Wettbewerbsverbot während Anstellung
- Anwendungsbereich 290 60 *2 ff.*
- Arbeitnehmer 290 60 *3*; 61 *2*
- Auflösungsschaden 290 60 *7, 24*
- Auskunftspflicht des Arbeitnehmers 290 61 *4*
- Betrieb eines Handelsgewerbes 290 60 *13*
- Betriebsübergang 290 60 *20*
- Beweislast 290 60 *25*
- Eintrittsrecht des Arbeitgebers 290 61 *6 ff.*
- Einwilligung des Prinzipals 290 60 *8 ff., 26*
- Handelszweig 290 60 *17*
- höchstpersönliches Geschäft 290 61 *8*
- Inhalt 290 60 *11 ff.*
- Klage 290 61 *11, 13*
- Kündigung 290 60 *23*
- Kündigungsschutzprozess 290 60 *6*
- Prinzipal 290 60 *8*
- Schadensersatz 290 61 *5, 12*
- Unterlassungsanspruch 290 60 *22, 27*
- Verjährung 290 61 *9 f., 13*
- Verletzung 290 61 *1 ff.*
- Wahlrecht bei Verstoß 290 61 *3*

- Wettbewerb **290** 60 *18 f.*
- zeitlicher Umfang **290** 60 *6 f.*

Wettbewerbsverstoß
- Tariflohnunterschreitung **10** 8 *10*
- Verjährung **160** 195 *9*

Whistleblowing
- Begriff **160** 611 *534*
- Datenschutz **120** 4 *13*
- fristlose Kündigung **160** 611 *534 ff.*
- Nebenpflicht **160** 611 *534 ff.*
- Rechtsmissbrauch **160** 611 *536*

Whistleblowmeldersysteme
- Einwilligungserfordernis **120** 29 *1*

Wichtiger Grund
siehe auch Wichtiger Grund, Sperrzeit
- Anzeige des Arbeitgebers bei der Arbeitsschutzbehörde **70** 17 *13*
- außerordentliche Kündigung mit notwendiger Auslauffrist **160** 626 *129 ff.*
- Begriff/Fallgruppe **160** 626 *18 ff., 25 ff., 129 ff.*
- Beweislast **50** 58 *82, siehe auch dort*
- Darlegungs- und Beweislast **160** 626 *154*; 627 *27*
- Dreistufenlehre **160** 626 *21*
- fristlose Kündigung bei Vertrauensstellung **160** 627 *1, 22 f.*
- Kadijustiz **160** 626 *18*
- Nebentätigkeit **160** 611 *545, 549*
- Privatsphäre des Arbeitnehmers **160** 626 *19, 69*
- regulative Generalklausel **160** 626 *18*
- Teilvergütung bei fristloser Kündigung **160** 628 *11*
- Unfall **160** 627 *23*
- Unpünktlichkeit/Verspätung **160** 626 *19, 78, 80, 150*
- Verletzung von Arbeitssicherheitsvorschriften **70** 15 *11*
- Verlust der Organstellung **160** 611 *101*
- Verschulden **160** 626 *33*
- Vorstand, Anstellungsdienstvertrag **30** 84 *50 f., 56*
- Wehrdienst **60** 2 *4*
- Whistleblowing **160** 611 *534 ff., siehe auch dort*
- Zahlungsverzug **160** 614 *15*; 626 *44 f.*
- Zweistufenlehre/Zweistufige Prüfung **160** 626 *20, 125*

Wichtiger Grund, Sperrzeit
- Aufhebungsvertrag/Abwicklungsvertrag **160** 611 *1143 ff., 1174*
- Beendigungsbegründungsklausel, Aufhebungsvertrag/Abwicklungsvertrag **160** 611 *1173 ff.*
- Befristung **160** 611 *1145*
- Eigenkündigung **160** 611 *1143 ff.*
- Erkrankung **160** 611 *1144*
- Interessenausgleich mit Namensliste **160** 611 *1144*
- leitender Angestellter **160** 611 *1144*
- Lenk- und Ruhezeiten **160** 611 *1144*
- Umzug/Ehegattenzuzug **160** 611 *1144*

Widerklage
- Auskunftspflicht **160** 615 *65*
- Kündigungsschutzprozess **320** 4 *39*
- örtliche Zuständigkeit **50** 2 *99, siehe auch dort*
- Verjährungshemmung **160** 204 *5*
- Zuständigkeit **50** 2 *57*

Widerrechtliche Drohung
- Arbeitsvertrag, Anfechtung **160** 611 *423, 454 ff.*
- Aufhebungsvertrag **160** 611 *999, 1014 f.*
- Befristungsvereinbarung **160** 611 *466*
- Darlegungs- und Beweislast **160** 611 *1014*
- Kündigung **160** 611 *999, 1014 f.*
- Strafanzeige **160** 611 *1014, 1018, 1122*

Widerruf
- *siehe auch* Widerrufsrecht
- *siehe auch* Widerrufsvorbehalt
- Schriftform **160** 623 *22*
- Sondervergütung **160** 611 *668, 684*

Widerrufsrecht *siehe auch* Widerrufsvorbehalt
- Aufhebungsvertrag **160** 611 *1050 f.*
- Haustürgeschäft **160** 312 *1, 4 f., 28 f.*
- Tarifvertrag, Aufhebungsvertrag **160** 611 *1050 f.*

Widerrufsvorbehalt
- AGB **160** 305 *5*; 305c *29*; 306 *8, 14*; 307 *11, 6 ff.*; 308 *4 ff., 49*; 309 *46 ff.*; 315 *48 ff.*; 611 *683 f., 802 ff.*
- Änderung der Arbeitsbedingungen **320** 2 *59 ff., 116*
- Änderungsvorbehalt mit Ankündigungsfrist **160** 315 *48*
- betriebliche Altersversorgung **160** 315 *47*
- Betriebsvereinbarung **160** 310 *23*
- Darlegungs- und Beweislast **160** 315 *66*
- Klauselverbot mit Wertungsmöglichkeit **160** 308 *4 ff., 31 ff., 49*; 315 *52 ff.*
- Leistungsbestimmungsrecht **160** 315 *45, 47 ff.*
- Mitbestimmungsrecht des Betriebsrats **160** 315 *11, 60*
- Nebentätigkeit **160** 611 *600*
- pacta sunt servanda **160** 307 *11, 56*
- Prämie **160** 611 *703*
- Provision **290** 87 *12*
- richtlinienkonforme Auslegung **160** 308 *5*
- Sondervergütung **160** 611 *668, 678, 681 ff., 703, 713, 802 ff.*
- Teilkündigungsklausel, Umdeutung **160** 308 *32*
- Transparenzgebot **160** 308 *11*; 315 *56*; 611 *657, 683, 802 ff.*
- Umdeutung, Freiwilligkeitsvorbehalt **160** 315 *47*
- Unklarheitenregel **160** 305c *29*; 315 *58*
- Widerrufsgrund **160** 308 *7, 10 ff., 31 ff.*; 315 *51 f., 55 f.*; 611 *657, 681*
- zweistufige Prüfung **160** 315 *48 ff.*; 611 *804 ff.*

Widerspruch
siehe auch Widerspruch, Betriebsübergang
- Anfechtung **160** 625 *9*
- Darlegungs- und Beweislast **160** 625 *11*

- Fortsetzung nach Befristung **160** 625 *9*
- Mahnbescheid **50** 46a *26 ff.*
- Personalrat, Kündigung **170**, *72 ff., 78, 104*
- Schriftform **160** 623 *22*; 625 *9*
- stillschweigende Verlängerung **160** 625 *9*

Widerspruch, Arbeitsschutz
- behördliche Anordnung **90** 12 *9*

Widerspruch, Betriebsübergang
- Adressat **160** 613a *218*
- Annahmeverzug **160** 615 *63*
- arglistige Täuschung **160** 613a *206, 209*
- außerordentliche betriebsbedingte Kündigung **160** 626 *27*
- Beendigung des Arbeitsverhältnisses **160** 613a *219*
- Begründung **160** 613a *212*
- bei Gesamtrechtsnachfolge **160** 613a *212*
- Betriebsratsmitglied **160** 613a *128*
- Erlöschen des Arbeitgebers **160** 613a *210*
- Gestaltungsrecht **160** 613a *212*
- kollektive Ausübung **160** 613a *219*
- Persönlichkeitsrecht **160** 613a *210*
- Rechtsfolge **160** 613a *220 ff.*
- Rechtsmissbrauch **160** 613a *212, 219*
- Richterrecht **160** 613a *4, 13*
- Schriftform **160** 613a *214 ff.*
- Sozialauswahl **160** 613a *153, 222*
- Vertragsfreiheit **160** 613a *10, 13, 83, 101*
- Verwirkung **160** 613a *224*; 615 *30*
- Verzicht **160** 613a *223*
- Widerspruchsberechtigung **160** 613a *217*
- Widerspruchsfrist **160** 613a *174, 186, 204 f., 214*
- Widerspruchsrecht **160** 309 *44*; 611 *19*; 613 *8*; 613a *1, 4, 9 f., 13, 92, 173 ff., 210 ff.*
- Willenserklärung **160** 613a *212*
- Zugang **160** 127 *25*

Widerufliche Freistellung *siehe* Freistellung

Wiederaufnahme
- Beschlussverfahren über Tariffähigkeit und Tarifzuständigkeit **50** 97 *8*
- Entscheidung des Bundesarbeitsgerichts in falscher Besetzung **50** 41 *2, siehe auch dort*

Wiederaufnahmeverfahren 50 79 *1 ff.*
- anfechtbare Entscheidung **50** 79 *2 ff.*
- nichtiger Prozessvergleich **50** 79 *4*
- Nichtigkeitsklage **50** 79 *5 ff.*
- Restitutionsklage **50** 79 *10 ff.*

Wiedereingliederung
- schwerbehinderte Menschen **430** 82 *16*

Wiedereingliederungsverhältnis
- Arbeitsvertrag, Abgrenzung **160** 611 *162*
- Begriff **160** 611 *162*

Wiedereinsetzung
- Aussetzung **50** 74 *38*
- Klage nach § 5 KSchG, nachträgliche Zulassung **320** 5 *6*

- Nichtzulassungsbeschwerde **50** 72a *82 ff.*, *siehe auch dort*
- Revisionsverfahren **50** 74 *37*
- Unterbrechung **50** 74 *38*

Wiedereinsetzung in den vorigen Stand
siehe Voriger Stand, Wiedereinsetzung

Wiedereinstellung 50 46 *172 ff., siehe auch dort*
- Beweislast **50** 58 *76, siehe auch dort*

Wiedereinstellungsanspruch
- *siehe auch* Einstellungszusage
- *siehe auch* Soziale Auswahl
- Aufhebungsvertrag **160** 611 *1099, 1101, 1175*
- Ausgleichsquittung **160** 611 *1099, 1101*
- betriebsbedingte Kündigung **160** 315 *34 f.*; 320 1 *420*
- Betriebsübergang **160** 613a *142, 155 ff., 229*; 490 324 *17*
- Beweislast **320** 1 *206*
- Insolvenz **300** 113 *48 f.*; 125 *24, siehe auch dort*
- Kampagnebetrieb **320** 22 *9*
- Mutterschutz **350** 10 *9 ff.*
- Nebenpflicht **160** 611 *350*
- Saisonbetrieb **320** 22 *9*
- Sonderkündigung in Mutterschaft **350** 10 *9 ff.*
- Sozialauswahl **320** 1 *581 ff.*
- Verdachtskündigung **160** 626 *65*
- Vertragsfreiheit **160** 611 *350*

Wiedereröffnung der Verhandlung
siehe Verhandlung, Wiedereröffnung

Wiederkehrende Leistung
siehe Leistung, wiederkehrende

Wilder Streik *siehe* Streik, wilder

Willenserklärung
- Änderungskündigung **320** 2 *108*
- Revisionsgründe **50** 73 *19 ff., siehe auch dort*

Willkürfall
- Gehörsrüge **50** 78a *26*

Willkürverbot 260 3 *19 ff.*

Winterausfallgeld *siehe* Saison-Kurzarbeitergeld
- Krankengeld **400** 49 *7*
- Pfändung **500** 850k *5*
- Zuständigkeit **50** 2 *38*

Wintergeld *siehe* Saison-Kurzarbeitergeld

Wirkung, aufschiebende
siehe Aufschiebende Wirkung

Wirkung, präjudizielle
- Beschlussverfahren **50** 84 *9 ff.*

Wirtschaftliche Angelegenheiten
- Begriff **150** 106 *10 ff.*
- Betriebsübergang **150** 106 *8a, 22, siehe auch dort*
- Tendenzbetrieb **150** 118 *58 ff.*
- Zuständigkeit des Gesamtbetriebsrats **150** 50 *8*
- Zuständigkeit des Konzernbetriebsrats **150** 58 *6*

Wirtschaftsausschuss
- Amtszeit **150** 107 *4 ff.*
- Arbeitnehmerüberlassung **100** 14 *22, 32*
- Aufgabe **150** 106 *6 ff.*

- Betriebsübergang **160** 613a *135, 189, 201*
- Einigungsstellenverfahren **150** 109 *4 ff.*
- Errichtung **150** 106 *4 ff.*
- Informationsanspruch **150** 106 *6 ff.*; 109 *1 f.*
- Jahresabschluss **150** 108 *7*
- Kündigungsschutz **150** 107 *10*
- Rechtsstellung **150** 107 *6 f.*
- Sachverständiger **150** 109 *8*
- Sitzung **150** 108 *2 ff.*
- Teilnehmer der Sitzung **150** 108 *3 ff.*
- Tendenzbetrieb **150** 118 *59*
- Zusammensetzung **150** 107 *2 ff.*

Wirtschaftsberater
- Dienste höherer Art **160** 627 *8*

Wirtschaftsdatenbankenbetreiber
- Dienste höherer Art **160** 627 *8*

Wirtschaftsprüfer
- Arbeitszeit **80** 7 *61*
- Dienste höherer Art **160** 627 *8*
- Dienstvertrag **160** 611 *142*
- Kündigungsfrist **160** 621 *3, 71*
- Vergütung, Fälligkeit **160** 614 *13*

Wirtschaftsrisiko
- Annahmeverzug des Arbeitgebers **160** 307 *39*; 315 *30*; 611 *16, 416, 612*; 615 *3, 17, 72 ff., 82*
- Arbeitskampf **260** 9 *134*
- Betriebsrisiko, Abgrenzung **160** 615 *73*

Wissenschaftliches Personal
siehe Personal, wissenschaftliches

Witwenversorgung/Witwerversorgung
- betriebliche Altersversorgung **140** 1 *11, 79, 82, 87, 129*

Wochenenddienst
- Benachteiligung **480** 4 *10*

Wochenmarkt
- Arbeitszeit **80** 10 *30*

Wohnheim
- häusliche Gemeinschaft **160** 617 *8*; 618 *23*

Wohnsitz
- Fragerecht **160** 611 *292*
- örtliche Zuständigkeit **50** 2 *100*
- Wohnsitzklausel **160** 611 *495, 499*

Wucher *siehe* Lohnwucher

Zahlungsanspruch
- Mahnverfahren **50** 46a *4 ff.*, *siehe auch* Dokument, elektronisches

Zahlungsmodalitäten
- Diensterfindung **55** 12 *2*

Zahlungsverkehr, bargeldloser *siehe* Bargeldloser Zahlungsverkehr

Zahnarzt
- Dienste höherer Art **160** 627 *8*
- Kündigung **160** 628 *17*
- Vergütung, Fälligkeit **160** 614 *13*

Zeitarbeitsbranche
- Arbeitnehmerentsendung **10** 4 *15*

Zeitguthaben
- Wertguthaben **390** 116 *2*

Zeitkollisionsregel
- abändernde Betriebsvereinbarung, betriebliche Altersversorgung **140** 1 *136, 191*
- ablösender Tarifvertrag, betriebliche Altersversorgung **140** 1 *147, 191*
- Normenhierarchie **160** 611 *185*

Zeitsoldat *siehe* Soldat auf Zeit

Zeitungs- und Zeitschriftenvertrieb
- Arbeitszeit **80** 5 *12*; 10 *25 f.*; 13 *23*

Zeitungsausträger
- Arbeitnehmer, Abgrenzung **160** 611 *104*

Zeitungsverlag
- Arbeitszeit **80** 13 *23*

Zeitversäumnis
- Entschädigung **50** 12a *3*

Zession *siehe* Abtretung

Zeuge
- streitige Verhandlung **50** 56 *31 ff.*, *siehe auch dort*
- vorübergehende Verhinderung **160** 616 *14*

Zeugnis 50 46 *174 ff.*; **250** 109 *1 ff.*
- *siehe auch* Zeugnisanspruch
- *siehe auch* Zwischenzeugnis
- Abwicklungsvertrag **160** 611 *995, 1151, 1167 ff.*
- allgemeine Angabe **250** 109 *21 ff.*
- Anspruch *siehe* Zeugnisanspruch
- Arbeitnehmer **160** 630 *1 ff.*
- Arbeitnehmer des öffentlichen Dienstes **160** 630 *4*
- arbeitnehmerähnliche Person **160** 630 *3*
- Arbeitsbescheinigung, Abgrenzung **160** 630 *4*
- Aufhebungsvertrag **160** 611 *1151, 1167 ff.*
- Ausgleichsquittung **160** 611 *1095, 1169*
- Auskunft **160** 611 *1151*
- Auszubildendenzeugnis/Ausbildungszeugnis **110** 16 *18 ff.*; **160** 630 *4*
- BAT **160** 630 *4*
- Beamter, Dienstzeugnis **160** 630 *4*
- Beendigungsgrund **250** 109 *23*
- Berichtigung **250** 109 *48, 52*
- besondere Angabe **250** 109 *38*
- Beweislast **50** 58 *94*
- Bewerbungsunterlage **160** 630 *1*
- Bindungswirkung **250** 109 *51 ff.*
- Dankes-Bedauern-Formel **160** 611 *1168*
- Dankesfloskel **250** 109 *2*
- Darlegungs- und Beweislast **160** 611 *865*
- Datum **250** 109 *22*
- dauerndes Dienstverhältnis **160** 630 *3*
- dienstliche Regelbeurteilung, Abgrenzung **160** 630 *4*
- einfaches Zeugnis **250** 109 *10, 27 ff.*
- Einfirmen-Handelsvertreter **160** 630 *3*
- einheitliches Zeugnisrecht **160** 630 *6*
- elektronische Form, Ausschluss **160** 127 *33*
- Endzeugnis **250** 109 *8*
- Entwicklungshelfer **160** 630 *4*

- Erörterungsrecht des Betriebsrats **250** 109 *64*
- Form **250** 109 *18 ff.*
- Formulierung nach pflichtgemäßem Ermessen **160** 315 *65*
- freier Mitarbeiter **160** 630 *3*
- Geheimzeichen **250** 109 *20*
- Geschäftsführer **160** 630 *3*
- Grundsatz **250** 109 *14 ff.*
- Haftung des Arbeitgebers **250** 109 *49*
- Handelsvertreter **160** 630 *3*
- Heimarbeiter **160** 630 *3*
- Holschuld **250** 109 *43*
- Klageantrag **250** 109 *66*
- Leiharbeitnehmer **100** 12 *16*
- Leistung, Begriff **250** 109 *31*
- Manipulation **250** 109 *55*
- Nebenpflicht **160** 630 *1*
- Notenskala **250** 109 *32 ff.*
- Personaldaten **250** 109 *21*
- Persönlichkeitsrecht **260** 2 *80 ff.*
- Praktikantenzeugnis **160** 630 *4*
- qualifiziertes Zeugnis **250** 109 *11, 30 ff.*
- Rechtsgrundlage **250** 109 *4*
- Regelbeurteilung **250** 109 *13*
- Schlussfloskel **250** 109 *25*
- Seeleute, Seefahrtbuch **160** 630 *4*
- Selbstständiger **160** 630 *3*
- Soldat, Dienstzeugnis **160** 630 *4*
- Sprecherausschusstätigkeit **460** 2 *7*
- Stellensuche **160** 629 *4*
- Streitwert **250** 109 *68*
- Streitwertfestsetzung **50** 12 *65*
- Tarifvertrag **160** 630 *4*
- Tätigkeitsdauer **250** 109 *29*
- Unabdingbarkeit **160** 630 *5*
- Unterschrift **250** 109 *24*
- Urteil **250** 109 *67*
- Verhalten **250** 109 *35 ff.*
- Verwirkung **160** 611 *1169*
- Verzicht **160** 611 *1169*; 630 *5*
- Verzugsschadensersatz **160** 611 *865*; 629 *4*
- Vollständigkeit **250** 109 *15*
- vorläufiger Rechtsschutz **250** 109 *70*
- Vorstand **30** 84 *33*
- Wahrheit **160** 611 *1167*; **250** 109 *16*
- Widerruf **250** 109 *50*
- Wohlwollen **160** 611 *1167*; **250** 109 *17*
- Zeugnissprache **250** 109 *32 ff.*
- Zivildienstleistender, Dienstzeugnis **160** 630 *4*
- Zwangsvollstreckung **50** 62 *42*; **250** 109 *69*
- Zwischenzeugnis **250** 109 *9, 12, 40*

Zeugnis, ärztliches *siehe* Ärztliches Zeugnis
Zeugnis, einfaches 50 46 *174, siehe auch dort*
Zeugnisanspruch *siehe auch* Zeugnis
- Anspruchsberechtigter **250** 109 *3 ff.*
- Anspruchsverpflichteter **250** 109 *6 ff.*
- Ausschlussklausel **250** 109 *58*
- Berichtigungsanspruch **250** 109 *48, 52, 70*
- Darlegungs- und Beweislast **250** 109 *59 ff.*
- Erlöschen **250** 109 *41 ff.*
- Insolvenz **300** 113 *101 ff., siehe auch dort*
- Insolvenzverwalter **250** 109 *7*
- Schadensersatz des Arbeitnehmers **250** 109 *47, 62*
- Schadensersatz Dritter **250** 109 *49*
- Unmöglichkeit **250** 109 *46*
- Verjährung **250** 109 *56*
- Verlust/Beschädigung des Zeugnisses **250** 109 *45*
- Verwirkung **250** 109 *57*
- Verzicht **250** 109 *5*
- Zeitpunkt **250** 109 *8 f.*
- Zurückbehaltungsrecht **250** 109 *44*

Zeugnisberichtigung *siehe* Zeugnis
Zeugnisverweigerungsrecht
- Vorstand **30** 93 *31*

Zielvereinbarung
- AGB **160** 305c *43*; 307 *91, 134*; 308 *23*; 611 *711, 719*
- Aktienoption **160** 611 *800*
- Auskunftsanspruch des Arbeitnehmers **160** 611 *716*
- Auskunftsrecht des Betriebsrats **160** 611 *716*
- Begriff **160** 611 *709*
- Beteiligung des Sprecherausschusses **460** 19 *3*; 28 *1*
- betriebsbedingte Kündigung **160** 611 *492*
- Billigkeitskontrolle **160** 611 *711, 713 ff.*
- Darlegungs- und Beweislast **160** 315 *68*
- Leistungsbestimmungsrecht **160** 315 *39 ff.*
- Nachweis, NachwG **160** 611 *710*
- Sittenwidrigkeitskontrolle **160** 611 *711 f.*
- Tantieme, Abgrenzung **160** 611 *723*
- Transparenzgebot **160** 307 *134*; 611 *710*
- Treu und Glauben, Zielerreichung **160** 611 *711, 715*
- Umsatzzielvereinbarung, AGB **160** 307 *91*
- Unklarheitenregel **160** 305c *43*
- Vergütung **160** 611 *492, 704, 708 ff., 854, 864*
- Zielvereinbarungsbonus/Jahresbonus **160** 307 *134*; 315 *39 f.*

Zielvorgabe *siehe* Zielvereinbarung
Zinsantrag
- Eingruppierungsfeststellungsklage **50** 46 *152*

Zinsen *siehe auch* Verzugszinsen
- Anlagezinsen **160** 288 *6*
- Basiszinssatz **160** 288 *1, 3 f., 8*; 611 *788, 975, 977*; 615 *87*
- Darlegungs- und Beweislast **160** 628 *23*
- Klageantrag **160** 288 *8*; 611 *788, 975, 977*; 615 *87*
- Kreditzinsen **160** 288 *6*
- Verbraucherdarlehen **160** 288 *1*; 611 *625, 665, 746*
- Verjährung von Zinsanspruch **160** 195 *11*; 197 *14, 16*; 217 *2*; 288 *7*

Zinsen auf Bruttovergütung / Nettovergütung
– Urteilsverfahren **50** 46 *78 ff.*, *siehe auch dort*
Zirkus
– Arbeitszeit **80** 10 *17, 23*
Zivildienst
– Arbeitsplatzschutz **60** 1 *13*; 4 *9*
– Arbeitsvertrag, Abgrenzung **160** 611 *41, 60*
– Arbeitszeugnis, Dienstzeugnis **160** 630 *4*
– besonderer Kündigungsschutz **160** 622 *61*
– Fragerecht **160** 611 *294 f.*
– Urlaub **60** 4 *9*
Zivildienstgesetz
– Urlaubsregelungen **180** 1 *10*
Zivile Arbeitskräfte bei den Stationierungsstreitkräften
– Arbeitszeit **80** 15 *18*
Zivilprozessordnung
– Zuständigkeitsvorschriften **50** 1 *7*
Zivilschutz
– Arbeitsplatzschutz **60** 1 *14*
Zölibatsklausel
– AGB **160** Vor 305-310 *11*
Zollbehörden
– Behördenzusammenarbeit **10** 20 *5*
– Kontroll-/Sanktionsmechanismen im MiArbG **327** 18 *2*
Zollverwaltung
– Zuständigkeiten **10** 17 *1 ff.*
Zoologischer Garten/Zoo
– Arbeitszeit **80** 10 *23, 42*
Züchtigungsverbot
– Jugendarbeitsschutz **310** 31 *6*
Zugang
– Annahmeverweigerung **160** 127 *41*
– betriebliche Übung **160** 611 *182, 356, 675, 677*; 612 *33*
– Beweislast **50** 58 *57*, *siehe auch dort*
– Darlegungs- und Beweislast **160** 613a *183*
– elektronisches Dokument **50** 46c *14*
– Gesamtvertretung, Eltern **160** 115 *2*
– Gesamtzusage **160** 611 *181*
– Kündigung **160** 623 *75 f.*
– Kündigung, minderjähriger Auszubildender **160** 115 *2*
– Kündigungserklärung **160** 127 *25 f.*; 621 *6, 8*; 622 *1, 22 f., 40, 42, 55, 62, 67, 69*; 623 *9 f., 32, 58*; 626 *10, 19, 112, 145, 151*; 627 *17*; 628 *22*
– rechtsgeschäftsähnliche Handlung **160** 615 *30*
– Schwarze-Brett-Fiktion **160** 308 *45*
– Sprachrisiko **160** 623 *33*
– Unterrichtung von Betriebsübergang **160** 613a *183, 205, 214*
– Widerspruch bei Betriebsübergang **160** 127 *25*
– Zugangsfiktion, AGB **160** 308 *41 ff.*; 309 *51*
– Zugangsklausel, unangemessene Benachteiligung **160** 307 *59*

Zugang, Darlegungs-/Beweislast
– Kündigungserklärung **320** 1 *79, 92*
Zugangskontrolle
– biometrische **120** 3a *4*
Zugangskontrollsystem
siehe Technische Kontrolleinrichtung
Zulage *siehe auch* Zuschlag
– AGB, unangemessene Benachteiligung **160** 611 *720*
– Annahmeverzug **160** 615 *48*
– Anpassungszulage **160** 626 *52*
– Anrechnung **150** 87 *172 ff.*
– Anrechnungsvorbehalt **160** 308 *13 f.*
– Begriff **160** 611 *720*
– Eingruppierungsfeststellungsklage **50** 46 *155*
– Einsatzzulage **160** 615 *48*
– Erschwerniszulage **40** 3 *6*; 6 *8*; **160** 308 *13*
– Familienzulage **160** 611 *720*
– Funktionszulage **160** 315 *51*
– Gefahrenzulage **160** 615 *48*; 628 *9*
– Leistungszulage **40** 3 *6*; **160** 315 *49, 51*
– Mitbestimmung des Betriebsrats **160** 611 *720*
– Nachweis, NachwG **160** 611 *605*; 612 *41*; **360** 2 *33*
– Schichtzulage **160** 611 *720*
– Schmutzzulage **160** 611 *720*; 615 *48*
– Sozialzulage **160** 611 *720*; 615 *48*
– Stundenlohnzulage **160** 611 *700*
– Tariffestigkeit **160** 308 *13 f.*
– Tarifvertrag **160** 611 *720 f.*
– Teilvergütung bei fristloser Kündigung **160** 628 *9*
– unständige Zulage **40** 6 *5*
– Vergütung **160** 611 *720 f.*
– Verpflegungszulage **160** 615 *48*
– Vorhandwerkerzulage **40** 2 *23*
– Wechselschichtzulage **160** 308 *28*; 615 *41*
Zulagenpauschale, öffentlicher Dienst
– Teilzeitkraft **480** 4 *23*
Zulieferbetrieb/Zulieferdienst
– Arbeitszeit **80** 10 *38*
Zuordnung
– *siehe auch* Betriebsübergang
– *siehe auch* Umwandlung, UmwG
– *siehe auch* Zuordnungsverfahren, BetrVG
– Arbeitsverhältnis, Teilbetriebsübergang **160** 613a *61, 63, 99, 187*; 615 *51*
– Leiharbeitnehmer, Betriebsverfassungsrecht **100** 14 *1, 3 ff.*
– Versorgungsverbindlichkeit **140** 1 *194*
Zuordnungsverfahren, BetrVG
– leitender Angestellter **460** 1 *2, 9*; 8 *2*; 29 *2*
Zurückbehaltungsrecht
siehe auch Leistungsverweigerungsrecht
– Ausschluss/Einschränkung, AGB **160** 309 *5 ff.*
– Einrede des nichterfüllten Vertrags **160** 199 *4*; 215 *3*; 309 *5*; 611 *189, 377*; 614 *1, 16 f.*; 615 *65*
– Entgeltsicherung **160** 611 *772*
– Freistellung zur Stellensuche **160** 629 *28*

- Krankenfürsorge **160** 617 *12*
- Kündigung **160** 614 *16*
- Lohnrückstand **160** 611 *377*; 615 *37, 45, 61*
- Mobbing **160** 611 *572*
- NachwG **360** Vor 1 *11, 22 f.*
- Rauchverbot **160** 611 *564*
- Sicherheitsleistung **160** 614 *16*
- Treu und Glauben **160** 614 *16*
- Unsicherheitseinrede **160** 614 *17*
- verjährte Forderung **160** 215 *1 ff.*
- Verletzung von Arbeitsschutzvorschriften **70** 1 *4*; **160** 611 *191*; 615 *32*
- Verstoß gegen ArbZG **80** 1 *25, 27*; 6 *55, 58*; 16 *17*
- vorübergehende Verhinderung, Abtretungsanspruch **160** 616 *28*
- Zahlungsverzug **160** 614 *16*
- Zeugnis **250** 109 *44*

Zurückverweisung 50 46 *8*; 68 *1 ff.*
- nach § 538 Abs. 2 ZPO **50** 68 *12 ff.*
- Rechtsbeschwerde im Beschlussverfahren **50** 96 *11 ff.*
- Sprungrevision **50** 76 *38*

Zurückverweisungsverbot 50 68 *3 ff.*, *siehe auch* Berufungsurteil

Zurückweisung 50 56 *74 ff., 79 ff.*
- verspätetes Vorbringen **50** 56 *40 ff.*

Zusammenarbeit, vertrauensvolle
siehe Vertrauensvolle Zusammenarbeit

Zusammenarbeitspflicht
- Arbeitgeber mit Betriebsarzt/Sicherheitsfachkraft **90** 10 *8*
- Normen außerhalb ASiG **90** 10 *9*

Zusammenhangsklage
- Arbeitnehmerüberlassung, Auskunftsanspruch **100** 13 *5*
- Zuständigkeit **50** 2 *58 ff.*

Zusatzbonus *siehe* Bonus

Zusatzurlaub
- Kriegs-/Unfallbeschädigte **180** 1 *15*
- schwerbehinderte Menschen **180** 1 *13*; 3 *38 ff.*
- Urlaubsberechnung **180** 3 *38 ff.*
- Urlaubsgeld **180** 11 *59 f.*

Zusatzversorgung
- Alters- und Hinterbliebenenversorgung, Arbeitsplatzschutz **60** 14a *2*
- Anpassung **140** 18 *9*
- Arbeitsplatzschutz, Wehrdienst **60** 14a *1 ff.*
- Beitragserstattung, Arbeitsplatzschutz **60** 14a *4*
- betriebliche Altersversorgung, öffentlicher Dienst **140** 1 *93, 109*; 17 *27*; 18 *1 ff.*; 18a *3*; 30d *2, 4*
- Kirchliche Zusatzversorgungskasse des Verbandes der Diözesen Deutschlands **140** 18 *5*
- Rheinische Zusatzversorgungskasse für Gemeinden und Gemeindeverbände **140** 18 *5*
- Wehrdienst, Arbeitsplatzschutz **60** 14a *1 ff.*
- Zusatzversorgungskasse der bayerischen Gemeinden **140** 18 *5*
- Zusatzversorgungskasse für Arbeitnehmer in der Land- und Forstwirtschaft, ZLF/ZLA **140** 17 *27*

Zusatzversorgungseinrichtung
- Zuständigkeit **50** 2 *61*

Zusatzversorgungskasse der bayerischen Gemeinden
- betriebliche Altersversorgung, Zusatzversorgung **140** 18 *5*

Zusatzversorgungskasse für Arbeitnehmer in der Land- und Forstwirtschaft, ZLF/ZLA
- betriebliche Altersversorgung, Zusatzversorgung **140** 17 *27*

Zuschlag *siehe auch* Zulage
- AGB, unangemessene Benachteiligung **160** 611 *720*
- Annahmeverzug **160** 615 *48, 70*
- Erschwerniszuschlag **160** 611 *721*
- Feiertagszuschlag **80** 9 *20*; **160** 611 *721*
- Nachtarbeitszuschlag/Nachtzuschlag **80** 6 *45 ff., 59*; **160** 611 *720 f.*
- Nachweis, NachwG **160** 611 *603, 605*; 612 *41*
- Sonntagszuschlag **80** 9 *20*; **160** 611 *721*
- Überstundenzuschlag **160** 611 *720, 736*
- Wechselschichtzuschlag **160** 308 *32*; 615 *41*

Zuschuss-Wintergeld *siehe* Saison-Kurzarbeitergeld

Zuständigkeit des Arbeitsgerichts *siehe* Arbeitsgericht, Zuständigkeit

Zuständigkeit, gerichtliche *siehe* Gerichtliche Zuständigkeit

Zuständigkeit, örtliche *siehe* Örtliche Zuständigkeit

Zuständigkeitsfehler
- Revisionsgrund **50** 73 *39*

Zustellung 50 9 *6*; 50 *1 ff.*
- Ausland **50** 50 *19 ff.*
- Beurkundung **50** 50 *36*
- Einlegung in den Briefkasten **50** 50 *12*
- elektronisches Dokument **50** 50 *29 ff., 33, 35*, *siehe auch dort*
- Empfangsbekenntnis **50** 50 *28 ff.*, *siehe auch dort*
- Ersatzperson **50** 50 *11*
- Frist **50** 50 *37 f.*
- innerhalb der EU **220** 30, 8 Rom I *73*
- Mahnbescheid **50** 46a *25*
- Niederlegung **50** 50 *13 f.*, *siehe auch dort*
- öffentliche Zustellung **50** 50 *15*
- Parteibetrieb **50** 62 *64*, *siehe auch dort*
- Parteizustellung **50** 50 *34*, *siehe auch dort*
- Prozessbevollmächtigter **50** 50 *22 ff.*, *siehe auch dort*
- Rechtsbeschwerde im Beschlussverfahren **50** 95 *2*
- Rechtsmittelbelehrung **50** 9 *27*
- Revisionsurteil **50** 75 *52*
- Streitwertfestsetzung **50** 12 *26*
- Verbandsvertreter **50** 50 *26*
- von Anwalt zu Anwalt **50** 50 *32 f.*
- Zwangsvollstreckung im Beschlussverfahren **50** 85 *28*

Zustellung, öffentliche 50 50 *15*
Zustellungsbeamter 50 9 *6*
Zustellungsverfahren 50 50 *6 ff.*
Zustimmungsersetzung
- Änderungskündigung 320 2 *128 ff.*

Zustimmungsverweigerung
- Textform/Schriftform 160 127 *15*

Zuverlässigkeitstest
- Duldungspflicht 160 611 *581*

Zwangsarbeit 260 12 *46, 48*
Zwangsvereinigung/-körperschaft 260 9 *15, 20, 65*
Zwangsverfahren
- Sprecherausschuss 460 10 *1*

Zwangsversteigerung
- Betriebsübergang 160 613a *20, 80*

Zwangsverwaltung
- Betriebsübergang 160 613a *80*

Zwangsvollstreckung 50 62 *1 ff.*
- *siehe auch* Vollstreckungsbescheid
- *siehe auch* Vollstreckungshandlung
- *siehe auch* Zwangsversteigerung
- *siehe auch* Zwangsverwaltung
- Ausbildungsstreitigkeit 50 111 *9*
- Ausfüllen der Arbeitspapiere 50 62 *37*
- Ausschluss der Arbeitsleistung 160 309 *21 ff.*; 310 *38*; 345 *1, 8, 13, 18*; 611 *488, 588 ff.*; 622 *56*; 628 *51*
- Bruttolohn 50 62 *29, siehe auch dort*
- Duldungstitel- und Unterlassungstitel 50 62 *34, siehe auch dort*
- Einstellung 50 62 *16*
- Einstellung nach Einlegung der Nichtzulassungsbeschwerde 50 72a *27*
- einstweilige Einstellung in der Revisionsinstanz 50 74 *119*
- Entfernen einer Abmahnung 50 62 *35, siehe auch dort*
- Entschädigung 50 61 *27 ff.*
- Erbringung der Arbeitsleistung 50 62 *36, siehe auch dort*
- Erteilung einer Auskunft 50 62 *38, siehe auch dort*
- Erteilung einer Lohnabrechnung- oder Provisionsabrechnung 50 62 *39, siehe auch dort*
- Forderung 50 62 *31, siehe auch dort*
- Gehörsrüge 50 78a *25, siehe auch dort*
- Geldforderung 50 62 *28 f., siehe auch dort*
- Handlung 50 62 *32 f.*
- Herausgabe 160 611 *596*
- Herausgabe von Sachen 50 62 *30, siehe auch dort*
- Insolvenzsicherung, Pensionssicherungsverein 140 8 *4*; 10 *1, 11*; 10a *2, 4*
- Kosten 50 62 *43*
- NachwG 360 Vor 1 *17, 41*
- Rechtsbehelf 50 62 *44*
- Urlaubsgewährung 50 62 *40*
- Vergütung, Bruttolohn 160 611 *792*
- Weiterbeschäftigung 50 62 *41, siehe auch dort*

- Zeugnis 50 62 *42*; 250 109 *69, siehe auch dort*
- Zuständigkeit 50 3 *11*

Zwangsvollstreckung, Einstellung 50 62 *16 ff.*
- Alleinentscheidung des Vorsitzenden 50 55 *17*
- Sicherheitsleistung 50 62 *20*

Zweck, arbeitstechnischer *siehe* Arbeitstechnischer Zweck

Zweckbefristung 480 3 *6 f., siehe auch* Befristungsgrund
- Altersteilzeit 40 8 *9*

Zweckerreichung
- Geschäftsgrundlage 160 313 *10*

Zweckfortfall
- Geschäftsgrundlage 160 313 *10*

Zweckverfehlte Dienstleistung
- Verjährung 160 612 *38*

Zweckverfehlte Dienstleistung, Vergütung
- Begriff/Rechtsfolgen 160 612 *4, 19 ff.*
- Darlegungs- und Beweislast 160 612 *39*
- Verjährung 160 612 *38*

Zweiter Rechtszug
- Beschlussverfahren 50 87 *1 ff.*

Zweites Versäumnisurteil 50 59 *52 f.*
- Berufung 50 64 *35 ff.*
- Rechtsmittelbelehrung 50 9 *23*

Zweitschuldnerhaftung
- Kosten 50 12 *19*

Zweitstimmrecht
- Aufsichtsratsvorsitzender 330 29 *3 ff.*

Zwingendes Arbeitsschutzrecht *siehe* Arbeitsschutzrecht, zwingendes

Zwingendes Recht
- Günstigkeitsvergleich bei Rechtswahl 220 30, *8*
- Rom I *35 ff.*

Zwischenbeschäftigung *siehe* Weiterbeschäftigung

Zwischenmeister
- Arbeitsplatzschutz, Wehrdienst 60 7 *2*
- betriebliche Altersversorgung 140 17 *4*

Zwischenurteil 50 61 *31 ff.*
- Rechtsmittelbelehrung 50 9 *20*

Zwischenverdienst
- Anrechnung pro rata temporis 160 615 *56*
- Aufhebungsvertrag 160 611 *1106 ff.*
- Auskunftpflicht des Arbeitnehmers 160 615 *65 ff.*
- Bruttolohn 160 615 *56*
- Darlegungs- und Beweislast 160 615 *65 f., 86*
- Erwerbseinkommen 160 615 *55*
- Freistellung 160 611 *1106 ff.*; 615 *8, 16*
- Gesamtberechnung 160 615 *56, 83*
- Geschäftsführer 160 611 *1107*
- Handelsvertreter 160 615 *54*
- Kausalität 160 615 *54*
- Mutterschutz 160 615 *58*
- Pflegegeld 160 615 *55*
- Provision 160 615 *54*
- Prozessvergleich 160 611 *1108*

Zwischenverdienst – Zwölftelungsprinzip

- Schwangerschaft **160** 615 *58*
- Teilzeitarbeitnehmer **160** 615 *54 f.*
- Überstunden **160** 615 *54*
- Umfang **160** 615 *56*
- Vorstand **160** 611 *1107*

Zwischenzeugnis 250 109 *9, 12, 40, siehe auch* Zeugnis
- Aufhebungsvertrag/Abwicklungsvertrag **160** 611 *1168*

Zwölftelungsprinzip 180 5 *1 ff.*
- Arbeitgeberwechsel **180** 6 *24 f.*